T'

RÉPERTOIRE GÉNÉRAL.

JOURNAL DU PALAIS.

Le RÉPERTOIRE GÉNÉRAL DU JOURNAL DU PALAIS est publié sous la direction de **M. LEDRU-ROLLIN**, docteur en droit, ancien avocat à la Cour de Cassation et au Conseil d'État, membre de la Chambre des Députés ;

ASSISTÉ DE MM.

J.-A. LEVESQUE, docteur en droit, avocat à la Cour royale de Paris ;

F. NOBLET, avocat à la Cour royale de Paris ;

AM. BOULLANGER, avocat à la Cour royale de Paris ;

GOUJET, avocat à la Cour royale de Paris ;

TH. GELLE, ancien magistrat, avocat à la Cour royale de Paris ,

ET AVEC LA COLLABORATION DE

MM.

AD. BILLEQUIN, avocat à la Cour royale de Paris ;

LIGNIER, avocat à la Cour royale de Paris ;

BERTIN, avocat à la Cour royale de Paris;

D'AUVILLIERS, avocat à la Cour royale de Paris ;

BENOIT, avocat auteur du *Traité de la Dot, etc.*;

CH. ROYER, avocat à la Cour royale de Paris ;

DOMENGET, docteur en droit, avocat à la Cour royale de Paris ;

FABRE, ancien avocat avoué à la Cour royale de Paris ;

TIXIER DE LA CHAPELLE, docteur en droit, avocat à la Cour royale de Paris ;

RÉQUÉDAT, docteur en droit, avocat à la Cour royale de Paris ;

FAVERIE, avocat à la Cour royale de Paris;

BARNOUVIN, avocat à la Cour royale de Paris;

CAUCHOIS, avocat à la Cour royale de Paris ;

PEYRUSSE, avocat à la Cour royale de Paris ;

HECTOR LECONTE, avocat à la Cour royale de Paris :

RICHARD, avocat à la Cour royale de Paris ;

F. HOUSSET, docteur en droit, avocat à la cour royale de Paris;

A. GOUIFFÈS, docteur en droit, avocat à la Cour royale de Paris ;

MM.

GARNIER-DUBOURGNEUF, directeur des affaires civiles et du sceau au Ministère de la Justice ;

MEYNARD DE FRANC, substitut du procureur du Roi près le tribunal de la Seine ;

JOUAUST, président du tribunal civil de Rennes ;

SOUÈF, avocat général à la Cour royale de Montpellier ;

MONGIS, substitut du procureur du roi, près le tribunal de la Seine ;

SULPICY, procureur du roi à Coulommiers ;

MOURIER, substitut du procureur du roi à Coutances ;

CHEVILLOTTE, docteur en droit, substitut du procureur du roi à Philippeville (Algérie), ancien avocat à la Cour royale de Paris ;

CAPMAS, professeur-suppléant à la Faculté de droit de Toulouse.

MAILHER DE CHASSAT, ancien magistrat, avocat à la cour royale de Paris, auteur de différens ouvrages;

Et plusieurs autres magistrats et jurisconsultes.

JOURNAL DU PALAIS.

RÉPERTOIRE GÉNÉRAL

CONTENANT

LA JURISPRUDENCE DE 1791 A 1845,

L'HISTOIRE DU DROIT,

LA LÉGISLATION ET LA DOCTRINE DES AUTEURS,

PAR

M. LEDRU-ROLLIN,

DOCTEUR EN DROIT, ANCIEN AVOCAT A LA COUR DE CASSATION ET AU CONSEIL D'ÉTAT,
MEMBRE DE LA CHAMBRE DES DÉPUTÉS.

PUBLIÉ PAR

M. F.-F. PATRIS,

Propriétaire du *Journal du Palais*.

TOME QUATRIÈME.

COM — CUV.

PARIS,

AU BUREAU DU JOURNAL DU PALAIS,

rue des Grands-Augustins, 7.

1846

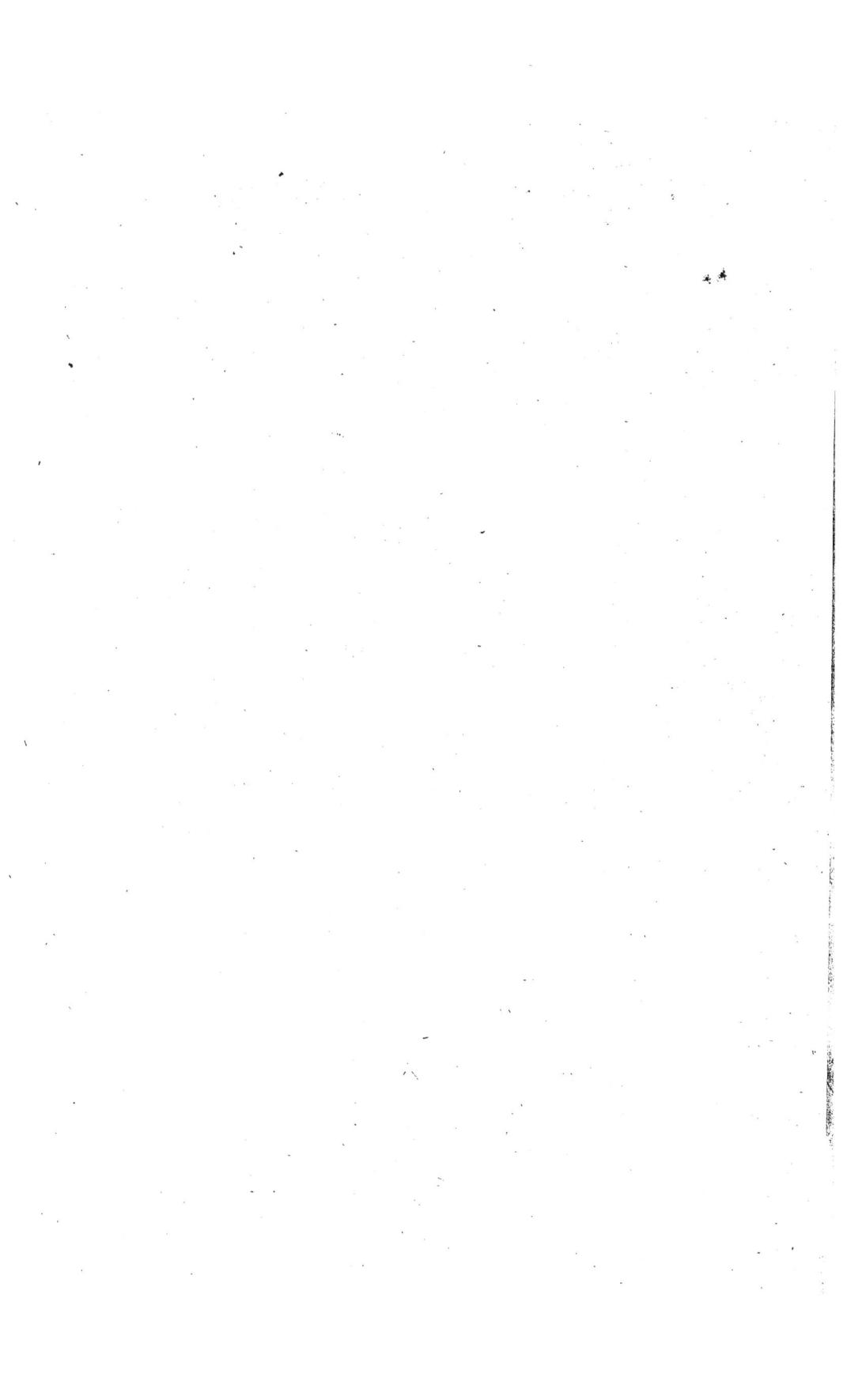

JOURNAL DU PALAIS.

RÉPERTOIRE GÉNÉRAL.

COMPAGNIE DE COMMERCE, DE FINANCE OU D'INDUSTRIE.

1. — Réunion de plusieurs personnes pour faire des opérations de commerce, de finance ou d'industrie.

2. — L'application du mot *compagnie* aux réunions de commerçans paraît avoir été faite d'abord en Italie, où le droit commercial a pris son origine, pour s'imposer, en se développant, aux autres nations. Ce mot *compagnie*, en italien *compagnia*, que l'Angleterre emploie de la même manière (company), semble, par son étymologie (*cum panganus*), se rapprocher de ce statut florentin qui interdisait aux banquiers de s'associer avec des étrangers. — Fréd. Sclopis, *Essai historique sur la législation italienne dans ses rapports avec l'industrie et le commerce* (*Revue de législation*, t. 17, p. 663).

3. — Mais M. Troplong (*Introd. au Tr. des sociétés*) en trouve l'origine dans ces communautés taisibles, dans ces sociétés rustiques, qui réunissaient tous les membres d'une même famille sous un même toit, sur un même domaine, dans le but de mettre en commun leur travail et de manger ensemblement leur pain, ainsi que l'enseigne Pasquier (*Recherches*, liv. 8, ch. 24, t. 1er, p. 804), d'où vient à leurs membres le nom de *compani*.

4. — Les compagnies comprenaient autrefois les branches de commerce qui exigeaient des avances au-dessus des facultés d'un particulier. — Guyot, *Rép.*, v° *Compagnie*.

5. — Les auteurs reconnaissent en France deux espèces de compagnies de commerce : les premières se formant en vertu des actes et des contrats qu'exigeaient les lois pour assurer les conventions des particuliers; on les appelait *sociétés*; les secondes obtenues pour leurs établissemens des privilèges exclusifs; elles ne pouvaient être formées que par des lettres-patentes ou par d'autres actes publics émanant de la puissance royale.

6. — Les plus notables, parmi ces compagnies, étaient les Compagnies d'Afrique, du Sénégal, de Guinée, les Compagnies des îles de l'Amérique, de la Nouvelle-France, de la France équinoxiale, la Compagnie des Indes orientales et occidentales, dont le privilège exclusif fut révoqué par l'arrêt du conseil du 13 août 1769, etc.

7. — On sait quels troubles furent jetés dans la fortune publique et dans les fortunes privées par les désastres que l'agiotage entraîna à sa suite. Le souvenir de ces maux n'était pas effacé lorsque la révolution éclata; aussi l'on voit que la convention, comme le dit M. Troplong (*Contrat de société*, t. 1er, n° 448), prit en haine les compagnies de finances, à cause de leur papier-monnaie, c'est-à-dire de leurs actions au porteur ou nominatives. Elle les considérait comme des instrumens d'agiotage, peut-être même de conspiration contre la république.

8. — La loi du 24 août 1793 a donc supprimé toutes les compagnies financières ou associations dont le fonds capital reposait sur des actions au porteur ou sur des effets ou des inscriptions transmissibles à volonté. De plus, l'art. 2, L. 24 août 1793, disposa qu'il ne pourrait être établi de pareilles compagnies sans une autorisation du corps législatif.

10. — Les lois des 17 vendém. an II, 26 germin. an II, 29 fructid. an II, 25 frim. an III, 8 flor. an III, prononcèrent la suppression de ces compagnies et ordonnèrent leur liquidation.

11. — Cependant la loi du 1er pluv. an II déclara que la suppression des compagnies financières ne comprenait pas les sociétés particulières établies pour construction de canaux, exploitation de mines, défrichement de marais, et autres établissemens d'utilité publique.

12. — Mais la loi du 26 germin. an II fut elle-même abrogée par la loi du 30 brum. an IV, et l'on peut dire que les compagnies de finances, n'étant plus défendues, furent par cela même autorisées : aussi l'art. 529, C. civ., qui détermine la nature mobilière des actions dans les compagnies de finances, de commerce ou d'industrie, admet nécessairement l'existence légale de ces compagnies.

13. — Le Code de commerce de 1808 ne conserva pas le nom de compagnies; mais ce fut sous le nom de sociétés anonymes qu'il organisa ces associations que l'orateur du gouvernement, Regnault de Saint-Jean-d'Angely, proclamait « un moyen efficace de favoriser les grandes entreprises, d'appeler en France les fonds étrangers, d'associer la médiocrité même et presque la pauvreté aux avantages des grandes spéculations, d'ajouter au crédit public et à la masse circulante dans le commerce. »

14. — Quelle que soit la dénomination consacrée par la loi, il est certain que, dans la pratique, lorsque les sociétés de commerce sont organisées par actions, on les désigne assez indifféremment sous les noms de *société* ou de *compagnie*.

15. — L'usage a, dans ce point, conservé aussi la distinction que faisait l'ancien droit, et aujourd'hui encore, dans le langage habituel, les compagnies diffèrent des simples sociétés de commerce, en ce que celles-ci se composent ordinairement que d'un très petit nombre de membres et disposent de ressources bornées. — V. SOCIÉTÉS COMMERCIALES.

COMPAGNON. — COMPAGNONAGE.

1. — On appelle, en général, *compagnon* l'ouvrier qui, après avoir appris un métier, va travailler avec un maître, à la journée, ou à ses pièces. — V. Merlin, *Rép.*, v° *Compagnons*; Guyot, *Rép. de Jurisp.*, *eod. verb.*; Encycl. méth. (Jurisp.), *eod. verbo*; et Denisart, *ibid.* — C'est en ce sens que l'appliquent les art. 246, n° 4, et 408, 2e alinéa, C. pén.

2. — Dans une acception plus spéciale, le mot *compagnon* est le relatif du mot *compagnonage*, car il désigne l'ouvrier affilié au *compagnonage*, c'est-à-dire l'ouvrier qui fait partie de la société ou de l'une des sociétés (quelquefois il y en a plusieurs) dont se compose le corps de métier auquel il appartient. — Dans cet ordre d'idées, l'on entend par compa-gnonage l'affiliation des compagnons entre eux.

3. — Les notions relatives aux principes qui concernent le compagnon comme ouvrier trouveront leur place sous une classification plus générale (V. MAITRE, OUVRIER, PRUD'HOMMES); quant aux affiliations aux associations qui constituent le compagnonage, elles ne touchent que peu de rapports à la législation et à la jurisprudence.

4. — L'origine du compagnonage ne paraît pas bien certaine. Des traditions que le plus de dire parmi les sociétés d'ouvriers les font remonter jusqu'à la fondation du temple de Salomon. Ces traditions sont consignées et appréciées dans un petit livre que, dans un fort louable, un *compagnon* a récemment publié sous ce titre : *Livre du compagnonage*, par M. Perdiguier, dit Avignonais-la-Vertu.

5. — Ce qui ne peut pas être contesté, c'est le compagnonage, qui a pour objet principal de fournir un appui, du travail, des secours à des ouvriers dont les efforts et les travaux isolés seraient trop souvent impuissans, doit remonter aux temps, assurément fort reculés, où, soit l'accroissement de la population sur certains points, soit l'exécution des doctrines dont certaines contrées ont déterminé l'ouvrier à quitter le sol qui l'avait vu naître, pour chercher son pain ailleurs.

6. — Pour démontrer ce qu'offrent d'incertain les traditions dont nous parlons, il suffira de dire que, d'après M. Agricol Perdiguier, *Livre du compagnonage*, t. 1er, p. 20 et suiv., le compagnonage reconnaît trois fondateurs principaux, Salomon, Jacques Molay, désigné plus souvent par les compagnons sous le nom de maître Jacques, et le père Soubise.

7. — Toutes les sociétés dont se composent aujourd'hui le compagnonage, sociétés qui embrassent presque tous les corps de métiers, se rattachent à ces trois fondateurs. Elles formaient dans le principe trois catégories distinctes qui marchalent sous la bannière de chacun de leurs maîtres; mais les deux dernières catégories se sont réunies : celle de Salomon a continué à subsister seule.—Perdiguier, t. 2, p. 200.

8. — Ce n'est pas le lieu d'énumérer ici les diverses sociétés de compagnonage qui ont procédé de cette triple origine, ni de faire connaître leurs DEVOIRS différens, c'est-à-dire leurs Codes et leurs doctrines; nous avons indiqué cette origine tripartite, parce que, souvent encore, aujourd'hui, elle produit de regrettables effets dans les rapports individuels des compagnons. Formées d'abord dans un but louable et pour le bien-être des ouvriers, ces sociétés ont dégénéré. La jalousie, la rivalité, la prétention au port exclusif de certains insignes extérieurs, ont amené des rixes sanglantes, criminelles même, et dont la répression a presque toujours nécessité l'intervention de l'autorité. Les

amis des ouvriers doivent faire des vœux pour leur voir suivre les conseils si conformes à l'humanité et à la sagesse que leur donne à chaque page le livre de M. Agricol Perdiguier.

9. — Les troubles fréquens engendrés par le compagnonage ont fait placer la formation et la marche de toutes les sociétés de cette nature sous la surveillance de l'autorité.

10. — Aussi la loi a-t-elle toujours défendu ces diverses associations, sans autorisation préalable, de même que le port des insignes extérieurs de ralliement, tels que rubans, cannes, épées, ou autres armes, même les jours de fête patronale des saints sous l'invocation desquels ces associations se sont placées.

11. — La législation antérieure à 1789 avait porté sur ces divers points des dispositions sévères.

12. — Ainsi, on lit dans le réglement du 28 fév. 1723, art. 42, relatif aux compagnons imprimeurs : « Défenses sont faites à tous compagnons, ouvriers et apprentis de faire aucune communauté, confrérie, assemblée, cabale, ni bourse commune ; d'avoir aucun livre ni registre de confrérie; d'être aucun marguillier, syndic, prévôt, chef, préposé, ni autres officiers; de faire aucune collecte ni levée de deniers, et d'agir en nom collectif pour quelque cause et occasion que ce soit, à peine de prison, de punition corporelle, et de trois cents livres d'amende.» — Guyot, *Répert.*, vº *Compagnon*, p. 256.

13. — Un arrêt du conseil du 9 oct. 1724 défendait également aux compagnons imprimeurs de porter l'épée ou autres armes, sous peine de prison et autres, ou de souffrir qu'aucun ouvrier en portât, à peine d'en répondre en leur propre et privé nom.

14. — Quoique cet arrêt ne parle que des compagnons imprimeurs, nous croyons, avec les auteurs de l'*Encycl. méthod.* (Jurisp.), vº *Compagnonage*, p. 85, que ces dispositions doivent s'appliquer à tous les compagnons des différens corps de métiers.

15. — On trouve, du reste, les mêmes défenses faites d'une manière générale à tous compagnons dans des lettres-patentes sur arrêt du 2 janvier 1749, enregistrées au parlement de Flandre le 21 fév. suivant (art. 3); et dans un arrêt rendu au conseil d'état de Stanislas, roi de Pologne, duc de Lorraine, le 21 mai 1764, enregistré à la cour souveraine de Nancy le 4 juin suivant. — Guyot, *ibid.*, p. 254.

16. — Les mêmes interdictions étaient encore répétées d'une manière plus explicite et plus expresse dans un arrêt du parlement de Paris, en date du 7 septembre 1778, lequel avait ordonné l'exécution d'une sentence de police de la ville de Lyon, du 1er août précédent, sur les assemblées illicites formées dans cette dernière ville par les ouvriers. L'art. 2 était ainsi conçu : « Défendons particulièrement à tous ouvriers de former, avoir ni entretenir aucune association sous le nom de *sans-gêne*, *bons enfans*, *gavots*, *droguins*, *du devoir*, *dévorans*, *passés*, *gorets* et autres, sous prétexte de se reconnaître, de se placer et de s'aider ; comme aussi leur défendons de s'assembler et de s'attrouper, même sous prétexte de faire une conduite dans cette ville, faubourgs et banlieue, non seulement dans les cafés, auberges, cabarets, maisons particulières, mais encore dans les rues, places, carrefours, quais, ponts, jardins, prés, terres, vignes, promenades, lieux vagues, et autres endroits quelconques, à peine d'être sur-le-champ arrêtés, emprisonnés, et leur procès doit être fait et parfait, conformément et suivant la rigueur des ordonnances qui défendent les assemblées illicites. » — Merlin, *Répert.*, vº *Assemblées*, § 5, nº 3.

17. — Et comme ces assemblées illicites se tenaient le plus souvent chez les cabaretiers, marchands de vin, limonadiers et autres, le même arrêt (art. 4) enjoignait à ces maîtres d'établissemens de ne recevoir aucune assemblée de compagnons et ouvriers *du devoir*, etc., sous peine de fermeture de leur boutique, privation de leur état et punition exemplaire. — Merlin, *loc. cit.*

18. — Un autre arrêt du même parlement du 12 novembre suivant contenait les mêmes prescriptions et de plus sévères encore à l'égard des taverniers, cabaretiers et limonadiers. Ainsi, aux termes de cet arrêt, ils ne pouvaient recevoir chez eux plus de quatre compagnons, sous peine d'amende et de peine plus grande, selon les circonstances. —*Encycl. méthod.* (police et municipalités), vº *Compagnon*, p. 576.

19. — Depuis 1789, divers lois et décrets, relatifs aux assemblées d'ouvriers, aux manufactures, fabriques, ateliers, et à la police des papeteries, ont reproduit la plupart des dispositions de ces arrêts. — V. Décrets 14-17 juin 1791, art. 8; 19-22 juill. 1791, art. 14 ; L. 22 germin.-12 flor. an XI, art. 6; et 16 fructid an IV, art. 6.

20. — Les associations relatives aux compagnons sont aujourd'hui soumises, comme toutes les autres associations, aux prescriptions de l'art. 291 C. pén., et de la loi du 10-11 avr. 1834. — V. ASSOCIATIONS, ASSOCIATIONS DE BIENFAISANCE, ASSOCIATIONS ILLICITES.

21. — L'autorisation accordée par le gouvernement ou ses délégués aux sociétés de compagnonage et l'approbation de leurs statuts ne sont pas les seuls actes de surveillance et de restriction qui soient dans les droits de l'administration. L'usage admis dans la plupart de ces sociétés du port de signes extérieurs, de certains insignes, de cannes, de rubans, peut devenir aussi l'occasion, soit de répression pénale, soit de dispositions réglementaires arrêtées par l'autorité administrative ou municipale.

22. — Si ces signes extérieurs, qui doivent, pour motiver l'application de la pénalité de l'art. 8, L. 25 mars 1822, réunir toutes les conditions que nous venons d'indiquer, ne pouvaient, dans certaines circonstances, être considérés comme des signes de ralliement, il n'appartiendrait pas moins à l'autorité administrative et à l'autorité municipale d'en interdire le port dans l'intérêt de la sûreté et de la tranquillité publique.

23. — Ainsi, ces manifestations peuvent motiver, suivant les cas, l'application des lois des 17 mai 1819 (art. 5) et 25 mars 1822 (art. 9) relatives au port public de signes extérieurs de ralliement, non autorisés par les lois ou par les réglemens de police.

24. — Le maire qui, dans l'intérêt de la sûreté et de la tranquillité publique, et pour prévenir des rixes, rend un arrêté par lequel il défend aux ouvriers de sortir dans les rues revêtus des rubans et insignes du compagnonage, agit dans le cercle de ses attributions ; cet arrêté est obligatoire pour tous les citoyens et les tribunaux. Ceux qui ont contrevenu à cet arrêté ne sont pas excusables, alors qu'ils allèguent s'être présentés à la mairie pour obtenir la permission du maire, mais que, ne l'ayant pas trouvé, ils se sont décidés à s'en passer, et que, de plus, ils prétendent qu'ils étaient prêts à cacher leurs rubans en boutonnant leurs habits si les circonstances l'avaient exigé. — *Cass.*, 5 août 1836 (t. 1er 1837, p. 468). Cazes.

25. — C'est par application des mêmes principes que le préfet de la Loire-Inférieure a, dans le courant de 1845, pris un arrêté pour interdire aux ouvriers de toutes professions de se réunir en troupe sur la voie publique. Par ce même arrêté, il est expressément défendu à tous ouvriers, se disant ou non compagnons, de se revêtir en public des insignes ordinaires du compagnonage ou de tout autre signe extérieur de ralliement non autorisé, dans quelque circonstance que ce soit, notamment les jours de fête patronale, ou sous prétexte de faire la conduite à un ou plusieurs ouvriers. Tout ruban ou autre marque de ce genre, porté publiquement, soit au chapeau, soit à la boutonnière, est formellement prohibé. Le port public de *la canne*, servant de signe de ralliement, est également interdit d'une manière absolue.

26. — Sous le rapport des intérêts civils, ces sociétés de compagnonage sont régies par des réglemens qui tirent leur force obligatoire de l'assentiment des affiliés.

27. — La société une fois organisée, les ouvriers appartenant aux divers corps de métiers auxquels la société est consacrée peuvent s'y faire affilier en remplissant les conditions prescrites par les réglemens ou statuts.

28. — Chacun des sociétaires reçoit assistance de la société pour obtenir, soit du travail, soit une cordiale assistance, s'il est inoccupé, soit des secours et des soins, s'il est malade.

29. — Le temps du compagnonage peut être plus ou moins long. Il finit lorsque l'ouvrier quitte la société dont il faisait partie, soit volontairement et de lui-même pour s'affilier à une autre société ou pour s'établir, soit involontairement pour une cause quelconque.

V. ASSOCIATIONS, ASSOCIATIONS DE BIENFAISANCE, ASSOCIATIONS ILLICITES, ATTROUPEMENS, COALITION, MAITRE, OUVRIER, PRUD'HOMMES, SOCIÉTÉ, VOL.

COMPARAISON D'ÉCRITURES.

V. FAUX INCIDENT CIVIL, VÉRIFICATION D'ÉCRITURES.

COMPARUTION DES PARTIES.

Table alphabétique.

COMPARUTION DES PARTIES. — 1. — Mode d'instruction sommaire employé par les juges pour éclairer leur conscience, lorsque les parties sont contraires en faits et que ces faits leur sont personnels.

2. — Comme le dit très bien M. Boncenne (t. 2, p. 469), « l'opposition entre les plaideurs sur les faits d'une cause jette souvent la justice dans une désespérante perplexité. Il est difficile de pénétrer jusqu'au vrai, à travers ces luttes alternatives de doute et de vraisemblance qui s'engagent au palais : les intermédiaires y sont fort utiles pour la direction des procédures et pour la discussion des points de droit; mais il ne dépend pas toujours d'eux d'apporter dans les détails et dans les nuances des faits toute l'exactitude et toute la fidélité désirables... »

3. — De là l'utilité de la comparution des parties; c'est un moyen que la loi donne au juge pour tirer de la bouche des plaideurs les éclaircissemens qu'il n'a pu obtenir par l'instruction ordinaire. — Pigeau, *Procéd.*, t. 1er, p. 251 ; Berriat, t. 1er, p. 357 ; *Praticien franç.*, t. 2, p. 295 ; Boncenne, t. 2, p. 472.

4. — La comparution de parties n'existait pas pour les juges civils dans l'ancien droit ; l'ord. de 1667, tit. 16, art. 4, ne l'autorisait qu'en matière commerciale.

5. — Toutefois ce mode d'instruction a tant d'avantages, il est à la fois si simple et si peu dispendieux, il est d'ailleurs souvent si efficace, qu'il finit par être en usage dans toutes les juridictions. — V. Nouveau Denisart, t. 4, p. 785; *Praticien du Châtelet*, p. 49, Introd.

6. — «L'ordonnance de 1667, dit Pigeau (*Procéd. du Châtelet*, t. 1er, p. 252), ne permet cette voie qu'aux consuls. Elle se pratique néanmoins dans les autres tribunaux, parce qu'elle est fondée sur la raison, qui est la mère de toutes les lois. »

7. — La comparution des parties était surtout employée au Châtelet, à la chambre civile et aux auditeurs. — Camus et Bayard, t. 4, p. 785.

8. — Sous l'empire du Code, il est encore moins possible de contester aux magistrats la faculté d'ordonner la comparution, car non seulement aucun texte ne la leur refuse, mais il y en a même qui la supposent. — V. C. procéd. civ., art. 119 (qui détermine les formalités du jugement ordonnant la comparution); Tarif, art. 146, § 3 (relatif aux frais de voyage dus à la partie dans le cas où la comparution a été ordonnée).

9. — Cependant cette vérité a été contestée par un arrêt de la cour supérieure de Bruxelles, qui a décidé que le Code de procédure ne connaît d'autre comparution personnelle *en matière civile* que celle pour répondre sur faits et articles conformément aux art. 324 et suiv. dudit Code. — *Bruxelles*, 14 mars 1827, C... — Mais une pareille doctrine est évidemment erronée.

10. — C'est surtout dans les matières sommaires, pour lesquelles la loi n'autorise point une instruction écrite, que la comparution personnelle doit être ordonnée. — Thomine-Desmazures, t. 1er, p. 235, nº 133. — A Paris, il en est fait un usage fréquent.

11. — Il ne faut pas confondre la comparution des parties avec l'interrogatoire sur faits et articles : ces deux modes d'instruction n'ont de commun que le but; ils diffèrent essentiellement sur plusieurs points.

12. — En effet : 1º l'interrogatoire sur faits et articles doit être demandé par la partie; le juge ne peut l'ordonner d'office : il en est autrement pour la comparution des parties. — C. procéd., art. 119 et 428; — Rauter, p. 245; *Praticien franç.*, t. 2, p. 295, *in fine*; Chauveau Adolphe, *Comment. du tarif*, t. 1er, p. 329, nº 37.

13. — 2º Dans l'interrogatoire, on signifie une partie des faits à celui qui doit être interrogé, au lieu que, dans la comparution, la partie ne connaît les faits sur lesquels elle doit être interrogée qu'à l'audience; on ne lui communique pas les questions : le juge lui adresse celles qui lui semblent propres à conduire à la manifestation de la vérité.

14. — 3º Dans l'interrogatoire, le jour où la partie doit être entendue est fixé par *ordonnance du juge commis* (C. procéd., art. 327); dans la comparution le jour est fixé par le jugement. — C. procéd., art. 119.

15. — 4° L'interrogatoire doit avoir lieu hors la présence de la partie adverse ou de son avoué. — C. procéd., art. 333. — La comparution, au contraire, est presque toujours contradictoire; elle a lieu, en général, devant le tribunal entier et à l'audience, tandis que le président seul ou le juge commis procède à l'interrogatoire.

16. — 5° L'interrogatoire sur faits et articles exige une procédure particulière et entraine des frais. La comparution des parties ne donne lieu qu'à une sommation d'avoué à avoué, dont quelquefois même on se dispense : par exemple, quand les parties se trouvent à l'audience.

17. — C'est ce qui fait dire à M. Toullier (t. 10, p. 419, n° 284) que « les interrogatoires faits à l'audience, en vertu d'un jugement qui ordonne la comparution des parties, ont pour l'abréviation des procès un avantage que n'ont point les interrogatoires sur faits et articles.

18. — La comparution des parties est entièrement laissée à l'arbitraire du juge; il peut l'ordonner ou la refuser, sans que sa décision puisse à cet égard donner ouverture à cassation. — *Cass.*, 3 janv. 1832, Despech c. Caddoze; — Chauveau sur Carré, t. 1er, *Quest.*, 302 *ter*.

19. — Et l'arrêt de Bruxelles précité (n° 9) décide que, *à supposer* que la loi attribue au juge le pouvoir d'ordonner la comparution personnelle des parties, même en matière civile (et spécialement en matière de séparation de corps), il doit au moins être laissé à son arbitraire de n'user de cette mesure qu'autant qu'il la croit utile à l'instruction de la cause, sans qu'il soit tenu de le faire toutes les fois qu'on le lui demande.

20. — MM. Bioche et Goujet (*Dict. procéd.*, v° *Comparution des parties*, n° 5) enseignent que les parties qui comparaissent doivent, en général, avoir la libre disposition de leurs droits, les explications qui suivent la comparution pouvant devenir des aveux de nature à entraîner une condamnation. — V. AVEU.

21. — On lit dans un arrêt de la cour de Rennes que la comparution personnelle peut être ordonnée, *quels que soient la nature et l'objet de la contestation soumise aux juges*, l'art. 119, C. procéd., ne faisant à cet égard aucune distinction; et que, spécialement, elle peut être ordonnée même dans une espèce où un paiement contesté est constaté par un acte faisant foi jusqu'à inscription de faux. — *Rennes*, 13 août 1828, Rivoiron c. Brunet.

22. — Et M. Bonnier (*Tr. des preuves*, n° 287) enseigne que la comparution peut être ordonnée, même lorsque la preuve testimoniale ne serait pas admissible.

23. — Au contraire, M. Chauveau (sur Carré, *Quest.* 302 *bis*) combat la doctrine de la cour de Rennes, et il invoque le résumé extrait des notes de Carré et qui était destiné à figurer sous l'art. 119 : « La comparution personnelle, y est-il dit, peut être *ordonnée lorsque les principes sur l'admissibilité des preuves ne s'y opposent pas*. Par exemple, ordonnera-t-on la comparution pour induire des réponses du comparant qu'un acte authentique dans lequel il y a reconnaissance positive d'avoir reçu une somme, a faussement énoncé cette reconnaissance? arguez-le de faux, de dol, de fraude, et ne prenez pas un moyen détourné de prouver outre et contre le contenu des actes; la solution de cette importante question doit se trouver dans l'art. 1341, C. civ. » Et M. Chauveau donne le texte d'une consultation délibérée en ce sens lors de l'arrêt de 1828.

24. — Pour nous, il nous semble que les termes généraux de l'art. 119 doivent faire préférer la doctrine de l'arrêt de 1828 : « On conçoit, en effet, comme le dit cet arrêt dans ses motifs, qu'une partie, lors même qu'elle se présente avec les preuves les plus irrécusables, ne puisse être fondée à se plaindre qu'on la rende en quelque sorte juge dans sa propre cause, en prenant droit par les déclarations qu'il lui conviendra de faire. » En résumé, la comparution des parties n'est qu'un moyen laissé aux juges d'arriver plus facilement à la découverte de la vérité; or, on ne comprendrait pas qu'il fût possible de limiter sur ce point l'exercice d'un pouvoir si salutaire.

25. — Le jugement qui ordonne la comparution des parties doit indiquer le jour où elles seront entendues dans leurs explications. — C. procéd., art. 119.

26. — En cas d'empêchement, la partie empêchée peut obtenir une prorogation. C'est ce qui a été jugé par la cour de Bruxelles (11 fév. 1809, Degliens c. Limberg) en matière d'interrogatoire sur faits et articles, et il n'y a aucun motif pour décider autrement en matière de comparution de parties. — L'usage est, au surplus, constant à cet égard.

27. — M. Rauter (*Cours de procéd. civ.*, p. 243, n° 225) pense qu'il n'est pas permis de n'ordonner que la comparution *d'une seule partie*. Tel est aussi l'avis de MM. Bioche et Goujet (*Dict. de procéd.*, v° *Comparution des parties*, n° 4) : « La loi, disent ces auteurs, s'est servie *du pluriel*. » Mais cette opinion est plus généralement repoussée comme trop absolue. « Quoiqu'en général, dit M. Chauveau sur Carré (n° 502), la comparution de *toutes les parties* doive être ordonnée, et qu'on doive les entendre en présence les unes des autres, parce que de la contradiction jaillit la lumière, cependant nous pensons que le juge peut, selon qu'il le croit convenable, procéder à l'interrogatoire de chacune des parties, soit séparément, soit en présence de l'autre, et qu'il peut ordonner la comparution de telle ou telle partie. La loi ne limite pas le pouvoir des tribunaux. L'art. 324 parle aussi *des parties*. Rien n'empêcherait néanmoins la partie dont la comparution n'aurait pas été ordonnée de se rendre à la barre et de donner des explications. » Cet avis, qui est aussi celui de MM. Pigeau (*Procéd. civ.*, § *De la comparution*, art. 2) et Thomine-Desmazures (t. 1er, p. 236), nous paraît devoir être préférablement suivi.

28. — Le tribunal ne doit pas ordonner d'office la comparution de personnes autres que les parties. C'est à ces dernières à demander la mise en cause d'une tierce personne ou une enquête. — Bioche et Goujet, n° 3; Thomine, *loc cit.*

29. — Le jugement qui ordonne une comparution est-il préparatoire ou interlocutoire? — M. Rauter (p. 245, n° 225) est peut-être le seul auteur qui décide la question en ce dernier sens, mais il ne donne aucune raison de sa décision.

30. — La cour de Rouen a également décidé qu'un pareil jugement est interlocutoire (mais dans une espèce où il s'agissait d'une demande en main-levée d'une opposition à mariage), « considérant, porte cet arrêt, qu'un pareil jugement est *interlocutoire*, en ce qu'il préjuge que le mérite de l'opposition ou de la demande en main-levée est subordonné à la comparution personnelle des parties. » — *Rouen*, 17 janv. 1821, Semichon.

31. — Mais l'opinion qui considère un tel jugement comme préparatoire est soutenue par MM. Demiau (p. 102), Carré (t. 1er, *Quest.* 501), Thomine-Desmazures (t. 1er, p. 235). — V. aussi *Agen* 5 juill. 1831, Lagardère c. Desbarrats. — Nous adoptons cette solution, car il n'arrive presque jamais que le jugement qui ordonne la comparution préjuge le fond.

32. — Tel est aussi l'avis de M. Boncenne (t. 2, p. 470). « Ce jugement, dit-il, ne contient pas d'autre motif que celui tiré de l'utilité qu'il promet; il dit que les parties viendront elles-mêmes se placer sous les yeux du magistrat et donner les renseignemens qui seront demandés; il ne préjuge rien, car il n'énonce ni les faits qu'il s'agit d'éclaircir, ni les questions qui seront faites.

33. — Le jugement qui ordonne la comparution doit-il être levé et signifié, soit à partie, soit à avoué? — D'abord il est un cas où, de l'avis de tous, la signification est inutile : c'est celui où les parties se trouvent à l'audience et sont entendues à l'instant.

34. — Mais la question est très controversée pour le cas où les parties ne sont point à l'audience et où la comparution ne peut avoir lieu immédiatement.

35. — Trois systèmes ont été présentés sur ce point. Le premier, défendu par M. Carré (*L. de la procéd.*, t. 1er, *Quest.* 502), exige qu'une signification soit faite à la partie, mais à la partie seulement. — Il se fonde sur la disposition de l'art. 70 du Tarif.

36. — Le second, adopté par M. Boncenne (t. 2, p. 471) et par M. Chauveau sur Carré (*L. de la procéd.*, t. 1er, *Quest.* 502), proclame la nécessité de la double signification, c'est-à-dire à l'avoué et à la partie, conformément à l'art. 147, C. procéd.

37. — *Enfin*, le troisième, que soutiennent MM. Pigeau (*Comm.*, t. 1er, p. 283), et Thomine-Desmazures (t. 1er, p. 235), rejette toute signification comme inutile, lorsque le jugement est contradictoire (sauf à signifier, si le jugement était par défaut).

38. — Nous nous rangeons à ce dernier avis : car, en général, le jugement qui ordonne une comparution est un jugement de pure instruction, qui ne préjuge rien, qui ne prononce aucune condamnation, et qui ne profite pas plus à l'une des parties qu'à l'autre.

39. — C'est, du reste, ainsi qu'on l'envisage dans la pratique. Ordinairement, l'avoué le plus diligent se contente d'avertir sa partie et de donner une sommation à l'adversaire pour le jour d'audience indiqué. — Chauveau sur Carré, *eod. loc.*

40. — « Toutefois, disent MM. Bioche et Goujet (v° *Comparution des parties*, n° 7), il est *prudent* de signifier ce jugement si l'on craint que l'adversaire ne veuille pas comparaître. Il peut arriver qu'il soit attaquable pour quelque cause de nullité qu'il importe de ne pas couvrir, ou qu'une exception d'incompétence, une fin de non-recevoir, soient compromises par la comparution; il est bon que la partie soit prévenue par son avoué qu'un défaut de comparution pourra laisser au tribunal des doutes sur sa bonne foi et faire ajouter plus de confiance aux explications de l'adversaire. »

41. — Et les mêmes auteurs ajoutent que, bien que le Tarif n'indique aucun salaire, aucune vacation pour assistance, signification ou sommation, il pourra en être alloué suivant les circonstances.

42. — La comparution a lieu le plus souvent en audience publique, devant le tribunal saisi de la cause, et chacune des parties peut adresser à l'autre des interpellations par l'organe du président, si ce magistrat le trouve bon. — Toullier, t. 10, p. 418, n° 281.

43. — Mais quelquefois les parties sont entendues en la chambre du conseil. — C'est ce que permet l'art. 428, C. procéd.; cet article, il est vrai, n'est relatif qu'aux affaires pendantes devant le tribunal de commerce, cependant il est appliqué aussi en matière civile. — MM. Bioche et Goujet (*loc cit.*, n° 9) soutiennent, mais à tort, le contraire.

44. — Les parties doivent répondre en personne, sans pouvoir lire aucun projet de réponse écrit. — Bioche et Goujet, *loc. cit.*

45. — Il n'est pas nécessaire de dresser procès-verbal de la comparution et de l'interrogatoire des parties, du moins quand c'est devant le tribunal qu'on procède. — Rauter, p. 245, n° 225.

46. — Toutefois, quand la cause est sujette à l'appel, il est important que le jugement relate dans ses motifs les éclaircissemens fournis par les réponses des parties, et les inductions que le tribunal croit devoir en tirer relativement à la solution du procès. — Pigeau, *Proc. civ.*, t. 1er, p. 252; Thomine-Desmazures, t. 1er, p. 236; *Le praticien du Châtelet*, Introd., p. 47.

47. — « C'est, en effet, dit Carré (*Quest.* 502), le seul moyen, dans une pareille cause, de mettre la cour en mesure d'apprécier le bien jugé. Le même résultat serait atteint par un procès-verbal séparé qu'on pourrait dresser sur le dire des parties, mais, ce procès-verbal n'étant pas autorisé par la loi, les frais sans doute n'en passeraient pas en taxe. »

48. — Et il a été jugé que, lorsque les premiers juges n'ont pas constaté dans leur jugement ni dans un procès-verbal séparé le résultat de la comparution des parties en personne, où ils ont puisé un commencement de preuve par écrit, il y a lieu, par les juges d'appel, d'ordonner derechef, avant de faire droit, la même voie d'instruction. — *Amiens*, 14 juill. 1838 (t. 2 1838, p. 510), Lévêque c. Pierrot.

49. — Les aveux et déclarations faits à l'audience font pleine foi contre ceux de qui ils émanent et ne peuvent être ni divisés ni révoqués. — Toullier, t. 10, p. 419, n° 285; Boncenne, *Théor. de la procéd.*, t. 2, p. 477. — V. AVEU.

50. — Quel est l'effet de la non-comparution de l'une des parties auxquelles le tribunal a enjoint de comparaître en personne? — M. Carré termine l'examen de la *Quest.* 502 par ces mots : « Si l'une des parties ne comparaît pas, son défaut doit la faire assimiler à celui qui ne veut pas subir interrogatoire sur faits et articles. » Or, l'art. 330, C. procéd. civ., relatif à ce dernier cas, dit que si l'assigné pour être interrogé ne comparaît pas ou refuse de répondre après avoir comparu, les faits *pourront être tenus pour avérés*.

51. — C'est ce qu'enseigne également M. Boncenne (*loc. cit.*), mais il s'explique d'une manière plus nette, en disant : « Ce n'est pas que le défaut de comparution ou le refus de répondre *impose* aux tribunaux l'*obligation* étroite de tenir les faits pour avérés; il faut entendre ce que je viens de dire *dans le sens d'une simple faculté*; certes, une juste présomption s'élève contre le plaideur honteux qui craint de se présenter et de s'expliquer : *nimis indignum est proprio testimonio resistere*. Toutefois, cette présomption ne constitue pas une preuve qui doive dominer l'opinion du juge et interdire tout accès à des documens contraires; *il était mieux de s'en remettre, comme on l'a fait, à ses lumières et à sa pénétration.* » — V. en ce sens Boitard, t. 1er, p. 466; Pigeau, *Proc. civ.*, § *Comparution*, art. 2; Toullier, t. 10, n° 299; Thomine, t. 1er, p. 236; Chauveau sur Carré, t. 1er, *Quest.* 502 *bis*.

52. — La cour de Cassation a jugé en ce sens, par la combinaison des art. 428 et 330, C. procéd., que, lorsque la partie dont la comparution a été ordonnée par un jugement du tribunal de com-

merce ne comparait pas en personne, les faits posés à sa charge *peuvent être tenus pour avérés.* — *Cass.*, 19 fév. 1812, Eschhacker c. Rhin.

33. — Bien que la comparution n'entraîne pas de frais, cependant il est un cas où l'on peut porter au mémoire des frais un article important; — il s'agit des frais de transport que peut réclamer la la partie qui triomphe, quand, pour satisfaire à décision du tribunal, elle a été obligée de quitter son domicile et de faire un voyage.

34. — Dans ce cas, l'indemnité se règle d'après les art. 146, § 3, et 147 du Tarif.

COMPASCUITÉ.

1. — C'est le nom qu'on donne dans quelques pays, et notamment en Provence, au droit de pacage appartenant en commun, sur le terrain d'autrui, à plusieurs personnes ou à plusieurs communautés.

2. — La *compascuité* ou dépaissance commune est, d'après les usages de Provence, ce que l'on entendait dans les pays coutumiers par les mots de *vaine pâture*, par opposition à la *vive* ou *grasse pâture.*

3. — Cette dernière s'exerçait en général sur les terrains portant des fruits susceptibles d'être récoltés, tels que marais, patis, bruyères.

4. — L'autre ne se prenait que sur les grands chemins, les terres en friches, les prairies ouvertes après fauchaison, et généralement sur tous les terrains où il n'y a ni semence ni fruits, et qui, d'après l'usage des lieux, ne sont pas en défens.

5. — « La classification (dit Cappeau, *Législation rurale et forest.*, t. 1er, p. 43) est donc moins une distinction des choses que du droit. L'héritage est-il ou peut-il être *en défens*, c'est-à-dire le propriétaire peut il disposer des pâturages, c'est *grasse pâture* : ne l'est-il pas, la coutume, les titres ou l'usage le soumettent-ils à la dépaissance commune, c'est une *vaine pâture*, que dans les pays de droit écrit, et surtout en Provence, on appelle *compascuité* ou dépaissance commune. »

6. — Ces droits de compascuité, quels qu'ils soient, c'est-à-dire sur quelques terrains qu'ils s'exercent, dès que ces terrains appartiennent à autrui, ne sont que des servitudes et des servitudes réelles, qu'on ne peut, dès-lors, acquérir ni posséder que quand on a des immeubles.

7. — Ces servitudes ne sont pas légales. En effet, le statut de Provence porte expressément que toutes possessions propres à des particuliers doivent être à leur propre commodité et non d'autres personnes, *et peuvent être défendues toute l'année sous grande peine.* — Morgues, p. 301; Julien, *Comment. sur les stat. de Provence*, t. 1er, p. 572 et suiv.: — *Quod ex solo alicujus super est, suum est: ergo et herbæ prati vel alterius prædii est illius cujus solum est;* — Antibolus, *de Muneribus*, § 4, n° 192. — V. aussi *Parlem. Grenoble*, 5 juin 1683; Boniface, t. 4, liv. 3, tit. 1er, chap. 6; Lepasquier, *Législat. de la vaine pâture*, p. 109. — La compascuité ne peut donc être acquise que par titre ou par possession. — C. civ., art. 688 et 691.

8. — Déjà, avant le Code civil, la loi des 28 sept.-6 oct. 1791 (art. 1er, sect. 4e) avait proclamé pour chacun le droit de faire pâturer *exclusivement* ses troupeaux sur ses terres; elle avait, par son art. 3, proscrit la dépaissance sur le sol d'autrui comme simple faculté, en déclarant que le droit de vaine pâture *ne pourrait exister* qu'autant qu'il serait fondé sur un titre particulier ou sur la loi, ou sur un usage local immémorial, et à la charge de s'y exercer conformément aux usages locaux, qui ne pouvaient contrarier la réserve du droit de clôture, du rachat, du cantonnement et autres, exprimés par cette loi.

9. — De cette maxime, aujourd'hui générale, que la dépaissance sur le fonds d'autrui n'est qu'une servitude conventionnelle, découle cette autre maxime, que tout ce qui concerne la dépaissance, son étendue, la qualité des terrains et le temps où elle s'exerce, le nombre de bêtes qui doivent en profiter, tout est réglé par le titre, et, à défaut de titre, par les usages, qui ont force de loi. — Julien, *ibid.*, tit. 1er, p. 574. — On vient de voir (n° 8) que c'est la prescription de l'art. 3, L. 1791, avec cette restriction cependant que l'usage local ne contrariera pas les réserves qu'elle porte.

10. — Cette loi s'écartait sur ce point des maximes reçues en pays de droit écrit, où l'on tenait généralement que le droit de dépaissance n'avait rien de personnel, ni même de mixte, à la différence de certaines provinces où il était à la fois réel et personnel, en ce sens que, pour en jouir, il n'était pas nécessaire de posséder des biens fonds dans la commune : il suffisait d'être habitant. C'est ainsi qu'on le considérait en Bourgogne et en Auvergne. — Delamarre, *Traité de la Police*, t. 2, liv. 5, t. 17, chap. 1er, § 2.

11. — En Provence, au contraire, il n'a jamais suffi pour jouir de ce droit d'être habitant de la commune : le droit de *compascuité* n'a jamais profité qu'à celui qui possédait des biens cultivés, soit à titre de propriétaire, soit à titre de fermier. C'est aux fonds que cette servitude a été accordée; c'est en raison des fonds seulement que le droit et l'exercice de cette servitude sont réglés : aussi les rapports qui déterminent la quantité de bestiaux que chacun peut envoyer dans les pâturages, eu égard à la possibilité du terrain qui doit les fournir, sont-ils appelés rapports *pro modo jugerum et possessionum.*

12. — Ce caractère de la compascuité était parfaitement concordant avec sa nature; c'était une servitude, et elle ne pouvait être que réelle dans un pays où l'on ne reconnaissait pas de servitude personnelle.

13. — Le parcours, c'est-à-dire le droit qu'ont des communes voisines de faire passer réciproquement leurs bestiaux sur les terres les unes des autres pour y pacager, accompagne souvent la compascuité.

14. — Celle-ci peut bien exister dans une commune sans parcours, car les bestiaux peuvent vaguer dans son terroir sans faire des excursions dans les terroirs voisins; mais le parcours, ne pouvant s'exercer que sur les vaines pâtures et jamais sur les pâtures grasses, ne peut être là où il n'y a pas compascuité.

15. — L'origine de ce droit est expliquée ainsi par Morgues : « Les fréquentes contentions qui arrivaient entre les habitans des villages ou bourgs voisins, à l'occasion des herbages ou des forêts commodes pour y engraisser les pourceaux et y prendre du bois pour le chauffage, ont donné sujet aux seigneurs et communautés desdits bourgs d'établir ou convenir en plusieurs lieux qu'il y aura *compascuité* et communion tant des héritages que des glandages et du bois pour le chauffage, et en conséquence de cette entre-communication de faculté, les habitans desdits bourgs entre lesquels cette compascuité et communion est établie, usent réciproquement des droits et facultés les uns des autres.

16. — Le parcours, dont la fin est la compascuité, a plusieurs règles communes avec elle; nous ne les exposerons qu'autant qu'elles rentrent dans la matière qui nous occupe : quant aux règles particulières au parcours, V. PARCOURS.

17. — Que la compascuité et le parcours s'exercent sur les biens de la commune ou sur ceux asservis à cette charge, le temps de leur exercice est réglé par les titres.

18. — A défaut, il doit l'être par le droit commun; or, d'après le droit commun, en Provence, l'hiver se termine un mois après Pâques; et l'été, qui commence à cette époque, finit au 29 septembre, jour de la Saint-Michel. Dans quelques communes des environs d'Arles, l'usage est différent, et l'hiver, plus court, finit à la mi-carême.

19. — Ainsi, celui qui, par bail ou autre titre, a droit de faire hiverner son bétail dans une terre, pour l'y faire paître depuis la Saint-Michel jusqu'à la fin du mois qui suit Pâques, et, par conséquent, celui qui ne peut l'y introduire que pendant l'été, ne doit l'y laisser que depuis la fin du mois qui suit Pâques jusqu'à la Saint-Michel. — Cappeau, t. 1er, p. 58.

20. — La compascuité, étant une servitude, doit être restreinte à ce qui excède les besoins du propriétaire, *dummodo commoditas rei non annulatur;* et quel que soit le titre en vertu duquel le droit de dépaître est exercé, lucratif ou onéreux, il se perd si les pâturages ne suffisent qu'aux besoins du propriétaire. — *Parlem. Provence*, 26 juin 1756.

21. — Le principe que les biens cultivés ne deviennent communs que quand ils sont entièrement dépouillés de leur récolte, et deux jours seulement après la récolte enlevée, s'applique à toute la France. — L. 28 sept.-6 oct. 1791, art. 10. — Mais il existe une différence entre la Provence et les pays du Nord en ceci : le parlement de Paris avait interdit l'exercice du parcours pendant la nuit, ce qui ne pouvait être en Provence et dans les pays méridionaux, où les bêtes à laine ne peuvent pacager dans la journée.

22. — Une autre différence entre les pays du Nord et la Provence est dans la fixation du nombre de bétail à envoyer dans les terres soumises au droit de compascuité, eu égard à la contenance des possessions ou de l'allivrement des habitans. — Ainsi, d'après les arrêts du parlement de Paris, des 7 août 1638, 26 mai 1647, 13 août et 17 sept. 1661 et 9 mai 1777, l'habitant ne peut avoir qu'une bête à laine et son suivant, par arpent de terre labourable; tandis que, d'après les usages de Provence et l'arrêt du parlement du 12 janv. 1759, l'habitant qui n'était pas cotisé une livre cadastrale, ne pouvait envoyer aucune bête à laine à la compascuité, et pour chaque livre cadastrale on pouvait en verser trente. — Comme on le voit, en Provence, on réglait le droit sur la possession; dans le Nord, sur la contenance.

23. — Tant qu'il n'y a pas de réglement qui fixe la quantité de bétail qu'on peut verser dans les pâturages soumis à la compascuité, chacun peut y envoyer le bétail qui lui appartient : c'est donc, dans ce cas, aux communes à pourvoir aux mesures que leur intérêt peut commander; mais elles peuvent ne pas user de cette faculté de délimitation, et la loi ni l'usage n'obligent les particuliers à les y forcer. — V. au surplus à cet égard TERRES VAINES ET VAGUES, USAGE (droit d').

24. — L'une des communautés ne peut faire aucune disposition ou réglement au préjudice des autres, si par transaction il n'en est autrement disposé, ou si, par une longue possession, les facultés réciproques ne sont restreintes et limitées. — Guyot, *Rép.*, v° *Compascuité.* — L'art. 19, L. 18 juill. 1837, place aujourd'hui le parcours et la vaine pâture parmi les objets soumis à la délibération des conseils municipaux.

25. — Cette compascuité et communion, introduite pour le bien et utilité desdits bourgs ou paroisses, ne peut être résolue et anéantie sinon du commun consentement de tous les intéressés... parce que, les communautés subsistant perpétuellement, la communion entre elles contractée doit être perpétuelle. — Morgues, p. 381; Lebret, liv. 2, déc. 1re; Dunod, *Prescriptions*, 1re part, chap. 12, p. 99; Dupérier, t. 2, liv. 4, n° 341; *Parlem. Provence*, 20 déc. 1638.

26. — Cependant des arrêtés du 16 déc. 1647 et du 30 mai 1675 ont résolu la compascuité de pâturages entre les chartreux de Montrieux et la communauté de Méaunes, à cause des querelles perpétuelles qui résultaient de l'état d'indivision. Boniface (1re partie, liv. 3, tit. 1er, chap. 7), Dunod (*Tr. des prescriptions*, 1re partie, chap. 12) rapportent un semblable arrêt, mais en ajoutant, comme nous le disions tout à l'heure, qu'on juge ordinairement qu'une communauté ne peut pas obliger une autre communauté à partager les choses communes entre elles.

27. — Selon Julien (*Comment. sur les statuts de Provence*, t. 1er, p. 584, n° 27), la décision de cette question dépendait beaucoup de la qualité des titres qui avaient rendu les pâturages communs entre les diverses communautés.

28. — Il avait été jugé, d'un autre côté, que lorsque le terroir et le nombre des habitans desdites communautés qui ont droit de compascuité n'étaient pas égaux, on pouvait demander, non pas précisément le partage des usages, mais la fixation des bestiaux que chaque communauté pourrait y envoyer. — *Parlem. Provence*, 23 déc. 1631; — Guyot, *Rép.*, v° *Compascuité.* — Aujourd'hui, la loi du 28 sept.-6 oct. 1791, sect. 4e, art. 8, ouvre la faculté de rachat et le droit de cantonnement.

29. — Quant à l'extinction de la compascuité et du parcours, les départemens qui forment l'ancienne Provence ne sont soumis à aucun usage particulier. Nous renvoyons donc les lecteurs à l'exposé complet que contiennent sur ce point les mots PARCOURS, VAINE PATURE. — V. aussi DÉPAISSANCE, FORÊTS, PATURAGES.

COMPELLATION.

1. — Ce mot était en usage dans les Pays-Bas et était synonyme du mot *interrogatoire sur faits et articles.*

2. — Pour procéder à la compellation, le juge commençait par faire prêter serment à la partie qu'il voulait interroger, puis il recevait ses réponses de vive voix sur chaque article et en faisait tenir note en marge.

3. — Le serment qu'on exigeait en cette circonstance de la partie n'avait pas le caractère d'un serment ordinaire, il ne l'obligeait qu'à répondre ce qu'elle croyait de bonne foi. — C'est pour cela que la réponse était consignée à la marge de l'articulation par ces mots *crédit*, si la réponse était affirmative; *non crédit* si elle était négative. — V. INTERROGATOIRE SUR FAITS ET ARTICLES.

COMPENSATION.

Table alphabétique.

COMPENSATION. — 1. — La compensation est une imputation réciproque de paiement, au moyen de laquelle deux personnes qui se trouvent en même temps créancières et débitrices l'une envers l'autre retiennent chacune de son côté, en paiement de la somme qui lui est due, celle qu'elle doit à l'autre : *debiti et crediti inter se contributio.*—L. 1, ff., *De compensat.*; — C. civ., art. 1289.

SECT. 1ʳᵉ. — *Principes généraux. — Diverses espèces de compensation* (n° 2).

SECT. 2ᵉ. — *Compensation légale* (n° 11).

ART. 1ᵉʳ. — *Conditions de la compensation légale* (n° 11).

§ 1ᵉʳ. — *Identité d'objet des deux dettes* (n° 12).

§ 2. — *Liquidité des deux dettes* (n° 40).

§ 3. — *Exigibilité des deux dettes* (n° 98).

§ 4. — *Personnalité de la dette à celui qui oppose ou à qui on oppose la compensation* (n° 121).

§ 5. — *Dettes compensables par leur nature* (n° 184).

ART. 2. — *Effets de la compensation légale. — Quand elle peut être opposée. — Renonciation à l'opposer* (n° 209).

ART. 3. — *Compensation en matière de succession bénéficiaire et de faillite* (n° 267).

SECT. 3ᵉ. — *Compensation facultative* (n° 286).

—

Sect. 1ʳᵉ. — *Principes généraux.—Diverses espèces de compensation.*

2 — La compensation est un des modes d'extinction des obligations.— C. civ., art. 1234.— Elle a lieu lorsque deux personnes se trouvent mutuellement débitrices l'une envers l'autre.— Art. 1289. — Il s'opère alors une extinction des deux dettes réciproquement jusqu'à due concurrence. — Art. 1290.

3. — L'équité de la compensation est évidente : elle est fondée sur l'intérêt qu'a chacune des parties de retenir par ses mains ce qui lui est dû, plutôt que d'intenter une action pour se le faire rendre après l'avoir payé. C'est la raison qu'apporte Pomponius en la loi 3, ff., *De compensat.* — On évite par la compensation des circuits de demandes et des traditions inutiles.

4. — C'est pour atteindre plus sûrement cet effet et prévenir autant que possible la naissance des procès que le législateur a statué que la compensation aurait lieu de plein droit. *ipso jure*, même à l'insu des parties. — C. civ., art. 1290.

5. — La compensation ne produit pas son effet du jour seulement où elle est opposée ou jugement ou déclarée par le juge ; mais elle l'opère en vertu de la loi seul trouvées exister à la fois.— C. civ., art. 1290;—Toullier, t. 7, n° 344; Rolland de Villargues, *Rép. du notar.*, v° *Compensation*, n° 4.

6. — Elle a lieu même contre la volonté de l'une des parties, et peut être proposée d'office par le juge, sans qu'on puisse lui reprocher d'avoir statué *ultrà petita.* Il n'accorde en ce cas que ce qui est demandé, mais par un autre moyen que celui qui a été allégué. S'il faut que la compensation soit opposée, c'est pour que le fait de l'existence des

deux dettes soit connu du tribunal ; mais si les juges en ont acquis la preuve d'une manière quelconque par les documens de la cause, ils doivent déclarer les dettes compensées. — Pothier, *Oblig.*, n° 635; Nouveau Denisart, § 2, n° 6; Toullier, t. 7, n° 314; Duranton, t. 12, n°ˢ 351 et 382; Delvincourt, t. 2, p. 579, n° 7; Rolland de Villargues, v° *Compensation*, n°ˢ 4, 47 et 48.

7. — Le pourvoi en cassation contre un arrêt de cour royale ne peut être admis sous prétexte que cet arrêt a illégalement refusé d'accueillir un moyen de compensation, quand il est démontré que, sur ce moyen, il n'y a eu devant la cour royale ni conclusions prises ni questions de droit posées. — *Cass.*, 18 nov. 1839 (t. 1ᵉʳ 1840, p. 732), Guéy c. Harel.

8. — Il est néanmoins des cas où la compensation ne peut s'opérer de plein droit, et où, par suite, elle ne produit son effet que du jour où elle a été opposée, soit par voie de simple exception, soit par voie d'action réciproque et reconventionnelle.

9. — Aussi distingue-t-on deux espèces de compensation ; celle qui a lieu de plein droit et qu'on nomme *légale*, et celle qu'on appelle *facultative*, qui a besoin d'être opposée par voie d'exception ou de reconvention.—Toullier, t. 7, n°ˢ 345 à 347; Rolland de Villargues, *Compensation*, n° 6.

10 — Il ne faut pas au reste confondre avec la compensation la *rétention*, qui est le droit accordé à celui qui doit rendre une chose de la retenir, *quasi pignoris jure*, jusqu'au paiement des sommes qui lui sont dues, par exemple, des sommes qu'il a dépensées pour sa conservation.

Sect. 2ᵉ. — *Compensation légale.*

ART. 1ᵉʳ. — *Conditions de la compensation légale.*

11. — Pour que la compensation ait lieu de plein droit, quatre conditions sont nécessaires ; il faut : 1° que l'objet de l'une et de l'autre soit de même espèce ; — 2° que les deux dettes soient liquides ; — 3° qu'elles soient également exigibles ; — 4° qu'elles soient personnelles aux parties par qui ou contre qui la compensation est demandée (Toullier, *Dr. civ.*, t. 7, n° 362); — à quoi il faut encore ajouter, 5° que les dettes soient compensables par leur nature.

§ 1ᵉʳ. — *Identité d'objet des deux dettes.*

12. — La compensation étant un mode de paiement, il est clair que l'on ne peut opposer en compensation que ce qui pourrait être donné en paiement.— Or, le créancier ne pourrait être contraint de recevoir une autre chose que celle qui lui est due, quoique la valeur de la chose offerte fût égale et même plus grande.— C. civ., art 1243.— De là la règle que, pour qu'il y ait lieu à la compensation légale, il faut qu'il y ait *identité d'objet dans chacune des deux dettes*, c'est-à-dire qu'elles soient de la même espèce. — C. civ. art. 1291 ; — Pothier, *Oblig.*, n° 626 ; Merlin, *Rép.*, v° *Compensation*, § 2, n° 14 ; Rolland de Villargues, v° *Compensation*, n°ˢ 51 et 364.

13. — Il n'est pas au surplus exigé que les deux dettes procèdent de causes identiques. *Compensatio debiti ex pari specie, licet ex vario dispari, admittitur.*—Paul, *Sentent.*, lib. 2, tit. 5, n° 3; — Pothier, *Oblig.*, n° 626;— C.-civ. art. 1293;—Toullier, t. 7, n° 363 ; Duranton, t. 12, n° 385; Rolland de Villargues, n°ˢ 51 à 53.

14. — Ainsi le prix d'une vente peut se compenser avec le montant d'une condamnation judiciaire.— L. 2. Cod., *De compens.*; — Rolland de Villargues, n° 53.

15. — Jugé par suite que, lorsque des père et mère se sont obligés de loger et nourrir les futurs époux et leurs enfans, cette obligation se compense avec celle prise par ces époux d'apporter à la maison le fruit de leurs travaux, si d'ailleurs tel a été l'esprit des parties dans le traité de l'obligation; en cas de séparation, si rien n'a été prévu, il n'est dû aucune compensation aux époux.—*Limoges*, 30 mai 1821, Pranchère c. Maugorne.

16. — Un armateur peut compenser les salaires qu'il doit à son capitaine avec les dommages-intérêts dont celui-ci est redevable envers lui, en raison des fautes qu'il a commises.—*Aix*, 3 juin 1829, Dou c. Bournichon.

17. — Les intérêts du prix d'un immeuble se compensent naturellement avec les fruits perçus pendant la jouissance de cet immeuble, tellement que l'acquéreur évincé ne peut faire la base d'une demande en restitution de ce que le prix aurait produit entre les mains du vendeur un intérêt supérieur à la valeur des fruits.—*Liége*, 8 déc. 1831, Donckier c. Dubois.

18. — L'état peut opposer à des adjudicataires de travaux publics la compensation de ce qu'il leur doit avec les sommes dont il est leur créancier, alors même que cette dette et cette créance prennent leur source dans des travaux; d'une nature différente, et qui auraient fait l'objet d'adjudications séparées. — *Cass.*, 12 janv. 1841 (t. 1er 1841, p. 404), Domaine c. Pougel.

19. — Jugé que la compensation ne s'est pas opérée de plein droit entre deux dettes qui se sont trouvées exigibles à la même époque, pendant le cours du papier-monnaie, et qui appartenaient, l'une à la classe de celles que la loi du 11 frim. an VI a depuis déclarées payables en numéraire, l'autre à la classe de celles que la même loi a soumises à la réduction d'après l'échelle de proportion. — *Cass.*, 21 vent. an XII, Barety c. Jouve.

20. — Le don à titre de joyaux que le mari a fait à sa femme par contrat de mariage n'entre point en compensation avec les effets mobiliers que celle-ci a pu recevoir durant le mariage. — *Turin*, 24 mars 1806, Belli c. Mocafli.

21. — Un légataire ne peut garder des objets de la succession qui ne lui appartiennent pas, en opposant en compensation des sommes ou autres objets qui lui sont dus par la même succession.— *Rennes*, 21 juill. 1824, des Nétumières.

22. — Lorsqu'une partie forme une action en délaissement d'un immeuble, et que l'adjudicataire oppose à cette action des créances dont il réclame le paiement, le tribunal ne peut prononcer la compensation de ces deux dettes. — *Cass.*, 17 août 1829, Denis.

23. — Du principe qu'il n'est pas nécessaire que les deux dettes procèdent de causes identiques, l'on a conclu qu'une créance fondée sur un titre exécutoire peut être compensée par une créance qui est justifiée par un titre non exécutoire.— Rolland de Villargues, nº 55.

24 — Ainsi une créance résultant d'un titre non exécutoire, telle qu'un billet, peut être offerte en compensation avec une autre créance dont le titre a été déclaré exécutoire. — *Cass.*, 28 messid. an XIII, Groult de la Cauvillère c. Dumoulin; — Merlin, *Rép.*, vº *Compensation*, § 2, nº 1er.

25.— La compensation a lieu lors même que les dettes ne seraient pas payables au même lieu. Il est vrai qu'alors la compensation ne termine pas tout entre les parties, puisqu'il y aura à régler entre elles les frais de la remise (C. civ., art 1296); mais cette raison n'empêche point que les dettes ne soient liquides et, par conséquent, compensables. — Duranton, t. 12, p. 386; Rolland de Villargues, nº 56, et les autorités citées *ibid.* — V. *contrà* Toullier, t. 7, nº 400; Delvincourt, t. 2, p. 178 et 582, notes.

26.— A l'égard des choses fongibles, la compensation ne peut s'en opérer qu'autant qu'elles sont de *même espèce et qualité.*—C. civ., art. 1291.—Ainsi deux individus sont débiteurs l'un envers l'autre de dix pièces de vin *in genere*, ou bien ils se doivent réciproquement dix pièces de vin de Bordeaux; dans ces deux cas la compensation a lieu de plein droit. — « Mais si vous me devez, dit Pothier, *Oblig.*, nº 626, dix tonneaux de vin d'un tel crû, de telle année, vous ne pouvez m'opposer en compensation la dette de dix tonneaux de vin *in genere*, à laquelle je me trouve obligé envers vous. Cependant, dans ce dernier cas, je pourrai vous opposer la compensation, parce que si vous m'aviez livré les dix tonneaux de vin déterminé que vous me devez, je pourrais vous les donner en paiement des dix tonneaux de vin *in genere* que je vous dois encore. — Toullier, t. 7, nos 364 et 401; Duranton, t. 12, nos 391 et 392.

27.— Remarquons ici que dans les divers cas où la compensation des choses fongibles peut s'opérer, elle a lieu de plein droit, alors même que les choses ne sont pas livrables au même lieu, et malgré la différence des prix d'une localité à une autre, sauf aux parties à se faire raison de la différence. Il faut adopter ici la même décision que *suprà* nº 12. — Duranton, t. 12, nos 388, 389 et 390.

28. — Les choses fongibles dont le prix est fixé par les mercuriales, les prestations en grains ou denrées, peuvent même se compenser avec des sommes liquides et exigibles. — C. civ., art. 1291; — Rolland de Villargues, nº 60; Duranton, t. 12, nº 389.

29. — Quoique par *prestations* (C. civ., art. 1291) on n'entende ordinairement que les obligations qui s'acquittent annuellement ou à des termes périodiques plus courts, il paraît néanmoins que les denrées dues suivant un mode quelconque peuvent se compenser avec des sommes exigibles, pourvu qu'elles ne soient point contestées et que le prix en soit fixé par les mercuriales.—Discuss. du cons. d'état; — Rolland de Villargues, vº *Compensation*, nº 61; Duranton, t. 12, nº 390, *in fine*.

30. — Nul doute que la disposition de l'art. 1291 ne doit pas s'entendre du capital d'une rente en grains, mais seulement des arrérages échus.—Rolland de Villargues, vº *Compensation*, nº 62.

31. — Et, à l'égard des arrérages, il faut même, s'il s'agit d'une rente viagère, excepter le cas où la rente aurait été donnée ou léguée à titre d'alimens.—C. civ., art. 1293; — Duranton, t. 12, nº 409. —V. *infrà* nº 110.

32. — Cependant la compensation facultative du capital d'une rente en grains peut être demandée par le débiteur, quoiqu'elle ne puisse pas *en général* lui être opposée.— Rolland de Villargues, vº *Compensation*, nº 62. — Nous disons *en général*, parce qu'il est clair que, si le créancier de la rente était en droit d'exiger son remboursement parce que le débiteur aurait cessé pendant deux ans de remplir ses obligations, ou parce qu'il aurait manqué de fournir les sûretés promises par le contrat (C. civ., art. 1912), ou parce qu'il aurait diminué par son fait celles qu'il avait données (C. civ., art. 1188), la compensation pourra alors être demandée par le créancier du capital de la rente avec ce qu'il doit de son côté au débiteur. — Duranton, t. 12, nº 410.

33. — La compensation doit s'appliquer même à la dernière année d'arrérages échus, nonobstant la disposition de l'art. 129, C. procéd., qui porte que les jugemens qui condamneront à une restitution de fruits ordonneront qu'elle sera faite en nature pour la dernière année. — La condamnation en restitution de fruits et les prestations ou obligations de denrées sont deux choses différentes, et l'art. 1291, C. civ., ne reproduit point la restriction portée en l'art. 129, C. procéd. — Rolland de Villargues, vº *Compensation*, nº 63; Duranton, t. 12, nº 390. — V. *contrà* Toullier, t. 7, nº 367.

34. — Des denrées de différentes espèces, ou de la même espèce, mais de qualités différentes, ne seraient point compensables entre elles, quand même le prix des unes et des autres serait réglé par les mercuriales; l'art. 1291, C. civ., n'admet la compensation qu'entre deux dettes qui ont également pour objet une somme d'argent ou une certaine quantité de choses fongibles de la *même espèce*. — Rolland de Villargues, vº *Compensation*, nº 64.

35. — S'il était nécessaire de faire régler le prix des denrées par experts et qu'il ne le fût point par les mercuriales, la compensation ne pourrait s'opérer de plein droit. — Duranton, t. 12, nº 389, *in fine*; Rolland de Villargues, nº 65; Toullier, t. 7, nº 368.

36. — Du principe qu'il faut qu'il y ait identité d'objet entre la dette et la chose donnée en paiement ou opposée en compensation, il suit que la compensation n'a pas lieu, en général, à l'égard des corps certains et déterminés, quoique de la même espèce. Et c'est d'après cette raison que l'emprunteur ne peut pas retenir la chose par compensation de ce que le prêteur lui doit. — C. civ., art. 1885; — Rolland de Villargues, nos 12 et 13; Duranton, t. 12, nos 392 et 393.

37. — Il y a exception à la règle que la compensation n'a pas lieu à l'égard des corps certains et déterminés, dans le cas où l'objet respectif des deux dettes consiste dans une part indivise du même objet. Exemple : si Pierre avait vendu à Paul une part indivise qu'il avait dans un certain héritage, et qu'avant qu'il ne l'eût livrée à Paul, celui-ci fût devenu l'héritier d'une personne qui était débitrice d'une autre part indivise dans le même héritage, Pierre pourrait opposer contre la dette de la part de cet héritage dont il est tenu envers Paul, la compensation de la dette d'une part dont Paul est tenu envers lui. — Duranton, t. 12, nº 395; Toullier, t. 7, nº 368.

38. — La compensation peut s'opérer encore entre deux dettes de choses non fongibles, mais *indéterminées et de même espèce*. Ainsi Pierre doit à Paul un cheval à titre de vente, Paul lui en doit un à titre de legs, il y a compensation. — Toullier, t. 7, nº 365; Duranton, t. 12, nos 393 et 394.

39. — On peut même opposer la compensation dans des obligations de faire, pourvu que les faits qui sont l'objet de l'une et de l'autre dette soient absolument de la même espèce. — Duranton, t. 12, nº 396.

§ 2. — *Liquidité des deux dettes.*

40. — Une dette est liquide lorsqu'il est constant qu'il est dû, et combien il est dû : *cùm certum est an et quantum debeatur*. — Pothier, *Oblig.*, nº 628; Toullier, t. 7, nº 369; Duranton, t. 12, nº 397.

41. — Ainsi, pour qu'une dette puisse être opposée en compensation comme liquide, il faut deux conditions : d'abord *qu'il soit constant qu'il est dû*. — On a décidé en conséquence qu'il n'y avait pas eu compensation dans les espèces suivantes :

42. — La compensation ne saurait être opposée quand l'une des dettes est contestée et fait l'objet d'un procès. — *Cass.*, 18 mai 1813, Tourangin c. Charret.

43.—Le vendeur, débiteur d'une somme liquide envers l'acquéreur, ne peut compenser cette somme avec ce qui lui reste dû pour le prix de la vente, s'il se réserve de demander la rescision de cette vente pour cause de lésion. — *Cass.*, 29 fructid. an VI, Wendling c. Kiener.

44. — Il n'y a pas compensation, par cela seul qu'un créancier s'est rendu adjudicataire de l'immeuble qui lui avait été hypothéqué, alors surtout que sa créance a été contestée dans l'ordre, quant à sa quotité, et que, par le réglement provisoire, sa collocation a été assujétie à des justifications. —*Paris*, 31 août 1815, Lavaudelle c. Villiers.

45. — Lorsqu'un tribunal a été saisi de la demande en paiement d'une créance liquide et exigible, il ne peut se refuser à prononcer la condamnation à ce paiement, sous prétexte d'une demande en compensation, quand il a rendu un interlocutoire pour établir l'existence de la créance qu'on oppose en compensation.—*Cass.*, 3 fév. 1819, Jourdain c. Cheneuzac.

46. — Une créance pour prix de vente d'un cheval ne peut être opposée en compensation, lorsque la vente est contestée. — Même arrêt.

47. — Lorsque la vente faite par un failli est déclarée nulle, l'acheteur ne peut, avant la fixation du dividende qui doit être partagé entre les créanciers, proposer à ceux-ci, en compensation du prix des objets de la vente qu'il doit restituer, le montant d'une obligation contre laquelle il s'élève de fortes présomptions de fraude.— *Bordeaux*, 27 juin 1828, Duclaud c. Brisson.

48. — Lorsqu'un propriétaire dirige contre son fermier des poursuites en paiement des fermages qui lui sont dus, un tribunal ne peut arrêter ces poursuites en admettant en compensation l'estimation par experts d'une indemnité que le fermier prétend lui être due pour défaut de réparation dans les biens affermés. — *Bourges*, 25 nov. 1814, Desémonville c. Dupont.

49. — Lorsqu'il est formé une demande en résolution de contrat pour défaut de paiement, conformément aux prévisions de l'acte, le défendeur ne peut opposer la compensation qu'autant que les sommes dont il se prétend créancier envers le demandeur sont liquides et justifiées au moment de l'action, ou du moins avant le jugement de première instance. — *Cass.*, 29 mars 1841 (t. 2 1841, p. 140), Dublec c. Gy.

50. — Des traites acceptées à découvert ne deviennent entre les mains de l'accepteur, des titres de créances susceptibles d'être admises en compensation avec les créances liquides du tireur, qu'autant que l'accepteur les a payées en l'acquit de celui-ci.—*Cass.*, 20 déc. 1837 (t. 1er 1838, p. 56), Luc Gentile c. Rolland-Montrejaud.

51. — Mais la compensation est admissible entre deux créances dont l'une est définitive, et l'autre seulement provisoire. — *Cass.*, 12 août 1807, Roustan c. Pradelle.

52. — En effet, bien que l'une des deux ne soit liquidée que par provision, elle n'en est pas moins liquide et déterminée, et cela suffit pour justifier la compensation. D'ailleurs, si l'exécution est due aux deux titres provisoire et définitif, il est certain qu'ils se détruisent par cette raison réciproquement, et que, dans ce cas, le provisoire doit tenir en échec et neutraliser l'exécution du titre définitif.

53. — La compensation résultant d'une sentence arbitrale s'opère de plein droit sans que cette sentence ait été notifiée et exécutée, surtout lorsqu'elle a été rendue en dernier ressort. — *Rennes*, 1er avr. 1841 (t. 2 1841, p. 495), Piveteau c. Guiebard.

54. — Et si la sentence qui a prononcé une condamnation avait été déclarée exécutoire par provision, nonobstant appel, la compensation pourrait être proposée malgré l'appel qui aurait été interjeté. — Duparc-Poullain, *Principes de droit*, t. 7, p. 343.

55.— Il faut enfin, comme seconde condition, que l'objet de la dette soit déterminé, c'est-à-dire, qu'on en connaisse l'espèce, la quotité et la quantité; *quid, quale, quantumque sit*. — L. 75, ff., *De verb. oblig.*; — Pothier, nº 593; Toullier, t. 7, nº 369; Rolland de Villargues, nº 53.

56. — Ainsi, la compensation ne peut s'opérer de plein droit lorsque l'une des dettes est alternative, parce qu'alors la chose due n'est pas due *determinaté*. — Cependant celui qui, par l'obligation, aurait le choix, pourrait opposer la compensation; mais la compensation, dans ce cas, n'aurait d'effet que du jour où le choix aurait été fait. — L. 22, ff., *De compens*; — Pothier, nº 593; Rolland de Villargues, vº *Compensation*, nº 54.

57. — Ainsi encore on ne peut opposer en compensation une dette dont l'existence est certaine, mais dont la liquidation dépend d'un compte, d'une estimation, d'une opération ultérieure quelconque. Telle serait, selon Toullier (t. 7, no 270), la créance de dommages-intérêts prononcés par jugement et non encore liquidés, à payer par état, à dire d'experts. — Delvincourt, t. 2, p. 575, note 3e; Rolland de Villargues, vo *Compensation*, no 55; Toullier, t. 7, no 369; Duranton, t. 12, no 399. — Ce principe a été consacré dans les espèces suivantes :

58. — Un fermier de biens nationaux n'a pu être admis à compenser le prix du fermage avec des indemnités dont il se prétendait créancier, mais qui n'étaient pas encore liquidées. — *Cass.*, 3 flor. an IX, Domaines c. Casès.

59. — Le locataire d'un immeuble de l'état ne peut opposer à la régie des domaines, en compensation des loyers qu'il doit, une somme non liquidée par l'autorité administrative, seule compétente pour prononcer à cet effet. — *Cass.*, 24 mars 1813, Domaine c. de Donker.

60. — Il n'y a pas lieu à compensation entre une créance nationale liquide et exigible et une autre créance sur le gouvernement, reconnue par arrêté d'une administration centrale, mais qui n'a pas été liquidée conformément à la loi, ainsi que le prescrivait l'arrêté même. — *Cass.*, 19 mars 1811, Domaines c. Desrioux.

61. — Le comptable constitué en débet ne peut compenser ce débet avec le cautionnement par lui fourni avant la révolution, mais qui, aux termes des lois postérieures, n'était susceptible d'être liquidé qu'en inscription sur le grand livre de la dette publique. — Si la compensation du principal n'est pas admissible, à plus forte raison celle des intérêts ne l'est-elle pas. — *Cons. d'état*, 6 fév. 1815, Rousset c. Domaines.

62. — Un comptable ne peut faire entrer en compensation avec son debet même des menues dépenses, telles que frais de reliure de ses registres, qu'autant que ces dépenses ont été autorisées. — Même ordonn.

63. — Le créancier de sommes produisant intérêt, et qui a joui de quelques uns des immeubles de son débiteur pendant le cours du papier-monnaie, n'est point fondé à demander, postérieurement à la loi du 26 brum. an VI, qui a ordonné la réduction des intérêts, la compensation intégrale des intérêts de ses créances avec les jouissances dont il a profité, et qui n'ont été liquidées que depuis cette loi. — *Cass.*, 7 nov. 1825, Daguerre c. Cubihandi.

64. — La compensation ne peut point être admise entre des fermages dont le montant est déterminé, et de prétendues améliorations qui, en les supposant constatées et exigibles, auraient besoin d'être appréciées par experts. — *Rennes*, 3 janv. 1826, Amice c. Varin Duframbois.

65. — Le commettant ne peut, sur la demande en remboursement d'avances *liquides et exigibles* faites par le commissionnaire, opposer en compensation les dommages-intérêts qu'il réclame contre ce commissionnaire, pour altération des marchandises dont il lui a confié la vente. — *Bordeaux*, 11 août 1829, Liquard c. Gauthier.

66. — Un débiteur, condamné par un jugement passé en force de chose jugée à payer une somme liquide, ne peut pas, pour se soustraire aux poursuites dirigées contre lui, opposer en compensation des billets à ordre, valeur en compte, que lui a souscrits son créancier, et à l'égard desquels un réglement de compte a été ordonné. — *Paris*, 23 avr. 1811, Rousseau c. Bardet.

67. — Les annuités d'une pension, formant une créance non liquide, ne peuvent se compenser avec le capital d'une rente, ou même avec les arrérages à mesure qu'ils échoient. — *Caen*, 8 fév. 1836, Marie c. Lapersonne.

68. — Lorsque la femme séparée de biens est tenue de contribuer aux charges du ménage, cette contribution, n'étant pas liquide, ne peut être compensée avec les intérêts liquides de la dot qui doit être restituée à la femme. — *Bordeaux*, 1er fév. 1845 (t. 2 1845, p. 189), Chassain c. Luzier Lamothe.

69. — Les paiemens faits par un débiteur à son créancier ou les créances qu'il acquiert contre ce dernier, ne se compensent avec les intérêts des siennes qu'autant que ces intérêts se trouvent alors liquides et exigibles. — *Cass.*, 18 janv. 1832, Vauver c. Bouqueau.

70. — Mais jugé que les arrérages d'un douaire échu sont des sommes liquides, susceptibles d'être compensées avec des loyers. — *Cass.*, 22 fév. 1830, Marie.

71. — ... Qu'on doit réputer liquide, et, par conséquent, susceptible d'entrer en compensation, une créance réglée par un décompte administratif dressé régulièrement et maintenu par l'autorité supérieure à laquelle il a été déféré. — *Cass.*, 12 janv. 1841 (t. 1er 1841, p. 404), Domaines c. Pouget.

72. — Des poursuites dirigées en vertu d'un bail authentique par le propriétaire contre son locataire, à fin de paiement du prix exigible et liquide de la location, peuvent être suspendues sans violation du principe de la compensation, si le locataire est lui-même créancier de son propriétaire à raison d'une indemnité pour non-jouissance occasionnée par le fait de ce propriétaire, bien que cette indemnité ne soit pas liquide. — *Cass.*, 29 nov. 1832, Syndics Frémont-Adeline c. Drevet.

73. — Au surplus, si la liquidité d'une des deux dettes dépend d'un événement quelconque, la compensation ne s'opère que du jour de l'accomplissement de cet événement et non du jour même de l'existence des dettes.

74. — Ainsi, lorsqu'on est en même temps créancier de capitaux portant intérêts et débiteur de fruits indûment perçus et dont la restitution est ordonnée, la compensation s'opère entre ces intérêts et ces fruits, à compter seulement du jour où les fruits ont été liquidés, et non à compter du jour où ils ont été perçus. — *Bordeaux*, 5 mai 1830, Lespaud.

75. — Ainsi encore la compensation entre les intérêts usuraires et le capital de la dette ne s'opère pas de plein droit; elle n'existe qu'à compter de la demande en restitution de ces intérêts ou en réduction du principal de la créance jusqu'à due concurrence, qui est formée par l'emprunteur aux termes de l'art. 3, L. 3 sept. 1807. — *Cass.*, 9 nov. 1836, Bataille c. Pothier.

76. — ... Alors surtout que les paiemens d'intérêts successifs avaient pour cause une convention antérieure à la loi de 1807; ces paiemens n'étant pas nuls de plein droit, la créance purement facultative qui en résulte ne peut être ni certaine, ni liquide, et, par suite, opérer une compensation légale avant la répétition exercée par l'emprunteur. — Même arrêt.

77. — On a vu *suprà*, no 42, qu'une dette ne saurait être opposée en compensation, quand elle est contestée ou litigieuse. Cependant, il ne faudrait pas qu'une mauvaise chicane pût priver un débiteur du bénéfice de la compensation. C'est au juge de discerner si la contestation est sérieuse. Si celui qui oppose la compensation était en état de justifier promptement et sommairement de l'existence de la dette, nul doute que le juge ne dût admettre la compensation. — L. 14, § 1er, ff., *De compens.* — Pothier, *Oblig.*, no 628; Nouveau Denisart, vo *Compensation*; Rolland de Villargues, no 56, édition 1841; Toullier, t. 7, no 371; Duranton, t. 12, no 397. — Le Code prussien a une disposition formelle à cet égard (sect. *De la compensation*, art. 359).

78. — Jugé en conséquence qu'on peut considérer comme susceptible de compensation une dette dont la liquidation ne saurait entraîner un retard préjudiciable à celui à qui elle est opposée. — *Toulouse*, 14 août 1818, Moncuquet c. Dollau.

79. — ... Qu'encore bien que la compensation ne puisse avoir lieu entre une créance liquide et une créance indéterminée et non certaine, il est cependant permis au juge de s'écarter de la rigueur de ce principe, lorsque la créance non liquide peut le devenir au moyen d'une vérification prompte et facile. — *Rennes*, 13 janvier 1826, De Lanjamet c. de Piré.

80. — Ainsi, la créance d'un médecin pour le paiement de ses soins et visites, lorsqu'elle n'est pas contestée au fond, est liquide et peut être opposée en compensation, encore bien qu'elle soit sujette au réglement du jury médical. — *Cass.*, 3 fév. 1819, Jourdain c. Chenauzac.

81. — Lorsque, sur l'exception de compensation opposée par une partie, les juges trouvent qu'il n'a pas été suffisamment contesté, ils peuvent, avant de rien statuer, ordonner une plus ample instruction. — *Cass.*, 6 juin 1811, Delannoy c. Didier.

82. — De même, une cour royale a pu, après avoir déclaré la compensation admissible, renvoyer les parties à compter devant l'avoué le plus ancien si, d'ailleurs, en ordonnant cette mesure préparatoire, elle a réservé aux parties tous les droits respectifs. — *Cass.*, 17 juill. 1832, Lauvin c. Rohan.

83. — Le débiteur d'une somme liquide auquel des dommages-intérêts ont été attribués par un jugement peut opposer en compensation les frais faits en première instance et en appel, bien que le montant n'en soit pas encore fixé. — *Besançon*, 24 juin 1844 (t. 1er 1845, p. 282), Cassabois c. Gros-Jean.

84. — La circonstance que l'une des dettes serait constatée par billet et que le débiteur dénierait sa signature ne serait pas généralement un obstacle à la compensation légale; autrement, ce serait encourager la mauvaise foi, puisqu'un grand nombre de dettes ne sont constatées que par acte sous-seing privé. C'est aux juges à apprécier les faits. — Duranton, *Dr. franç.*, t. 12, no 398.

85. — Si la dette contestée était ultérieurement établie, elle pourrait être l'objet d'une demande reconventionnelle de la part du créancier qui l'opposerait en compensation à sa propre dette, mais cette compensation ne produirait ses effets que du jour de la demande. — Duranton, *Dr. franç.*, t. 12, no 398.

86. — Mais si la compensation opposée devait entraîner une longue discussion, les juges doivent statuer de suite sur la demande du créancier dont la créance est liquide, sauf à statuer ultérieurement sur la compensation demandée. — Toullier, t. 7, no 371; — C. prussien, sect. *De la compensation*, art. 360.

87. — Jugé en conséquence que les sommes sujettes à une contestation qui ne peut pas être jugée promptement et sommairement ne peuvent pas entrer en compensation. — *Limoges*, 1er avr. 1822, Lenoble c. Gérouilhe.

88. — ... Que le juge saisi d'une demande en condamnation d'une créance certaine et liquide n'est pas tenu de surseoir à statuer sur la liquidation d'une créance encore indéterminée que le défendeur prétend opposer en compensation. — *Bordeaux*, 18 juin 1835, Fontemoing c. Decazes.

89. — Les principes sur la compensation ne sont point applicables aux comptes-courans dont le crédit et le débet ne se fixent qu'au dernier terme des négociations respectives. — *Cass.*, 6 frim. an XIII, Chaillo c. Duruel.

90. — Mais, en cas de faillite d'un négociant qui était en compte courant avec un autre, les syndics du failli ne peuvent, quoique le compte n'ait pas été arrêté, exiger que le négociant avec qui est ce compte, leur paie les sommes liquides qui composent son débet, sauf à lui à se faire admettre au passif de la faillite, concurremment avec les autres créanciers pour les sommes non liquides composant son crédit. Il y a compensation de plein droit entre le montant du débet et celui du crédit, quoique non réglés. — *Bordeaux*, 3 déc. 1827, Bazanac c. Guestier.

91. — Il y a lieu à compensation dans le cas où des marchands ayant fait ensemble plusieurs opérations commerciales, se sont respectivement fourni des valeurs. — Dès-lors, si l'un d'eux est assigné par l'autre en paiement de traites échues et exigibles, il peut se refuser à payer jusqu'à ce qu'il ait été procédé à un réglement de compte, pour savoir qui des deux est définitivement débiteur ou créancier de l'autre. — *Bordeaux*, 7 mars 1826, Lasserre c. Cousserand.

92. — Des travaux exécutés dans le même temps par des entrepreneurs, l'un pour l'autre, sont susceptibles de compensation, encore bien qu'ils ne soient réglés que postérieurement à la faillite de l'une des parties. — *Paris*, 13 mai 1830, Syndics Letrosne c. Caffin.

93. — Lorsqu'on oppose la compensation d'une dette dont la condamnation a été prononcée par un jugement par défaut, un arrêt viole la loi en déclarant, pour rejeter cette compensation, que le jugement était tombé en péremption, sans déclarer, en outre, que la dette n'était pas liquide et exigible par elle-même et en vertu du titre sur lequel elle reposait, indépendamment du jugement. — *Cass.*, 17 juin 1839 (t. 2 1839, p. 142), Ferrand c. Giraud.

94. — L'arrêt qui a admis la compensation entre la récompense due à une femme pour impenses faites aux immeubles propres à son mari et la valeur de ces propres au moment de leur vente se justifie par l'appréciation des faits et des pièces, exclusivement dévolue aux juges du fond; la cassation ne peut en être demandée pour violation de l'art. 1291, C. civ., en ce que la compensation aurait été admise entre des valeurs certaines et liquides et des valeurs qui ne l'étaient pas. — *Cass.*, 3 déc. 1838 (t. 1er 1839, p. 282), Sergent.

95. — La question de savoir si une créance qui n'est pas fondée sur un titre, et qui est opposée en compensation, est une créance liquide, est une question de fait qui appartient souverainement aux cours royales. — *Cass.*, 29 mars 1841 (t. 2 1841, p. 140), Dubloc c. Gy; — Toullier, *Dr. civ.*, no 371.

96. — De même, l'appréciation des actes et des clauses qu'ils contiennent, rentrant dans les attributions de la cour royale, si cette cour a décidé que ces actes constituaient une créance non encore éteinte, on ne peut prétendre devant la cour suprême que cette créance a été éteinte par compensation. — *Cass.*, 16 fév. 1841 (t. 1er 1844, p. 754), De Barrois c. De Maupassant.

97. — Jugé toutefois que la question de savoir

si, *d'après les élémens reconnus et constatés au procès*, une créance est ou non liquide et susceptible, dès-lors, d'entrer en compensation, est une question de droit qui peut être appréciée par la cour de Cassation. —*Cass.*, 12 janv. 1841 (t. 1er 1841, p. 404), Domaine c. Pouget.

§ 3. — *Exigibilité des deux dettes.*

98. — Pour se compenser de plein droit, les deux dettes doivent être également exigibles. — L. 7, *in pr.*, ff., *De compens.*; C. civ., art. 1291. — En effet, la compensation étant un paiement, le débiteur ne saurait être tenu de payer avant le terme fixé par la convention. — Pothier, *Oblig.*, no 627; Toullier, t. 7, no 372; Rolland de Villargues, *Rép. du notar.*, vo *Compensation*, nos 59 et 60.

99. — On a vu dans les arrêts qui précèdent, concernant la liquidité, plusieurs exemples de cas où la compensation n'était pas opposable par cela que les dettes se trouvaient tout à la fois n'être ni liquides ni exigibles. Il faut donc s'y reporter pour y voir l'application du principe relativement à l'exigibilité. — Ce principe a, de plus, été consacré dans les espèces suivantes :

100. — La femme, poursuivie en paiement de ce qu'elle doit à son mari, ne peut opposer en compensation les créances qui résultent de ses droits et reprises, tant que le mariage n'est pas dissous ou que la séparation de biens n'a pas été prononcée. — *Nîmes*, 11 déc. 1809, Mazein c. Bardel.

101. — Il ne peut s'établir de compensation entre la somme due à un locataire à titre de dommages-intérêts pour défaut de jouissance, et les loyers à échoir; dès-lors, le bailleur peut valablement céder ces loyers à un tiers. — *Cass.*, 19 mai 1833, Boivin c. de Laurencel.

102. — Les sommes dues à un cohéritier, pour améliorations par lui faites à un immeuble de la succession dont il est détenteur, ne deviennent exigibles et compensables que du moment où le cohéritier à qui il doit le rapport de cet immeuble en est mis en possession. — *Cass.*, 14 janv. 1836, Lornet c. Amy.

103. — Toutefois, le terme de grâce n'est point un obstacle à la compensation (C. civ., art. 1292); car, un pareil terme n'ayant été accordé au débiteur que parce que celui-ci ne pouvait alors payer sa dette, du moment qu'il peut se libérer par le moyen de la compensation, c'est le cas de dire: *Cessante causâ, cessat effectus*. — L. 16, § 1, ff., *De compensat.*; Rolland de Villargues, vo *Compensation*, no 61; Toullier, t. 7, no 373; Duranton, t. 12, no 401.

104. — On doit assimiler au terme de grace celui qui est accordé par un concordat au débiteur, parce que, dit-on, il n'est pas, comme le terme stipulé, la condition de l'engagement; il est donné uniquement au débiteur en considération de sa position. — Duranton, *Tr. des contr.*, no 938.

105. — Jugé, en ce sens, que celui qui est en même temps créancier et débiteur d'un failli, au moyen de lettres de change respectivement souscrites et endossées, peut, lorsqu'il *n'a assisté au concordat que sous la réserve expresse de compensation*, et qu'il est ensuite poursuivi par le failli, opposer ce moyen de libération, encore qu'au moment de la faillite sa créance ne fût pas échue, tandis que celle du failli était exigible. Il le peut *surtout dans le cas particulier où la compensation n'est contestée que par le failli*. — *Turin*, 18 vent. an XIII, Trequi c. Baracco.

106. — M. Duranton, au contraire (t. 12, no 402), revenant sur la décision qu'il avait adoptée (*Tr. des contr.*, no 938), pense que le délai accordé au débiteur failli par un concordat ne doit pas être assimilé au terme de grâce, et qu'il est un obstacle à la compensation. — « Le débiteur, dit-il, doit profiter du bénéfice du concordat dans toute son étendue, à la charge d'en observer les conditions : or, il n'en profiterait pas si, au moyen de la compensation que lui opposeraient ses créanciers, il se trouvait privé des délais qui lui ont été accordés. En traitant avec lui depuis le concordat, sans stipuler les mêmes termes, ils se sont obligés à le payer de suite, ou aux termes convenus. — De plus, le concordat a été conclu dans l'intérêt de tous les créanciers, afin de tirer le meilleur parti de leurs créances, et si le débiteur, au lieu de pouvoir se faire payer de ce qu'un ou plusieurs créanciers lui doivent maintenant et qui se trouve échu, était obligé de souffrir la compensation, il ne pourrait remplir ses engagemens envers les autres aux échéances convenues, ce qui établirait une différence injuste et tout-à-fait contraire à l'esprit des concordats entre les créanciers. »

107. — Ce qui vient d'être dit, quant au terme de grâce, doit être appliqué au cas où des lois ou décrets auraient accordé un sursis à certains individus pour payer leurs dettes, à raison de la position fâcheuse dans laquelle ils se seraient trouvés, comme cela est arrivé, par exemple, pour les colons de Saint-Domingue et pour les émigrés. Nul doute que, dans ce cas, le terme ne pût faire obstacle à la compensation. — Toullier, t. 7, no 373.

108. — Ainsi, il n'y a point obstacle à la compensation, par cela qu'une des deux dettes n'est pas exigible, lorsque le terme est en faveur de celui qui oppose cette compensation. — *Bruxelles*, 23 juin 1821, Wesel c. Vandenbruggen.

109. — Une dette qui n'est pas exigible par sa nature, telle, par exemple, que le principal d'une rente constituée, ne peut être compensée de plein droit avec une obligation pure et simple. — Pothier, *Obligations*, no 634; Duranton, t. 2, nos 409 et 410.

110. — A plus forte raison la compensation légale ne serait-elle point reçue du capital d'une rente contre le capital d'une autre rente. Les arrérages seuls de cette rente pourraient être compensés (Rolland de Villargues, vo *Compensation*, no 63); encore faudrait-il excepter les arrérages d'une rente donnée ou léguée à titre d'alimens. — C. civ., art. 1293; — Duranton, t. 12, no 409; Toullier, t. 7, no 406.

111. — Toutefois, s'il s'agissait d'une rente constituée en perpétuel, le débiteur, s'il n'y avait point dans le contrat de stipulation contraire, pourrait faire des offres de remboursement au moyen de la somme qui lui est due par le créancier de la rente, et dès ce moment la compensation aurait lieu. — Duranton, t. 12, no 410; Toullier, t. 7, no 404.

112. — Jugé, dans ce sens, que, quoique le rachat d'une rente puisse se faire par compensation, cette compensation n'a pas lieu de plein droit, et la rente n'est pas éteinte, dès l'instant que le débiteur est devenu créancier de son créancier. Le rachat et l'extinction de cette rente n'ont lieu que du jour où le débiteur a déclaré au créancier qu'il entendait la racheter, et, à cet effet, en compenser le principal contre pareille somme qu'il lui devait. — *Liége*, 12 déc. 1811, Binet c. Vanbrinen.

113. — Si le capital d'une rente était devenu exigible pour l'une des causes énoncées dans l'art. 1912, C. civ., ou parce que le débiteur de la rente aurait diminué les sûretés données par le contrat (C. civ., art. 1188), la compensation pourrait même être opposée par le créancier de la rente; mais elle ne daterait alors que du jour de la demande. — Duranton, t. 12, no 410.

114. — Si l'une des dettes n'est exigible que parce que le débiteur a diminué les sûretés données par le contrat au créancier, la compensation ne s'opère pas de plein droit; car la question de savoir si le débiteur a, en effet, diminué les sûretés, exige une discussion, et peut même donner lieu à une instruction et à un jugement; la compensation, dans ce cas, n'a lieu que du jour de la demande, et l'art. 1299 est ici inapplicable. — Duranton, t. 12, no 411.

115. — Quant à l'exigibilité produite par la faillite, V. *infrà* nos 273 et suiv.

116. — Lorsque l'une des dettes est soumise à une condition suspensive, il n'y a pas lieu à compensation tant que la condition n'est pas accomplie; car non seulement le paiement n'est pas exigible, mais il n'y a réellement point encore de dette, son existence est seulement espérée, *spes est debitum iri*. — Institut., § 4, *De verb. oblig.*; — Toullier, t. 7, no 374; Duranton, t. 12, no 403.

117. — Si, dans l'ignorance de l'accomplissement de la condition, le débiteur a payé sa dette, il a l'action en répétition, puisqu'il a payé une dette éteinte de droit par la compensation. — L. 10, § 1, ff., *De compens.*; L. 18, ff., *De condict. indebiti*; — C. civ., art. 1168, 1181 et 1377, analysés et combinés; — Duranton, t. 12, no 403; Rolland de Villargues, vo *Compensation*, no 97. — Si cependant le débiteur avait plus d'intérêt à exercer l'action née de sa créance que celle en répétition, il le pourrait. — Arg. C. civ., art. 1299. — Rolland de Villargues, *ibid.*

118. — La condition résolutoire n'est pas un obstacle à la compensation légale; car, à la différence de la condition suspensive, elle ne suspend ni l'effet ni l'exécution de l'obligation (C. civ., art. 1183); sauf la restitution dans le cas où la condition résolutoire viendrait ensuite à s'accomplir. — Toullier, t. 7, no 374; Duranton, t. 12, no 401.

119. — Du principe qu'on ne peut compenser que des dettes exigibles, il suit qu'une créance saisie ne peut être compensée avec une dette qui est libre. — Rolland de Villargues, no 69.

120. — Mais des inscriptions hypothécaires déclarées nulles, n'ayant absolument aucun effet, ne sauraient empêcher l'effet de la clause d'un contrat de vente portant *compensation* entre le prix de vente et une créance due par le vendeur à l'acquéreur. C'est en vain qu'on prétendrait que le prix d'une maison n'est pas susceptible de compensation, soit parce qu'il y aurait eu lieu d'introduire un ordre pour sa distribution, soit parce que des inscriptions annulées devraient avoir, au moins, l'effet d'*oppositions* ou de *saisies-arrêts*. — *Paris*, 23 avr. 1824, Lenormand c. Trésor.

§ 4. — *Personnalité de la dette à celui qui oppose ou à qui on oppose la compensation.*

121. — Du texte même de l'art. 1289, C. civ., qui exige, pour qu'il y ait compensation, que deux personnes soient devenues débitrices l'une envers l'autre, il suit que les deux dettes doivent être personnelles à chaque partie; car c'est de cette seule manière que les deux qualités de créancier et de débiteur peuvent se trouver réunies dans les mêmes personnes. — Toullier, t. 7, no 375; Rolland de Villargues, vo *Compensation*, no 70.

122. — La compensation ne saurait donc avoir lieu quand celui qui la propose n'est pas à la fois créancier et débiteur direct de la partie à laquelle il l'oppose. — *Paris*, 20 juill. 1825, Delille c. Cadaugade.

123. — L'application de ce principe a été consacrée dans les espèces suivantes :

124. — Une partie qui a obtenu une condamnation de dépens avec distraction au profit de son avoué, ne peut offrir en compensation avec ces dépens des sommes qu'elle doit à son adversaire. — *Paris*, 11 mars 1811, de Matigny c. Walbonne.

125. — Le garant du débiteur contre lequel une condamnation pécuniaire a été prononcée ne peut point opposer au créancier qui l'a obtenue la compensation avec une somme que celui-ci devrait lui-même au garant. — *Paris*, 20 juill. 1825, Delille c. Cadaugade.

126. — Le porteur d'un billet en vertu d'un endossement qui n'exprime pas la nature de la valeur fournie, ne peut opposer au souscripteur la compensation de ce qu'il lui doit personnellement avec le montant de l'effet. — *Cass.*, 10 sept. 1812, Dubois-Jubainville c. Royer.

127. — Lorsqu'un mandat donné à un même individu a eu pour objet deux opérations distinctes dans leur origine et dans leurs résultats, et que les opérations devaient donner lieu à des commissions séparées dans des intérêts différens, le mandataire ne peut, en rendant compte à son mandant, compenser les sommes qui lui sont dues pour l'une des opérations avec celle dont il est redevable pour l'autre. L'arrêt qui le décide ainsi, *en fait*, et qui considère le mandataire comme comptable envers deux armateurs séparés, ne viole point les principes en matière de compensation. — *Cass.*, 31 janv. 1828, Favre c. Massion.

128. — La notification que l'acquéreur fait de son contrat aux créanciers inscrits ayant pour effet de rendre ce prix en principal et intérêts échus et à échoir, la propriété des créanciers, les intérêts produits par le prix de vente depuis cette notification, ne peuvent plus se compenser, au préjudice des créanciers, avec ceux d'une autre somme due par le vendeur à l'acquéreur. — *Nancy*, 16 mars 1838 (t. 2 1840, p. 538), Lippmann c. Catoire.

129. — Il suit encore du même principe que le débiteur d'une société ne peut opposer en compensation ce que lui doit l'un des associés, et *vice versâ*, la société étant un être moral, distinct de chacun des associés. — Delvincourt, t. 2, p. 576, note; Toullier, t. 7, no 378. — V. *contrà* Duranton, t. 12, no 432, qui, toutefois, ne repousse cette solution que pour le cas où il s'agit de société civile et de société en participation.

130. — Un débiteur ne peut opposer la compensation avec ce qui est dû à une personne dont il est administrateur, tuteur, mandataire; et, par la même raison, on ne peut lui opposer la compensation de ce qui est dû par celui dont il est administrateur, tuteur ou mandataire. — Voët, *in tit.*, ff., *De judiciis*, no 81; Pothier, no 630; Duranton, t. 12, nos 414, 417; Delvincourt, t. 2, p. 176 et 575, note; Toullier, t. 7, no 375.

131. — Mais la compensation s'opère de plein droit, selon la règle ordinaire, entre les créances que le tuteur peut avoir à exercer personnellement contre son pupille, et les sommes qu'il reçoit pour le compte de ce dernier. — *Toulouse*, 21 juin 1832, Desassars c. Laglasière; — Duranton, t. 3, no 566; Magnin, *Tr. des minorités*, no 659.

132. — Le mari pourrait-il opposer la compensation de ce qu'on doit à sa femme? — Oui, dans tous les cas où c'est à lui que la loi a remis l'action concernant les créances de la femme. Ainsi le mari peut opposer la compensation de ce qui est dû à sa femme: 1o s'il y a communauté de biens (C. civ., art. 1401); et ce, quand même il y aurait clause de réalisation, et que la créance ferait partie du mobilier réalisé par la femme, la cause de réalisation n'ôtant pas au mari la dispo-

sition du mobilier réalisé;—2° s'il y a exclusion de communauté, sans séparation de biens (C. civ., art. 1531);—3° si les époux se sont mariés sous le régime dotal proprement dit, et si la créance de la femme fait partie de la dot;—4° enfin, si les époux s'étaient mariés en communauté réduite aux acquêts, ou que, mariés sous le régime de la communauté ordinaire, la créance de la femme fût une donation ou un legs fait sous la condition que l'objet restera à la femme. — C. civ., art. 1401, 1428, 1498 et 1528; — Pothier, *Obligations*, n° 630; Toullier, t. 7, n° 375; Delvincourt, t. 2, p. 576, notes; Duranton, t. 12, n° 415.

133.— Ainsi, le mari peut opposer, en compensation d'une dette qui lui est personnelle, ce qui est dû à sa femme par son créancier pour deniers dotaux. — *Grenoble*, 13 déc. 1823, Bizet c. Seignoret.

134.— Ainsi encore, le mari assigné en paiement d'une dette qui lui est propre, peut opposer à son créancier la compensation, à raison de sommes qu'il aurait le droit d'exiger de lui, du chef de sa femme. — *Rouen*, 4 mars 1837 (t. 2 1839, p. 525), Paudière c. Pupin.

135. — Mais lorsque c'est la femme qui est débitrice envers quelqu'un dont le mari est créancier, le débiteur du mari ne peut pas lui opposer la compensation; il faut en excepter les cas où le mari serait tenu de répondre à l'action contre la femme. — Duranton, t. 12, n° 416.

136. — Un tiers est admis à faire le paiement d'une dette par voie de compensation; car la compensation n'a lieu qu'entre les parties.—Toutefois, il est évident qu'on oppose la compensation de ce qui était dû à celui de qui l'on tient ses droits, la cession ayant rendu le cessionnaire-créancier de celui auquel il oppose la compensation.— L. 18, ff., *De compens.*; Voët, *Ad pandect.*, tit. *De compensat.*, n° 7; — Duranton, *Des contrats*, n° 956; Rolland de Villargues, v° *Compensation*, n° 72. — « Par la même raison, ajoute ce dernier auteur, il faut décider que mon créancier est obligé d'accepter la compensation de ce qu'il doit à un autre qu'à moi, si ce tiers, son créancier, intervient, et offre de compenser pour moi ce qui lui est dû. Car au fond c'est la même chose que si ce tiers m'avait cédé sa créance que j'opposerais moi-même en compensation. »

137. — *Quid* s'il s'agit d'un tiers indiqué par la convention pour recevoir le paiement? — Il faut distinguer : la compensation peut s'opérer lorsque le tiers n'a été indiqué qu'en faveur et dans l'intérêt du débiteur, de manière qu'il soit libre de se dégager par un mode quelconque de paiement. Si le tiers a été désigné dans son propre intérêt, comme en cas de délégation, la compensation pourrait se faire avec le tiers, pourvu toutefois qu'il eût accepté; car jusqu'à son acceptation il serait considéré comme *adjectus solutionis gratiâ*, ayant pouvoir de recevoir, mais non de compenser.— Duranton, *Tr. des contr.*, nᵒˢ 736 et 953; Rolland de Villargues, n° 74.

138. — Par exception au principe que la compensation ne s'opère qu'entre ceux qui sont réciproquement créanciers l'un de l'autre, l'art. 1294, C. civ., permet à la caution d'opposer la compensation de ce que le créancier doit au débiteur principal. C'est qu'il est de la nature du cautionnement que la caution ne puisse être obligée à plus que le débiteur principal et qu'elle puisse opposer au créancier les mêmes exceptions que pourrait employer ce débiteur. — Duranton, t. 12, n° 422; Rolland de Villargues, n° 75.

139. — Peu importerait que la caution se fût obligée solidairement avec le débiteur principal.— Il est vrai, d'une part, que l'art. 1294 porte que le débiteur solidaire ne peut opposer la compensation de ce que le créancier doit à son codébiteur; et, d'autre part, que suivant l'art. 2021, l'effet de l'engagement solidaire de la caution se règle par les principes qui ont été établis pour les dettes solidaires. Mais cette dernière disposition ne doit pas être prise dans un sens trop étendu, elle doit être modifiée, au contraire, par l'art. 2036, qui accorde à la caution sans distinction toutes les exceptions qui appartiennent au débiteur principal. D'ailleurs, la caution ne perd pas son caractère de caution pour s'être obligée solidairement; quoique privée du bénéfice de discussion par l'art. 2021, et du bénéfice de division (art. 1203), elle est toujours caution par rapport au débiteur. Enfin, le créancier n'a point à se plaindre, puisqu'il est réellement payé au moyen de sa décharge envers son propre créancier. — Toullier, t. 7, n° 376; Rolland de Villargues, n° 76; Duranton, t. 12, n° 423.

140. — Jugé en ce sens que la troisième disposition de l'art. 1294, C. civ., est modifiée par les art. 1208 et 2036, même Code, qui permettent au codébiteur solidaire et à la caution d'opposer toutes les exceptions résultant de la nature de l'obligation, ainsi que celles qui appartiennent au débiteur principal et qui sont inhérentes à la dette. — *Toulouse*, 14 août 1818, Moncuquet c. Petit.

141. — En matière commerciale, quoique les divers signataires d'un effet de commerce soient coobligés solidaires, ils sont créanciers les uns des autres pour la garantie à laquelle donne lieu la différence de leurs qualités. Chacun, à l'égard de ceux qui le précèdent dans l'ordre des négociations, a les droits d'une caution, et par conséquent la compensation qui s'opère du chef de l'un d'eux doit profiter non seulement à lui-même, mais encore à ceux à qui il doit garantie. — Rolland de Villargues, v° *Compensation*, n° 120.

142. — La caution pouvant opposer la compensation de ce que le créancier doit au débiteur principal (C. civ., art. 1294), elle peut, à plus forte raison, opposer la compensation de ce que le créancier lui doit à elle-même, si d'ailleurs la créance de cette caution réunit les conditions requises. Toutefois, la compensation ne s'opérerait pas de plein droit entre le créancier et la caution, quand même l'une et l'autre dette réuniraient toutes les conditions requises à cet effet et que la caution aurait renoncé au bénéfice de discussion. Ce n'est point, en effet, sa dette personnelle : seulement, si elle est poursuivie, alors elle pourra opposer la compensation, qui ne datera que de ce moment. — Duranton, t. 12, n° 425.

143. — Mais le débiteur principal ne peut opposer la compensation de ce que le créancier doit à la caution. — C. civ., art. 1294. — La dette peut subsister, quoique la caution se trouve déchargée, tandis qu'il ne peut y avoir de cautionnement dès qu'il n'y a plus de dette, et il n'y a plus de dette dès qu'elle est éteinte par la compensation. — Duranton, t. 12, n° 424.

144. — Et l'une des cautions ne doit pas davantage pouvoir opposer la compensation à raison de ce que le créancier doit à l'autre. — Arg. C. civ., art. 1294; — Duranton, t. 12, n° 426.

145. — Mais si, poursuivie par le créancier, cette caution lui a opposé la compensation de son chef, et qu'en conséquence il ait été renvoyé de la demande, sur le fondement que la dette a été éteinte par ce moyen, la compensation opposée équivaut à un paiement, et la dette est éteinte, même à l'égard des autres cautions et du débiteur lui-même. — Duranton, t. 12, n° 427.

146. — Le débiteur solidaire peut opposer au créancier la compensation pour ce que celui-ci lui doit, et il en résulte une extinction qui libère les autres codébiteurs jusqu'à due concurrence, et qui a l'effet d'un paiement réel qu'il aurait fait. — C. civ., art. 1234; — Duranton, t. 12, n° 431; Toullier, t. 6, n° 732.

147. — Jugé en conséquence que le créancier d'une somme qui se trouve débiteur, solidairement avec d'autres, d'une autre somme envers son débiteur, peut opposer la compensation à ce dernier; ici ne s'applique point l'art. 1294, C. civ. — *Cass.*, 24 déc. 1834, Auger c. Caillot.

148. — Quoique le débiteur solidaire n'ait pas le droit d'opposer la compensation de ce que le créancier doit à son codébiteur, néanmoins il peut lui opposer l'exception résultant de ce que celui-ci a fait juger parfaite cette compensation, parce qu'alors ce n'est pas la compensation qu'il oppose, mais bien l'extinction de la dette. — *Rouen*, 30 juin 1810, Durand c. Guilbert.

149. — Un obligé solidaire peut opposer la compensation du chef de son coobligé, malgré l'abandon que celui-ci a fait de sa créance. — *Paris*, 8 juill. 1812, Faber c. Testard.

150. — Mais le débiteur solidaire ne peut opposer la compensation de ce que le créancier doit à son codébiteur. — C. civ., art. 1294. — Toutefois, l'art. 1294 ne doit pas s'entendre d'une manière absolue, mais bien en ce sens que le débiteur solidaire ne peut opposer la compensation de ce que le créancier doit à son codébiteur, *si ce n'est pour la portion de ce débiteur*. Car, comme l'observe Domat, lorsqu'un des codébiteurs a une exception personnelle qui éteint la dette pour sa portion, cette exception sert aux autres pour cette portion. « Ainsi, par exemple, dit-il, si un des débiteurs se trouvait de son chef créancier du créancier commun, ses coobligés pourraient demander la compensation *jusqu'à concurrence de cette portion*; mais, pour le surplus de ce qui serait dû par leur créancier à ce coobligé, ils ne pourraient en demander la compensation, à moins qu'ils n'eussent d'ailleurs le droit de ce coobligé. » — Cette interprétation de l'art. 1294, conforme à la doctrine des anciens auteurs le plus généralement suivis par les rédacteurs du Code, et à laquelle il ne paraît pas qu'ils aient voulu déroger dans cette circonstance, est, au surplus, justifiée par l'équité. — Domat, *Lois civiles*, part. 1ʳᵉ, liv. 3, tit. 3, sect. 1ʳᵉ, n° 8; Pothier, n° 274; Toullier, t. 6, n° 733, et t. 7, n° 377; Duranton, t. 12, nᵒˢ 429 et 430.

151. — Si c'est parmi les créanciers que la solidarité existe, il faut décider que le débiteur peut opposer à l'un d'eux la compensation qu'il pourrait opposer à l'autre, par le motif qu'il est au choix du débiteur de payer à l'un ou à l'autre des créanciers solidaires (C. civ., art. 1198), et que la compensation tient lieu de paiement.— Rolland de Villargues, n° 82. — Il en serait autrement si, avant l'accomplissement de toutes les conditions requises pour la compensation légale, un autre créancier solidaire avait déjà formé une demande contre lui. — Arg. C. civ., art. 1198; — Rolland de Villargues, n° 83.

152. — Lorsque deux personnes ayant entre elles une raison sociale poursuivent le paiement de billets souscrits au profit de ladite raison sociale, la compensation de ce qui est dû par l'une d'elles ne peut être opposée par le débiteur. — *Toulouse*, 15 janv. 1833, Rousille c. Baudens.

153. — Ce qui est dû collectivement à des cohéritiers se compense avec ce qui est dû par l'un d'eux, jusqu'à concurrence de sa part. — *Paris*, 7 fév. 1812, Guignard c. Robine et Guyard.

154. — Du principe que la dette à compenser doit être personnelle à celui *à qui la compensation est opposée*, il suit que si mon créancier me poursuit, je ne pourrai pas lui opposer en compensation ce qui m'est dû par les mineurs dont il est tuteur; et *vice versâ*, si, en qualité de tuteur, il me demande le paiement de ce que je dois à ses mineurs, je ne pourrai pas lui opposer la compensation de ce qu'il me doit lui-même. — L. 23, ff., *De compens.*; — Pothier, *Oblig.*, n° 632; Toullier, t. 7, n° 375; Duranton, t. 12, nᵒˢ 417 et 418.

155. — Par la même raison, je ne puis opposer à mon créancier la compensation de ce que me doit sa femme, à moins qu'il ne se trouve dans un des cas où la loi lui a remis l'action concernant les créances de la femme; et c'est ce qui a lieu dans les cas énumérés *suprà*. — Roussilhe, *De la dot*, t. 1ᵉʳ, p. 274, n° 233; Pothier, n° 596; Duranton, t. 12, n° 416.

156. — Ainsi, le débiteur du montant d'un loyer dû au mari et à la femme séparés de biens ne peut opposer en compensation ce que lui doit le mari. — *Bruxelles*, 29 juill. 1814, Longis c. Danot.

157. — Par une autre conséquence du même principe, les dettes particulières de chaque associé ne peuvent être opposées en compensation avec les dettes de la société, et *vice versâ*. — V. *suprà* n° 129. — Toullier, t. 7, n° 378.

158. — Nul doute qu'on ne puisse opposer la compensation à des villes, à des corps ou communautés. — Pothier, *Oblig.*, n° 625; Duranton, t. 12, n° 419.

159. — Les créances de l'état peuvent-elles être éteintes par compensation? — La loi romaine le permettait, pourvu que les deux dettes fussent dépendantes de la même régie ou du même bureau. — LL. 1 et 3, Cod., *De compens.* — Toullier (t. 7, n° 379) adopte cette solution, combattue par M. Duranton (t. 12, n° 419), qui fait remarquer qu'il n'est guère d'usage, dans l'état actuel de l'administration, d'admettre la compensation, quoiqu'il ne s'agisse pas d'impôts et que les deux dettes soient dépendantes de la même régie ou bureau; que cela pourrait apporter du dérangement dans l'ordre de la comptabilité, et enfin que la réclamation du créancier ne serait peut-être pas de la compétence du receveur ou préposé de l'administration dans laquelle se placeraient l'une et l'autre créance. — V. aussi en ce sens Rolland de Villargues, v° *Compensation*, n° 90 *bis*; Merlin, *Rép.*, v° *Compensation*, § 3.

160. — Ainsi, les droits de mutation, d'enregistrement dus par une succession ne sauraient être compensés avec le prix reçu par le gouvernement, d'une vente qu'il a faite pendant le séquestre des biens qui dépendaient de cette succession. — *Cass.*, 8 vendém. an XIV, Enregist. c. Leroi de Neuville.

161. — De même les héritiers d'un émigré ne peuvent compenser le droit de mutation par décès avec le prix des biens vendus et les fruits des biens séquestrés par l'état. — *Cass.*, 11 mai 1807, Enregistr. c. Gohin de Montreuil.

162. — De même encore les sommes qu'un notaire a pu avancer à un receveur de l'enregistrement ne sont pas opposables en compensation avec les droits dus par ce notaire pour l'enregistrement des actes qu'il a soumis à cette formalité. — *Cass.*, 26 mai 1807, Enreg. c. Capion. — V. au surplus ENREGISTREMENT.

163. — Un contribuable ne pourrait opposer à un receveur public, pour se dispenser de payer ses contributions ou certains droits, ce que le receveur peut lui devoir de son côté, les employés de l'état ne se confondant nullement avec la personne morale de l'état. Par la même raison, un

receveur public ne pourrait prétendre que sa dette envers un contribuable a été éteinte par la compensation à raison des sommes que le contribuable devrait à l'état pour contributions ou autres droits dont la perception serait de sa régie ou bureau, lors même que le paiement de ces contributions ou de ces droits serait exigible depuis telle ou telle époque. — L. pénult., Cod., *De compens.*; — Duranton, t. 12, nº 419; Merlin, *Rép.*, vº *Enregistrement*, § 49.

— 164. Jugé toutefois que, lorsqu'au moment où une rente est portée au grand-livre de la dette publique sous le nom d'un comptable, débiteur du trésor d'une somme supérieure à raison de sa gestion, il s'opère de plein droit une compensation jusqu'à concurrence du montant de la rente. — *Cons. d'état*, 17 déc. 1809, Campan.

165. — ... Que lorsqu'un particulier se trouve en même temps créancier et débiteur du trésor, il s'opère entre eux une compensation de plein droit, et les cautions profitent de cette compensation. — *Cons. d'état*, 8 janv. 1810, Laubé.

166. — ... Que lorsqu'un entrepreneur est créancier et débiteur du gouvernement, la compensation a lieu de plein droit jusqu'à due concurrence. — *Cons. d'état*, 24 nov. 1810, Tamisier et Cablat.

167. — ... Qu'en matière de contributions indirectes, le tribunal qui annulle une contrainte et la saisie qui en est la suite, peut compenser les droits revenant à l'administration avec les dommages-intérêts alloués au contribuable, pour le préjudice que les poursuites lui ont occasionné. — *Cass.*, 26 mai 1830, Contrib. indir. c. Martin.

168. — ... Qu'il y a compensation légale entre la somme pour laquelle la régie de l'enregistrement et des domaines a été colloquée sur le prix d'une vente aux enchères, et celle qui est réclamée contre elle comme irrégulièrement perçue sur l'adjudication par suite de folle enchère du premier acquéreur. — *Cass.*, 6 fév. 1839, Enregist. c. Carde.

169. — ... Que l'état peut opposer à des adjudicataires de travaux publics la compensation de ce qu'il leur doit, avec les sommes dont il est leur créancier, alors même que cette dette et cette créance prennent leur source dans des travaux d'une nature différente et qui auraient fait l'objet d'une adjudication séparée; que, dans ce cas, on ne saurait considérer l'état comme constituant deux personnes distinctes. — *Cass.*, 12 janv. 1841 (t. 1er 1841, p. 334), Domaine c. Goujet.

170. — Le débiteur peut opposer la compensation au cessionnaire de son créancier comme à ce dernier lui-même; mais il en est autrement une fois qu'il a acceptée purement et simplement la cession. — C. civ., art. 1295.

171. — A l'égard de la cession qui n'a point été acceptée par le débiteur, mais qui lui a été signifiée, elle n'empêche que la compensation des créances postérieures à cette notification (C. civ., art. 1295); et alors la compensation peut s'opérer même pour des causes postérieures à la cession, mais antérieures à la notification. — Duranton, t. 12, nº 437.

172. — Lors même que c'est un débiteur qui s'est rendu cessionnaire d'une créance contre son propre créancier, la signification du transport est toujours nécessaire à l'égard des tiers pour opérer la saisine, et par suite la compensation jusqu'à concurrence des deux dettes. — *Paris*, 28 fév. 1825, Faillant c. Alliot.

173. — Toutefois, du moment qu'un débiteur est devenu cessionnaire d'une créance contre son créancier, il s'opère de plein droit, dès l'instant de la cession entre les deux débiteurs, et sans qu'il y ait besoin de signification préalable, une compensation qui éteint les deux dettes jusqu'à due concurrence. — *Grenoble*, 21 août 1828 (sous *Cass.*, 13 juill. 1831), Busco c. Perrin.

174. — Jugé aussi que, lorsqu'un débiteur devient cessionnaire d'une créance contre son propre créancier, si les deux créances sont également liquides et exigibles, il s'opère de plein droit, dès l'instant de la cession, et sans qu'il soit besoin de notification préalable au débiteur, une compensation qui éteint les deux dettes jusqu'à due concurrence, et qui peut être invoquée même contre un tiers devenu depuis cessionnaire du créancier originaire. — *Bordeaux*, 14 avr. 1829, Rousset c. d'Hugonneau.

175. — La signification du transport empêche la compensation des créances antérieures à la signification du transport, mais qui à cette époque ne réunissaient pas toutes les conditions requises, par exemple, parce qu'elles n'étaient pas liquides ou exigibles. Ainsi, je suis débiteur envers Paul de 3,000 fr. payables à telle époque; je deviens son créancier d'une somme de 1,500 fr., payable à une époque bien plus éloignée; il transporte sa créance à Pierre, qui m'en demande le paiement. Je ne puis opposer à celui-ci la compensation du chef de Paul, en supposant que ma créance, non exigible à l'époque de la signification du transport, le soit devenue depuis. — Duranton, t. 12, nº 438. — *Contrà* Delvincourt, p. 676, note 6e.

176. — Mais la compensation pourrait être opposée au cessionnaire, si au moment où les deux parties sont devenues réciproquement débitrices, elles avaient formellement stipulé que les deux dettes seraient compensées lorsque toutes deux réuniraient les conditions nécessaires à la compensation. — Toullier, t. 6, nº 392, Duranton, t. 12, nº 438.

177. — Le débiteur peut opposer à un second cessionnaire : 1º la compensation qu'il eût pu opposer en tout ou en partie au créancier primitif au moment de la première cession; 2º celle qu'il eût pu opposer au premier cessionnaire au moment de la signification qu'il a faite lui-même; 3º enfin celle qui procède, soit du chef du second cessionnaire, soit des cédans antérieurs, et ainsi de suite. — Rolland de Villargues (anc. édit.), vº *Compensation*, nº 132; Duranton, *Des contrats*, nº 966, et *Dr. franç.*, t. 12, nº 441.

178. — Il en est autrement des transports opérés par endossement des effets de commerce. Une signification ou acceptation n'est point nécessaire; le débiteur est censé avoir accepté d'avance le transport que ferait le créancier. En conséquence, le débiteur peut bien opposer la compensation au porteur à raison des créances qu'il aurait sur lui, mais non à raison de celles qu'il pourrait avoir sur l'un des endosseurs; le porteur n'a à souffrir d'autre compensation que celle venant de son chef. — Pothier, *Contrat de change*, nºs 186 et 187; Pardessus, nº 227; Duranton, t. 12, nº 440, et *Des contr.*, nº 967. — V. au surplus ENDOSSEMENT.

179. — D'après ces principes, sous l'ordonnance de 1673, le débiteur d'un billet à ordre ne pouvait opposer au tiers porteur la compensation de ce que lui devait l'endosseur, sous prétexte que l'ordre n'avait été passé que pour nantissement. — *Paris*, 12 mai 1806, Tesseidre c. Letort.

180. — Lorsque le débiteur d'une lettre de change lui a substitué un contrat d'obligation qu'il a consenti en faveur de son créancier, à la charge par ce dernier de le garantir de toutes poursuites au sujet de la lettre de change, ce même créancier ne peut, à l'échéance de la lettre de change, refuser la garantie promise, sous le prétexte qu'il n'est pas entièrement payé de la somme portée au contrat, et sur ce fondement opposer la compensation à l'action en garantie formée contre lui par le souscripteur de la lettre de change poursuivi en paiement. — *Aix*, 29 mars 1817, Fournier c. Bouchard.

181. — Le mandataire ne peut pas compenser avec ce qui lui est dû par son commettant le montant d'un billet à ordre que celui-ci l'a chargé de recevoir au nom du tiers porteur, lorsque ce tiers a fait un endossement direct au profit du mandataire, qui n'ignorait pas d'ailleurs que l'effet n'appartenait point à son commettant. — *Cass.*, 27 déc. 1819, Behacq c. Zéhelin.

182. — Un créancier à qui son débiteur négocie des traites au nom et pour le compte d'un tiers, ne peut en retenir le montant par compensation de ce que lui doit le mandataire, alors qu'il ne pouvait ignorer que ces traites passées directement à son ordre par le tiers mandant, n'étaient pas la propriété de son débiteur. — *Cass.*, 10 janv. 1825, Bruzon c. Nunez.

183. — Toutefois, ce qu'on vient de dire n'est pas applicable au cas où l'endossement ne réunirait pas toutes les conditions prescrites par l'art. 137, C. comm., parce qu'alors il ne serait qu'une simple procuration pour toucher. En conséquence, le débiteur opposerait valablement au porteur la compensation qu'il pourrait faire valoir contre celui qui a fait l'endossement, car celui-ci serait encore censé propriétaire de l'effet à l'égard des tiers. — Il faut appliquer la même exception aux lettres de change qui, d'après les art. 112 et 113 du même code, sont réputées simples promesses. — Pothier, *Contrat de change*, nº 185; Pardessus, *ibid.*, nºs 132 et 317; Duranton, t. 12, nº 440. — V. à ce sujet ENDOSSEMENT.

§ 3. — *Dettes compensables par leur nature.*

184. — On ne peut opposer en compensation les dettes qui ne produisent point d'action, ou dont on ne peut réclamer avec succès le paiement sans craindre d'exception péremptoire (L. 14, ff., *De compensat.*); telles sont les dettes simplement *naturelles*. — Merlin, *Quest. de droit*, t. 4, p. 611; Duranton, nºs 405 et 406; Rolland de Villargues, vº *Compensation*, nº 13.

185. — Ainsi, bien que la partie d'une dette remise par concordat soit encore due naturellement, attendu que la remise en ce cas n'est pas faite librement et en vue de gratifier le débiteur, mais seulement pour tirer le meilleur parti de la créance, celui-ci ne peut cependant, lors même qu'il aurait acquis de nouveaux biens, être poursuivi en paiement de cette partie; la compensation étant un paiement opéré par la loi, elle ne peut avoir lieu malgré le débiteur. — Duranton, t. 12, nº 407; Rolland de Villargues, nº 14.

186. — Les obligations sujettes à rescision pour vice d'erreur, de dol, de violence ou d'incapacité, quoiqu'elles ne soient pas nulles de plein droit, ne sauraient donner lieu à compensation : *quæcumque per exceptionem perimi possunt, in compensationem non veniunt.* — L. 14, ff., *De compens.* — Merlin, *Rép.*, vº *Compensation*, § 3; Duranton, *Des contrats*, nº 934.

187. — Ainsi, deux dettes dont l'une est nulle à défaut de capacité de la part de celui qui l'a contractée, et n'a ainsi qu'une cause purement naturelle, ne peuvent être compensées contre la volonté de ce dernier. — *Dijon*, 27 déc. 1828 (sous *Cass.*, 27 avr. 1831), Lebrun de Virloi c. Bondrot.

188. — *Quid* s'il s'agit de dettes prescrites? — Il faut adopter la même décision, à moins que, dès avant la prescription, les deux dettes n'aient réuni, ne fût-ce qu'un moment, toutes les conditions requises pour que la compensation légale puisse s'opérer; dans ce dernier cas, les dettes ayant été éteintes, la prescription de l'une d'elles survenue depuis ne saurait plus être opposée. — Merlin, *loc. cit.*; Delvincourt, t. 2, p. 581, notes; Duranton, t. 12, nº 408.

189. — Jugé que la compensation entre deux dettes exigibles a lieu de plein droit, et produit leur extinction réciproque, encore bien que l'une des deux soit prescrite au moment où la compensation est opposée. — *Cass.*, 24 août 1831, Boissel c. Arrivet.

190. — Nous avons dit plus haut, en parlant de l'identité d'objet entre les deux dettes, comme condition de la compensation légale, que la différence des causes entre les deux dettes n'empêchait point la compensation. Cependant le Code civil excepte plusieurs cas où la compensation n'est pas admise. Ces cas sont : 1º la demande en restitution d'une chose dont le propriétaire a été injustement dépouillé; — 2º la demande en restitution d'un dépôt ou d'un prêt à usage; — 3º celle d'une dette qui a pour cause des alimens déclarés insaisissables. — C. civ., art. 1293.

191. — 1º *Demande en restitution d'une chose dont le propriétaire a été injustement dépouillé.* — C'est là une conséquence de l'une des premières lois de l'ordre civil qui veut que personne ne puisse se rendre justice à soi-même. Telle était, au surplus, la disposition de la loi 14, § 2, Cod., *De compensat.*, qui a donné lieu à cette maxime : *spoliatus antè omnia restituendus.* — Toullier, t. 7, nº 382; Duranton, t. 12, nº 445, 446 et 447; Delvincourt, t. 2, p. 578, note 2e; Rolland de Villargues, nºs 17 et 18.

192. — 2º *Demande en restitution d'un dépôt ou d'un prêt à usage.* — La demande en restitution d'un dépôt ou d'un prêt à usage n'est aussi susceptible d'aucune compensation. — C'est encore du droit romain que nous vient cette disposition. — Inst., *De action.*, § 30; L. ult., Cod., *De commodato.*

193. — La disposition de l'art. 1293, § 2, quant au dépôt, doit s'entendre principalement du dépôt irrégulier dont parlent les lois 24 et 25, § 1er, et 26, § 1er, ff., *Depos.*, par lequel on donne une somme d'argent pour rendre, non précisément les mêmes espèces, mais la même somme. — Pothier, *Oblig.*, nº 625; Toullier, t. 7, nº 385. — Si les choses déposées étaient ou des corps certains, ou des sacs d'argent cachetés et étiquetés, il serait inutile d'en défendre la compensation, puisque les corps certains n'en sont pas susceptibles. — Pothier et Toullier, *ibid.*; Rolland de Villargues, *eod. verb.* nº 31.

194. — De ce que la compensation n'a pas lieu dans le cas de dépôt, il suit que si je suis votre créancier d'une somme de 10,000 fr. produisant intérêt, et votre débiteur d'une somme égale de 10,000 fr. que vous m'avez déposée, les intérêts de ma créance ne cesseront de courir que du jour où vous aurez déclaré vouloir compenser la somme déposée avec celle que vous me devez. — Toullier, t. 7, nº 385; Delvincourt, t. 2, p. 578, note 3e.

195. — Par la même raison, lorsque le dépositaire, créancier du déposant, a cédé sa créance à un tiers, ce dernier tiers ne peut pas plus saisir-arrêter le dépôt entre les mains du cédant dépositaire, que celui-ci n'aurait pu saisir-arrêter en ses propres mains. Ce serait autoriser par une voie détournée la compensation en matière de dépôt. — *Aix*, 24 fév. 1818, Bérard c. Gordes; — Delvincourt, t. 2, p. 578, note 3e, *in fine*, approuve cet arrêt.

196. — Si le dépositaire s'était mis par sa faute dans l'impossibilité de rendre la chose déposée en nature, l'action en restitution du dépôt se convertirait en action en dommages et intérêts, et la valeur de ces dommages et intérêts, une fois fixée, pourrait être compensée avec d'autres créances. — Rolland de Villargues (anc. édit.), v° *Compensation*, n° 33; Toullier, t. 7, n° 385. — Le Code prussien (sect. *De la compens.*, n° 364) contient une disposition contraire; et cette disposition, conforme à l'opinion de Brunnemann sur la loi ult. Cod., *De compens.*, paraît fondée en raison. — Delvincourt, t. 2, p. 578, note 3e, alin. 1er.

197. — La disposition de l'art. 1293, § 2, relative *au prêt à usage*, a donné lieu à quelques difficultés. Le commodat ou prêt à usage ne pouvant en général avoir pour objet qu'un *corps certain* (C. civ., art. 1874 et 1878), par conséquent une chose non compensable, la disposition qui en interdit la compensation semble au moins oiseuse. Delvincourt (t. 2, p. 578, note 4e) pense que le législateur a prévu le cas où, la chose prêtée ayant péri par la faute du commodataire, celui-ci doit en rembourser la valeur en argent; il croit que le législateur n'a pas voulu, dans ce cas, que le commodataire pût profiter, pour se faire payer, de ce qu'il n'aurait pas répondu à la confiance du prêteur. — Selon M. Rolland de Villargues (n° 21), le législateur a voulu interdire la *rétention* par le commodataire; et cela pour l'empêcher d'échapper, au moyen de la compensation, aux dommages-intérêts, en cas de non restitution, et même aux peines portées contre l'abus de confiance. — C. pén., art. 408. — Mais M. Duranton (t. 12, n° 448) n'admet pas cette interprétation de l'art. 1293, § 2; il pense que cette disposition ne serait pas oiseuse, même hors des cas prévus par les auteurs précités; qu'on pourrait fort bien l'appliquer au cas où la chose prêtée se consommerait naturellement par l'usage, mais où néanmoins les parties, la considérant comme corps certain, n'auraient pas entendu que l'usage auquel elles la destinaient pût en opérer la consommation. Tel serait le cas du prêt d'une somme que l'on ferait à un caissier dont la caisse doit être prochainement vérifiée, à la charge par lui de rendre les mêmes espèces. Tel serait encore, suivant Toullier (t. 7, n° 383), le cas d'un prêt fait à un huissier pour faire des offres réelles dont le refus est certain d'avance.

198. — Lorsque la chose prêtée est venue à périr, l'obligation de l'emprunteur qui se convertit en une dette de dommages-intérêts liquidés en une somme d'argent, est susceptible d'entrer en compensation avec d'autres sommes à lui dues par le prêteur. — Pothier, *Du prêt*, n° 44; Toullier, t. 7, n° 383; Duranton, t. 12, n° 449. — C'est aussi ce que décide le Code prussien, 1re part., tit. 16, sect. 6e, *De la compens.*, n° 363.

199. — 3° *Dette ayant pour cause des alimens déclarés insaisissables.* — Une pareille dette n'est point susceptible de compensation (C. civ., art. 1293, § 3); car le débiteur des alimens ne doit pas, pour ce qui lui est dû à lui-même, être d'une condition meilleure que les autres créanciers.

200. — Peu importe, au reste, que ce soit la loi ou la volonté du disposant qui ait déclaré les alimens insaisissables, ou même que la donation ou le testament ne contienne pas la mention expresse d'insaisissabilité. — Duranton, t. 2, n° 451; Rolland de Villargues, n° 41, anc. édit.

201. — Cette exception s'applique aux dons et legs annuels faits aux hospices et autres établissemens de charité, parce que ces dons sont véritablement faits aux indigens. — Duranton, t. 12, n° 452; Rolland de Villargues, n° 42.

202. — Les intérêts de la dot d'une femme séparée de biens, étant destinés à fournir des alimens, pour lesquels la femme a été autorisée à aliéner même une partie du capital de sa dot, ne peuvent pas être compensés avec la dette contractée par la femme pendant le mariage. — *Bordeaux*, 1er fév. 1845 (t. 2 1845, p. 189), Chassain c. Luzier-Lamothe.

203. — Il n'y a point de distinction à faire entre les alimens dont les arrérages sont à échoir et ceux dont les arrérages sont échus. Les uns et les autres ne sont pas susceptibles de compensation, bien qu'on puisse dire, jusqu'à un certain point, que celui à qui ils sont dus ayant été nourri et ayant vécu d'ailleurs, ce qui peut lui être dû d'arrérages n'a plus pour cause la nécessité de sa subsistance et ne mérite plus de faveur. — Pothier, *Oblig.*, n° 625; Merlin, *Rép.*, v° *Compensation*, § 2.

204. — Ainsi, les arrérages échus d'une pension alimentaire déclarée insaisissable ne sont point susceptibles de compensation, bien qu'ils aient été cumulés avant la demande. — *Cass.*, 17 mai 1831, Gindre.

205. — Toutefois, si la créance opposée en compensation avait été employée elle-même au soutien de la personne qui a droit aux alimens, la compensation devrait être admise, du moins contre les termes *échus* de la pension. L'art. 582, C. procéd., qui permet de saisir les provisions alimentaires pour cause d'alimens, ne peut laisser de doute à cet égard. — Duranton, t. 12, n° 453; Delvincourt, t. 2, p. 579, note 5e; Toullier, t. 7, n° 286. — La question devient plus difficile à l'égard des *termes à échoir* : si les paiemens faits avant l'échéance des termes pouvaient être opposés en compensation, il en résulterait que l'on faciliterait au créancier des alimens les moyens de les dissiper d'avance, et on irait ainsi contre le but que s'est proposé le législateur en attachant aux alimens le caractère d'insaisissabilité. — Toullier et Delvincourt, *ibid.* — La question, selon Toullier, pourrait dépendre des circonstances et de l'acte constitutif de la pension alimentaire.

206. — Jugé que si une pension alimentaire donnée ou léguée avec condition d'insaisissabilité ne peut être l'objet d'une compensation forcée, cependant le donataire ou légataire peut, même avant l'échéance des arrérages, en compenser amiablement le montant avec les avances qu'il a reçues pour satisfaire à ses besoins. — *Cass.*, 1er avr. 1844 (t. 1er 1844, p. 714), Trublet c. Normand.

207. — L'art. 582, C. procéd., permettant aux créanciers postérieurs à l'acte de donation ou à l'ouverture du legs de saisir en vertu de la permission du juge et pour la portion des alimens dus qu'il déterminera, il en résulte que la compensation pourrait s'opérer d'après cette permission et pour la somme qu'elle aurait fixée. — Duranton, t. 12, n° 453.

208. — Les sommes reçues par la femme à titre d'arrérages de la pension alimentaire qui lui est allouée dans une instance en séparation de corps se compensent avec les intérêts de ses reprises, sans restitution de la part de la femme, ni imputation à son préjudice, dans le cas où les arrérages excéderaient les intérêts. — *Paris*, 28 août 1837 (t. 1er 1838, p. 666), Sergent.

ART. 2. — *Effets de la compensation légale. — Quand elle peut être opposée. — Renonciation à l'opposer.*

209. — La compensation s'opère de plein droit, *ipso jure*, même à l'insu des débiteurs; les deux dettes s'éteignent réciproquement à l'instant où elles se trouvent exister à la fois, jusqu'*à concurrence de leur quotité respective.* — L. 21, ff., *De compens.*; L. 4, Cod., *eod. tit.*; — C. civ., art. 1290.

210. — Son effet est d'éteindre les dettes de la même manière que si elles avaient été réellement acquittées. De là cet axiôme que la compensation tient lieu de paiement : *solutionis vicem obtinet.* — L. 4, ff., *Qui potiores*, etc.; L. 4, Cod., *De compens.*; — Voët, *De compens.*, n° 2, liv. 4; Duranton, t. 12, n° 454.

211. — Il suit de là : 1° que si l'une des créances produisait des intérêts, ils cessent de courir, *ipso jure*, quoique l'autre créance n'en produisît point. — L. 21, ff., *De compens.*; L. 4, Cod., *De compens.* — Mais comme les intérêts doivent être acquittés avant le capital, on les y réunit, et on compense le tout jusqu'à due concurrence avec le capital, dont l'autre partie est débitrice. S'il reste quelque chose du capital qui produisait des intérêts, il continue d'en produire. — L. 4, Cod., *De compens.*; — Dumoulin, *De usuris*, quest. 48; Pothier, *Oblig.*, n° 636; Duparc-Poullain, t. 7, p. 341; Nouveau Denisart, § 2; Delvincourt, t. 2, p. 579, note 6e; Toullier, t. 7, n° 387.

212. — Lorsque le créancier de sommes liquides et exigibles non productives d'intérêts, et d'autres sommes susceptibles d'en produire, mais non liquides, se trouve en même temps débiteur d'un prix de vente produisant intérêts, les juges peuvent décider que la dette du prix de vente ne se compensera pas avec les créances liquides, mais bien avec celles qui sont productives d'intérêts, et reculer en conséquence la compensation jusqu'au jour où ces créances auront été liquidées. — *Cass.*, 9 avr. 1842 (t. 1er 1843, p. 470), de Puichaut c. Massé.

213. — Entre personnes qui se doivent réciproquement, comme entre un tuteur et son mineur, entre cohéritiers, associés et autres, s'il y a des sommes qui produisent des intérêts, les comptes et les calculs doivent se faire année par année, et de sorte qu'on fasse les compensations et les déductions dans les temps où les sommes se trouvent concourir pour les compenser, afin que les intérêts courent ou cessent de courir, selon les changemens que les compensations et les déductions peuvent y apporter. — LL. 4. 7, Cod., *De compens.*; L. 7, ff. *eod.*; L. 7, Cod., *De solut.*; — Domat, *Lois civ.*, tit. *Des compens.*, n° 5. — Toullier, t. 7, n° 387; Delvincourt, t. 2, p. 579, note 6e.

214. — ... 2° Que la compensation arrête la prescription. Peu importe en effet qu'au moment de l'instance formée au sujet d'une dette, la créance qu'on oppose se trouve prescrite; la compensation n'en a pas moins produit son effet, pourvu qu'à l'époque où la dette était payable, la prescription ne fût pas consommée. — Rolland de Villargues, v° *Compensation*, n° 164; Toullier, t. 7, n° 389.

215. — La compensation (spécialement au sujet de la créance non contestée d'un médecin pour soins et visites) s'opérant de plein droit, même à l'insu des débiteurs, et éteignant la dette jusqu'à due concurrence, sans qu'il y ait lieu à une demande en justice, il s'ensuit qu'on ne peut être admis à la repousser par l'application de l'art. 2272, C. civ. — *Cass.*, 3 févr. 1809, Jourdain c. Cheneuzac.

216. — Le défaut d'exécution pendant plus de trente ans d'une sentence arbitrale, donnant lieu à la compensation, ne permet point d'invoquer la prescription de la créance compensée, qui a cessé d'exister par le fait même de la compensation, jusqu'à concurrence du montant de l'autre créance. — *Rennes*, 1er avr. 1841 (t. 2 1841, p. 455), Piveteau c. Guichard.

217. — ... 3° Que si, nonobstant la compensation qui a éteint de plein droit les créances respectives, un des débiteurs a, par erreur, acquitté une dette compensée, il pourra répéter ce qu'il aura donné comme payé indûment. — L. 10, § 1, ff., *De compens.*; — Arg. C. civ., art. 1299, 1376; — Pothier, *Oblig.*, n° 639; Duparc-Poullain, t. 7, p. 341; Nouveau Denisart, § 2; Merlin, *Rép.*, § 1er, n° 5; Rolland de Villargues, v° *Compensation*, nos 166 et 179; Toullier, t. 7, n° 390.

218. — La compensation s'opérant de plein droit, et ayant pour effet d'éteindre les deux dettes dès le moment où elles se trouvent exister à la fois, il en résulte que, si l'un des débiteurs a payé sa dette sans opposer la compensation, il ne conserve point une action en paiement de sa créance; il ne peut exercer que l'action dite *condictio indebiti* pour réclamer le paiement de ce qu'il a indûment payé, et même si, débiteur, avec différens termes, d'une somme beaucoup plus forte qui lui est due, et qui est exigible à l'instant même, il a payé la totalité de sa dette, les premiers termes en argent et les derniers en assignats, il n'aura droit de répéter la somme qu'il aura indûment payée, que valeur réduite d'après l'échelle de dépréciation. — *Pau*, 10 mai 1826, Gialot c. Lapeyrère.

219. — Le jugement qui, en autorisant un tiers saisi à déposer les sommes dont il est débiteur, lui permet en même temps de prélever celles dont il est personnellement créancier, mais à la charge de rapport ultérieur et de répartition au marc le franc s'il y a lieu, comme aussi sous l'obligation de donner caution, n'emporte pas par lui-même compensation légale de la créance du tiers saisi avec sa dette. Cette compensation n'existerait qu'autant que le prélèvement autorisé aurait été effectué définitivement, et non conditionnellement. — Mais si le tiers saisi, au lieu d'user de la faculté de prélèvement, dépose intégralement les valeurs qui se trouvaient entre ses mains, il conserve le droit de réclamer du débiteur le montant de sa créance. — *Cass.*, 28 févr. 1842 (t. 1er 1842, p. 296), Power c. Dupré de Geneste.

220. — Peu importerait que le débiteur eût payé en vertu d'un jugement de condamnation, et que, lors de ce jugement, il eût négligé d'opposer la compensation, ou que, l'ayant opposée, le juge eût omis d'y statuer. — Pothier, *Oblig.*, n° 640; Rolland de Villargues, n° 167; Toullier, t. 7, n° 388.

221. — Celui à qui il a été fait un paiement sans cause est grevé d'une dette qui se compense de plein droit et jusqu'à due concurrence avec la créance liquide et certaine qu'il peut avoir sur la personne dont il a reçu ce paiement, et on doit le décider ainsi, bien qu'il eût plus tard employé la somme indûment reçue à acquitter quelques dettes de son créancier. — *Caen*, 28 juin 1844 (t. 2 1844, p. 617), Morin-Angot c. Pavie.

222. — ... 4° Que les privilèges et hypothèques qui étaient l'accessoire de la dette sont également éteints du jour où la compensation s'est opérée. De là l'art. 1299, C. civ., qui veut que celui qui a payé une dette éteinte par la compensation ne puisse plus, en réclamant la créance dont il n'a pas opposé la compensation, se prévaloir, au préjudice des tiers, des privilèges ou hypothèques qui y étaient attachés, à moins qu'il n'ait eu une juste cause d'ignorer la créance qui devait compenser sa dette. — Pothier, *Oblig.*, n° 640; Toullier, t. 7, n° 391; Delvincourt, t. 2, p. 580, notes; Duranton, t. 12, n° 456.

223. — Le principe et l'exception de l'art. 1299, C. civ., s'appliquent également aux cautions dont il n'est pas parlé dans cet article; la raison est absolument la même. — Duranton, t. 12, n° 457.

224. — ... 5° Que la créance compensée ne peut plus être cédée, excepté pour ce qui reste après la compensation (Voët, in tit. *De compens.*, nos 4 et 5; Rolland de Villargues, n° 392; Toullier, t. 7, n° 392); et qu'on peut, malgré la cession, opposer au cessionnaire la compensation des sommes dues par le cédant, pourvu toutefois que la dette fût antérieure à la notification du transport ou à son acceptation. — C. civ., art. 1690 et 1091; — Rolland de Villargues et Toullier, *ibid.*

225. — Jugé par suite que la compensation qui s'opère de plein droit entre deux dettes les éteint, à tel point que le créancier de l'une ne peut plus la faire revivre et la transporter utilement à un tiers. — Dans ce cas, la cession n'a d'effet que pour ce qui forme la différence existante entre les deux créances. — *Cass.*, 11 fév. 1829, Delolme c. de Verdonnet.

226. — Mais jugé qu'on ne peut opposer au cessionnaire d'une créance la compensation de ce qui est dû par le cédant. — *Paris*, 20 août 1814, Fouchard.

227. — ... 6° Enfin, que l'offre ou la proposition de compenser, n'étant au fond qu'une offre de paiement, opère une confession judiciaire de la dette qui rend non recevable à contester dans la suite l'existence de cette dette. — Nouveau Denisart, § 1, n° 11; Rolland de Villargues, v° *Compensation*, n° 171.

228. — La compensation n'a pas lieu au préjudice des droits acquis à des tiers. — Ainsi celui qui, étant débiteur, est devenu créancier depuis la saisie-arrêt faite par un tiers entre ses mains, ne peut, au préjudice du saisissant, opposer la compensation. — C. civ., art. 1298.

229. — La compensation ne peut donc avoir lieu au préjudice d'une saisie-arrêt préexistante. — *Cass.*, 14 févr. 1810, Buzoni c. Pizani.

230. — Peu importerait même que les créances du tiers saisi fussent déjà nées avant la saisie-arrêt, si elles ne réunissaient pas alors toutes les conditions requises pour être compensées de plein droit. Ce qu'on a dit *suprà*, n° 175, à l'égard du transport signifié à une époque où les créances particulières du débiteur étaient déjà nées, mais non compensables, s'applique à la saisie-arrêt. — Duranton, t. 12, n° 442; Rolland de Villargues, n° 174.

231. — Mais le tiers saisi qui, avant la saisie-arrêt, était créancier légitime du saisi, peut opposer au saisissant la compensation jusqu'à due concurrence, lorsque les dettes respectives sont liquides et exigibles. — *Cass.*, 14 août 1809, Lambert c. Rampal; — Roger, *Saisie-arrêt*, n° 443.

232. — Toutefois il y a une différence entre le cas de transport et celui de saisie-arrêt : dans le cas de transport, le débiteur ne peut rien retenir de la créance cédée pour se faire payer de la sienne, puisque le cessionnaire est saisi du moment de la signification du transport; au lieu que, dans le cas de saisie, le débiteur sur qui elle est faite, et qui se trouve créancier sans pouvoir compenser, par exemple, parce que sa créance n'était pas exigible au moment de la saisie, peut, comme tout autre créancier, former opposition entre ses mains et venir au marc le franc avec le saisissant; de cette manière il compense jusqu'à concurrence de la part qui lui écherra dans la contribution. — Rolland de Villargues, n° 175; Duranton, t. 12, n° 443.

233. — Le débiteur de l'avancement d'hoirie ne peut opposer aux cessionnaires les compensations d'une créance échue après la notification du transport. — *Riom*, 12 mai 1815, Audebal c. Marcombe.

234. — Mais le mandataire a le droit, lors de la présentation de son compte, de compenser, avec le reliquat dont il se reconnaît débiteur, les créances dont il a pu, avant l'apurement de ce compte, devenir cessionnaire sur son mandant et dont il a poursuivi le paiement; et ce, préférablement au transport que le mandant aurait depuis fait à un tiers de ce reliquat éventuel. — *Paris*, 18 avr. 1836, Hersent c. Lorée.

235. — Du principe qu'on ne peut opposer la compensation au préjudice des droits acquis à des tiers, il résulte aussi qu'un créancier qui achète un immeuble hypothéqué ne peut opposer aux créanciers hypothécaires la compensation à raison des créances qu'il a sur le vendeur; et, par la même raison, celui qui se rend adjudicataire, sur expropriation forcée ou sur toute autre vente faite d'autorité de justice, d'un immeuble appartenant à son débiteur, ne peut compenser son prix avec celui-ci, au préjudice des créanciers qui ont poursuivi l'expropriation ou la vente, ni au préjudice des créanciers même simplement opposans sur le prix. — Mais il n'est point exclu de la distribution du produit de la vente, si ce n'est par les créanciers privilégiés ou hypothécaires. — Rolland de Villargues, n° 176; Duranton, t. 12, n° 444.

236. — Ainsi, jugé qu'il ne peut y avoir de compensation entre la créance et le prix de l'immeuble vendu au créancier qui doit, d'après la vente et les transcription et notification, payer suivant la collocation à faire entre les créanciers, surtout lorsqu'il y a des inscriptions qui priment celle du créancier acquéreur. — *Riom*, 19 déc. 1814, Champaresse c. Cohendi.

237. — ... Que, lorsqu'un créancier se rend adjudicataire de l'immeuble de son débiteur, vendu en justice, sa créance ne se trouve pas éteinte par la compensation, de sorte qu'elle ne puisse plus être postérieurement cédée à un tiers. — *Paris*, 31 août 1815, Lavaudelle c. Villiers.

238. — ... Que l'acquéreur d'un immeuble hypothéqué à sa créance ne peut stipuler avec le vendeur une compensation au préjudice des créanciers inscrits. — *Bourges*, 28 mai 1827, Rotinat c. Lesueur.

239. — Ainsi encore, tant que l'ordre n'a pas été définitivement fixé, il ne peut s'opérer aucune compensation en la personne de l'acquéreur devenu cessionnaire d'une créance inscrite, lequel se trouve ainsi être tout à la fois créancier de la somme transportée et débiteur du prix de la vente. — *Bordeaux*, 19 juin 1835, Otard c. Espinasse.

240. — Le créancier qui achète un immeuble appartenant à son débiteur ne peut compenser ses créances personnelles avec le prix de son acquisition, au préjudice des autres créanciers du vendeur ayant des hypothèques inscrites sur cet immeuble. — *Cass.*, 9 mai 1836, Grosrenaud c. Vauvilliers.

241. — L'acquéreur qui a été évincé par l'effet d'une adjudication sur folle enchère étant réputé n'avoir jamais été propriétaire de l'immeuble vendu, aucune compensation ni confusion n'a pu s'opérer entre le prix dont il était débiteur et les droits hypothécaires qu'il avait précédemment sur cet immeuble, et par suite le transport qu'il en a fait est valable. — Il est également valable, quoique fait avant que les contestations dont sa demande en collocation a été l'objet aient été jugées. — *Orléans*, 8 juill. 1845 (t. 2 1845, p. 492), Chevalier c. Pelletier.

242. — Mais lorsque, sur la licitation de biens indivis entre cohéritiers, l'un d'eux qui était créancier de son cohéritier, avec inscription hypothécaire sur la part indivise de celui-ci, se rend adjudicataire des biens indivis, il s'opère de plein droit, jusqu'à due concurrence, entre la créance et le prix de l'adjudication, une compensation qui peut être opposée, même au tiers qui, avant l'adjudication, avait acquis la part de ce cohéritier. — *Bordeaux*, 12 mai 1827, Graulle c. Bouchon.

243. — Lorsqu'en paiement de ses droits et reprises, le mari cède un de ses immeubles à sa femme, première en ordre d'hypothèque, des créanciers qui n'ont qu'une hypothèque spéciale sur cet immeuble ne peuvent point s'opposer à la compensation légale, ni forcer la femme à répartir l'effet de son hypothèque sur chacun des autres immeubles du mari. — *Bordeaux*, 7 juill. 1830, Chauveau c. Aussel.

244. — Le jugement qui, en prononçant au profit de la femme la séparation de biens, condamne le mari à l'indemniser des obligations qu'elle a pu contracter solidairement avec lui, et la liquidation qui contient des réserves expresses en faveur de cette femme à raison desdites obligations, constituent à son profit, alors même qu'elle ne les aurait pas encore acquittées, une créance qu'elle peut opposer en compensation avec les sommes dont elle serait elle-même déclarée débitrice envers son mari par le résultat de la liquidation. — Et cette compensation est opposable même aux créanciers du mari qui auraient formé opposition entre les mains de la femme avant qu'elle eût acquitté lesdites obligations. — *Cass.*, 7 mars 1842 (t. 2 1842, p. 433), Rudeuil c. Riauté.

245. — Lorsqu'il y a plusieurs dettes compensables dues par la même personne, on suit les règles établies pour l'imputation par l'art. 1256, C. civ. — C. civ., art. 1297.

246. — Dès lors, si la compensation s'est une fois opérée de plein droit, il n'est pas plus permis aux parties d'en diriger l'effet sur une autre dette, au préjudice de ceux qui auraient intérêt à l'acquittement de celle qui a été éteinte, qu'elles ne pourraient changer les règles d'imputation légale en l'absence d'une imputation expresse de leur part lors du paiement. — Duranton, t. 12, n° 455.

247. — La loi n'a pas tracé de règle spéciale pour l'introduction de la demande en compensation. — Le défendeur qui veut opposer la compensation à une action dirigée contre lui peut y conclure sur une simple requête, sans être tenu d'introduire, par voie d'ajournement, une demande reconventionnelle, et de requérir ensuite la jonction des deux instances. — *Paris*, 12 mai 1813, Jumelin c. Félicité de Bonnaire.

248. — Mais quand la compensation peut-elle être proposée? — Elle peut l'être *en tout état de cause*; car c'est une exception réelle et péremptoire. — Perez, *Ad cod.*, tit. *De compens.*, n° 21; Rolland de Villargues, n° 135.

249. — Elle peut même l'être en appel pour la première fois. — *Cass.*, 4 août 1806, Labrousse de Vertillac c. liquidateurs de la caisse des comptes courans; — Toullier, t. 7, n° 409; Duranton, t. 12, n° 459; Rolland de Villargues, v° *Compensation*, n° 136.

250. — ... Et même après jugement de condamnation passé en force de chose jugée : *quia vice solutionis obtinet.* — L. 2, Cod. *De compens.*; Toullier, t. 7, nos 388 et 410.

251. — Mais que devra faire le condamné pour arrêter l'exécution sur ses biens, lorsqu'après le jugement de condamnation passé en force de chose jugée il voudra opposer la compensation? — Nous ne pensons pas qu'il puisse obtenir des défenses, puisque l'art. 460, C. procéd., ne permet d'en accorder que dans les cas prévus par les articles précédens, au nombre desquels n'est pas celui qui nous occupe. Nous croyons qu'il devra, en cas d'urgence, assigner en référé son adversaire (C. procéd., art. 806), si celui-ci, par exemple, exécute contre sa personne ou ses biens; s'il n'y a pas urgence, il devra porter directement l'affaire à l'audience et faire statuer sur la compensation, au moyen de quoi il sera fait défense d'exécuter le jugement. — Duranton, *Contrats*, n° 974; Rolland de Villargues, v° *Compensation*, n° 140.

252. — La compensation ne pourrait être opposée pour la première fois devant le conseil d'état, et les parties doivent, à cet égard, être renvoyées devant la juridiction inférieure (le conseil de préfecture). — *Cons. d'état.*, 30 août 1814, Périer c. Domaine.

253. — Une question de compensation entre deux particuliers doit être jugée par l'autorité judiciaire, bien qu'elle soit incidente à une contestation de l'un d'eux pendante devant la justice administrative. — Spécialement, le conseil de préfecture a seul qualité pour vérifier et confirmer la taxe des honoraires dus à l'employé des ponts et chaussées qui, sur la demande d'un particulier en autorisation de flottage, a procédé à la vérification des lieux, et pour statuer sur les frais occasionnés par cette contestation; mais c'est aux tribunaux seuls à prononcer sur les compensations alléguées par le réclamant et sur ses offres de paiement. — *Cons. d'état*, 3 déc. 1817, Dupuichaud c. Plantadis.

254. — *Renonciation à opposer la compensation.* — Quoique la compensation s'opère de plein droit, nul doute néanmoins que le débiteur ne puisse y renoncer lorsqu'elle lui est acquise. — Arg. C. civ., art. 1299.

255. — Mais peut-on renoncer d'avance à la compensation? — Non; attendu qu'on ne peut renoncer d'avance à un droit qu'on n'a pas encore. — Toullier, t. 7, n° 393; Rolland de Villargues, n° 184. — Mais Delvincourt (t. 2, p. 579 et 580, notes) combat cette opinion, en disant que rien ne s'oppose à ce qu'une dette soit stipulée compensable. Puisqu'une dette peut être non compensable par sa nature, pourquoi ne pourrait-elle pas l'être du consentement des parties? D'ailleurs renoncer à la compensation c'est renoncer au bénéfice d'un mode de paiement introduit par la loi, ce qui est licite. — Cet auteur (*ibid.*) va même jusqu'à penser que cette renonciation produirait effet vis-à-vis des tiers puisqu'on peut leur dire que si la condition n'eût pas été consentie, la dette n'eût jamais été contractée, et qu'ils ont dû avoir connaissance de la condition.

256. — La renonciation, dans les cas où elle peut avoir lieu, peut être expresse ou tacite. — Toullier, t. 7, n° 395; Rolland de Villargues, n° 178.

257. — Aussi, jugé que, bien que la compensation s'opère de plein droit à l'insu des parties, elles peuvent néanmoins y renoncer en exprimant formellement ou tacitement une volonté contraire. — *Bordeaux*, 7 mars 1831, Gaillard de Vaucocourt c. Bourdineau.

258. — Ainsi la preuve d'une renonciation tacite peut résulter de la circonstance que le capital de la dette à compenser était, dans l'intention des parties, destiné à faire les fonds d'une rente annuelle au profit d'un tiers. — Même arrêt.

259. — Il y a encore renonciation tacite, quand un débiteur accepte purement et simplement la cession qu'un créancier a faite de ses droits à un tiers; le débiteur, dans ce cas, ne peut plus opposer au cessionnaire la compensation qu'il eût pu, avant l'acceptation, opposer au cédant. — Rolland de Villargues, n° 180; Duranton, t. 12, n° 433.

260. — Jugé cependant que, toute renonciation à un droit acquis devant être expresse, ou, lorsqu'on l'induit d'un fait, devant dériver de ce fait par une suite nécessaire, il s'ensuit que, par cela seul qu'il serait dit dans la signification d'un transport fait à un débiteur, qu'il lui a été laissé copie, tant de l'acte de cession que de l'exploit, qu'il a accepté, on ne saurait conclure que ce débiteur, qui se trouvait créancier du cédant, a renoncé à la compensation qui a eu lieu de plein droit, et qu'il ne peut, dès-lors, l'opposer au cessionnaire. — *Bruxelles*, 23 juin 1821, Wesel c. Vandenbrugger.

261. — Dans les cas où elle serait valable, la renonciation ne saurait nuire aux tiers. C'est sur ce principe qu'est fondé l'art. 1299 qui enlève à celui qui a payé une dette éteinte, *ipso jure*, par la compensation, le droit d'exercer au préjudice des tiers les privilèges et hypothèques attachés à la créance, à moins qu'il n'ait eu une juste cause d'ignorer l'existence de la créance qui devait compenser sa dette. — Rolland de Villargues, nos 179 *bis* et 185; Duranton, t. 12, no 434; Toullier, t. 7, no 394.

262. — Par suite du même principe, le cessionnaire ne pourrait faire valoir les priviléges, hypothèques, cautionnemens attachés à la créance cédée, si déjà la compensation s'était opérée de plein droit avant l'acceptation de la cession. Il n'a pu, en effet, dépendre du débiteur, en acceptant la cession faite sur lui et en colludant peut-être avec le cessionnaire, de faire revivre au préjudice de sa caution une dette qui était aussi bien éteinte par la compensation qu'elle l'aurait été par un paiement réel. — L. 62, ff., *De pact.* — Rolland de Villargues, vo *Compensation*, no 181; Delvincourt, t. 2, p. 576, 577, notes; Duranton, t. 12, no 435.

263. — Il y a encore renonciation tacite, lorsque l'acquéreur s'est obligé d'employer le prix de son acquisition à payer certaines dettes du vendeur; il a renoncé tacitement par là à opposer la compensation de ces créances personnelles contre ce prix : et cette compensation ne pourra plus avoir lieu que du consentement du vendeur, en supposant que les créanciers indiqués n'aient pas déclaré vouloir profiter de la délégation. — C. civ., art. 1121; Rolland de Villargues, no 183; Toullier, t. 7, no 394.

264. — Mais si les créanciers délégués ont déclaré vouloir profiter de la délégation, l'acquéreur ne peut plus, même du consentement du vendeur, en faire compensation avec des créances personnelles qu'il aurait à répéter contre ce dernier. — C. civ., art. 1121; Rolland de Villargues, no 187.

265. — Jugé, toutefois, que le débiteur qui a consenti à ce que l'un de ses créanciers touchât, dans une distribution amiable, une partie de sa créance, n'a point confirmé cette créance, de telle sorte qu'il soit désormais non-recevable à opposer la compensation, alors que la somme touchée est de beaucoup inférieure à la somme due. Cela est vrai surtout lorsque le débiteur, en consentant au paiement, s'est réservé expressément le droit d'opposer la compensation pour le surplus de la créance. — *Cass.*, 17 juill. 1832, Lauvin c. Rohan.

266. — ... Que le débiteur d'une créance à échoir qui, lors de la signification qui lui est faite du transport de cette même créance, s'est réservé le droit d'opposer, jusqu'à due concurrence, la compensation avec une somme plus faible que lui doit le cédant, est recevable encore à faire valoir la compensation, quoiqu'il ait depuis payé un à-compte au cessionnaire. — *Cass.*, 24 déc. 1834, Auger c. Caillot.

ART. 3. — *Compensation en matière de succession bénéficiaire et de faillite.*

267. — *Succession bénéficiaire.* — Quoique celui qui accepte sous bénéfice d'inventaire soit aussi réellement héritier que l'héritier pur et simple, cependant, comme il ne confond point ses biens personnels avec ceux de la succession, et qu'il conserve contre elle le droit de réclamer le paiement de ses créances (C. civ., art. 802), la compensation de ses dettes ou de ses créances personnelles avec les créances ou les dettes des créanciers ou débiteurs de la succession ne peut s'opérer de plein droit. Mais cette disposition n'étant établie qu'en sa faveur, il peut y renoncer pour demander lui-même la compensation. — Rolland de Villargues, vo *Compensation*, nos 142 et 143; Toullier, t. 7, no 380; Duparc-Poullain, *Principes de dr.*, t. 7, no 28.

268. — Ainsi jugé que l'héritier bénéficiaire qui est créancier personnel d'un créancier de la succession peut, il est vrai, opposer la compensation de sa créance personnelle avec la dette de la succession, mais que cette compensation, essentiellement subordonnée à la volonté du créancier, ne s'opère que du moment où il la demande. — *Lyon*, 18 mars 1831, Niogret c. Dugas.

269. — Du principe que les droits des créanciers contre la succession bénéficiaire et de la succession bénéficiaire contre les créanciers sont fixés à l'instant de son ouverture, il suit qu'il ne se fait de compensation de ce qui est dû ou de ce que doit la succession, que dans le cas où la compensation eût pu avoir lieu avant son ouverture. — Duparc-Poullain, t. 4, p. 96, et t. 7, p. 353 et 354; Toullier, t. 7, no 380; Rolland de Villargues, vo *Compensation*, nos 144, 145 et 146; Delvincourt, t. 2, p. 575 et 576, note.

270. — Cette décision ne doit toutefois s'appliquer qu'au cas où il y a des créanciers opposans sur la succession; car s'il n'y avait point d'opposans, le débiteur dont la créance ne serait née, ou n'aurait acquis les conditions requises pour la compensation, que depuis l'ouverture de la succession, pourrait évidemment opposer la compensation, puisque l'héritier bénéficiaire est obligé de payer les créanciers à mesure qu'ils se présentent (C. civ., art. 808). — Si elle était refusée par l'héritier bénéficiaire, il pourrait l'assigner pour la faire prononcer. Les créanciers qui ne se feraient connaître que depuis cette compensation opposée ou demandée, ne pourraient pas plus l'empêcher qu'ils ne pourraient faire rapporter à un créancier tout ou partie du paiement qu'il aurait reçu (C. civ., art. 809), la compensation étant elle-même un paiement. — Toullier, t. 7, no 380; Rolland de Villargues, vo *Compensation*, no 147.

271. — La même distinction est aussi applicable à l'héritier bénéficiaire lui-même, créancier et débiteur de la succession. Lorsqu'il y a des créanciers opposans, l'héritier bénéficiaire ne peut proposer la compensation si, avant l'ouverture de la succession, il ne se trouvait pas déjà tout à la fois créancier et débiteur du défunt. — Duparc-Poullain, t. 4, p. 97, et t. 7, p. 354; Toullier, t. 7, no 380; Rolland de Villargues, no 148. — S'il n'y a point de créanciers opposans, l'héritier bénéficiaire peut demander la compensation, en dirigeant sa demande contre ses cohéritiers, ou, s'il est seul, contre un curateur au bénéfice d'inventaire. Il ne pourrait plus former cette demande une fois que d'autres créanciers se seraient présentés, et il devrait venir avec eux par contribution. — Toullier et Rolland de Villargues, *ibid.*; Delvincourt, t. 2, p. 575 et 576, notes.

272. — *Faillite.* — Il n'est pas douteux que la compensation opérée avant l'ouverture de la faillite en faveur de celui qui est en même temps créancier et débiteur du failli, conserve tout son effet. — *Parlem. Paris*, 5 juill. 1766. — Nouveau Denisart, § 2; Toullier, t. 7, no 381; Rolland de Villargues, no 151.

273. — Mais la compensation n'est point admise en faveur de celui qui, étant créancier ou débiteur du failli avant l'ouverture de la faillite, est devenu depuis son débiteur ou son créancier; car tous les droits sont fixés à l'ouverture de la faillite, et la compensation n'a pas lieu au préjudice des droits acquis à des tiers (C. civ., art. 1298). Il doit donc payer ce qu'il doit, sauf à se faire colloquer au marc le franc, comme les autres créanciers de la faillite. — Toullier, t. 7, no 381; Rolland de Villargues, no 152.

274. — *Quid* si, dans les dix jours qui précèdent la faillite, l'un des créanciers du failli devient son débiteur, ou si l'un des débiteurs du failli devient son créancier, et que les deux dettes se trouvent alors exigibles? Y aura-t-il lieu à compensation? — MM. Rolland de Villargues (vo *Compensation*, no 153), et Duranton (*Des contrats*, no 941) se prononçaient pour la négative, sous l'empire de l'ancienne loi des faillites, par le motif que le paiement que le créancier aurait reçu dans les dix jours qui ont précédé l'ouverture de la faillite aurait été sujet à rapport.

275. — Jugé, dans ce sens, que la compensation n'a pas pu s'opérer entre le créancier et le débiteur failli, dans l'intervalle qui s'est écoulé entre le jugement qui déclare la faillite et l'époque à laquelle ce jugement en a fixé l'ouverture; en d'autres termes, qu'on ne doit pas considérer comme valable le paiement d'une *dette échue*, lorsque le jugement déclaratif de la faillite en a fait remonter l'ouverture à une époque antérieure à ce paiement. — *Orléans*, 8 mars 1831, et *Cass.*, 10 juill. 1832, Guerlin c. Douet.

276. — Mais y aurait-il lieu d'admettre la compensation, si les deux dettes contractées avant l'ouverture de la faillite n'étaient devenues exigibles que par l'effet de cette ouverture? — Il faut distinguer, suivant quelques auteurs, quelle est la nature de la dette de celui qui est tombé en faillite. — Si c'est une dette non commerciale, peu importe la nature de l'autre dette, le créancier peut opposer la compensation à la masse, si d'ailleurs il n'y avait pas d'autre obstacle à la compensation que la non échéance du terme de sa créance; car, par la faillite, cette créance est devenue exigible (C. civ., art. 1188; C. comm., art. 444), et, par conséquent, elle a pu et dû se compenser à l'instant même de la faillite. — Vainement dirait-on que, par l'état de faillite, qui forme opposition dans l'intérêt de la masse des créanciers, ces mêmes créanciers ont eu, pendant un temps quelconque, un droit acquis à la créance du failli, sauf à l'autre partie ses droits sur la masse, puisqu'à l'instant même où l'état de faillite a produit ses effets à leur profit, il les a aussi produits en faveur du créancier du failli en rendant sa créance exigible. — Mais si la créance sur le failli est commerciale, quelle que soit aussi la nature de la sienne, la compensation ne s'est point opérée, attendu que le paiement qu'il aurait reçu dans les dix jours qui ont précédé l'ouverture de la faillite aurait été sujet à rapport, et que dès-lors on ne peut supposer que la loi l'ait fait elle-même au moment de la faillite. — Rolland de Villargues, no 154; Duranton, t. 12, no 412. — Mais Delvincourt, t. 2, p. 491 et 492, ne fait pas cette distinction.

277. — Jugé d'une manière générale, sous l'empire de l'ancienne loi des faillites, mais dans un cas où la dette du failli était commerciale, que la compensation n'a eu lieu qu'entre deux dettes réciproquement exigibles, en sorte que le débiteur d'un failli qui se trouve en même temps son créancier, ne peut l'opposer, si, lors de la faillite, sa créance n'était pas échue. — *Cass.*, 12 fév. 1811, Vangorsel c. Verplancken.

278. — ... Que la compensation n'ayant lieu qu'entre deux dettes échues et réciproquement exigibles, le débiteur d'un failli qui se trouve en même temps son créancier ne peut opposer la compensation si, lors de la faillite, sa créance n'était pas encore échue. — *Cass.*, 17 fév. 1823, Delpech c. Cesbron.

279. — ... Que le créancier porteur d'un billet non encore échu, dont le souscripteur tombe en faillite, ne peut compenser le montant de ce billet avec une somme qu'il doit au failli et qui est exigible par elle-même. — *Lyon*, 25 janv. 1825, Croizel c. Buffeton.

280. — Jugé cependant que celui qui est en même temps créancier et débiteur d'un failli au moyen de lettres de change respectivement souscrites et endossées, peut opposer la compensation, bien qu'au moment de la faillite la créance ne fût pas échue, tandis que celle du failli était exigible; et qu'il le peut surtout dans le cas particulier où la compensation n'est contestée que par le failli. — *Turin*, 18 vent. an XIII, Truqui c. Baraco.

281. — La compensation pourrait néanmoins s'opérer depuis la faillite, si, avant son ouverture, le failli était convenu, par un acte non frauduleux et dont la date serait assurée, qu'une créance ou une dette exigible serait compensée avec une dette non exigible ou conditionnelle, au moment de son échéance ou de l'accomplissement de la condition, parce qu'alors le droit de compenser serait acquis avant la faillite. — Toullier, t. 7, no 381; Rolland de Villargues, no 155.

282. — Bien plus, si un locataire ou fermier avait fait des réparations nécessaires ou des améliorations, la faillite du propriétaire ne l'empêcherait point d'en retenir le prix par compensation sur ses loyers ou fermages; car les créanciers n'ont pas d'autres droits que ceux du failli, dont ils sont les ayant-cause; et, d'un autre côté, ils ne peuvent s'enrichir aux dépens de celui qui a augmenté la valeur de leur gage. — Toullier, t. 7, no 381; Rolland de Villargues, no 156.

283. — Mais le locataire ou fermier, créancier du propriétaire, ne pourrait, s'il ne rapportait pas une convention antérieure à la faillite, opposer la compensation de sa créance, ni avec des loyers ou fermages échus depuis la faillite, ni avec les détériorations qu'il aurait commises. — Toullier, t. 7, no 381; Rolland de Villargues, no 157.

284. — Il faut, au surplus, remarquer qu'en matière de commerce les traites et autres effets font les fonctions de l'argent (C. comm., art. 446, nouv. loi); qu'il suffit, en conséquence, que le créancier d'une dette exigible ait reçu du débiteur, avant l'ouverture de la faillite, des traites tirées sur un tiers, pour qu'il se soit opéré compensation en sa faveur, du moment de la remise, bien qu'à cette dernière époque les traites ne fussent pas échues, et qu'elles ne le soient devenues que depuis l'ouverture de la faillite du débiteur. — Rolland de Villargues, no 158.

285. — Deux masses de créanciers de faillis ne peuvent s'opposer la compensation. — *Liége*, 28 janv. 1832, Dubois c. Jaumenne.

Sect. 3°. — Compensation facultative.

286. — La compensation *facultative* ou *par voie d'exception* est celle qui a lieu lorsque l'une des deux créances seulement réunit les conditions requises pour la compensation légale, et que celle des parties en faveur de laquelle est établi l'obstacle à la compensation de plein droit déclare vouloir y renoncer.—Delvincourt, t. 2, p. 177, 178; Toullier, t. 7, p. 346, 396 ; Rolland de Villargues, n° 108.

287. — La compensation facultative diffère de la compensation légale en ce qu'elle n'a pas lieu de plein droit, et du moment où les deux qualités de créancier et de débiteur se sont trouvées concourir dans les mêmes personnes : elle n'a lieu que du jour où elle est opposée ou acceptée. Ainsi, lorsque c'est le demandeur en compensation qui pourrait la refuser, elle n'a lieu que du jour où il l'a demandée : et c'est le défendeur en compensation qui avait le droit de la refuser, elle ne peut avoir lieu que du jour où il l'a acceptée et consentie. — Duparc-Poullain, t. 7, p. 359 ; Nouv. Denisart, § 2, n° 9 ; Toullier, t. 7, n° 396; Delvincourt, t. 2, p. 178 et 582, note 3°; Rolland de Villargues, n° 489.

288. — La compensation facultative s'applique au cas du dépositaire devenu créancier du déposant, et qui ne peut faire entrer en compensation la chose déposée avec une somme égale et liquide à lui due par le déposant. Celui-ci peut seul opposer la compensation, s'il le juge à propos, soit qu'il soit demandeur ou défendeur. — Toullier, t. 7, n° 346, 397.

289. — Elle s'applique aussi au commodataire. — Toullier, t. 7, n° 397; Rolland de Villargues, v° *Compensation*, n° 191.

290. — ... Au débiteur d'alimens déclarés insaisissables. — Toullier, *ibid.*; Rolland de Villargues, *ibid.*

291. — ... A l'héritier bénéficiaire, poursuivi à raison d'une créance réclamée contre la succession. — Toullier, *ibid.*, Rolland de Villargues, n° 192.

292. — ... Au débiteur d'une succession bénéficiaire poursuivi à raison d'une créance de la succession, s'il n'y a point de créanciers opposans. Toullier, t. 7, n° 399; Rolland de Villargues, n° 193.

293. — ... A deux personnes qui se trouvent débitrices l'une envers l'autre de deux dettes d'ailleurs compensables, mais qui sont payables dans des lieux différens.—Rolland de Villargues, n° 194; Toullier, t. 7, n° 400, Delvincourt, t. 2, p. 178.

294. — ... Au débiteur d'une dette fongible de diverses espèces, si celui qui avait intérêt à exciper de cette différence y renonce. — Rolland de Villargues, n° 195; Toullier, t. 7, n° 401.

295. — ... Au débiteur d'une dette alternative, de la part de l'un des contractans seulement, lorsque celui au profit de qui est l'option a déclaré son option. — Rolland de Villargues, n° 196 ; Toullier, t. 7, n° 402.

296. — ... Au débiteur d'une dette non échue, mais que l'une des parties peut rendre exigible en renonçant au délai stipulé en sa faveur (Rolland de Villargues, n° 197) ; sauf les règles particulières aux effets de commerce, à l'égard desquels le terme n'est pas censé de droit avoir été stipulé en faveur du débiteur.—Rolland de Villargues, n° 198.

297. — ... Au débiteur d'une rente perpétuelle, lorsque celui-ci, toujours libre de le rembourser, a déclaré vouloir en opposer le capital et les arrérages échus en compensation d'une somme qui lui est due par le créancier de cette rente ; avec cette observation, toutefois, que si la somme dont le débiteur demande la compensation était inférieure aux arrérages échus et au capital de la rente offerte en compensation, il doit faire offres réelles du surplus, afin que le remboursement soit complet. — Dumoulin, *De usur.*, quæst. 43 ; Duparc-Poullain, t. 7, p. 342; Nouv. Denisart, § 2, n° 9 ; Toullier, t. 7, n°s 367, 404, 405 ; Rolland de Villargues, n°s 199, 200; Delvincourt, t. 2, n°s 409, 410.

298. — Remarquons, au surplus, que s'il s'agissait de deux individus réciproquement créanciers et débiteurs l'un de l'autre d'une rente perpétuelle de même qualité et quantité, rachetable pour une même somme, la compensation ne pourrait s'en faire que d'un consentement mutuel. — Toullier, t. 7, n° 406 ; Rolland de Villargues, n° 201; Duranton, n° 976.

299. — Tout ce que nous venons de dire n'a trait, au reste, qu'au capital des rentes; car les arrérages, à moins qu'il ne s'agisse de pension alimentaire, se compensent de plein droit avec toute espèce de dette. — Rolland de Villargues et Toullier, *ibid.*; Duranton, t. 12, n° 409.

300. — La compensation facultative peut enfin s'appliquer au cas où les créances réciproques ne

sont point personnelles aux deux parties. — C'est ce qui aurait lieu si l'une des parties offrait en compensation à l'autre ce que celle-ci doit à un tiers, avec le consentement de ce tiers ; si un tuteur ou un mandataire, ayant qualité pour recevoir ce qui est dû à leur mineur ou à leur mandant et en donner quittance, opposaient ce qui est dû à ces derniers en compensation de ce qu'ils doivent personnellement. — Delvincourt, t. 2, p. 582 (notes); Toullier, t. 7, n° 403 ; Rolland de Villargues, n° 202.

301. — La compensation facultative n'ayant pas lieu de plein droit, si celui qui pouvait l'opposer a mieux aimé payer sa dette, il n'a pas perdu par là les privilèges et hypothèques de sa créance : ici ne peut s'appliquer l'art. 1299. C. civ., concernant la compensation légale. — Rolland de Villargues, n° 203; Duranton, t. 12, n° 410, *in fine*.

V. ASSURANCES MARITIMES, ASSURANCES TERRESTRES, BILLET AU PORTEUR, CAPITAINE DE NAVIRE, CAUTIONNEMENT, ENDOSSEMENT, ENREGISTREMENT, INDICATION DE PAIEMENT, PAIEMENT, RÉPÉTITION.

COMPÉTENCE (Matière civile).

Table alphabétique.

COMPÉTENCE (matière civile).—1.—Le mot *compétence*, du latin *competere* (appartenir), exprime le droit qu'un tribunal, qu'un juge a de connaître de telle ou telle matière, de telle ou telle cause. En d'autres termes, c'est la mesure du pouvoir de juger. — V. Brisson, *De verb. signif.*, v° *Competere* et *Competens*.

2. — Ainsi entendue, et c'est là sa véritable acception, la *compétence* ne doit pas être confondue avec la *juridiction*, terme qui a plusieurs significations, mais qui est généralement employé dans un sens plus abstrait que le mot *compétence*. Suivant M. Carré (*Compét.*, t. 1er, Introd., p. 53), la juridiction est *le pouvoir de juger* pris dans un sens abstrait, tandis que la compétence est pour chaque tribunal la mesure de ce pouvoir. — V. JURIDICTION.

3. — On voit par ces explications qu'il y a une corrélation nécessaire entre la juridiction et la compétence ; l'une suppose l'autre. Aussi trouve-t-on toujours la compétence à côté de la juridiction ; mais ce n'est pas une raison pour les confondre. Les deux idées se tiennent, elles ne se remplacent pas l'une par l'autre. — Berriat, p. 31, note 50.

4. — Les lois de compétence font partie de cette branche de législation qui forme le droit public, c'est-à-dire de cet ensemble de lois qui règlent les rapports du gouvernement avec les citoyens. C'est ce qui a fait dire à Bacon que *le droit privé existe sous la tutelle du droit public* (3e aphor.)

CHAPITRE Ier. — Nature et origine de la compétence.

5. — Tout ce qui concerne la compétence ne peut être réglé que par une loi. — C'est un principe fondamental que consacre implicitement l'art. 50 de la Charte, et que confirment les art. 53 et 54. — Aussi est-il généralement reconnu que toute disposition du pouvoir exécutif qui aurait pour objet de modifier la compétence serait une usurpation contraire à la constitution du pays.

6. — Cependant il est juste d'ajouter que le principe, quelque absolu qu'il soit, reçoit exception dans certains cas particuliers, qui ont toujours été considérés comme purement réglementaires.

7. — Par exemple, s'agit-il de déterminer la compétence de l'une des chambres d'une cour ou d'un tribunal, de fixer les attributions d'une chambre des vacations ou de la chambre des appels de police correctionnelle; de créer une chambre temporaire, de restreindre la compétence des audiences solennelles, etc... la jurisprudence et la doctrine admettent que cette matière rentre dans le domaine de l'ordonnance. — V. AUDIENCE SOLENNELLE, CHAMBRE DES MISES EN ACCUSATION, CHAMBRE DES VACATIONS, COUR ROYALE.

8. — On admet encore le même principe, quoique avec plus de difficulté, lorsqu'il s'agit de matières disciplinaires : ce qui est certain du moins, c'est que le pouvoir réglementaire est celui qui a établi, organisé, modifié, étendu, suivant les nécessités et les circonstances, la compétence en matière de discipline. — V. DISCIPLINE.

9. — Enfin, un point hors de doute c'est que la compétence peut être réglée par ordonnances, lorsque ces ordonnances interviennent en vertu d'une attribution formelle du pouvoir législatif. — V. COLONIES, DISCIPLINE, etc...

10. — En matière de compétence, les textes sont tout ; les inductions et les raisonnemens n'ont par eux-mêmes aucune autorité ; ils ne tirent leur force que de leur autorité conforme avec le texte et l'esprit de la loi. — Dupin, *Introd. aux lois sur la compét.*, § 2, n° 40.

11. — Aussi est-il à regretter que les lois par lesquelles la compétence de nos tribunaux a été déterminée présentent de nombreuses lacunes, et laissent dans le domaine de la doctrine un grand nombre de principes qu'il eût été d'une haute importance d'ériger en lois.—Carré, Compét., t. 1er, p. 54, n° 58.

12. — Lors de la présentation du Code de procédure, plusieurs cours d'appel demandèrent, sans l'obtenir, que l'on codifiât aussi les diverses lois relatives à la compétence ; depuis cette époque, on a bien mieux compris encore combien il était fâcheux que cette proposition n'eût pas été accueillie ; au lieu de présenter un recueil complet des principes sur la compétence, la législation française ne renferme que des documens sans unité, disséminés dans des lois nombreuses dont la plupart ont reçu des modifications successives et sont abrogées en partie par des lois postérieures. Ce n'est pas ainsi qu'on peut construire un édifice solide et régulier.

13. — Sous l'ancienne monarchie, les usurpations du parlement avaient confondu, dans un grand nombre de circonstances, le pouvoir législatif avec le pouvoir judiciaire. Mais la séparation de ces deux pouvoirs a été nettement établie par la loi du 16-24 août 1790. — V. POUVOIR JUDICIAIRE.

14. — Une ligne de démarcation a également été tracée, avec le plus grand soin, par le législateur moderne, entre la matière administrative, la matière criminelle et la matière civile. Des juridictions distinctes ont été créées pour connaître de ces matières, et des règles précises ont déterminé leur compétence respective. — V. COMPÉTENCE ADMINISTRATIVE, COMPÉTENCE CRIMINELLE.

15. — Enfin, les matières commerciales ont été séparées des matières civiles proprement dites et soumises à une juridiction spéciale. — V. COMPÉTENCE COMMERCIALE.

16. — Dans l'ordre civil, comme dans l'ordre administratif, dans l'ordre criminel et l'ordre commercial, des tribunaux différens ayant chacun leurs attributions et leurs ressorts particuliers, sont institués pour l'expédition des affaires.

17. — Nous essaierons uniquement dans cet article de préciser les règles générales en matière de compétence civile ; quant aux règles particulières s'appliquant aux diverses juridictions, elles seront posées sous les mots COURS ROYALES, JUSTICE DE PAIX, TRIBUNAUX CIVILS.

CHAPITRE II. — *Des bases qui servent à déterminer la compétence.—Distinction.*

18. — En matière de compétence, il y a toujours une distinction fondamentale à établir; il s'agit de rechercher : 1° si le tribunal saisi est compétent à raison de la nature de l'affaire; 2° s'il l'est relativement à l'espèce particulière à juger ou à la partie qui figure au procès.

19. — Ainsi, le premier point qui doit fixer l'attention, lorsqu'il s'agit de décider une question de compétence, est celui-ci : quel est, dans l'ordre des juridictions, le tribunal qui doit connaître de cette catégorie d'affaires à laquelle appartient le procès en litige? Est-ce le tribunal civil ou le tribunal criminel? Est-ce le tribunal de commerce ou la juridiction administrative ?

20. — Cette première question décidée, on examine ensuite quel est, dans l'ordre de la juridiction à laquelle l'affaire est attribuée, le tribunal particulier qui doit en connaître.

21. — De là il suit qu'il y a deux espèces de compétence : 1° une compétence *absolue*, fondée sur les limites posées par le législateur entre les diverses juridictions; 2° une compétence *relative*, qui suppose déjà l'autre, qui se détermine dans un seul ordre de juridiction, et non plus par la nature générale de l'affaire, mais bien par l'aspect de l'affaire prise en particulier et pour un seul tribunal.

22. — Cette distinction n'est point arbitraire : elle est puisée dans la nature des choses et produit des effets fort différens que nous signalerons *infrà*, nos 117 et suiv.

23. — Indépendamment de cette distinction, il en existe encore une autre sur laquelle il n'est pas nécessaire de s'appesantir, mais qu'il faut indiquer : les jurisconsultes distinguent le cas où les tribunaux sont forcés de connaître d'une affaire, à peine de déni de justice, du cas où ils n'ont qu'une compétence *facultative*, c'est-à-dire où il leur est permis de rester saisis ou de s'abstenir, alors même que les parties consentiraient à se soumettre à leur juridiction.

24. — Ce cas se présente, par exemple, dans l'hypothèse suivante : deux étrangers plaident l'un contre l'autre devant un tribunal français; le défendeur pourrait décliner la compétence du tribunal saisi; mais il ne le fait pas : dans ce cas, les magistrats devant lesquels la cause est portée peuvent se déclarer d'office incompétens (V. ÉTRANGER), ou, à leur choix, retenir la connaissance du procès : juger est alors pour eux une *faculté* et non une *obligation*. — V. EXCEPTION.

25. — Remarquons d'ailleurs qu'il s'agit ici plutôt d'une *sous-distinction* que d'une distinction proprement dite. En effet, la compétence *facultative* n'est qu'une nuance de l'incompétence *relative* et produit des effets analogues. — V. *infrà* nos 123 et suiv.

Sect. 1re. — *De la nationalité.*

26. — Nous avons établi (*suprà* n° 19) que, pour déterminer la compétence, il fallait rechercher d'abord à quel ordre de juridiction l'affaire appartenait par sa nature, et ensuite devant quel tribunal particulier cette affaire devait être portée; maintenant, comme dans cet article il s'agit de poser les règles de la compétence en matière civile, nous supposons la première question résolue en faveur de la juridiction civile, pour ne nous occuper que des développemens particuliers à la seconde question qui, seuls, rentrent dans notre sujet.

27. — Ainsi, il s'agit de savoir, une fois qu'il est reconnu que la juridiction civile est compétente, quel est le tribunal civil qui doit être saisi de la cause; pour être fixé à cet égard, il faut tenir compte des cinq élémens suivans : 1° la nationalité ; — 2° le territoire; — 3° la nature de l'action; — 4° la valeur ou la nature de l'objet en litige; — 5° l'attribution spéciale résultant d'un texte de loi.

28. — La première condition pour jouir pleinement des bénéfices de la juridiction du pays, c'est d'être français. — V. ÉTRANGER.

29. — Toute contestation soulevée soit entre deux Français, soit entre un Français et un étranger, est de la compétence des tribunaux français. — Les juges saisis du litige ne peuvent refuser de statuer; soit que l'étranger soit demandeur ou défendeur, la présence d'un Français suffit pour les obliger à prononcer.

30. — Mais si deux étrangers se présentent devant un tribunal français, ils ne peuvent exiger, même d'un commun accord, le jugement de leur contestation ; s'ils l'obtiennent, c'est de la part des magistrats un acte de bon vouloir; ce n'est pas l'accomplissement forcé de la mission que leur confère la loi. — V. ÉTRANGER.

31. — Cette règle souffre cependant exception quand le litige a pour objet des immeubles situés en France. — Les immeubles, même ceux possédés par des étrangers, sont en effet régis par la loi française (C. civ., art. 3), et par conséquent c'est aux juges français qu'appartient la connaissance des contestations qui y sont relatives.

32. — L'étranger admis par le roi à fixer son domicile en France jouit, quant à la compétence, des prérogatives accordées au Français. — V. ÉTRANGER.

Sect. 2e. — *Du territoire.*

33. — Tout juge, tout tribunal a son territoire circonscrit, au delà duquel il est incompétent. — V. COUR ROYALE, JUSTICE DE PAIX, TRIBUNAUX.

34. — La circonscription une fois déterminée, constitue ce qu'on appelle le ressort du tribunal. — V. RESSORT.

35. — Il est essentiel à la bonne administration de la justice de diviser ainsi la compétence par des limites territoriales. Si le ressort d'une juridiction est trop étendu, l'encombrement d'affaires se produit, les plaideurs se ruinent en déplacemens.

36. — C'était là ce que l'on pouvait dire de l'ancien parlement de Paris, dont le ressort comprenait près de quarante-cinq de nos départemens actuels, et forme aujourd'hui le ressort de neuf cours royales différentes. — V. PARLEMENT.

37. — Lorsque l'objet litigieux est situé dans le ressort de plusieurs tribunaux, il faut s'adresser au juge du chef-lieu d'exploitation, et à défaut du chef-lieu, à celui de la partie la plus productive des biens. — V. EXPROPRIATION FORCÉE, SAISIE IMMOBILIÈRE.

Sect. 3e. — *De la nature de l'action.*

38. — La compétence se détermine par la nature de l'action intentée. — En effet, les actions se divisent en deux grandes classes : les actions personnelles et les actions réelles. — V. ACTION (droit franç.), nos 66, 70 et suiv.

39. — Nous n'avons pas à nous expliquer sur les longues controverses qui se sont élevées entre les jurisconsultes pour préciser le sens de ces mots : *action personnelle*, *action réelle*, *action mixte*; nous l'avons fait avec étendue au mot ACTION (droit franç.), nos 70 et suiv.

40. — Rappelons seulement que l'action personnelle a pour but de faire résoudre en justice une question d'obligation; et que l'action réelle tend au contraire à faire résoudre une question de propriété.

41. — ... Qu'il n'existe pas, à vrai dire, d'actions mixtes, et que si quelques unes paraissent présenter le caractère complexe d'une question d'obligation et d'une question de propriété, elles perdent nécessairement ce caractère dès qu'elles sont intentées; en effet, les règles de compétence étant différentes pour les actions personnelles et les actions réelles, il faut prendre parti sur la juridiction à saisir; et la nature de l'action apparaîtra dès que le demandeur sera sorti de l'alternative. — V. ACTION (droit franç.), nos 153 et suiv.

42. — Ceci posé, quelle sera la règle de compétence, soit en matière personnelle, soit en matière réelle? Avant de résoudre cette question, il faut remarquer que l'action personnelle, question d'obligation, peut se former, soit à l'égard de meubles, soit à l'égard d'objets immeubles; car toute obligation a un objet.

43. — Réciproquement, toute question de propriété doit s'agiter, soit sur des objets mobiliers, soit sur des immeubles.

44. — Ainsi, il y a des actions personnelles mobilières et des actions personnelles immobilières; des actions réelles mobilières et des actions réelles immobilières; et la compétence change, suivant la nature de chacune de ces catégories.

45. — Le Code de procédure n'a indiqué ces règles de compétence qu'à propos d'une juridiction particulière aux tribunaux d'arrondissement. A cette première imperfection il en faut ajouter une seconde : c'est que la loi détermine incomplètement le caractère de l'action qui doit fixer la compétence; c'est pourquoi la doctrine a dû venir au secours des expressions du législateur qui se bornait à parler des actions personnelles, ou des actions réelles, sans préciser. — Voici les principes qu'elle a consacrés.

46. — En matière personnelle, soit mobilière, soit immobilière, c'est le juge du domicile du défendeur qui sera compétent pour connaître de l'action (*actor sequitur forum rei*). — V. ACTION, nos 311 et suiv.; DEMANDE.

47. — En matière réelle mobilière, c'est encore le juge du domicile qui sera compétent. Les meubles n'ont pas d'assiette fixe, et sont réputés placés au domicile du défendeur. — V. ACTION, nos 313 et suiv.; DEMANDE.

48. — En matière réelle immobilière, un intérêt d'un autre genre modifie la compétence. C'est le juge de la situation de l'immeuble litigieux qui a qualité pour connaître de l'action. — V. ACTION, n° 315; DEMANDE. — Les règles précédentes sont les *règles générales* en matière de compétence relative. La loi n'en établit d'autres que par dérogation, par exception à celles-là. Elles ont évidemment pour point de départ la circonscription du territoire assigné à chaque juridiction.

49. — Ainsi, en matière personnelle, on examinera si le domicile du défendeur se trouve dans le ressort du tribunal saisi. — En matière réelle immobilière, on examinera si l'immeuble litigieux se trouve dans la circonscription territoriale de tel ou tel juge.

Sect. 4e. — *De la valeur de l'objet en litige.*

50. — La compétence se détermine aussi par la valeur de l'objet en litige. Ainsi, les divers tribunaux civils connaissent des affaires en premier ressort, ou en premier et dernier ressort, suivant l'importance de ce qui fait l'objet du procès.

51. — A ceux du degré inférieur sont naturellement dévolues les affaires d'un intérêt minime. — V. JUSTICE DE PAIX. — Et comme les frais de justice doivent autant que possible se proportionner à l'intérêt du procès, on ne permet pas aux parties, une fois jugées, de reporter l'affaire devant un deuxième degré de juridiction. — C'est ce qu'on appelle la compétence en premier et dernier ressort. — V. DEGRÉS DE JURIDICTION.

52. — Si le chiffre s'élève, on doit porter encore l'affaire devant le même degré de juridiction. Mais il est loisible aux parties, après le premier jugement, de s'adresser au degré supérieur. — V. APPEL, DEGRÉS DE JURIDICTION.

53. — Il suit de là que la compétence se trouve divisée de telle sorte que le premier tribunal est compétent en premier ressort, tandis que le second est compétent en dernier ressort.

54. — En s'élevant encore par l'importance et le chiffre, on rencontre des affaires qu'il n'est plus permis de soumettre au tribunal du degré inférieur, et qui doivent, de prime abord, être portées au tribunal du degré au-dessus. — Alors viennent se reproduire les distinctions exposées à l'égard du premier et du dernier ressort.

55. — Telle est la marche suivie par le législateur, pour régler la compétence relative d'après la valeur de l'objet litigieux.

56. — Une seule observation reste à faire : quand la compétence se détermine par le chiffre, on n'a égard en général qu'au chiffre de la demande. Cependant, lorsque la demande est modifiée par des conclusions nouvelles, ou lorsqu'une demande reconventionnelle est formée par le défendeur, on tient compte de ces circonstances pour fixer le taux du dernier ressort. — V. DEGRÉS DE JURIDICTION.

Sect. 5e. — *De l'attribution spéciale de juridiction.*

57.—Indépendamment des quatre circonstances qui viennent d'être énumérées dans les paragraphes précédens, et dont il faut tenir compte pour déterminer la compétence, il y a certaines contestations civiles, qui, par exception et en vertu de dispositions expresses de la loi, doivent être portées devant un tribunal autre que le juge naturel des parties.

58. — En effet, il est des circonstances où l'intérêt des plaideurs, au lieu de désigner le tribunal du domicile du défendeur, indique plus naturellement tel ou tel autre tribunal de même ordre, qui ne peut connaître de la contestation qu'en vertu d'une attribution spéciale de juridiction.

59. —Ainsi, s'agit-il d'une succession, d'une demande entre cohéritiers ? — La loi présume avec raison que les titres, les documens à l'appui de la demande ou de la défense, se trouveront réunis au domicile du défunt, bien mieux qu'au domicile du défendeur. Et par ce motif, elle décide que c'est devant le tribunal de l'ouverture de la succession que doivent être portées, 1° les demandes entre héritiers jusqu'au partage inclusivement; — 2° les demandes qui seraient intentées par des créanciers du défunt avant le partage ; — 3° les demandes relatives à l'exécution des dispositions à cause de mort, jusqu'au jugement définitif. — C. procéd., art. 59, § 6. — V. DEMANDE, PARTAGE, SUCCESSION.

60. — S'agit-il de l'exécution des obligations ? — Deux choses sont à considérer : 1° Si les parties ont élu domicile pour cette exécution, le tribunal de ce domicile doit en connaître ; — 2° si les parties n'ont pas fait cette élection de domicile, la compétence appartient au tribunal du lieu où se consomme l'exécution. — V. DEMANDE, DOMICILE ÉLU, EXÉCUTION.

61. — Le motif de la loi est facile à saisir dans les deux cas. L'intérêt des parties exige que les mesures d'exécution ne soient point retardées ; et le tribunal du lieu est mieux placé que tout autre, afin de pourvoir aux nécessités que l'urgence fait naître.

62. — Quand les parties indiquent elles-mêmes le domicile d'exécution, c'est un vœu que la loi respecte et favorise, chacun étant bon juge pour cela.

63. — En matière de société, la contestation doit être portée devant le juge du lieu où la société est établie, tant qu'elle existe: une exception si raisonnable aux principes ordinaires de compétence se justifie d'elle-même. — V. DEMANDE, SOCIÉTÉ.

64. — En matière de faillite, la demande doit être portée devant le juge du domicile du failli. — V. DEMANDE, FAILLITE.

65. — Dans le cas de saisie-arrêt, il existe encore une exception aux principes de droit commun, en faveur de la partie saisie qui demande la mainlevée de l'opposition. L'art. 567, C. proc éd., veut que la demande soit alors intentée devant le tribunal de la partie qui demande la main-levée. — V. DEMANDE, SAISIE-ARRÊT.

66. — En matière de garantie, c'est également en vertu d'une attribution spéciale de la loi que le juge saisi de la demande principale est compétent pour connaître de la demande en garantie. Si, dans ce cas, le garant est enlevé à ses juges naturels, c'est dans un but d'économie et de bonne administration de la justice que chacun doit approuver. — V. DEMANDE, GARANTIE.

67. — D'ailleurs, c'est un principe que la demande accessoire doit être portée au juge de la demande principale. — Berriat, t. 1er, p. 36, au texte 5°, 6e édit. — V. ACCESSOIRE, n° 61.

68. — L'art. 60, C. procéd., fournit encore un exemple de dérogation aux principes ordinaires en matière de compétence. Aux termes de cette disposition, les demandes formées pour frais par les officiers ministériels doivent être portées au tribunal où ces frais ont été faits. — V. DEMANDE, DÉPENS.

CHAPITRE III. — *Des causes de prorogation en matière de compétence.*

69. — Proroger une juridiction, c'est étendre la compétence du juge au-delà de ses bornes légales ; c'est autoriser un tribunal à statuer sur des affaires qui ne sont pas dans ses attributions. Ainsi, la prorogation de juridiction n'est qu'un fait exceptionnel. On distingue deux espèces de prorogation : la prorogation *volontaire* et la prorogation *légale* ou *forcée*.

Sect. 1re. — *Prorogation volontaire.*

70. —La prorogation est volontaire lorsque deux parties, libres dans leur choix, portent d'un commun accord leur différend devant un tribunal qui jouit, relativement à ce différend, de la compétence absolue, sans avoir la compétence relative.

71. — Ainsi, le demandeur et le défendeur peuvent convenir de porter une action personnelle ou réelle devant un juge, qui n'est ni celui de la situation ni celui du domicile.

72. — .. Par exemple, devant le juge du lieu où l'obligation a été contractée (*forum contractus*) ; ou bien devant le juge du lieu où le paiement doit s'effectuer (*forum solutionis*).

73. — Dans ces circonstances, la loi ne permet pas au juge de refuser la mission qui lui est attribuée ; du moins lorsque les parties en cause sont françaises.

74. — Mais il en est autrement lorsque la contestation existe entre deux étrangers. — V. *suprà* n° 22. — V. aussi ÉTRANGER. — Si le juge consent à connaître de la cause, il y a une véritable prorogation de juridiction, *volontaire* de la part des parties et *facultative* de la part du juge.

Sect. 2e. — *Prorogation forcée.*

75. — La prorogation est forcée lorsque le défendeur n'est pas ou n'est plus le maître de décliner la juridiction du tribunal saisi, encore bien que ce tribunal ne soit pas le juge naturel de la cause. — Il existe plusieurs causes de prorogation forcée, en matière de compétence.

§ 1er. — *De la qualité du défendeur.*

76. — Aux termes de l'art. 14, C. civ., l'étranger, même non résidant en France, peut être cité devant les tribunaux français pour l'exécution des obligations par lui contractées en France avec un Français : il peut même être traduit devant les tribunaux de France, pour les obligations par lui contractées en pays étranger envers des Français.

77. — Il est manifeste qu'il y a ici une dérogation flagrante à la règle ordinaire, *actor sequitur forum rei*. Le motif en est clair. On n'a pas une confiance absolue dans l'équité des tribunaux étrangers, pour rendre justice au Français demandeur. On l'autorise à citer son adversaire devant les tribunaux de sa nation.

78. — Une question difficile et fort importante, est celle de savoir si le Français peut revendiquer le bénéfice de l'art. 14 et assigner en France l'étranger demandeur, après avoir une première fois débattu ses droits devant le tribunal étranger. — Cette question sera traitée au mot ÉTRANGER.

§ 2. — *De la connexité.*

79. — Il y a prorogation forcée de juridiction, lorsque deux demandes sont connexes et que l'une d'elles est déjà pendante en un tribunal.

80. — Dans ce cas, suivant la règle *actor sequitur forum rei*, chacune de ces deux demandes devrait être portée au domicile du défendeur ; mais à cause de la connexité, la seconde demande doit être portée devant le tribunal déjà saisi ; il y a, en effet, un double intérêt à saisir ce tribunal : 1° Intérêt général à éviter une contrariété de jugemens ; — 2° Intérêt particulier à économiser des frais, à obtenir une seule sentence au lieu de deux, afin que la seconde ne vienne pas paralyser l'exercice des droits reconnus par la première.

81. — Ainsi, il y a connexité entre une demande principale, directe, et une demande reconventionnelle, qui tend à la compensation de la dette alléguée par le demandeur ; il y a dès lors nécessité de porter la seconde demande devant le tribunal saisi de la première, l'une en effet sert de défense contre l'autre. — V. CONNEXITÉ, EXCEPTIONS, RECONVENTION.

§ 3. — *De l'exécution forcée.*

82. — Une troisième cause de prorogation de juridiction résulte de la compétence qui appartient en général au juge du lieu de l'exécution. En effet, ce n'est pas toujours, en pareille matière, le juge du défendeur qui doit connaître des contestations relatives à l'exécution des jugemens, il y a sur ce point des règles spéciales.

83. —Et d'abord, il faut remarquer qu'il y a certaines juridictions qui ne connaissent pas de l'exécution de leurs jugemens : tels sont, par exemple, les tribunaux de paix. — V. JUSTICE DE PAIX.

84. — Si donc il s'agit de l'exécution de jugemens émanés de ces juridictions, c'est aux tribunaux civils d'arrondissement qu'il faut porter la contestation. — V. EXÉCUTION, TRIBUNAL CIVIL.

85. — Sous un autre point de vue, si le créancier, porteur d'un titre exécutoire ou d'un jugement, veut contraindre son débiteur ou la partie condamnée à s'exécuter : si, par exemple, il pratique une saisie ; dans ce cas encore, ce n'est pas devant le juge du domicile du défendeur, mais devant le juge du lieu où la saisie a été pratiquée, que l'affaire sera portée.

86. — Peu importe la forme ou l'espèce de la saisie ; que ce soit une saisie exécution ou une saisie-brandon, une saisie foraine ou une saisie gagerie, la compétence sera toujours prorogée. — V. SAISIE-EXÉCUTION.

87. — Il y a plus, lors même que le saisissant n'a pas de titre, par exemple, en matière de saisie-gagerie, lorsque la location a eu lieu sans bail, c'est toujours devant le tribunal du lieu où la saisie a été pratiquée que doit être vidée la question de savoir si le saisissant est créancier et si le saisi est obligé.

88. — La compétence appartient au tribunal du lieu de l'exécution, soit pour la preuve de la dette, soit pour les difficultés mêmes que l'exécution soulèvera. — V. SAISIE-GAGERIE.

§ 4. — *De la déchéance du défendeur, faute d'opposer l'exception d'incompétence.*

89. — La négligence du défendeur à opposer le moyen tiré de l'incompétence constitue encore une cause de prorogation forcée, lorsque le demandeur a violé à son égard les règles de la compétence relative.

90. — En effet, dans ce cas, bien que le défendeur, assigné devant un tribunal incompétent, puisse opposer le déclinatoire et demander son renvoi (V. EXCEPTIONS), cependant, s'il ne le fait pas en temps utile, ainsi que le veut la loi, le tribunal reste définitivement saisi, soit que le défendeur ait consenti tacitement à l'avoir pour juge, soit que, par sa négligence, il ait encouru la déchéance de son exception.

91. — Bien entendu qu'il s'agira toujours d'incompétence *relative* et non d'incompétence *absolue*, car alors le tribunal pourrait et devrait se dessaisir d'office. — V. EXCEPTIONS.

CHAPITRE IV. — *Effets de la compétence*

Sect. 1re. — *De l'incompétence comparée avec l'excès de pouvoir*

92. —Les juges exercent des fonctions déléguées : ce sont des mandataires. Leurs pouvoirs, comme ceux de tous les mandataires, dérivent de leur mandat : ils peuvent tout ce qu'il leur permet, mais ils ne peuvent rien au-delà. — Henrion de Pansey, *Compét. des juges de paix*, ch. 9. — Si donc ils dépassent les limites de l'autorité qu'ils tiennent de la loi, leurs actes peuvent être attaqués, anéantis. — Mais il y a plusieurs nuances dans les vices dont sont entachés les actes ou jugemens des tribunaux qui ne se renferment pas dans les limites de leurs attributions. La violation des règles de compétence peut aboutir, soit à une incompétence pure et simple, soit à un excès de pouvoir.

93. — Ces deux mots ne sont pas synonymes. Il faut bien se garder de les confondre quoiqu'ils se trouvent souvent employés l'un pour l'autre dans la langue du droit.

94. — Suivant Henrion de Pansey (*loc. cit.*), l'excès de pouvoir est la dénomination générique, elle renferme l'incompétence. — Mais à quels caractères distinguer le genre de l'espèce ? Ce point est assez délicat, attendu que l'incompétence et l'excès de pouvoir ont leur principe commun dans des idées homogènes.

95. — Il n'est pas exact de soutenir, comme on l'a fait quelquefois, que l'incompétence soit l'exclusion, la *négation d'un droit*, et que l'excès de pouvoir consiste, au contraire, dans l'*usurpation d'un droit* non accordé par la loi : cette distinction n'offre rien d'assez précis pour qu'on puisse l'admettre comme satisfaisante.

96. — On ne saurait non plus s'arrêter à la théorie développée par Merlin dans un réquisitoire prononcé en 1806 devant la cour de Cassation (V. *Répert.*, v° *Discipline*), et d'après laquelle il y aurait excès de pouvoir toutes les fois qu'un tribunal violerait les *règles de sa compétence* ou *créerait des nullités*, et, par conséquent toutes les fois qu'un *tribunal supérieur annullerait, comme incompétemment faits, des actes qui seraient irréguliers.*

97. —Merlin a reconnu lui-même que ce système *n'était qu'une erreur*, et qu'en l'adoptant il avait cédé trop facilement à l'entraînement d'une opinion alors généralement répandue. Il a admis que

l'excès de pouvoir n'était autre chose que la transgression des limites dans lesquelles la loi a circonscrit son autorité. « Il faut, dit-il, que le juge ait ou entrepris sur les fonctions législatives, soit en faisant une loi, soit en défendant qu'une loi fût exécutée ou publiée, ou entrepris sur les attributions de l'autorité administrative, ou entrepris sur la compétence d'un autre tribunal, en s'arrogeant le droit de juger ses justiciables ou de prononcer sur des matières dont la loi l'a constitué le juge exclusif. »

98 — Ce nouveau système, quoique moins général que le premier, le parut trop encore à M. Henrion de Pansey, qui résuma sa doctrine en disant que l'excès de pouvoir s'appliquait aux *actes du juge* et l'incompétence aux *jugemens*.

99. — Entre ces deux systèmes, la cour de Cassation admit un moyen terme ; elle considéra comme excès de pouvoir les empiétemens de l'autorité judiciaire sur les attributions de l'autorité administrative, soit que ces empiétemens résultassent d'un *acte*, ou d'un *jugement* proprement dit. — Masson, *Rapport fait à la cour de Nancy*, p. 121, note 1re. — V. CASSATION, no 157 ; JUSTICE DE PAIX.

100. — Dans ce conflit d'opinions et de systèmes il eût été à désirer que le pouvoir législatif interposât son autorité et déterminât lui-même les caractères auxquels on devrait distinguer l'excès de pouvoir de l'incompétence. L'occasion même s'en est présentée en 1838, lors de la discussion de la loi sur les justices de paix, mais on n'a pas su la saisir.

101. — A défaut d'un texte explicite, nous croyons, toutefois, que l'on peut trouver la véritable théorie de la matière et la pensée du gouvernement dans le passage suivant de l'exposé des motifs présenté en 1837 à la chambre des pairs (*Moniteur* 5 février 1837).

102. — « Quant aux excès de pouvoir, dit le ministre, en les distinguant du cas d'incompétence, ils consistent non seulement dans les actes par lesquels le juge de paix aurait empiété sur les attributions d'une autre juridiction, mais encore dans ceux par lesquels il aurait fait ce qui ne serait permis à aucune autre juridiction établie, comme, par exemple, s'il avait disposé par voie réglementaire, fait un statut de police, taxé des denrées, défendu l'exécution d'une loi, d'un jugement, contrarié des mesures prises par l'administration. Dans ces circonstances, toujours rares, mais importantes, l'ordre légal est troublé, l'annulation de l'acte illégal ne peut être demandée à une autorité trop élevée, etc. »

103. — D'après ces explications, qu'aucun élément de la discussion n'a contrariées, dit M. Benech (*Justice de paix*, p. 416), il est désormais assez facile de distinguer l'incompétence ouvrant la voie de l'appel, de l'excès de pouvoir ouvrant le recours en cassation.

104. — Voici, en effet, comment le même auteur résume la discussion sur cette question importante : « Il y a *incompétence* toutes les fois que, mal à propos, le juge retient la connaissance d'un différend dont il ne pouvait connaître, soit à cause du domicile du défendeur, ou de la situation de l'objet litigieux, soit enfin parce que, par leur chiffre ou par leur nature, les demandes dont on l'a saisi étaient, d'après l'économie de la loi nouvelle, en dehors de ses attributions. »

105. — « Il y a *excès de pouvoir* toutes les fois que, par des dispositions impératives, prohibitives ou réglementaires, le juge, fût-il d'ailleurs compétent, dépasse les limites de son mandat. »

106. — « Il semble, ajoute le même auteur, que, par l'incompétence, le juge blesse plutôt l'intérêt privé que l'intérêt social, la loi civile plutôt que la loi politique. Par l'excès de pouvoir, au contraire, il froisse d'une manière plus directe les principes organiques de la société que les intérêts privés ; il se met en opposition plutôt avec la loi politique qu'avec la loi civile. »

107. — En conséquence, on peut établir comme point de doctrine : 1o que l'incompétence n'est une cause déterminante de l'excès de pouvoir, que quand elle est méconnue sciemment par le juge, que lorsque l'ordre des juridictions est interverti.

108. —... 2o Qu'elle n'est pas la seule cause déterminante de l'excès de pouvoir.

109. —... 3o Que quand elle n'engendre pas, à raison des circonstances de fait, un excès de pouvoirs, elle constitue un vice *sui generis* qui rend attaquable, par les voies et suivant les règles ordinaires, la décision qui en est entachée, et qu'elle doit alors conserver le seul nom d'*incompétence*.

110. — Si nous avons insisté sur la distinction à faire entre l'excès de pouvoir et l'incompétence, ce n'est pas dans un intérêt de pure théorie, c'est que la distinction est fondamentale. — En effet, l'on rencontre dans la pratique des jugemens ou arrêts susceptibles de réformation, pour simple incompétence, mais qui, *après un temps donné*, sont à l'abri de toute critique, et sans que jamais la responsabilité du juge s'y trouve engagée.

111. — On trouve aussi des arrêts entachés d'excès de pouvoir, et qui entraînent dès-lors avec eux des conséquences bien plus graves.

112. — Ainsi, il y a lieu d'abord, comme dans le cas précédent, de réformer la sentence, en ce qu'elle viole les règles de compétence établies. Mais, en outre, la sentence entachée d'excès de pouvoir peut être dénoncée à la chambre des requêtes de la cour de Cassation, par le procureur général, sur l'ordre du ministre de la justice, et une poursuite personnelle peut avoir lieu contre les juges qui ont rendu le jugement.

113. — En résumé : 1o L'incompétence donne ouverture aux recours ordinaires, et même à la cassation, dans les délais déterminés par la loi ; l'excès de pouvoir donne lieu à l'annulation dans un intérêt d'ordre public, conformément à l'art 80, L. 27 vent. an VIII et à l'art. 441, C. inst. crim.

114. — 2o Certains jugemens ne peuvent être déférés à la cour de Cassation que pour *excès de pouvoir*, ils ne peuvent l'être pour *incompétence*. — V. JUSTICE DE PAIX.

115. — 3o L'excès de pouvoir peut, suivant les circonstances, entraîner contre le juge des poursuites et une condamnation, tandis que l'incompétence ne donne lieu qu'à la réformation ou à la cassation du jugement.

116. — Il faut donc séparer soigneusement l'incompétence de l'excès de pouvoir, car l'incompétence peut subsister sans excès de pouvoir, et réciproquement.

Sect. 2e. — *De l'incompétence absolue.*

117. — De même que l'on doit distinguer, quant aux effets, l'incompétence de l'excès de pouvoir, de même il ne faut pas confondre l'incompétence *absolue* avec l'incompétence *relative*.

118. — Il y a incompétence absolue de la part de toute juridiction, quand elle empiète sur le domaine d'une juridiction différente.

119. — Cette incompétence repose sur des motifs d'ordre public. Il est évident, en effet, que, le législateur ayant constitué des tribunaux divers, ayant chacun certaines attributions qui leur sont propres, l'ordre public est intéressé à ce que la limite de ces attributions ne soit pas franchie par des empiétemens réciproques.

120. — Supposons, par exemple, qu'un tribunal civil entreprenne de juger une affaire criminelle, ou une affaire administrative, la décision sera viciée par une incompétence absolue, parce que la juridiction civile est essentiellement incompétente pour connaître des affaires criminelles ou administratives.

121. — Ainsi, l'incompétence absolue est celle qui empêche le juge de prononcer une sentence sur une affaire dont la connaissance lui était interdite, à raison de sa nature. On l'appelle communément incompétence *ratione materiæ*. — V. EXCEPTIONS.

122. — Le propre de l'incompétence absolue est de ne pouvoir se couvrir, de pouvoir être proposée en tout état de cause, de devoir même être prononcée d'office par le tribunal, dans le silence des parties. Tels sont les caractères qui la distinguent de l'incompétence relative.

123. — L'incompétence *relative* se présente sous un aspect qui la distingue essentiellement de l'incompétence *absolue* ; elle a pour caractère distinctif de reposer principalement sur des motifs d'*intérêt privé*.

124. — Il résulte de là qu'il est permis au défendeur de ne pas en réclamer le bénéfice.

Sect. 3e. — *De l'incompétence relative.*

125. — Bien plus, son silence à cet égard le fait considérer comme déchu de ce droit. L'incompétence relative ne constitue à son profit qu'une simple exception. Il doit, pour en profiter, présenter cette exception préalablement à tous les autres moyens de défense. — V. EXCEPTIONS.

126. — Par la même raison, le demandeur ne saurait, après avoir saisi du procès le tribunal frappé d'une incompétence relative, demander le renvoi de la cause, par le motif de cette incompétence.

127. — Enfin le tribunal dont la juridiction se trouve prorogée, ne peut, ainsi qu'il a été expliqué, se déclarer incompétent d'office, si ce n'est lorsqu'il s'agit d'une affaire où la compétence est facultative. — V. *suprà* no 74.

128. — On voit par ce qui précède que des différences fondamentales existent entre les deux espèces d'incompétence. Cependant l'on pourrait être tenté de les confondre, à cause d'une fâcheuse inexactitude qui s'est glissée dans le langage des jurisconsultes, qui, au lieu d'employer les mots incompétence absolue, incompétence relative, se servent souvent de ceux-ci : incompétence *ratione personæ*, incompétence *ratione materiæ*.

129. — En ne s'attachant qu'au sens apparent de ces expressions, on pourrait en effet penser que l'incompétence *ratione materiæ* s'applique aux matières *réelles* par opposition aux matières *personnelles*. Or, rien n'est moins exact.

130. — Malgré la similitude des expressions, ce serait une erreur des plus graves que de prétendre que la violation de la règle, en matière *personnelle*, constitue l'incompétence *ratione personæ* ; que la violation de la règle, en matière *réelle*, constitue l'incompétence *ratione materiæ*.

131. — Quand on oppose l'incompétence *ratione materiæ* à l'incompétence *ratione personæ*, on entend opposer l'incompétence *absolue*, fondée sur l'ordre public, à l'incompétence *relative*, dont les motifs, tout d'intérêt privé, sont beaucoup moins puissans, et dont la règle est moins sévère.

132. — Au contraire, quand il est question des matières réelles et des matières personnelles, on oppose les questions de propriété aux questions d'obligation.

133. — Or, l'incompétence relative, appelée par les auteurs incompétence *ratione personæ*, se produit toujours avec les mêmes caractères, soit en matière d'obligation, soit en matière de propriété.

134. — La compétence du juge de la situation n'a rien de plus absolu que celle du juge du domicile. On peut déroger à l'une comme à l'autre par une volonté commune. Si l'une ou l'autre est violée par le demandeur, le défendeur sera, dans les deux cas, obligé de présenter cette exception préalablement à tous moyens de défense. — Et cependant le juge de la situation s'occupe d'une question de propriété ; le juge du domicile s'occupe d'une question d'obligation. Mais le caractère commun qui signale ici l'incompétence relative, c'est que la violation de la règle ne blesse qu'un intérêt privé, qui peut fléchir devant la volonté contraire.

135. — C'est donc, comme nous l'avons dit, *suprà* no 128, un vice de langage que d'appeler incompétence *ratione personæ* l'incompétence relative, soit en matière réelle, soit en matière personnelle.

136. — Aussi n'acceptons-nous pas l'explication qui, pour justifier en matière réelle l'expression d'incompétence *ratione personæ*, consiste à prétendre que la loi prend en considération la personne du défendeur, intéressé à être jugé par le tribunal que la situation de la chose litigieuse met plus à portée que tout autre de prononcer en meilleure connaissance de cause.

137. — La loi, selon nous, ne s'attache pas plus ici à la personne du défendeur qu'à celle du demandeur. Elle prend en considération la bonne administration de la justice, qui importe à tout le monde. — Il faut donc se borner à dire que la compétence relative est déterminée en matière réelle par la situation de l'immeuble litigieux, et que s'il intervient une infraction à cette loi de compétence, l'idée est fort mal exprimée par le mot incompétence *ratione personæ*.

V. ACTION, CASSATION, COMPÉTENCE ADMINISTRATIVE, COMPÉTENCE COMMERCIALE, COMPÉTENCE CRIMINELLE, COUR ROYALE, DEGRÉS DE JURIDICTION, DEMANDE, ÉTRANGER, EXCEPTIONS, EXÉCUTION, JUSTICE DE PAIX, POUVOIR JUDICIAIRE, RECONVENTION, RESSORT, TRIBUNAL CIVIL.

COMPÉTENCE ADMINISTRATIVE.

Table alphabétique.

COMPÉTENCE ADMINISTRATIVE. — **1.** — C'est la mesure du pouvoir départi à l'autorité administrative.

CHAPITRE Iᵉʳ. — *Notions générales.*

2. — L'autorité administrative est une branche du pouvoir exécutif. Elle a pour mission de régler les rapports du gouvernant avec les gouvernés. — Henrion de Pansey, *De l'autorité judiciaire*, ch. 38.

3. — Ses attributions se divisent en deux ordres bien distincts : l'administration pure et le pouvoir contentieux.

4. — L'administration pure embrasse toutes les mesures d'ordre public qui, consistant plus en action qu'en délibération, se trouvent par là même placées hors du domaine de la puissance législative.

5. — Quant au pouvoir contentieux, il consiste dans le droit de prononcer sur certaines contestations dont le législateur, pour assurer l'indépendance de l'autorité administrative, a cru devoir lui assurer la connaissance exclusive.

6. — Ainsi on administre de deux manières : — 1° en pourvoyant, par des ordonnances et arrêtés, aux différens besoins de la société ; — 2° en statuant par des décisions ayant toute l'autorité de jugemens sur toutes les contestations qui rentrent dans le contentieux administratif.

7. — Cette double nature des actes du pouvoir administratif se trouve caractérisée avec une énergique précision dans la loi 3, ff., *De jurisdict. : « Imperium*, dit Ulpien, dans cette loi, *aut merum aut mixtum est. Merum est imperium... quod etiam potestas appellatur. Mixtum est imperium cui etiam jurisdictio inest. »*

8. — Quand l'administration fait des réglemens généraux ou dispose pour des cas particuliers, elle exerce l'*imperium merum* ; quand elle statue sur les réclamations qui lui sont déférées par la voie contentieuse, elle exerce l'*imperium mixtum*, elle fait acte de juridiction. — Serrigny, *Traité de l'organis. et de la compét. admin.*, n° 20.

9. — Le prince « est l'administrateur suprême ; c'est en lui que réside, dans toute sa plénitude, cette partie du pouvoir exécutif. Mais comme il ne peut tout voir ni tout faire par lui-même, il délègue ce pouvoir, dans une mesure plus ou moins large, soit à des agens, soit à des conseils qui l'exercent en son nom.

10. — De plus, comme, suivant les principes de notre droit public, le roi est inviolable et irresponsable, chacun des actes du pouvoir qui lui est réservé doit, pour être valable, être revêtu du contre-seing ministériel.

11. — Quant à l'organisation des divers fonctionnaires administratifs, aux pouvoirs qui leur sont attribués et aux obligations qui leur sont imposées, V. **MAIRES, MINISTRES, PRÉFETS, ORGANISATION ADMINISTRATIVE.**

12. — Il existe entre le pouvoir administratif et le pouvoir judiciaire, entre leur organisation, leurs attributions et leur mode d'exécution, une différence profonde, qui dérive de la diversité même de leur mission. — Le premier, comme nous l'avons dit, règle les rapports des citoyens avec l'état, le second les rapports des citoyens entre eux ; le premier est surtout chargé d'appliquer la loi politique, le second d'appliquer la loi civile.

13. — Aussi la séparation et l'indépendance réciproque de ces deux pouvoirs est-elle un des principes fondamentaux de notre droit public. Et ce principe ne saurait perdre de son empire sans que l'ordre social en fût profondément troublé. D'une part, en effet, s'il était permis à l'autorité judiciaire de contrôler les actes du pouvoir administratif, ce pouvoir serait entravé dans sa marche et perdrait sa liberté d'action ; d'autre part, le pouvoir administratif ne pourrait s'immiscer dans la distribution de la justice sans que les citoyens se trouvassent privés des garanties dont le législateur s'est plu à entourer cette grande fonction sociale.

CHAPITRE II. — *Attributions de l'autorité administrative.*

14. — Nous avons vu (*suprà* n°ˢ 3 et suiv.) la distinction fondamentale qu'il y a à faire entre l'administration pure et le contentieux administratif, entre l'autorité qui rend des ordonnances et celle qui rend des jugemens.

15. — Bien que cette distinction paraisse au premier abord très simple, il n'est pas sans difficulté cependant d'établir nettement sur quelles bases elle repose et de déterminer avec précision les limites qui séparent ces deux branches du pouvoir administratif.

16. — C'est qu'en effet parmi les réclamations qui peuvent être élevées contre les actes de l'autorité administrative, il en est qui ne rentrent pas dans le domaine du contentieux, et qui, au lieu d'être introduites, débattues et jugées suivant les formes et délais de la procédure contentieuse, sont adressées directement par voie de simple pétition à l'autorité compétente, qui les accueille ou les rejette, selon qu'elle l'estime convenable. Ces dernières appartiennent à la matière dite *gracieuse*, qui rentre dans l'administration pure.

17. — L'utilité de cette règle se borne, au reste, à distinguer les matières gracieuses des matières contentieuses, mais elle est sans application possible lorsque, le caractère contentieux d'une affaire étant constant, il s'agit de savoir si c'est l'autorité administrative ou l'autorité judiciaire qui doit en connaître. C'est par d'autres règles et d'autres principes que cette distinction doit être faite, ainsi que nous le verrons ultérieurement.

18. — Ces principes généraux posés, nous allons entrer dans le détail des attributions du pouvoir administratif, soit en matière d'administration pure, soit en matière contentieuse.

Sect. 1ʳᵉ. — *Administration pure.*

19. — Pourvoir à l'exécution des lois, veiller au maintien de l'ordre, à la sûreté et à la salubrité publique, aux intérêts de l'agriculture, du commerce et de l'industrie, prendre enfin toutes les mesures que réclament les besoins et les intérêts généraux, telle est, en quelques mots, la mission dévolue au pouvoir administratif.

20. — Chacune des diverses attributions qui dérivent de cette mission devant être traitée ailleurs avec tout le développement nécessaire, nous nous contenterons de les résumer ici dans un tableau rapide, en renvoyant pour les détails aux mots spéciaux sous lesquels ils doivent se trouver.

§ 1ᵉʳ. — *Attributions de l'administration pure.*

21. — *Réglemens administratifs.* — Le pouvoir administratif a le droit de faire des réglemens sur tous les objets confiés à ses soins.

22. — Envisagé sous ce point de vue, le pouvoir administratif semble se confondre avec le pouvoir législatif. Voici en quels termes la limite qui les sépare a été tracée par Portalis, dans le *Discours préliminaires sur le Code civil : « Les lois proprement dites diffèrent des simples réglemens. C'est aux lois à poser, dans chaque matière, les règles fondamentales et à déterminer les formes essentielles. Les détails d'exécution, les précautions provisoires ou accidentelles, les objets instantanés ou variables, en un mot, toutes les choses qui sollicitent bien plus la surveillance de l'autorité qui administre que l'intervention de la puissance législative qui institue ou qui crée, sont du ressort des réglemens. Ces réglemens sont des actes de magistrature, et les lois des actes de souveraineté. »*

23. — Les réglemens qui ont pour objet la police générale et universelle du royaume, ceux notamment qui touchent à ce qui pourvoit à la sécurité et à la salubrité publiques, au maintien du bon ordre sur toutes les parties du territoire, ne peuvent être faits que par le roi, le conseil d'état entendu, sur le rapport et sous la responsabilité d'un ministre. Ils prennent le nom de *réglemens d'administration publique.*

24. — En outre, il arrive souvent que, pour éviter des difficultés d'exécution ou de détail, des lois chargent le pouvoir administratif de faire des réglemens d'administration publique qui en complètent le système, ou qui doivent pourvoir à leur exécution. C'est ainsi que, notamment, les lois sur *les sels, sur les boissons, sur l'organisation des tribunaux, sur la police sanitaire, sur les maisons de détention, sur les établissemens d'aliénés,* etc., etc., contiennent cette disposition : « Il sera pourvu à l'exécution de la présente loi ou à tel objet spécial par un réglement d'administration publique. » — V. au surplus RÉGLEMENT D'ADMINISTRATION PUBLIQUE.

25. — Le droit de statuer par voie de dispositions générales, ou, d'autres termes, le pouvoir réglementaire, n'a pas été renfermé exclusivement dans les attributions de l'autorité royale. Il appartient également, quoique dans une mesure moins étendue, aux divers fonctionnaires en qui réside le pouvoir administratif, tels que les ministres, les préfets, les maires. Il appartient même pour certaines objets déterminés, à divers conseils administratifs, tels que les conseils municipaux, le conseil royal de l'université, etc., etc. — V. à cet égard RÉGLEMENT ADMINISTRATIF. — V. AUSSI CONSEIL ROYAL DE L'INSTRUCTION PUBLIQUE, MAIRE, MINISTRE, POUVOIR MUNICIPAL, PRÉFET.

26. — *Collation et retrait des fonctions publiques.* — La nomination des fonctionnaires publics est réservée au roi, dépositaire suprême du pouvoir administratif.

27. — Il est à remarquer, à cet égard, que si, pour certaines fonctions, la loi lui confère un pouvoir discrétionnaire, il en est d'autres pour lesquelles son choix est soumis à des conditions plus ou moins rigoureuses, renfermé dans des limites plus ou

moins étroites; que, pour quelques unes même, il n'a point le droit de choisir. Comme exemple de ces dernières, nous citerons les places qui sont mises au concours. —V., au surplus, ARMÉE, CONCOURS, ENSEIGNEMENT, FONCTIONNAIRE PUBLIC, ORGANISATION JUDICIAIRE.

28. — Lorsqu'un fonctionnaire a été nommé par le roi, le corps auquel il appartient ne peut s'opposer à son installation. S'il en était autrement, le pouvoir exécutif se trouverait soumis à un contrôle inconstitutionnel. Toutefois, le pouvoir législatif peut, en certains cas, refuser l'allocation au budget du fonctionnaire nommé, et même frapper de censure l'acte ministériel. — Chauveau Adolphe, *Princip. de comp.*, n° 52.

29. — De ce que le droit de nomination appartient au pouvoir administratif, il ne s'ensuit pas qu'il ait le droit de destitution et de mise à la retraite. A cet égard, il faut distinguer trois ordres de fonctions : 1° les fonctions amovibles; 2° les fonctions inamovibles; 3° les fonctions desquelles résultent des droits acquis. — Chauveau Adolphe, nos 61 et 62.

30. — Les fonctionnaires amovibles, tels que les ministres, procureurs généraux, préfets, procureurs du roi, sous-préfets, directeurs des divers services, conseillers d'état, conseillers de préfecture, etc., peuvent être librement destitués ou mis à la retraite par le pouvoir administratif. — Chauveau Adolphe, n° 63.

31. — Les fonctionnaires inamovibles, tels que les magistrats, les professeurs, les officiers de terre et de mer, ne peuvent être ni destitués, ni déclarés démissionnaires, ni mis à la retraite que dans les cas et suivant les formes déterminés par la loi. — Chauveau Adolphe, n° 65.

32. — Quant à ceux que leur nomination rend propriétaires de leur charge, comme les officiers ministériels, ils ne sont jamais mis à la retraite et ne peuvent être destitués qu'autant qu'ils se trouvent dans les cas prévus par les décrets et ordonnances qui les concernent. — Chauveau Adolphe, nos 64 et 66.

33. — Au pouvoir législatif seul appartient le droit de supprimer des cours ou tribunaux, ou des sections de cours ou tribunaux, car cette suppression touche à la position des magistrats inamovibles. — Chauveau Adolphe, n° 71. — V. COUR ROYALE.

34. — Il y a même raison de décider à l'égard des autres fonctions inamovibles. Nous pensons donc que le pouvoir administratif ne pourrait de sa propre autorité supprimer une école de droit. — Chauveau Adolphe, *Princip. de comp.*, t. 2, notes sur le n° 71.

35. — Quant aux officiers ministériels, le pouvoir administratif peut en augmenter ou en diminuer le nombre, mais il ne le fait jamais sans prendre les mesures nécessaires pour concilier l'exercice de son droit avec les ménagemens dus à la propriété.

36. — *Instructions et circulaires adressées aux agens administratifs.* — Il arrive souvent que, pour éclairer les agens inférieurs dans l'accomplissement de leurs fonctions, ou pour introduire de l'uniformité dans leur mode de procéder, les fonctionnaires supérieurs, tels que les ministres, directeurs généraux, etc., leur adressent des lettres, circulaires et instructions.

37. — Comme, dans l'ordre administratif, l'inférieur doit obéissance à son supérieur, ceux à qui ces instructions sont adressées sont obligés de s'y conformer; mais elles ne constituent point des jugemens, des décisions à l'égard des tiers; si donc ces derniers se trouvent lésés par l'exécution qui leur est donnée, ils peuvent exercer leur recours devant qui de droit, non pas contre l'instruction elle-même, mais contre l'acte fait par l'agent inférieur, conformément à cette instruction.

38. — Ainsi, par exemple, en matière d'enregistrement, lorsque le ministre, pensant qu'un certain droit est dû dans tel cas déterminé, enjoint, par une circulaire, aux préposés de l'administration de percevoir ce droit, le cas échéant, ceux-ci doivent le faire à raison de l'obéissance hiérarchique; mais si les particuliers croient la prétention mal fondée, ils peuvent la déférer aux tribunaux, qui alors interprètent la loi, sans être en aucune manière liés par la circulaire, sans même avoir à s'en occuper. — V. CIRCULAIRE MINISTÉRIELLE.

39. — *Commandement de la force publique.* — Le commandement de la force publique est un des attributs du pouvoir administratif. Il doit l'employer, toutes les fois qu'il est nécessaire, soit pour maintenir l'ordre et la tranquillité publique, soit pour écarter les obstacles de fait qui pourraient s'opposer à l'exécution des jugemens; il doit enfin la disposer de telle sorte que partout et toujours elle ait en quelque sorte le bras levé pour assurer à la loi le respect et l'obéissance de tous. — Henrion de Pansey, *Autorité judiciaire*, ch. 38.

40. — *Circonscription de territoire et statistiques de la population.* — C'est à l'administration qu'il appartient, toutes les fois que le pouvoir législatif lui en a laissé le soin : 1° de fixer les limites de deux communes; 2° de déterminer l'étendue des succursales; 3° de pourvoir à l'érection d'une succursale; 4° de faire dresser les tableaux officiels de la population.

41. — Observons sur ce point que les lois et ordonnances de circonscription ne touchent jamais aux questions de propriété, qui demeurent réservées, et ne peuvent jamais, en cas de contestation, être portées que devant les tribunaux civils.

42. — *Gestion de la fortune publique.* — Le pouvoir administratif est naturellement le gérant de la fortune publique; en conséquence, il perçoit les revenus, régit les domaines, prend les mesures nécessaires à leur conservation et à leur amélioration, paie enfin ses dépenses, conformément à la fixation qui en est faite dans le budget par le concours des trois pouvoirs. — V. à cet égard BUDGET, DETTE DE L'ÉTAT, DOMAINE DE L'ÉTAT, IMPOT, TRÉSOR PUBLIC.

43. — *Travaux publics.* — L'exécution des travaux publics, et notamment la construction, la réparation et l'entretien des monumens et édifices publics, l'établissement et l'entretien des chemins, rivières et canaux, le desséchement des marais, le curage des rivières, la fortification des places de guerre, etc., sont dans les attributions du pouvoir administratif.

44. — Parmi ces travaux, il en est (les travaux de réparation et les travaux d'établissement de moindre importance) qui sont ordonnés par l'administration seule; quant aux grands travaux, ils ne peuvent être exécutés qu'en vertu d'une loi. — L. 3 mai 1841. — V. TRAVAUX PUBLICS.

45. — Quelquefois l'état, au lieu d'exécuter lui-même les travaux d'utilité publique, traite à cet égard soit avec des particuliers, soit avec des compagnies, qui se chargent des frais d'exécution, à la condition de percevoir pendant un certain temps les bénéfices qui doivent en résulter. — V. notamment CANAUX, CHEMINS DE FER, PÉAGE, PONTS.

46. — De ces concessions, les unes sont faites par le pouvoir administratif, les autres par le pouvoir législatif, suivant la distinction de la loi du 3 mai 1841 entre les divers travaux d'utilité publique. — V. *suprà* n° 44. — V. aussi TRAVAUX PUBLICS.

47. — *Marchés et fournitures.* — C'est également au pouvoir administratif qu'il appartient de conclure, au nom de l'état, suivant les règles et dans les formes tracées à cet égard par les lois et réglemens, tous les marchés nécessaires à l'exécution des travaux publics, aux approvisionnemens, soit de paix, soit de guerre, etc. — V. MARCHÉS ET FOURNITURES.

48. — *Tutelle administrative.* — Le pouvoir exécutif est constitué par la loi le tuteur des intérêts collectifs des départemens, des communes et des établissemens publics.

49. — Les actes par lesquels s'exerce cette tutelle ne sont pas tous d'une égale importance, et par conséquent ne nécessitent pas les mêmes garanties. Pour les uns, il n'est besoin que de simples arrêtés préfectoraux ou ministériels; tandis que, pour d'autres, la loi exige une ordonnance royale. Cette ordonnance est presque toujours rendue dans la forme des réglemens d'administration publique, c'est-à-dire le conseil d'état entendu.

50. — Cette tutelle s'applique à tous les actes d'administration, à l'établissement des octrois, à la fixation des objets qui doivent payer un droit, aux aliénations par vente ou échange, aux locations, aux modes d'affouage et de partage de jouissance des biens communaux, aux autorisations de plaider, de transiger, d'accepter des dons et legs, etc. — V. AUTORISATION DE PLAIDER, COMMUNES, DÉPARTEMENS, ÉTABLISSEMENS PUBLICS, OCTROI.

51. — C'est également dans la classe des actes de tutelle administrative que doivent être rangés les réglemens d'administration publique portant approbation des statuts des caisses d'épargne et de prévoyance, ainsi que des monts-de-piété. — V. CAISSE D'ÉPARGNE, MONT-DE-PIÉTÉ.

52. — *Autorisations.* — La liberté est la base de nos institutions civiles et politiques. Mais dans une société bien ordonnée, cette liberté ne saurait être absolue. Aussi nos lois l'ont limitée par de nombreuses restrictions.

53. — Ces restrictions ne sont pas toutes de même nature. Il est, en effet, des facultés qui sont interdites d'une manière absolue; il en est d'autres dont l'exercice est soumis à l'autorisation préalable du pouvoir.

54. — Cette autorisation est nécessaire notamment : — pour établir une usine sur un cours d'eau, même non navigable ni flottable. — V. USINES.

55. — ... Pour tous les établissemens réputés par la loi dangereux, insalubres ou incommodes. — V. ÉTABLISSEMENS INSALUBRES.

56. — ... Pour la formation des sociétés anonymes. — V. SOCIÉTÉ ANONYME.

57. — Elle est également nécessaire pour l'exercice du droit d'association, lorsque l'association comprend plus de vingt personnes. — V. ASSOCIATION ILLICITE.

58. — Elle l'est enfin, dans l'état actuel de la législation, pour tout établissement privé d'éducation. — V. ENSEIGNEMENT.

59. — *Permissions, tolérances.* — Il entre dans les attributions du pouvoir administratif d'accorder aux particuliers certaines permissions, certaines tolérances, lorsqu'il juge que l'intérêt général n'en doit point souffrir.

60. — Ainsi, par exemple, il peut permettre de construire dans le rayon d'une place de guerre, sous la condition expresse de démolir à la première sommation. — V. PLACES DE GUERRE, SERVITUDES MILITAIRES.

61. — Ainsi encore, il peut permettre à un propriétaire de construire sur un chemin de halage jusqu'à ce que des travaux de navigation soient achevés. — V. CHEMIN DE HALAGE.

62. — Ces permissions ne confèrent aucun droit aux particuliers qui les ont obtenues vis-à-vis de l'autorité qui les a accordées. Celle-ci, dès-lors, peut les retirer quand l'intérêt public l'exige.

63. — *Concessions.* — Au nombre des pouvoirs dévolus à l'administration se trouve celui de concéder certains priviléges, certaines facultés que l'intérêt public ne permettait pas de laisser dans le droit commun.

64. — Ainsi, par exemple, pour l'exploitation des entreprises théâtrales, pour celle des mines, il faut une concession du gouvernement. — V. MINES, THÉATRE.

65. — On donne aussi le nom de concessions aux marchés que l'état, comme nous l'avons vu, fait avec des particuliers ou avec des compagnies pour l'exécution des travaux publics. — Mais ces concessions, qui sont de véritables contrats, appartiennent à un autre ordre d'idées.

66. — *Faveurs, gratifications, indemnités.* — A cet ordre d'idées se rattachent : la remise que l'administration a le droit de faire aux particuliers des condamnations prononcées contre eux par les tribunaux, des amendes, des doubles droits d'enregistrement. — V. AMENDE (mat. crim.); ENREGISTREMENT.

67. — ... La remise ou la modération des contributions pour vacance de locataires, indigence ou toute autre cause. — V. CONTRIBUTIONS DIRECTES.

68. — ... La faculté que l'administration peut accorder à un propriétaire de pratiquer une prise d'eau dans un canal ou une rivière navigable ou flottable. — V. CANAUX, COURS D'EAU.

69. — ... La distribution des recours sur les fonds de non-valeur ou sur les fonds accordés par le pouvoir législatif. — V. RÉFUGIÉS, SECOURS PUBLICS.

70. — ... Les gratifications attribuées soit à des fonctionnaires, soit à des particuliers à titre de récompense des services qu'ils ont rendus à l'état.

71. — ... Les pensions accordées à des fonctionnaires ou à des veuves de fonctionnaires qui ne remplissaient pas toutes les conditions nécessaires pour y avoir droit. — V. PENSIONS.

72. — ... Les indemnités qui ne sont dues par l'état à des particuliers ni en vertu d'une disposition de loi, ni en vertu d'un titre, mais qu'il peut être équitable d'allouer. — C'est ce qui arrive notamment lorsqu'un particulier, chargé d'une mission qui, par suite de force majeure, n'a pu se réaliser, avait fait des préparatifs coûteux; ou bien encore lorsque des nationaux prétendent que, dans un traité diplomatique, leurs droits ont été sacrifiés.

§ 2. — *Juridiction gracieuse.*

73. — Il arrive souvent au pouvoir administratif de froisser dans son action des intérêts privés. De là peuvent naître et naissent tous les jours de nombreuses réclamations. Or, c'est à ce pouvoir lui même que les lois ont attribué la connaissance de ces réclamations. — Le droit de statuer sur les réclamations élevées contre ses actes constitue donc également une de ses attributions les plus importantes et qui, à ce titre, doit trouver place dans l'énumération rapide que nous donnons.

74. — Mais ces réclamations ne se produisent pas toujours de la même manière. Elles peuvent être formées, suivant les cas, soit par la voie gracieuse, soit par la voie contentieuse.

75. — Ce n'est pas ici le lieu d'examiner sur quelles bases repose cette distinction, dans quels cas une réclamation doit être formée soit par la voie gracieuse, soit par la voie contentieuse. C'est là un point que nous traiterons ultérieurement avec toute le développement qu'il mérite. Nous nous bornerons ici à indiquer en quoi consiste le recours gracieux.

76. — À cet égard il est un principe qui domine toute la matière, c'est que les actes d'administration pure peuvent être rétractés tant qu'ils n'ont pas donné naissance à un droit acquis. — Adolphe Chauveau, *Principes de compétence et de juridict.*, t. 1er, no 904.

77. — Or, le recours gracieux n'est autre chose qu'une demande adressée au pouvoir administratif à l'effet d'obtenir cette rétractation.

78. — Cette demande peut être adressée à l'agent duquel émane la mesure contre laquelle la réclamation est dirigée. — Elle peut l'être également à l'agent supérieur sous l'autorité duquel il se trouve placé.

79 — Quand les formes du recours gracieux n'ont pas été tracées par la loi, elles sont à la discrétion des agens de l'administration. — Ad. Chauveau, *Principes de comp. et de jurid.*, t. 1er, no 904. — Ordinairement ce recours s'exerce par voie de simple pétition.

80. — Quoi qu'il en soit, l'agent devant lequel la réclamation est portée l'apprécie, puis l'accueille ou la rejette, suivant son bon plaisir, sans qu'on puisse former contre sa décision d'autre recours que le recours hiérarchique.

81. — Au surplus, en cette matière, il n'y a ni chose jugée ni degrés d'instance. — Ad. Chauveau, *Principes de comp. et de jurid.*, t. 1er, no 902.

82. — Décidé toutefois que, quand des arrêtés de l'autorité administrative ont servi de base à des jugemens et arrêts passés en force de chose jugée, ils ne peuvent plus être rétractés par d'autres arrêtés. — *Cons. d'état*, 11 janv. 1813, Deselve c. Leduc.

Sect. 2e. — *Pouvoir contentieux.*

83. — Le pouvoir contentieux est, comme nous l'avons déjà dit (*suprà* no 5), le droit attribué à l'autorité administrative de statuer, à l'exclusion de toute autre autorité, sur certaines contestations.

84. — Et pour faire ressortir tout d'abord, par un trait caractéristique, la différence qui existe entre la juridiction gracieuse, qui est une des attributions de l'administration pure, et le pouvoir contentieux, nous ferons observer que la première statue sur de simples *réclamations*, tandis que la seconde juge des *contestations*.

85. — Nous ne nous occuperons ici que des matières contentieuses. — Quant aux diverses autorités chargées de les juger, soit en premier soit en dernier ressort, leur organisation et leurs attributions seront développées ailleurs. — V. ORGANISATION ADMINISTRATIVE, TRIBUNAUX ADMINISTRATIFS.

86. — Quelles sont donc les matières dont se compose le contentieux administratif ? A quel signe les reconnaître et les distinguer, d'une part des matières administratives non contentieuses; d'autre part, des matières contentieuses non administratives ? — Dans cette question se trouve la plus grande difficulté peut-être de tout le droit administratif. La plupart des auteurs se sont efforcés de la résoudre, mais il nous serait facile de montrer, par des citations, combien il y a d'incohérence et d'indécision dans les idées qu'ils ont généralement émises sur ce point. — On peut voir dans Ad. Chauveau (*Principes de comp. et jurid. admin.*, t. 2, nos 266-267), l'exposé complet de ces diverses théories.

87. — Ce dernier auteur, après en avoir fait une juste critique, essaie à son tour de définir le contentieux administratif. Selon lui (*Principes de compét. et de jurid. admin.*, t. 1er, no 272) : « Le caractère dominant et distinctif du contentieux administratif se résume en cette proposition : *L'intérêt spécial émanant de l'intérêt général, discuté, en contact avec un droit privé.* » En d'autres termes, pour qu'une contestation rentre dans le contentieux administratif, il faut qu'on y trouve l'intérêt général en lutte, sur un point particulier, avec un droit privé.

88. — Il nous semble que cette théorie est trop absolue et que, par suite, elle n'est point vraie pour tous les cas. En effet, l'interprétation des actes administratifs forme incontestablement une des branches du contentieux; or, dans ces contestations, il n'y a souvent qu'une lutte d'intérêts privés.

89. — Pour nous, nous n'essaierons pas de ramener toutes ces matières à une formule générale, qui aurait inévitablement le tort d'être ou vague et obscure, ou étroite et incomplète. Il nous semble plus simple de traiter séparément de chacune des classes dans lesquelles peuvent être rangées toutes les affaires contentieuses.

90. — Ces classes nous paraissent pouvoir être réduites à quatre, savoir : 1o recours contre les actes de l'administration active; — 2o contestations entre les particuliers et l'état; — 3o interprétation des actes administratifs; — 4o affaires contentieuses par la détermination spéciale de la loi.

§ 1er. — *Recours contre les actes du pouvoir administratif pur.*

91. — Déjà nous avons parlé (*suprà*, no 84) des réclamations que peuvent soulever les actes du pouvoir administratif et de la double voie par laquelle ces réclamations peuvent se produire. — Nous devons examiner maintenant quelles sont, parmi ces réclamations, celles qui doivent être formées par la voie contentieuse; nous verrons ainsi tout naturellement quelles sont celles qui doivent l'être par la voie gracieuse.

92. — Pour qu'une réclamation puisse être formée par la voie contentieuse, il faut que l'acte contre lequel elle est dirigée soit infecté de l'un de ces trois vices : lésion d'un droit; — incompétence ou excès de pouvoir; — inobservation des formes prescrites en faveur des particuliers. — C'est ce que nous allons successivement établir.

93. — *Lésion d'un droit.* — Le pouvoir administratif, représentant et tuteur légal des intérêts généraux, n'est pas obligé, dans son action, de respecter les intérêts privés, car ces intérêts doivent toujours céder à l'intérêt général; mais il est tenu de respecter tous les droits légitimes, à moins toutefois que la loi ne l'autorise à en exiger le sacrifice moyennant une juste compensation, comme dans le cas d'expropriation pour cause d'utilité publique. — V. ce mot.

94. — Lors donc qu'un particulier réclame contre un acte du pouvoir administratif, si, à l'appui de sa réclamation, il invoque un droit positif qu'il prétende avoir été méconnu, un débat s'ouvre entre le réclamant et l'administration, devant la juridiction chargée de prononcer, à l'effet de reconnaître si le droit invoqué existe ou n'existe pas, s'il a été ou non violé : c'est là le contentieux. — Mais si, au lieu d'invoquer un droit acquis, le réclamant se plaint seulement du préjudice que lui cause la mesure prise par l'administration et en demande la révocation par des considérations d'équité, comme dans ce cas il n'y a point de droit à reconnaître et à constater, aucun débat ne s'ouvre; mais l'administration examine la requête, pèse les raisons sur lesquelles elle est fondée, puis maintient ou réforme ses actes sans qu'aucun recours puisse être exercé contre sa décision définitive. C'est là la voie gracieuse.

95. — Ainsi, s'agit-il d'un *droit* à reconnaître et à faire respecter, l'affaire est contentieuse; s'agit-il d'un simple *intérêt* à prendre en considération et à concilier avec l'intérêt général, l'affaire est purement gracieuse.

96. — A l'appui de cette distinction, nous pouvons invoquer l'autorité de MM. Macarel (V. notamment *Elém. de jurispr. admin.*, p. 6, et *Tribun. administratifs*, ch. 5, p. 35); Serrigny (*Organisation, compétence et procédure administr.*, no 29); Foucart (*Elém. de dr. pub. et admin.*, t. 1er, nos 173 et suiv.); Daviel (*Des cours d'eau*, t. 1er, no 427); de Cormenin (*Dr. admin.*, vo *Préfets*, t. 1er, p. 176); Cotelle (*Trav. publ.*, t. 1er, p. 145); Sirey (*Cons. d'état selon la charte*, p. 121, 237, 506 et suiv.); Dufour (*Droit admin. appliqué*, t. 1er, nos 100 et 237); Ad. Chauveau (*Principes de compét. et de juridict. admin.*, nos 83 et suiv.); et Solon (*Rép. des juridict.*, Introduct., no 76). — Bien que tous ces auteurs ne l'aient pas formulée avec une égale précision et une égale netteté, elle paraît cependant se trouver au fond des idées qu'ils ont émises sur ce sujet. — Cette même distinction a été consacrée également par la jurisprudence du conseil d'état, comme nous le verrons dans les développemens qui vont suivre.

97. — Nous avons vu (*suprà* no 26), que c'est au roi qu'il appartient de nommer aux emplois publics. — En général, l'exercice de ce pouvoir, ne lésant aucun droit, ne peut donner lieu au recours contentieux.

98. — Ainsi, jugé qu'on ne peut attaquer devant le conseil d'état, par la voie contentieuse, l'ordonnance qui nomme un professeur et la décision du conseil de l'instruction publique qui, en rejetant la plainte du réclamant, déclare que le professeur réunit les conditions d'aptitude. — *Cons. d'état*, 23 oct. 1835, Bugnet c. Rossi.

99. — ...Que l'exercice du droit de nomination à un emploi public tel que celui de conservateur d'une bibliothèque d'une ville ne peut, en aucun cas, donner lieu à un pourvoi devant le conseil d'état par la voie contentieuse. — *Cons. d'état*, 23 nov. 1825, Delandine.

100. — A l'égard des officiers militaires, la question s'est élevée de savoir s'ils pouvaient réclamer, par la voie contentieuse, le grade auquel ils avaient droit d'après leur rang d'ancienneté.

101. — Le conseil d'état avait d'abord adopté la négative et jugé que la demande d'un grade militaire ne peut être l'objet d'un recours par la voie contentieuse. — *Cons. d'état*, 21 mars 1834, Brun. — C'est ce qu'enseignait également M. Ad. Chauveau, *Principes de comp. et de jurid. admin.*, t. 1er, no 4.

102. — Mais depuis le conseil d'état est revenu sur sa jurisprudence, et, en statuant sur des réclamations formées par des officiers contre leur classement sur la liste d'ancienneté, il a implicitement reconnu à ces réclamations le caractère contentieux. — *Cons. d'état*, 27 avr. 1841, Gérard; 8 mai 1841, Devillard; 23 juill. 1841, Darthesé; 12 mai 1842, Duchemin; 23 déc. 1842, Fontan. — M. Ad. Chauveau est également revenu sur l'opinion qu'il avait d'abord émise et que nous avons citée au numéro précédent, et il montre clairement, au t. 2 de son livre (no 54), que les réclamations dont il s'agit, reposant sur un droit positif, doivent être rangées dans la classe des matières contentieuses.

103. — Quant à la révocation ou à la mise à la retraite des fonctionnaires publics, il faut faire une distinction.

104. — Si ces fonctionnaires sont amovibles, leur révocation ou leur mise à la retraite peut bien blesser leurs intérêts, mais elle ne porte point atteinte à un droit acquis; d'où il suit qu'ils ne peuvent former un recours contentieux pour se faire réintégrer dans leurs fonctions.

105. — Ainsi, décidé que la destitution du pharmacien en chef d'un hospice par le ministre de l'intérieur est un acte administratif qui ne peut être déféré au conseil d'état. — *Cons. d'état*, 20 juin 1816, Allut c. hospice de Paris.

106. — ...Que l'ordonnance royale qui admet un ingénieur à faire valoir ses droits à la retraite est un acte purement administratif qui ne peut être attaqué par la voie contentieuse. — *Cons. d'état*, 16 nov. 1835, Jousselin.

107. — Mais si la mise à la retraite des fonctionnaires amovibles est un acte purement administratif, il en est autrement de la liquidation des pensions de retraite, qui peut toujours être l'objet d'un recours contentieux. — Ad. Chauveau, *Principes de compét. et de juridict. admin.*, t. 2, no 64. — C'est que là, en effet, il y a des droits positifs, établis par les lois, et qui doivent être respectés. — Nous pourrions citer à l'appui de cette proposition une foule d'ordonnances par lesquelles le conseil d'état, en statuant sur les recours portés devant lui, a reconnu implicitement le caractère contentieux de la matière. — V. notamment *Cons. d'état*, 4 mars 1830, Massias; 8 nov. 1833, Duteil; 18 fév. 1836, Vuillemot; 12 avr. 1843, Roger; 21 déc. 1843, Gardeaux-Gardeland. — V. au surplus PENSIONS.

108. — Quant aux fonctionnaires inamovibles, qui ont un droit acquis aux fonctions dont ils sont revêtus, s'ils venaient à être révoqués, ou déclarés démissionnaires, ou mis à la retraite hors des cas et en l'absence des formes déterminés par la loi, ils pourraient se pourvoir par la voie contentieuse contre l'acte qui porterait ainsi atteinte à leur droit. — Ad. Chauveau, t. 1er et 2, no 64; Serrigny, no 30.

109. — A l'égard des officiers militaires, il faut distinguer entre le grade et l'emploi.

110. — Le grade est placé sous la protection de la loi; l'officier ne peut en être dépouillé que dans le cas et dans les formes déterminés par la loi; si donc il venait à en être privé illégalement, il pourrait réclamer par la voie contentieuse. — *Cons. d'état*, 21 juin 1839, Labrut; — Serrigny, no 30; Ad. Chauveau, t. 2, no 54.

111. — Mais l'emploi est à la discrétion du pouvoir exécutif. — L. 19 mai 1834, art. 6 — Ainsi jugé qu'un ancien officier ne peut se pourvoir au conseil d'état contre la décision du ministre qui rejette sa demande de mise en activité. — *Cons. d'état*, 7 déc. 1832, Silas-Espéron c. min. de la guerre; 28 janv. 1841, Asselineau; 27 avr. 1841, Ducros; 30 juin 1835, Coutlin.

112. — L'ordonnance royale qui révoque un officier ministériel est-elle susceptible d'un recours contentieux? — Cette question est fort controversée.

113. — Jugé qu'on ne peut attaquer par la voie contentieuse l'ordonnance qui prononce la destitution d'un huissier. — *Cons. d'état*, 20 déc. 1833, Foucault.

114. — ... Ni celle qui destitue un agent de change. — *Cons. d'état*, 16 janv. 1815, Saucède.

115. — ... Ni celle qui porte révocation d'un garde du commerce. — *Cons. d'état*, 26 juill. 1837, Horliac. — V., dans le même sens, Serrigny, n° 28.

116. — Mais cette doctrine a été fortement combattue par M. Ad. Chauveau, d'abord dans un mémoire rédigé en faveur de l'huissier Foucault (V. *J. Pal.*, *Jurisprudence administrative*, t. 5, p. 557); puis dans ses *Principes de compét. et de jurid. administrative*, t. 2, n° 68. — V., au surplus, OFFICE.

117. — Parmi les attributions du pouvoir administratif pur, se trouve, comme nous l'avons déjà vu (*suprà* n° 42), la perception de l'impôt. Les réclamations que peut faire naître l'exercice de cette partie de ses pouvoirs sont de deux sortes.

118. — Ou bien le contribuable, prétendant que, d'après les lois, il ne doit pas être imposé ou ne doit l'être qu'à une somme moindre, demande sa décharge ou une réduction. Dans ce cas, c'est un droit qu'il invoque, et, dès-lors, sa réclamation doit être formée par la voie contentieuse. — C'est une jurisprudence constante. — V. notamment *Cons. d'état*, 30 juin 1842, Thiébault ; 15 juill. 1842, Regnier ; 18 mars 1843, Laigre ; 9 juin 1843, Munnschina ; 17 juill. 1843, Cadou ; 17 nov. 1843, Guerault ; — Serrigny, *Organisation, compétence et procédure administrative*, nos 21 et 22.

119. — Ou bien, sans contester le chiffre auquel sa contribution a été fixée par l'administration, il en demande seulement la remise ou modération. Dans ce cas, comme sa demande a pour objet, non pas un droit, mais une pure faveur, elle ne peut être formée par la voie contentieuse. — V. notamment *Cons. d'état*, 25 janv. 1833, Noury ; 18 oct. 1832, Maugars ; 8 mars 1833, Moll ; 11 août 1833, Ciblel, etc. ; — Cormenin, *Dr. admin.*, v° *Contributions directes*, t. 1er, p. 482. — V. CONTRIBUTIONS DIRECTES.

120. — Lorsque l'ordonnance du roi relative à la répartition d'un impôt entre les habitans d'une commune, pour satisfaire à une condamnation envers un particulier, préjudicie aux droits de créance de ce particulier, il peut y avoir, de sa part, opposition à cette ordonnance. — *Cons. d'état*, 21 août 1816, Tronc c. comm. de Boubiers.

121. — C'est à l'administration qu'il appartient d'ordonner le curage d'une rivière non navigable, en vertu de la loi du 14 flor. an XI. C'est elle qui arrête les rôles de répartition des sommes nécessaires au paiement des travaux. — Mais il est possible que, dans la répartition de cette charge locale, quelques droits privés se trouvent lésés. Les réclamations qui s'ensuivent appartiennent évidemment au contentieux administratif. — *Cons. d'état*, 16 fév. 1832, préfet de l'Orne c. Pichon-Prémelé ; 2 nov. 1832, Arrosans de Saint-Chamas ; — Cormenin, *Droit admin.*, v° *Cours d'eau*, t. 1er, p. 553 ; Cotelle, *Travaux publics*, t. 3, p. 664 et 668; Serrigny, n° 22.

122. — La nécessité d'un droit acquis et lésé pour qu'un recours contentieux puisse être formé se fait sentir d'une façon particulière en matière d'alignement.

123. — Dans les villes où il n'existe pas de plan général d'alignement, c'est à l'administration qu'il appartient, sous sa seule responsabilité, de fixer la largeur de la rue. — Dès-lors, les arrêtés d'alignement ne peuvent, dans ce cas, être attaqués par la voie contentieuse. — *Cons. d'état*, 9 janv. 1832, comm. de Montevrain c. Genel ; 6 mai 1836, Noury c. Grosjean ; — Serrigny, n° 31.

124. — Mais dans les villes où il existe un plan général homologué par le roi en son conseil d'état, l'administration est obligée de se conformer à ce plan, qui confère un véritable droit aux propriétaires riverains. — Dès-lors, le propriétaire qui prétend que l'alignement à lui donné n'est pas conforme au plan général peut former son recours par la voie contentieuse. — *Cons. d'état*, 30 juin 1842, Génielle ; — Serrigny, *loc. cit.*

125. — A l'égard des changemens de noms, il y a une distinction à faire.

126. — Le particulier qui demande au gouvernement l'autorisation de changer de nom n'invoque point un droit, il sollicite une faveur. Dès-lors si l'autorisation lui en est refusée, il ne peut réclamer contre ce refus par la voie contentieuse. — Chauveau, *Principes de compét.*, t. 1er et 2, n° 124-1° ; Serrigny, *Traité de l'organis.*, etc., n° 30.

127. — Mais, les noms de famille constituant une véritable propriété pour ceux qui les portent, ces derniers peuvent former tierce-opposition par la voie contentieuse aux ordonnances qui autorisent des tiers à les prendre. — *Cons. d'état*, 23 déc. 1815, Bréchard c. Deschamps ; même jour, Thiébaut c. François ; 18 avr. 1816, de la Rozière c. Taillefer.

128. — Il en est de même des surnoms. — *Cons.*

COMPÉTENCE ADMIN., ch. 2, sect. 2e.

d'état, 23 déc. 1815, Bidot-Lauriagon c. Mignette.

129. — Le principe général que les actes du pouvoir administratif pur peuvent être attaqués par la voie contentieuse lorsqu'ils blessent un droit, n'est pas sans exception. Ainsi, notamment, l'art. 40 du réglement du 22 juillet 1806, sur la procédure du conseil d'état, porte : « Lorsqu'une partie se croira lésée dans ses droits ou sa propriété par l'effet d'une décision du conseil d'état, rendue en matière non contentieuse, elle pourra nous présenter une requête, pour, sur le rapport qui nous en sera fait, être l'affaire renvoyée, s'il y a lieu, soit à une section du conseil d'état, soit à une commission. »

130. — Jugé que la partie qui demande la formation d'une commission, conformément à l'art. 40 du réglement du 22 juillet 1806, ne peut adresser sa demande au conseil d'état par la voie contentieuse. — *Cons. d'état*, 12 mai 1830, West, Roux ; 12 mai 1819, Long.

131. — Les réglemens d'administration publique qui blessent les intérêts privés ne peuvent être déférés au roi que dans les formes prescrites par l'art. 40 du réglement du 22 juill. 1806, et non par la voie contentieuse dans les formes voulues par les art. 1er et 2 dudit réglement. — *Cons. d'état*, 28 juill. 1819, commiss.-pris. de Paris c. courtiers de commerce. — V., au surplus, CONSEIL D'ÉTAT, RÉGLEMENT D'ADMINISTRATION PUBLIQUE.

132. — *Incompétence ou excès de pouvoirs.* — Lorsque, dans l'exercice du droit de commandement, de l'*imperium merum* qui appartient au pouvoir administratif, un dépositaire de ce pouvoir excède la limite dans laquelle la loi avait circonscrit ses attributions, le particulier à qui l'acte entaché de cette irrégularité cause préjudice peut le déférer au conseil d'état par la voie contentieuse. — LL. 7-14 oct. 1790, n° 3 ; 27 avr.-25 mai 1791, art. 17; Constit. 22 frim. an VIII, art. 52; Charte constit., art. 12 et 13. — V. aussi Cormenin, *Dr. adm.*, v° *Fonctions du Conseil d'état*, t. 1er, p. 27; Ad. Chauveau, *Principes de compét. et de juridict. admin.*, t. 1er et 2, nos 486 et suiv. ; Serrigny, *Organis., compét. et procéd. admin.*, nos 224 et suiv.

133. — Le vice d'incompétence ou d'excès de pouvoirs n'est pas absolument distinct de la lésion du droit. On peut dire en effet, d'une part, que l'agent administratif, en méconnaissant un droit qu'il était tenu de respecter, a excédé ses pouvoirs; d'autre part, que, quand cet agent est sorti des bornes de ses pouvoirs ou de sa compétence, il a fait un acte qu'il n'avait pas *le droit* de faire ; que, par conséquent, la réclamation élevée contre cet acte est fondée sur un droit, et non sur un simple intérêt.

134. — Mais il faut bien remarquer que, dans le premier cas, s'il y a excès de pouvoirs, c'est parce qu'il y avait un droit préexistant qui a été violé, tandis que, dans le second, s'il y a un droit, c'est que les pouvoirs manquaient à l'agent pour faire ce qu'il a fait.

135. — Au surplus, le principe général que les actes du pouvoir administratif peuvent être attaqués par la voie contentieuse pour incompétence ou excès de pouvoirs a reçu du conseil d'état de nombreuses applications.

136. — Ainsi, jugé notamment que le conseil d'état est compétent pour statuer, par la voie contentieuse, sur le recours formé contre une décision ministérielle attaquée pour avoir excédé ses pouvoirs en modifiant le tarif du service des postes. — *Cons. d'état*, 22 mars 1833, Dailly c. min. des fin.

137. — ... Que les arrêtés des préfets, en matière purement administrative, peuvent être déférés au conseil d'état pour excès de pouvoir ou incompétence. — *Cons. d'état*, 6 juin 1830, André ; 7 janv. 1842, Alban des Héberts.

138. — ... Que l'ordonnance qui approuve l'établissement des taxes d'octroi additionnelles votées par le conseil municipal sous le bénéfice de l'exemption du dixième réservé au trésor, conformément aux dispositions de l'art. 16, L. 17 août 1822, doit leur conserver le caractère qui leur a été attribué par le vote du conseil municipal; — que dès-lors l'ordonnance qui, en les approuvant, les soumet à la perception du dixième, est susceptible d'être attaquée par la voie contentieuse pour excès de pouvoirs. — *Cons. d'état*, 16 déc. 1842, ville de Troyes.

139. — *Omission des formalités prescrites dans l'intérêt des tiers.* — Parmi les actes du pouvoir administratif, il en est dont les conséquences peuvent rejaillir sur de nombreux intérêts, et que, pour cette raison, la loi a entourés de formalités préalables ayant pour objet de provoquer les réclamations, d'éclairer l'administration, et de lui fournir ainsi le moyen de concilier ces divers intérêts.

COMPÉTENCE ADMIN., ch. 2, sect. 2e.

140. — Ces formalités, étant établies pour protéger les intérêts des tiers, constituent, au profit de ces derniers, un droit véritable, et dès-lors leur inobservation donne lieu au recours contentieux. — Foucart, *Élem. de droit publ. et admin.*, t. 3, n° 1793.

141. — Ainsi, par exemple, la concession des mines ne doit être faite qu'après l'accomplissement des formalités prescrites par les art. 23 et suiv., L. 21 avril 1810; si ces formalités n'ont pas été observées, le droit que les tiers avaient d'être avertis a été méconnu, et dès-lors ils peuvent attaquer la concession par la tierce-opposition devant le conseil d'état. — Foucart, *loc. cit.*; Serrigny, *Organisat., compét. et procéd. admin.*, t. 1er, n° 231. — V. dans le même sens *Cons. d'état*, 4 août 1811, Benoit; 13 mai 1818, Liotard c. Ferry-Lacombe.

142. — De même, lorsque l'ordonnance qui autorise un établissement insalubre de première classe n'a pas été précédée des formalités prescrites par le décret du 15 oct. 1810, les tiers intéressés peuvent former opposition à cette ordonnance par la voie contentieuse. — *Cons. d'état*, 13 fév. 1840, Lessance c. Grangé et Vignes. — V. aussi, mais par argument *à contrario*, *Cons. d'état*, 22 juill. 1818, de Girancourt c. Morel; 15 déc. 1824, Lez, Macey c. Paillard; 21 déc. 1825, Tourrand c. Thinet ; 19 déc. 1826, Pugh, Viel c. Martin. — V. enfin Ad. Chauveau, *Principes de compét. et de jurid. admin.*, t. 2, nos 400-401, § 5; Serrigny, n° 252; Dufour, *Dr. admin. appliqué*, t. 1er, p. 297, n° 374.

143. — Les moulins et autres usines sur les cours d'eau, et principalement sur les rivières navigables, ne peuvent être construits qu'après avoir été autorisés par une ordonnance royale (arrêté direct. 19 vent. an VI), qui doit être précédée de formalités déterminées par une instruction ministérielle du 19 thermid. an VI. — Les tiers qui se prétendent lésés par l'ordonnance royale d'autorisation de l'usine, peuvent-ils y former opposition devant le conseil d'état? Y a-t-il à cet égard des distinctions à faire, suivant que les formalités préalables ont été ou non remplies? suivant que les réclamans ont fait ou non valoir alors leurs moyens d'opposition? enfin, suivant la nature des réclamations? — Cette question est très controversée. — V. pour son examen le mot USINES.

144. — Lorsque les actes du pouvoir administratif pur ne sont affectés d'aucun des vices dont nous venons de parler, lorsqu'ils ne contiennent ni lésions d'un droit, ni incompétence ou excès de pouvoirs, ni omission des formalités prescrites par la loi dans l'intérêt des tiers, ils ne peuvent être attaqués par la voie contentieuse.

145. — Ainsi ne peuvent être attaqués par cette voie : — une ordonnance royale portant réglement d'administration publique, rendue dans les formes prescrites et dans la limite des pouvoirs qui appartiennent à l'administration. — *Cons. d'état*, 30 déc. 1842, commiss. synd. des Palus de la Rouane c. commiss. synd. de Virvée. — V. conf. *Cons. d'état*, 22 oct. 1817, Sallel; 12 mai 1819, Long; 28 juill. 1819, commiss. pris. de Paris c. courtiers de commerce; 6 juill. 1825, Vassal.

146. — ... Et notamment un réglement général sur les octrois. — *Cons. d'état*, 3 juin 1820, ville de Rennes.

147. — ... Une ordonnance réglementaire qui a statué sur des intérêts généraux et politiques. — *Cons. d'etat*, 2 juill. 1823, d'Etchegoyen.

148. — ... Une ordonnance rendue pour l'exécution d'une loi. — *Cons. d'état*, 19 juin 1838, Voyer d'Argenson c. l'Etat.

149. — Il en est de même de la décision d'un ministre ou d'un préfet qui approuve l'arrêté pris par un maire pour la taxe du pain. — *Cons. d'état*, 14 août 1822, Boulangers de Montpellier.

150. — ... De la décision ministérielle qui rejette la réclamation des boulangers relativement à la police de la boulangerie. — *Cons. d'état*, 17 mars 1835, boulangers de Lyon.

151. — ... Des réglemens de police rendus en matière de grande voirie par les préfets. — *Cons. d'état*, 8 janv. 1817, entrepreneurs des messageries l'Eclair.

152. — ... Des dispositions générales adoptées par l'administration dans l'intérêt de la salubrité publique. — *Cons. d'état*, 16 mai 1827, Marcellier de Gaujac c. Grammont et Casenave ; 22 nov. 1833, Georget.

153. — ... Des instructions d'intérêt général émanées des ministres. — *Cons. d'état*, 16 janv. 1815, Rigaud.

154. — L'arrêté d'un ministre qui, sur les réclamations de particuliers, prescrit des travaux dans une rivière navigable, à l'effet de rendre au public l'usage d'un chemin intercepté par les inondations, et à la rivière son ancien cours, est un

acte de police et d'intérêt général exclusivement dans les attributions de l'administration. — *Cons. d'état*, 11 déc. 1814, Petit c. Outin.

155. — Des décisions d'un préfet relatives à la suppression des établissemens nuisibles à la salubrité publique, sont des actes de police administrative qui ne peuvent être réformés que par l'autorité administrative supérieure, et qui ne sont pas susceptibles d'être attaqués par la voie contentieuse.—*Cons. d'état*, 19 mai 1811, David c. comm. de Saint-Germain.

156. — Une demande tendant à obtenir la faveur d'une modification des lois et réglemens ne peut être formée par la voie contentieuse. — *Cons. d'état*, 23 août 1820, comm. du Puy.

157. — L'exécution des actes de haute administration ne peut être réclamée par la voie contentieuse. — *Cons. d'état.*, 27 sept. 1827, Gauthier et Silhouette.

158. — L'administration active étant seule juge des questions d'utilité publique, un préfet peut, sans que son arrêté donne lieu au recours contentieux, interdire la reconstruction d'un mur mitoyen, lorsqu'elle peut avoir des effets dangereux pour la sûreté publique. — *Cons. d'état.*, 10 avr. 1822, Delathe c. préfet de la Somme.

159. — Mais il ne peut imposer aux propriétaires voisins l'obligation de s'entendre sur la cession par l'un à l'autre du terrain sur lequel est élevé ce mur. — Cette partie de son arrêté pourrait être attaquée par la voie contentieuse comme contenant un excès de pouvoirs.—*Cons. d'état*, même décision.

160. — La circonscription des communes appartient à l'ordre public, et les actes de l'administration qui y sont relatifs, notamment les décrets ou ordonnances qui prononcent la réunion des deux communes, ne peuvent jamais être l'objet d'un litige à porter devant le conseil d'état par la voie contentieuse. — *Cons. d'état*, 3 déc. 1817, habitans de Moulineaux c. comm. de la Bouille.

161. — Il en est de même de l'ordonnance royale qui fixe les limites de deux départemens ou de deux communes.—*Cons. d'état*, 7 mai 1838, comm. d'Orgon.

162. — Ne peuvent être attaquées par la voie contentieuse, les dispositions prises par le gouvernement pour la formation ou le maintien des établissemens qui intéressent la défense du territoire, spécialement la décision rendue par le ministre de la guerre pour prendre les mesures propres à préserver de tout danger les propriétés voisines de la butte du polygone destiné aux exercices de l'artillerie. — *Cons. d'état*, 18 fév. 1836, de Narbonne-Lara c. minist. de la guerre.

163. — L'ordonnance royale qui prescrit l'expropriation pour cause d'utilité publique, ne peut être attaquée par la voie contentieuse.—*Cons. d'état*, 30 nov. 1830, Bellchlé.— A la vérité, cette ordonnance attaque un droit, mais dans un cas où la loi autorisait le pouvoir dont elle émane à en exiger le sacrifice, moyennant une juste indemnité. — V. EXPROPRIATION POUR CAUSE D'UTILITÉ PUBLIQUE.

164. — Les actes de tutelle administrative ne peuvent être attaqués par la voie contentieuse. De la part des établissemens ou des êtres collectifs dans l'intérêt desquels cette tutelle s'exerce, un tel recours répugnerait à la nature des choses, et quant aux tiers, ces actes ne s'opposent jamais à ce qu'ils fassent valoir leurs droits devant la juridiction compétente. — Ad. Chauveau, *Princip. de comp. et de jurid. admin.*, t. 1er, no 162; Cormenin, *Dr. admin.*, vis *Fonctions du conseil d'état*, t. 1er, p. 26, et *Rejet des requêtes*, t. 1er, p. 99; Serrigny, *Organis., comp. et proc. admin.*, no 36.

165. — Ainsi, ne peuvent être attaqués par la voie contentieuse : l'arrêté de conseil de préfecture qui refuse à une commune l'autorisation de plaider. — *Cons. d'état*, 18 fév. 1836, comm. de Portmort c. de Granville. — Dans ce cas, le maire peut bien se pourvoir devant le roi, en conseil d'état, mais le pourvoi doit être introduit et jugé en la forme administrative. — L. 18 juill. 1837, art. 50 et 53.

166. — ... La décision ministérielle qui refuse à un hospice l'autorisation de passer bail à un particulier. — *Cons. d'etat*, 18 janv. 1826, Nourry c. Hosp. de Paris.

167. — ... La décision ministérielle qui refuse d'approuver un échange proposé par une commune. — *Cons. d'état*, 21 juin 1826, de la Seyrière et Perrot.

168. — ... L'autorisation donnée, conformément à l'art. 910, C. civ., par le gouvernement, à un hospice ou à tout autre établissement de cette sorte, d'accepter un legs ou une donation.—*Cons. d'état*, 12 fév. 1833, Leblanc Duplessis c. admin. gén. des pauvres.

169. — ... L'ordonnance qui prescrit un mode d'exploitation des bois d'une commune.— *Cons. d'état*, 14 août 1822, comm. de la Bresse c. Forêts.

170. — ... L'ordonnance royale qui, rendue administrativement, a autorisé la vente d'un terrain communal dont un particulier se prétend propriétaire.—*Cons. d'état*, 20 juin 1821, Moisant c. comm. de Tocqueville.

171. — Les décisions de l'administration sur une question de faveur et non de droit ne peuvent être attaquées par la voie contentieuse.—*Cons. d'etat*, 17 juill. 1816, de Potter.

172. — Ainsi, ne peuvent être attaquées par cette voie : — la décision du préfet de police qui refuse à un particulier l'autorisation de faire stationner un cabriolet sur la voie publique. — *Cons. d'état*, 5 fév. 1841, Férail c. préfet de police.

173. — ... La décision par laquelle un ministre rejette la demande qui lui a été adressée par un particulier, à l'effet de pouvoir exporter des grains avec faculté de retour. — *Cons. d'etat*, 17 juill. 1816, de Potter.

174. — ... La décision par laquelle un ministre a refusé d'accéder à une demande à fin de remise de condamnation prononcée par les tribunaux. — *Cons. d'etat*, 16 nov. 1825, Desaunoy.

175. — ... L'ordonnance royale qui, par suite de considérations d'équité, a accordé une indemnité et en a fixé la quotité. — *Cons. d'état*, 29 janv. 1823, Doumerc.

176. — La réclamation d'une indemnité qui n'est fondée sur aucun titre positif ne peut être formée par la voie contentieuse. — *Cons. d'état*, 13 juin 1821, Biot.

177. — De même, un fournisseur n'est pas recevable à demander par la voie contentieuse une indemnité qu'il croit lui être due, lorsque sa demande n'est fondée ni sur les clauses du marché, ni sur une convention postérieure, ni sur aucune pièce émanée de l'administration. — *Cons. d'état*, 18 avr. 1821, Boubée.

178. — C'est le gouvernement qui est juge des cas dans lesquels il peut être accordé aux inventeurs des récompenses sur les fonds destinés aux encouragemens de l'industrie. Par suite, ne peut être attaquée par la voie contentieuse la décision par laquelle un ministre refuse une indemnité à l'auteur d'une invention qui lui a été soumise. — *Cons. d'état*, 10 juill. 1835, Martin; — Cormenin, *Rejet des requêtes*, t. 1er, p. 96.

179. — L'arrêté d'un préfet qui refuse au propriétaire d'un moulin la faculté de faire baisser son déversoir est un acte administratif qui n'a rien de contentieux. — *Cons. d'état*, 19 juin 1813, Montcourt c. Salleron.

180. — Ce n'est point par la voie contentieuse, mais par la voie administrative qu'une concession peut être demandée. — *Cons. d'état*, 28 juill. 1820, Ternaux c. Lemaître.

181. — La demande en autorisation de construire une usine doit être portée non devant le conseil d'état, mais devant le ministre de l'intérieur. — *Cons. d'état*, 22 janv. 1823, Montauberie c. Sevenne.

182. — C'est également devant ce ministre que les opposans à l'autorisation doivent produire leurs moyens d'opposition. — Même décision.

183. — Lorsqu'un propriétaire veut contester l'utilité des conditions mises, dans l'intérêt public, à l'autorisation de construire une usine, il ne peut le faire devant le conseil d'état par la voie contentieuse. — *Cons. d'état*, 23 janv. 1837, de Pommereul.

184. — Ne peut être déféré au conseil d'état par la voie contentieuse l'arrêté d'un préfet qui interdit à un particulier l'usage de son fourneau jusqu'à ce qu'il ait rempli la formalité que la loi lui impose. C'est là un acte de pure administration qui doit être déféré au ministre. — *Cons. d'état*, 29 déc. 1812, Cavallo c. Mongenet.

§ 2. — *Contestations entre l'état et les particuliers.*

185. — L'état doit être envisagé sous un double point de vue.—D'une part, en effet, il est le représentant et l'organe des intérêts généraux et collectifs de la société, la personnification de l'intérêt public. D'autre part, il est propriétaire, et à ce titre il a ses intérêts privés, comme les départemens, les communes, les établissemens publics, comme les simples particuliers. — Ad. Chauveau, *Principes de compét. et de jurid. administ.*, nos 324 et suiv. — V. ÉTAT.

186. — Or, lorsque des contestations s'élèvent, lorsque des procès naissent entre l'état et des particuliers, on ne peut savoir quelle est l'autorité compétente pour en connaître qu'en examinant à quel titre l'état s'y trouve intéressé.

187. — Si c'est comme représentant des intérêts généraux, les actions doivent être portées devant la juridiction contentieuse administrative. « Vouloir appliquer à l'état considéré, sous ce point de vue élevé, dit M. Ad. Chauveau (*Principes de compét. et de juridict admin.*, t. 1er, no 328), les maximes du droit civil, les entraves de la juridiction ordinaire, ce serait méconnaître les règles les plus vulgaires de la conservation de la société, ce serait pour chacun de nous, si porté à s'individualiser, si enclin au stérile égoïsme, sacrifier notre grandeur nationale, notre force intérieure, notre position extérieure. »

188. — Mais si c'est comme propriétaire, l'état est alors justiciable, comme le simple particulier, des tribunaux ordinaires, à moins qu'il n'en soit ordonné autrement par une disposition expresse de la loi. — Ad. Chauveau, *Principes de compétence*, t. 1er, no 325.

189. — Dans l'exécution des travaux publics, l'état agit, non pas comme propriétaire, mais comme représentant des intérêts généraux. — En conséquence, c'est à l'autorité administrative, et non point à l'autorité judiciaire, qu'il appartient de statuer sur les contestations relatives à ces travaux, et notamment sur les difficultés qui peuvent s'élever entre les entrepreneurs de travaux publics et l'administration, concernant le sens ou l'exécution des clauses de leurs marchés; sur les réclamations des particuliers qui se plaignent de torts et dommages procédant du fait personnel des entrepreneurs (à plus forte raison, lorsque les dommages procèdent du fait de l'administration); sur les demandes et contestations concernant les indemnités dues aux particuliers, à raison des terrains pris ou fouillés pour la confection des chemins, canaux et autres ouvrages publics. — L. 28 pluv. an VIII, art. 4; — Husson, *Tr. de la législ. des trav. publ.*, t. 1er, p. 105; Cotelle, *Cours de droit adm. appliqué aux trav. publ.*; Macarel, *Elém. de jurispr. admin.*, t. 2, p. 253; Cormenin, *Dr. adm.*, vo *Travaux publics*, t. 2, p. 420; Serrigny, no 559; Ad. Chauveau, t. 1er et 2, nos 331 et suiv. — V. TRAVAUX PUBLICS, VOIRIE.

190. — Mais le principe que l'autorité administrative est seule compétente pour connaître des réclamations formées par les particuliers à raison des torts et dommages provenant du fait des entrepreneurs est-il absolu et doit-il être appliqué sans distinction ? — La jurisprudence n'est pas tout-à-fait uniforme sur cette question.

191. — Jugé que les tribunaux administratifs ne sont compétens pour connaître des contestations qui s'élèvent entre des particuliers et des entrepreneurs de travaux publics que quand elles se rattachent à l'exécution même des travaux faits conformément aux prescriptions de l'administration, c'est-à-dire quand l'action peut réfléchir contre cette dernière; — que si, au contraire, l'action était intentée à l'occasion d'infraction aux obligations imposées par l'administration, elle devrait être portée devant les tribunaux ordinaires.— *Cass.*, 1er oct. 1841 (t. 2 1841, p. 553), Picard et Delicourt; *Amiens*, 28 déc. 1842 (t. 2 1845, p. 381), Biquier c. Crimet; *Rouen*, 17 juin 1844 (t. 2 1845, p. 381), Cie du chemin de fer de Paris à Rouen c. Boquié; 12 avr. 1845 (t. 1er 1845, p. 760), Cie du chemin de fer de Paris à Rouen c. Decambos; *Cass.*, 1er juill. 1843 (t. 1er 1844, p. 11), Liétot. — V. conf. *Cons. d'état*, 30 août 1842, Réguery c. Oury.

192. — Jugé, au contraire, que l'autorité administrative est seule compétente pour connaître de l'action en réparation de dommage formée par un propriétaire riverain contre un entrepreneur de travaux publics, soit que le dommage causé ait eu lieu dans les limites ou en dehors des limites du devis. — *Nancy*, 26 déc. 1842 (t. 1er 1844, p. 12), Millard-Levrechon c. Varlet. — V. au surplus, sur cette question, TRAVAUX PUBLICS.

193. — Quant à la question de savoir si les fouilles ont été exécutées dans les limites du devis et par les ordres de l'administration, elle est de la compétence de l'autorité administrative. — *Cons. d'état*, 4 avr. 1837, Devans c. Richon; 9 déc. 1843, Régnier c. Béon.

194. — Dans le cas où le génie militaire s'est cru fondé, en vertu du cahier des charges, à préposer des ouvriers à la confection de travaux publics que l'adjudicataire n'exécutait pas dans le délai qui lui était assigné, les difficultés qui s'élèvent entre les ouvriers, l'adjudicataire et le génie militaire, sur le sens et l'exécution du marché relatif à ces travaux, sont de la compétence des conseils de préfecture. — *Caen*, 25 fév. 1843 (t. 1er 1844, p. 169), Jardin c. Baugé.

195. — Quels sont les travaux auxquels convient proprement et exclusivement la dénomination de travaux publics ? — Il n'y a point, à cet égard, uniformité dans la jurisprudence du conseil d'état ni dans la doctrine des auteurs.

196. — Et d'abord nul doute qu'il ne faille distinguer entre ceux qui intéressent l'universalité des citoyens, comme les confections et réparations des grandes routes, des canaux de navigation intérieure, les constructions et réparations de forteresses, etc., et ceux qui intéressent l'état, considéré comme propriétaire. Ces derniers ne peuvent être considérés comme travaux publics. — Ad. Chauveau, t. 2, nos 381 et suiv.; Serrigny, no 563.

197. — La même distinction doit être faite, à l'égard des départemens, entre les travaux qu'ils font exécuter dans un but d'intérêt général et ceux qui concernent seulement les biens qu'ils peuvent posséder comme personnes privées et qu'on appelle patrimoniaux. — Serrigny, *loc. cit.*

198. — Ainsi, les travaux des routes départementales ont essentiellement le caractère de travaux publics. — En conséquence, il n'appartient qu'à l'autorité administrative d'apprécier les demandes qui peuvent être formées par les particuliers à raison des dommages causés à leurs propriétés par l'exécution de ces travaux. — *Cons. d'état*, 30 nov. 1841, Bottier c. département de l'Eure; — Proudhon, *Dom. publ.*, t. 1er, no 318; Chauveau, *Principes de compét. et de jurid.*, t. 2, nos 931 et suiv.

199. — M. Tarbé de Vauxclairs (*Dict. des trav. publ.*, vo *Travaux publics*) range parmi les travaux publics entraînant juridiction administrative ceux qui intéressent un arrondissement ou un canton. Mais c'est une erreur: l'arrondissement et le canton ne sont que des circonscriptions administratives ou judiciaires, sans existence civile ou juridique. Ce ne sont pas, dit M. Serrigny (no 564), des personnes morales ayant une vie et des biens propres; et, conséquemment, ils ne peuvent point faire exécuter de travaux ni publics ni privés.

200. — Quant aux travaux des communes, il est généralement reconnu que ceux qui présentent un caractère d'utilité générale doivent être assimilés aux travaux publics, et que, dès-lors, les contestations qui s'élèvent à raison de leur exécution sont de la compétence de l'autorité administrative. — Cormenin, *Droit admin.*, vo *Travaux publics*, t. 2, p. 428; Husson, *Trav. publ.*, t. 2, p. 354; Serrigny, nos 566 et suiv.

201. — Ainsi, jugé que lorsque des travaux exécutés pour une commune, et qui doivent être considérés comme des travaux publics ou d'utilité publique, donnent lieu entre la commune et les entrepreneurs à des contestations sur l'étendue et l'exécution de ces travaux, on doit porter le litige devant le conseil de préfecture. — *Colmar*, 5 juin 1840 (t. 1er 1841, p. 177), commune de Mackenheim.

202. — Mais quels sont, parmi les travaux communaux, ceux qui doivent être considérés comme ayant un caractère d'utilité générale? — C'est sur ce point que porte la divergence des solutions. — V. à cet égard TRAVAUX PUBLICS.

203. — La grande voirie est une des branches principales des travaux publics, et, dès-lors, il était naturel que les difficultés qui peuvent s'élever en cette matière entre les particuliers et l'état fussent attribuées à la juridiction administrative. C'est, en effet, ce qui résulte de la loi du 28 pluv. an VIII, art. 4-5o, qui attribue la connaissance de ces difficultés aux conseils de préfecture.

204. — Les conseils de préfecture n'ont de juridiction en matière de grande voirie que pour prononcer dans un intérêt public, et non dans l'intérêt privé des particuliers. — Spécialement, les tribunaux ordinaires sont seuls compétens pour statuer sur la demande en réparation d'un dommage causé à un particulier sur une route ou dans un canal de navigation par le résultat de faits qui ne proviennent pas de l'administration, mais de la négligence de l'un de ses préposés. — *Colmar*, 19 août 1844 (t. 1er 1845, p. 553), préfet du Haut-Rhin c. Gautier et Garrissey. — V. au surplus VOIRIE (grande).

205. — Dans les marchés qu'il passe avec les particuliers, soit pour les fournitures à faire aux troupes, soit pour les approvisionnemens, soit pour l'exécution des grands travaux, etc., l'état agit évidemment comme représentant des intérêts généraux, et non comme propriétaire privé. Dès-lors, les contestations qui s'élèvent à l'occasion de ces marchés rentrent dans le contentieux administratif. — Cormenin, (*Dr. adm.*, vo *Marchés de fournitures*, t. 2, p. 304; Serrigny, *Traité de l'Organisation*, etc., no 967; De Gérando, *Instit. de droit admin.*, t. 4, p. 363; Macarel, *Élém. de Jurispr. admin.*, t. 2, p. 491; Chevalier, *Jurispr. admin.*, vo *Fournitures*, t. 2, p. 107; Ad. Chauveau, *Principes de compét. et de jurid. admin.*, t. 2, nos 337 et suiv. — La jurisprudence est constante sur ce point. — V. au surplus MARCHÉS DE FOURNITURES.

COMPÉTENCE ADMIN., ch. 2, sect. 2e.

206. — C'est également comme représentant des intérêts généraux et non comme propriétaire que l'état figure dans les contestations qui intéressent le trésor public. En effet, le trésor n'est point pour l'état une propriété privée; il est destiné à acquitter les dépenses publiques, à subvenir aux besoins sociaux, à l'entretien des armées, à la rémunération des services publics, etc. — Il suit de là que les contestations dans lesquelles le trésor est intéressé, et notamment celles qui se rattachent à la comptabilité, aux contributions, à la dette publique, aux traitemens et pensions, sont naturellement de la compétence de l'autorité administrative. — Ad. Chauveau, *Principes de compét. et de jurid. admin.*, nos 337 et suiv.

207. — Ainsi, les contestations qui s'élèvent, soit entre le trésor et les comptables, soit entre comptables, lorsque le trésor est intéressé, rentrent dans le contentieux administratif. — Ad. Chauveau, t. 2, nos 341 et suiv., p. 190; Cormenin, *Dr. admin.*, vo *Comptables*, t. 1er, p. 842 et suiv.; Serrigny, nos 1065 et suiv. — V. COMPTABILITÉ.

208. — A l'égard des contributions, nous avons déjà vu (*suprà* nos 117 et s.) quelles sont parmi les réclamations que soulève leur perception, celles qui ont le caractère contentieux. Mais quelle est l'autorité compétente pour les juger? — Il semble, d'après les principes que nous avons précédemment exposés, que ce doive être toujours l'autorité administrative, car toujours, dans ces contestations, l'état représente l'intérêt général. — Cependant la loi a fait à cet égard une distinction qu'il importe de faire remarquer.

209. — Ainsi, c'est à l'autorité administrative (au conseil de préfecture) qu'il appartient, aux termes de l'art. 4, L. 28 pluv. an VIII, de prononcer sur les demandes des particuliers tendant à obtenir la décharge ou la réduction de leur cote de *contributions directes*. Mais, quant aux *contributions indirectes*, le jugement des contestations auxquelles leur perception peut donner lieu a été laissé aux tribunaux ordinaires.

210. — Quelle peut être la raison de cette différence? — C'est que le recouvrement des contributions directes ne s'opère jamais qu'à la suite de certaines opérations administratives, et que les tribunaux, s'ils pouvaient connaître des réclamations des contribuables, se trouveraient ainsi appelés à contrôler ces opérations, ce qui serait contraire au principe de l'indépendance réciproque des autorités administratives et judiciaires; au lieu que, en matière de contributions indirectes, comme le tarif est écrit dans la loi, comme le recouvrement se fait sans qu'il n'y ait ni répartition préalable ni rôles dressés par les agens de l'administration, rien ne s'opposait à ce que les tribunaux ordinaires restassent juges des contestations. — Serrigny, *Tr. de l'organis., etc.*, nos 462 et 463. — V., au surplus, CONTRIBUTIONS DIRECTES, CONTRIBUTIONS INDIRECTES.

211. — Jugé, conformément à la distinction qui vient d'être faite, que l'autorité administrative est seule compétente pour connaître des contestations élevées au sujet de l'exécution des arrêtés des conseils de préfecture en matière de contributions directes, et, spécialement, pour statuer sur la prétention d'un contribuable de payer ses impositions par douzièmes à partir seulement du jour où les rôles sont rendus exécutoires. — La juridiction demeure la même, bien qu'il y ait eu offres réelles et demande en validité formée par le contribuable. — *Paris*, 10 avr. 1843 (t. 1er 1843, p. 596), Fournier c. Tartenson.

212. — C'est à l'autorité administrative seule (aux ministres, sauf recours au conseil d'état) qu'il appartient de liquider la dette publique (ord. 31 mai 1838, art. 39); et en conséquence cette autorité est seule compétente pour prononcer sur les difficultés relatives à la constitution des rentes inscrites sur le grand-livre, au paiement des arrérages ou intérêts, à la liquidation des sommes dues pour travaux, indemnités, dommages, etc., en un mot, sur toutes les demandes formées par de prétendus créanciers de l'état. — Ad. Chauveau, *Princ. de compét.*, t. 2, nos 341 et suiv.; Cormenin, *Dr. admin.*, vo *Dettes de l'état*, t. 2, p. 1re et suiv.; de Gérando, *Instit. de dr. admin.*, t. 4, p. 554; Serrigny, *Tr. de l'organis., etc.*, no 962.

213. — Ainsi, c'est à l'autorité administrative seule qu'il appartient de statuer sur les contestations résultant d'opérations financières intervenues entre le trésor et un tiers, soit qu'il s'agisse de fixer la somme due à la trésorerie par ce tiers, soit qu'il s'agisse de liquider ce qui peut être dû à celui-ci par l'état. — *Cons. d'état*, 3 thermid. an XI, Leavenworth.

214. — A l'égard des engagemens qui ont été contractés envers des tiers par des agens ou préposés de l'administration, pour savoir s'ils obligent l'état ou seulement leurs auteurs, et par conséquent si le paiement doit en être poursuivi devant l'autorité administrative ou devant l'autorité judiciaire, il faut examiner si les agens desquels ils émanent avaient ou non qualité pour représenter l'état, s'ils ont contracté au nom de l'état ou en leur propre et privé nom. — Henrion de Pansey, *De l'autorité judiciaire*, chap. 41.

COMPÉTENCE ADMIN., ch. 2, sect. 2e.

215. — Ainsi, jugé que le porteur de mandats tirés par un agent du gouvernement, en cette qualité et dans l'ordre du service dont il était chargé, sur le caissier de l'administration, doit exercer son action devant l'autorité administrative et non devant l'autorité judiciaire. — *Cons. d'état*, 13 brum. an IX, Second c. Déna et Brun.

216. — ... Que l'autorité administrative est seule compétente pour statuer sur la demande dirigée, contre un garde-magasin, directeur de vivres, employé par le gouvernement, en paiement de traites qu'il aurait souscrites en cette qualité. — *Cass.*, 22 pluv. an X, Labouret c. Loyez et Lemoine; 18 messid. an X, Duparcq.

217. — ... Que les contestations relatives au paiement de reconnaissances ou billets souscrits par des agens du gouvernement, à raison de fournitures à eux faites pour le compte du gouvernement, sont exclusivement de la compétence de l'autorité administrative. — *Nîmes*, 14 janv. 1828, Flandin c. Teissier.

218. — ... Que les tribunaux ne peuvent connaître de la demande en paiement de fournitures faites pour une étape militaire. — *Cass.*, 1er brum. an VIII, Robequin c. Gras.

219. — ... Ni des contestations relatives au paiement des livraisons faites à un fournisseur des armées. — *Cass.*, 25 flor. an XII, Ganal c. Dussert.

220. — ... Que les tribunaux de commerce sont incompétens pour connaître des contestations élevées au sujet de fournitures faites aux troupes par un agent de l'administration. — *Cass.*, 13 pluv. an VIII, Paintandre c. Lévy.

221. — ... Que l'autorité administrative doit seule connaître des demandes formées contre les membres d'une agence chargée d'un service public, par des employés directs de cette agence. — *Cass.*, 21 brum. an XIII, Cazan c. Vérac.

222. — Jugé de même que les tribunaux de commerce ne peuvent connaître d'une action en paiement d'une lettre de change tirée par un consul pour le service du gouvernement (Arr. 19 thermid. an IX), bien que la circonstance de *pour compte de l'état* ne soit pas mentionnée sur la lettre de change. — *Cons. d'état*, 11 avr. 1810, Rault c. Dubois-Thainville.

223. — Mais la demande en paiement des emprunts faits par un fonctionnaire en son propre et privé nom, quoique dans un intérêt public, est de la compétence des tribunaux civils. — *Cons. d'état*, 12 juill. 1807, Latour.

224. — De même, l'autorité judiciaire est compétente pour statuer sur les contestations élevées entre des particuliers et des fournisseurs du gouvernement, qui ont traité avec eux en leur nom personnel et pour leur propre compte. — *Cons. d'état*, 26 mars 1812, Crucy.

225. — Les tribunaux peuvent juger les contestations sur les engagemens pris par des fournisseurs généraux non agens du gouvernement envers leurs sous-traitans. — *Cass.*, 14 brum. an XIII, compagnie Lavauverte; — Cormenin, vo *Marchés de fournitures*; Merlin, *Rép.*, vo *Pouvoir judiciaire*, § 2, no 12; Carré, *Lois de la comp.*, p. 35; Chevalier, vo *Fournitures*.

226. — Les difficultés élevées entre deux particuliers sur une convention arrêtée entre eux pour exécuter des travaux ordonnés par l'autorité administrative doivent être portées devant les tribunaux. — *Cass.*, 22 déc. 1824, Neuflez c. Lelaurain.

227. — Et les tribunaux civils sont compétens pour connaître, à l'exclusion du pouvoir administratif, de l'action en paiement d'ouvrages formée par des sous-traitans, contre des entrepreneurs de travaux publics qui avaient fait marché avec le gouvernement. — *Rouen*, 17 mars 1808, Thouet et Pinot c. Haveu.

228. — L'autorité judiciaire est compétente pour statuer sur la contestation relative aux obligations contractées envers un agent du gouvernement, si elles sont indépendantes de sa comptabilité. — *Cass.*, 17 fructid. an XII, Werbrouck.

229. — Lorsque le garde-magasin des fourrages établi pour le compte d'une administration départementale achète des fourrages par traité de gré à gré, alors qu'il n'a ni mission ni qualité pour traiter au nom de l'administration, les engagemens qu'il prend sont de la compétence de l'autorité judiciaire. — *Cons. d'état*, 18 mars 1816, Faucher c. Gachet.

230. — Lorsqu'une réquisition a été faite par

un maire, la question de savoir si ce fonctionnaire public s'est obligé personnellement, ou s'il s'est obligé comme administrateur, ne peut être décidée que par l'autorité administrative. — *Cons. d'état*, 8 janv. 1817, Wilhelm c. Papirer.

231. — C'est à l'autorité administrative, et non à l'autorité judiciaire qu'il appartient de décider si la défense de procéder devant les tribunaux, faite par le gouvernement à une compagnie de subsistance, s'étend jusqu'aux actions concernant le paiement des lettres de change qu'elle a pu mettre en circulation, tandis qu'elle faisait le service pour son compte.— *Cass.*, 2 germin. an XI, Godechaus-Mayer-Coen.

232. — Un tribunal ne peut juger la demande d'un particulier contre le régisseur d'un dépôt de mendicité, en paiement d'un bandage fourni aux frais du gouvernement et sur les bons de l'officier de santé, pour le service de cet établissement. — *Cass.*, 11 messid. an X, Laurent.

233. — Mais le directeur d'un hospice qui s'est obligé personnellement au paiement d'une somme à lui prêtée, bien qu'il ait déclaré que les fonds empruntés étaient destinés au service de l'hospice est, en raison de ce prêt, justiciable de l'autorité judiciaire. — *Cons. d'état*, 16 mars 1807, Lasbats c. Ricaud.

234.—Les traitemens des fonctionnaires publics et des agens ou préposés de l'administration font partie de la dette publique; et dès-lors les difficultés qui peuvent s'élever à cet égard entre l'état et ces fonctionnaires, agens ou préposés, à raison des fonctions exercées par ceux-ci, sont de la compétence de l'autorité administrative.—Ad. Chauveau, *Principes de compétence*, t. 2, nos 128, 341 et suiv.

235.— Ainsi, jugé que c'est à l'administration seule qu'il appartient de fixer et liquider les salaires administratifs réclamés par un agent de l'administration. — *Cons. d'état*, 1er mai 1822, Reinquin.

236. — Mais pour qu'il en soit ainsi, il faut que l'agent ait été employé au nom du gouvernement par un fonctionnaire ayant qualité à cet effet; dans le cas contraire, il n'aurait qu'une action à exercer contre celui qui l'a employé, laquelle action, ne portant que sur des intérêts privés, serait de la compétence de l'autorité judiciaire. — *Cons. d'état*, 21 oct. 1818, Schirmer.

237. — C'est à l'autorité administrative qu'il appartient de statuer sur les honoraires réclamés par un avocat, aux termes d'une convention arrêtée avec le receveur ou le directeur d'une administration, et par laquelle il s'est obligé à plaider toutes les causes de cette administration, moyennant une somme annuelle pour les causes perdues, et un honoraire indéterminé pour les causes gagnées. — *Cass.*, 18 niv. an XII, Donanes c. Gouget.

238. — Les contestations qui s'élèvent au sujet des pensions dues par l'État sont de la compétence exclusive de l'autorité administrative.—Ad. Chauveau, *Principes de compétence*, t. 2, nos 341 et suiv., p. 192; Cormenin, *Dr. admin.*, vo *Pensions*, t. 2, p. 386; Macarel, *Elém. de jurispr. admin.*, t. 2, p. 369; de Gérando, t. 1er, p. 329; Serrigny, no 464.

239. — Mais ce n'est pas toujours par la voie contentieuse que les demandes peuvent être formées. En effet, il est des cas où la pension est rigoureusement due par l'Etat, il en est d'autres où, sans être due comme un droit, elle peut être accordée comme une faveur. Dans le premier cas, la matière est contentieuse; dans le second, elle est purement gracieuse. — *Cons. d'état*, 1er déc. 1819, Balmaire c. min. de la marine; 21 avr. 1836, Mozard c. min. des finances; 6 déc. 1820, Anfrye; 17 juill. 1822, Moreau; 6 juin 1830, Delaroche-Poncié; Ad. Chauveau, t 2, nos 341 et suiv., p. 194.—V. au surplus PENSIONS.

240.— Dans tous les cas dont nous nous sommes occupés jusqu'à présent, l'Etat se trouvait directement engagé dans l'instance; mais sa présence dans la cause n'est pas nécessaire pour justifier la compétence de l'autorité administrative.

241. — Ainsi, lorsque l'Etat est intéressé dans des contestations élevées entre des particuliers, c'est encore à l'autorité administrative qu'il appartient de prononcer.—*Cons. d'état*, 6 fév. 1811, Ling.

§ 3. — *Interprétation et exécution des actes administratifs.*

242. — Nous avons déjà vu (*suprà* no 13) que la séparation et l'indépendance réciproque des pouvoirs administratif et judiciaire forme l'un des dogmes fondamentaux de notre droit public. — A ce principe se rattachent de nombreuses conséquences, ainsi que nous le verrons, *infrà* nos 404 et suiv., 558 et suiv.

243. — De ces conséquences, l'une des principales, c'est qu'à chacun des deux pouvoirs appartient exclusivement l'interprétation de ses propres actes. —En effet, si l'un d'eux pouvait interpréter les actes émanés de l'autre, il pourrait abuser de cette faculté pour les infirmer ou modifier, ce qui serait en contradiction avec le principe de leur séparation et de leur indépendance réciproque.

244. — L'interprétation des actes administratifs est donc de la compétence exclusive de l'autorité administrative et forme ainsi l'une des branches du contentieux administratif. — Cormenin, *Droit adm.*, vo *Tribunaux*; Serrigny, t. 1er, no 17; Foucart, *Elém. de droit publ. et admin.*, no 231; Ad. Chauveau, *Principes de compet. et de jurid. admin.*, t. 1er, nos 403 et suiv.; Dufour, *Dr. adm. appliqué*, t. 1er, no 93.

245. — C'est là, du reste, un principe que nous avons exposé et développé sous le mot ACTE ADMINISTRATIF. — Nous y avons expliqué notamment ce qu'il faut entendre par acte administratif, la distinction qui doit être faite entre l'*interprétation* et la simple *application* des actes administratifs, dont la première appartient exclusivement à l'autorité administrative, tandis que l'autre peut être faite par l'autorité judiciaire; nous y avons vu également que la règle qui attribue à l'autorité administrative l'interprétation des actes administratifs n'est pas applicable, lorsque, pour faire cette interprétation, il est nécessaire de recourir, soit aux anciens titres, soit aux principes du droit commun, et enfin que cette même règle souffre exception à l'égard des baux administratifs, dont l'interprétation appartient aux tribunaux.—V. sur tous ces points ACTE ADMINISTRATIF, BAIL ADMINISTRATIF. — Nous nous contenterons donc de donner ici quelques décisions qui complètent sur ce sujet l'ensemble de la jurisprudence.

246.— Ainsi, l'autorité administrative est, à l'exclusion de l'autorité judiciaire, compétente pour interpréter ses actes.— *Rennes*, 14 juin 1811, Oreillard; *Cons. d'état*, 30 mai 1842, Blanchet c. Peyrou; —et pour résoudre les questions qui s'élèvent sur leur substance.— *Cons. d'état*, 5 fruct. an IX, Godard c. Benoît.

247. — ...Et cela, alors même que l'état est sans intérêt dans la contestation. — *Cons. d'état*, 3 janv. 1812, Deshoms.

248. — L'interprétation d'une convention diplomatique n'est point du ressort des tribunaux ordinaires; elle appartient exclusivement à l'autorité administrative. — *Cons. d'etat*, 6 août 1823, le corsaire *la Représaille*.

249. — Les tribunaux sont incompétens pour décider si des arbres plantés sur des portions de terre adjugées administrativement à un particulier ont été ensuite valablement adjugés par la même administration à une autre personne. — *Cass.*, 11 pluv. an VIII, Gérard c. Brognon.

250. — C'est à l'autorité administrative et non à l'autorité judiciaire qu'il appartient de décider si lesdits arbres faisaient ou non partie de l'adjudication. — *Cass.*, 6 germ. an X, Jean Burin.

251. — C'est à l'autorité administrative et non aux tribunaux qu'appartient la connaissance de la question de savoir si une redevance emphytéotique aliénée par la nation était ou n'était pas supprimée en partie au moment de la vente. — *Cass.*, 29 frim. an XI, Pieffer c. Bruger.

252. — Mais les tribunaux sont compétens pour connaître des demandes qui prennent leur source dans des actes émanés de l'administration, quand il ne s'agit que de la simple application de ces actes. — *Cass.*, 4 déc. 1833, canal d'Essonne.

253. — Il n'y a aucun excès de pouvoir de la part d'une cour royale qui, sans se livrer à aucune interprétation, applique purement et simplement un acte administratif à une cause qui lui est soumise.— *Cass.*, 20 juill. 1835, comm. de Blégistr c. Nalle et Tiers.

254. — La décision d'une cour qui a trouvé la preuve de la bonne foi d'un possesseur dans divers actes administratifs dont elle a fait l'*application* n'est pas sujette à cassation. — *Cass.*, 23 mars 1824, Regnault de Saint-Jean-d'Angely c. d'Orléans.

255. — Les tribunaux sont compétens pour vérifier si un immeuble litigieux est ou non compris dans les bornes fixées par un acte d'adjudication de biens nationaux, lorsque l'opération judiciaire est purement d'application et non d'interprétation de l'acte d'adjudication. — *Montpellier*, 30 avr. 1830, Terral c. Creissel.

256. — Les tribunaux sont compétens pour prononcer lorsque la difficulté peut être jugée par les principes du droit commun. — *Cass.*, 1er mars 1842 (t. 1er 1842, p. 714), préfet de Seine-et-Oise c. ville de Versailles, et 23 nov. 1841 (t. 1er 1842, p. 86), comm. du Miroir c. Lorin.

257. — Les tribunaux sont compétens pour connaître de toutes les questions de propriété soulevées à l'occasion d'actes administratifs, lorsqu'elles sont de nature à pouvoir être jugées soit par les principes du droit commun, soit par l'application même des dispositions d'actes administratifs qui ne peuvent donner lieu à aucune interprétation. — *Toulouse*, 7 fév. 1835, Cazaubon c. Cassagne.

258. — De même, la compétence administrative cesse lorsque, pour résoudre la difficulté, il devient nécessaire de recourir à des actes étrangers à l'administration. — *Cass.*, 13 mars 1821, Duc c. Malherbe.

259. — La question de savoir si le remboursement d'une rente convenancière, fait sous l'empire de la loi du 27 août 1792, qui déclarait les domaniers propriétaires du fonds de leurs tenures, a eu pour effet de les soustraire à l'application de la loi du 9 brum. an VI, qui, abrogeant celle de 1792, a maintenu les propriétaires fonciers dans la propriété de leurs fonds, est une question de propriété dont la connaissance appartient aux tribunaux et non à l'autorité administrative, bien que le remboursement dont il s'agit d'apprécier les effets ait eu lieu en vertu d'un arrêté administratif entre les mains du trésor comme étant aux droits du propriétaire foncier émigré. — *Cass.*, 11 nov. 1822, Delaboessière.

260. — L'action intentée par le propriétaire riverain d'une rivière navigable ou flottable, qui prétend avoir, en vertu de titres ou de possession ancienne, le droit de pêche dans certaines parties de cette rivière, est de la compétence de l'autorité judiciaire. — *Rouen*, 30 mai 1836, De Praslin.

261. — L'autorité judiciaire a pu, sans qu'on puisse lui reprocher d'avoir commis un excès de pouvoir en interprétant un acte administratif, déclarer que la qualification de rente constituée donnée à une créance ordinaire dans un décret du gouvernement était une qualification erronée, lorsque l'erreur de cette qualification résultait des titres mêmes énoncés dans le décret.— *Cass*, 13 avr. 1831, De Pradt c. collége de Brioude.

262. — Un tribunal n'excède pas ses pouvoirs lorsque, ayant à prononcer sur une demande de droits de mutation réclamés pour une adjudication administrative, il examine et applique cet acte administratif uniquement sous le rapport de la perception des droits. — *Cass.*, 14 mars 1837 (t. 1er 1840, p. 525), Ducros.

263. — Lorsque le sens d'un acte administratif est manifeste et ne présente aucune ambiguïté, les tribunaux peuvent juger eux-mêmes le litige, et ne sont pas obligés de se déclarer incompétens et de renvoyer à l'autorité administrative. — *Cass.*, 22 avr. 1840 (t. 2 1840, p. 596), Daviaud c. Beausire; 8 fév. 1841 (t. 2 1841, p. 131), ville de Paris; 11 nov. 1840 (t. 1er 1842, p. 242), d'Harcourt; 17 déc. 1841 (t. 1er 1842, p. 732), Benezech.

264. — En effet, les tribunaux sont compétens pour connaître de l'exécution d'un acte administratif dont le sens est reconnu par toutes les parties et qu'il ne s'agit pas d'interpréter. — *Cass.*, 4 fév. 1812, Joly c. de Vauvillers.

265. — Spécialement, lorsqu'un bien national a été adjugé à la charge des droits des communes, et que l'adjudicataire a reconnu formellement ces droits, les tribunaux sont compétens pour ordonner l'exécution de cette reconnaissance obligatoire. — Même arrêt.

266.— Jugé, par application du même principe, que les tribunaux sont compétens pour statuer sur la demande en nullité de la saisie faite en vertu d'un acte administratif. — *Colmar*, 23 déc. 1815, Friedec c. N...; *Cons. d'état*, 3 déc. 1817, Coubayou.

267. — ... Sur le mérite d'une inscription hypothécaire, quoique la créance inscrite dérive d'un acte administratif. — *Paris*, 12 mai 1814, Gentil.

268.—... Sur la question de savoir si on peut ou non agir par voie de contrainte pour l'exécution d'un acte administratif, et spécialement pour le recouvrement des arrérages d'une rente accordée à un hospice par un décret. — *Bruxelles*, 26 mai 1810, Hospices d'Anvers.

269. — C'est à l'autorité administrative et non à l'autorité judiciaire qu'il appartient de connaître de l'exécution d'actes administratifs relatifs au mode de paiement du service des étapes et convois militaires.—*Cons. d'état*, 6 janv. 1807, Min. des fin. c. Barry.

270.—Lorsque les réparations à faire à une église et la levée d'une contribution pour les payer, ont été ordonnées par des actes administratifs, toutes les contestations, soit sur le mode de paiement des entrepreneurs de ces travaux, soit sur le recouvrement et sur l'emploi de ces contributions, doivent être jugées par l'autorité administrative et non par l'autorité judiciaire. — *Cons. d'état*, 16 sept. 1806, Daussy c. comm. d'Oismont.

271.— C'est à l'autorité administrative qu'il appartient de connaître des contestations relatives aux réparations à faire à un cours d'eau qui me-

nace de submerger les propriétés voisines, alors qu'il s'agit de l'exécution d'actes d'administration qui ont ordonné ces réparations. — *Cons. d'état*, 6 messid. an X, comm. de Denguis c. Marens.

272. — Mais l'autorité judiciaire est incompétente pour prononcer sur les difficultés relatives au mode d'exécution d'une ordonnance royale. — *Cons. d'état*, 30 juin 1824, Cambacérès; 17 nov. 1824, Cambacérès.

§ 4. — *Matières contentieuses par la détermination de la loi.*

273. — Il y a des matières qui rentrent dans le contentieux administratif non pas naturellement et par application d'un principe général, mais uniquement par l'effet d'une disposition expresse de la loi.

274. — Parmi ces matières, il en est qui, d'après leur nature, eussent été simplement gracieuses et que la loi a rendues contentieuses; il en est d'autres qui eussent été de la compétence judiciaire, et que la loi a fait rentrer dans le contentieux administratif. — Sous l'un et l'autre point de vue, ce sont, comme on le voit, des exceptions aux règles générales de la compétence. Dans l'impossibilité de les faire connaître toutes, nous nous bornerons à en indiquer quelques unes à titre d'exemples.

275. — Nous avons vu que, pour qu'un recours contentieux puisse être formé contre un acte du pouvoir administratif pur, il faut, en règle générale (et sauf le cas d'excès de pouvoirs et d'omission des formalités), qu'à l'appui de ce recours on puisse invoquer un droit positif, et non un simple intérêt.

276. — La conséquence de ce principe, en matière d'établissemens insalubres, serait que les voisins qui souffriraient de l'insalubrité ou de l'incommodité de l'établissement pourraient bien réclamer par la voie gracieuse, mais ne pourraient former un recours contentieux; car ils peuvent invoquer non un droit, mais un simple intérêt. — Cependant, à raison de la gravité de cet intérêt, le décret du 15 oct. 1810 (art. 3, 4, 7 et 8) leur a donné le droit de former opposition par la voie contentieuse.

277. — De même, bien qu'en général il appartienne au pouvoir gracieux d'accorder ou de refuser l'autorisation nécessaire pour l'établissement des saillies et autres avancemens sur la voie publique, l'ordonnance du 24 décemb. 1823 établit une exception pour la ville de Paris. En effet, l'art. 10 de cette ordonnance porte: « Les permissions d'établir de grands balcons ne seront accordées que dans les rues de dix mètres de largeur et au-dessus, ainsi que dans les places ou carrefours, et ce d'après une enquête *de commodo et incommodo*. — S'il n'y a pas d'opposition, les permissions seront délivrées; en cas d'opposition, il sera statué par le conseil de préfecture, sauf le recours au conseil d'état. » — La matière devient donc contentieuse.

278. — De même encore, lorsqu'il s'agit de la conversion en bois et de l'aménagement de terrains en pâturage appartenant à des communes ou à des établissemens publics, bien qu'une pareille mesure semble, par sa nature, rentrer dans le domaine de l'administration pure, cependant l'art. 90, C. forest., porte que, dans ce cas, la proposition de l'administration forestière sera communiquée au maire ou aux administrateurs des établissemens publics; que le conseil municipal ou les administrateurs seront appelés à en délibérer et qu'en cas de contestation il sera statué par le conseil de préfecture, sauf le pourvoi au conseil d'état.

279. — Au nombre des affaires qui, naturellement judiciaires, ont été par exception rangées dans le contentieux administratif, nous citerons les contestations entre l'état et les communes sur la propriété des sources d'eaux minérales. — Arr. 6 niv. an XI, art. 9. — C'est là une exception au principe que les questions de propriété entre l'état et les tiers sont de la compétence de l'autorité judiciaire. — Serrigny, *Trait. de l'organisat.*, etc., no 758; Ad. Chauveau, *Principes de comp.*, t. 1er, no 800. — V. EAUX MINÉRALES.

280. — ... Les contestations qui s'élèvent sur le recouvrement du prix des mois de nourrice des enfans de la ville et banlieue de Paris, et les contraventions aux lois et réglemens touchant le bureau de nourrices. — L. 25 mars 1806, art. 2; décr. 30 juin 1806, art. 5.

281. — ... Les contestations existant entre le caissier et les bouchers, herbagers, forains, employés et autres agens des marchés ou de la caisse de Poissy. — Décr. 6 fév. 1811, art. 32. — V. CAISSE DE POISSY.

282. — ... Les difficultés qui, en matière de courses de chevaux, s'élèvent entre les concurrens. — Décr. 4 juill. 1806, art. 28. — V. COURSES DE CHEVAUX.

283. — C'est encore par dérogation aux règles ordinaires de la compétence que la loi du 29 flor. an X, art. 1er, attribue à l'autorité administrative la connaissance des contraventions en matière de grande voirie. — V. VOIRIE (grande).

Sect. 3e. — *Pouvoir quasi-contentieux.*

284. — A côté des deux ordres de pouvoirs que nous avons désignés sous le nom d'administration pure et de pouvoir contentieux, plusieurs auteurs en ont placé un troisième qui, sans se confondre avec les deux premiers, leur a semblé cependant présenter quelques caractères de l'un et de l'autre, et qu'ils ont appelé quasi-contentieux ou mixte. — V. notamment Cormenin, *Dr. admin.*, vo *Fonctions du conseil d'état*, t. 1er, p. 25; Chauveau Ad., *Principes de compét. et de jurid. admin.*, t. 3, p. 985.

285. — C'est à ce troisième pouvoir que ces deux auteurs rapportent: les autorisations de plaider demandées par les communes et les établissemens publics; — les demandes en autorisation de poursuivre les fonctionnaires et agens du gouvernement; — les appels comme d'abus; — les contestations sur la validité des prises maritimes.

286. — Nous devons faire à cet égard une observation. — Si, par cette expression: pouvoir contentieux ou mixte, on veut désigner seulement une procédure particulière par laquelle la décision de certaines affaires se distingue de l'administration pure et du pouvoir contentieux, nous n'en contesterons pas la justesse et l'exactitude. Mais si l'on prétendait voir là un pouvoir distinct des deux autres par sa nature et par la nature des matières qui en sont l'objet, nous avouons qu'il nous serait difficile de partager cette opinion. En effet, les autorisations de plaider et les autorisations de poursuivre les fonctionnaires ne sont au fond que des actes d'administration pure soumis à des formes spéciales ayant pour but d'éclairer le pouvoir qui les accorde; et quant aux appels comme d'abus et aux contestations sur la validité des prises maritimes, ce sont des affaires vraiment contentieuses par leur nature, mais qui ne sont pas jugées suivant les formes ordinaires de la procédure contentieuse.

287. — Dans quelle classe doit être rangé le réglement des conflits? — M. de Cormenin (*Dr. admin.*, vo *Fonctions du Conseil d'état*, t. 1er, p. 27) le met au nombre des affaires contentieuses. Quant à M. Chauveau, il ne s'explique point à cet égard, mais il ne mentionne pas le réglement des conflits au nombre des matières qui rentrent dans la juridiction mixte.

288. — Pour nous, sans examiner ici quelle est au fond la véritable nature de ces décisions, et en ne nous attachant qu'à la procédure suivant laquelle elles sont rendues, il ne nous semble pas douteux qu'elles doivent être rangées dans la classe des matières mixtes. C'est ce que nous établirons, au surplus, au mot CONFLIT. — V. ce mot.

CHAPITRE III. — *Séparation et indépendance réciproque des autorités administrative et judiciaire.*

289. — Nous avons déjà posé le grand principe de la séparation des autorités administrative et judiciaire, et indiqué en quelques mots les considérations sur lesquelles il repose. — Nous devons maintenant le développer et en faire connaître les diverses applications.

290. — Cette séparation salutaire entre des pouvoirs qui tous deux concourent à l'exécution des lois, mais qui diffèrent dans leur but, dans leurs attributions, dans leur organisation, dans leur manière de procéder, est une création de notre grande révolution. — « Dans l'ancienne monarchie, dit M. Foucart (*Elém. de dr. publ. et admin.*, no 150), les parlemens, qui s'attribuaient quelquefois le pouvoir législatif, se mêlaient aussi d'administration, et souvent les vues éclairées d'un ministre échouaient devant ces assemblées dominées par l'esprit de corps ou de localité. Le pouvoir exécutif, de son côté, troublait l'exercice du pouvoir judiciaire, et méconnaissait l'autorité de ses actes. Les dangers de cette confusion ont été bien compris par l'assemblée constituante, qui a consacré en ces termes l'indépendance des deux pouvoirs: « Les fonctions judiciaires sont distinctes et demeureront toujours séparées des fonctions administratives. » — L. 16-24 août 1790, tit. 2, art. 13.

291. — Ce principe et ses conséquences sont développés dans un grand nombre de lois. — V. notamment l'Instruction de l'assemblée nationale du 12-20 août 1790, ch. 1er; LL. 3 sept. 1791, 24 juin 1793, et 5 fruct. an III.

292. — Entre ces conséquences, l'une des principales, c'est qu'aucune des deux autorités ne peut statuer sur des matières réservées à l'autre.

293. — Mais pour savoir si l'une ou l'autre a franchi les limites de sa compétence, il faut préalablement que cette compétence ait été bien déterminée, que la ligne séparative en ait été nettement tracée. Nous avons déjà fait connaître la compétence de l'autorité administrative. Il suffirait peut-être d'ajouter que toutes les contestations qui ne rentrent pas dans l'exposé que nous en avons fait sont du domaine de l'autorité judiciaire. Mais pour faire mieux ressortir la différence qui sépare ces deux pouvoirs, il nous paraît utile d'entrer dans quelques détails sur la compétence de l'autorité judiciaire.

294. — Nous avons vu (*suprà* nos 14 et suiv.) quelle était la compétence exclusive de l'autorité administrative: — L'autorité judiciaire, de son côté, a seule le droit de prononcer sur tout ce qui concerne l'état et la capacité des personnes, la jouissance des droits civils, les questions de propriété, de possession et de prescription, les droits résultant de conventions privées, en un mot sur toutes les questions qui doivent être jugées par l'application des principes du droit privé, alors même que l'état s'y trouve intéressé à raison de son domaine privé. — Chauveau Ad., *Principes de compét. et de jurid.*, t. 1er, nos 543 et suiv.

295. — Décidé ainsi que les contestations qui n'ont pour objet que des intérêts privés sont de la compétence des tribunaux, à l'exclusion des autorités administratives. — *Cass.*, 18 nov. 1823, Constantin-Alloaud c. Rougier.

296. — C'est aux tribunaux et non point à l'autorité administrative qu'il appartient de prononcer sur les questions de nationalité. — *Cons. d'état*, 10 juill. 1831, de Ried; 29 août 1834, Duchambge.

297. — Mais il y a excès de pouvoir de la part d'un tribunal qui, sur une question d'état élevée en matière de recrutement par un individu qui se prétend étranger, au lieu de se borner à décider la question d'état, déclare que cet individu ne peut faire partie de l'armée française. — *Cass.*, 10 août 1829, Court.

298. — C'est à l'autorité judiciaire seule qu'il appartient de statuer sur le refus fait par un officier de l'état civil de procéder à la célébration d'un mariage. — *Cons. d'état*, 16 août 1808, Deconninck.

299. — ... Et sur les questions de domicile. — *Cons. d'état*, 12 janv. 1835, Mallye.

300. — Les actes de l'autorité administrative ne mettent pas obstacle à ce que les tribunaux jugent les questions de domicile et de naturalisation, ainsi que leurs effets. — *Cass.*, 25 fév. 1818, Gnudi c. Kellermann.

301. — Lorsque, dans une question d'incompatibilité entre deux membres du conseil municipal, à raison de l'alliance au degré prohibé, le fait même de l'alliance est contesté, c'est à l'autorité judiciaire, et non point à l'autorité administrative, qu'il appartient de statuer sur cette question préjudicielle. — *Cons. d'état*, 21 oct. 1835, élect. d'Ossembach; 16 nov. 1835, Isnac et Dernis.

302. — Il faut excepter de la règle qui attribue aux tribunaux la connaissance des questions d'état les difficultés relatives à l'inscription et à la radiation de la liste des émigrés; ces actes ayant été faits administrativement, leur existence, leur sens et leurs effets doivent être constatés de même. — *Cons. d'état*, 4 sept. 1822, Delpech c. Ministre de la marine.

303. — Mais les tribunaux peuvent connaître d'une question relative à la liste des émigrés, lorsqu'elle a pour objet de décider si un individu était habile à succéder lorsqu'il y a été porté. — *Caen*, 8 fév. 1813, de Montalembert c. Saint-Jean de Gerson.

304. — Les questions de propriété entre le gouvernement et les particuliers sont, de droit commun, dévolues à l'autorité judiciaire. — *Cons. d'état*, 8 juill. 1807, Desimple c. Préfet de la Lys.

305. — Ainsi la question de savoir si des terrains revendiqués par l'état contre des particuliers ont cessé de faire partie des fortifications d'une place de guerre doit être portée devant les tribunaux civils. — *Cass.*, 30 juill. 1839 (t. 2 1844, p. 107), Préfet de la Drôme c. Deveaux.

306. — Les tribunaux sont seuls compétens pour statuer sur la question de savoir si un immeuble est domanial ou patrimonial. — *Cons. d'état*, 14 nov. 1807, Jadot c. le Domaine.

307. — Lorsqu'il s'agit de décider à qui, des particuliers qui le réclament, ou du domaine, appartient un terrain délaissé par un fleuve, la contestation présente une question de propriété qui doit être soumise aux tribunaux civils. — *Cons. d'état*, 22 oct. 1808, Terras.

308. — C'est à l'autorité judiciaire, et non point à l'autorité administrative, qu'il appartient de prononcer sur la propriété d'un terrain litigieux, entre le domaine qui la revendique à titre d'alluvion et un particulier qui la réclame à titre d'accensement. — *Cons. d'état*, 13 juin 1821, Min. des fin. c. de Cossette.

309. — Les contestations qui s'élèvent relativement à la propriété d'un terrain sont de la compétence de l'autorité judiciaire, encore bien que cette propriété dérive d'une concession faite par le gouvernement, si elles ne peuvent être jugées que sur des productions de titres ou des enquêtes. — *Cons. d'état*, 23 janv. 1820, Legrand c. Davois

310. — En admettant que la loi du 28 août 1828, portant concession à la ville de Paris, à titre de propriété, de la place Louis XV et des Champs-Élysées, doive être considérée comme la sanction d'un contrat administratif entre l'état et la ville de Paris, les tribunaux sont compétens pour faire l'application de cette loi et du plan qui en fait partie intégrante. — *Orléans*, 3 juill. 1843 (t. 2 1845, p. 337), de Nazelles c. Ville de Paris.

311. — L'appréciation du titre en vertu duquel un immeuble est détenu, même par un bureau de bienfaisance ou un hospice, appartient aux tribunaux civils. — *Cons. d'état*, 18 juill. 1809, Lahaye c. Bureau de bienfaisance de Looz.

312. — C'est à l'autorité judiciaire qu'il appartient de prononcer sur la question de savoir si un terrain qu'un maire qualifie de *rue*, en permettant d'ouvrir une porte dessus, est rue ou non, quand même celui qui revendique le terrain tiendrait ses droits d'une commune qui les lui aurait cédés par un acte administratif. — *Cass.*, 17 avr. 1823, Dupuis c. Compagnie du canal de la Villette.

313. — ... Sur les questions de propriété élevées entre les communes et les particuliers. — Ainsi, lorsque dans une instance entre une commune et un particulier, un tribunal est saisi d'une question de propriété, il ne peut s'abstenir de prononcer sous prétexte que la propriété n'est pas contestée quant à présent par la commune et que le litige ne présente à juger qu'une question d'alignement, par exemple, de la compétence des tribunaux administratifs. — *Cass.*, 5 nov. 1832, de Rey c. comm. de Villers-Adam.

314. — La contestation au sujet d'une rente que la régie des domaines réclame d'une commune et que celle-ci refuse de payer sur le motif que les causes qui l'ont fait établir n'existent plus, repose sur une question de propriété qui ne peut être jugée que par les tribunaux civils. — *Cons. d'état*, 2 fév. 1808, comm. d'Erchelens.

315. — C'est à l'autorité judiciaire seule qu'il appartient de prononcer si une rente due à l'état est féodale. — *Cons. d'état*, 16 mars 1807, Guillon.

316. — La question de savoir si des arbres ont été plantés par un seigneur en vertu des droits seigneuriaux ou à titre de propriétaire est une question de propriété et de féodalité qui, de sa nature, est de la compétence de l'autorité judiciaire. — Si cette question s'élève incidemment devant l'autorité administrative, la cour royale devant laquelle elle est renvoyée ne peut se déclarer incompétente sans violer la loi du 16-24 août 1790. — *Cass.*, 1er mai 1827, de Chavagnac c. comm. Dugny.

317. — Un conseil de préfecture excède les limites de sa compétence, quand il statue sur des questions de droits d'usage, et qu'il interprète une transaction ancienne; la connaissance de toutes ces questions appartient à l'autorité judiciaire. — *Cons. d'état*, 23 juill. 1820, comm. de Staffelfalden c. Dolfus et Kœchlin.

318. — De même, il n'appartient qu'aux tribunaux civils de décider s'il y a lieu ou non de supprimer un droit d'usage ou de pacage réclamé par une commune et dans une forêt de l'état. — *Cons. d'état*, 6 fév. 1811, comm. de Saurat.

319. — Encore qu'une servitude ait été originairement établie par un acte administratif, s'il s'élève des difficultés relativement à l'exercice de cette servitude, c'est aux tribunaux à en connaître. — *Cons. d'état*, 23 juin 1819, Gerdret c. Roger.

320. — La question de savoir quels sont les héritiers d'une personne décédée est du ressort exclusif de l'autorité judiciaire. — *Cons. d'état*, 7 avr. 1824, Leroy c. Duhamel.

321. — L'arrêté par lequel une administration centrale a fait remise des biens d'un prêtre déporté à son héritier apparent ne fait pas obstacle à ce que les questions de successibilité qui peuvent s'élever au sujet du même héritage soient jugées par les tribunaux civils. — *Cons. d'état*, 10 janv. 1821, Belan c. Deshayes.

322. — Lorsqu'une succession est dévolue à l'état par déshérence, c'est devant l'autorité judiciaire que doit être portée l'action en paiement d'une créance contre l'individu décédé, ce n'est là qu'une contestation privée, dont l'appréciation n'appartient pas à l'autorité administrative. — *Cons. d'état*, 13 nov. 1822, Pilet c. l'État.

323. — Les tribunaux sont seuls compétens pour statuer sur la question de savoir si la donation faite à l'état par une femme d'émigré après son divorce, du montant de ses reprises matrimoniales, a opéré en faveur du mari une remise de la dette envers sa femme, qui prétend n'avoir voulu donner qu'à l'état. — *Cass.*, 17 avr. 1807, Petineau c. Lestrade.

324. — ... Sur la validité d'un testament, encore bien qu'une partie des biens légués ait été recueillie par le gouvernement et affectée à la donation d'une sénatorerie, et que l'annulation du testament ait ainsi pour effet d'annuler un acte du gouvernement. — *Cass.*, 9 août 1809, Disses c. Berty Fabry.

325. — ... Sur l'interprétation et l'exécution d'un testament. — *Cons. d'état*, 18 avr. 1835, Lecoupé.

326. — Il n'appartient qu'aux tribunaux de statuer sur l'existence, la validité et les effets de conventions qui n'ont pour objet que des intérêts privés. — *Cons. d'état*, 7 août 1843, Dupont c. Mauduit.

327. — L'autorité judiciaire est seule compétente pour reconnaître et déclarer les effets d'un contrat privé, à défaut d'accomplissement des stipulations écrites audit contrat. — *Cons. d'état*, 25 avr. 1842, Coubettes Deslandes c. la comp. Balsa.

328. — Lorsque le trésor est sans intérêt dans la contestation élevée entre deux particuliers dont l'un réclame à l'autre le remboursement des contributions qu'il a payées à sa décharge, lorsque, d'ailleurs, il ne s'agit ni de la perception, ni de la répartition, ni du dégrèvement de l'impôt, les tribunaux sont seuls compétens pour prononcer. — *Cons. d'état*, 23 janv. 1820, Roussel c. Millot.

329. — Les difficultés qui s'élèvent entre deux particuliers sur les effets de deux actes de cession, faits séparément par l'administration, sont de la compétence de l'autorité judiciaire; surtout lorsque, par le dernier de ces actes, l'administration a imposé à son cessionnaire la charge de satisfaire personnellement et à ses risques et périls à toutes les demandes qui pourraient être formées par ce dernier. — *Cons. d'état*, 6 nov. 1822, Robert c. Laliment.

330. — Les tribunaux ordinaires sont compétens pour connaître de la validité des cessions de créances sur l'état, et de la remise à faire entre les mains du cessionnaire, par l'administration locale, des mandats de paiement représentatifs de la dette, qui lui ont été envoyés, *après la liquidation opérée*, par l'administration supérieure; alors même qu'il s'agit d'une dette de l'arriéré et de la solde de marins. — *Cass.*, 13 fév. 1838 (t. 2 1838, p. 378), administration de la marine c. Delamarre.

331. — Les contestations auxquelles donne lieu un contrat d'échange consenti entre l'état et un particulier sont de la compétence des tribunaux ordinaires, malgré les décisions que le ministre des finances aurait pu prendre à cet égard. — *Cons. d'état*, 6 nov. 1822, Rambourg c. min. des finances.

332. — Les tribunaux sont seuls compétens pour décider la question de savoir si une procuration donnée à un tiers, a pu autoriser ce dernier à obliger personnellement le mandant envers l'état et à déléguer les pouvoirs qu'il en avait reçus. — *Cons. d'état*, 7 mai 1808, Vandienheuwenhuisen.

333. — La question de savoir si le mandat en vertu duquel un tiers a touché une créance due par le trésor public au mandant autorisait ce paiement, et si, par suite, le trésor est valablement libéré, doit être portée devant l'autorité judiciaire et non devant l'autorité administrative. — *Cass.*, 5 juill. 1836, Loubens de Verdalle.

334. — L'autorité administrative est incompétente pour décider si le trésor est recevable dans son action contre la caution d'un fournisseur, ou si cette action ne doit pas lui être refusée en ce que, par son fait, il l'a privée de son recours utile contre le débiteur principal. — *Cons. d'état*, 18 avr. 1821, Meurice.

335. — L'autorité administrative est incompétente pour décider si le trésor, qui poursuit la caution d'un entrepreneur de fournitures, est tenu de diviser préalablement son action entre plusieurs cautions. — Même arrêt

336. — C'est à l'autorité judiciaire et non à l'autorité administrative à prononcer sur les contestations qui s'élèvent entre un comptable et sa caution relativement aux garanties exigées par cette caution, si d'ailleurs elle ne prétend pas se soustraire aux obligations par elle contractées envers le gouvernement. — *Cons. d'état*, 23 oct. 1811, Barreau.

337. — C'est aux tribunaux qu'il appartient de prononcer sur l'exécution d'une transaction passée entre particuliers relativement à l'usage des eaux d'une rivière non navigable. — *Cons. d'état*, 11 déc. 1814, Petit c. veuve Outin.

338. — Toute question de préférence, de privilége, d'hypothèque entre les créanciers d'un individu et la régie de l'enregistrement créancière du même individu, est du ressort de l'autorité judiciaire. — *Cons. d'état*, 19 mars 1811, Pottier.

339. — Ainsi, c'est à elle qu'il appartient de statuer sur la demande en radiation d'une inscription hypothécaire prise sur la caution d'un conservateur des hypothèques. — *Cass.*, 13 fév. 1816, Boucher.

340. — Les questions de prescription sont du ressort des tribunaux. — *Cons. d'état*, 29 mars 1827, Larralon.

341. — Il en est de même des actions possessoires. — *Cons. d'état*, 24 janv. 1827, Baillif c. Quelen; 18 fév. 1824, Graillat c. comm. de Saint-Vallier.

342. — C'est à l'autorité judiciaire et non point au conseil d'état qu'il appartient de connaître des effets de la cession des droits d'un appel faussement allégué, alors même que le jugement dont s'agit aurait été incompétemment rendu par les tribunaux de commerce en matière de prise. — *Cons. d'état*, 31 janv. 1817, Pouilly c. Michaud et Bouvet.

343. — L'autorité administrative ne peut statuer sur les dépens faits devant l'autorité judiciaire. — *Cons. d'état*, 13 nov. 1835, Muснier de la Converserie.

344. — L'opposition formée par un tiers à la vente des meubles d'un percepteur des contributions saisis par l'état, ne donne lieu qu'à une action entre particuliers à laquelle l'état est étranger, et qui est de la compétence de l'autorité judiciaire. — *Cons. d'état*, 25 flor. an XII, Castel.

345. — Les contestations entre deux riverains d'un cours d'eau, relativement à la hauteur des eaux doivent être portées devant les tribunaux, s'il ne s'agit que de l'application des titres respectifs et si l'intérêt privé est seul en cause. — *Cass.*, 20 janv. 1840 (t. 1er 1841, p. 639), Garraud c. Chambonneau.

346. — L'action intentée par le propriétaire riverain d'une rivière navigable ou flottable qui prétend avoir, en vertu de titres ou de possession ancienne, le droit de pêche dans certaines parties de cette rivière, est de la compétence de l'autorité judiciaire. — *Rouen*, 30 mai 1836, de Praslin c. Préfet de l'Eure.

347. — ... Ainsi que les contestations relatives à un barrage construit sur un canal de desséchement appartenant à des particuliers — *Aix*, 22 nov. 1825, Syndics de l'association des vidanges de Tarascon; *Cass.*, 21 fév. 1834, Portebois.

348. — Le débat qui s'établit entre deux compagnies, qui ont respectivement obtenu de l'autorité le droit d'ouvrir des canaux sur un même point, relativement à l'indemnité que réclame la première compagnie saisie du droit de concession, donne lieu à une question purement civile, dont les tribunaux ordinaires peuvent seuls connaître. — *Paris*, 6 avr. 1831, comp. d'Orléans.

349. — Mais un accord privé sur une matière qui doit être réglée par l'autorité administrative ne pourrait suppléer les opérations de l'autorité administrative et être invoquée pour saisir les tribunaux ordinaires, sous prétexte qu'il s'agirait d'une contestation qui doit être jugée au moyen d'une application de titres entre particuliers. — *Cass.*, 28 déc. 1830, Voyer d'Argenson.

350. — Un tribunal ne cesse pas d'être compétent pour connaître de l'exécution de conventions entre particuliers, lors même que l'un d'eux opposerait, comme exception à l'exécution du contrat, des faits dont l'administration peut seule connaître. — *Agen*, 21 déc. 1810, Robert c. Sabathé.

351. — Les tribunaux sont compétens pour prononcer sur une demande en restitution des fruits produits par des actions sur les canaux, que se disputent le donataire de ces actions (à qui elles ont été rendues, après en avoir été privé par ordonnance royale), et l'ancien propriétaire, qui en a joui intermédiairement, en vertu de la restitution qui lui en avait été faite par le gouvernement. — *Cass.*, 23 mars 1824, Regnault de Saint-Jean-d'Angely.

352. — Les tribunaux ont le droit d'examiner et d'interpréter les actes d'une réunion de citoyens, quelque nombreuse qu'elle soit, et quoiqu'elle agisse avec l'autorisation du gouvernement, quand aucun pouvoir ne lui est attribué par la loi. Spécialement, les tribunaux ont le droit de déterminer les effets légaux des décisions prises par la commission des souscripteurs réunis pour offrir le domaine de Chambord au duc de Bordeaux, ces décisions étant des actes privés, qui ne peuvent, sous aucun rapport, être réputés actes adminis-

tratifs. — *Cass.*, 3 fév. 1841 (t. 2 1841, p. 440), préfet de Loir-et-Cher c. le marquis de Pastoret, tuteur du duc de Bordeaux.

353. — De même, c'est aux tribunaux qu'il appartient de statuer sur les dommages causés par suite de l'exécution de travaux publics faits par des particuliers dans leur intérêt privé, lors même que les ouvriers qui ont exécuté ces ouvrages auraient été fournis par l'entrepreneur des travaux publics. — *Cass.*, 16 juin 1835, Huillard c. Robinet.

354. — L'établissement d'un chemin de fer constitue des travaux d'utilité publique pour lesquels la compagnie qui les entreprend est subrogée aux droits de l'état lui-même; dès-lors les réclamations que l'établissement de ces travaux fait naître doivent être portées devant l'autorité administrative. — *Nîmes*, 10 juill. 1840 (t. 2 1840, p. 557), entreprise du chemin de fer du Gard ; *Paris*, 25 nov. 1839 (t. 1er 1840, p. 67), Hogermann c. comp. du chemin de fer de Saint-Germain ; *Lyon*, 1er juill. 1836, Durand et Berthon.

355. — Mais c'est aux tribunaux civils, et non aux conseils de préfecture, qu'il appartient de connaître des difficultés relatives à l'exécution d'une convention passée entre une compagnie, pour la confection d'un chemin de fer, et un particulier, relativement à l'indemnité due pour les dommages causés par suite des travaux de la compagnie. — *Lyon*, 22 mars 1833, comp. du chemin de fer de Saint-Etienne c. Bécote.

356. — Nous avons vu (*suprà* nos 244 et suiv.) que c'est à l'autorité administrative seule qu'il appartient d'interpréter les actes administratifs. — Cette règle doit être restreinte à l'interprétation extrinsèque de ces actes, c'est-à-dire au cas où il s'agit de savoir quelle a été la pensée, la volonté de l'autorité dont ils émanent.

357. — Mais les tribunaux sont compétens pour connaître des questions relatives aux limites des domaines ou des immeubles vendus par l'état toutes les fois que ces questions doivent être résolues par l'examen et l'application d'actes antérieurs aux adjudications et par les règles du Code civil. — *Riom*, 7 fév. 1816, fabriciens des Minimes c. Conchon.

358. — De même, s'il appartient aux tribunaux administratifs d'interpréter le texte des ventes nationales, les tribunaux civils, de leur côté, sont compétens pour appliquer, selon les principes du droit commun, les énonciations insérées dans les contrats, et pour apprécier les faits d'exécution qui s'y rattachent. — *Douai*, 28 juin 1845 (t. 2 1845, p. 243), Demaizières c. Rhoné.

359. — De même, une contestation relative à la vente d'un domaine national cesse d'être de la compétence du conseil de préfecture, lorsqu'elle ne peut être décidée qu'en interprétant des titres antérieurs à la vente administrative. — *Cass.*, 29 juin 1829, Bourgeon de Veigneuc c. préf. de Seine-et-Marne; — Cormenin, *Dr. admin.*, t. 2, p. 97 ; Serrigny, *Tr. de l'org.*, t. 2, no 748.

360. — La question de savoir si la propriété (non contestée) d'une digue vendue par acte administratif comprend, dans le silence du titre, *comme conséquence nécessaire et légale*, la propriété du sol sur lequel cette digue est construite, est de la compétence des tribunaux ordinaires. — Il ne s'agit pas, en effet, dans ce cas, d'interpréter l'acte administratif, mais de décider par les principes du droit commun. — *Cass.*, 8 nov. 1843 (t. 1er 1844, p. 392), de Brignac c. Defontenille.

361. — L'autorité judiciaire est compétente pour connaître d'une contestation relative à des immeubles qui ont fait partie d'une vente nationale, lorsque la contestation ne peut se décider que d'après des titres anciens, et que, de plus, l'autorité administrative a décidé, au moment de l'adjudication, sur l'opposition d'un tiers, qu'il serait passé outre à la vente, sans rien préjuger sur la difficulté soulevée. — *Cass.*, 29 juin 1825, Picot c. Marseaux.

362. — Est de la compétence des tribunaux la contestation qui a pour objet la largeur d'un chemin qui n'est pas même indiqué dans l'acte de vente de biens nationaux, lequel porte seulement que ces biens sont vendus tels qu'en ont joui les précédens fermiers. — *Cass.*, 22 juill. 1828, Bucquet.

363. — Une cour royale ne viole pas les règles de sa compétence (si un arrêté du préfet a ordonné entre les habitans d'une commune le partage d'un bois qu'il qualifie de communal, et si certains habitans prétendent à des droits de propriété sur ce bois, et qu'ils saisissent eux-mêmes de leur demande l'autorité judiciaire), en appréciant des titres privés et en statuant entre les parties sur la question de propriété de ce bois. — *Cass.*, 17 déc. 1838 (t. 1er 1839, p. 345), Guyot c. comm. de Ville-les-Aulesy.

364. — Les contestations sur l'application des procès-verbaux de ventes nationales cessent d'être de la compétence de l'autorité administrative lorsque, pour la solution de la question qu'elles présentent, il devient nécessaire de recourir à des actes étrangers à l'administration, par exemple, si celui qui réclame une partie du domaine adjugé nationalement produit des titres qui établissent son droit de propriété, tandis que l'adjudicataire ne prétend avoir droit à l'objet en litige que comme compris sous la dénomination de *circonstances et dépendances*. — *Cass.*, 13 mars 1821, Duc c. Malherbe.

365. — C'est aux tribunaux et non à l'autorité administrative qu'il appartient de connaître d'une action intentée par l'adjudicataire d'un bien communal, en revendication d'un terrain qu'il prétend avoir été, avant son adjudication, usurpé par un propriétaire voisin. — *Toulouse*, 25 mai 1818, D'Olivier c. Benou.

366. — De même, les contestations sur l'exécution d'une transaction arrêtée entre deux seigneurs hauts justiciers, et par laquelle l'un d'eux s'est obligé à démolir un moulin, doivent être portées devant les tribunaux civils, encore bien que, postérieurement à la transaction, le fonds sur lequel était situé le moulin ait été vendu comme domaine national. — *Cass.*, 6 thermid. an XIII, Delespine c. Legrand de Milleray ; — Merlin, *Rép.*, vo *Testament*, sect. 2e, § 4, art. 2.

367. — Les tribunaux sont compétens pour décider les questions qui peuvent s'élever sur ce qui se trouve ou non compris dans les ventes faites administrativement, lorsque l'autorité administrative leur en a fait le renvoi. — *Cass.*, 12 mai 1824, de Caqueray c. Bordier.

368. — Lorsque pour statuer sur une action qui, de sa nature, est de la compétence judiciaire, et, par exemple, sur une action en bornage, élevée à la suite d'un procès-verbal d'adjudication de certains immeubles, dressé par l'autorité administrative, une cour royale se décide, non d'après l'interprétation de cet acte administratif, mais d'après les titres antérieurs étrangers à l'administration, son arrêt ne saurait être cassé comme ayant excédé les limites des attributions judiciaires. — *Cass.*, 26 mai 1829, Pommeret c. Vatlin.

369. — Une cour a pu, sans que sa décision dût être considérée comme interprétative de procès-verbaux administratifs, puiser les bases du bornage de biens nationaux adjugés en l'an II dans un arpentement antérieur, en se fondant sur ce que les procès-verbaux des experts, qui avaient omis de fixer ce bornage, n'étaient que la copie littérale de cet arpentement. — *Cass.*, 20 déc. 1836 (t. 1er 1837, p. 523), Nicaud c. d'Envaud.

370. — Lorsqu'une partie prétend qu'un domaine national a été acheté pour elle et de ses deniers par l'acquéreur apparent, en vertu d'un mandat qu'elle lui avait donné, cette demande, qui s'appuie sur des contrats du droit civil antérieurs à l'acte d'adjudication, dont elle suppose la validité, est de la compétence de l'autorité judiciaire. — *Cass.*, 10 fév. 1829, Meyrignac c. Villate.

371. — Lorsque les biens d'une succession réunie au domaine de l'état ont été ensuite rendus aux héritiers par un décret de gratification, et que postérieurement des tiers, sans contester le décret de gratification, viennent à revendiquer contre les héritiers certains biens dont ils prétendent que ceux-ci se sont emparés, c'est là une simple question de propriété dont la solution n'est point subordonnée au décret de gratification. — *Cass.*, 22 mai 1826, de la Puente c. Looz Corswaem.

372. — La décision par laquelle une cour déclare qu'une pièce de terre comprise par des experts dans une estimation de biens nationaux, par suite d'une confusion de noms, ne fait pas partie de l'adjudication qui a eu lieu de ces mêmes biens ne doit pas être considérée comme interprétative d'un acte administratif. — Elle échappe, comme statuant en fait, à la censure de la cour de Cassation. — *Cass.*, 20 déc. 1836 (t. 1er 1837, p. 523), Nicaud c. d'Envaud.

373. — Il en est de même de la décision par laquelle une cour, opérant le bornage de biens vendus sur un émigré, en écarte, comme ayant cessé depuis longtemps d'être la propriété de l'émigré, une pièce de terre comprise par erreur dans les procès-verbaux des experts, lorsque, d'ailleurs, elle se borne à la constatation du fait, sans attribuer la propriété de la pièce de terre distraite ni à l'émigré ni à l'adjudicataire. — Même arrêt.

374. — De même, les tribunaux civils ne peuvent statuer sur les contestations résultant d'un acte administratif lorsqu'ils fondent leur jugement, non sur l'interprétation de cet acte, mais sur des faits postérieurs. — *Cass.*, 6 fév. 1832, Malafosse c. comm. d'Ispagnac.

375. — Ce n'est pas de la part d'un tribunal s'immiscer dans l'interprétation d'un acte administratif que de décider que le certificat d'un préfet constate suffisamment qu'un individu n'était pas porté sur la liste des émigrés. — *Cass.*, 15 juin 1831, Faure c. Commandaire de Saint-Geniès.

376. — ...Ou bien encore décider si tel individu est le même que celui dont le nom est inscrit sur la liste des émigrés. — *Cass.*, 24 juin 1817, Duchaillon c. Richard.

377. — Il n'y a ni interprétation ni modification d'un acte administratif, lorsque les tribunaux examinent si les conditions sous lesquelles l'acte administratif a été rendu ont été remplies. — *Bourges*, 7 mai 1831, Hérisson c. Louzon.

378. — Mais les tribunaux civils ne peuvent connaître de la question de savoir si une délégation faite en vertu d'actes administratifs, et dont l'acceptation a été subordonnée à l'agrément de l'autorité administrative a été réellement acceptée par cette autorité. — *Cass.*, 3 mai 1813, Marcel c. Bourdon.

379. — On ne peut attaquer comme ayant interprété des actes administratifs le jugement qui, à propos d'une action possessoire sur laquelle il statue, décide que ces actes ne peuvent être d'aucune influence sur la décision de l'action possessoire, et que c'est par le résultat des enquêtes qu'elle doit être jugée. — *Cass.*, 28 juill. 1834, comm. de Villers-sur-Aulchy c. comm. de Saint-Germer.

380. — Lorsqu'il s'agit de contestations d'intérêt privé entre des particuliers sur l'application d'un réglement administratif non attaqué, relatif au cours d'une rivière non navigable ni flottable, ces contestations sont du ressort de l'autorité judiciaire. — *Cons. d'état*, 20 fév. 1822, Mouton et May c. Descons.

381. — Des parties peuvent compromettre sur les difficultés élevées entre elles relativement au sens et à l'exécution d'un acte administratif qui n'intéresse qu'elles seules; et, plus particulièrement, lorsque le mode de partage d'une succession a été fixé par un acte du gouvernement, représentant alors un cohéritier émigré, les difficultés élevées depuis entre cet émigré, éliminé ou amnistié, et ses cohéritiers, relativement à l'exécution de cet acte, peuvent devenir la matière d'un compromis. — *Cass.*, 17 janv. 1811, Lenoir de Mirebeau c. Lenoir d'Espinasse ; — Ad. Chauveau, *Principes de compét.*, t. 1er, no 519; Carré-Chauveau, *Lois de la procéd.*, *Quest.* 3266 ; Hautefeuille, p. 593.

382. — Les tribunaux sont compétens pour statuer sur la validité d'une transaction passée entre particuliers dans le but d'éteindre une action en rescision pour cause de lésion contre un partage administratif : ce n'est pas là interpréter ce partage. — *Cass.*, 9 mai 1837 (t. 2 1837, p. 210), Giraud c. Guenet.

383. — Selon les principes généraux du droit, les tribunaux ont compétence pour connaître des demandes en dommages-intérêts et indemnités pour réparation d'un dommage causé, toutes les fois qu'il n'en est pas autrement disposé par une loi spéciale.

384. — Or, aucune loi spéciale n'a fait d'exception à cette règle pour les dommages-intérêts et indemnités qui prennent leur source dans des actes émanés de l'administration.

385. — En conséquence, les tribunaux sont compétens pour statuer sur les dommages-intérêts réclamés par les concessionnaires d'un canal contre les concessionnaires d'un autre canal, à raison de la privation de leur privilége par l'établissement d'une nouvelle communication qu'aurait autorisée l'administration. — *Cass.*, 4 déc. 1833, canal d'Orléans c. canal d'Essonne.

386. — ...Sur la demande formée par des particuliers en dommages-intérêts résultant de l'exécution donnée à une circulaire ministérielle qui a provisoirement autorisé des travaux pour l'exploitation d'une mine, lorsque le demandeur se plaint de l'exploitation de la mine et non pas des travaux exécutés. — *Cass.*, 5 juin 1828, Raclet c. Mazoyer.

387. — ...Sur la demande formée par le riverain d'un cours d'eau contre un autre riverain pour usurpation de servitudes, ou le délaissement de droits résultant, en faveur du défendeur, de travaux par lui exécutés sur le cours d'eau avec autorisation de l'administration. — *Cass.*, 5 août 1840 (t. 1er 1841, p. 640), papeterie d'Echarcon c. Friant.

388. — ...Sur la demande en dommages-intérêts formée contre la ville de Paris par un propriétaire, à raison du préjudice causé par un arrêté du préfet qui refuse un alignement et interdit la faculté de bâtir. — *Paris*, 26 mars 1838 (t. 1er 1838, p. 435), Préfet de la Seine c. Hédé.

389. — Une pareille demande ne peut être considérée comme ayant pour objet de réformer, modifier ou interpréter un acte administratif. — Même arrêt.

390. — C'est aux tribunaux à statuer sur la de-

mande en dommages-intérêts à l'occasion de voies de fait, lors même que les auteurs de ces voies de fait prétendraient avoir eu pour but d'empêcher la violation d'un réglement administratif. — *Agen*, 23 déc. 1824, Crepy c. Abbadie.

391. —...Sur la demande de dommages-intérêts formée par un notaire contre un de ses confrères qui a établi une résidence illégale dans le ressort du demandeur. — *Riom*, 18 mai 1833, Anglade c. Desmaneches.

392. —... Sur les dommages causés par l'exploitation d'un établissement insalubre ou incommode, lorsque cette exploitation a été autorisée par l'administration. — *Lyon*, 27 août 1833, Didier c. Bisaillon. — V. cependant à cet égard ÉTABLISSEMENS INSALUBRES.

393. — ... Sur l'indemnité réclamée en raison du préjudice causé par l'exécution d'une décision administrative. — *Paris*, 14 janv. 1834, Ledieu c. ville de Paris.

394. —... Sur la question de savoir si, dans l'indemnité due par suite d'expropriation pour la confection d'une nouvelle route, on doit faire entrer, outre la valeur vénale des fonds enlevés, les frais de construction d'un mur nécessaire pour soutenir ces fonds le long de la nouvelle route. — *Cass.*, 21 fév. 1827, préfet de l'Hérault c. Cormary et Terral.

395. — ... Sur l'action intentée par un individu contre son voisin, à l'effet de faire décider si l'exécution donnée par celui-ci à un arrêté administratif cause du dommage à cet individu. — *Rouen*, 31 mai 1845 (t. 2 1845, p. 241), Hirel c. Marion.

396. — Mais le point de savoir si un arrêté administratif a été ou non exécuté est de la compétence de l'autorité administrative. — La preuve de cette exécution ne saurait résulter pour les tribunaux du procès-verbal d'un commissaire de police, bien que cet agent eût été spécialement chargé par l'arrêté du maire de surveiller les travaux faits en exécution de cet arrêté. — Même arrêt.

397. — Lorsqu'une demande, formée en exécution d'actes administratifs, a deux chefs distincts, l'un relatif à une indemnité pour exhaussement de terrain, l'autre à une seconde indemnité pour usurpation de terrain, les tribunaux, qui seraient incompétens pour statuer sur le premier chef, ne le sont pas également pour connaître du second. — *Cass.*, 2 août 1831, ville de Paris c. Barthier.

398. — La règle qu'à l'administration seule il appartient de prononcer sur le sens et l'effet de ses arrêtés ne fait pas obstacle à ce que les tribunaux ne tiennent aucun compte des actes administratifs relatifs à l'exécution d'une loi depuis abrogée. — *Cass.*, 15 juin 1812, Simiane c. Chamflour.

399. — Jugé que la compétence de l'autorité administrative ou judiciaire pour prononcer sur une exception d'incompétence se détermine par le titre seul de la demande, c'est-à dire par la demande originaire. — *Paris*, 20 avr. 1822, Latour d'Auvergne. c. de Vaudreuil.

400. — Mais ce principe ne nous paraît pas incontestable. En effet, quoique le titre de la demande ou l'action tende au délaissement de l'immeuble, si l'exception opposée à cette demande est fondée sur des actes émanés de l'autorité administrative, les tribunaux sont incompétens pour statuer sur l'exception, en tant que sa solution peut dépendre de l'interprétation des actes de l'administration.

401. — Lorsque les arrêts d'une cour royale et de la cour de Cassation, passés en force de chose jugée, ont déclaré qu'une affaire était de la compétence de l'autorité judiciaire, on ne peut, en se fondant sur une ordonnance royale, déclarer l'autorité judiciaire incompétente, en ce que l'affaire paraît administrative. — *Cass.*, 4 juin 1832, Vérac c. Cézan.

402. — Les tribunaux civils ou de commerce peuvent connaître d'une affaire que des arrêts irrévocables ont précédemment jugé être de la compétence administrative, si les motifs qui servent de base à ces décisions ont cessé d'exister au moment de la nouvelle demande. — *Cass.*, 1er juill. 1829, Cézan c. Vérac.

403 — Par exemple, les contestations relatives à une agence ayant pour objet le service des armées cessent d'être de la compétence administrative du moment que le gouvernement cesse d'avoir intérêt à la contestation en ce qu'un gouvernement étranger a été exclusivement chargé de la liquidation. — Même arrêt.

Sect. 1re. — *Obligation pour l'autorité judiciaire de respecter la compétence et l'indépendance de l'autorité administrative.*

404. — Du principe de la séparation et de l'indépendance réciproque des deux pouvoirs résultent plusieurs conséquences principales : 1o les tribunaux ne peuvent s'immiscer dans les attributions de l'autorité administrative ; — 2o ils ne peuvent empêcher, entraver ou fausser l'exécution des actes de l'autorité administrative ; — 3o ils ne peuvent traduire devant eux ou condamner les agens de l'autorité administrative ; — 4o enfin, ils doivent respecter la chose jugée administrativement. — Après avoir donné à chacune de ces propositions les développemens qu'elle comporte, nous dirons un mot du conflit, c'est-à-dire du moyen que le législateur a institué pour maintenir l'autorité judiciaire dans la limite de ses attributions.

§ 1er. — *Défense aux tribunaux de s'immiscer dans les attributions de l'autorité administrative.*

405. — La défense faite aux tribunaux de s'immiscer dans les attributions de l'autorité administrative entraîne une première conséquence; c'est qu'ils ne peuvent faire aucun des actes, ordonner aucune des mesures qui rentrent dans le domaine de l'administration pure.

406. — Ainsi, jugé qu'il n'appartient qu'aux autorités administratives supérieures de rappeler à leur devoir les administrations inférieures lorsqu'elles négligent de remplir la mission qui leur est déférée par la loi du 10 vendém an IV. — *Cass.*, 2 fructid. an VIII, comm. de Courthison c. Michel. — Que dès-lors un tribunal, en enjoignant à l'autorité municipale de procéder à une enquête pour tenir lieu des procès-verbaux qu'elle doit rédiger en exécution de la loi du 10 vendém. an IV, excède ses pouvoirs et entreprend sur ceux des autorités administratives. — Même arrêt.

407 — Un tribunal ne peut, sans entreprendre sur les attributions de l'autorité administrative, ordonner qu'un individu qu'il condamne aux peines portées par la loi, à raison d'un délit dont il le déclare convaincu, sera en outre destitué de ses fonctions de maire. — *Cass.*, 29 déc. 1808, Ocelli.

408. — Il ne peut ordonner à une municipalité et au commandant de la garde nationale de déposer les fusils dans une maison sûre, de n'en armer que les gardes nationaux de service, et d'empêcher qu'il ne soit tiré à feu sans réquisition légale. — *Cass.*, 5 oct. 1793, Muler et Witer.

409. —...Ni condamner un maire à faire remettre les ornemens nécessaires pour, par des citoyens, exercer le culte auquel ils sont attachés, et le prêtre par eux élu, pouvoir dire la messe. — *Cass.*, 27 avr. 1793, habitans de Flaxlanden.

410. — C'est à l'autorité administrative seule qu'il appartient de décider les questions de circonscription territoriale. — En conséquence, lorsqu'un individu prévenu d'un fait de récolte illégale du varech ou goëmon prétendu pratiqué dans une localité désignée par le ministère public comme dépendant de la circonscription communale qui jouit du privilége exclusif de cette récolte, soutient que cette localité ne dépend pas de la circonscription privilégiée, le tribunal correctionnel ne peut prononcer sur l'exception tirée de la délimitation : c'est là une question préjudicielle qu'il doit renvoyer à l'examen préalable de l'autorité administrative. — *Cass.*, 1er août 1844 (t. 2 1844, p. 257), minist. public c. Hervéou.

411. — Le tribunal devant lequel deux églises du culte réformé se disputent la propriété d'une dotation, doit les renvoyer devant l'administration, s'il s'agit de déterminer leur circonscription. — *Cass.*, 16 brum. an XII, ministres de Kettenheim c. ministres de Warcheim.

412. — Les tribunaux sont compétens pour statuer sur la demande d'un étranger autorisé à résider et à jouir des droits civils, tendant à ce qu'il soit fait inhibition et défense au ministre de l'intérieur et au préfet de police d'empêcher l'exercice de ses droits civils. — *Paris*, 25 mars 1834, Vecchiarelli c. minist. de l'intérieur; *Bruxelles*, 26 avr. 1834, Chamer.

413. — Est nulle, comme empiétant sur les attributions de l'autorité administrative et comme contenant un excès de pouvoir, l'ordonnance par laquelle un tribunal met un particulier sous la protection et sauvegarde de la loi et du tribunal. — *Cass.*, 16 fév. 1792, Biéon; 4 oct. 1793, Gosset. — L'art. 5, C. civ., rend aujourd'hui cette solution incontestable.

414. — Un tribunal de répression excède ses pouvoirs en condamnant un accusé convaincu d'homicide, mais ayant agi dans un état de démence furieuse, à la réclusion perpétuelle, qui n'est prononcée par aucune de nos lois pénales. C'est à l'autorité administrative qu'il appartient de prendre les mesures de police convenables. — *Cass.*, frim. an XIII, Guillaume.

415. — La police correctionnelle est seule compétente pour connaître des contestations relatives aux congés dus aux ouvriers, ou mal à propos exigés par eux. — Ainsi, lorsqu'un maire a donné à un domestique un congé qui lui était refusé par son maître, le tribunal de police ne peut connaître de l'action en dommages-intérêts intentée par l'ancien maître contre celui qui l'a employé depuis le congé délivré par le maire. — *Cass.*, 23 juin 1812, Laviolette c. Brabandère.

416. — Les tribunaux ne peuvent évaluer des mesures commerciales par voie d'administration publique. — Ainsi, l'évaluation de la jauge ne pouvant se faire que par un acte administratif, l'autorité administrative est seule compétente pour évaluer une mesure ou jauge. — *Cass.*, 29 juin 1808, Duricux ; — Merlin, *Rép.*, vo *Poids et mesures*, § 5.

417. — Toutefois, l'expression *tonneau*, employée seule dans un tarif de droits de navigation, doit s'entendre du tonneau de capacité ou de jauge du navire, et non du tonneau des marchandises chargées. — Les tribunaux peuvent donc décider la question sous ce point de vue, sans renvoi préalable à l'autorité administrative, quand même le tarif aurait reçu précédemment une interprétation différente de la part de cette autorité. — *Cass.*, 22 avr. 1840 (t. 2 1840, p. 596), Daviaud c. Beausire.

418. — L'autorité judiciaire est incompétente pour apprécier le mérite des critiques dirigées contre une décision qui autorise la construction d'un aqueduc sur un point autre que celui primitivement fixé lors du tracé d'un chemin de fer, aussi bien que pour accueillir une demande tendant au rétablissement de l'aqueduc au point originairement déterminé. — Néanmoins, elle est compétente pour apprécier le dommage permanent résultant du changement d'emplacement de cet aqueduc. — *Colmar*, 20 fév. 1840 (t. 2 1840, p. 450), Kreutler c. concessionnaires du chemin de fer de Mulhouse à Thann.

419. — Lorsqu'une ordonnance royale a prescrit des travaux à l'orifice d'un canal dépendant d'une rivière navigable, l'un des riverains ne peut demander judiciairement la suppression de ces travaux, sur le prétexte que l'ordonnance qui les autorise porte atteinte à son droit de propriété. — Les tribunaux ne peuvent pas décider que les travaux ne sont pas conformes à l'ordonnance royale qui les a prescrits, alors que le contraire résulte du procès-verbal de réception dressé par l'ingénieur chargé de surveiller l'exécution de ces travaux. — *Rouen*, 28 mai 1828, Lemoine c. Amelot.

420. — Il y a empiétement sur les attributions de l'autorité administrative dans la disposition du jugement qui condamne un individu à construire un pont. — *Cass.*, 8 prair. an VII, Mathiot.

421. — Les tribunaux doivent s'abstenir de toute immixtion, non seulement dans les attributions du pouvoir administratif pur, mais encore dans celles du pouvoir contentieux.

422. — Il suit de là que lorsqu'une contestation de la compétence exclusive de l'autorité administrative est portée devant l'autorité judiciaire, celle-ci doit refuser d'en connaître et renvoyer, même d'office, les parties devant l'administration. — Chauveau Ad., *Principes de compét. et de jurid. admin.*, t. 1er, no 496.

423. — Ainsi, jugé que lorsqu'une affaire est administrative de sa nature, les tribunaux doivent s'abstenir de prononcer, alors même que l'administration se serait déclarée incompétente. — *Cass.*, 1er frim. an XII, comm. de Montmirey c. Balerot.

424. — Les tribunaux doivent renvoyer à l'autorité administrative lorsqu'il s'agit d'une question de propriété qui ne peut être décidée que par l'interprétation d'actes administratifs, tels qu'une vente nationale et une ordonnance des bureaux des finances d'une ancienne généralité. — *Cass.*, 13 déc. 1830, Danjou-Paysant c. comm. de Mathieu.

425. — Jugé, toutefois, que les tribunaux saisis de l'action en revendication intentée par l'acquéreur d'un domaine national contre un tiers, ne peuvent, lors même qu'il s'agirait de savoir si la terre revendiquée a été comprise dans l'adjudication, se déclarer incompétens sur la seule demande du défendeur, si, d'ailleurs, l'administration ne réclame pas la connaissance de l'affaire. — *Cass.*, 3 vent. an IX, Desjobert c. Cormieux.

426. — Lorsque, dans une vente administrative, faite à un particulier en remplacement d'un autre immeuble, on n'a pas fait mention des fermages arriérés, les tribunaux doivent renvoyer devant l'administration. — *Liége*, 5 mars 1812, Bombaye.

427. — Les tribunaux doivent renvoyer d'office devant l'administration, si le propriétaire de terrains situés sur des marais n'a pas été assigné de-

vant l'autorité administrative par ceux qui se plaignent de travaux faits sur les marais communs, surtout lorsque ces travaux ont été faits en contravention à des réglemens et arrêtés administratifs. — *Rennes*, 22 août 1831, Belami c. Lemerie ; — Guichard, *Des landes, marais, des défrichemens et desséchemens*, chap. 40 et 41.

428. — Lorsque, incidemment à une contestation judiciaire, s'élève une question qui ne peut être jugée que par l'autorité administrative, le tribunal doit, non pas se dessaisir de l'affaire, mais seulement surseoir à statuer sur le fond jusqu'à ce que les parties aient fait juger l'incident par l'autorité compétente. — Chauveau Ad., *Principes de compét. et de jurid. admin.*, t. 1er, nos 505 et suiv.

429. — Ainsi, jugé que les tribunaux saisis d'une question de leur compétence qui doit être résolue par l'interprétation d'actes administratifs ne peuvent, en renvoyant les parties devant l'administration pour obtenir cette interprétation, se dessaisir du procès ; ils doivent retenir la cause, et ne provoquer l'interprétation que par mesure d'instruction et avant faire droit. — *Cass.*, 23 août 1841 (t. 2 1841, p. 645), commune de Caudiés c. préfet des Pyrénées-Orientales ; 25 mars 1837 (t. 1er 1840, p. 313), Darraule c. préfet de la Charente.

430. — ...Que notamment les juges saisis de l'opposition formée à l'ordonnance d'*exequatur* d'une sentence arbitrale rendue entre l'état et une commune pour cause de nullité du compromis, considéré comme acte administratif, doivent, en renvoyant devant l'autorité administrative l'interprétation de ce compromis, se borner à surseoir au jugement du fond ; mais qu'ils ne peuvent se dessaisir de l'affaire et déclarer leur incompétence pour prononcer sur la validité de la sentence et les exceptions (celle de prescription ou autres) opposées à la demande en nullité. — *Cass.*, 23 août 1841 (t. 2 1841, p. 646), comm. de Caudiès c. préfet des Pyrénées-Orientales.

431. — ...Que lorsqu'il y a contestation devant l'autorité judiciaire sur la question de savoir si une ville est obligée, en vertu d'actes administratifs, à faire certains travaux, et si, faute de les avoir exécutés, elle doit être condamnée à des dommages-intérêts, les tribunaux, avant de statuer, doivent renvoyer à l'autorité administrative l'interprétation préjudicielle des actes administratifs sur lesquels roule le débat. — *Cons. d'état*, 17 juin 1818, Jousselin.

432. — ...Que le tribunal saisi d'une demande en paiement à laquelle on oppose à titre de libération un acte administratif, doit surseoir à statuer jusqu'à ce que l'administration ait elle-même prononcé sur cet acte. — *Cass.*, 16 mai 1809, Demissy c. Lenormand.

433. — ...Que lorsqu'un individu poursuivi en paiement pour vente de marchandises, excipe de sa qualité d'agent du gouvernement, les tribunaux doivent surseoir jusqu'à ce que l'autorité administrative ait prononcé sur ladite qualité. — *Cons. d'état*, 2 nov. 1832, Fabre.

434. — ...Que si, dans le cours d'une instance, on oppose des ordonnances royales, comme l'interprétation de ces actes administratifs appartient au conseil d'état, à l'exclusion de l'autorité judiciaire, celle-ci doit surseoir à statuer jusqu'à cette interprétation. — *Cons. d'état*, 30 avr. 1828, Baudenet.

435. — ...Que lorsque, dans un procès, il s'élève des doutes soit sur la régularité, soit sur la substance d'un acte administratif, le tribunal ne peut que renvoyer les parties devant l'autorité de laquelle ces actes sont émanés, pour les faire expliquer, interpréter, modifier ou réformer, s'il y a lieu, sauf à statuer ensuite sur les conclusions des parties. — *Cass.*, 9 juill. 1806, Bobé c. Bigot.

436. — ...Que la cour qui est appelée à faire l'application de deux actes administratifs qui présentent des dispositions incompatibles, doit surseoir jusqu'à ce que le sens de ces actes ait été fixé par l'autorité administrative supérieure. — *Cass.*, 30 avr. 1829, société Saint-Agathe c. Valette.

437. — ...Que lorsque les tribunaux ne peuvent statuer sur des saisies-exécutions qui sont la conséquence d'un ordre donné par un commandant militaire investi des pouvoirs du gouvernement dans une contrée en état de siége, sans se livrer à l'appréciation de cet acte administratif, ils sont obligés de surseoir jusqu'à la décision de l'autorité administrative. — *Poitiers*, 16 août 1833, Drouet d'Erlon c. habitans de la Vendée.

438. — ...Que lorsque les tribunaux sont saisis de la question de savoir si les habitans d'un hameau faisant anciennement partie d'une commune, ont, à ce titre, droit à une concession faite nommément par un ancien réglement de l'autorité souveraine, aux habitans de cette commune, ils doivent surseoir jusqu'à ce que l'interprétation de ce réglement ait été donnée par l'autorité administrative. — *Cass.*, 4 août 1834, comm. de Fontaine.

439. — ...Que si la clause de la concession d'un chemin de fer présente de l'obscurité, les tribunaux doivent surseoir à statuer jusqu'à ce que l'interprétation ait été donnée par l'autorité administrative. — *Lyon*, 1er juill. 1836, Durand et Berthon c. compagnie du chemin de fer de Saint-Étienne.

440. — Lorsque, d'après les conclusions des parties et l'état primitif de la contestation, la cause rentrait dans la compétence des tribunaux, la difficulté survenue à propos de l'interprétation d'un acte administratif, et, par exemple, relative à la question de savoir si le bail d'un octroi autorise le fermier à percevoir un droit sur telle boisson, appartient à l'autorité administrative supérieure, et, dès-lors, le tribunal saisi du bail est tenu de surseoir jusqu'à la décision de l'autorité administrative sur le sens du bail. — *Cass.*, 7 avr. 1835, Lyonnel c. maire de Gien.

441. — Lorsque l'autorité administrative a condamné à payer une somme, sans dire si, à raison des valeurs dont elle se compose, elle est sujette à réduction, la question de réduction étant soulevée devant les tribunaux, ils doivent renvoyer à l'autorité administrative, pour interpréter sa décision. — *Cass.*, 4 mars 1823, Swan c. Lubbert.

442. — Un tribunal ne se déclare pas incompétent lorsqu'il ne fait que renvoyer *en l'état* devant l'autorité administrative, dépens réservés. — *Rennes*, 25 janv. 1814, Letournay.

443. — Lorsque la compétence d'une cour royale a été reconnue par des décisions passées en force de chose jugée, cette cour peut rejeter le sursis réclamé par l'une des parties, sous le prétexte que l'affaire serait de la compétence de l'autorité administrative. — *Cass.*, 4 juin 1832, Vérac c. Cézan.

444. — Le tribunal qui, par un premier jugement, a sursis à statuer jusqu'à ce que l'acte administratif sur l'exécution duquel roulait la contestation eût été interprété par l'autorité compétente, ne peut, sans excès de pouvoir, juger au fond tant qu'aucune décision définitive d'interprétation n'est intervenue. — *Cass.*, 20 déc. 1843 (t. 1er 1844, p. 369), de la Trémouille c. Papaillon.

445. — Et cela, alors même que le ministre aurait déclaré ne pouvoir fournir de plus amples renseignemens que ceux possédés par les parties. — Même arrêt.

446. — La seule allégation d'un recours à l'autorité administrative ou même l'existence de ce recours ne peuvent arrêter le cours de la justice dans les matières de la compétence des tribunaux. — *Cass*, 17 août 1829, Lubbert c. Swan.

447. — Ce n'est pas assez qu'un acte administratif soit produit, et que l'on conteste sur le sens et l'étendue qu'il peut avoir pour que l'autorité judiciaire doive se déclarer incompétente. — Les tribunaux doivent, au contraire, sauf le cas de conflit légalement élevé, rester saisis en se bornant à pourvoir à l'exécution de l'acte administratif dans les termes dans lesquels il est conçu, si d'ailleurs il ne paraît offrir ni équivoque, ni obscurité, ni doute, sur le fait qu'il déclare ou sur la propriété qu'il attribue. — *Cass.*, 8 juill. 1835, de Fitz-James c. Walter Boyd. — V. CONFLITS.

448. — L'incompétence des tribunaux pour connaître d'une contestation purement administrative est absolue et d'ordre public ; elle ne peut être couverte par le consentement des parties. — *Amiens*, 28 mai 1822, Minouflet.

449. — Dès-lors, elle peut être proposée en tout état de cause, même pour la première fois, en cour de Cassation. — *Cass.*, 27 août 1839 (t. 2 1839, p. 168), Brame c. comm. de Monchaux.

450. — La cour d'appel devant laquelle, sur une demande en déclaration d'hypothèque, s'élève la question de savoir si une créance a été liquidée et payée par le gouvernement, doit se dessaisir et renvoyer sur ce point devant l'autorité administrative, alors même que l'exception d'incompétence aurait été abandonnée en première instance, et que, sur l'appel, cette cour aurait rendu un arrêt interlocutoire. — *Liége*, 9 mai 1811, Delheid c. d'Argenteau.

451. — ...Encore bien que l'interlocutoire ordonné par les premiers juges ait été exécuté par toutes les parties. — *Rouen*, 4 fév. 1842 (t. 1er 1842, p. 515), préf. de la Seine-Inf. c. Morlet et Samson.

452. — La cour de Cassation peut suppléer d'office le moyen tiré de l'incompétence de l'autorité judiciaire, lors même que les parties ne l'auraient opposé ni en première instance ni en appel. — *Cass.*, 9 juin 1812, Noe c. Bubong.

453. — Ce moyen peut être proposé par celui là même qui aurait plaidé au fond devant les premiers juges et aurait soutenu en cour d'appel que l'autorité judiciaire était compétente. — *Cass.*, 21 nov. 1808, Calabre.

§ 2. — *Défense d'entraver l'exécution des actes administratifs.*

454. — L'autorité judiciaire, avons-nous dit (*suprà* no 404), ne peut empêcher, entraver ou fausser l'exécution des actes de l'autorité administrative. — Cette règle a été consacrée par de nombreuses et diverses applications.

455. — Ainsi, jugé que les tribunaux ne peuvent s'immiscer dans la connaissance des actes administratifs, ni mettre virtuellement obstacle à leur exécution. — *Bruxelles*, 26 juill. 1823, min. publ. c. d'H...

456. — ...Qu'ils ne peuvent, sans violer les règles de leur compétence, arrêter l'exécution d'un acte administratif, accompli sous l'empire d'une loi qui donnait à l'autorité administrative le droit de faire cet acte : par exemple, l'arrestation, avant la promulgation de l'art. 45, C. pén. revisé, suivie de la mise en état de détention d'une personne qui avait rompu son ban. — *Cass.*, 8 nov. 1833, Min. publ. c. Blanchard.

457. — ...Que, dans le cas de contestation sur le mérite d'une contrainte décernée par le préfet contre les théâtres, en paiement des droits sur la recette au profit des indigens, le juge des référés ne peut pas, tout en renvoyant les parties à se pourvoir au fond, ordonner, par provision, la discontinuation des poursuites. — *Paris*, 28 janv. 1832, Crosnier.

458. — ...Que le trouble apporté à la possession d'un terrain ne peut donner naissance à une action devant l'autorité judiciaire, lorsqu'il n'est que le résultat de l'exécution d'un ordre administratif. Dans ce cas, le propriétaire qui se prétend troublé doit se pourvoir devant l'autorité administrative. — *Cass.*, 7 juin 1836 (t. 1er 1837, p. 157), Vauchel c. Cécile. — V. aussi *Cons. d'état*, 28 fév. 1809, Monatéry c. hospices de Paris.

459. — ...Qu'un juge de paix excède ses pouvoirs en prescrivant, sur la demande d'un tiers, qui se prétend troublé dans sa jouissance, que les travaux commandés dans un intérêt commun par l'autorité administrative seront interrompus. — *Cons. d'état*, 18 fév. 1824, Graillat c. comm. de Saint Vallier.

460. — Lorsqu'un maire, comme chef de police municipale, a fait mettre des bestiaux en fourrière, un juge de paix ne peut, sans porter atteinte à l'indépendance des fonctions administratives, autoriser les propriétaires des bestiaux saisis à contraindre le maire pour paiement des dommages-intérêts à raison de la saisie. — *Cons. d'état*, 16 août 1808, Chevillard c. Grimard de Nozay.

461. — Les tribunaux ne sont pas compétens pour statuer sur la demande que des propriétaires réintégrés dans leurs biens par le gouvernement ont faite d'une rente déclarée abolie comme féodale par l'autorité administrative. — Dans ce cas, le pourvoi formé au conseil d'état contre la décision de l'administration, après le jugement déclaratif d'incompétence, n'autorise pas une cour d'appel à accorder un sursis. — *Liége*, 8 janv. 1813, Schaesberg c. Morken.

462. — Il n'entre pas dans les attributions du pouvoir judiciaire d'interpréter, de modifier un réglement du pouvoir municipal, ni de placer quelque personne que ce soit dans une exception que ce réglement n'a pas établie. — *Cass.*, 27 juin 1823, habitans d'Aix.

463. — Les cours royales peuvent, sur la tierce-opposition d'une partie intéressée, rétracter ou interpréter leurs arrêts, quoique déjà l'autorité administrative ait pris des mesures relatives à leur exécution. — *Cons. d'état*, 8 août 1821, comm. de Boubiers c. Lépine.

464. — Dans ce cas, ces cours ne peuvent, en décidant que leurs précédentes condamnations ne s'appliquent pas au tiers-opposant, faire défense de les exécuter contre lui, quoique déjà une ordonnance royale ait prescrit cette exécution. — Mais la partie intéressée doit, à la faveur de l'arrêt explicatif rendu à son profit, se pourvoir devant le conseil d'état par voie de tierce-opposition à l'ordonnance royale, à l'effet de faire décider qu'elle ne lui est point applicable. — Même arrêt.

465. — La décision de la municipalité, qui faisait défense à un propriétaire de continuer une construction jusqu'à ce que le directoire du district eût pris une détermination sur l'alignement, constituait un acte d'administration, encore bien qu'elle condamnât le propriétaire aux dépens et ordonnât l'exécution, nonobstant l'appel. En conséquence, il y avait excès de pouvoir dans le jugement d'un tribunal de district qui infirmait cette décision. — *Cass.*, 28 déc. 1792, Millois.

466. — Les tribunaux sont incompétens pour s'opposer à la démolition d'un monument ordonnée par l'administration, qui a le droit d'ordonner la construction des monumens publics et celui

COMPÉTENCE ADMIN., ch. 3, sect. 1re.

d'en décider la démolition, lors même qu'il s'agit d'un édifice élevé aux frais d'une souscription particulière. — *Cass.*, 23 déc. 1834, Chabrol-Volvic c. Min. int.

467. — Ils sont également incompétens pour ordonner la destruction ou la modification de travaux autorisés par le pouvoir administratif, alors même qu'ils disposeraient ainsi par interprétation et en exécution d'un titre privé. — Ainsi, ils ne peuvent ordonner la destruction des travaux d'une usine autorisés sur un cours d'eau et exécutés conformément aux conditions prescrites par l'ordonnance d'autorisation, sous prétexte qu'ils porteraient atteinte aux droits acquis par des tiers en vertu de titres dont ils demanderaient l'exécution. — *Cass.*, 26 juin 1841 (t. 1er 1841, p. 640), Lahérard c. Decroix.

468. — Ils sont incompétens pour connaître de la demande en suppression d'un atelier ou manufacture dont la formation a été autorisée par l'autorité administrative dans les formes prescrites par le décret du 15 oct. 1810. — *Bruxelles*, 25 mars 1819, Stebecq c. Descamps.

469. — Mais ils peuvent, sans excès de pouvoir, connaître de la demande en suppression d'un établissement, par exemple, d'une raffinerie de sel, formé sans l'autorisation de l'autorité administrative; car, dans ce cas, il ne s'agit plus, comme dans le premier, de connaître d'un acte administratif. — *Bruxelles*, 30 avr. 1819, Ameels c. Van Melden. — V. ÉTABLISSEMENS INSALUBRES.

470. — Dans le cas où des arrêtés ont été pris par le préfet pour régulariser la possession de deux moulins construits sans autorisation, un tribunal excède ses pouvoirs lorsque, au lieu de se borner à expliquer une transaction intervenue entre les parties, il prescrit des dispositions contraires à ces arrêtés. — *Cons. d'état*, 20 juin 1821, Loustalet c. Cazals.

471. — Un tribunal ne peut, sans excéder les bornes de sa compétence, prescrire, par des motifs d'intérêt public, de tenir levée à sa plus grande hauteur une vanne que l'autorité administrative a ordonné d'établir et de tenir fermée. — *Cons. d'état*, 28 juill. 1820, Vernaux c. Lemaître. — V. USINES.

472. — Lorsqu'un entrepreneur investi par arrêté municipal du droit exclusif de faire la vidange des fosses, demande que les matières provenant d'une vidange faite en contravention par d'autres ouvriers, soient transportées dans le lieu indiqué au même arrêté, le tribunal de police ne peut, sans suspendre l'exécution de cet acte de l'autorité administrative, renvoyer devant le tribunal civil pour être statué sur un prétendu droit de propriété de ces matières. — *Cass.*, 20 pluv. an XII, min. pub. c. Bucheron.

473. — Lorsque des biens adjugés par une sentence arbitrale à une commune, en vertu de la loi du 28 août 1792, ont été divisés entre les habitans par un partage approuvé par l'autorité administrative, l'autorité judiciaire peut statuer sur le recours formé contre le jugement qui sert de base à ce partage, sans qu'on puisse lui reprocher de porter atteinte à un acte administratif. — *Cass.*, 28 mai 1816, Dandlaw c. comm. de Ronchamp.

474. — L'arrêté de préfecture qui, dans le but de déterminer les effets de la réunion cadastrale de deux communes, décide que la réunion ne portera aucune atteinte aux droits antérieurs de chaque commune, et que chacune conservera le droit exclusif de recueillir le varech sur les rochers bordant son territoire, ne fait pas obstacle à ce que le tribunal saisi entre ces deux communes d'une question de possession relative à la jouissance du varech sur un rocher ne puisse reconnaître la possession de l'une ou de l'autre des communes litigantes, alors que la possession invoquée n'est pas fondée sur un droit résultant de la nouvelle délimitation. — On ne peut pas dire que, dans ce cas, le tribunal refuse de reconnaître les effets d'un acte administratif. — *Cass.*, 5 juin 1839 (t. 1er 1839, p. 655), comm. de Flamanville c. comm. de Sieuville. — V. VARECH.

475. — Et même lorsque le ministre de la guerre délivre un certificat constatant la désertion d'un militaire, en déclarant formellement que cette pièce ne peut servir que de renseignement, les tribunaux civils, peuvent, sans porter atteinte à l'exécution d'un acte administratif, s'appuyer des présomptions graves qu'ils puisent dans les faits et circonstances de la cause, pour déclarer que le fait de désertion n'est pas constant à leurs yeux. — *Cass.*, 14 fév. 1838 (t. 1er 1838, p. 241), Guillaume c. Necloux.

476. — Car l'appréciation des actes qui contiennent la preuve du fait de désertion rentre dans les attributions des cours royales, dont la décision sur ce point est inattaquable. — *Cass.*, 10 août 1818, Guille c. Lefebvre. — V. DÉSERTION.

477. — Les tribunaux ne peuvent prononcer sur la légalité et les formes extérieures et constitutives des actes administratifs. — Cormenin, *Dr. admin.*, vo *Tribunaux*, t. 1er, p. 219. — V. aussi *Cass.*, 25 niv. an VII, Concel.

478. — D'où il suit qu'il suffit que des actes aient les caractères extérieurs d'actes administratifs de la compétence de l'autorité administrative, pour que leur connaissance soit attribuée à cette autorité. — *Cass.*, 21 mai 1827, Fargues c. Rigaud.

479. — ... Que les tribunaux sont incompétens pour connaître de toutes les difficultés qui s'élèvent sur l'exécution des actes de l'autorité administrative, si l'on prétend que ces actes sont contraires à la loi. — *Rennes*, 29 juin 1811, Ledo c. Heray.

480. — Jugé toutefois qu'ils sont juges de la question de savoir si une ordonnance royale est légale, et si, dans tous les cas, elle a été exécutée volontairement par ceux qui en contestent plus tard la légalité. — *Cass.*, 4 déc. 1839 (t. 1er 1840, p. 165), ville de Paris.

481. — Jugé qu'ils sont tenus d'appliquer les arrêtés du gouvernement, en matière d'armement en course, sans avoir le droit de les commenter ni d'examiner s'ils sont ou non conformes aux lois. — *Cass.*, 23 flor. an X, commiss. de la marine à Nantes c. Levesque.

482. — ...Qu'ils ne sont point juges de la légalité des actes administratifs en vertu desquels le séquestre a été maintenu ou réapposé sur les biens d'une succession. — *Cass.*, 1er août 1808, Labaume c. Montrevel.

483. — ...Qu'un tribunal n'a pu, sans empiéter sur les pouvoirs de l'autorité administrative et sans contrevenir à la loi du 24 août 1790, connaître de la validité d'une réquisition ordonnée par un étapier. — *Cass.*, 23 niv. an IV, Int. de la loi.

484. — ...Que les tribunaux ne peuvent annuler des permissions administratives, sous prétexte qu'elles n'ont pas été données avec les formes légales. — *Cass.*, 16 déc. 1827, Masslas.

485. — ...Qu'un tribunal est incompétent pour examiner si un bureau de bienfaisance, autorisé par un conseil de préfecture à réclamer ses droits en justice, est régulièrement constitué. — *Rennes*, 27 juill. 1813, Riou.

486. — ...Que le tribunal de simple police est incompétent pour décider si un particulier a exécuté ou non un arrêté du préfet qui l'autorisait à supprimer un chemin vicinal en le remplaçant par un autre pris sur ses propriétés. — *Cass.*, 15 oct. 1817, Gagliardone.

487. — ...Que le tribunal de simple police ne peut refuser de réprimer les contraventions à un réglement de police, sous le prétexte que la nomination du maire qui l'a rendu est illégale, en ce qu'il était revêtu d'autres fonctions incompatibles avec celles de maire. — *Cass.*, 9 juin 1832, Baudenet.

488. — ...Ni acquitter des individus prévenus d'avoir fait paître leurs bestiaux sur un pré mis en défense par arrêté municipal pris en exécution d'un arrêté du préfet, sous le prétexte que le premier de ces arrêtés a fait une fausse interprétation du second, et leur faire défense en même temps d'envoyer à l'avenir leurs bestiaux dans le pré dont il s'agit. — *Cass.*, 25 thermid. an X, Min. pub. c. Boudin.

489. — Toutefois, en matière criminelle, les tribunaux peuvent examiner la légalité des ordonnances qui décernent des pénalités au delà du pouvoir réglementaire. — *Paris*, 4 déc. 1827, Vacheron.

490. — Il n'appartient pas aux tribunaux d'examiner les motifs qui ont déterminé l'autorité administrative à déclarer réfractaire un conscrit. L'autorité judiciaire n'a d'autre droit que celui d'appliquer la peine. — *Cass.*, 2 brum. an XIV, Talon; — Merlin, *Rép.*, vo *Conscription*, § 5.

491. — Les tribunaux peuvent examiner si les arrêtés municipaux ont été faits dans les limites des attributions confiées à l'autorité municipale, et s'ils statuent sur des intérêts placés sous sa surveillance. — *Cass.*, 30 mars 1827, Jacquemont; 28 mai 1825, Lambin.

492. — Mais il ne leur appartient pas d'examiner si ces arrêtés sont justes ou injustes. Obéissance provisoire leur est due tant qu'ils n'ont pas été réformés par l'autorité supérieure compétente. — *Cass.*, 24 déc. 1813, hab. de Leerbare.

493. — Spécialement, l'arrêté pris par un maire pour la réparation des chemins vicinaux est un réglement de petite voirie, dont le tribunal de simple police ne peut se dispenser de maintenir l'*exécution*, sous le prétexte qu'il est contraire à d'anciens usages. — Même arrêt.

494. — La décision des tribunaux qui, malgré l'arrêté du conseil de préfecture qui délègue, pour agir au nom d'une section de commune, un agent autre que celui déterminé par la loi, déclare cette section sans qualité, *quant à présent*, pour poursuivre, dispose dans les limites du pouvoir judiciaire, sans qu'on puisse l'accuser de porter atteinte à un acte administratif. — *Cass.*, 21 nov. 1837 (t. 1er 1838, p. 268), Martin c. comm. de Thianges; 16 fév. 1841 (t. 1er 1841, p. 636), Bourel-Duboucix c. Lespineux.

495. — Et la cour de Cassation est compétente pour apprécier la nullité d'une pareille délégation donnée par un acte administratif. — *Cass.*, 17 juin 1834, comm. de Salvianges c. Dulac.

496. — Mais toutes les fois que, par les circonstances, il est démontré que le maire, l'adjoint, ou même un officier municipal d'une commune, ne saurait, sans graves inconvéniens, la représenter, il appartient à l'autorité administrative, en autorisant la commune à agir en justice, de lui permettre de nommer ou élire un syndic pour la représenter et poursuivre l'action autorisée. — Tel est le cas où le maire, l'adjoint et les officiers municipaux auraient des intérêts opposés aux prétentions de la commune et auraient manifesté dans une délibération une opinion contraire à ces prétentions. — L'autorité judiciaire ne peut, dès-lors, méconnaître la légalité de la nomination du syndic, ni, par suite, sa qualité pour agir en justice. — *Cass.*, 13 juin 1838 (t. 2 1838, p. 317), de Riberolles et Mignot c. hab. d'Arcouzat.

497. — Il a été jugé que c'est à l'autorité administrative et non aux tribunaux qu'il appartient de statuer sur la régularité de l'autorisation qu'un conseil de préfecture a donnée à une commune sans l'avis préalable du conseil municipal. — *Cass.*, 29 juill. 1823, comm. de Civray c. Bourliaud.

498. — ... Que ce serait, de la part d'un tribunal, apprécier une décision administrative que de suspendre son jugement jusqu'à ce qu'il fût statué sur un pourvoi formé devant le conseil d'état contre un arrêté administratif prétendu irrégulier, lorsque cet arrêté est produit dans la cause, et qu'il n'y a lieu par le tribunal que de l'y appliquer purement et simplement. — *Cass.*, 24 déc. 1838 (t. 2 1838, p. 662), Rignon c. Martin-Compian.

499. — Mais si la contestation n'a pour objet que les actes d'exécution considérés comme mesure coërcitive, par exemple, si on prétend que la loi ne permettait pas de saisir ou que la saisie n'a pas été faite selon les formes voulues, il s'agit alors d'un acte de procédure, de ses formes et de ses effets. La compétence appartient donc à l'autorité judiciaire.

500. — Ainsi, les tribunaux civils sont compétens sur la question de savoir si on peut ou non agir par la voie de contrainte pour l'exécution d'un acte administratif, et spécialement pour le recouvrement des arrérages d'une rente accordée à un hospice par un décret. — *Bruxelles*, 26 mai 1810, Yves c. Hosp. d'Anvers.

501. — ... Sur les oppositions aux contraintes décernées par une administration, en vertu d'une décision administrative. — *Cass.*, 21 avr. 1819, Administ. des postes c. Pisant.

502. — ... Sur la demande en nullité d'une saisie pratiquée en vertu d'un acte administratif. — *Colmar*, 23 déc. 1815, Friedel.

503. — Les tribunaux sont compétens pour prononcer sur la demande formée par le fermier d'un bac en nullité du commandement qui lui a été fait de payer les fermages échus. — *Cass.*, 9 août 1836, Salers c. Préfet de Tarn-et-Garonne.

504. — Un tribunal civil ayant à statuer sur la validité d'une saisie-exécution pratiquée pour opérer le recouvrement à faire, entre les habitans d'une commune, pour la construction d'un aqueduc, peut, sans excès de pouvoir, déclarer nulle cette saisie, par le motif que le rôle a été mis en recouvrement sans être revêtu de la formule exécutoire du préfet. — *Cons. d'état*, 5 nov. 1828, Godet et Roger.

505. — Mais si le moyen de nullité présenté contre le commandement ou la saisie est tiré de ce que l'acte administratif est illégal, il doit surseoir jusqu'à ce que l'autorité administrative ait décidé si cet acte constitue un titre légalement exécutoire. — *Bruxelles*, 13 fév. 1811, Vangermeesch c. Planchon.

506. — Ainsi, lorsque le ministre des finances a décerné une contrainte pour *debet* contre un comptable et sa caution, si la caution s'oppose à la contrainte et conteste la validité de son cautionnement, la contestation doit être portée devant l'administration. — *Cons. d'état*, 24 janv. 1827, Santelli c. le Trésor.

507. — La raison en est qu'il ne s'agit pas des formes extérieures de la contrainte, acte extrajudiciaire, mais de la validité et des effets du cautionnement, acte administratif. — Cormenin, vo *Comptables*, t. 1er, p. 345; Durieu et Roche, *Répert.*

des établiss. de bienfaisance, vo *Contrainte par corps*, no 15.

308. — Et l'annulation par l'autorité judiciaire d'une contrainte décernée par la régie des domaines en paiement d'un reliquat de prix contre des acquéreurs domaniaux reconnus quittes et libérés par un arrêté du préfet exécuté par la régie et les acquéreurs, mais annulé depuis par une décision ministérielle, est une infraction à l'art. 13, tit. 2, L. 24 août 1790, qui interdit aux tribunaux la connaissance des actes administratifs. — *Cass.*, 21 nov. 1831, Domaine c. Roncelle.

309. — Les ordonnances des anciens commissaires réformateurs des eaux et forêts sont des actes administratifs que les tribunaux ne peuvent réformer. — *Cass.*, 7 mars 1842 (t. 1er 1842, pag. 723), comm. de Mesinay c. préf. du Jura.

310. — Un arrêt du bureau central de Paris était un acte administratif qui devait être exécuté tant qu'il subsistait, et ne pouvait être réformé que par l'autorité supérieure. Le tribunal de police qui, contrairement aux dispositions d'un arrêté dudit bureau, autorisait la fermeture des boutiques tous les jours, s'immisçait dans les fonctions administratives, et commettait un excès de pouvoir. — *Cass.*, 21 germ. an VII, minist. public c. N.; 29 frim. an VII, Godefroy.

311. — L'arrêté qui a pour base une décision administrative ne peut être annulé par la cour de Cassation, lorsque cette décision elle-même n'a pas été préalablement annulée. — *Cass.*, 30 déc. 1807, Lecomte c. Rollin.

312. — Au reste, la règle qui interdit aux tribunaux de s'immiscer dans les actes du pouvoir administratif n'est point un obstacle à ce qu'ils en ordonnent l'exécution, lorsque ces actes sont clairs et positifs et qu'ils ne peuvent donner lieu à aucune difficulté d'interprétation. — *Cass.*, 9 juill. 1838 (t. 2 1838, p. 173), prét. du Pas-de-Calais c. Montaigu.

§ 3. — *Défense de juger les agens du pouvoir administratif.*

313. — L'agent du pouvoir administratif ne relève, dans l'exercice de ses fonctions, que de son supérieur hiérarchique; et l'indépendance de ce pouvoir se trouverait gravement compromise s'il était permis de traduire ses dépositaires devant les tribunaux pour leur demander compte de l'usage qu'ils ont fait de l'autorité qui leur était confiée.

314. — Jugé, conformément à ces principes, que c'est à l'administration supérieure que ceux qui ont à se plaindre des officiers municipaux doivent adresser leurs griefs; que les tribunaux sont incompétens pour en connaître. — *Cass.*, 3 mai 1792, Officiers municip. de Saint-Dolay; 23 vent. an IV, Robin c. Jarry Deloze.

315. — ...Qu'ils ne pouvaient connaître d'une demande qui avait été formée contre un ancien maire pour obtenir paiement de blé séquestré par ce maire, au nom de la municipalité, en vertu d'arrêté de l'assemblée électorale qui remplissait les fonctions administratives. — *Cass.*, 4 germ. an IX, Liotier c. Pellet.

316. — Jugé également qu'un tribunal ne peut recevoir la plainte dirigée contre le procureur d'une commune à raison d'abus de ses fonctions. — *Cass.*, 19 avr. 1792, Poinsot.

317. — ... Ni connaître de toute action, même civile, en dommages-intérêts, dirigée contre un ancien ministre, à raison de ses fonctions. — *Paris*, 2 mars 1820, Fabien.

318. — ... Non plus que de la demande élevée par des particuliers contre la répartition faite administrativement par le maire d'une commune, assisté du conseil municipal, d'une somme allouée par le gouvernement pour être payée aux habitans qui ont fait des fournitures aux armées étrangères. — *Bruxelles*, 2 juill. 1819, N... c. le maire de Bacleghem.

319. — Par les mêmes motifs, on ne peut actionner devant les tribunaux l'individu chargé par l'autorité administrative de faire un inventaire d'effets, pour restitution d'objets non inventoriés. — *Cass.*, 21 flor. an VII, Rouby c. Sabaros-Dubedat.

320. — ... Ni un ancien administrateur, en restitution d'objets dont il a, en sa qualité, ordonné le versement dans un magasin. — *Cass.*, 19 brum. an XI, Dagomet c. Ladam.

321. — Un juge de paix entreprend sur l'autorité administrative en condamnant personnellement un maire au paiement d'ouvrages qu'il n'a commandés et reçus qu'en qualité d'administrateur d'une fabrique. — *Cons. d'état*, 6 juin 1807, maire de Mardick.

322. — C'est à l'autorité administrative qu'il faut adresser plainte contre le fait d'un maire qui a agi en sa qualité, quoique ce fait soit considéré comme une entreprise sur le fonds d'autrui. — *Bruxelles*, 12 juill. 1808, propriétaires des Polders c. comm. de Willebroeck.

323. — Le point de savoir si une personne actionnée en justice, soit au civil, soit au criminel, a la qualité de fonctionnaire et si elle a agi à ce titre, appartient à la juridiction administrative du conseil d'état et non pas à l'autorité judiciaire. — *Cass.*, 5 août 1823, Morel.

324. — Lorsqu'une commune a été représentée dans une instance par un individu qui a pris le titre d'agent national de la commune, les tribunaux peuvent, sans empiéter sur les attributions de l'autorité administrative, déclarer que cette qualité d'agent national est justement et régulièrement justifiée par divers actes de la procédure, qui forment des présomptions légales que ne peut détruire un certificat du sous-préfet attestant que l'individu dont il s'agit n'a jamais eu la qualité d'agent national. — *Cass.*, 2 fév. 1833, Pinçon c. la section du Berval, comm. de Bonneuil.

325. — Mais lorsqu'une commune a été représentée dans une instance par un individu qui a pris le titre d'agent national de la commune, les tribunaux peuvent, sans empiéter sur les attributions de l'autorité administrative, déclarer que cette qualité d'agent national est justement et régulièrement justifiée par divers actes de la procédure qui forment des présomptions légales que ne peut détruire un certificat du sous-préfet attestant que l'individu dont il s'agit n'a jamais eu la qualité d'agent national. — *Cass.*, 2 fév. 1833, Pinçon c. la sect. du Berval, comm. de Bonneuil.

326. — La demande en dommages-intérêts contre le lieutenant d'un port, qui a coupé des cordes tenant des guideaux placés par des particuliers dans une rivière, est de la compétence de l'autorité administrative, aux termes de la loi du 13 août 1791, qui charge les lieutenans de port de veiller à la sûreté de la navigation. — *Cass.*, 25 pluv. an VIII, Lemoine c. Levasseur.

327. — Il en est de même de l'action en responsabilité du sinistre arrivé à un navire pendant qu'il était sous la direction d'un pilote lamaneur, placé sous la surveillance du gouvernement, dans un port dont l'entrée était reconnue difficile. — *Cons. d'état*, 23 avr. 1807, Simon.

328. — Les tribunaux sont incompétens pour condamner des agens de l'administration publique à replacer une grille qu'ils ont enlevée par abus de leurs fonctions, et à payer des dommages-intérêts au propriétaire lésé. — *Cass.*, 25 germin. an VII, Falque et Lejeune.

329. — Un tribunal empiète sur les attributions de l'administration en condamnant par corps des percepteurs de contributions à verser les sommes dont ils sont reliquataires dans la caisse du receveur départemental. — *Cass.*, 24 vendém. an VII, Trib. de Saône-et-Loire.

330. — Un tribunal de police excède ses pouvoirs en faisant des injonctions à un administrateur; il ne peut condamner personnellement aux dépens un adjoint de maire ayant agi en cette qualité, surtout s'il n'est point partie au procès. — *Cass.*, 25 germin. an XI, Mesnard. — V. aussi *Cass.*, 14 nov. 1838 (t. 2 1839, p. 314), Faucher.

§ 4. — *Respect de la chose jugée.*

331. — L'obligation imposée aux tribunaux de respecter la chose jugée par l'autorité administrative est une conséquence évidente de la séparation et de l'indépendance réciproque des deux autorités, conséquence consacrée d'ailleurs par une jurisprudence constante.

332. — Ainsi, jugé qu'on ne peut remettre en question devant les tribunaux ce qui a été décidé par l'autorité administrative. — *Cons. d'état*, 26 vent. an IX, Enreg. c. Boyer-Fonfrède; 5 janv. 1813, Quetel c. Desfebues-Dannery; 18 avr. 1821, Soubiron.

333. — ...Qu'on ne peut porter devant les tribunaux une question sur laquelle il a été précédemment statué par décision du ministre des finances. — La décision ministérielle ne peut être réformée, s'il y a lieu, que par le roi en conseil d'état. — *Cons. d'état*, 1er juin 1828, Mennet.

334. — Lorsqu'une décision ministérielle est opposée devant les tribunaux de l'ordre judiciaire comme réglant un point de la contestation, l'autorité judiciaire doit s'abstenir de prononcer sur le point déjà décidé administrativement, le droit de réformer, s'il y a lieu, la décision ministérielle, n'appartenant qu'au roi en son conseil d'état. — *Cons. d'état*, 13 nov. 1822, Agent judic. du trésor c. Bonomet.

335. — Lorsqu'il a été décidé par l'autorité administrative que les dettes contractées pour la construction d'un port sont devenues dettes nationales, l'autorité judiciaire ne peut décider le contraire, ni, par conséquent, condamner les ci-devant syndics du corps des intéressés au canal à payer les intérêts d'un capital employé à son établissement. — *Cons. d'état*, 9 messid. an XIII, d'Agard.

336. — Quand deux décrets ont déclaré que la caution d'un comptable était valablement tenue, elle ne peut remettre en question devant l'autorité judiciaire ce qui a été irrévocablement jugé par l'autorité administrative. — *Cons. d'état*, 11 août 1824, Dalbenas.

337. — Un tribunal excède ses pouvoirs en statuant sur une réclamation jugée par des arrêtés de l'administration non encore annulés par l'autorité supérieure. — *Cass.*, 22 vent. an IV, Lemoine.

338. — Du reste, un jugement n'est pas nul, quoiqu'il soit fondé sur un acte administratif annulé postérieurement par l'autorité supérieure. — *Metz*, 8 mars 1814, Michaud c. Roussel.

339. — L'existence d'une décision administrative, tant qu'elle n'est pas annulée par l'autorité supérieure, est un obstacle légal à ce que les tribunaux puissent connaître d'une affaire, fût-elle même au fond de nature judiciaire. — *Liége*, 8 janv. 1813, Schaesberg.

340. — Ainsi, bien que les tribunaux civils soient seuls compétens pour prononcer sur la féodalité ou non-féodalité des rentes, ils ne peuvent en connaître jusqu'à ce que les décisions administratives qui auraient à tort statué sur cette question aient été annulées par l'administration supérieure. — *Cons. d'état*, 15 janv. 1809, Laubenheismer.

341. — Lorsqu'il s'est élevé des difficultés à propos de ventes de domaines nationaux, qu'un conseil de préfecture, interprétant ses propres actes, a fixé les limites des propriétés litigieuses et a renvoyé les parties en justice ordinaire, pour régler le mode de jouissance des propriétés, une cour royale ne peut, sans excès de pouvoir, déterminer une ligne de démarcation différente de celle établie par les actes émanés de l'autorité administrative. — *Cass.*, 29 mars 1830, Bouvier c. Convers.

342. — Lorsqu'une administration a prononcé sur l'objet d'une contestation, bien qu'elle ait été portée d'abord devant les tribunaux, l'autorité judiciaire ne peut juger contrairement à ce que cette administration a décidé. — *Cass.*, 13 mars 1810, Marty c. Riolz.

343. — Ainsi, lorsqu'un arrêté de conseil de préfecture juge qu'un terrain revendiqué par l'adjudicataire d'un bien national a été compris dans l'adjudication de ce bien, et qu'il réserve toutefois au possesseur du terrain la faculté de faire valoir devant les tribunaux les droits résultant de sa possession et de tous actes étrangers à la vente, un tribunal excède sa compétence et viole la chose jugée administrativement, en déclarant l'adjudicataire non-recevable en sa demande, sous prétexte qu'il ne justifie pas de son droit de propriété, et que le défendeur possède le terrain litigieux depuis plusieurs années. — *Cass.*, 19 déc. 1826, Morel c. comm. de Léry.

344. — L'arrêté d'un conseil de préfecture qui se borne dans son dispositif à déclarer qu'il n'y a pas lieu à délibérer sur la prétention élevée par une commune à la propriété de certains terrains, ne résout pas par cela même la question de propriété contre cette commune, et ne fait pas obstacle à ce que cette question soit ultérieurement soumise à l'appréciation de l'autorité judiciaire. — *Cass.*, 7 janv. 1845 (t. 1er 1845, p. 349), comm. de Chanais c. comm. de Magnils.

345. — Lorsque, à la suite d'une ordonnance royale portant interprétation d'un acte d'adjudication nationale, il est intervenu un arrêt de cour royale qui a statué sur les questions d'application des titres et sur les exceptions de prescription, de défaut de qualité, et autres de droit commun, cet arrêté ne peut être attaqué ni comme ayant violé l'autorité de la chose jugée administrativement, ni comme ayant outrepassé les règles sur la séparation des pouvoirs administratif et judiciaire. — *Cass.*, 13 avr. 1841 (t. 1er 1841, p. 654), Desmaizières c. Buniau.

§ 5. — *Des conflits.*

346. — Ce n'était point assez de proclamer le principe de la séparation des deux pouvoirs et de déterminer la limite que l'autorité judiciaire ne doit pas franchir; le législateur eût laissé son œuvre incomplète, s'il n'eût prévu les empiétemens que cette autorité pourrait commettre, et s'il n'eût donné au pouvoir administratif le moyen de les repousser. — Ce moyen, c'est le conflit, qui peut être élevé toutes les fois qu'un tribunal se trouve saisi d'une question paraissant rentrer dans la compétence administrative.

347 — Quant au point de savoir par qui et dans quelles formes le conflit doit être élevé et jugé, et quels sont ses effets, V. CONFLIT.

Sect. 2°. — *Obligation pour l'autorité administrative de respecter la compétence et l'indépendance de l'autorité judiciaire.*

548. — L'indépendance des autorités administrative et judiciaire est réciproque; les obligations qui, à cet égard, sont imposées à l'autorité judiciaire, pèsent donc avec la même force sur l'autorité administrative.

549. — Ainsi, lorsque, dans une contestation dont le conseil d'état est saisi, il s'élève des questions dont la connaissance appartient aux tribunaux, le conseil d'état doit surseoir à statuer jusqu'à ce que ces questions aient été jugées par l'autorité compétente. — *Cons. d'état*, 18 avr. 1821, Meurice.

550. — L'ordre des juridictions ne peut être changé par un arrêté du préfet.—Ainsi, lorsque la peine encourue par les contrevenans excède celles de simple police, c'est devant le tribunal correctionnel qu'ils doivent être traduits, nonobstant la disposition de l'arrêté préfectoral portant qu'ils seraient traduits en simple police.—*Cass.*, 8 thermid. an XIII, Blanchot.

551. — Lorsque déjà deux arrêtés du conseil de préfecture ont décidé qu'une question de propriété est de la compétence de l'autorité judiciaire, le préfet ne peut maintenir provisoirement un arrêté municipal qui préjuge cette question de propriété.—*Cons. d'état*, 15 mai 1813, Magni c. comm. de Nizau.

552. — De même que l'autorité judiciaire est incompétente pour interpréter ou réformer les actes de l'autorité administrative, de même l'autorité administrative est incompétente pour interpréter ou réformer les arrêts émanés de l'autorité judiciaire. — *Cons. d'état*, 17 janv. 1814, Beni.

553. — Par suite, un arrêt de la cour de Cassation ne peut être déféré directement au conseil d'état, par un particulier, pour prétendue incompétence. — *Cons. d'état*, 10 sept. 1817, de Siran.

554. — Lorsqu'un arrêt de cour royale a été déféré à la cour de Cassation, pour fausse interprétation d'une ordonnance, et pour violation d'une loi, la cour de Cassation est seule compétente pour prononcer; il n'y a pas lieu de recourir au conseil d'état. — *Cons. d'état*, 30 mai 1821, Cie des canaux d'Orléans et de Loing c. comm. de Prenoy.

555. — Ce n'est que dans le cas de conflit, positif ou négatif, qu'il appartient au gouvernement de prononcer sur la compétence des tribunaux ou des corps administratifs. Hors de là, l'autorité supérieure, pour hiérarchie, doit statuer sur les exceptions d'incompétence qui lui sont présentées. — En conséquence, malgré un arrêt de sursis prononcé par la cour de Cassation, celle cour est seule compétente pour prononcer sur les moyens d'incompétence proposés comme un arrêt de cour d'appel. — *Cons. d'état*, 12 nov. 1811, comm. de Brest c. Lemayer; 18 avr. 1816, de Lauzière c. de Montillet; 12 déc. 1811, de Lubersac; 6 nov. 1813, Brisac.

556. — On ne peut porter devant le conseil d'état la demande en nullité d'un jugement ou d'un arrêt, que dans le cas où l'autorité administrative aurait élevé un conflit.—*Cons. d'état*, 17 mars 1812, Bayl c. Brune; 7 oct. 1812, Chap. de Savigliano c. celui de Nizau.

557. — Est entaché d'excès de pouvoir l'arrêté du préfet qui, malgré un jugement de justice de paix passé en force de chose jugée, a annulé les effets de ce jugement sans avoir préalablement élevé le conflit.—*Cons. d'état*, 15 mai 1813, Magne c. comm. de Nizau.

558. — Bien qu'une ordonnance rendue sur le conseil d'état renferme, sur le même fait, une décision contraire à celle d'un jugement militaire, l'annulation du jugement ne peut être demandée que devant l'autorité judiciaire. — *Cons. d'état*, 12 mai 1819, Fabry.

559. — Ce n'est que par voie de conflit ou par un pourvoi en cassation qu'on peut obtenir la réformation d'un jugement, d'un arrêt rendu souverainement par une cour royale.— *Cons. d'état*, 20 juin 1821, Moisant c. comm. de Tocqueville.

560. — Nous avons vu (*supra* n° 546) que, dans le cas où l'autorité judiciaire se trouve saisie d'une question qui rentre dans la compétence de l'autorité administrative, cette dernière peut en revendiquer la connaissance par voie de conflit. La même faculté n'existe pas pour l'autorité judiciaire. Aucune loi ne lui donne le droit d'élever le conflit, et de plus ce droit répugne à la nature du pouvoir judiciaire qui n'est pas un pouvoir actif et qui doit se borner à statuer sur les contestations dont il est saisi.—Serrigny, n° 168.—V. aussi Cormenin, *Droit admin.*, v° *Conflits*, t. 1er, p. 444.

561. — Bien que l'autorité judiciaire, par la nature même des conflits, ne puisse les élever, ce n'est pas au conseil d'état, mais à l'autorité judiciaire

ciaire dans l'ordre hiérarchique, qu'il faut dénoncer un jugement qui est tombé dans une telle énormité. — *Cons. d'état*, 22 déc. 1811, Cuisinier.

V. ACTE ADMINISTRATIF, ALIGNEMENT, BAIL ADMINISTRATIF, COMPTABILITÉ, CONFLIT, CONSEIL D'ÉTAT, CONSEIL DE PRÉFECTURE, CONSEIL ROYAL DE L'INSTRUCTION PUBLIQUE, CONTRIBUTIONS DIRECTES, CONTRIBUTIONS INDIRECTES, COURS D'EAU, DETTE DE L'ÉTAT, ENREGISTREMENT, ÉTABLISSEMENS INSALUBRES, EXPROPRIATION POUR CAUSE D'UTILITÉ PUBLIQUE, FONCTIONNAIRE PUBLIC, MAIRE, MINISTRE, ORGANISATION ADMINISTRATIVE, PENSIONS, POUVOIR MUNICIPAL, PRÉFET, RÈGLEMENT ADMINISTRATIF, RÈGLEMENT D'ADMINISTRATION PUBLIQUE, TRAVAUX PUBLICS, TRIBUNAUX ADMINISTRATIFS, USINES, VOIRIE.

COMPÉTENCE COMMERCIALE.

Table alphabétique.

COMPÉTENCE COMMERCIALE. — **1.** — La compétence commerciale désigne la mesure du pouvoir
de juger, conféré aux tribunaux de commerce.—
Pardessus, *Droit comm.*, t. 6, p. 12.

2. — La compétence des tribunaux de commerce
peut être considérée sous trois rapports : 1° relativement au droit qu'ils ont de prononcer sur telle
ou telle espèce de contestations, ce qui comprend
la *compétence à raison de la matière*; 2° relativement
aux personnes, c'est-à-dire relativement au droit
qu'on a d'assigner le défendeur devant tel ou tel tribunal de commerce, ce qui comprend la *compétence
territoriale*; 3° relativement à la qualité des condamnations, c'est-à-dire au droit de juger en premier ou en dernier ressort. — Pardessus, *ibid.*

3. — La compétence des tribunaux de commerce
est restreinte, comme celle de tous les tribunaux
d'exception, aux cas que la loi leur a donné mission
expresse de connaître, ce qui les oblige de s'abstenir toutes les fois que la disposition qui fixe la compétence est douteuse. — *Pau*, 26 juill. 4806, Larose
a. Darramon. — Carré, *L. de la compét.*, t. 2, p. 545.

4. — Un tribunal de commerce ne peut admettre
à prouver par témoins des faits tendant à établir sa
compétence. — *Paris*, 25 août 1832, François c. De-
ligny.

5. — L'incompétence du tribunal de commerce
peut être prononcée par la cour royale sur la seule
réquisition du ministère public.—*Dijon*, 6 avr.1819,
Grandmanche c. Louet.

CHAPITRE Ier. — *Compétence à raison de la
matière.*

Sect. 1re. —*Engagemens entre commerçans.*

6. — L'art. 631, C. comm., dispose : « Les tribunaux de commerce connaîtront : 1° de toutes
contestations relatives aux engagemens et transactions entre négocians, marchands et banquiers; 2° etc. »

7.—La disposition du premier alinéa de cet art.
631 établit comme présomption que les engagemens entre commerçans sont des actes de commerce, présomption qui peut être détruite par la
preuve contraire.—V. Orillard, *Comp. comm.*, p. 474.

8.—Il faut distinguer, dans celui qui se livre habituellement aux spéculations, le commerçant du
chef de famille.—Orillard, *ibid.*

9.—Jugé, en conséquence, que les tribunaux de
commerce ne sont compétens pour connaître des
contestations relatives à des engagemens et transactions entre négocians, qu'autant que ces opérations ont trait au commerce. — *Toulouse*, 5 mars
1825, Austry; *Lyon*, 11 déc. 1840 (t. 1er 1841, p. 406),
Monlet; 44 janv. 1841 (t. 1er 1844, p. 406), Jardal.
—V. *contra* Grenoble, 5 janv. 1834, Depelley.

10.—Jugé encore que l'acheteur d'une coupe de
bois qui, dans l'acte de vente, n'a pas pris la qualité de marchand de bois, si d'ailleurs rien n'indique dans l'acte son intention d'acheter pour revendre, n'est pas admis à décliner la compétence
du tribunal civil, quoiqu'il soit marchand de bois
de profession.—*Poitiers*, 18 mai 1832, Charbonnier.
—Conf. Pardessus, *Droit comm.*, 3e édit., t. 6, p. 17.

11. — On doit décider également que le tribunal de commerce est incompétent, relativement aux contestations nées à l'occasion de fournitures de bureaux, telles que registres, papiers,
faites à un commerçant pour son usage et celui de
sa maison de commerce. L'art. 638, C. de comm.,
le décide formellement ainsi, quant aux achats
de fournitures faits par un commerçant pour
son *usage particulier*, et nous croyons qu'il en
doit être ainsi pour les fournitures à l'usage de
sa maison de commerce. En effet, qui constitue
l'acte de commerce, c'est l'achat pour revendre ou
pour louer; or, le négociant n'achète pas les objets en question, soit pour les revendre, soit pour
les louer, mais, nous le supposons, dans le seul besoin de sa maison, pour les consommer. Ces objets
ne servent qu'à l'exercice de la profession et n'en
constituent pas le but. — V. conf., sous l'ord. de
1673, Cass., 24 niv. an V, Expilly ; — Carré, *L. de la
compét.*, n° 491.

12. — Jugé ainsi que l'action dirigée contre un

commerçant à raison de fournitures à lui faites pour son usage personnel n'est pas de la compétence des tribunaux de commerce.—*Nîmes*, 19 août 1819, Charlot c. Grand; *Lyon*, 16 janv. 1838 (t. 2 1838, p. 633), Gervais; *Aix*, 22 janv. 1840 (t. 1er 1841, p. 625), Lapierre; — Pardessus, t. 1er, no 12; Merlin, *Rép.*, vo *Tribunaux de commerce*, no 6; Bioche et Goujet, vo *Actes de commerce*, nos 67 et 118; Vincens, *Législation comm.*, t. 1er, p. 123. — V. *contrà Toulouse*, 24 déc. 1824, Caze; *Aix*, 28 avr. 1837 (t. 2 1837, p. 144), Philippe.

13. — Jugé aussi, par application du même principe, que l'achat, par un commerçant à un boulanger, de pain pour la nourriture de ses ouvriers n'est pas une opération commerciale. — *Bourges*, 18 janv. 1840 (t. 1er 1841, p. 416), Millot.

14. — Jugé, cependant, que l'entrepreneur qui prend des farines chez un marchand pour les livrer à ses ouvriers, fait acte de commerce et dès-lors se soumet pour ce à la compétence des tribunaux de commerce. — *Metz*, 26 mai 1842 (t. 2 1842, p. 718), Fontaine.

15. — Par suite du principe que les tribunaux de commerce ne sont compétens pour juger les engagemens entre commerçans qu'autant que ces engagemens sont commerciaux, il a été décidé que les opérations d'un créancier négociant, par suite du mandat qu'il a reçu de ses cocréanciers négocians pour administrer les biens cédés par le débiteur, ne sont pas justiciables du tribunal de commerce. — *Limoges*, 8 déc. 1836, Rigonnaud.

16. — Jugé également que la promesse d'une somme faite par un négociant à un agent d'affaires pour lui trouver un acquéreur de son fonds est un engagement purement civil. — *Paris*, 30 janv. 1839 (t. 1er 1839, p. 118), Escolier. — V. *contrà Paris*, 14 nov. 1840 (t. 2 1840, p. 666), Petit-Jean.

17. — Toutefois, le tribunal de commerce est compétent pour connaître de l'action formée par un marchand contre un autre marchand, à l'effet d'empêcher que celui-ci fasse vendre à l'encan des marchandises neuves. — *Grenoble*, 16 mars 1837 (t. 1er 1837, p. 482), Picard. — V. *contrà Riom*, 28 nov. 1828, Salomon.

18. — Jugé aussi que la convention intervenue entre les marchands d'une ville, de ne pas vendre les dimanches, est valable et justiciable des tribunaux de commerce. — *Colmar*, 10 juill. 1837 (t. 2 1837, p. 397), Gang. — V. conf. Orillard, *Compét. comm.*, no 193.

19. — Par une sage application du 1o de l'art. 631, C. comm., la cour de Rennes (7 mars 1816, Bisson) a jugé qu'il n'appartient qu'aux tribunaux de commerce de décider à quelle époque doit commencer un compte entre négocians.

20. — Jugé à l'inverse, par la même cour, qu'un tribunal de commerce est incompétent pour connaître d'une obligation entre non commerçans et dont l'objet est un compte d'avances pour opérations commerciales et non commerciales. — *Rennes*, 2 juin 1813, Leroy c. Delger.

21. — Jugé, par application du premier alinéa de l'art. 361, C. comm., qu'un négociant est justiciable du tribunal de commerce à raison d'une reconnaissance simple qu'il a souscrite au profit d'un autre négociant avec lequel il est en rapport d'affaires. Il y a ici présomption que l'acte est commercial. — *Paris*, 12 févr. 1814, Bourrut. — V. Coin-Delisle, *Contrainte par corps*, p. 72.

22. — Cette présomption légale cède à la preuve contraire, qui est à la charge du souscripteur commerçant. — *Rouen*, 23 juill. 1842 (t. 2 1842, p. 370), Férandier.

23. — Les tribunaux de commerce sont compétens pour connaître d'une demande formée par un meunier contre un boulanger en paiement du prix de mouture des grains. — *Bruxelles*, 10 déc. 1829, Devas.

24. — Jugé aussi que le tribunal de commerce est compétent pour statuer sur la demande en résolution d'un marché formé contre le marchand vendeur. — *Paris*, 22 févr. 1839 (t. 1er 1839, p. 297), Dufontany c. Decaya; *Toulouse*, 24 déc. 1824, Carye; *Aix*, 28 avr. 1837 (t. 2 1837, p. 144), Philippe; — Vincens, *Législ. comm.*, t. 1er, p. 123; Bioche et Goujet, vo *Actes de commerce*, no 67. — *Contrà Metz*, 19 av. 1823, Legendre c. Pelleport; *Nîmes*, 19 août 1819, Charlot c. Grand.

25. — ... Et pour statuer sur une contestation entre deux commerçans ayant pour objet la restitution de marchandises que l'un d'eux s'est fait remettre par le mandataire de l'autre comme lui ayant été promises à titre de gage d'une créance, et que celui-ci prétend avoir été enlevées sans droit. — *Cass.*, 31 mai 1836, Vaissier; *Nîmes*, 24 mars 1809, N... c. Arsac. — V. *contrà Cass.*, 11 vend. an XIII, Bonnefond c. Vayssi; — Merlin, vo *Consuls des marchands*, § 2, no 3.

26. — L'action dérivant d'un mandat qui avait pour objet des opérations commerciales est de la compétence des tribunaux de commerce. — *Montpellier*, 21 mars 1831, Roucher.

27. — Celle qui naît d'une convention entre commerçans, relative à l'engraissement des bêtes à cornes, est également de la compétence des tribunaux de commerce. — *Bruxelles*, 22 mai 1823, Giglenaere. — V. *contrà* même cour, 23 fév. 1822, Gearts.

28. — L'expéditeur qui, sans l'en prévenir, charge un voiturier d'objets prohibés ou soumis à des droits, est tenu de l'indemniser des condamnations corporelles et pécuniaires que le voiturier a encourues par suite de cette fraude, et c'est au tribunal de commerce qu'il appartient de statuer sur la demande en dommages-intérêts formée par le voiturier. — *Montpellier*, 12 juill. 1828, Praty.

29. — Le tribunal de commerce connaît seul des contestations survenues à la suite d'une négociation entre un négociant et un receveur général des contributions. — *Besançon*, 27 mars 1811, Bernard. — V. cependant *Colmar*, 23 août 1814, Schneider; — Pardessus, *Droit comm.*, t. 1er, nos 49 et 54, et t. 4, nos 13, 45 et suiv.

30. — Sous l'ordonnance de 1673, les tribunaux de commerce connaissaient des contestations nées au sujet de la vente faite, entre commerçans, d'un permis d'exportation de grains. — *Trèves*, 10 août 1808, Raisset. — Il faudrait décider de la même manière, sous le Code, toutes les fois que l'achat du permis aura eu lieu dans l'intention de le revendre; *secùs* dans le cas, au contraire, où le marchand n'aura acquis le permis que pour s'en servir à son usage, parce qu'alors l'engagement n'a pas pour objet une opération commerciale, mais ne tend qu'à faciliter un commerce. — Carré, *L. de la compét.*, no 485.

31. — Il appartient aux tribunaux de commerce de décider sur une contestation entre le créancier commerçant d'une lettre de voiture et le destinataire de marchandises qui lui ont été remises et transportées par ce créancier, et cela quoique le destinataire ne soit devenu commerçant qu'après la réception, pourvu toutefois qu'il eût reçu ces marchandises dans l'intention d'en faire le commerce. — *Bruxelles*, 22 déc. 1821, Braconnier.

32. — La compétence du tribunal de commerce s'étend même aux sommes reçues par un négociant au profit d'un autre, pour fermages, si, dans le mandat réciproque qu'ils s'étaient donné l'un à l'autre par un acte de société, ils avaient compris *toutes* les sommes reçues par l'un pour l'autre. — *Cass.*, 19 déc. 1827, Théry.

33. — Les contestations relatives aux engagemens entre commerçans sont de la compétence du tribunal de commerce, bien que ces engagemens aient pour cause un pari. — *Aix*, 26 janv. 1841 (t. 1er 1841, p. 251), Mouren.

34. — Le cautionnement donné par un commerçant au profit d'un autre commerçant est un acte justiciable des tribunaux de commerce, à moins qu'il n'ait été dit et qu'il ne soit vrai que le cautionnement avait un but purement civil. — *Angers*, 8 fév. 1830, Ferran; *Cass.*, 4 prair. an XI, Delmas. — V. conf. Orillard, *Comp. des trib. de comm.*, p. 176. — *Contrà* Carré, *L. de la compét.*, t. 2, p. 527, note, et 609. — Carré admet bien, comme nous, que le cautionnement fourni par un négociant rend la caution justiciable du tribunal de commerce, puisqu'il l'admet à l'égard de toute caution; mais il veut que, quelle que soit la cause exprimée à la caution, le négociant qui a cautionné ne puisse pas décliner la compétence consulaire.

35. — La même décision devrait être adoptée alors même que le fait du cautionnement serait dénié. — *Limoges*, 9 fév. 1839 (t. 1er 1839, p. 591), Corret.

36. — A supposer que les tribunaux soient compétens pour prononcer sur une clause pénale stipulée entre commerçans contre celui qui retarderait le jugement d'une contestation qu'ils ont soumise à des arbitres volontaires, c'est au tribunal de commerce qu'il appartiendrait d'en connaître. — *Cass.*, 12 juill. 1809, Capelin c. Perret.

Sect. 2e. — *Engagemens des commerçans envers personnes non commerçantes.*

37. — L'art. 638, C. comm., alinéa 2, dispose : « Les billets souscrits par un commerçant seront censés faits pour son commerce, etc., lorsque aucune autre cause n'y sera énoncée. »

38. — Sous l'ord. de 1673, tout billet causé valeur reçue comptant, et souscrit par un commerçant était présumé avoir une cause commerciale. — *Cass.*, 9 vend. an XII, Ligné. — V. conf. Pardessus, *Droit comm.*, nos 52, 173 et suiv.; Merlin, *Rép.*, vo *Consuls des marchands*.

39. — Aujourd'hui il en doit être ainsi, même des billets souscrits par un commerçant au profit de toute personne. Cela résulte clairement du texte du 2e alinéa de l'art. 638, C. comm. — *Paris*, 1er oct. 1808, Duchaufour; *Rouen*, 10 mai 1813, Langlois.

40. — L'individu non commerçant qui a vendu à un commerçant des objets destinés à être revendus peut, à son choix, actionner l'acheteur devant le tribunal civil ou devant le tribunal de commerce. — *Bourges*, 31 mars 1841 (t. 1er 1842, p. 200), Gonnot et Rouet c. Frébaut. — V. conf. *Cass.*, 12 déc. 1836, Garrigou; *Bourges*, 17 juill. 1837 (t. 2 1837, p. 408), Chabenet; — Pardessus, *Droit comm.*, t. 5, no 1347. — V. *contrà Bourges*, 25 août 1830, Belliart; *Bastia*, 10 août 1831, Agostini; — Locré, *Esprit du Code de comm.*, t. 8, p. 200; Favard, *Répert.*, vo *Tribunal de comm.*, no 698; Carré, *L. de l'organ. et de la compét.*, t. 2, p. 383, à la note; Bioche et Goujet, *Dict. de proc.*, vo *Tribunal de comm.*, no 90.

41. — Mais, le négociant assigné devant un tribunal civil pour l'exécution d'un acte de commerce qu'il a fait avec un individu non négociant a le droit de demander son renvoi devant la juridiction commerciale; et il n'est pas déchu de ce droit par cela seul que, cité préalablement en conciliation, il a comparu au bureau de paix, ou que, depuis l'introduction de l'instance, il a offert de payer les frais. — *Orléans*, 5 mars 1842 (t. 1er 1842, p. 452), Gourdon c. Laiseau et Métivier. — V. conf. *Bastia*, 10 août 1831, Agostini.

42. — Toutefois, l'incompétence des tribunaux civils pour statuer sur des matières de commerce est simplement relative, et par suite elle est couverte par les parties, lorsqu'au lieu de présenter le déclinatoire, elles ont plaidé au fond. — *Bordeaux*, 1er fév. 1831, Fontémoing c. Barré.

43. — Jugé même que lorsqu'un tribunal civil a été saisi d'une affaire commerciale et que le défendeur n'oppose pas l'incompétence, les juges ne peuvent d'office se déclarer incompétens. — *Douai*, 9 déc. 1843 (t. 1er 1844, p. 207), Dujardin; *Cass.*, 10 juil. 1816, Miquel c. Vialadieu; *Rennes*, 2 déc. 1815, Chérel; *Cass.* 9 janv. 1838 (t. 1er 1838, p. 631), Loisel. — Voici comment s'explique sur cette question Henrion de Pansey (*Traité de la compét. des juges de paix*, ch. 4, 7e édit.) : « Le juge ordinaire et territorial, dit ce savant magistrat, a bien une autre sphère d'activité. Investi d'un droit universel, tout dans son territoire est soumis à sa juridiction, et son autorité pèse également sur les personnes et sur les choses. Un domicile étranger peut seul le rendre incompétent à raison des personnes. Quant aux choses, son pouvoir n'a d'autres limites que celles de l'autorité judiciaire elle-même; et s'il n'a pas le droit de connaître des affaires administratives, ce n'est pas qu'à cet égard sa compétence soit restreinte, c'est qu'elle ne s'est jamais étendue jusque-là. En un mot, juge naturel et universel de son territoire, il ne connaît pas d'incompétence *ratione materiæ*, et il connaîtrait légalement d'une affaire de commerce et de toute autre attribuée aux tribunaux extraordinaires, qui serait portée devant lui et dont le renvoi ne lui serait pas demandé. »

44. — Jugé également que, lorsqu'en matière commerciale un tribunal civil est saisi d'une instance en vérification d'écritures, il ne peut s'abstenir de statuer, sous le prétexte que le billet dénié est sans cause. — *Douai*, 30 déc. 1819, Vanbeulaere c. Campe.

45. — Jugé encore que, lorsqu'un tribunal civil est saisi par les parties d'une affaire commerciale, il ne peut pas, d'office, renvoyer la cause devant le tribunal de commerce. — *Colmar*, 6 août 1827, Coquebert c. Samuel.

46. — Enfin, jugé dans le même sens qu'un tribunal civil est compétent pour connaître d'une affaire commerciale, encore qu'il existe dans le ressort un tribunal de commerce. — *Bruxelles*, 8 juin 1822, Decoster c. Vercauteren.

47. — A l'inverse, l'individu non commerçant qui, en traitant avec un commerçant, n'a pas fait personnellement acte de commerce, ne peut être appelé par ce commerçant devant la juridiction consulaire, sur le fondement que la convention formée entre eux avait pour objet le trafic auquel le commerçant se livre. — *Cass.*, 12 déc. 1836 (t. 1er 1837, p. 620), Garrigou c. Rives.

48. — Toutefois, il a été jugé qu'un capitaine de navire assigné devant un tribunal de commerce en paiement d'un billet à ordre qu'il avait souscrit pour valeur en compte, doit, avant de défendre au fond, demander son renvoi devant les tribunaux civils, à peine d'être déchu, alors même qu'en fait la dette serait purement civile. — *Paris*, 29 déc. 1809, Guenot; *Bordeaux*, 1er août 1831, David; *Caen*, 25 fév. 1825, Fouet; *Bruxelles*, 31 juill. 1809, N... — V. *contrà Rouen*, 10 déc. 1841 (t. 1er 1842, p. 518), Delahaye; — Carré, *L. de la compét.*, t. 7, no 526, édit. Foucher.

49. — Jugé que le non-commerçant qui s'est laissé condamner par défaut peut proposer l'exception d'incompétence devant un tribunal d'appel. — *Bruxelles*, 23 déc. 1809, Adnet.

50. — On doit entendre par le mots *billets* de l'art. 638, C. comm., tout engagement sous seing-privé souscrit par un commerçant, qu'il soit ou non susceptible d'être transmis par l'endossement. Et toute personne qui aura apposé sa signature sur ledit billet sera justiciable du tribunal de commerce. — *Bruxelles*, 2 juill. 1834, de Beaumont; *Paris*, 23 juin 1807, Langlumé; 7 déc. 1814, Perrier; 15 fév. 1810, Grimould.

51. — Les obligations notariées constitutives d'hypothèques consenties par un commerçant envers toute personne, même non commerçante, sont censées faites pour son commerce, surtout s'il est constant que les intérêts ont été stipulés au-dessus de 5 p. %. — *Bordeaux*, 28 août 1835, Dolézac; *Douai*, 7 fév. 1825, Dupuis; — Pardessus, *Droit comm.*, t. 1er, no 50.

52. — Est regardée comme dette commerciale celle que contracte un marchand qui emprunte une somme d'argent pour l'employer à ses affaires. — *Orléans*, 29 mai 1840 (t. 2 1840, p. 273), Serrac; *Lyon*, 16 janv. 1838 (t. 2 1838, p. 633). Gervais.

53. — Néanmoins, des arrêts ont décidé que le mot *billets* de l'art. 638, C. comm., ne s'applique pas de plein droit aux prêts contractés verbalement par un commerçant; c'est-à-dire que les billets souscrits pour prêts ne sont pas censés faits pour le commerce du négociant souscripteur, quoique aucune autre cause n'y soit énoncée. — *Poitiers*, 22 mai 1829, Faydeau c. Goreau; *Rennes*, 13 déc. 1823, N... — Carré combat avec raison cette décision, en se fondant sur ce que l'énonciation d'un prêt n'est point celle d'une cause comme l'entend l'art. 638, C. comm. — Carré, *L. de la Compét.*, p. 641.

54. — Les engagemens d'un commerçant étant présumés faits relativement à son négoce, les obligations résultant de sommes à lui fournies le rendent justiciable des tribunaux de commerce, à moins qu'il ne prouve que ces sommes étaient destinées à son usage personnel. — *Bourges*, 29 mai 1824, Cointe.

55. — En serait-il de même des prêts qui auraient été faits verbalement à un commerçant; et celui-ci ne pourrait-il décliner la juridiction commerciale qu'en établissant que la somme a été empruntée pour toute autre fin que son commerce? La négative a été jugée par la cour de Bourges, (5 déc. 1810, Foucher), et est enseignée par Carré (t. 2, no 531).

56. — Mais la qualité de propriétaire prise par le commerçant souscripteur du billet ne détruit pas la présomption légale que la dette est commerciale. — *Paris*, 26 janv. 1842 (t. 1er 1842, p. 227), Hayet.

57. — Nous avons vu (no 34) que le cautionnement fourni par un commerçant au profit d'un commerçant et pour dette commerciale est de la juridiction consulaire. — Jugé, au contraire, que le cautionnement d'une dette commerciale par un non-commerçant ne constitue pas de sa part un acte de commerce qui le rende justiciable des tribunaux de commerce. — *Rouen*, 10 déc. 1841 (t. 1er 1842, p. 598), Delahaye.

58. — Jugé cependant que le cautionnement fourni à un commerçant par un non commerçant rend celui-ci justiciable du tribunal de commerce, surtout s'il s'est obligé solidairement. — *Bordeaux*, 24 août 1841 (t. 1er 1842, p. 23), Réaud; *Caen*, 25 fév. 1825, Fouet; — Carré, t. 2, p. 609.

59. — Et si la caution avait payé la dette qu'elle avait garantie, elle pourrait exercer devant le tribunal de commerce son recours contre le débiteur, parce que, aux termes des art. 1249, 1251 et 2029, C. civ., elle serait subrogée à tous les droits du créancier. — Carré, t. 2, p. 610.

60. — L'obligation solidaire contractée par un non-commerçant de payer une somme pour prix de marchandises vendues par un tiers à un non-commerçant ne rend pas le débiteur solidaire justiciable du tribunal de commerce. — *Bruxelles*, 30 oct. 1830, Guilleminet.

61. — Mais, comme nous l'avons vu au no 58, si l'obligation était commerciale de la part de l'un des débiteurs, il en serait autrement. Dans ce cas, le créancier peut poursuivre tous les débiteurs devant le tribunal de commerce et même devant le tribunal civil, sauf toutefois au débiteur non commerçant assigné seul à décliner la juridiction consulaire si le titre constitutif de la créance n'est point une lettre de change portant la signature de commerçans ou un autre acte que la loi répute toujours acte de commerce. — Plus spécialement, jugé que la femme d'un commerçant, quoique non marchande publique, peut être poursuivie conjointement avec lui pour une obligation dont elle est débitrice solidaire avec son mari. — V. ord. 1673, tit. 12; C. comm., art. 637; — Carré, t. 2, p. 611. — V. conf. *Cass.*, 19 frim. an XIII, Massé.

62. — Mais lorsqu'une femme, assignée devant un tribunal de commerce pour l'exécution d'un cautionnement qu'elle a consenti pour son mari négociant, conteste la validité de ce cautionnement, elle doit être renvoyée devant les tribunaux civils, seuls compétens pour en connaître. — *Bourges*, 30 nov. 1822, Flageol c. Sedille.

Sect. 3e. — *Actions contre les facteurs, commis des marchands ou leurs serviteurs.*

63. — L'alinéa 1er de l'art. 634, C. comm., porte : « Les tribunaux de commerce connaîtront également 1o des actions contre les facteurs, commis des marchands ou leurs serviteurs, pour le fait seulement du trafic du marchand auquel ils sont attachés. »

64. — Ainsi les tribunaux de commerce sont compétens pour connaître des demandes formées par un tiers contre les commis d'un commerçant, à l'occasion du commerce de leur patron, et pour juger l'action en paiement dirigée par un vendeur contre le commis d'un marchand acheteur par l'entremise de ce commis. — *Paris*, 11 juill. 1840 (t. 2 1840, p. 138), Lucien; *Bordeaux*, 25 juill. 1838 (t. 2 1838, p. 463), Pissot; *Bruxelles*, 10 janv. 1811, Debonne; — Orillard, *Comp. comm.*, nos 200, 201; Delvincourt, *Cours C. civ.*, t. 2, p. 189; — LL. 1, 11, 12, ff., *De inst. act.*

65. — Sous l'empire de l'ord. de 1673, la compétence du tribunal de commerce s'étendait aux actions pour gages et salaires des commis contre les marchands, aussi bien qu'à celles des marchands contre leurs commis. — Ord. 1673, tit. 12, art. 13.

66. — En est-il de même sous l'empire du Code de commerce? — D'une part, on a dit que, les facteurs ou commis ne se livrant à aucun trafic avec leur maître, que les commis n'étant pas commerçans, et le louage étant un contrat purement civil, il n'y a pas de motif de supposer que le législateur ait voulu permettre à ces personnes de saisir la juridiction commerciale à raison de leurs salaires et traitemens. — Carré, *L. de la compét.*, t. 2, p. 612; Favard, *Rép.*, vo *Compétence*.

67. — Mais, d'autre part, on a dit que le tribunal de commerce doit connaître des actions formées par les commis pour leurs salaires et traitemens : 1o parce qu'il en était ainsi sous l'empire de l'ordonnance de 1673; 2o parce que les engagemens formés par les commis le sont à raison de fonctions commerciales. — Vincens, t. 4, p. 21, (1re éd.); Delvincourt, *Instit. comm.*, t. 2, p. 47.

68. — Nous adoptons entièrement cette dernière opinion, qui nous paraît plus conforme à l'esprit de la loi, qui ne fait plus de distinction entre les personnes et les met toutes sur le pied de l'égalité; nous croyons, d'ailleurs, que les juges consulaires sont plus à même que tous autres juges de décider sur des contestations de cette nature, par l'habitude qu'ils ont de souscrire journellement des engagemens de ce genre. — Orillard, *Compét. comm.*, p. 435.

69. — Jugé que les tribunaux de commerce sont compétens pour connaître de l'action d'un commis-négociant contre son patron, en paiement de ses appointemens. — *Aix*, 3 juin 1843 (t. 1er 1844, p. 391), Marin; *Orléans*, 6 mars 1844 (t. 1er 1844, p. 493), Barrelier Durand c. Bouille.

70. — Jugé aussi conformément à cette dernière opinion par la cour de Paris, 11 mars 1834 (Heuste c. Saint Brice). — V. conf. *Liége*, 27 déc. 1811, Renoy; *Lyon*, 17 janv. 1821, Dujay; *Paris*, 29 nov. 1825, Doumerc; *Cass.*, 3 janv. 1828, Lebouc; *Paris*, 24 août 1829, Tylloi c. Péleau; *Cass.*, 15 déc. 1835, Adam c. Cros; *Limoges*, 30 juill. 1836, Brugère; *Cass.*, 12 déc. 1836 (t. 1er 1837, p. 620), Garrigou; *Bordeaux*, 4 août 1840 (t. 2 1840, p. 715), Maréchal; *Lyon*, 7 mai 1841 (t. 2 1841, p. 601), Descombes; *Besançon*, 3 août 1844 (t. 1er 1845, p. 679), l'Unité c. Migne.

71. — Jugé de même que l'action en restitution de valeurs soustraites par le commis d'un marchand n'est pas par sa nature une action ordinaire, se rattachant à des actes étrangers au commerce, placée hors de la disposition de l'art. 634, C. comm., et sur laquelle, par conséquent, les tribunaux civils puissent seuls prononcer. — *Paris*, 12 déc. 1829, Thierrion c. Colsenet.

72. — Est pareillement de la compétence du tribunal de commerce la demande formée contre un entrepreneur de diligences, à fin de restitution d'un cautionnement versé entre ses mains pour garantie de la gestion d'un préposé. — *Bordeaux*, 19 avr. 1833, Russac c. Maubourget.

73. — Jugé également que le tribunal de commerce est compétent pour connaître de l'action des syndics contre le commis d'un négociant failli, à l'effet de l'obliger au rapport des sommes qu'il a puisées dans la caisse de son commettant, pour appointemens qu'il prétendait lui être dus. — *Metz*, 30 août 1821, Syndics de la faillite Bougleux c. Dumont.

74. — Jugé également que le commis peut agir devant les tribunaux de commerce pour les avances et fournitures à lui faites par son maître, et en général pour l'exécution des engagemens qu'il prétend contractés envers lui par son patron, de même que pour ses appointemens. — *Bordeaux*, 4 août 1840 (t. 2 1840, p. 715), Maréchal.

75. — Mais jugé, au contraire, que la disposition de l'art. 634, § 1er, C. comm., d'après laquelle la juridiction commerciale peut connaître des actions contre les facteurs, commis et serviteurs des marchands, lorsqu'il s'agit du trafic du marchand auquel ils sont attachés, ne concerne que les tiers; aussi ne donne-t-elle pas attribution à un tribunal de commerce sur la demande que le commerçant lui-même engage contre son commis, en restitution des carnets de commission, de vente, et en remboursement de sommes surpayées, parce que cela ne constitue que des rapports nés à l'occasion d'un contrat civil rentrant dans la compétence des tribunaux ordinaires. — *Nîmes*, 16 août 1839 (t. 1er 1840, p. 496), Favre c. Faure.

76. — En admettant même que les actions des commis contre leurs maîtres ne soient pas de la compétence consulaire, on ne peut, sans violer la disposition formelle de l'art 634, Code comm., adopter cette décision de la cour de Nîmes. L'alinéa premier de cet article dit, en effet, que les actions contre les commis des marchands, pourvu qu'elles aient trait au fait du trafic de ces marchands, sont de la compétence commerciale, et ne dit pas que le tribunal de commerce est *compétent alors seulement que les actions sont intentées par des tiers.*

77. — Jugé, conformément à l'opinion que nous avons combattue, que les tribunaux de commerce ne sont pas compétens pour connaître des contestations entre les marchands et leurs commis, lorsqu'il s'agit du salaire réclamé par ceux-ci contre leurs maîtres; que leur compétence est restreinte au cas où il s'agit d'actions intentées par ces derniers contre les commis. — *Nîmes*, 28 juin 1839 (t. 2 1839, p. 46), Pierre c. Barthès. — V. conf. *Florence*, 20 sept. 1809, Brunetti; *Rouen*, 19 janv. 1813, Durand; *Grenoble*, 31 août 1814, Gonet; *Metz*, 13 juill. 1818, Bertrand; 21 avr. 1818, Texier; 16 fév. 1819, Compagnie Boubée; *Amiens*, 8 mai 1821, Roque; *Caen*, 8 mars 1825, Lenamps; *Bordeaux*, 21 fév. 1826, Jacquinot; *Nancy*, 9 juin 1826, Iroy; *Aix*, 26 janv. 1828, Maurel; *Rouen*, 26 mai 1828, Samson; *Aix*, 23 janv. 1830, Bucelle; *Poitiers*, 27 janv. 1830, Morineau; *Montpellier*, 10 juill. 1830, N.

78. — Jugé, même dans le sens de l'opinion qui refuse aux commis des marchands le droit de traduire ceux-ci devant la juridiction consulaire, que l'ouvrier qui travaille chez lui et à son compte peut traduire le commerçant qui l'emploie devant le tribunal de commerce, parce qu'il n'est ni son facteur ni son commis. — *Toulouse*, 12 déc. 1836 (t. 1er 1837, p. 620), Garrigou.

79. — Mais, dans le système que nous adoptons, les actions des facteurs, commis ou serviteurs des marchands contre leurs maîtres peuvent être portées devant les tribunaux ordinaires. — *Cass.*, 12 déc. 1826, Garrigou et Comp. c. Rives; 3 janv. 1828, Lebouc.

80. — Quoique la cour de Metz ait décidé que les contestations auxquelles peuvent donner lieu les salaires dus par les négocians à leurs commis ou domestiques, sont de la compétence des tribunaux ordinaires, et non point des tribunaux de commerce, elle a néanmoins reconnu que lorsqu'un tribunal de commerce est saisi de plusieurs chefs de demande, dont quelques uns seulement sont de sa compétence, il peut prononcer sur le tout. — *Metz*, 21 av. 1813, Texier c. Manhelin. — V. cependant *contrà Poitiers*, 27 janv. 1830, Morineau.

81. — Se basant sur ce que l'art. 634, C. comm., n'attribue compétence à la juridiction consulaire que relativement aux actions des marchands contre leurs commis, pour le fait *seulement* du trafic de ceux-ci, la cour de Rome a jugé que le tribunal de commerce n'est pas compétent pour connaître de la demande en restitution de matières premières confiées à des ouvriers pour les travailler. — *Rome*, 5 sept. 1811, Lucenti et Casanova c. Delgrande. — V. conf. *Bruxelles*, 11 juin 1812, Boulanger; *Angers*, 28 janv. 1824, Crayon; *Rouen*, 14 mai 1825, Amaury.

82. — Jugé, au contraire, que la connaissance de l'action en revendication de matières premières confiées par un commerçant à un ouvrier et re-

mises par celui-ci à d'autres commerçans pour lesquels il travaillait également, appartient au tribunal de commerce. — *Nîmes*, 24 mars 1809, Arsac.

83. — Jugé, par application du principe qui restreint la compétence des tribunaux consulaires aux cas spécialement prévus, que les tribunaux de commerce ne sont pas compétens pour connaître de la demande formée par un marchand contre l'individu qui s'est engagé à son service comme commis voyageur, en paiement du dédit promis par celui-ci, pour le cas où il ne remplirait pas son engagement. — *Bruxelles*, 30 oct. 1823, Criquillon.

84. — Jugé également que c'est devant les tribunaux civils, et non devant les tribunaux de commerce, qu'un marchand doit assigner son commis en paiement du reliquat des sommes que celui ci aurait touchées en sa qualité de commis. — *Amiens*, 21 déc. 1824, Campeaux c. Prévost.

85. — Mais les commis des marchands sont, à l'égard de leurs patrons, à raison des faits du négoce auquel ils sont préposés, soumis à la juridiction commerciale. — *Paris*, 24 juin 1844 (t. 2 1844, p. 142), Saint-Jore c. Leboulanger; 1er août 1844 (t. 2 1844, p. 143), Tresneau c. Asselin; *Bourges*, 4 fév. 1843 (t. 2 1843, p. 768), Pivert c. Kessler.

86. — Comme conséquence de ce que le facteur ou commis d'un marchand est justiciable des tribunaux de commerce, il est contraignable par corps. — *Cass.*, 3 janv. 1828, Lebouc c. Dhaudeterre. — V. conf. *Paris*, 12 déc. 1829, Thierrion; — Bioche et Goujet, *Dict. de proc.*, v° *Tribunal de commerce*, n° 75.

87. — A l'inverse, il a été jugé que la contrainte par corps ne peut être prononcée contre le commerçant à raison des appointemens qu'il doit à ses employés. — *Cass.*, 15 avr. 1829, Courtin.

88. — Le tribunal de commerce est compétent pour statuer sur une action en restitution de pièces remises par le liquidateur d'une maison de commerce à un teneur de livres chargé de la vérification du compte de liquidation. — *Cass.*, 20 nov. 1834, Gaillard c. Prémillieux.

89. — Jugé que la demande formée par un marchand contre son commis, en reddition de compte de la gestion qui lui a été confiée, si d'ailleurs cette gestion a eu le commerce pour principal objet, est de la compétence du tribunal de commerce et non du tribunal civil. — *Lyon*, 17 janv. 1821, Dujaz c. Rostan.

90. — La compétence des tribunaux de commerce étant limitée aux cas spécialement prévus par la loi, ils ne peuvent connaître des actions en dommages-intérêts formées par les commis ou toute autre personne, ou en paiement du prix de marchandises achetées par les commis pour le compte des négocians, quand l'action est intentée par ces commis. — *Cass.*, 19 juill. 1814, Grozier; *Rouen*, 19 janv. 1813, Durand; *Metz*, 13 juill. 1818, Bertrand; — Carré, t. 2, p. 613.

91. — En vertu du même principe, il a été jugé que le tribunal consulaire est incompétent pour statuer sur l'action d'un marchand contre son commis pour reddition de compte et de reliquat de sommes touchées par le commis pour le marchand et en sa qualité. — *Amiens*, 21 déc. 1826, Campaux.

92. — Jugé que le tribunal de commerce ne peut statuer sur la demande en paiement de salaire formée par un ouvrier briquetier loué à l'année, lequel, n'étant qu'un homme de peine, doit porter son action devant le juge de paix. — *Toulouse*, 6 mars 1838 (t. 2 1838, p. 319), Vayesse.

93. — Jugé également que la demande d'un entrepreneur de messageries contre son facteur, pour lui faire rendre compte de sa gestion, n'est pas de la compétence consulaire. — *Rennes*, 20 nov. 1833, Schwend.

94. — Jugé toutefois qu'un négociant peut former contre son commis, devant le tribunal de commerce, une demande en reliquat de compte, alors même que ce commis n'est pas domicilié dans le même lieu que le négociant, et qu'il n'a qu'une remise proportionnelle sur les affaires. — *Bourges*, 10 janv. 1823, Bonnet.

95. — Le facteur auquel un marchand de bois a donné l'ordre de faire exploiter des coupes est également justiciable des tribunaux consulaires pour la reddition de son compte. — *Rouen*, 3 janv. 1828, Lebouc.

Sect. 4e. — *Des billets faits par les comptables de deniers publics.*

96. — Le 2e alinéa de l'art. 634, C. comm., porte : « Les tribunaux de commerce connaîtront également des billets faits par les receveurs, payeurs, percepteurs ou autres comptables des deniers publics. »

97. — Mais si les billets souscrits par les comptables énonçaient une cause étrangère à leur gestion, le tribunal de commerce serait incompétent. — C. comm., art. 638.

98. — Jugé toutefois que les billets souscrits par des comptables sont censés faits pour leur gestion, quoique leur valeur y soit énoncée pour amiable prêt. — *Aix*, 30 mai 1829, Giraud.

99. —... Alors même que les billets souscrits par les comptables ne seraient pas négociables, le tribunal de commerce serait compétent, pourvu qu'ils eussent été faits à propos de la gestion du comptable. Il en serait de même si le comptable, quoique non souscripteur du billet, y avait apposé sa signature pour une cause non étrangère à sa gestion. — *Bruxelles*, 31 mai 1809, Laplace; *Rouen*, 29 nov. 1814, Dumanoir; *Poitiers*, 24 janv. 1832, Gontaud; — Vincens, *Législ. comm.*, t. 1er, p. 138. — V. *contrà* Carré, t. 2, p. 615.

100. — La compétence consulaire ne pourrait être contestée pour les billets souscrits ou endossés par les comptables pour cause de leur gestion, alors même qu'ils ne seraient plus comptables à l'époque de leur échéance. — Carré, t. 2, p. 616.

101. — Mais le tribunal consulaire serait incompétent relativement au billet souscrit par une personne non comptable au moment de la souscription, alors même qu'ayant été comptable avant la souscription, elle faisait des recouvremens arriérés au moment où le billet a été souscrit par le comptable. — *Aix*, 2 août 1808, Lanteri.

102. — A l'inverse, il a été jugé que les billets souscrits par le fermier d'un octroi municipal antérieurement à son entrée en gestion, mais qui sont relatifs à cette administration, sont de la compétence commerciale. — *Caen*, 12 mai 1814, Guiraud.

103. — Bien qu'un percepteur des contributions directes soit justiciable des tribunaux de commerce pour les billets qu'il a souscrits ou endossés pour cause de sa gestion, il n'est cependant pas contraignable par corps, à moins qu'on ne prouve qu'il les a souscrits ou endossés pour cause commerciale ou au profit du trésor. — *Toulouse*, 21 août 1835, Bonnefons.

104. — Le tribunal de commerce ne peut connaître d'une contrainte décernée par le ministre du trésor impérial contre un comptable; ni de la validité d'une saisie-arrêt pratiquée par le trésor entre les mains de débiteurs d'un comptable. — *Rennes*, 19 janv. 1814, Lecrosnier.

105. — Les dispositions du deuxième alinéa de l'art. 634, C. comm., sont applicables aux simples commis des receveurs, surtout si le commis a reçu une somme pour la verser dans la caisse du receveur. — *Riom*, 3 août 1815, Davine.

Sect. 5e. — *Actions qui naissent des actes de commerce.*

106. — L'art. 631, C. comm., alinéa 2e, porte : « Les tribunaux de commerce connaissent, entre toutes personnes, des contestations relatives aux actes de commerce. » — Cet alinéa établit ainsi la compétence des tribunaux consulaires pour tout ce qui est acte de commerce. — Pour savoir quels actes sont réputés commerciaux, V. ACTE DE COMMERCE.

107. — C'est par application de ce principe qu'il a été jugé que les tribunaux de commerce connaissent entre toutes personnes des contestations sur les actes de commerce. — *Rennes*, 24 août 1816, Lelour c. Bourdon.

108. — Peu importe que les parties de qui émanent ces actes de commerce fassent du commerce leur profession habituelle, ou que ces parties ne se soient livrées que par exception à une opération commerciale isolée. — Goujet et Merger, *Dict. de dr. comm.*, v° *Compétence*, n° 63.

109. — Lorsqu'un acte n'est commercial que de la part de l'une des parties, celle qui n'a pas fait acte de commerce est libre de traduire son adversaire, à son choix, devant le tribunal civil ou devant le tribunal de commerce. — Spécialement, les agens de remplacement militaire ne peuvent décliner la compétence des tribunaux civils relativement aux traités par eux faits avec des remplaçans. — *Cass.*, 6 nov. 1843 (t. 1er 1844, p. 374), Derogy c. Beauvisage et Guidon; 20 mars 1811, admin. des messageries c. Fusibay; *Bourges*, 17 juill. 1837 (t. 2 1837, p. 408), Chabenet c. Rigolet; — Merlin, *Quest. de droit*, v° *Commerce (Actes de)*; Pardessus, *Droit comm.*, n° 1347; Vincens, *Législ. comm.*, t. 1er, p. 130; Goujet et Merger, n° 64. — V. *contrà Bourges*, 25 août 1830, Billiard c. Lecocq; *Bastia*, 10 août 1831, Agostini c. Cafotta; — Carré, *L. de la compét.*, t. 2, p. 533; Favard de Langlade, *Rép.*, v° *Trib. de comm.*, p. 698; Locré, *Esprit C. comm.*, t. 8, p. 200, sur les art. 631 à 639; Orillard, n° 235.

110. — Ainsi, il suffit que l'acte au sujet duquel l'action est intentée soit commercial pour que la juridiction consulaire puisse statuer. — *Toulouse*, 21 juin 1827, Tisses.

111. — Jugé, à l'inverse, qu'un acte isolé, qui peut aussi bien être considéré comme l'exécution d'un mandat salarié que comme un acte de commerce, et qui, dans tous les cas, n'est point accompagné d'actes de la même nature, dont la réunion puisse déterminer l'habitude de se livrer au négoce, ne peut rendre un individu justiciable du tribunal de commerce. — *Paris*, 26 nov. 1825, D....

112. — L'incompétence des tribunaux de commerce pour connaître des contestations qui ne reposent pas sur des actes de commerce est une incompétence *ratione materiæ*, qui ne peut, par conséquent, être couverte par aucun acquiescement. — *Limoges*, 15 juin 1838 (t. 1er 1839, p. 210), Meyze c. Imbert; *Poitiers*, 9 fév. 1838 (t. 2 1838, p. 141), Inisan.

113. — Mais il faut observer que si l'incompétence des tribunaux de commerce est matérielle, il n'en est pas de même de celle des tribunaux ordinaires pour la connaissance des actes commerciaux. Nous avons vu (§ 2) que cette incompétence est couverte par les défenses au fond. — En conformité de ce principe, nous décidons, avec M. Pardessus, que la personne qui, n'étant pas commerçante, n'a pas fait acte de commerce, a le choix de traduire son adversaire devant le tribunal civil ou devant la juridiction consulaire, comme elle peut décliner cette dernière juridiction si elle n'a pas fait acte de commerce. — V. conf. *Bastia*, 10 août 1831, Agostini; *Bourges*, 17 juill. 1837 (t. 2 1837, p. 408), Chabenet c. Rigolet; *Cass.*, 12 déc. 1836 (t. 1er 1837, p. 621), Garrigou; — Pardessus, t. 6, n° 1347. — V. *contrà* Locré, *Esp. C. comm.*, t. 8, p. 200; Favard, *Rép.*, v° *Tribunal de commerce*; Carré, t. 2, p. 254; Orillard, *Comp. comm.*, p. 216, n° 235.

114. — Par suite du principe que les tribunaux exceptionnels ne connaissent que des cas qui leur sont formellement attribués, il a été décidé que ce n'est pas devant un tribunal de commerce, mais devant un tribunal ordinaire, que doit être portée l'action en réparation du dommage causé dans un canal de l'intérieur par le bateau d'un commerçant. — *Bruxelles*, 6 avr. 1816, N...

115. — Les art. 407 et 633, C. comm., ne sont pas applicables à la navigation sur les fleuves et rivières. En conséquence, les tribunaux de commerce sont incompétens pour statuer sur une question d'abordage sur une rivière. — *Aix*, 16 juin 1841 (t. 2 1841, p. 305), Palure c. Prat.

116. — De même, les tribunaux de commerce ne sont pas compétens pour connaître des réclamations formées contre un fermier de bac, pour cause d'accident arrivé au passage. — *Nîmes*, 13 avr. 1812, fermier du bac de Mirabeau c. Andrieux; *Metz*, 9 fév. 1816, Ongener; — Carré, *L. de la compét.*, art. 384, n° 508 (éd. Foucher, t. 7, p. 196).

117. — Jugé aussi que la juridiction commerciale est compétente pour connaître du quasi-délit résultant de ce que par suite de l'amarrement d'un radeau, un autre radeau a sombré avec ses marchandises. — *Grenoble*, 5 janv. 1834, Depelley c. Plantier. — V. Pardessus, *Droit comm.*, n° 35.

118. — Jugé encore que c'est aux tribunaux de commerce qu'il appartient de décider s'il y a lieu ou non au délaissement d'un navire échoué, et qu'ils peuvent, même dans le cas où les commissaires de la marine auraient ordonné la vente du navire, comme brisé et innavigable, décider qu'il n'y avait pas innavigabilité. — *Cass.*, 3 août 1821, Danilens c. Balguérie-Dandiron. — V. toutefois Pardessus, n° 840. — « Les procès-verbaux des autorités compétentes, dit-il, les ordres qu'elles ont donnés, fussent-ils même évidemment arbitraires, soit pour réunir les débris dans le cas de naufrage absolu, soit pour dépécer ou vider le navire qui serait échoué avec bris, eussent-elles mal à propos considéré comme brisé totalement un navire que les efforts de l'équipage auraient pu relever, et que peu de frais auraient pu remettre en état, *sont des preuves de sinistre que l'assureur ne saurait contester*, sauf son recours contre l'agent de l'autorité dont il aurait à se plaindre. »

119. — Les tribunaux de commerce sont compétens pour connaître des contestations élevées entre les fournisseurs du gouvernement et leurs sous-traitans. — *Cass.*, 6 sept. 1808, Carlier c. Matheron; 22 frim. an IX, Gehier; 11 vendém. an X, Muiron; 13 messid. an XII, Manier; 16 juill. 1806, Raymond; *Lyon*, 30 juin 1827, Bodin. — Le contrat intervenu entre ces personnes est considéré comme un acte de commerce. — Mais les tribunaux de commerce sont incompétens pour connaître des contestations élevées au sujet de fournitures faites aux troupes par un agent de l'adm

nistration.—*Cass.*, 1er brum. an VIII, Gros ; 13 pluv. an VIII, Lévy ; 22 pluv. an X, Labouret ; 18 messid. an X, Duparc ; 25 flor. an XII, Ganal. — V. aussi *Cass.*, 2 germin. an XI, Gaudechaus. — La raison de ces différentes décisions consiste en ce que l'agent du gouvernement qui contracte en son nom personnel n'est considéré, quant à cette obligation, que comme un simple particulier justiciable des tribunaux (décr. 26 mars 1820), et que c'est seulement à l'égard des agens du gouvernement, et non à l'égard des fournisseurs, simples particuliers, que l'autorité administrative est compétente. — *Cons. d'état*, 29 oct. 1823, Pagès ; — Cormenin, *Dr. admin.*, vo *Marché de fournitures*; Merlin, *Rép.*, vo *Pouvoir judiciaire*, § 2, no 2; Carré, p. 35 ; Chevalier, vo *Fournitures*; Magnitot, *Dict. de droit adm.*, vo *Fournitures*.

120. — Décidé, par suite des mêmes principes, que lorsqu'un individu s'est engagé personnellement, par lettre de change, au paiement des subsistances fournies par le vendeur pour les besoins de l'administration, et sans qu'il soit constant que le vendeur connaissait alors sa qualité, la contestation qui s'élève au sujet du paiement de cette lettre de change est de la compétence des tribunaux, encore que sa qualité d'agent du souscripteur ait été reconnue ultérieurement par l'autorité administrative. — *Cons. d'état*, 3 juin 1818, Tribard c. Petit.

121. — La responsabilité résultant, pour un entrepreneur de voitures publiques, du dommage causé par la mauvaise direction d'une de ses voitures aux chevaux d'une autre voiture publique, n'a rien de commercial, et dès-lors les tribunaux de commerce sont incompétens pour en connaître. — *Paris*, 16 mars 1844 (t. 1er 1844, p. 554), Barbier. — Suivant MM. Bioche et Goujet (*Dict. de procéd.*, vo *Acte de commerce*, no 14), l'action intentée par un commerçant en réparation du préjudice causé par un délit ou un quasi-délit ne constitue pas un acte de commerce, alors même que ce délit ou quasi-délit aurait porté sur des marchandises à livrer.

122. — Jugé aussi que lorsque les relations existant entre deux parties ont été reconnues, par arrêt passé en force de chose jugée, avoir un caractère commercial, le tribunal de commerce a pu juger les contestations, encore bien que] partie de ces relations ne seraient pas commerciales. — *Cass.*, 4 juin 1832, Vérac c. Cézan.

123. — Décidé encore que lorsqu'un premier jugement, sur le déclinatoire proposé par le défendeur, a admis la partie demanderesse à prouver que le défendeur était négociant, il peut se dispenser de faire une telle preuve, en établissant d'ailleurs qu'il s'agit d'actes de commerce. — *Cass.*, 8 juin 1817, Fouvielle c. Piau.

124. — Jugé également que les tribunaux de commerce saisis d'une demande en dommages pour injures proférées à l'occasion d'une instance pendante, peuvent renvoyer les parties à se pourvoir, ou statuer eux-mêmes sur ces dommages. — *Rennes*, 18 nov. 1812, Gauthier ; 20 juin 1810, N.... — V. Carré, *L. de la procéd.*, t. 3, sur l'art. 1036; Chassau, *Délits de la presse*, p. 73.

125. — Jugé qu'il appartient à la juridiction consulaire de connaître de la demande en paiement d'une somme promise à une personne étrangère au commerce par un fabricant, pour que cette personne perfectionnât l'invention du fabricant. — *Liége*, 27 déc. 1811, Renoz c. Vanderheyden. — Cette décision ne doit pas être suivie. En effet, l'acte n'est pas commercial, et l'art. 633, C. comm., ne soumet à la juridiction commerciale que les engagemens relatifs à l'entreprise des entrepreneurs, ou, pour les autres engagemens, en tant qu'ils sont commerciaux. Or, dans l'espèce, l'engagement n'est pas relatif à l'entreprise, et d'autre part, il n'est pas commercial. — V. Carré, *L. de la compét.*, t. 7, quest. 505. — *Contrà* Orillard, p. 275.

126. — Le commissionnaire est justiciable du tribunal de commerce, pour les actes relatifs à la gestion des commissions dont il s'est chargé, tant vis-à-vis de son commettant que des tiers qui ont traité avec lui. Le commettant lui-même est soumis à la même juridiction vis-à-vis des tiers, toutes les fois que le commissionnaire se sera renfermé dans les limites de son mandat, et que l'acte fait avec ces tiers sera commercial. Le commissionnaire ne peut traduire son commettant et les tiers devant la juridiction consulaire qu'autant que l'acte à raison duquel il agit est commercial, soit à raison de la qualité des tiers ou du commettant, soit à raison de la nature de l'engagement. — Orillard, no 332; Goujet et Merger, vo *Compétence*, no 66.

127. — Jugé que la demande en restitution d'un cautionnement versé par un préposé dans la caisse d'une administration de transports est de la compétence commerciale, le cautionnement ayant été reçu par l'entrepreneur à l'occasion de son commerce. — *Bordeaux*, 19 avr. 1833, Russac.

128. — La loi du 25 mai 1838, sur les justices de paix, attribue, par son art. 2, compétence aux juges de paix sur les contestations entre voyageurs et voituriers et bateliers, pour retards, frais de route et perte ou avarie d'effets accompagnant les voyageurs. — Aujourd'hui, il est donc incontestable que les tribunaux de commerce sont incompétens pour connaître des contestations mentionnées dans l'art. 2 de la loi précitée. Avant cette loi, la question était controversée. Toutefois, la cour royale de Poitiers avait repoussé la compétence consulaire. — *Poitiers*, 20 mars 1811, Fusibay.

129. — Mais la cour suprême avait reconnu la compétence commerciale relativement à une contestation entre un entrepreneur de transports militaires et un particulier, pour exécution d'un engagement relatif au transport. — *Cass.*, 11 vend. an X, Muiron.

130. — Cet arrêt nous paraît avoir été à tort critiqué par Carré (*L. de la Compet.*, t. 7, quest. 510), car l'entrepreneur fait acte de commerce en passant des marchés avec des particuliers relativement à son entreprise. — V. conf. *Lyon*, 30 juin 1827, Rousset; — Orillard, no 325.

131. — Toute entreprise d'agence d'affaires, même celle qui s'occupe d'affaires civiles, étant un acte de commerce, c'est à la juridiction consulaire qu'il appartient de connaître des contestations qui s'élèvent au sujet des engagemens pris par les agens. — V., du reste, vo ACTE DE COMMERCE, tout ce qui est acte de commerce. — V. *contrà* Locré, *C. comm.*, t. 8, p. 290.

132. — Ainsi, le fait de procurer habituellement à un agent d'assurance des remplaçans pour le service militaire, moyennant un droit de commission et de courtage, constitue un acte de commerce dont la connaissance appartient à la juridiction consulaire. — *Cass.*, 3 juillet 1844 (t. 2 1844, p. 528), Hoster c. Meyer.

133. — L'action intentée par un commerçant contre un autre commerçant à raison d'un fait commercial qui a causé au premier un préjudice est de la compétence des tribunaux de commerce. — Spécialement les tribunaux de commerce sont compétens pour statuer sur une demande en dommages-intérêts formée par un directeur de théâtre contre un cafetier-limonadier, en raison des bals masqués donnés par celui-ci contrairement aux réglemens qui en assurent le privilége exclusif à l'entrepreneur de l'établissement théâtral. — *Bourges*, 23 fév. 1844 (t. 1er 1845, p. 708), Bornet c. Coquelin.

134. — Les tribunaux de commerce, compétens pour connaître des questions de propriété des dessins, le sont également pour apprécier les actions qui ont pour but d'obtenir des réparations civiles pour atteinte à cette propriété. — *Cass.*, 17 mai 1843 (t. 2 1843, p. 497), Delon c. Coumert.

135. — La publication d'un ouvrage composé d'articles rédigés par plusieurs auteurs constitue de la part de l'éditeur, bien que homme de lettres lui-même, une opération commerciale qui le soumet, pour tout ce qui concerne cette publication, à la juridiction consulaire et à la contrainte par corps. — *Paris*, 25 avr. 1844 (t. 1er 1844, p. 576), Duperrel c. Rigault. — C'est là en effet une spéculation sur les œuvres d'autrui, qui n'a rien de commun avec les opérations faites par l'auteur pour la publication ou la vente de son œuvre personnelle, pour lesquelles il ne peut être réputé avoir fait acte de commerce. — V. ACTE DE COMMERCE, no 182.

Sect. 6e. — *Compétence commerciale en matière de lettres de change et de billets à ordre.*

ART. 1er. — *Compétence commerciale en matière de lettres de change.*

136. — L'art. 632, C. comm., en réputant actes de commerce, entre toutes personnes, les lettres de change ou remises d'argent faites de place en place, a pour objet de favoriser entre des lieux éloignés la rapide circulation des valeurs et de dispenser les particuliers et les négocians de faire voiturer le numéraire à grands frais. — Vincens, *Législ. comm.*, t. 2, p. 169.

137. — Par ces mots de l'art. 632 : Les lettres de change ou remises d'argent faites de place en place, il faut entendre, non que les remises de place en place sont synonymes de lettres de change, mais que ces remises sont des actes de commerce, de même que les lettres de change ; de sorte que quand celles-ci ne sont pas valables à défaut d'une des conditions essentielles prescrites pour leur perfection, elles valent du moins, en ce qui concerne la compétence, comme actes de commerce, si elles constatent une remise d'argent d'une place sur une autre. — Carré, *L. de la compét.*, t. 2, quest. 590.

138. — La disposition de l'art. 632 s'applique à toutes les personnes qui apposent leur signature sur une lettre de change, à l'accepteur et aux endosseurs, aussi bien qu'au tireur. — Locré, t. 8, p. 510.

139. — Sous l'ord. 1673, comme sous le Code de commerce, le tribunal de commerce est compétent pour connaître des contestations relatives au paiement d'une lettre de change régulière, bien que l'accepteur ni le tireur ne soient négocians, ou que la lettre n'ait point eu pour cause une opération de commerce. Car cette lettre constitue par elle-même une opération commerciale. — *Paris*, 6 déc. 1806, Mézeray c. Burton ; *Rouen*, 11 fév. 1808, Beauchamp c. Boursier ; *Paris*, 22 août 1810, Piat ; *Rennes*, 21 déc. 1812, Allouel c. V. ; *Colmar*, 22 nov. 1815, Theilmann ; *Metz*, 15 juill. 1817, Pillard c. Jobert-Ternaux ; *Pau*, 11 nov. 1834, Semmartin c. Bégué ; — Pardessus, *Contrat de change*, nos 46 et 532.

140. — Par la même raison, le porteur d'une traite tirée par la caisse de service du trésor public sur un receveur général, peut assigner devant le tribunal de commerce celui qui la lui a cédée par voie d'endossement et par l'entremise d'un agent de change. — *Metz*, 20 avr. 1814, Lardemelle c. Chéron.

141. — Le tribunal de première instance jugeant en matière de commerce peut connaître d'une traite tirée entre particuliers. — *Rennes*, 9 janv. 1813, N... — En pareil cas, c'est toujours la juridiction commerciale qui est saisie.

142. — Mais lorsqu'une assignation est donnée en restitution de quatre lettres de change, et en même temps à fin de réglement de compte, la contestation offre un caractère mixte qui la range dans la compétence du tribunal civil, et non dans celle du tribunal de commerce. — *Toulouse*, 6 juill. 1841 (t. 2 1841, p. 472), Desconens c. Anglade.

143. — Toutefois, la compétence du tribunal de commerce n'est pas d'ordre public. — *Paris*, 2[illegible] avril 1809, Lafontaine c. Delamerlière. — En conséquence, un tribunal civil saisi volontairement par les parties ne peut connaître des contestations élevées relativement à des effets de commerce, bien qu'il y ait un tribunal de commerce dans la même ville. — Même arrêt.

144. — Du moment qu'une lettre de change a les formes extérieures exigées pour sa régularité, il y a présomption qu'elle est valable ; et le tribunal de commerce est compétent pour en connaître. — Merlin, *Rép.*, vo *Lettres et billets de change*, § 2, no 1.

145. — Vainement on opposerait qu'il y a eu supposition de lieu ou de personne. — *Bruxelles*, 18 juin 1808, Puttemans c. Claes ; *Cass.*, 21 oct. 182[illegible], Saint-Marsault c. Pourrier ; *Paris*, 11 août 184[illegible] (t. 2 1841, p. 272), de Prissac c. Birryer. — ...Et abus d'un blanc-seing confié. — *Paris*, même arrêt.

146. — Toutefois, ces exceptions sont de nature à être présentées au fond et doivent être réservées. — Même arrêt.

147. — Jugé par la même raison que le tribunal de commerce est compétent pour statuer sur la demande en paiement d'une lettre de change formée contre le tireur, lors même que celui-ci oppose qu'il n'est point en réalité obligé par cette traite. — *Bordeaux*, 13 déc. 1831, Royère c. Faure.

148. — Jugé cependant que le tribunal de commerce du lieu où une lettre de change a été souscrite, n'est pas compétent pour connaître de la demande formée contre le tireur, en paiement de cette lettre. — En pareil cas, il n'y a pas marchandise livrée dans le sens de l'art. 420, C. procéd. civ. — *Toulouse*, 9 fév. 1838 (t. 2 1843, p. 736), Ménière c. Esquiron.

149. — Un endossement irrégulier apposé sur une lettre de change n'en change pas le caractère et ne peut être un obstacle à ce que l'accepteur soit poursuivi devant le tribunal de commerce. — *Cass.*, 21 oct. 1825, Saint-Marsault c. Pourrier.

150. — Mais la demande en compte formée contre le porteur par l'auteur de l'endossement irrégulier, et réciproquement l'exception de valeur fournie invoquée par le porteur ne seraient point de la compétence du tribunal de commerce, à moins que la demande ne fût formée contre un négociant ou qu'elle ne fût incidente à une action déjà pendante devant le tribunal. — Pardessus, *Dr. comm.*, no 1349.

151. — Sous l'ord. de 1673, une lettre de change pour n'avoir pas été protestée en temps utile, ne devait pas être considérée comme une simple promesse et, par conséquent, hors des attributions de la juridiction consulaire. — *Cass.*, 13 frim. an II, Jeanninck c. Vanderveldin.

152. — Lorsque les lettres de change ne sont réputées que simples promesses aux termes de l'art. 112, c'est-à-dire lorsqu'elles contiennent suppos

tion de nom, de qualité, de domicile ou de lieu, le tribunal de commerce est tenu de renvoyer au tribunal civil s'il en est requis par le défendeur. — C. comm., art. 636.

153. — Si ces lettres de change portent en même temps des signatures d'individus négocians et d'individus non négocians, le tribunal de commerce doit en connaître; mais il ne peut prononcer la contrainte par corps contre les individus non négocians, à moins qu'ils ne se soient engagés à l'occasion d'opérations de commerce, trafic, change, banque ou courtage. — C. comm., art. 637.

154. — Jugé en conséquence que le tribunal de commerce est incompétent pour connaître, entre non commerçans, et alors qu'il ne s'agit pas des suites d'une opération commerciale :

155. — ... 1° De la demande en paiement d'une lettre de change qu'il a déclarée simulée. — *Bruxelles*, 28 juin 1810, Powils c. Moulard.

156. — ... 2° De la contestation relative à une lettre de change qui n'énonce pas la nature de la valeur fournie. — *Caen*, 17 août 1825, Legorgeu c. Busnel; 31 janv. 1826, de Bonnevalière c. Foubert-Delaisse.

157. — ... 3° De la demande en paiement d'une lettre de change que le tireur, après l'avoir créée à son ordre, a endossée au profit d'un tiers dans le lieu même où elle était payable. — *Toulouse*, 20 juin 1835, Lissençon c. Daudrieu de Castellane; 4 juill. 1835, Boivin c. Timbal.

158. — En pareil cas, le tribunal de commerce peut, d'office, se déclarer incompétent. — *Toulouse*, 4 juill. 1835, Boivin c. Timbal.

159. — L'incompétence existe même à l'égard des tiers-porteurs de bonne foi. — *Bruxelles*, 7 oct. 1811, Maeck c. Hanssens.

160. — Lorsqu'il est reconnu devant un tribunal de commerce que des lettres de change ou billets à ordre ont pour cause réelle une dette de jeu, le tribunal cesse d'être compétent à raison de la matière, et il doit, même d'office, renvoyer la cause devant le tribunal civil. — *Montpellier*, 4 juill. 1828, Vidal c. Rivals.

161. — Il en est de même du moment où on lui fait connaître l'état de minorité du tireur de la lettre de change dont le paiement est demandé. — *Toulouse*, 24 août 1825, Dutert c. Koenigs.

162. — Les tribunaux de commerce ne sont point compétens pour connaître des lettres de change qui, sans contenir aucune simulation, n'ont néanmoins pour cause que l'acquittement d'un prêt précédemment constaté par acte notarié. Ce sont là de simples promesses qui n'ont pas le caractère du contrat de change, et il n'y a pas lieu, par suite, de prononcer la contrainte par corps contre le souscripteur non négociant. — *Rouen*, 5 nov. 1825, Dufour c. Delabarre.

163. — Jugé de même à l'égard d'une lettre de change souscrite uniquement à l'occasion d'un remplacement militaire par le remplacé, à l'ordre de celui qui a procuré le remplacement. — *Aix*, 5 nov. 1830, Sauval c. Roure.

164. — Toutefois, il faut décider autrement à l'égard d'une lettre de change qui a été souscrite sérieusement pour le paiement d'une dette purement civile; le débiteur a fait novation, et consenti un véritable contrat commercial pour l'exécution duquel il est justiciable des tribunaux de commerce. — *Colmar*, 22 nov. 1815, Heilmann c. Deschamps; *Cass.*, 15 mai 1839 (t. 2 1839, p. 257), Salva c. Raymond.

165. — Lorsque les signataires d'une lettre de change sont tous négocians, le tribunal de commerce est compétent pour connaître des contestations élevées au sujet de cette lettre de change, quand bien même elle serait réputée simple promesse. — *Turin*, 1er août 1811, Heysch c. Baudino et Blodo.

166. — ... Spécialement, parce qu'elle n'indiquerait pas en quoi la valeur a été fournie. — *Liége*, 10 août 1814, Kelleter c. Bettendorf; *Toulouse*, 28 mai 1825, Pomarède c. Fazeuille.

167. — Jugé de même au sujet d'une lettre de change n'indiquant pas la nature de la valeur fournie, alors que l'accepteur poursuivi en paiement était commerçant au moment de l'acceptation. — *Liége*, 10 janv. 1815, Favechamps c. Souplet.

168. — Le tribunal de commerce est également compétent pour connaître d'un effet de commerce réputé simple promesse, lorsque le souscripteur y a pris la qualité de négociant. — *Besançon*, 24 avr. 1818, Barbier et Pélier.

169. — La lettre de change souscrite par un commerçant emporte la contrainte par corps, bien qu'il y ait supposition de lieu, si d'ailleurs il s'agit d'un engagement commercial. Et la loi suppose l'engagement commercial tant qu'une cause contraire n'y est pas énoncée. — *Cass.*, 31 déc. 1839 (t. 1er 1840, p. 47), Gontier c. Fromage.

170. — Mais la contrainte par corps ne peut être prononcée contre le non-commerçant qui a tiré une lettre de change, causée *valeur entre nous*, laquelle ne peut être réputée que simple promesse. — *Paris*, 1er déc. 1831, Baudouin c. Pronier.

171. — Ne doivent être considérées que comme simples promesses civiles les lettres de change souscrites par un mandataire porteur d'un mandat général, encore bien que ce mandat contînt pouvoir de régler et d'acquitter toutes les dettes du mandant. Dès-lors la contrainte par corps, pour le paiement de pareilles lettres, ne peut être exercée contre le mandant. — *Aix*, 10 juin 1833, Vérau c. Poulet.

172. — L'individu *non négociant* qui a souscrit des effets de commerce au nom d'une prétendue compagnie commerciale qui n'existait pas, n'est pas non plus tenu *par corps* du paiement de ces effets, comme l'eussent été ses mandans eux-mêmes, s'il y eût eu un mandat régulier. — *Limoges*, 20 juill. 1837 (t. 1er 1837, p. 35), Chaudouet c. Béguier.

173. — Lorsqu'une lettre de change, bien qu'elle n'énonce pas la nature de la valeur fournie, porte en même temps des signatures d'individus négocians et d'individus non négocians, le tribunal de commerce est compétent pour en connaître. — *Paris*, 24 nov. 1831, Valdez c. Soulé-Limandoux.

174. — En pareil cas, si le tribunal de commerce a droit de connaître d'une lettre de change contenant supposition de qualité, il ne peut toutefois prononcer la contrainte par corps contre les non-négocians. — *Besançon*, 17 fév. 1809, N...

175. — La disposition de l'art. 637, C. comm., est applicable au cas où la validité de la lettre de change, même comme simple promesse, est contestée pour défaut de *bon ou approuvé*. — *Cass.*, 28 avr. 1819, Prier c. Prévost.

176. — Jugé cependant que lorsqu'une lettre de change souscrite par un commerçant et endossée par des non-commerçans n'est, à défaut des formalités requises, réputée que simple promesse, le tribunal civil est seul compétent pour en connaître, alors surtout qu'il résulte des circonstances que cette lettre a pour objet une dette non commerciale. — *Riom*, 23 fév. 1828, Bonal et Veyrac c. Denevers.

177. — Mais pour que le tribunal de commerce soit compétent faut-il que les négocians soient poursuivis?

178. — Jugé que l'art. 337, C. comm., n'est applicable que lorsque le signataire négociant peut être recherché pour le paiement, qu'ainsi on ne peut l'appliquer au cas où l'endossement, signé du négociant, est irrégulier et ne constitue qu'une simple procuration. — *Bastia*, 4 janv. 1832, Cagnazolli c. Aschero.

179. — On peut, au reste, consulter les nombreuses décisions rendues sur cette question, en ce qui regarde les billets à ordre.

180. — Un tribunal de commerce est compétent pour connaître de la contestation sur le point de savoir si un endosseur d'un effet de commerce dont le souscripteur est en faillite doit payer sur le champ ou donner caution. — *Paris*, 10 juill. 1810, Crémieux c. Gazzanne.

181. — Lorsque le débiteur d'une lettre de change assigné en paiement réclame par des conclusions principales la subrogation au cessionnaire de la créance qu'il prétend litigieuse, le tribunal de commerce peut, dans ce cas, *sans donner ouverture à cassation*, condamner le défendeur au paiement de la lettre de change, en lui réservant son action en subrogation devant le tribunal civil, seul compétent à cet égard, au lieu de surseoir sur l'exception proposée, jusqu'au jugement de cette action. — *Cass.*, 18 janv. 1821, Verny c. Trapet.

182. — Les tribunaux de commerce ne sont point absolument incompétens pour connaître des lettres de change qu'on prétend ne devoir être réputées que simples promesses, et ils ne sont obligés de renvoyer au tribunal civil que lorsque ce renvoi leur est demandé. — *Aix*, 15 janv. 1825, Petit c. Figuières; *Paris*, 1er déc. 1831, Baudoin c. Pronier.

183. — Au surplus, c'est là une incompétence personnelle qui ne peut pas être proposée pour la première fois en appel. — *Bruxelles*, 31 juill. 1809, N...; *Trèves*, 4 juill. 1812, Lindeman c. Thugnet; *Aix*, 15 janv. 1825, Petit c. Figuières.

184. — De même, celui qui, assigné devant le tribunal de commerce en paiement de lettres de change souscrites par lui, se borne à demander des délais, et par suite est condamné à en payer le montant, ne peut, sur l'appel, demander son renvoi aux tribunaux ordinaires, sous prétexte que ces lettres de change contiennent supposition de lieu. — *Rouen*, 11 fév. 1823, Grand-Devaux c. Mézaise et Montier.

185. — Jugé au contraire que l'incompétence du tribunal de commerce pour connaître de la demande contre un non commerçant, afin de paiement d'une lettre de change qui n'énonce pas la nature de la valeur fournie est une incompétence à raison de la matière, qui peut être proposée pour la première fois en appel. — *Caen*, 17 août 1825, Legorgeu c. Busnel; 31 janv. 1826, de Bonnevalière c. Foubert-Delaisse.

186. — Lorsque sur la demande en paiement formée contre le souscripteur d'une lettre de change qui n'énonce pas la valeur fournie, celui-ci décline la compétence du tribunal de commerce, le déclinatoire doit être accueilli, quand bien même la traite porterait des signatures de commerçans. — *Toulouse*, 2 mai 1826, Gilède c. Ferras.

187. — Si les tribunaux de commerce sont tenus de se départir de la connaissance des lettres de change réputées simples promesses d'après l'art. 112, C. comm., il n'en est pas de même à l'égard de celles signées par des femmes ou des filles non marchandes publiques, quoique ces lettres ne soient également réputées que simples promesses. — *Bruxelles*, 6 fév. 1812, Marchal; *Toulouse*, 19 mai 1820, Dubois c. Rességuier; *Montpellier*, 20 janv. 1835, Guittard c. Gozion.

188. — Jugé cependant qu'il faut que la traite porte en même temps des signatures d'individus négocians. — *Nîmes*, 25 nov. 1828, Naud c. Sequelin.

189. — .... Que lorsque la lettre de change ne porte pas des signatures de commerçant, le tribunal doit se déclarer incompétent, si le renvoi est requis devant les tribunaux civils. — *Bordeaux*, 11 août 1826, Bonneau c. Vieillefond.

190. — Si le renvoi devant les tribunaux civils n'a pas été requis, le tribunal de commerce est compétent pour connaître de la contestation. — *Paris*, 16 août 1811, Poniatowska c. Lenormand.

191. — ... Que la femme non marchande publique qui souscrit une lettre de change, contracte seulement une obligation civile, qui, à son égard, ne peut pas être portée devant les tribunaux de commerce, lorsque d'ailleurs cet engagement est resté dans son état primitif, et qu'aucune signature de négociant n'y a été apposée. — *Limoges*, 16 février 1833, Tharaud c. Racaud.

192. — En tout cas, lorsque la femme non marchande reste soumise à la juridiction du tribunal de commerce, la contrainte par corps ne peut être prononcée contre elle. — *Limoges*, 19 mai 1813, Delarose c. Texandier; *Aix*, 22 févr. 1822, de Villeséque c. David.

193. — Le tribunal de commerce devant lequel est portée une demande en paiement d'une lettre de change endossée par une femme, est incompétent pour décider si la femme a pu s'obliger valablement, d'après son contrat de mariage. — *Nîmes*, 12 mars 1828, Naud c. Chauvidan.

194. — Jugé, au contraire, que le tribunal de commerce est compétent, lors même que la défense de la femme porte sur une exception de dotalité. — *Nîmes*, 25 nov. 1828, Naud c. Sequelin.

195. — La femme qui, quoique non marchande, approuve et signe une lettre de change souscrite par son mari, peut être réputée débitrice solidaire avec lui, et, comme telle, justiciable du tribunal de commerce. — *Riom*, 22 nov. 1809, Despalaine c. Morin.

196. — Jugé de même que la veuve d'un marchand qui a souscrit avec lui des effets de commerce est personnellement justiciable des tribunaux de commerce. — *Bruxelles*, 27 juin 1809, Adam c. Lefebvre.

197. — La demande formée contre les héritiers du souscripteur d'une lettre de change par l'endosseur qui en a payé le montant est de la compétence du tribunal de commerce, bien qu'aucun des défendeurs ne soit négociant. — *Bordeaux*, 18 juin 1835, Fontemoing c. Decazes; — Merlin, *Quest.*, v° *Tribunal de commerce*, § 6.

198. — Le porteur d'une lettre de change a droit d'assigner tous ceux qui, par leur signature, en ont garanti le paiement devant le tribunal, soit du domicile de l'accepteur, soit de celui du tireur ou de l'endosseur qu'il lui plaît de poursuivre. — Merlin, *Rép.*, v° *Lettre et billet de change*, § 4, n° 8; Pardessus, *Dr. comm.*, n° 1356.

199. — Mais l'accepteur peut être assigné en paiement devant le tribunal de commerce du domicile de l'endosseur. — *Paris*, 14 sept. (et non oct.) 1808, Morin.

200. — Ils peuvent également être assignés devant le tribunal du lieu où la lettre était payable. — Merlin, *Rép.*, v° *Lettre et billet de change*, § 4, n° 18. — Car, en général, le lieu indiqué pour le paiement d'un effet négociable sans autre explication, est considéré comme le domicile élu pour les actions qui en résultent. — Pardessus, *Dr. comm.*, n° 1353.

201. — Ainsi jugé que le tireur d'une lettre de

change peut être assigné devant le tribunal dans l'arrondissement duquel le paiement devait être fait, bien que ce tribunal ne soit pas celui de son domicile.— *Paris*, 24 nov. 1831, Valdez c. Soulé-Limandoux.

202. — ... Que la demande en paiement d'un compte provenant des traites acceptées, peut être portée devant le tribunal de commerce du lieu où ces traites étaient payables. — *Paris*, 23 mars 1811, Schmids c. Lescouvé.

203.— Que le tribunal de commerce du lieu où une lettre de change est payable doit connaître de la demande en validité des offres réelles faites relativement à cette lettre.— *Cass.*, 12 fév. 1811, Couturier c. Paillet et Labbé.

204.— L'individu sur qui une lettre de change a été tirée pour dette commerciale, et qui n'a point acquitté la traite, ne peut décliner la compétence du tribunal du lieu où cette dette est payable, sur le motif qu'en faisant traite sur lui pour l'acquittement de cette dette, le créancier doit être censé avoir renoncé au bénéfice de l'élection de domicile. — *Cass.*, 11 fév. 1829, Foullon c. Laurence.

205. — Lorsque le porteur qui a assigné les obligés devant le tribunal de leur domicile ou devant celui où la lettre de change était payable a formé devant l'un de ces tribunaux une demande provisoire, à l'occasion de laquelle l'instance s'est liée par le fond, il ne peut plus, au moyen d'un désistement, porter sa demande sur le fond, devant l'autre tribunal. — *Cass.*, 10 mars 1812, Blanque et Meillan c. Cormier.

206. — De son côté, chaque signataire peut appeler son garant devant le même tribunal et obtenir des condamnations contre lui. —Pardessus, *Dr. com.*, no 1356.

207. — Le tireur d'une lettre de change non acquittée peut être appelé en garantie par celui sur qui il a été fait retraite, devant le tribunal où celui-ci est assigné en paiement de la lettre tirée en retraite. — *Paris*, 2 juin 1808, Lancel-Carré C. Bellon-Depont.

208. — Le tireur pour compte peut appeler en garantie, devant le tribunal saisi de la contestation relative à la lettre de change, celui pour le compte de qui il l'a tirée. — Pardessus, *Dr. comm.*, no 1356.

209. — Le tiré qui n'a ni accepté ni endossé une lettre de change ne peut pas, sous le prétexte qu'il en devrait le montant au tireur, être distrait de ses juges naturels et assigné en garantie devant le tribunal saisi de la demande en paiement de la traite.— *Angers*, 3 janv. 1810, Dupuy c. Vanhassel; *Cass.*, 12 fév. 1811, Couturier c. Paillet et Labbé; 17 juill. 1817, Juillon-Compérat c. Mineur ; *Colmar*, 14 mars 1822, Roederer c. Paravey et Hallez; *Cass.*, 21 mars 1825, Pompidon c. Voisin ; *Paris*, 24 avr. 1833, Viteaux ; *Cass.*, 5 avr. 1837 (t. 1er 1837, p. 367), Besnard c. Cotty; *Limoges*, 22 juin 1837 (t. 1er 1838, p. 212), Grenouillaud c. Damarzid ; *Bourges*, 7 mars 1840 (t. 1er 1841, p. 102), Pelet c. Riffaut et Malterre; *Limoges*, 19 mai 1840 (t. 2 1840, p. 760), Auclair-Million c. Genevois et Busson-Lavallière.

210.—En effet, que le tireur soit actionné, même sérieusement, en remboursement de la traite tirée par lui, cela n'est que juste et naturel. Mais quel rapport y a-t-il entre cette action et la contestation qui existe entre le tiré et le tireur ? — Ce dernier se prétend créancier ; mais sa créance est tout-à-fait personnelle ; elle ne résulte pas de la traite ; le tiré n'en a pas autorisé l'émission. Tout débiteur qu'il serait d'une somme quelconque, il ne doit pas la traite. — Horson, *Quest. sur le C. de comm.*, t. 2, no 200 ; — Merlin, *Quest.*, vo *Lettre de change*, § 4; Pardessus, *Contrat de change*, nos 177 et 539; *Dr. comm.*, no 1356; E. Vincens, *Législ. comm.*, t. 1er, p. 166, et t. 2, p. 341 ; Bloche et Goujet, *Dict. de proc.*, vo *Effet de commerce*, no 131; Nouguier, *Lettres de change*, t. 1er, p. 467.

211. — Il en était de même sous l'empire de l'ord. 1673. — *Cass.*, 21 therm. an VIII, Parthon c. Rouzeau et Tholnnet; 22 frim. an IX, Gehier Saint-Hilaire c. Leprieur ; *Grenoble*, 22 juill. 1806, Robequis c. Roche ; *Colmar*, 16 mai 1807, N... c. N...

212. — Il en doit être surtout ainsi, lorsque le point de savoir si le tireur est créancier ou non doit, d'après la convention, être décidé par des arbitres. — *Metz*, 24 fév. 1816, Maes c. Lévy.

213.—Par la même raison, le tiré non commerçant qui n'a pas accepté la lettre de change ne peut être assigné en paiement devant le tribunal de commerce.—*Bordeaux*, 3 avril 1832, Delaborde c. Bonniot.

214.— Jugé encore que le tiré, bien que débiteur du tireur, peut, sur la demande en paiement de la lettre de change formée contre lui, demander son renvoi devant ses juges naturels, lors surtout que cette lettre n'exprime pas la nature de la valeur

fournie, et qu'elle ne porte qu'un endossement en blanc.—*Rennes*, 1er mai 1812, Touzé c. Rame.

215.—...Que l'individu non signataire d'une lettre de change ne peut être assigné en garantie devant le tribunal du domicile du tireur, sous prétexte qu'il pourrait être traduit devant le même tribunal, en raison de l'opération de commerce qui a donné lieu à la lettre de change. — *Liège*, 11 juin 1812, D'Abreval c. Delhier.

216.—Par suite des mêmes principes, décidé que le vendeur qui tire une lettre de change sur l'acheteur pour prix de la vente, sans le consentement de celui-ci, ne peut l'appeler en garantie, en cas de non paiement, ni, par suite de cette garantie, le distraire de ses juges naturels, à moins de conventions contraires. — *Bordeaux* (et non *Montpellier*), 22 avril 1828, Joublot c. Salignac; *Angers*, 26 nov. 1828, Durin c. Sebeaux.

217. — Jugé cependant que le tiré qui n'avait point accepté avait pu être assigné en garantie devant le tribunal de commerce du domicile du tireur lorsqu'il était reconnu que le tiré était débiteur du montant de la lettre envers le tireur, et lui en devait le remboursement à ce domicile, et que la demande originaire n'avait pas eu pour but de distraire le garant de son juge naturel. — *Aix*, 29 mai 1834, Remy Caban c. Pascal.

218. —Jugé encore que le tireur assigné en paiement devant le tribunal de commerce de son domicile peut, à son tour, appeler en garantie devant le même tribunal un tiers non signataire de la traite, par exemple, le mandataire d'un porteur intermédiaire, à la négligence ou au dol duquel il impute le défaut de recouvrement de l'effet.—*Cass.*, 16 nov. 1826, Lacombe c. Carrière.

219.—En pareil cas, l'arrêt qui décide que la demande en garantie n'a pas eu pour objet de soustraire le garant à ses juges naturels, échappe à la censure de la cour de Cassation. — Même arrêt.

220. — Mais celui qui en chargeant quelqu'un de faire une opération a promis d'accepter toutes les traites qui seraient faites sur lui, et qui ensuite ne les accepte pas, peut être assigné devant le tribunal où le porteur a intenté son action. — Il y a lieu dans ce cas à la garantie. — *Cass.*, 12 juill. 1814, Brésolle ; — Merlin, *Rép.*, vo *Lettre et billet de change*, § 4, no 12.

221. — Le porteur d'une lettre de change qui assigne en paiement le tiré non accepteur, mais détenteur de la provision, devant le tribunal du domicile de ce dernier, peut, en cas de faillite du tireur, assigner en assistance de cause, devant ce tribunal, les agens de la faillite opposans à la délivrance des fonds. — Il peut également assigner, devant le tribunal où son action contre le tiré est introduite, le créancier qui a fait saisie-arrêt en mains de celui-ci, quoique la question de validité de cette saisie soit pendante devant un autre tribunal. — *Aix*, 19 nov. 1834, Allemand c. Loubon.

222. — Lorsque le protêt d'une lettre de change est nul et qu'une action en dommages-intérêts ou en garantie est formée contre l'officier qui l'a dressé, le tribunal de commerce n'est pas compétent pour en connaître. — V. PROTÊT.

223. — Quant à la compétence relativement aux lettres de change venant de l'étranger, V. LETTRE DE CHANGE, où nous avons cru devoir réunir toutes les décisions relativement aux effets de commerce de cette espèce.

ART. 2.—*De la compétence commerciale relativement aux billets à ordre.*

224. — Pour faciliter les recherches dans les nombreuses décisions rendues sur la matière, nous classerons les billets en : 1o Billets souscrits par des commerçans ou pour des actes de commerce ; — 2o Billets présumés souscrits pour des actes de commerce ; —3o Billets portant des signatures de négocians et de non négocians, quelle que soit d'ailleurs leur cause ; — 4o Billets n'ayant qu'une cause civile et ne portant des signatures que de non négocians.

§ 1er. — *Billets souscrits par des commerçans ou pour des actes de commerce.*

225. — Un billet à ordre n'est pas par lui-même et nécessairement un acte de commerce ; il ne le devient que par la qualité du souscripteur ou par son objet. — Favard, *Rép.*, vo *Billet à ordre*, no 2.

226. — Les tribunaux de commerce connaissant 1o de toutes contestations relatives aux engagemens et transactions entre négocians, marchands et banquiers ; — 2o entre toutes personnes des contestations relatives aux actes de commerce, il

s'en suit qu'ils doivent également connaître des billets à ordre souscrits par des négocians ou pour des opérations de commerce.

227. — Un cafetier, étant commerçant est en conséquence, justiciable des tribunaux de commerce à raison des billets à ordre par lui souscrits et causés valeur reçue comptant. — *Rouen*, 4 déc. 1818, Plouin c. Lambert.

228. — Le tribunal de commerce est compétent pour connaître de la demande en paiement d'un billet à ordre souscrit par un aubergiste. — *Colmar*, 25 nov. 1814, Sengel c. Ostermann.

229. — Le tribunal de commerce est compétent pour connaître d'une demande en paiement d'un billet à ordre souscrit par un capitaine de navire pour *valeur en compte*, encore bien que, dans la réalité, la cause du billet n'ait rien de commercial. — Un capitaine de navire est assimilé à un commerçant, quant aux règles de la compétence. — *Bordeaux*, 1er août 1831, Gellineau c. David.

230. — A la différence des lettres de change, les billets à ordre ne constituent des actes de commerce qu'entre négocians, ou quand ils ont pour cause un achat de marchandises pour les revendre. — *Cass.*, 9 mars 1827, Marin.

231. — Jugé également que des billets à ordre causés pour valeur reçue en marchandises, ainsi que les endossemens apposés sur ces billets, n'ont un caractère commercial qu'autant qu'ils se rattachent à des opérations de commerce, ou que les signataires sont, de fait, négocians. — *Cass.*, 8 juin 1827, Henri Roze.

232. — Un négociant qui a souscrit des billets à ordre, même au profit d'un particulier non commerçant, est justiciable de la juridiction consulaire. — *Nîmes*, 5 fév. 1811, Lahondès ; *Rouen*, 10 mai 1813, Hébert c. Langlois.

233.—Jugé également qu'un commerçant est justiciable des tribunaux de commerce pour les billets à ordre qu'il a souscrits en faveur d'un non commerçant, valeur reçue comptant, ou valeur en intérêts d'un capital prêté.—*Paris*, 10 mars 1814, Valré c. Martin.

234. —L'individu qui a payé par erreur un billet à ordre à un négociant, peut actionner celui-ci en restitution du montant de ce billet devant le tribunal de commerce. — *Bordeaux*, 20 mai 1829, Datin c. Poulmark.

235. — Les héritiers d'un négociant sont justiciables des tribunaux de commerce, pour raison des billets à ordre souscrits par leur auteur. — *Paris*, 16 mars 1812, Divry c. Chrétien.

236. — Sous l'ord. de 1673, ont dû être considérés comme effets de commerce soumis à la juridiction commerciale, des billets à ordre causés valeur suivant le règlement de ce jour, lorsqu'ils ont été souscrits par suite d'une vente d'immeubles faite en vue d'opérations de négoce. — *Paris*, 11 mars 1806, Levavasseur c. Johannot.

237. — Un tribunal peut, en appréciant les rapports d'intérêts qui ont existé entre deux individus, considérer les billets qu'ils ont signés comme des actes de commerce. — *Rennes*, 2 janv. 1827, Le Moulaguer c. Foucard.

238. — La contrainte par corps peut être prononcée contre un non commerçant, pour paiement d'un billet à ordre, lorsqu'il est reconnu que ce billet a eu pour cause un fait de commerce. A cet égard l'appréciation des juges du fond échappe à la censure de la cour de Cassation.—*Cass.*, 13 janv. 1829, Lasnon c. Questier.

239. — Les remises d'argent faites de place en place étant réputées actes de commerce (C. comm., art. 632), les tribunaux de commerce doivent en connaître entre toutes personnes (C. comm., art. 631). — V. BILLET A DOMICILE.

240. — Le tribunal de commerce est compétent pour connaître entre toutes personnes d'une demande en paiement d'un effet de commerce, ayant tous les caractères d'un effet négociable, et sur l'opposition formée par le trésor au paiement de cet effet, quand même l'affaire serait, par sa nature, communicable au ministère public.—*Rennes*, 12 mars 1819, le trésor.

241. — Il y a engagement commercial dans le cautionnement souscrit sous la forme d'un billet à ordre, par un négociant, au profit d'un autre négociant, pour garantie d'une opération de commerce; par conséquent, le souscripteur est justiciable du tribunal de commerce. — *Paris*, 18 fév. 1830, Goullet c. Johnson.

242. — L'individu non négociant qui se rend caution d'une obligation commerciale (par exemple, de la promesse de souscrire des billets pour une opération commerciale), ne devient pas, par cela seul, en l'absence de toute soumission expresse, contraignable par corps. — *Cass.*, 7 juin 1837 (t. 2 1837, p. 251), Capelle c. Pezet.

243. — Le souscripteur d'un effet commercial ne

peut ni actionner devant le tribunal de commerce, ni faire condamner par corps celui qui lui a donné une garantie par un titre non commercial.— *Lyon*, 26 déc. 1832, Alvernias c. Bertholat.

244. — Celui qui appose son aval sur des billets à ordre souscrits pour faits de commerce est justiciable des tribunaux de commerce et soumis à la contrainte par corps, quoiqu'il ne soit pas négociant. — *Bruxelles*, 17 mars 1812, Goormachtig et Bevers c. Nèves.

245. — Le non-négociant qui garantit par un aval un billet à ordre souscrit par un négociant peut être actionné devant le tribunal de commerce, encore que le signataire du billet ne soit pas mis en cause conjointement avec lui. — *Cass.*, 26 juin 1839 (t. 2 1839, p. 12), Saugnier c. Villard.

246. — La demande dirigée contre une femme mariée, pour raison d'un aval apposé au bas d'un billet à ordre créé par un négociant à l'ordre d'un négociant, en matière commerciale, est, bien que cet aval ne vaille de sa part que comme simple promesse, de la compétence du tribunal de commerce. Il n'y a pas lieu d'étendre à ce cas l'exception contenue dans l'art. 636, C. comm., pour le cas (prévu par l'art. 112) où une lettre de change où un billet à ordre sont réputés simple promesse.

247. — L'obligation de payer une somme dans deux ans, et d'en servir les intérêts par trimestre, ne constitue pas un billet de commerce. En conséquence, la femme d'un négociant, laquelle ne fait point de commerce en son nom, n'a pas fait un acte commercial, et n'est pas justiciable de la juridiction consulaire, pour avoir endossé ce billet, qui était passé à son ordre par deux commerçans, dont l'un était son fils. — *Paris*, 23 août 1828, Boutrais c. Transon.

248. — Sous l'ord. de 1673, la femme non commerçante qui endossait un billet à ordre souscrit entre négocians, était justiciable des tribunaux de commerce. — *Paris*, 9 frim. an XIII, Bousquet c. Perrin.

249. — Le tribunal de commerce connaît des billets faits par les receveurs, payeurs, percepteurs ou autres comptables de deniers publics.— C. com., art. 634.

250. — Les receveurs de l'enregistrement sont justiciables des tribunaux de commerce pour les billets par eux souscrits *valeur reçue comptant*. — *Rouen*, 29 nov. 1814, Dumanoir c. Troley.

251. — Mais l'art. 634, qui parle des billets *faits*, s'applique-t-il aux billets *endossés?* — Jugé que le simple endossement d'un billet à ordre par un receveur d'enregistrement n'est pas un acte commercial qui le rende justiciable des tribunaux de commerce. — *Colmar*, 23 août 1814, Schneider c. Schoeffer.

252. — Une pareille décision, dit avec raison M. E. Vincens (*Législat. comm.*, t. 1er, p. 139), est conforme à la lettre, mais non à l'esprit de la loi. Quand un receveur négocie sa signature pour se faire des fonds en usant des ressources du commerce, peu importe qu'il fasse circuler le papier qu'il crée ou celui qu'il s'est procuré et qu'il endosse.

253. — Aussi jugé qu'un receveur d'enregistrement qui a endossé un billet à ordre est justiciable du tribunal de commerce et contraignable par corps au paiement comme s'il l'avait souscrit, à moins qu'il n'y soit énoncé que c'est pour une cause étrangère à sa gestion. — *Poitiers*, 24 janv. 1832, Gontault c. Mazauric.

254. — ... Que l'endossement mis sur un billet à ordre par un percepteur suffit pour rendre le tribunal de commerce compétent.— *Grenoble*, 18 août 1818, Borel c. Rival et Féline.

255. — Celui qui, à l'époque où il a souscrit un billet à ordre, avait cessé d'être percepteur de deniers publics, et ne s'occupait plus que de recouvrer quelques contributions arriérées, n'est point justiciable du tribunal de commerce. — *Aix*, 2 août 1808, Lanteri c. Déporta.

256. — Ne doit point être considéré comme billet de receveur le billet qu'un individu, devant obtenir une place de receveur des deniers publics, a souscrit pour une somme destinée à faire le cautionnement de cette place. Par conséquent, le souscripteur n'est point justiciable du tribunal de commerce. —*Paris*, 22 juill. 1826, Tiran c. Leroux.

§ 2. — *Billets présumés souscrits pour des actes de commerce.*

257. — A la différence de la lettre de change, le billet à ordre n'est pas par sa nature un acte commercial. Il n'est, comme nous avons eu occasion de le dire, réputé acte commercial que lorsqu'il est signé, soit par un commerçant, soit par un comptable des deniers publics, et pour ce qui le concerne, ou lorsqu'il a pour cause une opération de commerce, de banque ou de courtage.—Merlin, *Rép.*, v° *Ordre (billet à)*, § 1er, n° 2.

258. — Les billets souscrits par un commerçant sont censés faits pour son commerce, et ceux des receveurs, payeurs, percepteurs ou autres comptables de deniers publics, sont censés faits pour leur gestion, lorsqu'une autre cause n'y est point énoncée. — C. comm., art. 638.

259. — Sous l'empire de l'ord. 1673, le billet causé pour valeur reçue comptant, et souscrit par un commerçant au profit d'un autre commerçant, était présumé avoir une cause commerciale. — *Cass.*, 9 vend. an XIII, Ligné et Dardel c. Bombart.

260. — Mais jugé que le billet causé pour argent prêté, et souscrit par un commerçant au profit d'un autre commerçant, ne devait pas être considéré comme un effet de commerce. — *Cass.*, 26 vendém. an VIII, Poulet c. Lecomte.

261. — Les simples reconnaissances sous seing-privé, souscrites par un commerçant, sont, comme les billets à ordre, censées faites pour son commerce quand une autre cause n'y est pas énoncée. — *Amiens*, 4 avr. 1826, Millet c. Ruton.

262. — Le mot *billet*, dont se sert l'art. 638, C. comm., comprend en général tout engagement sous seing-privé souscrit par un commerçant, sans distinguer s'il est ou non transmissible par voie d'endossement. — Il suffit qu'un non-commerçant ait apposé sa signature sur un semblable billet d'une nature commerciale, pour être justiciable du tribunal de commerce. — *Bruxelles*, 2 juill. 1834, de Beaumont c. Vanboom.

263. — Le mot *billet*, énoncé dans l'art. 638, § 2, C. comm., n'est pas limitatif.—Dès-lors doivent être censées faites comme billets pour son commerce les obligations notariées constitutives d'hypothèques, consenties par un négociant envers un non-négociant, même au taux de 5 %, lors toutefois qu'il est constant que les intérêts étaient payés à 6 et à 5 et demi %. — *Bordeaux*, 28 août 1835, Dotezac c. Guercy.

264. — Jugé de même que l'art. 638, C. comm., établit une présomption générale qui s'étend à toutes les autres obligations des commerçans, même à celles notariées et hypothécaires. — *Cass.*, 6 juill. 1836, Dotezac c. Guercy.

265. — Un billet à ordre souscrit par un négociant ne perd pas sa nature commerciale, par cela qu'il n'énonce pas la valeur fournie.—*Paris*, 18 fév. 1830, Goullet c. Johnson.

266. — Le billet à ordre souscrit même par un négociant ne peut donner lieu à la contrainte par corps qu'autant qu'il énonce que la valeur en a été fournie en argent ou en marchandises. — *Cass.*, 28 nov. 1831, Paret c. Comte.

267.— Un billet souscrit par un commerçant ne doit point être considéré comme un acte de commerce, s'il est établi qu'il a une cause non commerciale.— *Bruxelles*, 5 mars 1823, Minne c. Heyvaert.

268.— Un commerçant ne peut être traduit devant le tribunal de commerce, à raison d'un billet par lui souscrit, si ce billet exprime une cause purement civile, comme si, par exemple, il est causé valeur en immeuble; et l'incompétence du tribunal peut être proposée pour la première fois en appel.— *Amiens*, 14 juin 1826, Sorel c. Rançon.

269.— Les tribunaux de commerce sont incompétens pour connaître de l'action en paiement d'un billet souscrit par un commerçant et causé pour prêt, sans qu'il soit énoncé si l'emprunt a été fait ou non pour le commerce de l'emprunteur. — *Rennes*, 13 déc. 1825, N...

270.— L'art. 638, C. comm., d'après lequel les billets souscrits par un commerçant sont censés faits pour son commerce, lorsqu'une autre cause n'y est point énoncée, ne s'applique pas de plein droit aux prêts ou emprunts contractés verbalement par un commerçant. — *Poitiers*, 22 mai 1829, Faydeau c. Goreau.

271.— La qualité de propriétaire prise par un commerçant dans un effet qu'il souscrit ne détruit pas la présomption établie par la loi jusqu'à preuve contraire que la dette est contractée pour son commerce.— *Paris*, 31 janv. 1842 (t. 1er 1842, p. 227), Hayet c. Delaloi.

272.— Un billet à ordre souscrit par un commerçant cesse d'être de plein droit présumé fait pour son commerce, s'il est causé valeur reçue en objets mobiliers. Dans ce cas, pour condamner le souscripteur par corps, il ne suffit pas que les juges déclarent qu'il est commerçant, ils doivent apprécier la véritable cause du billet. — Toutefois, il faut que les objets mobiliers aient été achetés par le commerçant, non pour revendre, mais pour ses besoins personnels ou pour ceux de sa famille. — *Cass.*, 3 juin 1835, Renard c. Pernel.

273.— C'est au tribunal civil qu'il appartient de connaître de l'action en paiement de billets à ordre souscrits par des commerçans et négociés à la douane pour droits de douane. Dès-lors, en cas de poursuite de la part de la douane ou du tiers qui a payé par intervention et avec subrogation dans les droits et priviléges de la régie, celui qui a négocié ces billets ou les agens de sa faillite ne peuvent demander leur renvoi devant le tribunal de commerce. — *Rouen*, 16 juin 1827, Boudehan c. Faillite Lepoton.

274. — La présomption que les billets faits par un commerçant ont été faits pour son commerce peut être combattue par des présomptions contraires. — *Bordeaux*, 19 avr. 1836, Picard c. Trepsat.

275. — Le négociant qui a souscrit un billet à ordre causé valeur reçue comptant, est admissible à prouver contre le bénéficiaire que ce billet n'a pour cause véritable qu'une reconnaissance de loyer, et par suite à demander son renvoi devant la juridiction civile. — Cette supposition de cause peut également être opposée au tiers, cessionnaire du bénéficiaire en vertu d'un endossement en blanc. — *Bruxelles*, 27 fév. 1833, Mœnens-Philippart c. Cogels.

276.— La présomption de la cause commerciale d'un billet résultant, aux termes de l'art. 638, C. comm., de la qualité de commerçant du signataire, doit céder à la preuve contraire tirée des circonstances particulières dans lesquelles le billet a été souscrit, combinées avec les termes mêmes de l'obligation. — Le billet n'est point réputé nécessairement commercial par cela seul qu'une cause étrangère n'y est pas énoncée. — *Cass.*, 20 janv. 1836, Marty et Garnier c. Chardonnet.

277. — C'est par l'intention du souscripteur commerçant d'un billet à ordre, au moment de la souscription du billet, qu'il faut déterminer la nature de cet acte et décider si l'emprunt a eu lieu ou non pour une destination commerciale. — La circonstance qu'une destination différente lui aurait été donnée après coup serait indifférente. — En tout cas, quoique dans l'intention du souscripteur l'emprunt eût une destination non commerciale, il faudrait, pour qu'il perdît le caractère que lui donne l'art. 638, que le prêteur eût eu connaissance que l'argent avancé n'était pas destiné au commerce de l'emprunteur. — *Bruxelles*, 2 juill. 1834, de Beaumont c. Vanboom.

278. — Le commerçant qui a souscrit un billet ne peut, pour se soustraire à la contrainte par corps, opposer au tiers porteur de bonne foi que ce billet n'avait qu'une cause purement civile. — *Colmar*, 2 mai 1842 (t. 2 1843, p. 80), Reinhard.

279. — Sont présumés actes de commerce les billets faits par les comptables des deniers publics au profit des particuliers, à moins qu'ils n'énoncent une cause étrangère à leur gestion. En conséquence, ces comptables sont, à raison de ces billets, justiciables des tribunaux de commerce et contraignables par corps. — *Amiens*, 30 mai 1820, Reveillon c. Luc Bullin.

280. — Un billet à ordre souscrit par le receveur d'un bureau de loterie est présumé souscrit pour sa gestion; en conséquence il entraîne contre lui la juridiction consulaire et la contrainte par corps. — *Paris*, 17 juin 1824, Delafosse c. Duchêne.

281. — Les billets à ordre souscrits par des comptables de deniers publics, tels qu'un conservateur des hypothèques, sont censés faits pour leur gestion, quoique la valeur y soit énoncée *pour amiable prêt*. — En conséquence, les tribunaux de commerce sont compétens pour en connaître. — *Aix*, 30 mai 1829, Giraud.

§ 3. — *Billets portant des signatures de négocians et de non-négocians, quelle que soit d'ailleurs leur cause.*

282. — Le billet à ordre réunit tout à la fois le caractère civil et le caractère commercial.—Lorsqu'il est revêtu tout à la fois de signatures de négocians et de non-négocians, les premiers engagent leurs biens et leur liberté, et les autres leurs biens seulement. Comme, dans une matière indivisible, il fallait donner à une même autorité le droit de juger, il était juste de déférer aux tribunaux de commerce la connaissance de ce genre de différends; car l'objet le plus grave entraîne celui qui l'est moins.—Delepierre, Rapp. au nom du tribunal à la séance du corps législatif du 14 sept. 1807; Merlin, *Rép.*, v° *Ordre (billet à)*, § 1er, n° 4.

283. — Le tribunal de commerce connaît des billets à ordre qui portent en même temps des signatures d'individus négocians et d'individus non-négocians, mais il ne peut prononcer la contrainte par corps contre les individus non négocians, à moins qu'ils ne se soient engagés à l'occasion d'opérations de commerce, trafic, change, banque ou courtage. — C. comm., art. 637.

284.— Jugé en conséquence qu'un billet à ordre

portant à la fois des signatures d'individus négocians et d'individus non négocians, entraîne à l'égard de tous la compétence commerciale. — *Paris*, 9 janv. 1839 (t. 1er 1839, p. 251), Morin c. Riduil.

285. — Il suffit d'une seule signature de commerçant pour rendre justiciables du tribunal de commerce les signataires non commerçans. — *Riom*, 31 janvier 1818, Borne c. Enjolras; *Bourges*, 7 juin 1822, Balancon c. Simonot.

286. — Il n'y a pas lieu de distinguer entre le cas où le négociant n'a fait qu'endosser le billet, et celui où il l'a souscrit. — *Montpellier*, 25 fév. 1831, Antenère c. Peridier.

287 — Ainsi, il suffit que des billets à ordre souscrits par un non négociant contiennent, même par suite d'endos seulement, la signature de commerçans, pour qu'il y ait attribution de la juridiction commerciale. — *Paris*, 15 fév. 1810, Grimoult de Moyon; *Bruxelles*, 30 avr. 1812, Lefebvre c. Bonnard; *Grenoble*, 14 août 1812, Vachon c. Durand; *Rennes*, 14. janv. 1817, Guyader; *Bruxelles*, 29 mai 1829, V...; *Douai*, 11 déc. 1840 (t. 1er 1842, p. 11), Deherrypont c. Hovelt.

288. — Jugé, au contraire, que l'endossement d'un billet à ordre par un négociant au profit duquel il a été souscrit ne suffit pas pour soumettre le non-négociant qui l'a souscrit à la juridiction commerciale. — *Bruxelles*, 16 oct. 1822, Coccke c. Hartz.

289. — Sous les constitutions sardes, le non-commerçant qui avait souscrit un billet à ordre n'était pas justiciable du tribunal de commerce, par cela seul que le billet avait été endossé par le négociant au profit de qui il était souscrit. — *Aix*, 2 août 1808, Lanteri c. Déporta.

290. — Toutefois, lorsqu'un commerçant est porteur, en vertu d'un endossement en blanc, d'un billet à ordre souscrit par un non-commerçant au profit d'un autre non-commerçant, le tribunal de commerce n'est point compétent pour connaître de la demande en paiement de ce billet. — *Paris*, 23 sept. 1812, Pauchet c. Forestier.

291. — Lorsque, dans un billet à ordre souscrit par trois individus solidairement, deux d'entre eux sont qualifiés de marchands et le troisième d'avocat, cette différence dans les qualités respectives prouve qu'elles n'ont pas été prises d'après l'impulsion du créancier, et doit faire ajouter foi aux qualifications. Dans ce cas, le porteur du billet à ordre a pu assigner les trois tireurs devant le tribunal de commerce; mais la contrainte par corps n'a dû être prononcée que contre les deux tireurs qualifiés marchands. — *Riom*, 28 août 1815, Roussel.

292 — L'action intentée contre les endosseurs d'un billet à ordre est de la compétence des tribunaux civils, si le billet ne porte pas la signature d'individus négocians. — *Riom*, 4 août 1838 (t. 1er 1839, p. 634), Jourde et Maigne c. Pascon.

293. — Le tribunal de commerce est compétent pour connaître d'un billet à ordre portant en même temps des signatures d'individus négocians et d'individus non négocians, encore bien que les poursuites ne soient dirigées que contre les signataires non négocians. — *Bruxelles*, 29 nov. 1814, Vogeleer c. Defrenne; *Caen*, 10 août 1815, Lemière c. Leroi; *Paris*, 22 juill. 1825, Jacquet; *Grenoble*, 7 fév. 1832, Proby c. Rossat et Jacquemet; *Paris*, 25 nov. 1834, Bergeret c. Sambucy et Cariot; *Amiens*, 7 mars 1837 (t. 1er 1840, p. 487), Vallée c. Chanteloux-Labesse; *Bordeaux*, 6 janv. 1840 (t. 1er 1840, p. 412), Tymbau c. Lafargue; — Nouguier, *Lettres de change*, t. 1er, p. 515.

294. — ...Et alors même que le signataire non négociant seul mis en cause demande son renvoi. — *Paris*, 25 nov. 1834, Bergeret c. Sambucy et Cariot.

295. — Jugé également que l'individu non négociant dont la signature se trouve sur un billet à ordre revêtu aussi de la signature d'un négociant peut, même par action principale et séparée, être assigné en garantie devant le tribunal de commerce; il ne peut opposer que le négociant n'est pas dans la cause. — *Bourges*, 30 août 1816, Jubert c. Planque et Gueneau.

286 — Jugé même que le tribunal de commerce est compétent, encore bien que, le porteur ayant perdu son recours contre les signataires négocians, son action ne soit et ne puisse être dirigée que contre le non-négociant. — *Montpellier*, 23 fév. 1831, Antenère c. Peridier; *Bordeaux*, 17 janv. 1832, Berteau c. Merlet.

297. — ...Qu'il suffit qu'un billet à ordre porte la signature d'un endosseur commerçant, pour que le souscripteur non commerçant, assigné devant le tribunal de commerce, ne puisse demander son renvoi devant la juridiction civile, et cela quand bien même l'endosseur, seul commerçant, aurait été désintéressé après le protêt qu'il a fait faire, et bien que sa signature fût postérieure à celle du porteur du billet. — *Bourges*, 6 août 1825, Sadron c. Gaigneau.

298. — Jugé au contraire que l'art. 637, C. comm., n'est point applicable lorsque l'instance ne s'engage qu'avec les parties non négociantes. — *Paris*, 19 mars 1831, Leroux c. Riondelet. — En effet, à l'égard d'un simple particulier, un billet à ordre n'est pas un engagement de commerce. Il n'a ce caractère que vis-à-vis des commerçans qui l'ont signé ou endossé. Il faut donc que ceux-ci figurent au procès. — Horson, *Quest. sur le cod. comm.*, nos 211 et 212.

299. — ... Que lorsqu'un effet de commerce a été souscrit par un commerçant et passé ensuite à des non-commerçans, le tribunal de commerce est incompétent pour connaître de l'action en paiement quand le non-commerçant seul est assigné. — *Colmar*, 23 mars 1814, Poeffinger c. Paravicini.

300. — Jugé au contraire que le tribunal de commerce n'est pas compétent si, les souscripteurs négocians ayant été désintéressés, l'action est uniquement formée contre les non-négocians. — *Limoges*, 30 déc. 1825, Castin c. Buisson; *Douai*, 8 mai 1839 (t. 2 1839, p. 354), Dacpuin c. Vanbavenchove.

301. — ... Qu'il en est de même lorsque le premier endosseur, ayant désintéressé tous les autres, réclame le paiement de l'effet contre celui seulement qui l'a créé à la suite d'une opération purement civile et qui n'a pas la qualité de commerçant. — *Paris*, 17 sept. 1828, Raulet c. Cornu.

302. — ... Qu'enfin, pour que la signature d'un commerçant, sur un billet à ordre, puisse attribuer juridiction au tribunal de commerce à l'égard des non-commerçans qui ont également signé, il faut qu'il soit réellement obligé, de telle sorte que l'action en paiement puisse être exercée contre lui aussi bien que contre les non-commerçans. Si le commerçant a seulement signé un endossement en blanc, non translatif de propriété, les non-commerçans ne peuvent être poursuivis que devant les tribunaux civils. — *Bordeaux*, 19 nov. 1827, Daumy c. Chastaignot.

303. — Un garçon coiffeur n'étant point considéré comme négociant, si le tribunal de commerce est compétent pour connaître d'un billet à ordre qui porte en même temps la signature d'individus négocians et celle de ce garçon coiffeur, il ne peut prononcer la contrainte par corps contre ce dernier. — *Paris*, 20 juill. 1831, Taupin.

304. — De même, un artisan, tel qu'un cordonnier, n'étant pas un commerçant proprement dit, ne peut dès-lors être condamné par corps au paiement d'un billet à ordre par lui souscrit, surtout s'il n'est pas justifié que ce billet ait eu pour objet des affaires de son état. — *Colmar*, 22 nov. 1811, Kautz c. Neulinger.

305. — Le souscripteur non négociant d'un billet à ordre, endossé depuis par un individu qui s'est qualifié de négociant, peut, pour établir l'incompétence du tribunal de commerce devant lequel il est assigné, être admis à prouver que cet endosseur s'est faussement donné la qualité de négociant. — *Cass.*, 22 avr. 1828, Rasset c. Rimbert.

306. — L'individu non négociant, souscripteur d'un billet à ordre endossé par des négocians, peut être assigné en garantie devant le tribunal de commerce dont l'endosseur, qui l'appelle en garantie, est justiciable en qualité de négociant. — *Paris*, 15 fév. 1810, Grimoult de Moyon.

307. — Toutes les décisions qui précèdent supposent des billets à ordre réguliers. *Quid*, si le billet manquait d'un de ses caractères constitutifs?

308. — Jugé que lorsqu'un billet à ordre souscrit par un individu non négociant ne vaut que comme simple promesse, pour ne pas énoncer la valeur fournie, c'est le tribunal civil et non le tribunal de commerce qui doit connaître de la demande en paiement de ce billet, encore bien qu'il ait été endossé par des négocians. — *Cass.*, 6 août 1811, Sibille c. Vaneste; *Rouen*, 20 juin 1822, Pécuchet; *Toulouse*, 18 nov. 1828, Faillon c. Vidal. — ... Et cela, lors même que le souscripteur non négociant ne serait traduit devant le tribunal de commerce que par voie de garantie. — *Riom*, 6 mai 1817, Fayolle c. Lebeau.

309. — ... Qu'un billet causé *valeur reçue à ma satisfaction* n'étant point un billet à ordre, le tribunal de commerce est incompétent pour en connaître, lors même qu'au nombre des endosseurs figureraient des négocians. — *Liége*, 18 mai 1824, Blondeau c. Mégret.

310. — Jugé, au contraire, que la demande en paiement d'un billet à ordre, quoique causé pour prix de vente d'immeubles, est de la compétence du tribunal de commerce, si ce billet est endossé par un marchand au profit d'un autre marchand pour valeur reçue en marchandises. — *Caen*, 18 août 1814, Douesnel c. Leroy.

311. — ...Que le tribunal de commerce est compétent pour connaître de l'action en paiement d'un billet à ordre souscrit par un individu non commerçant, et qui ne contient pas l'énonciation de la valeur fournie, lorsque ce billet à ordre se trouve revêtu de l'endos d'un commerçant en faveur d'un commerçant. — *Paris*, 19 nov. 1825, Quesné c. Bocchet.

312. — Lors même qu'un billet à ordre souscrit par un négociant et portant la signature d'autres individus non commerçans n'énonce pas la valeur dans laquelle il a été fourni, le tribunal de commerce est compétent pour connaître de la demande en paiement de ce billet à l'égard de toutes les personnes qui l'ont signé. — *Liége*, 1er déc. 1814, L....

313. — L'art. 637, C. comm., applicable aux billets à ordre et aux lettres de change proprement dites, ne l'est pas aux billets au porteur. — Les tribunaux de commerce ne sont compétens pour connaître des actions relatives aux billets de cette nature qu'autant que, souscrits par des négocians, ils ont une cause commerciale. — *Cass.*, 20 janv. 1836, Marty et Garnier c. Chardonnet. — V. BILLET AU PORTEUR.

§ 4. — *Billets à ordre n'ayant qu'une cause civile et ne portant que des signatures de non-négocians.*

314. — Lorsque les billets à ordre ne portent que des signatures d'individus non négocians, et n'ont pas pour occasion des opérations de commerce, trafic, change, banque ou courtage, le tribunal de commerce est tenu de renvoyer au tribunal civil, s'il en est requis par le défendeur. — C. comm., art. 636.

315. — Sous l'ord. 1673, on ne pouvait demander devant les tribunaux consulaires le paiement d'un billet à ordre souscrit par un individu non commerçant et qui n'avait pas pour cause une opération commerciale. — *Cass.*, 14 oct. 1791, Communau c. Boucher Colas.

316. — Le billet à ordre souscrit par un individu non négociant, valeur reçue comptant, qu'il déclare devoir être employée dans son commerce, ne le soumet pas à la juridiction commerciale. — *Paris*, 22 sept. 1812, Lassault c. Benard.

317. — Le billet à ordre souscrit par un non-négociant, et qui n'énonce pas la valeur fournie, n'étant qu'une simple promesse, ne rend pas le souscripteur justiciable des tribunaux de commerce, encore bien que ce billet puisse être transmis par la voie de l'endossement. — *Bruxelles*, 18 juill. 1810, Vaneste c. Sibille.

318. — Il en est de même quand le billet est causé simplement *valeur reçue*. — *Rennes*, 10 mai 1811, Giegnal c. Richard; *Bordeaux*, 24 juill. 1838 (t. 2 1838, p. 441), Barbary c. Moreau; *Aix*, 1er mars 1839 (t. 1er 1839, p. 630), Fouque c. Eugier.

319. — Un billet à ordre causé : *valeur entendue et entre nous connue*, ne constituant, entre non-négocians, qu'une obligation purement civile, le tribunal de commerce n'est point compétent pour en connaître. — *Metz*, 18 janv. 1833, Lavaux c. Delaplace.

320. — Un billet à ordre causé *valeur entendue en un acte*, ne pouvant être réputé effet de commerce, n'est point, comme tel, soumis à la juridiction commerciale. — *Paris*, 31 janv. 1833, Dubarry c. Dumanoir.

321. — Le billet à ordre causé *valeur reçue en marchandises*, ne constitue pas par lui-même, de la part du souscripteur non négociant, un acte de commerce qui le rende justiciable du tribunal de commerce et passible de la contrainte par corps. — *Lyon*, 20 fév. 1829, Marchand c. Miquel; *Paris*, 10 déc. 1829, Billchen; 19 mars 1831, Leroux c. Riondelet; 25 nov. 1834, Bergeret c. Sambucy et Cariot.

322. — En pareil cas, et pour déterminer la compétence, il est nécessaire d'apprécier la nature des opérations qui ont donné naissance au billet. — *Cass.*, 8 juin 1827, Henri Roze; *Lyon*, 25 fév. 1829, Marchand c. Miquel.

323. — ... Et de prouver que le souscripteur a acheté les marchandises pour les revendre. — *Angers*, 11 juin 1824, Simon c. Mayaud; *Cass.*, 9 mars 1827, Marin; *Paris*, 17 sept. 1828, Raulet c. Cornu.

324. — Pour que des billets à ordre portant seulement des signatures de non-négocians soumettent les signataires à la juridiction commerciale et à la contrainte par corps, il ne suffit pas qu'ils énoncent que les fonds sont destinés à une opération commerciale, il faut de plus que ces fonds y soient réellement employés. — *Bastia*, 29 janv. 1833, Zevaco c. Basso.

325. — Des billets causés pour cession de bail

bien que cette cession se rattache à la vente d'un fonds de commerce, n'en constituent pas moins une opération distincte, laquelle n'a aucun caractère commercial, et par conséquent n'entraîne pas la contrainte par corps. — *Paris*, 23 janv. 1840 (t. 1er 1840, p. 267), Lecourt c. Berthoud.

326. — Lorsqu'il est constant qu'un billet à ordre n'a pas été souscrit pour raison de commerce, la contrainte par corps ne peut être prononcée contre le souscripteur. — *Bordeaux*, 9 mars 1809, Godefroy c. Gasquet.

327. — Un tribunal est incompétent pour connaître des contestations que fait naître un billet à ordre ayant pour objet le prix d'un remplacement militaire, surtout lorsque la juridiction civile a déjà été saisie. — *Paris*, 1er avr. 1830, Dumont et Pierrard c. Gros.

328. — Le billet souscrit par un non-commerçant pour une dette purement civile, et payable à un tel ou à son ordre *après un avertissement de trois mois*, ne constitue pas un billet à ordre, notamment comme ne précisant pas l'époque à laquelle son paiement doit s'effectuer; dès-lors les signataires non commerçans ne peuvent être traduits devant le tribunal de commerce. — *Colmar*, 24 janv. 1842 (t. 2 1842, p. 512), Aron c. Gangloff.

329. — Ne saurait être réputé effet de commerce, et comme tel attributif de juridiction aux tribunaux de commerce, un billet à ordre dans lequel le souscripteur ne s'oblige que sous condition, et alors surtout que la condition imposée peut donner lieu à une contestation de la compétence des tribunaux civils. — *Grenoble*, 19 juin 1824, Fourca-Faure c. Rosanne et Breynat.

330. — Un tribunal de commerce ne peut connaître d'un billet à ordre qui a pour cause l'acquisition de rentes viagères sur l'état, surtout lorsque la plupart des souscripteurs de ce billet ne sont pas commerçans. — *Paris*, 22 déc. 1809, Calmer c. Malpeyre.

331. — L'endossement d'un simple billet par un individu non négociant ne rend pas la créance commerciale, et ne soumet dans aucun cas l'endosseur à la juridiction du tribunal de commerce. — *Poitiers*, 11 mars 1842 (t. 2 1842, p. 56), Marsilly c. Jacquault et Mériot.

332. — L'endosseur non commerçant d'un billet à ordre qui n'a pas pour cause une opération de commerce, ne peut être condamné par corps à en payer la valeur, quand même il n'aurait point décliné la juridiction commerciale. — *Cass.*, 5 mars 1811, Favier c. Bonardel.

333. — Un billet à ordre endossé par un avocat qualifié tel dans le protêt ne le soumet pas à la contrainte par corps, lorsque d'ailleurs l'engagement n'a pas eu pour objet une opération commerciale; et cela quand bien même on lui eût donné la qualité de marchand dans quelques actes de la procédure. — *Cass.*, 26 janv. 1814, Cuvellier c. Turgis.

334. — Le souscripteur d'un billet qui lui donne la qualité de commerçant peut être admis à prouver, notamment par témoins, qu'à l'époque de la confection de ce billet il n'exerçait aucun commerce. — *Colmar*, 16 fév. 1841 (t. 1er 1841, p. 733), Abraham Heymann c. Gyss.

335. — Lorsqu'un billet à ordre qui ne porte que des signatures d'individus non négocians est déféré au tribunal de commerce, ce tribunal n'est tenu de renvoyer au tribunal civil que s'il en est requis par le défendeur. — *Rennes*, 13 juin 1814, Plaine.

336. — Mais en pareil cas l'incompétence du tribunal de commerce est une exception purement personnelle et qui peut être couverte par l'exécution donnée par la partie au jugement qui a rejeté le déclinatoire. — *Metz*, 12 avr. 1820, Mayer-Samuel.

337. — Le souscripteur d'un billet à ordre peut être assigné, avec les endosseurs, devant le tribunal du domicile de l'un d'eux. — *Paris*, 20 mai 1811, Laribe c. Factet.

338. — L'étranger qui a souscrit en France un billet à ordre au profit d'un autre étranger peut être assigné en paiement devant les tribunaux français par le tiers porteur qui est Français. — *Paris*, 15 oct. 1834, Selles c. Knapp. — On peut encore consulter sur la compétence des tribunaux français relativement aux étrangers ce que nous avons rapporté vº LETTRE DE CHANGE, nº 12.

339. — Un tribunal de commerce saisi de la demande en paiement d'un billet à ordre formée contre le souscripteur qui argüe de faux l'un des endossemens, peut statuer sans avoir égard à l'allégation de faux, s'il reconnaît que cette allégation n'est pas sérieuse. En pareil cas, le tribunal n'est pas tenu de renvoyer sur le faux devant les juges civils. — *Cass.*, 2 fév. 1836, Thierrée c. Allard.

340. — Lorsque le protêt d'un billet à ordre est nul, et qu'une action en dommages-intérêts ou en garantie est formée contre l'huissier ou le notaire qui l'a rédigé, le tribunal de commerce n'est pas compétent pour en connaître. — V. PROTÊT.

Sect. 7e. — *Compétence en matière de faillite.*

341. — L'art. 635, C. comm. (loi du 28 mai 1838), porte que les tribunaux de commerce connaîtront de tout ce qui concerne les faillites, conformément à ce qui est prescrit au livre 3e du Code de commerce.

342. — Cette disposition doit servir à trancher une double difficulté qui se rattache d'abord à la compétence *absolue*, c'est-à-dire à celle qui est fondée sur les limites des diverses juridictions, ensuite à la compétence *relative*, c'est-à-dire à cette compétence qui, supposant résolue la compétence absolue, se détermine dans un seul ordre de juridiction, et à raison de l'aspect particulier de l'affaire pour un seul tribunal. Ainsi, l'art. 635 attribue compétence aux tribunaux de commerce, en général, pour tout ce qui concerne la faillite; et des art. 59, C. procéd., et 438, C. comm., il résulte que celui des tribunaux de commerce qui est compétent, relativement à une faillite déterminée, est le tribunal du domicile du failli.

343. — L'interprétation de ces mots de l'art. 635, C. comm., *pour ce qui concerne la faillite*, et de la disposition de l'art. 59 du C. procéd., qui ordonne qu'en matière de faillite le défendeur doit être assigné devant le tribunal du domicile du failli, partage les opinions. — D'abord, selon M. Favard de Langlade (*Rép. de la nouv. législ.*, t. 1er, p. 133), toute instance dans laquelle une faillite est intéressée, soit comme défenderesse, soit comme demanderesse, constitue une demande en matière de faillite, et rentre dans la compétence du tribunal du domicile du failli. — Ensuite, selon M. Carré (*Compét.*, nº 240) et M. Boncenne (t. 2, p. 249), l'art. 59 C. procéd. a eu seulement pour but d'attribuer un domicile à l'être moral appelé faillite, et d'empêcher qu'il ne soit assigné au domicile particulier des syndics, en sorte que le tribunal du domicile du failli n'a pas une compétence plus étendue que le tribunal du domicile de tout autre défendeur, et qu'il ne peut statuer que lorsque la faillite est défenderesse et que la cause ne doit pas, à raison de circonstances particulières, être portée devant un tribunal autre que celui du domicile du défendeur. — Une troisième opinion proposée par M. Pardessus (*Dr. comm.*, nº 1317), et adoptée par M. Renouard (*Tr. des faillites*, t. 2, p. 528), consiste à distinguer les demandes qui ont pour but de faire annuler des actes faits par le failli depuis le dessaisissement légal, ou frappés d'une présomption légale de fraude, et les demandes relatives à des actes antérieurs du failli. Dans le premier cas, le tribunal de la faillite est valablement saisi; dans le second, il faut suivre les règles ordinaires de compétence. — Enfin, d'après M. Orillard (nº 602), et M. Nouguier (t. 2, p. 386), c'est la nature de la contestation et non pas la qualité de demandeur ou de défendeur en laquelle procèdent les syndics qu'il faut considérer pour savoir si l'on se trouve dans le cas prévu par l'art. 59, C. procéd.

344. — C'est conformément à cette dernière opinion que la cour de Cassation a jugé que l'on ne peut réputer jugemens rendus en matière de faillite, que ceux qui ont prononcé sur des questions résultant de la faillite ou sur des actions nées de la faillite, ou exercées à son occasion. — *Cass.*, 1er avr. 1840 (t. 1er 1840, p. 634), Seillière c. Queno.

345. — Cette solution concorde parfaitement avec les motifs de la loi, qui ont été de centraliser devant le tribunal du domicile du failli toutes les contestations que le fait de la faillite peut engendrer, parce que ce tribunal peut plus facilement se rendre compte de l'ensemble des opérations du failli, et est plus que tout autre à portée de statuer sur ces contestations; mais il n'y a plus de motif de faire une exception à la règle générale quand le fait de la faillite n'a modifié en rien les circonstances qui ont motivé le procès.

346. — Dans ce qui concerne la faillite, rentrent incontestablement toutes les opérations judiciaires qui doivent être accomplies dans le cours et pendant l'existence de la faillite.

347. — Ainsi, c'est au tribunal de commerce qu'il appartient de déclarer l'ouverture de la faillite, d'en fixer l'époque, et d'ordonner toutes les mesures de précaution qui en sont la conséquence immédiate, telles que celles qui ont pour but de mettre sous la main de la justice les meubles et les marchandises du failli par l'apposition des scellés, et de s'assurer de sa personne. — C. comm., art. 440 et 455.

348. — Néanmoins, les tribunaux civils sont compétens pour reconnaître, quand un procès leur est soumis, si le fait caractéristique de l'état de faillite du débiteur commerçant a existé ou non, et pour en appliquer les effets légaux aux contestations qui s'agitent devant eux. — *Cass.*, 13 nov. 1838 (t. 1er 1839, p. 22), Rachon.

349. — Quoique, aux termes de l'art. 455, C. comm., la juridiction consulaire soit compétente pour ordonner l'apposition des scellés sur les meubles du failli et pour connaître de la demande en main levée des scellés, il n'en faut pas conclure qu'elle soit également compétente pour connaître de la demande en main-levée des scellés apposés sur *un magasin qui n'appartenait pas au failli*, mais dans lequel se trouvaient quelques objets faisant partie de l'actif de la faillite.

350. — Jugé même que l'acquiescement au jugement qui aurait renvoyé la connaissance de cette contestation devant le tribunal de commerce ne pourrait pas couvrir l'incompétence de ce tribunal et rendre l'appel non recevable. — *Colmar*, 28 août 1813, Specht.

351. — Le tribunal qui a déclaré l'ouverture d'une faillite est seul compétent pour statuer sur une demande formée par les syndics contre un tiers pour obtenir la reddition et l'apurement d'un compte établi sur une spéculation de marchandises entre négocians. — *Liége*, 16 déc. 1814, N...

352. — Le tribunal de commerce statue sur les contestations élevées lors de la vérification des créances commerciales. — C. comm., art. 498, 499, 500.

353. — Jugé que les tribunaux de commerce sont compétens pour connaître de la vérification d'une créance même purement civile produite aux syndics d'une faillite, pour être admise au passif. — *Bruxelles*, 18 fév. 1820, syndics Debase c. Vandergoleir.

354. — Mais, conformément à la règle que nous avons posée *suprà* nos 343 et suiv., il ne faut pas conclure, par cela seul qu'il s'agit de créance réclamée contre une faillite, et de contestation élevée incidemment à une vérification, que le tribunal soit compétent de plein droit; il ne peut connaître que de ce qui est engagement de commerce. — Pardessus, *Droit comm.*, t. 5, nº 1186.

355. — En conséquence, jugé avec raison que, si les tribunaux de commerce sont compétens pour connaître de la vérification des créances et de leur admission au passif de la faillite, ils ne le sont point pour statuer sur la validité d'un acte de cession qui est produit. — *Bordeaux*, 8 août 1838 (t. 1er 1839, p. 35), Lévy-Béer c. Mossé; *Poitiers*, 2 avr. 1830, Guichard.

356. — Jugé de même que les tribunaux de commerce ne sont compétens pour connaître des contestations qui s'élèvent dans une faillite, à la suite de la vérification des créances, qu'autant que ces créances sont commerciales. — *Aix*, 26 janv. 1828, Maurel c. Hermitte; *Colmar*, 31 déc. 1831, Thiébaud.

357. — Mais on a jugé que le créancier subrogé dans le privilége du propriétaire à raison de loyers échus qui a demandé son admission au passif de la faillite, et de plus a fait vérifier et affirmer sa créance devant le juge commissaire, accepte la compétence du tribunal de commerce et ne peut ultérieurement décliner sa juridiction à l'occasion des contestations élevées sur cette subrogation par les syndics de la faillite. — *Paris*, 29 août 1841 (t. 2 1841, p. 563), Lacaille.

358. — Décidé toutefois que le bailleur auquel des loyers sont dus (ni son cessionnaire) ne sont point obligés de se présenter à la faillite du locataire. Ils ont le droit au contraire d'actionner les syndics devant le tribunal civil, surtout si leur demande est accessoire à une autre contestation qui puisse être portée à ce tribunal. — *Paris*, 21 mars 1822, Lemercier.

359. — Le tribunal de commerce nomme le juge commissaire et pourvoit à son remplacement s'il y a lieu (art. 451 et suiv.). Il nomme les syndics provisoires et les remplace s'il y a lieu (art. 462, 464). Il connaît des plaintes et réclamations des créanciers contre les syndics, de la révocation de ces derniers (art. 466 et 467).

360. — Ainsi le tribunal de commerce est seul compétent pour déterminer si l'intérêt des créanciers exige ou non l'apposition des scellés sur les magasins du failli ou s'il y a d'autres mesures provisoires à prendre pour l'administration de ses biens. — *Florence*, 13 mars 1811, Barbieri.

361. — C'est au tribunal de commerce qu'appartient le droit d'accorder ou de refuser un sauf-conduit au failli (C. comm., art. 472 et suiv.), alors même que cette demande serait dirigée contre un créancier du failli qui l'aurait fait incarcérer antérieurement à la faillite. — *Paris*, 31 août 1839 (t. 1er 1846). — V. Orillard, *Compét. comm.*, p. 460, note.

362. — Le tribunal de commerce ordonne le dépôt au greffe de l'une des minutes de l'inventaire que les syndics doivent dresser (art. 480).

363. — Il homologue les transactions faites par les syndics relativement à des droits mobiliers d'une valeur indéterminée ou excédant 300 francs (art. 487).

364. — C'est à lui que se portent les oppositions au concordat fondées sur des moyens qui donnent lieu à des questions commerciales (C. comm., art. 512). Il homologue le concordat (C. comm., art. 513 et suiv.).

365. — Jugé que le tribunal de commerce est compétent pour statuer sur une opposition au concordat quand les moyens de l'opposant se réfèrent à des actes constitutifs de la banqueroute simple ou frauduleuse, et ou par suite l'opposition tend à faire considérer le failli comme inhabile à concorder. — *Aix*, 7 mai 1825, Olive.

366. — Si, par un concordat passé avec ses créanciers et ceux de son mari tombé en faillite, une veuve oblige ses enfans mineurs, ce contrat doit être homologué par le tribunal de commerce comme concordat, en ce qui concerne la veuve, et par le tribunal civil comme transaction avec des mineurs. — *Rennes*, 29 mars 1817, N...

367. — Le tribunal de commerce statue sur les difficultés élevées sur la reddition du compte des syndics. — C. comm., art. 519-537.

368. — Mais il a été jugé que les commissaires ou syndics nommés par les créanciers d'un failli *pour surveiller l'exécution du concordat*, ne doivent pas être assimilés aux syndics définitifs de l'union. Il n'y a entre ces commissaires et les créanciers que les rapports ordinaires entre mandant et mandataire; dès lors, c'est le tribunal civil qui est compétent pour connaître de l'exécution de ce mandat. — *Caen*, 7 août 1810, Grasdon.

369. — La résolution du concordat pour cause d'inexécution des conditions (art. 520), son annulation pour le cas de banqueroute frauduleuse (C. comm., art. 522) sont prononcées par le tribunal de commerce.

370. — Il en est de même de la clôture des opérations pour insuffisance de l'actif, et du rapport du jugement rendu sur la clôture quand il est justifié qu'il y a des fonds pour faire face aux frais. — C. comm., art. 528.

371. — La juridiction consulaire prononce encore sur le recours formé par les syndics contre les ordonnances du juge commissaire portant allocation de secours au failli. — C. comm., art. 530.

372. — Jugé que le tribunal de commerce est incompétent pour statuer sur la réclamation que peuvent faire la femme ou la fille d'un failli des effets, nippes et hardes à leur usage, non plus que sur les contestations que les créanciers peuvent élever à cet égard. — *Grenoble*, 17 sept. 1811, Blache. — Cette dernière décision ne nous paraît pas en harmonie avec les art. 529 et 530, C. comm., qui défèrent au juge commissaire de la faillite le pouvoir de statuer en premier lieu sur cette réclamation. Les contestations sur les ordonnances du juge commissaire ne peuvent être portées qu'au tribunal de commerce.

373. — L'ordonnance par laquelle le juge commissaire d'une faillite déclare qu'il n'y a pas lieu de faire un concordat, sur le fondement que l'examen des livres du failli donne quelques présomptions de banqueroute, doit être déférée par le failli au tribunal de commerce et non à la cour d'appel. — *Bruxelles*, 23 mai 1815, Gram.

374. — C'est aussi aux tribunaux de commerce qu'il appartient de faire leur déclaration d'excusabilité relativement au failli. — C. comm., art. 538.

375. — Il appartient au tribunal de commerce d'ordonner que certains créanciers seront payés par privilége (art. 551), ou qu'il y a lieu d'augmenter l'actif mis en réserve pour la part correspondante aux sommes dues à des créanciers absens domiciliés hors de France. — C. comm., art. 567.

376. — Mais il a été jugé que, s'il appartient aux tribunaux de commerce de statuer, en matière de faillite, sur les contestations relatives à l'existence ou à la non existence des créances, il ne leur appartient pas de décider si ces créances sont hypothécaires ou privilégiées. — *Poitiers*, 2 avr. 1830, Compagnon; — Pardessus, no 1186; Boulay-Paty, *Faillites et banq.*, no 233; Carré, *Lois d'organis. et de comp.*, no 521.

377. — Jugé encore que les tribunaux de commerce sont incompétens pour connaître de la demande formée par la femme d'un failli, à l'effet de faire déclarer et reconnaître l'existence de son hypothèque et de son privilége sur les biens de son mari, et d'en faire déterminer l'étendue. — *Bruxelles*, 21 mai 1825, V...

378. — Le tribunal de commerce peut autoriser l'union à traiter à forfait de tout ou partie des droits et actions dont le recouvrement n'aurait pas été opéré, et de les aliéner. — C. comm., art. 570.

379. — Il connaît des questions de revendication de marchandises formée par des tiers contre la faillite (C. comm., art. 579), des oppositions au jugement déclaratif de la faillite, et à celui qui fixe l'époque de la cessation des paiemens. — C. comm., art. 580.

380. — Mais, à l'inverse, l'action intentée par les syndics d'une faillite contre un négociant pour le contraindre à restituer à la masse de la faillite des marchandises qu'on prétend en avoir été détournées, et qu'il a à sa disposition, n'est pas une action commerciale rentrant à ce titre dans la juridiction du tribunal de commerce. — *Cass.*, 25 mars 1823, syndics Delaporte c. Taniel; *Amiens*, 6 nov. 1839 (t. 2 1840, p. 662), Crépin.

381. — Le tribunal de commerce prononce l'annulation des conventions stipulant des avantages au profit des tiers, soit en raison de leur vote dans les délibérations du concordat, soit au détriment de l'actif du failli, lorsque cette annulation est demandée par action civile. — C. comm., art. 599.

382. — Jugé que l'action contre un tiers en dommages et intérêts, pour détournement des meubles du débiteur failli, est de la compétence du tribunal de commerce saisi des opérations de la faillite. — *Paris*, 10 févr. 1831, Besnard c. Glare.

383. — Jugé de même que l'associé d'un failli qui a souscrit une obligation personnelle doit être poursuivi devant le tribunal de la faillite. — *Rennes*, 28 nov. 1811, Revel.

384. — Le tribunal de commerce détermine les mesures à prendre pour l'administration des biens en cas de banqueroute. — C. comm., art. 601.

385. — C'est lui qui ordonne la lecture publique du jugement de réhabilitation du failli. — C. comm., art. 611.

386. — Un tribunal de commerce, saisi d'une faillite, est compétent pour connaître de la validité des paiemens faits par le failli, et par conséquent de la validité de la vente d'un immeuble faite au profit d'un créancier pour le désintéresser au préjudice de la masse. — *Liége*, 21 avr. 1821, Gourmont.

387. — Quoique le tribunal de commerce soit saisi de toutes les difficultés qui peuvent survenir lors des opérations de la faillite, il n'est pas compétent pour connaître de la contestation sur une liquidation. — *Paris*, 7 août 1833, Étienne; *Bordeaux*, 4 juill. 1831, Sarny.

388. — Le tribunal de commerce n'est pas compétent pour prononcer sur une demande en résolution de louage formée contre les syndics provisoires de la faillite du locataire, ni pour connaître entre négocians d'une demande en paiement de loyers. — *Nîmes*, 22 août 1811, Barbieri c. Carcini et Delrico; *Metz*, 10 déc. 1819, Rambourg.

389. — Les syndics d'une faillite, devenus personnellement adjudicataires des immeubles du failli et dépossédés depuis par une surenchère, doivent rendre devant le tribunal civil, et non devant le tribunal de commerce, le compte de la gestion qu'ils ont eue de ces immeubles. Le tribunal de commerce est également incompétent pour statuer sur les répétitions qu'ils prétendent exercer à raison des travaux exécutés par eux sur les immeubles pendant leur possession momentanée. — *Bordeaux*, 24 juill. 1834, Tardieu.

390. — Lorsque les syndics d'une faillite actionnent devant le tribunal de la faillite un des créanciers en restitution des sommes par lui touchées et que ce créancier prétend qu'il y a eu antérieurement à l'ouverture de la faillite compensation de ces sommes avec d'autres qui lui étaient dues et demande son renvoi devant les juges de son domicile, il résulte de là une question préalable de propriété étrangère à la faillite et à raison de laquelle le déclinatoire proposé doit être accueilli. — *Cass.*, 22 mars 1821, Damerval.

391. — Il n'appartient qu'au tribunal civil de connaître de la demande de mise en liberté formée par le failli, qui se fonde sur son état de faillite pour demander la nullité d'une incarcération antérieure. — Ce n'est que dans le cas où son emprisonnement aurait eu lieu par suite et en raison de sa déclaration de faillite que sa demande devrait être portée devant le tribunal de commerce. — *Paris*, 14 oct. 1840 (t. 2 1840, p. 415), Savary.

392. — Les billets souscrits par un failli depuis sa faillite sont de la compétence du tribunal de commerce; car, la faillite laisse la qualité de négociant sur la tête du failli. — *Liége*, 4 avr. 1813, Fabricius; *Agen*, 18 mai 1811, Ollier. — V. conf. Pardessus, *Droit com.*, no 1349.

393. — Les formes établies par le code de commerce pour la liquidation des faillites ne sont pas applicables à l'exercice d'une créance privilégiée du trésor public contre le failli son comptable. — *Cas.*, 9 mars 1808, Le trésor c. Duquesnoy.

394. — Mais une fois le concordat accordé au failli homologué, les règles ordinaires de compétence reprennent leur empire, et les demandes formées par le failli personnellement lorsqu'il est remis à la tête de ses affaires, rentrent dans la connaissance des tribunaux ordinaires, lors même que ces demandes auraient leur origine dans des faits contemporains de la faillite. — Carré, *L. de la compét.*, no 241; Nouguier, t. 2, p. 392; Goujet et Merger, no 199.

Sect. 8e. — *Compétence relative aux appels des jugemens des prud'hommes.*

395. — Les tribunaux de commerce sont juges d'appel des décisions des conseils de prud'hommes. — Déc. 11 juin 1809, art. 2; 3 août 1810. — V. PRUD'HOMMES.

Sect. 9e. — *Compétence contre les veuves et héritiers des justiciables des tribunaux de commerce.*

396. — L'art. 426, C. procéd., porte : « Les veuves et héritiers des justiciables des tribunaux de commerce y seront assignés en reprise ou par action nouvelle, sauf, si les qualités sont contestées, à les renvoyer aux tribunaux ordinaires pour y être réglés, et ensuite être jugés sur le fond au tribunal de commerce. »

397. — Il en était de même sous l'ord. de 1673 : les veuve et héritiers d'un négociant étaient justiciables des tribunaux de commerce, à raison des dettes commerciales de leur auteur, bien qu'ils ne fussent pas commerçans eux-mêmes. — *Cass.*, 20 frimaire an XIII, Chénais c. Costy. — V. *Cass.*, 23 prair. an XI, Lourdet; *Poitiers*, 7 thermid. an XII, Soulignac; *Cass.*, 1er sept. 1806, Bonneau; — Merlin, *Quest. de droit*, vo *Tribunaux de commerce*, § 6.

398. — La jurisprudence sous l'ord. de 1673, et aujourd'hui l'art. 426, sont fondés, en ce qui concerne l'héritier, sur ce qu'il continue la personne du défunt et doit supporter avec les biens les charges qui y sont attachées. Le changement de personnes n'ayant pas modifié le caractère de l'acte, il est tout simple que le tribunal de commerce demeure compétent. — Nouguier, t. 1er, p. 317; Goujet et Merger, no 82.

399. — Le mot *héritiers* doit se prendre ici dans l'acception la plus large au lieu de se restreindre à ceux qui succèdent *ab intestat*; seulement il faut l'entendre aussi de ceux qui, par suite de dispositions à cause de mort, représentent la personne du défunt.

400. — Que la compétence du tribunal de commerce procède de la profession du défunt ou du caractère particulier de l'acte objet du litige, l'héritier ne peut décliner la compétence du tribunal de commerce. — Locré, t. 8, p. 497; Nouguier, t. 1er, p. 320; Goujet et Merger, no 83. — Mais l'héritier, n'étant obligé commercialement que du chef de son auteur, ne peut être condamné par corps. — L. 17 avr. 1832, art 2.

401. — L'art. 426, C. procéd., s'applique incontestablement à la veuve qui a été commune en biens, car elle représente son mari, justiciable du tribunal de commerce. Mais il ne régit pas la veuve non commune en biens, parce que celle-ci ne peut être regardée comme l'ayant-cause de son mari, à moins qu'elle ne soit appelée, soit à défaut de successible, soit en vertu de dispositions testamentaires, à recueillir l'héritage de son mari.

402. — La même règle devrait, par la même raison, astreindre à la juridiction commerciale le mari commun en biens ou appelé à recueillir les biens de sa femme à titre de legs ou de succession. — Nouguier, t. 1er, p. 323.

403. — Les contestations qui s'élèvent sur la qualité de veuve ou d'héritier doivent être vidées par les tribunaux civils, jusqu'à la décision desquels les tribunaux de commerce doivent surseoir à statuer sur le litige de leur compétence.

404. — Il faut qu'à l'appui de l'exception qu'il oppose pour décliner la responsabilité attachée à la qualité d'héritier ou de veuve, le défendeur produise autre chose qu'une simple allégation.

405. — Ainsi, lorsqu'un fils assigné devant le tribunal de commerce comme héritier de son père oppose qu'il n'est point héritier, sans justifier toutefois de sa renonciation, le tribunal peut, sans contrevenir à la loi, rejeter le déclinatoire et retenir la cause. — *Cass.*, 1er juill. 1829, Vérac c. Cézan.

406. — De même, un tribunal de commerce peut, sans s'arrêter à l'exception tirée de la qualité des

héritiers, condamner ceux-ci comme héritiers purs et simples, s'ils ne justifient pas, dans un délai déterminé fixé par le tribunal, de leur qualité de bénéficiaires.—*Riom*, 27 déc. 1830, Ricard c. Jaubert.

407.—Jugé, à plus forte raison, que lorsque, sur une action en liquidation de société commerciale, l'héritier présomptif d'un associé demande son renvoi devant le tribunal civil, pour faire statuer sur sa qualité, le tribunal de commerce peut passer outre, si cet héritier a pris la qualité d'héritier bénéficiaire.—*Turin*, 1er août 1811, Heysch c. Baudino et Biodo.

408. —Le tribunal de commerce ne peut pas décider si une veuve doit être tenue des dettes de son mari, comme ayant été commune en biens avec lui. — *Cass.*, 13 juin 1808 (dans ses motifs), Morel c. de L'Ecluse; — Goujet et Merger, no 31.

409.—Les termes de l'art. 426, C. procéd., disent clairement que l'action peut être *intentée* devant les tribunaux de commerce, contre les veuves et héritiers des commerçans tout comme elle peut y être suivie.—*Paris*, 16 mars 1812, Divry; — Locré, *Espr. du C. comm.*, t. 8, p. 199.

410. — Lorsqu'un négociant a saisi d'une contestation un tribunal autre que celui de son domicile, s'il vient plus tard à décéder ou à tomber en faillite, le tribunal reste valablement saisi, sans qu'il y ait lieu de reporter l'action à celui du lieu du décès ou de la faillite.—*Cass.*, 27 août 1807, Cramaille c. Redon.—V. conf. Carré, *L. de la compét.*, t. 1er, p. 555; Berriat, p. 35; Bioche, vo *Compétence*, no 31; Merlin, *Rép.*, vo *Évocation*, § 1er, no 5.

411. — Le créancier d'un négociant failli doit assigner l'héritier de son débiteur devant le tribunal de commerce dont le défunt était justiciable et non devant le tribunal du domicile du défendeur. — *Liége*, 11 avr. 1821, Muray.

412. — Quand l'instance est poursuivie par l'héritier d'un justiciable du tribunal de commerce, spécialement, lorsque le légataire d'un commerçant poursuit le recouvrement d'une créance commerciale léguée, et que le débiteur dénie l'écriture et la signature du testament, le tribunal de commerce doit passer outre, et non surseoir en vertu de l'art. 426, C. procéd., jusqu'après vérification de l'écriture. — *Toulouse*, 2 juill. 1839 (t. 1er 1846), Tissier.

413. — Il est presque inutile de dire que lorsque du chef de leur auteur des héritiers se constituent demandeurs, ils doivent saisir le tribunal de commerce si la loi l'a déclaré compétent pour connaître des actions de la nature de celles qu'ils intentent.— Nouguier, t. 1er, p. 322.

CHAPITRE II. — *Compétence territoriale des tribunaux de commerce.*

414.—Tous les tribunaux de commerce ne sont pas indistinctement compétens pour statuer sur toutes les affaires commerciales; aussi, comme nous l'avons dit au mot COMPÉTENCE, lorsqu'on s'est assuré qu'une affaire est par sa nature de la compétence du tribunal de commerce, il reste à chercher quel est le tribunal particulier devant lequel le litige doit être porté.

415.—Le défendeur appelé devant un tribunal de commerce autre que celui que la loi a désigné pour juger le procès, a le droit de demander son renvoi devant ses juges naturels.

416. — En matière commerciale, la compétence se détermine par le lieu où est le domicile du défendeur ou de l'un des défendeurs. — C. procéd., art. 59.

417.—Mais l'art. 59, C. procéd., qui autorise, en matière personnelle, le demandeur à assigner à son choix tous les défendeurs devant le tribunal du domicile de l'un d'eux, doit se combiner avec l'art. 420 du même Code.—En conséquence, le demandeur, au lieu d'assigner devant le tribunal du domicile d'un des défendeurs, peut à son choix porter son action devant l'un des tribunaux auxquels la loi attribue juridiction à raison 1o de la promesse et de la livraison de la marchandise, 2o du lieu où le paiement devait être effectué. — *Paris*, 10 mars 1842 (t. 1er 1842, p. 514), Mainot c. Louvet; — Carré et Chauveau, *L. de la procéd.*, t. 3, p. 526, *Quest.* 1513; Pigeau, *Comm.*, t. 1er, p. 714; Favard, t. 5, p. 706, no 2; Bioche et Goujet, *Dict. de proc.*, vo *Tribunal de commerce*, no 178.

418.—Le demandeur est maître d'exercer son option dans tous les cas (Nouguier, t. 2, p. 359), même quand le débat s'agite entre deux étrangers. —*Montpellier*, 28 janv 1841 (t. 2 1841, p. 460), Rion c. Stouchouse.—Mais le choix une fois fait est irrévocable, et le demandeur ne peut plus dessaisir le tribunal qu'il a choisi. — *Cass.*, 19 mars 1812, Blanque c. Cormier.

Sect. 1re. — *Compétence à raison du domicile du défendeur.*

419. —En principe tout défendeur doit être cité devant le tribunal de son domicile, ou devant le tribunal de sa résidence, s'il n'a pas de domicile (C. procéd., art. 59 et 420).—Carré, *L. de la procéd.*, no 662; Orillard, *Compét. comm.*, no 597.

420. — Pour le commerçant comme pour le simple particulier, le domicile est au lieu où est fixé le principal établissement. C'est dans ce lieu qu'il doit trouver les élémens de preuves qui lui seront nécessaires.

421. — S'il s'élève quelque difficulté sur le siége du domicile du défendeur, tout tribunal étant juge de sa compétence, c'est au tribunal saisi à prononcer, d'après les circonstances de la cause, sur les faits qui prouvent l'existence ou le changement du domicile. — V. DOMICILE.

422. — A l'exemple du domicile réel, l'élection de domicile attribue juridiction au tribunal du domicile élu, sauf, néanmoins, le droit réservé au demandeur d'actionner au domicile réel du défendeur quand l'élection n'a pas été faite dans l'intérêt de ce dernier. — *Rouen*, 13 janv. 1829, Lasnon; *Poitiers*, 11 fév. 1829, Foulon; — Pardessus, *Droit comm.*, no 1353; Carré, *L. de la procéd.*, no 270.

423. — Ce n'est qu'à défaut de domicile que, d'après l'art. 59, C. procéd., il y a lieu de saisir le tribunal de la résidence du défendeur; mais le domicile une fois reconnu, le tribunal de la résidence serait irrégulièrement saisi.

424. — Aussi a-t-il été jugé que le commerçant est justiciable du lieu dans lequel il a déclaré vouloir fixer son domicile, et où il a établi son commerce, encore qu'il n'y demeure pas.—*Paris*, 27 sept. 1809, Marchais.

425. — Jugé de même que, sur une demande en paiement du solde d'un compte entre négocians commun à tous, le créancier ne peut invoquer le choix que devant le tribunal du domicile du prétendu débiteur. — *Toulouse*, 30 juin 1832, Mauriac et Grenouillan c. Pouget.

426.—Celui qui a géré un établissement de commerce pour le compte d'autrui, et qui a fixé depuis son domicile dans un autre lieu que celui de cet établissement, doit être assigné en reddition de compte devant le tribunal de son domicile, et non devant celui où était l'établissement. On ne peut considérer comme un *paiement*, dans le sens du § 3, art. 420, C. procéd., la remise qu'il doit faire, à la fin de sa gestion, des livres, carnets, marchandises du commerce qu'il gérait. — *Agen*, 6 mai 1824, Lafont c. Bru ; — Bioche et Goujet, *Dict. de procéd.*, vo *Reddition de compte*, no 13.

427. — Jugé que, lorsqu'une maison de commerce quitte l'endroit où était son établissement, et se fixe dans une autre ville, elle peut être assignée en paiement des obligations qu'elle a contractées dans sa première résidence, ou devant les juges de son nouveau domicile, ou devant ceux de son ancien. — *Aix*, 14 janv. 1825, Koutlou-Mousiann.

428. — Le créancier d'un négociant décédé doit assigner l'héritier et la veuve de son débiteur devant le tribunal de commerce dont le défunt était justiciable, et non devant le tribunal du domicile du défendeur. — *Liége*, 11 avr. 1821, Muray c. Piette; *Cass.*, 25 prair. an XI, Lourdet; *Poitiers*, 7 thermid. an XII, Soulignac; *Cass.*, 20 frim. an XIII, Chenais; 1er sept. 1806, Bonneau; *Bruxelles*, 27 juin 1809, Adam; *Paris*, 16 mars 1812, Divry; — Merlin, *Quest.*, vo *Tribunal de commerce*, § 6; Locré, t. 8, p. 199. — Mais V. Delvincourt, *Instit. droit comm.*, note 3e, p. 312, édit. 2e, et Carré, *L. de la procéd.*, t. 2, p. 82.

429. — Lorsqu'il y a plusieurs défendeurs en cause, ils sont tenus de procéder devant celui des tribunaux du domicile de l'un d'eux qu'a choisi le demandeur.—C. procéd., art. 59; — Carré, *L. de la procéd.*, no 1513; Pigeau, *Comm.*, t. 1er, p. 714; Pardessus, no 1356 2o; Orillard, no 598; Nouguier, t. 2, p. 360.

430. — Mais il faut que le défendeur devant le tribunal duquel l'action est portée soit un défendeur sérieux; il ne serait pas permis au demandeur d'éluder le principe au moyen d'une action feinte ou secondaire, introduite dans le but de distraire le défendeur réel de ses juges naturels. — Pardessus, no 1356 2o; Orillard, no 598; Favard de Langlade, *Rép.*, vo *Tribunal de commerce*, tit. 2, § 2, no 2.

431. — L'art. 3, traité du 18 juill. 1828, passé entre la France et la Confédération Suisse, n'est pas un obstacle à l'application des art. 59 et 420, C. procéd., lorsque l'un des coobligés à une dette solidaire contractée en France s'y trouve domicilié. —*Bordeaux*, 31 janv. 1832, De Malha-Florida c. Piquet, Meylan et faillite Achard-Galland.

432. — Jugé, par application du principe qui veut que dans le cas où il y a plusieurs défendeurs le demandeur puisse les assigner tous au domicile de l'un d'eux, que l'accepteur d'une lettre de change peut être assigné avec l'un des endosseurs devant le tribunal de celui-ci. — *Paris*, 14 sept. 1808, Morin.

433.—Jugé, de même, que le souscripteur d'un billet à ordre peut être poursuivi avec les endosseurs devant le tribunal de l'un d'eux, et que les endosseurs d'une lettre de change ou d'un billet à ordre peuvent être poursuivis devant le tribunal du domicile de l'accepteur ou du souscripteur. — *Paris*, 20 mai 1811, Laribe; — Orillard, *Compét. comm.*, no 598; Pardessus, no 1353; Favard, *Rép.*, vo *Tribunal de commerce*.

434.—Il en serait ainsi alors même que l'obligation serait divisible et contractée sans solidarité. La loi, en effet, ne distingue pas. — Carré, *L. de la procéd.*, no 256; Orillard, *loc. cit.*

435. — Le tribunal de commerce établi dans le port où un navire est amarré est compétent pour statuer sur toutes contestations nées à l'occasion de l'expédition. Le marin a, en quelque sorte, domicile élu dans le port pour ce qui est relatif à l'expédition.—*Bruxelles*, 16 mai 1815, Desmedt c. Groenenvert et Frisch; *Rouen*, 15 août 1819, Baudry; 21 juin 1825, Vassal-Michel.

436. — Ainsi, dans le prêt à la grosse l'action en paiement peut être portée devant le tribunal du lieu où finissent les risques (V. PRÊT A LA GROSSE); l'action à fin de contribution aux avaries devant le tribunal du lieu de déchargement (V. CONTRIBUTION, JET); l'action à fin de réparation du dommage causé par l'abordage de deux navires, devant le juge du premier port où le navire est arrivé. Pour l'action des gens de mer contre l'armateur, soit pour les engagemens qu'il a contractés avec eux, soit pour les indemnités qui pouvaient être dues, V. GENS DE MER.

437. — L'action en indemnité pour dommages causés par un abordage doit être portée devant le tribunal de commerce le plus voisin du lieu où s'est passé le sinistre, et non devant le tribunal de commerce du domicile du défendeur. — *Rouen*, 24 nov. 1840 (t. 1er 1841, p. 275), Potel et Petit c. Leroy.

438. — Le domicile d'une société existante, et même *dissoute*, mais non encore liquidée, est au lieu où elle a son principal établissement. C'est devant le tribunal de ce lieu que les actions entre associés à raison de la société doivent être portées. La même règle a lieu relativement aux actions des tiers contre la société tant que la société n'est pas dissoute. — C. procéd., art. 5; — Carré, *L. de la procéd.*, no 551.

439. — Mais quand la société a plusieurs établissemens principaux, comme, par exemple, les entreprises de messageries, on doit considérer chaque succursale comme un domicile attributif de juridiction pour les obligations contractées par les agens de cette succursale, sauf celles qui concernent l'intérêt général de la société qui ne pourront être portées devant les juges où l'établissement a son centre principal: par exemple, la demande en déclaration de faillite. — Orillard, no 601; Pardessus, *Droit comm.*, no 1357.

440. — Une fois la société dissoute, on suit les règles ordinaires et chacun des ex-associés ne peut plus être traduit que devant le tribunal de son propre domicile. — Boucenne, *Th. de la procéd.*, t. 2, p. 248.

441. — En matière de faillite, les actions intentées par les créanciers de la faillite contre les syndics se portent devant le tribunal du domicile du failli. — C. procéd., art. 59, alinéa 7. — V. *suprà* nos 341 et suiv., les diverses distinctions que nous avons posées.

442. — Il y a exception au principe d'après lequel le demandeur suit le juge du défendeur lorsqu'il s'agit d'une action intentée contre un étranger. Il est incontestable que les tribunaux français sont compétens pour connaître des obligations commerciales entre deux étrangers lorsque la demande rentre dans l'un des cas prévus par l'art. 420, C. procéd. — L'incompétence des tribunaux français pour connaître des contestations entre étrangers est d'ailleurs personnelle, et doit être proposée *in limine litis*. — *Douai*, 3 avr. 1845 (t. 2 1845, p. 232), Deboey c. Borée. — V. au surplus ÉTRANGER.

443. — Il existe une autre exception au principe qui veut qu'en matière personnelle le défendeur soit assigné devant le tribunal de son domicile : la loi a établi que la demande en garantie serait portée devant le tribunal saisi de l'action principale, pourvu toutefois que cette dernière action soit sérieuse. —*Rouen*, 30 août 1813, Véron; *Rennes*, 12 juill. 1814, Bressole.

444. — Jugé, par une sage application de l'art. 181, C. procéd., que celui qui n'a ni créé, ni endossé, ni accepté une lettre de change, ne peut, sous le prétexte qu'il en doit le montant au tireur, être assigné en garantie pour le paiement de cette traite, soit devant le tribunal du domicile de ce dernier, soit devant un autre tribunal qui n'est pas celui de son domicile. — *Cass.*, 22 frim. an IX, Gebier; 12 fév. 1811, Couturier; *Angers*, 3 janv. 1810, Van-Hassel; 26 nov. 1828, Durin; *Bordeaux*, 22 avr. 1828, Joubiot; *Limoges*, 21 mars 1825, Pompidou; *Bourges*, 7 mars 1840 (t. 1er 1841, p. 102), Pelet; *Limoges*, 22 (et non 12) juin 1837 (t. 1er 1838, p. 212), Grenouillaud; — Carré, *Lois de la procéd.*, t. 2, p. 595; Orillard, *Compét. comm.*, no 604.

445. — Il en serait de même à l'égard du tiré qui aurait accepté la lettre de change sur une lettre missive, mais non sur la lettre de change même. — *Paris*, 22 mars 1836, Nadler.

446. — Mais si le tiré avait accepté sur une première copie restée en sa possession, il pourrait être cité par le porteur de la lettre de change avec les autres signataires devant le domicile de l'un de ces derniers, alors même que son acceptation sur copie serait conditionnelle. — *Cass.*, 20 avr. 1837 (t. 1er 1837, p. 308), Opperman.

447. — Jugé que le tireur d'une lettre de change protestée peut, quand il est assigné devant le tribunal de son domicile, citer devant ce même tribunal un endosseur et son mandataire, qui aurait par son fait rendu impossible le recouvrement de la traite. — Le mandataire n'est pas fondé à décliner la compétence du tribunal du domicile du tireur, alors même qu'il n'a pas signé la traite, pourvu toutefois que l'assignation n'ait pas eu pour but de le distraire de ses juges naturels. — *Montpellier*, 16 nov. 1826, Lacombe.

448. — Jugé que le garant peut décliner la compétence du tribunal dont le garanti n'était pas justiciable, quoique ce dernier ait couvert l'incompétence à son égard. — *Cass.*, 4 oct. 1808, Hervas.

449. — Quand le tribunal de commerce a déclaré que l'action en garantie est sérieuse, cette appréciation est souveraine, ne constituant tout au plus qu'un mal jugé, mais échappant à la censure de la cour suprême. — Orillard, *Compét. comm.*, no 604; Horson, *Quest. sur le C. comm.*, quest. 200e et 208e. — V. aussi *Cass.*, 16 nov. 1826, Lacombe.

450. — Si la demande en garantie n'est formée qu'après le jugement de l'affaire principale, elle doit être portée devant le tribunal du domicile du garant comme toute demande principale et introductive d'instance. — Boncenne, *Th. de la procéd.*, t. 2, p. 252.

451. — Enfin, l'exception la plus féconde que reçoit le principe de la juridiction attachée au domicile du défendeur résulte des dernières dispositions de l'art. 420, C. procéd., et qui sont l'objet des divisions qui suivent.

Sect. 2e. — *Compétence du tribunal dans l'arrondissement duquel la promesse a été faite et la marchandise livrée.*

452. — Ce n'est pas une chose nouvelle que la substitution au juge naturel et ordinaire des parties d'un tribunal dont la proximité leur permet d'obtenir une plus prompte justice; à l'exemple que nous en offre la loi 18, ff., *De judiciis*, on peut ajouter l'exemple de la première juridiction érigée, en France, spécialement en faveur des commerçans, *des gardes des foires* de Brie et Champagne. L'édit de leur création, qui remonte à 1349, leur attribua la connaissance des cas et contrats advenus ès-dites foires : c'était donc le lieu de la formation du contrat et de son exécution qui déterminait leur compétence.

453. — L'ordonnance du commerce de 1673, tit. 12, art. 17, permet d'une manière générale au demandeur de citer le défendeur au lieu où la promesse avait été faite et la marchandise fournie; et Jousse, dans son commentaire sur cette ordonnance, justifie cette disposition en faisant observer qu'il est juste que le défendeur puisse être assigné là où il a contracté.

454. — L'art. 420, C. procéd. civ., a presque textuellement reproduit la disposition de l'ord. de 1673, et il a permis au demandeur, en matière commerciale, de citer le défendeur devant le tribunal dans l'arrondissement duquel la promesse a été faite et la marchandise livrée.

455. — Le concours de ces deux circonstances, de la promesse faite et de la marchandise livrée, est indispensable, en ce sens que, l'une d'elles venant à manquer, le demandeur rentre dans la règle générale, et qu'il est tenu, conformément à l'art. 59, d'assigner le défendeur devant le tribunal de son domicile. — *Cass.*, 20 janv. 1818, Legrand c. Sevene. — V. conf. *Cass.*, 3 fév. 1806, Gérard; *Trèves*, 4 fév. 1807, Kleutgen; *Angers*, 3 janv. 1810, Dupuy; 13 nov. 1811, Dambry; *Cass.*, 16 déc. 1812, Guilleminard; *Caen*, 7 août 1820, Durand; *Limoges*, 10 fév. 1821, Vitet; *Cass.* 7 juin 1821, Wille; *Cass.*, 8 mars 1827, Rémond; *Lyon*, 31 août 1831, Dufour; *Bordeaux*, 15 déc. 1835, Dubourg; — Merlin, *Rép.*, vo *Lettre et billet de change*, § 4, no 12; Despréaux, *Compét. des trib. de comm.*, no 221; Pardessus, no 1354; Favard, *Rép.*, vo *Tribunal de commerce*; Orillard, no 607 *bis*; Vincens, t. 1er, p. 162; Goujet et Merger, n. 124. — V. aussi *Toulouse*, 24 mars 1839 (t. 2, 1839, p. 330), Albert.

456. — L'acheteur ne peut être assigné devant le tribunal du lieu où la marchandise a été livrée, lorsque les marchandises ayant été proposées par un commis voyageur, la promesse de les fournir et de les recevoir a été faite dans un autre lieu et au domicile du défendeur. — *Cass.*, 18 juill. 1832, Jardin c. Veber.

457. — Jugé également que dans le cas où une commission a été prise avec obligation de livrer la marchandise conforme à l'échantillon, dans une ville autre que celle où la commission a été donnée, s'il survient plus tard un refus d'en prendre livraison, la contestation doit être portée devant le tribunal du lieu où la livraison devait être effectuée. — *Lyon*, 10 mai 1840 (t. 2 1840, p. 641), Pougnet c. Perrichon.

458. — Quand l'une des deux circonstances manque, par exemple, si la convention est souscrite à Cadix et si elle a pour objet des marchandises qui doivent être prises et livrées à Maroc, il ne peut y avoir lieu à l'application du § 2 de l'art. 420, C. procéd. — *Cass.*, 8 mai 1826, Ouvrard; — Orillard, *Compét. comm.*, no 607 *bis*.

459. — Pour qu'il y ait lieu à cette compétence exceptionnelle établie par l'art. 420, il faut que la vente dont les marchandises sont l'objet et la livraison l'exécution soit reconnue ou constatée par un titre ou par une décision judiciaire antérieure. — Orillard, no 611; Nouguier, t. 2, p. 362; Goujet et Merger, no 125.

460. — C'est au demandeur qui veut assigner son débiteur devant son propre domicile à établir la preuve que la promesse a été faite et la marchandise livrée à ce domicile. — *Riom*, 1er mars 1822, Achard c. Charles et Pascal.

461. — La nature du mode de preuve à administrer sera déterminée conformément aux règles qui régissent le droit commercial. La correspondance, les livres et les factures, sous le mérite toutefois des distinctions indiquées plus bas, à propos du lieu indiqué pour le paiement, fourniront les documens les plus utiles.

462. — Si les parties sont en désaccord sur l'existence même de la vente, le demandeur ne peut invoquer le bénéfice de la compétence, qui n'est que le résultat de cette vente. — Pardessus, no 1354.

463. — Ainsi, lorsqu'il s'élève des contestations entre commerçans sur une vente de marchandises, le vendeur doit être assigné devant le tribunal de son propre domicile, et non devant le domicile de l'acheteur, si ce dernier ne justifie pas soit que la promesse de vente et la livraison ont été faites à son domicile, soit que le paiement devait y être effectué. — *Cass.*, 21 mars 1826, Boyet et Chalamel c. syndics Paguère. — V. conf. *Cass.*, 6 mars 1833, Darau.

464. — Jugé néanmoins que le tribunal du lieu où une obligation a été contractée et a reçu en partie son exécution est compétent pour connaître des contestations qui s'élèvent sur l'autre partie de l'obligation. — *Caen*, 28 juin 1842 (t. 2 1842, p. 399), Royer c. Brasil. — V. conf. *Liége*, 23 juin 1809, Carpentier.

465. — Jugé encore que le tribunal de commerce est compétent pour connaître de l'exécution d'un marché que les circonstances démontreraient avoir été consommé dans son arrondissement, quoique les conditions de ce marché ne fissent aucune mention du lieu où se ferait la livraison. — *Rennes*, 9 août 1819, Decroix c. Riou Khalet.

466. — Décidé enfin que l'action en résiliation d'une vente de marchandises, fondée sur leur mauvaise qualité, doit être formée devant le tribunal du domicile de l'acheteur, lorsque c'est à ce domicile que les propositions de vente ont eu lieu, et que les marchandises s'y trouvent encore au moment de l'action. Il en serait ainsi alors même que la facture porterait que le paiement doit s'effectuer au domicile du vendeur, si, du reste, rien n'a été stipulé à cet égard. — *Rouen*, 6 janv. 1824, Pagnerre.

467. — Ce dernier arrêt, dont le résultat définitif était équitable, a été cependant déterminé par un motif erroné. La cour de Rouen s'est basée sur ce que les propositions de vente avaient été faites au domicile de l'acheteur pour déclarer le § 2 de l'art. 420, C. procéd., applicable à l'espèce, sans poser même la question de savoir si la *livraison* avait été opérée au même lieu. Le contraire était constant, puisqu'il n'y avait pas de conventions à cet égard entre les parties, et que le vendeur demeurait à Lyon, tandis que l'acheteur habitait Louviers. La livraison s'était donc opérée au domicile du vendeur. Donc les deux circonstances du § 2 de l'art. 420, C. procéd., ne se trouvaient pas réunies; donc il n'y avait pas lieu à en faire l'application. Du reste, la compétence du tribunal de Louviers devait être déterminée par le § 3 du même art. 420, C. procéd., puisque, faute de conventions sur le lieu du paiement, c'est au domicile du débiteur que les contestations sur le paiement doivent être portées.

468. — Lorsque le lieu de la promesse et de la livraison se trouve constaté, la compétence du tribunal dans l'arrondissement duquel ce lieu se trouve ne peut plus être contestée, et les moyens du fond invoqués par le défendeur ou les circonstances qui s'y rattachent ne peuvent exercer aucune influence à ce sujet.

469. — Spécialement, le tribunal du lieu dans lequel la vente a été faite et la marchandise livrée est compétent pour connaître de la demande en paiement du prix, bien que le vendeur soit obligé à transporter à ses frais les marchandises au domicile de l'acheteur. — *Metz*, 19 nov. 1813, Galain c. Fagot; *Bruxelles*, 3 janv. 1820, Minet.

470. — L'art. 420, C. procéd., est spécial aux opérations commerciales entre commerçans pour les trafics auxquels ils se livrent entre eux, et ne s'applique à l'égard des personnes non commerçantes qu'au cas où ces personnes ont fait un de ces actes que la loi répute commerciaux à l'égard de toutes personnes. — V. ACTE DE COMMERCE.

471. — Il est au reste indifférent que l'action soit intentée par le vendeur ou par l'acheteur. — Nouguier, t. 2, p. 36.

472. — Il a été jugé que l'art. 17, tit. 12, ord. 1673, qui donne au créancier la faculté d'assigner devant le tribunal du lieu du paiement, s'applique également au cas où l'action est intentée, non par le créancier d'une somme due, mais par l'ayant-droit à la marchandise vendue. — *Cass.*, 30 juin 1807, Guenifey-Savonières c. Juif. — La même décision doit être appliquée sous le Code, l'art. 420, C. procéd., étant la reproduction presque littérale de l'art. 17, tit. 12 de l'ord.

473. — Le tribunal de commerce du lieu où les marchandises devaient être livrées est également compétent pour connaître de la demande en garantie formée par ce dernier contre le vendeur. — *Cass.*, 8 mars 1827, Remond c. Bruzon et Lannegrasse.

474. — Le négociant qui se rend caution d'une obligation commerciale peut, comme le débiteur principal, être assigné devant le tribunal de commerce du lieu où la promesse a été faite et la marchandise livrée. — *Toulouse*, 16 avr. 1836 (t. 1er 1837, p. 350), Pradère c. Durègne.

§ 1er. — *Du lieu de la livraison.*

475. — La délivrance des marchandises est réputée avoir été effectuée au lieu même d'où elles ont été expédiées. — *Lyon*, 31 août 1831, Dufour c. David; — C. comm., art 97 et 100; C. civ., art. 1583 et 1585; Orillard, *Comp. comm.*, no 610.

476. — La marchandise est réputée livrée, dans le sens de l'art. 420, C. procéd. civ., au lieu même du départ, lorsqu'elle y a été reçue par un préposé de l'acheteur, et qu'elle a été transportée aux frais de ce dernier par un voiturier de son choix, encore bien qu'il se soit réservé la faculté de la vérifier au lieu de son arrivée. — Dès-lors, si la promesse a été faite dans le même arrondissement, le tribunal de cet arrondissement est compétent pour connaître du marché. — *Caen*, 3 avr. 1843 (t. 1er 1844, p. 513), Testu c. Martin.

477. — Il en serait ainsi alors même que les marchandises seraient de nature à être pesées et vérifiées à leur réception. Ce ne serait pas une objection sérieuse que celle qu'on tirerait de l'art. 1585, qui met dans ce cas la chose aux risques du vendeur jusqu'à la vérification. Car cet article n'a pour but que de déroger au principe qui met la chose vendue aux risques de l'acheteur dès que le consentement des contractans est intervenu sur la chose et sur le prix, et non pas de changer cet autre principe de l'art. 1583, qui déclare la vente parfaite par le seul consentement des parties. — *Limoges*, 19 janv. 1828, Teulier.

478. — La livraison des marchandises étant toujours censée faite, à moins de conventions con-

traires, au moment où elles sortent des magasins de l'expéditeur, le tribunal du lieu où sont ces magasins est compétent pour connaître de la demande en paiement du prix de ces marchandises. —*Nîmes*, 19 avr. 1819, Careton et Vidal c. Louvant; *Cass.*, 19 déc. 1821, Jaudas.

479. — Encore bien qu'une vente de pierres de taille ait été faite à condition qu'elles seraient préalablement soumises, à la carrière ou au domicile du vendeur, à l'inspection d'un employé de l'acheteur chargé de les recevoir, cependant, si la convention porte, en outre, qu'elles seront envoyées au domicile de l'acheteur situé dans un autre arrondissement, où celui-ci *pourra les refuser pour écornures ou autres accidens*, c'est dans ce dernier lieu que la livraison des objets vendus doit être réputée avoir été faite, et non au lieu où elles étaient d'abord inspectées... Dès-lors, en l'absence de toute autre convention relativement au lieu du paiement, c'est au domicile de l'acheteur que l'action en exécution du contrat doit être soumise. — *Bruxelles*, 9 déc. 1830, Velleman c. Cantineau.

480. — Lorsque les marchandises vendues ont été stipulées payables comptant sur livraison et que le directeur des messageries du domicile du vendeur en a soldé le prix en se chargeant de les transporter au domicile de l'acheteur, l'action en nullité de la vente ne peut être portée que devant le tribunal du domicile du vendeur. —*Colmar*, 21 déc. 1840 (t. 1er 1841, p. 368), Vinot c. Ongener.

481. — Mais si la convention portait que la livraison aura lieu à tel endroit désigné, il ne serait pas besoin de se reporter au point de départ de l'expédition pour fixer le lieu de la livraison.

482. — S'il s'agissait d'un corps certain et déterminé, alors même qu'aucune convention n'aurait déterminé le lieu de la livraison, il ne faudrait pas se reporter au lieu de l'expédition pour fixer celui de la livraison. Ce lieu serait celui où était le corps certain au moment de la convention. — C. civ., art. 1609.

§ 2. — *Du lieu de la promesse.*

483. — Quand un marché a été conclu par les parties contractantes *en présence l'une de l'autre*, le lieu de la promesse est celui où la convention a été arrêtée. — V. Carré, *L. de la compét.*, t. 2, p. 664; Orillard, *Comp. comm.*, no 608; Goujet et Merger, no 133.

484. — Quand, au contraire, le marché intervient entre des parties contractantes qui ne sont pas en présence l'une de l'autre, le lieu où l'acceptation est donnée doit seul être pris en considération. — Goujet et Merger, no 134.

485. — Ainsi, la promesse est réputée faite au domicile du vendeur, lorsque, recevant une commande de l'acheteur qui a pris l'initiative du marché, il expédie les marchandises qui lui sont demandées; au contraire, elle est considérée comme intervenue au domicile de l'acheteur, quand celui-ci s'est borné à accueillir des propositions qui lui étaient adressées. — Goujet et Merger, no 135.

486. — On distingue l'acceptation expresse de l'acceptation tacite : l'acceptation est expresse quand elle est donnée par lettre, tacite quand elle résulte seulement de l'exécution du marché. — V. Orillard, *Comp. comm.*, no 608.

487. — Jugé, par application de ce principe, que dans les marchés liés par correspondance, c'est au lieu de l'acceptation, et non à celui de la proposition, que le contrat est réputé se former. En conséquence, lorsque c'est l'acheteur qui a accepté la proposition à lui faite par le vendeur, il ne peut être assigné en paiement que devant le tribunal de son domicile, encore bien que la livraison en ait été faite au domicile du vendeur. — *Paris*, 23 nov. 1841 (t. 1er 1842, p. 74), Edeline c. Fouquet; *Toulouse*, 22 juill. 1807, Ferray; *Metz*, 30 nov. 1808, Deteugre; *Bordeaux*, 15 déc. 1835, Dubourg; *Limoges*, 16 fév. 1821, Vitet. — V. Jousse, sur l'art. 17, tit. 12 ord. de 1673; Pardessus, t. 4, p. 32; Favard, *Rép.*, vo *Tribunaux de commerce*; Vincens, t. 1er, p. 163.

488. — Jugé encore que, dans un marché qui se fait par correspondance, le lieu de la promesse, dans le sens de l'art. 420 précité, est celui d'où part la lettre acceptant l'offre de confectionner ou de vendre, et non celui où l'auteur de cette offre a connu l'acceptation, bien que jusque-là il eût ignorer si le contrat qu'il avait proposé était ou non resté à l'état d'un simple projet. — *Colmar*, 17 fév. 1840 (t. 2 1840, p. 184), Silbermann c. Engelmann. — V. conf. *Metz*, 5 fév. 1820, Bridié.

489. — Remarquons que c'est le tribunal du *lieu de l'acceptation* qui est compétent, et non celui du domicile de l'acceptant. Cette distinction est importante, car il peut arriver souvent qu'on accepte loin de son domicile. — Jugé ainsi que le tribunal du lieu où une demande d'envoi de marchandises a été adressée par voie de correspondance, et acceptée par le fait de l'expédition desdites marchandises, est compétent pour juger les contestations relatives à ce marché. — *Douai*, 24 mai 1835, Leblond c. Sirot. — V. conf. *Bordeaux*, 15 déc. 1835, Dubourg; *Cass.*, 17 juill. 1810, Dugrals; *Metz*, 10 mars 1815, N.... ; *Bourges*, 10 janv. 1823, Bonnal; — Nouguier, t. 2, p. 363; Goujet et Merger, no 135.

490. — L'acceptation est quelquefois tacite et résulte uniquement des circonstances et, par exemple, de la livraison, comme dans l'espèce citée au numéro qui précède.

491. — Jugé ainsi que l'arrêt qui reconnaît en fait qu'une marchandise dont la vente a été conclue au lieu du domicile du vendeur y a été en même temps délivrée par l'expédition qui en a été faite aux risques de l'acheteur, peut décider en même temps que celui-ci a été valablement assigné en paiement devant le tribunal de ce domicile. — *Cass.*, 24 août 1830, Caffin c. Bonneau.

492. — Il a été décidé avec raison que l'offre faite officieusement de procurer de la marchandise à un tiers ne peut être considérée comme une promesse faite et un marché conclu, entraînant attribution de compétence au lieu du domicile de ce tiers. — *Cass.*, 24 vendém. an V, Cramiffy c. Cherin et Pelletier. — V. Ord. 1673, tit. 12, art 17. — L'art. 420, C. procéd. civ., a reproduit la disposition de l'ord. de 1673. — La même décision devrait donc être suivie sous le Code.

493. — Quand les marchés ont été conclus par l'entremise de commis-voyageurs, des arrêts ont décidé, sans admettre de distinction entre le cas où le commis-voyageur avait pouvoir d'obliger sa maison, et celui où il n'était qu'un simple solliciteur, que le lieu de la promesse est celui où le voyageur mandataire a traité au nom de sa maison.

494. — Jugé ainsi que les contestations qui s'élèvent à l'occasion d'un marché conclu par l'entremise d'un commis-voyageur, sans fixer le lieu du paiement, sont de la compétence du tribunal du domicile de l'acheteur. — *Bordeaux*, 22 avr. 1828, Joubiot c. Salignac; *Toulouse*, 12 avr. 1824, Mathon; *Cass.*, 14 nov. 1821, Fraisse; *Limoges*, 23 fév. 1828, Bonneceaze; 14 mars 1828, Griffet; *Paris*, 2 janv. 1828, Dupont.

495. — Spécialement, lorsqu'un commis-voyageur reçoit une commande et achète de celui qui la lui donne une chose d'une valeur supérieure à la commande, la maison que représente ce commis-voyageur est engagée de la même manière qu'elle le serait si le commettant avait payé comptant le prix de sa commande, et est dès-lors justiciable, à raison de l'exécution du marché, du tribunal dans l'arrondissement duquel il a été fait. —*Poitiers*, 30 janv. 1829, Bouet-Cazalis c. Ardouin. —V. conf. *Toulouse*, 11 juill. 1809, Clerc; *Turin*, 22 mai 1811, Picard; *Cass.*, 13 nov. 1811, Dambry; *Nîmes*, 25 fév. 1812, Dausse; *Toulouse*, 13 juin 1812, Guinard; *Cass.*, 16 déc. 1812, Guillemard; *Aix*, 24 août 1813, Boyer. — V. *contrà Toulouse*, 24 mai 1839 (t. 2 1839, p. 330), Albert; *Rouen*, 9 janv. 1829, Vidal; *Bordeaux*, 16 nov. 1830, Leymary; — Merlin, *Rép.*, vo *Tribunal de commerce*, no 6. — V. aussi *Paris*, 2 janv. 1828, Dupont-Blondel c. Gaudon, et la note.

496. — Il en serait ainsi encore bien que le prix fût stipulé payable au cours de la place d'envoi. — *Aix*, 22 janv. 1840 (t. 1er 1841, p. 623), Lapierre c. Gounelle.

497. — Jugé de même que lorsqu'une commande a été faite à l'associé en voyage d'une maison de commerce, c'est au lieu où cette commande a été faite, c'est-à-dire au domicile de l'acheteur, que le paiement doit avoir lieu. — C'est également le tribunal de ce lieu qui est compétent pour statuer sur une difficulté élevée entre les parties en raison de la mauvaise qualité de la marchandise. — *Poitiers*, 30 mars 1830, Blache et Rodet c. Caminade.

498. — De même, le négociant qui a donné au commis-voyageur d'une maison de commerce, établie dans une autre ville, une commande pour achats de marchandises stipulées payables à son domicile, ne peut être actionné pour le paiement devant le tribunal du domicile du vendeur, encore que la livraison ait été effectuée; la promesse n'est pas censée y avoir été faite. — *Poitiers*, 25 fév. 1823, L'Heollier-Cousin c. de Bonnemort.

499. — Jugé encore que lorsque le commis-voyageur d'une maison de commerce reçoit la commande d'un négociant, sans déterminer le lieu du paiement, c'est devant le tribunal du domicile de l'acheteur que doivent être portées les contestations relatives à l'exécution du contrat, quoique la facture exprime que le paiement devra se faire au domicile du vendeur, si les marchandises n'ont pas été acceptées. — *Lyon*, 5 fév. 1821, Jolies c. Jordan-Roux et Bruyère. — V. conf. *Lyon*, 12 déc. 1832, Laval.

500. — Jugé que les difficultés qui s'élèvent entre commerçans sur des ventes de marchandises faites par l'intermédiaire d'un commis-voyageur doivent être portées devant le tribunal du domicile de l'acheteur, comme étant celui dans l'arrondissement duquel la marchandise doit être livrée et le paiement effectué, sauf le cas de convention contraire (C. civ., art. 1247; C. procéd. civ., art. 420); qu'à cet égard, une facture adressée par le vendeur à l'acheteur, dans laquelle le domicile du premier se trouve indiqué comme lieu de paiement, ne peut constituer une dérogation à la règle du droit commun et lier l'acheteur qu'autant qu'elle est acceptée par ce dernier d'une manière expresse ou tacite (C. comm., art. 109); enfin, que l'acceptation tacite ne peut s'induire de cette seule circonstance que la facture a été reçue sans réclamation immédiate de la part de l'acheteur, si, plus tard, quand les marchandises lui parviennent, il écrit à son vendeur qu'il ne peut les agréer, sur le motif qu'elles ne sont point conformes à la commission. — *Cass.*, 3 mars 1835, Cauvain.

501. — Mais d'autres arrêts ont distingué entre le cas où le commis-voyageur a pouvoir d'obliger sa maison et celui où il n'est que solliciteur. Dans le premier cas, il a été jugé, comme les décisions que nous venons de rappeler, que le lieu de la promesse était celui où le commis-voyageur mandataire avait traité. Dans le second cas, on a décidé, au contraire, que le lieu de la promesse est celui où le commettant ratifie. — Pardessus, no 1354; Goujet et Merger, no 137.

502. — Jugé ainsi qu'un commis-voyageur ne peut obliger la maison de commerce qui l'emploie qu'autant qu'il est porteur d'un pouvoi exprès et formel. Dans le cas contraire, le marché n'est réputé conclu qu'au lieu où le commettant l'a ratifié, et par suite, celui-ci a le droit d'actionner l'acheteur devant le tribunal de commerce de ce lieu. — *Bordeaux*, 4 avr. 1842 (t. 2 1842, p. 138), Normand c. Sulzert-Wart. — V. conf. *Cass.*, 19 déc. 1821, Jaudas; *Poitiers*, 11 juin 1829, Tiraille; *Montpellier*, 21 déc. 1826, Chaussy.

503. — Jugé de même que la promesse et la livraison sont réputées faites dans le domicile du vendeur, lorsque celui-ci ratifie la vente consentie par son commis-voyageur, et livre les marchandises avec facture; en conséquence, c'est au tribunal du domicile du vendeur qu'il appartient de connaître des contestations élevées à l'occasion du refus de prendre livraison des marchandises ainsi vendues. —*Rouen*, 7 juin 1839 (t. 1er 1846), Violès.

504. — Jugé aussi que lorsqu'un commis-voyageur place des marchandises pour le compte de la maison qui l'emploie, et qu'une facture indiquant le paiement au domicile de cette maison est adressée à l'acheteur, c'est au tribunal du domicile du vendeur, et non de l'acheteur, que doivent être portées les contestations, alors surtout qu'il existe entre l'envoi de la facture et celui des marchandises un temps suffisant pour que ce dernier ait pu refuser ce mode de paiement. — *Aix*, 24 juin 1842 (t. 2 1842, p. 195), Gendereau. — V., en outre, *Cass.*, 21 mars 1826, Boyet-Aubry.

505. — Toutefois, par arrêt du 3 mars 1835 (Cauvin), la cour de Cassation a décidé que la livraison et le paiement des marchandises vendues par l'intermédiaire d'un commis-voyageur doivent, à moins de convention contraire, avoir lieu au domicile de l'acheteur.

506. — Jugé ainsi que la vente faite par un commis-voyageur ne devient définitive qu'au moment où la chose vendue a été reçue et agréée; qu'en conséquence, le lieu de la délivrance n'est pas celui où se trouvait la marchandise à l'époque de la vente, mais celui du domicile de l'acheteur, et que la demande, en cas de contestation, doit être portée au tribunal de ce domicile, et non de celui de la maison de commerce pour laquelle a agi le commis-voyageur. — *Bourges*, 22 août 1829, Lebon c. Langlois.

507. — Une troisième opinion considère toujours le lieu de la promesse comme celui où le voyageur mandataire a traité, alors que son commettant a ratifié, si cette ratification était nécessaire. Nous basons notre opinion sur le motif que la ratification équivaut au mandat, et sur ce que les difficultés nombreuses que fait naître l'opinion contraire pour la vérification du mandat donné aux voyageurs ne se rencontrent pas dans notre manière de voir. — V. Orillard, *Comp. comm.*, no 609.

508. — Quant aux contestations entre le commettant et son commissionnaire, il a été décidé que le commissionnaire aux achats n'étant qu'un simple

intermédiaire, ne travaillant que pour le compte de son commettant et n'étant considéré par la loi que comme un mandataire, les demandes relatives à l'exécution des commissions qui lui sont données doivent être portées devant le tribunal de son domicile; ici ne s'appliquent pas les dispositions de l'art. 420, C. procéd. — *Riom*, 6 fév. 1818, Tachard c. Valin et Comp. — V. conf. *Cass.*, 14 mars 1826, Boubéa; *Colmar*, 30 août 1831, Buffeton; *Limoges*, 3 juill. 1823, Roux.

509. — Jugé ainsi que l'action qui naît du mandat est personnelle, et doit être portée, même en matière commerciale, devant le tribunal du domicile du mandataire, et non devant celui du lieu où le paiement devait être fait. — *Cass.*, 19 juill. 1817, Léobel c. Valin.

510. — Jugé encore que le commissionnaire qui s'est chargé seulement d'expédier les marchandises à l'acheteur, en restant étranger à la vente, ne peut être assigné devant le tribunal du lieu de la livraison de ces marchandises. Aucune des dispositions de l'art. 420, C. procéd., ne lui est applicable. — *Montpellier*, 22 janv. 1811, Gayraud c. Bouillon.

511. — Jugé également que ce n'est pas devant le tribunal du lieu où la livraison a dû être faite, mais bien dans le tribunal de son propre domicile, que le commissionnaire chargé du transport des marchandises demeuré étranger à la vente, doit être actionné en remise ou paiement de ces marchandises, dans le cas où, en raison des avaries, elles ont été refusées par l'acheteur destinataire. — *Toulouse*, 6 juin 1816, Rebuffat c. Escudié.

512. — Jugé toutefois que lorsque la vente et la livraison de marchandises ont eu lieu au domicile du vendeur, que le paiement a été fait en lettres de change, que celui-ci a expédié les marchandises à un commissionnaire désigné par l'acheteur, lequel commissionnaire devait accepter les traites tirées sur lui en paiement des objets vendus; si ces traites ne sont pas acceptées, le vendeur peut citer en remboursement du prix des marchandises, devant le tribunal de son domicile, non seulement l'acheteur, mais encore le commissionnaire, bien qu'il ne soit ni garant ni débiteur solidaire du paiement. — *Cass.*, 29 août 1821, Luce c. Guibal.

513. — Mais à l'inverse, lorqu'un commissionnaire a acheté une marchandise aux lieu et place et pour le compte de son commettant, si celui-ci en refuse la livraison, il doit être assigné par le commissionnaire devant le tribunal de ce dernier. — *Rennes*, 8 juill. 1839 (t. 2 1839, p. 589), Guérin-Doudet c. Cappe.

514. — De même, le commissionnaire qui a fait des avances de fonds, et acheté pour ses commettans des marchandises qui ont été livrées dans le lieu de son domicile, peut, en cas de non-paiement, assigner ses commettans devant le tribunal de commerce de son arrondissement. — *Metz*, 29 nov. 1811, Karcher. — V. conf. *Toulouse*, 21 fév. 1824, Burgade.

515. — Jugé aussi que le commissionnaire chargé de vendre peut citer l'expéditeur en règlement de compte devant le tribunal de son propre domicile (à lui commissionnaire), alors qu'il est constant que les parties étaient dans l'usage de régler leurs comptes dans ce lieu. — *Aix*, 7 fév. 1832, Robert c. Pascal.

§ 3. — *Ce qu'on doit entendre par marchandises sous le rapport de la compétence commerciale.*

516. — Le mot *marchandises* du § 2 de l'art. 420 C. procéd., a donné lieu à quelques difficultés, et le sens dans lequel il doit être entendu n'est pas encore fixé par la jurisprudence. — Dans son acception ordinaire, on entend par *marchandise* tout ce qui peut faire l'objet d'un trafic. On l'applique même à toutes les valeurs négociables par la voie de l'endossement, telles que billets à ordre, lettres de change, marchandises.

517. — Mais doit-on appliquer la règle de l'art. 420, C. proc., à des lettres de change ou billets négociables par voie d'endossement? — La négative a été jugée par la cour de Cassation sous les anciens principes, et par la cour royale de *Toulouse*, sous l'empire des nouveaux principes. — *Cass.*, 4 oct. 1808, d'Hervas; *Toulouse*, 12 janv. 1833, Marabella; — Jousse, sur l'art. 17, tit. 12 de l'ord. de 1673; Pardessus, n° 1354.

518. — La raison donnée par Jousse et Pardessus de leur opinion exclusive, c'est que l'art. 17, tit. 12, de l'ord., et l'art. 420, § 2, C. procéd., ne s'appliquent qu'aux ventes de marchandises et ne s'occupent aucunement du contrat de change; que les effets qui servent à réaliser le contrat de change contiennent une élection de domicile de la part de tous les obligés dans le lieu indiqué pour le paiement, et que c'est uniquement en ce lieu que la demande peut être formée. Une autre raison fournie par la cour de Toulouse, c'est que l'acception usuelle du mot *marchandise* n'embrasse pas la monnaie ou numéraire métallique. A plus forte raison ne peut-il s'entendre d'une souscription ou négociation de lettre de change.

519. — Au motif invoqué par Jousse et par M. Pardessus on répond que le § 2 de l'art. 420, C. procéd. n'est point restreint au cas de vente; qu'il s'applique notamment aux obligations de faire, ainsi que M. Pardessus lui-même l'enseigne (n° 1353), et que plusieurs arrêts l'ont reconnu, ainsi qu'on le verra *infrà*. On ajoute que l'application de l'art. 420 au cas de trafic d'une lettre de change, ne modifiera en rien les règles du contrat de change; qu'ainsi, où la loi ne distingue pas, il faut se garder de distinguer sans de graves motifs.

520. — Quant au motif de l'arrêt de la cour de Toulouse, qui dit que la monnaie ou numéraire n'est point une marchandise, il consacre une erreur. En effet, le commerce d'un changeur est de trafiquer sur la monnaie; et personne ne dira que le changeur ne pourrait pas actionner l'acheteur commerçant dans le lieu où la promesse a été faite et la marchandise livrée. Au surplus, quand il serait vrai que la monnaie n'est pas une marchandise, on aurait tort de conclure que les valeurs négociables n'en sont pas une, puisque le trafic sur les lettres de change constitue le négoce des banquiers. Telles sont les raisons sur lesquelles on s'appuie pour décider que le § 2 de l'art. 420, C. procéd., est applicable aux lettres de change comme aux autres marchandises. — V. Orillard, n° 612.

521. — Il a été jugé, dans le sens de cette dernière opinion, que le souscripteur d'obligations au profit d'un banquier peut en demander la nullité devant le tribunal de commerce du lieu où la maison de banque a un comptoir, où les obligations ont été souscrites, et où les valeurs devaient être remboursées, quoique le domicile réel de la maison de banque soit dans un autre lieu. — *Lyon*, 11 févr. 1834, Gaillard.

522. — Jugé de même que la fourniture d'une traite moyennant un prix ou un escompte quelconque peut être considérée comme un marché ordinaire, et doit recevoir l'application des mêmes règles quant à la compétence. — *Metz*, 22 nov. 1811, N.....

523. — Jugé du reste que le mot *marchandises*, employé seul, sans restriction ni spécification, comme dans l'art. 420, C. procéd., est un mot générique, et s'entend non seulement des choses que les marchands vendent et débitent en gros ou en détail, mais aussi de tout ce qui forme l'objet d'un trafic, d'un négoce, de tout ce qui tient au commerce et à la spéculation; c'est la chose commerciale, c'est aussi le commerce lui-même. Par suite, la faculté accordée au demandeur par l'art. 420, C. procéd. civ., d'assigner le défendeur devant l'un des trois tribunaux qu'il désigne, et notamment devant celui dans l'arrondissement duquel la promesse a été faite et la *marchandise* livrée, est applicable à toutes les affaires commerciales, à tous les actes de commerce, et spécialement aux entreprises de transport par terre et par eau. En conséquence, l'action en restitution et en dommages-intérêts dérivant du retard apporté par une entreprise de transport dans l'expédition d'un ballot de marchandises peut être portée par le destinataire contre cette entreprise devant le tribunal de commerce du lieu où le ballot devait être livré et le paiement du prix de la voiture effectué. — *Cass.*, 9 déc. 1836 (t. 1er 1837, p. 625), Messageries royales; 26 fév. 1839 (t. 1er 1839, p. 341), Messageries Lafitte et Caillard c. Rochemallet.

524. — Jugé de même que l'art. 420, C. procéd. s'applique à tous les actes de commerce sans exception, notamment aux entreprises de transport de marchandises; — qu'en conséquence, le tribunal de commerce du domicile du destinataire est compétent pour connaître de la demande en dommages-intérêts formée par ce dernier contre un entrepreneur de roulage à raison du retard apporté par lui dans la remise des marchandises dont le transport lui avait été confié. — *Orléans*, 31 juill. 1844 (t. 2 1844, p. 413), Blanc c. Bonneau-Foucher.

525. — L'art. 420, C. procéd., reçoit son application non seulement au contrat de vente, mais encore à toutes les obligations de faire. En conséquence, et l'usage étant, en matière de commission, que le paiement se fasse au lieu où les avances et les déboursés du commissionnaire ont eu lieu, il en résulte que le commissionnaire auquel il est expédié des marchandises pour les réexpédier sur un autre lieu peut, en raison des avances qu'il a faites chez lui sur ces marchandises, en exécution du mandat qu'il a reçu également chez lui, assigner son commettant devant le tribunal de son propre domicile. — *Aix*, 30 mai 1845 (t. 2 1845, p. 464), Brun c. Aurran.

526. — Jugé néanmoins que la disposition de l'art. 420, C. procéd. civ., n'est applicable qu'au cas où il s'agit d'une chose déjà créée et déterminée, et non d'un engagement de faire ou de créer une chose non encore existante. — *Colmar*, 17 fév. 1840 (t. 2 1840, p. 184), Silbermann c. Engelmann.

527. — Jugé encore que l'art. 420, C. procéd., ne reçoit d'application qu'au cas où il s'agit de difficultés relatives à un contrat de vente, et non à celui où la convention ne constitue qu'un simple contrat de louage ou de mandat salarié. Les mots, *marchandise livrée*, contenus dans cet article, ne doivent s'entendre que d'une transmission à titre de propriété. En conséquence, l'action dirigée par l'expéditeur contre le voiturier, afin de réparation du dommage causé par la perte des marchandises qu'il lui a confiées et livrées pour en faire le transport, doit être portée devant le tribunal du domicile du voiturier. — *Bordeaux*, 22 mars 1836 (t. 1er 1837, p. 38), Galibert c. comp. de la Jeune-France.

528. — Jugé conformément à l'arrêt de la cour de Cassation du 26 février 1839 (V. *suprà* n° 523), que l'art. 106, C. comm., qui porte qu'en cas de refus ou de contestation pour la réception des objets transportés par un voiturier, leur état doit être vérifié et constaté par des experts nommés par le président du tribunal de commerce, ou, à son défaut, par le juge de paix du lieu où se trouvent les marchandises, n'est pas attributif de juridiction, quant au jugement des contestations qui s'élèvent entre le voiturier et celui à qui la marchandise aurait été remise par erreur, et qui l'aurait renvoyée dans un autre lieu. En conséquence, c'est devant le tribunal compétent, d'après les règles établies par l'art. 420, C. procéd., et non devant le tribunal du lieu où sont les marchandises que ces contestations doivent être portées. — *Caen*, 28 janv. 1829, Beaudet c. Masselin.

529. — Jugé également que, lorsqu'une malle remise par un voyageur à une messagerie pour en effectuer le transport a été égarée, celui-ci peut porter l'action en indemnité qu'il dirige contre l'entrepreneur devant le tribunal du lieu de la destination de l'objet confié. — Cette action est de la compétence du tribunal de commerce. — *Bruxelles*, 23 mai 1831, Busso C. N...

530. — Décidé aussi que celui qui s'est chargé d'un transport de marchandises peut demander son paiement devant le tribunal dans le ressort duquel les marchandises ont été déposées, du consentement du propriétaire, et par l'effet d'un évènement imprévu, quoiqu'aux termes du traité il dût les rendre à une autre destination. — *Trèves*, 26 janv. 1810, Marx c. N.; *Aix*, 15 nov. 1825, Constant. — M. Pardessus professe la même doctrine (*Cours de droit commerc.*, t. 4, p. 36, 1re édit.) en ces termes: « Le voiturier doit être poursuivi dans le lieu de son domicile, si c'est pour inexécution de son obligation, et celui qui lui a promis un chargement doit aussi l'être à son domicile, pour son refus de charger; mais si la convention a été exécutée et qu'il ne s'agisse que du paiement, le lieu de la décharge des marchandises est celui où le paiement doit être fait. »

531. — Toutefois la disposition de l'ord. de 1673 qui autorise le créancier à poursuivre le débiteur devant le tribunal du lieu où la marchandise a été ou a dû être livrée, n'est pas applicable au cas où il s'agit, non de l'exécution de la convention, mais de dommages-intérêts par suite de sa non-exécution. — *Trèves*, 4 fév. 1807, Kleutgen c. Clémens.

532. — Il a été jugé que la demande en paiement du solde d'un compte courant peut être formée devant le tribunal du lieu où ont été faites les opérations formant l'objet de ce compte. — *Bordeaux*, 16 mars 1831, Mouran c. Ligneau. — V. conf. *Lyon*, 2 déc. 1829, Molerat; *Poitiers*, 28 juin 1832, Lucas.

533. — ...Et que les difficultés relatives à un compte courant, qui a eu pour objet des avances ou des valeurs fournies à raison de commissions ou de consignations, doivent être portées devant le tribunal du lieu où les avances ont été faites. — *Bordeaux*, 9 janv. 1838 (t. 2 1838, p. 403), Arnaud; c. Lignières. — V. conf. *Cass.*, 15 juil. 1834, Becq. — *Contrà Paris*, 5 août 1811, Perrier; *Bordeaux*, 18 avr. 1832, Saint-Amand; *Toulouse*, 30 juin 1832, Mauriac; 18 avr. 1834, Gouin; — Pardessus, *Cours de droit comm.*, t. 5, n° 1356; Thomines-Desmasures, *Comm. sur la proc. civ.*, t. 1er, n° 467; Carré-Chauveau, *Lois de la proc.*, t. 3, n° 1508; Orillard, *Comp. comm*, n° 613.

534. — Jugé même que la demande en remboursement des frais et avances faits par le consigna-

taire peut être formée devant le tribunal du lieu où la consignation a été offerte, acceptée et réalisée, surtout si c'est là que le paiement du prix de consignation devait être fait. — *Bordeaux*, 25 janv. 1839 (t. 1er 1846), Rouké.

535. — Des auteurs critiquent l'opinion qui reconnaît au créancier du solde d'un compte courant le droit d'actionner son débiteur devant le tribunal du lieu où les valeurs ont été fournies et les opérations contractées. Ils se fondent sur ce que la créance résultant du solde est une créance ordinaire, créance nouvelle qui ne prend son titre que dans la balance du compte courant, et non dans les contrats de vente ou autres qui composaient les élémens du compte courant. — V. Pardessus, *Droit comm.*, no 1356 ; Thomine, *Comm. sur la proc. civ.*, t. 1er, no 467 : Carré-Chauveau, *Lois de la pr.*, t. 3, no 1508 ; Orillard, *Comp. comm.*, no 613.

536. — Il semble plus conforme à l'esprit de l'art. 420, C. procéd., de faire une distinction entre le cas où les créances portées en compte résulteront précisément de livraisons de marchandises et le cas inverse. Dans le premier cas, on sera évidemment dans les termes du deuxième paragraphe de cet article, et l'application n'en forcera aucunement le sens, puisque, en effet, il est vrai de dire que la livraison des marchandises a été effectuée au lieu de la promesse, comme le veut ce paragraphe. Nous n'admettons pas que, par cela seul qu'on a porté la créance en compte courant, elle soit redevenue créance ordinaire. Sa nature n'a pas pu changer arbitrairement. Dans le cas, au contraire, où il n'y aura pas eu livraison de marchandises, on sera dans les règles ordinaires, et le demandeur devra assigner le défendeur devant le tribunal de son domicile.

537. — Jugé que lorsqu'un compte courant entre négocians comprend des articles à raison desquels le débiteur ne peut être traduit que devant les tribunaux de son domicile, et d'autres articles à l'égard desquels il pourrait être traduit devant un autre tribunal, d'après l'art. 420, C. procéd., la demande en paiement du solde de ce compte ne peut être portée que devant le tribunal du domicile du défendeur. — *Bordeaux*, 18 avr. 1832, Saint-Amand c. Larquèze ; — M. Pardessus (*Droit comm.*, t. 4, p. 33, no 1355) s'exprime ainsi : « Quand des commerçans sont en compte courant, à moins de conventions ou de circonstances particulières, le paiement du solde doit être fait, comme celui de toute espèce de créance, au domicile du débiteur. »

Sect. 3e. — *Compétence à raison du lieu du paiement.*

538. — Le demandeur peut assigner le défendeur devant le tribunal du lieu où le paiement devait s'effectuer. — C. procéd., art. 420.

539. — Cette règle est applicable, bien que l'acte qui donne lieu à cette demande soit antérieur à la mise en activité de ce Code. — *Bruxelles*, 20 janv. 1809, Clavel c. Croy.

540. — Le mot *paiement* exprime non pas seulement une numération d'espèces, mais l'accomplissement de toute obligation de faire. Il est pris ici dans une acception aussi générale que celle qu'a donnée au mot MARCHANDISES le no 2 de l'art. 420, C. procéd. — Goujet et Merger, no 143. — V. *contrà* Nouguier, t. 2, p. 370 ; Orillard, no 616.

541. — On peut assigner le défendeur devant le tribunal de commerce dans le ressort duquel une convention doit être exécutée : l'*obligation de faire* peut être assimilée au *paiement* dont parle le § 3, art. 420, C. procéd. — *Paris*, 23 avr. 1825, Coquet-Nérot c. Rousselet. — V. conf. Pardessus, *Dr. comm.*, no 1355.

542. — Pour l'application de l'art. 420, paragraphe final, C. procéd., il n'y a pas lieu de distinguer si le litige a pour objet le paiement lui-même ou toute autre prétention résultant de la convention. — *Bruxelles*, 22 oct. 1831, Thibaut c. Timmerman.

543. — Spécialement, les contestations relatives à un réglement de compte entre un entrepreneur général de service de transport et son préposé à l'une des parties de ce service, doivent être jugées par le tribunal du lieu du domicile de l'entrepreneur, lorsque c'est dans ce lieu que les propositions ont été faites à l'entrepreneur par le préposé et que devaient se faire les paiemens des avances déboursées par le préposé. — *Cass.*, 14 mars 1826, Boubée c. Cathala. — V. conf. *Cass.*, 26 fév. 1839 (t. 1er 1839, p. 341), messagerie Laffitte et Caillard c. Rochemallet ; — Goujet et Merger, no 146.

544. — En général, c'est au lieu du déchargement que le voiturier doit recevoir le prix du transport ; et c'est, en conséquence, le tribunal de ce lieu qui est compétent pour statuer sur les difficultés nées à l'occasion de la marchandise et du transport. Mais si, par une cause de force majeure, ou par la volonté du propriétaire, le cours du voyage est interrompu, c'est le tribunal du lieu où la marchandise est arrêtée qui est compétent, puisque c'est là que le voiturier doit toucher le prix du transport.

545. — Jugé ainsi que c'est devant le tribunal du lieu où se trouvent les marchandises à l'occasion desquelles un voiturier est poursuivi, que la contestation doit être portée, et non devant le tribunal du domicile du voiturier. — *Aix*, 15 nov. 1825, Constant c. Schmits ; *Trèves*, 26 janv. 1840, Marx. — M. Pardessus (*Droit comm.*, t. 4, p. 36, 1re édit.) s'exprime en ces termes : « Le voiturier doit être poursuivi dans le lieu de son domicile, si c'est pour inexécution de son obligation, et celui qui lui a promis un chargement doit aussi l'être à son domicile pour son refus de charger. Mais si la convention a été exécutée, et qu'il ne s'agisse que du paiement, le lieu de la décharge des marchandises est celui où le paiement doit être fait. » — V., en ce sens, *Toulouse*, 6 juin. 1826, Rebuffat c. Escudié.

546. — Les compagnies d'assurance contre l'incendie autorisées par le gouvernement peuvent être assignées en vertu de l'art. 420, C. procéd., devant le tribunal dans l'arrondissement duquel le contrat a été passé, la prime payée, et dans lequel le paiement de l'indemnité devait être effectué. — *Liége*, 7 mars 1825, N...

547. — Jugé néanmoins, avec raison, selon nous, que l'ex-gérant d'une maison de commerce, lequel a depuis fixé son domicile dans un lieu autre que celui de la maison de commerce, ne peut être assigné en reddition de compte que devant le tribunal de son domicile, la remise qu'un gérant doit faire à la fin de sa gestion des livres, carnets et marchandises du commerce qu'il gérait, ne pouvant être considérée comme un paiement dans le sens du § 3, art. 420, C. procéd. — *Agen*, 6 mai 1824, Lafont c. Bru.

548. — Jugé que la demande en paiement du reliquat d'un compte courant relatif à des opérations qui avaient pour objet l'envoi de diverses marchandises contre des remises d'argent peut être portée devant le tribunal du lieu où le paiement du prix des marchandises devait être effectué. — *Cass.*, 15 juill. 1834, Becq c. Teulière. — V. au reste *suprà* no 537.

549. — Mais, jugé avec raison qu'en supposant qu'un particulier non négociant soit justiciable des tribunaux de commerce, pour le paiement d'un *compte courant* avec son banquier chargé de la recette de ses fonds, l'assignation ne peut être donnée devant le tribunal du domicile du banquier, lorsqu'il n'existe aucune convention sur le lieu où le paiement du compte doit être effectué. — *Paris*, 5 août 1811, Perrier c. Rœdern.

550. — Le § 3, art. 420, C. procéd., s'applique au contrat de change. — Ainsi jugé qu'un négociant peut être valablement assigné devant le tribunal de commerce du lieu où il a promis de faire la provision des lettres de change qu'il a tirées. — *Cass.*, 17 mars 1812, Saül Crémieux c. Jacob Crémieux ; *Paris*, 6 janv. 1809, de Pawn c. Bourgel ; 23 mars 1811, Schmids c. Lescouvé. — V. aussi *Cass.*, 14 mars 1810, Jouenne c. Dumesnil : — Pardessus, *Droit comm.*, t. 4, no 1356 ; Merlin, *Rép.*, vo *Lettre et billet de change*, § 4, no 12.

551. — Jugé encore que des consignataires de marchandises pour sûreté du remboursement de traites par eux acceptées par suite d'un crédit ouvert au profit des propriétaires des marchandises consignées, ont pu assigner ces derniers en paiement du montant des traites devant le juge du lieu où la consignation avait été faite, et où le paiement des traites devait s'effectuer. — *Cass.*, 19 janv. 1814, Blanxenheim c. Roben.

552. — L'action en paiement d'une lettre de change ou d'un billet à ordre peut être portée devant le tribunal du lieu indiqué pour le paiement ; et l'accepteur de cette lettre peut citer le tireur devant le tribunal du lieu où la lettre était payable, puisque c'est là que le tireur devait faire la provision. — *Lyon*, 30 août 1825, Ranchin ; *Cass.*, 4 fév. 1806, Jousselin ; — Orillard, *Comp. comm.*, no 621.

553. — Jugé même que le tiré qui refuse le paiement d'une lettre de change, dont il prétend ne devoir qu'une partie, peut assigner le tireur en validité d'offres pour ce qu'il prétend devoir, devant le tribunal du lieu où la lettre était payable. — *Cass.*, 12 fév. 1811, Couturier ; — Pardessus, *Droit comm.*, no 1353 ; Carré, *L. procéd.*, t. 2, p. 246. — V. *contrà* Orillard, no 621.

554. — Jugé aussi que si l'acceptation d'une lettre de change ne contient pas d'indication de domicile pour le paiement, l'accepteur ne peut être cité pour le paiement que devant le tribunal de son domicile, et non devant celui où la lettre de change est payable. — *Liége*, 7 juin 1813, Desbille.

555. — Nous croyons que l'acceptation pure et simple, sans protestation de la part de l'accepteur, est un acquiescement formel à toutes les conditions exprimées dans la lettre de change, et que, par conséquent, il ne pouvait dans l'espèce décliner la compétence du tribunal où la lettre était payable. — Orillard, *Comp. comm.*, no 621.

556. — Le commissionnaire auquel il est expédié des marchandises pour les réexpédier sur un autre lieu peut, en raison des avances qu'il a faites chez lui sur ces marchandises, en exécution du mandat qu'il a reçu également chez lui, assigner son commettant devant le tribunal de son propre domicile en paiement de ces avances. — *Toulouse*, 21 fév. 1824, Burgade c. Chaptive et Pouget.

557. — Jugé encore que la disposition de l'art. 420, C. procéd., suivant laquelle, en matière commerciale, le défendeur peut être assigné devant le tribunal dans l'arrondissement duquel le paiement devait être effectué, reçoit son application au cas d'une action exercée par un mandataire contre son mandant en remboursement des avances par lui faites. — *Lyon*, 17 fév. 1833, Debeauvais c. Descours. — V. conf. *Rouen*, 22 mai 1829, Devergez.

558. — Jugé aussi que le consignataire qui, avant la réception des marchandises, en a payé le prix à son domicile, peut, en cas de perte survenue depuis qu'elles ont été confiées à un commissionnaire de transport, assigner en remboursement du prix tant l'expéditeur que le commissionnaire devant le tribunal du lieu où le prix a été payé. En vain le commissionnaire prétendrait-il qu'il s'agissait à son égard d'un contrat de louage, l'art. 420, C. procéd., étant applicable à toute espèce de traités de commerce. — *Cass.*, 8 juill. 1814, Moinery.

559. — Jugé, à l'inverse, qu'en matière commerciale, le tribunal du domicile du commissionnaire est seul compétent pour connaître de l'action que peut avoir à exercer contre lui son commettant, à raison de ses opérations, de telle sorte qu'en ce cas il y ait lieu à l'application, non de l'art. 420, C. procéd., mais de l'art. 527, même Code. — *Colmar*, 30 août 1831, Buffeton c. Rack. — V. conf. *Cass.*, 22 janv. 1818, Bastiat ; — Pardessus, *Cours de droit commerc.*, t. 5, p. 39, no 1355. — V. aussi *Aix*, 6 avr. 1840 (t. 1er 1841, p. 620), Colin.

560. — Jugé du reste, avec raison, que l'engagement contracté par le commis d'un négociant oblige de plein droit ce dernier, jusqu'à ce qu'il ait désavoué son mandataire, et autorise son assignation devant le tribunal de commerce du lieu où doit se faire le paiement. — *Nancy*, 16 janv. 1836, Mame c. Lipmann et Soumis. — V. *suprà* (nos 502 et suiv.) la distinction faite par plusieurs arrêts entre le cas où le commis avait pouvoir d'obliger sa maison et le cas inverse. — V. conf. *Rouen*, 9 janv. 1829, Vidal.

561. — On ne doit pas considérer comme passée en pays étranger l'obligation résultant d'un emprunt, par cela seul qu'on y a rédigé l'acte destiné à la prouver, lorsque la livraison de la chose prêtée et la promesse de la rendre ont eu lieu en France. — Le négociant français ainsi obligé pour une dette commerciale est à la fois justiciable du tribunal français dans le ressort duquel l'obligation s'est formée, et où les valeurs ont été fournies, et de celui dans le ressort duquel le paiement devait être effectué. — *Bordeaux*, 31 janv. 1832, Matha-Florida c. Piquet, Meylan et Achard-Galland.

562. — Lorsque des commerçans sont convenus de soumettre leurs différends à des arbitres-juges domiciliés en telle ville, cette convention est pour la nomination de ces arbitres et les difficultés qui peuvent s'élever, attributive de juridiction au profit du tribunal de commerce de cette ville. — *Cass.*, 6 fév. 1833, Champy c. Perrey.

563. — Pour déterminer en matière de vente quel est le lieu où le paiement devait s'effectuer, il faut, lorsque les parties n'ont pas fait de convention qui le détermine, distinguer entre les marchés au *comptant* et les marchés *à terme*. — V. Orillard, *Comp. comm.*, no 618 ; Merlin, *Rép.*, vo *Tribunaux de commerce* ; Favard, *Rép.*, vo *Tribunaux de commerce* ; Pardessus, no 1354.

564. — Pour les marchés ou ventes au comptant, le lieu du paiement est celui de la livraison. Examinons sur ce cas les hypothèses qui se présentent le plus fréquemment.

565. — Quatre hypothèses peuvent se présenter : 1o l'acheteur veut contraindre le vendeur à lui faire délivrance des marchandises par lui achetées. Si les marchandises ont été déterminées, l'acheteur doit porter son action devant le tribu-

nal du lieu où elles étaient au moment du contrat. Dans le cas contraire, l'acheteur devra saisir de sa demande le tribunal du domicile du vendeur. — 2° Le vendeur veut obliger l'acheteur à prendre livraison. Si la chose est un corps certain et déterminé, le vendeur portera sa demande devant le tribunal du lieu où était la marchandise au moment du contrat. Si la chose est indéterminée, le tribunal du domicile du vendeur est compétent. — 3° La livraison étant faite, le vendeur qui veut obtenir le paiement citera l'acheteur devant le juge du lieu de la livraison, puisque c'est dans ce lieu que le prix devait être payé. — 4° L'acheteur veut faire condamner le vendeur à reprendre les marchandises laissées pour son compte, et à rembourser les frais qu'il a payés indûment. Le tribunal du lieu de la livraison est compétent, puisque c'est là que le paiement devait s'effectuer. — Orillard, *Comp. comm.*, n° 618.

566. — Pour les marchés conclus *à terme*, s'il n'y a pas de convention relative au lieu de paiement, c'est au lieu du domicile du débiteur qu'il doit le faire : par conséquent, le tribunal de ce domicile est compétent pour statuer sur les contestations qui surviennent à l'occasion du marché. — V. Pardessus, *Dr. comm.*, n° 1354 ; Orillard, *Comp. comm.*, n° 618.

567. — Par application des principes que nous venons de rappeler, il a été jugé que, dans un marché à terme, à défaut de conventions sur le lieu du paiement, c'est au domicile de l'acheteur que ce paiement doit s'effectuer, et que les contestations qui lui sont relatives doivent être portées. — *Cass.*, 14 nov. 1821, Bourdet; *Toulouse*, 12 avr. 1824, Clergues ; *Cass.*, 13 nov. 1811, Dambry ; 16 nov. 1812, Ribaucourt; *Turin*, 22 mai 1811, Bertini ; *Limoges*, 10 fév. 1821, Vitet.

568. — Jugé encore qu'en matière de vente de marchandises à terme, le tribunal compétent pour connaître de la demande en paiement du prix est le tribunal du domicile de l'acheteur, et qu'il en est de même encore que le vendeur ait inséré dans la facture, expédiée postérieurement à la vente, la clause que le paiement devrait avoir lieu à son propre domicile, soit que la facture ait été acceptée ou qu'elle ne l'ait pas été. — *Toulouse*, 24 mai 1839 (t. 2 1839, p. 330), Albert c Galibert.

569. — ...Que le négociant qui achète d'un commis-voyageur, sans qu'il soit stipulé dans le marché de lieu pour le paiement, doit être assigné au tribunal de son domicile. — *Limoges*, 14 mars 1828, Grillet c. Beaubrun.

570. — ...Et que le négociant à qui des marchandises achetées à tant la mesure ont été expédiées peut, aux termes de l'art. 420, C. procéd., faire assigner devant le tribunal du lieu de destination le vendeur domicilié dans un arrondissement différent. — *Colmar*, 1er déc. 1840 (t. 1er 1841, p. 371), Thomas c. Bazin, Clerc et comp.

571. — La vente est toujours censée faite au comptant, à moins de stipulation contraire. — Arg. de l'art. 1612. — Le bénéfice du terme ne peut résulter que de la convention. — Goujet et Merger, n° 162.

572. — Jugé, par application de ce principe, que si une vente de marchandises a été faite sans convention expresse sur le lieu et l'époque du paiement, cette vente est réputée faite au comptant, *si la marchandise n'a pas été délivrée.* En conséquence, le paiement devra s'effectuer au lieu de la délivrance de la marchandise, et le tribunal de ce lieu est compétent pour connaître de l'action du vendeur qui veut contraindre l'acheteur à prendre livraison. — *Paris*, 2 mai 1816, Favard. — V. conf. *Rouen*, 9 janv. 1829, Vidal.

573. — Jugé encore que lorsqu'une vente de marchandises a été faite au domicile de l'acheteur, et la délivrance au domicile du vendeur, sans aucune convention sur le lieu et l'époque du paiement, cette vente est censée faite *au comptant*; qu'en conséquence, aux termes de l'art. 1651, C. civ., le paiement doit être fait au domicile du vendeur, et que c'est devant le tribunal de commerce de ce domicile que l'action doit être intentée, encore qu'à l'époque de la délivrance l'acheteur n'ait pas exigé le paiement. — Si la facture porte que la vente est faite *à crédit*, mais payable au domicile du *vendeur*, l'acheteur ne peut scinder cette énonciation pour soutenir que la vente a été faite à crédit, et décliner la compétence du tribunal du domicile du vendeur. — *Bruxelles*, 13 avr. 1822, Rabau c. Fortamps.

574. — Cette décision doit être approuvée. En effet, la vente est toujours censée faite au comptant s'il n'y a stipulation expresse du contraire ; de ce que le vendeur aura consenti, postérieurement au contrat, à renoncer à la faculté que lui laissait l'art 1612, C. civ., de ne pas livrer la chose sans recevoir le prix; de ce qu'il a bénévolement consenti à accorder un délai pour le paiement, on ne peut en conclure qu'il a entendu renoncer à l'avantage que lui donne la vente faite au comptant de traduire son adversaire devant le tribunal du lieu où le paiement devait se faire (dans l'espèce celui de la livraison).

575. — Lorsqu'une vente de marchandises a été soldée dans un lieu, en acceptations de lettres de change payables dans un autre, le lieu du paiement, dans le sens de l'art. 420, C. procéd., est non pas celui où la vente a été soldée, mais celui où les lettres de change étaient payables. — *Cass.*, 29 janv. 1811, Besson c. Possel et Basille ; *Paris*, 3 fructid. an XII, Mariette. — V. C. comm., art. 123 ; — Eug. Persil, *Lettre de change*, sur l'art. 123; Pardessus, *Cours de droit comm.*, n° 1354.

576. — De même, lorsqu'un négociant s'est engagé à payer des marchandises, en traites remises au lieu de son domicile, mais payables dans un autre endroit, cette convention ne rend pas le tribunal du domicile de l'acheteur compétent pour connaître de la demande en paiement des marchandises. — *Cass.*, 25 mai 1815, Mousnier c. Martel-Lallemand.

577. — Jugé encore que la maison qui fait une opération de banque peut être valablement assignée en nullité des actes qui constituent cette opération devant le tribunal de commerce du lieu où elle a un comptoir, où l'opération a été consommée, et où les valeurs devaient être remboursées, encore qu'elle ait son domicile réel dans un autre lieu. — *Cass.*, 11 fév. 1834, Gaillard c. Barrel. — V. Bioche et Goujet, *Dict. de procéd.*, v° *Tribunal de commerce*, n° 48.

578. — Jugé, dans le même sens, que lorsque, dans une vente de marchandises, il est dit que le paiement se fera en billets de l'acheteur, qui seront remis au domicile du vendeur, au fur et à mesure des livraisons, et payables au domicile de l'acheteur, le lieu du paiement étant, non le domicile du vendeur où les billets doivent être remis, mais le domicile de l'acheteur où ils doivent être payés, le vendeur peut être assigné devant le tribunal de commerce de ce domicile. — *Angers*, 30 août 1822, Letourneau c. Chauvin.

579. — Au contraire, jugé que lorsque, en matière commerciale, il a été convenu que des lettres de change seraient données en paiement de marchandises fournies, les contestations qui s'élèvent à ce sujet doivent être portées devant le tribunal du lieu où les traites ont été remises. — *Liége*, 30 janv. 1812, Vankerckwyck c. Nolden; *Trèves*, 14 mars 1810, N...; *Toulouse*, 17 déc. 1825, Astruc.

580. — Jugé de même que lorsqu'une commande a été faite par un négociant de Nantes à un négociant de Bordeaux, l'acheteur qui prétend à une indemnité doit faire assigner le vendeur devant le tribunal de commerce du lieu du domicile de celui-ci, si c'est dans cette ville que les marchandises ont été envoyées, et si le paiement, stipulé comptant, s'est effectué au moyen de traites tirées du même lieu. — *Rennes*, 3 fév. 1834, Puech c. Allard.

581. — Nous pensons, quant à nous, que le lieu du paiement dans un marché réglé en traites à ordre, est celui où les traites doivent être payées. Notre raison de décider est tirée de ce que les billets à ordre et les lettres de change sont plutôt une garantie de paiement qu'un paiement proprement dit, puisque, en effet, si les traites ne sont pas payées, il y aura lieu à exiger le prix des marchandises. Aussi, nous ne saurions partager la doctrine des arrêts qui ont considéré que les lettres de change ou autres effets négociables étaient un véritable paiement. M. Vincens (t. 1er, p. 164), en embrassant cette opinion, considère la remise de la lettre de change comme une sorte de novation qui substitue une dette à une autre.

582. — Toutefois, à notre avis, il faut faire une distinction : s'il résulte des circonstances que le vendeur a accepté les lettres de change comme paiement sérieux, avec intention de nover, le tribunal compétent sera celui de la remise des lettres de change; si, au contraire, il résulte des circonstances de la cause que les lettres n'ont été acceptées qu'à titre de garantie, on devra décider que le lieu du paiement sera celui où les traites devaient être acquittées. — V. conf. Orillard, *Compét. comm.*, n° 620.

583. — La facture sert ordinairement à rappeler le prix de la vente et à indiquer l'époque de paiement. La facture émane du vendeur; aussi les énonciations de la facture deviennent obligatoires pour l'acheteur, quand il a accepté la facture. Ce qui vient d'être dit et ce principe qu'on ne peut se faire un titre à soi-même, s'appliquent incontestablement au cas où la facture contient une énonciation relativement au lieu du paiement.

584. — La facture imprimée du demandeur portant l'énonciation que le paiement aura lieu à son domicile, n'est point une preuve suffisante qu'il y a eu véritablement promesse de payer à ce domicile. — *Riom*, 1er mars 1822, Achard c. Charles et Pascal.

585. — La réception sans observations, de la part de l'acheteur, d'une facture stipulant que le paiement sera fait au lieu du domicile du vendeur, n'emporte pas de plein droit acceptation de cette stipulation. — En conséquence, et nonobstant cette stipulation, l'acheteur à qui une marchandise a été vendue à son domicile et ensuite expédiée du lieu du domicile du vendeur ne peut être assigné en paiement que devant le tribunal de son domicile. — *Cass.*, 21 avril 1830, Bonnecaze c. Durin.

586. — Jugé, au contraire, que la déclaration portée en la facture que le prix sera payé au domicile de l'expéditeur attribue compétence au tribunal de ce domicile, si la facture et les marchandises ont été reçues sans protestation, quand bien même l'expéditeur aurait tiré des traites pour le paiement de la facture et que l'une de ces traites aurait été payée. — *Lyon*, 17 fév. 1824, Pras-Jandin c. Astruc. — V. conf. *Paris*, 2 mai 1838 (t. 1er 1838, p. 5), Defarges; *Nancy*, 5 juill. 1837 (t. 1er 1838, p. 329), Lacôte; *Bordeaux*, 31 juill. 1839 (t. 1er 1840, p. 16), Messignat; *Lyon*, 2 déc. 1823, Vert; *Douai*, 24 mai 1835, Leblond.

587. — Lorsque le marché conclu au domicile de l'acheteur ne contient aucune convention relativement au lieu où le paiement devra s'effectuer, si l'acheteur reçoit sans protestation une partie des marchandises avec une facture indiquant un lieu de paiement, il accepte, par cela même, la juridiction du tribunal indiqué. Dès lors, si le vendeur refuse de livrer le restant des marchandises, c'est devant ce tribunal qu'il doit l'assigner. — *Bordeaux*, 31 juill. 1839 (t. 1er 1840, p. 16), Messignat c. Pilancier. — La question reste donc encore indécise en jurisprudence.

588. — Ainsi, jugé que la déclaration portée dans la facture que le paiement sera fait dans un lieu et à une époque déterminés est attributive de juridiction si l'acheteur, en acceptant la marchandise, n'a élevé aucune réclamation contre la fixation du lieu du paiement, bien qu'il ait réclamé contre celle de l'époque. — *Lyon*, 11 déc. 1841 (t. 2 1842, p. 245), Bouvier c. Ségault; 18 déc. 1823, Vert; 19 août 1831, Moretti ; *Cass.*, 6 mars 1833, Vidalé (cet arrêt rejette le pourvoi formé contre celui de la cour royale de Lyon du 17 janv. 1832). — V. également *Colmar* (et non *Cass.*), 18 juill. 1832, Jardin, et *Rouen*, 21 avr. 1242 (t. 2 1842, p. 403), Martin.

589. — Et la mention faite dans la facture que le prix sera payable au domicile de l'expéditeur ne rend pas compétent le tribunal de ce domicile, lorsque la facture n'a point été acceptée expressément et que les marchandises expédiées ont été refusées. — *Lyon*, 2 déc. 1823, N... — V. conf. *Rouen*, 6 janv. 1824, Pagnerre ; *Lyon*, 12 déc. 1832, Laval; *Cass.*, 3 mars 1835, Cauvain.

590. — Ainsi, jugé que lorsque des marchandises ont été refusées par un commettant, c'est devant les juges du domicile de ce dernier, et non devant ceux du domicile de l'expéditionnaire, que le paiement doit en être demandé, bien que la facture exprime que le paiement en sera fait dans ce dernier lieu, si rien n'indique que cette facture a été acceptée. — Si l'acheteur refuse les marchandises ou réclame contre la facture, il est évident qu'il ne saurait être lié par un acte émanant du vendeur seulement. — *Lyon*, 12 déc. 1832, Laval et Charles c. Douanne.

591. — Décidé enfin, dans le sens que nous préférons adopter, qu'un tribunal de commerce a pu déclarer souverainement, d'après les circonstances, que le paiement ne serait exigé qu'au domicile du débiteur, quoique la facture portât qu'il serait fait au domicile du vendeur; qu'en conséquence le débiteur avait été incompétemment assigné, même sur une action en garantie, à ce dernier domicile. — *Cass.*, 21 avr. 1830, Durin; *Cass.*, 3 mars 1835, Cauvain.

CHAPITRE III. — *Compétence commerciale en matière non contentieuse.*

592. — Nous avons traité jusqu'ici de la compétence *judiciaire* des tribunaux de commerce, c'est-à-dire du droit qui leur est attribué de statuer sur des contestations qui, à raison de leur matière, ont été rangées par la loi dans la compétence de cette juridiction ; mais il est encore un grand nombre de cas dans lesquels les tribunaux de commerce sont investis d'un droit de surveillance, d'une sorte d'autorité administrative qui constitue une compétence extrajudiciaire.

593. — La compétence non contentieuse s'exerce

selon les circonstances, soit par le tribunal entier, soit par le président du tribunal, soit par un juge commis.

594. — Ainsi, par exemple, les tribunaux de commerce sont consultés sur le choix de leurs greffiers, et reçoivent leur serment.

595. — Ils choisissent parmi les huissiers ordinaires leurs huissiers audienciers.

596. — Les tribunaux de commerce nomment les agréés, qu'ils présentent à la confiance des justiciables, et dont ils reçoivent le serment.

597. — Ils présentent à la nomination du roi les gardes du commerce.

598. — Ils désignent chaque année les journaux chargés de publier les actes de société, ainsi que les jugemens et avis concernant les faillites, et ils arrêtent le prix qui sera payé à ces journaux pour ces insertions. — C. comm., art. 42.

599. — Ils concourent à la confection des réglemens sur les bourses de commerce et le courtage.

600. — Ils sont appelés à choisir le jury qui présente au gouvernement les candidats pour les places vacantes d'agens de change ou de courtiers de commerce dont ils reçoivent le serment.

601. — Ils font apposer dans un lieu apparent un tableau sur lequel sont inscrits les noms des agens de change et courtiers. — Arrêté du 29 germinal an IX, art. 10.

602. — Ils participent à la formation du tableau des marchandises que, sous leur autorisation, les courtiers de commerce ont pouvoir de vendre.

603. — Ils participent aussi à la nomination des courtiers gourmets piqueurs de vins, et les admettent au serment. — Décr. 15 déc. 1813.

604. — Ils choisissent leurs experts, traducteurs et interprètes, et reçoivent leur serment.

605. — Ils peuvent nommer des experts pour visiter les bâtimens de mer, ou pour constater l'état des pertes occasionnées par le jet. — C. comm. art. 14.

606. — Ils règlent l'augmentation de prime qui aura été stipulée en temps de paix pour le temps de guerre qui pourrait survenir, et dont la quotité n'aurait pas été déterminée par les contrats d'assurances. — C. comm., art. 343.

607. — Ils autorisent les emprunts sur les corps et quille du navire, et le nantissement ou la vente de tout ou partie des marchandises, lorsque, dans le cours du voyage, il y a nécessité de radoub ou d'achat de victuailles. — C. comm., art. 233 et 234.

608. — Ils dressent une liste des personnes auxquelles ils entendent confier les fonctions de syndics des faillites, d'arbitres juges et d'arbitres rapporteurs.

609. — Ils surveillent et dirigent toutes les faillites.

610. — Ils autorisent les ventes à l'encan de marchandises neuves. — L. 25 juin 1841.

611. — Ils reçoivent le dépôt légal des produits industriels et manufacturés fait par les commerçans qui désirent conserver sur ces produits un droit exclusif de propriété. — Ord. 17 août 1825.

612. — Ils concourent à l'élection des membres de la chambre du commerce. — Ord. 16 juill. 1832.

613. — Ils font lecture en audience publique des ordonnances royales donnant l'*exequatur* aux consuls des pays étrangers.

614. — Le président du tribunal de commerce, agissant seul, peut, dans les cas qui requièrent célérité, autoriser les assignations à bref délai et ordonner des saisies conservatoires.

615. — Il désigne les arbitres juges ou le tiers-arbitre dont les conventions des parties lui délèguent la nomination.

616. — Il revêt de son ordonnance d'*exequatur* les sentences arbitrales rendues en matière de société et déposées au greffe de son tribunal. — C. comm., art. 61.

617. — Il autorise le paiement des lettres de change perdues entre les mains du créancier qui justifie de sa propriété par ses livres et donne caution. — C. comm., art. 152.

618. — Il peut accorder au porteur d'une lettre de change protestée l'autorisation de saisir conservatoirement les effets mobiliers des tireurs, accepteurs et endosseurs. — C. comm., art. 172.

619. — Il nomme les experts chargés de vérifier et constater l'état des marchandises sur la réception desquelles il s'élève des contestations. — C. comm., art. 106.

620. — Il reçoit le rapport de mer fait par le capitaine d'un navire dans les vingt-quatre heures de son arrivée. — C. comm., art. 242 et 243.

621. — Il recueille tous les renseignemens qu'il peut se procurer sur les faits articulés par le failli qui demande sa réhabilitation et les transmet au procureur général. — C. comm., art. 606.

622. — Il accepte, s'il y a lieu, les commissions rogatoires qui lui sont adressées, les exécute lui-même ou délègue un juge pour les exécuter.

623. — Il délivre aux associés le certificat constatant l'existence de la société et servant à l'exercice de leurs droits électoraux.

624. — Il légalise les signatures des membres de son tribunal et celles des membres du syndicat et des agens de change et courtiers.

625. — Il fait une vérification mensuelle de l'état du greffe, il surveille l'exécution de la loi qui exige la présentation d'un pouvoir spécial de la part des mandataires des parties, et il transmet le résultat de ses observations au procureur général près la cour royale. — Ord. 5 nov. 1823 et 10 mars 1825.

CHAPITRE IV. — *De l'incompétence en matière commerciale.*

626. — Les tribunaux de commerce sont de simples tribunaux d'exception qui ne peuvent connaître que des objets qui leur sont spécialement attribués par la loi. — *Cass.*, 6 sept. 1814 (dans ses motifs), Delestre c. Parthon. — En dehors des cas formellement classés par le législateur dans leur compétence exceptionnelle, ils sont frappés d'une incompétence absolue qui, fondée, comme nous l'avons dit (vº COMPÉTENCE (matière civile), nºs 119 et s.), sur des motifs d'ordre public, ne peut se couvrir par aucun acquiescement, doit être suppléée d'office par le juge, et peut être, en tout état de cause, même en appel ou en cassation, opposée par les parties.

627. — Ainsi, les tribunaux de commerce ne peuvent jamais connaître de contestations relatives à des actes qui ne seraient pas commerciaux. — *Cass.*, 15 mai 1815, Bracquemont. — Pardessus, *Droit comm.*, nº 1348.

628. — L'interprétation d'une convention purement civile ne peut appartenir aux tribunaux de commerce. — *Cass.*, 27 juin 1831, Gambu et Dupré c. Ledoux-Wood; — Bioche et Goujet, *Dict. de procéd.*, vº *Tribunaux de commerce*, nº 69, 2e édit.

629. — Ainsi, un tribunal de commerce n'est pas compétent pour prononcer sur une question de privilége agitée entre le créancier et le débiteur commerçans, et pour ordonner par suite la distribution des deniers, malgré l'intervention des autres créanciers opposans qui demandent le renvoi de la cause sur le privilége, devant les juges civils. — *Paris*, 25 janv. 1820, Drouhin c. Cabanis.

Sect. 1re. — *Incompétence quant aux questions de propriété.*

630. — Une créance originairement commerciale reste toujours la même, malgré la convention survenue ultérieurement que la somme sera payée par parties en un certain délai; dès-lors, le débiteur ne peut se soustraire à la juridiction commerciale ni à la contrainte par corps, sur le motif que sa dette, par l'effet de la convention, n'est plus qu'une dette purement civile. — *Cass.*, 11 fév. 1829, Foulion c. Laurence. — V. conf. *Bruxelles*, 30 juin 1818, Feline; *Cass.*, 21 fév. 1826, Cardon; *Grenoble*, 17 juin 1826, Duvernay; *Paris*, 27 avr. 1837 (t. 1er 1837, p. 473), Rey; — Pardessus, *Droit comm.*, t. 1er, nº 53; Pothier, *Oblig.*, nº 539; Merlin, *Rép.*, vis *Déclinatoire*, § 1, et *Faillite*, § 2, art 5; Toullier, *Dr. civ.*, t. 7, nº 277; Rolland de Villargues, *Rép. du notar.*, vº *Novation*, nº 49; Bioche et Goujet, *Dict. procéd.*, vº *Acte de commerce*.

631. — L'incompétence des tribunaux de commerce pour les matières civiles peut être proposée en tout état de cause. — *Besançon*, 6 janv. 1818, Ragot c. Roux.

632. — Mais si les tribunaux de commerce ont une compétence limitée, il ne faut pas oublier que la plénitude de juridiction des tribunaux civils s'étend même aux affaires commerciales si l'exception d'incompétence n'est point proposée devant eux. — *Bordeaux*, 20 juin 1841 (t. 2 1841, p. 287), Lecourt c. Gouest.

633. — Jugé de même que le jugement rendu, en matière commerciale, par un tribunal civil, n'est pas nul, lorsqu'il n'a pas été proposé de déclinatoire, et qu'il y a eu soumission tacite à sa juridiction. — En d'autres termes, la connaissance, par un tribunal civil, d'un fait de commerce qui, d'après la loi, relève de la juridiction consulaire, n'est pas une incompétence *ratione materiæ*, que l'on puisse opposer devant le juge d'appel, lorsqu'on ne l'a point opposée devant le premier juge. — *Poitiers*, 12 juill. 1833, Seignette c. Seignette et Poutier. — V. conf. *Bordeaux*, 7 avr. 1832, Cornilla.

634. — ...Et que des commerçans peuvent renoncer à la juridiction commerciale, introduite en leur faveur, pour rentrer dans la juridiction ordinaire des tribunaux civils, ou même pour se soustraire à un arbitrage volontaire. — *Cass.*, 24 avr. 1834, Armand Lecomte c. Roucamps.

635. — C'est par une conséquence des mêmes principes qu'il a été décidé que, lorsque, de deux demandes connexes, l'une a été intentée en premier lieu devant un tribunal civil, la seconde, bien qu'elle soit de la compétence commerciale, doit suivre le sort de la première, et rester soumise à la juridiction civile. — *Douai*, 5 avr. 1841 (t. 2 1841, p. 371), Guérin et Malagua c. Dubocq et Adam.

636. — A plus forte raison, le tribunal civil est compétent pour connaître des questions qui, par leur nature, auraient dû être portées devant la juridiction commerciale, lorsqu'elles se présentent incidemment à une opposition à des poursuites d'exécution dont ce tribunal est saisi. — *Rouen*, 25 juill. 1840 (t. 1er 1841, p. 420), Thieulin c. Dubos.

637. — Les tribunaux de commerce ne sont pas compétens pour connaître entre commerçans d'une question de propriété, quand bien même l'immeuble qui en serait l'objet serait destiné à un établissement de commerce. — *Douai*, 3 juin 1812, Lhoste-Renet c. Grosjean.

638. — Ils ne peuvent pas même connaître d'une question de propriété de marchandises qui ne se rattacherait pas à une opération commerciale. — Spécialement, si, un marchand de chevaux ayant prêté ou loué un cheval à un commerçant pour son usage, une saisie mobilière faite chez ce dernier, à la requête d'un créancier, comprenait le cheval, la revendication faite par le locateur ou prêteur ne serait pas de la compétence commerciale. — *Cass.*, 13 oct. 1806, Dufaut. — Pardessus, nº 1348; Goujet et Merger, nº 19.

639. — Il a été jugé, sous l'ordonnance de 1673, qu'un tribunal de commerce est compétent pour statuer sur la demande en restitution d'objets mobiliers donnés en nantissement d'une lettre de change. — *Cass.*, 4 prair. an XI, Delmas.

640. — M. Pardessus (nº 1348) pense qu'on devrait aujourd'hui décider de même que sous l'ordonnance de 1673. Nous approuvons également l'arrêt précité, parce que l'art. 631, C. comm., attribue aux tribunaux consulaires la connaissance de toutes contestations relatives aux engagemens entre commerçans, et que, dans l'espèce, le gage avait été donné relativement à un engagement commercial et en faisait partie.

641. — La même solution ne nous paraît pas devoir être adoptée dans le cas où le fait du gage serait lui-même l'objet de la contestation; car il ne s'agirait plus que d'apprécier l'existence ou la non-existence d'un contrat civil, qui par lui-même se trouve placé en dehors des attributions commerciales. — V. Carré, *Compét.*, t. 2, p. 527.

642. — Jugé encore que les tribunaux de commerce sont compétens pour statuer sur une demande formée par un négociant contre d'autres négocians en revendication de marchandises dont il se prétend propriétaire et qu'un ouvrier travaillant pour le compte des uns et des autres a remises aux détenteurs. — *Nîmes*, 24 mars 1809, N.....

643. — Dans l'espèce qui précède, la cour de Nîmes a considéré que la contestation était née à l'occasion d'une opération propre au commerce des parties. Il est certain cependant que le commerce d'un négociant n'est pas de remettre à un ouvrier des matières à confectionner, mais bien d'acheter ces matières pour les revendre. L'arrêt de Nîmes nous paraît donc devoir être critiqué surtout par ce motif que la juridiction exceptionnelle ne doit jamais être étendue hors des cas formellement exprimés par la loi. — V. Carré, *Compét.*, t. 2, nº 486.

644. — C'est ainsi qu'on a sagement décidé que la juridiction consulaire est incompétente pour statuer sur la demande en revendication de marchandises que l'acheteur prétend avoir été enlevées par le vendeur depuis la vente. — *Bordeaux*, 11 vend. an XIII, Bonnefons; — Merlin, *Rép.*, vº *Consuls des marchands*, § 2, nº 3. — En effet, dans ce cas, l'opération commerciale était tout-à-fait consommée entre les parties, et c'est sur un fait d'une autre nature que la contestation s'est engagée. — Carré, *Compét.*, nº 486; Goujet et Merger, nº 20.

Sect. 2e. — *Incompétence quant aux questions d'état.*

645. — Les tribunaux de commerce ne peuvent connaître, même incidemment, de l'état et de la qualité des personnes. — *Cass.*, 13 juin 1808, Morel

c. de l'Ecluse.—Ord. 1673, tit. 12, art. 9; — Merlin, *Rép.*, vo *Quest. d'état*, no 2.

646. — Spécialement, les tribunaux de commerce sont incompétens pour statuer sur la qualité d'héritier d'une partie. — *Cass.*, 23 messid. an IX, Rabon c. Richard.

647. — Jugé, par application de l'art. 426, C. procéd., qu'un tribunal de commerce doit se déclarer incompétent lorsqu'il s'agit de décider si le débiteur était mineur ou majeur lorsqu'il a souscrit son engagement. — *Trèves*, 10 juill. 1807, Arnsperger c. Weber.

648. — L'incompétence de la juridiction consulaire est absolue et doit être déclarée d'office. — Ainsi, jugé qu'un tribunal de commerce ne peut statuer sur les contestations d'entre les parties, avant que leurs qualités soient réglées par le tribunal civil. — *Rennes*, 24 mars 1820, Chenantais c. Bellanger; *Nîmes*, 9 mai 1809, Reboul.

649. — Son jugement rendu à ce sujet est susceptible d'appel, quoique qualifié en dernier ressort. — *Nîmes*, 9 mai 1809, Reboul c. Pelatan.

650. — Bien que l'incompétence des tribunaux de commerce soit absolue toutes les fois qu'il s'agit d'une contestation sur la qualité d'une partie, alors même que cette contestation ne s'élève qu'incidemment, cependant lorsque le défendeur à une action commerciale, sans contester formellement la qualité d'héritiers dans laquelle agissent les demandeurs, se borne à demander qu'ils justifient de cette qualité, le tribunal de commerce est compétent pour apprécier les actes desquels on la fait résulter, et dès-lors il n'y a pas lieu de renvoyer les parties devant les tribunaux civils pour y être réglées préalablement. — *Cass.*, 1er juin 1842 (t. 2 1842, p. 351), Bouteille c. Pillon. — Bien que l'in-

651. — Un tribunal de commerce est également incompétent lorsqu'il s'agit de décider si une femme avait la qualité de commune en biens avec son défunt mari. —*Cass.*, 16 messid. an XIII, Levacher c. Gorgerat.

652. — ... Comme pour décider si le débiteur était ou non en état d'interdiction. — *Toulouse*, 3 janv. 1820, Balzac.

653. — Le tribunal de commerce est incompétent pour statuer sur la demande en paiement d'un effet de commerce, intentée contre un mari à raison de la communauté existante entre lui et sa femme, qui, elle-même, n'était obligée qu'à raison de pareille communauté existant entre elle et son premier mari, débiteur originaire. — *Cass.*, 13 juin 1808, Morel.

654. — De même, le tribunal de commerce est incompétent pour décider si un mari peut en cette qualité réclamer, comme lui appartenant, le montant d'un billet à ordre souscrit au profit de sa femme et si celle-ci a pu en disposer comme étant paraphernal. — *Riom*, 22 nov. 1808, Chassaing c. Chareyre.

655. — Mais les tribunaux de commerce sont compétens pour juger la question de savoir si une femme, mariée sous le régime dotal, a fait un commerce particulier. Cette compétence ne cesse point, lors même que la femme exciperait de l'inaliénabilité de sa dot. — *Riom*, 2 mars 1821, Bouchon c. de Chavane.

656. — De même, il ne suffit pas d'alléguer une incapacité de contracter, par exemple, son état de femme mariée, pour décliner la compétence du tribunal de commerce. Ce tribunal est essentiellement compétent pour décider sur la validité de l'obligation. Dans l'espèce, il n'y a point de question préjudicielle à examiner. — *Riom*, 27 déc. 1830, Ricard.

Sect. 3e. — *Incompétence quant aux contestations entre associés.*

657. — Le législateur a placé hors des attributions du tribunal de commerce les contestations entre associés. — C. comm., art. 51 et suiv.

658. — Sous l'empire de l'ord. de 1673, l'incompétence des tribunaux de commerce, en matière de société commerciale, n'était pas absolue, et la partie qui ne l'avait pas proposée *in limine litis* ne pouvait plus s'en prévaloir, soit avant le jugement, soit sur l'appel. — *Cass.*, 22 thermid. an XI, Potin c. Hery; 14 juin 1815, Amet; *Paris*, 1er germin. an XI, Carnot c. Gobelin.

659. — Mais le contraire a été jugé sous le Code de commerce. — Ainsi, jugé que l'incompétence du tribunal de commerce pour connaître des contestations entre associés et à raison de la société, est matérielle; qu'elle peut être proposée en tout état de cause, même en cause d'appel, et après conclusions au fond. — *Bordeaux*, 21 mars 1832, Clerc c. Arnaud. — V. conf. *Toulouse*, 5 janv. 1824, Milhet; — Pardessus, *Cours de droit comm.*, t. 5, no 1409; Mongalvy, *Tr. de l'arbitrage*, no 157; Persil, *Des sociétés comm.*, tit. 4, no 8.

660. — Jugé de même que les tribunaux de commerce, étant des tribunaux d'exception, sont incompétens *ratione materiæ* pour connaître des contestations relatives aux sociétés commerciales. Par conséquent, cette incompétence constitue une exception d'ordre public qui ne peut être couverte en aucun état de la cause par le consentement des parties. — Cette incompétence ne constitue à l'égard des tribunaux civils, investis de la plénitude de juridiction, qu'une incompétence *ratione personæ* qui peut être couverte par le consentement des parties. — *Grenoble*, 2 juill. 1844 (t. 2 1845, p. 764), Delange et Levrat.

661. — La cour de Caen a même décidé qu'il en devrait être ainsi, alors même que la société serait nulle pour défaut de rédaction écrite des conventions, si d'ailleurs elle avait reçu son exécution. — *Caen*, 30 déc. 1840 (t. 1er 1846), Halbout.

662. — Mais lorsqu'après un renvoi devant arbitres pour statuer sur les débats d'une société dissoute, une partie a formé, devant le tribunal de commerce, une demande qu'elle a soutenu n'être pas essentiellement relative à la société, elle est plus tard non-recevable à opposer, devant la cour de Cassation, que les arbitres étaient seuls compétens sur cette demande particulière. — *Cass.*, 20 fév. 1833, Mariette. — Jugé aussi que, en matière d'assurances, lorsque les parties ont conclu au fond, devant le tribunal de commerce, sans exciper d'une clause qui, en cas de contestation, établissait la juridiction arbitrale, elles ne peuvent plus se faire renvoyer devant arbitres. — *Rennes*, 7 mars 1835, Bonfils.

663. — Les tribunaux de commerce ne sont pas compétens pour statuer sur une demande en mainlevée de scellés apposés sur les papiers et marchandises d'une société commerciale, alors même que cette demande est connexe à une autre dont ils sont valablement saisis. — *Bruxelles*, 21 juill. 1812, Vandenbrock.

664. — Une contestation entre associés commerçans, non à raison de la société, mais sur la nature et l'existence de la société, doit être jugée par le tribunal de commerce, et non par des arbitres. — En d'autres termes, le tribunal de commerce est seul compétent pour prononcer la nullité d'une société commerciale qui n'a pas été faite conformément à la loi. — *Cass.*, 30 nov. 1825, Bompar c. Bidon. — La question de compétence est décidée dans le même sens par M. Pardessus (*Cours de droit commercial*, t. 4, p. 70). Cet auteur, après avoir rappelé la disposition de l'art. 51, C. comm., et avoir fait remarquer que les associés ne sont pas maîtres de se soustraire à la juridiction des arbitres, en comparaissant volontairement devant les juges ordinaires, ajoute : « Mais il faut que les contestations soient relatives aux rapports que l'état d'associé établit respectivement entre les membres de la société. Ainsi, la contestation entre plusieurs personnes, dont l'une soutiendrait qu'il a été formé entre elle et les autres une société que celles-ci dénieraient, ne serait pas de la compétence des arbitres, puisqu'il ne s'agirait pas de l'exécution de l'acte, mais bien de son existence. » — V. conf. *Lyon*, 22 août 1825, Barbaroux; *Paris*, 20 janv. 1830, Hévin; *Cass.*, 6 déc. 1821, Lefeuve; *Aix*, 9 fév. 1827, Méry; 14 déc. 1827, Dufort; *Cass.*, 17 avr. 1834, Mallery; 16 nov. 1835, Fauchon; *Poitiers*, 24 nov. 1830, Laplaine; *Paris*, 3 fév. 1832, Beaunier; *Lyon*, 30 juill. 1832, Syrié.

665. — Un tribunal de commerce est compétent pour connaître des contestations élevées sur un compte rendu à des associés par un tiers comptable. — *Rennes*, 8 août 1821, Amiel c. Carvago Kersieux. — V. conf. *Cass.*, 20 nov. 1834, Gaillard.

666. — Un tribunal de commerce n'est pas compétent pour connaître des engagemens particuliers contractés entre deux associés de commerce, à raison des avances faites par l'un des associés à l'autre et prises sur les fonds sociaux, si d'ailleurs la cause de l'obligation est étrangère à la société et purement civile. — *Aix*, 13 août 1826, Estournel c. Yvan.

667. — L'incompétence portée par l'art. 51, C. comm., qui établit l'arbitrage forcé en matière de société, s'applique dans le cas où les parties sont convenues de soumettre leur différend à des arbitres. — *Rennes*, 27 sept. 1817, Tellier c. Bureau. — Mais il est évident que, dans ce cas, l'incompétence du tribunal de commerce peut se couvrir. Elle n'est pas prononcée par la loi.

668. — Celui qui prend des actions dans une société anonyme ne fait pas acte de commerce, bien que la société ait un but commercial. — Dès lors le tribunal de commerce n'est pas compétent pour connaître de la demande formée contre lui par le gérant d'une société en paiement de billets souscrits pour le prix de ses actions. — *Rouen*, 6 août 1841 (t. 2 1844, p. 519), Gentil c. Blondeau de l'Étang; *Douai*, 26 janv. 1843 (t. 2 1843, p. 79), Dandon-Maillart c. Lebeau.

669. — L'association qui a pour but l'exploitation d'une charge d'agent de change ne constitue pas un fait industriel ou commercial, mais une simple association de capitaux, fait purement civil, et dont les conséquences doivent être appréciées dès lors par la juridiction ordinaire. — *Paris*, 17 juill. 1843 (t. 1er 1844, p. 479), Chaulin c. Marcel de Bruges.

Sect. 4e. — *Incompétence quant aux vices de forme des actes.*

670. — Les tribunaux de commerce sont incompétens pour connaître de la validité d'un acte notarié contenant une obligation commerciale, s'il est attaqué pour vice de forme. — *Trèves*, 27 juill. 1810, N... — V. Carré, *Lois de la proc.*, t. 2, p. 609. — V. *contrà Cass.*, 23 mars 1824, Rion-Kerhallet c. Delarue; 11 fév. 1834, Gaillard c. Barrel.

671. — Jugé que lorsqu'une partie assignée devant un tribunal de commerce, en reconnaissance et en paiement d'un billet, articule des faits de violence et de dol, et proteste de se pourvoir en nullité, soit civilement, soit correctionnellement, le tribunal doit surseoir à statuer. — *Angers*, 23 janv. 1813, Cador c. Dubois.

672. — Il est à remarquer que, dans l'espèce jugée par la cour royale d'Angers, la partie ne s'était pas bornée à protester contre le dol et la fraude, et qu'elle avait articulé des faits qui permettaient au tribunal d'apprécier si c'était un moyen sérieux ou une simple manœuvre dilatoire qu'on employait devant lui.

673. — C'est sous l'influence des mêmes principes que la cour de cassation a jugé, le 13 vendém. an X (Lebret c. Mony), en matière de faux, que l'instruction civile ne pouvait être arrêtée ou suspendue que par une inscription de faux, régulièrement formée, et non par de simples protestations et déclarations qu'on entend s'inscrire en faux contre un acte du procès. — V. aussi Chardon, *Dol et fraude*, t. 1er, no 56.

674. — Jugé que les tribunaux de commerce sont compétens pour statuer sur la nullité d'actes notariés, attaqués pour dol, lorsque ces actes ont pour objet des opérations de banque, alors même que la partie qui demande la nullité n'est pas commerçante. — *Lyon*, 11 fév. 1834, Gaillard.

675. — Jugé même que lorsque le tribunal de commerce est compétent pour statuer sur une demande en paiement d'une créance commerciale, il l'est également pour statuer sur l'exception de nullité du nantissement dont cette créance a été l'objet. — *Toulouse*, 8 mai 1835, Saint-Paul et Decap c. Froment; *Cass.*, 4 prair. an XI, Delmas.

Sect. 5e. — *De l'incompétence quant aux exceptions.*

676. — Un tribunal de commerce est incompétent pour faire droit à une demande en preuve de faits d'usure et d'escroquerie opposée par exception à une action en paiement de lettres de change. — *Montpellier*, 10 fév. 1826, Badie c. Velar.

677. — Mais de ce que les juges consulaires sont incompétens pour connaître de la nullité des actes authentiques attaqués pour vices de forme, il ne faut pas en conclure qu'ils soient également incompétens pour connaître de la validité des actes de procédure faits devant eux. L'opinion contraire est certaine. En effet, un tribunal ne peut pas statuer s'il n'y a pas eu d'assignation devant lui; et il n'y en a pas eu si l'assignation était nulle. Il faut donc qu'il apprécie et qu'il juge cette nullité. Il en est de même d'une sommation destinée à mettre le débiteur en demeure; d'un protêt, dont les formes sont réglées par le Code de commerce. Si l'opinion que nous combattons était admise, il y aurait impossibilité d'agir pour les tribunaux d'exception, puisqu'il suffirait d'arguer de la nullité d'un acte pour arrêter leur marche, et que la nécessité où l'on serait à chaque instant de recourir à la justice ordinaire rendrait les formes de la juridiction commerciale plus lentes que celles de la juridiction civile, ce qui serait le contre-pied du but que le législateur s'est proposé. — Pardessus, *Cours de dr. comm.*, nos 1348 et 1350; Orillard, *Compét. comm.*, no 99, et Carré, *Lois procéd.*, t. 2, p. 609. — V. aussi *Cass.*, 30 nov. 1813, Milard; 20 juill. 1815, Dessaux; 2 janv. 1816, Chaber; 16 mai 1816, Tondereau.

678. — Un tribunal de commerce saisi d'une demande principale de sa compétence ne peut statuer sur une exception qui, de sa nature, est

hors de sa compétence. — Spécialement, un tribunal de commerce n'est pas compétent, à l'occasion d'une contestation sur un billet donné en paiement par un contribuable à un préposé des douanes, en vertu du décr. du 24 avr. 1806, pour décider si le décr. du 12 juill. 1808 a fait cesser, dans l'île de Corse, l'exigibilité du droit de douanes sur les sels. — *Cass.*, 28 mai 1811, Douanes c. Ghérardi.

679. — Lorsqu'il est constant et avoué que le marché et la livraison des marchandises vendues ont été faits dans un lieu, et que le vendeur assigne devant le tribunal de commerce de ce lieu l'acheteur et plusieurs personnes qu'il prétend être ses associés, ces personnes ne sont pas fondées à décliner la compétence du tribunal, et à demander leur renvoi, en alléguant qu'elles ne sont pas associées de l'acheteur; cette dénégation est une exception au fond, dont la connaissance appartient au tribunal saisi de la demande principale. — *Cass.*, 7 juin 1821, Willes et Williams c. Peyret.

680. — Si, sur la demande en paiement d'un billet à ordre, le défendeur décline la compétence du tribunal de commerce, en soutenant que le mandataire souscripteur du billet au nom du mandant n'avait pouvoir de s'obliger que par de simples billets, le tribunal peut ordonner qu'on lui représente l'acte de procuration pour s'assurer si l'allégation du mandant est exacte. Là se borne son pouvoir; les effets, l'étendue et les conséquences de la procuration ne pouvant être appréciés que par les juges ordinaires. — *Poitiers*, 26 août 1828, Lachâtre.

681. — Quoiqu'un tribunal de commerce n'ait pas le pouvoir de statuer sur les exceptions qui se rattachent aux affaires de sa compétence, lorsqu'elles sont étrangères au droit commercial, cependant il peut fixer la date des billets souscrits par un interdit. — A cet effet, et en l'absence d'un titre authentique, il peut avoir recours aux livres de commerce régulièrement tenus et contre lesquels aucun soupçon de fraude ne s'élève, lorsque surtout les inductions qu'il peut en tirer sont soutenues par quelques présomptions. — *Rennes*, 2 janv. 1827, Le Moutaguer c. Foucard.

682. — Le défendeur assigné devant le tribunal de commerce sous la qualification de commerçant, et qui l'a prise dans son acte d'appel, n'est pas recevable à quereller le jugement pour cause d'incompétence, sur le motif que cette qualification est erronée, et que l'exception d'incompétence des tribunaux de commerce, relativement aux individus non négocians, peut être proposée en tout état de cause, et même pour la première fois en cause d'appel. — *Bourges*, 23 déc. 1831, Lafont c. Dessony. — V. conf. *Grenoble*, 31 août 1832, Génard.

683. — Lorsque le tribunal de commerce est incompétent, *à raison de la matière*, pour connaître par voie principale d'une vente faite par un individu non commerçant, il est également incompétent pour en connaître par voie récursoire de garantie. — *Paris*, 7 mars 1837 (t. 1er 1837, p. 220), Hervieu c. Rivière. — V. conf. *Angers*, 3 janv. 1810, Dupuy; *Cass.*, 12 fév. 1811, Labbé; *Liége*, 11 juin 1812, d'Abreval; *Cass.*, 5 avr. 1837 (t. 1 1837, p. 367), Besnard-Cotty; — Jousse, *Comment. ord.* 1667; Carré, *Organ. jud.*, t. 2, p. 608; Merlin, *Quest.*, vo *Lettre de change*, § 4; Pardessus, *Dr. comm.*, no 1357; Vincens, t. 1, p. 166, et t. 2, p. 341; et Horson, quest. 200e.

684. — Spécialement, le marchand qui a vendu un cheval à un particulier et qui a été assigné en nullité de la vente devant le tribunal de commerce, ne peut appeler en garantie devant le même tribunal le propriétaire auquel il avait lui-même précédemment acheté le cheval. — *Paris*, 14 juill. 1825, Devannoze c. Devideux.

685. — Spécialement encore, le commissionnaire de roulage à qui l'on réclame le prix d'un objet cassé par le versement de sa voiture ne peut porter devant les tribunaux de commerce le recours en garantie qu'il exerce contre un entrepreneur de routes, sur le fondement que le versement n'a eu lieu que parce que cet entrepreneur n'aurait pas éclairé la route, en état de réparation, ainsi qu'il était tenu de le faire. — *Amiens*, 7 avr. 1840 (t. 1er 1842, p. 351), Gérard c. Mention.

686. — « Si, dit cet arrêt, aux termes de l'art. 181, C. procéd., il y a nécessité pour les personnes assignées en garantie de procéder devant le tribunal où la demande originaire est pendante, c'est là une disposition qui ne peut être applicable aux tribunaux de commerce lorsque les faits qui motivent la demande en garantie sont étrangers à leurs attributions. » — V. conf. Carré et Chauveau, *Lois de la proc.*, t. 2, p. 267, quest. 772; Bioche et Goujet, *Dict. de proc.*, vo *Exception*, no 200.

687. — Jugé néanmoins que le tribunal de commerce saisi de la question de validité de l'acte est compétent pour prononcer sur la demande en garantie incidemment formée contre l'huissier. — *Rouen*, 8 juill. 1811, Goguely c. Lamiral. — Une pareille décision ne nous paraît pas fondée. En général, il est vrai que le garant peut et doit être appelé devant le tribunal saisi de la contestation principale; mais cette règle suppose que ce tribunal est compétent et à raison de la matière et à raison de la personne. Or, il est difficile d'établir que le tribunal de commerce puisse être compétent pour statuer sur la question de savoir si un huissier a bien ou mal opéré.

688. — Jugé, en conséquence, que le tribunal de commerce saisi de la question de validité d'un protêt est incompétent à raison de la matière pour prononcer sur la demande en garantie formée contre l'huissier, de telle sorte qu'il doit s'abstenir de statuer sur ce point, encore bien que le déclinatoire n'ait point été proposé. — *Cass.*, 2 janv. 1816, Chaber c. Neveu et Cibiel. — V. conf. *Cass.*, 30 nov. 1813, Milard; 19 juill. 1814, Grozier; 16 mai 1816, Tonderau; 2 juin 1817, Hignard, et 8 nov. 1820, Paris.

689. — Jugé cependant, *generaliter*, qu'un tribunal de commerce saisi d'une demande principale est compétent pour connaître d'une demande en garantie formée à l'occasion de l'action principale, encore que cette garantie soit exercée contre un non-commerçant et résulte d'un fait purement civil. — *Colmar*, 18 juin 1825, Kahn c. Matter. — V. conf. *Paris*, 17 août 1809, Guillocq; *Cass.*, 2 août 1827, Lesueur; — Bioche et Goujet, *Dict. de procéd.*, vo *Tribunal de commerce*, no 44.

690. — Quand un tribunal de commerce a statué sur une question principale qui n'était pas de sa compétence, mais à l'occasion de laquelle l'incompétence a pu être et a été couverte par les défenses au fond, par exemple, sur une contestation élevée relativement à un billet à ordre dont le souscripteur était non-commerçant, il est compétent pour connaître des demandes en garantie formées par suite de la condamnation principale, alors même qu'à cette période de l'affaire le renvoi aurait été requis. — *Bruxelles*, 31 juill. 1809, N.....

691. — Il suffit, pour obtenir devant les tribunaux de commerce un sursis de prononcer sur la demande originaire lorsque les délais de l'action en garantie ne sont pas encore échus, de déclarer à l'audience que cette demande en garantie existe, sans qu'il soit nécessaire que cette déclaration soit faite par acte d'avoué. — *Bordeaux*, 9 janv. 1829, compagnie d'assurances c. Tauzin.

692. — Jugé que le commerçant qui, après avoir cédé sa créance dans une faillite à un non-négociant, exerce les fonctions de syndic dans la faillite, sous la condition expresse qu'il sera garanti par le cessionnaire, est recevable à appeler son garant devant le tribunal de commerce où il est actionné en reddition de compte. — *Caen*, 26 mai 1830, Brière.

693. — Sous l'ord. de 1673, les juges consulaires pouvaient, après avoir rejeté le déclinatoire, statuer sur le fond, quoique le défendeur ne se fût pas expliqué sur ce point. — *Cass.*, 1er prair. an X, Magnet et Belfort c. Coullerez et Dubail. — V. conf. *Cass.*, 12 niv. an IX, Arnoux.

694. — Jugé de même, sous le code, que les tribunaux de commerce peuvent, en prononçant sur l'exception de litispendance, statuer sur le fond. — *Nîmes*, 17 janv. 1812, Isnard c. Charbonnier.

695. — Quoiqu'il y ait appel du jugement qui rejette le déclinatoire, les juges de commerce peuvent statuer sur le fond. — *Metz*, 15 août 1819, Baudry c. compagnie d'assurances générales.

696. — L'art. 425, C. procéd., qui permet aux tribunaux de commerce de statuer sur le fond par le même jugement qui rejette le déclinatoire, pourvu que ce soit par deux dispositions distinctes, ne les autorise point à joindre le déclinatoire au fond et à ordonner une preuve portant tout à la fois sur l'un et sur l'autre. — *Cass.*, 10 juill. 1837 (t. 2 1837, p. 119), Lafon c. Girard.

697. — Mais un tribunal de commerce dont la compétence est déclinée ne peut, avant de statuer sur le déclinatoire, ordonner une preuve par témoins demandée par l'une des parties et tendant à déterminer la nature du litige. — *Rouen*, 27 mai 1826, Dumontier c. Liston.

698. — Toutefois, le tribunal de commerce, pour statuer sur un déclinatoire, peut porter son examen et son jugement sur les faits desquels dépend sa compétence, et, par exemple, rechercher l'existence d'une vente de marchandises déniée par le défendeur. — *Nancy*, 5 juill. 1837 (t. 1er 1838, p. 329), Lacatte-Delarbre c. Picard.

699. — En matière commerciale, la partie qui oppose une exception d'incompétence ne se rend pas non recevable, en plaidant au fond, à interjeter appel du jugement qui la rejette, alors surtout qu'elle en a fait la réserve expresse. — *Bordeaux*, 4 avr. 1842 (t. 2 1842, p. 138), Normand c. Sulzert-Wart. — V. conf. *Montpellier*, 22 janv. 1811, Gayraud. — L'art. 425, C. procéd., ne fait aucune exception pour les jugements rendus dans les affaires où le tribunal aurait à juger au fond en dernier ressort; ainsi l'appel est recevable dans tous les cas. — V. Locré, *Esprit du Code de commerce*, t. 2, p. 141, et art. 454, C. procéd. civ. — Il est également recevable avant comme après le jugement du fond, pourvu que le délai ne soit pas expiré (*ibid.*, art. 443). — V. Chauveau sur Carré, *Lois de la proc.* t. 3, p. 537, quest. 1520.

700. — Ainsi, ce n'est pas reconnaître la compétence d'un tribunal que de faire devant lui une production, avec réserve expresse de décliner sa compétence. — *Liége*, 16 déc. 1814, N...

701. — Celui qui s'est laissé condamner par défaut par un tribunal de commerce n'est pas pour cela non-recevable à proposer son déclinatoire sur son opposition, et à décliner la juridiction de ce tribunal. — *Bruxelles*, 23 déc. 1809, Adnet c. N.....

702. — Mais celui qui, en formant opposition à un jugement par défaut où il aurait été qualifié négociant, prend lui-même cette qualité, ne peut être ensuite reçu à décliner la juridiction commerciale. — *Montpellier*, 1er juin 1822, Deforno c. Hostalier et Boudon. — V. conf. *Paris*, 28 juin 1813, Rousseau; *Cass.*, 7 mars 1821, Perret.

703. — Les tribunaux de commerce ne sont pas tenus de surseoir au jugement du fond, jusqu'à ce qu'il ait été préalablement procédé, pardevant les juges compétens, à la vérification des écritures déniées, ou au jugement sur le faux dont elles sont arguées, lorsque le fond peut être jugé indépendamment de ces incidens. — *Cass.*, 18 août 1806, Tetrel c. Noyée. — V. conf. *Florence*, 30 août 1810, Ajami; *Riom*, 21 nov. 1816, Bellut; *Cass.*, 19 mars 1817, Michel; 20 nov. 1833, Meslier; *Rennes*, 26 nov. 1834, Allard; *Cass.*, 20 nov. 1833, Meslier; 2 fév. 1836, Allard. — Carré, *Lois de la procéd.*, t. 2, art. 427; Pigeau, *Comment.*, t. 1er, p. 721; Pardessus, *Droit comm.*, t. 5, p. 83 et 84; Demiau, p. 308; *le Praticien franç.*, t. 2, p. 466. — V. *contrà Cass.*, 23 août 1827, Mayor; 1er avr. 1829, Renaud.

704. — Il en serait autrement si le fond ne pouvait pas être jugé indépendamment de l'incident. Dans ce dernier cas, le tribunal de commerce devrait nécessairement renvoyer devant les juges chargés d'en connaître, et surseoir au jugement de la demande principale. — V. art. 427, C. procéd.

705. — Une demande en reconnaissance d'écritures, qui a pris naissance dans une opération de commerce, est une action essentiellement commerciale, bien que la juridiction civile soit seule compétente pour en connaître. — *Paris*, 27 avr. 1837 (t. 1er 1837, p. 473), Rey-Thorin c. Cacan.

Sect. 6e. — *Incompétence quant aux demandes reconventionnelles.*

706. — En principe, le tribunal compétent pour connaître d'une action principale peut statuer sur les demandes reconventionnelles formées par le défendeur. Mais deux conditions sont nécessaires pour donner naissance à ce droit : il faut 1o que la demande soit réellement *reconventionnelle*, c'est-à-dire que ce soit une défense à la demande principale, qu'elle tire son principe de la même cause; — 2o il est indispensable qu'elle soit de la nature des causes déférées par la loi au tribunal devant lequel elle est proposée; ainsi, un tribunal d'exception n'est pas compétent pour statuer reconventionnellement sur une affaire qui, de sa nature, doit être déférée aux tribunaux ordinaires. La reconvention n'a lieu que dans les cas où la prorogation volontaire de juridiction serait admissible. — V. Henrion de Pansey, *Autorité judic.*, p. 232 et 244; Bioche et Goujet, *Dict. de procéd.*, vo *Prorogation de juridiction*, nos 36 et 43.

707. — Ainsi, le tribunal de commerce, saisi d'une demande principale, n'est pas compétent pour connaître de la demande reconventionnelle qui sort des limites de sa juridiction. — *Bruxelles*, 21 avr. 1818, Vanderborgt-Sauvage c. Rigo; *Bourges*, 23 déc. 1831, Lafont. — V. *contrà Cass.*, 22 août 1833, Sillac.

708. — Jugé cependant que, lorsqu'un tribunal de commerce est saisi de plusieurs chefs de demande, dont quelques-uns seulement sont de sa compétence, il peut prononcer sur le tout. — *Metz*, 21 avr. 1818, Texier; — Henrion, *Traité de la comp. des juges de paix*, 52.

709. — Par suite du principe de la plénitude de juridiction, le tribunal civil saisi d'une demande principale qui rentre dans sa juridiction est compétent pour statuer sur la demande reconventionnelle formée par le défendeur, bien que l'objet de cette de-

mande soit purement commercial. — Ainsi la partie qui défend à une demande en paiement d'une dette purement civile peut opposer l'existence d'une compensation antérieure par suite d'opérations commerciales, et elle peut être admise à prouver cette compensation par tous les moyens qu'autorise le Code de commerce.— *Limoges*, 13 août 1840 (t. 1er 1841, p. 448), Bousquet c. Majous.

Sect. 7e.—*Incompétence quant aux demandes en paiement de frais et honoraires.*

710. — Les tribunaux de commerce sont incompétens pour statuer sur les demandes en paiement de frais et salaires formées par les agréés qui exercent auprès d'eux. — Les agréés ne peuvent être considérés comme des officiers ministériels attachés aux tribunaux de commerce.— *Cass.*, 5 sept. 1814, Delestre c. Parthon. — V. conf. *Colmar*, 5 août 1826, Hauman ; *Rouen*, 5 sept. 1814, Delestre.

711. — Les tribunaux de commerce sont incompétens pour connaître des demandes formées par les officiers ministériels, spécialement par les huissiers pour frais faits devant leur juridiction. — — *Caen*, 10 mai 1843 (t. 1er 1845, p. 284), Lottier c. Hébert.

712.—Les tribunaux civils sont seuls compétens pour connaître de l'exécution des jugemens des tribunaux de commerce. — En conséquence, c'est devant le tribunal civil que doit être portée la demande formée par un huissier en paiement de frais faits par lui devant le tribunal de commerce. — *Bourges*, 21 août 1843 (t. 1er 1845, p. 348), Joffrion c. Marla.

713.— Néanmoins, le tribunal de commerce qui, dans une contestation, a renvoyé les parties devant un arbitre, est compétent pour connaître de la demande en paiement des frais et honoraires réclamés par cet arbitre ; cependant il ne peut prononcer la condamnation que par les voies ordinaires. — *Paris*, 12 juill. 1826, Barde c. Stelmann.

714. — Les frais dus à un agréé pour les opérations d'une faillite dont il a été chargé, se rattachant aux frais d'administration de la faillite, sont privilégiés, et la demande dont ils sont l'objet est de la compétence consulaire. — *Paris*, 14 juin 1833, Badin.

Sect 8e. — *Incompétence quant aux saisies arrêts.*

715.— Les tribunaux de commerce sont incompétens pour prononcer sur la validité d'une saisie-arrêt. —*Rennes*, 14 déc. 1810, Lefèvre c. Bretel. — V. conf. *Rennes*, 19 août 1819, N...; *Paris*, 31 déc. 1811, Amelin; *Aix*, 29 déc. 1824, Solhe; Roger, *Saisie-arrêt*, no 493; Despréaux, *Compét. trib. comm.*, nos 173 et suiv.

716. — Un tribunal de commerce ne peut connaître d'une saisie-arrêt, surtout si elle est pratiquée en exécution de l'un de ses jugemens. — *Colmar*, 3 fév. 1821, Bunger c. Kolb.

717. — Un tribunal consulaire est incompétent pour statuer sur une contestation relative à la sincérité de l'affirmation d'un tiers saisi, alors même qu'il y a litispendance devant ce tribunal, et que la contestation a pour objet une opération commerciale entre négocians. — *Paris*, 12 oct. 1814, Kock.

718.—Jugé que les tribunaux de commerce ne peuvent point déclarer valables des saisies-arrêts, même par le jugement qui prononce la condamnation au paiement des sommes pour lesquelles la saisie a été faite. — *Nîmes*, 4 janv. 1819, Maury.

719.— Jugé, au contraire, que lorsque toutes les parties sont commerçantes et que les contestations ont pour cause des opérations de commerce, la demande en mainlevée d'une saisie-arrêt est de la compétence des tribunaux de commerce. — *Rouen*, 21 juin 1825, Michel c. Kandon. — V. conf. *Rouen*, 10 fév. 1829, Broucq ; *Metz*, 15 août 1819, Baudry ; *Paris*, 16 germin. an XI, Olvar; *Nîmes*, 3 déc. 1812, Grand; *Rouen*, 15 août 1819, Vassal; — Merlin, *Rép.*, vo *Consuls des marchands*, § 3, no 14; Favard, *Rép.*, vo *Tribunal de commerce*; Pardessus, *Droit commercial*, t. 5, no 1354 ; Chauveau sur Carré, *Lois de la procéd.*, t. 2, *Quest* 1496 ; Roger, *Saisie-arrêt*, no 492; Despréaux, *Compétence des tribunaux de commerce*, nos 173 et suiv.

720. — Spécialement, le tribunal de commerce peut connaître d'une saisie-arrêt dont la validité s'agite entre négocians, et qui a pour cause la vente d'un navire.—*Bruxelles*, 31 déc. 1807, Cappe et Schenell c. Bonvarlet.

721. — Jugé aussi que, bien que les tribunaux de commerce soient incompétens pour prononcer sur la demande en mainlevée d'une saisie-arrêt arguée de nullité, ils peuvent néanmoins prononcer cette mainlevée comme accessoire et conséquence d'un jugement qu'ils rendent sur le fond d'une contestation, lorsque d'ailleurs la saisie-arrêt a été faite sans autorisation de justice. — *Rouen*, 10 fév. 1829, Levillain c. Brouck et Platel; — Pardessus, *Droit commerc.*, t. 4, p. 27 ; Favard, *Rép.*, vo *Tribunal de commerce*; Roger, *Saisie-Arrêt*, no 493.

722. — Jugé que les présidens des tribunaux de commerce peuvent, dans les affaires qui sont de la compétence de ces tribunaux, donner l'autorisation de former des saisies-arrêts, et que, dans ce cas, les tribunaux de commerce sont compétens pour connaître de la validité et des effets de ces saisies-arrêts.— *Turin*, 17 janv. 1810, Bagard ; *Aix*, 6 janv 1831, Rindi.

Sect. 9e. — *Incompétence quant à l'exécution des jugemens.*

723. — Les tribunaux de commerce ne sont pas compétens pour connaître des incidens et des difficultés résultant de l'exécution de leurs jugemens.—*Paris*, 11 vendém. an XIV, Jaulgey c. Bonvoisin.

724.—Ainsi, le tribunal de commerce ne peut connaître d'une contestation sur l'exécution d'un jugement qu'il a rendu, lorsque cette contestation dérive, non de l'obscurité des termes du jugement, mais du fait par lequel on prétend l'avoir exécuté. — *Florence*, 28 janv. 1814, Rey c. Morelli et Giuntini. — V. conf. *Cass.*, 24 nov. 1825, Merlin; *Lyon*, 22 août 1826, Chavet; *Toulouse*, 15 avr. 1828, Barrère.

725.—De même, décidé que les juges consuls n'ont point le pouvoir de convertir une saisie conservatoire par eux ordonnée en saisie-exécution : autrement ils connaîtraient de l'exécution de leur jugement, contrairement au vœu de l'art. 442, C. procéd. — *Orléans*, 26 août 1830, Jahau c. Tissard ; — Bioche et Goujet, *Dict. de procéd.*, vo *Saisie conservatoire*, no 10.

726. — Jugé qu'un tribunal de commerce n'est pas compétent pour décider si un jugement qu'il a rendu par défaut a été ou non exécuté dans les six mois, et s'il doit être réputé non avenu faute d'exécution dans ce délai.— *Dijon*, 6 avr. 1819, Grandmanche c. Louet; *Aix*, 12 mars 1825, Astier.

727. — Jugé, au contraire, que les tribunaux de commerce sont compétens pour statuer sur la demande en péremption de leurs jugemens par défaut, faute d'exécution dans les six mois. — *Rouen*, 20 août 1836, Decaindry.

728. — Les tribunaux de commerce ne peuvent, sans excéder les bornes de leur compétence, qui ne s'étend pas même à l'exécution de leurs propres jugemens, statuer sur la déchéance d'un délai fixé par un tribunal civil. — *Paris*, 1er déc. 1825, Levasseur c. Béraud.

729. — Jugé, en vertu du même principe, que les tribunaux de commerce sont incompétens pour déclarer exécutoire contre les héritiers d'un négociant un jugement rendu contre leur auteur.— *Cass.*, 3 brum. an XII, Montazaud c. Pastoureau; Merlin, *Quest. de droit*, vo *Tribunal de commerce*, § 6.

730. — Néanmoins, les tribunaux de commerce sont compétens pour connaître de l'exécution de leurs jugemens préparatoires. — *Paris*, 18 déc. 1812, Maricourt c. Perier; *Paris*, 28 août 1813, Maricourt; — Pardessus, t. 4, p. 27, 1re édit.; Despréaux, *Compét. des trib. comm.*, no 158; Carré, *Lois de la compét.*, t. 4, p. 32, art. 256 (édit. Foucher).

731. — Jugé ainsi que la demande en réception de caution présentée à l'effet de poursuivre l'exécution provisoire, nonobstant appel, d'un jugement de tribunal de commerce, est de la compétence de ce tribunal, et non de la cour royale devant laquelle l'appel a été porté. — *Bordeaux*, 20 janv. 1837 (t. 1er 1837, p. 605), Jougou c. Battut-Marin.

732.—...Et que, lorsqu'un tribunal de commerce, saisi d'une demande en résiliation de marché formée pour défaut de livraison des marchandises, condamne le défendeur à les livrer, sans statuer explicitement sur la résiliation du contrat, le demandeur peut, faute par le défendeur d'avoir satisfait à ce jugement, porter de nouveau sa demande en résiliation devant le même tribunal; ce n'est pas, de la part de ce tribunal, prononcer *bis in idem*, ou connaître de l'exécution de son jugement, au mépris de l'art. 442, C. procéd. — *Bordeaux*, 27 mai 1830, Darrigan c. Lodé; *Douai*, 20 août 1827, Gilmard.

733. — Jugé aussi que le tribunal de commerce qui a ordonné une prestation de serment est compétent pour connaître d'un incident qui s'élève à l'occasion de l'accomplissement de cette formalité... C'est là un simple complément de la décision rendue, et non pas un acte d'exécution dont la connaissance est interdite aux tribunaux consulaires. — *Colmar*, 4 mai 1841 (t. 2 1841, p. 695), Strauss c. Lehmann. — Cette décision se fonde sur ce que, suivant la remarque de Carré (*Lois de la comp.*, t. 4, p. 33), le principe énoncé dans l'art. 442 C. procéd., ne s'entend que des seules difficultés qui s'élèvent à raison des différentes voies d'exécution réelle par saisie ou contrainte; qu'il ne s'applique pas aux actes de cette exécution que les auteurs appellent exécution par suite d'instance, et qui sont des préalables nécessaires pour que le jugement dont ils ne sont que le complément puisse être définitivement exécuté.

734. — Ainsi jugé que les tribunaux de commerce sont compétens pour connaître de l'interprétation de leurs jugemens. — *Caen*, 17 mai 1826, Dajon c. Fallue.

735. — Mais un tribunal ne peut, sous prétexte de les interpréter, ajouter à ses jugemens, après qu'ils ont été rendus. — Spécialement, le tribunal de commerce qui a renvoyé des parties devant des arbitres ne peut, par un deuxième jugement, ajouter qu'ils jugeront en dernier ressort. —*Paris*, 13 fév. 1807, Benjamin c. Fraisneau.

736. — Un tribunal de commerce peut, sans excéder la limite de ses pouvoirs, ordonner l'impression et l'affiche de son jugement. — *Cass.*, 4 frim. an IX, Marcial c. Millet Lafosse.

737.—Les tribunaux de commerce sont incompétens pour connaître de la demande en validité d'offres réelles et de consignation faite en vertu de leurs jugemens.— *Paris*, 21 août 1810, Lorré c. Pianne. — Merlin, *Quest. de droit*, vo *Tribunaux de commerce*, § 6; Despréaux, *Compét. des trib. de comm.*, nos 172 et 523.

738. — La demande en restitution de sommes payées par erreur, à l'occasion d'une opération commerciale, est de la compétence du tribunal de commerce. — *Bordeaux*, 20 février 1834, Fualdès c. Verges.— V. *contrà Toulouse*, 15 avr. 1828, Barrère.

739. — Le tribunal de commerce est compétent pour connaître d'une opposition formée à l'ordonnance rendue par son président, conformément à l'art. 417 C. procéd. — *Nîmes*, 8 déc. 1811, N...

740. — Jugé cependant qu'il n'appartient pas à un tribunal de commerce de connaître de l'opposition formée à une ordonnance d'*exequatur* rendue par son président à un jugement *arbitral volontaire*, quoique en matière de commerce. — Quand, sur la demande des parties, le tribunal consulaire s'est dessaisi d'une affaire qu'il a renvoyée devant arbitres, le président n'est pas compétent pour opposer l'ordonnance d'*exequatur* au jugement intervenu. — *Rennes*, 4 juill. 1811, Duchêne.

741. — Les tribunaux de commerce sont compétens pour statuer sur la récusation d'un arbitre dans les affaires portées devant eux. — *Paris*, 30 déc. 1813, Carly c. Gobert.— V. conf. *Metz*, 8 déc. 1818, N...; *Bourges*, 3 déc. 1813, Jouesne. — Jugé, au contraire, que les tribunaux civils sont seuls compétens pour statuer en matière de récusation, que l'objet du litige soit ou non commercial. — V. *Metz*, 12 mai 1818, Legré; *Cass.*, 26 mars 1838 (t. 1er 1838, p. 401), Huard.—Mais il est constant que la récusation ne peut être jugée par les arbitres eux-mêmes. — De Vatimesnil, *Encyclop. du dr.*, vo *Arbitrage*, nos 189 et 190.

742. — Les tribunaux de commerce sont incompétens pour connaître d'une contestation sur un dépôt volontaire.— *Cass.*, 18 prair. an XI, Clément c. Biscuit; *Caen*, 23 juill. 1827, Binet.

743. — Le tribunal de commerce est incompétent pour statuer sur la demande en dommages-intérêts formée par un débiteur étranger, à raison de son arrestation provisoire opérée en vertu d'une ordonnance du président du tribunal civil, encore bien que cette demande soit opposée reconventionnellement à la demande principale en condamnation d'une dette commerciale. — *Paris*, 4 janv. 1842 (t. 1er 1842, p. 121), Caspar c. Armagis.

744.—Les tribunaux civils sont seuls compétens pour déclarer exécutoire en France un jugement rendu par un tribunal étranger. — *Douai*, 9 déc. 1843 (t. 1er 1844, p. 207), Dujardin.

V. ACTE DE COMMERCE, BILLET A DOMICILE, BILLET A ORDRE, BILLET AU PORTEUR, BILLET DE CHANGE, BILLET ET OBLIGATION AU PORTEUR, BILLET SIMPLE, COMMISSIONNAIRE, COMMISSIONNAIRE DE TRANSPORT, CONTRIBUTION, DOMICILE, ÉCHANGE, ENDOSSEMENT, GENS DE MER, JET, LETTRE DE CHANGE, PRÊT A LA GROSSE, PROTÊT, PRUD'HOMMES.

COMPÉTENCE CRIMINELLE.

Table alphabétique.

COMPÉTENCE CRIMINELLE. — **1.** — On appelle compétence criminelle l'étendue de la juridiction des tribunaux chargés de la poursuite et de la répression des crimes, des délits et des contraventions.

2. — Nous n'examinerons dans cet article que les principes généraux de compétence communs à toutes les juridictions. Les règles spéciales à chacune d'elles sont exposées sous les mots qui les concernent.

SECT. 1re. — *Des diverses espèces de juridictions criminelles et des différents rapports sous lesquels peut être envisagée la compétence de chaque juridiction* (no 3).

§ 1er. — *Diverses espèces de juridictions* (no 3).

§ 2. — *Différents rapports sous lesquels peut être envisagée la compétence de chaque juridiction* (no 36).

SECT. 2e. — *Nature des lois sur la compétence. — Obligation pour toutes les juridictions de se renfermer dans les limites qui leur sont fixées* (no 46).

SECT. 3e. — *Obligation pour les tribunaux de se dessaisir s'ils sont incompétents ou de juger s'ils sont compétents* (no 87).

SECT. 4e. — *Défense aux tribunaux de statuer par voie réglementaire. — Séparation du pouvoir judiciaire et du pouvoir administratif* (no 420).

SECT. 5e. — *Quand peut être opposée l'incompétence d'un tribunal* (no 447).

SECT. 6e. — *Bases qui servent à déterminer la compétence* (no 470).

§ 1er. — *Qualification des faits incriminés* (no 170).

§ 2. — *Qualités des parties* (no 200).

§ 3. — *Nationalité* (no 226).

§ 4. — *Lieu du délit* (no 268).

§ 5. — *Connexité* (no 295).

§ 6. — *Complicité* (no 319).

SECT. 7e. — *Compétence des tribunaux de répression relativement à l'action civile des parties lésées* (no 338).

SECT. 8e. — *Questions préjudicielles* (no 366).

Sect. 1re. — *Des diverses espèces de juridictions criminelles et des différents rapports sous lesquels peut être envisagée la compétence de chaque juridiction.*

§ 1er. — *Diverses espèces de juridictions.*

3. — La procédure criminelle se divise en deux parties distinctes, savoir : la poursuite et le jugement des crimes, délits ou contraventions.

4. — Deux ordres de juridictions distinctes sont institués pour connaître, l'un de la poursuite, l'autre du jugement des affaires criminelles.

5. — Le premier ordre comprend trois espèces de juridictions : 1o le juge d'instruction; — 2o la chambre du conseil ; — 3o la chambre des mises en accusation. — V. ces mots.

6. — Le second ordre est composé des tribunaux, dont les uns ont une juridiction générale, et les autres une juridiction spéciale.

7. — Il n'y a de juridiction générale que la cour

d'assises. La connaissance de tous les faits qualifiés crimes par la loi, des délits commis par la voie de la presse, et des délits réputés politiques lui appartient. Elle a la plénitude de juridiction en matière criminelle. — V. COUR D'ASSISES.

8. — Toutes les autres juridictions sont spéciales, c'est-à-dire qu'elles ne connaissent que de certains faits qui leur sont particulièrement attribués. Elles se subdivisent en juridictions spéciales ordinaires et juridictions spéciales extraordinaires. Ces dernières sont aussi appelées exceptionnelles.

9. — Les premières sont : 1° les tribunaux de police, dont la compétence s'étend à toutes les contraventions de police prévues et punies : — par les art. 471, 475 et 479, C. pén. ; — par les réglemens de police pris en vertu de l'art. 471, n° 15, C. pén., et par les anciens réglemens maintenus par l'art. 484. — V. TRIBUNAL DE POLICE.

10. — ... 2° Les tribunaux correctionnels. Le cercle de leur compétence est très large ; outre les délits prévus et punis par le Code pénal, ils sont appelés à juger toutes les contraventions matérielles commises en matière forestière, en matière de presse, de chasse, de contributions indirectes, etc. — V. TRIBUNAL CORRECTIONNEL.

11. — ... 3° La cour des pairs. L'art. 28 de la charte lui attribue la connaissance des crimes de haute trahison et des attentats à la sûreté de l'état qui seront définis par la loi. — V. COUR DES PAIRS.

12. — Les juridictions spéciales sont : 1° celles qui constituent l'organisation judiciaire de l'armée de terre ; — 2° celles qui constituent l'organisation judiciaire des tribunaux maritimes ; — 3° la cour des pairs pour les délits commis par les pairs de France. — Charte, art. 29.

13. — L'armée de terre n'a que deux juridictions : la première, celle des conseils de guerre permanens, qui connaît : 1° de tous les délits commis par des militaires contre la discipline qui les régit ; — 2° de tous les crimes et délits, même communs, commis par toute personne attachée à l'armée, au corps et sous les drapeaux. La seconde, celle des conseils permanens de révision, qui est chargée de vérifier si la première n'a pas violé les règles et les formes que la loi lui impose. — V. TRIBUNAUX MILITAIRES.

14. — Les juridictions de l'armée de mer sont au nombre de six, savoir : 1° les tribunaux maritimes, établis par le décret du 17 nov. 1806 dans les ports de Brest, Toulon, Rochefort et Lorient ; — 2° les conseils maritimes de révision ; — 3° les tribunaux maritimes spéciaux ; — 4° les conseils de justice formés à bord des vaisseaux de l'état ; — 5° les conseils de guerre maritimes ; — 6° enfin les conseils de guerre maritimes permanens. — V. TRIBUNAUX MARITIMES.

15. — La compétence des tribunaux criminels d'exception ne s'étend pas seulement à certains délits propres, mais encore à certains délits communs à certaines personnes. — Toutes personnes même, à raison de certains délits, peuvent être jugées par les tribunaux d'exception.

16. — On peut encore diviser la juridiction exceptionnelle en juridiction *purement judiciaire* et juridiction *politico-judiciaire*. Dans cette dernière classe on comprend celle de la chambre des pairs et celle de la chambre des députés. — V. CHAMBRE DES PAIRS, n° 79 ; CHAMBRE DES DÉPUTÉS, nos 49 et 52 ; COMPTE-RENDU DES CHAMBRES ; OFFENSE ENVERS LES CHAMBRES.

17. — Parmi les tribunaux criminels d'exception, on doit aussi compter les tribunaux civils, qui sont érigés quelquefois en tribunaux de répression. — C. civ., art. 50 et 53. — M. Mars (*Corps de droit criminel*, t. 1er, p. 127 et 128) énumère de la manière suivante les différens cas dans lesquels la loi a, contrairement au droit commun, attribué à ces tribunaux le droit de connaître des infractions et de les punir.

18. — *Premièrement*. — « Sont prononcées par les tribunaux civils (de première instance) : 1° les peines pour infractions aux lois sur le timbre, suivant les formes déterminées par la loi du 13 brum. an VII, excepté à l'égard des afficheurs et distributeurs d'affiches, avis et annonces non timbrées, qui, aux termes de l'art. 69, L. 28 avr. 1816, encourent des peines de police ;

19. — » 2° Les peines pour contraventions aux lois sur l'enregistrement, selon le mode de procédure établi par la loi du 22 frim. an VII ;

20. — » 3° Les peines pour contraventions à la loi du 22 pluv. an VII et autres lois et ordonnances relatives aux ventes publiques de meubles. » — Nous ferons remarquer qu'aux termes de l'art. 7, L. 25 juin 1841, sur les ventes aux enchères de marchandises neuves, les contraventions aux dispositions prescrites par les articles précédens de cette loi rentrent dans la compétence des tribunaux correctionnels.

21. — « 4° Les suspensions, destitutions, condamnations d'amendes et dommages-intérêts, encourus par les notaires pour infractions à la loi du 25 vent. an XI sur le notariat, conformément à l'art. 53 de cette loi ;

22. — » 5° Les peines contre la postulation et la complicité de la postulation, selon les formes déterminées par le décret du 19 juill. 1810 ;

23. — « 6° Les peines pour contravention commise par un commerçant en omettant d'énoncer sa patente dans les actes relatifs à une demande judiciaire concernant son commerce, laquelle contravention se poursuit pour le procureur du roi, aux termes de l'art. 4 de la loi du 1er brum. an VII ;

24. — » 7° Les contraventions pour défaut de patente, lesquelles se poursuivent sur la provocation de l'autorité administrative, conformément à la loi du 1er brum. an VII ;

25. — » 8° Les peines d'amende établies par le Code de procédure civile, savoir : par l'art. 56, pour défaut de comparution au bureau de paix ; — par l'art. 813, contre celui qui, à tort, a dénié son écriture ou sa signature ; — par les art. 246 et 247, contre le demandeur en faux incident civil qui succombe, qui se désiste, etc., etc. ; — par les art. 263, 413 et 432, contre la partie qui, dans une enquête civile, interrompt ou interpelle un témoin sans s'adresser au juge-commissaire ; — par l'art. 374, contre celui qui succombe dans sa demande en renvoi à un autre tribunal, pour parenté ou alliance ; — par l'art. 390, contre la partie dont la récusation a été déclarée non admissible et non recevable ; — par l'art. 471, contre une partie appelante en matière civile, pour fol appel ; — par l'art. 479, contre la partie dont la tierce-opposition est rejetée ; — par les art. 494 et 500, contre la partie qui succombe dans la requête civile ; — par les art. 512, 513 et 516, contre la partie qui emploie des termes injurieux envers les juges, dans une demande en prise à partie, et contre celle qui succombe dans cette demande ; — par l'art. 1025, contre la partie qui succombe dans l'appel d'une sentence arbitrale ; — par l'art. 1030, contre les officiers ministériels, pour omissions ou contraventions commises dans les exploits et actes de procédure ; — par l'art. 1039, contre les personnes publiques qui refusent de viser l'original d'un exploit dont la copie doit leur être remise ;

26. — » 9° Les injonctions aux avoués ou leur suspension, suivant l'art. 512, C. procéd civ., pour les termes injurieux par eux employés dans une demande en prise à partie ;

27. — » 10° Les condamnations relatives à la responsabilité établie contre les communes, pour certains délits, par les lois des 16-17 prair. an III, 10 vendém. an IV, et 8 niv. an VI ;

28. — » 11° Et les peines pour les infractions aux art. 34, 35, 36, 37, 38, 40, 41, 42, 43, 44, 45, 49, 50, 192 et 193, C. civ., commises par les officiers de l'état civil. »

29. — *Deuxièmement*. — « Sont prononcées par le juge de paix, savoir : 1° l'amende encourue, d'après l'art. 413, C. civ., par un membre du conseil de famille convoqué, qui, sans excuse, ne comparaît pas ; — 2° l'amende encourue, aux termes de l'art. 10, C. procéd. civ., par ceux qui, lors de leur comparution devant ce magistrat, ne s'expliquent pas avec modération ou manquent au respect dû à la justice ; — 3° l'emprisonnement encouru, selon l'art. 11, pour insulte et irrévérence grave envers le juge de paix.

30. — *Troisièmement*. — Sont prononcées par le tribunal civil ou par la cour royale, conformément aux art. 89, 90 et 91, C. procéd. civ., les peines d'emprisonnement ou autres, encourues contre ceux qui interrompent ou troublent l'audience civile, donnent des signes d'approbation ou d'improbation, outragent ou menacent les juges ou les officiers exerçant près d'eux. D'après l'art. 92 : Si ces délits méritent peine afflictive ou infamante, le prévenu est envoyé en état de mandat de dépôt devant le tribunal compétent, pour être poursuivi et puni suivant les règles établies par le Code d'instruction criminelle. » — Pour les manquemens, troubles et délits commis aux audiences criminelles, V. ce mot.

31. — Cette énumération n'est pas complète : ainsi les délits d'infidélité ou de mauvaise foi dans le compte-rendu des audiences des cours et tribunaux rentrent dans leur compétence. — LL. 25 mars 1822, art. 16 ; 8 oct. 1830, art. 1er. — V. COMPTE-RENDU.

32. — Enfin on doit y ajouter la cour de Cassation pour les crimes commis par des magistrats (C. inst. crim., art. 480, 482) ; ou pour des crimes commis à son audience. — C. inst. crim., art. 507. — V. COUR DE CASSATION.

33. — On pourrait encore mettre au nombre des tribunaux criminels d'exception 1° les autorités sanitaires (L. 3 mars 1822, art. 18, 7 août 1822, art. 73) ; 2° les conseils de prud'hommes. — V. POLICE SANITAIRE, PRUD'HOMMES.

34. — Mais les tribunaux ou autorités qui exercent le droit de discipline forment une juridiction à part, que les principes du Code pénal rejettent comme juridiction criminelle. Tels sont les conseils de discipline d'avocats, de l'Université, de la garde nationale, etc., etc. — V. ces mots.

35. — Dans le conflit sur la compétence entre la juridiction générale et les juridictions spéciales, la première l'emporte toujours. Il n'y a d'exception qu'en faveur de la juridiction politico-judiciaire qui prévaut sur la juridiction générale, si elle est dûment saisie ; sinon, la juridiction générale est compétente.

§ 2. — *Différens rapports sous lesquels peut être envisagée la compétence de chaque juridiction.*

36 — La compétence de tout tribunal peut être envisagée sous trois rapports distincts, savoir : *l'attribution*, *le territoire* et *le ressort*.

37. — *L'attribution*. — En créant des juridictions diverses, le législateur a, en effet, assigné à chacune d'elles des attributions particulières en dehors desquelles elle n'a aucun pouvoir.

38. — Ainsi, non seulement un tribunal criminel quelconque est incompétent pour statuer sur une affaire civile, administrative ou commerciale ; mais encore il ne saurait prononcer sur une affaire criminelle dont la connaissance est dévolue à un tribunal criminel d'un autre ordre. — V. COMPÉTENCE (mat. civ.).

39. — Par exemple, un tribunal de police correctionnelle est incompétent pour juger une affaire attribuée par la loi à une cour d'assises.

40. — Le premier soin des magistrats devant lesquels est porté un procès doit donc être de rechercher d'abord si ce procès est de la nature de ceux qu'ils ont reçu mission de juger ; s'ils reconnaissent qu'il en est ainsi, ils sont tenus de statuer au fond ; dans le cas contraire, la loi leur impose l'obligation de se déclarer incompétens et de renvoyer la cause à qui de droit.

41. — Les matières formant la compétence d'attribution des diverses juridictions sont indiquées sous les différens mots qui les concernent. — V. CHAMBRE DU CONSEIL, CHAMBRE DES MISES EN ACCUSATION, COUR D'ASSISES, JUGE D'INSTRUCTION, TRIBUNAL CORRECTIONNEL, TRIBUNAUX MILITAIRES, TRIBUNAUX MARITIMES, etc.

42. — *Le territoire*. — Tous les tribunaux d'un même ordre de juridiction ne sont pas indifféremment compétents pour connaître d'une affaire, par cela seul qu'elle est de la nature de celles placées dans leurs attributions. — Chaque tribunal a son territoire circonscrit, au-delà duquel il est incompétent. — V. *infrà*, sect. 6, § 4. — V. aussi INSTRUCTION CRIMINELLE, COUR D'ASSISES, TRIBUNAL CORRECTIONNEL, TRIBUNAL DE POLICE.

43. — *Le ressort*. — Les affaires criminelles sont, en général, soumises à deux degrés de juridiction, tant pour l'instruction que pour le jugement ; c'est-à-dire que la décision rendue par les premiers juges peut être déférée à un tribunal d'appel. — V. APPEL (mat. crim.).

44. — Toutefois cette règle souffre exception à l'égard des causes jugées par les cours d'assises et par certains tribunaux spéciaux. — V. COUR D'ASSISES, DEGRÉS DE JURIDICTION, TRIBUNAUX MILITAIRES, TRIBUNAUX MARITIMES, TRIBUNAUX SPÉCIAUX.

45. — Les jugemens prononcés par les tribunaux de simple police sont également en dernier ressort quand ils prononcent des condamnations modérées. — L'appel n'en est recevable que dans le cas où ils condamnent à l'emprisonnement, ou lorsque les amendes, restitutions et autres réparations civiles excéderont la somme de cinq cents francs outre les dépens. C. inst. crim., 172. — V. APPEL (mat. crim.), DEGRÉS DE JURIDICTION, TRIBUNAL DE POLICE.

Sect. 2e. — *Nature des lois sur la compétence. — Obligation pour toutes les juridictions de se renfermer dans les limites qui leur sont fixées.*

46. — C'est un principe constant, même en matière civile, que toutes les lois relatives à la compétence intéressent l'ordre public. — V. COMPÉTENCE (matière civile). — A plus forte raison en est il de même en matière criminelle.

47. — Il ne saurait appartenir à d'autre qu'au législateur de créer des juges chargés de prononcer sur l'honneur, la liberté et la vie des citoyens.

48. — La charte constitutionnelle de 1830 consacre cette règle fondamentale dans les termes les

plus formels. Nul ne pourra, porte son art. 53, être distrait de ses juges naturels. — Il ne pourra, en conséquence, ajoute l'art. 54, être créé de commissaires de tribunaux extraordinaires, à quelque titre et sous quelque dénomination que ce puisse être.

49. — Déjà antérieurement on décidait que la compétence des tribunaux de répression, de même que les peines qu'ils doivent appliquer, ne peut avoir son fondement que dans la loi et non dans les arrêtés ou ordonnances de l'autorité administrative. — *Cass.*, 8 nov. 1821, Duhoumet ; 1er déc. 1809, Pooters.

50. — Cependant, la cour de Cassation avait jugé que la mise d'une ville en état de siége avait pour résultat de rendre le simple particulier justiciable des tribunaux militaires. — *Cass.*, 21 sept. 1815, Delattre.

51. — Depuis 1830, deux cours royales se sont prononcées dans le même sens. — *Paris*, 7 juin 1832, Geoffroy ; *Angers*, 14 juin 1832, N...

52. — Mais la cour de Cassation, revenant sur sa jurisprudence antérieure, a repoussé cette doctrine comme contraire aux articles précités de la charte de 1830. — *Cass.*, 29 juin 1832, Geoffroy; 30 juin 1832, Colombat ; 7 juill. 1832, Poiron ; 13 juill. 1832, N...; — V. conf. Carnot, *C. inst. crim.*, sur l'art. 555, t. 3, p. 505, no 2 ; Chauveau et Hélie, *Th. C. pén.*, t. 1er, p. 73. — V. ÉTAT DE SIÉGE.

53. — Les dispositions du décret du 12 nov. 1806, qui étendaient la juridiction des tribunaux maritimes à des individus autres que des gens de guerre attachés au service de la marine, doivent être considérées comme abrogées par la charte. — *Cass.*, 12 avr. 1834, Toumelin et Vautier. — V. conf. Hautefeuille, *Législ. crim. marit.*, p. 173 ; Chauveau et Hélie, t. 1er, p. 75 et 78.

54. — L'ordonnance royale qui autorise le ministère public à poursuivre un fonctionnaire devant les tribunaux ordinaires n'est pas attributive de juridiction et ne met pas obstacle à ce que le tribunal désigné se déclare incompétent, s'il y a lieu. — *Cass.*, 14 juill. 1827, Offret; — Mangin, *Tr. de l'action publ.*, t. 4, p. 117, no 249.

55. — Chaque juridiction doit être strictement renfermée dans les limites qui lui sont assignées par la loi. Ses attributions ne sauraient être étendues par induction.

56. — Conséquemment, un tribunal de simple police ne peut, même du consentement des parties intéressées, connaître d'un délit d'outrage par paroles envers un fonctionnaire public dans l'exercice de ses fonctions. — *Cass.*, 7 oct. 1809, Malvernat. — V. TRIBUNAL DE SIMPLE POLICE.

57. — Le tribunal qui est investi de deux juridictions distinctes ne peut pas même les confondre. S'il est saisi, à un titre, d'une affaire qu'il n'aurait qualité pour juger que comme juge d'un autre ordre, il est contraint de se déclarer incompétent.

58. — Ainsi, un tribunal de police correctionnelle, saisi comme juge d'appel d'un tribunal de simple police, ne peut statuer sur le fait qui lui est déféré, si les débats établissent que ce fait constitue un délit. — *Cass.*, 24 août 1838 (t. 1er 1838, p. 437), Paul et Dineux.

59. — Un tribunal de police correctionnelle est incompétent pour annuler un jugement de la justice de paix, bien que ce jugement ait lui-même incompétemment prononcé des peines pour injures. — *Cass.*, 12 pluv. an X, Garnier.

60. — Le tribunal de simple police régulièrement saisi d'une contravention de sa compétence, ne peut se dépouiller de son caractère, et se constituer en tribunal de paix, pour ne statuer que sur les réparations civiles. — *Cass.*, 17 août 1809, Desponcy ; — Merlin, *Quest. de droit*, vo *Injure*, § 8.

61. — Le juge de paix saisi comme tribunal de police d'une affaire qui donne naissance à une question de possession ne peut la diviser en cause civile et cause de police, acquitter par suite le prévenu et maintenir l'autre partie en possession et jouissance. — *Cass.*, 7 flor. an XII, Crouet.

62. — Sous la loi du 14 brum. an VII, le tribunal de police était incompétent pour prononcer cumulativement sur une demande concernant le paiement du droit de barrière qui était du ressort de la justice de paix et sur une demande en réparation d'injures verbales. — *Cass.*, 16 flor. an XI, Mariette ; Carnot, *C. inst. crim.*, sur l'art. 154, t. 1er, p. 656, no 5.

63. — Un tribunal correctionnel excède ses pouvoirs en prononçant sur la question de savoir si un chemin est public ou privé : il n'appartient qu'au préfet de déclarer la vicinalité d'un chemin et au tribunal civil de statuer sur la question de propriété qui peut survenir à cette occasion. — *Cass.*, 26 août 1825, Martin.

64. — Ces principes sont surtout applicables quand il s'agit des attributions qui dérogent au droit commun. — *Cass.*, 8 juill. 1808, Antoine Taly ; 4 août 1808, mêmes parties.

65. — Ainsi les tribunaux d'exception, qui n'existent qu'en vertu d'une dérogation expresse au droit commun, ne peuvent étendre leur juridiction sur d'autres individus que sur ceux qui y sont soumis, soit par la nature du crime ou du délit, soit à raison de la qualité des personnes. — *Cass.*, 23 mars 1809, Louveau ; 19 fev. 1813, Gau et Rouanet.

66. — Les tribunaux spéciaux ne peuvent exercer d'autres attributions que celles qui leur sont expressément déléguées par le titre de leur institution. — *Cass.*, 6 fructid. an IX, Argoud ; 28 therm. an IX, Marié ; 27 vend. an X, Balancque ; 9 prair. an IX, Vincent c. Plipot ; 17 thermid. an IX, Libor.

67. — En conséquence, sous la loi du 18 pluv. an IX, les cours spéciales, compétentes pour connaître du crime d'assassinat, ne pouvaient pas par induction se déclarer également compétentes pour connaître du crime d'empoisonnement. — *Cass.*, 8 juill. 1808, Taly.

68. — ... Ou d'une affaire de vol, bien que le vol eût été commis par l'individu également prévenu d'assassinat, si les deux délits n'avaient pas été commis à la même époque et s'ils n'avaient entre eux aucun rapport direct ou indirect. — *Cass.*, 15 av. 1808, Datto ; 11 frim. an XI, Pacot ; 12 pluv. an XIII, Brizoux.

69. — Mais le tribunal spécial était compétent pour connaître d'une tentative de vol et d'assassinat accompagnant un fait de sa compétence, et dont cette tentative constituait une circonstance aggravante. — *Cass.*, 28 prair. an IX, Leblond.

70. — De même, les tribunaux spéciaux n'avaient pas qualité pour connaître accessoirement d'un délit de rébellion envers la gendarmerie, s'immiscer dans la connaissance d'un délit de recèlement de conscrits. — *Cass.*, 18 fructid. an XIII, Louvion.

71. — La disposition de la précédente loi, qui attribuait aux tribunaux spéciaux la connaissance des crimes et délits emportant peine afflictive ou infamante, commis par des vagabonds, ne leur donnait pas le droit de connaître de ceux qui étaient imputés à de simples prévenus de vagabondage. — *Cass.*, 27 prair. an IX, Lemonnier.

72. — L'espoir bien ou mal fondé d'acquérir, pendant l'instruction, des preuves d'un délit de sa compétence, n'autorise pas un tribunal d'exception à se permettre d'instruire sur un fait étranger à ses attributions. — Ainsi, sous la loi du 18 pluv. an IX, le tribunal spécial qui reconnaissait qu'un individu n'était prévenu d'aucun des délits prévus par cette loi, excédait ses pouvoirs en se déclarant compétent pour informer contre lui, sous le prétexte que ses relations bien connues faisaient présumer que l'instruction amènerait la découverte de délits de sa compétence. — *Cass.*, 27 messid. an IX, Siccard.

73. — Lorsqu'un tribunal spécial reconnaissait qu'il n'existait aucunes charges sur les délits de sa compétence énoncés dans une plainte, il commettait un excès de pouvoir en se permettant de connaître des autres délits résultant de la même plainte et étrangers à sa juridiction. — *Cass.*, 8 fructid. an IX, Alexandre Sermet.

74. — Il ne pouvait même pas retenir la connaissance d'un délit qui ne rentrait pas dans sa compétence, sur le renvoi qui lui en était fait par la cour de justice criminelle régulièrement saisie de cette affaire par ordonnance du directeur du jury. — *Cass.*, 15 avr. 1808, Datto.

75. — Bien plus, il a été jugé qu'un tribunal spécial ne pouvait retenir la connaissance d'une affaire, même après s'être déclaré compétent, lorsque les circonstances qui avaient servi de base à sa compétence étaient reconnues ne pas exister. — — *Cass.*, 20 pluv. an XII, Rosetti ; 16 germin. an XII, Fouquet.

76. — L'art. 13, L. 18 pluv. an IX, était conçu d'une manière assez équivoque : « Si, après le procès commencé pour un des crimes mentionnés ci-dessus, portait cet article, l'accusé est inculpé sur d'autres faits, le tribunal spécial *instruira et jugera, quelle que soit la nature de ces faits.* »

77. — Les tribunaux spéciaux avaient à se demander si cet article les autorisait à *juger les faits nouveaux*, ou s'il leur imposait seulement le devoir de passer outre au jugement des affaires dont ils étaient légalement saisis, quelle que fût la nature des inculpations nouvelles, et, sans s'occuper de ces inculpations, si elles étaient étrangères à leur juridiction. C'est généralement dans le premier sens qu'ils se prononçaient ; mais la cour de Cassation a repoussé cette interprétation par les arrêts suivans. — *Cass.*, 8 thermid. an IX, Revert ; 7 thermid. an IX, N... ; 9 thermid. an IX, Brée, 16 prair. an IX, Rabot et Quérin ; 27 thermid. an IX, Meyssel ; 28 thermid. an IX, Garanges ; 6 messid. an IX, Dis ; 27 messid. an IX, Villain ; même jour, Juhier ; 9 fructid. an IX, Lattier ; 18 fructid. an IX, Mageant ; 8 vendém. an X, Porta ; 27 vendém. an X, Lablache ; 7 brum. an X, Fournel ; 8 brum. an X, Courbon.

78. — De ce que les généraux en chef avaient le droit de faire des réglemens pour le maintien de la discipline et de la subordination, ils ne pouvaient en induire qu'ils avaient celui de créer des commissions militaires pour les troupes qu'ils avaient sous leurs ordres. — *Cass.*, 12 oct. 1815, François Mire ; 8 août 1816, Prud'homme.

79. — C'est un principe constant que les tribunaux de répression n'ont pas le droit de censurer les actes des officiers qui remplissent auprès d'eux les fonctions du ministère public. — *Cass.*, 1er juin 1839 (t. 2 1839, p. 224), Beauvert ; — Legraverend, t. 2, ch. 1er, p. 11 ; Mangin, *Tr. de l'act. publ.*, t. 1er, p. 239, no 113 ; Carré, *L. de la compét.*, t. 1er, p. 283 ; Carnot, *Discipl. judic.*, p. 45 ; Ortolan, *Du min. publ. en France*, t. 1er, p. 32.

80. — Spécialement, le considérant par lequel un tribunal de police dit, dans son jugement, qu'en faisant citer des témoins qui ne doivent pas être entendus, le commissaire de police a aggravé la condition du prévenu ou blessé les intérêts du gouvernement, fait la censure des conclusions du ministère public, et contient un excès de pouvoirs. — *Cass.*, 8 mars 1821, Martinet.

81. — Un conseil de guerre ne peut pas non plus, dans son jugement, blâmer la conduite d'un témoin appelé devant lui. — Cette partie du jugement doit être annulée par la cour de Cassation. — *Cass.*, 16 déc. 1837 (t. 1er 1838, p. 622), Bourgeois.

82. — C'est à cette dernière cour exclusivement qu'est attribuée la mission d'annuler, dans l'intérêt de la loi, les jugemens et arrêts contenant excès de pouvoirs ou violation de la loi. — V. CASSATION (mat. crim.), nos 199 et suiv., INTÉRÊT DE LA LOI.

83. — Une cour ou un tribunal criminel transgresserait les bornes de sa compétence en annulant un jugement sans y être provoqué par l'action légitime et régulière des parties ayant droit et intérêt à cette annulation. — *Cass.*, 16 août 1811, Colas ; 13 avr. 1809, Chalvidan ; — Legraverend, t. 2, ch. 5, p. 470 ; Merlin, *Rép.*, vo *Cassation*, § 1er, no 3 ; Berriat, p. 473.

84. — Ce principe s'applique aux juridictions coloniales aussi bien qu'aux tribunaux du continent. — *Cass.*, 24 avr. 1829, Moras.

85. — La loi du 13 brum. an V, le Code d'inst. crim. (art. 595 et 598) et la loi du 20 déc. 1815 (art. 46) ont autorisé les conseils de guerre, les cours spéciales et les cours prévôtales à prendre une délibération formelle pour recommander à la clémence du roi les condamnés en faveur de qui militeraient de graves motifs d'atténuation de peine. Mais cette faculté n'a été accordée par les lois à aucun autre corps judiciaire.

86. — En conséquence, un tribunal correctionnel et une cour royale excèdent leurs pouvoirs en prenant une délibération pour recommander un condamné à la clémence royale. — *Cass.*, 7 oct. 1826, Bacon ; — Legraverend, t. 2, ch. 18, p. 754.

Sect. 3e. — *Obligation pour les tribunaux de se dessaisir s'ils sont incompétens, ou de juger s'ils sont compétens.*

87. — Tout tribunal devant lequel est portée une affaire qui ne rentre pas dans sa juridiction, doit se déclarer incompétent. C'est une conséquence nécessaire du principe que les lois sur la compétence sont d'ordre public.

88. — Le premier soin des magistrats saisis d'une affaire criminelle doit toujours être de rechercher s'ils sont compétens pour la juger.

89. — Peu importe, en général, que cette affaire leur ait été renvoyée par un tribunal supérieur.

90. — Ainsi, les ordonnances des chambres du conseil et les arrêts des chambres de mise en accusation ne sont pas attributifs de juridiction pour les tribunaux de simple police ou pour les tribunaux de police correctionnelle. La loi leur fait, au contraire, un devoir de se dessaisir s'ils reconnaissent que les faits qui leur sont déférés constituent un délit ou un crime placé en dehors de leurs attributions. — La jurisprudence et tous les auteurs sont d'accord sur ce point. — Carnot, *Inst. crim.*, sur l'art. 129, t. 1er, p. 505, no 5, et sur l'art. 408, t. 3, p. 112, no 26 ; Bourguignon, *Jurisp. C. crim.*, t. 1er, p. 278, no 1er, et p. 281, no 4 ; Legraverend, t. 1er, p. 443 et 450, note 4e ; Merlin, *Quest. de*

dr., v° *Incompétence*, § 1er, art. 2, n° 6. — V. aussi *Cass.*, 11 sept. 1807, Deshayes; 5 fév. 1808, Villa; 27 juin 1811, Royer; 15 mai 1812, Rotondi; 4 sept. 1813, Lohr; 21 oct. 1813, Bourdier; 19 juill. 1816, Lembine; nov. 1816, Deville; 5 nov. 1819, Villet; 26 mars 1831, Bonnet; 21 nov. 1811, Liébaert; 14 mars 1816, habit. de Beaune; 12 juin-26 août 1817, Maubreuil; 3 juin 1825, Leguinard; 13 juill. 1827, Couder; 14 sept. 1827, Boulin; 2 oct. 1828, Olive; 13 mai 1831, Marsal; 12 mars 1813, Daàne; 30 mars 1816, Valade; 13 juin 1816, Arussi; *Grenoble*, 28 avr. 1824, Gressey; *Cass.*, 26 mars 1831, Bonnet; 7 mars 1835, Marion et Vallat; 11 août 1837 (t. 1er 1840, p. 95), Magne.

91. — Toutefois les arrêts de renvoi, rendus par les chambres de mise en accusation, sont obligatoires pour les cours d'assises quand ils n'ont pas été attaqués dans les délais légaux. — Ces cours, ayant la plénitude de juridiction en matière criminelle, ne peuvent pas se déclarer incompétentes pour prononcer; elles doivent seulement appliquer au prévenu les peines prononcées pour le fait dont il est reconnu coupable, soit que ce fait constitue un crime, un délit ou une simple contravention. — *Cass.*, 12 fév. 1813, Monnier; 26 janv. 1815, Brochet; 2 fév. 1815, Guérin; 28 mars 1816, Figard; 19 juill. 1816, Lemoine; 19 oct. 1820, Terrier; 1 déc. 1820, Gualeing; 20 avr. 1827, Boulin; 12 juill. 1827, Couder; 13 juin 1816, Arussi; 19 juill. 1816, Lemoine; 13 juill. 1820, Chevalier; 29 avr. 1825, Leclerc; — Carnot, *C. inst. crim.*, sur l'art. 129, t. 1er, p. 550, n° 5.

92. — ... *Spécialement*, la cour d'assises, saisie par un arrêt de renvoi devenu définitif, ne peut se déclarer incompétente, alors même que les accusés établissent qu'à raison de leur qualité de militaires en état de service, ils sont justiciables d'un tribunal militaire. — *Cass.*, 25 avr. 1816, Ollivier; 19 juill. 1816, Lemoine.

93. — ... Ou lorsque l'accusé justifie qu'il était âgé de moins de seize ans. — *Cass.*, 20 avr. 1827, Boulin; 17 janv. 1828, Theisse; 5 avr. 1832, Guignard; 5 juill. 1832, Gougel.

94. — La cour d'assises, saisie par un arrêt de renvoi qui n'a pas été attaqué dans les délais de la loi, ne peut même pas se déclarer incompétente à l'égard des délits qui auraient donné lieu à des poursuites dans plusieurs tribunaux ne ressortissant point à la même cour royale, mais qui auraient été définitivement réunis dans une seule poursuite. — *Cass.*, 27 juill. 1820, Caron; 19 oct. 1820, Terrier.

95. — Il en était ainsi sous le Code de brumaire an IV pour la cour criminelle. La compétence de la cour criminelle était irrévocablement fixée par la mise en accusation devenue définitive. — La cour ne pouvait pas annuler la décision en vertu de laquelle un accusé était traduit devant elle, en se fondant sur ce que les faits ne justifiaient pas l'accusation, et qu'ils ne constituaient qu'un délit de la compétence des tribunaux correctionnels, sauf à elle à prononcer comme tribunal correctionnel si par suite de la déclaration du jury le fait dont l'accusé était convaincu se trouvait réduit aux proportions d'un simple délit. — *Cass.*, 15 frim. an XIII, Bisse.

96. — *Quid* dans le cas de renvoi prononcé par la cour de Cassation? — Carnot (sur l'art. 437, C. inst. crim., n° 2) enseigne que le tribunal désigné par la cour de Cassation est tenu de juger sans se permettre de renvoyer à un autre tribunal sous quelque prétexte que ce soit. — Cette doctrine a été consacrée par un arrêt de la cour de Cassation. — *Cass.*, 12 sept. 1811, N...

97. — Néanmoins il est certain aujourd'hui que le tribunal de renvoi peut examiner sa compétence et se déclarer, s'il y a lieu, incompétent, ce qui motive un règlement de juges. — V. CASSATION (mat. crim.), n° 1174 et suiv.

98. — Mais une chambre d'accusation, saisie par suite du renvoi de la cour de Cassation, ne peut pas renvoyer l'affaire à un tribunal qui n'est pas de son ressort. — *Cass.*, 28 nov. 1811, Arent; 14 mars 1828, Bernadet. — V. conf. Merlin, *Répert.*, v° *Renvoi après cassation*, § 3; Legraverend, t. 2, p. 439, n° 5, *in fine*. — V. CASSATION (mat. crim.), n° 1169; CHAMBRE DES MISES EN ACCUSATION, n° 259.

99. — On jugeait également, sous le Code du 3 brum. an IV, que le tribunal criminel qui annulait une procédure ne pouvait pas renvoyer les pièces et le prévenu devant un directeur du jury d'un autre département. — *Cass.*, 9 vendém. an VII, Bernard; 24 vent. an VII, Moutardon; 9 prair. an VII, Pommier; 26 fructid. an VII, Fournier et Bompard; 18 prair. an VIII, Angot.

100. — Un tribunal criminel qui se reconnaît incompétent ne peut pas déclarer le prévenu convaincu du délit qui lui est imputé, quand même il renverrait à la juridiction compétente pour l'application de la peine. Il n'a pas plus la mission de constater dans ce cas l'existence des faits que celle de les punir. — *Cass.*, 12 pluv. an XIII, Brizoux; 28 fév. 1807, Chazot.

101. — Réciproquement, un tribunal de répression excède ses pouvoirs lorsqu'après s'être déclaré incompétent, il prononce néanmoins l'acquittement d'une partie des prévenus. Il juge, en effet, tout en reconnaissant qu'il n'a pas le droit de juger. — *Cass.*, 12 pluv. an XIII, Brizoux.

102. — Enfin, des juges ne peuvent pas davantage, en proclamant leur incompétence, renvoyer la cause devant un autre tribunal déterminé. En effet, saisir le tribunal d'une affaire, c'est faire acte de juridiction, et le juge incompétent est sans aucun pouvoir. — Carnot, sur l'art. 129, C. inst. crim., t. 1er, p. 496, n° 10.

103. — Le tribunal doit, en pareil cas, se borner à déclarer son incompétence, sauf au ministère public à aviser ainsi que de droit. — *Cass.*, 28 fév. 1807, Chazot; 5 nov. 1819, Villet; 1er déc. 1827, Galigny; 11 oct. 1827, Derville; 5 juin 1835, Gonaret.

104. — Si, au contraire, le tribunal régulièrement saisi reconnaît qu'il est compétent, il ne peut, sous peine de déni de justice, se dispenser de statuer. — V. DÉNI DE JUSTICE.

105. — Il ne saurait renvoyer la cause devant un autre tribunal également compétent pour en connaître à autre titre. — *Cass.*, 18 juin 1812, Vitrac; 11 vent. an XII, Borelly-Léger.

106. — Il a été jugé d'après ce principe : 1° que sous la loi du 18 pluv. an IX, qui attribuait concurremment aux tribunaux ordinaires et aux tribunaux spéciaux la connaissance des crimes d'assassinat, un tribunal criminel pouvait bien annuler pour vices de forme l'ordonnance de traduction des prévenus devant le jury d'accusation; mais qu'il ne pouvait pas se dessaisir de la connaissance d'une affaire de cette nature, et la renvoyer au tribunal spécial. — *Cass.*, 9 prair. an IX, Mondufflar; 4 germin. an XI, Lebrut.

107. — ... 2° Que, sous l'empire de la même loi, lorsque dans une affaire dont la connaissance appartenait concurremment à la cour spéciale et à la juridiction ordinaire, le directeur du jury avait procédé à une information, ce magistrat était tenu de régler la compétence selon la gravité des charges, et ne pouvait plus en ordonner le renvoi devant la cour spéciale. — *Cass.*, 23 fév. 1809, Argenta et Cavagnero; 11 vent. an XII, Sers; 12 prair. an XII, Corbière; 28 prair. an IX, Saint-Grenier; 20 prair. an XII, Lesbaudy; 12 flor. an XIII, Pfeiffer; 29 germin. an XII, Morillon; 21 flor. an XII, Ferret.

108. — ... 3° Que, sous le Code du 3 brum. an IV, un tribunal criminel saisi d'une affaire par l'option du prévenu ne pouvait pas se dispenser d'en prendre connaissance et de prononcer aux termes de la loi. — *Cass.*, 26 niv. an X, Martin et Rue.

109. — Dans le cas où un tribunal constate l'existence d'un délit, il ne peut se dispenser d'appliquer au prévenu la peine portée par la loi. — *Cass.*, 7 frim. an VII, Pichon; 8 prair. an VII, Mathiot; 7 messid. an VIII, Beaugrand; 6 sept. 1806, Titeux; 10 déc. 1807, Lambry; 9 fév. 1815, Noizette.

110. — Par la même raison, si aucune peine n'est prononcée pour le fait reconnu constant, il est forcé d'absoudre le prévenu.

111. — Il commettrait un excès de pouvoir en ordonnant qu'il en serait référé au corps législatif et que cependant l'accusé tiendrait prison jusqu'à la décision. — *Cass.*, 29 vendém. an VII, Caussidery; 21 vendém. an VIII, Poulain; 13 niv. an VIII, N...; 25 fructid. an VII, N...; 9 messid. an X, Septier; 10 niv. an XI, Guérin; 11 niv. an VII, Joinville; 16 pluv. an VII, Kirch; 7 germin. an VII, N...; 4 flor. an VII, N...; 22 germin. an VII, N...; 23 germin. an VII, N...; 6 flor. an V, Lorquin; 22 vendém. an VIII, N...; 4 janv. 1793, Chebreux; 11 janv. 1793, Marion et Lainé; — Carnot, sur l'art. 441, C. inst. crim., t. 3, p. 221.

112. — Un tribunal légalement saisi ne peut ordonner que toutes les pièces de la procédure seront adressées au ministre pour être par lui donné à l'instruction telle suite qu'il jugera convenable. Il doit, s'il est compétent, prononcer sur l'affaire, sauf à procéder au besoin ou à faire procéder par voie de délégation à un supplément d'instruction; et s'il est incompétent, il doit se borner à le déclarer par son jugement. — *Cass.*, 18 juin 1824, capitaine de l'*Adonis*.

113. — Il ne peut pas non plus, sans violer la loi, suspendre l'examen du procès pour en référer sur sa compétence à la cour de Cassation. — *Cass.*, 3 thermid. an VII, Coissa et Dalmas.

114. — Un tribunal qui acquitte des prévenus de la poursuite dirigée contre eux n'a pas le droit d'insérer dans son jugement que des intrigues scandaleuses ont eu lieu en faveur des prévenus pour écarter la preuve de leur délit, et que la plupart des témoins paraissent s'être laissés entraîner à déposer contre la vérité. — *Cass.*, 4 août 1820, Lorenzi; — Carnot, t. 1er, p. 220, n° 6.

115. — Tout jugement, soit d'incompétence, soit sur le fond, épuise la compétence du tribunal qui l'a rendu; quelque illégal qu'il soit, il ne peut plus être réformé par ce tribunal. — *Cass.*, 1er avr. 1813, Bresslau; — Mangin, *Tr. de l'action publiq.*, t. 2, p. 257, n° 375; Legraverend, t. 2, chap. 3, p. 352.

116. — On jugeait en conséquence sous le Code du 3 brum. an IV que lorsqu'un tribunal criminel s'était déclaré incompétent pour connaître d'une affaire et l'avait renvoyée en police correctionnelle, il ne pouvait pas, sur le refus fait par le directeur du jury d'instruire correctionnellement, se ressaisir de l'affaire sans commettre un excès de pouvoir. — *Cass.*, 18 thermid. an VIII, Duporté.

117. — Quand une poursuite a été dirigée contre plusieurs prévenus parmi lesquels se trouve un militaire, les tribunaux ordinaires demeurent compétens, bien que les prévenus non militaires aient été écartés de l'accusation. — *Cass.*, 16 frim. an XII, Pradal.

118. — Mais les juges qui ont renvoyé une affaire devant d'autres juges pour raison d'incompétence, peuvent ensuite être ressaisis de la même affaire, si, avant le jugement du fond, la cause d'incompétence a disparu par la décision des juges de renvoi. Spécialement, un conseil de guerre qui a renvoyé un militaire devant un tribunal criminel ordinaire, à cause de sa complicité avec des individus non militaires, peut être ressaisi de la connaissance du délit militaire, lorsque les prévenus non militaires ont été relaxés par le tribunal criminel, avant le jugement du fond. — *Cass.*, 29 mai 1813, Barbier; 19 fév. 1829, Rival; 13 mars 1835, Ferraud.

119. — Dans aucun cas, le tribunal dont le jugement a été annulé par une juridiction supérieure, ne peut plus être appelé à juger une seconde fois la même affaire. — *Cass.*, 15 juill. 1819, Fabry; 9 sept. 1824, Allavoine.

Sect. 4e. — *Défense aux tribunaux de statuer par voie réglementaire. — Séparation du pouvoir judiciaire et du pouvoir administratif.*

120. — Un des bienfaits de nos institutions modernes est la séparation complète du pouvoir judiciaire et du pouvoir législatif et administratif.

121. — La mission des tribunaux consiste uniquement à prononcer sur des espèces particulières, à faire à des cas spéciaux l'application des lois que le pouvoir législatif seul peut établir, et pour l'exécution desquelles l'administration rend des ordonnances ou des arrêtés réglementaires. — V. COMPÉTENCE ADMINISTRATIVE, POUVOIR JUDICIAIRE.

122. — Tout empiétement de l'autorité judiciaire sur les attributions de l'autorité administrative constitue un excès de pouvoir qui doit être sévèrement réprimé.

123. — Ainsi les tribunaux n'ont pas le droit d'apprécier l'illégalité prétendue d'actes émanés de fonctionnaires administratifs agissant dans les limites de leurs attributions, par exemple, la régularité de la nomination d'un maire qui a rendu un réglement de police dont les dispositions ont été enfreintes par le prévenu. — *Cass.*, 9 juin 1832, Baudenet.

124. — Toutefois, ils ont toujours qualité pour examiner si les dispositions réglementaires donnant lieu à l'application d'une peine ont été prises par l'autorité qui les a portées dans les limites légales de sa compétence. — *Cass.*, 18 janv. 1838 (t. 2 1838, p. 82), Vignes. — V. POUVOIR MUNICIPAL.

125. — Ils sont incompétens pour ordonner la mise à la disposition du gouvernement d'un étranger dont l'extradition est demandée par sa nation. — *Cass.*, 17 oct. 1834, Presciat.

126. — Il ne leur appartient pas d'examiner les motifs qui ont déterminé l'autorité administrative à déclarer réfractaire un conscrit. — *Cass.*, 2 brum. an XIV, Talon; — Merlin, *Rép.*, v° *Conscription*, § 5.

127. — Il a même été jugé qu'un réglement d'administration publique qui règle d'une manière spéciale l'organisation d'un tribunal ne peut pas être soumis à l'examen de l'autorité judiciaire. — Spécialement, un particulier ne pouvait pas demander la cassation d'un arrêt rendu par la cou-

de justice criminelle de Corse, sur le motif que cette cour, composée seulement de six juges, était illégalement constituée. — *Cass.*, 4 déc. 1823, Tavera.

128. — Le tribunal qui statue sur le mode d'exécution d'une condamnation pénale empiète sur un droit qui n'appartient qu'au ministère public, et commet un excès de pouvoirs. — *Cass.*, 11 juin 1829, Callois; 16 pluv. an XIII, Rouquelon; 21 messid. an X, Rulleau, et 3 germin. an XI, Pronteau.

129. — Des juges ne peuvent, en acquittant un prévenu, censurer le garde champêtre rédacteur du procès-verbal qui motivait la poursuite, sous prétexte qu'il a caché une partie essentielle de la vérité, et que son intention était tout à la fois d'accorder l'impunité à un délinquant, et de se venger de celui qu'il a désigné. — *Cass.*, 10 juin 1824, Dedenon.

130. — ... Ni faire, en pareil cas, au garde champêtre l'injonction d'être plus exact à l'avenir dans la rédaction de ses procès-verbaux. — *Cass.*, 29 fév. 1828, Pagès.

131. — Un tribunal de police ne peut, sans être saisi par aucune citation, plainte ou dénonciation contre les gendarmes qui ont dressé un procès-verbal porté devant lui, leur faire une injonction de se renfermer dans les bornes de leur devoir et de ne plus se permettre de violer les lois. — *Cass.*, 2 prair. an VII, trib. de police d'Auchy.

132. — Peu importerait même qu'il fût régulièrement saisi en la forme, il serait toujours incompétent pour infliger un semblable blâme à des gendarmes dont la conduite ne doit être censurée que par leurs supérieurs naturels. Cela résulte des principes de la division des pouvoirs et des termes mêmes de l'arrêt précité.

133. — Il a encore été jugé qu'un tribunal de police excède ses pouvoirs en faisant des injonctions à un administrateur. — *Cass.*, 2 prair. an VII, trib. de police d'Auchy; 25 germ. an XI, Mesnard.

134. — ... Ou en ordonnant que son jugement sera lu et proclamé dans les assemblées publiques. — *Cass.*, 17 pluv. an X (intérêt de la loi); 14 sept. 1793, Lévi.

135. — Il n'entre pas dans les attributions d'un tribunal de répression de prescrire autrement qu'à titre de réparations civiles vis-à-vis des parties lésées et sur leurs conclusions, que son jugement sera imprimé. — *Cass.*, 14 sept. 1793, Lévi.

136. — Il est défendu aux juges de prononcer par voie de disposition générale et réglementaire dans les causes qui leur sont soumises, et de prendre des mesures de police pour prévenir de nouveaux délits de la même nature que ceux qu'ils punissent. — Legraverend, t. 2, p. 30.

137. — En conséquence, est nul le jugement par lequel un tribunal de simple police fait des défenses à des individus qui ne sont point en cause. — *Cass.*, 20 juill. 1809, Mercier; 4 mai 1807, Borelly; — Merlin, *Rép.*, vo *Officier de police judiciaire*, no 2. — V. encore *Cass.*, 26 sept. 1793, Longuer.

138. — ... Ou bien ordonne aux justiciables de conserver le respect dû aux corps constitués et aux membres qui les composent. — *Cass.*, 19 oct. 1792, Boyer.

139. — Un tribunal criminel excède ses pouvoirs en déterminant dans un jugement le mode à suivre par le greffier d'un tribunal correctionnel pour la tenue des minutes. — *Cass.*, 7 niv. an V, Effernet.

140. — Il n'entre pas dans les attributions d'un tribunal de simple police de faire, d'une manière générale, à un condamné défense de continuer à tenir de mauvais propos contre ses voisins. — *Cass.*, 19 juin 1828, Catherine Laye.

141. — Il ne peut ordonner que dans le cas où le domestique refuserait de rentrer chez son ancien maître, ou rendrait de mauvais services après y être rentré, il ne pourrait plus habiter la commune avant une époque déterminée. — *Cass.*, 23 août 1810, Anne Martin.

142. — ... Ni prescrire que des individus soient placés sous la protection et sauvegarde de la loi, de la commune et de la municipalité qui en répondra, ni ordonner l'affiche d'un pareil jugement. — *Cass.*, 16 fév. 1792, Bléont; 4 oct. 1793, Gosset.

143. — Est entachée d'excès de pouvoir la disposition d'un jugement par laquelle un tribunal de simple police, en condamnant un individu pour injures verbales, lui interdit d'approcher du domicile de la personne injuriée, le signale comme suspect, et invite le commissaire de police ainsi que les bons citoyens à le surveiller. — *Cass.*, 19 fév. 1807, Muzy; — Merlin, *Rép.*, vo *Injure*, § 2, no 1er; Carnot, sur l'art. 137, C. inst. crim., t. 1er, p. 548, no 7, et sur l'art. 153, même Code, *ibid.*, p. 638, no 20.

144. — Mais le tribunal de répression qui, en prononçant contre des prévenus convaincus une amende et un emprisonnement, leur fait *inhibition et défenses* de récidiver, ne statue point par voie de disposition réglementaire. — *Cass.*, 18 germin. an XI, Rattelier.

145. — Il n'est interdit aux tribunaux que de faire une pareille injonction *d'une manière générale et absolue* ou pour une classe de citoyens. La défense de récidiver faite *à un prévenu convaincu* est une conséquence du jugement même qui le frappe. Le juge n'excède point ses pouvoirs en l'énonçant expressément.

146. — Au surplus, la disposition d'un jugement qui serait d'ailleurs conforme à la loi, ne peut être invalidée par l'addition d'une disposition réglementaire prohibée. Elle est du nombre de ces clauses *quæ vitiantur non vitiant.* — *Cass.*, 19 fév. 1807, Muzy.

Sect. 5e. — *Quand peut être opposée l'incompétence d'un tribunal.*

147. — On a vu plus haut que les lois qui règlent la compétence criminelle intéressent l'ordre public. Il suit de là que l'incompétence d'un tribunal auquel la connaissance d'un délit n'a pas été attribuée peut être présentée en tout état de cause, et même pour la première fois devant la cour de Cassation. — *Cass.*, 26 août 1825, Martin; 25 janv. 1810, Pizani. — ... Nonobstant tous acquiescemens antérieurs. — *Cass.*, 3 janv. 1829, Douanes c. Cachot; 7 mars 1822, Laudard; — Legraverend, t. 2, ch. 4, p. 410, note 1re; Carnot, sur l'art. 479, C. inst. crim., t. 2, p. 7, no 14; Merlin, *Quest.*, vo *Incompétence*, § 1er, art. 1er, no 1er.

148. — Ainsi l'incompétence du tribunal correctionnel pour connaître d'un vol commis à l'aide d'effraction dans un lieu habité est valablement proposée pour la première fois par le ministère public. — *Cass.*, 12 mars 1812, Van Alphen.

149. — Celui qui, à raison d'un fait que la loi qualifie crime, a été jugé et condamné correctionnellement, sans avoir proposé le déclinatoire, est recevable à se pourvoir en cassation pour cause d'incompétence, malgré les risques qu'il court de subir une peine plus grave dans le cas où il serait reconnu coupable par le tribunal compétent. — *Cass.*, 30 avr. 1812, V...

150. — L'incompétence du tribunal de simple police, résultant de ce que le fait incriminé est susceptible d'entraîner une amende supérieure à celle qu'il a le droit de prononcer, est d'ordre public et peut être proposée en tout état de cause, notamment après des défenses au fond. Le juge est même tenu de la suppléer. — *Cass.*, 15 oct. 1829, Blassier.

151. — Réciproquement, lorsqu'un tribunal de répression a connu d'une affaire civile, sans qu'on ait décliné sa compétence, son jugement n'en doit pas moins être annulé, sur la demande de la partie intéressée. — *Cass.*, 23 juill. 1807, Marthe.

152. — Ces principes sont-ils applicables dans le cas où l'incompétence à raison de la matière dérive d'une loi exceptionnelle au droit commun?

153. — Il ne peut y avoir de difficulté quand l'exception à un droit commun se trouve écrite dans une loi constitutionnelle. — Merlin, *Quest. de droit*, *loc. cit.*; Carnot, sur l'art. 539, t. 3, p. 460.

154. — Le code des délits et des peines, du 3 brum. an IV, était formel à cet égard. D'après son art. 195, « si quelque affaire de la nature de celles qui étaient réservées à la haute cour de justice était présentée au tribunal criminel, le commissaire du pouvoir exécutif était tenu d'en requérir le renvoi, et le président de l'ordonner, même d'office, à peine de forfaiture. »

155. — L'art. 220, C. inst. crim., s'exprime dans des termes analogues : « si l'affaire est de la nature de celles qui sont réservées à la haute cour (celle créée par le sénatus-consulte du 28 flor. an XII) ou à la cour de Cassation, le procureur général *est tenu* d'en requérir la suspension et le renvoi, et la section de l'ordonner. » — V. C. pén., art. 121; Charte de 1830, art. 29 et 44; — Carnot, *Inst. crim.*, t. 2, p. 187, no 1er.

156. — Quant aux crimes dévolus à une juridiction exceptionnelle qui ne se rattache pas à une loi constitutionnelle, la question a subi quelques controverses. D'après M. le procureur général Mourre, la juridiction commune est toujours compétente, lorsque le renvoi n'est demandé ni par l'accusé, ni par la partie publique. C'est, dit-il, un principe général qu'on nierait difficilement.

157. — M. Merlin (*loc. cit.*) a fait remarquer très judicieusement que ce prétendu principe général n'est écrit nulle part.

158. — En matière civile, il est vrai, le consentement des parties peut couvrir l'incompétence fondée sur une loi exceptionnelle. Mais la raison en est que dans cette matière la loi d'exception est toujours faite dans l'intérêt des parties; tandis qu'en matière criminelle, ce n'est pas l'intérêt seul de l'accusé, mais le plus souvent un intérêt contraire, et partant celui de la société, qui a dicté la loi d'exception. L'accusé ne peut donc y renoncer et à plus forte raison le ministère public, qui est le véritable défenseur et représentant des intérêts de la société.

159. — Il a été jugé que sous les lois du 7-18 pluv. an IX, la partie plaignante était non-recevable à intervenir devant la cour de Cassation, dans les questions de compétence qui tenaient à l'ordre des juridictions et à l'exercice de l'action publique. — *Cass.*, 28 fructid. an XII, Vauban. — Cependant, de ce que les juridictions sont d'ordre public il est naturel de conclure, au contraire, qu'une négligence, un oubli de la part du ministère public, ne peuvent point priver les parties soit civiles, soit prévenues, du droit de réclamer le bénéfice de ce principe salutaire. D'un autre côté, l'exercice de l'action publique n'appartient qu'au ministère public. La loi n'y a dérogé que dans le cas de l'art. 135, C. inst. crim., et on ne saurait donner de l'extension à cette exception. Ainsi, la partie civile est non-recevable à se pourvoir seule contre un arrêt de la chambre des mises en accusation, portant que la plainte ne peut donner lieu qu'à une action civile, car l'action publique s'éteint par le silence du ministère public; mais si le ministère public s'était pourvu, il n'y aurait pas plus de raison pour écarter l'intervention de la partie civile sur une question de compétence que sur une question du fond. La partie civile n'exercerait pas plus l'action publique dans un cas que dans l'autre; son intérêt est le même, et nous ne voyons point sur quoi on pourrait baser une fin de non-recevoir.

160. — En matière civile, on fait une distinction entre l'incompétence absolue, décidant de la nature du litige, et l'incompétence relative, qui provient seulement de la situation du tribunal saisi de la contestation. La première seule peut être présentée en tout état de cause ou soulevée d'office par le juge. La seconde est couverte si elle n'est pas invoquée avant toute défense au fond.

161. — Selon M. Carnot (sur l'art. 408, C. inst. crim., no 8), cette distinction doit également être admise en droit criminel, et il dépend des parties de rendre le tribunal compétent, si sa juridiction ne pouvait être déclinée qu'à raison de la qualité du prévenu ou du lieu où le délit aurait été commis.

162. — M. Merlin (*Quest. de droit*, vo *Incompétence*, § 1er, art. 2, no 4) professe une doctrine opposée : « Cette différence, dit-il, qui existait quelquefois dans l'ancienne jurisprudence, doit être repoussée définitivement, car elle est contraire au principe d'ordre public, que toute exception sur une loi spéciale à la juridiction ordinaire en matière de répression, est toujours déterminée par l'intérêt de la société. »

163. — Il a été jugé, conformément à ce système, que l'individu condamné par un tribunal correctionnel qui n'est celui ni du lieu du délit, ni de la résidence du prévenu, ni du lieu où il a pu être trouvé, est recevable à proposer pour la première fois, en cause d'appel, l'exception d'incompétence. — *Cass.*, 26 août 1825, Martin; *Paris*, 13 mai 1816, Drocourt; *Cass.*, 7 fév. 1834, Fordinoi; *Bruxelles*, 30 juill. 1825, Cools; *Orléans*, 19 déc. 1842 (t. 1er 1843, p. 21), Rhein.

164. — Néanmoins, la cour de Cassation a décidé : 1° que l'on ne peut faire valoir devant la cour suprême un moyen d'incompétence, lorsque, présenté et rejeté en première instance, il n'a pas été renouvelé en cour royale (*Cass.*, 22 fév. 1828, Piétré); — 2° qu'un moyen d'incompétence en matière de simple police ne peut être présenté en cassation lorsqu'il n'a pas été invoqué en appel (*Cass.*, 30 mars 1833, Ricard — V. CASSATION [mat. crim.], nos 324 et suiv.); — 3° que l'accusé qui n'a pas attaqué l'arrêt de renvoi, à raison de l'incompétence résultant de ce que l'affaire aurait été instruite devant les juges qui n'auraient pas dû en connaître sous le rapport du lieu et de la personne, ne peut proposer ce moyen après l'arrêt de condamnation. — *Cass.*, 21 déc. 1840 (t. 2 1841, p. 130), Bussière.

165. — ... 4° Qu'un condamné ne peut se faire un moyen de cassation de ce qu'il a été jugé par la cour d'assises au lieu de l'être par le conseil de guerre dont il était justiciable. — *Cass.*, 29 juin 1839 (t. 2 1839, p. 489), Belkassem-ben-Ali.

166. — On pourrait conclure de ces décisions diverses que l'exception d'incompétence est bien recevable en tout état de cause, et même en appel, mais qu'elle n'est pas proposable pour la première

fois en cassation. — Cependant il nous paraît difficile d'admettre une pareille distinction. Si l'incompétence est purement relative, elle doit se couvrir par le silence de la partie devant les premiers juges; si, au contraire, elle est absolue, si elle intéresse l'ordre public, on est encore en droit de l'invoquer devant la cour de Cassation.

167. — Il faut, du reste, observer que le dernier arrêt précité se justifierait par les motifs que les cours d'assises ont la plénitude de juridiction en matière criminelle, et que, par suite, les arrêts des chambres de mise en accusation qui renvoient devant ces cours sont considérés comme attributifs de juridiction.

168. — Quoi qu'il en soit, les dispositions précédentes ne peuvent nuire, dans aucun cas, au principe posé dans l'art. 409, C. inst. crim., et par conséquent le ministère public ne pourrait demander l'annulation d'un jugement ou ordonnance d'acquittement que dans le seul intérêt de la loi. — Merlin, *Quest. de dr.*, *loc. cit.* — V. INTÉRÊT DE LA LOI.

169. — Sous l'empire du Code du 3 brum. an IV, on avait admis que l'incompétence d'un tribunal de simple police, tirée de ce qu'il n'est pas celui dans le ressort duquel la contravention a eu lieu, n'est pas absolue, et peut être couverte par le consentement des parties à plaider devant ce tribunal. — *Cass.*, 3 mai 1811, Degrasse. — Mais Merlin (*Quest.*, vo *Incompétence*, § 1er, art. 3, no 4) fait remarquer que le Code du 3 brum. an IV, art. 456, soumettait à la cassation les jugemens rendus au mépris des règles de compétence établies par la loi, sans aucune distinction entre l'incompétence *ratione loci* et l'incompétence *ratione materiæ*; et que, ce Code ne souffrant pas que la seconde fût couverte par le consentement des parties, il ne laissait pas non plus au consentement des parties l'effet de couvrir la première.

Sect. 6e. — *Bases qui servent à déterminer la compétence.*

170. — La base principale de la compétence criminelle se trouve dans la classification des actions punissables.

171. — Les diverses infractions aux lois pénales sont, en effet, rangées par le Code en trois grandes classes qui reçoivent, selon leur plus ou moins haut degré de gravité, la qualification de *crimes*, *délits* et *contraventions*.

172. — Le *crime* est l'infraction punie d'une peine afflictive ou infamante; le *délit*, l'infraction punie de peine correctionnelle; la *contravention*, l'infraction punie de simple police. — C. pén., art. 1er.

173. — Le jugement des crimes est en général attribué aux cours d'assises; le jugement des délits aux tribunaux correctionnels, et le jugement des contraventions aux tribunaux de simple police. — V. COUR D'ASSISES, TRIBUNAL CORRECTIONNEL, TRIBUNAL DE POLICE.

174. — Mais cette règle principale admet plusieurs exceptions: si la qualification des faits incriminés est l'élément le plus important à consulter pour déterminer la compétence, il faut aussi, dans certains cas, avoir égard à la qualité des parties ou à leur nationalité, au lieu où le délit a été commis, à sa connexité avec un autre délit ou crime; enfin à la réunion, dans une même instruction, de plusieurs complices qui ne sauraient, sans un grand inconvénient, être jugées par des tribunaux distincts.

175. — En matière civile, la compétence des tribunaux peut être modifiée par la volonté commune des parties, ou par la présentation de demandes reconventionnelles formées par le défendeur. — V. COMPÉTENCE (mat. crim.).

176. — Il en est autrement en matière criminelle. Il ne saurait, en effet, dépendre de la volonté d'un prévenu de changer l'ordre légal des juridictions. Le tribunal de police saisi d'une contravention ne peut donc pas se déclarer incompétent sous le prétexte que l'inculpé a accusé reconventionnellement la partie civile d'un délit justiciable du tribunal correctionnel. — *Cass.*, 5 juin 1835, Gonnet.

§ 1er. — *Qualification du fait incriminé.*

177. — Il est de principe que les tribunaux de répression doivent juger leur compétence *ab origine litis*, et qu'ils doivent la fixer sur le *maximum* de la peine applicable, suivant la nature et le caractère du fait dénoncé, sans égard à la faculté d'en prononcer une moindre. — *Cass.*, 20 nov. 1806, Barreau; 16 janv. 1807, Bonnefoi; 25 juin 1813, Larzat; 4 juin 1824, Massons; 20 janv. 1825, Mercier; 17 juin 1825, Hartmann.

178. — ... Et sans prendre en considération les dispositions législatives particulières d'après lesquelles la peine prononcée par la loi générale peut être modifiée d'après certaines circonstances et dans certains cas. — *Cass.*, 15 nov. 1816, Marc Deville.

179. — C'est par la demande et non par le résultat d'une vérification que doit être déterminée la compétence des tribunaux. En effet, le juge doit être compétent avant tout, même pour ordonner une vérification préalable. — *Cass.*, 20 août 1824, Ahage.

180. — Ainsi, lorsque l'amende encourue est subordonnée à l'étendue du dommage, le tribunal ne peut ordonner l'estimation préalable de ce dommage, afin de régler la compétence d'après le résultat de l'estimation. C'est le tribunal qui a le droit de prononcer le maximum de l'amende qui est seul compétent. — *Cass.*, 4 avr. 1823, Petit.

181. — Toutefois, Merlin (*Quest. de droit*, vo *Désistement*, no 4) pense que l'arrêt dénoncé n'avait pas violé la loi, qu'il n'avait fait que remplir un préliminaire, faute duquel il lui eût été impossible de juger le fond. « Il n'y aurait eu violation de la loi, ajoute-t-il, qu'autant que la cour, au lieu d'ordonner l'expertise pour se procurer les moyens de juger le fond, l'aurait seulement motivée sur le besoin de s'éclairer sur sa propre compétence; la cassation aurait donc pu, en ce cas, aux termes de l'art. 416, C. inst. crim., atteindre l'arrêt interlocutoire en même temps que l'arrêt définitif. Mais de quelle manière l'arrêt interlocutoire était-il motivé? C'est ce que l'arrêt de cassation n'explique pas, et qu'il était pourtant bien essentiel qu'il expliquât. »

182. — Il a encore été jugé, conformément à la jurisprudence ci-dessus relatée, qu'un tribunal de simple police ne peut connaître d'une affaire pour rixe dans laquelle il est articulé qu'une personne a été frappée, parce que sa compétence doit être réglée par la nature de la demande et non par le résultat des débats. — *Cass.*, 5 nov. 1807, Villamin; 6 juin 1811, Rambaudon et Marty.

183. — Mais si les faits précisés dans la plainte sont constitutifs d'un délit de la compétence du tribunal saisi, ce tribunal doit se déclarer compétent, encore bien que le plaignant leur ait donné une qualification qui, si elle était juste, les ferait mettre dans les attributions d'une autre juridiction. — *Pau*, 24 déc. 1829, Larazet.

184. — Les tribunaux sont, en effet, toujours maîtres de rectifier la qualification erronée donnée aux faits qui leur sont déférés. S'ils sont obligés de s'en rapporter à la demande pour fixer leur compétence, c'est uniquement en tant qu'elle précise les faits incriminés. — *Cass.*, 17 janv. 1829, Blaye; 15 janv. 1830, Marquezy.

185. — En matière de juridiction, il n'y a pas de droits acquis; le principe de la non-rétroactivité des lois criminelles ne s'applique qu'à la pénalité, c'est-à-dire au fond du droit.

186. — Si donc une loi nouvelle adoucit la pénalité établie pour une infraction quelconque, et la fait descendre de la classe des crimes dans celle des délits, ou de celle des délits dans celle des contraventions, cette loi modifie la compétence qui aurait appartenu aux tribunaux appelés à réprimer les infractions de cette nature, même pour les infractions commises avant sa promulgation.

187. — Le tribunal compétent seulement en raison de la peine ne saurait conserver sa compétence, dès que la peine est adoucie par une loi nouvelle. La cause tue l'effet. — Legraverend, t. 2, p. 30; Le Sellyer, *Tr. des act. publ. et priv.*, t. 4, p. 160, no 1459.

188. — De même, dans le cas où la loi nouvelle ne change rien à la pénalité de l'ancienne, mais institue de nouveaux tribunaux pour connaître des mêmes faits, elle est applicable à tous les faits commis, mais non jugés au moment où elle est rendue. — Mêmes auteurs.

189. — Toutefois, comme la loi la plus douce doit toujours être préférée: *in pœnalibus causis benignius interpretandum* (L. 197, § 2, ff., *De reg. jur.*), si la loi nouvelle, aggravant le caractère du fait constitutif du crime ou du délit, lui attachait une peine plus grave, la compétence acquise à l'auteur du fait incriminé par la loi ancienne ne pourrait être changée. — Legraverend, t. 2, p. 32, *in fine*; Le Sellyer, t. 4, p. 159, no 1458; Merlin, *Rép.*, vo *Effet rétroactif*, sect. 3e, § 7, no 1er.

190. — Ces principes ont été consacrés par un grand nombre d'arrêts.

191. — Ainsi il a été jugé: 1o que la non-rétroactivité des lois s'applique au fond et non à la forme des poursuites. — *Cass.*, 10 mai 1822, Delavie; 26 juill. 1811, Lacombe; 24 juin 1813, Bœtger; — Merlin, *Répert.*, vo *Compétence*; de Grattier, *Comment. sur les lois de la presse*, t. 2, p. 224.

192. — ... 2o Que les lois qui créent des formes nouvelles d'instruction et de jugement, lorsqu'elles n'ont pas autrement disposé, règlent par ces formes et soumettent par leur empire les affaires qui n'ont pas encore subi l'épreuve d'un jugement définitif. — *Cass.*, 13 nov. 1835, Jaffremon; 5 oct. 1837 (t. 1er 1838, p. 20), Blanchard.

193. — ... 3o Que lorsqu'une juridiction spéciale est saisie d'une affaire, la survenance d'une loi attribuant les affaires de cette nature à la juridiction ordinaire a pour effet de l'en dépouiller. — *Cass.*, 16 avr. 1831, De la Sabine.

194. — ... Par exemple, que le conseil privé, qui, dans les colonies, connaissait des appels en matière de traite des noirs, n'a pu, depuis l'ordonnance du 1er août 1827, qui a rendu aux tribunaux criminels la connaissance de ces appels, statuer sur ceux dont il se trouvait saisi. — Même arrêt. — V. APPEL, COLONIES, CONSEIL PRIVÉ.

195. — ... 4o Qu'il en est ainsi, même dans le cas où la loi nouvelle enlève la connaissance d'un délit politique à la cour d'assises pour l'attribuer aux tribunaux correctionnels, du moins à l'égard des affaires qui n'ont pas encore été renvoyées devant les assises par un arrêt de la chambre des mises en accusation, au moment de la promulgation de la loi nouvelle. — *Cass.*, 10 mai 1822, Delavie.

196. — Un arrêt rendu par la cour de Cassation le 4 mess. an XII, dans l'affaire de Georges Cadoudal, semblerait consacrer l'opinion contraire; mais il faut remarquer que si cet arrêt refuse de dessaisir la cour de justice criminelle de Paris, par le motif qu'elle a été compétemment saisie du procès dans l'origine, il ajoute que d'ailleurs l'organisation de la haute cour impériale créée par le sénatus-consulte du 28 floréal de la même année, était encore incomplète et que le cours de la justice ne pouvait être interrompu.

197. — M. Merlin, sur les conclusions duquel cet arrêt a été rendu, soutenait, dans son réquisitoire, que tout procès doit être terminé là où il a été commencé: *ubi acceptum est semel judicium, ibi et finem accipere debet.* — L. 30, ff., *De judiciis.* — Ce principe, disait-il, écrit dans la loi romaine, ne peut-être détruit par le système adopté dans les lois des 18 pluv. an VI et 28 flor. an X, qui ne sont que des exceptions à ce principe. Enfin, il citait à l'appui de son opinion plusieurs édits, l'un du mois de novembre 1563, l'autre du mois de février 1715, et un troisième du mois de janvier 1718, tous les trois constitutifs des tribunaux de commerce, et qui portent exception pour ces mêmes tribunaux des affaires commerciales déjà intentées et pendantes devant les tribunaux ordinaires.

198. — MM. Chauveau et Hélie (t. 1er, p. 46 à 51) pensent que la compétence n'est pas modifiée par les lois nouvelles parce que la non-rétroactivité des lois est un de ces principes éternels qui régissent la société et auxquels on ne doit déroger que sur la demande et dans l'intérêt du prévenu.

199. — Si un tribunal saisi par renvoi de cour de Cassation vient à être supprimé avant d'avoir statué sur la contestation, il y a lieu à règlement de juges devant la cour de Cassation. — *Cass.*, 29 août 1811, Chavannes. — V. RÈGLEMENT DE JUGES.

§ 2. — *Qualité des parties.*

200. — La qualité des prévenus modifie, dans certains cas, la compétence des tribunaux criminels, soit quant à la poursuite, soit quant au jugement.

201. — *Quant à la poursuite.* — Ainsi, les ministres ne peuvent, en cette qualité, être mis en accusation que par la chambre des députés. — Charte, art. 47. — V. CHAMBRE DES DÉPUTÉS, nos 49 et 50, MINISTRE.

202. — Les pairs de France ne peuvent être arrêtés que par l'autorité de la chambre des pairs. — Charte, art. 29. — V. CHAMBRE DES PAIRS, nos 87 et suiv., COUR DES PAIRS.

203. — Les membres de la chambre des députés ne peuvent, pendant la durée de la session, être poursuivis ni arrêtés en matière criminelle, sauf le cas de flagrant délit, qu'après que la chambre a prononcé la poursuite. — Charte, art. 44. — V. CHAMBRE DES DÉPUTÉS, nos 56 et suiv.

204. — Les ministres et les membres du conseil d'état ne peuvent être poursuivis pour crime commis hors de leurs fonctions qu'après une délibération du conseil d'état. — L. 22 frim. an VIII, art. 70, 71. — V. FONCTIONNAIRE PUBLIC.

205. — Les ministres du culte ne peuvent également être poursuivis par la partie lésée pour des fautes entrant dans un cas d'abus prévu par la loi qu'en vertu d'une autorisation du conseil d'état. — L. 18 germin. an X. — V. MINISTRE DU CULTE.

206. — Les agens du gouvernement ne peuvent

être poursuivis pour faits relatifs à leurs fonctions qu'en vertu d'une décision du conseil d'état. — L. 22 frim. an VIII, art. 75. — V. FONCTIONNAIRE PUBLIC.

207. — La poursuite des juges de paix, des membres des tribunaux, des officiers du ministère public, des officiers de police judiciaire et des membres des cours royales, est soumise à des formes et à des conditions particulières prescrites par les articles 479 et suivans du Code d'instruction criminelle pour les crimes et délits commis par eux dans l'exercice ou hors de l'exercice de leurs fonctions. — V. MAGISTRATS.

208. — Les suppléans de juges de paix sont assimilés aux juges de paix, quoique non désignés nommément par le Code. — *Cass.*, 4 juin 1830, Dufour ; 14 janv. 1832, Chaudreau.

209. — Les militaires et les marins sont justiciables, pour tous les crimes et délits commis par eux sous les drapeaux, des tribunaux militaires ou des tribunaux maritimes. — V. TRIBUNAUX MARITIMES, TRIBUNAUX MILITAIRES.

210. — Toutefois ils rentrent sous la juridiction des tribunaux ordinaires pour les crimes ou délits commis hors des drapeaux ou de complicité avec des individus non militaires. — Avis cons. d'état 7 fructid. an XII.

211. — Quant au jugement, les ministres, lorsqu'ils sont accusés par la chambre des députés, ne peuvent être jugés que par la chambre des pairs. — Charte, art. 47. — V. COUR DES PAIRS.

212. — Les pairs de France ne peuvent être jugés en matière criminelle que par la chambre des pairs. — Charte, art. 29. — V. CHAMBRE DES PAIRS, nos 87 et suiv.; COUR DES PAIRS.

213. — ...Peu importe que, à raison de leur âge ou de toute autre cause, ils n'aient pas encore été admis à siéger. — *Paris*, 14 juill. 1831, Montalembert; *Cour des pairs*, 20 sept. 1831, Montalembert.

214. — Les juges de paix, les juges de première instance et les officiers du ministère public sont jugés directement par la cour royale, pour les délits correctionnels qu'ils commettent, soit en dehors, soit dans l'exercice de leurs fonctions. — C. inst. crim., art. 479. — V. COUR ROYALE.

215. — Les officiers de police judiciaire jouissent du même privilége, mais seulement à raison des délits par eux commis dans l'exercice de leurs fonctions. — C. inst. crim., art. 483. — V. COUR ROYALE.

216. — Les grands-officiers de la Légion d'honneur, les généraux commandant une division et un département, les archevêques, les évêques, les présidens de consistoire, les membres de la cour de Cassation, de la cour des comptes et des cours royales, les préfets sont également assignés directement devant une cour royale, à raison des délits de police correctionnelle par eux commis. — L. 20 avr. 1810, art. 10. — V. COUR ROYALE.

217. — Enfin les infractions de toute nature commises par les militaires ou les marins sous les drapeaux sont jugées par les conseils de guerre ou par les tribunaux maritimes. — V. TRIBUNAUX MARITIMES, TRIBUNAUX MILITAIRES.

218. — En principe général, toutes les fois que la qualité du prévenu détermine spécialement la juridiction à laquelle il appartient, le tribunal doit fixer la compétence d'après la qualité que le prévenu avait lors de la perpétration du crime ou délit, soit qu'il ait perdu ultérieurement cette qualité, soit qu'il en ait acquis une autre. — *Cass.*, 18 juin 1824, Renaudin ; 7 mai 1824, Pernot ; — Merlin, *Rép.*, vo *Délit militaire*, no 11.

219. — Ainsi le délit commis par un militaire au service est de la compétence des conseils de guerre, bien que depuis la perpétration du délit, et avant le jugement, il ait cessé d'appartenir à l'armée. — Même arrêt.

220. — Le prévenu qui était pair de France au moment du délit, et qui a cessé de l'être à l'époque du jugement, ne peut être jugé que par la cour des pairs. — *Cour des pairs*, 24 nov. 1830, Kergorlay. — V. COUR DES PAIRS.

221. — Un juge suppléant est justiciable de la cour royale à raison d'un délit commis par lui à une époque où il exerçait ses fonctions quoiqu'il les ait abandonnées avant le commencement des poursuites. — *Orléans*, 19 déc. 1842 (t. 1er 1843, p. 24), Rhein ; *Cass.*, 14 janv. 1832, Chaudreau.

222. — Il en est de même d'un officier de police judiciaire démissionnaire, pour des poursuites relatives à des actes faits par lui dans l'exercice de ses fonctions. — *Metz*, 30 janv. 1824, Séjournet.

223. — Cependant le privilége de la juridiction exceptionnelle attaché à certaines dignités ou fonctions peut être revendiqué par ceux qui n'ont été promus à ces fonctions ou dignités que depuis l'époque où ils auraient commis le délit qu'on leur reproche. Il suffit qu'ils en soient revêtus au moment où les poursuites sont dirigées contre eux pour que la juridiction ordinaire devienne incompétente à leur égard.

224. — Ainsi les poursuites dirigées contre un magistrat pour des faits antérieurs à sa nomination doivent être suivies dans la forme tracée par les art. 479 et 480, C. inst. crim., quoiqu'elles aient été commencées dans la forme ordinaire. — *Cass.*, 15 nov. 1833, Jules Guérineau ; 21 oct. 1825, N... ; — Parant, *Lois de la presse*, p. 256.

225. — Il a, au contraire, été jugé que, l'ordonnance royale du 2 janv. 1817 ayant restreint la juridiction des tribunaux maritimes spéciaux créés par le décret du 12 nov. 1806 aux forçats *détenus* dans les bagnes, le forçat qui a commis un délit avant sa libération n'est justiciable que des tribunaux ordinaires, si le jugement n'a lieu qu'après sa libération. — *Cass.*, 4 fév. 1832, Gauthier. — V. conf. Chauveau et Hélie, *Th. du c. pén.*, t. 1er, p. 75 et 78; et Hautefeuille, *Légis cr. marit.*, p. 302. — V. TRIBUNAUX MARITIMES.

§ 3. — *Nationalité.*

226. — Les lois de police et de sûreté n'ont, en général, aucun égard à la nationalité des personnes. Elles obligent indistinctement tous ceux qui habitent le territoire et cessent de régir les Français quand ils se trouvent en pays étranger. — Mangin, *Tr. de l'act. publ.*, no 62 ; Bourguignon, *Jurispr. des Codes criminels*, no 3 sur l'art. 5 ; Legraverend, t. 1er, p. 96, note 3e ; Boitard, *Leçons sur le Code d'instruction criminelle*, p. 22.

227. — Cependant ce principe souffre une triple exception : — 1o Tout Français qui s'est rendu coupable, hors du territoire du royaume, d'un crime contre un Français, peut, à son retour en France, y être poursuivi et jugé, s'il n'a pas été poursuivi et jugé en pays étranger, et si le Français offensé rend plainte contre lui. — C. instr. crim., art 7.

228. — 2o Tout Français qui s'est rendu coupable, hors du territoire de France, d'un crime attentatoire à la sûreté de l'état, de contrefaction du sceau de l'état, de monnaies nationales ayant cours, de billets nationaux, de billets de banque autorisée par la loi, peut être poursuivi, jugé et puni en France d'après les dispositions des lois françaises. — C. instr. crim., art. 5.

229. — 3o Cette disposition peut être étendue aux étrangers qui, auteurs ou complices des mêmes crimes, sont arrêtés en France ou dont le gouvernement obtient l'extradition. — C. instr. crim., art. 7.

230. — *Crimes commis par des Français contre des Français.* — L'autorisation de poursuivre en France la répression du crime commis à l'étranger par un Français au préjudice d'un Français, est une conséquence de la règle du droit public que les Français qui habitent en pays étrangers ne cessent pas pour cela d'appartenir à leur patrie, et d'être protégés par la loi française ; d'où il suit qu'ils demeurent justiciables des tribunaux français lorsqu'ils rentrent en France, s'ils ont violé les lois en attentant à la sûreté ou à la propriété de leurs compatriotes, quel que soit le lieu où le crime a été commis.

231. — Il résulte, au surplus, des termes mêmes de l'art. 7, C. inst. crim., que quatre conditions sont indispensables pour motiver la compétence des tribunaux français. Il faut : 1o que le prévenu soit de retour en France ; — 2o qu'il n'ait pas été jugé à l'étranger ; — 3o que le crime ait été commis par lui au préjudice d'un Français ; — 4o que le Français lésé ait rendu plainte contre lui. — Bourguignon, *Manuel*, t. 1er, p. 34, no 2 ; Carnot, sur l'art. 75, t. 1er, p. 122, no 3 ; *Encycl. du dr.*, vo *Compétence criminelle*, no 44.

232. — En exigeant le retour du prévenu en France, la loi entend parler d'un retour volontaire. — Carnot, *Inst. crim.*, t. 1er, p. 124, nos 13 et 14 ; Bourguignon, *Jurispr. des Codes criminels*, t. 1er, p. 78, no 5, sur l'art. 7 ; Legraverend, t. 1er, chap. 1er, § 2, p. 96, note. — V. cependant Mangin, no 70. — Mais il n'est pas nécessaire que ce retour soit définitif.

233. — La seconde condition prescrite n'est qu'une application de la maxime fondamentale *non bis in idem*. — Toutefois, pour que le prévenu puisse s'en prévaloir, il ne suffit pas qu'une poursuite ait été commencée contre lui, il faut qu'il soit intervenu un jugement, soit contradictoire, soit par contumace. — Carnot, sur l'art. 7, no 4.

234. — Si le crime commis à l'étranger a été dirigé contre un étranger, le coupable ne peut pas être poursuivi en France. La loi n'attribue compétence aux tribunaux français qu'en raison de la nationalité de la partie lésée. — *Cass.*, 22 janv. 1818, Guilard-Villasseque ; — Bourguignon, *Jurispr. des codes criminels*, no 3, sur l'art. 5 ; Mangin, no 69.

235. — Cependant, si un crime commis en pays étranger par des Français au préjudice d'étrangers a causé en outre un dommage quelconque à un Français, ce dernier a le droit de porter en France une plainte utile contre les coupables. — *Cass.*, 1er mars 1838 (t. 1er 1840, p. 369), Lanciry.

236. — Il a de même été jugé que, lorsqu'un Français a commis en pays étranger, contre une puissance étrangère, des actions hostiles non approuvées par le gouvernement, et a ainsi exposé l'état à une déclaration de guerre, ou les Français à des représailles, il n'est pas fondé à décliner la compétence des tribunaux français. — En effet, la criminalité prévue et punie par les art. 84 et 85, C. pén., ne consiste pas dans le fait d'avoir commis des actions ou des actes hostiles, mais bien dans le fait d'avoir, par ces actions ou ces actes, exposé l'état à une déclaration de guerre ou les Français à des représailles. Le préjudice éventuel de ces actions ou de ces actes porte donc contre l'état ou contre les Français, et le fait rentre dès-lors dans les prévisions des art. 5, 6 et 7, C. inst. crim. — *Cass.*, 18 juin 1824, Herpin.

237. — Il n'est indispensable que la plainte de la partie lésée soit rédigée dans la forme prescrite par les art. 31 et 65, C. inst. crim. ; il suffit qu'elle établisse d'une manière certaine l'intention de celui qui se plaint. — *Cass.*, 23 fév. 1832, Crocq.

238. — Cette plainte doit en général émaner de la partie au préjudice de laquelle a été commis le crime, ou de son fondé de procuration spéciale. — Carnot, *Obs. add. sur l'art.* 7, no 1er.

239. — Pourtant la faculté de rendre plainte de l'assassinat d'un Français commis en pays étranger par un Français ne saurait être limitée aux enfans ou aux héritiers ; elle est nécessairement transmise à tous les individus de sa famille, non par droit d'hérédité, mais par droit d'affection. — *Cass.*, 17 août 1832, Armand et Delaval.

240. — En l'absence de toute plainte, le ministère public est dans l'impossibilité légale de poursuivre. — *Douai*, 26 août 1836 (t. 1er 1837, p. 238), V... — Il en était autrement sous l'empire de la législation ancienne ; mais la loi actuelle est plus conforme au principe de l'institution du ministère public. Il est, en effet, établi pour veiller à la société dans la juridiction du prince dont il est le délégué, et non pour réparer un tort particulier souffert dans les états d'un prince étranger. — Jousse, *Traité de just. crim.*, t. 1er, p. 426 ; Legraverend, t. 1er, p. 96 ; Mangin, t. 1er, p. 130, no 70.

241. — De ce que la plainte de la partie lésée est indispensable pour autoriser la poursuite, il suit que, comme en matière d'adultère, le concours de la partie plaignante doit persévérer jusqu'au jugement, et que son désistement a pour effet de paralyser les poursuites. — Mangin, no 70 ; Carnot, sur l'art. 7, C. inst. crim.

242. — La femme étrangère, *devenant Française* par son mariage avec un Français, peut porter en France une plainte en bigamie contre le Français qui a contracté avec elle à l'étranger un second mariage avant la dissolution du premier. — *Paris*, 15 déc. 1818 ; *Cass.*, 18 fév. 1819, Sarrazin ; — Bourguignon, *Jurisp. C. crim.*, t. 1er, p. 73.

243. — Legraverend (t. 1er, p. 97 et suiv.) et M. Duvergier (*Notes* sur Legraverend), combattent cette doctrine, par la raison que, le second mariage étant nul, la femme n'a jamais eu la qualité de Française. — Mais il nous semble qu'on peut répondre que la nullité n'a pas lieu de plein droit, qu'elle doit être demandée, et que d'ailleurs le mariage contracté de bonne foi produit tous les effets civils, au nombre desquels il faut bien ranger la qualité de Française attribuée à l'épouse. Enfin n'y aurait-il pas une souveraine injustice de la part du pays qui adopte les étrangères à leur refuser le droit de plainte quand elles sont blessées d'une manière aussi cruelle dans leur honneur et dans leur existence sociale ?

244. — Une grave controverse s'est élevée sur la question de savoir si les *délits* commis à l'étranger par des Français pouvaient être assimilés *aux crimes*, et les rendre justiciables des tribunaux français, dans le cas prévu par l'art. 7, C. inst. crim. — Legraverend (t. 1er, p. 98), Bourguignon (t. 1er, p. 70, no 2) et Berriat (p. 33, note) soutiennent l'affirmative, et invoquent à l'appui de leur opinion les termes de l'art. 24, C. inst. crim., qui, réglant le mode de poursuite pour les cas prévus par les art. 5, 6 et 7, dit formellement *lorsqu'il s'agira de crimes ou délits* commis hors du territoire français. Cette doctrine est consacrée par plusieurs arrêts. — *Colmar*, 23 août 1820, Billoert et Losherve c. Larcy ; *Paris*, 12 juill. 1839 (t. 1er 1843, p. 178), Dénin.

245. — Mais le silence gardé par l'art. 7 à l'égard des délits ne nous paraît pas permettre d'étendre aux infractions de cette nature l'exception aux

règles ordinaires de compétence admises pour les crimes. On conçoit en effet parfaitement que le législateur ait voulu déroger au droit commun pour des faits d'une extrême gravité, sans consentir à admettre la même dérogation pour des infractions beaucoup moins importantes. Il résulte d'ailleurs des procès-verbaux du conseil d'état que le mot *délit* avait été employé dans la rédaction primitive de l'art. 7, et qu'il en a été retranché par la commission du corps législatif. Si donc, la même suppression n'a pas été faite dans l'art. 24, on doit supposer que c'est par suite d'une erreur, et l'on ne peut révoquer en doute l'intention du législateur. — *Douai*, 18 mai 1837 (t. 2 1837, p. 405), N...; *Cass.*, 26 sept. 1839 (t. 1er 1840, p. 438), Bertin c. Mathieu. — Carnot, t. 1er, p. 57 et 122; Mangin, t. 1er, p. 126; Rauter, t. 1er, no 60; Boitard, *Leçons sur le C. d'inst. crim.*, art. 5; *Encycl. du dr.*, vo *Compétence criminelle*, no 45.

246. — Au mois d'avril 1842, la chambre des députés adopta, sur la proposition du gouvernement, une disposition destinée à remplacer le texte de l'art. 7, et à lui donner plus d'étendue; mais cette disposition, représentée le 6 fév. de l'année suivante, à la chambre des pairs, ne fut pas adoptée. — *Monit.* du 10.

247. — *Crimes attentatoires à la sûreté de l'état.* — La disposition de l'art. 5 précitée, C. inst. crim., prend sa source dans le droit de légitime défense qui appartient au souverain.

248. — Cet article, en énumérant les crimes qui, commis hors de France, peuvent être poursuivis en France, limite par là même cette faculté, et doit, comme toute exception, être strictement renfermé dans ses termes. — *Bruxelles*, 13 août 1819, de Soubrie. — Boitard, *Leç. sur le C. d'inst. crim.*, art. 5.

249. — Il a néanmoins été jugé qu'il doit être étendu aux crimes commis par des auxiliaires, dans un pays étranger occupé par les armées françaises. — *Cass.*, 18 oct. 1811, Vinonci. — Merlin, *Quest. de dr.*, vo *Délit*, § 2, no 2.

250. — Mais la raison de cette décision se puise dans la fiction que le pays occupé par une armée française est censé faire partie du territoire français. — Chauveau, *Th. C. pén.*, t. 3, p. 216; *Encycl. du dr.*, vo *Compétence criminelle*, no 40.

251. — Il avait également été jugé par la cour de Cassation, le 23 fruct. an XIII (Troette), qu'un agent du gouvernement français est justiciable des tribunaux français pour les prévarications par lui commises dans ses fonctions dans un pays occupé par les armées françaises.

252. — Les auteurs de l'*Encycl. du dr.*, en rapportant cet arrêt, disent qu'il se fonde sur un motif étranger à l'art. 5, C. inst. crim. « Le Français, ajoutent-ils, agent du gouvernement en pays étranger n'a pas perdu son domicile en France; il peut donc, s'il se rend coupable, en pays étranger, d'un délit contre l'état, être poursuivi devant les juges du lieu de son domicile, car la poursuite appartient concurremment aux juges du lieu du délit et aux juges du domicile. »

253. — Ce raisonnement ne nous semble pas exact. Si le tribunal du domicile du prévenu est compétent pour le juger, c'est uniquement, en effet, quand ce prévenu est justiciable des tribunaux français; mais, par cela seul qu'un Français a conservé son domicile en France, il ne continue pas à être soumis à la juridiction française pour les crimes par lui commis à l'étranger.

254. — Nous n'en pensons pas moins qu'un agent du gouvernement français pourrait être traduit encore aujourd'hui devant des tribunaux français pour des détournemens par lui commis dans un pays étranger où ne se trouveraient même pas les armées françaises. Mais la raison de décider serait, selon nous, qu'un fonctionnaire public est, en ce qui concerne sa mission, toujours réputé présent en France; qu'il n'est jamais absent par rapport au gouvernement qui lui a donné sa confiance. S'il en était autrement, il n'est point de ministre public, il n'est point de commissaire des relations commerciales qui ne pût, en pays étranger, trahir impunément l'état qu'il y représente. — Bourguignon, sur l'art. 5, C. inst. crim., no 1er; Mangin, no 71; Merlin, *Rép.*, vo *Compétence*, § 2, no 8.

255. — Il est du reste à remarquer que, à la différence de l'art. 7, l'art. 5, C. inst. crim., n'exige pas, pour rendre les tribunaux français compétens dans les cas qu'il prévoit, que le coupable soit rentré en France. Il peut donc être jugé par contumace.

256. — *Crime commis par des étrangers.* — Les étrangers qui se sont rendus coupables ou complices des crimes énoncés dans l'art. 5 du Code d'instruction criminelle peuvent être jugés par les tribunaux français, mais à la condition qu'ils aient été arrêtés en France ou que leur extradition ait

été obtenue. — V. EXTRADITION. — Ils ne peuvent donc pas être jugés par contumace. — Carnot, sur l'art. 6, C. instr. crim., no 1er; Mangin, no 66; Legraverend, t. 1er, p. 95.

257. — Si les moyens employés pour opérer l'arrestation d'un étranger étaient contraires à la loyauté et reposaient sur la violence, les tribunaux français devraient se déclarer incompétens. — Mangin, no 66; Le Sellyer, no 1930.

258. — Il en serait de même dans le cas où l'étranger ne se trouverait en France que par suite d'un événement de force majeure, tel qu'un naufrage. — Arrêté des consuls du 18 frim. an VIII, naufragés de Calais.

259. — La disposition dont il s'agit contient une prorogation de juridiction justifiée par le droit qu'a chaque état de veiller à sa conservation.

260. — Elle contient la seule exception au principe que les étrangers ne sauraient être justiciables des tribunaux français à raison des crimes ou délits par eux commis en pays étranger. — V. ÉTRANGER.

261. — Ainsi, un étranger ne pourrait être poursuivi en France pour un assassinat par lui commis en pays étranger, sur un Français, lors même qu'il se trouverait en France, que la famille de la victime porterait plainte contre lui et qu'il aurait des complices français. — *Cass.*, 2 juin 1825, Bouscail.

262. — Mais un étranger dont le pays aurait été réuni à la France serait évidemment non-recevable à se prévaloir des termes limitatifs de l'art. 6 du Code d'instruction criminelle, pour décliner la juridiction des tribunaux français à raison des crimes par lui commis dans son pays avant sa réunion à la France. — Il ne saurait, en effet, désormais être jugé par les tribunaux de son ancienne patrie; et décider que les tribunaux français sont également incompétens à son égard, ce serait leur assurer l'impunité. — *Cass.*, 11 juin 1808, Odone. — Merlin, *Rép.*, vo *Réunion*, p. 381; Mangin, no 68.

263. — Dans tous les cas où il s'agit de faits commis hors du territoire français, les fonctions attribuées aux procureurs du roi comme officiers de police judiciaire sont remplies par le procureur du roi du lieu où réside le prévenu, ou par celui de sa dernière résidence connue, ou par celui du lieu où il a été trouvé. — C. instr. crim., art. 24.

264. — Si le prévenu est trouvé en pays étranger et qu'on ne puisse connaître sa dernière résidence, il faut s'adresser à la cour de Cassation, qui procède par voie de réglement de juges. — Carnot, sur l'art. 5, no 2; Bourguignon, *Jurispr. des Codes criminels*, sur le même article. — V. RÉGLEMENT DE JUGES.

265. — La cour de Cassation renvoie alors devant le tribunal le plus voisin du lieu du délit. — *Cass.*, 23 fruct. an XIII, Troette.

266. — Il y a parité de motifs pour appliquer cette décision dans le cas où le gouvernement a obtenu l'extradition du prévenu n'ayant ni domicile, ni résidence en France.

267. — Il en serait encore de même si le tribunal compétent venait à être supprimé, ou à être renfermé dans les limites du territoire étranger.

§ 4. — *Lieu du délit.*

268. — Le lieu du délit exerce une influence directe sur la compétence, soit pour attribuer juridiction aux tribunaux français en général, soit pour déterminer lequel d'entre les tribunaux français d'un même ordre doit connaître du procès.

269. — *Compétence des tribunaux français.* — Les lois pénales sont destinées à protéger la société contre toutes les attaques dont elle serait l'objet de la part d'un ou de plusieurs individus. — Elles obligent donc tous ceux qui habitent le territoire, les étrangers comme les nationaux. — C. civ., art. 3.

270. — Il suffit qu'une infraction à ces lois ait été commise sur un point quelconque du royaume pour que les tribunaux français aient le droit de la réprimer, quelle que soit du reste la nationalité du délinquant. — V. ÉTRANGER.

271. — Ainsi l'étranger demeurant en France est justiciable des tribunaux français à raison des délits par lui commis en France par la voie de la presse, même envers des étrangers qui résident hors du territoire français. — *Cass.*, 22 juin 1826, Wilson c. Hopkim-Northey.

272. — A plus forte raison les tribunaux français sont-ils compétens pour connaître d'une escroquerie commise en France par un Français au préjudice d'un étranger? — *Cass.*, 18 avr. 1806, Flachat et Charpentier c. Delaunay.

273. — Mais peut-on considérer comme commis

en France un crime ou un délit commencé sur le territoire français et consommé sur le territoire étranger ou réciproquement?

274. — L'affirmative est proclamée par M. Treilhard, dans le discours par lui prononcé au conseil d'état, lors de la discussion du Code d'instruction criminelle.

275. — M. Mangin (no 72) établit une distinction. « Quand, dit-il, un délit qui s'est consommé en pays étranger a été préparé en France par des faits auxquels nos lois infligent une peine; quand un délit, commencé ou achevé sur un territoire étranger, s'accomplit ou se perpétue en France, à l'aide de faits que nos lois réputent criminels, la compétence de nos tribunaux n'est pas douteuse, et elle doit s'étendre, non seulement aux actes qui se sont passés sur leur territoire, mais encore à ceux qui se sont passés chez l'étranger, lorsqu'ils sont inséparablement liés aux autres. Mais cette compétence ne me paraît pas exister, lorsque les faits commencés en France, et qui ont servi à préparer, achever ou perpétuer le crime commis sur le territoire étranger, sont, en eux-mêmes, des faits innocens aux yeux de nos lois: car, ces lois n'ont point été offensées; le principe de la compétence manque, il devient conséquemment impossible de la proroger aux faits qui se sont passés sur le territoire étranger. »

276. — Cette doctrine, conforme à celle professée au conseil d'état par M. Oudart, nous paraît devoir être adoptée.

277. — Il a été jugé par la cour de Cassation que celui qui adresse de France à un étranger et dans un pays étranger, une lettre contenant menace de mort avec ordre de déposer une somme d'argent dans un lieu indiqué, peut, à raison de ce crime, être poursuivi et jugé en France. — *Cass.*, 31 janv. 1822, Mary. — V. dans le même sens, Carnot, sur l'art. 5, *C. inst. crim.*, p. 109, no 7; Chassan, *Tr. des délits de la parole*, t. 1er, p. 404, no 2.

278. — ...Et que lorsqu'un délit unique se compose de plusieurs faits accessoires dont les uns se sont passés sur le territoire français et les autres sur le territoire étranger, les tribunaux français peuvent juger tous les prévenus, même ceux qui n'ont pas pris part à ce dernier fait. — *Cass.*, 21 nov. 1805, Verconter et Haentjens.

279. — La compétence des tribunaux français s'étend encore : 1o au cas où un meurtre a été commis par la décharge d'un fusil tiré du territoire français sur un homme placé dans un territoire étranger. — Mangin, *ubi suprà*.

280. — ... 2o A celui où un individu a commis, en pays étranger, un meurtre, pour s'assurer l'impunité d'un vol pratiqué sur la frontière de France. — Mangin, *loc. cit.*

281. — Les auteurs de crimes successifs commis en France et continués en pays étrangers, et réciproquement, seraient, d'après les mêmes principes, soumis à la compétence des tribunaux français. Mais ces tribunaux ne pourraient connaître d'un vol commis en pays étranger, à la suite duquel les objets volés auraient été vendus en France. « Le fait de vendre des objets mobiliers, dit fort bien M. Mangin, n'a rien de punissable en lui-même. »

282. — Il a été jugé, conformément à cette opinion, que celui qui s'est rendu coupable par recélé, en France, d'un vol commis en pays étranger, au préjudice d'étrangers, n'est pas, non plus que le voleur lui-même, justiciable des tribunaux français. — *Cass.*, 17 oct. 1834, Cresciat; *Bruxelles*, 12 août 1819, de Soubrie; — Chauveau et Hélie, *Th. Cod. pén.*, t. 2, p. 141.

283. — Un crime de rapt, commis en pays étranger, sur une personne amenée en France, ne rentrerait pas non plus dans la compétence des tribunaux français; car, comme le dit avec raison Mangin, no 72 *in fine*, « La présence sur notre territoire de la personne enlevée n'est pas un fait défendu par la loi; il ne trouble pas l'ordre public; nos tribunaux n'ont pas à s'occuper des causes qui l'ont produit. — V. conf. Le Sellyer, t. 5, no 1915.

284. — C'est un principe de droit international qu'un bâtiment qui navigue est considéré comme une partie du territoire, qui, bien que détachée de sa base, n'en conserve pas moins sa nationalité primitive. En conséquence, le vol commis au préjudice de son maître par un étranger au service d'un contre-amiral français, dans le temps où il était embarqué et inscrit au rôle d'équipage du navire sur lequel ce contre-amiral avait porté son pavillon, est de la compétence des tribunaux français, encore qu'au moment du vol le navire se trouvât dans un port étranger. — *Cass.*, 1er juill. 1830, Damel.

285. — Par la même raison, les tribunaux français sont incompétens pour connaître des crimes et délits dont un capitaine de navire étranger peut

s'être rendu coupable envers un Français à bord de son navire, en pleine mer. Ces crimes et délits sont de la compétence de la nation dont le navire portait le pavillon. — *Bordeaux*, 31 janv. 1838 (t. 2 1838, p. 638), Maréchal; *Douai*, 18 mai 1837 (t. 2 1837, p. 405), N...

286. — Mais *quid* des délits commis, dans un port français, à bord d'un vaisseau neutre, de la part d'un homme de l'équipage envers un autre homme de l'équipage? — On peut dire que les droits de la puissance neutre doivent être respectés; que l'autorité locale ne saurait s'ingérer dans la discipline intérieure du vaisseau, tant que son secours n'est pas réclamé, ou que la tranquillité du port n'est pas compromise.

287. — Néanmoins, un avis du conseil d'état, en date du 20 novembre 1806, a décidé que la protection accordée à un vaisseau neutre ne pouvait dessaisir la juridiction territoriale pour tout ce qui touche aux intérêts de l'état; que, par suite, le vaisseau neutre est soumis de plein droit aux lois de police et de sûreté qui régissent le lieu où il est reçu; et que les gens de son équipage sont également justiciables des tribunaux du pays pour les délits qu'ils y commettraient, *même à bord*, envers des personnes étrangères à l'équipage.

288. — Selon M. Rauter (no 57), cet avis n'est point applicable aux bâtimens de commerce; mais l'opinion contraire résulte formellement des dispositions de l'art. 22, ord. 29 oct. et 21 nov. 1833, sur les fonctions des consuls dans leurs rapports avec la marine commerciale. — V. MARINE COMMERCIALE.

289. — *Compétence relative du tribunal du lieu du délit.* — Aux termes des art. 23 et 29, C. inst. crim., la recherche et la poursuite de tous les crimes ou délits appartiennent aux procureurs du roi et aux juges d'instruction du lieu du crime ou du délit du lieu de la résidence du prévenu, ou du lieu où le prévenu est trouvé.

290. — Il résulte évidemment de ces dispositions que les tribunaux dont les fonctionnaires ci-dessus dénommés font partie ont également compétence pour connaître du mérite des poursuites. Tous les auteurs sont d'accord sur ce point.

291. — Mais cette triple compétence a fait naître dans la pratique de nombreuses difficultés qui divisent encore aujourd'hui la doctrine et la jurisprudence. — V. COUR D'ASSISES, INSTRUCTION CRIMINELLE, JUGE D'INSTRUCTION, PROCUREUR DU ROI, TRIBUNAL CORRECTIONNEL.

292. — Quant aux simples contraventions, elles sont de la compétence du tribunal dans le ressort duquel elles ont été commises. — V. TRIBUNAL DE POLICE.

293. — Dans les échelles du Levant et de Barbarie, les tribunaux consulaires sont chargés de punir les délits et contraventions commis par les Français qui habitent ces pays. La loi des 28 mai et 1er juin 1836, règlent les attributions de ces tribunaux. — V. CONSUL.

294. — Aux termes de l'art. 55 de cette loi, c'est la cour royale d'Aix qui connaît des appels des jugemens correctionnels rendus par eux; elle seule aussi est compétente pour connaître des crimes commis dans ces pays par les Français. — Art. 64.

§ 5. — *Connexité.*

295. — On appelle *connexité* la liaison qui existe entre plusieurs crimes ou délits commis par une ou plusieurs personnes. — V. CONNEXITÉ (mat. crim.).

296. — Ainsi, aux termes de l'art. 227, C. inst. crim., les délits sont connexes, soit lorsqu'ils ont été commis en même temps par plusieurs personnes réunies, soit lorsqu'ils ont été commis par différentes personnes, même en différens temps et en divers lieux, mais par suite d'un concert formé à l'avance entre elles, soit lorsque les coupables ont commis les uns pour se procurer les moyens de commettre les autres, pour en faciliter, pour en consommer l'exécution ou pour en assurer l'impunité. — V. CONNEXITÉ, nos 6 et suiv.

297. — Tous les délits connexes doivent être soumis à la même instruction et au même jugement. L'intérêt de la vérité et la crainte d'exposer les tribunaux à rendre des décisions contradictoires sur des faits semblables a nécessité cette règle générale. — V. CONNEXITÉ, nos 29 et suiv.

298. — La connexité sert donc à déterminer la compétence, soit au grand, soit au petit criminel.

299. — La cour d'assises est, par conséquent, compétente pour connaître d'un délit d'escroquerie renvoyé régulièrement devant elle, comme connexe avec un crime de baraterie et un crime de faux. — *Cass.*, 17 août 1821, Dieudonné et Flandrin. — La cour des pairs saisie de la connaissance d'un attentat dont le jugement lui a été déféré par ordonnance royale a le droit, dans le silence même de cette ordonnance, de joindre au procès qu'elle instruit tous les faits connexes qui s'y rattachent. — *C. des pairs*, 22 janv. 1836, attentat d'avril; — E. Cauchy, *Précédens de la cour des pairs*, p. 211.

300. — Mais l'obligation de réunir dans une même instruction et un même jugement des délits connexes, n'est pas prescrite à peine de nullité. — V. CONNEXITÉ, nos 42 et suiv.

301. — L'attribution de compétence qui résulte de la connexité en faveur du tribunal compétent pour juger le prévenu, souffre, au surplus, exception lorsque les prévenus sont justiciables de juridictions différentes.

302. — Dans ce cas, la compétence appartient toujours à la juridiction dont les solennités présentent le plus de garantie, et qui a les pouvoirs les plus étendus, celle des cours d'assises; et tous les prévenus y doivent suivre celui ou ceux dont la coopération dans les délits connexes a rendu cette juridiction nécessaire. — *Cass.*, 14 nov. 1810, Frappier; 24 mars 1827, Massiolo; — Bourguignon, *Man. d'inst. crim.*, t. 1er, p. 323, et *Jurisp. des codes crim.*, t. 1er, p. 491; Legraverend, *Lég. crim.*, t. 1er, p. 463; Massabiau, *Man. du procureur du roi*, t. 2, p. 52; Morin, *Dict. de dr. crim.* vo *Connexité*, p. 122; Duverger, *Man. du juge d'instr.*, t. 3, p. 295; Le Sellyer, nos 2023. — V. CONNEXITÉ, nos 65 et suiv.

303. — Si parmi les délits connexes il s'en trouve qui rentrent dans la compétence d'un tribunal exceptionnel, ce tribunal peut-il attirer à lui tous les prévenus et statuer sur tous les délits, même sur ceux qui, sans la circonstance de connexité, fussent restés soumis à la juridiction commune, ou doit-il, au contraire, se déclarer incompétent sur le tout et renvoyer devant les juges ordinaires?

304. — Cette question est controversée. Nous croyons, quant à nous, que ce sont les tribunaux ordinaires qui doivent attirer à eux la connaissance des délits connexes attribués à des tribunaux d'exception. — V. CONNEXITÉ, nos 76 et suiv.

305. — Toutefois cette règle reçoit exception si les tribunaux de droit commun ne peuvent, à un titre quelconque, être juges des auteurs des délits connexes. Dans ce cas, si la connexité est telle que les divers faits ne puissent être séparés, c'est au contraire la juridiction exceptionnelle qui attire à elle tous les prévenus justiciables d'ordinaire des tribunaux de droit commun.

306. — Ainsi, la cour des pairs est compétente pour juger les individus qui se seraient rendus coauteurs ou complices de crimes ou délits connexes imputés à des pairs de France, alors même que ces individus ne seraient, ni par leur qualité ni par la nature du délit, justiciables de cette haute juridiction. — *Cour des pairs*, 31 janv. 1818, Saint-Morys; 24 nov. 1830, Kergorlay; — E. Cauchy, *Précédens de la cour des pairs*, p. 17. — V. CONNEXITÉ, nos 76 et suiv.

307. — Le Code ne parle de la connexité comme pouvant modifier les règles ordinaires de compétence, qu'en matière de crime ou de délits. Faut-il en conclure que les principes qui viennent d'être posés sont sans application en matière de contravention?

308. — M. Rauter (t. 2, no 708) et Carnot (t. 3, sur l'art. 526, no 6) soutiennent l'affirmative. M. Le Sellyer (t. 5, no 506) enseigne au contraire la négative, qui nous paraît plus conforme à l'esprit de la loi et même au texte de l'art. 540, § 2, C. inst. crim.

309. — La cour de Cassation a, du reste, consacré cette dernière doctrine en décidant que lorsqu'à un délit d'outrages envers un fonctionnaire public dans l'exercice de ses fonctions se trouve jointe une contravention connexe de la compétence du tribunal de police, l'indivisibilité des deux faits entraîne la compétence du tribunal correctionnel. — *Cass.*, 7 oct. 1809, Malverina; 15 juin 1809, Baudouin. — V. CONNEXITÉ, no 112 et suiv.

§ 6. — *Complicité.*

310. — On entend, en général, par *complicité* toute participation à un fait dont un autre est l'auteur. — V. COMPLICITÉ.

311. — La complicité diffère de la connexité en ce que celle-ci suppose plusieurs délits se rattachant l'un à l'autre ou les uns aux autres, tandis que la première implique l'existence d'un seul crime ou délit auquel ont participé, par des faits intrinsèques, plusieurs personnes. — V. *suprà* no 295.

312. — Toutefois cette distinction n'amène entre la complicité et la connexité aucune différence quant à la compétence. — Dans l'un comme dans l'autre cas, les tribunaux compétens pour connaître du crime ou du délit principal sont également compétens pour connaître des faits accessoires attribués aux complices, ainsi que pour connaître des crimes ou des délits connexes, lors même que, sans la circonstance de complicité ou de connexité, ces faits ou ces crimes ou délits n'eussent pas été soumis à leur juridiction. — Le Sellyer, *Tr. du droit crim.*, t. 5, nos 2018 et 2021.

313. — Les complices d'un délit doivent nécessairement, quant à la juridiction, suivre le sort de l'accusé principal. — *Cass.*, 21 mars 1807, Viaud; 14 avr. 1808, Metz.

314. — Ce principe général est applicable même au cas de recélé, encore bien que le recélé soit un fait postérieur au crime principal. — *Cass.*, 17 oct. 1834, Cresciat.

315. — Il ne reçoit aucune atteinte de ce que les complices auraient ignoré les circonstances aggravantes du fait principal. — *Paris*, 4 janv. 1838 (t. 1er 1838, p. 138), Rainon. — V. COMPLICITÉ, no 245.

316. — Il a été jugé en conséquence que lorsque de plusieurs prévenus d'un même délit, les uns sont passibles d'une peine correctionnelle, et les autres, à raison de la récidive, d'une peine afflictive ou infamante, ils doivent être tous renvoyés devant le jury. — *Cass.*, 29 brum. an XII, Nobiet et Gervais. — V. conf. *Cass.*, 3 pluv. et 8 prair. an VIII, Marchand; 14 nov. 1810, Frappier; — Bourguignon, *Jurispr. des Codes criminels*, sur l'art. 226; Legraverend, t. 1er, p. 436; Merlin, *Quest. de dr.*, vo *Incompétence*, § 2, p. 569 et suiv.; et Lesellyer, t. 5, no 2024.

317. — C'est devant la cour d'assises que doivent être renvoyés les auteurs et complices d'un vol commis dans une maison habitée, et à l'aide d'escalade, encore bien que l'auteur principal soit âgé de moins de seize ans. — *Cass.*, 4 janv. 1838 (t. 1er 1838, p. 138), Rainon.

318. — Lorsqu'un crime a été commis par plusieurs complices dont l'un est, à raison de sa qualité, justiciable d'un tribunal d'exception, c'est une question controversée de savoir si ce complice doit entraîner les autres devant le tribunal d'exception, ou si au contraire il devient lui-même justiciable des tribunaux ordinaires. — V. CONNEXITÉ, no 76 et suiv.

319. — Ainsi, selon Merlin, *Quest. de dr.*, vo *Incompétence*, § 3, p. 574 et suiv., et *Répertoire*, vo *Connexité*, le tribunal d'exception doit l'emporter. — MM. Bourguignon (*Manuel et Jurispr. des Codes criminels*, sur l'art. 226) et Le Sellyer (t. 5, no 2035) n'accordent la préférence au tribunal d'exception que lorsqu'il offre aux prévenus une garantie plus assurée.

320. — M. Legraverend (t. 1er, p. 436 et 437) semble au contraire établir d'une manière générale qu'un prévenu qui est seul justiciable, par sa qualité personnelle, d'un tribunal d'exception, doit être renvoyé devant les tribunaux ordinaires. Cette opinion nous paraît préférable.

321. — Ainsi, il a été jugé 1o que, sous la loi du 18 pluv. an IX, un tribunal spécial saisi, à raison de la qualité des prévenus, d'un délit qui, par lui-même, n'était pas de sa compétence, ne pouvait se déclarer également compétent à l'égard des complices n'ayant pas la même qualité. — *Cass.*, 27 vend. an VII, Balaruque.

322. — ... 2o Que lorsque parmi plusieurs prévenus d'un même crime ou délit, les uns sont, à raison de leur qualité personnelle, justiciables d'un tribunal d'exception, et les autres d'un tribunal du droit commun, c'est devant ce dernier tribunal que tous les prévenus doivent être traduits. — *Cass.*, 4 juin 1813, Huon.

323. — ... 3o Que le conseil de guerre devant lequel sont traduits deux individus, l'un militaire, l'autre non militaire, prévenus d'un même délit, doit les renvoyer tous les deux devant la juridiction ordinaire; il ne peut retenir la cause à l'égard du premier. — *Cass.*, 29 frim. an XIII, Bunicourt; — Merlin, *Rép.*, vo *Délit militaire*, no 10. — *Cass.*, 8 nov. 1832, Wilt; 18 avr. 1811, Parent; 2 mai 1817, Bardel. — V. TRIBUNAUX MILITAIRES.

324. — ... 4o Qu'avant le décret du 12 nov. 1806, la disposition de la loi du 22 messid. an IV, art. 2, suivant laquelle le complice non militaire d'un délit commis par un militaire attire celui-ci à la juridiction ordinaire, s'appliquait à la compétence des tribunaux militaires de l'armée de mer comme à celle des tribunaux de l'armée de terre. — *Cass.*, 17 vent. an XII, Guillot et Carbonnel. — V. TRIBUNAUX MARITIMES.

325. — ... 5o Que quand parmi les prévenus d'un crime de piraterie, il se trouve un complice français qui, n'étant pas monté sur le navire pendant la navigation et n'ayant pas conséquemment assisté ou aidé les coupables dans le fait même de la consommation du crime, n'est point justiciable des

tribunaux maritimes, tous les auteurs ou complices de ce crime doivent être traduits devant les tribunaux ordinaires. — *Cass.*, 10 mars 1831, Morand; 25 mars 1830, Vincent.

326. — Néanmoins ce principe cesse d'être applicable quand un des complices ne peut être traduit devant les tribunaux ordinaires à raison d'une dignité ou d'une fonction qui lui confère le bénéfice d'une juridiction privilégiée. Ce sont alors les autres prévenus qui sont amenés devant la juridiction spéciale.

327. — En conséquence, la cour des pairs est compétente pour juger tous les auteurs ou complices d'un crime ou délit auquel a pris part un de ses membres. — *Cour des pairs*, 31 janv. 1818, Saint-Morys; 24 nov. 1830, Kergorlay; 21 sept. 1831, Montalembert; *Cass.*, 21 mars 1807, Viaud; 14 avr. 1808, Metz; — Merlin, *Rép.*, vo *Connexité*, § 4.

328. — Un magistrat justiciable de la cour royale, à raison d'un délit qui lui est imputé, entraîne avec lui son complice devant la juridiction privilégiée. — *Orléans*, 19 déc. 1842 (t. 1er 1843, p. 21), Rhein; — Legraverend, t. 1er, p. 198; Carnot, sur l'art. 479; Bourguignon, *Manuel*, no 3, sur l'art. 479, et *Jurisprud. des Codes crim.*, no 1er *in fine*; Rauter, no 831, et la note 3; Le Sellyer, no 2042.

329. — Il en est de même de l'officier de police judiciaire. — *Metz*, 28 janv. 1826, Deck.

330. — Mais lorsqu'une juridiction qui n'avait été saisie qu'à raison de la qualité des auteurs principaux du délit se trouve épuisée à leur égard par le jugement intervenu en ce qui les concernait, les complices non justiciables du même tribunal, par leur qualité personnelle, ne peuvent plus être poursuivis et jugés que par leurs juges naturels. — *Cass.*, 22 avr. 1808, Doucet; 22 juill. 1808, Guth; 13 mars 1835, Ferrand; 9 sept. 1808, Desfarges; 16 mars 1809, Pierre Cos; *Cour des pairs*, 3 août 1826, aff. des marchés de Bayonne; — Merlin, *Rép.*, vo *Connexité*, § 5, note 1re; Legraverend, t. 1er, chap. 3, p. 136; Carnot, *C. inst. crim.*, art. 226, no 2; Le Sellyer, t. 5, no 2096.

331. — Les règles qui précèdent sont applicables en matière de contraventions de même qu'en matière de crimes ou délits dans les cas, du reste fort rares, où il existe des complices d'infractions de cette nature.

332. — Un arrêt de compétence nul à l'égard du prévenu de complicité doit, à raison de l'indivisibilité de l'affaire, être cassé dans l'intérêt de l'accusé principal. — *Cass.*, 24 nov. 1809, Achardi; 11 fruct. an XIII, Mazeucal. — V. COMPLICITÉ.

Sect. 7e. — *Compétence des tribunaux de répression relativement à l'action civile des parties lésées.*

333. — Les tribunaux criminels sont institués pour la répression des délits, et non pour la réparation des dommages soufferts par des particuliers. Leur mission est d'appliquer des peines dans l'intérêt de la société, pour maintenir la tranquillité publique, et non de prononcer des condamnations pécuniaires dans un intérêt privé.

334. — Cependant, dans le but d'éviter des lenteurs et des frais, la loi les investit du droit de connaître, accessoirement à l'action publique intentée par les magistrats du parquet, de l'action civile formée par la partie lésée pour obtenir la réparation du dommage que lui a causé le fait qualifié crime, délit ou contravention.

335. — L'action en réparation du dommage causé par un crime, par un délit ou par une contravention, porte l'art. 3, C. inst. crim., peut être poursuivie en même temps et devant les mêmes juges que l'action publique. Elle peut aussi l'être séparément. Dans ce cas, l'exercice en est suspendu tant qu'il n'a pas été prononcé définitivement sur l'action publique intentée avant ou pendant la poursuite de l'action civile. — V. ACTION CIVILE.

336. — Il résulte de cette disposition que deux conditions sont en général nécessaires pour justifier la compétence des tribunaux de répression relativement à l'action civile en dommages-intérêts. — Il faut : 1o que cette action soit formée en même temps que l'action publique; 2o que le fait qui la motive constitue un crime, un délit ou une contravention de la compétence du tribunal devant lequel elle est portée. — Bourguignon, *Jurispr. des C. crim.*, t. 1er, p. 433; Merlin, *Quest. de droit*, vo *Réparation civile*, § 3, no 8; Mangin, *Tr. de l'action publique*, t. 1er, no 206; Legraverend, t. 2, chap. 2, p. 268, et chap. 4, p. 393; Carnot, sur l'art. 153, t. 1er, p. 680.

337. — Si l'action civile n'est pas intentée en même temps que l'action publique, il n'existe plus aucune raison pour en attribuer la connaissance aux tribunaux de répression. Un second procès spécial est indispensable; il est naturel qu'il soit porté devant la juridiction civile. En statuant sur l'action publique, le tribunal criminel a épuisé sa juridiction, la question de dommages-intérêts qui ne lui était attribuée que parce qu'elle formait un accessoire de l'action publique, lui échappe nécessairement. — *Cass.*, 31 déc. 1835, Cotelle; même jour, huit arrêts semblables.

338. — Il est indispensable qu'un seul et même jugement statue sur l'action civile et sur l'action publique. — *Cass.*, 17 fruct. an IX, Vital; 16 brum. an XI, Barrère; 20 niv. an XIII, Buret; 28 mars 1807 (Int. de la loi), Mériel; 13 juill. 1810, Bagneux; 31 août 1810, Hauchard; 28 oct. 1810, Pardon; 27 juin 1812, Belsœurs; 1er avr. 1813, Landrin; 3 mars 1814, Fabry; 9 juin 1815, Graindor; 11 sept. 1818, Laroyenne; 22 oct. 1818, Sisco; 3 nov. 1826, Natal; 12 mai 1827, Beuret; 29 fév. 1828, Mouton et Petit; *Bourges*, 7 mai 1831, Desfosses; *Cass.*, 17 mai 1834, Prevost; 5 déc. 1835, Lepaire; *Limoges*, 30 mars 1837 (t. 1er 1837, p. 444), Constant; *Cass.*, 4 déc. 1840 (t. 1er 1841, p. 615), N...

339. — Les juges ne pourraient pas, en prononçant sur l'action publique, renvoyer à une autre audience le jugement de l'action civile. — *Cass.*, 5 déc. 1835, Lepaire; 4 déc. 1840 (t. 1er 1841, p. 615), N...

340. — La nullité provenant de ce qu'il aurait été procédé de cette manière est absolue et peut être opposée en tout état de cause. — *Cass.*, 11 sept. 1818, Laroyenne; 13 mai 1826, Drocourt; *Liége*, 30 janv. 1835, Pettingey.

341. — De même, sous le Code pén. de 1791, le tribunal criminel qui avait condamné un accusé aux peines par lui encourues, ne pouvait, par un jugement nouveau, le condamner à des dommages-intérêts envers la partie lésée. — *Cass.*, 12 fruct. an III, Donnezan.

342. — Dans le cas où le tribunal, saisi simultanément de l'action publique et de l'action civile, reconnaît que le fait reproché au prévenu ne constitue ni crime, ni délit, ni contravention, il n'a pas qualité pour allouer des dommages-intérêts à la partie civile. Si celle-ci a éprouvé un préjudice par la faute du prévenu, elle est, sans aucun doute, recevable à en poursuivre la réparation aux termes de l'art. 1382, C. civ., mais sa demande ne peut être appréciée que par les tribunaux civils. — *Cass.*, 17 fruct. an IX, Poudio; 6 brum. an XI, Barrère; 20 niv. an XIII, Buret; 12 fév. 1808, Loguet; 28 oct. 1810, Pardon; — Mangin, *Traité de l'action publ.*, t. 1er, p. 503, no 206; Legraverend, t. 2, chap. 2, p. 268, et chap. 4, p. 393; Carnot, sur l'art. 450, C. inst. crim., t. 1er, p. 680, no 1er; Merlin, *Quest.*, vo *Réparation civile*, § 3, no 8.

343. — Carnot (sur l'art. 458, C. pén., t. 2, p. 550, no 2) dit que le renvoi du prévenu n'empêcherait pas d'ordonner la restitution de l'objet du délit, s'il était bien constaté que cet objet aurait appartenu à celui qui en ferait la réclamation. — Ce n'est point, selon nous, la preuve acquise du droit de la partie lésée qui peut attribuer juridiction au tribunal : son incompétence est la même, soit qu'il y ait doute, soit qu'il y ait certitude sur le fond du droit. Tout ce qui est permis au tribunal de répression, c'est, en cas de consentement du prévenu à la restitution, d'en donner acte au réclamant. Cette disposition opère un contrat judiciaire qui facilite la restitution sans formalités et qui autorise le greffier à se dessaisir de l'objet, sous la surveillance du ministère public, lorsque le dépôt en a été fait au greffe; mais lorsque c'est le prévenu qui le détient, ou lorsqu'il vient à former une opposition dans les mains du greffier, cette disposition ne dispense point la partie lésée de recourir à la juridiction civile, seule compétente pour statuer sur un débat essentiellement *civil*, dès que l'on reconnaît qu'il ne se rattache à aucun fait punissable suivant la loi.

344. — Un arrêt de la cour royale de Metz (13 mars 1826, N...) paraît avoir méconnu ces principes en décidant, dans une affaire de délit forestier, que lorsque le tribunal correctionnel reconnaît qu'il n'y a pas, dans les faits, la preuve du délit imputé au prévenu, mais qu'il y a seulement lieu à une indemnité au profit du propriétaire du bois, il reste compétent pour statuer sur cette indemnité. Toutefois, la même cour avait précédemment jugé (26 fév. 1821, Belval), conformément à la jurisprudence invariable de la cour suprême, que les tribunaux correctionnels ne peuvent prononcer de dommages-intérêts contre le prévenu qu'accessoirement à une peine appliquée à un délit constaté.

345. — Le tribunal qui décide que la vindicte publique est satisfaite par les poursuites disciplinaires exercées contre un fonctionnaire public, et qu'il n'y a lieu à lui appliquer aucune peine, est par cela même incompétent pour le condamner à des dommages-intérêts envers la partie civile. — *Cass.*, 12 mai 1827, Beuret et Cadot. — En un mot, du moment que le tribunal ne reconnaît dans le fait de la poursuite les caractères ni d'un crime, ni d'un délit, ni d'une contravention, il peut bien statuer sur les dommages-intérêts prétendus par le prévenu, mais il est incompétent pour adjuger des dommages-intérêts au plaignant. — *Cass.*, 30 avr. 1813, Godefroi.

346. — Le fait de n'avoir pas payé les droits de place sur une halle n'étant réprimé par aucune loi, le fermier de ces droits ne peut, même accessoirement à la poursuite exercée par le ministère public contre un individu qui a contrevenu à un règlement de police faisant défense d'exposer des denrées ailleurs que sur le lieu du marché, porter devant le tribunal de simple police son action en dommages-intérêts pour raison des droits de place dont il a été privé. — *Cass.*, 30 juill. 1829, Courtin; 12 avr. 1827, Jouve et Aubert.

347. — Il en est autrement dans le cas où le tribunal, tout en constatant la criminalité du fait reproché au prévenu, ne lui applique aucune peine, par le motif que l'action publique est prescrite. Si, en pareille circonstance, l'action civile ayant une durée plus longue que l'action publique, comme en matière de délits de presse, ne se trouve pas également prescrite, des dommages-intérêts ne peuvent être accordés au plaignant. — *Cass.*, 20 mai 1842 (t. 2 1842, p. 635), Laurent.

348. — On ne saurait, en effet, assimiler la prescription de l'action publique à son extinction par le décès de l'inculpé survenu depuis que l'action civile a été intentée, parce que, dans cette dernière situation, la partie civile ne se trouve plus en présence de la personne même de l'inculpé; qu'elle a désormais pour adversaire, quant à ses intérêts civils, les héritiers ou représentans de cet inculpé, tandis que dans le cas où l'action publique est éteinte seulement par la prescription, il ne s'opère pas de changement dans la personne contre laquelle la partie civile a, dès le principe, intenté légalement son action, et que, par conséquent, cette dernière doit continuer de procéder devant la juridiction criminelle, qui demeure compétente.

349. — Toutefois, il faut bien remarquer que dans l'espèce jugée par la cour de Cassation, la prescription ne s'était accomplie que depuis l'introduction de l'action publique, et que, par conséquent, le tribunal correctionnel avait été légalement saisi dans l'origine. Si les poursuites n'étaient commencées qu'après l'expiration du laps de temps exigé pour la prescription du délit, la solution pourrait être différente.

350. — Si, par exemple, une fois la prescription de l'action publique acquise, la partie civile assignait directement l'auteur du délit devant la juridiction correctionnelle, il nous semble que celui-ci serait recevable à demander son renvoi.

351. — Quoi qu'il en soit, le ministère public est évidemment non-recevable à poursuivre devant un tribunal de simple police une partie comme civilement responsable d'une contravention qui est prescrite. — *Cass.*, 2 août 1828, Delamarre.

352. — La cour de Cassation décide que le décès du prévenu éteignant l'action publique, rend le tribunal de répression incompétent pour prononcer sur l'action civile. — *Cass.*, 23 mars 1839 et 20 mai 1842 (t. 2 1842, p. 635), Charmensat et Laurent.

353. — Cette doctrine, professée par Legraverend (t. 1er, p. 69), est combattue par Carnot (t. 1er, p. 63). Ce dernier auteur pense que le décès du prévenu survenu pendant l'instance, et surtout pendant l'instance d'appel, ne dessaisit pas le tribunal de répression de l'action civile.

354. — M. Mangin (*Tr. de l'act. publ.*, t. 2, no 282) émet une opinion mixte. Suivant lui, le décès du prévenu ne dessaisit pas la juridiction criminelle, s'il arrive après le jugement définitif. Dans ce cas le tribunal d'appel et la chambre criminelle de la cour de Cassation restent compétens pour statuer sur le recours dont le jugement peut être l'objet. — Au contraire, le décès du prévenu survenu avant le jugement définitif oblige la partie civile à porter son action devant la juridiction civile, parce qu'alors cette partie n'a aucun titre et que nul tribunal criminel n'est désormais compétent pour lui en conférer un, puisque l'action publique, dont le pourvoi n'était que l'accessoire, se trouve éteinte.

355. — Cette dernière opinion nous paraît préférable. La mort du prévenu, alors qu'un jugement a reconnu l'existence du délit et a prononcé une condamnation à des dommages-intérêts, ne saurait contraindre la partie civile à introduire une

nouvelle action devant la juridiction civile. Il existe un jugement compétemment rendu ; ce jugement ne peut être exécuté que par les voies légales. Les héritiers du condamné doivent donc en poursuivre l'infirmation devant le tribunal d'appel, qui statue de la même manière que lorsque la partie civile seule a formé un recours contre un jugement d'acquittement.

356. — Les règles précédentes reçoivent exception au grand criminel : les cours d'assises peuvent allouer des dommages-intérêts à la partie civile, même dans le cas d'acquittement ou d'absolution de l'accusé. — C. inst. crim., art. 358.—V. ACTION CIVILE, nos 140 et suiv., COUR D'ASSISES.

357.—Quant au prévenu acquitté, il peut, devant le tribunal correctionnel ou le tribunal de simple police aussi bien que devant la cour d'assises, obtenir des dommages-intérêts contre la partie civile, s'il y a lieu. — C. inst. crim., art. 193 et 359. — V. ACTION CIVILE, nos 148 et 149.

358. — Du reste, pour que les tribunaux de répression condamnent valablement à des dommages-intérêts, il faut qu'il y ait des conclusions formelles des parties sur ce point.

359. — Un tribunal ne peut donc prononcer des condamnations civiles que dans le cas où la citation est donnée à la requête de la partie intéressée, ou bien dans celui où cette partie est intervenue sur la poursuite du ministère public. — *Cass.*, 16 janv. 1808, Stevens c. Xénomont; — Merlin, *Rép.*, vo *Réparation*, § 2, no 7.

360. — Il ne saurait préjuger une action civile indépendante de l'action dont il est compétemment saisi. Ainsi, il ne peut, sur la plainte d'un associé contre son associé, en soustraction d'effets appartenant à la société, ordonner la restitution de la totalité de la mise de fonds du plaignant. — *Cass.*, 22 niv. an XII, Wentzel.

361. — Le tribunal correctionnel qui condamne le tireur d'une lettre de change, comme coupable d'escroquerie au préjudice de l'accepteur, ne peut, sans excéder ses pouvoirs, prononcer sur la restitution de cette lettre de change de la part d'un tiers qui n'est point déclaré coupable de ce délit. — *Cass.*, 24 messid. an XIII, Mouru-Lacoste c. Boulouvare.

362. — Les jugemens rendus sur l'action et dans l'intérêt civil des créanciers ne peuvent pas être opposés au prévenu de banqueroute, qui, de son côté, ne peut s'en prévaloir. De semblables décisions demeurent sans influence sur l'action criminelle. — *Paris*, 27 mars 1835, Chassaigne. — V. BANQUEROUTE, nos 1er, 30 et suiv.

363. — La cour de Cassation avait jugé le 6 fructid. an IX que les tribunaux spéciaux institués par la loi du 18 pluv. an IX ne pouvaient connaître que de la répression des délits y énoncés, quant à l'action publique; aucune disposition de cette loi ne leur donna le droit de statuer sur les dommages civils qui pouvaient en résulter. — *Cass.*, 6 fructid. an IX, Argoud.

364. — Mais elle est revenue sur cette jurisprudence. — *Cass.*, 20 pluv. an XII, Martin; 3 thermid. an XI, Giraud. — V. TRIBUNAUX SPÉCIAUX.

365. — Elle a également jugé que sous le code du 3 brum. an IV les tribunaux criminels ne pouvaient prononcer sur les dommages-intérêts prétendus par la partie lésée contre l'accusé, que par suite d'une déclaration établissant la conviction du délit. En conséquence, en cas de déclaration d'acquittement, l'action devait être poursuivie devant les tribunaux civils. — *Cass.*, 29 thermid. an VII, Gros c. Chataigner.

Sect. 8e. — *Questions préjudicielles.*

366. — On entend, en général, par question préjudicielle, celle dont la solution est nécessaire pour arriver à juger une autre question, qui deviendrait sans objet, si celui qui la soulève succombait sur la première. — L. unic., Cod., *Quando civilis actio criminali præjudicet*; L. 16, Cod., *De falsis*; *Instit.*, liv. 4, tit. 6, § 13; Julius Clarus, *Sent. ult.*, quest. 2 et 9; — Merlin, *Rép.*, vo *Question préjudicielle*; Legraverend, t. 1er, p. 54 et 56, et t. 2, p. 38 et 40; Carnot, *Observations additionnelles*, no 40, sur l'art. 1er, C. inst. crim., et no 19, sur l'art. 3; Bourguignon, *Jurispr. des Codes criminels*, no 2, sur l'art. 3; Mangin, no 167, 207 et 214; Le Sellyer, t. 4, p. 199, no 1462; Rauter, *Dr. crim.*, nos 667 et suiv.

367. — Mais on désigne plus particulièrement sous ce nom, en droit criminel, l'exception invoquée par le prévenu dans le but d'enlever au fait qu'on lui reproche son caractère de criminalité.

368. — Tel est, par exemple, le cas où un individu accusé d'avoir volé un objet mobilier prétend qu'il était propriétaire de cet objet.

369. — Le jugement des questions préjudicielles qui naissent devant les tribunaux de répression appartient le plus souvent aux tribunaux civils. — Legraverend, t. 2, p. 40.

370. — Par exemple, les questions d'état et de propriété doivent nécessairement leur être renvoyées ; ces tribunaux de répression ne sauraient en retenir la connaissance. — Legraverend, *loc. cit.*

371. — Mais il est cependant certaines questions préjudicielles, que l'on pourrait peut-être plus exactement appeler questions de droit ou questions accessoires, qui, ne devant avoir d'autre effet, de quelque manière qu'on les décide, que de modifier ou d'aggraver le caractère du fait poursuivi, sans en anéantir la criminalité, sont valablement décidées par les tribunaux de répression. — Legraverend, t. 2, p. 40.

372. — La compétence de la justice criminelle s'étend à toute exception proposée devant elle, si les faits qui leur servent de base peuvent être considérés comme élémens du crime ou du délit poursuivi. Pour détruire cette compétence, il faut une exception basée sur un fait d'un caractère purement civil, et qui, en le supposant vrai, détruirait l'idée de crime. — Du reste, cette incompétence ne s'applique qu'au mérite de l'exception, elle n'empêche pas les juges criminels de décider si la fin de non-recevoir est proposable, lorsqu'aucun autre juge ne se trouve saisi d'une action qui s'y rattache. — Legraverend, t. 2, p. 40.

373. — Ainsi, les tribunaux de répression sont compétens pour décider si un individu poursuivi pour des faits qualifiés délits était en état de démence au moment de l'action. — *Cass.*, 15 frim. an VIII, Verdolle.

374. — Les tribunaux ne sont obligés de surseoir à prononcer que dans le cas où les exceptions proposées devant eux soulèvent des questions de propriété ou autres que les lois ont expressément attribuées à d'autres juridictions. — *Cass.*, 23 juin 1832, Merson.

375. — Il faut, en outre, que l'exception présentée par le prévenu comme moyen préjudiciel lui soit personnelle, et fondée sur des titres produits ou sur des faits articulés avec précision. — C. forest., arg. art. 182; L. 15 avr. 1829, art. 57.

376. — Si la question soulevée par le prévenu n'a pas un caractère de vraisemblance que rien dans le procès ne contredise, les juges ne sont pas tenus de s'y arrêter : autrement, en effet, il dépendrait de l'accusé de retarder, à son gré, le moment de la condamnation. — *Cass.*, 27 mars 1807, Mayens; 19 mars 1835, Harau-Sausot; 2 juin 1836, Malbec; 23 juill. 1836, Forêts c. Labrory; 25 mai 1839 (t. 1er 1844, p. 358), Pagès. — Ces deux derniers arrêts ont même décidé que le jugement qui accueillait l'exception préjudicielle devait, à peine de nullité, déclarer formellement qu'elle était fondée sur un titre ou sur des faits de possession équivalens. — V. conf. Legraverend, t. 1er, p. 56 ; Mangin, nos 207, 208 et 218 ; Carnot, sur l'art. 3, C. instr. crim., nos 20 et 70; Bourguignon, sur le même article, no 5 ; Chauveau et Hélie, t. 6, p. 294 et 295 ; Le Sellyer, t. 4, no 1535.

377. — Peut-on conclure de là que la compétence du tribunal criminel devant lequel on invoque un moyen préjudiciel peut s'étendre jusqu'à connaître de la fin de non-recevoir opposable à ce moyen ? — Quelques arrêts ont jugé l'affirmative. — *Cass.*, 2 avr. 1807, Jean Jugo; 8 août 1811, Billecart; 17 déc. 1812, Bernard. — Mais il faut distinguer entre le cas où la fin de non-recevoir se rattacherait à une action déjà formée devant un autre tribunal, et celui où elle ne le serait pas. Dans ce dernier cas seulement, selon ces auteurs, le tribunal serait compétent. — Merlin, *Répert.*, vo *Bigamie*, no 2, p. 170; Bourguignon, *Jurispr. des C. Crim.*, no 5, sur l'art. 3, C. inst. crim; Mangin, no 197; Legraverend, t. 2, p. 40; Chauveau et Hélie, t. 6, p. 294; Le Sellyer, no 1536.

378. — Lorsqu'une question préjudicielle est soulevée devant un tribunal de répression, et qu'il se déclare incompétent pour en connaître, il doit attendre la décision de l'exception par le tribunal civil, pour statuer, même provisoirement, sur le fond du procès.

379. — Toutefois, il est un principe constant : c'est que, lorsqu'un tribunal criminel renvoie devant un tribunal civil pour faire juger une question préjudicielle, il doit fixer le délai dans lequel le prévenu ou l'accusé sera tenu de rapporter le jugement de son exception. — *Cass.*, 2 déc. 1826, Ancillon ; 31 janv. 1833, Balloy ; 23 juill. 1830, Ressès; 15 déc. 1827, Grandjean; — Mangin, nos 219 et 220 ; Bourguignon, *Jurisp. des C. crim.*, no 7, sur l'art 3, C. instr. crim.; Rauter, p. 740; Le Sellyer, no 1537.

380. — Une fois le délai fixé pour le sursis expiré, le tribunal de répression doit statuer sur le fond, bien que le prévenu ait négligé de faire juger l'exception. Cette négligence ne peut retarder le cours de la justice. — Merlin, *Répert.*, vo *Questions préjudicielles*, no 9, p. 799 ; Mangin, no 222; Le Sellyer, no 1551.

381. — Si cependant le tribunal criminel reconnaissait lui-même que le délai attribué au prévenu a été insuffisant, il pourrait, surtout en présence des démarches actives de l'accusé, lui accorder une prorogation de délai. — Argum. des art. 798 et 1458, C. civ.

382. — L'exception résultant de l'existence d'une question préjudicielle ne peut pas être suppléée d'office par les tribunaux ; il faut qu'elle soit présentée par la partie poursuivie. — *Cass.*, 7 mars 1839 (t. 1er 1844, p. 358), Lavigne ; 22 mars 1839 (t. 1er 1844, p. 328), Cristofari.

383. — Quand, d'après les règles ci-dessus posées, il y a lieu de renvoyer devant le tribunal civil le jugement d'une question préjudicielle, le tribunal de répression ne saurait en connaître, bien qu'il soit composé des mêmes juges qui seront appelés à prononcer sur son mérite en audience civile. — *Cass.*, 2 therm., an XI, Bernardet-Chesné.

V. ACTION CIVILE, APPEL, CASSATION (mat. crim.), CHAMBRE DU CONSEIL, CHAMBRE DES DÉPUTÉS, CHAMBRE DES MISES EN ACCUSATION, CHAMBRE DES PAIRS, COLONIES, COMPÉTENCE (mat. civ.), COMPÉTENCE ADMINISTRATIVE, COMPLICITÉ, CONNEXITÉ, CONSEIL PRIVÉ, COUR D'ASSISES, COUR DE CASSATION, COUR DES PAIRS, COUR ROYALE, DEGRÉS DE JURIDICTION, ÉTRANGER, FONCTIONNAIRE PUBLIC, INSTRUCTION CRIMINELLE, JUGE D'INSTRUCTION, POLICE SANITAIRE, PRUD'HOMMES, QUESTION PRÉJUDICIELLE, TRIBUNAL CORRECTIONNEL, TRIBUNAL DE POLICE, TRIBUNAUX MARITIMES, TRIBUNAUX MILITAIRES, TRIBUNAUX SPÉCIAUX.

COMPÉTENCE MILITAIRE.

1. — La juridiction militaire, dérogatoire à la juridiction de droit commun, doit nécessairement être circonscrite dans les limites tracées par les lois qui l'ont établie.

2. — Or, les lois, décrets et ordonnances principales qui règlent la compétence militaire sont : 1o le décret du 22 sept.-29 oct. 1790, dans les art. 1er à 5, les autres ayant depuis été rapportés ; — 2o le décret du 30 sept. 1791 ; — 3o le décret du 12 mai 1793 : ces deux décrets portent le titre de Code pénal militaire ; — 4o la loi du 3 pluv. an II, sur l'organisation de la justice militaire ; — 5o la loi du 22 messid. an IV, qui fixe la compétence des conseils militaires ; — 6o les lois des 13 brum. an V, complétées par celle du 4 fructid. an V et 18 vendém. an VI, portant création des conseils de guerre et de révision ; — 7o la loi du 21 brum. an V, appelée *Code des délits et des peines pour les troupes de la république* ; — 8o la loi du 29 niv. an VI, art. 4 et suiv., dont l'application n'a été que temporaire, sur les vols avec violence ou complicité commis sur les grandes routes ou dans les maisons des citoyens par des individus même non militaires ; — 9o l'ordonnance du 21 fév. 1816, supprimant l'institution des conseils de guerre spéciaux établis pour juger les délits de désertion, désormais attribués aux conseils de guerre permanens ; — 10o l'ordonnance du 3 juillet 1816 déférant aux conseils de guerre les faits imputés aux militaires des bataillons coloniaux présens à leurs corps. — V. au surplus, pour l'énumération complète des lois sur cette matière, CODE PÉNAL MILITAIRE.

3. — Un avis du conseil d'état du 7 fruct. an XII règle cette compétence, en matière de délits ordinaires commis par des militaires *en congé* ou *hors de leur corps*. Il établit une première distinction entre les infractions aux lois militaires et les infractions aux lois générales. Puis, par une sous-distinction, il classe à part les délits commis par les militaires hors de leur corps ou en congé. Ces derniers doivent être déférés aux tribunaux ordinaires. — V. DÉLITS MILITAIRES.

4. — Jugé, en conformité des principes posés dans cet avis du conseil d'état, que les *délits communs* commis par des militaires en congé ou hors de leur corps sont de la compétence des tribunaux ordinaires. — *Cass.*, 1er déc. 1827, Glatigny.

5. — Un autre avis du conseil d'état décide de la même manière à l'égard des officiers en disponibilité. — Avis cons. d'état 12 janv. 1811.

6. — A part les circonstances exceptionnelles de l'état de siége (V. ÉTAT DE SIÉGE), il est incontestable que ceux-là seuls sont soumis à la juridiction militaire, qui font partie de l'armée ou dans certains cas sont attachés à sa suite.

7. — D'où il suit que si plusieurs individus, l'un militaire, l'autre ne l'étant pas, sont incriminés d'un crime ou d'un délit, quel que soit le fait qui leur est imputé, la juridiction ordinaire doit être

seule saisie pour statuer à raison d'indivisibilité de la matière. On sait qu'un projet de loi tendant à consacrer le principe de la disjonction en ces circonstances a été rejeté par la chambre des députés dans la session de 1837. — V. COMPÉTENCE CRIMINELLE, CONNEXITÉ (matière criminelle.)

8. — V. au surplus CODE PÉNAL MILITAIRE, COMPÉTENCE CRIMINELLE, CONNEXITÉ (matière criminelle), CONSEIL DE GUERRE, DÉLITS MILITAIRES, ÉTAT DE SIÉGE, TRIBUNAUX MILITAIRES.

COMPLAINTE.

Table alphabétique.

Appréciation de titre, 41, 43.
Arbitrage, 35.
Barrage, 8.
Cadenas, 5, 19.
Capacité, 28.
Cassation, 44.
Chemin, 17.
Cimetière, 15.
Clôture, 18 s.
Commune, 16.
Compétence, 30, 32.
Conclusion implicite, 39.
Cours d'eau, 9, 20 s.
Cumul du possessoire et du pétitoire, 31, 37 s.
Demande reconventionnelle, 40.
Déversoir, 22.
Domaine public, 13.
Dommage, 7, 11.
Droit, 6, 9. — de propriété, 27.
Exception, 44.
Instruction, 33 s.
Intervention, 12.
Lit de ruisseau, 24.
Motifs, 45.
Pacage, 42.
Possession annale, 26. — partielle, 29.
Prescription, 44.
Récréance, 35.
Réglement administratif, 21.
Rivage de la mer, 14.
Salaire, 23.
Séquestre, 35.
Trouble, 4 s., 10, 12.

COMPLAINTE. — 1. — Ce mot, pris dans son acception générique, est synonyme d'action possessoire, et désigne également l'action en complainte proprement dite, l'action en dénonciation de nouvel œuvre et l'action en réintégrande. — V. ACTION POSSESSOIRE.

2. — Mais dans le langage usuel du droit, on lui donne ordinairement un sens moins étendu, et on l'emploie pour caractériser spécialement l'action par laquelle une personne troublée dans la possession annale d'un immeuble, demande à y être maintenue.

3. — C'est sous ce dernier point de vue que nous nous occuperons de la complainte dans cet article, et, les principes qui la régissent ayant d'ailleurs été complétement exposés sous le mot ACTION POSSESSOIRE (nos 63 et suiv.), nous nous bornerons à rapporter les décisions intervenues depuis l'impression de notre premier volume.

4. — *Caractère du trouble.* — Il suffit, en général, pour autoriser la complainte, qu'il y ait gêne apportée à la jouissance du possesseur, encore bien que l'acte incriminé ne soit pas de nature à faire acquérir un droit à celui de qui il émane.

5. — Ainsi, par exemple, le maire qui a fait entourer une place de sa commune de barrières destinées à empêcher l'accès des voitures ou des bestiaux, peut se plaindre, au possessoire, de l'enlèvement d'un cadenas servant à la clôture de ces barrières par un propriétaire voisin auquel une clé du cadenas avait été remise pour ouvrir quand il en aurait besoin, mais à la charge de refermer de suite les barrières qui se trouvaient placées à l'issue de sa propriété, sur la place publique. — *Trib. de Douai*, sous *Cass.*, 18 août 1842 (t. 1er 1843, p. 114), Billard c. comm. d'Auneuil.

6. — Le trouble apporté à la possession non méconnue du demandeur ne peut, au surplus, motiver une condamnation contre l'auteur de ce trouble qu'autant qu'il y a eu de sa part abus dans l'exercice de son droit, et qu'en outre le demandeur a éprouvé un préjudice appréciable. — *Cass.*, 11 juin 1844 (t. 2 1844, p. 548), Dutertre c. Besnier. — V. ACTION POSSESSOIRE, nos 77 et suiv.

7. — En conséquence, l'action en complainte doit être déclarée non-recevable, si le demandeur ne rapporte pas ou n'offre pas la preuve de l'abus et du dommage. — Même arrêt.

8. — Spécialement, le fait par un riverain d'avoir élevé momentanément un barrage sur un cours d'eau pour l'irrigation de sa propriété peut donner lieu à une action en complainte de la part d'un propriétaire inférieur non riverain, qui depuis plus d'un an est en possession de faire couler ces mêmes eaux sur son fonds, au moyen d'un canal de dérivation. — Même arrêt.

9. — Mais si le défendeur soutient qu'il a agi dans les limites de son droit, soit comme riverain, soit comme étant lui-même en possession d'élever son barrage tous les ans, il ne pourrait être condamné à la suppression du barrage et à des dommages-intérêts qu'autant que le demandeur prouverait que le fait du trouble est tout à la fois abusif et dommageable. — Même arrêt.

10. — On ne peut considérer comme un trouble donnant lieu à l'action en complainte, les travaux d'ensemencement prescrits et exécutés sur les dunes ou *lettes* faisant partie du territoire d'une commune, par le préfet, agissant au nom du pouvoir exécutif et en vue de l'intérêt général. — *Cass.*, 29 mai 1845 (t. 2 1845, p. 743), comm. de Sainte-Eulalie c. préfet des Landes.

11. — Il en est de même des travaux opérés par un propriétaire voisin sur son propre fonds, et qui ne causent aucun préjudice au demandeur en complainte. — *Cass.*, 11 déc. 1844 (t. 1er 1845, p. 352), Matton c. d'Hervilly.

12. — L'intervention postérieure du tiers ne saurait influer sur l'état du litige tel que la demande originaire l'avait fixé. Dès-lors, c'est en vue de la possession existant au moment du trouble, et non en vue de celle qui n'a été que la conséquence de ce trouble, et qui existait au moment de l'intervention, que l'action possessoire doit être appréciée. — *Cass.*, 13 juin 1843 (t. 2 1843, p. 448), Sol c. le maire de Toulouse.

13. — *Choses qui peuvent être l'objet d'une complainte.* — Les choses du domaine privé peuvent seules, en général, être l'objet d'une action en complainte. — V. ACTION POSSESSOIRE, nos 220 et suiv.

14. — Par suite, un terrain séparé de la mer par des dunes, et qui est couvert pour une partie à chaque marée, et pour l'autre partie fréquemment, par les eaux de la mer refluant dans le canal du port ou de l'arrière-port, devant être réputé rivage de la mer, ne saurait motiver une action de cette nature. — *Cass.*, 4 déc. 1843 (t. 1er 1844, p. 61), Marsilly c. le préfet du Pas-de-Calais.

15. — Il en est de même d'un cimetière. — *Cass.*, 10 janv. 1844 (t. 1er 1844, p. 385), comm. de Perrigny c. comm. de Conliège et de Briod. — V. CIMETIÈRE, nos 52 et suiv.

16. — Toutefois, le caractère public ou l'imprescriptibilité d'une chose n'excluent l'action possessoire que de la part d'un simple particulier qui se prétendrait troublé dans la possession de cette chose, et non pas du chef de la commune qui en est propriétaire. — *Trib. de Douai*, sous *Cass.*, 18 août 1842 (t. 1er 1843, p. 114), Billard c. commune d'Auneuil.

17. — *Chemins.* — Si un tiers se prétendant propriétaire d'un chemin dont une commune est en possession depuis plus d'un an, en intercepte la circulation, la commune est recevable à se pourvoir par voie de complainte possessoire pour faire rétablir provisoirement la circulation. — *Cass.*, 2 déc. 1844 (t. 1er 1845, p. 41), commune de la Chapelle-Gauthier c. Dufau-d'Allemand.

18. — La clôture qui entoure un terrain fait nécessairement partie de ce terrain et participe de sa nature immobilière ; tout ce qui a pour objet d'y porter atteinte peut donc être réprimé par la voie de complainte. — *Cass.*, 18 août 1842 (t. 1er 1843, p. 114), Billard c. comm. d'Auneuil. — V. ACTION POSSESSOIRE, no 330.

19. — En conséquence, le déplacement d'un cadenas et d'un boulon servant à la fermeture d'une clôture donne lieu à cette action. — Même arrêt.

20. — *Cours d'eau.* — Le réglement qui restreint les droits des riverains, et leur interdit l'usage des eaux au détriment d'une usine, a pour effet de rendre toute possession contraire à ces défenses inefficace pour acquérir la prescription ou pour intenter une action en maintenue possessoire. — *Trib. de Metz*, 17 juill. 1837, sous l'arrêt précédent.

21. — Lorsque, pour déterminer le caractère de la possession sur un cours d'eau, le juge du possessoire croit devoir consulter un réglement d'eau fait dans un intérêt d'ordre public, et sur lequel s'appuie l'une des parties, il est de son devoir, dans le cas où le réglement présente de l'obscurité, de surseoir à statuer jusqu'après son interprétation par l'autorité administrative. — *Cass.*, 26 janv. 1841 (t. 1er 1844, p. 262), de Bonnaire c. Payssé.

22. — Bien que tout ce qui concerne la hauteur des eaux pour le service des diverses usines établies sur un même cours d'eau rentre dans le domaine de l'administration, le juge de paix n'en est pas moins compétent pour statuer sur l'action en complainte formée par un riverain, à raison du trouble qu'il éprouve par suite de l'élévation d'un déversoir opéré sans autorisation par le propriétaire d'une usine voisine, et pour ordonner le rétablissement des lieux dans l'état où ils se trouvaient avant le trouble résultant de cette entreprise. — *Cass.*, 28 janv. 1845 (t. 1er 1845, p. 598), de Montlaur c. de Prilly. — V. ACTION POSSESSOIRE, nos 263 et suiv.

23. — Lorsqu'une saline est depuis longtemps en possession paisible des eaux de la mer, qui, après avoir franchi de vastes terrains et poussées par les vents, se rendent naturellement dans un étang ; qu'il existe des ouvrages apparens et anciens destinés à amener les eaux vers la saline pour l'en faire profiter, état de choses d'ailleurs corroboré par un titre et une destination du père de famille, c'est avec raison qu'un tribunal accueille l'action possessoire du propriétaire de la saline, tendant à la cessation de tous travaux de nature à fermer aux eaux de la mer l'accès de l'étang. — *Cass.*, 13 juin 1842 (t. 2 1843, p. 69), Société de la Basse-Camargue c. Daniel.

24. — Le lit d'un ruisseau peut être possédé exclusivement par l'un des riverains, bien que ses eaux servent à l'irrigation des divers héritages qui le bordent. — En conséquence, un tribunal peut admettre un des riverains à prouver qu'il est en possession annale de la jouissance de la vase qui s'y dépose. — *Cass.*, 7 déc. 1842 (t. 1er 1843, p. 817), Verny-Lamothe c. Tantillon. — V. ACTION POSSESSOIRE, n. 274.

25. — *Examen de cas spéciaux relativement à l'exercice des actions possessoires.* — L'arbitrage constitué pour juger le pétitoire n'est pas un obstacle à l'action possessoire, si l'arbitrage finit sans rien décider sur la question litigieuse. — *Cass.*, 27 juin 1843 (t. 2 1843, p. 514), Adeline c. Aubert.

26. — *Conditions requises pour l'exercice de la complainte.* — Deux conditions seulement sont nécessaires pour motiver la complainte. Il suffit que le demandeur justifie d'une possession utile et annale et qu'il établisse qu'il a été troublé depuis moins d'un an dans cette possession. — *Cass.*, 11 juin 1844 (t. 2 1844, p. 548), Dutertre c. Besnier. — V. ACTION POSSESSOIRE, nos 383 et suiv.

27. — Le juge saisi de la demande en complainte n'est pas tenu de renvoyer la partie à se pourvoir au pétitoire par cela seul que le défendeur prétend que la propriété du terrain litigieux appartient à un tiers qui ne figure pas au procès. — *Cass.*, 19 avr. 1843 (t. 1er 1843, p. 674), Bérard c. Péritier.

28. — *Capacité.* — L'action en complainte possessoire est valablement dirigée contre l'auteur du trouble, alors même que celui-ci aurait agi non en son nom personnel, mais dans l'intérêt et comme représentant d'un tiers, par exemple, d'une communauté d'habitans ; sauf à l'auteur du trouble à mettre en cause et à appeler en garantie celui pour lequel il prétend avoir agi. — *Cass.*, 13 juin 1843 (t. 2 1843, p. 448), Sol c. le maire de Toulouse. — V. ACTION POSSESSOIRE, no 504.

29. — La maxime : *Pro parte usus videtur usus in totum*, n'est applicable qu'à l'exercice d'un droit considéré dans son unité, et non au cas où une action en complainte a pour objet un espace de terrain parfaitement divisible de sa nature, et dont l'état matériel est loin d'être uniforme. — Dans ce cas, la maintenue possessoire peut être accordée pour une portion qui a été réellement possédée, et être refusée pour une autre de laquelle cette possession n'est pas justifiée. — *Cass.*, 4 déc. 1843 (t. 1er 1844, p. 61), Marsilly c. préfet du Pas-de-Calais.

30. — *Tribunal compétent.* — Lorsqu'un usinier prétend que la marche de son usine est ralentie par suite de l'exhaussement du déversoir d'une usine inférieure située dans un autre canton, l'action possessoire doit être portée, non devant le juge de paix du lieu du trouble, mais devant celui de la situation du déversoir. — *Cass.*, 25 juin 1844 (t. 2 1844, p. 152), de Mautort c. de Métivier. — V. ACTION POSSESSOIRE, nos 523 et suiv.

31. — *Trouble pendant le pétitoire.* — Le possesseur qui, pendant l'instance au pétitoire, est troublé dans sa jouissance, peut, malgré la règle qui défend de cumuler le possessoire et le pétitoire, former une action en complainte. — *Cass.*, 5 août 1845 (t. 2 1845, p. 759), Hadol c. Guilgot. — V. ACTION POSSESSOIRE, no 535.

32. — Dans ce cas, la complainte possessoire doit être portée devant le juge de paix du canton, et non devant le tribunal civil, comme incident à l'action pétitoire. — Même arrêt.

33. — *Instruction.* — Le juge du possessoire peut rechercher dans l'état des lieux le véritable caractère de la possession, et par suite les éléments de sa décision. — *Cass.*, 17 déc. 1844 (t. 1er 1845, p. 210), Bezille c. Marchand. — V. ACTION POSSESSOIRE, no 582.

34. — Le tribunal qui a annulé une sentence du juge de paix pour cumul du possessoire et du pétitoire, et qui a renvoyé les parties devant un autre juge pour l'instruction de l'affaire et l'appréciation des faits de possession, conserve le droit, sur l'appel de la nouvelle sentence, de déterminer les caractères de la possession à l'aide même du titre dont l'appréciation avait fait annuler la première sentence, sans qu'il y ait de sa part violation de la chose jugée. — *Cass.*, 26 janv. 1841 (t. 1er 1844, p. 262), de Bonnaire c. Payssé.

35. — *Recréance.* — Le juge qui ne reconnaît la possession annale à aucune des parties peut ordonner le séquestre du bien litigieux, de telle sorte

que la jouissance en reste indivise entre les parties. — *Cass.*, 16 nov. 1842 (t. 1er 1843, p. 116), comm. de la Gouberge c. Buffet. — V. ACTION POSSESSOIRE, nos 610 et suiv.

36. — Il est bon de ne pas confondre le séquestre avec la recréance : le séquestre a lieu lorsqu'on remet à un tiers la possession de l'immeuble litigieux, sous les obligations imposées au séquestre conventionnel (C. civ., art. 1963), tandis que la recréance n'est pas autre chose que l'adjudication provisoire à celle des parties qui a le droit le plus apparent, à charge de donner caution. — Ce dernier moyen paraît le plus naturel et le plus convenable.

37. — *Cumul du possessoire et du pétitoire.* — Celui qui est renvoyé à fins civiles, conformément à l'art. 182, C. forest., et qui, devant le tribunal de répression, avait excipé de sa qualité de propriétaire, peut encore intenter l'action possessoire. — *Cass.*, 23 janv. 1844 (t. 1er 1844, p. 252), Ville de Tours c. Chaudesais. — V. ACTION POSSESSOIRE, nos 620 et suiv.

38. — Le juge du possessoire ne viole pas le principe qui défend le cumul du possessoire et du pétitoire, par cela seul qu'il déclare maintenir une des parties dans la possession où elle est depuis plus d'un an et un jour. On ne peut dire qu'il y ait là reconnaissance d'une possession attributive de propriété. — *Cass.*, 17 déc. 1844 (t. 1er 1845, p. 210), Bezille c. Marchand. — Mais il ne pourrait maintenir une partie dans sa possession *annale* et *immémoriale*. — *Cass.*, 15 juill. 1829, Matter c. Lesprit. — V. ACTION POSSESSOIRE, nos 634 et suiv.

39. — Bien que l'auteur d'un trouble cité au possessoire n'ait pas, en demandant le rejet de l'action en complainte, conclu expressément à être maintenu personnellement en possession, cependant sa prétention à cet égard n'en doit pas moins être considérée comme élevée d'une manière explicite et formelle lorsque, après avoir ouvert le litige par un procès-verbal dressé contre le prétendu possesseur, il a, en vertu d'un jugement interlocutoire, fait une enquête pour établir sa possession personnelle. — Dès-lors, le jugement qui le maintient en possession ne peut être attaqué par voie de requête civile comme ayant accordé plus qu'il n'était demandé. — *Cass.*, 14 juin 1843 (t. 2 1843, p. 447), Garnier c. préfet de Seine-et-Oise.

40. — Le défendeur à une action possessoire peut, même dans cette instance, saisir le juge de paix d'une demande reconventionnelle ayant un caractère pétitoire, par cela seul que cette demande est de nature à être soumise à ce juge. — *Cass.*, 11 déc. 1844 (t. 1er 1845, p. 352), Matton c. d'Hervilly.

41. — *Appréciation de titres.* — Le juge du possessoire a qualité pour apprécier, sous le point de vue de l'action possessoire, les titres produits par une des parties à l'effet de justifier sa prétendue possession et de déterminer les faits de dépaissance par elle articulés. — *Cass.*, 4 déc. 1843 (t. 1er 1843, p. 61), Marsilly c. préfet du Pas-de-Calais. — V. ACTION POSSESSOIRE, nos 676 et suiv.

42. — *Questions spéciales.* — Lorsque des faits de pacage sont appuyés d'un titre, ils perdent leur caractère de précarité ; en conséquence, le juge du possessoire n'encourt pas le reproche de cumuler le possessoire et le pétitoire en appréciant, dans ce cas, le titre sous le point de vue de la possession. — *Cass.*, 16 janv. 1843 (t. 1er 1843, p. 382), Rossignol de Laronde c. Labbe.

43. — Dans ces circonstances, le juge, après avoir visé l'acte qui faisait le titre du demandeur au possessoire, a pu, sans contrevenir à l'art. 1320, C. civ., prendre en considération certains actes dans lesquels le défendeur n'avait pas été partie. — Même arrêt.

44. — L'exception tirée de ce qu'une action possessoire serait prescrite ou de ce qu'elle aurait été mal à propos dirigée contre une commune qui n'était pas l'auteur du trouble, ne peut être soumise pour la première fois à la cour de Cassation. — *Cass.*, 23 janv. 1844 (t. 1er 1844, p. 253), ville de Tours c. Chaudesais.

45. — *Motifs.* — Les motifs donnés à l'appui du rejet d'une demande possessoire s'appliquent d'eux-mêmes au rejet de la demande accessoire en dommages-intérêts fondée sur le prétendu trouble apporté à la possession du demandeur ; il n'est pas besoin de motifs spéciaux. — *Cass.*, 4 déc. 1843 (t. 1er 1844, p. 61), Marsilly c. préfet du Pas-de-Calais.

V. ACTION POSSESSOIRE.

COMPLAINTE BÉNÉFICIALE.

1. — On appelait ainsi l'action intentée par celui qui se prétendait troublé par un autre dans la possession d'un bénéfice.

2. — Le trouble donnant lieu à l'action en complainte pouvait venir, soit de la possession prise par une partie autre que celle qui possédait antérieurement, soit de l'opposition formée à la possession de celui qui prétendait avoir seul le droit de posséder, parce qu'alors celui ci prenait la continuation de la possession de son adversaire pour un trouble dans la sienne. — Denisart, vo *Complainte bénéficiale*, no 1er.

3. — Cette action du droit ecclésiastique avait des points d'analogie avec la complainte au civil, dont elle était une imitation. La procédure et la compétence y relatives étaient réglées par le titre 15 de l'ord. de 1667.

4. — Les bénéfices ayant été supprimés par la loi du 12 juillet-24 août 1790, et cette loi ayant disposé « qu'il ne pourrait jamais en être établi de semblables » (V. BÉNÉFICE ECCLÉSIASTIQUE), il serait inutile d'entrer dans de longs détails sur une procédure qui a cessé de recevoir son application.

5. — Nous dirons seulement que dès ses débuts, cette procédure aboutissait soit à la pleine maintenue, soit à la *récréance*, soit au *séquestre*. — Ord. 1667, art. 7.

6. — La pleine *maintenue* formait un jugement définitif dont l'effet était d'assurer à celui qui l'avait obtenue le titre du bénéfice contesté et la possession, et de priver l'adversaire de tout moyen de pourvoi au pétitoire.

7. — La récréance était une possession provisionnelle qui s'adjugeait, pendant le procès, à celui dont le droit paraissait le mieux fondé, jusqu'à ce que le juge fût plus en état de prononcer sur la pleine maintenue. La récréance bénéficiale laissait donc, comme la simple maintenue civile, le fond du droit en suspens. — V ACTION POSSESSOIRE, nos 606 et suiv. — V. aussi Denisart, vo *Complainte*.

8. — Enfin, le séquestre était le dépôt qui se faisait des fruits et des revenus du bénéfice entre les mains d'un commissaire nommé par les parties, ou d'office par le juge, pour les percevoir et régir pendant le cours du procès ; pour, après le jugement du fond, être délivré à celui qu'il appartiendrait. Le séquestre n'était ordonné que lorsque le droit des contendans paraissait absolument égal, ou que l'un et l'autre était sans droit.

9. — L'exécution des sentences de récréance ou de séquestre avant la maintenue était réglée par les art. 9 et 10 de l'ordonnance.

10. — Anciennement on décidait que, lorsque le seigneur haut justicier avait des bénéfices dépendant de sa collation, la connaissance en appartenait à son juge ; mais cet usage, attesté par Dumoulin sur la règle *de infirmis*, no 419, et par Brodeau sur Louet, Lettr. B, a été abrogé par l'ordonnance, dont l'art. 4 (tit. 15) a décidé « que les complaintes pour bénéfice seraient poursuivies pardevant les juges royaux auxquels la connaissance en appartiendrait privativement aux juges d'église et à ceux des seigneurs, encore que les bénéfices fussent de la fondation des seigneurs ou de leurs auteurs et qu'ils en eussent la présentation ou collation. » — V. Denisart, *verb. cit.*, nos 3 et suiv.

11. — Les juges compétens étaient les juges royaux, dont les appels ressortissaient immédiatement aux cours du parlement. Toutefois, les complaintes bénéficiales pouvaient être portées ou évoquées aux requêtes du palais par ceux qui avaient le droit de *committimus* (V. ce mot), ou devant les juges conservateurs des privilèges des universités, par ceux qui avaient le droit de garde gardienne. — Denisart, no 12.

12. — Quant aux complaintes pour les brévetaires de joyeux avénement, pour les indultaires du parlement et pour les bénéfices consistoriaux (V. BÉNÉFICES ECCLÉSIASTIQUES, nos 11 et 19), elles devaient être portées au grand conseil. — Denisart, no 12.

13. — On peut, au surplus, consulter sur cette matière, qui n'a plus aujourd'hui qu'un intérêt historique. — Denisart, vis *Complainte bénéficiale*, *Dernier état*, *Récréance*.

14. — V. en outre, sur la matière des bénéfices, BÉNÉFICE ECCLÉSIASTIQUE, COMMENDE

COMPLANT.

V. BAIL A COMPLANT.

COMPLÉMENT (Actes de).

Ce sont les actes qui ne contiennent que l'exécution, l'achèvement ou la consommation d'actes antérieurs. — V. ENREGISTREMENT.

COMPLÉMENTAIRES (Jours).

V. JOURS COMPLÉMENTAIRES.

COMPLEXITÉ.

1. — Ce mot désigne, en matière criminelle, la réunion, ou plutôt le mélange dans une seule proposition, des élémens, soit constitutifs, soit aggravans ou atténuans des crimes, délits et contraventions.

2. — La complexité n'a guère d'importance qu'en ce qui concerne les crimes proprement dits, et relativement, soit aux qualifications contenues dans les arrêts de renvoi aux assises et les actes d'accusation, soit aux questions adressées aux jurés et aux réponses faites par eux. — Partout ailleurs la complexité n'est d'aucun intérêt.

3. — Les difficultés que peut présenter la complexité dans les cas que nous venons d'indiquer, ont occupé le législateur à diverses époques, depuis la refonte de nos lois criminelles. Sa sollicitude à cet égard prouve assez l'importance qu'il y a constamment attachée.

4. — La loi organisatrice du jury du 16-29 sept. 1791 (tit. 27, art. 20 et 21), qui a dû nécessairement s'occuper des questions à poser au jury, était, comme le sont en général toutes les lois d'organisation, fort incomplète sur ce point. Elle laissait au président du tribunal criminel la plus grande latitude. Il n'était tenu qu'à suivre l'ordre qui lui paraissait le plus favorable à l'accusé.

5. — La constitution du 5 fructid. an III, qui suivit de près, fut la première qui défendit expressément de poser aucune question complexe.

6. — Vint ensuite le Code de brum. an IV (art. 380), qui, adoptant le même système, non seulement reproduisit dans les art. 374, 377 et 378, en les amplifiant considérablement, les prohibitions de la loi de l'an III, mais de plus les sanctionna presque toutes par la peine de nullité.

7. — De là des questions sans nombre adressées aux jurés, de là des divisions et subdivisions à l'infini : chaque fait, chaque circonstance, chaque idée, la moralité, la volonté, l'intention nécessitaient autant de questions distinctes qui elles-mêmes en faisaient naître d'autres ; c'était, en un mot, un dédale au milieu duquel se perdaient, ainsi que le disait M. Faure, le 29 nov. 1808, dans son exposé des motifs du Code d'instruction criminelle au corps législatif, les hommes les plus heureusement doués sous le rapport de la mémoire et susceptibles de la contention d'esprit la plus soutenue. Et si l'on réfléchit que presque toutes ces prescriptions devaient être observées à peine de nullité, on peut se faire une idée du nombre considérable de nullités qui devaient chaque jour être commises et prononcées, et des embarras sérieux qui en résultaient dans l'administration de la justice criminelle.

8. — Aussi, le législateur de 1808, frappé de ces immenses abus, crut-il y porter remède, par les art. 337 et 338 du nouveau Code d'instruction criminelle. Malheureusement il ne sut point se maintenir dans de justes limites, et à l'exagération de la division succéda l'excès contraire, de la complexité des questions.

9. — Toutefois, le nouvel état de choses consacré par le Code d'instruction criminelle, dont les dispositions, au reste, furent à cet égard conservées lors de la révision de 1832, n'en était pas moins un progrès réel, en ce que, si le texte de la loi admettait d'une manière générale et formelle la complexité dans les questions, son esprit du moins ne repoussait pas leur division lorsqu'elle semblait nécessaire : telle était d'ailleurs l'interprétation constamment consacrée par la jurisprudence et universellement suivie dans la pratique.

10. — Au surplus, pour prévenir toute équivoque à cet égard, et substituer une disposition expresse à l'arbitraire de la jurisprudence, la loi de 1832 avait spécifié (art. 339 et 340) certains cas dans lesquels on devait poser des questions distinctes.

11. — Les dernières modifications apportées à cet état de choses remontent aux lois des 9 sept. 1835 et 13 mai 1836, qui, empruntant à chacun des systèmes de la loi de brumaire et du Code d'instruction criminelle ce qu'il présentait d'incontestablement avantageux, se sont bornées à prescrire des questions distinctes et séparées pour le fait principal, pour chacune des circonstances aggravantes et pour les circonstances atténuantes.

12. — Toute la difficulté consiste donc, ainsi que le dit avec raison M. de Lacuisine (*Tr. du pouvoir judic. dans la direction des débats criminels*, p. 427 et suiv.), à distinguer d'une façon précise les questions complexes de celles qui ne le sont pas, c'est-à-dire qui peuvent ou non jeter l'équivoque et la confusion dans les votes, car la nullité des débats est attachée à l'observation des règles prescrites par la loi à cet égard.

13. — Ainsi, il y aurait vice de complexité, d'après la loi de 1836, dans la réunion du fait principal à une ou plusieurs circonstances aggravantes,

dans celle e plusieurs circonstances aggravantes, si une même question comprenait plusieurs accusés ou plusieurs faits distincts et indépendans les uns des autres, etc.

14. — Du reste, la prohibition relative à la complexité dans les questions soumises au jury s'applique également aux réponses faites par celui-ci ; et le vice de complexité serait, dans ce dernier cas comme dans le premier, une cause de nullité.

15. — Des auteurs soutiennent (V. MM. Teulet, d'Auvilliers et Sulpicy, *Codes annotés*, sur l'art. 337, C. inst. crim., n° 169) que c'est surtout au vœu du jury que s'appliquent les prescriptions de la loi de 1836, et que la complexité dans ses réponses est plus importante que celle qui existe dans les questions ; ils pensent même, mais cela est peut-être contestable, qu'il n'y aurait nullité pour complexité dans la position des questions qu'autant que les réponses seraient elles-mêmes collectives et complexes.

V. CIRCONSTANCES AGGRAVANTES, CIRCONSTANCES ATTÉNUANTES, COUR D'ASSISES, JURY.

COMPLICITÉ.

Table alphabétique.

Sect. 1re. — *Notions générales.*

2. — Tous les actes qui contribuent à la consommation d'un crime ou d'un délit, toutes les personnes qui y concourent, ne sont pas également criminels ou coupables. — Dès-lors il serait équitable de graduer la peine et de ne la distribuer entre les participans à un même fait que dans la mesure exacte de la participation de chacun.

3. — Mais la justice humaine est limitée dans son action et dans ses appréciations. — Pourra-t-elle toujours découvrir toutes les circonstances qui entourent un acte coupable, en saisir toutes les nuances ? Évidemment non, et son impuissance à ce sujet a déterminé les auteurs de notre Code pénal à poser une règle absolue, inflexible, en vertu de laquelle tous ceux qui ont participé à un même acte sont considérés comme également coupables et encourent la même peine. — Ils ont mieux aimé abandonner au juge le soin de puiser, soit dans les limites du minimum au maximum de la peine, soit dans la faculté d'admettre des circonstances atténuantes, la mesure la plus équitable de la répression à infliger dans chaque cas, que d'essayer des classifications trop nombreuses et des distinctions que l'insaisissable des nuances morales sur lesquelles elles seraient fondées rendrait le plus souvent impossibles à caractériser.

4. — La loi romaine mettait déjà sur la même

ligne les auteurs (*rei*) et les complices (*participes vel socii*) et les frappait de la même peine. — Elle considérait comme complices ceux qui avaient assisté le coupable *ope et consilio*, ce qui comprenait aussi bien l'ordre, la commission ou même le simple conseil que la coopération matérielle aux actes qui avaient préparé ou accompli le crime. — Ce qui comprenait également le fait d'avoir donné asile aux coupables ou recélé les objets volés. — L. 15, ff., *Ad leg. corn. de sicar.*; L. 7, § 6, ff., *Ad. leg. Pomp. de parricid.*; L. 4, ff., *De recept.*; L. 1, Cod., *De his qui latrones*; L. 9, Cod., *Ad leg. Jul. de vi*; LL. 36, 50 et 52, 54, § 4, ff., *De furtis*; L. 4, ff., *Ad leg. aquil.*

5. — Toutefois de nombreuses modifications vinrent tempérer la rigueur de cette règle. — Ainsi, Justinien (Inst., *De oblig. quæ ex delicto nascuntur*, § 11) exempta *le conseil* de toute peine. — La loi 109,ff., *De furtis*, disposa de même à l'égard de celui qui, témoin d'un crime, ne l'avait pas empêché, et la loi 62, ff., *De furtis*, en faveur de celui qui, sans donner asile au coupable, avait néanmoins favorisé sa fuite.

6. — Le principe consacré par la loi romaine fut admis dans notre ancien droit.—Établ. de Saint-Louis , § 32 (il y avait même aggravation de peine pour les femmes *qui faisaient société avec les criminels*). — Ord. 22 déc. 1477; mars 1515; déc. 1559; 1670 , tit. 16, art. 4. — Toutefois les parlemens appliquaient les distinctions établies par les lois romaines. — Jousse, t. 1er, p. 17; Muyart de Vouglans, p. 10.

7. — Enfin ce principe fut consacré par l'art. 1er, tit. 3, C. pén. de 1791, d'où il a passé dans le Code de 1810.

8. — En Angleterre, on distingue les *coopérateurs principaux* et les *coopérateurs accessoires*. — Les premiers sont ceux qui ont assisté à l'exécution; les seconds ceux qui y ont coopéré, mais sans être présens. Ceux-ci sont en général punis moins rigoureusement (*Stephen's Summary of the criminal, Law*, p. 7 à 18; Blackstone, p. 34). — Il en est à peu près de même dans l'état de New-York. — A la Louisiane, les *auteurs principaux* (qui ont pris part activement au crime) et les *complices* (qui l'ont conseillé, préparé, etc.) encourent les mêmes peines; les *coopérateurs accessoires* (qui, sachant les crimes, en ont secouru ou recélé les auteurs) subissent une peine plus douce. — La loi brésilienne prononce contre les complices et les recéleurs la même peine que contre les auteurs, en restreignant cependant la durée aux deux tiers (C. crim., art. 4, 5, 6, 34 et 33). — En Autriche (C. pén. gén., art. 5, 6, 105, 106, 119, 430, 190), la participation *indirecte* à un crime (mandat, conseils, instructions, moyens fournis, etc.) est frappée d'une peine moindre que la participation *directe* (provocation, aide ou assistance, etc.). — Le recel est aussi puni différemment. — Le Code prussien (art. 64 à 84) sépare les auteurs *secondaires* (assistance non préméditée , instructions, conseils, partage des produits du crime, etc.) des auteurs *immédiats* (participation directe, mandat, ligue tirée du recélement des coupables, etc.), et applique aux premiers la peine inférieure à celle portée contre les auteurs.

9. — Plusieurs auteurs anciens ou modernes, envisageant tantôt la participation antérieure, concomitante ou postérieure au fait, tantôt la coopération matérielle ou morale, ont tenté de classer toutes les circonstances d'après les nuances diverses de criminalité dont elles sont empreintes; mais il faut reconnaître que ces distinctions trop multipliées sont plus périlleuses qu'utiles. — C'est ce que les auteurs de la *Théorie du Code pénal* (t. 2, p. 92), tout en regrettant l'uniformité de notre système et ce sujet, ne font aucune difficulté d'avouer. Aussi se bornent-ils à proposer la division de toute coopération à un acte coupable en coopération *principale* et *secondaire* : principale à l'égard des *auteurs*, secondaire vis-à-vis des *complices*. — Les *auteurs* seraient ceux qui auraient exécuté, causé ou déterminé le fait; les *complices*, ceux qui y auraient aidé ou assisté, mais sans en avoir déterminé l'exécution.

10. — Ainsi, il faudrait ranger parmi les auteurs ou coauteurs (V. ce mot) ceux qui ont donné aux personnes placées sous leur autorité l'ordre de le commettre, car cet ordre en est la cause prochaine (Farinacius, quæst. 130, nos 54, 55 et 135; Julius Clarus, quæst. 90, nos 4, 2, 88; Cout. Bretagne, art. 625; ord. de Blois, art. 195; ord. de 1670, art. 4, tit. 46); et les personnes qui ont exécuté cet ordre (Loisel, *Inst. cout.*, 1. 8, tit. 17, max. 8), à moins celles qui n'aient été contraintes par une force à laquelle elles n'ont pu résister (C. pén., art. 64).

11. — ... 2° Ceux qui, par mandat et à l'aide d'instructions, dons, promesses ou menaces, ont provoqué à sa perpétration ; à moins que ce man-

dat, ces instructions, dons ou menaces n'aient été repoussés, auquel cas ils ne peuvent constituer qu'un acte préparatoire non incriminable (Farinacius, quæst. 135, n° 74; Menochius, *De arbitr. jud.*, *casu* 360, n° 44), ou qu'ils n'aient été révoqués avant leur exécution (V. cependant Menochius, *loc. cit.*; Farinacius, quæst. 132, n° 6; Carrerius, *Prax. crim.*, quæst. 352, n° 81; Covarruvias, *in elem.*, pas. 2, n° 2, vers. 6). — Si le mandataire avait outrepassé les bornes de son mandat, le mandant ne pourrait être considéré comme responsable qu'autant qu'il aurait pu prévoir le résultat survenu. — V. cependant Jousse, t. 1er, p. 28, et Muyart de Vouglans, p. 14, qui n'admettent pas en pareil cas la responsabilité, et Legraverend, t. 1er, p. 137, qui l'admet en tous cas.

12. — ... 3° Ceux enfin qui participent d'une manière directe et immédiate à son exécution : tels que celui qui retient, celui qui égorge, celui qui soutient l'échelle, celui qui saisit l'objet du vol, celui qui fracture les fermetures, celui qui pénètre dans la maison, celui qui garde les effets et hardes des auteurs principaux, celui qui surveille la voiture destinée à consommer le rapt, ceux qui font nombre pour effrayer. — Rossi, *Dr. pén.*, t. 3, p. 50; Jousse, t. 1er, p. 23 et 24; Farinacius, quæst. 130, nos 61, 39 et 40; Muyart de Vouglans, n° 8.

13. — ..... Ou bien encore celui qui fait le guet en dehors d'une maison pendant qu'un autre y commet un crime. — V. *infrà* n° 179.

14. — Toutefois MM. Chauveau et Hélie (t. 2, p. 86) reconnaissent entre les diverses hypothèses que nous venons d'indiquer des différences qui pourraient déterminer à ne pas appliquer la même peine.

15. — Mais on ne pourrait ranger parmi les auteurs ou coauteurs : 1° ceux qui mettent en rapport le mandant et le mandataire, favorisent leur entrevue ou leur correspondance. — V. *contrà* Farinacius, quæst. 132, n° 41, 135, n° 14; Jousse, t. 1er, p. 26.

16. — ... 2° Non plus que ceux qui ont conseillé le crime. — V. *contrà* Grotius, *De jur. pac. et bel.*, t. 2, p. 112; Aristote, *Rhét.*, l. 1, cap. 7; L. 1, Cod., *Si rect. pov.*; Inst., *De oblig. quæ ex del. nasc.*, § 2; Julius Clarus, quæst. 88, nos 1 et 2; Bœrius, *dec.* 262; Farinacius, quæst. 129, nos 1 et suiv.; Carmignani, t. 2, p. 886. — V. aussi Muyart de Vouglans, p. 24; Rossi, *Tr. dr. pén.*, t. 3.

17. — ... 3° Ni même ceux qui ont aidé ou assisté dans les préparatifs, par exemple, en fournissant les armes, le poison, les instrumens nécessaires pour commettre le crime, en prêtant leur maison, en indiquant la demeure de la victime ou la retenant jusqu'à l'arrivée de l'auteur principal. (V. cependant Rossi, *ibid.*, t. 3, p. 28 à 68), si toutefois ces actes d'assistance n'ont pas été la cause prochaine du crime. — Baldus, *In leg.* 1, Cod., *De act. agg.*; Farinacius, quæst. 130, n° 8 à 53; Julius Clarus, quæst. 9, n° 90.

18. — Il faudrait ranger parmi les complices : 1° ceux qui provoquent au crime sans employer les dons, promesses ou menaces, et par de simples conseils ou exhortations.

19. — ... 2° Ceux qui participent à l'exécution, mais accessoirement, médiatement, indirectement, par exemple, ceux qui ont procuré les armes nécessaires, fourni des renseignemens ou instrumens, etc.

20. — Mais le recèlement des coupables, l'asile qui leur est accordé, le recel du cadavre, des instrumens ou des objets enlevés, ou le partage des produits du crime, seraient non des actes de participation ou de complicité, mais des crimes ou délits distincts, passibles de peines spéciales et moins fortes.

21. — Quant à la participation purement négative ou morale de celui qui, connaissant le crime ou le projet de crime, ne l'a ni empêché ni révélé, alors même qu'il aurait pu le faire sans danger personnel, elle ne constitue ni coopération ni complicité imputable. — La seule exception à ce principe résultait autrefois, pour le crime de lèse-majesté, pour les complots, les duels, les attentats commis contre l'époux, le père, le fils du coupable, soit du droit romain, soit de l'ord. de déc. 1477 ou de l'édit d'août 1679 (art. 17). — Mais c'est par erreur qu'on considérait la non-révélation comme un acte de complicité. — Ce peut être un délit *sui generis*, et c'est ainsi que l'envisageaient les art. 103 et suiv. du Code 1810, qui punissaient la non-révélation et qui ont été abrogés en 1832. — Il en est de même des secours donnés au coupable, même avec la connaissance de son crime (L. 62, ff., *De furtis*), ou enfin de l'approbation donnée au crime, malgré l'axiôme de droit romain *In maleficio ratihabitio æquiparatur mandato.* — Rossi et Carmignani, *loc. cit.*

22. — Enfin dans le système de MM. Chauveau et Hélie (*Th. C. pén.*, t. 2, p. 93), les coauteurs seuls seraient punis de la même peine que les auteurs; les complices, de celle immédiatement inférieure; enfin les recéleurs, d'une peine particulière, de celle du vol, par exemple, s'il s'agissait du recel d'objets volés; — sauf à appliquer les peines, dans chacune de ces classes, suivant l'intensité de la criminalité de chaque acte particulier et au moyen de la déclaration des circonstances atténuantes.

23. — Le Code pénal distingue les complices des auteurs des crimes. — Au fond, cette distinction n'a qu'une médiocre importance, puisque la même peine est appliquée à tous; mais quant à la forme, elle a une certaine utilité pratique, car les déclarations du jury, bien que régulières contre les auteurs, pourraient être insuffisantes à l'égard des complices (V. *infrà* n° 37). — Il énumère dans l'art. 60 les diverses espèces de complicité et les conditions qui seules peuvent les rendre punissables. — Par l'article suivant, il punit comme les complices ceux qui donnent asile aux malfaiteurs. — Enfin l'art. 62 réprime le recel des objets procurés par un crime à l'égal des actes de complicité, sauf dans quelques cas qu'indique l'art. 63.

24. — La complicité telle que l'a considérée le Code pénal est *morale* ou *matérielle* : — *morale* quand elle résulte de provocations à commettre le fait incriminé, d'instructions ou moyens fournis pour en faciliter la consommation, d'asile donné habituellement et sciemment aux malfaiteurs : tels sont les cas prévus par les §§ 1er et 2 de l'art. 60 et par l'art. 61; — *matérielle* lorsqu'elle consiste dans l'aide et l'assistance données à l'auteur principal ou dans le recel des objets procurés par le délit : cette complicité fait l'objet du § 3 de l'art. 60 et des art. 62 et 63.

25. — La *complicité* morale ou matérielle, supposant une coopération directe ou indirecte au délit, se produit nécessairement par des actes *antérieurs* ou *simultanés*; elle a lieu *simultanément* par aide ou assistance, *antérieurement* par provocations, par instructions données ou instrumens fournis. — Quant aux actes postérieurs, ils ne constituent pas à proprement parler *une complicité*; ce n'est que pour la peine qu'ils y sont assimilés : ce sont l'asile accordé aux malfaiteurs et le recel des produits du délit.

Sect. 2e. — *Complicité proprement dite.*

§ 1er. — *Règles communes.*

26. — L'art. 60 est ainsi conçu : « Seront punis comme complices d'une action qualifiée crime ou délit, ceux qui, par dons, promesses, menaces, abus d'autorité ou de pouvoir, machinations ou artifices coupables, auront provoqué à cette action ou donné des instructions pour la commettre; — ceux qui auront procuré des armes, des instrumens, ou tout autre moyen qui aura servi à l'action, sachant qu'ils devaient y servir; — ceux qui auront, avec connaissance, aidé ou assisté l'auteur ou les auteurs de l'action dans les faits qui l'auront préparée ou facilitée ou dans ceux qui l'auront consommée; sans préjudice des peines qui seront spécialement portées par le présent Code contre les auteurs de complots ou de provocations attentatoires à la sûreté intérieure ou extérieure de l'état, même dans le cas où le crime qui était l'objet des conspirateurs ou des provocateurs n'aurait pas été commis. »

27. — L'énumération de l'art. 60 est restrictive et non pas seulement démonstrative, on ne pourrait donc voir une complicité coupable dans des circonstances étrangères à ses prévisions expresses. — Merlin, *Rép.*, v° *Complice*, n° 1er; Legraverend, *Lég. crim.*, t. 1er, ch. 3, p. 140; Carnot, *Comment. C. pén.*, art. 60, n° 1er; Chauveau et Hélie, t. 2, p. 107.

28. — Ainsi, on ne peut considérer comme constituant la complicité d'un crime le fait, de la part de celui qui était présent au crime, de ne l'avoir pas empêché. — *Cass.*, 13 mars 1812, Broquet. — Un pareil fait n'est pas un délit auquel on puisse appliquer une peine.

29. — De même, aucune loi ne prononçant des peines contre les propriétaires ou locataires de maisons ouvertes au public qui négligent de dénoncer à l'autorité les auteurs des troubles commis dans leurs maisons, un limonadier ne peut pas être considéré comme le complice des troubles commis dans son café, pour n'en avoir pas dénoncé les auteurs à l'autorité. — *Cass.*, 14 déc. 1809 (intérêt de la loi), Delangle; — Merlin, *Quest.*, v° *Complice*; Carnot, *Cod. pén.*, art. 60, n° 2.

30. — La complicité d'un crime ou d'un délit ne peut résulter en effet que de faits positifs et non de faits négatifs. — *Cass.*, 30 nov. 1810, Fitz-Gérald; — Carnot, *C. pén.*, art. 60, n° 2.

31. — De même, on ne peut considérer comme complice d'un délit celui qui, sans avoir provoqué ni aidé le coupable à le commettre, l'a seulement favorisé en l'aidant par des moyens quelconques à se sauver. — *Cass.*, 29 prair. an V, Dupont.

32. — Jugé qu'il ne peut résulter une preuve suffisante de complicité de vol, des faits ci-après, pris soit particulièrement, soit dans leur ensemble, savoir : 1° le prévenu de complicité était lié intimement et faisait des parties avec l'auteur du vol; — 2° il a emmené, sans nécessité bien évidente, la personne volée chez un marchand, et par là il a facilité le vol dont il s'agit; — 3° avant et après le vol, il s'est entretenu en secret avec l'auteur principal; — 4° celui-ci a déclaré qu'il n'avait commis le vol que d'après les conseils de l'autre prévenu, et sous la promesse qu'il lui avait faite que ce vol tournerait à son profit et servirait à l'établir; — 5° enfin le prévenu de complicité a offert de payer la moitié de la chose volée. — *Cass.*, 29 janv. 1807, Griffon; — Chauveau et Hélie, *Th. du C. pén.*, t. 2, p. 108 et 109; Merlin, *Rép.*, v° *Délit*, § 7.

33. — Pour qu'il y ait flagrant délit d'adultère à l'égard du complice, il ne suffit pas que ce complice ait été trouvé enfermé dans une chambre avec la femme, encore bien qu'il soit prouvé qu'il a passé plusieurs nuits avec elle dans cette même chambre. — *Pau*, 22 nov. 1844 (t. 1er 1845, p. 488), D... — V. conf. *Cass.*, 23 août 1834, Taillard; — Chauveau et Hélie, t. 6, p. 259. — V. ADULTÈRE, nos 149 et 150.

34. — L'associé d'un commerçant accusé de banqueroute frauduleuse et de faux ne peut pas être compris dans l'accusation à raison de sa seule qualité d'associé, s'il n'a pas coopéré aux faits incriminés. — *Cass.*, 11 fructid. an XII, Masencal.

35. — V. au surplus, sur les caractères spéciaux de complicité, les paragraphes qui suivent.

36. — Toutes les circonstances rappelées par le Code sont caractéristiques de la complicité, laquelle, comme le dit fort bien un arrêt de la cour de Cassation, est un fait moral qui ne peut exister que par les faits matériels et particuliers que le Code pénal a déterminés. — *Cass.*, 2 juill. 1813, Gautrau; — Legraverend, t. 1er, p. 138, et t. 2, p. 247 et 248; Bourguignon, *Jurisp. C. pén.*, art. 60; Carnot, *C. pén.*, art. 60, n° 3, et *Inst. crim.*, art. 350, n° 4; Chauveau et Hélie, t. 2, p. 109; Deserre, *Man. des cours d'assises*, t. 2, p. 306. — On ne peut, à cet égard, admettre aucune analogie, quelque exacte qu'elle paraisse. — Carnot, *C. pén.*, art. 60.

37. — Il ne suffit donc pas que l'accusé soit déclaré *complice* du crime qui fait l'objet de l'accusation, il faut, à peine de nullité de la condamnation, que chacun des faits constitutifs de cette complicité soit déterminé. — *Cass.*, 2 juill. 1813, Gautreau; 3 mars 1814, Lemort; 11 messid. an XII, Muriani; 5 brum. an VII, Géominy; 22 déc. 1792, Rabin; 28 niv. an IX, Boulin; 20 déc. 1792, Bunel; 4 oct. 1816, Leroux; 5 juin 1808, Nicoli; 11 brum. an VII, Robine; 28 juin 1816, Soufflant; 30 avr. 1812, Liberali; 3 déc. 1835, Souhabère; 15 déc. 1814, Lalyre; 10 août 1820, Dancourt; 15 janv. 1824, Blum; 26 déc. 1834, Nala; 5 fév. 1824, Mangon; 13 déc. 1832, Gilberton; 27 juin 1835, Gaudeix; 20 mars 1834, Brondel; 20 juin 1835, Chaleyer.

38. — De même, la déclaration : *oui, l'accusé est coupable*, ne saurait servir de base à une condamnation. — *Cass.*, 20 déc. 1792, Bunel; 24 janv. 1818, Ballandrar; 28 mars 1793, Pouch; 12 sept. 1793, Sauval.

39. — S'il n'a été posé au jury ni répondu aucune question pour déclarer les faits par lesquels la complicité s'est opérée, l'accusé ne peut pas être condamné comme complice. — *Cass.*, 27 vendém. an VII, Barrière; 9 frim. an VII, Thiébaut-Cran.

40. — Ainsi, est nulle la question par laquelle on demande au jury si un accusé est complice, sans énoncer les circonstances constitutives de la complicité. — *Cass.*, 14 vendém. an V, Luquet; 16 messid. an XII, Viol; 24 juill. 1806, Lallemand.

41. — Sous le Code de brumaire an IV, il ne suffisait pas de demander au jury si l'accusé s'était rendu complice de l'enlèvement des objets volés : il fallait poser la question de savoir de quelle manière il s'était rendu complice, s'il avait aidé ou assisté le coupable, etc., et si cette aide ou assistance avait eu lieu sciemment et dans le dessein du crime. — *Cass.*, 5 brum. an VII, Géominy.

42. — Lorsque sur une question contenant les élémens constitutifs de la complicité, le jury se borne à répondre : *oui, l'accusé est complice*, sa déclaration est insuffisante et ne peut servir de base à une condamnation. — *Cass.*, 16 janv. 1834, Soulié; 27 mars 1834, Charrens.

43. — Un accusé ne peut pas être condamné comme complice d'un crime pour aide ou assistance, sans que la déclaration du jury exprime en quoi cet accusé a aidé ou assisté le coupable. — *Cass.*, 28 vendém. an IX, Edin, dit la Clé des Cœurs.

— V. cependant, en sens contraire, *Cass.*, 17 mai 1821, Sabardin.

44. — Est incomplète et nulle la déclaration du jury qui, à la question : « L'accusé est-il coupable de complicité dudit homicide volontaire commis avec préméditation et de guet-apens, pour avoir, avec connaissance, aidé ou assisté l'auteur dans des faits qui ont préparé, facilité ou consommé l'action ? » répond : « Oui, l'accusé est coupable de complicité; sur la question de guet-apens, non ; sur celle de préméditation, non. » Une semblable déclaration, fondée sur le fait moral de complicité, n'exprime pas suffisamment les faits particuliers qui la constituent. — *Cass.*, 21 janv. 1836, Claudel.

45. — Lorsque plusieurs individus sont accusés d'être auteurs ou complices d'un même délit, il est nécessaire de poser à l'égard de chacun des accusés des questions relatives, non seulement à la participation personnelle et directe au délit, mais aussi à tous les faits constitutifs de la complicité. — Ainsi, il ne suffit pas, à propos d'un vol, que l'acte d'accusation annonce avoir été facilité par plusieurs des accusés, de demander au jury si les accusés ont pris part à l'enlèvement des objets soustraits, puisque, sans avoir pris une part personnelle et directe à cet enlèvement, quelques uns des accusés eussent pu être déclarés complices. — *Cass.*, 28 niv. an IX (intérêt de la loi), Boulin ; 20 vent. an III, Martin.

46. — La complicité par provocation ne peut servir de base à une condamnation, lorsque le jury n'a pas été interrogé et n'a pas donné de réponse sur les élémens de la provocation criminelle, tels qu'ils sont définis par la loi. — *Cass.*, 16 mars 1826, Courtaud; 14 oct. 1825, Clément ; — Chauveau et Hélie, t. 2, p. 111.

47. — Est nulle, comme ne laissant la certitude d'aucun fait positif et comme ne contenant aucune des circonstances qui peuvent constituer la complicité, la déclaration du jury portant que l'accusé est auteur ou complice du fait qui est l'objet de l'accusation. — *Cass.*, 12 sept. 1793, Sauval ; 28 mars 1793, Pouch; 25 janv. 1793, Alkay; 17 janv. 1793, Tautormal; 11 janv. 1793, Annel ; 4 oct. 1821, Dolbec; 8 juin 1793, Felct ; 27 prair. an XI, Cératto ; 10 août 1820, Dedancourt; 29 juill. 1824, Gorde ; 11 nov. 1830, Lafon ; 24 brum. an VII, Lagnoul ; 26 vent. an IX, Martin ; 27 août 1831, Simon ; 21 sept. 1815, Maillac. — V. également *Cass.*, 27 vend. an VII, Barrière; 12 sept. 1812, Lempereur; 16 oct. 1812, Thuilot. — V. cependant, en sens contraire, un arrêt de la cour de Cassation du 10 sept. 1812, Verres. — Mais cet arrêt est isolé, et, comme on le voit, la jurisprudence paraît bien fixée dans le premier sens, qui est, en effet, le seul en harmonie avec la loi du 13 mai 1836, sur le vote du jury au scrutin secret. — V. enfin Bourguignon, *Manuel du jury*, p. 507; Carnot, *C. pén.*, art. 2, nº 16; Gaillard, *Qualités d'un président d'assises*, p. 181.

48. — Par la même raison, sous le code du 3 brum. an IV, qui défendait de poser au jury des questions complexes, le mot *complice* employé dans une question la rendait complexe et nulle. — *Cass.*, 9 frim. an VII, Thiébaut-Cron ; 24 juill. 1806, Lallemand ; 13 vent. an VIII, Hilaire. — V. aussi *Cass.*, 17 thermid. an VIII, Nogues.

49. — Est nul l'acte d'accusation qui ne contient aucun des faits ni aucune des circonstances auxquelles la loi a attaché le caractère de complicité. *Cass.*, 25 janv. 1793, Alkay.

50. — Sous la loi du 27 niv. an VI, relative aux crimes commis par des rassemblemens, la déclaration du jury portant que l'accusé avait recélé des effets volés, sachant qu'ils provenaient d'un vol et dans l'intention de profiter du brigandage, était insuffisante pour constituer la complicité : il fallait que l'accusé fût, en outre, convaincu d'avoir commis ce recélé dans l'intention de préparer, d'aider ou de favoriser le crime. — *Cass.*, 11 brum. an VII, Robine.

51. — *A fortiori* un accusé ne peut pas être condamné comme complice d'un fait qui est déclaré ne pas réunir les caractères de criminalité voulus par la loi. — *Cass.*, 7 vendém. an VII, Carizet.

52. — Est contradictoire et nulle la déclaration du jury portant qu'il n'y a pas eu introduction dans une maison, et cependant que l'accusé a assisté les coupables, soit dans les moyens qui ont préparé ou facilité l'introduction, soit dans l'acte même qui l'a consommée. — *Cass.*, 4 vent. an VII, de Zibel.

53. — Lorsque, sur la question de savoir si les accusés sont coupables d'avoir, ensemble et de complicité, commis un vol, le jury a répondu : *oui les accusés sont coupables d'avoir commis le vol avec les circonstances comprises dans la question, mais il n'est pas constant qu'ils fussent ensemble à l'instant du vol*, cette déclaration est contradictoire et ne peut servir de base à une condamnation ; il y a lieu de renvoyer les jurés dans leur chambre pour en donner une nouvelle. — *Cass.*, 31 juill. 1828, Rault.

54. — La déclaration du jury qui porte, à l'égard de l'accusé principal, qu'un vol a été commis avec effraction extérieure, et à l'égard du complice par recélé, que ce vol a été commis sans effraction, est contradictoire et nulle. — *Cass.*, 16 juin 1839 (t. 2 1840, p. 115), Faure.

55. — Mais la réponse négative sur le concours de deux personnes à un vol n'établit aucune contradiction avec la déclaration affirmative de complicité par recélé. — *Cass.*, 4 avr. 1844 (t. 1er 1844, p. 744), Gimbeau.

56. — C'est au jury seul qu'il appartient de s'expliquer sur les faits élémentaires qui constituent la complicité. — *Cass.*, 22 déc. 1792, Rabin ; 15 déc. 1814, Lalyre ; 3 mars 1814, Lemort.

57. — ... Sauf à la cour d'assises le droit de donner à ces faits, ainsi déclarés, le caractère moral qui leur appartient d'après la loi. — *Cass.*, 15 déc. 1814, Lalyre; 3 mars 1814, Lemort.

58. — Par conséquent, est nulle encore, sous ce rapport, la déclaration du jury qui se borne à déclarer un accusé *complice*. — *Cass.*, 2 juill. 1813, Gautreau ; 3 mars 1814, Lemort ; 15 décembre 1814, Lalyre. — V. également les arrêts cités ci-dessus aux nos 42 et suiv.

59. — Un accusé de complicité peut être condamné comme auteur principal, même par la seconde cour d'assises saisie de son affaire après la cassation de l'arrêt de condamnation rendu contre lui par la première cour. — *Cass.*, 28 août 1829, Muro.

60. — Mais évidemment un individu appelé en qualité de témoin ne pourrait être condamné comme complice, car le tribunal de répression n'est nullement saisi d'une prévention à son égard. — Ainsi, est nul un jugement de simple police qui a prononcé une semblable condamnation. — *Cass.*, 13 nov. 1809, N....

61. — Jugé toutefois, sous le Code du 3 brum. an IV, que le complice d'un délit dont le tribunal correctionnel était saisi, pouvait être régulièrement mis en cause sur la réquisition du ministère public, sans ordonnance de traduction et sans visa de la citation par le directeur du jury. — *Cass.*, 13 mai 1808, Gueno.

62. — La déclaration du jury portant qu'un accusé de complicité d'homicide n'était pas du nombre des individus armés qui ont commis ce délit, ne dispense pas le jury de répondre à la question subséquente de savoir s'il ne se trouvait pas parmi eux sans armes, et s'il ne les a pas aidés ou assistés par le conseil ou par l'ordre de tirer sur ceux qu'on attaquait. — *Cass.*, 26 flor. an VII, Bonifay.

63. — Cependant, la cour de Cassation a jugé que, lorsque le genre de complicité se trouve spécifié dans l'acte d'accusation, il suffit que la déclaration des jurés, se référant à cet acte, reconnaisse l'accusé complice du vol déclaré contre l'auteur principal avec les circonstances aggravantes, pour que l'accusé soit passible de la même peine. — *Cass.*, 26 mars 1813, Demouth.

64. — Après avoir rappelé la jurisprudence de la cour de Cassation, qui exige que le jury s'explique sur les caractères constitutifs de la complicité, MM. Chauveau et Hélie (*Th. du C. pén.*, t. 2, p. 110) citent cet arrêt comme étant en contradiction manifeste avec ceux que la cour a rendus sur la même question, et ils ajoutent que cette décision isolée ne doit pas être suivie, soit parce qu'elle dévie du principe qui veut renfermer les actes de complicité dans les termes de la loi pénale, soit parce que le jury, qui n'aurait plus sous les yeux, au moment de sa délibération, les faits constitutifs de la complicité, pourrait établir sa conviction sur des faits qui n'auraient pas ce caractère aux yeux de la loi. — Il existe entre cette espèce et les autres une différence remarquable : la déclaration du jury se référait au résumé de l'acte d'accusation. On pourrait donc dire qu'elle est conforme au modèle tracé par l'art 337, C. inst. crim., pour la position des questions, et que la remise au jury de l'acte d'accusation, aux termes de l'art. 341 du même Code, a prévenu toute erreur de la part des jurés. Au moyen de cette explication, la contradiction reprochée n'existerait réellement point. — Toutefois, nous pensons avec les auteurs cités que cette manière de procéder n'est pas régulière : l'art. 337, C. inst. crim., ne permet de renvoyer à l'acte d'accusation que pour les circonstances aggravantes. Il n'en peut être de même à l'égard du fait principal (V. *Cass.*, 3 frim. an XII, Gasse). Or, la complicité n'est point une circonstance aggravante, les faits qui la constituent sont, relativement au complice, un fait principal. On ne pourrait donc pas se référer à l'acte d'accusation pour les faits de complicité comme pour les circonstances aggravantes. Au surplus, la question ne se présenterait plus aujourd'hui dans les mêmes termes. La loi du 13 mai 1836 a modifié l'art. 337, C. inst. crim., en exigeant que chaque circonstance fasse l'objet d'une question distincte.

65. — Les règles suivies plus haut ne s'appliquent pas au cas où l'accusé est déclaré *coauteur* du crime : alors le jury est dispensé d'énoncer les circonstances constitutives de criminalité spécifiées par l'art. 60, C. pén ; il suffit que l'accusé soit reconnu coupable. — *Cass.*, 31 juill. 1818, Decaux ; — Legraverend, t. 1er, ch. 3, p. 139; Chauveau et Hélie, *Th. C. pén.*, t. 2, p. 116.

66. — Carnot (*C. pén.*, art. 60, nº 5) dit, à l'occasion de cet arrêt, que ce système eût été un moyen bien facile d'éluder les dispositions de l'art. 60, C. pén., si la cour de Cassation eût persisté dans sa jurisprudence, mais qu'elle a été tellement convaincue de l'abus qu'on pourrait faire d'une pareille doctrine, que par un arrêt plus récent du 10 août 1820 (Dancourt), elle a prononcé l'annulation d'un arrêt de condamnation fondé sur une déclaration du jury portant que l'accusé avait été l'*un des auteurs ou complices du crime*.

67. — Mais Carnot a confondu la *complicité* par aide et assistance avec la *coopération* ; il n'a point remarqué que, dans l'espèce de l'arrêt de 1818, chaque accusé était déclaré coupable d'avoir *consommé* des attentats à la pudeur, *de complicité avec les autres accusés*, ce qui excluait toute application de l'art. 60, C. pén.; enfin, il n'a pas aperçu que cette espèce ne présente pas l'alternative qui sert de base à la nullité prononcée dans l'arrêt de 1820. — On verra, d'ailleurs, que bien loin d'abandonner la doctrine de l'arrêt de 1818, la cour y a, au contraire, persisté, et les nombreux arrêts qu'elle avait déjà rendus dans le sens de celui du 10 août 1820 (V. les deux nos précédens) et ceux qu'elle a rendus depuis, prouvent de la manière la plus irrécusable que les deux questions sont entièrement distinctes.

68. — Ainsi jugé que, lorsque deux accusés sont reconnus coupables d'avoir *ensemble et de complicité* commis une tentative de meurtre, il n'y a pas lieu à exprimer les caractères de complicité déterminés en l'art. 60, C. pén. Cette déclaration porte, non sur une complicité, mais sur une *coopération* et suffit pour servir de base à une condamnation. — *Cass.*, 19 janv. 1821, Guelfucci.

69. — Il a été jugé que, lorsque l'accusation a pour objet des coups portés à un individu par une réunion de personnes armées, la réponse du jury qui les déclare auteurs ou complices établit suffisamment qu'elles ont coopéré au fait de l'accusation et ne présente ni ambiguïté ni incertitude. — *Cass.*, 10 sept. 1812, Verres. — Cette décision ne pourrait être suivie depuis la loi du 13 mai 1836, sur le vote au jury ou scrutin secret, car il est indispensable de poser une question distincte sur chaque accusé.

70. — L'arrêt qui signale dans ses motifs un des prévenus comme complice, mais qui, dans son dispositif, déclare les deux prévenus coupables *d'avoir, de complicité, détruit un testament*, doit être entendu comme jugeant qu'ils sont l'un et l'autre simultanément auteurs de la destruction, et ne peut pas être cassé pour omission des faits constitutifs de la complicité. — *Cass.*, 23 déc. 1825, Vicaire c. Mallendre.

71. — Mais la réponse à la question de savoir si un vol a été commis *de complicité*, ne peut s'appliquer qu'au fait et à l'action même du vol, et ne dispense pas les jurés de répondre aux autres questions relatives au recélé des effets volés, qui constitue une complicité séparée et indépendante de la coopération au vol. — *Cass.*, 9 brum. an IX, Nicolas.

72. — Le jury peut, en déclarant coupables les deux accusés signalés par l'accusation comme ayant pris part aux mêmes faits, écarter la question de complicité ; il n'y a, dans ce cas, aucune contradiction. — *Cass.*, 4 nov. 1836 (t. 2 1837, p. 88), Horner.

73. — Il n'y a aucune contradiction dans la réponse du jury qui déclare le même individu coauteur et complice du même crime. — *Cass.*, 9 mai 1834, Barralié ; 17 sept. 1835, Gondret.

74. — Une autre condition essentielle du délit de complicité est qu'il existe un corps de délit principal. — Par conséquent, il ne peut y avoir de déclaration légale de complicité que d'après une déclaration explicite ou implicite d'un fait principal criminel. — C'est là une règle élémentaire sur laquelle il ne peut s'élever aucune controverse et qui a, d'ailleurs, été consacrée tant par la doctrine que par la jurisprudence. — *Cass.*, 6

déc. 1816, Redon; 14 janv. 1820, Berthelot; 29 sept. 1820, Lorenzi c. Multedo; 7 vendém. an VII, Carizet; 24 sept. 1834, Pajot; — Mangin, *Act. publ.*, t. 2, nº 400; Chauveau et Hélie, *Th. du Code pén.*, t. 2, p. 117 et 141; Legraverend, t. 1er, chap. 3, p. 138.

75. — Ainsi, l'accusé déclaré coupable de s'être entendu avec un commerçant pour soustraire les biens de ce dernier à ses créanciers légitimes, ne peut pas être condamné comme complice de banqueroute frauduleuse, s'il n'existe aucune déclaration sur le fait principal de la banqueroute. — *Cass.*, 14 janv. 1820, Berthelot.

76. — ... Ou si le crime de banqueroute est reconnu ne pas exister. — *Cass.*, 22 janv. 1830, Brunet; 17 mars 1831, Bombart.

77. — Toutefois, la cour de Cassation avait décidé, par un précédent arrêt, qu'un accusé de complicité de banqueroute frauduleuse qui n'avait pas été partie au jugement d'acquittement rendu au profit du principal accusé ne pouvait pas s'en prévaloir pour établir en sa faveur l'autorité de la chose jugée. — *Cass.*, 18 prair. an XII, Bourdon c. Calenge. — Mais nous avions critiqué cette décision. — V. la note insérée sous cet arrêt.

78. — L'existence d'un corps de délit principal est tellement nécessaire pour que la complicité existe, que l'amnistie accordée à l'auteur principal d'un délit profite à son complice, car le délit accessoire est nécessairement compris dans l'amnistie du délit principal. — Spécialement, l'amnistie accordée aux conscrits qui avaient déserté à l'intérieur, par la loi du 24 flor. an X, s'appliquait aussi aux individus qui étaient prévenus d'avoir commis des faux pour favoriser la désertion. — *Cass.*, 6 janv. 1809, Buanton; 9 germin. an VIII, Maspatier; 21 pluv. an VIII, Gaillard; — Merlin, *Rép.*, vº *Amnistie*, § 4; Legraverend, t. 2, chap. 19, p. 766; Chauveau et Hélie, t. 2, p. 117.

79. — Mais l'amnistie accordée à des déserteurs et réfractaires ne serait pas applicable à des gendarmes prévenus d'avoir favorisé la désertion. — En effet, cette action des gendarmes n'est pas une simple complicité du délit de désertion, mais bien un délit principal et indépendant de tout fait soumis aux lois de la conscription. — *Cass.*, 10 mai 1811, Juré; — Merlin, *Rép.*, vº *Complice*, nº 5; Chauveau et Hélie, *Th. C. pén.*, t. 2, p. 117.

80. — Jugé aussi que l'amnistie prononcée par la loi du 14 messid. an VII n'était applicable qu'aux sous-officiers et soldats qui avaient déserté leurs drapeaux et ne pouvait pas être étendue à ceux qui s'étaient rendus coupables de recèlement de déserteurs ou réquisitionnaires : ces deux délits n'étant ni poursuivis de la même manière, ni punis de la même peine. — *Cass.*, 25 fructid. an VII, Dupont et Levert. — V., au surplus, AMNISTIE.

81. — Celui qui s'est rendu complice d'un vol qualifié, pour avoir sciemment aidé l'auteur dans les faits qui l'ont consommé, ne peut être condamné aux peines de ce crime, qu'autant que le jury s'est prononcé, non seulement sur la complicité, mais aussi sur le fait du vol avec les circonstances qui en aggravent le caractère. — *Cass.*, 20 nov. 1817, Jeanneau.

82. — Ainsi, on jugeait, avant le Code, que, lorsqu'il résulte de l'acte d'accusation qu'une tentative de vol a été faite dans une maison habitée, il faut nécessairement que le jury soit interrogé sur la question de savoir si *la maison était habitée ou servait d'habitation*. — *Cass.*, 19 prair. an IX, Denisme.

83. — Et l'on juge encore aujourd'hui qu'un accusé ne peut pas être condamné aux peines de la complicité d'un vol commis à l'aide d'effraction, pour avoir recélé sciemment les objets qui en proviennent, si la déclaration du jury n'exprime pas que ce vol a été commis dans une maison habitée, ou dans un édifice, parc ou enclos non servant à l'habitation, ou non dépendant d'une maison habitée. — *Cass.*, 28 juill. 1826, Loiselet.

84. — Lorsque la question relative au recel d'objets volés ne comprend, contrairement aux énonciations de l'arrêt de renvoi et de l'acte d'accusation, ni la mention des circonstances aggravantes du vol incriminé, ni aucune énonciation qui s'y rapporte, l'accusation n'est pas vidée, et la réponse affirmative du jury établit seulement le fait correctionnel du recel, accompli sciemment, des produits d'un simple vol, fait qui ne peut être passible de peines afflictives et infamantes. — *Cass.*, 9 juin 1831, Vannard.

85. — Quand la jurisprudence ne voyait aucun crime ou délit dans un duel, les témoins de ce duel ne devaient encourir aucune peine. — Chauveau et Hélie, *Th. C. pén.*, t. 2, p. 117. — Aujourd'hui, la jurisprudence a changé sur ce point, et considère le duel comme constituant, selon les circonstances, le crime d'assassinat ou le délit de coups et blessures volontaires. — Les complices doiven donc être poursuivis et punis comme les auteurs principaux. — C'est en effet ce qu'ont jugé plusieurs arrêts. — V. notamment *Cass.*, 10 sept. et 12 nov. 1840 (t. 2 1841, p. 292), Champglen et autres, Dunoday et autres; 22 déc. 1837 (t. 2 1837, p. 585), Andrezezwki; 6 juill. 1838 et 2 fév. 1839 (t. 1er 1839, p. 177), Gilbert; 6 juin 1839 (t. 1er 1840, p. 195), Lafage; *Paris*, 8 fév. 1839 (t. 1er 1839, p. 186), Busche; 21 et 27 mai 1840 (t. 1er 1840, p. 714), Andrey, Rovigo; *Cass.*, 11 déc. 1839 (t. 1er 1840, p. 79), Lévy et Lipmann. — V. DUEL.

86. — La complicité du suicide n'est point punissable. — *Cass.*, 27 avr. 1815, Lhuillier; 16 nov. 1827, Lefloch.

87. — Mais il ne faut pas confondre la simple complicité avec la coopération active qui pourrait constituer un homicide volontaire punissable. — V. SUICIDE.

88. — Là où il n'y a pas vol dans le sens de la loi pénale, il ne peut pas y avoir complicité de vol. — *Cass.*, 25 mars 1824, Cotillon.

89. — De même, le complice d'un vol doit être renvoyé absous, lorsque la déclaration du jury porte que la soustraction commise par l'auteur principal n'est pas frauduleuse. — *Cass.*, 8 oct. 1829, Gueltier.

90. — Mais le complice d'un vol est non-recevable à opposer le défaut de procès-verbal constatant l'existence du corps du délit. Il suffit que le vol et le fait de complicité soient déclarés constans par jugemens. — *Cass.*, 16 mars 1837 (t. 1er 1838, p. 90), Legendre.

91. — Si le fait poursuivi, quoique répréhensible aux yeux de la morale, ne constituait ni crime ni délit, aucune peine ne pourrait être prononcée contre les complices. — Chauveau et Hélie, *Th. C. pén.*, t. 2, p. 121.

92. — Ainsi jugé que les complices des vols commis par des enfans au préjudice de leurs père ou mère n'encourent en général aucune peine, à moins qu'ils n'aient recélé ou appliqué à leur profit tout ou partie des objets volés; par suite, c'est à tort qu'on appliquerait une peine au complice par aide ou assistance, mais qui ne se serait point trouvé dans ces conditions. — *Cass.*, 1er oct. 1840 (t. 2 1840, p. 505), Ricquier; *Paris*, 24 mai 1839 (t. 1er 1839, p. 565), Beaudoux.

93. — Jugé encore que, la loi ne criminalisant, parmi les faits généraux de complicité, que le fait d'avoir recélé ou appliqué à son profit tout ou partie des objets volés, il n'y a pas lieu d'appliquer la peine de la complicité à celui qui aurait provoqué un fils à commettre un vol au préjudice de sa mère, soit en lui donnant des instructions, soit même en lui procurant les instrumens nécessaires à la perpétration de la soustraction, puisque cette soustraction opérée n'a pas le caractère d'un délit. — *Nancy*, 29 janv. 1840 (t. 1er 1846, p. 496), Vinot.

94. — ... Et qu'il n'y a pas tentative punissable dans le fait du même individu de s'être employé, moyennant la promesse d'une gratification, à la vente des objets soustraits si cette vente n'a pas eu lieu. — Même arrêt.

95. — De même, celui qui a aidé ou assisté avec connaissance une femme dans les soustractions par elle commises au préjudice de son mari, ne peut être puni comme complice, qu'autant qu'il a recélé ou appliqué à son profit tout ou partie des objets soustraits. — Ces dispositions générales du Code pénal sont inapplicables aux vols commis par les parens ou alliés mentionnés en l'art. 380, même Code, lequel contient des règles spéciales sur la complicité. — *Cass.*, 15 avr. 1825, Lambleux; *Orléans*, 16 déc. 1837 (t. 1er 1838, p. 25), Vallet. — V. VOL.

96. — Il ne peut résulter de nullité de ce qu'un individu signalé aux débats comme complice ne serait pas traduit en jugement conjointement avec l'accusé, lorsque rien ne prouve l'existence d'une accusation, ni même d'une prévention de complicité contre cet individu. — *Cass.*, 17 fév. 1843 (t. 2 1843, p. 539), Besson.

97. — Lorsque l'accusé principal n'est pas compris dans la même poursuite, le complice ne peut être légalement condamné que sur une déclaration du jury constatant non seulement le fait de complicité, mais encore le fait principal du crime avec les circonstances qui en déterminent la peine. — Spécialement, lorsque l'auteur principal d'un vol commis avec escalade dans une maison habitée n'est pas compris dans l'accusation dirigée contre le complice par recélé, il faut, pour l'application de la peine de ce dernier crime, que le jury ait fait une déclaration positive sur les circonstances de l'escalade et de la maison habitée et sur la connaissance qu'avait l'accusé en recélant les objets volés qu'ils provenaient de vol. Il ne suffirait pas que le jury eût déclaré que l'accusé ne connaissait pas les circonstances du vol. — *Cass.*, 21 mai 1812; Leclerc; — Chauveau et Hélie, *Th. C. pén.*, t. 2, p. 141.

98. — Un arrêt de la cour de Cassation a décidé que « lorsque l'auteur d'un fait qualifié délit a été jugé innocent, son coprévenu ne peut être déclaré complice et puni comme tel; — Qu'ainsi, l'acquittement d'un huissier signataire des pièces arguées de faux profite à son prétendu complice. » — *Cass.*, 8 (et non 6) vendém., an VIII, Vinet. — Les auteurs de la *Théorie du Code pénal* (t. 2, p. 117 et 120) citent à tort cet arrêt comme jugeant que la déclaration de non-culpabilité de l'auteur équivalait à une déclaration de non-existence du fait, puisque le faux n'avait pu, dans l'espèce, être commis que par l'officier ministériel dans l'exploit. — Cette proposition nous semblerait déjà fort contestable. — Mais on peut voir qu'elle ne résulte nullement de la décision citée, laquelle se borne à juger qu'il n'y a pas de complice lorsque l'auteur du délit est jugé innocent. — Or, cette dernière proposition est évidemment inexacte.

99. — Mais une fois que l'existence du fait principal est constante et reconnue, il n'est pas besoin que l'auteur du crime soit présent pour que l'on puisse prononcer sur les faits de complicité et sur la culpabilité de ceux qui en sont prévenus. — *Cass.*, 19 août 1819, Hubert; 24 sept. 1834, Oudin. — Merlin, *Rép.*, vº *Complice*, nº 3; Carnot, *C. pén.*, art. 59, nº 8, et *C. inst. crim.*, art. 345, nº 13; Chassan, *Dél. de la par.*, p. 140, nº 3; Legraverend, t. 1er, chap. 3, p. 155; Chauveau et Hélie, *Th. C. pén.*, t. 2, p. 118.

100. — Spécialement, un accusé peut être condamné comme complice d'un crime, quoique celui qui avait été désigné comme auteur ait été acquitté, et lors même que l'auteur serait inconnu. — *Cass.*, 13 sept. 1827, Rivière; 13 août 1829, Godet; *Bruxelles*, 11 nov. 1819, Gilbert; *Cass.*, 24 sept. 1834, Oudin et Pajot; 3 oct. 1834, Changeur; 3 déc. 1836 (t. 1er 1838, p. 37), Deminnnay et Thuret; 26 mai 1814, N....; 3 juin 1830, Pellerin.

101. — Celui qui a imprimé sciemment un écrit peut être poursuivi comme complice, quoique l'auteur soit connu et ne soit pas poursuivi. — — *Cass.*, 15 oct. 1825, Catineau; — De Grattier, *Comm. des lois de la pr.*, t. 2, p. 236, nº 6; Chassan, *Tr. des délits de la par.*, t. 1, p. 195.

102. — La réponse négative du jury sur une question relative à la culpabilité d'un accusé concernant la perpétration d'une tentative n'exclut pas l'existence du fait criminel, et ne met pas, dès-lors, obstacle à sa condamnation comme complice. — *Cass.*, 2 juin 1832, Iluria.

103. — L'acquittement de l'auteur principal d'un délit n'emporte pas l'acquittement des complices. — *Cass.*, 20 fruct. an XII, Merlin-Hall; 26 juill. 1811, N....; 12 sept. 1812, Lempereur-Cambay; 23 avr. 1829, Combe; 3 oct. 1834, Changeur.

104. — Par conséquent, un accusé de complicité ne peut tirer un moyen de nullité de ce qu'on a demandé au jury s'il était coupable d'avoir provoqué *un individu* à commettre le crime, au lieu de désigner celui qui avait été mis en accusation comme principal auteur de ce crime, mais qui a été déclaré non coupable. — *Cass.*, 9 avr. 1818, Couaix.

105. — Bien que l'accusé ait été déclaré non coupable sur les deux premières questions relatives à une fabrication de faux billets, il suffit que ces questions renferment tous les caractères du faux en écriture de commerce, et que les autres questions s'y réfèrent pour que l'accusé déclaré coupable d'avoir, avec connaissance, aidé ou assisté l'auteur de la fabrication desdits billets faux, dans les faits qui l'ont préparée, facilitée ou consommée, puisse être légalement condamné aux peines de la complicité du faux en écriture de commerce. — *Cass.*, 4 juill. 1828, Brisac.

106. — Il n'y a point contradiction dans la réponse du jury qui, après avoir déclaré l'accusé non coupable d'avoir participé comme *auteur* à l'émission de fausse monnaie d'argent ayant cours légal en France, le reconnaît coupable de complicité du même fait avec les caractères de la criminalité légale. — *Cass.*, 22 sept. 1831, Gasch.

107. — Il n'y a pas de contradiction entre la déclaration portant que l'individu accusé comme auteur principal d'un crime n'est pas coupable et celle qui porte qu'un autre individu est coupable de complicité, lorsqu'il existe un corps de délit auquel la complicité puisse se rattacher. — *Cass.*, 22 janv. 1830, Brunet; 19 juin 1829, Tixier.

108. — Il n'y a pas contradiction réelle entre deux décisions du jury, dont la première déclare un individu non coupable des faits de banqueroute frauduleuse qui lui sont imputés, et la seconde, statuant ultérieurement à l'égard de l'accusé de complicité dans les mêmes faits, dis-

pose qu'il y a eu détournement de l'actif, reconnaissance frauduleuse de dettes supposées et soustraction des livres de commerce par l'accusé principal antérieurement acquitté. — *Cass.*, 5 mars 1841 (t. 1er 1841, p. 587), Poirier.

109. — Il n'y a aucune contradiction dans la réponse du jury qui déclare un accusé coupable de vol avec les circonstances de domesticité et de maison habitée, et qui cependant déclare en même temps un autre accusé complice de ce crime par recélé, mais sans les circonstances aggravantes de domesticité et maison habitée. — *Cass.*, 18 janv. 1828, Buckel.

110. — Mais il y aurait contradiction, au contraire, s'il résultait de la déclaration du jury qu'il n'y a point de corps du délit ni d'auteur de ce prétendu délit. — *Cass.*, 22 janv. 1830, Brunet.

111. — De même, en matière de délit de presse, le prévenu de complicité peut être déclaré coupable, encore qu'il y ait eu déclaration de non-culpabilité à l'égard du prévenu poursuivi comme auteur principal. — *Cass.*, 30 août 1839 (t. 2 1839, p. 561), Jobart.

112. — De ce qu'un condamné ne peut pas être remis en jugement à raison d'un autre fait antérieur qui ne serait passible que d'une peine moins grave, il ne s'ensuit pas que son complice soit à l'abri d'une poursuite. — *Cass.*, 7 mai 1824, Pernot et Klinger.

113. — Conséquemment, il n'y a aucune contradiction dans la déclaration du jury, qui porte que l'accusé principal n'est pas coupable du faux qui forme l'objet de l'accusation, et que les autres accusés sont coupables de complicité du même faux. — *Cass.*, 26 déc. 1812, Moisnard ; 27 mai 1808, Ménage ; 17 août 1811, Martin.

114. — Le condamné comme complice est recevable à attaquer, devant la cour de Cassation, la légalité des réponses du jury, bien que l'accusé principal ne se soit pas pourvu contre l'arrêt de condamnation. — *Cass.*, 31 déc. 1840 (t. 1er 1842, p. 522), N...

115. — On peut poser au jury, comme résultant des débats, une question de complicité à l'égard d'un individu mis en accusation comme étant l'auteur principal du crime, encore bien que les débats n'aient pas fait connaître un autre auteur principal. — *Cass.*, 6 mai 1815, L..., et 26 déc. 1839 (t. 1er 1846, p. 495), Jourdain.

116. — Spécialement, lorsqu'un individu a été mis en accusation comme auteur d'un faux, on peut poser au jury, comme résultant des débats, la question de savoir s'il a fait usage de la pièce fausse sachant qu'elle était fausse. — *Cass.*, 6 mai 1815, L.....

117. — Jugé aussi que lorsque l'arrêt de renvoi énonce que l'accusé a commis le crime conjointement et de complicité avec un autre, le président des assises peut poser au jury une question de complicité par aide et assistance, ainsi qu'une question de culpabilité comme coauteur. — *Cass.*, 4 avr. 1844 (t. 1er 1844, p. 744), Gumbeau.

118. — Pour qu'un complice puisse être poursuivi et puni, il n'est pas nécessaire qu'il y ait eu condamnation ou poursuite contre l'auteur principal ; il suffit que le fait matériel du crime principal existe, et que les faits de complicité aient un caractère criminel. — *Cass.*, 23 avr. 1813, Verdieri ; 24 avr. 1812, Bonchinelli ; 17 juill. 1835, Dominiac ; — Merlin, *Rép.*, vo *Faux*, sect. 1re, § 6, no 3.)

119. — Ainsi les auteurs et complices d'une tentative de faux en écriture authentique ne seraient pas recevables à se prévaloir du défaut de poursuites contre le notaire instrumentaire. — *Cass.*, 9 janv. 1812, Herbault.

120. — De même, la mort de l'auteur d'un crime ou délit ne met pas obstacle à la poursuite et au jugement de ses complices. — *Cass.*, 20 fructid. an XII, Merlin Hall ; 13 août 1807, Lankar ; 21 avr. 1815, Curtin ; 4 déc. 1823, Castaing ; 4 juin 1835, Drujon.

121. — Dans ce cas, le jury peut être interrogé sur l'existence des faits principaux imputés au défunt, en tant que leur constatation peut être nécessaire pour établir la culpabilité des complices. — *Cass.*, 4 juin 1835, Drujon.

122. — La déclaration du jury qui a statué antérieurement sur le fait principal et ses circonstances aggravantes, à l'égard de l'accusé principal, ne peut lier le nouveau jury appelé à prononcer séparément sur la complicité. — Dès-lors chacune des circonstances aggravantes de ce fait doit être l'objet de questions distinctes. — *Cass.*, 4 janv. 1839 (t. 1er 1846, p. 492), Chaillon.

123. — Il a même été jugé que le complice du détournement d'une mineure ne peut pas profiter de l'exception introduite par l'art. 357, C. pén., en faveur du ravisseur, et qu'il doit être poursuivi, quoique ce dernier ait épousé la personne enlevée ou détournée. — *Cour d'ass. Seine*, 26 mars 1834, Dethiers et Pinoés. — Mais cette décision exige une observation.

124. — MM. Chauveau et Hélie qui, dans le 2e volume de la *Th. C. pén.* (p. 119), la rapportent sans la critiquer, reviennent sur la question dans le t. 6, p. 390, et soutiennent que le motif d'excuse n'est point établi en faveur de l'auteur principal de l'enlèvement, mais en faveur de la personne enlevée et de sa famille : « La loi, disent-ils, n'a point voulu divulguer son déshonneur. Ce n'est donc point une excuse personnelle pour le ravisseur, c'est une fin de non-recevoir contre toute poursuite, car toute poursuite dévoilerait le scandale de l'enlèvement et du mariage ; ici, comme dans les poursuites en adultère, l'intérêt de la stabilité et de l'union des familles est plus grave que celui de la répression des complices du rapt et de l'adultère, etc. » — Cette opinion est infiniment préférable à la première. Le mariage du ravisseur et de la personne ravie efface en quelque sorte la criminalité de l'enlèvement, c'est une espèce d'amnistie qui doit détruire jusqu'aux dernières traces du délit. — Soit qu'on le considère comme une fin de non-recevoir, soit qu'on y voie un moyen péremptoire, toujours est-il qu'au fond le délit a perdu son caractère criminel aux yeux de la loi, qu'il n'y a plus de coupable principal, ou plutôt plus de délit, et, par suite, de complice. — Vainement opposerait-on par analogie l'art. 380, C. pén. — Cet article, qui a fait de la complicité un délit spécial, est une exception aux principes que nous venons de rappeler. Or, toute exception doit être renfermée dans la limite la plus stricte.

125. — Les complices d'un délit doivent nécessairement, quant à la juridiction, suivre le sort de l'accusé principal. — *Cour des pairs*, 24 nov. 1830, de Kergorlay ; 31 janv. 1818, Saint-Morys ; — E. Cauchy, *Précédens de la cour des pairs*, p. 17.

126. — Mais lorsqu'une juridiction qui n'avait été saisie qu'à raison de la qualité des auteurs principaux du délit se trouve épuisée à leur égard par le jugement intervenu en ce qui les concernait, les complices non justiciables du même tribunal, par leur qualité personnelle, ne peuvent plus être poursuivis et jugés que par leurs juges naturels. — *Cass.*, 16 mars 1809, Cas ; 22 avr. 1808, Doucet ; 22 juill. 1808, Guth ; — Merlin, *Rép.*, vo *Connexité*, § 5, note 1re ; Legraverend, t. 1er, chap. 3, p. 136 ; Carnot, *C. inst. crim.*, art. 226, no 2.

127. — Jugé, toutefois, que c'est devant la cour d'assises, et non devant la police correctionnelle, que doivent être renvoyés les auteurs et complices d'un vol commis dans une maison habitée et à l'aide d'escalade, encore bien que l'auteur principal soit âgé de moins de seize ans. — *Paris*, 4 janv. 1838 (t. 1er 1838, p. 138), Rainon.

128. — La loi ne prononce aucune peine contre la tentative de complicité d'un crime, mais seulement contre la tentative du crime même. — En conséquence la subornation d'un témoin n'étant que la complicité du faux témoignage, le suborneur ne peut être poursuivi et n'encourt aucune peine si le crime de faux témoignage n'a pas été commis. — *Cass.*, 23 vendém. an VIII, Riollay ; 9 mars 1809, Jardin ; 4 déc. 1812, Borger ; 18 fév. 1813, Mancm ; 26 avr. 1816, Bafin ; 13 fév. 1817, Duhautois ; 16 nov. 1821, Girardin ; 30 sept. 1826, Beuf ; 14 sept. 1826, Delpeux ; 16 janv. 1835, Chapelier ; 8 juill. 1830, Lépine ; 15 sept. 1836 (t. 1er-1837, p. 555), Ferrey ; — Merlin, *Rép.*, vo *Subornation*, no 4.

129. — L'art. 145, C. pén., ayant seul prévu en termes explicites le crime de faux par supposition de personnes, on avait d'abord considéré comme un faux matériel de la part du fonctionnaire celui qu'il commettrait même à son insu, et on punissait comme complices de ce crime les individus qui avaient surpris sa bonne foi. — *Cass.*, 24 avr. 1812, Bonchinelli ; 23 avr. 1813, Verdieri.

130. — Mais, dit Merlin, la question s'étant représentée, la cour de Cassation a cru devoir la soumettre à un nouvel et sévère examen. Après une longue délibération dans la chambre du conseil, elle a reconnu que si ses arrêts précédens étaient conformes aux principes généraux de la complicité, néanmoins, relativement au cas dont il s'agit, ces principes sont modifiés par une exception qui résulte nécessairement du texte de l'art. 147, C. pén.

131. — C'est ainsi que l'on décide que la supposition de personnes dans un acte notarié, à l'insu du notaire, constitue un crime de faux principal en écriture publique et authentique, rentrant dans la disposition de l'art. 147, C. pén., et non un fait de complicité du faux, qui, lorsqu'il a été commis par le notaire, est puni des peines plus graves portées par l'art. 145 du même code. — *Cass.*, 8 messid. an IX, Vandenbosch ; 7 juill. 1814, Bernard ; 21 juill. 1814, Beaury ; 24 avr. 1818, Géblin ; 18 janv. 1828, Château ; 8 oct. 1818, Canteloube. — V. également *Cass.*, 20 fév. 1817, Lamarche ; 27 juin 1811, Dor-Molette, et 10 fév. 1827, Reral ; 22 juill. 1830, Caujolle-Mestre ; — Carnot, *C. pén.*, art. 145, no 17, et art. 147, no 10 ; Chauveau et Hélie, *Th. C. pén.*, t. 2, p. 120, et t. 3, p. 363 (ces deux auteurs pensent même qu'il n'y a aucune distinction à faire, selon qu'il y a eu culpabilité ou bonne foi de la part du fonctionnaire) ; Legraverend, *Lég. crim.*, t. 1er, ch. 17, p. 586 ; Merlin, *Quest.*, vo *Faux*, p. 2 ; Bourguignon, *Jurisp. C. crim.*, *C. pén.*, art. 145. — La jurisprudence paraît maintenant définitivement fixée.

132. — Les art. 59, 60, 62, C. pén., ne parlant que de *crimes et délits*, on en a conclu qu'ils ne pouvaient être appliqués aux simples contraventions ; — et la cour de Cassation, faisant application de cette règle, a décidé qu'il ne suffirait pas d'avoir recélé sciemment des fruits volés sans circonstances aggravantes, pour être puni comme complice de ce maraudage. — *Cass.*, 21 avr. 1826, Beaufils. — V. aussi 16 oct. 1840 (t. 1er 1846, p. 497), Stocannes ; — Chauveau et Hélie, t. 2, p. 144.

133. — Mais cette raison de texte, invoquée seule, ne nous paraît pas rendre suffisamment compte de la décision que nous venons de rapporter ; on ne voit pas, en effet, au premier aperçu, en quoi celui qui recèle les produits d'un maraudage serait relativement moins coupable que celui qui recèle des objets volés. — D'ailleurs, l'art. 479 donne lui-même une preuve que la complicité est admise dans les contraventions, puisque, par le § 8, les auteurs ou *complices* de bruits, etc., sont également punis. Ne serait-il pas plus rationnel de chercher la différence des règles dans la différence des élémens qui concourent à la constitution d'un crime ou délit ou d'une contravention ? — On dirait alors que l'intention est une condition essentielle des premiers, et qu'il y a entre les auteurs et les complices une communauté de volonté qui doit déterminer une sorte de solidarité relativement à la répression, tandis qu'en matière de contravention, où le fait seul motive l'application de la peine, abstraction faite de toute intention, il n'y a pas entre les auteurs et les complices de lien, de communion suffisante pour les rattacher les uns aux autres. — Quant au § 8 de l'art. 479, ce serait tout simplement une exception à la règle générale, qui doit être restreinte au cas spécial pour lequel elle a été créée, et qui prouverait, à la rigueur, que la loi a cru nécessaire de s'expliquer formellement pour qu'on pût transporter dans une matière étrangère des principes établis dans d'autres prévisions.

134. — Les dispositions du Code pénal relatives à la complicité et au recel sont également applicables à tous les crimes ou délits prévus, non seulement par le Code pénal, mais encore par des lois pénales particulières, soit antérieures soit postérieures à ce Code. — *Cass.*, 31 janv. 1817, Pignier ; 18 vent. an VII, Vadé ; — Chauveau et Hélie, *Th. C. pén.*, t. 2, p. 144.

135. — Et cette règle reste en vigueur tant qu'il n'y a pas été dérogé par une disposition distincte et formelle. — *Cass.*, 14 oct. 1826, Thevenin ; — Chauveau et Hélie, *Th. C. pén.*, t. 2, p. 144. — Car, ainsi que le dit la cour de Cassation, « il est de droit naturel et public que le complice d'un crime ou d'un délit, s'il est coupable, soit puni. »

136. — Par suite, celui qui s'est rendu coupable d'un délit d'habitude d'usure doit être puni. — *Cass.*, 14 oct. 1826, Thévenin.

137. — En matière d'usure, le coauteur doit être puni comme le complice, et *à fortiori*. — *Cass.*, 8 mars 1828, Loiset.

138. — Les dispositions relatives à la complicité sont applicables aux délits de chasse comme à tous autres crimes ou délits. — *Cass.*, 6 déc. 1839 (t. 1er 1840, p. 545), Poulart.

139. — Les individus qui ont participé comme assureurs ou intéressés d'une manière quelconque à des faits de contrebande de la compétence des tribunaux correctionnels, sont passibles des mêmes peines que les auteurs de ces faits, soit aux termes des lois sur les douanes, soit parce que leur participation a par elle-même un caractère de complicité qui la fait rentrer dans la disposition générale de l'art. 59, C. pén. — *Cass.*, 22 oct. 1825, Cottet.

140. — L'individu trouvé porteur de marchandises de contrebande que des fraudeurs venaient d'abandonner en prenant la fuite, doit être considéré comme complice du délit de contrebande, et ne peut être excusé devant les tribunaux, sous prétexte qu'il n'a porté ces marchandises qu'à une faible distance du lieu où elles avaient été jetées, qu'il n'a eu aucune intention coupable, et qu'enfin, les véritables auteurs de la fraude sont signalés par le procès-verbal lui-même. — *Cass.*, 19 nov. 1841 (t. 1er 1842, p. 664), Douanes c. Beltzer.

141. — Ceux qui, soit en achetant des gardes, connaissant leur qualité, soit en enlevant, de leur consentement, des bois dans les laies et tranchées, favorisent l'exécution des délits que commettent ces gardes, sont leurs complices. — *Cass.*, 9 fév. 1811, Goyard; — Merlin, *Rep.*, v° *Complice*, n° 3.

142. — Jugé cependant que le silence du Code forestier sur la complicité rend inapplicables à la matière les règles tracées dans le Code pénal. — Spécialement, que, bien qu'il y ait délit de la part de l'usager des bois de l'état qui vend les bois de chauffage à lui délivrés pour son usage, l'acquéreur de ces mêmes bois ne peut être réputé complice de ce délit. — *Cass.*, 6 mai 1837 (t. 1er 1838, p. 143), Dion.

143. — En matière de contributions indirectes, il y a recélé frauduleux lorsqu'au lieu d'avoir placé en évidence et déclaré aux commis, au moment de leurs exercices, des pièces de vin qui ont été trouvées plus tard sous des planches, dans une cour fermée à clé, un débitant a nié, sur leur interpellation, l'arrivée de ces boissons. — *Cass.*, 26 déc. 1818, Cont. ind. c. Vaudran.

144. — Quoique la loi du 21 mars 1832, sur le recrutement de l'armée, n'ait parlé des complices que dans quelques uns de ses articles, les règles sur la complicité sont applicables à tous les autres cas prévus par cette loi, conformément à son art. 45.

145. — Quant au délit de remplacement frauduleux, comme les caractères constitutifs de sa complicité sont déterminés par la loi du 21 mars 1832, laquelle est spéciale à la matière, il suffit qu'un inculpé soit reconnu 'coupable d'avoir sciemment concouru à un remplacement frauduleux pour qu'il soit passible des peines portées par ladite loi, sans qu'il soit besoin de mentionner les circonstances constitutives de la complicité déterminées par l'art. 60, C. pén. — *Cass.*, 5 mars 1842 (t. 2 1842, p. 155), Guignard.

146. — Un sous-préfet ne peut pas être déclaré complice d'une substitution frauduleuse en matière de conscription pour avoir négligé, soit de donner le signalement des conscrits qui n'avaient pas d'infirmité à proposer devant le conseil de recrutement, soit de faire connaître lui-même ceux désignés pour faire partie de l'armée active. Aucune loi n'impose de pareilles obligations aux sous-préfets. — *Cass.*, 23 fév. 1811, Trompeo.

147. — Pareillement, lorsqu'il n'existe aucun acte constatant que la substitution d'un inconnu à un conscrit à titre de remplaçant est l'ouvrage du sous-préfet, ce fonctionnaire ne peut être réputé l'avoir favorisée, soit parce qu'il aurait fait mention du remplacement sur ses tableaux, soit parce qu'il aurait négligé de constater au moment du départ l'identité du remplaçant. — Même arrêt.

148. — Le sous-préfet qui, après avoir donné avis à une famille de substituer le frère au frère devant le conseil de recensement, a révoqué cet avis pendant que les choses étaient encore entières, ne peut pas être considéré comme ayant favorisé cette substitution, surtout s'il n'y avait aucun intérêt personnel. — Même arrêt.

149. — Les dispositions du Code pénal relatives à la complicité s'appliquent encore au crime de baraterie. — *Cass.*, 16 sept. 1836, Millou. — Le tit. 1er, L. 10 avr. 1825, relatif à la piraterie, reconnaît deux classes de complices : les uns sont punis comme les auteurs principaux, les autres d'une peine inférieure, celle prononcée contre les hommes de l'équipage. — On lit à cet égard dans le § 2, art. 9 : « Les complices de tous autres crimes prévus par la présente loi seront punis des mêmes peines que les hommes de l'équipage. » Ces expressions avaient fait croire que les complices du crime de baraterie n'étaient point passibles de la même peine que les auteurs principaux ; mais le titre 2 de cette loi n'établit qu'un seul degré de peines et ne s'occupe point des hommes de l'équipage; il n'y aurait donc point de peine pour les complices du crime de baraterie, si on ne leur appliquait pas les principes généraux du droit en matière de complicité.

150. — D'après l'art. 60, trois classes d'actes peuvent constituer la complicité punissable : 1° la provocation au délit ; — 2° la prestation des armes ou instrumens destinés à le commettre; — 3° l'aide et l'assistance dans sa perpétration.

§ 2. — *Provocation, instructions.*

151. — Aux termes du 1er alinéa, art. 60, C. pén., la provocation, pour constituer un acte de complicité, doit avoir été accompagnée de *dons, promesses, menaces, abus d'autorité et de pouvoir*, ou enfin de *machinations ou artifices*. Il résulte de là que si elle ne s'est manifestée par aucun de ces moyens, elle n'est pas punissable. — Chauveau et Hélie, *Th. C. pén.*, t. 2, p. 111.

152. — ...Et que, par suite, le jury doit être interrogé et donner sa réponse sur leur existence. — *Cass.*, 14 oct. 1825, Clément; 16 mars 1826, Courtaud.

153. — La simple provocation à commettre un crime ne suffit pas pour constituer la complicité, lorsqu'elle n'a pas été faite par dons, promesses, menaces, abus d'autorité ou de pouvoir. — *Cass.*, 3 sept. 1812, Billet; 24 nov. 1809, Achardi; — Merlin, *Rép.*, v° *Complice*, n° 1er; Legraverend, t. 1er, ch. 3, p. 140; Carnot, *C. pén.*, art. 60, n° 1er; Chauveau et Hélie, *Th. C. pén.*, t. 2, p. 107.

154. — Celui qui, sans employer des promesses, des présens ou des artifices coupables, fait écrire sur un acte de naissance des additions fausses et des altérations, doit être considéré, non comme complice, mais comme coauteur. — En conséquence, l'individu déclaré coupable d'avoir fait faire des altérations sur un acte de naissance ne peut pas être absous sous le prétexte que, n'ayant pas provoqué l'auteur du faux par des promesses, des présens ou artifices coupables à le commettre, il n'en est point complice. — *Cass.*, 8 juill. 1813, Sénécal; — Carnot, sur l'art. 147, C. pén., t. 1er, p. 474, n° 4. — C'est d'après le principe consacré par cet arrêt qu'on est dans l'usage de dire dans les arrêts de renvoi à la cour d'assises : « N..... est accusé d'avoir fabriqué ou fait fabriquer, etc. »

155. — Les auteurs de la *Théorie du Code pénal* (t. 2, p. 111) font observer avec raison que cette espèce de provocation suppose nécessairement une supériorité, soit intellectuelle, soit pécuniaire, et que l'on ne pourrait raisonnablement la supposer de la part d'un domestique envers son maître, d'un soldat envers ses chefs, etc.

156. — Si parfois (C. pén., art. 102; L. 17 mai 1819 et 9 sept. 1835) la provocation dénuée de ces caractères encourt une pénalité, c'est comme délit principal, et non comme acte de complicité. — Chauveau et Hélie, *Th. C. pén.*, t. 2, p. 111.

157. — L'ordre donné par un père d'exposer son enfant dans le tour d'un hospice, ne constitue pas une complicité du délit d'exposition dans un lieu non solitaire. — *Orléans*, 4 juin 1841 (t. 2 1841, p. 207), Chamuzeau et Lambert. — V. au surplus EXPOSITION D'ENFANT.

158. — Le maître qui donne l'ordre à son domestique d'ébrancher des arbres appartenant à autrui est complice du délit que ce fait constitue. Dès-lors il encourt la peine correctionnelle à raison de sa culpabilité personnelle résultant de cet ordre; et dans ce cas il peut être poursuivi directement, même sans que le domestique soit mis en cause. — *Cass.*, 11 (et non 18 ou 8) juin 1808, Forêts c. Aubert; — Carnot, *Code pén.*, art. 60, n° 1er.

159. — Quant aux artifices employés pour provoquer à commettre un crime, ils ne constituent une complicité de ce crime que lorsqu'ils sont déclarés *coupables*. En conséquence, la déclaration du jury portant que l'accusé est *coupable d'avoir provoqué par des artifices l'auteur d'un crime à le commettre*, est insuffisante pour caractériser une complicité légale, si elle n'exprime pas que les artifices étaient *coupables*. — *Cass.*, 27 oct. 1815, Heiligenstein; — Chauveau et Hélie, t. 2, p. 112.

160. — Mais en est-il de même des *machinations*, et est-il nécessaire, pour qu'elles servent de base à une condamnation, que le jury déclare qu'elles sont *coupables*, ou bien ce mot seul présente-t-il une présomption de culpabilité suffisante pour constituer la complicité? — La jurisprudence s'est prononcée dans ce dernier sens, en ne faisant rapporter le mot *coupables* qu'au mot *artifices*. — *Cass.*, 19 oct. 1832, Epinat; 15 mars 1816, Aouat-Anna.

161. — Carnot (*C. pén.*, art. 60, n° 18) soutient que les mots *artifices* et *machinations* reproduisent la même pensée; que par l'un comme par l'autre on doit entendre l'adresse, le déguisement, la fraude employés pour tromper; qu'ils n'emportent par eux-mêmes, ni l'un ni l'autre, une culpabilité réelle; que si le mot *coupables* ne se lit pas après le mot *machinations*, ce n'est que pour la pureté du langage et pour ne pas retomber dans une redite qui aurait rendu la phrase d'autant plus ridicule qu'elle eût été sans objet. La préposition *ou*, qui lie le mot *machinations* au mot *artifices*, ne leur rend-elle pas commune la qualification de *coupables* qui les suit immédiatement? — MM. Chauveau et Hélie (*Th. C. pén.*, t. 2, p. 113) professent la même opinion : « L'expression *machinations*, disent-ils, n'emporte pas avec elle une telle idée de criminalité qu'il soit inutile d'y ajouter la qualification de *coupables*. Les jurés seraient exposés à confondre de simples manœuvres avec des manœuvres criminelles, et ces dernières seules peuvent être un élément de la complicité. » — Tel est aussi notre avis, malgré l'autorité de la jurisprudence.

162. — Il n'y aurait, bien entendu, aucune espèce de doute sur la validité de la question de savoir si l'accusé est coupable de complicité pour avoir provoqué le crime par des machinations et des artifices coupables. — Evidemment une question ainsi formulée est conforme aux dispositions de la loi. — *Cass.*, 10 juill. 1817, Fages.

163. — Il y a aussi complicité d'un crime ou d'un délit quand on a donné des instructions pour le commettre. — C. pén., art. 60. — Faut-il que la personne qui a donné ces instructions *ait su qu'elles devaient servir au crime*, et que la réponse du jury mentionne cette circonstance? — Carnot (C. pén., art. 60, n° 20) et MM. Chauveau et Hélie (t. 2, p. 113) enseignent l'affirmative. — Nous pensons que c'est ajouter au texte de la loi, qui n'exprime nulle part cette exigence : il suffit que l'accusé soit déclaré coupable d'avoir donné des instructions *pour commettre le crime* pour qu'il soit réputé avoir *su* qu'elles devaient y servir. — Supposer le contraire, ce serait attribuer bénévolement au jury une contradiction manifeste.

164. — C'est ce que paraît avoir entendu la cour de Cassation en décidant que la culpabilité est certaine lorsque l'accusé est déclaré complice pour avoir donné des instructions pour commettre le crime. — *Cass.*, 27 oct. 1815, Heiligenstein.

165. — Les instructions données dans les termes de l'art. 60 n'ont pas besoin, pour constituer un acte de complicité, d'avoir été accompagnées de *dons*, *promesses* et autres circonstances nécessaires à la criminalité de la provocation : la construction grammaticale du premier paragraphe de cet article ne permet pas de supposer que le législateur ait eu dans la pensée cette réunion. — Carnot, *C. pénal*, art. 60; Chauveau et Hélie, *loc. cit.*

166. — Le domestique à gages qui a fourni à l'auteur d'un vol commis dans la maison de son maître la clé à l'aide de laquelle il s'y est introduit doit être considéré comme auteur et complice; de son côté, le voleur doit être considéré comme complice du domestique et devient en conséquence passible de peines afflictives et infamantes. — *Cass.*, 1er fructid. an XI, Meslin.

167. — La provocation à commettre des crimes, lorsqu'elle a lieu par des discours prononcés publiquement ou par des affiches ou écrits rendus publics, fait l'objet d'une disposition spéciale, et est réprimée, qu'elle ait été suivie d'effet ou non, par le chapitre premier de la loi du 17 mai 1819. — V. PRESSE.

168. — L'art. 2, tit. 3, part. 2e, C. pén. 1791, frappait, en pareil cas, le provocateur de la même peine que l'auteur d'un crime commis. — Il fallait donc que la provocation eût été suivie d'effet : c'est, du reste, ce qu'exprimaient les termes formels de l'article, qui commençait par ces mots : « *Lorsqu'un crime aura été commis*, quiconque sera convaincu d'avoir provoqué, etc. »

169. — Sous cette loi, la publicité des discours, écrits, etc., formait, comme sous celle du 17 mai 1819, un élément essentiel de provocation. — Le jury devait donc être interrogé et répondre sur cette circonstance, à peine de nullité. — *Cass.*, 27 prair. an VII, Godes.

170. — Il a été jugé que, lorsqu'un individu prévenu de complicité de pillages commis par d'autres individus, a été, avant le crime, en relation avec eux, et leur a indiqué les maisons où il y avait des effets à piller, ces faits se confondent avec le crime, et soumettent le prévenu à la même juridiction. En conséquence, sous la loi du 18 pluv. an IX, il devait être jugé par la même cour spéciale, quoique mis en jugement après la condamnation des principaux inculpés. — *Cass.*, 18 juin 1807, Le Roy; — Merlin, *Rép.*, v° *Connexité*, § 3.

§ 3. — *Armes et instrumens fournis.*

171. — Il y a encore complicité, d'après le second alinéa de l'art. 60 C. pén., de la part de ceux qui ont procuré des armes, des instrumens ou tout autre moyen qui aura servi à l'action, sachant qu'ils devaient y servir.

172. — Pour constituer la complicité d'un crime ou d'un délit, cet article exige que les moyens soient fournis avec connaissance qu'ils DOIVENT servir à l'action qualifiée crime ou délit. Il ne suffirait pas de savoir qu'ils peuvent servir à l'action ainsi qualifiée. — En conséquence, il n'y a pas lieu à cassation d'un arrêt qui renvoie de la prévention des pharmaciens poursuivis comme complices de la vente de remèdes secrets imputée à d'autres pharmaciens, alors que de cet arrêt il ne résulte pas qu'en procurant ces remèdes aux auteurs du délit ils savaient qu'ils devaient servir pour le commettre. — *Cass.*, 18 mai 1844 (t. 2 1844, p. 432), Duvigneau.

173. — De ce que celui qui a fourni les instru-

mens du crime devait *savoir qu'ils devaient y servir*, il résulte, selon nous, que, pour établir cette sorte de complicité, il est nécessaire de constater le concours du fait et de l'intention criminelle. Or, cette constatation appartient au jury, qui doit s'en expliquer catégoriquement.

174. — Un accusé ne peut pas être condamné comme coupable d'avoir fourni des munitions à une bande de malfaiteurs, si la déclaration du jury ne porte pas qu'il l'a fait sciemment et volontairement, ou ne contient quelque autre mot renfermant la même idée. — *Cass*, 22 juill. 1824, Gambini; — Chauveau et Hélie, t. 5, p. 16; Carnot, *C. pén.*, art. 268.

175. — Cependant une doctrine contraire a été consacrée par un arrêt de la cour de Cassation jugeant que la complicité résultant du fait d'avoir fourni des instrumens *pour commettre le crime* implique la connaissance exigée par l'art. 60, C. pén., qui n'a conséquemment pas besoin d'être formellement exprimée. — *Cass.*, 2 juin 1832, Ituria. — MM. Chauveau et Hélie (t. 2, p. 114) critiquent cette décision, qui leur paraît, comme à nous, s'écarter de la loi.

176.—Le complice d'un vol condamné non pour recélé, mais pour avoir fourni aux auteurs de ce vol les moyens qui ont servi à le commettre, sachant qu'ils devaient y servir, ne peut invoquer les dispositions de l'art. 63, C. pén., qui est spécial au recélé, mais reste sous l'application des art. 59 et 60. —*Cass.*, 17 sept. 1840, (t. 1er 1846, p. 497) Hémont.

§ 4. — *Aide ou assistance donnée sciemment.*

177. — Un autre mode de la complicité est l'aide ou assistance donnée avec connaissance à l'auteur de l'action dans les faits qui l'ont préparée ou facilitée, ou dans ceux qui l'ont consommée; c'est le cas prévu par le § 3 de l'art. 60.

178. — La condition essentielle de] cette espèce de complicité est que l'accusé ait agi *avec connaissance.* Sans cette circonstance, la complicité par aide et assistance ne constitue ni crime ni délit, et n'est, par conséquent, pas punissable. — *Cass.*, 28 vend. an IX, Edin; 4 fév. 1814, Tétart; 10 oct. 1816, Lebrat; 26 sept. 1822, Duhamel; 27 sept. 1822, Loubet; 16 juin 1827, Laroche; 2 juin 1832, Iturla; *Cass. belge*, 13 août 1835, Hendryckx; —Carnot, *C. pén.*, art. 60, no 20; Chauveau et Hélie, t. 2, p. 115.

179. —Ainsi, celui qui, placé en sentinelle à une certaine distance, a, en faisant le guet, aidé et assisté un voleur dans les faits qui ont préparé ou facilité la consommation du vol, n'est point passible des peines de la complicité, s'il n'a pas agi avec connaissance. — *Cass.*, 4 mai 1827, Dufossé.

180. — Par conséquent, sous le Code du 3 brum. an IV, les questions de moralité soumises au jury étaient insuffisantes à l'égard des complices, lorsqu'elles n'étaient relatives qu'au fait de l'homicide et à son auteur. — *Cass.*, 28 vend. an IX, Edin.

181. — Comme aussi, lorsque le jury a seulement déclaré l'accusé coupable de complicité pour avoir aidé et assisté l'auteur du crime dans les faits qui l'ont préparé, facilité ou consommé, ces faits ne constituent pas la complicité prévue par l'art. 60, § 3, C. pén. — *Cass. belge*, 13 août 1835, Hendrykx.

182. — Le cessionnaire d'une machine contrefaite ne peut être poursuivi comme complice du contrefacteur qu'autant qu'il a eu connaissance de la contrefaçon.—*Rouen*, 4 mars 1841, sous *Cass.*, 24 mars 1842 (t. 2 1842, p. 323), Rowcliffe c. Pethion. — V. BREVET D'INVENTION.

183. — Il faut donc, à peine de nullité, que les questions soumises au jury et sa réponse soient explicites sur ce point. — *Cass.*, 4 fév. 1814, Tétard; 10 oct. 1816, Lebrat; 26 sept. 1822, Duhamel; 16 juin 1827, Laroche; 2 juin 1832, Iturla; 4 janv. 1839 (t. 1er 1846, p. 492), Chaillou.

184.— Ainsi, la déclaration du jury, portant que l'accusé est coupable d'avoir aidé, *avec connaissance*, les auteurs du vol à le commettre, rentre dans une des circonstances de complicité déterminées par l'art. 60, C. pén., et suffit pour justifier l'application de l'art. 59, même code.— *Cass.*, 17 mai 1821, Sabardin.

185. — La complicité d'un crime de faux est suffisamment établie par la déclaration du jury portant que l'accusé s'en est rendu complice, soit pour avoir provoqué *sciemment* l'auteur à le commettre, ou pour lui avoir *sciemment et dans le dessein du crime*, fourni les moyens qui ont servi à son exécution, soit pour avoir fait usage de la pièce fausse, *sachant qu'elle était fausse*, et dans un dessein criminel. — *Cass.*, 12 sept. 1812, Lempereur.

186. — La complicité du délit d'escroquerie est suffisamment établie, lorsque, dans les motifs du jugement auquel se réfère une décision d'appel, il est dit que le complice *connaissait parfaitement* la nature des opérations par lesquelles l'auteur principal faisait de nombreuses dupes et qu'il a, par ce moyen, préparé et facilité les escroqueries de ce dernier. — *Cass.*, 10 fév. 1831, Paget-Duclaux.

187. — Néanmoins la cour de Cassation a décidé que, dans une accusation de complicité de viol, il ne peut résulter aucune nullité de ce qu'en déclarant l'accusé coupable d'avoir aidé ou assisté l'auteur du crime dans les moyens de le commettre, le jury aurait omis d'ajouter que c'était avec connaissance; il serait contre l'essence des choses que cette connaissance n'eût pas existé. — *Cass.*, 18 mai 1815, Rosay.

188.—Nous ne saurions admettre une semblable solution. La loi est trop claire pour qu'il soit permis de s'écarter de son texte. Il est toujours dangereux, et surtout dans les affaires soumises au jury, de baser une condamnation sur des inductions. — Peu importe de quel côté puisse venir l'erreur : il suffit qu'elle soit possible pour que l'on ne doive rien abandonner aux incertitudes d'une interprétation. — Les juges n'ont d'autre mission que celle d'appliquer la loi aux faits déclarés constans par le jury, ils excèdent leurs pouvoirs en se permettant de commenter ou d'interpréter sa réponse. — MM. Chauveau et Hélie (*Th. C. pén.*, t 2, p. 116) se prononcent dans le même sens : ils font remarquer que le raisonnement de la cour de Cassation pourrait être employé à l'égard de tous les crimes commis avec des violences, et soutiennent que, même en matière de viol, les modes d'assistance ne sont pas tous tellement uniformes qu'ils doivent également supposer la connaissance du crime.

189. — La cour de Cassation a encore jugé qu'un accusé peut être condamné comme complice, quoique la déclaration du jury ne porte pas en termes exprès qu'il a aidé ou assisté l'auteur principal du crime avec connaissance, attendu que ces expressions ne sont pas sacramentelles et peuvent être remplacées par des équipollens. — *Cass.*, 13 août 1835, Lancery. — Cet arrêt, le seul que nous connaissions en ce sens, ne nous paraît devoir être admis qu'avec beaucoup de circonspection, et si un équipollent pouvait suffire pour exprimer qu'un complice a agi *avec connaissance*, du moins serait-il nécessaire qu'il n'existât aucun doute sur la véritable intention du jury.

190. — La cour de Cassation avait jugé qu'il faut, pour déterminer la complicité dans un délit, que celui qui en est accusé soit convaincu d'avoir aidé et assisté le coupable dans les faits qui ont préparé et facilité l'exécution du délit ou dans l'acte même qui l'a consommé. Qu'ainsi, est incomplète et nulle la question tendant simplement à savoir si l'accusé est convaincu d'être complice pour avoir aidé et assisté le coupable. — *Cass.*, 28 prair. an VIII, Regnaud, dit Jaqueton.

191. — Mais elle a décidé depuis qu'il n'est pas nécessaire que la déclaration du jury spécifie en quoi aurait consisté l'aide et l'assistance. — Les peines de la complicité sont encourues par cela seul que le jury a déclaré l'accusé coupable d'avoir *aidé et assisté avec connaissance.*—*Cass.*, 5 mars 1841 (t. 1er 1841, p. 587), Poirier; 21 mars 1840 (t. 1er 1846, p. 493), Faurieux; — Chauveau et Hélie, *Th. C. pén.*, t. 2, p. 115.

192. — Jugé de même que la réponse du jury à la question relative à la complicité d'assassinat, que l'accusé est coupable d'avoir donné la mort par aide et assistance, caractérise suffisamment le fait de complicité, bien que n'en énonçant point les élémens. — *Cass.*, 7 juill. 1831, Greco.

193.— Par la même raison, lorsque, sur une accusation de complicité de faux, la question proposée au jury énonce tous les cas de complicité prévus par le Code pén., et que le jury répond que l'accusé est coupable de complicité avec connaissance, sa réponse se réfère à la question et établit contre l'accusé une complicité légale du crime de faux. — *Cass.*, 12 fév. 1818, Lestrade.

194.—Nous ne pouvons cependant nous dispenser de faire remarquer, à l'occasion de cet arrêt, que la question qui exprime tous les cas de complicité prévus par le Code pénal n'est propre qu'à induire le jury en erreur au grand détriment de l'accusé. Ne pourrait-il pas arriver, en effet, qu'il n'y eût de majorité sur aucun caractère spécial de la complicité et que cependant l'accusé fût déclaré coupable par une majorité de jurés convaincus sur des caractères différens?—Une réponse affirmative ne présenterait, en pareil cas, qu'incertitude et ne pourrait servir de base à une condamnation (V. conf. Carnot, sur l'art. 60, C. pén., t. 1er, p. 229, no 15). Cette manière de procéder est surtout inconciliable avec la loi du 13 mai 1836, *sur le vote du jury au scrutin secret.*

195. — Et il a été jugé que, lorsqu'une question soumise au jury présente à décider trois circonstances de complicité qui ne sont pas liées par une copulation et dont une seule est admise comme telle par la loi, si la réponse du jury ne détermine pas d'une manière positive qu'elle se réfère à chacune d'elles ou à quelqu'une d'entre elles, il reste incertain si le jury a entendu répondre affirmativement sur la seule des circonstances qui rentre dans l'art. 60, C. pén., et que sa déclaration ne peut servir de base à une condamnation ni à un acquittement. — *Cass.*, 23 juill. 1818, Boucher.

196. — Mais les questions de complicité par aide et assistance et de complicité par recélé peuvent être posées par 1o et 2o, sans que le vice de complexité résulte de ce qu'il n'y a eu qu'une seule réponse, alors qu'elle s'applique particulièrement à une seule des questions. — *Cass.*, 4 avr. 1844 (t. 1er 1844, p. 744), Gumbeau.

197. — Jugé que la déclaration du jury portant qu'un individu a aidé ou assisté avec connaissance dans les faits qui ont préparé, facilité ou consommé un faux en écriture de commerce, comprend non seulement la fabrication de l'effet, mais encore sa commercialité, sans qu'il soit nécessaire d'indiquer que le complice a eu connaissance de la qualité de commerçant du souscripteur.—*Cass.*, 29 nov. 1839 (t. 1er 1844, p. 339), Aupierre.

198. — Du reste, lorsque, sur la question de savoir si l'accusé est complice d'un homicide volontaire, commis avec préméditation et guet-apens, pour avoir, avec connaissance, aidé et assisté l'auteur dans les faits qui l'ont préparé, facilité ou consommé, le jury a répondu que l'accusé est coupable, mais sans aucune des circonstances et même sans volonté, sa déclaration est contradictoire et nulle, et ne peut servir de base, même à une condamnation correctionnelle, pour homicide involontaire. — *Cass.*, 8 déc. 1826 (intérêt de la loi), Bardin.

199. — Pour que le complice d'un meurtre soit puni des mêmes peines que son auteur, il n'est pas nécessaire qu'il l'ait assisté dans le dessein de tuer; il suffit qu'il l'ait assisté sciemment et dans le dessein du crime, c'est-à-dire dans le dessein de favoriser les excès qui ont causé la mort. — *Cass.*, 4 pluv. an XIII, Adouard; — Merlin, *Rép.*, vo *Complice*, no 2.

200. — Le plus souvent, les actes d'assistance constituent celui dont ils émanent coauteur plutôt que complice du crime. Alors toutes ces questions perdent leur intérêt; l'assistance peut même devenir une circonstance aggravante, par exemple, dans les cas de vol, de contrebande, etc.; mais ce n'est qu'autant que l'auteur de cette assistance est déclaré *coauteur* du fait, car s'il n'était que complice, le vol (s'il s'agissait d'un vol) ne pourrait être réputé commis par deux personnes. — *Cass.*, 31 janv. 1835, Istasse.

201. — Il a été jugé que l'arrêt de mise en accusation qui renvoie plusieurs accusés devant la cour d'assises comme *coauteurs* d'un crime et *complices* les uns des autres comprend nécessairement la complicité par aide et assistance, et que dès-lors le ministère public n'excède pas ses pouvoirs en comprenant ce mode de complicité dans le résumé de l'acte d'accusation. — *Cass.*, 14 avr. 1842 (t. 2 1842, p. 604), Lamarge.

202. — Il en serait autrement, ce nous semble, s'il s'agissait de toute autre complicité que de celle par aide et assistance. En effet, si l'accusation, en signalant plusieurs individus comme coauteurs et complices d'un fait criminel, suppose implicitement et nécessairement par ce mot *coauteurs* que la complicité a eu lieu par aide et assistance, ce mot ne saurait s'appliquer à la complicité par dons, promesses, menaces, abus d'autorité de pouvoir, ni à la complicité résultant de ce qu'on aurait procuré des armes, des instrumens, ou tout autre moyen qui aurait servi à l'action, sachant qu'ils devaient y servir, ni à celle résultant de ce qu'on aurait fourni le logement ou un lieu de retraite ou de réunion à des malfaiteurs dont on connaissait la conduite criminelle, ni enfin à la complicité par recélé. — C'est ce qui résulterait d'un arrêt de la cour de Cassation qui juge qu'on ne peut, dans l'acte d'accusation, substituer une accusation nouvelle à celle qui avait été comprise dans l'arrêt de renvoi, et notamment une accusation de complicité par aide et assistance à une accusation de complicité par recélé.— *Cass.*, 22 juin 1832, Lafont.

203.— Des doutes se sont quelquefois élevés sur certains actes qu'on hésitait à considérer comme suffisans pour constituer l'aide et l'assistance caractéristiques d'une complicité coupable. — C'est ainsi qu'il a été décidé que l'assistance donnée avec

connaissance dans les faits préparatoires d'un crime dont la tentative a été commise, constituait par elle-même la complicité, encore bien que le complice n'eût point participé au commencement d'exécution du fait principal. — *Cass.*, 6 fév. 1812, Morin; — Legraverend, t. 1er, ch. 2, p. 51; Carnot, *C. pén.*, art. 2, no 4, et art. 400, no 10; Bourguignon, *Jurispr. C. crim.*, *C. pén.*, art. 2, no 5; Chauveau et Hélie, *Th. C. pén.*, t. 2, p. 51.

204. — ... Qu'on devait considérer comme complice : 1o celui qui a fabriqué les fausses clés à l'aide desquelles un vol a été commis, et qui les a remises à l'auteur du vol dans l'intention du crime. — *Cass.*, 13 (et non 11) juin 1811, Clerici; — Carnot, *C. pén.*, art. 398, no 4, et *C. instr. crim.*, art. 410, no 12.

205. — ... 2o Celui qui a procuré sciemment les moyens qui ont servi à une escroquerie à l'aide d'une vente de marchandises et assisté avec connaissance le marchand dans les moyens frauduleux qui l'ont préparée. — *Cass.*, 20 août 1825, Lorano.

206. — ... 3o Celui qui, pour aider un individu à commettre une escroquerie envers des conscrits, reçoit d'eux, sous la promesse d'accélérer l'admission de leurs remplaçans, des fonds et en remet une partie à l'escroc. — *Cass.*, 13 août 1807, Lankar.

207. — ... 4o Celui qui, en servant de guide et d'interprète à un conscrit auprès de l'individu qui promettait de le faire réformer pour de l'argent, a aidé l'auteur de l'escroquerie dans les faits qui en ont préparé et facilité l'exécution. — *Cass.*, 13 août 1807, Lankar; 18 juin 1807, Vincent.

208. — ... Et cela, encore bien qu'après s'être rendu l'agent, le proxénète de l'escroc, en l'indiquant aux conscrits, il ne se soit entremêlé en rien dans ce qui a pu suivre, et qu'il n'ait reçu aucune somme d'argent, sous promesse de s'interposer en faveur de ceux-ci. — *Cass.*, 29 mai 1807, Gribeling. — V. aussi ESCROQUERIE.

209. — Jugé même que l'amnistie accordée par le décret du 25 mars 1810 n'était pas applicable au maire qui s'était rendu complice d'une escroquerie commise par un officier de recrutement, en servant d'intermédiaire entre cet officier et un conscrit, pour la remise d'une somme d'argent, encore bien qu'il n'eût employé aucune manœuvre et n'en eût tiré aucun profit. — *Cass.*, 6 mars 1812, Chiola; — Mangin, *Act. publ.*, t. 2, no 452. — V. au surplus AMNISTIE.

210. — Lorsque la prostitution d'une fille mineure a été facilitée et favorisée par sa mère, l'individu à qui elle l'a prostituée peut être poursuivi et puni comme son complice. — *Cass.*, 5 août 1841 (t. 2 1841, p. 701), F...; *Rouen*, 25 sept. 1841 (t. 2 1841, p. 702), F...

211. — Cette condamnation peut être prononcée même lorsque la jeune fille aurait été déjà livrée à la débauche. — Même arrêt de Rouen.

212. — Il n'y a aucune contradiction dans la déclaration du jury qu'un accusé est complice, par promesse, menaces, instructions, aide ou assistance, de l'imprudence ou de la négligence qui ont occasionné un homicide involontaire. — *Cass.*, 8 sept. 1831, Ott. — En effet, l'imprudence ou la négligence ne sont point exclusives de la complicité; ce n'est point dans le résultat seulement de l'imprudence qu'il faut voir un délit, mais plutôt dans l'imprudence même qui produit des blessures ou l'homicide. On conçoit, dès-lors, que celui qui, par ses ordres, ses menaces, etc., a provoqué l'imprudence, se rende complice du délit qu'elle contribue à caractériser. — Chauveau et Hélie, *Th. Code pén.*, t. 5, p. 488. — V. HOMICIDE.

213. — Quant à celui qui faisait le guet hors d'une maison pendant qu'un autre y commettait un vol, il est coauteur et non complice. Dès-lors, le vol doit être considéré comme perpétré par deux personnes, et rentre dans les dispositions de l'art. 386, C. pén. — *Cass.*, 9 avr. 1813, Mars; 12 août 1813, Losca; — Legraverend, t. 1er, ch. 3, sect. 1re, § 1er, p. 135; Carnot, *C. pén.*, art. 281, no 3; Merlin, *Rép.*, vo *Vol*, sect. 2e, § 3, dist. 4, art. 382, no 1er; Bourguignon, *Jurisp.*, *C. crim.*, art. 59; t. 3, p. 51.

§ 5. — *Peines.*

214. — L'art. 59, C. pén., est ainsi conçu : « Les complices d'un crime ou d'un délit seront punis *de la même peine* que les auteurs mêmes de ce crime ou de ce délit, sauf les cas où la loi en aurait disposé autrement. »

215. — Ainsi la loi pénale soumet au même niveau l'auteur et le complice d'une action condamnable. — Cette règle est sans doute rigoureuse, mais nous avons déjà fait observer que la loi elle-même fournissait les moyens d'en adoucir l'application, soit par la différence du maximum au minimum des peines édictées contre chaque infraction, soit par l'admissibilité de circonstances atténuantes; elle a même été plus loin, en admettant un grand nombre d'exceptions pour lesquelles la peine à infliger aux complices est différente.

216. — Celles de ces exceptions qui se trouvent dans le Code pénal sont indiquées par les art. 63, relatif au recel (V. *infra* nos 230 et s.); — 67, pour le cas de crime commis *avec* discernement par un mineur de seize ans (V. DISCERNEMENT); — 100, pour le cas de sédition (V. CRIMES CONTRE LA SURETÉ DE L'ÉTAT); — 108, en faveur des révélateurs de complots (V. CRIMES CONTRE LA SURETÉ DE L'ÉTAT); — 114 et 116, relatifs aux attentats à la liberté (V. ARRESTATION ARBITRAIRE, ATTENTATS A LA LIBERTÉ); — 138 et 144, en matière de fausse monnaie (V. FAUSSE MONNAIE), de contrefaction des sceaux de l'état et de billets de banque (V. ce mot); — 190, applicable aux abus d'autorité contre la chose publique (V. ABUS D'AUTORITÉ); — 213, pour le crime de rebellion avec bande ou attroupement (V. REBELLION, BANDES ARMÉES); — 267 et 268, relatifs aux associations de malfaiteurs (V. ASSOCIATIONS DE MALFAITEURS); — 284, 285 et 288, en matière de délits commis par la voie d'écrits ou images distribués sans noms d'auteur ou imprimeur (V. DÉLITS DE PRESSE, IMPRIMERIE); — 293, pour le cas de provocation à des délits dans des associations illicites (V. ASSOCIATIONS ILLICITES); — 415, relatif aux coalitions d'ouvriers (V. COALITION ENTRE MAITRES ET ENTRE OUVRIERS); — enfin, 438 et 441, qui concernent l'opposition par voies de fait à la confection de travaux autorisés par le gouvernement (V. TRAVAUX AUTORISÉS [opposition aux]) et de pillage de marchandises ou effets mobiliers commis en bande et à force ouverte. (V. PILLAGE ET DÉGATS DE MARCHANDISES). — V. aussi BRIS DE SCELLÉS.

217. — La complicité de l'adultère a des règles toutes spéciales; elle ne peut être prouvée que selon les règles tracées dans l'art. 338, C. pén. — V. ADULTÈRE.

218. — Déjà, sous le Code pénal de 1791, d'après lequel la peine du complice était celle infligée à l'auteur du délit, on jugeait qu'il y avait fausse application de la loi pénale lorsque le tribunal criminel n'avait appliqué à un accusé déclaré complice d'un assassinat que l'art. 11, 1re sect., tit. 2, partie 2 de ladite loi, article qui, pris isolément, n'avait aucun rapport à la complicité. — *Cass.*, 17 brum. an VIII, Lagrave.

219. — Les complices d'un voiturier condamné pour vol d'objets à lui confiés à ce titre, ne sont, comme lui-même, passibles que de la peine portée par le § 4 de l'art. 386, C. pén., lors même que ce vol aurait été commis la nuit, sur un chemin public et par plusieurs personnes, ce vol étant un crime *sui generis* sur lequel ne peuvent influer lesdites circonstances. — *Cass.*, 18 mai 1843 (t. 2 1843, p. 197), Lamirault.

220. — Lorsque celui à qui un blanc-seing a été confié le remet frauduleusement à un tiers et l'aide dans la fabrication d'une fausse convention au-dessus de ce blanc-seing, il doit être puni comme complice du crime de faux commis par ce dernier, et non comme s'il eût lui-même frauduleusement rempli le blanc-seing. — *Cass.*, 4 fév. 1819, Piart; 31 janv. 1835, Domenge. — V. sur la question, vo ABUS DE BLANC-SEING, nos 13 et suiv.

221. — L'expression *la même peine*, dont se sert l'art. 59, ne signifie pas que les peines prononcées contre l'auteur et contre le complice d'un crime auront *la même durée*, mais s'entend seulement *de la nature, du genre* de la peine à appliquer, et laisse au juge la faculté d'en fixer la durée, selon le degré de culpabilité de chacun des coupables, pourvu qu'il se renferme dans les bornes déterminées pour ce genre de peine. — *Cass.*, 2 fév. 1815, Kanikeser; — Carnot, *C. pén.*, art. 59, no 4; Chauveau et Hélie, *Th. C. pén.*, t. 2, p. 122.

222. — Par suite, rien ne s'oppose à ce que la peine infligée au complice soit d'une plus longue durée que celle infligée à l'auteur du délit. — Il suffit que la condamnation n'excède pas le maximum de la peine encourue. — *Cass.*, 9 juill. 1813, Payant; 2 févr. 1815, Kanikeser.

223. — Jugé, en ce sens, que, lorsque deux accusés sont déclarés coupables, l'un comme auteur principal, l'autre comme complice, la Cour peut appliquer à celui-ci une peine plus forte qu'au premier. — *Cass.*, 19 sept. 1839 (t. 1er 1841, p. 729), Prayer.

224. — ... Et qu'il n'y a aucune violation de la loi dans l'arrêt par lequel une cour d'assises modère une peine encourue par l'auteur d'un vol, à raison des circonstances atténuantes personnelles à cet accusé, et qui refuse de modérer celle encourue par le complice. — *Cass.*, 7 mai 1829, Lallier.

225. — Les art. 597, C. comm., et 403, C. pén., ne font point obstacle à ce que le banqueroutier frauduleux soit condamné à la peine d'emprisonnement et le complice à celle de la réclusion. — *Cass.*, 26 mai 1838 (t. 1er 1838, p. 188), Sabaté.

226. — Il arrive même souvent, depuis la loi du 28 avril 1832, comme le font remarquer les deux auteurs que nous venons de citer (no 221), que l'accusé principal et le complice subissent une peine d'une nature différente, si le jury a admis en faveur de l'un des circonstances atténuantes dont il n'a pas déclaré l'existence en faveur de l'autre, ou si la cour d'assises n'abaisse d'un second degré la peine que relativement à l'un d'eux.

227. — ... Car le complice ne peut se prévaloir du bénéfice des circonstances atténuantes reconnues en faveur de l'auteur principal. — Ainsi, lorsque l'auteur principal de vols domestiques a été condamné à un simple emprisonnement, par suite de la déclaration de circonstances atténuantes, son complice par recélé n'en doit pas moins être condamné à la peine de la réclusion en vertu des art. 59, 62 et 386, C. pén. — *Cass.*, 23 juill. 1840 (t. 1er 1846, p. 497), Lemanissier.

228. — Jugé encore que la modération de peine en faveur de l'auteur principal d'un crime, par suite de la déclaration de circonstances atténuantes, est personnelle à celui-ci, et ne profite pas au complice au profit duquel il n'y a pas eu de semblable déclaration. — *Cass.*, 23 mars 1843 (t. 2 1843, p. 644), Charruault.

229. — Que doit-on décider, lorsque le crime est accompagné de circonstances aggravantes? — Le complice doit-il, en tous cas, supporter la peine plus rigoureuse qui en résulte, ou ne peut-on la lui infliger qu'autant qu'il a connu ces circonstances?

230. — Sous la loi du 25 sept.-6 oct. 1791, en vertu des art. 374 et 380 du Code du 3 brum. an IV, qui, dans les accusations de crimes et pour la constatation de leur plus ou moins de gravité, exigeait, *à l'égard de chacun des accusés*, plusieurs questions successives sur la moralité du fait, la Cour de cassation voulait, pour que le complice d'un assassinat fût passible de la même peine que l'auteur du crime, que la question de préméditation fût résolue contre lui comme contre le principal accusé. — *Cass.*, 11 messid. an XII, Muriani; 17 pluv. an IX, Capet; 17 prair. an IX, Dépinay; 18 vendém. an X, Filiatre; 6 juin 1806, Vélard; 29 messid. an XIII, Godebout; 16 messid. an XII, Viol; 20 nov. 1806, Dutrouilh; 15 déc. 1808, Baudin; 28 frim. an XIV, Tirolle. — V. cependant, en sens contraire, *Cass.*, 25 niv. an VII, Chicot. — Car, disait-elle, on peut se trouver fortuitement sur le lieu où un assassin consomme un crime, et être entraîné à y prendre part sans l'avoir prémédité. — *Cass.*, 17 pluv. an IX, Capet. — Il résultait de là virtuellement que le complice ne subissait l'aggravation qu'autant qu'il connaissait les circonstances aggravantes, car, s'il les avait ignorées, évidemment le jury ne les aurait pas déclarées à sa charge.

231. — Mais depuis la promulgation du Code d'instruction criminelle, d'après lequel la même division de questions n'est pas prescrite, et du Code pénal, dont l'art 59 est général et ne subordonne point son application à la participation du complice aux circonstances aggravantes, ni même à la connaissance qu'il en aurait eue, la Cour de cassation a dû changer et a changé en effet sa jurisprudence.

232. — Elle a donc jugé que le complice d'un vol commis avec effraction doit être puni de la même peine que l'auteur principal, encore bien que le jury ait ajouté à sa déclaration que cet accusé n'était point complice de l'effraction. — *Cass.*, 25 oct. (et non août) 1811, Reid-Gerbens-Reiding; 17 juill. 1812, Savoye; 11 sept. 1828, Mercier.

233. — Au surplus, lorsqu'à une question de complicité de vol avec plusieurs circonstances aggravantes, le jury répond que l'accusé est coupable, mais sans l'une de ces circonstances, il fait suffisamment connaître, en excluant celle-ci, qu'il admet toutes les autres. — *Cass.*, 19 sept. 1833, Wind.

234. — Jugé également que la peine de la complicité ne peut pas être modifiée par la considération que les complices auraient ignoré les circonstances aggravantes du fait principal. — *Cass.*, 26 déc. 1812, Speybrouck; 22 août 1817, Cruel; 26 déc. 1812, Loth.

235. — ... Que la loi n'exige point, pour appliquer aux complices la même peine qu'à l'auteur du crime, qu'ils aient participé aux circonstances aggravantes. — *Cass.*, 26 déc. 1812, Van Speybrouck; 26 mars 1813, Demouth.

236. — Toutefois le complice n'encourt cette peine qu'autant que les circonstances aggravantes ont été préalablement déclarées constantes par le jury sur le fait principal. — *Cass.*, 20 nov. 1817, Jeanneau; 21 mai 1812, Leclerc.

237. — ... Qu'il n'y a point contradiction dans la déclaration du jury portant qu'un accusé s'est rendu complice d'un vol, 1o par aide et assistance, — 2o par recélé, mais, sur ce dernier caractère, sans connaissance des circonstances aggravantes. — La complicité par aide et assistance suffisant pour faire encourir à l'accusé la même peine qu'à l'auteur principal, bien qu'il ignore les circonstances aggravantes. — *Cass.*, 19 juin 1828, Hesse.

238. — ... Que lorsque la peine encourue est seulement celle des travaux forcés à temps, il suffit que les circonstances aggravantes soient déclarées affirmativement contre l'auteur principal. — *Cass.*, 26 mars 1813, Demouth.

239. — En effet, la disposition de l'art. 63, C. pén., qui modifie la peine à l'égard du complice, lorsqu'il n'a pas eu connaissance des circonstances aggravantes, et sur laquelle on pourrait être tenté d'appuyer une opinion contraire, n'est applicable qu'à la complicité par recélé, et ne peut, conséquemment, être étendue à la complicité par aide et assistance. — *Cass.*, 22 août 1817, Cruel.

240. — Jugé encore que, le complice d'un crime étant, en règle générale, et sauf les exceptions établies à l'égard des recéleurs, passible de la même peine que les auteurs de ce crime, la circonstance aggravante de la préméditation posée à l'égard de l'accusé principal d'un homicide volontaire n'a pas besoin d'être reproduite à l'égard de l'accusé de complicité du même crime par aide et assistance. — *Cass.*, 27 juin 1839 (t. 2 1843, p. 296), Guichard ; 21 mars 1840 (t. 1er 1840, p. 493), Faurieux.

241. — ... 2o Que la déclaration du jury portant que l'accusé est coupable d'avoir donné l'instruction à l'effet de commettre un assassinat, et d'avoir, avec connaissance, aidé et assisté l'assassin dans les faits qui ont facilité ou consommé l'action, établit implicitement et nécessairement que ces faits ont eu lieu avec préméditation ; — qu'en conséquence, après avoir fait cette déclaration, le jury ne peut, sans tomber dans une contradiction qui opère nullité, ajouter que l'accusé a agi sans préméditation. — *Cass.*, 20 janv. 1814, Dutois ; — Legraverend, t. 1er, chap. 8, § 1er, p. 139.

242. — ... 3o Que lorsqu'un individu est accusé de complicité dans une tentative d'assassinat pour avoir provoqué au crime par dons et promesses, donné des instructions et fourni des armes pour commettre l'action, il ne doit pas être posé au jury de questions sur la préméditation et le guet-apens, soit parce que ces circonstances rentrent nécessairement dans les caractères de la complicité ainsi déterminée, soit parce que, les questions de préméditation et de guet-apens, une fois résolues en ce qui concernait l'auteur du crime, déterminent le sort de l'accusation relativement au complice. — Dans ce cas, si, après avoir répondu affirmativement sur les faits de complicité, les jurés répondent négativement sur les questions de préméditation et de guet-apens qui leur ont été surabondamment et irrégulièrement posées, leur déclaration doit être annulée comme contradictoire. — Toutefois cette nullité ne peut pas être proposée par la partie condamnée. A défaut de pourvoi par le ministère public, elle ne peut, d'après l'art. 442, C. inst. crim., être prononcée que dans l'intérêt de la loi. — *Cass.*, 19 janv. 1838 (t. 1er 1840, p. 212), Pailher.

243. — Jugé, par application du même principe, que, lorsque des questions distinctes ont été posées sur chacun des faits qui donnent au fait principal le caractère de crime (par exemple, à la faillite le caractère de banqueroute frauduleuse), il suffit de soumettre au jury une question unique sur la complicité de ce crime. — *Cass.*, 5 mars 1841 (t. 1er 1841, p. 587), Poirier.

244. — ... Qu'ainsi la qualité de commerçant failli ne doit pas être nécessairement jointe à celle de banqueroutier frauduleux dans la question relative au complice, lorsqu'elle l'a été dans celle qui concerne l'accusé principal. — *Cass.*, 26 mai 1838 (t. 2 1838, p. 188), Sabaté.

245. — La juridiction appelée à connaître du fait principal ne reçoit non plus aucune atteinte, à l'égard des complices, de ce qu'ils en auraient ignoré les circonstances aggravantes. — *Paris*, 4 janv. 1838 (t. 1er 1838, p. 138), Rainon.

246. — La doctrine qui ne modifie pas la peine à l'égard du complice, alors même qu'il y a des circonstances aggravantes, a été critiquée. — M. de Molènes, notamment (*De l'hum. dans les lois crim.*, p. 547) invoque, pour la combattre, l'art. 60, C. pén., qui ne déclare complices que ceux qui, avec connaissance, ont aidé ou assisté l'auteur de l'action. Or, dit-il, est-ce avoir connaissance de l'action que d'en ignorer les plus graves circonstances?... Il invoque, en outre, le principe incontestable d'après lequel le défaut absolu de connaissance est exclusif de toute culpabilité, principe dont la cour de Cassation elle-même a fait la plus juste application, en jugeant notamment que celui qui, placé en sentinelle à une certaine distance, a, en faisant le guet, favorisé un vol, n'est point passible des peines de la complicité, s'il ignorait qu'il s'agît d'un vol. — *Cass.*, 4 mai 1827, Dufossé.

247. — Mais on répond, avec raison, que le texte du Code est trop formel pour se prêter à une semblable distinction, et qu'en exigeant que les complices par aide et assistance eussent agi avec connaissance, il a voulu seulement qu'ils connussent le but et la nature de l'action à laquelle ils participaient, mais non qu'ils sussent toutes les circonstances. — Chauveau et Hélie, *Th. C. pén.*, t. 2, p. 124 et 125.

248. — La cour de Cassation applique également le principe de l'uniformité des peines, même lorsque l'aggravation du crime provient d'une cause toute personnelle et spéciale à l'auteur principal. — Ainsi elle a jugé que le complice d'un vol commis par un domestique doit être puni de la même peine que l'auteur principal. — *Cass.*, 26 déc. 1812, Loth ; 8 juill. 1813, Callastrini ; 24 août 1827, Laurent ; 22 pluv. an XI, Berthe ; 1er fructid. an XI, Merlin.

249. — Jugé, de même, que tous ceux qui ont concouru de complicité à une tentative de vol sont passibles de la même peine, quoique les circonstances aggravantes, telles que l'effraction et la domesticité, soient personnelles à l'un d'eux. — *Cass.*, 4 flor. an X, Amirault.

250. — Jugé aussi que le complice d'un faux commis par un fonctionnaire public dans l'exercice de ses fonctions est passible de la même peine que ce fonctionnaire. — *Cass.*, 15 (et non 25) oct. 1813, Decamps ; 13 avr. 1821, Piazza ; *Bruxelles*, 6 mars 1816, Vanassche ; *Cass.*, 22 janv. 1835, Dumont.

251. — ... Que celui qui s'est rendu complice d'un attentat aux mœurs dont l'auteur principal est la mère de la victime, doit subir l'aggravation de la peine prononcée par le deuxième paragraphe de l'art. 334, C. pén., contre les pères et mères qui favorisent la débauche de leurs enfans. — *Cass.*, 22 nov. 1816 (et non 1818), Gauchart.

252. — ... Que le complice d'un parricide doit être condamné au supplice des parricides comme l'auteur principal du crime. — *Cass.*, 20 sept. 1827, Biron ; 20 avril 1827, Dupré ; 3 déc. 1812, Baillet ; 16 juill. 1835, Henry ; 23 mars 1843 (t. 2 1843, p. 644), Charruault. — V. aussi L. 6, ff., *Ad leg. pomp. de parricid.*

253. — Il nous est impossible de nous ranger à une jurisprudence aussi rigoureusement littérale. — En prononçant contre les complices d'un crime la *même peine* que contre les auteurs mêmes, l'art. 59 n'a pas, selon nous, voulu dire autre chose, sinon que les complices seraient punis *comme s'ils étaient auteurs du crime.* — Ainsi entendu, l'article et les solutions que nous avons admises plus haut s'expliquent parfaitement. — Car, le complice, étant puni comme s'il était auteur, est considéré comme ayant commis le crime avec toutes ses circonstances ; par exemple, la nuit avec escalade, armes, etc., s'il s'agit d'un vol ; avec préméditation, guet-apens, si c'est un assassinat, etc. Mais comment, au cas de parricide, lui infliger, s'il n'est que complice, la peine prononcée seulement contre le fils de la victime, alors que, si lui-même était auteur du crime, si son bras avait frappé, il n'encourrait que la peine du meurtrier ; c'est pourtant là ce qui arriverait nécessairement, car aucune disposition de loi ne rend les coauteurs ou les auteurs principaux passibles des aggravations qui peuvent résulter de qualités personnelles, inhérentes à leurs coauteurs ou complices. — N'y a-t-il pas, dans un pareil résultat, quelque chose de souverainement inique? — D'un autre côté, si l'on veut pousser jusqu'au bout l'application de cette règle que la loi ne permet aucune distinction, ne faut-il pas aller jusqu'à dire que le complice qui supporte les suites des circonstances aggravantes procédant de la qualité de l'auteur principal, doit, *à plus forte raison* (car cela est plus favorable), profiter des circonstances qui entraînent un adoucissement de répression, et, par exemple, que le complice d'un mineur de seize ans n'encourt que les peines mitigées prononcées contre celui-ci? Car, l'article le dit : le complice encourt les *mêmes peines* que l'auteur principal, et la jurisprudence ne veut pas qu'on fasse de distinction.

254. — Cependant, la cour de Cassation, si rigide quand il s'agit d'aggraver le sort du complice, ne montre plus la même inflexibilité alors qu'il en pourrait résulter une atténuation de peine. — Dans ce cas, elle admet des distinctions et décide, par exemple, que la disposition de la loi qui modifie la peine encourue par l'auteur d'un crime, lorsqu'il est âgé de moins de seize ans ne peut pas être invoquée par le majeur qui s'en est rendu le complice. — *Cass.*, 21 avr. 1815, Cartin ; 19 (et non 9) août 1813, Maguin.

255. — ... Que le complice par recélé n'est pas moins punissable de la peine attachée au fait principal, bien que l'auteur en ait été acquitté pour avoir agi sans discernement. — *Cass.*, 21 nov. 1839 (t. 1er 1846, p. 495), Bourselet.

256. — Ces arrêts sont, selon nous, parfaitement juridiques, mais ne sont-ils pas en contradiction flagrante avec ceux que nous avons cités plus haut, et ne reposent-ils pas uniquement sur la distinction qu'ailleurs la même cour a si formellement condamnée?

257. — Il en est de même des arrêts par lesquels il a été jugé que, lorsque l'auteur d'un crime ou délit est en état de récidive, le complice qui ne se trouve pas dans la même position n'est pas soumis à l'aggravation de peine attachée à cette circonstance. — *Cass.*, 3 juill. 1806, Choin ; 12 juin 1834, Charrat-Badon c. Forêts. — Ici encore la cour de Cassation s'est écartée du principe de non-distinction, et la même peine n'est pas appliquée au complice et à l'auteur principal.

258. — Il est donc permis d'espérer que la jurisprudence reviendra à une interprétation plus libérale et se montrera plus conséquente dans ses propres principes. — Quant à nous, nous n'hésitons point à embrasser la doctrine qu'ont enseignée presque tous les auteurs qui ont écrit sur le droit criminel et nous admettons pleinement la distinction adoptée par les auteurs de la *Théorie du C. pén.*, (t. 2 p. 123 et suiv.), entre les circonstances aggravantes intrinsèques ou extrinsèques au crime, c'est-à-dire qui font partie du crime lui-même, ou dérivent de la qualité personnelle de l'un des auteurs principaux. — Dans le premier cas, le complice devra subir la même peine que l'auteur lui-même, quelles qu'aient été les circonstances du fait et alors même qu'il les aurait ignorées. — Mais, dans la seconde hypothèse, il n'encourt que la peine édictée contre le crime qualifié par ses circonstances intrinsèques, et abstraction faite de toutes les raisons d'aggravation ou d'atténuation procédant directement et personnellement de l'auteur principal. — Tel paraît, d'ailleurs, avoir été le sens attaché par les auteurs mêmes du Code à l'art. 59, puisque, dans les motifs du Code, les orateurs du gouvernement n'ont parlé que de l'aggravation résultant des circonstances inhérentes au fait et non de celles personnelles à son auteur. — V. aussi dans le même sens Legraverend, t. 1er, chap, 3, p. 136 ; Chauveau et Hélie, t. 2, p. 127 et suiv.

259. — Jugé que, lorsque le jury, après avoir reconnu l'accusé principal coupable de vol au préjudice de celui dont il était domestique à gages, a déclaré, en réponse aux questions relatives au complice, que le vol n'a pas été commis par un domestique au préjudice de son maître, on ne peut interpréter cette dernière solution en ce sens que le recéleur aurait ignoré que l'auteur du vol fût domestique à gages. — Une telle réponse est contradictoire et nulle ; elle ne purge point l'accusation ; et si la cour d'assises l'a néanmoins acceptée comme valable, il y a lieu, par la cour suprême, en cassant son arrêt, d'ordonner qu'il soit procédé à de nouveaux débats. — *Cass.* 14 sept. 1837 (t. 1er 1840, p. 124), Astier.

260. — La jurisprudence paraît avoir admis en principe que l'aggravation de peine qui des auteurs descend aux complices, ne saurait de ceux-ci remonter aux auteurs ; — c'est par suite de cette règle qu'il a été jugé que quelle que soit la qualité de celui qui a fait usage d'une pièce fausse et quelque soit l'emploi qu'il en a fait, il ne peut encourir une peine plus grave que celle dont la loi aurait puni le faussaire. — *Cass.*, 23 mars 1827, Tuffeau.

261. — ... Que la qualité d'ouvriers donnée aux complices d'une tentative de vol commise dans un entrepôt où ils travaillaient habituellement, n'est une circonstance aggravante qu'autant qu'il est établi par la déclaration du jury qu'ils ont concouru avec l'auteur de la tentative dans les faits qui l'ont consommée, ce qui les assimilerait à l'auteur même. — *Cass.*, 29 mars 1827, Bernet.

262. — Lorsque, sur la question de savoir si l'accusé ouvrier s'est rendu complice d'une tentative de vol dans l'entrepôt où il travaillait habituellement, pour avoir assisté l'auteur de cette tentative dans les faits qui l'ont préparée, facilitée ou consommée, le jury a fait une réponse purement affirmative, sa déclaration, ne se rattachant spécialement à aucune des alternatives que la question présentait, laisse de l'incertitude sur le véritable caractère de la complicité. — Dans ce cas, l'interprétation la plus favorable à l'accusé devant prévaloir, la cour d'assises le considère

comme complice d'un vol simple et non d'un vol qualifié.—Même arrêt.

263.—... Que le gendre convaincu d'avoir assassiné sa belle-mère n'est pas passible de l'aggravation de peine attachée au parricide, si la fille de cette dernière, quoique déclarée complice par le jury, n'a pas été convaincue d'avoir coopéré à la consommation du crime. — *Cass.*, 27 avr. 1815, Baletout.

264. — Quelques doutes pourraient cependant résulter des termes d'un autre arrêt de la cour de Cassation qui, tout en appliquant en résumé les mêmes principes, dit néanmoins en termes exprès que les peines du parricide devraient être appliquées au gendre s'il avait commis le meurtre de son beau-père conjointement avec la fille de ce dernier, lors même qu'elle n'y aurait concouru « que par l'un des faits matériels de complicité spécifiés dans les art. 59, 60 et suiv., C. pén. » — *Cass.*, 15 déc. 1814, Lalyre.

265. — Mais ces termes de l'arrêt de 1814 ne nous semblent pas contredire les principes déjà consacrés par la cour : en *effet*, les *faits matériels* de complicité dont elle parle sembleraient impliquer à ses yeux une véritable *coopération* bien différente, dès-lors, de la complicité pure et simple qui se manifesterait seulement par provocation à l'aide de dons ou promesses, etc., et qui ne rend le complice passible d'aucune aggravation de peine.

266. — Enfin, si l'auteur principal dont la qualité imprimait au crime un degré de plus de criminalité était acquitté, le complice ne peut être frappé que par la peine ordinaire du crime simple.—Chauveau et Hélie, *Th. C. pén.*, t. 2, p. 130.

267.—Un accusé ne peut pas être condamné aux peines du vol domestique comme complice d'un domestique qui est déclaré non coupable ; il n'est passible que des peines du vol simple. — *Cass.*, 20 sept. 1828, Levasseur; 19 juin 1829, Tixier.

268. — Jugé aussi que, lorsqu'un notaire accusé d'avoir commis un faux en écriture authentique, dans l'exercice de ses fonctions, est acquitté, l'individu accusé de complicité ne peut pas être condamné comme complice d'un faux commis par un fonctionnaire ou officier public dans l'exercice de ses fonctions; il ne peut l'être que comme complice d'un simple faux en écriture authentique.— *Cass.*, 23 (et non 24) déc. 1825, Lambert-Lanse.

269. — Jugé dans le même sens que celui qui, par des artifices coupables, a provoqué un officier ministériel à commettre un faux dans un acte de son ministère en constatant comme vrais des faits qui ne l'étaient pas, ne doit pas, si l'officier ministériel est reconnu avoir agi en l'absence de toute intention criminelle, être réputé complice du crime prévu par l'art. 146, C. pén., mais comme auteur principal d'un faux en écriture authentique et publique rentrant dans les dispositions de l'art. 147. — *Cass.*, 22 juill. 1830, Caujolle Mestre.

270.—Celui qui s'est rendu complice par recélé, en appliquant à son profit partie des effets provenant du vol commis par une femme au préjudice de son mari, la nuit, dans une maison habitée, doit-il être puni de la peine de la réclusion que la femme aurait encourue, sans le privilége qui lui est personnel?—Plusieurs arrêts ont décidé l'affirmative. —*Cass.*, 8 oct. 1818, Causse; 6 juin 1839 (t. 1er 1846, p. 494), Raymond; 24 mars 1838 (t. 1er 1838, p. 649), Vallet; *Paris*, 24 mai 1839 (t. 1er 1839, p. 565), Baudoux; *Bourges*, 10 mai 1838 (t. 2 1838, p. 547), Valet.

271. — Au contraire, un arrêt de la cour d'Orléans du 16 déc. 1837 (t. 1er 1838, p. 25), Vallet, cassé par celui du 24 mars 1838 précité, a décidé que, dans ce cas, il devait être puni comme coupable *de vol simple* : « Attendu que le recélé prévu par le deuxième paragraphe de l'art 380 est *un vol particulier* qui ne peut être aggravé par les circonstances dans lesquelles s'est trouvé celui qui a dérobé les objets ainsi recélés. »

272.—Cette dernière opinion est adoptée par Carnot (sur l'art. 380, C. pén., t. 2, p. 262, no 18). Après avoir rapporté l'arrêt précité de 1818, il fait remarquer que la cour de Cassation s'est fondée sur ce que le recélé constitue, dans le cas actuel, une véritable *complicité* : « Mais, ajoute-t-il, c'est là précisément ce qui était en question et ce qu'il fallait établir, chose qui eût été assez difficile, l'art. 380 portant que le recéleur serait puni comme *coupable de vol* et non pas comme *complice* de vol, ce qui rend le crime purement personnel au recéleur, qui ne peut dès-lors être puni que d'après les circonstances *qui lui deviennent également personnelles.* »—V. en ce sens Chauveau et Hélie, t. 6, p. 611.—V. aussi Bourguignon, *Jurispr. C. crim.*, art. 380, C. pén., t. 3, p. 368, no 6.

273. — Ces observations calquées sur le texte de la loi, sont conformes aussi à son esprit. Le législateur ayant refusé de voir un délit dans le fait principal, il est difficile de rattacher à ce fait une complicité. On prétendrait en vain que le recéleur n'a pas opéré par lui même la *main-mise* sur la chose : il l'a opérée par l'intermédiaire de la femme; et d'ailleurs, dès qu'il y a intention frauduleuse, il suffit que la chose soit passée en son pouvoir sans le consentement du propriétaire. Enfin, les circonstances qui auraient aggravé le vol de la part d'un étranger n'ont pas ici la même importance et n'ajoutent rien à la criminalité du recéleur.

274.—Jugé que, lorsque, sur une question alternative de complicité par aide et assistance, ou par recélé, le jury a répondu *oui*, la cour d'assises doit prendre pour base de la condamnation celui des deux genres de complicité qui entraîne la peine la moins grave. — *Cass.*, 21 déc. 1827, Montpeyre. — En autorisant la cour d'assises à choisir entre les deux parties de la déclaration du jury celle qui est la plus favorable à l'accusé, la cour de Cassation reconnaît qu'il y a de l'incertitude sur son véritable sens. Appartient-il aux cours d'assises d'interpréter les déclarations du jury? — C'est ce dont il est grandement permis de douter. — V. COUR D'ASSISES.

275. — Outre la peine encourue pour le délit, le complice peut également être condamné en des dommages-intérêts envers la partie lésée.

276. — La condamnation en dommages-intérêts prononcée contre le complice d'un vol au profit de la personne volée ne fait pas obstacle à ce que celle-ci forme une demande en restitution contre le voleur, s'il n'a pas été mis en cause dans le premier procès. — *Paris*, 12 mai 1813, Jumelin c. de Bonnaire.

277. — La solidarité de l'amende doit être prononcée contre tous les complices d'un délit. — *Cass.*, 13 août 1807, Laukar.

278. — L'étendue de la solidarité du complice quant aux réparations civiles et aux dommages-intérêts dus aux parties lésées est réglée par les art. 56, 60 et 62, C. pén., qui n'admettent aucune distinction entre les faits personnels à l'auteur principal et ceux personnels au complice.—*Paris*, 2 fév. 1843 (t. 1er 1843, p. 249), Roux c. Chavignier. — V. cependant *Paris*, 18 fév. 1837 (t. 1er 1837, p. 206), Avalle c. Moïse. — Mais dans cette dernière affaire il s'agissait, ainsi que le font observer avec raison MM. Chauveau et Hélie (t. 1er, p. 261), d'une action purement civile.

279. — Le mari poursuivi conjointement avec sa femme comme complice des vols commis par elle, peut, quoique déclaré non coupable et acquitté de l'accusation, être condamné solidairement avec sa femme à des dommages-intérêts envers la partie civile, lorsqu'il a profité de ces vols.—Dans ce cas, l'accusé succombe, quoiqu'il ait été acquitté, et devient par cela même passible des frais envers la partie civile. — *Cass.*, 22 janv. 1830, Letellier.

280. — La cour de Cassation a jugé qu'une cour d'assises ne commet ni excès de pouvoirs ni violation de la loi, en condamnant le complice d'un vol commis par une femme au préjudice de son mari, à restituer à cette dernière un objet qu'elle lui a remis, quoique aucune allégation n'ait été faite que cet objet provienne du vol ou s'y rattache, et en décidant que le séducteur d'une femme n'a point d'action pour répéter d'elle les objets qu'il lui a donnés.—Pour éclaircir le texte de l'arrêt, qui laisse beaucoup à désirer sur cette question, nous avons rapporté littéralement, d'après le *Bulletin criminel*, l'exposé des faits et des moyens de cassation (V. à sa date). Mais, dans notre opinion, la question, telle qu'elle résulte du recueil officiel, aurait dû recevoir une solution tout opposée. La cour d'assises est obligée, lorsqu'elle prononce comme juge civil, de se renfermer dans le cercle des faits dont elle est saisie comme juge criminel ; or, il nous semble évident que la restitution qui a été ordonnée et l'action qui a été refusée, dans l'espèce, étaient complétement étrangères à l'accusation. — *Cass.*, 8 oct. 1818, Causse.

281. — Lorsque l'accusé a été déclaré coupable d'un faux comme auteur principal, peu importe que la cour d'assises ait mentionné, dans son arrêt, les art. 59 et 60, C. pén., relatifs à la complicité.— *Cass.*, 13 oct. 1845 (t. 1er 1845, p. 140), Constant.

Sect. 3e. — *Asile donné aux malfaiteurs.*

282. — L'art. 61, C. pén., porte : — « Ceux qui, *connaissant* la conduite criminelle des malfaiteurs exerçant des brigandages ou des violences contre la sûreté de l'état, la paix publique, les personnes ou les propriétés, leur fournissent *habituellement* logement, lieu de retraite ou de réunion, seront punis comme leurs complices. »

283. — La loi du 29 niv. an VI avait déjà déclaré complices ceux qui, dans l'intention de préparer, d'aider ou de favoriser les crimes des rassemblemens de malfaiteurs, leur auraient sciemment prêté asile ou auraient recélé les coupables.—C'est cette disposition que l'art. 61 a pour but de reproduire en la complétant et la précisant mieux.

284.— Trois élémens concourent à constituer ce genre de complicité : 1o connaissance de la conduite criminelle des malfaiteurs ; — 2o logement, lieu de retraite ou de réunion fourni ; — 3o habitude de le fournir. — Il est évident que l'absence de l'une de ces conditions fait disparaître l'incrimination de l'art. 61.

285. — Il n'y aurait pas de crime non plus si le logement ou le lieu de réunion n'avait pas été fournis volontairement.—En pareil cas, d'ailleurs, il ne pourrait guère y avoir habitude, car l'habitude implique presque nécessairement la connaissance des actes criminels et, par suite, la volonté. — Chauveau et Hélie, *Th. C. pén.*, t. 2, p. 131 ; Carnot, *C. pén.*, art. 61, no 1er.

286. — Il ne suffirait pas que celui qui a donné asile à des malfaiteurs, *soupçonnât* leur conduite. — Il doit en avoir une connaissance certaine au moment où il les a reçus, et le jury peut puiser sa conviction, à cet égard, dans toutes les circonstances qui accompagnent le fait de l'accusation, et que révèlent l'instruction ou les débats.— Carnot, *C. pén.*, art. 61, no 2.

287. — Le logement ou la retraite *quelquefois* fournis, même sciemment, ne constitueraient point l'habitude exigée par l'art. 61. — Il faut des actes journaliers, ou au moins d'une fréquence telle que les malfaiteurs puissent, ainsi que le dit Carnot (*C. pén.*, art. 61, no 3), se croire autorisés à regarder la maison de l'accusé comme étant pour eux un logement, un lieu de retraite ou de réunion.— Chauveau et Hélie, t. 2, p. 131. — Du reste, *l'habitude* est une appréciation de fait abandonnée à la discrétion des jurés et sur laquelle ils doivent, dès-lors, être interrogés et répondre explicitement.

288. — La *nourriture* fournie *habituellement et sciemment* aux malfaiteurs, ne rentre point dans les prévisions de l'article, et on ne saurait l'y suppléer. — Il n'en résulterait donc aucune incrimination possible contre celui qui s'en serait rendu coupable. — Il en serait de même de tous secours fournis autres que le logement, la retraite ou le lieu de réunion. — Carnot, *C. pén.*, art. 61, no 4 ; Chauveau et Hélie, t. 2, p. 133.

289. — La criminalité ne porterait point sur les habitués, commensaux, habitans ou serviteurs de la maison ou du maître, c'est celui seulement qui a fourni la retraite ou le lieu de réunion qui peut être poursuivi. — Carnot, *C. pén.*, art. 61, no 5.

290. — Il ne résulte pourtant point de là que la culpabilité ne puisse jamais atteindre que le chef de la maison, car le fils, le domestique, qui introduirait des malfaiteurs dans la maison de son père ou de son maître, serait seul coupable, si, du reste, le fait réunissait toutes les conditions énumérées dans l'art. 61. — Quant au père ou maître, quoique chef de la maison, il serait alors évidemment innocent.

291. — Rien, d'ailleurs, ne s'opposerait à ce que le fils ou le domestique, qui serait, avec son père ou maître, coauteur du fait, fût condamné conjointement avec lui; car la coopération à un fait ne pouvant être confondue avec la complicité, on ne pourrait dire ici qu'il y a complicité de complicité, laquelle n'est point punissable.

292. — D'après Carnot (*ibid.*, no 6), ce n'est pas d'un rassemblement de malfaiteurs pour commettre un crime isolé que s'occupe l'art. 61, mais de malfaiteurs *faisant métier* d'exercer des brigandages et des violences. — Cette interprétation, qui restreindrait singulièrement la portée de l'article, ne nous paraît pas résulter suffisamment de son texte, ni même de son esprit.—Ce n'est point chez les malfaiteurs que la loi veut une habitude, mais chez celui qui leur donne asile ; dès-lors, que les premiers soient en bande ou non, qu'ils fassent ou non métier d'exercer des brigandages, il suffit que celui qui les reçoit ait l'habitude de le faire sachant leur conduite, pour être punissable suivant l'art. 61. — V., en ce sens, Chauveau et Hélie, t. 2, p. 132.

293.— « Ce que la loi a voulu atteindre, font observer avec raison les auteurs de la *Théorie du Code pénal* (t. 2, p. 131), ce sont les repaires où se rassemblent les malfaiteurs épars ; les individus qu'elle a voulu punir, ce sont ceux qui font métier de tenir ces lieux de retraite où se recrutent les associations criminelles. »

294. – La loi n'exige pas que le rassemblement de malfaiteurs ait eu pour but à la fois d'attenter à la sûreté de l'état, à la paix publique, aux per-

sonnes et aux propriétés, un seul de ces caractères suffit. — Carnot, *C. pén.*, art. 61, n° 12.

295. — L'art. 61 se réfère à l'art. 440 du même Code. Dès-lors, il y aurait complicité de la part de celui qui aurait fourni le logement ou la retraite aux bandes organisées pour commettre le pillage des propriétés à force ouverte. — Carnot, *C. pén.*, art. 61, n° 7.

296. — Mais il ne serait pas nécessaire que la bande fût composée de cinq personnes au moins. — La loi n'a pas fixé de nombre, et l'arrêt de Cassation du 27 avr. 1813 (comm. de Bridenheim et Bollenbach), invoqué par Carnot (*C. pén.*, art. 61, n° 7), ne saurait recevoir ici d'application.

297. — Carnot (*C. pén.*, art. 61, n° 10) pense que si l'un des malfaiteurs avait commis seul un crime qui lui serait devenu personnel, l'individu qui aurait fourni habituellement logement, lieu de retraite ou de réunion à la bande, ne pourrait pas être puni comme son complice, parce qu'il n'y a pas complicité punissable sans une participation quelconque au crime de la part du complice. — Nous pensons, au contraire, que la participation est la même, soit que le crime ait été commis par un seul des malfaiteurs, soit qu'ils y aient tous deux concouru. — L'art. 61 ne fait, à cet égard, aucune distinction.

298. — La peine à appliquer à l'accusé déclaré coupable d'après l'art. 61 serait celle encourue par les malfaiteurs seulement pour les crimes par eux commis pendant que l'asile leur était ouvert, mais non pour ceux commis avant ou après. — Chauveau et Hélie, t. 2, p. 133; Carnot, *C. pén.*, art. 61, n° 8.

299. — Carnot (*C. pén.*, art 61, n° 8) pense qu'en cas d'assassinat commis par des malfaiteurs, celui qui leur a donné asile ne peut être condamné à mort qu'autant qu'il y a de sa part préméditation. — Cette opinion, qui ne pourrait se fonder que sur l'art. 63, ne nous paraît pas devoir être admise : l'art. 63 ne déroge à l'art. 59 que pour le cas de recélé d'objets procurés par un crime. — *Cass.*, 22 août 1817, Cruel. — Dans tous les autres genres de complicité, il doit donc rester inapplicable ; en général, la loi n'exige point que les complices aient eu connaissance des circonstances aggravantes.

300. — Si une bande, à laquelle le chef de maison aurait fourni retraite ou un lieu de réunion, n'avait commis aucun crime depuis qu'il a commencé à le faire, la peine applicable serait celle que les malfaiteurs auraient eux-mêmes encourue d'après la nature de leur organisation. — Carnot, *C. pén.*, art. 61, n° 9. — L'art. 268, C. pén., porte, en ce cas, la peine de la réclusion.

Sect. 4e. — *Recélé d'objets provenant des crimes et délits.*

301. — « Ceux qui, sciemment, auront recélé, en tout ou en partie, des choses enlevées, détournées ou obtenues à l'aide d'un crime ou d'un délit, seront aussi punis comme complices de ce crime ou délit. » — C. pén., art. 62.

302. — A Rome, déjà, le même principe était consacré par la loi 9, Cod., *Ad leg. Jul. De vi publicâ vel privatâ*, ainsi conçue : « *Crimen non dissimile est rapere et ei qui rapuit, raptam (rem) scientem delictum servare*, » et par la loi 1, ff., *De receptatoribus*, portant : « *Pessimum genus est receptatorum, sine quibus nemo latere diu possit, et præcipitur ut perinde puniantur atque latrones. In pari causâ habendi sunt : quia cum apprehendere latrones possent, pecunia accepta, vel subreptorum parte, demiserunt.* »

303. — Le Code pénal de 1791 n'avait puni que les recéleurs d'objets provenant de vols. Le Code pénal de 1810 a généralisé ce mode de complicité pour embrasser tous les cas. — Chauveau et Hélie, t. 2, p. 103.

304. — L'élément essentiel et constitutif de ce genre de complicité est la connaissance par l'accusé que les objets recélés proviennent d'un crime. Aussi le recéleur ne peut-il être puni comme complice de ce crime qu'autant qu'il est constaté qu'il avait cette connaissance. — *Cass.*, 29 mai 1813, N... ; 12 sept. 1812, Masson ; 26 (et non 28) sept. 1817, Joussaume ; 4 janv. 1839 (t. 1er 1846, p. 492), Chaillou. — V. aussi 27 pluv. an IX, Mahé.

305. — On jugeait déjà, sous la loi de 1791, qu'on ne devait punir un accusé comme complice d'un vol qu'autant qu'il était déclaré, par le jugement de condamnation, convaincu d'avoir vendu *sciemment* les objets volés ou de les avoir recélés, sachant que lesdits effets provenaient d'un vol. — *Cass.*, 27 juin 1792, Alexandre.

306. — Le jury ou les juges doivent donc, à peine de nullité, mentionner d'une manière non équivoque que l'accusé a agi sciemment. — Carnot, *C. pén.*, art. 60, n° 20, et art. 62, n° 1er : Legraverend, t. 1er, ch. 3, p. 144, note 4e, et p. 146 ; ch. 11, p. 446 ; Chauveau et Hélie, *Th. C. pén.*, t. 2, p. 134 ; Merlin, *Rép.*, v° *Receleur*, n° 2 ; et *Quest.*, v° *Accusation*, § 7.

307. — En conséquence, la condamnation d'un recéleur est illégale et nulle, lorsque le mot *sciemment* ne se trouve ni dans le résumé de l'acte d'accusation, ni dans la question posée au jury, ni dans sa réponse, et lorsqu'il n'y est remplacé par aucune énonciation équivalente. — *Cass.*, 26 (et non 28) sept. 1817, Joussaume. — Remarquons, à l'occasion de cet arrêt, que le mot *sciemment* n'est pas sacramentel, que toute autre expression peut en tenir lieu, pourvu qu'il n'en résulte aucune ambiguïté sur la réalité de la connaissance. — Chauveau et Hélie, t. 2, p. 135.

308. — Le mot *recélé* lui-même n'est pas non plus sacramentel ; il suffit que le fait ne présente aucun doute : ainsi, la déclaration du jury portant qu'immédiatement après un assassinat l'accusé a reçu une somme d'argent, sachant qu'elle provenait du vol qui avait accompagné cet assassinat, est certaine et régulière, quoique le mot *recélé* n'y soit pas employé. — *Cass.*, 7 oct. 1824, Jacquet.

309. — Lorsqu'il est dit dans la déclaration du jury qu'un accusé connaissait, au moment où il a participé, par aide et assistance, au vol commis par un autre accusé, que ce crime avait suivi un homicide volontaire, il en résulte nécessairement qu'il connaissait cette circonstance au moment où il a recélé les objets provenant du vol. — Ce fait de recélé rentre dans les art. 59 et 62, C. pén., et non dans l'art. 63. — *Cass.*, 8 janv. 1824, Lecouffe.

310. — La réponse du jury qui, interrogé sur le point de savoir si l'accusé a recélé sciemment des objets volés, omet de décider la circonstance constitutive que le recélé a eu lieu *sciemment*, est incomplète et nulle. — *Cass.*, 14 sept. 1832, Fourtanier.

311. — De même l'arrêt qui met un individu en accusation pour avoir recélé des objets volés avec effraction est nul, s'il ne mentionne pas que l'accusé a agi sciemment. — *Cass.*, 12 sept. 1812, Masson.

312. — Est même nulle la déclaration du jury qui, interrogé sur un fait de recélé avec connaissance, se borne à répondre que l'accusé est *coupable* pour avoir recélé, mais sans s'expliquer sur le point de savoir si c'était avec connaissance du vol. — *Cass.*, 12 janv. 1833, Fromage ; 7 avr. 1827, Conte ; 13 août 1818, Vieill. — « En effet, disent les auteurs de la *Théorie du C. Pén.* (t. 2, p. 134), le mot *coupable* ne se réfère qu'à l'action d'avoir reçu la chose volée, tandis que c'est uniquement la connaissance acquise que cette chose provient d'une soustraction frauduleuse qui constitue le recélé punissable. »

313. — Jugé néanmoins que, lorsqu'à la question de savoir si l'accusé est du moins coupable de complicité du vol dont il est accusé, pour en avoir, avec connaissance, aidé ou assisté l'auteur dans les faits qui l'ont préparé ou facilité, ou dans ceux qui l'ont consommé, ou pour avoir sciemment recélé tout ou partie des objets volés, le jury a répondu : *Non, l'accusé n'est pas coupable de complicité, mais oui, il est coupable d'avoir recélé tout ou partie des objets volés*, il y a déclaration suffisante de la culpabilité de complicité par recélé. — *Cass.*, 30 juin 1831, Gabis.

314. — Sous le Code du 3 brumaire an IV, qui exigeait des questions distinctes sur le fait et sur la moralité, la question de savoir si un accusé avait recélé volontairement des effets, sachant qu'ils provenaient d'un vol, n'était pas suffisante, car cette question appartenait au fait et non à la moralité. — Il fallait, de plus, que le jury fût interrogé spécialement sur la question intentionnelle. — *Cass.*, 8 vendém. an V, Peroux ; 17 brum. an V, Honguenaerts ; 7 vendém. an V, Lavergne ; 27 vendém. an V, Haguebert ; 21 prair. an V, Pauchet.

315. — Dès-lors, la question au jury portant sur le fait matériel d'un recélé et sur le fait moral de la science du recel, était complexe et nulle. — *Cass.*, 11 niv. an VIII, Abbé ; 15 frim. an VIII, Roche ; 6 vent. an VII, Bellegarde.

316. — La déclaration du jury portant qu'un accusé a soustrait des effets sans intention de vol, et que son coaccusé les a recélés, *sachant qu'ils étaient volés*, et dans le dessein du crime, est contradictoire. Mais elle ne doit être annulée que dans la partie relative au complice, et il n'y a pas lieu à provoquer une nouvelle déclaration sur une accusation qui n'a plus d'objet. — *Cass.*, 7 vendém. an VII, Carizet.

317. — Le Code pénal de 1791 réputait complices d'un vol (tit. 3, art. 3) ceux qui avaient reçu gratuitement, acheté ou recélé, avec connaissance, tout ou partie des effets volés. Quoique le Code pénal de 1810 n'ait point parlé de la réception gratuite ni de l'achat, le recélé continue à se constituer de la même manière, et même à quelque titre qu'il ait eu lieu. — Carnot, *C. pén.*, art. 62, n° 1er.

318. — Ainsi, la circonstance que le recéleur aurait reçu la chose volée à titre de dépôt, d'échange ou de location, n'altérerait point le caractère criminel du recelé fait avec connaissance. — V. Chauveau et Hélie, *Th. C. pén.*, t. 2, p. 136.

319. — Lorsqu'on a réuni dans une seule question cinq vols dont un individu est accusé de complicité par recélé et onze autres vols sur lesquels il n'y a contre lui aucune accusation, si le jury répond que l'accusé est coupable d'avoir recélé sciemment un grand nombre de vols, sa déclaration, qui peut se référer aux onze vols sur lesquels il n'y avait pas d'accusation à son égard, est incertaine, et ne peut servir de base à une condamnation. — *Cass.*, 14 fév. 1822, Laborde. — La nullité devrait pareillement être prononcée pour contravention à la loi du 13 mai 1836, qui oblige le jury à délibérer distinctement sur chaque fait. — Carnot, *C. pén.*, art. 60, n° 6.

320. — La loi, pour constituer l'immoralité du recélé, ne suppose pas nécessaire l'intention chez l'accusé de détourner à son profit les objets volés ; il suffit qu'il y ait recel avec connaissance. Dès-lors, la question de savoir si l'accusé avait eu cette intention est nulle. — *Cass*, 27 pluv. an IX, Mahé.

321. — En effet, le Code pénal place sur la même ligne, implicitement dans l'art. 62 et explicitement dans l'art. 380, ceux qui ont recélé ou appliqué à leur profit les objets volés. — Chauveau et Hélie, t. 2, p. 135.

322. — Il y a recélé frauduleux lorsqu'au lieu d'avoir placé en évidence et déclaré aux commis, au moment de leurs exercices, des pièces de vin qui ont été trouvées, plus tard, sous des planches, dans une cour fermant à clé, un débitant a nié, sur leur interpellation, l'arrivée de ces boissons. — *Cass.*, 26 déc. 1818, Contr. indir. c. Vaudran.

323. — Si l'accusé alléguait l'intention de restituer les effets à leur propriétaire, cette excuse rentrerait dans la question relative à la culpabilité. — Chauveau et Hélie, *loc. cit.* — Mais sous le Code du 3 brum. an IV, dont l'art. 378 exigeait une question sur chacune des circonstances de la moralité du fait, il aurait dû être posé une question spéciale à cet égard. — *Cass.*, 27 pluv. an IX, Mahé.

324. — Le revendeur qui achète des effets volés, sans les inscrire sur son registre, peut être poursuivi comme complice du vol, s'il en avait connaissance. — *Cass.*, 2 frim. an XII, (intérêt de la loi), Drouet. — Carnot (sur l'art. 62, C. pén., t. 1er, p. 242, n° 3) s'exprime ainsi : « Il y aurait recélé, lors même que celui qui aurait reçu la chose en aurait payé la valeur approximative et même la valeur réelle, car ce n'en serait pas moins s'être rendu complice du dépouillement que le propriétaire de la chose soustraite aurait éprouvé. » Et plus loin (n° 5) : « L'intérêt étant l'ame des actions, les jurés et les juges doivent se rendre beaucoup plus difficiles sur la nature des preuves lorsque le prévenu de recélé, ayant payé le prix de la chose, n'avait personnellement aucun intérêt à se rendre le complice du vol, qu'au cas où il aurait dû en profiter, en tout ou en partie, sans bourse délier. »

325. — Il y a complicité de vol par recélé de la part de celui qui, ayant connaissance qu'une somme a été détournée par un mari au préjudice de la communauté, s'en fait attribuer, par ce dernier, une partie, pour préparer et terminer une transaction entre lui et les enfans héritiers de la femme. On ne peut considérer, dans aucun cas, la transaction comme ayant eu pour objet d'ôter aux valeurs soustraites leur caractère d'objets volés. La preuve du délit de complicité en un tel cas peut se faire par témoins : il ne s'agit pas là de prouver l'existence d'un dépôt contre le prévenu de complicité. — *Cass.*, 23 juin 1837 (t. 2, 1839, p. 496), Gand.

326. — Jugé que celui qui reçoit chez lui des bois coupés en délit dans une forêt est réputé, *de droit*, auteur ou complice du délit, s'il ne l'a point dénoncé. — *Cass.*, 6 sept. 1811, Grieu ; 28 juill. 1809, Bohnem. — Sans doute la circonstance relevée par ces arrêts peut être un indice grave de la culpabilité du prévenu, mais la cour de Cassation nous paraît avoir été trop loin en l'érigeant en *preuve de droit*.

327. — Bien que l'art. 62 ne paraisse susceptible d'application qu'aux soustractions d'effets mobiliers, il embrasse dans sa disposition le recélé d'objets que la loi répute immobiliers par destination et qui perdent cette qualité lorqu'on les enlève ou qu'on les détourne de leur destination. — Carnot, *C. pén.*, art. 62, n° 11.

328. — La connaissance de l'origine des objets recélés doit avoir existé avant leur réception : cela résulterait de l'art. 63, du C. pén., qui, simple corollaire de l'art. 62, ne punit les recéleurs qu'autant qu'ils ont eu connaissance des circonstances aggravantes du crime *au temps du recélé*. Par suite, la connaissance acquise postérieurement à la réception des objets ne suffirait point pour rendre le recélé punissable. — Carnot, *C. pén.*, art. 62; Chauveau et Hélie, *Th. C. pén.*, t. 2, p. 136.

329. — La femme qui recèle les objets volés par son mari doit-elle être réputée complice? — La cour de Cassation a jugé l'affirmative dans une espèce où le jury avait déclaré de la part de la femme l'existence d'une volonté personnelle et d'une intention frauduleuse. — *Cass.*, 15 mars 1821, Locqueylen.

330. — Cette doctrine est en harmonie avec les vrais principes ; la femme pourrait devenir un agent d'autant plus dangereux qu'elle serait à l'avance assurée de l'impunité. — Mais il faut que l'intention fruduleuse de la femme soit bien établie; autrement, et si le fait seul du recélé la rendait punissable, on risquerait de l'obliger à dénoncer son mari, sous peine d'être considérée comme complice, ce qui serait immoral. — Chauveau et Hélie, t. 2, p. 137 ; Carnot, *C. pén.*, art. 59, no 8.

331. — On doit donc repousser la doctrine qui tendrait à proclamer la femme incapable d'être déclarée coupable d'avoir recélé, dans la maison conjugale, des effets volés par son mari, sous prétexte qu'elle doit obéissance à celui-ci, et qu'elle est obligée d'habiter avec lui (V. CONTRAINTE). — Mais on peut ajouter aussi que si la femme n'avait recélé les objets que pour soustraire son mari aux poursuites de la justice et non pour favoriser le vol, et dans l'intention d'en profiter, le jury, qui juge souverainement la moralité des faits, pourrait la déclarer non coupable. — Bourguignon, *Jurisp. C. crim.* sur l'art. 62. C. pén.; Legraverend, t. 1er, ch. 3, p. 147 ; Duvergier sur Legraverend, *ubi suprà*, note 5e.

332. — Et il a été jugé que la femme qui a aidé son mari dans des faits d'usure habituelle doit être condamnée comme sa complice, quoiqu'elle soit sous sa puissance, et nonobstant les diverses dispositions du Code civil, qui règlent la constitution civile de la société conjugale, mais qui ne sont point applicables aux matières criminelles. — *Cass.*, 14 oct. (et non sept.) 1826, Thévenin ; 30 août 1838 (t. 2 1838, p. 308), Drouart.

333. — Le mari poursuivi conjointement avec sa femme, comme complice des vols commis par elle, peut, quoique déclaré non coupable et acquitté de l'accusation, être condamné solidairement avec sa femme à des dommages-intérêts envers la partie civile, lorsqu'il a profité de ces vols. — *Cass.*, 22 janv. 1830, Letellier.

334. — L'ancien art. 597, C. comm., déclarait complices du crime de banqueroute frauduleuse les individus convaincus de s'être entendus avec le banqueroutier pour recéler ou soustraire tout ou partie de ses biens meubles ou immeubles. On concluait de là que le fait isolé de recélé ne constituait pas la complicité, s'il n'était point le résultat d'un concert frauduleux entre l'auteur et son complice. — Ce qui faisait exception à la règle générale d'après laquelle le recéleur n'a besoin que de connaître l'origine des objets qu'il a reçus de l'accusé principal.

335. — Par suite on jugeait 1o que la déclaration du jury portant que l'auteur d'un crime de banqueroute frauduleuse n'était point coupable et qu'un autre accusé était complice de ce crime, était contradictoire et ne pouvait motiver contre ce prétendu complice l'application d'aucune peine. — *Cass.*, 17 mars 1831, Bompart; 14 janv. 1820, Berthelot; 22 janv. 1830, Brunet. — V. pourtant *Cass.*, 13 prair. an XII, Bourdon c. Calenge.

336. — ... 2o Que l'associé d'un commerçant accusé de banqueroute frauduleuse et de faux ne pouvait pas être compris dans l'accusation à raison de sa seule qualité d'associé, s'il n'avait pas coopéré aux faits incriminés. — *Cass.*, 11 fructid. an XIII, Masencal.

337. — Cependant, de ce qu'en matière de banqueroute frauduleuse l'art. 597, C. comm., n'admettait, par dérogation au principe général posé par l'art. 60, C. pén., d'autre mode de complicité que ceux qu'il spécifiait, il n'en résultait pas que les faits élémentaires de l'un ou de l'autre de ces modes dussent être déclarés par le jury d'une manière littéralement conforme aux termes de cet article. — Il suffisait, pour qu'ils pussent servir de base à l'application de la peine, qu'ils présentassent les caractères légaux que la loi détermine.

338. — Ainsi, dans le cas d'une accusation principale de banqueroute frauduleuse reposant uniquement sur le détournement opéré par le failli, au préjudice de ses créanciers, d'une somme d'argent, de marchandises et d'effets mobiliers, la conviction de complicité résultait suffisamment de la déclaration du jury affirmative sur le point de savoir si *un tel* s'était rendu coupable de complicité de banqueroute frauduleuse, pour avoir, avec connaissance, aidé et assisté l'auteur du crime dans les faits qui l'avaient facilité et consommé. — Mais, si après avoir résolu affirmativement cette question, le jury en avait résolu négativement et sans distinction une autre qui, en reproduisant ce même chef d'accusation, y ajoutait celui de recel des sommes, marchandises et effets détournés, cette réponse entraînant contradiction avec la première, en ce qu'elle excluait indistinctement deux ordres de faits, dont l'un avait été déclaré constant, il y avait lieu d'annuler les débats et tout ce qui avait suivi. — *Cass.*, 10 déc. 1837 (t. 1er 1838, p. 55), Bon.

339. — Les modifications introduites au Code de commerce par la loi des faillites du 28 mai 1838 ne laissent plus guère d'application à ces solutions. — Le nouvel art. 593 ne reproduit de l'article ancien ni le mot *complices* ni les expressions *convaincus de s'être entendus* ; il fait des individus convaincus d'avoir, dans l'intérêt du failli, soustrait, recélé ou dissimulé tout ou partie de son actif, les auteurs d'un délit spécial et principal passible des peines de la banqueroute frauduleuse, sauf les cas rentrant dans les prévisions de l'art. 60, dont l'application est formellement réservée. — Il n'y a donc plus, en cette matière, d'exception à la règle générale.

340. — Du reste, peu importe, en matière de banqueroute frauduleuse, que la soustraction ou le recel aient été faits avant ou après la déclaration de faillite. — *Cass.*, 26 mai 1838 (t. 2 1838, p. 188), Sabaté. — V. BANQUEROUTE.

341. — Il a été jugé que celui qui s'approprie l'argent provenant d'un vol qualifié qu'il s'était chargé de retirer d'une cachette, sur l'indication d'un voleur, doit être considéré comme complice de ce vol, et non comme auteur lui-même d'un vol nouveau. — *Cass.*, 7 fév. 1834, Duvigneau. — « Il eût été plus rationnel, disent MM. Chauveau et Hélie (t. 2, p. 136), de voir les caractères d'un nouveau vol, car son auteur avait moins pour objet de dérober à la justice les effets qu'il recueillait que de se les approprier frauduleusement. » — Cette critique n'est pas fondée : l'intention de s'approprier frauduleusement les effets provenant d'un vol ne change point les caractères de la complicité, qui résulte suffisamment de la connaissance que ces effets proviennent d'un vol ; c'est cette connaissance qui rattache au vol principal le fait nouveau et qui lui donne le caractère d'un recélé. Il est juste que celui qui s'associe pour son profit personnel à un vol qualifié supporte toutes les conséquences aggravantes de la complicité.

342. — Mais le dénonciateur qui a été autorisé à recevoir chez lui des effets volés pour faciliter l'arrestation et la conviction des voleurs ne peut, dans le cas où il retiendrait à son profit une partie des effets, être puni comme complice du vol. — *Cass.*, 11 brum. an XIV, Silvestre.

343. — En effet, la rétention des effets volés étant un délit distinct du vol principal, comme l'a fort bien jugé cet arrêt, elle constitue un nouveau vol tout personnel au dénonciateur qui s'approprie sciemment la chose d'autrui : sa position est la même que celle d'un individu qui refuse de restituer un objet par lui trouvé. — V. *Cass.*, 4 avr. 1823, Mallet. — Carnot (sur l'art. 62, C. pén., t. 1er, p. 242, no 1er) dit, en général, que si le recéleur n'avait eu connaissance du vol que depuis le recélé, il ne serait pas punissable, et qu'en conservant *en sa possession* la chose d'autrui après avoir acquis cette connaissance, il commettrait seulement une action très immorale. Un arrêtiste induit de là que cet auteur est d'une opinion contraire à la solution ci-dessus. Cette conséquence manque d'exactitude : les paroles de Carnot laissent la question intacte. Le recéleur peut fort bien conserver la *possession* de la chose sans avoir l'intention de se l'approprier, et cette intention est indispensable pour constituer le vol.

344. — Les recéleurs devant être punis comme complices du crime ou du délit, encourent la même peine que son auteur. — Dès-lors, le complice par recélé d'objets escroqués à l'aide d'un faux, doit subir la peine du crime de faux comme l'auteur principal. — *Cass.*, 16 mai 1828, Magis.

345. — Il en est ainsi, alors même que le recéleur aurait ignoré les circonstances aggravantes du crime. — Chauveau et Hélie, *Th. C. pén.*, t. 2, p. 138. — Ainsi jugé pour le cas de recélé d'objets volés. — *Cass.*, 25 juin 1812, Weber ; 26 nov. 1812, Marens; 29 mai 1817, Gonriézec; 10 juill. 1817, Faure; 22 août 1817 (et non 1819), Cruel.

346. — ... Et quoique le jury ait ajouté qu'il n'avait pas eu connaissance des circonstances aggravantes. — *Cass.*, 22 juin 1827, Raynaud.

347. — Il en était de même sous la loi du 25 sept.-6 oct. 1791. — *Cass.*, 14 pluv. an XI, Reynero; 13 brum. an XI, Druzen; 8 sept. 1809, Bartaletti; 22 pluv. an XI, Berthe; 25 niv. an VII, Chicot.

348. — Mais il a été jugé aussi que, lorsque, après avoir déclaré l'accusé *non coupable d'un vol avec circonstances aggravantes*, le jury, interrogé subsidiairement sur le fait de recélé des objets volés, déclare l'accusé coupable, mais en ajoutant qu'il n'a pas eu connaissance des circonstances aggravantes du vol, cette déclaration est insuffisante pour établir que le vol a été accompagné de circonstances aggravantes rappelées dans la question principale. En conséquence, l'accusé ne peut être considéré que comme complice d'un vol simple. — *Cass.*, 27 mars 1834, Retrait.

349. — ... Et lorsque, sur une première question, tendant à savoir si l'accusé est coupable d'un vol commis la nuit dans une maison habitée, le jury a répondu négativement, et que sur une autre question il l'a déclaré complice par recélé, sans qu'il y soit fait aucune mention des circonstances de la nuit et de la maison habitée, cet accusé ne peut être condamné que comme complice d'un vol simple. — *Cass.*, 26 (et non 28) sept. 1817, Jousssaume.

350. — La loi du 18 pluv. an IX ne disposait pas que les complices par recélé d'un vol fait par plusieurs, avec armes, dans une maison de campagne, seraient punis de la même peine que les auteurs du vol ; mais il y avait lieu de leur appliquer les peines portées par la loi du 25 sept.-6 oct. 1791, contre le même délit. — *Cass.*, 14 pluv. an XI (intérêt de la loi), Reynero.

351. — Aujourd'hui, lorsque la peine applicable à l'auteur d'un vol est seulement celle des travaux forcés à temps, il n'y a pas lieu à poser au jury une question sur le point de savoir si le complice par recélé avait connaissance des circonstances aggravantes. — *Cass.*, 25 fév. 1819, Depître ; 14 juill. 1837 (t. 1er 1840, p. 309), Derode.

352. — ....Encore bien qu'à raison de son état de récidive ce complice puisse être condamné aux travaux forcés à perpétuité. — *Cass.*, 18 juin 1829, Allaire.

353. — Bien que rigoureuse, cette décision est conforme au vrai sens de la loi. — Les seules circonstances dont parle l'art. 63, sont celles qui se rattachent au fait principal. Nous ne pensons pas qu'on puisse l'étendre à la récidive du recéleur, parce que cette circonstance est toute personnelle.

354. — Lorsque après avoir répondu négativement à l'égard de l'accusé principal d'un vol avec les circonstances aggravantes, le jury déclare son coaccusé coupable de complicité par recélé, mais avec ignorance des circonstances aggravantes, sa déclaration ne s'expliquant pas sur l'existence de ces circonstances, et portant sur le fait de leur ignorance, qui n'avait pas été compris dans la question, ne peut servir de base légale à l'application de la peine ; et il y a lieu de renvoyer les jurés dans la salle de leurs délibérations à l'effet de donner une nouvelle réponse. — *Cass.*, 8 janv. 1835, Paillar.

355. — La condamnation d'un recéleur aux peines de la complicité est suffisamment motivée sur ce qu'il ne pouvait pas ignorer que les objets qu'il achetait n'appartenaient pas au vendeur, alors qu'il résulte du dispositif du jugement que, ce vendeur ayant détourné les objets recélés, l'acheteur était son complice et que sa complicité avait les caractères spécifiés par l'art. 62, C. pén. — *Cass.*, 26 nov. 1825, B....

356. — Il serait cependant possible que le vendeur eût agi en vertu du mandat du propriétaire ou pour faciliter l'arrestation du voleur, ce qui effacerait toute idée de délit. La mention que l'accusé ne pouvait pas ignorer que les objets qu'il achetait n'appartenaient pas au vendeur, n'établit donc pas qu'il savait que le vendeur eût enlevé, détourné ou obtenu par un délit les choses vendues.

357. — De ce que la même peine doit être appliquée au recéleur qu'à l'auteur du crime, il résulte que c'est à la cour d'assises et non au tribunal de police correctionnelle qu'il appartient de statuer sur un fait de recélé qui se rattache à un vol qualifié, déjà jugé par la cour d'assises. — *Cass.*, 7 fév. 1834 ; (Régl. de juges), Duvigneau ; — Chauveau et Hélie, *Th. Code pén.*, t. 2, p. 138. — Car le tribunal correctionnel ne peut, sous aucun prétexte, appliquer des peines criminelles.

358. — Plusieurs exceptions à la règle que le recéleur est puni de la même peine que l'auteur

principal ont été introduites, par la loi elle-même. Elles sont énumérées dans l'art. 63, C. pén. ainsi conçu : « Néanmoins, la peine de mort, lorsqu'elle sera applicable aux auteurs des crimes, sera remplacée à l'égard des recéleurs par celle des travaux forcés à perpétuité. Dans tous les cas, les peines des travaux forcés à perpétuité ou de la déportation, lorsqu'il y aura lieu, ne pourront être prononcées contre les recéleurs qu'autant qu'ils seront convaincus d'avoir eu, au temps du recélé, connaissance des circonstances auxquelles la loi attache les peines de mort, des travaux forcés à perpétuité et de la déportation ; sinon, ils ne subiront que la peine des travaux forcés à temps. »

359. — L'art. 3 du titre 3, part. 2e du Code de 1791, considérait comme complice du vol le recéleur d'objets qu'il savait volés, et le punissait, dès-lors, des peines portées contre ce vol. — Mais, depuis, de nouvelles lois ayant prononcé des peines plus rigoureuses contre le vol lorsqu'il était accompagné de certaines circonstances aggravantes, par exemple, la peine de mort contre l'auteur de tout vol suivi de meurtre, la question s'éleva de savoir quelle peine, dans ce cas, devait être appliquée au recéleur. La cour de Cassation jugea que c'était seulement celle du vol, édictée par le Code de 1791, mais que le recéleur ne pouvait être passible des peines plus rigoureuses portées par les lois postérieures à raison des circonstances aggravantes, s'il n'était pas convaincu d'y avoir pris part. — *Cass.*, 17 frim. an IX, Pothier.

360. — ...Spécialement, que, sous la loi du 29 niv. an VI, le recéleur des effets volés avec les circonstances déterminées par cette loi n'était réputé complice qu'autant que le recélé avait été fait dans l'intention d'aider ou de favoriser le crime, conformément à l'art. 6 de ladite loi. — *Cass.*, 12 brum. an VII, Durand ; 25 niv. an VII, Chicot ; 22 pluv. an VII, Ferrieu ; 11 brum. an VII, Robine, 9 vendém. an VIII, Remy.

361. — ...Et que, la loi du 18 pluv. an IX, art. 29, n'ayant prononcé la peine de mort que contre les auteurs des vols commis sur une grande route, avec armes, violence et réunion de plusieurs personnes, cette peine était inapplicable à ceux qui avaient recélé les effets volés, quoique sachant qu'ils provenaient desdits vols. — *Cass.*, 10 germin. an XI, Boccardi.

362. — ... Qu'en conséquence, il devait être posé au jury, sous peine de nullité, une question sur cette moralité du fait. — *Cass.*, 12 brum. an VII, Durand.

363. — ...Et que la question par laquelle on demandait au jury si l'accusé avait fait le recélé dans l'intention du crime ne pouvait s'entendre que du crime de recélé ; il fallait poser une question spéciale sur l'intention d'aider, de favoriser ou de préparer le crime. — *Cass.*, 22 pluv. an VII, Ferrieu.

364. — Mais, depuis le Code de 1810, dont l'art. 62 ne restreignait pas la complicité au vol et qui avait abrogé la loi du 29 niv. an VI, la cour de Cassation adopta une jurisprudence différente et décida que celui qui avait recélé des effets volés sachant que le vol avait été commis à la suite d'un meurtre auquel il avait été présent, devait être puni comme complice, non d'un vol, mais d'un vol précédé de meurtre. — *Cass.*, 29 oct. 1812, Parmen ; 12 avr. 1813, Parmann.

365. — La persistance des cours d'assises à suivre un autre système ayant nécessité un référé au gouvernement, il intervint le 10 décembre 1813, un avis du conseil d'état, approuvé le 18 du même mois, portant que « lorsqu'un vol a été commis à l'aide ou par suite d'un meurtre, les personnes qui ont recélé les effets volés, ayant connaissance que le vol a été précédé du crime du meurtre, doivent, aux termes de l'art. 62, C. pén., être considérées comme complices de ce dernier crime. »

366. — MM. Chauveau et Hélie (*Th. Code pénal*, t. 2, p. 140) disent à ce sujet qu'il est sans objet de faire remarquer l'excessive rigueur de cette décision, parce que la loi du 28 avr. 1832 a implicitement abrogé l'avis du conseil d'état du 18 déc. 1813, par la disposition qui forme le § 1er, art. 63, C. pén. — C'est une erreur manifeste : la loi du 28 avr. 1832 n'a fait que modifier la peine, et n'a rien changé aux caractères du fait. On doit toujours décider que celui qui recèle des effets volés, ayant connaissance que le vol a été précédé du crime de meurtre, *est considéré comme complice de ce dernier crime* ; mais au lieu d'encourir la peine de mort, il ne peut plus être condamné qu'aux travaux forcés à perpétuité. Voilà la seule différence introduite par la loi du 28 avr. 1832. L'avis du conseil d'état subsiste donc dans son entière disposition. Le système de ces auteurs aurait pour résultat de ne soumettre qu'à des peines correctionnelles, d'après le Code pénal de 1810, ou qu'à la réclusion depuis la loi du 28 avr. 1832, le recéleur qui avait connaissance du meurtre, tandis que celui qui n'en aurait pas connaissance subirait les travaux forcés à temps, d'après le dernier alinéa de l'art. 63. — V. Merlin, *Rép.*, vo *Recéleur*, no 1er.

367. — Néanmoins, un accusé ne pourrait pas être condamné comme complice d'un vol précédé, accompagné ou suivi de meurtre, pour avoir recélé les objets qui en proviennent si le jury avait seulement déclaré qu'au moment du recélé l'accusé avait connaissance du vol qui l'a précédé, accompagné ou suivi. — *Cass.*, 20 avr. 1820, Poupon ; — Carnot, *C. pén.* art. 63, no 5. — En effet, la déclaration du jury mentionnée ci-dessus ne suffirait même point pour justifier l'application des peines de complicité du vol simple, puisqu'elle n'exprime point que l'accusé eût connaissance du vol au moment du recélé, circonstance essentielle.

368. — Jugé aussi que, lorsque, sur les questions de savoir si un individu s'est rendu complice d'un vol par aide et assistance ou par recélé des objets volés, sachant que le vol avait été commis la nuit, par plusieurs personnes, *sur un chemin public, et avait été précédé, accompagné ou suivi d'un homicide commis volontairement*, le jury a répondu affirmativement sur le fait et les premières circonstances, et négativement sur les dernières, il y a lieu à l'application de l'art. 386, C. pén., et non à celle de l'art. 304, alors même que le jury aurait reconnu, vis-à-vis d'autres accusés, le fait de l'homicide volontaire comme ayant précédé, accompagné ou suivi le vol. — *Cass.*, 22 déc. 1836 (t. 1er 1838, p. 62), Gauthier.

369. — La peine de mort n'est donc jamais, aux termes du premier alinéa de l'art. 63, applicable aux recéleurs. — Quant à celles des travaux forcés à perpétuité (même substituée à la peine de mort, car la loi dit : *dans tous les cas*) et de la déportation, il est nécessaire, pour qu'elles soient appliquées, que le jury déclare que les recéleurs ont eu connaissance des circonstances aggravantes qui les faisaient encourir, et, dès-lors, il doit leur être posé une question à ce sujet. — *Cass.*, 3 août 1837 (t. 2 1837, p. 200), Baqué ; — Chauveau et Hélie, t. 2, p. 141.

370. — La loi du 18 pluv. an IX, art. 29, n'ayant prononcé la peine de mort que contre les auteurs des vols commis sur une grande route, avec armes, violence et réunion de plusieurs personnes, cette peine était inapplicable à ceux qui avaient recélé les effets volés, sachant qu'ils provenaient desdits vols. — *Cass*, 10 germin. an XI, Boccardi.

371. — Mais il ne faut point perdre de vue que ce n'est que lorsqu'il s'agit de l'application des travaux forcés à perpétuité ou de la déportation, et non de celle des travaux forcés à temps et de la réclusion que l'art. 63 exige du jury une déclaration de culpabilité avec connaissance des circonstances aggravantes du vol contre un accusé de recélé d'objets volés. — *Cass.*, 14 juill. 1837 (t. 1er 1840, p. 309), Derode ; 25 fév. 1819, Depitre.

372. — La disposition de l'art. 63, C. pén., qui modifie la peine à l'égard du complice lorsqu'il n'a pas eu connaissance des circonstances aggravantes, n'est applicable qu'à la complicité par recélé et ne peut conséquemment être étendue à la complicité par aide et assistance. — *Cass.*, 22 août 1817, Cruel.

373. — ...Non plus qu'à la complicité pour avoir fourni les moyens qui ont servi à commettre le vol, sachant qu'ils devaient y servir. — *Cass.*, 17 sept. 1840 (t. 1er 1846, p. 497), Hémont.

374. — Carnot (C. pén., art. 63, no 1er) paraît croire que l'art. 63 n'est applicable qu'à la complicité *du vol* par recélé. — Ce serait une erreur : l'art. 63 est aussi général que l'art. 62 dont il est le corollaire ; il s'applique donc au recélé des choses enlevées, détournées ou obtenues à l'aide de tout autre crime ou délit.

375. — Au reste, le recélé, de même que la complicité, ne peut exister qu'autant qu'il y a crime principal. — Par conséquent, la déclaration du jury portant qu'un accusé a soustrait des effets sans intention de vol, et que son coaccusé les a recélés, sachant qu'ils étaient volés et dans le dessein du crime, est contradictoire et nulle. — *Cass.*, 7 vendém. an VII, Carizet.

376. — De même, celui qui s'est rendu complice par recélé, en France, d'un vol commis en pays étranger au préjudice d'étrangers, n'est pas, non plus que le voleur même, justiciable des tribunaux français. — *Cass.*, 17 oct. 1834, Cresciat ; *Bruxelles*, 12 août 1819, Soubric ; — Chauveau et Hélie, t. 2, p. 142.

377. — Lorsque l'auteur principal d'un vol commis avec escalade dans une maison habitée n'est pas compris dans l'accusation dirigée contre le complice par recélé, il faut pour l'application de la peine de ce crime que le jury ait fait une déclaration positive sur les circonstances de l'escalade et de la maison habitée et sur la connaissance qu'avait l'accusé en recélant les objets volés, qu'ils provenaient de vol. Il ne suffirait pas que le jury eût déclaré que l'accusé ne connaissait pas les circonstances du vol. — *Cass.*, 21 mai 1812, Leclerc.

378. — Celui qui n'a été renvoyé aux assises que comme accusé d'être l'auteur d'un vol ne peut pas être jugé sur un chef de complicité par recélé qui n'est pas résulté des débats. — *Liége*, 3 juin 1824, D...

379. — Mais on peut, dans une accusation de vol, poser au jury la question de recélé comme résultant des débats. — *Cass.*, 13 août 1818, Viell.

380. — Jugé aussi que dans une accusation de vol, la complicité par recélé n'est qu'une modification du fait principal, et non un fait autre que le vol lui-même ; en conséquence, l'accusé ne peut se faire un moyen de nullité de ce que le président aurait posé une question spéciale à ce sujet, quoique non énoncée dans l'acte d'accusation. — *Cass.*, 30 juin 1831, Gabis.

381. — Jugé même que si la question de complicité de vol par aide et assistance ou par recélé avait été soumise au jury, bien qu'elle ne fût pas comprise dans l'arrêt de renvoi, il y aurait présomption légale qu'elle est résultée des débats quand même le procès-verbal de l'audience ne le constaterait pas. — *Cass.*, 19 sept. 1833, Wind.

382. — Le même principe a été consacré par plusieurs autres arrêts. — V. notamment *Cass.*, 20 mars 1829, Beller ; 8 avr. 1830, Boudon. — V. cependant *Cass.*, 9 déc. 1825, Buré. — V. au surplus COUR D'ASSISES.

383. — L'assimilation du recélé avec la complicité n'est pourtant pas complète. — En effet, la complicité suppose, dans la perpétration, une assistance qui donne au crime un caractère plus grave, tandis que le recélé, qui n'est jamais que postérieur au fait, ne peut rien ajouter à ce fait qui le rende intrinsèquement plus dangereux ou plus condamnable. — En effet, bien que le recel suppose deux coupables, l'un auteur du vol, l'autre recéleur des objets, cependant, le vol ne doit pas pour cela être considéré comme ayant été commis par plusieurs personnes. — *Cass.*, 11 sept. 1818, Soubyron ; — Chauveau et Hélie, t. 2, p. 142.

384. — C'est ainsi que la cour de Cassation a décidé que le domestique qui recèle sciemment des objets volés par un tiers au préjudice de son maître, ne peut être puni que comme complice d'un vol simple. — La domesticité n'est une circonstance aggravante du vol qu'envers celui qui l'a commis ou qui y a participé par des moyens soit antérieurs, soit simultanés. — *Cass.*, 16 avr. 1818, Jullien ; — Carnot, *C. pén.*, art. 386, no 15 ; Chauveau et Hélie, t. 2, p. 143.

385. — Le recélé n'est pas un fait moral et indivisible, qui, relativement au vol auquel il se rattache, se consomme sans pouvoir être renouvelé ; c'est un fait matériel caractérisé par l'intention qui peut exister et se reproduire par différens actes. — Par conséquent, un individu peut, après avoir été acquitté sur un fait de recélé, être remis en jugement sur un autre fait de recélé relatif au même vol, mais postérieur à son acquittement. — *Cass.*, 29 déc. 1814, Michel ; — Mangin, *Act. publ.* t. 2, no 403 ; Chauveau et Hélie, *Th. C. pén.*, t. 2, p. 143 ; Carnot, *C. instr. crim*, art. 360, no 7.

386. — En vain dirait-on que, dans ce cas, le deuxième fait de recélé, quoique se rattachant à un vol qualifié, ne peut être considéré que comme vol simple. — Même arrêt.

Sect. 5e. — *Autres espèces de recélés ou recélemens.*

387. — Outre les choses, le recélé peut également avoir pour objet les personnes, et, dans certains cas formellement prévus par la loi, constituer un fait condamnable. — Ce ne sont plus alors des actes de complicité d'un crime ou délit principal frappés de la même peine que celle prononcée contre celui-ci, mais des crimes ou délits distincts dont les auteurs encourent une peine spéciale et qui font l'objet de dispositions pénales expresses. — Nous nous bornerons à indiquer ici les principaux, en renvoyant aux articles qui les concernent plus particulièrement.

388. — Ainsi, ceux qui ont recélé ou fait recéler des personnes qu'ils savaient avoir commis des crimes emportant peine afflictive, sont punis par l'art. 248, C. pén., d'un emprisonnement de trois mois à deux ans. — V. RECÉLEMENT DE CRIMINELS.

389. — Quiconque a recélé ou fait recéler des espions ou soldats ennemis envoyés à la décou-

390. — Celui qui a recélé ou caché le cadavre d'une personne homicidée ou morte des suites de coups ou blessures, encourt, en vertu de l'art. 359 du même Code, une peine de six mois à deux ans de prison et de 50 à 400 fr. d'amende, sans préjudice de peines plus graves s'il a participé au crime. — V. CADAVRE, RECÉLEMENT DE CADA-VRE.

391. — La loi du 24 brum. an VI prononçait (art. 4) contre tout habitant de l'intérieur con-vaincu d'avoir recélé sciemment la personne d'un déserteur ou réquisitionnaire.... une amende de 300 à 3,000 fr. et un emprisonnement d'un ou deux ans, suivant que le déserteur ou réquisitionnaire avait été recélé avec armes et bagages. — Plusieurs arrêts de Cassation ont même décidé que ces dis-positions n'avaient pas été abrogées et qu'en con-séquence lesdites peines étaient encore applicables aux cas prévus. — V. notamment *Cass.*, 4 août 1827, Lecoq. — V. DÉSERTION.

392. — La même peine était portée par le dé-cret du 9 messid. an XIII contre tout capitaine de navire ou autre soumis à l'inscription maritime, convaincu d'avoir recélé un marin déserteur. — Un décret postérieur, du 12 avr. 1811, punit de 3,000 fr. d'amende le capitaine de bâtiment armé en course à bord duquel il est trouvé des dé-serteurs des bâtiments de guerre. — V. DÉSER-TION.

393. — Un décret du 26 fév. 1793 punissait de six ans de fers, et deux décrets des 30 vendém. an II (art. 19) et 22 germ. an II (art. 23), de la dé-portation, les propriétaires ou locataires qui avaient recélé des ecclésiastiques soumis à la dé-portation ou des émigrés. — V. ÉMIGRÉS, RELI-GIONNAIRES.

394. — Une autre loi, du 25 brum. an III (tit. 1er, art. 9, et tit. 4, sect. 1re, art. 6) punissait de quatre années de fers et réputait même émigrés les ac-cusés convaincus d'avoir sciemment recélé des émigrés. — V. ÉMIGRÉS.

395. — Les recéleurs d'étrangers encouraient également des peines sévères édictées par un dé-cret du 15 thermid. an III. — V. ÉTRANGER.

396 — Sous l'ancienne législation, le fait par une femme d'avoir celé sa grossesse et son accou-chement, constituait contre elle, alors que son enfant avait disparu, la preuve de l'infanticide. — Aujourd'hui, cette disposition de l'édit de février 1556 n'a plus les mêmes effets; tout au plus, un pareil recélement pourrait-il servir d'indices à l'appui des preuves exercées pour infanticide. — V. INFANTICIDE.

V. ABUS D'AUTORITÉ, ABUS DE BLANC-SEING , AMNISTIE, ARRESTATION ARBITRAIRE, ASSOCIATION DE MALFAITEURS, ASSOCIATION ILLICITE, ASSURANCE MARITIME, ATTENTATS A LA LIBERTÉ , ATTENTAT A LA PUDEUR, AVORTEMENT, BANDES ARMÉES, BARA-TERIE DE PATRON , BREVET D'INVENTION , BRIS DE SCELLÉS, BRUITS ET TAPAGES, CADAVRE, COALITION ENTRE MAITRES ET ENTRE OUVRIERS, CRIMES CON-TRE LA SURETÉ DE L'ÉTAT, DÉLITS EE PRESSE, DÉ-SERTION, DISCERNEMENT, DUEL, ÉMIGRÉS, ENTRAVE A LA LIBERTÉ DES ENCHÈRES, ESCROQUERIE, ES-PIONNAGE , ÉTRANGER, EXCUSE, EXPOSITION D'EN-FANT, FUSSE MONNAIE, HOMICIDE, IMPRIMERIE, INFANTICIDE, PILLAGE ET DÉGATS DE MARCHANDI-SES, RÉBELLION, RECÉLEMENT DE CADAVRES, RELI-GIONNAIRES , TENTATIVE , TRAVAUX AUTORISÉS , VOL.

COMPLOT.

Table alphabétique.

COMPLOT. — 4. — Le complot est la résolution concertée et arrêtée entre deux ou plusieurs per-sonnes de commettre un crime contre la sûreté intérieure de l'état. — C. pén. mod., art. 89.

SECT. 1re. — *Historique et caractères du com-plot* (n° 2).

§ 1er. — *Historique. — Notions générales* (n° 4).

§ 2. — *Résolution d'agir, concertée et ar-rêtée* (n° 48).

§ 3. — *Résolution suivie d'actes prépara-toires* (n° 36).

SECT. 2e. — *Proposition non agréée de former des complots* (n° 54).

SECT. 3e. — *Résolution isolée* (n° 68).

SECT. 4e. — *Pénalité* (n° 79).

SECT. 5e. — *Compétence* (n° 95).

Sect. 1re. — *Historique et caractères du complot.*

2. — Le complot peut avoir pour but soit d'at-tenter à la vie ou à la personne du roi ou des membres de la famille royale, soit de détruire, soit de changer le gouvernement ou l'ordre de succes-sibilité au trône, soit d'exciter les citoyens ou ha-bitans à s'armer contre l'autorité royale, soit d'exciter la guerre civile en armant ou en portant les citoyens à s'armer les uns contre les autres, soit de porter la dévastation, le massacre et le pil-lage dans une de nos grandes communes. — C. pén., art. 86, 87 et 89. — On nomme *attentats* ces divers crimes.

3. — Le complot diffère de l'attentat, bien que leur but soit le même. Le complot n'est qu'une *résolution* concertée et arrêtée; l'attentat est une résolution qui a été suivie d'un *commencement d'exécution*. L'attentat n'existe en effet qu'autant qu'il y a eu exécution ou au moins tentative. — C. pén., art. 88. — Une autre différence entre le complot et l'attentat est que le complot suppose nécessairement le concours de plusieurs agens; l'attentat peut au contraire n'émaner que d'une seule personne.

§ 1er. — *Historique. — Notions générales.*

4. — Il y a entre le complot et toutes les autres infractions punies par le Code pénal cette diffé-rence que le complot n'a pas besoin, pour être in-criminé, de s'être manifesté par un acte extérieur.

5. — En thèse générale, la loi ne punit en effet que l'exécution commencée ou la tentative, c'est-

à-dire le commencement de celte exécution. Telle est la règle fondamentale du droit pénal; la men-tion du complot en est donc une exception qui se fonde sur des motifs politiques.

6. — Cette exception a, du reste, été consacrée de tout temps. La loi romaine assimilait le com-plot au crime qu'il avait en vue : « *Quisquis inierit scelestam factionem vel cogitaverit, gladio feriatur* (L. 5, Cod., *Ad leg. Jul. maj.*). — *Solum consilium sola machinatio in crimine punitur eâdem pœnâ ac si effectus fuisset sequutus* », dit le commenta-teur Farinacius, quæst. 115, n° 148.

7. — Sous notre ancienne législation, l'auteur d'un complot étant puni de mort, encore que le complot ne se fût manifesté par aucun acte d'exé-cution.

8. — Le motif qui a fait déroger ici au droit com-mun a été très bien expliqué lors de la discussion du Code pénal : « Deux hommes, disait M. Berlier dans l'exposé des motifs de ce Code, ont-ils dessein de tuer leur voisin ; cette horrible et funeste pen-sée ne sera pourtant pas réprimée comme le meur-tre si elle n'a été suivie d'aucun commencement d'exécution; mais dans les crimes d'état, le com-plot formé est assimilé à l'attentat et au crime même. Aussi dans cette matière, le crime com-mence et existe déjà dans la seule résolution d'agir arrêtée entre plusieurs coopérateurs : le suprême intérêt de l'état ne permet pas d'attendre et de ne considérer comme criminels que ceux qui ont déjà agi. »

9. — Cette idée a été développée par le rappor-teur de la loi du 28 avril 1832 : « Dans les crimes contre la sûreté de l'état, une telle longanimité de la loi aurait d'immenses périls. Un crime privé ne met pas en danger la puissance qui doit le répri-mer; l'état survit à la victime. Le succès le plus complet ne donne aucune chance d'impunité. Le criminel d'état est dans une condition bien diffé-rente : son ennemi est aussi son juge; la victoire lui donne le pouvoir et lui rend les droits de l'in-nocence. Ici la répression ne peut plus attendre la tentative, car une tentative heureuse rendrait la répression impossible, et l'existence seule du com-plot est un incalculable danger. C'est donc pour l'état un droit de légitime défense que d'incrimi-ner et de punir le complot avant son entière exé-cution. »

10. — Toutefois M. Destrivaux (*Essai sur le Code pén.*) critique ces dispositions. Il ne pense pas que les investigations de la justice puissent descendre à rechercher et punir de simples pensées. — Cette opinion est partagée par M. Rossi (*Tr. de dr. pén.*, t. 2, p. 288 et 289) : « De faits, dit cet auteur, aussi insignifians par eux-mêmes que le sont les actes de se voir, de se réunir, de parler, de discuter, comment arriver au dessein criminel? Si le com-plot n'a encore été suivi d'aucun autre acte pré-paratoire, sur quel fondement s'appuyer pour saisir la résolution de l'agent? On n'aura à peu près que la proposition non agréée que des pa-roles rapportées, commentées par des complices ou par des traîtres. Les dangers seront analogues, les erreurs presque aussi faciles. »

11. — Muis, ajoutent MM. Chauveau et Hélie (*Th. C. pén.*, t. 2, p. 405), il y a peut-être quelque exagération à ne voir dans un complot que des pa-roles et des réunions. Ne peut-il pas exister des écrits émanés des accusés? D'autres faits maté-riels, d'autres élémens ne peuvent-ils venir se réu-nir autour du complot et lui imprimer un carac-tère plus déterminé et plus saisible? Un crime de cette nature ne se trahit-il pas par une foule d'in-dices et de circonstances qui forment comme un cortège de preuves secondaires à l'appui des révé-lations du complice? Il est donc des circonstances où le complot, même non suivi d'actes prépara-toires, peut être prouvé, alors incrimination et les pas nécessairement sujette à des erreurs et à des périls. Maintenant nous reconnaissons que le légis-lateur, en frappant le complot au nombre des cri-mes, doit assigner à son incrimination quelques limites, quelques garanties particulières : il ne faut pas que les condamnations puissent se fon-der sur de simples paroles... »

12. — Les juges devront donc se renfermer stric-tement dans les limites que leur a tracées la loi, dont ils devront bien examiner les termes. Ils ne devront déclarer qu'il y a complot qu'autant que le fait incriminé présentera tous les caractères constitutifs de ce crime, et s'appuiera sur des preuves ne laissant rien à désirer pour former leur conviction.

13. — Et comme la preuve de l'existence du complot est toujours extrêmement difficile dans la pratique et peut facilement devenir abusive, ils ne perdront jamais de vue les conseils de la loi romaine en cette matière, où elle enjoint d'atta-cher peu d'importance à des paroles considérées,

à des actes téméraires, mais sans malice évidente, de distinguer soigneusement les hommes dangereux des insensés, et de ne jamais voir dans un procès l'occasion de se défaire d'un ennemi politique. — V. l. 7, ff., *Ad leg. jul. maj.*, — Montesquieu, *Esprit des lois*, liv. 12, ch. 12.

14. — Sous la loi du 27 germin. an IV, de simples propos tenus dans un cabaret pour provoquer au rétablissement de la royauté ne pouvaient pas être assimilés à des discours préparés et à des écrits, fruit de la méditation dont faisait mention l'article 1er de ladite loi; ils constituaient seulement les provocations désignées aux art. 1er et 2, L. 1er germin. an III. — *Cass.*, 3 frim. an VIII. Jean Richard.

15. — Sous le Code du 3 brum. an IV et la loi du 27 germin. suivant, il ne suffisait pas de demander aux jurés si les propos imputés à un prévenu avaient été par lui tenus dans l'intention de renverser le gouvernement républicain : il fallait poser une série de questions puisées dans le texte même de la loi du 27 germin., et essentiellement, leur demander si ces discours provoquaient à la dissolution de la représentation nationale. — *Cass.*, 4er frim. an VIII. Jean Richard.

16. — Le complot est divisé par l'art. 89, C. pén., en deux crimes distincts, l'un, lorsque le complot n'a été suivi d'aucun acte préparatoire; le second, quand il a été suivi au commencement d'un acte commis ou commencé pour préparer l'exécution de l'attentat. Dans le premier cas, le complot est celui de la détention; dans le second, le complot est puni de la déportation.

17. — Mais, dans les deux cas, il n'y a pas eu *tentative* dans le sens légal de ce mot; il n'y a donc pas encore attentat, aux termes de l'art. 88, C. pén.

§ 2. — Résolution d'agir concertée et arrêtée.

18. — Le complot, avons-nous dit, « est la résolution d'agir concertée et arrêtée entre deux ou plusieurs personnes. » La résolution d'agir ne peut consister que dans une volonté positive et bien arrêtée, qu'il ne faut pas confondre avec les vœux, les menaces et même les projets. Il faut que la résolution soit prise. Mais il n'est pas besoin cependant que le moment choisi pour commettre l'attentat soit actuel; il suffit qu'on ne puisse pas conclure de l'éloignement de l'époque fixée que la résolution n'était pas encore définitivement arrêtée entre les complices. — *Encyclop. du droit*, v° *Complot*, n° 5.

19. — Il importerait peu, ainsi que le disait M. de Peyronnet, remplissant devant la cour des pairs les fonctions du procureur général dans l'affaire de la conspiration du 19 août 1820, que la résolution fût conditionnelle, comme, par exemple, si l'on était convenu d'agir dans le cas où tel événement arriverait au dehors, ou bien dans le cas où tel corps militaire arborerait le signe de la révolte et marcherait sur la capitale. La résolution n'est certainement ni moins réelle ni moins coupable, pour avoir été subordonnée à des faits indépendants de la volonté de ceux qui l'ont formée. Peu importerait aussi qu'en prenant la résolution d'agir on eût différé de fixer l'époque de l'action, ou que cette époque fût en même temps incertaine, comme si l'on s'était promis de n'agir qu'au moment de la mort du roi; car, à la différence de l'attentat, qui n'existe que par l'action, le complot est indépendant de l'action proprement dite, et, à plus forte raison, de l'époque de l'action. C'est la résolution sous le concours de l'action qui fait le complot; de même que c'est par la nature de l'action qu'on juge de l'attentat, quelle que soit l'ailleurs la résolution. Que l'époque soit incertaine ou prochaine, il n'en saurait résulter qu'il n'y ait pas de résolution, et si la résolution est certaine, l'application de la loi est inévitable. Cette opinion est partagée par M. Morin, p. 478.

20. — On ne saurait non plus, se fondant sur ce que le complot semblerait conçu sans aucun moyen d'exécution, faire considérer l'accusé comme frappé de démence, pour le soustraire à l'application de la peine encourue. — Procès-verb. du cons. d'état; — Morin, *Dict. de droit criminel*, v° *Complot*, p. 478, 2e col.

21. — La résolution d'agir doit être en outre *concertée* et *arrêtée* entre deux ou plusieurs personnes. La résolution isolée de commettre un attentat n'est encore rien aux yeux de la loi; le crime qu'a voulu punir le législateur, c'est le pacte d'association formé pour arriver à l'attentat; c'est le concert, l'accord des conspirateurs, en un mot l'association qui forme le crime. Mais celle-ci n'existe pas si les associés diffèrent sur le but, sur les moyens de l'exécution, sur la distribution des rô-

les. Il ne suffit pas, en effet, que la résolution soit prise, il faut de plus qu'elle soit définitivement arrêtée, sans indécision et sans retour. — Chauveau et Hélie, *Th C. pén.*, t. 2, p. 407 et 408.

22. — « Le complot défini par les lois pénales, disait devant la cour des pairs M. Berville en défendant un des accusés dans l'affaire de la conspiration du 19 août 1820, est un crime d'une nature toute particulière, un crime d'exception. En toute autre matière, la justice humaine ne punit que les actes; ici la simple volonté comparaît au tribunal des hommes. Mais, puisqu'ici la volonté est le seul élément du crime, voyons à quelle condition le législateur n'est décidé à déclarer la volonté criminelle. Ce que la loi punit est un contrat de société contre la sûreté de l'état; le projet isolé d'un attentat, tout horrible qu'il puisse être aux yeux de la morale, n'est rien encore aux yeux de la loi; mais le pacte d'association pour un attentat, voilà l'objet de son animadversion. Ainsi le crime que le législateur veut réprimer, c'est le contrat, c'est l'association; et qu'est-ce que l'association? qu'est-ce que le contrat? l'unité de volonté, l'unité parfaite, entière, définitive. Tant qu'on diffère ou que l'on peut différer sur le but, sur les conditions, sur les moyens, les fonctions à remplir, le pacte n'existe pas, la société n'existe pas. L'unité, voilà donc l'essence du complot. Tant que la volonté est encore flottante, point d'association possible... Reconnaissons donc que la résolution d'agir n'est punissable que lorsqu'ayant été successivement précisée, communiquée, partagée, concertée, arrêtée, elle est arrivée à ce point de fusion, de centralisation, d'unité qui rassemble toutes les volontés dans une volonté commune et collective, qui ne demande plus de délibération, et permet de passer à l'instant même à l'exécution. Si, au lieu de cet accord unanime, nous voyons des résistances diverses, des luttes contradictoires, des démarches isolées, des moyens incohérens, nous pourrions reconnaître de l'inquiétude, de la mal veillance, mais nous ne reconnaîtrons pas d'association, de contrat, enfin de complot. »

23. — « Si la résolution, dit de son côté M. Hennequin (*Du complot, des préparatifs, de l'attentat*, (*Revue de législation*, t. 2, p. 27)), si la résolution (de commettre un attentat) devient celle de plusieurs individus, s'il s'établit un concert parfait entre eux, sur le but et sur les moyens d'exécution, alors il y a calme, réflexion, persévérance, alors la pénalité commence; mais, qu'on l'entende bien, il faut un concert parfait sur le but et sur les *moyens*. Le but, c'est le renversement de l'état; et l'on peut aisément s'entendre sur ce point, sauf à se diviser dès qu'il s'agira de remplacer ce que la conjuration aura détruit; mais, par cela même, le but est la partie la moins grave, la moins épineuse de la délibération. Ce sont les moyens d'exécution qui sont tout, et les moyens d'exécution sont diversement envisagés, diversement appréciés par chacun des conjurés : tel voudra bien accepter les dangers d'un projet dont il comprendra les chances, qui n'aura pas la témérité de se jeter dans une tentative insensée. Ainsi, accord sur le but, chose facile, accord sur les moyens, question immense... Si les conjurés sont d'accord, non pas seulement sur la résolution d'agir, mais sur tous les moyens qui seront immédiatement employés pour atteindre le but proposé, d'accord par conséquent sur le chef qui doit les diriger, si plusieurs volontés se sont fondues dans une seule résolution qui n'offre plus rien de conditionnel, si enfin la résolution arrêtée est obtenue, le complot existe, car il y a résolution d'agir, *concertée dans son but et dans son mode d'action*, il y a *résolution arrêtée*. »

24. — Le complot n'existe donc : 1° que s'il y a résolution d'agir et non projet vague; — 2° que si cette résolution est *concertée*, c'est-à-dire si plusieurs personnes se sont associées pour l'exécution; — et enfin 3° qu'autant que l'association a pour but un des crimes prévus par les art. 86, 87 et 91, C. pén. Si elle avait pour objet tout autre crime, la règle générale reprendrait son empire, c'est-à-dire qu'on ne pourrait incriminer le complot que si un commencement d'exécution l'avait suivi. La disposition de l'art. 89 est, en effet, exceptionnelle, et toute exception doit être renfermée dans les limites tracées par le législateur.

25. — Ces quatre conditions sont la conséquence nécessaire du crime de complot; et l'absence d'une seule suffirait pour faire évanouir le complot.

26. — Quant à la culpabilité des conjurés, elle est indépendante du moyen employé dans l'exécution, de la prudence ou de l'habileté qu'ils y apportent. Toutefois il est saisi à la sagesse des juges de ne pas tourner contre la sottise. L'aveuglement ou la folie, une arme destinée seulement aux

ennemis de l'état, la loi n'ayant voulu punir que les complots réels et sérieux, et non ceux qui seraient sans force et sans danger, dès-lors rêveries chimériques d'esprits mécontens ou égarés. — Morin, *Dict. de dr. crim.*, v° *Complot*, p. 478, 2e col., *in fine*.

27. — S'il n'est pas besoin que tous les conspirateurs soient appelés à délibérer le même jour, dans le même nombre, dans le même moment, il faut toutefois que toutes les conditions sans lesquelles la pensée n'est pas encore devenue coupable soient rigoureusement accomplies, pour que le crime intellectuel existe. — Ainsi il faut que pour tous les hommes que l'on veut rendre justiciables de la législation du complot, il y ait *résolution concertée, arrêtée*. — Hennequin, *Revue de légist.*, t. 2, p. 28.

28. — D'après M. de Peyronnet, et les conjurés avaient abandonné leur résolution, et si l'excuse était clairement établie, il y aurait lieu à absoudre, quant au complot. « Le législateur, disait un organe du ministère public dans l'affaire de la conspiration de 1820, n'eût pas été seulement sévère, il eût été imprudent et impolitique s'il se fût obstiné à punir des projets non tentés et abandonnés. Il ne peut pas avoir été dans sa pensée de fermer les voies du repentir au coupable, et de le contraindre en quelque sorte à tout entreprendre en ne lui laissant de salut que dans le succès de son crime. Toutefois il faut éviter de confondre des choses essentiellement différentes. Non seulement il est nécessaire qu'en une matière aussi grave l'excuse soit complètement démontrée par l'accusé, mais encore il est indispensable que la résolution ait été spontanément abandonnée par ses auteurs, en telle sorte que cet abandon ne puisse être attribué à aucune circonstance fortuite, indépendante de leur volonté.

29. — M. Morin (*loc. cit.*) pense aussi que, « dans le cas où les conjurés auraient spontanément abandonné la résolution d'agir, il n'existerait plus, par suite, ni projet ni plan criminel arrêtés définitivement. On doit reconnaître, il est vrai, dit cet auteur, que la loi pénale ne suppose pas ce changement de la volonté des conjurés, mais la présomption légale d'une résolution concertée sans retour devrait forcément disparaître devant la preuve contraire, le législateur n'ayant pu vouloir placer les conjurés dans la nécessité de chercher l'impunité dans l'exécution de l'attentat qu'ils avaient projeté. Les juges pourraient bien, au surplus, regarder comme non arrêtée la résolution d'agir, l'événement auquel était conditionnement soumise l'exécution de l'attentat concerté n'était nullement probable.

30. — Dans une accusation de complot contre la sûreté de l'état, l'accusé déclaré coupable d'avoir participé à une résolution d'agir concertée et arrêtée entre plusieurs personnes, dans le but de commettre les crimes prévus par les art. 87 et 91, C. pén., peut par cela même être déclaré coauteur de cette résolution. — *Cass.*, 13 oct. 1832, Poncelet (affaire dite de la rue des Prouvaires). — On a reproché à cet arrêt de tendre à faire revivre les articles abrogés du Code pénal (103 et suiv.) qui punissaient la non-révélation.

31. — La question de savoir si le peut y avoir complot, dans le sens de l'art. 89, lorsque la police constate la résolution d'agir, la remise de la solution arrêtée entre les conjurés, et leur a même fourni des armes pour arriver à son exécution, a été débattue lors du jugement de l'affaire Poncelet; mais la cour de Cassation ne s'est point prononcée sur ce point. On peut dire cependant que l'affirmative résulte implicitement de l'arrêt de la chambre d'accusation et de la déclaration du jury à l'égard de quelques uns des accusés. La négative était soutenue par Me Ledru, qui plaidait dans l'affaire.

32. — Lorsque les questions posées au jury donnent deux dates à un complot faisant l'objet de l'accusation, quoique l'arrêt de renvoi ne lui en fournisse qu'une, cette irrégularité ne peut être résultée des débats. — Même arrêt.

33. — La cour de Cassation a décidé, dans le même sens, que la date du crime imputé à l'accusé n'a pas besoin d'être précisée par le jour et l'heure, dans le résumé de l'acte d'accusation, cette date pouvant être puisée au jury. — *Cass.*, 1er fév. 1839 (t. 1er 1840, p. 199). Delavier.

34. — Dans une accusation de complot, il n'est pas indispensable que les questions posées au jury énoncent les lieux où s'est formé le complot. — *Cass.*, 13 oct. 1832, Poncelet.

35. — Lorsque, dans une première question, le jury a été interrogé sur toutes les circonstances constitutives d'un complot contre la sûreté de l'état, on peut, sans que ce soit faire statuer le jury sur une question de droit, leur demander, relativement à chaque accusé, s'il est coupable de

complot, quoiqu'en s'abstenant d'en énumérer de nouveau les circonstances constitutives. — Même arrêt.

§ 3. — *Résolution suivie d'actes préparatoires.*

36. — Nous savons que le complot forme deux crimes distincts : le premier existe par le seul fait de la proposition d'agir, agréée par deux ou plusieurs personnes, concertée et arrêtée entre elles. Dans ce cas, les juges appelés à punir une résolution qui a pu ne laisser aucune trace de son existence doivent s'en tenir strictement aux quatre conditions que la loi a imposées à la constitution du crime. Car, disent MM. Chauveau et Hélie (t. 2, p. 410), s'il n'est pas démontré que la résolution a été concertée et arrêtée, l'acquittement est pour l'état un péril léger ; la condamnation serait un péril immense pour la justice.

37. — La seconde phase du complot a lieu quand il a été suivi d'un acte *commis ou commencé pour en préparer l'exécution*. — « Le crime, dit M. Hennequin (*Revue de législ.*, t. 2, p. 28), entraîne toujours des *préparatifs* qui peuvent devenir pour les coupables d'utiles avertissemens. C'est surtout au moment des apprêts que les conspirateurs, se mesurant avec les difficultés, presque toujours avec les impossibilités de l'entreprise, ont besoin d'une grande force de volonté pour persister dans leurs projets. Il y a dans le pouvoir de fait de nombreux élémens de stabilité. Au pouvoir de fait appartiennent les lois, les tribunaux, les armées, les finances, les intérêts et les ambitions. Pour lutter contre ces diverses puissances qui concourent au maintien de l'ordre établi, les conspirations sont généralement impuissantes. C'est ce que les préparatifs font très bien comprendre, et c'est presque toujours à cette époque du crime de lèse-majesté que les gouvernemens menacés se sauvent, sans avoir eu quelquefois le sentiment de leur danger. »

38. — Mais les préparatifs ne rentrent dans la législation exceptionnelle du complot que lorsque la relation entre ces préparatifs et ce complot, c'est-à-dire la résolution d'agir concertée et arrêtée, se trouve nettement, positivement établie. Si le préparateur a ignoré la résolution dont il favorise à son insu l'exécution, ou même ne l'a pas connue tout entière, le lien entre les préparatifs et le crime politique est rompu, et les préparatifs ne sont plus rien : l'homme qui, préoccupé de l'idée d'un complot qui n'est pas encore formé, se livrerait dans cette pensée à des préparatifs, ne tomberait pas davantage sous l'action de la loi. — Hennequin, *ibid.*

39. — Conséquemment, celui qui, sans avoir participé au complot, a, avec connaissance de ce complot, prêté assistance aux actes préparatoires de l'exécution, doit être réputé le complice. Mais s'il a ignoré le complot, il ne peut pas être considéré comme complice, puisque le crime se compose tout à la fois de l'acte extérieur et du complot qui l'a précédé. On peut citer les agens secondaires qui, sans être initiés aux secrets de la conspiration, prêtent leur concours aux actes préparatoires. Ils ne doivent répondre que des délits particuliers dont leur conduite réunit les caractères.

40. — Il faut bien distinguer les actes *préparatoires* des actes d'*exécution*. Si l'acte commis ou commencé était un acte d'exécution, le fait cesserait d'être un complot pour devenir attentat. Mais si l'acte n'était que préparatoire, il n'y aurait toujours que complot, seulement cet acte aurait pour effet d'aggraver la peine à appliquer. — Chauveau et Hélie, t. 2, p. 410.

41. — Mais il n'est pas sans difficulté de distinguer ce qui sépare l'acte préparatoire de l'acte d'exécution. On doit considérer, toutefois, comme actes préparatoires ceux qui précèdent l'action, mais sans en faire partie ; les actes d'exécution sont ceux, au contraire, dont l'ensemble constitue le crime lui-même. L'achat des munitions, la location des lieux pour les déposer, la réunion des associés, la préparation des armes sont des actes seulement préparatoires ; l'action n'est pas, en effet, commencée. Si, au contraire, les conspirateurs ont pris les armes et se sont mis en marche vers le point d'attaquer, il y a là un acte qui est un commencement d'exécution. Et cet acte ne changerait pas, parce que avant l'attaque, les conspirateurs auraient été dispersés ; il tendait, en effet, à la consommation du crime par le lien le plus direct, il faisait partie de son exécution. — Chauveau et Hélie, *ibid.*

42. — Au surplus, il résulte de la jurisprudence que l'appréciation des actes préparatoires échappe à la cour de Cassation et rentre exclusivement dans le domaine du juge du fond. — *Cass.*, 25 août 1812, Hepmann ; 18 mars 1813, Croubère ; 23 sept. 1825, Lavareille ; 28 juill. 1826, Bourguignon. — V. CRIMES CONTRE LA SURETÉ DE L'ÉTAT, TENTATIVE.

43. — Il n'est pas indispensable que l'acte préparatoire, pour imprimer au complot un caractère plus grave, ait été commis ; il suffit, aux termes de l'art. 89, qu'il ait été commencé pour préparer l'exécution de ce complot. — M. Laus, dans ses *Observations sur le projet du Code belge* (t. 2, p. 35), a proposé de retrancher les mots *ou commencé*. On ne voit pas trop comment, en effet, dit cet auteur, on pourra jamais acquérir la conviction qu'un acte qui n'est que commencé l'a été pour préparer l'exécution du crime. — MM. Chauveau et Hélie (p. 412) se rangent à la critique formulée ici par M. Laus. Il leur semble juste d'attendre, avant d'accroître la peine, que l'acte commencé ait pris un caractère plus déterminé, qu'il ait été *commis*, et qu'on puisse dès-lors apprécier son but et sa nature.

44. — De leur côté, les auteurs de l'*Encyclopédie du droit* (n° 33) ne pensent pas que la peine soit toujours encourue par cela seul que l'acte préparatoire a été commencé. Suivant eux, il faut distinguer entre le cas où l'auteur s'est arrêté volontairement sur le chemin et celui où il a été empêché de commettre l'acte par une circonstance indépendante de sa volonté. « La loi, disent-ils, doit toujours se montrer indulgente quand le repentir se manifeste ; une rigueur inflexible pourrait avoir des résultats funestes en obligeant le coupable à chercher l'impunité dans la perpétration de son crime. »

45. — Il a été jugé qu'il y a commencement d'exécution d'un complot lorsqu'il y a eu des dépôts d'armes préparés et des balles fondues par deux des conspirateurs que la généralité a chargés de ce travail. — *Cass.*, 13 janv. 1814, Honoré Février. — Il s'agissait, dans l'espèce, de complots, d'assassinats et de pillage dans une commune, qui devaient être exécutés par des rassemblemens. — V. CRIMES CONTRE LA SURETÉ DE L'ÉTAT.

46. — En matière de complot, la difficulté de la preuve judiciaire est immense, nous l'avons déjà dit ; il faut prouver la résolution d'agir en elle-même, le concert qui le prépare et la détermination qui le constitue. C'est pour échapper à cette difficulté que les actes préparatoires, bien qu'en thèse générale ils ne soient frappés d'aucune peine, ont été incriminés en matière de complot.

47. — La loi du 24 mai 1834, sur les détenteurs d'armes et les munitions de guerre, a considéré les actes préparatoires sous un autre point de vue que la loi du 28 avril 1832. Elle a regardé plusieurs de ces actes, non plus comme des circonstances aggravantes du complot, mais comme des délits distincts, qu'elle a punis à part, indépendamment de leur liaison avec un complot.

48. — Ainsi, d'après le Code pénal, des actes préparatoires, bien que pouvant entraîner, dans certains cas, de graves dangers, seraient à l'abri de toute pénalité si on ne parvenait à démontrer leur liaison avec un complot préexistant. Un amas d'armes ou de munitions, la confection de balles ou de cartouches seraient des actes parfaitement innocens si l'accusation n'établissait pas qu'ils ont eu en vue l'exécution d'une pensée criminelle arrêtée à l'avance entre les prévenus. Toutefois, ces actes offrant des dangers par eux seuls, et se produisant avec un caractère qui peut être déterminé avec certitude, le législateur a dû les prévenir. Détachés du complot, ce ne sont plus que des infractions de police, punissables à raison seulement de ce caractère. Tel est le système de la loi du 24 mai 1834.

49. — « Ce système d'incrimination, disait le rapporteur de cette loi, nous a paru efficace et irréprochable. Ce système est efficace, car en précisant les incriminations, en leur donnant un fait matériel pour base, il circonscrit la preuve et la rend plus directe et plus facile. Poursuivez un approvisionnement à titre d'infraction à la loi qui défend de tenir des armes, la preuve est facile dès que l'approvisionnement est prouvé. Poursuivez, au contraire, cet approvisionnement d'armes à titre de complot, il faut prouver encore que c'est dans un but criminel, avec la résolution concertée et arrêtée d'atteindre le but, que cet approvisionnement a été fait. Ce système d'incrimination est, disons-nous, irréprochable. Il ne s'agit pas, en effet, d'ériger en crimes ou délits des faits innocens. La loi proposée ne prohibe que ce qui ne peut être permis, et ne réprime que ce qui ne peut être souffert dans un état policé ; et de plus, établissant dans les peines une juste proportion, elle punit les préparatifs de l'insurrection bien moins sévèrement que le complot. »

50. — Il peut, par suite de cette modification apportée au Code, arriver que le même fait soit poursuivi d'abord comme acte préparatoire, et si la résolution criminelle n'était pas reconnue, il peut être puni comme un délit d'un caractère propre, comme violation d'une loi de police. — Chauveau et Hélie, t. 2, p. 417.

51. — Ainsi, la loi du 24 mai 1834 ayant puni, comme délits distincts du complot, la fabrication, le débit, la distribution et la détention des armes prohibées par la loi (art. 1er), des poudres (art. 2), des armes de guerre, des munitions et des cartouches (art. 3), ces actes peuvent être poursuivis, suivant les cas, soit en vertu de l'art. 89 du Code, comme indice d'un complot, soit en vertu des art. 1er, 2 et 3 de la loi de 1834, comme violant les prescriptions de celle-ci. Les deux poursuites peuvent même, comme nous venons de le dire, s'épuiser successivement sur le même fait. — Chauveau et Hélie, t. 2, p. 418.

52. — Il résulte des principes posés par la loi pour qu'il y ait complot, que l'insurrection n'offre pas toujours les caractères de ce crime. — Hennequin, *Revue de législ.*, t. 2, p. 30.

53. — Le législateur n'a pas prononcé des peines contre le complot seulement. Il a voulu arrêter le mal à son origine, et, dans ce but, il a frappé d'une peine la proposition de former un complot pour arriver à l'un des crimes prévus par les art. 86, 87 et 91, C. pén. Cette proposition constitue à elle seule un délit *sui generis*.

Sect. 2e. — *Proposition non agréée de former des complots.*

54. — « S'il y a eu proposition faite et non agréée, porte le paragraphe 4 de l'art. 89, C. pén., de former un complot pour arriver aux crimes énoncés dans les art. 86 et 87, celui qui aura fait une telle proposition sera puni d'un emprisonnement d'un an à cinq ans. Le coupable pourra de plus être interdit, en tout ou en partie, des droits mentionnés en l'art. 42. »

55. — Cette proposition, sous l'ancien Code, était punie de la réclusion. La disposition avait été ainsi motivée par M. Berlier : « La simple proposition non agréée de former un complot est punissable elle-même, mais à un moindre degré ; car bien qu'il n'ait manqué à celui qui a fait la proposition que de trouver des gens qui voulussent s'associer à ses desseins criminels, cependant le danger et l'alarme n'ont pas été portés au même point que si le complot eût réellement existé. »

56. — La proposition de former un complot est considérée par tous comme un acte immoral ; mais en résulte-t-il nécessairement qu'il puisse être puni ? — C'est ce que nie M. Rossi (*Traité de droit pénal*, t. 2, p. 287) : « Quant à la simple proposition, dit cet auteur, à la proposition non agréée, est-il nécessaire de démontrer que cet acte ne devrait jamais se trouver inscrit au catalogue des crimes. De simples paroles, des paroles rapportées par ceux-là même auxquels elles auraient été dites, des paroles qu'il est si facile de mal entendre, de mal interpréter, de dénaturer à dessein, enfin un acte qui de sa nature n'admet guère de témoignage impartial et digne de foi, comment oser le qualifier de crime ? comment s'assurer que la proposition était sérieuse ? qu'elle exprimait une résolution criminelle plutôt qu'un désir blâmable ? qu'elle était l'expression d'un projet arrêté, plus encore que l'explosion d'un mouvement de colère, une boutade de l'animosité et de la haine ? »

57. — Cette opinion nous semble, ainsi qu'à M. Laus (*Observ. sur le proj. du C. belge*, t. 2, p. 37), trop exclusive. Des paroles graves, des désirs ou des menaces exprimés dans une discussion ne sauraient sans aucun doute donner matière à une accusation. Aussi les juges ne prononceront-ils aucune peine en pareil cas. Ils ne le feront que s'ils trouvent dans les circonstances du fait les caractères qui constituent la proposition. Mais comment, dira-t-on, prouver l'existence de ces circonstances ? C'est là une difficulté dont le législateur ne devait pas se préoccuper. Un fait immoral existait, portant en outre atteinte aux intérêts de la société ; le législateur devait sévir. Quant à la preuve, à l'appréciation des circonstances, il a dû les abandonner aux juges. — *Encyclop. du dr.*, v° *Complot*, n° 18.

58. — Et, du reste, la preuve de la proposition étant l'expression, non d'une opinion, d'une pensée intime, mais d'un projet arrêté, est-elle toujours insaisissable ? « Ne peut-il pas arriver, disent MM. Chauveau et Hélie (t. 2, p. 397), que la proposition ait été faite à plusieurs personnes et à différentes reprises ? que son auteur ait communiqué ses plans, développé ses projets, révélé ses moyens d'exécution ; que sa proposition ait même laissé des traces matérielles qui en constatent l'existence et les caractères. »

59. — Mais, ces auteurs se demandent s'il était

bien nécessaire d'incriminer la proposition de former un complot, celle-ci n'offrant point pour l'état de péril sérieux, et se trouvant séparée par une vaste distance du complot proprement dit. Suivant eux, la loi aurait dû, au moins, distinguer le but de la proposition et ne l'incriminer que dans le cas où elle aurait eu pour objet un complot contre le roi et les membres de sa famille.

60. — Cette distinction existait sous l'ancien Code, dont l'art. 90 ne punissait de la réclusion la proposition non agréée que lorsqu'elle avait pour but le crime prévu par l'art. 86; si elle tendait au contraire à l'un des crimes mentionnés par l'art. 87, son auteur était puni du bannissement. Lors de la révision du Code, en 1832, la commission de la chambre des députés demandait que la distinction fût maintenue. « La proposition non agréée, portait le rapport, d'un complot contre la constitution ou l'établissement politique, n'a rien de bien alarmant; c'est le rêve d'une mauvaise passion, c'est l'espérance d'un factieux, le propos d'un mécontent, une provocation peut-être que dissuade ou décourage le premier refus. La proposition non agréée d'un complot contre la vie du roi ou des membres de sa famille a un caractère bien plus grave; ici l'exécution est plus facile, le but plus net et plus circonscrit, les moyens plus sûrs et plus prompts, les occasions plus fréquentes et plus décisives. » Mais cette distinction fut effacée sur la proposition d'un membre. « Il est difficile, disait ce député, de concevoir pourquoi on a retranché du nombre des crimes que la proposition peut avoir pour but ceux que proscrivent les derniers paragraphes de l'art. 87. Comment laisser impuni l'homme assez coupable pour faire une proposition tendant à exciter la guerre civile, à porter la dévastation dans sa patrie? Peut-on le regarder comme un homme beaucoup moins criminel que celui qui propose d'attenter à la vie du roi ou d'un membre de la famille royale?» La chambre, d'après ces observations, ajouta la disposition qui incrimine la proposition d'un complot pour commettre l'un des attentats prévus par les art. 87 et 91. Mais aucune différence ne fut établie quant à la pénalité.

61. — Au surplus la loi, en n'appliquant qu'une peine correctionnelle, a enlevé à la question une partie de son importance.

62. — Mais quelles sont les conditions qui donnent à la proposition de former un complot le caractère d'un délit? — Il est nécessaire tout d'abord qu'il y ait une véritable proposition dans le sens le plus étendu du mot. « Il faut donc, dit Carnot (*Comm. du C. pén.*, 2e part., p. 260), qu'elle ait un objet déterminé. De sorte que ce serait vainement que l'on prétendrait la faire ressortir de propos vagues et insignifians; elle doit avoir été précise, formelle, directe, telle enfin qu'elle ne puisse présenter de doute à l'esprit sur sa nature et sur son objet. » Des espérances, des menaces même ne pourraient donc donner lieu à des poursuites. La proposition suppose nécessairement aussi un projet arrêté à l'avance. C'est pour acquérir des adhérens que l'auteur dévoile ses plans.

63. — La proposition doit de plus avoir pour but d'arriver à l'un des crimes prévus par les art. 86, 87 et 91, C. pén. — Il faut aussi qu'il y ait eu proposition non agréée. La commission du corps législatif avait proposé de remplacer les mots *non agréée* par le mot *rejetée*. Mais cette modification ne fut pas adoptée par le conseil d'état. « Les expressions *non agréée*, lit-on dans le rapport, semblent plus exactes; une proposition à laquelle la personne à qui elle est faite ne répond rien, n'est pas, à proprement parler, *rejetée*, mais n'est pas *agréée*. » — Procès-verb. du cons. d'état.

64. — Il résulte de là que le rôle de celui à qui la proposition est faite est entièrement indifférent en ce qui concerne l'existence du délit. La proposition est tout aussi coupable, qu'elle soit acceptée ou improuvée par lui; mais s'il accepte, il devient complice, et son adhésion change la proposition en complot. — Chauveau et Hélie, t. 2, p. 401.

65. — Si la proposition avait été agréée, enseigne M. Carnot (*ibid.*), et qu'il eût été seulement question entre les conspirateurs de concerter les moyens d'exécution, il y aurait lieu de considérer comme complices du provocateur les individus ayant agréé la proposition, et leur délit rentrerait dans les dispositions de l'art. 59, C. pén.

66. — La loi parle seulement de la proposition de former un complot. On doit reconnaître cependant que le délit existerait aussi s'il y avait proposition d'entrer dans un complot déjà formé. Le silence de la loi vient ici de ce que l'auteur de la proposition est déjà punissable, par cela seul qu'il fait partie des conjurés. Et, quand bien même cette participation n'existerait pas, il n'en tomberait pas moins sous l'application de l'art. 90, attendu qu'il ne peut y avoir de différence entre proposer de former un complot ou proposer de prendre part à un complot déjà formé. — *Encycl. du droit*, vo *Complot*, no 17.

67. — La provocation au renversement du gouvernement du roi, non suivie d'effet, est un simple délit correctionnel qui peut exister sans qu'il y ait attentat ou complot. — *Cass.*, 13 juill. 1832, *Gazette de France*.

Sect. 3e. — *Résolution isolée.*

68. — La loi a non seulement puni les complots et la simple proposition non agréée d'en former un, mais elle a encore assimilé à cette instruction un fait qui en diffère cependant d'une manière essentielle, nous voulons parler de la résolution d'agir individuelle. « Votre commission, disait le rapport sur de la loi du 28 avril 1832, a assimilé au complot les actes préparatoires qui accompagnent une résolution d'agir individuelle, et vous propose d'appliquer également à ce crime la détention à temps. Il ne faut pas oublier que ce fait était qualifié d'attentat et puni de mort par le Code pénal. »

69. — L'art. 90, C. pén., est ainsi conçu : « Lorsqu'un individu aura formé seul la résolution de commettre l'un des crimes prévus par l'art. 86, et qu'un acte pour préparer l'exécution aura été commis ou commencé par lui seul et sans assistance, la peine sera celle de la détention. » Cette peine entraîne nécessairement avec elle la surveillance de la haute police pendant toute la vie du coupable.

70. — Le projet adopté par la chambre des députés avait ajouté à la mention faite par l'art. 90 de l'art. 86 celle des art. 87 et 91. La chambre des pairs retrancha avec raison cette addition. Ainsi, l'art. 90 ne punit que la résolution de commettre un attentat contre le roi ou l'un des membres de sa famille.

71. — On ne peut se dissimuler que cet article peut donner lieu au plus déplorable arbitraire, en appelant les investigations de la justice sur les pensées de l'homme. On comprend que le législateur ait puni le complot; ce crime exigeant la coopération de plusieurs individus, des actes extérieurs, des documens écrits peuvent révéler son existence. Mais, lorsque la résolution est individuelle, que son auteur la concentre dans son esprit, comment l'établir et la caractériser? Sera-ce par les actes préparatoires qui la suivront? mais ceux-ci formeront alors le corps du délit. — *Encycl. du droit*, no 22.

72. — « En matière de complot, disent MM. Chauveau et Hélie (p. 420,) l'acte préparatoire n'est pas la base de l'accusation, il ne forme qu'une circonstance aggravante du crime. Il faut d'abord établir le fait du complot; les préparatifs n'en sont que le corollaire et le mode d'exécution. Dans l'espèce, au contraire, l'acte préparatoire, et même le commencement de cet acte, forme lui seul tout le corps du délit : c'est la base de l'accusation; on en déduit même la résolution criminelle. Or, quelle base plus fragile qu'un acte préparatoire qui ne laisse que des traces fugitives, et qui ne manifeste que d'une manière incomplète et vague l'intention de son auteur? »

73. — Dans le cas où l'acte se présenterait isolé, comme il est inoffensif de sa nature, il ne constituerait ni crime, ni délit, et il serait à l'abri de toute pénalité : celle-ci ne l'atteint que quand il se rattache à une résolution criminelle, de même cette résolution échappe à l'action de la loi, lorsqu'elle n'est suivie d'aucun acte préparatoire : conséquemment, elle ne peut être incriminée que par l'interprétation de cet acte. « De sorte, disent les auteurs de l'*Encyclopédie* (no 22, *in fine*), que ces deux élémens ne prennent un caractère criminel qu'en se servant réciproquement de démonstration, en se caractérisant l'un l'autre. On conçoit ce qu'un pareil système offre de prise à l'arbitraire, et quelles difficultés la disposition de cet article doit rencontrer dans son application. »

74. — La loi n'a pas défini les actes préparatoires de l'exécution; mais, d'après l'esprit comme d'après le texte de l'art. 90, on ne peut admettre comme tels que ceux qui annoncent la résolution formée, qui ont pour but les attentats prévus par l'art. 86 et qui consistent dans des faits matériels. — Chauveau et Hélie, t. 2, p. 421.

75. — Trois conditions sont donc nécessaires pour l'existence de ce crime; il faut qu'il soit constaté que l'agent avait formé la *résolution* d'agir; que cette résolution avait pour but l'attentat contre la vie ou la personne du roi, ou des membres de la famille royale; enfin qu'il y ait eu un acte commis ou commencé pour en préparer l'exécution.

76. — Un seul de ces élémens venant à manquer, il n'y aurait plus de crime. Conséquemment, s'il était démontré que l'acte commis ou commencé l'était sans préméditation, instantanément, ou que l'acte avait pour but de préparer un crime autre que ceux punis par l'art. 86, ou si cet acte n'avait pas le caractère d'un acte préparatoire, et par suite d'un fait matériel, si on le tirait, par exemple, d'écrits, de simples paroles de cris proférés, l'art. 90 serait inapplicable. — Chauveau et Hélie, p. 421.

77. — Il n'y aurait pas lieu non plus à l'application de cet article, si le prévenu avait agi avec une assistance quelconque; il y aurait alors complot. — L'application ne pourrait pas encore en être faite, si l'acte préparatoire constituait un commencement d'exécution; le fait prendrait alors le caractère d'une tentative, et serait puni comme un attentat. — Chauveau et Hélie, p. 421.

78. — Bien qu'en général la résolution formée par un individu seul de commettre un crime, même suivie d'actes commis ou commencés par lui pour en préparer l'exécution, échappe à l'action de la loi pénale, lorsque ces actes n'offrent pas les caractères de la tentative, l'art. 90, C. pén., par dérogation à l'art. 2, même code, en fait un crime complet, dans le cas spécial d'attentat à la vie du roi. — *Paris*, 7 juill. 1835, Jomard.

Sect. 4e. — *Pénalité.*

79. — Le complot a été frappé chez tous les peuples d'une peine sévère. A Rome, l'auteur de ce crime était puni du dernier supplice, s'il ne s'exilait volontairement. Chez nous, le complot contre le roi ou le gouvernement était rangé, par l'ancienne législation, parmi les crimes de lèse-majesté au premier chef. — V. LÈSE-MAJESTÉ.

80. — Aux termes du Code pénal du 25 sept. 1791, tous les complots et attentats contre la personne du roi, du régent ou de l'héritier présomptif du trône, étaient punis de mort. — Art. 75.

81. — Le Code des délits et des peines du 3 brum. an IV, art. 612, punissait aussi de mort (jusqu'à l'abolition de la peine capitale) les conspirations et complots contre la sûreté intérieure de la république.

82. — Le Code pénal de 1810, comme celui de 1791, confondit le complot et l'attentat : la même peine vint frapper des faits si différens. — Le conseil d'état impérial rétablit pour l'empereur seulement le crime de lèse-majesté, et assimila au parricide le complot contre sa vie ou sa personne.

83. — Le Code de 1810 punissait également la proposition non agréée de former un complot. Cette proposition ne pouvait être cependant assimilée au complot lui-même, parce que, ainsi que le disait M. Berlier, dans l'exposé des motifs du Code, bien qu'il n'ait manqué à celui qui l'a faite que de trouver des gens qui voulussent s'associer à ses desseins criminels, cependant le danger et l'alarme n'ont pas été portés au même point que si le complot eût réellement existé. Cette proposition était donc moins punissable que le complot lui-même; aussi n'était-elle frappée que d'une peine afflictive et infamante, tandis que le complot de toute nature était puni de mort. Actuellement cette proposition est punie d'un emprisonnement d'un an à cinq ans, et le coupable peut, en outre, être privé en tout ou en partie des droits mentionnés en l'art. 42, C. pén. — V. *suprà* no 55.

84. — On considérait aussi comme un crime et on punissait comme tel la non-révélation seule d'un complot, tandis que celui qui, ayant fait partie d'un complot, le révélait à l'autorité, était affranchi de toute peine. Cette dernière disposition a été maintenue, mais le législateur a aboli la première. — V. RÉVÉLATION.

85. — Toutes ces dispositions du Code de 1810 étaient trop peu compatibles avec la raison et la justice pour que le législateur ne fît pas disparaître ce qu'elles présentaient d'arbitraire et de disproportionné entre le fait et la pénalité. Tel fut le but que se proposa, entre autres, la loi du 28 AVR. 1832, qui apporta dans cette matière un esprit tout nouveau, et fit disparaître le défaut de proportion par lequel péchait surtout le Code de 1810 en appliquant la même peine à l'attentat *consommé* et au complot *non suivi d'effet*. — V. ATTENTAT, no 18.

86. — La répression du complot, crime tout exceptionnel, nous l'avons vu, étant moins réclamée par les principes du droit criminel que par les nécessités politiques, et l'existence de ce crime exigeant, d'un autre côté, pour être prouvée, l'appréciation plus ou moins arbitraire des intentions de l'individu, il était difficile d'arriver à une pleine certitude et de ne pas craindre qu'un citoyen paisible ne fût traité comme un coupable, au milieu de l'effervescence amenée par une tourmente politique. La loi a cherché à prévenir ces dangers,

en ne frappant jamais le complot d'une peine irréparable, quelles que soient les circonstances au
milieu desquelles il s'est produit. Comme, du reste,
le crime que se proposait l'auteur du complot n'a
pas même été tenté, la loi ne doit pas se montrer
inflexible, et fermer au coupable la voie du repentir en le plaçant entre le succès ou l'échafaud.

87. — C'est là ce qui a amené le législateur à
abolir la peine de mort en matière de complot. Il
a voulu que, d'un côté, la peine ne fût jamais irréparable, et de l'autre qu'elle ne se montrât pas excessive, puisqu'elle ne peut jamais être étendue
au-delà de la déportation.

88. — La loi du 28 avr. 1832 a donc, quant aux
peines à appliquer au complot, introduit des modifications qui paraissent satisfaire toutes les exigences de la justice. Des distinctions, quant à la
pénalité, sont tracées suivant les progrès du crime et les périls dont il menace la société; s'il
n'y a que résolution concertée, la détention temporaire est appliquée; si la résolution a été suivie
d'actes préparatoires, elle est punie de la détention perpétuelle. Cette loi distingue ainsi, quant à
la pénalité, deux espèces de complots. Lorsque la
volonté se montre persévérante et ce point de passer de la résolution aux préparatifs, elle devient
plus dangereuse, et par suite la peine devait s'é-
lever.

89. — Les individus qui ont comploté avec un individu qui s'est seul chargé d'exécuter l'attentat
doivent être considérés comme ses complices et
punis comme tels (C. pén., art. 60), à moins qu'ils
ne prouvent qu'ils se sont retirés du complot. —
Chauveau et Hélie, t. 2, p. 437. — V. CRIMES CONTRE
LA SURETÉ DE L'ÉTAT.

90. — Les conjurés sont donc tous passibles de
la peine de la déportation, qu'ils aient ou non personnellement commis ou commencé l'acte préparatoire, si cet acte a été arrêté et connu. — Morin,
Dict. du dr. crim., vo Complot, p. 179, 2e col.

91. — Quant au complot qui a pour but d'exciter les guerres civiles en armant ou en portant
les citoyens ou habitans à s'armer les uns contre
les autres, soit de porter la dévastation, le massacre et le pillage dans une ou plusieurs communes, ainsi que la proposition de former ce complot, ils sont punis des mêmes peines que les crimes mentionnés sous l'art. 89. — C. pén., art. 91. —
L'ancien art. 90 prononçait la réclusion en pareil
cas. Le crime contre la sûreté intérieure de l'état
a ainsi eu lieu, en 1832, d'un simple délit politique. — L. 8 oct. 1830. — V. CRIMES CONTRE LA SU-
RETÉ DE L'ÉTAT.

92. — Pour la qualification légale de ce crime,
il importe d'exprimer que l'attentat ou le complot tendait directement à exciter les citoyens au
pillage, etc. — Cette circonstance est inséparable
de l'attentat ou du complot. — Cass., 13 oct. 1815,
Couchon,

93. — Dans le cas du complot non suivi d'effet,
comme dans le cas de la résolution isolée punie par
l'art. 90, la loi ne détermine pas le temps que durera la détention. Mais celle-ci doit être, d'après
l'art. 20, C. pén., de cinq ans au moins et de vingt
ans au plus.

94. — Les principes de protection et d'hospita-
lité établis en faveur des navires en état de relâche sur les côtes de France ne peuvent pas être
appliqués à un navire qui aurait été nolisé pour
servir d'instrument à un complot, et qui aurait
en effet, servi à l'exécution de ce crime et se trouvait encore en état d'hostilité, comme portant à
bord des passagers mis, depuis lors, en état d'accusation comme conspirateurs. — Cass., 7 sept.
1832, Passagers du Carlo-Alberto; Lyon, 15 oct.
1832, mêmes parties.

Sect. 5. — Compétence.

95. — La connaissance du complot était attribuée, sous l'ancien droit, à la grand'chambre du
parlement. — Elle fut ensuite déférée à la haute
cour nationale, sur les poursuites de l'assemblée
législative. — Constit. 3 sept. 1791, tit. 3, chap. 3,
art. 10; C. pén. 25 sept. 1791, part. 2e, tit. 1, sect. 1re,
art. 1er et 2. — V. ATTENTAT, no 29.

96. — La haute cour nationale ayant été supprimée par décret du 27 sept. 1792, les attentats et
complots rentrèrent dans la compétence des tribunaux criminels ordinaires. Il ne cessa d'en être
ainsi que pendant l'existence du tribunal révolutionnaire, institué par décret du 9-11 mars 1793.
Mais à partir de la suppression de celui-ci (12
prair. an III), les tribunaux criminels recouvrè-
rent la connaissance des complots et attentats jusqu'au sénatus-consulte du 28 flor. an XII, dont les
art. 101, 103 et 108 déférèrent à la haute cour impériale, sur les poursuites du ministère public, les

crimes, attentats et complots contre la sûreté de
l'état.

97. — Lors de la suppression de la haute cour
impériale en 1814, les attentats et complots contre
la sûreté de l'état auraient dû retomber sous la juridiction criminelle ordinaire. Mais la charte ayant
attribué à la cour des pairs la connaissance des attentats à la sûreté de l'état, on pensa généralement que les complots, rentrant dans les mêmes
dispositions pénales que les attentats, devaient
être soumis à cette même juridiction.

98. — La compétence, en matière de complots,
appartient exclusivement aujourd'hui aux cours
d'assises. En effet, en distinguant le complot de
l'attentat, et en n'attribuant à la cour des pairs
que la connaissance des attentats politiques, la loi
nouvelle a fait rentrer le premier de ces crimes
dans la classe des crimes ordinaires dont la connaissance appartient au jury. — Encycl. du dr.,
vo Complot, no 40; Morin, Dict. du dr. crim., vo Complot, p. 178, 1re col. — V. ATTENTAT, no 34.

99. — Depuis la loi du 28 avr. 1832, il n'est pas
arrivé que la cour des pairs ait eu à juger isolément un complot sans attentat, et à notre avis, si
le crime de complot n'avait pas été suivi de l'attentat, il ne serait pas de la compétence de la cour
des pairs. Mais si ce complot se rattache par les
liens d'une étroite connexité à un attentat, la cour
des pairs serait régulièrement saisie. — V. au surplus sur ce point cour DES PAIRS.

100. — Les cours d'assises connaissent aussi de
la proposition de former un complot. Il a été, en
effet, jugé que la prévention d'avoir fait une proposition non agréée de former un complot dont le
but aurait été, soit de changer le gouvernement
ou l'ordre de successibilité au trône, soit d'exciter
les citoyens à s'armer contre l'autorité royale,
constitue un délit politique dont la compétence des
cours d'assises, d'après les dispositions des art. 6
et 7, L. 8 oct. 1830. — Cass., 28 sept. 1832, Auger.

101. — Jugé de même que les propositions non
agréées tendant à former un complot pour exciter
les citoyens ou habitans à s'armer contre l'autorité
royale, constituent un délit politique de la compétence des cours d'assises. — Cass., 3 nov. 1832,
Chartier.

102. — La connaissance de la résolution isolée
d'attentat à la vie du roi ou des membres de sa
famille appartient aussi au jury. Cette résolution
ne peut, en effet, être considérée que comme un
crime, la loi la punissant de la détention. Or, cette
peine est de sa nature afflictive et infamante (C.
pén., art. 7), et une peine de ce caractère ne frappe
que le crime. — G. pén., art. 1er.

103. — L'acte préparatoire tendant à l'exécution
est une circonstance aggravante du complot, et
est, par conséquent, soumis au jury. — Morin, Dict
du dr. crim., p. 179, 2e col.

V. ATTENTAT, COUR DES PAIRS, CRIMES CONTRE
LA SURETÉ DE L'ÉTAT, LÈSE-MAJESTÉ, RÉVÉLATION,
TENTATIVE.

COMPOSITION.

1. — Se dit d'un accommodement par lequel l'une
des deux parties ou toutes deux à la fois se relâ-
chent d'une partie de leurs prétentions. — V. TRANS-
ACTION.

2. — Sous l'empire des lois barbares on appelait
composition les sommes pécuniaires que le coupable d'un crime donnait à l'offensé ou à sa famille
pour l'expiation de ce même crime. — V. ACTION
CIVILE, no 7; ACTION PUBLIQUE, no 17.

3. — On entend plus spécialement par composition le sacrifice qu'on fait, en matière de prises
maritimes, pour obtenir qu'un navire capturé soit
relâché.

4. — L'assuré est tenu de signifier à l'assureur la
composition qu'il a faite aussitôt qu'il en a les
moyens. — C. comm., art. 395.

5. — L'assureur a le choix de prendre la composition à son propre compte ou d'y renoncer, il est
tenu de notifier son choix à l'assuré dans les vingt-
quatre heures qui suivent la signification de la
composition. — C. comm., art. 396.

6. — S'il accepte la composition, il contribue au
paiement du rachat dans la proportion de son intérêt. Dans le cas contraire, il paie la somme assurée. — C. comm., art. 396. — V. ASSURANCES MA-
RITIMES, nos 761 et suiv.

7. — Les choses données par composition et à
titre de rachat du navire et des marchandises, constituent des avaries communes. — C. comm., art. 400,
no 14e. — V. AVARIES, no 17 et suiv.

8. — On entend encore par composition la manière de former une chose au moyen de différentes
parties, telle qu'une masse de biens, des lots. —
C. civ., art. 831 et 832. — V. PARTAGE.

COMPROMIS. — 1. — On appelle compromis la convention par laquelle deux ou plusieurs personnes s'engagent à soumettre à un ou plusieurs arbitres le jugement des contestations qui les divisent.

CHAP. Ier. — *Nature du compromis. — Règles générales* (no 1).

CHAP. II. — *Qui peut compromettre* (no 30).

CHAP. III. — *Sur quoi l'on peut compromettre* (no 135).

CHAP. IV. — *Formes du compromis* (no 184).

CHAP. V. — *Formalités essentielles au compromis* (no 219).

CHAP. VI. — *Comment le compromis prend fin* (no 259).

—

CHAPITRE Ier. — *Nature du compromis. — Règles générales.*

2. — Le compromis aujourd'hui, comme tous les contrats, est parfait par le seul consentement des parties. L'obligation qui leur est imposée de le constater par écrit (V. *infrà* no 185) n'est relative qu'à la preuve, et les tribunaux devraient le déclarer obligatoire quoique fait sans écrit, si les parties reconnaissaient l'existence de la convention, et étaient d'accord sur les clauses essentielles qu'elle doit contenir. — V. ARBITRAGE, nos 5 et suiv.

3. — Avant le Code de procédure, et sous l'empire de la loi du 24 août 1790, on soutenait que le compromis n'était pas un contrat synallagmatique parfait, par ce que chaque partie pouvait le révoquer à volonté en faisant signifier aux arbitres qu'elle ne voulait plus tenir à l'arbitrage (V. ARBITRAGE, no 20 et suiv.); mais cette discussion, assez oiseuse d'ailleurs, ne peut plus même être agitée aujourd'hui, puisqu'aux termes de l'art. 1008, C. procéd., le consentement unanime des parties est seul capable de détruire le compromis légalement formé. — Mongalvy, *Tr. de l'arbitrage*, t. 1er, no 214, en note. — V. ARBITRAGE, nos 391 et suiv.

4. — Le compromis diffère de la transaction, avec laquelle il a cependant quelque ressemblance. Dans l'un et l'autre contrat en effet, les parties ont pour but de terminer une contestation née ou de prévenir une contestation à naître. Mais dans la transaction les parties mettent fin elles-mêmes à la contestation en abandonnant respectivement une partie de leurs prétentions ou de leurs droits, tandis que dans le compromis elles remettent à d'autres le soin d'éteindre la contestation; et au lieu d'abandonner une partie de leurs droits, manifestent hautement l'intention de les faire reconnaître pour en user librement. Il semblerait donc que la transaction, qui contient un abandon, est un acte plus grave et plus onéreux que le compromis, dans lequel les parties se réservent tous leurs droits. Cependant le législateur, après avoir dit dans l'art. 1989 C. civ., que le mandataire ne peut rien faire *au delà* de ce qui est porté dans son mandat, ajoute que le pouvoir de transiger ne renferme pas celui de compromettre; c'est qu'en effet si la transaction contient un abandon, il est réciproque, tandis que le compromis peut amener la condamnation de l'une des parties. Il faut ajouter enfin que la confiance en un mandataire déterminé ne prouve pas que le mandant consentirait à remettre le soin de le juger à une personne choisie par ce mandataire.

5. — On pourrait se demander également si le pouvoir d'acquiescer comprend celui de compromettre. A la différence de la transaction, qui contient un abandon réciproque, l'acquiescement renferme la reconnaissance complète des prétentions de l'adversaire. Il semble donc que le mandant ne peut pas se plaindre qu'on ait excédé ses pouvoirs, puisqu'il lui reste après le compromis une chance de succès qu'il n'avait pas avant l'acquiescement. Cependant nous inclinerions à penser que l'art 1989, C. civ., s'applique aussi bien à l'acquiescement qu'à la transaction. Le mandataire en général n'a pas pouvoir de faire autre chose que ce qui a été expressément stipulé dans le mandat; et quoiqu'il reste au mandant une chance de voir le compromis tourner à son avantage, il est certain que cet acte l'expose aussi aux lenteurs et aux frais souvent considérables d'une procédure arbitrale. Il a donc le droit de se plaindre que le mandataire n'ait pas, conformément à ses ordres, reconnu sur le champ les justes prétentions de l'adversaire. — V. MANDAT.

6. — Les parties peuvent convenir dans le compromis de toutes les clauses qu'elles jugent convenables et qui ne sont contraires ni à l'ordre public ni aux lois, ni aux bonnes mœurs. — C. civ., art 1134.

7. — Ordinairement le compromis détermine le délai dans lequel les arbitres seront tenus de prononcer; à défaut de fixation de leur part, la loi le fixe à trois mois à partir du jour du compromis. — V. à cet égard, ARBITRAGE, no 537 et suiv.

8. — Le compromis peut aussi étendre ou restreindre les pouvoirs des arbitres, les dispenser de tout ou partie des formes de procédure, les instituer amiables compositeurs; enfin les parties peuvent renoncer à une ou plusieurs des voies de recours ouvertes contre les sentences arbitrales. — V. à cet égard ARBITRAGE, nos 715 et suiv.

9. — L'étendue du compromis est déterminée par l'acte qui le constate, et on doit suivre à cet égard les règles ordinaires d'interprétation des conventions. Il est donc difficile pour cette raison d'attacher aux solutions de la jurisprudence sur ce point, une importance absolue. — V. ARBITRAGE, nos 252 et suiv.

10. — Il a au surplus été jugé : 1o que la disposition générale par laquelle les parties soumettent *toutes leurs contestations* à des arbitres, est exclusive de tout recours aux tribunaux, même pour les cas d'urgence, et comprend le droit pour les arbitres de prononcer même sur une demande en rentrée en possession formée par les bailleurs. — Cass., 9 sept 1812, Hibert c. Admin. du Creuzot; — Mongalvy, t. 1er no 246. — V. *contrà* Merlin, *Quest. de dr.*, vo *Arbitrage*.

11. — ... 2o Que la clause compromissoire autorisant les arbitres à statuer sur *toutes les difficultés* auxquelles la convention pouvait donner lieu contient un pouvoir suffisant pour prononcer des dommages-intérêts par suite de l'inexécution de la convention. — *Cass.*, 8 mai 1833, Furnival c. Beuvain.

12. — ... 3o Que lorsque le compromis donne aux arbitres le pouvoir exprès de décider s'il convient que la société existant entre les parties soit dissoute, et, en cas de dissolution prononcée, d'en apprécier les conséquences, il les investit nécessairement du droit d'examiner s'il y a lieu ou non d'accorder à l'une des parties le dédit stipulé dans l'acte social contre celle qui demanderait ou occasionnerait la dissolution de la société; que dès-lors il suffit que les arbitres aient jugé utile, dans l'intérêt commun, de dissoudre la société, pour qu'ils doivent être réputés avoir apprécié la clause du dédit. — *Cass.*, 18 janv. 1842 (t. 1er 1843, p. 72), Mauny c. Lemeunier.

13. — ... 4o Que les arbitres peuvent, sans excéder leurs pouvoirs, statuer sur des questions qui ne sont pas spécifiées dans le compromis, mais qui se rattachent nécessairement à celles qui sont prévues et naissent des débats respectifs élevés devant eux par les parties. — *Aix*, 3 janv. (et non 3 fév.) 1817, André c. Moutte.

14. — ... 5o Qu'une sentence arbitrale ne doit pas nécessairement être réputée avoir statué hors des termes du compromis par cela seul qu'elle a compris dans l'estimation que les arbitres étaient chargés de faire de certains immeubles celle d'un terrain dont le compromis ne faisait pas mention expresse, lorsqu'il résulte d'ailleurs de l'intention qui a présidé à cet acte que les parties ont voulu que ce terrain fût compris dans l'estimation qui était dans la mission des arbitres. Du moins l'arrêt qui le décide ainsi ne fait que se livrer à une appréciation de faits, d'actes et d'intention, d'où ne peut dériver aucune violation de la loi. — *Cass.*, 8 janv. 1845 (t. 1er 1845, p. 380), Chantreaux c. Jacquot. — V. encore ARBITRAGE, no 969 et suiv.

15. — ... 6o Que la convention faite entre un créancier et son débiteur de faire juger par arbitres toutes les difficultés relatives à l'exécution du contrat ne permettait pas à ce créancier de faire porter devant arbitres les contestations existant entre lui et les autres créanciers hypothécaires sur l'ordre de leurs hypothèques. — *Paris*, 22 fév. 1831, Davesne c. Leroy.

16. — Jugé d'un autre côté que la clause par laquelle les parties sont convenues que, s'il s'élevait entre elles quelques difficultés sur l'exécution de leur marché, elles s'en rapporteraient à deux amis communs, le marché devant dans tous les cas avoir son exécution, ne peut comprendre le cas où il s'agit de statuer sur sa résiliation. — *Paris*, 29 nov. 1808, Midy-Bois-Duval c. Puy d'Alpes.

17. — ... Et que la qualification d'experts, donnée dans le compromis et dans certains actes à des individus chargés de liquider des dommages-intérêts, en exécution d'une transaction, n'ôte pas à leur décision le caractère de sentence arbitrale, si, rendue sur compromis, cette sentence a la forme d'un jugement arbitral et qu'elle soit qualifiée telle par les parties elles-mêmes. — *Aix*, 22 mai 1828, Cappeau c. Société du plan d'Aren.

18. — Jugé que, lorsque dans un contrat les parties conviennent expressément que les difficultés qui s'élèveront à raison de leurs droits respectifs seront terminées amiablement et irrévocablement par l'avis d'un arbitre, on ne doit pas regarder comme une dérogation à cette clause la circonstance qu'elles ont d'un commun accord nommé chacune un amiable compositeur, en présence du juge de paix, qui a nommé un tiers arbitre pour vider la contestation élevée entre elles. — *Rennes*, 17 mai 1827, Fiquemont c. Lebreton.

19. — Lorsque la clause du compromis ne parle que des contestations qui s'élèveront *sur choses non prévues* ou *mal expliquées*, elle ne peut recevoir d'application alors qu'il s'agit d'une demande en réduction du prix, ou en résolution de traité; une telle action, qui touche à l'existence même du contrat, doit être déférée à la justice ordinaire. — *Paris*, 9 janv. 1838 (t. 2 1838, p. 78), Faiola c. Beauvais. — V. au surplus ARBITRAGE, nos 145 et suiv., 250 et suiv.

20. — Un compromis, quoiqu'il porte sur divers objets est indivisible; s'il est nul pour un objet, il ne peut valoir pour l'autre. — *Montpellier*, 27 juill. 1825, Balle c. Jacomet.

21. — Ainsi jugé qu'un compromis et une sentence arbitrale sur une contestation dont l'objet est indivisible doivent être annulés s'ils n'ont pas été passés et rendus entre toutes les parties intéressées. — *Rennes*, 22 mai 1821, Gaillaud c. Sallentin.

22. — Mais si, au lieu de porter sur un des objets du litige, la nullité n'est relative qu'à l'une des parties contractantes, le compromis ne laisse pas de produire effet vis-à-vis des autres, pourvu que l'objet litigieux ne soit pas indivisible. — Jugé dès lors que le jugement arbitral ne peut être annulé qu'à l'égard de la partie qui n'a pas participé à la prorogation du compromis, mais qu'il ne peut être déclaré nul à l'égard de celles qui ont comparu. — *Cass.*, 18 août 1819, Roger Prébaut c. Perrier. — V. aussi *infrà Grenoble*, 24 avr. 1818.

23. — La nullité d'un compromis, prise de ce qu'un tiers n'y a pas concouru, bien que réputé intéressé dans l'objet litigieux, ne peut être proposée entre les parties elles mêmes qui ont compromis, surtout lorsqu'il est constant qu'à l'époque de ce compromis elles avaient connaissance des droits du tiers, et que ce tiers n'a élevé aucune réclamation. — *Cass.*, 24 août 1829, De Briqueville c. de Semonville.

24. — Au surplus, quant à la validité de la sentence renfermant plusieurs dispositions distinctes, les unes dans les termes du compromis et les autres hors du compromis, V. ARBITRAGE, nos 971 et suiv.

25. — V. aussi, sur le point de savoir si les arbitres peuvent prononcer la contrainte par corps, ARBITRAGE, nos 273 et suiv. — Aux arrêts qui ont jugé la négative, même en matière commerciale, alors que le compromis ne leur en confère pas le pouvoir, il faut ajouter *Bastia*, 27 nov. 1843 (t. 1er 1845, p. 260), Feydel c. Cayol.

26. — Le compromis, ayant pour effet de constituer un tribunal et d'engager une instance, doit être assimilé à la citation en justice dont parle l'art. 2224 et être considéré comme interruptif de la prescription. — *Paris*, 9 juin 1826, Bachélier c. Bœuf; — de Vatisménil, *Encycl. du droit*, vo *Arbitrage*, no 153.

27. — Toutefois la cour de Limoges n'admet ce principe qu'autant que l'arbitrage a été constitué. — *Limoges*, 29 avr. 1836 (t. 2 1837, p. 480), Fossiat c. comm. de Boutard et de Jagon.

28. — Dans tous les cas elle en exclut l'application lorsque le compromis est tombé en péremption par l'expiration du délai légal. — Même arrêt. — Bellot, t. 2, no 166.

29. — Jugé aussi que, lorsque des parties compromettent sur un jugement en premier ressort, le délai de l'appel ne court pas tant que dure le compromis. — *Riom*, 4 août 1818, Abonnat c. Monier.

CHAPITRE II. — *Qui peut compromettre.*

30. — Toutes personnes peuvent compromettre sur les droits dont elles ont la libre disposition. — C. procéd., art. 1003. — V. aussi L. 24 août 1790, tit. 1er, art. 2.

31. — « Tous ceux, dit Jousse (*Traité de l'administration de la justice*, t. 2, p. 689, no 13), qui sont en état de s'obliger et de procéder de leur chef en justice ont la liberté de se soumettre à des arbitres et de compromettre sur toutes sortes d'affaires, pourvu que le roi et le public n'y aient aucun intérêt; d'où il suit que ceux qui ne peuvent aliéner ne peuvent compromettre, parce que le com-

promis tend à l'aliénation. » — Il est juste, en effet, qu'on ne puisse faire indirectement ce qu'on ne peut faire directement, et que ceux qui n'ont pas le libre exercice de leurs droits n'aient pas la liberté de substituer des juges de leur choix à ceux que la société a institués.

32. — Ainsi, pour pouvoir compromettre il faut avoir, outre la capacité de s'obliger en général, le droit d'aliéner l'objet sur lequel porte le compromis.

33. — En outre il est certaines personnes qui puisent une nouvelle cause d'incapacité dans cette circonstance qu'à raison de leur qualité la cause serait communicable au ministère public. C'est ce que fait remarquer M. de Vatisménil (n° 78), par induction de l'art. 1004 (V. *infra*), en ajoutant que cette combinaison des art. 1003 et 1004 donne la clé de bien des difficultés.

34. — C'est par application des principes qui viennent d'être posés que doivent être résolus les cas suivans :

35. — *Mineurs.* — Les mineurs sont incapables de compromettre. — *Cass.*, 23 pluv. an X, Bosquet c. Rayet.

36. — Et il a même été décidé que le compromis souscrit par un majeur redevenu mineur par suite du changement des lois qui fixent l'âge de la majorité est révoqué de plein droit. — *Turin*, 17 mai 1806, Ponté c. Gerbo ; — de Vatisménil, n° 83.

37. — Toutefois il semble naturel que, l'incapacité de compromettre étant la conséquence de l'incapacité de disposer, elle soit bornée aux mêmes objets ou restreinte dans les mêmes limites que cette dernière incapacité.

38. — Ainsi on paraît d'accord pour admettre que le mineur commerçant, assimilé au majeur par l'art. 487 pour tout ce qui concerne son commerce, est habile à compromettre, pourvu que le compromis soit relatif à ce commerce. — Mongalvy, t. 1er, n° 267; Bellot, t. 1er, n° 18 ; de Vatisménil, n° 86; Pardessus, t. 6, n° 1418 ; Goujet et Merger, *Dict. proc.*, v° *Compromis*, n° 18; *Praticien français*, p. 340.

39. — Quant au mineur émancipé, il est évident qu'il ne pourrait compromettre pour tous les actes à l'égard desquels il est assimilé au mineur non émancipé.

40. — Mais peut-il compromettre sur les actes de pure administration ? — On fonde la négative sur l'art. 83, C. procéd., qui exige sans distinction la communication au ministère public de toutes les causes qui concernent les mineurs. — *Praticien français*, t. 5, p. 339; Bellot, *Traité de l'arbitrage*, t. 1er, n° 4.

41. — Cependant la plupart des auteurs sont d'un avis contraire, et c'est avec raison. En effet, l'art. 83, C. procéd., n'exige la communication que dans les affaires où les mineurs sont défendus et représentés par des tuteurs ou curateurs, et ne l'exige pas lorsqu'ils agissent eux-mêmes. — De Vatisménil, n° 85 ; Boitard, *Proc.*, sur l'art. 1003. — Indépendamment de cette raison, il est impossible d'annuler le compromis fait par un mineur sur une créance dont il aurait pu faire remise s'il l'avait voulu. — Goubeau, *de l'Arbitrage*, t. 1er, p. 43 ; Mongalvy, t. 1er, n° 268.

42. — Le mineur devenu majeur ne peut compromettre avec son tuteur que dix jours après la reddition d'un compte détaillé et la remise des pièces justificatives, le tout constaté par un récépissé de l'oyant compte; car c'est à ces conditions seulement qu'il lui est permis de traiter avec son tuteur. — C. civ., art. 472; C. procéd., art. 1003. — V. COMPTE DE TUTELLE, TUTELLE.

43. — Mais aucune condition semblable n'a été imposée aux héritiers majeurs du mineur, et ils peuvent valablement compromettre avec le tuteur sur les litiges auxquels le compte de tutelle a déjà donné lieu. — *Cass.* (impl.), 26 juin 1819, Perrod c. Piot.

44. — Au surplus, ce qui vient d'être dit relativement au mineur et ce qui sera dit pour les autres incapables ne concerne que les arbitrages volontaires et non les arbitrages forcés. — Mais la même raison qui les rend inhabiles à constituer un arbitrage volontaire les rendrait également inhabiles à constituer une sorte d'arbitrage volontaire dans l'arbitrage forcé. — V. au reste ARBITRAGE.

45. — *Interdit.* — L'interdit est assimilé au mineur en tutelle, et conséquemment frappé de la même incapacité de compromettre.

46. — Quant au prodigue pourvu d'un conseil judiciaire, les auteurs sont divisés sur le point de savoir s'il peut compromettre et dans quelles limites. — Suivant M. Mongalvy (n° 165), il peut compromettre *avec l'assistance de son conseil.* Quant à Carré (n° 3252) et à Pigeau, ils se bornent à dire qu'il peut, comme le mineur émancipé, compromettre relativement aux droits dont il a la libre disposition. — M. de Vatisménil, au contraire, refuse à l'individu pourvu d'un conseil judiciaire tout pouvoir pour compromettre, attendu, dit-il, que les procès qui le concernent sont toujours et nécessairement communicables au ministère public. — Mais MM. Goujet et Merger (v° *Compromis*, n° 15) réfutent cet argument en soutenant que l'art. 83, C. procéd. civ., qui détermine les causes communicables au ministère public ne parle que de celles où l'une des parties est défendue par *un curateur*, sans mentionner le *conseil judiciaire*, et qu'en effet les affaires dans lesquelles figurent des prodigues assistés de leurs conseils ne sont pas communicables. — V. en ce sens Boncenne, t. 2, p. 286. — Ces auteurs écartent donc l'application de l'art. 1004 et soutiennent qu'avec l'assistance de son conseil le prodigue jouit de la plénitude de ses droits et peut, dès lors, compromettre.

47. — *Tuteurs.* — *Subrogés tuteurs.* — *Conseils judiciaires.* — Quant aux administrateurs du bien d'autrui, tuteurs, subrogés tuteurs, conseils judiciaires, la disposition de l'art. 1003, C. procéd., leur défend de compromettre au nom de la personne qu'ils représentent. On a remarqué que l'art. 2, tit. 8, L. 24 août 1790, interdisait le compromis à ceux qui n'avaient pas le libre *exercice* de leurs droits ; et que l'art. 1003, C. procéd., a substitué le mot *disposition* au mot exercice, ce qui enlève plus clairement au tuteur le droit de compromettre, puisque si l'on peut dire qu'il a l'exercice des droits du mineur, il n'en a certainement pas la disposition. — Mongalvy, n° 269; — de Vatisménil, v° *Arbitrage*, n° 77.

48. — Cependant il importe de remarquer que le mot *disposition*, employé par le législateur dans l'art. 1003, prête aisément à l'équivoque. Le tuteur et les autres administrateurs du bien d'autrui peuvent aliéner certains biens sans aucune formalité; peut-on dire qu'ils en ont la libre disposition? Ne faudrait-il pas, pour que le compromis leur fût permis, qu'ils pussent aliéner, même à titre gratuit, ce qui leur est interdit? — C'est en effet ce dernier sens qui doit être donné aux mots *libre disposition.* Compromettre, c'est-à-dire mettre des juges de son choix à la place de ceux que la loi a institués, ou, selon l'expression de M. Pigeau, mettre sa propre expérience au dessus de celle du législateur, n'appartient qu'à celui qui jouit des pouvoirs de maître dans toute leur étendue; celui qui n'administre qu'au nom de la loi ne peut se placer au dessus d'elle et user des pouvoirs qu'elle lui donne pour écarter les juges dans lesquels elle a confiance.

49. — Ce qui tranche d'ailleurs toute difficulté à l'égard des tuteurs et subrogés tuteurs, c'est que les causes des incapables qu'ils représentent sont communicables au ministère public.

50. — Il a donc été jugé que le tuteur ne peut compromettre sur les intérêts de son pupille, alors même qu'il ne s'agirait que d'objets mobiliers. — *Bourges*, 18 déc. 1840 (t. 2 1841, p. 592), Simonnin et Guyochain c. de Bréchard; — Goubeau, t. 1er, p. 4e; Goujet et Merger, n° 22.

51. — Et lors même que le tuteur peut *aliéner*, en remplissant certaines formalités, il ne pourrait cependant compromettre moyennant leur accomplissement, les garanties employées par le législateur étant spéciales à l'aliénation et la cause restant d'ailleurs susceptible de communication.

52. — On s'est demandé, avec plus d'apparence de raison, si le tuteur ne pourrait pas compromettre en employant les formes spéciales établies pour la transaction, c'est-à-dire en obtenant l'autorisation du conseil de famille et en prenant l'avis de trois jurisconsultes désignés par le procureur du roi. — C. civ., art. 467. — Mais il faut reconnaître que même dans ce cas le compromis ne serait pas valable. En effet, l'avis des jurisconsultes, l'autorisation du conseil de famille suffisent pour la transaction, parce que ces différentes personnes peuvent juger si les intérêts du mineur ne sont pas sacrifiés, et donner leur approbation en connaissance de cause. Mais il n'y aurait rien de semblable dans le compromis, et d'ailleurs il faut encore le répéter, l'art. 83 met obstacle à ce qu'un pareil compromis soit valable; enfin, aux termes de l'art. 1989, le pouvoir de transiger n'emporte pas celui de compromettre. — Mongalvy, t. 1er, n° 269; Berriat Saint-Prix, p. 38, note 9; Toullier, t. 2, n° 1242; Carré, n° 3251; Goubeau, t. 1er, p. 38; *Encyclop. du droit*, v° *Arbitrage*, n° 79 ; Boitard, *Proc.*, sur l'art. 1003. — V. cependant Demiau, p. 672; Boucher, *Manuel des arbitres*, nos 948 et suiv.

53. — Il a donc été jugé (sous l'empire de la loi du 24 août 1790 ; mais il en serait de même sous le Code) que le tuteur ne peut, même avec l'autorisation du conseil de famille, compromettre au nom de son pupille et constituer un tribunal arbitral à l'effet de statuer sur la validité d'un legs à lui fait. — Et que le mineur a le droit de faire rescinder le compromis et tout ce qui en a été la suite, sans être obligé de prouver la lésion. — *Cass.*, 4 fruct. an XII, Dewische Cellu c. Bronchven.

54. — Jugé néanmoins en sens contraire (sous l'empire de la même loi) que la mère tutrice pouvait, même sans l'autorisation du conseil de famille, consentir au nom de ses mineurs un compromis sur l'indemnité à laquelle ils avaient droit comme locataires d'une métairie qu'ils étaient forcés d'abandonner. — *Turin*, 19 vent. an XI, Gay c. Gariglio.

55. — On a imaginé plusieurs expédiens pour arriver à permettre de faire un compromis au nom du mineur ou de l'interdit. Toullier propose de s'en rapporter à un ou plusieurs jurisconsultes qui rédigeraient leur avis en forme de jugement, et il serait ensuite passé par expédient sur les conclusions du ministère public. Carré veut que les arbitres choisis par le tuteur et par l'adversaire du mineur rédigent leur avis en forme de transaction et qu'on le soumette ensuite au conseil de famille et à l'homologation du tribunal. Mais M. de Vatisménil (*Encycl.*, v° *Arbitrage*, n° 84) repousse l'un et l'autre de ces moyens comme ne pouvant mener qu'à une transaction simulée dont les tribunaux ne devraient tenir aucun compte si elle préjudiciait aux incapables. Nous sommes complétement de cet avis.

56. — Lorsqu'un mineur est intéressé dans une société commerciale, le tuteur ne peut se refuser à l'arbitrage, qui est alors forcé ; mais dans ce cas l'arbitrage résulte de la loi et non pas d'un compromis. Le tuteur ne pourrait renoncer à la faculté d'interjeter appel du jugement arbitral, ni aggraver en aucune façon les conditions de l'arbitrage. — V. au surplus ARBITRAGE, nos 229, et 1077 et suiv.

57. — En ce qui touche les compromis concernant les aliénés, V. ALIÉNÉS.

58. — *Femme mariée.* — La femme mariée, quel que soit son régime, ne peut compromettre sans l'autorisation de son mari. — La raison en est que l'art. 83, C. procéd., déclare communicables au ministère public les causes des femmes non autorisées par leurs maris.

59. — La rigueur des termes dont se sert cet art. 83 porte même à penser que la cause serait communicable et que dès-lors la femme serait inhabile à compromettre si l'autorisation n'était autorisée que de justice; dans ce cas l'autorisation de justice n'équivaudrait pas à l'autorisation maritale. — De Vatisménil, n° 89 ; — V. contrà Mongalvy, n° 165.

60. — L'autorisation du mari serait elle-même impuissante à conférer à la femme le droit de compromettre, s'il s'agissait de la dot et que le régime dotal eût été stipulé; et cela, dit M. de Vatisménil (*loc. cit.*), par la double raison que la cause est sujette à communication du ministère public (art. 83, C. procéd.), et que les époux n'ont pas la libre disposition de la dot de la femme mariée sous le régime dotal, puisqu'elle est inaliénable (art. 1554).

61. — Au surplus, M. de Vatisménil (n° 90) fait remarquer avec raison que ce qui vient d'être dit ne concerne pas la femme qui serait membre d'une société de commerce; qu'en effet cette femme, soumise à l'arbitrage *forcé*, peut compromettre, soit avec l'autorisation de son mari, soit avec celle de la justice, et que même rien ne l'empêche de renoncer à l'appel, conformément à l'art. 52, C. comm., si elle y est autorisée. — V. ARBITRAGE, n° 229.

62. — *Mari.* — Le mari ne peut compromettre, relativement aux propres de sa femme, à moins qu'il ne soit commun en biens et qu'il ne s'agisse de fruits ou revenus (dotaux ou autres) dont il a la jouissance. — Carré, *L. de la compét.*, t. 2, p. 243 ; Bellot, t. 1er, p. 100; Goujet et Merger, n° 23; de Vatisménil, n° 91.

63. — Jugé que le mari a qualité pour compromettre sur les contestations relatives à une société d'acquêts stipulée par son contrat de mariage, entre sa femme et lui d'une part, et ses père et mère d'autre part. — *Bordeaux*, 22 mai 1832, Chabralie.

64. — Jugé aussi que le mari, ayant l'administration et l'usufruit des biens dotaux de sa femme, peut, quant à ce, compromettre avec des tiers sans nuire aux intérêts de cette dernière, qui reste maîtresse, à la dissolution de son mariage, d'exercer toutes les actions qu'elle jugera à propos contre les actes faits par son mari à son préjudice. — *Riom*, 8 juin 1809, Laverie c. Dodin.

65. — *Communes et établissemens publics.* — Une

commune est un mineur, et le maire ne peut compromettre en son nom. On a ainsi jugé que l'administrateur général de la Corse n'avait pu autoriser un compromis tendant à soumettre à des arbitres les différends qui existaient entre deux communes, en motivant sa décision sur ce que l'arbitrage était la voie la plus propre à assurer la tranquillité publique; — et que la sentence arbitrale rendue par suite de ce compromis était nulle. —*Aix*, 1er fév. 1834, comm. de Piana c. comm. de Renno.

66. — Il en est de même de tous les établissemens publics. — De Vatisménil, v° *Arbitrage*, n° 104.

67. — Le compromis leur est interdit, même en accomplissant les formalités exigées par l'arrêté du 21 frim. an XII et par la loi du 18 juill. 1837 (art. 59), pour qu'ils puissent *transiger* : *transiger* n'est pas *compromettre*. — De Vatisménil, n° 104.— *Contrà* Mongalvy, t. 1er, n° 282.

68. — *Etat*. — L'état ne peut compromettre, puisque les causes qui le concernent sont communicables au ministère public. — C. procéd., art. 83.

69. — *Héritiers bénéficiaires*. — Le compromis, étant toujours interdit à ceux qui n'ont que le pouvoir d'administrer, n'est permis dans aucun cas à l'héritier bénéficiaire. Sa position cependant diffère de celle des autres administrateurs en ce que le compromis par lui fait n'est pas nul, mais lui fait perdre seulement la qualité qu'il avait auparavant d'héritier bénéficiaire. — *Paris*, 3 juin 1808, Leleu c. Levit; *Cass.*, 20 juill. 1814, Petit c. Barbereuse; — Mongalvy, t. 1er, n° 276; Goubeau, t. 1er, p. 60; Merlin, concl. sur l'arrêt de cass. du 20 juill. 1814; Vatisménil, nos 92 et suiv. — V. aussi Carré, *Anal.*, n° 3253.

70. — Le compromis fait par l'héritier bénéficiaire sur les actes de pure administration devrait-il être considéré comme un acte d'héritier? — Nous le pensons. En effet, l'héritier bénéficiaire peut sans doute aliéner sans perdre sa qualité et devenir héritier pur et simple; mais ce n'est pas assez : pour pouvoir compromettre, il faudrait qu'il pût aliéner même à titre gratuit et sans avoir de compte à rendre, en un mot qu'il eût la *libre disposition de la chose*, ce qui n'est pas, puisqu'il n'est jamais qu'administrateur. — Mongalvy, t. 1er, n° 277 ; de Vatisménil, n° 95.

71. — « On ne saurait, dit M. de Vatisménil (*loc. cit.*), opposer comme consacrant la thèse contraire un arrêt de la cour royale de Paris du 3 juin 1808 (Leleu c. Levit), qui a maintenu un compromis fait par un héritier bénéficiaire sur des comptes de fermiers et de régisseurs; car il est facile de se convaincre que son principal motif a été que, dans tous les cas, l'héritier bénéficiaire aurait pu compromettre, sauf à devenir héritier pur et simple. »

72. — Toutefois, si l'héritier bénéficiaire avait pris soin de déclarer dans le compromis qu'il n'agit qu'en qualité d'héritier bénéficiaire et n'entend pas vouloir devenir, à raison de cet acte, héritier pur et simple, on pourrait se demander si ce ne serait pas le cas d'annuler simplement le compromis comme fait par un mandataire au-delà des termes du mandat; ceux qui auraient traité avec l'héritier bénéficiaire en connaissant sa qualité auraient-ils le droit de se plaindre? — V. Carré, *Anal.*, n° 3253.

73. — *Condamné par contumace*. — Le condamné par contumace à une peine emportant mort civile ne peut compromettre dans les cinq ans qui lui sont accordés pour se représenter. La raison en est : 1° que pendant ce temps il se trouve dessaisi de la possession et de l'administration de ses biens, lesquels doivent être gérés et administrés comme ceux des absens (C. civ., art. 23); — 2° que les causes qui l'intéressent sont communicables, puisqu'il est représenté par un curateur. — C. procéd., art. 83 ; — Mongalvy, t. 1er, n° 278 ; Carré, n° 3256; de Vatisménil, n° 96; Goujet et Merger, n° 19; Pigeau, t. 1er, p. 9.

74. — Il en est de même du condamné par contumace à une peine afflictive et infamante n'emportant pas mort civile, ses biens restant sous le séquestre tant qu'il n'a pas prescrit la peine. Ce n'est donc qu'après cette prescription qu'il rentre dans ses biens et que renaît pour lui la faculté de compromettre. — De Vatisménil, n° 98 ; Goujet et Merger, *loc. cit.*

75. — Le domaine qui ne détient les biens des condamnés par contumace qu'à titre de séquestre, et à la charge de rendre compte, n'a pas non plus le pouvoir de compromettre. — De Vatisménil, *loc. cit.*

76. — *Mort civilement*. — Suivant M. Carré (n° 3256), le mort civilement compromet valablement pour les biens par lui acquis depuis la mort civile encourue, sauf à se faire représenter par un curateur pour obtenir l'ordonnance d'exéquatur. — C. civ., art. 22. — Mais M. de Vatisménil (*Encycl. du dr.*, v° *Arbitrage*, n° 99) professe avec raison l'opinion contraire, attendu que le mort civilement ne pouvant procéder en justice que sous le nom et par le ministère d'un curateur spécial (art. 25), le ministère public doit nécessairement être entendu dans les causes qui l'intéressent (C. procéd., art. 83). — V. en ce sens Goujet et Merger, n° 17; Mongalvy, t. 1er, n° 279.

77. — *Condamné aux travaux forcés à temps, a la réclusion ou à la détention*. — Le condamné aux travaux forcés à temps, à la réclusion ou à la détention est, pendant la durée de sa peine, en état d'*interdiction légale*; il est représenté en justice par un tuteur; il n'a donc pas la libre disposition de ses biens; en outre, les causes qui le concernent sont communicables au ministère public; d'où il faut conclure qu'il ne peut compromettre.

78. — *Tuteurs et curateurs des condamnés*. — Ces tuteurs ou curateurs n'ont que des pouvoirs d'administrateurs, ce qui suffirait, même en l'absence de l'art. 83, C. procéd, qui tranche toute difficulté, pour leur ôter tout pouvoir de compromettre.

79. — *Curateur aux biens des absens*. — Le curateur d'un absent ne peut compromettre sur les droits de cet absent. — *Cass.*, 5 oct. 1808, Letellier c. Lesage; — Goubeau, t. 1er, p. 63; Mongalvy, t. 1er, n° 172; de Vatisménil, n° 102.

80. — Toutefois il semblerait résulter des termes de l'arrêt précité que le curateur pourrait compromettre avec une *autorisation spéciale* (V. en ce sens Mongalvy, *loc. cit.*); mais M. de Vatisménil, n° 102, enseigne avec beaucoup de raison qu'aucune autorisation ne serait suffisante pour permettre au curateur d'un absent de compromettre. — Il se demande même de quelle autorisation l'arrêt a entendu parler, à moins que ce ne soit de celle de l'absent... Mais alors il n'y aurait plus ni absent ni curateur.

81. — *Envoyés en possession des biens de l'absent*. — Il faut appliquer la même décision aux parens de l'absent après l'envoi en possession provisoire, soit que les contestations portent sur les droits mobiliers ou immobiliers; car ils ne sont qu'administrateurs. — De Vatisménil, n° 103.

82 — .... Ou encore à l'époux administrateur de ces biens. — De Vatisménil, *loc. cit.*

83. — Mais ces envoyés en possession pourraient compromettre sur la portion de revenus que l'art. 127, C. civ., leur attribue. — V. ABSENCE.

84. — Quant aux envoyés en possession définitive, ils sont réputés propriétaires, et, à ce titre, ils ont la libre disposition des biens recueillis; ils peuvent donc compromettre. — De Vatisménil, *loc. cit.*; Goujet et Merger, n° 27.

85. — Le failli ne peut pas compromettre puisqu'il est dessaisi de l'administration de ses biens et qu'il n'en a plus dès-lors la libre disposition. — Goujet et Merger, n° 20; de Vatisménil, n° 120.

86. — Toutefois, il a été jugé que le compromis passé de bonne foi entre le mandataire et des tiers depuis la faillite du mandant est valable et que les créanciers ne sont pas recevables à attaquer la sentence rendue à la suite de ce compromis. — *Cass.*, 15 fév. 1808, Régal c. Michel. — Ainsi jugé par application de l'art. 2008, C. civ. — V. MANDAT.

87. — Le principe dont on ne doit jamais s'écarter, c'est que pour compromettre il faut un pouvoir spécial et que quelque étendu que soit le pouvoir donné au mandataire, fût-ce même celui de transiger (C. civ., art. 1989), il ne comprend pas celui de compromettre si les parties ne s'en sont pas formellement expliquées.

88. — Ainsi, la faculté de transiger donnée par un mari à sa femme ne comprend pas celle de proroger un compromis. — *Cass.*, 18 août 1819, Roger-Preban c. Perrier; — V. aussi *Aix*, 6 mai 1812, Rouf.

89. — Ainsi encore lorsqu'un mandataire est autorisé à faire tout arrangement amiable devant un conciliateur quelconque, il n'a pas pouvoir de compromettre pour ses mandans, et le jugement arbitral est nul, quoiqu'il y soit dit que les parties y ont consenti. Il ne pourrait même valoir comme arrangement amiable ou convention, n'ayant point été signé par le fondé de pouvoir. — *Turin*, 7 fév. 1810, Montaboue.

90. — Jugé encore qu'on doit réputer nul le compromis passé par le mandataire qui n'avait pas reçu de pouvoir à cet effet. — *Cass.*, 31 déc. 1844 (t. 1er 1845, p. 727), prince de Capoue c. Lenormand.

91. — ... Et que, dès-lors, la partie qui n'a pas donné pouvoir de compromettre n'est pas tenue de respecter la sentence arbitrale rendue contre elle. — Même arrêt.

92. — A plus forte raison ne peut-on compromettre pour autrui sans mandat, quelques relations de parenté qui existent entre les parties. Un fils, par exemple, ne peut compromettre pour son père sans mandat de ce dernier. — *Toulouse*, 29 avr. 1820, Aynard c. Brousse.

93. — Il n'est pas nécessaire, au surplus, que le mandat soit exprès, et il peut résulter de lettres écrites par le mandant au mandataire, même postérieurement au compromis. — *Cass.*, 15 fév. 1808, Rigal c. Michel ; — Mongalvy, n° 285; de Vatisménil, n° 106.

94. — Jugé également que le compromis fait par le mari au nom de sa femme sans mandat par écrit a pu être réputé valable si le jugement énonçait que cette femme avait comparu devant les arbitres, et couvert par ce moyen la nullité du compromis. — *Toulouse*, 8 mai 1820, Valette c. Julien.

95. — Jugé toutefois par la même cour que l'énonciation contenue dans la sentence arbitrale que le père a exécuté le compromis fait en son nom par son fils en comparaissant devant les arbitres ne le rend pas non-recevable à en demander la nullité. — *Toulouse*, 29 avr. 1820, Aynard c. Brousse; — de Vatisménil, n° 107.

96. — Mais MM. de Vatisménil (*ibid.*) et Goujet et Merger (n° 36) concilient ces deux décisions en faisant remarquer que dans la première espèce l'adhésion de la femme était constatée par des actes émanés d'elle, circonstance qui ne se représentait pas dans la seconde. — V. ARBITRAGE.

97. — Il a été jugé qu'un avoué ne peut pas plus qu'un autre mandataire compromettre pour son client sans autorisation, même quand l'arbitrage est forcé; et que la ratification donnée par la partie postérieurement à la prononciation de la sentence ne saurait être admise, la juridiction née de ce compromis ayant cessé avant que le vice de son origine ait disparu. — *Trib. comm. de la Seine*, 5 juin 1834 (*Gaz. des Trib.*, 14 juin).

98. — Il faut distinguer le cas où on a agi comme mandataire de celui où on s'est porté fort; dans ce dernier cas le compromis est valable, et celui qui a consenti à traiter avec le porté fort ne peut en demander la nullité, alors surtout que la partie absente a donné sa ratification. — *Toulouse*, 25 juin 1831, Blavy.

99. — Le compromis serait également valable alors même que ceux qui se seraient portés forts auraient été complétement étrangers à la contestation, si d'ailleurs il y avait eu ratification de la part des intéressés; et le compromis ne pourrait être annulé par cela seul que la ratification de l'une des parties ne serait intervenue que postérieurement à la sentence, cette ratification ayant un effet rétroactif et corroborant suffisamment les pouvoirs des arbitres. — *Cass.*, 18 mars 1829, Pourquery-Boisserin c. Fayard; — de Vatisménil, v° *Arbitrage*, n° 108.

100. — Mais il est clair que celui pour lequel on s'est porté fort n'est obligé qu'autant qu'il a ratifié le compromis. Ainsi un associé n'a pu, en se portant fort pour ses coassociés dans un compromis, les obliger valablement. — *Cass.*, 8 août 1825, Constantin c. Fournier.

101. — Il n'a pas pu davantage, en son nom personnel, et en se portant fort pour un de ses coassociés, proroger valablement un compromis à l'égard de ses autres coassociés, dont l'acte ne fait pas mention. — *Cass.*, 18 août 1819, Roger et Préban c. Perrier. — V. ARBITRAGE, nos 537 et suiv.

102. — Dans ce cas, le jugement arbitral ne peut être annulé qu'à l'égard de la partie qui n'a pas participé à la prorogation. — Même arrêt.

103. — Jugé que celui qui s'est rendu acquéreur, tant en son nom qu'au nom d'un tiers, sans mandat écrit de la part de ce dernier, a pu valablement compromettre, également sans mandat, pour la totalité de l'objet acquis avant que le tiers eût ratifié l'acquisition. — *Cass.*, 14 mai 1829, Mallet c. Castellane. — En effet, tant que la ratification n'est pas intervenue, l'acquisition n'est censée faite qu'au profit du titulaire.

104. — *Syndics*. — Les syndics sont de véritables administrateurs, et, à ce titre, il leur faut aussi un pouvoir spécial pour compromettre. Le pouvoir général contenu dans le traité d'union ne suffit pas pour les y autoriser. — *Riom*, 16 janv. 1815, Lonthénos c. de Bonneville.

105. — Cependant on a jugé, contrairement à ces principes, que les syndics provisoires d'une faillite peuvent valablement compromettre sur les contestations élevées entre eux et un associé du failli, et convenir que les arbitres *jugeront en dernier ressort*. — *Limoges*, 28 avr. 1813, Baignol c. syndics Charpentier. — Les syndics définitifs avaient d'ailleurs dans l'espèce défendu devant les arbitres, sans exciper de leur défaut de pouvoir.

106. — Sur la question résolue par l'arrêt qui précède, il est nécessaire de distinguer (et cet arrêt ne peut être complétement approuvé ni blâmé).

Dès qu'il s'agissait de contestations entre associés à raison d'une société, l'arbitrage était forcé, et les syndics, en y consentant et en nommant des arbitres ou en les prorogeant, ne faisaient pas un compromis. Ils agissaient par conséquent dans les limites de leur pouvoir. Mais lorsque, allant plus loin, ils consentaient au nom de la masse à être *jugés en dernier ressort*, ils dépassaient leur pouvoir, toute extension donnée à l'arbitrage, toute dérogation aux dispositions du Code de commerce sur l'arbitrage forcé contenant un véritable compromis. — Mongalvy, n°s 290 et suiv.

107. — Aussi a-t-il été jugé que les syndics d'une faillite ne peuvent, sans un pouvoir spécial, nommer *des arbitres volontaires* pour liquider une société commerciale. —*Cass.*, 6 av. 1818, Saint-Denis c. Lambert. — Mais l'arrêt constate aussi qu'ils avaient le droit de nommer des *arbitres forcés*.

108. — Il n'importait guère au surplus, dans l'espèce de l'arrêt du 28 avril 1813, que la nomination eût été faite par les syndics provisoires, et que les syndics définitifs eussent procédé devant les arbitres; nos observations s'appliqueraient tout aussi bien quand les syndics définitifs auraient nommé les arbitres.

109. — *Gérant de société.* — La question de savoir si le gérant d'une société peut compromettre pour la société, est de nature à se présenter sous plusieurs points de vue différens.

110. — S'agit-il d'une *société civile*, la question semble résolue par les termes de l'art. 1862, qui porte que l'un des associés ne peut obliger les autres, si *ceux-ci ne lui en ont conféré le pouvoir*. D'où il résulte que l'administrateur ou gérant ne peut compromettre, à moins de pouvoirs exprès résultant soit d'une clause du pacte social, soit d'un consentement spécial. — V. en ce sens Pothier, *Société*, n° 68; de Vatisménil, n° 109; Troplong, *Sociétés*, n° 690; Goujet et Merger, n° 30.—V. *contrà* Duvergier, *Sociétés* (contin. de Toullier, t. 20, n° 320); Malepeyre et Jourdain, n°s 85 et 90.

111. — S'agit-il de sociétés de commerce, la question devient plus douteuse. D'une part, MM. Pardessus (t. 4, n° 1014), Malepeyre et Jourdain (*loc. cit.*), et Duvergier (*loc. cit.*) accordent au gérant le droit de compromettre sur les intérêts relatifs au commerce de la société.

112. —L'opinion de M. de Vatisménil (n°s 110 et suiv.) est moins absolue. Elle tend à distinguer entre les diverses sociétés. Pour la société en nom collectif, les associés étant solidaires, *relativement à tous les engagemens* de la société (C. comm., art. 22), il en résulte, selon lui, que l'un d'eux peut compromettre pour la société, à moins que la gérance ait été donnée à un ou plusieurs des associés, cas auquel le droit de compromettre n'appartient qu'aux gérans. Si, au contraire, il s'agit de société en commandite, le gérant a, dit-il, sauf une clause contraire et formelle dans l'acte social, le droit de compromettre, puisqu'il représente la société et qu'il a à sa disposition les objets qui en dépendent. Enfin, dans la société anonyme, les administrateurs ne sont que des mandataires; il leur faut donc un pouvoir exprès pour compromettre.

113. — Au contraire, MM. Troplong (*Sociétés*, n° 690) et Delangle (*Tr. des soc. comm.*, n°s 148 et 151) ne voient dans le gérant, quelle que soit la nature de la société, qu'un mandataire, et, à ce titre, ils lui refusent le droit de compromettre. — V. au surplus SOCIÉTÉ.

114. — En matière de société en participation, l'entière propriété des objets mis dans l'association est légalement censée résider sur la tête de l'associé administrateur. — *Cass.*, 2 juin 1834, Vautier c. Mouroult.— D'où MM. Goujet et Merger (*loc. cit.*), et M. de Vatisménil concluent que cet administrateur a le droit de compromettre, sauf le cas où l'objet social ne serait pas exclusivement sous son nom. — V. SOCIÉTÉ.

115. — *Liquidateurs.* — Le liquidateur d'une société ou d'une maison de commerce quelconque n'est qu'un mandataire dont les pouvoirs ne sont relatifs qu'à la liquidation; il n'a donc pas pouvoir de compromettre. — *Cass.*, 15 janv. 1812, Michel c. Hainguerlot; — Mongalvy, n° 287; de Vatisménil, v° *Arbitrage*, n° 117 « alors même, dit ce dernier auteur, que le liquidateur eût, avant la dissolution de la société, la qualité d'associé gérant. » En effet, la qualité de gérant et les pouvoirs qui s'y rattachent, quelle que soit d'ailleurs l'étendue de ces pouvoirs, a disparu par le fait de la mise en liquidation.

116. — Un arrêt de la cour de Rennes, 21 mars 1831, Révol c. Mancel, a cependant décidé que les liquidateurs des maisons commerciales étaient réputés avoir reçu de leurs commettans un pouvoir suffisant pour proroger le compromis. — Mais cette décision est virtuellement contraire à la précédente et dès-lors aux vrais principes, puisqu'il n'appartient qu'à ceux qui peuvent faire un compromis de le proroger.

117. — Jugé que lorsque, pour la liquidation d'une société existant entre trois commerçans, deux des associés ont souscrit un compromis, le jugement arbitral qui, rendu sur ce compromis, condamne la société à payer une certaine somme, est nul relativement à l'associé qui n'avait pas signé le compromis, mais valable à l'égard des deux autres.— *Cass.*, 8 août 1825, Constantin c. Fournier.

118. — *Créancier solidaire.* — Le compromis souscrit par un créancier solidaire n'est valable que pour la part qui appartient à ce créancier dans la créance, et ne préjudicie point aux autres. Mais s'il s'est porté fort pour ses cocréanciers, le compromis produit effet pour la totalité de la dette entre lui et le débiteur, sauf le droit des cocréanciers contre ce dernier. — De Vatisménil, n° 118; Goujet et Merger, n° 32.

119. — *Propriétaire indivis.* — Le propriétaire indivis ne peut, non plus, compromettre que pour sa part; toutefois la nullité d'un compromis par lui consenti, et relativement à la totalité de l'objet indivis, ne pourrait être opposée par la partie qui, en acceptant ce compromis, aurait connu les droits du tiers intéressé, et alors surtout que ce tiers n'exercerait aucune réclamation. — *Cass.*, 24 août 1829, de Bricqueville c. de Sémonville.

120. — *Qui peut demander la nullité pour cause d'incapacité.* — La nullité du compromis fait par un incapable peut-elle être invoquée aussi bien par ceux qui ont traité avec l'incapable que par l'incapable lui-même ou par ses représentans?—Il faut à cet égard faire une distinction. En principe, les contrats ne peuvent être obligatoires pour l'une des parties quand ils ne le sont pas pour l'autre. Toutefois, une exception a été apportée à ce principe par l'art. 1125 C. civ., à l'égard des contrats passés avec les mineurs, les interdits et les femmes mariées. C'est dans la combinaison de cette règle et de l'exception que se trouve la solution de la difficulté.

121. — Il a donc été jugé que les parties capables peuvent demander la nullité du compromis fait par elles avec le curateur d'un absent.—*Cass.*, 5 oct. 1808, Letellier c. Lesage; — Mongalvy, t. 1er, n° 280; Carré-Chauveau, *L. de la procéd.*, n° 3258; Goubeau de la Bilennerie, t. 1er, p. 65; de Vatisménil, n°s 124 et suiv.

122. — Mais d'un autre côté, on a reconnu que, s'il s'agit d'un compromis fait avec un mineur, un interdit, une femme mariée, les personnes capables de s'engager ne peuvent fonder sur cette incapacité une demande en nullité du compromis, et que l'annulation ne peut être poursuivie que par les parties incapables.— Mongalvy, n° 279.

123.—Ainsi jugé pour des compromis passés par des tuteurs au nom des mineurs ou par des mineurs. —*Cass.*, 21 niv. an XI, Demet c. Libert; 1er mai 1811, Manessier; 26 août 1812, Brincourt; *Rennes*, 6 juill. 1820, Mancel c. Gauchet; *Riom*, 26 nov. 1828, Peynet; *Nîmes*, 17 nov. 1828, Arsac c. Ignare; *Pau*, 18 juill. 1834, Badenco c. Martin; *Grenoble*, 6 juin 1839 (t. 2 1840, p. 90), Chatagnier c. Praly; *Paris*, 6 juill. 1826, N..; 1er mai 1828, Bobie c. Delacroix; *Toulouse*, 18 août 1837 (t. 2 1837, p. 517), Villeneuve.

124.—...Et à l'égard d'un compromis souscrit par une femme mariée non autorisée par son mari. — *Riom*, 26 nov. 1828, Peynet; *Toulouse*, 8 mai 1820, Valette c. Julien.—V. à l'égard du compromis relatif à la dot de la femme le chapitre suivant, *in fine*, n° 181.

125. — A plus forte raison les majeurs qui ont traité avec le mineur ne peuvent-ils demander la nullité du compromis, si des majeurs qui avaient le même intérêt que le mineur se sont portés fort pour lui. — *Amiens*, 1er mai 1811, Manessier.

126. — Jugé encore que lorsqu'un compromis a été passé entre deux parties intéressées, il ne peut être annulé, même avant le jugement, sous prétexte qu'un mineur a un intérêt éventuel à la contestation, si ce mineur, qui n'a pas comparu, n'élève aucune réclamation.—*Paris*, 13 avr. 1810, Baudoin c. Marois.

127. — Le principe que le majeur ne peut demander la nullité du compromis fait avec un mineur reçoit son application alors même qu'il aurait ignoré la minorité de celui avec qui il contractait, pourvu toutefois qu'il n'y ait pas eu fraude de la part du mineur.

128. — Le mineur n'a pas besoin de prouver la lésion pour se faire restituer contre le compromis fait en son nom par le tuteur même autorisé du conseil de famille. — *Cass.*, 4 fruct. an XII, Dewischer-Celles c. Bronchoven; — Goubeau de la Bilennerie, t. 1er, p. 48.

129. — Ce que nous avons dit des mineurs s'appliquerait également aux communes, et ceux qui ont fait un compromis avec leurs administrateurs ne pourraient en demander la nullité.

130. — Il en serait même plus généralement ainsi de tous les compromis passés par les administrateurs d'établissemens publics au nom de ces établissemens, la loi les considérant comme des mineurs.

131.—C'est une question assez délicate que celle de savoir si, avant que la sentence arbitrale soit rendue, les personnes qui ont fait un compromis avec le mineur ou l'incapable, peuvent demander que le compromis soit ratifié d'une manière légale ou qu'il reste sans effet.

132. — L'affirmative est soutenue par MM. de Vatisménil (n° 126), Carré-Chauveau (n° 3259) et les auteurs du *Praticien* (p. 32). En effet, disent-ils, il est toujours permis de régulariser une procédure tant que les choses sont entières. — Goujet et Merger, n° 38. — Et c'est par le même principe que, bien que le défaut d'autorisation maritale soit une nullité relative, cependant les intéressés peuvent toujours, avant le jugement, demander que l'autorisation soit donnée et que la procédure soit ainsi rendue régulière. — V. AUTORISATION DE FEMME MARIÉE.

133. — On a jugé que la nullité d'une sentence arbitrale qui avait pour objet une répartition entre plusieurs débiteurs doit, lorsqu'elle est prononcée pour cause de minorité d'une des parties en cause, être étendue, quant à ses effets, à toutes les autres parties qui y ont figuré.—*Bourges*, 18 déc. 1840 (t. 2 1841, p. 592), Simonnin et Guyochain c. Bréchard.

134.—Celui qui a cédé ses droits ne peut sans doute pas valablement compromettre en ce sens qu'il compromettrait sur les droits d'autrui. Cependant cette proposition doit être sainement entendue. Le créancier qui transporte sa créance à un tiers reste néanmoins créancier à l'égard du débiteur jusqu'à la signification du transport, et le compromis qu'il ferait sur sa créance avant la signification du transport serait valable. Il en est de ceci comme du paiement, le cessionnaire ne doit imputer qu'à sa négligence les conséquences du défaut de signification ou d'acceptation du transport.—*Cass.*, 3 fév. 1807, Papon. — V. au surplus TRANSPORT DE CRÉANCES.

CHAPITRE III.— *Sur quoi l'on peut compromettre.*

135. — En général, on peut compromettre sur tous les droits dont on a la libre disposition. — C. procéd., art. 1003.

136. — ... Même sur les choses futures (arg. art. 1130, C. civ.; de Vatisménil, n° 140. — *Contrà* Berriat Saint-Prix, p. 38, n° 8), à moins toutefois qu'il ne s'agisse de successions futures.—De Vatisménil, *loc. cit.*

137. — Jugé dès lors que la faculté de compromettre n'est pas restreinte au cas où il y a déjà litige porté devant les tribunaux; elle s'étend à tous les cas où il y a un règlement à conclure. — Ainsi on peut mettre en arbitrage *un échange à faire*, et, dans ce cas, les arbitres nommés pour déterminer en dernier ressort et sans appel la valeur des biens à échanger et l'importance des soultes à fournir sont de véritables arbitres auxquels les règles sur les arbitrages sont applicables.— *Cass.*, 10 nov. 1829, Faech c. Lafon; —Goujet et Merger, n° 50.

138.—Jugé encore que des parties peuvent compromettre sur les difficultés élevées entre elles relativement au sens et à l'exécution d'un acte administratif qui n'intéresse qu'elles seules; et qu'ainsi lorsque le mode de partage d'une succession a été fixé par un acte du gouvernement représentant alors un cohéritier émigré, les difficultés élevées depuis entre cet émigré éliminé ou amnistié et ses cohéritiers relativement à l'exécution de cet acte peuvent devenir la matière d'un compromis. — *Cass.*, 17 janv. 1811, Lenoir.

139.—Mais l'art. 1004 ajoute qu'on ne peut compromettre sur les dons et legs d'alimens, logement et vêtemens; sur les séparations d'entre mari et femme divorcés, questions d'état, ni sur aucune des contestations qui sont sujettes à communication au ministère public. —Cette disposition exige quelques explications.

140. — *Dons et legs d'alimens.* — La défense de compromettre sur les dons et legs d'alimens a été empruntée à la loi 8, ff., *De transactionibus.*—Marc-Aurèle, dans cette loi pleine d'humanité, avait voulu que les transactions sur des droits de ce genre ne fussent valables qu'autant qu'elles auraient été autorisées par le préteur. *Cum hi quibus alimenta relicta erant, facilè transigerent, contenti modico præsenti, divus Marcus oratione in senatu recitatâ effecit, ne aliter alimentorum transactio rata esset quam auctore prætore facta.*

141. — Cependant, malgré l'origine de la dispo-

sition de l'art. 1004, comme les prohibitions ne peuvent point être étendues, et que la loi n'a pas défendu la transaction sur les alimens, on a jugé que la défense de compromettre sur des alimens n'entraîne pas celle de transiger sur le même objet, alors surtout que les alimens résultent non d'un testament, mais d'un contrat.—Spécialement, une femme séparée de biens a pu renoncer moyennant une certaine somme à la pension viagère et alimentaire que son mari lui faisait par le contrat de mariage en cas de survie. — *Cass.*, 22 fév. 1831, Belet c. Couturier.

142. — Que faut-il entendre par dons et legs d'alimens?—L'intention d'un donateur ou testateur de donner, de léguer, à titre d'alimens, peut sans doute s'induire des circonstances, mais en général cette intention doit être expresse, et surtout on ne doit pas voir un legs d'alimens dans une disposition qui se fait ordinairement à tout autre titre.

143.—Ainsi, la clause d'un contrat de mariage par laquelle des père et mère s'engagent à nourrir gratuitement les futurs époux doit être considérée comme une constitution dotale, et non comme un don d'alimens, sur lequel on ne puisse point compromettre. — *Cass.*, 7 fév. 1825, Billout c. Jouard.

144. — Une veuve peut valablement compromettre sur les joyaux, le douaire et le droit d'habitation qui lui ont été assurés par son contrat de mariage : de tels avantages ne peuvent être assimilés à des dons d'alimens. Il en est de même en ce qui touche les habits de deuil dus à la femme par la succession de son mari. — *Besançon*, 18 mars 1828, Laresche c. Gindre et Loye.

145. — On peut valablement compromettre sur les alimens constitués à titre onéreux. — Berriat Saint-Prix, p. 40, note 2e; de Vatisménil, *Encycl. du dr.*, vº *Arbitrage*, nº 130. — V. au surplus, sur le point de savoir si l'art. 1004 est applicable en matière de pension alimentaire constituée par contrat ou adjugée par justice, vº ALIMENS, nºs 171 et suiv.

146. — La prohibition de compromettre sur les dons et legs d'alimens ne doit en général s'appliquer qu'aux arrérages à échoir, ceux échus ayant perdu leur caractère d'alimens. Cependant, si le débiteur avait été mis en demeure de les payer, il serait juste que le créancier, qui a peut-être emprunté pour vivre, conservât son privilége d'insaisissabilité, même pour les arrérages échus, et que, par suite, le compromis sur ces arrérages ne fût pas valable. — Mongalvy, t. 1er, nº 294; Merlin, *Rép.*, vº *Alimens*, § 8; Carré-Chauveau, nºs 2986 et 3264; de Vatisménil, nº 131.

147. — M. Favard de Langlade hésite à admettre qu'on puisse compromettre sur des sommes et pensions pour alimens même échus, et il argumente de l'art. 581; mais M. de Vatisménil (*loc. cit.*) repousse cette opinion : « Les motifs, dit-il, qui font déclarer les alimens insaisissables cessent d'avoir leur application quand il s'agit d'arrérages échus, car ces motifs, qui sont d'assurer la vie de chaque jour, disparaissent, lorsqu'en définitif on a vécu. *Non vivitur in præteritum.* »

148. — *Questions d'état.* — Est comprise sous le nom de *question d'état*, et dès lors est en dehors de la liberté de compromettre, toute contestation qui s'élève sur l'état civil d'une personne : ainsi, par exemple, sur la paternité ou la filiation, sur la validité d'un mariage, etc.

149.—On jugeait également, sous la loi du 24 août 1790, qu'une demande en nullité de mariage ne pouvait être portée devant des arbitres.—*Cass.*, 6 pluv. an XI, Audibert.—V. ARBITRAGE, nº 924, et MARIAGE.

150.— On a jugé que la question de savoir si un enfant est né viable ou non, et si conséquemment il a ou non survécu à sa mère, n'est point une question d'état et a pu valablement faire l'objet d'un compromis. — *Bruxelles*, 26 fév. 1807, Dereu c. Delyck; — Mongalvy, t. 1er, nº 297.

151. — Lors même que le jugement à rendre sur une contestation pécuniaire dépendrait d'une question d'état, le compromis serait valable si les parties, en le faisant, déclaraient qu'elles entendent laisser entière la question d'état, et que la décision des arbitres n'aura effet que quant aux intérêts pécuniaires. — Mongalvy, t. 1er, nº 298.

152. —Il n'y a rien de semblable, et le compromis est nul, lorsqu'on charge des arbitres de statuer sur des droits successifs litigieux, et préalablement sur l'existence ou la non-existence du mariage du défunt. — *Bastia*, 22 mars 1831, Bernardi c. Massoni; — de Vatisménil, nº 135.

153. — La sentence, dans ce cas, n'est pas nulle seulement pour ce qui concerne la question d'état, mais encore pour les droits successifs, car les parties n'ont point entendu scinder le pouvoir des arbitres, et leur décision doit être maintenue ou annulée pour le tout. — Même arrêt.

154. — *Séparations d'entre mari et femme.* — Ces mots comprennent incontestablement les séparations de corps; quant aux séparations de biens, elles y sont également comprises. En effet, elles intéressent gravement les tiers; l'art. 1443, C. civ., déclare que toute séparation de biens volontaire est nulle, il est donc naturel qu'elles ne puissent faire l'objet d'un compromis. — C. procéd., art. 1004; — Mongalvy, t. 2, nº 295; Carré-Chauveau, nº 3262; Berriat, p. 38, note 12e; de Vatisménil, nº 132. — Ce dernier auteur s'appuie aussi avec raison sur ce que les demandes en séparation de biens sont communicables au ministère public.

155. — On a jugé, au contraire, sous l'empire de la loi du 24 août 1790, que la séparation de biens a pu, en vertu de cette loi, être valablement prononcée par des arbitres. — *Paris*, 10 vent. an XIII, Boisseuil c. Chalendray; — Mongalvy, t. 1er, nº 297. — V. *contrà* de Vatisménil, nº 132.

156. — Mais, sous l'empire de la loi du 20 sept. 1792, le jugement d'une demande en divorce ne pouvait être, de la part des époux, l'objet d'un compromis. — La nullité d'un pareil compromis était d'ordre public et pouvait être demandée, alors même qu'il avait reçu son exécution. — *Paris*, 24 pluv. an X, Ninete.

157. — *Contestations sujettes à communication au ministère public.* — Les contestations sujettes à communication au ministère public, et sur lesquelles on ne peut valablement compromettre, sont énumérées dans l'art. 83, C. procéd., ce sont : 1º celles qui concernent l'ordre public, l'état, les communes, les établissemens publics, les dons et legs au profit des pauvres; — 2º celles qui concernent l'état des personnes et les tutelles; — 3º les déclinatoires pour incompétence; — 4º les réglemens de juges, récusations et renvois pour parenté et alliance; — 5º les prises à partie; — 6º les causes des femmes non autorisées par leurs maris ou même autorisées, lorsqu'il s'agit de leur dot et qu'elles sont mariées sous le régime dotal; les causes des mineurs et généralement toutes celles où l'une des parties est défendue par un curateur; — 7º les causes concernant ou intéressant les personnes présumées absentes. — Sur la plupart de ces cas, V. *suprà* nºs 35 et suiv.

158. — La femme mariée sous le régime dotal ne peut compromettre en ce qui concerne sa dot; c'est là une conséquence du principe de la loi romaine, *interest reipublicæ mulierum dotes salvas esse.* C'est aussi une conséquence naturelle de l'art. 1003, qui défend de compromettre sur les droits dont on n'a pas la libre disposition, puisqu'à moins de stipulation contraire la dot de la femme est inaliénable.—*Grenoble*, 25 avr. 1831, Champion c. Eynard.

159. — La défense est tellement absolue que le compromis sur des actes que la femme pourrait faire à l'amiable est néanmoins nul. Ainsi, on a jugé qu'une femme qui s'est constitué en dot tous ses biens et droits, de quelque nature qu'ils fussent, ne peut conférer à des arbitres le pouvoir de régler entre elle et ses cohéritiers le partage des biens provenant de la succession de ses père et mère.—*Montpellier*, 15 nov. 1830, Boudet c. Béteille.

160. — ... Et qu'une femme mariée sous le régime dotal ne peut pas compromettre valablement sur des difficultés relatives à un partage de biens dont elle est copropriétaire. — *Pau*, 26 mars 1836, Laforgue c. Faure.

161. — Sur le point de savoir si la nullité peut, dans ce cas, être invoquée même par l'adversaire de la femme, V. *Grenoble*, 25 avr. 1831, *infrà* nº 183.

162. — Mais la maxime *utile per inutile non vitiatur* est applicable à un arbitrage. Ainsi, le jugement arbitral rendu sur un compromis portant sur les biens dotaux et sur d'autres objets susceptibles d'être mis en arbitrage est nul pour ce qui concerne les biens dotaux et valable pour le surplus. — *Grenoble*, 24 avr. 1818, Charlet c. Vial.

163. — Il y a compromis sur la dot, toutes les fois que la contestation a pour but d'en faire fixer le montant. Lors donc que, par suite de conventions matrimoniales, une somme constituée en dot à l'épouse a été remise entre les mains d'un tiers pour être gardée jusqu'à l'emploi en biens-fonds au nom et pour le compte de la femme, le mari ne peut passer un compromis ayant pour objet de faire prononcer sur l'étendue des obligations du dépositaire et de faire déterminer de quelle quotité de la somme déposée il est responsable. — *Montpellier*, 27 juill. 1825, Batlle c. Jacomet.

164.— Lorsque, par le contrat de mariage, on a déclaré la dot aliénable, la communication au ministère public est-elle encore requise aux termes de l'art. 83, et le compromis fait sur la dot est-il nul? — Le caractère particulier du régime dotal et les termes de l'art. 83, C. procéd., nous portent à le croire. Malgré l'aliénabilité, la dot jouit sous ce régime d'une protection spéciale qu'il ne faut pas restreindre.—*Nîmes*, 26 fév. 1812, Deleuse c. Genton. — *Contrà* Mongalvy, t. 1er, nº 274.

165. — La femme ne peut par conséquent compromettre sur sa dot même mobilière, surtout si l'on a égard à la jurisprudence aujourd'hui constante qui déclare cette dot inaliénable. — V. DOT.

166. — Après la dissolution du mariage, quoique la femme ait des droits à exercer pour la restitution de sa dot, il n'y a plus à proprement parler de dot. La protection que la loi devait à la femme pour la garantir de l'influence de son mari n'est plus nécessaire, la communication au ministère public cesse d'être requise et, par conséquent, la veuve peut compromettre sur les litiges auxquels a donné lieu la répétition de sa dot.—*Cass.* (rés. impl.), 25 juin 1833, Perrod c. Piot.

167.— Quoique le mari exerce seul les actions de la femme (C. civ., art. 1549), le compromis passé par lui seul, aussi bien que conjointement avec la femme, serait nul, s'il avait pour objet la fixation des droits dotaux de la femme. Il est juste que le mari n'exerce les actions de sa femme que sous la surveillance du ministère public et devant les tribunaux institués pour protéger les droits de tous.— *Toulouse*, 4 janv. 1817, Bauzat c. Bardy; *Montpellier*, 27 juill. 1825, Batlle c. Jacomet.

168.—D'après l'art. 498, C. procéd., toute requête civile doit être communiquée au ministère public. Cependant, l'art. 1010, C. procéd., autorisant implicitement le compromis sur requête civile, cette disposition doit nécessairement prévaloir sur l'induction qu'on pourrait tirer de la combinaison des art. 498 et 1004; ce dernier article contient une règle générale, et l'art. 1010 au contraire est spécial. —Mongalvy, t. 1er, nº 301; de Vatisménil, nº 138. — Toutefois, dit ce dernier auteur, il faut que les causes à l'occasion desquelles on emploie la requête civile ne soient pas elles-mêmes assujetties à la communication au ministère public.

169. — Il a été jugé que, de ce que le but d'un compromis passé entre plusieurs intéressés, par exemple, entre des armateurs, sur la pêche de la morue, inséré dans un réglement d'ordre public arrêté contradictoirement avec les agens du gouvernement, aurait été la condamnation à une amende au profit d'une caisse publique, en cas de violation d'un engagement stipulé, on ne peut en conclure que, le ministère public devant nécessairement être entendu pour la validité de la condamnation à cette amende, on n'a pu compromettre, aux termes de l'art. 1004, C. procéd. Une pareille stipulation ne pouvant être considérée que comme une clause pénale d'une obligation, ou comme réparation civile d'un dommage causé, l'agent administratif n'ayant d'ailleurs comparu à l'acte que pour donner un caractère authentique et officiel, elle peut donner lieu à une condamnation sans que le ministère public soit entendu.—*Rennes*, 6 juill. 1835, Fontan et Bourdes c. Admin. de la marine; 26 nov. 1835, Fauvel c. Admin. de la marine; 10 déc. 1835, Heurtel c. Admin. de la marine.

170. — Bien que, suivant l'art. 89, L. 21 avr. 1810, le ministère public doive être entendu toutes les fois qu'il y a lieu à expertise dans une contestation relative à l'exploitation des mines, on n'en saurait conclure que, si aucune expertise n'a été ordonnée, le concessionnaire et son voisin ne puissent valablement souscrire un compromis sur les dommages-intérêts que ce dernier prétend résulter pour lui de l'exploitation des mines; la cause, ne concernant dans ce cas que des intérêts privés, n'est pas communicable au ministère public et est, dès lors, susceptible d'arbitrage.—*Cass.*, 14 mai 1829, Mallez c. Castillane.

171. — La disposition de l'art. 1004 n'est pas limitative, et il peut y avoir des droits autres que ceux prévus par cet article, sur lesquels il soit défendu de compromettre, si les principes généraux ou l'ordre public l'exigent.

172.—Ainsi, il faut tenir pour constant qu'on ne peut compromettre sur les conséquences d'un crime ou d'un délit, de manière à paralyser l'action publique..... Mais on pourrait compromettre sur l'intérêt civil résultant d'un procès criminel. — De Vatisménil, *Encycl. du dr.*, vº *Arbitrage*, nº 136; — arg. C. civ., art. 2046.

173. — Jugé à cet égard que la question de savoir si l'intérêt légal fixé par la loi du 3 sept. 1807 a été dépassé ne constitue pas une question d'usure sur laquelle les arbitres n'aient pas le pouvoir de statuer; qu'elle ne soulève qu'un débat purement civil à l'égard duquel il est permis de compromettre. Ici ne s'applique pas la prohibition de l'art. 1004. — *Cass.*, 25 juin 1845 (t. 1er 1846), Tourquillet c. Dumartroy.

174. —Le compromis serait encore nul s'il avait une cause illicite, par exemple, s'il s'agissait de régler entre les parties un compte relatif à des opérations de contrebande.— Goujet et Merger, nº 51.

175. — ... Ou s'il manquait de cause. — Goujet et Merger, *loc. cit.*; de Vatisménil, nº 139.

176. — Ainsi la cour de Turin a jugé qu'on ne peut compromettre sur l'exécution d'une obligation qui ne présente aucune difficulté réelle. — *Turin*, 4 août 1806, Broglia et Porla c. Flandin.

177. — Mais si la difficulté, sans être fondée, existait néanmoins, le compromis serait valable. — *Cass.*, 17 janv. 1809, Lainé. — Il s'agissait, dans l'espèce, d'un compromis passé entre un prêtre et son héritier présomptif relativement à des biens dont celui-ci avait été mis en possession conformément à la loi du 22 fructid. an III.

178. — Par qui peut être invoquée la nullité résultant de ce qu'il a été compromis sur choses qui ne pouvaient faire l'objet d'un contrat de cette nature ? — Nous avons déjà dit ailleurs que la position des parties dans les contrats doit être égale, et qu'il serait fâcheux que l'une des parties pût faire annuler un acte tandis que les autres seraient obligées de le respecter. Il est vrai que l'art. 1125, C. civ., contient une disposition contraire pour ce qui concerne les mineurs, les interdits et les femmes mariées; mais cette exception doit être restreinte aux cas pour lesquels on l'a établie. Aussi, toutes les fois que, hors de ces cas, la nullité du compromis résultera de l'art. 1004, nous déciderons qu'elle est absolue et peut être invoquée par toutes les parties.

179. — Il n'y a pas de doute pour les compromis sur les séparations d'entre mari et femme, divorce et questions d'état.

180. — On pourrait en trouver peut-être pour ce qui concerne les dons et legs d'alimens, logement et vêtemens. Mais le rapprochement entre le compromis sur ces objets et celui sur des questions d'état, en même temps que les termes absolus de l'art. 1004, justifient également notre décision sur ce point.

181. — La question s'est principalement présentée relativement aux compromis sur la dot des femmes. La plupart des cours royales, soit en se fondant sur l'art. 1125 qu'elles ont appliqué par analogie, soit en excipant de ce que la communication au ministère public dans les causes qui concernent les femmes était exclusivement requise dans l'intérêt de celle-ci, ont penché pour le système de la nullité relative. — *Toulouse*, 3 juin 1828, Nègre; *Nîmes*, 17 nov. 1828, Arsac c. Ignare; *Toulouse*, 3 mars 1829, Peyssiès c. Dambielle; *Bordeaux*, 22 mai 1832, Chabrelie.

182. — Et la cour de Cassation a jugé que l'individu majeur et libre, qui a passé un compromis relativement au partage de biens dotaux avec des maris se portant fort pour leurs femmes, n'est pas recevable à demander la nullité du partage ou du compromis. — *Cass.*, 29 janv. 1838 (t. 1er 1838, p. 438), Croze c. Jausseur.

183. — Toutefois, le principe de nullité absolue, en cas de compromis sur des biens dotaux, a été consacré par deux arrêts. — *Toulouse*, 4 janv. 1817, Bauzat c. Bardy; *Grenoble*, 25 avr. 1831, Champion c. Eynard. — « Attendu, suivant ce dernier arrêt, qu'en dehors des cas autorisés par la loi il y a pour les arbitres impuissance absolue de prononcer, et que la théorie des nullités substantielles, d'ordonnance absolue et relative, n'est applicable qu'aux contrats et nullement aux actes de la puissance publique. »

CHAPITRE IV. — *Formes du compromis.*

184. — L'art. 1005, C. procéd., énumère trois formes de constatation du compromis. Ainsi, il peut être fait *par un procès-verbal devant les arbitres choisis*, ou *par acte devant notaire*, ou *sous signature privée*.

185. — De cet article, combiné d'ailleurs avec l'art. 1006, il résulte que le compromis doit être passé *par écrit*. On a dérogé pour cet acte à la disposition de l'art. 1341, C. civ., qui permet de prouver par témoins les conventions, lorsque l'objet n'en excède pas la somme ou valeur de 150 fr. Il existe pour la transaction une exception du même genre. — V. TRANSACTION. — Le législateur n'a pas voulu que ces actes, destinés à terminer une contestation, puissent eux-mêmes donner naissance à un procès. Il faut ajouter que la preuve testimoniale offrirait en ces matières plus de danger qu'en toute autre à cause même des clauses que la transaction et le compromis doivent contenir. — Bellot, t. 2, nos 1er et 5.

186. — Ce que nous avons dit du compromis s'applique à plus forte raison à la promesse d'en faire un; aussi cette convention ne peut-elle être prouvée autrement que par écrit. — *Bruxelles*, 28 mars 1821, N...; — Mongalvy, t. 1er, n° 216.

187. — Toutefois, les dispositions de l'art. 1005 ne sont pas limitatives, et les auteurs ajoutent que toute autre forme qu'il plaît aux parties d'adopter est également admise, pourvu qu'elle suffise à la validité d'un contrat ordinaire. — Mongalvy, n° 218; Carré-Chauveau, t. 6, n° 3271; Goujet et Merger, n° 53.

188. — C'est ce qui arrivera, par exemple, si, au lieu de passer un compromis, les parties fournissent de part et d'autre à des tierces personnes des blancs-seings que celles-ci devront remplir d'une transaction. Cette transaction devra être considérée comme un jugement arbitral et en avoir les effets. — *Rennes*, 28 août 1823, N...; 28 avr. 1825, N...; — Carré-Chauveau, *Lois de la procéd.*, t. 6, n° 3261; Pigeau, t. 1er, p. 76; Mongalvy, t. 1er, n° 221; Duparc-Poullain, t. 8, p. 443, n° 4; Denisart, v° *Transaction*; Rodier, *Comment. sur l'ord.* 1673, tit. 5; Merlin, *Rép.*, v° *Transaction*, n° 9; Goujet et Merger, n° 76.

189. — De même, l'art. 54, C. procéd., portant que le procès-verbal de conciliation contiendra les conditions de l'arrangement, s'il y en a, et que les conventions des parties insérées au procès-verbal ont force d'obligation privée, on en a conclu avec raison qu'un compromis pouvait être consenti dans un procès-verbal de conciliation dressé par le juge de paix. — *Toulouse*, 4 déc. 1811, Feyt; 4 janv. 1817, Bauzat c. Bardy; 29 avr. 1820, Aynard c. Brousse; *Grenoble*, 17 janv. 1822, Lissot c. Plaussa; *Cass.*, 11 fév. 1824, Georgel c. Rattier; *Bordeaux*, 13 juill. 1830, Marchives c. Camus; *Toulouse*, 25 mai 1831, Blavy; — Mongalvy, t. 1er, n° 219; Bellot, t. 2, n° 3.

190. — Jugé dans le même sens que lorsque des parties qui s'étaient présentées volontairement devant un juge de paix pour qu'il jugeât leurs contestations consentent, par sa médiation, à nommer des arbitres, on peut considérer comme procès-verbal de conciliation l'acte par lequel ce magistrat constate le compromis, et que cette convention a force d'obligation privée. — *Bordeaux*, 5 fév. 1830, Guérin c. Bigot.

191. — Le compromis même, dans ce cas, est valable, quoique non signé des parties contractantes, du moment où il est revêtu des signatures du juge de paix et du greffier. — *Toulouse*, 4 janv. 1817, Bauzat c. Bardi; 25 juin 1831, Blavy; *Cass.*, 11 fév. 1824, Georget c. Rattier.

192. — Il en doit être surtout ainsi lorsque les parties n'ont pas été requises de le signer, et que, requises déjà de signer leur comparution devant le juge de paix, elles n'ont pu satisfaire à cette sommation, parce qu'elles ne savaient pas signer. — *Toulouse*, 4 déc. 1811, Feyt.

193. — La comparution des parties devant les arbitres est une sanction nouvelle, un renouvellement des pouvoirs donnés devant le juge de paix, et qui rend les parties non-recevables plus tard à demander la nullité du compromis. — *Toulouse*, 4 janv. 1817, Bauzat c. Bardy.

194. — On a même été plus loin, en validant le compromis, quoique le juge de paix duquel émane le procès-verbal de conciliation y eût été choisi pour arbitre par l'une des parties. La cour de Grenoble a jugé que cette qualité déférée au juge de paix ne détruit en rien le caractère légal qu'il a imprimé comme juge au procès-verbal de conciliation. — *Grenoble*, 17 janv. 1822, Lissot c. Plaussa. — V. *contrà* Bellot, t. 2, n° 18.

195. — V., au surplus, sur le point de savoir si un juge de paix peut être pris pour arbitre, ARBITRAGE, nos 322 et suiv.

196. — La déclaration faite à l'audience par les parties en instance devant un tribunal, qu'elles se soumettent à des arbitres qu'elles désignent, devient la base très valable d'un compromis qui se trouve complet au moyen du jugement qui leur donne acte de leur consentement. — Carré-Chauveau, t. 6, n° 3271; Goujet et Merger, n° 74. — V. aussi (dans ses motifs) *Bourges*, 24 mai 1837 cité au numéro suivant.

197. — Il leur est même permis, par cette voie, de nommer des amiables compositeurs. — *Bourges*, 24 mai 1837 (dans ses motifs) [t. 2 1841, p. 449], Nay.

198. — Le procès-verbal d'un juge commissaire nommé pour constater l'état des lieux contentieux pourrait aussi tenir lieu de compromis, s'il y était donné acte aux parties de ce qu'elles entendent soumettre leurs différends à des arbitres désignés. — Goujet et Merger, n° 75; — Bellot, t. 2, n° 3.

199. — Abordons maintenant les divers modes de compromis plus spécialement indiqués par l'art. 1005.

200. — *Procès-verbal devant arbitres.* — Le compromis peut être constaté par procès-verbal devant les arbitres.

201. — Peu importe, au surplus, malgré les termes de l'art. 1005, qu'il s'agisse ou non d'arbitres *choisis* par les parties : les arbitres commis par le juge pourraient constater les clauses compromissoires faites par les parties. L'art. 1005 n'a pas prévu ce cas parce qu'il n'avait trait qu'à l'arbitrage volontaire. — Goujet et Merger, n° 56. — V. cependant Mongalvy, n° 217.

202. — Il a été jugé que la preuve d'un compromis régulier fait par procès-verbal devant des arbitres choisis peut résulter de la sentence arbitrale elle-même, et qu'il n'est pas nécessaire que cette sentence soit précédée d'un acte distinct et séparé. — Il en doit être de même relativement à la désignation des objets en litige. — *Cass.*, 17 mai 1836 (t. 1er 1837, p. 28), Pillaut-Debit c. Legendre.

203. — Mais est-il nécessaire que les parties signent l'acte d'où résulte le compromis ainsi consenti. — Les auteurs penchent généralement pour l'affirmative ; « autrement, disent MM. Goujet et Merger (n° 54), les arbitres constateraient leur propre nomination; ils donneraient force probante à un contrat qu'ils ne doivent avoir mission de rédiger qu'autant que leur qualité d'arbitres est certifiée par un acte qui ne laisse aucun doute sur le consentement des parties; ainsi, la simple remise des actes et la mention faite dans la sentence arbitrale d'un compromis verbal ne seraient pas suffisantes. » — V. aussi de Vatisménil, n° 29; Carré-Chauveau, n° 3270; Bellot, t. 2, n° 5.

204. — *Acte devant notaire.* — Le compromis peut être fait par acte devant notaire. L'art. 8, L. 25 vent. an XI, défend aux notaires de recevoir des actes dans lesquels ils seraient intéressés. Cependant un notaire peut recevoir un compromis dans lequel il est nommé arbitre. Il n'a pas dans ce cas intérêt à l'acte, et les incapacités ne se suppléent pas. — *Toulouse*, 17 juill. 1826, Cluzel; *Lyon*, 9 fév. 1836 (t. 1er 1837, p. 387), Brosselard c...; *Toulouse*, 18 août 1837 (t. 2 1837, p. 517), Villeneuve. — Goujet et Merger, *loc. cit.* — V. cependant Bellot, t. 2, n° 18. — V. aussi ACTE NOTARIÉ.

205. — *Acte sous seing-privé.* — Le compromis fait par acte sous seing-privé est assujetti aux conditions ordinairement imposées à ces actes. Il devra, par conséquent, être fait en autant de doubles qu'il y a de parties ayant un intérêt distinct. — *Cass.*, 1er mars 1830, Rivarès; — Bellot, t. 2, n° 8. — V. ACTE SOUS SEING-PRIVÉ.

206. — Cela est vrai lors même qu'il s'agit d'un arbitrage forcé (V. ARBITRAGE, n° 343). — *Bourges*, 23 janv. 1824, Pena c. Augu et Guibert.

207. — La même règle s'applique à la prorogation de compromis. — V. au mot ARBITRAGE ce qui concerne la *nomination* des arbitres et la prorogation de leurs pouvoirs.

208. — Le débiteur principal et la caution solidaire ont le même intérêt, et par conséquent, le compromis fait entre eux et le créancier est valable quoiqu'il n'ait été fait qu'en double et non en triple original. — *Turin*, 4 août 1806, Broglia et Porta c. Flandin.

209. — La nullité résultant de ce que le compromis n'a pas été fait double est couverte par la comparution des parties devant le tribunal arbitral, et plus généralement par l'exécution volontaire du compromis. — *Turin*, 12 messid. an XIII, Barberis c. Roggieri; *Gênes*, 15 fév. 1811, Morone; *Cass.*, 12 fév. 1812, Morone; 15 fév. 1814, Bouzy; 7 fév. 1826, Billout c. Souard; 6 mars 1829, Marin et Cazelle c. Ollivier; *Bordeaux*, 5 fév. 1830, Guérin c. Bégot; *Bourges*, 14 juill. 1830, Labrousse c. Perrol Ligodière; — Toullier, *Droit civ.*, t. 8, n° 333. — V. *contrà Trèves*, 15 nov. 1811, Heiffert c. Beckbard et Haymann.

210. — Jugé encore que la comparution des parties devant les arbitres couvre également la nullité qui résulte du défaut de mention que l'acte sous seing-privé portant prorogation du compromis a été fait double. — *Toulouse*, 6 août 1817, Lacazes c. Viguier; *Cass.*, 15 fév. 1814, Bouzy.

211. — La remise, par toutes les parties, du compromis irrégulier entre les mains des arbitres, pour qu'ils procèdent à l'arbitrage, constitue une exécution volontaire, et il suffit que la remise soit établie par le jugement arbitral. — *Cass.*, 1er mars 1830, Rivarès; *Aix*, 6 mars 1829, Marin et Cazelles c. Olivier; *Paris*, 19 juin 1828, Rivarès, sous *Cass.*, 1er mars 1830, cité plus haut.

212. — Jugé encore que le compromis sous seing-privé reçu par l'un des arbitres est valable, bien que non dressé en autant de doubles qu'il existe de parties intéressées, s'il est resté constamment en la possession des arbitres du consentement de toutes les parties, et si, plus tard, il a été annexé à la sentence et déposé avec elle au greffe du tribunal. — *Grenoble*, 16 avr. 1842 (t. 1er 1843, p. 717), Berthier c. Gastel.

213. — Mais la remise effectuée par une seule partie ne suffirait pas pour empêcher l'autre de demander la nullité. — Goujet et Merger, n° 63.

214. — On a jugé, dans l'espèce d'un compromis fait entre associés, après la dissolution de la société, que le défaut de signature de l'un des associés ne peut être une cause de nullité du jugement

arbitral, lorsqu'il est reconnu que cet associé y a complétement adhéré, d'abord par son concours à la nomination des arbitres, enfin, par sa présence au jugement qui a prorogé les délais de l'arbitrage. — *Cass.*, 5 juill. 1832, Bisson c. Bigot et Godefroi.

215. — L'erreur de date dans un compromis n'est pas une cause de nullité, lorsque cette erreur peut être rectifiée au moyen des faits et circonstances qui fixent nécessairement sa date véritable. — *Cass.*, 24 août 1829, De Bricqueville c. de Sémonville.

216. — Un jugement arbitral est valable, bien que le compromis ne soit pas représenté, si la preuve de cet acte résulte, tant de sa transcription au jugement même que des conclusions prises par les parties devant les arbitres, et, en outre, de son enregistrement. — *Cass.*, 3 janv. 1821, Helley c. Lemarié.

217. — Un compromis entre plusieurs cointéressés, par exemple, entre des armateurs pour la pêche de la morue, inséré dans un réglement d'ordre public arrêté contradictoirement avec des agens du gouvernement, est obligatoire quoiqu'il n'ait pas été fait en autant d'originaux qu'il y avait de parties intéressées, et de nouveaux cointéressés sont liés par le compromis, s'ils s'y sont soumis par acte fait double avec l'agent administratif qui y avait présidé. — En tout cas, toute nullité sur ce point serait couverte par la comparution volontaire des parties devant les arbitres nommés. — *Rennes*, 6 juill. 1835, Fontau et Bourdes c. administration de la marine; 26 nov. 1835, Fauvel c. administration de la marine; 10 déc. 1835, Heurtel c. administration de la marine.

218. — L'exécution du compromis résultant de la comparution devant les arbitres peut être prouvée par témoins, bien que la convention renfermée dans l'acte ne soit pas susceptible de cette preuve; surtout si l'autre partie n'a pu se procurer une preuve littérale de cette exécution. — *Bordeaux*, 5 fév. 1830, Guérin c. Bigot.

CHAPITRE V. — *Formalités essentielles au compromis.*

219. — L'art. 1006, C. procéd., exige que le compromis désigne *les objets en litige et les noms des arbitres*, à peine de nullité.

220. — Jugé en conséquence que des arbitres ne peuvent trouver un pouvoir légitime pour statuer dans un compromis verbal et qui ne désigne ni l'objet en litige ni le nom des arbitres. — *Rouen*, 18 janv. 1845 (t. 1er 1845, p. 271), Robert Pitout c. Bonnet.

221. — La première question qui s'élève au sujet de cet article est celle de savoir s'il s'applique non seulement au compromis proprement dit, mais aussi à la promesse de compromettre plus spécialement désignée sous le nom de *clause compromissoire*, c'est-à-dire à la clause par laquelle les parties s'obligent à *soumettre à des arbitres* toutes les difficultés qui pourront naître de l'exécution d'un contrat, ou même celles qui s'élèveraient sur sa validité.

222. — Pour écarter l'application de l'art. 1006, C. de procéd., en ce qui touche la clause compromissoire, on soutient que cette clause ne doit pas être confondue avec le compromis; qu'il s'agit, dans le cas d'une pareille clause, d'une simple promesse de compromettre, laquelle n'est contraire ni à la loi, ni à l'ordre public, ni aux bonnes mœurs, et qui doit, en cas d'inexécution, se résoudre en dommages-intérêts. Comment d'ailleurs pourrait-on désigner l'objet du litige, lorsque ce litige est encore à naître? comment aussi désigner les noms des arbitres? une pareille désignation ne serait-elle pas pleine de dangers, faite autrement qu'en présence d'une contestation née?

223. — Ce système a été adopté par un assez grand nombre d'arrêts et plusieurs auteurs. — *Paris*, 11 fév. 1809, de Soussaye c. Octois; *Amiens*, 5 août 1823, Révei c. Picart; 15 juin 1824, Vasseur c. Ducancel et Delaporte; *Bourges*, 14 juil. 1830, Labrousse c. Perrot-Ligodières; *Colmar*, 24 août 1835, Alexandre c. Leroy; 21 juin 1841 (t. 1er 1842, p. 343), Kœchlin c. Schœn Althéco; *Paris*, 28 août 1841 (t. 2 1841, p. 547), Guiffrey c. Ponchat; — Mongalvy, t. 1er, p. 246; Pardessus, no 1391; Carré, *L. de la procéd.*, no 3274; Valisménil, *Encyclop. du dr.*, vo *Arbitrage*, no 48; Goubeau de la Bilennerie, t. 1er, p. 120; Bellot, t. 2, p. 34; — V. aussi *Lyon*, 25 mars 1840 (t. 2 1843, Firmigny c. Bourgoin; *Nancy*, 2 juin 1842, Gérard de Meley c. Dupont; *Agen*, 1er juin 1843 (t. 2 1843), N....

224. — On a validé ainsi la clause portant que les arbitres seraient nommés par les parties, et, en cas de dissidence, s'adjoindraient un tiers arbitre. — *Amiens*, 5 août 1823, Révol c. Picart; 15 juin 1824, Vasseur c. Ducancel et Delaporte.

225. — Et on a jugé que lorsque, dans un traité verbal reconnu entre les parties, il a été convenu que les difficultés qui s'élèveraient relativement à son exécution seraient tranchées par des arbitres amiables compositeurs, il y a non un compromis, mais un engagement de compromettre, qui n'est pas soumis, pour sa validité, à la condition de désigner le nom des arbitres. — *Bourges*, 31 mars 1841 (t. 1er 1842, p. 200), Gonnot et Rouet c. Frébaut.

226. — Mais la jurisprudence paraît définitivement fixée en sens contraire. — La cour de Cassation a considéré que la compétence des tribunaux est de droit commun et qu'il n'y a d'exception à ce principe d'ordre public que pour les sociétés de commerce et dans les cas d'arbitrage volontaire; que les arbitres volontaires sont régis par le titre unique du livre 3 du Code de procéd. civile; qu'aux termes de ce Code, on ne fait de compromis valable que lorsqu'on désigne l'objet du litige et le nom des arbitres; que la distinction entre une convention compromissoire et un compromis n'est établie par aucune loi, et qu'on ne pourrait l'admettre sans méconnaître le véritable esprit du Code de procéd.; que si l'on validait la clause compromissoire, la stipulation de se soumettre à des arbitres non désignés deviendrait la règle. — Enfin la cour a considéré que l'obligation de nommer des arbitres lors du compromis, avait pour but d'éviter les incidens et les procès sur la composition des tribunaux arbitraux et principalement de mettre les citoyens en garde contre leur propre irréflexion qui les porterait à souscrire avec trop d'imprévoyance à des arbitrages futurs, sans être certains d'avoir pour juges volontaires des personnes capables et dignes de leur confiance.

227. — Elle a donc décidé que la promesse de compromettre ne se distingue pas du compromis, quant à ses conditions de validité; et que par suite la clause dite compromissoire contenue dans un acte (par exemple, dans une police d'assurance) est nulle si elle ne désigne, comme doit le faire le compromis lui-même, l'objet en litige et le nom des arbitres. — *Cass.*, 10 juill. 1843 (t. 2 1843, p. 235), Comp. l'Alliance c. Prunier; 21 fév. 1844 (t. 1er 1844, p. 596), Comp. du Soleil c. Lorentz; 2 déc. 1844 (t. 2 1844, p. 567), Comp. du Phénix c. Perret.

228. — Et cette doctrine, déjà consacrée par un assez grand nombre d'arrêts de cours royales (*Limoges*, 24 nov. 1832, Brodard c. Michel Desboiges et Audry de Puyraveau; 5 janv. 1839 (t. 2 1840, p. 471), Comp. du Soleil c. Lachaise; *Lyon*, 4 mars 1840 (t. 2 1840, p. 499), Delcuze c. Pomel; 9 juin 1840 (t. 2 1840, p. 496), Prunier c. la Comp. l'Alliance; *Colmar*, 12 août 1840 (t. 2 1840, p. 472), Comp. du Soleil c. Lorentz et autres; *Nîmes*, 16 mars 1842 (t. 1er 1842, p. 421), Imbert et Duplan c. Rocher) a été adoptée par beaucoup d'autres. — *Douai*, 30 août 1843 (t. 2 1844, p. 41), Cadot c. Hespel; *Paris*, 9 et 31 janv. 1843 (t. 1er 1843, p. 532), Prugniaux c. Lesselin, et Sinion c. Dupont; *Grenoble*, 14 nov. 1843, Sapey c. Derocle; *Metz*, 31 août 1843, Lacotte c. la Comp. la Salamandre; *Rouen*, 4 déc. 1843 (t. 1er 1844, p. 596), Decoster c. Chesné; *Paris*, 3 juill. 1844 .....; *Orléans*, 5 av. 1845 (t. 1er 1845, p. 537), Comp. Phénix c. Pernet; — Merlin, *Quest.*, vo *Arbitrage*, § 15; Thomine, t. 2, no 1212.

229. — Jugé, dans le même sens, que la clause d'un acte par laquelle les parties conviennent qu'en cas de contestation sur l'exécution de cet acte, ces contestations seront soumises à des arbitres est nulle, comme ne désignant pas l'objet du litige et n'indiquant pas le nom des arbitres. — *Caen*, 20 avr. 1844 (t. 2 1845,), Martin c. Registre.

230. — Peu importerait d'ailleurs que cette clause compromissoire déférât d'avance à un tiers (par exemple, au président du tribunal de commerce) la nomination des arbitres, pour le cas où les parties ne s'entendraient pas sur cette nomination; l'engagement de les faire choisir ne remplit pas mieux le vœu de la loi que celui de les choisir soi-même. — *Grenoble* (dans ses motifs), 14 nov. 1843 (t. 1er 1844, p. 596), Sapey c. Derocle.

231. — La cour de Limoges a également annulé le compromis portant que les contestations seraient jugées par des amiables compositeurs résidant à Paris. — *Limoges*, 24 nov. 1832, Brodard c. Michel Desboiges et Audry de Puyraveau.

232. — La cour de Lyon avait été plus loin encore en décidant nulle la clause d'un acte de société par laquelle les associés avaient nommé un arbitre chargé de juger en dernier ressort toutes les contestations qui pourront naître à l'occasion de la société, attendu que cette convention, qui constituait un arbitrage volontaire, était régie par les dispositions de l'art. 1006, C. procéd., suivant lequel l'objet du litige doit être désigné. — *Lyon*, 4 mars 1840 (t. 2 1840, p. 499), Deleuze c. Pommet.

233. — Et la cour de Rouen avait aussi jugé, au moins implicitement, que la clause dite compromissoire (qui ne désignait ni l'objet en litige ni le nom des arbitres), était nulle alors même qu'elle serait renfermée dans un acte de société commerciale. — *Rouen*, 4 déc. 1843 (t. 1er 1844, p. 596), De Coster c. Chesne.

234. — Mais, par un arrêt récent, la cour de Cassation a restreint sa jurisprudence au cas d'arbitrage volontaire, écartant ainsi l'application de l'art. 1006 au cas d'arbitrage forcé. Elle a en conséquence jugé que l'obligation contractée par des associés, au moment de la formation d'une société commerciale, de soumettre leurs contestations futures à des arbitres, n'est autre chose que la soumission volontaire à la disposition de l'art. 51, C. comm., et que dès-lors la clause qui renferme une pareille obligation est valable. — Enfin, que les associés, peuvent par le même acte, en conformité de l'art. 52 du même code, déférer aux arbitres futurs le pouvoir de juger en dernier ressort, encore bien qu'ils ne désignent dans cet acte ni l'objet du litige ni le nom des arbitres. — *Cass.*, 27 janv. 1845 (t. 1er 1845, p. 598), de Rochebrune c. Lalland-Bellisle. — Goujet et Merger, vo *Compromis*, nos 7, et s.

235. — Elle a jugé dans tous les cas que la nullité d'une clause compromissoire pour défaut de désignation du nom des arbitres, ne peut être considérée comme un moyen d'ordre public qu'on puisse invoquer en tout état de cause, et notamment pour la première fois devant la cour de Cassation, ou qui puisse même être suppléé d'office par le juge. — *Cass.*, 3 janv. 1844 (t. 1er 1844, p. 421), Philippon c. Chabert.

236. — Et déjà la cour de Paris (appliquant le même principe) avait reconnu que l'associé qui a demandé la nomination d'arbitres en exécution d'une clause compromissoire insérée dans l'acte de société, portant qu'en cas de difficulté, elles seraient jugées souverainement par des arbitres que désignerait le tribunal de commerce du lieu de la société, sans appel ni recours en cassation, est non recevable à opposer la nullité de sa renonciation à l'appel. — *Paris*, 30 avr. 1844 (t. 2 1844, p. 26), Barba c. Bezou et Delloye.

237. — *Noms des arbitres.* — En exigeant les noms des arbitres, le législateur veut que les arbitres soient désignés de manière à être facilement connus, et il est clair que si aucun doute ne s'élève sur sa personne, le compromis sera valable quoique le nom de l'arbitre ne s'y trouve pas.

238. — C'est ce qui aurait lieu si deux frères avaient choisi pour arbitre leur frère unique. — Mongalvy, t. 1er, no 241.

239. — Ou bien encore si l'arbitre avait été désigné par sa qualité, comme le maire ou le juge de paix de telle ville. Dans ce cas, si le titulaire existant au moment du compromis est remplacé avant d'avoir accepté l'arbitrage, ce sera lui néanmoins et non son successeur qui sera censé désigné par le compromis, à moins qu'on n'aperçoive que les parties se sont attachées à la qualité plutôt qu'à la personne elle-même. — Mongalvy, t. 1er, nos 242 et 243; Carré-Chauveau, no 3275; de Valisménil, no 42.

240. — On devrait penser que les parties se sont plus attachées à la qualité qu'à la personne, si cette qualité était de nature à faire supposer dans celui qui en serait revêtu, quel qu'il fût, une plus grande capacité pour le rôle d'arbitres. — Ainsi, M. de Valisménil, (no 44,) enseigne que quand les parties sont convenues de se faire juger par le bâtonnier de l'ordre des avocats ou par le doyen d'une faculté, celui qui sera bâtonnier ou doyen au jour du procès, est celui qui devra concourir à l'arbitrage.

241. — ... A moins que cette qualité ne résulte pas d'un choix spécial ou d'une élection, mais du cours ordinaire des choses, par exemple, de l'âge, cas auquel il n'en ressort pas la présomption d'un savoir et d'une habileté plus remarquable. — Valisménil, *loc. cit.*

242. — Lorsque les parties sont convenues de choisir leurs arbitres dans une certaine classe de personnes, le tribunal qui ferait le choix d'un arbitre pour l'une des parties, à son refus devrait le prendre dans la classe de personnes désignées par le compromis. — Mongalvy, t. 1er, no 244. — V. au surplus à cet égard vo ARBITRAGE, nos 367 et suiv.

243. — Le compromis par lequel les parties ont désigné pour arbitre de leurs contestations la *chambre des notaires de Paris* satisfait suffisamment au vœu de la loi, cette désignation ne pouvant laisser aucune incertitude sur les personnes constituées arbitres. — La partie qui a comparu devant le tribunal arbitral ainsi constitué, et a conclu au fond sans opposer d'exception, est non-recevable, après la décision rendue, à porter la même contestation devant la juridiction ordinaire. — *Paris*,

11 janv. 1843 (t. 1er 1843, p. 231), Grulé c. Dumoulin.

244. — Le même principe a été appliqué dans une espèce où la chambre des avoués a été désignée comme arbitre dans le compromis. — *Cass.*, 17 mai 1836 (t. 1er 1837, p. 28), Legendre c. Pillaut Debit.

245. — Jugé de même que la désignation pour arbitre du conseil judiciaire d'une administration est valable, lorsque ce conseil, placé sous l'autorité administrative, est constamment en fonctions, surtout si, au moment du litige, il est encore composé des mêmes personnes qu'à l'époque de la signature du compromis. — *Paris*, 7 mars 1843 (t. 2 1845), Maxime c. le Théâtre-Français.

246. — Lorsque, dans un marché, les parties sont convenues de faire régler par des arbitres les discussions qui surviendraient, cette convention doit être exécutée, lors même que les arbitres qui avaient été choisis ont laissé passer le délai de la loi sans prononcer, de sorte que si une des parties refuse de choisir une seconde fois son arbitre, les tribunaux doivent le nommer. — *Poitiers*, 18 juill. 1820, Russell c. Balanger.

247. — Le compromis n'est pas nul, quoiqu'il ne désigne pas le nom du tiers-arbitre. — *Besançon*, 24 déc. 1812, Berger c. Barsus. — V. ARBITRAGE.

248. — *Désignation de l'objet en litige.* — La désignation de l'objet en litige est exigée, afin que le mandat des arbitres soit circonscrit, et pour qu'ils ne puissent pas étendre leur mission à des difficultés que les parties n'entendaient pas leur soumettre. — Aucune forme particulière de désignation n'est au surplus exigée, et il suffit que la pensée des parties soit clairement manifestée. — Mongalvy, t. 1er, no 245.

249. — Ainsi, un compromis désigne suffisamment les objets en litige, lorsqu'il donne pouvoir aux arbitres de décider toutes les questions élevées ou qui pourraient s'élever sur l'exécution d'un contrat et de deux jugemens dont on donne la date.— — *Turin*, 4 avr. 1808, Selopis c. Allonti et Gaydot.

250. — Jugé de même : 1o que la déclaration faite sur le compromis que les parties soumettent aux arbitres un procès intenté en un tel tribunal renferme une désignation suffisante des objets en litige. — *Rennes*, 13 déc. 1809, N....

251. — 2o ...Que lorsque des parties ont donné à des arbitres pouvoir de prononcer sur les différends qui existaient entre elles devant un tribunal, et qui avaient été discutés par elles dans leurs écritures respectives, *et sur tout ce qui pourrait être en contestation entre elles, soit qu'il eût été agité dans l'instance, soit qu'il n'en eût pas encore été question*, il n'y a pas de nullité du compromis pour désignation insuffisante des objets litigieux. — *Besançon*, 24 déc. 1812, Berger c. Barsus.

252. — 3o ...Que si, sur une action au possessoire, le défendeur ayant répondu qu'il avait la propriété de l'objet litigieux, le demandeur a nommé avec lui un arbitre pour statuer sur tous les points qui pouvaient les diviser, ce compromis indique suffisamment que l'objet du compromis porte à la fois sur le possessoire et sur le pétitoire. — *Bordeaux*, 18 juill. 1846, Marchives c. Camus.

253. — 4o ...Que l'objet du litige est suffisamment désigné dans un compromis, lorsque les parties déclarent soumettre aux arbitres toutes leurs réclamations et prétentions, et qu'elles s'engagent à les présenter par état. — Au surplus, ce défaut de désignation serait couvert par la signature des parties sur un acte de prorogation du compromis. — *Bourges*, 14 juill. 1830, Labrousse c. Perrot-Ligodières.

254. — 5o ...Qu'en déclarant sur le compromis que son objet est de régler toutes leurs opérations de banque depuis telle époque jusqu'à telle autre, les parties désignent suffisamment l'objet du litige. — *Cass*, 29 nov. 1831, Bouquet c. Tandières.

255. — 6o ...Que l'objet du compromis est suffisamment exprimé quand les parties défèrent aux arbitres la connaissance des contestations qui les divisent et qui sont expliquées dans les divers actes du procès qu'elles veulent terminer par la voie de l'arbitrage. — *Bordeaux*, 22 mai 1832, Chabrelic.

256. — 7o ...Que le jugement qui donne acte aux parties de leur demande afin de renvoi devant arbitre, fixe suffisamment l'objet du litige, en déclarant qu'il s'agit de régler les comptes existant entre elles, de fixer le reliquat de ces comptes et de statuer sur les contestations y relatives qui s'élèveraient. — *Colmar*, 24 août 1835, Alexandre c. Leroy.

257. — Jugé que l'indication de l'objet du litige exigée par l'art. 1006 pour la validité du compromis peut être valablement faite dans un acte postérieur au compromis, notamment dans les mémoires et conclusions des parties. — *Grenoble*, 10 juin 1844 (t. 2 1845, p. 151), Arvet-Touvet c. Duvivier.

258. — ...Et que le compromis qui porte que les arbitres statueront sur les conclusions qui seront prises par les parties devant eux, et notamment sur les difficultés d'un compte en litige, remplit suffisamment le vœu de l'art. 1006, C. procéd. civ., sur la nécessité de désigner l'objet litigieux. — *Cass.*, 25 juin 1845 (t. 2 1845), Tourquilles-Dumartroy.

CHAPITRE VI. — *Comment le compromis prend fin.*

259. — Les causes qui mettent fin au compromis ont été énumérées par le législateur dans les art. 1012 et 1013, C. procéd.; ces causes sont :

260. — 1o Le décès, refus, déport ou empêchement d'un des arbitres, s'il n'y a clause qu'il sera passé outre, ou que le remplacement sera au choix de l'arbitre ou des arbitres restans. — V. ARBITRAGE, nos 455 et suiv.

261. — Il a été jugé (depuis la publication de notre mot ARBITRAGE) que le déport d'un arbitre-juge pendant les opérations de l'arbitrage met fin au compromis et rend nécessaire la constitution d'un nouveau tribunal arbitral, et que cette règle, générale en matière d'arbitrage forcé, reçoit une application plus particulière au cas où les arbitres-juges ont été investis du pouvoir d'amiables compositeurs. — *Paris*, 10 avr. 1845 (t. 1er 1845, p. 544), Calmels c. Hyrvoix.

262. — 2o L'expiration du délai stipulé, ou de celui de trois mois, s'il n'en a pas été réglé. — V. ARBITRAGE, nos 503 et suiv., 537 et suiv.

263. — 3o Le partage, si les arbitres n'ont pas le pouvoir de prendre un tiers arbitre. — V. ARBITRAGE, nos 776 et suiv.

264. — Le décès des parties, lorsque tous les héritiers sont majeurs, ne met pas fin au compromis ; seulement le délai pour instruire et juger sera suspendu pendant celui pour faire inventaire et délibérer. — C. procéd., art. 1013.

265. — Il en était autrement avant le Code de procédure; une jurisprudence constante décidait que les pouvoirs des arbitres volontaires cessaient par la mort de l'une des parties. — *Paris*, 15 déc. 1807, Desjardins c. Robquin.

266. — La disposition de l'art 1013 entraîne virtuellement la conséquence que le compromis prend fin par le décès d'une des parties, si elle laisse des héritiers mineurs. Le ministère public doit être entendu dans toutes les affaires qui concernent les mineurs, et leurs droits ne seraient pas, aux termes de la loi, suffisamment protégés par l'arbitrage. — *Montpellier*, 15 janv. 1816, Robert Audoux c. Vagnier.

267. — On a jugé dans le même sens que la règle qui veut que, dans les contrats, on soit toujours censé stipuler tant pour soi que pour ses héritiers et ayant-cause reçoit exception toutes les fois que la convention est de telle nature, qu'elle ne puisse être accomplie par l'héritier lui-même comme elle l'eût été par son auteur, et que, spécialement, la clause compromissoire par laquelle une partie s'engage à soumettre à des arbitres toutes les contestations qui pourraient naître d'un contrat d'antichrèse n'est pas obligatoire pour son héritier mineur. — *Cass.*, 28 janv. 1839 (t. 1er 1839, p. 108), Barrat c. Noyer; — de Vatisménil, no 143.

268. — Le compromis prendrait également fin si l'un des héritiers était interdit. — Mongalvy, t. 1er, no 304; Goujet et Merger, no 128.

269. — Ou si l'un des compromettans lui-même venait à être frappé d'interdiction, on pourrait argumenter par analogie de l'arrêt qui a décidé que le compromis passé par un majeur devient nul lorsque ce majeur redevient mineur par suite des lois qui fixent l'âge de la majorité.

270. — Cette règle au surplus ne s'applique qu'à l'arbitrage volontaire, et comme en matière de société c'est la loi elle-même qui renvoie les parties devant les arbitres, le compromis ne finit pas par le décès de l'une des parties laissant des héritiers mineurs. — *Paris*, 10 nov. 1835, Dagron c. Baudot; — Mongalvy, no 306. — V. ARBITRAGE, no 229.

271. — Jugé dans tous les cas que la règle que l'arbitrage prend fin par le décès de l'une des parties, lorsqu'elle laisse des héritiers mineurs, ne peut pas être invoquée par l'enfant naturel, attendu qu'il n'est pas héritier. — *Paris*, 10 nov. 1835, Dagron c. Baudot. — Mais cette décision est combattue par MM. Goujet et Merger (no 130); suivant eux, l'intention du législateur a été de faire cesser l'arbitrage toutes les fois qu'un représentant de l'une des parties était en état de minorité; peu importe donc que ce représentant n'ait que le titre de successeur et non celui d'héritier. — Nous partageons entièrement cet avis.

272. — Le décès d'un compromettant qui laisse des héritiers mineurs fait cesser le compromis immédiatement. — *Cass.*, 28 janv. 1839 (t. 1er 1839, p. 109) [dans ses motifs], Barrat c. Noyer.

273. — Et il a été jugé que, en cas de dissolution d'une société civile par suite du décès de l'un des associés, la juridiction arbitrale créée par l'acte de société est sans pouvoir pour statuer sur les difficultés nées depuis sa dissolution. — *Cass.*, 14 avr. 1834, Mallez c. Castellane.

274. — Mais les fonctions d'arbitres volontaires participant du mandat, il en résulte que ce qu'ils font dans l'ignorance du décès d'une des parties est valable. Par conséquent, le majeur ne peut demander la nullité d'un jugement arbitral, lorsqu'avant qu'il ait été rendu, une des parties au compromis est décédée laissant des héritiers mineurs, mais sans que son décès ait été connu légalement des arbitres. — *Poitiers*, 22 juill. 1819, Latus.

275. — M. Mongalvy pense que le compromis prend fin si l'héritier est une femme mariée sous le régime dotal ou un héritier bénéficiaire qui ne pourrait disposer du droit qui fait l'objet du compromis sans perdre sa qualité. Mais M. de Vatisménil (no 142) repousse cette opinion; selon lui, la disposition relative au mineur est exceptionnelle et ne peut s'étendre, et la femme mariée aussi bien que l'héritier bénéficiaire, ne courent aucun risque en exécutant le compromis souscrit par leur auteur, puisqu'ils ne font que laisser les choses dans l'état où elles étaient avant leur mise en possession.

276. — Il a été jugé que, s'il est vrai qu'une clause compromissoire renfermée dans un contrat intervenu entre majeurs ne puisse pas être opposée aux héritiers mineurs de l'un des contractans décédés, et que le compromis consenti même par le tuteur, en vertu de cette clause, doive être considéré comme non obligatoire pour le mineur, le droit de se prévaloir de cette nullité appartient au mineur seul, et non à la partie capable de s'engager qui a signé le compromis. — C. civ., art. 1125; — *Grenoble*, 6 juin 1839 (t. 2 1840, p. 90), Chatagnier c. Pealy; *Paris*, 8 juill. 1826, N... — V. *suprà* no 178.

277. — Cette décision juste doit être entendue en ce sens seulement que si, nonobstant le décès d'une des parties laissant un héritier mineur, on a continué les opérations de l'arbitrage, et si une sentence a été rendue, le mineur seul pourra s'en plaindre. Mais si, aussitôt après le décès, avant que la sentence arbitrale soit rendue, les parties majeures veulent invoquer la nullité du compromis, elles en ont le droit. L'extinction prononcée par l'art 1013 n'est pas restreinte aux mineurs seulement et une partie ne peut rester soumise à un contrat qui a cessé d'obliger ceux avec qui elle a traité.

278. — La seule volonté d'une des parties ne suffit pas pour mettre fin au compromis, et par conséquent il continue à subsister, quoique l'une des parties ait cédé ses droits à un autre. — *Agen*, 8 nov. 1830, Ducros c. Favre et Jouannot; *Paris*, 28 août 1841 (t. 2 1841, p. 549), Guiffrey c. Panchat.

279. — Suivant MM. Carré (t. 2, p. 255) et Mongalvy (t. 1er, no 326), le compromis prend fin aussi par la faillite ou la cession de biens d'une des parties, et néanmoins, d'après le dernier de ces auteurs, lorsque les parties seront convenues dans le compromis qu'il ne sera éteint que par rapport au choix des arbitres, la convention devra être exécutée et les créanciers ou ayans-cause du cessionnaire et du failli seront tenus, ou de maintenir les arbitres précédemment nommés, ou d'en instituer de nouveaux avec le concours de la partie adverse.

280. — L'opinion de MM. Mongalvy et Carré, en ce qui concerne l'extinction du compromis par la faillite ou la cession de biens, nous paraît contredite par la disposition de l'art. 1013; nous ne voyons, en effet, dans le dessaisissement du failli, ou de celui qui fait cession de biens, qu'une transmission de droits universels; or, le décès, aux termes de l'art. 1013, ne met fin au compromis que quand il y a transmission à des héritiers mineurs, et on ne doit point accorder aux créanciers, sans aucun texte de loi, un avantage qui est refusé aux autres successeurs. — V. en ce sens, *Colmar*, 21 juin 1841 (t. 1er 1842, p. 343), Kœchlin père et fils c. Schœn Altheer; *Paris*, 31 mai 1842 (t. 1er 1842, p. 761), Duponchel c. Synd. Schiltz; — de Vatisménil, no 141; Goujet et Merger, no 108.

281. — La perte de la chose ou l'extinction de l'obligation qui faisait l'objet d'un compromis entraînent nécessairement la cessation de ce compromis, puisqu'il se trouve n'avoir plus de cause. — Pigeau, t. 1er, p. 66; Goujet et Merger, no 134.

282. — Les auteurs pensent que, lorsqu'un compromis est éteint, les parties peuvent se prévaloir

des actes d'instruction faits devant les premiers arbitres.—Carré-Chauveau, t. 6, n° 3310 ; *le Praticien français*, t. 5, p. 382; de Vatisménil, *Encycl. du dr.*, v° *Arbitrage*, 149.

283. — Ainsi, il a été jugé que l'aveu consigné dans un compromis peut être opposé par celle des parties à qui il profite, encore que les arbitres n'aient pas procédé, et qu'ainsi le compromis soit resté comme non avenu. — Bordeaux, 10 déc. 1841 (t. 1ᵉʳ 1842, p. 325), Paul c. Cailloux.

284. — Comme tout autre acte, le compromis peut être annulé lorsqu'il y a eu dol et fraude de la part d'un des compromettans. — Cass., 3 févr. 1807, Papon.

285. — Et l'annulation du compromis doit entraîner dans ce cas la nullité de tous les actes qui en ont été la conséquence et notamment de la sentence arbitrale, à l'égard au moins de celui qui s'est rendu coupable du dol et de la fraude. — Même arrêt.

286. — Encore que la sentence arbitrale ait été rendue sous la loi du 24 août 1790, d'après laquelle les décisions des arbitres n'étaient pas sujettes à l'appel, à moins de réserve expresse. — Même arrêt.

287. — Un interrogatoire sur faits et articles peut être ordonné à l'effet de prouver la fraude pour arriver à l'annulation d'un compromis. — Turin, 4 août 1808, Broglia et Porta c. Fiandin.

V. ARBITRAGE, ASSURANCE MARITIME, BLANC-SEING, DOUBLE ÉCRIT, ENREGISTREMENT.

COMPTABILITÉ.

1. — Le mot *comptabilité* désigne tantôt l'obligation de rendre compte, tantôt la situation d'un comptable, tantôt les modes et les formes employés pour constater l'état de la situation du comptable.

2. —Considéré comme devoir de rendre compte, la comptabilité s'applique à tous ceux qui ont été investis d'un mandat ou d'une gestion, soit dans l'intérêt d'un particulier, soit dans l'intérêt de l'État, des départemens, des hospices ou autres établissemens publics.

3. — Pour la comptabilité des communes, V. COMMUNES; pour celle des départemens, V. DÉPARTEMENS ; pour celle des hospices et autres établissemens publics, V. ÉTABLISSEMENS PUBLICS et HOSPICES; pour la comptabilité des deniers et revenus affectés aux dépenses générales de l'État, V. COMPTABILITÉ GÉNÉRALE.—L'indication de ceux auxquels un intérêt public a fait imposer les devoirs de la comptabilité se trouve placée sous le mot COMPTABLES PUBLICS.

4. — Les règles concernant le compte dû à raison d'un mandat privé sont exposées sous les mots COMPTE, GESTION D'AFFAIRES, MANDAT, REDDITION DE COMPTE. La comptabilité commerciale, c'est-à-dire celle qui concerne les intérêts privés engagés dans le commerce, est soumise à des prescriptions légales, qui sont réunies principalement sous le mot LIVRE DE COMMERCE.

V. en outre CONSEIL D'ADMINISTRATION (armée).

COMPTABILITÉ GÉNÉRALE.

Table alphabétique.

COMPTABILITÉ GÉNÉRALE. — 1. — C'est la comptabilité des deniers et revenus affectés spécialement aux dépenses générales de l'État, considérée par opposition à la comptabilité des départemens, des communes ou des établissemens publics.

§ 1ᵉʳ. — *Historique* (n° 2).

§ 2. — *Organisation générale de la comptabilité* (n° 21).

§ 3. — *Des recettes* (n° 30).

§ 4. — *Des dépenses et des paiemens* (n° 42).

§ 5. — *Des écritures et des comptes* (n° 61).

§ 1ᵉʳ. — *Historique.*

2. — L'absence de toute publicité a toujours été, sous l'ancienne monarchie, un obstacle à l'établissement d'un bon système de comptabilité. Tous les documens de nature à faire connaître l'état de la fortune publique étaient soigneusement dérobés à tous les regards. Cet abus allait si loin que, dans le principe, lorsque les rois eux-mêmes voulaient compulser les registres de recettes et de dépenses, ils se transportaient en personne à la chambre des comptes, « afin d'obvier aux dom- » mages et inconvéniens qui pouvaient en suivre » de la révélation et portation foraine d'iceux ex- » cripts. (Ord. de Charles VI, du 25 juin 1407.) » Plus tard, il est vrai, et sous Henri IV, on voit qu'il fut donné connaissance aux députés de ces rôles de recettes et de dépenses ; mais par lecture seulement, et avec « défense formelle d'en prendre » copie, note ou extrait. » On regardait le mystère, en matière de finances, comme tellement nécessaire au soutien de l'état, que, jusque sous Louis XVI, certains comptables spéciaux ne rendaient pas même compte de leurs opérations aux gardes du trésor, qui, par suite, ne pouvaient jamais fournir que des tableaux incomplets de la situation des finances. Ce ne fut que par suite de la déclaration du roi, du 17 octobre 1779 (sous le ministère Necker), qu'ils furent astreints à cette obligation et que les gardes du trésor purent, pour la première fois, établir des comptes généraux de toutes les recettes et dépenses. « Nous ne nous » dissimulons pas, porte la déclaration, que cette » méthode rendra bien moins secret l'état de nos » finances; mais ce sera une obligation de plus » pour nous d'établir une constante harmonie en- » tre nos dépenses et nos avances. »

3. — L'absence d'une entière cause du vice et de l'insuffisance de l'ancienne comptabilité, il faut ajouter le défaut de centralisation qui venait paralyser l'action de l'administration, ou pour mieux dire, qui la restreignait dans les limites les plus étroites. On sait, en effet, que les pays d'états qui avaient des revenus particuliers dont ils réglaient eux-mêmes l'assiette, la perception et l'emploi, ne participaient à la formation de la fortune publique que par le tribut fixe dont ils avaient consenti la redevance annuelle envers le trésor. Les provinces possédaient, il est vrai, une chambre des comptes, mais cette chambre des comptes, qui leur était spéciale, ne se rattachait par aucune relation à celle qui était placée au point central du gouvernement.—D'Audiffret, *Système financier de la France*, t. 1ᵉʳ, p. 280.

4. — Les pays d'élection, qui étaient seuls rangés sous l'autorité immédiate du gouvernement, en étaient également séparés, pour tout ce qui concernait l'exécution des lois de finances, par un système de service qui livrait à des traitans la réalisation et l'emploi des recettes. Presque tous les impôts étaient, affermés à des spéculateurs, qui en payaient le montant d'avance et en suivaient le mouvement à leur profit. Les services leur étaient

souvent également abandonnés à forfait; on avait donc presque généralement substitué des fermiers et des compagnies intéressées à des administrateurs et à des préposés comptables; et ces agens, étrangers au gouvernement, n'avaient à lui justifier que de l'accomplissement des conditions d'un bail, au lieu de soumettre à la sanction royale et au jugement des chambres des comptes un exposé fidèle et complet de tous les actes relatifs à la gestion des deniers publics, appuyé des pièces nécessaires pour en démontrer l'exactitude et la régularité. — *Ibid.*

5. — Au milieu des désordres et de l'obscurité inséparables d'un tel état de choses, il serait néanmoins injuste de ne pas reconnaître les efforts tentés à plusieurs reprises par les rois ou par des ministres intègres pour mettre un terme à des abus qui mirent fréquemment l'état sur le bord de sa ruine, et qui finirent par amener la révolution de 1789. En effet, le germe de la plupart de nos institutions financières modernes se retrouve dans ces tentatives de réforme.

6. — La pensée d'un *budget*, servant de point de départ à toutes les comptabilités, remonte au règne de Charles V. Dès cette époque (1364 à 1380), les dépenses publiques commencèrent à être réglées annuellement, et des fonds spéciaux furent affectés à chaque branche de service, afin d'assurer l'exécution régulière. On voit avec le temps cette mesure se perfectionner sous Charles VII; elle fut mise à la base des comptables, que l'on obligea à dresser deux comptes : l'un par aperçu au commencement de l'année; l'autre, à la fin, présentant la réalité des opérations. Sous le règne de Henri IV, Sully fit ordonner que les dépenses effectuées dans les provinces par les receveurs généraux seraient autorisées par des états arrêtés chaque année dans le conseil du roi. La chambre des comptes reçut l'ordre de ne pas admettre les paiemens qui excéderaient les allocations accordées. Enfin, sous Louis XIV, et dans les sages réglemens que Colbert fit adopter, on retrouve pour ainsi dire dans leurs développemens, sauf la publicité et le contrôle des représentans des contribuables, notre budget et notre loi des comptes. Tous les ans, des états d'évaluation étaient dressés par le contrôleur général, d'après les demandes que les secrétaires d'état soumettaient à son examen. Les ressources présumées étaient réparties entre les différens ministères en proportion de leurs besoins. L'état d'évaluation portait indication de la somme afférente à chaque service distinct. Cet état, approuvé par le roi en son conseil, s'appelait *état du roi*. A la fin de l'année, le garde du trésor remettait tous les acquits qu'il avait reçus et le roi, séant encore en son conseil, dressait sur pièces un compte définitif que l'on appelait *état au vrai*. Cet état était envoyé avec les pièces à la Cour des comptes, chargée d'en apurer les opérations ; on dressait en outre un autre état dit *de prévoyance*, où l'on évaluait par aperçu les recettes et les dépenses probables de l'année suivante.

7. — On peut suivre, dans les mêmes phases, l'organisation d'une administration unique des finances et la centralisation des deniers publics. Sous le titre de trésorier de l'épargne, d'intendant ou de surintendant des finances, de contrôleur général, on trouve à toutes les époques un fonctionnaire supérieur, dans les mains duquel est placée la haute direction des ressources de l'état, lorsque le roi ne se l'est pas réservée pour lui-même. Enguerrand de Marigny, grand chambellan de Philippe le Bel, paraît avoir été le premier surintendant des finances. Sous ce fonctionnaire, les *généraux* ou *receveurs généraux de finances* étaient chargés dans les provinces de réunir et de diriger les deniers perçus, suivant les besoins des localités, et se partageaient la finance en autant d'arrondissemens que l'on appela *généralités*. Tous les deniers non employés par les receveurs généraux étaient voiturés au trésor royal sis à Paris au château du Louvre, et étaient renfermés dans des coffres à quatre clés. Sous le ministère Necker, ces fonds étaient versés dans une caisse commune et générale régie, à Paris, par dix receveurs généraux, solidairement responsables, qui en faisaient soit l'emploi, soit la remise aux trésoriers, suivant les états de distribution.

8. — L'ordonnancement des dépenses, ce point si important de la comptabilité publique, puisque c'est la clé qui ouvre les caisses de l'état, était alors bien inégalement qu'aujourd'hui. On voit, dans les édits de Charles V, que défense était faite au trésorier de payer sans un ordre exprès du souverain et une cédule qui pût justifier de leurs opérations, et plus tard ce pouvoir passa aux surintendans. Mais lorsque cette charge fut supprimée par Louis XIV, par suite des

dilapidations du surintendant Fouquet, le pouvoir suprême reprit sa prérogative. A partir de cette époque, les dépenses ne furent plus acquittées qu'en vertu d'ordonnances signées ou d'états arrêtés de la main du roi. — Déclar. 5 sept. 1661. — Mais en aucun temps les secrétaires d'état, des ministres à département n'eurent, comme aujourd'hui, le pouvoir de faire payer directement les dépenses rentrant dans leurs attributions. Ils pouvaient bien délivrer des ordonnances dans la limite des crédits qui leur avaient été assignés ; mais ces ordonnances n'étaient payables à aucune caisse. Elles étaient remises au contrôleur général, qui en reconnaissait la régularité et les présentait au roi. Le roi convertissait ces ordonnances en acquits de paiemens revêtus de sa signature. Ces acquits seuls étaient payables moyennant le contre-seing du contrôleur général des finances.

9. — Les écritures que devaient tenir les comptables avaient dès long-temps été réglées de telle sorte qu'avec moins de négligence et sans les malversations des administrateurs supérieurs, il eût été facile de tenir constamment toutes leurs opérations à jour. Philippe V leur avait imposé l'obligation de faire écriture de leurs recettes le jour même des versemens effectués. D'après les réglemens de Charles VII, ils devaient tenir deux registres, l'un pour la recette, l'autre pour la dépense, et en outre des livres-journaux au moyen desquels ils pussent « à toute heure estre en mesure » de montrer le fonds des finances. » — *Dict. des finances*, v° *Comptables* ; *Hist. financière* de Bailly. — Sous le ministère Necker fut introduit le système d'écritures en parties doubles.

10. — Les moyens de contrôle et de surveillance, mal organisés peut-être, avaient néanmoins été multipliés. Auprès de l'administration centrale, un contre-registre des recettes était tenu par des commissaires ou intendans des finances ; un contre-rôle des dépenses était tenu par deux contrôleurs des finances. Dans les provinces, chaque office de comptabilité, pour ainsi dire, avait son contrôleur. En outre, on voit à diverses époques des délégués du roi chargés de parcourir les provinces, avec mission de rechercher les malversations et de les punir, et de surveiller la rentrée des finances ; c'étaient, sous Charles V, les *réformateurs* ; plus tard, les *commissaires départis* ; enfin furent créés les *inspecteurs des finances*, qui remplacèrent les contrôleurs en titre d'office, et qui furent chargés de vérifier dans chaque généralité les opérations de recette et de dépense faites par les receveurs des différens degrés.

11. — Des comptes réguliers étaient enfin prescrits à tous les comptables. Dès le règne de Charles VII, la forme et les époques de la présentation de ces comptes avaient été fixées par une suite de réglemens. Des chambres des comptes, dont la première tenue remonte à saint Louis, étaient chargées de les juger. Comme aujourd'hui, les comptes devaient être accompagnés des pièces justificatives. En outre, l'édit du 15 avril 1789 avait investi les chambres des comptes du pouvoir d'examiner l'utilité et la régularité des dépenses faites, et leur donnait ainsi les moyens d'atteindre, non seulement les comptables, mais encore les ordonnateurs.

12. — On voit par ce qui précède que l'ancienne monarchie ne fut pas complétement dépourvue, comme on le croit généralement, de principes arrêtés en matière de finances, ni de sages réglemens. Malheureusement, outre les causes de désordre que nous avons déjà signalées, toute sa puissance d'action reposait sur la volonté du souverain ou du ministre chargé de diriger l'emploi des deniers publics. Sous un roi faible, avec un ministre peu scrupuleux ou peu vigilant, ou encore dans les temps de trouble, les besoins d'argent sans cesse renaissans faisaient inévitablement fermer les yeux sur les négligences et les malversations des comptables, que l'on ménageait d'autant plus que l'on en avait besoin ; de là des retards dans l'apurement des comptes qui empêchaient toute marche régulière, et qui, en amenant le déficit et la banqueroute, précipitèrent la marche de la révolution.

13. — En 1789, la situation des finances présentait un arriéré de douze ans. Ni les comptes du trésor royal, ni ceux des domaines, des diverses trésoreries, des régies et administrations financières n'étaient arrêtés. Les recettes générales des finances étaient en retard envers le trésor de quatre à cinq ans.

14. — L'un des premiers actes de l'assemblée nationale fut de mettre l'administration financière dans les voies de publicité que déjà Necker avait tracées. La constitution de 1791 disposa que, chaque année, les comptes détaillés des recettes et dépenses des départemens ministériels seraient rectifiés par les ministres et rendus publics. Elle déclara en outre les ministres responsables de toute dissipation des deniers destinés à leurs dépenses.

15. — A partir de cette époque, l'administration des finances fut réorganisée sur de nouvelles bases, et malgré les crises révolutionnaires, malgré les hésitations inséparables du nouvel ordre de choses dans lequel on venait d'entrer, et le temps d'arrêt que le gouvernement impérial, qui avait à tout moment besoin des ressources et des revenus publics, vint marquer dans le développement du gouvernement représentatif, la comptabilité publique tendit chaque jour à s'asseoir plus fermement sur les bases où elle est aujourd'hui placée.

16. — Le budget de 1814 présenta le premier un exposé sommaire de notre situation financière, qui montrait franchement les besoins et les ressources de l'état ; mais les événemens de 1815 vinrent entraver les développemens de cette amélioration, et la législature de 1816 se borna à exiger les comptes arriérés de 1814 et de 1815.

17. — Ce fut la loi du 25 mars 1817 qui, par son titre XII, posant les bases d'un nouveau système de comptabilité, décida que les ministres présenteraient à chaque session les comptes de leurs opérations pendant l'année précédente ; que ceux des ordonnateurs comprendraient les crédits ouverts, les dépenses arrêtées ou les services faits et les ordonnances délivrées ; que ceux du ministre des finances exposeraient le produit brut des impôts, les opérations de trésorerie, le résumé des budgets, le tableau de la dette inscrite et la situation générale du trésor.

18. — La loi du 15 mai 1818 décida que le réglement de chaque exercice serait, comme nous l'avons dit au mot BUDGET, l'objet d'une loi spéciale présentée avant celle du budget, et accompagnée des comptes exigés par le titre 12, L. 25 mars 1817, et l'art. 20, L. 27 juin 1819 dispose qu'à l'avenir le compte annuel des finances serait accompagné de l'état des travaux de la cour des comptes, chargée du contrôle de toutes les opérations financières.

19. — Le tableau des améliorations introduites depuis l'an VIII jusqu'en 1829 dans l'administration des finances, a été tracé dans le rapport présenté au roi sur l'administration des finances, par le comte Chabrol, alors ministre des finances. — Paris, imprimerie royale, in-4°, 1830.

20. — Depuis la révolution de 1830, les justifications exigées par les chambres sont devenues encore plus sévères, et les réglemens relatifs à la recette et à l'emploi des deniers de l'état, ont été réunis et classés dans les 695 articles de l'ordonnance royale rendue sur le rapport du ministre des finances, M. Lacave-Laplagne, et de l'avis du conseil des ministres, le 31 mai 1838.

§ 2. — *Organisation générale de la comptabilité.*

21. — Le mot *comptabilité générale*, pris dans son acception la plus étendue, embrasse généralement tous les actes qui se rattachent à la formation des revenus de l'état, à leur perception, à leur gestion et à leur emploi.

22. — Mais on a déja vu au mot BUDGET comment s'ouvrent les crédits nécessaires pour faire face aux dépenses de l'état, comment les ministres se répartissent ces crédits, et l'obligation où ils sont de se renfermer dans les limites que leur impose le vote des chambres ; comment, en cas d'insuffisance des crédits *ordinaires*, ils peuvent obtenir des crédits *supplémentaires*, *extraordinaires* ou *complémentaires* ; comment, enfin, et dans quels délais les budgets se règlent définitivement par la *loi des comptes*, au moyen de laquelle les dépenses et les recettes, qui, dans la loi du budget n'étaient que des prévisions, se transforment en faits irrévocablement consommés.

23. — Entre la loi du budget et la loi des comptes les recettes sont encaissées et réparties suivant leur destination ; les dépenses s'effectuent et se liquident ; les comptes qui servent à constater ces diverses opérations sont clos et apurés. C'est donc principalement à l'ensemble des actes de gestion financière qui s'accomplissent entre ces deux époques qu'il faut appliquer ici le mot *comptabilité générale*.

24. — La direction et la surveillance de la comptabilité publique appartient au ministre des finances.

25. — Les impôts et les droits de toute nature, payés à des percepteurs et à des receveurs placés à la portée des redevables, sont versés, à des époques très rapprochées, dans les caisses des *receveurs particuliers*, comptables supérieurs établis dans chaque chef-lieu de sous-préfecture. Ces derniers versent les fonds qu'ils ont reçus dans la caisse d'un *receveur général* placé au chef-lieu du département. Une *caisse centrale* établie au ministère des finances réunit toutes les ressources ainsi obtenues sur les divers points du royaume.

26. — Les dépenses sont effectuées par des agens ressortissant également au ministère des finances, sur des *ordonnances* de paiement délivrées par chaque ministre pour son département. A cet effet, chaque mois, le ministre des finances propose au roi, d'après les demandes de ses collègues, la distribution des fonds dont ils peuvent disposer dans le mois suivant (ord. 14 sept. 1822, art. 6). Il pourvoit d'ailleurs à ce que tout mandat de paiement qui n'excède pas la limite du crédit sur lequel il doit être imputé soit acquitté dans les délais et dans les lieux déterminés par l'ordonnateur (Même ord., art 14). Un *directeur général du mouvement des fonds* est spécialement chargé de suivre en conséquence toutes les opérations d'ordonnancement et de paiement. Les paiemens effectifs sont faits par un *payeur* unique dans chaque département, par un *payeur central* du trésor à Paris, et par des *payeurs d'armée* (Ord. 1er nov. 1829, art. 1er, et 27 déc. 1823, art. 3). Les fonds nécessaires à ces paiemens sont remis aux payeurs, au fur et à mesure des besoins du service, par les receveurs généraux et par le caissier central du trésor auxquels ils délivrent des récépissés à talon, visés par les fonctionnaires délégués à cet effet, soit dans les départemens, soit à Paris, soit aux armées (Ord. 31 mai 1838, art. 307). — Tel est, pour la recette et pour la dépense, l'ensemble du système de comptabilité publique.

27. — Le caissier central du trésor est chargé des recettes et des dépenses du service de trésorerie à Paris, et il reçoit en outre directement plusieurs produits du budget (Arr. min. 24 juin 1832 ; ord. 31 mai 1838, art. 295). L'importance des fonctions de ce comptable et l'immense responsabilité qui pèse sur lui ont dû faire soumettre toutes ses opérations à un contrôle sévère et minutieux, dont tous les détails sont réglés par l'arrêté ministériel précité du 24 juin 1832. Entre autres mesures, il importe de remarquer que les paiemens à effectuer par la caisse centrale, la délivrance des valeurs, les acceptations à donner pour le compte du trésor, doivent avoir été préalablement autorisés par le directeur du mouvement des fonds.

28. — Aucun récépissé délivré par le caissier central n'est libératoire, et ne peut former titre envers le trésor qu'autant qu'il est délivré sur une formule à talon et revêtue du visa du contrôle. — Les bons royaux, traites et valeurs de toute nature n'engagent le trésor que sous les mêmes conditions. — L. 25 avr. 1833, art. 1er et 2.

29. — Bien que le service du paiement des ordonnances et mandats délivrés par les divers ordonnateurs, ait été exclusivement attribué aux payeurs, les receveurs des finances, et les percepteurs sous leurs ordres, doivent faire, sur les fonds de leurs recettes, tous les paiemens pour lesquels leur concours est jugé nécessaire. — Les autres receveurs des deniers publics peuvent être appelés à concourir de la même manière au paiement des dépenses pour le compte du payeur. Ces paiemens ne peuvent être valablement effectués que sur la présentation, soit des lettres d'avis ou des mandats délivrés au nom des créanciers, soit de toute autre pièce en tenant lieu, et revêtue du *vu, bon à payer*, par le payeur. — Ord. 31 mai 1838, art. 308 et suiv.

§ 3. — *Des recettes.*

30. — Tout comptable chargé de la perception des droits et revenus de l'état est tenu d'enregistrer les faits de sa gestion sur les livres ci-après : 1° un livre-journal de caisse et de portefeuille où sont consignées les entrées, les sorties des espèces et valeurs, et le solde de chaque journée ; — 2° des registres auxiliaires destinés à représenter les développemens propres à chaque nature de service ; — 3° un sommier du livre récapitulatif résumant ses opérations, selon leur nature, et présentant la situation complète et à jour. — Arr. du min. des fin., 10 nov. 1816, art. 2 ; ord. 31 mai 1838, art. 262.

31. — Tout préposé à la perception des deniers publics est tenu de procéder : 1° à l'enregistrement en toutes lettres au rôle, état de produit ou autre titre légal, quelle que soit sa dénomination ou sa forme, de la somme reçue et de la date du recouvrement ; — 2° à son inscription immédiate, en chiffres, sur son journal ; — 3° à la délivrance d'une quittance à souche (même arr., art. 4, 5 et 6 ; ord. précitée, art. 263). — Sont toutefois exceptées de la formalité d'une quittance à souche les recettes opérées par les receveurs de l'enregistrement, du timbre et des domaines (ord. 8 déc. 1832, art. 9). — La même exception est applicable au

produit de la taxe des lettres. — Ord. 31 mai 1838, art. 264.

32. — Tout versement ou envoi en numéraire et autres valeurs, fait aux caisses des receveurs généraux et particuliers des finances et aux payeurs pour un service public, donne lieu à la délivrance immédiate d'un récépissé à talon. — Ce récépissé est libératoire et forme titre envers le trésor public, à la charge, toutefois, par la partie versante, de le faire viser et séparer de son talon, à Paris immédiatement, et dans les départemens dans les vingt-quatre heures de sa date, par les fonctionnaires et agens administratifs désignés à cet effet. — A l'égard des envois faits par des comptables à d'autres comptables qui n'habitent pas la même résidence, le visa à apposer sur les récépissés est signé par celui qui a reçu les fonds et valeurs. — L. 24 avr. 1833, art. 1er; ord. 8 déc. 1832 et 11 mai 1835. — Dumesnil, *Tr. de la législ. spéciale du trésor en mat. contentieuse*, nº 327.

33. — Le motif de la différence de règle à Paris, où le visa et la séparation du talon doivent avoir lieu immédiatement, s'explique facilement : à Paris, le contrôleur chargé du visa et de la séparation du talon est toujours placé auprès de la caisse qui a reçu le versement, tandis que, dans les départemens, les opérations du contrôle étant exercées par les préfets et les sous-préfets, suivant qu'il s'agit d'un versement effectué à la recette générale ou aux caisses des receveurs particuliers (Décr. 4 janv. 1808), il en résulte que les formalités prescrites par la loi ne peuvent pas toujours être accomplies immédiatement après le versement. — Dumesnil, *Tr. de la législ. spéc. du trésor publ. en mat. contentieuse*, nº 329.

34. — Si, avant l'expiration du délai accordé pour le visa, le receveur qui a encaissé l'argent et délivré le récépissé fait faillite et disparaît, quel sera le sort du versement? — Cette question soulevée par M. Dupin aîné à la chambre des députés lors de la discussion de la loi du 24 avril 1833, a été résolue en faveur de la personne qui a fait le versement. Le rapporteur de la commission, M. Benjamin Delessert, a déclaré que, dans le cas de malversation, de disparition d'un receveur général après la délivrance du récépissé et avant que le contrôle pût être obtenu, la perte ne devait pas retomber sur la partie versante, mais bien sur le trésor, puisque ce n'était pas le public, mais le gouvernement qui avait donné sa confiance au receveur. « Il n'est pas nécessaire, a ajouté le rapporteur, de modifier la rédaction de l'article, parce que l'article bien entendu ne pouvait être opposé à la partie qui n'aurait pas obtenu le visa par suite de la disparition du receveur général avant les vingt-quatre heures; en faveur de qui en effet est le délai de vingt-quatre heures? C'est en faveur de la partie versante, puisque la loi lui tient compte des difficultés qu'elle peut avoir à trouver le fonctionnaire chargé du contrôle; elle accorde pour obtenir le visa vingt-quatre heures, pendant lesquelles le contrôle ne peut être refusé par le préfet ou le sous-préfet; après les vingt-quatre heures, tous risques sont pour les parties versantes, mais pendant le délai fixé ils sont à la charge du trésor, puisqu'il n'y a aucun motif pour le préfet et le sous-préfet de refuser le visa, et que s'ils faisaient quelque difficulté à cet égard ils pourraient être mis en demeure et chargés de toute la responsabilité de leur refus. La loi est impérative, ils doivent donner le visa dans les vingt-quatre heures, lors même que dans cet intervalle le receveur aurait disparu. »

35. — Il résulte de la discussion engagée à la chambre des pairs sur le projet de loi du 24 avril 1833, que si le comptable délivre une quittance ordinaire, c'est-à-dire non détachée d'un registre à souche, le paiement fait par le particulier n'en sera pas moins libératoire et valable vis-à-vis de l'état, à moins de fraude et connivence avec le comptable, et alors la preuve devrait en être faite par l'état.

36. — Si des difficultés s'élèvent sur la délivrance du visa, si le fonctionnaire chargé par la loi, se refuse à exécuter la loi, c'est aux tribunaux qu'il faut déférer la contravention, car il s'agit pour la partie qui a versé ses fonds de faire sanctionner son droit et régulariser ses titres contre l'état. En l'absence d'une attribution résultant formellement de la loi, l'autorité administrative ne saurait se prétendre compétente. — Dumesnil, nº 331.

37. — On conçoit que la solution serait tout opposée et que l'administration serait seule compétente si la contestation s'engageait sur le véritable chiffre porté au récépissé, ou sur l'époque du remboursement à effectuer par la caisse publique. — Dumesnil, nº 332.

38. — Si les fonds avaient été versés pour un service public et que le récépissé se trouvât nul, faute d'avoir été versés dans les délais prescrits, le créancier devrait avoir recours au ministre des finances pour obtenir un nouveau récépissé; c'est ce ministre seul qui peut relever de l'inaccomplissement des formalités prescrites, parce que seul il a le droit de faire vérifier et comparer les écritures des comptables et de décider si réellement l'état est bien débiteur de la somme réclamée. — Dumesnil, nº 337.

39. — Les receveurs généraux sont tenus de porter successivement le montant intégral de leurs recettes au crédit d'un compte courant du trésor, qui produit des intérêts à leur charge, valeur aux époques déterminées par les réglemens. — Ce même compte courant est débité des paiemens et versemens faits pour le compte du trésor, et pour lesquels ils doivent produire des acquits et des récépissés réguliers. — Ord. 31 mai 1838, art. 284.

40. — Les receveurs particuliers gèrent sous la surveillance et la direction du receveur général de leur département, auquel ils comptent de leurs opérations; ils sont valablement et définitivement déchargés de leurs recettes par les avis de crédit du receveur général comptable de leur gestion envers l'administration et la cour des comptes. — Décr. 4 janv. 1808; ord. 31 mai 1838, art. 285.

41. — Le contrôle des comptables supérieurs sur les agens de la perception qui leur sont subordonnés s'exerce par le visa des registres, la vérification de la caisse, l'appel des valeurs, des pièces justificatives et des divers élémens de leur comptabilité, et par tous les autres moyens indiqués par les réglemens de chaque service. — La libération des comptables inférieurs s'opère par la représentation des récépissés du comptable supérieur, qui justifient du versement intégral des sommes qu'ils étaient tenus de justifier. — Ord. 31 mai 1838, art. 268.

§ 4. — *Des dépenses et des paiemens.*

42. — Aucune créance ne peut être liquidée à la charge du trésor que par l'un des ministres ou par ses mandataires. — Ordonn. 31 mai 1838, art. 39.

43. — Aucune dépense faite pour le compte de l'état ne peut être acquittée si elle n'a été préalablement ordonnancée, soit par un ministre, soit par les ordonnateurs secondaires, en vertu de ses délégations. — Ord. 14 sept. 1822, art. 7.

44. — Les fonctions d'ordonnateur et d'administrateur sont incompatibles avec celles de comptable. — Tout agent chargé d'un maniement des deniers appartenant au trésor public, est constitué comptable par le seul fait de la remise desdits fonds sur sa quittance ou son récépissé; aucune manutention de ces deniers ne peut être exercée, aucune caisse publique ne peut être gérée que par un agent placé sous les ordres du ministre des finances, nommé par lui, responsable envers lui de sa gestion, et justiciable de la Cour des comptes. — Ord. 14 sept. 1822, art. 17.

45. — Toute ordonnance, pour être admise par le ministre des finances, doit porter sur un crédit régulièrement ouvert, et se renfermer dans les limites des distributions mensuelles de fonds. — Ord. 14 sept. 1822, art. 8.

46. — Toutefois, dans le cas d'urgence ou d'insuffisance des crédits ouverts aux ordonnateurs secondaires par les ministres de la guerre et de la marine, les mandats délivrés pour le paiement de la solde peuvent être acquittés immédiatement sur une réquisition écrite de l'ordonnateur, et sauf imputation sur le premier crédit. — Ord. 14 sept. 1822, art. 16.

47. — Les dispositions particulières que peut nécessiter le service des armées actives sur le pied de guerre sont déterminées par des réglemens spéciaux. — Ord. 31 mai 1838, art. 71.

48. — Les dépenses faites à l'extérieur pour les besoins des bâtimens de guerre, pour la solde et l'entretien des troupes au compte du service *marine*, détachées dans les colonies et pour le rapatriement des navires naufragés, sont acquittés, lorsqu'il y a lieu, en traites sur le trésor public. Les conditions dans lesquelles ces traites peuvent être délivrées et les formalités qui doivent les accompagner sont déterminées par l'ordonn. du 13 mai 1838, art. 1, 2, 3, 4, 5, 6, 7 et 10.

49. — Nulle création aux frais de l'état d'une route, d'un canal, d'un grand pont sur un fleuve ou sur une rivière, d'un ouvrage important dans un port maritime, d'un édifice ou d'un monument public, ne peut avoir lieu qu'en vertu d'une loi spéciale ou d'un crédit ouvert à un chapitre spécial du budget. — La demande du premier crédit doit être nécessairement accompagnée de l'évaluation totale de la dépense. — L. 21 avril 1832, art. 10, §§ 1er et 2. — V. TRAVAUX PUBLICS.

50. — Tous les marchés au nom de l'état sont faits avec concurrence et publicité, sauf quelques exceptions nécessitées par l'intérêt des services. — L. 31 janv. 1833. art. 12; ordonn. 4 déc. 1836, art. 1er. — V. MARCHÉS DE FOURNITURES.

51. — Aucun marché, aucune convention pour travaux et fournitures ne doit stipuler d'à-compte que pour un service fait. — Les à-compte ne doivent, en aucun cas, excéder les cinq sixièmes des droits constatés par pièces regulières présentant le décompte en quantités et en deniers du service fait. — Ord. 31 mai 1838, art. 42.

52. — Cependant, pour faciliter l'exploitation des services administratifs régis par économie, il peut être fait aux agens spéciaux de ces services, sur les ordonnances du ministre ou sur les mandats des ordonnateurs secondaires, des avances dont le total ne doit pas excéder vingt mille francs, à la charge par eux de produire au payeur, dans le délai d'un mois, les quittances des créanciers réels. — Ordonn. 14 sept. 1822, art. 17. — Mais passé ces vingt mille francs, aucune autre avance nouvelle ne peut être faite qu'autant que toutes les pièces justificatives de l'avance précédente auraient été fournies, ou que la portion de cette avance, dont il resterait à justifier, aurait moins d'un mois de date. — Ordonn. 31 mai 1838, art. 72. — Il y a exception néanmoins en ce qui concerne le service spécial des remontes. — *Ibid.*

53. — Aucune stipulation d'intérêts ou commission de banque ne peut être consentie par les ordonnateurs des dépenses, au profit d'un fournisseur, d'un régisseur ou d'un entrepreneur, à raison d'emprunt temporaire ou d'avances de fonds pour l'exécution et le paiement des services publics dans l'intérieur du royaume. — Ord. 31 mai 1838, art. 41.

54. — Les ordonnances des ministres se divisent en ordonnances de paiement et en ordonnances de délégation. — Les ordonnances de paiement sont celles qui sont délivrées directement par les ministres, au profit ou au nom d'un ou de plusieurs créanciers de l'état. — Les ordonnances de délégation sont celles par lesquelles les ministres autorisent les ordonnateurs secondaires à disposer d'une partie de leur crédit, par des mandats de paiement au profit ou au nom d'un ou de plusieurs créanciers de l'état. — Ord. 14 sept. 1822, art. 9.

55. — Chaque ordonnance énonce l'exercice et le chapitre du crédit auxquels elle s'applique. — Ord. 14 sept. 1822, art. 11.

56. — Les titres de chaque liquidation doivent offrir les preuves des droits acquis aux créanciers de l'état, et être rédigés dans la forme déterminée par les réglemens spéciaux de chaque service. — Ord. 31 mai 1838, art. 40.

57. — Tout extrait d'ordonnance de paiement et tout mandat résultant d'une ordonnance de délégation, doivent, pour être payés à l'une des caisses du trésor public, être appuyés des pièces qui constatent que leur effet est d'acquitter en tout ou en partie une dette justifiée. Les pièces justificatives à produire sont déterminées dans des nomenclatures arrêtées de concert entre le ministre des finances et les ministres ordonnateurs, d'après les bases suivantes, savoir : — *Pour les dépenses du personnel* (solde, traitemens, salaires, indemnités et secours) des états d'effectif ou états nominatifs énonçant le grade ou l'emploi, la position de présence ou d'absence, le service fait, la durée du service, la somme due en vertu des lois, réglemens et décisions. — *Pour les dépenses du matériel* (achats et loyers d'immeubles et d'effets mobiliers; achats de denrées et matières, travaux de construction, d'entretien et de réparation de bâtimens, de fortifications, de routes, de ponts et canaux, travaux de confection, d'entretien et de réparation d'effets mobiliers) : 1º copies ou extraits dûment certifiés des ordonnances royales ou décisions ministérielles, des contrats de vente, soumissions et procès-verbaux d'adjudication, des baux, conventions et marchés; 2º décomptes de livraisons de réglement et de liquidation, énonçant le service fait et la somme due pour à-compte ou pour solde.

58. — Le paiement d'une ordonnance ou d'un mandat ne peut être suspendu par un payeur que lorsqu'il reconnaît qu'il y a omission ou irrégularité matérielle dans les pièces justificatives qui seraient produites. Il y a irrégularité matérielle toutes les fois que la somme portée dans l'ordonnance ou le mandat n'est pas d'accord avec celle qui résulte des pièces justificatives annexées à l'ordonnance ou au mandat, ou lorsque ces pièces ne sont pas conformes aux instructions. — En cas de refus de paiement, le payeur est tenu de remettre immédiatement la déclaration écrite et motivée de son refus au porteur de l'ordonnance ou du mandat, et il en adresse copie, sous la même date, au ministre des finances. — Ord., 14 sept. 1822, art. 15.

59. — Si, malgré cette déclaration, le ministre ou l'ordonnateur secondaire qui a délivré l'ordonnance ou le mandat requiert, par écrit ou sous sa

responsabilité, qu'il soit passé outre au paiement, le payeur y procède sans délai, et il annexe à l'ordonnance, ou au mandat, avec une copie de sa déclaration, l'original de l'acte de réquisition qu'il a reçu, et il est tenu d'en rendre compte immédiatement au ministre des finances (*ibid.*).

60. — L'emploi de la portion des fonds affectée à l'achat des matières destinées au service de l'état doit être assuré, et la preuve de cet emploi est fournie dans la forme tracée n° 57. Il est nécessaire qu'une surveillance active conserve cet important matériel, en constate les transformations multipliées et exprime tous les mouvemens jusqu'à sa consommation définitive. Chaque ministre doit donc, à cet effet, instituer des dépositaires spéciaux de ces nombreuses valeurs, les charger au même taux d'en constater les entrées et les sorties, les modifications successives et le solde final, de telle sorte qu'il puisse en présenter les résultats chaque année et les soumettre à la vérification et au jugement de la cour des comptes. — Magnitot et Delamarre, *Dict. de dr. admin.*, v° *Comptabilité*.

§ 5. — *Des écritures et des comptes.*

61. — Les ministres présentent à chaque session des comptes imprimés comprenant toutes les opérations faites dans leurs départemens respectifs pendant l'année précédente. Le ministre des finances présente un compte général dans lequel toutes ces opérations se trouvent résumées, et qui indique en outre la situation de tous les services de recette et de dépense au commencement et à la fin de l'année.

62. — Les comptes publiés par les ministres sont établis d'après leurs écritures officielles, et appuyés sur pièces justificatives; les résultats en sont contrôlés par leur rapprochement avec ceux du grand livre de la comptabilité générale des finances. — Ord. 10 déc. 1823, art. 6.

63. — A la fin de chaque année le ministre des finances propose au roi la nomination d'une commission composée de neuf membres choisis dans le sein de la cour des comptes, du conseil d'état et des deux chambres législatives, laquelle est chargée d'arrêter le journal et le grand livre de la comptabilité générale des finances au 31 décembre, et de constater la concordance des comptes des ministres avec les résultats des écritures centrales des finances. Il est dressé procès-verbal de cette opération, et la remise du procès-verbal est faite au ministre des finances, qui en donne communication aux chambres. — Ord. 10 déc. 1823, art. 7; et 8 déc. 1830, art. 4er.

64. — Une comptabilité centrale établie dans chaque ministère constate toutes les opérations relatives à la liquidation, à l'ordonnancement et au paiement des dépenses. — Les ministres doivent établir leur comptabilité respective d'après les mêmes principes, les mêmes procédés et les mêmes formes. — A cet effet, il est tenu dans chaque ministère, un *journal général* et un *grand livre* en partie double, dans lesquels sont consignées sommairement et à leur date toutes les opérations concernant la fixation des crédits, la liquidation des dépenses, l'ordonnancement et le paiement. — Ces mêmes opérations sont décrites en outre, et avec détail, dans des livres auxiliaires, dont le nombre et la forme sont déterminés suivant la nature des services. — Les résultats de ces comptabilités sont rattachés successivement aux écritures et au compte général des finances, qui doivent servir de base au règlement définitif des budgets. — Ord. 14 sept. 1822, art. 48.

65. — Les ordonnateurs-secondaires, délégataires ou sous-délégataires des crédits ministériels, tiennent un journal sur lequel ils inscrivent, par ordre de priorité, toutes les opérations qui concernent les dépenses dont l'administration leur est confiée. Chacun des articles de ce journal est successivement rapporté sur un sommier ou grand livre de comptes ouverts par ordre de matières, et suivant les divisions du budget. Les livres auxiliaires ou de développement que les ordonnateurs secondaires doivent, en outre, tenir varient suivant les besoins particuliers de chaque service. Ces divers registres sont principalement destinés à recevoir l'inscription successive par créancier, par chapitre et article des crédits ouverts, des droits constatés sur les services faits, des mandats délivrés et des paiemens effectués. — Régl. minist., ord. 31 mai 1838, art. 252-255.

66. — Le 10 de chaque mois, les titulaires des crédits de délégation, après s'être assurés de la conformité avec ~~aux de leur journal, adressent au ministère r~~ectif des comptes d'emploi élevés mensuelle ~~~~~~abli dans la forme déter-

minée par les réglemens spéciaux. Au terme fixé pour la clôture du paiement des dépenses de chaque exercice, ils arrêtent tous leurs livres, et envoient un compte du relevé général et définitif. — Mêmes régl. et ord. précités, art. 256-258.

67. — Les comptables principaux sont directement justiciables de la cour des comptes, et présentent le compte de leur gestion en leur nom et sous leur responsabilité personnelle. — Ord. 31 mai 1838, art. 270. — V. COMPTABLES.

68. — Les comptes sont rendus par année pour la recette et la dépense, en y conservant, toutefois, la distinction des exercices auxquels les opérations se rattachent. — Ord. 31 mai 1838, art. 271.

69. — Chaque préposé n'est comptable que des actes de sa gestion personnelle. — En cas de mutation, le compte de l'année est divisé suivant la durée de la gestion des différens titulaires, et chacun d'eux rend séparément, à la cour des comptes, le compte des opérations qui le concernent. — Ord. 18 nov. 1847.

70. — Quant au jugement des comptes, aux formes de leur présentation, etc., V. COUR DES COMPTES.

V. aussi BUDGET, CAISSE DE POISSY, CAISSE DES INVALIDES DE LA MARINE, COMMUNE, COMPTABLES PUBLICS, CONTRIBUTIONS DIRECTES, CONTRIBUTIONS INDIRECTES, DÉPARTEMENT, PERCEPTEUR, RECEVEURS DES FINANCES, TRÉSOR.

COMPTABLES PUBLICS.

Table alphabétique.

COMPTABLES PUBLICS.— 1. « Ce sont les comptables qu'une administration financière créée par l'état préposé aux recettes dont elle est chargée, et qui versent dans les caisses publiques leurs recettes en deniers ou en effets souscrits par elle. » — Pardessus, t. 1er, p. 54.

2. — Dans l'origine, et alors que le trésor royal ne se composait que des revenus des domaines, la gestion de ces revenus était confiée à des baillis, placés sous les ordres du sénéchal de la cour.

3. — Lorsque plus tard, les finances royales s'accrurent du produit des impositions et des dons annuels accordés par les villes en échange de certains privilèges, des trésoriers spéciaux furent institués. Leur nomination, qui devint dès-lors une des prérogatives de la couronne, fut un moment attribuée aux communes par des seigneurs généraux, tenus sous le Roi Jean en 1356. Mais, en 1372, Charles V, à l'occasion d'un nouveau subside accordé par les nobles, dans certaines provinces, en échange de l'exemption des aides de guerre

qu'ils obtinrent pour eux et pour leurs hommes d'armes, fit rentrer le pouvoir royal dans tous ses droits, et lui assura exclusivement la nomination des agens des finances, ainsi que le recouvrement des taxes. Dans les pays d'état, cependant, le recouvrement continua d'être fait par des préposés au choix des provinces, et elles ne consentaient les subsides qu'à cette condition. — Ordon. du Louvre, t. 6, p. 455; Bailly, *Hist. financière*, t. 1er, p. 128.

4. — Un nombre très restreint de comptables composait alors la hiérarchie financière. Mais sous François Ier (1515), les chargés des agens de finances devinrent vénales comme tous les emplois publics en général; elles furent alors multipliées à l'infini; non seulement chaque branche de service eut, dans chaque localité, son trésorier spécial, mais on imagina encore de doubler tous les offices de comptabilité, c'est-à-dire de nommer pour la même place, deux titulaires alternativement en fonctions, chacun pendant une année. La division des comptes par exercice, qui s'était, vers la même époque, introduite dans la comptabilité, servit de prétexte à cet abus. Le comptable qui avait exercé pendant une année devait conserver la suivante à épurer et à régler les recettes et les dépenses de son exercice.

5. — Les offices de comptabilité devinrent ainsi pour les titulaires de véritables propriétés, souvent onéreuses que souvent embarrassantes pour l'état. Sauf quelques réformes particlles, qui signalèrent quelques règnes, cet état de choses dura jusqu'en 1789.

6. — A cette époque, qui vit reparaître tout l'ancien système de comptabilité, le personnel des finances devait subir de graves modifications. Le 14 nov. 1790, l'assemblée nationale supprima tous les offices de comptabilité, elle institua des receveurs de district, et régla l'étendue de leur gestion, leurs obligations et leur responsabilité. Par suite de cette première mesure, tout le nouveau corps de la comptabilité publique fut successivement organisé.

7. — Un décret du 26 sept. 1791, relatif à la perception des contributions directes, établit dans chaque commune des percepteurs pour en opérer le recouvrement. Les dispositions de cette loi se sont, en général, refondues dans la loi du 3 frim. an VII. — V. CONTRIBUTIONS DIRECTES, PERCEPTEUR.

8. — A la même époque, furent institués plusieurs autres classes de comptables : les receveurs d'enregistrement, du timbre et des domaines (décr. 18 mai 1791 et L. 3e jour complém. an IX), des droits de navigation (décr. 9 août 1791), des douanes, des sels et des droits réunis désignés plus tard sous le nom de contributions indirectes. — Décr. 23 avr. 1791 ; arr. 5 germin. an XII; L. 28 avr. 1816. — V. CONTRIBUTIONS INDIRECTES, DOUANES, ENREGISTREMENT, etc.

9. — Une loi du 17 fructid. an VI institua les receveurs généraux, dont les attributions furent successivement complétées par diverses autres lois, et coordonnées avec les fonctions des receveurs particuliers d'arrondissement, qui remplacèrent les receveurs de district. — V. RECEVEURS DES FINANCES.

10. — En regard des agens de recette figurent les comptables spéciaux des dépenses, appelés *payeurs*. Les décrets des 27 mars et 16 août 1791 instituèrent d'abord à Paris des payeurs centraux du trésor, qu'une ord. du 1er nov. 1824, après diverses modifications, remplaça définitivement par un caissier central. Les payeurs-généraux de la guerre, de la marine et autres, établis par le décret du 24 sept. 1791; — les payeurs principaux et particuliers de la dette publique, établis par le décret du 24 août 1793, et les payeurs des divisions militaires, créés par l'arrêté du 1er pluv. an VIII, sont tous remplacés aujourd'hui à l'intérieur par les payeurs de département (ord. 4er nov. 1829). Il existe seulement des payeurs d'armée chargés du paiement des dépenses des armées actives (même ord.). — V. PAYEUR.

11. — Il y a en outre divers comptables spéciaux à qui est confiée la gestion de divers services particuliers. Tels sont: les agens comptables du transfert des rentes inscrites au grand livre de la dette publique, du grand livre des pensions et des versemens des comptes (décr. 16 août 1791, 24 août 1793, 6 germin., 23 flor. an II, 11 fructid. an III, L. et ord. 14 août 1812 et 8 juin 1821); les caissiers de la caisse d'amortissement et de celle des dépôts et consignations (L. 6 frim. an VII et 28 avr. 1816); le directeur des monnaies (décr. 18 avr. et 21 mai 1791, 15 sept. 1792, 22 vendém. an IV; ord. 26 déc. 1827); le trésorier des colonies et invalides de la marine (décr. 30 avr. 1791, 19 mars 1792, 15 germin. an III; ord. 2 oct. 1823); les commis-

saires des poudres et salpêtres (ord. 19 nov. 1817 et 15 juill. 1818); les directeurs comptables des postes (décr. 19 oct. 1792, 24 juill. 1793; ord. 9 janv. 1822); l'agent comptable des salines de l'Est (L. 14 avr. 1806, art. 49; décr. 16 fév. 1807); de l'imprimerie royale (décr. 5 fév. 1810 et 11 oct. 1811); les économes des colléges royaux (décr. 15 nov. 1811; ord. 21 août 1827 et 26 mars 1829); les receveurs des communes (décr. 14 nov. 1789; L. 11 frim. an VII, art. 30-34; arr. 4 thermid. an X, art. 32; ord. 23 juill. 1826; L. 18 juill. 1837); les agens comptables des hospices et des établissemens de bienfaisance (L. 16 vendém. an V, 17 messid. an VII; ord. 2 juill. 1816), etc.

12. — Suivant les auteurs de l'*Encyclopédie du droit* (vº *Comptables publics*, nº 3), il faut, outre les divers agens dont nous venons de tracer la nomenclature, considérer également comme comptables publics tous les préposés comptables des différentes régies exploitées pour le compte de l'état, des communes ou des établissemens publics; les manutentionnaires des vivres, les économes, les garde-magasins, les fournisseurs ou entrepreneurs commissionnés; tous ceux, en un mot, qui, n'exploitant pas pour leur propre compte et de leurs deniers les services dont ils sont chargés, ont à rendre compte à l'autorité et sont responsables de leur gestion.

13. — Tous les comptables de deniers publics sont soumis au serment imposé à tous les fonctionnaires par la loi du 5 mai 1791. — V. SERMENT.

14. — Ils doivent fournir un cautionnement. — V. CAUTIONNEMENT (fonctionnaires, etc.).

15. — Aucun titulaire d'un emploi de comptable de deniers publics ne peut être installé, ni entrer en exercice, qu'après avoir justifié, dans les formes et devant les autorités déterminées par les lois et réglemens, de l'acte de sa prestation de serment et du récépissé du versement de son cautionnement. — Ord. 31 mai 1838, art. 324.

16. — Tous les comptables doivent tenir des écritures régulières qui puissent justifier, à toute heure, de leurs opérations. — V. COMPTABILITÉ GÉNÉRALE, nºs 64 et suiv.

17. — Ils doivent rendre compte de leur gestion à des époques déterminées et dans les formes prescrites par les réglemens.

18. — L'action du gouvernement en reddition de compte ne se prescrit d'ailleurs que par trente ans. — *Paris*, 25 mars 1825, Palmerini; — Mangin, *De l'action publique*, t. 2, p. 268.

19. — Le jugement de ces comptes appartient soit à la cour des comptes, soit aux conseils de préfecture, suivant qu'il s'agit de deniers appartenant à l'état, ou aux communes et aux établissemens publics, ou encore suivant l'importance de la recette. — V. COMMUNE, CONSEIL DE PRÉFECTURE, COUR DES COMPTES.

20. — Le ministre des finances, et dans certains cas les préfets, ont le droit de décerner contre les comptables en débet des contraintes qui, revêtues des formalités prescrites par la loi, obtiennent la même exécution que les jugemens des tribunaux, sont exécutoires par provision, emportent contrainte par corps et hypothèque sur les biens, et sont suivies du séquestre et de la vente des biens du comptable. — Avis cons. d'état 16 thermid. an XII, 29 oct. 1811 et 24 mars 1812. — V. aussi LL. 12 vendém. an VIII, 13 frim. an VIII, 13 frim. an XIII; décr. 31 janv. 1806 et 12 janv. 1811.

21. — La vente des biens du comptable en débet ne peut avoir lieu que dans les formes prescrites par les lois civiles. — Avis cons. d'état 3 mai 1806.

22. — Les tribunaux seraient incompétens pour connaître des contestations élevées à l'occasion d'une contrainte délivrée par le ministre. — *Cons. d'état*, 24 janv. 1827.

23. — Le ministre des finances statue seul, sauf recours au conseil d'état, sur tous débats entre comptables. — *Cons. d'état*, 24 mars 1820; — Dumesnil, *Législ. spéc. du trésor en mat. content.*, nº 263.

24. — Le ministre des finances statue seul, par arrêté exécutoire par provision sur le débet ou déficit des comptables ressortissant à l'administration des finances, et s'il s'élevait entre le comptable et le ministre une contestation relative au véritable chiffre du débet, dans aucun cas les tribunaux ne seraient compétens pour en connaître, mais la décision du débat appartiendrait, en premier ressort, au ministre et non au conseil de préfecture (*Cons. d'état*, 6 juill. 1843, Bosc), et en dernier ressort, au conseil d'état. — Dumesnil, nº 263.

25. — Les receveurs ou autres agens comptables doivent, de plein droit, en cas de déficit ou de soustraction, des intérêts à raison de 5 p. %, à compter du jour où le versement aurait dû avoir lieu. — *Cons. d'état*, 20 nov. 1815, Dalignon; 27 août 1817, Signeneaux; — Cormenin, *Dr. admin.*, t. 1er, p. 347.

26. — Jugé, toutefois, que les intérêts du débet d'un comptable ne sont dus qu'à partir du jour de la signification de la contrainte. — *Cons. d'état*, 21 mai 1817, Conchon.

27. — Chaque comptable ne doit avoir qu'une seule caisse, dans laquelle sont réunis tous les fonds appartenant à ses divers services. — Ord. 31 mai 1838, art. 329.

28. — Il est responsable des deniers publics qui y sont déposés; en cas de vol ou de perte de fonds résultant de force majeure, il ne peut obtenir sa décharge qu'en produisant les justifications exigées par les réglemens de son service, et en vertu d'une décision spéciale du ministre des finances, sauf recours au conseil d'état. — *Ibid.*

29. — Aucun receveur, caissier, dépositaire, percepteur ou préposé quelconque, chargé de deniers publics, ne peut obtenir sa décharge d'aucun vol, s'il ne justifie qu'il est l'effet d'une force majeure, et que le dépositaire, outre les précautions ordinaires, avait eu celle de coucher ou de faire coucher un homme sûr dans le lieu où il tenait ses fonds, et, en outre, si c'était au rez-de-chaussée, de le tenir solidement grillé. — Arrêté du gouvernement du 8 flor. an X.

30. — Ainsi, un comptable dont la caisse a été forcée pendant la nuit ne peut être déchargé de sa responsabilité, s'il a négligé de coucher ou de faire coucher un homme sûr dans le local même où était cette caisse, encore bien qu'il couchât lui-même au-dessus de ce local, qu'il eût pratiqué dans le plafond une ouverture pour assurer sa surveillance, et que les agens de police chargés de faire des tournées dans la ville eussent reçu ordre de donner une grande attention à sa caisse. — *Cons. d'état*, 16 juin 1831, Viennet.

31. — Tout comptable dont la caisse a été volée, même pendant une sédition, ne peut d'ailleurs être déchargée, qu'autant qu'il prouve qu'il s'est trouvé dans l'impossibilité de sauver les deniers confiés à sa garde. — *Cons. d'état*, 3 sept. 1808, Chaigneau; 17 juill. 1810, Laurence; 26 fév. 1823, Esnou; 20 avr. 1835, Granville; 30 avr. 1836, Harbonné; 25 avr. 1842, Lieutier.

32. — Il est en outre tenu d'informer immédiatement l'autorité supérieure des tentatives qui auraient été faites pour enlever les fonds, quand bien même ces tentatives n'auraient pas été suivies d'effet. — Instr. gén. du ministr. des fin. du 17 juin 1840, art. 1076.

33. — Lorsqu'il y a eu vol de fonds, le comptable qui, à moins d'empêchement dûment constaté, n'a pas fait sa déposition à l'autorité locale, dans les vingt-quatre heures, est, par ce seul fait, déclaré responsable. — *Ibid.*

34. — Et il ne peut être déchargé de cette responsabilité, quand bien même le vol viendrait à être prouvé par l'arrestation ultérieure et la condamnation des coupables; en négligeant d'avertir immédiatement l'autorité et de lui faire connaître les circonstances du vol, il n'a pas fait ce qui dépendait de lui pour l'aider à découvrir les auteurs du crime et la mettre à portée de ressaisir les fonds enlevés. — Lettre du direct. de la comptabilité générale du 17 sept. 1838.

35. — Chaque comptable principal est responsable des recettes et dépenses de ses subordonnés qu'il a rattachées à sa gestion personnelle. — Ord. 31 mai 1838, art. 273.

36. — En conséquence de ce principe, tout comptable supérieur qui n'a pas exercé sur ses inférieurs toute la surveillance prescrite par les lois et réglemens est responsable du déficit qui peut se trouver dans leurs caisses. — *Cons. d'état*, 26 janv. 1809, Costes; 5 sept. 1810, Morlet; 16 fév. 1811, comm. de la Fermeté; 20 sept. 1812, Saujeon; 21 mars 1821, Méhu; 19 déc. 1821, de Saint Martin; 18 juin 1823, Durand; 27 mai 1839, Matharel; 26 déc. 1839, Delamble.

37. — Mais, dans ce cas, il exerce, par voie de subrogation, son recours sur les cautionnemens, la personne et les biens du débiteur. — Instr. gén. du min. des fin. du 17 juin 1840, art. 1111.

38. — Les comptables de deniers publics ou d'effets mobiliers publics et leur cautions sont soumis à la contrainte par corps, pour raison du reliquat de leurs comptes, déficit ou débet, constatés à leur charge, et dont ils ont été déclarés responsables. — L. 17 avr. 1832, art. 8.

39. — La durée de la contrainte par corps exercée en vertu d'une contraite décernée par le ministre des finances devra être fixée par un jugement rendu par le tribunal civil du domicile du comptable, conformément à l'art. 7, § 1er, L. 17 avr. 1832. — Dumesnil, nº 269.

40. — Ces dispositions s'étendent aux agens ou préposés des comptables qui ont personnellement géré ou fait la recette. — *Ibid.* — V. au surplus CONTRAINTE PAR CORPS.

41. — La contrainte par corps peut être exercée contre les comptables et leurs agens, non seulement par suite du *jugement* de leurs comptes, et dans les formes tracées par la loi du 17 avr. 1832, mais encore sur un simple arrêté en forme exécutoire de l'autorité administrative, en vertu des lois des 12 vendém. et 13 frim. an VIII, au cas où, par suite de vérification, un déficit est constaté à leur charge. — V. *suprà* nº 20.

42. — Tous les comptables sont d'ailleurs justiciables du tribunal de commerce à raison des billets par eux souscrits. — C. comm., art. 634.

43. — Mais cette règle n'est pas susceptible d'application pour les billets des comptables qui indiqueraient une cause étrangère à leur comptabilité ou au commerce, ni pour leurs engagemens verbaux. — Pardessus, *Dr. commercial*, t. 1er, nº 54; *Encyclop. du droit*, vº *Comptables publics*, nº 21.

44. — Quelle que soit d'ailleurs la personne au profit de laquelle les billets ont été souscrits, du moment qu'ils n'indiquent pas une cause étrangère à la comptabilité ou au commerce, ils entraînent juridiction consulaire et contrainte par corps. Il n'est pas nécessaire qu'ils aient été souscrits au profit du trésor au des communes et établissemens publics. — Coin-Delisle, *Comm.* sur la loi du 17 avr. 1832, p. 84, nº 14.

45. — Le simple endossement d'un billet à ordre par un comptable produit-il les mêmes effets? — Oui, selon MM. Coin-Delisle (*ubi suprà*), Vincens (*Législation commerciale*, t. 1er, p. 338), et les auteurs de l'*Encyclopédie du droit* (vº *Comptables publics*, nº 27). — V. *contrà Colmar*, 23 août 1814, Schneider c. Schoeffer. — V. COMPÉTENCE COMMERCIALE.

46. — Indépendamment du cautionnement qui sert de garantie à la gestion des comptables, l'art. 2121, C. civ., les soumet à une hypothèque légale, qui frappe indistinctement sur tous les biens qu'ils possédaient au moment de leur nomination comme sur ceux qu'ils acquièrent ultérieurement, à titre gratuit ou onéreux. — L. 5 sept. 1807, art. 6.

47. — Cette hypothèque légale n'existe néanmoins qu'à la charge de l'inscription. — C. civ., art. 2134; L. 5 sept. 1807, art. 6.

48. — Le trésor public a en outre privilége: 1º sur les immeubles acquis à titre onéreux, par les comptables, postérieurement à leur nomination. — L. 5 sept. 1807, art. 4.

49. — ... 2º Sur ceux acquis au même titre et depuis cette nomination, par leurs femmes, même séparées de biens. — *Ibid.*

50. — Sont exceptées néanmoins les acquisitions à titre onéreux faites par les femmes, lorsqu'il sera légalement justifié que les deniers employés à l'acquisition leur appartenaient. — *Ibid.*

51. — Le privilége dont il vient d'être parlé n'a lieu également, conformément aux art. 2106 et 2113, C. civ., qu'à la charge d'une inscription qui doit être faite dans les deux mois de l'enregistrement de l'acte translatif de propriété. — L. 5 sept. 1807, art. 5.

52. — En aucun cas, ce privilége ne peut préjudicier: 1º aux créanciers privilégiés désignés dans l'art. 2103, C. civ., lorsqu'ils ont rempli les conditions prescrites pour obtenir le privilége; — 2º aux créanciers désignés aux art. 2101, 2104 et 2105, C. civ., dans le cas prévu par le dernier de ces articles; — 3º aux créanciers du précédent propriétaire qui auraient sur le bien acquis des hypothèques légales, existantes indépendamment de l'inscription, ou toute autre hypothèque valablement inscrite. — *Ibid.*

53. — Enfin le trésor public a également privilége sur tous les biens meubles des comptables, même à l'égard des femmes séparées de biens, pour les meubles trouvés dans les maisons d'habitation du mari, à moins qu'elles ne justifient légalement que lesdits meubles leur sont échus de leur chef, ou que les deniers employés à l'acquisition leur appartenaient. Ce privilége ne s'exerce néanmoins qu'après les priviléges généraux et particuliers énoncés aux art. 2101 et 2102 C. civ. — L. 5 sept. 1807, art. 2. — V. au surplus PRIVILÉGE.

54. — En conséquence des dispositions qui précèdent, tous receveurs généraux de département, tous receveurs particuliers d'arrondissement, tous payeurs généraux et divisionnaires, ainsi que les payeurs des départemens, des ports et des armées, seront tenus d'énoncer leurs titres et qualités dans les actes de vente, d'acquisition, de partage, d'échange, et autres translatifs de propriété qu'ils passeront, et ce, à peine de destitution; en cas d'insolvabilité envers le trésor public, d'être poursuivis comme banqueroutiers frauduleux. — L. 5 sept. 1807, art. 7.

55. — Les receveurs de l'enregistrement et les conservateurs des hypothèques sont tenus aussi, à peine de destitution et, en outre, de tous dommages-intérêts, de requérir ou de faire l'inscrip-

tion au nom du trésor public, pour la conservation de ses droits, et d'envoyer, tant au procureur du roi du tribunal de première instance de l'arrondissement des biens qu'à l'agent du trésor public à Paris, le bordereau prescrit par les art. 2148 et suiv., C. civ. — *Ibid.*

56. — Ces règles souffrent exception lorsque le comptable a obtenu un certificat du trésor public, portant que l'aliénation n'est pas sujette à inscription de la part du trésor. Le certificat doit être alors énoncé et daté dans l'acte d'aliénation. — *Ibid.*

57. — En cas d'aliénation, par un comptable, de biens affectés aux droits du trésor public par privilège ou par hypothèque, les agens du gouvernement peuvent poursuivre par toutes les voies de droit le recouvrement des sommes dont le comptable aura été constitué redevable.—L. 5 sept. 1807, art. 8.

58.—Si le comptable n'est pas actuellement institué redevable, le trésor public est tenu dans les trois mois, à compter de la notification à lui faite, aux termes de l'art. 2135, C. civ., de fournir et de déposer au greffe du tribunal de l'arrondissement des biens vendus, un certificat constatant la situation du comptable, à défaut de quoi la main-levée de l'inscription aura lieu de droit et sans qu'il fût besoin de jugement.—L. 5 sept. 1807, art. 9.

59.—La main-levée a également lieu de droit, dans le cas où le certificat constate que le comptable n'est pas débiteur envers le trésor public. — *Ibid.*

60.—La prescription des droits du trésor public, établie par l'art. 2227, C. civ., court au profit des comptables, du jour où leur gestion a cessé.— L. 5 sept. 1807, art. 10.

V. CESSION DE BIENS, COMPTABILITÉ GÉNÉRALE, CONTRAINTE, CONTRIBUTIONS DIRECTES, CONTRIBUTIONS INDIRECTES, COUR DES COMPTES, PERCEPTEUR, RECEVEURS DES FINANCES, TIMBRE.

COMPTE.

1. — État détaillé de recettes et de dépenses présenté par la personne chargée, à un titre quelconque, d'administrer la chose ou les affaires d'autrui, pour établir sa situation comme débitrice ou créancière vis-à-vis de celui à qui le compte est rendu. — *Encycl. méthod.*, v⁰ *Compte*; Guyot, *Rép. de jurisp.*, id.; Denisart, *Collect. de jurisp.*, id.; Merlin, *Rép., eod. verb.*; Favard, *Rép. de la législ., eod. verb.*; Bioche, *Dict. de procéd., eod. verb.*

2. — Cette définition s'applique au droit civil. Elle ne peut s'appliquer au droit commercial où l'on entend, en général, par compte un tableau représentant les opérations de toute nature faites entre deux négocians. — *Encycl. du dr.*, v⁰ *Compte*, nᵒ 1ᵉʳ. — V. COMPTE COURANT.

3. — On appelle ordre de compte la division du compte en chapitres de recettes, de dépenses et de reprises s'il y en a. — Guyot, *Répert. de jurisp.*, v⁰ *Compte*, p. 317; [Merlin, *Répert.*, *ib.*

4. — Tout administrateur doit justifier sa gestion; cette obligation est tellement souveraine que jusqu'à l'apurement de son compte et la remise des pièces justificatives, celui-qui doit le compte est réputé débiteur. — Guyot, *loc. cit.*; *Encycl. méthod.*, *ibid.*; Denisart, *ibid.*; Merlin, *ibid.*, § 4ᵉʳ, nᵒ 1ᵉʳ; Favard, *ibid.*; Bioche, *id.*, § 4ᵉʳ, nᵒ 4ᵉʳ.

5. — Ce sont là des règles fondamentales en matière de compte. Mais la dernière n'est pas tellement absolue que l'administrateur, qui est encore soumis à l'obligation de rendre compte, puisse être frappé par des actes d'exécution sur ses biens ou sur sa personne. Pour cette rigueur de la loi puisse être employée contre lui, il faut qu'un délai lui ait été fixé par le tribunal pour rendre son compte, et qu'il n'ait pas satisfait à l'injonction de la justice. Une simple mise en demeure de la part de l'oyant ne suffirait pas.—C. procéd. civ., art. 534. — *Encycl. du dr.*, nᵒˢ 5 et 88; Chauveau sur Carré, *Quest.* 1844 *ter.*

6. — L'ordonnance de 1667 renfermait des principes analogues dans son art. 4ᵉʳ, tit. 20, qui portait : « Les tuteurs, procureurs, curateurs, fermiers judiciaires, séquestres, gardiens et autres qui auront administré le bien d'autrui, seront tenus de rendre compte aussitôt que leur gestion sera finie, et seront toujours réputés comptables, encore que le compte soit clos et arrêté, jusqu'à ce qu'ils aient payé le reliquat, s'il en est dû, et remis toutes les pièces justificatives. »

7. — Dans les Codes civil et de procédure civile, toutes les personnes soumises au devoir de rendre compte sont désignées par une disposition particulière.

8.—Ainsi, sont tenus de rendre compte : les envoyés en possession des biens de l'absent.—C. civ., art. 125.

9. — ... Le père qui, durant le mariage, administre les biens personnels de ses enfans. — C. civ., art 389.

10. — ... Les tuteurs.—C. civ., art. 469.

11. — ... Les curateurs. — C. civ., art. 393, 482; C. procéd. civ., art. 426);

12. — ... L'administrateur provisoire donné à celui qu'on veut faire interdire. — C. civ., art. 497.

13. — ... Le simple possesseur. — C. civ., art. 549 et 206.

14. — ... L'héritier bénéficiaire.—C. civ., art. 803.

15. — ... Le curateur à une succession vacante. — C. civ., art. 813, 814.

16. — ... Les copartageans entre eux. — C. civ., art. 828.

17. — ... Les exécuteurs testamentaires.—C. civ., art. 1034 et 1053.

18. — ... Tout mandataire ou gérant d'affaires. — C. civ., art. 1993 et 1372.

19. — ... L'époux survivant dans le cas de communauté.—C. civ., art. 1442 et 1476.

20.—... Le mari, lorsque sa femme séparée lui a laissé la jouissance de ses biens (C. civ., art. 1539); ou lorsqu'il administre les biens paraphernaux (C. civ., art. 1577 et 1578.

21.—...Les associés entre eux.—C. civ., art.1872.

22. — ... Le dépositaire. — C. civ., art. 1937.

23. — ... Celui qui est investi du séquestre conventionnel. — C. civ., art. 1956.

24. — ... Le gardien judiciaire (C. civ., art. 1962), ainsi que le séquestre des biens du contumax. —C. inst. crim., art. 474.

25. — Le créancier gagiste. — C. civ., art. 2079 et 2081.

26. — ... Le créancier antichrésiste.—C. civ., art. 2085-2086.

27. — ... Le curateur au délaissement par hypothèque d'un immeuble.— C. civ., art. 2174 et suiv.

28. — L'énumération qui précède indique clairement trois classes de comptables : 1⁰ ceux des mineurs par justice; 2⁰ les tuteurs; 3⁰ ceux qui deviennent comptables par suite d'une convention ou d'un quasi-contrat.

29. — Il existe une quatrième classe, celle des comptables des deniers publics, dont les obligations sont réglées par des lois spéciales. — L. 16 sept. 1807. — V. COMPTABLES PUBLICS.

30. — Les incapables ne sont pas dispensés de l'obligation de rendre compte; mais l'accomplissement de ce devoir absolu incombe aux personnes qui se trouvent chargées de les diriger ou de les représenter.

31. — Il en est de même d'un comptable dont l'absence est présumée. Les envoyés en possession ou les administrateurs (C. civ., art. 113 et 434) sont tenus de rendre compte en son nom, et comme il l'aurait fait lui-même.

32. — Mais la femme commune en biens, qui a reçu de son mari mandat d'administrer les biens de la communauté, est-elle tenue de rendre compte?—La négative fonde sur ce que, les dettes contractées par la femme avec le consentement du mari étant dettes de communauté (C. civ., art. 1492, 2⁰), la communauté ou le mari, qui en est le chef, se trouve tout à la fois créancier et débiteur, et que dès-lors l'obligation de rendre ce compte se trouve, par une sorte de confusion, éteinte au moment où elle peut naître. — Pour motiver l'affirmative, les auteurs de l'*Encycl. du dr.* (v⁰ *Compte*, nᵒ 40) ont proposé une distinction : selon eux, ce n'est pas le droit de demander compte à la femme qui manque au mari, c'est le moyen coërcitif soit d'obtenir le compte, soit d'en faire payer le reliquat. Or, ce moyen coërcitif, le mari ou ses héritiers l'ont à leur disposition, après la dissolution de la communauté.

33. — Jugé en conséquence que la femme qui a touché, en qualité de mandataire de son mari, est, comme tout autre mandataire, tenue de rendre compte de son mandat; tant qu'elle ne prouve pas le contraire, il y a présomption qu'elle a retenu et utilisé à son usage personnel les sommes par elle touchées. — *Cass.*, 18 déc. 1834, Sainte-Christie.

34. — Pour ce qui concerne le fils de famille qui a géré les biens de famille, il ne peut être assimilé à un tuteur ou mandataire ordinaire; il ne doit au plus qu'un compte par bref état. — *Paris*, 47 fév. 1821, Bioche c. Grandet.

35.—Le compte par bref état n'est qu'un aperçu général des élémens du compte; le compte définitif est, au contraire, un détail minutieux de toutes les opérations qui doivent y figurer.

36. — Les parties majeures peuvent rendre et recevoir l'amiable le compte que les intéresse; s'il est une partie qui ne soit pas maîtresse de ses droits et qui ne jouisse pas de la plénitude de sa capacité civile, le compte doit être rendu en justice, et dans ce cas, la loi, ayant voulu pourvoir à l'économie des frais, a obligé les oyans qui ont le

même intérêt à se faire représenter par un seul avoué de leur choix. — V., au surplus, pour toutes les formalités, REDDITION DE COMPTE.

37. — Les tuteurs sont soumis à ces deux sortes de compte. Le premier peut être exigé chaque année; le second seulement à la fin de leur gestion. — V. COMPTE DE TUTELLE.

38. — L'obligation pour les comptables de rendre leur compte, trouve comme toutes les obligations, sa sanction dans la loi. Ainsi, celui auquel un compte est dû peut se faire rendre malgré le refus du comptable.

V. aussi ABSENCE, ACTE AUTHENTIQUE, ANNEXE DE PIÈCE, ARRÉRAGES, ASSURANCE MARITIME, AVEU, CESSION DE BIENS, DOUBLE ÉCRIT, PREUVE, PREUVE TESTIMONIALE, REMISE DE LA DETTE, SERMENT JUDICIAIRE ET EXTRA JUDICIAIRE.

COMPTE COURANT.

Table alphabétique.

COMPTE COURANT. — 1. On nomme *compte courant* le composé de tout ce que deux correspondans se doivent réciproquement pour les lettres de change, mandats, billets ou autres effets qu'ils tirent l'un sur l'autre, qu'ils se transportent ou acquittent à leur réquisition respective; des rentrées qui en sont le résultat, du prix des ventes ou fournitures qui se font à crédit; en un mot, de tout ce qui peut avoir pour effet de modifier incessamment entre eux les rapports de *débit* et de *crédit*. — Pardessus, *Dr. commun.*, t. 2, nᵒ 473.

2. — On a donc pu dire avec raison qu'en matière commerciale, le compte courant comprend toutes les opérations qui ne sont point limitées au comptant ou réglées en caisse, et par suite desquelles deux personnes en relations habituelles d'affaires se trouvent respectivement créancières et débitrices l'une de l'autre.

CHAPITRE Iᵉʳ. — *Caractères et formes du compte courant.*

3. — L'état de compte courant se caractérise, selon les rédacteurs de l'*Encyclop. du droit* (v⁰ *Compte courant*, nᵒ 3), par cette circonstance que les par-

ties se livrent entre elles à une série d'opérations qui continue jusqu'à ce que leur volonté l'arrête ; leur position respective de créancier et de débiteur se modifie et s'échange à chaque instant. Le compte courant reproduit l'image de cette situation dans la variation et la mobilité incessante du débet et du crédit qu'amène l'inscription successive des opérations.

4. — En effet, les affaires peuvent se traiter de trois manières : 1° *au comptant* ; alors elles ne figurent sur les livres que pour mémoire ; — 2° *par réglemens en effets* ; ce mode est considéré comme paiement au comptant, car, si à l'échéance les effets ne sont pas payés, le vendeur ne peut plus agir comme vendeur, mais comme porteur d'effets ; — 3° *à crédit*, lorsqu'après avoir vendu de la marchandise, on ne reçoit ni argent, ni effets, et qu'on accorde un terme pour le paiement. Ce prêt du vendeur est porté au compte de l'acheteur. — Il ne faut pas dire que par cela même ils se trouvent en compte courant; autrement, on assignerait le caractère de compte courant à toutes les opérations à terme, qui peuvent très bien faire la matière d'un simple compte ordinaire. Mais le résultat de cette vente peut devenir l'un des élémens du compte courant que les relations habituelles ont pu établir entre deux individus qui sont successivement créanciers et débiteurs respectifs.

5. — Ce serait trop restreindre les caractères du compte courant que d'y voir un contrat de prêts réciproques que des correspondans conviennent de se faire, puisque les opérations de vente et de commission figurent très fréquemment dans les comptes courans.

6. — Aussi a-t il été jugé qu'on ne saurait considérer comme compte courant un compte qui ne consiste qu'en prêts et avances faits par une maison de commerce pour le paiement de billets souscrits ou endossés par une autre maison et en à-compte reçus sur ces avances. — *Paris*, 18 mai 1825, Conseillant c. Compeignac.

7. — Cependant, en banque, et d'après les usages de la banque de France notamment, un compte courant se compose de sommes qu'on dépose à la condition de les retirer à volonté et selon les besoins de chaque jour ; dans ce cas, le banquier devient seul mandataire de la personne pour laquelle il paie; mais, dans les usages généraux du commerce, un compte courant ne se restreint pas à avoir un dépôt pour principe, et il a de plus larges proportions.

8. — Le compte courant, qui peut se prolonger indéfiniment au gré des parties, mais qui peut, par la volonté d'une seule, être interrompu à l'instant, n'a pas le caractère précis des contrats définis par la loi.

9. — Il résulte, selon les rédacteurs de l'*Encyclopédie du droit*, de cette succession d'opérations une situation équivoque sur laquelle il n'est souvent possible de se fixer qu'en supposant une convention tacite et en remontant à l'intention commune et présumée des deux parties, soit au moment où elles auront commencé leurs négociations, soit à l'époque de chacune d'elles.

10. — Selon M. Pardessus (n° 475), le compte courant crée entre les commerçans une espèce de contrat qui tient, suivant les circonstances, du mandat, du prêt ou du dépôt irrégulier.

11. — La simple volonté des parties ne suffit pas pour établir entre elles un compte courant. Il faut qu'elles se soient livrées à une suite d'opérations propres à constituer le compte courant.

12. — Il ne suffit pas non plus que l'une des parties et même toutes deux aient porté une opération dans le compte pour qu'elle soit réputée y avoir été valablement comprise, il faut rechercher si elle devait réellement y figurer. De même, si une opération n'avait pas été portée au compte, on peut toujours demander qu'elle y soit inscrite, si elle était de nature à y être admise.

13. — On détermine les opérations qui doivent entrer en compte courant d'abord, d'après l'intention présumable des parties, qu'on doit considérer comme ayant voulu réciproquement se couvrir de tout ce qu'il y avait à la charge de l'une ou de l'autre, ensuite d'après la nature même de l'opération qui, pour être portée en compte courant, doit avoir donné lieu à la remise d'une valeur faite à la charge d'en créditer le correspondant. — Goujet et Merger, *Dict. de dr. comm.*, v° *Compte-courant*, n° 6.

14. — Cette remise d'une valeur est une condition essentielle du compte courant, car si l'un des correspondans était crédité sans qu'il y eût eu remise de valeur, il n'y aurait pas de compte courant, car ce compte pas plus que tout autre ne peut exister sans la matière nécessaire à sa formation. — Delamarre et Lepoitvin, *Tr. de la commission*, t. 2, n° 489.

15. — La remise peut être soit immédiate, quand un négociant remet ou envoie directement à son correspondant de l'argent ou des valeurs en lettres de change, billets, etc., soit médiate quand un négociant verse pour son correspondant et d'après son ordre des sommes chez un tiers ou quand il paie pour ce correspondant des traites sans avoir reçu de provision.

16. — Il faut que la somme ou valeur soit remise en toute propriété, de sorte que celui qui reçoit soit libre d'en disposer comme de sa chose dès que la tradition lui en est faite. Si la somme était remise avec ordre de la garder à la disposition du remettant ou de l'employer à un usage déterminé, il n'y aurait pas compte courant, mais dépôt dans le premier cas, et dépôt mêlé de mandat dans le second. — Delamarre et Lepoitvin, *Tr. de la comm.*, t. 2, n° 491.

17. — Le compte courant se distingue de tous les autres comptes usités dans le commerce en ce que le remettant transporte la propriété de la chose remise sans ordonner que le produit de cette chose soit tenu à sa disposition ni prescrire un emploi déterminé pour son compte personnel, soit de ce produit lui-même, soit d'une somme numériquement égale à ce produit. — Delamarre et Lepoitvin, t. 2, n° 484.

18. — La remise doit avoir lieu à la charge d'en créditer le remettant, car c'est dans ce crédit que consiste l'obligation de celui qui reçoit, laquelle est la contre-valeur de ce qui lui est remis; sans cette obligation ce serait un don ou un paiement sans cause. — Delamarre et Lepoitvin, t. 2, n° 492.

19. — La remise doit être faite, sauf réglement, par compensation jusqu'à due concurrence des remises respectives sur la masse entière du débit et du crédit, parce que la compensation est l'unique moyen de parvenir au but économique que les parties se proposent, et que ce mode de compensation est le seul compatible avec la nature et même avec l'expression de compte courant. — Delamarre et Lepoitvin, t. 2, n° 499.

20. — Il y a compte courant entre deux négocians quand les opérations intervenues entre eux ont nécessité l'ouverture d'un crédit et d'un débit; et cette nécessité résulte de remises successives de billets, alors que les remises de ces valeurs ne sont point suivies de leur paiement immédiat. — *Douai*, 10 mai 1836, Bauffe c. Verteneuil.

21. — Il y a un véritable compte courant entre le banquier et son commettant, qui lui a donné mandat d'acheter ou de vendre à terme des rentes à la bourse, lorsque ces achats et ventes sont faits pour le compte personnel du commettant, et sans intérêt ni profit pour le banquier. Le banquier a dans ce cas une action contre son commettant, et on ne peut assimiler l'opération à des jeux de bourse entre joueurs respectifs, pour lesquels la loi refuse toute action. — *Cass.*, 5 mars 1834, Proby-Bowler c. Goldsmith ; — Goujet et Merger, n° 21.

22. — Il y a encore compte courant lorsqu'un banquier ou autre personne se charge de payer et de faire rentrer des valeurs pour le compte d'un négociant. Dans ce cas, il est dû pour les rentrées un droit de commission, et le banquier n'est constitué débiteur que lorsqu'il a encaissé les fonds.

23. — Lorsque deux banquiers ont réglé leur compte dans l'intention de cesser leurs opérations à l'avenir, et qu'ils sont convenus que jusqu'à ce que le créancier du solde retire ses fonds, l'intérêt ne lui en sera plus payé qu'à un taux moindre que par le passé, cette opération constitue encore entre eux un compte courant dans le sens de l'art. 22. — *Paris*, 22 fév. 1809, Loret c. Rousseau-Bagueneau.

24. — L'existence d'un compte courant n'empêche pas chacun des correspondans de remettre à l'autre des valeurs dont il conserve la disposition et la propriété. — Delamarre et Lepoitvin, t. 2, n° 485.

25. — En matière de société, on appelle *compte courant libre, compte courant obligé* les avances qu'un associé fait ou s'oblige à faire indépendamment de sa mise, et qui le constituent créancier particulier de la société. — Pardessus, n° 985.

26. — Les opérations qui constituent un compte courant doivent être portées d'abord sur le livre-journal, et ensuite transcrites sur le grand-livre, au compte particulier de chaque correspondant. Ce compte se compose de la colonne du crédit et de celle du débit. Celui qui fournit est créditeur, celui qui reçoit est débiteur. La balance de ces deux colonnes forme un reliquat qui constitue l'un des correspondans créancier de l'autre.

27. — Dans le compte courant usité en banque, et dont nous avons parlé (*suprà* n° 7), le banquier ouvre seul son compte courant, tandis qu'en matière de compte courant ordinaire, chaque correspondant ouvre un compte dont le débit forme le crédit du compte de l'autre correspondant, et réciproquement.

28. — Les comptes courans se constatent sur le grand-livre ou livre d'ordre; ce qui n'empêche les maisons de commerce d'avoir des livres de comptes courans, qui ont l'avantage de contenir plus de détails que le grand-livre. — *Dict. du not.*, v° *Compte courant* ; *Encycl. du dr.*, v° *Compte-courant*, n° 23.

29. — Dans le langage du commerce, ouvrir un compte c'est consentir à porter sur le grand-livre les diverses opérations qui interviennent avec la personne à laquelle le compte est ouvert. — Passer écriture c'est établir la cause du crédit ou du débit. — Rapporter c'est transporter du livre-journal sur le grand-livre les opérations faites avec le correspondant. — Dresser un compte c'est établir la situation dans laquelle on se trouve avec son correspondant. — Solder ou balancer un compte, c'est faire l'addition du débit et du crédit. — Porter à nouveau, c'est reporter sur un nouveau compte le solde du compte précédent. — Goujet et Merger, v° *Compte-courant*, n° 17.

30. — Il ne faut pas confondre le compte courant avec le compte par échelette. Dans ce dernier, en effet, la somme payée par le débiteur s'impute d'abord sur les intérêts, et subsidiairement sur le capital (C. civ., art. 1234); de telle sorte que la somme rétranchée du capital par imputation de l'à-compte ne produit plus d'intérêts. Dans le compte-courant, au contraire, il n'y a pas d'imputation, et la somme donnée par le débiteur produirait intérêt jusqu'au réglement définitif. Ainsi, la différence entre le compte courant et le compte par échelette consiste dans la partie de l'à-compte qui s'applique aux intérêts. — Rolland, n° 9 ; Goujet et Merger, n° 30.

31. — L'insertion d'un article au compte courant a pour effet d'opérer une espèce de novation en ce sens que la créance particulière qui existait primitivement se trouve confondue avec les autres élémens du compte et ne peut plus en être séparée ; on n'a plus égard à sa nature primitive, elle prend celle du compte courant. — Pardessus, n° 52.

32. — Mais cette modification ne s'étend pas jusqu'à suspendre l'exigibilité ; ainsi le débiteur d'une lettre de change ne serait pas admis à refuser ou à ajourner le paiement jusqu'à l'apurement du compte courant. Les engagemens compris dans le compte et qui ont cessé d'être exigibles ont changé de nature et sont devenus de simples pièces justificatives ; ceux dont l'échéance n'est pas arrivée n'ont pas encore perdu complétement leur caractère, puisqu'ils peuvent être payés, et dans ce cas n'être pas compris dans le compte. — Goujet et Merger, n° 26.

CHAPITRE II. — *Droits et obligations résultant du compte courant.*

33. — La nature propre d'un compte courant est que la balance en soit exigible à volonté. Il est du devoir de celui qui est débiteur par l'effet de cette balance, de couvrir son correspondant par des remises sans le faire attendre lorsqu'elles sont demandées, et l'usage a consacré en faveur du créancier, si son compte est en retard, qu'il puisse tirer sur le débiteur. — Pardessus, n° 475.

34. — Ainsi jugé que lorsque aucune époque de remboursement n'a été convenue entre un banquier et une personne qui lui a remis des fonds en compte ouvert, le solde de compte est exigible à la volonté du déposant, sauf au tribunal à accorder, selon les circonstances, un délai au banquier qui le demande. — *Bourges*, 6 juin 1840 (t. 2 1841, p. 126), Julien c. de Latingy.

35. — Suivant les usages du commerce, les remises de valeurs de portefeuille ne sont portées au crédit de celui qui les souscrit et au débit de celui qui les reçoit que sous la réserve qu'elles seront payées à échéance. Cette condition est toujours sous-entendue. — *Paris*, 12 nov. 1844 (t. 2 1844, p. 517), syndics Perrault c. Ruffier ; *Nanci*, 10 déc. 1842 (t. 2 1843, p. 324), Doublat ; — Delamarre et Lepoitvin, t. 2, p. 496 ; Goujet et Merger, v° *Compte courant*, n° 22.

36. — La remise de traites faite en compte courant ne constitue qu'une créance réalisable, conditionnelle, et sauf encaissement. — Conséquemment, le négociant qui les a acceptées, et qui ne peut les représenter par suite de la négociation qu'il en a faite, n'est pas constitué immédiatement débiteur de leur montant, lorsque d'ailleurs les tiers porteurs n'en poursuivent pas le paiement contre le tireur. — *Rouen*, 11 juill. 1840 (t. 1er 1841, p. 157), Lefrançois c. Crochet.

37. — Lorsque des parties étant en état de compte

courant ont arrêté le solde de ce compte et sont convenues que le reliquataire ne le rembourserait qu'après un certain délai, et jusque-là en servirait les intérêts, un jugement a pu décider sans violer aucune loi qu'elles étaient restées en état de compte courant. — *Cass.*, 8 germin. an XI, Vanoverstraeten c. Tournon.

38. — Mais jugé qu'en matière de compte courant entre commerçans, et avant même liquidation définitive du compte, les remises successives que se font les deux parties doivent être considérées comme des paiemens partiels soumis aux règles d'imputation et de compensation prescrites en matière civile. — *Cass.*, 3 avr. 1839 (t. 1er 1839, p. 587), Darcel c. Demiannay.

39. — De même, il a été jugé qu'en matière civile le réglement des avances et recettes faites par un mandataire peut avoir lieu, comme en matière de commerce, par voie de compte courant (C. civ., art. 1254). — Ce réglement est surtout inattaquable lorsque le mode d'imputation eût produit le même résultat que celui du compte courant. — *Cass.*, 9 fév. 1836, Nusse c. Lescur.

40. — Les engagemens commerciaux résultant d'un compte courant sont régis, quant au paiement, non pas par les art. 157 et 189, C. comm., mais par les principes du droit commun, c'est-à-dire par l'art 1244, C. civ., qui autorise le juge à impartir au débiteur un délai pour le paiement. Les paiemens peuvent même être divisés, bien qu'il ne s'agisse que d'une seule créance. — *Cass.*, 20 déc. 1842 (t. 1er 1843, p. 316), Aroux c. Mainot.

41. — Les règles sur l'imputation légale de paiement ne reçoivent pas d'application en matière de compte courant. En conséquence on ne peut extraire d'un compte courant un ou plusieurs articles pour y appliquer les remises que le débiteur aurait faites postérieurement, sans spécialité d'affectation, et en conclure l'extinction particulière des obligations figurant dans les articles extraits, et cela même à l'égard d'un tiers qui aurait cautionné ces obligations. Dans ce cas le cautionnement peut être déclaré applicable, jusqu'à concurrence de la valeur de ces obligations, au solde définitif du compte courant. — *Bordeaux*, 8 avr. 1842 (t. 1er 1844, p. 27), Meyer c. Clauzel.

42. — Aucune opposition n'est admise sur les sommes en compte courant dans les banques autorisées. — L. 24 germ. an XI, art. 33.

43. — Les comptes courans portent intérêt de plein droit, parce que les correspondans sont respectivement mandataires. — *Cass.*, 17 mars 1824, Berlin c. Valès; — Pardessus, no 475; Goujet et Merger, no 31.

44. — D'autres auteurs justifient le cours des intérêts de plein droit en disant que l'opération résultant du compte courant est un prêt pour lequel en matière commerciale la mise en demeure n'est pas nécessaire (C. civ., art. 1153). D'autres voient dans cette opération un dépôt irrégulier des fruits desquels le dépositaire doit compte (C. civ., art. 1936). Les auteurs de l'*Encycl. du dr.*, no 55, en donnent la raison suivante : Le but du commerce, disent-ils, c'est la poursuite d'un gain, d'un bénéfice, le moyen de le réaliser, c'est d'utiliser toutes les ressources dont on peut disposer; d'où la présomption légale que les capitaux ne demeurent jamais improductifs entre les mains d'un négociant et qu'il en retire un bénéfice. La conséquence naturelle et juste de cette présomption, c'est qu'il en doit servir les intérêts à celui à qui ils sont dus, pendant tout le temps qu'il est supposé en avoir joui.

45. — En matière commerciale, les avances constatées par un compte courant sont productives d'intérêts de plein droit. Il en est ainsi notamment pour des avances faites entre un munitionnaire général et ses sous-traitans, lorsqu'il est constaté que les versemens réciproques opérés entre eux soit en marchandises, soit en espèces, étaient réglés en compte courant. — *Cass.*, 11 janv. 1841 (t. 2 1841, p. 141), Herman c. Compagnie Leleu.

46. — Ainsi, les dispositions du droit civil quant aux intérêts ne sont point applicables en matière de commerce; il est d'un usage constant, reconnu par la jurisprudence que les intérêts entre négocians qui sont en compte courant pour affaires de commerce soient réciproquement dus et soient exigés, soit au débit, soit au crédit. — *Bordeaux*, 4 juill. 1832, Lafond de Ladebat c. Faucher.

47. — Le réglement de compte sans paiement du reliquat ne fait point cesser le compte courant; aussi a-t-on décidé qu'en matière de commerce, le solde d'un compte courant, arrêté par le débiteur, est productif d'intérêts. — *Paris*, 24 juin 1812, Mazères c. Chegaray; *Cass.*, 17 mars 1824, Belin c. Valès.

48. — Néanmoins il a été jugé par la cour de Bruxelles (13 janv. 1813, Graincourt c. Goffin) que lorsque des négocians sont en compte courant, celui qui se trouve reliquataire ne doit point les intérêts du reliquat à compter du jour de l'arrêté de compte, s'il n'y a point de convention. — Mais cet arrêt ne saurait évidemment prévaloir contre une jurisprudence constante.

49. — Les effets de commerce remis au commerçant et portés au crédit ne portent intérêt que du jour de l'échéance de chacun, et s'il arrive qu'ils ne soient pas payés, la valeur est portée au débit pour annuler les articles du crédit non encaissés. — *Dict. du not.*, no 4.

50. — D'après la convention ou l'usage, l'intérêt peut être cumulé avec le capital au bout d'un certain temps pour en produire un nouveau. — *Cass.*, 10 nov. 1818, Fournier c. Mallet; — Pardessus, no 475; et consultation de M. Pardessus, rapportée en note sous cet arrêt; Goujet et Merger, no 33.

51. — Les intérêts du reliquat de compte courant se capitalisent lors de chaque arrêté et produisent alors de nouveaux intérêts. Tel est l'usage ordinaire du commerce. — *Dict. du not.*, no 8. — Mais rien n'empêche d'arrêter les comptes à des époques plus ou moins rapprochées.

52. — En matière de comptes courans, la capitalisation des intérêts est autorisée par les usages du commerce, lors même que les réglemens de compte interviennent plus d'une fois par an. — *Colmar*, 11 mai 1842 (t. 1er 1843, p. 8), Schelbaum; *Cass.*, 19 déc. 1827, Cogès c. Théry; *Dijon*, 12 nov. 1834, Bouault c. Gérard; *Grenoble*, 16 fév. 1836 (t. 2 1837, p. 100), Chabelet c. Guttin; — Pardessus, *Dr. comm.*, t. 1er, no 475; Vincens, *Législ. comm.*, t. 2, p. 158; Zachariæ, t. 2, p. 326, et Molinier, *Tr. du droit comm.*, t. 1er, liv. 1er, p. 66, nos 68 et suiv.

53. — Suivant les usages du commerce, non contraires aux lois de la matière, les intérêts des sommes portées dans un compte courant peuvent être capitalisés tous les six mois par suite de réglement de compte, et cette capitalisation peut être continuée jusqu'à l'époque de la demande, encore bien que les mouvemens de fonds aient cessé à une époque bien antérieure. — La maison de banque est autorisée par l'usage à réclamer, en pareil cas, un droit de commission pour les avances de fonds effectuées par elle, et sur les effets ou traites qui lui sont remis pour être encaissés; mais cette allocation ne peut être obtenue qu'une seule fois pour chaque prêt ou négociation de traite, et ne peut s'étendre à la balance de chaque réglement semestriel du compte courant, qui ne constitue ni une opération de banque, ni une opération de change. — *Grenoble*, 24 fév. 1841 (t. 1er 1842, p. 148), Clet c. Doyon.

54. — Mais le banquier qui a obtenu une condamnation commerciale contre un de ses débiteurs, avec lequel il a un compte courant, ne peut faire entrer dans son compte le montant de cette condamnation pour en capitaliser les intérêts tous les trois mois. — *Bourges*, 3 mai 1844 (t. 2 1845, p. 169), Roger c. Lefort.

55. — Il n'est pas même nécessaire d'arrêter les comptes; le délai d'un an fait capitaliser les intérêts de droit. Il est reçu, en matière commerciale, qu'un compte courant entre négocians admet chaque année la capitalisation des intérêts. — Mais la capitalisation ne peut plus avoir lieu après la déclaration de faillite de l'une des parties. — La capitalisation dont il s'agit n'a lieu qu'à l'année et non pas de six en six mois. — *Liége*, 24 avr. 1834, N....

56. — Jugé que l'usage des réglemens de compte à trois ou six mois, avec capitalisation d'intérêts, est applicable aux banquiers entre eux, mais non aux opérations entre banquiers et particuliers. — *Bourges*, 23 mars 1835, et 2 mars 1836, Gastinel c. Dupuichault.

57. — On peut aussi, dans le compte courant, percevoir un salaire comme commission, sans que cela soit considéré comme intérêt usuraire. — Pardessus, no 475.

58. — Le droit de commission, lorsqu'il y a lieu de le percevoir, est suffisamment rétribué au taux de 1/2 %. — *Bourges*, 23 mars 1835, rapporté avec *Bourges*, 2 mars 1836, Gastinel c. Dupuichault.

59. — Mais le droit de commission n'est dû qu'autant qu'il y a eu décaissement de fonds de la part du banquier. — Ainsi, il n'est pas dû en cas de simple renouvellement de billets précédemment souscrits, cette opération ne donnant lieu à aucun décaissement réel. — *Douai*, 20 fév. 1841 (t. 2 1841, p. 497), N...

60. — Jugé de même qu'un banquier ne peut réclamer le droit de commission qu'en cas d'encaissement des effets à recouvrer, et non sur les écus qu'il reçoit, ni sur ceux qu'il remet, ni sur les valeurs qu'il donne au lieu d'argent, ni sur les billets souscrits payables chez le banquier. — *Bourges*, 23 mars 1835, et 2 mars 1836, Gastinel c. Dupuichault.

61. — Le droit de commission auquel les banquiers peuvent prétendre doit se borner aux valeurs qui leur ont été remises pour en faire le recouvrement, et ne doit pas s'étendre aux sommes qu'ils remettent directement aux crédités. — *Bourges*, 3 mai 1844 (t. 2 1845, p. 169), Roger c. Lefort et Pinet.

62. — Par suite de la même jurisprudence, il a été jugé que la perception faite par un banquier d'un droit de commission sur les fonds qu'il a fournis doit être considérée comme une adjonction illégale d'intérêts, s'il résulte des circonstances que le banquier n'a dû faire aucune démarche pour se procurer les valeurs dont il a disposé; qu'ainsi, la convention par laquelle il a été stipulé que le banquier arrêterait tous les trois mois le compte ouvert au négociant auquel il fait des avances, et que ce reliquat reporté à nouveau donnerait lieu, outre l'intérêt légal, à un droit de commission, est illégale et nulle. — *Cass.*, 12 nov. 1834, Bouault c. Gérard.

63. — L'hypothèque consentie par un négociant pour sûreté du reliquat éventuel d'un compte courant et de traites fournies et à fournir, est valable. — *Rouen*, 24 avr. 1812, Lefèvre c. Ebran.

64. — Les opérations de compte courant sont principalement usitées entre négocians, obligés par la loi d'avoir des livres dressés selon les règles de la comptabilité commerciale, mais rien ne s'oppose à ce que de simples particuliers établissent en cette forme le compte des sommes qu'ils peuvent réciproquement se devoir; à plus forte raison l'état de compte courant peut exister entre un négociant et un non-négociant. — Delamarre et Lepoitvin, t. 2, nos 481-482; Goujet et Merger, no 20.

65. — Si le compte courant résulte d'opérations civiles entre deux personnes non commerçantes, il est régi par les principes du droit civil en matière de compétence.

66. — Ainsi, lorsqu'il a existé entre un notaire et un négociant des rapports d'affaires, consistant, de la part du notaire, à emprunter des fonds pour le négociant et à avancer lui-même les intérêts aux prêteurs, et de la part du négociant à envoyer des remises au notaire, le compte à dresser entre les parties doit avoir lieu non par imputations successives, comme dans les obligations civiles ordinaires, mais dans la forme de compte courant, d'un seul jet, avec une seule balance à la fin, et faisant produire des intérêts aux avances de chaque côté, alors d'ailleurs que les parties ont stipulé l'intérêt de leurs avances respectives. — *Cass.*, 10 nov. 1818, Fournier c. Mallet.

67. — Toutes les sommes portées en compte courant prennent la qualité du compte dans lequel on les comprend, alors même qu'elles sont étrangères au commerce, pourvu que les parties soient d'accord sur cette conversion; leur consentement à cet égard peut résulter de leur correspondance. — Pardessus, no 52.

68. — Lorsqu'un compte courant entre négocians renferme des articles étrangers au commerce des deux correspondans, le tribunal de commerce, devant lequel se débat le compte, ne cesse pas d'être compétent pour statuer sur ces articles. — *Cass.*, 19 déc. 1827, Cogez c. Théry.

69. — Mais bien qu'il existe un compte courant entre un particulier non négociant et un banquier qui paie et reçoit pour lui, néanmoins il n'y a pas acte de commerce, et s'il s'élève des contestations entre eux, l'action devra être portée devant le tribunal civil. — *Paris*, 5 août 1811, Perrier c. Rœdern.

70. — Il a été décidé cependant qu'encore bien que l'une des parties ne soit pas commerçante, leur compte courant n'en doit pas moins être régl par les principes du droit commercial, s'il s'agit entre elles d'affaires de commerce. — *Bordeaux*, 4 juill. 1832, Lafont de Ladebat c. Faucher.

71. — ... Et que celui qui, par compte courant, se trouvait créancier d'un commerçant commun en biens avec sa femme, au moment de la dissolution de la communauté arrivée par le décès de celle-ci, ne peut répéter la portion à la charge des héritiers de cette dernière à cette époque, si, le compte n'ayant pas alors été arrêté, et les opérations ayant continué comme auparavant, le créancier a reçu du mari des remises égales ou supérieures à la part due par la femme ou ses héritiers, et encore bien qu'il ait ensuite fait au mari des remises qui auraient maintenu le chiffre de l'ancienne dette. — Dans ce cas, on doit considérer comme paiemens les remises faites par le mari, et, par suite, les imputer de préférence sur la dette existante au décès de sa femme comme étant la plus ancienne et la plus onéreuse, plutôt que sur

la dette plus récente résultant des remises reçues du créancier depuis la dissolution de la communauté. — *Cass.*, 3 avr. 1839 (t. 1er 1839, p. 587), Darcet c. Denninnuy.

72. — Mais de ce que le créancier par compte courant d'une société commerciale qui a été dissoute, et à laquelle a succédé une nouvelle société chargée de payer les dettes de l'ancienne, a continué ses opérations avec les nouveaux associés, il ne résulte pas que ce créancier soit réputé avoir fait novation à sa créance sur l'ancienne société et accepter la seconde pour débitrice. — Dès-lors, s'il a reçu de la seconde société des sommes excédant les versemens qu'il lui a faits, il peut imputer ces sommes d'abord sur les versemens par lui faits à la nouvelle société et le surplus sur ce qui lui est dû par la société dissoute. Vainement on prétendrait que l'imputation doit être faite en premier lieu sur la dette de celle-ci comme plus ancienne. — *Cass.*, 5 janv. 1835, Dalre c. héritiers Desmarets.

73. — Les contestations relatives à l'arrêté du compte doivent être portées au tribunal compétent pour statuer sur l'ensemble des opérations, c'est-à-dire au tribunal du domicile du défendeur.

74. — L'action en paiement du solde d'un compte courant, entre négocians, doit être portée par le créancier devant le tribunal de commerce du domicile du prétendu débiteur. — *Toulouse*, 18 avr. 1834, Goulu c. Viguerie.

CHAPITRE III. — Solde du compte courant.

75. — Nous avons vu de quelle manière s'établissent les comptes courans. Pour les faire cesser, il ne suffit pas de la seule balance qui en a été faite à la fin de l'année, il faut de plus que le reliquat en soit soldé.

76. — A défaut de convention, l'usage fixe l'époque à laquelle le compte courant sera arrêté ordinairement. On n'indique pas d'époque, qui est la fin de l'année. Quelquefois on convient que le compte sera réglé tous les six mois et même tous les trois mois.

77. — A l'époque convenue, chaque correspondant, pour former la balance du compte, ajoute les intérêts aux capitaux tant au débet qu'au crédit, et l'excédant de l'un sur l'autre forme le solde du compte.

78. — « La nature propre d'un compte courant, dit M. Pardessus (n° 475), est que la balance en soit exigible à volonté. Le solde n'est en substance que le résumé de plusieurs prêts partiels sans aucune limitation d'époque de remboursement, comme sont en général toutes les avances accordées, tous les crédits ouverts dans le commerce. Il est du devoir de celui qui est débiteur par l'effet de cette balance de couvrir son correspondant par des remises sans le faire attendre lorsqu'elles sont demandées, et l'usage a consacré en faveur du créancier, à son compte est en retard, qu'il puisse tirer sur le débiteur. » — Delamarre et Lepoitvin, t. 2, n° 498.

79. — Celui des deux correspondans qui désire faire arrêter le compte en envoie à son correspondant une copie au bas de laquelle celui-ci met son approbation. Cette approbation, si elle émane d'un négociant, résulte suffisamment de la signature; si elle émane d'un simple particulier, elle doit être précédée d'un bon pour, portant en toutes lettres la somme à laquelle s'élève le solde. — V. APPROBATION DE SOMME.

80. — Lorsque les parties désirent continuer les mêmes relations, le solde du compte approuvé est reporté à un nouveau compte où il est productif d'intérêts. — Goujet et Merger, n° 42.

81. — La question de savoir si les parties ont eu l'intention de mettre fin aux relations existant entre elles se résout par l'appréciation des circonstances de la cause.

82. — Il a été décidé que le débiteur par compte courant qui a averti son commettant par correspondance qu'il en tenait le solde à sa disposition, et qui en a fait le dépôt conformément à la loi du 18 messid. an II, ne peut être considéré comme en étant *rétentionnaire* par son fait. — *Cass.*, 3 germ. an XI, Vanoverstraeten c. Tourton et Ravel.

83. — Tout arrêté de compte courant peut être rectifié en cas d'erreur. — *Cass.*, 18 mars 1835, Barillon c. Gramont (sol. impl.); — Merlin, *Rép.*, v° *Société*, sect. 6, § 3, n° 2; Pardessus, n° 475.

84. — Le syndic d'une faillite est recevable à demander la révision d'un compte courant signé et approuvé par le failli, lorsque cette demande tend à faire rectifier des erreurs commises dans l'allocation de droits qui ne seraient pas dus, et qui admis, excéderaient l'intérêt légal.—*Colmar*, 11 mars 1842 (t. 1er 1843, p. 8), B... c. Schelbaum.

85. — Un compte courant entre un banquier et un négociant ne cesse pas par la balance qui en a été faite à la fin de l'année. — Si le négociant n'en paie pas le solde, il continue de subsister avec tous les effets résultant de sa nature et des usages commerciaux; et, en conséquence, le banquier a le droit de porter ce solde à nouveau compte, et d'en capitaliser les intérêts tous les ans, conformément aux art. 1153 et 1160, C. civ. — *Orléans*, 27 août 1840 (t. 2 1840, p. 504), Dansac c. Palissot-Croué.

86. — Le solde de compte courant ne se prescrit que par trente ans, comme en matière ordinaire, et la prescription quinquennale admise pour les lettres de change et les billets à ordre ne peut point s'appliquer, entre négocians, au reliquat d'un compte courant. — *Rouen*, 10 nov. 1817, Desjardin c. Vauquelin; — Goujet et Merger, n° 44.

CHAPITRE IV. — Compte-courant en cas de faillite.

87. — Lorsqu'un commerçant tombe en faillite, les correspondans avec lesquels il est en compte courant, ont droit de conserver, par une sorte de nantissement ou du droit de rétention, la totalité de ce qu'ils ont reçu en compte courant du failli, jusqu'à ce qu'ils soient entièrement soldés. — Pardessus, *Dr. comm.*, n°s 476 et 1221.

88. — En cas de faillite d'un négociant qui était en compte courant avec un autre, les syndics du failli ne peuvent, quoique le compte n'ait pas été arrêté, exiger que le négociant avec lequel le compte existe leur paie les sommes liquides qui composent son débet, sauf à lui à se faire admettre au passif de la faillite, concurremment avec les autres créanciers, pour les sommes non liquides composant son crédit. Il y a compensation de plein droit entre le montant du débet et celui du crédit, quoique non réglés. — *Bordeaux*, 3 déc. 1827, Buzanac c. Guestier.

89. — Néanmoins il a été jugé que les traites de commerce transmises en compte courant deviennent *immédiatement* la propriété de celui qui les accepte, et que dès-lors elles doivent être portées *réellement* et *actuellement* au crédit de celui qui les a transmises. — Si celui-ci est tombé en faillite, l'endosseur qui les a remboursées par suite de non-paiement, n'a d'autre recours à exercer que le droit de participer aux dividendes. — *Cass.*, 9 janv. 1838 (t. 1er 1838, p. 109), Calmels c. Kirchoff.

90. — Les valeurs de commerce transmises en compte courant ne sont pas seulement l'objet d'un crédit provisoire qui peut se consolider ou se résoudre à l'échéance, suivant que ces effets transmis sont acquittés ou refusés; elles deviennent immédiatement, par le fait seul de la transmission, la propriété de l'accepteur, qui ne peut plus dès-lors exiger qu'elles soient rayées des comptes courans où elles ont été inscrites à ce titre. — En conséquence, si, depuis l'époque de la remise et avant celle de l'échéance, le souscripteur tombe en état de faillite, l'accepteur ne peut être admis à compenser la créance résultant de ces valeurs, par lui remboursées à des tiers, avec les sommes dont il serait, de son côté, débiteur envers le failli. — *Rouen*, 13 déc. 1841 (t. 1er 1844, p. 445), Maillard c. Rolland.

91. — Jugé que lorsque deux négocians sont en compte courant et que l'un d'eux fait faillite, l'autre est autorisé à retenir, pour sa sûreté, tous les effets fournis par la maison qui a manqué. — Il ne peut exiger de dividende qu'au montant entier de ce qui lui est dû, sans tenir compte des remises qui lui ont été faites. — Il n'a droit au dividende qu'à raison de ce qui lui est réellement dû, déduction faite des remises dont il n'a pas fourni la valeur. — *Paris*, 11 août 1812, Robert c. Laugier.

92. — En cas de faillite de deux commerçans ayant fait des opérations par compte courant et dont les remises respectives ont été protestées, les tiers porteurs seuls ont le droit de se présenter dans chacune des deux masses, sans que le prétendu créancier par compte courant puisse y figurer à raison de remises protestées. Dans cette hypothèse, une admission définitive du passif sur l'aperçu d'un compte-courant formé de valeurs fictives tendrait à avantager une masse au préjudice de l'autre, dès qu'il est impossible de reconnaître, quant à présent, lequel est véritablement créancière. — *Rouen*, 3 juill. 1821, Ricard c. Delcourt; — Pardessus, n° 1222.

93. — Quant aux difficultés qui s'élèvent pour la revendication en matière de faillite, V. FAILLITE.

V. ANTICHRÈSE, ASSURANCE MARITIME, CAISSE DES DÉPÔTS ET CONSIGNATIONS, COMMISSIONNAIRE DE TRANSPORT, COMPTABILITÉ GÉNÉRALE, ENREGISTREMENT, ESCOMPTE.

COMPTES A RENDRE.

Table alphabétique.

COMPTES À RENDRE. — 1. — Certains fonctionnaires du gouvernement, appartenant les uns à l'ordre judiciaire, les autres au pouvoir administratif, ont des comptes à rendre dans diverses circonstances indiquées par la loi et par des instructions ministérielles.

§ 1er. — Comptes à rendre par les membres de l'ordre judiciaire.

2. — Parmi les membres de l'ordre judiciaire, ce sont les officiers du ministère public qui sont spécialement chargés de rendre ces comptes.

3. — Ils doivent être adressés au ministre de la justice et aux chefs des parquets, comme conséquence de ces deux principes que l'action du ministère public est dirigée dans tout le royaume par le ministre de la justice, et qu'elle appartient au procureur général dans le ressort de la cour près laquelle il exerce ses fonctions. — Ortolan et Ledeau, *Le minist. publ. en France*, t. 2, p. 251.

4. — Leur but est de mettre les chefs du parquet à même de surveiller et de diriger la répression des crimes ou délits avec toute la sévérité nécessaire. — Mêmes auteurs.

5. — Pour mettre les procureurs du roi près les tribunaux de première instance et près les tribunaux d'appel de police correctionnelle à même de présenter d'une manière complète les comptes exigés à des époques périodiques, certains fonctionnaires subalternes sont eux-mêmes tenus d'en dresser à ces magistrats différens comptes relatifs aux matières placées dans leurs attributions.

6. — Ainsi, les juges de paix ont des comptes mensuels, trimestriels et annuels à rendre aux procureurs du roi de leur arrondissement. Les premiers concernent les frais de justice criminelle qu'ils ont ordonnancés, et la vérification des minutes; les seconds, la vérification du registre des frais du greffier et l'extrait des jugemens rendus en matière de police dans le trimestre précédent, et qui ont prononcé la peine de l'emprisonnement (C. inst. crim., art. 178); les troisièmes, l'état des jugemens en matière civile. — De Molènes, *Traité pratique des fonctions du procureur du roi*, t. 1, p. 443.

7. — Les maires des communes non chefs-lieux

de canton sont de même tenus d'envoyer l'extrait des jugemens de simple police rendus par eux, et portant condamnation à l'emprisonnement. Ils peuvent donc avoir des comptes à rendre au procureur du roi à la fin de chaque trimestre.

8. — Les greffiers de chaque tribunal correctionnel et des cours d'assises, dans les trois jours qui suivent l'expiration de chaque trimestre, doivent remettre au procureur du roi, pour qu'il les vérifie, deux expéditions du registre particulier sur lequel ils consignent, sous peine d'une amende de 50 fr., pour chaque omission, les noms, prénoms, profession, âge et résidence des individus condamnés par les tribunaux correctionnels. — C. inst. crim., art 600. — De ces deux expéditions, l'une est envoyée par le greffier au ministre de l'intérieur, l'autre reste entre les mains du procureur du roi, par suite des instructions qui ont dérogé sur ce point aux dispositions de l'art. 601, C. inst. crim. —Circul. min. 23 sept. 1828.— Les greffiers doivent aussi tous les ans, dans les premiers jours de janvier, lui remettre un compte sommaire, tant des sommes consignées entre leurs mains, que de celles par eux déposées ou restituées aux parties civiles.— Ord. 28 juin 1832, art. 3 ; — Massabiau, *Manuel du procureur du roi*, t. 3, p. 470, nº 3599, et p. 466, nºs 3589 et suiv.

9. — Les directeurs des domaines doivent aussi envoyer au procureur du roi, tous les mois, le compte exact des non-comparutions en conciliation. — De Molènes, t. 2, p. 143.

10. — Enfin, les concierges des maisons d'arrêt doivent remettre au procureur du roi un compte trimestriel de la conduite des détenus. — Ord. 6 fév. 1818, art. 1er.

11. — Les comptes que chaque procureur du roi doit rendre au procureur général sont relatifs, les uns à la justice civile et commerciale, les autres à la justice criminelle.

12. — Ces derniers sont nombreux. Ainsi le procureur du roi doit envoyer au procureur général : 1º *toutes les semaines*, un compte de toutes les affaires criminelles, de police correctionnelle et de simple police survenues dans l'arrondissement pendant la semaine écoulée (C. inst. crim., art. 249) et un compte des ordonnances rendues par la chambre du conseil. — C. inst. crim., art. 127.

13. —... 2º *Tous les quinze jours*, les extraits des jugemens correctionnels rendus dans la quinzaine précédente, frappés ou non d'appel.—C. inst. crim., art. 198 ;—Massabiau, t. 3, p. 461, nº 3579.

14.—... 3º *Tous les mois*, les relevés du registre de pointe prescrits par l'art. 5, L. 30 août-11 sept. 1790, et par les art. 11 et suiv., décr. 11 mars 1808 (circ. min. 5 oct. 1812); l'état des individus placés sous la surveillance de la haute police (inst. gén. 30 sept. 1826, art. 43, sur les frais de justice criminelle et circ. min. 17 sept. 1827); celui des interdictions de communiquer (circ. min. 10 fév. 1819); celui des jugemens correctionnels rendus en matière de presse et de librairie (circ. min. 5 oct. 1822); les certificats de vérification des minutes prescrits par l'ord. 5 nov. 1823, art. 4 à 6, en exécution des art. 140, C. procéd., et 196, C. inst. crim. (circ. min. 23 déc. 1822, 11 mars 1824); le procès-verbal de vérification des registres des prisons (circ. minist. 29 juill. 1822); et l'état des frais de justice criminelle (ord. 28 nov. 1828). — Massabiau, t. 3, nº 3588; de Molènes, t. 2, p. 146 et suiv.

15. — Le procureur du roi doit rendre compte également *tous les mois* au ministre de la justice des procédures qui ont nécessité la mise au secret de certains détenus. — Circ. min. 6 déc. 1840, § 7.

16. — *Tous les mois* encore il doit adresser au préfet : 1º l'état des condamnés placés sous la surveillance de la haute police (circ. min. 11 mai 1822) ; —2º les états en triple expédition des traitemens des membres de l'ordre judiciaire de son arrondissement.

17. — ... 4º *Tous les trois mois* : 1º l'expédition du registre tenu, comme nous l'avons dit *suprà* nº 8, en vertu de l'art. 600, C. inst. crim., par le greffier ;—2º le compte de tous les jugemens correctionnels portant soit condamnation, soit acquittement, soit déclaration d'incompétence ; ce compte doit être en double expédition, adressée l'une au procureur général, l'autre au procureur du roi près le tribunal de police correctionnelle (circ. min. 23 nov. 1811); — 3º un compte sommaire de tous les jugemens de simple police de son arrondissement qui ont prononcé l'emprisonnement; — et 4º un compte sommaire des procès-verbaux de vérification des registres d'émolument tenus par les greffiers de justice de paix. — Circul. min. 28 juill. 1825.

18. — ... 5º *Tous les ans*, dans la seconde quinzaine de mars, le compte de l'administration de la justice criminelle dans son arrondissement. — Circ. min. 5 janv. 1826; 15 janv. 1844. — V. MINISTÈRE PUBLIC.

19. — Le procureur du roi des chefs-lieux où se tiennent les assises sont tenus de rendre ce compte tous les trois mois et même plus souvent, s'ils en sont requis. — C. inst. crim., art. 270.

20. — Les comptes-rendus des procureurs du roi au procureur général relatifs à la justice civile et commerciale, sont moins nombreux que les précédens.

21. — Aux termes d'un décret du 30 mars 1808, art. 80 et 81, et conformément aux circ. minist. des 7 août 1823, 3 août 1824 et 10 janv. 1832, les procureurs du roi étaient tenus d'envoyer tous les six mois, en avril et septembre, aux procureurs généraux, le compte-rendu des travaux de leur tribunal, en matière civile et commerciale. Ces comptes devaient contenir le chiffre des affaires inscrites au rôle, celles instruites sur rapport, celles jugées, celles à juger et les motifs du retard, le chiffre des procédures d'ordre, celui des appels et celui des jugemens infirmés et confirmés. — Massabiau, t. 3, nº 3601.

22. — Une circulaire ministérielle du 8 février 1834 a changé l'envoi de ces comptes; elle a substitué l'année civile à l'année judiciaire, et fixé aux mois de janvier et juillet l'époque où ils doivent être envoyés, afin d'y comprendre les travaux de chaque année du 1er janvier au 31 décembre. — Massabiau, *loc. cit.*

23. — Ce compte général doit contenir, outre ce que nous avons dit *suprà* nº 21, le nombre des interdictions, des adoptions et des demandes en séparation de corps. — Circul. minist. 15 janv. 1840.

24. — Enfin dans les cinq premiers jours de novembre, les procureurs du roi envoient au procureur général les délibérations du tribunal près lequel ils exercent leurs fonctions : 1º sur l'exercice de la plaidoirie des avoués (circ. minist. 8 juill. 1822); — 2º sur l'élection du bâtonnier et la formation du conseil de discipline de l'ordre des avocats (circ. minist. 6 janv. 1823). — Massabiau, t. 3, nº 3598.

25. — Aujourd'hui ces deux comptes sont réunis en un seul qui doit être transmis au procureur général en double expédition et que le garde des sceaux doit recevoir avant le 1er avril de chaque année. — Circ. minist. 19 oct. et 30 déc. 1840.

26. — Les juges d'instruction ont aussi l'obligation de rendre des comptes à la chambre du conseil du tribunal dont ils font partie ; ainsi ils doivent toutes les semaines faire un rapport sur : 1º les mesures prises par eux envers les détenus mis au secret, en exécution de l'art. 613, C. inst. crim., et leurs visites des prisons ; — et 2º les affaires dont l'instruction leur est dévolue. — C. inst. crim., art. 127.

27. — Les présidens des tribunaux de commerce doivent également envoyer chaque mois au procureur général le procès-verbal constatant la vérification par eux faite de toutes les minutes de jugement et autres actes reçus et passés dans le greffe de leur juridiction. — Ord. 5 nov. 1823, art. 6.

28. — Tous ces comptes-rendus sont transmis par les procureurs généraux, avec leurs observations, au ministre de la justice.

29. — Ainsi pour ce qui concerne les vérifications des minutes, ils doivent en rendre compte à M. le garde des sceaux dans la seconde quinzaine du mois qui suit celui pour lequel la vérification a été faite. — Ordonn. 5 nov. 1833, art. 7.

30. — Les comptes relatifs aux cours d'assises de leur ressort doivent être par eux adressés tous les mois à la chancellerie.

31. — Ils doivent enfin y adresser annuellement, dans les deux premiers mois de l'année, le compte général de la justice criminelle en première instance, en appel et devant la chambre d'accusation. La dernière partie de ce triple compte doit être dressée par le procureur général lui-même.— Inst. min. 5 janv. 1826 ; — Ortolan et Ledeau, t. 2, p. 275 et suiv.

32. — Le compte rendu de l'administration de la justice criminelle en France dans un rapport adressé au roi par le garde-des-sceaux, ministre de la justice, remonte à une époque assez ancienne; mais celui de la justice civile ne date que de 1831. — Le rapport adressé au roi, le 15 octobre de cette année, comprenait l'administration de la justice civile, depuis 1820 jusqu'en 1830 (*Monit.* du 17 nov. 1831). Le travail était loin d'être aussi complet que celui qui se publie annuellement et qui comprend l'administration générale de la justice criminelle, civile et commerciale. Les améliorations qui sont apportées chaque année dans cette publication, la rend de plus en plus utile au pays. — V. STATISTIQUES.

§ 2. — *Comptes à rendre par les membres de l'ordre administratif.*

33. — Les fonctionnaires de l'ordre administratif doivent, dans un grand nombre de circonstances, rendre à l'administration des comptes soit périodiques, soit particuliers, prescrits tant par les lois et ordonnances que par les instructions ministérielles.

34. — Ainsi notamment les maires doivent envoyer : 1º *Toutes les semaines* à la sous-préfecture, un état des passe-ports délivrés dans le courant de la semaine, — et un état des visas de passe-ports délivrés pendant le même intervalle pour changement de destination.— *Courrier des communes*, t. 10, p. 233.

35. — ... 2º *Tous les quinze jours*, également à la sous-préfecture, la *mercuriale de quinzaine*, c'est-à-dire un tableau à colonnes, dont le modèle est donné par l'administration, indiquant le prix des denrées et comestibles vendus au marché de la commune. — Même auteur, t. 10, p. 16. — Cet envoi ne regarde évidemment que les maires des communes qui ont un marché.

36. — ... 3º *Tous les mois* : 1º au receveur d'enregistrement du chef-lieu de canton une note des jugemens de police prononçant des amendes (ord. 30 déc. 1823); — 2º au préfet ou au sous-préfet, dans les premiers jours de chaque mois, un état récapitulatif de la situation de l'approvisionnement de chaque boulanger, pendant le mois précédent, avec la note de ceux qui, sans autorisation, se sont dégarnis d'une partie ou de la totalité de leur approvisionnement de réserve (Inst. min. sept. 1828) ; — 3º au sous-préfet, à la fin du mois, l'état partiel des militaires qui sont venus se fixer dans la commune; — 4º au préfet ou au sous-préfet le rôle de la rétribution mensuelle à toucher des élèves de l'instruction primaire; — 5º au sous-préfet des renseignemens circonstanciés sur les incendies survenus dans la commune.

37. — ... 4º *Tous les trois mois* : 1º au préfet le compte de tous les officiers et sous-officiers de la garde nationale, qui étudient les trois écoles comprises dans l'ordonnance du 4 mars 1831 (circ. min. 20 janv. 1833); — 2º au préfet ou au sous-préfet les actes de décès des enfans-trouvés, qui sont morts pendant le trimestre précédent ; — 3º et au préfet, un état indiquant les noms, prénoms, âge, grade et qualité de la pension des marins décédés dans les trois mois précédens. Cet état doit être envoyé le premier de chaque trimestre. — *Le courrier des communes*, t. 11, p. 15.

38. — Ils doivent également, *tous les trois mois*, remettre, sous peine d'amende, au receveur d'enregistrement du canton, la note des décès arrivés dans leurs communes, durant le trimestre précédent. — L. 22 frim. an VII, art. 55.

39. — ... 5º *Tous les six mois* au préfet un extrait des jugemens de police prononçant des amendes, afin qu'il puisse contrôler les états de recouvrement produits par les receveurs. — Ord. 30 déc. 1823.

40.— ... 6º *Tous les ans* : 1º au préfet un état nominatif des engagemens volontaires reçus pendant le courant de l'année précédente; un double de cet état doit être aussi envoyé au greffe du tribunal de première instance;—2º au sous préfet, et cela dans les dix premiers jours de janvier, un état dressé en quadruple expédition dans le courant de décembre, de concert avec le comité communal, des écoles primaires de leur commune ; — 3º au sous-préfet un certificat constatant l'apposition de la liste des électeurs communaux et sa publication;— 4º au préfet ou sous-préfet les tableaux de recensement des jeunes gens qui doivent être soumis au tirage dans l'année commençant ; — 5º au greffe du tribunal civil de première instance l'un des doubles des registres de l'état civil (C. civ., art. 43); — 6º au préfet ou au sous-préfet l'état exact du mouvement de la population de leur commune pendant l'année précédente; — 7º au préfet ou au sous-préfet les pièces à produire par ceux qui doivent concourir au prix de vertu fondé par M. de Monthyon ; — 8º au préfet ou au sous-préfet le tableau des vaccinations pratiquées dans leurs communes pendant l'année précédente ; — 9º à la préfecture la liste des dix candidats proposés pour être nommés répartiteurs (L. 23 nov. 1798) ; — 10º à la préfecture, une liste, avec leurs observations, de tous les indigens de leur commune. Cette liste doit être divisée en deux parties, l'une pour ceux que leur âge ou des infirmités empêchent de travailler; l'autre, pour les mendians valides et pouvant travailler; — 11º enfin au sous-préfet l'un des doubles du travail préparatoire pour la révision annuelle des listes électorales parlementaires. — L. 19 avr. 1831, art. 14 et 68, et 22 juill. 1833, art. 3 et 31.

41. — Les sous-préfets n'étant en général que des agens intermédiaires entre le préfet et les maires, il s'en suit qu'ils ont peu de comptes particuliers à rendre, soit au préfet, soit au gouvernement. — V. SOUS-PRÉFET.

42. — Indépendamment des comptes prescrits sur l'exécution de chaque instruction ministérielle adressée aux préfets, ces représentans du pouvoir administratif dans chaque département ont aussi des comptes à rendre à des époques fixes et déterminées.

45. — Ainsi, ils doivent adresser au ministre de l'intérieur : 1° les actes de décès de tous les étrangers (réfugiés ou non) qui meurent en France; — 2° un relevé trimestriel des incendies qui ont eu lieu dans leur département;—3° le tableau des vaccinations pratiquées dans le courant de chaque année;— 4° le tableau général de tous les états du mouvement et de dépense relatifs aux enfans-trouvés (inst. min. 8 février 1823); — 5° la liste de ceux des condamnés qui, par leur bonne conduite et leur assiduité au travail, peuvent participer aux effets de la clémence royale (ord. 6 fév. 1818, art. 2).

44. — — Au ministre de la marine l'état des décès des pensionnaires de la marine.

45. — Et au ministre de la guerre l'état individuel, par canton, du nombre des jeunes gens dont le nom figure sur la liste du tirage de chaque classe. — V. PRÉFET.

46. — Chaque receveur municipal doit envoyer au maire, du 1er au 10 janvier de chaque année, un bordereau de situation de la caisse communale. — Circul. min. 16 mars 1836.

V. COMPTE-RENDU, MAIRE, MINISTÈRE PUBLIC, PRÉFET, SOUS-PRÉFET, STATISTIQUES.

COMPTE DE FRUITS.

V. COMPTE, FRUITS.

COMPTE-RENDU DES CHAMBRES ET TRIBUNAUX.

Table alphabétique.

COMPTE-RENDU DES CHAMBRES ET TRIBUNAUX. — 1. — Ce mot signifie dans son acception légale l'exposé de ce qui s'est fait et dit aux chambres législatives ou aux audiences des tribunaux.

CHAPITRE 1er. — Historique et caractères généraux.

2. — L'usage de rendre compte des séances législatives et des débats judiciaires n'est pas nouveau ; il existe en Angleterre depuis 1774.—Chassan, t. 1er, n° 159.

3. — Avant cette époque, les journaux ne pouvaient, malgré l'existence de la liberté de la presse, rendre compte des débats des chambres, et plusieurs fois des éditeurs avaient été punis pour avoir violé la prohibition de la loi sur ce point. Ainsi, en avril 1747, l'éditeur du Gentleman magazine fut appelé à la barre de la chambre des communes, pour avoir publié le compte-rendu de ses séances. — Chassan, t. 1er, p. 421.

4. — Le droit de rendre compte des séances des chambres et des audiences des tribunaux est une conséquence de la liberté de la presse et de la publicité des séances des chambres et des audiences des corps judiciaires. — Chassan, t. 1er, n° 159.

5. — C'est dans ce principe de la publicité des débats politiques des deux chambres qu'a trouvé sa source la disposition de l'art. 23, L. 17 mai 1819, qui affranchit de toute action le compte-rendu fidèle et fait de bonne foi des séances publiques de la chambre des députés.

6. — Dans la première application du principe constitutionnel de la liberté de la presse, on n'avait pas pensé qu'un délit pût résulter des comptes-rendus publiés par les journaux et écrits périodiques ; mais survint la loi du 25 mars 1822, dont l'art. 7 est ainsi conçu : « L'infidélité et la mauvaise foi dans le compte que rendent les journaux et écrits périodiques des séances des chambres et des audiences des cours et tribunaux seront punis d'une amende de mille francs à six mille francs. »

7. — La raison qui a fait punir l'infidélité et la mauvaise foi du compte-rendu, est que ce délit est à la fois une altération du principe de la publicité des séances et des audiences, et un manquement envers l'autorité, qu'on expose au mépris, à la haine ou à la déconsidération des citoyens.—Chassan, t. 1er, n° 137.

8. — Il faut, pour qu'il y ait délit, qu'il y ait à la fois dans le compte-rendu infidélité et mauvaise foi. L'infidélité ne suffirait pas, car elle peut n'être que le résultat de l'erreur.—Parant, L. de la presse, p. 144; de Grattier, t. 1er, p. 230; Chassan, t. 1er,p.337.

9. — Le compte-rendu des séances des corps autres que les chambres législatives et les tribunaux, n'est pas soumis aux dispositions de l'art. 7, L. 25 mars 1822 ; il ne donnerait lieu à des poursuites qu'autant qu'il renfermerait, indépendamment de son infidélité, un crime ou un délit. — De Grattier, t. 2, p. 80 et 81.

10. — Lorsque le compte-rendu ne contient ni infidélité ni mauvaise foi, mais seulement une attaque ou offense, cette attaque ou offense n'est un délit que dans le cas où elle serait qualifiée telle par la loi. — De Grattier, t. 2, p. 84.

11. — Le compte-rendu, indépendamment de ces principes généraux, est régi par des règles particulières, selon qu'il s'applique aux audiences des tribunaux ou aux séances des chambres. De la division de cette matière en deux parties distinctes: le compte-rendu des audiences des tribunaux, et le compte-rendu des séances des chambres.

12. — Le droit de publication des débats judiciaires est le droit commun, auquel il ne peut être apporté d'autres limites que celles déterminées par la loi. — De Grattier, t. 2, p. 202. — « Ce compte-rendu est en effet, dit M. Chassan (t. 1er, n° 159), un corollaire de la publicité des audiences et de l'établissement de la liberté de la presse. »

13. — La liberté de rendre compte des audiences a toujours existé en France ; il en est autrement en Angleterre ; il n'est permis aux journaux de publier les débats des audiences que lorsque les tribunaux en ont délivré une permission régulière. — Blackstone, Commentaires, liv. 4, chap. 36.

14. — Une pénalité a été dirigée contre l'abus de cette liberté, par l'art. 7, L. 25 mars 1822, qui réprime l'infidélité et la mauvaise foi du compte-rendu des audiences des cours et tribunaux.

15. — Les termes des cours et tribunaux de cet art. 7 s'appliquent à toutes les juridictions, même aux juridictions extraordinaires, telles que celles du conseil d'état, de la cour de Cassation, de la cour des comptes, des conseils de préfecture, des tribunaux militaires et maritimes, des tribunaux de commerce et des justices de paix. — De Grattier, t. 2, n° 81.

16. — Ils s'étendent aussi aux séances des chambres des pairs et des députés procédant en vertu du pouvoir politique que leur confèrent les art. 45 et 46, L. 25 mars 1822. — De Grattier, eod. loc.

17. — Le compte rendu judiciaire embrasse non seulement les faits qui se passent durant

l'audience, mais encore les faits antérieurs et postérieurs lorsqu'ils ont trait au procès. — Chassan, *Encyclopédie du droit*, nº 4.

Sect. 1re. — *Droit de rendre compte des débats judiciaires.*

18. — La loi du 25 mars 1822 est uniquement relative aux journaux; il faut en conclure que la peine portée par l'art. 7 de cette loi n'est encourue que lorsque le délit a été commis dans les journaux et écrits périodiques. — Chassan, t. 1er, nº 561.

19. — Toutefois, il n'est pas pour cela absolument permis de rendre compte d'une manière infidèle et avec mauvaise foi des audiences dans les écrits non périodiques. Mais l'infidélité et la mauvaise foi d'un compte-rendu publié dans un écrit non périodique ne donneraient lieu qu'à une action civile dont les résultats seraient proportionnés au préjudice causé aux intéressés; et bien qu'elles ne constituassent pas par elles-mêmes un délit, elles seraient atteintes par la loi générale, si elles dégénéraient en injure, en outrage ou en diffamation. — Chassan, t. 1er, nº 561.

20. — Par l'absence de toute détermination émanant de la loi, les caractères constitutifs du compte-rendu sont restés dans le domaine de l'appréciation des tribunaux. — *Cass.*, 6 juin 1834, Le Dauphinois; — *Assises de la Seine*, 6 juin 1834, le *Charivari*. — Chassan, t. 1er, nº 654; de Grattier, t. 2, p. 79.

21. — Il importe peu, pour qu'il y ait compte-rendu, que le récit renferme tous les faits ou une partie des faits qui se sont passés dans le cours des débats ou pendant une partie de ces débats. — De Grattier, t. 2, p. 80.

22. — La place qu'occupe dans un journal l'article incriminé ni la rubrique sous laquelle il y est placé ne sont point constitutives du compte-rendu; ses élémens caractéristiques sont dans sa contexture et dans la nature des faits qui y sont rapportés. — De Grattier, t. 2, p. 79.

23. — Il suit de là que la publication isolée d'un discours, soit en entier, soit par extrait, peut être l'objet de poursuites, si le discours contient quelque délit : « La raison de la différence, dit Chassan (t. 1er, nº 161), est que, dans un compte-rendu, tout peut s'expliquer, et par ce qui précède et par ce qui suit. A côté de la doctrine factieuse se trouve la réfutation, le remède à côté du poison. »

24. — Il y a compte-rendu d'audience « lorsque l'auteur rend compte *d'une partie des débats*, des questions adressées par le président au prévenu et aux témoins, des réponses et des dépositions de ceux-ci, et de plusieurs autres circonstances des débats, d'arrestation de témoins, faites audience tenante, un refus du président de poser une question. » — *Cass.*, 18 oct. 1833, *le National*.

25. — Jugé aussi, par application de ce principe, que la décision qui prononce les peines déterminées par cette loi pour compte-rendu infidèle et de mauvaise foi à l'égard d'un magistrat présidant l'audience est suffisamment motivé par le considérant suivant : qu'en rapprochant l'article inculpé des enquêtes diligentes dans la cause, il en résulte qu'il y a infidélité et mauvaise foi dans le compte-rendu; il en résulte encore que ce compte rendu est injurieux pour le magistrat présidant l'audience. — *Cass.*, 11 nov. 1843 (t. 1er 1844, p. 333), Leleux.

26. — Lorsqu'un journal, qui contient un exposé complet et non incriminé d'une audience entière, publie un autre article qui accompagne de réflexions et de critiques le récit de quelques faits isolés empruntés à cette audience, ce dernier article peut être considéré comme un compte-rendu, et poursuivi dans les formes prescrites par les art. 7 et 16, L. 25 mars 1822. — *Cass.*, 11 mai 1833, Paulin.

27. — Un article de journal, qui présente des faits plus ou moins nombreux comme s'étant passés à l'audience d'une cour d'assises, a pu être considéré comme un compte-rendu de cette audience et être poursuivi dans les formes prescrites par les art. 7 et 16, L. 25 mars 1822, quelle que soit la place qu'il occupe dans les colonnes du journal, bien qu'il soit accompagné de réflexions, et quoique l'on trouve dans la même feuille un récit plus étendu de cette même audience. — *Cass.*, 18-19 oct. 1833, Paulin, Cruchet; — Parant, *Lois de la presse*, p. 145; Chassan, *Tr. des délits de la parole*, t. 1er, p. 410, nº 3; de Grattier, *Comment. sur les lois de la presse*, t. 2, p. 79, nº 2.

28. — De même, un article de journal qui fait connaître les principales phases d'un procès est un compte-rendu, encore bien qu'il n'ait pas été fait dans la forme ordinaire du compte-rendu. — *Cass.*, 23 fév. 1837 (t. 2 1837, p. 145), Brière.

29. — Les articles d'un journal contenant le récit d'un grand nombre de faits qui se sont passés à l'audience d'une cour d'assises, peuvent, quoique écrits dans un style burlesque et ironique, être considérés comme un compte-rendu dans le sens de l'art. 7, L. 25 mars 1822. — *Cass.*, 19 oct. 1833, Cruchet.

30. — L'une des parties n'a pas le droit de publier dans un journal une réponse à un compte-rendu publié contrairement aux dispositions de la loi, si cette réponse contient des réflexions ou explications sur le procès même. — De Grattier, t. 2, p. 322.

31. — Mais l'attribution faite aux cours et tribunaux de punir l'infidélité et la mauvaise foi des journaux dans le compte-rendu de leurs audiences, ne peut pas s'étendre au cas où l'article incriminé ne renfermerait que des opinions ordinaires plus ou moins justes, et des injures plus ou moins graves contre les magistrats, sans porter le caractère d'un compte-rendu. — *Assis. de la Seine*, 20 mars 1833, c. Coste.

32. — Jugé aussi qu'une lettre insérée dans un journal, bien que faisant connaître certains détails d'une affaire de police correctionnelle, ne constitue pas le compte-rendu infidèle et de mauvaise foi puni par l'art. 7, L. 25 mars 1822, lorsqu'elle ne contient pas la relation des débats, élément constitutif du compte-rendu prévu par cette loi. Mais cette lettre doit donner lieu à l'application du § 1er de l'art. 10, L. du 9 sept. 1835, qui interdit aux journaux et écrits périodiques de rendre compte des procès pour outrages, injures ou diffamation, si elle reproduit les injures, outrages et diffamation qui ont fait l'objet du procès correctionnel. L'impunité accordée aux journaux qui ont rendu compte des débats du procès ne peut constituer une excuse légale pour le gérant qui a inséré cette lettre dans son journal. — *Cass.*, 12 mai 1837 (t. 1er 1837, p. 605), Delamarre et Lebon.

33. — Il importe peu, pour qu'il y ait délit, qu'à l'audience dont il a été rendu compte, il ait été prononcé un jugement par le tribunal ou une ordonnance par le président; c'est la vérité de l'*audience* que la loi a voulu protéger et garantir. — Jugé ainsi que les ordonnances que le président d'une cour d'assises rend à l'audience, dans les limites de ses pouvoirs, et pour lesquelles le concours des autres magistrats qui siégent près de lui n'est pas nécessaire, sont de véritables jugemens, protégés comme tous les actes judiciaires qui se passent à l'audience par les dispositions de l'art. 7, L. 25 mars 1822, en cas de compte-rendu infidèle et de mauvaise foi. — *Cass.*, 6 juin 1834, Crépu (aff. du journal le *Dauphinois*); — Parant, *Lois de la presse*, p. 145, nº 2; Chassan, *Traité des délits de la parole*, t. 1er, p. 411, nº 4; de Grattier, t. 2, p. 80.

34. — M. Chassan (t. 1er, nº 654) enseigne que les arrêts qui contiennent l'appréciation des circonstances constitutives du compte-rendu échappent à la censure de la cour de Cassation; mais cette opinion n'a pas été ratifiée par la cour suprême, qui a jugé qu'elle est compétente pour examiner si les caractères constitutifs du compte-rendu d'un procès existant dans les articles d'un journal déférés à la justice par le ministère public, et pour apprécier les exceptions qui pourraient être opposées à la poursuite. — *Cass.*, 12 mai 1837 (t. 2 1837, p. 264), gérant du *Mémorial dieppois*.

35. — L'arrêt qui a admis l'excuse tirée de la bonne foi, à l'égard d'un article de journal publié par infraction à une prohibition de rendre compte des débats judiciaires, n'a pas l'autorité de la chose jugée à l'égard des autres articles publiés par infraction à la même prohibition dans l'intervalle du premier article, au jugement. — *Cass.*, 30 août 1834, Armand Carrel (aff. du *National de 1834*.)

36. — Les journaux, en rendant compte des décisions des tribunaux, peuvent citer les passages incriminés ou condamnés comme renfermant des délits. — Chassan, t. 1er, nº 460. — « Quelque atroce que soit un fait, disait à la tribune M. de Serre, quelque infâme que soit un libelle, on permet aux journaux, en rendant compte des arrêts des tribunaux, de citer les passages incriminés. Cela est même dans l'intérêt de la morale publique. » — V. Dupin, *De la Jurisprudence des arrêts*, p. 192.

Sect. 2e. — *Restrictions à la liberté du compte-rendu judiciaire.*

37. — Au principe qui autorise le compte-rendu des audiences des cours et tribunaux la législation a apporté diverses exceptions; la première relative aux affaires où le huis-clos a été ordonné, la deuxième concernant les procès pour outrages ou injures et ceux en diffamation lorsque la preuve des faits diffamatoires n'est pas admise.

38. — Il est encore interdit aux journaux par l'art. 10, L. 9 sept. 1835, de publier les noms des jurés, excepté dans le compte-rendu de l'audience où le jury a été constitué, et de rendre compte des délibérations intérieures soit des jurés, soit des cours et tribunaux.

§ 1er. — *Prohibition de rendre compte des procès où le huis-clos a été ordonné.*

39. — La justice se rend publiquement en France; c'est une des plus précieuses conquêtes de la révolution; toutefois, on comprend qu'il y ait des procès dont les débats intéressent trop la morale pour qu'on puisse les livrer à la publicité; dans ce cas, l'art. 55 de la Charte autorise les tribunaux à ordonner le huis-clos.

40. — Lorsqu'il a été ordonné que les débats auraient lieu à huis-clos, il est interdit aux journaux d'en rendre compte, soit qu'il s'agisse d'affaires civiles, soit qu'il s'agisse d'affaires criminelles, sous peine de 2,000 fr. d'amende. — L. 18 juill. 1828, art. 16.

41. — La prohibition relative aux affaires où le huis-clos a été ordonné s'étend à toute espèce de procès, et quel que soit l'objet de la demande. — Chassan, *Encyclop. du dr.*, vº *Compte-rendu*, nº 8.

42. — La prohibition ne commence à courir que du moment où le huis-clos a été ordonné; d'où il suit que les journaux peuvent rendre compte de ce qui s'est passé antérieurement lorsqu'il ne s'agit pas de procès pour outrage et diffamation. — *Ibid.*

43. — Les journaux ne peuvent publier que le prononcé du jugement. — *Ibid.*

44. — Jugé en conséquence que, dans les procès où un huis-clos a été ordonné, la prohibition de publier plus que le prononcé des jugemens ou arrêts est absolue. — *Dijon*, 20 déc. 1843 (t. 2 1844, p. 161), Duchesne.

45. — La publicité de l'acte d'accusation et celle du résumé du président n'autorisent pas même la presse périodique à donner des extraits ou analyses de ces documens. — En conséquence, le journal qui a rendu compte d'une partie des faits et débats d'une affaire à huis-clos de manière à en faire connaître l'origine, la gravité et la part que des personnes non inculpées auraient prise à l'action, est passible de l'amende de 2,000 francs, prononcée par la loi du 18 juill. 1828. — Même arrêt; Chassan, *Encycl. du dr.*, vº *Compte-rendu*, nº 9; de Grattier, t. 2, p. 201.

46. — Une telle sévérité a paru exagérée à quelques jurisconsultes, et même en dehors des termes de la loi : « On a demandé, dit M. Duvergier (note sur l'art. 16, L. 18 juill. 1828), que les journaux pussent publier aussi le *résumé* du président. Cette proposition a été rejetée. Cependant, la Charte n'autorise à prononcer le huis-clos que pour les débats, et le résumé du président n'en fait pas partie. » — Cette raison n'est pas sans gravité.

47. — Le prévenu ne pourrait être dispensé de cette peine sur le motif tiré de sa bonne foi, ni sous le prétexte que l'usage abusif de rendre compte des débats judiciaires serait toléré chez les journalistes de la capitale. — *Dijon*, 20 déc. 1843 (t. 2 1844, p. 161), Duchesne.

48. — La disposition de l'art. 16, L. 18 juill. 1828 ne s'applique, comme au surplus de la loi dont elle fait partie, qu'à la presse périodique.

49. — Il suit de là que la presse non périodique peut rendre compte de toute affaire où le huis-clos a été ordonné. — Chassan, *Encyclop. du droit*, vº *Compte-rendu*, nº 9. — Sauf, toutefois, le droit pour le ministère public d'exercer l'action publique si l'écrit incriminé, par la nature des faits qu'il publie, contient une autre infraction à la loi pénale.

50. — Quoique l'autorisation soit générale à l'égard des écrits périodiques, M. de Grattier (t. 2 p. 326) pense qu'il faut en excepter, dans l'intérêt de la vulgarisation des décisions de la jurisprudence, les écrits périodiques entièrement consacrés à la science du droit, tels que les recueils d'arrêts, comme le *Journal du Palais*, les revues de législation et de jurisprudence.

§ 2. — *De la prohibition de rendre compte des procès pour outrages ou injures, et des procès en diffamation lorsque la preuve des faits diffamatoires n'est pas admise.*

51. — L'art. 16, L. 18 juill. 1828, voulait que, dans les procès en diffamation où le huis-clos aurait été ordonné, les journaux ne pussent publier les faits de diffamation, ni donner l'extrait des mémoires

ou écrits quelconques qui les contiendraient. La loi du 9 sept. 1835 est allée plus loin. Il est interdit (art. 10) aux journaux et écrits périodiques de rendre compte des procès pour outrages et injures, et des procès en diffamation où la preuve des faits diffamatoires n'est pas admise par la loi ; ils peuvent seulement annoncer la plainte sur la demande du plaignant. Dans tous les cas, ils peuvent insérer le jugement.

52. — « Quand la preuve des faits diffamatoires est admise, disait M. Sauzet, rapporteur de la loi du 9 sept. 1835, la publicité doit rester, car il s'agit de la vie publique des dépositaires de l'autorité; mais le récit des procès en diffamation privée n'est qu'une prime au scandale ; il paralyse le droit de plainte par la crainte d'une plus grande diffamation ; il anéantit parfois d'avance jusqu'aux effets du jugement même et de la peine infligée aux diffamateurs. Nous espérons que cette interdiction portera ses fruits. »

53. — On s'est étonné de trouver dans la disposition du paragraphe 1er, art. 10 de la loi de sept. 1835, l'interdiction prononcée pour les comptes-rendus des procès en injures. On a dit : c'est pousser la prévoyance trop loin; mais si l'on veut y réfléchir, on se convaincra que souvent une simple injure peut constituer l'outrage le plus sanglant qu'on puisse faire à une personne en résumant une série de faits scandaleux. — Parant, *Lois de la presse*, p. 430.

54. — La disposition de l'art. 10 s'applique aux procès civils comme aux procès correctionnels ; le but du législateur, dit M. Chassan (t. 1er, no 927), a été d'employer tous les moyens contre la publicité donnée à des faits diffamatoires. Ce but ne serait pas atteint si les procès pour diffamation portés devant la juridiction civile pouvaient être livrés par la presse périodique à la malignité de l'esprit de parti.

55. — La prohibition prononcée par l'art. 10 de la loi de 1835 s'applique, selon M. de Grattier (t. 2, p. 321), aux procès pour *offense* contre le roi, les membres de la famille royale et les chambres ; la raison qu'il en donne est que, dans ces sortes d'affaires, le prévenu n'est pas admis à faire la preuve des faits imputés. M. Chassan combat cette opinion (t. 1er, no 925) : « L'art. 10, dit-il, de la loi de 1835 a eu soin d'indiquer très exactement les procès desquels il est défendu de rendre compte, et les procès d'offense ne figurent point dans cette énumération. L'on ne saurait dire que la disposition de cet article soit purement énonciative. En matière d'interdiction, tout est de rigueur, ce qui n'est pas défendu est permis. » Nous partageons pleinement cet avis.

56. — L'annonce de la plainte est autorisée parce qu'elle n'a rien qui blesse la morale publique ni l'intérêt du plaignant; mais il faut qu'elle soit faite sur sa demande, et le journaliste serait obligé de faire la preuve que sa publication a été provoquée par la demande du plaignant. — De Grattier, t. 2, no 325; Chassan, t. 1er, no 930.

57. — Si la publication du jugement est autorisée, c'est qu'elle est considérée comme une chose morale, une satisfaction donnée à l'ordre public. Il importe peu que le jugement mentionne les faits outrageans, injurieux ou diffamatoires, puisqu'il en porte la répression. — De Grattier, t. 2, p. 326.

58. — Par ces mots *le jugement* il faut entendre seulement les motifs et le dispositif; le rapport et tous les actes de procédure n'en font point partie. — De Grattier, t. 2, p. 326.

59. — Mais il faut comprendre sous ces termes tous les jugemens d'instruction sur la compétence, et ceux rendus sur des questions incidentes ou préjudicielles; il faut aussi y comprendre les ordonnances de la chambre du conseil et les arrêtés de la chambre d'accusation. — Chassan, t. 1er, no 929; de Grattier, t. 2, p. 326.

60. — L'interdiction portée par la loi du 9 septembre 1835 est absolue. Ainsi, un journal ne peut donner les exordes ou les péroraisons des plaidoiries prononcés contre les diffamateurs, alors même que les extraits ne contiendraient ni les débats de la cause, ni la défense du diffamateur. — *Riom*, 14 avr. 1836, Grangier ; — de Grattier, t. 2, p. 322; Chassan, t. 1er, no 928.

61. — Les prévenus ne peuvent être renvoyés de la plainte par le motif que la publication n'est pas un compte-rendu du procès pour outrages et injures, mais une défense personnelle à l'auteur de l'article, qui a voulu repousser des attaques dirigées contre lui dans des journaux qui ont fait connaître certaines circonstances du procès. En considérant cette publication comme une défense légitime, on admettrait une excuse que la loi n'a pas établie. — *Cass.*, 2 mars 1838 (t. 1er 1838, p. 338), le gérant du *Mémorial dieppois*.

§ 3. — *Prohibition de publier les noms des jurés et de rendre compte des délibérations intérieures des jurés, des cours et tribunaux.*

62. — La prohibition de publier les noms des jurés ne s'étend pas seulement à la presse périodique, elle atteint aussi la publication des noms des jurés par d'autres moyens. — Chassan, t. 1er, no 968. — M. de Grattier (t. 2, p. 327) professe l'opinion contraire, mais nous la croyons opposée au texte et à l'esprit prohibitif de la loi du 9 septembre 1835.

63. — S'appuyant sur les termes généraux de la loi, M. Chassan (t. 1er, no 561 *bis*) en a conclu qu'elle est applicable aux jurés d'expropriation pour cause d'utilité publique, comme aux jurés en matière criminelle.

64. — M. Chassan (t. 1er, no 964) va jusqu'à critiquer la disposition de la loi du 9 septembre qui autorise la publication des noms des jurés dans le compte-rendu de l'audience où le jury du jugement a été constitué ; selon lui, du moment où il est permis de publier les noms des jurés en rendant compte de cette audience, le but est manqué; et puisqu'il peut résulter de cette publicité un grand mal, il était nécessaire de l'éviter par une exception qui n'aurait porté qu'une rare atteinte au principe consacré de la publicité des débats.

65. — Cette critique nous paraît mal fondée. Au milieu de toutes les sévérités réactionnaires dont la loi du 9 septembre 1835 est hérissée, il faut se féliciter qu'il n'ait pas été porté atteinte à ce principe constitutionnel de la publicité des débats en toute matière et surtout en matière criminelle. Le mal auquel on a voulu obvier par cet art. 10 est-il donc si grand? N'y a-t-il pas un autre remède qui non seulement arrêterait le péril, mais produirait d'autre part de fécondes améliorations? Ce remède n'est-il pas dans le courage civil qui inspire à chacun une ferme résolution, une confiance salutaire dans ses convictions et dans ses opinions? Que l'éducation politique et civique de ceux qui sont appelés à juger leurs semblables soit développée dans les limites que comporte l'intérêt social, et on ne verra plus que des jurés qui, forts de leur conscience et de la liberté de leurs convictions, ne se laisseront pas intimider par une publicité éphémère.

66. — Les termes de l'art. 10 indiquent que ce sont les noms des jurés, tels que le tirage a pu les désigner, qu'il est permis aux journaux de publier. Ainsi, ils peuvent dire sans être en contravention avec la loi que le jury est composé de *tels* et *tels*. — Chassan, t. 1er, p. 529.

67. — Quant à la publication qui serait faite en dehors du compte-rendu de l'audience où le tirage et la constitution du jury de jugement ont eu lieu, la loi prohibe la publication non seulement de la liste, mais encore des noms d'un ou plusieurs jurés. — Chassan, t. 1er, no 966; de Grattier, t. 2, p. 326.

68. — L'art. 10, si l'application en était rigoureusement faite, prohiberait la publication de la liste des jurés tirés au sort dans l'audience publique de la première chambre de la cour royale. Cependant cette publication continue à être faite. Elle ne peut être un moyen d'intimidation employé à l'égard des jurés, puisque la liste est formée avant l'ouverture des assises, et avant la constitution du jury de jugement qui n'est désigné que par la voie du sort. — Chassan, *ibid.*

69. — La prohibition de rendre compte des délibérations intérieures des cours et tribunaux doit être entendue en ce sens, que les journaux peuvent faire connaître le résultat de la délibération. — Chassan, t. 1er, no 973.

70. — Mais il n'est pas permis de publier à quelle majorité une délibération a été prise. — Chassan, t. 1er, no 974.

71. — Cette prohibition est fondée sur l'indépendance des délibérations et la liberté des votes. Le secret, dans ce cas, est consacré par toutes nos lois; cette disposition n'a fait que lui donner une sanction pénale. — Chassan, t. 1er, no 970.

72. — Jugé, d'après cela, que le principe du secret des délibérations des tribunaux, ayant pour but d'assurer l'indépendance des magistrats et l'autorité morale de leurs décisions, s'oppose à ce qu'il soit donné connaissance, si ce n'est dans les cas exceptionnels, déterminés par la loi, de l'existence des minorités. — Ce principe est, en conséquence, violé alors qu'il est énoncé dans une ordonnance de la chambre du conseil que le renvoi a eu lieu par suite de la volonté d'un seul magistrat. — *Cass.*, 24 fév. 1837 (t. 2 1837, p. 154), [intérêt de la loi], R...

73. — La prohibition de rendre compte des délibérations intérieures étant absolue, elle s'applique non seulement aux délibérations suivies d'une décision judiciaire, mais encore à tout ce qui précède, accompagne ou suit ces délibérations. — De Grattier, t. 2, p. 327.

74. — Toutefois, l'interdiction prononcée par le § 3, art. 10, L. sept. 1837, ne s'étend pas, selon M. de Grattier (t. 2, p. 327), aux délibérations intérieures de la chambre des pairs siégeant comme haute cour de justice. Nous croyons que c'est apporter à la loi une restriction que ne comporte ni son texte ni son esprit. La cour des pairs procédant avec tout l'appareil des formes judiciaires pour ses délibérations; la violation du secret des votes de ses membres nous paraît devoir être atteinte par la loi précitée.

75. — L'interdiction prononcée par l'art. 10, L. sept. 1835, s'applique à tous les écrits périodiques, et il n'y aurait pas ici d'exception à faire en faveur de ceux exclusivement consacrés à la science du droit. — Chassan, t. 1er, no 921.

76. — L'infraction à ces diverses prohibitions est poursuivie devant les tribunaux correctionnels et punie d'un emprisonnement d'un mois à un an et d'une amende de 500 à 5,000 fr. — L. 9 sept. 1835, art. 10, § ult.

77. — Elle peut être poursuivie d'office par le ministère public, car l'ordre public y est intéressé. — Chassan, t. 1er, no 937.

Sect. 3°. — *Pénalité et récidive en matière de comptes-rendus judiciaires, interdiction et suspension.*

§ 1er. — *Pénalité.*

78. — L'infidélité et la mauvaise foi dans le compte que rendent les journaux et écrits périodiques des audiences des cours et tribunaux, sont punies d'une amende de 1,000 à 6,000 fr. — L. 25 mars 1822, art. 7.

79. — L'art. 7, L. 25 mars 1822, atteint non-seulement les *éditeurs* mais encore les *propriétaires* de journaux ou écrits périodiques; sans cette disposition, il eût été facile d'éluder la loi en présentant des éditeurs simulés. — De Grattier, t. 2, p. 87.

§ 2. — *Récidive.*

80. — En cas de récidive, ou lorsque le compte-rendu est injurieux pour la cour, le tribunal, ou l'un des magistrats, des jurés ou des témoins, les éditeurs du journal sont en outre condamnés à un emprisonnement d'un mois à trois ans. — Art. 7, § 2.

81. — Le compte-rendu injurieux n'est que l'accessoire du compte infidèle et de mauvaise foi, dès-lors la poursuite pour compte-rendu injurieux, sans la circonstance principale de l'infidélité et de la mauvaise foi, doit être portée devant les juges ordinaires de la diffamation et de l'outrage envers la personne ou le corps attaqué. — *Cass.*, 12 mai 1837 (t. 1er 1837, p. 605), Delamarre et Lebore; 2 août 1839 (t. 1er 1846), le *Radical du Lot*.

82. — M. Chassan (t. 1er, no 656) et M. de Grattier (t. 2. p. 82 et suiv.) approuvent cette jurisprudence; cependant le premier de ces auteurs avait émis quelques doutes sur la question dans la première édition de son ouvrage : il lui avait semblé que les mots *en outre* (§ 2, art. 7, L. 1822) ne s'appliquaient qu'à la cumulation de la peine et non à la cumulation des deux circonstances : 1° de l'infidélité avec mauvaise foi ; 2° de l'injure dans le compte rendu. La raison qui avait fait naître ce doute était que lorsqu'il s'agit du ton injurieux d'un compte-rendu, l'atteinte portée au caractère du juge est plus grave que dans les hypothèses ordinaires, puisque le magistrat est pour ainsi dire frappé sur son siége, au milieu même de l'audience ; mais après les deux décisions de la cour de Cassation ci-dessus citées, l'auteur y a confirmé son opinion.

83. — La loi n'exige pas que l'injure ou l'offense du compte-rendu soit caractérisée ; c'est le ton général de l'article, son ensemble, sa couleur qui doivent être appréciés. — *Cass.*, 18 et 19 oct. 1833, le *National* et le *Charivari* ; — Chassan, t. 1er, no 657.

84. — Cette jurisprudence est confirmée par ce qui se passa lors de la discussion de la loi à la chambre des députés; un amendement avait été proposé par M. Lainé de Villévêque à la séance du 30 janvier 1822 (V. le *Moniteur* du 31) ; ce député voulait que l'*injure* ou l'*outrage* fussent nettement formulés, mais cet amendement a été rejeté. — Chassan, *loc. cit.*

85. — La récidive du délit de compte-rendu infidèle ou de mauvaise foi est une récidive particulière *sui generis*, et non celle caractérisée par le Code pénal. — Chauveau et Hélie, *Théorie du Code pénal*, t. 1er, p. 362.

86. — En droit commun, en effet, la récidive n'a lieu qu'en cas de seconde condamnation après une

première portant une peine afflictive ou infamante, ou au moins un emprisonnement de plus d'une année; or, dans le cas du § 1er, art. 7, la condamnation n'étant qu'une simple amende, il y a dans le § 2 création d'une récidive spéciale qui diffère de la récidive ordinaire par les circonstances et la pénalité. — De Grattier, t. 2, p. 85.

87. — Lorsque, dans le compte-rendu, il y a infidélité et mauvaise foi ou bien offense envers les chambres ou les tribunaux, y aura-t-il récidive si le premier délit a été une infraction de compte-rendu infidèle seulement et le deuxième une infraction d'offense pour compte-rendu, *et vice versâ*? ou bien même y aura-t-il récidive si, dans le premier cas, il s'agissait de compte-rendu infidèle des séances d'une des chambres, et dans le second, de compte-rendu infidèle de l'audience d'une cour ou d'un tribunal, *et vice versâ*? — M. Parant (p. 147) est d'avis de l'affirmative; il en donne pour raison que ce sont des délits de même nature; MM. Chassan (t. 1er no 245) et Grattier (t. 1er p. 86) professent également cette opinion.

88. — La cour de Cassation a aussi adopté cette doctrine en décidant que « la condamnation à plus d'une année d'emprisonnement prononcée par la chambre des députés pour délit d'offense envers cette chambre a le caractère d'une peine correctionnelle et doit servir de base légale à l'application de la récidive, en cas de nouveau délit, comme la condamnation émanée de toute autre juridiction. — *Cass.*, 19, oct 1833, Lyonne (aff. de la *Tribune*). — V. aussi l'affaire du *Réformateur* à la chambre des députés, séance du 4 juin 1835, et celle des *défenseurs des accusés* d'avril à la chambre des pairs, séance du 26 mai 1835.

89. — Il en serait de même alors que la première condamnation aurait été prononcée par un corps politique exerçant le pouvoir judiciaire, et que le second fait dût être jugé par une cour ou un tribunal. — Parant, *loc. cit.*

90. — En cas d'une première condamnation pour compte-rendu infidèle et de mauvaise foi seulement, il n'y aura pas récidive, si la seconde a eu lieu pour offense ou pour injure par compte infidèle et de mauvaise foi; la raison en est que, bien que les délits soient de même nature, ils ne sont pas régis par les mêmes dispositions; dans le premier cas, c'est l'art. 7, L. du 25 mars 1822, qui doit être appliqué, dans le second, c'est l'art. 10, L. 9 juin 1809, qui se réfère, quant à la récidive, au droit commun. — De Grattier, t. 2, p. 86.

91. — Il suit de là que, quant à la pénalité pour récidive dans le délit d'offense ou d'injure par la voie du compte-rendu infidèle et de mauvaise foi, il faut se référer aux principes généraux qui régissent la récidive en matière d'infraction commise par la presse périodique, et appliquer les dispositions combinées de l'art. 25, L. 17 mai 1819 et de l'art. 10, L. 9 juin de la même année. — Chassan, *Encyclop. du Droit*, vo *Compte-rendu*, no 42.

92. — Ainsi, dans le cas de cette récidive, les tribunaux sont obligés de prononcer le maximum de l'amende, de l'emprisonnement et la surveillance de la police, ce qui ne pouvait avoir lieu dans le cas de la récidive pour compte-rendu infidèle et de mauvaise foi, sans la circonstance de l'injure. — Chassan, *eod. loc.*

93. — MM. Chauveau et Hélie (*Théor. C. pén.* t. 1er, p. 362) soutiennent qu'en cas de récidive, l'emprisonnemnt n'est pas obligatoire; ils se fondent sur l'art. 25, L. 17 mai 1819; mais M. Chassan (t. 1er, no 248) fait remarquer que, d'une part, la récidive prévue par l'art. 25 n'est pas applicable aux délits commis par les journaux, lesquels sont régis, quant à la récidive, par l'art. 10, L. 9 juin 1819; d'autre part, que la récidive prévue par l'art. 7, L. 1822, est régie par des règles qui lui sont propres. Les deuxième et troisième paragraphes de cet article prononcent en effet deux peines : 1o l'emprisonnement; 2o l'interdiction. Quant à l'interdiction, elle est facultative, la loi le dit formellement : *Le journal pourra être interdit.* Quant à l'emprisonnement et à l'amende, la formule de la loi est impérative : *Les éditeurs seront en outre comdamnés.* Donc l'emprisonnement et l'amende sont obligatoires. — V. aussi de Grattier, t. 2, no 85.

94. — Toutefois, la loi portant une peine spéciale avec un *minimum* et un *maximum* pour le cas de récidive, les juges ne sont pas obligés, comme dans les cas ordinaires, de prononcer le maximum de l'amende ni celui de l'emprisonnement. La raison en est que l'art. 7, L. 25 mars 1822, leur impose le devoir de prononcer l'emprisonnement en cas de récidive et par cela seul elle leur laisse, quant à l'amende, toute latitude entre le minimum et le maximum. — Chassan, t. 1er, no 244; Parant, *Lois de la Presse* p. 148; Chassan, *Délits de la Presse*, t. 1er, no 244.

§ 3. — *Interdiction et suspension.*

95. — Dans les cas prévus par l'art. 7, il peut aussi être interdit, pour un temps limité ou pour toujours, aux propriétaires et éditeurs du journal ou écrit périodique condamné de rendre compte des débats judiciaires. La violation de cette défense est punie de peines doubles de celles portées au même article. — Art. 7, § 3.

96. — L'interdiction peut être prononcée alors que le compte-rendu ne serait que partiel. — Grattier, t. 2 p. 89.

97. — La disposition de la loi qui prononce l'interdiction de rendre compte des débats législatifs ou judiciaires, n'est pas absolue. M. le duc Decazes, dans un discours prononcé à la séance du 5 mars 1822, disait : « Le sens de cette disposition est sans doute que l'interdiction ne soit applicable qu'aux débats qui s'agitent devant la chambre ou devant le tribunal qui aura cru avoir à se plaindre, et la loi ne peut entendre conférer à une des chambres ou à un seul tribunal le droit d'empêcher un journal de rendre compte à l'avenir des audiences de tout le royaume et de tous les débats législatifs. Cependant l'article est conçu en termes si généraux qu'une explication précise devient nécessaire. » Cette explication, ainsi provoquée, fut donnée par le commissaire du roi en ces termes : « L'interprétation donnée par le noble pair aux dispositions combinées des art. 7 et 16 est en effet la seule admissible. Chaque membre, chaque tribunal pourra interdire le droit de rendre compte de ses débats, si ce compte a été plusieurs fois infidèle et de mauvaise foi. Mais jamais ni l'une des chambres, ni aucun tribunal ne pourra appliquer cette disposition aux débats législatifs ou judiciaires qui leur seraient étrangers. »

98. — Cette doctrine a au reste été consacrée par la cour de Cassation, qui a décidé que la défense prononcée contre un journal de rendre compte des débats judiciaires ne doit s'entendre que des débats ouverts devant la cour ou le tribunal dont les audiences ont été reproduites avec infidélité et mauvaise foi. — *Cass.*, 14 déc. 1833, Paulin (aff. du *National*). — V. aussi en ce sens Parant, p. 149; Chassan, t. 1er, p. 413; de Grattier, t. 2, p. 88.

99. — M. de Grattier (*eod. loc.*) cite cependant un arrêt de la cour d'assises de la Seine, du 30 juin 1834, qui aurait jugé que l'interdiction s'étend aux débats des cours autres que celle qui l'a prononcée.

100. — L'interdiction de rendre compte des débats judiciaires est exécutoire du jour où le pourvoi est rejeté; il n'est pas nécessaire que l'arrêt de la cour de Cassation soit signifié. — *Cass.*, 31 mai 1834; Paulin (aff. du *National*); Parant, *Lois de la presse*, p. 146; de Grattier, t. 2, p. 90.

101. — Les propriétaires d'un journal frappé de l'interdiction de rendre compte des débats judiciaires peuvent, comme ceux d'un journal suspendu, en établir un nouveau sous la seule obligation de se conformer aux dispositions de la loi du 18 juill. 1828. — *Cass.*, 4 avr. 1834, Armand Carrel.

102. — Mais jugé que l'arrêt par lequel une cour d'assises décide qu'un journal est identiquement le même que celui contre lequel elle a prononcé l'interdiction de rendre compte des débats judiciaires, et que les changemens apportés dans sa constitution n'ont eu pour but que d'éluder cette condamnation, échappe à la censure de la cour de Cassation, comme statuant sur un point de fait. — *Cass.*, 6 août 1834, Armand Carrel (aff. du *National de 1834*). — V. *contrà* Chassan, *Traité des délits de la parole* t. 1er, p. 414, no 8.

103. — L'addition d'un millésime au titre d'un journal, la formation d'une nouvelle société avec des modifications dans le nombre des actions et le personnel des actionnaires, et l'accomplissement des formalités prescrites pour la création des journaux, n'empêchent pas que ce journal ne puisse être considéré comme étant toujours le même, s'il a le même siége d'exploitation, le même matériel, le même imprimeur, les mêmes abonnés, le même esprit, en très grande partie les mêmes collaborateurs politiques et littéraires, et enfin s'il résulte des circonstances de la cause que les changemens signalés n'ont eu pour but que d'éluder une interdiction de rendre compte des débats judiciaires (Rés. par la cour d'assises). — *Cass.*, 6 août 1834, Armand Carrel (aff. du *National de 1834*); — *Ass. de Rouen*, 17 juin, sous *Cass.*, 6 août 1834, même affaire.

104. — La chambre criminelle avait décidé le contraire; elle avait jugé que, lorsque les propriétaires d'un journal frappé de l'interdiction de rendre compte des débats judiciaires ont fait une nouvelle société qui diffère de l'ancienne sous divers rapports, versé un nouveau cautionnement et pris de nouveaux gérans responsables, ces changemens constituent un journal nouveau, exempt de l'interdiction de rendre compte des débats judiciaires, quoique le titre soit le même avec la simple addition d'un millésime. — *Cass.*, 4 avr. 1834, Armand Carrel.

105. — M. Chassan (*Traité des délits de la parole*, t. 1er, p. 414, no 8) pense qu'il y avait, dans l'espèce, constitution d'un journal nouveau. Il importe peu, suivant lui, que le nouveau journal soit la continuation du précédent. L'interdiction, dit-il, frappe seulement sur les gérans et les propriétaires. Or, s'il y a *un autre journal* et d'autres gérans à ce *nouveau* journal, alors même que tous les propriétaires de l'*ancien* journal ou quelques-uns seraient encore propriétaires de la nouvelle feuille, l'interdiction n'est pas violée, puisque ce sont les propriétaires et les gérans cumulativement, et non les uns et les autres qui étaient frappés de cette interdiction. La conviction sur la liaison existante entre les deux journaux est indifférente. C'est une question de droit et non pas de fait qui est à juger.

106. — Le juge peut non seulement interdire au journaliste de rendre compte des débats législatifs et judiciaires, mais il peut encore prononcer la *suspension* du journal. — LL. 18 juill. 1828, art. 15, et 9 sept. 1835, art. 12.

107. — L'art. 7, L. 25 mars 1811, déroge aux dispositions des art. 25, L. 17 mai 1819, et 10, L. 9 juin 1819. Les termes dans lesquels il statue n'ont d'ailleurs rien d'inconciliable avec les dispositions des art. 15, L. 18 juill. 1828, et 12, L. 9 sept. 1525, relatives à la suspension. Aussi la suspension prononcée par ces articles pourrait-elle, dans les cas qu'ils prévoient et pour le temps qu'ils déterminent, être appliquée concurremment avec les peines de l'art. 7. — De Grattier, t. 2, p. 85.

108. — En cas de *suspension* d'un journal, les propriétaires peuvent en créer un nouveau. Il en est de même en cas d'*interdiction* de rendre compte des débats judiciaires. — De Grattier, t. 2, p. 91.

109. — La loi qui punit la violation de l'interdiction, se tait sur la violation de la suspension temporaire d'un journal. M. Parant (p. 172) en conclut que le législateur a voulu laisser ce fait sans répression; cela nous paraît douteux; la cause la plus probable de ce silence, c'est qu'il a oublié de prévoir ce cas; cependant cet auteur pense qu'il y aurait lieu à saisie. Nous ne saurions admettre cette mesure d'instruction que l'existence d'un délit pourrait seule justifier.

Sect 4e. — *Action. — Compétence. — Procédure en matière de compte-rendu judiciaire.*

§ 1er. — *De l'action.*

110. — Selon le droit commun, l'exercice de l'action publique appartient exclusivement au ministère public; c'est la règle générale : en matière de compte-rendu infidèle et de mauvaise foi, il n'en est pas toujours ainsi; les tribunaux des audiences desquels il a été rendu compte sont dans certains cas appelés à poursuivre directement la répression des délits commis envers eux.

111. — L'art. 16, L. 25 mars 1822, porte en effet que les dispositions de l'art. 7 de la même loi, qui punit d'une amende de 1,000 fr. à 6,000 fr. l'infidélité et la mauvaise foi dans les comptes-rendus judiciaires, seront appliqués *directement* par les tribunaux qui auront tenu les audiences.

112. — Et l'art. 3, L. 8 oct. 1830, a maintenu cette disposition, en déclarant que les cas où les chambres, cours ou tribunaux, *jugeront à propos* d'user des droits qui leur sont attribués par les art. 15 et 16, L. 25 mars 1822, sont exceptés de la juridiction du jury.

113. — Toutefois, et malgré la précision de ces textes, des auteurs recommandables ont professé l'opinion contraire : ainsi, M. Legraverend (t. 2, p. 584, édit. de 1823) pense que, dans tous les cas, la citation doit être donnée dans la forme ordinaire pour les matières correctionnelles, *à la requête du ministère public* : « L'appel du prévenu, dit-il, de l'ordre du président de la cour ou du tribunal serait tout à fait illégal, parce que ce mode affecté exclusivement à la procédure devant la chambre et inusité par la situation politique de ce corps, ne peut, en aucune manière, appartenir aux tribunaux; que, dans tous les cas, une innovation si grave et si importante ne pourrait y être introduite que par des dispositions textuelles et explicites de la loi, et que la discussion même qui précède celle du 25 mars 1822, ne peut, sous aucun rapport, autoriser ou rendre même vraisemblable une pareille interprétation. »

114. — M. Chassan (t. 2, no 2207) combat cette doctrine. Il admet l'exercice de l'action par les tri-

bunaux, mais il le restreint aux cas où il n'existe pas de ministère public près de ces tribunaux; dans tous les autres, il pense que l'intervention du ministère public est nécessaire et même exclusive : « L'attribution de l'action publique aux tribunaux, dit-il, l'exercice de la poursuite par d'autres que les officiers du ministère public, résultent en effet de l'esprit et de la nature des dispositions des lois de 1822 et de 1830. C'est là sans doute une chose extraordinaire, exorbitante de notre droit commun; mais il ne faut pas oublier que les lois précitées créent, pour la répression de ce délit, une compétence tout à fait en dehors de notre droit commun... Si l'on veut bien, dès-lors, y réfléchir, on verra que l'attribution extraordinaire de compétence une fois admise, la disposition qui place la poursuite entre les mains des cours et tribunaux, n'a plus rien d'étrange et se trouve en quelque sorte forcée par la nature même des choses... Mais ce n'est point là une règle générale; ce n'est qu'une disposition particulière tirée de la nature exceptionnelle de la compétence créée par la loi de 1822. Le principe de notre droit, qui attribue au ministère public seul l'action publique, demeure toujours comme règle générale, comme principe du droit commun; toutes les fois que la nécessité qui oblige à mettre, par exception, l'action publique entre les mains des tribunaux eux-mêmes ne se fait plus sentir, on doit revenir au droit commun. Dans ce cas, l'intervention du ministère public devient à son tour obligatoire, exclusive, et la doctrine de M. Legraverend doit être suivie. »

115. — Cette doctrine de M. Chassan, qui déclare l'intervention du ministère public obligatoire et *exclusive* dans tous les cas où il s'agit de tribunaux près desquels le ministère public est institué, nous paraît en dehors de la lettre et de l'esprit de la loi. En effet, dès que l'art. 16, L. 25 mars 1822, permet aux cours et tribunaux d'appliquer *directement* les dispositions pénales de l'art. 7 de cette même loi; qu'ils peuvent, aux termes de l'art. 3 de celle du 8 oct. 1830, user du droit qui leur est conféré à cet égard, *lorsqu'ils le jugent à propos*, il faut bien leur donner l'exercice direct de l'action publique, sans quoi ces dispositions deviendraient entièrement inutiles.

116. — Quoi qu'il en soit, c'est le ministère public placé près du tribunal de l'audience duquel il a été rendu compte qui est seul compétent pour exercer la poursuite. — Chassan, t. 2, n° 2207. — Celui du domicile de l'accusé et celui du lieu où la publication du journal a été faite, sont sans pouvoir à cet égard; leur action serait déclarée non recevable. — *Ibid.*

117. — Le ministère public chargé de poursuivre peut le faire spontanément et d'office, sans plainte ou réquisition préalable du tribunal en l'audience duquel il a été rendu compte infidèle et de mauvaise foi. — *Cass.*, 11 mai 1833, le *National*; 24 mai 1833, le *Charivari*; *Colmar*, 11 janv. 1834, Blanc; — Chassan, t. 2, n° 2210.

118. — Mais toutes les fois que les délits mentionnés en l'art. 1er, L. de 1830, intéressent les corps et les personnes que la loi a désignés, le ministère public ne peut poursuivre que de leur aveu. — Siméon, discours à la chambre des pairs, séance 17 sept. 1830 (*Moniteur* du 20 du même mois).

119. — Quelques doutes s'étaient cependant élevés sur ce point (Chassan, t. 2, n° 2210); mais aujourd'hui il est certain, d'après la contexture des art. 4 et 5, L. 26 mai 1819, que la plainte préalable n'est nécessaire que pour la poursuite des délits de diffamation et d'injure envers les particuliers, les cours et les tribunaux; en ce qui concerne le délit de compte-rendu infidèle et de mauvaise foi des audiences des cours et des tribunaux, elle n'est pas exigée par ces textes ni par aucun autre; la condition d'une plainte préalable formerait une exception au principe de la libre poursuite de la part du ministère public; or, les exceptions ne peuvent résulter que d'une disposition formelle de la loi, et ne peuvent être établies par voie de conséquence et d'interprétation. — V. conf. Parant, p. 214 et suiv.; Foucher, *Add. au traité de l'organ. judiciaire de Carré*, t. 4, p. 199 et suiv.; de Grattier, t. 1er, p. 335 et suiv.

120. — C'est au reste en ce sens que la jurisprudence s'est fixée. — *Cass.*, 11 mai 1833, le *National*; 21 mai, le *Charivari*; 22 nov., le *Courrier de la Moselle*. — Sur le renvoi prononcé par la cour de Cassation devant la cour de Colmar, cette cour a jugé de même, par arrêt du 11 janv. 1834. — V. enfin *Cass.*, 2 août 1839 (t. 1er 1840), le *Radical du Lot*.

121. — Le ministère public n'a pas qualité pour ordonner la saisie préalable des numéros du journal inculpé; cette mesure ne pourrait être prise que par le juge d'instruction, et, en cette matière, la voie de l'information n'étant pas requise, ce magistrat est sans pouvoir pour requérir la saisie. — Chassan, t. 2, n° 2236.

§ 2. — *De la compétence.*

122. — Deux dispositions législatives établissent la compétence en matière de compte-rendu infidèle et de mauvaise foi : le premier est l'art. 16, qui l'attribue aux cours et tribunaux qui ont tenu l'audience; le deuxième est l'art. 3, L. 8 oct. 1830, qui confirme cette compétence.

123. — Cette juridiction extraordinaire qui nous vient de l'Angleterre (Blackstone, liv. 4, chap. 20), « est une conséquence du droit qui appartient aux corps judiciaires pour la police de leurs audiences. » — Martignac, Rapp. à la chambre des députés sur la loi du 8 oct. 1830, séance du 1er oct.

124. — On sait, en effet, que le délit commis à l'audience envers les cours et tribunaux peut être jugé à l'instant même par ces cours et tribunaux. — C. inst. crim., art. 181, et 505; C. procéd. civ., art. 10, 11, 12 et 91.

125. — Les motifs de la disposition de l'art. 16, L. 25 mars 1822, sont exposés en ces termes par les auteurs mêmes de la loi. « Telle est la nature du délit, que son existence ne peut être bien constatée que par les cours et tribunaux qui ont tenu les audiences dont il aura été rendu compte. » — Exposé des motifs (*Moniteur* du 4 déc. 1821); Rapport de M. Chifflet, séance du 14 janv. 1822.

126. — Lors de la discussion de la loi du 8 oct. 1830, cette attribution de juridiction aux cours et tribunaux fut vivement critiquée; on y voyait une violation de la charte, qui confère formellement au jury la connaissance des délits de la presse; mais on répondit à cette objection, qui n'était pas sans gravité, que cette juridiction était forcée. — V. à la séance du 18 sept. 1830, la réponse de MM. Decazes et Siméon à M. Dubouchage, qui attaquait la disposition sur ce point. — V. aussi en ce sens Parant, p. 155; Victor Foucher, add. au *Tr. de l'organ. judic.* de Carré, t. 3, p. 172 et suiv.; Chassan, t. 2, n° 2217.

127. — Depuis, la jurisprudence a sanctionné par un arrêt que nous avons déjà cité ces dispositions des lois de 1822 et de 1830. — *Cass.*, 11 mai 1833, le *National*.

128. — La compétence du tribunal qui a tenu l'audience est absolue; ainsi elle a lieu alors même que le délit aurait été commis hors du territoire ordinaire de la juridiction de ce tribunal. — Chassan, t. 2, n° 2218. — « Cette juridiction, ajoute cet auteur, s'étend sur tous les points de la France et va saisir le journaliste, fût-il même aux extrémités les plus reculées du royaume. »

129. — Lorsqu'il a été interdit à un journal, en vertu de la loi du 25 mars 1822, de rendre compte des séances d'une cour d'assises, cette cour est exclusivement compétente pour connaître de toutes les infractions faites à cette défense. — *Cass*, 8 fév. 1834, Arm. Carrel (aff. du *National*.)

130. — Mais c'est au tribunal des audiences duquel il a été rendu un compte infidèle et de mauvaise foi, et non au jury, comme en matière de presse, qu'il appartient de prononcer sur les infractions à la défense de rendre compte des débats judiciaires. — Ce tribunal reste seul compétent, lors même que, par suite d'un renvoi ordonné après cassation, l'interdiction aurait été prononcée par un autre tribunal. — *Cass.*, 14 déc. 1833, Paulin (aff. du *National*. — Parant, *Lois de la Presse*, p. 149, n° 7, et 158, n° 4; de Grattier, *Comment. sur les lois de la presse*, t. 2, p. 127, n° 11.

131. — Tous les tribunaux jouissent de cette juridiction extraordinaire; peu importe leur nature; qu'ils soient civils ou criminels, ordinaires ou d'exception. — Chassan, t. 2, n. 2219.

132. — Nous avons vu *suprà*, n° 93, que l'art. 7 permet de prononcer l'interdiction de rendre compte des débats judiciaires contre le journal qui a été infidèle et de mauvaise foi dans son compte-rendu, et que la violation de cette défense est punie des peines que ce même article détermine. Dans ce cas, on demande quel serait le tribunal compétent pour prononcer ces peines.

133. — La jurisprudence est muette sur ce point, mais la doctrine des auteurs décide que c'est le tribunal offensé par lequel l'interdiction a été ou a dû être prononcée, qui doit statuer sur la violation de la prohibition. — Parant, p. 157 et 158; Victor Foucher addit. au *Tr. de l'org. judic.* de Carré, t. 4, p. 222 et suiv.; Chassan, t. 2, n° 2221.

134. — Pour que la compétence du tribunal ou de la cour dont il y a eu compte-rendu infidèle et de mauvaise foi ait lieu, faut-il que les faits se soient passés ou que les discours aient été prononcés en présence des juges ? Les auteurs ne sont pas d'accord sur ce point. M. Victor Foucher pense que si les choses n'ont pas eu lieu en leur présence, il faut suivre les modes ordinaires de compétence, et cela, dans les trois cas suivans : 1° au cas où les faits ont eu lieu pendant la délibération des juges, alors que le ministère public siégeait encore à l'audience. — *Assises de la Seine*, 13 sept. 1822 (sous *Cass.*, 7 déc. 1822, Guise). — 2° au cas où les faits ont eu lieu pendant que le jury siégeait ainsi que le ministère public, et pendant qu'ils attendaient que la cour rentrât de la salle des délibérations; — 3° au cas où les faits se sont passés en présence des magistrats, mais lorsqu'ils ne siégeaient point, comme s'ils avaient eu lieu avant ou après l'audience, ou pendant la suspension.

135. — M. Chassan (t. 2, n° 2223) pense que, dans deux premiers cas, l'opinion de M. Foucher est hasardée, parce que c'est pendant l'audience que les faits ont eu lieu; que dans le dernier cas, au contraire, il est incontestable qu'on doive suivre les modes ordinaires de compétence.

136. — De ce que c'est le tribunal qui a tenu l'audience qui doit statuer sur le compte-rendu infidèle et de mauvaise foi, il ne faut pas en conclure que si, au moment où le tribunal juge ce délit, il se trouve autrement composé qu'il ne l'était lors de l'audience dont il a été rendu compte, il ne puisse valablement prononcer. M. Chassan, (t. 2, n° 2225) fait très bien remarquer, à ce sujet, que « la maladie, la mort, ou tout autre motif qui mettrait obstacle à ce que l'un de ces juges assistât à l'audience, rendrait la répression impossible : que la raison enseigne qu'il n'en saurait être ainsi, que les termes de la loi s'opposent à une pareille interprétation, puisque la compétence est attribuée non aux juges, mais au tribunal. » Cette opinion est aussi celle de M. Mangin (*De l'action publ.*, t. 1er, n° 155) de Grattier (t. 2, p. 120) et Victor Foucher (t. 4, p. 211).

137. — C'est, au reste, en ce sens que la question a été jugée par la cour de Cassation le 6 mars 1833, Castineau, et le 23 février 1837 (t. 2 1837, p. 145), Brière.

138. — Selon M. Chassan (t. 2, n° 2227) la question ne devrait pas être résolue différemment si dans le tribunal qui devrait statuer sur le compte-rendu il ne restait plus aucun de ceux qui auraient tenu l'audience; la raison de décider est toujours la même; c'est au tribunal et non aux juges que la loi attribue la compétence.

139. — Il ne faudrait pas, ce nous semble, pousser si loin les conséquences de cette doctrine. — Que la mort ou l'empêchement d'un des juges ne soit pas un obstacle à ce que le tribunal statue sur un compte-rendu infidèle, nous sommes portés à l'admettre, mais un seul conseiller, par exemple, sur sept qui forment une cour royale, suffirait-il pour donner compétence aux autres magistrats qui viendraient s'adjoindre à lui ? — Nous ne le croyons pas, et nous estimons que ces nouveaux magistrats n'auraient compétence qu'autant que ceux devant lesquels les faits se sont passés auraient dressé un procès-verbal constatant complètement les faits dont ils ont été les témoins.

140. — Cette compétence extraordinaire survivrait au cas où les pouvoirs d'une chambre temporaire viendraient à expirer. — De Grattier, t. 2, p. 121; Chassan, *eod. loc.*

141. — Elle continuerait encore s'il s'agissait d'une cour d'assises dont la session se serait terminée par l'affaire dont le compte infidèle et de mauvaise foi aurait été incriminé; nous ne croyons pas, comme M. Chassan, que, dans ce cas, le délit puisse être porté aux assises de la session suivante. M. Chassan a beau dire : « Si ces magistrats se succèdent les uns aux autres, l'honneur de la magistrature et la dignité de l'audience ne périssent pas et le droit de les défendre se conserve inaltérable et toujours le même dans le tribunal qui a été offensé, » nous croyons que les pouvoirs des magistrats formant la session dont le temps est expiré pourraient seuls continuer à siéger.

142. — Les juges peuvent ordonner la jonction d'une poursuite disciplinaire contre un avocat, à raison des paroles qui lui sont attribuées par un journal dans le compte-rendu d'une audience, et de la poursuite exercée à raison de ces mêmes paroles contre ce journal pour compte-rendu avec infidélité et mauvaise foi. — *Cass.*, 24 déc. 1836, t. 1er, 1837, p. 334), Dupont.

§ 3. — *De la procédure.*

143. — Le premier acte de la procédure est l'assignation qui doit être donnée à l'auteur du compte rendu infidèle et de mauvaise foi. Dans quelques circonstances, cette assignation doit être précédée d'une requête au président en fixation du jour de l'audience. Cela a spécialement lieu dans le cas où la citation est donnée devant la cour d'assises; dans ce cas, en effet, toutes les au-

diences étant remplies par les affaires fixées, il est nécessaire que le président détermine le jour où la cour pourra s'occuper de cette cause incidente. — Chassan, t. 2, nº 2234.

144. — La requête à présenter dans ce cas ne doit ni articuler ni qualifier les faits; il n'est pas besoin non plus de la signifier à l'accusé. — Chassan, *eod. loc.*

145. — Il a été jugé que le réquisitoire dont parle l'art. 6, L. 26 mai 1819, n'est pas exigé en pareille matière. — *Cass.*, 11 mai 1833, *le National*; 24 mai 1833, *le Charivari*. — V. aussi en ce sens de Grattier, t. 2, p. 121.

146. — L'art. 16, L. 25 mars 1822, portant que les dispositions de son art. 7 seront appliquées *directement*, il s'ensuit que la voie de la citation *directe* doit seule être suivie. — Foucher, add. au *Tr. de l'organ. judiciaire* de M. Carré, t. 4, p. 205 et suiv.; Chassan, t. 2, nº 2236.

147. — Il suit aussi de là que la saisie préalable du journal ne peut être faite, car cette censure ne peut avoir lieu qu'autant qu'on a pris la voie de l'information. — Chassan, t. 2, nº 2236; Foucher, *loc. cit.*

148. — La loi n'a prescrit aucune forme pour amener l'accusé à l'audience. Dans le silence de la loi à ce sujet, on suit le droit commun. — *Cass.*, 6 mars 1823, Castineau; 7 déc. 1822, Guise.

149. — Il a même été jugé que les formalités et notifications observées en matière de délits ordinaires de la presse, lorsque leurs auteurs sont traduits directement devant le jury, ne sont point applicables aux affaires dont les cours et tribunaux sont saisis à raison du compte-rendu de leurs audiences. — *Cass.*, 11 mai 1833, *le National*; — de Grattier, t. 2, p. 121.

150. — De ce qui précède il suit : 1º que la citation doit être signifiée comme en matière de police correctionnelle. — *Cass.*, 11 mai 1833, *le National*; — Legraverend, t. 1er, p. 584; Chassan, t. 2, nº 2238.

151. — ... 2º Qu'elle doit articuler et qualifier les faits, c'est-à-dire énoncer et détailler le fait incriminé et désigner l'infraction que ce fait constitue. — Chassan, t. 2, nº 2240; Legraverend, t. 1er, p. 584, édit. de 1823; Foucher, t. 4, p. 205 et 206; de Grattier, t. 2, p. 122.

152. — C'est au reste ce qui a été jugé par la cour de Cassation le 7 déc. 1822, Guise.

153. — Jugé que l'obligation imposée au ministère public d'articuler et de qualifier les faits incriminés s'applique aux poursuites dirigées contre l'éditeur responsable d'un journal prévenu d'avoir rendu un compte infidèle et de mauvaise foi d'un débat judiciaire, comme à la poursuite de tout autre délit. — *Cass.*, 7 déc. 1822, Guise, Legraverend.

154. — Toutefois on a jugé qu'il suffit que la citation ne laisse aucun doute sur l'objet de la poursuite : ainsi, par exemple, lorsque l'assignation transcrit le réquisitoire du ministère public adressé au président pour obtenir la fixation du jour et dans lequel sont signalés les passages des articles incriminés. — *Cass.*, 2 août 1839 (t. 1er 1846), *le Radical du Lot*.

155. — ... 3º Que le délai de la citation doit être celui établi par le Code d'instruction criminelle pour les ajournemens en matière correctionnelle. Ainsi le délai n'est pas de dix jours, comme en matière de presse, mais bien de trois jours. — *Cass.*, 11 mai 1833, le *National*; 24 mai 1833, le *Charivari*. — Il importe que la répression soit prompte. Un délai de dix jours laisserait produire au délit tout le mal qu'il est susceptible d'engendrer. C'est donc avec raison qu'à défaut d'autre disposition, la cour a adopté comme règle du droit commun l'art. 184, C. inst. crim.

156. — ... 4º Que lorsqu'il s'agit d'un tribunal auprès duquel il n'y a pas de ministère public, ce tribunal doit prendre une délibération par laquelle il est enjoint à un huissier de citer le journaliste à sa barre. — Chassan, t. 2, nº 2243.

157. — . . 5º Que si l'inculpé ne paraît pas, il est rendu un jugement par défaut pour la réformation duquel il peut se pourvoir par opposition. — Legraverend, t. 1er, p. 584 et 585; de Grattier, t. 2, p. 123; Chassan, t. 2, nº 2246.

158. — C'est aussi en ce sens que s'est prononcée la cour de Cassation par arrêt du 7 déc. 1822 (Guise); elle s'est fondée principalement sur ce que le dernier alinéa de l'art. 15, exclusivement relatif aux chambres, et sur ce que, de la dérogation aux règles ordinaires de compétence établie par le 2e alinéa dudit art. 16, il n'est pas juridique de déduire une dérogation aux règles de la procédure.

159. — ...6º Que lorsque l'accusé paraît, le greffier donne lecture de l'ordonnance du président fixant le jour de l'audience et de l'assignation. — Chassan, nº 2250.

160. — . . 7º Qu'on donne aussi lecture du réquisitoire du ministère public qui a précédé l'ordonnance du président. — Chassan, *loc. cit.*

161. — L'inculpé peut se faire assister par un défenseur (Legraverend, t. 1er, p. 584 et suiv.); mais on n'est pas tenu de lui en nommer un d'office. « Il ne s'agit ici, en effet, dit M. Chassan (t. 2, nº 225), que d'un simple délit, et, dans ce cas, si la défense est toujours permise et favorisée, il n'est pas néanmoins nécessaire qu'elle soit présentée par un tiers. »

162. — Toutefois, il a été jugé que, lorsque la poursuite a lieu devant une cour d'assises, il n'est pas nécessaire d'adresser au prévenu l'avertissement prescrit par l'art. 364, C. inst. crim.; il suffit qu'il ait eu la parole le dernier. — *Cass.*, 23 fév. 1837 (t. 2 1837, p. 145), Brière. — V. aussi en ce sens de Grattier, t. 2, p. 121 et suiv.

163. — Les juges appelés à statuer sur l'infidélité et la mauvaise foi du compte-rendu ne sont pas obligés d'entendre des témoins lorsqu'ils se croient suffisamment instruits par leurs propres souvenirs. — *Cass.*, 7 déc. 1822, Guise; 26 mai 1831, le *Courrier français*; 24 déc. 1836, Dupont; *Assises de la Seine*, 21 mai 1841, la *Gazette de France*. — V. aussi en ce sens de Grattier, t. 2, p. 122; Parant, p. 159.

164. — Jugé qu'il n'est pas nécessaire que, lors de la prononciation du jugement, il soit donné lecture par le président du procès-verbal qui a été dressé. — *Cass.*, 26 août 1831, Valentin de Lapelouze (aff. *du Courrier français*).

165. — M. Chassan (t. 2, nº 2259) fait cependant remarquer à ce sujet que si cette lecture n'est pas impérieusement exigée, il y a convenance à la faire, afin que les juges ne soient pas soupçonnés d'avoir après coup rédigé cette pièce.

166. — Si le ministère public requiert qu'il soit dressé procès-verbal des faits qui se sont passés à l'audience, dont le compte-rendu est incriminé, il doit être statué sur la demande, sous peine de nullité de l'arrêt. — *Cass.*, 12 oct. 1833, *Gazette de l'Ouest*.

167. — Le procès-verbal ou le jugement dans lequel les juges ont constaté les faits d'infidélité, de mauvaise foi ou d'injures commis par les journaux dans le compte-rendu de leurs audiences, a pour effet de les fixer irrévocablement. — *Cass.*, 6 mars 1823, Castineau.

168. — Décidé aussi que lorsque le jugement ou arrêt qui prononce sur un compte-rendu infidèle ou de mauvaise foi d'un débat judiciaire vient à être cassé, le procès-verbal dressé par le tribunal devant lequel les faits se sont passés forme une preuve légale de leur moralité devant le tribunal saisi par le renvoi de la cour de Cassation. Toutefois, le défaut de procès-verbal ne peut pas donner ouverture à cassation et oblige seulement le tribunal saisi par ce renvoi à employer les formes de la procédure ordinaire. — *Cass.*, 7 déc. 1822, Guise. — V. conf. de Grattier, t. 2, p. 196, nº 10.

169. — Si les souvenirs des juges ne leur paraissent pas suffisans, ils peuvent, pour former leur conviction, admettre ou provoquer toute espèce de preuves. — *Cass.*, 23 fév. 1837 (t. 2 1837, p. 145), Brière; — Chassan, nº 2262.

170. — Jugé que les juges qui ont tenu l'audience peuvent être cités comme témoins en cause d'appel ou devant le tribunal de renvoi. — *Cass.*, 7 déc. 1822, Guise, Legraverend.

171. — M. Chassan fait remarquer avec raison, à l'occasion de cet arrêt, qu'il doit être entendu en ce sens que les juges ne connaîtront pas ou n'auront pas connu de la poursuite pour délit de compte-rendu; car s'ils sont juges, ils ne peuvent descendre de leur siége pour déposer comme témoins, et s'ils ont connu de la poursuite comme juges, ils ne peuvent ensuite comparaître devant un autre tribunal, en qualité de témoins pour ou contre le jugement qu'ils ont prononcé sur ce délit.

172. — Décidé que les juges peuvent déterminer les faits sur lesquels les témoins doivent déposer et rejeter ceux sur lesquels leur conviction s'est formée par leurs propres souvenirs. — *Cass.*, 24 déc. 1836 (t. 1er 1837), Dupont. — V. aussi, en ce sens, de Grattier, t. 2, p. 123; Chassan, t. 2, nº 2266.

173. — Lorsque les poursuites dirigées contre plusieurs réquisitoires, à raison de comptes-rendus infidèles par un journal de l'audience d'un tribunal, ont été présentées simultanément, sous une prévention commune, il suffit que, dans un réquisitoire, il existe une nullité concernant un prévenu pour que les poursuites entières soient annulées vis-à-vis même des autres prévenus. — *Cass.*, 14 juin 1834, Fabre (aff. du *Précurseur de Lyon*).

174. — La poursuite exercée pour prétendu compte-rendu infidèle et de mauvaise foi des audiences d'un tribunal est nulle, lorsque le réquisitoire du ministère public contient une erreur dans l'énonciation de l'article incriminé. — Même arrêt. — V., en ce sens, de Grattier, *Comment. sur les lois de la presse*, t. 1er, p. 352.

175. — On peut se pourvoir par appel de l'arrêt ou du jugement qui a statué sur l'infidélité et la mauvaise foi du compte-rendu. — Parant, p. 156 et suiv.; Chassan, t. 2, nº 2269; de Grattier, t. 2, p. 123. — La jurisprudence est fixée sur ce point. — V. *Cass.*, 7 déc. 1822, Guise; 6 mars 1823, Castineau; 22 nov. 1833, *Courrier de la Moselle*; *Colmar*, 11 janv. 1834, Blanc.

176. — L'appel est porté devant la cour royale lorsque le jugement est émané d'un tribunal civil d'arrondissement ou d'un tribunal de commerce. — Chassan, t. 2, nº 2270.

177. — Si le jugement qui a statué sur le délit est rendu par un juge de paix, l'appel est porté devant le tribunal civil. — Chassan, t. 2, nº 2271.

178. — Lorsque le jugement émane d'un tribunal correctionnel, l'appel doit être porté devant la cour royale ou, selon les cas, devant le tribunal du chef-lieu du département. — Chassan, t. 2, nº 2271.

179. — L'appel du jugement de simple police est porté devant le tribunal correctionnel. — Chassan, *loc. cit.*

180. — Le délai de l'appel des jugemens des tribunaux de paix, des tribunaux civils et des tribunaux de commerce est celui qu'on observe pour l'appel des infractions commises à l'audience. — Chassan, nº 2277.

181. — Pour les jugemens correctionnels ou de simple police, le délai de l'appel est celui qui est observé pour le jugement de l'affaire qui a donné lieu au compte-rendu. — Chassan, *loc. cit.*

182. — Le pourvoi en cassation est ouvert pour les décisions en matière de comptes-rendus. — Chassan, t. 2, nº 2279.

183. — Jugé par suite qu'encore bien que ce soit au tribunal qui a tenu les audiences dont un journal a rendu un compte infidèle et de mauvaise foi qu'il appartient d'en connaître, la loi n'ayant rien statué à l'égard du pourvoi en cassation, a laissé ce pourvoi soumis aux règles du droit commun; et dès-lors, le tribunal saisi d'une affaire de cette nature, par un renvoi prononcé après cassation, est compétent pour statuer au fond. — *Cass.*, 18-19 oct. 1833, Paulin, Cruchet; 22 nov. 1833, *Courrier de la Moselle*; *Colmar*, 11 janv. 1834, Blanc.

184. — Jugé qu'un pourvoi en cassation formé contre un arrêt de compétence qui émane d'une cour d'assises, statuant en matière de compte-rendu est de plein droit suspensif. — *Cass.*, 11 mai 1843, le *National*.

185. — Quant à la forme et au délai du pourvoi, on suit, pour les jugemens et arrêts correctionnels ou criminels, les dispositions du Code d'instruction criminelle. — Chassan, t. 2, nº 2282.

186. — Pour les jugemens des tribunaux civils, le délai du pourvoi est le même que lorsqu'il s'agit d'infractions commises à l'audience. — Chassan, t. 2, nº 2283.

187. — L'arrêt de rejet n'a pas besoin d'être signifié; dès que cet arrêt est rendu, le premier arrêt reprend sa force exécutoire. — *Cass.*, 31 mai 1834, le *National*; — de Grattier, t. 2, p. 127; Chassan, nº 2285.

CHAPITRE III. — *Du compte-rendu législatif et des peines auxquelles il peut donner lieu.*

188. — Le droit de rendre compte des débats législatifs est, comme le droit de rendre compte des débats judiciaires, une conséquence de la liberté de la presse; la loi elle-même l'autorise, en décidant que le compte fidèle des séances publiques de la chambre des députés, rendu de bonne foi dans les journaux, ne donne lieu à aucune action. — L. 17 mai 1819, art. 22.

189. — Ce droit avait cependant été contesté par une partie des membres de la commission d'examen du projet. (V. le rapport fait à la séance du 10 avril 1819.) Cette circonstance donna lieu à Benjamin Constant de demander que la loi s'expliquât nettement sur le droit des journaux; mais l'amendement de ce député ayant été repoussé par la chambre, comme ne formulant pas d'une manière précise sa proposition, le garde-des-sceaux proposa une nouvelle rédaction qui fut adoptée et qui est restée l'art. 22, L. du 17 mai 1819, dont nous venons de rapporter les termes.

190. — Bien que cet article ne parle que des séances de la chambre des députés, sa disposition s'applique néanmoins aux séances de la chambre des pairs; la raison du silence de la loi sur ce point est que, sous la charte de 1814, les séances

de la chambre des pairs n'avaient pas encore été rendues publiques. — De Grattier, Comment. sur les lois de la presse, t. 1er, p. 228, aux notes.

191. — Cette disposition de l'art. 22, L. du 17 mai 1819, n'est relative qu'aux comptes rendus par les journaux; les autres écrits ne sont pas à l'abri des poursuites, même lorsqu'ils rendent de bonne foi un compte fidèle des discours prononcés dans les chambres, si (« part la double circonstance du lieu où les discours sont prononcés et la qualité de la personne qui (es prononce) ces discours renferment un crime ou un délit. — De Grattier, Comment., t. 1er, no 159, aux notes.

192. —En donnant aux journaux le droit de rendre compte des séances législatives, la loi y a cependant apporté certaines limites. Ainsi : 1o elle n'autorise que le compte-rendu des séances publiques; 2o elle exige que le compte-rendu soit fidèle et de bonne foi.

193. — Quant à la première de ces restrictions, l'art. 7, L. du 9 juin 1819, porte que les éditeurs de tout journal, ou écrit périodique, ne pourront rendre compte des séances secrètes des chambres, ou de l'une d'elles, sans leur autorisation.

194. — La peine de cette infraction est une amende de 400 fr. à 4,000 fr. — Même loi, art. 12.

195. — La loi, dans sa prohibition de rendre compte des séances secrètes des chambres, comprend toute espèce de séances, et quel que soit l'objet des délibérations.

196. — L'interdiction de rendre compte des séances secrètes des chambres ne concerne que la discussion; les journalistes peuvent publier les résultats de la délibération. — De Grattier, t. 2, p. 21.

197. — Les journaux qui enfreignent cette interdiction peuvent être poursuivis; mais pour cela une autorisation préalable est de rigueur; le ministère public ne peut poursuivre d'office. — De Grattier, t. 2, p. 112.

198. — La loi n'a déterminé aucune forme pour la légalité de l'autorisation : « Il suffit, dit M. de Grattier (t. 1er, p. 338), que le procès-verbal de cette délibération constate qu'elle a été prise en assemblée générale, et qu'elle requiert les poursuites. »

199. — La chambre qui autorise les poursuites ne peut plus le prévenu à sa barre. — De Grattier, t. 2, p. 112.

200. — La chambre qui succède à la chambre offensée peut, selon de Grattier (t. 1er, p. 331, et t. 2, p. 113), autoriser les poursuites ou prononcer directement sur le délit commis contre la chambre précédente. — Cette opinion nous paraît contraire aux conditions constitutives du pouvoir politique attribuées aux chambres par la loi du 25 mars 1822; en fait, ce droit de venger les injures de la précédente législature serait rarement exercé à raison des variations que le corps électoral aura introduites dans la nouvelle chambre.

201. — Le compte-rendu des séances secrètes des chambres est souvent caché sous le récit de ce qui se dit dans les salons; dans ce cas, si les circonstances l'exigent, le ministère public doit poursuivre. — Chassan, t. 1er, no 315.

202. — A l'égard de la seconde restriction apportée au droit de rendre compte des séances législatives, l'art. 7, § 1er, L. 25 mars 1822, dispose que l'infidélité et la mauvaise foi dans le compte que rendent les journaux et écrits périodiques des séances des chambres, seront punies d'une amende de 1,000 à 6,000 fr.

203. — Indépendamment de l'amende portée par le premier paragraphe de cet article, et lorsque le compte-rendu est offensant pour l'une ou l'autre des chambres, ou pour l'un des deux ou des députés, les éditeurs du journal sont en outre condamnés à un emprisonnement d'un mois à trois ans. — Art. 7, § 2.

204. — Le motif qui a fait porter cette seconde peine a été, dit M. de Grattier (p. 82), que, sans une telle disposition, la peine d'emprisonnement, qui eût pu être spécialement prononcée dans tous les cas d'offense, et cumulée avec l'amende portée par le § 1er pour compte infidèle et de mauvaise foi, eût été inférieure au maximum des trois années. »

205. — L'offense résultant d'un compte-rendu est punie de la même peine, soit qu'elle porte contre la chambre entière, soit qu'elle soit faite à un de ses membres. — Chassan, t. 1er, no 343.

206. — L'offense résulte du ton général de l'article, de son ensemble, de sa couleur et de son esprit; son appréciation est abandonnée à ceux qui sont chargés de la répression. — De Grattier, t. 2, p. 84.

207. — Indépendamment des peines qui viennent d'être mentionnées, il peut encore être interdit, pour un temps limité ou pour toujours, aux propriétaires et éditeurs de journal ou écrit périodique condamné, de rendre compte des débats législatifs. — Art. 7, § 3, L. 25 mars 1822.

208. — La violation de l'interdiction de rendre compte des débats législatifs est punie de peines doubles de celles portées par la loi du 25 mars 1822, art. 7, § 3.

209. — Cette interdiction ne s'étend point aux débats législatifs de l'autre chambre. — V. la séance de la chambre des pairs du 5 mars 1822, discuss. de l'art. 16. — C'est aussi l'avis de M. Chassan, t. 1er, p. 232. — V. cependant, en sens contraire, de Grattier, t. 2, p. 88.

210. — Les règles tracées aux divers paragraphes du chapitre premier, à l'égard des comptes-rendus judiciaires, et relatives à l'application des dispositions de l'art. 7, L. 25 mars 1822, et sur la récidive, sont toutes applicables au compte-rendu législatif. Nous y renvoyons le lecteur.

211. — Nous ajouterons seulement ici qu'il a été jugé que la condamnation à plus d'une année d'emprisonnement, prononcée par la chambre des députés, pour délit d'offense envers cette chambre n'a le caractère d'une peine correctionnelle, et doit servir de base légale à l'application des peines de la récidive, en cas de nouveau délit, comme la condamnation émanée de toute autre juridiction. — Cass., 19 oct. 1833, Lionne (aff. de la Tribune).

212. — En cas d'offense envers l'une des chambres, de compte-rendu infidèle et de mauvaise foi de ses séances, la chambre offensée, sur la simple demande d'un de ses membres, peut on autoriser les poursuites par la voie ordinaire, ou ordonner que le prévenu sera traduit à sa barre.—L. 25 mars 1822, art. 15.

213. — L'art. 12, L. 26 mai 1819, portait aussi que, dans le cas d'offense envers les chambres ou l'une d'elles, par voie de publication, la poursuite n'aurait lieu qu'autant que la chambre qui se croirait offensée l'aurait autorisée.

214. — C'était aux chambres seules qu'il appartenait, en effet, de délibérer et de prononcer sur la convenance et la nécessité de la poursuite. — De Grattier, t. 1er, p. 330.

215. — Dans ce cas la chambre entière prend fait et cause pour le membre offensé. — Chassan, loc. cit.

216. — L'art. 15, L. 25 mars 1822, est applicable à la chambre envers un de ses membres comme envers tout autre particulier; sa disposition est absolue. — De Grattier, t. 2, p. 113.

217. — Il n'en serait pas de même de la chambre des députés; elle ne pourrait traduire à sa barre le pair qui l'aurait offensée, car aux termes de l'art. 20 de la Charte, aucun membre de cette chambre ne peut, en matière criminelle, être jugé que par elle-même. — De Grattier, t. 2, p. 113.

218. — Après que le prévenu a été entendu ou dûment appelé, la chambre offensée le condamne, s'il y a lieu, aux peines portées par les lois. La décision est exécutée sur l'ordre du président.— L. 25 mars 1822, art. 15.

219. — La loi n'ayant point déterminé les formes à suivre pour la procédure, les chambres doivent observer les règles du droit commun, en tant toutefois que leur application est possible.
V. COMPÉTENCE CRIMINELLE, TIMBRE.

COMPTE DE RETOUR.

On appelle ainsi le compte qui accompagne la retraite, c'est-à-dire la lettre de rechange que est tirée par le porteur d'une lettre de change protestée, pour se rembourser, sur le tireur ou l'un des endosseurs du principal de cette dernière, de ses frais et du nouveau change qu'il paie.—V. RE-CHANGE.

COMPTE DE TUTELLE.

Table alphabétique.

COMPTE DE TUTELLE. — 1. — Acte par lequel le tuteur rend compte de l'administration des biens de son pupille.

§ 1er. — *Quand, à qui et par qui doit être rendu le compte de tutelle* (no 2).
§ 2. — *Dans quelle forme le compte doit être rendu* (no 43).
§ 3. — *Ce que doit contenir le compte de tutelle* (no 36).
§ 4. — *Des frais du compte de tutelle et des intérêts du reliquat* (no 88).
§ 5. — *Effets du compte de tutelle* (no 104).

§ 1er. — *Quand, à qui et par qui doit être rendu le compte de tutelle.*

2. — Il y a nécessité de rendre compte de l'administration des biens du mineur toutes les fois que la gestion du tuteur cesse par une raison quelconque. Tout tuteur, porte l'art. 469, C. civ., est comptable de sa gestion lorsqu'elle finit.

3. — Cette obligation est commune à tout tuteur, même au père et à la mère du mineur.

4. — Elle s'étend à ceux qui n'ont géré que provisoirement les biens du pupille, par exemple à la mère qui n'a pas accepté la tutelle, pour son administration jusqu'à l'entrée en fonctions du tuteur (C.civ. (art. 394); à la mère qui, ayant convolé, a gardé indûment la tutelle (C. civ. art.395); au curateur adjuvent qui doit gérer les biens jusqu'à l'accouchement de la femme qui se trouve enceinte au décès de son mari; aux héritiers du tuteur pour la gestion jusqu'à la nomination d'un nouveau tuteur, (C. civ., art. 395. — V. TUTELLE); au tuteur dont les excuses d'abord rejetées en famille sont ensuite admises par les tribunaux, mais qui doit administrer provisoirement pendant le litige (C. civ. (art. 440).

5. — La dispense de rendre compte, émanât-elle du père ou de la mère, devrait être réputée sans effet comme contraire à la loi et à l'essence de toute tutelle qui suppose dans le tuteur un homme protecteur et comptable envers le pupille. Nous repoussons même la distinction que certaines personnes font entre la réserve et la quotité disponible. C'est aussi l'avis de M. Fréminville, *Tr. de la minorité et de la tutelle*, n° 1095.

6. — La condition, apposée à une constitution de dot, de ne pas exiger de compte de tutelle, est nulle comme contraire à l'ordre public. — Ainsi, l'enfant mineur qui figure dans son contrat de mariage sous l'assistance et l'autorisation de son père, tuteur, ne peut valablement renoncer, en faveur de ce dernier, à la reddition de son compte de tutelle, et consentir avec lui d'autres traités, si, préalablement, ledit compte n'a pas été rendu. — La nullité de ces traités entraîne celle du cautionnement qui les a suivis. — *Toulouse*, 5 fév. 1822, Vigouroux c. Samazeuilh; — Merlin, *Rép.*, v° *Dot*, § 2.

7. — Le tuteur ne peut même se prévaloir d'une décharge et quittance libératoire qui lui aurait été donnée par le pupille, lorsqu'il est constant que, depuis le compte de tutelle qui a précédé cette décharge, jusqu'au jour où elle a été donnée, le tuteur a continué sa gestion (pendant plusieurs années), et qu'il n'a été, au moment de cette décharge, fait aucun compte final accompagné de la remise des pièces justificatives. — *Colmar*, 1 juill. 1812, Marcot c. Maire.

8. — Mais M. Fréminville (n° 1096), considère comme valable le legs fait par le tuteur au profit de son pupille, sous la condition qu'il n'y aurait pas de compte; le legs est en ce cas, une compensation du reliquat du compte, et ce serait alors au conseil de famille, si le tuteur décède avant la majorité du pupille, ou au pupille devenu majeur, à apprécier s'il y a lieu d'accepter la libéralité. La défense de faire un traité avec le tuteur avant la reddition du compte serait ici sans influence, puisque le legs constitue lui-même une sorte de reliquat acquis au pupille.

9. — Ce n'est qu'à la fin de la tutelle que le tuteur est tenu de rendre compte de la gestion. — Cependant, tout tuteur autre que le père et la mère, peut être obligé, même durant la tutelle, de remettre au subrogé tuteur des états de situation de la gestion aux époques que le conseil de famille juge à propos de fixer, sans néanmoins qu'il en soit fourni plus d'un chaque année.

10. — Ces états sont rédigés et remis sans frais sur papier non timbré et sans aucune formalité de justice. — C. civ., art. 470. — Ils remplacent les comptes provisoires auxquels l'édit des tutelles assujettissait les tuteurs et que la commission chargée de rédiger le projet du Code proposait de rétablir, mais qui furent rejetés. Ces états, quoique moins solennels, suffisent pour mettre le subrogé tuteur à portée de surveiller la gestion du tuteur.

11. — Il résulte, selon Toullier (n° 1244 de l'art. 470), que le subrogé tuteur ne peut exiger ces états lorsque le conseil de famille n'a pas imposé au tuteur l'obligation d'en remettre à des époques fixées.

12. — Quoi qu'il en soit, le tuteur qui, sur la provocation du conseil de famille, et avant la fin de la durée de la tutelle, a offert de rendre compte de son administration, ne peut plus refuser de rendre ce compte sous prétexte qu'en principe, pendant la durée de tutelle, on ne peut exiger d'un tuteur que des états de situation. — En pareil cas, son refus peut motiver une suspension que le tribunal a le droit de prononcer sans avis préalable du conseil de famille. — *Bruxelles*, 28 flor. an XIII, Dubiez c. Dumont.

13. — Tant que le compte de tutelle n'a pas été régulièrement rendu et apuré, le tuteur est incapable de rien recevoir de son pupille, soit par donation entre vifs, soit par testament. — C. civ., art. 907. — V. DONATION.

14. — Tout traité intervenu entre le tuteur et le mineur devenu majeur est nul, s'il n'a été précédé de la reddition d'un compte détaillé et de la remise des pièces justificatives, le tout constaté par un récépissé de l'oyant compte dix jours au moins avant le traité. — C. civ., art. 472. — V. TUTELLE.

15. — Le tuteur en demeure de rendre son compte ne peut se plaindre de ce que les premiers juges aient tardé de statuer sur plusieurs chefs des conclusions par lui prises contre le pupille et tendant au remboursement de diverses avances jusqu'à l'apurement définitif de ce compte. — *Rennes*, 24 janvier 1821, Dutertre et Desbois c. Auffray.

16. — Mais le mineur devenu majeur qui n'a pas préalablement constitué son père en demeure de lui rendre son compte, ne peut saisir-arrêter les sommes qui lui sont dues. — *Rennes*, 2 août 1820, Rébillard.

17. — Il est également non-recevable à retenir la possession des immeubles appartenant au tuteur, ou à prétendre au privilége sur les meubles de ce dernier, sous prétexte qu'il peut être son débiteur, par suite du compte de tutelle non encore rendu par le tuteur. — *Cass.*, 29 août 1820, Turpin c. de Gageac.

18. — Les lois romaines qui accordaient aux mineurs une hypothèque tacite sur les biens de leurs tuteurs, ne les autorisaient pas non plus à retenir ceux desdits biens dont ils étaient en possession jusqu'à l'apurement du compte de tutelle. — Même arrêt.

19. — Jugé aussi, par suite de la cassation prononcée le 29 août 1820, que sous les lois romaines comme d'après la jurisprudence du parlement de Bordeaux, les enfans devenus majeurs ne pouvaient retenir la dot de leur mère qui avait été tutrice jusqu'à l'apurement de son compte de tutelle. — *Limoges*, 24 août 1821, Turpin c. Durcclus de Gageac.

20. — La discussion et la vente des immeubles d'un mineur provoquées par le mari de la veuve de son tuteur n'exigent pas la reddition préalable d'un compte de tutelle de la part des époux, lorsque cette veuve n'était pas commune en biens avec son premier mari. — *Cass.*, 24 vend. an X, Hotto c. Canler.

21. — Le compte est rendu au pupille seul lorsque la tutelle finit par sa majorité; au pupille assisté de son curateur, lorsqu'elle finit par l'émancipation; au nouveau tuteur, quand elle cesse par la mort, la démission, l'interdiction ou la destitution du premier tuteur; enfin aux héritiers du mineur quand la tutelle prend fin par son décès.

22. — Lorsque plusieurs mineurs, plusieurs frères, par exemple, sont soumis à la même tutelle, un compte particulier doit être rendu à chacun d'eux à l'avénement de sa majorité. — Duranton, t. 3, n° 614; Fréminville, n° 1100.

23. — Si le tuteur existe encore, c'est lui qui doit présenter le compte de son administration. — Dans le cas où il est mort avant d'avoir rempli cette obligation, le compte est dû par les héritiers, soit que la tutelle ait pris fin par la majorité ou l'émancipation du pupille, soit qu'elle n'ait cessé que par le décès du tuteur. — V. TUTELLE.

24. — Ainsi, le compte qu'un mineur, devenu majeur, demande à ses consorts, héritiers de leur père, de la succession de sa mère prédécédée, a pour véritable but un compte de tutelle. — *Rennes*, 15 fév. 1821, Tranchant des Tulays c. Visdelou de la Villethéart.

25. — Les créanciers d'un tuteur légal ne peuvent obtenir l'autorisation de rendre compte à des mineurs dont une créance pupillaire a été reconnue, afin de compenser, du chef de ce tuteur, le résultat de ce compte avec cette créance. — *Rennes*, 16 mai 1821, Boulay c. Paymal et Muller.

26. — Le créancier qui est admis à intervenir dans les débats d'un compte de tutelle que son débiteur rend à ses enfans, et à y exercer, dans son intérêt, les droits et actions de celui-ci, ne peut être considéré comme un tiers vis-à-vis des oyans-compte, mais bien comme l'ayant-cause du rendant; et, dès-lors, tous les actes opposables à celui-ci peuvent lui être opposés. Il ne pourrait les attaquer qu'en procédant en son nom personnel pour prouver qu'ils ont été faits en fraude de ses droits. — *Bourges*, 28 avr. 1838 (t. 2 1838, p. 550), Pilien c. Thevenet.

27. — Lorsque le mineur a successivement plusieurs tuteurs, le dernier nommé doit, lors de son entrée en fonctions, exiger un compte de son prédécesseur, à peine de répondre personnellement de la gestion de celui-ci. — *Bordeaux*, 1er fév. 1828, Landreau c. Arnaud; — Rolland de Villargues, *Rép. du notariat*, v° *Compte de tutelle*, n° 26; Magnin, *Des tutelles*, t. 1er, n° 711.

28. — Il en est surtout ainsi lorsque le conseil de famille a imposé au nouveau tuteur l'obligation d'exiger le compte de l'ancien tuteur, quelque onéreuse du reste que puisse être pour le pupille la reddition du compte. — *Rennes*, 10 mai 1824, Jean le Gorrec c. Jeanne le Floch.

29. — Mais l'autorisation du conseil de famille n'est pas nécessaire pour conférer au dernier tuteur le droit de réclamer le compte de la gestion de son prédécesseur. Il peut, en effet, exercer seul toutes les actions mobilières de son pupille parmi lesquelles se trouve celle en reddition de compte. — Duranton, t. 3, n° 615.

30. — « D'un autre côté, ajoute M. Toullier (n° 1246), en professant la même opinion, ce compte tient lieu, à l'égard du nouveau tuteur, de l'inventaire qui est fait à l'ouverture de la première tutelle, et auquel le subrogé tuteur doit nécessairement assister. C'est ce compte qui constate l'état dans lequel le nouveau tuteur prend la tutelle et les biens dont il est chargé. Il se trouverait donc n'avoir point eu de contradicteur dans l'acte qui constitue sa charge, s'il pouvait recevoir et arrêter seul le compte de son prédécesseur. Il faut donc le concours du subrogé tuteur, mais il n'est pas besoin de consulter le conseil de famille.

31. — Ainsi, le subrogé tuteur peut et doit demander à assister à la réception du compte : dans cet acte, les intérêts des mineurs sont évidemment opposés à ceux du tuteur, et, d'ailleurs, ayant connu l'administration, le subrogé tuteur peut prévenir des surprises ou rectifier des omissions. — Duranton, t. 3, n° 615.

32. — A l'époque de sa majorité ou de son émancipation, le mineur a le droit d'exiger de son dernier tuteur un compte général de toute la tutelle; c'est là une conséquence du principe posé *suprà*, n° 2. Le défaut d'avoir exigé le compte de son prédécesseur serait en effet de la part du tuteur une faute qui engagerait sa responsabilité. Il a dû se faire rendre ce compte et se charger du reliquat; il peut seulement en faire un chapitre particulier de son compte général; mais il ne pourrait se décharger de l'obligation qui pèse sur lui en appelant en cause le premier tuteur pour qu'il fût présent à la reddition du dernier compte et présentât le sien directement. — *Bourges*, 15 mars 1826, Résolière c. Duchesne; — Magnin, *Des tutelles*, t. 1er, n° 711; Rolland de Villargues, *Rép. du not.*, v° *Compte de tutelle*, n° 26; Fréminville, n° 1059.

33. — Jusqu'à ce que le deuxième tuteur ait rendu compte tant de sa gestion que de celle de son prédécesseur, il ne peut obtenir du pupille, devenu majeur ou relevé d'interdiction, une décharge de tutelle, ni recevoir de lui aucune libéralité ni directe, ni par personne interposée. — *Cass.*, 25 juin 1839 (t. 2 1839, p. 294), Pilet c. Bardou.

34. — La dispense que le mineur aurait donnée au second tuteur de comprendre dans son compte celui du tuteur précédent doit être réputée nulle, comme constituant un traité prohibé par l'art. 472, C. civ. — Même arrêt.

35. — Toutefois, l'obligation pour le dernier tuteur de comprendre dans son compte la gestion du premier tuteur cesse d'exister dans le cas où le mineur, étant seul héritier de celui-ci, se trouverait tenu en cette qualité de garantir le dernier tuteur des condamnations qui pourraient intervenir contre lui à raison de l'administration de son prédécesseur. Mais si le mineur n'était héritier du premier tuteur que pour portion seulement, la règle ordinaire serait applicable. Peu importerait, du reste, que ce mineur détînt les immeubles de la succession grevés de l'hypothèque légale relative à la tutelle, cette détention n'ayant pas pour effet d'opérer la confusion personnelle. — *Bourges*, 14 août 1829, Léveillé c. Guéraut.

36. — A plus forte raison, le tuteur appelé en reddition de compte ne peut être dispensé de produire un état détaillé de sa gestion pendant une période quelconque de la tutelle, par le motif que les registres d'un tuteur onéraire, auxquels le pupille lui-même aurait déclaré vouloir s'en rapporter entièrement sur les faits de cette époque, ne se retrouveraient pas. — *Cass.*, 14 janv. 1835, d'Angoville et Léguillon c. de Vigny.

37. — L'action du mineur contre son tuteur en reddition du compte de tutelle, qui, autrefois, durait trente ans, se prescrit par dix ans à compter du jour de la majorité. — C. civ., art. 475; — Toullier, n° 1275.

38. — ... Ou de tout autre événement qui met fin à la tutelle. — Duranton, t. 3, n° 644; Zachariæ, t. 1er, § 122. — C'est aussi l'avis qu'adopte M. Duvergier, note B sur le n° 1275 de Toullier.

39. — Nous croyons cependant que cette dernière opinion ne doit pas être acceptée dans les termes généraux où elle est conçue; qu'elle doit être restreinte au cas où la tutelle finit par la mort du mineur qui laisse des héritiers majeurs; car la cessation de la tutelle, arrivant par une cause étrangère au pupille, qui demeurerait en état de minorité, cet état de minorité suspendra la prescription. — C. civ., art. 2252.

40. — Mais si l'action de compte a été exercée, si le tuteur s'est reconnu débiteur ou a été condamné à payer une somme, la dette ne se prescrit plus que par trente ans.

41. — Le même laps de trente années pourrait seul éteindre la créance reconnue au profit du tuteur par un compte régulièrement arrêté. — Fréminville, n° 1122.

42. — Mais si le tuteur a négligé de rendre son compte, le pupille pourra à la réclamation produite par le tuteur à la suite de la balance de son compte opposer la prescription décennale de l'art. 475, C. civ. — V. au surplus TUTELLE.

§ 2. — *Dans quelle forme le compte de tutelle doit être rendu.*

43. — Lorsque le mineur est devenu majeur, le compte de sa tutelle peut lui être rendu à l'amiable dans la forme qu'il plaît aux parties d'adopter, soit par acte authentique, soit par acte sous seing-privé. — Toullier, t. 2, nº 1248; Fréminville, nº 1102.

44. — Le tuteur n'aurait intérêt à rendre son compte en justice que pour en faire sanctionner le résultat par un jugement qui emporterait une hypothèque judiciaire, à défaut de l'hypothèque légale que le Code n'accorde pas au tuteur. — Fréminville, nº 1107.

45. — Lorsque la tutelle prend fin par la destitution, l'excuse ou le décès du tuteur, on doit nécessairement suivre les formes judiciaires, sous peine, pour le second tuteur, d'être responsable de l'administration de son prédécesseur. — *Bordeaux*, 1er fév. 1828, Landreau c. Arnaud; — Bioche et Goujet, *Dict. de procéd.*, vº *Reddition de compte de tutelle*, nº 6.

46. — Toutefois, l'inobservation des formes prescrites dour la reddition du compte du premier tuteur au second n'entraîne pas la nullité de ce compte vis-à-vis du second tuteur, celui-ci étant en effet majeur pour traiter comme bon lui semble avec son prédécesseur, sauf la responsabilité envers le mineur. — *Bourges*, 26 déc. 1827, Joly c. Champeaux.

47. — Que décider dans le cas d'émancipation? — Un arrêt de la cour royale d'Agen du 19 fév. 1824 (Serret) a jugé que le compte devait, à peine de nullité, être fait en justice. L'avocat général qui portait la parole lors de cet arrêt disait qu'on pouvait appuyer cette opinion d'inductions tirées des discours de Berlier, orateur du gouvernement, et des tribuns Huguet et Lahary, sur les art. 480, 481, 483, 484. — Tel est aussi l'avis émis par Toullier, mais sans développement aucun (t. 2, nº 1250) et adopté par la cour royale de Limoges le 3 avr. 1838 (t. 2 1838, p. 569), Philippon c. Sarrot. — Néanmoins l'opinion contraire a été avec raison soutenue par la plupart des auteurs et par la cour de Cassation. Aucune disposition légale ne prescrit, en effet, la reddition du compte en justice, et l'assistance du curateur doit suffire au mineur émancipé pour recevoir son compte de tutelle, comme pour le paiement d'un capital mobilier. Il ne s'agit, en effet, dans l'un comme dans l'autre cas, que d'une action mobilière. — *Cass.*, 23 août 1837 (t. 2 1837, p. 525), Guérin c. Berga; *Rennes*, 24 août 1819, Lehours c. Gabon; *Rouen*, 28 août 1844 (t. 1er 1845, p. 55), Patel c. Doucerain; — Magnin, *Des tutelles*, t. 1er, nº 758; Merlin, *Rép.*, vº *Compte*, § 1er, nº 2; Proudhon, *Dr. franç.*, t. 2, p. 241; Duranton, t. 3, nºs 610 et 677; Bioche et Goujet, *loc. cit.*, nº 7; Proudhon, édit. Valette, t. 2, p. 411; Zachariæ, t. 2, § 122; Fréminville, nº 1102. — Ajoutons que l'opinion de Toullier a été abandonnée par son savant continuateur, M. Duvergier, dans les notes par lesquelles il complète la sixième édition du *Droit civil français*, qui se publie en ce moment. A la note C (p. 236, t. 1er), ajoutée au nº 1250 de Toullier, M. Duvergier s'exprime ainsi: « L'art. 480 ne dit point que la reddition du compte aura lieu *en justice*: aussi le tuteur peut être valablement déchargé en vertu d'un compte amiable. Ce qui précède s'applique naturellement au cas où le compte est rendu à un nouveau tuteur. »

48. — Dans l'ancien droit, les mineurs émancipés ne recevaient valablement leur compte de tutelle que devant le juge. — *Bourges*, 31 août 1814, Boullet c. Emery.

49. — Mais les comptes de tutelle rendus avant le Code civil devant un tribunal de famille sont censés rendus judiciairement, bien qu'ils n'aient pas été homologués. — *Cass.*, 26 mai 1807, Froment c. Rollet.

50. — Le curateur aux causes dont l'assistance n'était pas nécessaire au mineur pour la discussion du compte rendu devant ce tribunal de famille pourrait en être membre. — *Cass.*, 26 mai 1807, Froment c. Rollet.

51. — Dans tous les cas où le compte est rendu en justice, on suit les formes tracées par le tit. 4, liv. 5, C. procéd., pour les redditions de compte en général. — V. REDDITION DE COMPTE.

52. — Toutefois, le compte de tutelle qui ne comprend que la part d'une succession échue au mineur est valablement rendu, bien qu'il ne soit pas précédé des formalités prescrites par les art. 530, 538 et 539, C. civ. — *Cass.*, 11 janv. 1836, Lornet c. Amy.

53. — La demande est portée devant le tribunal du lieu où la tutelle a été déférée (C. procéd., art. 527), ou devant les juges du lieu où le subrogé tuteur a été nommé, dans le cas de tutelle naturelle ou légitime. — Toullier, nº 1247.

54. — En conséquence, c'est au tribunal du lieu où la mère, tutrice légale, avait son domicile au moment du décès de son mari, que doit être portée la demande en reddition du compte de tutelle, encore que la mère, ayant cessé d'être tutrice pendant un certain temps, ait été postérieurement revêtue de cette fonction par un conseil de famille d'un autre arrondissement. — *Bordeaux*, 3 août 1827, Bigorie c. Desmont.

55. — Il a cependant été jugé que cette règle cesse d'être applicable dans le cas où la tutelle a été déférée dans une province devenue pays étranger depuis l'ouverture de la tutelle. — *Bruxelles*, 23 avr. 1821, Cherrier c. Droyou.

§ 3. — *Ce que doit contenir le compte de tutelle.*

56. — Le compte de tutelle doit présenter un préambule ou exposé des faits dont l'étendue est limitée dans le cas de compte judiciaire. — V. COMPTE.

57. — Il se divise en deux chapitres principaux, l'un pour les recettes, l'autre pour les dépenses. Chacun de ces chapitres comprend, date par date et article par article, tout ce qui a été touché ou payé pour le mineur. — Toullier, t. 2, nº 1258.

58. — Le chapitre de la recette et celui de la dépense sont balancés pour former le reliquat ou solde du compte, soit au profit du mineur, soit en faveur de son tuteur.

59. — Il faut, pour établir année par année la balance entre les revenus et la dépense, prendre pour point de départ le jour de l'entrée en fonctions du tuteur, et non le 1er janvier suivant. — *Gand*, 21 mai 1833, N...

60. — Il doit être fait un chapitre particulier des objets à recouvrer, s'il en existe (C. procéd., art. 533), dans lequel le tuteur détaille ce qu'il n'a pu recevoir. Ce chapitre indique tout à la fois et les négligences du tuteur et les recouvremens qui restent à faire, et si le tuteur est jugé en faute sur des articles de ce chapitre, on l'ajoute à la recette.

61. — Néanmoins un compte de tutelle n'est pas nul en ce qu'il ne contient pas de détails suffisans: ainsi, par exemple, en ce qu'il consiste uniquement en une balance générale, sans présenter aucun article de recette ni de dépense, sauf à l'oyant-compte le droit de débattre l'exactitude de la balance et de demander le rétablissement ou la rectification des omissions ou inexactitudes. — *Cass.*, 8 déc 1836, Albert d'Angoville c. de Vigny; 23 août 1837 (t. 2 1837, p. 525), Guérin c. Berga; — Toullier, nº 1266.

62. — Dans le cas où la tutelle a été exercée par le père ou par la mère qui avait la jouissance légale des biens de ses enfans, le compte se divise en deux époques. — La première commence à l'ouverture de la tutelle, et se prolonge jusqu'au moment où le mineur a atteint l'âge de dix-huit ans. Pour cette période le tuteur ne doit compte, en effet, que des rentes en capitaux, et non de celles en usufruit, puisqu'il a la jouissance du revenu; il ne peut également répéter que les dépenses dont il n'est pas tenu personnellement en sa qualité d'usufruitier, aux termes de l'art. 385, C. civ. — La seconde époque embrasse le temps qui s'est écoulé depuis l'expiration de la jouissance légale jusqu'à la fin de la tutelle. Pour celle-ci le tuteur rend compte des revenus comme des fonds. — Il doit également rendre compte depuis l'ouverture de la tutelle du revenu des biens personnels à ses enfans et dont il n'avait pas la jouissance légale. — V. PUISSANCE PATERNELLE.

63. — La méthode la plus claire à suivre dans chacun des chapitres est d'expliquer les objets en détail, article par article, suivant l'ordre chronologique, en indiquant sur chaque article les pièces au soutien. L'ordre chronologique est surtout nécessaire pour distinguer ce qui doit produire des intérêts et de quel jour ils doivent courir. On fait année par année le calcul de la dépense et de la recette, afin que l'excédant produise des intérêts pour l'année suivante, et comme les intérêts de l'année précédente entrent toujours dans l'excédant de la recette sur la dépense, il se trouve que le tuteur paie l'intérêt des intérêts, s'il a négligé d'employer les deniers du pupille, ce qui est une conséquence nécessaire des art. 455 et 456. — Toullier, nº 1262.

64. — *Recettes.* — En général, on peut distinguer quatre objets de recette: 1º le dépouillement de l'inventaire qui est la base du compte: on y comprend l'argent comptant, le prix de la vente des meubles, ou leur valeur s'ils n'ont pas été vendus. — La comparaison des procès-verbaux de vente avec l'inventaire sert à découvrir ceux qui ne l'ont pas été. — 2º Les revenus ordinaires du mineur, c'est-à-dire les loyers et fermages, les arrérages de rentes et les intérêts des capitaux placés, et même de ceux qui n'ont pas été employés en temps utile. — V. TUTELLE. — 3º Les crédits du mineur que le tuteur a recouvrés ou dû recouvrer: les remboursemens de rentes, s'il en a été fait, etc. — 4º Les dommages-intérêts dont le tuteur est tenu, soit pour avoir laissé dégrader les immeubles, soit pour d'autres fautes dont il doit répondre. — Toullier, t. 2, nº 1264. — V. TUTELLE.

65. — Le mineur obligé, à défaut d'inventaire, de recourir à la commune renommée pour constater la valeur des effets mobiliers à lui appartenant, peut, sans désigner précisément leur nature et leur qualité, former contre son tuteur une demande approximative. — *Rennes*, 24 janv. 1821, Dutertre et Desbois c. Auffray.

66. — Le tuteur doit nécessairement à son pupille compte de tout ce qu'il a fait et reçu en son nom, ainsi que la réparation de tout préjudice qu'il peut lui avoir causé; il ne pourrait se dispenser de rendre compte de choses par lui reçues en sa qualité, en alléguant et même en prouvant qu'elles n'étaient pas dues au pupille. — Ainsi, le tuteur qui a vendu, sans l'observation des formalités légales, un immeuble possédé par son pupille lui doit compte de l'indemnité résultant de la perte que cette vente lui a fait éprouver, alors même qu'il prouverait (en l'absence des prétendus ayans-droit qui ne seraient pas en cause et garderaient le silence) que l'immeuble vendu n'appartenait pas au mineur. — *Cass.*, 8 mars 1843 (t. 1er 1843, p. 661), Delalleau.

67. — Lorsqu'il est reconnu que c'est par la faute du tuteur que certaines rentrées n'ont point été effectuées au profit du mineur, le tuteur est responsable, non seulement du principal, mais encore des intérêts des sommes non perçues. — *Cass.*, 28 nov. 1842 (t. 1er 1843, p. 454), Barrois de Lemmery c. de Sainte-Marie.

68. — La tutelle est censée durer tant qu'il n'en a pas été rendu compte. En conséquence, le tuteur est soumis à l'obligation de faire emploi des deniers pupillaires dans l'intervalle qui s'écoule entre l'avenement du mineur à sa majorité et la reddition du compte de tutelle. — Par conséquent aussi, les intérêts de ces deniers sont une charge de son compte, sans qu'il ait été besoin d'une demande judiciaire pour les faire courir. — Même arrêt. — Magnin, *Tr. des minor.*, t. 1er, p. 563; Meslé, *Tr. des tutelles*, p. 288; Ferrières, *Des tutelles*, p. 25; Duparc-Poullain, t. 1er, p. 331, et les nombreuses autorités citées dans une savante dissertation de M. Troplong, rapportée sous un arrêt de la cour de Nancy du 19 mars 1830, Jolliot c. Lombard.

69. — *Dépenses.* — On peut distinguer plusieurs espèces de dépenses: — 1º Dans le cas de la tutelle naturelle, les reprises et droits matrimoniaux du père ou de la mère qui doivent avoir été réglés contradictoirement avec le subrogé tuteur, et qui, s'ils ne l'ont pas été, doivent l'être avec le mineur devenu majeur; — 2º les frais de scellés, d'inventaire et les dépenses du compte. — 3º les dépenses annuelles pour l'entretien et la conservation des biens, les réparations et contributions, les arrérages des rentes passives et les intérêts des capitaux dus par le mineur; — 4º les capitaux des dettes passives et les dépenses imprévues causées par accident ou force majeure; — 5º enfin la nourriture, la pension et l'entretien du pupille. — Toullier, t. 2, nº 1265.

70. — Toutes dépenses *utiles*, légalement justifiées, peuvent être réclamées par le tuteur, encore qu'elles *excèdent* les revenus du pupille et n'aient point été *autorisées* par le conseil de famille. La règle du droit coutumier qui défendait au tuteur de faire *aucune* dépense au-delà du revenu du mineur, sans une autorisation de parens, a été abrogée par le Code civil. — *Paris*, 19 avr. 1823, Manigot c. Bézard; — Duranton, t. 3, nº 628.

71. — S'il est reconnu que la dépense était utile au moment où elle a été faite, le mineur serait même non-recevable à la rejeter du compte sur le motif que, par suite d'un événement fortuit, il ne s'en trouverait pas plus riche. — Duranton, t. 3, nº 630; Toullier, nº 1261.

72. — Les juges ont, du reste, un pouvoir discrétionnaire absolu pour apprécier l'utilité des dépenses faites par le tuteur. — Duranton, t. 3, nº 629.

73. — Ainsi ils peuvent, selon les circonstances, lui allouer une somme quelconque pour faux frais, pourvu qu'elle ne soit pas excessive. — *Rennes*, 20 juin 1818, Kmarquer c. N...; 21 mai 1819, N...

74. — Mais ils ne sauraient lui accorder, à titre d'honoraires, une remise proportionnelle sur les rentes faites par lui. La tutelle est en effet une charge gratuite. — *Gand*, 21 mai 1833, N...

75. — Toutefois il a été jugé que la délibération

qui accorde des honoraires au tuteur, et qui le dispense de l'emploi de l'excédant des revenus du mineur, ne peut être attaquée de ce chef, sauf, s'il y a lieu, l'action compétant au mineur lors de la reddition du compte. — *Agen*, 19 fév. 1830, Dumas c. Bories.

76. — En général, le tuteur n'a pas dû dépenser au-delà de la somme qui, dans toute autre tutelle que celle des père et mère, est fixée par le conseil de famille, aux termes de l'art. 454, C. civ. — V. TUTELLE. — Sauf, toutefois, le cas où un événement de force majeure ne lui aurait pas permis de faire convoquer le conseil de famille assez promptement pour autoriser la dépense. — Duranton, t. 3, nº 631.

77. — Mais de ce que le conseil de famille a fixé la somme à laquelle pouvait s'élever, par aperçu, la dépense annuelle du mineur, le tuteur n'en est pas moins obligé de justifier de l'emploi qu'il en a fait : cette fixation n'est point un traité à forfait. — Duranton, t. 3, nº 632.

78. — Et réciproquement le mineur ne pourrait se dispenser de faire raison au tuteur de l'excédant des dépenses sur la somme fixée quand ces dépenses ont été motivées par quelque nécessité urgente; il ne pourrait non plus prétendre n'être pas tenu de ce qui a été sagement dépensé au-delà de ses revenus et n'excédant pas la taxe; enfin il n'a pas le droit d'offrir d'abandonner ses revenus pour être quitte des dépenses, quand même il ne demanderait que d'être affranchi de celles de simple administration de sa personne et de ses biens. — Duranton, t. 3, nº 633.

79. — Mais quand le tuteur, autre que le père ou la mère, n'a pas fait fixer la dépense annuelle, elle ne peut, du moins pour ce qui concerne la simple administration, excéder les revenus. Le tuteur est en faute, et il doit faire compte de ce qu'il pouvait raisonnablement économiser. — Duranton, t. 3, nº 634. — V. TUTELLE.

80. — Quoi qu'il en soit, le mineur n'est pas passible, pendant la durée de la tutelle, de l'intérêt des avances que son tuteur lui aurait faites volontairement, sans autorisation du conseil de famille. — *Lyon*, 16 fév. 1835, de Glavenas c. de Chatelus; — Bioche et Goujet, *Dict. de procéd.*, vº *Reddition de compte de tutelle*, nº 16.

81. — Suivant l'art. 471, C. civ., on doit allouer au tuteur toutes les dépenses *suffisamment* justifiées. Mais quand la justification doit-elle être réputée *suffisante?* Faut-il suivre, quant au mode de preuve, les règles générales tracées par le Code civil, en sorte que, lorsqu'un compte de tutelle renferme plusieurs articles de dépenses dont aucun, pris séparément, n'excède 150 fr., mais qui, réunis, dépassent cette somme, aucun de ces articles ne puisse être prouvé par témoins, conformément à l'art. 1345, C. civ., qui porte que : « Si, dans la même instance, une partie fait plusieurs demandes dont il n'y a point de titre par écrit, et que, jointes ensemble, elles excèdent 150 fr., la preuve par témoins n'en peut être admise, encore que la partie allègue que ces créances proviennent de différentes causes et qu'elles se soient formées en différens temps? » — Toullier (t. 2, nº 1260) pense que, bien que les articles de la dépense doivent être justifiés, autant qu'il se peut, par des pièces, il y a néanmoins toujours quelques dépenses qu'on ne peut prouver par écrit, et que c'est pour cette raison que le Code s'est borné à dire qu'on allouera toutes dépenses suffisamment justifiées, sans fixer le genre de preuve à fournir. Ces dépenses sont allouées sur l'assertion du comptable, et c'est pour cela qu'on a introduit la formalité de l'affirmation du compte exigé par l'art. 534, C. procéd. « Par cette expression *suffisamment justifiée*, dit Magnin (*Traité des minorités*, p. 579, nº 727), on n'entend pas que le tuteur sera tenu de rapporter des quittances de *toutes* les dépenses. En général, pour apprécier la justification et l'utilité des dépenses, il faut se déterminer par la situation de la personne, par l'état des choses, et surtout par les circonstances, le temps et le lieu. Ainsi, l'usage et l'équité, bien plus que l'enseignement des règles sur cette matière, seront toujours les meilleurs guides. » Delvincourt (*Comment. sur le Code civil*, note 8ᵉ sur la page 130, t. 1er) fait observer aussi que l'art. 471, en exigeant que les dépenses soient suffisamment justifiées, n'ajoute point *par écrit*, parce qu'on ne peut astreindre le tuteur à prendre des quittances pour toutes les dépenses qu'il fait, et qu'il est presque toujours une infinité de menues dépenses qui ne peuvent être justifiées par écrit, et qui cependant doivent être allouées. Enfin, si l'on consulte la discussion sur l'art. 471 au conseil d'état, on y voit que le projet de la commission de n'allouer au tuteur que les dépenses justifiées par des pièces a été rejeté sur l'observation des cours d'appel de Lyon et de Paris qu'il y a un grand nombre de dépenses qui se refusent à cette espèce de justification. — Locré, *Esprit du Code civil*, t. 5, p. 257; Duranton, t. 3, nº 629.

82. — Il résulte de ces principes qu'on peut, lors de la reddition d'un compte de tutelle, être admis à prouver particulièrement chacun des articles de ce compte, qui n'excède pas 150 fr., bien que réunis ils excèdent cette même somme, si, d'ailleurs, les dépenses qui en font l'objet ne sont pas de nature à devoir être nécessairement justifiées par écrit. — *Bruxelles*, 18 janv. 1827, N...

83. — Mais les juges ont le droit de ne pas admettre le tuteur, sans commencement de preuve par écrit, à prouver que le mineur a enlevé d'une de ses métairies des objets mobiliers d'une valeur de 600 fr., si cette allégation n'est confirmée par aucune présomption. — *Rennes*, 24 janv. 1821, Dutertre et Desbois c. Auffray.

84. — A plus forte raison le tuteur ne doit-il pas être réputé avoir acquitté de ses deniers la dette du mineur par cela seul qu'il a en main le titre de la créance : il faudrait pour cela qu'il produisît une quittance faite en son nom. — *Bordeaux*, 16 mars 1841 (t. 1er 1841, p. 720), Lac de Bosredon c. Bec.

85. — Les tribunaux ont du reste un pouvoir souverain pour décider si les dépenses du tuteur sont suffisamment justifiées. Dès-lors, l'arrêt qui déclare : 1º qu'un compte de tutelle était appuyé de pièces justificatives; 2º que les juges ont vu les pièces et y ont trouvé la justification des dépenses, satisfait au vœu des art. 471 et 472, C. civ., encore bien qu'il n'énonce ni le nombre ni la nature des pièces. — *Cass.*, 8 avr. 1834, Kitzinger.

§ 4. — *Des frais du compte de tutelle et des intérêts du reliquat.*

86. — *Frais du compte.* — Le tuteur avance les frais du compte de tutelle. — C. civ., art. 471.

87. — Mais ces frais lui sont remboursés par le pupille. — Même arrêt.

88. — On appelle les frais du compte *dépenses communes* (C. procéd., art. 532), parce qu'elles sont faites tant pour satisfaire l'oyant que pour décharger le rendant compte; ces frais ne peuvent consister que dans les frais de voyage, s'il y a lieu, les vacations de l'avoué qui a mis en ordre les pièces du compte, les grosses et les copies, les frais de présentation et affirmation. — C. procéd., art. 532.

89. — Si toutefois le compte donne lieu à des débats judiciaires, les frais de ces débats doivent, comme en toute autre matière, être supportés par la partie qui succombe dans la contestation. — *Bourges*, 28 avr. 1838 (t. 2 1838, p. 550), Pilien c. Thevenet; 14 juin 1839 (t. 1er 1840, p. 324), Bion c. Charleuf; — Duranton, t. 3, nº 627; Toullier, t. 2, nº 1251; Marchand, *De la minorité*, p. 335; Bioche et Goujet, *Dict. de procéd.*, vº *Reddition de compte de tutelle*, nº 11.

90. — Delvincourt (t. 1er, p. 308) pense que le tuteur doit encore supporter les frais du compte quand la tutelle a pris fin par un fait provenant de son dol ou de sa faute. — Cette opinion nous paraît conforme à l'équité, et elle n'est pas en opposition avec le texte de l'art. 471 ; cet article se borne en effet à déclarer que le compte *définitif* de tutelle sera rendu aux frais de l'oyant; or, il n'y a de définitif que le compte rendu par le dernier tuteur au mineur devenu majeur ou émancipé. — Toutefois, si le tuteur avait un motif légitime d'excuse, les frais du compte par lui rendu à son successeur devraient demeurer à la charge du mineur. Le principe général, en matière de tutelle, c'est que le tuteur doit être remboursé de toutes ses avances; ce principe ne peut souffrir exception que lorsque le tuteur est en faute, lorsqu'il occasionne, par son fait, au mineur, un préjudice que celui-ci n'aurait pas dû régulièrement supporter.

91. — *Intérêts du reliquat.* — La somme à laquelle s'élève le reliquat dû par le tuteur porte intérêt, sans demande, à compter de la clôture du compte. — C. civ., art. 474.

92. — Cette exception au principe d'après lequel les intérêts ne courent pas en général de plein droit est fondée sur la nature des rapports qui ont existé entre le tuteur et le pupille, et la répugnance que pourrait éprouver ce dernier à faire assigner celui sous l'autorité duquel il était placé.

93. — Mais si une demande judiciaire a été formée, on rentre dans le droit commun; les intérêts sont alors dus non pas seulement à dater du jour de la clôture du compte, mais bien du jour où la demande a été signifiée. — *Pau*, 3 mars 1818, Daguerre c. Lacoste; — Fréminville, nº 1111.

94. — Les intérêts du reliquat du compte de tutelle courent de plein droit du jour de la clôture de ce compte, alors même qu'on aurait compris dans l'apurement de ce compte les valeurs mobilières d'une succession échue au mineur, et les sommes que le tuteur a touchées postérieurement à l'époque de la majorité, par suite de la prolongation de sa gestion. — *Cass.*, 14 janv. 1836, Lornet c. Amy.

95. — Mais il n'est dû d'intérêts au mineur par le tuteur que lorsque, tous comptes faits, il se trouve créancier du tuteur. — *Limoges*, 25 janv. 1822, Bozon c. Paricault.

96. — Et pour faire courir ces intérêts il faut que le compte soit régulièrement rendu; ainsi, un compte annulé, même par le fait du tuteur, ne peut faire courir les intérêts des sommes dont le tuteur peut ultérieurement être constitué comptable. — *Amiens*, 17 déc. 1824, Nusse.

97. — A plus forte raison, les sommes dont le tuteur est reconnu débiteur sur une demande en rectification du compte de tutelle ne produisent intérêts, s'il est de bonne foi, que du jour de la demande, et non du jour du compte. — *Douai*, 19 juin 1835, Desclé; — Toullier, nº 1273.

98. — Sous l'ancienne législation, le tuteur devait de plein droit les intérêts de toutes les sommes dont il se trouvait reliquataire envers son pupille. — *Cass.*, 30 avr. 1835, Spitalier c. de Bain.

99. — Les juges du fait peuvent décider que les intérêts de toutes les sommes dont le tuteur se trouvait reliquataire envers le pupille sont dus, lors même qu'il y aurait eu un premier compte de tutelle rendu, et que le reliquat en aurait été payé. — Ces intérêts ne sont pas prescriptibles par cinq ans. — Même arrêt.

100. — Quand le compte est rendu en justice, la loi ouvre au pupille un mode de satisfaction plus rapide. Après que le compte présenté est affirmé, le tuteur doit payer le reliquat des recettes, s'il en existe, sans attendre le jugement du compte; sinon, l'oyant peut, sans approbation du compte, requérir du juge-commissaire devant lequel le compte a été présenté et affirmé et doit être débattu, un exécutoire de cet excédant, c'est-à-dire une ordonnance qui enjoint au tuteur de payer, et qui est rendue exécutoire par la formule ordinaire : Au nom du roi. — (C. procéd., art. 535.) « Cette disposition, ajoute Toullier (nº 1257), tirée de notre ancienne jurisprudence, est d'une justice évidente : le rendant qui se reconnaît débiteur pour son compte ne peut avoir de prétexte pour retarder le paiement de ce reliquat. » — Même dans ce cas, l'art. 474, C. civ., produirait encore son effet et ferait courir les intérêts des sommes dont les débats du compte prouveraient que le tuteur était débiteur.

101. — Mais si le mineur devenu majeur, appelé pour recevoir son compte, faisait défaut, le tuteur reliquataire, par suite du compte reçu en l'absence de l'oyant, garderait les fonds, en qualité de dépositaire, sans intérêts, et sans être obligé de donner caution, quoiqu'en ce cas, pour se dispenser de payer les intérêts, les autres rendans-compte soient obligés de donner caution ou de consigner (C. procéd., art. 542). La raison de cette différence vient de ce que ce n'est pas en vertu d'un nouvel engagement que les deniers restent entre ses mains, mais en vertu de son ancien mandat de tuteur. Le choix des parens ou la loi qui lui a déféré la tutelle font présumer sa fidélité. — Toullier, nº 1273.

102. — Quant au tuteur, les intérêts de ce qui lui est dû par le mineur ne courent que du jour de la sommation de payer qui a suivi la clôture du compte (C. civ., art. 474). A moins pourtant qu'il n'ait antérieurement formé contre son pupille une demande en paiement du reliquat par lui indiqué et des intérêts de ce reliquat. — Dans ce cas, en effet, il y a même raison de décider à son égard qu'à celui du mineur : le droit commun doit être suivi. L'art. 474 statue uniquement pour l'hypothèse où aucune demande judiciaire n'a été intentée. — V. REDDITION DE COMPTE.

103. — Mais les intérêts que le tuteur a le droit de réclamer pour ses avances ne lui sont acquis qu'à dater du compte définitif rendu par le tuteur après la cessation de ses fonctions et non à dater d'un compte rendu pendant la tutelle dans certains cas prévus par la loi. — *Metz*, 8 fév. 1822, N...

§ 5. — *Effets du compte de tutelle.*

104. — Le principal effet du compte de tutelle est de fixer la position respective du tuteur et du pupille.

105. — Toute demande en révision du compte régulièrement rendu et apuré est interdite. — C. procéd., art. 541.

106. — Ainsi lorsque, depuis sa majorité, le pu-

pille a accepté et débattu le compte que lui a rendu son tuteur, il n'est plus recevable à l'attaquer sous prétexte de ne l'avoir pas examiné dans certains articles avec toute l'exactitude requise. — *Bruxelles*, 25 août 1810, Dons.

107. — Lorsqu'un compte de tutelle rendu par un père à sa fille s'explique expressément sur des avantages accordés au père par son contrat de mariage, l'approbation du compte par la fille assure au père ces avantages d'une manière irrévocable alors qu'il est constant que les difficultés auxquelles ce point pouvait donner lieu ont été prévues, soumises à des jurisconsultes, et que ce n'est qu'après consultation que le compte a été approuvé. — *Bruxelles*, 21 mai 1830, Mélanie c. Ysenbrant.

108. — Le mineur devenu majeur qui, après un compte de tutelle réglé par une sentence arbitrale rendue entre lui et son tuteur, a retiré des mains de celui-ci les titres relatifs à l'administration de la tutelle et lui en a donné décharge, sans réserve, ainsi que du compte de tutelle, ne peut plus former opposition à l'ordonnance d'*exequatur*. — *Cass.*, 1er mars 1814, Duguzan c. Capriol.

109. — Le dol et la surprise qui seraient reconnus avoir été exercés par le tuteur vis-à-vis du mineur, relativement à certains articles du compte de tutelle, n'emportent même pas nullité du compte entier; il en résulte seulement pour le mineur une action en rectification. Il n'y a nullité de tout le compte pour cause de dol qu'autant que les faits de dol se rattachent à la signature des parties, qui donne l'être à tous et chacun des contrats particuliers, c'est-à-dire à tous les articles de recette et de dépense dont le compte se compose. — *Bruxelles*, 25 août 1810, Dons.

110. — Mais la partie lésée a une action en redressement des erreurs, omissions, faux ou doubles emplois qui ont pu se glisser dans le compte. — V. REDDITION DE COMPTE.

111. — Les juges peuvent légalement, par voie d'interprétation et d'appréciation des faits et circonstances, décider que la somme dont un tuteur s'est reconnu reliquataire dans le compte de tutelle et qu'il s'est obligé de payer à son pupille n'est réellement pas due par lui, mais par un tiers, et, en conséquence, refuser contre le tuteur l'action en paiement; et cela encore bien que le compte de tutelle et la reconnaissance de la dette aient eu lieu par acte authentique. — *Cass.*, 6 mars 1827, Dannel c. Heng et Knauss.

112. — L'action en rectification des erreurs, omissions, faux ou doubles emplois qui se sont glissés dans le compte ne se prescrit que par trente ans. — *Metz*, 10 juill. 1821, Reder; — Toullier, n° 1277; Chauveau sur Carré, n° 1886. — Mais M. Duvergier sur Toullier (t. 1er, p. 264, note *a*) ajoute: « Cette opinion n'est pas sans difficulté. On peut dire en effet que si l'action de compte se prescrit par dix ans, à plus forte raison en est-il ainsi pour l'action en rectification. » — V. en ce sens Zachariæ, t. 1er, § 112; Pigeau, *Commentaire*, t. 2, p. 135; Vazeille, *Des prescriptions*, n° 537; Fréminville, n° 1122.

113. — La demande en rescision d'un compte de tutelle pour cause de lésion ne peut être formée par de simples conclusions prises à l'audience incidemment à une instance en nullité de ce compte pour vice de forme. — *Rouen*, 28 août 1844 (t. 1er 1845, p. 55), Patel c. Doucerain.

114. — Le paiement du reliquat du compte de tutelle est garanti au mineur par l'hypothèque légale qui lui est accordée sur tous les biens de son tuteur. — V. HYPOTHÈQUE.

115. — Cette hypothèque s'applique non seulement au principal du compte, mais encore aux intérêts ou accessoires.

116. — Ainsi, lorsque le mandataire du père devient, après le décès de celui-ci, tuteur du fils de ce dernier, le compte du mandat se confond nécessairement dans le compte de tutelle, et le résultat de l'un comme le reliquat de l'autre doivent participer à la faveur attachée aux deniers pupillaires. — *Paris*, 21 nov. 1809, Lefranc c. Dupré.

117. — Les créances résultant du redressement d'un compte de tutelle obtenu par le mineur dans les dix ans de sa majorité jouissent, comme le reliquat du compte de tutelle lui-même, du privilége de l'hypothèque légale qui est accordée au mineur. — Toutes les créances du mineur contre son tuteur, à raison de la gestion de celui-ci sont, en effet, garanties par l'hypothèque légale, et les actions du mineur pouvant être exercées pendant dix ans à partir de la majorité, l'hypothèque qui est affectée à ces actions doit nécessairement subsister pendant le même espace de temps. — *Cass.*, 21 fév. 1838 (t. 1er 1838, p. 239), Picard c. Béchet; *Orléans*, 12 janv. 1839 (t. 1er 1839, p. 247), mêmes parties.

118. — Peu importe que, depuis la reddition du compte, des créanciers de bonne foi aient pris inscription sur les biens du tuteur. — Même arrêt.

119. — Peu importe encore que le mineur ait, à la fin du compte, donné à son tuteur une décharge générale de la tutelle. — *Toulouse*, 18 juill. 1839 (t. 2 1839, p. 231), Dernis c. Muguet.

120. — Mais il en est autrement si le mineur devenu majeur a donné au tuteur main-levée de l'hypothèque légale. On peut, en effet, voir dans cette stipulation un traité, une transaction, qui doit recevoir son exécution, pourvu toutefois qu'on ait observé les prescriptions de l'art. 472, C. civ. — Même arrêt. — V. TUTELLE.

121. — Du reste, l'hypothèque légale du mineur sur les biens de son tuteur ne subsiste plus, après qu'il lui a été rendu un compte total ou partiel de la tutelle, au-delà des dix ans accordés par l'art. 475, C. civ., pour l'exercice de l'action tutélaire. — La stipulation portée dans le contrat de mariage d'une personne qui se constitue en dot, de son chef, une somme déterminée qui lui est due par son père comme ayant été son tuteur, et sur laquelle somme ce dernier a immédiatement donné un à-compte, ne peut être considérée comme ayant eu pour effet de proroger la durée de l'action en reddition de compte qui appartenait au constituant contre son tuteur; de telle sorte que l'inscription prise après les dix ans qui ont couru depuis sa majorité ne peut être considérée comme inscrite en temps utile. — *Grenoble*, 26 fév. 1840 (t. 2 1840, p. 362), Dugardier c. de Montbel. — C'est là une conséquence nécessaire du principe qui limite à dix années la durée des actions du mineur contre le tuteur pour fautes relatives à la tutelle. — V. TUTELLE.

122. — Le jugement qui condamne le tuteur à restituer au mineur, devenu majeur, les sommes omises dans le compte de tutelle, et qui, en conséquence, rejette la demande reconventionnelle du tuteur en main-levée de l'inscription prise par le mineur pour sûreté de ses droits, ne fait pas obstacle à ce que, plus tard et lors de la distribution du prix des immeubles du tuteur, les autres créanciers ne puissent contester le rang que le mineur prétend se faire attribuer dans l'ordre. — *Orléans*, 12 janv. 1839 (t. 1er 1839, p. 247), Picard c. Béchet.

123. — Outre l'hypothèque légale, la contrainte par corps peut être prononcée contre le tuteur pour le reliquat du compte de tutelle, et le père ou la mère est seul mis en dehors de cette mesure rigoureuse. — C. procéd. civ., art. 126; L. 17 avr. 1832, art. 10.

124. — Sous l'ancien droit, le mineur qui, parvenu à sa majorité, avait reçu et approuvé le compte d'administration de ses biens, était non-recevable à en demander un nouveau en vertu de l'art. 1er, tit. 29, ord. de 1667, alors que le premier avait été confirmé par arrêt passé en force de chose jugée. — *Cass.*, 21 juin 1808, Lampon Furcy c. Richebourg.

125. — Il ne pouvait demander, comme aujourd'hui, que le redressement des erreurs, omissions ou doubles emplois existant dans son compte de tutelle, sans pouvoir exiger la révision entière de ce compte. — Toutefois, si le tuteur avait consenti à cette révision, il ne serait pas recevable plus tard à se plaindre de ce que le tribunal l'aurait ordonnée. — *Colmar*, 18 mai 1816, Meder c. Wohlfromm.

126. — Au surplus, un compte de tutelle n'était pas nul, par cela que le rendant n'avait pas payé le reliquat ou remis les pièces. Seulement, celui-ci était réputé coupable, tant qu'il n'avait pas satisfait à la double condition de remettre les pièces et de payer le reliquat. — *Bruxelles*, 25 août 1810, Dons.

127. — La reddition et l'apurement du compte de tutelle fait cesser les diverses incapacités dont le tuteur est frappé pendant la durée de son administration, notamment celle de ne recevoir aucune libéralité du mineur.

128. — Mais, pour produire ce résultat, il faut que le compte rendu soit complet et embrasse toutes les parties de la gestion.

129. — Une seule prétérition volontaire d'une partie échue du compte, et quoique cette prétérition ait été agréée par les deux parties, maintient en son entier l'incapacité du tuteur. — Ainsi, par exemple, le compte est incomplet, s'il est convenu entre le tuteur et le pupille que celui-ci se chargera de recevoir et vérifier le compte d'un mandataire de son père; un pareil accord n'éteint pas l'action directe en reddition d'un nouveau compte, et laisse subsister l'incapacité prononcée par l'art. 907. — *Rennes*, 14 mai 1825, Laveaux c. Devay.

130. — Il en serait de même du compte dans lequel le tuteur n'aurait pas compris l'administration d'un premier tuteur, son prédécesseur. — *Cass.*, 25 août 1839 (t. 2 1839, p. 294), Pilet c. Bardou. — V. COMPTE DE TUTELLE, MINEUR, PREUVE TESTIMONIALE, TUTELLE.

COMPTOIR, COMPTOIR D'ESCOMPTE.

1. — Espèce d'établissement secondaire tenu par une maison de commerce dans un lieu autre que celui de son domicile.

2. — C'est ainsi que la Banque de France a des comptoirs d'escompte dans plusieurs villes de France. — V. BANQUE DE FRANCE.

3. — L'établissement de ces comptoirs d'escompte, autorisé par la loi du 22 avr. 1806, est réglementé d'une manière générale par le décret du 18 mai 1808, et en particulier par les ordonnances royales qui les créent. Leur organisation, leur mode d'administration sont déterminés par le décret du 10 mai 1808.

4. — Ces comptoirs d'escompte opèrent absolument dans les mêmes conditions et dans les mêmes cas que la banque de France dont ils sont une dépendance. Ainsi la banque est en compte-courant avec ses comptoirs, et se trouve, selon les variations du commerce, souvent leur créancière, quelquefois leur débitrice. Elle leur fournit des espèces et autant de ses propres billets qu'ils en peuvent placer au pair. Elle rembourse au pair leurs billets et les dépôts que le commerce et les comptables des deniers publics, font en leurs mains, à charge d'en faire opérer à Paris la restitution; enfin elle reçoit, en retour de ces avances, la remise qu'ils lui font des valeurs sur Paris qu'ils ont escomptées.

5. — Sont applicables aux comptoirs d'escompte les règles établies pour la banque de France: 1° relativement aux escomptes par les art. 6 et 7, L. 24 germin. an XI; — 2° aux assemblées d'actionnaires par les art. 13 et 14 de la même loi; — 3° aux émissions de billets par les art. 31 et 33, même loi; — 4° aux comptes courans, par l'art. 33, même loi; — 5° à la compétence par l'art. 21, L. 22 avr. 1806; — 6° enfin aux transports des actions et aux oppositions dont elles peuvent être frappées; à la dotation des titres héréditaires à l'immobilisation des actions, aux opérations de la banque en général, telles qu'escomptes, dépôts volontaires, recouvremens d'effets; au régime administratif, direction, élection et censure par les art. 4, 5 et suiv. décr. 16 janv. 1808. — V. BANQUE DE FRANCE.

6. — Bien que les comptoirs ne soient censés faire qu'un avec l'établissement principal, cependant on a coutume de considérer le lieu de chaque comptoir comme un domicile élu pour les obligations souscrites par les personnes préposées à la direction du comptoir ou pour les effets stipulés payables à ce domicile. — V. DOMICILE ÉLU.

7. — On donne encore spécialement le nom de comptoir aux agences de commerce établies par l'état, soit sur les côtes d'Afrique, soit dans les Indes orientales, pour servir de point de réunion au commerce français et le protéger. — V. ÉCHELLES DU LEVANT, INDES (établissemens des).

8. — Les comptoirs n'existent que dans les pays dont les naturels sont encore maîtres et en vertu des traités faits avec eux. — Merlin, *Rép.*, v° *Comptoir*.

9. — Les Français domiciliés dans les différens comptoirs de la nation sont sujets entre eux aux lois du royaume et aux réglemens particuliers faits pour les colonies. — Merlin, *loc. cit.*

10. — Les personnes tenant caisse ou comptoir d'avances ou de prêts, ou de recettes et de paiemens, sont rangées par la loi du 25 avril 1844, sur les patentes, dans la première classe des patentables, et imposées à 1° un droit fixe basé sur le chiffre de la population de la ville ou commune où est situé l'établissement; 2° un droit proportionnel du quinzième de la valeur locative de la maison d'habitation et des locaux servant à l'exercice de la profession. — V. PATENTE.

COMPULSOIRE.

Table alphabétique.

COMPULSOIRE. — 1. — C'est la voie qu'on prend pour se faire délivrer une expédition ou un extrait d'un acte dans lequel on n'a pas été partie. — On donne aussi ce nom au procès-verbal que rédige en pareil cas le notaire ou autre officier.

2. — Dans le notariat, on donne encore, mais à tort, le nom de procès-verbal de compulsoire au procès-verbal de délivrance d'une seconde grosse quand la première est perdue ou détruite. — V. GROSSE.

3. — Dans quelques contrées, on appelle aussi improprement *compulsoire* la demande formée par une partie, dans le cours d'une instance, pour que l'autre partie soit tenue de lui communiquer des pièces qu'elle a en sa possession. — Merlin, *Rép.*, vº *Compulsoire*, § 2. — V. COMMUNICATION DE PIÈCES.

§ 1er. — *Dans quel cas il y a lieu à compulsoire* (nº 4).

§ 2. — *Mode de procéder en fait de compulsoire* (nº 28).

—

§ 1er. — *Dans quels cas il y a lieu à compulsoire.*

4. — La loi du 25 vent. an XI, art. 23, défend, sous des peines sévères, aux notaires de délivrer expédition, et même de donner connaissance des actes qu'ils reçoivent à d'autres qu'aux parties intéressées en nom direct, leurs héritiers ou ayant-cause. — Semblable défense est faite aux receveurs de l'enregistrement; ils ne peuvent délivrer aucun extrait de leurs registres qu'aux parties intéressées, à moins d'une ordonnance du juge de paix. — L. 22 frim. an VII, art. 8.

5. — Cependant il arrive souvent que les tiers ont besoin d'avoir copie d'un acte pour appuyer ou repousser leurs prétentions devant les tribunaux. — De là l'art. 846, C. procéd., qui porte que celui qui, dans le cours d'une instance, voudra se faire délivrer expédition ou extrait d'un acte dans lequel il n'a pas été partie, doit se pourvoir en suivant les formes prescrites.

6. — De ce que l'art. 846, C. procéd., porte : *Celui qui, dans le cours d'une instance*, etc., s'en suit-il que le compulsoire ne peut être effectivement demandé que pendant une instance ? — La question est controversée.

7. — Pour l'affirmative, on dit que les termes de la loi étant précis, on est obligé de s'y conformer. — Pigeau, *Procéd. civ.*, t. 2, p. 361.

8. — Jugé en ce sens que la demande à fin de compulsoire ou d'expédition d'actes dans lesquels on n'a point été partie, ne peut être l'objet d'une action principale, et ne peut être formée qu'incidemment à une demande déjà liée. — *Paris*, 4 juill. 1809, Besenval c. Bureau; 8 fév. 1810, Montmorency c. Barrairon; *Rouen*, 13 mars 1826, Ricquier c. Destours.

9. — Pour la négative, M. Berriat (*Procéd. civ.*, t. 2, p. 660, nº 16) se fonde sur ce que l'art. 846, C. procéd., n'est point conçu en termes prohibitifs, et que, s'il règle la forme de la demande en compulsoire lorsqu'elle est formée dans le cours d'une instance, il ne la défend pas dans d'autres circonstances et par action principale. — A quoi M. Rolland de Villargues (*Rép. du notariat*, vº *Compulsoire*, nº 7) ajoute que, dans le système contraire, une personne qui, sur le vu d'un acte, aurait été empêchée d'intenter un procès, sera forcée de le faire pour arriver à la communication de l'acte.

10. — Quoi qu'il en soit, un tribunal peut, en tout état de cause, ordonner un compulsoire incidemment demandé. — *Rennes*, 6 janv. 1814, N...

11. — Toutefois, il faut établir qu'on a intérêt à demander le compulsoire, et que le compulsoire peut avoir un résultat utile.

12. — Jugé dès-lors que le compulsoire doit être refusé à celui qui se prétend héritier sans le justifier, alors surtout qu'il n'indique pas avec précision les actes dont il demande la recherche. — *Cass.*, 28 janv. 1835, Morin c. Requier.

13. — ... Qu'il en est de même quand la demande afin de compulsoire tend à remettre en question ce qui a été jugé. — *Paris*, 5 mai 1825, Mariette c. Delamarre et Lebourgeois.

14. — ... Qu'une demande en compulsoire doit être considérée comme frustratoire, si le titre dont la copie est représentée est étranger à l'objet litigieux. — *Rennes*, 27 juill. 1809, N... ; — Demiau-Crouzilhac, p. 525.

15. — Mais les juges ne peuvent rejeter une demande afin de compulsoire des actes d'un notaire, à l'effet d'y puiser des preuves de filiation, sur le seul motif que ce compulsoire n'amènerait qu'une preuve incomplète, lorsque d'ailleurs les actes à rechercher ou à compulser sont de nature à contenir des mentions qui pourraient compléter la preuve de la filiation, ainsi, par exemple, lorsqu'il s'agit de contrats de mariage. — *Cass.*, 10 juin 1833, Sariac c. Laubadère.

16. — Pour obtenir un compulsoire, il n'est pas nécessaire d'indiquer la date du titre recherché et le nom du notaire qui l'a reçu. — *Paris*, 1er mars 1809, Tardif c. Douville.

17. — La voie du compulsoire ne peut être employée qu'à l'égard des actes existant entre les mains de dépositaires publics. — Bioche et Goujet, *Dict. de procéd.*, vº *Compulsoire*, nº 4.

18. — Ainsi, on ne peut demander un compulsoire : 1º des livres ou registres de particuliers qui ne sont ni notaires ni dépositaires publics. — *Rennes*, 21 juin 1811, Moreton de Chabrillant c. Laillet.

19. — ... 2º Des papiers compris dans les cotes d'un inventaire. En effet, ce sont des actes privés qui ne font pas partie des minutes du notaire. — Bioche et Goujet, nº 4.

20. — De même, une fabrique ne peut être autorisée à compulser les actes de famille de son adversaire, à l'effet d'établir que celui-ci a reconnu une rente qu'il soutient être prescrite. — *Rouen*, 13 juin 1827, Ligois c. fabrique de Pavilly.

21. — Il est laissé à la prudence des tribunaux d'ordonner ou de refuser la représentation des livres des négocians, en matière commerciale. — *Cass.*, 4 fév. 1828, Dufay.

22. — En matière de faillite, le juge-commissaire qui peut, même d'office, ordonner la représentation des livres des créanciers, peut également demander, en vertu d'un compulsoire, qu'il en soit rapporté un extrait fait par les juges du lieu. — Nouveau Code comm., art. 496. — V. FAILLITE.

23. — En cas de contestation entre un particulier et un receveur de deniers publics, sur le paiement d'une somme réclamée par ce dernier, les tribunaux civils peuvent, sans excéder leurs pouvoirs, ordonner que le registre du receveur sera compulsé, lorsque, d'ailleurs, ce comptable en a offert la communication. — Comme il ne s'agit là que de la vérification d'un fait, l'autorité administrative est mal fondée à revendiquer la contestation. — *Cons. d'état*, 29 avr. 1809, Lépinois c. Fayon.

24. — Au reste, il est inutile de recourir à la voie du compulsoire dans les cas suivans : 1º lorsque le notaire ou autre dépositaire d'un acte refuse d'en délivrer expédition, copie ou extrait aux parties intéressées en nom direct ou à leurs héritiers ou ayant-droit. En ce cas, il suffit que la partie assigne le notaire ou dépositaire en délivrance. — C. procéd., art. 839 et 840. — V. COPIE, EXPÉDITION.

25. — ... 2º Quand un acte a été produit dans une instance par la partie adverse; car du moment de cette production, il est acquis au procès, et on peut en demander communication. — Bioche et Goujet, vº *Compulsoire*, nº 2.

26. — ... 3º Lorsqu'il s'agit de se faire délivrer expédition, copie ou extrait d'actes contenus dans les registres publics, tels que les registres de l'état civil (C. civ., art. 45), ceux des conservateurs des hypothèques (C. civ., art. 2196); des jugemens et autres actes judiciaires (C. procéd., art. 853); attendu que les dépositaires sont tenus de délivrer expédition, copie ou extrait à tous requérans à charge de leurs droits. — Merlin, *Rép.*, vº *Compulsoire*, § 1er, nº 5. — V. COPIE, EXPÉDITION, EXTRAIT.

27. — Ainsi, jugé qu'il n'est pas nécessaire de faire ordonner un compulsoire pour obtenir la délivrance des expéditions d'actes déposés au greffe. Il suffit de les demander au greffier qui, en cas de refus, peut être contraint par corps à les délivrer. — *Colmar*, 14 juin 1814, Grodwhol c. Morel.

§ 2. — *Mode de procéder en fait de compulsoire.*

28. — La demande afin de compulsoire doit être formée par requête d'avoué à avoué. — C. procéd., art. 847.

29. — N'est pas valable la demande en compulsoire formée par une requête d'avoué à avoué qui n'est pas présentée au juge. — *Colmar*, 28 mai 1808, hospice de Colmar c. Schueler.

30. — La requête doit être signifiée aux avoués de toutes les parties intéressées, et surtout de celles contre qui le compulsoire est demandé.

31. — Par conséquent, n'est pas valable la demande en compulsoire formée contre une partie non appelée en cause. — Même arrêt.

32. — Et le compulsoire des actes où la partie contre laquelle il est demandé n'a pas figuré ne peut être autorisé. — *Bourges*, 24 mars 1841 (t. 2 1841, p. 641), Flamen d'Assigny c. comm. de Saint-Jean.

33. — La vérification ordonnée par un tribunal de commerce des livres d'un négociant ne peut être assimilée au compulsoire dont parle le Code de procédure, ni soumise par conséquent aux mêmes formalités. — Dès-lors une pareille vérification n'est point nulle par cela qu'une partie n'y aurait pas été présente ou appelée, quoique le jugement portât qu'elle serait faite *parties présentes* ou *dûment appelées*. — *Paris*, 28 août 1813, de Maricourt c. Perrier.

34. — Un procès-verbal de vérification faite par suite d'un compulsoire, par un juge commis à cet effet, des registres d'un négociant qui se prétend créancier d'une faillite, ne peut être annulé pour avoir eu lieu en l'absence des syndics, et nonobstant leur opposition. — *Amiens*, 9 mai 1821, Dazin-Delmotte c. Legoupil.

35. — La requête peut être grossoyée, mais elle ne doit pas excéder six rôles. On peut y répondre par une requête de même étendue. — Tarif, art. 73 et 75.

36. — La demande afin de compulsoire doit être portée à l'audience sur un simple acte et jugée sommairement, sans aucune procédure. — C. procéd., art. 847.

37. — La demande en compulsoire ne doit point, en général, retarder le jugement du procès, et la partie doit s'imputer de l'avoir sollicité trop tard; mais il suspend nécessairement le jugement, s'il a été ordonné par un jugement contradictoire comme une mesure d'instruction préalable. — Berriat, *Procéd. civ.*, p. 661, note 20e; Carré-Chauveau, sur l'art. 847; Bioche et Goujet, nº 10.

38. — Le compulsoire doit être ordonné par le tribunal et non par le président. — Arg. C. procéd., art. 849; — Bioche et Goujet, nº 11.

39. — Toutefois, jugé qu'un notaire n'a pas qualité pour discuter le mérite de l'ordonnance rendue par le président sur la délivrance d'une expédition à un tiers intéressé. Il ne pourrait donc refuser d'y obtempérer. — *Rouen*, 13 mars 1826, Riquier c. Destours.

40. — Le jugement est exécutoire par provision, nonobstant opposition ou appel. — C. procéd., art. 848.

41. — Le jugement doit être signifié non seulement à la partie adverse et à son avoué, mais encore au dépositaire de l'acte et à toutes personnes intéressées dans l'acte, lors même qu'elles ne seraient point en cause. Elles ont le même intérêt à conserver le secret de leurs affaires. — Carré-Chauveau, *Quest.* 2883; Pigeau, t. 2, p. 394. — *Contrà* Bioche et Goujet, nº 14.

42. — Le procès-verbal de compulsoire est dressé, et l'expédition, la copie ou l'extrait délivré par le notaire ou dépositaire, à moins que le tribunal qui l'a ordonné n'ait commis un de ses membres ou tout autre juge du tribunal de première instance ou un autre notaire. — C. procéd., art. 849.

43. — Si le compulsoire est fait par un juge, on doit requérir l'ordonnance du juge indicative des jour et heure pour la comparution. — La requête et l'ordonnance sont signifiées par la partie poursuivante aux parties intéressées, avec sommation de se trouver aux jour et heure indiqués par l'ordonnance dans le cabinet du juge, pour y être présentes à la rédaction du procès-verbal. — Arg. C. procéd., art. 1040; — Favard, *Rép.*, vº *Expédition*, nº 5; Carré-Chauveau, *Quest.* 2885; Bioche et Goujet, nº 17. — La comparution peut même avoir lieu dans l'hôtel du juge, s'il l'indique par son ordonnance. — Rolland de Villargues, nº 22.

44. — Si c'est un notaire ou autre dépositaire public qui doit procéder au compulsoire, on lui fait sommation, ainsi qu'aux parties qui doivent comparaître, de se trouver en l'étude aux jour et heure indiqués par le poursuivant. — Bioche et Goujet, nº 20.

45. — Dans tous les cas, les parties peuvent as-

sister au procès-verbal et y insérer tels dires qu'elles jugent à propos. — C. procéd., art. 850. — Les parties peuvent être assistées de leurs avoués. — Tarif, art. 92; Carré-Chauveau, *Quest.* 2888; Pigeau, t. 2, n° 395; Merlin, *Rép.*, v° *Compulsoire*, § 1er, n° 3.

46. — Si les frais et déboursés de la minute de l'acte sont dus au dépositaire, il peut refuser expédition tant qu'on ne l'a pas payé desdits frais, outre ceux d'expédition. — C. procéd., art. 851.

47. — Les parties peuvent collationner l'expédition ou copie avec la minute, dont lecture est faite par le dépositaire : si elles prétendent qu'elles ne sont pas conformes, il en est référé, à jour indiqué par le procès-verbal, au président du tribunal, lequel doit faire la collation ; à cet effet le dépositaire est tenu d'apporter la minute. — Les frais du procès-verbal, ainsi que ceux du transport du dépositaire, sont avancés par le requérant. — C. procéd., art. 852; Tarif, art. 168.

48. — S'il y a référé, le procès-verbal de collation doit être dressé par le juge. L'impartialité du dépositaire de la minute est attaquée, il ne peut donc rédiger le procès-verbal. — Carré-Chauveau, *Quest.* 2890.

49. — Si le défendeur, mis en demeure, ne comparaît pas aux jour et heure indiqués pour le compulsoire, il est passé outre, malgré son absence. Mais l'usage est de ne procéder au compulsoire qu'une heure après celle fixée pour la comparution. Il en est fait mention dans le procès-verbal. — Ord. 1667, tit. 12, art. 2; — Merlin, *Rép.*, v° *Compulsoire*, § 1er, n° 3 ; Carré, art. 858 ; Bioche et Goujet, n° 23.

50. — L'officier public qui procède au compulsoire décrit exactement les minutes, grosses, annexes et actes quelconques qu'il compulse, de même que les registres. Il constate le nombre de renvois, de paraphes, de blancs ou lacunes ; le défaut de paraphe ou d'approbation de ce qui en aurait été susceptible; tout ce qui paraît défectueux, surchargé, interligné, gratté ou altéré, enfin la couverture, le nombre de feuillets, l'état et le résultat des registres, et le nombre ou le manque de signatures à la fin. — Rolland de Villargues, n° 33.

V. ACTES DE L'ÉTAT CIVIL, ANNEXE DE PIÈCES, ARBITRAGE, BIENS RÉVÉLÉS, ENREGISTREMENT.

COMTE.

1. — Titre de noblesse au-dessus des titres de *baron* et de *vicomte*. — *Encyc. méthod.*, v° *Comte*.

2. — Ce titre était connu dans le droit romain, où l'on appelait *comites* ceux qui accompagnaient les empereurs, qui composaient leur cour, qui possédaient des offices, soit dans le palais, soit dans l'empire. — Ducange, *Glossaire*, v° *Comes*; Antoine Mathieu, *De nobilitate*, ch. 6, 7, 8, 9 et 10.

3. — Après la conquête de la Gaule sur les Romains, les Francs n'abolirent pas la forme du gouvernement établi par les Romains, et conservèrent les titres de *comtes* et de *ducs*, en usage chez les vaincus. C'est aux gouverneurs des villes et des provinces qu'ils donnèrent indifféremment l'un ou l'autre de ces noms. — Montesquieu, *Espr. des lois*, liv. 30, ch. 13 et 18; *Encyc. méthod.*, *verb. cit.*; Nouveau Denisart, v° *Comte*, n° 3.

4. — La dignité de comte était très importante : c'étaient les comtes qui assemblaient les hommes libres et les menaient à la guerre. — *Espr. des lois*, *ib.*; Guyot, *Répert.*, v° *Comte*.

5. — Ils avaient la juridiction civile sur les hommes libres, qu'ils menaient à la guerre. C'est pourquoi les assises du comte étaient appelées *plaids des hommes libres*. — Guyot, v° *Comte*; *Encyc. méthod.*, v° *Comte*, p. 123.

6. — Toutefois, les causes qui intéressaient l'ordre public, et que, pour cette raison, on appelait *causes majeures*, étaient réservées au roi, ainsi que les discussions qui s'élevaient entre les évêques, les abbés, les comtes et autres grands. — *Encyc. méthod.*, *ib.*

7. — Dans les affaires qu'ils étaient chargés de juger, les comtes ne statuaient pas seuls; ils devaient prendre au moins douze hommes avec eux, tant anciens que notables. — V. Capitulaires de Louis-le-Débonnaire, ajoutés à l'art. 2, L. Salique ; — Ducange, v° *Leoni homines*; Guyot, *Rép.*, v° *Comte*; *Encyc. méthod.*, *loc. cit.*

8. — Leurs décisions étaient en dernier ressort, comme celles des *missi dominici*, qui avaient une juridiction égale, mais séparée de la leur, et dont ils ne relevaient pas. Le *missus* tenait les plaçites pendant quatre mois de l'année, et le comte pendant les huit autres mois. — Capitulaires de Louis-le-Débonnaire et de Charles-le-Chauve; *Encyc. méthod.*, *loc. cit.*

9. — A part leur puissance civile et militaire, les comtes avaient encore le droit d'exiger certaines contributions. — L. des Ripuaires, tit. 89 ; L. des Lombards, liv. 2, tit. 22, § 9.

10. — Sous Charles le-Chauve, la dignité de comte fut rendue héréditaire. — Capitulaire de l'an 877, tit. 53, art. 9 et 10.

11. — On sait que, sur la fin de la seconde race de nos rois, les comtes usurpèrent la souveraineté. Mais par la suite des temps, leurs domaines furent réunis à la couronne, soit par des mariages, des donations, des successions, des confiscations. Il en résulta que le titre de comte ne fut plus qu'un titre d'honneur accordé par le roi, qui se réservait juridiction et souveraineté sur les terres qu'il érigeait en comtés. — Guyot, v° *Comte*; Nouveau-Denisart, *eod. verb.*, § 2; *Encyc. méthod.*, *eod. verb.*

12. — Les formalités qui s'observaient pour la création d'un comte consistaient dans l'érection d'une terre en comté par des lettres-patentes. Le titulaire et sa postérité légitime prenaient ce titre après l'enregistrement des lettres-patentes. — *Encyc. méthod.*, v° *Comte*, p. 124.

13. — Les ambassadeurs et plénipotentiaires français accrédités près des cours étrangères prenaient le titre de comte, quoiqu'ils n'eussent pas de comtés. — *Encyc. méthod.*, *loc. cit.*

14. — Les seigneurs de terres érigées en comtés ne pouvaient prendre le titre de *comtes* qu'autant qu'ils étaient gentilshommes, ou que l'érection avait été faite en leur faveur ou en faveur de leurs ancêtres. Sans cela, ils ne pouvaient prendre que la qualité de *seigneurs du comté*. — *Encyc. méthod.*, v° *Comte*, p. 124.

15. — Les fils de *ducs* prenaient le titre de *comte*. — Guyot, *Rép.*, v° *Comte*.

16. — Les lois de la révolution abolirent tous les titres de noblesse, partant celui de *comte*. — L. 19 juin 1790.

17. — Mais un décret du 1er mars 1808 le rétablit comme titre honorifique que l'empereur aurait le droit de conférer. — V. NOBLESSE.

18. — La charte de 1814 (art. 71) déclara que l'ancienne noblesse reprendrait ses titres, et que la nouvelle conserverait les siens héréditairement. Le roi avait le droit de faire des nobles à volonté.

19. — D'après l'ord. du 10 fév. 1824 (art. 1er), les titres de noblesse n'étaient héréditaires qu'après l'institution d'un majorat. — V. MAJORAT, NOBLESSE.

20. — La charte constitutionnelle de 1830 (art. 62) porte : « La noblesse ancienne reprend ses titres, la nouvelle conserve les siens. Le roi fait des nobles à volonté, mais il ne leur accorde que des rangs et des honneurs, sans aucune exemption des charges et des devoirs de la société. » — V. NOBLESSE.

CONCEPTION.

1. — Création de l'enfant dans le sein de sa mère.

2. — C'est l'époque de la conception et non celle de la naissance qui détermine l'état de l'enfant. — V. ENFANT ADULTÉRIN, ENFANT NATUREL, LÉGITIMITÉ, LÉGITIMATION.

3. — Cette époque ne peut être fixée qu'approximativement et par sa corrélation avec l'époque de la naissance. Le Code a placé la conception entre le 180e et le 300e jour qui précède la naissance de l'enfant, et la répute impossible hors de ces deux termes. — V. LÉGITIMITÉ.

4. — La conception d'un enfant ne crée aucun droit au profit de ses parents ou de tous autres. — C. civ., art. 135, 136 et 137.

5. — Mais elle en crée immédiatement au profit de l'enfant lui-même : *Infans conceptus pro nato habetur quoties de commodis ejus agitur*. — C. civ., art. 715, 906. — V. SUCCESSION.

6. — Si, lors du décès du mari, la femme est enceinte, il est nommé un curateur au ventre. — C. civ., art. 393. — V. CURATEUR AU VENTRE, GROSSESSE.

CONCERT FRAUDULEUX.

1. — C'est un accord de volontés, ayant pour but, par des moyens détournés et combinés de mauvaise foi, de léser les droits des tiers. — V. COLLUSION.

2. — Il y a dans nos codes plusieurs dispositions qui ont directement pour objet de prévenir les concerts frauduleux ou collusions, d'en paralyser les effets.

3. — C'est ainsi, par exemple, que les créanciers d'un copartageant peuvent s'opposer à ce qu'il soit procédé au partage hors de leur présence, et qu'ils peuvent y intervenir à leurs frais. — C. civ., art. 882. — V. PARTAGE.

4. — ... Que les créanciers du mari ont le droit d'intervenir dans l'instance en séparation de biens pour la contester. — C. civ., art. 1447. — V. CRÉANCIER, SÉPARATION DE BIENS.

5. — ... Que les actes sous seing-privé ne font pas foi par eux-mêmes de leur date contre les tiers. — C. civ., 1328. — V. ACTE SOUS SEING-PRIVÉ, nos 98 et suiv.; DATE CERTAINE.

6. — ... Que le privilége du bailleur ne peut, à défaut de baux authentiques, ou lorsque étant sous signature privée ils n'ont pas date certaine, avoir lieu pour plus d'une année, à partir de l'expiration de l'année courante. — C. civ., 2102 1°. — V. PRIVILÉGE.

7. — Les créanciers peuvent, en leur nom personnel, attaquer les actes préjudiciables à leurs droits, qui seraient le résultat d'un concert frauduleux entre leur débiteur et un tiers. — C. civ., 1167. — V. CRÉANCIER, DOL, FRAUDE.

8. — Quant au *concert* entre des fonctionnaires publics, se coalisant entre l'exécution des lois (C. pén., art. 123 et suiv.), V. COALITION DE FONCTIONNAIRES, nos 2 et suiv.

CONCERTS PUBLICS.

Tout ce qui a été dit au mot *bals publics* est commun aux concerts publics. — V. BALS PUBLICS.

CONCESSION DE MINES.

V. MINES.

CONCIERGERIE.

1. — Autrefois on appelait ainsi l'office des concierges des maisons royales et seigneuriales. — Aujourd'hui on désigne sous ce nom, à Paris, la prison qui est dans l'enceinte du Palais, et où sont renfermés les prévenus de crimes ou délits dont la connaissance appartient soit aux tribunaux correctionnels, soit à la cour d'assises du département de la Seine. C'est, en un mot, la maison de justice de ce département. — V. MAISON DE JUSTICE.

2. — Cette prison est nommée *Conciergerie*, parce qu'elle servait anciennement de logement au concierge du Palais. — Par un arrêt de l'année 1318, elle fut réunie au domaine du roi avec ses appartemens. Plus tard, en 1348, sous Philippe de Valois, le concierge devint un personnage important, et obtint le titre de bailli. Ce titre lui valut certains priviléges qui ont été supprimés avec le titre lui-même.

3. — La cour appelée Préau présente un emplacement de cinquante à soixante mètres de longueur sur vingt environ de largeur. Elle est entourée d'une galerie, de loges, qui servent aux prisonniers, et de plusieurs escaliers qui aboutissent à des prisons supérieures. — La tour carrée de la Conciergerie a renfermé plusieurs personnages éminens, notamment l'historien Philippe de Commines.

4. — Aujourd'hui le concierge de la Conciergerie n'a d'autre privilége que celui, attribué d'ailleurs à tous les geôliers, de tenir une buvette et de vendre à tous les détenus ce qu'ils désirent pour compléter leur nourriture. Il est, à cet égard, assujéti à toutes les obligations d'un débitant.

V. BOISSONS, PRISONS.

CONCILE.

1. — On appelle *concile* une assemblée de prélats et de docteurs réunis pour prononcer sur les matières de foi, sur les mœurs et la discipline de l'église.

2. — Les auteurs ne sont pas d'accord sur l'étymologie de ce mot. Selon saint Isidore (*Etymologies*, chap. 28), il tirerait son origine d'un usage des Romains, qui désignaient ainsi les assemblées publiques où n'assistaient pas les patriciens, à la différence des comices où se trouvaient réunies toutes les classes de citoyens. — Doujat, s'attachant à la leçon de Varron, donne une autre étymologie à ce mot. Il le fait dériver de *concalare* ou *concire*, convoquer, réunir. *Concilium non tam à considendo aut* à CON et CILIO, *ut putavit Isidorus Hispalensis*, quam, ut Varroni visum, à *concalando dictum*, *id est*, *convocando seu conciendo*. (*Prænot. canon.*, lib. 2, cap. 1, n° 1er.) — Cette dernière étymologie nous paraît plus naturelle.

3. — On distingue les conciles en conciles généraux ou œcuméniques, et en conciles nationaux, provinciaux ou métropolitains et diocésains. — Ces derniers conciles particuliers ou synodes, ne représentant qu'une portion de l'Eglise, n'ont d'importance qu'en raison des matières qui leur sont soumises et de l'étendue de juridiction qui leur appartient comme tribunal ecclésiastique.

4. — Ainsi, régulièrement, la décision d'un synode diocésain ne dépasserait pas les limites de son diocèse, tandis que la décision d'un concile ou synode métropolitain s'appliquerait à toutes les provinces dont les évêques auraient composé le synode, et la décision du concile national s'appliquerait à la nation entière dont tous les évêques auraient été convoqués pour y assister. Evidemment, les décrets d'un tel concile, composé d'un plus grand nombre de pères, sont plus imposans, plus respectables que ceux du concile provincial; toutefois ils ne lui sont pas supérieurs par droit de ressort, « à moins que le hiérarque supérieur n'y assiste par lui-même ou par ses légats, ou que les premiers juges qui ont prononcé dans le concile provincial ne consentent à la révision, ou que le souverain pontife n'ait renvoyé au concile plus nombreux, après avoir reçu le recours, comme on le pratiquait anciennement. — *Discours et rapports de M. Portalis sur les articles organiques*, *mis en ordre par le vicomte Portalis*, p. 178.

5. — Cependant il faut remarquer que, de même qu'un concile auquel n'assisteront pas les évêques de toutes les parties de la terre (pourvu qu'ils aient été régulièrement convoqués), mais auquel se rendront un grand nombre d'évêques de diverses contrées, assez grand pour qu'ils soient censés représenter l'église universelle, ne laissera pas que d'être un véritable concile œcuménique et général; de même, les conciles nationaux, bien qu'inférieurs, pour l'autorité et l'étendue de puissance, aux conciles généraux, pourront s'élever jusqu'à l'autorité de ces derniers; en effet, ils ont été quelquefois réputés si sages, qu'ils ont pris rang, de l'assentiment universel de l'Eglise et des fidèles, parmi les conciles généraux. — André (l'abbé), *Cours de dr. canon*, v° *Concile*.

6. — La canonicité d'une assemblée est marquée *par l'objet de sa convocation*, qui doit être *pour le bien spirituel de l'Eglise*; *par la forme de cette convocation*, qui doit être faite selon les lois de la discipline; *par la constitution de cette assemblée* en synode, qui doit réunir tous les membres nécessaires *sous l'autorité du supérieur légitime ou des supérieurs* qui rassemblent leur concile pour délibérer en plus grand nombre. La doctrine et la discipline sont les deux grands objets qui occupent les conciles. — Portalis, p. 176.

7. — *Conciles généraux ou œcuméniques.* — Le concile *général* ou *œcuménique* seul représente l'Eglise entière. Sans doute tous les conciles particuliers sont institués dans le même esprit, tendent au même but, quoique plus restreints dans leur objet, mais le concile général ou œcuménique seul a la puissance propre de rallier toujours l'Eglise universelle aux principes immuables de la foi et du dogme; et voilà pourquoi ce concile est composé de tous les évêques de la terre: *universalia concilia sunt quæ sancti patres ex universo orbe, in unum convenientes, juxta fidem evangelicam et apostolicam condiderunt.* — Cap. 1er, dist. 15, vers. *inter cæteros*.

8. — C'est le but même du concile général qui en détermine le caractère; or, le principal but de ce concile est le maintien de l'unité de la foi, ce premier lien de la société chrétienne. *Per illud (concilium generale) religio consecratur christiana in fidei unitate quæ primum est vinculum societatis humanæ.* — C., *Canones*, distinct. 15. — Il doit donc veiller à l'extirpation des schismes et des hérésies, à la défense de l'orthodoxie, à la répression des scandales qui peuvent s'élever dans l'Eglise.

9. — Deux arrêts du parlement de Paris consacrèrent solennellement, dans les deux siècles derniers, la nécessité des conciles généraux, l'un en 1633, l'autre en 1737, sur les conclusions de Gilbert de Voisins. « Les conciles généraux, disait ce magistrat, ont toujours été regardés comme faisant une partie principale et essentielle de l'institution de l'Eglise. »

10. — A qui est dévolu le droit de convoquer le concile général? — Anciennement, les empereurs chrétiens convoquaient les conciles généraux, où les papes, les évêques, s'empressaient de se faire représenter ou d'assister. Plus tard, l'unité du pouvoir temporel ayant disparu, il était difficile d'admettre que le souverain de l'un des états distincts de l'Europe eût le droit de convoquer le concile général. Ce droit paraissait naturellement dévolu au Saint-Père, chef de l'église universelle, premier juge des besoins de cette église, de la nécessité et de l'opportunité des conciles. Les papes s'en mirent donc en possession dès le septième siècle.

11. — Toutefois, les anciens canonistes reconnaissaient plusieurs cas où la convocation du concile général pouvait avoir lieu, même malgré le pape. Ainsi, 1° lorsqu'il s'agit du schisme entre deux contendans à la papauté, et que ni l'un ni l'autre n'en sont en possession; — 2° dans la même hypothèse, lorsque les deux contendans se trouvant en possession tous les deux de la papauté refusent de convoquer le concile pour statuer sur leurs prétentions; — 3° le cas où le pape deviendrait manifestement hérétique. — A ces trois cas, rapportés par le cardinal Jacobatius, Gerson en ajoute deux autres: 1° s'il s'agit d'une affaire très importante pour l'église, qui ne pourrait être terminée que par un concile général, que le pape se refuserait à convoquer; — 2° s'il s'agit de la personne même du pape, soit pour le faire renoncer à la papauté, soit pour le déposer pour crime ou pour scandale. — Jacobatius, *in tract. concil.*, lib. 1, act. 9, § *Nunc videndum*.

12. — Mais à qui, dans ce cas, sera dévolu le droit de convoquer le concile? — Ici les docteurs sont divisés. Jacobatius attribue ce droit aux cardinaux; Gerson pense, au contraire, qu'il doit être attribué aux princes catholiques, les cardinaux n'ayant ni rang ni qualité dans la hiérarchie pour l'exercer.

13. — La question paraît plus douteuse à quelques personnes: en cas de mort naturelle ou civile, ou même canonique du pape, telle que la déposition; si le pape tombait en démence ou devenait captif, etc., dans tous ces cas la glose décide que le droit de convoquer le concile est dévolu: 1° aux cardinaux; 2° aux patriarches catholiques; 3° aux princes chrétiens, etc. Mais ce sentiment est combattu, comme on vient de le voir, par Gerson.

14. — Et M. Portalis (*Discours et Travaux sur le Concordat*, p. 173) dit formellement qu'en leur *qualité de protecteurs* les divers souverains catholiques peuvent provoquer la tenue des conciles généraux et même s'accorder pour en faire la convocation si l'intérêt de l'église l'exige, etc., si le pape a des intérêts contraires à celui de l'église.

15. — Dans tous les cas, il est certain que les souverains ont toujours le droit d'assister aux conciles généraux en personnes ou de s'y faire représenter: car, dit M. Portalis (p. 173), ils ont intérêt à ce qu'on n'agite pas des questions étrangères au véritable bien de l'église et capables d'aigrir les esprits sans les éclairer.

16. — M. Portalis (p. 174) dit que les souverains ont souvent assisté aux assemblées conciliaires et qu'ils y ont quelquefois discuté les matières qui y étaient agitées. — Charlemagne, ajoute-t-il, discuta sur l'hérésie dont il s'agissait au concile de Francfort; plus anciennement, l'empereur Constance avait prononcé la condamnation de l'hérésie d'Arius, par l'avis de son conseil et de vingt évêques; l'histoire nous a transmis toute l'influence de l'empereur Théodose dans les conciles tenus de son temps. On sait encore tout ce que les ambassadeurs de France et de Vienne firent dans le concile de Trente pour empêcher les opinions ultramontaines de prévaloir.

17. — Pour former un concile général, il est nécessaire que l'on réunisse des évêques de toute la chrétienté et que chaque église nationale ait ses représentans. Mais, dit M. Portalis (*loc. cit.*), en se fondant sur l'art. 13 des libertés de l'église Gallicane, les évêques ne peuvent sortir de l'état sans une permission expresse du souverain; l'intervention de chaque souverain est donc indispensable si l'on veut que la convocation du concile soit complète.

18. — Quand un concile se prolonge trop, et que sa trop longue durée pourrait avoir des effets funestes dans la chrétienté, les souverains, dit encore M. Portalis (p. 174), sont fondés à séparer l'assemblée et à mettre un terme aux délibérations.

19. — C'est au pape ou à ses légats qu'est attribuée la présidence du concile œcuménique: *Romanus pontifex*, dit Marca (*Concord.*, lib. 5, cap. 3), *per se vel per legatos suos habet concilio œcumenico præsidere.*

20. — La décision du concile doit être renfermée dans les matières mêmes qui peuvent seules faire canoniquement les matières de la délibération du concile, c'est-à-dire qui ont pour objet le *bien spirituel de l'église.* « Ainsi, dit M. Portalis, si des évêques assemblés en concile s'avisaient de transformer en point de doctrine religieuse des questions civiles ou politiques, ils outrepasseraient leurs pouvoirs, et leurs décisions, loin d'être des jugemens infaillibles, ne seraient que des entreprises téméraires et condamnables. »

21. — L'art. 3 de la loi organique du 18 germin. an X porte que les décrets des synodes ou conciles généraux ne pourront être publiés en France, avant que le gouvernement ait examiné leur forme, leur conformité avec les lois, droits et franchises du royaume, et tout ce qui, dans leur publication, peut altérer ou intéresser la tranquillité publique.

22. — « Cela, dit M. Portalis (*Rapport sur les articles organiques*), en ce qui concerne les conciles étrangers est fondé sur les raisons et les principes qui ont fait établir la nécessité de la vérification des bulles et rescrits venant de Rome. Les synodes ou conciles particuliers qui se tiennent en pays étrangers peuvent manifester des opinions et des intérêts qui soient contraires aux intérêts et aux opinions des autres états; car chaque gouvernement a son droit public, et chaque église nationale a, pour ce qui n'est pas de foi, ses maximes et ses coutumes particulières. L'église de France, par exemple, doit naturellement se montrer jalouse de conserver avec fidélité le précieux dépôt de ses libertés et de ses franchises. Quant aux matières de foi, les décisions des synodes ou conciles particuliers sont sans doute d'un grand poids, mais elles ne peuvent lier le corps entier de l'église qu'autant qu'elles ont été reçues dans toute la chrétienté. Chaque souverain, en qualité de protecteur, peut soumettre à l'examen des évêques de ses états ce qui a été décidé par un concile particulier assemblé sur un territoire étranger. Chaque souverain peut encore, comme magistrat politique, empêcher que des questions qui ont troublé des états voisins, et qui sont inconnues dans son empire, y deviennent des occasions de trouble; conséquemment il a toujours été nécessaire de s'opposer, en France, à toute publication des synodes ou conciles particuliers étrangers, avant une vérification des décrets et des décisions de ces conciles. »

23. — Quant aux conciles généraux, souverains en matière de foi, il peuvent sans contredit réglementer les objets que la discipline embrasse. « Mais, dit M. Portalis (*loc. cit.*), il est incontestable que ces objets, dont quelques uns appartiennent à la temporalité, et dont la plupart peuvent être rangés dans les matières mixtes, exigent le concours de la puissance publique. De là vient le principe de nos libertés que les conciles n'ont pas force de loi en France, au moins quant à la discipline, qu'ils n'aient été expressément adoptés par le souverain. » — V. aussi *Libertés de l'église Gallicane*, art. 41.

24. — « Les faits, ajoute M. Portalis, ont constamment appuyé ce principe. — Ainsi, on n'a jamais reçu en France le second concile de Nicée dans ce qui est relatif aux images. — Le huitième concile, tenu à Constantinople, fit quelques canons qui ne furent pas reçus parmi nous, parce que les droits des souverains y étaient blessés. — Une déclaration du roi du 7 août 1441 ordonna que les décrets du concile de Bâle ne seraient réputés exécutoires que du jour de leur autorisation. — La question de savoir si le concile de Trente serait publié en France fut agitée dans les divers états généraux, tenus à Blois en 1576, 1588 et 1615. Les papes et les évêques avaient fait diverses sollicitations auprès du souverain pour l'engager à publier l'autorisation du concile. On convenait donc que le consentement du souverain était nécessaire, et qu'aucun décret du concile de Trente ne pouvait être exécuté sans son avis. — Personne n'ignore que nous n'admettons de ce concile que les canons qui ne sont pas contraires à nos lois et qui ont été expressément consacrés par les ordonnances. »

25. — *Conciles nationaux, provinciaux ou métropolitains et diocésains.* — Toutes les assemblées du clergé ne sont pas des synodes ou conciles. — « L'institution des tribunaux et la formation des corps est de droit public dans toute la société et ne saurait dépendre des circonstances et du hasard; les conciles assemblés dans l'unité et sous l'autorisation d'un supérieur sont seuls les vrais tribunaux de l'église; les simples assemblées d'évêques ou d'ecclésiastiques ne sont donc ni des conciles ni des synodes. » — Portalis, *Rapport sur les articles organiques*. — Les assemblées du clergé étaient ou quinquennales, ou décennales. Elles avaient des objets spéciaux. Quelquefois, par ordre exprès du roi, elles s'occupaient aussi de matières de foi ou de discipline. Telle fut la déclaration du clergé de 1682.

26. — L'autorité des conciles nationaux composés des évêques de toutes ou presque toutes les provinces d'un royaume ou d'un état est limitée à ce royaume ou état. Elle peut toutefois, par l'importance et la sagesse des décisions rendues, s'élever jusqu'à l'autorité des conciles œcuméniques. — V. *suprà* n° 5. — Mais cette autorité accidentellement admise en matière de foi, par la confirmation formelle d'un concile œcuménique, ou par l'approbation tacite de l'église, est décisive en matière de discipline, pour la nation dont les prélats sont convoqués, sauf toujours, dans l'intérêt général de la discipline de l'église, la révision du Saint-Père, mais plus expressément, sauf l'approbation du pouvoir temporel que la décision intéresse, et son autorisation comme magistrat politique.

27. — La convocation d'un concile national ne saurait être faite que par le souverain même que l'objet du concile intéresse, ou par le métropoli-

tain ou autre grand dignitaire de l'église désigné par lui.—*Libertés de l'église gallicane*, art. 11 ; L. 18 germin. an X, art. 4. — Un concile national, tenu en 1811, a été convoqué par l'empereur.

28. — La présidence d'un tel concile n'est pas clairement déterminée d'après les anciens usages. Les archevêques d'Arles s'arrogeaient autrefois ce droit ; il leur fut contesté. Il fut même exercé par d'autres archevêques. En dernier lieu (1811), ce fut l'archevêque de Lyon qui le réclama et l'exerça comme attaché à son titre de primat des Gaules.

29. — Les décisions du concile national sont toujours soumises à la vérification, avant d'être exécutées.— *Libertés de l'église gallicane*, art. 44 et 77 ; L. 18 germin. an X, art. 3.

30. — Le concile métropolitain ou provincial est celui que forment les évêques d'une province ecclésiastique, sur la convocation et sous la présidence du métropolitain, leur chef. Il est le premier des tribunaux solennels que l'on nomme proprement *conciles* ; il reçoit des appels et il y est sujet. Il tient un rang mitoyen dans la hiérarchie. La juridiction, comme l'objet de ces conciles, est plus restreinte sans doute que celle des conciles nationaux ; toutefois, ils peuvent statuer, comme ceux-ci, sur les matières de foi et de discipline ; mais leurs décrets en matière de foi, respectables sans doute par eux-mêmes, ont encore moins de force que ceux des conciles nationaux.

31. — Leur autorité est plus grave en matière de discipline. C'est même principalement pour la conservation des mœurs, la pureté des doctrines, le maintien de la discipline qu'ils sont institués ; et leurs décisions à cet égard, bien que limitées à la province ecclésiastique à laquelle appartiennent les évêques convoqués et toujours soumises à l'approbation du souverain temporel dont dépend la province, entraînent avec elles, comme décisions définitives, obligation de s'y conformer.

32. — C'est ce but particulier des conciles métropolitains ou provinciaux, le maintien de la discipline, qui a fait prescrire, en divers temps, par les canons, et notamment par l'édit de Melun (art. 1er), la fréquente tenue de ces conciles. Cet édit détermine qu'ils seront tenus tous les trois ans. C'est pour l'exécution pleine et entière de cet article que le cardinal de Sourdis en 1625, le coadjuteur de Rheims, Le Tellier, en 1670, Henri de Némond en 1700, firent entendre leur voix dans les assemblées du clergé : « Il n'y avait pas de plus puissant moyen de conserver la discipline ecclésiastique et de la maintenir dans sa perfection, que l'indiction des conciles provinciaux, » disait le premier, « ils offrent comme l'abrégé des moyens dont on peut se servir pour faire revivre la pureté de la discipline, » disait le second.

33. — Enfin, le concile diocésain, qui forme le premier degré, s'appelle plus spécialement *Synode*, du nom commun à tous les conciles. Il est composé de l'assemblée de tout le clergé d'un diocèse, sous l'autorité de l'évêque. Ce synode ne change point de nature, quand d'autres évêques voisins y assistent ; son autorité ne s'étend point hors du diocèse, ni au delà de la sphère des affaires que l'on a coutume d'y traiter. — Portalis, *Rapport sur les articles organiques.*—Quant à son objet, il est, dans des limites plus restreintes encore, le même que celui du concile provincial ou métropolitain.

34. — L'art. 4, L. 18 germin. an X (articles organiques) porte en termes formels « qu'aucun concile national ou métropolitain, aucun synode diocésain, aucune assemblée délibérante n'aura lieu sans la permission du gouvernement. »

35. — Dans une lettre du 13 mars 1844, adressée au ministre des cultes, monseigneur l'archevêque de Paris combattait cette disposition dans des termes qui méritent d'être reproduits : « L'art. 4 des *Articles organiques*, disait-il, devrait être modifié afin d'être moins contraire aux traditions de l'église, à ses intérêts, et, dans certaines circonstances, à ses nécessités les plus impérieuses. Nous nous abstiendrions de toute observation si le gouvernement ne se réservait que le droit d'autoriser les réunions ecclésiastiques dans lesquelles seraient débattues des questions d'un intérêt temporel ou même d'un intérêt mixte ; nous pourrions y voir l'exercice inutile d'un droit ; qui de nous pense, ou effet, à des empiètemens dans l'ordre civil ou politique ? Quoi qu'il en soit, le droit lui-même ne trouverait pas de contradicteur. L'article de la loi du 18 germin. an X va plus loin : il établit une dangereuse prohibition : il interdit d'une manière absolue toute espèce de synode ou de concile, alors même qu'ils s'occuperaient de questions qui intéressent la foi, les sacremens, les règles de la discipline. Or, cet article n'est-il pas évident, sa réforme paraît nécessaire, lorsqu'il sera possible de l'obtenir. Cet article est contraire à l'intention du législateur, qui n'a pas eu pour but de restreindre la liberté

sur les objets que je viens d'indiquer ; il est contraire à la liberté de l'église, à ses lois, à son esprit surtout. L'esprit de l'église est un esprit de concert, nulle part la volonté absolue et arbitraire n'est plus sévèrement interdite, alors même qu'elle émane d'un pouvoir supérieur et sans contrôle. Cet article n'est pas en harmonie avec la situation présente du clergé ; si, ce qu'à Dieu ne plaise, le clergé abusait de réunions ecclésiastiques, il trouverait à ces abus mille barrières légales. Ce même article ne concorde pas avec les dispositions de notre droit public qui concernent les autres corps légalement reconnus ; ils ont, en effet, des réunions périodiques ou non périodiques pour lesquelles ils n'ont pas besoin d'autorisation spéciale. Cette disposition est peu conforme aux attributions que la loi du 18 germin. an X reconnaît elle-même aux métropolitains. Enfin, elle est, je n'en doute pas, contre l'intérêt du gouvernement. Les évêques, se concertant dans une réunion, donneraient à leur langage un caractère de plus grande modération encore que lorsqu'ils sont contraints à se concerter par correspondance ou à agir sans concert. »—V. aussi l'abbé André, *Cours de droit canon*, vᵒ *Concile*, p. 577.

36. — L'infraction aux art. 3 et 4 précités, relatifs à la publication et à la tenue des conciles, donnerait incontestablement lieu à appel comme d'abus. — V. APPEL COMME D'ABUS. — Mais tomberait-elle, en outre, suivant les circonstances, sous l'application de l'art. 207, C. pén. ? — V. à cet égard CULTE.

37. — On peut, pour des détails plus étendus que ne comporte le cadre de ce répertoire, et notamment pour l'indication des différens conciles tant généraux que particuliers, ou provinciaux, tenus à diverses époques, consulter l'article *Concile* du *Cours de droit canon*, de M. l'abbé André.

V. aussi APPEL COMME D'ABUS, BREF, BULLE, CULTE.

CONCILIATION.

Table alphabétique.

CONCILIATION. — 1.—On nomme *Conciliation* ou *Préliminaires de conciliation* une tentative d'arrangement que les parties sont obligées de faire, devant un juge de paix, avant de former la demande principale.

—

Sect. 1re. — *Historique.*

2. — On trouve dans le droit romain le germe de l'institution du préliminaire de conciliation.

3. — Aux termes de la loi des Douze-Tables, les magistrats étaient tenus, en effet, de consacrer l'accord que les plaideurs avaient fait en se rendant au tribunal *endo vià rem uti paicunt*, orato, c'est-à-dire *si dùm in jus veniunt, de re transactum fuerit inter vocantem et vocatum, ita jus esto.* Cette disposition elle-même avait été empruntée à la loi athénienne. — Avant de se présenter devant le préteur, on tâchait presque toujours d'arriver à un accommodement : *Duæ experiundi viæ, una summi juris, altera inter parietes. Et ità potuit actor dare humanitati, nec minus licuit ei aliter agere summo jure.* — Noodt, *Tract. de pactis et transact.*, cap. 1, p. 399 et 400.

4. — Dans les premiers âges de l'église, les évêques étaient chargés aussi de concilier les différends qui s'élevaient parmi les prêtres : « Ce qui doit consoler les évêques de voir leur juridiction réduite à des bornes étroites, disait l'abbé Fleury, c'est que dans son origine, et suivant l'esprit de l'église, elle ne consistait pas à faire plaider devant eux, mais à empêcher de plaider. » — *Hist. ecclés.*, t. 2, ch. 5, p. 52.

5. — Dans les temps modernes, la Hollande a, la première, créé des bureaux de conciliation.

6. — Cette institution n'a été réalisée en France que par la loi des 16-24 août 1790. — Les rédacteurs de cette loi en avaient exagéré le principe. Ils n'admettaient pas d'exception à la nécessité d'une tentative de conciliation, et ils exigeaient que l'épreuve fût renouvelée en appel, bien qu'elle n'eût amené aucun résultat en première instance.

7. — Les auteurs du Code de procédure ont remédié aux inconvéniens qui résultaient de ces dispositions, en exceptant du préliminaire de conciliation les affaires qui, par leur nature, le nombre ou la qualité des parties, présentent peu de chances d'arrangement, ou dans lesquelles le moindre retard serait préjudiciable au demandeur. — Locré, t. 1er, p. 106 et 113. — V. *infrà*, nos 82 et suiv.

8. — Du reste, l'institution même du préliminaire de conciliation n'a pas été conservée sans de nombreuses oppositions ; la suppression en était demandée par la plupart des cours ; le tribunat et le conseil d'état ne la considéraient que comme *une vaine formalité;* mais elle a été maintenue dans l'intérêt de la paix et de l'union entre les citoyens.

9. — L'expérience a démontré que, dans les villes, l'essai de conciliation ne produit pas tous les bons effets qu'on en espérait ; la plupart du temps il n'est qu'une gêne, une entrave à la prompte expédition des affaires. Mais on ne saurait en contester l'utilité dans les campagnes, où il amène les plus heureux résultats. — D'après la statistique, les affaires conciliées sont, en effet, aux affaires non conciliées dans la proportion de 65 sur 100.

10. — « Le nombre des conciliations, disait le garde des sceaux en 1838, pourrait devenir plus considérable si tous les juges de paix étaient également pénétrés de l'importance de leur mandat principal, de celui auquel ils doivent leur heureuse dénomination. L'essai de la conciliation n'est pas une vaine formalité de procédure, il faut que le magistrat le tente sérieusement, patiemment, qu'il l'encourage, qu'il le facilite, qu'il le protége de toute son influence. Il convient encore que, sous prétexte d'urgence et de célérité, on ne cherche pas à augmenter le nombre déjà trop considérable peut-être des causes que la loi dispense du préliminaire de la conciliation. »

11. — Le nouveau Code de procédure de Genève admet le préliminaire de conciliation ; seulement il le déclare facultatif, si ce n'est pour les demandes entre époux ou entre ascendans et descendans, lesquelles ne peuvent être formées sans une autorisation que le tribunal n'accorde qu'après avoir cherché à concilier les parties.

12. — Dans le royaume des Pays-Bas, c'est aux juges saisis de l'action, par l'exploit introductif d'instance, qu'il appartient d'essayer la conciliation. — « Le tribunal, porte l'art. 19 du Code, pourra, dans tous les cas et en tout état de cause, ordonner aux parties de comparaître en personne devant lui, ou devant un ou plusieurs juges commis, à l'effet de se concilier. »

13. — M. Boncenne (t. 2, p. 38) blâme avec raison, selon nous, cette médiation pendant l'instance, qui est au contraire approuvée par M. Carré-Chauveau (t. 1er, p. 208) : « Nos bureaux de paix, dit M. Boncenne, sont occupés par des magistrats étrangers au jugement. De là plus de liberté laissée aux parties et plus d'espoir d'impartialité dans le juge. »

Sect. 2e. — *Caractère du préliminaire de conciliation.*

14. — La conciliation est un acte de juridiction *gracieuse*; le juge de paix remplit alors le ministère de conciliateur et non celui de juge. — Curasson, t. 1er, p. 12.

15. — Ce n'est plus un magistrat qui va prononcer et condamner, c'est un homme de bon conseil qui remontre aux gens prêts à se lancer dans l'arène judiciaire tous les dangers, toutes les angoisses et toutes les pertes auxquelles ils s'exposent, qui les éclaire sur les chances de leur opiniâtreté ; qui essaie d'émouvoir la pitié d'un créancier trop rigoureux, de réveiller la bonne foi d'un débiteur trop cauteleux, et de les faire transiger. — Boncenne, *Introd.*, chap. 12, p. 289.

16. — L'essai de conciliation n'est point un acte *introductif* d'instance, mais un préliminaire indispensable pour qu'une instance soit introduite, à moins toutefois qu'on ne se trouve dans un cas formellement excepté par la loi. — Carré-Chauveau, t. 1er, p. 207.

17. — L'instance ne commence qu'à partir de l'assignation devant le tribunal, la citation en conciliation n'en fait pas partie. — Berriat, p. 186, no 2 ; Merlin, *Quest. de droit*, vo *Domicile*, § 4. et vo *Pignoratif*; Boncenne, t. 2, p. 36 ; Carré-Chauveau, *L. de la procéd.*, t. 1er, *Quest.* 219 ; Boitard, t. 1er, p. 80.

18. — Il résulte de ce principe : 1o que la citation en conciliation ne rend pas litigieux le droit ou la créance que le demandeur annonce avoir l'intention de réclamer. — *Metz*, 6 mai 1817, Baum c. Périn et Valzer ; *Paris*, 26 nov. 1835, Paris et Févre c. Manigot ; — Souquet, tableau 518, col. 3e, no 4 ; Duranton, t. 16, no 534 ; Troplong, *Vente*, no 990 ; Duvergier, *Vente*, t. 2, no 361 ; Bioche, *Dict. procéd.*, vo *Conciliation*, no 9. — V. *contrà Turin*, 9 mars 1811, habitans de Gambasca c. Donadio.

19. — ...2o Qu'elle ne tombe pas en péremption. — *Agen*, 7 mars 1808, Baudian c. Faudoas ; *Grenoble*, 16 mars 1823, Luttier c. Pouzet et Girard ; — Boitard, t. 1er, p. 168 ; Pigeau, *Proc.*, t. 1er, p. 47 et 475 ; *Comm.*, t. 1er, p. 477, alin. 5 ; Carré-Chauveau, t. 3, quest. 1449 ; Thomine-Desmazures, t. 1er, p. 144 ; Demiau-Crouzilhac, p. 53 ; Souquet, vo *Conciliation*, tableau 63, col. 5e. — V. *contrà* Favard, vo *Conciliation*, p. 632, no 3 ; Boncenne, t. 2, p. 63 ; Lepage, *Quest.*, p. 99 ; Locré, t. 2, p. 136 et 137 ; — Discuss. au cons. d'état, 5 flor. an XIII. — V. PÉREMPTION.

20. — Elle conserve son effet durant trente ans, lors même que l'instance qui l'a suivie se trouve périmée. — Bioche, vo *Conciliation*, no 11.

21. — ... 3o Que le juge conciliateur commet un excès de pouvoir, s'il rend un jugement sur l'objet du litige. — *Cass.*, 21 messid. an V, Michel c. Dumesnil ; — Carré-Chauveau, *Lois de la procéd.*, t. 1er, p. 208.

22. — ... 4o Que la loi du 11 avr. 1838, qui a élevé le chiffre de la compétence des tribunaux de première instance, a été applicable aux instances introduites depuis sa promulgation, quoique la citation en conciliation eût été donnée antérieurement. — *Limoges*, 18 avr. 1839 (t. 1er 1846), Polony c. Cauten.

23. — Dans les causes expressément dispensées de la tentative de conciliation, les parties peuvent néanmoins, si elles le désirent, recourir à ce préliminaire. — *Montpellier*, 5 août 1807, Joly c. Delmas. — Carré-Chauveau, t. 1er, p. 207 ; Boncenne, t. 2, p. 23 ; Berriat, t. 1er, p. 188, no 13.

24. — Si dans une affaire affranchie du préliminaire, les parties comparaissent sur citation pour se concilier, le juge de paix ne saurait d'office se déclarer incompétent. — Chauveau sur Carré, *Quest.* 218 *quater*. — Les frais de citation peuvent seulement être laissés à la charge du demandeur, comme frustratoires. — V. conf. Chauveau, *Comment. du tarif*, t. 1er, p. 41, no 4, et t. 2, p. 112, no 12.

25. — Quant aux demandes soumises à l'épreuve de la conciliation, l'art. 48, C. procéd., porte qu'*elles ne seront pas reçues* dans les tribunaux de première instance si la tentative n'a pas eu lieu.

26. — L'omission du préliminaire de conciliation emporte donc sans aucun doute la nullité de l'assignation. Mais quelle est la nature de cette nullité ? quand et par qui est-elle proposable ? — Une vive controverse s'est élevée sur ce point.

27. — D'un côté l'on prétend que les termes de la loi sont absolus, que l'ordre public est d'ailleurs intéressé à ce que les procès soient rendus plus rares ; qu'il ne saurait dépendre des parties de se soustraire à un devoir qui leur est imposé, et que, dès-lors, le défaut d'essai de conciliation est opposable, même d'office, en tout état de cause. — Pigeau, t. 1er, p. 77, note 1re ; Boncenne, t. 2, p. 53 ; Boitard, t. 1er, p. 170 ; Chauveau sur Carré, *quest.* 243 ; Poncet, *Tr. des actions* ; *Praticien français*, t. 1er, p. 312 ; Berriat, t. 1er, p. 191, note 27e.

28. — Il a été jugé, en conséquence : 1o que la nullité est valablement proposée pour la première fois en appel. — *Grenoble*, 8 janv. 1818, Choisy ; *Toulouse*, 8 juill. 1820, Corrière c. Demont ; *Bourges*, 7 juill. 1821, Porsa c. Mouchard et Taboué.

29. — ... Ou même en cassation. — *Cass.*, 27 vent. an VIII, Pouesadon-Latour c. Sudrie ; 13 thermid. an VIII, Charrot c. Bonnot.

30. — ... 2o Qu'elle n'est pas couverte par la signification de conclusions au fond. — *Dijon*, 2 déc. 1836, Burnot c. Beurier ; *Nîmes*, 10 fév. 1841 (t. 1er 1841, p. 241), Aymard c. Vernet.

31. — ... 3o Qu'elle peut être prononcée d'office par le juge. — *Cass.*, 30 mai 1842 (t. 2 1842, p. 619), Thomas Varennes c. Stone.

32. — En faveur de l'opinion contraire, on répond que le préliminaire de conciliation a été établi dans l'intérêt des plaideurs, qui peuvent, dès-lors, y renoncer ; qu'une nullité prononcée, soit en appel, soit en cassation, aurait pour résultat d'éterniser la contestation au lieu de la prévenir, et qu'on irait ainsi précisément contre le but que s'est proposé le législateur. — Merlin, *Quest. de droit*, vo *Bureau de paix*, § 1er ; Thomine, t. 1er, p. 127 ; Souquet, vo *Conciliation*, tableau 518, col. 5e, no 4 ; Favard, t. 1er, p. 625, no 5 ; Berriat, t. 1er, p. 191.

33. — La jurisprudence la plus récente et la plus nombreuse paraît avoir adopté ce système.

34. — Il a, en effet, été décidé : 1o que le défaut de tentative de conciliation est couvert soit par une demande en communication de pièces. — *Rennes*, 28 août 1813, N... ; *Cass.*, 30 janv. 1810, Buves c. Schneider ; *Rennes*, 23 sept. 1815, N... ; *Besançon*, 1er déc. 1818, N...

35. — ... Soit par toute autre exception que celle d'incompétence. — *Colmar*, 30 nov. 1839 (t. 1er 1840, p. 326), Quiquerez c. Bourquardez.

36. — ... Ou, à plus forte raison, par une défense au fond. — *Colmar*, 20 janv. 1831, Jean Riehler c. Barbe Wolbrett ; *Nîmes*, 28 août 1821, Sabatou ; *Cass.*, 19 janv. 1825, Puya c. Tabouet ; *Bourges*, 1er juill. 1816, Delafont c. Lagrave ; *Grenoble*, 4 déc. 1830, Bernard c. Blanc ; *Bourges*, 20 déc. 1831, Chanson c. Scilliers.

37. — ... 2o Que la nullité ne peut être invoquée pour la première fois en appel. — *Pau*, 22 déc. 1832, Peyre c. Caisse hypothécaire ; *Bordeaux*, 5 juill. 1839 (t. 2 1839, p. 609), Caulay ; *Cass.*, 16 fév. 1826, Lugo c. Salaignac ; 15 fév. 1842 (t. 2 1842, p. 183), Ferraud c. Giraud ; *Rennes*, 8 janv. 1812, Cadoudal c. Loyer ; *Bruxelles*, 3 juill. 1812, Desmet c. Deblieck ; *Rennes*, 11 déc. 1815, Pauvert ; *Orléans*, 27 nov. 1816, N... ; 8 prair. an XIII, Tremeau c. Oudin ; *Nîmes*, 26 flor. an XIII, de Saillau c. Vareilly ; *Orléans*, 19 juin 1829, Guyard c. Frappier.

38. — ... Ou devant la cour de Cassation. — *Cass.*, 29 janv. 1838 (t. 1er 1838, p. 502), vicomte d'Arcourt c. Mercier ; 22 thermid. an XI, Barbé et Leciaque c. Boirie ; 11 fruct. an XI, Collot c. Metge ; 19 fév. 1840 (t. 1er 1840, p. 641), Ferrier c. Chabert.

39. — ... 3o Qu'elle ne saurait être prononcée d'office. — *Agen*, 19 fév. 1824, Serret.

40. — ... 4o Qu'elle n'est pas opposable par une partie autre que celle envers laquelle la formalité devait être remplie, alors même que les défendeurs seraient deux cohéritiers, et qu'il s'agirait de statuer sur une demande en partage. — *Cass.*, 22 juin 1835, Lacassin c. Pelleport. — Elle a cependant été déclarée admissible de la part du garant appelé en cause. — *Douai*, 2 juill. 1840 (t. 2 1840, p. 546), Molin et Lenglin c. Pamart et Leroy.

41. — Un arrêt de la chambre des requêtes de la cour de Cassation, en date du 30 mai 1842 (t. 2 1842, p. 619, Thomas Varennes c. Stone), tout en confirmant la doctrine que nous venons d'exposer et en décidant que l'on ne saurait se prévaloir, pour la première fois, en cassation, de l'omission

du préliminaire de conciliation, déclare dans ses motifs que cette institution est d'ordre public, et que les juges pourraient, même d'office, *in limine litis*, prononcer la nullité d'une assignation donnée sans citation préalable en conciliation.

42. — Cette décision peut paraître, au premier coup d'œil, en opposition avec le principe général d'après lequel les exceptions qui touchent à l'ordre public sont recevables en tout état de cause. — Mais elle se justifie par les termes de l'art. 48, C. procéd. : *Aucune demande ne sera reçue*. Ces termes impliquent, en effet, le droit et le devoir pour le juge, de repousser d'*office* une demande qui n'a pas subi le préliminaire de conciliation, parce qu'il importe à l'intérêt général que le nombre des procès diminue.

43. — Néanmoins, l'intérêt public n'est pas tellement compromis par l'inaccomplissement des dispositions qui prescrivent ce préliminaire, que l'intérêt privé ne puisse l'emporter. Or, comme le dit fort bien la cour, ce serait un abus sans effet salutaire d'admettre l'exception *après la défense au fond*, après des procédures longues et dispendieuses, lorsque les parties ont prouvé leur éloignement pour la conciliation. Ce serait l'application la plus funeste d'un principe salutaire, que de renvoyer les plaideurs en conciliation lorsqu'il a été déjà prononcé sur le litige, soit en première instance, soit en appel.

44. — Si le président du tribunal de première instance devant lequel une demande est portée a permis d'assigner à bref délai, sans préliminaire de conciliation, la plupart des auteurs s'accordent pour décider que son ordonnance est souveraine et que le défendeur ne peut demander son renvoi préalable en conciliation. — V. ABRÉVIATION DE DÉLAI, nos 20 et 21. — La cour de Cassation s'est cependant prononcée en sens opposé, le 29 mai 1840 (t. 2 1840, p. 581), d'Harcourt c. Derosac.

45. — C'est à celui qui allègue le défaut de préliminaire de conciliation à établir et à prouver son allégation. — *Cass.*, 12 germin. an X, Paul c. Masmejan.

Sect. 3e. — *Demande soumises au préliminaire de conciliation.*

46. — Pour qu'il y ait lieu au préliminaire de conciliation, sept conditions sont nécessaires. Il faut que la demande soit : 1o principale ; 2o introductive d'instance ; 3o formée entre parties capables de transiger ; 4o contre une ou deux personnes seulement ; 5o de nature à être l'objet d'une transaction ; 6o de la compétence du tribunal de première instance ; 7o non urgente. — C. procéd., art. 48, 49. — Si une seule de ces conditions manque, la tentative de conciliation n'est pas indispensable.

47. — Lorsqu'il y a doute sur le fait de savoir si l'on se trouve dans un des cas prévus par la loi, il faut se prononcer pour la conciliation. Le préliminaire est, en effet, la règle générale, et la dispense l'exception. — Bioche, vo *Conciliation*, no 14 ; Berriat, p. 186, no 5. — V. *contrà* Thomine-Desmasures, t. 1, p. 130.

48. — *Demandes principales et introductives d'instance.* — On appelle *demandes principales* celles par lesquelles on commence une contestation et qui constituent le *fond* du procès, par opposition aux *demandes incidentes* qui surviennent dans le cours de l'instance.

49. — On pourrait donc, au premier abord, confondre les demandes *principales* avec les demandes *introductives d'instance*, mais un examen attentif démontre qu'elles diffèrent en un point important. Si, en effet, toute demande introductive d'instance est nécessairement principale, certaines demandes principales peuvent n'être pas introductives d'instance. — Bioche, no 15.

50. — Ainsi, par exemple, la garantie, qui est demande principale à l'égard du garant ; l'intervention, qui l'est quant à l'intervenant, ne sont pas introductives d'instance.

51. — La demande ne revêt le double caractère de demande principale et de demande introductive d'instance qu'autant qu'elle est formée pour la première fois contre une partie, et qu'elle ne se rattache, ni quant à son objet, ni quant à ses motifs, à une autre demande déjà formée, soit contre cette partie, soit contre une autre. — Carré-Chauveau, *quest.* 206 ; Favard, t. 1er, p. 622 ; Boncenne, t. 2, p. 2 ; Boitard, t. 1er, p. 98.

52. — Doivent en conséquence être soumises au préliminaire de conciliation : 1o les demandes reconventionnelles qui ne sont pas une défense ou une exception à la demande principale. — *Orléans*, 29 déc. 1819, Pichery c. Hariot ; *Agen*, 31 mars 1824, Ballias c. Maroucet. — Carré-Chauveau, *quest.* 206 ; Boncenne, t. 2, p. 5.

53. — Telle est, par exemple, la demande en rescision d'un acte introduite incidemment à une demande principale aux fins d'exécution du même acte. — *Paris*, 4 frim. an XII, Frappier c. Adam.

54. — ... Ou bien la demande afin d'être autorisé à passer sur un terrain formée incidemment à une autre en paiement de billet. — Boncenne, t. 2, p. 5 ; Carré, *Quest.* 206.

55. — De même encore des individus assignés en paiement d'une pension alimentaire ne peuvent, sans tenter le préliminaire, conclure à ce qu'une autre partie leur paie une indemnité, parce que le demandeur de la pension a été à leur charge depuis plusieurs années. — *Besançon*, 8 janv. 1818, Chappuis c. Bazin ; — Souquet, tableau 518, 5e col., no 12 ; Chauveau sur Carré, *quest.* 206.

56. — 2o Les demandes introduites pour faire suite à une instance terminée. Ainsi, lorsqu'un tribunal civil annule pour incompétence un jugement de justice de paix, il ne peut ordonner que les parties procéderont devant lui sur les erremens antérieurs à ce jugement, et sans essai préalable de conciliation. — Pigeau, *Comm.*, t. 1er, p. 140 ; Carré-Chauveau, *quest.* 206 — *Contrà* Thomine-Desmazures, t. 1er, p. 134. — De même, doit être portée en conciliation l'action au pétitoire intentée après la déclaration du juge de paix qui, sur une action possessoire, renvoie les parties à se pourvoir devant les juges compétens, ou se borne à une déclaration d'incompétence. — *Bruxelles*, 27 flor. an IX, Bruges c. Dugenan ; *Dijon*, 2 déc. 1826, Burnot c. Beurrier. — Carré-Chauveau, *quest.* 206.

57. — Enfin, quand, devant le tribunal de police, le défendeur obtient son renvoi à fins civiles pour prouver la propriété, il doit, s'il prend l'initiative, assigner en conciliation celui qui l'avait poursuivi. — *Cass.*, 23 mars 1820, Richard c. Moïse.

58. — ... 3o Les demandes nouvelles qui sont complétement distinctes de la demande originaire, avec laquelle elles ne sauraient se cumuler. — Carré-Chauveau, *quest.* 206 ; Boitard, t. 1er, p. 105.

59. — En conséquence, après avoir demandé contre un acquéreur la nullité de sa libération, le demandeur ne peut pas conclure à l'annulation pure et simple du contrat de vente. — *Riom*, 27 mai 1817, Vayssier c. Jalanque.

60. — Celui qui a intenté une demande en partage d'une communauté d'acquêts ne peut y substituer une demande en partage d'une communauté légale. — *Bordeaux*, 3 mars 1827, Cubilier c. Dupoux.

61. — Une demande en résiliation de bail ne peut être considérée comme l'accessoire d'une demande en paiement de fermages. — Merlin, quest. vo *Bureau de paix*, § 4 ; Lepage, *Quest.*, p. 95 ; Favard, vo *Conciliation*, § 5 ; Pigeau, t. 1er, p. 34 ; Boncenne, t. 2, p. 34. — *Contrà Rennes*, 23 fév. 1819, Hourmant c. Guensu.

62. — Il a pourtant été décidé qu'une demande en cessation de bail pouvait être formée sans préliminaire de conciliation dans le cours d'une instance en supplément de prix de bail. — *Bruxelles*, 10 mars 1830, Renier.

63. — On n'est pas dispensé du préliminaire de la conciliation, lorsque, après l'avoir tenté sur la demande en rescision d'un acte de vente pour cause de lésion, on conclut ensuite à la nullité de ce même acte, comme étant un contrat pignoratif. — *Cass.*, 22 fév. 1809, Guérin c. Saint-Julien.

64. — La tentative sur une demande à fin de paiement d'une somme ne dispense pas de cette même formalité sur une demande à fin de déclaration d'hypothèque. — *Aix*, 27 mai 1808, Gay c. Jouffrey ; — Boncenne, t. 2, p. 4 ; Boitard, t. 1er, p. 105. — *Contrà*, *Aix*, 16 août 1811, Verani c. Garossio ; — Carré-Chauveau, *quest.* 206 ; Pigeau, *Comm.*, t. 1er, p. 138.

65. — Une demande en recours distincte et indépendante de la demande originaire ne peut être portée devant les tribunaux, sans que les parties aient auparavant tenté la conciliation. — *Bourges*, 5 thermid. an VIII, Gaust c. Porcher ; — Favard, t. 1er, p. 624 ; Boncenne, t. 2, p. 9 ; Lepage, *Quest.*, q. 96. — *Contrà* Pigeau, *Proc.*, t. 1er, p. 36 ; *Comm.*, p. 142 et 143 ; Chauveau sur Carré, no 509 *quinq.*

66. — ... 4o Les demandes qui sont la conséquence d'actions intentées précédemment, mais qui sont formées séparément.

67. — Ainsi, une demande en exécution d'un testament, bien qu'elle se trouve être la conséquence d'une demande en déclaration d'absence, n'en est pas moins une action principale qui, de sa nature, doit être précédée du préliminaire de conciliation. — *Orléans*, 21 mars 1822, N... ; — Pigeau, *Comm.*, t. 1er, p. 141, note 2e ; Chauveau sur Carré, *quest.* 206.

68. — La demande formée à l'occasion de difficultés qui s'élèvent sur l'exécution d'une transaction qui a terminé un procès antérieur est susceptible du préliminaire de conciliation. — Il en est de même de la demande qui ne se trouve portée devant le tribunal qu'après avoir été d'abord soumise à des arbitres, et alors que, par suite du déport de l'un de ces arbitres avant toute décision, le compromis et le tribunal arbitral ont cessé d'exister. — *Poitiers*, 12 nov. 1840 (t. 1er 1841, p. 112), de S... c. de B...

69. — ... Et de la demande en rescision d'une transaction. — *Rennes*, 2 août 1819, Leguyadier c. Quentin.

70. — ... 5o Les demandes additionnelles qui ne se lient pas nécessairement à la demande principale. — *Grenoble*, 8 frim. an XI, Tourton c. Langlais. — Mais il en est autrement si la demande additionnelle ne constitue qu'un simple accessoire de l'action principale. — Carré-Chauveau, *quest.* 206 ; Pigeau, *Comm.*, t. 1er, p. 138 ; Merlin, *Quest. de dr.*, vo *Bureau de paix* ; Boitard, t. 1er, p. 104.

71. — Par exemple, une partie ne peut, incidemment à une demande en remboursement d'une somme prêtée, conclure à un droit de passage ; mais elle est fondée à réclamer les intérêts de la somme principale.

72. — ... 6o Les demandes formées contre un nouveau défendeur, bien qu'elles tendent aux mêmes fins qu'une demande semblable antérieurement dirigée contre une autre partie.

73. — Ainsi, lorsque l'usufruitier d'arbres en litige a été inutilement cité en conciliation, le demandeur ne peut assigner le nu-propriétaire de ces arbres devant le tribunal de première instance, sans tenter à son égard le préliminaire la conciliation. — *Bourges*, 29 août 1826, Lamy c. Meitre.

74. — Si le défendeur a subi le préliminaire et qu'il vienne à décéder, les héritiers doivent, avant d'être assignés en reprise d'instance, être appelés de nouveau en conciliation.

75. — Mais l'action hypothécaire intentée contre un successible a suffisamment été soumise au préliminaire de la conciliation, lorsqu'il a été cité au bureau de paix, tant en sa qualité d'héritier du débiteur qu'en celle de *biens tenant*. — *Cass.*, 10 déc. 1806, Ranchon c. Gasset ; — Pothier, *des Hypoth.*, chap. 2, sect. 1re ; Loiseau, liv. 4, chap. 4 ; d'Héricourt, *Vente des immeubles* ; Despeisses, t. 2, *in fine*, et les observations de Poncet, *Traité des actions*, p. 180.

76. — ... 7o La demande en nullité d'une obligation formée par l'héritier après la notification à lui faite d'un titre exécutoire contre le défunt : cette notification n'est ni une poursuite ni même un commencement de poursuite. — *Bourges*, 9 mai 1821, Fauverne c. Méchin ; — Chabot, *Comment. sur les succes.*, t. 3, art. 877, n 2 ; Chauveau sur Carré, *Quest.* 206.

77. — ... 8o Les demandes afin de tierce-opposition principale. — *Paris*, 5 pluv. an XI, Salmon c. Riolot ; 21 pluv. an X, Lemuet. — V. *contrà* Pigeau, t. 1er, p. 702 ; *Praticien français*, t. 3, p. 274. — V TIERCE OPPOSITION.

78. — ... 9o La demande en partage dirigée par un créancier contre son débiteur, et contre celui avec lequel il est dans l'indivision. — *Agen*, 6 juill. 1812, Delcusson c. Bouyssi.

79. — ... 10o La demande en résiliation d'un contrat d'élection de command. — *Agen*, 10 janv. 1812, Serres c. Melasseau.

80. — ... 11o La demande en nullité ou radiation d'une inscription hypothécaire. — *Montpellier*, 3 fév. 1816, Franc c. Beson de Celles.

81. — ... 12o La demande formée par un fermier, tendant à obtenir la disposition d'arbres et l'enlèvement d'édifices qu'il prétend lui appartenir. — *Rennes*, 15 mars 1821, Saint-Aignan c. Lecorre.

82. — Ne sont pas, au contraire, considérées comme principales et introductives d'instance, et, par suite, sont affranchies du préliminaire de conciliation : 1o les demandes incidentes, c'est-à-dire celles qui surviennent pendant l'instance principale et qui s'y rattachent.

83. — Telles sont : la tierce-opposition, lorsqu'elle est formée dans le cours d'un procès. — *Paris*, 29 prair. an X, Menier c. Bourgmalon.

84. — ... La péremption. — *Poitiers*, 14 août 1806, Forget c. Bernardin. — Chauveau sur Carré, *Quest.* 206 1449.

85. — ... La demande en nullité d'un rapport de'xperts, qui se lie à une instance déjà existante. — *Florence*, 28 juin 1810, Cheni.

86. — ... La demande préjudicielle formée dans le cours d'une instance. Cette demande est en effet incidente et requiert célérité. — Carou, no 751 ; Bioche, no 25.

87. — On a jugé qu'il en était de même, avant le Code de procédure, de l'action en désaveu formée incidemment à une demande. — *Cass.*, 24 thermid.

an VIII, Rilzenhaller c. Hingran et Hirtz Moïse — Cette question ne peut se représenter depuis le Code, l'art. 49 dispensant de la tentative de conciliation toutes les demandes en désaveu, sans distinguer si elles sont incidentes ou principales.

88. —... 2° Les demandes reconventionnelles, qui constituent une véritable défense à la demande principale. — *Trèves*, 20 janv. 1813, N...; *Cass.*, 17 août 1814, Dupuy-Daubignac c. Aldebert; *Grenoble*, 17 janv. 1821, Bonnet c. Dorey; *Orléans*, 21 août 1840 (t. 2 1840, p. 543), Tweschwilt c. Bouched-Chevallier. — La raison et l'intérêt des parties s'opposent à ce que l'on statue séparément sur deux demandes dont l'une est destinée à repousser ou à atténuer l'autre. S'il en était autrement, le défendeur pourrait être condamné, par la décision rendue sur la demande principale, à payer des sommes qu'il serait ensuite autorisé à retenir en tout ou en partie, par suite de l'admission de sa demande reconventionnelle, ce qui est contraire à l'équité et à la bonne justice.

89. — Il en est ainsi de la demande afin de compensation. — *Grenoble*, 17 janv. 1821, Bonney c. Dony; — Boitard, t. 1er, p. 106, 107; Boncenne, t. 2, p. 6; Favard, t. 1er, p. 622; Carré-Chauveau, t. 1er, *Quest.* 206.

90. — ... Et de celle en dommages-intérêts formée par suite d'une demande en nullité de mariage. — *Cass.*, 17 août 1814, Dupuy c. Aldebert.

91. — A plus forte raison ne peut-on pas opposer le défaut de conciliation au défendeur qui, lors de sa comparution au bureau de paix, s'est expressément réservé la faculté de former une demande reconventionnelle de conciliation. — *Limoges*, 15 mai 1814, Gautier c. Bertrand.

92. — Peut être considérée comme une défense à une action en revendication de la propriété d'une cour, la demande par laquelle le défendeur soutient qu'il a un droit de copropriété ou subsidiairement un droit d'usage sur cette cour. — *Cass.*, 16 nov. 1829, Ponroy c. Boisredon.

93. — ... 3° La demande portée, après cassation, devant le tribunal de renvoi. — *Cass.*, 26 pluv. an XI, Marquis c. de Schawenbourg; — Merlin, *Quest. de dr.*, vis *Bureau de paix* et *Rente foncière*; Berriat, p. 188, note 16e; Carré-Chauveau, *Quest.* 206.

94. — ... 4° Les demandes qui ne sont que la continuation ou la reprise d'une instance interrompue.

95. — Ainsi, lorsqu'il y a eu citation en conciliation, et que, devant le juge de paix, les parties sont convenues d'arbitres pour terminer leurs différends, si ces arbitres ne rendent pas de décision, le demandeur peut assigner directement, sans être tenu de tenter de nouveau la conciliation. — *Grenoble*, 22 juill. 1818, Ollivier c. Bastiau.

96. — Lorsque des arbitres nommés sur appel ont décidé qu'il était dû à l'une des parties une indemnité sans la fixer, l'action qu'intente ultérieurement cette partie pour en obtenir la fixation devant le tribunal originairement saisi du procès, n'est pas soumise au préliminaire de conciliation. — *Cass.*, 3 mars 1830, Pilté-Granet c. Renaud.

97. — ... 5° Les demandes relatives à l'exécution d'un jugement et qui constituent des poursuites ordonnées par ce jugement.

98. — ... Par exemple, celle en liquidation de droits matrimoniaux, formée par la femme, en vertu d'un jugement de séparation. — *Cass.*, 14 août 1811, Thouret.

99. — M. Carré (t. 1er, *Quest.* 113 [éd. Chauveau]) pense qu'il en est de même de la demande en exécution de conventions arrêtées au bureau de paix.

100. — ... 6° Les demandes qui se trouvent implicitement comprises dans la demande principale, ou qui en forment un accessoire. — Carré-Chauveau, *Lois de la procéd.*, t. 1er, *Quest.* 206; Favard, v° *Conciliation*, § 1er.

101. — Telle est la demande qui a une corrélation évidente avec une autre antérieurement formée. — *Aix*, 16 août 1811, Verani c. Garossio.

102. — ... Ou celle qui n'est que la suite d'une autre. — *Bourges*, 16 prair. an IX, Lemonnier, c. Lesage.

103. — De même, la partie qui a tenté le préliminaire de conciliation pour une demande en partage d'une succession peut, sans le tenter de nouveau, demander subsidiairement la rescision pour cause de lésion. — *Besançon*, 13 fév. 1817, N...

104. — L'héritier qui a d'abord assigné en réclamation de ses droits légitimaires est recevable à conclure ensuite à un supplément de légitime. — *Grenoble*, 28 août 1810, Vernay c. Meunier.

105. — Le défendeur cité en conciliation sur la demande que son voisin a l'intention de former contre lui en bornage à frais communs ne peut, s'il est ensuite assigné par ce voisin en restitution de terrains compris entre les limites non actuelles de leur propriété, mais que l'arpentage démontrera être véritables, exciper de ce que cette assignation n'a pas été précédée du préliminaire de la conciliation. — *Poitiers*, 11 fév. 1831, Lemaistre c. Chevallier.

106. — Lorsque des héritiers *ab intestat*, qui ont fait citer en conciliation le donataire universel à cause de mort, sur une demande en délaissement de tous les biens, restreignent plus tard cette demande devant le tribunal de première instance à certains biens à l'égard desquels ils prétendent qu'il y a eu révocation de la donation, on ne peut leur opposer que cette seconde demande n'a pas été précédée du préliminaire de conciliation. — *Cass.*, 4 nov. 1807, Marie Castelbon c. Castanié.

107. — Les héritiers d'un propriétaire qui ont régulièrement assigné le fermier de celui-ci en exhibition de son bail afin de savoir s'il s'y est conformé, sont recevables ensuite, sans tenter le préliminaire de conciliation, à lui demander les quittances de ses fermages. — *Cass.*, 4 mai 1807, Bougrenet de la Tocquenaye c. Réné Boisson.

108. — A plus forte raison peut-on, après un procès-verbal de non-conciliation, réduire sa demande en justice sans être tenu de faire une nouvelle citation devant le bureau de paix. — *Cass.*, 8 messid. an XI, Marotte; — *Praticien français*, t. 1er, p. 963; Berriat, t. 1er, p. 187; Lepage, *Quest.*, p. 95; Merlin, *Quest. de dr.*, v° *Bureau de paix*, § 4.

109. — La demande d'exécution provisoire est, comme accessoire de la demande principale, dispensée du préliminaire de conciliation. — *Limoges*, 11 juin 1828, Chatard c. Falaise.

110. — ... 7° Les demandes en intervention. — C. procéd., art. 49.

111. — Ainsi, n'est pas assujétie au préliminaire de la conciliation la demande d'une partie tendant à être reçue intervenante à l'effet de justifier de sa qualité d'héritier, dans une instance suivie par un tiers en paiement d'arrérages contre les possesseurs de la succession en litige. — *Cass.*, 18 déc. 1838 (t. 1er 1839, p. 121), Cadoy c. Delazay.

112. — Il en est de même de la demande en déclaration d'hypothèque formée contre un tiers détenteur, accessoirement à une instance déjà engagée sur le même objet avec le débiteur principal. Cette demande constitue, en effet, une véritable intervention. — *Cass.*, 2 mars 1830, Barbé c. Clarens.

113. — A plus forte raison, l'intervention formée en cause d'appel n'a pas besoin d'être précédée du préliminaire de conciliation. — *Bordeaux*, 14 mars 1831, Barretié c. Mazin et Gueyrieix; *Cass.*, 30 août 1825, Sinetti c. Clerembault.

114. — Avant le Code de procédure, la demande en intervention renfermant une simple adhésion à la demande principale était légalement dispensée de la tentative de conciliation. — *Cass.*, 23 pluv. an IX, Barreyron et Dreux-Nancré c. Germain; *Paris*, 16 flor. an X, Lebas c. Saulx-Tavannes; *Cass.*, 27 messid. an XII, Coste c. Frayssinet. — Aujourd'hui l'art. 49, C. procéd., fait l'objet d'une disposition formelle.

115. — ... 8° La demande en déclaration de jugemen commun. — Une pareille action n'est autre chose qu'une demande afin d'intervention forcée.

116. — Ainsi, la partie qui appelle un tiers dont la mise en cause a été ordonnée par un jugement n'est pas tenue de tenter contre lui le préliminaire de conciliation. — *Cass.*, 17 pluv. an XIII, Pompey c. Klein.

117. — ... 9° La demande en garantie. — *Agen*, 4 juill. 1807, Latasle c. Camecasse; *Liége*, 30 juin 1810, Bassompierre c. Lemarié.

118. — Sous la loi du 16-24 août 1790, les demandes en garantie incidentes à une action principale étaient également dispensées du préliminaire de la conciliation. — *Cass.*, 20 fruct. an XI, Manfron.

119. — Mais il en était autrement des demandes en garantie formées par action principale. — *Cass.*, 27 vent. an VIII, Pouyadon-Latour c. Sudric; 13 thermid. an VIII, Charrault c. Bonnot; *Bourges*, 5 thermid. an VIII, Gavre c. Porcher; *Paris*, 22 niv. an X, Jacquot c. Poncelet.

120. — M. Chauveau sur Carré (t. 1er, *Quest.* 209 et suiv.) pense que les termes absolus de l'art. 49, C. procéd., ne permettent pas d'admettre aujourd'hui cette distinction. — Cependant la discussion au conseil d'état est contraire son à opinion; et la plupart des auteurs s'accordent à enseigner que la demande en garantie devient sujette au préliminaire de conciliation si elle n'est formée qu'après le jugement; elle constitue en effet, dans ce cas, une demande principale et introductive d'instance. — Carré-Chauveau, t. 1er, *Quest.* 209 et suiv.; Favard, t. 1er, p. 24; Thomine, t. 1er, p. 132; Boncenne, t. 2, p. 9; Lepage, *Quest.*, p. 86; Boitard, t. 1er, p. 102; Bioche, n° 18.

121. — ... 10° La demande sur laquelle les parties se sont déjà expliquées devant le juge de paix.

122. — Ainsi, le tiers qui, sur une action en réintégrande, se prétendant le véritable propriétaire de l'objet litigieux, comparaît volontairement devant le juge de paix et fait dresser par ce magistrat un procès-verbal de non-conciliation entre lui et le demandeur originaire, peut être actionné par celui-ci sans nouveau préliminaire de conciliation. — *Agen*, 7 mars 1811, Lalanne c. Mouratier.

123. — ... 11° La demande en dommages-intérêts formée devant un tribunal civil, par un accusé absous, contre son dénonciateur. — *Nîmes*, 19 juin 1819, Roux c. Fabre. — Toutefois, M. Pigeau (*Procéd.*, t. 1er, p. 139) combat cette décision, par la raison qu'une pareille demande est principale et introductive d'instance.

124. — ... 12° La demande en nomination d'arbitres chargés de statuer conformément aux statuts d'une société, sur un différend intervenu entre plusieurs associés. — *Douai*, 14 nov. 1840 (t. 2 1840, p. 755), Société de la houillière du Quesnoy c. Bricout.

125. — *Demandes entre parties capables de transiger.* — La tentative de conciliation a pour but d'amener les parties à une transaction; il était donc naturel d'en dispenser les incapables, qui ne peuvent transiger que par l'intermédiaire de leurs administrateurs, et avec des formalités longues et dispendieuses.

126. — Toute demande intéressant des parties qui n'ont pas la libre disposition de leurs droits est exempte du préliminaire de conciliation, soit que l'incapacité vienne du demandeur ou du défendeur. — Carou, n° 762.

127. — Sont, en conséquence, affranchis du préliminaire: 1° l'état et le domaine, les communes, les établissemens publics, les curateurs aux successions vacantes. — C. procéd., art. 49.

128. — Mais lorsqu'un demandeur engage une contestation contre un établissement public et un autre individu, si l'autorité administrative refuse à l'établissement public l'autorisation de plaider, la tentative de la conciliation devient indispensable à l'égard de l'autre défendeur. — *Orléans*, 13 fév. 1819, Duchemin. — En ce cas, la demande en déclaration de jugement commun dirigée primitivement contre le défendeur prend le caractère d'une action principale par le retrait de l'instance de l'établissement public; les deux parties, rentrant dans le droit commun, ne peuvent se soustraire à la nécessité de la voie conciliatrice.

129. — ... 2° Le mineur non émancipé. — C. procéd., art. 49.

130. — En matière indivisible, par exemple, s'il s'agit d'une demande en délaissement d'un immeuble dépendant d'une succession commune, la dispense établie en faveur du mineur profite à son consort majeur. — *Bordeaux*, 20 août 1833, Lafaye c. Pradines; — Boncenne, t. 2, p. 16, note 2e.

131. — Mais lorsque la demande est divisible, la partie majeure qui intente, conjointement avec un mineur, une action dans laquelle elle a un intérêt distinct, n'est pas relevée, par la dispense accordée au mineur, de la nécessité d'essayer le préliminaire de conciliation. — *Cass.*, 30 mai 1814, Fargès et Pontcarré c. Lagrange; — Pigeau, t. 1er, p. 78, note; Boncenne, t. 2, p. 16, note 2e; Bioche, v° *Conciliation*, n° 32.

132. — De même, il n'y a pas lieu à dispense dans le cas où le majeur et le mineur, ayant des intérêts distincts et divisibles, sont défendeurs à l'action dirigée contre eux. — Bioche, n° 32. — *Contrà* Thomine-Desmazures, t. 1er, p. 134; Carou, n° 764.

133. — Il a été jugé que les demandes en reddition de compte de tutelle sont dispensées du préliminaire de conciliation, parce qu'il est interdit aux parties de traiter avant un compte préalablement rendu avec détail et remise de pièces justificatives, et que là où il ne peut y avoir lieu à arrangement il y a dispense du préliminaire de conciliation. — *Riom*, 25 mai 1816, Gerle.

134. — Mais la demande en reddition de compte que forme un tuteur contre un mandataire, auquel en sa qualité il avait donné pouvoir de toucher une somme appartenant au mineur, est sujette à conciliation, parce que, dans ce cas, l'action est personnelle au tuteur; c'est sa propre affaire: s'il a donné le mandat, c'est sous sa responsabilité, et ce n'en est pas moins contre lui seul que doit être plus tard intentée l'action en reddition de compte du mineur. — *Poitiers*, 13 mai 1829, Massé c. Chauvin; — Souquet, *Dict. des temps légaux*, tableau 518, 1re col., § 1er, n° 5. — V. *contrà* Chauveau sur Carré, t. 1er, *Quest.* 207.

135. — Le majeur qui actionne son tuteur en rejet d'un compte qui lui a été rendu pendant sa minorité, est également astreint à tenter la conci-

liation, car les avis du juge de paix peuvent amener les parties à présenter un compte à l'amiable avec les pièces justificatives, sauf à ne recevoir la transaction qu'après l'intervalle voulu par la loi. — Carré-Chauveau, t. 1er, *Quest.* 216.

136. — ... 3o Le mineur même émancipé. — C. proc., art. 49. — A moins, cependant, qu'il ne s'agisse de matières dont il n'a pas la libre disposition, car, dans ce cas, une transaction pouvant intervenir, il n'y a plus de raison pour le dispenser du préliminaire. — Delvincourt, t. 1er, p. 500; Favard, t. 1er, p. 623; Pigeau, t. 1er, p. 35. — *Contrà* Thomine-Desmazures, t. 1er, p. 131; Boitard, t. 1er, p. 90; Chauveau sur Carré, t. 1er, *Quest.* 217.

137. — ... 4o L'interdit (art. 49, no 1); — ... 5o l'individu pourvu d'un conseil judiciaire. — Arg. C. civ., art. 513; — Thomine, t. 1er, p. 131; Boitard, t. 1er, p. 89.

138. — ... 6o La femme mariée, autorisée à ester en jugement. L'autorisation de plaider n'emporte pas, en effet, celle de transiger. — Arg. C. civ., art. 1124; Boncenne, t. 2, p. 17; Bioche, no 37. — *Contrà* Carré, *Quest.* 207; *Encycl. du dr.*, vo *Conciliation*, no 40. Néanmoins, dans l'usage, on cite en conciliation le mari et la femme, pour que celui-ci donne son autorisation aux transactions qui pourraient être proposées.

139. — L'essai n'est pas nécessaire pour une demande formée par une femme séparée de biens, afin d'être payée des arrérages d'une rente convenancière à elle appartenant et vendue par son mari, et aussi afin d'être reconnue propriétaire, à raison de la nullité de cette vente. — *Rennes*, 20 juin 1812, N... — Carré-Chauveau, t. 1er, *Quest.* 215; Souquet, tableau 519, 3e col., no 23.

140. — Mais le préliminaire est nécessaire lorsque le débat porte sur la fortune mobilière d'une femme séparée : elle peut, en effet, aliéner sans le concours de son mari. — Pigeau, *Comm.*, t. 1er, p. 139; Boitard, t. 1er, p. 88.

141. — .. 7o Les envoyés en possession provisoire des biens d'un absent. — Boncenne, t. 2, p. 15. — Il en est de même du curateur comptable nommé à un absent par les envoyés en possession. — *Rennes*, 20 août 1813, N.; Chauveau sur Carré, t. 1er, *Quest.* 207.

142. — ... 8o Les syndics d'une faillite. — Peu importe que le contrat d'union leur confère le pouvoir de transiger. — *Paris*, 10 juin 1836, Aubry c. Corpelet.

143. — ... 9o Les héritiers bénéficiaires. — *Grenoble*, 16 mars 1823, Lattier c. Girard. — Ils ne pourraient transiger qu'en renonçant à leur qualité. — Pigeau, *Procéd. civ.*, t. 1er, p. 80; Boncenne, t. 2, p. 15; Boitard, t. 1er, p. 90.

144. — Par la même raison, le préliminaire de conciliation n'est pas nécessaire s'il s'agit d'une demande à former contre un légataire universel qui a accepté sous bénéfice d'inventaire; mais il est indispensable, si elle tend à faire annuler un testament et si elle est dirigée contre le légataire universel en cette qualité. — *Orléans*, 6 août 1812, Lefebvre c. de Thiville; — Pigeau, *Comm.*, t. 1er, p. 141.

145. — Mais celui qui agit comme héritier pur et simple n'est pas dispensé du préliminaire de conciliation par cela qu'il agit conjointement avec des héritiers bénéficiaires, si l'action est divisible. — *Toulouse*, 12 déc. 1835, Lacour c. Héritiers Mascart; — Souquet, tabl. 518, 5e col., no 8; Pigeau, t. 1er, p. 80; Boitard, t. 1er, p. 90, Boncenne, t. 2, p. 15; Favard, t. 1er, p. 625.

146. — *Demandes formées contre plus de deux défendeurs.* — Lorsqu'il y a plus de deux parties assignées, le préliminaire de conciliation cesse d'être obligatoire, parce qu'on pense que le nombre des intéressés rend un arrangement peu probable. — C. procéd., art. 48.

147. — Peu importe que les défendeurs aient le même intérêt. — Thomine-Desmazures, t. 1er, p. 133; Bioche, vo *Conciliation*, no 46. — ... Par exemple, qu'ils soient actionnés en qualité d'héritiers ou de débiteurs solidaires. — Boitard, t. 1er, p. 92 et 93; Thomine, t. 1er, p. 133; Pigeau, t. 1er, p. 80; Carré, *Quest.* 213; Boncenne, t. 2, p. 212. — *Contrà* Delaporte, t. 1er, p. 48.

148. — Plusieurs associés ou plusieurs créanciers unis ne peuvent être considérés comme une personne morale ne formant qu'un seul défendeur. « Si les sociétés, dit Boncenne (t. 2, p. 12), sont des êtres moraux quant au domicile, cette fiction ne va point jusqu'à concentrer dans une expression unique la pluralité des intérêts et la diversité des avis. » — Cette opinion est aussi celle de Carré-Chauveau, t. 1er, *Quest.* 213; Boitard, t. 1er, p. 94; Thomine, t. 1er, p. 133; Pigeau, t. 1er, p. 80, note 2e. — Il ne s'agit du reste ici que des sociétés civiles.

149. — Toutefois ces principes ne seraient pas applicables à une société commerciale.

150. — Le mari et la femme mariés sous le régime de la communauté ne doivent être considérés que comme une seule personne. « Ils n'ont alors, dit Toullier, t. 6, p. 748, qu'un seul et même intérêt; ils sont censés ne stipuler et ne promettre que pour la personne morale de la communauté. » — Boncenne (t. 2, p. 10) partage cette opinion et pense que la demande formée contre un mari et une femme conjointement obligés n'est dirigée que contre une seule personne, s'ils sont en communauté. — Il en est autrement en cas de séparation contractuelle ou judiciaire. Alors chaque époux a des intérêts distincts, une administration à part : la division des droits et des obligations se fait entre eux comme entre des étrangers qui ont contracté conjointement.

151. — Les maris ne doivent pas être comptés comme défendeurs s'ils sont assignés uniquement pour autoriser leurs femmes. — *Bourges*, 9 juill. 1821, Poya c. Blanchard et Taboué.

152. — Il suffit, pour dispenser du préliminaire, que la demande soit formée contre plus de deux parties, quoique l'une d'elles soit sans intérêt dans la cause. — *Bordeaux*, 19 août 1829, Gosselin c. Lapeyre; *Cass.*, 20 fév. 1810, Bouchereau c. Demptos; *Besançon*, 15 oct. 1815, M.

153. — On oppose, dit Carré-Chauveau (t. 1er, *Quest.* 212), qu'il dépendra ainsi d'un demandeur de soustraire son action au préliminaire, en mettant en cause des personnes qui ne doivent pas être appelées. Mais si le demandeur a fraudé la loi en donnant des assignations sans objet, la loi le punit suffisamment par la condamnation aux dépens. D'ailleurs il y aurait de grands inconvéniens à forcer le juge à rechercher si un des défendeurs a été assigné dans le seul but de se soustraire à la tentative de conciliation. — Boncenne, t. 2, p. 7; Pigeau, t. 1er, p. 80; Favard, t. 1er, p. 624; Berriat, t. 1er, p. 88; Thomine, t. 1er, p. 133.

154. — Mais la dispense cesse d'être applicable, si chacune des personnes assignées a un intérêt distinct et séparé, complétement indépendant de celui de ses codéfendeurs. — Il en est ainsi alors même que la demande repose contre tous sur le même titre, et qu'ils ont été assignés par un seul et même exploit. — *Nîmes*, 10 fév. 1841 (t. 1er 1841, p. 240), Aymard c. Vernet.

155. — En conséquence, est soumise au préliminaire de conciliation la demande intentée contre plusieurs acquéreurs en résolution de leurs contrats d'acquisition, lorsque chacun a un contrat particulier. — *Riom*, 27 mai 1817, Vayssier c. Jalenque; *Nancy*, 20 juin 1824, Collin c. Nagean; *Besançon*, 22 mai 1827, Cingier c. Débauché.

156. — Il en est de même de la demande en expulsion de lieux formée contre plusieurs individus ayant pris à bail, par un seul acte, chacun un héritage spécial, dans une brande appartenant au bailleur, moyennant un prix spécial, et sans qu'aucune solidarité ait été stipulée entre eux. — *Bourges*, 21 juill. 1838 (t. 2 1838, p. 552), Ouin et Conville c. Giraudeau.

157. — ... Ou bien encore de la demande formée contre plusieurs créanciers hypothécaires en main-levée de leurs inscriptions, lorsque chacun des créanciers a un titre distinct et particulier. — *Caen*, 13 nov. 1839 (t. 1er 1840, p. 664), Bidel c. Delabruyère; — Boncenne, *Th. de la procéd.*, t. 2, p. 14.

158. — Cependant il a été jugé que l'action intentée contre plusieurs défendeurs est dispensée du préliminaire de conciliation, encore que ceux-ci aient des intérêts séparés et puissent avoir des exceptions différentes à proposer, si les réclamations dirigées contre chacun d'eux dérivent du même titre et ont entre elles une relation nécessaire. — Par exemple, s'il s'agit d'une action dirigée contre plusieurs en déguerpissement des diverses parties d'un même terrain. — *Montpellier*, 7 fév. 1839 (t. 1er 1839, p. 508), Debonne c. Moulin.

159. — Lorsque, dans l'exercice d'une action essentiellement divisible dirigée contre deux parties qui y ont cependant un intérêt commun, par exemple, en matière de succession et de partage, le préliminaire de la conciliation n'a pas été tenté à l'égard de l'une d'elles seulement, l'autre partie ne peut se prévaloir de cette omission pour faire rejeter la demande. — *Cass.*, 22 juin 1835, Lacassin c. Pelleport.

160. — Réciproquement, lorsque de plusieurs demandeurs ayant le même intérêt, un seul a tenté la conciliation, la nullité prise du défaut du préliminaire peut être opposée aux autres demandeurs, si la matière est simple. — *Cass.*, 30 mai 1814, Fargès c. Lagrange; — *Paris*, 2 mars 1814, Petit-Jean c. Layelle; Chauveau sur Carré, t. 1er, *Quest.* 207 *sexies*.

161. — Dans aucun cas le nombre des demandeurs n'est pris en considération pour dispenser de l'essai de conciliation. Le silence de la loi à leur égard, lorsqu'elle a une disposition formelle relativement aux défendeurs, suffit pour démontrer que les deux hypothèses ne doivent pas être mises sur la même ligne. Il n'y a d'ailleurs pas même motif de décider, car les demandeurs ayant introduit leur action par le même exploit, prouvent assez qu'ils sont d'accord entre eux, et dès lors, s'il n'y a qu'un ou deux défendeurs, on peut espérer un arrangement. — Thomine, t. 1er, p. 133; Chauveau sur Carré, *Quest.* 212 *bis*.

162. — *Demandes de nature à être l'objet d'une transaction.* — L'ordre public s'oppose à ce que les parties transigent sur des affaires de certaines natures. Ces affaires sont nécessairement dispensées du préliminaire de conciliation, puisque la tentative d'arrangement ne saurait conduire à aucun résultat. — C. procéd., art. 48.

163. — Telles sont : 1o les demandes en désaveu (art. 49); — 2o celles en séparation de biens; — 3o celles relatives aux tutelles et aux curatelles; — 4o celles en prise à parties; — 5o celles relatives à la naissance, à la légitimation et à toutes les questions d'état; — 6o celles en séparation de corps: les fonctions de conciliateur sont alors remplies par le président du tribunal.

164. — ... 7o Celles en vérification d'écritures, en réglement de juges, et en renvoi. — C. procéd., art. 49.

165. — Mais l'action intentée sur l'intérêt civil qui résulte d'un délit, étant susceptible de transaction, est par là même susceptible de conciliation, sauf les poursuites du ministère public. — C. procéd., art. 48; C. civ., art. 2046; C. inst. crim., art. 4.

166. — *Demandes de la compétence des tribunaux de première instance.* — Le préliminaire de conciliation n'est exigé que pour les demandes qui doivent être portées devant les tribunaux de première instance. — C. procéd., art. 48.

167. — Les affaires dont la connaissance est attribuée en premier ressort aux cours royales, aux juges de paix, aux conseils de prud'hommes ou autres tribunaux, en sont donc dispensées.

168. — L'art. 49, C. procéd., en exempte formellement les affaires commerciales.

169. — Il résulte de là qu'il n'y a pas lieu à conciliation, même lorsque l'assignation est donnée devant un tribunal de première instance jugeant commercialement à défaut de tribunaux de commerce. — *Turin*, 17 janv. 1807, Hermil c. Girod.

170. — En est-il de même dans le cas d'une demande en paiement d'un billet à ordre souscrit pour cause civile et ne portant pas de signature de commerçans? — L'affirmative résulte, selon nous, de ce qu'un pareil titre constitue un effet de commerce soumis à des recours spéciaux, et de ce que la contestation peut valablement être jugée par le tribunal de commerce, si ce défendeur ne réclame par son renvoi. — Carré-Chauveau, t. 1er, *Quest.* 209; Pigeau, t. 1er, p. 86. — La contestation requiert d'ailleurs célérité.

171. — Sous l'empire de la loi du 16-24 août 1790, la simple déclaration d'appel qui ne contenait point assignation n'était pas soumise à la tentative de conciliation. — *Cass.*, 1er fruct. an II, Danjou c. Villemont. — Il en était autrement pour l'appel contenant assignation.

172. — Mais depuis la constitution de l'an III, les appels des jugemens ont été dispensés de la tentative de conciliation. — *Cass.*, 15 niv. an V, François c. Scotteau.

173. — *Demandes non urgentes.* — La loi déclare expressément urgentes, et, comme telles, dispensées de la tentative de conciliation : 1o les demandes de mise en liberté. — C. procéd., art. 49.

174. — ... 2o Les demandes en main-levée de saisie ou opposition. — C. procéd., art. 49.

175. — En conséquence, est dispensée du préliminaire de la conciliation la demande en main-levée d'une opposition formée par un débiteur à la vente des biens qu'il a abandonnés à ses créanciers, pour le prix servir à l'acquittement de leurs créances. — *Bourges*, 22 août 1826, Journault c. Provost.

176. — Il en est de même de la demande en main-levée d'opposition à un mariage. — *Douai*, 22 avr. 1819, Saint-Remy; *Bruxelles*, 29 mars 1820, D...; — Merlin, *Rép.*, vo *Opposition au mariage*, et *Quest. de dr.*, vo *Actes respectueux*, § 3, art. 4; Delvincourt, t. 1er, p. 123; Toullier, t. 1er, no 589; Proudhon, t. 1er, p. 242; Duranton, t. 2, no 211; Vazeille, t. 1er, no 173, et Locré, *Législation civile*, t. 4, p. 430; Chauveau sur Carré, *Quest.* 209 *bis*. — V. *contrà* *Amiens*, 30 vent. an XII, Mignon c. Bordeaux; *Bordeaux*, 12 fruct. an XII, Plautey.

177. — Mais les demandes en main-levée d'inscription ne sauraient être assimilées à celles en

main-levée d'opposition.—*Caen*, 13 nov. 1839 (t. 1er 1840, p. 664), Bidel c. Delabruyère; *Montpellier*, 3 fév. 1816, Franc c. Beson.—*Contrà* Grenier, t. 1er, p. 194; Troplong, *Hyp.*, t. 3, no 744 *bis*.

178. — ... Pas plus que la demande introduite par le tiers détenteur par suite d'opposition au commandement de payer qui lui a été fait par un créancier hypothécaire porteur d'un bordereau de collocation sur le prix de cet immeuble.— *Orléans*, 18 nov. 1836 (t. 1er 1837, p. 354), Bouchet c. Auquet.

179. — Sous la loi du 16-24 août 1790, les demandes en main-levée d'opposition à des saisies mobilières pratiquées en vertu de titres exécutoires étaient également affranchies de la tentative de conciliation. — *Cass.*, 26 vendém. an XII, Dussaut c. Pêcheur; 10 fructid. an XII, Paris c. Ladeux.

180.—...3o Les demandes en paiement de loyers, fermages ou arrérages de rentes ou pensions. — *Rennes*, 31 juill. 1810, Quemarc. Guilleron; *Cass.* 19 janv. 1823, Poya c. Tabouet et Delalande.

181. — La demande afin de paiement de diverses annuités d'arrérages d'une rente constituée, à laquelle se joint une demande afin de résiliation du contrat de rente et de dépossession de l'immeuble, doit, à peine de nullité, être soumise au préliminaire de conciliation.—*Paris*, 8 janv. 1825, Petitier c. Guillier; *Rennes*, 20 juin 1812, N. c. Y. —*Contrà* Carré-Chauveau, t. 1er, *Quest.* 215.

182. — ... 4o Les demandes des avoués en paiement de frais. — C. procéd., art. 49.

183. — Cette disposition n'est pas applicable aux avocats. Ils ne sont pas officiers ministériels, et les demandes qui les concernent restent soumises au droit commun.—*Cass.*, 6 avr. 1830, Lefebvre c. Pierrot.—*Contrà Bruxelles*, 12 juill. 1828, Me B... c. d'A...

184. — Quant aux huissiers, on peut dire qu'il y a analogie entre leur position et celle des avoués pour les demandes en paiement de frais; ces frais doivent, en effet, être taxés, et la cause requiert célérité, parce qu'il importe de ne pas déranger un officier ministériel de ses fonctions. — Boitard, t. 1er, p. 97; Carré-Chauveau, t. 1er., *Quest.* 214.

185. — Avant le Code de procédure, les demandes formées par les procureurs ou avoués en paiement de leurs frais étaient soumises au préliminaire de conciliation. — *Cass.*, 27 fructid. an VII, Duffargue-Planzolles c. Julien.

186. — ... 5o Les demandes contre un tiers saisi et en général sur les saisies et les offres réelles.— C. procéd., art. 49.

187. — Cette disposition est générale. Elle s'applique à la saisie immobilière comme aux saisies mobilières. — *Agen*, 17 août 1807, Lecoq c. Desparbès; — Souquet, *Dict des temps légaux*, tabl. 519e, col. 3e, no 25.

188.—Toutes les demandes du saisi qui ne sont que des défenses à la saisie; toutes celles du saisissant qui n'en sont que l'accessoire, et celles des tiers qu'on peut considérer comme des interventions, sont dispensées de la conciliation. — Carré et Chauveau, t. 1er, *Quest.* 218.

189. — Ainsi le propriétaire qui a fait saisir les meubles de son fermier, pour avoir paiement de ses fermages, peut, sur la demande en nullité de la saisie intentée par le fermier, conclure, sans essai préalable de conciliation, à la condamnation *par corps* des sommes qui lui sont dues. — Chauveau sur Carré, t. 1er, *Quest.* 218.

190. — La demande en validité d'une saisie-arrêt, pratiquée en vertu d'un titre sous seing-privé, est dispensée du préliminaire de conciliation, encore bien que, par le même exploit, le demandeur ait conclu à ce que la signature apposée au bas du titre soit tenue pour reconnue et à ce que le signataire soit condamné au paiement. — *Cass.*, 17 juill. 1834, de Lattier c. Jacob et Hoffert; *Riom*, 19 déc. 1821, Boissieux c. Saint-Yon. — La demande en validité n'est ici que la suite de celle en condamnation, et ne peut être jugée que comme conséquence, puisque si la demande en condamnation doit être rejetée, celle en validité le sera nécessairement. Mais l'essai de conciliation n'est point nécessaire dans ce cas là même; la disposition de l'art. 366, C. procéd., est générale: « En aucun cas, porte cet article, il ne sera nécessaire de faire précéder la demande en validité par une citation en conciliation. » — Carré-Chauveau, *Lois de la procéd.*, *Quest.* 218; Pigeau, t. 2, p. 56, p. 55; Roger, *Saisie-arrêt*, no 465; Thomine, t. 1er, p. 133, no 70.

191. — ... 6o Les demandes sur la remise des titres ou leur communication. — C. procéd., art. 49.

192. — Elle s'applique à la demande en remise de titres formée par l'acquéreur. Cette dispense est générale et ne peut être restreinte au cas où les pièces sont réclamées à un mandataire, à un dépositaire ou à un officier ministériel. — *Bourges*, 11 juill. 1828, Tardy c. Archambault; — Chauveau sur Carré, *Quest.* 218 *bis*.

193.—Mais l'énumération qui précède est évidemment incomplète: cela résulte des termes mêmes de l'art. 49, C. procéd., qui, dans un paragraphe spécial, déclare affranchir du préliminaire de conciliation toutes les demandes qui requièrent célérité.

194. — Les tribunaux devant lesquels le défendeur oppose le défaut de tentative de conciliation doivent donc apprécier, d'après les circonstances et la nature de la demande, si le demandeur a pu les saisir directement.

195. — Il n'est pas, du reste, nécessaire que le demandeur fasse préalablement déclarer l'urgence de sa demande. —*Bruxelles*, 18 avr. 1831, Hantjens c. Vermeulen. — Il n'a pas davantage besoin d'obtenir la permission du président: c'est au défendeur de contester l'urgence s'il y a lieu.—Chauveau sur Carré, *Quest.* 209 *quater*.

196. — Toutefois, si le président a autorisé à assigner à bref délai, sans préliminaire de conciliation, on décide que son ordonnance est souveraine et ne peut être attaquée par aucune voie.—V. ABRÉVIATION DE DÉLAI, nos 19 et suiv.

197. — D'après ces principes, peuvent être dispensées du préliminaire de conciliation comme requérant célérité (*Bruxelles*, 18 avr. 1831, Hantjens c. Vermeulen): 1o la demande tendant à rentrer dans les lieux d'où l'on a été expulsé arbitrairement.

198. — ... 2o Celle en résiliation d'un bail faute de paiement du prix. — *Rennes*, 18 mars 1818, Lemonza c. Savina.

199. — ... 3o Celle en rescision de vente pour cause de lésion, lorsque le délai est sur le point d'expirer. — Bioche, vo *Conciliation*, no 67.

200. — Enfin ne sont pas sujettes à l'essai de conciliation toutes les causes exceptées par la loi. — C. procéd., art. 49.

201. — Telles sont notamment les demandes en constitution de nouvel avoué (C. procéd., art. 345); en délivrance de copie ou expédition d'actes (C. procéd., art. 839); — en rectification d'actes de l'état civil (C. procéd., art. 856); — en homologation d'avis de parens (C. procéd., art. 883), etc.

202. — *Quid* des demandes formées contre des étrangers n'ayant pas de domicile en France? — Le doute naît de ce que l'art. 50, C. procéd., veut que la citation en conciliation soit donnée devant le juge de paix du domicile du défendeur. — Mais cette objection n'a pas de gravité: la même difficulté pourrait, en effet, être soulevée pour l'assignation à donner devant le tribunal civil. Dans l'un comme dans l'autre cas, il peut citer le défendeur devant le tribunal de sa résidence, et s'il n'en a pas, devant le tribunal du domicile du demandeur. — L'absence de domicile du défendeur, en France, ne saurait changer la nature de la contestation ni créer une exception au principe général posé par l'art. 48, C. procéd. — *Cass.*, 22 avr. 1818, Mendiri c. Guidoty; — Souquet, *Dict. des temps légaux*, tabl. 518, 5e col., no 11; Chauveau sur Carré, no 207 *quater*; Favard, vo *Conciliation*, art. 59. — *Contrà Metz*, 26 fév. 1819, Oblitz c. Cristmacker.

Sect. 4e. — *Juge compétent.*

203. — Lorsque les parties comparaissent volontairement pour tenter une conciliation, elles peuvent se présenter devant le juge de paix qu'elles préfèrent choisir. — *Tours*, 29 vent. an XII, Fogliaud c. Ferrain; —Boitard, t. 1er, p. 121; Berriat, p. 189; Pigeau, *Comment.*, t. 1er, p. 146; Merlin, *Rép.*, vis *Bureau de conciliation*, no 3, et *Déclaration*, § 1er.

204. — Mais si le demandeur procède par voie de citation, il est tenu d'assigner le défendeur, soit en matière personnelle, soit en matière réelle, devant le juge de paix du domicile de ce dernier. — C. procéd., art. 50.

205. — Cette disposition constitue une dérogation au principe d'après lequel le défendeur est en général assigné, en matière réelle, devant le tribunal de la situation des biens litigieux. Elle est motivée sur ce que le juge de paix, qui n'a d'autre mission que de concilier les parties, n'a point d'acte d'instruction à faire sur les lieux, et qu'il est probable que, plus que tout autre, il a la confiance des parties; qu'ainsi il peut plus facilement qu'un autre amener un accommodement.

206. — L'art. 3, C. civ., et l'art. 59, C. procéd., qui permettent d'assigner devant le juge du lieu où a été faite une élection de domicile spécial pour l'exécution de l'acte litigieux, sont inapplicables en matière de conciliation. On pense que le juge du domicile du défendeur peut avoir plus d'empire sur lui et le décider plus aisément à une conciliation. —Chauveau sur Carré, t. 1er, *Quest.* 219 *bis*.

207. — S'il y a deux défendeurs, le demandeur peut citer à son choix devant le juge de paix du domicile de l'un d'eux. — C. procéd., art. 50.

208. — Toutefois, la règle qui attribue une compétence exclusive au juge du domicile du défendeur souffre exception dans certains cas où il s'agit de société ou de succession, parce qu'on pense, d'une part, que le juge du lieu se trouve plus à portée de connaître le véritable état des choses, et d'autre part, que dans le lieu où la société est établie, où la succession s'est ouverte, il est plus facile aux parties de faire entre elles, aux moindres frais possibles, les recherches qui pourront être nécessaires. — Rapport au corps législatif.

209. — Ainsi, *en matière de société*, autre que celle de commerce, tant qu'elle existe, la citation doit être donnée devant le juge où elle est établie. — C. procéd., art. 50. — Si la société n'a pas de siége principal, les mots *où elle est établie* s'entendent du lieu où elle a été contractée. — Carré-Chauveau, t. 1er, *Quest.* 232, note 3e. — Cependant M. Carou (no 792) pense qu'il faut donner, dans ce cas, compétence au juge du domicile de l'un des associés.

210. — Une fois la société dissoute, les choses rentrent dans le cours ordinaire, l'exception fait place à la règle. — Carré-Chauveau, t. 1er, *Quest.* 232, note 2e.

211. — La loi ne parle que des sociétés civiles, parce que les sociétés commerciales ne sont pas soumises au préliminaire de conciliation. — Carré-Chauveau, t. 1er, *Quest.* 232, note 1re.

212. — *En matière de succession*, les demandes entre héritiers, intentées par les créanciers du défunt avant le partage, les demandes relatives à l'exécution des dispositions à cause de mort, jusqu'au jugement définitif, doivent être portées en conciliation devant le juge de paix du lieu où la succession s'est ouverte. — C. procéd., art. 50. — On entend par créanciers tous ceux qui ont à réclamer quoi que ce soit contre la succession. — Carré-Chauveau, t. 1er, *Quest.* 233, note 1re.

213. — Ces mots: *jugement définitif*, sont pris comme synonymes de ceux: partage définitif, parce que le plus souvent le partage a lieu en justice. — Carré-Chauveau, t. 1er, *Quest.* 233, note 3e.

214. — S'il n'y a qu'un héritier, la citation des créanciers doit être donnée devant le juge du domicile de cet héritier: il n'y a plus alors de motif pour sortir de la règle générale. — Carou, no 796; Boncenne, t. 2, p. 27.

215. — Les demandes en rescision de partage ou en garantie de lots doivent-elles être assimilées aux demandes formées entre héritiers avant le partage? — Pour l'affirmative, on dit que le partage n'est pas définitif, puisque son existence est contestée. — Boncenne, t. 2, p. 27; Chauveau sur Carré, *Quest.* 219 *ter*; Favard, t. 1er, p. 626; Bioche, no 90.

216. — Mais on peut répondre que cette assimilation est repoussée par les termes formels de l'art. 50: un partage ne cesse pas en effet d'être définitif parce qu'il est rescindable ou que l'un des partageans est évincé de son lot. Ces mots *partage définitif* ont été employés comme opposés à ceux: *partage provisionnel*. Tant que la succession n'est partagée que provisoirement, l'indivision subsiste, et la disposition spéciale de l'art. 50 est applicable; mais du moment que l'indivision a cessé, la règle générale reprend son empire. — Carou, no 794; Boitard, t. 1er, p. 129.

217. — L'étranger doit être cité en conciliation au domicile du procureur du roi près le tribunal où est portée la demande. — *Cass.*, 22 avr. 1818, Mendius c. Guidotti.

218. — La partie qui, citée en conciliation devant un juge de paix autre que celui de son domicile, présente sa défense sans élever de moyen d'incompétence, proroge par là même la juridiction du juge de paix, et se rend non recevable à opposer plus tard, devant le tribunal, l'exception d'incompétence. — *Rennes*, 9 fév. 1813, Delox c. Guom; — Boncenne, t. 2, p. 32; Carré-Chauveau, *Quest.* 234; Pigeau, t. 1er, p. 146; Boitard, t. 1er, p. 145.

219. — Mais la renonciation du défendeur à se prévaloir de l'incompétence n'influe en rien sur la compétence du tribunal qui doit juger la contestation au fond. — Carou, no 798. — Ainsi, le négociant assigné devant un tribunal civil pour l'exécution d'un acte de commerce a le droit de demander son renvoi devant la juridiction commerciale, alors même que, sur la citation en conciliation, il a comparu sans exciper de l'incompétence. — *Orléans*, 5 mai 1842 (t. 1er 1842, p. 452), Gourdon c. Laizeau.

220. — Lorsque l'incompétence est proposée devant le juge de paix, ce magistrat doit constater la demande en renvoi formée par le défendeur, et constater qu'à raison de cette prétention, il n'a pu concilier les parties. Il ne saurait se constituer juge de sa propre compétence. — A cet égard, vainement oppose-t-on que sans être in-

vesti d'une juridiction contentieuse, quant à la demande et aux moyens à l'appui, il n'en est pas moins juge des difficultés de procédure qui peuvent se soulever devant lui. Ainsi il ne doit pas constater que les parties n'ont pas voulu se concilier, alors que la demande en renvoi ne suppose rien à cet égard. — Le motif consigné dans le procès-verbal laisse en effet au défendeur le droit de se prévaloir devant le tribunal du défaut de préliminaire si l'on n'a pas rempli la formalité devant le juge compétent. — La tentative ne saurait être considérée comme épuisée, qu'autant que le tribunal reconnaîtrait que le juge primitivement saisi l'était régulièrement. —Chauveau sur Carré, *Quest.* 219 *quater*; Boncenne, t. 2, p. 32; Boitard, t. 1er, p. 144. — V. *contrà* Carou, nº 797; Bioche, nº 97.

221. — Du reste, si la cause est dispensée de la conciliation, le juge de paix ne doit pas d'office suppléer le moyen d'incompétence, car il est toujours libre aux parties d'essayer la conciliation, même dans les matières qui ne sont pas assujéties à ce préliminaire. — V. *suprà* nº 23. — Il en serait autrement si les parties n'étaient pas capables de transiger; le juge de paix ne serait pas tenu d'insérer leurs conventions dans son procès-verbal. — Carré-Chauveau, *Quest.* 218 *quater*.

Sect. 5e. — *Citation.*

222. — Si le défendeur ne consent pas à se présenter volontairement devant un juge de paix, il doit être sommé de comparaître devant le magistrat compétent pour s'y concilier, si faire se peut.

223. — La citation est donnée par un huissier. Aux termes de l'art. 52, C. procéd., les huissiers de la justice de paix du défendeur avaient seuls qualité pour la signifier. Mais cette disposition a été abrogée par l'art. 16, L. 25 mai 1838. Aujourd'hui, tous les huissiers d'un même canton ont le droit de faire concurremment toutes les citations et tous les actes de leur ministère devant la justice de paix.

224. —L'art. 17 de la loi précitée porte que, dans toutes les causes où il n'y a pas péril en la demeure, et où le défendeur n'est pas domicilié hors du canton, le juge de paix peut interdire aux huissiers de sa résidence de donner aucune citation en justice, sans avoir au préalable appelé, sans frais, les parties devant lui. Cet article est-il applicable aux citations en conciliation ? — Pour la négative, on dit que cet article ne se rapporte évidemment qu'aux cas dans lesquels le juge de paix statue comme juge, la loi nouvelle n'ayant voulu rien changer aux attributions gracieuses du juge de paix, et s'étant bornée à modifier sa compétence. S'il en était autrement, il faudrait, dans la même affaire, deux préliminaires de conciliation, l'un sur citation amiable, l'autre sur citation régulière. Or, ce serait ajouter sans intérêt aux prescriptions de la loi, et dépasser le but qu'elle s'est proposé. — Curasson, t. 2, p. 639. — Mais on répond avec raison, selon nous, que la loi de 1838 ne fait aucune distinction : d'ailleurs, l'avis préalable peut précéder la citation et amener plus souvent à un arrangement que la seule notification d'une citation rend quelquefois impossible. Il s'agit, au surplus, d'une pure faculté laissée au juge et dont il n'usera pas, s'il reconnaît que, d'après les circonstances, elle serait de nature à entraîner quelque inconvénient. — Chauveau sur Carré, t. 1er, *Quest.* 220 *bis*; Benech, *Tr. des just. de paix*, p. 454.

225. — La citation en conciliation est en général soumise aux mêmes formalités que les citations en matière de compétence.—Favard, t. 1er, p. 626; Boncenne, t. 2, p. 28; Boitard, t. 1er, p. 136; Carré-Chauveau, t. 1er, *Quest.* 236.

226. — Toutefois, l'omission des formalités prescrites n'entraîne nullité qu'autant qu'elle porte sur un point qui touche à l'essence même de l'acte.—Favard, t. 1er, p. 626; Boncenne, t. 2, p. 28; Boitard, t. 1er, p. 136.

227. — La citation doit énoncer sommairement l'objet de la conciliation.—C. procéd., art. 52.—On n'y conclut pas, comme dans les ajournemens ordinaires, à la condamnation du défendeur, mais on lui fait connaître les conclusions de cette demande projetée. Il n'est même pas indispensable d'indiquer les moyens qu'on se propose de faire valoir à l'appui de la demande. — Carré-Chauveau, t. 1er, *Quest.* 221; Boitard, t. 1er, p. 138; Favard, t. 1er, p. 627; Bioche, nº 201. — *Contrà* Pigeau, t. 1er, p. 118; Demiau-Crouzilhac, p. 50.

228. — Le délai pour comparaître doit être de trois jours au moins. — C. procéd., art. 51.

229. — Ce délai est franc; on n'y comprend ni le jour de la citation ni celui de la comparution. — Arg. C. procéd., art 1033; — Pigeau, t. 1er, p. 86; Boncenne, t. 2, p. 30.

230. — Il est sujet à augmentation à raison des distances. Conséquemment, est nul le procès-verbal de non-conciliation dressé trois jours après la citation donnée à Sisteron à un individu domicilié à Paris, encore bien que cette citation ait été donnée au défendeur, parlant à sa personne, rencontrée dans la ville où siége le juge de paix. — *Cass.*, 21 fév. 1837 (t. 1er 1840, p. 236), de Mevolhon; — Thomine, p. 177, nº 95; Carré-Chauveau, t. 1er, sur l'art. 51; Pigeau, t. 1er, p. 47.

231. — Lorsque le défendeur est étranger, il a droit aux délais accordés par l'art. 73, C. procéd. Vainement dira-t-on que cet article est placé au titre spécial *Des ajournemens*; que lorsque le législateur veut accorder des délais aux étrangers, il le dit formellement; enfin, que ces délais apporteraient des retards considérables à la demande. Le législateur exige en principe que la conciliation soit tentée. Il faut donc laisser aux parties le temps nécessaire pour comparaître. En refusant à l'étranger les délais de l'art. 73, on le mettrait dans l'impossibilité d'obéir au vœu de la loi.— Cadrès, p. 154; Bioche, nº 106.

Sect. 6e. — *Comment les parties doivent comparaître. — Conséquence du défaut de comparution.*

§ 1er. — *Comment les parties doivent comparaître.*

232. — Les parties comparaissent en personne, et en cas d'empêchement, par un fondé de pouvoir. — C. procéd., art. 53.

233. — Elles sont seules juges de l'empêchement. Le juge de paix n'a pas le droit d'ordonner la comparution personnelle d'une partie. — Carré, *Quest.* 222; Boncenne, t. 2, p. 40. — *Contrà* Chauveau, *ibid.*, Boitard, t. 1er, p. 142. — Mais il a le droit, lorsque la partie comparaît en personne, de refuser d'entendre le défenseur officieux dont elle se ferait accompagner, contrairement au vœu de la loi. — Chauveau, *ibid.*

234. — Le droit de choisir un mandataire quelconque paraît à l'abri de tout contrôle. — V. Henrion de Pansey, *Compét. des juges de paix.*—Cependant l'art. 18 (L. 15 mai 1838) y met une limite, en défendant de se faire représenter par un huissier, sous peine d'une amende de 25 à 50 francs. « Le législateur a voulu écarter du prétoire des hommes qui vicieraient l'institution des justices de paix, et seraient un fléau pour la société tout entière... » — V. les paroles du rapporteur à la chambre des députés. — V. Benech, p. 470; Victor Foucher, p. 493; et Chauveau, art. 53, *Quest.* 222. — V. HUISSIER.

235. — Cependant Curasson (t. 2, p. 645) soutient que les huissiers peuvent comparaître en qualité de mandataires devant le bureau de paix, parce que la prohibition portée par l'art. 18 ne peut s'entendre que lorsqu'il s'agit de matières contentieuses, et non d'une cause portée devant la juridiction gracieuse. Cette interprétation nous paraît forcée.

236. — Mais un greffier de justice de paix, bien qu'il soit inconvenant qu'il s'abstienne de ses fonctions pour jouer le rôle de mandataire devant le tribunal auquel il est attaché, peut cependant valablement accomplir ce mandat. — *Rennes*, 16 août 1817, N... — La loi du 27 mars 1791, qui défendait à toute personne attachée à l'ordre judiciaire de comparaître au bureau de paix en qualité de mandataire ou de défenseur officieux, est abrogée par la législation actuelle. — Boncenne, t. 2, p. 38.

237. — Sous l'empire de l'ancien droit, il a été jugé que la partie qui s'était fait représenter au bureau de paix par un huissier ne pouvait, et surtout pour la première fois en appel, demander la nullité du procès-verbal de non-conciliation, sous prétexte que la loi du 27 mars 1791 lui défendait de se faire représenter par cet officier ministériel. — *Cass.*, 4 germin. an VIII, Lebreton c. Laperrière.

238. — Il n'est pas rigoureusement nécessaire que la procuration soit donnée par acte authentique. Cependant l'adversaire peut refuser de reconnaître le pouvoir sous seing-privé, timbré et enregistré, dont on se contente le plus souvent. Et, dans ce cas, le mandant, ne se trouvant plus représenté, serait passible de l'amende édictée par l'art. 56, C. procéd.—Favard, *Rép.*, vº *Conciliation.*

239. — La loi n'exige pas que le pouvoir soit spécial. Le mandat de citer devant les tribunaux et poursuivre tous les procès qui pourraient exister ou être intentés, de les faire juger par arbitres ou autrement, est suffisant pour comparaître en conciliation. — *Bordeaux*, 4 fév. 1835, Labrousse c. Guilhem.

240. — Le mandant peut interdire à son mandataire de faire aucune transaction. Il doit alors se contenter de demander que l'action soit rejetée en totalité. Cette position semble contraire au but même de la conciliation. Mais comme les parties ne sont pas tenues d'abandonner leurs prétentions; que, d'un autre côté, le préliminaire est forcé, et que les parties qui ne comparaissent pas sont passibles d'une amende, on ne peut exiger que celles qui se font représenter pour obéir à la loi soient obligées d'abandonner la disposition de leurs intérêts à des tiers. Elles doivent conserver à cet égard entière liberté. Le Code de procédure ne reproduit pas la disposition de la loi de 1790, qui exigeait que le mandataire fût autorisé à transiger. — Locré, t. 1er p. 128; Thomine, t. 1er, p. 136; Boncenne, t. 2, p. 142; Berriat, p. 189, note 21e, Carré-Chauveau, t. 1er, t. 2, *Quest.* 225.

241. — Il résulte de ce principe que le pouvoir de comparaître au bureau de paix ne contient pas implicitement celui de transiger. La procuration doit être spéciale à cet égard. Celui qui n'a qu'un pouvoir de comparaître peut seulement se refuser à la conciliation. — Boncenne, t. 2, p. 39; Carré-Chauveau, *Quest.* 225; Favard, t. 1er, p. 627; Boitard, t. 1er, p. 141. — V. *contrà* Pigeau, *Comm.*, t. 1er, p. 148; Carou, nº 800. — Mais le pouvoir de se concilier emporte nécessairement celui de transiger, et par suite celui de reconnaître la dette jusqu'à concurrence d'une partie de la demande. — *Douai*, 13 mai 1836, Débril c. Bourgeois.

242. — M. Bioche (nº 115) pense que si les concessions faites par les mandataires autorisés uniquement à comparaître étaient peu importantes, les tribunaux pourraient les maintenir comme faites en vertu de pouvoirs suffisans. Mais nous ne saurions admettre cette opinion. Du moment, en effet, qu'on reconnaît que le mandat donné en pareils termes n'emporte pas pouvoir de transiger, il s'ensuit que le mandataire a excédé les limites qui lui étaient tracées, et que le mandataire ne saurait être obligé de ratifier ce qu'il a fait contre ses instructions.—Carou, nº 800; Pigeau, t. 1er, p. 137.

243. — Lorsqu'il s'agit d'actions mobilières ou possessoires appartenant à la femme, le mari peut se présenter au bureau de paix sans procuration de celle-ci. — C. civ., art. 1428. — Mais s'il s'agit d'actions immobilières, une procuration est nécessaire.—Carré-Chauveau, *Quest.* 223; Pigeau, t. 1er, p. 140; Berriat, p. 189, note 21e. —Cependant lorsque le mari a comparu devant le juge de paix tant en son nom personnel que comme mandataire de sa femme, celle-ci est irrecevable à arguer du défaut de procuration, si elle a procédé plus tard conjointement avec son mari, sans réclamer. — Carré-Chauveau, *ibid.*

244. — Du reste, la femme seule a le droit de se plaindre de ce que son concours ne lui ait pas été demandé. Quant aux tiers, ils ont seulement le droit de refuser de transiger, si le mari ne représente pas un pouvoir. — *Cass.*, 14 nov. 1831, Dumont c. Martinax; 15 mai 1832, Préfet de l'Ardèche c. Méjan; Bioche, vº *Conciliation*, nº 116.

245. —Ainsi, il a été jugé qu'un mari représente valablement sa femme au bureau de paix sans pouvoir de celle-ci, lors même que la conciliation a pour objet une action immobilière intéressant exclusivement elle seule : si d'ailleurs le défendeur ne fait à cet égard aucune objection, et déclare simplement qu'il ne peut se concilier. — *Cass.*, 10 mars 1814, Chaussegroux c. Sarragol; *Bourges*, 1er juill. 1816, Delafond c. Lagrave. — Le mari, en paraissant en conciliation sur une action immobilière qui intéresse sa femme, ne fait qu'un acte conservatoire, une démarche utile et nécessaire, qui même lui est prescrite par l'art. 1428, C. civ., puisque, sans cela, la femme serait passible de l'amende et ne serait admise à discuter ses droits en justice qu'après l'avoir acquittée. Le mari n'a donc pas besoin de pouvoir de son épouse pour faire un acte commandé par la justice elle-même, et qui, loin de compromettre ses droits, tend à les conserver.— *Rennes*, 9 fév. 1813, Delos c. Guorn; — Carré-Chauveau, *Quest.* 223. — Mais il faut distinguer entre la comparution et la transaction. La comparution du mari sans pouvoir suffit pour mettre la femme à l'abri de l'amende. La transaction par lui consentie ne serait pas obligatoire pour elle.

246. — Le juge de paix a le droit de vérifier si le mandat est suffisant et régulier; il peut, suivant les circonstances, refuser d'entendre le mandataire. — Bioche, nº 117. — *Contrà* Thomine-Desmazures, t. 1er, p. 137. — Du reste, lorsque la qualité de mandataire a été une fois reconnue au bureau de paix, on ne peut plus la contester devant les tribunaux. — *Rennes*, 16 août 1817, N... — Les frais de procuration sont à la charge du mandant. — Thomine, t. 1er, p. 136.

247. — Il est dans l'esprit de la loi que l'essai de

conciliation n'ait pas lieu en public. La présence du public peut gêner les parties dans leurs explications. C'est au juge de voir s'il est opportun d'admettre la publicité ou le huis-clos. — Carré-Chauveau, *Quest.* 226; Favard, p. 621.

§ 2. — *Conséquence du défaut de comparution.*

248. — Celle des parties qui ne comparaît pas sur la citation en conciliation est condamnée à une amende de 10 francs, et toute audience lui est refusée jusqu'à ce qu'elle ait justifié de la quittance. — C. civ., art. 56.

249. — Cette disposition est applicable tant au demandeur qui n'a pas comparu sur sa propre citation, qu'au défendeur qui n'a pas obéi à celle qui lui a été signifiée. — Carré-Chauveau, *Quest.* 240; Boncenne, t. 2, p. 46.

250. — Mais l'amende n'est pas encourue de plein droit; elle ne saurait être exigée si la contestation n'était pas portée devant le tribunal de première instance. — Décis. du ministre de la justice, 31 juill. 1808. — Carré-Chauveau, *Quest.* 241. — V. *contrà* Dumoulin, *Bibiothèque du barreau*, 1810, 1re part., p. 24. — Ou si le demandeur se désistait de l'assignation avant de plaider. — *Cass.*, 8 août 1832, Dorier et Pial.

251. — Le juge de paix est incompétent pour la prononcer. — *Rennes*, 2 sept. 1808, N... ; — Pigeau, t. 1er, p. 152; Favard, t. 1er, p. 628; Augier, *Encyclop. des juges de paix*, vo *Amende*, sect. 1re, no 1er.

252. — Toutefois, le receveur de l'enregistrement a qualité pour la recevoir, sans qu'il soit absolument nécessaire qu'une condamnation soit prononcée contre le défaillant. Il peut la percevoir sur le vu de la mention de non comparution faite sur l'original de la citation. Cette consignation volontaire épargne aux parties les frais et les lenteurs d'une condamnation. — Carré-Chauveau, *Quest.* 241 *ter*.

253. — Du reste, elle doit être prononcée, soit que la partie défaillante succombe, soit qu'elle obtienne gain de cause devant le tribunal; elle constitue, en effet, une répression spéciale destinée à prévenir les procès, et non pas un accessoire de la condamnation au fond. — *Douai*, 22 déc. 1840 (t. 1er 1841, p. 178), Becq c. Petitbon.

254. — Le demandeur qui n'a pas comparu au bureau de paix peut, après consignation de l'amende, assigner le défendeur devant le tribunal civil. — Carré-Chauveau, *Quest.* 242; Pigeau, *Comm.*, t. 1er, p. 152; Favard, p. 628; Boncenne, t. 2, p. 46. — V. *contrà* Thomine, t. 1er, p. 141; Delaporte, t. 1er, p. 55.

255. — Il est à plus forte raison recevable à suivre l'audience contre le défendeur qui ne s'est pas présenté en conciliation; mais celui-ci n'est pas admis à se défendre tant qu'il n'a pas payé l'amende. Il est considéré comme défaillant jusqu'à ce qu'il représente la quittance de consignation. — Locré, t. 21, p. 399; Carré-Chauveau, *Quest.* 240. — Il en serait ainsi alors même qu'il aurait constitué avoué : il aurait le droit de former opposition au jugement : mais il ne pourrait être admis à plaider sur l'opposition qu'en rapportant la quittance d'amende. — *Paris*, 10 août 1809, Lurbert c. Leroy; — Chauveau sur Carré, no 241 *bis*.

256. — Lorsque le défendeur n'a point comparu au bureau de conciliation, le tribunal de première instance peut, même après l'avoir admis à poser qualités, lui refuser d'office toute audience sur la réquisition du ministère public, parce qu'il ne justifie pas du paiement de l'amende encourue par sa non comparution. — *Cass.*, 25 nov. 1828, Bénard c. Carrault.

257. — Le ministère public a le droit de faire ses réquisitions malgré le silence des parties. — Même arrêt.

258. — Mais le jugement rendu sur le fond, par suite de dénégation d'audience et de condamnation à l'amende, n'est réputé contradictoire qu'à l'égard de l'amende. En la payant, le défendeur a la voie de l'opposition contre la décision au fond. — *Paris*, 19 fév. 1834, Roger Toussaint; — Chauveau sur Carré, *Quest.* 241 *bis*.

259. — Quand aucune tentative n'a eu lieu, le tribunal ne peut d'office prononcer l'amende : il faut nécessairement une citation pour qu'il y ait lieu à punir le défaut de comparution. — Carré-Chauveau, *Quest.* 241.

260. — Dans le cas où l'affaire est légalement dispensée du préliminaire de conciliation, le défendeur cesse également d'être passible de l'amende pour ne s'être pas présenté. — L'amende n'est prononcée, en effet, que pour punir la faute du défaillant : or, il n'y a pas faute lorsqu'il y a dispense de se présenter. — Carré-Chauveau, no 247; Bioche, vo *Conciliation*, no 148.

261. — Il en serait autrement s'il n'y avait qu'irrégularité dans la citation; le défendeur est tenu de comparaître pour en opposer les vices, et demander qu'elle soit annulée si ces vices tiennent à la substance de l'acte. — Carré-Chauveau, *Quest.* 247.

262. — La production d'un certificat d'indigence ne serait pas un motif pour obtenir la remise de l'amende. — Locré, t. 1er, p. 235.

263. — Mais la partie condamnée à l'amende peut se faire relever de cette condamnation, en justifiant qu'elle était malade et hors d'état de paraître devant le juge. — *Cass.*, 19 flor. an XII, Régie c. Lafon; — décis. min. just., 15 nov. 1808. — Carré-Chauveau, *Quest.* 245; Favard, vo *Conciliation*, § 5, no 4.

264. — Elle est toutefois obligée de mettre en cause son adversaire. — *Cass.*, 20 juin 1810, Enregist. c. Liauza.

265. — La décision ministérielle précitée, du 15 nov. 1808, porte que si l'excuse présentée par le défaillant est reconnue véritable par le tribunal, la peine cesse, et que rien n'empêche qu'il ne soit statué, par le même jugement, sur le fond de la contestation. — Pigeau (*Comm.*, t. 1er, p. 158); Favard (t. 1er, p. 628); Thomine (t. 1er p. 142); Boncenne (t. 1er, p. 147), Carré-Chauveau (*Quest.* 245), font remarquer, avec beaucoup de raison, que cette décision doit s'interpréter en ce sens que le tribunal, après avoir entendu les moyens d'excuse, permet de plaider et déclare, dans le jugement par lequel il statue au fond, qu'il a admis ces moyens et accordé cette permission. L'art. 56, C. procéd., lui interdit, en effet, d'autoriser le défaillant à plaider au fond avant d'avoir fait excuser son absence.

266. — Les amendes prononcées pour défaut de comparution ne se prescrivent que par trente ans. *Cass.*, 11 nov. 1806, Enregist. c. Cunaud et Coudrin; — Favard, vo *Prescription*, sect. 3e, § 6, no 6. — On ne peut pas leur appliquer la prescription de deux ans établie par l'art. 61, L. 22 frim. an VII.

Sect. 7e. — *Résultat de la tentative de conciliation.*

§ 1er. — *Mission du juge.*

267. — La mission du juge conciliateur consiste à faire tous ses efforts pour amener les parties à un arrangement; il doit, en conséquence, leur présenter les observations qu'il croit de nature à les détourner d'un procès.

268. — Il n'a pas le droit de leur faire des interpellations qui dégénéreraient en interrogatoires. — *Cass.*, 2 mars 1807 (intérêt de la loi), Debrons. — Mais il est incontestable qu'il peut et doit même leur faire les questions nécessaires pour comprendre leurs pensées et les amener à une transaction. Seulement, dans le cas de refus de l'une des parties, il ne doit pas insister. — Favard, t. 1er, p. 630; Chauveau sur Carré, *Quest.* 227.

269. — Le demandeur a la faculté d'expliquer sa demande, de la restreindre ou de l'augmenter. — C. procéd., art. 14. — Ainsi, il réclame valablement les objets qui se rattachent à sa demande, par exemple, les intérêts d'un capital. Mais il ne pourrait former une demande nouvelle distincte de celle qui faisait l'objet de la citation. — Carré-Chauveau, t. 1er, *Quest.* 341, note 1re.

270. — Néanmoins, si le défendeur entrait en conciliation sur une telle demande, l'essai serait valable, pourvu que le juge de paix constatât le consentement des parties. — Bioche, vo *Conciliation*, no 123. — Quant au défendeur, il a le droit de former toutes les demandes qu'il juge convenables, pourvu qu'elles soient inhérentes à l'action principale. — C. procéd., art. 54. — S'il proposait toute autre demande, il serait demandeur à cet égard, et devrait citer en conciliation. — *Cass.*, 17 août 1814, Dupuy c. Aldebert.

271. — Chaque partie peut déférer le serment à l'autre : le juge de paix le reçoit ou fait mention du refus de la partie. — C. procéd., art. 55. — La partie à qui le serment est déféré peut le référer à l'autre : celui qui défère le serment se constitue demandeur en son exception; il doit donc faire la preuve; or, en lui référant le serment, on l'oblige à faire cette preuve. — Carré-Chauveau, *Quest.* 237. — Le serment prêté produit tous les effets du serment décisoire. — Pigeau, t. 1er, p. 44; Carré-Chauveau, *Quest.* 239; Carou, no 811. — C'est, du reste, au tribunal qu'il appartient d'en appliquer les conséquences.

272. — Mais le refus de prêter le serment déféré n'établit aucune présomption contre celui qui l'a refusé; les choses restent entières devant le tribunal civil. — Favard, t. 1er, p. 631; Pigeau, *Com.*, t. 1er, p. 152; Carré-Chauveau, *Quest.* 239; Toullier, t. 10, p. 502; Berriat, no 190; Boncenne, t. 2, p. 43; Carou, no 810. — V. *contrà* Delaporte, t. 1er, p. 52; Duranton, t. 13, no 569.

273. — Le juge de paix ne saurait déférer le serment d'office : déférer un serment, c'est, en effet, prononcer un interlocutoire; or, le juge conciliateur n'a aucune juridiction sur le fond; il n'a qualité que pour constater les conventions des parties. — Carré-Chauveau, *Quest.* 235 et 238; Boncenne, t. 2, p. 43; Favard, t. 1er, p. 631; Pigeau, *Comm.*, t. 1er, p. 652; Thomine, t. 1er, p. 140.

274. — Il ne pourrait même pas ordonner qu'une partie représentée par un mandataire sera tenue de comparaître en personne pour prêter le serment qui lui est déféré par son adversaire, car ce serait faire acte de juge. — Carré-Chauveau, *Quest.* 238; Boncenne, t. 2, p. 43; Favard, t. 1er, p. 631.

§ 2. — *Procès-verbal de conciliation.* — *Ses effets.*

275. — Lorsque le juge parvient à concilier les parties, il le constate dans un procès-verbal qui contient les conditions de l'arrangement, et que l'on nomme procès-verbal de conciliation. — C. procéd., art. 54.

276. — La minute de ce procès-verbal est rédigée par le greffier et reste déposée au greffe. — Bioche, no 137.

277. — Elle doit être signée par les parties ou leurs mandataires. Si l'une des parties ne peut signer, le juge de paix doit mentionner la cause de l'empêchement. — Levasseur, no 217; Carré-Chauveau, t. 1er, *Quest.* 228, la note. — Cette mention supplée à la signature : ainsi, il a été jugé qu'un compromis contenu dans un procès-verbal de conciliation dressé par un juge de paix était valable, quoiqu'il ne fût pas signé des parties, la mention de la cause d'empêchement ayant été insérée dans le procès-verbal. — *Cass.*, 11 fév. 1824, Georget c. Rattier.

278. — Au contraire, les conventions exprimées dans un procès-verbal de conciliation rapporté par un juge de paix ne sont pas obligatoires pour la partie dont le procès-verbal constate la présence, mais qui ne l'a point signé et n'a point été interpellée de le faire. — *Rennes*, 9 avr. 1827, Morvan c. Hascoët. — Carré-Chauveau, t. 1er, *Quest.* 229.

279. — Si l'une des parties refuse de signer un arrangement convenu, elle est censée y renoncer; il n'y a pas conciliation, et le juge de paix doit se borner à constater ce fait. — Bioche, no 130; Carou, no 816. — V. *contrà* Favard, t. 1er p. 631.

280. — Il n'est pas nécessaire que le procès-verbal soit rédigé en autant d'originaux qu'il y a de parties. — Carré-Chauveau, *Quest.* 229; Bioche, no 137.

281. — Les conventions passées au bureau de paix n'ont que la force de *conventions privées*. — C. procéd., art. 54. — C'est-à-dire qu'elles n'emportent pas hypothèque et ne sont pas exécutoires de plein droit. — *Rennes*, 12 août 1814, Lemasson.

282. — Pour en obtenir l'exécution, il faut une demande en justice et une condamnation. — Locré, t. 21, p. 252, no 9; Favard, t. 1er, p. 631; Boncenne, t. 1er, p. 146; Carré-Chauveau, *Quest.* 232.

283. — Mais elles n'en sont pas moins reçues par un officier public compétent, et le procès-verbal qu'il dresse en cette qualité fait foi, jusqu'à inscription de faux, de la comparution des parties et de leur signature ou de leur déclaration de ne savoir ou ne pouvoir signer. Les conventions ont par conséquent toute la force d'obligations contenues en un acte authentique. — Curasson, t. 1er, p. 101.

284. — Cependant le procès-verbal dressé par le juge de paix, et constatant une transaction écrite à l'avance, ne vaut ni comme jugement, ni comme procès-verbal de conciliation; et, par suite, la transaction est nulle, si elle n'est signée que par l'une des parties : un tel procès-verbal n'a le caractère ni d'acte public ni d'acte privé. — Les conventions arrêtées entre les parties ne sont valablement constatées par le juge de paix qu'autant qu'elles interviennent sur un débat sérieux. — Circul. min. 27 brum. an V; — Carou, no 817.

285. — Les parties qui comparaissent au bureau de paix pour s'y concilier sur une contestation qui n'était pas, *ratione materiæ*, hors de la compétence du juge de paix, peuvent valablement soumettre la connaissance de leur différend à ce juge, en se conformant aux dispositions de l'art. 7, C. procéd. civ. — Dans ce cas, le magistrat dont la juridiction est ainsi prorogée statue comme juge et non comme arbitre. Sa décision a force d'exécution parée et emporte hypothèque, comme tous les jugemens. — Curasson, t. 1er, p. 45.

§ 3. — *Procès-verbal de non-conciliation.* — *Mention de défaut.*

286. — Dans le cas où les parties ne peuvent pas s'accorder, le juge de paix dresse, en la forme ci-dessus indiquée pour les procès-verbaux de conciliation, un procès-verbal dans lequel il fait

sommairement mention que les parties n'ont pu s'accorder. — C. procéd., art. 54.

287. — Aux termes de l'art. 3, tit. 18, L. 16-24 août 1790, il devrait être dressé un procès-verbal sommaire des dires, aveux ou dénégations des parties sur les points de fait. Mais cette disposition a été abrogée implicitement par le Code de procédure. Les dires, aveux et dénégations des parties doivent être omis du procès-verbal de non-conciliation, parce que leur constatation pourrait changer l'état du différend, fournir à l'une des parties des preuves contre l'autre, et que tel n'est pas le but de la comparution au bureau de paix. Hors le cas d'un consentement formel des parties, le juge de paix ne doit insérer dans son procès-verbal que la mention sommaire de l'impossibilité où il a été de les concilier. — Pigeau, *Comm.*, t. 1er, p. 150; Thomine, t. 1er, p. 138; Boitard, t. 1er, p. 149; Boncenne, t. 2, p. 39; Carou, no 812; Victor Augier, t. 2, p. 150; Carré et Chauveau, *Quest.* 228. — V. *contrà* Toullier, t. 8, p. 120; Favard, t. 1er, p. 680.

288. — Il a même été jugé que cette prescription est d'ordre public, et qu'il ne saurait y être dérogé par la volonté ou la tolérance du juge de paix, ni par le consentement tacite ou formel des parties. — *Orléans*, 7 août 1838 (t. 1er 1838, p. 601), Métivier.

289. — Il y a, selon nous, de l'exagération dans cette doctrine. Si, en effet, les parties consentent expressément à ce que l'on constate certains points de fait sur lesquels elles sont d'accord, nous ne voyons aucun inconvénient à ce que le juge fasse droit à leur réquisition; il nous semble, au contraire, qu'il méconnaîtrait ses devoirs, s'il refusait d'y obtempérer. — Chauveau sur Carré, *Quest.* 228; Boncenne, t. 2, p. 40.

290. — L'aveu ainsi constaté sur la demande mutuelle des parties a le caractère d'aveu judiciaire. — *Turin*, 6 déc. 1808, Signora c. Ropolo; — Duranton, t. 13, no 561; Toullier, t. 10, no 271; Troplong, *Prescription*, no 616; Bioche, no 139. — *Contrà* Thomine, t. 1er, p. 74; Carré, *Quest.* 229. — V. AVEU, nos 33 et 34.

291. — Mais nous ne pensons pas, comme M. Boncenne (t. 2, p. 40), que le juge de paix puisse, sur la réquisition d'une seule partie, donner acte d'un aveu ou d'une dénégation émanée de la partie adverse. Une pareille modification du principe ci-dessus posé conduit à l'anéantissement du principe lui-même. Si l'on admet l'intention d'une reconnaissance explicite et formelle, il n'y a pas, en effet, de raison pour refuser celle d'une reconnaissance tacite. La règle qui veut que le procès-verbal de non-conciliation mentionne uniquement l'impossibilité où s'est trouvé le juge de rapprocher les parties, ne doit souffrir exception que dans le cas où toutes les parties demandent l'insertion de leurs déclarations, parce qu'alors il y a en quelque sorte conciliation sur ce point. — Chauveau sur Carré, *Quest.* 228.

292. — Ainsi, jugé que le greffier du juge de paix ne peut réclamer pour l'expédition d'un procès-verbal de non-conciliation que le droit fixe déterminé par l'art. 10 du Tarif, et non le droit proportionnel déterminé par l'art. 9. — Quand il perçoit un droit plus fort que celui alloué par le susdit art. 10, il contrevient à l'art. 4, L. 21 prair. an VII; néanmoins, il n'est passible de peines correctionnelles qu'autant qu'aux termes de cet article la perception a été frauduleuse. — *Orléans*, 7 avr. 1838 (t. 1er 1838, p. 601), Métivier.

293. — Si l'une des parties ne comparaît pas, il est fait mention sur le registre du greffe de la justice de paix, et sur l'original de la copie de la citation, sans qu'il soit besoin de dresser procès-verbal. — C. procéd., art. 58. — Cette mention est dispensée du droit d'enregistrement. — Décis. min. fin. 7 juin 1808.

Sect. 8e. — *Effets du préliminaire de conciliation.*

294. — Le préliminaire de conciliation produit trois effets principaux. — 1o Il autorise à exercer une action en justice (C. procéd., art. 48). — 2o Il interrompt la prescription lorsqu'il est suivi d'un ajournement (C. civ., art. 2245). — 3o Il fait courir les intérêts (C. civ., art. 1153).

295. — *Poursuite de l'action.* — Pour poursuivre l'action, il faut, à peine de nullité, produire avec l'ajournement le certificat de non conciliation ou de non-comparution. — *Cass.*, 16 janv. 1843 (t. 2 1843, p. 332), De Rastignac c. Rolland.

296. — *Interruption de prescription.* — Sous l'empire de la loi du 24 août 1790, il suffisait que la citation en conciliation fût suivie d'ajournement dans un délai quelconque pour interrompre la prescription. — *Cass.*, 13 vendém. an XI, Schultz c. Brou et Ory; 13 vendém. an X, Schultz c. Brou; 6 vendém. an XI, Bourgeois; 22 niv. an IV, Treffens c. Cavaille; 20 vendém. an XI, Alayar c. Métayer.

297. — Cependant la citation en conciliation n'avait pas pour effet de donner à l'action une durée plus longue que celle qui lui appartenait par sa nature, si elle n'avait été suivie d'ajournement qu'après l'expiration d'un laps de temps suffisant pour prescrire. Ainsi une citation en conciliation n'a pu interrompre la prescription d'une action en rescision, pour cause de lésion, d'une vente faite en papier-monnaie, si l'ajournement a été donné après l'expiration du délai qui a suivi la publication de la loi du 19 flor. an VI, qui fixait à un an le délai pendant lequel l'action en rescision pourrait être intentée. — *Paris*, 8 fruct. an X, Hocquart c. Perrin; *Cass.*, 22 messid. an XI, Corneau c. Dupuy; *Cass.*, 29 juin 1829, comm. de Rougemont c. Millerin; — Bioche, no 155, vo *Conciliation*. — V. aussi *Parlem. Paris*, 18 juill. 1378; 19 janv. 1587, 11 mars 1600, 2 août 1584, rendu *consultis classibus*, et rapporté par Louet, lett. H., § 2; *Parlem. Dijon*, 16 juill. 1717, rapporté par Menelet dans son *Traité des péremptions*, p. 131; — Levert, art. 186; Vrevin, *Traité des Péremptions*, chap. 45; le président de Lamoignon, en ses arrêtés, titre *Des péremptions*, art. 10; Pothier, *Tr. du retrait*, no 278; Merlin, *Quest. de dr.*, vo *Bureau de paix*, § 6.

298. — Aujourd'hui il est indispensable que l'ajournement soit signifié dans le mois du jour de la non-comparution ou de la non-conciliation. — C. procéd., art. 57.

299. — Ce délai n'est point augmenté à raison de la distance existant entre le domicile des parties. — *Paris*, 4 juill. 1809, Boucher c. Laugier; — Carré-Chauveau, *Quest.* 248; Favard, t. 1er, p. 632. — Selon Pigeau (*Comment.*, t. 1er, p. 155), il doit y avoir exception quand la prescription est si courte que le demandeur obligé d'assigner au loin ne peut le faire dans le délai d'un mois. — Mais cette exception, qui n'est pas prévue par la loi, est repoussée avec raison par MM. Carré-Chauveau, *Quest.* 248; Favard, t. 1er, p. 632, et Thomine, t. 1er, p. 144.

300. — Il suffit que la demande ait été formée dans le mois : il n'est pas nécessaire qu'elle ait été suivie de jugement. — *Cass.*, 17 nov. 1807, Daubusson c. Perret.

301. — La citation en conciliation antérieure au Code de procédure n'a pas interrompu la prescription si, depuis la mise en vigueur de ce Code, elle n'a pas été, dans le mois, suivie d'ajournement. — *Bourges*, 24 avr. 1828, Bré c. Sinson; *Cass.*, 27 avr. 1814, de Chenavel c. de Champollon; *Toulouse*, 30 mai 1835, Dubour c. Buay. — *Contrà Toulouse*, 15 mai 1808, Prom.

302. — A plus forte raison a-t-il suffi que l'art. 57, C. proc., eût été promulgué à l'époque du procès-verbal de non-conciliation, pour que les parties aient dû se conformer à sa disposition. — *Montpellier*, 30 déc. 1812, Jeay.

303. — L'effet interruptif attaché à la citation suivie d'ajournement dans le délai légal est produit, même lorsque la tentative de conciliation n'était pas obligatoire. — Favard, t. 1er, p. 632; Carou, t. 2, p. 823; Duranton, t. 21, no 265; Chauveau sur Carré, *Quest.* 148 *bis*.; Troplong, *Prescription*, no 592.

304. — ... Par exemple, dans le cas de demande formée contre plus de deux parties. — *Montpellier*, 5 août 1807, Joly c. Delmas; *Montpellier*, 9 mai 1838 (t. 2 1838, p. 445), Rolland c. de Rastignac.

305. — Mais il en est autrement si l'affaire, au lieu d'être simplement dispensée du préliminaire, n'en est pas susceptible parce qu'elle ne pourrait être l'objet d'une transaction. Dans la première hypothèse, en effet, la dispense est une faveur : on ne doit pas punir le demandeur d'y avoir renoncé. Dans le second, au contraire, la transaction étant impossible, la citation en conciliation est un acte purement frustratoire, sans aucune portée légale et qui par suite ne peut produire aucun résultat. — *Rouen*, 13 déc. 1842 (t. 1er 1843, p. 644), comm. de Trye-Château c. ville de Gisors; — Delvincourt, t. 2, p. 640; Curasson, t. 1er, p. 470; Chauveau et Carré, *Quest.* 248 *bis*.

306. — Un arrêt de la cour de Cassation, rendu le 9 novembre 1809 (Brudieu c. Brunet), semblerait contraire à cette doctrine, en ce qu'il a déclaré que le délai fixé pour intenter une action en désaveu avait été prolongé par une citation en conciliation. — Mais il est à remarquer que la principale question débattue au procès consistait à savoir si, sous l'empire de la législation de l'époque, une cause quelconque pouvait être dispensée du préliminaire de conciliation, et la cour, ayant résolu cette question négativement, était nécessairement conduite à juger comme elle l'a fait.

307. — L'incompétence du juge devant lequel la citation est donnée n'empêche pas la prescription d'être interrompue. Le demandeur a manifesté son intention d'exercer une réclamation, et le défendeur a été mis en demeure de satisfaire à ses obligations. D'ailleurs, l'art. 2246, C. civ., déclare en termes exprès que la citation donnée en justice, devant un juge incompétent, interrompt la prescription. — Chauveau sur Carré, *Quest.* 248 *bis*; Pigeau, t. 1er, p. 46; Delvincourt, t. 2, p. 640; Carou, no 822.

308. — La prescription est interrompue autant pour les demandes additionnelles et reconventionnelles formées devant le bureau de paix que pour celles qui avaient été l'objet de cette citation. — *Cass.*, 30 frim. an XI, Descamps c. Guislain; — Carré-Chauveau, *Quest.* 248 *ter*; Troplong, *Prescription*, no 595.

309. — La citation en conciliation sur laquelle intervient un compromis, interrompt la prescription. — *Paris*, 9 juin 1826, Bachelier c. Bœuf; *Limoges*, 29 avr. 1836 (t. 2 1837, p. 480), Fossiat c. comm. de Boutard et de Jagon; — Vazeille, t. 1er, no 591; Troplong, no 594. — Mais l'interruption cesse d'avoir lieu si le compromis tombe en péremption. — *Grenoble*, 1er août 1833, Chorier; — Merlin, *Quest. de droit*, vo *Bureau de paix*, §§ 5 et 6; Carré, sur l'art. 57; Troplong, art. 2245.

310. — La comparution volontaire au bureau de paix a les mêmes conséquences que la citation en conciliation. — C. civ., art. 2248; — Carré-Chauveau, *Quest.* 248, 249; Favard, t. 1er, p. 632; Thomine, t. 1er, p. 144; Boncenne, t. 2, p. 59; Curasson, t. 1er, p. 169; Victor Augier, t. 2, p. 159; Troplong, *Prescription*, t. 2, no 590. — *Contrà Colmar*, 5 juill. 1809, Hirn.

311. — La demande formée sans préliminaire de conciliation, dans les cas où ce préliminaire est indispensable, n'interrompt pas la prescription. — *Cass.*, 30 mai 1814, Fargès et Pontcarré c. Lagrange.

312. — Avant le Code de procédure, la citation en conciliation faisait courir les intérêts, lors même qu'elle n'avait pas été suivie d'assignation dans le mois. — *Cass.*, 12 juill. 1808, Morin.

313. — Aujourd'hui il faut que l'assignation soit formée dans le mois. — C. procéd., art. 57. — Toutes les conditions exigées pour produire une interruption de prescription sont également requises pour faire courir les intérêts.

314. — Il faut, en outre, que les intérêts soient spécialement et expressément demandés. — Merlin, *Rép.*, vo *Intérêts*; Toullier, t. 6, p. 317; Carré-Chauveau, *Quest.* 252. — V. *contrà* Pigeau, *Comm.*, t. 1er, p. 155; Boitard, t. 1er, p. 165.

315. — Les fruits civils sont assimilés aux intérêts proprement dits. Ils courent à compter de la citation en conciliation, quand ils sont réclamés. — Carré-Chauveau, *Quest.* 253; Pigeau, *Comm.*, t. 1er, p. 155.

V. ABRÉVIATION DE DÉLAI, AVERTISSEMENT, AVEU, CITATION, EXPLOIT, HUISSIER, JUGE DE PAIX, INTÉRÊTS, PÉREMPTION, PRESCRIPTION.

CONCLUSIONS.

1. — C'est, dans un procès, le résumé verbal ou par écrit des demandes et réquisitions d'une partie.

2. — « Les parties et leurs défenseurs, dit le nouveau Denisart (vo *Conclusions*), ne sauraient faire trop d'attention à la rédaction des conclusions qui sont le fondement de toute la procédure. C'est souvent de conclusions bien ou mal prises que dépend le succès d'une affaire. »

3. — On distingue en procédure plusieurs espèces de conclusions : 1o les conclusions *écrites* et les conclusions *verbales*; 2o les conclusions *motivées et les simples conclusions*; 3o les conclusions *préjudicielles* et les conclusions *au fond*; 4o les conclusions *principales* et les conclusions *subsidiaires*; 5o les conclusions *reconventionnelles*, etc.... — V. Berriat, t. 1er, p. 277, *Appendice*, tit. 4.

4. — Les conclusions *écrites* sont celles qui sont prises dans les exploits d'assignation et les actes signifiés d'avoué à avoué, ou bien encore qui, sans avoir été signifiées, sont consignées par écrit et jointes au placet d'audience. Les conclusions verbales sont celles prises oralement à l'audience.

5. — En matière civile, la loi ne reconnaît pas de conclusions purement *verbales*. Celles qui sont prises de vive voix à la barre, sans avoir été préalablement signifiées à la partie adverse, doivent toujours être *écrites* et remises au tribunal, pour être jointes aux conclusions précédemment prises.

6. — Au contraire, en matière correctionnelle, aucune disposition légale n'oblige les parties à rédiger leurs conclusions par écrit et à les déposer sur le bureau du président; il suffit qu'elles aient été prises verbalement à l'audience par leurs défenseurs. — Jugé en ce sens par la cour de Cassa-

tion, le 11 août 1823 (Lombard).—Merlin, *Quest.*, v° *Appel*, § 13, art. 2, n° 6.

7. — Il en était autrement sous la loi du 19 juill. 1791 et sous le Code du 3 brum. an IV; on a décidé que sous ces lois, un jugement correctionnel était nul lorsque les conclusions de la partie plaignante et celles du prévenu n'avaient pas été fixées par écrit. — *Cass.*, 21 vendém. an V, Theu; 26 messid. an VIII, Purès c. Guyot.— V. aussi *Cass.*, 17 therm. an XI Claper; 7 mai 1808, Coulanges.

8. — On appelle conclusions *motivées* celles que les avoués se signifient dans le cours d'une instance. Ce qui les distingue des conclusions ordinaires, c'est moins leur rédaction plus ou moins développée, que cette circonstance que l'original en est grossoyé comme celui des requêtes et donne lieu à un émolument proportionné au nombre de rôles qu'il contient. — C. procéd., art. 406, 465,

9. — Quant aux *actes de simples conclusions*, prescrits par la loi dans certaines matières (V. C. proc. 337, 309), ils ne peuvent être grossoyés. — V. ACTE D'AVOUÉ A AVOUÉ.

10. — Les conclusions *préjudicielles ou exceptionnelle*, sont celles qui, sans engager le fond, tendent à obtenir une mesure préalable, telle que le renvoi à un autre tribunal, une communication de pièces.—V. à cet égard EXCEPTION.

11. — Quant aux conclusions *au fond*, on désigne sous ce nom celles qui tendent à faire admettre ou rejeter la demande elle-même.

12. — La différence qui sépare les conclusions *principales* des conclusions *subsidiaires* se comprend sans autre explication; — ainsi un créancier conclut *principalement* au paiement d'une obligation, parce que ce paiement est l'objet de ses prétentions prises dans tout leur développement. — Il conclut au contraire, *subsidiairement* à être admis à la preuve de cette obligation, parce que c'est à cela qu'il *restreint* ses prétentions pour le cas où sa demande principale ne serait pas accueillie.

13. — On désigne sous le nom de *réconventionnelles* les conclusions par lesquelles, en réponse à la demande de son adversaire, une partie formule elle-même une prétention qui la constitue dès lors demanderesse *in parte quâ*.

14. — Les conclusions sont du ministère de l'avoué, car c'est lui qui représente la partie, et qui est chargé de postuler et de conclure pour elle.— V. AVOUÉ.

15. — Il suit de ce principe que l'avocat chargé de plaider une cause ne peut rien changer aux conclusions prises par l'avoué, il ne peut les modifier qu'avec le concours et l'assistance de celui-ci.

16. — Les avocats se découvrent lorsqu'ils lisent les conclusions. Cela vient de ce qu'ils suppléent en cela les avoués. Cet usage s'est introduit dans le dix-septième siècle. — V. AVOCAT.

17. — D'après l'art. 70, décr. 30 mars 1808, les conclusions des parties doivent être signifiées trois jours au moins avant l'audience où l'on doit se présenter pour plaider ou même pour poser qualités. — C'est une disposition qui est, en général, assez mal exécutée. — Il arrive souvent, à Paris, qu'on se borne à signifier ses conclusions avant l'audience; quelquefois même on ne les signifie pas et l'on se contente de les joindre au placet. Mais l'adversaire peut évidemment s'opposer à ce qu'il soit statué sur des conclusions nouvelles signifiées et déposées tardivement à l'audience, ou demander une remise.

18. — Bien que l'art. 70, décr. 30 mars 1808, ait pour but principal de pourvoir à l'intérêt de la défense des parties, cependant on ne saurait contester qu'il ait aussi pour objet d'établir dans tous les tribunaux une règle uniforme très favorable à la bonne administration de la justice. — Aussi la cour de Cassation, jugeant *dans l'intérêt de la loi*, a-t-elle décidé que lorsque le ministère public requiert l'exécution dudit article, les tribunaux ne peuvent se dispenser de l'ordonner, sous prétexte que les parties auraient volontairement consenti à son inobservation. — *Cass.*, 30 août 1836 (intérêt de la loi), Sailly-Bailleux.

19. — Il a été jugé qu'il n'y a de conclusions dans un procès que celles qui ont été signifiées de partie à partie, ou celles prises sur la barre par l'avocat de la partie assistée de l'avoué, et dont il a été donné acte; c'est de celles-là seulement que la partie peut se faire délivrer expédition par le greffier. —*Paris*, 12 avr. 1813, de Lorey c. Richard.

20. — En toutes causes, dit l'art. 71, décr. 30 mars 1808, les avoués ou défenseurs ne seront admis à plaider contradictoirement ou à prendre leurs conclusions qu'après que les conclusions respectivement prises, signées des avoués, ont été remises au greffier.

21. — Et l'art. 72 ajoute : « S'il est pris des conclusions sur le bureau, l'avoué ou les avoués seront tenus de les remettre, après les avoir signées, au greffier, qui les portera sur les feuilles d'audience. »

22.—Le Tarif ne fixe aucun émolument à l'avoué pour les conclusions qu'il est obligé de rédiger et de signifier à son adversaire, ainsi que le veut le décret du 30 mars précité. — Plusieurs juges taxateurs ont prétendu, en se fondant sur le silence du législateur à cet égard, qu'ils ne devaient rien passer en taxe pour cet objet: c'est une erreur évidente. En effet, le Tarif, étant antérieur au décret du 30 mars, n'a pu fixer par anticipation l'émolument auquel l'avoué aurait droit pour ses conclusions. Cet émolument doit être déterminé par analogie.—Telle est l'opinion de M. Chauveau Adolphe (*Comment. du tarif*, t. 1er, p. 141, n° 56), et c'est cette opinion qui est suivie dans la pratique.

23. — Bien que le demandeur doive prendre ses conclusions dans l'exploit introductif d'instance (V. EXPLOIT), cependant il peut les expliquer et modifier par suite, pourvu que les nouvelles conclusions soient implicitement contenues dans les conclusions primitives, ou qu'elles en soient l'accessoire; mais toute demande nouvelle lui est interdite.

24. — Les conclusions peuvent être modifiées en tout état de cause, même après les plaidoiries (arg. art. 72, décr. 30 mars 1808); mais non après que le ministère public a été entendu, puisque, dans ce cas, l'art. 87 du même décret refuse la parole aux parties et ne leur permet que de simples notes. —*Poitiers*, 9 janv. 1823, Laplanche c. Jolly; *Paris*, 25 juin 1825, Bagues c. Manda; *Pau*, 5 mars 1833, Fourcade c. Tionès.

25. — Jugé encore qu'on ne peut prendre de nouvelles conclusions qu'après que le rapport est fait, le ministère public entendu, la délibération commencée et renvoyée à un autre jour. — *Toulouse*, 31 déc. 1819, de la Brousse; et sous cet arrêt un autre de la même cour du 21 août 1809, Dachaume c. Fortisson.

26. — Il en est de même lorsque le tribunal a clos les débats et que les juges ont commencé à délibérer. —*Grenoble*, 3 juin 1825, Gaillard; *Rennes*, 3 août 1825, Bernard c. Levallois.

27. — Jugé encore que l'instruction d'une affaire est terminée quand les plaidoiries ont été closes et la cause mise en délibéré sur rapport; la cause doit être jugée en cet état, sans qu'il soit possible de prendre de nouvelles conclusions, alors surtout que le rapport a commencé. — *Caen*, 24 mars 1825, Brochant de Saint-Félix c. Faussilla.—V. DÉLIBÉRÉ.

28. — L'obligation de prendre des conclusions formelles existe aussi bien pour le défendeur que pour le demandeur. Il en était autrement sous l'ord. de 1667, tit. 35, art. 35. — *Cass.*, 8 niv. an XI, Bercelle. — V. aussi *Cass.*, 11 vent. an XI, Guibert, c. de Vautenet; — Berriat Saint-Prix, p. 240.

29. — C'est par les conclusions que se détermine le point de savoir si le jugement à intervenir sera ou non en premier ressort.

30. — Lorsqu'elles ont été prises au fond, la cause est réputée en état, et, dès-lors, le jugement qui intervient est contradictoire. — V. JUGEMENT, REPRISE D'INSTANCE.

31. — Les conclusions des parties sont relatées dans les qualités du jugement (V. JUGEMENT); elles servent de base à la décision des magistrats et dans le cas où il aurait été statué, soit au-delà, soit par omission de ces conclusions, il y aurait ouverture à requête civile. — V. REQUÊTE CIVILE.

32. — Les conclusions signifiées doivent être écrites sur papier timbré. — V. TIMBRE.

33. — Il résulte, au contraire, d'une circulaire du ministre de la justice du 4 oct. 1825, prise en exécution des art. 11, L. 13 brum. an VII, et 33, 70, 71, 72, 73, décr. 30 mars 1808, que la copie des conclusions motivées et signées d'eux, que les avoués, avant d'être admis à requérir défaut ou à plaider, sont tenus de remettre au greffier, après les avoir signifiées trois jours au moins avant l'audience, n'est pas assujettie au timbre et peut être transcrite sur papier libre sans aucune formalité; cette remise n'ayant pour objet que de soulager la mémoire du juge chargé de la rédaction des motifs et du dispositif du jugement. — V. anal. circ. min. just., 1791 à 1840, par M. Gillet.

V. ACTE D'AVOUÉ A AVOUÉ, APPEL, AVOCAT, AVOUÉ, DEMANDE NOUVELLE, EXCEPTION, EXPLOIT, JUGEMENT, REPRISE D'INSTANCE, REQUÊTE CIVILE, RESSORT, TIMBRE.

CONCORDAT.

1. — Pris dans son sens général, le mot *concordat* signifie une espèce de *transaction*. Conservant toujours cette idée fondamentale, il se divise en accord ou transaction entre bénéficiers, sens purement canonique (V., à cet égard, l'abbé André, *Cours de dr. canon*, v° *Concordat*, *in fine*), et en transaction entre le chef du pouvoir spirituel et le chef du pouvoir temporel d'un état, ayant pour but de régler les rapports généraux qui unissent les deux pouvoirs, dans les divers pays de la chrétienté.

2. — On appelait proprement et dans un sens absolu, sous l'ancienne monarchie, *Concordat français*, la convention conclue à Bologne, en 1516, entre François 1er et le pape Léon X; — et *Concordat germanique*, un traité passé l'an 1448, entre le pape Nicolas V, l'empereur Frédéric III, dit le Pacifique, et les princes d'Allemagne.—Les réglemens établis entre la cour de Rome et le roi de France pour le gouvernement de l'Eglise avaient, jusqu'à François Ier, porté le nom de *pragmatique sanction*.

3. — Les mots *Concordat* et *pragmatique sanction* ont évidemment entre eux une grande affinité. — Toutefois, suivant M. Vuillefroy (*Tr. de l'adm. du culte cathol.*, p. 1), il ne faudrait pas les tenir pour synonymes. Chacun d'eux indiquerait une phase distincte des vicissitudes qu'a subies l'Eglise de France depuis son origine.

4. — Dans la première, celle des pragmatiques de Saint-Louis, en 1268, et de Charles VII, en 1438, l'Eglise gallicane, tout en reconnaissant la primauté spirituelle du pape, a une existence hiérarchique et temporelle propre, individuelle. Elle se suffit pour ainsi dire à elle-même, elle dispose des siéges épiscopaux, élit ses pasteurs, et les institue par les mains de ses métropolitains; elle règle par ses conciles les conditions de son existence, avec l'assentiment et l'appui de l'autorité royale.

5. — Dans la seconde, au contraire, celle des *concordats*, dont le premier remonte à François 1er l'église gallicane n'est plus rien par elle-même; les évêques sont nommés par les rois, institués par les papes; ces derniers seuls la représentent, la personnifient et traitent directement pour elle de ses intérêts avec l'autorité royale.

6. — La pragmatique de Saint-Louis avait eu pour but direct l'indépendance de la couronne, la distinction formelle entre le pouvoir temporel et le pouvoir spirituel; celle de Charles VIII donnait force de loi aux décisions des conciles de Constance et de Bâle, qui avaient établi la supériorité des décisions des conciles œcuméniques sur celles émanant des papes.

7. — La phase des pragmatiques, dit M. Vuillefroy, *loc cit.*, ne fut pas exempte de secousses; pendant sa durée, la cour de Rome contesta souvent la position indépendante de l'Eglise de France; ses entreprises ne furent pas sans résultat, et, à certains intervalles, elle prit, perdit, reprit la nomination aux bénéfices et aux offices du clergé.— On peut, au surplus, consulter à cet égard le *Cours de droit canon* de M. l'abbé André, v° *Pragmatique*.

8. — Momentanément supprimée par Louis XI, mais rétablie par lui trois ans après, et toujours maintenue depuis, malgré les demandes réitérées du saint-siége, la pragmatique était encore en pleine vigueur lorsque François Ier crut devoir y substituer le concordat de 1516, qui introduisit de nombreuses et importantes modifications dans l'état de l'Église de France, surtout en ce qui concerne l'action du souverain pontife, qui devint plus directe et plus étendue.

9. — Le concordat de 1516 contient un assez grand nombre d'articles dont on peut lire le texte dans le *Cours de dr. canon* de M. l'abbé André, v° *Concordat*. Il fut approuvé expressément par le concile de Latran (1516) et par celui de Trente (1545 à 1563).

10. — François Ier éprouva de très grandes oppositions pour faire accepter le concordat en France. Bien qu'il l'eût présenté en personne au Parlement le 16 février 1517, il ne put y parvenir, aucun des ordres de l'état ne voulant l'agréer. Ce fut seulement le 22 mars 1517 que le Parlement obéit aux ordres souvent répétés de François Ier; mais il y mit la clause que c'était *par l'ordre exprès du roi*. — Et, deux jours après, il protesta de nouveau que, quelque publication qu'il eût faite du concordat, il n'entendait ni l'approuver, ni l'autoriser, ni avoir l'intention de le garder, qu'il persistait en ses protestation et appellation précédentes, déclarait que quelque acte que la cour pût faire dans la suite, il n'entendait se départir de ses protestation et appellation. Il fallut, de plus, de grandes menaces pour contenir l'Université, qui même avait défendu aux imprimeurs d'imprimer le concordat. — L'abbé André, *loc. cit.*

11. — Ce n'était pas, d'ailleurs, sans réserves que le clergé s'était résigné à abdiquer son existence indépendante; les droits reconnus au pape ont sans doute été respectés; mais une résistance

plus ou moins vive s'est, à toutes les époques, manifestée contre les empiétemens auxquels la cour de Rome se trouvait entraînée par la force de l'unité. Ces résistances ont été formulées en 1638 sous le titre de : *Libertés de l'Eglise gallicane*, et en 1682, leurs principes fondamentaux ont été proclamés par Bossuet dans une déclaration solennelle du clergé de France.

12. — Ces manifestations amenèrent des difficultés fréquentes entre le saint-siége et les rois ou le clergé français, mais ces luttes furent passagères, et le concordat de 1516 est resté en pratique jusqu'à la révolution de 1789. — « Dans les annales de notre Eglise, dit M. Frayssinous dans ses *Vrais principes*, il est peu d'actes aussi mémorables, et qui, après d'aussi violentes contradictions, aient obtenu un triomphe aussi complet. »

13. — La Révolution était venue rompre violemment les rapports de l'Eglise et de l'état; ces rapports furent rétablis par le concordat du 23 fruct. an IX (10 sept. 1801), passé entre le gouvernement consulaire et le saint-siége ; et tout ce qui regarde l'état actuel de l'Eglise de France repose sur ce concordat, lequel est devenu une loi civile de l'état, par la promulgation qui en a été faite, conjointement avec les *articles* dits *organiques*, le 18 germ. an X (8 avr. 1802).

14. — Sans donner le texte précis et intégral tant des articles du concordat que des articles organiques, nous en rappellerons les principales dispositions.

15. — Après avoir reconnu que la religion catholique, apostolique et romaine est celle de la grande majorité des Français, le concordat (art. 1er) porte que cette religion sera librement exercée en France, et que son culte sera public, en se conformant aux réglemens de police que le gouvernement jugera nécessaires pour la tranquillité publique.

16. — L'art. 2 dispose qu'il sera fait, d'accord entre le saint siége et le gouvernement, une nouvelle circonscription des diocèses. — V. DIOCÈSE. — Les art. 3 et 4 règlent le mode et l'époque des institutions nouvelles à faire d'après cette circonscription; enfin, l'art. 5 détermine, pour l'avenir, ce qui concerne les nominations aux évêchés vacans. Il résulte de ces articles que la nomination doit être faite par le gouvernement français, et que l'institution canonique doit être donnée par le pape suivant les formes établies par rapport à la France avant le changement de gouvernement. — V. ÉVÊQUE.

17. — Les art. 6 et 7 donnent la formule du serment que les évêques et ecclésiastiques du second ordre doivent prêter avant d'entrer en fonctions. Cette formule est toujours en usage (V. CLERGÉ), mais le serment n'a pas été exigé des curés et desservans. « Sans doute, dit M. l'abbé André (vo *Concordat*), par un retour aux anciennes règles qui ne prescrivaient pas le serment aux pasteurs du second ordre. »

18. — L'art. 8 détermine la formule de prière qui doit être récitée à la fin de l'office divin dans toutes les églises catholiques de France pour la conservation du gouvernement et de ses chefs.

19. — L'art. 10 reconnaît aux évêques le droit de nommer aux cures, sauf l'agrément du gouvernement (V. CURÉ, ÉVÊQUE). — L'art. 11 permet aux évêques d'avoir un chapitre dans leur cathédrale et un séminaire pour leur diocèse, sans que le gouvernement s'oblige à les doter (V. CHAPITRE). — L'art. 12 ordonne la remise aux évêques de toutes les églises métropolitaines, cathédrales, paroissiales et autres, non aliénées, nécessaires au culte.

20. — Suivant l'art. 13, le pape prend l'engagement de ne troubler en aucune manière les acquéreurs des biens ecclésiastiques aliénés, et confirme par là indirectement les lois de la Constituante et autres, sur la prise de possession des biens du clergé. — V. BIENS NATIONAUX, no 17.

21. — Le gouvernement s'oblige, par l'art. 14, à assurer un traitement convenable aux évêques et curés : et, par l'art. 15, à prendre des mesures pour que les catholiques français puissent, s'ils le veulent, faire des fondations en faveur des églises. — V. FONDATION.

22. — Enfin, l'art. 16 contient, de la part du saint père, reconnaissance, dans le premier consul, des droits et prérogatives dont jouissait près de lui l'ancien gouvernement, et l'art. 17 porte que « dans le cas où quelqu'un des successeurs du premier consul actuel ne serait pas catholique, les droits et prérogatives et la nomination aux évêchés seraient réglés, par rapport à lui, par une nouvelle convention. »

23. — Le souverain pontife publia deux bulles relatives à ce concordat, la première, qui commence par ces mots : « *Ecclesia Christi* », en contient la ratification, et la seconde, qui commence par ceux-ci : « *Qui Christi domini* », contient la nouvelle circonscription des diocèses français (V. ces deux bulles dans le *Cours de dr. canon* de M. l'abbé André, vo *Concordat*). — Le tableau de cette circonscription fut inséré au *Bulletin des Lois* à la suite des articles organiques. — V. DIOCÈSE.

24. — Quant aux *articles* dits *organiques*, ils composent plusieurs titres. Le premier, qui traite *du régime de l'église catholique dans ses rapports généraux avec les droits et la police de l'état*, dispose : (art. 1er) que les bulles, brefs, etc., et autres expéditions de la cour de Rome, ne pourront être reçus, publiés, etc., ni autrement mis à exécution, sans autorisation du gouvernement. — V. BREFS, BULLE.

25. — ... (Art. 2) Qu'aucun individu se disant nonce, légat, vicaire ou commissaire apostolique, ou se prévalant de toute autre dénomination, ne pourra, sans autorisation du gouvernement, exercer sur le sol français ni ailleurs aucune fonction relative aux affaires de l'église gallicane.

26. — ... (Art. 3 et 4) Que les décrets des conciles étrangers, même généraux, ne pourront être publiés sans autorisation du gouvernement, et que cette autorisation sera nécessaire pour la réunion des conciles nationaux, métropolitains ou diocésains, ou de toute autre assemblée délibérante. — V. CONCILE.

27. — ... (Art. 5) Que toutes les fonctions ecclésiastiques seront gratuites, sauf les oblations autorisées et fixées par les réglemens.

28. — Les art. 6, 7 et 8 règlent les cas et la forme des appels comme d'abus. — V. APPEL COMME D'ABUS.

29. — Le tit. 2 est intitulé *Des ministres*, et se compose de vingt-neuf articles. — Les art. 9, 10 et 11 (sect. 1re) disent, sous forme de disposition générale : 1o que le culte catholique sera exercé sous la direction des archevêques et évêques dans leurs diocèses, et sous celle des curés dans leurs paroisses; — 2o que tout privilége portant exception ou attribution de la juridiction épiscopale est aboli; — 3o que les archevêques ou évêques pourront, avec l'autorisation du gouvernement, établir dans leurs diocèses des chapitres cathédraux et des séminaires, mais que tous autres établissemens ecclésiastiques sont supprimés. — V. à cet égard vis CHAPITRE, CURÉ, ÉTABLISSEMENT ECCLÉSIASTIQUE, ÉVÊQUE.

30. — Et l'art. 12 ajoute « qu'il sera libre aux archevêques et évêques d'ajouter à leur nom le titre de *citoyen* ou de *monsieur; mais que toutes autres qualifications sont interdites.* — Toutefois, on a toujours continué à donner aux archevêques et évêques le titre de *monseigneur*.

31. — Quant aux art. 31 et suiv. jusqu'à 38, qui composent les sect. 2e, 3e, 4e et 5e, ils règlent : d'abord (sect. 2e et 3e) ce qui concerne les pouvoirs et les attributions des archevêques ou métropolitains, des évêques et des vicaires généraux, ainsi que l'organisation des séminaires. — V. à cet égard ÉVÊQUE, SÉMINAIRE.

32. — Ils règlent en outre (sect. 4e) tout ce qui concerne les curés (V. CURÉ), et (sect. 5e) les chapitres cathédraux, ainsi que le gouvernement des diocèses pendant la vacance du siége. — V. CHAPITRES, DIOCÈSE, ÉVÊQUE.

33. — Le titre 3 est intitulé *Du culte*, et en règle l'exercice. — V. à cet égard CULTE.

34. — Nous avons, au surplus, déjà traité ce qui concerne l'établissement des chapelles domestiques (V. CHAPELLE), les places réservées aux individus catholiques qui remplissent les autorités civiles et militaires (V. BANCS ET CHAISES DANS LES ÉGLISES), la sonnerie des cloches (V. CLOCHE), l'usage dans les actes ecclésiastiques et religieux de tel calendrier (V. CALENDRIER), l'obligation où sont les curés de ne donner la bénédiction nuptiale qu'à ceux qui justifieront en bonne et due forme avoir contracté mariage devant l'officier de l'état civil (V. BÉNÉDICTION NUPTIALE). — V. en outre CULTE et MARIAGE.

35. — Suivant l'art. 55, compris dans le même titre, les registres tenus par les ministres du culte, n'étant et ne pouvant être relatifs qu'à l'administration des sacremens, ne peuvent suppléer, dans aucun cas, les registres ordonnés par la loi pour constater l'état civil des Français. — V. ACTES DE L'ÉTAT CIVIL, no 13.

36. — Enfin, l'art. 57 fixe au dimanche le repos des fonctionnaires publics. — V. JOUR FÉRIÉ.

37. — Le titre 4, relatif à la circonscription des archevêchés, évêchés et paroisses, aux édifices consacrés au culte, aux logemens et traitemens des ministres du culte et aux biens qu'ils peuvent posséder ainsi qu'à l'établissement des fabriques, contient des dispositions réglementaires qui trouveront naturellement leurs places aux mots CURE, CURÉ, ÉVÊQUE, FABRIQUE D'ÉGLISE, MINISTRES DU CULTE. — V. aussi CLERGÉ et CULTE.

38. — L'art. 73 notamment porte que les fondations qui ont pour objet l'entretien des ministres ou l'exercice du culte ne pourront consister qu'en rentes constituées sur l'état, qu'elles seront acceptées par l'évêque diocésain et qu'elles ne pourront être exécutées qu'avec l'autorisation du gouvernement. — Cette disposition a été modifiée par la loi du 2 janv. 1817. — V. FONDATION.

39. — ... Et l'art. 74, que les immeubles, autres que les édifices destinés à leur logement et les jardins y attenant, ne pourront être affectés à des titres ecclésiastiques, ni possédés par les ministres du culte, à raison de leurs fonctions.

40. — Enfin, suivant les art. 75 et 77, les édifices anciennement destinés au culte catholique, actuellement dans les mains de la nation, ont dû être mis, à raison d'un édifice par cure et par succursale, à la disposition des évêques ; et il a été dit, en outre, que, dans les paroisses où il n'y aurait pas d'édifice disponible pour le culte, l'évêque se concerterait avec le préfet pour la désignation d'un édifice convenable.

41. — Il n'entre pas dans le cadre de ce répertoire de présenter un historique complet des négociations qui ont précédé et suivi la publication du concordat et des articles organiques. — Les pièces officielles concernant ces négociations se trouvent dans le *Cours de droit canon* de M. l'abbé André, vo *Concordat*. — V. aussi le *Recueil des discours, rapports et travaux sur le concordat de* 1810 *et sur les articles organiques*, de M. Portalis, publié par M. F. Portalis. — Les rapports et le discours sur l'organisation des cultes, lus devant le corps législatif dans la séance du 15 germin. an X sont aussi rapportés dans le *Cours de droit canon* précité, avec le rapport fait au tribunat par M. Siméon, et plusieurs discours prononcés à ce sujet, notamment celui de Lucien Bonaparte.

42. — Mais ce qu'il importe de constater, c'est que, si le concordat proprement dit reçut la complète approbation et ratification du pape, ainsi que cela a été dit plus haut, il n'en fut pas de même des articles organiques. — Loin de là, dès le mois d'août 1803, le cardinal Caprara, légat du saint-siége, protesta au nom du souverain pontife, dans une lettre écrite à M. de Talleyrand, ministre des relations extérieures, et qui commençait ainsi qu'il suit : « Je suis chargé de réclamer contre cette partie de la loi du 18 germin., que l'on a désignée sous le nom d'*articles organiques*. — La qualification qu'on donne à ces articles paraîtrait d'abord supposer qu'ils ne sont que la suite naturelle et l'explication du contrat religieux ; cependant il est de fait qu'ils n'ont pas été concertés avec le saint-siége; qu'ils ont une extension plus grande que le concordat, et qu'ils établissent en France un Code ecclésiastique sans le concours du Saint-Siége. — Comment Sa Sainteté pourrait-elle l'admettre n'ayant pas même été invitée à l'examiner? Ce Code a pour objet la doctrine, les mœurs, la discipline du clergé, les droits et les devoirs des évêques, ceux des ministres inférieurs, leurs relations avec le Saint-Siége, et le mode d'exercice de leur juridiction, et tout cela tient aux droits imprescriptibles de l'église. »

43. — Cette lettre contenait des observations sur plusieurs des articles organiques, notamment sur les art. 1er et 3, relatifs à la publication des bulles et des brefs, ainsi qu'à celle des canons des conciles; — sur les art. 6 et suiv. concernant les appels comme d'abus, sur les dispositions qui règlent l'exercice du culte, les attributions des évêques, la suppression de tous établissemens religieux autres que les séminaires ecclésiastiques, les exemptions ou attributions de la juridiction épiscopale, etc., etc. (art 9, 10, 11, 14, 15, 17, 22); sur celles qui ont en vue l'établissement des chapitres (art. 35), la célébration des mariages (art. 54), l'immixtion de l'autorité civile dans l'érection des succursales (art. 61).

44. — Elle protestait, en outre, contre l'art. 26, suivant lequel les évêques ne devaient pouvoir ordonner aucun ecclésiastique qui ne justifierait pas d'une propriété produisant au moins un revenu annuel de 300 fr., et qui ne serait pas âgé de vingt-cinq ans.

45. — Elle protestait aussi contre l'art. 24, qui porte que « ceux qui seront choisis pour l'enseignement dans les séminaires souscriront la déclaration faite par le clergé de France en 1682, et publié par un édit de la même année; qu'ils se soumettront à y enseigner la doctrine qui y est contenue, et que les évêques adresseront une expédition en forme de cette soumission au conseiller d'état chargé de toutes les affaires concernant les cultes. » Pourquoi, disait à cet égard la lettre précitée, jeter de nouveau au milieu des Français ce germe de discorde? Ne sait-on pas que les auteurs de cette déclaration l'ont eux-mêmes désavouée?

Sa Sainteté peut-elle admettre ce que ses prédécesseurs immédiats ont eux-mêmes rejeté? Ne doit-elle pas s'en tenir à ce qu'ils ont prononcé? Pourquoi souffrirait-elle que l'organisation d'une église qu'elle relève au prix de tant de sacrifices, consacrât des principes qu'elle ne peut avouer? Ne vaut-il pas mieux que les directeurs de séminaires s'engagent à enseigner une morale saine, plutôt qu'une déclaration qui fut et sera toujours une source de divisions entre la France et le Saint-Siége? »

46. — Enfin l'art. 74 précité était signalé comme établissant un contraste frappant avec l'art. 7 concernant les ministres protestans. « Ceux-ci, disait-on, non seulement jouissent d'un traitement qui leur est assuré, mais ils conservent tout à la fois et les biens que leur église possède, et les oblations qui leur sont offertes. Avec quelle amertume l'Eglise ne doit-elle pas voir cette énorme différence! Il n'y a qu'elle qui ne puisse posséder des immeubles; les sociétés séparées d'elle peuvent en jouir librement, on les leur conserve, quoique leur religion ne soit professée que par une minorité bien faible, tandis que l'immense majorité des Français et les consuls eux-mêmes professent la religion que l'on prive *légalement* du droit de posséder des immeubles. »

47. — On peut, au surplus, pour des détails plus étendus, consulter la lettre du cardinal Caprara insérée textuellement dans le *Cours de droit canon* précité, vº *Articles organiques*.

48. — Les protestations du Saint-Siége amenèrent, quelques années après, quelques modifications aux articles organiques. Ces modifications résultent du décret du 28 février 1810, relatif: 1º aux brefs de pénitencerie; — 2º aux conditions d'ordination par les évêques; — 3º à la vacance des siéges. — V. BREFS, ÉVÊQUE.

49. — Toutefois et malgré les modifications apportées par ce décret, le souverain pontife ne persista pas moins à refuser son adhésion aux articles organiques et à en demander l'abrogation. — Aussi, et à raison de cette résistance, les canonistes considèrent-ils en général ces articles comme nuls aux yeux de l'Eglise, attendu que le pouvoir temporel n'a pas qualité pour régler la discipline ecclésiastique sans le consentement du pouvoir spirituel.

50. — « Toutefois, dit M. l'abbé André (*loc. cit.*), nous devons ajouter que ces articles organiques peuvent être considérés sous deux points de vue différens: 1º si on les regarde comme ne faisant qu'une seule et même chose avec le concordat de 1801, dont ils seraient une suite nécessaire et indispensable, nul doute que, dans ce cas, ils sont radicalement nuls sous le rapport canonique, comme n'émanant pas des deux parties contractantes, mais d'une seule, de la puissance civile qui les a publiés à l'insu et contre la volonté de la puissance ecclésiastique. — 2º Si, au contraire, on les considère comme une loi purement civile et réglementaire publiée pour les rapports qui naturellement existent entre l'église et l'état, on peut et on doit les admettre avec certaines modifications. C'est ce qu'a fait, dans sa sagesse, l'épiscopat français tout entier: car il est à remarquer que les dispositions des articles organiques qui étaient en opposition avec le droit canonique ont été rapportées par le décret du 28 février 1810 ou sont tombées en désuétude, et s'il y a encore quelques autres dispositions que l'église déplore, mais qu'elle sait tolérer, il en est d'autres qui sont entièrement conformes à l'ancien droit canon. »

51. — De nouveaux différends surgirent entre les deux puissances, notamment lorsque l'empereur prétendit, comme chef temporel, étendre le concordat de 1801 aux différens pays réunis à la France depuis cet acte, et le concordat conclu pour l'Italie aux différens pays réunis à ce royaume. — Chaque jour la position devint plus irritante, jusqu'à ce qu'enfin, le pape étant devenu le prisonnier de l'empereur d'abord à Savone, puis à Fontainebleau, il intervint un nouveau concordat, dit du 25 janvier 1813, dont il importe de signaler la principale disposition.

52. — L'art. 5 du concordat de 1801 portait que les nominations aux évêchés vacans seraient faites par le premier consul et que l'institution canonique serait donnée par le Saint-Siége suivant les formes établies par rapport à la France, avant le changement de gouvernement. — Mais il pouvait arriver que le pape refusât l'institution; dans ce cas, le siége devait-il demeurer indéfiniment vacant? — Les inconvéniens de cette situation se produisirent lorsqu'à la suite de graves discussions survenues entre Napoléon et le Saint-Père, celui-ci refusa l'institution canonique des évêques français. — En 1811, Napoléon convoqua un concile national qui décida que, conformément aux anciennes maximes de l'Eglise gallicane, dans le cas où le pape refuserait, *sans motif canonique*, d'instituer un évêque dans un délai déterminé qui fut fixé à une année, l'institution serait donnée par le métropolitain.

53. — Néanmoins, le concile exprimait le désir que cette décision fût approuvée par le pape. — Et M. Blanchet (*Comment. du Concordat de* 1801, p. 30), dit, d'après Mgr. l'archevêque de Malines, que l'approbation fut donnée par un bref daté de Savone, du 20 sept. 1811. — C'est aussi ce que dit M. Vuillefroy (vº *Diocèse*, p. 254); mais, ajoute-t-il, la forme du bref ne satisfit pas l'empereur.

54. — Quoi qu'il en soit, il est certain que Napoléon voulut profiter de la présence du pape sur le territoire français pour régler, entre autres, cette importante question, et qu'une proclamation, qui porte la date du 25 janvier 1813, fut publiée sous celle du 13 février comme loi de l'empire, sous le titre de *Concordat de Fontainebleau*. Cette proclamation porte, art 4: « Que si, dans les six mois qui suivront la notification d'usage de la nomination par l'empereur aux évêchés et archevêchés de l'empire, le pape n'a pas approuvé l'institution, et les six mois expirés, le métropolitain, et, à son défaut, ou, s'il s'agit du métropolitain, l'évêque le plus ancien de la province, procédera à l'institution de l'évêque nommé, de manière qu'un siége ne soit jamais vacant plus d'une année. »

55. — On sait que cette publication fut suivie, le 24 mars, d'une protestation écrite de la main du pape lui-même; il nous paraît intéressant de reproduire textuellement cette pièce historique: « Bien qu'elle coûte à notre cœur, dit le St. Père, la confession que nous allons faire à Votre Majesté, la crainte du jugement dernier, dont nous sommes si près, attendu notre âge avancé, nous doit rendre supérieur à toute autre considération. Contraint par nos devoirs, avec cette sincérité, cette franchise qui conviennent à notre dignité et à notre caractère, nous déclarons à Votre Majesté que depuis le 25 janvier, jour où nous signâmes les articles qui devaient servir de base à ce traité définitif, dont il est fait mention, les plus grands remords et le plus vif repentir ont continuellement déchiré notre esprit, qui n'a plus ni repos ni paix. De cet écrit, que nous avons signé, nous disons à Votre Majesté cela même qu'eut occasion de dire notre prédécesseur Pascal II (l'an 1117), lorsque, dans une circonstance semblable, il eut à se repentir d'un écrit qui concernait une concession à Henri V. Comme nous reconnaissons notre écrit *fait mal*, nous le confessons *fait mal* et, avec l'aide du Seigneur, nous désirons *qu'il soit cassé tout-à-fait*, afin qu'il n'en résulte aucun dommage pour l'église et aucun préjudice pour notre ame. Nous reconnaissons que plusieurs de ces articles peuvent être corrigés par une rédaction différente, et avec quelques modifications et changemens. Votre Majesté se souviendra certainement des hautes clameurs que souleva en Europe et dans la France elle-même l'usage de notre puissance en 1801, lorsque nous privâmes de leur siége, cependant après une interpellation et une demande de leur démission, les anciens évêques de France. Ce fut une mesure extraordinaire, mais reconnue nécessaire en ce temps calamiteux, et indispensable pour mettre fin à un schisme déplorable, et ramener au centre de l'unité catholique une grande nation. Existe-t-il aujourd'hui une de ces fortes raisons pour justifier devant Dieu et devant les hommes la mesure prise dans un des articles dont il s'agit? Comment pourriez-vous admettre un réglement tellement subversif de la constitution divine de l'église de Jésus-Christ qui a établi la primauté de saint Pierre et de ses successeurs comme l'est évidemment le réglement qui soumet notre puissance à celle du métropolitain et qui permet à celui-ci d'instituer les évêques nommés que le souverain pontife aurait cru, en diverses circonstances et dans sa sagesse, ne pas devoir instituer, rendant ainsi juge et réformateur de la conduite du suprême hiérarque celui qui lui est inférieur dans la hiérarchie et qui lui doit soumission et obéissance? Pouvons-nous introduire dans l'Eglise de Dieu cette nouveauté inouie, que le métropolitain institue en opposition au chef de l'Eglise? Dans quel gouvernement bien réglé est-il concédé à une autorité inférieure de pouvoir faire ce que le chef du gouvernement a cru devoir ne pas faire? Nous offrons à Dieu les vœux les plus ardens, afin qu'il daigne répandre lui-même sur Votre Majesté l'abondance de ses célestes bénédictions. »

56. — Malgré cette lettre, et le lendemain même du jour où elle fut écrite, parut le décret relatif à l'exécution du concordat de Fontainebleau. — L'art. 5 de ce décret portait en outre que « les cours impériales connaîtraient de toutes les affaires connues sous le nom d'appel comme d'abus, ainsi que de toutes celles qui résulteraient de la non-exécution des lois des concordats; » et l'art. 6 annonçait une loi destinée à régler la procédure et les peines applicables en ces matières. — V. APPEL COMME D'ABUS.

57. — Quelle est, en faveur de tous ces documens, la valeur du concordat de 1813 et du décret qui l'a suivi, en en rappelant les dispositions? — M. l'abbé André (*loc. cit.*) dit que le concordat n'en a aucune et qu'il ne reçut aucune exécution sérieuse, mais qu'il reste seulement comme une preuve de l'abus de la violence exercée contre un vieillard captif. — Quant à M. Blanchet (*loc. cit.*, p. 31), il lui reconnait au contraire force d'exécution, attendu, dit-il, qu'il n'était par lui-même que la confirmation *des franchises et libertés de l'église gallicane*, et en tout point conforme à la pragmatique sanction de Charles VII, laquelle avait conservé force de loi même depuis le concordat de François Ier, pour tous les cas dont ce concordat ne parle pas, et qui devait dès-lors être respecté encore, puisque l'art. 4 du concordat de 1801 portait que l'institution canonique *serait* conférée suivant les formes établies par rapport à la France avant le changement du gouvernement. — M. Blanchet cite, à l'appui de son opinion, ces paroles de M. Laferrière (*Cours de dr. publ. et admin.*, p. 68): « La pragmatique n'a été abolie expressément ni par un édit enregistré, ni par le concordat, et l'église gallicane l'a toujours regardée comme faisant le droit commun du royaume dans tous les cas où il n'y a pas eu dérogation expresse ou tacite. C'est ainsi que, depuis le concordat de François Ier, si le pape refusait l'institution des évêques pour motif suffisant, on reconnaissait que, suivant l'ancien usage de l'église gallicane et les règles de la pragmatique, l'institution devait être conférée par le métropolitain dans l'assemblée des évêques suffragans. » — Or, ajoute M. Blanchet, c'est précisément la même disposition qui est contenue dans le décret du 25 mars 1813. — Ainsi donc, quand bien même on mettrait de côté le concordat de 1813, reste le décret qui est conforme aux règles de la pragmatique, et qui est ainsi au-dessus de toute critique sérieuse; ce décret lui-même n'existât-il pas, que le principe de la pragmatique de Charles VII devrait toujours prévaloir, puisqu'elle est encore en vigueur sur ce point. »

58. — M. Vuillefroy (*loc. cit.*) dit aussi que les décrets de l'empire ayant force de loi, et aucun acte législatif n'étant intervenu pour révoquer les décrets des 13 février et 25 mars 1813, leurs dispositions (au moins en ce qui concerne celle qui nous occupe, car les autres points sont demeurés sans objet par la chute du gouvernement impérial), font partie de la législation. — Tout ce que l'on peut espérer, c'est qu'il ne se produise jamais de conflit qui oblige de prendre un parti décisif sur la légalité ou l'illégalité du décret du 25 mars 1813.

59. — Après la chute de l'empire, la circonscription du royaume, par suite d'arrangemens avec les puissances alliées, subit de graves modifications; d'un autre côté, Louis XVIII ne voulait pas exercer le droit de nommer aux siéges vacans *au même titre* que Napoléon, titre qui, suivant M. de Frayssinous, avait causé de malheureuses contestations parmi les ecclésiastiques de tout rang. — Pour remédier à ces difficultés, un accord entre le pape et le roi semblait nécessaire, et cet accord avait été rendu plus facile par la cessation de la situation violente qui altérait depuis quelques années les rapports des cours de Rome et de France.

60. — De nouvelles négociations furent donc entamées pour arriver à un concordat qui fut rédigé le 11 juin 1817, et qui portait dans son préambule: « S. S. et S. M. T. C., animées du vif désir que les maux qui, depuis tant d'années, affligent l'église cessent entièrement en France et que la religion recouvre dans ce royaume son ancien éclat, puisque enfin l'heureux retour du petit fils de saint Louis sur le trône de ses aïeux, *permet que le régime ecclésiastique soit plus convenablement réglé*, ont en conséquence résolu de faire une convention solennelle, se réservant de pourvoir ensuite plus amplement et d'un commun accord aux intérêts de la religion catholique. »

61. — Ce concordat disposait (art. 1er) que le concordat passé entre le souverain pontife Léon X et le roi de France François Ier, était rétabli (art. 2); qu'en conséquence le concordat de 1801 cessait d'avoir son effet (art. 3); que les articles dits *organiques* qui avaient été *faits à l'insu de Sa Sainteté* et publiés *sans son aveu* le 8 avril 1802, en même temps que ledit concordat du 15 juillet 1801 étaient abrogés dans ce qu'ils avaient de contraire à la doctrine et aux lois de l'église. — En outre, ce concordat contenait une suite d'articles relatifs au rétablissement des siéges supprimés en 1801, à une nouvelle circonscription des diocèses, à la dotation des différens siéges, ainsi que des chapitres, cures et séminaires, etc. Enfin, par l'art. 10, il était dit

que « S. M. T. C. voulant donner un nouveau témoignage de son zèle pour la religion, emploierait, de concert avec le Saint Père, tous les moyens en son pouvoir pour faire cesser le plus tôt possible les désordres et les obstacles qui s'opposent au bien de la religion et à l'exécution des lois de l'Eglise. »

62. — Le pape publia, le 19 juillet 1817, la bulle qui commence par ces mots : « *Ubi primum,* » pour confirmer ce concordat, et le 27 du même mois, la bulle « *Commissa divinitus,* » pour la circonscription des diocèses.

63. — De son côté, le roi fit présenter aux chambres un projet de loi dont le but était de donner sanction au concordat de 1817, tout en maintenant, néanmoins, certaines dispositions du concordat de 1801, notamment en ce qui concerne la publication des bulles, brefs et actes émanés de la cour de Rome, les appels comme d'abus (dont la connaissance, néanmoins, était déférée aux cours royales). En outre, ce projet conservait au concordat de 1801 les effets par lui produits, ainsi que la disposition de l'art. 13, relative à la confiscation des biens du clergé. — Enfin les art. 10 et 11 disposaient « (art. 10) que les bulles des 19 et 27 juillet 1817 seraient publiées sans approbation des clauses, formules et expressions qu'elles renferment et qui étaient ou pouvaient être contraires aux lois du royaume et aux libertés et franchises de l'église gallicane ; (art. 11) qu'en aucun cas, les réceptions et publications ne pourraient être préjudiciables aux droits publics des Français garantis par la Charte constitutionnelle, aux franchises et libertés de l'église gallicane, aux lois et réglemens sur les matières ecclésiastiques, et aux lois concernant l'administration des cultes non catholiques. »

64. — Ce projet de loi allait être soumis à la discussion des chambres lorsqu'un des membres de la commisssion (M. de Marcellus) eut l'idée de s'adresser au pape pour le consulter sur la loi proposée. Le pape lui répondit par un de ces brefs connus sous le nom de *lettres-latines*. Il critiquait vivement le projet. — On craignit que la publicité de cette pièce et la démarche qui l'avait amenée n'envenimassent les débats, dans un moment où de nombreux écrits lancés de part et d'autre paraissaient devoir rallumer toute l'ardeur des anciennes querelles entre les deux pouvoirs, et rendre fort douteuse l'admission de la loi; le projet fut retiré.

65. — Toutefois, une seconde négociation entamée avec le saint-siége eut pour résultat, le 23 août 1819, d'opérer la confirmation provisoire, sauf certaines modifications, des érections et circonscriptions arrêtées en vertu du concordat de 1817. Une loi fut rendue le 4 juillet 1821 pour mettre le sceau législatif à ces nouvelles mesures. Cette loi, qui n'est nullement celle dont le projet fut retiré en 1817, et qui laisse par conséquent subsister le concordat de 1801, a eu principalement pour but de pourvoir aux frais et dépenses occasionnés par l'érection des nouveaux siéges; elle portait (art. 2) qu'une augmentation de crédit serait, à partir du 1er janvier 1821, employée à la dotation de douze siéges épiscopaux ou métropolitains, et successivement à la dotation de dix-huit autres siéges dans les villes où la loi le jugerait nécessaire. (L'établissement et la circonscription de tous ces diocèses devaient être concertés entre le roi et le saint-siége.)

66. — Cette circonscription nouvelle ayant été donnée par la bulle *Paternæ charitatis* du 10 oct. 1822, il intervint, le 8 octobre suivant, après vérification par le conseil d'état, une ordonnance royale prise en vertu de l'art. 2 de la loi de 1821, qui déclara que ladite bulle serait reçue et publiée dans le royaume, et que la circonscription des diocèses demeurerait déterminée conformément au tableau annexé à ladite ordonnance.

67. — Depuis, les choses étaient restées dans le même état, malgré certaines attaques dirigées à la chambre des députés, à l'occasion de la discussion des budgets, contre le concordat de 1817 et la loi de 1821. — Mais en 1833 ces attaques devinrent plus vives, et la chambre des députés introduisit dans la loi du 28 juin, portant fixation du budget des dépenses pour l'exercice de 1834, un art. 5 ainsi conçu : « A l'avenir, il ne sera pas affecté de fonds à la dotation des siéges épiscopaux et métropolitains *non compris dans le concordat de 1801*, qui viendraient à vaquer jusqu'à la conclusion définitive des négociations entamées à cet égard entre le gouvernement français et la cour de Rome. »

68. — Cet article ne fut adopté qu'après une longue discussion. Le gouvernement prétendait que la loi du 4 juill. 1821 ayant autorisé le roi à établir trente nouveaux siéges par suite de conventions successives avec le pape, les titulaires de ces siéges avaient nécessairement droit à un traitement, puisque les conventions faites par le roi à cet égard se trouvaient sanctionnées d'avance par le vote législatif. — Ces considérations étaient sans réplique; aussi furent-elles approuvées par quelques uns même de ceux qui s'étaient montrés dans le principe favorables à la proposition (ce qui ne l'empêcha pas d'être adoptée). — Duvergier, *Coll.*, t. 33, p. 248 et suiv.

69. — Mais, en présentant la loi à la chambre des pairs, M. le ministre des finances disait : « Si cet article devait avoir pour conséquence immédiate et prochaine de supprimer les siéges créés depuis 1821, le gouvernement repousserait une telle atteinte portée à la prérogative royale, à la loi, à la Charte et à la liberté des cultes... Heureusement il n'est pas d'une opposition immédiate; c'est une disposition *conditionnelle* qui, nous l'espérons, ne rencontrera pas, *d'ici à notre prochaine réunion*, les cas qu'elle suppose. A tout événement le roi nommera aux siéges qui viendraient à vaquer, sauf la question de traitement qui sera remise à la session prochaine. Nous ne doutons pas que la chambre des députés, frappée de la gravité de la mesure, ne revienne à la décision qu'elle avait prise trois fois depuis la révolution de juillet, dans un sens tout opposé à l'article dont j'ai l'honneur de vous entretenir » — Et M. le baron Fréville, rapporteur, a déclaré que ces explications avaient *seules* déterminé la commission de proposer l'adoption de l'article. — Duvergier, *loc. cit.*

70. — La question ne fut plus, au surplus, agitée depuis, et le gouvernement a continué de pourvoir indistinctement à tous les siéges vacans.

71. — Des explications qui précèdent il résulte que, sauf certaines modifications apportées par la législation elle-même, le concordat de 1801 est toujours en vigueur. On remarquera même que la Charte de 1830, en supprimant l'article de la Charte de 1814, qui déclarait la religion catholique *religion de l'état*, a reproduit l'article du concordat qui déclarait cette religion religion de la majorité des Français.

72. — Ajoutons, en terminant, qu'aux articles organiques annexés au concordat et concernant la religion catholique se trouvaient joints d'autres articles organiques relatifs aux cultes protestans. — V. à cet égard CULTE.

73. — On peut, au surplus, consulter pour plus amples détails les mots ACTES DE L'ÉTAT CIVIL, APPEL COMME D'ABUS, BANCS ET CHAISES, BÉNÉDICTION NUPTIALE, BIENS NATIONAUX, BREF, BULLE, CALENDRIER, CHAPITRE, CLOCHES, CONCILE, CULTE, CURE, CURÉ, DIOCÈSE, ÉTABLISSEMENT ECCLÉSIASTIQUE, ÉVÊQUE, FABRIQUE, FONDATION, JOUR FÉRIÉ, MINISTRES DU CULTE.

CONCORDAT (Faillite).

Traité par lequel les créanciers d'un commerçant failli accordent à leur débiteur des délais pour se libérer, ou lui font remise d'une portion de leurs créances. — V. FAILLITE.

CONCOURS.

1. — Acte public entre plusieurs prétendans, dans le but d'obtenir une chaire d'enseignement ou tout autre emploi qui n'est accordé qu'à celui qui en paraît le plus digne, d'après le résultat des épreuves.

2. — Appliqué aux matières de l'enseignement, le concours est bien distinct de l'examen. Le concours, dont le but consiste dans un avantage à conquérir par l'un des candidats sur ses compétiteurs, offre le moyen d'apprécier la capacité relative de chacun. L'examen, au contraire, a pour objet la vérification de l'aptitude individuelle d'un candidat et pour but la collation d'un grade, qui peut être accordé à tous s'ils sont reconnus capables.

3. — On a établi des concours à tous les degrés et dans toutes les branches de l'enseignement, pour exciter l'émulation et fournir aux capacités le moyen de se révéler. Un concours est institué, après la première nomination, pour les chaires des facultés autres que celles de théologie, par l'art. 7, décr. 17 mars 1808. Les chaires de professeur de théologie, de lettres et de sciences devaient être données au concours, d'après le décret du 16 septembre 1808, à dater, pour les premières, du 1er janv. 1815, et pour les autres, du 1er janv. 1811. Mais ce dernier décret n'a jamais été exécuté. On s'est référé au dispositif du décret du 11 flor. an X.

4. — L'institution du concours dans les facultés de droit remonte à la loi spéciale aux écoles de droit, du 22 vent. an XII, art. 36. Maintenue en 1808; suspendue dans toutes les facultés par les dispositions de l'art. 29, ord. 17 fév. 1815. elle fut rétablie dans les facultés de droit par le décret du 30 mars 1815, portant rétablissement de l'université impériale, conformément au décret du 17 mars 1808, et par l'ord. du 15 août 1815, qui prouve que celle du 17 fév. précédent n'avait pas reçu d'exécution.

5. — Le concours a été institué par la disposition de l'art. 7, décr. 17 mars 1808, dans les facultés de médecine, comme dans les facultés de droit, et a subi les mêmes vicissitudes jusqu'en 1822, époque de la suppression de la faculté de médecine de Paris. Maintenu à l'égard des agrégés, il fut supprimé pour les chaires qui furent données par le ministre sur une double liste de trois candidats. — V. ord. 2 fév. 1823, art. 11 et 12. — Le concours fut maintenu en principe dans la faculté de médecine de Montpellier, sauf certaines modifications pour les places d'agrégés. — V. ord. 12 déc. 1825, art. 7 et 8. — Quant aux professeurs, le mode de nomination sur présentation paraît résulter implicitement de la disposition des art. 6 et 8, *in principio*, qui semble se référer à la loi du 11 flor. an X.

6. — L'ord. du 5 août 1830, relative à la réorganisation de la faculté de médecine de Paris, rétablit le concours, tant pour les professeurs que pour les agrégés. — Art. 5, § 2.

7. — Les divers agrégés créés auprès des facultés des lettres et des sciences, sont aussi nommés au concours. — Art. 2, ord. des 24 et 28 mars 1840.

8. — L'agrégation au professorat des colléges ne s'obtient qu'au concours, d'après l'art. 119, décr. 17 mars 1808.

9. — Un décret de l'assemblée nationale institua également un concours pour les prix d'architecture, sculpture et peinture. — Décr. des 8-9 et 9-29 brum. an II. — Pour l'admission à l'école de commerce, le décret du 3 brum. an IV, tit. 5, art. 7, n'emploie pas l'expression *concours*, mais impose des épreuves analogues.

10. — L'ord. du 17 mars 1840 est venue établir, dans les facultés de droit, un concours entre les élèves de troisième année et entre les docteurs récens et les aspirans au doctorat. — Art. 1er et 5.

11. — Un décret du 9-14 pluv. an II a ordonné l'ouverture d'un concours pour des ouvrages destinés à l'instruction publique.

12. — Un décret du 15 vent. an III avait adopté la forme du concours pour les places qui concernent les arts et les sciences, mais il fut rapporté par un décret du lendemain.

13. — M. Foucart, aujourd'hui doyen de la faculté de droit de Poitiers, s'est attaché, dans un article inséré dans la *Revue de législation et de jurisprudence* (t. 1er, p. 346), à établir la nécessité du concours pour la magistrature.

14. — Les auxiliaires chirurgiens sous-aides sont admis par voie de concours. — Art. 2, ord. 24 mars 1840. — C'est aussi après un concours que sont données les places de médecins et d'internes dans les hôpitaux.

15. — L'admission aux écoles speciales est soumise aux épreuves du concours. C'est cette expression qu'emploient les réglemens et lois organiques. Ainsi, nul n'est admis à l'école polytechnique que par voie de concours. — Art. 8, ord. 30 oct. 1844 et art. 20, ord. 25 nov. 1831. — L'arr. 13 germin. an XI admet à ce concours les sous-officiers et soldats de l'artillerie.

16. — La loi du 25 frim. an VIII établit aussi la règle générale du concours pour l'admission aux diverses écoles des services publics, énumérées dans le décret du 20 vent. an IV et dans l'ord. du 30 oct. 1843. Spécialement pour les mines, V. tit. 6, art. 3, décr. et ord. 5 déc. 1816, art. 13; — pour les ponts-et-chaussées, L. 19 janv. 1791; même décr., tit. 5, art. 1er; décr. 7 fruct. an XII, art. 10 et 11; — pour l'école d'artillerie, V. décr. 18 flor. an III et 12 vendém. an XI; — pour les écoles de marine, V. décr. 30 juill. 1791 et 30 vendém. an IV, tit. 8, art. 3, tit. 9 et 10, art. 1er, et ord. 1er nov. 1830, 26 fév. 1831, qui organise l'école navale de Brest; — pour les commis principaux de marine, V. ord. 13 déc. 1830 et 11 juin 1831, art. 3.

17. — L'entrée à l'école spéciale militaire de Saint-Cyr est ouverte par la voie du concours. — Ord. 31 déc. 1817, 10 juin 1818, 20 sept. 1833 et 21 oct. 1840.

18. — Les élèves ne sont admis à l'école normale que par voie de concours. — V. décr. 17 mars 1808, art. 111. — L'admission à l'école normale primaire est réglée de la même manière, par un arrêté du conseil royal de l'instruction publique, 14 déc. 1833. — L'école forestière et les diverses écoles des arts et métiers sont plutôt ouvertes par la voie d'examen que par la voie du concours proprement dit.

V. ENSEIGNEMENT, FACULTÉS, MARINE, ORGANISATION JUDICIAIRE.

CONCOURS D'ACTIONS.

— V. ACTION (droit franç.), nos 300 à 306.

CONCUBINAGE.

1. — Le mot *concubinage*, pris *lato sensu*, comprend toute relation existant entre deux personnes de sexe différent, non unies par le mariage ; mais dans une acception plus restreinte et aussi plus usuelle, concubinage désigne le commerce illicite entre individus non mariés, mais qui pourraient l'être, à la différence de l'adultère et de l'inceste.

2. — Pour qu'il y ait concubinage, dit le nouveau Denisart (vº *Concubinage*, § 1er), il ne suffit pas d'un rapprochement passager et fortuit, c'est là la *fornication* ; le concubinage est, au contraire, un commerce permanent. — Cette distinction avait, sous notre ancien droit, qui trouvait dans le concubinage le principe de certaines incapacités et même de pénalités (V. *infrà* nº 9), beaucoup plus d'importance qu'aujourd'hui.

3. — Le concubinage, état immoral et illicite, ne doit pas être confondu avec le *concubinatus* des Romains. — « Les citoyens romains, dit Pothier (*Contr. de mariage*, nº 6), pouvaient contracter deux différentes espèces de mariage ; on appelait l'une *justæ nuptiæ*, et l'autre *concubinatus*. » Quant à la liaison illicite qui est désignée chez nous sous le nom de *concubinage*, les Romains lui donnaient celui de *stuprum*.

4. — Le *concubinatus* avait été admis par la législation romaine comme remède aux restrictions et entraves apportées par les lois civiles à la formation des *justæ nuptiæ* entre certaines personnes.

5. — « Ce qui différenciait, ajoute Pothier (nº 7), le *concubinatus* du mariage légitime appelé *justæ nuptiæ*, c'est que, par ce mariage, l'homme ne prenait pas la femme avec qui il se mariait, pour l'avoir à titre de légitime épouse, *justa uxor* ; mais il la prenait pour l'avoir seulement à titre de femme et de concubine. Les enfans qui naissaient de ce mariage n'avaient pas les droits de famille, et le père n'avait pas sur eux le droit de puissance paternelle ; ils n'étaient pas *justi liberi*. Ils n'étaient pas, néanmoins, bâtards ; on les appelait *liberi naturales*, et non *nothi*, *spurii*, qui étaient les noms de ceux qui étaient nés *ex scorto* et d'unions défendues. »

6. — L'espèce de mariage connue sous le nom de *concubinatus* a été comparée par Pothier (nº 10) aux mariages connus encore aujourd'hui, dans quelques pays, sous le nom de *mariages de la main gauche*. — V. ce mot.

7. — Le christianisme devait tendre évidemment à l'abolition du *concubinat* ; cependant, malgré les efforts réunis des empereurs et de l'église, il fut encore long-temps à disparaître ; il existait encore au cinquième siècle, ainsi que cela résulte du dix-septième canon du premier concile de Tolède, tenu en l'an 400, où il est dit, cap. 17 : — « *Si quis habens uxorem fidelis, concubinam habeat, non communicet : cæterum qui non habet uxorem, et pro uxo concubinam habet, à communione non repellatur, tantùm est unius mulieris, aut uxoris, aut concubinæ, ut sei placuerit, sit conjunctione contentus.* » — Le mot *concubinæ* était ainsi employé comme se rapportant non au *concubinage*, mais au *concubinat*, « c'est-à-dire, dit M. l'abbé André (*Cours de droit canon*, vº *Concubinage*), à certains mariages qui se faisaient autrefois avec moins de solennités. »

8. — « Notre ancienne jurisprudence, dit Denisart (vº *Concubinage*), ne reconnaissait d'autre union légitime entre l'homme et la femme *que le mariage*. »

9. — Quant au concubinage, il ne fut jamais toléré en France, les lois civiles et les lois religieuses s'accordèrent toujours pour le proscrire. « En France, dit Guyot (*Rép.*, vº *Concubinage*), le concubinage est depuis longtemps regardé comme une débauche contraire à la pureté de la religion et aux bonnes mœurs. C'est un délit que les lois punissent, non seulement lorsqu'il est commis par des clercs, mais encore lorsque des laïques s'en sont rendus coupables. On le regarde comme contraire au bien de l'état ; et, sous ce point de vue, il est l'objet de la sévérité de nos lois. »

10. — Toutefois, sous le rapport de la pénalité, on distinguait le concubinage accompagné ou non de scandale public ; le premier seul était atteint, quand il s'agissait de laïques, et encore la peine ne consistait que dans une amende plus ou moins élevée (*Parlem. Paris*, 16 fév. 1673), sans préjudice de la peine spirituelle de l'excommunication, qui pouvait être encourue, que le concubinage fût ou non accompagné de scandale. Mais pour l'application de cette peine, les officiers ne pouvaient citer devant eux les laïques, qui, s'ils étaient ainsi décernés par la juridiction spirituelle, pouvaient élever l'appel comme d'abus. — Même arrêt.

11. — Quant aux ecclésiastiques et généralement à toutes personnes engagées par vœux religieux, le concubinage ayant un caractère plus grave, les lois canoniques le frappaient, qu'il eût été ou non accompagné de scandale ; ce fut longtemps une question de savoir si, dans ce dernier cas, c'est-à-dire celui de scandale, la juridiction laïque avait action pour la répression du désordre conjointement avec la juridiction spirituelle de l'officialité ; mais la jurisprudence s'était fixée en ce sens qu'il n'y avait pas là *cas privilégié*. — *Parlem. Paris*, 18 nov. 173, 18 fév. 1747, 7 fév. 1767. — V. CAS PRIVILÉGIÉ.

12. — Si le concubinage, même public, n'était pas, ainsi que le faisait observer, dans un réquisitoire, l'avocat-général Joly de Fleury, au nombre des crimes qui sont punis de peines afflictives et infamantes, néanmoins il produisait des effets graves quant à la capacité des personnes : c'est ainsi que la déclaration de novembre 1639 privait des effets civils les mariages contractés *in extremis* avec les concubines.

13. — On a beaucoup agité, tant sous l'ancien droit que sous le droit intermédiaire et le droit nouveau, la question de savoir si les libéralités entre concubins doivent ou non être considérées comme valables. — Cette question sera traitée avec détails au mot DISPOSITION A TITRE GRATUIT.

14. — C'est un point hors de doute que, depuis le Code civil, le fait du concubinage de la part de l'un des époux pouvait donner lieu à l'action en divorce ; c'est également un cas de séparation de corps. — V. au surplus, à cet égard, vis DIVORCE et SÉPARATION DE CORPS. — Du reste, le seul fait du concubinage, lorsqu'il n'est pas accompagné d'autres circonstances, telles que l'adultère, ne peut donner lieu à l'application d'aucune peine.

V. ADULTÈRE, CAS PRIVILÉGIÉ, DISPOSITION A TITRE GRATUIT, DIVORCE, SÉPARATION DE CORPS, TESTAMENT.

CONCURRENCE.

L'art. 419, C. pén., prévoit et punit les manœuvres qui ont pour but de porter atteinte à la concurrence naturelle du commerce. — En outre, l'art. 412 pour favoriser la libre concurrence, punit les entraves apportées à la liberté des enchères. — Tout ce qui se rattache à cet ordre d'idées sera traité vis ENCHÈRES, HAUSSE ET BAISSE DE MARCHANDISES. — V. aussi COALITIONS ENTRE MAITRES ET ENTRE OUVRIERS.

CONCURRENCE HYPOTHÉCAIRE.

V. HYPOTHÈQUE, ORDRE.

CONCUSSION.

Table alphabétique.

Abus d'autorité, 56 s.
Agent forestier, 30. — du gouvernement, 46.
Amende, 73 s.
Avoué, 39.
Bonne foi, 68 s.
Capitaine de navire, 32.
Caractère, 8 s., 15.
Chef supérieur, 62.
Commis, 45, 61, 65.
Commissaire de police, 31.
Concierge de prisons, 30, 48.
Corruption, 8 s., 15 s.
Cour d'assises, 76. — spéciale, 22 s.
Crime, 7.
Délit, 7.
Directeur d'un bureau de prêt, 55.
Droit ancien, 4. — romain, 2 s.
Elémens constitutifs de la concussion, 24 s.
Emprisonnement, 72.
Escroquerie, 8, 12 s.
Excuse, 65 s.
Faux, 21 s.
Fermier de droits communaux, 52. — des halles, 53 s.
Fonctionnaire, 65, 72. — inférieur, 63. — public, 26, 29.
Garde champêtre, 18, 31. — chasse, 13 s. — forestier, 17.
Gratification, 18.
Historique, 2 s.
Jurys spéciaux, 6.
Magistrat, 31.
Maire, 31.
Mauvaise foi, 67.
Ministre, 30.
Notaire, 43.
Obéissance, 61.
Officier de l'armée, 32. — ministériel, 33 s., 40 s., 44. — public, 34.
Ordre supérieur, 60, 64.
Péculat, 11.
Pénalité, 5, 71 s.
Perception illégitime, 58 s.
Porteur de contraintes, 49.
Préfet, 30.
Préposé, 45 s., 72. — des douanes, 30, 47. — de l'octroi, 69.
Profit personnel, 70.
Question complexe, 19 s.
Réclusion, 72.
Secrétaire de mairie, 50 s.
Serment, 27 s.
Sous-préfet, 30, 68.

CONCUSSION. — 1. — Crime commis par « tous fonctionnaires, tous officiers publics, leurs commis ou préposés, *en ordonnant de percevoir, ou en exigeant, ou en recevant ce qu'ils savent n'être pas dû ou excéder ce qui est dû pour droits, taxes, contributions, deniers ou revenus, ou pour salaires ou traitemens.* » C. pén., art. 174.

—

SECT. 1re. — *Historique* (nº 2).
SECT. 2e. — *Caractère de la concussion* (nº 8).
SECT. 3e. — *Conditions essentielles pour constituer le crime de concussion* (nº 24).
§ 1er. — *Qualité de fonctionnaire public* (nº 26).
§ 2. — *Abus de l'autorité confiée* (nº 56).
§ 3. — *Perception illégitime* (nº 58).
§ 4. — *Mauvaise foi du fonctionnaire* (nº 67).
SECT. 4e. — *Pénalité* (nº 71).

Sect. 1re. — *Historique*.

2. — *Historique*. — A Rome, le crime de concussion consistait dans l'abus que les magistrats faisaient de leur autorité pour exiger des contributions illégales dans les provinces qu'ils étaient chargés d'administrer, ou des sommes d'argent des justiciables auxquels la justice était due gratuitement. Au surplus, la concussion se confondait avec la corruption, et était punie de la même peine.

3. — D'après la loi des Douze Tables, cette peine était la mort ; restreinte plus tard par la loi *Calpurnia repetundarum* à la restitution des sommes indûment perçues, elle fut portée au quadruple de ces sommes, pour les magistrats des villes, par la loi *Julia repetundarum*. — La même loi prononçait l'exil et la confiscation des sommes indûment perçues, indépendamment de la restitution aux parties lésées, à l'égard des magistrats des campagnes. — L. 1, Cod. *Ad leg. Jul. repet.* ; L. 1, Cod., *Ne rustic. ad ult. oblig. evoc.* ; L. 1 et 2, ff., *De concussione*.

4. — Notre ancienne législation confondait également le crime de concussion avec celui de corruption des fonctionnaires. La peine était appliquée arbitrairement et diversement suivant la qualité et le rang des coupables. — Pour les gens de guerre elle était la mort. Les seigneurs étaient déclarés roturiers et ignobles. Les baillis, gouverneurs, et sénéchaux avaient leurs biens confisqués. — Par arrêt du 23 avr. 1545, le chancelier Poyet, convaincu de concussion, fut déclaré incapable de tenir aucun office royal, condamné à 100,000 liv. d'amende et à un exil de cinq ans. — Jousse, *Just. crim.*, t. 3, p. 772, nº 10 ; Rousseaud de Lacombe, *Mat. crim.*, p. 129 ; ord. de 1629, art. 166, de Blois, art. 280.

5. — Le Code pénal de 1791 rangeait la concussion parmi les crimes, mais il n'en indiquait pas les caractères constitutifs. — Il se bornait à le punir de la peine de six ans de fers, sans préjudice de la restitution des sommes indûment perçues. — C. pén. de 1791, 2e part., tit. 1er, sect. 5e, art. 14.

6. — La loi du 16-29 septembre 1792 soumettait à des formes particulières l'instruction de ce crime, et le Code de brumaire an IV en attribuait la connaissance à des jurys spéciaux.

7. — La législation actuelle l'a fait rentrer dans la classe des crimes ou délits ordinaires, suivant le caractère de ceux qui s'en rendent coupables.

Sect. 2e. — *Caractères de la concussion*.

8. — La concussion a une grande analogie avec la corruption des fonctionnaires et avec certaines escroqueries commises par eux dans l'exercice ou à l'occasion de l'exercice de leurs fonctions. — Elle diffère cependant de ces délits sous plusieurs points importans.

9. — MM. Chauveau et Hélie (*Th. C. pén.*, t. 4, p. 103) enseignent que la concussion diffère de la corruption en ce que la première *exige* la somme qu'elle perçoit, au lieu que la corruption se borne à l'*agréer* : on peut objecter à ce raisonnement que l'art. 174, C. pén., traite comme concussionnaire le fonctionnaire qui *reçoit* une perception indue aussi bien que celui qui l'exige. — La discussion qui eut lieu au conseil d'état le 9 janv. 1810 prouve d'ailleurs clairement que la loi a entendu punir comme concussionnaire aussi bien le fonctionnaire public qui aurait reçu sans avoir exigé que celui qui aurait exigé. — V. Procès-verbaux du conseil d'état, séance du 9 janv. 1810.

10. — La différence essentielle qui distingue la concussion de la corruption consiste, selon nous, en ce que la concussion est commise au profit d'une seule personne, de celle qui reçoit plus qu'il n'es dû, tandis que la corruption suppose tout à la foi

un lucre illicite pour le fonctionnaire et un acte de sa part profitable à celui qui paie la chose non due. La concussion est en général le fait de celui qui, chargé de percevoir certains impôts, abuse du droit qui lui est conféré pour percevoir des impôts illicites, ou de celui auquel il est dû un salaire en traitement, et qui exige au delà de ce qui lui est dû : la corruption est le fait de celui qui, n'étant chargé d'aucune perception, mais étant investi d'une certaine portion de la puissance publique, accepte des présens pour faire ou pour ne pas faire un acte de ses fonctions.

11. — La concussion diffère aussi du *péculat* en ce que le péculat se constitue par la soustraction des deniers de l'état, de la part de ceux qui en ont le maniement, ce qui fait rentrer ce genre de délit dans la disposition des art. 169 et suiv., C. pén. — Carnot, sur l'art. 174, no 4, t. 1er, p. 450.

12. — Enfin, il n'y a pas concussion, mais bien escroquerie dans la remise d'une somme d'argent exigée par un gendarme d'un voyageur dont le passeport est irrégulier, en lui inspirant la crainte d'être conduit en prison. — *Limoges*, 4 janv. 1836, Martial-Laplace. — V. CORRUPTION, ESCROQUERIE.

13. — Ou par un garde-chasse, d'un chasseur en contravention, sous promesse de ne pas rédiger un procès-verbal qu'il n'avait pas le droit de dresser. — *Cass.* (ch. réun.), 31 mars 1827, Rose.

14. — Si, au contraire, le garde avait caractère pour dresser le procès-verbal, il se rendrait coupable de corruption en recevant une somme pour ne pas remplir son devoir.

15. — Du reste, la cour de Cassation semble considérer certains faits comme constituant le double crime ou délit de corruption et de concussion.

16. — Il en est ainsi toutes les fois qu'un fonctionnaire public ou agent de l'autorité exige ou reçoit un présent pour un acte de ses fonctions. Il y a en effet acceptation d'une chose non due, ce qui constitue le crime prévu par l'art. 174, C. pén., et réception de dons pour un acte de ses fonctions, ce qui rentre dans les termes de l'art. 177. — V. CORRUPTION.

17. — Ainsi, il a été jugé que le garde forestier qui reçoit de l'argent d'un particulier délinquant, pour ne pas dresser procès-verbal contre lui, ou qui en reçoit d'un individu pour lui permettre de couper du bois en contravention aux lois, commet le crime de concussion (*Cass.*, 23 avr. 1813, Ferranti) et le crime de corruption. — *Cass.*, 5 mai 1837 (t. 2 1837, p. 346), Pelisson.

18. — Le seul fait, de la part d'un garde champêtre, de recevoir une gratification du propriétaire du terrain sur lequel il a constaté une contravention, constitue un acte de concussion. — Même arrêt.

19. —Le mot *concussion* présente en même temps la moralité du fait et le fait lui-même; en conséquence, sous le code du 3 brum. an IV, la question par laquelle on demandait au jury s'il n'avait pas été commis de concussion sur les contribuables, était nulle comme entachée de complexité.—*Cass.*, 19 niv. an VII, Desbœufs; 13 brum. an VII, Lampierre.

20. — Mais un arrêt de renvoi peut réunir en une seule question le fait matériel d'avoir reçu ce qui n'était pas dû et la criminalité résultant de ce que la perception illégale a été faite sciemment. — *Cass.*, 15 mars 1821, Gabriel Gallet.

21. — Lorsqu'une concussion a été commise à l'aide d'un faux, c'est la peine du faux qui devient applicable. — V. FAUX.

22. —Quand un fonctionnaire public était accusé d'avoir altéré les matrices de rôles pour commettre des concussions, il pouvait en conséquence être traduit devant les cours spéciales instituées par le Code de brumaire an IV. — *Cass.*, 2 frim. an XII, Froger.

23. — Mais ces cours étaient incompétentes pour connaître des concussions commises sans aucun faux, même accessoirement à une autre accusation de concussion pratiquée à l'aide de faux dirigée contre le même individu. — *Cass.*, 26 juill. 1806, Segouffin. — V. COUR SPÉCIALE.

Sect. 3e. — *Conditions essentielles pour constituer le crime de concussion.*

24. —L'art., 174, C. pén., est ainsi conçu : « Tous fonctionnaires, tous officiers publics, leurs commis ou préposés, tous percepteurs des droits, taxes, contributions, deniers, revenus publics ou communaux, et leurs commis ou préposés, qui se seront rendus coupables du crime de concussion, en ordonnant de percevoir, ou en exigeant, ou en recevant ce qu'ils savaient n'être pas dû ou excéder ce qui était dû pour droits, taxes, contributions, deniers ou revenus, ou pour salaires ou traitemens, seront punis, savoir : les fonctionnaires ou les officiers publics, de la peine de la réclusion, et leurs commis ou préposés, d'un emprisonnement de deux ans au moins et de cinq ans au plus. »

25. — En analysant les dispositions de cet article, on voit que quatre conditions essentielles doivent concourir pour qu'il y ait lieu à l'application de la peine. Il faut : 1o que l'accusé soit fonctionnaire public, ou commis ou préposé d'un fonctionnaire public; 2o qu'il ait fait abus de sa puissance; 3o que la perception soit illégitime; 4o qu'il ait *sciemment* exigé cette perception. — Nous allons examiner successivement, dans les quatre paragraphes suivans, les personnes qu'on doit considérer comme fonctionnaires publics, quand le fonctionnaire fait abus de sa puissance, quand la perception est illégitime, et quand elle est faite sciemment.

§ 1er. — *Qualité de fonctionnaire public.*

26. —Les fonctionnaires ou officiers publics seuls, ou leurs commis et préposés, peuvent se rendre coupables de concussion.

27. — Avant d'entrer en exercice, tout fonctionnaire est tenu de prêter serment : d'où il suit que l'accomplissement de cette formalité est nécessaire pour compléter le caractère de fonctionnaire public.

28. — Il semblerait également devoir résulter de ce principe qu'un serment prêté devant une autorité incompétente est insuffisant pour conférer au fonctionnaire un caractère public. Cependant le contraire a été jugé par la cour de Cassation.— V. CORRUPTION DE FONCTIONNAIRES.

29. — Sont en général considérés comme fonctionnaires publics tous ceux qui exercent des fonctions publiques à eux déférées par l'autorité légalement constituée.

30. — Tels sont : 1o les ministres d'état, les préfets, sous-préfets et tous autres officiers administratifs, par exemple, les directeurs et agens forestiers, gardes forestiers, préposés des douanes, concierges des prisons, et autres officiers de police administrative.

31. — ... 2o les officiers de l'ordre judiciaire composant ce qu'on appelle la magistrature assise et les officiers du parquet remplissant les fonctions du ministère public; enfin, les officiers de police judiciaire, tels que commissaires de police, gardes-champêtres, maires et adjoints de maires.

32 — ... 3o Les officiers militaires de terre et de mer. Les officiers de la marine marchande sont compris parmi les officiers de mer, car ils sont soumis à la prestation du serment et ne peuvent recevoir de grade que par nomination faite par le gouvernement. Ils sont astreints à un service de plusieurs années sur les bâtimens de l'état avant qu'un grade puisse leur être conféré dans la marine marchande, et sont revêtus d'un caractère public quand ils commandent sur un bâtiment de commerce.

33. — Les notaires, avoués, huissiers, commissaires-priseurs, agens de change, sont aussi des officiers publics, en ce sens qu'ils ont un caractère public conféré par le gouvernement; mais ils ne sont cependant pas des fonctionnaires publics, parce qu'ils n'exercent aucune branche de la puissance publique.

34. — Selon MM. Faustin Hélie et Chauveau, t. 4, p. 3 et suiv., le crime de concussion ne peut être commis que par les fonctionnaires ou officiers publics chargés de percevoir des contributions sur les particuliers pour les verser dans les caisses de l'Etat ou d'une administration publique.

35. — Ils font ressortir cette distinction de diverses dispositions législatives qui ont statué sur les peines portées contre les officiers publics non *percepteurs de taxe*, notamment des art. 66 et 151 du décret du 16 février 1807, qui punissent de restitution, dommages-intérêts et d'interdiction, s'il y a lieu, les huissiers et avoués qui auraient exigé des droits supérieurs à ceux portés au Tarif, et des art. 64 et 86 du décret du 28 juin 1811, qui prononcent la destitution et une amende de 500 fr. à 6,000 contre les greffiers et huissiers qui exigent d'autres droits que ceux portés au Tarif. « Si, disent-ils, le législateur a établi ces dispositions particulières, c'est bien évidemment qu'il ne voulait pas qu'on appliquât les peines portées contre les concussionnaires. »

36. — La différence établie entre les fonctionnaires percepteurs et les autres est fondée sur ce que le contribuable a rarement des moyens de contrôle, au lieu que vis-à-vis de l'officier ministériel le client a toujours le Tarif à opposer.

37. — Mais la jurisprudence de la cour de Cassation repousse cette distinction. Plusieurs arrêts ont jugé que l'art. 174, C. pén., était applicable aux officiers ministériels, attendu que les mots *salaires* et *traitemens*, employés par cet article, se rapportent à tout homme public qui, à ce titre, exige au-delà de ce qui lui est dû. — *Cass.* 15 mars 1821, Gabriel Gallet; 15 juillet 1808, Carolini; 16 juillet 1812, Bernandat, et 7 mars 1842, Michel (t. 2 1842, p. 664).

38. — « La Cour, porte ce dernier arrêt, sur le quatrième moyen, consistant en ce qu'un huissier n'est pas au nombre des fonctionnaires auxquels s'applique l'art. 174 précité; attendu que les mots *salaires* et *traitemens* employés par ledit article, se rapportent à tout homme public qui, à ce titre, exige au-delà de ce qui lui est dû; attendu, au surplus que le décret du 18 juin 1811 étend expressément aux huissiers celles de ses dispositions qui déclarent les greffiers et les commis passibles des peines de la concussion... casse. »

39. — M. Carnot (sur l'art. 174 C. pén., t. 1, p. 243, no 6) pense également que les huissiers et les avoués sont compris dans les dispositions de l'art. 164; il excepte seulement le cas où ces officiers auraient reçu des sommes offertes volontairement par leurs clients pour des démarches particulières.

40. —Cette exception est d'une justesse incontestable : l'officier ministériel qui se borne à recevoir des honoraires volontairement offerts par son client, non seulement ne commet ni crime ni délit, mais ne fait pas même un acte réprouvé par la délicatesse la plus sévère.

41. — S'il en est autrement dans le cas où il réclame un salaire plus élevé que celui fixé par le Tarif, il est encore bien rigoureux de considérer cette infraction comme un crime.

42. — Selon nous, une distinction serait nécessaire. — Si l'officier ministériel suppose dans son état de frais des actes qui n'ont pas existé; s'il exagère sciemment le coût des actes fixé par le Tarif, l'art. 174 devient applicable. Mais s'il se borne à réclamer des droits que le Tarif alloue, mais qu'on juge n'être pas dus dans l'espèce particulière, par exemple, une vacation, un droit de correspondance, une requête trop développée, il n'y a qu'une simple contravention disciplinaire.

43. — Quant aux notaires, leurs honoraires devant se régler à l'amiable ou par le président du tribunal de l'arrondissement, l'art. 174 leur est évidemment inapplicable. — Carnot, sur l'art. 174, no 13, t. 1er, p. 454.

44. — Dans le cas où des officiers ministériels sont spécialement chargés de recevoir des perceptions, aucun doute ne peut plus s'élever. Par exemple, si un huissier ou un commissaire-priseur préposé aux enchères, exigeait des adjudicataires une somme au dessus de l'enchère, il devrait être puni comme concussionnaire, aux termes de l'art. 625, C. procéd., et des art. 64 et 86, décr. de 1811, qui ajoutent : « Sans préjudice toutefois, suivant « *vant la gravité des cas*, de l'application de la disposition « position de l'art. 174, C. pén. »

45. — Les préposés ou commis des fonctionnaires publics peuvent, comme ceux qu'ils représentent, se rendre coupables de concussion, seulement ils sont passibles d'une peine moins sévère. — La raison de cette distinction est sensible. Le commis n'a pas un caractère public : il n'agit pas en son propre nom et dans son intérêt.—Chauveau et Hélie, t. 4, p. 115.

46. — Il est souvent difficile de distinguer le simple préposé d'avec l'officier public, l'agent direct du gouvernement. — Il faut rechercher si le prévenu exerce une autorité personnelle au nom de la loi, ou s'il n'est que le délégué du fonctionnaire à qui la loi a conféré une certaine puissance.

47. —Ainsi doivent être considérés comme agens du gouvernement : 1o un préposé des douanes.— *Cass.*, 21 avr. 1821, Buscholtz.

48. — ...2o Un concierge de prison.—*Cass.*, 26 août 1824, Villée.

49. — ... 3o Un porteur de contraintes. — *Cass.*, 6 oct. 1837 (t. 2 1837, p. 487), Coursières.

50. — ... 4o Les secrétaires des mairies, relativement à la perception des droits fiscaux des adjudications municipales. — *Cass.*, 28 mai 1842 (t. 2 1842, p. 455), Fransquin.

51. — Néanmoins, en règle générale, les secrétaires des mairies ne sont que de simples préposés des mairies et non des officiers publics. Aussi, la peine de la réclusion ne leur est-elle applicable que dans le cas particulier prévu dans l'espèce précédente. — *Cass.*, 10 oct. 1828, Dumas; 30 sept. 1836 (t. 1 1837, p. 235), Buchot.

52. — Au contraire, sont réputés simples préposés des fonctionnaires publics : les fermiers des droits à percevoir au profit d'une commune sur les halles et marchés. — *Cass.*, 7 avr. 1837 (t. 1er 1837, p. 401), Vidal; *Lyon*, 28 juin 1837 (t. 2 1837,

p. 396), même partie; 15 août 1840 (t. 2 1840, p. 533), Massio.

53. — La cour suprême avait même décidé, le 2 janvier 1817 (Lecardé), que le fermier des droits des halles n'est ni le commis ni le préposé d'aucun fonctionnaire ou officier public, et ne peut en conséquence être puni comme concussionnaire pour avoir exigé ou reçu ce qu'il savait n'être pas dû ou excéder ce qui lui était dû d'après son bail.

54. — Mais les arrêts des 7 avr., 28 juin 1837 et 14 août 1840, précités, nous paraissent mieux fondés que celui de 1817. Le fermier des halles est en effet le *préposé* de l'administration municipale. Le contrat passé entre lui et la commune ne change point la nature de l'impôt qu'il perçoit en son lieu et place. C'est de la loi et non du contrat de bail que dérivent les obligations du contribuable.

55. — Quant au directeur d'un établissement de prêt sur gages autorisé par le gouvernement, il ne peut être considéré comme officier public ni comme préposé d'un officier public; il ne saurait donc être poursuivi comme concussionnaire à raison de perceptions excessives faites par lui. — *Cass.*, 4 juin 1812, Jourdeuil-Lautey.

§ 2. — *Abus de l'autorité confiée.*

56. — Pour que la concussion existe, il faut nécessairement que l'exaction commise par le fonctionnaire public ait eu lieu dans l'exercice de ses fonctions. Autrement il y aurait vol ou escroquerie, mais non concussion.

57. — Le caractère spécial de ce crime consiste, ainsi qu'on l'a vu plus haut, à se faire remettre en qualité de fonctionnaire ou d'officier public, une somme à laquelle on n'a pas droit.

§ 3. — *Perception illégitime.*

58. — La perception autorisée et commandée par la loi ne peut pas, quelque onéreuse qu'elle soit, être attribuée au fonctionnaire public, qui ne saurait refuser d'obéir aux prescriptions qu'elle porte. L'art. 174 établit clairement cette distinction quand il dit : « ..... ce qu'ils *savaient n'être pas dû ou excéder ce qui était dû...* »

59. — La perception est illégitime : 1° quand la loi ou un règlement particulier ne l'autorise pas; 2° quand elle excède la taxe ou le salaire que le fonctionnaire doit percevoir; 3° quand, quoique légale, elle a déjà été payée et qu'on l'exige de nouveau. — Faustin Hélie et Chauveau, t. 4, p. 117.

60. — Mais une perception illégitime constitue-t-elle nécessairement le crime de concussion, de la part de ceux qui l'ont faite en vertu d'un ordre supérieur? — Cette question nous paraît très délicate.

61. — Ainsi les préposés ou commis à une perception ne devraient pas, selon nous, être poursuivis comme concussionnaires à raison de sommes par eux exigées en exécution des prescriptions de leurs chefs s'ils justifiaient qu'ils n'ont pas profité de ces sommes. — Carnot, sur l'art. 174, t. 1er, p. 452, n° 8.

62. — Les chefs seraient seuls punissables en pareille circonstance. L'article 174 n'établit pas cette distinction; mais la raison et l'esprit exigent qu'il en soit ainsi, et cela a d'ailleurs été reconnu lors de la discussion du Code au Conseil d'état, dans la séance du 5 août 1809. — Carnot, *ibid.*

63. — Il y aurait même motif de décider à l'égard du fonctionnaire qui justifierait n'avoir agi que d'après les ordres de son supérieur hiérarchique. — Carnot, sur l'art. 174, t. 1er, p. 453, n° 9.

64. — Toutefois il devrait rapporter la preuve de l'ordre qui lui aurait été donné et du versement total de la recette dans les caisses publiques. — Carnot, *ibid.*

65. — L'excuse résultant de ce que la perception illicite aurait été commandée par un supérieur serait du reste plus difficilement admise de la part d'un fonctionnaire que de la part d'un simple commis, parce qu'il est astreint à une moins grande soumission. — Chauveau et Hélie, t. 4, p. 125.

66. — Elle cesserait d'être recevable si la criminalité de l'ordre était évidente. L'obéissance hiérarchique imposée aux fonctionnaires publics ne saurait les contraindre à commettre un crime. Ils doivent résister à un commandement d'une pareille nature. — Chauveau et Hélie, *ibid.*

§ 4. — *Mauvaise foi des fonctionnaires.*

67. — L'art. 174 ne fait résulter le crime de concussion que de la connaissance qu'avait le fonctionnaire ou le préposé de l'illégitimité de la perception, autrement dit de sa mauvaise foi. — Sans intention criminelle, il n'y a en effet ni crime ni délit.

68. — Aussi, le conseil d'état a-t-il refusé l'autorisation de poursuivre comme concussionnaire un sous-préfet qui avait perçu un droit d'expédition sur une vente de biens communaux, dans la croyance où il était que cette perception était autorisée sur la vente des biens communaux comme sur celle des biens nationaux. — *Cons. d'état*, 16 juill. 1817, Dupré-Saint-Maur.

69. — Un arrêt de la cour de Cassation a également décidé qu'un préposé de l'octroi qui avait exigé une amende à raison d'une contravention régulièrement constatée, quoique cette amende ne fût pas due, ne pouvait être accusé de concussion, parce que des faits constatés *présentaient l'idée* d'une contravention contre laquelle la loi prononçait une amende.—*Cass.*, 28 niv. an XIII, Jeannot, dit Fanfan.

70. — Mais pour qu'il y ait lieu à accusation de concussion, il n'est pas nécessaire que le crime ait profité au fonctionnaire; il suffit que la perception indue ait été faite sciemment. La discussion qui eut lieu au conseil d'état ne peut laisser le moindre doute à cet égard. M. Treilhard proposa de remplacer par ces mots : « ce qu'ils savaient n'être pas dû » ceux du projet, qui était ainsi conçu : « ce qu'ils savaient ne *leur* être pas dû », et cet amendement fut adopté. — Procès-verb. du conseil d'état, 5 août 1810.

Sect. 4e. — *Pénalité.*

71. — La peine infligée aux concussionnaires varie selon que le délinquant est un fonctionnaire ou officier public, ou un simple commis ou préposé.

72. — Dans le premier cas, elle est de cinq à dix ans de réclusion; dans le second, de deux à cinq ans de prison. — C. pén., art. 174.

73. — Les coupables doivent, en outre, être condamnés à une amende dont le *maximum* est le quart des restitutions et des dommages-intérêts, et le *minimum* le douzième.— C. pén., art. 21 et 174.

74. — Il résulte de cette dernière disposition que l'amende ne peut être prononcée qu'autant qu'une restitution ou que des dommages-intérêts ont été accordés, par conséquent, lorsque la perception a été consommée. Il s'ensuit également que l'arrêt ou le jugement de condamnation doit énoncer le montant des restitutions et des dommages-intérêts prononcés, sans cela, la cour suprême ne pourrait apprécier, en cas de pourvoi, si l'amende a été fixée dans les limites légales.

75. — Une seule amende doit être prononcée dans le cas où il y a plusieurs coupables. L'art. 174 veut en effet que l'amende ne dépasse pas le quart des restitutions ordonnées et des dommages-intérêts, et ne soit pas moindre du douzième. Or, il est évident que si l'amende était prononcée contre chacun des coupables individuellement, elle dépasserait le taux fixé par l'art. 174; mais chacun des coupables est tenu solidairement de l'amende fixée. — C. pén., art. 55.

76. — Dans le cas où la connaissance du crime est attribuée à un jury, la cour seule doit fixer la quotité du dommage; car le crime existe indépendamment du bénéfice qu'en retire le coupable, et ce bénéfice n'est point une circonstance constitutive du crime.—*Cass.*, 26 août 1824, Villée.—Chauveau et Hélie, t. 4, p. 129.

V. CORRUPTION, CORRUPTION DE FONCTIONNAIRES, COUR SPÉCIALE, ESCROQUERIE, FAUX.

CONDAMNATION.

1. — Ce mot désigne et le jugement qui condamne et la chose à laquelle on est condamné. — Merlin, *Répert.*, v° *Condamnation.*

2. — Nul ne peut être condamné, en quelque matière que ce soit, sans avoir été entendu ou dûment appelé pour se défendre; c'est une règle fondamentale dont l'inobservation serait une cause de nullité radicale.—Merlin, *loc. cit.*; Favard, *Rép.*, v° *Condamnation.*

3. — En matière civile, la condamnation est contradictoire ou par défaut; contradictoire, lorsqu'elle est prononcée après défense de toutes les parties; par défaut, lorsque celui contre qui elle intervient n'a pas été entendu. — V. JUGEMENT, JUGEMENT PAR DÉFAUT.

4. — Toute condamnation est provisoire ou définitive. Provisoire, lorsqu'elle n'a pour objet qu'une mesure temporaire ordonnée en attendant le jugement de la contestation principale; définitive, lorsqu'elle décide le fond.

5. — On appelle la condamnation *solidaire*, lorsqu'elle peut s'exécuter solidairement contre plusieurs. — V. SOLIDARITÉ. — Elle est dite *par corps* lorsqu'elle autorise l'emprisonnement de la partie condamnée. — V. CONTRAINTE PAR CORPS.

6. — Les condamnations sont ordinairement personnelles; cependant en matière de dommage causé à autrui, de délits et contraventions, les pères et les maîtres sont civilement responsables des faits de leurs enfans et domestiques.

7. — Passer condamnation, c'est se désister de sa demande, ou reconnaître le mérite des prétentions de l'adversaire.

8. — Toute condamnation est présumée juste, tant qu'elle n'est pas réformée par une voie légale.

9. — En matière criminelle, toute condamnation est précédée d'une instruction, et l'on ne doit prononcer aucune condamnation, même contre un défaillant ou contumax, qu'il n'y ait des preuves suffisantes contre lui; car dans le doute, en matière criminelle, il vaut mieux absoudre un coupable que de s'exposer à condamner un innocent.

10. — La condamnation *ad omnia citrà mortem* désignait autrefois l'application des peines les plus graves, moins celle de mort, telles que les galères à perpétuité, la marque, le pilori, etc. — Ce terme est aujourd'hui tombé en désuétude. — Merlin, *loc. cit.*

11. — La condamnation par défaut prend, en matière criminelle, le nom de condamnation par *contumace*, lorsqu'elle intervient après un arrêt de mise en accusation pour crime.

12. — Tout jugement de condamnation doit énoncer dans son dispositif les faits dont les prévenus sont jugés coupables ou responsables, la peine et les condamnations civiles.—C. inst. crim., art. 195, § 1er.— L'omission des faits et de la loi pénale entraînerait même la nullité du jugement. — Massabiau, *Man. du proc. du roi*, nos 280 et 2187.

13. — Le texte de la loi dont on fait l'application doit être lu à l'audience par le président; il est fait mention de cette lecture dans le jugement et le texte de la loi y est inséré, sous peine de 50 fr. d'amende contre le greffier.—C. inst. crim., art. 195, § 2.

14. — S'il n'est fait application que d'un seul article ou d'un paragraphe d'article de la loi pénale, la transcription de cet article ou de ce paragraphe suffit. — Massabiau, n° 2188.

15. — Une condamnation prononcée peut avoir pour résultat, soit de constituer celui qui l'a subie en état de récidive (V. ce mot), soit de faire obstacle à l'exercice de l'action publique, quant aux infractions qui, antérieures à la condamnation, n'étaient pas passibles d'une peine supérieure à celle prononcée.—C. inst. crim., art. 365 et 379.—V. ACTION PUBLIQUE, CUMUL DE PEINES, PEINES. — Duverger, *Manuel des juges d'instruction*, t. 1er, nos 46 et 69. — V. aussi Rauter, *Dr. crim.*, t. 1er, n° 186; Carnot, *Inst. crim.*, art. 379, n° 2.

16. — Lorsque deux arrêts condamnant deux individus pour le même fait sont inconciliables et sont la preuve de l'innocence de l'un ou de l'autre des condamnés, les deux condamnations doivent être soumises à la cour de Cassation qui, après les avoir cassés, renvoie les accusés devant de nouveaux juges.—C. inst. crim., art. 443.

17. — Il en est de même si, après une condamnation pour meurtre, on découvre l'existence du prétendu homicidé (C. inst. cr., art. 444), ou lorsque après une condamnation, un ou plusieurs des témoins qui avaient déposé à charge contre l'accusé sont condamnés pour faux témoignage (art. 445).—Dans l'un et l'autre cas, la cour de Cassation renvoie les accusés devant d'autres juges, après avoir annulé la condamnation prononcée contre eux. (Même article.)

V. au surplus ACTION PUBLIQUE, CONTRAINTE PAR CORPS, COUR D'ASSISES, CUMUL DE PEINES, JUGEMENT (CIVIL), JUGEMENT (CRIM.), JUGEMENT PAR DÉFAUT, PEINE, RÉVISION, SOLIDARITÉ, TRIBUNAL CORRECTIONNEL, TRIBUNAL DE POLICE.

CONDAMNATION ALTERNATIVE.

1. — On appelle ainsi la condamnation qui laisse au débiteur la faculté de se libérer en faisant ou en payant une chose ou une autre, à son choix.

2. — La condamnation doit être prononcée d'une manière alternative toutes les fois que le débiteur s'est réservé la faculté de se libérer en délivrant ou en faisant une chose ou une autre, à son gré.— V. OBLIGATION.

3. — Il en est de même quand il s'agit de l'exécution d'une obligation de faire. Le débiteur ne pouvant, en pareil cas, être contraint à exécuter littéralement son engagement, est condamné à des dommages-intérêts, si mieux il n'aime accomplir le fait par lui promis.

4. — Toutefois, pour qu'il en soit ainsi, il faut que l'obligation prise par le débiteur puisse encore

être exécutée utilement pour le créancier; autrement les juges condamnent purement et simplement à des dommages-intérêts.

V. ALTERNATIVE, LEGS, OBLIGATION, OPTION.

CONDAMNATION VOLONTAIRE.

1. — C'était un terme employé en Hollande et en Belgique, avant la publication de notre législation sur le notariat, pour désigner un jugement qui, du consentement des parties exprimé dans un contrat, rendait ce contrat exécutoire. — Merlin, *Rép.*, v° *Condamnation volontaire*.

2. — Ces sortes de jugemens n'étaient pas sujets à l'appel. — *Cass.*, 21 frim. an IX, Bosquillon c. Piers; — Merlin, *Quest. dr.*, v° *Appel*, § 1er, n° 3.

CONDICTIO INDEBITI.

C'est-à-dire répétition de la chose non due. — V. RÉPÉTITION DE L'INDU.

CONDITION.

Table alphabétique.

1. — Le mot *condition* a plusieurs acceptions : il signifie d'abord l'état (*status*) de l'homme dans la société; c'est en ce sens qu'on dit qu'on ne doit pas ignorer la condition de celui avec qui l'on contracte: *Qui cum alio contrahit, vel est, vel debet esse non ignarus* CONDITIONIS *ejus.* — L. 19, ff., *In pr.*; ff., *De divers. reg. jur.*; — Toullier, t. 6, n° 470; Duranton, t. 14, n° 6.

2. — On entend quelquefois aussi par *conditions* les élémens constitutifs d'un acte, ce qui forme sa validité: ainsi, l'art. 1108, C. civ., dispose que quatre *conditions* sont essentielles pour la validité d'une convention; et l'art. 2219 que la prescription est un moyen d'acquérir ou de se libérer par un certain laps de temps, et sous les *conditions* déterminées par la loi. — Gauthier Lachapelle, *Encycl. du dr.*, v° *Condition*, n° 4er; Duranton, t. 44, n° 5.

3. — Dans d'autres circonstances, le mot *condition* est synonyme de situation, état de la personne : ainsi, on dit que l'autorité du tuteur n'est pas nécessaire au mineur qui fait sa *condition* meilleure : *Tutoris auctoritas necessaria non est in iis causis in quibus* pupillus CONDITIONEM *suam meliorem facit.* — Inst., L. 4, tit. 21, *in pr.*

4. — C'est aussi dans le même sens que la L. 9, ff., *De statu hom.*, dit que sous plusieurs rapports la *condition* de la femme est pire que celle de l'homme : *In multis juris nostri articulis deterior est* CONDITIO *fœminarum quam masculorum.*

5. — ...Et en droit français que la femme suit la condition de son mari. — C. civ., art. 42 et 19.

6. — Mais dans un sens plus restreint et plus approprié à notre sujet, on appelle condition un événement futur et incertain de l'existence ou la non-existence duquel on fait dépendre, soit l'accomplissement, soit la modification, soit enfin la résolution d'une obligation ou d'une disposition. — Toullier, t. 6, n° 468.

7. — C'est en ce sens que l'art. 1468, C. civ., dispose que «l'obligation est conditionnelle lorsqu'on la fait dépendre d'un événement futur et incertain, soit en la suspendant jusqu'à ce que l'événement arrive, soit en la résiliant, selon que l'événement arrivera ou n'arrivera pas. »

CHAP. Ier.—*Caractère des conditions et manière de les exprimer* (n° 8).

CHAP. II.—*Diverses espèces de conditions* (n° 31).

§ 1er. — *Conditions positives et négatives* (n° 31).

§ 2.—*Conditions expresses et tacites* (n° 33).

§ 3.—*Conditions casuelles, potestatives et mixtes* (n° 44).

§ 4.—*Conditions suspensives et résolutoires* (n° 76).

CHAP. III. — *Conditions impossibles et contraires aux mœurs* (n° 92).

SECT. 1re.—*Distinction entre les obligations et les dispositions a titre gratuit* (n° 92).

SECT. 2e. — *Conditions impossibles* (n° 112).

SECT. 3e. — *Conditions contraires aux lois ou aux mœurs* (n° 128).

§ 1er. — *Conditions relatives au mariage* (n° 142).

§ 2. — *Conditions relatives à la religion* (n° 187).

§ 3.—*Conditions relatives au droit de disposer* (n° 194).

§ 4.—*Conditions relatives au domicile, au nom* (n° 209).

§ 5. — *Autres conditions restrictives de la liberté d'agir* (n° 245).

§ 6.— *Conditions de renonciation à l'exercice des droits* (n° 224).

§ 7.—*Conditions relatives aux droits de tiers* (n° 233).

§ 8.—*Conditions avec clause pénale en cas d'inexécution du titre* (n° 245).

CHAP. IV.—*Accomplissement et effets des conditions* (n° 257).

§ 1er. — *Accomplissement et effets des conditions en général* (n° 257).

§ 2.—*Accomplissement et effets de la condition suspensive* (n° 348).

§ 3.—*Accomplissement et effets de la condition résolutoire* (n° 370).

CHAPITRE Ier. — *Caractère des conditions et manière de les exprimer.*

8. — Pour qu'il y ait condition, il faut que l'événement qui a pour objet de suspendre l'existence ou la violation de l'obligation soit *futur*. — C. civ., art. 1168.

9. — Dès lors un événement présent ou passé, mais ignoré des parties, ne saurait être considéré comme la condition d'un contrat, si ce n'est dans le sens étendu du mot. Car un pareil événement ne peut ni suspendre ni résoudre l'obligation qui existe ou qui n'a jamais existé, dès le moment de la convention, selon que l'événement prévu était ou n'était pas arrivé. — Toullier, t. 6, n° 475.

10. — Pour qu'il y ait condition, il faut encore que l'événement soit incertain (C. civ., art. 1468 et 1181), c'est-à-dire qu'il puisse arriver ou ne pas arriver. — Toullier, t. 6, n° 476.

11. — La condition d'une chose qui arrivera certainement, mais dont l'événement soit incertain quand elle arrivera (par exemple la convention de donner *si je meurs*, quoiqu'il soit certain que *je mourrai*) n'est pas proprement une condition, mais un terme; elle ne suspend pas l'obligation; elle en diffère seulement l'exigibilité. — Toullier, t. 5, n° 477; Duranton, t. 44, n° 40.

12. — Cependant, en matière de testament, un jour incertain, c'est-à-dire un jour qui arrivera avant la mort du légataire, quoique d'ailleurs il soit certain qu'il arrivera, forme une condition. *Dies incertus conditionem in testamento facit.* L. 75, ff., *De condit. et demonstr.*, § 351; Toullier, t. 6, nº 477.

13. — Il ne faut pas confondre la condition avec le mode. Le mode est tout ce qui est stipulé accessoirement à la convention principale ou à la disposition ayant pour objet d'imposer aux parties contractantes ou au donataire certaines charges ou obligations qui modifient le contrat ou la disposition. — Toullier, t. 6, nº 469.

14. — La différence essentielle entre le mode et la condition, c'est que le mode ne suspend jamais l'exécution de la disposition ou de la convention. — Toullier, t. 6, nº 505.

15. — Mais le mode et la condition ont cela de commun que l'accomplissement de l'un et de l'autre donnent lieu à la résolution du contrat. Dans ce cas, le mode se rapproche de la condition résolutoire, ou plutôt il est véritablement une condition résolutoire, tacite et légale. — Toullier, t. 6, nº 506.

16. — La condition s'exprime par la conjonction si : *Si le navire* l'Algérie *arrive d'Italie ; Si vous faites ou ne faites pas telle chose.* Cette conjonction est la seule qui exprime la condition clairement et sans équivoque. — Toullier, t. 6, nº 510 ; Duranton, t. 11, nº 40.

17. — Cependant les mots *en cas que*, *supposé que*, *à moins que*, *qu'autant que*, peuvent également l'exprimer. — Duranton, t. 11, nº 40 ; Ricard, *des Dispositions conditionnelles*, nº 18 ; Merlin, *Rép.*, vº *Mode* ; Toullier, t. 6, nº 518.

18. — Les termes *pourvu que* laissent beaucoup à l'arbitraire. — Ricard (*Des disposit. condit.*, nº 18) pense qu'ils signalent plutôt une condition qu'un mode ; mais Furgole (ch. 7, sect. 3e, nº 41) et Merlin (*Rép.*, vº *Mode*) professent l'opinion contraire ; il faut, quand ces termes sont employés dans une disposition, recourir à l'interprétation de l'acte et à l'intention présumée des parties. — Toullier, t. 6, nº 518.

19. — Mais si, à ces mots, on ajoute l'expression *auparavant*, la clause est conditionnelle et non modale, parce que ce terme indique que la charge sera accomplie avant que la disposition soit accomplie. — Toullier, t. 6, nº 518.

20. — Les mots *afin que*, *à charge de*, *à condition de*, n'expriment qu'un mode, une charge imposée à l'un des contractans ou au légataire. — Toullier, t. 6, nº 512.

21. — Mais si, à ces locutions, on ajoute *et non autrement*, elles deviennent l'expression de la condition. Par exemple, je donne 6,000 fr. à Joseph, à la charge qu'il se marie, ou qu'il fasse telle acquisition, *et non autrement* ; Joseph ne pourra pas exiger les 6,000 fr. avant qu'il se soit marié ou qu'il ait fait l'acquisition. — Furgole, ch. 7, sect 2e, nºs 36 et 46 ; Toullier, t. 6, nº 515.

22. — La conjonction *lorsque*, *quand*, n'emporte condition qu'autant que l'intention des parties lui donne ce sens. En général, elle indique le terme pris pour l'exécution de l'obligation. — Furgole, ch. 7, sect. 6e, nº 29 ; Toullier, t. 6, nº 520 ; Duranton, t. 11, nº 41.

23. — Un particulier vend un cheval payable par l'acheteur *lorsque* sa femme aura un enfant. La femme meurt sans avoir eu d'enfant, le vendeur réclame le paiement ; l'acheteur répond que la condition ayant manqué, il ne doit rien : arrêt qui condamne l'acheteur à payer. — Charondas, *Réponses de dr. franç.* liv. 7, rép. 230 ; Furgole, ch. 6, sect. 6e, nº 29.

24. — Dans les actes gratuits ainsi conçus : Je lègue à telle personne *quand* tel événement arrivera, *lorsque* elle fera telle chose, ces expressions sont au contraire conditionnelles. — L. 49, *lib.* Ier, § 2, ff., *De leg.* L. 21 et 22, *lib.* II, *Quando dies legati cedat*, 36, Toullier, t. 6, nº 520.

25. — L'emploi du *qui* relatif donne lieu à des incertitudes ; dans certains cas, il exprime seulement une démonstration, dans d'autres, il forme condition. Ainsi, par exemple, si je dis : Je lègue 1,000 fr. à Titius qui a géré mes affaires, il n'y a là qu'une démonstration qui ne suspend pas la disposition ; mais si je dis : Je lègue à Titius, *qui gérera mes affaires* ou *qui épousera ma sœur*, cette locution formera une condition qui suspendra l'exécution de la disposition, suivant la maxime *relativum qui adjectum verbo futuri temporis facit conditionem.* — L. 6, *lib.* Ier ff., *De leg.* ; — Toullier, t. 6, nº 521 ; Merlin, *Rép.*, vº *Qui*.

26. — Cette règle s'applique aux contrats comme aux testamens. — Toullier, t. 6, nº 524.

27. — Toutefois, l'emploi du *qui* relatif joint à un verbe au temps présent peut quelquefois former aussi condition : par exemple, si je dis : « Je lègue à Mævius 1,000 fr. que me doit Titius, et que Titius ne me doive rien, le legs sera censé fait sous la condition que Titius me devra les 1,000 fr. » — Toullier, t. 6, nº 521.

28. — De même, il peut arriver aussi que le *qui* relatif forme une démonstration et non une condition, bien qu'il soit joint à un verbe au temps futur : ainsi, lorsque le *qui* a trait au paiement de l'obligation ou à l'exécution de l'obligation et non pas à la disposition elle-même, si je dis : « Je donne 1,000 fr. sur la somme qui se trouvera dans ma cassette, quoiqu'il ne s'y trouve rien, les 1,000 fr. sont dus. » — Toullier, t. 6, nº 521 et nº 458.

29. — L'ablatif absolu *cela étant*, *ce faisant*, etc., fait ordinairement condition. L'on doit en dire autant, en général, des gérondifs, en faisant observer que c'est surtout le sens de la phrase où ils se trouvent qui détermine s'ils ont ou non un sens conditionnel. — Duranton, t. 11, nº 40.

30. — Les locutions *moyennant*, *en faisant*, suivies d'un verbe au futur, forment aussi condition. — Louet, lettre N., somm. 7 ; Dumoulin, sur le paragraphe 20 de la coutume de Paris, glose 6, nº 5 ; Toullier, t. 6, nº 523.

CHAPITRE II. — *Diverses espèces de conditions.*

§ 1er. — *Conditions positives et négatives.*

31. — La condition positive ou affirmative est celle qui est stipulée en termes positifs ou affirmatifs : par exemple, si tel navire arrive d'Asie. — Furgole, *Des Testamens* chap. 7, sect. 2e, nº 13.

32. — La condition négative est celle qui est conçue en termes négatifs, comme, si je stipule : « Je vous donnerai ma maison de Paris, si je ne me marie pas, si tel navire n'arrive pas d'Asie. » — Toullier, t. 6, nº 501.

§ 2. — *Conditions expresses et tacites.*

33. — La condition expresse, qu'on appelle aussi condition de fait, est celle qui est expressément appliquée à l'obligation ou à la disposition. — Furgole, *Des Testamens*, chap. 7, sect. 2, nºs 34 et 37 ; Duranton, t. 11, nº 37.

34. — Les conditions tacites sont celles qui existent tacitement dans les contrats ou dans les testamens, quoiqu'elles n'y aient pas été exprimées. On les appelle conditions *de droit*, parce que la loi en supplée plusieurs et que les autres peuvent l'être par le magistrat. — Toullier, t. 6, nº 502 ; Duranton, t. 11, nº 37.

35. — Les conditions tacites peuvent dériver : 1º de la loi qui les supplée ; — 2º de la nature du contrat ou des choses qui en font l'objet ; — 3º de la volonté présumée des contractans ou du testateur. — Toullier, t. 6, nº 503.

36. — Ainsi, dans les dispositions testamentaires, il y a toujours cette condition tacite que l'héritier institué ou le légataire survivra au testateur. — C. civ., art. 1039 ; — Duranton, t. 2, nº 39.

37. — De même, dans la donation faite par une personne qui n'a pas d'enfans, il y a la condition tacite que, s'il lui en survient, la donation sera résolue. — C. civ., art. 960 ; Duranton, *ibid.*

38. — Il y a condition tacite résultant de la nature des choses, lorsque la loi, qui est l'objet ou la matière de la convention ou du legs, n'existe pas encore, mais peut exister ou ne pas exister ; car l'événement futur et dont l'existence est incertaine forme une condition. — Toullier, t. 6, nº 503.

39. — Dans des contrats synallagmatiques l'obligation pour chacune des parties d'exécuter le contrat, est une condition tacite que l'engagement de l'autre n'aura effet qu'autant que cette exécution aura lieu (C. civ., art. 1184) ; la condition, dans ce cas, est résolutoire. — Duranton, t. 11, nº 38.

40. — L'acquiescement à un acte est toujours censé fait ou accepté sous la condition tacite d'acquiescement aux actes qui l'ont précédé.

41. — Ainsi, un saisi ne peut, après avoir acquiescé au jugement d'adjudication définitive de ses immeubles, opposer des jugemens rendus auparavant dans l'instance en saisie immobilière. Cet acquiescement, quoique donné à un seul des créanciers saisissans, profite aux autres. — *Bordeaux*, 6 mai 1836 (t. 1er 1837, p. 58), Sarlat c. Guegreand.

42. — Toute condition tacite, non établie par la loi ou ne résultant pas de la nature des choses ou de l'essence du contrat, ne doit être admise que lorsque l'intention des parties est évidente. — L. 17, ff., *De cond. et demonst.* ; L. 18, ff., *De condit. instit.* ; L. 63, ff., *De leg.*, *lib.* III. *Non passim*, dit Cujas (Obs., lib. 25, chap. 18), *et temerè nobis licet tacitas conditiones comminisci et inducere, nisi ex re ipsâ aut verbis quibusdam manifestum sit contrahentes conditionem facere voluisse, vel nisi quæ jure publico recepta et probata conditio sit... Leges opus est quæ introducat et probet tacitam conditionem vel re ipsâ et evidentissimâ voluntate contrahentium, quæ eam inducat.*

43. — Les conditions expresses ne doivent pas être étendues au-delà des termes de la convention. — Ainsi, l'obligation imposée à un individu de payer une somme mensuelle, tant qu'il conservera la charge dont le stipulateur s'est démis en sa faveur, cesse au cas de suspension de cette charge, quand bien même le titulaire aurait obtenu une pension. — *Cass.*, 2 germin. an X, Chenevières c. Lacaze ; 26 pluv. an XI, même aff.

§ 3. — *Conditions casuelles, potestatives et mixtes.*

44. — La condition casuelle est celle qui dépend du hasard et qui n'est nullement au pouvoir du créancier ni du débiteur. — C. civ., art. 1169.

45. — Cette définition comprend évidemment au nombre des conditions casuelles celle qui dépendrait de la volonté d'un tiers. — Toullier, t. 6, nº 496.

46. — La condition potestative est celle qui fait dépendre l'exécution de la convention d'un événement qu'il est au pouvoir de l'une ou de l'autre des parties contractantes de faire arriver ou d'empêcher (C. civ., art. 1170). Telle est, par exemple, la condition que je vous impose d'aller ou ne pas aller à Rome, à Paris ; dans ce cas, la convention est unilatérale, il n'y a que moi d'engagé ; quant à vous, vous êtes libre d'aller ou de ne pas aller à Paris, vous n'êtes pas obligé. — Pothier, *Oblig.*, nº 205 ; Duranton, t. 11, nº 18.

47. — L'obligation contractée sous une condition purement potestative de la part de celui au profit de qui on s'oblige est valable ; par exemple, je vous donnerai 1,000 fr. si vous allez à Paris. — Toullier, t. 6, nº 494.

48. — Mais toute obligation est nulle, lorsqu'elle a été contractée sous une condition potestative de la part de celui qui s'oblige (C. civ., art. 1174). Par exemple, vous me donnerez 10,000 fr. si cela vous plaît. La raison en est, dit Toullier (t. 6, nº 494), qu'il est contraire à l'essence des obligations de dépendre uniquement de la volonté du débiteur.

49. — L'acte sous seing-privé par lequel un individu s'oblige à donner des alimens à un enfant dont une femme est enceinte et à fournir à la mère les secours dont elle aura besoin, mais en ajoutant qu'à cet égard la femme s'en rapportera à l'honneur, probité et générosité du promettant, ne crée qu'une obligation purement morale ne pouvant donner lieu à une action en justice. — *Limoges*, 27 août 1811, Péricaud c. Lachassagne.

50. — La condition potestative de la part du débiteur était aussi proscrite en droit romain : *illam autem stipulationem si volueris dari inutilem esse constat* ; L. 46, tit. 1er, § 3, ff., De verb oblig. ; *Sti non valet, in rei promittendi arbitrium collata conpulatio ditione*, L. 17, tit. 1er ff., *eod.*

51. — Mais le fidéicommis laissé à la charge d'un héritier par cette stipulation, *Si fuerit arbitratus, si putaveris, si utile tibi fuerit visum*, était valable, si le fidéicommis avait pour objet une chose raisonnable et juste ; le testateur était censé avoir pris son héritier pour arbitre équitable de sa libéralité. — L. 11, *lib.* III, § 7, ff., *De leg.* — Duranton, t. 11, nº 21.

52. — Pothier (*Des oblig.*, nº 47) décide, par une conséquence de ce principe, que l'obligation contractée sous la condition, *Si je le juge raisonnable*, est valable ; M. Duranton (t. 11, nº 22) repousse cette opinion : il dit que dans cette promesse, *Si je le juge raisonnable*, c'est uniquement la volonté du débiteur qui est l'élément de la condition, en sorte qu'il n'y a pas de lien de droit. — V. aussi Toullier, t. 6, nº 499.

53. — Mais il en serait autrement s'il était dit dans la disposition ou dans la convention, *si cela est raisonnable* ; car alors ce serait la sagesse de la condition et non la volonté du débiteur qui la rendrait valable. — Duranton, t. 11, nº 22.

54. — La clause par laquelle une partie, après s'être engagée à suivre un procès moyennant une prime déterminée, se réserve, sans réciprocité, la faculté, par des motifs qu'elle n'est pas tenue de faire connaître, non-seulement de ne pas continuer les poursuites, mais même de ne pas entamer l'instance, sans s'imposer aucun sacrifice, contient une condition potestative dont l'effet est d'entraîner la nullité de la convention. — *Paris*, 30 mai 1839 (t. 1er 1839, p. 610), Sandrin c. comp. d'assur. dite la Justice.

55. — Une promesse faite sous cette locution, *Lorsque je le voudrai*, est nulle. Cependant elle devient obligatoire pour la personne qui l'a faite et ses héritiers par suite d'un consentement posté-

rieur. — V. Duranton, t. 11, nº 27; Toullier, t. 6, nº 498; Pothier, nº 47.

56. — S'il avait été dit que le débiteur rendrait la chose *quand il le voudrait*, et qu'il fût bien démontré qu'il n'y a pas libéralité, on regarderait ces expressions comme synonymes de celles-ci : *Quand il pourra, quand il en aura les moyens.* — V. Duranton, t. 11, nº 29.

57. — Est valable un prêt fait avec la condition que l'emprunteur paiera *quand il le pourra* ou *quand il en aura les moyens*; seulement alors le juge fixe un terme de paiement suivant les circonstances.— C. civ., art. 1901.

58. — Une obligation contractée sous la condition d'un fait au pouvoir du débiteur, par exemple, je vous paierai 100 fr., si je vais à Rome, est valable. Cette obligation n'est pas entièrement subordonnée à la volonté du débiteur. — L. 3, lib. 2, ff., *De leg.*; Pothier, *Oblig.*, nº 48; Delvincourt, t. 2, p. 476; Toullier, t. 6, nº 495; Demante, *Progr. d'un cours de droit civil*, t. 2, p. 302, nº 609.

59. — Mais dans les contrats synallagmatiques la règle de l'art. 1174 cesse d'être applicable, et la raison en est que l'obligation contractée sous une condition potestative de la part de celui envers qui on l'oblige, est valable. — *Arg. à contrario* de 1174; Duranton, t. 4, nº 30.

60. — Dans les baux à ferme ou à loyer, on stipule souvent que le bailleur ou le preneur pourra résoudre le bail après trois ou six ans, en avertissant l'autre partie quelques mois auparavant. — Pothier, *Louage*, nº 326; Toullier, t. 5, nº 218, et t. 6, nº 497. — V. BAIL.

61. — Le vendeur peut stipuler qu'il pourra résoudre le contrat de vente et reprendre, dans un délai convenu, la chose vendue, en restituant le prix de la vente. — C. civ., art. 1659. — Seulement, pour ne pas laisser les propriétés trop long-temps incertaines, le Code a voulu que ce délai ne pût excéder cinq ans. — Toullier, t. 5, nº 218. — C'est la vente à réméré. — V. VENTE.

62. — L'acquéreur peut acheter une chose sous la condition de la rendre dans un temps convenu si elle lui déplaît : *Si emptori displicuerit.* — L. 3, ff., *Quib. mod. pign. vel hypoth.*, 20, 6; L. 3, ff., *De contrah. empt.*; Toullier, t. 5, nº 218; Duranton, t. 11, nº 39. — C'est la vente à l'essai. — V. VENTE.

63. — On doit considérer comme constituant une obligation conditionnelle et alternative et non comme renfermant une condition potestative en faveur de l'acheteur et emportant nullité, la convention par laquelle un individu s'oblige à livrer, pour un prix déterminé, une certaine quantité de marchandises, avec faculté néanmoins pour l'acheteur de refuser la marchandise pour le tout ou partie, en payant au vendeur à titre d'indemnité, une somme convenue par chaque quantité de marchandise refusée. Le vendeur ne peut donc se refuser à son exécution. — L'inexécution par le vendeur de cette convention le soumet à des dommages-intérêts. — *Amiens*, 28 avr. 1826, Fremont et Levert c. Jacob Grossemy.

64. — La quittance donnée sous la condition que le débiteur assurera par testament une pension viagère au créancier ne peut être attaquée comme reposant sur une condition potestative. — Dans ce cas, en effet, la condition dépend de la volonté du débiteur, et non de celle du créancier qui s'oblige en donnant une quittance sans recevoir ce qui lui était dû. — *Cass.*, 2 juill. 1839 (t. 2 1839, p. 431), Roy.

65. — La convention portant que si le débiteur d'une somme ne la paie pas à l'échéance fixée, un immeuble est et demeurera vendu par lui à son créancier moyennant un prix à fixer par experts, est une vente valable, faite sous condition suspensive et non pas sous une condition purement potestative de la part de l'obligé. — *Montpellier*, 13 fév. 1828, Viguier c. Dangles.

66. — Lorsqu'il a été pris entre les notaires d'une ville dont le nombre doit être réduit, l'engagement de payer une indemnité à celui qui donnera sa démission en faveur de la compagnie, cette indemnité peut être réclamée lors même que le notaire n'avait donné sa démission que pour faciliter la transmission d'un autre titre. Et de ce qu'il aurait été stipulé que la quotité de l'indemnité serait fixée de gré à gré entre les parties, il faut en conclure non que l'engagement a été contracté sous une condition potestative de la part des obligés, mais qu'en cas de refus de ceux-ci, le juge doit intervenir pour fixer cette même quotité. — *Cass.*, 4 juin 1835, Hua c. Paillet.

67. — Sous la nouvelle législation de même que sous l'ancienne, il est permis aux parties de convertir le prix certain et déterminé d'une vente en un capital remboursable à la volonté du débiteur (C. civ., art. 1591). — Une pareille conversion ne peut être considérée comme renfermant une condition purement potestative pour le débiteur. — *Cass.*, 31 déc. 1834, Lassève c. Vanserot.

68. — La clause portant, dans un crédit ouvert, que le créditeur escomptera les valeurs qui seront à sa satisfaction, ne renferme pas une condition potestative de nature à vicier la convention. — *Paris*, 3 mars 1842 (t. 1er 1842, p. 506), Violette c. Vallet-Martin.

69. — Mais l'hypothèque constituée en faveur d'une personne pour sûreté des sommes qu'elle pourra prêter par la suite au constituant est nulle. — *Colmar*, 18 avr. 1806, J.-B. Jacquen et L. Mattis Dupuis c. Luc. Preiswerch.

70. — La clause d'un acte de vente portant que si le vendeur se décide à aliéner une autre partie de ses biens, il ne le pourra faire qu'au profit de l'acquéreur, moyennant un prix qui est fixé, est nulle comme renfermant une condition potestative. — *Grenoble*, sous *Cass.*, 9 juill. 1834, Commandeur c. Pélisson et Carriot.

71. — Toute donation entre vifs faite sous des conditions dont l'exécution dépend de la *seule* volonté du donateur est nulle. — C. civ., art. 944. — V. DONATION ENTRE VIFS.

72. — C'est la consécration de la maxime de l'ancien droit français que *donner et retenir ne vaut.* — Toullier, t. 5, nº 220 et 223.

73. — La condition mixte est celle qui dépend tout à la fois de la volonté d'une des parties contractantes et de la volonté d'un tiers. — C. civ., art. 1171), par exemple, si vous remportez le prix proposé par l'académie. — Duranton, t. 11, nº 19.

74. — ...Ou bien du concours du hasard et de la volonté de celui à qui elle est imposée; par exemple, si vous avez fait dans six mois le voyage du Bengale — Toullier, t. 6, nº 500.

75. — Le caractère de la condition casuelle, potestative ou mixte, est commun aux conditions suspensives et aux conditions résolutoires. — Duranton, t. 11, nº 17.

§ 4. — *Conditions suspensives et résolutoires.*

76. — La condition suspensive est celle qui fait dépendre une obligation ou une disposition d'un événement futur et incertain ou d'un événement actuellement arrivé, mais encore inconnu des parties. — C. civ., art. 1181. — *Quâ existente nascitur obligatio; deficiente, nulla constituitur.* — Cujas, sur la loi 71 ff., *De cond. et demonstr.*; Toullier, t. 6, nº 501.

77. — La promesse de vendre, pour le cas où l'acquéreur épouserait la fille du vendeur, est faite sous une condition suspensive : l'acquéreur ne peut en exiger la réalisation si cette fille refuse de l'épouser. — *Colmar*, 18 mai 1813, Kerling c. Richert.

78. — Dans le cas où un individu s'est engagé à payer certaine somme, par exemple, 25,000 fr. comptant et 25,000 fr. en un bon déposé en mains tierces, et payable lorsque certains comptes présentés à l'administration auront été réglés, une pareille obligation a pu, quant à cette dernière somme, être considérée, non comme une obligation à terme ou sous une condition potestative, mais comme une obligation contractée sous une condition suspensive, et par suite, être annulée pour défaut d'accomplissement de la condition, c'est-à-dire au cas de rejet de ces comptes par l'administration, sans qu'une pareille décision puisse être cassée, sous prétexte qu'il appartiendrait à la cour suprême de réformer l'erreur des juges sur le caractère légal d'une condition. — *Cass.*, 23 mai 1831, Pieck et Bombrain c. Ditte et Muller.

79. — La condition suspensive peut avoir pour objet un fait négatif aussi bien qu'un fait affirmatif; par exemple : je vous vends mon cheval, si tel navire n'arrive pas d'Asie d'ici à un an. — Duranton, t. 11, nº 15; C. civ., art. 470 et 471.

80. — L'art. 1181, C. civ., a besoin d'être réformé. En effet, en considérant comme une obligation contractée sous condition suspensive, celle qui dépend d'un événement actuellement arrivé, mais encore inconnu des parties, il est en opposition avec l'art. 1168 et les principes, et dans son troisième alinéa, il se contredit lui-même, en faisant naître cette obligation du jour même de la convention.

81. — Ainsi, il n'y a réellement point d'obligation conditionnelle lorsqu'on la fait dépendre d'un événement déjà arrivé, quoique encore inconnu des parties. Il suit de là que la perte de la chose n'est pas à la charge du débiteur. — Duranton, t. 11, nº 73.

82. — Quant à l'accomplissement et aux effets de la condition suspensive, V. *infrà* ch. 4, §§ 1er et 2.

83. — La condition résolutoire est celle qui, lorsqu'elle s'accomplit, opère la révocation de l'obligation ou de la disposition et remet les choses au même état que si elles n'avaient pas existé. — C. civ., art. 1183.

84. — En droit romain, il n'y avait pas, à proprement parler, de condition résolutoire, parce que, disaient les docteurs, le propre de la condition est de suspendre l'effet de l'obligation, et que la condition résolutoire, lorsqu'elle s'accomplit, résout l'obligation même. Les jurisconsultes romains donnaient le nom de pactes ou loi des parties à ces conditions : « *Si fundus commissoriâ lege venierit, magis est, ut sub conditione resolvi emptio, quàm sub conditione contrahi videatur.* » — L. 1re, ff., *De lege commissoriâ.* »

85. — Ainsi, il n'y avait de vente conditionnelle que lorsqu'elle était contractée sous une condition suspensive. — Duranton, t. 11, nº 8.

86. — La condition résolutoire n'empêche ni la formation ni l'exécution des contrats; le créancier a la possession et la propriété jusqu'à l'accomplissement de la condition. Il fait les fruits siens; il prescrit contre les tiers. Ainsi, dans le cas où l'acquéreur sous condition a acheté d'un non propriétaire, la possession antérieure à l'avènement de la condition compte pour l'acquisition de la prescription. Le créancier peut aliéner, sauf la résolution des aliénations si la condition s'accomplit. — Troplong, *Vente*, t. 1er, nº 60.

87. — On peut valablement stipuler la condition résolutoire à défaut de paiement dans la vente d'un fonds de commerce, et cette condition ne cesse point d'avoir son effet par la faillite de l'acheteur. — *Paris*, 24 avr. 1833, Lefebvre c. Dossez. — V. PACTE COMMISSOIRE, VENTE.

88. — Quant à l'accomplissement et aux effets de la condition résolutoire, V. *infrà* chap. 4, §§ 1er et 3.

89. — Un contrat peut être à la fois soumis à une condition suspensive et à une condition résolutoire. Telle serait une donation faite sous condition suspensive par une personne actuellement sans enfans : elle renfermerait en elle-même la condition résolutoire tacite que s'il survient au donateur un enfant légitime, la donation sera révoquée. — Duranton, t. 11, nº 93.

90. — Ou bien encore on peut dire que lorsque les termes destinés à exprimer l'événement prévu portent directement sur l'effet de la convention, la condition est suspensive, et que lorsqu'ils portent sur la résolution de cet effet, la condition est résolutoire. — Ainsi, si je dis : La vente de ma maison vous est faite moyennant 10,000 fr., si quelque autre ne m'en donne dans le mois un prix supérieur, la condition est suspensive; mais si je dis : « Je vous vends ma maison 10,000 fr., mais si quelque autre dans le mois m'en donne un prix supérieur, il n'y aura pas de vente, la condition est résolutoire. » — Duranton, t. 11, nº 44.

91. — On ne peut, dans une vente d'immeubles, considérer comme une condition suspensive l'obligation imposée à l'acquéreur de payer les créances inscrites, de sorte que si les créances ne sont pas acquittées, la vente doit rester sans effet et les droits de mutation être restitués. — Une pareille vente est pure et simple, et renferme seulement la condition résolutoire, dans la supposition que l'acquéreur ne remplisse pas ses engagemens. — *Cass.*, 28 août 1815, Enregistrement c. Fournier. — Au surplus, V. ENREGISTREMENT.

CHAPITRE III. — *Conditions impossibles et contraires aux lois ou aux mœurs.*

Sect. 1re. — *Distinction entre les obligations et les dispositions à titre gratuit.*

92. — Le Code civil contient des dispositions différentes relativement aux conditions impossibles et contraires aux lois ou aux mœurs stipulées en matière d'obligation, et à ces mêmes conditions apposées à des dispositions à titre gratuit.

93. — Sans doute, les parties peuvent insérer dans leurs contrats telles conditions qu'elles jugent à propos d'y mettre; mais les conditions impossibles, contraires aux lois, à l'ordre public ou aux bonnes mœurs en sont seules exceptées : *exceptis videlicet quæ impossibilia sunt, vel legibus interdicta, vel alias probrosa.* Inst., *De legat.*, § 36. — L. 14, ff., *De cond.*; Toullier, 6, nº 480.

94. — Toute condition d'une chose impossible ou contraire aux bonnes mœurs ou prohibée par la loi, est nulle et rend nulle la convention qui en dépend. — C. civ., art. 1172.

95. — Les jurisconsultes romains étaient en désaccord sur la question de savoir si les conditions impossibles en matière de testament devaient être réputées non écrites ou entraîner la nullité de toute la disposition. Les Sabiniens suivaient la première opinion et les Proculéiens la seconde. C'est l'opinion des Sabiniens qui a prévalu. — Inst.

Just., liv. 2, tit. 44, § 10; *Gai.* 3, 98. — LL. 1, 16, 20, ff., *de condit. instit.*

96. — Il en était de même des conditions contraires aux lois ou aux mœurs, car, disait Papinien, de telles conditions sont impossibles pour l'homme de bien. — V. *Paul. sent.* 3, 4, 2, § 2. — L. 15 ff., *eod. tit.* — V. *infrà* sect. 3e.

97. — Cette règle ne s'appliquait ni aux donations entre-vifs, ni même aux donations à cause de mort. — L. 3, ff., *De condit. et demonst.*; l. 14 ff., *De cond. inst.*—V. Furgole, *Testam.*, ch. 7, sect. 2e, nos 21 et suiv.; Vinnius, *ad instit.*, *tit. De hæredib. instit.*

98. — Dans notre ancien droit, on avait suivi les principes du droit romain, et les conditions impossibles annulaient les donations entre-vifs comme les autres contrats, et n'étaient réputées non écrites que dans les testamens.

99. — Sous la législation intermédiaire, on fit un pas de plus vers le système adopté plus tard. On distingua entre les conditions impossibles et celles qui étaient contraires aux lois et aux mœurs : les premières étaient réputées non écrites dans les testamens, tandis qu'elles annulaient les libéralités entre-vifs. Les secondes, au contraire, étaient, dans les deux cas, réputées non écrites.

100. — Au nombre de ces dernières, cette législation comptait les conditions impératives ou prohibitives qui porteraient atteinte à la liberté religieuse du donataire ou légataire, qui gêneraient sa liberté, soit relativement au mariage, soit dans le choix d'une profession, soit dans l'exercice de fonctions publiques ou de droits civiques. — L. 5-12 sept. 1791; l. 17 niv. an 2, art. 12.

101. — Aujourd'hui le Code civil ne fait plus de distinction : dans toute disposition entre-vifs ou testamentaire, les conditions *impossibles*, celles qui sont contraires *aux lois ou aux mœurs*, sont *réputées non écrites*. — C. civ., art. 900.

102. — C'est de ces conditions que les docteurs disent : *Vitiantur et non vitiant.*

103. — Ce système absolu, qui ne se retrouve ni dans le Code Frédéric (t. 2, part. 2e, liv. 7, tit. 13, § 5, no 1er), ni dans le Code prussien (t. 1er, no 584), a été généralement critiqué. — Toullier, no 247; Maleville, sur l'art. 900; Delvincourt, t. 2, note 3e sur la p. 60; Duranton, t. 8, nos 104 et suiv.

104. — Ce dernier auteur, frappé de cette considération que la faute du donataire qui a accepté la condition illicite, est égale à celle du donateur qui l'a imposée, voudrait restreindre le maintien de la donation entre-vifs au cas où le donateur aurait eu quelque motif notoire de parenté, d'affection ou de reconnaissance vis-à-vis du donataire : et, dans le cas contraire, anéantirait la libéralité par application de l'art. 1131, C. civ. — V. aussi, dans ce sens, Poujol, sur l'art. 900, nos 4 et 5.

105. — La loi nous paraît trop absolue pour que l'on puisse adopter la distinction dans ces termes, en créant une présomption que la loi a, au contraire, repoussée; resterait seulement le droit d'annuler la libéralité, toutes les fois qu'elle déguiserait un acte à titre onéreux, qui n'aurait d'autre but que de rémunérer une action contraire à la loi. — M. Coin-Delisle (no 4, sur l'art. 900), sans s'expliquer sur ce dernier point, repousse aussi la distinction du savant professeur. — Telle est encore l'opinion de Vazeille, *Donat. et testam.*, art. 900, no 1er.

106. — Si la libéralité prend la forme d'un contrat à titre onéreux, nous admettons, avec M. Duranton (no 108), qu'il n'y a plus lieu d'appliquer à cet acte la disposition tout exceptionnelle de l'article 900.

107. — Mais nous faisons tomber sous l'application de cet article, non seulement les conditions proprement dites, mais encore toute espèce de clause ou de charge illicite ou impossible. — L. 5-12 sept. 1791. — V. Duranton, no 111; Coin-Delisle, no 5, sur l'art. 900.

108. — Toutefois, la loi fait elle-même quelques exceptions; ainsi : 1o les substitutions prohibées annulent la disposition. — C. civ., art. 896.— V. SUBSTITUTIONS.

109. —... 2o Ne sauraient être considérées comme valables des conditions qui détruiraient l'essence des donations entre-vifs, par exemple, celles qui porteraient atteinte à leur irrévocabilité. — C. civ., art. 944 et 945. — V. DONATION ENTRE-VIFS.

110. —... 3o Enfin un testament serait absolument nul, si la bizarrerie des conditions apposées prouvait par elle-même la démence du testateur. — C. civ., art. 901; L. 16, Cod., *De cond. inst.*; Toullier, t. 5, no 244.

111. — « En thèse générale, dit M. Maleville, dans son rapport sur un pourvoi contre un arrêt de Bordeaux du 6 mars 1829 (sous *Cass.*, 1er mars 1830, Veyle c. Charlin), lorsqu'une disposition est radicalement nulle, comme illicite, contraire aux mœurs ou à l'ordre public, la clause par laquelle un testateur chercherait à la faire maintenir serait également nulle. Ainsi, lorsque le testateur dispose en faveur d'une personne indigne ou incapable; lorsqu'il étend sa disposition au-delà de ce que lui permet la loi, on a toujours jugé, avant et depuis le Code, que, dans ce cas, la clause par laquelle il chercherait à forcer ses héritiers à respecter de pareilles dispositions était radicalement nulle; qu'elle devait être regardée comme non apposée, parce qu'elle n'avait pour objet que d'éluder la loi, et de faire prévaloir contre elle la volonté d'un testateur arrogant (V. Ricard, *Traité des don.*, part. 3e, nos 1518 et suiv., et Rousseaud de la Combe, vo *Testament*, dist. 3e).

Sect. 2e. — *Conditions impossibles.*

112. — L'impossibilité est ou physique ou morale. C'est dans le premier sens seulement qu'il faut entendre dans la loi l'expression *conditions impossibles*. L'impossibilité morale ou de droit se réfère aux mots *conditions contraires aux lois et aux mœurs*.

113. — Une condition est physiquement impossible quand l'ordre accoutumé de la nature est un obstacle à son accomplissement. Telle serait la condition *si vous touchez le ciel du doigt.* — Toullier, t. 6, no 481.

114. — La condition impossible, pour être réputée non écrite, dans une disposition entre-vifs ou testamentaire, ou pour faire réputer une obligation nulle, doit être impossible d'une manière absolue. — L. 4, ff., *De statu lib.*; Ricard, *Dispos. cond.*, nos 232 à 235; Furgole, *Testam.*, ch. 7, sect. 2, no 26; Delvincourt, t. 2, note 2 sur la page 60; Toullier, t. 6 nos 482 et 483; Duranton, t. 8, no 112, et t. 11, no 33. — *Impossibilis conditio est*, nous dit Paul, *quæ per rerum naturam admitti non potest.* — *Paul. sent.*, 3, 4, 1.

115. — Toutes les fois qu'une des circonstances de la condition est possible, il faut en exiger l'accomplissement. — L. 12, ff., *De dote prœleg.*; L. 6, § 1er, ff., *De cond. et dem.*; Ricard, no 236; Furgole, *loc. cit.*, no 27; Duranton, t. 8, no 113; Delvincourt, *loc. cit.*; Toullier, t. 6, no 482.

116. — Ainsi, dans le cas où un testateur aurait fait une disposition au profit de son créancier, à la charge par celui-ci de rendre le titre de la créance à ses héritiers, si ce titre vient à être perdu, le légataire n'en sera pas moins tenu, pour avoir droit à la libéralité, d'accomplir la condition autant qu'il sera en lui, c'est-à-dire de faire remise de la dette aux héritiers. — L. 84, § 7, ff., *De legat.*, I.

117. — Il en est de même de deux conditions alternatives dont l'une est impossible. — L. 8, § 4, ff., *De cond. inst.*; L. 26, ff., *De cond. et dem.*; Ricard, no 236.

118. — L'impossibilité qui ne vient que de la brièveté du temps ne dispense pas d'accomplir la condition, en y employant un temps suffisant. — L. 6, ff., *De cond. inst.*; Ricard, no 236; Duranton, t. 8, no 114; Coin-Delisle, no 10 sur 100. — V. cependant Furgole, *loc. cit.*, no 27.

119. — La condition de ne pas faire une chose impossible ne rend pas nulle l'obligation contractée sous cette condition (C. civ., art. 1173), car cette condition, ne pouvant jamais être accomplie, est comme si elle n'existait pas. — Duranton, t. 11, nos 33 et 35.

120. — A plus forte raison, elle doit être réputée non écrite à l'égard des dispositions à titre gratuit.

121. — La condition impossible doit être maintenue lorsque l'impossibilité peut cesser. — Toullier, t. 6, no 482.

122. — Il faut en dire autant de toutes les impossibilités qui ne sont pas perpétuelles. — Toullier, t. 6, no 483.

123. — Une condition possible naturellement peut être rendue impossible par une circonstance de fait. — Or, ou cette circonstance est née avant la confection du testament, et il est clair que la condition est réputée non écrite, encore bien que le testateur ait ignoré l'existence du fait qui rendait la condition impossible — L. 47, ff., *De hæred. inst.*; L. 72, § 7, *De cond. et dem.*

124. —... Ou l'obstacle n'a surgi qu'après la confection du testament, mais avant la mort du testateur. Il faut distinguer, dans ce cas, s'il s'agit d'une condition purement casuelle, ou d'une condition potestative. — Au premier cas, la condition a défailli et le legs lui-même est tombé. — Dans la seconde hypothèse, la condition potestative, devenue impossible pendant la vie du testateur, est réputée non écrite, et la disposition subsiste. — L. 54, §§ 1 et 2, ff., *De legat.*, 1o; L. 28, *De cond. et dem.*; Furgole, *Testam.*, ch. 7, sect. 2, no 10; Coin-Delisle, no 13 sur l'art. 900.

125. — Si c'était le testateur qui eût amené personnellement l'impossibilité, Pothier (*Pand.*, liv. 35, tit. 1er, no 24), dominé par les principes du droit romain (L. 72, § 7, ff., *De cond. et dem.*), et, contrairement à l'opinion de D. Godefroy (L. 72), considérait la condition comme défaillie, et par conséquent le legs comme nul. — Une solution si absolue doit être repoussée, dans notre droit, qui veut qu'en cette matière on se décide surtout par l'interprétation de la volonté du testateur. — Coin-Delisle, no 13 sur l'art. 900.

126. — Si le fait d'où naît l'obstacle n'a surgi qu'après la mort du testateur, trois hypothèses peuvent se présenter : — 1o la condition était purement casuelle, et, dans ce cas, le legs tombe : — 2o la condition consistait en une obligation de donner ou de faire, et l'exécution en est devenue impossible, sans faute imputable au légataire. Dans ce cas, le legs est réputé pur et simple. — V. L. 6 et 44, ff., *De cond. et dem.*; L. 24, § 4, *De legat*; — 3o enfin, il s'agissait d'un événement incertain, et qui ne s'est pas réalisé; dans ce cas, le legs devient caduc — C. civ., art. 1040; Duranton, t. 8, no 115; Coin-Delisle, no 14 sur 900.

127. — La condition d'une chose impossible à la personne qui s'engage ne rend pas nulle l'obligation, si cette condition est possible à une autre. — L. 137, § 5, ff., *De verb. oblig.*; Toullier, t. 6, no 483.

Sect. 3e. — *Conditions contraires aux lois ou aux mœurs.*

128. — Les conditions contraires aux lois sont celles que le législateur a prohibées, soit dans l'intérêt d'une sage administration ou de la moralité publique ou privée. — Ces conditions sont alors considérées comme légalement impossibles.

129. — Ainsi on ne saurait, dans des conventions relatives à la propriété des biens, stipuler des conditions qui, imposant des services à une personne ou en faveur d'une personne, auraient pour effet de faire revivre l'ancienne féodalité. — V. SERVITUDE.

130. — Cependant on peut, en vendant un terrain ou une maison, imposer à l'acquéreur la condition de n'y pas faire telle espèce de commerce. Une pareille clause ne présente que l'établissement d'une obligation réelle. — *Cass.*, 4 frim. an III, Behéré c. Gueroult.

131. — La clause de garantie des faits du gouvernement doit être considérée comme contraire aux lois qui intéressent l'ordre public. Ainsi, est nulle la clause par laquelle le vendeur d'un bien originairement national garantit l'acquéreur des supplémens de prix qui pourraient être exigés par le gouvernement pour droits de confirmation et autres. — *Paris*, 23 janv. 1806, Blondeau c. Leviault.

132. — Sous l'empire de la loi du 17 niv. an II la condition imposée à l'enfant donataire par contrat de mariage de laisser jouir le survivant des père et mère donateurs de tous les biens du prédécédé, *sans pouvoir lui en demander ni compte ni partage*, était nulle. — *Paris*, 13 mess. an XIII, Poix-Menu. — V. *infrà* § 6.

133. — On peut stipuler pour les cas où des dispositions législatives existant lors de la stipulation viendraient à être abrogées. Et spécialement la vente des biens successifs consentie par l'héritier institué, frappé par l'effet rétroactif de la loi du 7 niv. an II, pour le cas où cet effet rétroactif serait rapporté, n'a pas été annulée par l'art. 11, L. 3 vendém. an IV. — *Cass.*, 21 fruct. an VI, Jourdan c. Balcon.

134. — La condition de donner à une personne en faveur de laquelle le testateur ne peut pas disposer est-elle valable? En droit romain, on la considérait comme telle, mais en droit français, aux termes de l'art. 1172, évidemment elle ne l'est pas. Mais faudrait-il la considérer comme non écrite si elle avait été insérée dans une disposition testamentaire? Toullier (t. 6, no 486) ne le pense pas. « La somme, dit-il, que le légataire était chargé de donner, devait être délivrée aux héritiers du testateur; et si la condition était imposée aux héritiers, elle serait nulle. »

135. — La condition que l'on affirmera par serment d'accomplir toutes les charges imposées serait valable sous le Code; dans le droit romain, elle était considérée comme valable dans les contrats; dans les testamens, on la rejetait comme non écrite. — Toullier, t. 6, no 489; LL. 8, ff., *De cond. inst.*; 39. ff., *De jurejur.*; Furgole, ch. 7, sect. 2e, nos 48 et suiv.

136. — La condition est contraire aux bonnes mœurs, lorsqu'elle blesse l'honnêteté et la pudeur, lorsqu'elle gêne la liberté ou blesse les croyances religieuses. — Duranton, t. 11, no 34. — Ces conditions sont alors considérées comme moralement impossibles.

137. — L'obligation contractée sous la condition de ne pas faire une chose moralement impossible, ne rend pas nulle l'obligation : ainsi, par exemple, je vous vends ma maison 20.000 fr. si vous ne vous battez pas en duel avec votre frère ; la vente, en l'isolant de la condition, sera valable, parce qu'elle a une juste cause. — Duranton, t. 2, n° 85.

138. — Mais si, au lieu d'un contrat synallagmatique, la convention consentie sous la condition de ne pas faire quelque chose de moralement impossible, était une obligation unilatérale dépourvue de cause, elle serait nulle parce que la condition ne pourrait en tenir lieu ; par exemple, je vous promets 1000 fr. si vous ne publiez pas certains libelles contre mon parent ; comme vous deviez vous abstenir de cette publication, vous ne sauriez être autorisé à en réclamer le prix. — Duranton, t. 11, n° 85.

139. — Il faut un texte positif ou les raisons les plus puissantes pour faire annuler une condition ; dans le doute, elle doit être déclarée valable. — Toullier, t. 6, n° 488.

140. — Il faut bien se garder, dans cette matière, de confondre les conditions légalement ou moralement impossibles avec les simples pactes, les clauses ou charges insérées dans les contrats. Les unes rendent nulle l'obligation, les autres n'ont pas cet effet. Ainsi, cette clause, *le vendeur exercera le rachat pendant sept ans*, doit être réduite à cinq, et n'annule pas la vente. — Duranton, t. 11, n° 86.

141. — Les conditions ineptes et dérisoires sont considérées comme non écrites dans les testamens : *Conditiones... quæ contra bonos mores, vel derisoriæ sunt aut hujusmodi, pro non scriptis habentur.* — L. 14, ff., *De cond. inst.*

§ 1er. — *Conditions relatives au mariage.*

142. — Une condition, à cet égard, peut avoir pour objet d'encourager ou de prohiber le mariage, ou d'en restreindre l'exercice.

143. — Toutes les conditions qui tendent à l'encourager sont favorables. — Furgole, *Des testam.*, ch. 7, sect. 2e, n° 72 ; Chabot, *Quest. trans.*, t. 1er, p. 111 ; Toullier, t. 5, n° 251 ; Merlin, *Quest. de dr.*, v° *Condition*, § 1er ; Delvincourt, t. 2, p. 58 ; Duranton, t. 11, n° 125 ; Grenier, *Tr. des donat.*, t. 1er, p. 358, Rolland de Villargues, v° *Condition de se marier ou de ne pas se marier*, n° 10 ; Ricard, *Disp. condit.*, nos 262 et 263 ; Favard, *Rép.*, v° *Donations entre-vifs*, sect. 1re, § 2 ; Pezzani, *Tr. des empêchem. de mar.*, nos 91, 96 et suiv.

144. — Dès-lors, la condition de se marier imposée à un légataire ne doit pas être considérée comme impossible et nulle, ainsi que le legs qui en dépend, par cela seul que le légataire est mort avant d'avoir atteint l'âge auquel il pouvait contracter mariage. — *Cass.*, 20 déc. 1831, Poiron c. Germon ; *Poitiers*, 29 juill. 1830, Mêmes parties.

145. — Ne donne pas ouverture à cassation l'arrêt qui décide que la condition qui fait dépendre un legs du cas où le testateur décéderait *marié ou non marié* doit recevoir son exécution. — *Cass.*, 5 avr. 1825, Lorgueilleux c. Télot.

146. — Mais doit être réputée non écrite la condition de ne se marier que de la volonté d'un tiers nommé par le testateur. — L. 72, § 4, ff., *De cond. et dem.* ; — Furgole, n° 59 ; Toullier, n° 258 ; Duranton, n° 121.

147. — Ainsi, jugé que lorsqu'une institution d'héritier a été faite sous la condition que l'institué ne pourrait se marier qu'avec le consentement d'une personne désignée, laquelle, en cas d'inexécution de cette condition, était investie du droit de choisir un autre héritier, l'institution d'héritier doit être maintenue, encore bien que l'héritier se soit marié sans le consentement et même malgré l'opposition de la personne indiquée, si cette personne est décédée sans faire une autre institution. — *Cass.*, 5 avr. 1836, Grange c. Delorme et Roch.

148. — M. Coin-Delisle (n° 34, sur l'art. 900) fait observer qu'il faut modifier la solution « si le tiers désigné est la personne dont le consentement est requis par la loi ; rien n'est plus licite, dit-il, que la condition, *s'il ne se marie pas malgré son père* ; et bien qu'au moyen d'actes respectueux, le légataire puisse se passer du consentement paternel, néanmoins il n'aura pas droit à la libéralité ainsi conditionnée. »

149. — Sous l'empire des lois romaines, l'héritier institué sous la condition d'épouser une personne désignée, encourait la déchéance s'il ne remplissait pas la condition qui lui était imposée. — *Cass.*, 6 flor. an XI, Chambrand c. Raby ; — Ricard, n° 258 ; Furgole, n° 72.

150. — Jugé que, dans l'ancien droit comme sous le Code civil, la condition imposée au donataire de se marier avec une des personnes désignées, et non autrement, était valable, que la condition fût insérée dans une donation entre-vifs ou dans une donation à cause de mort, et qu'une telle condition était considérée comme la cause déterminante de la donation. Le mariage du donataire avec une personne autre que celle désignée suffisait pour anéantir de plein droit la donation, et le donataire ne pouvait plus la faire revivre en épousant en secondes noces l'une des personnes désignées. — *Toulouse*, 30 nov. 1814, Autier c. Cubilier.

151. — Jugé, au contraire, que la condition imposée, dans un testament, à la légataire, de se marier avec un individu désigné, et, par exemple, avec son cousin, doit être réputée non écrite, comme contraire à la liberté du choix. En tous cas, cette condition, fût-elle valable, ne pourrait être opposée à la légataire qu'autant que l'on établirait son refus de s'y conformer. — *Bastia*, 2 juin 1828, Rounsserra.

152. — Cette solution devrait évidemment s'appliquer au cas où la personne désignée serait de mauvaises mœurs. — V. L. 63, § 1er, *De cond. et dem.* ; Ricard, n° 261 ; Furgole, n° 73 ; Bourjon, 5e part. *Des test.*, ch. 9, n° 38 ; Duranton, n° 125 ; Toullier, n° 251.

153. — La condition de ne se marier qu'avec une personne noble n'a pu survivre aux lois abolitives de la noblesse. — *Cass.*, 13 mai 1813, de Loos.

154. — Mais il faut remarquer que cet arrêt a été rendu à une époque où les lois qui avaient aboli l'ancienne noblesse subsistaient encore. Aujourd'hui, sous l'empire de l'art. 62 de la charte, on concevrait difficilement que la condition d'épouser une personne d'ancienne noblesse pût être réputée non écrite. — Toullier, n° 254 ; Coin-Delisle, n° 36 sur 900. — V. cependant Duranton, n° 126.

155. — On a jugé, avant la promulgation de la charte, qu'on devait réputer non écrite la condition mise à une institution que l'institué soit de noblesse chapitrale. — *Liége*, 12 janv. 1818, de Galen c. le domaine et Zurmurten.

156. — On ne doit pas considérer comme contraire aux bonnes mœurs la condition de ne point épouser une personne déterminée. — V. L. 63, ff., *De cond. et dem.* ; Ricard, n° 255 ; Furgole, n° 57 ; Bourjon, 5e part. *des testam.*, ch. 9, n° 38 ; Grenier, n° 155 ; Toullier, n° 257 ; Duranton, n° 124, Coin-Delisle, n° 32, sur l'art. 900.

157. — Mais la condition imposée à une fille légataire de ne point épouser une personne désignée doit être réputée non écrite et contraire aux lois sur la liberté du mariage, si cette condition peut avoir pour effet d'empêcher la réparation de son honneur, et de priver l'enfant né d'elle du bénéfice de la légitimation. Il doit en être ainsi, bien que le testateur ait ignoré l'état de grossesse de la légataire lorsqu'il a testé. Le Code civil n'ayant point de disposition particulière relativement aux clauses qui peuvent entraver la liberté du mariage, il faut, pour apprécier la validité de telles clauses, se reporter aux lois intermédiaires qui étaient en vigueur au moment de la publication du Code. — *Bruxelles*, 16 (et non 6) mai 1809, François.

158. — En droit romain, on regardait comme illicite la condition de ne point se marier avec une personne d'un lieu déterminé, pourvu, toutefois, que cette condition n'eût pas pour but de rendre le mariage impossible. — V. L. 64, § 1er, *De cond. et dem.*

159. — Cette solution peut être admise sous notre législation. — Coin-Delisle, n° 33, sur l'art. 900. — V. aussi Furgole, n° 58 ; Bourjon, *loc. cit.* ; Toullier, n° 258 ; Duranton, n° 123 ; Vazeille, sur l'art. 900, n° 9.

160. — Poujol, au contraire (n° 16, sur l'art. 900), considère comme illicite la condition d'épouser une personne de telle classe ou de telle ville.

161. — La clause par laquelle un testateur laisse une rente à ses enfans non mariés, pour en profiter chacun par part égale aussi long-temps qu'ils resteront dans le célibat, ne contient rien de contraire à la liberté des mariages, surtout lorsque le testateur a ajouté qu'après la mort ou le mariage du dernier des enfans, la rente serait partagée également entre tous leurs enfans ou leurs représentans. — *Liége*, 8 janv. 1808, Harmosset et Leclercq c. Dupont.

162. — La condition imposée au donataire de se marier avec une personne d'une autre religion est valable. — Duranton, n° 125, note 1re ; Coin-Delisle, n° 37, sur l'art. 900.

163. — Est licite la condition d'épouser une parente au degré prohibé, pourvu que l'on se trouve dans un cas de dispense. — Furgole (n° 74) et Bourjon (*loc. cit.*, n° 42 à la note), n'admettent pas cette solution. — Cependant, aujourd'hui que la ligne de démarcation est nettement tracée entre l'autorité civile et les attributions de l'Église, on comprend difficilement une condition illicite relativement à un fait que la loi civile tolère et légitime. — Chabot, *Quest. trans.*, in-4°, p. 112 ; Toullier, n° 252 ; Duranton, n° 125 ; Coin-Delisle, n° 38 sur 900. — V. aussi Ricard, nos 262 et suiv.

164. — Quant à la défense absolue de se marier, elle est nulle et dans les testamens et dans les donations. — Ricard, n° 253 ; Furgole, n° 54 ; Toullier, n° 256 ; Duranton, nos 120 et 128. — V. cependant Favard de Langlade, *Rép.*, v° *Donations entre-vifs*, sect. 1re, § 2, n° 3.

165. — Mais on peut admettre la condition qui imposerait l'obligation de rester un temps déterminé sans se marier. — V. L. 72, § 5, *De cond. et dem.* ; L. 62, § 2, *eod. tit.* — Duranton, n° 119 ; Coin-Delisle, n° 31, sur l'art. 900.

166. — Les auteurs et la jurisprudence ont constamment fait une grande différence entre la condition de ne pas se marier et celle de ne pas se remarier. — La condition de ne pas se remarier a été rendue obligatoire par la nov. 22, chap. 44, qui était suivie en France, même dans les pays coutumiers. — Merlin, *Rép.*, et *Quest. de droit*, vis *Condition* et *Viduité*.

167. — Sous l'empire de la loi du 5 sept. 1791, était valable la condition apposée par une femme au legs fait à son mari de ne point convoler à de secondes noces. — *Cass.*, 20 oct. 1807, Lonjon c. Maynard.

168. — La loi du 17 niv. an II proscrivit la condition de ne pas se remarier. Et néanmoins, la jurisprudence appliqua le principe de cette loi avec la plus grande réserve.

169. — Ainsi, il a été jugé que la loi du 17 niv. an II n'était point applicable à une donation faite avant la publication de cette loi et dont l'effet s'était aussi ouvert antérieurement. — *Cass.*, 23 niv. an IX, Martin c. Laplanche.

170. — ...Et que la condition de garder viduité apposée à une donation entre époux dans un contrat de mariage antérieur à la loi du 17 niv. an II était valable, et que la donation était révoquée par le seul fait du convol du donataire survivant. — *Paris*, 18 niv. an XII, Lecherme c. Brosne. — *Cass.*, 20 janv. 1806, Vathaire c. Mezence.

171. — Jugé aussi que les lois des 5 brum. et 17 niv. an II, qui réputaient non écrites les clauses prohibitives de convol n'étaient pas applicables au cas où ces clauses n'avaient pu gêner la liberté de ceux qu'elles concernaient. Spécialement, la disposition d'un testament portant legs d'une rente *pendant le temps de la viduité du légataire*, n'a pas dû être réputée non écrite, quant à la restriction y apposée, si le légataire était remarié au moment du décès du testateur. — *Bruxelles*, 20 mai 1807, Mengers c. Muylder.

172. — Le legs fait sous l'empire de la loi du 17 niv. an II, par un mari à sa femme, sous la condition de remettre la chose léguée à un tiers, dans le cas où *elle quitterait le nom du testateur*, a pu être considéré comme renfermant une clause prohibitive de se remarier, réputée non écrite par ladite loi. L'arrêt qui, interprétant une telle clause, reconnaît qu'elle gêne dans la personne de la légataire la liberté de se remarier, et la déclare sans effet, ne donne point ouverture à cassation. — *Cass.*, 18 juill. 1822, Furbeyre c. Nully.

173. — Sous la loi du 17 niv. an II, était valable un legs d'usufruit fait par un mari à sa femme, sous la condition de ne point convoler en secondes noces. — *Lyon*, 18 nov. 1813, Ducoin.

174. — La condition de viduité imposée par le mari donateur à sa femme donataire, dans leur contrat de mariage passé sous l'empire de l'ancienne législation, est redevenue obligatoire, du moment où l'effet rétroactif des lois de l'an II, prohibitives de cette condition, a été aboli. — *Cass.*, 24 janv. 1828, Desrois c. Bournet.

175. — Aujourd'hui, on est revenu aux idées de l'ancien droit, et il est généralement reconnu que la condition imposée par un époux à l'autre de ne pas *se remarier* est licite. — Duranton, t. 8, n° 126 ; Proudhon, *De l'usufruit*, t. 1er, n° 409 ; Poujol, sur l'art. 900, n° 18 ; Favard de Langlade, *Rép.*, v° *Donations entre-vifs*, sect. 1re, § 2, n° 4. — V. aussi Toullier, t. 5, n° 259 ; Chabot, *Quest. trans.*, v° *Conditions concernant les mariages* ; Grenier, *Donations*, n° 157 ; Vazeille, *Donations*, sur l'art. 900, n° 5 ; — Merlin, *Rép.*, v° *Condition*, sect. 2e, § 5, art. 4, *in fin.* ; Sommeren, *De jure novercarum*, chap. 11, n° 4. — « En effet, dit Favard (*Rép.*, *verb. cit.*), la liberté de la personne du donataire n'est pas attaquée. D'abord elle peut refuser la libéralité dès qu'elle en a connaissance ; ensuite, lors même qu'elle l'a acceptée, elle peut y renoncer tacitement en enfreignant la condition : elle reste donc libre dans tous les cas, et il ne s'agit pour cela que de savoir si elle profitera ou ne profitera pas d'une libéralité. Or, cela n'intéresse ni l'ordre public ni les bonnes mœurs : il ne s'agit alors que d'un intérêt purement pécuniaire. » — Toutefois, Favard

pense que le principe qu'il pose pourrait fléchir suivant les circonstances. — V. *contrà* Pezzani, *Traité des empêchemens du mariage*, no 135 et suiv.

176. — Jugé, en conséquence, que la condition de ne pas se remarier apposée à un legs est valable sous le Code civil comme elle l'était dans l'ancienne législation. A cet égard, le Code civil a abrogé les lois des 3 sept. 1791, 17 niv. et 9 fruct. an II. — *Paris*, 21 déc. 1844 (t. 2 1845, p. 324), Lamothe c. Lamaison.

177. — Est valable la condition imposée, dans un testament, par le mari à sa femme de renoncer à l'usufruit dans le cas où elle se remarierait. — *Agen*, 21 mai 1813, Verdun.

178. — La veuve qui s'est remariée, nonobstant la clause d'un legs fait sous la condition de ne pas se remarier, doit être déclarée déchue de son legs. — *Lyon*, 22 déc. 1829, Chapelon c. Maurin; *Toulouse*, 25 avr. 1826, Biau.

179. — N'est pas illicite la clause du contrat de mariage par laquelle le mari donne à sa femme survivante l'usufruit de ses biens, tant qu'elle ne convolera pas à de secondes noces. — En conséquence, la femme donataire survivante qui, malgré la prohibition du convol, contracte un second mariage, perd l'usufruit qui lui a été constitué. — *Rouen*, 16 juill. 1834 (18 suivant quelques recueils), Tissier c. Legros.

180. — La charge apposée à un don de ne pas convoler, à peine de perdre moitié du don, ou la condition de la résolution pour moitié du don, au cas de convol, n'a rien d'illicite ni de contraire aux bonnes mœurs, surtout si la moitié du don, perdue par le fait du convol, doit profiter aux pauvres. — *Colmar*, 8 août 1819 (et non 18), Conté.

181. — La condition apposée à une libéralité faite par une femme à son mari qu'il ne se remariera pas avec telle personne désignée est obligatoire. — *Poitiers*, 14 juin 1838 (t. 2 1838, p. 459), P...

182. — En tout cas, la donation faite par un époux à son conjoint, sous la condition qu'il ne convolera pas à de secondes noces, n'est pas réputée révoquée si le second mariage est déclaré nul. — *Montpellier*, 15 janv. 1839 (t. 1er 1839, p. 671), Lheuse c. Cruzet.

183. — Sous l'empire de la législation antérieure aux lois des 5 brum. et 17 niv. an II, l'inconduite de la femme après l'année de deuil lui faisait perdre les libéralités dont son mari l'avait gratifiée dans son testament, sous la condition expresse qu'elle resterait en état de viduité. — *Toulouse*, 7 janv. 1822, Vialas c. Calmettes.

184. — Mais la condition prohibitive doit-elle être restreinte aux époux conjoints l'un à l'égard de l'autre, ou peut-elle être imposée par un tiers? — Furgole (no 70) et M. Coin-Delisle (no 39 sur l'art. 900) regardent comme obligatoire la condition de viduité imposée même par un étranger.

185. — M. Duranton (t. 8, no 128) n'admet, outre le conjoint, que les parens de celui-ci, et encore seulement dans le cas où le donataire a des enfans.

186. — Delvincourt ne regarde cette condition comme valide qu'entre époux. C'est l'opinion que nous croyons devoir adopter, malgré les considérations que M. Coin-Delisle (no 39, *in fine*, sur l'art. 900) fait valoir à l'appui du système contraire.

§ 2. — *Conditions relatives à la religion.*

187. — De ce que l'art. 5 de la charte accorde à chacun une protection égale pour l'exercice de son culte, il résulte que la condition de changer de religion est nulle. — Duranton, no 140; Grenier, no 154; Coin-Delisle, no 40, sur l'art. 900.

188. — Il en résulte encore que la condition imposée à un légataire de vivre et mourir dans la religion catholique, sous peine de perdre le bénéfice du legs, doit être réputée non écrite, comme contraire à la liberté religieuse. — *Colmar*, 9 mars 1827, Meyer c. Pfister. — V. Ricard, *Des disposit. condit.*, no 264; Furgole, ch. 7, sect. 2e, nos 88 et suiv.; Duranton, t. 8, no 137 et suiv., et Coin-Delisle, sur l'art. 900, no 40.

189. — La question de savoir si la condition de se faire prêtre était licite ou non a excité, dans l'ancien droit, une controverse entre Ricard, qui la considérait comme nulle (*Disposit. condit.*, nos 264 et suiv.), et Furgole, qui, au contraire, la considérait comme valable, nos 89 et suiv.

190. — Aujourd'hui la disposition de l'art. 900, C. civ., ne doit pas être appliquée d'une manière absolue à la condition d'embrasser l'état ecclésiastique. Ainsi, le legs fait conditionnellement pour former le titre clérical d'un jeune homme qui paraissait se destiner à l'état ecclésiastique, dans le cas où il embrasserait cet état, ne peut plus être réclamé par lui, s'il a renoncé à cet état et s'il s'est marié. — *Grenoble*, 22 déc. 1825, Gellin c. Candy. — V. aussi Grenier, no 154; Duranton, no 127; Toullier, no 265, *in fine*.

191. — On a essayé de faire une distinction entre la religion catholique et celles où les ministres des cultes peuvent se marier; attendu que, pour les prêtres catholiques, cette condition équivaudrait à une prohibition de se marier. Nous n'admettons pas cette distinction, que repousse aussi Vazeille, no 9, art. 900. — V. aussi Poujol, no 13, sur l'art. 900.

192. — Quant à la condition de ne pas embrasser l'état ecclésiastique, elle est valable. — Ricard, no 270; Furgole, no 96; Grenier, no 154; Duranton, no 136; Toullier, no 265; Coin-Delisle, *Donat.*, no 42, sur l'art. 900.

193. — Une personne qui va se lier par des vœux monastiques peut valablement insérer dans son testament la réserve d'une portion de ses biens pour fournir à ses besoins en cas de suppression de son ordre. — *Liége*, 29 août 1889, Delognay.

§ 3. — *Conditions relatives au droit de disposer.*

194. — Est illicite la condition imposée au bénéficiaire de renoncer à faire un testament. — Duranton, t. 8, no 143.

195. — Le testateur ne peut pas régler à l'avance la succession du légataire : dès-lors on doit considérer comme nulle et réputer non écrite la condition imposée au légataire que les biens qu'il laissera à son décès, soit qu'il consistent en effets à lui appartenant, soit qu'ils proviennent du legs, seront partagés par moitié entre les héritiers de celui-ci et les parens du testateur. — *Cass.*, 24 août 1841 (t. 2 1841, p. 353), Labelle c. Prémairin.

196. — De même, lorsqu'après s'être donné mutuellement des conquêts immeubles en toute propriété au profit du survivant, deux époux stipulent que ce qu'il en restera à la mort de celui-ci sera partagé entre les héritiers du survivant et ceux du prédécédé, une telle condition qui a pour effet de substituer les héritiers du donateur à ceux désignés par la loi ou par la volonté du donataire, est par cela même contraire aux lois, et comme telle doit être réputée non écrite. — *Trib. Fontainebleau*, 1er avr. 1840, Simon c. Gombault, sous *Paris*, 22 avr. 1841 (t. 1er 1841, p. 594).

197. — De même encore, lorsqu'un legs universel est fait à la condition que la succession du légataire se partagera par moitié entre ses propres héritiers et ceux du testateur, cette condition est réputée non écrite, comme contenant un legs de la chose d'autrui ou une stipulation sur une succession non ouverte, et, par conséquent, elle ne peut conférer aux héritiers du testateur aucun droit sur la succession du légataire, ni même sur les biens du testateur qui pourraient se retrouver en nature dans cette succession. — *Cass.*, 2 mai 1842 (t. 2 1842, p. 553), Sebire c. Rubin.

198. — Jugé, au contraire, que la clause par laquelle un testateur interdit au légataire de disposer, en faveur de sa femme, de la propriété et de l'usufruit des choses léguées, même de l'usufruit légal qu'accordait une coutume locale, est licite et doit être exécutée. — *Bruxelles*, 20 oct. 1817, Villegas c. Vandersteegen.

199. — ...Et que, lorsque le père a légué à son fils l'usufruit de la portion disponible, avec substitution au profit de ses petits-fils, à la condition par le légataire de ne pas aliéner ou hypothéquer les biens qu'il recueillera dans la succession du testateur, il n'y a rien d'illicite dans cette condition, et elle doit être exécutée. — *Paris*, 3 fév. 1829, Belot. — V. au surplus SUBSTITUTION.

200. — La condition imposée par un père à sa fille, en lui donnant la quotité disponible, de ne pas aliéner les biens de sa succession et de les réserver aux enfans nés et à naître d'elle, ne peut pas être annulée comme contenant une substitution prohibée, ou comme contraire aux lois. — *Cass.*, 7 fév. 1831, Belot et Rougel c. Belleserre.

201. — La condition imposée par le père au partage qu'il fait entre ses enfans, que ces derniers ne pourront, sans son consentement, vendre, aliéner, hypothéquer ni échanger les biens compris dans la donation, n'est pas nulle comme contraire à l'ordre public. — Dès-lors, les ventes faites par les donataires en contravention à cette condition doivent être annulées. — *Angers*, 29 juin 1842 (t. 2 1842, p. 76), de Farey.

202. — S'il a été stipulé qu'en cas d'aliénation la vente ou la donation serait résolue, le bénéfice de cette résolution toute personnelle au vendeur ou au donateur ne passe point à ses héritiers; la raison en est, dit Toullier (t. 6, no 488), que c'est là un droit de retour qui ne peut être stipulé qu'au profit du donateur seul, et, par identité de raison, au profit du vendeur.

203. — Jugé, au contraire, que la clause insérée dans un testament, portant prohibition aux héritiers d'administrer, aliéner et hypothéquer les biens de la succession pendant quarante ans, doit être réputée non écrite, comme contraire aux lois et à l'ordre public. — *Lyon*, 7 avr. 1835, Rapin et Baudet c. Verchère.

204. — Une disposition testamentaire qui obligerait les héritiers à demeurer dans une indivision perpétuelle, n'était pas plus susceptible d'exécution sous le droit romain qu'elle ne le serait sous le Code civil. — *Cass.*, 22 juill. 1807, Grumsel d'Emal c. Goer.

205. — Dans l'ancienne jurisprudence, dit Chabot (*Success.*, t. 3, art. 815, no 2), on voulut soumettre ce principe à quelques exceptions. Des auteurs soutenaient que si le défunt avait défendu à ses héritiers de partager ses biens, ou s'il ne les avait institués ses héritiers qu'à la charge de jouir indivisément, la prohibition du partage et la condition de l'institution étaient valables, et que, dans l'un et l'autre cas, le partage ne pouvait être réclamé; ils se fondaient notamment sur la loi *Lucia Titia* 78, *in princ.*, ff., *ad Senat.-cons. Trebell.* Cette opinion n'avait pas un très grand nombre de partisans. On était assez généralement d'accord que la prohibition illimitée de partage n'était pas valable, parce qu'elle était contraire aux lois sur les successions, et que, d'ailleurs, suivant la loi dernière, au Code, *Communi dividundo*, personne n'était obligé de vivre toujours en communauté, mais aussi on admettait que si la prohibition du partage était limitée à un certain temps elle devait être exécutée. — Le Code civil n'a point adopté cette distinction : la disposition de l'art. 815 est générale et formelle. — Merlin, *Rép.*, vo *Partage*, § 1er, no 1er; Malpel, no 242; Vazeille, art. 815, no 10.

206. — La clause testamentaire qui suspend le partage de la succession au-delà des limites fixées par la loi, par exemple, jusqu'à ce que les légataires aient atteint leur majorité, doit être réputée non écrite, comme condition contraire à la loi. — *Paris*, 11 mars 1836, Rouyer c. Chemery.

207. — Jugé, cependant, que la condition imposée par un testateur à son légataire de ne provoquer, pendant toute la durée de l'usufruit, aucun partage contre le propriétaire d'une portion de certains immeubles indivis, lequel est en outre usufruitier de la portion léguée, n'est pas une condition contraire à la loi. — Elle est, en conséquence, obligatoire pour le légataire au moins pendant cinq ans (temps durant lequel le Code permet de suspendre le partage); en sorte que, si elle a été sanctionnée par une clause pénale, cette clause doit être appliquée en cas d'exécution de la condition. — *Cass.*, 20 janv. 1836, Roussel c. Salmon; — Delvincourt, t. 2, p. 344; Duranton, t. 7, no 80; Delaporte, *Pandectes françaises*, t. 3, p. 221; Maleville, t. 2, p. 290; Rolland de Villargues, *Rép. du not.*, vo *Partage*, no 12.

208. — Il a été jugé que la condition imposée à l'héritier institué de payer une pension à la concubine du testateur doit être réputée non écrite. — *Grenoble*, 17 janv. 1812, Roquette c. Barbier. — V. au surplus, DONS ENTRE CONCUBINS.

§ 4. — *Conditions relatives au domicile, au nom.*

209. — *Domicile.* — La liberté étant d'ordre public, on considère, en général, comme illicite la condition de ne pas sortir d'un lieu déterminé. — L. 71, § 2, ff., *De cond. et dem.*; Mornac, *In leg.*, 12; Cod. *De usuf.*; — Ricard, no 282; Furgole, no 104; Toullier, no 262; Duranton, t. 8, no 131.

210. — Ainsi, la condition imposée à un légataire, et surtout à une femme mariée, de fixer son domicile dans un lieu déterminé, est illicite, et doit par suite être considérée comme non écrite. — *Poitiers*, 3 juin 1842 (t. 1er 1843, p. 102), Demain c. Sarail.

211. — Toutefois, Ricard (no 284) estime que l'on devrait tenir pour valable le legs fait à quelqu'un, sous la condition qu'il enseignera le reste de ses jours la philosophie dans une ville déterminée, parce qu'il y a ici une raison d'utilité publique qui motive la modification apportée à la liberté d'un particulier. — « On peut assimiler à cette dernière condition, dit M. Coin-Delisle (sur l'art. 900, no 23), quoiqu'elles ne soient motivées que par des affections ou des intérêts privés, celles d'un legs fait à une mère à la charge de ne pas quitter ses enfans (V. LL. 8 et 72, ff., *De cond. et dem.*), d'un don fait à un précepteur, s'il demeure auprès des enfans du donateur pendant tout le temps de leur éducation (V. Ricard, no 244), à un serviteur affectionné, s'il reste avec le donateur jusqu'à son décès. » — Toullier et Duranton, *loc. cit.*

212. — Nous pensons, contrairement à l'avis de M. Duranton (no 133), qu'un testateur ou un donateur peut imposer valablement au bénéficiaire la condition de ne pas aller dans un lieu déterminé. — V. L. 73, ff., *De cond. et dem.*; Ricard, no 286; Fur-

gole, no 103; Toullier, no 263; Coin-Delisle, no 24 sur l'art. 900. — Ce n'est, en effet, qu'une gêne pour le donataire, l'ordre public ne nous semble pas blessé par une condition de cette espèce.

213. — *Nom.* — La condition imposée à un légataire de porter les nom et prénoms du testateur n'est pas contraire à la loi, et, sous le rapport de la possibilité de son exécution, cette condition est valable et obligatoire comme celles qui dépendent de la volonté d'un tiers, et même du hasard. — *Cass.*, 4 juill. 1836, Rapin-Ruillier c. de Longchamp. V. *contrà Rép.*, vo *Promesse de changer de nom*, p. 205, no 440; Denisart, vo *Condition*, p. 121; Furgole, t. 2, p. 285, no 138; Pothier, *Traité des obligat.*, nos 213 et 214.

214. — Poujol (no 17 sur 900) pense que celui à qui on a imposé la condition d'ajouter un nom au sien a rempli la condition, quand il a demandé l'autorisation nécessaire, quand même il n'aurait pas obtenu ce qu'il demandait.

§ 5. — *Autres conditions restrictives de la liberté d'agir.*

215. — *Profession.* — Sous l'empire des lois de 1791 et de l'an II, aujourd'hui abrogées, était réputée non écrite toute condition qui aurait gêné le donataire dans le choix libre d'une profession. — Toullier, no 248.

216. — Sous le code civil, de pareilles conditions doivent être considérées comme valables, puisqu'il est libre au donataire ou d'accepter la gêne imposée en même temps que la libéralité, ou de conserver sa liberté entière en abandonnant la donation. — Coin-Delisle, no 25, sur l'art. 900.

217. — Cependant il faut que les entraves imposées ne soient pas excessives, car s'il s'agissait, par exemple, de la condition de n'embrasser aucune espèce de profession, une pareille condition porterait atteinte à l'ordre public et serait réputée non écrite. — Duranton, no 135; Coin-Delisle, no 26, sur l'art. 900.

218. — Il en serait de même de la condition de n'exercer, toute sa vie, qu'un métier qui aurait été indiqué, et sans qu'on pût jamais se livrer à d'autres occupations. — V. L. 71, § 2, ff., *De cond. et dem.*; Coin-Delisle, no 29, sur l'art. 900.

219. — *Conduite.* — La condition imposée à une fille dans une institution testamentaire, de tenir une conduite décente et honnête, ne peut être réputée immorale et non écrite; et l'inexécution de cette condition peut être établie, tant par titre que par témoins. — *Pau*, 1er fév. 1823, Lacau-Balenci et Moustrou c. Soutine A...

220. — *Droits civiques.* — Quant aux droits civiques, aucune condition ne saurait y porter atteinte, car leur exercice est non seulement un droit, mais un devoir, et la condition qui tendrait à l'entraver devrait être considérée comme nulle. — V. L. 17 niv. an II, art. 12; Merlin, *Répert.*, vo *Condition*, sect. 2e, § 5, art. 3; Toullier, no 266; Duranton, no 139; Coin Delisle, no 43, sur l'art. 900.

221. — *Emancipation.* — On peut valablement imposer à un père, comme condition d'une libéralité, l'obligation d'émanciper son fils; cette condition n'a rien de contraire aux lois, puisque l'émancipation ne peut avoir lieu que lorsque le mineur aura l'âge exigé par la loi. — L. 92, ff., *De condit.*; — Duranton, no 142.

222. — *Vie commune.* — La condition imposée aux époux donataires de venir habiter et travailler en commun avec le donateur ne doit pas être réputée impossible, et par conséquent non écrite, lorsque l'un des époux est décédé avant d'avoir pu la remplir. — Cette condition ne doit pas être réputée non écrite, comme contraire aux lois en ce qu'elle blesse la liberté individuelle. — *Pau*, 2 janv. 1827, Lousteau c. Mantoulan et Carrère.

223. — De même, la condition imposée dans un acte à la donataire de ne pas quitter le donateur n'est pas contraire aux bonnes mœurs; et il n'y a pas lieu d'annuler une telle disposition comme présumée faite au profit de l'enfant naturel né des liaisons du donateur avec la donataire. — *Cass.*, 30 déc. 1819, N...

§ 6. — *Conditions de renonciation à l'exercice de droits.*

224. — Nonobstant l'art. 472, C civ., un tuteur a le droit d'apposer au legs qu'il fait à son pupille la condition de ne pas demander compte de l'administration de sa tutelle. — Furgole, nos 110 et suiv. — C'est une véritable option laissée au pupille. — V. COMPTE DE TUTELLE, no 8.

225. — Dans la coutume d'Artois, le père pouvait priver son fils aîné de toute part dans ses biens libres, pour le cas où il voudrait exercer son droit d'aînesse. — *Cass.*, 12 germin. an IX, Topart.

226. — Est valable la condition apposée à un partage d'ascendans que les enfans n'inquiéteront ni leur père ni les tiers détenteurs, relativement à l'aliénation faite sans remploi des immeubles dotaux de la mère. Ce n'est pas de la part des enfans une renonciation à une succession future. — *Rouen*, 22 mai 1839 (t. 2 1839, p. 578), Seugé c. Leroux.

227. — Ne doit pas être réputée non écrite comme contraire aux lois et aux bonnes mœurs la condition imposée par un legs, que le légataire ne pourra rien prétendre sur la succession de ses père et mère. — Cette condition doit être considérée seulement comme suspensive jusqu'au décès des père et mère du légataire, en sorte qu'il peut être envoyé en possession des biens légués, sous les mêmes charges que l'usufruitier. — *Angers*, 27 juill. 1827, Cailleau. — Toullier, t. 5, no 269; Coin-Delisle, no 20, sur l'art. 900. — V. cependant Duranton, no 146.

228. — Depuis le Code civil, des père et mère ont pu, en dotant conjointement et chacun pour moitié leurs enfans, leur imposer la condition alternative de laisser jouir le survivant des dotateurs de tous les biens du prédécédé, sans pouvoir lui demander compte ni partage, ou d'imputer, en cas de partage, la totalité de la dot sur la succession du prémourant. — *Paris*, 11 janv. 1819, Scheneider c. Mareuse.

229. — La clause d'un testament par laquelle un père de famille interdit à ses fils toute action judiciaire l'un contre l'autre, et réduit à la réserve celui qui violerait sa défense, doit être réputée non écrite et n'avoir aucun effet, si le procès qui a eu lieu entre les deux frères avait pour objet une question d'état. — *Lyon*, 3 juill. 1823, Tardy.

230. — La prohibition faite par testament à l'un des légataires de proposer la nullité légale d'autres legs n'est pas une condition du legs inséparable de son exécution; c'est une condition contraire à la loi, elle doit être réputée non écrite. — *Poitiers*, 2 juin 1824, Romieux c. Nord.

231. — Est réputée non écrite la condition imposée, à peine de déchéance, à un légataire universel de ne pas se prévaloir de la nullité d'une donation faite à un hospice, et annulée, aux termes de l'édit de 1749, faute d'obtention de lettres-patentes. — *Cass.*, 14 déc. 1825, Blanc c. Gacon.

232. — Un legs fait par une femme à sa sœur, sous la condition de ne point attaquer une institution contractuelle faite au profit de la testatrice par ses père et mère, a été révoqué si la sœur légataire a réclamé et obtenu le partage égal des biens de ses père et mère, en vertu de loi du 17 niv. an II, encore que ce partage ait été annulé conformément à la loi du 18 vendém. an IV. — *Cass.*, 28 juin 1827, Guyot c. Blanc.

§ 7. — *Conditions relatives aux droits de tiers.*

233. — On ne saurait réputer nulle ou non écrite la disposition d'un testament d'une aïeule maternelle qui prive le père, tuteur de ses enfans mineurs, non seulement de la jouissance, mais encore de l'administration des biens qu'elle lègue à ceux-ci comme en ayant la libre disposition. — *Paris*, 8 mai 1827, Legay; *Cass.*, 11 nov. 1828, Legay.

234. — De même on ne peut considérer comme contraire à l'ordre public ou aux bonnes mœurs, ou comme attentatoire à l'autorité paternelle, et, dès-lors, comme nulle, la disposition testamentaire par laquelle il est laissé à des enfans mineurs une portion de biens, avec la clause expresse qu'ils seront administrés par une personne désignée autre que le père. — *Bruxelles*, 17 juin 1830, Coenen; *Caen*, 20 nov. 1840 (t. 1er 1841, p. 418), Salomon c. Lepetit.

235. — Vazeille (*Traité du mariage*, t. 2, no 458), Duranton (t. 3, no 375, note) et Proudhon (*Traité des personnes* (t. 1er, p. 240 et suiv.) pensent que la clause qui enlève l'administration au père ne doit pas, en principe, être déclarée non écrite et que les tribunaux auront à concilier les principes de la puissance paternelle avec les craintes émises par l'auteur de la libéralité; ils jugeront si la disposition émane de sentimens d'inimitié personnels au père, ou si elle a pour but l'intérêt bien entendu des légataires.

236. — Jugé, au contraire, qu'on doit réputer non écrite la condition du testament qui enlèverait au père ou à la mère de l'enfant légataire l'administration des biens légués. — *Besançon*, 14 nov. 1807, Magnoncourt c. Magny; *Caen*, 11 août 1825, Manchon c. Seyer.

237. — ... Et cela, lors même qu'elle serait apposée à un legs fait à un mineur sous la tutelle de sa mère après la dissolution du mariage, et même en cas de convol de la mère. — *Caen*, 11 août 1825, Manchon c. Seyer.

238. — Dans tous les cas on devrait considérer comme nulle la condition qui enlèverait au père l'administration de la personne de ses enfans mineurs. — *Caen*, 20 nov. 1840 (t. 1er 1841, p. 418), Salomon c. Lepetit.

239. — ... Ou l'éducation de ces mêmes enfans. — *Besançon*, 15 nov. 1807, Magnoncourt c. Magny.

240. — Ainsi, la clause d'un testament portant donation en faveur d'enfans mineurs et don d'une rente viagère au profit des père et mère de ces enfans, avec condition expresse que la direction de l'éducation physique et morale de ces enfans sera confiée à une tierce personne, légataire usufruitière des biens du testateur, à l'exclusion de leur père et mère, et que cette tierce personne paiera tous les frais de cette éducation, est nulle en ce qui concerne l'éducation et le mode d'éducation de ces enfans; mais elle doit être exécutée dans toutes ses autres dispositions. — *Rennes*, 18 déc. 1835, Janières c. Terrier.

241. — Lorsqu'un legs d'immeubles a été fait à une femme mariée sous un régime qui attribue au mari l'administration de ses biens et la jouissance de ses revenus, sous la condition *qu'elle jouira des revenus des biens légués sans l'autorisation de son mari*, une pareille disposition ne porte atteinte ni aux droits essentiels de la puissance maritale, ni à l'irrévocabilité des conventions matrimoniales. — *Toulouse*, 20 août 1840 (t. 1er 1841, p. 364), Pons de Villeneuve.

242. — De même une mère peut, dans un legs fait à sa fille mariée sous le régime de la communauté, apposer pour condition au legs qu'elle jouira seule des biens donnés, et en percevra les revenus sur ses simples quittances, sans que le mari puisse s'immiscer dans leur administration. — Néanmoins, cette condition doit être restreinte aux biens composant la quotité disponible. — La condition du legs n'a pu être changée par des arrangemens postérieurs intervenus entre les époux. — *Paris*, 27 janv. 1835, Brochand. — V. conf., Toullier, t. 12, no 142, et Duranton t. 14, no 150. — V. *contrà* Bellot, t. 1er, p. 300; Delvincourt, t. 3, p. 239.

243. — De même encore le legs de la portion disponible fait par une mère à sa fille mariée sous le régime de la communauté, peut contenir la condition que le mari n'aura pas l'administration des biens légués et que la femme seule en jouira sur ses simples quittances. — *Paris*, 27 août 1835, Guérin c. Cavart.

244. — La condition imposée à un mari, dans un testament fait en faveur de sa femme, de ne pouvoir toucher les sommes léguées qu'au moyen d'emploi ou d'hypothèques n'est pas obligatoire pour la femme séparée de biens. — *Grenoble*, 8 avr. 1835, Bresson c. Boutaud.

§ 8. — *Conditions avec clause pénale en cas d'inexécution du titre.*

245. — Il est permis à un testateur de priver le légataire de son legs et d'en gratifier un autre, dans le cas où le légataire n'accomplirait pas la condition. — Si cette condition est impossible ou illicite, le legs pénal ne peut avoir aucun effet; — L. 1, Cod., *De his quæ pœn. nom.*; Voët, in tit. *De his quæ pœnæ causâ relinq.*; Furgole, *Testam.*, chap. 11, nos 141 et suiv.; Merlin, *Rép.*, vo *Peine testamentaire*, nos 5 et 6; Duranton, t. 8, no 119.

246. — Les dispositions pénales étaient nulles dans l'ancien droit romain. Ulpien, tit. 24, § 16, et tit. 25, § 13; *Pandectes*, tit. *De his quæ pœnæ nomine relinquuntur.* — L'empereur Antonin-le-Pieux fut le premier qui prohiba ces dispositions. « *Primus constituit ne pœnæ causâ legatum maneat*, » dit Capitolin. Mais cette législation a été abrogée par Justinien, liv. 1er, Cod., *De his quæ pœnæ nomine*; Institut., tit. *de Legatis*, § 36. — Les commentateurs ont, d'ailleurs, distingué entre la disposition pénale, celle qui est faite en haine de l'héritier, et la disposition conditionnelle, celle qui tend à gratifier le légataire. — V. Godefroy, dans ses notes sur la loi 2, ff, *De his quæ pœnæ.* — Quelques auteurs ont soutenu que les dispositions purement pénales étaient nulles en France, comme dans l'ancien droit romain (Mailliart, sur l'art. 74 de la Coutume d'Artois). Mais cette doctrine a été réfutée. — Ricard, *des Donations*, part. 3e, no 1549; Furgole, *des Testamens*, chap. 11, no 137; Nouveau Denisart, au mot *Aînesse*, et divers arrêts des parlemens, rapportés par Ricard et Denisart, *loc. cit.* — Aujourd'hui il n'y a d'autres restrictions apportées à la volonté du testateur que celles portées en l'art. 900, C. civ.

247. — L'obligation imposée par un père à sa fille, sous la coutume de Normandie, de rapporter le capital et les intérêts de la dot à elle constituée, dans le cas où, malgré sa renonciation, elle viendrait à la succession paternelle, est une véritable clause pénale qui, à ce titre, a été annulée

par le fait de l'ouverture de la succession sous le Code civil, lequel a prohibé les renonciations anticipées.—*Cass.*, 30 déc. 1816, Lecour c. Villeneuve. — Toullier, *Droit civ.*, t. 5, n° 269; Duranton, *Droit français*, t. 8, n° 146.

248. — Une disposition universelle qui porte que, dans le cas où l'héritier l'attaquerait, elle sera réduite aux termes de la loi, ne renferme point une clause prohibitive.—*Amiens*, 21 messid. an X, Despaut c. Binant.

249.—N'est pas illicite et doit recevoir son exécution la clause par laquelle un père faisant entre ses enfans le partage de ses biens, déclare réduire à sa réserve légale celui qui attaquerait le partage et disposer de la quotité disponible au profit des autres enfans. Du moins l'arrêt qui le décide ainsi ne donne point ouverture à cassation.—*Lyon*, 6 mars 1829, Legnat c. Veyle; *Cass.*, 1er mars 1830, Veyle c. Charlin.

250. — La clause par laquelle un testateur dispose que, si l'un de ses légataires vient à contester quelqu'une des dispositions du testament, son legs deviendra nul et de nul effet, doit recevoir son exécution, alors même que la contestation soulevée par le légataire (et sur laquelle d'ailleurs il a succombé) aurait porté sur le point de savoir si le testament était l'œuvre de la volonté libre du testateur. — *Cass.*, 22 déc. 1845 (t. 1er 1846, p. 117), Honnier c. Duquesnel.

251. — On ne doit pas considérer comme contraire aux lois et nulle la disposition par laquelle une mère donne la quotité disponible à l'un de ses enfans pour le cas où les autres ne respecteraient pas un partage verbal fait entre eux de son vivant, non seulement de ses propres biens, mais encore des biens de son mari prédécédé.—*Cass.*, 1er mars 1831, Laurent c. Juillet.

252.— La clause d'un testament par laquelle un père, en défendant à ses enfans toutes appositions de scellés, tous inventaires et autres actes judiciaires au sujet de sa succession, déclare que celui qui violera la défense sera privé de sa part dans la quotité disponible, est valable et doit recevoir son exécution. — *Bordeaux*, 2 janv. 1833, Drilholles c. Laporterie.

253. — Lorsque le testateur, après avoir fait un legs, a ajouté une clause par laquelle il déclare ce legs nul et sans effet, dans le cas où le légataire persisterait dans une instance déjà introduite, ajoutant que celui-ci devrait donner à son héritier une renonciation expresse de toute demande, contestation mue où à mouvoir, il n'y a pas lieu de prononcer la caducité du legs, en raison d'un procès suscité à l'héritier pour l'interprétation du testament.—*Montpellier*, 13 déc. 1834, Dulbis c. Pascal.

254. — Les peines testamentaires doivent être rigoureusement restreintes au cas qu'elles ont expressément prévu. — Spécialement, lorsqu'un testateur, après avoir avantagé l'un de ses enfans et donné à sa femme le droit de vendre et aliéner les biens qu'il laissera, réduit à la légitime celui des enfans qui s'opposera aux dispositions de ce testament, cette clause n'est point applicable aux enfans qui demandent le rapport d'un legs fait par la mère à l'un de leurs frères. — *Liége*, 11 déc. 1812, Otte.

255.— Lorsqu'un legs universel a été fait à des mineurs sous des conditions qui, sans être illicites, sont contraires aux lois concernant l'administration de la tutelle, et en outre sous la peine de la révocation, dans le cas où lesdites conditions ne seraient pas observées, il n'y a pas lieu de prononcer la déchéance du legs, par le motif que le tuteur des légataires mineurs aurait demandé aux tribunaux que lesdites conditions fussent en tout ou en partie réputées non écrites, en offrant d'ailleurs de les exécuter si leur validité était prononcée. — *Cass.*, 24 déc. 1834, Bret et Clastrier c. Rizard.

256. — Est illicite et nulle la condition, avec clause pénale de privation de tout ou partie de la succession, qui est insérée dans un testament, dans le but d'assurer l'exécution d'une substitution prohibée. — *Cass.*, 30 juill. 1827, de Suriray; *Bordeaux*, 30 juill. 1832, Gachet c. Barbot.

CHAPITRE IV. — *Accomplissement et effets des conditions.*

Sect. 1re. — *Accomplissement et effets des conditions en général.*

257.—Dans le droit ancien, pour que la condition fût considérée comme accomplie, il fallait qu'on eût exécuté fidèlement tout ce que prescrivait le contrat ou la disposition: il ne devait rien y être ajouté ni rien omis; c'est ce qu'entendaient les docteurs, lorsqu'ils posaient en principe que les conditions devaient être accomplies *in formâ specificâ*. — Furgole, *Des testamens*, ch. 7, sect. 5e, n° 3.

258. — Le Code civil n'a pas adopté cette règle, souvent dangereuse; il a posé en principe que « toute condition doit être accomplie de la manière que les parties ont vraisemblablement voulu entendre qu'elle le fût. » — Art. 1175.

259. — Cette règle laisse peut-être trop à l'arbitraire du magistrat, qui peut quelquefois s'égarer dans ses appréciations, mais, en résultat, il y a plus de justice à espérer de cette manière d'exécuter la stipulation conditionnelle, que de s'en rapporter au sens littéral des termes de l'obligation ou de la disposition.

260. — Au reste, Pothier, à qui le législateur a emprunté l'art. 1175, nous a laissé (*Oblig.*, n° 206) quelques utiles enseignemens sur la manière dont la règle doit être appliquée.

261.— « Si, dit-il, j'ai contracté envers vous un engagement sous la condition que vous donnerez telle somme à tel mineur, vous n'aurez pas rempli la condition, si, au lieu de donner la somme au tuteur, vous la livrez au mineur lui-même qui l'a dissipée. » — L. 68, ff., *De solut.*

262. — Toutefois, s'il apparaissait de l'acte que l'intention du donateur eût été de donner cette somme au mineur pour qu'il l'employât selon sa volonté, la condition serait remplie. — Pothier, *eod loc.*; Ricard, *Des disposit. condit.*, n° 375; Toullier, tom. 6, n° 587.

263. — Les conditions potestatives doivent, en général, être accomplies aussitôt qu'on le peut: *Hæc conditio : Si in capitolium ascenderit, sic recipiendu est, cum primum potuerit capitolium ascendere.* — L. 29, ff., *De cond. et demonstr.*; Toullier, tom. 6, n° 613.

264. — Lorsqu'une somme d'argent a été stipulée payable à une fille lorsqu'elle sera en âge de faire un établissement, celle-ci peut en exiger le paiement, du moment qu'elle a atteint sa majorité sans se marier. — *Toulouse*, 9 déc. 1819, Molinier c. Gorse.

265. — La condition de se marier imposée à un légataire ne doit pas être considérée comme impossible et nulle, ainsi que le legs qui en dépend, par cela seul que le légataire est mort avant d'avoir atteint l'âge auquel il pouvait contracter mariage. — *Poitiers*, 29 juill. 1830, Potron c. Germon; *Cass.*, 20 déc. 1831, mêmes parties.

266. — Lorsqu'une institution d'héritier a été faite sous la condition que l'institué ne pouvait se marier qu'avec le consentement d'une personne désignée, laquelle, en cas d'inexécution de cette condition, était investie du droit de choisir un autre héritier, l'institution d'héritier doit être maintenue, encore bien que l'héritier se soit marié sans le consentement et même malgré l'opposition de la personne indiquée, si cette personne est décédée sans faire une autre institution. — *Cass.*, 5 avr. 1836, Grange c. Delorme et Roch.

267. — La clause testamentaire qui interdit à un héritier d'attaquer le partage opéré par le testateur, sous peine d'être privé d'un legs, ne doit pas s'appliquer au cas où, le partage ayant été attaqué, il a été constaté qu'il renfermait une lésion au préjudice de l'héritier légataire. Du moins l'arrêt qui le décide ainsi, en interprétant les clauses du testament, est à l'abri de la cassation. — *Cass.*, 18 mai 1831, André c. Debrais.

268. — Bien qu'en cautionnant les dettes de son fils failli un père ait stipulé que le contrat serait résolu dans le cas où le fils n'obtiendrait pas la signature de tous les créanciers sur le contrat d'atermoiement: cependant, si le père a, dans son intérêt personnel, fait une livraison de marchandises faisant partie de l'actif du failli, il a pu être déclaré non-recevable, vis-à-vis des créanciers signataires, à invoquer la clause résolutoire, lors même que quelques créanciers n'auraient pas signé. — *Cass.*, 20 août 1833, Thibaut c. Boc Saint-Hilaire.

269.—C'est une question d'interprétation d'acte, échappant à la censure de la cour de Cassation, que celle de savoir si les droits accordés par les statuts d'une entreprise aux fondateurs administrateurs, leur sont attribués en leur qualité de fondateurs ou comme administrateurs, et seulement pour le temps de la durée de leur gestion; dès-lors, l'arrêt qui déclare que les droits sont attachés à la qualité d'administrateur ne peut être cassé, sous prétexte qu'il violerait l'art. 1181, C. civ, sur l'effet des obligations suspensives. — *Cass.*, 5 avr. 1830, Denuelle-Saint-Leu c. Berlier.

270. — Bien que toute condition doive être accomplie de la manière que les parties ont entendu qu'elle le fût (C. civ., art. 1175); néanmoins, si la volonté des contractants a été clairement exprimée, il n'y a pas lieu à interprétation alors même que l'exécution de la condition fût plus avantageuse en l'expliquant dans un sens autre que celui exprimé. — Toullier, t. 6, n° 606.

271. — Si la mort d'une personne formait la condition d'une disposition ou d'un contrat, cette condition serait-elle accomplie par la mort civile? « Il faut distinguer, dit Toullier (t. 6, n° 607): si en faisant de la mort de cette personne la condition d'une obligation ou d'un legs, on a eu en vue les effets éventuels de la transmission de ses biens et de ses droits, la condition doit être censée accomplie par la mort civile de l'individu désigné, parce qu'alors sa succession est ouverte comme s'il était mort naturellement; ainsi supposons, par exemple, que j'aie promis de payer une somme à la mort d'une personne dont je suis héritier présomptif, la condition est accomplie par la mort civile; car la condition était censée avoir pour objet l'espérance d'une plus grande aisance au moment où je serais forcé de satisfaire à mon obligation. »

272. — Mais si les parties ont eu en vue le fait seul de l'existence de la personne désignée, par exemple si j'ai promis de vous payer 10,000 fr. à la mort de telle personne dont je ne suis pas l'héritier, et de laquelle je n'attends aucune libéralité, sa mort civile n'accomplira point la condition. — Toullier, t. 6, n° 607.

273. — Bien que, dans l'interprétation des conditions, on doive s'arrêter au sens naturel des termes, néanmoins il ne faut pas perdre de vue la maxime que « dans les conventions, l'on doit rechercher quelle a été la commune intention des parties, plutôt que de s'arrêter au sens littéral des termes. » — C. civ., art. 1156; Duranton, t. 11, n° 44.

274. — Au surplus, la question de savoir si la condition sous laquelle une obligation a été contractée s'est accomplie est du domaine exclusif des tribunaux. — *Cass.*, 5 juin 1833, Sarret c. De Planard.

275. — En général, les conditions doivent être accomplies *indivisibiliter* et non par parties.

276. — Les conditions sont indivisibles dans leur accomplissement; ainsi, par exemple: *Je vous institue mon héritier si vous donnez 10,000 fr. à Sempronius : vous ne pourriez pas payer 5,000 fr. seulement et demander la moitié de l'hérédité.* — Duranton, t. 11, p. 53.

277. — Il en serait autrement si le legs était fait à deux personnes conjointement, sous la condition de payer les 10,000 fr.; l'une d'elles pourrait, en payant sa part, réclamer la moitié du legs. — Duranton, *loc. cit.*

278. — Elle pourrait même la réclamer en totalité si elle payait la part de son colégataire qui aurait refusé de remplir la condition.— L. 54, § 1, ff., *De cond. et demonstr.*; Duranton, *eod. loc.*

279. — Pothier (*Des oblig.*, n° 21) fait aussi l'application du principe de l'indivisibilité de la condition dans son accomplissement par l'hypothèse suivante : « Supposons que j'aie fait à Paul l'abandon de mes droits sur certain immeuble, *à la condition* qu'il me paierait 10,000 francs dans un certain temps, et que Paul étant venu à mourir laissant plusieurs héritiers, avant d'avoir payé la somme, chacun d'eux veuille exécuter la condition pour sa part héréditaire et demande l'exécution de la transaction pour cette part : dans ce cas il faudra décider qu'ils ne le pourront pas, qu'ils devront se réunir et payer les 10,000 fr. en même temps; la raison en est que, dans l'intention évidente des parties, la condition devait s'exécuter comme si l'obligation était indivisible. »

280. — M. Duranton (t. 11, n° 54) rejette cette solution de Pothier : il soutient d'abord que c'est là une charge plutôt qu'une condition, ce qui nous paraît tout à fait contraire aux règles relatives à la manière dont les conditions doivent s'exprimer; d'un autre côté, il prétend qu'il n'est pas certain que l'intention des parties fût de rendre la condition indivisible, mais c'est là une interprétation tout à fait contraire au sens non équivoque de la clause; il est évident, d'ailleurs, que celui qui a abandonné ses droits sur l'immeuble n'a pas voulu rester en communauté avec ceux de ses héritiers qui auraient payé leur part; ce qui arriverait si les autres ne voulaient pas ou ne pouvaient pas exécuter la condition. La règle, en cette matière, est que les conditions doivent être accomplies *in formâ speciali et indivisibiliter*: il ne faut pas s'en écarter.

281. — L'accomplissement partiel de la condition ne rend pas divisible l'obligation ou le legs qui en dépend; ainsi, par exemple: *Je lègue à Paul le fonds cornélien, sous la condition de donner 10,000 fr.; dans ce cas Paul ne pourra, après avoir payé 5,000 fr., réclamer la moitié du fonds cornélien.* — Pothier, *Des oblig.*, n° 215; Dumoulin, *De dividuo et individuo*, 3e part., n° 357.

282. — S'il arrivait que le legs d'un fonds fait sous la condition de donner 10,000 fr., se trouvât réduit de moitié ou d'un quart par l'effet de la réserve due aux héritiers, la somme à payer par le légataire serait réduite à proportion. — L. 20, ff., *De mortis caus. don.*; L. 43, § 2, ff., *De cond. et demonstr.*; Toullier, t. 6, nº 599.

283. — La condition résolutoire est indivisible comme la condition potestative : Je vous ai vendu sous la condition que le prix serait payé dans un délai déterminé, la vente est résolue si le prix n'a été payé qu'à moitié ou aux trois quarts. — L. 10, ff., *De rescind. vend.*; Toullier, t. 6, nº 600.

284. — La condition imposée à plusieurs personnes peut être divisée dans son accomplissement. Exemple : Je lègue à Paul et Pierre le fonds cornélien, s'ils donnent 10,000 fr. à mon héritier; si Paul donne 5,000 fr., il sera fondé à demander la moitié du fonds légué; la raison en est qu'en désignant les personnes qui doivent compter la somme, le testateur est censé l'avoir divisée entre eux : *Statim a testamento quo pluribus conditio apposita est, divisa quoque in singulas personas videri potest... Enumeratione personarum potest videri esse divisa.* — L. 56, ff. *De cond. et dem.*; Toullier, t. 6, nº 601.

285. — La condition qui consiste *in faciendo* n'est divisible qu'autant que le fait peut être divisé. Si, par exemple, je lègue 100,000 fr. à deux architectes sous la condition de me construire un monument, il est certain que la condition ne sera accomplie que lorsque le monument sera construit en entier par les deux architectes, à moins qu'il ne résultât du contrat que l'intention du testateur n'avait pas été que le monument fût construit par le concours de l'industrie des deux architectes. — Toullier, t. 6, nº 603.

286. — Si la condition consiste dans un fait divisible imposé à plusieurs personnes, la condition se divise dans son exécution; par exemple, je lègue 1,000 fr. à trois serviteurs, sous la condition qu'ils resteront au service de mes enfants; si deux restent seulement, il sera distrait un tiers de la somme léguée. — L. 84, ff., *De cond. et demonstr.*

287. — Si la condition consiste en un fait divisible dont l'accomplissement soit imposé à une seule personne en faveur de plusieurs, elle peut être divisée, mais alors la disposition diminue quand la charge est diminuée; ainsi je lègue à Titius 1,200 fr. annuellement, s'il continue à gérer les biens de mes trois enfans absens. L'un d'eux cède sa part : le legs de 1,200 fr. est réduit d'un tiers, puisque la charge est diminuée d'autant. — L. 10, ff., *De an. leg.*; — Toullier, t. 6, nº 605.

288. — Mais si la condition consistait en un fait indivisible, la somme léguée ne pourrait être divisée ni restreinte : par exemple, je lègue à Jean, mon domestique, 1,200 fr. annuellement, s'il reste au service de mes enfans jusqu'à sa mort; l'un des enfans s'absente, la somme léguée n'est pas réduite, si Jean continue de rester avec les autres. — Toullier, t. 6, nº 605.

289. — Lorsqu'une obligation est contractée sous plusieurs conditions, faut-il que toutes soient accomplies pour que l'obligation prenne naissance ou soit résolue?

290. — Il faut distinguer si des conditions sont unies par une conjonctive ou si elles sont séparées par une disjonctive. — Dans le premier cas, toutes les conditions doivent être accomplies, quel que soit leur nombre; dans le second, il suffit que l'une d'elles seulement soit accomplie. Exemple : si tel navire revient en France, *et* si Paul est nommé à tel emploi, je vous donnerai 1,000 fr.; l'obligation ne devient parfaite que lorsque les deux faits sont arrivés. — Duranton, t. 11, nºs 46 et suiv.

291. — Mais si l'on a stipulé en ces termes : Je vous donnerai 1,000 fr. si tel navire revient en France, *ou* si Paul est nommé à tel emploi, l'obligation sera parfaite si l'une ou l'autre condition est remplie. — Duranton, *eod. loc.*

292. — Cependant, dans certains cas, la conjonctive se prend pour la disjonctive et *vice versâ*. Il faut alors rechercher l'intention commune des parties. — Pothier, nº 223; Toullier, t. 6, nº 597; Merlin, *Rép.*, vis *copulative* et *disjonctive*; Delvincourt, t. 2, p. 477, notes; Duranton, t. 2, nºs 46 à 50; Rolland de Villargues, *Rép.*, vº *Condition*.

293. — Si les conditions étaient isolées, sans conjonctives ni disjonctives, il faudrait rechercher la commune intention des parties, et si on ne pouvait la découvrir, réputer les conditions conjointes; dans les contrats, le doute s'interprète en faveur du débiteur. — Toullier, t. 6, nº 598.

294. — Les conditions peuvent-elles être accomplies par les héritiers? — La question ne peut s'élever que pour les conditions potestatives ou mixtes, les conditions casuelles n'étant pas au pouvoir des parties.

295. — Il faut d'abord distinguer entre la condition imposée dans les testamens et la condition imposée dans les contrats.

296. — Comme, dans les dispositions de dernière volonté, le legs est caduc si le légataire meurt avant l'accomplissement de la condition de quelque nature qu'elle soit, potestative, casuelle ou mixte, il suit de là que le légataire ne transmet point à ses héritiers la faculté d'accomplir la condition potestative. — L. 56, ff., *De cond. et demonstr.*; — Pothier, nº 215; Toullier, t. 6, nº 590.

297. — Dans les contrats, au contraire, le créancier conditionnel transmet à ses héritiers la faculté d'accomplir la condition. — C. civ., art. 1179; *Inst. de verb. oblig.*

298. — Toutes les conditions de donner peuvent donc être accomplies par les héritiers de celui à qui elles étaient imposées. — C. civ., art. 1236.

299. — Quant aux conditions potestatives qui consistent à faire, *in faciendo*, elles ne peuvent être accomplies que par celui à qui elles ont été imposées, s'il s'agit d'un fait personnel. — Toullier, t. 6, nº 592; Duranton, t. 11, nº 45.

300. — Mais si ce fait peut être accompli par un tiers, par exemple, celui de construire une maison, la faculté de l'accomplir passe aux héritiers du créancier, pourvu toutefois qu'il n'en résulte aucun dommage pour le débiteur. — Toullier, t. 6, nº 592.

301. — Les mineurs, les interdits, les femmes mariées peuvent, sans le concours de leurs tuteurs et maris, accomplir les conditions qui leur sont imposées. — Ricard, *Des dispositions conditionnelles*, nº 373; Furgole, chap. 7, sect. 5, nº 10; Toullier, t. 6, nº 596.

302. — Lorsqu'une obligation est contractée sous la condition qu'un événement arrivera dans un temps fixé, cette condition est censée défaillie lorsque le temps est expiré sans que l'événement soit arrivé. — C. civ., art. 1176.

303. — S'il n'y a point de temps fixé, la condition peut toujours être accomplie; et elle n'est censée défaillie que lorsqu'il est devenu certain que l'événement n'arrivera pas. — C. civ., même article.

304. — Lorsqu'une condition potestative *in faciendo aut in non faciendo* est imposée à quelqu'un, il a tout le temps de sa vie pour l'accomplir; on ne peut le contraindre à le faire ni lui fixer un terme pour l'accomplir ou pour déclarer quand il l'accomplira. — Furgole, *Des testam.*, chap. 7, sect. 5, nº 51, *in fine*; Toullier, t. 6, nº 622.

305. — Lorsqu'une obligation est contractée sous la condition qu'un événement n'arrivera pas dans un temps fixé, cette condition est accomplie lorsque ce temps est expiré sans que l'événement soit arrivé. — C. civ., art. 1177.

306. — La condition est également accomplie si, avant ce temps, il est certain que l'événement n'arrivera pas. — C. civ., même article.

307. — Enfin, s'il n'y a pas de temps déterminé, elle n'est accomplie que lorsqu'il est certain que l'événement n'arrivera pas. — C. civ., même article.

308. — La condition est réputée accomplie lorsque c'est le débiteur obligé sous cette condition qui en a empêché l'accomplissement. — C. civ., art. 1178.

309. — Le droit romain avait une disposition semblable : *Quicumque sub conditione obligatus, curaverit ne conditio existeret, nihilominus obligatur.* — L. 85, § 7, ff., *De verb. oblig.*

310. — Cette règle s'applique aux legs et aux institutions d'héritiers comme aux obligations. — L. 18, ff., *De reg. jur.*

311. — Mais lorsque celui qui a empêché la condition de s'accomplir n'a fait qu'user de son droit, elle n'est plus considérée comme accomplie. — L. 38, ff., *De statuliberis*; L. 35, ff., *eod.*; L. 41, § 1, ff., *De fideicommis. libert.*; Pothier, nº 212; Toullier, t. 6, nº 609; Duranton, t. 11, nº 61.

312. — Quand c'est par un tiers que la condition doit s'accomplir, on la considère comme accomplie lorsqu'elle a manqué par le refus de ce tiers. — L. 54, § 2, ff., *De leg.* II; L. 31, ff., *De cond. et demonstr.*; Pothier, nº 214; Duranton, t. 11, nº 62.

313. — Dans les contrats, on ne peut opposer au non-accomplissement de la condition potestative, ni les cas fortuits ni la force majeure; « la raison en est, dit Toullier (t. 6, nº 610), que ces cas fortuits et cette force majeure sont entrés en considération dans le contrat, et qu'on n'a pas entendu que la bonne volonté suffît. » — V. aussi, en ce sens, Pothier, *Des obligations*, nº 213; Furgole, *Des testamens*, chap. 7, sect. 2e, nº 83.

314. — Mais il en est autrement à l'égard des conditions potestatives insérées dans les testamens; la condition est censée accomplie lorsque vous avez fait tout ce qu'il était en votre pouvoir de faire pour son accomplissement; ainsi, je vous ai légué 10,000 fr. si vous épousez Mævia, mais Mævia meurt avant sa puberté ou pendant les préparatifs du mariage; la condition est censée accomplie, parce qu'il n'a pas tenu à vous de l'épouser. — L. 23, ff., *De cond. inst.*; Toullier, *ibid.*

315. — Tant que la condition est pendante, elle ne produit aucun effet; pour le créancier ou le légataire, elle ne forme qu'une espérance; jusque-là ils sont sans droit sur la chose stipulée, et s'ils en avaient été mis par erreur en possession, ils pourraient être contraints à la rendre et à restituer les fruits qu'elle a produits. — L. 16, ff., *De condict. indeb.*; L. 8, ff., *De peric. et comm. rei vendit.*; Toullier, t. 6, nº 526; Delvincourt, t. 2, p. 483; Duranton, t. 11, nº 10.

316. — Jugé, en conséquence, que, lorsqu'un acte sous seing-privé, contenant reconnaissance d'une dette envers une personne, a été déposé entre les mains d'un tiers pour en faire la remise au créancier, sous une certaine condition, celui-ci ne peut se faire délivrer l'acte avant l'événement de la condition. — *Bruxelles*, 14 janv. 1830, Decasper c. Declerq et Haesebeyt.

317. — Par la même raison, le débiteur peut disposer comme bon lui semble de la chose objet du contrat; toutefois, si la condition s'accomplit, tout ce qu'il a fait est nul *ab initio*, comme s'il n'y avait point eu d'aliénation; mais si elle ne s'accomplit pas, tout est valable. — Toullier, t. 6, nº 526.

318. — L'effet de la condition, lorsqu'elle est accomplie, est irrévocablement produit : *Conditio semel impleta non resumitur.* — Furgole, *Des testamens*, chap. 7, sect. 4e, nº 160; Toullier, t. 6, nº 642.

319. — De même, lorsque la condition a manqué, l'obligation ou la disposition est anéantie; les événemens qui pourraient arriver postérieurement ne peuvent pas la faire revivre : *Conditio quæ defuit non restauratur.* — L. 41, ff., *De fideic. libert.* — Ou, comme dit Cujas : *Defecta semel conditio, postea impleretur frustrà, nec enim solent resumi conditiones.* — *Obs.*, lib. 13, chap. 40; Merlin, vº *Choix*, p. 317; Toullier, t. 6, nº 643.

320. — L'accomplissement de la condition rend le legs pur et simple, et l'obligation parfaite. — Toullier, t. 6, nº 537.

321. — La chose léguée ou promise périt pour le créancier (L. 8, ff., *De peric. et commod. rei vendit.*), et les fruits lui appartiennent du jour de l'accomplissement de la condition. — Toullier, t. 6, nº 541.

322. — C'est du jour de l'accomplissement de la condition que commence à courir la prescription contre une créance conditionnelle, entre le créancier et le débiteur et leurs héritiers. — Art. 2275. — Mais la prescription peut courir au profit des tiers détenteurs des biens sur lesquels porte le droit conditionnel, quoique la condition ne soit pas encore accomplie; car le créancier peut faire tous les actes conservatoires de son droit, par conséquent, interrompre la prescription. — Duranton, t. 11, nº 71.

323. — Toutefois, lorsque l'intention des parties a été que l'objet de la condition fût permanent, l'effet de la condition n'est produit que lorsqu'il sera certain que l'événement n'arrivera pas : telle est celle qui consiste *in non faciendo*. Ainsi je lègue à Mævia 1,000 fr. si elle reste veuve; les 1,000 fr. ne lui seront pas acquis quand elle sera restée en état de viduité pendant une année ou deux; il faut qu'elle y persiste durant toute sa vie. — Nov. 22, chap. 44; Toullier, t. 6, nº 644. — V. *infrà* nº 339.

324. — Mais si la condition consiste dans l'accomplissement de faits successifs, et que l'obligation soit le paiement de sommes annuelles, la condition produit son effet au prorata du temps pendant lequel elle a été exécutée. Par exemple : Je lègue à Mævia 1,000 fr. par an si elle reste veuve; si Mævia a accompli la condition pendant deux ans, elle aura droit à 2,000 fr. — Toullier, t. 6, nº 645.

325. — L'obligation conditionnelle ne peut être exécutée qu'après l'accomplissement total de la condition. Par exemple, la condition *si nupserit* suppose un mariage valable. — Toutefois, cette condition est censée accomplie, bien que celui à qui elle est imposée contracte un mariage nul, mais auquel sa bonne foi fait produire les effets civils. — Delvincourt, t. 2, p. 477, notes.

326. — La condition de rendre compte n'est accomplie que quand le reliquat a été payé : elle est censée accomplie s'il a été payé moins que le reliquat, mais par erreur et sans fraude. — L. 82, ff., *De cond. et demonst.*

327. — L'accomplissement de la condition n'est pas toujours suffisant pour que l'obligation soit exigible : il faut, de plus, que le terme stipulé soit expiré. — L. 8, ff., *De verb. oblig.*

328. — Les conditions stipulées dans les testamens produisent les mêmes effets que celles qui sont insérées dans les contrats. Il y a peu d'exceptions à ce principe; et la disposition testamentaire faite sous condition est parfaite au décès du testateur, comme la convention conditionnelle après le consentement des contractans. — Toullier, t. 6, nº 531.

329. — La dette de l'héritier débiteur du legs et le droit du légataire conditionnel sont suspendus après décès du testateur, comme le sont, dans le contrat conditionnel, le droit du créancier et l'obligation du débiteur. — Toullier, t. 6, nº 532.

330. — La condition accomplie a un effet rétroactif au jour auquel l'engagement a été contracté. — C. civ., art. 1179.

331. — Il résulte de là que le créancier est censé avoir eu cette qualité et les droits qui en résultent du jour du contrat, s'il s'agit d'une condition suspensive. Ainsi, par exemple, l'inscription hypothécaire qu'il aura prise pour la sûreté de l'obligation conditionnelle qu'on lui aura consentie, primera toutes celles prises postérieurement par d'autres créanciers, bien que ses droits ne consistassent alors qu'en une simple espérance. — L. 11, § 1er, ff., *Qui potiores in pign.*; Duranton, t. 11, nº 67.

332. — Dans le cas de la condition résolutoire, au contraire, les parties étant remises au même état où elles se trouvaient avant le contrat ou la disposition, toutes les charges que le contractant ou le donataire aurait imposées s'évanouissent par l'accomplissement de la condition. — Duranton, t. 11, nº 67.

333. — Lorsque la condition est potestative, il faut distinguer, pour l'application de la règle, si l'événement est au pouvoir du créancier ou s'il est au pouvoir du débiteur. Dans le premier cas, l'accomplissement a un effet rétroactif; il ne pouvait dépendre du débiteur de rompre ses obligations en faisant échouer l'accomplissement de la condition. Dans le second cas, il n'en est pas de même, et l'accomplissement de la condition n'a point un effet rétroactif contre les tiers avec lesquels le débiteur a contracté postérieurement. — Toullier, t. 6, nº 546; Duranton, t. 11, nº 45.

334. — C'est au créancier ou au légataire conditionnel à faire la preuve de l'accomplissement de la condition, alors même qu'il s'agirait de prouver un fait négatif. — L. 10, ff., *De verb. oblig.*; Furgole, sect. 5e, nos 145 et 146; Toullier, t. 6, nº 649.

335. — Si le créancier est mort avant l'accomplissement de la condition, ses droits passent à ses héritiers. — C. civ., art. 1279.

336. — A moins que la condition ne fût personnelle au défunt : *injuncta personæ*. — Toullier, t. 6, nº 530.

337. — Cette disposition, applicable seulement au contrat, est fondée sur ce qu'en contractant on est censé avoir stipulé pour soi et pour ses héritiers et ayant-cause, à moins que le contraire ne soit exprimé ou ne résulte de la nature de la convention. — C. civ, art. 1122.

338. — Mais dans les dispositions entre-vifs ou testamentaires, au contraire, comme le disposant n'a en vue que la personne en faveur de laquelle il a disposé et nullement celle de ses héritiers (Duranton, t. 11, nº 66!), il s'ensuit que le légataire en mourant ne transmet point son espérance à ses héritiers, comme le créancier en vertu de son contrat conditionnel; le legs devient caduc. — Toullier, t. 6, nº 534.

339. — Le droit romain avait inventé, au profit des légataires, la *caution mutienne*, afin que le droit résultant de la condition négative pût passer à leurs héritiers. — M. Duranton (t. 9, nº 291, et t. 11, nº 58) enseigne que si le Code civil ne l'admet plus pour les contrats, parce que le créancier est supposé avoir stipulé pour ses héritiers, il ne la prohibe pas pour les legs.

340. — Le droit conditionnel a une véritable valeur, quoique éventuelle; c'est un bien que le créancier peut vendre.

341. — Par la même raison, le créancier peut, avant que la condition soit accomplie, exercer tous les actes conservatoires de ce droit. — C. civ., art. 1180. — V. *infrà* nº 345.

342. — Il ne pourrait cependant pas faire des saisies-arrêts contre son débiteur; la raison en est que si la condition venait à manquer, le créancier aurait causé par cette mesure un tort irréparable au débiteur. — Duranton, t. 2, nº 70.

343. — Il pourrait encore moins faire des saisies-exécutions; l'art. 551, C. procéd., lui refuse ce droit. — Cependant, s'il existait déjà des saisies ou oppositions, des saisies exécutions, et que la solvabilité du débiteur fût douteuse, il devrait être colloqué dans l'ordre. — Duranton, t. 11, nº 70.

344. — Mais *quid* en cas de faillite, de déconfiture du débiteur? Ni le Code civil, ni le nouveau Code comm. (art. 444), n'ont prévu ce cas. Transformera-t-on la créance en créance exigible? Admettra-t-on le créancier à la distribution, sauf à lui de donner caution pour le cas où la condition ne s'accomplirait pas? — Nous pensons qu'il ne peut être payé qu'à l'événement de la condition et que ce paiement doit lui être garanti par caution ou consignation. — Pothier, nº 122; Toullier, t. 6, nº 528; Duranton, t. 11, nº 69.

345. — En attendant l'événement de la condition, le légataire conditionnel peut prendre toutes les mesures conservatoires, comme le créancier conditionnel, en vertu de son obligation. — Toullier, t. 6, nº 532. — V. *suprà* nº 341.

346. — Il peut faire toutes les conventions que bon lui semble avec les créanciers de la succession; il peut disposer de son droit comme il disposerait d'un coup de filet. — Toullier, t. 6, nº 532, et t. 4, nº 340.

347. — Mais si, avant l'événement de la condition, le légataire déclarait renoncer à la succession, cette renonciation serait sans effet; il pourrait encore demander la délivrance de son legs, à moins que la renonciation n'eût été acceptée par les héritiers. — Toullier, t. 6, nº 533.

Sect. 2e. — *Accomplissement et effets de la condition suspensive.*

348. — On a vu que la condition suspensive est celle qui fait dépendre l'obligation d'un événement futur et incertain, ou d'un événement actuellement arrivé, mais encore inconnu des parties. — C. civ., art. 1181.

249. — Tout ce que l'on vient de dire dans le paragraphe précédent, concernant l'accomplissement et les effets des conditions en général, s'applique à la condition suspensive, bien plus encore qu'à la condition résolutoire.

350. — Lorsque la condition suspensive sous laquelle l'obligation a été contractée consiste en un événement futur et incertain, l'obligation ne peut être exécutée qu'après l'événement. — C. civ., art. 1181 1º.

351. — Lorsque la condition suspensive sous laquelle l'obligation a été contractée, consiste en un événement actuellement arrivé, mais encore inconnu des parties, l'obligation a son effet du jour où elle a été contractée. — C. civ., art. 1181 2º.

352. — Lorsque l'obligation a été contractée sous une condition suspensive, la chose qui fait la matière de la convention demeure aux risques du débiteur qui ne s'est obligé de la livrer que dans le cas de l'événement de la condition. — C. civ., art. 1182 1º.

353. — M. Duranton (t. 11, nº 76) pense que cette disposition n'est pas vraie d'une manière absolue; qu'elle ne l'est que dans les contrats synallagmatiques à titre onéreux; « ainsi, dit-il, lorsque je vous ai donné ma maison sous cette condition, *si tel navire rentre en France dans l'année*, et que la maison vienne à être incendiée, elle périt bien sans doute pour moi débiteur, si la condition ne se réalise pas; mais si la condition se réalise, la maison périt réellement pour vous créancier. »

354. — Si la chose a entièrement péri sans la faute du débiteur, l'obligation est éteinte. — C. civ., art. 1182 2º.

355. — Si la chose s'est détériorée sans la faute du débiteur, le créancier a le choix, ou de résoudre l'obligation, ou d'exiger la chose dans l'état où elle se trouve, sans diminution de prix. — C. civ., art. 1182 3º.

356. — Si la chose s'est détériorée par la faute du débiteur, le créancier a le droit de résoudre l'obligation ou d'exiger la chose dans l'état où elle se trouve avec des dommages-intérêts. — C. civ., art. 1182 4º.

357. — Pour connaître l'étendue de la perte, il faut estimer la chose, non suivant sa valeur au temps du contrat, mais suivant sa valeur lors de l'arrivée de la condition. C'est cette époque que les parties sont censées avoir considérée. — Toullier, t. 6, nº 540.

358. — Lorsque la condition suspensive vient à manquer, son effet est d'anéantir l'obligation ou la disposition : *Actus conditionnalis, defectâ conditione nihil est.* — L. 8, ff, *De pericul. et comm. rei vend.* — L'obligation est considérée comme n'ayant jamais existé. — Toullier, t. 6, nº 553.

359. — Il suit de là, suivant la même loi, que les fruits perçus *pendente conditione* appartiennent au vendeur, alors même que l'acquéreur aurait été mis en possession. — Toulier (*ibid.*).

360. — La convention par laquelle un affréteur déclare vendre une quantité déterminée de certaines marchandises qui doivent être apportées par un navire, *de ce qui s'en trouvera à bord, lors de l'heureuse arrivée, jusqu'à concurrence de cette quantité*, doit être considérée comme subordonnée à la condition que le navire sera chargé, au retour, des marchandises spécifiées. En conséquence, dans le cas où le navire ne contient aucune partie de ces marchandises, le marché doit être réputé non avenu. — *Bordeaux*, 21 mars 1837, (t. 2 1840, p. 592), Balguerie c. David.

361. — Cependant le simple chargement, au port de départ, de marchandises de même espèce que celles vendues conditionnellement, suffit *s'il a eu lieu conformément aux ordres de l'affréteur*, pour accomplir la condition et donner définitivement vie au marché, encore que ces marchandises aient été ensuite, avant tout, sorties du navire, déchargées du même port et rentrées au magasin ou livrées à des tiers. — Même arrêt (solut. impl.).

362. — La prescription ne court pas à l'égard d'une créance qui dépend d'une condition, jusqu'à ce que la condition arrive. — C. civ., art. 2257.

363. — Mais elle court en faveur des tiers détenteurs quoique la condition ne soit pas arrivée; Duranton, t. 11, nº 71, t. 8, nº 406, et t. 9, nº 307.

364. — Dans le cas où une chose vendue, donnée ou léguée sous une condition suspensive, appartiendrait à un tiers, le vendeur, le donateur ou l'héritier grevé du legs continue de prescrire pendant que la condition est en suspens, si toutefois la loi ne fait pas obstacle à la prescription, à raison de la qualité de leur possession ou pour autre cause. Mais après l'accomplissement de la donation, l'acheteur, le donataire ou le légataire peut joindre à la possession celle de son auteur dans le cas où celle de ce dernier n'aurait pas suffi pour compléter la prescription et en admettant qu'elle fût d'ailleurs propre à l'effet de prescrire. — Duranton, t. 11, nº 83.

365. — De même que pour la condition en général, un des effets de la condition suspensive, lorsqu'elle s'accomplit, est de remonter au jour du contrat. — C. civ., art. 1179.

366. — Il suit de là que tout ce que le débiteur sous condition a fait, *pendente conditione*, s'évanouit par l'accomplissement de la condition : ainsi les hypothèques, les aliénations sont considérées comme non avenues. — Cod. civ., art. 2125, 2182.

367. — L'effet de la condition qui s'accomplit est cependant moins étendu dans les legs que dans les contrats; il suffit que le légataire conditionnel soit capable de recevoir au moment de l'événement de la condition; s'il mourait avant, le legs serait caduc. — Toullier, t. 6, nº 544.

368. — Tant que la condition qui suspend l'obligation n'est pas accomplie il n'y a point de transmission de propriété, en conséquence il n'est point dû de droit de mutation. — Rigaud et Championnière, *Droits d'enreg.*, t. 1er, nº 607. — V. ENREGISTREMENT.

369. — C'est au créancier sous condition suspensive de prouver l'accomplissement de la condition. — Furgole, sect. 5e, nos 145, 146; Toullier, t. 6, nos 647, 649; Duranton, t. 11 nº 56.

Sect. 3e. — *Accomplissement et effets de la condition résolutoire.*

370. — La condition résolutoire est, ainsi qu'on l'a vu, celle qui, lorsqu'elle s'accomplit, opère la révocation de l'obligation et remet les choses au même état que si l'obligation n'avait pas existé. — C. civ., 1183 — 1º.

371. — La condition résolutoire est tacite ou expresse.

372. — La condition résolutoire est toujours sous-entendue dans les contrats synallagmatiques, pour le cas où l'une des parties ne satisfera point à son engagement. — C. civ., art. 1184.

373. — Sous l'empire des lois romaines, la condition résolutoire n'était pas sous-entendue dans les contrats synallagmatiques pour le cas où l'une des parties ne remplirait pas son engagement. Dès-lors le juge ne pouvait condamner les parties qu'à l'exécution du contrat. — *Cass.*, 13 (et non 12) thermid. an XII, Queste c. Lenoble.

374. — Dans notre ancienne jurisprudence, la condition résolutoire était, comme aujourd'hui, sous-entendue dans les contrats synallagmatiques. — *Cass.*, 3 déc. 1817, comm. de Chappes c. de Champflour.

375. — ... Et spécialement dans le bail à locatairie perpétuelle. — V. BAIL A LOCATAIRIE PERPÉTUELLE, nos 12 et suiv.

376. — Jugé sous le Code, et par application de l'art. 1184, que lorsque l'un des contractans qui réclame l'exécution d'une obligation synallagmatique se trouve dans l'impossibilité de représenter le titre obligatoire ou de prouver, soit la quotité de l'obligation réclamée, soit la personne envers laquelle le réclamant est lui-même obligé, il y a

lieu de prononcer la résolution de l'obligation à défaut d'exécution. Spécialement, dans le cas où une rente annuelle a été fondée en faveur d'une église pour services obituaires, si la fabrique ne peut établir, par la représentation du titre constitutif de la rente ou par tout autre titre, ni la quotité des services obituaires, ni en faveur de qui ils doivent être faits, il y a lieu de prononcer la résolution du contrat constitutif de la rente pour impossibilité d'exécuter les charges imposées. — *Cass.*, 7 juin 1836, fabrique de Bourganeuf c. Seygaud.

377. — Bien qu'une vente ait été faite purement et simplement, les juges peuvent déclarer, d'après les circonstances et les faits de la cause, que l'intention des parties a été de la subordonner à une condition résolutoire, et par suite ils peuvent prononcer la résolution de la vente, faute d'accomplissement de la condition. Spécialement, l'acquisition d'un terrain pour y appuyer un barrage que l'acquéreur se propose de construire dans une rivière, et dont l'établissement dépendait en conséquence de l'autorisation administrative, a pu être considérée comme subordonnée à l'obtention de cette autorisation, et par suite déclarée résolue lorsque le défaut d'autorisation a rendu impossible l'établissement du barrage. — *Cass.*, 8 fév. 1837 (t. 2 1837, p. 364), Bézard c. Bruyère-Chalabre.

378. — Jugé que, dans une convention synallagmatique, le contrat peut être déclaré résolu lorsqu'une partie n'ayant pas jusqu'alors exécuté les engagemens par elle pris, il est reconnu que leur exécution est désormais impossible de sa part. — *Cass.*, 23 juill. 1838 (t. 2 1838, p. 483), Sirey c. Roy.

379. — Cependant, dans certains cas, et alors même qu'il s'agit d'un contrat synallagmatique, la condition résolutoire n'est pas sous-entendue pour le cas d'inexécution de son engagement de la part d'une des parties; c'est quand cette partie n'est pas saisie de son droit de propriété en vertu de la convention, mais en vertu d'un autre titre. Tel est le cas où un des copartageans n'exécute pas les conditions du partage. Comme le partage n'est pas translatif, mais simplement déclaratif de propriété, l'action résolutoire ne saurait avoir lieu comme résultant d'une condition tacite. — V. PARTAGE.

380. — Dans le cas de la condition résolutoire tacite, le contrat n'est point résolu de plein droit; la partie envers laquelle l'engagement n'a point été exécuté a le choix, ou de forcer l'autre à l'exécution de la convention, lorsqu'elle est possible, ou d'en demander la résolution avec dommages-intérêts. — C. civ., art. 1184, 2o.

381. — La résolution doit être demandée en justice, et il peut être accordé au défendeur un délai suivant les circonstances. — C. civ., art. 1184, 3o

382. — Mais ces dispositions sont-elles applicables à la condition résolutoire expresse? Lorsque la condition arrive, la résolution a-t-elle lieu de plein droit? Faut-il, au contraire, la demander en justice, et le juge peut-il accorder un délai selon les circonstances?

383. — Sous le droit romain, la clause résolutoire produisait son effet de plein droit. — ff., Lf., *De lege commiss.*; *De in diem addict.*, L. 12, Cod., *De contrah. stipul.*; Voët, in tit. *De usuris*, no 31.

384. — Décidé, en conséquence, que, sous le droit romain, la transaction sur procès par laquelle une partie avait fait abandon d'une portion de sa propriété, en vue de travaux que l'autre partie s'obligeait à exécuter dans un délai déterminé, était résolue de plein droit, à défaut d'exécution de ces travaux dans le temps fixé, encore bien qu'il n'y eût eu aucune mise en demeure. — *Cass.*, 20 nov. 1833, Villac Delapierre c. commune de Brangues.

385. — Avant le Code, la jurisprudence distinguait les conditions résolutoires casuelles et les conditions résolutoires potestatives; à l'égard des premières, le principe de la résolution *ipso jure* n'était point contesté, mais, à l'égard des secondes, il le fut toujours. — Pothier, *Vente*, no 459; Domat, *Lois civiles*, part. 1re, tit. 1er, liv. 1er, sect. 4e, no 18; Brillon, *Dict. des arrêts*, vo *Clause résolutoire*.

386. — Décidé, en conséquence, que la condition résolutoire attachée à un événement indépendant du fait des parties, opérait son effet sans interpellation ni jugement. — *Cass.*, 25 fruct. an XIII, Bourlon c. Moulin.

387. — Décidé également que la clause d'un contrat de bail à rente portant qu'à défaut de paiement des fermages aux termes convenus, le bail serait résolu de plein droit, avait force de loi pour les parties et devait recevoir son exécution, sans qu'il fût besoin de recourir à justice. — *Paris*, 28 thermid. an XI, Montesquiou c. Protot.

388. — Cependant, dans l'ancien droit, la condition résolutoire insérée expressément dans le bail à locatairie perpétuelle n'était que comminatoire. — V. BAIL A LOCATAIRIE PERPÉTUELLE, no 15.

389. — Et jugé que, dans l'ancienne Flandre, l'événement de la condition résolutoire, expressément stipulée, n'opérait pas de plein droit et sans demande en justice la nullité du contrat. — *Bruxelles*, 15 niv. an XIII, Debacher c. Devleschoudère.

390. — Depuis le Code, il faut dire que lorsque la condition résolutoire est expresse l'obligation est résolue de plein droit (Duranton, t. 11, no 89). En effet, puisque l'art. 1184 porte que, dans le cas de condition résolutoire sous-entendue, le contrat n'est pas résolu de plein droit, c'est donc qu'il reconnaît que cette résolution de plein de droit a lieu ou du moins peut avoir lieu en cas de stipulation expresse de condition résolutoire. Au reste, tout dépend des termes dans lesquels a été formulée la loi des parties. Mais si ces termes sont explicites, ils doivent recevoir leur exécution. — V. PACTE COMMISSOIRE, VENTE.

391. — Jugé, en ce sens, qu'en disant que la condition résolutoire, stipulée dans un contrat, opère la révocation de l'obligation, l'art. 1183, C. civ., indique qu'il y a, au moment de l'accomplissement de cette condition, un droit acquis en faveur du stipulant, sans qu'il soit besoin de recourir aux tribunaux, alors surtout que la stipulation paraît avoir été de rigueur dans l'intention des parties, par exemple si, s'agissant d'un bail à ferme, le fermier s'est obligé, en cas de non-paiement, à déguerpir sans pouvoir contredire. — *Bruxelles*, 11 fév. 1820, Wanzeelle c. Delcambe.

392. — Que faut-il décider, lorsque la résolution du contrat est stipulée pour le cas où l'une des parties ne satisferait point à son engagement dans un temps fixé? Il faut distinguer le cas où la condition est formellement stipulée, de celui où elle est simplement sous-entendue. Dans le premier cas, le contrat est résolu; dans le second, il peut être accordé un délai par le juge; exemple: je vous vends ma maison 50,000 fr. sous la condition expresse que la vente sera résolue de plein droit, si vous ne m'en bâtissez pas une dans un an dans tel lieu; si l'année expire sans que la maison soit construite, la vente est résolue de plein droit, il ne peut être accordé de délai. — Toullier, t. 6, no 554.

393. — Au surplus, cette opinion en faveur de la résolution de plein droit au cas de stipulation expresse, si elle a été consacrée par de nombreuses décisions, se trouve combattue par beaucoup de décisions contraires.

394. — Ainsi, on peut voir (vo BAIL, no 946) que la condition résolutoire, même expressément insérée dans un bail à ferme, n'entraîne pas de plein droit dans le cas prévu la résolution du contrat.

395. — Jugé également qu'à défaut d'exécution du contrat dans le délai fixé par un jugement, si d'ailleurs ce jugement ne contient aucune disposition expresse à cet égard, cette résolution doit être demandée en justice. — *Bordeaux*, 4 juill. 1829, Navarre c. Pelletreau; 8 janv. 1839 (t. 1er 1839, p. 389), Gariley c. Bareyre.

396. — Lorsque la loi prononce elle-même la résolution du contrat par une disposition spéciale, la condition résolutoire est alors considérée comme si elle avait été formellement stipulée; elle n'a pas besoin d'être demandée en justice. — Duranton, t. 11, no 89. — Tel est le cas de résolution d'une donation pour cause de survenance d'enfant. — C. civ., art. 960.

397. — Il en est autrement s'il s'agit de la condition résolutoire résultant d'une disposition générale de la loi. — Ainsi, les donations révocables pour inexécution des conditions ne sont pas révoquées de plein droit (C. civ., art. 956); car il y a lieu d'examiner si effectivement les conditions n'ont pas été remplies. — Duranton, t. 11, no 90.

398. — Mais en supposant que la stipulation expresse d'une condition résolutoire n'entraîne pas la résolution de plein droit, et qu'il faille demander la résolution en justice, le juge pourra-t-il, dans ce cas, accorder un délai au défendeur?

399. — L'art. 1184, C. civ., ne règle que les effets de la cause résolutoire légale qu'il établit, et non ceux des clauses de cette nature expressément stipulées dans les contrats, et qui peuvent varier selon les termes dans lesquels elles sont conçues. — *Bruxelles*, 19 nov. 1818, Lissens c. Boeyé.

400. — Jugé, en ce sens, que lorsqu'il est dit dans un acte qu'une clause ne sera pas comminatoire, mais de rigueur, on ne peut invoquer l'usage pour en déduire que, dans l'intention des parties, cette clause ne serait à considérer que comme comminatoire. — Même arrêt.

401. — ... Que lorsqu'une condition résolutoire a été apposée dans un contrat de vente, si l'acquéreur n'a point payé après la sommation qui lui a été faite aux termes de l'art. 1656, C. civ., il ne lui est plus permis de purger la demeure. — *Cass.*, 19 août 1824, Bailleul c. Lefebvre.

402. — ... Qu'en cas de stipulation de la condition résolutoire dans un bail, les juges ne peuvent pas accorder de délai suivant les circonstances. — V. BAIL, no 948.

403. — De même, la clause résolutoire contenue dans un contrat de vente passé avant le Code civil pour le cas où les arrérages de la rente annuelle qui en formerait le prix ne seraient pas payés aux époques déterminées, n'était pas purement comminatoire; elle devait être exécutée à la rigueur. — *Paris*, 22 nov. 1816, Paquet c. Roncin.

404. — De même encore, dans un contrat qui contient une obligation de faire, la clause résolutoire, pour le cas d'inexécution de l'obligation, est absolue; et du moment où le droit à la résolution est acquis, le juge ne peut accorder aucun délai pour exécuter la convention. — En conséquence, la demande en résolution peut être formée sans être précédée d'une mise en demeure. — *Riom*, 4 août 1840 (t. 1er 1841, p. 366), de Forget c. Pallu.

405. — Jugé, au contraire, que le juge peut, selon les circonstances, accorder à la partie qui a contracté sous une condition résolutoire, un délai pour exécuter la convention, après l'échéance du terme fixé par les parties. — *Nîmes*, 22 août 1809, Rubin c. Eymard et Charpal; *Bordeaux*, 4 juill. 1829, Navarre c. Pelletreau.

406. — La clause résolutoire, sous-entendue dans les conventions synallagmatiques, en vertu de l'art. 1184, C. civ., n'est point applicable à celle des parties contractantes qui, après s'être mise en devoir d'exécuter l'obligation, en a été empêchée par force majeure. — Tel est le cas où un immeuble ayant été cédé à un individu, à charge par lui de se livrer à une exploitation et à des démarches hors du continent, cet individu, après s'être transporté au lieu désigné, aurait été empêché, par force majeure, de se livrer aux démarches et exploitation convenues. — *Cass.*, 27 mars 1832, Letondal c. Pallu Duparc.

407. — De ce que la condition résolutoire, lorsqu'elle s'accomplit, a pour effet de remettre les choses au même état que si l'obligation n'avait pas existé (C. civ., art. 1183), il suit que la condition résolutoire produit son effet même à l'égard des tiers.

408. — ... Et cet effet est applicable aux tiers de bonne foi. — *Cass.*, 2 déc. 1811, Mignot c. Renaud.

409. — Ainsi, les tiers ne peuvent se prévaloir des droits par eux acquis dans l'intervalle du contrat à la résolution, et tous les droits réels concédés par le propriétaire sous condition résolutoire s'évanouissent. — *Paris*, 14 août 1812, Laminal c. Rivière.

410. — Ainsi encore, la résolution, pour cause de dol et de fraude, de la vente d'un droit de réméré sur des immeubles, entraîne celle des reventes de ce même droit faites par l'acquéreur. — *Amiens*, 28 juill. 1834, de Querrieux c. Parsy.

411. — Par la même raison, l'ancien propriétaire peut agir contre les tiers-détenteurs par voie de revendication, et l'immeuble rentre dans sa possession, libre et exempt des servitudes et hypothèques dont l'aurait grevé le propriétaire sous condition ou le tiers-détenteur. — Merlin, *Quest. de dr.*, vo *Résolution*, § 1er.

412. — La condition résolutoire a un effet rétroactif à l'égard des tiers, même quand elle est potestative. Il faut toutefois excepter le cas où la résolution a été laissée à la volonté du possesseur, par exemple, si la chose déplaît à l'acheteur. Le possesseur peut seul invoquer la résolution: il ne peut le faire au préjudice des tiers auxquels il a consenti des droits sur la chose soumise à la condition. De son côté, le vendeur ne souffre pas, car il peut refuser de reprendre la chose, si elle ne lui est pas rendue dans le même état que le jour où il l'a vendue. — Toullier, t. 6, no 546; Delvincourt, t. 2, p. 485.

413. — Cependant il y a une exception; c'est à l'égard des baux. — Le vendeur peut être obligé d'exécuter ceux faits sans fraude par l'acquéreur (C. civ., art. 1673). — En cela, le Code n'a pas conservé les principes du droit romain et de l'ancienne jurisprudence qui décidaient que le successeur particulier n'était pas tenu de maintenir les baux faits par son prédécesseur: *Successor particularis non tenetur stare colono*. — Toullier, t. 6, no 575.

414. — La condition résolutoire ne suspend point l'exécution de l'obligation; elle oblige seulement le créancier à restituer ce qu'il a reçu dans le cas où l'événement prévu par la condition arrive. — C. civ., art. 1183.

415. — De ce que la condition résolutoire ne suspend pas l'obligation, il suit que cette obligation est parfaite dès son principe; la propriété et la possession de la chose passent sur la tête de

celui qui a acquis soit en vertu d'un contrat, soit en vertu d'une disposition. — Toullier, t. 6, no 548.

416. — Par conséquent : 1o il fait les fruits siens, *pendente conditione*, et la chose est à ses risques si elle périt entièrement ; 2o les aliénations qu'il en a faites sont valables, sauf la résolution en cas que la condition s'accomplisse ; 3o la prescription court en sa faveur contre les tiers ; il a les actions possessoires ; 4o son droit passe à ses héritiers lors même qu'il mourrait avant l'événement de la condition. — Toullier, *ibid.*

417. — De ce que le créancier est tenu de restituer ce qu'il a reçu, il suit que l'acquéreur est obligé de restituer l'immeuble, les fruits perçus, et de tenir compte des détériorations arrivées par sa faute. — Toullier, t. 6, no 563.

418. — La possession de l'acquéreur compte au vendeur pour compléter la prescription qui aurait commencé avant la vente. — Toullier, t. 6, no 563.

419. — La loi se tait quant à la perte de la chose et à la partie au péril de laquelle cette perte a lieu, dans le cas des obligations contractées sous une condition résolutoire ; c'est là une omission fâcheuse, et qui peut donner lieu à plusieurs difficultés.

420. — Si la condition résolutoire vient à manquer, la chose périt pour l'acheteur, puisque le contrat n'est pas résolu. — Duranton, t. 11, no 91. — De même, dans les donations, la chose périt pour le donataire. — *Id.*, t. 8, nos 17, 444 et 544.

421. — Si l'objet du contrat périt depuis l'accomplissement de la condition résolutoire, il ne peut non plus y avoir difficulté. Les choses étant remises au même état que s'il n'y avait pas eu de contrat, il y aurait lieu d'appliquer la règle *Res perit domino.*

422. — Mais *Quid* si la chose est venue d'abord à périr par force majeure, depuis le contrat fait sous condition résolutoire, et que la condition se soit ensuite accomplie ? M. Duranton (t. 11, no 91) pense que la perte est pour le vendeur, à moins que la condition n'ait été de nature à ne pas pouvoir se réaliser après la perte de la chose due, comme dans le cas de réméré ; le vendeur ne pouvant plus après la perte reprendre la chose, la perte retombe sur l'acquéreur.

423. — La partie en faveur de laquelle a été stipulée une condition résolutoire peut y renoncer et convenir avec l'autre partie que l'obligation résolue de plein droit aura son effet malgré la résolution. Mais alors il y a un nouveau contrat : il n'existe aucun effet rétroactif (Delvincourt, t. 2, p. 188, notes). — Toullier (t. 6, nos 572 et 573) fait observer que l'on ne doit pas considérer la confirmation comme un nouveau contrat, lorsqu'elle n'aggrave pas la condition de la caution.

424. — Pour décider si la caution doit être déchargée malgré la confirmation du contrat résolu de plein droit, le juge doit examiner si la clause résolutoire a été stipulée dans l'intérêt de la caution ou du débiteur, ou seulement dans l'intérêt du créancier ; dans ce dernier cas, le choix de la continuation du contrat, au lieu de la résolution acquise, ne peut être opposé au vendeur. — Troplong, *Vente*, t. 2, nos 656 et suiv.

425. — Si la convention intervient entre le débiteur et le créancier, avant l'événement de la condition, la caution ne peut pas en souffrir : elle n'a garanti que le premier contrat, qui était conditionnel. Quant aux hypothèques, elles subsistent à la charge de l'acquéreur, parce que lorsqu'il y a clause résolutoire à l'égard de l'acheteur, il y a condition suspensive à l'égard du vendeur : parce que la chose vendue est conditionnellement dans les mains de celui-ci et que, la condition se réalisant, l'hypothèque devient irrévocable. Or, cet effet ne peut être enlevé aux tiers par une convention qui leur est étrangère. — Delvincourt, t. 2, p. 288, notes.

426. — Lorsque le vendeur d'un immeuble à qui une partie de son prix est encore due a cédé à un autre créancier de l'acquéreur la priorité de ses rang et hypothèque, et consenti à n'exercer ses droits et priviléges que secondairement à ce créancier, il n'est pas censé avoir abandonné, au profit de ces derniers, le droit qu'il a de demander, à défaut de paiement, la résolution de la vente. Une pareille renonciation est de droit étroit, et la clause, dans le doute, s'interprète contre le créancier. — *Bordeaux*, 11 juill. 1832, Lopès-Dias c. Delort.

427. — Dans le ressort du parlement de Bourgogne, le fait, par le vendeur, d'avoir poursuivi l'acquéreur en paiement du prix de la vente, pouvait, suivant les circonstances, être considéré comme une renonciation à demander ultérieurement la résolution de cette vente. — *Cass.*, 11 mars 1823, Grissot c. Pascalet.

428. — La novation d'une créance résultant d'un prix de vente emporte, de la part du vendeur, renonciation à son privilége et à la faculté de demander la résolution de la vente, s'il n'est pas payé. — *Cass.*, 9 juill. 1834, Désessarts C. Capitain.

429. — Quant aux autres cas de renonciation présumée à l'action résolutoire vis à vis des tiers, V. Troplong, *Vente*, t. 2, nos 659 et suiv. — V. aussi vo VENTE.

430. — C'est à celui qui prétend qu'une condition résolutoire s'est opérée en sa faveur à en faire la preuve. — Furgole, sect. 5e, nos 145 et 146 ; Toullier, t. 6. nos 647 et 649 ; Duranton, t. 11, no 56.

431. — Entre elles, les parties ont, pour agir, en cas de résolution, les mêmes voies que pour se contraindre à l'exécution de l'obligation primitive, c'est-à-dire l'exécution parée, la demande en justice. — Toullier, t. 6, nos 634 et suiv.

432. — Le vendeur peut employer la voie de commandement dès que la résolution a été stipulée de plein droit et qu'il n'est pas nécessaire d'ajouter à cette clause que la résolution sera encourue sans qu'il soit besoin d'acte. Cette dernière convention n'a pour but que d'empêcher le débiteur de purger la demeure résultant du commandement. — Toullier, t. 6, no 567.

433. — Dans les cas où la résolution doit être prononcée en justice, il faut d'abord la faire prononcer contre la partie avant d'attaquer les tiers. On peut, toutefois, appeler ceux-ci dans la même instance pour voir dire que le jugement sera déclaré commun ; et si l'on attaquait d'abord les tiers, ce qui ne serait pas très régulier, il faudrait mettre en cause la partie si le défendeur l'exigeait. Ce ne serait point à lui de l'y mettre. — Duranton, t. 11, no 95.

434. — Le vendeur d'un immeuble qui assigne son acheteur immédiat en réalisation par acte public de la convention verbale de vente peut mettre en cause les tiers-acquéreurs à l'effet de conserver contre eux son privilége de vendeur ou l'action résolutoire à défaut de paiement du prix. — *Bordeaux*, 14 mars 1834, Fressenge c. Arènes et Delchier.

435. — Dans le cas où la résolution a lieu de plein droit, la revendication peut être exercée directement contre les tiers-détenteurs.

436. — Du reste, l'exécution de la clause de résolution contre les tiers ne dépend nullement de la prise d'une inscription hypothécaire : le droit réel d'hypothèque ne se confond pas avec le droit résultant du contrat de faire prononcer la résolution. — Toullier, t. 6, no 577.

437. — Lorsque la résolution n'a été stipulée que depuis le contrat, elle forme une nouvelle convention qu'on ne peut opposer aux tiers : si la clause résolutoire n'était stipulée que pour le cas où l'une des parties ne satisferait pas à ses engagemens, elle aurait son effet contre les tiers, parce qu'elle ne contiendrait rien de plus que la loi ; mais, dans ce cas même, la clause de résolution de plein droit ne pourrait être opposée aux tiers, parce qu'elle ajouterait au contrat, en empêchant les juges d'accorder un délai. Du reste, une fois la résolution prononcée, elle a son effet contre les tiers, car sa cause est dans le contrat lui-même. — Toullier, t. 6, nos 578, 579, 580.

V. BAIL, BAIL A LOCATAIRIE PERPÉTUELLE, CAUTIONNEMENT, DONATION ENTRE VIFS, DONS ENTRE CONCUBINS, ENDOSSEMENT, ENREGISTREMENT, INDICATION DE PAIEMENT, NOVATION, OFFRES RÉELLES, PAIEMENT, REMISE DE LA DETTE, RÉPÉTITION, SERMENT JUDICIAIRE, VENTE.

CONDITION RÉSOLUTOIRE.

V. CONDITION.

CONDITION DES SOIES.

1. — On désigne ainsi l'opération qu'on est dans l'usage de faire subir à la soie pour la peser, lorsqu'elle est vendue par le producteur au marchand ou fabricant qui doit la mettre en œuvre. — Monbrion, *Dict. du comm.*, vo *Condition des soies.* — La soie se vendant au poids, ce poids variant considérablement suivant le degré d'humidité de la soie, et cette humidité elle-même ne pouvant être appréciée à l'œil et à la main, on a conçu l'idée d'un genre d'appareil dans lequel les soies sont ramenées dans une étuve à un degré fixe et commun de siccité. — Foucart, *Elém. de dr. admin.*, t. 1er, no 332.

2. — Cette opération consiste principalement à ôter à la soie l'humidité qui lui est adhérente pour la ramener à son état normal, 8 % d'eau, quantité qui est regardée comme l'humidité naturelle de la soie, et nécessaire pour la maintenir dans un état de souplesse parfait. — Monbrion, *loc. cit.* — Le mode employé pour le conditionnement des soies est reconnu vicieux. Un nouveau système a été proposé dans une séance de la Société d'agriculture et arts utiles de Lyon : c'est le conditionnement dans le vide, ou *pneumatique*. Ce nouveau procédé permet de ramener la soie à un état complet de siccité, état dont la durée ne sera pas de plus de quinze à vingt minutes. Ainsi les soies ne seront jamais exposées à une double condition, mais seulement à celle qui est exigée pour les soies qui ne contiennent pas plus de 8 % d'humidité. — Monbrion, *loc. cit.*

3. — Les soies déposées dans l'établissement où l'appareil est placé présentent donc, relativement à leur poids réel, une garantie pour les transactions entre le vendeur et l'acheteur. Tel est le motif qui a fait intervenir l'administration publique dans la création et la direction de ce genre d'établissement. — De Gérando, *Instit. de dr. admin.*, t. 3, p. 254.

4. — Les établissemens dits conditions ont été créés par des décrets ou par des ordonnances royales, qui leur tracent des règles d'organisation. — Foucart, t. 1er, no 332.

5. — Une condition publique pour la dessiccation des soies est établie à Lyon, Avignon, Saint-Etienne, Privas, Aubenas, Tournon, Cavaillon. — Décr. 25 germin. et 8 fructid. an XIII ; L. 9 sept. 1807 ; déc. 15 janv. 1808, 2 janv. 1808 ; 16 août 1808 ; ord. 23 sept. 1817.

6. — Tous acheteurs, tous vendeurs peuvent exiger que la soie qu'ils ont achetée ou vendue soit mise à la condition. — De Gérando, *ibid.*

7. — Tout particulier qui reçoit pour son compte un ballot de soie est libre de la faire conditionner à son arrivée. — De Gérando, t. 2, p. 255.

8. — L'usage des conditions n'est obligatoire pour personne, mais leur utilité l'a rendu général. — Foucart, t. 1er, no 332.

9. — Il est tenu à la condition un registre coté et paraphé par le président du tribunal de commerce. On inscrit sur ce registre la date et l'heure du dépôt des soies, les noms de l'acheteur et du vendeur, le nom du courtier par l'entremise duquel la négociation a eu lieu, s'il en a été employé un ; la marque et le numéro du ballot déposé, la qualité des soies et leur espèce, le numéro des caisses dans lesquelles on les met pour être conditionnées, enfin le poids des soies après le conditionnement. — Décr. 25 germin. an XIII ; 17 avr. 1806 ; 15 janv. 1808 ; 2 fév. 1809 ; 5 août 1813 ; ord. roy. 17 mars 1819 ; 18 août 1820 ; 26 juill. 1829.

10. — Ces établissemens sont, dans quelques villes, établis au profit de la chambre de commerce ; dans d'autres, au profit de la ville elle-même ; dans d'autres, au profit des établissemens de charité.

11. — Quelques uns des décrets d'institution renferment des sanctions pénales, sur lesquelles les autres gardent le silence.

12. — Les entrepreneurs ou fermiers d'une condition pour les soies sont rangés, par la loi du 25 avr. 1844 sur les patentes, dans la deuxième classe des patentables et sont imposés à : 1o un droit fixe basé sur le chiffre de la population de la ville ou commune où est situé l'établissement ; — 2o un droit proportionnel du vingtième de la valeur locative de la maison d'habitation et des locaux servant à l'exercice de la profession.

CONDITION SUSPENSIVE.

V. CONDITION.

CONDITIONNER UN HÉRITAGE.

C'était, dans plusieurs coutumes des Pays-Bas, stipuler qu'un héritage ne serait point assujetti aux règles établies par la loi municipale, soit pour les successions, soit pour la faculté d'en disposer. — Merlin, *Rép.*, vo *Conditionner un héritage.*

CONDUCTEURS.

1. — Les conducteurs de voitures publiques sont quant à la direction au chargement et au poids des voitures, soumis à certaines obligations qui seront expliquées au mot VOITURES PUBLIQUES.

2. — Ils doivent, si les rouliers, voituriers, charretiers, ne leur cèdent pas la moitié du pavé, en faire la déclaration à l'officier de police du lieu voisin, en indiquant le nom des contrevenans (ord., 16 juill. 1828, art. 35).

3. — Les conducteurs de voitures à service régulier doivent être constamment porteurs d'une feuille de route et du *laisser-passer* de la régie, qui doivent être représentés à toute réquisition des employés. — Décr. 14 fruct. an XII, art. 5 et 6.

4. — La même obligation est imposée aux con-

ducteurs de voitures publiques d'occasion quant au *laisser-passer* ; il n'y a pas lieu pour eux de se munir de feuille de route. — Même décret, art. 8, loi de finance de 1817, art. 117.

5. — Les conducteurs de voitures publiques sont d'autre part responsables des vols commis sur leurs voitures et des autres accidens, sans préjudice de l'action contre les entrepreneurs. — Même décr., art. 8, et C. civ., art. 1384. — V. RESPONSABILITÉ, VOITURES PUBLIQUES.

6. — Les conducteurs de boissons et tabacs doivent représenter les expéditions dont ils sont porteurs aux préposés de l'administration des contributions indirectes à toute réquisition qui leur en est faite. — V. L. 28 avril 1816, art. 17.

7. — Et les boissons et tabacs doivent être conduitssans interruption et remis à destination dans les délais indiqués auxdites expéditions. — D'Agar, *Mon. des contrib. indir.*, v° *Conducteurs de boissons et tabacs*.

8. — Si les objets transportés sont assujétis aux droits d'octroi, les conducteurs doivent, avant de pénétrer dans la ville, en faire la déclaration aux employés de l'octroi, leur exhiber toutes les pièces et expéditions, et faciliter toutes recherches et perquisitions susceptibles d'établir la véracité de leur déclaration. — V. ord. 9 déc. 1814, art. 18, et L. des finances de 1817, art. 91.

9. — D'ordinaire, les droits, en pareil cas, sont payés à l'entrée, et alors les conducteurs deviennent libres de leur déchargement ; mais s'il n'existe qu'un bureau central à l'intérieur, le déchargement des voitures et la remise des objets aux destinataires ne peuvent avoir lieu qu'après l'acquittement des droits au bureau central. — Même ord., art. 34, et même loi, art. 92.

10. — Les conducteurs d'objets transportés par eau sont, de plus, tenus d'indiquer le lieu où doit être fait le déchargement, qui ne peut être opéré qu'après le paiement des droits. — *Ibid*, art. 28.

11. — Les art. 475, n°s 3 et 4, et 476, C. pén., prononcent certaines peines de police contre les rouliers, charretiers et conducteurs de voitures quelconques ou de bêtes de charge en contravention aux réglemens relatifs à la conduite et à la direction de leurs chevaux ou voitures. — V. VOITURIERS et VOIE PUBLIQUE.

12. — Sans préjudice, bien entendu, de la responsabilité, soit civile, soit criminelle, résultant contre eux des dommages causés par leurs animaux. — V. BLESSURES et COUPS, HOMICIDE, RESPONSABILITÉ. — V. aussi ANIMAUX et COURSES D'ANIMAUX DANS UN LIEU HABITÉ.

13. — Relativement aux conducteurs d'aveugles mendians, V. MENDICITÉ.

14. — ... Et aux conducteurs de détenus évadés, V. ÉVASION.

15. — V., au surplus, BOISSONS, CARTES A JOUER, CIRCULATION, CONTRIBUTIONS INDIRECTES, DOUANES, ÉVASION, MENDICITÉ, OCTROI, POUDRES, TABACS, TRANSPORT (entrepreneurs de), VOITURIER.

CONDUCTEURS DES PONTS ET CHAUSSÉES.

1. — Agens chargés de surveiller et contrôler, sous les ordres des ingénieurs, les travaux de toute espèce, en entreprise et en régie, de tenir les états des piqueurs et ouvriers, vérifier les matériaux et leur emploi, les toiser en présence des ingénieurs et aider ceux-ci pour la levée des plans. — Décr. 7 fructid. an XII, art. 47.

2. — Les conducteurs font partie de l'administration des ponts et chaussées. Ils sont nommés par le directeur général de cette administration, sur la présentation de l'ingénieur en chef et sur l'avis de l'inspecteur divisionnaire. — Décr. 7 fruct. an XII, art. 52.

3. — Ils se divisent en trois classes, auxquelles on ajoute un certain nombre d'aspirans. Pour être nommé aspirant conducteur, il faut avoir vingt ans accomplis. — Tout aspirant conducteur doit justifier qu'il sait lire, écrire, calculer, toiser, lever des plans élémentaires et les dessiner au trait. — Il doit avoir travaillé pendant deux ans, en qualité de surnuméraire ou d'employé, dans les bureaux de l'ingénieur en chef ou de l'inspecteur divisionnaire. — Décr. 7 fructid. an XII, art. 49 et 52.

4. — Un conducteur est attaché à chaque ingénieur ordinaire, à moins que les travaux d'art n'en exigent un plus grand nombre, ce qui est réglé par le directeur général. — Décr. 7 fructid. an XII, art. 48. — C'est l'ingénieur en chef qui fixe la résidence des conducteurs, d'après l'indication des besoins du service. — Art. 50.

5. — Une ordonnance royale du 9 janv. 1840 a fixé le traitement des conducteurs, à partir du 1er janvier de cette même année, à raison de 2,000 fr. pour les conducteurs de première classe, de 1,800 fr. pour ceux de seconde, et de 1,600 fr. pour ceux de troisième classe.

6. — Cette même ordonnance décide qu'à partir du 1er janv. 1840, le maximum de la pension de retraite à laquelle les conducteurs des ponts et chaussées ont droit, en vertu de l'art. 55 du décret du 25 août 1804, est fixé à la moitié du traitement moyen dont ils auront joui pendant les trois dernières années de leur activité.

7. — Une circulaire du directeur général des ponts et chaussées, du 22 janv. 1819, détermine les règles à suivre pour l'obtention de places gratuites dans les écoles d'arts et métiers, par les fils de conducteurs, lorsque ceux-ci se trouvent dans l'impossibilité de pourvoir aux frais de l'éducation de leurs enfans, et que, par leurs services, ils se sont rendus dignes de la faveur de l'administration. — Raviuet, *C. des ponts et chaussées*, t. 2, p. 144.

8. — Les conducteurs sont divisés en deux catégories : ceux qui sont embrigadés et ceux qui sont en dehors du cadre. — Une brigade se compose de tous les conducteurs compris dans l'arrondissement d'un inspecteur divisionnaire. — Décr. 7 fructid. an XII, art. 58.

9. — L'embrigadement assure seul un emploi fixe et un traitement sur les fonds du personnel des ponts et chaussées. Il donne droit à une retraite, au moyen d'une retenue au profit de la caisse des pensions. — Magnitot et Delamarre, v° *Ponts et chaussées*, § 1er, n° 7.

10. — Quoique entièrement assimilés aux premiers par les fonctions et le traitement, les conducteurs non embrigadés ne sont considérés que comme des agens temporaires et ne sont employés qu'en vertu d'une décision spéciale. Ils sont payés sur les fonds des travaux auxquels ils sont attachés et ne versent pas de retenue à la caisse des pensions. — Cotelle, *Cours de dr. admin. appl. aux trav. publ.*; Magnitot et Delamarre, *loc cit.*

11. — Les conducteurs sont assermentés et dressent des procès-verbaux en cas de contravention aux lois de la grande voirie, procès-verbaux qu'ils envoient au sous-préfet, qui ordonne par provision ce que de droit, et sauf recours au préfet, pour faire cesser le dommage. — L. 29 flor. an X, art. 2. — V. CANTONNIER.

CONDUITE DE RETOUR.

On appelle ainsi la somme que, dans certains cas de rupture d'un voyage en mer, les gens de l'équipage reçoivent pour les frais de route qu'ils seront obligés de faire pour revenir au port d'où ils sont partis. — C. comm., art. 252. — V. ÉQUIPAGE.

CONFESSEUR.

1. — On désigne sous le nom de confesseur le prêtre qui a pouvoir d'entendre les péchés des fidèles et de les absoudre. — La confession est l'aveu que le fidèle fait à ce prêtre en lui demandant l'absolution.

2. — Le secret de la confession est essentiellement inviolable. — Le concile de Latran disait que cette inviolabilité existe dans tous les cas et sans aucune exception ; aussi les législateurs et les magistrats ont-ils dû avoir à cœur de la respecter et même de la sanctionner.

3. — En effet, d'une part, l'art. 378, C. pén., défend, sous des peines qu'il détermine, à toutes personnes dépositaires par état ou profession des secrets qu'on leur confie, de révéler ces secrets. — Et personne n'a jamais mis en doute que dans ces mots : *toutes personnes*, les confesseurs ne se trouvassent compris.

4. — D'autre part, la jurisprudence a reconnu qu'un prêtre appelé devant la justice ne peut être tenu de déposer ni même être interrogé sur les révélations qu'il a reçues dans la confession. — Cette décision est fondée sur ce que la religion catholique étant placée sous la protection du gouvernement, ce qui tient nécessairement à son exercice doit conséquemment être respecté et maintenu ; que la confession tient essentiellement au rite de cette religion ; que la confession cesserait d'être pratiquée dès l'instant où son inviolabilité cesserait d'être assurée, et que dès-lors les magistrats doivent respecter et faire respecter le secret de la confession. — *Cass.*, 30 nov. 1810, Lavaine.

5. — Et le même arrêt déclare aussi qu'un prêtre ne peut être non plus tenu de déposer en justice sur des faits qui lui sont révélés hors de la confession, mais en qualité de confesseur et par suite de la confession. — V., au surplus, en ce qui concerne la divulgation du secret de la confession, v° DIVULGATION DE SECRET.

6. — Le refus de confession peut-il donner lieu à appel comme d'abus ? — V. à cet égard, v° APPEL COMME D'ABUS.

7. — L'art. 909, C. civ., déclare, dans certaines limites, les ministres du culte qui auront assisté une personne dans sa dernière maladie, incapables de profiter des dispositions entre-vifs ou testamentaires que cette personne aurait faites en leur faveur pendant le cours de cette maladie. — V., pour l'explication de cette disposition, v^is DONATIONS ENTRE-VIFS, LEGS.

8. — V., pour plus amples détails sur la *confession sacramentelle*, le cours de droit canon de M. l'abbé André, v° *Confession sacramentelle*.

V. APPEL COMME D'ABUS, DIVULGATION DE SECRETS, DONATION ENTRE-VIFS, LEGS.

CONFESSION (Aveu).

C'est en droit la même chose que l'*aveu*. — V. ce mot.

CONFESSOIRE (Action).

V. ACTION CONFESSOIRE.

CONFINS.

Ce sont les limites d'un héritage, d'un territoire. — V. ABOUTISSANS.

CONFIRMATION.

1. — C'est l'approbation d'un acte précédemment fait, l'action de consentir à son entière exécution.

2. — Confirmer n'est pas donner, *qui confirmat nihil dat.* Cet axiome signifie, comme le dit d'Aguesseau, dans son vingt-sixième plaidoyer, que « la nature de la confirmation n'est pas d'introduire un droit nouveau, de donner un nouveau titre, de faire une nouvelle disposition, mais, au contraire, d'approuver un droit ancien, de fortifier un titre précédent, d'affermir les premières dispositions et d'en assurer l'exécution. » — Merlin, *Rép.*, v° *Confirmation*, n° 1.

3. — « Cela ne s'entend, continue d'Aguesseau, que de la confirmation d'un acte bon et légitime en lui-même, et qui doit être exécuté indépendamment de la confirmation, qui ne sert qu'à rendre cet acte plus solennel et à lui donner un caractère d'autorité qui inspire plus de respect à ceux qui pourraient entreprendre de lui donner atteinte. » — C'est de cette confirmation que Dumoulin dit que *nihil novi juris confert*, *nec invalidum validat ; non enim fit ad finem disponendi, sed solum ad finem approbandi confirmabile tale quale est, et in quantum est verum, validum et efficax.* — Merlin, *ibid.*

4. — Indépendamment de cette confirmation, il en est une autre dont le but est de couvrir la nullité du titre auquel elle se réfère, et qui, par cela même, *n'est pas tant une confirmation qu'une nouvelle disposition.*

5. — « Ainsi, ces deux espèces d'approbation, dit encore d'Aguesseau, sont semblables en ce qu'elles ne touchent point au passé ; *prœterita magis reprehendi possunt quàm corrigi* ; mais elles sont différentes, en ce que la première n'a pas plus de pouvoir sur l'avenir que sur le passé, si l'acte est nul dans son principe ; au lieu que la seconde est considérée *comme un nouveau titre* qui doit avoir son exécution indépendamment du premier. » — Conf. Dumoulin, *Cout. de Paris*, art. 5, v° *Dénombrement*, n° 87 ; Chopin, *Sur la cout. d'Anjou*, liv. 1er, ch. 50, n° 3 ; Furgole, dans sa *Quarante-cinquième question sur les donations entre-vifs*, n° 111 ; Merlin, *loc. cit.*

6. — Il y a quelque différence entre la ratification et la confirmation. Mais les règles de celle-ci étant les mêmes que celles de la première, avec laquelle l'art. 1338 la confond, nous avons placé à RATIFICATION les développemens communs aux deux mots. — V. aussi ACTE CONFIRMATIF.

CONFISCATION.

Table alphabétique.

(obligatoire), 11, 57. — prononcée par le Code pénal, 24 s. — prononcée par les lois spéciales, 43 s. — quand peut-elle être prononcée? 63 s. — spéciale, 19 s.
Contrefaçon, 34.
Contributions indirectes, 50.
Corruption, 25.
Cumul de peines, 59 s.
Décès du prévenu, 101 s.
Délit forestier, 52, 72, 76.
Dessins, 26.
Devin, 42.
Douanes, 45.
Drogues, 66.
Droit ancien, 2 s.
Ecrits, 26, 39. — imprimés, 46.
Fausse monnaie, 18.
Faux témoignage, 29.
Fonctionnaire public, 24.
Gravure, 39 s., 46.
Instrumens de la contravention, 22. — laissés sur la voie publique, 36.
Jeux, 30 s., 37.
Journaux, 26.
Jury, 84.
Loterie, 30, 37.
Marchandises embarquées, 44. — exportées, 31.
Matière criminelle et correctionnelle, 21 s.
Matières d'or et d'argent, 32, 48.
Matière de simple police, 21 s.
Navire, 45. — (baratorie), 53.
Nullité du procès-verbal, 79.
Objets de la contravention, 22. — non appartenant au condamné, 88 s.
Octroi, 50.
Ouvrage dramatique, 35.
Pêche, 53, 75.
Pièce d'artifice, 36.
Poids et mesures, 33, 41.
Poudre de guerre, 55.
Prescription, 86.
Prêt illégal, 49.
Produits de la contravention, 22.
Rébellion, 60.
Recouvrement, 99.
Remède secret, 66.
Revendication, 102.
Saisie, 69.
Tabac, 50.
Traite des noirs, 51, 75.
Vol, 67.

1. — CONFISCATION — La confiscation est l'attribution au fisc de tout ou partie des biens appartenant aux personnes condamnées pour certains crimes, délits ou contraventions.

2. — La confiscation a été introduite dans la législation romaine par la loi Cornelia *De proscriptis*, et fut successivement étendue à un assez grand nombre de cas dont plusieurs ne pourraient aujourd'hui, eu égard à la différence des mœurs, se représenter.

3. — Quelques empereurs, néanmoins, tels que Trajan, Antonin-le-Pieux, Marc-Antonin, Adrien, Valentinien, Théodose-le-Grand, ne profitèrent point de ces dispositions rigoureuses et remettaient toujours, au moins en partie, la peine de la confiscation, soit en faveur des condamnés eux-mêmes, soit au profit de leurs descendans, ou, à leur défaut, de leurs ascendans. — Justinien enfin abolit, par sa Novelle 17, la confiscation, excepté (Nov. 34.) pour le crime de lèse-majesté. — L. 7, § 3, ff., *De bonis damnatorum*.

4. — En France, la confiscation paraît remonter aux premiers temps de la monarchie; un édit de Dagobert Ier, de l'an 630, un autre de Pépin, rendu vers l'an 744, la prononcent déjà dans les cas qu'ils prévoient. — Depuis, un grand nombre d'ordonnances de nos rois, d'arrêts de parlemens, de chartes ou de coutumes locales en ont fait de fréquentes applications. — Il y avait sur ce point beaucoup de diversité dans le royaume. — Merlin, *Rép.*, v° *Confiscation*, § 1er, n° 1.

5. — Dans les pays de droit écrit, sauf le parlement de Toulouse, qui suivait le droit commun, on n'admettait la confiscation que pour le crime de lèse-majesté divine et humaine. — Merlin, *Rép.*, v° *Confiscation*, § 1er, n° 2.

6. — Dans les pays coutumiers, quelques coutumes, notamment celles du Berry, Touraine, Lodunois, la Rochelle, Angoumois, ne prononçaient également la confiscation que dans le cas de lèse-majesté divine et humaine. — Les coutumes de Normandie, Bretagne, Anjou, Maine, Poitou, Ponthieu, le Perche, n'en permettaient l'application qu'aux meubles, et non aux immeubles. — Celle de Paris et un grand d'autres admettaient en principe que, *qui confisque le corps confisque les biens* : on y confisquait donc les immeubles aussi bien que les meubles des condamnés à la mort naturelle ou à une peine emportant la mort civile, par exemple, les galères perpétuelles. — Enfin, il y avait des coutumes qui étant muettes sur la confiscation, la repoussaient par cela même pour toute espèce de crime. — Merlin, *Rép.*, v° *Confiscation*, § 1, n° 3.

7. — On tenait pour principe que la confiscation était un fruit de la haute justice. — Par suite, les biens confisqués appartenaient généralement, non au roi, mais aux seigneurs hauts-justiciers dans l'étendue de leur haute justice, même en matière de crimes désignés par l'art. 11, tit. 1er, ord. 1670, sous le nom de *cas royaux*, et dont la connaissance était attribuée aux baillis et sénéchaux, à l'exclusion des autres juges royaux et seigneuriaux. — Le roi n'avait donc de confiscation dans les terres des hauts-justiciers que pour le crime de lèse-majesté. — Ainsi, les biens d'un condamné pouvaient appartenir en partie au roi et en partie à différens seigneurs. — Seulement, sur les confiscations appartenant aux seigneurs, on levait une amende au profit du roi pour réparation du crime envers le public. — Ce ne fut qu'après l'abolition des justices seigneuriales que les confiscations furent toutes attribuées au roi. — Merlin, *Rép.*, v° *Confiscation*, § 1er, n° 4.

8. — Le recouvrement des confiscations adjugées au roi était fait par l'administration des domaines; s'il s'élevait, à cet égard, des discussions, les trésoriers de France, des bureaux de finances, et, dans les provinces où il n'y en avait point, les autres juges qui connaissaient des domaines, étaient seuls compétens pour y statuer. — Quant aux meubles, ils appartenaient au fermier du lieu où ils étaient trouvés. — Merlin, *Rép.*, v° *Confiscation*, § 1er, nos 11 et 12.

9. — Les effets saisis sur les voleurs étaient rendus aux personnes qui en étaient propriétaires; si elles n'étaient pas connues, ces effets étaient confisqués. — Merlin, *Rép.*, v° *Confiscation*, § 1er, n° 12 *bis*.

10. — La confiscation avait été abolie dans toute la France par la loi du 21 janvier 1790; mais bientôt rétablie pour les crimes attentatoires à la sûreté générale de l'Etat, par les lois des 30 août 1792 et 19 mars 1793, et pour le crime de fausse monnaie par la loi du 1er brum. an II, elle fut confirmée d'une manière toute spéciale par celle du 14 flor. an III, à l'égard des conspirateurs, émigrés et leurs complices, fabricateurs et distributeurs de faux assignats, fausse monnaie, dilapidateurs de la fortune publique et à l'égard de la famille des Bourbons.

11 — Sous ces lois, la confiscation était obligatoire, et le juge ne pouvait, à peine de nullité de son jugement, se dispenser de la prononcer contre les individus qu'il reconnaissait coupables. — *Cass.*, 17 flor. an VII, Denise; 6 messid. an VII, Laporte; 2 vend. an VIII, Lebrun; 7 vend. an VIII, Duvoisin; 7 messid. an VIII, Ruffnacht; 11 messid. an XII, Régis; 16 janv. 1807, Bagnaschino.

12. — Le Code pénal de 1810 mit la confiscation générale au nombre de ses peines. — Après en avoir posé le principe dans les art. 7 et 37, et avoir par les art. 38, 39 et 54 réglé quelques-unes de ses conséquences, il précisa, dans les art. 75, 76, 77, 79, 80, 81, 82, 86, 87, 91, 92, 93, 94, 95, 96, 97, 125, 132 et 139, les cas dans lesquels cette peine serait encourue.

13. — Ces cas étaient : les attentats contre la sûreté générale de l'Etat et la vente de fausse monnaie (art. 75, 76, 77, 79, 80, 81, 132), les attentats et complots contre la vie ou la personne de l'empereur et des membres de sa famille (86), les attentats ayant pour but, soit de détruire, soit de changer le gouvernement ou l'ordre de successibilité au trône, soit d'exciter les citoyens ou habitans à s'armer contre l'autorité impériale (87), soit d'exciter la guerre civile en armant ou en portant les citoyens à s'armer les uns contre les autres, soit de porter la dévastation, le massacre ou le pillage dans une ou plusieurs communes (91). — Le fait d'avoir fait lever des troupes armées, engagé ou enrôlé, fait engager ou enrôler des soldats, de leur avoir fourni ou procuré des armes ou munitions sans ordre ou autorisation du pouvoir légitime (92). Le fait d'avoir sans droit ou motif légitime pris le commandement d'un corps d'armée, d'une troupe, d'une flotte, d'une escadre, d'un bâtiment de guerre, d'une place forte, d'un poste, d'un port, d'une ville; d'avoir retenu, contre l'ordre du gouvernement, un commandement militaire quelconque; d'avoir tenu une armée ou une troupe rassemblée après que le licenciement ou la séparation en auraient été ordonnés (93). Le fait, de la part de personnes pouvant disposer de la force publique, d'en avoir requis ou ordonné, fait requérir ou ordonner l'action ou l'emploi contre la levée des gens de guerre légalement établie, si cette réquisition ou cet ordre avaient été suivis de leur effet (94). L'incendie ou la destruction, par l'explosion d'une mine, des édifices, magasins, arsenaux, vaisseaux ou autres propriétés appartenant à l'Etat (95); le fait de s'être mis à la tête de bandes armées, et d'y avoir exercé une fonction ou commandement quelconque, soit pour envahir les domaines, propriétés ou deniers publics, places, villes, forteresses, postes, magasins, arsenaux, ports, vaisseaux ou bâtimens appartenant à l'Etat, soit pour piller ou partager des propriétés publiques ou nationales, ou celles d'une généralité de citoyen, soit enfin pour faire attaque ou résistance envers la force publique, agissant contre les auteurs de ces crimes (96). — Le fait d'avoir dirigé de telles associations, levé ou fait lever, organisé ou fait organiser les bandes, et de leur avoir sciemment et volontairement fourni et procuré des armes, munitions et instrumens de crime, ou envoyé des convois de subsistances, ou pratiqué de toute autre manière des intelligences avec les directeurs ou commandans des bandes (97). — Enfin le fait d'avoir contrefait le sceau de l'Etat ou fait usage du sceau contrefait, d'avoir contrefait ou falsifié soit des effets émis par le trésor impérial avec son timbre, soit des billets de banque autorisés par la loi, ou d'avoir fait usage de ces effets et billets contrefaits, et falsifiés ou de les avoir introduits dans l'enceinte du territoire français (139).

14. — D'après la législation établie par le Code de 1810, la confiscation ne pouvait être prononcée que concurremment avec une autre peine afflictive et seulement dans les cas expressément déterminés par la loi (art. 7), et à la différence de ce qui avait lieu dans l'ancien droit coutumier où elle était la conséquence ordinaire de toute condamnation à la mort naturelle ou civile, elle n'était, sous le même Code, la suite nécessaire d'aucune condamnation (art. 37). — Enfin, elle n'avait lieu que lorsque la condamnation qui l'avait prononcée était devenue irrévocable et avait été exécutée soit réellement, soit par effigie, au cas de contumace.

15. — Le Code pénal de 1810 attribuait les produits de toutes les confiscations au domaine de l'état (art. 37); mais, suivant l'art. 54, au cas de concurrence de la confiscation avec les restitutions et les dommages-intérêts sur les biens insuffisans du condamné, ces dernières condamnations doivent avoir la préférence. — V. *infrà* n° 100.

16. — Suivant l'ord. de François Ier, du mois d'août 1530, la confiscation n'avait lieu qu'à la charge de payer les dettes du condamné, excepté dans le cas de crime de lèse-majesté, où elle était déchargée des douaires, substitutions, dettes, hypothèques et autres charges quelconques. — Au contraire, le Code de 1810 n'avait pas maintenu cette exception et la confiscation générale demeurait, sans distinction des crimes pour lesquels elle était prononcée, grevée de toutes les dettes légitimes jusqu'à concurrence des biens confisqués, et, en outre, de l'obligation de fournir aux enfans ou autres descendans du condamné une moitié de la portion dont le père n'aurait pu les priver, ainsi que les alimens à qui il en était dû de droit (art. 38). — En outre, suivant l'art. 39, le souverain pouvait disposer des biens confisqués en faveur soit des père et mère et autres ascendans, soit de la veuve, soit des enfans ou autres descendans légitimes, naturels ou adoptifs, soit des autres parens du condamné.

17. — La charte constitutionnelle du 4 juin 1814 fit disparaître sans retour la confiscation par son art. 66, ainsi conçu : « La peine de la confiscation des biens est abolie et ne pourra pas être rétablie. » La charte de 1830 a pleinement confirmé cette disposition en en transportant le texte dans son art. 57. Aussi, dans l'édition officielle qui en a été publiée en 1832, a-t-on retranché tout ce qui, dans le Code pénal, avait trait à la confiscation.

18. — Depuis la charte constitutionnelle, une cour d'assises n'a pu, en condamnant un accusé à la peine de mort, pour crime de fausse monnaie, ordonner la confiscation de ses biens. — *Cass.*, 3 mars 1826, Lafiteau.

19. — Mais il est constant également que l'abolition de la confiscation des biens prononcée par la charte ne s'étend pas aux confiscations particulières qui, pour la répression des délits, en vertu des lois spéciales, frappent sur les objets qui ont été la matière ou l'instrument de ces délits. — *Cass.*, 22 fév. 1822, Marie.

20. — C'est ce qui résulte encore de ce fait que, depuis la charte, plusieurs lois nouvelles ont établi des confiscations spéciales. — Chauveau et Hélie, *Th. C. pén.*, t. 1er, p. 265 ; Carnot, *C. pén.*, art. 11, n° 2.

21. — La confiscation spéciale trouve sa base dans l'art. 11 du Code pénal, ainsi conçu : « ... La confiscation spéciale, soit du corps du délit, quand la propriété en appartient au condamné, soit des choses produites par le délit, soit de celles qui ont servi ou qui ont été destinées à le commettre, est une peine commune aux matières criminelles et correctionnelles. »

22. — En matière de contravention, l'art. 464, C. pén., met également la confiscation au rang des peines de simple police, et l'art. 470 permet aux tribunaux de police « de prononcer dans les cas déterminés par la loi la confiscation soit des choses saisies en contravention, soit des choses produites par la contravention, soit des matières ou des instrumens qui ont servi ou étaient destinés à la commettre. »

23. — Enfin, dans les contraventions spéciales, la confiscation s'applique toujours aux objets qui forment le corps même du délit, par exemple, aux denrées assujetties à certains droits, aux marchandises prohibées, etc.

24. — Les objets dont le Code pénal prononce la

confiscation sont : — *En matière criminelle et correctionnelle*, les denrées dont les fonctionnaires publics ont fait commerce dans l'étendue des lieux où ils avaient droit d'exercer leur autorité. — Art. 176. — V. FONCTIONNAIRES PUBLICS.

25. — ... Les choses données par le corrupteur aux fonctionnaires publics vis-à-vis desquels aura été exercée la corruption. — Art. 180. — V. CORRUPTION DE FONCTIONNAIRES PUBLICS.

26. — ... Les exemplaires saisis des ouvrages, écrits, affiches, journaux imprimés, dessins, etc., incriminés par les lois. — Art. 286 et 287. — V. aussi L. 17 mai 1819; 9 septembre 1835. — V. DÉLIT DE PRESSE, DESSINS, GRAVURES, IMPRIMERIE, LIBRAIRIE.

27. — ... Les armes prohibées. — C. pén., art. 314. — V. aussi L. 24 mai 1834, art. 4. — V. ARMES.

28. — ... Les boissons falsifiées. — V. BOISSONS FALSIFIÉES, nos 32 et suiv.

29. — ... Ce qu'a reçu le faux témoin. — V. FAUX TÉMOIGNAGE.

30. — ... Les fonds ou effets trouvés exposés au jeu ou mis en loterie, les meubles, instrumens, ustensiles, appareils, employés ou destinés au service des jeux ou loteries, et les meubles et effets mobiliers dont les lieux sont garnis ou décorés. — C. pén., art. 410. — V. JEUX, LOTERIE.

31. — ... Les marchandises à l'égard desquelles n'ont pas été observés les réglemens d'administration publique relatifs aux produits des manufactures françaises qui s'exportent à l'étranger, et qui ont pour objet de garantir la bonne qualité, les dimensions et la nature de la fabrication. — C. pén., art. 413.

32. — ... Les objets sur le titre ou la nature desquels l'acheteur aura été trompé. — V. MATIÈRES D'OR ET ARGENT, TROMPERIE SUR LA MARCHANDISE.

33. — ... Les faux poids et les fausses mesures à l'aide desquels l'acheteur aura été trompé sur la qualité des choses vendues. — C. pén., art. 423. — V. POIDS ET MESURES.

34. — ... Les ouvrages contrefaits et les instrumens de contrefaçon. — C. pén., art. 427. — V. CONTREFAÇON.

35. — ... Les recettes produites par la représentation théâtrale d'ouvrages dramatiques au mépris des lois et réglemens relatifs à la propriété des auteurs. — C. pén., art. 428. — V. PROPRIÉTÉ LITTÉRAIRE, THÉATRES.

36. — *En matière de simple police*, les pièces d'artifices saisies au moment où on les voulait tirer dans des lieux prohibés, et les coutres de charrue, instrumens et armes laissés dans les lieux publics, dont puissent abuser les voleurs et autres malfaiteurs. — C. pén., art. 472. — V. ARTIFICE, ARTIFICIERS, INSTRUMENS ET ARMES LAISSÉS SUR LA VOIE PUBLIQUE ET DANS LES CHAMPS.

37. — ... Les tables, instrumens, appareils des jeux ou des loteries établies dans les rues, chemins et voies publiques, ainsi que les enjeux, les fonds, denrées, objets ou lots proposés aux joueurs. — C. pén., art. 477. — V. JEUX, LOTERIE.

38. — ... Les boissons falsifiées trouvées appartenir au débitant ou au vendeur. — C. pén., art. 477. — V. BOISSONS FALSIFIÉES.

39. — ... Les écrits et gravures contraires aux mœurs. — C. pén., art. 477.

40. — ... Les comestibles gâtés, corrompus ou nuisibles. — C. pén., art. 477. — V. CHARCUTIER, nos 8 et suiv., COMESTIBLES ET DENRÉES CORROMPUS OU NUISIBLES.

41. — ... Les faux poids, les fausses mesures, ainsi que les poids et les mesures différens de ceux que la loi a établis. — V. POIDS ET MESURES.

42. — ... Les instrumens, ustensiles et costumes servant ou destinés à l'exercice du métier de devin, pronostiqueur ou interprète des songes. — C. pén., art. 481. — V. DEVIN.

43. — Les objets qui doivent être confisqués en vertu de lois antérieures ou postérieures à la charte de 1814 sont, entre autres, les armes, instrumens ou engins avec lesquels un délit a été commis. — LL. 28 avr. 1790, art. 5, et 3 mai 1844, art. 16. — V. CHASSE.

44. — ... Les marchandises embarquées frauduleusement par des marins de l'armée navale. — Décr. 21 août 1790, tit. 2, art. 26.

45. — ... Les marchandises et objets introduits en contravention aux lois de douanes, ainsi que les moyens de transport. — Décr. 6 août 1791; 17 déc. 1814; 28 avr. 1816; 21 avr. 1818. — V. DOUANES.

46. — ... Les exemplaires des éditions d'ouvrages imprimées ou gravées sans la permission des auteurs. — Décr. 19 juill. 1793. — V. PROPRIÉTÉ LITTÉRAIRE OU ARTISTIQUE.

47. — ... Les objets reconnus contrefaits, ainsi que les instrumens et ustensiles destinés spécialement à leur fabrication. — L. 5 juill. 1844, art. 49. — V. BREVET D'INVENTION.

48. — ... Les ouvrages d'or ou d'argent marqués de faux poinçons. — V. MATIÈRES D'OR ET D'ARGENT.

49. — ... Les effets donnés en nantissement de prêts illégaux. — L. 16 pluv. an XII. — V.

50. — ... Les boissons, tabacs, sels, poudre, salpêtre, etc., fabriqués, débités, introduits ou transportés en fraude ou en contravention, en matière de contributions indirectes ou d'octroi. — LL. 28 avr. 1816 et 25 mars 1817. — V. BOISSONS.

51. — ... Les navires et cargaisons employés à la traite des noirs. — Ord. 8 janv. 1817; LL. 15 avr. 1818, 25 avr. 1827. — V. TRAITE DES NOIRS.

52. — ... Les scies, haches et instrumens dont ont été trouvés nantis les auteurs de délits forestiers. — V. DÉLIT FORESTIER.

53. — ... Les filets, engins, etc., ayant servi à commettre des délits de pêche. — L. 15 avr. 1829. — V. PÊCHE.

54. — ... Les armes saisies dans un attroupement. — L. 10 avr. 1831. — V. ATTROUPEMENS.

55. — ... Les poudres et munitions de guerre saisies. — LL. 13 fruct. an V et 24 mai 1834. — V. POUDRES ET MUNITIONS DE GUERRE.

56. — ... Les navires et cargaisons en cas de baraterie. — L. 10 avr. 1825. — V. BARATERIE.

57. — La confiscation en matière criminelle, correctionnelle et même spéciale, diffère de la confiscation pour contravention de police en ce que, dans ce dernier cas, elle est simplement facultative, tandis que, dans les autres, elle est obligatoire. Ce principe, en ce qui concerne les matières de simple police, est proclamé par un arrêt de la cour de Cassation du 7 mars 1828, Girod.

58. — Et il a été jugé en conséquence que le ministère public ne peut, en matière de simple police, se faire un moyen de cassation de ce que le tribunal de simple police aurait refusé de prononcer la confiscation. — Même arrêt.

59. — Dès que le prévenu a été reconnu coupable du fait qui donne lieu nécessairement à la confiscation, le juge ne peut se dispenser de l'ordonner, alors même que ledit fait concourant avec un délit plus grave, la peine encourue pour ce délit serait seule applicable, aux termes de l'art. 365, C. instr. crim.

60. — Ainsi, lorsqu'un individu ayant été reconnu coupable d'un délit de chasse et de rébellion est condamné aux peines portées contre ce dernier délit, la confiscation du fusil de chasse doit néanmoins être également prononcée. — *Nîmes*, 14 janv. 1836, Arnaud.

61. — On jugeait également avant le Code pénal que, sous les lois des 1er brum. an II, et 14 flor. an III, l'individu déclaré coupable de meurtre et de fabrication de fausse monnaie, devait être condamné non seulement à la peine du meurtre comme étant la plus grave, mais aussi à la confiscation des biens, quoique cette peine fût seulement attachée à la fabrication de fausse monnaie. — *Cass.*, 11 messid. an XII, Regis.

62. — La confiscation est une véritable condamnation pécuniaire, car, ainsi que le font justement remarquer les auteurs de la *Th. C. pén.* (t. 1er, p. 265), « elle se résout en une perte, une privation plus ou moins grave d'une valeur quelconque. » — C'est aussi une peine ; les termes des art. 11 et 464 du Code pénal ne laissent à cet égard aucune incertitude. — Cependant, Carnot (*C. inst. cr.*, art. 2, nos 13 et 14) y voit plutôt une simple indemnité ; mais son opinion, évidemment erronée, doit être rejetée.

63. — Il suit de là qu'aucune confiscation ne peut être prononcée si elle n'est formellement autorisée par un texte de loi. — C'est ce qu'a virtuellement reconnu la cour de Cassation en décidant qu'un tribunal de simple police ne pouvait prononcer la confiscation des instrumens d'un délit de maraudage sans citer un texte de loi autorisant cette confiscation. — *Cass.*, 21 avr. 1826, Beaufils. — Chauveau et Hélie, *Th. C. pén.*, t. 1, p. 265.

64. — Jugé en conséquence que la peine de la confiscation n'étant point prononcée par la loi contre les boulangers qui vendent le pain au dessous du poids fixé par les réglemens de police, cette confiscation ne saurait être prononcée. — *Cass.*, 31 janv. 1833, Izard. — V. BOULANGER, no 116 et suiv.

65. — Jugé également qu'aucune loi n'autorise les tribunaux à prononcer la confiscation des vaisseaux ou bâtimens qui naviguent sans connaissement. Une pareille confiscation ne peut être prononcée. — *Cass.*, 22 juill. 1825, Rougon c. M. P.

66. — Ainsi encore, M. Laterrade (*Code des Pharm.*, p. 189 et 190) dit que, en condamnant un individu pour annonce d'un remède secret, les tribunaux ne peuvent ordonner la confiscation de ceux de ces remèdes qui auraient été saisis ; aucun texte de loi n'autorisant cette confiscation ; ... mais qu'il en serait autrement des drogues vendues au poids médicinal, ou sur les théâtres ou étalages, et des médicamens saisis comme mal préparés ou détériorés (nos 191 et 192). — V., au surplus, PHARMACIE, REMÈDES SECRETS, ETC.

67. — Aucune disposition du Code pénal de 1791 ne prononçait la confiscation des biens des condamnés à la déportation pour crime de vol. La loi du 17 sept. 1795 ne s'appliquait qu'aux émigrés et aux prêtres déportés. — *Cass.*, 8 vendém. an V, Barlet et Roché.

68. — Il a été jugé que le tribunal qui prononce des peines contre un vendeur pour avoir trompé l'acheteur sur la nature des marchandises vendues ne peut se dispenser d'ordonner en outre la confiscation *des marchandises semblables saisies en la possession du prévenu*, lorsque le ministère public l'a expressément requise. — *Cass.*, 11 juin 1830, Bonnemaison. — La loi n'ordonnant la saisie que des *objets du délit*, c'est-à-dire de ceux qui ont servi à le commettre, la cour suprême s'est sans doute préoccupée de cette pensée, qu'il y a lieu de présumer que le vendeur a laissé à l'acheteur le choix parmi les objets de même nature qui ont été saisis sur lui; et que, par conséquent, on doit les considérer comme faisant partie des objets du délit. Toutefois cette doctrine ne nous paraît devoir être admise qu'avec beaucoup de circonspection.

69. — Du reste, il n'est pas absolument nécessaire que l'objet confiscable ait été saisi pour que la confiscation puisse être prononcée. — *Cass.*, 17 fév. 1809, N. — Carnot, *Instr. crim.*, art. 137, no 21.

70. — Mais, en pareil cas, le tribunal ne peut, en l'absence d'une disposition expresse, condamner le prévenu à en payer la valeur. — Arrêt de la cour de Rennes, mentionné dans le cours de celui de Cassation du 23 mai 1823, Ducoudray-Bourgault. — Chauveau et Hélie, *Th. C. pén.*, t. 1er, p. 266.

71. — La cour de Cassation a pourtant jugé, le 22 fév. 1822 (Marie), que lorsque les objets dont ils prononcent la confiscation ne sont pas représentés, et spécialement en matière de délit forestier, les tribunaux peuvent condamner le prévenu à les représenter sous la contrainte d'une somme déterminée.

72. — Et cette doctrine a été suivie par un arrêt de la cour de Metz, qui juge que le prévenu d'un délit forestier contre lequel la confiscation des haches, scies et instrumens est prononcée, doit être condamné à rapporter ces objets au greffe, dans un délai déterminé, lorsqu'ils n'ont pas été saisis, sinon à en payer la valeur suivant l'estimation faite par le jugement. — *Metz*, 22 sept. 1835, c. Schaff. — DÉLIT FORESTIER, FORÊT.

73. — Mais cette doctrine ne pouvait prévaloir; il est évident, en effet, que la confiscation est une peine qui affecte la chose plutôt que la personne. Ce qui le prouve, c'est que deux arrêts, rendus en matière fiscale, ont reconnu qu'elle confère à l'administration une action réelle qui lui permet de suivre la chose dans les mains des héritiers, encore bien que l'action publique soit éteinte par la mort du délinquant survenue avant la condamnation. — *Cass.* 9 prair. an IX, Baussaert, et 9 déc. 1813, Vanbrabant. — Substituer à la confiscation une condamnation pécuniaire, c'est créer une véritable amende, une peine personnelle, dénaturer complètement la confiscation, enfin, remplacer une peine par une autre peine, ce qu'un texte formel de la loi pourrait seul autoriser.

74. — Ce qui vient encore confirmer cette opinion, c'est que la loi, lorsqu'elle veut que la confiscation puisse être remplacée par une condamnation pécuniaire, s'en explique formellement. — V. comme exemple l'art. 16 L. 5 juill. 1844, vo CHASSE.

75. — C'est donc avec beaucoup plus de raison qu'il a été jugé que, lorsque la loi se borne à prononcer la confiscation de l'instrument du délit, les tribunaux ne peuvent, sous le prétexte qu'il a été mis hors de la main de justice, condamner les prévenus à verser au trésor sa valeur estimative. Ainsi, sous la loi du 15 avr. 1818, relative à la traite des noirs, il y avait excès de pouvoir dans la disposition du jugement qui ordonnait le versement au trésor d'une somme égale à la valeur du navire confiscable, comme ayant servi à la traite. — *Cass.*, 29 juin 1826, Antoine Delhorme c. M. P.

76. — Et, par un arrêt plus récent, rendu en matière forestière, la cour de Cassation a encore décidé formellement que lorsque les instrumens qui ont servi à commettre un délit forestier n'ont pas été saisis, le tribunal ne peut condamner le prévenu au paiement d'une somme, pour tenir lieu de ces instrumens, attendu que cette disposition, qui n'est pas dans la loi, présenterait les caractères d'une nouvelle peine ajoutée arbitrairement à celle que la loi a prononcée. — *Cass.*, 11 juin 1840 (t. 1er 1841, p. 621), forêts c. N...

77. — Par suite du même principe, le prévenu ne peut être condamné à la confiscation, s'il est acquitté du fait qui a motivé la poursuite. Il y a contradiction, dit la cour de Cassation, dans le jugement d'un tribunal de simple police qui déclare que les prévenus n'ont commis aucune contravention, et qui, néanmoins, prononce la confiscation des objets saisis. — *Cass.*, 15 mars 1828 (int. de la loi), Lafontaine.

78. — On lit également dans un autre arrêt, rendu par application des art. 25, 479 (nº 5), 481 (nº 1er) et 62, C. pén., que la confiscation de faux poids et mesures n'est que l'accessoire de la peine principale dont la loi punit ceux qui en ont été trouvés détenteurs, et que dès-lors elle ne peut être ordonnée lorsqu'il n'est prononcé aucune peine principale. — *Cass.*, 19 avr. 1833, Jaussand.

79. — Cette dernière règle reçoit néanmoins quelques exceptions dans les matières spéciales : ainsi, l'art. 23, tit. 10, L. 6 août 1791, après avoir dit que les formalités prescrites pour la rédaction des procès-verbaux en matière de douanes, doivent être observées à peine de nullité des procès-verbaux et des saisies, ajoute : « Dans le cas néanmoins où les marchandises seraient de la classe de celles prohibées à l'entrée, la confiscation en sera poursuivie à la requête du commissaire du roi, mais sans qu'il puisse être prononcé d'amende. » Cet art. 23 a été depuis reproduit et formellement confirmé par l'art. 4 décr. 15 août 1793 relatif aux denrées et marchandises de première nécessité dont il défendait la sortie de France. — Il est vrai que l'article final, L. 9 flor. an VII, qui établit les formes à observer pour les procès-verbaux des préposés de la douane, porte : « Au moyen des dispositions énoncées dans le présent titre, le tit. 10 L. 6-22 août 1791 et .... sont abrogés. » — Mais la cour suprême a constamment jugé que la loi de floréal an VII n'a entendu rapporter ledit titre 10 qu'en ce qui concerne les formes des procès-verbaux, et non en ce qui touche l'art 23, lequel, en établissant une modification à l'effet de l'omission de quelqu'une de ces formes, se rapprochait de l'intention de la loi de frimaire; — et qu'à l'égard du décret du 15 août 1793, il n'était rapporté par la loi de floréal, ni expressément ni tacitement, et subsistait dans toute sa force. — V. notamment *Cass.*, 1er germin. an IX, Latour.

80. — En conséquence, elle a constamment jugé qu'en matière de douanes la nullité du procès-verbal de saisie ne met pas obstacle à la confiscation des objets saisis, s'ils sont prohibés à l'entrée ou à la sortie. — *Cass.*, 1er germin. an IX, Latour; 15 prair. an VIII, Simoski; 8 avr. 1812, Cianti; 19 prair. an VIII, Simoski; 8 frim. an XI, Dubois; 6 messid. an VIII, Chaigneau; 22 vendém an VII, Vanderlinck; 19 mess. an VII, Vanderlinck; 6 vendém. an VIII, Doppe; 19 messid. an VIII, Jean-Pierre; 7 pluv. an IX, Pennemann; 9 flor. an IX, Duchesne; 11 flor. an IX, Bocyre; 26 prair. an IX, Goenen; 16 brum. an X, Alusse; 3 vent. an X, Orban. — Dujardin-Jailly, *Code des Douanes*, p. 521; Merlin, *Quest. de dr.*, vº *Douanes*, § 8.

81. — Jugé de même que lorsqu'un bâtiment a effectué sur la côte un versement de marchandises prohibées, il y a lieu de prononcer la confiscation tant du bâtiment que des marchandises sur son bord, et de celles qui ont été trouvées à terre par suite de ce versement, nonobstant la nullité pour vice de forme du procès-verbal de saisie. — *Cass.*, 2 déc. 1824, douanes c. Nervi et Fabiani.

82. — Une seconde exception résulte encore des art. 107, 108 et 109 L. 19 brum. an VI, lesquels portent que les ouvrages d'or et d'argent achevés et non marqués, ou sur lesquels les marques des poinçons se trouveraient entées, soudées ou contretirées, ou, enfin, qui seraient marqués de faux poinçons, doivent être saisis et consignés, et les auteurs de la contravention condamnés aux autres peines prononcées par la loi.

83. — A ce sujet aussi, la cour de Cassation a jugé que la confiscation des ouvrages d'or et d'argent saisis pour défaut de contrôle doit être prononcée, alors même que le procès-verbal de saisie serait nul pour vice de forme. — *Cass.*, 22 mai 1807, Lacoudrais; 18 niv. an IX, Nesme; 17 vent. an XIII, Augé; 5 sept. 1806, Monnier; 17 nov. 1808, Germain; 20 août 1813, Oring; 2 oct. 1818, Cusson. — Chauveau et Hélie, *Th. C. pén.*, t. 1er, p. 267; Merlin, *Rép.*, vº *Marque*, § 3, nº 22.

84. — Jugé encore que lorsque, sur une accusation de faux en matière de garantie d'or et d'argent, le jury a rendu un verdict de non-culpabilité, et que la régie, partie civile, a néanmoins conclu à la confiscation des objets de contravention, ces conclusions ne doivent être considérées que comme une demande en dommages-intérêts ; la cour ne peut, dès-lors, s'abstenir d'y statuer au fond, sur le motif que cette confiscation serait une peine qui ne peut être requise après la déclaration négative du jury. — *Cass.*, 29 nov. 1834, contrib. indir. c. Boisbergues.

85. — Jugé de même que, en matière de *contributions indirectes*, lorsque le fait de la contravention demeure constant, les tribunaux doivent, nonobstant la nullité du procès-verbal, prononcer la confiscation des objets saisis, mais ils ne peuvent prononcer aucune amende. — *Cass.*, 16 mars 1822, Roussel c. contrib. indir.; 31 juill. 1807, droits réunis c. Dutemple; 6 fév. 1836 (et non 1838), Tissot.

86. — Mais lorsque l'action de la régie est repoussée comme *tardivement intentée*, il n'y a pas lieu à la confiscation dans les termes de l'art. 34 du décret du 1er germin. an XIII, comme au cas où le procès-verbal de saisie est seulement annulé pour vice de forme. — *Cass.*, 9 juin 1837 (t. 1er 1838, p. 15), les contrib. ind. c. Chevalier.

87. — La confiscation de l'instrument du délit ne peut être légalement prononcée lorsque l'auteur du délit est resté inconnu. Spécialement, lorsque l'auteur resté inconnu d'un délit de chasse a été assigné par citation directe devant le tribunal de police correctionnelle, ce tribunal ne peut, en annulant la citation, prononcer, sur les réquisitions à l'audience du ministère public, la confiscation du fusil abandonné par le délinquant. — *Cass.*, 21 juill. 1838 (t. 1er 1840, p. 304), N...

88. — L'art. 11, C. pén., prévoit expressément que la confiscation pourra porter *soit sur le corps du délit quand la propriété en appartient au condamné,* soit sur les choses produites par le délit, soit sur celles qui ont servi ou qui ont été destinées à le commettre. Ces mots limitatifs *quand la propriété en appartient au condamné* ne se réfèrent qu'au corps du délit; il suit de là que les tribunaux peuvent confisquer les produits ou les instruments d'un délit, soit qu'ils appartiennent, soit qu'ils n'appartiennent pas à l'auteur de ce délit. — Chauveau et Hélie, *Th. C. pén.*, t. 1er, p. 267.

89. — C'est donc avec raison qu'il a été jugé que le tribunal qui condamne un individu pour délit de chasse sans permis de port d'armes, ne peut se dispenser de prononcer la confiscation du fusil, sous le prétexte que cette arme lui ayant été remise par l'autorité, pour son service de garde national, appartient à l'Etat. — *Douai*, 13 déc. 1834 (et non 1833), Delplaque.

90. — Toutefois, quelques difficultés peuvent se présenter pour le cas où la confiscation porte sur des choses dont le délinquant n'avait que l'usufruit et non la propriété entière. M. Proudhon (*Usuf.*, nº 2011) pense que, dans ce cas, le fisc, comme subrogé aux droits de l'usufruitier, a le droit de toucher le prix de la vente qui a lieu des objets confisqués, à la charge de le restituer aux propriétaires, à l'extinction de l'usufruit; mais aussi que si l'époque de cette extinction était prochaine, le propriétaire devrait obtenir la faculté de conserver sa chose en en payant le loyer au fisc jusqu'à cette époque. — Enfin, suivant le même auteur, si les objets saisis avaient été, lors de l'entrée en jouissance de l'usufruitier, estimées en vue de lui conférer la propriété de ces objets, en le rendant seulement débiteur de leur valeur, la confiscation devrait avoir, dans ce cas, son plein et entier effet. — Sauf l'action du propriétaire contre l'usufruitier.

91. — M. Proudhon pense, au surplus, que le fisc ne pouvant avoir plus de droits que le condamné qu'il représente par subrogation, sa jouissance devrait s'éteindre non seulement par la mort naturelle, mais aussi par la mort civile du condamné, puisque c'est là (art. 617, C. civ.) une cause d'extinction de l'usufruit. — V. USUFRUIT.

92. — Quelle que soit la valeur de l'objet confiscable, le juge de répression a compétence pour prononcer la confiscation.

93. — La confiscation n'étant pas une amende et ne pouvant être assimilée à cette peine, il en résulte que l'article 463, C. pén., sur les circonstances atténuantes, n'autorise pas les juges à faire remise de la confiscation dans les cas où elle est ordonnée. — *Cass.*, 14 déc. 1832, Strumasse.

94. — Ce principe a été de nouveau appliqué en matière de faux poids et mesures. La cour a jugé qu'en pareille matière la confiscation n'était pas à proprement parler une peine, mais une précaution prise par la loi pour retirer de la circulation l'instrument d'une contravention ou d'une fraude, et que dès lors les juges ne pouvaient refuser de la prononcer, sous prétexte de circonstances atténuantes et par application de l'art. 463, C. pén. — *Cass.*, 4 oct. 1839 (t. 1er 1846, p. 417), Tripier.

95. — Lorsque la loi applique la confiscation à une certaine nature de contravention, cette confiscation doit être prononcée, quelle que soit d'ailleurs la peine dont la contravention soit passible. Ainsi, il a été jugé que la confiscation des appareils ayant servi à l'établissement des loteries ou jeux de hasard dans les rues (art. 475, nº 5, et 477) ne pouvait être écartée sous prétexte qu'il n'y avait lieu de la prononcer qu'autant que le prévenu pouvait encourir la peine de l'emprisonnement. — *Cass.*, 14 déc. 1832, Stramasse.

96. — Le tribunal de police ne peut se borner à prononcer *éventuellement* la confiscation des poids et mesures dont un prévenu a fait usage en contrevenant aux lois; il doit la prononcer purement et simplement. — *Cass.*, 18 oct. 1822 (int. de la loi), Delabrière.

97. — La chose confisquée appartient à l'état, sauf les cas où la confiscation profite aux parties lésées. — V. notamment BREVET D'INVENTION, CAPITAINE DE NAVIRE, nº 97, CONTREFAÇON.

98. — La confiscation n'a pas lieu de plein droit, elle doit être prononcée par le jugement. — Carnot, sur l'art. 137, C. inst. crim., t. 1er, p. 554, nº 18.

99. — Le recouvrement des confiscations (hors les cas où la chose confisquée profite aux parties lésées) est poursuivi, au nom du procureur du roi, par le directeur de la régie de l'enregistrement et des domaines (C. inst. crim., art. 197) ou par l'administration qui a dirigé l'action. — Bourguignon, *Jurisp. des codes crim.*, t. 1er, p. 389.

100. — En cas de concurrence de la confiscation spéciale avec les dommages-intérêts sur les biens insuffisans du condamné, ces dernières conditions doivent, comme dans le cas de confiscation générale, obtenir la préférence. L'art. 54, C. pén., ne renferme, en effet, aucune distinction.

101. — Le décès du prévenu, dit M. Mangin (*Tr. de l'act. publ.* t. 2, nº 280), n'éteint pas l'action publique pour la confiscation des choses saisies en contravention; car, ainsi que le dit Merlin (*Rép. de jurisp.*, vº *Tabac*, t. 17, p. 10), « la confiscation affecte les choses saisies; ce sont les choses saisies qui forment le corps de la contravention à laquelle la loi inflige la peine de la confiscation. La peine de la confiscation doit donc atteindre les choses saisies, tant qu'elles existent; elle doit donc les atteindre partout où elles se trouvent; elle doit donc les atteindre même entre les mains des tiers à qui le contrevenant les a transmises; elle doit donc les atteindre même entre les mains de l'héritier du contrevenant. » — V. aussi une note du président Barris, rapportée par Mangin (*loc. cit.*).

102. — Et c'est, en effet, ce qui a été jugé par la cour de Cassation (V. arrêts des 9 prair. an IX, et 9 déc. 1813, cités *suprà*, nº 73). Le principal motif de ce dernier arrêt porte : « Attendu que la confiscation d'une marchandise prohibée n'a rien de personnel; qu'elle affecte la marchandise; *qu'elle doit donc l'atteindre en quelque main qu'elle se trouve.* »

103. — « Ces principes, ajoute M. Mangin (*loc. cit.*), s'appliquent nécessairement à tous les cas où la loi prononce la confiscation d'objets, denrées et marchandises, parce que le délit réside dans les objets mêmes, tels que les armes prohibées, les boissons falsifiées, les marchandises à l'égard desquelles il y a eu violation des réglemens relatifs aux produits des manufactures françaises, les matières d'or et les pierres sur le titre et la qualité desquelles on a trompé, les ouvrages contrefaits, ainsi que les planches, moules et matrices, et les autres cas prévus par les art. 477 et 481, C. pén. »

104. — « Mais, dit-il aussi, le décès du prévenu éteint l'action publique pour la confiscation, lorsque le délit ne gît pas dans la chose qu'elle doit atteindre, lorsqu'elle n'est qu'une aggravation de peine personnelle au coupable. Telle est la confiscation des grains et boissons qui seraient l'objet d'un commerce, de la part des commandans militaires, des préfets ou sous-préfets dans l'étendue des lieux où ils exercent leur autorité; celle des choses livrées par le corrupteur d'un fonctionnaire public qui est prononcée au profit des hospices; de l'argent reçu par un faux témoin; des fonds ou des effets exposés au jeu ou mis à la loterie dans les rues; celle des recettes de représentations d'ouvrages dramatiques faites au mépris des réglemens concernant la propriété des auteurs. »

V. ARMES, ARTIFICES, BARATERIE, BOISSONS FALSIFIÉES, BOUCHER, BOULANGER, CABOTAGE, CAISSE DES INVALIDES DE LA MARINE, CAPITAINE DE NAVIRE, CHASSE, COMESTIBLES NUISIBLES, COMPÉTENCE ADMINISTRATIVE, CONTREFAÇON, CORRUPTION DE FONCTIONNAIRES, DÉLIT DE PRESSE, DÉLIT FORESTIER, DOUANES, FAUX TÉMOIN, LIBRAIRIE, PHARMACIE, POIDS ET MESURES, REMÈDES SECRETS.

CONFISEUR.

Patentable de troisième classe. Droit fixe déterminé d'après la population, et droit proportionnel du vingtième de la valeur locative de l'habitation et des lieux servant à l'exercice de la profession. — V. PATENTE.

CONFLIT.

CONFLIT.—1.—On donne ce nom au dissentiment qui se manifeste entre deux ou plusieurs autorités du même ordre ou d'ordres différens, lorsque chacune d'elles réclame ou répudie la connaissance d'une même affaire.

2.—Si le dissentiment existe entre deux autorités d'ordres différens, par exemple, entre l'autorité judiciaire et l'autorité administrative, on lui donne le nom de conflit *d'attribution* ou conflit proprement dit, c'est celui qui doit faire le sujet de cet article.

3.—Il y a simplement conflit de *juridiction* lorsque le différend s'élève entre deux autorités du même ordre. — V pour le cas où le conflit s'élève entre des autorités judiciaires, COMPÉTENCE (mat. civ.), RÈGLEMENT DE JUGES, et pour celui où il s'agit d'autorités administratives, COMPÉTENCE ADMINISTRATIVE, CONSEIL D'ÉTAT.

4.—Le conflit, soit d'attribution, soit de *juridiction*, est *positif* ou *négatif*: *positif*, lorsque les autorités se déclarent simultanément compétentes, et c'est là le cas le plus fréquent; *négatif*, lorsqu'au contraire, elles allèguent leur incompétence pour refus de se saisir de l'affaire qui leur est déférée.—Foucart, *Elém. de dr. admin.*, nᵒ 1800 et suiv., Serrigny, *Traité de l'organ.*, *de la comp. et de la procéd. en mat. cont. adm.*, t. 1ᵉʳ, nᵒ 159.

5.—Mais ce qu'il importe de remarquer avant tout, c'est que le seul fait qu'une même contestation a été soumise à deux juridictions d'ordre différens ou du même ordre ne suffit point pour établir un conflit, il faut qu'il y ait divergence entre ces autorités.

6.—Aussi a-t-il été décidé avec raison que si un conseil de préfecture et un tribunal civil, saisis en même temps de la même affaire, n'ont pas encore prononcé sur le litige, il n'existe ni conflit positif ni conflit négatif.—Cons. d'état, 3 mars 1823, Saint-Arnaud.

CHAP. Iᵉʳ. — *Conflit positif* (nᵒ 7).

—

CHAPITRE Iᵉʳ. — *Conflit positif.*

Sect. 1ʳᵉ.—*Historique. — Notions générales.*

7.— « Le conflit, dit M. de Cormenin (*Dr. admin.*, vᵒ Conflit, p. 440), a été institué dans un but d'ordre public, pour maintenir la distinction, la séparation et l'indépendance pleine et réciproque des matières et fonctions administratives et judiciaires

Le principe est l'indépendance des pouvoirs, le moyen est le conflit, la conséquence est l'ordre. »

8. — Dans notre ancienne législation, la nécessité de prévenir les collisions et les empiétemens réciproques des diverses autorités, avait depuis longtemps appelé l'attention du souverain.

9. — Dans l'origine, l'autorité royale, encore mal assise, ne pouvait guère avoir, sur des juridictions qui ne dérivaient pas de sa puissance, une autorité certaine et assurée; et pour prévenir le résultat irritant du contact des diverses juridictions, il lui fallait entrer en composition avec elles; et c'est ainsi qu'en 1204 intervint entre le roi Philippe-Auguste, les clercs et les barons un établissement touchant les questions de compétence entre les juridictions séculières et ecclésiastiques. — Isambert, *Anciennes lois françaises*, t. 1er, p. 194.

10. — Mais, ainsi que le remarque le même auteur, le pouvoir royal ayant avec le temps augmenté sa force, et pris le premier rang dans le pays, ce ne fut plus par l'effet de conventions, mais en vertu de sa propre autorité, qu'il procéda au réglement des compétences, et, en 1401 notamment, on voit le roi évoquer en son conseil l'appel porté devant le parlement par un contrôleur de la chambre des comptes contre une décision de la cour des comptes. — Isambert, *loc. cit.*, t. 7, p. 8, et la note.

11. — Plus tard, et à l'occasion des questions de compétence qui s'élevaient fréquemment entre le parlement et la cour des aides, l'ordonnance du 20 décembre 1559 voulut que ces deux corporations s'entendissent par l'intermédiaire des *gens du roi*, pour amiablement et fraternellement accorder, décider et terminer leurs différends, sinon en référer respectivement au roi pour en être par lui ordonné. » — Ces principes furent rappelés par l'art. 78 de l'ordonnance de Louis XIII, de janvier 1629.

12. — Au roi, en son conseil, pouvoir suprême de l'Etat, appartenait donc dès-lors et incontestablement le réglement des compétences; mais ce droit, légitime en son principe, était devenu la source d'abus nombreux : évoquant les affaires de toute nature, non plus seulement pour régler des questions de compétence, mais encore, statuant au fond et méconnaissant l'autorité de la chose jugée, même celle résultant des arrêts des parlemens, le conseil bouleversait souvent l'ordre des juridictions.

13. — L'assemblée constituante par la loi du 16-24 août 1790, sur l'organisation judiciaire, porta remède à ce double mal en proclamant (art. 17) que nul ne pouvait être distrait de ses juges naturels, par aucune commission, ni par d'autres attributions ou évocations que celles déterminées par les lois, en même temps elle consacrait par l'art. 13 le principe de la séparation des autorités judiciaire et administrative.

14. — Toutefois, si, en ce qui concerne le droit d'évocation au fond et le réglement des juridictions entre autorités du même ordre, l'autorité royale se trouvait dépouillée par la loi nouvelle, cette même loi n'avait nullement entendu lui enlever le pouvoir de statuer sur les conflits d'attribution.

15. — Et en effet, moins de deux mois après et par suite de difficultés survenues sur ce dernier point, l'assemblée constituante déclara (L. 7-14 août 1790), que les réclamations d'incompétence à l'égard des corps administratifs n'étaient pas du ressort des tribunaux; qu'elles devaient être portées au roi, chef de l'administration générale, et que dans le cas où l'on prétendrait que les ministres auraient fait rendre une décision contraire aux lois, il en serait référé au corps législatif.

16. — Mais l'assemblée constituante, après avoir en principe institué les conflits, n'eut pas le temps de compléter son œuvre en en réglant l'exercice. Evidemment, cela n'était pas suffisant, et dans une matière si grave et qui prenait une importance si grande, par suite de la séparation formellement posée des pouvoirs, il importait au législateur de laisser le moins possible à l'arbitraire.

17. — Le droit de statuer sur les réglemens de conflits passa bientôt du pouvoir royal à la convention nationale, que l'on vit, réunissant en elle l'exercice de tous les pouvoirs, annuler les jugemens soit par voie de référé, soit sur les propositions de ses comités, soit par l'organe de ses représentans. — L. 21 prair. an II, 15 pluv. an III, 1er fructid. an III. — Magnitot et Delamarre, *Dictionn. de dr. administ.*, v° *Conflit*, *sect.* 1re.

18. — Et même, par la loi du 16 fructidor an III, elle déclara « annuler toutes procédures et jugemens intervenus dans les tribunaux judiciaires contre les corps administratifs et comités de surveillance, sur réclamations d'objets saisis, de taxes révolutionnaires et autres actes d'administration émanés desdites autorités et arrêtés des représentans du peuple en mission ou sur répétition des sommes et effets versés au trésor public. »

19. — Quelques jours après, la loi du 21 fructidor an III (art. 27) transféra la connaissance des conflits d'attributions au ministre, dont la décision devait être confirmée par le directoire exécutif. — Cette loi reconnaissait en outre la faculté pour le directoire d'en référer au corps législatif.

20. — Mais en fait ce référé n'a jamais eu lieu, « tant il est vrai de dire, selon la remarque de M. de Cormenin (*Rapport à la commission sur l'ordonnance de 1828*) que, même sous le gouvernement républicain, le droit de décider les conflits doit reposer uniquement entre les mains du pouvoir exécutif. » — V. encore Taillandier, *Comment sur l'ordonnance de* 1828.

21. — « A cette époque, dit encore M. de Cormenin, les conflits étaient établis pour les causes les plus diverses : tantôt ils avaient un but *politique*, protéger les acquéreurs des biens nationaux, surveiller la rentrée des proscrits, tantôt un but *administratif*, protéger la personne des agens secondaires du pouvoir et leurs actes contre les entreprises des juges ordinaires; tantôt encore un but *fiscal*, assurer la perception des impôts de toute nature, l'exécution des marchés publics, la liquidation des créances du trésor. » — V. aussi Magnitot et Delamarre, *loc. cit.*

22. — La constitution de l'an VIII ne contient sur le réglement du conflit aucune disposition expresse; le seul article 52 porte qu'au conseil d'état appartient, outre la rédaction des projets de loi et des reglemens d'administration publique, la solution des difficultés en matière administrative.

23. — Plus explicite, l'arrêté consulaire du 5 nivose an VIII (art 11), déclara que, sur le renvoi des consuls, le conseil d'état connaîtrait des conflits d'attribution. Mais cet arrêté ne décidait rien sur la forme et l'instruction des conflits.

24. — Cette lacune ne fut remplie que par l'arrêté du 13 brumaire an X, qui pendant longtemps est resté à peu près le seul réglement en ces matières, et dont nous examinerons les dispositions dans le cours de notre travail.

25. — Sous la restauration, et dès ses premiers jours, deux ordonnances successives des 29 juin 1814 (art. 9, et 23 août 1815 (art. 13), intervinrent; la première, pour maintenir la connaissance des conflits au conseil d'état, la seconde, pour régler l'instruction en cette matière.

26. — Mais ces ordonnances, tout en modifiant sur certains points les réglemens qui les avaient précédées, n'avaient point résolu les questions soulevées par l'application de la loi de fructidor an III, et de l'arrêté du 13 brumaire an X, qui étaient restés les lois principales de la matière.

27. — Une ordonnance ultérieure et plus complète, du 12 décembre 1821, apporta des modifications assez notables à la procédure en matière de conflits. Mais les changemens qu'elle introduisait étaient encore loin d'être suffisans pour fixer une jurisprudence toujours incertaine.

28. — Enfin est intervenue l'ordonnance royale du 1er juin 1828, qui, amendant et fixant la jurisprudence, établit d'une manière nette et précise les règles à suivre. C'est cette ordonnance, modifiée depuis sur quelques points secondaires par des ordonnances postérieures du 12 mars 1831 et du 18 sept. 1839, qui régit aujourd'hui les conflits, et spécialement les cas où ils doivent être élevés.

29. — Il est vrai qu'en 1836 un projet de loi fut préparé sur les conflits. — V. Cormenin (t. 2, *Append.*, v° *Conflit*, n° 3). Mais ce projet, dont les dispositions étaient loin de valoir celles contenues en l'ordonnance de 1828, n'a pas été soumis aux chambres : « Son premier tort, dit M. de Cormenin (*ubi suprà*), était de vouloir légiférer lorsque personne ne le demandait. Son second tort était de légiférer mal. »

30. — Nous sommes tout disposés à croire avec M. de Cormenin que le projet de 1836 n'était pas acceptable, mais nous ne saurions admettre avec lui qu'il soit, suivant ses expressions, « inutile de légiférer en cette matière », parce que cette matière touche aux intérêts les plus graves; tout aurait donc besoin d'y être déterminé d'une manière précise et nette à l'effet de prévenir les abus, dont le gouvernement impérial n'a offert que trop d'exemples, pour qu'il ne soit pas à désirer qu'une loi organique soit rendue sur les conflits.

31. — Tel est, au surplus, le vœu que, dès 1828, et à l'occasion de l'ordonnance du 1er juin 1828, exprimait M. de Barante. — V. Duvergier, *Collect. des lois*, t. 28, *Notes sur l'ordonnance du* 28 *juin* 1828. — Ce vœu a depuis été bien des fois renouvelé.

32. — Quoi qu'il en soit et en l'absence d'une loi spéciale, l'ordonnance du 1er juin 1828, rendue par le pouvoir exécutif dans les limites de ses attributions, doit être tenue comme faisant règle en ces matières. — *Rennes*, 8 juillet 1833, Lègue et Nicol c. préfet du Finistère; — Dufour, t. 2, 771.

33. — Cependant quelques auteurs non seulement n'ont pas voulu reconnaître la constitutionnalité de l'ordonnance de 1828, mais ont même contesté le droit d'élever le conflit, ou plutôt son mode de réglement, comme dangereux dans l'intérêt des libertés publiques. Suivant eux, confier le réglement du conflit au pouvoir exécutif, au roi en son conseil d'état, c'est faire renaître cet ancien droit d'évocation que supprima l'assemblée constituante, c'est livrer l'autorité judiciaire sans défense aux empiétemens du pouvoir administratif. — Bavoux, *des Conflits*, t. 1, liv. 1er, ch. 4 et 6, p. 49; Isambert, *Recueil des lois et ordonn.*, vol. de 1819 et 1820, p. 5 et 95; Dupin, *Recueil des lois de la compétence*, t. 1, p. 174.

34. — Ces craintes sont exagérées : « A la vérité, dit M. Laferrière (*Cours de dr. public et administ.*, liv. 3, p. 630), le droit d'élever le conflit a menacé l'autorité judiciaire du retour des anciennes évocations au conseil... mais les ordonnances des 1er juin 1828 et 12 mars 1831 ont fait rentrer l'administration et la prérogative royale dans leurs véritables limites, elles ont entouré les citoyens des garanties nécessaires. »

35. — D'un autre côté, en donnant à l'autorité administrative seule le moyen de défendre sa compétence contre les empiétemens de l'autorité judiciaire, tandis que celle-ci n'a aucune arme pour repousser les envahissemens de l'administration, on s'est peut-être un peu trop exclusivement préoccupé du danger que présenteraient les entreprises de l'autorité judiciaire : cela tient sans doute à ce que les tentatives d'usurpation les plus fréquentes viennent d'elle et tendraient tout au plus à démontrer l'utilité d'une loi réglementaire de cette matière; mais en conclure l'inconstitutionnalité des ordonnances de 1828 et 1831, c'est plus qu'une exagération, c'est une erreur.

36. — Et d'ailleurs, à quel pouvoir conviendrait-il mieux de conférer cette attribution? Au pouvoir législatif? Mais outre que ce serait, ainsi que le déclarait déjà avec raison un arrêté du directoire du 16 fructid. an V, employer au détriment de matières beaucoup plus importantes les instans du législateur, ne tomberait-on pas dans un danger bien plus grave que celui que l'on signale, en subordonnant ainsi les pouvoirs administratif et judiciaire à la volonté essentiellement souveraine et sans contrôle du pouvoir législatif?

37. — Faudrait-il recourir au pouvoir judiciaire? mais ce pouvoir est, comme le législatif, souverain et sans contrôle; et il serait à craindre que, par le réglement des conflits, l'autorité judiciaire, forte de son indépendance, ne finît par tenir l'administration sous sa tutelle et par faire passer le gouvernement entre ses mains. — Cormenin, v° *Conflit*, p. 440. — C'est donc avec raison qu'un message du directoire du 18 flor. an V a repoussé formellement la pensée émise alors de confier le réglement des conflits à la cour de Cassation.

38. — Serait-il convenable enfin de déférer à un tribunal inamovible la connaissance des conflits? Cette opinion, professée par quelques auteurs, et notamment par Bavoux (*Des conflits*, liv. 1, ch. 6, p. 31), est combattue par M. Cotelle (*Cours de dr. administ.*, t. 3, p. 713), qui fait observer avec raison qu'il serait trop facile à un pareil tribunal d'entraver la marche de l'administration, en attirant sous sa juridiction des matières d'action et de gouvernement.

39. — C'est donc encore le roi, chef suprême de la justice, qui peut le mieux concilier les intérêts, comme on le voit, fort graves, qui peuvent se trouver compromis; c'est au roi seul qu'il peut appartenir de statuer en son conseil d'état sur les conflits d'attribution, et de prévenir ainsi les empiétemens réciproques des autorités. — Favard de Langlade, v° *Conflit*, n° 9; Cormenin, *loc. cit.*, p. 440; Henrion de Pansey, *De l'autor. judic.*, p. 44; Laferrière, liv. 3, p. 642; Dufour, t. 2, n° 772; Cotelle, *Cours de dr. admin.*, t. 3, liv. 15, n° 3; Serrigny, *Tr. de l'organis. administ.*, t. 1er, n° 157; Foucart, *Élémens de dr. pub. et administ.*, t. 3, n° 1803; Taillandier, *Comment. sur l'ord. de* 1828, *préface*; Locré, *Légis. et jurispr. françaises*, t. 1er, p. 166.

40. — La charte, en posant comme règle que toute justice émane du roi (art. 48), et qu'à lui seul appartient la puissance exécutive (art. 12), a, par cela même, consacré le même principe : mais, plus logique que la loi du 21 fructid. an III, elle n'autorise plus le recours auprès de l'autorité législative, dont, au surplus, les ord. de 1821 et de 1828 ne font plus aucune mention. — V. Carré, *Lois de l'organ. et de la compét.*, t. 5, n° 354.

41. — Quant aux abus que l'on pourrait redouter du réglement des conflits par le pouvoir administratif, la responsabilité ministérielle, le contrôle de la publicité, l'influence de l'opinion publique, et même l'intervention des chambres représenta-

tives, en diminuent déjà considérablement le danger que contribuent encore à éloigner les règles et conditions imposées par les ordonnances sur les causes, les formes, l'instruction à observer en pareille matière.

42. — Du reste, en réglant le conflit, « le roi ne fait pas, ainsi que le dit avec raison un avis du conseil d'état du 6 fév. 1821, comme la cour de Cassation, un simple acte de juridiction ; il agit comme administrateur suprême, élevé non-seulement au-dessus des corps judiciaires, mais de tous les pouvoirs publics, dont il règle le mouvement, et qu'il ramène dans les limites qui leur sont respectivement fixées par la loi. »

43. — C'est là un principe aujourd'hui incontestable dans notre droit public, et dont l'institution des conflits est destinée à assurer le maintien. Il y a donc dans le conflit un acte de haute administration et d'ordre public qui, par sa nature, sa forme et ses effets, ne saurait dans notre ordre constitutionnel être assimilé à un arrêt ou à un jugement.—Favard, *Rép.*, vo *Conflit*, no 9; Cormenin, no 9; Cotelle, t. 3, p. 709; Serrigny, t. 1er, no 158; Laferrière, *Cours de dr. publ. et admin.*, liv. 3, p. 638.

44. — En conséquence, lorsqu'il y a conflit élevé entre l'autorité administrative et l'autorité judiciaire, ce n'est pas en réglement de juges qu'il convient de se pourvoir ; mais il faut recourir au conseil d'état, et cela, remarquons-le, quelle que soit la nature du conflit ; qu'il soit positif ou négatif. — *Cass.*, 14 germin. an 11, Despinay c. comm. de Lyon ; 23 vendém., an XIV, Blettery c. domaines ; 26 nov. 1806, Forêts c. Desimple.

45. — ... Et l'autorité judiciaire doit surseoir à toute décision jusqu'à ce que la décision sur le conflit soit intervenue.—L. 21 fruct. an III, art. 27. — V. *infrà*, sect. 5e.

46. — C'est encore parce que le conflit doit toujours être considéré comme un acte de haute administration qu'il a été décidé que les tribunaux ne peuvent condamner aux dépens un préfet qui comparait devant eux, non comme partie, et comme exerçant les actions, soit du domaine public, soit de l'administration départementale, mais pour demander, comme magistrat et fonctionnaire de l'ordre administratif, agissant pour le maintien des juridictions, le renvoi par-devant l'autorité administrative d'une affaire à l'égard de laquelle il n'est pas en cause.—*Cass.*, 12 août 1835, administ. de la marine et hospice de Brest.

47. — Et un jugement qui prononcerait une pareille condamnation aux dépens devrait être annulé comme contenant un excès de pourvoir. — Même arrêt.

48. — Le conflit, en effet, n'est pas, comme une simple question de compétence, une contestation entre particuliers ; c'est la lutte entre deux autorités indépendantes l'une de l'autre, une question d'attribution ; il ne s'agit pas de l'application des lois civiles, mais de l'exécution des lois constitutionnelles, d'où cette conséquence que le conflit, ayant pour objet non l'intérêt privé des parties, mais l'ordre public, ne peut être élevé que par l'autorité chargée de veiller au maintien des lois de l'état. — Favard, *Rép.*, no 7 ; — V. *infrà* sect. 2e.

49. — Cependant sous l'empire de l'arrêté du 13 brum. an X, on avait considéré les conflits comme rentrant dans les affaires contentieuses ordinaires, et devant dès-lors entraîner l'intervention des parties. — Magnitot et Delamarre, *Dictionn. de dr. admin.*, vo *Conflit*, sect. 1re.

50. — Et l'on avait décidé, en conséquence, qu'un particulier dont l'action était suspendue par un arrêté de conflit était recevable à se pourvoir directement au conseil d'état pour en demander l'annulation. — *Cons. d'ét.*, 24 mars 1809, Lefèvre-Boucher.

51. — Mais de semblables décisions étaient évidemment contraires à la pensée qui avait déterminé l'institution des conflits ; aussi des décisions contraires n'ont-elles point tardé à consacrer de plus saines doctrines, et c'est aujourd'hui et depuis long-temps un point incontestable qu'à l'autorité administrative seule, et non aux particuliers, il appartient d'élever le conflit d'attribution,

52. — Ainsi, jugé que les tribunaux devant lesquels est portée une contestation dont une des des parties demande le renvoi devant l'autorité administrative, peuvent et doivent, lorsque l'autorité administrative n'élève point de conflit, statuer eux-mêmes sur l'exception d'incompétence.—*Cass.*, 25 oct. 1809, Mary c. Parent-Decurby.

53. — L'ordonnance de 1821, et, postérieurement, celle de 1828 ont consacré sans doute pour les parties le droit de présenter des observations à l'occasion du règlement du conflit. — V. *infrà* sect. 6e, § 1er.

54. — Mais ces ordonnances, en autorisant de simples observations sur la question de compétence, ont par cela seul interdit la procédure d'intervention. — *Cons. d'ét.*, 7 avr. 1835, Guerlain Houel c. préfet de l'Aisne.

55. — C'est sans doute comme garantie contre les excès de pouvoir, et peut-être aussi pour mieux assurer le droit des parties de présenter des observations, que le réglement des conflits doit avoir lieu devant le conseil d'état suivant les règles tracées pour la procédure des affaires contentieuses. — V. *infrà* no 535.

56. — Est-ce à dire qu'il faille ranger le réglement du conflit parmi les matières administratives contentieuses, dont est saisi le conseil d'état ? — Non, assurément ; le texte de l'art. 17, ord. 18 sept. 1839, et le rapport au roi fait par le garde des sceaux (M. Teste), ne peuvent laisser aucun doute sur ce point.

57. — Et à l'occasion de l'art. 12 de la nouvelle loi sur le conseil d'état, du 19 juill. 1845, M. Chasseloup-Laubat, rapporteur de la commission de la chambre des députés, s'exprimait ainsi dans la séance du 28 fév. 1845, à propos de la classification que l'on avait faite des conflits parmi les matières contentieuses. — « L'expression d'*affaires contentieuses*, appliquée aux conflits, est sans doute incorrecte ; mais nous l'avons préférée à l'obligation de mentionner spécialement les conflits, afin qu'on ne nous reprochât pas de préjuger ce que la loi à intervenir pourra décider... Notre intention est de ne rien changer à ce qui existe. Les conflits continueront à être instruits et vidés comme ils le sont, aux termes des dernières dispositions réglementaires. »

Sect. 2e. — *Fonctionnaires ayant droit d'élever le conflit.*

58. — Elever le conflit c'est revendiquer, pour l'autorité administrative, la connaissance d'un litige soumis à l'autorité judiciaire, d'où cette conséquence toute naturelle qu'il ne peut être élevé que par l'autorité administrative elle-même.

59. — Jamais donc l'autorité judiciaire ne peut élever le conflit contre des actes de l'autorité administrative ; cela répugne à la nature même des conflits.

60. — Et si un tribunal avait élevé un conflit, les parties pourraient, dans leur intérêt privé, et le ministère public, dans l'intérêt de la loi, se pourvoir en réformation du jugement par les voies hiérarchiques ordinaires. — *Cons. d'état*, 18 juill. 1809, Boullier ; 22 déc. 1811, Cuisinier ; 3 juill. 1822, Chalette.

61. — Mais à quels fonctionnaires de l'ordre administratif appartient-il d'élever le conflit ? — C'est un point sur lequel notre législation a éprouvé, pendant quelque temps, des variations auxquelles l'arrêté du 13 brum. an X a mis fin en conférant ce droit exclusivement aux préfets.

62. — D'après l'art. 1er dudit arrêté, « aussitôt que les commissaires du roi sont informés qu'une question attribuée par la loi à l'autorité administrative, a été portée devant le tribunal où ils exercent leurs fonctions, ils doivent requérir le renvoi devant l'autorité compétente, et faire insérer leurs réquisitoires dans le jugement à intervenir. »

63. — Le tribunal pourrait même d'office, et en tout état de cause, attendu qu'il s'agit d'une incompétence *ratione materiæ*, décliner sa compétence et renvoyer devant l'autorité qui doit connaître de l'affaire. — C. procéd., art. 170.

64. — Mais si, loin de décliner d'office sa compétence, le tribunal se refuse même à ordonner le renvoi requis par le ministère public, alors il y a lieu d'élever le conflit.

65. — Toutefois, dans aucun cas, les conclusions du commissaire du gouvernement ne peuvent établir le conflit. — *Cass.*, 17 vent. an IX, Stock et Beaumenu. — Le ministère public ne peut qu'attaquer le jugement par les voies de droit. — Carnot, *Inst. crim.*, art. 526, no 9.

66. — Pour que le conflit soit élevé, l'arrêté du 13 brum. an X, art. 2, prescrit au ministère public de faire connaître le refus du tribunal au préfet du département auquel il envoie en même temps copie de ses réquisitions et des motifs sur lesquels elles sont fondées.

67. — Et dans la prévision même d'un défaut de vigilance de la part du ministère public, l'arrêté veut encore (art. 4) que « indépendamment de toute dénonciation des commissaires du gouvernement, les préfets élèvent le conflit toutes les fois qu'ils sont informés, d'ailleurs, qu'un tribunal est saisi d'une affaire qui, par sa nature, est de la compétence de l'administration ; dans ce cas, le

commissaire du gouvernement est également tenu de faire la notification de l'arrêté de conflit, quelle que puisse être son opinion sur la compétence. »

68. — Le droit d'élever le conflit d'office, et sans la participation du ministère public, alors même que l'administration n'est pas en cause, se trouve consacré de nouveau par l'ordonnance du 1er juin 1828, qui, par son art. 6, enjoint au procureur du roi de communiquer au tribunal la demande formée par le préfet à fin de déclinatoire, et de requérir le renvoi, si la revendication de compétence lui paraît fondée.

69. — De ce que le préfet seul peut élever le conflit, il résulte, ainsi que le fait observer M. Solon (*Rép. des jurid.*, vo *Conflit*, no 23), « qu'un tribunal ne devrait pas surseoir à juger sur une déclaration de conflit qui n'émanerait pas d'un préfet : il devrait passer outre ; et si, malgré l'insistance d'une des parties pour obtenir jugement, il se refusait de prononcer, il pourrait être pris à partie et poursuivi pour déni de justice. Vainement dirait-il qu'il y avait obstacle à ce qu'il jugeât, car son indépendance, à laquelle se lie non seulement l'ordre public, mais encore l'intérêt des justiciables, lui fait un devoir de ne s'arrêter que devant un obstacle légal. Or, il est positif que les préfets seuls ont qualité pour élever cet obstacle. »

70. — Une autre conséquence de la même règle, c'est que le préfet est le seul juge du point de savoir s'il est opportun d'élever le conflit ; les parties ne sauraient le contraindre à le faire.

71. — Le recours contre le refus fait par le préfet en pareil cas doit être porté devant le ministre de l'intérieur, sauf à en référer au conseil d'état, qui ne peut être saisi directement.—*Cons. d'état*, 6 déc. 1820, Faudoas c. Pierrepont et de Kergolay.

72. — Le conflit ne peut donc être élevé : 1o par le conseil d'état. — *Cons. d'état*, 17 mai 1812, Eggerlé. — « Juge des conflits, dit M. Cotelle (t. 3, p. 714), le conseil d'état attend qu'il soit saisi pour prononcer ; corps judiciaire, il doit statuer sur les questions qui lui sont soumises ; mais il ne fait pas partie de l'administration active. »

73. — Jugé, en conséquence, que le conseil d'état ne peut ni annuler ni modifier un jugement ou arrêt, ni suspendre son exécution, si le préfet n'a pas élevé le conflit. — *Cons. d'état*, 10 sept. 1817, de Siran.

74. — ...2o Le conflit ne peut pas davantage être élevé par les ministres.

75. — Le conseil d'état, avait, il est vrai, même depuis l'arrêté du 13 brum. an X, implicitement reconnu aux ministres le droit de saisir le conseil d'état, sans arrêté de conflit, de la demande en annulation d'arrêts rendus par une cour d'appel. — *Cons. d'état*, 6 janv. 1807, Min. des fin. c. Barry ; 23 janv. 1807, Préfet de la Sarthe c. Chenon de Brulon.

76. — Mais cette doctrine fut bientôt abandonnée. Les ministres sont sans doute investis de la plénitude de l'administration active, et les préfets ne sont que leurs subordonnés ; toutefois, ce motif n'a pas paru déterminant pour leur conférer le droit d'élever le conflit eux-mêmes, ils n'ont à cet égard que le droit d'invitation vis-à-vis du préfet.

77. — Le ministre de la justice en particulier est chargé de veiller à ce que l'autorité judiciaire n'empiète pas sur les attributions du pouvoir administratif : à cet effet, l'arrêté du 13 brum. an IX porte (art. 5), que « les commissaires du gouvernement près les tribunaux donneront connaissance au ministre de la justice de toutes les contestations qui peuvent intéresser la république, dans les vingt-quatre heures, pour toute préfixation du délai, qui suivront leur introduction devant les tribunaux ; ils l'instruiront aussi de la marche de la procédure, ainsi que des jugemens qui interviendront. »

78. — ... 3o Les conseils de préfecture sont également sans pouvoir pour élever le conflit.

79. — Sur ce point la jurisprudence a varié longtemps ; jusqu'à l'ordonnance du 1er juin 1828, et, nonobstant les termes de l'arrêté du 13 brum. an X, on vit plus d'une fois les conseils de préfecture élever des conflits validés par le conseil d'état.

80. — C'était là un excès de pouvoir évident : car, de même que le conseil d'état, juge administratif, le conseil de préfecture n'administre point, et est par conséquent sans qualité pour exercer un acte de l'administration active.

81. — Aussi la jurisprudence, qui paraissait s'être d'abord établie, bientôt improuvée par quelques ordonnances (V. notamment *Cons. d'état*, 23 janv. 1814, Jeantet ; 9 avr. 1817, Niant), est aujourd'hui complétement abandonnée, surtout depuis l'ordonnance du 1er juin 1828 ; c'est un point même qui est aujourd'hui incontesté. — Cormenin, t. 1er, p. 441, note 5e ; Serrigny, t. 1er, no 163.

82. — Les avis mêmes des conseils de préfecture ne sont pas obligatoires pour le préfet; aussi, lorsque le conseil de préfecture ayant émis l'avis qu'il y a lieu d'élever le conflit, le préfet ne l'a point fait, le conseil d'état ne peut que rejeter le pourvoi formé contre cet avis et renvoyer les parties, soit à se pourvoir dans l'ordre hiérarchique contre le jugement de première instance, soit à saisir directement le conseil de préfecture de la connaissance des actes administratifs en litige. — *Cons. d'état*, 17 juin 1818, Jousselin.

83. — Cependant en restreignant le droit d'élever le conflit aux seuls préfets le législateur a-t-il entendu ne l'attribuer qu'aux préfets de département seulement ? Peut-il être au contraire exercé par les autres fonctionnaires, revêtus du même titre, tels que le préfet de police de Paris et les préfets maritimes ?

84. — Quant au préfet de police de Paris, le conseil d'état, par ordonnance du 29 mai 1829 (Lebel), lui avait refusé ce droit, attendu, était-il dit dans les motifs, que, par l'arrêté du 13 brum. an X, c'est le préfet du département qui est chargé d'élever le conflit quand il y a lieu, et que, par l'arrêté du 12 messid. an VIII, qui a déterminé les fonctions du préfet de police établi dans le département de la Seine, le droit d'élever le conflit n'est pas compris dans les attributions de ce magistrat.

85. — Cette décision mit le gouvernement, qui voulait conserver au préfet de police le droit d'élever le conflit pour les contestations placées dans ses attributions, dans la nécessité de fixer ce point par un acte législatif, et c'est alors que parut l'ordonnance royale du 18 déc. 1822, qui déclara communes au préfet de police, à Paris, les dispositions de l'art. 4, arr. 13 brum. an X, qui autorisent le préfet à élever le conflit. Cette ordonnance fut motivée sur ce que le préfet de police, à Paris, est chargé d'une partie de l'administration départementale, et qu'il exerce ses fonctions sous l'autorité immédiate des ministres.

86. — Quant aux préfets maritimes, aucune disposition expresse n'est encore intervenue, en sorte que c'est aujourd'hui une question encore controversée entre certains auteurs que de savoir s'ils ont ou non le droit d'élever le conflit.

87. — A leur égard, comme à l'égard du préfet de police, l'arrêté du 13 brum. an X est complétement muet : il ne parle que des *préfets de départemens*; on pourrait donc en conclure avec quelque apparence de fondement qu'à ces derniers seuls appartient le droit d'élever le conflit, à l'exclusion même des préfets maritimes. — Cotelle, t. 1er, p. 714, *in fine*.

88. — Cependant, telle n'a point été, dans l'origine, la jurisprudence du conseil d'état, qui maintenait constamment ce droit aux préfets maritimes. — M. de Cormenin cite en ce sens plusieurs décisions des 24 prair. an XI, 4 fructid. an XII, 17 vent. an XIII, 7 fév. 1807. — V. aussi *Cons. d'état*, 23 avr. 1807, Simon c. Grasset; 8 janv. 1810, Lenoir.

89. — M. Foucart, il est vrai (t. 3, no 333), indique comme ayant résolu la question dans le sens contraire, une ordonnance du 14 juill. 1819 (Aviérino c. Thibaut); mais c'est là une erreur, car cette ordonnance décide, non pas que le préfet maritime n'a pas le droit d'élever un conflit, mais qu'une simple lettre missive émanée de lui ne peut être considérée comme un arrêté de conflit.

90. — Plus tard cependant, et lorsque le gouvernement, voulant faire cesser les difficultés qui s'étaient élevées relativement à l'intervention des parties au jugement des conflits, rendit l'ordonnance du 21 décembre 1821, on remarqua qu'en parlant du préfet l'ordonnance n'ajoutait pas les mots *du département*; cette omission fut considérée par quelques personnes comme la confirmation implicite de la jurisprudence du conseil d'état.

91. — Tel était l'état des choses, lorsque parut l'ordonnance du 1er juin 1828. Cette ordonnance apporta-t-elle à la législation précédente quelques modifications desquelles les préfets maritimes pussent inférer qu'à l'avenir le droit d'élever le conflit ferait partie de leurs attributions ? — Non, car si les art. 6 et 7 parlent des préfets, sans autre désignation, l'art. 8 dit : le *préfet du département*. Ainsi, comme on le voit, la question est aujourd'hui encore ce qu'elle était à l'époque où le gouvernement l'a tranchée par une ordonnance royale en faveur du préfet de police, ce qui nous conduit naturellement à dire que si une pareille mesure a été prise pour ce magistrat, il en doit être pris une semblable pour les préfets maritimes, car il y a, selon nous, même raison de décider.

92. — Et c'est au surplus cette opinion que le conseil d'état a encore confirmée implicitement dans plusieurs circonstances où il a été appelé à statuer, non sur le pouvoir du préfet maritime, qui n'a pas été contesté, mais sur la validité de l'arrêté de conflit pris par lui. — *Cons. d'état*, 23 avr. 1840, Brune-Josserant; 12 fév. 1841, Blanchet c. Peyran; 30 mars 1842, mêmes parties; — Serrigny, t. 1er, no 165; Dufour, t. 2, no 792.

93. — C'est un point hors de toute controverse que, dans les colonies, les gouverneurs ont, comme les préfets des départemens en France, le droit d'élever le conflit; la question n'a même jamais été soumise expressément au conseil d'état. — *Cons. d'état*, 19 déc. 1821, Picou c. Grassier; 6 nov. 1822, Ministre de la marine; 12 fév. 1823, Ministre de la marine; 9 juin 1824, Malavoit. — Ils sont, en effet, investis des pouvoirs administratifs que la loi confère aux préfets des départemens.

94. — Jugé encore que dans l'état de la législation coloniale, établi par l'ordonnance du 9 février 1827, le conflit a pu être élevé par le contrôleur colonial. — *Cons. d'état*, 5 nov. 1828, Deheyne.

95. — L'arrêté par lequel un préfet élève un conflit étant un acte des fonctions qu'il exerce comme représentant de l'autorité publique, il ne peut élever ce conflit que devant les tribunaux du département où il exerce ses fonctions. — Serrigny, t. 1er, p. 186; Cormenin, t. 1er, p. 442, no 3. — V. encore *Cons. d'état*, 15 août 1837, Ruis c. Laliberté.

96. — Jugé, en conséquence, qu'un préfet appelé en garantie dans une instance engagée devant un tribunal siégeant hors de son département, ne peut élever le conflit devant ce tribunal. — *Cons. d'état*, 14 avr. 1838, préfet du Cher.

97. — ...Que lorsque, sur une action en dommages-intérêts résultant de travaux publics, il y a lieu d'élever le conflit, c'est au préfet du domicile du défendeur, et non à celui du lieu où les dommages ont été commis, qu'il appartient de l'élever. — *Cons. d'état*, 17 août 1841, Desfourniers c. Compagnie du canal de Roanne à Digoin.

98. — Toutefois, il faut remarquer que le préfet, compétent pour élever le conflit devant les tribunaux compris dans la circonscription de son département, l'est aussi seul pour faire cet acte devant la cour même placée hors de son département, et où les affaires qu'il veut revendiquer sont portées en appel. — *Cons. d'état*, 20 août 1840, Dufour c. Préfet du Pas-de-Calais; même jour, Douvers.

99. — En effet, il ne s'agit que de donner suite à une action déjà commencée; or, n'est-il pas naturel d'en maintenir la poursuite à celui qui est déjà au courant de l'affaire, et qui s'y trouve nécessairement partie, puisque c'est à lui, comme ayant figuré en première instance, que doit être notifié l'acte d'appel ? — Serrigny, t. 1er, no 186; Dufour, t. 2, no 793.

100. — Mais, de même qu'en première instance, le droit du préfet ne peut s'exercer que devant les tribunaux de son département, de même il ne saurait être admis à élever le conflit devant une cour royale, dans le ressort de laquelle ne se trouverait pas le département qu'il administre. — *Lyon*, 9 déc. 1840, Compagnie du canal de Roanne à Digoin c. Desfourniers.

101. — Jugé que, lorsque l'administrateur d'un hôpital a été condamné par corps à payer des lettres de change par jugement dont il y a eu appel, et que, sur l'exécution poursuivie par celui qui a obtenu ce jugement, il y a instance sur la nullité de ces poursuites devant le tribunal d'un autre département, le préfet de ce département est non recevable à élever le conflit. — *Paris*, 26 pluv. an XI, Martinel c. le préfet de la Seine.

102. — Quant au point de savoir si l'arrêté de conflit pris par un préfet incompétent peut néanmoins arrêter l'action des tribunaux, ou si, au contraire, ceux-ci peuvent passer outre au jugement, en ne tenant pas compte de l'arrêté, V. *infrà* nos 448 et suiv.

Sect. 3e. — *Conditions nécessaires pour pouvoir élever le conflit.*

103. — Légitime en principe et établi dans le but de maintenir la séparation, nécessaire à l'ordre public, des divers pouvoirs, le conflit deviendrait une cause de désordre s'il pouvait être le résultat du caprice et de l'arbitraire.

104. — Ce n'est donc qu'avec réserve, et lorsque la nécessité se fait sentir impérieusement de prévenir un empiétement manifeste de l'autorité judiciaire sur les attributions de l'autorité administrative, que le conflit doit être élevé.

105. — Ainsi, lorsqu'un conseil de préfecture s'est déclaré incompétent pour statuer sur une contestation, et que, par suite, les tribunaux ont été saisis, le préfet ne peut élever le conflit. — *Cons. d'état*, 22 avr. 1831, préfet de l'Aveyron c. Domergues.

106. — Mais dans quelles circonstances cet empiétement de l'autorité judiciaire devrait-il être considéré comme imminent ? Dans quelles limites et sous quelles conditions l'autorité administrative peut-elle revendiquer la connaissance d'une affaire en élevant le conflit ? — C'est là ce qu'il importe d'examiner.

107. — Or, sur ce point, la loi du 13 brum. an X n'est entrée dans aucun détail, et, depuis, l'ord. du 1er juin 1828, procédant par voie d'exclusion, a bien indiqué quelques uns des cas où le conflit ne peut être élevé, mais n'a cependant posé aucune règle générale.

108. — La jurisprudence et la doctrine sont donc les seuls guides à suivre pour déterminer les conditions de validité des conflits. — Ces conditions peuvent se résumer ainsi : 1o nature de l'affaire; — 2o existence d'une contestation judiciaire; — 3o possibilité d'observer les formalités prescrites par la loi.

§ 1er. — *Nature de l'affaire.*

109. — Les affaires de la compétence administrative peuvent seules donner lieu à un conflit.

110. — Jugé, en conséquence, que les préfets ne doivent élever le conflit sur une question portée devant les tribunaux qu'autant que la connaissance de cette question est attribuée par la loi à l'autorité administrative. — *Cons. d'état*, 18 mars 1818, Cazenaud; 11 août 1819, préfet de l'Oise; 29 déc. 1819, comm. de Saledan; 1er nov. 1820, Jobert; 1er juin 1840, Fulchiron c. comp. de la Ferronnière.

111. — Tout arrêté de conflit élevé sur une matière dont la connaissance n'est pas réservée à l'autorité administrative doit être annulé. — C'est, au surplus, ce qu'a décidé le conseil d'état par de nombreuses ordonnances et dans les circonstances les plus diverses. — V. notamment *Cons. d'état*, 16 sept. 1806, Palégry; 18 sept. 1809, héritiers Rochetti c. chap. de Saluces; 11 janv. 1808, Lambaerts; même jour, Saulnier c. Gauthier; 15 janv. 1809, Pelletier c. maire de Vimpelles; 28 mai 1809, Pecquet c. Beiller; 17 juin 1809, Guesdon c. Euguin; 23 janv. 1813, Dupuichaud c. Theurier; 23 oct. 1816, trésor c. comm. de Larochefoucauld; 16 janv. 1822, Bonnerue; même jour, Roger; 6 nov. 1822, Robert c. Laliment; 11 janv. 1826, Villenave c. comm. d'Aureilhan; 8 avr. 1826, Jouin c. Chol; 30 août 1843, Charrau; 30 mars 1844, Richarme c. dép. de la Loire; 26 juill. 1844, Barsalin; 30 mai 1845, Champestève c. comm. de Saint-Léger.

112. — ...Et cela, alors même que le conflit serait motivé sur ce que la décision à intervenir pourrait être de nature à porter préjudice aux droits et opérations de l'administration. — *Cons. d'état*, 22 août 1844, Bourdon c. Batton; — Carré, *Tr. des lois de l'organ. et de la compét. judic.*, t. 5, no 350, p. 175.

113. — Spécialement, lorsqu'un propriétaire assigne une commune pour se faire reconnaître propriétaire d'un terrain entre sa maison et un ruisseau sur la voie publique, le conflit ne peut être élevé sous prétexte qu'une question d'alignement divise les parties. — *Cons. d'état*, 21 août 1816, comm. d'Aprey c. Husson.

114. — Quand, sur une contestation relative à la propriété de terrains attenant aux rivages de la mer, engagée entre un particulier et l'État, le particulier invoque des actes d'acquisition ou d'autres actes de propriété privée dont l'appréciation et l'application rentrent dans les attributions de l'autorité judiciaire, le préfet ne peut élever le conflit, sous le prétexte qu'il y a lieu de faire fixer préjudiciellement, par l'autorité administrative, les limites du rivage de la mer. — *Cons. d'état*, 30 mai 1845, Bouyron c. l'état.

115. — Lorsqu'une décision judiciaire n'excède point, dans le dispositif, la compétence du tribunal qui l'a rendue, les motifs, quels qu'ils soient, ne suffisent point pour autoriser le préfet à élever le conflit. — *Cons. d'état*, 1er déc. 1819, habitans du hameau de la Poquinisie; 18 janv. 1826, Millot.

116. — De même encore, doit être annulé comme sans objet le conflit élevé sous l'empire d'une législation qui saisissait l'autorité administrative, lorsque depuis il est intervenu une loi nouvelle qui attribue les questions de même nature à l'autorité judiciaire. — *Cons. d'état*, 30 juill. 1828, Boulot; même jour, Duchange, Dubost et Guigoud; 27 août 1828, Tiret.

117. — Il en est encore ainsi quand, par suite d'une loi rendue depuis l'arrêté, l'État, dans l'intérêt duquel avait été pris cet arrêté, se trouve désintéressé; dans ce cas, l'autorité administrative est sans qualité pour connaître de la contestation. — *Cons. d'état*, 1er mai 1816, Thévenot c. domaines; 20 juin 1816, Richelieu c. Rémond; 25 juin 1817, Duveyrier c. Mallet; 16 juill. 1817, Colleville c. Bougy.

118. — Si, dans le cours d'une affaire dont la connaissance appartient à l'autorité administrative, il s'élevait quelque difficulté accessoire de la compétence du pouvoir judiciaire, mais dont la solution ne fût de nature à préjuger en rien la question du fond, le conflit ne serait pas valablement élevé devant les tribunaux ordinaires qui en auraient été saisis.

119. — Ainsi jugé, à l'occasion de la succession d'un étranger appréhendée par l'état, pour cause de déshérence, et réclamée en vertu de traités par l'ambassadeur du pays du défunt, que, bien que l'appréciation de cette réclamation ne fût pas de la compétence du pouvoir judiciaire, il n'en était pas de même des demandes qu'un tiers pouvait former contre cette succession. — *Cons. d'état*, 17 mai 1826, Braudno.

120. — ...Qu'en conséquence, n'est point entachée d'excès de pouvoir, et ne peut être attaquée par la voie du conflit, alors qu'aucune contestation n'existe encore sur le fond, l'ordonnance de référé qui, sur la demande et dans l'intérêt d'un créancier de la succession, n'a fait qu'ordonner la main-levée des scellés et l'inventaire des objets qui se trouvaient au domicile du défunt. — Même décision.

121. — ...Qu'il en est de même du jugement sur requête qui n'a ordonné que des mesures conservatoires tendant à mettre tous prétendans quelconques à la succession en mesure de faire valoir leurs droits. — Même décision.

122. — Il suffit, du reste, que la matière soit administrative; et quand même l'administration ne serait pas en cause, si le préfet estime que la connaissance d'une question portée devant la juridiction ordinaire est attribuée par une disposition législative à l'autorité administrative, il peut demander le renvoi de l'affaire devant l'autorité compétente. — Ord. 1er juin 1828, art. 6.

123. — Comme aussi on ne saurait distinguer entre les affaires contentieuses de l'administration et celles qui sont purement administratives. — Magnitot et Delamarre, *Dict. de droit publ. et admin.*, vo *Conflit*, sect. 2e, § 2.

124. — Ainsi, il y aurait lieu par le préfet d'élever le conflit si l'autorité judiciaire prétendait connaître des difficultés survenant sur l'exécution d'une ordonnance royale. — *Cons. d'état*, 30 juin 1824, Cambacérès c. préfet de la Seine; 17 nov. 1824, mêmes parties; 30 avr. 1828, Beaudenet; 6 sept. 1842, de Tauriac.

125. — Pareillement, si dans une cause soumise aux tribunaux il y a lieu préalablement d'interpréter un acte de l'administration, la juridiction ordinaire doit surseoir jusqu'à la décision de la question préjudicielle par l'autorité administrative, et le conflit peut être élevé si l'autorité judiciaire retient l'affaire. — *Cons. d'état*, 11 mai 1807, préfet du Gard c. Boutin; 8 août 1821, Chavagnac c. Monjaret; 28 août 1822, *Gazette de France*; 2 août 1838, de La Rochefoucauld c. comm. de Liancourt; 30 mars 1842, Marmier; 6 sept. 1842, de Tauriac; 31 juill. 1843, actionn. du moulin de Sainte-Livrade; 26 juill. 1844, Beaudenet; 8 août 1844, Reney c. Cany.

126. — Et, lors même que l'arrêté de conflit pris par un préfet qui revendiquait pour l'autorité administrative la connaissance d'une affaire dont la juridiction ordinaire est saisie aurait été annulé, cela ne ferait point obstacle à ce que ce fonctionnaire pût revendiquer ultérieurement la connaissance d'une question préjudicielle que la même affaire présentait. — *Cons. d'état*, 30 mars 1842, Blanchet c. Peyran.

127. — Le conflit pourrait encore être élevé si l'on portait devant les tribunaux une action qui tendrait à remettre en question ce qui a été décidé par l'autorité administrative. — *Cons. d'état*, 26 vent. an IX, enregist. c. Boyer Fonfrède; 9 août 1808, Monneron; 11 déc. 1808, comm. de Coussel; 5 janv. 1813, Questel c. Desfebres; 18 avr. 1821, Noue; même jour, Soubiron; 20 mars 1822, Mariette c. minist. des finances; 17 août 1825, Bergeras; 1er juin 1828, Mounot c. minist. des finances; 26 oct. 1828, héritiers de Bigu; 14 juill. 1830, Matignon; 17 fév. 1832, préfet du Bas-Rhin c. Augst.

128. — Spécialement, lorsque le conseil d'état, saisi d'une contestation, a retenu le fond de l'affaire et renvoyé les parties devant l'autorité judiciaire pour statuer sur une question préjudicielle, si l'une des parties reproduit sa demande entière devant les tribunaux, il y a lieu d'élever le conflit. — *Cons. d'état*, 26 oct. 1825, Romey c. d'Espagnac.

129. — Jugé encore que, si l'administration a prononcé sur l'objet d'une contestation, bien qu'elle ait été portée d'abord devant les tribunaux, l'autorité judiciaire ne peut juger contrairement à ce que cette administration a décidé; qu'ainsi, dans ce cas, il y aurait lieu à un conflit. — *Cass.*, 13 mars 1810, Marty c. Riolz. — V. aussi *Cons. d'état*, 19 juill. 1809, Bouffier c. comp. Cheibonnier; 17 juin 1818, Jousselin, et les notes sous ces ordonnances.

130. — « Quelquefois, dit M. Solon (*Rép. des juridict.*, vo *Conflit*, no 20), le droit et l'obligation d'élever un conflit peuvent dépendre d'un fait qu'il peut être préalablement nécessaire d'éclaircir et de faire décider. Le débat se porte alors sur la question préjudicielle, car jusque-là l'administration d'un côté, et de l'autre l'autorité judiciaire, peuvent avoir raison dans leurs prétentions mutuelles; par exemple, si un conflit a été élevé par un préfet dans l'intérêt d'un particulier (qu'il considère comme régisseur ou agent d'une administration), la décision d'un tel conflit se trouve subordonnée à la question de savoir s'il y a régie; mais, cette question ne pouvant être décidée par le conseil d'état, il y a nécessité de surseoir jusqu'à la décision de la haute administration active, sur la question non contentieuse d'entreprise ou de régie. » — *Cons. d'état*, 16 sept. 1817, Poyer c. Jubié.

131. — Jugé encore dans ce sens, et en matière de travaux publics, que si, dans une affaire soumise à la juridiction ordinaire, une question préjudicielle s'élève sur la légalité d'un arrêté du sous-préfet suspendant l'exécution des arrêtés du préfet approuvés par une décision ministérielle, c'est là une question préjudicielle, dont la solution n'appartient pas à l'autorité judiciaire, qui doit en conséquence surseoir, quant au fond du procès, jusqu'après la décision administrative, et qu'en cas contraire le conflit peut être élevé. — *Cons. d'état*, 9 mai 1827, Dupont de Boréson c. canaux de la Corrèze.

132. — ...Que lorsque, sur une action en revendication portée devant l'autorité judiciaire, le défendeur prétend que l'immeuble revendiqué fait partie d'une adjudication à lui consentie par le gouvernement, le tribunal saisi doit renvoyer les parties devant l'autorité administrative pour y faire interpréter l'acte d'adjudication. — *Cons. d'état*, 23 (et non 27) juin 1819, Fillèle Dacheux c. Guyon.

133. — Mais il faut bien remarquer que le renvoi devant l'autorité administrative ne doit avoir pour objet que la question préjudicielle, et que le tribunal doit retenir la connaissance du fond de l'affaire. — *Cons. d'état*, 18 nov. 1818, Frété. — V. au surplus COMPÉTENCE ADMINISTRATIVE.

134. — De ce principe incontestable que l'affaire doit être administrative, il suit que : 1o si une affaire est mixte, c'est-à-dire si elle présente des questions dont la solution appartient tout à la fois, quant aux unes, à l'autorité judiciaire, quant aux autres, à l'autorité administrative, et qu'il y ait divisibilité de ce qui est administratif, le conflit ne peut porter que sur ce qui est de la compétence administrative. — Cormenin, t. 1er, p. 449.

135. — Si donc, ne se bornant pas à revendiquer pour l'administration la décision d'une question préjudicielle de sa compétence, le préfet évoquait la connaissance de questions dont la solution appartînt à l'autorité judiciaire, il y aurait lieu d'annuler l'arrêté de conflit sur ce point. — *Cons. d'état*, 23 janv. 1813, Dupuichaud c. Theurier; 23 avr. 1818, Aubry c. Boissy; 6 déc. 1820, Reynaud c. Daniel; 17 août 1825, Bunel c. Lemarrois; 17 mai 1826, Schlubendorf; 8 juill. 1840, Guillon; 7 déc. 1844, Finot c. l'état; 5 juin 1845, Chapelier c. min. des finances.

136. — Jugé spécialement que, lorsque la solution d'un procès soumis à l'autorité judiciaire dépend d'une question préjudicielle, telle que la liquidation de la comptabilité d'un percepteur de commune, le préfet a le droit d'élever le conflit; mais que s'il revendique la connaissance du procès entier, tant du fond que de la question préjudicielle, son arrêté doit être annulé en ce qu'il revendique autre chose que la question préjudicielle. — *Cons. d'état*, 7 août 1816, Marty c. Delort.

137. — Comme aussi le conflit pourrait être valablement élevé si la décision rendue par les tribunaux laissait dans son entier la question administrative qui s'y trouvait mêlée. — *Cons. d'état*, 24 mars 1824, Mouton c. comm. de Rouffach.

138. — Jugé en ce sens que si, sur une demande ayant pour objet le paiement d'indemnités dues pour occupation de terrains destinés aux chemins vicinaux, les tribunaux, saisis de l'affaire par les parties, se bornent, après le déclinatoire proposé, à retenir la cause pour procéder à la composition du jury, cette décision ne peut donner lieu à un arrêté de conflit, attendu qu'il n'y a rien dans cette décision qui ait un caractère administratif, et qui puisse motiver le retrait de la cause des mains de l'autorité judiciaire. — *Cons. d'état*, 23 fév. 1839, préfet de la Corrèze c. Mespoulier.

139. — ...Que si, à l'occasion d'une réclamation dirigée contre l'état, et qui est de sa compétence, le tribunal, malgré l'opposition de l'administration des domaines, excipant d'une déchéance en prescription, dont l'examen appartient à l'autorité administrative, a statué sur le fond de l'affaire, en faisant réserve de la question de déchéance, le préfet ne peut valablement élever le conflit. — *Cons. d'état*, 23 juill. 1844, comm. de Riel-les-Eaux.

140. — Le conflit ne peut être élevé en matière criminelle. — Ord. 1er juin 1828, art. 1er.

141. — Par un abus de pouvoir déplorable, le gouvernement directorial, évoquant pardevant lui et par voie de conflit des jugemens de commissions militaires ou des ordonnances de directeurs du jury qui avaient renvoyé absous des prévenus d'émigration ou ordonné la mise en liberté de prévenus de désertion, annula ces jugemens et ordonnances, sous prétexte que la peine étant encourue de plein droit par l'effet de la loi, les tribunaux n'avaient plus qu'à constater la question d'identité, et renvoyer devant l'administration pour l'application de la loi. — Foucart, t. 3, no 335.

142. — Mais, rarement employés sous le consulat et l'empire, les conflits en matière criminelle étaient depuis long-temps tombés en désuétude, lorsque l'ordonnance du 1er juin 1828 vint en rendre le retour impossible.

143. — Il pourrait cependant arriver que, dans le cours d'un procès criminel, il surgît une question administrative : ce pourrait être même une question préjudicielle, dont la solution déciderait du sort de l'accusation; dans ce cas, on conçoit combien il serait désirable, surtout dans l'intérêt de l'accusé, que le conflit pût être élevé. Ce droit, qui existe pour l'autorité en matière correctionnelle (*infrà* no 149), doit-il être reconnu également en matière de grand criminel, alors qu'il s'agit de revendiquer non pas le jugement du crime, mais la connaissance de la question préjudicielle?

144. — Quelque désirable que soit un semblable pouvoir, les termes de l'ordonnance sont trop absolus pour qu'il soit permis de l'admettre. Trop préoccupés sans doute de l'abus qui avait été fait du conflit en matière criminelle, les rédacteurs de l'ordonnance ont posé le principe de l'art. 1er sans aucune exception. — Serrigny, t. 1er, no 168; Taillandier, p. 119; Cotelle, t. 1er, no 284.

145. — Toutefois, si le conflit ne peut être élevé, du moins faut-il admettre que les tribunaux devront d'eux-mêmes déclarer leur incompétence, et surseoir jusqu'après décision de l'administration. « L'ordonnance, dit M. Duvergier (*Coll. des lois*, t. 28, p. 144), s'en rapporte à la prudence et à l'impartialité des tribunaux; elle suppose avec raison que les magistrats reconnaîtront eux-mêmes leur incompétence sur telle ou telle question qui rentrerait dans les attributions administratives, et qui se présenterait dans le cours d'une instruction criminelle ou lors des débats. »

146. — « En conséquence, continue le même auteur, sur la demande de l'accusé ou du ministère public, ou même d'office, les cours royales ou les cours d'assises devront renvoyer à l'autorité administrative les questions de sa compétence qui pourraient se présenter dans un procès criminel : l'ordre des juridictions sera ainsi maintenu sans qu'il y ait conflit élevé. »

147. — Et l'arrêt de la cour qui aurait en pareil cas refusé de renvoyer devant qui de droit la décision de la question préjudicielle, serait annulé par la cour de Cassation. — *Cass.*, 15 juill. 1819, Fabry. — V. aussi *Cons. d'état*, 31 janv. 1817, et 12 mai 1819, même partie.

148. — De même qu'en matière criminelle, le conflit ne peut être élevé en matière correctionnelle. — Ord. 1er juin 1828, art. 2.

149. — Cette règle reçoit pourtant exception dans deux cas : 1o lorsque la répression du délit est attribuée par la loi à l'autorité administrative; 2o lorsque le jugement à rendre par le tribunal dépendra d'une question préjudicielle dont la connaissance appartient à l'autorité administrative, en vertu d'une disposition législative. — Ord. 1er juin 1828, art. 2.

150. — Il importe peu, en ce qui concerne la première exception, que l'attribution à l'administration des délits qui font l'objet de la poursuite, soit expresse ou implicite; dès que l'attribution est certaine, le conflit peut être élevé. — L'attribution est formelle, par exemple, pour les contraventions en matière de grande voirie ou de roulage (L. 29 flor. an X; décr. 23 juin 1806). Elle n'est qu'implicite en matière notamment d'anticipation ou de détérioration de chemins vicinaux. — V. CHEMINS VICINAUX, ROULAGE, VOIRIE.

151. — En tous cas, le conflit ne pourra être élevé que dans les limites desdites attributions; par conséquent, en matière de contraventions de grande voirie, l'autorité administrative ne saurait

évoquer l'affaire qu'en ce qui concerne l'application des peines pécuniaires, la juridiction ordinaire étant seule compétente pour prononcer des peines corporelles. — *Cons. d'état*, 23 avr. 1807, Pavaillon; 2 fév. 1808, habitants de Loochristy.

152. — Dans le deuxième cas, c'est-à-dire quand il surgit une question préjudicielle de la compétence administrative, le conflit ne peut être élevé que sur la question préjudicielle. — Ord. 1er juin 1828, art. 2.

153. — Cette disposition est applicable si, pour apprécier un délit d'usurpation sur un chemin vicinal, il y a lieu de déterminer la largeur et les limites de ce chemin. — *Cons. d'état*, 3 sept. 1808, Goulnot Dinex; 31 mars 1825, Bertrand; 16 mai 1827, Amyot; même jour, Minvielle, et les notes qui accompagnent ces ordonnances. — V. CHEMINS VICINAUX.

154. —... Ou si le prévenu, cité à raison d'un délit d'encombrement et d'anticipation d'une portion de la voie publique, excipe d'une question de possession, dont la connaissance appartient à l'autorité administrative. — *Cons. d'état*, 21 fév. 1834, Prévost-Dulas c. comm. de Moulidras. — V. CHEMINS VICINAUX.

155. — De même, lorsqu'un individu, prévenu d'avoir déraciné un arbre dans une forêt de l'état, prétend qu'il est propriétaire du terrain où était planté l'arbre, comme l'ayant acquis nationalement, le tribunal correctionnel ne peut statuer sur le délit avant que la juridiction n'ait connu de l'interprétation de l'acte de vente. — *Cons. d'état*, 11 janv. 1813, Piquet. — V. FORÊTS.

156. — Il y a encore lieu d'élever le conflit lorsque le jugement d'un délit porté devant le tribunal correctionnel dépend du point de savoir si un adjudicataire de travaux publics s'est conformé aux clauses de son cahier des charges, et s'il a pleinement exécuté les ordres de l'administration, ces questions préjudicielles ne pouvant être résolues que par le pouvoir administratif. — *Cons. d'état*, 28 avr. 1840, Sauphar c. préfet de Seine-et-Oise.

157. — L'art. 17 de l'ord. du 1er juin 1828 veut, du reste, qu'au cas où le conflit est élevé en matière correctionnelle, il soit procédé, conformément aux formalités indiquées par les art. 6, 7 et 8 de cette ordonnance. — V. *infrà* sect. 4e.

158. — Le conflit peut-il être élevé devant le tribunal de police? — Sur ce point l'ord. du 1er juin 1828 est muette.

159. — M. Serrigny (t. 1er, no 172) n'hésite pas à se prononcer pour la négative, et il en donne pour raison décisive le peu d'importance des décisions des tribunaux de police : « Notre puissante administration, dit-il, n'a pas besoin de l'arme des conflits pour se défendre contre les envahissemens des tribunaux de simple police, dont les jugemens en dernier ressort ne peuvent excéder cinq francs, amendes, restitutions et autres réparations civiles comprises. »

160. — Mais cette opinion paraît généralement repoussée : le silence de l'ordonnance ne semble pas suffisant pour faire repousser le conflit : l'ordonnance de 1828, dit-on, ne procède que par voie d'exclusion; or, comme le principe général est le droit d'élever le conflit, ce droit subsiste dans tous les cas où une disposition spéciale ne le supprime pas. — V. Foucart, t. 3, no 338; Laferrière, liv. 3, p. 634; Duvergier, t. 28, p. 180; Dufour, t. 2, p. 778.

161. — Toutes les fois donc qu'une question dont la solution est réservée à l'administration, est soumise aux tribunaux de police, et que ceux-ci semblent vouloir en retenir la connaissance, le conflit est valablement élevé. — V. notamment *Cons. d'état*, 4 mars 1819, préfet de Seine-et-Marne.

162. — Spécialement, lorsqu'un particulier traduit en police municipale, comme prévenu d'avoir déposé du fumier sur la voie publique, soutient qu'il est propriétaire du terrain sur lequel le dépôt a été fait, en vertu d'une acquisition nationale, il y aurait lieu d'élever le conflit, si l'autorité judiciaire retenait la connaissance de l'affaire. — *Cons. d'état*, 13 janv. 1813, Gaudriault c. la comm. de Bercy. — V. *suprà* nos 125 et suiv.

163. — La forme de procéder doit évidemment être la même qu'en matière correctionnelle; il y a en effet, ainsi que le fait observer M. Duvergier (t. 28, p. 180), analogie parfaite, même raison de décider, et surtout nécessité d'offrir des garanties semblables dans les deux cas.

164. — Ne doit pas non plus donner lieu au conflit, aux termes de l'art. 3, ord. 1er juin 1828, le défaut d'autorisation de la part du gouvernement lorsqu'il s'agit de poursuites dirigées contre ses agens.

165. — Ici, en effet, il ne s'agit point d'un droit de juridiction; on ne peut donc pas dire que les tribunaux soient appelés à connaître d'une affaire placée dans les attributions administratives. — Solon, *Rép. des juridictions*, vo *Conflit*, no 18.

166. — Le défaut d'autorisation constitue seulement une exception qui doit être proposée devant l'autorité judiciaire, et que celle-ci est tenue d'accueillir lorsqu'elle lui est présentée. — *Cons. d'état*, 12 avr. 1829, ville de Strasbourg.

167. — Telle était, au surplus, la jurisprudence établie par le conseil d'état dès l'origine. — *Cons. d'état*, 17 juill. 1808, comm. de Saint-Martin; 10 déc. 1817, Hurth c. Wagner; 6 nov. 1817, Crozo c. Augereaud.

168. — Il est vrai qu'une décision postérieure à celles que nous venons de citer avait confirmé l'arrêté de conflit pris contre un jugement qui s'était déclaré compétent pour connaître de poursuites dirigées contre un maire, avant que ses poursuites eussent été autorisées. — *Cons. d'etat*, 27 déc. 1820, Serres c. Augas.

169. — Mais cette ordonnance fut la seule rendue en ce sens, et, depuis, plusieurs autres consacrèrent de nouveau le principe qu'en pareille matière le conflit d'attributions ne pouvait être élevé. — *Cons. d'état*, 3 déc. 1823, Bry; 24 mars 1824, Paris c. Etienne; 12 janv. 1825, Matha; 26 déc. 1827, Jacquet c. Thirion.

170. — L'art. 3 de l'ordonnance de 1828 exclut encore le conflit fondé sur le défaut d'autorisation de la part du conseil de préfecture lorsqu'il s'agit de contestations judiciaires dans lesquelles les communes ou établissemens publics sont parties.

171. — L'absence de cette autorisation constitue bien une infraction à la loi qui peut vicier de nullité la procédure, mais elle n'affecte en rien la nature de la contestation; il y a donc lieu de se pourvoir par les voies ordinaires pour faire prononcer cette nullité, mais non d'élever un conflit.

172. — Sur ce point, comme sur le précédent, la jurisprudence du conseil d'état était déjà constante avant l'ordonnance.

173. — Il est vrai qu'il existe dans le recueil des décisions du conseil d'état un arrêté qui a annulé par voie de conflit des jugemens obtenus contre un hospice, attendu le défaut d'autorisation des administrateurs pour défendre à l'action intentée. — *Cons. d'état*, 9 vent. an X, hospice de Marseille c. Tornaton.

174. — Mais cette décision est la seule dans ce sens; et depuis, au contraire, dans de semblables circonstances, le conseil d'état avait toujours décidé que le défaut d'autorisation ne pouvait donner lieu à élever le conflit.

175. — Jugé spécialement que le défaut d'autorisation d'une commune qui plaidait devant l'autorité judiciaire ne devait pas faire élever le conflit, si d'ailleurs la question en litige n'appartenait pas à l'autorité administrative. — *Cons. d'état*, 29 déc. 1819, comm. de Soudan.

176. — Même solution dans des circonstances où il s'agissait d'établissemens publics ayant existence légale, quelle que soit leur nature.

177. — ... Ainsi, à l'égard des actions judiciaires intéressant les bureaux de bienfaisance. — *Cons. d'état*, 29 avr. 1809, bureau de bienf. d'Hézècle c. ses fermiers.

178. — ...Les fabriques. — *Cons. d'état*, 24 juin 1808, fabrique de Dirinsteim c. Koobes; 7 fév. 1809, fabrique de Lens-l'Etang.

179. — ...Les hospices. — *Cons. d'état*, 23 mai 1806, Féa c. hospice de Carignagnoles; 19 oct. 1808, Gaudericksen c. hospice de Dunkerque; 11 fév. 1820, Leroux c. hospice de Quimper.

180. — ...L'école des arts et métiers de Châlons. — *Cons. d'état*, 31 mars 1824, François c. École des arts et métiers de Châlons.

181. — Et depuis l'ordonnance de 1828 il a été jugé qu'on doit tenir pour prématuré le conflit élevé sur le premier jugement d'un tribunal qui a admis une commune et une fabrique d'église à plaider devant lui d'après une simple requête de la commune, et sur un second jugement qui, après un déclinatoire proposé par le préfet, a sursis à statuer jusqu'à ce que la commune et la fabrique aient été autorisées à ester en justice sur la demande de la première ou au moins sur le déclinatoire. — *Cons. d'état*, 4 juill. 1837, comm. de Carpentier c. fabrique de Saint-Siffrein.

182. — Le défaut d'accomplissement des formalités à remplir devant l'administration préalablement aux poursuites judiciaires ne peut pas davantage motiver un conflit. — Ord. 1er juin 1828, art. 3.

183. — L'ordonnance veut parler ici de l'obligation imposée par la loi du 28 oct. 1790, tit. 3, art. 15, aux particuliers qui ont une contestation avec l'état, de fournir à l'administration un mémoire préalable.

184. — Ainsi que le défaut d'autorisation (*suprà* no 164), le défaut d'observation de ces formalités peut vicier la procédure; mais il ne change en rien la nature de la contestation.

185. — A cet égard, l'ordonnance du 1er juin 1828 n'a fait que consacrer la jurisprudence. — *Cons. d'état*, 6 nov. 1813, Florent-Schwer c. Domaine; 20 nov. 1815, de la Roche-Aimond c. Delignat; 14 août 1822, Domaine c. Savary; 13 nov. 1822, Pillot c. l'état.

186. — Il avait même été jugé que, lorsqu'à l'occasion d'une saisie-exécution formée sur un contribuable pour le paiement d'une contribution, il s'élevait une demande en revendication, il était bien vrai que cette demande devait être soumise à l'autorité administrative, mais que cela ne faisait pas sortir l'affaire des attributions exclusives de l'autorité judiciaire; que dès-lors il ne s'agissait là que d'une simple formalité dont l'inobservation ne pouvait entraîner que l'annulation de la procédure, mais non motiver un conflit. — *Cons. d'état*, 1er nov. 1820, Jobert c. Guillemin.

187. — Les jugemens d'*actions possessoires* ne préjugeant ni la compétence ni le fond sur les matières qui peuvent soulever un conflit d'attribution, il n'y a pas lieu d'élever le conflit. — *Cons. d'état*, 24 mars 1806, Mauduit c. Patris; 9 sept. 1806, Gramme c. Quinard; 25 janv. 1807, Sergeant; 16 août 1808, Aurival c. Dumas; 8 oct. 1810, Schludenshaufen; 7 oct. 1812, de Buscher c. Desgranges; 19 déc. 1821, Picon; 17 avr. 1822, Orillard c. Choinet; 31 juill. 1822, Brunet de Calvarin c. Clary; 13 nov. 1822, Colomb; 18 fév. 1824, Graillat c. comm. de Saint-Vallier; 24 mars 1824, Mouton c. comm. de Rouffach; 26 juill. 1826, Desarais c. Breysse; 24 janv. 1827, Baillif c. Queien; 4 juin 1827, Vielville c. comm. de Liez; 28 août 1827, Bresson; 28 mars 1828, Guyot.

188. — Il est cependant un cas où le juge de paix devrait surseoir à prononcer sur l'action possessoire et où, par conséquent, le conflit pourrait être élevé; c'est celui où une décision administrative aurait reconnu légal le fait donnant lieu à l'action : c'est la conséquence du principe qui veut que chaque pouvoir respecte les actes émanés de l'autre. — *Cass.*, 19 août 1808, Monneron; 10 mars 1816, Marty. c. Riolet. — V. *suprà* no 127.

189. — Il dépasserait, en effet, les limites de sa compétence, si, ne se bornant pas à statuer sur la question possessoire qui lui est soumise, il ordonnait la destruction d'un ouvrage construit par l'autorité administrative. — *Cons. d'état*, 22 janv. 1824, Garcement de Fontaines c. comm. de Voisines; 18 fév. 1824, Gruillat c. comm. de Saint-Vallier.

190. — Les jugemens sur des questions de qualité ne peuvent pas davantage donner lieu au conflit. — Ainsi que les jugemens sur actions possessoires, ils ne statuent point sur la compétence; le conflit devrait donc être annulé comme prématurément élevé. — *Cons. d'état*, 8 nov. 1829, Espagne.

191. — Enfin le conflit ne peut être élevé en *matière électorale*. — La discussion de la loi sur la révision annuelle des listes électorales et du jury ne peut laisser aucun doute à cet égard. Pour prévenir toute équivoque sur ce point, M. Dupin avait proposé d'ajouter à l'art. 18 de la loi une disposition formelle qui interdît d'élever aucun conflit en matière électorale; mais le ministre de la marine répondit qu'insérer une pareille disposition dans la loi, ce serait reconnaître qu'on pouvait élever des conflits *et qu'on ne le pouvait pas*. Sur cette observation, l'amendement de M. Dupin fut rejeté. — *Monit.* 9 mai 1828; — Taillandier, *Comment. sur l'ord.* 1828, p. 127 et suiv. — V. encore *Cass.*, 8 oct. 1828, Durand c. Préfet d'Eure-et-Loir.

192. — Déjà, au surplus, et même avant la loi du 2 juill. 1828, la jurisprudence des tribunaux avait consacré par plusieurs arrêts qu'en matière d'élections le conflit élevé par le préfet sur l'appel dirigé contre un de ses arrêtés et porté devant la cour royale ne pouvait dessaisir par lui-même l'autorité judiciaire. — *Rouen*, 10 nov. 1827, N...; *Toulouse*, 15 nov. 1827, Laromiguières c. Préfet de Haute-Garonne; *Montpellier*, 16 nov. 1827, Pellet c. Préfet de l'Hérault.

193. — ... Qu'en conséquence, la cour ne devait se dessaisir qu'autant qu'il s'agissait au fond d'une question hors de la compétence de l'autorité judiciaire, comme, par exemple, s'il s'était élevé une difficulté sur les contributions, et que par suite elle devait, sans s'arrêter au conflit, examiner si la question rentrait ou non dans sa compétence. — Mêmes arrêts.

194. — Un seul arrêt a décidé, contrairement à cette jurisprudence, qu'en matière électorale, si le préfet élevait un conflit, la cour était tenue de surseoir à toute décision. — *Grenoble*, 29 janv. 1828, Bonnaud c. Préfet de l'Isère.

195. — C'est, du reste, en ce sens que paraissait s'être prononcée la jurisprudence du conseil d'état, par deux ordonnances qui précédèrent de peu de temps la loi de juillet 1828. — *Cons. d'état*, 16 mars 1828, Braccini; 25 avr. 1828, Préfet de l'Indre c. Muret de Bord. — V. au surplus ÉLECTIONS.

§ 2. — *Existence d'une contestation judiciaire.*

196. — Une condition essentielle de la déclaration de conflit est l'existence d'une contestation judiciaire: on comprend en effet que le danger d'un empiétement de l'autorité judiciaire sur le pouvoir administratif ne peut se faire sentir qu'autant que cette autorité est saisie d'une contestation dont la connaissance est réservée à l'administration.

197. — Il faut donc avant tout que le débat porte sur la question du fond; et en conséquence, s'il ne s'agissait dans une instance que de mesures conservatoires, prises dans un intérêt général, aucun procès n'existant sur la question principale, le conflit ne pourrait être élevé. — *Cons. d'état*, 17 mai 1826, Brandao.

198. — Bien plus, le seul fait que l'autorité judiciaire est saisie d'une contestation dont la connaissance est réservée à l'administration ne suffirait pas pour justifier l'arrêté de conflit; il est nécessaire qu'il y ait résistance de la part des tribunaux, qui, retenant l'affaire, violent ainsi le principe de l'indépendance des deux pouvoirs. — *Cons. d'état*, 12 sept. 1820, préfet de l'Eure; 20 janv. 1835, Montgommery; 3 fév. 1835, Jantes; 23 oct. 1835, Nicol. — V. au surplus *infrà* no 307.

199. — D'où il suit que, lorsqu'un tribunal saisi d'une contestation sur l'exécution d'une décision ministérielle, se borne, dans le dispositif de son jugement, à se déclarer incompétent sur le fond et à refuser l'*exequatur*, ce jugement ne faisant pas obstacle à ce que l'administration poursuive l'exécution de la décision administrative, il n'y a pas lieu d'élever le conflit. — *Cons. d'état*, 22 fév. 1821, Admin. de la marine c. Sanson.

200. — A plus forte raison, le préfet ne devrait-il point élever le conflit, si l'autorité judiciaire, en se déclarant incompétente, a respecté ces principes et prononcé le renvoi à l'autorité administrative. — *Cons. d'état*, 13 janv. 1813, Gaudriault c. comm. de Borcq.

201. — C'est donc à bon droit que le préfet refuserait d'élever le conflit contre le renvoi prononcé par l'autorité judiciaire, et le pourvoi dirigé contre son refus devrait être rejeté. — *Cons. d'état*, 16 juill. 1817, Cézan.

202. — Il n'y aurait d'autre voie à suivre, pour les parties lésées par ledit renvoi, ou pour le ministère public, s'il pensait que le tribunal s'est dessaisi à tort, que de se pourvoir par les voies hiérarchiques ordinaires. — *Cons. d'état*, 18 juill. 1809, Bouiller c. Cherbonnier, et les notes sous cette ordonnance. — V., au surplus, *suprà* nos 597 et suiv.

203. — « Si cependant, dit M. Solon (*Rép. des juridict.*, vo *Conflit*, no 16), les parties intéressées avaient fait appel du jugement par lequel le tribunal s'est déclaré incompétent, les difficultés seraient en quelque sorte renouvelées; la nécessité du conflit pourrait renaître; et comme la cour royale pourrait apprécier la question de compétence autrement que ne l'a fait le tribunal de première instance, le préfet agirait prudemment en élevant le conflit. »

204. — Mais s'il y avait désistement par les parties de l'appel dirigé contre le jugement de première instance, la cause du conflit cessant d'exister, il n'y aurait plus lieu de statuer sur le conflit. — *Cons. d'état*, 22 fév. 1833, Laurent.

205. — Toutefois, et dans tous les cas, l'annulation d'un premier conflit comme prématuré ne ferait point obstacle à ce qu'en temps utile le préfet en élevât un nouveau. — *Cons. d'état*, 27 août 1826, comp. de Bray c. comm. de Donges. — V. *infrà* no 348.

206. — Ces principes sont hors de toute controverse; mais une question plus long-temps agitée a été celle de savoir jusqu'à quelle période de l'instance judiciaire le conflit pouvait être élevé.

207. — On a toujours été d'accord que le préfet pouvait exercer le droit de revendication de l'affaire dès le moment où l'instance est introduite, et tant qu'aucun jugement n'est intervenu. — *Cons. d'état*, 3 fév. 1819, Rambourg.

208. — D'où il suit que la clôture des débats n'entraîne aucune déchéance pour le préfet quant au droit d'élever le conflit, tant que le jugement n'a pas été rendu. — Foucart, t. 3, no 815.

209. — Mais que doit-on décider si le jugement a été prononcé? — S'appuyant sur ce principe que l'incompétence à raison de la matière est d'ordre public, l'administration avait prétendu dans l'origine que le droit d'élever le conflit ne pouvait être détruit par l'autorité de la chose jugée, et en conséquence on vit des arrêtés de conflit validés, bien qu'élevés après des jugemens et arrêts passés en force de chose jugée, et même n'étant plus susceptibles d'aucun recours. — *Cons. d'état*, 23 avr. 1807, Simon c. Grasset; 11 mai 1807, Préfet du Gard c. Boulin.

210. — L'autorité judiciaire elle-même sembla se ranger à cette doctrine en décidant que lorsqu'un arrêt avait été rendu sans qu'aucune des parties eût proposé d'exception d'incompétence, le conflit pouvait être élevé sur l'exécution de cet arrêt et donner lieu à la suspension des poursuites. — *Bruxelles*, 14 avr. 1810, Jacobs c. Depeauw.

211. — Et on alla jusqu'à décider que, lorsqu'un avis général du conseil d'état approuvé par l'empereur déclarait qu'une question n'était pas de la compétence administrative, et que cependant quatre arrêts successifs de la cour de Cassation avaient cassé les arrêts par lesquels les cours impériales avaient admis l'incompétence de l'autorité judiciaire, il y avait lieu, par l'empereur en conseil d'état, sur la requête des parties déjà jugées en cour de Cassation, de déclarer nuls et non avenus les quatre arrêts de cette cour, et de renvoyer les parties en état de pourvoi devant elle. — *Cons. d'état*, 11 juin 1808, Fieffataires du pays de Porentruy.

212. — « Ainsi, dit M. Foucart (*loc. cit.*, no 341), l'autorité de la chose jugée était foulée aux pieds; les parties qui avaient successivement parcouru toutes les phases d'une procédure longue et coûteuse pouvaient se voir enlever le bénéfice d'une décision longtemps après l'avoir obtenue. Rien n'était plus contraire à l'ordre et à la stabilité nécessaires au maintien de la société. »

213. — Cependant, et même dans les derniers temps du gouvernement impérial, le conseil d'état parut disposé à modifier sa jurisprudence, et décida que tout jugement ou arrêt définitif contre lequel aucun pourvoi en cassation n'était plus recevable, ne pouvait désormais être attaqué par la voie du conflit. — *Cons. d'état*, 15 janv. 1813, comm. de Rémoville c. Hocquart; 6 janv. 1814, Planard c. Enjabran; 21 fév. 1814, Cocquerel.

214. — Ainsi, il fut constant dès-lors que le droit pour l'autorité de revendiquer pour elle la connaissance de questions administratives ne pouvait l'autoriser à violer l'autorité de la chose jugée, et à ressusciter à l'aide d'un conflit des contestations irrévocablement terminées. — *Cons. d'état*, 1er juin 1815, Bazire c. comm. de Lormer; 23 déc. 1815, Modery c. Sountay.

215. — ... Et qu'on doit considérer comme nul et sans objet le conflit élevé dans les procès où il ne s'agit que de l'exécution de jugemens passés en force de chose jugée. — *Cons. d'état*, 16 janv. 1822, Sanventeau c. préfet de la Vendée; 12 mai 1824, Mosselmann c. Lemarrois; 26 mai 1824, Brunaud.

216. — ...Et cela quand même ces premiers jugemens auraient été, en réalité, incompétemment rendus.

217. — Mais ne fallait-il pas aller plus loin, et déclarer que le conflit ne pouvait être élevé non seulement contre des décisions judiciaires devenues inattaquables par la voie du recours en cassation, mais même contre tous jugemens en dernier ressort, ou arrêts définitifs, immédiatement après leur prononciation?

218. — Trois ordonnances du conseil d'état, rendues dans les premiers temps de la Restauration, consacrèrent, il est vrai, cette opinion. — *Cons. d'état*, 6 fév. 1815, Laborie c. Gibert; même jour, Donat c. Teissère; 28 sept. 1816, comm. de Libsdorff c. Bidermann.

219. — Toutefois cette solution, qui semblait devoir prévaloir, ne tarda pas à être complétement abandonnée; et la jurisprudence du conseil d'état devint constante sur ce point, que le conflit était recevable même contre les décisions judiciaires en dernier ressort, tant qu'elles étaient susceptibles de recours en cassation. — *Cons. d'état*, 2 juill. 1818, Beryer c. Hermann; 23 juin 1819, Fabre; 4 août 1819, Richaude c. Martel; 20 juin 1821, Loustalet c. Cazalu; 20 fév. 1822, Gros-Renaud c. comm. de Cathernaud; 4 sept. 1822, Palucérini c. le trésor; 2 août 1823, Flamant-Grétry c. bourguemestres de Liége; 14 janv. 1824, Dubreuil; 30 juin 1824, Sainte-Marie; 28 juill. 1824, Coudert.

220. — La cour de Cassation elle-même consacra ce système, en déclarant qu'elle ne pouvait statuer sur le pourvoi formé contre un arrêt annulé par une ordonnance royale sur conflit élevé depuis le pourvoi. — *Cass.*, 13 mars 1822, princesse de Wagramm c. Casin-Donninckhaut; même jour, Ratisbonne c. Thomas.

221. — ...Qu'il y avait lieu néanmoins à la restitution de l'amende consignée sur le pourvoi, attendu qu'il était régulièrement formé et que l'arrêt avait été déclaré non avenu par l'ordonnance royale. — Mêmes arrêts.

222. — Cette jurisprudence souleva de vives attaques; on objectait, et avec raison, que le pourvoi en cassation ne formant pas un troisième degré de juridiction, accorder à l'autorité le droit d'élever un conflit après un jugement ou arrêt en dernier ressort, c'était méconnaître le principe de l'autorité de la chose jugée.

223. — Aussi, l'ordonnance du 1er juin 1828, s'écartant de la jurisprudence qui jusque-là avait prévalu, défend-elle par son art. 6 de jamais élever de conflit après des jugemens rendus en dernier ressort ou acquiescés, ni après des arrêts définitifs.

224. — Le même article n'excepte que le cas où l'autorité judiciaire, malgré le déclinatoire présenté par le préfet, aurait passé outre aux débats. — V. aussi même ord., art. 8; — *Cons. d'état*, 5 déc. 1834, Cotte; 15 juill. 1835, Rossini; 23 oct. 1835, Nicol; — Dufour, t. 2, no 806; Foucart, t. 3, no 341.

225. — A part cette exception, c'est un point aujourd'hui hors de toute controverse, qu'aucun conflit ne peut plus être élevé après un jugement ou arrêt rendu en dernier ressort ou passé en force de chose jugée. — *Cons. d'état*, 18 avril 1829, Rives; 9 mars 1831, préfet de la Haute-Vienne; 3 juin 1831, préfet de la Haute-Saône; 12 août 1831, préfet du Cher; 14 nov. 1834, Lair c. Doin; 31 mars 1835, Legond c. comm. de Riez; 4 déc. 1835, de Rudder; 1er fév. 1844, Douche c. l'état; 28 fév. 1845, Luigi c. Morandini.

226. — Et il a même été décidé que lorsqu'un arrêt de cour royale, méconnaissant l'autorité de l'ordonnance confirmative d'un arrêté de conflit, renvoie les parties devant le tribunal de première instance dont le jugement a été annulé, si cet arrêt n'a pas été frappé d'un arrêté de conflit, et qu'il ne soit l'objet que d'un pourvoi en cassation, dont l'effet n'est pas suspensif, le préfet ne peut élever le conflit devant le tribunal auquel l'affaire est renvoyée; il n'est plus temps dans ce cas de contester la compétence judiciaire. — *Cons. d'état*, 2 juill. 1836, Pierre.

227. — La prohibition de l'ordonnance ne s'applique, bien entendu, qu'aux jugemens qui ont acquis l'autorité de la chose jugée, c'est-à-dire qui ne sont pas susceptibles d'être réformés par la voie de l'appel.

228. — Jugé, en conséquence, qu'un préfet qui estime qu'une contestation portée devant les tribunaux ordinaires rentre dans les attributions de l'administration, peut élever le conflit pour la première fois en cause d'appel. — *Rennes*, 2 déc. 1835, préfet de la Loire-Inférieure c. comm. de Crosac.

229. — ... Et que, lorsque le conflit a été irrégulièrement élevé en première instance, il peut l'être de nouveau en appel. — *Cons. d'état*, 20 fév. 1840, Roquelaine c. préfet de l'Aude. — V. au surplus *infrà* no 372.

230. — L'intention des rédacteurs de l'ordonnance du 1er juin 1828 a été de bien préciser le moment auquel le conflit ne serait plus recevable: toutefois, certains points n'ayant pas été expressément déterminés, c'est à la jurisprudence et à la doctrine qu'il appartient de déduire les conséquences de la règle posée par l'ordonnance.

231. — Ainsi d'abord, sous le titre de jugemens et arrêts, il ne faut évidemment pas comprendre toutes les décisions, quelles qu'elles soient, rendues à l'occasion de l'affaire, mais seulement celles qui portent sur le fond de la contestation.

232. — Jugé en conséquence que, bien qu'un tribunal ait ordonné un avant faire droit, la contestation restant toujours entière, le conflit peut encore être élevé. — *Cons. d'état*, 22 mai 1840, Borey c. comm. de Rhétouse; — Serrigny, t. 1er, no 174.

233. — ... Que l'expression *arrêts définitifs* ne s'applique pas à ceux qui, quoique définitifs, comme les arrêts d'instruction, laissent encore quelques parties des objets litigieux soumises au jugement d'une cour. — *Rennes*, 20 fév. 1830, Villemain et Breillot c. Préfet du Morbihan.

234 — ... Qu'un jugement qui condamne, à raison d'un préjudice causé, à payer des dommages-intérêts à estimer par experts, laisse encore entier le droit d'élever le conflit. — *Cons. d'état*, 29 avr. 1840, Lombard c. Sabatier.

235. — ... Et même qu'un jugement rendu entre un préfet exerçant les actions judiciaires de l'état et des particuliers ne fait pas obstacle à ce que ce même préfet puisse, comme représentant de la puissance publique, élever le conflit tant que le tribunal n'a pas statué définitivement sur le fond de la contestation. — *Cons. d'état*, 30 déc. 1842, Association des vidanges de Tarascon; 1er fév. 1844, Douche c. l'état.

236. — Mais, sans porter sur le fond même de l'affaire, un jugement pourrait avoir été rendu sur la compétence et être, quant à ce, définitif; or, en supposant, bien entendu, que l'on ne se trouve pas dans le cas exceptionnel de jugement rendu malgré le déclinatoire proposé (V. *suprà* no 224), quel sera le droit du préfet? peut-il encore élever le conflit?

237. — Avant l'ordonnance du 1er juin 1828, on décidait sans hésiter que, bien qu'un tribunal eût rendu un jugement définitif et contradictoire sur sa compétence, néanmoins, tant que le jugement sur le fond n'avait pas été rendu, le conflit pouvait être élevé utilement. — *Cons. d'état*, 7 août 1816, Jeannel c. Bonnerot; 1er sept. 1819, Dittes et Muller c. La Hermida.

238. — Doit-il en être de même aujourd'hui? — La raison de douter vient de ce que l'art. 4 de l'ordonnance du 1er juin 1828, en parlant d'arrêts définitifs, ne spécifie pas ceux qui concernent le fond du litige. Or, les jugemens rendus sur la compétence étant définitifs, on en conclut qu'à leur égard le conflit doit échouer.

239. — Et la cour de Rennes a décidé en ce sens que le conflit ne peut plus être élevé devant le tribunal après qu'il a été statué par un jugement qui, bien qu'interlocutoire quant au fond de la cause, est définitif relativement à la compétence. — *Rennes*, 2 déc. 1835, préfet de la Loire-Inférieure c. comm. de Crosac et Desmortiers.

240. — Cependant le conseil d'état, persévérant dans sa jurisprudence antérieure, décide encore aujourd'hui que, nonobstant le jugement sur la compétence, le conflit est toujours recevable tant qu'il n'a pas été statué au fond. — *Cons. d'état*, 4 fév. 1836, Delavie c. Préfet de la Moselle; 8 janv. 1840, comm. de Troternay c. préfet du Jura; 20 fév. 1840, Roquelaine c. Préfet de l'Aude; 16 avr. 1841, l'Espine c. compagnie d'Asda; 30 mars 1842, Mocquet c. Compagnie du canal de la Sambre à l'Oise; 9 juin 1842, Coulomb c. de Castellanne; 15 déc. 1842, Neuville c. l'état; 4 avr. 1845, Galy.

241. — ... Que le déclinatoire proposé en appel par l'une des parties, et rejeté par la cour royale, n'empêche pas le préfet qui veut élever le conflit de le proposer de nouveau, et que la cour ne peut le rejeter comme tardif. — *Cons. d'état*, 4 fév. 1836, Desmortiers.

242. — En effet, rien n'indique dans l'ordonnance que ses rédacteurs aient voulu réformer la jurisprudence jusque-là suivie; le texte de l'art. 4 semble, au contraire, n'exiger qu'une seule chose pour que le conflit puisse être encore élevé, l'existence d'une contestation judiciaire; or, dans l'espèce, il y a encore contestation judiciaire: donc le conflit peut être élevé. — Serrigny, t. 1er, no 179.

243. — Cette marche est donc légale; toutefois, on ne peut guère se dissimuler qu'il ne paraît pas parfaitement conforme au respect dû à la justice de lui demander de se déjuger dans une circonstance surtout où le préfet était déjà en cause dans le jugement de compétence comme représentant l'état. Il n'en serait pas de même s'il avait été étranger à l'instance, car alors son déclinatoire pourrait être assimilé à une tierce opposition ordinaire. Toutefois, il est à remarquer que la tierce opposition est admise même contre les jugemens définitifs, tandis que le conflit ne l'est pas, et que s'il en est ainsi quant aux jugemens *sur le fond*, on ne voit pas trop pourquoi il en serait différemment lorsque les jugemens définitifs n'ont été rendus que sur la compétence.

244. — En ce qui concerne les jugemens rendus en premier ressort, l'ordonnance sans doute permet d'élever le conflit devant la juridiction supérieure; mais à quelle conditions? le seul fait que le jugement est encore susceptible d'appel suffit-il pour que l'autorité administrative soit admise à revendiquer la connaissance de l'affaire, ou faut-il que l'appel ait été préalablement interjeté?

245. — Jugé dans le premier sens, et avant l'ordonnance de 1828, qu'un jugement, quoique qualifié en dernier ressort, étant susceptible d'appel pour cause d'incompétence, le conflit pouvait être élevé dans le délai de l'appel. — *Cons. d'état*, 7 déc. 1825, Pierron c. Chapuy.

246. — Mais aujourd'hui, on doit décider que l'appel doit avoir été préalablement interjeté; car, ainsi que nous l'avons déjà établi, le conflit n'est possible qu'autant qu'il y a contestation judiciaire. Si donc aucun appel n'est interjeté par les parties intéressées, quelque manifeste que soit l'excès de pouvoir des juges qui ont rendu le jugement, le préfet ne peut agir; c'est à l'administration à s'imputer sa négligence. — Serrigny, t. 1er, no 176; Duvergier, note sur l'art. 4 de l'ord. du 1er juin 1828; Dufour, t. 2, no 790.

247. — C'est ce qui résulte évidemment du § 2, art. 4, ord. 1er juin 1828, lequel est ainsi conçu: « Néanmoins le conflit pourra être élevé en cause d'appel, s'il ne l'a pas été en première instance, ou s'il l'a été irrégulièrement après les délais prescrits par l'art. 8 de l'ordonnance. » — V. *infrà* nos 359 et s.

248. — Jugé, par application de ces principes, que le préfet de la Seine n'a pas pu élever un conflit dans une cause terminée contre l'ancienne liste civile par un jugement dont aucune partie n'avait valablement appelé dans le délai légal. — *Cass.*, 7 août 1834, Schonen c. de Cotte. — V., dans le même sens, *Cons. d'état*, 8 avr. 1829, Rives.

249. — Lorsque, dans une instance, un seul jugement a été rendu par le tribunal, aucune difficulté ne peut s'élever sur le moment auquel le préfet doit, à peine de déchéance, élever le conflit; mais qu'arrive-t-il dans le cas où un jugement interlocutoire a été rendu sans que le préfet ait songé à revendiquer l'affaire?

250. — Le conseil d'état a décidé que l'on doit déclarer nul l'arrêté de conflit communiqué au tribunal après un jugement par lequel celui-ci se serait déclaré compétent, et dont appel aurait été interjeté; dans ce cas, le conflit ne peut être élevé que devant la cour. — *Cons. d'état*, 29 avr. 1840, Desbrosses c. préfet de la Rochelle.

251. — Jugé au contraire que, s'il n'a pas été interjeté appel distinct du jugement interlocutoire, comme cet appel peut toujours être formé en même temps que celui du jugement définitif, on ne peut réputer tardif le conflit élevé sur l'appel des deux jugemens. — *Cons. d'état*, 28 fév. 1828, Ducommun c. min. des finances.

252. — Toutefois, et dans l'espèce précitée, le conseil d'état qualifiait de jugement interlocutoire la décision par laquelle l'autorité judiciaire s'était déclarée compétente; or, cette qualification est contraire à la jurisprudence, qui voit dans la décision rendue sur la compétence, non un jugement interlocutoire, mais bien un jugement définitif. (V. JUGEMENT.) — Le motif qui paraît avoir décidé le conseil d'état manque donc de base.

253. — Quoi qu'il en soit, s'il s'agit du cas où, le jugement sur la compétence étant passé en force de chose jugée, l'appel n'a été interjeté que sur la question du fond, le droit qu'a le préfet d'élever le conflit ne peut être douteux, d'après ce que nous avons dit *suprà* no 203. — *Cons. d'état*, 20 fév. 1840, Roquelaine c. préfet de l'Aude; 30 mars 1842, Mocquet c. comp. du canal de l'Oise; — Serrigny, t. 1er, no 179.

254. — Il en est de même encore, et le conflit peut être élevé dans l'hypothèse au contraire où, dans une affaire dont le fond aurait pu être décidé en dernier ressort par le tribunal, l'appel n'a dû être interjeté que pour cause d'incompétence, conformément à l'art. 454, C. procéd. civ. « Ici, dit M. Serrigny, on sent (t. 1er, no 178) une raison assez forte de douter; c'est que l'appel ne porte que sur la compétence, et que le fond est jugé définitivement, si le moyen d'incompétence est rejeté en appel. Cela est vrai; mais cela suffit pour que la contestation ne soit pas terminée et pour que la partie condamnée ait le droit éventuel de faire annuler le jugement, et ainsi d'obtenir gain de cause, même au fond, si elle réussit dans son appel. D'ailleurs, les termes de l'art. 4 ne distinguent point et sont positifs. » — V. en ce sens *Cons. d'état*, 19 oct. 1838, Leclerc c. fabrique de Neuville; 4 mai 1843, Clément c. comm. de Gursy-le-Château; 7 déc. 1844, Jouan c. Laurent.

255. — Les mêmes questions qui s'agitent sur le droit d'élever le conflit en appel se présentent au cas où il s'agit de jugemens ou arrêts rendus par défaut et doivent recevoir la même solution; les raisons qui s'opposent à ce que le conflit puisse être élevé tant que l'appel n'a pas été interjeté par les parties intéressées, ne permettent pas que le conflit soit élevé tant qu'elles n'ont pas formé opposition. — Serrigny, t. 1er, no 177.

256. — Les parties, en effet, peuvent acquiescer, et l'effet de leur acquiescement, qu'il soit exprès ou tacite (l'ordonnance ne distingue point), suffit pour empêcher l'exercice du conflit.

257. — L'acquiescement produirait-il le même effet, s'il intervenait dans le cours de l'instance? Pour la négative, on peut dire que l'événement imprévu, qui termine ainsi l'instance, ne saurait préjudicier aux droits de l'administration; et qu'en conséquence, dans l'intérêt de l'ordre public, le conflit est toujours recevable, sauf à n'annuler le jugement que dans l'intérêt de la loi.

258. — Mais cette opinion a été, et avec raison, rejetée par le conseil d'état, par cette considération péremptoire que le désistement, régulièrement signifié et accepté, remettant les choses au même état qu'elles étaient avant la demande, il n'y a plus contestation judiciaire, et par conséquent plus possibilité d'élever le conflit. — *Cons. d'état*, 1er juin 1828, Tiers c. Brusme.

259. — Toutefois, l'acquiescement dont parle l'ord. du 1er juin 1828 ne doit s'entendre que de celui donné sur le fond du droit; ainsi l'acquiescement des parties à un jugement de compétence n'empêcherait-il pas le préfet de revendiquer pour l'administration la connaissance d'une contestation portée devant l'autorité judiciaire. — *Cons. d'état*, 5 mars 1841, Lecointre c. comm. de Flers.

260. — De même, la transaction, en mettant fin au procès, ne permet plus à l'autorité administrative d'élever le conflit.

261. — Il faut encore décider que si, sur le pourvoi en cassation, l'arrêt ou le jugement venait à être annulé, et l'affaire à être renvoyée, quant au fond, à une autre cour ou tribunal, le droit au conflit renaîtrait; la question du fond se trouvant remise en litige, il n'y aurait plus dans la mesure prise par le préfet aucune atteinte à des droits acquis. — Cormenin, *Dr. admin.*, t. 1er, p. 446, note 2e; Serrigny, no 175; Dufour, t. 2, no 805; Laferrière, liv. 8, p. 636.

262. — La même solution doit s'appliquer à la requête civile, et à la prise à partie, voies extraordinaires accordées dans certains cas et sous certaines conditions pour attaquer les jugemens et arrêts contre lesquels aucune voie de recours ordinaire n'est recevable.

263. — Ainsi que nous l'avons vu (*suprà* no 214 et s.), c'était déjà, avant l'ordonnance du 1er juin 1828, un point incontesté que le conflit ne pouvait être élevé lorsqu'il ne s'agissait que de l'exécution des jugemens passés en force de chose jugée; toutefois on admettait que si, postérieurement à un jugement de cette espèce, un nouveau jugement était rendu pour en régler le mode d'exécution, le conflit devait être élevé si le réglement de cette exécution ne pouvait être déterminé que par voie administrative. — *Cons. d'état*, 23 avr. 1823, Léotaud c. école de Montpellier.

264. — On doit décider de même aujourd'hui; il n'y a pas, en effet, ici dans la faculté laissée à l'autorité d'élever le conflit, violation du principe de la chose jugée, puisqu'aucune contestation ne s'élève sur le jugement principal, qui a réglé le fond de l'affaire. — Duvergier, note sur l'art. 4, ord. du 1er juin 1828.

265. — Qu'arriverait-il enfin si, non plus par un jugement ou arrêt distinct et postérieur, mais dans l'arrêt ou jugement définitif lui-même, l'autorité judiciaire avait manifestement, par un des dispositifs de sa décision, empiété sur le domaine de l'autorité judiciaire, notamment en intimant des ordres aux agens de l'administration?

266. — Avant l'ordonnance du 1er juin 1828, le conseil d'état, en pareille circonstance, a cru devoir, tout en maintenant les décisions judiciaires sur les autres points, valider les arrêtés de conflit en ce qui concernait les chefs constituant l'excès de pouvoir. — *Cons. d'état*, 27 déc. 1820, Hopp; 22 fév. 1826, Winter; 6 oct. 1827, Fradelisy; 14 nov. 1827, Péan.

267. — Mais aujourd'hui il ne saurait en être de même: le conseil d'état ne peut plus être saisi, et la seule voie qui reste ouverte à l'autorité pour réformer le jugement, c'est le pourvoi en cassation, mais dans l'intérêt de la loi seulement, et sans qu'il puisse en résulter aucun préjudice aux droits des parties. — Favard, *Rép.*, vo *Conflit*, no 3.

§ 3. — *Possibilité d'observer les formalités prescrites pour la validité des conflits.*

268. — Il ne suffit pas, pour autoriser le conflit, qu'une affaire rentre dans les attributions exclusives de l'autorité administrative, et qu'il existe une contestation devant le pouvoir judiciaire: il faut encore que l'observation des formalités prescrites par l'ordonnance du 1er juin 1828, pour la validité des conflits, soit possible.

269. — Or, les cas où les formalités ne peuvent être observées, et où conséquemment le conflit ne peut être élevé, sont encore assez nombreux.

270. — Ainsi, le conflit ne peut être élevé par ce motif: 1o devant les juges de paix. — *Cons. d'état*, 3 déc. 1828, Bruhat; 11 janv. 1829, comm. de Serbonne; 28 mai 1829, Ousq c. Dupuis; 12 août 1829, comm. de Serbonne; 12 janv. 1835, Petit-Gars; 17 août 1836, Taitot c. Rebillard; 5 sept. 1836, Lavaud c. comm. de Bergerac; 4 avr. 1837, de Dampmartin c. comp. des canaux de Beaucaire; 28 juin 1837, Foullon de Doué c. Guyot; — Cormenin, t. 1er, p. 446, note 3e; Bioche et Goujet, *Dict. de procéd.*, vo *Conflit*, no 5; Serrigny, t. 1er, no 171; Taillandier, *Comment. sur l'ord. de* 1828.

271. — Il n'y a possibilité d'élever ce conflit en matière de contestations rentrant dans les attributions des juges de paix, que lorsque le tribunal de première instance est saisi par appel des jugemens rendus par ces magistrats, parce que c'est

alors seulement que peuvent être remplies les formalités prescrites par l'ordonnance.—Mêmes décisions.

272. — Que s'il s'agit d'une matière dont le juge de paix puisse connaître en dernier ressort, le conflit ne pourra jamais être élevé. — L'affaire, au reste, est en pareil cas d'une importance si médiocre, que l'on conçoit le peu d'intérêt qu'il y aurait pour le gouvernement à en revendiquer la connaissance. — Cormenin, *loc. cit.*

373. — Toutefois, et si la sentence du juge de paix, rendue en dernier ressort, venait à être attaquée pour cause d'incompétence, le conflit pourrait être élevé (*suprà* nº 254).—*Cons. d'état*, 19 oct. 1838, Leclerc; 7 déc. 1844, Jouan c. Laurent.

274.—...2º Devant les tribunaux de commerce.—Ici encore le conflit ne pourrait être élevé qu'en cas d'appel et devant la cour royale.—*Cons. d'état*, 29 mars 1832, Desprès; 2 mai 1845, Carisey c. préfet du Haut-Rhin; — Cormenin, t. 1er, p. 417, note 1re.

275. — « Ce n'est pas seulement, dit M. Dufour (t. 2, nº 781), à cause de l'impossibilité de remplir les formalités prescrites par l'ordonnance que le conflit ne peut être élevé ni devant les juges de paix ni devant les tribunaux de commerce, mais c'est encore parce que les auteurs de l'ordonnance, comprenant que l'amovibilité donnait assez de garantie contre les empiétemens, n'ont pas voulu ajouter celle du conflit. »

276.—...3º Devant les jurys de révision de la garde nationale.—Outre le motif déjà suffisant que les formalités prescrites par l'ordonnance du 1er juin 1828 ne sauraient être appliquées, il faut surtout remarquer que les jurys de révision, substitués, en matière de garde nationale, par la loi du 22 mars 1831, avec des pouvoirs plus étendus, aux conseils de préfecture, sont en réalité des autorités administratives, et qu'en conséquence il ne saurait y avoir lieu d'élever un conflit contre leurs décisions, lesquelles ne sont susceptibles de recours que pour incompétence ou excès de pouvoir, devant le conseil d'état, sur le rapport d'un ministre. —*Cons. d'état*, 15 juill. 1832, Chopin; 20 juill. 1832, min. int.; 24 août 1832, min. int.; 15 oct. 1832, préf. de Seine-et-Oise; 16 nov. 1832, préf. de la Haute-Vienne; 15 juill. 1835, garde nat. de Saint-Martin; — Cormenin, vº *Garde nationale*, § 11; Foucart, t. 1er, p. 517; Serrigny, t. 1er, nº 1130; Solon, t. 2, p. 268, note 2e.

277.—...4º Enfin, lorsque la question de compétence se présente entre deux autorités administratives, notamment, entre un préfet et un conseil de préfecture. — *Cons. d'état*, 24 mars 1832, min. fin. c. Bouillet.

278. — Lors donc qu'un conseil de préfecture, saisi d'une contestation, se déclare incompétent, et renvoie devant l'autorité judiciaire, si le préfet pense que la matière est administrative, ce n'est point par voie de conflit qu'il doit provoquer l'annulation de l'arrêté du conseil de préfecture, mais par appel au conseil d'état par l'intermédiaire du ministre de l'intérieur.— *Cons. d'état*, 6 sept. 1820, Griport c. Pointe.

279.— Il ne s'agit plus en effet ici, et quelles que soient les autorités administratives en désaccord, d'un conflit d'*attribution*, les autorités saisies sont de même ordre; ce n'est plus là qu'un réglement de *juridiction* qui reste à faire. — V. CONSEIL D'ÉTAT.

Sect. 4e. —*Formalités pour élever le conflit.*

280. — Pour prévenir toute possibilité d'abus dans l'exercice du conflit, il ne suffisait pas de déterminer dans quel cas il peut être élevé; un point non moins important consistait à en régler les formes, la procédure.

281. — Long-temps on resta sans règle fixe à cet égard : on pensait qu'une simple demande en renvoi à l'autorité administrative suffisait pour suspendre l'action du pouvoir judiciaire, pourvu, bien entendu, qu'elle émanât de l'autorité compétente et qu'elle ne résultât pas simplement d'une exception d'incompétence soulevée par les parties. —*Cass.*, 25 oct. 1809, Mary c. Parent Decurby.

282. — Ainsi, l'on décidait que les conclusions par lesquelles un préfet, représentant l'administration des domaines, demandait le renvoi devant l'autorité administrative équivalaient à un arrêté de conflit. — *Cons. d'état*, 29 août 1809, Berrina c. Domaines.

283.—...Et que le préfet, au lieu d'élever le conflit, pouvait se borner à dénoncer au ministre le jugement incompétemment rendu, qui alors était annulé par le conseil d'état.—*Cons. d'état*, 25 janv. 1807, préfet de la Sarthe c. Chesnon.

284.— ... Ce jugement fût-il même en dernier ressort et rendu par un tribunal d'appel. —*Cons. d'état*, 6 janv. 1807, min. des fin. c. Barry.

285. — Plusieurs fois on vit la cour de Cassation elle-même surseoir, en l'absence de tout conflit, et malgré les efforts de son procureur-général, à statuer sur des pourvois jusqu'à ce que le gouvernement eût décidé qui du pouvoir judiciaire ou de l'autorité administrative devait connaître des matières sur lesquelles avaient été rendus les jugemens attaqués. —Merlin, *Rép.*, vº *Pouvoir judiciaire*, § 11, nº 16.

286.—On finit cependant par reconnaître qu'une simple demande en renvoi devant l'autorité administrative ne devait pas suffire pour dessaisir le juge, et l'avis du conseil d'état du 5 nov. 1811 consacra le pouvoir qu'a tout juge de prononcer sur sa compétence.

287. — Ce fut donc désormais un point constant que, s'il n'appartient qu'au gouvernement de prononcer sur les questions de compétence entre les deux pouvoirs, cette règle néanmoins n'est applicable qu'autant qu'il existe un conflit soit négatif, soit positif, et que, hors de ce cas, la juridiction saisie doit prononcer elle-même sur les exceptions qui lui sont soumises. — Henrion de Pansey, *De l'autorité judiciaire*, chap. 45, p. 676; Magnitot et Delamarre, vº *Conflit*.

288. — Aussi décida-t-on dès-lors d'une manière constante que le préfet ne pouvait revendiquer une contestation pendante devant la juridiction ordinaire et dessaisir cette juridiction que par un arrêté de conflit. — *Cons. d'état*, 22 fév. 1813, Théobald c. Duval; 15 mai 1813, Mayne c. comm. de Nizau; 18 avr. 1816, de Lonzière c. Montillet; 13 juin 1821, Camy c. Lafaye; 3 juill. 1822, Chalette; 13 juill. 1825, Bonnefon.

289.— D'où l'on concluait qu'en pareil cas c'est devant l'autorité supérieure judiciaire et non devant le conseil d'état que devait être attaqué un jugement que l'on prétendait entaché d'incompétence. — Mêmes décisions.

290.—...Et que le pourvoi au conseil d'état contre des arrêts ou jugemens rendus par l'autorité judiciaire n'était point admissible alors qu'aucun conflit n'était élevé, et qu'il ne s'agissait que d'une exception d'incompétence. — *Cons. d'état*, 6 nov. 1813, Brisac.

291. — Jugé encore que le conflit ne peut être élevé que sur la réclamation formelle de l'autorité administrative; qu'il ne peut, par exemple, résulter d'une simple lettre missive. — *Cons. d'état*, 14 juill. 1819, Avlérino c. Thiébaut.

292.— ...Que lorsqu'un arrêté de conflit élevé après un jugement de première instance qui porte sur trois chefs ne revendique qu'un seul chef, quelle que soit la généralité de l'ordonnance du conseil d'état, les deux chefs non revendiqués sont et restent dans les attributions de l'autorité judiciaire. — *Cons. d'état*, 4 juin 1816, Bonnier des Terrières c. Brabander.

293.—Cette nécessité d'un arrêté de conflit, rappelée depuis par les ordonnances des 18 avr. 1816 et 12 avr. 1821, était sans doute un progrès véritable; mais elle était loin encore d'être un obstacle suffisant aux empiétemens de l'autorité administrative.

294. —Aujourd'hui, l'arbitraire n'est plus possible, et en déterminant d'une manière précise les règles à suivre par les préfets, lorsqu'il s'agit d'élever un conflit, l'ordonnance du 1er juin 1828 consacre, par son art. 5, ce principe général : « A l'avenir, le conflit d'attribution ne pourra être élevé que dans les formes et de la manière déterminées par les articles suivans. »

295. — Il est vrai que l'article n'ajoute point *à peine de nullité*, mais cette disposition, bien que non formellement exprimée, ressort si évidemment de l'intention des rédacteurs de l'ordonnance de 1828, qu'elle n'est l'objet d'aucune controverse.

296. — Il est donc aujourd'hui et plus que jamais de principe absolu que, pour que l'autorité judiciaire soit tenue de se dessaisir d'une affaire, il ne suffit plus que des contestations s'élèvent sur le sens et l'étendue d'un acte administratif quelconque, mais il est indispensable qu'il y ait arrêté de conflit élevé suivant les formes prescrites. — *Cass.*, 8 juill. 1835, de Fitz-James c. Walter Boyd.

297. —Spécialement, un tribunal régulièrement saisi d'une contestation n'en est point dessaisi par une citation devant le conseil de préfecture, notifiée relativement au même objet par l'une des parties. Le tribunal, malgré cette instance administrative, et sauf le cas où un conflit serait élevé, n'en doit pas moins juger lui-même sa compétence. — *Cass.*, 22 juin 1836, Daniel c. Riverains du canal le Japon.

298.—« Toutefois, dit M. Serrigny (t. 1er, p. 180), il faut entendre cela raisonnablement : on conçoit que si l'administration ne remplit pas les conditions qui lui sont imposées, elle puisse être déchue de son droit; mais si ce sont les agens de l'autorité judiciaire qui négligent de se conformer aux obligations qui leur sont prescrites, cette négligence ne peut pas faire perdre à l'administration son droit de revendication : la faute des agens de l'ordre judiciaire ne peut profiter à ce pouvoir au détriment des droits de l'autorité administrative. »

299. — Deux formalités principales et distinctes sont imposées au préfet par l'ordonnance du 1er juin 1828 pour la régularité du conflit; il doit successivement : 1º proposer le déclinatoire; —2º prendre l'arrêté de conflit.

§ 1er. —*Déclinatoire.*

300. — Avant l'ordonnance du 1er juin 1828, la simple déclaration de conflit, même non motivée, suffisait pour qu'immédiatement la juridiction ordinaire fût obligée de surseoir au jugement de l'affaire. — Foucart, t. 3, nº 342.

301. — Il n'en est plus de même aujourd'hui; et le conflit ne peut être élevé sans que la juridiction ordinaire ait été mise en demeure de se prononcer elle-même sur sa compétence par un mémoire du préfet, auquel on donne le nom de *déclinatoire*.

302. — La nécessité et les formes du déclinatoire sont ainsi spécifiées par l'art. 6, ord. 1er juin 1828. « Le préfet adressera au procureur du roi un mémoire dans lequel sera rapportée la disposition législative qui attribue à l'administration la connaissance du litige. — Le procureur du roi fera connaître, dans tous les cas, au tribunal, la demande formée par le préfet, et requerra le renvoi si la revendication lui paraît fondée. »

303. — « Deux motifs, dit M. Solon (vº *Conflit*, t. 2, nº 28), ont rendu convenable cette première condition (le déclinatoire); le premier, c'est que jusqu'à la décision sur le déclinatoire, il n'est pas prouvé que l'autorité judiciaire veuille enlever à l'autorité administrative la connaissance de l'affaire portée devant elle; le second, parce qu'il est convenable et digne des relations qui existent entre les diverses juridictions, de demander justice d'une manière officieuse, avant de l'obtenir par voie d'autorité. » —V. encore Cormenin, *Dr. admin.*, t. 1er, p. 442, § 4; Chevalier, *Jurisp. admin.*, t. 1er, vº *Conflit*, sect. 2e, § 1er, p. 218.

304. — Et M. Foucart (t. 3, nº 342) ajoute, avec non moins de raison, que « les débats sur la question de compétence, qui précèdent nécessairement le conflit, offrent cet avantage que, si la revendication est fondée, le tribunal le reconnaîtra presque toujours, et se dessaisira lui-même; tandis que si elle ne l'est pas, la discussion à laquelle donnera lieu le mémoire du préfet, et les motifs sur lesquels le tribunal appuiera son jugement de rejet, pourront éclairer l'administration et la déterminer à abandonner ses prétentions. »

305.— C'est donc, à vrai dire, pour prévenir les conflits, que l'ordonnance de 1828 a prescrit comme formalité préliminaire la présentation du déclinatoire, formalité indispensable et que rien ne peut suppléer. — *Cons. d'état*, 9 mars 1831, préfet de la Haute-Vienne; 12 août 1832, préfet du Cher; 3 fév. 1835, Jantes; 31 mars 1835, Segond c. comm. de Riez; 20 avr. 1835, Nicol et Legué; 26 août 1835, Augiboust c. de Kermaleuc; 27 nov. 1835, préfet de l'Aude; 4 déc. 1835, de Ruddes; 18 nov. 1838, Thuau; 28 août 1844, Abadie-Mermon c. comm. de Marseillan; 4 avr. 1845, Galy. — V. encore *Rennes*, 14 avr. 1834, préfet des Côtes-du-Nord c. Bourdonnay et Kerveno.

306. — Toutefois, si l'arrêté de conflit était présenté sans déclinatoire préalable, l'autorité judiciaire n'en serait pas moins tenue de surseoir aux poursuites; il ne lui appartient pas, en effet, de juger de la régularité des formes des conflits. — *Cons. d'état*, 23 avr. 1840, Bruno-Josserant. —V. au surplus *infrà* nos 448.

307.—Pour que le conflit soit valablement élevé, non seulement il faut que le déclinatoire ait été proposé, mais encore que le tribunal ait statué sur sa compétence; c'est ce qui résulte des dispositions des art. 7 et 8, ord. 1828. — *Cons. d'état*, 29 nov. 1831, préfet de Seine-et-Marne; 8 nov. 1833, Espagne; 3 déc. 1831, préfet du Haut-Rhin; 23 oct. 1835, Nicol; 4 juill. 1837, comm. de Carpentras c. fabrique de Saint-Siffrein.

308.— D'où il suit que si le tribunal ayant rejeté le déclinatoire, le préfet, au lieu d'élever le conflit, avait préféré saisir la cour en réformation de ce jugement, il ne pourrait plus élever le conflit avant qu'il eût été statué sur son appel. — *Colmar*, 19 août 1844 (t. 1er 1845, p. 553), préfet du Haut-Rhin c. Gauthier; 10 fév. 1845 (t. 1er 1845, p. 553), Weiss; *Cons. d'état*, 27 août 1839, Guy c. préfet de Lot-et-Garonne.

309. — Du reste, c'est au dispositif et non aux

motifs du jugement qu'il faut s'attacher pour décider si le tribunal a statué sur un déclinatoire, et par suite si un arrêté de conflit a été pris prématurément ou non. — *Cons. d'état*, 30 mars 1842, Deplines.

310. — La nullité du conflit élevé sans déclinatoire est absolue, et ne saurait être couverte par un déclinatoire postérieur, dès que le tribunal a statué. — *Cons. d'état*, 16 août 1832, préfet de Lot-et-Garonne; 26 août 1835, Angiboust c. de Kermajeue.

311. — Toutefois, si le préfet avait envoyé en temps utile son déclinatoire, et que le tribunal, n'ayant pas eu connaissance du mémoire, eût prononcé sur sa compétence par un jugement interlocutoire, le préfet pourrait élever le conflit sans être tenu de présenter un nouveau déclinatoire. — *Cons. d'état*, 15 déc. 1842, Neuville c. l'état.

312. — De même encore, un conflit est valablement élevé, bien que la cour saisie de la contestation ait prononcé au fond sans statuer sur le déclinatoire par la faute du greffier, qui n'aurait pas communiqué à la cour le mémoire du préfet déposé au greffe. — *Cons. d'état*, 26 août 1835, Lebreton c. comm. de Pornic.

313. — Le déclinatoire ayant pour but de mettre en demeure l'autorité judiciaire, et de prévenir, s'il est possible, la nécessité d'un conflit, on s'est demandé s'il était toujours nécessaire qu'il émanât du préfet compétent, et s'il ne pouvait pas se présenter des cas où ce préfet fût dispensé de présenter lui-même ce déclinatoire.

314. — Et il a été, en effet, décidé que si un déclinatoire est proposé à un tribunal par le préfet d'un département étranger, ce tribunal n'en est pas moins, bien que cet acte émane d'un fonctionnaire incompétent, appelé à statuer sur sa compétence, en sorte que le préfet du département où siége ledit tribunal peut se dispenser de proposer lui-même un nouveau déclinatoire et élever de suite le conflit. — *Cons. d'état*, 15 août 1839, Ruis c. Laliberté.

315. — Mais que faudrait-il décider si l'exception d'incompétence avait déjà été soulevée devant les tribunaux, soit par le ministère public, soit par les parties intéressées dans l'instance, particuliers ou administrations publiques?

316. — Avant l'ord. de 1828, le conflit eût été valablement élevé, sans autre formalité; il ne saurait en être de même aujourd'hui. Rien ne peut en dispenser le préfet; le jugement rendu sur la question d'incompétence soulevée par toute autre personne doit lui rester étranger. — Carré, *Tr. de l'organ. et de la compét. judic.*, t. 5, p. 194; Foucart, t. 3, p. 1819; Dufour, t. 2, nº 715; Cormenin, p. 448; Serrigny, t. 1er, nº 182; Solon, t. 2, nº 29.

317. — C'est au surplus ce que le conseil d'état a consacré par une jurisprudence constante. — Ainsi, décidé que l'exception d'incompétence présentée par le ministère public et le jugement qui l'a rejetée ne suffisent pas pour dispenser le préfet d'élever le déclinatoire. — *Cons. d'état*, 3 mai 1839, Puisset c. Pouplin.

318. — Il en serait de même si l'exception avait été proposée dans le débat par le directeur d'une administration publique (*Cons. d'état*, 2 sept. 1829, préfet de l'Eure);... ou par un ministre (*Cons. d'état*, 11 août 1837, Tournois c. min. de la guerre; 4 avr. 1845, Galy);... ou par une commune. — *Cons. d'état*, 8 juin 1831, Préfet de la Moselle; 23 mai 1844, Lemaire c. ville de Paris.

319. — ...A plus forte raison s'il s'agissait de simples particuliers. — *Cons. d'état*, 12 août 1831, préfet du Cher; 2 juin 1837, Ailliaud c. Roustan; 14 janv. 1839, Mousset c. Miradon; 8 janv. 1840, comm. de Cartenay c. préfet du Jura; 4 avr. 1845, Galy.

320. — Mais si, le déclinatoire ayant été présenté par le préfet, le tribunal l'a d'abord admis, et que l'une des parties, qui a fait défaut, ayant ensuite formé opposition, le tribunal se soit, sur cette opposition, déclaré compétent, le préfet ne serait pas tenu de présenter un nouveau déclinatoire. — *Cons. d'état*, 6 mars 1835, Cante. — V. conf. Dufour, t. 2, nº 796; Foucart, t. 3, nº 1818.

321. — Si, le préfet figurant comme partie principale et représentant l'état dans une instance, la compétence du tribunal est encore déclinée, quelle est l'influence de cette exception quant au droit d'élever le conflit et aux formes du déclinatoire, qui en est le préliminaire indispensable?

322. — Si l'exception d'incompétence a été soulevée par la partie adverse, évidemment tant que le tribunal n'a pas décidé la question, le droit du préfet reste toujours entier, et il y a lieu d'appliquer la règle que nous avons posée (*suprà* nºs 315 et suiv.), à savoir que le préfet, s'il veut élever le conflit, est toujours tenu de présenter le déclinatoire. — *Cons. d'état*, 4 fév. 1836, Delavie c. Préfet de la Moselle; 8 janv. 1840, comm. de Cartenay c. préfet du Jura.

323. — Dans le cas contraire, c'est-à-dire si c'est le préfet qui a proposé l'exception comme partie au procès, le conseil d'état décide invariablement (*suprà* nºs 235 et suiv.) qu'il lui est toujours loisible d'élever le conflit tant que la contestation judiciaire n'est point terminée; mais dans cette hypothèse l'arrêté de conflit doit-il être précédé du déclinatoire?

324. — La question est controversée; à l'appui de la dispense d'un déclinatoire, on fait observer qu'il n'est guère possible de distinguer entre les deux caractères dont est revêtu le préfet, et que d'ailleurs cela résulte implicitement de l'art. 6, ord. 1er juin 1828, portant que le préfet pourra demander le renvoi, *alors même que l'administration ne serait pas en cause.* — Serrigny, t. 2, nº 183.

325. — Mais cette opinion est rejetée par le conseil d'état, qui a décidé que les conclusions motivées signifiées au nom du préfet dans une cause où il représente l'état, et ayant pour objet l'exception d'incompétence, ne peuvent suppléer au déclinatoire prescrit par la loi, et ne dispensent pas le préfet d'en proposer un nouveau avant d'élever le conflit. — *Cons. d'état*, 9 mai 1841, Bérard c. comm. de Joyeuse; 6 sept. 1842, Ferriot; 23 août 1843, Dufau de Feizens c. départ. du Lot; 3 sept. 1843, Rambaud.

326. — C'est en ce sens encore que, dans une affaire où le préfet, représentant l'état comme partie principale, avait décliné la compétence du tribunal, et plus tard élevé le conflit, sans avoir préalablement proposé un déclinatoire, la cour de Rennes a décidé que le conflit n'avait pas été légalement formé. — *Rennes*, 14 avr. 1834, préfet des Côtes-du-Nord c. Bourdonnay et Kerveno. — V conf. Dufour, t. 2, nº 795; Foucart, t. 3, nº 815.

327. — M. Foucart enseigne même (*loc. cit.*, nº 819) que, si le préfet avait proposé le déclinatoire par acte d'avoué à avoué, il ne serait pas dispensé de présenter le mémoire au procureur du roi, et de faire statuer de nouveau par le tribunal sur la même question; ce ne serait qu'à compter de la notification de ce nouveau jugement que courrait le délai de quinzaine pour élever le conflit.

328. — Le déclinatoire ayant pour objet de prévenir l'empiétement du pouvoir judiciaire, sans qu'il soit nécessaire de recourir au moyen extrême du conflit, il y a lieu de lui appliquer les règles que nous avons indiquées plus haut sur les cas où le conflit peut être élevé.

329. — Ainsi, il faut non seulement qu'il existe une contestation judiciaire, mais, de plus, qu'à l'époque où le déclinatoire a été proposé par le préfet, la question qui rentre dans les attributions de l'autorité administrative ait été soulevée dans l'instance. — *Cons. d'état*, 26 mars 1838, Barrau c. l'état.

330. — Le jugement rendu sur la compétence, dans une affaire où le préfet figurant comme partie principale, et représentant l'état, aurait en cette qualité décliné la juridiction, et aurait vu son exception rejetée, n'empêcherait pas ce fonctionnaire de proposer le déclinatoire, tant qu'un jugement au fond n'aurait pas été rendu par le tribunal. — V. *suprà* nºs 240 et suiv.

331. — Mais lorsque, dans une instance pendante entre l'état et un particulier, le préfet a proposé le déclinatoire et que le tribunal l'a rejeté, le préfet ne peut plus qu'élever le conflit, mais non proposer de nouveau le déclinatoire devant le même tribunal. — *Cons. d'état*, 5 juin 1838, Roquelaine.

332. — Nous avons vu que c'est au procureur du roi que le préfet adresse son mémoire, et que ce mémoire doit être motivé, c'est-à-dire contenir la disposition législative qui attribue à l'administration la connaissance du litige. — V. *suprà* nº 302.

333. — « La nécessité de motiver la demande en renvoi sur une disposition législative est, dit M. Foucart (t. 3, p. 342), un obstacle à ce que des conflits soient élevés inconsidérément ou comme moyen d'entraver la marche d'une affaire. Cependant, quand même cette énonciation n'aurait pas eu lieu, il serait du devoir du tribunal de se dessaisir de l'affaire, s'il reconnaissait d'ailleurs que la demande est bien fondée, puisqu'il devrait le faire d'office et indépendamment de toute réclamation. »

334. — Le déclinatoire transmis au procureur du roi, celui-ci doit dans tous les cas le faire connaître au tribunal, qui statuera sur ses conclusions; mais il importe de remarquer que ces conclusions ne doivent pas tendre nécessairement à la déclaration d'incompétence; le ministère public est libre d'apprécier le bien ou mal fondé de la réclamation de l'autorité administrative. C'est du reste ce qui résulte formellement des termes de l'ordonnance; il ne requiert le renvoi qu'autant que la revendication lui paraît fondée. — Ord. 1er juin 1828, art. 6.

335. — Dans quelles formes doivent être présentées ces conclusions? — MM. Magnitot et Delamarre (vº *Conflit*, § 5, p. 286, note) font observer avec raison que l'ordonnance ne dit point si les réquisitions doivent être présentées dans ce cas en audience publique, à l'appel de la cause, en présence des avoués, ou bien dans la chambre du conseil.

336. — « Il semble, continuent les mêmes auteurs, que par analogie du cas prévu en l'art. 13, ord. 1er juin 1828 (V. *infrà* nºs 486 et suiv.), le procureur du roi devrait avertir les parties ou leurs avoués de venir prendre communication à son parquet du mémoire que lui a adressé le préfet, ou bien que le procureur du roi devrait lire ce mémoire en audience publique, à l'appel de la cause, se réservant de donner ses conclusions à l'expiration du délai que le tribunal aura accordé aux parties pour contester la revendication. Toutefois, il faut reconnaître qu'aucune de ces formes de procéder, qui paraissent convenables, n'est rigoureusement obligatoire, à défaut d'une disposition formelle; ainsi le procureur du roi pourrait demander le renvoi à huis-clos, dans la chambre du conseil, hors de la présence des parties; et si la revendication était admise, le tribunal prononcerait comme ayant suppléé d'office le moyen d'incompétence. »

337. — Il est aussi à regretter que l'ordonnance n'ait pas été plus explicite quant au délai dans lequel les juges devraient statuer sur le déclinatoire, qui, par la nature même de l'office, eût dû être déterminé dans des limites restreintes, à moins de cas exceptionnels.

338. — Aussi a-t-il été jugé que l'on doit tenir pour prématuré l'arrêté de conflit élevé sur un jugement qui, dans une affaire concernant une commune et une fabrique paroissiale, aurait sursis à statuer jusqu'à ce que la commune et la fabrique eussent été autorisées à ester en justice. — *Cons. d'état*, 4 juill. 1837, comm. de Carpentras c. fabrique de Saint-Siffrein. — V. Dufour, t. 2, nº 798. — V. encore *suprà* nºs 170 et suiv.

339. — En règle générale, les déclinatoires élevés par les préfets doivent être, de la part des juges à qui ils sont soumis, l'objet d'une prompte délibération; la circulaire ministérielle du 5 juill. 1828 recommande à cet égard d'examiner les déclinatoires *comme affaires urgentes et requérant célérité.*

340. — Cependant, comme l'ordonnance est muette sur ce point, le préfet ne doit pas s'autoriser du retard qu'apporterait le tribunal à statuer sur le déclinatoire, pour élever le conflit. L'ordonnance semble laisser le soin de prononcer dans un délai raisonnable à la sagesse du tribunal et à la vigilance du procureur du roi. C'est une omission à réparer. — Cormenin, t. 1er, p. 444, note 1re; Serrigny, t. 1er, nº 184.

341. — Toutefois, de ce silence de l'ordonnance, il ne faudrait pas conclure que les juges pussent s'abstenir ou passer outre, sans tenir compte de l'exception d'incompétence soulevée par l'autorité administrative; agir ainsi serait, de leur part, un déni de justice.

342. — Et l'obligation qui pèse sur eux à cet égard est tellement absolue, qu'il a été jugé que, bien que la contestation soit indiquée à tort par le préfet comme pendante devant la cour, le tribunal n'en doit pas moins prononcer sur le déclinatoire. — *Cons. d'état*, 29 juin 1842, Desfourniers c. comp. du canal de Roanne à Digoin.

343. — Comme aussi le tribunal ne doit statuer que sur le déclinatoire, et éviter dans son jugement de rendre aucune décision sur le fond de l'affaire. — *Cons. d'état*, 23 oct. 1835, Nicol; 15 déc. 1842, Neuville c. l'État.

344. — Et si le jugement statuait tout à la fois et sur le déclinatoire et sur le fond, le préfet pourrait immédiatement élever le conflit, et sans avoir besoin de proposer un nouveau déclinatoire. — *Cons. d'état*, 23 oct. 1835, Nicol.

345. — De même encore, si une cour royale avait refusé de prononcer sur le déclinatoire proposé par le préfet, et ordonné sur-le-champ l'exécution de la sentence des premiers juges, le conflit pourrait être immédiatement élevé. — *Cons. d'état*, 15 juill. 1835, Rossini. — V. au surplus *infrà* nºs 360 et suiv.

346. — Le conflit annulé pour vice de forme ne fait point obstacle à ce que, dans la même affaire et avant le jugement définitif, il soit proposé un nouveau déclinatoire. — *Cons. d'état*, 23 oct. 1835, Nicol; 15 déc. 1842, Ménestrel; 9 janvier 1843, Audibert c. assoc. des vidanges de Tarascon.

347. — Il en serait de même si l'annulation du conflit avait eu lieu pour défaut de qualité. — *Cons. d'état*, 29 juin 1842, Desfourniers c. comp. du canal de Digoin à Roanne.

348. — Si le premier conflit avait été annulé comme prématuré, cas auquel le préfet peut en présenter un second, il faut distinguer si ce conflit avait été ou non précédé du déclinatoire. — Dans le second cas, le préfet doit commencer par proposer le déclinatoire; dans le premier, au contraire, et si, malgré le déclinatoire présenté, le tribunal a retenu la connaissance du litige, le conflit peut être élevé sans un nouveau déclinatoire.

349. — Et cette solution ne contredit nullement la règle que nous poserons plus tard, que le préfet ne peut élever un second conflit sous prétexte que le premier est irrégulier (V. *infrà* no 473), cette règle voulant dire seulement que ce prétexte ne peut autoriser un préfet à élever un second conflit avant qu'il ait été statué sur le premier par le conseil d'état.

350. — L'ordonnance se tait aussi sur le point de savoir quel peut être le droit des parties pendant les débats sur la compétence. Mais tous les auteurs s'accordent à reconnaître qu'elles peuvent toujours, en vertu du droit commun, intervenir et prendre sur le déclinatoire telles conclusions qu'elles jugent utiles, soit qu'elles se joignent à l'administration, soit qu'elles la combattent.

351. — Sans doute il eût été préférable que l'ordonnance eût exigé la notification du mémoire du préfet aux parties intéressées, qui auraient eu ainsi connaissance officielle de l'exception soulevée par l'autorité administrative, et des motifs sur lesquels elle se fonde. — Toutefois, elles peuvent en quelque sorte suppléer à ce défaut de notification en prenant communication du mémoire au greffe du tribunal. — Foucart, t. 3, no 345, note 2.

352. — L'ordonnance ne parle pas non plus des dépens de l'instance qui précède le jugement rendu sur le déclinatoire. — Or, de deux choses l'une : ou le déclinatoire présenté par le préfet a été admis, ou il a été rejeté.

353. — S'il a été admis, pas de difficulté : la partie demanderesse avait à tort saisi la juridiction ordinaire d'une affaire qui n'était pas de sa compétence; elle doit donc supporter les dépens.

354. — Si, au contraire, le déclinatoire a été rejeté, sans doute il en résulte, du moins tant que le jugement n'a pas été réformé par la voie de l'appel ou celle du conflit, que c'était à tort que l'administration avait décliné la compétence du tribunal; mais il n'en faudrait pas conclure que le préfet qui a agi en suivant les formes légales puisse être condamné aux dépens.

355. — Ainsi, jugé que les tribunaux ne peuvent condamner aux dépens un préfet qui comparaît devant eux, non comme partie, et comme exerçant les actions, soit du domaine public, soit de l'administration départementale, mais pour demander, comme magistrat et fonctionnaire de l'ordre administratif, agissant pour le maintien des juridictions, le renvoi pardevant l'autorité administrative d'une affaire à l'égard de laquelle il n'est pas en cause. — *Cass.*, 12 août 1835, admin. de la marine et de l'hospice de Brest.

356. — ...Que le jugement qui prononce une pareille condamnation aux dépens doit être annulé, comme contenant un excès de pouvoir dans le sens de l'art. 80, L. 27 vent. an VIII. — Même arrêt.

357. — ...Enfin, que l'annulation de ce jugement doit, de plein droit, anéantir la condamnation aux dépens prononcée contre le préfet. — Même arrêt.

358. — Si le tribunal a rejeté le déclinatoire, il est tenu, pendant la quinzaine qui suit l'envoi que le procureur du roi doit faire au préfet du jugement (V. *infrà* no 377), de surseoir à toute décision quant au fond de l'affaire, et s'il passait outre, le préfet pourrait valablement élever le conflit. — Ord. 1er juin 1828, art. 8. — V. *Cons. d'état*, 17 août 1836, Taitot c. Rebillard.

359. — Dans le cas, au contraire, où le tribunal a admis le déclinatoire et s'est déclaré incompétent, si aucune des parties n'interjette appel, nulle difficulté ne peut s'élever.

360. — Si, au contraire, l'une des parties a interjeté appel, le litige se trouve transporté devant la cour royale; la cour pourrait également se trouver saisie, alors même que le déclinatoire n'aurait pas été proposé par le préfet devant les premiers juges, soit par suite de l'appel du jugement qui a statué sur l'exception d'incompétence soulevée par une des parties, soit sur l'appel du jugement du fond rendu sans que la compétence ait été contestée.

361. — Dans tous les cas, et de quelque manière que la cour royale ait été saisie, nous avons vu que le conflit pouvait être élevé en instance d'appel; mais alors l'arrêté de conflit doit-il être précédé, comme en première instance, d'un déclinatoire? — A cet égard, il faut distinguer :

362. — Si, jusque-là, aucune réclamation n'a encore été élevée par le préfet, s'il n'a par conséquent pas présenté de déclinatoire aux premiers juges, il est indispensable de le proposer aux juges d'appel, avant d'élever le conflit. — *Cons. d'état*, 2 sept. 1829, préfet de l'Oise; 8 juin 1831, préfet de la Moselle; 16 août 1832, préfet de Lot-et-Garonne; 3 fév. 1835, Jantes; 27 nov. 1835, préfet de l'Aude; 17 août 1836, Taitot Rebillard; 20 fév. 1840, Roquelaine c. préfet de l'Aude; 23 avr. 1840, Brunot-Josserand; 23 août 1843, Dufour de Felzens c. préfet du Lot; 28 fév. 1845, Luigi c. Morandini; 2 mai 1845, Carisey c. préfet du Haut-Rhin.

363. — Il en serait de même si le déclinatoire avait été proposé à tort en première instance, par exemple, devant un tribunal de commerce. — *Cons. d'état*, 19 août 1832, préfet de la Seine c. Desprez.

364. — ...Ou si le déclinatoire présenté en première instance l'avait été tardivement. — *Cons. d'état*, 23 avr. 1840, Desbrosses c. préfet de la Rochelle.

365. — La même nécessité subsisterait encore sans contestation, si l'exception d'incompétence n'avait été soulevée en première instance que par une des parties, l'existence de ce déclinatoire, son admission ou son rejet étant, ainsi que nous l'avons vu (*suprà* nos 316 et s.), tout-à-fait indifférentes quant à l'exercice du droit de conflit. — *Cons. d'état*, 4 fév. 1836, Desmortiers.

366. — Mais lorsque le déclinatoire a été valablement proposé en première instance, il y a doute sur le point de savoir s'il doit être renouvelé en appel. — A cet égard la jurisprudence du conseil d'état n'a pas été toujours uniforme.

367. — L'affirmative a été d'abord et longtemps consacrée par de nombreuses ordonnances. — *Cons. d'état*, 8 avr. 1831, préfet de la Loire; 18 oct. 1833, Bénazet c. ville de Paris; 14 nov. 1834, Loire c. Domaine; 20 janv. 1835, Montgommery; 20 avr. 1835, Nicol; 16 déc. 1835, préfet de l'Aisne; 26 mai 1837, héritiers Germain. — Une seule décision avait statué en sens contraire. — *Cons. d'état*, 8 nov. 1833, comp. des trois ponts c. préfet de la Seine.

368. — Une ordonnance du 23 octobre 1835 avait même décidé que le délai de quinzaine prescrit par l'art. 8 de l'ord. du 1er juin 1828, ne devait courir que du jour de la signification de l'arrêt par lequel la cour aurait prononcé sur le déclinatoire, *qui doit lui être préalablement soumis*. — *Cons. d'état*, 23 octobre 1835, Nicol. — V. conf. Cormenin, vo *Conflit*, p. 444, note 2; Carré, *L. de la compét.*, t. 5, p. 495; Cotelle, t. 2, p. 542.

369. — Mais depuis, revenant sur une jurisprudence de plus de dix années, le conseil d'état a décidé que lorsqu'un jugement a admis le déclinatoire et qu'il y a appel de ce jugement, le préfet n'est pas obligé de renouveler le déclinatoire devant la cour royale avant d'élever le conflit. — *Cons. d'état*, 22 mai 1840, Bausset c. arrosans de Camp-Major; 6 sept. 1842, Ferriol; 31 déc. 1844, Maucest. — V. conf. Serrigny, t. 1er, no 287.

370. — Il est certain d'ailleurs que les règles prescrites en première instance sur la validité, les formes et les effets du déclinatoire sont également applicables en appel.

371. — Ainsi le déclinatoire peut être proposé par le préfet devant les tribunaux d'appel, tant qu'il n'est pas intervenu de jugement sur le fond du litige. — *Cons. d'état*, 23 avr. 1840, Lombard c. Sabatier.

372. — ...Et cela, alors même qu'un conflit aurait été élevé irrégulièrement en première instance. — *Cons. d'état*, 20 fév. 1840, Roquelaine c. préfet de l'Aude.

373. — De même qu'en première instance, le déclinatoire doit être présenté par le préfet sous la forme d'un mémoire, et par lui transmis au procureur général, qui le soumet à la cour. — *Cons. d'état*, 3 fév. 1835, Jantes; 23 août 1843, Dufau de Felzens c. Dép. du Lot.

374. — Et il ne suffirait pas non plus pour valider l'arrêté de conflit que le déclinatoire eût été présenté aux juges d'appel; si ces derniers n'ont point préalablement statué sur leur compétence. — *Cons. d'état*, 2 sept. 1829, préfet de l'Eure; 16 août 1832, préfet de Lot-et-Garonne; 20 janv. 1835, Montgommery; 3 fév. 1835, Jantes; 23 oct. 1835, Nicol; 27 novemb. 1835, préfet de l'Aude; 16 décemb. 1835, préfet de l'Aisne; 17 août 1836, Taitot-Rebillard; 27 août 1839, Guy c. préfet de Lot-et-Garonne.

375. — En conséquence il n'y a pas lieu d'élever le conflit devant un tribunal d'appel, qui, sur le déclinatoire présenté par le préfet, se borne à déclarer l'appel de la partie, quant à présent, non recevable. — *Cons. d'état*, 31 déc. 1844, Alvizet.

376. — De même, le préfet dont le déclinatoire a été rejeté par les premiers juges, et qui a interjeté appel de cette décision, ne peut élever le conflit avant le jugement de son appel. — *Colmar*, 19 août 1844 (t. 1er 1845, p. 553), préfet du Haut-Rhin c. Gauthier.

§ 2. — *Arrêté de conflit.*

377. — Après que le tribunal a statué sur le déclinatoire, le procureur du roi adresse au préfet, dans les cinq jours qui suivent le jugement, copie de ses conclusions ou réquisitions et du jugement rendu sur la compétence. La date de l'envoi est constatée sur un registre à ce destiné. — Ord. 1er juin 1828, art. 7.

378. — Cette communication n'était pas obligatoire avant l'ordonnance de 1828, et le conseil d'état avait même annulé, comme contenant un excès de pouvoirs, l'arrêté de conflit par lequel un préfet avait enjoint au procureur du roi de lui transmettre expédition du jugement rendu. — *Cons. d'état*, 26 déc. 1827, Lemoine.

379. — Ou le jugement a admis le déclinatoire, ou, au contraire, il l'a rejeté. — Voyons quelle est, dans chacune de ces deux hypothèses, la position de l'administration.

380. — Si le déclinatoire est admis, l'administration a sans doute obtenu gain de cause, et il n'y a pas lieu en principe d'élever le conflit : mais, ainsi que le font observer avec raison MM. Magnitot et Delamarre, la partie adverse de l'état, et même les deux parties, si l'état est simplement intervenant, peuvent avoir intérêt à interjeter appel; qui doit leur signifier le jugement pour faire courir les délais?

381. — Ce sera le préfet. — Il est vrai que le plus souvent il arrivera que cette signification sera inutile, parce que les parties ou, au moins l'une d'elles, ont intérêt à ce que leurs contestations soient jugées le plus tôt possible. Mais enfin dans le cas où l'administration serait la plus intéressée à une prompte décision, la signification du jugement devrait être faite aux deux parties par le préfet, par la raison que c'est à lui que l'acte d'appel devrait être signifié, d'après l'art. 8 de l'ordonnance.

382. — Du reste, le délai pour interjeter appel du déclinatoire, qu'il s'agisse de matières civiles ou de matières criminelles, est soumis aux règles ordinaires et de droit commun. — Circ. minist. 5 juill. 1828.

383. — En quelques circonstances qu'intervienne l'appel de la partie intéressée, qu'il ait lieu *proprio motu*, ou par suite de la signification du jugement, il est indispensable qu'il soit signifié *au préfet* pour faire courir contre lui le délai pour élever le conflit. — *Cass.*, 26 mars 1834, préfet du Finistère c. Legué. — La seule signification faite à la *partie intimée* ne suffirait pas. — Dufour, *Tr. de droit administ.*, t. 2, no 802.

384. — Ainsi jugé, notamment dans une espèce où un ministre étant partie au procès avait proposé l'exception d'incompétence. — *Cons. d'état*, 14 août 1837, Tournois c. minist. de la guerre.

385. — Or, aux termes de l'art. 8 de l'ordonnance, dans le cas où une partie interjette appel du jugement, le délai accordé au préfet pour élever le conflit est de quinzaine, à partir de la signification de l'acte d'appel.

386. — C'est ce qui a été au surplus jugé par la cour d'Angers, dans une espèce où, le déclinatoire du préfet ayant été admis par les premiers juges, l'adversaire avait interjeté appel du jugement. — *Angers*, 26 déc. 1832, préfet de la Sarthe c. Bruneau.

387. — Mais que décider au cas où le préfet n'aurait pas présenté de déclinatoire en première instance, cas non prévu par l'ordonnance, et qui pourtant peut fréquemment se présenter?

388. — Nous avons vu (*suprà* no 362) qu'en pareil cas, le préfet est obligé de proposer le déclinatoire devant les juges d'appel avant d'élever le conflit; or il est de toute évidence que l'accomplissement de cette formalité serait incompatible avec le simple délai de quinze jours, à partir de la signification de l'appel; d'où il faut conclure qu'il faut appliquer ici les mêmes règles qu'en première instance. — Dufour, no 804.

389. — C'est en ce sens que s'est prononcé le conseil d'état, en décidant que le préfet qui élève le conflit devant un tribunal de première instance sur l'appel d'une décision du juge de paix, n'est pas tenu d'élever ce conflit dans la quinzaine de l'appel. — *Cons. d'état*, 17 août 1836, Taitot-Rebillard. — V. aussi *Cons. d'état*, 28 août 1844, Ruix c. Magny.

390. — ...Qu'il doit en être de même s'il s'agit d'un appel d'un jugement du tribunal de commerce. — *Cons. d'état*, 2 mai 1845, Canisey c. préfet du Haut-Rhin.

391. — ...Et même, que lorsque après l'appel du jugement qui a accueilli le déclinatoire par lui proposé, le préfet reproduit en appel ce même déclinatoire qui y est rejeté, il peut élever le con-

flit dans la quinzaine de l'envoi de l'arrêt qui a rejeté le déclinatoire. — *Cons. d'état*, 5 sept. 1836, de Praslin. — La raison en est ici que le préfet, ayant proposé de nouveau le déclinatoire, ne pouvait plus désormais élever le conflit avant que les juges d'appel n'eussent statué sur leur compétence.

392. — En cas de rejet du déclinatoire, si l'administration, mieux éclairée par les considérans du jugement et les conclusions du ministère public (et c'est là déjà une preuve de la sagesse des rédacteurs de l'ordonnance lorsqu'ils ont exigé la double signification prescrite par l'art. 7), renonce à soulever plus long-temps une exception d'incompétence, qui ne lui paraît plus justifiée, aucune difficulté ne subsiste plus, l'affaire suit son cours ordinaire devant les tribunaux. Mais il en est autrement, si elle croit que les juges ont retenu à tort la connaissance du litige. Dans ce cas, deux voies lui sont ouvertes pour obtenir la réformation de la décision rendue; elle peut appeler elle-même du jugement ou recourir à l'arrêté de conflit.

393. — Nous n'avons pas besoin de revenir sur ce que nous avons dit (*suprà*) au sujet de l'appel : rappelons seulement que lorsque le préfet a choisi cette voie, il ne peut plus désormais élever le conflit, tant que les juges d'appel n'ont pas statué sur la compétence.

394. — Dans le cas où elle préfère recourir au conflit, quel sera le délai accordé? — Sous l'empire du décret du 13 brumaire an X, et alors que la formalité du déclinatoire préalable n'existait pas encore, il fallait que le préfet, instruit par le ministère public que le tribunal avait refusé de se dessaisir de l'affaire, élevât le conflit dans les vingt-quatre heures, et transmît sans aucun retard son arrêté au ministère public, chargé de le notifier au tribunal.

395. — Evidemment le délai accordé était trop court; le préfet n'avait pas même le temps de la réflexion, et d'un autre côté le décret ne contenait aucune sanction qui garantît l'observation de cette prescription.

396. — Il n'en est plus ainsi aujourd'hui, le délai de l'arrêté est, aux termes de l'art. 8 de l'ordonnance de 1828, de quinzaine à partir de l'envoi du jugement.

397. — Et le conflit élevé après le délai fixé par cet art. 8 doit être annulé comme tardif. — *Cons. d'état*, 18 fév. 1839, préfet de l'Hérault; 14 déc. 1843, Colonna c. Castelli.

398. — Selon M. Serrigny (*loc. cit.*) : « ce n'est pas le jour de l'arrivée des pièces à la préfecture qui fait courir le délai, mais le jour de l'envoi par le procureur du roi. C'est ce qui résulte de ces mots *dans la quinzaine de cet envoi*. D'ailleurs le préfet n'est pas obligé de mentionner l'arrivée des pièces à la préfecture. » — Au contraire, la date de l'envoi doit, aux termes de l'art. 7 de l'ordonnance, être consignée sur un registre spécial.

399. — Le délai de quinzaine, pendant lequel le préfet peut élever le conflit, après le rejet du déclinatoire, ne court contre lui que du jour où il a reçu du procureur du roi la copie de ses conclusions et le jugement sur le déclinatoire. Si l'envoi du procureur du roi n'a pas eu lieu, le délai n'a pas couru. — *Cass.*, 26 mars 1834, préfet du Finistère c. Nicolet Légué; — *Cons. d'état*, 3 fév. 1835, Jantes; 23 oct. 1835, Nicol; 19 nov. 1837, Levasseur c. l'état; 8 sept. 1839, Soulhat c. préfet de l'Allier; 7 déc. 1845, Léger c. comm. de Lomecy. — Cette solution de la jurisprudence est du reste adoptée par tous les auteurs comme incontestable. — V. notamment Serrigny, t. 1er, nos 180 et 185; Cormenin, p. 445.

400. — De là la disposition finale de l'art. 8 de l'ordonnance : « Le conflit pourra être élevé dans ledit délai (de quinzaine de l'envoi) alors même que le tribunal aurait, avant l'expiration de ce délai, passé outre au jugement du fond. »

401. — Rien ne pourrait remplacer cet envoi du jugement par le procureur du roi; le droit du préfet ne pourrait donc être forclos par une signification du jugement faite par les parties : le texte de l'ordonnance est trop formel en cette matière pour permettre de suppléer à ses prescriptions.

402. — L'ordonnance ne parlant point, dit M. Serrigny (t. 1er, no 185), de l'augmentation du délai à raison de la distance entre le siége du tribunal et le chef-lieu de la préfecture, il n'y a pas lieu de suppléer à son silence en argumentant des dispositions de l'art. 1003, C. procéd., étranger à la matière. »

403. — Nous ne saurions partager sur ce point l'opinion de M. Serrigny. Quelque précis que soient les termes de l'ordonnance, il nous paraît fort difficile d'admettre que ses rédacteurs aient pu avoir la pensée d'exclure ici l'application des règles générales sur les délais à raison des distances, d'autant plus que cette dérogation au droit commun pourrait amener à des conséquences vraiment inadmissibles.

404. — En effet, s'il s'agit d'une affaire encore en première instance, la distance qui sépare le siége du tribunal de celui de la préfecture n'est jamais tellement considérable, que le préfet ne soit toujours à temps d'élever le conflit dans la quinzaine de l'envoi. — Mais il peut se faire qu'il s'agisse d'une instance d'appel, et, dans ce cas, la distance qui sépare le siége de la cour royale de celui de la préfecture peut être assez considérable pour que le délai de quinzaine soit à peine suffisant, si même il n'est pas expiré avant que l'envoi du procureur général soit parvenu au préfet intéressé.

405. — Telle n'a pu être évidemment la pensée des rédacteurs de l'ordonnance, et en supposant même que le délai de quinzaine soit toujours matériellement suffisant, ne faut-il pas reconnaître que si un délai a été fixé, pour prévenir l'arbitraire du pouvoir administratif et le maintenir dans de justes limites, il n'est pas moins désirable que le conflit ne soit pas le résultat d'un mouvement irréfléchi, et que l'administration ne soit point contrainte d'agir avant même d'avoir pu prendre connaissance des pièces.

406. — Les formes de l'arrêté de conflit, et les énonciations qu'il doit contenir sont tracées par l'art. 9 de l'ordonnance, ainsi conçu : « dans tous les cas l'arrêté par lequel le préfet élèvera le conflit et revendiquera la cause, devra viser le jugement intervenu et l'acte d'appel, s'il y a lieu. »

407. — L'ordonnance n'ajoute point que l'arrêté de conflit doit être motivé; mais, ainsi que le fait observer avec raison M. de Cormenin (p. 445, note 2), cela est d'usage et va de droit. — V. conf. Foucart, t. 3, no 1820.

408. — Si l'arrêté de conflit ne contient dans son dispositif aucune revendication explicite et formelle de la contestation, il n'y a pas arrêté de conflit, et le conseil d'état ne peut dessaisir l'autorité judiciaire, quelle que puisse être son incompétence. — *Cons. d'état*, 26 déc. 1827, Lemoine; 25 avr. 1828, Janzé.

409. — Le préfet peut valablement ne prendre qu'un arrêté de conflit sur plusieurs instances dirigées contre un entrepreneur de travaux publics par plusieurs personnes, à raison de dommages de même nature. — *Cons. d'état*, 7 déc. 1844, Jouan c. Laurent.

410. — L'ordonnance ne mentionne pas non plus, comme devant être insérée dans l'arrêté de conflit, la désignation des parties; mais aucun doute ne peut s'élever sur la nécessité de cette désignation, qui doit être faite aussi exactement que possible.

411. — Jugé toutefois que lorsque dans un arrêté de conflit, les parties litigantes n'ont pas été désignées d'une manière exacte, s'il ne peut cependant s'élever aucun doute sur l'instance à laquelle ce conflit s'applique, il ne saurait être déclaré nul. — *Cons. d'état*, 30 mars 1842, Mocquet c. Comp. du canal de la Sambre à l'Oise.

412. — L'article 9 veut de plus que « la disposition législative qui attribue à l'administration la connaissance du point litigieux soit textuellement insérée dans l'arrêté de conflit. » — Cette prescription, qui se justifie par la crainte de l'abus des conflits, exige quelques explications malgré la clarté apparente de ses termes.

413. — Et d'abord que faut-il entendre par ces mots *dispositions législatives*, qui se rencontrent déjà dans l'art. 2? Ne faut-il comprendre sous cette dénomination que les lois proprement dites? N'y a-t-il pas lieu, au contraire, de lui donner un sens plus étendu?

414. — « Par les mots *dispositions législatives*, dit M. Serrigny (t. 1er, no 208), on a voulu exprimer clairement que le partage des compétences était dans le domaine législatif, et qu'il ne pouvait y être dérogé par le régime des ordonnances; mais il ne faut pas conclure de là que le conflit ne pourrait être autorisé pour revendiquer, en faveur de l'administration, les attributions qui lui sont conférées par les décrets ou actes du gouvernement impérial, ayant force de loi..... Ces actes insérés au *Bulletin des lois*, et qui n'avaient point été annulés par le sénat conservateur, avaient acquis force de loi; on doit donc les assimiler aux dispositions législatives pouvant servir de base à un arrêté de conflit; c'est pour cela même qu'on a évité de dire *la loi*, et qu'on a employé les mots *dispositions législatives*, c'est-à-dire ayant la force et l'autorité d'une loi. L'ordonnance de 1828 n'aurait pas pu d'ailleurs enlever à ces décrets impériaux la force légale qu'ils ont obtenue du silence et de l'approbation du sénat conservateur. »

415. — Une difficulté plus grave s'élève sur le sens de l'art. 9, quant à l'insertion *textuelle* de la disposition qui confère à l'administration la connaissance du litige.

416. — Le conseil d'état considère qu'il a été suffisamment satisfait sur ce point aux prescriptions de l'ordonnance, lorsque l'arrêté vise avec leurs dates les lois sur la compétence respective des autorités administrative et judiciaire, et celles qui sont spécialement relatives à la contestation. — *Cons. d'état*, 3 fév. 1835, Jantes; 26 août 1835, Lebreton c. comm. de Pornic; 8 fév. 1838, Marlet c. Préfet de la Côte-d'Or; 7 déc. 1844, Léger c. comm. de Lorency; même jour, Jouan c. Laurent.

417. — ... Et que même l'insertion des articles des lois des 16-24 août 1790, et 16 fruct. an III, qui établissent la séparation et les limites respectives des autorités administrative et judiciaire, est suffisante. — *Cons. d'état*, 18 avr. 1835, Lecoupé c. Préfet du Finistère; 25 fév. 1841, Héritiers Louis c. l'Etat; 6 déc. 1844, Gallas.

418. — Mais tous les auteurs s'élèvent avec raison contre cette violation du texte formel de l'ordonnance : « Il est rare, dit M. de Cormenin (p. 445, note 4e, no 3), que la simple citation puisse suffire dans le plus grand nombre des cas; la revendication s'appuie sur un texte qu'il faut citer littéralement et non simplement viser. Le conseil d'état doit l'exiger : 1° parce que l'ordonnance réglementaire du 1er juin 1828 est impérative à cet égard; 2° parce qu'il faut obliger les préfets à ne pas élever légèrement des conflits; 3° parce qu'il faut que les parties puissent appuyer leurs observations sur une base certaine. » — MM. Magnitot et Delamarre (*ubi suprà*) décident que le défaut d'insertion des dispositions législatives entraînerait la nullité du conflit; et, si l'on consulte le procès-verbal des séances de la commission des conflits, on acquiert la certitude qu'on y eut principalement en vue de proscrire les conflits qui ne s'appuieraient que sur des dispositions générales, telles que celles des lois des 16-24 août 1790 et 16 fruct. an III, qui ont tracé la ligne séparative entre l'autorité judiciaire et l'autorité administrative. » — V. conf. Foucart, t. 3, no 1820; Cotelle, t. 3, liv. 15, vo *Conflit*, p. 725; Serrigny, t. 1er, no 191; Laferrière, liv. 3, p. 638; Taillandier, sur l'art. 9, p. 167.

419. — Enfin, il existe sur ce point une circulaire ministérielle du 30 août 1828, qui ne laisse aucun doute sur la nécessité absolue de l'insertion textuelle de la disposition législative dans l'arrêté qui élève le conflit. « Un préfet, porte cette circulaire, ne doit jamais élever de conflit qu'après un sérieux examen des matières qui doivent y donner lieu, et une étude approfondie des lois qui en attribuent la connaissance à l'administration. *Il est donc tenu de reproduire textuellement les dispositions de ces lois*... En effet, il est sans doute très important que l'administration ne se dessaisisse d'aucune des attributions que les lois lui ont confiées dans des vues d'ordre public et dans l'intérêt des citoyens; mais il est aussi de sa dignité qu'elle ne les revendique qu'appuyée de l'autorité des lois. »

420. — C'est en conséquence de ces principes qu'il a été jugé que l'arrêté de conflit qui ne renferme pas textuellement la disposition législative qui attribue à l'administration la connaissance du fonds litigieux doit être considéré comme non avenu. — *Rennes*, 14 avr. 1834, Préfet des Côtes-du-Nord c. Bourdonnay.

421. — Du reste, le vœu de l'art. 9 serait suffisamment rempli si le texte de la loi se trouvait inséré dans l'arrêté de conflit comme motif même de cet arrêté. — *Cons. d'état*, 7 août 1843, Dupont c. Mauduit.

422. — Quoi qu'il en soit, nous avons vu (*suprà* nos 364 et suiv.) que l'annulation d'un conflit pour vices de formes ou pour défaut de qualité n'est point un obstacle à ce qu'il soit élevé un nouveau conflit dans la même instance, tant qu'il n'a pas été rendu sur le fond un jugement ou arrêt définitif ou acquiescé. — *Cons. d'état*, 23 oct. 1835, Nicol; 20 fév. 1840, Roquelaine c. Préfet de l'Aude; 29 juin 1842, Desfourniers c. comp. du canal de Digoin à Roanne; 15 déc. 1842, Ménestrel; 9 janv. 1843, Audibert c. Assoc. des chaussées de Tarascon.

423. — Après avoir déterminé le délai dans lequel l'arrêté de conflit doit être élevé et les formes dans lesquelles il doit être rédigé, l'ordonnance de 1828 s'occupe de sa transmission à l'autorité judiciaire.

424. — L'art. 10 porte : « Lorsque le préfet aura élevé le conflit, il sera tenu de faire déposer son arrêté et les pièces visées au greffe du tribunal. Il lui sera donné récépissé de ce dépôt sans délai et sans frais. »

425. — L'obligation du dépôt au greffe n'a pas toujours existé, et même sous l'empire de la loi du 21 fructid. an III, lorsqu'une administration cen-

trale de département élevait le conflit d'attribution entre l'autorité administrative et l'autorité judiciaire, elle ne pouvait, à peine d'excès de pouvoir, faire notifier son arrêté de conflit au greffe du tribunal qu'elle voulait dessaisir de la connaissance du litige. — Arrêté du Directoire exécutif, 5 frim. an V, Administration du dép. de la Haute-Saône.

426. — C'est au greffe de la juridiction qui a statué sur le déclinatoire que doit être déposé l'arrêté qui élève le conflit. — *Cons. d'état*, 30 mai 1834, Imbert-Dubey.

427. — Lors donc que le conflit n'a pas été élevé devant le tribunal de première instance, mais devant la cour royale saisie par appel du jugement de ce tribunal, c'est au greffe de la cour royale, et non à celui du tribunal de première instance, que doit être déposé l'arrêté de conflit. — *Cons. d'état*, 22 avr. 1842, Ménestrel c. ville d'Arles; même jour, Audibert c. Assoc. des chaussées du Rhône. — V. encore Foucart, t. 3, no 1817.

428. — Il en est de même dans le cas où, rejetant le déclinatoire proposé par le préfet, une cour royale a renvoyé l'affaire devant un tribunal de première instance; c'est au greffe de la cour, et non à celui de ce tribunal, que doit être déposé l'arrêté de conflit. — *Cons. d'état*, 5 sept. 1836, de Praslin.

429. — Lorsque après l'annulation pour vices de formes d'un conflit élevé en première instance, le préfet élève un autre conflit en appel, c'est au greffe de la cour, et non à celui du tribunal de première instance que doit être déposé l'arrêté de conflit. — *Cons. d'état*, 31 déc. 1844, Arnoud c. ministre de la guerre.

430. — Le décret du 13 brum. an X se bornait à dire que la transmission de l'arrêté de conflit devait avoir lieu sans retard; l'ordonnance du 12 déc. 1821 (art. 1er) avait, depuis, fixé à cet effet un délai de trois jours.

431. — L'ordonnance de 1828 veut que le dépôt de l'arrêté ait lieu dans le délai de quinzaine, et ce délai est de rigueur, car l'art. 12 porte en termes exprès que si l'arrêté n'a pas été déposé au greffe, le conflit ne pourra plus être élevé devant le tribunal saisi de l'affaire.

432. — Mais quel est ce délai de quinzaine? Se confond-il avec celui de l'art. 8? Est-ce, au contraire, un nouveau délai qui part à compter de l'arrêté de conflit?

433. — Sur ce point, la jurisprudence et la doctrine sont d'accord pour reconnaître que le délai accordé pour élever le conflit est le même que celui accordé pour le dépôt de l'arrêté. — Serrigny, t. 1er, p. 192; Foucart, t. 3, no 1821; Taillandier, p. 169.

434. — Ainsi, jugé que dans la quinzaine de l'envoi au préfet du jugement qui a rejeté le déclinatoire, non seulement le conflit doit être élevé, mais encore l'arrêté qui le contient doit être déposé au greffe. — *Cons. d'état*, 13 déc. 1833, Préfet de la Vienne; 30 mai 1834, Imbert-Dubey; 23 juill. 1841, Delert c. l'état; 24 fév. 1842, Mallet c. comm. de Graulhet; 30 déc. 1843, Arnaud c. l'état; 25 avr. 1845, Laurent.

435. — ... Et encore qu'un préfet encourt la déchéance du conflit par lui élevé sur l'appel d'un jugement d'incompétence, s'il néglige de faire au greffe de la cour, dans la quinzaine de la notification de cet appel, le dépôt de l'arrêté qu'il a pris à ce sujet. — *Rennes*, 8 juill. 1833, Légué et Nicol c. Préfet du Finistère.

436. — Toutefois il a été décidé que le délai de rigueur pour le dépôt au greffe de l'arrêté de conflit ne s'étend point à celui des pièces à l'appui: ces pièces peuvent être produites utilement jusqu'à ce qu'il soit prononcé sur la validité du conflit. — *Cons. d'état*, 7 août 1843, Schweighæuser.

437. — ... Comme aussi que, le dépôt au greffe d'un arrêté de conflit n'ayant pour objet que de faire communiquer cet arrêté au procureur du roi qui doit en informer le tribunal, on doit tenir pour valable celui qui n'a pas été fait au greffe dans la quinzaine, si d'ailleurs il avait été remis dans ce délai au procureur du roi. — *Cons. d'état*, 2 août 1838, de Larochefoucauld c. comm. de Liancourt. — V. aussi *Cons. d'état*, 7 août 1843, Dupont c. Mauduit; — Serrigny, t. 1er, no 193; Dufour, t. 2, no 80.

438. — L'art. 12 porte en effet: « Si l'arrêté a été déposé au greffe en temps utile, le greffier le remettra immédiatement au procureur du roi, qui le communiquera au tribunal en la chambre du conseil, et requerra que, conformément à l'art. 27, L. 21 fructid. an III, il soit sursis à toute procédure judiciaire. »

439. — Lorsque le conflit est élevé devant la cour royale avant que l'affaire soit mise au rôle, le procureur général peut attendre, pour faire la communication, que l'affaire ait été distribuée au rôle de l'une des chambres; il n'a pas besoin de le communiquer à toutes les chambres réunies de la cour. — Victor Foucher, *Notes sur le Tr. des L. de l'organis. judic.*, t. 5, 2e part., liv. 2, p. 139.

440. — Nous reviendrons plus loin sur les graves difficultés que soulève l'art. 12. Il suffit, quant à présent, d'observer que du moment où l'arrêté de conflit a été déposé au greffe en temps utile, l'administration a satisfait aux obligations qui lui étaient imposées.

441. — Si donc un arrêté de conflit a été rendu dans la quinzaine de la signification de l'appel, et si le dépôt de l'expédition de cet arrêté au greffe de la cour royale a eu lieu dans le délai prescrit par l'art. 11, ord. 1er juin 1828, il doit être tenu pour valable; et l'administration ne saurait être responsable de l'inobservation des formalités ultérieures. — *Rennes*, 26 mars 1834, Préfet du Finistère c. Nicol et Légué.

442. — Spécialement, le fait par le greffier d'avoir remis tardivement au procureur du roi l'arrêté déposé en temps utile par le préfet, ne peut entraîner la nullité de l'arrêté. — *Cons. d'état*, 21 fév. 1834, Prévot Dulas c. comm. de Moulidas; 29 avr. 1843, Brun c. ville de Montpellier.

443. — Et, ainsi que le fait observer M. Foucart (t. 3, no 348), il en serait de même si la négligence provenait, non plus du greffier, mais du procureur du roi, qui n'aurait pas communiqué l'arrêté au tribunal en temps utile.

Sect. 5e. — *Effets de l'arrêté de conflit.*

444. — Le procureur du roi, aussitôt qu'il a reçu l'arrêté de conflit, doit le communiquer au tribunal, requérir, conformément à l'art. 27, L. 21 fructid. an III, qu'il soit sursis à toutes poursuites judiciaires. — Ord. 1er juin 1828, art. 12. — V. encore décret 13 brum. an X, art. 3.

445. — Cette prescription formelle de l'ordonnance n'a été que la confirmation de la jurisprudence du conseil d'état, suivant laquelle, le conflit une fois élevé, il devait être, jusqu'à son réglement, sursis à toutes poursuites judiciaires. — *Cons. d'état*, 20 avr. 1822, Palmérini; 2 août 1823, Flamant-Grétry c. Bourgmestre de Liége; 16 mars 1828, Braccini; 25 avr. 1828, Préfet de l'Indre c. Muret de Bort.

446. — Jugé en conséquence qu'on devait annuler, comme entachée d'excès de pouvoir, l'ordonnance de référé qui, nonobstant un arrêté de conflit, ordonnait l'exécution du jugement contre lequel avait été pris cet arrêté. — *Cons. d'état*, 22 janv. 1824, Garcement de Fontaines c. comm. de Voisines.

447. — ... Et, sous la législation intermédiaire, que, lorsque après avoir élevé un conflit illimité, le préfet l'avait restreint à quelques points particuliers, le tribunal de police ne pouvait, sans excès de pouvoir, statuer sur le tout. — *Cass.*, 25 prair. an XII, Adeline.

448. — Comme aussi les tribunaux ne pourraient passer outre sous prétexte que le préfet n'avait pas qualité pour élever le conflit. Dans ce cas le conseil d'état annule tout à la fois et l'arrêté pour excès de pouvoirs, même, s'il y a lieu, pour incompétence, et le jugement pour excès de pouvoirs. — Cormenin, no 14 2o, note 3e; Solon, no 34, note 2e.

449. — Et en effet le conseil d'état est seul compétent pour statuer sur la validité des conflits, dans l'appréciation desquels les tribunaux ne peuvent s'immiscer. — *Cons. d'état*, 3 fév. 1835, Jantes; 2 juill. 1836, Pierre. — V. encore Henrion de Pansey, *De l'autor. judic.*, p. 32. — V. encore *Bruxelles*, 14 avr. 1810, Jacobs c. Depeunat.

450. — Lors donc qu'une affaire administrative contentieuse a été portée devant un tribunal, et que le conflit a été élevé, le tribunal doit surseoir à prononcer, de telle sorte qu'il lui est interdit, soit de se déclarer incompétent, soit de confirmer un jugement d'incompétence. — *Cass.*, 18 pluv. an XI, Philippart c. Akermann.

451. — Le devoir imposé aux juges de surseoir à toutes procédures en présence d'un arrêté de conflit est même sanctionné par le Code pénal, aux termes duquel: « les juges qui, sur la revendication formellement faite par l'autorité administrative d'une affaire portée devant eux, ont néanmoins procédé au jugement avant la décision de l'autorité supérieure, doivent être punis chacun d'une amende de seize francs au moins et de cent cinquante francs au plus. — Les officiers du ministère public qui ont fait des réquisitions ou donné des conclusions pour ledit jugement, doivent être punis de la même peine. »

452. — Si l'incompétence du tribunal en ce qui concerne l'appréciation de l'arrêté de conflit au fond est incontestée, il n'en est pas de même en ce qui concerne les formalités qui doivent accompagner le conflit; et c'est une question grave que de savoir quel est, à cet égard, le pouvoir des tribunaux.

453. — Déjà nous avons vu (*suprà* no 306) que dans le cas où un arrêté de conflit avait été élevé sans déclinatoire préalable, il n'appartenait pas néanmoins au juge de passer outre sans tenir aucun compte de l'arrêté.

454. — Cette doctrine est-elle légale et doit-elle être étendue au cas où il s'agit d'un conflit élevé en dehors des délais fixés, ou déposé après l'expiration du délai?

455. — Plusieurs arrêts ont consacré d'une manière plus ou moins expresse le droit pour les tribunaux d'apprécier l'arrêté de conflit. — V. notamment *Angers*, 26 déc. 1832, Bruneau c. préfet de la Sarthe; *Cass.*, 23 juill. 1839 (t. 2 1839, p. 439), Germain c. préfet de Saône-et-Loire.

456. — Et le conseil d'état lui-même, dans une espèce où il s'agissait du dépôt tardif d'un arrêté de conflit, et où le tribunal avait par ce motif refusé de surseoir, a semblé, en visant dans ce jugement les motifs de son ordonnance, reconnaître aux tribunaux le droit d'appréciation. — *Cons. d'état*, 13 déc. 1833, préfet de la Vienne.

457. — Mais depuis, par une jurisprudence continue et constante, le conseil d'état a décidé qu'à lui seul, et jamais aux tribunaux, il appartient d'apprécier la régularité d'un arrêté de conflit, et qu'en conséquence ces derniers sont toujours tenus de surseoir à toutes poursuites, par le seul fait de la communication de l'arrêté.

458. — ... Et cela, soit que le conflit ait été élevé tardivement et contrairement aux dispositions de l'art. 8 de l'ordonnance du 1er juin 1828. — *Cons. d'état*, 3 fév. 1835, Jantes; 18 fév. 1839, préfet de l'Hérault; 23 avr. 1840, Bruno-Josserant.

459. — ... Soit qu'élevé en temps utile, il n'ait pas été déposé dans le délai prescrit par l'art. 11; tant que le tribunal n'a pas statué, il doit surseoir, à quelque époque que l'arrêté de conflit lui soit communiqué. — *Cons. d'état*, 18 fév. 1839, préfet de l'Hérault; 7 août 1843, Dupont c. Mauduit; 25 avr. 1845, Laurent.

460. — Cette jurisprudence du conseil d'état est combattue par plusieurs auteurs, qui font observer que l'ordonnance de 1828, en présentant des formes et des délais pour l'exercice du droit de conflit, a eu pour but de protéger l'autorité judiciaire contre les entreprises de l'autorité administrative, et pour prévenir le retour d'abus de pouvoir trop souvent signalés: « Or, dit M. Foucart (t. 3, no 1823), ce but ne serait point atteint si le conseil d'état était seul juge de l'inobservation des formes, et les choses resteraient à peu près dans la situation d'où l'ordonnance avait pour objet de les tirer; car alors un arrêté de conflit, formé contrairement à toutes les règles, paralyserait complètement encore l'action des tribunaux; l'ordonnance n'aurait donc eu d'autre effet que d'augmenter le nombre des cas où l'on devait prononcer l'annulation, sans offrir pour cela aucune garantie aux tribunaux et aux parties contre les suspensions arbitraires du cours de la justice. »

461. — Il doit en être ici, continue-t-on dans le même système, de même que si les ministres publiaient *comme loi* un acte qui n'aurait pas été revêtu de l'approbation des pouvoirs législatifs, ou bien encore comme au cas d'une ordonnance inconstitutionnelle. « Comment donc, continue M. Foucart (*ubi suprà*), ce principe, qui ne souffre plus aujourd'hui de contestation lorsqu'il s'agit de lois et ordonnances, ne serait-il plus applicable quand il s'agit d'un arrêté préfectoral? Les tribunaux, sans doute, ne peuvent pas examiner la question de savoir si le conflit est *fondé*, parce qu'ils apprécieraient la valeur d'un acte administratif, mais ils peuvent toujours voir s'il est bien *formé*, car avant de lui accorder un effet quelconque, ils ont le droit de s'assurer qu'il existe. » — V. encore en ce sens Laferrière, *Cours de dr. pub. et ad.*, p. 638; Victor Foucher, *Revue de législation*, t. 1er, p. 61; Duvergier, *Collect. des lois*, t. 28, p. 151, note 5; Carré, *Tr. de l'organis. judic.*, t. 5, no 357.

462. — D'autres auteurs, au contraire, se sont rangés à la doctrine consacrée par le conseil d'état; ils se fondent surtout sur ce que rien dans l'ordonnance du 1er juin 1828 ne paraît déroger à ce principe, incontestable sous l'empire de la loi du 21 fruct. an III, que les tribunaux ne pouvaient être juges de la régularité du conflit.

463. — Et M. Serrigny (t. 1er, no 192) ajoute: « Loin de trouver rien de semblable dans le réglement de 1828, on y trouve la consécration formelle de l'obligation du sursis. Le procureur du roi, dit l'art. 12, *requerra que, conformément à l'art. 27 de la loi du 21 fruct. an* III, *il soit sursis à toute procédure judiciaire.* Il est vrai que l'article commence par ces mots: « Si l'arrêté a été déposé au greffe en temps utile. » Il est bien clair que le procureur du roi ne peut recevoir l'arrêté du greffier qu'autant qu'il a été déposé, ni faire des réquisitions

qu'autant qu'il l'aura reçu; mais cela ne veut pas dire que, si l'arrêté est irrégulier dans la forme ou si les délais n'ont pas été observés, les lois de l'an III sont abrogées, et que le tribunal est autorisé à juger un acte administratif. »

464. — Et le même auteur, après avoir répondu à l'argument tiré soit d'une prétendue loi non votée qui n'est pas une loi, tandis qu'ici l'arrêté pris est véritablement un arrêté, soit des ordonnances inconstitutionnelles que les tribunaux ne déclarent pas nulles, mais s'abstiennent seulement de mettre à exécution, continue : « Vainement ajoute-t-on que cette opinion tend à perpétuer les abus que l'ordonnance a voulu faire cesser, c'est-à-dire à interrompre indéfiniment le cours de la justice. Cela n'est pas du tout fondé. Le tribunal n'est pas obligé d'attendre un arrêté plus de quinze jours après l'envoi du préfet du jugement sur le déclinatoire. S'il n'a rien reçu dans ce délai, il peut passer outre au jugement du fond, et le conflit ne peut plus atteindre sa décision. Si, au contraire, le tribunal a reçu un arrêté de conflit avant de juger, il doit attendre que le conseil d'état ait statué sur son mérite, et ce délai n'est jamais long. Un léger retard, dans ce cas, n'est pas comparable aux inconvéniens de renverser les principes fondamentaux sur la théorie des pouvoirs, en constituant les tribunaux juges des conflits. » — V., en ce sens, Chauveau, *Principes de compét. et de jurid. admin.*, n° 530; Cormenin, v° *Conflit*, p. 460, note 10e; Dufour, t. 2, n° 811; Solon, t. 2, n° 36.

465. — Toutefois, ce dernier auteur distingue le cas où le vice de formalité résulterait du défaut de déclinatoire préalable; attendu que, suivant lui, il ne s'agirait pas alors d'une simple inobservation de formalités, mais de l'omission d'une formalité substantielle, équivalant au défaut de conflit. — Solon, *loc. cit.*, nos 28 et 37.

466. — A l'occasion du devoir imposé aux juges de surseoir à toute décision ultérieure pendant un certain temps, à partir du moment où le conflit est élevé, M. de Cormenin (n° 14, note 2e 3°) se pose cette question : Un tribunal pourrait-il, postérieurement au conflit, se déclarer incompétent? L'obligation de surseoir qui lui est imposée va-t-elle jusqu'à lui enlever le pouvoir de se déclarer incompétent?

467. — Avant tout, il convient de remarquer que cette question, qui pouvait se présenter fréquemment avant l'ord. de 1828, alors que n'était pas prescrite comme règle essentielle la présentation préalable du déclinatoire, ne peut guère se présenter aujourd'hui qu'au cas de conflit élevé en appel, et en admettant la jurisprudence du conseil d'état sur la non nécessité du déclinatoire, lorsqu'il a été présenté en première instance. — V. *suprà* nos 361 et suiv.

468. — Or, dans cette hypothèse, on peut, à l'appui de l'affirmative, c'est-à-dire pour établir que le tribunal a toujours le pouvoir de se déclarer incompétent, dire que, cette déclaration d'incompétence arrivant au but que s'est proposé le préfet en élevant le conflit, rien ne s'oppose à ce qu'on reconnaisse comme valable cet acquiescement donné par l'autorité judiciaire.

469. — Mais on répond, avec raison, que les termes de l'ordonnance qui veut que, conformément à l'art. 27, L. 21 fructid. an III, il soit sursis à toute procédure judiciaire, ne permettent pas de faire une distinction qui, du reste, ne saurait se justifier par cette raison d'un prétendu acquiescement, attendu que le réglement des compétences tient à l'ordre public. — Telle est, au surplus, l'opinion de M. de Cormenin. — V. encore conf. Serrigny, t. 1er, n° 196.

470. — L'arrêté de conflit, en effet, n'a pas seulement pour but de suspendre l'action de l'autorité judiciaire; il investit en outre le pouvoir supérieur de la question de compétence qu'il soulève. — D'où il suit que, « le roi étant saisi de l'appréciation de décisions judiciaires, par la voie solennelle du conflit, les deux autorités administrative et judiciaire, dont il est le chef suprême, doivent s'abstenir de tout acte de procédure ou d'exécution qui préjuge la décision à rendre par le chef du gouvernement. » — V. *Cons. d'état*, 29 mars 1831, préfet de Seine-et-Marne. — V. encore Foucart, t. 3, n° 1822.

471. — Aussi a-t-il été jugé avec raison que le préfet excédait ses pouvoirs en rapportant un arrêté de conflit par lui pris précédemment. — *Cons. d'état*, 7 avr. 1824, Leroy c. Duhamel. — V. conf. Foucart, t. 3, n° 1824.

472. — ... Que lorsque, sur une demande portée devant l'autorité judiciaire, le préfet a pris un arrêté de conflit tendant à faire déclarer non avenue la demande et tous les actes judiciaires qui en seraient la suite, les autres arrêtés de conflit qu'il pourrait prendre subséquemment dans le cours de l'instance se trouvent sans objet, et doivent être annulés. — *Cons. d'état*, 30 janv. 1828, Legay de Lavigne; même jour, Picard; 13 avr. 1828, Pellet.

473. — ... Que cette prohibition est absolue et ne souffre aucune exception; qu'ainsi un second conflit ne pourrait être élevé sous prétexte de remplacer ou de corroborer l'irrégularité du premier. — *Cons. d'état*, 29 mars 1831, préfet de Seine-et-Marne.

474. — ... Ou bien encore à raison de ce que, depuis le premier arrêté, et nonobstant cet arrêté, l'autorité judiciaire a passé outre : dans ce cas, un nouveau conflit n'est pas nécessaire pour faire annuler les actes judiciaires qui ont suivi le premier. — *Cons. d'état*, 25 avr. 1828, préfet de l'Indre c. Muret de Bort.

475. — Le préfet excéderait encore ses pouvoirs, s'il se permettait d'étendre ou de modifier en quelque façon que ce soit les conséquences légales des conflits.

476. — Il ne peut donc, par son arrêté de conflit, déclarer que l'autorité judiciaire est dessaisie de la question au sujet de laquelle il élève le conflit. — *Cons. d'état*, 17 août 1836, Taitot-Rebillard.

477. — ... Ni ordonner qu'il sera sursis au jugement de la contestation dont il revendique la connaissance pour l'autorité administrative. — *Cons. d'état*, 26 déc. 1827, Lemoine; 23 avr. 1828, Janzé; 14 mai 1828, Gacon c. habitans de Villeurbanne; 27 août 1833, préfet du Nord c. Questel; 14 nov. 1823, Danglemont.

478. — ... Ni, à plus forte raison, sous prétexte que l'affaire dans laquelle il a été rendu un jugement en dernier ressort était de la compétence de l'autorité administrative, défendre l'exécution du jugement. — *Bruxelles*, 14 avr. 1810, Jacobs c. Depeauw.

479. — ... Ni prescrire, si le conflit était élevé après le jugement, l'exécution provisoire de ce jugement. — *Cons. d'état*, 23 fév. 1820, Ternaux c. Lemaître.

480. — Mais il peut, dans l'intérêt public, prendre toutes les mesures provisoires d'administration et d'ordre qu'il juge convenables. — *Cons. d'état*, 23 fév. 1820, Ternaux c. Lemaître; 22 avr. 1822, Palmerini c. Trésor; 2 fév. 1836, Pierre.

481. — Et de même que les tribunaux ne sont pas juges de l'irrégularité d'un arrêté de conflit, de même aussi ils commettraient un excès de pouvoir s'ils prétendaient apprécier la validité d'un second arrêt de conflit, ou des décisions ultérieures du préfet, quelle que soit d'ailleurs la nullité de ces actes. — *Cons. d'état*, 2 juill. 1836, Pierre. — V. encore *Bruxelles*, 14 avr. 1810, Jacobs c. Depeauw.

482. — En tous cas, il ne faut pas oublier que, lorsque le conseil d'état saisi du conflit en a prononcé la nullité pour vice de forme, le préfet peut encore en élever un nouveau, tant qu'il n'a pas été statué par les tribunaux sur le fond de l'affaire. — V. Foucart, t. 3, n° 1828; Laferrière, liv. 3, p. 636.

Sect. 6e. — *Réglement du conflit.*

483. — Le conflit élevé, toute décision judiciaire étant suspendue, il y a lieu de procéder à son réglement, et de saisir le conseil d'état, qui, ainsi que nous l'avons vu, est seul compétent sur ce point.

484. — La transmission de l'arrêté au conseil s'opère par l'intermédiaire du garde des sceaux; les parties doivent y rester complétement étrangères. Cependant, comme le réglement du conflit peut être d'une grande importance pour elles, certains droits leur ont été garantis, bien qu'elles ne puissent intervenir dans l'instance.

485. — Après avoir indiqué la nature et l'étendue de ces droits, nous verrons la procédure à suivre pour arriver au réglement du conflit; nous examinerons enfin la nature de l'ordonnance et ses conséquences.

§ 1er. — *Droits des parties intéressées.*

486. — Après la communication faite au tribunal, l'arrêté de conflit et les pièces à l'appui doivent être rétablis au greffe, et y rester déposés pendant quinze jours. — Ord. 1er juin 1828, art. 13.

487. — Le but de cette disposition ressort de la seconde partie de l'art. 13 de l'ordonnance, ainsi conçu : « Le procureur du roi en préviendra de suite les parties et leurs avoués, lesquels pourront en prendre communication sans déplacement, et remettre, dans le même délai de quinzaine, au parquet du procureur du roi, leurs observations sur la question de compétence, avec tous les documens à l'appui ».

488. — Ce devoir imposé au ministère public de donner aux parties communication de l'arrêté afin qu'elles puissent y joindre leurs observations, n'est pas une innovation de l'ordonnance de 1828.

489. — A la vérité, il avait été jugé, dans l'origine, que les conflits soulevant, sans préjudicier aux droits des parties, une question de compétence d'ordre public, n'étaient pas sujets à communication. — *Cons. d'état*, 11 janv. 1808, Gaillard.

490. — Mais, depuis, un avis du conseil d'état, approuvé le 22 janv. 1813, avait posé le principe de la communication de l'arrêté aux parties, principe développé par l'ord. du 12 déc. 1821.

491. — Aux termes des art. 2 et suivans de cette ordonnance, avis devait être donné dans les trois jours de la réception de l'arrêté, par le procureur du roi, aux parties, pour qu'elles eussent à fournir leurs observations dans le délai déterminé par l'art. 4 du réglement du 22 juill. 1806, relatif aux ordonnances de soit communiqué. — *Cons. d'état*, 16 avr. 1823, Robert et Cie.

492. — Ces observations devaient être envoyées directement par les parties, avec les pièces à l'appui, au secrétaire général du conseil d'état. — *Ibid.*, art. 4. — Aujourd'hui nous voyons qu'elles doivent être remises au procureur du roi, qui est chargé (V. *infrà* n° 524) de les transmettre au conseil d'état.

493. — L'ordonnance de 1821 portait de plus (art. 2) que le procureur du roi devait faire constater la remise de sa lettre par un certificat de réception des avoués, des parties ou du maire de leur domicile. — Cette disposition paraît être encore applicable, malgré le silence de l'ordonnance de 1828. — Dufour, t. 2, n° 818.

494. — Nul doute encore qu'il ne faille considérer comme en vigueur l'art. 5 de la même ordonnance, ainsi conçu : « Les observations seront fournies sur simple mémoire signé de la partie ou d'un avocat en nos conseils; lorsque la partie signera seule, sa signature sera légalisée par le maire de son domicile. » — Toutefois, les observations des parties intéressées n'étant plus envoyées directement au conseil d'état, mais au procureur du roi, ce ne serait plus un avocat aux conseils, mais bien un avoué qui semblerait devoir signer le pourvoi. — V. cependant *infrà* n° 535.

495. — En tous cas il convient de faire remarquer que la signature d'un simple fondé de pouvoirs ne serait pas admise; les réglemens ont voulu écarter les solliciteurs qui, étrangers aux connaissances que la matière exige, induisent les parties dans de fausses démarches et les constituent en frais? — Isambert, note sur l'art. 5 de l'ord. de 1821; *Recueil des lois et ordonnances.*

496. — L'art. 7 de la même ordonnance, que l'on doit également tenir comme encore en vigueur, défend, en outre, de prononcer sur ces observations, quelque jugement qui intervienne, aucune condamnation de dépens.

497. — Sur ces divers points, le silence de l'ord. de 1828 ne peut être la source d'aucune difficulté; mais peut-être eût-elle dû être plus explicite sur le point de départ des délais par elle établis, soit pour l'avis à donner par le procureur du roi, soit pour la transmission des observations des parties.

498. — Et d'abord, en ce qui concerne l'avis à donner par le procureur du roi aux parties, le délai doit-il courir du jour du dépôt fait par le préfet au greffe, ou bien seulement du jour où les pièces communiquées au tribunal ont été réintégrées au greffe? — En présence de la rédaction de l'art. 13, c'est la deuxième opinion qui nous paraît devoir être adoptée. « Du reste, dit M. Serrigny (t. 1er, n° 197), cette question n'a pas beaucoup d'importance, car l'extension du délai de quinzaine fixé par l'art. 13 serait sans influence sur la régularité du conflit. La raison en est qu'il s'agirait ici de négligence imputable à l'autorité judiciaire, qui ne peut compromettre la revendication de l'autorité administrative. Ce n'est donc qu'une injonction qui ne trouve pas sa sanction dans les termes de l'ordonnance réglementaire. »

499. — La même observation peut s'appliquer au délai accordé aux parties pour transmettre leurs observations, quel qu'en soit le point de départ : peu importe en fait, car l'ordonnance ne prononce aucune déchéance contre les parties qui n'auraient pas remis en temps utile leurs observations au procureur du roi; et l'on tient en conséquence comme constant que, dans ce cas, elles peuvent adresser directement ces observations au conseil d'état, dans les mêmes formes qu'elles l'eussent fait au procureur du roi, avec cette seule différence que la signature de l'avoué sera remplacée par celle de l'avocat aux conseils. » — V. Serrigny, *ibid.*; Foucart, t. 3, n° 1824; Dufour, t. 2, n° 1818.

500. — Lorsque, préparée par le comité de lé-

gislation, l'affaire est portée à l'audience du conseil d'état, les parties sont admises, après le rapport, à présenter par leurs avocats des explications orales. — Ord. 17 sept. 1839, art. 17 et 29. — V. au surplus *infrà* no

501. — Mais le droit des parties intéressées se borne-t-il à la simple production du mémoire et aux explications données à l'audience? Doit-on, au contraire, leur reconnaître la faculté d'attaquer les ordonnances réglementaires par la voie d'opposition ou par les autres voies introduites par le règlement du 22 juill. 1806, sur les ordonnances de soit communiqué?

502. — Dans l'origine, la question soumise plusieurs fois au conseil d'état fut par lui diversement résolue.

503. — Ainsi, tantôt il décida qu'on ne pouvait former opposition aux ordonnances statuant sur des conflits. — *Cons. d'état*, 11 janv. 1808, Gaillaud; 24 avr. 1808, Saint-Véran.

504. —... Tantôt, au contraire, que le conseil d'état devait recevoir l'opposition à une ordonnance rendue sur un conflit sans que la partie intéressée eût été entendue. — *Cons. d'état*, 4 nov. 1811, de Camby c. Domaine.

505. — ... Ou bien encore si l'ordonnance n'avait point visé les mémoires des parties intéressées. — *Cons. d'état*, 18 août 1807, Scherb c. d'Espagnac.

506. — Postérieurement, et après l'avis du 22 janv. 1813, sur la nécessité de la communication de l'arrêté aux parties, la jurisprudence du conseil d'état rejeta l'opposition en ce qui concernait les conflits élevés antérieurement à l'avis du 22 janv. 1813, reconnaissant au contraire le droit d'opposition depuis cet avis. — *Cons. d'état*, 10 août 1813, Guy-Duessin; 25 fév. 1815, Bernard c. fabrique de Saint-Léonard; 15 juin 1825, Lebaigue.

507. — C'était là une interprétation mal fondée; l'avis du conseil d'état du 22 janv. 1813 n'avait eu qu'un but, celui de régulariser la procédure des conflits, mais il n'avait pu en changer la nature, et leur faire perdre ce caractère d'actes de haute administration, qui est exclusif du droit d'intervention de la part des intérêts privés.

508. — Au surplus, si quelque incertitude pouvait résulter de cet avis du conseil d'état, elle cessa d'exister en présence du texte formel de l'ord. du 12 déc. 1821, laquelle, par son art. 6, déclara que, faute par les parties d'avoir, dans le délai fixé, remis leurs observations et documens à l'appui, il serait passé outre au jugement du conflit, sans qu'il y ait lieu à opposition ni à révision des ordonnances intervenues.

509. — L'ord. de 1828 n'a pas reproduit formellement cette disposition de l'ord. de 1821; mais l'exclusion du droit d'opposition pour les parties résulte nécessairement des prescriptions contenues dans les art. 13 et 15.

510. — Et en effet le conseil d'état a décidé, à plusieurs reprises, que les formes spéciales que ces articles ont tracées pour l'instruction des conflits et la défense des parties intéressées, ainsi que les délais particuliers établis par la même ordonnance, sont exclusifs du droit d'opposition autorisé dans les affaires ordinaires par le règlement du 22 juill. 1806. — *Cons. d'état*, 18 oct. 1832, Maulde; même jour, Leclerc; 14 déc. 1832, comp. du chemin de fer de Saint-Etienne c. comp. des mines de Gouzon.

511. — Jugé encore, et par les mêmes motifs, que les parties intéressées ne peuvent demander par la voie contentieuse l'interprétation des ordonnances rendues sur des conflits. — *Cons. d'état*, 23 mars 1836, préfet de la Seine.

512. — Ces solutions, qui ne pouvaient plus faire l'objet d'aucun doute, étaient également acceptées par tous les auteurs; mais depuis est intervenue l'ordonnance du 18 sept. 1839, laquelle porte dans son article 17 au sujet du règlement des conflits, dont l'instruction et la préparation du rapport est réservée au comité de législation: « Que ce rapport continuera à être fait à l'assemblée générale, et la délibération continuera à être prise conformément aux articles 29 et suivans, » lesquels ont trait au jugement des affaires contentieuses.

513. — Or, l'art. 34, qui a pour but de sanctionner l'accomplissement des dispositions prescrites par les art. 29 et suiv., ajoute: « Dans les cas où ces dispositions n'auraient pas été observées, l'ordonnance pourra être l'objet d'une demande en révision, laquelle sera introduite dans les formes de l'art. 33 du règlement du 22 juill. 1806. »

514. — Faut-il conclure de là qu'il y a dérogation aux principes posés par les ordonnances de 1821 et de 1828, et que les parties, soit qu'elles n'aient pas reçu communication de l'arrêté et que leurs observations n'aient point été soumises au conseil d'état, soit que les formes prescrites pour la publicité du rapport et la discussion orale n'aient pas été observées, pourront demander la révision de l'ordonnance rendue?

515. — M. Foucart (t. 3, no 1827) se décide pour l'affirmative, et à l'appui de cette opinion on peut invoquer, outre le texte cité de l'ordonnance, cette autre considération que la loi du 19 juill. 1845 range les conflits parmi les matières contentieuses.

516. — Toutefois, quelque graves que soient ces objections, nous n'hésitons pas à croire que l'ordonnance de 1839 et la loi de 1845 n'ont entendu nullement déroger aux principes consacrés sur les droits des parties en matière de conflits par les ordonnances de 1821 et de 1828.

517. — Que si l'on suppose que communication n'a pas été donnée aux parties de l'arrêté de conflit, il n'y aurait pour elles que deux voies à prendre contre l'ordonnance rendue, l'opposition ou la tierce-opposition. — Or, ainsi que le fait observer avec raison M. Serrigny (t. 1er, p. 202): « Quant à l'opposition simple, les parties n'étant pas assignées à comparaître et à constituer un avocat, on ne conçoit pas trop comment elles pourraient se dire jugées par défaut et former opposition, car cette voie n'est admise que pour ceux qui, régulièrement assignés, n'ont pas comparu. Quant à la tierce-opposition, elle n'est ouverte qu'à ceux qui auraient dû être appelés devant le tribunal qui a rendu le jugement attaqué; or, cette nécessité n'existe pas en matière de conflit. »

518. — Resterait donc la requête civile. Mais ce mode de procéder, qui suspend indéfiniment le cours de la justice, ne nous paraît pas conciliable avec ce principe fondamental que le conflit doit être réglé dans des délais qui ne doivent point être augmentés. — Serrigny, *ibid.*

519. — Et d'ailleurs il ne faut point oublier que l'argument capital, sinon unique, du système qui admettrait aujourd'hui comme légale la possibilité pour les parties de demander dans certains cas la révision des ordonnances sur les conflits repose principalement sur ce que les conflits sont aujourd'hui rangés parmi les affaires contentieuses: or, la discussion de la loi du 19 juillet 1845 a expliqué en quel sens avait été employée l'expression *matières contentieuses*, expression, de l'aveu de la commission de la chambre, *fort incorrecte* et qui ne doit dès-lors avoir aucune influence sur les principes jusque-là reconnus. — Quant à l'ordonnance de 1839, l'art. 17, § 3, classe très-nettement les conflits parmi les affaires administratives non contentieuses.

§ 2. — *Procédure devant le conseil d'état. — Ordonnance.*

520. — Le conflit n'ayant point été établi dans l'intérêt des particuliers, évidemment le conseil d'état ne saurait en être saisi de la même manière que des affaires contentieuses, c'est-à-dire par voie de citation ou de requête. Le ministre de la justice seul peut le soumettre au conseil d'état.

521. — Mais par qui ce ministre doit-il recevoir connaissance de l'arrêté de conflit? Est-ce par le préfet ou par le procureur du roi?

522. — La législation a varié sur ce point. L'arrêté du 13 brum. an X, art. 5, avait confié ce soin au ministère public; l'ordonnance du 12 déc. 1821 voulut au contraire (art. 1er) qu'en même temps et dans le même délai qu'il l'adressait au ministère public, le préfet transmît son arrêté de conflit au ministre de la justice et à celui de l'intérieur.

523. — L'ordonnance du 1er juin 1828, dont les dispositions à cet égard ont été complétées par celle du 12 mars 1831, est revenue aux anciens principes en imposant non plus au préfet, mais au ministère public le devoir de transmettre l'arrêté au ministre.

524. — A cet effet et aussitôt les formalités de la communication au tribunal et de l'avis donné aux parties remplies, le procureur du roi doit informer immédiatement le garde des sceaux, ministre de la justice, de l'accomplissement desdites formalités et lui transmettre en même temps l'arrêté du préfet, ses propres observations et celles des parties, s'il y a lieu, avec les pièces jointes. — Ord. 1er juin 1828, art. 14.

525. — Quelles sont ces pièces? L'ordonnance de 1828 ne le disait point; mais celle du 12 mars 1831, régularisant ce que la pratique avait déjà consacré, indique dans son article 6 la citation, les conclusions des parties, le déclinatoire proposé par le préfet, le jugement de compétence, l'arrêté de conflit.

526. — Du reste aucune injonction formelle n'existe pour le préfet quant à la transmission simultanée de l'arrêté et des pièces à y joindre; il peut d'abord n'envoyer que l'arrêté seul, ou avec des pièces incomplètes, sauf plus tard à compléter sa production; il en est ainsi comme du dépôt des pièces lorsqu'il s'agit d'élever le conflit. — *Dijon*, 18 août 1838, sous *Cass.*, 23 juill. 1839 (t. 2 1839, p. 439), Germain c. préfet de Saône-et-Loire.

527. — La date de l'envoi au ministre de la justice de l'arrêté et des pièces jointes est consignée sur un registre à ce destiné. — Ord. 1er juin 1828, art. 14.

528. — Dans les vingt-quatre heures de la réception de ces pièces, le ministre de la justice doit les transmettre au secrétariat général du conseil d'état, et en donner avis au magistrat qui les lui a transmises. — Même ord.

529. — L'ordonnance du 12 mars 1831 renouvelle cette double prescription; seulement elle se borne à dire que la transmission au conseil d'état doit avoir lieu *aussitôt*, et, quant à l'avis à donner au procureur du roi, elle ajoute que le ministre doit lui envoyer un récépissé qui est déposé au greffe du tribunal.

530. — Du secrétariat général du conseil d'état, l'arrêté de conflit ne saurait de suite être soumis à l'assemblée générale pour son règlement; une instruction préalable est nécessaire; un rapport doit être présenté: à quelle section du conseil convient-il de renvoyer l'arrêté de conflit à cet effet? La législation a varié encore sur ce point comme sur le précédent.

531. — Ainsi, les premiers décrets organiques sur le conseil d'état n'ayant pas expressément déterminé à quelle section devait appartenir l'instruction du conflit, un avis du conseil d'état, du 22 janv. 1813, décida que les conflits, entrant dans le contentieux administratif devaient être envoyés à la commission du contentieux, pour y être instruits conformément au règlement du 22 juill. 1806.

532. — Cette attribution de la connaissance des conflits au comité du contentieux fut maintenue sous la restauration par les nouvelles ordonnances organiques du conseil d'état des 29 juin 1814, art. 9, et 23 août 1815, art. 13.

533. — Cet état de choses dura jusqu'à l'ordonnance organisatrice du conseil d'état du 18 sept. 1839, laquelle, rétablissant le comité de législation, veut (art. 17) qu'il soit chargé de l'instruction, et de préparer le rapport des conflits.

534. — Ce mode d'instruction par le comité de législation est en effet plus rationnel que celui qui l'a précédé, et mieux en rapport avec le caractère mixte de l'ordonnance qui statue sur les conflits, et qui n'est à proprement parler, ainsi que nous l'avons vu, qu'un acte de haute administration. — V. *suprà* nos 42 et suiv.

535. — Du reste l'ordonnance de 1839, après avoir posé en principe que l'instruction et la préparation du rapport auraient lieu par le comité de législation, ajoute que ce rapport continuera à être fait à l'assemblée générale du conseil d'état en séance publique, et la délibération à être prise conformément aux règles tracées pour les affaires contentieuses, ce qui conduit tout naturellement à cette conséquence, que les avocats sont admis à présenter des observations orales. — Ordonn. 17 sept. 1839, art. 17, 29 et suiv.

536. — Les rapports sur les conflits ne peuvent être présentés au conseil d'état qu'après production des pièces que nous avons indiquées comme devant être jointes à l'arrêté. — V. *suprà* no 524. — V. aussi ord. 12 mars 1831, art. 6. — V. encore *Cass.*, 23 juill. 1839 (t. 2 1839, p. 439), Germain c. préfet de Saône-et-Loire.

537. — Lorsque deux conflits sont intervenus sur des conclusions et des jugemens semblables, il y a lieu d'y statuer par une seule et même ordonnance. — *Cons. d'état*, 12 avr. 1829, ville de Strasbourg.

538. — Jugé aussi qu'il y a lieu de statuer par une seule ordonnance sur le conflit et le pourvoi portés en même temps devant le conseil d'état et qui sont connexes. — *Cons. d'état*, 21 déc. 1825, Delaëtre; 6 fév. 1828, Maneville Fodor; même jour, Sibleyras c. Pourcheron; 2 juill. 1828, Bartier c. ville de Paris. — Cependant le pourvoi donne lieu à une instance d'intérêt privé, et le conflit soulève une question d'ordre public; mais le principe de la jonction des affaires pour cause de connexité est tellement général qu'il s'applique même à ce cas. — V. Chevalier, t. 2, p. 316.

539. — M. de Cormenin (no 12, 3o, note 1re) blâme pourtant cette jurisprudence; suivant lui, une semblable confusion ne vaut rien, et il vaudrait mieux que le conseil se bornât uniquement à statuer sur le conflit.

540. — En tous cas la jonction ne pourrait avoir lieu qu'autant que les deux affaires rentreraient dans les attributions du conseil d'état. — *Cons. d'état*, 6 nov. 1817, Payer c. Jubie.

541. — Mais s'il s'agissait notamment d'un pourvoi près d'un ministre, le conseil d'état devrait surseoir à statuer jusqu'après la décision du ministre, si l'instruction de celle-ci paraissait pouvoir fournir des renseignemens utiles pour la décision du conflit. — Même décision.

542. — L'arrêté de conflit, en suspendant l'instance judiciaire, peut évidemment, par cela même, apporter un préjudice notable aux intérêts privés; il importe donc que le réglement en soit aussi prompt que possible.

543. — La loi du 21 fructidor an III, art. 27, qui attribuait le réglement du conflit à l'autorité administrative supérieure, voulait qu'il fût statué dans le délai d'un mois.

544. — L'ordonnance du 1er juin 1828 a quelque peu augmenté ce délai; son art. 15 veut qu'il soit statué sur le conflit au vu des pièces mentionnées ci-dessus, ensemble des observations et des mémoires qui auraient pu être produits par les parties et leurs avocats dans le délai de quarante jours à dater de l'envoi des pièces au ministre de la justice.

545. — Toutefois, et pour tempérer la rigueur de cette règle, le même article ajoutait : « Néanmoins ce délai pourra être prorogé, sur l'avis du conseil d'état et la demande des parties, par notre garde-des-sceaux; il ne pourra en aucun cas excéder deux mois. »

546. — Enfin, l'ordonnance du 12 mars 1831 a voulu que ce délai de deux mois fût non plus un délai de grace, mais le délai légal : « Il sera statué sur le conflit, porte l'art. 7, dans le délai de deux mois à dater de la réception des *pièces* au ministère de la justice. » — Et il faut remarquer que cette dernière ordonnance parle, non de l'envoi de l'arrêté, mais de celui des pièces.

547. — D'où il suit que le délai ne court que du jour de l'accusé de réception délivré par le ministre de la justice, constatant la production de toutes les pièces énumérées dans l'art. 6 de la même ordonnance, et que l'accusé de réception d'un envoi incomplet serait insuffisant pour faire courir le délai. — *Cass.*, 21 juill. 1839 (t. 2 1839, p. 439), Germain c. préfet de Saône-et-Loire.

548. — Et M. Serrigny fait observer avec raison (t. 1er, art. 203) que tant qu'une instance reste en état de conflit devant l'autorité judiciaire, si le défaut de production des pièces a empêché de statuer sur le conflit, quel que soit le laps de temps qui se soit écoulé depuis que l'arrêté de conflit a été pris, aucune fin de non-recevoir ne peut être élevée contre le conflit. — V. encore *Cons. d'état*, 7 déc. 1844, Léger c. comm. de Lornecy.

549. — Les parties ne sauraient légitimement se plaindre du retard apporté au réglement du conflit. En effet, si le préfet apporte dans la production des pièces un retard ou une négligence nuisible à leurs intérêts, en prolongeant ainsi le délai des déchéances, elles peuvent suppléer à son inaction en produisant elles-même et en faisant parvenir au ministre de la justice les pièces exigées qui sont nécessairement communes aux parties : il dépend donc toujours de leur volonté de faire courir le délai de déchéance introduit en leur faveur. — *Dijon*, 18 août 1838, sous *Cass.*, 23 juillet 1839 (t. 2 1839, p. 439), Germain c. préfet de Saône-et-Loire.

550. — L'ordonnance du 19 juin 1840 autorise une suspension à ces délais, qui a lieu de plein droit. « Les délais, porte l'art. 35, fixés par l'ordonnance du 12 mars 1831, pour les jugemens des conflits, sont suspendus pendant les mois de septembre et octobre. »

551. — Mais, en dehors de ce cas exceptionnel de prorogation, que peut-il résulter de cette circonstance que le conflit n'a pas été réglé dans le délai fixé ?

552. — Les termes de l'ordonnance de 1828, art. 16, étaient formels sur ce point : « Si les délais fixés expirent sans qu'il ait été statué sur le conflit, l'arrêté qui l'a élevé sera considéré comme non avenu, et l'instance pourra être reprise devant les tribunaux. »

553. — Et l'on jugeait en conséquence que quand les délais fixés par l'art. 15 de l'ordonnance étaient expirés sans qu'il eût été statué sur l'arrêté de conflit, cet arrêté devait être considéré comme non-avenu, aux termes de l'art. 16. — *Cons. d'état*, 8 avr. 1831, préfet de la Loire.

554. — L'ordonnance du 12 mars 1831 n'est pas sur ce point rédigée dans les mêmes termes que celle de 1828. L'art. 7, après avoir fixé à deux mois, ainsi que nous l'avons vu, le délai de réglement du conflit, ajoute : — « Si, un mois après l'expiration de ce délai, le tribunal n'a pas reçu la notification de l'ordonnance royale rendue sur le conflit, il pourra procéder au jugement de l'affaire.

555. — Le rapprochement de ces dispositions des deux ordonnances a soulevé plusieurs questions. — Trois hypothèses peuvent se présenter :

556. — 1° Le réglement du conflit a eu lieu plus de deux mois après la réception des pièces, mais l'ordonnance a été rendue et notifiée avant l'expiration du troisième mois.

557. — La cour de Rennes avait jugé dans cette hypothèse que, même depuis l'ordonnance du 12 mars 1831, art. 7, le conseil d'état doit statuer sur le conflit dans les deux mois de la réception au ministère de la justice; et que, s'il n'en a pas été ainsi, sa décision est tardive, et le conflit doit être déclaré caduc et non avenu. — *Rennes*, 28 janv. 1836, Pierre c. préfet d'Ille-et-Villaine.

558. — Mais cette décision a été, et avec raison, cassée par la cour suprême, qui décida qu'une ordonnance de conflit est valable alors même qu'elle aurait été rendue plus de deux mois après la réception des pièces au ministère de la justice, pourvu qu'elle ait été signifiée dans les trois mois de cette réception. — *Cass.*, 31 juill. 1837 (t. 2 1837, p. 166), même parties.

559. — 2° L'arrêté de conflit a été réglé dans les deux mois, mais l'ordonnance n'a été notifiée qu'après l'expiration du troisième.

560. — La cour de Douai avait pensé que, dans ce cas, la notification ne pouvait plus être utilement faite, et qu'en conséquence l'ordonnance devait être tenue comme non avenue. — *Douai*, 14 juin 1834, sous *Cass.*, 30 juin 1835, préfet du Nord c. Danglemont.

561. — Mais sur ce point la cour suprême a dû également réformer cet arrêt et a jugé formellement qu'une ordonnance rendue sur conflit n'est pas frappée de déchéance, faute de notification dans les trois mois de la réception des pièces au ministère de la justice. — *Cass.*, 30 juin 1835, mêmes parties.

562. — ... Qu'en conséquence, si le tribunal à qui on n'a pas fait connaître l'ordonnance rendue peut passer outre après ce délai au jugement de l'affaire, il n'en est plus de même dès le moment que cette ordonnance lui est représentée. — Même arrêt.

563. — 3° Enfin, l'ordonnance n'a été rendue qu'après les deux mois, et la notification au tribunal n'a eu lieu qu'après le troisième.

564. — La cour de Cassation n'a pas eu à se prononcer sur ce dernier point; mais il nous paraît certain qu'il doit être résolu par les mêmes motifs et dans le même sens que les deux autres.

565. — La cour, en effet, dans ses arrêts de 1835 et 1837 (*suprà* nos 558, 560 et suiv.) s'est surtout déterminée par cette considération que, quelle que fût la portée de l'art. 16, ord. 1er juin 1828, la déchéance qu'il établissait n'était plus reproduite par l'art. 7, ordonn. 12 mars 1831, qui ne laisse plus d'autre sanction à l'inobservation des délais que le pouvoir pour le tribunal de procéder au jugement de l'affaire s'il n'a pas reçu la notification de l'ordonnance en temps utile.

566. — Plusieurs auteurs, il est vrai, combattent cette jurisprudence : suivant eux, l'ordonnance de 1831 n'aurait eu d'autre but que de modifier les délais accordés pour rendre l'ordonnance et la notifier; et, dès-lors, la disposition nouvelle remplacerait seulement l'art. 15, ordonnance 1er juin 1828, et n'abrogerait nullement l'art. 16. — Foucart, t. 3, n° 1826; Duvergier, *Coll. des lois*, sur l'ordonn. de 1828, p. 219; Carré, t. 5, p. 200.

567. — Nous ne saurions partager cette opinion : les dispositions des deux ordonnances précitées nous semblent trop incompatibles pour pouvoir être conciliées, et nous pensons que l'ordonnance de 1831 a changé non seulement le délai dans lequel il doit être statué sur le conflit, mais la sanction attachée à la prescription : postérieure à l'ord. 1828, elle l'abroge nécessairement en ce point.

§ 3. — *Effets de l'ordonnance.*

568. — Appelé à statuer sur le bien ou mal fondé du conflit, le conseil d'état le confirme ou l'annule.

569. — En le confirmant, il reconnaît que la revendication opérée par le préfet en faveur de l'autorité administrative était bien fondée : et en conséquence toute la procédure suivie devant l'autorité judiciaire est réputée non avenue.

570. — Si, au contraire, il l'annule comme mal fondé, il en résulte que l'autorité judiciaire était compétente; et, dès-lors la procédure interrompue par l'arrêté de conflit reprend désormais son cours.

571. — Mais s'il l'annule non plus comme mal fondé, mais pour vice de forme, l'arrêté de conflit peut être reproduit par le préfet; nous avons vu (*suprà* nos 348 et suiv.) à quelles conditions.

572. — Toutefois, hors le cas d'annulation pour vice de forme, la confirmation ou l'annulation peut n'être pas absolue; le conseil d'état, en effet, ne doit confirmer un arrêté de conflit qu'en ce qu'il revendique ce qui est administratif dans la cause; de même il ne doit annuler le jugement ou l'arrêt qu'en ce qu'il a excédé sa compétence : le surplus doit être dans le premier cas annulé, dans le second respecté. — Solon, t. 2, v° *Conflit*, n° 46; Cormenin, *eod. verb.*, t. 1er, n° 12 2°.

573. — En tous cas, et quel que soit le résultat, la décision du conseil d'état qui règle le conflit porte le nom d'ordonnance, parce que le droit de régler le conflit d'attribution rentre dans les prérogatives de la puissance royale. — Isambert, *Rec. des lois et ordonn.*, vol. 1819-1820, p. 15.

574. — Et, en effet, lorsqu'elle a été rendue régulièrement, elle a véritablement, en ce qui concerne la compétence, l'autorité qui s'attache à la chose souverainement jugée.

575. — Aussi, quand, sur le conflit élevé par un préfet, une ordonnance a annulé le jugement d'un tribunal, ce tribunal commet un excès de pouvoir en décidant que le jugement annulé doit continuer d'exister, sous prétexte qu'il ne peut pas interpréter l'ordonnance qui l'a cassé. — *Cass.*, 17 (et non 7) nov. 1812, de Lubersac c. Sainte-Marie.

576. — Et l'autorité judiciaire ne peut, en aucun cas, statuer sur des difficultés dont la connaissance a été attribuée à l'autorité administrative par une ordonnance royale, confirmative d'un arrêté de conflit. — *Cass.*, 8 mai 1840 (t. 2 1840, p. 340), préfet de la Seine c. Bartier.

577. — Que faut-il décider si, nonobstant le réglement du conflit régulièrement notifié, l'autorité, déclarée incompétente, retenait la connaissance de l'affaire?

578. — Ce cas n'a point été prévu par l'ordonnance du 1er juin 1828; mais évidemment si le conseil d'état est appelé à annuler les jugemens rendus sur la compétence par les autorités judiciaires et administratives, alors que cette compétence est encore douteuse, à plus forte raison doit-il annuler ceux rendus après que l'incompétence aurait été légalement déclarée. Il annulera donc les décisions nouvelles prises contrairement à l'ordonnance réglementaire, et les juges ou magistrats qui auront rendu ces décisions pourront être frappées des peines portées par le Code pénal contre le juge qui usurpe les pouvoirs d'une autre autorité. — Foucart, t. 3, n° 1829.

579. — Et nous n'hésitons pas à dire, avec le même auteur, qu'en pareil cas il ne serait point nécessaire que le préfet prît un nouvel arrêté de revendication, et que l'affaire pourrait être portée directement devant le conseil d'état?

580. — Mais le conseil d'état pourrait-il être saisi directement par les parties intéressées ? — Non, assurément, il s'agit du réglement de conflit, et le conflit, ainsi que nous l'avons vu, est entièrement d'ordre public.

581. — Toutefois il faut observer que les parties ne restent pas sans une voie de recours contre l'excès de pouvoirs du juge incompétent. — Ainsi, si c'est un juge administratif, elles peuvent s'adresser au conseil d'état, non plus comme régulateur suprême des conflits, mais comme juge d'appel des décisions rendues par une juridiction inférieure.

582. — Et s'il s'agissait d'un tribunal ordinaire ou d'une cour royale, les parties pourraient poursuivre la réformation du jugement ou l'annulation de l'arrêt suivant les voies hiérarchiques, mais jamais s'adresser elles-même au conseil d'état. — *Cons. d'état*, 10 sept. 1817, de Sirou.

583. — De ce que l'ordonnance de conflit est un acte de haute administration et non un arrêt, il résulte encore : 1° que l'ordonnance rendue sur le conflit n'est pas soumise au droit d'enregistrement, alors même que les parties intéressées seraient intervenues par la production d'un mémoire. — Carré, t. 5, art. 363; Favard, *Rép.*, v° *Conflit*, n° 9; Cormenin, n° 11.

584. — ... 2° Qu'elle ne doit pas être notifiée par huissier. — La lecture qui en est faite à l'audience par le ministère public tient lieu de signification suffisante. — *Douai*, 14 juin 1834, sous *Cass.*, 30 juin 1835, préfet du Nord c. Danglemont.

585. — ... 3° Qu'une condamnation de dépens ne peut être prononcée par l'ordonnance. — Ord. 12 déc. 1821, art. 7. — Et ce, quelle que soit la nature de l'ordonnance.

586. — C'est ainsi que, même avant l'ord. du 12 déc. 1821, il avait été jugé que l'ordonnance qui confirmait un arrêté et renvoyait devant l'autorité administrative, devait faire réserve des dépens. — *Cons. d'état*, 17 juin 1818, Alaine.

587. — ... 4° Que l'ordonnance doit faire réserve des droits et moyens des parties. — C'est ce que

décidait déjà formellement l'ordonnance du conseil d'état précitée du 18 juin 1818, et ce qui, d'après l'ord. du 1er juin 1828, ne peut plus faire l'objet d'aucun doute.

588. — En effet, le caractère le plus notable de l'ordonnance de conflit, c'est que jamais aucune solution n'y peut être donnée aux questions du fond. Le conseil d'état, n'ayant pas qualité pour juger du fait, n'est nullement saisi du droit de résoudre le procès; il exerce dans ce cas une juridiction analogue à celle de la cour de Cassation, lorsqu'elle est saisie d'un pourvoi pour violation de la loi. — Solon, no 41.

589. — Et le même auteur ajoute (no 42) : « Outre que les principes s'y opposent, des convenances de toute justice ne le permettent pas. On sait effectivement que les parties ne sont pour rien dans l'instance sur le conflit ; qu'elles sont sans qualité pour y figurer, pour y prendre des conclusions; que, dès-lors, il y aurait injustice à les condamner sans les entendre. »

590. — Mais si le conseil d'état ne peut être juge du fond, du moins peut-il par son ordonnance, et en même temps qu'il décide sur la compétence, désigner l'autorité devant laquelle les intéressés doivent se présenter?

591. — Non, évidemment, s'il annule l'arrêté de conflit : car en indiquant le tribunal qui doit être saisi de l'affaire, il ferait par cela même un réglement de juges entre les tribunaux judiciaires, en d'autres termes réglerait un conflit de juridiction, tandis qu'il n'a pouvoir que pour le conflit d'attribution. — Serrigny, no 207; Foucart, t. 3, no 1828; Laferrière, liv. 3, p. 633.

592. — D'où il faut conclure que, lorsque le tribunal naturel des parties qui a connu de la contestation ne peut plus en connaître, parce que sa décision a été annulée par le conseil d'état, les parties doivent se pourvoir devant l'autorité judiciaire supérieure, à l'effet d'obtenir la désignation d'un autre tribunal, conformément à l'art. 363, C. procéd. civ.—*Cass.*, 8 sept. 1807, Chinon c. Brulon.

593.—Si, au contraire, le conseil d'état confirme l'arrêté de conflit, cette interdiction cesse d'exister, et le conseil d'état pourrait désigner dans l'ordre administratif l'autorité compétente pour statuer sur la question du fond.

594.—Toutefois cette désignation n'est pas obligatoire, et peut-être même vaut-il mieux que le conseil d'état s'abstienne sur ce point. En effet, ainsi que le fait observer avec raison M. Serrigny (t. 1er, no 207), « l'arrêté de conflit est l'exercice d'une action par laquelle l'administration, en corps, revendique une attribution. Le maintien du conflit donne gain de cause à l'autorité administrative contre l'autorité judiciaire, et voilà tout. Il ne s'agit point, en pareil cas, de faire entre les fonctionnaires administratifs le partage de leurs attributions. C'est aux parties à suivre la voie la plus régulière. »—V. conf. Laferrière, liv. 3, p. 633; Dufour, t. 2, no 822 ; Carré, t. 5, no 343, p. 140; Cormenin, no 12 3o, note 1re.

595. — M. Cormenin (*loc. cit.*) va même jusqu'à dire que, si le conseil d'état avait désigné par son ordonnance le tribunal administratif auquel l'action devrait être soumise, les parties ne seraient pas lésées par cette désignation. — V. conf. Foucart, t. 3, no 1828.

596.—Du reste, cette dernière opinion n'est pas partagée d'une manière complète par M. Serrigny. « La question, dit cet auteur, me paraît délicate, Voici la distinction que je hasarderais : Si toutes les parties litigantes ont plaidé ou conclu devant le conseil d'état, lors du réglement du conflit, on peut dire que l'ordonnance intervenue est obligatoire pour elles, non seulement en tant qu'elle enlève à l'autorité judiciaire la contestation à juger, mais en tant qu'elle l'attribue à telle ou telle branche de l'autorité administrative. Que si, au contraire, l'ordonnance sur conflit a été rendue en l'absence de l'une des parties, on pourra bien la lui opposer comme jugeant le débat entre les deux pouvoirs judiciaire et administratif, parce qu'il n'y avait point nécessité qu'elle figurât dans cette discussion ; mais on ne pourra pas la lui opposer comme jugeant, dans l'ordre administratif, celle des autorités qui doit statuer sur la contestation, parce qu'elle devait être représentée dans ce débat. »

CHAPITRE II. — *Conflit négatif.*

597. — Il y a conflit négatif lorsque deux autorités déclarent qu'une affaire soumise à leur décision ne rentre pas dans leurs attributions respectives.

598. — De même que le conflit positif, le conflit négatif peut être de *juridiction*, c'est-à dire entre deux autorités du même ordre, ou d'*attribution*, c'est-à-dire entre deux autorités d'ordre différent.

599. — Les conflits négatifs de juridiction ne sont pas, à proprement parler, autre chose, ainsi que nous l'avons dit déjà (*suprà* no 3), que des réglemens de juges qui doivent être réglés, soit par le conseil d'état, si le conflit a lieu entre des autorités administratives, soit par la cour de Cassation, les cours royales ou même les tribunaux de première instance, si le conflit s'élève entre les autorités judiciaires (C. procéd., art. 363 et suiv.).—V., pour cette sorte de conflit, CONSEIL D'ÉTAT, RÉGLEMENT DE JUGES.

600. — Quant au conflit négatif d'attribution, il est le plus souvent le résultat de la double déclaration d'incompétence faite respectivement et par l'autorité judiciaire et par l'autorité administrative, soit ministre, préfet, ou conseil de préfecture. — *Cons. d'état*, 21 sept. 1810, Cussy-la-Colonne c. Richard ; 8 nov. 1810, Garnier c. administration forestière ; 9 avr. 1811, Ferrand c. Jubié ; 26 mars 1814, chanoines de Savillan c. chanoines de Mondovi ; 14 sept. 1814, Chartron c. Petit ; 26 fév. 1823, Jeannin c. comm. de Lavaus ; 24 mars 1824, Guy c. Peautingon-Brouard ; 14 oct. 1827, Roux c. Testu; 15 avr. 1828, Reynaud de Villeverd ; 2 juill. 1828, Duboé-Pau ; 13 juill. 1828, Descourt ; 26 oct. 1828, Naus-Bertrand ; 15 mars 1829, Bernardière c. préfet de police ; 2 juill. 1836, concess. du canal d'Aire à la Bassée c. concess. du marais Dubois ; 9 janv. 1839, prince de Tarente c. min. des finances.

601. — Cependant, il peut également résulter de la déclaration d'incompétence émanée d'un tribunal administratif d'exception et d'un tribunal civil.—*Cons. d'état*, 3 août 1808, Morice c. Jousselin, 4 juin 1816, Graut-Webb.

602.—... Ou bien encore de la même déclaration faite par un conseil municipal, dont la délibération a été approuvée par le préfet et par un tribunal ordinaire. — *Cons. d'état*, 2 fév. 1825, Escaille c. Crouzy.

603. — Toutefois, cette double déclaration d'incompétence n'est pas, à proprement parler, un conflit, puisque loin d'être en lutte pour revendiquer la connaissance de l'affaire, les deux autorités refusent d'en connaître.

604. — Aussi l'ordonnance réglementaire du 12 déc. 1821 n'y voit-elle qu'un cas de réglement de juges. « En ce qui concerne, porte l'art. 8, *les réglemens de juges* entre l'administration et les tribunaux, *qualifiés de conflits négatifs*, il y sera procédé comme par le passé.— Quant à l'ordonnance du 1er juin 1828, elle ne s'en est pas même occupée.

605. — Ce silence se justifie, du reste, par la différence profonde qui sépare les deux espèces de conflits. Le conflit positif a été établi dans un but d'ordre public, pour le maintien du principe de la séparation des pouvoirs ; les considérations d'intérêt privé y sont tout-à-fait étrangères. — Le conflit négatif, au contraire, n'a pas pour objet de prévenir l'empiétement d'autorités, puisqu'elles déclinent leur compétence ; il est établi dans l'intérêt des parties, afin que cette double déclaration d'incompétence ne puisse dégénérer pour elles en un déni de justice.

606. — Dans tous les cas, il en est du conflit négatif comme s'il s'agissait d'un conflit positif ; c'est au roi seul en son conseil qu'il appartient d'y statuer. — *Cass.*, 25 flor. an XII, Ganal c. Dussert; *Cons. d'état*, 3 sept. 1823, Cénac c. comm. de Lourdes ; 15 avr. 1828, Reymond de Villeverd. — V. encore Serrigny, t. 1er, no 216; Solon, t. 1er, no 55 ; Henrion de Pansey, *De l'autorité judiciaire*, p. 46 ; Cormenin, *Du conflit négatif*, no 1er ; Dufour, t. 2, no 825.

607. — En effet, comme l'observe ce dernier auteur (no 824), « les raisons qui ont fait recourir pour les conflits négatifs au moyen usité pour le réglement des compétences entre les fonctionnaires de l'ordre administratif, sont faciles à saisir : l'intérêt lésé et la cause de la lésion dans le cas de déclarations respectives d'incompétence des corps administratif et judiciaire sont les mêmes que dans le cas où elles se réalisent entre deux autorités du même ordre. D'un autre côté, cette circonstance que, dans le conflit négatif, les autorités en présence appartiennent chacune à un ordre différent, a fait une nécessité de s'adresser au pouvoir exécutif, qui est le supérieur commun de l'un et de l'autre. »

608. — De la différence que nous venons de signaler entre les conflits positifs et les conflits négatifs d'attribution résulte cette conséquence qu'il n'appartient pas aux préfets d'élever le conflit négatif, ce conflit étant introduit dans l'intérêt des parties et non en vue de l'ordre public. — *Cons. d'état*, 17 avr. 1822, préfet de l'Oise ; 3 sept. 1823, Cénac c. comm. de Lourdes ; 24 mars 1824, Guy c. Poutingon ; 12 janv. 1825, Grand ; 11 janv. 1826, Toussaint c. comm. d'Octeville.

609. — Les parties intéressées seules peuvent donc poursuivre le réglement du conflit négatif ; leur intérêt doit être leur guide unique, et à défaut d'une manifestation expresse de leur volonté à cet égard, il n'y a lieu de donner aucune suite d'office à la double déclaration d'incompétence.

610. — Toutefois, le conflit négatif, bien qu'il dépende en quelque sorte des parties intéressées d'y donner suite, n'est cependant point entièrement abandonné à leur caprice et à leur arbitraire ; son existence comme la possibilité de le former sont, au contraire, soumises à certaines conditions qui résultent moins de la loi que de sa nature propre et des principes généraux du droit, et que la doctrine et la jurisprudence ont consacrés dans maintes occasions.

611. —... Ainsi, 1o il est indispensable avant tout que les deux autorités judiciaire et administrative aient été saisies de la connaissance de l'affaire; autrement il n'y a pas conflit négatif dans la déclaration d'incompétence de celle des deux autorités qui a été seule saisie, et le simple renvoi fait par elle devant l'autre autorité. — *Cons. d'état*, 17 avr. 1822, préfet de l'Oise.

612. — Jugé, par suite, que c'est aux tribunaux d'appel et non au conseil d'état qu'on doit demander la réformation des jugemens des tribunaux de première instance qui se déclarent mal à propos incompétens sous le prétexte que la question est du ressort de l'autorité administrative, alors que cette dernière autorité n'a pas été saisie.— *Cons. d'état*, 18 juill. 1809, Bouffier c. comp. Chelbernier ; 6 nov. 1813, Brisac.

613.—... Qu'il en est encore ainsi, bien que l'autorité judiciaire ait renvoyé au conseil d'état à prononcer sur une contestation qu'elle croyait *administrative*, tandis qu'elle était réellement *judiciaire*. — Dans ce cas, le conseil d'état, sur le recours porté devant lui, se borne à renvoyer devant les juges compétens. — *Cons. d'état*, 11 juin 1817, Latour-Daligny c. Belbeuf. — V. encore avis cons. d'état, 12 nov. 1811.

614.—... Qu'il n'y a pas conflit négatif lorsqu'un arrêté du conseil de préfecture a autorisé une commune à ester en justice, et que les tribunaux se sont déclarés incompétens ; dans ce cas, pour qu'il y ait conflit négatif, il faudrait que l'autorité administrative se déclarât à son tour incompétente pour statuer sur le fond de la contestation. — *Cons. d'état*, 12 janv. 1825, Grund ; 11 janv. 1826, Toussaint c. comm. d'Octeville.

615. — 2o Il ne suffit même point que les deux autorités aient été saisies, il est de plus nécessaire qu'elles se soient déclarées incompétentes.

616. — Ainsi, la déclaration d'incompétence, si elle n'émanait que d'une seule des deux autorités saisies, ne suffirait pas pour établir le conflit. — *Cons. d'état*, 13 juill. 1825, Bonnefon ; 13 juill. 1826, préfet de police c. Aubin-Renaudière.

617.—De même, lorsqu'un conseil de préfecture et un tribunal saisis en même temps n'ont pas encore prononcé sur le litige, il n'existe aucun conflit négatif, et il y aurait lieu par le conseil d'état de rejeter la requête en réglement de juges.—*Cons. d'état*, 3 mars 1825, Saint-Amand.

618. — A plus forte raison n'y a-t-il pas de conflit négatif, si, l'une des deux autorités s'étant déclarée incompétente, l'autre autorité a, au contraire, reconnu sa compétence en statuant sur l'affaire. — *Cons. d'état*, 6 mars 1828, Morin.

619. —... Ou si l'administration a formellement déclaré que la contestation existante était du ressort de l'autorité judiciaire qui l'a décidée par des jugemens ou arrêts passés en force de chose jugée, dans ce cas le conseil d'état est sans compétence, tout procès étant terminé. — *Cons. d'état*, 13 juin 1821, Tancy c. Laffargue.

620. — Jugé également que si, après cassation pour incompétence d'un jugement des tribunaux ordinaires et renvoi de la difficulté par la cour à l'autorité administrative, le conseil d'état annule à son tour l'arrêté pris par le conseil de préfecture, malgré le silence des actes administratifs, et renvoie de nouveau devant l'autorité judiciaire, le conflit négatif ne résulte pas de ces deux dispositions suprêmes. — Il faudrait, pour qu'il existât, que l'autorité judiciaire saisie de nouveau eût refusé de statuer. — *Cons. d'état*, 19 déc. 1821, Jaussaud c. Antoine.

621. — De même, on ne peut demander la nullité d'un jugement pour incompétence, à raison d'un conflit négatif entre l'administration et les tribunaux, lorsque l'autorité judiciaire a été saisie par les deux parties, postérieurement à la décision administrative de laquelle on veut faire résulter

ce conflit. — *Limoges*, 5 juill. 1816, Brisset c. Enregistr.

622. — Jugé cependant que lorsque les tribunaux se sont déclarés à tort incompétens, et que, sur le renvoi qui lui a été fait de l'affaire, le conseil de préfecture a cru devoir retenir l'affaire, alors, au contraire, qu'il aurait dû se déclarer incompétent, le conseil d'état saisi peut, en prononçant l'incompétence de l'autorité administrative, déclarer le conflit négatif et régler en même temps le conflit en annulant le jugement des tribunaux et en renvoyant de nouveau devant eux. — *Cons. d'état*, 24 déc. 1818, Babin c. Julien.

623. — 3° Il peut arriver que la décision administrative ou que le jugement qui ont déclaré l'incompétence soient encore susceptibles de recours à l'autorité supérieure hiérarchique. Faut-il, en pareil cas, que ce recours soit nécessairement exercé, de telle sorte que la décision ou le jugement acquièrent l'autorité de la chose jugée avant que le réglement de juges soit demandé au conseil d'état ? Ou bien les parties ont-elles le choix et peuvent-elles s'adresser immédiatement au conseil d'état sans attendre la réformation ou confirmation de la première déclaration d'incompétence ? — En d'autres termes, le recours hiérarchique est-il facultatif ou forcé, et doit-il nécessairement précéder le réglement de la compétence par le conseil d'état?

624. — On a souvent prétendu que le réglement ne devant avoir lieu sur le conflit négatif que pour empêcher que la déclaration réciproque d'incompétence ne dégénérât en déni de justice, les parties ne pouvaient alléguer ce déni de justice et recourir au conseil d'état tant qu'aucune décision souveraine du pouvoir judiciaire n'avait constaté d'une manière irrévocable qu'elle refusait de statuer sur le procès : on invoquait à cet égard et par voie d'analogie la jurisprudence de la cour de Cassation, d'après laquelle il ne peut y avoir lieu à réglement de juges devant elle qu'autant que les jugemens ou arrêts qui rendent ce réglement indispensable ont acquis l'autorité de la chose jugée; enfin on ajoutait que, si tel était le droit commun en matière de conflit de juridiction, et les décisions de la cour suprême ne permettaient pas d'en douter, il ne pouvait être permis, même en cas de conflit d'attribution, de s'en écarter qu'en vertu d'une disposition parfaitement explicite, disposition qui ne paraissait pas en cette matière avoir toute la précision désirable.

625. — Mais cette opinion ne paraît pas avoir été admise par la jurisprudence, et le conseil d'état a toujours regardé comme valablement formés les conflits négatifs sur décisions de tribunaux de premier ressort. — V. notamment *Cons. d'état*, 29 juin 1839, comm. de Thiray c. Ferrand ; 29 janv. 1840, hosp. de Loudun c. Gaillard.

626 — Et telle est également l'opinion des auteurs qui ont écrit sur la matière. — Cormenin, v° *Conflit*, § *Conflit négatif*, n° 2; Solon, n° 52; Magnitot et Delamarre, sect. 3e, p. 290; Foucart, t. 3, n° 1830; Serrigny, t. 1er, n° 214. — Les raisons de décider leur paraissent ici les mêmes qu'au cas où il s'agit de conflit de juridiction. — V. RÉGLEMENT DE JUGES.

627. — Le recours en réglement de juges, dit M. Dufour (n° 825), est ouvert dès l'instant qu'il existe une double déclaration d'incompétence de la part des autorités administrative et judiciaire. Il n'est point exigé que les ressources que peut offrir la voie ordinaire de l'appel soient préalablement épuisées. On a voulu laisser aux parties la pleine liberté de prendre immédiatement le chemin le plus court, et par conséquent le plus prompt et le moins dispendieux. »

628. — Jugé en conséquence que lorsque l'autorité administrative a renvoyé aux tribunaux une action en bornage, bien que le tribunal de première instance se soit ultérieurement déclaré incompétent, les parties ne sont pas tenues, avant que la cour royale ait statué, de se pourvoir directement au conseil d'état. — *Rennes*, 20 nov. 1810, Paradis c. Laurent.

629. — 4° Il faut encore, pour constituer le conflit négatif, que l'une des deux autorités saisies soit réellement compétente ; ainsi, bien que l'autorité judiciaire et un conseil de préfecture saisis d'une même affaire se soient réciproquement déclarés incompétens, il n'y a pas conflit négatif si réellement ces deux juridictions sont incompétentes, et si l'autorité compétente n'a pas été saisie de la demande. — *Cons. d'état*, 31 déc. 1828, Hocart et Doinet c. Pernel.

630. — Jugé de même que la double déclaration d'incompétence faite par un tribunal et un préfet ne constitue pas un conflit négatif dans le cas où la demande aurait dû être portée soit devant le conseil de préfecture, soit devant le ministre, soit directement devant le conseil d'état. — *Cons. d'état*, 10 juill. 1822, Belmond.

631. — Il n'y a pas non plus conflit négatif lorsque après la déclaration d'incompétence par les tribunaux civils et par l'administration, l'affaire est portée devant un tribunal de commerce, qui s'en attribue la connaissance. — *Turin*, 18 juill. 1809, Sallussolin c. Malenco.

632. — 5° La déclaration respective d'incompétence doit porter sur les mêmes points. — Il n'y a donc pas lieu à conflit négatif quand, sur le renvoi prononcé par une ordonnance rendue en conseil d'état, l'autorité judiciaire a jugé au fond sans statuer sur les questions administratives que le conseil d'état avait décidé être soulevées à tort par les parties. — *Cons. d'état*, 31 juill. 1822, Rocheron c. Guiet ; 2 fév. 1825, Escaille c. Crouzy.

633. — ...Lorsque, sur le renvoi d'un comptable devant les tribunaux, pour faire décider une question de faux, ce comptable ne présente qu'une demande en révision de compte et que les tribunaux déclarent que cette question est du ressort de l'administration. — *Cons. d'état*, 14 nov. 1821, Jéguin et Laroche c. ministre des finances.

634. — ...Lorsqu'une ordonnance du conseil d'état ayant annulé pour incompétence et excès de pouvoirs des arrêtés de conseils de préfecture qui avaient statué sur des matières attribuées exclusivement aux préfets, sans cependant déclarer que l'autorité administrative fût incompétente pour connaître de ces matières, l'autorité judiciaire en a été saisie et s'est déclarée incompétente. — *Cons. d'état*, 23 août 1843, Cartier c. l'assoc. des chaussées de Trebon.

635. — ...Ou bien encore quand, sur une contestation relative au point de savoir si deux billets produits dans une liquidation administrative ont pour objet la même créance, le conseil de préfecture s'est borné à interpréter la décision de l'administration centrale qui avait prononcé sur la liquidation, et que, de son côté, la cour royale ne s'est pas dessaisie de la question d'identité des deux billets, laquelle est en effet du ressort des tribunaux. — *Cons. d'état*, 6 juin 1830, Sauzillon c. Frouche.

636. — 6° Enfin la déclaration d'incompétence doit être absolue et non conditionnelle. — Ainsi il n'y a pas un conflit négatif lorsqu'un tribunal, en se réservant la connaissance du fond d'une affaire, renvoie les parties devant l'autorité administrative pour obtenir sa déclaration sur une question préjudicielle, et que cette autorité, après avoir donné l'explication demandée, déclare qu'elle est incompétente pour connaître au fond de l'affaire et renvoie à son tour sur ce point devant la juridiction ordinaire. — *Cons. d'état*, 18 juill. 1821, comm. d'Etinchem c. Delafond ; 17 juill. 1822, Courtois c. Sadin ; 14 nov. 1822, Liogier c. Richond ; 4 mars 1829, Levillain.

637. — C'est au surplus au conseil d'état qu'il appartient d'examiner si des circonstances résulte un conflit négatif. — *Cons. d'état*, 9 avr. 1817, Perram c. Moissans.

638. — En effet, une fois le conflit négatif élevé, l'autorité qui s'est déclarée incompétente ne peut plus statuer de nouveau sur sa compétence. — Ainsi jugé notamment à l'égard d'un arrêté d'un conseil de préfecture qui, après et nonobstant un conflit négatif, avait rapporté sa déclaration d'incompétence. — *Cons. d'état*, 14 oct. 1825, Roux c. Testu.

639. — ...Comme aussi en cas de conflit négatif entre l'autorité administrative et l'autorité judiciaire, la cour de Cassation ne peut, avant la décision du conseil d'état sur ce conflit, prononcer sur la demande en cassation du jugement par lequel l'autorité judiciaire s'est déclarée incompétente. — *Cass.*, 14 germin. an XI, comm. de Lyon c. Despinay ; 8 vent. an XII, Cocquerel c. Dieu ; 23 vendém. an XIV, Domaine c. Blettery ; 26 nov. 1806, Forets c. Desimple; 21 janvier 1807, Roger.

640. — A ce sujet M. Solon (n° 52, note) s'exprime ainsi : « Ces divers arrêts ont en général le défaut de ne pas contenir les motifs de la cour. Si donc il nous est permis de les suppléer, il nous paraît que c'est pour éviter, entre la cour de Cassation et le conseil d'état, le même conflit qui existe entre les juridictions inférieures. M. de Cormenin semble ne pas admettre cette opinion ; mais la cour de Cassation est si impérative sur ce point, et ses décisions sont tellement nombreuses, qu'il nous paraît bien difficile de résister à sa jurisprudence. »

641. — Le conflit négatif étant élevé par les parties intéressées, doit, à la différence de ce qui a lieu en matière de conflit positif, être porté au conseil d'état par une requête, avec constitution d'avocat. L'affaire y est instruite et jugée conformément aux règles tracées par le décret du 22 juill. 1806 pour les affaires contentieuses. — Cormenin, *ubi suprà*, n° 2 ; Serrigny, t. 1er, n. 217 ; Isambert, sur l'ord. du 12 déc. 1821 ; Dufour, t. 2, n° 826 ; Carré, *Tr. des lois de l'organis.*, t. 5, art. 363, p. 215. — V. encore *Cons. d'état*, 19 déc. 1821, Jaussaud c. Antoine.

642. — Par une conséquence nécessaire, on admet aussi unanimement, contre les ordonnances rendues en matière de conflit négatif, et suivant les divers cas qui se présentent, les voies d'opposition, de tierce opposition et de requête civile.

643. — Toutefois il faut observer que la fin de non-recevoir tirée du défaut de signification de l'ordonnance de soit communiqué dans les délais du réglement du 22 juill. 1806 n'est pas applicable dans le cas de conflit négatif. En effet, si l'on admettait cette fin de non-recevoir, les parties resteraient toujours sans juges et seraient fondées à demander une solution au conflit négatif; elles sont donc sans motif comme sans intérêt pour élever cette fin de non-recevoir. — *Cons. d'état*, 23 juin 1819, Fillèle-Dacheux c. Guyan. — V. conf. Serrigny, t. 1er, p. 218 ; Cormenin, *ubi suprà*, n° 2, note 3.

644. — Du reste, dans la pratique, les conflits négatifs sont presque tous réglés sur la requête d'une seule partie : il y a peu d'exemples que l'autre ait formé opposition à l'ordonnance portant réglement.

645. — Si le conseil d'état reconnaît que l'une des deux autorités était compétente, et c'est le cas le plus fréquent, aucune difficulté ne peut s'élever : le conseil annule la décision de l'autorité qui à tort s'est déclarée incompétente, et renvoie les parties devant elle à l'effet d'être statué sur le fond.

646. — Dans le cas, au contraire, où les deux autorités qui se sont déclarées incompétentes l'étaient véritablement, il faut distinguer si l'affaire est de la compétence de l'autorité judiciaire; le renvoi devant cette autorité doit être pur et simple, et ne contenir aucune désignation du tribunal : le conseil d'état est bien en effet juge souverain du conflit d'attribution soit positif soit négatif, mais non du conflit de juridiction entre autorités de l'ordre judiciaire; d'où il suit que la désignation faite par lui du tribunal excéderait ses pouvoirs.

647. — Il n'en serait pas de même si l'affaire rentrait dans l'attribution du pouvoir administratif; et bien que d'ordinaire le conseil d'état se borne à renvoyer les parties à se pourvoir *devant qui de droit* sans désignation spéciale, quelquefois aussi il fait cette désignation, qui au résumé rentre dans ses pouvoirs, puisqu'il est appelé à statuer même sur les conflits de juridiction en matière administrative. — V. notamment *Cons. d'état*, 24 mars 1824, Gay c. Potingon. — V. COMPÉTENCE ADMINISTRATIVE, CONSEIL D'ÉTAT.

648. — Mais le conseil d'état pourrait-il aller plus loin, et en même temps qu'il statue sur la compétence, statuer lui-même sur le fond, en supposant, du reste, l'affaire administrative ?

649. — L'affirmative ne peut être douteuse si l'affaire devait être directement portée devant lui; mais si, au contraire, la difficulté était de nature à être soumise à une autorité autre que la sienne, il devrait se borner à régler le conflit. — Autrement en effet « il ne ferait plus office de régulateur : il serait juge dans une affaire dont la loi ne l'a pas saisi : et au lieu de désigner le juge, il jugerait lui-même ; il empiéterait sur les attributions inférieures; et toujours il priverait les parties d'un premier degré de juridiction qui leur est cependant assuré, et par l'art. 4, L. 28 pluv. an VIII, et par le droit commun. » — Solon, n° 56.

650. — Le conseil d'état se conforme, continue le même auteur, à cette doctrine ; toutefois il est deux cas dans lesquels il croit pouvoir y déroger, et, dès-lors, statuer *de plano* sur le fond.

651. — C'est : 1° si les parties, qui pouvaient demander leur renvoi devant l'autorité compétente, renonçant à ce bénéfice, ont conclu à la fois devant le conseil et sur la compétence et sur le fond.

652. — ...Et 2° lorsque sans aucun préjudice pour les parties, il peut y avoir avantage à leur économiser du temps et des frais, en évitant un circuit inutile ; par exemple s'il s'agissait de statuer sur un conflit négatif dont le résultat serait de renvoyer les parties devant un conseil de préfecture. — Solon, *loc. cit.*

V. CHEMINS VICINAUX, COLONIES, COMPÉTENCE (mat. civ.), COMPÉTENCE ADMINISTRATIVE, CONSEIL D'ÉTAT, GREFFE (droits de), RÉGLEMENT DE JUGES, ROULAGE, VOIRIE.

CONFRÈRE, CONFRÉRIE.

1. — On appelle *confrérie* une association de personnes réunies pour remplir ensemble certains exercices particuliers de piété, ou bien encore pour se livrer à la pratique d'œuvres charitables.

— Le nom de *confrères* est appliqué aux membres de ces associations. — On nomme *archiconfrérie* la confrérie qui a donné naissance à d'autres confréries qui lui sont agrégées.

2. — L'origine des confréries remonte au dixième siècle; à diverses époques on en compta en France un très grand nombre formées dans un but soit religieux, soit littéraire, soit mercantile, soit même politique. — V. à cet égard les détails donnés par Delamarre, *Tr. de la police*, liv. 11, tit. 12.

3. — Les conciles de Bordeaux, en 1255, et de Bourges, en 1528, essayèrent de ramener les confréries à un but purement religieux: le premier, en exigeant que leurs statuts fussent approuvés par le curé, en défendant toute réunion des confréries qui ne seraient point dans un but de piété. Et l'autorité civile crut devoir, dans son propre intérêt, et dans un but de haute surveillance sur des associations qui quelquefois cachaient un but politique, venir en aide à l'autorité ecclésiastique.

4. — Nous ne nous occuperons dans cet article que des confréries formées dans un but de dévotion et de charité; ce sont les seules, d'ailleurs, qui soient encore connues en France.

5. — Une confrérie ne pouvait être établie sans le double consentement de l'autorité spirituelle et de l'autorité civile; la déclaration du 16 juin 1659 et l'édit du mois de décembre 1666, résumant la législation sur ce point, portaient que pour qu'une confrérie eût existence légale, il fallait: 1° que l'évêque du diocèse l'eût autorisée; — 2° que le roi eût donné lettres patentes portant érection; — 3° que ces lettres patentes fussent enregistrées au parlement, et que ces mêmes lettres patentes, ainsi que l'arrêt d'enregistrement, eussent été enregistrées au siége royal dans le ressort duquel la confrérie était établie. — Denisart, v° *Confrérie*, § 2.

6. — Toute confrérie non légalement autorisée du roi était dans le cas d'être supprimée, quelle que fût son ancienneté. — *Parlem. Paris*, 5 janv. 1732. — Ce principe fut consacré par deux arrêts de réglement, l'un du parlement de Rennes, du 8 mai 1731, l'autre du parlement de Paris, du 9 mai 1760. — Mais il importe d'observer que les dispositions législatives dont il s'agit ne s'appliquaient qu'aux confréries proprement dites, associations indépendantes, et non aux confréries qui, unies avec la fabrique d'une paroisse, n'avaient de particulier que la fondation de certains offices publics, et l'engagement de la part des membres d'y assister.

7. — Les confréries légalement instituées pouvaient posséder comme corps distinct, et étaient soumises aux mêmes règles que les *gens de main-morte*. — V. MAIN-MORTE. — Elles avaient aussi quelques règles spéciales. — Il fallait: 1° que les statuts fussent connus, et qu'il n'y eût point d'autres assemblées des confréries que celles permises par les statuts; — 2° que les confrères ne fussent liés par aucuns vœux à la confrérie, mais qu'ils pussent toujours la quitter (*Parlem. Paris*, 7 sept. 1680); — 3° que les deniers des confréries ne sortissent pas du royaume; — 4° que l'heure des exercices des confréries ne fût pas incompatible avec celle de l'office paroissial. — *Parlem. Paris*, mars 1713.

8. — Quoique légalement constituée, une confrérie pouvait toujours être abolie, quand les autorités qui avaient permis son établissement le jugeaient à propos. « Il y avait même cette différence entre l'établissement de ces corps, que l'une des deux puissances pouvait seule les abolir sans le concours de l'autre, tandis qu'il n'en était pas de même lorsqu'il s'agissait de leur établissement. — Guyot, *Rép.*, v° *Confrérie*, § 2. — C'est ainsi qu'à diverses reprises la puissance royale supprima les confréries de gens de métiers, notamment par les art. 14 et 15 de l'édit de février 1776.

9. — Les confréries étaient nombreuses en France dans les provinces méridionales, principalement où leur organisation et leur puissance paraissent s'être développées beaucoup plus que dans le nord de la France. Ces confréries, connues sous le nom de pénitens blancs, bleus, gris, noirs, de la Miséricorde, etc., possédaient même des biens considérables. — Vuillefroy, *Tr. de l'admin. du culte catholique*, v° *Confrérie*.

10. — La loi du 18 août 1792 supprima les confréries; leurs biens, déclarés domaines nationaux, furent administrés et vendus dans les mêmes formes et aux mêmes conditions. — V. BIENS NATIONAUX.

11. — Toutefois, un décret du 28 messid. an XIII, disposa (art. 1er) que les biens aliénés et les rentes non transférées provenant des confréries établies précédemment dans les églises paroissiales, appartiendraient aux fabriques; et (art. 2) que les biens et rentes de cette espèce qui proviendraient de confréries établies dans les églises actuellement supprimées, seraient réunis à ceux des églises conservées et dans l'arrondissement desquels ils se trouvent.

12. — Malgré le décret du 21 messid. an XIII, quelques membres des anciennes confréries avaient pensé pouvoir faire servir les biens qui leur avaient appartenu à une autre destination; mais un avis du conseil d'état du 26 août 1816, a rejeté ces prétentions. — Affre, *Tr. de l'adm. tempor. des paroisses*, p. 103; l'abbé André, *Cours de dr. canon.*, v° *Confrérie*, p. 770.

13 — Depuis le rétablissement du culte catholique en France, plusieurs des anciennes confréries se sont réorganisées, d'autres nouvelles se sont formées sous l'approbation de l'évêque; mais aucune n'a reçu directement du gouvernement l'autorisation de se former. Leur établissement et leur existence sont simplement tolérés partout où ils ne paraissent pas présenter d'inconvéniens, sauf la faculté d'interdiction dans le cas où elles pourraient directement ou indirectement occasionner quelque inquiétude. — Décr. 2 juin 1807.

14. — Au surplus, il résulte des lettres et rapports ministériels des 28 messid. an XIII, 4 et 26 août 1808, 17 juillet 1811, 10 et 15 déc. 1814, « que ces confréries, n'étant composées que de simples fidèles vivant chacun dans leur famille et ne se réunissant à la paroisse ou hors de l'église pour l'exercice de leurs bonnes œuvres que comme on se réunit pour le chant des offices paroissiaux ou pour une procession, ne sont pas dans le cas des établissemens connus sous le titre de corporations ou d'associations religieuses, qui ne peuvent exister sans l'autorisation formelle et directe du gouvernement. Conséquemment, ce n'est pas le cas de leur appliquer les dispositions du décret du 3 messid. an XII. — V. COMMUNAUTÉS RELIGIEUSES.

15. — Les établissemens qui sont l'objet de ce décret se composent de membres qui vivent en commun, sous un même toit et sous un régime déterminé. — Vuillefroy, v° *Confréries*, p. 153.

16. — Aucune confrérie n'a et ne peut recevoir dans l'état actuel de la législation (L. 18 août 1792; 18 germin. an XI, art. 11; décr. 28 mess. an XIII et 30 déc. 1807; L. 2 janv. 1817) une existence légale comme établissement public. — En effet, ce caractère ne peut être conféré (L. 1817) qu'aux établissemens ecclésiastiques reconnus par la loi. « Or, d'après les décrets de l'an XIII et 1809, qui attribuent aux fabriques les biens des confréries, il est incontestable que les confréries sont supprimées et qu'elles n'existent que par tolérance. Le gouvernement ne peut donc prendre à leur égard une mesure qui tendrait à laisser supposer qu'elles sont au nombre des établissemens ecclésiastiques reconnus par la loi. » — Décis. minist. 21 avr. 1821; 16 avr. 1831.

17. — Au mois de juin 1816, un projet avait été présenté par l'administration pour autoriser par ordonnances royales l'existence de plusieurs confréries; il n'a été donné aucune suite à ce projet. — Vuillefroy, *loc. cit.*

18. — L'autorisation qui serait donnée par l'autorité civile ne pourrait être considérée que comme mesure de police. Elle n'aurait d'autre but que d'autoriser les membres de l'association à se réunir pour s'occuper d'objets religieux déterminés, et cela sous la surveillance de l'autorité. — C. pén., art. 291 et 292; L. 10 avr. 1834; — Vuillefroy, v° *Confréries*, n° 2.

19. — Comme les confréries n'existent que par la permission du curé ou de l'évêque (V. à cet égard l'abbé André, *Cours du dr. canon*, v° *Confrérie*), ceux-ci sont toujours libres d'en prononcer la suppression quand il leur plaît, et cette suppression ne peut donner lieu à appel comme d'abus. — *Cons. d'ét.*, 28 mars 1831, Rougeaud c. Arroyon.

20. — Et il a encore été jugé que, les curés étant maîtres des confréries établies dans leurs paroisses, ceux qui se sont soumis volontairement à leur autorité ne peuvent se plaindre comme d'abus de ce que le curé les a engagés publiquement à quitter la place et le costume de la confrérie. — *Cons. d'état*, 19 août 1829, Duhay c. Murgot.

21. — ... Alors d'ailleurs qu'il n'est pas même allégué que cet ordre ait été accompagné et suivi de paroles injurieuses ou offensantes. — Même ord.

22. — Mais l'expulsion d'un membre de la confrérie pourrait, dans certaines circonstances, donner lieu à un appel comme d'abus. — *Cons. d'état*, 8 juill. 1829, Thiéry. — V. APPEL COMME D'ABUS, n° 105.

23. — Du principe que les confréries ne sauraient être aujourd'hui reconnues par la loi, il s'ensuit que, tolérées, même autorisées par mesure de police, elles sont frappées d'incapacité civile, et à ce sujet. M. Affre (*loc. cit.*) cite un arrêt de la cour d'Aix qui aurait décidé en conséquence qu'une confrérie, ne pouvant avoir l'exercice d'aucune action, soit active, soit passive, ne pouvait être actionnée dans la personne de son prieur.

24. — Mais les dons et legs faits à une confrérie doivent-ils toujours être déclarés radicalement nuls? — Cette question, dit M. l'abbé André (*loc. cit.*), ne peut s'élever qu'au sujet des dons qui auraient besoin de l'autorisation du gouvernement, car rien n'empêcherait qu'on fît quelque offrande à ces pieuses associations.

25. — Dans tous les cas, si le don, quoique fait à la confrérie, était destiné aux réparations ou à l'embellissement d'une chapelle paroissiale, il pourrait être accepté par la fabrique. Il en serait ainsi de tout autre don qui aurait une destination utile à l'église paroissiale. — Vuillefroy, *loc. cit.*, n° 4, note; l'abbé André, *loc. cit.*, p. 768; Affre, *loc. cit.*

26. — C'est dans ce sens que s'est décidé, dans plusieurs circonstances, le conseil d'état, en s'appuyant sur cette considération que les confréries ne sont que les réunions volontaires de personnes pieuses, qui, *de l'agrément des fabriques*, et même ordinairement encouragées par elles, s'occupent de différens soins du culte. — Avis cons. d'état, 10 juill. 1835; décis. min. 21 avr. 1821.

27. — D'autres fois, au contraire, on a pensé que le legs fait à une confrérie ne pouvait être considéré comme fait à la fabrique, et on a déclaré que celle-ci était sans qualité pour demander l'autorisation, de l'accepter. — Avis cons. d'état, 10 avr. 1840.

28. — Tout ce qui concerne les confréries se réduit à leurs exercices de piété, que l'évêque seul a le droit de régler, et aux dépenses nécessaires pour l'entretien de la chapelle où se font les réunions; les dépenses sont votées et employées d'après la libre volonté des membres de la confrérie, dont les engagemens cessent quand ils le jugent convenable. — Affre, *loc. cit.*; l'abbé André, *loc. cit.*

29. — La fabrique, qui doit les ornemens pour le service paroissial, n'en doit pas pour les confréries; si elle les prête, elle peut exiger une redevance. — Affre, p. 173; Boyer, *Administration des paroisses*, t. 1er, p. 471.

V. ASSOCIATIONS ILLICITES, BIENS NATIONAUX, COMMUNAUTÉS RELIGIEUSES, CULTE, FABRIQUE, MAIN-MORTE.

CONFRONTATION.

1. — C'est la représentation faite à un accusé des témoins qui ont été déjà entendus dans la procédure suivie contre lui; elle a lieu afin que les témoins déclarent si l'accusé est bien la personne dont ils ont entendu parler, et afin que l'accusé puisse débattre utilement les dépositions que le juge a reçues de ces témoins.

2. — Lorsqu'une procédure criminelle s'instruit à l'égard de deux ou plusieurs accusés, soit pour un même fait, soit pour des faits connexes, il y a souvent utilité de les confronter entre eux, surtout si dans leurs interrogatoires ils ont dit quelque chose à la charge ou à la décharge des autres; autrefois ce genre de confrontation s'appelait de préférence *affrontation*, pour le distinguer de la confrontation des témoins à l'accusé.

3. — La confrontation est un des moyens d'instruction le plus anciennement usités, afin d'arriver à la découverte de la vérité dans les matières criminelles. Déjà usitée à Rome et sous nos premiers rois, elle fut prescrite pour la Bretagne par l'édit de François Ier de 1536; l'ordonnance de 1539 en généralisa l'emploi pour toutes les juridictions du royaume, et le tit. 15 de celle de 1670 est entièrement consacré à en développer les règles avec un soin remarquable. — Merlin, *Rép.*, v° *Confrontation*, n° 2.

4. — Il n'y a pas lieu de reproduire ces règles par la simple considération que, sous l'empire de l'ordonnance, la confrontation par le juge était essentiellement obligatoire, quand la déposition chargeait l'accusé. En effet, les tribunaux puisaient alors leur conviction dans les cahiers d'information; il n'y avait pas de débat contradictoire pour redresser les erreurs ou les omissions qui auraient pu être commises: aussi l'art. 8 dépouillait-il du caractère de preuves les dépositions des témoins qui n'avaient point été confrontés.

5. — Aujourd'hui, au contraire, la mise en jugement reste distincte de l'instruction préliminaire; et comme elle a pour base l'audition de témoins, tant à charge qu'à décharge, la confrontation des accusés aux témoins, ou celle des accusés entre eux, s'ensuivent naturellement.

6. — L'état de choses actuel ne dispense pas le juge d'instruction cependant de procéder aux confrontations dont son expérience lui démontre l'utilité, selon la nature de chaque affaire; il peut

y avoir encore un devoir important à remplir là où la loi ne renferme pas de prescriptions expresses : la latitude même dans laquelle elle permet au magistrat de se mouvoir doit le rendre d'autant plus circonspect et vigilant à la fois.

7.—Les confrontations d'ailleurs, précisément parce qu'elles tiennent, quoique faites sans publicité, de la nature des débats contradictoires, sont un des élémens les plus certains sur lesquels s'appuient les décisions que prend la chambre du conseil, aux termes des art. 127 et suiv., C. inst. crim. Le juge ne saurait donc y procéder avec un soin trop scrupuleux, et bien qu'il n'ait guère à suivre, dans ce cas spécial, que les règles générales de l'information et de l'interrogatoire (Duverger, *Man. des juges d'inst.*, t. 2, nº 301), il s'inspirera néanmoins toujours utilement de l'esprit de cette partie de l'ordonnance de 1670, bien que les formes qu'elle consacre soient maintenant, les unes sans autorité, d'autres même, comme le serment des accusés, contraires aux lois qui régissent l'information.

8.—Quand il y a lieu à confrontation, si l'accusé est libre, le juge d'instruction l'avertit, par écrit ou par un mandat de comparution, pour être présent à la chambre d'instruction en même temps que les témoins; s'il est détenu, il se transporte à la maison d'arrêt, ou le fait amener par un huissier. — Massabiau, *Man. du proc. du roi*, t. 2, nº 1883.

9. — On peut également confronter des témoins entre eux pour éclaircir les points obscurs ou contradictoires de leurs dépositions.

10. — On doutait autrefois qu'il fût permis de confronter les témoins entre eux avant de les confronter à l'accusé; on craignait que ce ne leur fût un moyen de s'accorder au détriment de l'accusé, en leur faisant connaître prématurément leurs variations et contradictions. « Ce serait, ce me semble, dit Ayrau (liv. 3, part. 2ᵉ, nº 48), faire office d'accusateur, non de juge : ce serait ne chercher qu'à condamner, non à absoudre. » — Le même doute ne peut plus exister aujourd'hui, la loi abandonnant au juge d'instruction le pouvoir de faire, au moment qui lui paraît le plus convenable, telles confrontations que bon lui semble, dans l'intérêt de la vérité.

11. — Enfin, il est presque toujours très important de confronter, quand cela est possible, l'accusé à la victime ou même à son cadavre : cette mesure peut inspirer à un coupable des remords tels que, surtout dans le premier moment d'émotion, l'aveu de son crime lui échappe; d'ailleurs, alors même qu'un aveu ne pourrait être espéré, la vue des restes de la victime peut donner lieu à des observations utiles à relever. — Duverger, t. 2, nº 220, p. 220 et 221.

CONFUSION.

1. — La confusion est, en général, l'union ou le mélange qu'opère le changement ou l'anéantissement de plusieurs choses.

2. — Ce terme pris en ce sens a trois acceptions. Il peut signifier :

3. — ... 1º Le mélange de plusieurs matières appartenant à des personnes différentes. — V. ACCESSION et PROPRIÉTÉ.

4. — ... 2º La réunion dans la même main des différens droits que l'on peut avoir sur une chose et qui avaient été séparés, comme lorsque l'usufruit se trouve réuni à la propriété. — V. CONSOLIDATION et USUFRUIT.

5. — ... 3º Enfin le concours ou la réunion dans un même sujet de deux droits ou de deux qualités dont l'une anéantit l'autre ou qui se détruisent mutuellement. — V. CONFUSION DE DETTES.

V. ENREGISTREMENT.

CONFUSION DE DETTES.

Table alphabétique.

CONFUSION DE DETTES. — 1. — C'est le concours ou la réunion dans un même sujet de droits ou de qualités qui se détruisent mutuellement; ou, plus spécialement, c'est la réunion dans la même personne des qualités de créancier et de débiteur de la même dette. — C. civ., art. 1300.

2. — La confusion peut s'opérer de plusieurs manières, savoir : 1º dans le cas d'une dette ordinaire; — 2º quand la dette est solidaire; — 3º en cas de dette cautionnée; — 4º lorsque l'état succède à son débiteur, ou à deux personnes dont l'une était créancière de l'autre.

3. — *Dette ordinaire.* — La confusion a lieu lorsque le débiteur succède au créancier ou le créancier au débiteur; car, en acceptant purement et simplement la succession, l'héritier représente la personne du défunt. Il entre dans tous ses droits actifs et passifs; or, il implique contradiction qu'il puisse se devoir à lui-même. — Toullier, t. 7, nº 424. — La succession peut avoir lieu à un autre titre que celui d'héritier, pourvu que ce titre rende le débiteur sujet au paiement des dettes du créancier, par exemple, lorsque le débiteur devient légataire ou donataire universel du créancier, etc. — Pothier, *Oblig.*, nº 642.

4. — Il y a même raison de décider quand un individu succède tout à la fois au créancier et au débiteur, puisque par là il se trouve réunir en même temps sur sa tête les droits et obligations de ceux auxquels il a succédé. — Pothier, *Oblig.*, nº 642; Toullier, t. 7, nº 424.

5. — Si la succession était acceptée sous bénéfice d'inventaire, la confusion ne s'opérerait point, car l'effet du bénéfice d'inventaire est de faire considérer l'héritier et la succession comme deux personnes différentes, et d'empêcher que leurs droits respectifs ne soient confondus. — C. civ., art. 802; — Pothier, *Oblig.*, nº 642; Merlin, *Rép.*, vº *Confusion*, § 1ᵉʳ, nº 3; Toullier, t. 7, nºˢ 424 et 436; Duranton, *Dr. franç.*, t. 12, nº 482.

6. — Il en serait de même si, se trouvant appelé à deux successions créancières et débitrices l'une de l'autre, un individu les acceptait, ou seulement l'une d'elles, sous bénéfice d'inventaire. — Toullier, t. 7, nº 436.

7. — Mais la confusion ne s'opère que jusqu'à concurrence de la part pour laquelle le créancier succède au débiteur, ou le débiteur au créancier. — L. 6, Cod., *De hæred.*, 4, 16; L. 7, Cod., *De negot. gest.*, 2, 19; — Pothier, *Oblig.*, nº 648; Toullier, t. 7, nºˢ 422 et 424.

8. — Lorsqu'un banquier, débiteur par compte courant d'un commerçant, se rend acquéreur, avant leur échéance, au moyen de l'escompte qu'il en fait, de lettres de change tirées sur lui par son correspondant, et auxquelles il avait annoncé que bon accueil était réservé, il s'opère dans sa personne réunion des deux qualités de créancier et de débiteur, et par suite confusion qui éteint les deux dettes, en telle sorte que, la faillite de ce banquier étant survenue avant l'échéance des traites escomptées, les syndics ne puissent pas en poursuivre le remboursement contre le tireur. — *Cass.*, 11 déc. 1832, Aubertot c. Guérin.

9. — La démission de biens faite par le père et la mère en faveur de leurs enfans rend ceux-ci non recevables à revendiquer contre des tiers les biens propres de leur mère, aliénés par le mari seul, soit parce qu'ils se trouveraient soumis à l'application de la maxime *quem de evictione tenet actio, eumdem agentem repellit exceptio*, soit parce que la réunion sur leur tête de la qualité de créanciers du chef de la mère et de débiteurs du chef du père aurait éteint l'action par confusion. — *Cass.*, 12 août 1840 (t. 1ᵉʳ 1841, p. 460), Leroux c. Quinzac.

10. — La confusion ne peut s'opérer qu'autant que la même personne a la pleine propriété de la créance dont elle était débitrice, ou qu'elle devient débitrice de la créance dont la pleine propriété lui appartenait. — Ainsi, la confusion n'est qu'imparfaite, et, par conséquent, incapable d'opérer l'extinction de la dette, lorsque le débiteur n'acquiert, à quelque titre que ce soit, que la nu-propriété de la créance par lui due, et que l'usufruit de cette créance appartient à un tiers. — *Cass.*, 19 déc. 1838 (t. 1ᵉʳ 1839, p. 63), Poujol c. Vidal.

11. — Le principe que la réunion dans la même personne des deux qualités de créancier et de débiteur opère une confusion de droit qui éteint la créance, s'applique au cas où un ascendant débiteur de la chose par lui donnée succède au droit du domaine par l'effet du retour légal. — En conséquence, cet ascendant, qui se trouve débiteur et créancier à la fois, ne peut, en qualité d'héritier du créancier, céder à un tiers la nu-propriété d'une créance sur lui-même déjà éteinte de plein droit par la confusion. — *Toulouse*, 9 août 1844 (t. 2 1844, p. 446), de Villeneuve c. Sing.

12. — Les rentes foncières, comme toute autre obligation, s'éteignent par la confusion lorsqu'il y a lieu à appliquer la règle *paterna paternis*. — *Poitiers*, 15 germin. an XI, Grimault.

13. — *Dette solidaire.* — Lorsqu'un des débiteurs solidaires devient héritier unique du créancier, ou lorsque le créancier devient l'unique héritier de l'un des débiteurs, la confusion n'éteint la créance solidaire que pour la part du débiteur ou du créancier dans la personne de qui s'opère la confusion. Dans ce cas, elle n'a d'autre effet que de soustraire une personne à l'obligation solidaire, et d'éteindre, avec ses accessoires, l'obligation personnelle de cette personne. — Ainsi l'action subsidiaire continue de subsister entre les autres codébiteurs, déduction faite de la part confuse; mais s'il se trouve des insolvables, le codébiteur devenu seul héritier du créancier doit supporter sa part dans les insolvabilités. — Pothier, *Oblig.*, nº 645; Toullier, *Dr. civ.*, t. 7, nº 430; Duranton, *Dr. franç.*, t. 12, nº 468.

14. — Si l'un des créanciers solidaires succède au débiteur, ou le débiteur à l'un des créanciers solidaires, l'obligation n'est éteinte par la confusion que pour la part de ce dernier, dont la personne existe de moins, *cujus persona eximitur*. — Du reste, les droits et l'obligation, déduction faite de sa part, restent dans le même état que si jamais il n'avait existé. — Voët, *Ad pandectas*, *De solut.*, nº 20; Toullier, t. 7, nº 431.

15. — Si l'un des deux créanciers solidaires succède à l'autre, les droits du défunt et ceux de l'héritier ne se confondent point. — L. 9, ff., *De solut.*; L. 5, *De fidejuss.* — Dans ce cas, le créancier solidaire qui a succédé à l'autre peut, à son choix, diriger sa demande en son nom, ou au nom de celui auquel il succède. — Toullier, t. 7, nº 443; Duranton, *Dr. franç.*, t. 12, nº 471.

16. — De même, si l'un des débiteurs solidaires succède à l'autre, il n'y a point confusion de leurs obligations. Car quand deux obligations sont également fortes et principales, on ne peut apercevoir laquelle doit être confondue. — L. 13, ff., *De duob. reis.* — Dans ce cas, le créancier, en formant sa demande contre le débiteur solidaire qui a succédé à l'autre peut, à son choix, la diriger contre le débiteur survivant, et du chef de celui-ci, ou du chef de celui dont il est héritier, ce qui n'est pas toujours indifférent. — Toullier, t. 7, nº 433; Duranton, *Des contr.*, nºˢ 989 et 990.

17. — *Dette cautionnée.* — Si le débiteur succède à la caution, ou la caution au débiteur, ou un tiers à tous les deux, l'obligation accessoire du cautionnement est éteinte; car on ne peut être sa propre caution. — L. 93, §§ 2 et 3, ff., *De solut.*; L. 5, ff., *De fidejuss.*; L. 24, Cod., *De fidejuss.*; — Merlin, *Rép.*, vº *Confusion*, § 1ᵉʳ, nº 1ᵉʳ; Toullier, *Dr. civ.*, t. 7, nº 425.

18. — Les jurisconsultes romains concluaient de là que si la caution avait elle-même un fidéjusseur, qui est ce que nous appelons un *certificateur* de caution, l'obligation de la caution étant éteinte, celle du certificateur l'était également. Mais cette décision a été rejetée par l'art. 2035, C. civ. — Toullier, t. 7, nº 426; Duranton, *Dr. franç.*, t. 12, nº 474.

19. — Lorsque la caution qui avait donné une hypothèque pour sûreté de son cautionnement succède au débiteur, l'hypothèque continue de subsister en faveur du créancier. — L. 38, § ult., ff., *De solut.* — Car si l'obligation principale et l'obligation de la caution ne peuvent exister ensemble dans la même personne, il en est autrement de l'obligation principale et personnelle, et de l'obligation hypothécaire. — Voët, *Ad pandectas*, *De solut.*, nº 20; Toullier, t. 7, nº 427; Duranton, *Dr. franç.*, t. 12, nº 473.

20. — Cependant, si l'obligation de la caution est éteinte quand elle succède au débiteur, les effets de cette obligation continuent néanmoins de subsister, lorsqu'ils sont plus forts que ceux de l'obligation principale. — Ainsi, lorsque l'obligation a été souscrite par une femme non autorisée ou par un mineur, la caution qui leur succède ne peut faire annuler ou rescinder cette obligation, comme elle l'aurait pu faire, si elle n'avait pas cautionné. — Voët, *Ad pandectas*, *De solut.*, nº 21; Toullier, t. 7, nº 428; Duranton, *Dr. franç.*, t. 12, nº 475.

21. — Si c'est la caution qui succède au créancier ou le créancier à la caution, l'obligation accessoire de la caution est évidemment éteinte; car je ne puis être la caution de ce qui m'est dû. — Voët, *ibid.*, nº 21; Toullier, t. 7, nº 429. — Mais sans préjudice des indemnités particulières dont le débiteur pourrait se trouver redevable envers la caution, à raison de frais faits ou autre cause. —

Duranton, *Des Contr.*, nos 994 et 995; *Dr. franç.*, t. 12, no 476.

22. — La caution de deux débiteurs solidaires qui succède à l'un d'eux reste caution de l'autre, comme, dans le cas inverse, la caution envers deux créanciers solidaires, qui succède à l'un d'eux, demeure obligée envers l'autre. Car l'obligation pouvant subsister entre elle et le créancier qui reste, elle n'a pu être éteinte pour sa part par la confusion. Mais la caution qui a succédé à l'un des créanciers solidaires a, du chef du défunt, une action contre le débiteur, comme celui qui succède à un créancier en faveur de qui il avait cautionné. — Toullier, *Dr. civ.*, t. 7, no 432; Duranton, *Dr. franç.*, t. 12, no 477.

23. — Il faut en dire autant, et par les mêmes raisons, si l'un des débiteurs ou des créanciers solidaires succède à la caution qui s'était obligée pour plusieurs débiteurs solidaires, ou envers plusieurs créanciers solidaires. — Toullier, t. 7, no 432.

24. — Si l'une des cautions succède à l'autre, les obligations ne se confondent point, *quia ejusdem sunt potestatis*, et le créancier aura contre celle qui a succédé l'action à raison de la promesse de chacune d'elles. — L. 21, § 1er, ff., *De fidejuss.*; — Toullier, t. 7, no 433; Duranton, *Dr. franç.*, t. 12, no 478. — V. CAUTIONNEMENT.

25. — *Effets de la confusion.* — L'effet de la confusion est d'éteindre et d'anéantir les droits et les obligations incompatibles qui se trouvent réunis ou confondus dans la même personne. Elle les éteint aussi complétement que le paiement aurait pu le faire. *Confusione perindè atque genere solutionis tollitur omnis obligatio.* — Cujas, *ad leg.* 59, ff., *ad senat. cons. Trebell., in Quæst. Paul., col.* 1046 *et seq.*; Pothier, *Oblig.*, no 607; — C. civ., art. 1300; — Toullier, t. 7, no 422.

26. — Toutefois, nonobstant la confusion, la dette de l'héritier envers le défunt ou du défunt envers l'héritier fait partie de l'actif ou du passif pour calculer le montant des réserves; car la confusion n'éteint pas absolument l'obligation; elle détruit plutôt l'action, parce qu'on ne peut pas se poursuivre soi-même. — Duranton, *Des contr.*, no 1001, et *Dr. franç.*, t. 12, no 481.

27. — La confusion produit son effet au moment même où la réunion des deux qualités a lieu. — Ainsi, si depuis que Pierre a transporté à Paul sa créance sur Jacques, il vient à succéder à celui-ci, mais avant la signification ou l'acceptation du transport, la créance est éteinte, sauf le recours en garantie de Paul contre Pierre. — Pothier, *Oblig.*, no 646; Duranton, *Dr. franç.*, t. 12, no 480.

28. — Les effets de la confusion peuvent, en plusieurs cas cesser avec leur cause; c'est-à-dire que les droits qui étaient ou semblaient éteints peuvent revivre.

29. — Ainsi, les effets de la confusion qu'opère l'adition pure et simple d'une hérédité peuvent cesser; par exemple, si l'héritier mineur se faisait restituer contre une acceptation onéreuse faite par son tuteur ou par lui-même (L. 87, § 1er, ff., *De adquir. vel omitt. hæred.*; C. civ., art. 461); si l'héritier majeur se faisait également restituer contre une acceptation qu'il n'aurait faite que par suite d'un dol pratiqué envers lui, ou dans l'ignorance d'un testament inconnu qui absorbe ou diminue la succession de plus de moitié (C. civ., art. 783); s'il est évincé par un parent plus proche, ou parce que le testament qui l'instituait se trouve nul. — Toullier, t. 7, no 437.

30. — En est-il de même quand l'héritier est ensuite exclu de la succession pour cause d'indignité? — Le droit romain, en pareil cas, ne restituait pas l'héritier dans les droits éteints par la confusion momentanée qu'avait opérée son acceptation. — *Dolus enim hæredis punitus est*; — L. 21, § ff., *ad. senat. sylan*; L. 8 et 17, ff., *De his quæ ut indign. aufer.* — Au contraire, Lebrun (*Des success.*, liv. 3, chap. 9, no 25), suivi par Toullier (t. 7, no 437), pense qu'il n'y a point de confusion incommutable tant que le titre qui peut opérer la confusion n'est pas incommutable, pourvu que la résolution soit forcée. — Et cet auteur fonde cette doctrine sur la loi 10 ff., *Quibus mod. pignus vel hyp. solv.* et sur l'ordonnance de 1441 (art. 15), concernant les rentes assises sur le smaisons de Paris. M. — Duranton (*Tr. des contrats*, no 1005) semble établir qu'il faut distinguer entre les causes d'indignité, suivant qu'elles sont antérieures ou postérieures au décès de l'auteur; que dans ce dernier cas, l'indigne qui a été héritier a fait confusion, et qu'il ne peut plus dépendre de lui de faire revivre, surtout au préjudice des tiers et par son fait personnel, l'obligation éteinte. — Dans son *Dr. franç.* (t. 12, no 484), il pense, au contraire, que la révocation du titre d'héritier dans l'indigne doit avoir des effets absolus, que chez nous ce serait celui qui aurait fait exclure l'indigne qui profiterait de ses créances sur le défunt; or, il n'est jamais permis, sous un prétexte quelconque, de s'enrichir aux dépens d'autrui.

31. — Si un créancier hypothécaire s'est rendu acquéreur de l'immeuble hypothéqué, son hypothèque est bien éteinte, parce qu'on ne peut avoir d'hypothèque sur sa propre chose; mais elle renaît après le délaissement ou l'adjudication faite sur lui. — C. civ., art. 2177; — Duranton, *Dr. franç.*, t. 12, no 486.

32. — En pareil cas, la confusion opère-t-elle cet effet que le créancier ne soit plus soumis, pour la conservation de son hypothèque, à la formalité du renouvellement d'inscription? Le sort de son hypothèque est-il irrévocablement fixé par l'effet de son acquisition? — Non. Car la confusion n'est que momentanée; et il n'y a qu'une cause perpétuelle et absolue qui puisse éteindre des droits pour toujours. — Renusson, *De la subrogation*, chap. 5, nos 21 et suiv.; Merlin, *Rép.*, vo *Subrogation de personnes*, sect. 2e, § 4, no 5; Toullier, t. 7, no 144.

33. — Lorsqu'un créancier, ayant un droit d'hypothèque sur un immeuble, succède à celui qui a garanti le détenteur de l'immeuble de l'effet de cette hypothèque, il s'opère dans la personne du créancier une confusion de droits qui, d'une part, éteint le droit d'hypothèque et de l'autre le libère de la garantie promise par son auteur. En conséquence, ce créancier peut demander la radiation de l'inscription prise sur les biens de son auteur par le détenteur de l'immeuble. — *Cass.*, 18 juill. 1820, Augé c. Valmalette.

34. — Jugé, toutefois, que tant que l'ordre n'a pas été définitivement fixé, il ne peut s'opérer aucune confusion en la personne de l'acquéreur devenu cessionnaire d'une créance inscrite, lequel se trouve ainsi être tout à la fois créancier de la somme transportée et débiteur du prix de la vente. — *Bordeaux*, 19 juin 1835, Otard c. Espinasse.

35. — Les effets de la confusion cessent encore par une convention expresse ou tacite. Expresse, lorsqu'après une pétition d'hérédité, celui à qui elle a été adjugée la cède à son adversaire, sous la condition expresse qu'il pourrait exercer ses créances contre la succession, de même que s'il ne l'avait jamais acceptée. (L. 7, *Cod., de pactis.*); tacite, lorsque celui à qui une succession est dévolue la vend à un tiers. — L. 2, § 18 et 19, ff., *de hæred. vend.* — Toutefois, la confusion ne cesse qu'à l'égard du cessionnaire, et elle continue de subsister à l'égard des créanciers de la succession. — Toullier, t. 7, no 438; Duranton, *Dr. franç.*, t. 12, no 487.

36. — Enfin, les effets de la confusion cessent par la restitution que l'héritier ou le légataire, grevé de substitution, est obligé de faire des biens qu'il a reçus à la charge de les rendre. — Toullier, t. 7, no 439. — M. Duranton (*Dr. franç.*, t. 12, no 485) pense que dans ce cas la confusion a eu des effets absolus relativement aux hypothèques, priviléges et cautionnemens; car l'obligation de restituer les biens n'a point empêché le grevé d'être héritier; et que la créance ou la dette *renaît* seulement entre les parties ou leurs représentans.

37. — *Cas où l'état succède à son débiteur.* — Lorsque l'état recueille la succession vacante de son débiteur, il ne se fait pas confusion des obligations du défunt: ses cautions ne sont libérées que jusqu'à concurrence de la valeur des biens recueillis par l'état. — Toullier, t. 7, no 434.

38. — *Quid*, si l'état succède d'abord au débiteur, et ensuite au créancier de ce débiteur? Par exemple, l'état succède d'abord à Titius, débiteur de Marius, puis à ce dernier. — Sous le droit romain, il s'opérait une confusion qui éteignait l'obligation et qui libérait par conséquent les cautions de Titius. — L. 71, ff., *De mandat.*; Voët, ff., *De solut.*, no 26. — Ces principes ne doivent pas être suivis dans notre droit français. L'état ne succède qu'à défaut des héritiers; ceux-ci ont trente ans pour se présenter et former la pétition d'hérédité. Pendant ce laps de temps, l'état ne doit être considéré que comme un détenteur des biens affectés au paiement des dettes du défunt. Lorsqu'il réunit par déshérence deux successions dont l'une est créancière de l'autre, la confusion ne s'opère que jusqu'à concurrence des biens trouvés dans la succession débitrice de l'autre; les cautions sont tenues du surplus. — Toullier, t. 7, no 435; Duranton, *Des contr.*, no 999, et *Dr. franç.*, t. 12, no 479.

39. — D'après les lois relatives aux émigrés, la confusion s'est opérée contre eux, mais non contre l'état mis en possession de leurs biens. — Sénat.-consulte 6 flor. an X, art. 17; arr. 3 flor. an XI; — Merlin, *Rép.*, vo *Confusion*, § 3. — La loi du 5 déc. 1814 a déclaré maintenus tous les droits acquis antérieurement en vertu des lois et actes du gouvernement. — Merlin, *Rép.*, vo *Confusion*, § 5; Toullier, *Dr. civ.*, t. 7, nos 440 et 441. — Toutefois, les effets de cette législation exceptionnelle ne s'étendaient pas aux fabriques des églises. — V. ÉMIGRÉ.

40. — En conséquence, jugé que la réunion momentanée des qualités de créancier et de débiteur, qui s'est opérée dans les mains du gouvernement par la confiscation faite sur un émigré ne peut être invoquée par les particuliers entre eux, c'est-à-dire par le débiteur contre le créancier, depuis qu'ils ont été tous deux réintégrés dans leurs biens. — *Cass.*, 6 mai 1818, hospices de Dourdan c. Tassin de Villiers.

41. — ...Que si le gouvernement a restitué à un émigré l'immeuble grevé, dans l'origine, d'une rente envers une fabrique, l'immeuble est vendu à charge de servir la rente. — ...Que l'émigré ne peut se prévaloir de ce que le gouvernement a représenté un instant la fabrique créancière de la rente, et le propriétaire de l'immeuble débiteur de la rente, et de ce que sa double qualité de créancier et de débiteur aurait opéré confusion. — *Cass.*, 24 mars 1817, fabrique de Messimy c. Romanet et Moignat.

42. — La confiscation, par l'état, des biens d'un créancier et de ceux de son débiteur émigré, a opéré une confusion dont l'effet a été d'interrompre la prescription au profit du créancier. — *Cass.*, 21 juill. 1829, Delablottais c. Dulandreau.

V. CAUTIONNEMENT.

CONGÉ.

En matière de louage, on appelle congé la notification faite, soit par le bailleur au preneur, soit par le preneur au bailleur, qu'il entend faire cesser le bail à l'époque qu'il indique. — V. au mot BAIL.

CONGÉ (Contributions indirectes, Douanes, Marine).

1. — Le congé est une expédition délivrée soit par l'administration des contributions indirectes, soit par celle des douanes, à l'effet de valider le transport de certains objets soumis aux droits de circulation ou de consommation et de constater que ces droits ont été acquittés au départ.

2. — Les objets pour le transport desquels le congé est nécessaire sont, notamment, les boissons (L. 28 avr. 1816, art. 6); les cartes à jouer (décr. 16 juin 1808, art. 6); le sel, pour sa circulation dans le rayon de trois lieues des marais salans, fabriques ou salines situées sur les côtes frontières ou dans l'intérieur (décr. 11 juin 1806). — Girard, *Man. des contrib. indir.*, no 668; d'Agar, *Tr. du contentieux des contrib. indir.*, t. 1er, p. 141, no 159; 3o, p. 157, p. 157, no 167, et p. 167, no 175.

3. — Les tabacs doivent être accompagnés d'un laissez-passer ou d'un acquit à caution (L. 28 avr. 1816, art. 215). — Quant aux poudres à feu, le transport supérieur à 5 kil. en doit être accompagné d'un passe-port. — L. 13 fructid. an V, art. 30; décr. 16 mars 1813, art. 8.

4. — Les congés sont délivrés par l'administration des contributions indirectes sur la déclaration de l'expéditeur énonçant les quantité, espèce, et qualité des objets transportés, les lieux d'enlèvement et de destination, le délai pour s'y rendre, la route à tenir, et, si la circulation doit avoir lieu après le coucher du soleil, les noms prénoms, demeures et professions des expéditeurs, voituriers et acheteurs ou destinataires. — L. 28 avr. 1816, art. 10; décr. 11 juin 1806, art. 3, 6 et 7; décr. 16 juin 1808. — Dans les salines, le congé prend le nom de *sauf-conduit*. — D'Agar, *Man. alphab. des contrib. ind.*, vo *Congé (sels)*.

5. — Le congé doit être exhibé à toute réquisition des employés des contributions indirectes, des douanes et des octrois, par les voituriers, bateliers et tous autres qui, transportant ou conduisant les objets assujétis, doivent être porteurs de cette expédition, le tout, à peine de la saisie des objets transportés et des moyens de transport. — L. 28 avr. 1816, art. 17; décr. 11 juin 1806, art. 2, 4, 7 et 16.

6. — Le congé est assujéti, comme toutes les expéditions délivrées par la régie, à un timbre établi par la loi du 24 avr. 1806, déterminé par une décision du ministre des finances du 25 mai 1807 et dont la loi du 28 avr. 1816 (art. 243) fixe le prix à 10 centimes. — D'Agar, *Tr. du contentieux des contrib. indir.*, t. 2, p. 383.

7. — On donne encore le nom de congé, en matière de douanes, à un acte de police qui permet au capitaine d'un navire, de se mettre en mer pour se rendre dans tel port désigné, en invitant les autorités à lui accorder, au besoin, secours et assis-

tance. — L. 27 vendém. an II, art. 22; arr. minist. 30 juin 1829.

8. — Ces congés sont délivrés au bureau du port ou arrondissement auquel appartient le bâtiment. — L. 27 vendém. an II, art. 10.

9. — Ils sont délivrés au nom du roi ; ils portent le timbre du ministère des finances, sont signés par le receveur des douanes, et contresignés par le commis principal à la navigation et par l'employé qui a vérifié la jauge. — Arr. minist. 30 juin 1829; circul. minist. des fin. 15 juill. 1829.

10. — Il doit mentionner le numéro et la date de la francisation, le nom du propriétaire, celui du bâtiment, le lieu de construction, et rappeler toutes les indications portées en l'acte de francisation, de manière à constater à chaque voyage l'identité du navire. — L. 27 vendém. an II, art. 9 ; même circulaire.

11. — La délivrance du congé a lieu après affirmation de la propriété et sur l'engagement de ne disposer de cet acte que pour l'usage du bâtiment auquel il est accordé; il est fourni, en garantie de cet engagement, des soumissions semblables à celles exigées pour la francisation. — L. 27 vend. an II, art. 13 et 16.

12. — Les congés délivrés pour les bâtimens de trente tonneaux et au-dessus ne sont valables que pour un voyage : il sont renouvelés toutes les fois que le navire ne retourne pas directement au point d'où il est parti. — L. 27 vendém. an II, art. 11 ; circul. min. fin. 9 mai 1828.

13. — Le renouvellement n'est pas exigé si à son départ un navire a pris un chargement pour plusieurs ports que son congé désigne à l'avance, lorsque d'ailleurs il ne recharge pas dans ces lieux des marchandises pour un port autre que celui du départ. — Circul. 9 fév. 1828, nº 1101.

14. — Si, ayant déclaré qu'il retourne au port de départ, le capitaine se rend ailleurs, on perçoit au bord où il aborde le droit qu'il aurait dû payer au port de départ. — Circul. minist. fin. (manuscrite), 13 mai 1834.

15. — Quant aux bâtimens et barques au-dessous de trente tonneaux, ils ne sont assujettis qu'au congé *annuel* de 3 fr., à peine de la confiscation du navire et d'une amende de 100 fr. — L. 27 vend. an II, art. 3 et 5.

16. — La même obligation est imposée aux bateaux pontés au-dessous de cinquante tonneaux, faisant la pêche devant le port auquel ils appartiennent, et qui habituellement rapportent le produit de leur pêche à terre, soit à ce port, soit dans un port voisin. — Décis. min. fin. 16 oct. 1827.

17. — Pour les bâtimens de cinquante tonneaux et au-dessus, le congé est valable pour un mois. — Circul. minist. 5 pluv. an VIII.

18. — De même, un congé mensuel est imposé aux bâtimens de plus de trente tonneaux naviguant dans l'intérieur des rivières sur les parties affluentes à la mer soumises à la police des douanes. — Décis. minist. 27 niv. an VIII.

19. — Aujourd'hui, d'après l'art. 20, L. 6 mai 1811, la disposition de l'art. 5, L. 27 vendém. an II, qui fixe à une année la durée des congés des navires de moins de trente tonneaux, est applicable à tous les congés.

20. — Il en est de même des congés délivrés aux embarcations étrangères employées en Algérie à la pêche du corail ou du poisson ou aux transports comme alléges et aux embarcations françaises attachées aux ports. — Ord. 16 déc. 1843, art. 5.

21. — Pour les expéditions de navires français qui peuvent se faire en pays étrangers, les consuls ont des congés en blanc qu'ils remplissent et délivrent aux capitaines chargés de ces expéditions; mais ces congés ne sont que provisoires et valables jusqu'à l'arrivée du navire dans le premier port de France. Là on statue sur la demande de nouveaux congés. — Ord. 29 oct. 1833, art. 3.

22. — Les bâtimens naviguant en rivières *sans emprunt de la mer* reçoivent comme moyen de police pour la douane un congé annuel dont le timbre doit seul être payé. — Décis. minist. 18 germin. an VIII et 2 juin 1832.

23. — Les bâtimens français expédiés pour l'étranger reçoivent au départ un congé valable pour une année seulement : ce congé est renouvelé à leur entrée dans un port de France. — Décis. admınist. 5 pluv. an II. — V. au surplus Farguel, *Résumé analytique des lois de douanes*, nºs 1187 et suiv. et Dujardin-Sailly, *Code des douanes*, liv. D, 9 et 10. V. aussi ASSURANCES MARITIMES, CAPITAINE DE NAVIRE, COLONIES, DOUANES, ENREGISTREMENT.

CONGÉ (Défaut).

V. JUGEMENT PAR DÉFAUT.

CONGÉ (Magistrats et Fonctionnaires).

V. CONSISTOIRE ISRAÉLITE, CONSISTOIRE PROTESTANT, COUR DE CASSATION, COUR DES COMPTES, COUR ROYALE, CULTE, FONCTIONNAIRES PUBLICS, MINISTRE DU CULTE, TRIBUNAUX CIVILS.

CONGÉ (militaire).

1. — Cette dénomination s'applique indistinctement : 1º aux autorisations qu'obtiennent parfois les militaires de s'absenter momentanément de leur corps; — 2º aux actes par lesquels ils sont ou libérés du service militaire ou rayés pour des causes quelconques des contrôles de l'armée.

2. — Il faut donc distinguer deux classes de congés : les congés temporaires et les congés absolus.

3. — Les congés temporaires reçoivent dans l'usage différens noms qui servent à désigner la durée de l'absence. Il y a la *permission*, le *congé* proprement dit, et le *semestre*.

4. — *La permission* ne s'étend guère au-delà de quinze jours; elle est accordée, suivant sa durée, ou par les commandans des compagnies, ou par les chefs de corps, ou par les généraux commandant les divisions militaires.

5. — *Le congé* proprement dit s'accorde dans les circonstances extraordinaires qui peuvent obliger un militaire à s'absenter de son corps. Il peut aller jusqu'à trois mois : dans l'usage, il n'est accordé que par le ministre de la guerre. — Odier, *Cours d'études sur l'administration militaire*.

6. — *Le semestre* est un congé accordé en masse à chaque corps de troupes pour un certain nombre d'officiers, de sous-officiers et de soldats. Le tour est réglé à l'amiable entre les officiers, en présence de l'inspecteur général et du sous-intendant militaire. Ce tour, entre les officiers, est une espèce de droit; l'inspecteur règle lui-même ce qui concerne les soldats. — Arr. du 21 messid. an IX.

7. — A ces divers congés de la première catégorie, il faut ajouter le congé *illimité*, qui, sans fixer le terme de l'absence du militaire auquel il est accordé, le laisse néanmoins figurer sur les cadres : pour les officiers, on lui donne souvent le nom de mise en *non-activité*, *disponibilité* ou *demi-solde*.

8. — *Les congés illimités* sont accordés soit à raison d'infirmités temporaires, soit, et le plus souvent, au cas de réduction des forces de l'armée active. Ils sont alors accordés dans chaque corps aux militaires les plus anciens de service effectif sous les drapeaux et de préférence à ceux qui les demandent. — L. 21 mars 1832, art. 30.

9. — Mais, dans aucun cas, les engagés volontaires ne peuvent être envoyés en congé sans leur consentement. — Même loi, art. 33.

10. — La mise en non activité des officiers ne peut avoir lieu que dans les cas soigneusement énumérés par l'art. 5, L. 19 mai 1834. — V. ARMÉE, nºs 180 et suiv.

11. — Les trois premiers congés dont nous venons de parler (*permissions*, *congés* proprement dits et *semestres*) sont susceptibles d'entraîner des modifications dans la solde d'activité. Mais ils ne modifient en rien les droits de ceux à qui ils sont accordés, en ce qui concerne l'ancienneté, l'avancement, la durée du service ou la retraite. Le militaire qui les obtient est toujours réputé présent à son corps et sous les drapeaux. — Odier, *ibid.*

12. — Mais le congé illimité ou mise en non activité n'a pas toujours les mêmes effets. Il peut exercer une influence sur la position de l'officier suivant les circonstances à raison desquelles il a été donné. — V. ARMÉE, nºs 185 et suiv., PENSIONS.

13. — Les militaires laissés ou envoyés en congé peuvent être soumis à des revues et à des exercices périodiques qui sont fixés par le ministre de la guerre. — L. 21 mars 1832, art. 30.

14. — Les congés de la seconde catégorie sont les *congés absolus*, qui entraînent radiation des cadres de l'armée. On distingue, dans cette classe, le *congé de délibération* ; le *congé de remplacement* ; le *congé de renvoi* ; le *congé de réforme*, et le *congé de retraite*.

15. — Pour le congé de libération et le congé de remplacement, V. RECRUTEMENT, ARMÉE, nº 9.

16. — V. aussi, pour ce qui concerne les effets du congé sur l'interprétation de l'art. 13, L. 21 mars 1832, relatif à l'exemption des frères de soldats sous les drapeaux, vº RECRUTEMENT.

17. — Le congé de renvoi se motive sur des infirmités contractées avant le service.

18. — Le congé de réforme est, ou motivé sur des infirmités contractées au service, ou délivré par mesure disciplinaire. Il peut conférer quelques droits. — V. ARMÉE, nºs 79 et suiv., 188, 199, 221, 226 et 231.

19. — Le congé de retraite est celui qui est accordé aux militaires qui ont passé un certain nombre d'années sous les drapeaux et qui ont droit à une pension. — V. ARMÉE, nºs 77, 93, 127, 200 et suiv., 221, 225 et suiv., 228, 230, et PENSIONS.

20. — Tout congé absolu est réputé autorisé par le ministre. Il est délivré par l'inspecteur général sur des imprimés combinés avec beaucoup de précautions contre la fraude ; le visa de l'inspecteur constate qu'il a autorisé le conseil d'administration à accorder congé, et le sous-intendant déclare par le sien que le militaire vient d'être rayé du contrôle. — Odier, *ibid.*

21. — Les congés ne sont pas soumis à la formalité du timbre (L. 13 brum. an VII, art. 16), ni à celle de l'enregistrement. — L. 22 frim. an VII, art. 70, § 3, nº 13. — V. TIMBRE.

22. — Les militaires ou marins qui ont obtenu des congés limités ou absolus, et qui veulent résider ou séjourner à Paris, sont tenus, indépendamment des formalités prescrites par les réglemens militaires, de faire viser leur permission ou congé par le préfet de police. — Arr. 12 messid. an VIII.

23. — La même formalité est exigée dans toutes les villes où il y a des commissaires généraux de police. — Arr. 5 brum. an X.

24. — Tout militaire porteur d'un congé limité ou de convalescence expiré, et qui se fonderait sur une maladie ou autre prétexte pour prolonger son absence de son corps, même en alléguant des certificats d'officiers de santé, doit être conduit par les soins des commissaires de police devant le préfet de police, pour être renvoyé, s'il y a lieu, à l'état-major. — Ordre du min. de la guerre consigné dans une circul. du préfet de police du 24 thermid. an X.

25. — Il en est de même de tout militaire porteur d'un congé de convalescence qui ne serait pas spécialement délivré par son corps d'après l'approbation du général commandant la division, et visé par l'inspecteur aux revues. — Même circul.

26. — La loi du 28 germin. an VI (17 avr. 1798), art. 102, réputait déserteur à l'intérieur, et comme tel passible des peines portées au Code pénal militaire, tout officier, sous-officier ou gendarme qui n'avait pas rejoint son poste à l'expiration de son congé, ou avait outrepassé ce terme de dix jours, à moins d'empêchement légitime ou de maladie constatée.

27. — Aux termes de l'ord. du 8 août 1814 (art. 75), tout militaire qui quitte ses drapeaux sans permission est jugé comme déserteur. — V. DÉSERTION.

28. — En outre, sur la compétence en ce qui touche les délits et crimes commis par les militaires en congé, V. TRIBUNAUX MILITAIRES, DÉLITS MILITAIRES.

29. — Quant aux congés, soit temporaires, soit définitifs, des marins, V. INSCRIPTION MARITIME.

CONGÉABLE (Domaine).

V. BAIL A CONVENANT, GRAND CONSEIL, CLAUSE DE CONSTITUT ET DE PRÉCAIRE.

CONGÉDIEMENT.

Renvoi soit d'un capitaine de navire, soit d'un des hommes de l'équipage. — V. CAPITAINE DE NAVIRE, CHARTE-PARTIE, ÉQUIPAGE.

CONGÉMENT.

On appelle congément, en matière de domaine congéable, le renvoi du colon à la fin du bail. Il s'opère par le remboursement, à dire d'experts, de la valeur actuelle des édifices et superfices. — V. au mot BAIL A CONVENANT OU A DOMAINE CONGÉABLE.

CONGRÉGATION.

V. ASSOCIATION ILLICITE, COMMUNAUTÉS RELIGIEUSES.

CONGRÈS (Mariage).

1. — On donnait le nom de *congrès* à une nature d'épreuve juridique dont on faisait usage autrefois lorsqu'on demandait la nullité d'un mariage pour cause d'impuissance. — Le mari accusé d'impuissance était condamné à *prouver* la fausseté de cette accusation en présence de chirurgiens et de matrones nommés par l'official pour faire leur rapport. — Merlin, *Rép.*, vº *Congrès*.

2. — Cette nature de preuve, dont la seule idée révolte même la pudeur la plus facile, avait été introduite dans les officialités de France vers le milieu du seizième siècle, et elle resta en usage jusqu'en 1677, époque à laquelle, sur le réquisitoire du célèbre avocat général de Lamoignon, elle fut supprimée. C'était dans l'affaire du marquis de

Lanzey; le parlement de Paris, par arrêt du 18 fév. fit «défense à tous juges, même aux officiaux, d'ordonner à l'avenir l'épreuve du congrès, et ordonna que l'arrêt serait envoyé aux bailliages, sénéchaussées et officialités du ressort pour y être lu, publié et enregistré.»—Depuis cet arrêt, cette épreuve ne fut plus admise en France.— Merlin, Rép., v° Congrès.

CONGRÈS DIPLOMATIQUE.

1. — Assemblée de ministres de différentes puissances réunies pour traiter, discuter, conclure les intérêts de leurs cours respectives, conclure un traité, la paix, etc. — Merlin, Rép., v° Congrès. — V. aussi Pinheiro Ferreira, Cours de dr. pub. interne et externe, t. 2, p. 180, § 49.

2. — Le plus ordinairement, c'est pour conclure la paix que des congrès sont formés. Tels ont été les congrès d'Utrecht, de Cambrai, de Soissons, etc. — Quelquefois cependant les ministres plénipotentiaires arrêtent, accessoirement aux négociations qui ont pour objet la conclusion de la paix , des conventions étrangères aux affaires essentielles de leur gouvernement. C'est ainsi que les huit puissances réunies au congrès de Vienne, le 19 mars 1815, par suite du traité de Paris, s'y occupèrent des mesures à prendre pour l'abolition de la traite des nègres. — V. Klüber, Droit des gens modernes de l'Europe, t. 2, p. 180, § 72.

3. — Le choix du lieu du congrès, la question de savoir si l'on y admettra des puissances tierces, le cérémonial dans les conférences, la manière dont les affaires seront traitées, le local où elles seront discutées, la neutralité du lieu du congrès, s'il n'y a pas d'armistice général, la sûreté et l'inviolabilité personnelle des plénipotentiaires, des personnes attachées aux légations et des courriers, ainsi que d'autres dispositions de cette nature, font quelquefois l'objet d'une convention préliminaire et séparée. — Klüber, Droit des gens moderne de l'Europe, t. 2, § 324 ; Martens, Précis du droit des gens, t. 2, § 329.

4. — Lorsque les plénipotentiaires sont réunis, ils échangent et examinent mutuellement leurs pouvoirs; si un médiateur intervient, l'échange se fait communément par son entremise. On désigne un local fixe pour les séances ordinaires, à moins qu'elles n'aient lieu alternativement chez les ministres. Chacun d'eux peut demander une conférence, s'il a des communications à faire.—Schmalz, Droit des gens européen, trad. L. de Bohm, p. 263; Martens, Guide diplom., t. 1er, p. 445, § 63.

5. — Avant d'entrer en conférence, les ministres conviennent entre eux si les objets qui doivent être discutés seront exposés par le président ou le médiateur, ou si ce sera à tour de rôle que chacun portera la parole. — L'usage le plus suivi aujourd'hui est que chaque plénipotentiaire propose tout ce qui a rapport aux affaires de son gouvernement. — Martens, t. § 63.

6. — La diversité et l'importance des négociations d'un congrès nécessitent quelquefois la présence de plusieurs plénipotentiaires chargés des mêmes intérêts. Dans ce cas, les puissances intéressées désignent à chaque ministre le travail spécial dont il devra se charger, et l'instruisent de la manière dont il devra conduire et terminer les négociations.

7. — A la suite de chaque conférence, il est dressé un procès-verbal ou protocole, signé de tous les plénipotentiaires qui y ont pris part.—Martens, Guide diplom., t. 1er, p. 447, § 63, et Traité sur le style des congrès. diplom.

8. — Ainsi continue-t-on de négocier, soit de vive voix, soit par écrit, jusqu'à ce qu'on en vienne à la signature d'un traité, ou que, tout espoir d'arrangement ayant disparu, les plénipotentiaires soient rappelés ou invités à quitter le lieu du congrès.

9. — Quant aux effets et à la force, soit entre les parties contractantes, soit à l'égard de celles qui n'étaient point représentées dans le congrès, des traités et conventions arrêtés par l'assemblée, V. TRAITÉ DIPLOMATIQUE.

CONJOINTS.

1. — Ce mot se dit de l'une, de deux ou de plusieurs personnes jointes ensemble.

2. — Toutefois ce mot s'entend plus particulièrement de ceux qui sont unis par le lien du mariage.—V. C. civ., art. 767 et suiv.; C. procéd., art. 131, 268, 283, 910 et suiv., 932.—V. MARIAGE, SUCCESSION.

3. — On appelle encore conjoints ceux qui ont ensemble quelque droit ou quelque titre commun, tels que des cohéritiers, des colégataires, des co-obligés. — V. LEGS, OBLIGATION SOLIDAIRE, SUCCESSION.

CONJONCTIVE (Obligation).

C'est l'obligation qui contient plusieurs choses réunies par une conjonction, pour indiquer qu'elles sont toutes également l'objet ou la matière d'un engagement. — V. OBLIGATION , PARTICULE CONJONCTIVE ET DISJONCTIVE.

CONJONCTIVE (Particule).

V. PARTICULE CONJONCTIVE ET DISJONCTIVE.

CONJURATION.

On nomme ainsi le projet criminel conçu par plusieurs personnes dans le but d'attenter à la vie du prince ou à la sûreté de l'état. — V. COMPLOTS, CRIMES CONTRE LA SÛRETÉ DE L'ÉTAT.

CONJURE, CONJUREMENT.

1. — On appelait ainsi une semonce, une injonction, adressée par le chef d'une justice seigneuriale aux juges qui composaient cette justice , de procéder au jugement d'un procès ou à l'expédition d'un acte judiciaire. — Encycl. méth. (Jurisp.), v° Conjure ; Merlin, Rép., v° Conjure.

2.—La conjure était un usage dans les coutumes d'Artois, de Saint-Omer et de Valenciennes ; le conjurement, dans les coutumes d'Aire, de Lille et autres villes de Flandre. — Encycl. méth. (jur.) v° Conjure.

3. — Les seigneurs étaient de deux sortes, les fiefs et les roturies; c'est pour cela que, dans les Pays-Bas, ils avaient institué deux cours, l'une féodale, composée de leurs hommes de fief; l'autre cotière, composée de leurs échevins ou homme cotiers. — Encycl. méth. (Jur.), v° Conjure, cotiers ; Merlin, Rép., v° Conjure, homme de fief.

4. — Fatigués de rendre eux-mêmes la justice, ils mirent à leur place un bailli dans leur cour féodale, et un mayeur ou prévôt dans leur justice cotière. — Encycl. méth. (Jur.), v° Conjure, Cotiers, Mayeurs; Merlin, Rép., v° Conjure, Mayeur.

5. — Mais ces substituts n'avaient pas la qualité de juges ; ils étaient simplement les représentans des seigneurs. Leur principale prérogative était d'avoir voix excitative, et de conjurer les juges en ces termes : —«Voilà une telle affaire, je vous conjure d'y faire droit. »—Encycl. méth. (Jur.), v° Conjure; Rép., eod. verb.

6.—C'est de cette formule qu'est venue l'expression de conjure et c'est de là qu'on a dit la conjure du seigneur, la conjure du bailli, du gouvernement, ou du son lieutenant.—Enc. méth., eod. verb.

7. — La conjure donnait l'autorité au jugement rendu par les hommes du seigneur. Ils ne pouvaient en effet prononcer sur aucun objet, qu'ils n'eussent au préalable été conjurés par le bailli ou par le mayeur. — Merlin, ibid.

8. — Les fonctions du semonceurs et celles de juges étaient donc bien distinctes. Elles étaient même incompatibles ; puisque, de même que les juges ne pouvaient légalement prononcer sans la conjure, de même les semonceurs ne pouvaient prendre aucune part au jugement.

9. — Toutefois, les baillis ne se renfermèrent pas toujours dans la limite rigoureuse de leurs droits. On trouve plusieurs arrêts des parlemens de Flandre et de Douai qui les rappellent à leurs devoirs, et les condamnent même à la restitution des épices perçues ainsi qu'à des dommages-intérêts, à l'occasion de procès dans lesquels ils s'étaient constitués juges. — Merlin, Rép., v° Conjure.

10.—Les baillis, pouvant créer des mayeurs, remplaçaient valablement ceux-ci lorsqu'ils étaient absens ou empêchés, et adressaient la conjure aux échevins ; mais les mayeurs ne jouissaient pas de cette prérogative près des hommes de fief.— Merlin, Rép., v° Conjure.

11. — La conjure a disparu avec les justices seigneuriales, abolies par les lois des 4 août 1790 et 7-12 sept. 1790.

CONNAISSEMENT.

Table alphabétique.

CONNAISSEMENT. — 1. — Acte par lequel le capitaine et le chargeur constatent le chargement des marchandises sur le navire et les conditions de transport. — Sur les côtes de la Méditerranée, on l'appelle Police de chargement.

§ 1er. — Caractère et nécessité du connaissement (n° 2).

§ 2. — Formes du connaissement (n° 16).

§ 3.—Négociation du connaissement (n° 54).

§ 4. — Effets du connaissement (n° 70).

§ 1er. — Caractère et nécessité du connaissement.

2. — Le connaissement ayant pour but de constater la remise par le chargeur au capitaine des marchandises que celui-ci s'engage à transporter, tient lieu, dans les transports par mer, de la lettre de voiture par l'on remet au voiturier dans les transports par terre. — Goujet et Merger, Dict. de dr. commerc., v° Connaissement, n° 1 et 2 s.—V. LETTRE DE VOITURE.

3. — Le connaissement diffère de la charte-partie, en ce que celle-ci a pour objet le louage du navire ou de partie d'un navire pour un chargement de marchandises, tandis que le connaissement prouve que le chargement convenu a été effectué.—Boulay-Paty, t. 2, p. 404.

4. — Bien qu'il y ait une charte-partie, le connaissement n'est pas moins nécessaire; en effet, ce qu'on a promis de charger tels objets dans un navire, il ne s'ensuit pas que ces objets ont été réellement placés à bord. — Boulay-Paty, t. 2, p. 300; Goujet et Merger, n° 4.

5.—Au contraire, la charte-partie peut être remplacée par le connaissement, puisqu'il prouve l'exécution de l'engagement pris dans cette charte-partie.—Pothier, Assurance, n° 16; Emerigon, t. 1er,

chap. 10, sect. 3; Boulay-Paty, t. 2, p. 300. — V. CHARTE-PARTIE, n° 12.

6. — Ainsi jugé que des connaissemens peuvent tenir lieu de charte-partie. — Cons. des prises, 3 messid. an VIII, *la Constance* c. *les Deux amis*.

7. — Le connaissement sert encore à déterminer le fret et ses conditions en cas d'ambiguité dans la charte-partie. — V. CHARTE-PARTIE, n°s 47 et suiv.

8. — Il est du nombre des pièces que le capitaine doit avoir à son bord. — C. Comm., art. 226. — V. CAPITAINE DE NAVIRE, n° 171.

9. — En général, aucune pièce privée ne saurait prévaloir contre le connaissement. — Goujot et Merger, n° 8.

10. — Mais à défaut de connaissement on y peut suppléer par des titres probans hors de tout soupçon; tels, par exemple, que les acquits des droits payés pour les marchandises, les manifestes, et autres actes analogues. — Boulay-Paty, t. 2, p. 307.

11. — De même, si le connaissement était irrégulier en la forme, les parties intéressées seraient admises à prouver le chargement par d'autres moyens, tels que le manifeste, les expéditions des douanes, les lettres d'avis du chargeur, les attestations de l'équipage, etc., le connaissement irrégulier servant alors de commencement de preuve par écrit. — Dageville, t. 2, p. 283 et 375.

12. — Lorsqu'un arrêt, pour prononcer sur la réalité d'un chargement ou de l'expédition d'un navire, s'est appuyé non seulement sur le connaissement, mais encore sur d'autres faits et documens, on ne peut critiquer devant la cour de Cassation l'irrégularité de ce connaissement, par exemple, arguer de ce qu'il n'aurait été signé que par le capitaine. — *Cass.*, 25 mars 1835, Roy-de-la-Tour c. Charbonnel.

13. — Au surplus et en règle générale, c'est aux juges du fait qu'il appartient exclusivement de décider, d'après les circonstances de la cause et les actes produits, s'il y a eu réellement sur le navire chargement des objets assurés. — Même arrêt.

14. — Relativement aux chargemens faits par des barques ou petits bâtimens, il est assez d'usage de ne point donner de connaissement : on délivre alors une simple lettre de voiture aux divers chargeurs. — Boulay-Paty, t. 2, p. 307.

15. — Quelquefois aussi, quand il s'agit d'objets d'une valeur modique remis à l'instant du départ, on se contente d'une simple déclaration du capitaine. — Boulay-Paty, t. 2, p. 308.

§ 2. — *Formes du connaissement.*

16. — Le connaissement doit exprimer la nature et la quantité ainsi que les espèces ou qualités des objets à transporter. — C. comm., art. 281.

17. — Un connaissement ainsi conçu : *la somme de 564 fr., le tout bien conditionné, et marqué de la marque ci-cotée*, a pu être considéré comme exprimant suffisamment la nature, la quantité et les espèces ou qualités des objets à transporter. Dans ce cas, le jugement qui décide ainsi contient une appréciation d'actes et de faits qui échappe à la censure de la cour de Cassation. — *Cass.*, 8 nov. 1832, Dagneau-Symousen c. Thooris.

18. — Le connaissement indique : 1° le nom du chargeur; le nom et l'adresse de celui à qui l'expédition est faite; le nom et le domicile du capitaine. — C. comm., art. 281.

19. — Les auteurs du Code, comme ceux de l'ordonnance, n'ont pas exigé l'indication du véritable propriétaire. On avait proposé d'ajouter à l'article : *le tout sans préjudice de la désignation du propriétaire dans les cas de guerre et autres qui exigent la justification de ce caractère*; mais, après de longs débats, la proposition fut rejetée, et on se borna à consigner dans le procès-verbal que l'article ne changeait rien aux principes suivis en matière de prises. — Locré, sur l'art. 281 ; Boulay-Paty, t. 2, p. 310.

20. — Quand même il y aurait quelque erreur dans l'énonciation des noms, elle ne serait d'aucune importance, si les personnes étaient, d'ailleurs, suffisamment désignées. — Boulay-Paty, t. 2, p. 311.

21. — ...2° Le nom et le tonnage du navire. — C. comm., art. 281.

22. — ...3° Le lieu du départ et celui de la destination. — Même art.

23. — On indique aussi quelquefois dans le connaissement le délai dans lequel le transport devra être effectué, et l'indemnité qui sera due en cas de retard, de perte ou d'avarie.

24. — ...4° Le prix du frêt. — C. comm., art. 281.

25. — Si le prix du fret n'était pas porté dans le connaissement, et qu'il ne fût pas non plus indiqué dans la charte-partie, il faudrait distinguer entre les marchandises chargées au vu et au su du capitaine et celles chargées à son insu : dans le premier cas, on devrait considérer les parties comme étant convenues tacitement pour le fret du prix usité pour semblables marchandises au temps et dans le lieu du contrat, et s'il y avait variété dans le prix, s'attacher au prix moyen; dans le second cas, le fret devrait être payé au prix le plus élevé, conformément à l'art. 292, C. comm. — Pothier, *Charte-partie*, n° 8; Dageville, t. 2, p. 365; Boulay-Paty, t. 2, p. 311.

26. — Le défaut d'estimation du fret dans le connaissement n'entraîne pas la nullité de cet acte. — *Cass.*, 8 nov. 1832, Dagneau c. Cuenin.

27. — Dans ce cas, il appartient aux tribunaux de fixer le fret par voie d'arbitrage, suivant le taux du commerce, sauf aux parties à le faire régler par arbitres. — Même arrêt.

28. — Lorsque le chargement est fait par l'armateur lui-même, il n'y a pas lieu de désigner le prix du fret. — Pardessus, t. 3, n° 722.

29. — Le connaissement doit présenter en marge les marques et numéros des objets à transporter. — C. comm., art. 281.

30. — Le connaissement doit être daté ; quoique l'art. 281 ne parle pas de cette énonciation, l'article suivant le décide ainsi implicitement, en exigeant que le connaissement soit signé dans les vingt-quatre heures après le chargement. — Dageville, t. 2, p. 371. — Cela résulte encore implicitement de ce que le Code permet de négocier le connaissement par la voie de l'endossement. — Goujet et Merger, n° 18.

31. — Jugé, en conséquence, qu'un connaissement non daté ou dont la date est reconnue fausse ne fait point foi à l'égard des tiers. L'assuré ne peut s'en prévaloir contre l'assureur; mais il peut établir la preuve du chargé par des preuves supplémentaires qui sont à l'arbitraire du juge. — *Trib. comm. de Marseille*, 31 janv. 1823, cité par Dageville, t. 2, p. 283.

32. — Le connaissement peut être à ordre, ou au porteur ou à personne dénommée. — C. comm., art. 281.

33. — Au surplus, le connaissement est en général imprimé avec des blancs que l'on remplit à la main, et plusieurs villes maritimes ont chacune leur modèle de connaissement. — Goujet et Merger, n° 14.

34. — Les connaissemens faits en pays étranger ne sont pas rigoureusement soumis, pour leur validité, aux formalités exigées par la loi française. — *Aix*, 30 août 1833, sous *Cass.*, 25 mars 1835, Roy de la Tour c. Charbonnel.

35. — Chaque connaissement est fait en quatre originaux au moins, savoir : 1° un pour le chargeur (C. comm., art. 282), à qui il peut servir à vendre les marchandises en route (Pardessus, n° 723); — 2° un pour le consignataire, afin qu'il sache ce qu'il doit réclamer et puisse comparer l'état des marchandises remises avec les énonciations du connaissement; — 3° un pour le capitaine, pour justifier de l'exécution de ses obligations vis-à-vis des consignataires ; — 4° et un pour l'armateur du bâtiment, afin qu'il puisse régler ses comptes avec le capitaine et calculer ce qui lui revient pour le fret. — C. comm., art. 282 ; — Pardessus, *ibid.*

36. — L'ordonnance de 1681 n'exigeait pas d'original pour l'armateur; mais le Code a réparé cette omission. — L'armateur est garant des faits du capitaine, et il est juste qu'il puisse connaître, par la remise de l'un des originaux du connaissement, la quantité, la nature et la valeur des marchandises dont il est responsable. La loi a parlé ici, non du propriétaire, mais de l'armateur, parce que c'est à la qualité d'*armateur*, et non à celle de *propriétaire*, qu'est attachée la responsabilité des faits du capitaine.

37. — Celui qui charge une marchandise à bord d'un navire n'est pas tenu d'envoyer un double connaissement à la personne à qui la marchandise est adressée. — *Aix*, 12 juill. 1830, Roussier c. Chauvelon.

38. — Dans certaines circonstances on peut faire plus de quatre originaux, lorsque le cas de guerre, par exemple, exige qu'on en expédie plusieurs au consignataire, par différens navires, afin d'éviter les chances de prise par l'ennemi. — Dageville, t. 2, p. 373; Boulay-Paty, t. 2, p. 314.

39. — Il n'est pas nécessaire, à peine de nullité, que la mention du nombre des originaux soit faite sur chacun d'eux. — Pardessus, t. 3, n° 723; Dageville, t. 2, p. 273 ; Boulay-Paty, t. 2, p. 315.

40. — Lorsqu'il est énoncé dans le connaissement que cet acte a été dressé en quatre originaux, l'allégation de l'armateur qu'il n'a pas reçu du capitaine le double qui lui était destiné ne peut, sous aucun rapport, prévaloir contre l'énonciation formelle du connaissement. — *Cass.*, 8 nov. 1832, Dagneau-Symousen c. Thooris.

41. — Il n'est pas nécessaire non plus que le capitaine écrive lui-même les originaux qu'il délivre, mais il doit remplir de sa main les quantités des objets dont il se charge. — Pardessus, t. 3 n° 723; Boulay-Paty, t. 2, p. 315.

42. — Les quatre originaux doivent être signés par le chargeur et par le capitaine, dans les vingt-quatre heures après le chargement. — C. comm., art. 282.

43. — Ce délai de vingt-quatre heures est établi autant dans l'intérêt du capitaine que dans celui des chargeurs; ils ne peuvent donc pas exiger que le capitaine signe les connaissemens plus tôt, parce qu'il doit avoir le temps de vérifier si tous les objets indiqués ont été réellement chargés. — Pardessus, t. 3, n° 723.

44. — Le chargeur est tenu de fournir au capitaine, dans le délai de vingt-quatre heures, des acquits des marchandises chargées. — C. comm., art. 282.

45. — Le capitaine n'est pas tenu de se rendre chez le chargeur pour signer les connaissemens; et c'est à celui-ci qu'incombe l'obligation de présenter ces connaissemens au capitaine. Faute par lui de le faire, il est tenu des dommages-intérêts résultant pour le capitaine du retard qu'il pourrait éprouver, ou s'il s'exposait à partir sans avoir toutes ses expéditions en forme. — Boulay-Paty, t. 2,

46. — Toutefois, une mise en demeure serait nécessaire. — Dageville, t. 2, p. 374.

47. — Si les chargeurs laissaient partir le capitaine sans signer les connaissemens, ils devraient l'imputer à leur négligence; et s'ils assignaient le capitaine en la personne de l'armateur pour signer les connaissemens, sous l'offre de vérifier que leurs marchandises ont été chargées dans le navire, tous les frais demeureraient à leur charge. — Emerigon, t. 2, p. 312; Boulay-Paty, t. 2, p. 304.

48. — L'affréteur n'est pas obligé d'attendre que le navire soit entièrement chargé. Le chargement est fini pour chaque chargeur quand toute sa marchandise est chargée. La disposition doit s'appliquer partiellement à chaque chargeur, en ce qui le concerne, comme s'il était seul et unique chargeur. — Boulay-Paty, t. 2, p. 303 ; Dageville, t. 2, p. 373.

49. — En cas de refus de la part du capitaine, le chargeur peut obtenir un jugement, qui lui tiendra lieu de connaissement. Les frais de ce jugement sont supportés par le capitaine à titre de dommages-intérêts. — Valin, sur l'art. 4, tit. *Des connaissemens*; Boulay-Paty, t. 2, p. 303 ; Dageville, t. 2, p. 374.

50. — Lorsque les marchandises sont chargées pour le compte du capitaine, des gens de l'équipage ou des passagers, le connaissement destiné à prouver contre les assureurs, en cas de perte, la valeur et la consistance de ces marchandises, est soumis, outre les formalités ordinaires, à certaines prescriptions particulières.

51. — Le connaissement des marchandises chargées pour le compte du capitaine doit être signé par deux des principaux de l'équipage. — C. comm., art. 344.

52. — Lorsque le capitaine charge des marchandises pour un de ses parens au degré prohibé pour l'admission en témoignage, il doit remplir les mêmes formalités que celles qui lui sont prescrites lorsqu'il charge pour lui-même. — Dageville, t. 2, p. 370; Pardessus, n° 724.

53. — Dans le cas où des marchandises sont chargées dans les pays étrangers pour être apportées en France par les gens de l'équipage ou les passagers, un double du connaissement doit être laissé, dans les lieux où le chargement s'effectue, entre les mains du consul de France, et à défaut, entre les mains d'un Français, notable négociant ou du magistrat du lieu. — C. comm., art. 345.

§ 3. — *Négociation du connaissement.*

54. — Le connaissement représentant entre les mains de l'expéditeur la marchandise confiée au capitaine, la remise qui en est faite à un tiers emporte tradition de la propriété des objets auxquels il se rapporte. — Goujet et Merger, n° 35.

55. — Toutefois les conditions de cette remise varient selon les formes dans lesquelles le connaissement a été rédigé.

56. — Quand le connaissement est au porteur, la simple possession donne au détenteur le droit de réclamer l'exécution des conventions qui y sont relatées. — Boulay-Paty, t. 2, p. 314.

57. — S'il est à personne dénommée, il ne peut être transmis que par un acte de cession signifié au capitaine ou accepté par lui. — Boulay-Paty, t. 2, p. 314.

58. — Enfin lorsqu'il est à ordre, il est assimilé à la lettre de change et doit se transmettre par la

voie de l'endossement. — Boulay-Paty, t. 2, p. 314.

59. — Sous les ord. de 1673 et 1681, la négociation des connaissemens pouvait avoir lieu par la voie de l'ordre. L'art. 281, C. comm., n'a point à cet égard introduit un droit nouveau. — *Cass.*, 13 juill. 1810, Carra-Saint-Cyr et Bruno c. Bonfils.

60. — L'endossement d'un connaissement doit, pour être régulier, être daté, énoncer le nom de celui à l'ordre de qui il est passé et exprimer la valeur fournie, aux termes de l'art. 137 du C. de comm. — Dageville, t. 2, p. 369; Boulay-Paty, t. 2, p. 314.

61. — Jugé, en ce sens, que hors le cas de l'art. 93, C. comm., un connaissement à ordre ne peut conférer de privilége au commissionnaire qu'autant qu'il lui a été transmis régulièrement. — *Cass.*, 1er mars 1843 (t. 1er 1843, p. 367), Muller c. Tissot et Prévost; *Amiens*, 29 juillet 1843 (t. 2 1844, p. 272), mêmes parties.

62. — ... Et que cette transmission n'est réputée régulière que si l'endossement qui l'opère renferme toutes les conditions exigées par les art. 137 et 138, C. comm., lesquels posent des règles générales en matière d'endossement. — Mêmes arrêts.

63. — Spécialement, l'endossement doit indiquer la valeur fournie, sous peine de ne valoir, au profit du porteur vis-à-vis des tiers, que comme procuration. — Mêmes arrêts.

64. — Cependant la mention de la valeur fournie n'était pas exigée, à peine de nullité, dans un endossement de cette nature, fait sous l'empire des ordonnances de 1673 et 1681, parce qu'à cette époque la jurisprudence n'était pas uniformément fixée sur la nécessité d'exprimer la valeur reçue dans les endossemens. — *Cass.*, 13 juill. 1819, Carra Saint Cyr c. Bonfils.

65. — Lorsque le connaissement est à ordre, le chargeur ne peut plus retirer ses marchandises, soit avant le départ, soit pendant le voyage, sans représenter tous les originaux du connaissement que le capitaine a signés, parce que ce dernier serait responsable envers quiconque serait porteur légitime de l'un des connaissemens émanés de lui. — Dageville, t. 2, p. 370; Pardessus, no 727; Boulay-Paty, t. 2, p. 313.

66. — Au surplus, à quelque titre que se présente le porteur du connaissement, le capitaine peut refuser de se dessaisir des marchandises, s'il n'est pas payé du fret et des autres droits qui lui sont dus. — Pardessus, no 727.

67. — Lorsque des marchandises ont été expédiées directement à un commissionnaire par un connaissement fait à son profit, la loi lui accorde un privilége pour le recouvrement des avances par lui faites sur ce connaissement. — C. comm., art. 93. — V. COMMISSIONNAIRE, nos 196 et suiv.

68. — Si la transmission d'un connaissement par la voie de l'ordre donne au porteur le droit de poursuivre la vente des marchandises, elle ne lui confère aucun privilége sur ces mêmes marchandises, alors qu'elles ne lui ont pas été expédiées à lui-même d'une autre place. — *Cass.*, 28 juin 1826, Brindeau c. Leseigneur.

69. — Le vendeur non payé des marchandises et les autres créanciers éprouvant un préjudice par suite de la cession du connaissement, peuvent en poursuivre l'annulation, si l'endossement a eu lieu après la cessation de paiemens du cédant, à la charge par eux de faire la preuve que le cessionnaire connaissait la situation du failli. — C. comm., art. 447. — Goujet et Merger, no 48. — V. FAILLITE.

§ 4. — *Effets du connaissement.*

70. — Le connaissement, rédigé dans la forme prescrite par la loi, fait foi entre toutes les parties intéressées au chargement et entre elles et les assureurs. — C. comm., art. 283.

71. — Les connaissemens et endossemens prouvent la propriété des marchandises chargées, non seulement entre le capitaine et les chargeurs, mais encore à l'égard des tiers; il en est des connaissemens et endossemens dans le commerce maritime comme des lettres de voiture, des lettres de change, billets à ordre et endossemens y apposés, dans le commerce de terre. — *Aix*, 26 août 1809, Franck contre ses assureurs.

72. — Mais les tiers qui ne sont point parties au connaissement ont le droit de le débattre et d'en prouver la fausseté ou l'inexactitude par toutes sortes de moyens. — Pardessus, no 724; Boulay-Paty, t. 2, p. 306.

73. — Ainsi, à l'égard des assureurs, la disposition de l'art. 283, C. comm., ne met pas obstacle à ce que la fausseté du contenu du connaissement soit établie par des preuves positives et encore par des présomptions résultant de circonstances graves, précises et concordantes, sans qu'il soit besoin d'avoir recours à une inscription de faux. — *Cass.*, 15 fév. 1826, Duchêne c. assur. de Bordeaux. — V. ASSURANCE MARITIME.

74. — L'armateur d'un navire est responsable des engagemens résultant d'un connaissement souscrit et signé par le capitaine, encore bien que ce connaissement ne porte pas la signature du chargeur, lorsque l'existence de l'obligation du capitaine n'est pas contestée par l'armateur. — *Cass.*, 8 nov. 1832, Dagneau c. Cuenin.

75. — De même un connaissement n'est pas nul parce qu'il n'est revêtu que de la signature du capitaine et non de celle du chargeur. — *Aix*, 30 août 1833, sous *Cass.*, 25 mars 1835, Boy-de-la-Tour c. Charbonnel.

76. — Jugé, au contraire, que le connaissement, pour faire preuve des marchandises assurées, doit être signé non-seulement par le capitaine, mais encore par le chargeur. — *Cass.*, 7 juill. 1829, Galoz c. Coureau.

77. — ... Que la neutralité d'un chargement ne peut s'établir par des connaissemens signés par le capitaine. — *Cass.*, 22 flor. an VII, le Thuyskon.

78. — Celui en faveur de qui un connaissement à ordre a été endossé ne peut se prétendre investi de la propriété, s'il était à sa connaissance que l'endosseur n'était que consignataire; il ne peut dès-lors être considéré que comme deuxième consignataire. — *Cass.*, 13 août 1822, Thuret c. Baillargé.

79. — L'endossement pur et simple ne peut être invoqué par lui comme acte de nantissement lui donnant droit de réclamer un privilége pour les sommes qu'il a avancées au premier consignataire personnellement, lorsque tous deux demeurent dans la même ville et que le propriétaire de la marchandise n'y demeure pas.

80. — Le privilége est limité aux frais faits pour la chose même, tels, par exemple, que frais de douanes, de débarquement, paiement de fret et autres dépenses de ce genre. — Même arrêt.

81. — Si le connaissement n'est pas un titre translatif de propriété de la chose au consignataire qui n'y intervient pas, cela n'est vrai qu'entre le consignataire et le chargeur ou les ayant-cause. A l'égard des tiers, le consignataire porteur du connaissement est censé recevoir la marchandise, soit comme sa propriété, soit comme commissionnaire pour en opérer la vente, et, dans l'un comme dans l'autre cas, il a le droit de vendre, et ceux qui traitent avec lui de bonne foi traitent valablement, et cela nonobstant toute contestation intervenue entre le propriétaire et le consignataire, portant prohibition à celui-ci de vendre sans le concours du premier. — *Aix*, 4 déc. 1820, N...

82. — Le porteur de connaissemens qui se trouve consignataire de la marchandise dans l'intérêt du prêteur, ne peut se refuser à délivrer cette marchandise au débiteur ou expéditeur qui offre de payer le montant d'une traite souscrite par celui-ci comme garantie du prêt, sous le prétexte qu'il n'a pas mandat de recevoir cette traite pour le compte d'un tiers à qui elle a été passée. — *Bordeaux*, 22 juin 1831, Barton et Guestier c. Menier.

83. — La propriété du chargement d'un navire est valablement transférée par la remise du connaissement faite par le capitaine à celui que cet acte désigne comme chargeur, alors même que la vente des marchandises a été faite par celui qui n'en était pas propriétaire, si d'ailleurs aucune fraude ne peut être imputée à l'acquéreur. Les droits de celui-ci ne sauraient être modifiés à raison de cette circonstance que les marchandises ont été remises en consignation au véritable propriétaire et transportées sur un bâtiment qui lui appartenait. — *Cass.*, 11 juill. 1837 (t. 2 1837, p. 334), Ducarrey c. Labalette.

84. — Toutefois le connaissement ne fait preuve que de la qualité générique, extérieure et apparente des marchandises : il ne soumet pas le capitaine à la garantie de la réalité des espèces ou qualités déclarées, à moins que les marchandises n'aient été vérifiées devant lui. — Boulay-Paty, t. 2, p. 408.

85. — Pour prévenir les difficultés sur ce point, les capitaines ajoutent ordinairement à leur signature, au bas du connaissement, ces mots : *sans approuver* ou *que dit être*, ce qui signifie que le chargeur a dit que les marchandises étaient de telle qualité ou quantité, sans que le capitaine l'ait vérifié. — *Consulat de la mer*, ch. 266; Valin, sur l'art. 2, tit. *Du connaissement*; Emerigon, t. 1er, p. 327; Boulay-Paty, t. 1er, p. 409; Goujet et Merger, no 56.

86. — Jugé, en conséquence, qu'au moyen de sa clause *que dit être*, le capitaine n'est point responsable du poids énoncé dans le connaissement, s'il n'est pas justifié que la marchandise ait été pesée en présence du capitaine. — *Marseille*, 5 janv. 1825 (*J. de Marseille*, 6, 1, 161), Fiertz et comp.

87. — ... Ni de la différence de quantité, alors surtout que la marchandise est sujette à déchet. — *Marseille*, 9 juill. 1835 (*J. de Marseille*, 15, 1, 145), Dunant; 28 août 1835 (*J. de Marseille*, 15, 1, 266), Boy de la Tour.

88. — ... Ni de la différence de qualité. — *Marseille*, 19 déc. 1834 (*J. de Marseille*, 15, 1, 310), Villa; 6 déc. 1824 (*J. de Marseille*, 5, 1, 332), Brignello.

89. — ... Ni du déficit provenant du coulage, lors surtout qu'il justifie d'événemens de mer qui ont pu causer ou augmenter le coulage. — *Marseille*, 7 juin 1830 (*J. de Marseille*, 11, 1, 241), Picciotto.

90. — De même, la clause *mesure à moi inconnue*, ajoutée par un capitaine dans un connaissement, le dispense de répondre de l'exactitude de la mesure qui y est indiquée. — *Douai*, 30 mai 1829, Sap c. Michaud et Renard.

91. — Mais si le capitaine est affranchi de la responsabilité *intérieure*, il n'est pas déchargé de la responsabilité du nombre des tonneaux, des caisses et des ballots. — Valin, sur l'art. 2, tit. *Du connaissement*; Emerigon, t. 1er, p. 327; Boulay-Paty, t. 1er, p. 409; Goujet et Merger, no 58.

92. — Dès-lors, le capitaine est passible de dommages-intérêts, si, au lieu de livrer des marchandises saines, entières et bien conditionnées, il les rend altérées extérieurement, et indiquant que les ballots, caisses ou barriques ont été ouverts. — *Marseille*, 11 nov. 1829 (*J. de Marseille*, 11, p. 83).

93. — Les chargeurs ne peuvent s'opposer à la clause *que dit être* et exiger une signature pure et simple, à moins qu'ils ne s'offrent de vérifier à leurs frais les poids, qualité ou mesure, en présence du capitaine. — Pothier, *Charte-partie*, no 17.

94. — Le bénéfice de la clause *que dit être* ne peut être invoqué par le capitaine qui a été commis pour faire l'achat et le chargement, attendu qu'il doit connaître ce qu'il fait et rendre un compte exact de sa gestion. — Toutefois, comme il s'agit d'un mandat, lequel est un contrat de bonne foi, il ne faudrait pas s'arrêter au déficit, s'il était minime. — Emérigon, ch. 31, no 5; Boulay-Paty, t. 1er, p. 410; Goujet et Merger, no 61.

95. — La clause d'un connaissement qui excepte de la responsabilité les périls et fortunes de mer, ceux de la navigation de la Haute et Basse-Seine, et les accidens de toute nature, ne peut, quelque larges que soient ses termes, s'appliquer aux vices ou défauts propres au navire, lorsqu'il n'y a pas à cet égard de disposition expresse. — Il importerait peu que le vice propre provînt d'un voyage précédent, les affréteurs ne pouvant être astreints à supporter les conséquences d'un événement antérieur à leur chargement. — *Rouen*, 19 janv. 1841 (t. 1er 1841, p. 288), Delaroche c. Maillet-Duboullay. — Au surplus V. COMMISSIONNAIRE DE TRANSPORT, no 107.

96. — En cas de diversité entre les connaissemens d'un même chargement, celui qui sera entre les mains du capitaine fera foi s'il est rempli de la main du chargeur ou de celle de son commissionnaire; et celui qui est présenté par le chargeur ou le consignataire sera suivi, s'il est rempli de la main du capitaine. — C. comm., art. 284.

97. — Il en serait de même si le connaissement qui se trouve entre les mains du capitaine était rempli par la main *du commis* du chargeur, et si celui qui se trouve entre les mains du chargeur était rempli par le capitaine en second, ou tout autre officier du bord en usage d'écrire pour le capitaine. — Dageville, t. 2, p. 378; Boulay-Paty, t. 2, p. 316.

98. — Si la diversité se trouve entre les connaissemens remplis par la même main, il suffit que le connaissement qui est au pouvoir du capitaine soit rempli de la main du chargeur pour faire foi. — Emerigon, t. 1er, p. 316; Boulay-Paty, t. 2, p. 317.

99. — S'il y avait opposition entre le connaissement représenté par le capitaine et écrit de la main du chargeur, et celui représenté par le chargeur et écrit de la main du capitaine, les tribunaux devraient alors se déterminer d'après les renseignemens, les circonstances, les présomptions, et, au besoin, déférer le serment à la partie dont la cause leur paraîtrait la plus favorable. — Dageville, t. 2, p. 378; Boulay-Paty, t. 2, p. 317.

100. — Le capitaine est strictement tenu d'avoir à son bord les connaissemens des marchandises qu'il est chargé de consigner; dès-lors, s'il égare ou s'il oublie un connaissement, et s'il ne peut, par cette raison, effectuer la consignation, il est responsable envers le chargeur de la valeur de la marchandise non consignée, sans pouvoir s'affranchir de cette responsabilité en offrant de représenter la marchandise. — *Aix*, 12 juill. 1830, Roussier c. Chauvelon.

101. — Quant aux peines encourues par le capitaine qui signerait un faux connaissement ou qui en fabriquerait un véritable, V. BARATERIE, no 34.

102. — A l'arrivée au lieu de la destination, le capitaine doit remettre les marchandises aux commissionnaires ou consignataires indiqués par le connaissement.

103. — Faute par lui de représenter tous les objets portés au connaissement, il est tenu d'en payer la valeur au prix du lieu de décharge; sauf à lui à prouver que la perte a eu lieu par sacrifice ou salut commun ou par force majeure.—Boulay-Paty, t. 2, p. 318; Pardessus, n° 728.

104. — Quant à la différence qui existerait entre le poids énoncé dans le connaissement et le poids reconnu au débarquement, il n'en est responsable qu'autant qu'il y a preuve de faute ou de négligence de sa part. — *Trib. comm. de Marseille*, 4 nov. 1831 (*J. de Marseille*, 13, 1, 78), Brigante.

105. — Si le commissionnaire ou consignataire refuse de recevoir les marchandises, le capitaine a le droit d'en faire vendre une partie par autorité de justice pour assurer le paiement du frêt et de faire ordonner le dépôt du surplus. — Pardessus, n° 728.

106. — Dans le cas où deux consignataires, porteurs l'un et l'autre d'un connaissement, se présenteraient pour recevoir les marchandises, le capitaine devrait les délivrer à celui dont le connaissement aurait été expédié le premier.—Emerigon, t. 1er, p. 315; Boulay-Paty, t. 2, p. 348.

107. — Si le commissionnaire ou consignataire reçoit les marchandises mentionnées dans le connaissement est tenu d'en donner reçu au capitaine qui le demande, sous peine de tous dépens et dommages-intérêts, même ceux de retardement. — C. comm., art. 285.

108. — Si, avant de donner le reçu, le consignataire exigeait la vérification préalable des marchandises, le capitaine serait tenu de le souffrir; sauf à lui à mettre le consignataire en demeure d'opérer la vérification et à réclamer ensuite des dommages-intérêts. — Boulay-Paty, t. 2, p. 319; Goujet et Merger, n° 73.

109. — En cas de contestation pour la réception des objets transportés, leur état est vérifié et constaté, et ensuite le dépôt ou séquestre peut en être ordonné dans un dépôt public, de la même manière que lorsqu'il s'agit de transports faits par un voiturier.— C. comm., art. 106;— Goujet et Merger, n° 74. — V. VOITURIER.

110.—Toute demande en délivrance de marchandises portées au connaissement se prescrit par un an après l'arrivée du navire. — C. comm., art. 433.

111.—Mais la prescription serait interrompue, et ne pourrait être invoquée par le capitaine contre le chargeur, si le navire forcé de relâcher en cours de voyage avait été déclaré innavigable, et si, pour éviter la perte des marchandises portées au connaissement, le capitaine les avait fait vendre et en avait touché le prix.— Pardessus, n° 730; Goujet et Merger, n° 76.

V. ACTE DE COMMERCE, AMIRAUTÉ (n° 6), ASSURANCE MARITIME, AVARIES, CAPITAINE DE NAVIRE, CHARTE-PARTIE, COMMISSIONNAIRE, ENREGISTREMENT, FRET, TIMBRE.

CONNÉTABLIE.

1. — C'était une juridiction ainsi nommée parce qu'elle était exercée par le connétable avec les maréchaux, dont il était le chef.

2. — Elle s'étendait sur les gens de guerre, en ce qui concernait la guerre, tant au civil qu'au criminel.

3. — C'était la première des trois juridictions comprises sous le titre général du *Siège de la table de marbre du Palais de Paris*. — V. TABLE DE MARBRE.

4. — On la désignait aussi sous le nom de *Justice militaire*.

5. — Son institution, probablement contemporaine de celle des connétables, est fort ancienne et remonterait, d'après un mémoire de 1655, à l'an 1450 environ. — L'existence en a été d'ailleurs déjà révélée en février 1316 par une sentence soumise au parlement et par un arrêt de cette cour du 22 janvier 1361.

6. — Depuis la suppression du connétable (en 1607), sa juridiction était restée aux maréchaux de France dont le plus ancien était le chef. Ils exerçaient cette juridiction par eux-mêmes, ou par des lieutenans qu'ils avaient dans les bailliages du royaume ou par les officiers de la connétablie.

7. — La connétablie se composait d'un lieutenant-général, d'un lieutenant particulier et d'un procureur du roi; elle avait de plus à son service un greffier en chef, un commis-greffier, trois huissiers audienciers et d'autres huissiers répandus dans le royaume et comptés sous la dénomination d'archers huissiers, archers-gardes ou huissiers-sergens-royaux et d'armes.

8. — Les maréchaux de France en étaient présidens et y assistaient quand bon leur semblait (ce qui arrivait rarement); en leur absence c'était le lieutenant général qui présidait et rendait la justice en leur nom et même en celui du connétable, malgré sa suppression. — On y jugeait en premier ressort jusqu'à mille livres et en dernier jusqu'à cent livres.

9. — Cette juridiction était placée immédiatement sous le ressort du parlement. — Elle a été supprimée par l'art. 13 de la loi du 7-12 septembre 1790. — V. Merlin, *Rép.*, v° *Connétablie*.

CONNEXITÉ (mat. civ.).

Table alphabétique.

CONNEXITÉ. — 1. — Liaison existant entre deux ou plusieurs affaires qui, dans l'intérêt des parties, doivent être décidées par un seul et même jugement.

2. — Lorsque deux affaires ont entre elles un rapport direct, une liaison intime, il est de l'intérêt des parties qu'elles soient réunies dans une même instance et jugées par une même décision.— On épargne ainsi des frais et des lenteurs, et l'on a surtout l'avantage de prévenir des jugemens opposés sur des contestations qui doivent recevoir la même solution. — Carré, sur l'art. 171, n° 429.

3. — De là le droit pour le tribunal régulièrement saisi d'une affaire, de connaître de toutes les autres contestations connexes, bien que, sans leur liaison avec la première instance, ces contestations ne fussent pas de sa compétence.

4. — « S'il a été formé précédemment, en un tribunal, une demande pour le même objet, porte l'art. 171, C. procéd., ou si la contestation est connexe à une cause déjà pendante à un autre tribunal, le renvoi pourra être demandé et ordonné. »

5. — La première hypothèse prévue par cet article constitue la *litispendance*. — V. ce mot.

6. — Ce sont, du reste, les mêmes motifs qui ont porté le législateur à admettre la déclinatoire pour cause de connexité et pour cause de litispendance. — Il s'agit toujours d'épargner des frais et des embarras aux parties, et d'empêcher que deux jugemens contraires interviennent dans une même contestation. — Carré, *loc. cit*; Poncet, *Tr. de législ. et de proc.*, n° 184.

7. — Toutefois, quoiqu'il existe une grande analogie entre la connexité et la litispendance, des différences importantes les séparent l'une de l'autre.

8. — Ainsi, pour qu'il y ait litispendance, il faut que la même contestation ait déjà été portée devant un autre tribunal où elle se trouve pendante, au lieu que la connexité suppose seulement une affaire précédemment engagée, ayant une affinité directe avec le nouveau débat.

9. — La litispendance ne saurait exister qu'entre les mêmes parties : il en est autrement de la connexité.

10. — Par exemple, lorsqu'un demandeur qui a assigné deux parties devant deux tribunaux essuie de leur part une exception qui tend à faire statuer les deux tribunaux sur un même objet, il peut, par voie de règlement de juges, obtenir que les deux affaires soient envoyées à un seul tribunal.— *Cass.*, 3 pluv. an X, Dalbis c. Perrier.

11. — La cour royale de Bordeaux a cependant jugé que deux instances ne peuvent être jointes qu'autant qu'elles ont lieu entre deux parties procédant en la même qualité. — *Cass.*, 13 mai 1833, Bedout c. Artigues.

12. — M. Bioche (v° *Exception*, n° 87) professe la même doctrine. Il cite également M. Carré comme partageant cette opinion. Mais nous croyons que cet auteur n'a entendu parler que de litispendance; il se borne, en effet, à indiquer, comme ayant résolu la question, un arrêt de la cour royale de Rennes du 18 novembre 1814 (Guesnot c. Hendalle) qui a statué en matière de litispendance et non dans un cas de connexité.

13. — Il faut néanmoins reconnaître qu'il existe rarement entre deux instances pendantes entre des parties différentes, un rapport assez intime pour constituer une connexité susceptible de motiver un renvoi.

14. — La loi ne déterminant pas dans quelle circonstance il y a connexité, cette appréciation est forcément abandonnée aux magistrats, qui doivent se montrer très circonspects. — S'il y a intérêt public et intérêt privé à ce que deux procédures distinctes et la possibilité de deux jugemens contradictoires n'aient pas lieu dans la même affaire, il y a également intérêt public et privé à ce que nul ne soit distrait de ses juges naturels. — Poncet, *loc. cit.*

15. — Doivent être considérées comme connexes : 1° la demande en partage par des cohéritiers des biens saisis immobilièrement par l'un d'eux, et celle en nullité de cette saisie, à raison de l'indivision. — *Cass.*, 22 juill. 1822, Bahaud c. Chaussade.

16. — ... 3° La demande en radiation d'une inscription hypothécaire et celle en validité du titre constitutif de la créance. — *Cass.*, 5 mai 1812, Juteau c. Descaseau.

17. — ... 3° L'action sur le mérite d'une inscription hypothécaire et celle sur la validité d'une saisie mobilière reposant sur le même titre.— *Cass.*, 20 août 1817, Yvonnet c. Thèse.

18. — ... 4° La demande en condamnation aux sommes qui motivent une saisie arrêt, et celle en main-levée partielle de cette saisie.—*Cass.*, 1er juill. 1823, Tual c. Lachapelle.

19. — ... 5° La demande en distribution du prix des meubles saisis et celle en réclamation de privilèges allégués pour gage ou nantissement. — *Cass.*, 21 juin 1820, Goldschmit c. Puech.

20. — ... 6° La demande en homologation du contrat d'union et la demande en paiement de billets appartenant à la faillite. — *Cass.*, 8 avr. 1807, Watherman c. Mathieu.

21. — ... 7° La demande en déclaration de faillite de deux commerçans domiciliés à de grandes distances, mais unis par une société en participation. — *Cass.*, 30 déc. 1811, Cauvet.

22. — ... 8°Les demandes intentées respectivement par deux parties en suppression d'arrêts différens. — *Cass.*, 6 avr. 1808, Lacan c. Alix; 5 juill. 1808, mêmes parties.

23. — ... 9° La demande en dissolution de société formée contre un associé, et celle par laquelle cet associé prétend que la société était en participation et non pas en nom collectif. — *Cass.*, 30 avr. 1828, Thérouen c. Servatine.

24. — ... 10° La demande en reddition de compte formée par des associés contre un individu qu'ils prétendent être leur mandataire, et celle intentée par ce dernier, se qualifiant associé, afin d'être nommé liquidateur de la société. — *Cass.*, 7 avr. 1825, Ouvrard c. Tourton.

25. — ... 11° L'opposition formée devant un tribunal de commerce à une ordonnance d'*exequatur* rendue par le président de ce tribunal sur une décision arbitrale entre associés, et l'instance engagée devant un tribunal civil, sur la validité d'offres faites en exécution de cette sentence. — *Paris*, 23 oct. 1812, Lancel Correx c. Dhotel.

26. — ... 12° Enfin, toutes les demandes principales et les demandes accessoires. — *Cass.*, 21 juin 1820, Goldschmit c. Puech.

27. — Par exemple, une demande en déclaration de jugement commun doit être portée devant le tribunal saisi de la demande principale. — *Cass.*, 22 déc. 1807, Prévot c. Archimbaud.

28.—Les appels de deux jugemens peuvent même

être joints, s'il y a connexité, bien qu'ils émanent de tribunaux différens.—*Rennes*, 28 avr. 1817, N...; 18 juill. 1820, Dussault c. Houet.

29.—Ne sont pas réputées connexes: 1° l'action en diminution de prix d'un bail, intentée pour éviction soufferte par le preneur, et celle en nullité du même bail formée par des créanciers du bailleur, pour incapacité de celui-ci. — *Cass.*, 3 juill. 1810, de Crenay c. Blanchard.

30. — ... 2° la poursuite de saisie immobilière pour arrérages échus d'une rente viagère et la demande en résolution de cette rente pour inexécution des conditions. — *Cass.*, 14 juin 1817, Robert c. Fournier.

31. — ... 3° les demandes en liquidation et celle en déclaration de faillite d'une société. — *Cass.*, 14 janv. 1829, Janc c. Guérin.

32.—...4° la licitation des immeubles d'une succession provoquée par les créanciers des héritiers, et l'expropriation de ces biens, poursuivie par un créancier hypothécaire du défunt. — *Cass.*, 29 oct. 1807, Duguilard c. Delion.

33. — ... 5° la prise à partie d'un juge et l'action en restitution intentée contre un avoué. — *Cass.*, 22 avr. 1827, Preigne c. Blain; 25 août 1825, mêmes parties.

34.—... 6° la demande en délivrance d'un legs et celle en nullité du testament intentées par deux individus contre l'héritier. — *Montpellier*, 4 mars 1821, Lapierre.

35.—Quelle que soit la liaison existant entre deux affaires, le renvoi pour cause de connexité cesse de pouvoir être demandé si ces deux affaires ne sont pas pendantes devant les tribunaux de même ordre.

36. — Tel est le cas où l'une des causes est pendante en appel et l'autre en première instance. — *Cass.*, 14 juin 1815, Lemercier c. Cordier.

37. — En conséquence, la demande en nullité d'un écrou peut être portée devant le juge du lieu où il a été fait, quoiqu'il y ait appel du jugement en vertu duquel on y a procédé, et que cet appel soit pendant dans un autre ressort. — *Cass.*, 20 mars 1810, Berthot c. Lacour.

38. — Il a cependant été jugé ainsi, qu'un tribunal de première instance peut connaître de toutes les demandes nées d'un même titre, quoique quelques-unes soient de la compétence du juge de paix. — *Paris*, 8 août 1807, Delarode c. Hennon.

39. — Le bénéfice de la connexité peut être réclamé par le demandeur aussi bien que par le défendeur. Si l'art. 171 ne parle que de ce dernier, c'est parce qu'il a eu en vue le cas qui se présente le plus souvent, mais le demandeur est autorisé à porter son action devant un autre tribunal que celui du domicile du défendeur, si ce tribunal est déjà saisi d'une cause connexe. — Il a intérêt en effet à ne pas plaider devant deux tribunaux différens. — *Cass.*, 8 avr. 1807, Wartheman c. Mathieu; 17 nov. 1830, Paulinat c. Lascase.

40. — Si le demandeur agit devant deux tribunaux différens, il peut y avoir lieu, de la part du défendeur, à provoquer un règlement de juges. —

V. RÈGLEMENT DE JUGES.

41. — Dans tous les cas, le renvoi pour connexité ne peut être prononcé qu'autant qu'il est demandé par les parties, les juges ne sauraient l'ordonner d'office. — Chauveau sur Carré, Quest. 732.

42. — Il doit être proposé, de même que celui pour litispendance, devant le tribunal dernier saisi. La raison de décider est la même dans un cas que dans l'autre. — *Cass.*, 7 juin 1810, Barberini c. Tornani; —Carré, *Quest.* 726, Pigeau, t. 1er, p. 206.

V. LITISPENDANCE.

43. — La demande n'est plus recevable si elle n'est proposée avant toute défense au fond. — Sans doute, dit fort bien Merlin, en thèse générale, la connexité de deux affaires est un motif déterminant pour renvoyer la plus récente au tribunal qui, avant qu'elle fût commencée, se trouvait saisi de la première; mais cette règle perd toute sa force dans le cas où le consentement de la partie qui conclut à ce renvoi a fixé l'affaire la plus récente dans le tribunal où elle a été portée originairement.

44. — L'incompétence résultant de la connexité est, en effet, purement relative, la partie qui a une fois consenti à plaider devant un tribunal compétent à raison de la nature de l'affaire ne peut donc plus revenir sur son consentement.—Merlin, *Rép.*, v° *Compét.*, § 4er; Delaporte, t. 1er, p. 475; Souquet, tableau 185, 5e col., note 13e; Bioche, n° 125. — V. contrà Carré, *Quest.* 732e; Boncenne, t. 3, p. 249; Boitard, t. 2, p. 39; Pigeau, t. 1er, p. 147.

45. — Le tribunal est-il forcé de prononcer le renvoi demandé? — La négative semblerait devoir s'induire des expressions de l'art. 171 du Code de procédure : « Le renvoi peut être demandé et ordonné. »—Mais nous croyons que les parties seules

ont le droit de demander ou de ne pas demander le renvoi; dès qu'il est proposé, les juges sont tenus de l'ordonner si la connexité leur est démontrée.—Berriat, p. 763; Bioche, n° 114.—V. *contrà* Souquet, tableau 185, 5e col., n° 11.

46. — L'effet de l'admission de l'exception est de faire renvoyer la seconde affaire devant le premier tribunal saisi, même lorsque ce tribunal est incompétent, et sauf le droit des parties de proposer devant ce tribunal le déclinatoire pour incompétence. — *Cass.*, 6 avr. 1808, Lacan c. Alix; — Boncenne, t. 3, p. 224; Boitard, t. 2, p. 13; Bioche, n° 436.

47.—Toutefois, si l'une des deux demandes était principale et l'autre seulement accessoire, cette dernière, quoique formée antérieurement, devrait être renvoyée devant les juges saisis de la demande principale.—*Cass.*, 21 juin 1820, Goldschmit c. Puech.

48.—De même, il doit être ordonné que la saisie immobilière dernière en date, mais la plus importante, attire la première affaire, mais moins importante, devant le tribunal dernier saisi. — *Cass.*, 17 avr. 1811, Champy c. comm. du Ban-de-la-Roche.

49. — Lorsque la loi a attribué spécialement la connaissance de certaines contestations à un tribunal, c'est également devant ce tribunal que doit être fait le renvoi. — Carré, *Quest.* 730e; Bioche, v° *Exception*, n° 127.

50. — Si une demande connexe à une autre demande formée antérieurement est portée au même tribunal, que celle-ci, les parties peuvent réclamer la jonction des deux causes, ou, si chacune se trouve soumise à une section différente, demander le renvoi de la cause la plus récente à la section saisie de la première affaire.—Carré, *quest.* 731e.—

V. JONCTION DES CAUSES.

V. DÉCLINATOIRE, EXCEPTION, LITISPENDANCE.

CONNEXITÉ (matière criminelle).

Table alphabétique.

— 1. — On appelle généralement ainsi en matière criminelle la liaison qui existe entre plusieurs crimes ou délits commis par une ou plusieurs personnes.

2. — Sous la législation de 1791 et sous le Code du 3 brum. an IV, la connexité résultait pour ainsi dire de l'indivisibilité des délits. Ainsi, l'art. 114 de ce Code défendait au directeur du jury, « sous peine de nullité, de diviser en plusieurs actes d'accusation, à l'égard d'un seul et même individu, soit les différentes branches et circonstances d'un même délit, soit les délits connexes dont les pièces se trouvaient en même temps produites devant lui. » — V. Bourguignon, *Manuel d'inst. crim.*, t. 4er, p. 329, n° 4er.

3. — La loi du 18 germinal an IV prescrivait aussi aux accusateurs publics de demander la jonction des actes d'accusation formés, à raison du même délit, contre différens accusés.

4. — C'est encore ce qui résultait d'une circulaire du ministre de la justice du 23 frim. an V, n° 14, laquelle exprimait clairement que l'indivisibilité du délit entraîne l'indivisibilité de la procédure.— V. Merlin, *Rép.*, v° *Connexité*, § 2, n° 4er.

5. — Mais l'indivisibilité ne se trouvait déterminée dans aucun cas; elle était alors dans le domaine de l'arbitraire, c'était un inconvénient réel auquel l'art. 227, C. instr. crim., a eu pour but d'obvier en spécifiant les cas dans lesquels il y a connexité.

6. — « Les délits sont connexes, porte cet article, soit lorsqu'ils ont été commis en même temps par plusieurs personnes réunies, soit lorsqu'ils ont été commis par différentes personnes même en différens temps et en divers lieux, mais par suite d'un concert formé à l'avance entre elles, soit lorsque les coupables ont commis, les uns pour se procurer les moyens de commettre, les autres pour en faciliter, pour consommer l'exécution ou pour en assurer l'impunité. »

7. — Il résulte de cet article que la condition d'indivisibilité n'est plus exigée pour établir la connexité; elle en découle seulement comme conséquence. Sous ce rapport donc, les dispositions de la loi nouvelle sont évidemment plus complètes que celles auxquelles elles ont succédé.

8. — « Le principe de l'indivisibilité de la procédure, dit Rauter (*Cours de législation criminelle*, t. 2, p. 386, n° 734), quoiqu'il ne soit pas d'une application absolue, doit pourtant être habituellement observé, et il doit l'être plus au grand criminel qu'en police correctionnelle.

9. — Bien que les termes de l'art. 227 semblent fort explicites, quelques difficultés se sont néanmoins élevées sur le point de savoir quand il y avait ou non connexité.

10. — Ainsi, jugé qu'il y a connexité entre le délit de contravention à un règlement sur les épizooties et le faux commis dans un certificat de maire ayant pour objet de dissimuler cette violation. — *Cass.*, 28 fév. 1828, Bugnet.

11. —...Entre l'opposition à l'exercice des préposés des douanes, et la rébellion dont ce délit aurait été accompagné. — *Cass.*, 13 août 1836, Decq.

12. — ...Entre la banqueroute frauduleuse et la banqueroute simple, imputées au même individu. — Merlin, *Rép.*, v° *Faillite*, sect. 2e, § 2, art. 4, n° 2. — *Cass.*, 18 nov. 1813, Detenre.

13. — ...La tentative d'évasion de la part du détenu et le crime ou délit principal dont elle était pour but de procurer l'impunité. — *Cass.*, 13 oct. 1813, Daumas-Dupin.—V. conf. Bourguignon, *Manuel d'inst. crim.*, t. 1er, p. 330, note 6; Carnot sur l'art. 226, t. 2, n° 2; et l'art. 227, n° 6; — Contrà Metz, 3 juill. 1821, Louis Simonet.

14. — Jugé aussi que des violences commises tant envers la force armée qu'envers un maire ou un adjoint qui l'accompagnait et qu'il avait requis pour la répression d'un attroupement, ne formeraient qu'un seul délit de nature parfaitement identique, et qu'en supposant qu'elles en constituassent deux, ces délits seraient tellement connexes qu'il n'y aurait pas possibilité de diviser l'instruction.— *Cass.*, 21 janv. 1808, Lod et Jacquot.

15. — Les crimes successifs, c'est-à-dire ceux qui se commettent dans un lieu, se continuent et s'achèvent dans un autre, doivent être réputés connexes. — Legraverend, *Législ. crim.*, t. 1er, p. 436.

16. — Ainsi le fait que des marins d'avoir soustrait frauduleusement une partie de la cargaison du navire sur lequel ils étaient employés, de nuit ultérieurement causé la destruction de ce navire et porté un faux témoignage, sont des crimes connexes, bien que commis en différens temps et en divers lieux, alors qu'ils ont été le résultat d'un concert formé à l'avance. — *Cass.*, 6 avr. 1837 (t. 1 1840, p. 26), Couperon et Desbordes.

17. — Mais il n'y a pas connexité nécessaire en-

tre le faux témoignage et l'affaire dans laquelle a été porté ce faux témoignage. — *Cass.*, 10 déc. 1807, Vancoppenoble.

18. — ... Entre le délit d'outrages commis par un individu envers un échevin dans l'exercice de ses fonctions et l'arrestation arbitraire de cet individu ordonnée par l'échevin à la suite des outrages par lui reçus. — *Bruxelles*, 11 avr. 1833, Leyros c. Grossier.

19. — ... Ni entre une prévention d'assassinat et une prévention de vol, quoique ces deux délits aient été commis par le même individu, s'ils ne l'ont pas été aux mêmes époques et s'il n'y a aucun rapport direct ou indirect entre eux. — *Cass.*, 15 avr. 1808, Dalto.

20. —...Entre le meurtre commis par un préposé aux douanes sur un contrebandier et le délit de contrebande dont les complices de l'homicide s'étaient rendus coupables. — *Cass.*, 7 oct. 1808, Louis Hardy.

21. — Du reste, il ne peut y avoir de connexité qu'entre des faits qui donnent tous également lieu à l'action publique. — Massabiau, *Manuel du procureur du roi*, t. 2, p. 49; Morin, *Dict. de droit crim.*, v° *Connexité*.

22. — Jugé ainsi qu'il n'y a pas connexité, dans le sens des art. 226 et 227, C. inst. crim., entre deux faits dont l'un n'est susceptible d'être poursuivi que par action civile devant le juge de paix. — En conséquence, le tribunal correctionnel saisi d'une poursuite exercée contre des fraudeurs, à raison des voies de fait par eux commises envers les employés des douanes dans l'exercice de leurs fonctions, ne peut, sans violer les règles de sa compétence, juger comme connexe le fait de l'introduction frauduleuse de marchandises prohibées qui a donné lieu à ces voies de fait et qui n'est susceptible d'être poursuivi que par la voie civile. — *Cass.*, 1er oct. 1825, Christien Guerber; — Carnot, sur l'art. 226, C. inst. crim., t. 2, p. 215, n° 3.

23. — La circonstance qu'un fait dommageable serait connexe à un délit ou à une contravention ne suffit pas pour autoriser les tribunaux de répression à en connaître, si ce fait ne constitue par lui-même ni délit ni contravention. — *Cass.*, 30 juil. 1829, Courtin c. Morin.

24. — Toutes les fois qu'un délit est connexe à un autre, il rentre donc dans le devoir du ministère public d'examiner attentivement si les faits donnent lieu ou non à l'action publique, afin de savoir quelle est la juridiction qui doit être saisie. — Massabiau, *loc. cit.*

25. — Selon Carnot (t. 2, sous l'art. 227) et Rauter (t. 2, p. 428, n° 771), il n'y aurait pas connexité hors des cas spécifiés par l'art. 227 et ceux analogues : « Elle ne pourrait résulter, dit Carnot, d'une simple association de brigands, quoique cette association eût pour objet de commettre des vols ou des assassinats, si cet objet était indéterminé et que les vols et les assassinats prémédités n'eussent pas eu celui de se procurer la facilité d'en commettre d'autres ou d'assurer l'impunité des crimes commis. Il devrait alors être procédé par instruction séparée sur chacun d'eux. »

26. — La cour de Cassation n'a point, et avec raison, suivant nous, consacré cette doctrine. Elle a décidé par de nombreux arrêts que les termes de l'art. 227 ne sont pas limitatifs, mais seulement énonciatifs de certains cas dans lesquels la loi reconnaît la connexité des crimes et délits. — V. *infrà* nos 48 et suiv.

27. — La connexité diffère de la complicité en ce qu'elle suppose plusieurs délits se rattachant l'un à l'autre ou les uns aux autres, tandis que la complicité implique l'existence d'un seul crime ou délit auquel ont participé, par des faits intrinsèques, plusieurs personnes.

28. — Toutefois cette distinction n'amène entre la complicité et la connexité aucune différence quant à la compétence, et dans l'un comme dans l'autre cas, les tribunaux compétens pour connaître du crime ou du délit principal sont également compétens pour connaître des faits accessoires attribués aux complices, ainsi que pour connaître des crimes ou des délits connexes, lors même que, sans la circonstance de complicité ou de connexité, ces faits ou ces crimes ou délits n'eussent pas été soumis à leur juridiction. — Le Sellyer, *Tr. du dr. crim.*, t. 5, n° 2018 et 2021.

29. — Le juge criminel doit même, autant que possible, non seulement comprendre les faits connexes dans le même jugement, mais encore les réunir dans la même poursuite. — Arg. art. 226 et 227, 307 et 308, C. inst. crim.; — Rauter, t. 2, p. 270, n° 641.

30. — C'est du reste ainsi qu'on le décidait dans l'ancien droit : « Lorsque des causes sont connexes, dit Jousse (*Comment. de l'ord.* 1670, tit. 1er, art. 1er), le juge qui est saisi d'une affaire criminelle peut connaître des crimes ou délits qui y sont accessoires, *ne continentia causæ dividatur*; ainsi le juge qui connaît du crime d'un accusé peut aussi connaître incidemment des autres crimes de cet accusé quoique commis hors de son ressort et quoique cet accusé eût son domicile en une autre juridiction, ce qui a lieu même dans le cas où le juge du délit requerrait que l'accusé y fût renvoyé, pourvu qu'il n'y ait point eu ailleurs de plainte en justice pour raison de ces autres crimes (cout. de Cambrai, tit. 22, art. 3; ord. 1670, tit. 2, art. 23). — En effet, il est convenable que les crimes ne soient pas divisés : le juge connaît mieux par ce moyen la vie de l'accusé et quelles peines il mérite; au lieu que si les accusations étaient divisées, chaque crime en particulier ne pourrait être puni avec la même sévérité ni avec la juste proportion que mérite la mauvaise conduite de l'accusé. — Il faut cependant que le juge soit d'ailleurs compétent pour connaître de ces autres crimes par la qualité du délit, etc. » — V. encore le même auteur, *Traité de la justice crim.*, t. 1er, p. 506 et suiv. — V. aussi dans le même sens Papon, *Recueil d'arrêts notables*, liv. 24, tit. 10, n° 9. — Pothier (*Tr. de la procéd. civ. et crim.*, t. 2, p. 209, en rapportant l'opinion de Jousse, ajoute que « cela lui paraît néanmoins souffrir quelque difficulté. »

31. — L'art. 226, C. inst. crim., ne laisse aujourd'hui aucun doute; il est ainsi conçu : « La cour (la chambre des mises en accusation) statuera par un seul et même arrêt sur les délits connexes dont les pièces se trouveront en même temps produites devant elle. »

32. — Il n'en était pas ainsi sous le Code du 3 brumaire an IV. Un acte d'accusation était déclaré nul lorsqu'il présentait plusieurs délits, dont les uns étaient du ressort du Code pénal criminel et les autres de la police correctionnelle, et qu'il présentait le prévenu comme coupable d'autres délits non spécifiés. — *Cass.*, 19 frim. an X, Tubeuf.

33. — La connexité sert donc à déterminer la compétence au grand criminel et en matière correctionnelle. — Rauter, t. 2, p. 360, n° 708.

34. — L'intérêt public lié à la manifestation de la vérité, lit-on dans un arrêt de la cour de Cassation du 11 niv. an IX (Guyot et Requel), veut que l'instruction sur des crimes, quoique commis en différens lieux, soit commune et cumulée, quand ces crimes ont entre eux de la connexité et paraissent dériver de la même cause.

35. — Jugé dans ce sens que quand plusieurs individus sont accusés du même crime, et que chacun d'eux est prévenu de plusieurs crimes dans des départemens différens, la connaissance de tous les crimes doit être attribuée à un seul tribunal criminel, si l'instruction de chacun de ces délits peut éclairer celle de chacun des autres. — *Cass.*, 18 pluv. an V, N...

36. — Lorsque les prévenus d'un crime ont pour complices des individus prévenus d'autres crimes commis dans d'autres arrondissemens, et dont ils sont eux-mêmes les complices, il y a lieu de réunir toutes les poursuites et de renvoyer le tout devant le même directeur du jury, surtout si les divers faits se rattachent à une association de malfaiteurs. — *Cass.*, 11 niv. an IX, Guyot, Requel.

37. — L'instruction à faire sur un même délit ne peut être divisée et doit être suivie contre tous les prévenus, auteurs ou complices. — Ainsi, sous la loi du 18 pluv. an IX, lorsque parmi les prévenus d'un vol avec effraction, il se trouvait des vagabonds, la cour spéciale était compétente pour procéder à l'instruction et au jugement, même à l'égard de ceux qui n'étaient pas vagabonds. — *Cass.*, 14 avr. 1808, Metz, Kriess.

38. — La cour d'assises est compétente pour connaître d'un délit d'escroquerie renvoyé régulièrement devant elle, comme connexe avec un crime de baraterie et un crime de faux. — *Cass.*, 17 août 1821, Dieudonné et Flandin.

39. — La cour des pairs saisie de la connaissance d'un attentat dont le jugement lui a été déféré par ordonnance royale a le droit, dans le silence même de cette ordonnance, de joindre au procès qu'elle instruit, tous les faits connexes qui s'y rattachent. — *C. des pairs*, 22 janv. 1836, attentat d'avril; — E. Cauchy, *Précédens de la cour des Pairs*, p. 211. — V. *infrà* nos 95, 96.

40. — Mais elle peut aussi disjoindre des causes connexes pour en opérer séparément l'examen et le jugement. — *C. des Pairs*, même arrêt.

41. — Nous voyons donc que par suite de l'attribution de compétence qui résulte de la connexité, il y a lieu, soit de réunir les procédures des crimes au délit connexe, soit de les joindre devant le juge appelé à statuer sur le tout pour le mettre à même de le faire par un seul et même jugement : cette double hypothèse est prévue et réglée par les art. 226 et 307, C. inst. crim.

42. — Mais la connexité rend-elle obligatoire pour les tribunaux la simultanéité des procédures et la jonction des causes, ou bien les laisse-t-elle facultatives?

43. — L'art. 226 paraît assez formel, il porte que « la cour *statuera*... » Quant à l'art. 307, moins impératif que l'art. 226, et même que l'ancienne législation, suivant laquelle le ministère public *était tenu de requérir* la jonction des divers actes d'accusation dressés à raison du même délit, il se borne à dire que, « lorsqu'il aura été formé à raison du même délit plusieurs actes d'accusation contre différens accusés, le procureur général *pourra* en requérir la jonction, et le président *pourra* l'ordonner même d'office. »

44. — Ce ne serait donc plus, dans ce dernier cas, une obligation imposée au ministère public, mais une simple faculté que la loi accorde au procureur général et au président de la cour d'assises. — Carnot, *C. instr. crim.*, art 307, n° 4.

45. — Quoi qu'il en soit, MM. Mangin (*Act. publ.*, n° 337) et Rauter (*Dr. crim.*, t. 2, n° 771, p. 428) enseignent, sans faire de distinction, que dans le cas de connexité il y a obligation pour les tribunaux d'instruire et de juger en même temps les crimes et les délits connexes.

46. — Selon M. Le Sellyer (t. 5, n° 2047), la poursuite simultanée des affaires connexes ne serait obligatoire que lorsque l'instruction est terminée sur tous les délits. — V. aussi Bourguignon, *Jur. C. crim.*, art. 226, n° 3.

47. — Merlin (*Rép.*, v° *Faux témoignage*, n° 6), adoptant une doctrine plus large, pense que la jonction est simplement facultative, et qu'il ne peut en aucun cas résulter aucune nullité de ce qu'elle aurait ou n'aurait pas été ordonnée.

48. — C'est dans ce dernier sens que paraît s'être prononcée la jurisprudence, qui décide que les dispositions du Code d'instruction criminelle sur la jonction des procédures et des causes, en cas de connexité, ne sont pas prescrites à peine de nullité.

49. — ... Spécialement, l'art. 226, qui prescrit à la chambre d'accusation de statuer par un seul et même arrêt. — *Cass.*, 28 déc. 1816, Amyot; 25 nov. 1837 (t. 1er 1840, p. 140), Phétu.

50. — ... Et l'art. 307 relatif à la jonction des affaires devant la cour d'assises. — *Cass.*, 24 déc. 1836 (t. 1er 1837, p. 334), Dupont; 25 nov. 1837 (t. 1er 1840, p. 140), Phétu; 28 avr. 1838 (t. 2 1842, p. 707), Cochard-Denieures; 18 mars 1841 (t. 1er 1842, p. 610), Gouin.

51. — Jugé formellement que la violation des règles de la connexité ne peut opérer la nullité des arrêts d'une chambre des mises en accusation qui a prononcé séparément sur des préventions qu'elle aurait dû réunir. — *Cass.*, 16 août 1832, Paulin.

52. — Jugé de plus que l'art. 307 n'est pas conçu en termes limitatifs, mais seulement démonstratifs. — *Cass.*, 24 déc. 1836 (t. 1er 1837, p. 334), Dupont.

53. — ... Et que, dès-lors, aucune loi ne limitant le droit de jonction au cas où les crimes et délits sont connexes, le président peut ordonner la jonction lorsqu'il y a plusieurs actes d'accusation dirigés contre le même individu à raison de plusieurs délits différens, si cette jonction lui paraît utile à la bonne et prompte administration de la justice. — *Cass.*, 24 déc. 1836 (t. 1er 1837, p. 334), Dupont; 28 avr. 1838 (t. 2 1842, p. 706), Cochard-Denieures. — V. aussi *Cass.*, 26 déc. 1835, Lacenaire; 29 oct. 1834, Bouron.

54. — La cour d'assises peut, avant l'ouverture des débats et sur les conclusions du ministère public, ordonner la jonction de deux actes d'accusation, même hors le cas de connexité, sans que l'accusé soit recevable à s'en plaindre alors que ni lui ni son conseil ne s'y sont opposés. — *Cass.*, 18 mars 1841 (t. 1er 1842, p. 610), Gouin.

55. — Jugé même que la jonction des causes peut être ordonnée en matière criminelle, même hors des cas prévus par le Code d'instruction criminelle. — *Cass.*, 25 nov. 1837 (t. 1er 1840, p. 140), Phétu; 24 déc. 1836 (t. 1er 1837, p. 334), Dupont.

56. — Ainsi, les juges peuvent ordonner la jonction d'une poursuite disciplinaire dirigée contre un avocat à raison de paroles qui lui sont attribuées par un journal dans le compte-rendu d'une audience, et de la poursuite exercée à raison de ces mêmes paroles contre ce journal pour compte-rendu avec infidélité et mauvaise foi. — *Cass.*, 24 déc. 1836 (t. 1er 1837, p. 334), Dupont.

57. — La jonction peut toujours être ordonnée avant l'ouverture des débats. — *Cass.*, 24 sept. 1825, Aymard.

58. — Selon Carnot (*Inst. crim.*, t. 2, sous l'art. 307, n° 2), le président n'est compétent pour ordonner la jonction qu'avant l'ouverture des débats. Une fois la cour d'assises saisie de l'affaire, il n'appartient qu'à cette cour de prononcer sur les

incidens qui peuvent s'élever. Les droits du président sont restreints alors à la simple police de l'audience et à la direction des débats.

59. — Mais cette doctrine n'a point été consacrée par la cour de Cassation, qui a jugé au contraire que le président de la cour peut, après l'ouverture des assises, aussi bien qu'avant, ordonner la jonction des affaires connexes. — *Cass.*, 10 déc. 1836 (t. 1er 1838, p. 25), Jeanseon.

60. — La jonction peut être surtout ordonnée lorsque la chambre d'accusation, ayant été saisie des deux affaires à des époques différentes, n'a pu apprécier elle-même la connexité. — *Cass.*, 4 nov. 1836 (t. 2 1837, p. 88), Horner.

61. — Le président de la cour d'assises n'excède pas ses pouvoirs en ordonnant la jonction de deux instances criminelles connexes, bien que cette jonction, qu'avait admise l'ordonnance de la chambre du conseil, n'eût point été admise par la chambre d'accusation qui se trouvait dessaisie de l'une de deux affaires sur laquelle elle avait déjà statué lorsque la seconde lui avait été soumise. — *Cass.*, 28 avr. 1831, Cary.

62. — Jugé toutefois que la connexité ne suffit pas pour faire ordonner la jonction des procédures, lorsque cette réunion peut occasionner des retards qui amèneraient le dépérissement des preuves et nuiraient à l'action de la justice. — *Cass.*, 30 mai 1818, Bastide c. Fualdès.—V., dans le même sens, Carnot, *C. inst. crim.*, sur l'art. 226, t. 2, p. 215, *Observ. addit.*, no 1er; Le Sellyer, no 2047; Bourguignon, *Jurisprudence des C. criminels*, sur l'art. 226, no 3.

63. — Néanmoins, un arrêt de cassation du 20 mars 1828 (Guillard) a décidé qu'il suffisait qu'un vol, même ne constituant qu'un simple délit, fût connexe au crime d'association de malfaiteurs, pour que la chambre d'accusation ne pût se dispenser d'en attribuer la connaissance à la cour d'assises.—Mais, comme le porte cet arrêt, le vol était dans cette espèce moins un délit connexe distinct que l'un des élémens déterminans du crime d'association de malfaiteurs.

64. — L'attribution de compétence qui résulte de la connexité en faveur du tribunal compétent pour juger un prévenu, souffre, aussi bien qu'en matière de complicité, exception lorsque les prévenus sont justiciables de juridictions différentes.

65. — Dans ce cas, la compétence appartient toujours à la juridiction dont les solennités présentent le plus de garantie, et qui a les pouvoirs les plus étendus, celle des cours d'assises; et tous les prévenus y doivent suivre celui ou ceux dont la coopération dans les délits connexes a rendu cette juridiction nécessaire. — *Cass.*, 14 nov. 1810, Frappier; 24 mars 1827, Mussiolo; — Bourguignon, *Man. d'inst. crim.*, t. 1er, p. 323, et *Jurisp. des codes crim.*, t. 1er, p. 491; Legraverend, *Lég. crim.*, t. 1er, p. 403; Massabiau, *Man. du procureur du roi*, t. 2, p. 52; Morin, *Dict. de dr. crim.*, vo *Connexité*, p. 182; Duverger, *Man. des juges d'instr.*, t. 3, p. 295; Le Sellyer, nos 2023 et suiv.

66. — Ainsi, lorsqu'un même individu a commis un crime et un délit, et que ces deux faits sont connexes, la cour d'assises est seule compétente pour connaître du délit accessoirement au jugement du fait qualifié crime. — *Cass.*, 29 avr. 1825, Leclerc; 10 nov. 1832, Duc. — V. cependant *Metz*, 3 juill. 1821, Simonet.

67. — Ainsi jugé, avant la promulgation du Code pénal actuel, que lorsque de plusieurs prévenus d'un même délit, les uns sont passibles d'une peine correctionnelle, et les autres, à raison de la récidive, d'une peine afflictive ou infamante, le jugement ne peut pas être divisé : ils doivent être tous renvoyés devant le jury. — *Cass.*, 29 brum. an XII, Noblet. — V., au recueil des *Quest. de droit*, vo *Incompétence*, § 2, le réquisitoire de Merlin; Legraverend, t. 1er, p. 148 et suiv., et t. 2, p. 25; Carnot, t. 2, sous l'art. 226, no 2 *in fine*; Duverger, *Manuel des juges d'instr.*, t. 3, p. 293, note 1re.

68. — Cette dernière question, au reste, ne peut plus se présenter aujourd'hui que la récidive ne change plus la nature de la peine, et n'a plus pour effet de substituer une peine afflictive ou infamante à une peine correctionnelle. — V. Merlin, *Répert.*, vis *Connexité*, § 3, en note, et *Récidive*, no 7; Le Sellyer, t. 5, no 2027.

69. — Mais le principe qu'il consacre est encore applicable en ce sens que c'est toujours le jury et non la cour qui prononce sur l'existence des infractions renvoyées devant la cour d'assises, comme connexes à des faits de la compétence du jury, bien que ces infractions ne constituent que des délits. — V. COUR D'ASSISES et JURY.

70. — Lorsque plusieurs prévenus d'un même délit, poursuivis conjointement, ont été renvoyés pour cause de connexité, devant un tribunal criminel, où l'un d'eux, passible de peines plus graves, a attiré les autres, qui, sans l'indivisibilité des poursuites, n'eussent été justiciables que de la police correctionnelle, ils doivent tous être soumis au jugement par jurés, à peine de nullité du jugement. — *Cass.*, 8 prair. an VIII, Marchand et Lemercier; 3 pluv. an VIII, Marchand et Fosse; 30 mai 1812, Ribes; 4 nov. 1813, Van Esse. — V. Bourguignon, *Jurisprudence des codes crim.*, t. 1er, p. 491 et 492, et Legraverend, t. 1er, p. 436, qui traite la question dans le cas d'un délit connexe à un crime. — V. aussi Merlin, *Quest. de droit*, vis *Incompétence*, § 2, et *Répert.*, vo *Connexité*, § 3.

71. — D'un autre côté, le tribunal de police correctionnelle qui se trouve saisi d'une poursuite présentant à la fois les apparences d'un crime et ceux d'un délit, quoiqu'il s'agisse d'une seule et même action, doit, à raison de la connexité, se déclarer incompétent sur le tout, et ne peut retenir la connaissance du délit. — *Cass.*, 26 juin 1829, Bachemant.

72. — Le tribunal correctionnel auquel le législateur a donné mission de juger certains crimes lorsque l'accusé est âgé de moins de seize ans, est incompétent pour juger les individus au-dessus de cet âge prévenus de délits connexes. Dans ce cas, l'indivisibilité de la poursuite entraîne la juridiction de la cour d'assises, même pour le mineur de seize ans.—*Cass.*, 18 nov. 1824, Hutchinson; — Le Sellyer, t. 5, no 2029.

73. — Il avait même été jugé sous le Code pénal, et avant la loi du 25 juin 1824, que le vol commis de complicité par deux individus âgés de moins de seize ans, dans une maison habitée, était de la compétence de la cour d'assises et non de la police correctionnelle. — *Cass.*, 4 avr. 1811, Nones et Macet; 18 avr. 1811, Marchand. — M. de Molènes (*De l'humanité dans les lois criminelles*, ch. 3, § 15, p. 569) critique cette solution consacrée néanmoins invariablement par la jurisprudence jusqu'à la loi de 1824 qui, la première, a introduit la disposition formant, depuis la loi du 28 avr. 1832, l'art. 68 du Code pénal.

74. — Ledit art. 68 ne serait point applicable aux délits politiques ou commis par la voie de la presse. Dans ce cas, la garantie accordée par les lois des 26 mai 1819, art. 13, et 8 oct. 1830, art. 1er, ne peut être refusée aux mineurs, même *prévenus* de simples délits. — Chauveau et Hélie, *Th. du C. pén.*, t. 2, p. 179 et 197; Le Sellyer, t. 5, no 2034.

75. — Jugé, en effet, que tous les délits connexes à un délit politique doivent être renvoyés avec lui devant la cour d'assises. — *Cass.*, 3 mai 1832, Sarraud; — Chassan, *Sur les lois de la presse*, t. 2, p. 170, no 10.

76. — Si parmi les délits connexes il s'en trouvait qui rentrassent dans la compétence d'un tribunal exceptionnel, on s'est demandé si ce tribunal pourrait attirer à lui tous les prévenus et statuer sur tous les délits, même sur ceux qui, sans la circonstance de connexité, fussent restés soumis à la juridiction commune, ou s'il devrait, au contraire, se déclarer incompétent sur le tout et renvoyer devant les juges ordinaires.

77. — Selon Bourguignon, dont la doctrine (sous l'art. 226, C. inst. crim.) est entièrement adoptée et développée par M. LeSellyer (t. 5, no 2035), « si le tribunal d'exception, par le grand nombre de juges dont il est composé et par la solennité que la loi le charge de mettre dans sa manière de procéder, offre aux prévenus une garantie plus assurée, il doit être préféré aux tribunaux ordinaires. S'il présente moins de solennité et de garantie, les tribunaux ordinaires doivent obtenir la préférence. »

78. — M. Merlin pense, au contraire, que le tribunal d'exception doit l'emporter, alors même que, soit par la manière dont il est organisé, soit par la forme d'instruction qui lui est particulière, soit par le privilége qu'il aurait de juger sans recours en cassation, il n'offrirait pas aux prévenus la même garantie qu'un tribunal ordinaire : autrement, dit M. le président Barris, dont il invoque l'opinion conforme exprimée dans une note qu'il rapporte en partie, on éluderait le but de la loi qui n'a créé les tribunaux d'exception que par des motifs d'intérêt public, pour la prompte répression des crimes qui, par leur nature ou par la qualité des personnes qui les commettent, exigent une punition plus rapide et plus sévère.—V. aussi Carnot, *Inst. crim.*, art. 501, no 1er.

79. — Le sentiment de Merlin et du président Barris semble avoir été consacré par un arrêt de la cour de cassation décidant que, lorsque des fonds publics ont été volés à la suite de violences commises à main armée envers l'escorte chargée d'en protéger le transport, le vol et la rébellion étaient deux faits connexes; que, sous la loi du 19 pluv. an XIII, une cour spéciale compétente pour juger le second délit ne pouvait se dispenser de retenir la connaissance du premier. — *Cass.*, 19 juin 1806, Emonts.

80. — Quant à M. Legraverend, il enseigne d'une manière générale (t. 1er, p. 436 et suiv.) que les prévenus justiciables des tribunaux ordinaires entraînent avec eux devant cette juridiction les prévenus qui seuls eussent dû être traduits devant le tribunal d'exception; et, en effet, c'est cet avis qui nous semble le plus juridique et le seul conforme à ce principe essentiel et incontesté, surtout en matière criminelle, que les juridictions exceptionnelles ne peuvent jamais étendre les limites de leur compétence au-delà des bornes rigoureuses que leur a assignées la loi spéciale de leur institution.

81. — C'est ainsi qu'il a été jugé que la connexité existant entre deux délits n'autorise pas les tribunaux d'exception à enlever à leurs juges naturels des prévenus qui ne sont leurs justiciables sous aucun rapport. — *Cass.*, 19 fév. 1813, Gau.

82. — ... Que, lorsque, parmi plusieurs prévenus de crimes connexes qui, par la seule qualité des personnes, sont attribués à la connaissance des tribunaux d'exception, il s'en trouve qui n'ont point cette qualité personnelle, le procès et les parties doivent être renvoyés devant les tribunaux ordinaires.—*Cass.*, 14 août 1812, Hue et Tronelle; 4 déc. 1812, Peters; 4 juin 1813, Huon; — Legraverend, t. 2, ch. 1er, § 3, p. 25, et ch. 7, p. 512.

83. — L'art. 15, L. 20 déc. 1815, qui a substitué les cours prévôtales aux cours spéciales du Code d'instruction criminelle, contenait la même prescription et l'application du même principe. Les cours prévôtales ont cessé d'exister après la session législative de 1817. — L. 20 déc. 1815, art. 55. — V. COUR SPÉCIALE ET PRÉVOTALE.

84. — Jugé encore que, quand un individu non militaire a commis le crime de faux, de complicité avec un militaire, en fabriquant un faux acte de naissance et en se faisant inscrire sous un faux nom sur le contrôle de l'armée, comme remplaçant d'un jeune soldat, c'est à la juridiction ordinaire, et non au conseil de guerre, qu'il appartient d'en connaître, parce que l'un des prévenus n'était pas militaire lorsqu'il a commis le crime, et que c'est à l'aide de ce crime qu'il a été admis au corps. — *Cass.*, 7 mai 1824, Pernot et Klinger.

85. — Et si, par suite du même faux, les deux prévenus ont commis envers celui dont le nom a été emprunté des escroqueries et des tentatives d'escroquerie, soit conjointement, soit séparément, ces délits, étant connexes aux faits principaux, doivent être également poursuivis devant la juridiction ordinaire. — Même arrêt.

86. — Jugé cependant que, sous la loi du 18 pluv. an IX, une cour spéciale pouvait connaître de crimes ou délits non compris dans le cercle de sa compétence, lorsqu'ils étaient connexes et corrélatifs aux crimes de sa compétence imputés aux mêmes prévenus. — *Cass.*, 12 pluv. an XIII, Brizoux.

87. — Mais la cour spéciale compétente pour connaître du crime d'assassinat ne pouvait pas connaître accessoirement d'un vol commis par le même individu, mais à une autre époque, et n'ayant aucun rapport audit assassinat. — *Cass.*, 15 avr. 1808, Datto.

88. — De même, sous la loi du 13 flor. an XI, une cour spéciale ne pouvait retenir la connaissance du meurtre commis par un préposé aux douanes sur un contrebandier, sous prétexte de connexité avec le délit de contrebande par attroupement et port d'armes. — *Cass.*, 7 oct. 1806, Hardy; — Merlin, *Rép.*, vo *Connexité*, § 6, no 2.

89. — Toutefois, si, par un arrêt de contumace, la cour spéciale ne s'était déclarée compétente pour connaître de deux délits qu'à raison de leur connexité avec un autre délit placé seul dans ses attributions, et s'il était reconnu que l'accusé n'était ni auteur ni complice de ce dernier délit, elle ne pouvait retenir la connaissance des deux autres. — *Cass.*, 9 sept. 1808, Desfarges.

90. — Il n'en serait pas de même si la juridiction appelée à connaître des faits connexes était, non une juridiction spéciale, mais la cour d'assises; dans ce cas en effet, la cour, ayant plénitude de juridiction et étant saisie irrévocablement par l'arrêt de renvoi, devrait procéder au jugement de simples délits, alors même que le crime qui lui en a fait attribuer la connaissance disparaîtrait par suite des débats.

91. — C'est ainsi qu'il a été jugé que, lorsque, à raison de la connexité, deux individus ont été renvoyés à la cour d'assises, l'un comme accusé d'un crime, l'autre comme prévenu d'un simple délit, par arrêt non attaqué dans les délais, la cour d'assises reste incompétente pour juger le prévenu de délit, encore bien que l'accusé de crime soit con-

tumax et qu'il y ait lieu de suivre contre ce dernier une procédure différente. — *Bruxelles*, ...mai 1817 (t. 14, 3e éd., p. 206), Vermeulen.

92. — Legraverend (t. 1er, p. 436) pense même que, si un individu qui, renvoyé devant la cour d'assises pour un crime et pour un délit connexe, a été condamné par contumace par la cour d'assises à raison du crime, vient purger sa contumace, ce sera encore la cour d'assises qui devra le juger, et non le tribunal correctionnel. — Argum. de l'art. 476, C. inst. crim. — V. aussi Le Sellyer, t. 5, no 2028; — *contrà* Carnot, *Inst. crim.*, art. 226, no 3.

93. — Le militaire prévenu d'un délit commis au corps doit être jugé par le conseil de guerre, si ce délit est simplement corrélatif et non connexe à d'autres délits imputés à des individus non militaires, de telle sorte que les deux affaires puissent se juger séparément sans violer la règle de l'indivisibilité des procédures connexes. — Avis cons. d'état 7 fructid. an XII; — *Cass.*, 18 juill. 1828, Depigny. — V. Chauveau et Hélie, *Th. C. pén.*, t. 1er, p. 70.

94. — La règle que nous venons d'admettre que les tribunaux ordinaires attireraient à eux, en cas de connexité, la connaissance de délits placés dans les attributions de la juridiction exceptionnelle, doit cependant recevoir exception, si les tribunaux de droit commun ne peuvent, à un titre quelconque, être juges des auteurs des délits connexes. Dans ce cas, si la connexité est telle que les divers faits ne puissent être séparés, c'est au contraire la juridiction exceptionnelle qui attire à elle tous les prévenus justiciables d'ordinaire des tribunaux de droit commun.

95. — Ainsi, bien que la cour des pairs soit une juridiction exceptionnelle, comme il est de principe, d'une part, qu'un pair ne peut être jugé en matière criminelle que par la chambre dont il est membre, et que de l'autre la procédure suivie contre les prévenus d'un même délit est indivisible, la cour des pairs est compétente pour juger les individus qui se seraient rendus coauteurs ou complices de crimes ou délits connexes imputés à des pairs de France, alors même que ces individus ne seraient, ni par leur qualité ni par la nature du délit, justiciables de cette haute juridiction. — *Cour des pairs*, 31 janv. 1818, Saint-Morys; 24 nov. 1830, Kergorlay; — E. Cauchy, *Précédens de la cour des pairs*, p. 17.

96. — Jugé encore que, s'il y a plusieurs prévenus du même délit dont les uns ne sont pas revêtus de la qualité de pair, la chambre des pairs doit connaître de l'affaire entière. — *Cour des pairs*, 20 sept. 1831, Montalembert. — V. E. Cauchy, *Précéd. de la cour des pairs*, p. 17.

97. — Par application du même principe, lorsqu'un magistrat prévenu d'un délit a des complices justiciables de la juridiction de droit commun, il les entraîne avec lui à raison de l'indivisibilité des poursuites devant la cour royale, qui seule est compétente pour le juger. Les complices ou auteurs de délits connexes deviennent ainsi eux-mêmes justiciables de la juridiction privilégiée. — *Metz*, 28 janv. 1826, Deck; *Orléans*, 19 déc. 1842 (t. 1er 1843, p. 21), Rhein.

98. — Spécialement, lorsqu'un délit commis par de simples particuliers se trouve connexe à un délit commis par un commissaire de police dans l'exercice de ses fonctions, il n'appartient qu'à la première chambre civile de la cour royale de statuer sur le tout. — *Bruxelles*, 20 mars 1832, B...

99. — Les effets de la connexité quant à la compétence cesseraient de se produire si une loi ordonnait formellement que, malgré la connexité, de plusieurs crimes ou délits, chacun d'eux devrait être porté séparément à la connaissance de la juridiction dont il relève ordinairement.

100. — C'est ce qui a lieu notamment dans le cas des art. 1er et 22, décr. 5 germin. an XII, relatif aux conseils de guerre maritimes spéciaux (remplacés d'après l'ord. des 22-30 mai 1816, quant à la connaissance du crime de désertion, par les conseils de guerre permanens et par les conseils de révision), portant: « Art. 1er. Les officiers mariniers, matelots et novices embarqués ou levés pour être embarqués sur les bâtimens de la république, qui seront accusés de désertion seront jugés par un conseil de guerre maritime spécial. — Art 22. ..... Si, outre le crime de désertion, le conseil trouve que l'accusé en a commis un de nature à être plus sévèrement puni par les lois, il renverra l'accusé, la procédure et les pièces du procès pardevant le tribunal compétent, et il en rendra compte au ministre de la marine. Si au contraire le conseil trouve que l'accusé n'a pas commis le crime de désertion, il le renverra, pour être puni, au tribunal ou chef militaire compétent, etc. »

101. — Cependant, si l'un de ces délits constituait une circonstance aggravante de l'autre, le délit principal devrait entraîner avec lui devant sa juridiction celui qui n'en forme qu'une aggravation, et dont la connaissance appartiendrait à une autre juridiction. — Le Sellyer, t. 5, nos 1856 et 2046; Merlin, *Quest.*, vo *Connexité*, § 4.

102. — Lorsque des individus sont traduits devant un tribunal maritime à raison de faits de piraterie et de traite des noirs, ce tribunal ne peut connaître que du premier de ces crimes. La connexité des préventions contre les mêmes individus ne peut étendre la compétence de cette juridiction tout exceptionnelle; elle doit renvoyer à la juridiction ordinaire la connaissance du délit de traite des noirs. — *Cass.*, 25 mars 1830, Vincent.

103. — Dans tous les cas, les tribunaux ordinaires seraient seuls compétens pour juger les prévenus de délits connexes, si les poursuites dirigées contre eux ne se trouvaient commencées qu'après le jugement de l'individu prévenu du délit spécial. — C'est ce que la cour de Cassation a maintes fois décidé en matière de complicité. — V. notamment *Cass.*, 22 avr. 1808, Doucet; et 16 mars 1809, Cas; — Bourguignon, sous l'art. 226, no 12; Carnot, *C. inst. crim.*, art. 301, no 1er; Merlin, *Rép.*, vo *Connexité*, § 5.

104. — De même, l'individu non justiciable du tribunal exceptionnel ne pourrait être traduit que devant ce tribunal, présentât-il moins de garanties que les tribunaux ordinaires, si déjà l'auteur de délits connexes soumis, non aux tribunaux d'exception, mais aux tribunaux ordinaires, avait été jugé. — V. en ce sens *Cass.*, 13 (et non 15) mars 1835, Ferrand; — Legraverend, t. 1er, p. 136; Le Sellyer, t. 5, no 2036.

105. — Il peut y avoir intérêt à distinguer entre la jonction de plusieurs crimes ou délits imputés au même inculpé et la jonction de plusieurs affaires concernant des inculpés différens.

106. — Dans le premier cas, en effet, la jonction ne pouvant nuire au droit de défense, l'accusé ne saurait s'en faire un moyen de cassation. — *Cass.*, 7 fév. 1828, Devichi.

107. — Dans le second cas, au contraire, il est possible que la jonction nuise aux accusés dont la défense se trouverait plus restreinte: ils doivent donc pouvoir s'en plaindre, et il y a lieu de ne l'ordonner que lorsque l'utilité en est clairement établie. Autrement, ce serait violer le droit qu'a chaque inculpé de demander à être jugé seulement sur ce qui le concerne. — De Molènes, *Tr. des fonctions du proc. du roi*, t. 1er, p. 302.

108. — Du reste, il n'y a rien de changé que la juridiction, et la pénalité doit évidemment rester la même. — Aussi, lorsqu'à raison de l'indivisibilité de la poursuite, un tribunal correctionnel se trouve saisi de la connaissance d'une contravention connexe à un délit, si quelques uns des prévenus ne sont convaincus que de la contravention, ils ne peuvent être punis que des peines de simple police, et non de peines correctionnelles. — *Cass.*, 15 juin 1809, Baudouin.

109. — Un tribunal saisi simultanément de deux actions dont l'une est de sa compétence et dont l'autre appartient à une juridiction différente, ne peut, sans méconnaître sa propre compétence, s'abstenir de statuer sur celle dont il est le juge naturel, par le motif qu'il doit être prononcé en même temps sur les deux chefs de poursuite, si, d'ailleurs, aucune circonstance n'établit entre l'un et l'autre une connexité réelle et légale. — *Cass.*, 13 oct. 1837 (t. 1er 1840, p. 135), Baron.

110. — Spécialement, dans le cas d'une poursuite pour délit de réimpression et de mise en vente d'un ouvrage déjà condamné et pour contravention à la loi qui défend de publier des dessins sans autorisation, le tribunal correctionnel, incompétent pour juger le délit, doit retenir la connaissance de la contravention, s'il n'y a connexité réelle. — Même arrêt.

111. — De même, le tribunal de police correctionnelle qui se trouve saisi de la plainte du ministère public contre un individu pour tentative de corruption d'un juge de paix, et de la plainte récriminatoire de ce prévenu contre le juge de paix pour excès et mauvais traitemens, n'a pas le droit de joindre les deux causes, et, par suite, de se déclarer incompétent. Il doit retenir la première, qui entre dans ses attributions, et se déclarer incompétent sur la seconde dont la connaissance n'appartient qu'à la première chambre civile de la cour royale. Il n'y a là ni connexité ni indivisibilité. — *Cass.*, 14 avr. 1827, Vincente Brunel.

112. — Nous n'avons parlé jusqu'ici que de la connexité en matière de crimes et délits; mais que doit-on décider en matière de contraventions?

113. — Rauter (t. 2, no 708) et Carnot (t. 3, sur l'art. 526, no 6), se fondant sur le texte des art. 526 et 527, C. inst. crim., enseignent que les règles de la connexité ne sont point applicables aux contraventions. Carnot dit formellement qu'un tribunal de police ne peut être autorisé, sous prétexte de connexité, à instruire et à juger une contravention commise hors de sa juridiction. M. Rauter (t. 2, no 708) adopte le même sentiment.

114. — M. Le Sellyer, au contraire (t. 5, no 2061), croit cette doctrine repoussée par le texte même de l'art. 540, § 2, C. inst. crim., qui porte que, « lorsque deux tribunaux de police simple seront saisis de la connaissance de la même contravention ou de *contraventions connexes*, les parties seront réglées de juge par le tribunal auquel ils ressortissent l'un et l'autre, etc. » — Par là, dit cet auteur, le législateur reconnaît non seulement la connexité en matière de contravention, mais encore que la connexité influe sur les infractions comme sur les crimes et délits.

115. — La cour de Cassation paraît s'être rapprochée de cette dernière doctrine en décidant que lorsqu'à un délit d'outrages envers un fonctionnaire public dans l'exercice de ses fonctions, se trouve jointe une contravention connexe de la compétence du tribunal de police, l'indivisibilité des deux faits entraîne la compétence du tribunal correctionnel. — *Cass.*, 7 oct. 1809, Malverina; 15 juin 1809, Baudouin.

CONQUÊTS.

1. — On appelait ainsi, autrefois, toute acquisition faite par le mari et la femme, conjointement ou séparément, pendant la communauté conjugale. — Merlin, *Rép.*, vo *Conquêt*.

2. — Le mot *conquêt* était pris par opposition aux *propres* de communauté, lesquels comprenaient les biens advenus par succession et aux époux qui avaient droit d'y succéder. — Merlin, *ibid.*, no 2. — V., au surplus, ACQUÊTS et COMMUNAUTÉ, no 194.

3. — On avait élevé quelque doute sur le point de savoir si, sous la coutume de Paris, le mot *conquêt* n'embrassait pas, dans sa signification usuelle, les meubles aussi bien que les immeubles; ceux qui généralisaient le sens de cette expression se fondaient sur un arrêt du parlement de Paris du 4 mars 1697, lors duquel, disaient-ils, d'Aguesseau avait soutenu l'affirmative; mais Merlin (*Quest. de dr.*, vo *Conquêts*, § 1) a réfuté cette opinion, qu'il qualifie d'erreur dangereuse, en rapportant le travail même du savant magistrat.

CONSANGUIN.

1. — *Consanguin* se dit de celui qui est parent d'une personne du côté du père seulement.

2. — La *consanguinité* est l'état de ceux qui sont parens consanguins. Ce mot s'emploie aussi d'une manière plus générale pour indiquer toute sorte de parenté. — Merlin, *Rép.*, vo *Consanguinité*; Toullier, *Dr. civ.*, t. 1, no 531. — V. PARENTÉ, SUCCESSION.

CONSCRIPTION MILITAIRE.

1. — Avant 1789, l'armée se recrutait soit par le tirage à la milice, soit par les engagemens volontaires.

2. — Les engagemens volontaires provenaient en général des manœuvres pratiquées par les racoleurs et n'avaient pour effet la plupart du temps que d'engager au service militaire des gens sans aveu.

3. — Le tirage de la milice, auquel se trouvaient soumises les classes non privilégiées, appelait, au contraire, sous les drapeaux une population laborieuse et honnête; mais, injuste dans son application, il ne frappait pas également sur toutes les parties du sol français, et tandis qu'il épargnait les villes, il dépeuplait les campagnes.

4. — Le 16 déc. 1789 l'assemblée nationale décréta que les troupes françaises, de quelqu'arme qu'elles fussent, autres que les milices et gardes nationales, seraient recrutées par enrôlement volontaire.

5. — A l'enrôlement volontaire succéda la voie de réquisition prescrite par la loi du 24 fév. 1793. — Cette loi (art. 1er) déclarait tous les citoyens français, depuis l'âge de dix huit ans jusqu'à quarante accomplis, non mariés, ou veufs sans enfans, en état de requisition permanente pour la levée de trois cent mille hommes.

6. — La loi du 24 brum. an VI contient des peines sévères contre les réquisitionnaires qui tentaient de se soustraire au service (elle les signale sous le nom de *fuyards de la réquisition*) et contre ceux qui leur en fournissaient les moyens, notamment en les recélant.

7.—La conscription militaire fut introduite dans la législation française par la loi du 19 fructid. an VI, qui posa les principes suivans : « Tout Français est soldat et se doit à la défense de la patrie. Lorsque la patrie est déclarée en danger, tous les Français sont appelés à sa défense suivant le mode que la loi détermine.... hors le cas de danger de la patrie, l'armée se forme par enrôlement volontaire et par la voie de conscription militaire. — La conscription militaire comprend tous les Français depuis l'âge de vingt ans accompli jusqu'à celui de vingt-cinq ans révolus. »

8. — Ces dispositions ont été développées, et le mode d'exécution en a été réglé, tant par la loi dont elle fait partie que par celles des 3 vendém., 28 niv., 28 germin., 40, 44 et 27 messid., et premier jour complém. an VII; 30 frim., 47 vent. an VIII ; 28 flor. an X; 6 flor. an XI; 3 germin. an XII ; 27 niv. an XIII; par les sén.-cons. des 2 vendém. an XIV; 4 déc. 1806; par les arrêtés du direct. exécutif des 28 fév. 1800, 42 et 44 fruct., et sixième jour complém. an VII ; par les arrêtés du cons. consulaire des 4, 42 et 44 pluv., 47 et 26 vent., 6 flor., 7 thermid. an VIII; 47 messid. an IX ; 18 thermid. an X; 28 germin., 40 prair., 2 et 29 fructid. an XI; 49 vendém., 4er frim., 4er vent. an XII; par les décr. impér. des 43 prair., 47 thermid. an XII; 26 vendém., 9 frim., 8 niv., 8 fructid., et deuxième jour complém. an XIII; 8 juill., 3 août, 48 déc. 1806 : —Merlin, Rép., v° Conscription militaire, § 4er.

9.— A ces dispositions il faut joindre l'avis du conseil d'état du 45 prair. an XIII, qui met à la charge des récoleurs des conscrits réfractaires les frais d'impression d'affiches des jugemens rendus contre ces derniers; le décret du 28 fév. 1809, concernant le jugement des conscrits réfractaires qui s'évadent; celui du 49 janv. 1841, qui accorde une gratification pour chaque arrestation de réfractaire; celui du 5 avr. suiv., qui porte de nouvelles mesures pour réprimer la désobéissance aux lois sur la conscription.

10. — L'art. 42 de la Charte de 1814 a aboli la conscription, et déclaré que le mode de formation de l'armée serait déterminé par une loi. Cette promesse a été remplie par la loi du 40 mars 1818.

11. — A la loi du 40 mars 1818 a succédé la loi du 24 mars 1832, qui régit maintenant le recrutement de l'armée. — V. RECRUTEMENT.

12.—C'est, au surplus, sous le mot RECRUTEMENT que nous devrons mentionner tout ce qui concerne l'ancienne conscription militaire, en comparant cet état de choses avec celui qui lui a succédé.

CONSEIL (Grand).
V. GRAND CONSEIL.

CONSEIL DES ACCUSÉS.
V. COUR D'ASSISES, DÉFENSE, DÉFENSEUR.

CONSEIL D'ADMINISTRATION
(Armée).

Table alphabétique.

CONSEIL D'ADMINISTRATION. — 1. — On donne ce nom aux conseils chargés des détails d'administration intérieur des corps de troupes, de toutes les recettes et dépenses tant en numéraire qu'en effets, et de la comptabilité qui en est la suite.

2. — Ces conseils ont été créés dans les corps d'infanterie par le décret du 49 vent. an II, qui en exposait la composition et les attributions.

3. — Des conseils de même nature ont été successivement créés dans les corps de cavalerie. — Décr. 24 vent. an II.

4. — ...Dans les bataillons de garnison. — Arr. 47 vendém. an VII.—Les dispositions de cet arrêté concernaient la composition des demi-brigades, qui n'existent plus.

5. — ...Dans les corps de vétérans. — Arr. 4 germin. an VIII, art. 9. — Ce corps a été réorganisé par le décret du 27 flor. an XIII, par l'ordonnance du 8 mai-10 juill. 1814, et par celle du 10 sept.-4er oct. 1834.

6. — ...Dans les bataillons du train d'artillerie. — Arr. 46 thermid. an IX. — Le train d'artillerie, après avoir été organisé sur le pied de paix, puis licencié et réorganisé provisoirement par diverses ordonnances, a été définitivement par celle du 4-44 déc. 1822.

7. — ... Dans les légions départementales. — Ord. 3 août 1815. — Ces légions n'existent plus depuis le rétablissement des régimens d'infanterie par l'ordonnance du 27 fév.-30 mars 1825.

8. — Tout ce qui concerne les conseils d'administration de tous les corps de l'armée, infanterie et cavalerie, corps spéciaux, corps de dépôt et de remonte, etc., a été pendant long-temps régi par les ordonnances des 43 mai-3 août 1818, 49 mars 1823, qui, vu sa longueur (924 articles), n'a pas été insérée au Bulletin des lois, mais qui se trouve dans le Journal militaire, et dont M. Duvergier (Coll. des lois, t. 34, p. 4re, en note) donne d'importans extraits; 44 avr., 7 mai, 49 nov. 1831 ; 2 nov. 1833, et 7 janv. 1834. — Duvergier, loc. cit.

9. — Mais ces ordonnances ont été modifiées par l'ordonnance récente du 40 mai 1844, « portant règlement sur l'administration et la comptabilité des corps de troupe, » dont il nous suffira dès-lors d'analyser les principales dispositions.

10. — Le but de l'ordonnance de 1844, ainsi que l'exprime le rapport au roi qui la précède est principalement — « 40 de consacrer l'action du commandement sur tout ce qui intéresse le bien-être du soldat et d'appeler sa vigilance incessante sur les opérations auxquelles donne lieu la perception des prestations diverses que les tarifs allouent aux troupes; — 2° d'assurer l'exercice du contrôle de l'intendance militaire dans le double intérêt du trésor et des parties pxenantes, et d'étendre la surveillance administrative des fonctionnaires de ce corps à tout ce qui est relatif au paiement de la solde, à la distribution des deniers et des matières, à l'emploi réglementaire des fonds appartenant aux différentes masses. »

11. — C'est dans ce but, ajoute le même rapport, que plusieurs modifications essentielles aux dispositions actuellement en vigueur ont été jugées indispensables. — Ainsi 4° l'ordonnance de 1844 supprime le conseil d'administration dans les compagnies formant corps, tout en concentrant l'administration entre les mains du commandant seul, en réalité et à la force même des choses, en a la direction exclusive; 2° elle écarte la solidarité prononcée, en certains cas, par l'ordonnance de 1823, contre tous les membres de chaque conseil d'administration, en ne rendant chacun des membres pécuniairement responsable que pour sa quote part du résultat des actes auxquels il concourt; 3° elle prescrit à chaque comptable de certifier les comptes de sa gestion et le rend personnellement responsable de leur exactitude.

12. — Quant à l'administration intérieure, tous les changemens reconnus nécessaires par une longue expérience, et relatifs aux achats faits par les conseils d'administration à leur gestion, au service d'habillement, à la responsabilité des fonds déposés en caisse, aux matricules et à la tenue des écritures, s'y trouvent également introduits.

13. — Nous examinerons successivement quel est, depuis les diverses améliorations et simplifications apportées par l'ordonnance précitée du 40 mai 1844, l'état actuel de l'administration de l'armée.

14. — Organisation et composition des conseils. — Dans chaque corps de troupe l'administration est exercée par un conseil qui prend le nom de conseil d'administration. C'est là la règle générale ; elle ne souffre exception que pour les corps organisés sous le titre de compagnies, c'est alors l'officier commandant qui, comme nous l'avons dit (supra n° 11), est seul chargé de l'administration. — Ord. 40 mai 1844, art. 4er.

15. — Si un corps de troupe vient à se diviser, la portion qui reste dans le département ou siège le conseil d'administration prend le nom de portion centrale, et continue d'être administrée par le

conseil d'administration, qui prend alors la dénomination de conseil d'administration central. Chacune des autres portions donne lieu à une administration distincte qui, selon les cas, est exercée ou par un conseil d'administration éventuel, ou par l'officier ou le sous-officier commandant. — Même ord., art. 2, 3, 4 et suiv.

16.—Toutefois les portions de corps qui stationnent hors du département où se trouve la portion centrale n'ont pas d'administration distincte lorsqu'en raison de leur proximité du conseil d'administration et de la facilité des communications le lieutenant-général commandant la division approuve, sur la demande de l'intendant militaire, qu'elles demeurent soumises à l'action directe de ce conseil. Le ministre en est immédiatement informé. Si le département dont il s'agit ne fait pas partie de la division où siège le conseil d'administration, cette approbation ne peut être donnée que provisoirement et n'est soumise à la décision du ministre.— Art. 5.

17. — Le commandant d'une portion de corps dont la composition comporte conseil, en a seul l'administration, si le nombre des officiers présens est insuffisant pour former ce conseil.—Art. 6.

18. — Pour chaque régiment le conseil d'administration est composé de sept membres, savoir: le colonel, président; le lieutenant-colonel; un chef de bataillon ou d'escadron; le major, rapporteur; un capitaine de compagnie d'escadron ou de batterie; le trésorier, secrétaire; l'officier d'habillement. — Art. 9.

19. — S'il arrive que le colonel et le lieutenant-colonel fassent l'un et l'autre partie d'une portion de corps ayant un conseil éventuel, le conseil d'administration central n'est plus composé que de cinq membres; dans ce cas, il est présidé par l'officier supérieur le plus ancien de grade. Si c'est le major, et qu'il n'y ait pas à la portion centrale d'autre officier supérieur que lui, le plus ancien des capitaines qui s'y trouvent est appelé à faire partie du conseil; mais le major n'y est pas remplacé comme rapporteur. — Même article.

20. — Pour chaque corps organisé sous le titre de bataillon ou escadron, le conseil est composé de cinq membres qui sont : le commandant du corps, président; le major, rapporteur ; un capitaine ou un lieutenant ou sous-lieutenant dans le cas où ces officiers sont commandant de compagnie; le trésorier, secrétaire; l'officier d'habillement.

21. — Enfin cinq membres également forment la composition des conseils d'administration éventuels, ce sont : le commandant de la portion de corps, président; l'officier qui prend rang après lui; un capitaine de compagnie ou d'escadron; l'officier payeur, secrétaire; l'officier délégué pour l'habillement.

22.—Le commandant préside toujours le conseil; les autres membres sont renouvelés le premier janvier de chaque année, à tour de rôle. Leur présence au corps ou à la portion de corps est indispensable pour qu'ils puissent exercer leurs fonctions, qui, du reste, sont obligatoires pour tous. — Art. 44 et suiv.

23. — L'installation des conseils d'administration se fait par les officiers généraux immédiatement après la formation des corps ou portions de corps. Elle est constatée par un procès-verbal rédigé par le sous-intendant militaire.—Art. 16 et 17.

24. — Attributions des conseils. — Les conseils dirigent l'administration dans tous ses détails, et surveillent les commandans dans l'exercice des fonctions que leur attribue l'ordonnance; ils prennent toutes les mesures nécessaires pour la bonne exécution des réglemens, ordres et instructions qui concernent l'administration.—Art. 18.

25. — Ils désignent les suppléans des comptables dans tous les cas, si ce n'est lors de la formation d'un conseil éventuel hors de la résidence du conseil d'administration central; la désignation appartient, dès-lors, aux trois officiers qui, par leur grade, sont appelés à faire partie du conseil éventuel (art. 20). Cette désignation doit avoir lieu à la majorité relative, dans les conseils d'administration, et à la majorité absolue en cas de formation d'un conseil éventuel. — Art. 47.

26. — Les marchés et abonnemens pour toutes les fournitures de grand équipement, confections et réparations dont la dépense est à la charge des masses ou doit être liquidée par le ministre, sont passés par les conseils sous l'approbation du sous-

intendant militaire ; ils règlent également le prix des objets dont la nature ou la valeur ne comporte pas de marché. Toutefois, les conseils éventuels ont besoin d'une décision du ministre, ou, en cas d'urgence, de l'autorisation de l'intendant militaire, pour passer des marchés relatifs à ces confections de l'habillement et du harnachement. — Art. 21.

27. — L'approbation des marchés d'achats d'effets de petit équipement ; les acquits à mettre à l'échéance du paiement sur les ordonnances et mandats délivrés au profit du corps, et leur remise au trésor, la vérification des recettes faites par le trésorier ; la remise au trésorier des fonds qui lui sont nécessaires, 1° pour les paiemens exigibles ; 2° pour le montant approximatif de deux prêts si le corps est réuni et dans trois s'il a des détachemens à solder (le tout après justification de l'emploi des fonds précédemment reçus) ; l'ordonnancement des dépenses autres que celles dont le trésorier est autorisé à payer le montant sans décision préalable du conseil ; la réception des matières, des effets (ceux de petit équipement exceptés) ; les autorisations de sortie des magasins, entrent également dans les attributions des conseils. — Art. 22, 23, 24, 25, 26 et 27.

28. — Les conseils font mettre en leur présence le *cachet du conseil* sur les échantillons et modèles d'effets, ils arrêtent l'arrêté *ne varietur*, les registres de comptabilité, après avoir reconnu que les recettes, dépenses et consommations ont été autorisées et qu'elles sont justifiées par les pièces à l'appui. — En cas de départ du corps ou d'une portion du corps, ils donnent avis au sous-intendant militaire de la somme en excédant des besoins ; ils remettent les fonds nécessaires aux portions de corps qui se séparent de celles qu'ils administrent. — Art. 28, 29, 30 et 31.

29. — Outre ces attributions communes à tous les membres des conseils, le président a, par sa position, des devoirs qui lui sont particuliers. Ainsi, seul il ouvre les lettres et dépêches adressées au conseil et remet au major celles relatives à l'administration. Il fait verser immédiatement dans la *caisse du conseil* le montant des ordonnances ou mandats touchés par le trésorier. Enfin, il vise les états de service ou tous extraits de documens authentiques, dès qu'ils ont été certifiés par le trésorier ou l'officier d'habillement et vérifiés par le major. — Art. 32.

30. — *Mode de procéder des conseils.* — La délibération des conseils doit avoir lieu en séance, sur convocation du président, au lieu par lui indiqué. — La présence de tous les membres est indispensable ; ils prennent place suivant l'ordre hiérarchique. — Art. 33, 34 et 36.

31. — Outre les membres ordinaires, les officiers de l'intendance militaire peuvent assister au conseil ; ils peuvent même en requérir la convocation quand ils le jugent à propos. Dans ce cas, la place qu'ils doivent occuper est désignée par l'ordonnance, de même que celle attribuée aux officiers généraux. — Art. 35, 37 et 38.

32. — Le conseil prononce à la majorité des voix ; chaque membre a voix délibérative, à moins qu'il n'ait un intérêt direct à la décision. Ainsi, par exemple, les officiers comptables n'ont que voix consultative, lorsqu'ils assistent aux délibérations qui ont pour objet les vérifications de leur gestion. — Art. 39, 40 et 46.

33. — Chaque séance est constatée par un procès-verbal sur lequel les membres qui n'adhèrent pas à l'avis de la majorité peuvent consigner les motifs de leur opposition. — Art. 44 et 45.

34. — Le président donne les ordres pour l'exécution des délibérations ; il peut suspendre l'effet de celles prises malgré son opposition, sauf à en référer immédiatement au sous-intendant militaire, qui doit lui-même en référer à l'autorité supérieure, dans certains cas. — Art. 48 et 49.

35. — Tous les membres signent la correspondance du conseil ; le président signe seul l'envoi des pièces revêtues de la signature du conseil, la correspondance étrangère aux délibérations et les accusés de réception. — Art. 50.

36. — *Responsabilité des conseils.* — Les membres du conseil sont soumis à une responsabilité pécuniaire. Cette responsabilité est générale ou particulière, selon les cas ; enfin le président est assujetti à une responsabilité spéciale.

37. — La responsabilité pécuniaire qui pèse d'une manière générale sur les conseils d'administration et les conseils éventuels s'étend : 1° à la légalité des paiemens, consommations ou distributions, qu'ils ordonnent ou autorisent ; 2° à l'existence des fonds et des matières et effets dont ils constatent la situation dans l'arrêté des registres tenus par les officiers comptables ; 3° aux irrégularités ou erreurs signalées par le major, et qu'ils auraient omis de faire redresser en temps utile ; 4° au montant des reprises ou retenues qu'ils négligent d'exercer ; 5° aux retenues illégales qu'ils peuvent avoir prescrites ou approuvées ; 6° aux pertes ou déficits de fonds, en cas d'inexécution des art. 25 et 30 relatifs à la remise de fonds au trésorier et à l'avis à donner au sous-intendant militaire de la somme en excédant de besoins (V. *suprà* n° 28), et ce jusqu'à concurrence de la somme que le conseil aurait laissée entre les mains du trésorier en excédant des besoins du service ou de celle dont il aurait négligé de provoquer le versement au trésor. — Art. 51.

38. — Toutefois cette responsabilité, quelque générale qu'elle soit, ne peut peser que sur les membres qui ont rejeté les mesures adoptées par la majorité, laquelle donnera lieu à la responsabilité, et qui ont consigné sur le procès-verbal les motifs de leur opposition. — Même article.

39. — Comme on le voit, l'ordonnance de 1844 fait disparaître la solidarité que dans certains cas l'ordonnance du 19 mars 1823 faisait peser sur tous les membres de chaque conseil d'administration. — Chacun des membres de ce conseil ne peut donc être responsable pécuniairement que pour sa quote part du résultat des actes auxquels il aura concouru. — V. *suprà* n° 37.

40. — Il a été jugé, sous l'ordonnance du 17 décembre 1823, que le conseil d'administration d'un régiment devient responsable des sommes payées, lorsque son registre de délibérations ne fait aucune mention de la réception des ordonnances de paiement ni de leur dépôt dans la caisse comme valeur à recouvrer, ni de la quittance donnée au bas de ces ordonnances et de la remise qui a dû en être faite à l'époque de l'échéance pour en toucher le montant. — *Cons. d'état*, 11 mai 1838, cons. d'admin. du 49e de ligne c. min. de la guerre.

41. — Jugé également que, dans ce cas, le payeur devient aussi responsable, *mais subsidiairement*, s'il n'inscrit pas le paiement de cette somme sur le livret du quartier-maître trésorier du régiment. — Même ord. ; instr. régl. 30 nov. 1824, art. 80.

42. — ... Et encore que des dépenses irrégulièrement faites par un quartier-maître ne peuvent donner lieu à aucun recours contre le trésor, mais seulement contre les personnes qui ont profité de ces avances et contre les membres du conseil d'administration qui les ont ordonnées. — *Cons. d'état*, 28 déc. 1836, Verdun.

43. — Les cas particuliers de responsabilité s'appliquent aux membres qui, avant leur entrée en fonctions, ont concouru à l'adoption d'une mesure contraire aux règlemens. — Art. 52.

44. — Le président est responsable des conséquences du non versement en caisse du montant des ordonnances ou mandats remis au trésorier, s'il n'en donne pas avis par écrit au sous-intendant militaire de cette circonstance le jour où les fonds ont été perçus, lorsque le payeur est dans la même résidence que le corps, et le jour où le trésorier devait être de retour, s'il avait à recevoir ces fonds dans un autre lieu. — Art. 54.

45. — Les attributions, obligations et responsabilité des conseils, de leur président et de leurs agens, sont communes aux officiers commandant les corps organisés sous le titre de compagnie et à ceux qui ont l'administration distincte d'une portion de corps. — Art. 90.

46. — En ce qui touche les attributions et la responsabilité des agens des conseils, il faut remarquer : 1° que le major doit notamment surveiller d'une manière permanente tous les détails d'administration, et principalement les recettes, les dépenses du trésorier ; qu'il doit vérifier la caisse du trésorier et surveiller les mouvemens des magasins (art. 56, 57, 58, 59 et 60), et qu'il est personnellement responsable, sauf son recours contre les officiers comptables, 1° du préjudice résultant pour l'état des supputations inexactes ou erreurs de calcul dans les pièces de recettes, dépenses et consommations, et dans les registres tenus par le trésorier et l'officier d'habillement, s'il néglige de les faire redresser ou de les signaler en temps utile au conseil ; — 2° des conséquences de l'inobservation des devoirs qui lui sont imposés par les art. 57, 58 et 59, relatifs à la surveillance et vérification des recettes, dépenses et caisse du trésorier ; — 3° des distributions irrégulières faites d'après les bons revêtus de son approbation. — Art. 66.

47. — Ainsi, sous l'ancienne ordonnance, la responsabilité directe des supputations inexactes ou des erreurs de calcul commises dans les écritures de la comptabilité pesait sur le conseil d'administration, sauf son recours contre le major et les officiers comptables. D'après la nouvelle ordonnance, au contraire (art. 66, 78 et 88), c'est le major qui, avec le même droit de recours contre ces derniers, est directement responsable envers l'état du résultat des erreurs ou inexactitudes de cette espèce qu'il n'aura pas signalées. Lorsqu'au contraire le major se sera mis en règle à cet égard, la responsabilité portera directement sur le comptable dont la gestion présentera une irrégularité de cette nature.

48. — ... 2° Que le trésorier est chargé de toutes les écritures concernant la comptabilité en deniers, ainsi que des recettes et dépenses (art. 70, 71, 72, 73, 74, 75, 76 et 77), et qu'il est personnellement responsable : 1° des fonds qu'il a reçus et dont il doit faire le versement dans la caisse du conseil ; — 2° de ceux qu'il a reçus directement sur ses quittances ou qui lui ont été remis par le conseil pour le service courant jusqu'à ce qu'il en ait justifié l'emploi ; — 3° de tout paiement illégal, des avances et versemens non autorisés par le conseil, des omissions de recettes, erreurs de calcul, doubles emplois, surcharges ou altérations d'écritures. — Art. 78.

49. — Il a été jugé que les sommes avancées par un quartier-maître à un régiment sans autorisation du conseil d'administration, et alors que ces sommes n'ont été inscrites ni sur le livre de caisse ni sur le livre-journal comme reçues de ce quartier-maître, ne peuvent être allouées. — *Cons. d'état*, 28 déc. 1836, Verdun.

50. — Jugé encore que les avances faites par des officiers à des fournisseurs de leurs régimens ne peuvent constituer une créance sur le département de la guerre qu'autant que ces avances ont été formellement autorisées par le conseil d'administration. — V. entre autres *Cons. d'état*, 23 avr. 1823, Piedecoq c. Min. de la guerre ; 24 mars 1824, Restif ; 28 août 1822, Royer de Véricourt ; 30 déc. 1822, Marchais ; 23 juin 1823, Bartholomi.

51. — Jugé encore que lorsque les formalités prescrites par l'arr. 8 flor. an VIII, relativement aux avances, prêts ou versemens faits dans les caisses du régiment, n'ont pas été remplies, la demande en remboursement de ces avances et prêts doit être rejetée. — *Cons. d'état*, 12 août 1831, Morio.

52. — ... 3° Que l'officier d'habillement est chargé de tous les détails d'habillement et des écritures qui s'y rapportent, lequel service embrasse l'emmagasinement, la conservation, les confections, réparations, distribution et expéditions des matières et effets d'habillement, équipement et harnachement, de l'armement et des munitions de guerre, et de tous les autres objets matériels appartenant au corps (art. 79 ; V. aussi art. 80, 81, 82, 83, 84, 85, 86, 87), et qu'il est responsable personnellement des matières et effets existans en magasin, de leurs dégradations ou avaries, de celles reconnues aux matières et effets expédiés à des portions de corps ou à d'autres corps, lorsqu'il est constaté qu'elles proviennent d'un défaut de soins ou de surveillance de sa part ; qu'il est responsable aussi des consommations ou distributions irrégulières, des omissions de recettes, erreurs de calculs, doubles emplois, surcharges et altérations d'écritures. — Art. 88.

53. — ... 4° Que les officiers payeurs et les officiers délégués pour l'habillement remplissent respectivement les mêmes fonctions et encourent la même responsabilité que le trésorier et l'officier d'habillement. — Art. 89.

54. — Quant aux commandans de compagnie, d'escadron ou batterie, lesquels sont chargés, sous l'autorisation et la surveillance du conseil et du major, de tous les détails et écritures qui ont pour objet l'administration de la troupe placée sous leurs ordres, ils sont responsables des fonds ou fournitures quelconques dont ils donnent quittance ou récépissé, et des distributions de toute nature effectuées en excédant des droits réels, et d'après les situations qu'ils ont certifiées. — Art. 95.

55. — Cette disposition de l'art. 95, en ce qui touche la responsabilité du capitaine, est applicable au cas où il fait recevoir le prêt par le sergent major ou maréchal-des-logis chef, à moins de circonstances extraordinaires dont l'appréciation appartient au ministre. — Art. 157.

56. — Lorsque la responsabilité des conseils ou de quelques uns des membres se trouve encourue, c'est l'intendant militaire qui est chargé de déterminer les sommes dont ils doivent être constitués débiteurs, et d'en faire la répartition au prorata du grade dont chacun d'eux était titulaire au moment où ils ont autorisé, commis ou confirmé l'illégalité, la contravention ou la négligence. — Art. 53.

57. — Les officiers compris dans cette répartition peuvent appeler de la décision de l'intendant militaire au ministre ou à l'inspecteur général, pendant le délai de trois mois à partir du jour de la notification ; mais l'appel n'est pas suspensif de l'imputation prescrite. — Art. 53.

58. — Les imputations dont les membres du conseil, le major ou les officiers comptables ou au-

tres sont passibles, soit pour faits de mauvaise gestion ou faute d'avoir exécuté les instructions émanées de l'autorité compétente, soit pour cause de paiemens ou distributions excédant les allocations réglementaires, s'opèrent au moyen de retenues sur leur *solde* proprement dite, exercées mensuellement, par précompte, jusqu'à concurrence du cinquième de cette solde, à moins que le ministre n'en ordonne autrement. — Art. 115.

59. — Tous les fonds appartenant à un corps ou à une portion du corps ayant un conseil sont déposés, savoir : *dans la caisse du conseil*, 1° ceux que le trésorier est tenu, conformément à l'art. 72 de l'ordonnance, de verser dans cette caisse immédiatement après les avoir reçus ; — 2° les récépissés de dépôts au trésor ; — *dans la caisse du trésorier :* 1° les recettes d'autre origine que celles qui doivent entrer dans la caisse du conseil ; — 2° les sommes dont le conseil autorise la sortie de sa caisse pour être remises au trésorier. — Art. 97.

60. — La caisse du conseil a deux clefs : l'une reste entre les mains du président, la seconde est remise au major ou à l'officier qui en fait les fonctions. — Cette caisse est déposée chez le président, qui doit prendre les mesures de sûreté nécessaires, responsable de tout événement résultant d'un défaut de prévoyance à cet égard. — Art. 99.

61. — Les dépositaires des clefs sont responsables des fonds et valeurs renfermés dans la caisse, d'où rien ne doit sortir sans une délibération du conseil. — Même article.

62. — Le trésorier est seul responsable des fonds qui entrent dans sa caisse, sans préjudice du recours subsidiaire que l'état peut exercer envers le conseil ou le major dans les cas prévus par les art. 51, 5 6 et 66 (V. *supra* nos 37 et 46. — Art. 100.

63. — Dans les corps ou portions de corps qui n'ont pas de conseil, les fonds qui leur appartiennent sont renfermés dans une seule caisse, dont l'officier commandant est personnellement responsable. — Art. 103.

64. — Tout ce qui concerne l'emploi provisoire des fonds au moyen du dépôt au trésor et les pertes et déficits de fonds provenant d'événemens de force majeure ou d'autres circonstances extraordinaires dûment constatées, est réglé par le ch. 2, tit. 6, art. 104 et suiv., et par le ch. 4 du même titre. — Art. 116 et suiv.

65. — Ces diverses dispositions ne sont pas les seules qui soient consignées dans l'ord. du 10 mai 1841. Apportant une réforme complète et générale dans la manière dont l'administration et la comptabilité des corps de troupes doit être réglée, elle s'est occupée, par d'autres dispositions qui forment des titres spéciaux, des registres et des documens qui s'y rattachent (tit. 7), du livret des hommes de troupe (tit. 8), de la solde et des accessoires de solde (tit. 9), de la masse individuelle (tit. 10), des masses d'entretien, fonds spéciaux et masses de secours (tit. 11), du service d'habillement (tit. 12), des rapports des conseils éventuels avec le conseil d'administration central (tit. 13), du contrôle administratif des corps et de l'arrêté de leurs comptes (tit. 14), de la destination des pièces et registres qui cessent d'être utilisés (tit. 15) ; mais, comme ces dispositions se rattachent principalement à l'administration intérieure, nous devons nous borner à les mentionner, et à renvoyer pour les détails à l'Ordonnance elle-même. — Art. 55 et suiv.

66. — Il a été jugé que lorsqu'un *attroupement* de militaires, faisant partie d'un régiment en garnison dans une commune, porte atteinte à la propriété d'un citoyen domicilié dans la commune, le conseil d'administration du régiment n'a pas capacité pour répondre à une demande en dommages-intérêts dirigée contre lui, comme représentant le régiment. — Le régiment n'est pas même responsable des dégâts commis par quelques uns des militaires qui le composent. — *Aix*, 2 juin 1832, Ambroix.

67. — Il existe, pour l'armée de mer, des dispositions analogues. — V. le règlement sur l'organisation de la marine du 7 flor. an VIII, et celui du 7 thermid. suivant ; ainsi que les déc. 7 janv. 1844, tit. 44 et suiv. ; 28 mai 1829, tit. 11 et suiv. — V. au surplus à cet égard MARINE. — V. en outre ARMÉE, EFFETS MILITAIRES, INTENDANCE MILITAIRE.

CONSEIL D'ADMINISTRATION (Enregistrement).

1. — Conseil composé des administrateurs de l'enregistrement, sous la présidence du directeur général.

2. — L'une de ces attributions importantes est de

---

statuer sur les demandes en restitution de droits indûment perçus. — V. ENREGISTREMENT.

CONSEIL D'AGRICULTURE.

V. CONSEILS DU COMMERCE, DES MANUFACTURES ET DE L'AGRICULTURE.

CONSEIL D'ARRONDISSEMENT.

Table alphabétique.

Absence, 32.
Acquisitions, 62.
Action, 22.
Administration de département, 2. — (renouvellement), 5. — de district, 2.
Adresse, 94.
Agent national, 9.
Aliénation, 62.
Arrondissement, 11.
Assemblée administrative, 2. — de district, 4. — (nombre), 3. — (nomination), 3. — (renouvellement), 5.
Attributions, 39 s., 71 s. — générales, 85 s.
Avis, 54 s., 57 s., 60. — (étendue), 59. — facultatif, 65. — non obligatoire, 66.
Cantons, 10. — (répartition) 24 s. — (réunion), 28.
Centimes additionnels, 20.
Changement de circonscription, 24.
Charte, 44.
Chemins vicinaux, 36. — (classement), 55. — (direction), 55.
Commune, 10.
Communication, 93.
Condamnation, 92.
Conseil de district, 7 s. — général, 43 s., 49 s., 63 s., 70. — (approbation), 21. — 70. — (surveillance), 20. — municipal, 51. — de district, 44. — de révision, 73.
Construction, 62.
Contingent (fixation du), 52.
Contributions (réclamations des communes), 49 s. — (réclamations individuelles, 51. — (réduction), 44 s. — (répartition), 44 s., 52, 56.
Convocation (ordonnance de), 78. — extraordinaire, 79.
Correspondance, 93.
Dégrèvement, 43.
Délibération, 47 s., 52 s., 90. — (nullité), 91 s. — (publicité), 97. — hors du conseil, 92.
Demande en réduction, 47, 50.
Département de la Seine, 35 s.
Dépenses intéressant l'arrondissement, 53.
Direction de district, 7.
Dissolution, 32.
Distraction de commune, 26.
District (suppression), 10.
Doyen d'âge, 81.
Durée des sessions, 78, 87.
Échanges, 62.
Éditeur, 96.
Électeurs, 28.
Élections départementales, 34.
Éligibilité (cens), 33. — (conditions), 29 s., 33. — (domicile), 33. — (durée du mandat), 31.
Époque des sessions, 78.

Excès de pouvoir, 91.
Exclusion, 92.
Foires et marchés, 57.
Fonctions individuelles, 71.
Fonds de non valeur (compte de l'emploi), 67 s.
Garde nationale (conseil de révision), 74.
Historique, 2 s., 13 s.
Imprimeur, 96.
Instruction primaire (comité d'arrondissement), 72.
Intervalle des sessions (attributions), 71 s.
Journaliste, 96.
Lieu des réunions, 77.
Maison d'arrêt, 62.
Nombre de cantons, 24 s., 27. — de conseillers, 23 s., 27.
Nomination multiple, 32.
Objets intéressant l'arrondissement, 64. — d'utilité publique, 60.
Option, 32.
Organisation, 23 s.
Paris (ville de), 37.
Peine, 95 s.
Permanence, 5 s.
Personnes civiles, 48 s.
Préfet, 22, 44, 67, 70, 94. — (répartition du contingent), 46.
Président (nomination), 81.
Proclamation, 94.
Receveur général, 92, 95.
Procureur syndic, 4, 9.
Règles communes aux conseils d'arrondissement et de département, 88 s.
Renouvellement, 5 s. — provisoire, 43.
Répartition nouvelle, 26. — provisoire, 43.
Restauration, 13.
Réunion (défaut de), 46. — (direction), 61. — d'arrondissement (surveillance), 76. — communales (surveillance), 76. — départementales (surveillance), 76.
Routes (classement), 61.
Scrutin, 90.
Séances (publicité), 90.
Secrétaire (nomination), 81.
Serment, 80.
Session (durée), 12. — annuelle, 8. — (ouverture), 80. — (première partie), 84 s. — (deuxième partie), 84 s.
Sous-préfet, 21, 48. — (droit du), 82 s. — (présence), 82 s.
Suspension, 93 s.
Travaux intéressant l'arrondissement, 45. — intéressant plusieurs communes, 58. — d'intérêt public (commission), 75. — de navigation, 60. — de route, 60.
Tribunal de première instance, 62.
Vacance, 32.
Vœux, 69 s.
Vote, 90.

CONSEIL D'ARRONDISSEMENT. — 1. — Assemblée délibérante chargée de représenter un arrondissement, de répartir entre les communes la portion d'impositions directes mise à sa charge par le département, de donner des avis, enfin d'exprimer des vœux.

---

§ 1er. — *Notions préliminaires.* — *Législation.*

2. — Après la division du royaume en départemens et en districts, une assemblée administrative supérieure fut créée au chef-lieu de chaque département, sous le titre d'*administration de département* (V. CONSEIL GÉNÉRAL DE DÉPARTEMENT) ; au chef-lieu de chaque district une assemblée administrative inférieure sous le nom d'*administration de district*. — L. 22 déc. 1789, art. 5 et 6.

3. — L'assemblée de chaque district était composée de douze membres élus de la même manière que ceux des assemblées de département. Elle était entièrement subordonnée à l'assemblée de département. — L. 22 déc. 1789, sect. 2e, art. 11 et 43 ; sect. 3e, art. 10 à 31 ; — Foucart, *Dr. publ. administ.*, t. 2, nos 1368 à 1370.

4. — Il y avait dans chaque administration de district un procureur syndic, nommé en même temps que les membres de l'administration, par les mêmes électeurs. Il n'avait pas voix délibérative. On lui communiquait tous les rapports, et il devait être entendu sur ces rapports avant qu'il fût pris une délibération. — L. 22 déc. 1789, sect. 2e et 17.

5. — Les administrations de district étaient permanentes, et les membres en devaient être renouvelés tous les deux ans par moitié ; la première fois au sort après les dernières années d'exercice, et ensuite à tour d'ancienneté, de manière que les membres fussent en fonction pendant quatre années, à l'exception de ceux sortis par le premier renouvellement au sort. — L. 22 déc. 1789, art. 42 et suiv.

6. — La permanence de ces administrations n'était pas entendue dans ce sens que leurs séances pussent être toujours en sans intervalle ; mais bien que les membres qui composaient ces conseil conservaient leur caractère pendant tout le temps pour lequel ils étaient élus et que ces corps périodiquement renouvelés ne cessassent pas un instant d'exister. — Instr. de l'assemb. const., 8 janv. 1790 ; Décr. 22 déc. 1789.

7. — Chaque administration de district se faisait en deux sections : l'une de huit membres, intitulée conseil de district ; l'autre de quatre membres nommée direction de district ; le directeur de district était choisi par les 12 membres de l'administration.

8. — Les conseils de district tenaient une session annuelle qui ne pouvait durer plus de quinze et devait précéder d'un mois celle de l'administration de département. — Les conseils de district préparaient les demandes à faire et les mesures à soumettre pour l'intérêt du district à l'administration du département, ils étaient en outre chargés de disposer les moyens d'exécution et de recevoir les comptes de la gestion de leur toire, lequel était permanent et chargé de l'exécution dans le district.

9. — La loi du 14 frim. an II, qui supprima les conseils généraux du département, ne changea rien à l'administration des districts ; les procureurs syndics près ces administrations furent également remplacés par des agens nationaux.

10. — La constitution du 5 fructidor, an III, disant la division de la France, divisa les départemens en cantons et les cantons en communes ; les circonscriptions de district se trouvèrent supprimées et avec elles tout naturellement les administrations de district.

11. — Mais la division cantonale fut bientôt même supprimée : on revint à l'ancien et le département fut partagé en arrondissement communaux, dont le nombre s'éleva de trois à selon l'importance du département ; dans arrondissement furent placés un sous-préfet et conseil d'arrondissement composé de onze membres nommés par le pouvoir exécutif. — L. 28 pluv. an VIII, art. 4 et suiv.

12. — La réunion du conseil d'arrondissement devait avoir lieu chaque année, à l'époque par le gouvernement ; la durée de la session ne devait pas excéder quinze jours. — L. 28 pluv. VIII, art. 6, 8 et suiv. — La première réunion

lieu le 15 prair. an VIII, selon la prescription de l'arrêté du 18 flor. précédent.

13.—La restauration ne changea rien à ce qu'elle avait trouvé établi.— Cependant, en 1829, on présenta aux chambres un projet de loi destiné à consacrer le retour au principe de l'élection. Mais la commission chargée par la chambre de l'examen de ce projet ayant proposé la suppression des conseils d'arrondissement et leur remplacement par des assemblées cantonales, et la chambre ayant paru, après une discussion fort vive, partager l'avis de la commission, la loi fut retirée.

14.— Les mêmes discussions se renouvelèrent, quoique moins vives, lorsque, en exécution de l'art. 69 de la charte de 1830, qui avait prescrit de pourvoir dans le plus bref délai aux institutions départementales et municipales d'après un système électif, un nouveau projet fut présenté en 1832.

15.— Les partisans de la suppression des conseils d'arrondissement, se faisant une arme de l'insuffisance des attributions de ces corps, disaient qu'elles seraient mieux placées dans des conseils de canton : ils ajoutaient que l'on pouvait distinguer des intérêts de département, de commune et de canton, mais qu'il n'y avait point à proprement parler d'intérêts d'arrondissement ; que des conseils élus pourraient regarder leurs attributions comme insuffisantes, devenir dangereux ou inutiles; que l'on ne devait point multiplier les élections, pour lesquelles déjà se manifestait une grande indifférence.

16.— Ceux, au contraire, qui demandaient le maintien des conseils d'arrondissement faisaient valoir l'autorité de l'Assemblée constituante et une expérience de trente années. On soutenait que partout où se trouve un agent actif de l'administration, on doit placer un corps délibérant : auprès du préfet, le conseil municipal ; auprès du maire, le conseil municipal; auprès du sous-préfet, le conseil d'arrondissement ; que, sauf quelques exceptions, les différens cantons d'un même arrondissement ont des intérêts et des besoins semblables; tandis qu'au contraire les arrondissemens d'un même département ont des besoins et intérêts distincts, auxquels il faut donner des organes et des représentans.—Duvergier, Coll. des lois, t. 33, p. 201 et 202, note.

17.— Ce furent ces derniers qui l'emportèrent, la conservation des conseils d'arrondissement adoptée : — le projet de 1832, après avoir été aux lois soumis aux discussions des chambres, fut enfin adopté définitivement et converti en loi le 22 juin 1833.— Cette loi, jointe à celle du 10 mai 1838, qui fixe les attributions des conseils généraux et des conseils d'arrondissement, forme aujourd'hui toute la législation en vigueur sur cette matière.

18.— Du reste, les arrondissemens communaux ne sont point, ainsi que les départemens, un centre dont émanent des personnes civiles. C'est un fait sur lequel il ne peut plus y avoir de doute depuis la loi du 10 mai 1838. Les arrondissemens ont point une existence propre et indépendante même celle des départemens ; ils ne sont qu'une section du département dont ils font partie.—Rap. de M. Mounier à la chambre des pairs (Moniteur, 1838, p. 869);—Thibaut-Lefebvre, p. 568; Foucart, n° 1381.

19.— On a cependant essayé, pendant quelque temps, de les faire considérer comme des personnes civiles, et ce n'était pas sans quelque apparence de raison. En effet, le décret du 9 avr. 1811 constatant qu'ils peuvent posséder, puisqu'il les range parmi les propriétaires des édifices occupés par le service de l'administration des tribunaux et de l'instruction publique. En outre, ils ont été appelés à exécuter, à leurs frais, certains travaux pour améliorer la valeur de leur territoire par la loi du 16 sept. 1807 (art. 28 et 29). Enfin ils ont été autorisés à percevoir des impôts votés par le conseil d'arrondissement pour des objets d'utilité particulière à l'arrondissement par des lois nouvelles; exemple, la loi du 18 juill. 1826, dans l'intérêt des arrondissemens de Pont-Audemer, Dunkerque Valenciennes.

20.— Toutefois, si des arrondissemens ont été autorisés à percevoir des centimes additionnels au principal des contributions directes, ce n'est pas seulement parce que le conseil d'arrondissement l'ait demandé, mais c'est surtout parce que le conseil de département avait approuvé la demande : l'arrondissement n'avait donc point été affranchi de la tutelle et de l'autorité du conseil de département.

21.— Le conseil d'état a décidé, avant la loi de que les arrondissemens ont qualité pour agir en leur nom personnel, avec l'approbation du conseil général, et peuvent être représentés par les sous-préfets, conformément aux dispositions du décret du 9 avr. 1811.— Cons. d'état, 10 juill. 1835, arrondiss. de Guingamp c. Kernier.

22.— M. Foucart pense (t. 2, n° 1381) que cette décision serait aujourd'hui inapplicable : l'action intéressant l'arrondissement devrait être intentée par le préfet au nom du département.— V. toutefois Dumesnil, t. 2, n° 800.

§ 2.—Organisation des conseils d'arrondissement. — Lieu des réunions.

23.—Il y a dans chaque arrondissement de sous-préfecture un conseil d'arrondissement, composé d'autant de membres que l'arrondissement a de cantons, sans que le nombre des conseillers puisse être au-dessous de neuf.— L. 22 juin 1833, art. 20.

24. — Si le nombre des cantons d'un arrondissement est inférieur à neuf, une ordonnance royale répartit entre les cantons les plus peuplés le nombre des conseillers à élire pour complément.— Même loi, art. 14.

25. — Cette répartition a été faite pour toute la France par une ordonnance du roi des 20 août et 30 sept. 1833. — Duvergier, Collect. des lois, t. 33, p. 413.

26. — Il peut encore y avoir lieu à faire de nouvelles répartitions quand une commune est distraite d'un canton pour être réunie à un autre canton. Dans ce cas, de nouvelles ordonnances introduiraient les modifications reconnues nécessaires. C'est ce qui est arrivé notamment pour les cantons de Darney et de Dompaire, dans le département des Vosges. — Ord. 25 oct., 8 nov. 1833; —Duvergier, Collect. des lois, t. 33, p. 478.

27. — L'art. 21 reçoit application dans 235 arrondissemens ; des 128 autres, chaque canton nomme un seul représentant au conseil d'arrondissement ; mais 235 arrondissemens 3 ont 3 cantons, 26 en ont 4, 49 en comptent 5, 59 en ont 6, 47 en ont 7 et 84 ; les 128 autres se composent : 36 de 9 cantons, 39 de 10, 22 de 11, 12 de 12, 5 de 13, 6 de 14, 2 de 15, 4 de 16, 2 de 17, 4 de 18, enfin 2 de 20.— Duvergier, Collect. des lois, t. 33, p. 221, note 2°.

28.— Les conseillers d'arrondissement sont élus dans chaque canton par les mêmes électeurs, qui nomment les membres du conseil général ; seulement, dans les départemens où, conformément au deuxième paragraphe de l'art. 3, L. 22 juin 1833, les cantons ont été réunis, les membres de cette assemblée électorale seront convoqués séparément dans leurs cantons respectifs pour élire les conseillers d'arrondissement.—L. 22 juin 1833, art. 22.

29.— Les membres des conseils d'arrondissement peuvent être choisis parmi les citoyens âgés de vingt-cinq ans accomplis, payant dans le département, depuis un an au moins, 150 francs de contributions directes, dont le tiers dans l'arrondissement, et qui ont leur domicile réel ou politique dans le département.— Si le nombre des éligibles n'est pas sextuple du nombre des membres du conseil d'arrondissement, le complément sera formé par les plus imposés.— Les incompatibilités prononcées par l'art. 5 (L. 22 juin 1833) pour les membres du conseil général sont applicables aux conseillers d'arrondissement. — L. du 22 juin 1833, art. 23.

30.— Nul ne peut être membre de plusieurs conseils d'arrondissement, ni d'un conseil d'arrondissement et d'un conseil général.— L. 22 juin 1833, art. 24.

31.— Les membres des conseils d'arrondissement sont élus tous les six ans. Ils sont renouvelés tous les trois ans. A la session qui suit la première élection, le conseil général divise en deux séries les cantons de chaque arrondissement. — Il est procédé à un tirage au sort pour régler l'ordre de renouvellement entre les deux séries. Ce tirage se fait en conseil général, en séance publique. — L. 22 juin 1833, art. 25.

32.— Les art. 7 (changement à deux sessions consécutives), 9 (dissolution du conseil par le roi), 10 (nomination multiple, option), et 11 (vacance) de la loi du 22 juin 1833 (relatifs aux conseils de département), sont applicables aux conseils d'arrondissement. — Ibid., art. 26.

33.— Les conditions de l'électorat et de l'éligibilité, les incompatibilités, incapacités, etc., comme on le voit, les mêmes pour les conseils d'arrondissement que pour les conseils de département. La seule différence consiste dans le cens d'éligibilité qui est moins élevé : au lieu de 200 fr. de contributions payés dans le département depuis un an au moins, il suffit pour les conseils d'arrondissement de 150 fr., dont un tiers imposé dans l'arrondissement : il faut de plus avoir un domicile réel ou politique dans le département.— L. 22

juin 1833, art. 23 et suiv.—V. ÉLECTIONS DÉPARTEMENTALES.

54. — Toutes ces dispositions et les difficultés qu'elles soulèvent sont, ainsi que celles relatives à la convocation et à la tenue des assemblées électorales, aux démissions, réélections, réclamations, etc., examinées et traitées au mot ÉLECTIONS DÉPARTEMENTALES, auquel dès-lors nous nous bornons ici à renvoyer.

55. — En ce qui concerne le département de la Seine, la loi du 20 avril 1834 contient quelques dispositions spéciales qu'il importe de rapporter ici.

36. — Ainsi, aux termes de l'art. 8, les conseillers d'arrondissement sont élus dans chacun des cantons des arrondissemens de Sceaux et Saint-Denis par des assemblées électorales composées des électeurs appartenant à chaque canton, et portés sur les listes, conformément aux dispositions des art. 3 et 4 de la même loi, relatifs à la confection des listes pour le conseil général du département de la Seine.— V. CONSEIL GÉNÉRAL, ÉLECTIONS DÉPARTEMENTALES.

57. — Pour la ville de Paris elle-même, il n'y a point de conseil d'arrondissement. — L. 20 avr. 1834, art. 9.

58. — Toutes les dispositions de la loi du 22 juin 1833, sur l'organisation départementale, qui ne sont pas contraires aux dispositions qui viennent d'être indiquées pour l'organisation des conseils des arrondissemens de Sceaux et de Saint-Denis dans le département de la Seine.— L. 20 avr. 1834, art. 10.

§ 3. — Attributions des conseils d'arrondissement.

39.— De même que les sous-préfets sont les auxiliaires des préfets, les conseils d'arrondissement peuvent être considérés comme les auxiliaires des conseils de département : aussi leurs attributions, bien que calquées sur celles de ces conseils, sont-elles moins étendues.—Foucart, Droit publ. et adm., n° 1389.

40.— Les attributions du conseil d'arrondissement peuvent, comme celles du conseil général, être considérées sous trois points de vue différens : il agit : 1° comme délégué du pouvoir législatif; —2° comme représentant légal de l'arrondissement; — 3° comme organe des besoins de l'arrondissement.

41.— Délégué du pouvoir législatif.— 1° Il répartit entre les communes les contributions directes. — L. 10 mai 1838, art. 45.

42.— Pour opérer ainsi la répartition de l'impôt, le conseil est investi d'un pouvoir propre, d'une autorité quasi législative et par conséquent plus élevée que celle du préfet : c'est la loi qui lui fait cette délégation.—Macarel, Cours de dr. admin., t. 2, tit. 5, § 2, p. 96.

43.— Toutefois, il ne prononce qu'en premier ressort, en ce sens que sa répartition est attaquable devant le conseil général ; mais elle est nécessairement exécutoire par provision : on ne peut, en effet, attendre pour dresser les rôles qu'il ait été statué sur le recours de la commune : si elle obtient un dégrèvement, ce dégrèvement sera imposé l'année suivante. — Arg. art. 46, L. 10 mai 1838 ; — Trolley, t. 3, n° 1557.

44.— Le conseil d'arrondissement est tenu de se conformer, dans la répartition de l'impôt, aux décisions rendues par le conseil général sur les réclamations des communes; faute par le conseil d'arrondissement de s'y être conformé, le préfet, en conseil de préfecture, établit les répartitions d'après lesdites décisions. En ce cas, la somme dont la contribution de la commune déchargée se trouve réduite est répartie au centime du franc, sur toutes les autres communes de l'arrondissement.— L. 10 mai 1838, art. 46.

45.— La somme dont la contribution d'une commune se trouve réduite est répartie au centime le franc, parce que le contingent assigné à chaque circonscription doit être versé au trésor en totalité tel qu'il a été fixé, à moins qu'il n'intervienne une disposition législative en faveur du département.

46.— Si le conseil d'arrondissement ne se réunissait pas, ou s'il se séparait sans avoir arrêté la répartition des contributions directes, les mandemens des contingens assignés à chaque commune seraient délivrés par le préfet, d'après les bases de la répartition précédente, sauf les modifications à apporter dans le contingent en exécution des lois. —Loi 10 mai 1838, art. 47.

47.— 2° Il délibère, sur les demandes en réduction de contributions formées par les communes. — L. 10 mai 1838, art. 40.

48.— Pour éclairer ses délibérations sur ce dernier objet, ainsi que sur les réclamations auxquelles pouvait donner lieu la fixation de son

contingent dans les contributions directes, le conseil d'arrondissement s'aide des documens qu'il croit nécessaires et dont le sous-préfet doit lui donner connaissance. — On avait proposé de placer un employé des contributions dans chaque arrondissement, chargé de fournir au conseil, pendant la session, tous les renseignemens dont il aurait besoin pour prononcer sur les demandes en dégrèvement formées par les communes. Mais cette proposition fut repoussée sur la promesse formelle du ministre que le sous-préfet fournirait tous ces renseignemens. — Duvergier, *Collect. des lois*, t. 38, p. 304, note; Thibaut-Lefebvre, *Constit. et pouv. des cons. gén. et d'arr.*, p. 571.

49. — La délibération du conseil d'arrondissement sur les réclamations des communes n'est pas définitive. Le conseil général est appelé à prononcer définitivement sur cet objet. — L. 10 mai 1838, art. 2. — V. CONSEIL GÉNÉRAL.

50. — Mais, de son côté, le conseil général ne pourrait, sans excès de pouvoir, statuer sur les réclamations formées par des communes en réduction de leur contingent, si ces demandes n'avaient préalablement été soumises au conseil d'arrondissement. — V. CONSEIL GÉNÉRAL.

51. — Le conseil d'arrondissement ne peut statuer sur des réclamations individuelles : chargé seulement de répartir entre les communes le contingent qui lui est assigné, son pouvoir ne peut s'exercer que sur ce qui a rapport à cette répartition par masse. — La répartition individuelle est dans les attributions du conseil municipal. — V. CONSEIL MUNICIPAL.

52. — *Représentant légal de l'arrondissement.* — Le conseil d'arrondissement délibère sur les réclamations auxquelles donnerait lieu la fixation du contingent de l'arrondissement dans les contributions directes. — L. 10 mai 1838, art. 40.

53. — Le projet de loi présenté par le gouvernement portait que le conseil d'arrondissement délibérerait sur la part que l'arrondissement devrait supporter dans la dépense des travaux qui lui seraient utiles. La chambre des députés repoussa ce système, qui ne faisait que reproduire l'art. 28, L. 16 sept. 1807, et les art. 7 et 19 du décret du 16 déc. 1811, et qui fut cependant jugé utile et juste par la chambre des pairs. Mais, présenté de nouveau à la chambre des députés, il fut rejeté par la commission, et définitivement par les chambres, sur le motif qu'une autorisation de délibérer sur ces dépenses semblerait reconnaître à l'arrondissement une existence et une individualité qu'il n'a pas. — Rapport à la chambre des députés, rapporté par M. Duvergier, *loc. cit.*; — Trolley, t. 3, n° 1557.

54. — Il donne son avis, et ici c'est une formalité rigoureusement prescrite : 1° sur les changemens proposés à la circonscription du territoire de l'arrondissement, des cantons et des communes, et à la désignation de leurs chefs-lieux. — L. 10 mai 1838, art. 41.

55. — ... 2° Sur le classement et la direction des chemins vicinaux de grande communication. — Même loi, art. 41.

56. — Observons que la loi de 1838 aurait pu se dispenser de parler des attributions des conseils d'arrondissement en matière de chemins vicinaux, puisque la loi du 21 mai 1836 (art. 7) a tracé à cet égard les règles de leur compétence. — V. CHEMINS VICINAUX, CONSEIL GÉNÉRAL.

57. — ... 3° Sur l'établissement et la suppression ou le changement des foires et des marchés. — L. 10 mai 1838, art. 41.

58. — ... 4° Sur les réclamations élevées au sujet de la part contributive des communes respectives dans les travaux intéressant à la fois plusieurs communes ou les communes et le département. — L. 10 mai 1838, art. 41.

59. — ... 5° Et généralement sur tous les objets sur lesquels il est appelé à donner son avis en vertu des lois et réglemens, et sur lesquels il serait consulté par l'administration. — L. 10 mai 1838, art. 41.

60. — Le conseil d'arrondissement *peut* encore donner son avis, 1° sur les travaux de routes, de navigation et autres objets d'utilité publique qui intéressent l'arrondissement. — L. 10 mai 1838, art. 42.

61. — ... 2° Sur le classement et la direction des routes départementales qui intéressent l'arrondissement. — L. 10 mai 1838, art. 42.

62. — ... 3° Sur les acquisitions, aliénations, échanges, constructions et reconstructions des édifices et bâtimens destinés à la sous-préfecture, au tribunal de première instance, à la maison d'arrêt, et à d'autres services publics spéciaux à l'arrondissement, ainsi que sur le changement de destination de ces édifices. — L. 10 mai 1838, art. 42.

63. — Quoique les travaux intéressent l'arrondissement seul, son avis favorable serait insuffisant pour que les chambres autorisent une imposition extraordinaire; on a reconnu, pendant la discussion à la chambre des pairs, que l'avis du conseil général est indispensable. — *Moniteur* du 15 mars 1837.

64. — ... Et généralement sur tous les objets sur lesquels le conseil général est appelé à délibérer, en tant qu'ils intéressent l'arrondissement. — L. 10 mai 1838, art. 42.

65. — L'art. 42 porte que le conseil d'arrondissement *peut* donner son avis. — Faut-il conclure de cette différence que, au cas de l'art. 42, l'administration soit obligée de consulter le conseil, sauf à lui à répondre ou à ne pas répondre? — « Ce serait, dit M. Trolley (t. 3, n° 1557), le sens littéral de l'art. 42, mais il ne nous semble pas le plus rationnel. Dans aucun cas, il ne peut être contraint de donner son avis. Il suffit, pour saisir la pensée de la loi, de rapprocher les art. 41 et 42 : sur certaines matières, l'administration *est tenue* de lui demander son avis ; elles sont énumérées dans l'art. 41 ; pour d'autres, et l'art. 42 en donne la nomenclature, elle a la *faculté* de le consulter. »

66. — En aucun cas, les avis du conseil d'arrondissement ne sont obligatoires pour l'autorité supérieure qui peut se dispenser de les suivre; mais ils sont des élémens toujours utiles, parfois nécessaires à l'instruction des affaires, et il y aurait excès de pouvoir et violation de la loi de la part du conseil général si, dans les cas déterminés par la loi et les réglemens, il procédait sans l'avis du conseil d'arrondissement. — Thibaut-Lefebvre, p. 574.

67. — Enfin, le préfet communique au conseil d'arrondissement le compte de l'emploi des fonds de non-valeur en ce qui concerne l'arrondissement. — LL. 10 mai 1838, art. 43; 23 juill. 1820, art. 36.

68. — Ainsi, les représentans des contribuables sont mis à même de s'assurer que la distribution des fonds de non valeur a été faite selon la destination qui leur est donnée par la loi, et de signaler au conseil général les abus qui auraient été commis. — Thibaut-Lefebvre, *Const. et pouv. des cons. génér.*, p. 585.

69. — *Organe des besoins de l'arrondissement.* — Le conseil d'arrondissement peut adresser directement au préfet, et par l'intermédiaire de son président, son opinion sur les besoins et l'état des différens services publics, en ce qui touche l'arrondissement. — L. du 10 mai 1838, art. 7 et 44.

70. — Comme on le voit, ce n'est pas au pouvoir central, mais au préfet, que ces vœux sont transmis, et pour qu'ils arrivent nécessairement au roi, il faut que le conseil-général se les soit appropriés. — Trolley, t. 3, n° 1557.

§ 4. — *Attributions des membres isolés des conseils d'arrondissement.*

71. — Indépendamment des fonctions que les conseillers d'arrondissement exercent lorsqu'ils se réunissent en corps, il leur en est attribué d'autres qu'ils exercent individuellement.

72. — Ainsi, trois membres du conseil d'arrondissement ou habitans notables désignés par ledit conseil sont membres du comité d'arrondissement chargé de surveiller et encourager l'instruction primaire. — L. 28 juin 1833, art. 19.

73. — Sur la proposition du préfet, un conseiller d'arrondissement est nommé membre de chaque conseil de révision pour le recrutement de l'armée. — L. 21 mars 1832, art. 15. — V. Thibaut-Lefebvre, p. 591.

74. — Le préfet désigne aussi un ou deux membres du conseil d'arrondissement pour faire partie du conseil de révision des corps détachés de la garde nationale. — L. 19 avr. 1832, art. 4.

75. — Quand il y a lieu d'exécuter des travaux d'intérêt public, la déclaration d'utilité est faite par une commission composée de quatre membres du conseil général ou du conseil d'arrondissement désignés par le préfet, du maire et de l'un des ingénieurs chargés de l'exécution des travaux. — L. 3 mai 1841, art. 8.

76. — D'après l'art. 25, décr. 16 déc. 1811, le préfet nomme, parmi les membres des conseils de département, arrondissemens et communes, à l'effet de surveiller les routes départementales, une commission dont il désigne les président et secrétaire.

§ 5. — *Sessions des conseils d'arrondissement. — Interdictions, prohibitions.*

77. — C'est au chef-lieu de l'arrondissement que le conseil se réunit. Là est le centre de l'action administrative de l'arrondissement : il convenait d'y placer le corps délibérant. — Thibaut-Lefebvre, p. 109 et 110.

78. — Les conseils d'arrondissement ne peuvent se réunir s'ils n'ont été convoqués par le préfet, en vertu d'une ordonnance du roi qui détermine l'époque et la durée de la session. — L. 22 juin 1833, art. 27.

79. — Le conseil peut aussi être convoqué extraordinairement pour un objet spécial et déterminé. — Trolley, t. 3, n° 1558.

80. — Au jour indiqué pour la réunion d'un conseil d'arrondissement, le sous-préfet donne lecture de l'ordonnance du roi, reçoit le serment des conseillers nouvellement élus et déclare, au nom du roi, que la session est ouverte. Les membres nouvellement élus qui n'ont point assisté à l'ouverture de la session ne prennent séance qu'après avoir prêté serment entre les mains du président du conseil d'arrondissement. — L. 22 juin 1833, art. 27.

81. — Le conseil formé sous la présidence du doyen d'âge, le plus jeune faisant les fonctions de secrétaire, nomme, au scrutin et à la majorité absolue des voix, son président et son secrétaire. — L. 22 juin 1833, art. 27.

82. — Le sous-préfet a entrée dans le conseil d'arrondissement; il est entendu quand il le demande et assiste aux délibérations. — *Ibid.*

83. — L'art. 27, L. 22 juin 1833, reproduit presque littéralement les dispositions consacrées par l'art. 12 pour les conseils généraux. Il y a lieu de lui donner la même interprétation. — V. à ce sujet CONSEIL GÉNÉRAL DE DÉPARTEMENT.

84. — La session ordinaire du conseil d'arrondissement se divise en deux parties, dont la première précède et la seconde suit la session du conseil général. — Arr. 19 flor. an VIII; L. 10 mai 1838, art. 39.

85. — Dans la première partie, le conseil s'occupe de toutes les matières qui rentrent dans ses attributions, à l'exception toutefois de la répartition des contributions directes; il instruit alors un grand nombre d'affaires qui doivent être soumises au conseil général, dont nous avons vu qu'il était en quelque sorte l'auxiliaire. — L. 10 mai 1838, art. 40 et suiv.

86. — Dans la seconde, il se borne à répartir entre les communes le contingent des impositions directes mis à la charge de l'arrondissement par le conseil général. — L. 10 mai 1838, art. 45.

87. — La durée de la session étant de quinze jours, aux termes de l'art. 6, L. 28 pluv. an VIII, il est d'usage d'en consacrer dix à la première partie et cinq à la seconde. — Trolley, t. 3, n° 1558, notes.

88. — Aux termes de l'art. 28, L. 22 juin 1833, les art. 13, 14, 15, 16, 17, 18 et 19, même loi, relatifs à la session des conseils généraux de département, sont applicables à la session des conseils d'arrondissement.

89. — Nous nous bornerons à donner ici le texte de ces articles; quant à leur interprétation et aux difficultés qu'ils soulèvent, nous renverrons au mot CONSEIL GÉNÉRAL DE DÉPARTEMENT, où ils sont examinés dans tous leurs détails.

90. — « Art. 13, L. 22 juin 1833. — Les séances du conseil général (du conseil d'arrondissement) ne sont pas publiques, il ne peut délibérer que si la moitié plus un des conseillers sont présens; les votes sont recueillis au scrutin secret toutes les fois que quatre des conseillers présens le réclament. »

91. — « Art. 14. — Tout acte ou toute délibération d'un conseil général (d'un conseil d'arrondissement), relatifs à des objets qui ne sont pas légalement compris dans ses attributions, sont nuls et de nul effet. La nullité sera prononcée par une ordonnance du roi. »

92. — « Art. 15. — Toute délibération prise hors de la réunion légale du conseil général (du conseil d'arrondissement), est nulle de droit. — Le préfet, par un arrêté pris en conseil de préfecture, déclare la réunion illégale, prononce la nullité des actes, prend toutes les mesures nécessaires pour que l'assemblée se sépare immédiatement, et transmet son arrêté au procureur-général du ressort pour l'exécution des lois et l'application, s'il y a lieu, des peines déterminées par l'art. 258, C. pén. En cas de condamnation, les membres condamnés sont exclus du conseil et inéligibles aux conseils de département et d'arrondissement, pendant les trois années qui suivront la condamnation. »

93. — « Art. 16. — Il est interdit à tout conseil général (conseil d'arrondissement) de se mettre en correspondance avec un ou plusieurs conseils d'arrondissement ou de département. — En cas d'infraction à cette disposition, le conseil général (le conseil d'arrondissement) sera suspendu par le préfet, en attendant que le roi ait statué. »

94. — « Art. 17. — Il est interdit à tout conseil général (à tout conseil d'arrondissement) de faire

ou de publier aucune proclamation ou adresse. — En cas d'infraction à cette disposition, le préfet déclarera par arrêté que la session du conseil général (du conseil d'arrondissement) est suspendue. Il sera statué définitivement par ordonnance royale. »

95. — « Art. 18. — Dans les cas prévus par les deux articles précédens, le préfet transmettra son arrêté au procureur-général du ressort, pour l'exécution des lois et l'application, s'il y a lieu, des peines déterminées par l'art 123, C. pén. »

96. — « Art. 19. — Tout éditeur, imprimeur, journaliste ou autre, qui rendra publics les actes interdits au conseil général (au conseil d'arrondissement) par les art. 15, 16 et 17, sera passible des peines portées par l'art. 123, C. pén. »

97. — On avait proposé d'accorder aux conseils d'arrondissement la faculté de faire imprimer et publier leurs délibérations et procès-verbaux, ainsi que cette faculté a été accordée aux conseils généraux par l'art. 26, L. 10 mai 1838 ; mais cette proposition n'a pas été adoptée, et une circulaire ministérielle, du 16 juill. 1838, s'est prononcée contre cette publication. — V. toutefois Thibaut-Lefebvre, *Constitution et pouvoirs des conseils généraux et d'arrondissement*, p. 570.

98. — On conçoit, du reste, que le conseil d'arrondissement doive avoir communication des délibérations du conseil général sur les demandes qu'il a faites.

CONSEIL COLONIAL.

1. — Conseil qui, dans les colonies, et sur la proposition du gouverneur, règle, par des décrets, les matières non réservées aux lois de l'état ou aux ordonnances royales.

2. — Il n'existe de conseil colonial que dans les colonies de la Martinique, de la Guadeloupe, de Bourbon et de la Guyane, où il a remplacé le conseil général. — L. 24 avr. 1833, art. 1er. — Les autres colonies continuent d'être régies par ordonnances royales. — Art. 25.

3. — Tout ce qui concerne le pouvoir et les attributions du conseil colonial a été rapporté v° COLONIES. — V. ce mot.

4. — Le gouverneur convoque le conseil colonial ; il le proroge et peut le dissoudre. — Dans ce dernier cas, un nouveau conseil doit être élu et convoqué dans un délai qui ne peut excéder cinq mois pour la Martinique, la Guadeloupe et la Guyane, et dix mois pour l'île Bourbon. — Le gouverneur fait l'ouverture et la clôture de la session. — Il nomme un ou plusieurs commissaires pour soutenir la discussion des projets de décret qu'il présente au conseil colonial. Ces commissaires doivent être entendus quand ils le demandent. — L. 24 avr. 1833, art. 12.

5. — Le conseil colonial est composé de trente membres dans chacune des colonies de la Martinique, de la Guadeloupe et de Bourbon, et de seize à la Guyane. — Les membres du conseil colonial sont élus pour cinq ans par les colléges électoraux (V. *infrà* n° 14). — Chaque collége électoral élit le nombre de membres fixé par un tableau annexé à la loi. — Art. 13.

6. — Les fonctions de membre du conseil colonial sont gratuites. — Art. 14.

7. — Le conseil colonial se réunit une fois chaque année en session ordinaire. — Le gouverneur peut le convoquer en session extraordinaire. — A l'ouverture de chaque session, le conseil élit un président, un vice-président et deux secrétaires. — Art. 15.

8. — Le conseil colonial ne peut s'assembler qu'à l'époque et dans le lieu indiqués par la proclamation du gouverneur. — Ses délibérations ne sont valables qu'autant que la moitié plus un du nombre de ses membres y a concouru, et qu'elles ont été rendues à la majorité absolue des suffrages exprimés. — Les séances du conseil colonial ne sont point publiques ; mais l'extrait des procès-verbaux de ses séances est imprimé et publié à la fin de chaque session. — Art. 16.

9. — Les conseils coloniaux ont seuls le droit de choisir l'imprimeur pour l'impression des procès-verbaux de leurs séances. — *Cons. d'état*, 11 août 1841, Lahuppe.

10. — Chaque membre du conseil colonial prête, lorsque ses pouvoirs ont été vérifiés, le serment dont la teneur suit : « Je jure fidélité au roi des Français, obéissance à la charte constitutionnelle, aux lois, ordonnances et décrets en vigueur dans la colonie. » — L. 24 avr. 1833, art. 17.

11. — Le conseil colonial a seul le droit de recevoir la démission d'un de ses membres. — En cas de vacance par option, décès, démission ou autrement, le collége électoral qui doit pourvoir à la vacance est convoqué par le gouverneur, dans un délai qui ne peut excéder un mois. — Art. 18.

12. — Le conseil colonial nomme, dans sa première session, les délégués de la colonie et fixe leur traitement. — Art. 19. — V. DÉLÉGUÉS DES COLONIES.

13. — Est électeur, pour la nomination des membres du conseil colonial, tout Français âgé de vingt-cinq ans accomplis, né dans la colonie, ou qui y est domicilié depuis deux ans, jouissant des droits civils et politiques, payant en contributions directes, sur les rôles de la colonie, 300 fr. à la Martinique et à la Guadeloupe, et 200 fr. à l'île Bourbon et à la Guyane, ou justifiant qu'il possède dans la colonie des propriétés mobilières ou immobilières d'une valeur de 30,000 fr. à la Martinique et à la Guadeloupe, et de 20,000 fr. à l'île Bourbon et à la Guyane. — L. 24 avr. 1833, art. 20.

14. — Est éligible aux fonctions de membre du conseil colonial tout électeur âgé de trente ans accomplis, payant en contributions directes 600 fr. à la Martinique et à la Guadeloupe, et 400 fr. à l'île Bourbon et à la Guyane, ou justifiant qu'il possède dans la colonie des propriétés mobilières ou immobilières d'une valeur de 60,000 fr. à la Martinique et à la Guadeloupe, et de 40,000 fr. à l'île Bourbon et à la Guyane. — Art. 21.

15. — La justification du cens électoral, ainsi que du cens d'éligibilité peut résulter cumulativement, dans les proportions établies par les art. 20 et 21 de la cote des contributions directes en principal et centimes additionnels, et de la possession de propriétés ou portions de propriétés non imposées. — Art. 22.

16. — Une ordonnance royale déterminera, avec les modifications qu'exigent les circonstances locales, l'application à chacune des colonies des dispositions réglementaires de la loi du 19 avr. 1831, sur les élections. — Art. 23.

17. — Depuis, une ordonnance du roi, du 13 mai 1833, a en effet établi différentes dispositions en ce qui concerne : 1° les capacités électorales ; 2° le domicile politique ; 3° les listes électorales ; 4° les colléges électoraux ; 5° et les éligibles. — Et cette même ordonnance, du 13 mai 1833, a été modifiée par une autre du 16 juill. 1845.

V. COLONIES, DÉLÉGUÉS DES COLONIES.

CONSEILS DU COMMERCE, DES MANUFACTURES ET DE L'AGRICULTURE.

1. — Assemblées instituées par le roi auprès du ministre du commerce pour veiller aux intérêts du commerce, des manufactures et de l'agriculture.

2. — Ces conseils sont : 1° le conseil supérieur du commerce ; — 2° le conseil général du commerce ; — 3° le conseil général des manufactures ; — 4° le conseil de l'agriculture.

3. — *Conseil supérieur du commerce.* — Cette institution remonte au siècle de Louis XIV, où l'on commença à apprécier les avantages et l'importance du commerce en France. — Monbrion, *Dict. comm.*, v° *Conseil supérieur du commerce.*

4. — Une organisation nouvelle a été donnée au conseil supérieur du commerce, par une ordonnance royale du 29 avr. 1831, qui abroge l'arrêté du 3 niv. an XI, art. 10, et les ord. des 26 fév. et 20 mars 1824, 20 janv. 1828, 8 août 1829 et 27 janv. 1831, par lesquelles avaient été successivement créées et supprimées les attributions de ce conseil, ainsi que le ministère et la commission provisoire du commerce.

5. — Le conseil supérieur du commerce est établi au-dessus des chambres de commerce, des chambres consultatives des manufactures, des conseils généraux de commerce, des manufactures et de l'agriculture. Il se compose d'un président et de onze membres nommés par le roi, d'un douzième membre nommé par le ministre des finances avec l'autorisation du roi, des présidens des conseils généraux de commerce, des manufactures et du conseil d'agriculture. Leurs fonctions sont gratuites. — V. ord. 29 avr. 1831, art. 2 et suiv., 13 et 15.

6. — Le conseil supérieur du commerce peut être entendu sur les projets de lois et ordonnances concernant le tarif des douanes et leur régime, en ce qui intéresse le commerce, sur les projets de traités de commerce ou de navigation ; sur la législation commerciale des colonies ; sur le système des encouragemens pour les grandes pêches maritimes ; sur les vœux des conseils généraux du commerce, des manufactures et du conseil d'agriculture. Il donne des avis sur toutes les questions que le ministre du commerce juge à propos de lui soumettre, et, sur l'autorisation de ce ministre, il procède à des enquêtes orales lorsqu'elles sont nécessaires. — V. ord. 29 avr. 1831, art. 5.

7. — Un secrétaire général nommé par le roi est attaché à ce conseil. — Ord. 29 avr. 1831, art. 7.

8. — *Conseil général du commerce.* — Ce conseil est composé de commerçans nommés par les chambres de commerce du royaume, et choisis soit dans leur sein, soit dans leur circonscription. Le but de cette institution est de centraliser les lumières provenant des différentes chambres de commerce. — Foucart, *Droit admin.*, 2e édit., n° 310.

9. — Chaque chambre nomme un membre, à l'exception de celle de Paris, qui en nomme huit, et de celles de Lyon, Marseille, Bordeaux, Nantes, Rouen, le Hâvre, qui nomment chacune deux membres. — Le conseil se compose en tout de cinquante-un membres. — V. ord. 29 avr. 1831, art. 8.

10. — *Conseil général des manufactures.* — Ce conseil a été d'abord formé de cinquante membres nommés, savoir : vingt par les vingt chambres consultatives des manufactures, désignées au tableau annexé à l'ord. du 29 avr. 1831, et trente par le ministre du commerce, avec approbation du roi. L'ordonnance recommande au ministre de donner des organes aux industries qui ne seraient pas représentées. Le but de cette institution est le même que celui qu'on se propose pour le conseil du commerce. — V. *suprà* n° 8. — V. Foucart, *Dr. admin.*, n° 310, 2e édit.

11. — Aux termes de l'ord. du 25 déc. 1832, le nombre des membres ordinaires du conseil général des manufactures peut être élevé à soixante ; et en conséquence les nominations à faire par le ministre du commerce s'élèvent à quarante. Ont en outre entrée au conseil général des manufactures, avec voix délibérative, mais sans pouvoir concourir pour la présidence, dix membres du conseil général du commerce d'Amiens, d'Avignon, de Carcassonne, de Laval, de Mulhausen, de Nîmes, de Privas et de Troyes, et l'un des membres du même conseil, choisi par les chambres de commerce de Rouen et de Lyon, lequel est désigné par le ministre du commerce.

12. — *Conseil d'agriculture.* — Ce conseil, formé de trente propriétaires ou membres des sociétés d'agriculture choisis par le ministre du commerce, aux termes de l'ordonn. 29 avr. 1831, art. 10, est aujourd'hui, d'après l'ordonn. 29 oct. 1841, composé de cinquante-quatre membres. La difficulté d'appliquer à ce conseil le système électif adopté pour les conseils relatifs aux manufactures et au commerce, de déterminer les conditions de l'électorat et les circonscriptions électorales, ont porté le gouvernement à charger le ministre du commerce de choisir les ministres du conseil d'agriculture. — Trolley, *Cours de dr. admin.*, n° 1371.

13. — Le conseil d'agriculture délibère et émet des vœux sur les besoins de l'agriculture, et, en outre, sur les questions qui lui sont adressées par le ministre du commerce. — Ord. 29 avr. 1831, art. 10.

14. — Le conseil général du commerce, le conseil général des manufactures et le conseil d'agriculture tiennent une session annuelle dont l'époque et la durée sont fixées par le ministre du commerce ; des convocations extraordinaires peuvent en outre être faites. Il nomme son président, qui devient de droit, jusqu'à la session suivante, membre du conseil supérieur du commerce.

15. — Ces trois conseils délibèrent sur les propositions ou réclamations de leurs membres faites, soit en leur nom, soit au nom des chambres de commerce, chambres consultatives, sociétés d'agriculture ou autres intéressés qui les en ont chargés ; ils donnent leur avis sur toutes les questions que le ministre du commerce juge à propos de leur soumettre. — Ord. 29 avr. 1831, art. 3.

16. — Lorsque le ministre le juge nécessaire, il peut réunir des commissions mixtes composées de membres pris dans le conseil général du commerce, dans le conseil général des manufactures et dans le conseil d'agriculture, ou, suivant les matières, dans deux de ces conseils seulement. — Ord. 29 avr. 1831, art. 4.

17. — Ces conseils nomment leurs présidens, qui deviennent de droit, jusqu'à la session suivante, membres du conseil supérieur du commerce. Les fonctions des membres sont gratuites ; elles durent trois ans. Des commissaires, désignés par le roi, sont chargés d'y exposer les questions qui y auraient été renvoyées, et d'y fournir les explications et communications qui pourraient être nécessaires. Ces commissaires font, quand il y a lieu, rapport au conseil supérieur des délibérations des autres conseils. A cet effet, ils ont entrée au conseil supérieur. Des employés du ministère sont délégués pour remplir les fonctions de secrétaires près des trois conseils. — Ord. 29 avr. 1821, art. 11, 12, 13 et 14.

CONSEIL DU CONTENTIEUX ADMINISTRATIF (Colonies).

C'est le titre que prend le conseil privé aux colonies, lorsqu'il se constitue en tribunal pour connaître des affaires contentieuses administratives.
— V. COLONIES, n⁰ˢ 577 et suiv., et CONSEIL PRIVÉ (Colonies).

CONSEIL DE DISCIPLINE (Garde nationale).

V. GARDE NATIONALE.

CONSEIL D'ÉTAT.

Table alphabétique.

CONSEIL D'ÉTAT. — 1. — Corps administratif institué pour éclairer et assister le gouvernement dans l'accomplissement de sa mission.

CHAPITRE Iᵉʳ. — Historique.

Sect. 1ʳᵉ. — Conseil d'état avant la chute de l'empire.

2. — De tout temps la royauté, pour remplir sa tâche laborieuse, a senti le besoin de s'entourer d'auxiliaires sur lesquels elle pût reporter une partie du fardeau qui lui était imposé.—Et ce besoin devait être plus impérieux encore dans le gouvernement absolu que sous le régime constitutionnel, puisque alors tous les pouvoirs, tous les attributs de la souveraineté se trouvaient concentrés dans une seule main.

3. — Aussi, dès l'origine de notre histoire, dès les deux premières races de la monarchie, trouvons-nous autour du roi un conseil chargé de l'aider dans l'exercice de son autorité et de coopérer avec lui à la gestion des affaires publiques. — Ce conseil portait le nom de Conseil du roi.

4. — La multiplicité et la diversité des affaires obligèrent même nos rois à le subdiviser en plusieurs conseils, dont chacun était désigné par le nom des matières qui devaient y être traitées. Ainsi il y eut le conseil d'état ou des affaires étrangères, le conseil des finances, le conseil de commerce, etc.—V., pour la composition et les attributions de ces divers conseils, le mot conseil du roi.

5. — Ces conseils devaient nécessairement disparaître et disparurent en effet avec les institutions de l'ancien régime : pendant les premières années de la révolution et alors que tout était reconstruit sur de nouvelles bases, on ne songea même point à les rétablir. C'est sous le consulat seulement qu'a été établi le nouveau conseil d'état, qui, sauf les modifications qu'il a reçues depuis, subsiste encore de nos jours.

6. — En effet, la constitution du 22 frim. an VIII porte : (art. 41) que le premier consul nomme et révoque à volonté les membres du conseil d'état... — (art. 52) que le conseil d'état est chargé, sous la direction des consuls, de rédiger les projets de loi et les réglemens d'administration publique, et de résoudre les difficultés qui s'élèvent en matière administrative...—(art. 75) que les agens du gouvernement, autres que les ministres, ne peuvent être poursuivis, pour des faits relatifs à leurs fonctions, qu'en vertu d'une décision du conseil d'état.

7. — Le principe de l'institution se trouvait ainsi posé. Restait à déterminer son organisation et à compléter ses attributions. C'est ce qui fut fait par le réglement du 5 niv. an VIII.

8. — Le nombre des membres fut fixé de trente à quarante (art. 1ᵉʳ).—Ils furent divisés en cinq sections, savoir : une section des finances, une section de législation civile et criminelle, une section de la guerre, une section de la marine, une section de l'intérieur (art. 5).

9. — La présidence de l'assemblée générale fut attribuée au premier consul, et, en son absence, à l'un des deux autres consuls (art. 3).—Quant aux sections, l'art. 6 portait qu'elles étaient présidées chacune par un conseiller d'état nommé chaque année par le premier consul ; que lorsque le second ou troisième consul se trouvait à une section, il la présidait.

10. — Les art. 8 et 9, développant la disposition de l'art. 52 (constit. 22 frim. an VIII), étaient ainsi conçus : « La proposition d'une loi ou d'un réglement d'administration publique est provoquée par les ministres, chacun dans l'étendue de ses attributions. — Si les consuls adoptent leur opinion, ils renvoient le projet à la section compétente, pour rédiger la loi ou le réglement. — Aussitôt le travail achevé, le président de la section se présente après dix jours pour les en informer. — Le premier consul convoque alors l'assemblée générale du conseil d'état. — Le projet y est discuté, sur le rapport de la section qui l'a rédigé. — Le conseil d'état transmet son avis motivé aux consuls.—Si les consuls approuvent la rédaction, ils arrêtent définitivement le réglement ; ou, s'il s'agit d'une loi, ils arrêtent qu'elle sera proposée au corps législatif. — Dans le dernier cas, le premier consul nomme, parmi les conseillers d'état, un ou plusieurs orateurs qu'il charge de présenter le projet de loi et d'en soutenir la discussion. — Les orateurs, en présentant les projets de lois, développent les motifs de la proposition du gouvernement. »

11. — D'après l'art. 11, c'était au conseil d'état qu'il appartenait de développer le sens des lois, sur le renvoi qui lui était fait par les consuls des questions qui leur avaient été présentées ; comme aussi de prononcer, après un semblable renvoi, 1ᵒ sur les conflits qui pouvaient s'élever entre l'administration et les tribunaux ; 2ᵒ sur les affaires contentieuses dont la décision était précédemment remise aux ministres.

12. — Enfin, cinq conseillers d'état étaient spécialement chargés, quant à l'instruction seulement, de diverses parties d'administration. Ils en suivaient les détails, signaient la correspondance, recevaient et appelaient toutes les informations, et portaient aux ministres les propositions de décision que ceux-ci soumettaient aux consuls. — L'un d'eux était chargé des bois et forêts et anciens domaines ; un autre, des domaines nationaux ; un autre, des ponts et chaussées, canaux de navigation, et cadastre ; un autre, des sciences et arts ; un autre, des colonies (art. 7).

13. — Ces membres n'avaient point de voix au conseil d'état lorsqu'il prononçait sur le contentieux de la partie de l'administration dont ils étaient chargés (art. 12).

14. — M. Serrigny (Traité de l'organisation, de la compét. et de la procéd. en matière content. admin., nᵒ 51) critique comme inconstitutionnelle la disposition de ce réglement qui attribuait au conseil d'état le pouvoir de développer le sens des lois, c'est-à-dire de les interpréter. « Le droit d'interpréter les lois d'une manière générale, et non par voie doctrinale, dit cet auteur, ne doit appartenir qu'à la puissance législative, suivant la règle Cujus est condere legem, ejusdem est interpretari. »

15. — Mais M. Duchesne (Encyclop. du droit, vᵒ Conseil d'état, nᵒ 16) fait justement observer qu'à cette époque, si le conseil d'état n'était pas lui-même la puissance législative, il s'y trouvait du moins assez intimement associé pour qu'il pût être ensuite, sans une violation trop choquante des principes, appelé à interpréter les lois à la confection desquelles il avait pris une part si importante.

16. — Ce fut peu de temps après le réglement du 5 niv. an VIII que fut établi le service extraordinaire, qui depuis a donné lieu à de si vives critiques. — Un arrêté du 7 fruct. an VIII décida qu'à partir du 1ᵉʳ vendém. an IX les conseillers d'état seraient partagés en service ordinaire et en service extraordinaire.

17. — Ce titre de membre du service extraordinaire, dit M. Duchesne (Encyclop. du droit, vᵒ Conseil d'état, nᵒ 42), était, dans les premiers temps, purement honorifique ; il excluait toute idée de participation aux travaux du conseil d'état, et ne s'accordait qu'aux membres qui abandonnaient le conseil pour aller exercer d'autres fonctions publiques.

18. — La loi du 18 germ. an X, destinée à régler les rapports des divers cultes reconnus en France avec la puissance civile, conféra au conseil d'état, en cette matière, diverses attributions qui ont été étendues par des lois postérieures.—Ces attributions existant encore aujourd'hui, nous les ferons connaître ultérieurement quand nous traiterons des fonctions du conseil d'état. —V. infrà nᵒˢ 217 et suiv., 222 et suiv., 256, 874.

19. — Le sénatus-consulte du 16 thermid. an X disposa que les conseillers d'état n'excéderaient jamais le nombre de cinquante (art. 66) ; que le conseil d'état se divisait en sections (art. 67) ; enfin que les ministres avaient rang, séance et voix délibérative au conseil d'état (art. 68).

20. — Un arrêté du 19 germin. an XI créa, près des ministres et des sections du conseil d'état, seize auditeurs destinés, après un certain nombre d'années de service, à remplir des places dans la carrière judiciaire (art. 1ᵉʳ).

21. — Ils étaient distribués ainsi qu'il suit : — quatre auprès du grand-juge ministre de la justice et de la section de législation ; — deux auprès du ministre du trésor public et de la section des finances ; — quatre auprès du ministre et de la section de l'intérieur ; — deux auprès du ministre, du directeur-ministre, et de la section de la guerre ; — enfin deux auprès du ministre et de la section de la marine.

22. — Ils étaient chargés de développer, auprès des sections du conseil d'état, les motifs des propositions de lois ou de réglemens faites par les ministres, soit des avis ou décisions qu'ils auraient rendus sur les diverses matières qui étaient

l'objet des rapports soumis par eux au gouvernement et dont le renvoi était fait au conseil d'état (art. 2).

23. — L'art. 6 du même arrêté portait que les auditeurs seraient présens au conseil d'état, qu'ils y auraient séance, sans voix délibérative, et se placeraient derrière les conseillers d'état de la section à laquelle ils seraient attachés; qu'ils n'auraient la parole que pour donner les explications qui leur seraient demandées.

24. — Après la substitution de l'empire au gouvernement consulaire, quelques modifications furent apportées à la législation qui régissait le conseil d'état. C'est ce qui résulte du sénatus-consulte organique du 28 flor. an XII.

25. — Ainsi, notamment, les titulaires des grandes dignités de l'empire furent déclarés de droit conseillers d'état. — Art. 35.

26. — La présidence du conseil d'état fut réservée à l'empereur, ou, à son défaut, à celui des titulaires des grandes dignités de l'empire qu'il désignerait. — Art. 37.

27. — Au lieu de cinq sections que formait le conseil d'état en vertu du réglement du 5 niv. an VIII (V. *suprà*, n° 8), le sénatus-consulte du 28 flor. an XII (art. 76) disposa qu'il y en aurait six, et ajouta aux cinq existant déjà une section du commerce.

28. — Enfin, l'art. 77 décida que lorsqu'un membre du conseil d'état aurait été porté pendant cinq années sur la liste des membres du conseil en service ordinaire, il recevrait un brevet de conseiller d'état à vie. — Si, au contraire, il cessait d'être porté sur la liste du conseil d'état en service ordinaire ou extraordinaire, il n'avait droit qu'au tiers du traitement de conseiller d'état. — Il ne perdait son titre et ses droits qu'en vertu d'un jugement de la haute cour impériale, emportant peine afflictive ou infamante.

29. — Toutes ces dispositions n'étaient que le prélude des décrets qui bientôt devaient mettre l'organisation du conseil d'état en harmonie avec le rôle important que ce grand corps était appelé à remplir.

30. — Et d'abord, le décret du 11 juin 1806, maintenant la distribution déjà faite par l'arrêté du 7 fructid. an VIII des conseillers d'état en service ordinaire et service extraordinaire, disposa que la liste de l'un et de l'autre service serait arrêtée par l'empereur le premier jour de chaque trimestre.

31. — De plus, il institua des maîtres des requêtes qui devaient faire le rapport de toutes les affaires contentieuses sur lesquelles le conseil d'état prononçait, de quelque manière qu'il en fût saisi, à l'exception de celles concernant la liquidation de la dette publique et les domaines nationaux, dont les rapports devaient continuer d'être faits par les conseillers d'état chargés de ces deux parties d'administration publique. — Art. 4 et suiv.

32. — Les maîtres des requêtes prenaient séance au conseil d'état après les conseillers d'état. — Art. 6. — Ils pouvaient prendre part à la discussion de toutes les affaires portées au conseil d'état. — Dans les affaires contentieuses, la voix du rapporteur était comptée. — Art. 8.

33. — Le même décret portait que les auditeurs seraient, comme les conseillers et les maîtres des requêtes, distribués en service extraordinaire; et que les auditeurs qui seraient nommés à l'avenir n'assisteraient aux séances présidées par l'empereur qu'après deux années d'exercice et lorsque l'empereur croirait devoir leur accorder cette distinction pour récompenser leur zèle. — Art. 11 et 12.

34. — Aux attributions que le conseil d'état avait reçues des lois antérieures, le décret du 11 juin 1806 (art. 14) ajouta la connaissance : 1° des affaires de haute police administrative, lorsqu'elles lui auraient été renvoyées par les ordres de l'empereur; — 2° de toutes contestations ou demandes relatives, soit aux marchés passés avec les ministres, avec l'intendant de la maison de l'empereur, ou en leur nom, soit aux travaux ou fournitures faits pour le service de leurs départemens respectifs, pour le service personnel de l'empereur ou celui des maisons impériales; — 3° des décisions de la comptabilité nationale et du conseil des prises.

35. — Il détermina (art. 15-23) les formes suivant lesquelles il serait procédé toutes les fois que le conseil d'état serait appelé à apprécier la conduite d'un fonctionnaire inculpé, et à examiner s'il y avait lieu, soit à autoriser sa mise en jugement, soit à prononcer contre lui une peine disciplinaire.

36. — Il institua une commission chargée de faire l'instruction et de préparer le rapport sur toutes les affaires contentieuses sur lesquelles le conseil d'état avait à prononcer, et traça quelques formes pour l'instruction de ces affaires. — Art. 24 et suiv.

37. — Enfin, il disposa qu'il y aurait près du conseil d'état des avocats qui seuls auraient le droit de signer les mémoires et requêtes des parties en matière contentieuse (art. 33). — Ces avocats devaient être nommés par l'empereur sur une liste de candidats qui lui seraient présentés par le grand-juge ministre de la justice. — Art. 34.

38. — Le dernier article de ce décret portait qu'il serait fait un réglement qui contiendrait les dispositions relatives à la forme de procéder.

39. — Cette promesse fut réalisée par le décret du 22 juill. 1806, qui est encore en vigueur aujourd'hui, et dont les dispositions seront ultérieurement exposées et développées. — V. *infrà* n°s 401 et s.

40. — Un décret du 1er mars 1808 attribua aux conseillers d'état, pendant leur vie, le titre de *comte* (art 4.), et leur accorda la faculté d'instituer, en faveur de leur fils aîné ou puîné, un majorat auquel serait attaché le titre de *baron* (art. 7).

41. — Le service des auditeurs près le conseil d'état, établi, comme nous l'avons vu, par l'arrêté du 19 germin. an XI, fut réorganisé par un décret du 26 déc. 1809.

42. — Ce décret soumit leur nomination à des conditions d'âge, de fortune et de capacité. — Ainsi, le titre d'auditeur ne devait être conféré désormais qu'à ceux qui seraient âgés de vingt ans au moins, qui auraient satisfait au devoir de la conscription, qui jouiraient d'une pension assurée par leurs parents ou d'un revenu de six mille francs (art. 1er); il ajoutait que dans trois ans, à compter du 1er janv. 1810, ceux qui aspireraient au titre d'auditeur devraient, en outre, être licenciés en droit ou licenciés ès-sciences, et subir, avant leur prestation de serment, un examen de capacité devant trois membres du conseil d'état. — Art. 2.

43. — La division des auditeurs en service ordinaire et service extraordinaire fut maintenue. — Art. 4.

44. — Le service ordinaire fut lui-même divisé en deux classes : l'une comprenant les auditeurs remplissant près des ministres et des sections du conseil les fonctions déterminées par l'arrêté du 19 germin. an XI; l'autre comprenant les auditeurs attachés au ministère de la police, aux préfets du département de la Seine et de la police, et aux diverses administrations. — Art. 5, 6 et 7.

45. — Le nombre des auditeurs composant la première classe fut fixé à quarante. — Art. 9.

46. — Quant aux auditeurs composant la seconde classe, ils furent fixés à cent-vingt et répartis entre le ministre de la police, le directeur-général des revues et de la conscription, l'administration des ponts-et-chaussées, celle de l'enregistrement et des domaines, celle des douanes, celle des bois et forêts, celle des droits réunis, celle des vivres, celle des postes, celle de la loterie, le conseil des prises, le conseil des mines, la caisse d'amortissement, l'administration des poudres, le préfet du département de la Seine, le préfet. — Art. 11.

47. — Le service de la commission du contentieux, de la commission des pétitions et de celle de haute police était fait par les auditeurs attachés aux sections, d'après les désignations faites sur les listes de trimestre. — Art. 10.

48. — Le portefeuille du conseil était porté à l'empereur, de Paris sur tous les points de l'Europe, par les auditeurs attachés aux sections, et, à leur défaut, par ceux de la seconde classe. — Art. 13.

49. — Quant au service extraordinaire, il se composait d'abord des auditeurs en service ordinaire, nommés à une fonction permanente qui les obligeait à résider hors Paris, et de ceux qui, chargés d'une mission purement temporaire, avaient été classés, par une détermination spéciale, dans le service extraordinaire. — Art. 14.

50. — En outre, il était placé, près du préfet de chaque département, un auditeur qui avait le titre et qui faisait les fonctions de sous-préfet de l'arrondissement du chef-lieu. — Art. 15.

51. — Enfin, il y avait de plus un auditeur en service extraordinaire auprès des préfets de trente-un départemens, dont l'état était annexé au décret. Ils étaient mis à la disposition du préfet pour remplacer, au besoin, les sous-préfets du département, ou préparer l'instruction des affaires contentieuses qui leur étaient confiées. — Art. 17.

52. — Indépendamment des prérogatives honorifiques attachées au titre d'auditeur, le décret du 26 déc. 1809 réservait le quart des sous-préfectures qui viendraient à vaquer à ceux qui auraient été auditeurs en service ordinaire ou extraordinaire, pendant deux ans au moins, et aux auditeurs qui auraient été pendant quatre ans en service auprès des préfets. — Art. 20.

53. — Enfin, le même décret déclarait applicable à tous les auditeurs sans distinction un décret du 1er mars 1806, qui appelait les auditeurs aux places de secrétaires d'ambassade et de légation. — Art. 21.

54. — L'auditorat reçut encore une nouvelle extension du décret du 7 avril 1811. Le nombre des auditeurs en service ordinaire fut alors porté à trois cent cinquante, répartis en trois classes, savoir : quatre-vingts dans la première, quatre-vingt-dix dans la seconde et cent quatre-vingts dans la troisième. — Art. 1er et 2.

55. — La première classe se composait : 1° de soixante auditeurs attachés aux ministres et au conseil d'état; 2° de vingt auditeurs remplissant dans autant de départemens les fonctions de sous-préfets de l'arrondissement des chefs-lieux de préfecture (art. 3). La deuxième classe se composait : 1° de soixante auditeurs placés près des administrations; 2° de trente auditeurs remplissant les fonctions de sous-préfet d'arrondissement des chefs lieux de préfecture (art. 4). La troisième classe comprenait : 1° soixante-huit auditeurs près des administrations; 2° soixante-dix-huit auditeurs remplissant les fonctions de sous-préfet d'arrondissement des chefs-lieux de préfecture; 3° trente-quatre auditeurs qui étaient placés près des préfets de trente-quatre départemens. — Art. 5.

56. — L'auditorat, ainsi constitué, se trouva alors dans la situation la plus brillante. Servant de préparation aux fonctions administratives, il formait une pépinière d'où sont sortis une foule d'hommes du mérite le plus éminent. « Les auditeurs, a dit avec raison M. le comte Portalis, dans l'éloge funèbre de M. le baron Mounier, lu à la chambre des pairs, le 25 janvier 1834 (V. *Moniteur* du 28), entraient en campagne à la suite de l'empereur; ils le suivaient dans les camps, sur les champs de bataille; messagers rapides et confidentiels, ils portaient de Paris à l'armée les nouvelles, les affaires et la politique de l'intérieur, et rapportaient du quartier-général dans la capitale de l'empire les ordres souverains du maître. Dans les pays conquis, ils organisaient, administraient, gouvernaient, inspectaient; c'étaient les délégués du nouveau Charlemagne, de véritables *missi dominici*. »

57. — Tel fut le conseil d'état jusqu'à la chute de l'empire : sa part dans la gestion des affaires publiques était, comme on le voit, large et brillante; aussi jetait-il un éclat que la gravité des événemens survenus depuis n'a pu encore faire oublier. « Dans son conseil d'état, dit M. de Cormenin (dans l'Introduction placée en tête du *Droit administratif*, p. 24), Napoléon faisait les lois et les expliquait, réglementait et dirigeait l'intérieur, surveillait les ministres et jugeait souverainement les procès administratifs, sur l'appel des arrêtés du conseil de préfecture et des décisions des ministres. Le conseil d'état était alors le premier corps de l'empire, puisqu'il était le seul qui eût de la vie et de la puissance. Il était la seule assemblée politique qui possédât des orateurs et qui formât des hommes d'état, parce qu'il était le seul qui, portes fermées, il est vrai, discutât librement les lois, les décrets impériaux et les grandes affaires. Il recevait, comme en famille, les confidences de Napoléon. Il était la plus haute personnification du gouvernement; il était l'empereur même. »

Sect. 2e. — *Conseil d'état sous la restauration.*

58. — La chute de l'empire et l'avénement de la restauration furent pour le conseil d'état une véritable révolution. Le rôle qu'il avait rempli jusque-là ne s'accordait plus avec les nouvelles institutions de la France. Tandis que le pouvoir législatif se trouvait rétabli dans la plénitude de ses droits, le principe de la responsabilité ministérielle, proclamé par la charte, avait pour conséquence nécessaire de restituer aux ministres la direction suprême de toutes les parties de l'administration. On pouvait donc demander alors ce que serait désormais le conseil d'état, quelle place occuperait dans l'ensemble des pouvoirs publics cette institution dont la charte ne faisait nulle mention.

59. — Ces questions ne restèrent pas long-temps indécises. En effet, dès le 29 juin 1814, parut une ordonnance par laquelle le gouvernement, annonçant l'intention de compléter incessamment l'organisation du conseil du roi, réglait par avance quelques points de cette organisation nouvelle.

60. — Aux termes de cette ordonnance, le conseil devait être composé : des princes de la famille royale, du chancelier de France, des ministres secrétaires d'état, des ministres d'état, de conseillers

d'état, de maîtres des requêtes (art. 1er). — Le nombre des conseillers d'état en service ordinaire était limité à vingt-cinq, sans compter ceux en service extraordinaire et les conseillers d'état honoraires (art. 2). — Le même article réservait au roi le droit de créer des conseillers d'état, d'église et d'épée. Le nombre de maîtres des requêtes ordinaires était provisoirement fixé à cinquante. Il devait y avoir en outre des maîtres des requêtes surnuméraires et des honoraires (art. 3).

61. — Pour l'ordre du service, les membres du conseil étaient ainsi classés et distribués : le conseil d'en-haut ou des ministres, le conseil privé ou des parties, qui devait prendre le titre de *conseil d'état*. — Il devait y avoir en outre : 1° un comité de législation, — 2° un comité du contentieux, — 3° un comité de l'intérieur, — 4° un comité des finances, — 5° un comité du commerce ; lesquels comités devaient être placés auprès du chancelier et des ministres secrétaires d'état des départemens auxquels ils se rattachaient. — Art. 5.

62. — Le conseil d'en-haut ou des ministres devait délibérer, en présence du roi, sur les matières de haute administration, sur la législation administrative, sur tout ce qui tient à la police générale, à la sûreté du trône et du royaume, et au maintien de l'autorité royale. Le roi pouvait y évouer les affaires du contentieux de l'administraon qui se lieraient à des vues d'intérêt général. — Art. 7.

63. — Le conseil d'état, composé des ministres rétaires d'état, de conseillers d'état et maîtres des requêtes ordinaires, était chargé d'examiner es projets de lois et réglemens qui auraient été réparés dans les divers comités, de vérifier et enistrer les bulles et actes du Saint-Siége, ainsi ue les actes des autres communions et cultes, de uger les appels comme d'abus. — Art. 8.

64. — Chaque comité, à l'exception du comité ontentieux, était principalement chargé de la prération des projets de lois ou réglemens sur toumatières civiles, criminelles et ecclésiastiques, esquels projets devaient ensuite être délibérés en nseil d'état avant d'être définitivement soumis roi. — Art. 10.

65. — Quant au comité contentieux, l'art. 9 de 'ordonnance lui attribuait la connaissance de tout contentieux de l'administration de tous les délemens, des mises en jugement des administraurs et préposés, des conflits. Le même article outait que des avis seraient rédigés en forme arrêts ou de jugemens, qui ne seraient définitifs après avoir été rapportés et délibérés dans le nseil d'état, et après avoir reçu la sanction diete du roi.

66. — Le ministre du commerce pouvait apper au comité du commerce et des manufactures es marchands, négocians, manufacturiers des rincipales villes de commerce; dans ce cas, ils avaient séance et voix consultative. — Art. 12.

67. — Les directeurs généraux des diverses adnistrations qui étaient nommés conseillers d'ét en service extraordinaire pouvaient, sur la deande de chaque ministre, assister en plus, et vec voix délibérative, aux divers conseils et cotés attachés au département duquel ils dépenient ; ils pouvaient même y présenter des raprts et projets de réglemens. S'ils venaient à quitr les directions générales dont ils étaient char, ils devenaient de droit conseillers d'état oraires, prenaient leur rang au conseil du jour leur nomination comme conseillers d'état, et uissaient des honneurs et traitemens attachés à titre. — Art. 13.

68. — Il n'y avait près du nouveau conseil d'ét ni conseillers à vie ni auditeurs. Les conseillers vie institués par l'empereur conservaient, avec titre de conseiller d'état honoraire, une pension e retraite de 4,000 fr. — Art. 15.

69. — Après la seconde restauration, le conseil état fut réorganisé sur d'autres bases encore par e ordonnance du 23 août 1815.

70. — Cette ordonnance prescrivait la formation n tableau général comprenant tant les conseild'état et maîtres des requêtes en service actif e les conseillers d'état et maîtres des requêtes noraires. — Art. 2 et 3.

71. — Les conseillers d'état et maîtres des requêen service actif furent distribués en service inaire et service extraordinaire, dont le tableau ait être soumis, au 1er janvier de chaque an., par le garde des sceaux, à l'approbation du . — Art. 4 et 5.

72. — Le nombre des conseillers d'état en service inaire ne pouvait s'élever au-dessus de trente ; ui des maîtres des requêtes également en service inaire, au-dessus de quarante. — Art. 6.

3. — Les conseillers d'état et les maîtres des reêtes en service ordinaire furent distribués en cinq comités, savoir : le comité de législation, le comité du contentieux, le comité des finances, le comité de l'intérieur et du commerce, le comité de la marine et des colonies. — Art. 7.

74. — Indépendamment de la préparation des projets de loi, ordonnances et réglemens, l'art. 12 portait que chacun des comités connaîtrait des affaires administratives que le ministre dont il dépendait jugerait à propos de lui confier, et notamment de celles qui, par leur nature, présenteraient une opposition de droits, d'intérêts ou de prétentions diverses, telles que les concessions de mines, les établissemens de moulins, usines, les dessèchemens, les canaux, partages de biens communaux, etc. — Art. 12.

75. — Le comité du contentieux était chargé de tout le contentieux de l'administration des divers départements ministériels, conformément aux décrets du 11 juin et du 22 juillet 1806, et, en outre, des attributions précédemment assignées au conseil des prises. — Art. 13.

76. — Le comité de législation et le comité du contentieux étaient présidés par le garde-des-sceaux, et, à son défaut, par le conseiller d'état qu'il croyait devoir déléguer à cet effet. Quant aux comités de législation, des finances, de l'intérieur et du commerce, et de la marine et des colonies, ils étaient présidés chacun par celui des ministres dans le département duquel il se trouvait placé, et, à son défaut, par le conseiller d'état que chacun des ministres croyait devoir déléguer à cet effet. — Art. 10.

77. — L'art. 18 portait que lorsque le roi ne jugerait pas à propos de présider le conseil d'état réuni, cette présidence appartiendrait au président du conseil des ministres, et, en son absence, au garde-des-sceaux.

78. — Comme la session des chambres pouvait s'opposer à ce que le conseil d'état réuni fût présidé soit par le président du conseil, soit par le garde-des-sceaux, il fut décidé par une ordonnance du 13 nov. 1815, qu'en cas d'empêchement ils seraient remplacés par l'un des ministres secrétaires d'état, si l'un d'eux était présent, et suivant l'ordre des ministères, si plusieurs étaient présens ; et que, dans le cas où aucun des ministres secrétaires d'état ne serait présent, la présidence appartiendrait à un des conseillers, qui serait nommé à cet effet pour l'année.

79. — Une ordonnance du 19 avr. 1817 prescrivit la formation d'un sixième comité auprès du ministre de la guerre. — Art. 5.

80. — Cette ordonnance disposait en outre (art. 6) que tout projet de loi ou d'ordonnance portant réglement d'administration publique qui aurait été préparé dans l'un des comités, devrait ensuite être délibéré au conseil d'état, tous les comités réunis et tous les ministres secrétaires d'état ayant été convoqués ; — que les ordonnances portant réglement d'administration publique devraient porter dans leur préambule ces mots : *Notre conseil d'état entendu.*

81. — Enfin, elle portait qu'à défaut du président du conseil ou du garde-des-sceaux, le conseil d'état réuni serait toujours présidé par le plus ancien des ministres secrétaires d'état au département de la justice. — Art. 8.

82. — Les sous-secrétaires d'état étaient chargés de présider les comités attachés au ministère dont ils faisaient partie toutes les fois que le ministre ne les présiderait pas lui-même. — En cas d'empêchement du sous-secrétaire d'état, le ministre pouvait désigner un autre président pris parmi les membres du comité. — Art. 9.

83. — Deux ordonnances du 23 août 1819 déterminèrent les cas dans lesquels les membres brevetés du conseil général du commerce et ceux du conseil général des manufactures pourraient être appelés au comité de l'intérieur et du commerce.

84. — Le cadre du service extraordinaire fut étendu par une ordonnance du 16 juill. 1820, portant que, sur le rapport du garde des sceaux, ministre de la justice, des maîtres des requêtes en service extraordinaire pourraient être attachés aux divers comités du conseil d'état pour y instruire toutes affaires et y faire tous rapports dont les ministres ou les présidens des comités voudraient les charger.

85. — Une ordonnance du 26 août 1824 fit encore subir au conseil d'état une nouvelle réorganisation.

86. — Aux termes de cette ordonnance, le conseil d'état était composé : — des princes de la famille royale, lorsque le roi jugerait à propos de le présider et qu'il les y aurait appelés ; des ministres secrétaires d'état ; des ministres d'état, lorsque le roi les y aurait appelés ; de conseillers d'état, de maîtres des requêtes, d'auditeurs. — Art. 1er.

87. — Ainsi se trouvait rétablie cette institution des auditeurs qui, après avoir pris, sous l'empire, une part si active aux travaux du conseil d'état, avait cessé d'exister à l'avénement du pouvoir nouveau.

88. — L'ordonnance créa de plus des conseillers d'état et des maîtres des requêtes honoraires. — Art. 2.

89. — Elle confirma la division en service ordinaire et service extraordinaire. — Même article.

90. — Le nombre des conseillers d'état en service ordinaire fut fixé à trente (art. 7), — celui des maîtres des requêtes à quarante (art. 10), — celui des auditeurs à trente (art. 15).

91. — Ces derniers furent divisés en deux classes. La première en comprenait douze, la seconde dix-huit. — Art. 16.

92. — Pour pouvoir être nommé conseiller d'état, il fallait être âgé de trente ans accomplis (art. 8), et de plus être ou avoir été revêtu de l'un des titres suivans : pair de France ; membre de la chambre des députés ; ambassadeur ou ministre plénipotentiaire près des cours étrangères ; grand-maître de l'université ; archevêque ou évêque ; membre de la cour de Cassation ; premier président, président ou procureur général de la cour des comptes ; premier président ou procureur-général d'une cour royale ; officier général ou intendant des armées de terre et de mer ; directeur général ; préfet. — Art. 9.

93. — Pour pouvoir être nommé maître des requêtes, il fallait être âgé de vingt-sept ans accomplis (art. 11) ; avoir exercé l'une des fonctions énoncées en l'art. 9 (V. le numéro qui précède) ; ou bien avoir été, pendant cinq ans au moins, président, conseiller ou avocat-général dans une cour royale ; conseiller au conseil royal de l'instruction publique ; secrétaire général d'un ministère ; président ou procureur du roi de tribunaux civils composés de trois chambres ; colonel de toutes armes ou sous-intendant militaire de première classe ; capitaine de vaisseau ou commissaire général de la marine ; administrateur de l'une des régies financières ; inspecteur-général des ponts et chaussées et des mines ; inspecteur-général des constructions navales ; inspecteur-général des finances ; consul général ; premier secrétaire d'ambassade ; maire de l'une des bonnes villes ; auditeur au conseil d'état. — Art. 12.

94. — Pour pouvoir être nommé auditeur de seconde classe, il fallait être âgé de vingt-et-un ans accomplis (art. 18) ; licencié en droit, et justifier d'un revenu net de six mille francs (art. 17).

95. — Pour être nommé auditeur de première classe, il fallait être âgé de vingt-quatre ans, avoir été auditeur de seconde classe pendant quatre ans au moins. — Art. 20.

96. — Le service des auditeurs était considéré comme un temps d'épreuve et de stage qui ne pouvait se prolonger au-delà de six années. — Il était pourvu successivement au remplacement des auditeurs qui étaient appelés à d'autres fonctions ou dont le stage était terminé. — Art. 23.

97. — Le service extraordinaire était divisé en deux classes : la première, composée des membres du service ordinaire auxquels des fonctions publiques étaient conférées ; la seconde, composée des fonctionnaires énoncés aux art. 9 et 12 (V. *suprà* nos 92 et 93), auxquels, en récompense de leurs bons services, était accordé le titre de conseiller d'état ou de maître des requêtes. — Art. 24.

98. — Ceux des conseillers d'état en service extraordinaire qui exerçaient des fonctions publiques dans la capitale du royaume, pouvaient assister et concourir aux délibérations du conseil lorsqu'ils en avaient obtenu l'autorisation du roi. — Art. 25.

99. — Du reste, les conseillers d'état et maîtres des requêtes en service extraordinaire n'avaient droit de porter ce titre que pendant la durée de leur service public. — Art. 26.

100. — Le titre de conseiller d'état ou de maître des requêtes honoraire pouvait être accordé à ceux qui se retiraient pour cause d'infirmités, ou qui avaient exercé leurs fonctions à la satisfaction du roi, les premiers pendant dix, et les seconds pendant quinze années. — Art. 27 et 28.

101. — La situation précaire des membres du conseil d'état, la dépendance où, par suite, ils se trouvaient vis-à-vis du pouvoir, avaient donné lieu à de vives et justes critiques : « Que peut-on espérer, s'écriait Manuel à la chambre des députés, en 1821, dans une discussion relative au conseil d'état, que peut-on espérer de prétendus juges qui n'ont aucune existence légale, d'hommes qui sont à la discrétion absolue des ministres, et qu'à chaque trimestre on peut exclure du conseil d'état avec autant de facilité qu'on déplace les pièces d'un échiquier ? » — L'ordonnance du 26 août 1824 donna satisfaction à ces plaintes en statuant (art. 6) que les conseillers d'état, maîtres des requêtes et

auditeurs ne pourraient être révoqués qu'en vertu d'une ordonnance individuelle et spéciale, rendue par le roi, sur la proposition du garde des sceaux.

102. — Le service ordinaire fut distribué en cinq comités, savoir : 1° le comité du contentieux ; — 2° le comité de la guerre ; — 3° le comité de la marine ; — 4° le comité de l'intérieur ; — 5° le comité des finances. — Art. 20.

103. — Avant d'entrer en fonctions, les membres du conseil d'état devaient prêter le serment dont la teneur suit : — « Je jure devant Dieu de bien et fidèlement servir le roi en l'état et emploi de conseiller d'état (maître des requêtes ou auditeur) ; d'obéir à la charte constitutionnelle que sa majesté a octroyée à ses peuples ; de garder et observer les lois, ordonnances et réglemens ; de tenir secrètes les délibérations du conseil et les affaires qui me seront communiquées concernant le service du roi ; d'avertir sa majesté de tout ce que je jugerai important pour son honneur, sa personne et son service, et de faire tout ce qu'un homme de bien, aimant son roi et son pays, doit faire pour la décharge de sa conscience et le bien des affaires de sa majesté. » — Art. 33.

104. — Le conseil d'état était présidé par le roi ; en son absence, par le président du conseil des ministres ; à défaut de celui-ci, par le garde des sceaux, ministre de la justice ; enfin, à défaut du garde des sceaux, par les ministres secrétaires d'état dans l'ordre de leurs ministères. — Art. 32.

105. — Les ministres présidaient les comités attachés à leur ministère. — Il y avait, en outre, un conseiller d'état vice-président qui était chargé, sous les ordres de chaque ministre, de diriger en son absence les délibérations du comité, d'en convoquer les membres et de distribuer le travail. — Art. 40.

106. — Cette nouvelle organisation reçut d'une ordonnance du 5 nov. 1828 quelques modifications. — Ainsi, notamment, le nombre des conseillers d'état en service ordinaire fut réduit à vingt-quatre, et celui des maîtres des requêtes à trente (art. 3). — Le nombre des comités fut réduit à quatre, savoir : 1° le comité de la justice et du contentieux ; — 2° le comité de la guerre et de la marine ; — 3° le comité de l'intérieur et du commerce ; — 4° le comité des finances. — Art. 11. — L'art. 12, ord. 26 août 1824 (déterminant les fonctions qu'il fallait avoir exercées pour pouvoir être nommé maître des requêtes) fut rapporté. — Art. 17.

107. — Cette ordonnance fit entrer dans la composition du service ordinaire un certain nombre de conseillers d'état appelés à participer seulement aux délibérations du conseil, tous les comités réunis, et dont le nombre ne pourrait, aux termes de cette ordonnance (art. 2), excéder dix.

108. — La même ordonnance portait (art. 2 *in fine*) qu'il pourrait être attaché au service des comités douze conseillers d'état en service extraordinaire.

109. — Elle donnait un accroissement nouveau au service extraordinaire, dont elle formait trois catégories : 1° les conseillers d'état, maîtres des requêtes et auditeurs qui, cessant d'être compris dans le service ordinaire, étaient appelés à des fonctions publiques hors du conseil ; 2° les fonctionnaires auxquels, en récompense de leurs bons services, ce titre était accordé ; 3° enfin, ceux auxquels il plaisait au roi de le conserver, lors même qu'ils n'exerçaient plus de fonctions publiques. — Art. 7.

110. — Enfin elle portait (art. 15) que les rapports sur les projets de loi ou d'ordonnance portant réglement d'administration publique seraient faits dans les comités par les maîtres des requêtes, et, au conseil d'état, tous les comités réunis, par les conseillers d'état ; — que les rapports des affaires purement administratives ou contentieuses pourraient être faits dans les comités par les auditeurs, concurremment avec les maîtres des requêtes, et qu'ils seraient faits au conseil d'état, tous les comités réunis, par les maîtres des requêtes ou les conseillers d'état, au choix du garde-des-sceaux.

111. — Nous avons vu que, sous le consulat et l'empire, l'interprétation des lois formait l'une des principales attributions du conseil d'état. Bien que la restauration, en le réorganisant, ne lui eût pas rendu ce pouvoir, le conseil d'état tenta de le ressaisir. En effet, par un avis du 17 déc. 1823, il décida que la loi du 16 sept. 1807, relative à l'interprétation des lois, n'avait été abrogée ni explicitement ni implicitement, et que dès-lors elle devait continuer à recevoir son exécution. Mais quelques années après, une loi, du 30 juillet 1828, prononça l'abrogation formelle de la loi du 16 sept. 1807, et attribua expressément au pouvoir législatif le droit d'interpréter les lois.

112. — Nous ne pouvons terminer cet exposé sans dire un mot des attaques vives, répétées, dont le conseil d'état fut l'objet sous la restauration. — Et d'abord on contestait la légalité de son existence : on prétendait que la charte, en gardant le silence à son égard, l'avait virtuellement aboli, et que, depuis, de simples ordonnances n'avaient pas eu constitutionnellement la puissance de le faire revivre. Mais on l'attaquait surtout comme juge du contentieux : privé, disait-on, de la puissante garantie de l'inamovibilité, il formait un tribunal sans indépendance, un docile instrument du pouvoir.

113. — Voici en résumé ce que le gouvernement répondait à ces attaques par l'organe de l'illustre Cuvier. — Et d'abord, en ce qui concerne la légalité, elle ne pouvait être sérieusement contestée. En effet, la Charte maintenait toutes les lois existantes en tant qu'elles n'étaient pas formellement contraires à la Charte elle-même ; or, le conseil d'état existait en vertu de ces lois, il continuait donc de subsister comme les préfets, les sous-préfets, les maires, comme toute la hiérarchie administrative, à la tête de laquelle il se trouvait placé, sous la direction du ministère.

114. — Quant aux autres critiques, elles reposaient sur une notion fausse du conseil d'état, de sa nature et de sa destination. « Le conseil d'état, disait M. Cuvier (séance du 27 mai 1819), n'est pas un tribunal, il n'est pas même une autorité ; mais, à cet égard, il n'a pas changé de nature : ce qu'il est à présent, il l'était sous le dernier gouvernement. Sous le dernier gouvernement, il ne rendait point d'arrêts, il ne faisait que, comme à présent, préparer les actes du gouvernement, sans leur donner de valeur par lui-même ; ils n'en obtenaient que lorsqu'ils étaient signés par le chef du gouvernement et contresignés par un ministre. Il est nécessaire que cela soit ainsi, sous peine de détruire la responsabilité des ministres et d'intervertir de fond en comble l'ensemble de notre gouvernement... En un mot, le conseil d'état, dans chacun de ses comités, est le conseil du ministre auquel ce comité est attaché, et qui l'aide à supporter la responsabilité ministérielle. Dans son ensemble, c'est un conseil général qui aide le ministère à supporter la responsabilité collective... Les décisions qu'il prend sont des avis qu'il donne au ministre ; il l'avertit, par exemple, que telle décision n'est pas conforme aux lois, et qu'il pourrait compromettre sa responsabilité ; en un mot, c'est un instrument que le ministère général emploie pour ramener tous les ministres à l'unité de marche et de principe qui est extrêmement nécessaire. Il serait impossible que l'unité s'établît, même dans chaque ministère, s'il n'y avait pas un corps qui en fût le gardien. »

115. — Relativement à l'inamovibilité, le même orateur repoussait en ces termes (même séance) l'idée de la conférer aux membres du conseil d'état : « Du moment que vous rendriez le conseil d'état inamovible, tout le pouvoir viendrait y aboutir, et les ministres ne pourraient plus répondre de leurs actes. Un conseil d'état inamovible serait un roi qui ne répondrait à personne, qui anéantirait bientôt les chambres et toutes les institutions libérales. Ainsi, la proposition de rendre le conseil d'état inamovible est celle qui détruirait le plus promptement la liberté, l'action des chambres, celle du pouvoir exécutif, car ce serait en lui que se concentreraient tous les pouvoirs. »

116. — Cependant ces attaques avaient fait sentir au gouvernement la nécessité de consolider l'inssitution par une loi ; il avait même institué une commission chargée de la préparer, quand la révolution de 1830 vint arrêter l'exécution de ce projet.

Sect. 3e. — *Conseil d'état depuis* 1830.

117. — Comme la Charte de 1814, la Charte de 1830 ne fait pas mention du conseil d'état. M. le comte Portalis, rapporteur d'un projet de loi présenté à la chambre des pairs en 1833, établit nettement, comme déjà M. Cuvier l'avait fait sous la restauration, qu'on ne peut rien induire de ce silence contre l'existence du conseil d'état. — « La charte, disait-il, après avoir établi les droits publics des Français, pose les limites qui séparent les pouvoirs politiques, et n'entre point dans le détail de leurs élémens divers. Dans l'ordre administratif, elle ne fait mention ni des préfets, ni des sous-préfets, ni des maires ; elle ne parle ni des conseils municipaux, ni des conseils d'arrondissement, ni des conseils généraux de département, ni des conseils de préfecture, ni de la cour des comptes. Dans l'ordre judiciaire, elle se tait sur les tribunaux de simple police, les tribunaux de première instance, les cours royales ; elle garde le même silence sur la cour de Cassation. Pourrait-on en conclure que cette double hiérarchie administrative et judiciaire est inconstitutionnelle ? Il est évident que la conclusion serait forcée : il résulte seulement de cette prétérition que ces sortes d'institutions ne sont point fondées sur la loi fondamentale du royaume, et que s'il s'agissait de les réformer ou de les supprimer, on n'aurait à examiner que la convenance, l'utilité ou la nécessité de ces institutions en elles-mêmes, et non la nécessité, l'utilité ou la convenance de revoir, de modifier ou d'altérer la Charte. Dès-lors, la question de savoir s'il doit y avoir en France un conseil d'état ne doit pas se résoudre par les termes de la charte, mais par la convenance, l'utilité ou la nécessité de l'institution. »

118. — Cependant, parmi les plaintes si vives qui, sous la Restauration, s'étaient élevées contre le conseil d'état, il en était de légitimes ; le pouvoir issu de la révolution ne tarda point à leur donner satisfaction.

119. — Ainsi, une ordonnance du 2 février 1831 établit la publicité des séances pour le jugement des affaires contentieuses, et permit aux avocats des parties de présenter des observations orales avant le délibéré.

120. — Une autre ordonnance du 12 mars 1831 disposa qu'au commencement de chaque trimestre le ministre président du conseil d'état désignerait trois maîtres des requêtes qui exerceraient les fonctions de ministère public, et que dans chaque affaire, l'un d'eux devrait être entendu. — Art. 1.

121. — Elle exclut les membres du conseil d'état en service extraordinaire des séances publiques du conseil et de toute participation au jugement des affaires contentieuses. — Art. 4.

122. — La même ordonnance déclara la publicité établie par l'ordonnance du 2 février inapplicable aux autorisations de plaider demandées par les communes et les établissemens publics, aux demandes en autorisation de poursuivre devant les tribunaux les fonctionnaires publics pour raison de leurs fonctions, enfin aux appels comme d'abus. — Art. 5.

123. — Enfin, une ordonnance du 9 sept. 1831 excepta également de la publicité de l'audience le jugement des contestations sur la validité des prises maritimes, par le motif que ce jugement est souvent subordonné à des considérations diplomatiques qui ne peuvent devenir l'objet d'une discussion publique.

124. — La publicité des séances, la discussion orale, la création d'un ministère public, c'étaient là sans doute de grandes et précieuses améliorations ; mais le mal qu'il importait surtout de détruire, c'était l'instabilité qu'entretenait au sein de cette grande institution le régime des ordonnances.

125. — En 1833, il fut présenté à la chambre des pairs un projet de loi sur l'organisation du conseil d'état. Mais ce projet, adopté sur le rapport de M. Portalis, ne fut point porté à la chambre des députés.

126. — En 1835, en 1836 et en 1837, d'autres projets successivement soumis, les deux premiers à la chambre des pairs, le troisième à la chambre des députés, n'arrivèrent point jusqu'à l'épreuve de la discussion publique.

127. — Cependant il y avait, dans l'organisation du conseil d'état, des améliorations qui pouvaient être immédiatement réalisées. Pour ne pas les soumettre à de nouveaux retards, il fut rendu, le 18 sept. 1839, une ordonnance dont nous allons faire connaître les principales dispositi[ons].

128. — Le service ordinaire fut composé : 1° de trente conseillers d'état ; 2° de trente maîtres des requêtes ; 3° de quatre-vingts auditeurs. — Art. 1.

129. — Les fonctions de conseillers d'état et de maîtres des requêtes en service ordinaire furent déclarées incompatibles avec tout autre emploi administratif ou judiciaire. — Art. 6.

130. — Les conseillers d'état et les maîtres des requêtes en service ordinaire ne pouvaient [être] révoqués qu'en vertu d'une ordonnance sp[éciale] et individuelle, délibérée en conseil des min[istres]. — Art. 7.

131. — Les membres du service ordinaire [ne] pouvaient prendre part aux travaux et délib[éra]tions qu'autant qu'ils y avaient été autorisés [par] une ordonnance royale. — Art. 8.

132. — Cette autorisation ne pouvait être [ac]cordée qu'aux sous-secrétaires d'état, aux [mem]bres des conseils administratifs placés auprès [des] ministères, aux chefs préposés à la direction [d'une] branche de service dans les départemens mi[nisté]riels, au préfet de la Seine, au préfet de police. — Art. 9.

133. — Mais le nombre des conseillers en [ser]vice extraordinaire autorisés à participer aux [tra]vaux et délibérations ne pouvait excéder les [deux] tiers du nombre des conseillers en service ordi[naire]. — Art. 10.

134. — Enfin le nombre des comités fut porté à six par le rétablissement du comité de législation. — Art. 15 et 26.

135. — Le 1er fév. 1840, il fut présenté un cinquième projet de loi à la chambre des députés. — M. Dalloz, nommé rapporteur, déposa son rapport le 10 juin de la même année; mais, la session touchant à sa fin, la discussion n'eut pas lieu.

136. — La reprise de ce projet fut demandée à la session suivante, dans la séance de la chambre des députés du 20 mars 1841; cette demande n'eut pas d'autre suite et le projet resta toujours à l'état de rapport.

137. — Le 30 janv. 1843, présentation d'un nouveau projet de loi à la chambre des pairs. Ce projet, ayant été adopté le 7 avril suivant, sur le rapport de M. Persil, fut présenté le 26 du même mois à la chambre des députés. M. Dumon, nommé rapporteur, déposa son rapport le 6 juillet.

138. — Repris le 16 janv. 1844, sur la demande de M. Chasseloup-Laubat, substitué comme rapporteur à M. Dumon, devenu ministre, ce projet fut enfin discuté les 24, 25, 26, 27, 28 février et 1er mars 1845, et adopté ce dernier jour.

139. — Présenté de nouveau à la chambre des pairs, le 17 mars 1845, par suite des modifications qu'il avait subies à la chambre des députés; il y fut, sur le rapport de M. Persil, discuté et adopté le 19 juillet 1845; il forme le dernier état de la législation sur la matière.

CHAPITRE II. — *Organisation actuelle du conseil d'état.*

140. — Aux termes de la loi du 19 juillet 1845, le conseil d'état est composé : 1° des ministres secrétaires d'état; — 2° de conseillers d'état; — 3° de maîtres des requêtes; — 4° d'auditeurs. — Art. 1er.

141. — Les membres du conseil d'état sont en service ordinaire ou en service extraordinaire. — L. 19 juill. 1845, art. 3.

142. — *Service ordinaire.* — Le service ordinaire comprend : 1° trente conseillers d'état, y compris le vice-président du conseil d'état et les vice-présidens de comité; — 2° trente maîtres des requêtes; — 3° quarante-huit auditeurs. — L. 19 juill. 1845, art. 4.

143. — Les fonctions de conseiller d'état et de maître des requêtes en service ordinaire sont incompatibles avec toute autre fonction publique. — L. 19 juill. 1845, art. 5.

144. — « Cette interdiction, a dit M. le rapporteur à la chambre des députés, n'a pas seulement pour objet de les consacrer tout entiers à ces fonctions difficiles; on a voulu aussi les isoler des affaires, afin de donner à leurs délibérations, libres de toute préoccupation et de toute influence, un haut caractère d'indépendance et d'impartialité. »

145. — Toutefois cette disposition n'est pas applicable aux conseillers d'état et aux maîtres des requêtes qui se trouvaient en exercice lors de la loi du 19 juillet 1845. — Art. 28 de ladite loi.

146. — Il a été bien entendu dans la discussion que cette exclusion ne s'appliquait qu'aux fonctions publiques salariées, et qu'ainsi elle ne s'appliquait ni aux pairs de France, ni aux députés. — Duvergier, *Collection des lois*, 1845, p. 348, note 3.

147. — Nul ne peut être nommé conseiller d'état, s'il n'est âgé de trente ans accomplis; maître des requêtes, s'il n'est âgé de vingt-sept ans. — L. 19 juill. 1845, art. 8.

148. — Le choix du gouvernement n'est soumis à aucune autre condition restrictive. Les conseillers d'état et les maîtres des requêtes peuvent être pris dans toutes les carrières. — Cela résulte du texte même et du rejet d'un amendement de M. Gasparin. — *Monit.* 27 fév. 1845.

149. — Les conseillers d'état et les maîtres des requêtes en service ordinaire ne peuvent être révoqués qu'en vertu d'une ordonnance individuelle, délibérée en conseil des ministres et contresignée par le garde des sceaux. — L. 19 juill. 1845, art. 6.

150. — Les motifs de cette disposition ont été ainsi expliqués à la chambre des pairs par M. Persil, rapporteur (*Moniteur* du 18 mars 1843) : « L'inamovibilité, nous l'avons dit, ne peut pas appartenir aux membres du conseil d'état; mais ce n'est pas être trop rigoureux que de demander pour leur révocation l'observation de certaines formes qui annoncent la prudence et la réflexion. Il ne faudrait pas qu'on pût attribuer la révocation d'un conseiller d'état ou d'un maître des requêtes en service ordinaire à l'arbitraire ou au caprice d'un ministre. On l'évitera en exigeant, comme le propose le projet, une ordonnance rendue par le roi, sur le rapport d'un ministre président du conseil d'état, et de l'avis du conseil des ministres. »

151. — Les auditeurs au conseil d'état sont divisés en deux classes. — La première ne peut en comprendre plus de vingt-quatre. — Nul ne peut être nommé auditeur de première classe s'il n'a été, pendant deux ans au moins, auditeur de seconde classe. — L. 19 juill. 1845, art. 7.

152. — Le tableau des auditeurs de seconde classe est arrêté par ordonnance royale, au commencement de chaque année. Ceux qui ne sont pas compris sur ce tableau, cessent de faire partie du conseil d'état. — Toutefois les auditeurs de première classe, et les auditeurs de deuxième classe ayant plus de trois ans d'exercice, ne peuvent être exclus du tableau qu'en vertu d'une ordonnance spéciale. — Même article.

153. — Tout auditeur, après six ans d'exercice, cesse de faire partie du conseil d'état. — Même article.

154. — La chambre des pairs avait adopté un amendement d'après lequel les auditeurs de première classe se trouvaient dispensés de cette limitation. Mais le gouvernement persista dans sa première proposition, qui fut adoptée par la chambre des députés et en définitive par la chambre des pairs.

155. — « Chaque génération, a dit M. le rapporteur à la chambre des députés, doit avoir sa part dans ce noviciat d'élite. Or, quelle serait la situation du gouvernement, si le défaut d'emplois ou tout autre motif prolongeait outre mesure le stage des auditeurs? faudrait-il éclaircir leurs rangs à l'aide de révocations forcées, qui seraient toujours pénibles et si souvent injustes? Sans doute, le renouvellement obligé est une mesure rigoureuse; mais le gouvernement en fera disparaître la rigueur, s'il ouvre, avant le terme de six années, une carrière publique à tous les auditeurs qui seront dignes d'y être admis. A notre avis, il contracte l'obligation de le faire, lorsqu'il propose lui-même de limiter la durée de leur stage.

156. — Nul ne peut être nommé auditeur, s'il n'est âgé de vingt-et-un ans, licencié en droit ou licencié ès-sciences, et s'il n'a en outre été jugé admissible par une commission spéciale. — L. 19 juill. 1845, art. 8.

157. — Le gouvernement, dans son projet adopté par la chambre des pairs, et la commission de la chambre des députés, demandaient que le grade de docteur en droit fût exigé; mais cette condition a été écartée. — Duvergier, *Coll. des lois*, 1845, p. 348, note 7°.

158. — Il ne faut pas s'étonner, ajoute M. Duvergier (*loc. cit.*), que les conditions les plus sévères soient imposées aux grades les moins élevés du conseil. Les auditeurs débutent; ils n'offrent d'autres garanties que le succès de leurs études et leur aptitude au travail; on suppose que les maîtres des requêtes et les conseillers d'état ont dans leurs antécédens des titres qui les dispensent de diplômes et d'examens.

159. — La composition de la commission d'examen et les conditions de cet examen ont été réglées par une ordonnance du 30 nov. 1845.

160. — Cette ordonnance porte : (Art. 1er) Que les aspirans au titre d'auditeur qui auront été agréés par le garde des sceaux pour subir l'examen exigé par l'art. 8, L. 19 juill. 1845, se présenteront devant une commission composée du vice-président du conseil d'état et de quatre vice-présidens des comités ou conseillers d'état désignés par le garde de sceaux. ... (Art. 2) Qu'ils seront interrogés sur les matières dont la connaissance est attribuée au conseil d'état... (Art. 3) Qu'après chaque examen le président de la commission fera connaître immédiatement au garde des sceaux si l'aspirant a été jugé admissible.

161. — Nul auditeur ne peut être nommé maître des requêtes s'il n'a, pendant deux ans au moins, fait partie de la première classe. — L. 19 juill. 1845, art. 8.

162. — L'art. 29 contient, sur les auditeurs, une disposition transitoire ainsi conçue : « Les auditeurs actuellement en exercice, et qui ont été nommés antérieurement à l'ordonnance du 18 sept. 1839, ne cesseront leurs fonctions que successivement, par tiers, suivant leur ancienneté, à partir du 1er nov. 1845. Jusqu'à ce que le nombre des auditeurs ait été réduit à quarante-huit, il ne pourra être nommé plus de huit auditeurs chaque année. »

163. — *Service extraordinaire.* — Le service extraordinaire se compose : 1° de trente conseillers d'état; — 2° de trente maîtres des requêtes. — L. 19 juill. 1845, art. 9.

164. — Le titre de conseiller d'état ou de maître des requêtes en service extraordinaire ne peut être conféré qu'à des personnes remplissant ou ayant rempli des fonctions publiques. — Même article.

165. — L'utilité du service extraordinaire a été expliquée en ces termes par M. Dumon, dans son rapport à la chambre des députés (*Moniteur*, 7 juill. 1843) : « La tendance naturelle de l'administration est de traiter chaque affaire en elle-même, de donner plus de crédit aux faits qu'aux principes, et de mieux aimer une facile solution d'expédient qu'une difficile solution de jurisprudence. La tendance naturelle du conseil d'état est de rapporter chaque affaire à une règle générale, d'y chercher plutôt la question qui en découle que les intérêts qui y sont engagés, et d'assujettir la pratique de l'administration à l'exactitude des théories administratives. Chacune de ces tendances a ses dangers; poussées à leur dernier terme, elles aboutiraient, l'une à une administration sans règle, l'autre à une administration sans activité; mais elle se corrigent l'une l'autre en s'unissant. Rapprochez l'administrateur qui agit de l'administrateur qui délibère, l'action devient plus régulière et la délibération plus positive. Leur isolement est stérile, leur association est féconde. »

166. — Nous ajouterons, avec M. Serrigny (*Tr. de l'organ.*, etc., t. 1er, n° 58), qu'il importe souvent, dans les délibérations sur les matières administratives, d'entendre les hommes spéciaux placés dans une position qui suppose des connaissances élevées dans une branche de l'administration. Ces hommes apportent au conseil le tribut de leur expérience pratique sur les faits qui font la matière de leur occupation habituelle, et peuvent ainsi éclairer ses délibérations.

167. — Mais pour que cette association, ce concours des deux services produise d'heureux résultats, il est nécessaire que le service ordinaire, c'est-à-dire l'élément stable et permanent du conseil, conserve la supériorité du nombre sur l'élément mobile et variable; autrement les traditions seraient rompues et le désordre s'introduirait dans les travaux du conseil.

168. — C'était là l'un des points sur lesquels, sous la restauration, s'élevaient les réclamations les plus vives. — Alors, en effet, le service extraordinaire, n'étant pas limité, s'était demesurément accru et avait envahi le conseil d'état.

169. — L'ordonnance du 12 mars 1831 donna une première satisfaction à ces plaintes en disposant, comme nous l'avons vu (*suprà*, n° 121), qu'aucun des membres du conseil d'état en service extraordinaire ne siégerait aux séances judiciaires du conseil et ne participerait au jugement des affaires contentieuses.

170. — Mais la véritable réforme ne fut opérée que par l'ordonnance du 18 sept. 1839, qui limita aux deux tiers des conseillers en service ordinaire le nombre des conseillers en service extraordinaire qui pourraient être autorisés à participer aux travaux du conseil, et qui de plus détermina les fonctionnaires auxquels cette autorisation pourrait être accordée. — V. *suprà*, nos 131 et s.

171. — Quant aux maîtres des requêtes, l'ordonnance ne limitait pas le nombre de ceux qui seraient autorisés à prendre part aux travaux des comités. — C'est qu'en effet leur participation présente beaucoup moins d'inconvéniens que celle des conseillers, attendu qu'ils n'ont que rarement, et seulement comme rapporteurs, voix délibérative.

172. — La loi du 19 juill. 1845 porte (art. 10) que les conseillers d'état en service extraordinaire ne peuvent prendre part aux travaux et délibérations du conseil que lorsqu'ils y sont autorisés; — et que chaque année la liste des conseillers d'état auxquels cette autorisation est accordée est arrêtée par ordonnance royale.

173. — Cette loi ajoute (art. 10), comme l'ordonnance de 1839, que le nombre des conseillers ainsi autorisés ne peut excéder les deux tiers du nombre des conseillers d'état en service ordinaire. — Mais, quant au choix, elle ne détermine pas, comme l'ordonnance, les fonctionnaires auxquels l'autorisation pourra être accordée; elle laisse ainsi au gouvernement une latitude illimitée.

174. — Les trente maîtres des requêtes en service extraordinaire peuvent être autorisés à participer aux travaux du conseil d'état. — La loi du 19 juill. 1845 ne le dit pas expressément, mais cela résulte clairement de l'art. 28, dernier alinéa, de cette loi.

175. — En accomplissant des réformes nécessaires, le législateur de 1845 a voulu néanmoins conserver les plus grands ménagemens pour les positions acquises. Nous l'avons vu déjà (*suprà* n° 145) pour le service ordinaire; il en est de même encore pour le service extraordinaire. — Il a donc disposé :

176. — ... Qu'en dehors de la liste des trente conseillers d'état en service extraordinaire et des trente maîtres des requêtes en service extraordinaire qui serait arrêtée en exécution de l'art. 9 de

la présente loi, les conseillers d'état et les maîtres des requêtes en service extraordinaire nommés avant le 1er janv. 1845, pourraient être maintenus dans leur titre. — L. 19 juill. 1845, art. 28, 2e alin.

177. — ... Que les maîtres des requêtes en service extraordinaire qui, au 1er janv. 1845, participaient aux travaux du conseil d'état pourraient être autorisés à continuer d'y participer, en dehors du nombre fixé par l'art. 9 (c'est-à-dire de trente). — Même article, 3e alin.

178. — ... Que jusqu'à ce que le nombre des maîtres des requêtes participant aux travaux du conseil d'état ait été réduit à trente, il ne pourrait être fait qu'une nomination sur deux vacances. — Même article, dernier alin.

179. — L'interprétation donnée par le gouvernement à ces dispositions, et notamment à la dernière, a été, à la chambre des députés, lors de la discussion de l'adresse de 1846, l'objet de vives discussions. MM. Odilon Barrot et Feuilhade-Chauvin se plaignirent, le premier, à la séance du 22 janv., le second, à celle du 23 (V. le *Monit.* des 23 et 24 janv.), que, bien qu'il y eût, au moment de la promulgation de la loi du 19 juill. 1845, soixante-trois ou soixante-quatre maîtres des requêtes en service extraordinaire, et au mépris de la disposition finale de l'art. 28, le gouvernement eût nommé vingt-trois maîtres des requêtes de plus.

180. — M. le garde des sceaux répondit qu'en faisant les nominations qui lui étaient reprochées, il avait consciencieusement donné à la loi de 1845 l'exécution qu'il avait crue la plus fidèle; que, selon lui, l'art. 28 de cette loi laissait au gouvernement la faculté de prendre les trente maîtres des requêtes en service extraordinaire qui devaient à l'avenir former le nombre légal, en tout ou en partie, en dehors de ceux qui existaient déjà, et que ce serait seulement lorsque le cadre aurait été ainsi arrêté que la porte se trouverait fermée et qu'il ne pourrait plus être fait désormais qu'une nomination sur deux vacances.

181. — Mais nous avouons ne pouvoir adopter cette interprétation. Au moment où le législateur réduisait pour l'avenir le nombre des maîtres des requêtes en service extraordinaire, on ne peut supposer, ce nous semble, que, par une sorte de contradiction, il ait entendu permettre au gouvernement de l'augmenter encore de trente membres nouveaux. La loi n'a pas voulu dépouiller de leur titre ceux qui déjà s'en trouvaient investis, mais rien n'autorise à penser qu'elle ait voulu faire quelque chose de plus.

182. — *Membres honoraires.* — Peuvent être nommés conseillers d'état et maîtres des requêtes honoraires les conseillers d'état et les maîtres des requêtes qui, pendant dix ans au moins, ont fait partie du conseil. — L. 19 juill. 1845, art. 11.

183. — L'ord. du 18 sept. 1839 (art. 11) permettait aussi au roi de conférer le titre de conseiller d'état ou de maître des requêtes honoraire à ceux qui cessaient leurs fonctions ou prenaient leur retraite; mais elle n'exigeait pas comme condition qu'ils eussent fait partie du conseil pendant dix ans. La loi du 19 juill. 1845 a donc sur ce point apporté une sérieuse restriction à la prérogative royale.

184. — *Présidence.* — Le garde des sceaux, ministre secrétaire d'état de la justice, est président du conseil d'état. — L. 19 juill. 1845, art. 2.

185. — Le projet présenté par le gouvernement et adopté par la chambre des pairs laissait au roi la faculté de désigner, pour président du conseil d'état, le ministre dans les attributions duquel ce conseil serait placé. Mais cette disposition n'a pas été adoptée par la chambre des députés. « On y a été frappé, a dit le ministre de la justice en rapportant le projet à la chambre des pairs (*Monit.* du 20 mars 1845), de cette double considération : d'une part, que la mobilité de cette fonction nuirait à sa dignité; d'autre part, que la présidence du conseil d'état appartient naturellement au garde des sceaux en matière contentieuse, et qu'il n'était pas sans importance que le conseil d'état délibérât, en cette matière, sous la présidence d'un ministre presque toujours étranger aux contestations qui s'agitent devant lui. »

186. — Un vice-président est nommé par le roi. — Il préside le conseil d'état en l'absence du garde des sceaux et des ministres. — L. 19 juill. 1845, art. 2.

187. — Les deux dispositions de l'art. 2 qui attribuent la présidence du conseil d'état, la première au ministre de la justice, la seconde au vice-président, en l'absence du ministre de la justice *et des autres ministres*, doivent, pour ne présenter aucune anomalie, être rapprochées de l'art. 14, 3e alinéa, d'après lequel la présidence des sections réunies du conseil d'état appartient d'abord au ministre de la justice, à son défaut à l'un des ministres présens, et à leur défaut seulement au vice-président.

188. — On a demandé, dans la discussion, si le vice-président pourrait être choisi hors du conseil d'état. — M. le garde des sceaux a répondu que la difficulté était tranchée par l'art. 4, qui porte : « Le service ordinaire se compose de trente conseillers d'état, y compris le vice-président. »

189. — *Secrétaire général.* — Un secrétaire général ayant titre et rang de maître des requêtes, est attaché au conseil. — L. 19 juill. 1845, art. 2.

190. — On a cru devoir conférer au secrétaire général le titre et le rang de maître des requêtes, bien qu'il n'en exerce pas les fonctions, parce que, le conseil ne se composant que de conseillers, de maîtres des requêtes et d'auditeurs, il fallait que tout membre du conseil se rattachât à une de ces classes. — Duvergier, *Coll. des lois*, 1845, p. 348, note 2e.

191. — *Division en comités.* — Pour l'examen des affaires non contentieuses, le conseil d'état est divisé en comités correspondant aux divers départemens ministériels. — Cette division est opérée par une ordonnance royale. — L. 19 juill. 1845, art. 13.

192. — Les ministres secrétaires d'état président les comités correspondant à leurs ministères. Dans chaque comité, un vice-président est nommé par le roi. — L. 19 juill. 1845, art. 13, 3e alin.

193. — Le vice-président du conseil d'état préside les différens comités, lorsqu'il le juge convenable. — Même loi, art. 2.

194. — Indépendamment de ces comités, un comité spécial est chargé de diriger l'instruction écrite et de préparer le rapport de toutes les affaires contentieuses. — Ce comité est présidé par le vice-président du conseil d'état. — Même loi, art. 18.

195. — Il est composé de cinq conseillers d'état en service ordinaire, y compris le vice-président, et du nombre de maîtres des requêtes en service ordinaire et d'auditeurs déterminé par une ordonnance royale, rendue en exécution de l'art. 13, comme nous l'avons vu ci-dessus (no 191). — Art. 18, 3e alin.

CHAPITRE III. — *Fonctions du conseil d'état.*

196. — « Le domaine du conseil d'état, a dit M. Dumon, dans son rapport sur le projet de loi relatif à l'organisation du conseil d'état (*Moniteur* 7 juill. 1843, supplém. B), a presque les mêmes limites que celui de l'administration. Il serait bien téméraire d'entreprendre l'énumération des attributions, si nombreuses et si mobiles, de l'autorité administrative. Les lois civiles, destinées à régler les rapports de famille et les conventions privées, qui constituent l'état social, ont quelque chose de la stabilité du principe qui leur sert de base. Malgré les différences des temps, des lieux, des institutions, elles conservent chez tous les peuples des ressemblances générales et nécessaires. Les plus beaux titres de notre Code civil sont une rédaction rajeunie de nos vieilles coutumes, ou même une heureuse traduction des lois romaines. Les lois administratives qui régissent les relations de la puissance publique avec les intérêts privés, se modifient, s'étendent, se compliquent suivant les vicissitudes des institutions, les progrès de la civilisation, l'accroissement de la richesse; elles varient d'un peuple à l'autre; elles varient chez un même peuple. Les sources des lois administratives se tarissent, pour ainsi dire, et se rouvrent sans cesse : un changement de politique, une découverte de la science, un perfectionnement de l'industrie, créent, modifient ou détruisent même toute une matière administrative. Les questions des domaines nationaux, autrefois si nombreuses, sont maintenant épuisées; l'extension du système électif a créé le contentieux électoral; le gaz et la vapeur ont déjà leur Code. »

197. — Mais si les attributions du conseil ne peuvent, à raison de leur multiplicité et de leur variété infinies, faire l'objet d'une énumération complète, on peut du moins, en s'attachant à leurs caractères généraux, les ramener à quelques classes principales, sauf à subdiviser ensuite ces dernières. Nous diviserons donc ainsi ces attributions si diverses : 1o matières purement administratives; — 2o matières contentieuses; — 3o matières mixtes.

198. — Nous ne définirons pas ici ce qu'il faut entendre par ces dénominations. Nous avons vu au mot COMPÉTENCE ADMINISTRATIVE qu'elles correspondent aux divers modes d'action du pouvoir administratif. Sans entrer donc à cet égard dans des explications qui ne pourraient être que des redites, nous allons examiner comment le conseil d'état concourt à ces divers modes d'action.

199. — Auparavant toutefois, nous devons rappeler que les fonctions de ce grand corps sont purement consultatives. Dans les cas même où la loi *exige* son intervention, son rôle se borne à éclairer le pouvoir de ses avis, à préparer ses actes; mais il ne peut rien faire par lui-même, il n'a pas de pouvoir propre.

200. — A cet égard, il est une question qui ne peut plus s'élever aujourd'hui, mais qui, avant la loi du 19 juill. 1845, divisait les meilleurs esprits.

201. — On s'était demandé si le conseil d'état, qui était le juge *de fait* du contentieux administratif, en était aussi le juge *de droit*, en d'autres termes, si les projets d'ordonnances préparés par le conseil d'état constituaient de véritables arrêts, ou si, au contraire, ils n'étaient que de simples avis que les ministres pussent ne pas soumettre à la sanction royale ou ne lui soumettre qu'après les avoir modifiés?

202. — Et d'abord, ce qui n'était pas contesté, c'est que les ministres peuvent refuser de soumettre les décisions du conseil d'état à la sanction royale. Cette faculté dérive tout naturellement du principe même de la responsabilité ministérielle.

203. — Mais pouvaient-ils les modifier? L'affirmative est enseignée par MM. Macarel (*Cours de droit administratif*); Serrigny (*Traité de l'organisation*, etc., t. 1er, nos 83 et suiv.); Dufour (*Droit administratif appliqué*, t. 1er, no 179), et elle a été également soutenue par M. Persil dans son rapport de 1845, à la chambre des pairs. — V. le *Moniteur*, p. 1151. — Mais elle a été combattue par M. Vivien et par M. de Pistoye. — V. à cet égard l'ouvrage de ce dernier intitulé : *Du conseil d'état, de son organisation, de son autorité et de ses attributions*, p. 21 et suiv.

204. — Cette question ne peut plus s'élever aujourd'hui. En effet, l'art. 24, L. 19 juill. 1845, relatif aux matières contentieuses, contient une disposition ainsi conçue : « Si l'ordonnance n'est pas conforme à l'avis du conseil d'état, elle ne peut être rendue que de l'avis du conseil des ministres; elle est motivée et doit être insérée au *Moniteur* et au *Bulletin des lois*. » Cet article, comme on le voit, reconnaît aux ministres le droit de modifier le projet préparé par le conseil d'état.

205. — Du reste, nous devons dire que, depuis l'an VIII, c'est-à-dire depuis l'établissement du nouveau conseil d'état, il n'y a pas d'exemple qu'un projet de décret ou d'ordonnance adopté au contentieux ait été rejeté ou modifié par les divers pouvoirs qui se sont succédé.

Sect. 1re. — *Matières purement administratives.*

206. — En matière d'administration pure, il est des cas où le conseil d'état *peut*, et d'autres où il *doit* être appelé à donner son avis.

§ 1er. — *Cas dans lesquels le conseil d'état* PEUT *être appelé à donner son avis.*

207. — Le conseil d'état peut être appelé à donner son avis sur les projets de lois que les ministres se proposent de présenter aux chambres, et sur les projets d'ordonnances qui ne sont pas des réglemens d'administration publique, ou qui ne doivent point être rendues dans la forme de ces réglemens. — L. 19 juill. 1845, art. 12.

208. — Il peut également être appelé à donner son avis sur toutes les questions que les ministres jugent à propos de lui soumettre. — L. 19 juill. 1845, art. 12.

209. — Il y a entre les avis donnés en pareil cas par le conseil d'état actuel et ceux qui émanaient du conseil d'état de la république et de l'empire une différence qu'il importe de signaler. — Ce dernier étant chargé par l'arrêté du 5 niv. an VIII (art. 11) *de développer le sens des lois* (V. *suprà* no 11), il en résultait que ses avis, quand ils avaient été approuvés par le chef du gouvernement et insérés au *Bulletin des lois*, devaient et doivent encore être considérés comme ayant force de loi. — Mais le conseil d'état actuel n'a plus ce droit d'interprétation législative; les avis qu'il émet n'ont par eux-mêmes qu'une autorité purement doctrinale, et quand ils sont approuvés par le roi, la force, l'autorité qu'ils tirent de cette interprétation a pour limites les limites mêmes du pouvoir exécutif. — Serrigny, *Tr. de l'organisation*, etc., t. 1er, no ; Chauveau, *Principes de compét. et de jurid. admin.*, t. 3, no 1034.

§ 2. — *Cas dans lesquels le conseil d'état* DOIT *être appelé à donner son avis.*

210. — Le conseil d'état est nécessairement appelé à donner son avis sur toutes les ordonnances

portant réglement d'administration publique. — L. 19 juill. 1845, art. 12, alin. 2e. — V. RÉGLEMENT D'ADMINISTRATION PUBLIQUE.

211. — Mais si le gouvernement est obligé de lui demander son avis, il n'est jamais obligé, comme nous l'avons déjà vu, de se conformer à cet avis. — Serrigny, *Tr. de l'organisation*, etc., no 93.

212. — Quelle serait la sanction de cette obligation imposée au gouvernement de demander l'avis du conseil d'état ? En d'autres termes, qu'arriverait-il si une ordonnance portant réglement d'administration publique était rendue sans que le conseil d'état eût été consulté? — A la vérité on ne pourrait prétendre que dans ce cas il y eût excès de pouvoir, puisque c'est au roi *seul*, sous la responsabilité des ministres, qu'appartient le pouvoir exécutif, et qu'ainsi lui seul fait les *réglemens et ordonnances* nécessaires pour l'exécution des lois (Charte, art. 12 et 13). — Mais il y aurait illégalité dans la forme, et, dès-lors, les tribunaux ne devraient point appliquer aux contrevenans les peines portées par l'art. 471, no 15, C. pén. — Serrigny, no 94 ; Dufour, *Dr. admin. appliqué*, t. 1er, no 182 ; Chauveau, *Principes de compét. et de jurid. admin.*, t. 3, no 1043 ; Trolley, *Cours de dr. admin.*, t. 1er, nos 125 et 139.

213. — Il est, en effet, des ordonnances qui, sans être des réglemens d'administration publique, doivent cependant être rendues dans la forme de ces réglemens. La loi l'ordonne quand la matière, par son importance, exige une plus mûre délibération. Ainsi, par exemple, pour les concessions de mines. — L. 21 avr. 1810, art. 5 et 28. — Le conseil d'état est nécessairement appelé à donner son avis sur les ordonnances. — L. 19 juill. 1845, art. 12, alin. 2e.

214. — L'omission de cette formalité pourrait, dans certains cas, donner ouverture à un recours contentieux.

215. — Ainsi, par exemple, en matière de mines, l'acte de concession fait après l'accomplissement des formalités prescrites n'est susceptible d'aucun recours, et purge, en faveur du concessionnaire, tous les droits du propriétaire de la surface et des inventeurs. — L. 21 avr. 1810, art. 17. — Mais si toutes ces formalités n'avaient pas été remplies, spécialement, si le conseil d'état n'avait pas été consulté, l'ordonnance de concession pourrait être attaquée au contentieux par la voie de tierce-opposition. — Arg. *Cons. d'état*, 13 mai 1818, Liotard c. comp. Ferry-Lacombe. — V. aussi Serrigny, *Tr. de l'organisation*, etc., no 96. — V., au surplus, MINES.

216. — Les cas dans lesquels il doit être procédé dans la forme des réglemens d'administration publique, c'est-à-dire le conseil d'état entendu, sont innombrables ; nous n'essaierons donc pas d'en donner une énumération complète, qui, d'ailleurs, ne présenterait qu'un médiocre intérêt ; mais nous indiquerons les plus importans et en assez grand nombre pour donner une juste idée du rôle que le conseil d'état est appelé à jouer près du pouvoir exécutif.

217. — *Vérification et enregistrement des bulles.* — Nous avons vu aux mots BREF, BULLE, qu'aux termes de l'art. 1er, L. 18 germin. an X, « aucune bulle, bref, rescrit, mandat, provision, signature servant de provision, ni autres expéditions de la cour de Rome, même ne concernant que les particuliers, ne peuvent être reçus, publiés, imprimés, ni autrement mis à exécution, sans l'autorisation du gouvernement. »

218. — Cette autorisation doit nécessairement être précédée d'un examen, d'une vérification, à l'effet de s'assurer que l'acte du saint-siége ne contient rien qui puisse s'opposer à sa publication. — Bien que la loi de germin. an X ne détermine point par quelle autorité doivent être faits la vérification et l'enregistrement, ils avaient été, dans l'usage, constamment déférés au conseil d'état, quand l'ordonnance du 29 juin 1814 vint s'en expliquer par une disposition formelle : « Le conseil d'état, porte l'art. 8, § 4, de cette ordonnance, vérifiera et enregistrera les bulles et actes du saint-siége, ainsi que les actes des autres communions. » Et, depuis, l'ordonnance du 18 sept. 1839, art. 17, a attribué au comité de législation la préparation des projets d'ordonnance sur la vérification des bulles.

219. — L'ordonnance d'autorisation est ainsi formulée : — Art. 1er. « Le bref (ou la bulle) donné à Rome le..., et contenant..., sera publié, sans approbation des clauses, formules ou expressions qu'il renferme, et qui sont ou pourraient être contraires aux lois du royaume, aux libertés, franchises et maximes de l'église gallicane. » — Art. 2. « Ledit bref (ou ladite bulle) sera transcrit, en latin et en français, sur les registres du conseil d'état, et mention en sera faite sur l'original, par le secrétaire du conseil. Il sera inséré au *Bulletin des lois*. »

220. — C'est dans ces termes que sont publiées au *Bulletin des lois* les bulles d'institution canonique d'archevêques et évêques, celles relatives à des circonscriptions diocésaines, les bulles du jubilé et tous les brefs et décrets pontificaux. — Duchesne, *Encyclop. du droit*, vo *Conseil d'état*, no 65. — V. DIOCÈSE, ÉVÊQUE.

221. — Quant aux lettres encycliques adressées par le pape aux patriarches et évêques qui sont en communion avec le saint-siége apostolique, à l'occasion de l'extension du jubilé à tout l'univers catholique, c'est également au conseil d'état qu'il appartient de procéder à leur examen. Il le fait sous la forme d'un simple avis ainsi conçu : « Est d'avis que le ministre des affaires ecclésiastiques doit être autorisé à adresser à tous les archevêques du royaume l'acte ayant pour titre un *De jubilæi extensione*, etc., sans qu'on puisse en induire aucune approbation des expressions qu'il pourrait contenir et qui ne seraient pas conformes au droit public du royaume. »

222. — *Communautés religieuses.* — La loi du 24 mai 1825 (art. 2) porte qu'aucune congrégation religieuse de femmes ne sera autorisée qu'après que les statuts, dûment approuvés par l'évêque diocésain, auront été *vérifiés et approuvés en conseil d'état*, en la forme requise pour les bulles d'institution canonique ; et que ces statuts ne pourront être approuvés s'ils ne contiennent la clause que la congrégation est soumise, dans les choses spirituelles, à la juridiction de l'ordinaire.

223. — Lorsque les statuts ont été ainsi approuvés et enregistrés, si la congrégation existait avant le 1er janv. 1845 et n'a pas cessé d'exister depuis lors, l'autorisation peut être accordée par une ordonnance royale ; si elle n'existait pas à cette époque, l'autorisation ne peut être accordée que par une loi. — L. 24 mai 1825, art. 2. — V. au surplus COMMUNAUTÉS RELIGIEUSES.

224. — *Naturalisations.* — Les étrangers qui ont rendu des services importans à l'état, ou qui apportent dans son sein des talens, des inventions ou une industrie utile, ou qui forment de grands établissemens, peuvent, après un an de domicile, être admis à jouir des droits de citoyen. — Sén.-cons. 19 fév. 1808, art. 1er. — Ce droit leur est conféré par une ordonnance spéciale, rendue sur le rapport d'un ministre, *le conseil d'état entendu*. — Art. 2.

225. — Cette ordonnance est rendue après instruction de l'affaire dans le comité de législation et rapport par lui présenté au conseil d'état. Elle est ainsi formulée : « Considérant que de l'ensemble des circonstances il résulte que le requérant se trouve dans les conditions prescrites par l'art. 1er, sénat.-cons. 19 fév. 1808, pour obtenir la qualité de citoyen français ; notre conseil d'état entendu, nous avons ordonné et ordonnons ce qui suit : Le sieur..... est admis à jouir des droits de citoyen français. A cet effet, il se retirera pardevant notre garde des sceaux, ministre de la justice, pour obtenir des lettres de naturalisation. »

226. — Les mêmes règles sont applicables au Français qui aurait perdu cette qualité en vertu de l'art. 21 du Code civil, pour avoir pris du service militaire à l'étranger ou s'être affilié à une corporation militaire étrangère sans l'autorisation du roi, il ne peut rentrer en France qu'avec permission du roi, ni recouvrer la qualité de Français qu'en remplissant les conditions imposées à l'étranger pour devenir citoyen ; le tout sans préjudice des peines prononcées par la loi criminelle contre les Français qui ont porté ou porteront les armes contre leur patrie.

227. — Du reste, ce mode de naturalisation est exceptionnel. Il diffère, d'un côté, des lettres de grande naturalisation nécessaires pour siéger dans les chambres législatives, lesquelles sont soumises à la vérification des deux chambres, et ne sont accordées qu'à d'importans services rendus à l'état ; de l'autre, des lettres ordinaires de naturalisation qui s'obstiennent après dix ans de domicile et sont conférées administrativement, sans l'intervention du conseil d'état. — Duchesne, *Encyclopédie du droit*, vo *Cons. d'état*, no 74. — V. au surplus NATURALISATION.

228. — *Changement de nom.* — Toute personne qui a quelque raison de changer de nom peut en adresser au gouvernement la demande motivée. — L. 11 germin. an XI, art. 4. — Dans ce cas, c'est au comité de législation que l'ordonnance du 18 sept. 1839 (art. 17) attribue la préparation de l'ordonnance.

229. — Si l'autorisation est accordée, elle ne reçoit son exécution qu'après la révolution d'une année à compter du jour de l'insertion de l'ordonnance au *Bulletin des lois*, et autant qu'il n'est pas survenu d'opposition pendant le cours de cette année. — L. 11 germin. an XI, art. 6.

230. — En conséquence, le dispositif de l'ordonnance est ainsi conçu : « L'impétrant ne pourra se pourvoir devant les tribunaux pour faire opérer sur les registres de l'état civil les changemens résultant de la présente ordonnance qu'après les délais fixés par les art. 6 et 8, L. 18 germin. an XI, et en justifiant qu'aucune opposition n'a été formée au conseil d'état. »

231. — Comme nous l'avons vu au mot COMPÉTENCE ADMINISTRATIVE, tant qu'il n'est point intervenu d'opposition, la matière est purement administrative ; mais dès qu'une opposition est formée, un débat contradictoire s'ouvre et la matière devient contentieuse. — V. au surplus NOMS.

232. — *Tutelle administrative.* — Le conseil d'état concourt aux actes par lesquels le gouvernement exerce sa tutelle sur les départemens, les communes et les établissemens publics. — Il serait inutile de donner ici une nomenclature complète de ces divers actes ; nous nous bornerons à indiquer les principaux.

233. — Et d'abord, en ce qui concerne les départemens, le conseil d'état délibère notamment : sur les projets d'aliénation, d'acquisition et d'échange des propriétés départementales, lorsqu'il s'agit d'une valeur de plus de 20,000 fr., et sur les projets de changement de destination des édifices et bâtimens départementaux. — L. 10 mai 1838, art. 29.

234. — ...Sur l'acceptation ou le refus des legs et donations faits au département. — Le préfet peut toujours, à titre conservatoire, accepter les legs et dons faits au département. L'ordonnance d'autorisation qui intervient ensuite a effet du jour de cette acceptation. — L. 10 mai 1838, art. 31.

235. — ...Sur l'autorisation dont le préfet a besoin pour exercer les actions du département. — L. 10 mai 1838, art. 36.

236. — ...Sur les transactions destinées à prévenir les procès que les départemens pourraient avoir à soutenir. — L. 10 mai 1838, art. 38. — V. DÉPARTEMENT.

237. — En ce qui concerne les communes, le conseil d'état délibère sur les emprunts des communes ayant moins de 100,000 fr. de revenus. — Ils ne peuvent être autorisés que par ordonnance du roi rendue dans les formes des réglemens d'administration publique. — L. 18 juill. 1837, art. 41.

238. — Les emprunts des communes ayant plus de 100,000 fr. de revenus ne peuvent être autorisés que par une loi. — Toutefois, en cas d'urgence, et dans l'intervalle des sessions, une ordonnance du roi, rendue dans la forme des réglemens d'administration publique, peut autoriser les communes dont le revenu est de 100,000 fr. et au dessus à contracter un emprunt jusqu'à concurrence du quart de ses revenus. — L. 18 juill. 1837, art. 41. — V. COMMUNE, nos 330 et suiv.

239. — Il existe beaucoup d'autres actes de tutelle des communes pour lesquels la loi du 18 juill. 1837 exige une *ordonnance du roi*, sans dire que cette ordonnance doive être rendue dans la forme des réglemens d'administration publique. S'ensuit-il que, dans ces cas, il ne soit pas nécessaire de consulter le conseil d'état, et qu'il doive être statué par de simples ordonnances rendues sur le rapport du ministre ?

240. — M. Chauveau Ad. paraît avoir interprété en ce sens les termes de la loi de 1837. — C'est ce qui résulte de la comparaison des nos 1045, 1060 et 1061, au t. 1er de ses *Principes de compétence et de juridiction administrative*.

241. — M. Duchesne, au contraire (*Encyclop. du droit*, vo *Cons. d'état*, no 81), énumère indistinctement ces mêmes actes avec les autorisations d'emprunts parmi ceux sur lesquels le conseil d'état est appelé à délibérer. — D'un autre côté M. Dumon, dans son rapport (du 6 juill. 1843), traçant le tableau des attributions *si* variées du conseil d'état, s'exprime ainsi : « L'administration des départemens et des communes le consulte sur les autorisations innombrables dont se compose la tutelle administrative. »

242. — Cette dernière interprétation, émanée d'hommes familiarisés, par un contact de tous les jours, avec la pratique administrative, nous paraît être la seule vraie, et nous n'hésitons pas à l'adopter. — Nous ajouterons donc que le conseil d'état est appelé à délibérer :

243. — ...Sur les acquisitions, ventes ou échanges d'immeubles, et le partage des biens indivis, votés par les conseils municipaux, quand il s'agit d'une valeur excédant 3,000 fr. pour les communes dont le revenu est au-dessous de 100,000 fr., et 20,000 fr. pour les autres communes. — L. 18 juill. 1837, art 46.

244. — ...Sur la demande de tout créancier porteur de titres exécutoires tendant à la vente des

biens mobiliers ou immobiliers des communes autres que ceux qui servent à un usage public, laquelle vente peut être autorisée par une ordonnance du roi, qui détermine les formes de la vente. — L. 18 juill. 1837, art. 46.

245. — ... Sur les tarifs des droits de voirie. — L. 18 juill. 1837, art. 43.

246. — ... Sur l'approbation des tarifs d'octroi. — LL. 28 avr. 1816, 26 mars 1831, 20 mars, 18 avril 1832 et 24 mai 1834; ord. 23 juill. 1826.

247. — ... Sur les baux des biens des communes dont la durée doit excéder dix-huit ans. — L. 18 juill. 1837, art. 47.

248. — ... Sur l'acceptation des dons et legs d'objets mobiliers, ou de sommes d'argent, faits à la commune ou aux établissemens communaux, lorsque leur valeur excède 3,000 fr., ou qu'il y a réclamation du prétendant droit à la succession. — L. 18 juill. 1837, art. 48.

249. — ... Sur les refus des dons et legs, et sur toutes les délibérations concernant des dons et legs d'objets mobiliers. — Même article, 2e alin.

250. — Le maire peut toujours, à titre conservatoire, accepter les dons et legs, en vertu de la délibération du conseil municipal; l'ordonnance du roi qui intervient ensuite a effet du jour de cette acceptation. — L. 18 juill. 1837, art. 48, dernier alinéa.

251. — Le conseil d'état délibère également sur les transactions des communes, lorsqu'il s'agit d'objets immobiliers ou d'objets mobiliers d'une valeur supérieure à 3,000 fr. — L. 18 juill. 1837, art. 59. — V. COMMUNES.

252. — A l'égard des établissemens publics, le conseil d'état est appelé à délibérer sur : les acquisitions et aliénations faites par les hospices et bureaux de bienfaisance. — Ord. 31 oct. 1821.

253. ... Sur les baux des biens ruraux des hospices et bureaux de bienfaisance. — Décr. 7 germ. an IX, et 12 août 1807; L. 25 mai 1835.

254. — ... Sur l'autorisation d'accepter les dons et legs faits à ces établissemens. — C. civ., art. 910; ord. 2-14 avr. 1817.

255. — ... Sur les remboursemens de capitaux à faire aux hospices, par leurs débiteurs. — Av. cons. d'état, 21 déc. 1808. — V. HOSPICES.

256. — *Matières diverses.* — Doivent être rendues, le conseil d'état entendu, notamment : les ordonnances qui accordent, sur la demande des évêques, l'autorisation nécessaire pour l'érection de chapelles domestiques et oratoires particuliers. — V. CHAPELLE.

257. — ... Celles qui pourvoient à l'organisation des diverses facultés et écoles, à leur administration et à l'enseignement qui y est donné, aux conditions exigées pour l'obtention des grades, ainsi qu'à la fixation de leurs dépenses et au mode de leur comptabilité. — V. ENSEIGNEMENT, FACULTÉS.

258. — ... Celles qui érigent en colléges royaux les colléges communaux. — Décr. 11 nov. 1811, art. 2. — V. ENSEIGNEMENT.

259. — ... Celles qui fixent la division des cours royales en chambres ou sections, ainsi que l'ordre de service. — L. 20 avr. 1810, art. 5, § 1er.

260. — ... Celles qui créent des sections nouvelles ou suppriment celles existantes. — L. 20 avr. 1810, art. 5, § 2. — La proposition contraire qui s'est glissée par erreur dans le mot COMPÉTENCE ADMINISTRATIVE, no 33, doit être considérée comme non-avenue.

261. — ... Celles qui fixent le classement des tribunaux de première instance, leur division en sections et l'ordre de leur service. — L. 20 avr. 1810, art. 38.

262. — ... Celles qui créent les sections temporaires dans les tribunaux de première instance. — L. 20 avr. 1810, art. 39.

263. — ... Celles qui déterminent le nombre des tribunaux de commerce et les villes qui sont susceptibles d'en recevoir par l'étendue de leur commerce et de leur industrie (C. comm., art. 615); le nombre des juges et celui des suppléans (C. comm., art. 617); les droits, vacations et devoirs des greffiers et des huissiers près les tribunaux de commerce (C. comm., art. 624); enfin, la forme de l'organisation et les attributions des gardes du commerce de Paris. — C. comm., art. 625.

264. — ... Celles qui établissent des conseils de prud'hommes dans les villes et fabriques, et déterminent le mode de nomination des membres de ces conseils. — V. PRUD'HOMMES.

265. — ... Celles qui organisent les chambres consultatives de manufactures, fabriques, arts et métiers. — L. 22 germin. an XI, art. 2; arrêté 10 thermid. an XI.

266. — ... Celles qui approuvent les plans généraux d'alignement pour la grande et la petite voirie. — V. ALIGNEMENT.

267. — ... Celles qui prononcent le classement et le déclassement des routes départementales. — V. ROUTES.

268. — ... Celles qui déclarent la navigabilité des rivières. — V. COURS D'EAU.

269. — ... Celles qui contiennent les réglemens relatifs à l'imprimerie et à la librairie. — Décr. 5 fév. 1810, art. 50. — V. IMPRIMERIE, LIBRAIRIE.

270. — ... Celles qui déterminent, conformément aux art. 21 et 41, C. pén., la partie des produits du travail des détenus qui doit être affectée aux dépenses de la maison; celle qui doit être employée à leur procurer quelques adoucissemens, enfin, celle qui doit servir à former pour eux, au temps de leur sortie, un fonds de réserve. — V. PRISONS.

271. — ... Celles par lesquelles il est pourvu à l'exécution de la loi sur le travail des enfans dans les manufactures, usines et ateliers. — V. TRAVAIL DES ENFANS DANS LES MANUFACTURES.

272. — ... Celles qui homologuent les traités faits par le ministre de l'intérieur avec les inventeurs de remèdes secrets pour l'acquisition de leur recette. — V. REMÈDES SECRETS.

273. — ... Celles qui déterminent les conditions auxquelles sont accordées les autorisations nécessaires aux établissemens d'aliénés, les cas où elles peuvent être retirées et les obligations auxquelles sont soumis les établissemens autorisés. — V. ALIÉNÉS.

274. — ... Celles qui approuvent les statuts de la banque de France, et celles qui établissent ou suppriment les comptoirs d'escompte sur la demande du conseil général de la Banque. — V. BANQUE DE FRANCE.

275. — ... Celles qui autorisent l'établissement et approuvent les statuts des caisses d'épargne; des monts-de-piété, des sociétés anonymes. — V. CAISSE D'ÉPARGNE, MONT-DE-PIÉTÉ, SOCIÉTÉ COMMERCIALE.

276. — ... Celles qui règlent le taux des intérêts à exiger dans les monts-de-piété. — V. MONT-DE-PIÉTÉ.

277. — ... Celles qui déterminent le mode et la forme des poids et mesures. — V. POIDS ET MESURES.

278. — ... Celles par lesquelles il est pourvu, en exécution de l'art. 90, C. comm., à tout ce qui est relatif à la négociation et transmission de propriété des effets publics. — V. RENTES SUR L'ÉTAT.

279. — ... Celles qui règlent les tarifs des droits de péage sur les fleuves, rivières ou canaux, soit pour les ponts, soit pour les bacs. — V. PÉAGE.

280. — ... Les tarifs de droits à payer aux chefs de pont par les bateliers de passage. — V. CHEFS DE PONT.

281. — ... Les tarifs des droits de péage pour l'amélioration des ports. — V. PORTS.

282. — ... Les tarifs des droits à percevoir dans les bureaux de pesage, mesurage et jaugeage publics. — V. POIDS ET MESURES.

283. — ... Les tarifs des dépens en matière d'expropriation pour cause d'utilité publique. — V. EXPROPRIATION POUR UTILITÉ PUBLIQUE.

284. — ... Celles qui portent concession de desséchement de marais. — L. 16 sept. 1807, art. 5.

285. — ... Celles qui ordonnent le délaissement, moyennant indemnité, des propriétés à dessécher, dans le cas où le desséchement ne peut être opéré par les moyens ordinaires, soit à cause des obstacles de la nature, soit par suite des oppositions persévérantes des propriétaires. — L. 16 sept. 1807, art. 24.

286. — ... Celles qui fixent le genre et l'étendue des contributions nécessaires pour subvenir aux dépenses du desséchement. — L. 16 sept. 1807, art. 26.

287. — ... Celles qui portent création de commissions chargées de veiller à l'exécution des travaux. — Même article. — V. DESSÉCHEMENT.

288. — ... Les ordonnances de concession des mines, ainsi que nous l'avons dit déjà, *suprà* no 213. — V. MINES.

289. — ... Celles qui déterminent la direction générale des travaux d'extraction, dans les terrains où sont situées les tourbes, celle des rigoles de desséchement, enfin toutes les mesures propres à faciliter l'écoulement des eaux dans les vallées, et l'attérissement des entailles tourbées. — L. 21 avr. 1810, art. 85. — V. TOURBIÈRES.

290. — ... Celles qui font les concessions des lais et relais de la mer, des accrues, attérissemens et alluvions des fleuves, rivières et torrens formant propriétés publiques ou domaniales. — V. COURS D'EAU, DOMAINE PUBLIC, LAIS ET RELAIS, MER.

291. — ... Celles qui accordent les concessions de moulins et usines sur les cours d'eau navigables ou non navigables. — V. USINES.

292. — ... Celles qui autorisent les prises d'eau dans les rivières navigables ou flottables. — V. COURS D'EAU.

Sect. 2e. — *Matières contentieuses.*

293. — Le conseil d'état, comme nous l'avons vu (*suprà* nos 200 et s.), n'est pas un tribunal proprement dit : son rôle, même en matière contentieuse, se borne à donner des avis que le pouvoir n'est pas obligé de suivre. En fait, cependant, il remplit l'office d'un tribunal, et ses actes, par suite, tiennent de la nature des jugemens. — Serrigny, no 264. — De là résultent plusieurs conséquences importantes.

294. — Ainsi, le pourvoi du conseil d'état contre une décision ministérielle est non recevable de la part de celui qui ne rapporte pas la preuve qu'il a qualité pour la former. — *Cons. d'état*, 16 avr. 1822, Rasse c. la ville de Lyon.

295. — Le pourvoi du conseil d'état est non recevable contre un arrêté dans lequel on n'a point été partie. — *Cons. d'état*, 26 mars 1823, Prévost c. le domaine.

296. — Le ministre des travaux publics est sans qualité pour demander la réformation de l'arrêté d'un conseil de préfecture qui ne prononce aucune condamnation contre l'état, qui n'y est pas partie. — *Cons. d'état*, 16 mai 1842, comm. de Venderesse; 25 févr. 1843, comm. de Véretz.

297. — Le pourvoi est non recevable contre les arrêtés du conseil de préfecture rendus par défaut, et susceptibles d'opposition devant le conseil. — *Cons. d'état*, 25 févr. 1818, Cuel; 24 mars 1819, Bligny-Parisis; 26 févr. 1823, Mouton; 9 janv. 1828, Lavocat; 31 août 1830, Varenne; 28 janv. 1835, Favre; 11 août 1841, préfet du Loiret.

298. — La partie qui n'a été ni entendue ni appelée devant un conseil de préfecture, et qui croit qu'un arrêté de ce conseil lui fait grief, doit l'attaquer devant le même conseil de préfecture par voie de tierce-opposition, et non directement devant le conseil d'état. — *Cons. d'état*, 8 janv. 1836, Prudhomme.

299. — Le recours au conseil d'état contre l'arrêté préparatoire d'un conseil de préfecture est inadmissible. — *Cons. d'état*, 21 févr. 1814, comm. d'Aurillac.

300. — Le pourvoi qui n'a pour objet que les considérans d'un arrêté du conseil de préfecture et n'attaque aucune partie du dispositif, doit être déclaré non recevable. — *Cons. d'état*, 23 août 1844, élect. de Grandbourg.

301. — Dans les matières dont le conseil d'état connaît comme juge d'appel, les moyens qui n'ont pas été soumis au juge du premier degré, ne peuvent lui être directement déférés. — *Cons. d'état*, 20 juin 1821, Moisant c. comm. de Tocqueville; 25 mai 1841, élect. de Lantenay; même jour, élect. de Saint-Jean-d'Angely; 14 fév. 1842, élect. de Mane; 24 fév. 1842, élect. de Saint-Clément; 8 juin 1842, élect. de Bernay; 15 août 1834, Druet-Desvaux.

302. — Toutefois, l'incompétence du conseil de préfecture pour prononcer sur une question dont la connaissance appartient aux tribunaux civils peut être prononcée pour la première fois devant le conseil d'état. — *Cons. d'état*, 6 sept. 1843, élect. de Coniza; 30 déc. 1843, élect. de Corte. — En effet, les règles de la compétence sont d'ordre public.

303. — Il y a lieu de rejeter toute demande tendant à remettre en question ce qui a été définitivement jugé. — *Cons. d'état*, 31 mars 1825, hosp. d'Arras; 30 avr. 1828, comm. de Massevaux; 21 juill. 1835, Legraverend.

304. — ... Et tout pourvoi formé contre des décisions qui auraient servi de base à des jugemens passés en force de chose jugée. — *Cons. d'état*, 25 déc. 1812, Ramary-Deblaye; 17 mai 1813, Tumal; 9 juill. 1820, Vogel.

305. — ... Ou qui auraient été volontairement exécutées ou acquiescées. — *Cons. d'état*, 13 juill. 1813, Luneau; 26 août 1818, Lafarge et Mitouflet; 5 déc. 1837, Capcaumont; 5 sept. 1842, Mulot.

306. — Les ordonnances rendues en cette matière emportent hypothèque et exécution parée, même par la voie de la contrainte par corps, comme les jugemens des tribunaux ordinaires. — Avis cons. d'état 16 thermid. an XII; 29 oct. 1811; 24 mars 1812.

307. — Les attributions contentieuses du conseil d'état nous semblent pouvoir être rangées sous six chefs distincts : 1o réglement de compétence entre les diverses autorités administratives; — 2o incompétence ou excès de pouvoir; — 3o violation des formes ou de la loi; — 4o recours contre les décisions contentieuses qui ne sont pas en dernier ressort; — 5o opposition aux ordonnances royales et interprétation de ces ordonnances; — 6o affaires directement soumises au conseil d'état.

§ 1er. — *Réglement de compétence entre les autorités administratives.*

308. — Juge des conflits, soit positifs, soit négatifs, qui peuvent s'élever entre l'autorité judiciaire et l'autorité administrative (V. CONFLIT, nos 39 et suiv., et *infrà* no 372), le roi en conseil d'état est, à plus forte raison, juge des conflits qui s'élèvent entre les diverses autorités chargées de statuer sur le contentieux administratif. — L. 7-14 oct. 1790 3o; 27 avr.-25 mai 1791, art. 17; charte, art. 12 et 48; — Serrigny, *Tr. de l'organis.*, etc., no 221; Dufour, *Dr. admin. appliqué*, t. 1er, no 216.

309. — Ainsi jugé que c'est au conseil d'état qu'il appartient de régler les questions de compétence qui s'élèvent entre les ministres. — *Cons. d'état*, 25 févr. 1818, Héreau.

310. — ... Et qu'un particulier peut se pourvoir en réglement de juges devant le conseil d'état lorsque les différens ministres devant lesquels il a porté sa réclamation se sont respectivement déclarés incompétens. — *Cons. d'état*, 26 juill. 1837, Puret-Alard. — V. aussi *Cons. d'état*, 10 sept. 1817, Hasslawer. graphe qui suit.

311. — Lorsqu'un conflit s'élève entre deux autorités administratives dans l'ordre contentieux, les parties peuvent prendre une double voie : elles peuvent, ou bien se pourvoir par le recours hiérarchique analogue à l'appel, ou bien s'adresser *de plano* au conseil d'état, pour demander un réglement de juges sur le vu des deux décisions contradictoires. — Serrigny, no 222; Dufour, no 216.

312. — Les propositions qui précèdent ne s'appliquent, bien entendu, qu'aux matières contentieuses. Quant aux luttes d'attributions qui peuvent s'engager entre les divers agens de l'administration active, elles se terminent naturellement par la décision du supérieur commun de ces agens. Ainsi, par exemple, entre deux maires, c'est le préfet qui décide; entre deux préfets, ou entre un préfet et un maire, c'est le ministre; entre deux ministres, c'est le roi, chef suprême du gouvernement, qui doit prononcer (Serrigny, no 223; Dufour, no 216); le tout sans préjudice du recours contentieux qui peut être dirigé, pour cause d'incompétence, contre l'acte consommé par l'un de ces fonctionnaires, par les particuliers qui en ont éprouvé un préjudice, ainsi que nous le verrons au paragraphe qui suit.

§ 2. — *Incompétence et excès de pouvoirs.*

313. — La loi du 7-14 avr. 1790 (art. unique), 3o, porte : « Les réclamations d'incompétence à l'égard des corps administratifs ne sont en aucun cas du ressort des tribunaux; elles seront portées au roi, chef de l'administration générale. » — La constitution du 22 frim. an VIII ayant attribué au conseil d'état la solution de toutes les difficultés qui peuvent s'élever en matière administrative, il s'est trouvé par là même investi de la connaissance de ces réclamations. De là est venue la règle, consacrée par une jurisprudence constante, que c'est au conseil d'état qu'il appartient de prononcer sur les recours dirigés pour incompétence ou excès de pouvoirs contre toutes les décisions administratives.

314. — A la vérité, la disposition que nous avons citée de la loi de 1790 ne parle que des réclamations d'incompétence; mais il est clair que par là le législateur a voulu désigner tout ce qui excède la limite dans laquelle sont circonscrites les attributions des agens ou des corps administratifs, c'est-à-dire et l'incompétence proprement dite et l'excès de pouvoirs. — Serrigny, *Tr. de l'org.*, no 227.

315. — Ce n'est point ici le lieu d'examiner ce qu'il faut entendre par ces mots *incompétence* et *excès de pouvoir*, et en quoi ils diffèrent l'un de l'autre. Cette distinction est fort importante dans certains cas, et notamment en matière de justice de paix, où l'incompétence n'est qu'un moyen d'appel, tandis que l'excès de pouvoir seul donne lieu au recours en cassation (L. 25 mai 1838, art. 14 et 15); mais elle serait sans intérêt ici, puisque l'incompétence et l'excès de pouvoir donnent également lieu au recours devant le conseil d'état.

316. — Du reste, le motif de l'attribution de ces questions au conseil d'état est évident : le roi, investi de la puissance exécutive, et chef de l'administration générale du royaume, a nécessairement le droit d'empêcher les excès de pouvoir de ses agens, et pour exercer une pareille autorité, il a besoin des délibérations d'un corps éclairé. — Serrigny, no 224.

317. — Le cas dont nous nous sommes occupés au paragraphe précédent diffère de celui-ci, en ce que le premier suppose un conflit, soit positif, soit négatif, entre deux autorités administratives, tandis que celui-ci suppose l'excès, par une seule autorité administrative, de sa compétence ou de ses pouvoirs. — Serrigny, no 225.

318. — Le recours pour incompétence ou excès de pouvoir peut être formé non seulement contre les décisions contentieuses, mais même contre les actes d'administration pure. — La loi du 7-14 oct. 1790 ne fait aucune distinction. — Serrigny, no 231.

319. — Il n'est pas nécessaire, pour que ce recours puisse être formé, que l'acte attaqué émane d'une autorité ressortissant au conseil d'état par voie d'appel. — Serrigny, no 226.

320. — Ainsi, quand un préfet a commis une incompétence ou un excès de pouvoirs, son arrêté peut être attaqué directement devant le conseil d'état, sans être préalablement soumis au ministre, son supérieur immédiat. — *Cons. d'état*, 25 mars 1835, Kribs; 4 fév. 1836, de Saint-Didier.

321. — En matière de recrutement, bien que les décisions du conseil de révision soient définitives et sans appel, elles peuvent cependant être déférées au conseil d'état pour cause d'incompétence ou d'excès de pouvoirs. — Serrigny, no 232; Dufour, *Dr. adm. appl.*, t. 1er, no 221.

322. — Ainsi, lorsque le conseil de révision devant lequel un jeune homme appelé au recrutement excipe de sa qualité d'étranger statue sur cette exception au lieu d'en renvoyer la solution aux tribunaux, sa décision peut être attaquée devant le conseil d'état pour excès de pouvoirs. — *Cons. d'état*, 18 mai 1837, Terscher; 5 juin 1838, Wille.

323. — Il en serait de même, en matière de garde nationale, des décisions du jury de révision, lesquelles, aux termes de l'art. 26, L. 22 mars 1831, ne sont susceptibles d'aucun recours. Elles pourraient être déférées au conseil d'état pour incompétence ou excès de pouvoir. — Serrigny, no 232; Dufour, no 221.

324. — Il en est de même encore des arrêts de la cour des comptes, qui sont en dernier ressort. — Serrigny, no 232. — Mais ici, indépendamment de la loi des 7-14 avr. 1790, la faculté de se pourvoir au conseil-d'état résulte d'une disposition expresse de la loi du 16 sept. 1807 (art. 17).

325. — Les décisions des conseils généraux eux-mêmes sur les répartitions, les demandes en réduction de contributions, ou sur le classement des chemins de grande communication, bien qu'en régle générale elles ne puissent être attaquées par la voie contentieuse (V. notamment *Cons. d'état*, 14 juin 1837, Witz-Witz), peuvent cependant, en cas d'excès de pouvoirs, être déférées au conseil-d'état pas cette voie. — *Cons. d'état*, 3 mai 1839, comm. de Montgaroult; 19 fév. 1840, ville de Saint-Etienne; — Dufour, no 222; Serrigny, no 234. — En effet, la loi des 7-14 oct. 1790 est générale dans ses termes et comprend tous les actes des corps administratifs.

326. — Le recours pour incompétence ou excès de pouvoir peut être formé, soit contre les décisions qui peuvent encore être portées au conseil d'état par la voie d'appel, soit contre celles qui sont rendues en dernier ressort. — Dans le premier cas, après avoir annulé la décision attaquée, le conseil d'état statue au fond comme juridiction du second degré; dans le second, au contraire, il renvoie le fond devant les autorités qui doivent en connaître. — Serrigny, no 233.

§ 3. — *Violation des formes ou de la loi.*

327. — Aux termes de l'art. 17, L. 16 sept. 1807, les comptables et le ministre des finances peuvent se pouvoir au conseil-d'état, conformément au réglement sur le contentieux, en cassation des arrêts de la cour des comptes qu'ils croient devoir être cassés pour violation des formes ou de la loi.

328. — Cette règle a été étendue par la loi du 14 juill. 1837, concernant la garde nationale du département de la Seine aux décisions des jurys de révision. En effet, l'art. 25 de cette loi porte : — « Toute décision des juris de révision pourra être déférée au conseil d'état pour incompétence, excès de pouvoir et *violation de la loi*. » Ces derniers mots comprennent virtuellement la violation des formes, du moins celle des formes substantielles, car, comme elles sont prescrites par la loi, les violer, c'est violer la loi elle-même. — Serrigny, no 236.

329. — Mais, la loi du 14 juill. 1837 étant spéciale à la garde nationale de la Seine, les dispositions de l'art. 26 doivent-elles être appliquées aux décisions du jury de révision des gardes nationales des départemens? — V. à cet égard GARDE NATIONALE.

330. — De même, sur la question de savoir si les décisions des conseils de révision pour le recrutement de l'armée peuvent être déférées au conseil d'état pour violation des formes ou de la loi, V. RECRUTEMENT.

§ 4. — *Appel des décisions non rendues en dernier ressort.*

331. — Le conseil d'état connaît de l'appel dirigé contre toutes les décisions administratives qui ne sont pas rendues en dernier ressort.

332. — A l'appui de ce principe, incontesté d'ailleurs et consacré par une jurisprudence constante, on cite ordinairement l'art. 52, L. 22 frim. an VIII, qui attribue au conseil d'état la solution des difficultés qui s'élèvent en matière administrative, et l'art. 11 de l'arrêté du 5 niv. an VIII, qui charge le conseil d'état de prononcer sur les affaires contentieuses dont la décision était précédemment remise aux ministres. — Mais il nous paraît plus juste d'en chercher le fondement dans la nature même du pouvoir administratif, dans les rapports qui existent entre les divers dépositaires de ce pouvoir. Il faut bien remarquer, en effet, qu'ici il n'y a point de tribunaux, et partant point de juges proprement dits, comme dans l'ordre judiciaire, mais seulement des fonctionnaires hiérarchiquement soumis au roi; que dès-lors le roi, en conseil d'état, par suite naturelle de son pouvoir suprême, possède le droit de réformer leurs décisions, à moins que ce droit ne lui ait été enlevé par une disposition particulière. — Serrigny, no 242; Duchesne, *Encycl. du dr.*, vo *Conseil d'état*, no 110.

333. — Le rôle du conseil d'état, dans le cas où un appel est porté devant lui, est analogue à celui des cours royales dans l'ordre judiciaire : il ne se borne pas à annuler la décision mal rendue, mais il juge lui-même le fond et fait ce que les premiers juges auraient dû faire. — Serrigny, no 241; Dufour, nos 226 et 227.

334. — Mais quelles sont les autorités dont les décisions, en matière contentieuse, peuvent être déférées au conseil d'état par la voie d'appel?

335. — Ce sont d'abord les conseils de préfecture. — En effet, aucune des dispositions législatives qui établissent leur compétence ne leur attribue le droit de statuer en dernier ressort. — Serrigny, no 243; Dufour, no 228.

336. — Du reste, en l'absence d'un acte législatif qui établisse d'une manière générale le droit d'appeler de leurs décisions, un grand nombre de lois particulières ont établi ce droit dans des espèces très diverses. — V. notamment L. 14 flor. an XI, sur le curage des canaux et rivières navigables, art. 4; L. 9 vent. an XIII, sur la plantation des grandes routes et chemins vicinaux, art. 8, etc., etc.

337. — Le recours peut être formé contre leurs décisions, quelque minime que soit la quotité du litige, car la loi n'a apporté, à cet égard, aucune restriction au droit d'appel. — Serrigny, no 243.

338. — Peuvent aussi être déférés au conseil d'état par voie d'appel les arrêtés des anciens directoires de département, créés par la loi du 22 déc. 1789-10 janv. 1790, et ceux des administrations centrales établies par la constitution du 5 fruct. an III. — Les fonctions attribuées au conseil de préfecture par la loi du 28 pluv. an VIII faisaient partie de celles dont ces corps étaient investis. Toutefois, à la différence du conseil de préfecture, ils pouvaient, dans certains cas, juger en dernier ressort. — L. 7-11 sept. 1790, art. 1er, 3, 4, 5.

339. — Les ministres, dans les matières contentieuses dont la connaissance leur est attribuée, ressortissent aussi au conseil d'état. — V. MINISTRE.

340. — Quant aux préfets, leurs décisions, n'étant en général que préparatoires, ne peuvent être directement déférées au conseil d'état que dans les cas exceptionnels où la loi l'a formellement permis. — V. PRÉFET.

341. — Sont également susceptibles d'appel au conseil d'état : les décisions du conseil royal de l'instruction publique rendues en matière contentieuse. — V. ENSEIGNEMENT.

342 — ... Celles des commissions spéciales créées par la loi du 16 sept. 1807, sur le desséchement des marais. — V. DESSÉCHEMENT.

343. — ... Celles des commissions spéciales créées par le roi pour l'exécution des conventions diplomatiques, si le recours est réservé par les ordonnances qui les instituent. — V. TRAITÉS DIPLOMATIQUES.

344. — ... Celles des conseils privés ou d'administration des colonies. — V. COLONIES, CONSEIL PRIVÉ DES COLONIES.

§ 5. — *Opposition aux ordonnances et interprétation de ces ordonnances.*

345. — C'est au conseil d'état qu'il appartient de statuer sur les oppositions formées aux ordonnances royales rendues dans la forme administrative. — Cette régle, qui est consacrée par une jurisprudence constante, ne résulte d'aucun texte, elle s'induit des principes généraux que nous

avons déjà indiqués sur le pouvoir suprême du roi en matière administrative.

346. — Nous ne parlons ici que des oppositions aux ordonnances rendues dans la forme administrative; quant aux oppositions aux ordonnances rendues dans la forme contentieuse, elles sont prévues et réglées par les art. 29 et 37, décr. 22 juill. 1806. — V. *infrà* nº 648 et suiv., 680 et suiv.

347. — Mais pour que cette opposition soit recevable, il faut que, par la nature même des motifs sur lesquels elle est fondée, elle rentre dans le domaine du contentieux. Il faut qu'elle soit fondée soit sur un droit méconnu, soit sur l'inobservation des formes, etc. — Serrigny, nº 250; Dufour, nº 237. — V. COMPÉTENCE ADMINISTRATIVE.

348. — Ainsi, par exemple, lorsqu'une concession de mines a été faite sans que les formalités prescrites par la loi du 21 avr. 1810, à l'effet de provoquer les réclamations des tiers, aient été observées, les parties intéressées peuvent former opposition à l'ordonnance de concession. — V. MINES.

349. — De même, lorsque l'autorisation d'élever un établissement insalubre de première classe a été accordée sans que les formalités préalables prescrites par le décret du 15 oct. 1810, aient été remplies, les tiers dont les droits n'ont pas été garantis par une instruction préalable peuvent former opposition à l'ordonnance d'autorisation. — V. ÉTABLISSEMENS INSALUBRES.

350. — Les moulins et autres usines sur les cours d'eau, et principalement sur les rivières navigables, ne peuvent être construits qu'après avoir été autorisés par une ordonnance royale, qui doit être également précédée d'une instruction préalable ayant pour objet de provoquer les réclamations des tiers et d'éclairer le gouvernement. — Cette ordonnance peut-elle être attaquée devant le conseil d'état par la voie de l'opposition? Par qui et dans quels cas peut-elle l'être? — V. USINES.

351. — L'interprétation des ordonnances royales appartient également au conseil d'état. C'est là une application naturelle de la maxime: *Ejusdem est interpretari cujus est condere legem.* — Serrigny, nº 246; Dufour, nº 240.

352. — Ce droit d'interprétation ne s'applique pas seulement aux ordonnances royales proprement dites. Il s'applique généralement aux actes du pouvoir exécutif sous les divers gouvernemens qui se sont succédé en France avant et depuis 1789. — Serrigny, nº 247; Dufour, nº 240.

353. — Ainsi décidé, que l'interprétation d'un acte émané d'un ancien prince souverain appartient exclusivement au roi en son conseil d'état, et à l'exclusion, non seulement de l'autorité judiciaire, mais encore de toute autre autorité administrative. — *Cons. d'état*, 29 janv. 1841, Payssé c. de Bonnaire; 4 juill. 1840, Gerspach et Krafft; 22 mars 1841, Gayelin.

354. — ... Que c'est au roi en conseil d'état, et non à l'autorité judiciaire, qu'il appartient d'interpréter et d'appliquer les décrets et autres actes du gouvernement qui ont remis à la disposition des communes ou des fabriques les églises et presbytères qui étaient devenus biens nationaux. — *Cons. d'état*, 31 janv. 1838, comm. de Bray-en-Cinglas.

355. — ...Que lorsqu'une loi a autorisé l'administration centrale d'un département à disposer, pour l'établissement d'un jardin de botanique destiné à l'école centrale, des terrains désignés pour cet objet, et que des actes administratifs ultérieurs ont modifié les conditions de cette disposition, il n'appartient qu'au conseil d'état de déterminer la nature de cette affectation. — *Cons. d'état*, 6 mars 1835, min. des Finances.

356. — ...Que lorsqu'un département réclame contre l'état la propriété d'un édifice en se fondant sur un décret qui le lui aurait concédé, il n'appartient qu'au roi, en conseil d'état, d'apprécier l'étendue et de déterminer les effets de ce décret. — *Cons. d'état*, 6 mai 1836, département du Pas-de-Calais c. préfet du Pas-de-Calais.

357. — ... Que lorsqu'il ressort de l'instruction qu'il ne peut être statué sur un litige que par l'interprétation d'un décret, cette interprétation, demandée d'ailleurs par les deux parties litigantes, ne peut être donnée que par le conseil d'état; que le conseil de préfecture est sans pouvoir sur ce point. — *Cons. d'état*, 6 fév. 1839, département de l'Ain.

358. — ...Que c'est au roi en conseil d'état et non pas aux conseils de préfecture qu'il appartient d'interpréter un décret impérial à l'effet de décider s'il constitue une commission nouvelle de desséchement de marais, ou s'il ne fait qu'accorder un délai pour exécuter les concessions anciennes. — *Cons. d'état*, 23 août 1820, Faguier de la tour d'Auvergne.

359. — ...Que c'est au roi en son conseil d'état et non au conseil de préfecture qu'il appartient d'interpréter les dispositions d'une ordonnance royale. — *Cons. d'état*, 30 juill. 1840, min. des Fin.

360. — Mais ce droit d'interprétation doit être restreint aux actes du pouvoir executif. — Ainsi, le conseil d'état ne pourrait interpréter les ordonnances des rois de France sur des matières législatives, ni les décrets impériaux passés en force de loi. — Serrigny, nº 248.

361. — L'interprétation d'une ordonnance royale ne peut être demandée au conseil d'état par cela seul qu'il plaît à une partie d'obtenir cette interprétation.

362. — Ainsi jugé que le conseil d'état n'est pas régulièrement saisi de la demande en interprétation d'un décret lorsque ce décret n'est l'objet d'aucune attaque, et qu'il n'existe ni conflit positif ou négatif, ni renvoi des tribunaux à cet effet. — *Cons. d'état*, 26 oct. 1825, de Cosne.

363. — Jugé également qu'il n'y a pas lieu de statuer sur l'interprétation d'un acte de concession faite à une compagnie de canaux, lorsqu'il n'est produit aucune décision judiciaire ou administrative qui l'ordonne. — *Cons. d'état*, 8 juill. 1840, duc d'Uzès c. compagnie du canal de Beaucaire. — V. également *Cons. d'état*, 29 janv. 1841, Villiers.

364. — C'est qu'en effet, en matière contentieuse, le conseil d'état remplit l'office d'une sorte de tribunal. Or, les tribunaux ne donnent pas de consultations aux parties qui s'adressent à eux sans nécessité; ils ne rendent que des jugemens sur des contestations nées. — Serrigny, nº 255.

365. — Que le roi, en conseil d'état, ait le droit exclusif d'interpréter les ordonnances royales, qui sont des actes de l'*imperium merum*, rien de plus simple: le pouvoir de révoquer ou réformer ces ordonnances emporte à plus forte raison celui de les interpréter. Mais en est-il de même à l'égard des actes émanés des gouvernemens anciens et modernes et qui constituent de véritables contrats passés entre l'état et les tiers, tels que ventes, échanges, baux, etc.? — On pourrait penser qu'à l'égard de ces derniers l'état ne doit être considéré que comme un simple particulier, soumis dès lors à la juridiction des tribunaux ordinaires. — Mais il résulte d'une jurisprudence constante qu'au roi seul appartient d'apprécier le sens et la portée de ces actes. — V. à cet égard ACTE ADMINISTRATIF, BAIL ADMINISTRATIF, BIENS NATIONAUX, DOMAINE DE L'ÉTAT.

§ 6. — *Affaires soumises directement au conseil d'état.*

366. — Aux termes de l'art. 21, L. 22 avr. 1806, le conseil d'état est chargé: 1º de connaître, sur les rapports du ministre des finances, des infractions aux lois et réglemens qui régissent la Banque de France, et des contestations relatives à sa police et administration intérieures; — 2º de juger de même définitivement et sans recours entre la Banque et les membres de son conseil général, ses agens ou employés, toute condamnation civile, y compris les dommages-intérêts et même soit la destitution, soit la cessation de fonctions. — Mais il ne paraît pas que cette loi ait jamais été appliquée.

Sect. 3ᵉ. — *Matières mixtes.*

367. — Comme nous l'avons déjà dit au mot COMPÉTENCE ADMINISTRATIVE, entre les matières purement administratives et les matières contentieuses, qui forment les deux branches bien distinctes du pouvoir administratif, il existe une troisième classe d'affaires qui, sans se distinguer par un caractère bien tranché, ne se confondent cependant pas tout-à-fait avec les deux autres.

368. — L'existence de cette classe d'affaires a été nettement établie, à la chambre des députés, par le rapporteur, M. de Chasseloup-Laubat, dans la discussion de l'article de la loi du 19 juill. 1845, où devaient se trouver indiquées les diverses attributions du conseil d'état.

369. — M. Odilon Barrot ayant émis cette idée qu'il n'y avait, pour les affaires soumises au conseil d'état, que deux ordres d'idées: que le conseil d'état était consulté tantôt facultativement, tantôt nécessairement, et qu'il suffisait d'une rédaction qui rappelât cette double fonction, M. de Chasseloup-Laubat fit observer que c'était là une erreur, et que les affaires soumises au conseil d'état se présentaient sous quatre aspects différens: « Premièrement, dit-il, le conseil d'état est consulté *facultativement* par les ministres; secondement, il est *nécessairement* appelé à délibérer sur les réglemens d'administration publique et sur les ordonnances qui doivent être rendues dans la forme des réglemens d'administration publique (ce sont ces deux classes que nous avons réunies sous le titre de *matières purement administratives*); troisièmement, il *prépare* les ordonnances qui statuent sur les affaires de nature mixte; quatrièmement enfin, il fait l'instruction des affaires contentieuses, et prépare également les ordonnances qui statuent sur ces sortes d'affaires. » — Et plus loin: « Pourquoi ces expressions: le conseil d'état est *chargé de préparer* les ordonnances qui statuent: 1º sur les appels comme d'abus; 2º sur la validité des prises, etc.? — En voici la raison: Lorsque le conseil d'état délibère sur les réglemens d'administration publique, sur les ordonnances qui doivent être rendues dans cette forme, les ministres se bornent à lui transmettre ces ordonnances, ces réglemens tout préparés. Au contraire, lorsque le conseil d'état est appelé à se prononcer sur les appels comme d'abus, sur la validité des prises maritimes, etc., alors les ministres lui remettent toutes les pièces de la procédure, et l'*initiative* de la décision lui appartient. Cela se conçoit: dans toutes ces affaires, il y a des droits privés d'engagés; ce sont des affaires mixtes, et il ne faut pas que l'administration supérieure envoie au conseil une décision arrêtée d'avance, et sur laquelle il paraîtrait seulement consulté. L'initiative de la décision, je le répète, appartient, dans ce cas, au conseil, et c'est ce que nous avons voulu exprimer par ces mots: le conseil d'état est *chargé de préparer* les ordonnances... »

370. — Et ces idées semblent avoir reçu une consécration de la loi du 19 juill. 1845, bien que les affaires mixtes ne s'y trouvent pas formellement mentionnées. En effet, l'art. 12 de cette loi, après avoir indiqué la *faculté* de consulter le conseil d'état dans certains cas, et la *nécessité* de le consulter dans d'autres, ajoute: « Il *propose* les ordonnances qui statuent sur les *affaires administratives* et contentieuses dont l'examen lui est déféré par des dispositions législatives ou réglementaires. »

371. — On s'accorde généralement à considérer comme affaires mixtes: les recours formés par les communes et les établissemens publics contre les arrêtés des conseils de préfecture qui leur refuseront l'autorisation de plaider; la mise en jugement des fonctionnaires et agens du gouvernement; la contestation sur la validité des prises maritimes; les appels comme d'abus. — V. notamment Chauveau Ad., *Principes de jurid. et de comp.*, t. 3, nºˢ 1459 et suiv.

372. — Nous y ajouterons le réglement des conflits, qui, comme nous l'avons montré vº CONFLIT, présente également le caractère quasi-contentieux ou mixte. — V. au surplus APPEL COMME D'ABUS, AUTORISATION DE PLAIDER, CONFLIT, FONCTIONNAIRE PUBLIC, PRISES MARITIMES.

CHAPITRE IV. — *Formes des délibérations du conseil d'état.*

Sect. 1ʳᵉ. — *Matières purement administratives.*

373. — Nous avons vu ci-dessus (nº 191) que pour l'examen des affaires non contentieuses, le conseil d'état est divisé en comités correspondant aux divers départemens ministériels, et présidés soit par les ministres, soit par un vice-président nommé par le roi dans chaque comité.

374. — Une ordonnance royale, délibérée en conseil d'état, détermine, parmi les projets d'ordonnance qui doivent être délibérés dans la forme des réglemens d'administration publique, quels sont ceux qui ne seront soumis qu'à l'examen des comités et qui peuvent ne pas être portés à l'assemblée générale du conseil d'état. — L. 19 juill. 1845, art. 13, 3ᵉ alin.

375. — Les délibérations du conseil d'état sont prises en assemblée générale et à la majorité des voix. — L. 19 juill. 1845, art. 14.

376. — L'assemblée générale est composée des ministres secrétaires d'état, des conseillers d'état en service ordinaire, et des conseillers d'état en service extraordinaire autorisés à participer aux travaux et délibérations du conseil. — Même art., 2ᵉ alin.

377. — Elle est présidée, en l'absence du garde des sceaux, par l'un des ministres présens à la séance, et, à défaut, par le vice-président du conseil d'état. — Même article, 3ᵉ alin.

378. — Les maîtres des requêtes en service ordinaire, les maîtres des requêtes en service extraordinaire et les auditeurs assistent à l'assemblée générale. — L. 19 juill. 1845, art. 15.

379. — Les maîtres des requêtes ont voix consultative dans toutes les affaires et voix délibérative dans celles dont ils sont rapporteurs. — Même article, 2ᵉ alin.

380. — Les auditeurs ont voix délibérative à leur comité et voix consultative à l'assemblée générale, dans les affaires dont ils sont rapporteurs. — Même article, 3e alin.

381. — Le conseil d'état ne peut délibérer si, non compris les ministres, quinze au moins de ses membres ayant voix délibérative ne sont présens. — Si les membres présens sont en nombre pair, le plus ancien des maîtres des requêtes en service ordinaire présens à la séance est appelé avec voix délibérative. — L. 19 juill. 1845, art. 16.

382. — Les ordonnances royales rendues après délibération de l'assemblée générale mentionnent que le conseil d'état a été entendu. — L. 19 juill. 1845, art. 17.

383. — Les ordonnances royales rendues après délibération d'un ou plusieurs comités indiquent les comités qui ont été entendus. — Même article, 2e alinéa.

Sect. 2e. — *Matières contentieuses.*

384. — Le rapport des affaires est fait au comité du contentieux et au conseil d'état par celui des membres du comité qui a été désigné à cet effet par le président. — L. 19 juill. 1845, art. 19.

385. — Les maîtres des requêtes ont voix délibérative au comité et au conseil d'état dans les affaires dont ils font le rapport; ils ont voix consultative dans toutes les autres. — L. 19 juill. 1845, art. 19, 2e alin.

386. — Les auditeurs ont voix délibérative au comité, et voix consultative au conseil d'état dans les affaires dont ils font le rapport. — L. 19 juill. 1845, art. 19, dern. alin.

387. — Trois maîtres des requêtes en service ordinaire, désignés chaque année par le garde des sceaux, remplissent les fonctions de commissaires du roi. — Ils assistent aux séances du comité du contentieux. — L. 19 juill. 1845, art. 20.

388. — Le rapport des affaires contentieuses est fait au conseil d'état en séance publique. — Les conseillers d'état et les maîtres des requêtes en service ordinaire ont seuls le droit d'y siéger; les auditeurs y assistent. — La séance est présidée par le garde des sceaux, et en son absence par le vice-président du conseil d'état. — Après le rapport, les avocats des parties sont admis à présenter des observations orales; le commissaire du roi donne des conclusions dans chaque affaire. — L. 19 juill. 1845, art. 21.

389. — Les membres du conseil ne peuvent participer aux délibérations relatives aux recours dirigés contre la décision d'un ministre lorsque cette décision a été préparée par une délibération de comité à laquelle ils ont pris part. — L. 19 juill. 1845, art. 22.

390. — Le conseil d'état ne peut délibérer si, non compris le garde des sceaux, quinze au moins de ses membres ayant voix délibérative ne sont présens. — Si les membres présens sont en nombre pair, le plus ancien des maîtres des requêtes attachés au comité qui a préparé l'instruction de l'affaire en délibération est appelé avec voix délibérative. — L. 19 juill. 1845, art. 23.

391. — La délibération n'est pas publique. — L. 19 juill. 1845, art. 24.

392. — L'avis du conseil d'état est transcrit sur le procès-verbal des délibérations, lequel fait mention des membres présens et ayant délibéré. — L'ordonnance qui intervient est contre-signée par le garde des sceaux. — L. 19 juill. 1845, art. 24, 2e et 3e alin.

393. — Si l'ordonnance n'est pas conforme à l'avis du conseil d'état, elle ne peut être rendue que de l'avis du conseil des ministres; elle est motivée, et doit être insérée au *Moniteur* et au *Bulletin des lois*. — L. 19 juill. 1845, art. 23, 4e alin.

394. — Dans tous les cas, l'ordonnance qui intervient est lue en séance publique. — L. 19 juill. 1845, art. 24, dern. alin.

395. — Le procès-verbal des séances du conseil d'état mentionne l'accomplissement des dispositions des art. 19, 20, 22, 23 et 24 de la présente loi. — L. 19 juill. 1845, art. 25.

396. — Dans le cas où ces dispositions n'ont pas été observées, l'ordonnance du roi peut être l'objet d'un recours en révision, lequel est introduit dans les formes de l'art. 33, décr. 22 juill. 1806. — L. 19 juill. 1845, art. 25, 2e alin.

Sect. 3e. — *Matières mixtes.*

397. — Sont applicables à la tenue des séances publiques du conseil d'état les dispositions des art. 88 et suiv., C. procéd. civ., sur la tenue des audiences. — L. 19 juill. 1845, art. 26.

398. — A l'égard des matières appelées mixte, aucune disposition ne soumet les délibérations du conseil d'état, en ce qui les concerne, à des formes particulières. C'est qu'en effet la loi ne reconnaît pas de matières mixtes. Cette dénomination a été créée par la doctrine pour désigner certaines affaires qui ont paru ne rentrer parfaitement et à tous égards dans aucune des deux classes principales des attributions du conseil d'état, mais jamais elle n'a passé dans la législation, qui ne reconnaît que des matières purement administratives et des matières contentieuses.

399. — Or, des cinq sortes d'affaires que nous avons rangées dans la classe des matières mixtes, il en est quatre, les appels comme d'abus, les autorisations de plaider, les mises en jugement, les prises maritimes, que l'ordonnance du 18 sept. 1839 classe parmi les matières administratives; quant à la cinquième, le réglement des conflits, elle doit, d'après cette ordonnance, être préparée dans la forme administrative par le comité de législation, mais *délibérée* dans la forme des affaires contentieuses.

400. — D'où la conséquence que, pour les quatre premières, les règles à appliquer, quant à la forme des délibérations, sont celles des matières purement administratives (V. *suprà* nos 373 et suiv.); et que, pour la cinquième, ce sont celles des matières contentieuses. — V. *suprà* nos 384 et suiv.

CHAPITRE V. — *Mode de procéder devant le conseil d'état.*

401. — Les règles de la procédure à suivre devant le conseil d'état, puisées presque entièrement dans le réglement du conseil de 1738, rédigé d'une manière si sage et si complète par d'Aguesseau, sont déposées dans un décret réglementaire spécial du 22 juill. 1806, dont nous allons examiner les dispositions en suivant l'ordre de ses articles et ses propres divisions.

Sect. 1re. — *Introduction et instruction des instances.*

§ 1er. — *Instances introduites à la requête des parties.*

402. — L'art. 1er du décret réglementaire du 22 juill. 1806 est ainsi conçu : — « Le recours des parties au conseil d'état, en matière contentieuse, sera formé par requête signée d'un avocat au conseil; elle contiendra l'exposé sommaire des faits et des moyens, les conclusions, les noms et demeures des parties, l'énonciation des pièces dont on entend se servir, et qui y seront jointes. »

403. — Par ces mots *des parties*, il faut entendre toute personne privée ou civile, particuliers, communes, établissemens publics, départemens; au gouvernement seul, et aux administrations qui en dépendent, le ministère des avocats au conseil n'est pas nécessaire. — Serrigny, *Tr. de l'organ., de la compét. et de la procéd.*, t. 1er, no 274; Dufour, *Dr. admin. appl.*, t. 1er, no 256.

404. — Ainsi, pour tout être moral ou personne privée qui veut plaider devant le conseil d'état, le ministère des avocats au conseil, remplissant les fonctions d'avoués-avocats, est aussi indispensable que celui des avoués pour paraître devant les tribunaux civils de première instance. — Serrigny, *ibid.*

405. — Mais il y a cette différence, que devant les tribunaux ordinaires le demandeur peut assigner directement le défendeur à comparaître (C. procéd., art. 61 et 456), tandis que le recours au conseil d'état ne peut être formé que par une requête adressée au roi, et signée par l'un des avocats au conseil, ayant droit de postuler devant lui. Toute demande introduite autrement serait sans aucun caractère légal. — Dufour, *loc. cit.*, no 256; Serrigny, *ibid.*, no 275; Cormenin, *Dr. admin.*, vo *Mode de procéder devant le conseil d'état*, t. 1er, p. 44, en note; Foucart, *Elém. de dr. publ. et admin.*, 3e édit., t. 3, no 1942.

406. — Décidé, en conséquence, qu'il n'y a pas lieu de statuer sur le recours au conseil d'état lorsque la requête n'est pas signée par un avocat au conseil. — *Cons. d'état*, 18 déc. 1839, ville de Caen.

407. — Cependant, cette règle générale, contenue dans l'art. 1er, fléchit devant le pouvoir discrétionnaire du président du conseil d'état; ainsi il admet quelquefois les parties elles-mêmes à présenter des observations orales. Mais cela arrive rarement; on n'en cite que quatre exemples depuis les ordonnances réglementaires des 2 fév. et 12 mars 1831. — Cormenin, *loc. cit.*, p. 44, en note.

408. — La constitution d'un avocat aux conseils n'est nécessaire que pour les affaires purement contentieuses. — Ainsi elle ne l'est pas pour les appels comme d'abus, pour les autorisations de plaider, pour les mises en jugement, pour les prises maritimes, et pour les conflits, que l'ordonnance du 18 nov. 1839 met au nombre des affaires administratives, et dont nous avons fait une classe particulière sous le nom de matières mixtes. — V. en ce sens Serrigny, no 276.

409. — Dans certaines affaires contentieuses même, la règle ci-dessus souffre d'ailleurs plusieurs exceptions, en vertu de dispositions de lois spéciales.

410. — Ainsi : 1o en matière de contributions directes. Le recours contre les arrêtés du conseil de préfecture n'est soumis qu'au droit du timbre; il peut être transmis au gouvernement par l'intermédiaire du préfet, sans frais. — LL. 26-31 mars 1831, art. 29; 20 avr. 1832, sur le budget des recettes de l'exercice de la même année, art. 30; — Cormenin, t. 1er, p. 45; Serrigny, t. 1er, no 277; Foucart, t. 3, no 1938; Dufour, t. 1er, no 257. — V. CONTRIBUTIONS DIRECTES.

411. — Les pourvois formés en matière de contributions indirectes ne jouissent pas de la même faveur; ils doivent être introduits, sous peine de nullité, par une requête signée d'un avocat aux conseils. — *Cons. d'état*, 24 fév. 1842, ville de Tarare.

412. — ... 2o En matière d'élections départementales. La loi du 22 juin 1833, art. 53, dispose : « Le recours au conseil d'état sera exercé par la voie contentieuse, jugé publiquement et *sans frais.* » — V. ÉLECTIONS DÉPARTEMENTALES.

413. — En matière d'élections municipales, la loi du 21 mars 1831 ne parlait pas du recours ni par conséquent de la forme dans laquelle il devait intervenir. On eût dû en conclure, ce semble, que ce recours restait sous l'empire de la règle générale. Mais on a pensé que les électeurs municipaux, étant réputés moins riches que les électeurs départementaux, ne doivent pas être traités moins favorablement que ceux-ci, et dès-lors le bénéfice de la dispense du ministère d'avocat leur a été étendu par analogie. — Cormenin, *loc. cit.*; Serrigny, *ibid.* — V. ÉLECTIONS MUNICIPALES.

414. — Quant au recours contre les décisions rendues en matière de garde nationale, sur la forme duquel la loi du 22 mars 1831 garde le silence, le conseil d'état a décidé qu'il devait être nécessairement formé par le ministère d'un avocat aux conseils. — *Cons. d'état*, 14 nov. 1834, Saunier; 25 août 1835, Landry. — V. dans le sens de cette jurisprudence, Dufour, *loc. cit.*, no 257; Cormenin, p. 45, note; Serrigny, no 278.

415. — « Néanmoins, dit ce dernier auteur, en se fondant sur l'analogie avec les réclamations relatives aux élections départementales et municipales, on aurait pu dire que, les gardes nationaux étant présumés plus pauvres que les électeurs départementaux et municipaux, on devait admettre leur recours sans frais. Ce raisonnement prouve que quand on est sorti de la règle, on a peine à s'arrêter. Il suffit de comparer le petit nombre des arrêts du conseil en matière de garde nationale, avec le grand nombre de ceux rendus en matière de contributions directes et d'élections municipales, pour être convaincu de l'utilité d'opposer la crainte des frais comme une digne à ces recours. Il faudrait abolir toutes ces exceptions ou les étendre : car on ne voit pas pourquoi, par exemple, un soldat ou un sous-officier est obligé d'employer le ministère d'un avocat au conseil pour réclamer contre le taux de sa pension, pendant qu'un contribuable et un électeur départemental ou municipal en sont dispensés. »

416. — Dans les divers projets de loi qui ont été présentés sur la police du roulage, on a senti le besoin d'étendre aux recours qui seraient formés en cette matière contre les décisions des conseils de préfecture, le bénéfice de la dispense des frais. Nul doute que la loi à intervenir n'approuve et ne sanctionne cette nécessité.

417. — Toutefois lorsque, dans les différens cas que nous venons de citer, les parties usent de la faculté qui leur est laissée d'agir sans le ministère d'un avocat, elles doivent signer elles-mêmes leur requête.

418. — Ainsi, on doit rejeter le pourvoi formé par une requête signée d'un tiers sans justification d'aucun pouvoir. — *Cons. d'état*, 5 mars 1841, Leroy pour Morin; 9 déc. 1843, Nicard au nom de Vergnol.

419. — Un avoué, qui a qualité devant les tribunaux ordinaires, ne jouit pas du même privilége devant le conseil d'état; il ne peut s'y pourvoir au nom d'un tiers, s'il ne justifie pas d'un pouvoir spécial. — *Cons. d'état*, 2 sept. 1840, Montal.

420. — Si les parties ne savent pas signer, elles peuvent évidemment s'adresser à un notaire pour faire donner à leurs requêtes le caractère qui leur manque, l'authenticité.

421. — M. Dufour (t. 1er, no 258) va plus loin, il pense

que le maire pourrait valablement suppléer le notaire dans le cas du numéro précédent.— « La loi, dit il, n'ayant point déterminé les formes dans lesquelles doivent être passés les actes administratifs et attribuant néanmoins aux maires, sous-préfets et préfets, le pouvoir de rendre authentiques les contrats de bail, vente et échange qu'ils reçoivent, on est autorisé à supposer que son intention a été de les appeler à remplir l'office des notaires dans la sphère administrative. M. le ministre de l'intérieur, de concert avec celui des finances, n'a point raisonné autrement pour régler le mode de procédure en matière d'expropriation forcée, lorsque le vendeur ne sait pas signer. A l'instar de ce qui se passe pour les actes notariés, le maire, le sous-préfet ou le préfet qui dresse l'acte constate que le vendeur ne sait pas signer, en présence de deux témoins. Les témoins peuvent même être remplacés par un conseiller de préfecture pour les actes des préfets, et par l'adjoint pour ceux des maires. — Instr. 26 sept. 1840, sur l'art. 56, L. 7 juill. 1833.

422. — Quant aux droits de timbre, de greffe et d'enregistrement, on ne pourrait invoquer l'affranchissement du ministère d'avocat pour s'en dispenser; il faut s'en tenir rigoureusement à la lettre et aux exceptions spéciales de la loi sur ce point. — Dufour, *ibid.*, no 259.

423.—Le recours formé collectivement par plusieurs parties est-il recevable?

424. —Il faut distinguer. Si le pourvoi formé au nom de plusieurs, porte sur la même question; si l'intérêt engagé dans la question leur est commun, le recours collectif par une seule requête est permis.

425. — Ainsi, plusieurs propriétaires d'usines lésés par les mêmes travaux publics peuvent se réunir et porter leur demande en indemnité au conseil de préfecture par une requête collective, alors qu'avant de déterminer distinctement le montant de l'indemnité à attribuer à chacun d'eux, le conseil doit statuer sur des questions générales et communes à tous. — *Cons. d'état*, 26 nov. 1841, Honnorez c. Moret; — Dufour, *ibid.* no 261.

426. — Mais si les parties qui figurent dans le pourvoi collectif ont des intérêts distincts, le pourvoi est non-recevable.

427. —Décidé, dans ce sens, que le pourvoi collectivement formé au nom de plusieurs individus, contre une décision ministérielle, alors que l'intérêt de chacune des parties est distinct, doit être rejeté, sauf aux réclamans à se pourvoir chacun en leur propre et privé nom. —*Cons. d'état*, 4 juill. 1823, compagnie de Cheppe et Étienne; 22 janv. 1824, Favre c. Filleau.

428. — M. de Cormenin (vo *Mode de procéder devant le conseil d'état*, t. 1er, p. 44, note 1re) s'élève contre ces décisions, et se demande pourquoi plusieurs individus compris dans le même arrêté, ayant tous un même intérêt quant au fond, si ce n'est quant à la quotité de la somme due, ne pourraient pas se pourvoir par une seule et même requête? — Du reste, ajoute-t-il, l'injustice de cette fiscalité a été tellement bien comprise par le ministre des finances, qu'il a prescrit à l'enregistrement de ne percevoir qu'un droit, quel que soit le nombre des personnes figurant dans le même pourvoi.

429. — Il faut, au surplus, remarquer avec les dernières décisions que nous venons de citer, que le pourvoi collectif formé en temps utile, conserve le droit à chacune des parties et empêche qu'on puisse utilement leur opposer une fin de non-recevoir contre les recours individuels qu'elles introduiraient ultérieurement. — Dufour, *ibid.*, no 261.

430. — Il est d'ailleurs évident qu'ici, comme devant les tribunaux ordinaires, il est indispensable que les personnes qui veulent se pourvoir aient, ainsi que nous l'avons dit (*suprà* no 295), été parties devant le premier juge; il faut également qu'elles soient capables d'ester en jugement ou autorisées et représentées légalement. — Foucart, t. 3, no 1928.

431. — Aux termes du décret du 7 fév. 1809, l'étranger demandeur peut même être tenu de fournir la caution *judicatum solvi*. — *Cons. d'état*, 26 août 1824, Roguin et Delaflêchère.

432. — La profession du demandeur n'est point comprise dans l'énumération de ce que doit contenir la requête, aux termes de l'art. 1er du réglement de 1806. On ne doit donc pas l'exiger dans la requête. — *Cons. d'état*, 10 sept. 1823, Guyot c. Pauwels.

433. — Au reste, la peine de nullité n'est pas attachée par le réglement de 1806 à l'omission de telle ou telle formalité, ce qui laisse au conseil toute latitude pour décider si telle formalité omise est substantielle ou non.—Serrigny, t. 1er, no 280; Dufour, t. 1er, no 269.

434. — Ainsi, décidé que l'omission de la demeure, quoiqu'exigée par le réglement, n'est pas une cause de nullité. — *Cons. d'état*, 10 sept. 1823, Guyot c. Pauwels.

435. — Mais l'expression de *consorts*, dont on fait généralement abus dans certains actes judiciaires, *brevitatis causâ*, est insuffisante devant le conseil d'état pour conserver les droits de ceux qui sont compris sous cette désignation générale.

436. — C'est ainsi qu'il a été décidé que le pourvoi ne peut profiter qu'aux demandeurs dénommés dans la requête. — *Cons. d'état*, 1er août 1834, Mazel et Clet; — Chevalier, *Jurispr. adm.*, vo *Procédure*, t. 2, p. 329, chap. 1er, sect. 1re, § 2.

437. — Quant à l'omission de l'exposé des faits et moyens et du dépôt de la décision attaquée et autres pièces, s'il y a lieu, elle peut être réparée par une requête ampliative dont le dépôt est exigé dans un certain délai.

438. — M. de Cormenin s'élève, dans l'intérêt de la célérité et de la prompte expédition des affaires, contre cette admission des requêtes provisoires et sommaires. « Le réglement de 1806, dit-il (*loc. cit.*, p. 47, note 1re, *in fine*), n'autorise pas les requêtes sommaires ou provisoires. Les parties ont trois mois pour se pourvoir contre les décisions des autorités qui ressortissent au conseil d'état à dater du jour de la signification de ces décisions. Ce délai est suffisant pour qu'elles rassemblent leurs pièces, déjà produites le plus souvent par elles. »

439. — Cette opinion de M. de Cormenin est évidemment conforme à la lettre de la loi; toutefois, comme le fait remarquer M. Dufour (*loc. cit.*, no 262), et comme M. de Cormenin en convient lui-même (même note, *in fine*), il est désormais passé en maxime de droit commun devant le conseil d'état, comme devant la cour de Cassation, que l'introduction de l'instance peut être valable par le dépôt d'une requête provisoire; mais cette requête doit nécessairement contenir les conclusions indiquant l'objet du recours et mentionner exactement les noms des parties.

440. — Du reste, lorsqu'on n'a pas suppléé par un mémoire ampliatif à l'insuffisance de la requête provisoire, qu'on n'a pas produit la décision attaquée, et cela dans le temps suffisant et après l'avertissement officieux qui en est donné dans l'usage par une lettre du secrétaire général à l'avocat, alors le pourvoi formé sur la requête sommaire seulement est non-recevable. — *Cons. d'état*, 5 mars 1841, Briois; 30 juin 1841, Granger et Vignes; 31 janv. 1838, Berthe, et la note; —Dufour, *loc. cit.*, no 264; Serrigny, no 280 *in fine*; Cormenin, p. 46, note 1re.

441. — L'art. 2 du réglement de 1806 veut que « les requêtes et en général toutes les productions des parties soient déposées au secrétariat du conseil d'état : elles y sont inscrites sur un registre suivant leur ordre de date, ainsi que la remise qui en est faite à l'auditeur par le grand-juge pour préparer l'instruction. »

442. — La requête est soumise à un droit d'enregistrement fixe et invariable de 25 francs (L. 28 avr. 1816, art. 47); dès-lors les dispositions de la loi du 22 frim. an VII, art. 8, § 1er, no 30, ne lui sont pas applicables. — Serrigny, *ibid.*, no 281.

443.—Ce n'est point l'enregistrement qui donne date au recours, mais le dépôt au secrétariat par lequel seulement le conseil est saisi.

444. — Dans tous les cas, et lors même que les parties ont la faculté de transmettre leurs pièces par l'intermédiaire des préfets, ils doivent déposer leur requête ou veiller à ce que le dépôt en soit effectué au secrétariat du conseil dans les délais déterminés par l'art. 11 ci-après.—Serrigny, *ibid.*, no 282; Dufour, *loc. cit.*, no 267.

445.—En effet, si elle n'est déposée qu'après l'expiration de ces délais, la déchéance est prononcée contre le demandeur, encore bien qu'il eût déposé sa requête au secrétariat de la préfecture, et que le retard fût dû à un oubli, à une faute même de l'autorité locale.

446. — Ainsi doit être déclaré non-recevable, comme tardivement formé, le pourvoi qui n'a été enregistré au conseil d'état qu'après l'expiration des délais fixés par le décret du 22 juill. 1806. — *Cons. d'état*, 3 avr. 1841, Tavernier; — Dufour, *ibid.*, no 267; Foucart, t. 3, no 1930.

447. — Décidé même, en matière de contributions directes, que les pourvois au conseil d'état, contre les arrêtés des conseils de préfecture sont frappés de déchéance lorsqu'ils n'ont pas été enregistrés au secrétariat général du conseil d'état dans les trois mois de la notification faite au contribuable. Il ne suffit pas que la requête ait été déposée dans les trois mois au secrétariat de la préfecture. — *Cons. d'état*, 5 sept. 1836, le supérieur du petit séminaire de Nantes.

448.— Jugé encore que la signification au préfet du département et la transmission au secrétariat général du conseil d'état d'un acte extrajudiciaire par lequel un électeur déclare avoir déféré au conseil d'état les arrêtés du conseil de préfecture ne tient pas lieu de la requête introductive du recours annoncé. — *Cons. d'état*, 31 janv. 1838, Boyer c. Simonet; 2 mars 1839, Jarousse; 1er avr. 1841, Michau, et la note; — Cormenin, *loc. cit.*, p. 44, note 2e.

449.— ... Que l'acte extrajudiciaire par lequel on déclare vouloir se pourvoir contre un arrêté ne suffit pas pour saisir le conseil d'état; il ne peut suppléer à la requête. — *Cons. d'état*, 25 janv. 1817, Bouilliat c. régie des domaines; — Dufour, *loc. cit.*, no 268.

450. — Selon l'art. 3 (réglement 1806), « le recours au conseil d'état n'a point d'effet suspensif, s'il n'en est autrement ordonné. — Lorsque l'avis de la commission établie par le décr. 11 juin 1806 est d'accorder le sursis, il en est fait rapport au conseil d'état, qui prononce. »

451. — En matière civile, la règle générale de droit commun veut que l'appel soit suspensif. — C. procéd., art. 137 et 457. — Ici c'est l'inverse, et cette différence tient à la présomption d'urgence et de célérité, inhérente, pour ainsi dire, aux affaires administratives, et qui se rencontre au contraire rarement dans les affaires civiles. — Serrigny, no 284; Cormenin, p. 48, note 2e; Dufour, no 270.

452. — Ainsi jugé que le pourvoi au conseil d'état, n'étant point suspensif de sa nature, ne saurait empêcher l'exécution d'un arrêté de conseil de préfecture qui ordonne la démolition de bâtimens pour cause de ruine ou de vétusté. — *Cons. d'état*, 24 mars 1820, Josset c. administration des ponts et chaussées; 31 juill. 1822, Giraud c. Roux.

453. — Toutefois, nous trouvons une exception à cette règle dans l'ord. forest. du 1er août 1827, art. 117, ainsi conçue: « En cas de contestation sur l'état et la possibilité des forêts, et sur le refus d'admettre les animaux au pâturage et au panage dans certains cantons déclarés non défensables, le pourvoi contre les décisions rendues par les conseils de préfecture, en exécution des art. 64 et 67, C. forest., aura effet suspensif jusqu'à la décision rendue par nous en conseil d'état. »

454. — Et il a été jugé que cette disposition, quoique contraire au droit commun, ne contient aucun excès de pouvoir de la part du pouvoir exécutif, aucune violation de l'art. 13 de la Charte, et dès-lors est obligatoire. — *Cass.*, 5 juill. 1834, comm. de Marchienne c. Forêts.

455. — Le comité du contentieux organisé par le décr. 11 juin 1806, art. 24 et suiv., et rétabli par l'ordonn. du 18 sept. 1839, art. 26, a remplacé *la commission établie par le décr.* 11 juin dont parle l'art. 3 du réglement. Ce comité est seulement chargé de préparer le projet d'ordonnance sur le sursis; le conseil d'état tout entier doit prononcer.

456. — Il résulte clairement de ces dispositions de l'art. 3, que le conseil d'état peut seul prononcer sur la demande en sursis; et qu'un préfet, un ministre, dépasseraient les limites de leur compétence, en la recevant et y répondant. Ces derniers ont seulement le droit, en cas d'urgence, de suspendre l'exécution de leurs propres arrêtés; ce n'est pas là violer leur décision.

457. — Avant de prononcer sur la demande, le comité en ordonne quelquefois la communication au défendeur, dont les droits et les intérêts peuvent autant souffrir du défaut d'exécution que ceux du demandeur de l'exécution elle-même. — Cormenin, p. 49.

458. — Mais cela n'arrive que dans les cas ordinaires, et lorsque la destruction ou la perte de la chose litigieuse n'est pas irréparable; car, alors, le conseil d'état accorde le sursis sans communication préalable. La jurisprudence du conseil est constante sur ce point.

459. — Jugé qu'il y a lieu de surseoir à l'exécution d'une ordonnance qui a autorisé la vente aux enchères d'un ancien presbytère, et contre laquelle il y a pourvoi, lorsque d'une exécution immédiate il pourrait résulter pour le réclamant un préjudice irréparable. — *Cons. d'état*, 14 fév. 1 comm. de Brayen Singlais; — ord. 27 déc. 1 Guillon-Delamarre; 14 nov. 1834, Lecocq; 13 1823, Decaix.

460. — ... Que quand l'exécution d'un arrêté de conseil de préfecture peut nuire au service militaire et entraîner une commune dans des dépenses inutiles, il y a lieu pour le conseil d'état d'ordonner un sursis à son exécution, bien que le pourvoi formé par le ministre contre cet arrêté ait été déclaré non-recevable. — *Cons. d'état*, 8 fév. 1821, ville de Lyon.

461. — En général, lorsqu'il n'y a pas péril en la demeure, et que l'exécution de l'arrêté attaqué peut avoir des conséquences irréparables, s'il venait à ne pas être confirmé, c'est le cas d'accorder le sursis à l'exécution pendant la litispendance. — *Cons. d'état*, 6 août 1823, Lermerville c. Droin et Saint-Leu ; 5 mars 1841, comm. de Brienon-Larchevêque c. Denis ; 8 sept. 1824, Cretté.

462. — Il est quelquefois accordé des sursis à l'exécution des décisions ou contraintes lorsqu'elles n'ont rien d'urgent, et que les intérêts du trésor ne se trouvent nullement compromis par le sursis. — Cormenin, p. 49, *in fine*.

463. — Ainsi, la contrainte décernée par le ministre des finances contre un entrepreneur de travaux publics, faisant courir les intérêts des sommes dues, il n'y a aucun inconvénient à accorder un sursis, pendant la litispendance, à l'exécution de la contrainte, lorsque l'entrepreneur justifie qu'il possède des propriétés puissantes pour garantir au trésor royal le paiement des sommes réclamées. — *Cons. d'état*, 24 déc. 1823, Leblond ; — Chevalier, *Jurisp. adm.*, t. 2, p. 444.

464. — Il en est de même lorsque le dépôt à la caisse des consignations du montant des condamnations conserve tous les droits des parties. — *Cons. d'état*, 25 avr. 1834, Bouquet-Crouzier c. Meilheurat-Rossigneux.

465. — Le sursis peut aussi ne porter que sur une partie des dispositions d'un arrêté à raison duquel il y a recours au conseil d'état. — *Cons. d'état*, 9 sept. 1818, Bochard de Champigny c. Lecouturier de Courcy ; — Cormenin, *loc. cit.*, p. 50.

466. — Du reste, afin de parer à toutes les demandes de sursis dont on abuse fréquemment pour gagner du temps, le comité du contentieux est maintenant dans l'usage de les communiquer aux autorités, administratives afin qu'elles examinent si l'intérêt public leur permet de différer cette exécution ; et, dans le cas où elles s'y opposeraient, de répondre immédiatement sur le fond de la question. Le conseil d'état trouve alors dans leurs motifs de refus les élémens de sa propre décision. — Cormenin, v° *Mode de procéder devant le conseil d'état*, t. 1er, p. 50.

467. — « Art. 4. (réglement de 1806). — Lorsque la communication aux parties intéressées a été ordonnée par le grand-juge, elles sont tenues de répondre et de fournir leurs défenses dans les délais suivans : dans quinze jours, si leur demeure est à Paris, ou n'en est pas éloignée de plus de cinq myriamètres ; dans le mois, si elles demeurent à une distance plus éloignée dans le ressort de la cour d'appel de Paris ou dans l'un des ressorts des cours d'appel d'Orléans, Rouen, Amiens, Douai, Nancy, Metz, Dijon et Bourges ; — dans deux mois, pour les ressorts des autres cours d'appel de France ; — et à l'égard des colonies et des pays étrangers, les délais doivent être réglés ainsi qu'il appartiendra par l'ordonnance de *soit communiqué*. — Ces délais commencent à courir du jour de la signification de la requête à personne ou domicile par le ministère d'un huissier. Dans les matières provisoires ou urgentes, les délais peuvent être abrégés par le grand-juge. »

468. — C'est le grand-juge (garde des sceaux, président du conseil d'état) qui est chargé de rendre l'ordonnance de soit communiqué. Mais il est à remarquer que la communication de la requête n'est qu'un simple acte d'instruction (ord. 18 sept. 1839, art. 2), purement facultatif, qui ne préjuge rien et ne touche en rien au fond du débat ; autrement cette ordonnance ne pourrait émaner que du roi. — Serrigny, *loc. cit.*, n° 288 ; Dufour, *loc. cit.*, n° 273.

469. — L'art. 4 ne prévoit pas le cas où la communication pourra être ordonnée ; il s'occupe seulement de celui où elle l'est. Cela tient à ce que le décret du 11 juin 1806, auquel notre article se réfère, a prévu ce premier cas dans son art. 29, dont voici les termes : « Sur l'exposé de l'auditeur, le grand-juge ordonnera, *s'il y a lieu*, la communication aux parties intéressées, pour répondre et fournir leurs défenses dans le délai qui sera fixé par le réglement. » — Ces mots *s'il y a lieu* justifient pleinement ce que nous avons dit au numéro précédent, que la communication est un acte facultatif.

470. — Dans l'origine, et jusqu'en 1830, le conseil d'état usait de son droit de rejeter immédiatement les requêtes qui ne lui paraissaient pas sérieuses et dignes d'un débat contradictoire. Mais depuis que les ordonnances de 1831 ont établi la publicité des audiences, la communication de toutes les requêtes est devenue presque une nécessité, tellement il faudrait admettre le demandeur à plaider, devant le conseil tout entier, la fin de *non-recevoir*, avant et à part les moyens du fond.

471. — M. de Cormenin (v° *Rejet des requêtes*, t. 1er, p. 87, note 1re) blâme ce nouveau mode de procéder, et s'efforce de démontrer que l'ancien est de beaucoup préférable et devrait encore être suivi ; mais son système est combattu, avec raison, selon nous, par M. Serrigny (t. 1er, n° 76). En effet, dit ce dernier auteur, si l'organisation première permet d'abréger l'instruction des recours évidemment mal fondés, elle allonge en pure perte l'instruction et le jugement des affaires dans lesquelles le pourvoi est admis. Il faut alors deux instructions et deux arrêts : l'un devant la section des requêtes et l'autre devant la section civile. Tout cela ne se fait pas sans perte de temps et d'argent. S'il y a célérité et économie pour les affaires dans lesquelles la requête est rejetée, il y a lenteur et augmentation de frais pour celles dont le pourvoi est admis. Il pourrait bien se faire que la balance des inconvéniens l'emportât sur celle des avantages, etc.

472. — L'ordonnance du garde des sceaux qui prescrit la communication de la requête est mise en bas ou en marge ; elle est ainsi conçue : « Soit la présente requête *communiquée*, par le premier huissier des lieux, à N..., à l'effet de quoi il peut, si bon lui semble, faire prendre connaissance, au secrétariat du comité du contentieux, desdites requêtes et des pièces à l'appui, pour y faire ses défenses dans les délais du réglement. » — Cet acte est de même nature que celui dont il est parlé dans le § 2, art. 72, C. procéd. civ. — Serrigny, n° 290.

473. — La fixation des délais mentionnés dans notre article est sanctionnée par le décret du 11 juin 1806 (art. 29), dont le § 2 porte : « A l'expiration du délai, il sera passé outre au rapport. »

474. — La teneur de l'ordonnance doit être, avons-nous dit, en marge ou au pied de la requête ; cependant il a été jugé qu'elle est suffisamment notifiée par l'exploit de signification de la requête en pourvoi. — *Cons. d'état*, 18 janv. 1831, Bouchet c. Bally ; — Dufour, *loc. cit.*, n° 273.

475. — Il ne s'agit ici que des requêtes introduites contre une personne civile ou privée : le mode de notification des requêtes dirigées contre le gouvernement est réglé par les dispositions de l'art. 17. — V. *infrà* n° 579.

476. — « La signature de l'avocat au pied de la requête, soit en demande, soit en réponse, vaut constitution et élection de domicile chez lui. » — Réglem. 22 juill. 1806, art. 5.

477. — En matière civile, les parties peuvent élire domicile où bon leur semble (C. proc., art. 61 1°). Cette faculté n'existe pas en matière administrative ; l'élection de domicile a toujours lieu chez l'avocat.

478. — Le demandeur peut, dans la quinzaine, après les défenses fournies, donner une seconde requête, et le défendeur répondra dans la quinzaine suivante. Il ne peut y avoir plus de deux requêtes de la part de chaque partie, y compris la requête introductive. — Réglem. 22 juill. 1806, art. 6.

479. — Les dispositions sont plus favorables au défendeur que celles du Code de procédure (art. 77 à 85) sur lesquelles elles ont été calquées et qui ne lui permettent qu'une enquête en matière civile. — Serrigny, n° 292.

480. — La tolérance des requêtes sommaires porte même à trois, au lieu de deux, le nombre des requêtes que le demandeur peut produire. Ajoutons encore que, dans les affaires importantes, indépendamment des requêtes, on fait aussi distribuer des mémoires imprimés, mais ils n'entrent jamais en taxe.

481. — « Lorsque le jugement est poursuivi contre plusieurs parties, dont les unes auraient fourni leurs défenses et les autres seraient en défaut de les fournir, il doit être statué à l'égard de toutes par la même décision. » — Réglem. 22 juill. 1806, art. 7.

482. — C'est là une des dispositions du réglement qui en fait le mieux ressortir l'esprit ; elle a pour objet d'éviter les lenteurs que nécessite, en matière civile, par exemple, la réassignation de la partie défaillante (C. procéd., art. 153) ; mais, comme le fait remarquer avec raison M. Serrigny (n° 293), il faut que les parties en retard de fournir leurs moyens aient le même intérêt que celles qui les ont fournis.

483. — « Les avocats des parties peuvent prendre communication des productions de l'instance au secrétariat, sans frais. — Les pièces ne pourront en être déplacées, si ce n'est qu'il y en ait minute ou que la partie y consente. » — Réglem. 22 juil. 1806, art. 8.

484. — Lorsqu'il y a déplacement de pièces, le récépissé, signé de l'avocat, doit porter son obligation de les rendre dans un délai qui ne peut excéder huit jours ; et, après ce délai expiré, le grand-juge peut condamner personnnellement l'avocat à dix francs au moins de dommages-intérêts par chaque jour de retard, et même ordonner qu'il soit contraint par corps. — *Ibid.*, art. 9.

485. — « Dans aucun cas, les délais pour fournir ou signifier requête ne peuvent être prolongés par l'effet des communications. » — Art. 10.

486. — Ces dispositions, empruntées au Code de procédure civile (art. 189 et 190), sont rigoureuses ; toutefois, la pratique les a rendues simplement comminatoires dans l'intérêt même des parties, qui commande souvent de modérer la rapidité de l'instruction.

487. — Le recours au conseil contre la décision d'une autorité qui y ressortit n'est pas recevable après trois mois du jour où cette décision a été notifiée. » — Réglem. 22 juill. 1806, art. 11.

488. — Comment doivent se compter les mois pendant lesquels le recours est ouvert ? — Le calendrier grégorien étant reconnu comme ayant force de loi en France, il est certain qu'ils doivent se compter et qu'ils se comptent d'après ce calendrier, c'est-à-dire du quantième d'un mois au quantième d'un autre mois, quel que soit le nombre de jours dont chaque mois se trouve composé. — Dufour, *loc. cit.*, n° 281.

489. — Mais doit-on comprendre dans le délai le jour de la signification et celui de l'échéance ?

490. — Le conseil d'état avait d'abord adopté l'affirmative. — *Cons. d'état*, 17 juin 1818, Huot c. agent du trésor.

491. — Mais depuis il est revenu à une jurisprudence opposée : il ne comprend donc dans le délai, conformément à l'art. 1033, C. procéd., ni le jour *a quo* ni le jour *ad quem*. — *Cons. d'état*, 15 juill. 1832, min. des fin. c. Reculot ; 14 déc. 1843, Colonna c. Castelli. — V. Cormenin, *Droit administratif*, t. 1er, v° *Mode de procéder devant le conseil d'état*, t. 1er, p. 55, en note ; Serrigny, t. 1er, n° 296 ; Foucart, *Elém. de dr. publ. et adm.*, 3e édit., t. 3, n° 1933 ; Dufour, *Droit adm. appl.*, t. 1er, n° 281. — Les mots *après trois mois*, qui se trouvent dans l'art. 11 du réglement indiquent, en effet, suffisamment que les mois doivent être *francs*.

492. — Dès-lors, le pourvoi formé le 13 août contre un arrêté signifié le 12 mai précédent est recevable. — *Cons. d'état*, 20 juill. 1832, ville de Troyes c. Chaumont.

493. — Le réglement de 1806 ne s'explique pas sur le mode de notification ; or, d'après la distinction admise par le conseil d'état, ce mode varie selon que les décisions à notifier ont été prises entre particuliers ou corporations, ou bien entre les particuliers et l'état.

494. — Dans le premier cas, la jurisprudence a établi, par une foule de décisions, qu'il était nécessaire, pour faire courir le délai de trois mois, que la décision fût notifiée à personne ou domicile, conformément à l'art. 143, C. proc. civ. — V. notamment *Cons. d'état*, 1er fév. 1813, régie des domaines c. François ; 6 sept. 1826, Coquet c. commune de Saint-Waast ; 5 nov. 1828, Regnault c. comm. de Frolori ; — Cormenin, *loc. cit.*, p. 54, et les autres auteurs déjà cités.

495. — Dans le second cas, la jurisprudence admet qu'une notification administrative, telle qu'une lettre des ministres, ou des directeurs généraux, chefs de bureaux ou autres agens à ce spécialement délégués, à Paris, et des préfets, intendans militaires, directeurs des contributions directes et autres agens, dans les départemens, est suffisante aujourd'hui pour faire courir les délais d'appel contre les parties condamnées. — *Cons. d'état*, 27 fév. 1836, comm. des Angles ; 6 avr. 1836, Hutter c. min. de la guerre ; 24 mai 1836, comm. de Saint-Jean c. d'Allis ; 22 nov. 1836, ville de Château-Thierry c. min. des finances ; 13 août 1840, Gosselin.

496. — Cette distinction se trouve, du reste, nettement consacrée par l'ordonnance réglementaire du 31 août 1828 (art. 4), sur le mode de procéder devant les conseils privés des colonies. — V. CONSEIL PRIVÉ DES COLONIES, sect. 2e § 1er.

497. — M. de Cormenin (t. 1er, p. 57) considère ce dernier mode comme très irrégulier, sans doute parce que la distinction, établie par le conseil d'état, n'est fondée sur aucun texte formel du réglement de 1806.

498. — M. Serrigny (n° 298) répond à cette objection par des considérations puissantes qui suffisent, selon nous, pour justifier rationnellement, sinon légalement, les solutions de la jurisprudence.

499. — Mais aucun de ces motifs ne peut lui-même (n° 299) s'appliquer au cas où il s'agit d'actes rendus entre particuliers ou corporations. Il y a nécessité pour eux de rester dans le droit commun ; le ministère des huissiers leur est dès-lors indispensable pour ces sortes de notifications.

300. — La signification par exploit est également nécessaire de la part des simples particuliers, à l'effet de faire courir contre l'état le délai du pourvoi. — *Cons. d'état*, 30 sept. 1830, minist. des fin. c. Joly. — D'un côté, en effet, les particuliers qui ont obtenu gain de cause ne peuvent signifier eux-mêmes la décision qu'ils ont obtenue aux agens du gouvernement; d'un autre côté, ces derniers ne peuvent se les signifier par la voie administrative à l'effet de se forclore, suivant la règle que *Nul ne se forclôt soi-même*. — Serrigny, n° 300.

301. — Ainsi, la notification faite en pareil cas au ministre, par le préfet, d'un arrêté du conseil de préfecture, ne peut suppléer la signification par huissier, et elle ne fait par conséquent pas courir les délais du pourvoi. —*Cons. d'état*, 27 août 1833, minist. de la guerre c. Lavallée.

302. — Ainsi encore, en matière de domaines engagés, l'expédition d'un arrêté, adressée par le préfet au directeur des domaines des départemens, ne peut tenir lieu d'une signification. — *Cons. d'état*, 3 mai 1832, minist. des fin. c. Vazerat.

303. — Cependant cette règle du droit civil : *Nul ne se forclôt soi-même*, ne doit pas être appliquée d'une manière absolue.

304. — Ainsi il a été jugé qu'une commune ne peut se pourvoir contre une décision plus de trois mois après la signification que son maire en a faite à son adversaire. — *Cons. d'état*, 14 déc. 1836, comm. de Miltery c. Thibaudier.

305. —... Que la signification d'un arrêté du conseil de préfecture, faite à la requête du préfet de la Seine, fait courir le délai du pourvoi contre l'auteur de la signification lui-même. — *Cons. d'état*, 15 juill. 1842, Préfet de la Seine c. de la Frenaye ; 25 août 1841, comm. de Saint-Étienne-du-Bar.

306. — Il faut bien reconnaître aussi que le mode de signification par voie administrative offre des inconvéniens dans l'intérêt de l'état lui-même, car il doit toujours justifier de la signification à la partie, prouver la date; or, comme c'est la partie qui a l'original, puisque cet original consiste en une simple lettre, il peut arriver souvent que la preuve de la signification devienne impossible.

307. — Aussi a-t-il été décidé que, lorsqu'il n'est pas justifié qu'un arrêté du conseil de préfecture a été signifié à la partie contre laquelle il a été rendu, ni qu'il a été exécuté par elle, cet arrêté peut être argué de nullité devant le conseil d'état, bien qu'il ne soit écoulé quinze ans depuis sa prononciation. — *Cons. d'état*, 2 janv. 1838, Gruter.

308. — Mais est non-recevable le recours formé contre une décision ministérielle, plus de trois mois après la réception de la lettre renfermant cette décision. —*Cons. d'état*, 26 juill. 1837, Lemaire c. min. de la just. ; même jour, Comp. à bateaux à manège de Cubzac.

309. — Il y a même raison de décider, dans le sens de ce dernier arrêt, toutes les fois qu'on peut prouver que la notification a eu lieu, ou que la décision a été connue du réclamant, ou exécutée par lui volontairement, ce qui emporte fin de non recevoir. — C. procéd., arg. art. 443, § 3 ; — Serrigny, n° 301.

310. — Mais le plus souvent c'est chose assez difficile, et les administrations perdent alors les bénéfices de la notification, faute de preuves à cet égard.

311. — Pour remédier à ces inconvéniens et s'assurer que la notification a été faite, on devrait toujours prendre la précaution exigée par l'ordonnance du 31 août 1828, art. 6, relative au mode de procéder devant le conseil privé des colonies. Cette précaution consiste en un récépissé daté et signé, soit par la personne à laquelle la notification est faite, soit, si la notification est faite à un domicile élu, par la personne chez laquelle a été faite l'élection du domicile; soit enfin, si la notification est faite au parquet du procureur général, par ce magistrat ou son substitut. — V. conseil privé des colonies.

312. — Le conseil d'état, du reste, vient, en pareil cas, au secours des autorités administratives, et se montre très facile sur le mode et sur la justification des notifications qu'elles invoquent comme ayant fait courir le délai du recours à leur profit, ou au profit de l'état.

313. — Ainsi, notamment, il a été décidé que l'ordonnance portant concession d'une pension qui a été insérée au *Bulletin des lois* ne peut être attaquée après la délai d'un règlement du 22 juill. 1806. — *Cons. d'état*, 23 avr. 1837, duc de Clermont-Tonnerre c. min. des finances. — C'est l'application de cette règle : « *Nemo censetur ignorare legem*. »

314. — ... Et que le délai d'un pourvoi court au profit de l'administration du jour où le demandeur a fait un acte supposant qu'il avait alors connaissance pleine et entière de la décision attaquée. —

Cons. d'état, 29 janv. 1841, de Champigny-Soutif ; 4 juill. 1838 (impl.), élections de Balma.

315. — Le délai de trois mois qui court contre les particuliers court également contre les personnes civiles soumises aux mêmes prescriptions qu'eux (C. civ., art. 2227). C'est un point constant en jurisprudence. — Foucart, *loc. cit.*, n° 1934; Dufour, *ibid.*, n° 283 ; Serrigny, *ibid.*, n° 306 ; Cormenin, *ibid.*, p. 54 ; Laferrière, *Cours de droit public et administratif*, p. 649, v° *Justice administrative*, § 3.

316. — Décidé, en conséquence, qu'il court contre les communes. — *Cons. d'état*, 25 fév. 1818, comm. de Marsillargues ; 9 mars 1832 (impl.), Dumas c. comm. de Vogüé.

317. — ... Contre le trésor.—*Cons. d'état*, 28 juill. 1819, Damou c. Sala.

318. — ... Contre les fabriques, hospices et autres établissemens. — Foucart, t. 3, p. 389.

319. — ... Contre l'état et les ministres lorsqu'ils exercent le recours dans l'intérêt des administrations dont ressortissent à leur département. — *Cons. d'état*, 4 juill. 1838, min. des travaux publics c. Moreau-Rolland ; 5 juill. 1826, min. des finances c. Lenormand ; — Foucart, *loc. cit.*, n° 1934.

320. — ... Contre les mineurs. — *Cons. d'état*, 14 mai 1817, Saltier c. Duhamel.

321. — Il suffit, d'après cette dernière ordonnance, pour faire courir les délais, que la signification en ait été faite aux tuteurs. — Cormenin, *loc. cit.*, p. 56.

322. — D'où il résulte non seulement que le privilège que confère aux mineurs l'art. 2252, C. civ., ne peut leur servir dans les pourvois devant le conseil d'état, mais qu'ils ne jouissent même pas du bénéfice des dispositions de l'art. 444, C. procéd. civ., qui ne fait courir le délai d'appel contre eux qu'à partir de la signification faite aux subrogés-tuteurs.

323. — La déchéance prononcée par l'art. 11 contre les pourvois formés après les trois mois qui suivent la notification de la décision attaquée est d'ordre public et peut être prononcée même d'office.— *Cons. d'état*, 7 juin 1826, de Watigny ; — Cormenin, v° *Mode de procéder devant le conseil d'état*, t. 1er, p. 53.

324. — M. Serrigny (*loc. cit.*, n° 307), distinguant selon que le pourvoi est dirigé contre l'état ou formé contre un simple particulier, pense que, dans ce dernier cas, l'expiration du délai ne peut constituer une exception d'ordre public; les raisons qu'il en donne nous paraissent d'autant plus concluantes que le système constitue en conséquence le conseil d'état dans la nécessité de juger *ultrà petita*, en admettant une fin de non-recevoir qui n'existerait pas en fait.

325. — Pour remédier à la déchéance encourue, certaines parties avaient imaginé de renouveler leur prétention première, et de provoquer une seconde décision, contre laquelle ils pussent user du recours ; mais la jurisprudence a constamment fait justice de ces voies détournées en rejetant le pourvoi formé contre les deux arrêtés. — Dufour, *loc. cit.*, n° 285 ; Serrigny, *ibid.*, n° 308.

326. — Ainsi, n'est pas recevable le recours contre des arrêtés d'un conseil de préfecture qui ne sont que la conséquence et l'exécution de précédens arrêtés, si on n'a déféré ces derniers au conseil d'état dans les délais du règlement. — *Cons. d'état*, 4 juill. 1837, Bouteron c. Mérict.

327. — De même est non-recevable le pourvoi contre une décision ministérielle qui ne fait que se référer à une décision antérieure, si celle-ci n'a pas été attaquée dans le délai légal.—*Cons. d'état*, 5 déc. 1837, ville de Toulouse c. min. de l'int.

328. — Les dispositions de l'art. 451, C. procéd., relatives aux délais de l'appel, sont applicables aux affaires administratives contentieuses.

329. — Il en est de même de la règle écrite dans l'art. 447, C. procéd. civ. — Ainsi, lorsque la partie adverse est décédée après la signification de l'arrêté attaqué, le délai de recours est suspendu, et, pour le faire courir, une nouvelle signification doit être faite aux héritiers. — *Cons. d'état*, 18 août 1833, Renier c. Guaita.

330. — Mais le pourvoi au conseil d'état contre un arrêté interlocutoire contenant un chef définitif et un chef préparatoire, doit être, comme le pourvoi contre un arrêté de tout point définitif, formé dans le délai de trois mois à partir de la signification, sous peine de déchéance.—*Cons. d'état*, 3 déc. 1817, Danthon c. admin. des domaines.

331. — Il en est de même de la règle écrite dans l'art. 457, C. procéd. civ. — Ainsi, lorsque la partie adverse est décédée après la signification de l'arrêté attaqué, le délai de recours est suspendu, et, pour le faire courir, une nouvelle signification doit être faite aux héritiers. — *Cons. d'état*, 18 août 1833, Renier c. Guaita.

332. — Les moyens de nullité proposés contre la signification des arrêtés attaqués devant le conseil d'état rentrent dans sa compétence, lorsqu'ils tiennent à la forme extérieure de l'acte de signification.—

333. — Spécialement, l'exploit de signification d'un arrêté de préfecture, rendu contre une commune, ne fait pas courir les délais du pourvoi s'il n'a pas été visé par le maire, ou, en son absence, par l'un des fonctionnaires désignés par l'art. 69, n° 5, combiné avec l'art. 70 , C. procéd. civ.— *Cons. d'état*, 23 juill. 1823, hospices de Strasbourg c. comm. de Rheinhards-Munster.

334. — Mais si un citoyen soutient qu'une décision n'a pas été signifiée à son vrai domicile, cette présentation soulève une question de domicile qu'il n'appartient qu'aux tribunaux de résoudre, et qui doit faire sursoir au jugement de la cause soumise à l'autorité administrative. — *Cons. d'état*, 6 avr. 1836, Gay de Taradel.

335. — Les questions de domicile sont considérées par le conseil d'état comme des questions incidentes appartenant aux tribunaux ordinaires qui doivent le garantir, comme s'acquérant et se perdant par les moyens du droit commun. — Serrigny, n°310.

336. — Ce motif, quelque puissant qu'il puisse être, ne suffit pas, selon M. Serrigny (*loc. cit.*), pour justifier cette décision. En effet, dans l'espèce soumise au conseil d'état, la question de domicile n'était pas la question principale; elle n'était que l'accessoire d'une instance déjà pendante devant un tribunal administratif. Chacun d'eux, qu'une exception portant sur la validité ou le régularité d'un acte de procédure et que devait résoudre le conseil d'état, juge du fond.

337. — Nous partageons entièrement cette opinion , et nous croyons que le système du conseil d'état est contraire aux vrais principes et à l'esprit du règlement de 1806, qui veut toujours et partout une procédure prompte, rapide et sommaire. Or, d'après cette décision, toute partie pourrait arrêter, à son gré, le cours de la procédure en élevant des incidens de cette nature.

338. — Le recours au conseil d'état, dans l'intérêt de la loi, est encore ouvert après l'exécution dans le délai de trois mois aux ministres comme chargés de tout ce qui tient à l'exécution des lois, spécialement dans l'ordre administratif. Chacun d'eux a donc le droit de se pourvoir, pour violation de la loi ou incompétence , contre les arrêtés des autorités ressortissant à son département.—*Cons. d'état*, 3 sept. 1836 , min. de l'int. ; 8 fév. 1838, min. des fin. c. comm. de Sainte-Anastasie, Blanzac et Bouteville ; 26 nov. 1841, min. des trav. publ. c. Vollier; 30 déc. même année, min. des trav. publ. c. Serruret, et la note; 11 août 1841, Poupas.

339. — Mais lorsqu'un ministre s'est pourvu au conseil d'état dans l'intérêt de la loi, il n'y a pas lieu de statuer en ce qui concerne les parties intéressées qui n'ont pas été mises en cause.— *Cons. d'état* , 23 avr. 1823, Laporte.

340. — Les pourvois dans l'intérêt de la loi ne peuvent donc être présentés par les ministres qu'après les délais accordés aux parties pour se pourvoir, et dans le cas seulement où les chefs sur lesquels portent les pourvois n'ont pas été déférés au conseil par les parties elles-mêmes. — *Cons. d'état*, 8 avr. 1842 , Duvergier et le minist. de l'intér. c. Récordère.

341. — En matière administrative, l'incident peut-il, comme en matière civile (C. procéd., art. 443) , interjeter appel incident en tout état de cause?

342. — Malgré toutes les raisons qui peuvent militer pour l'affirmative, et que M. Serrigny (n° 315) fait valoir avec beaucoup d'autorité, la question a été jugée négativement le 16 avril 1835 (Perret). L'appel incident ne peut donc être reçu postérieurement aux délais fixés par le règlement (art. 11).

343. — Si la décision administrative n'avait pas été notifiée, évidemment le recours serait toujours admissible.

344. — Le jugement ou l'arrêté non signifié en effet aucune existence légale pour celui contre lequel il est rendu, et la prescription même trentenaire ne peut lui être opposée, s'il n'a fait aucun acte d'exécution : *Contrà non valentem agere non currit præscriptio*. — Dufour, *loc. cit.*, n° 287.

345. — C'est du reste en ce sens que la cour de Cassation et le conseil d'état ont décidé la question.—*Cass.*, 26 nov. 1834, comm. de Belesta, Porgaz et Laguillon c. duc de Larochefoucauld, 25 avr. 1839 , comm. de Baleroy; — Serrigny, *loc. cit.*, n° 345.

346. — Il n'en serait pas de même si la décision administrative n'était pas suivie d'exécution ; le droit d'interjeter appel d'un jugement non signifié se prescrit par trente ans. — *Cass.*, 15 nov. 1830, préfet de la Meurthe c. Salzmann.

347. — « Lorsque, sur un pourvoi fait dans le délai ci-dessus prescrit, il aura été rendu une arrêt

donnance de *soit communiqué*, cette ordonnance doit être signifiée dans le délai de trois mois, sous peine de déchéance. » — Réglem. 22 juill. 1806, art. 12.

548. — L'application textuelle de cette disposition a été faite par un grand nombre de décisions du conseil d'état. — *Cons. d'état*, 22 nov. 1811, Smith c. la comm. de Sarrelouis; 18 août 1811, le navire *la Flora* c. le corsaire *le Vigilant*; 22 nov. 1836, Marteau; 8 mai 1841, Berdoly c. le département de la Gironde; 1er nov. 1837, comm. de Montaud; 25 avr. 1820, Desnoyers c. les communes d'Orsy et de Coulanges; 19 juill. 1826, Andron; 18 janv. 1826, Boizet.—V. aussi Chevalier, *Jurispr. admin.*, vo *Procédure*, t. 2, p. 340; Cormenin, *loc. cit.*, p. 59, note 1re.

549. — Jugé même qu'il en est ainsi, encore bien que l'arrêté attaqué n'ait point été signifié à la partie qui a formé le pourvoi. — *Cons. d'état*, 8 mars 1814, Étignard; — Cormenin, *ibid.*

550. — Dans tous les cas, la déchéance peut être prononcée d'office par le conseil d'état, car, d'après les termes de l'art. 12, elle est prononcée à titre *de peine*. Il n'en est pas ainsi des fins de non-recevoir, qui ne peuvent être suppléées d'office que dans le cas seulement d'un pourvoi tardivement dirigé contre l'état (V. *suprà* no 523).—Serrigny, *loc. cit.*, no 317; Dufour, no 290; Cormenin, p. 59, *in fine*.

551.—Le réglement garde le silence sur le point de départ de ce délai de trois mois : il faut regarder comme telle la date de l'ordonnance rendue par le garde des sceaux au bas de la requête en pourvoi. — Serrigny, *loc. cit.*, no 316.

552. — Nous avons vu (*suprà* nos 489 et s.) que, d'après la nouvelle jurisprudence du conseil d'état, le jour de la signification et celui de l'échéance ne devaient pas être comptés dans les délais du pourvoi. Le terme *après*, qui se trouve dans le texte de l'art. 11, nous semblait péremptoire à cet égard. Mais ici l'expression n'est plus la même; le mot *dans*, dont se sert l'art. 12, nous semble renfermer une idée plus restrictive et nécessite une distinction entre le jour où l'ordonnance est rendue et celui où le délai expire. — Pour être dans le délai, il ne faut pas sortir du délai, il faut donc y comprendre le jour de l'échéance.— Serrigny, no 316.

553. — La notification ne peut être suppléée par l'assignation à comparaître devant le conseil d'état que le demandeur aurait signifiée à son adversaire avant de déposer la requête contenant son recours. — *Cons. d'état*, 1er nov. 1837, comm. de Montaud; Serrigny, *ibid.*

554. — La signification de l'ordonnance de soit communiqué se fait par exploit d'huissier, à la personne ou domicile du défendeur, entre particuliers ou corporations (Arg. de l'art. 30 du régl. de 1738, et de l'art. 4, § 6, décr. 22 juill. 1806); entre les particuliers et les ministres représentant l'état, par l'intermédiaire du garde des sceaux (décr. 22 juill. 1806, art. 16 et 17).

555. — L'ordonnance de soit communiqué doit être signifiée exactement à toutes les personnes contre lesquelles le pourvoi est dirigé : leur *nom* est indispensable; mais elle ne peut être signifiée surabondamment et par extension à une personne qui ne figure pas au procès. — Cormenin, *loc. cit.*, p. 59.

556.— Aussi lorsque, par suite d'une fausse indication de nom, une ordonnance de soit communiqué a été signifiée à un individu étranger à la cause, les frais doivent-ils en être supportés par la partie qui a fait la fausse indication. — *Cons. d'état*, 20 nov. 1822, Fourson c. Delaboureys.

557. — « Ceux qui demeurent hors de la France continentale ont, outre le délai de trois mois énoncé dans les deux articles ci-dessus, celui qui est réglé par l'art. 73, C. procéd. civ. » —Réglem. 22 juill. 1806, art. 13.

558.—Cette rédaction est littéralement la même que celle de l'art. 445, C. procéd. civ. — Il en résulte que, dans la France continentale, le délai est le même pour toutes les parties. —C'est évidemment un résultat regrettable, car les délais ne devraient pas être les mêmes pour le défendeur qui habite Paris que pour ceux qui habitent les extrémités de la France. Le système de graduation adopté par l'art. 4 est plus juste et plus rationnel.

559. — Les délais fixés par les trois articles 11, 12 et 13 sont de rigueur. Les cas de force majeure, tels que les événemens des cent-jours, en 1815, ou autres semblables, ont pu et peuvent seuls motiver des relevés de déchéance.—Ord. 29 nov. 1815.

560. — « Si, d'après l'examen d'une affaire, il y a lieu d'ordonner que des faits ou des écritures soient vérifiés, ou qu'une partie soit interrogée, le grand-juge désigne un maître des requêtes ou commet sur les lieux; il règle la forme dans laquelle il sera procédé à ces actes d'instruction. » — Réglem. 22 juill. 1806, art. 14.

561. — Le conseil d'état a donc, comme tous les tribunaux civils, le droit de surseoir et de recourir à toutes mesures qu'il croit nécessaires et propres à éclairer sa religion. Ainsi, il peut ordonner des mises en cause, des enquêtes, des interrogatoires, des rapports d'experts, des descentes sur les lieux, des auditions de témoins, des vérifications d'écriture, etc. — Ord. réglem. 31 août 1828, art. 81.

562. — Décidé, en conséquence, que l'annulation d'un acte de vente administratif attaqué comme ayant eu pour objet une propriété privée, et non un domaine de l'état, ne peut être accueillie qu'après la solution de la question de propriété, et qu'il y a lieu de surseoir jusqu'après la décision des tribunaux à cet égard. — *Cons. d'état*, 29 août 1834, Leterme c. admin. des domaines.

563. — Lorsque les pièces produites ne suffisent pas pour éclairer les questions à résoudre et qu'il importe de connaître les actes administratifs concernant les biens à raison desquels l'indemnité est réclamée, il y a lieu de surseoir et d'ordonner l'apport de ces pièces. — *Cons. d'état*, 29 août 1834, min. des fin. c. Guyet.

564. — Lorsque les parties sont en désaccord sur les faits, il y a lieu de surseoir pour compléter l'instruction. — *Cons. d'état*, 27 juin 1834, préfet du Bas-Rhin c. Auerbacher; 19 déc. 1834, Hadji-Mohammed-Edmin-Zecca; 6 juin 1834, comm. de Coligny c. Amard; — Dufour, *loc. cit.*, no 295.

565. — Si une instruction n'est pas assez complète, le conseil d'état peut surseoir à statuer jusqu'après une instruction nouvelle. — *Cons. d'état*, 29 août 1821, Nausé.

566. — Dans un procès contre l'état, lorsque le ministre n'a pas été mis à même de contredire de nouvelles conclusions, il y a lieu de surseoir à statuer jusqu'à ce que ces conclusions lui aient été communiquées. — *Cons. d'état*, 15 sept. 1831, Mejan c. min. des fin.

567. — Quand la difficulté roule sur la teneur d'un acte de vente nationale et que l'avocat d'une partie cite à l'audience une pièce non produite jusque là qui diffère de l'acte de vente lui-même, c'est le cas d'ordonner la communication et de surseoir à cet effet.—*Cons. d'état*, 2 mars 1832, Goupil.

568. — Lorsque, devant le conseil d'état, l'une des parties en cause excipe d'un acte authentique, notamment d'un acte d'adjudication nationale qui n'est pas représenté et qui serait de nature à trancher le litige, il y a lieu de surseoir à statuer jusqu'à ce que cet acte ait été produit. — *Cons. d'état*, 10 janv. 1834, Pernot; 31 janv. même année, Grégoire.

569.— Lorsque, dans une instance pendante au conseil d'état, il a été produit un rapport d'experts, et que les pièces qui ont servi de base au travail des experts n'y sont pas annexées, il y a lieu de surseoir à statuer jusqu'à ce que ces pièces aient été déposées au secrétariat du conseil et contradictoirement débattues. — *Cons. d'état*, 15 mai 1835, Huyot.

570. — Il a même été jugé qu'il appartient au conseil d'état de nommer un curateur à un mort civilement qui veut plaider devant lui. — *Cons. d'état*, 22 juill. 1835, Jeanne.

571. — D'après la loi nouvelle du 19 juill. 1845 sur le conseil d'état, un comité spécial, indépendamment des comités établis en exécution de l'art. 13 (V. *suprà* no 191), étant chargé de diriger l'instruction écrite et de préparer le rapport de toutes les affaires contentieuses, il en résulte que l'intervention du conseil d'état n'est même pas nécessaire pour prescrire les diverses mesures d'instruction qui sont jugées utiles; elles sont le plus souvent ordonnées à la demande du comité du contentieux par une simple ordonnance du garde des sceaux; c'est là un avantage que n'offre pas la procédure judiciaire.—V. aussi ord. réglem. 18 sept. 1839, art. 26.

572. — En résumé, le conseil d'état a, pour l'appréciation des faits qui sont dévolus à sa juridiction, une latitude comparable à celle d'un jury.— Serrigny, *loc. cit.*, no 321.

573. — « Dans tous les cas où les délais ne sont pas fixés par le présent décret, ils seront déterminés par l'ordonnance du grand-juge (aujourd'hui le garde des sceaux) ». — Décr. réglem. 22 juill. 1806, art. 15.

§ 2. — *Affaires contentieuses introduites sur le rapport d'un ministre.*

574. — L'art. 16 du réglement du 22 juill. 1806 porte : « Dans les affaires contentieuses introduites au conseil sur le rapport d'un ministre, il sera donné, *dans la forme administrative ordinaire*, avis à la partie intéressée de la remise faite au grand-juge des mémoires et pièces fournis par les agens du gouvernement, afin qu'elle puisse prendre communication dans la forme prescrite aux art. 8 et 9, et fournir ses réponses dans le délai du réglement. Le rapport du ministre ne sera pas communiqué. »

575. — Lorsque le gouvernement est demandeur dans une instance au conseil d'état, comme le suppose l'art. 16, il se trouve dispensé de la nécessité de déposer une requête au secrétariat du conseil, de constituer un avocat, d'obtenir et de faire signifier par le ministère d'huissier une ordonnance de soit communiqué. Seulement le délai du recours est le même pour lui que pour les particuliers.

576. — Aujourd'hui les ministres n'introduisent plus leurs recours en matière contentieuse par rapports au roi, mais par lettres au garde des sceaux. — Serrigny, no 322; Dufour, no 304; Cormenin, p. 63.

577. — La dispense du ministère d'avocats aux conseils, accordée aux ministres, est fondée sur le même motif qui dispense l'état de constituer avoué pour paraître devant les tribunaux ordinaires (arrêté du 10 therm. an IV, art. 1er); mais elle est purement facultative; ils peuvent donc y recourir quand ils le veulent, et surtout quand la gravité de l'affaire semble l'exiger.

578. — Ce privilége accordé à l'état, par le réglement de 1806, s'étend aux administrations qui sont chargées d'une partie des revenus de l'état; mais les unes, telles que celles du domaine et de l'enregistrement et des contributions indirectes, usent rarement de cette faculté, tandis que d'autres, comme les mines, les ponts et chaussées, les douanes, les forêts, etc., etc., se font le plus souvent représenter par le ministre dans le département duquel elles sont placées.— Serrigny, no 323; Dufour, no 305; Cormenin, p. 63, note 1re.

579. — « Lorsque, dans les affaires où le gouvernement a des intérêts opposés à ceux d'une partie, l'instance est introduite à la requête de cette partie, le dépôt qui doit être fait au secrétariat du conseil de la requête et des pièces vaut une notification aux agens du gouvernement; il en est de même pour la suite de l'instruction. »— Réglem. 22 juill. 1806, art. 17.

580. — Lorsqu'une partie plaide contre l'état, elle n'est pas dispensée de la présentation d'une requête ni de la constitution d'un avocat; mais l'économie des frais ménagés à l'état lui profite, en ce sens qu'elle n'a pas besoin d'obtenir du garde des sceaux une ordonnance de soit communiqué et de la notifier au ministre. — Dufour, no 307; Serrigny, no 326.

581. — Le texte de l'art. 17 est trop rigoureux relativement au point de départ du délai accordé pour fournir réponse; aussi la jurisprudence, d'accord avec ce qui se pratique journellement, a-t-elle admis que le gouvernement défendeur n'est censé averti du pourvoi que par la lettre du garde des sceaux qui transmet au ministre le pourvoi dirigé contre lui.

582.—Mais les délais étant de droit strict, on reconnaît généralement que le gouvernement doit être tenu de les observer comme les simples particuliers; d'autant mieux qu'il doit donner le premier l'exemple de la soumission aux lois. Les ministres doivent donc, dans les quinze jours, fournir leurs réponses à la notification qui leur est faite par la lettre du garde des sceaux. — M. Cormenin (t. 1er, p. 65) voudrait même, qu'en cas de retard de leur part, ils fussent condamnés par défaut, sans que l'opposition leur fût permise.

583. — Le dernier paragraphe de l'art. 17 est une exception aux dispositions générales de l'art. 51 (V. *infrà* no 729), qui exigent le ministère des huissiers pour les significations à faire entre particuliers; les significations au gouvernement se font donc sans le concours d'officiers ministériels.

Sect. 2e. — *Incidens qui peuvent survenir pendant l'instruction.*

§ 1er. — *Demandes incidentes.*

584.—Aux termes de l'art. 18, réglem. 22 juill. 1806, « les demandes incidentes doivent être formées par une requête sommaire déposée au secrétariat du conseil; le grand-juge en ordonne, s'il y a lieu, la communication à la partie intéressée, pour y répondre dans les trois jours de la signification, ou autre bref délai qui est déterminé. »

585. — « Les demandes incidentes sont jointes au principal pour y être statué par la même décision.—S'il y avait lieu néanmoins à quelque disposition provisoire et urgente, le rapport en serait fait par l'auditeur à la prochaine séance de la commission, pour y être pourvu par le conseil, ainsi qu'il appartient. » — Réglem., 22 juill. 1806, art. 19.

586. — On entend par demandes incidentes les contestations qui naissent et surviennent, dans le cours du débat, sur la demande principale.

587. — Le conseil doit se montrer sévère pour l'admission des demandes incidentes qui ne sont pas évidemment connexes à l'action principale; autrement il méconnaîtrait l'esprit du réglement, qui, comme nous l'avons déjà dit, exige l'économie et la célérité.

588. — Il ne suffirait donc pas, pour qu'une demande fût admise, qu'elle se rattachât à de précédens décrets dont elle serait le complément. — Cormenin, *loc. cit.*, p. 65, note 1re.

589. — Du reste, la recevabilité du pourvoi incident est subordonnée à celle du pourvoi principal; dès-lors, lorsque ce dernier pourvoi n'est pas recevable, le pourvoi incident doit être également rejeté. — *Cons. d'état*, 26 août 1842, comm. de Rice c. Pigvert.

590. — Ces mots, *s'il y a lieu*, insérés dans l'art. 18, indiquent que la communication à la partie intéressée est purement facultative; mais comme aujourd'hui les requêtes principales sont toujours communiquées, les requêtes incidentes, pour lesquelles, dans la pratique, la communication n'a jamais été refusée, suivent le même sort.

§ 2. — *Inscription de faux.*

591. — « Dans le cas d'une demande en inscription de faux contre une pièce produite, le grand-juge fixe le délai dans lequel la partie qui l'a produite sera tenue de déclarer si elle entend s'en servir. — Si la partie ne satisfait pas à cette ordonnance, ou si elle déclare qu'elle n'entend pas se servir de la pièce, cette pièce est rejetée. — Si la partie déclare qu'elle entend se servir de la pièce, le conseil d'état statue sur l'avis de la commission, soit en ordonnant qu'il sera sursis à la décision de l'instance principale jusqu'après le jugement du faux par le tribunal compétent, soit en prononçant la décision définitive si elle ne dépend pas de la pièce arguée de faux. » — Réglem. 22 juill. 1806, art. 20.

592. — Nous avons vu (*suprà* no 560) que le conseil d'état peut, comme tous les tribunaux, ordonner les mesures d'instruction propres à éclairer sa religion; et parmi les divers exemples que nous avons cités se trouve la vérification d'écriture; cependant l'art. 20 lui défend de connaître d'une inscription de faux. D'où vient cette différence et pourquoi cette dérogation à la règle suivant laquelle le juge du fond est juge de l'exception?

593. — Cette différence naît de celle même qui existe entre la nature des deux incidens. — Dans le premier cas, il s'agit de prouver la *sincérité* d'une écriture (C. civ., art. 1324); dans le second cas, au contraire, sa *fausseté* (C. civ., art. 1319). Les conséquences ne sont pas les mêmes. — C. procéd. civ., art. 214, 240 et 251.

594. — Pour s'inscrire en faux, il est nécessaire avant tout d'y être autorisé. Le conseil d'état a donc d'abord à examiner le mérite d'une pareille demande, son opportunité et l'influence de la pièce arguée de faux sur la décision à intervenir.

595. — Ainsi, si le rôle que doit jouer cette pièce dans le procès n'est que secondaire et non décisif, le conseil d'état passe outre.

596. — Il en est ainsi quand bien même la pièce se rattacherait au fond du droit, si d'ailleurs le pourvoi n'est pas jugé recevable. — *Cons. d'état*, 19 mai 1815, Tensch c. Kirman.

597. — Si au contraire, il est reconnu que la décision définitive peut dépendre de la pièce arguée, le conseil renvoie les parties devant les tribunaux civils pour faire vider l'incident, et ordonne le sursis jusqu'après le jugement du faux; quelquefois même il fixe le délai du sursis, afin d'obliger les parties à apporter toutes les diligences nécessaires pour obtenir un jugement sur l'incident. — Arg. art. 116 et 117, ord. régl. 31 août 1828.

§ 3. — *Intervention.*

598. — « L'intervention doit être formée par requête : le grand-juge ordonne, s'il y a lieu, que cette requête soit communiquée aux parties, pour y répondre dans le délai qui sera fixé par l'ordonnance; néanmoins, la décision de l'affaire principale qui sera instruite ne peut être retardée par une intervention. » — Réglem. 22 juill. 1806, art. 21.

599. — Ici, comme sur l'art. 18, nous ferons observer que, dans la pratique, la communication n'est jamais refusée.

600. — Quant au délai dans lequel l'ordonnance de soit communiqué doit être signifiée aux parties, il est également abandonné au pouvoir discrétionnaire du garde des sceaux.

601. — L'art. 20 n'énumère aucuns cas dans lesquels l'intervention soit recevable; il faut alors rester dans les termes du droit commun, et mesurer les droits d'intervention sur l'intérêt des parties. — Serrigny, *Traité de l'organisation*, etc., t. 1er, no 331; Dufour, *Dr. admin. appliqué*, t. 1er, no 312; Cormenin, *Dr. admin.*, t. 1er, vo *Mode de procéder*, p. 66; Foucart, *Elém. de dr. publ.*, t. 3, no 1948.

602. — Cette règle a été, à l'instar des tribunaux de première instance, constamment suivie par le conseil d'état.

603. — Ainsi, doit être rejetée la requête d'intervention qui n'énonce aucun moyen, et alors que les intervenans ne justifient pas de leur intérêt. — *Cons. d'état*, 23 fév. 1820, Bochard de Champigny et de Rohan c. Lecouturier de Courcy; 1er sept. 1832, Lafitte; 31 août 1837, comp. concessionnaire de la canalisation de la Dive et caisse hypothécaire c. comm. de Pas-de-Jeu.

604. — Mais le conseil d'état ne suit point cette disposition exceptionnelle de l'art. 466, C. procéd. civ., qui n'autorise l'intervention devant les cours d'appel que « de la part de ceux qui auraient droit de former tierce opposition ». Il décide donc que l'intérêt suffit pour rendre l'intervention recevable, même dans les espèces où il juge comme tribunal d'appel.

605. — Décidé, en ce sens, qu'un tiers est recevable à former opposition à une ordonnance royale rendue en son absence ou à intervenir au pourvoi, s'il justifie de son intérêt. — *Cons. d'état*, 16 déc. 1830, Barbaste c. Mussart et Desprez.

606. — ... Que les tiers qui ont intérêt dans la contestation relative à l'interprétation d'un décret de concession, comme acquéreurs d'une partie des biens litigieux, sont recevables à y intervenir. — *Cons. d'état*, 25 janv. 1833, de Gavauguyon et Staub.

607. — ... Que l'on doit recevoir l'intervention de toute partie intéressée au maintien d'une décision attaquée. — *Cons. d'état*, 28 mai 1835, Lemoine-Desmarres c. Suchetel; — Serrigny, *loc. cit.*, no 331; Cormenin, *ibid.*, p. 66.

608. — Selon M. de Cormenin (*loc. cit.*, p. 67), les créanciers ne sont pas admissibles à intervenir, parce que, dit-il, ils n'ont pas plus de droits que leur débiteur; et il cite à l'appui de son opinion une ordonnance du 16 août 1833, D'Annebault c. l'administration des domaines.

609. — Mais, comme le fait remarquer avec raison M. Serrigny (no 332), M. Cormenin fait dire à cette ordonnance précisément le contraire de ce qu'elle a jugé. Voici, en effet, les motifs de cette décision : — « En ce qui touche l'intervention des créanciers de ladite dame Danieau, — considérant qu'ils ont intérêt à la cause, et qu'ainsi ils ont droit d'y être admis comme parties intervenantes. »

610. — Il résulte de cette jurisprudence du conseil d'état, et toujours par suite du principe d'intérêt, que les créanciers ont le droit d'intervenir, même dans les instances engagées par leurs débiteurs.

611. — « Il y a plus, ajoute M. Serrigny (*loc. cit.*), non seulement les créanciers ont intérêt à suppléer les moyens et les pièces qui pourraient être omis par leurs débiteurs, ils ont encore le droit éventuel de former tierce opposition, en cas de collusion de leur débiteur avec son adversaire. »

612. — Le droit d'intervention qui appartient aux créanciers ne doit pas être confondu avec l'exercice des droits qui leur sont conférés par l'art. 1166, C. civ. Dans ce dernier cas, il est nécessaire que la subrogation soit prononcée à leur profit. — Serrigny, no 332; Dufour, no 313; Proudhon, *Tr. des dr. d'usufruit*, etc., nos 2237 et suiv.

613. — Ainsi décidé, sous l'empire de la loi du 27 avr. 1825, sur l'indemnité des émigrés, qu'il ne suffisait pas, pour que les créanciers pussent réclamer l'indemnité, qu'ils représentassent un jugement qui validât leurs oppositions, il fallait encore que ce jugement prononçât subrogation à leur profit dans les droits des propriétaires dépossédés. — *Cons. d'état*, 24 janv. 1834, Sénal.

614. — Les sous-traitans d'un fournisseur sont-ils recevables à intervenir dans une instance où le fournisseur est partie?

615. — Evidemment les sous-conventions des entrepreneurs sont étrangères à l'administration, qui ne reconnaît que le titulaire pour obligé; sous ce rapport donc, M. de Cormenin pourrait soutenir avec raison que leur intervention n'est pas admissible, s'ils prétendaient saisir le conseil d'état des questions nées de leurs conventions avec le fournisseur.

616. — C'est, du reste, la jurisprudence du conseil qui, notamment, a décidé que les sous-traitans d'un fournisseur, avec lesquels la décision attaquée par celui-ci n'a pas été rendue, ne sont pas recevables à intervenir devant le conseil d'état

pour en demander l'annulation. — *Cons. d'état*, 11 avr. 1821, Boubée et Leleu c. min. de la guerre; — Chevalier, *Jurisp. admin.*, vo *Fournitures*, t. 1, p. 114.

617. — Mais, comme l'explique clairement M. Serrigny (no 333), les sous-traitans sont en droit d'invoquer, pour intervenir, leur qualité de créanciers et l'intérêt qui en résulte.

618. — Il en est de même des sous-acquéreurs, relativement aux instances s'élevant entre l'état et les acquéreurs de biens nationaux. M. Serrigny combat encore ici et à bon droit, selon nous, l'opinion de M. de Cormenin, qui, se fondant toujours sur une décision du conseil d'état du 31 oct. 1821 (Schmidt c. Maille), prétend que les sous-acquéreurs sont sans qualité pour intervenir dans une instance entre leurs vendeurs et une commune.

619. — « Il nous semble, répond M. Serrigny, que cette proposition manque d'exactitude. L'adjudicataire qui a revendu l'immeuble n'a plus de qualité pour compromettre judiciairement à raison d'un bien dont la propriété a cessé de reposer sur sa tête : *In rem actio non contrà venditorem, sed contrà possidentem compelit.* — L. 1, Cod., *Ubi in rem actio.* — La chose jugée sur les procès intentés depuis la revente, par ou contre lui, ne serait plus opposable au sous-acquéreur qui aurait la voie de la tierce opposition. Donc, *à fortiori*, il doit avoir la voie de l'intervention. — C. procéd., art. 466. — Quand bien même la revente aurait eu lieu *pendente lite*, le sous-acquéreur aurait intérêt d'intervenir pour veiller à ses droits et prévenir toute négligence ou collusion de son vendeur, et il devrait être déclaré recevable dans son intervention. »

§ 4. — *Reprise d'instance et constitution de nouvel avocat.*

620. — « Dans les affaires qui ne sont point en état d'être jugées, la procédure reste suspendue par la notification du décès de l'une des parties, ou par le seul fait du décès, de la démission, de l'interdiction ou de la destitution de son avocat. Cette suspension dure jusqu'à la mise en demeure pour reprendre l'instance ou constituer l'avocat. » — Réglem. 22 juill. 1806, art. 22.

621. — « Dans aucun des cas énoncés en l'article précédent, la décison d'une affaire en état ne peut être différée. » — *Ibid.*, art. 23.

622. — L'art. 23 n'est point très explicite sur le sens et la portée de ces mots : *d'une affaire en état*; mais l'art 443, C. procéd., explique ce qu'il faut entendre par là. Il porte : « L'affaire sera en état lorsque la plaidoirie sera commencée; la plaidoirie sera réputée commencée quand les conclusions auront été contradictoirement prises à l'audience. Dans les affaires qui s'instruisent par écrit, la cause sera en état quand l'instruction sera commencée, ou quand les délais pour les productions et réponses seront expirés. »

623. — Or, si nous considérons que ce n'est que vingt-cinq ans après le décret de 1806 que les parties en instance devant le conseil d'état ont été appelées à jouir du bénéfice de la publicité des audiences et de la plaidoirie orale, il est bien certain que, dans l'esprit de l'art. 23, on n'a pu appliquer ces mots *affaires en état* qu'à celles dont l'instruction écrite était complète.

624. — Ainsi, jusqu'aux ordonnances de 1831, il n'a pu s'élever de difficultés à cet égard; mais l'introduction de la publicité a-t-elle changé cet état de choses?

625. — Nous ne le croyons pas. — L'instruction continue toujours à se faire par écrit, et la décision à se prendre sur rapport, puisque les avocats peuvent seulement présenter des observations orales après le rapport. — Ord. roy. 2 fév. 1831, art. 3, et 18 sept. 1839, art. 297; — Serrigny, no 335; Foucart, no 1949; Dufour, no 317.

626. — C'est en ce sens qu'il a été décidé que la notification du décès de l'une des parties ne peut faire différer la décision du conseil d'état, lorsque la cause se trouve en état d'après les pièces produites. — Ord. 31 août 1828, art. 95, § 3; — *Cons. d'état*, 13 janv. 1816, Bezanges c. régie des domaines; — Serrigny, *loc. cit.*; Dufour, *ibid.*; Foucart, *ibid.*; Cormenin, p. 67, note 1re.

627. — « L'acte de révocation d'un avocat par la partie est sans effet pour la partie adverse, s'il ne contient pas la constitution d'un autre avocat. » — Réglem. 22 juill. 1806, art. 24. — V. conf. C. procéd., art. 342 et suiv.; ord. réglem. 31 août 1828, art. 93 à 103.

§ 5. — *Désaveu.*

628. — « Si une partie veut former un désaveu relativement à des actes ou procédures faits en son

non ailleurs qu'au conseil d'état, et qui peuvent influer sur la décision de la cause qui y est portée, sa demande doit être communiquée aux autres parties. Si le grand-juge estime que le désaveu mérite d'être instruit, il renvoie l'instruction et le jugement devant les juges compétens, pour y être statué dans le délai qui est réglé. — A l'exception de ce délai, il est passé outre au rapport de l'affaire principale, sur le vu du jugement du désaveu, ou faute de le rapporter. » — Réglem. 22 juill. 1806, art. 25.

629. — Si le désaveu est relatif à des actes ou procédures faits au conseil d'état, il doit être procédé contre l'avocat sommairement et dans les délais fixés par le grand-juge. — *Ibid.*, art. 26. — V. conf. art. 352 et suiv.; C. procéd., art. 104 à 112, ord. 31 août 1828.

630. — Le rôle d'avocats-avoués que remplissent les avocats au conseil les a généralement fait assimiler aux avoués près les tribunaux, sous le rapport du mandat *ad litem*; on pense donc qu'il leur suffit d'être porteurs des pièces principales du procès pour se soustraire à la demande en désaveu. — Dufour, *loc. cit.*, n° 320; Serrigny, *ibid.*, n° 336; Pothier, *Traité du mandat*, n° 129.

631. — Ainsi, un avocat est légalement autorisé à introduire un pourvoi par la remise des pièces que lui a faite un mandataire de la partie intéressée, et il ne peut être désavoué par elle, sous prétexte que le tiers qui a remis les pièces n'était pas son mandataire. — *Cons. d'état*, 22 déc. 1824, Ouvrard.

§ 6. — *Désistement, récusation, péremption.*

632. — Les cinq incidens que nous venons d'examiner sont les seuls qui soient prévus dans le réglement de 1806; le Code civil en prévoit trois autres, savoir : le désistement, la récusation et la péremption. Le silence du réglement à leur égard est-il rigoureux, et les rend-il inadmissibles en matière de contentieux administratif?

633. — *Désistement.* — Les deux formes sous lesquelles le désistement peut se produire, renonciation à l'instance de la part du demandeur, et acquiescement de la part du défendeur, peuvent tout aussi bien recevoir leur application devant le conseil d'état que devant les tribunaux ordinaires. — C. procéd., art. 402 et 403. — Seulement la jurisprudence ne l'accepte pas dans tous les cas où il peut être offert, ainsi que nous allons le voir.

634. — Décidé, en effet, que le désistement pur et simple donné par une partie, doit être admis. — *Cons. d'état*, 20 avr. 1835, Sujn.

635. — Doit être considéré comme sans objet le pourvoi d'une commune contre un arrêté du conseil de préfecture annulant un autre arrêté, si, postérieurement, elle consent, ainsi que ses adversaires, à exécuter ce dernier arrêté. Par suite, l'arrêté qui annule celui-ci doit être réputé non avenu. — *Cons. d'état*, 23 janv. 1837, comm. de Lardier-Valença c. Bertrand Saint-Denis.

636. — Si la commune qui s'est pourvue au conseil d'état contre l'arrêté d'un conseil de préfecture réduisant le revenu cadastral d'une usine renonce à son pourvoi par suite de la proposition que les propriétaires de l'usine lui ont faite d'élever le revenu, le conseil doit donner acte du désistement de la commune et de la proposition des propriétaires. — *Cons. d'état*, 26 mai 1837, comm. d'Istres c. Berard.

637. — Mais si le désistement est donné quand l'affaire est en état, et est refusé par la partie adverse, le conseil d'état passe outre. — *Cons. d'état*, 29 août 1834, hospices d'Apt c. le préfet de Vaucluse.

638. — En matière civile, le désistement doit être signifié par acte d'avoué à avoué. — C. procéd., art. 402. — En matière administrative contentieuse, il doit l'être d'avocat à avocat.

639. — *Récusation.* — M. Serrigny (n° 337) pense que la garantie de la récusation doit être accordée aux parties dans tous les cas énumérés par l'art. 378, C. procéd. : il se fonde sur les dispositions analogues de l'art. 33, ord. 18 sept. 1839, qui exclut des délibérations les membres qui ont préparé une décision ministérielle attaquée devant le conseil d'état, et de l'art. 118, ord. 31 août 1828, qui permet les récusations devant les conseils privés des colonies dans les cas prévus par les art. 378, 379, 380 et 381, C. procéd. — Il invoque en outre une décision du conseil d'état du 2 avr. 1828 (Bernault c. Dubuc), qui, sur la récusation proposée contre un membre d'une commission de desséchement, porte que, les causes de récusation devant les tribunaux administratifs n'ayant été déterminées par aucune loi, il y a lieu de suivre les règles tracées par le Code de procédure.

640. — Mais cette opinion est combattue, avec raison, ce nous semble, par MM. Dufour (n° 321), Cormenin (p. 69), Foucart (n° 1952). — Ces auteurs se fondent principalement sur ce que les conseillers d'état ne sont point des juges, qu'ils ne sont appelés qu'à soumettre leur avis, et que dès-lors la récusation, qui ne convient qu'aux juges, ne saurait leur être appliquée.

641. — *Péremption.* — Quant à la péremption d'instance, elle est, comme toutes les déchéances, de droit rigoureux, et ne peut s'établir par induction ni par analogie. Dans le silence du réglement de 1806, elle est repoussée par le conseil d'état. — *Cons. d'état*, 9 janv. 1832, Truelle-Mullet c. Petit-Durieu; — Cormenin, p. 69, § 4; Dufour, n° 323; Serrigny, n° 338; Chevalier, *Jurisp. admin.*, v° *Procédure administrative.*

Sect. 3e. — *Décisions du conseil d'état. — Recours. — Dommages intérêts. — Dépens.*

§ 1er. — *Décisions.*

642. — Les décisions du conseil doivent contenir les noms et qualités des parties, leurs conclusions et le vu des pièces principales. — Réglem. 22 juill. 1806, art. 27.

643. — Nous devons faire observer que ce mot *décision*, appliqué par l'art. 27 au conseil d'état, est un terme impropre; car, ainsi que nous l'avons expliqué ci-dessus (nos 201 et suiv.), le conseil d'état donne des avis, rédige des projets, mais ne *décide* jamais.

644. — Le visa des pièces principales est important, afin de constater, en cas de requête civile, ou même d'opposition, quelles sont les pièces qui ont servi de base à la décision attaquée.

645. — La décision ne doit porter que sur les points déterminés dans les conclusions respectives des parties, elle doit s'arrêter là où les parties se sont arrêtées elles-mêmes. — Foucart, *Élémens de droit public et admin.*, n° 1957.

646. — Ainsi, il n'y a pas lieu, par le conseil d'état, de prononcer sur un chef à l'égard duquel l'arrêté attaqué n'a point statué dans son dispositif. — *Cons. d'état*, 11 oct. 1833, Bernard; 9 juin 1830, Joly.

647. — « Elles (les décisions) ne seront mises à exécution contre une partie qu'après avoir été préalablement signifiées à l'avocat au conseil qui aura occupé pour elle. — Réglem. 22 juill. 1806, art. 28. — Cette disposition est semblable à celle prescrite par l'art. 147, C. procéd. civile.

§ 2. — *Opposition aux décisions rendues par défaut.*

648. — Les décisions du conseil d'état rendues par défaut sont susceptibles d'opposition. — Cette opposition n'est point suspensive, à moins qu'il n'en soit autrement ordonné. — Elle doit être formée dans le délai de trois mois à compter du jour où la décision par défaut a été notifiée. Après ce délai, l'opposition n'est plus recevable.

649. — Il n'y a que les parties appelées en cause qui puissent former opposition. Quant à celles qui veulent attaquer des ordonnances qui leur sont préjudiciables, sans y avoir été appelées et représentées, la voie de l'opposition ne leur est pas ouverte, mais seulement celle de la tierce-opposition, dont nous parlerons plus loin (*infrà* nos 680 et suiv.).

650. — Avant le décret de 1811, l'instruction des affaires contentieuses relatives aux domaines nationaux avait lieu dans la forme administrative, et n'était pas soumise aux formes établies par le réglement de 1806. En conséquence, n'est pas susceptible d'opposition le décret par défaut qui a réformé un arrêté rendu avant 1811, en matière de biens nationaux. — *Cons. d'état*, 10 fév. 1816, de la Garde. — Dans ce cas la voie de la tierce-opposition serait ouverte. — Serrigny, *Tr. de l'organ., de la compét. et de la proc. en matière contentieuse admin.*, n° 340.

651. — L'urgence a fait introduire ici, comme pour l'appel, une dérogation à la règle de droit commun écrite dans l'art. 155, C. proc. civ. Ainsi l'opposition n'est pas suspensive.

652. — Quant au mode régulier et légal de notification de l'opposition, nous croyons pouvoir admettre ici la distinction que nous avons précédemment faite sur l'art. 11 (*suprà*, nos 493 et suiv.), entre les décisions rendues au profit de l'état et celles obtenues par toute autre partie, soit simple particulier, soit personne civile.

653. — Il est bon de remarquer aussi la différence qui existe entre les décisions par défaut en matière administrative et les jugemens par défaut en matière civile. Ces derniers sont de deux sortes : ceux rendus contre partie, ceux rendus contre avoué; les premières, au contraire, ne supportent pas la distinction; elles sont toutes contre parties, et faute de fournir les défenses exigées par l'art. 4. — V. *suprà* n° 467.

654. — Si la commission est d'avis que l'opposition doive être reçue, elle fait son rapport au conseil, qui remet, s'il y a lieu, les parties dans le même état où elles étaient auparavant. La décision qui a admis l'opposition doit être signifiée dans la huitaine, à compter du jour de cette décision, à l'avocat de l'autre partie. — Réglem. 22 juill. 1806, art. 30.

655. — La pratique et l'usage ont introduit une marche plus rapide. On communique à la partie défenderesse à l'opposition la requête de la partie demanderesse, afin qu'elle réponde en même temps et sur les moyens et sur le fond; et l'ordonnance qui intervient statue également sur les deux à la fois.

656. — « Il n'y a, dit M. de Cormenin (t. 1er, p. 74), nécessité d'appliquer la disposition du réglement telle qu'elle est écrite, que lorsque l'opposant fait valoir pour unique moyen, dans la forme, qu'il n'a pas été entendu, lors de la décision par défaut. Encore le comité peut-il, dans ce cas, prescrire à l'opposant de produire ses moyens au fond dans une requête ampliative et dans un délai fixé. »

657. — L'opposition d'une partie défaillante à une décision rendue contradictoirement avec une autre partie ayant le même intérêt n'est pas recevable. — Réglem., art. 31.

658. — Notre article supprime l'arrêt de jonction, et l'autorité de la décision contradictoire se trouve appliquée immédiatement et de la même manière aux deux parties, défaillante et présente. Le résultat est, par cette marche rapide, absolument le même que celui qui, en matière civile, est subordonné à un jugement joignant le profit du défaut au fond, appelé dans la pratique *défaut profit joint.*

§ 3. — *Recours contre les décisions contradictoires. Requête civile.*

659. — « Défenses sont faites, sous peine d'amende, et même, en cas de récidive, sous peine de suspension ou de destitution, aux avocats en notre conseil, de présenter requête en recours contre une décision contradictoire, si ce n'est dans ces deux cas : — si la requête a été rendue sur pièces fausses; — si la partie a été condamnée faute de représenter une pièce décisive qui était retenue par son adversaire. » — Réglem. 22 juill. 1806, art. 32.

660. — Ainsi, jugé qu'on n'est pas recevable à demander la révision d'une décision rendue contradictoirement, si on ne se trouve dans un des cas prévus par l'art. 32 du réglement du 22 juill. 1806. — *Cons. d'état*, 5 sept. 1821, Neuilly c. la comm. de Sanville.

661. — ... Que les décrets ou arrêtés contradictoires émanés du gouvernement antérieurement au réglement de 1806, sont soumis à la voie de recours par la requête civile, comme ceux qui l'ont été postérieurement. — *Cons. d'état*, 20 nov. 1815, Pujet c. administ. des domaines.

662. — La première condition exprimée dans l'art. 32 doit s'entendre en ce sens, comme nous l'avons du reste fait remarquer sous l'art. 20 (*suprà* n° 594), que les pièces arguées de faux aient été de nature à jeter les juges dans l'erreur.

663. — Ainsi, on ne peut demander la rétractation d'une décision ni pour rétention de pièces, si aucune pièce décisive n'a été retenue, ni pour production d'un faux titre, si la décision n'est pas fondée exclusivement sur ce titre, et qu'au contraire il existe d'autres élémens de solution. — *Cons. d'état*, 11 janv. 1808, Combes; — Serrigny, *loc. cit.*, n° 345; Cormenin, p. 75, note 2e.

664. — La seconde condition s'entend en ce sens que la pièce ait été décisive et retenue par la partie adverse.

665. — Ainsi est inadmissible la requête civile fondée sur la rétention d'une pièce qui n'est pas décisive et qui était connue du réclamant avant l'ordonnance contradictoire attaquée. — *Cons. d'état*, 4 mai 1833, Gilbert-Lefort; 10 juill. même année, Genty; 19 juill. 1826, Latruffe; 2 mai 1834, de Castellane. — Dufour, n° 342.

666. — De même, il n'y a lieu à attaquer par voie de requête civile un décret rendu sur une contestation avec un ministre, pour rétention d'une pièce, que dans le double cas où cette pièce serait décisive et aurait été retenue par le ministre lors de la décision contradictoire attaquée. — *Cons. d'état*, 4 juin 1816, Lefebvre; même jour, Suremain de Flaremans; — Serrigny, *loc. cit.*, n° 345; Cormenin, p. 73; Macarel, *Élém. de jurispr. admin.*, t. 1er, p. 85.

667. — Le taux de l'*amende* n'est point fixé par le réglement; il est, dès lors, arbitraire et laissé à l'appréciation du conseil d'état. — Le chiffre

fixé par le Code de procédure civile, art. 494, est de 300 fr.; mais il n'est jamais élevé à cette somme par le conseil; il est, le plus souvent, de 5, 25, 50 francs. — Cormenin, p. 74, note 2e.

668. — « La *destitution* et la *suspension* n'ont jamais été prononcées, dit le même auteur (*ibid.*); mais l'avocat est quelquefois condamné personnellement aux dépens. » — V. notamment *Cons. d'état*, 19 avr. 1826, Rougemont; 19 juill. même année, Latruffe.

669. — Quelquefois on cache le recours sous le voile de l'interprétation; mais il a été décidé que le demandeur en requête civile n'est pas recevable à demander l'interprétation de l'ordonnance qui a jugé contradictoirement et souverainement la contestation, surtout lorsque cette demande tend à remettre tout en question. — *Cons. d'état*, 2 mai 1834, de Castellane.

670. — Dans ce cas même, l'avocat est également condamné à l'amende. — *Cons. d'état.*, 24 mai 1836, Faloubie-Cazade; — Dufour, no 345.

671. — Indépendamment des deux cas prévus par l'art. 32, réglem. 22 juill. 1806, l'art. 25, L. 19 juill. 1845, ouvre le recours en révision contre les ordonnances rendues en matière contentieuse dans un troisième cas, celui où les dispositions des art. 19, 20, 21, 22, 23 et 24 de ladite loi n'ont pas été observées.

672. — Aux termes de notre art. 32 du réglem., la requête civile n'est admise que contre les décisions contradictoires. Pourquoi cette différence avec les matières civiles, où elle est admise aussi contre les jugemens par défaut en dernier ressort? — C. procéd. civ., art. 480.

673. — « Cela vient, dit M. Serrigny (no 345), de ce que, devant le conseil d'état, le délai de l'opposition étant le même que celui de la requête civile (V. le no suivant), et l'opposition étant préférable à la requête civile, il ne peut y avoir lieu à la requête civile ni pendant ni après le délai d'opposition, tandis que, devant les tribunaux, le délai de l'opposition étant plus court que celui de la requête civile, cette dernière voie peut succéder à l'autre. »

674. — « Ce recours doit être formé dans le même délai et admis de la même manière que l'opposition à une décision par défaut. » — Réglem., art. 33.

675. — Ce délai est de trois mois; mais il ne doit courir que du jour où le faux a été reconnu ou les pièces découvertes. — Arg. art. 488, C. procéd. civ.

676. — « Lorsque le recours contre une décision contradictoire a été admis dans le cours de l'année où elle avait été rendue, la communication est faite soit au défendeur, soit au domicile de l'avocat qui a occupé pour lui et qui est tenu d'occuper sur ce recours, sans qu'il soit besoin d'un nouveau pouvoir. » — Réglem. 22 juill. 1806, art. 34. — Disposition conforme à celle des art. 492 et 1038, C. procéd.

677. — « Si le recours n'a été admis qu'après l'année depuis la décision, la communication est faite aux parties, à personne ou à domicile, pour y fournir réponse dans le délai du réglement. » — Réglem., art. 35.

678. — « Lorsqu'il a été statué sur un premier recours contre une décision contradictoire, un second recours contre la même décision n'est pas recevable. L'avocat qui a présenté la requête doit être puni de l'une des peines énoncées en l'art. 32. » — Réglem., art. 36.

679. — Ainsi, jugé qu'après un premier recours en révision contre une ordonnance contradictoire, un second recours, fondé sur la prétendue rétention de pièces décisives par le fait de l'adversaire est inadmissible, et que l'avocat signataire de la requête doit être condamné à l'amende. — *Cons. d'état*, 17 janv. 1834, Latruffe c. min. de la guerre.

§ 4. — *Tierce opposition. — Dommages-intérêts.*

680. — Ceux qui veulent s'opposer à des décisions du conseil d'état rendues en matière contentieuse, et lors desquelles ni eux ni ceux qu'ils représentent n'ont été appelés, ne peuvent former leur opposition que par requête en la forme ordinaire; et, sur le dépôt qui en doit être fait au secrétariat du conseil, il est procédé conformément aux dispositions du titre 1er, réglem. 22 juill. 1806, art. 37.

681. — Quant à la tierce opposition qui, dans certains cas, peut être formée contre les ordonnances rendues en la forme administrative par les parties qui n'ont été ni entendues ni appelées, V. *suprà* nos 345 et suiv.

682. — Quand est-on censé avoir été appelé dans une décision ou dans un jugement? — C'est là une question de fait qui se rattache aux principes du droit civil sur l'identité de personnes considérée comme élément constitutif de la chose jugée. — V. à cet égard CHOSE JUGÉE. — Quant à la jurisprudence du conseil d'état, elle est conforme à ces règles de droit commun. — Serrigny, no 349; Dufour, no 350.

683. — Ainsi, est censé rendu avec les héritiers le décret qui a été rendu avec leur auteur, et, par suite, les héritiers sont non-recevables à attaquer ce décret par la voie de la tierce opposition. — *Cons. d'état*, 9 avr. 1817, fabrique de Cambrai c. Venture.

684. — Un cessionnaire ne peut former tierce opposition à un décret rendu contre son cédant. — *Cons. d'état*, 18 août 1807, Meinier; 1er sept. 1825, Clausel de Coussergues c. Briand.

685. — Des émigrés ne sont pas recevables à former tierce opposition à une décision du conseil d'état, rendue contradictoirement entre le domaine qui les représentait et une commune, s'ils ne prouvent pas que leur élimination est antérieure à la décision attaquée. — *Cons. d'état*, 5 sept. 1821, Neuilly c. comm. de Sanville.

686. — Le créancier d'un émigré n'est pas recevable à former tierce opposition à une décision rendue par la commission de liquidation contradictoirement avec son débiteur. — *Cons. d'état*, 4 juin 1826, Delabane.

687. — Mais il est recevable à former tierce opposition à la décision de la commission de liquidation qui a déduit sa créance sur le montant de l'indemnité due à l'émigré débiteur. — *Cons. d'état*, 27 mai 1831, Eliou.

688. — Lorsque, dans un acte de vente, il a été stipulé que le vendeur serait chargé de suivre l'instance concernant le bien vendu et pendante à cette époque, l'acquéreur n'est plus recevable à former tierce opposition à la décision rendue après la vente contre le vendeur. — *Cons d'état*, 29 janv. 1841, Le Prévost c. Pouches-Maugendre.

689. — Pour que la tierce opposition soit recevable, il ne suffit pas que la partie n'ait pas été appelée, il faut encore que la décision attaquée lui soit réellement préjudiciable. — Serrigny, no 349; Cormenin, p. 78.

690. — Jugé, en conséquence, que la tierce opposition à une ordonnance royale qui ne préjuge rien sur les droits respectifs des représentans d'un engagiste, est non-recevable. — *Cons. d'état*, 24 oct. 1821, Duparc c. d'Annebaut.

691. — Les délais de trois mois établis pour l'opposition (*suprà*, no 648) ne sont pas applicables à la tierce opposition. — *Cons. d'état*, 28 mars 1821, ville de Rochefort c. de la Touche-Tréville. — Serrigny, no 350; Dufour, no 351; Chevalier, vo *Procédure administrative*, t. 2, p. 364.

692. — La partie qui succombe dans la tierce opposition doit être condamnée en 150 francs d'amende, sans préjudice des dommages-intérêts de la partie, s'il y a lieu. — Réglem. 22 juill. 1806, art. 38. — Disposition conforme à celle de l'art. 479, C. procéd.

693. — Le conseil peut réduire le taux de cette amende de 150 à 50 fr. en prenant égard à la position des parties. — *Cons. d'état*, 31 oct. 1821, Schmith c. Maille.

694. — Il résulte de la même ordonnance du conseil d'état que, dans le cas où une requête en tierce opposition est rejetée par le conseil d'état, il statue immédiatement sur les dommages-intérêts réclamés par l'adversaire.

695. — Cependant M. Macarel (*Élem. de jurispr. adm.*, t. 1er, p. 91, no 123) et après lui M. de Cormenin (p. 79), posent en principe général que: « les tribunaux seuls ont le pouvoir de prononcer sur les dommages-intérêts réclamés par les parties, soit devant les conseils de préfecture, soit devant le conseil d'état. »

696. — Ces auteurs invoquent à l'appui de leur opinion deux décisions du conseil d'état desquelles il résulte, 1o que, dans le cas où un voisin d'un adjudicataire de coupe de bois national se plaint que celui-ci a dépassé les limites de son adjudication, le conseil de préfecture est compétent pour déterminer ces limites, mais que c'est aux tribunaux seuls qu'il appartient de statuer sur les dommages-intérêts. — *Cons. d'état*, 10 mai 1810, Ravier c. Lapierre.

697. — ... 2o Que le conseil d'état, compétent pour connaître de la revendication d'un navire, doit, après l'avoir déclarée mal fondée, renvoyer devant l'autorité judiciaire l'action en dommages-intérêts à raison de la saisie. — *Cons. d'état*, 22 juill. 1818, Perier c. Vaucresson.

698. — Mais, comme le démontre clairement M. Serrigny (nos 354 et 359), cette proposition pèche par sa généralité. Dans les deux décisions invoquées il s'agissait de questions d'intérêt purement privé des deux parts; le conseil d'état avait dès-lors raison de juger dans ce sens. — Mais toutes les fois que la question à juger rentre dans le contentieux administratif, ou qu'une disposition expresse d'une loi ou réglement autorise le conseil à statuer sur les dommages-intérêts, nous croyons, avec M. Serrigny, qu'il est compétent pour le faire, et qu'il doit le faire.

699. — Ainsi, outre l'art. 38 du réglement, on peut citer la loi du 22 avr. 1806 (art. 21, § 2), ainsi conçu: « Le conseil d'état prononcera de même définitivement et sans recours entre la banque de France et les membres de son conseil général, ses agens ou employés, toute condamnation civile, y *compris les dommages-intérêts*, et même soit la destitution, soit la cessation des fonctions. »

700. — La jurisprudence offre elle-même une foule d'exemples à l'appui de l'opinion de M. Serrigny. — Ainsi, notamment, il a été décidé que c'est devant l'autorité administrative, et non devant les tribunaux ordinaires, que doit être portée l'action en dommages-intérêts formée par un voiturier contre l'état, à raison de la rupture d'un pont. — *Cons. d'état*, 27 août 1833, Préfet du Nord c. Questel.

701. — ... Que l'action intentée contre l'état par les concessionnaires d'un pont, à l'effet d'obtenir réparation du dommage qui leur est causé par la construction d'un pont nouveau, n'est pas de la compétence des tribunaux. — *Cons. d'état*, 8 nov. 1833, Comp. des trois ponts c. Préfet de la Seine.

702. — ... Que, toutes détériorations des ouvrages d'art exécutés par l'état pour le service de la navigation devant être réparées aux frais de ceux qui les ont commises, il y a lieu de mettre à leur charge le montant des dépenses nécessitées par la réparation de ce dommage. — *Cons. d'état*, 28 janv. 1841, Jones.

703. — C'est donc, ainsi que le dit fort bien M. Serrigny (*loc. cit.*), la nature du litige et non la circonstance que la contestation porte sur des dommages-intérêts, qui détermine, quant à ce, la compétence ou l'incompétence du conseil d'état.

704. — « Les art. 34 et 35 ci-dessus, concernant les recours contre les décisions contradictoires, sont communs à la tierce opposition. » — Réglem., art. 39.

705. — « Lorsqu'une partie se croit lésée dans ses droits ou sa propriété par l'effet d'une décision du conseil d'état rendue en matière non contentieuse, elle peut présenter au roi une requête pour, sur le rapport qui lui en est fait, être l'affaire renvoyée, s'il y a lieu, soit à une section du conseil d'état, soit à une commission. » — *Ibid.*, art. 40.

706. — Ce mode de recours, mode *purement gracieux*, a été introduit par le réglement, par ce motif que les actes d'administration pure rendus de l'avis du conseil d'état, ne peuvent être attaqués devant lui en la forme ordinaire contentieuse, ils peuvent en effet ne blesser que *des intérêts*, et sous ce rapport ils lui échappent.

707. — Aussi, par ces mots *droits ou propriété*, dont se sert à tort l'art. 40, faut-il entendre seulement de ce qu'on appelle plus spécialement *intérêts*, par opposition à *droits légitimes*; car s'il s'agissait de la violation des *droits* ou de la *propriété*, le recours ne pourrait être exercé que par la voie contentieuse.

708. — Les formalités exigées pour le pourvoi en forme contentieuse ne sont pas applicables à l'art. 40. — Ainsi, jugé que le recours au roi, contre les actes purement administratifs et de propre mouvement, n'est pas soumis aux délais fixés par l'art. 29 du réglement de 1806. — *Cons. d'état*, 10 sept. 1817, Corbineau c. ville de Rouen.

§ 5. — *Dépens.*

709. — L'art. 41, régl. 22 juill. 1806, portait qu'en attendant qu'il fût fait un nouveau tarif des dépens et statué sur la manière dont il devait être procédé à leur liquidation, on suivrait provisoirement les réglemens antérieurs relatifs aux avocats au conseil, et qui seraient applicables aux procédures mentionnées dans le réglement.

710. — Cette disposition a été en vigueur jusqu'en 1826, mais l'ordonn. du 18 janv. de cette année est venue mettre fin au provisoire et a réglé le tarif qui devrait désormais être appliqué aux actes et procédures suivis devant le conseil d'état. — Nous en donnons, à la suite de ce mot, le texte complet. — V. *infrà*, *in fine*.

711. — La règle de droit commun, écrite dans l'art. 130, C. procéd., et d'après laquelle les dépens doivent rester à la charge de la partie qui succombe, reçoit complétement son application dans les affaires contentieuses administratives.

712. — De même aussi, et d'après l'art. 331 du même Code, les dépens peuvent être compensés en tout ou en partie, si les adversaires succombent respectivement sur quelques chefs.

713. — Quand il n'y a pas de jugement sur le fond de la contestation, aucune partie ne succombe dans ses moyens; dès-lors, il y a lieu de compen-

ser les dépens. — *Cons. d'état*, 3 juin 1820, Heullard c. la ville d'Elbeuf.

714. — Il y a lieu encore de compenser les dépens lorsqu'une partie produit des actes par lesquels, moyennant le paiement et le désistement de son adversaire, elle renonce : 1° à exercer ses droits à raison d'indemnités qu'elle avait à prétendre ; 2° à toute répétition de frais et dépens par elle faits. De tels actes ne présentent pas un désistement pur et simple, emportant la condamnation aux dépens envers la partie qui l'a donné : c'est une concession réciproque qui a caractère de transaction. — *Cons. d'état*, 27 déc. 1820, Castellane c. Collomb.

715. — Mais, en ce qui concerne les administrations publiques qui procèdent devant le conseil d'état par la voie contentieuse, il est de jurisprudence constante qu'aucune condamnation de dépens, ni au profit ni à la charge du gouvernement, ne doit avoir lieu. — V. entre autres *Cons. d'état*, août 1838, Schaas c. domaines ; 28 janv. 1841, Jouannin ; — Serrigny, n° 357.

716. — Cependant cette règle souffre exception dans les cas fort rares où les administrations se font représenter par des avocats. — *Cons. d'état*, 18 nov. 1818, Thierry c. le domaine ; 12 déc. même année, Piot ; — Serrigny, n° 357.

717. — Le conseil d'état peut aussi, lorsqu'il a omis de statuer sur les dépens, prononcer sur la demande de la partie qui a gagné son procès, et, par addition à son ordonnance, prononcer la condamnation sur ce point contre celle des parties qui a succombé. — *Cons. d'état*, 25 mai 1838, comm. de Saint-Nabord c. Mathieu.

718. — « Il ne doit être employé dans la liquidation des dépens aucuns frais de voyage, séjour ou retour des parties, ni aucuns frais de voyage d'huissier au delà d'une journée. » — Réglem., art. 42.

719. — « La liquidation et la taxe des dépens sont faites, à la commission du contentieux, par un maître des requêtes et sauf révision par le grand-juge. » — *Ibid.*, art. 43.

Sect. 4°. — Avocats au conseil. — Huissiers.

720. — « Les avocats au conseil d'état ont, conformément au décret du 11 juin 1806, le droit exclusif de faire tous actes d'instruction et de procédure devant la commission du contentieux. » — Réglem. 22 juill. 1806, art. 44.

721. — Pour l'historique et les détails relatifs à la création de l'ordre des avocats au conseil, et à sa réunion au collège de cassation, V. AVOCAT A LA COUR DE CASSATION.

722. — « L'impression d'aucun mémoire ne peut passer en taxe. Les écritures sont réduites au nombre de rôles qui est réputé suffisant pour l'instruction de l'instance. » — Réglem., art. 45.

723. — « Les requêtes et mémoires doivent être écrits correctement et lisiblement, en demi-grosse seulement ; chaque rôle doit contenir au moins cinquante lignes, et chaque ligne douze syllabes au moins ; sinon, chaque rôle où il se trouve moins de lignes et de syllabes est rayé en entier, et l'avocat est tenu de restituer ce qui lui aurait été payé à raison de ces rôles. » — *Ibid.*, art. 46.

724. — « Les copies signifiées des requêtes et mémoires ou autres actes doivent être écrits lisiblement et correctement, et être conformes aux originaux ; chaque rôle où les écrits lisiblement et correctement, et être conformes aux originaux ; chaque rôle où les écrits sont responsable. » — *Ibid.*, art. 47.

725. — « Les écritures des parties, signées par les avocats au conseil, doivent être sur papier timbré. Les pièces que elles produisent ne sont point sujettes au droit d'enregistrement, à l'exception des exploits d'huissiers, pour chacun desquels il jest perçu un droit fixe de 1 fr. Néanmoins, les pièces produites devant le conseil d'état ne sont pas dispensées des droits d'enregistrement auxquels l'usage qui en serait fait ailleurs pourrait donner ouverture. De même les pièces produites qui, par leur nature, sont soumises à l'enregistrement dans un délai fixé ne sont pas dispensées non plus du droit d'enregistrement. » —Réglem., art. 48.

726. — Le droit fixe de 1 fr., dont il est question dans cet art. 48, a été élevé jusqu'à 5 fr. par la loi de fin. 28 avr. 1816, art. 45.

727. — « Les avocats au conseil encourent, suivant les circonstances, les peines prononcées par le règlement dans le cas de contravention audit règlement, et notamment s'ils présentent comme contentieuses des affaires qui ne le seraient pas, ou s'ils portent au conseil des affaires qui seraient de la compétence d'une autre autorité. » — Réglem., art. 49.

728. — « Les avocats au conseil prêtent serment entre les mains du grand-juge, ministre de la justice. » — Réglem., art. 50.

729. — « Les significations d'avocat à avocat, et celles aux parties ayant leur demeure à Paris, sont faites par des huissiers au conseil. » — Réglem. 22 juill. 1806, art. 51.

730.— « Les huissiers admis à exploiter devant le conseil d'état sont les mêmes que ceux attachés à la cour de Cassation ; ils sont au nombre de huit, sont nommés par ordonnance royale, et prêtent serment entre les mains du garde des sceaux. — V. HUISSIER.

Ordonnance royale des 18-23 janv. 1826, relative au TARIF des dépens, pour les procédures qui s'instruisent au conseil d'état.

CHARLES... —Vu les réglemens du 28 juin 1738, du 12 sept. 1739 et du 22 juill. 1806 ; — considérant que les tarifs de 1738 et de 1739, remis en vigueur par le décr. du 22 juill. 1806, contiennent des dispositions inapplicables aux procédures qui s'instruisent actuellement au conseil d'état ; — qu'il importe, afin de prévenir des abus, de spécifier celles de ces dispositions qui doivent continuer d'être exécutées ;

Sur le rapport de notre garde des sceaux , — notre conseil d'état entendu,—nous avons ordonné :

ART. 1er. — Les dépens continueront d'être réglés par le conseil d'état, conformément aux tarifs établis par l'ordonnance du 28 juin 1788 (2° part., tit. 16, art. 22), et par celle du 12 sept. 1739, en tant que ces tarifs s'appliquent à la procédure actuelle, ainsi qu'il suit :

Dépens d'avocat.

N° 1er.—Pour frais de ports de lettres et paquets, lorsque la partie demeurera à Paris, ou n'en sera pas éloignée de plus de 5 myriamètres.   3 fr.
Lorsqu'elle demeurera à une distance plus éloignée, dans le ressort de la cour royale de Paris ou dans l'un des ressorts des cours royales d'Orléans, Rouen, Amiens, Douai, Nancy, Metz, Dijon et Bourges.   10 fr.
Lorsqu'elle demeurera dans tout autre lieu, 15 fr. (tarif de 1738, alinéa 2, 3 et 4 ; réglem. 22 juill. 1806, art. 4).

N° 2. — Le droit de consultation (tarif de 1738, alinéa 7 ; réglem. 22 juill. 1806. art. 1er).   10 fr.

N° 3. — Le droit de présentation ou de dépôt et enregistrement (tarif de 1738, alinéa 9 ; réglem. 22 juill. 1806, art. 2).   6 fr.

N° 4.—Le droit de communication (tarif de 1738, alinéa 27 ; réglem. 22 juill. 1806, art. 8). . 3 fr.

N° 5.— Chaque rôle des requêtes présentées au conseil , contenant vingt-cinq lignes à la page et douze syllabes à la ligne (tarif de 1738, alinéa 14 ; réglem. 22 juill. 1806, art. 46).   2 fr.

N° 6. — Le mis au net, par rôle (tarif de 1738, alinéa 15 ; réglem. 22 juill. 1806, art. 46). . 0,50 c.

N° 7. — La copie desdites requêtes, chaque rôle (tarif de 1738, alinéa 16 ; réglem. du 22 juill. 1806, art. 46).   0,25 c.

N° 8.— Pour la comparution d'un avocat à un procès-verbal d'interrogatoire, et autres, qui peuvent être faits dans le cours de l'instance (tarif de 1838, alin. 16 ; réglem. 22 juill. 1806, art. 4). 3 fr.

N° 9. — Pour la copie de l'ordonnance royale, signifiée aux avocats de l'instance, chaque rôle (tarif de 1738, alinéa 22 ; réglem. 22 juill. 1806, art. 28).   0,50 c.

N° 10.—Chaque signification de requête ou d'ordonnance pendant le cours d'une instance (tarif de 1738, alin. 25 ; réglem. 22 juill. 1806, art. 47). 4 fr.

N° 11.—La vacation au retrait du greffe des productions de l'instance, après le jugement d'icelle (tarif de 1738, alinéa 28 ; réglem. 22 juill. 1806, art. 27).   8 fr.

N° 12. — Le dressé de chaque article passé en taxe.   0,25 c.
Les articles indûment divisés, et dont le taxateur aura fait la réunion ne seront comptés que pour un seul article (tarif de 1738, alin. 38 ; réglem. 22 juill. 1806, art. 43).

N° 13. — La vacation à la taxe (tarif de 1738, alinéa 40 ; réglem. 22 juill. 1806, art. 43). . 4 fr.

Frais de greffe.

N° 14. — Pour l'enregistrement de chaque requête au greffe (tarif de 1739, art. 1er, alinéa 18 ; réglem. 22 juill. 1806, art. 2).   4 fr.

N° 15.—L'ordonnance de *committitur* du rapporteur .   3 fr.
Cette ordonnance ne pourra être expédiée ni notifiée (tarif de 1739, art. 1er, alinéa 3 ; réglem. 11 juill. 1806, art. 28 ; *id.* 22 juill. 1806, art. 2 ; ordonn. 23 août 1815, art. 15).

N° 16.— Expédition des ordonnances du garde des sceaux (tarif de 1739, art. 2, alinéa 7 ; réglem.

22 ju il. 1806, art. 4, 9, 12, 14, 15, 18, 20, 21, 25 et 26). . . . . 4 fr.

N° 17. — Tout certificat délivré par le greffier (tarif de 1739, art. 1er, alinéa 21) . . 4 fr.

N° 18. — La signature de l'expédition d'une ordonnance royale (tarif de 1739, art. 1er, alinéa 2 ; réglem. 11 juill. 1806, art. 35). . . . . 12 fr.

N° 19. — La signature de l'exécutoire des dépens (tarif de 1739, art. 2, alinéa 7 ; réglem. 22 juill. 1806, art. 43). . . . . 4 fr.

N° 20. — Chaque rôle d'expédition du greffe, de quelque nature qu'elles soient, à raison de vingt-cinq lignes à la page et de douze syllabes à la ligne (tarif de 1739, art. 1er, alinéa 16 ; réglem. 1738, 2e partie, tit. 13, art. 7 ; réglem. 11 juin 1806, art. 35). . . . . 0,50 c.

N° 21. — Le retrait des pièces (tarif de 1739, art. 1er, alinéa 19 ; réglem. 11 juill. 1806, art. 27). 4 fr.

ART. 2.— Il ne sera employé dans la liquidation des dépens aucuns frais de voyage, séjour ou retour des parties, ni aucuns frais de voyage d'huissier, au-delà d'une journée.

ART. 3. — La liquidation et la taxe des dépens seront faites au comité du contentieux par le maître des requêtes rapporteur.

ART. 4.—La taxe sera rendue exécutoire par le maître garde des sceaux, et, dans le cas où il serait empêché, par le conseiller d'état, vice-président du comité du contentieux.

ART. 5. — L'opposition à la taxe sera recevable dans les trois jours de la signification de l'exécutoire. Elle sera jugée par notre garde des sceaux, conformément à l'art. 43, réglem. 22 juill. 1806.

V. COMPÉTENCE ADMINISTRATIVE , CONSEIL DES PRISES, CONSEIL PRIVÉ, ENREGISTREMENT, GREFFE (droits de), ORGANISATION ADMINISTRATIVE , RÉGLEMENT D'ADMINISTRATION PUBLIQUE, TRIBUNAUX ADMINISTRATIFS.

CONSEILS DE FABRIQUES D'É-GLISE.

Les fabriques d'église se divisent en conseil et en bureau. Nous avons expliqué au mot BUREAUX DES FABRIQUES que le conseil se composait de tous les membres de la fabrique. Quant à ses pouvoirs et attributions, il en sera plus convenablement traité au mot FABRIQUES D'ÉGLISES.

CONSEIL DE FAMILLE.

Table alphabétique.

CONSEIL DE FAMILLE. — 1. — On appelle ainsi une assemblée de parens ou, à défaut de parens, d'amis réunis sous la présidence du juge de paix pour délibérer sur la nomination des tuteurs et subrogés-tuteurs, sur les dépenses de la tutelle, et sur les questions qui peuvent intéresser les mineurs, interdits, absens, et en général ceux qui n'ont pas capacité légale pour diriger leur personne ou leurs biens.

2. — Les actes du conseil de famille, que le Code de procédure désigne sous le nom générique d'*Avis de parens*, se divisent, selon Fréminville (n° 19), *en avis* et en *délibérations*. Les avis sont des actes dans lesquels le conseil de famille se borne à donner à la justice son sentiment sur les questions que cette dernière lui a soumises, comme dans le cas des art. 892 et 893, C. procéd. Les délibérations sont des actes par lesquels le conseil de famille prend et ordonne directement une mesure quelconque; telles sont les résolutions qui contiennent quelques nominations qui autorisent le tuteur ou habilitent le mineur à faire certains actes.

§ 1er. — *Dans quel cas il y a lieu à la convocation d'un conseil de famille*
(n° 3).

---

§ 2. — *Composition du conseil. — Exclusions* (n° 20).

§ 3. — *Convocation. — Domicile de la tutelle. — Comparution* (n° 94).

§ 4. — *Délibération du conseil* (n° 136).

§ 5. — *Exécution des délibérations. — Recours* (n° 179).

§ 6. — *Homologation des délibérations*
(n° 222).

§ 7.—*Responsabilité des membres du conseil de famille* (n° 258).

§ 1er. — *Dans quels cas il y a lieu à la convocation
d'un conseil de famille.*

5. — Il y a lieu à la convocation d'un conseil de famille lorsqu'il s'agit :

4. — — 4° de nommer un tuteur au mineur à défaut de tutelle légitime ou testamentaire. — C. civ.,
art. 405.

6.—..2° De nommer, sauf dans le cas de tutelle
de droit du mari, un tuteur aux majeurs frappés
d'interdiction. — C. civ., art. 505.

6.—..3° De nommer aux pupilles (art. 420 et 505)
un subrogé tuteur.

7. — ..4° De délibérer sur le point de savoir si la
tutelle doit être conservée à la mère qui veut convoler en secondes noces. — C. civ., art. 396.

8.—..5° De choisir le tuteur entre deux bisaïeuls
appartenant à la ligne maternelle. — C. civ., art.
404.

9.—..6° De délibérer sur la destitution ou l'exclusion des tuteurs ou subrogés-tuteurs (art. 446), ou
sur la tutelle officieuse (art. 361), ou sur la confirmation du tuteur choisi par le père ou la mère
dans la tutelle de ses enfans du précédent mariage. — C. civ., art. 400.

10. — ..7° De retirer la tutelle, soit au tuteur excusé (C. civ., art. 434), soit au père ou à la mère,
dans le cas des art. 28 et 42, 6°, C. pén.

11.—..8° De nommer, en cas de décès de la mère,
un tuteur provisoire aux enfans dont le père est
absent depuis six mois (art. 142), ou de donner un
tuteur *ad hoc*, soit à l'enfant *désavoué* (art. 348),
soit au pupille qui se trouve en opposition d'intérêts à faire de la part du mineur ou de l'interdit;
tels que, négociations entre lui et le tuteur (C. civ.,
art. 420), emprunts, hypothèques, aliénations (C.
civ., art. 457), acceptations de donations (C. civ.,
art. 463) ou de successions (C. civ., art. 461), actions immobilières ou acquiescemens (C. civ., art.
464), action en partage (art. 465-817), transactions
(C. civ., art. 467); — il règle les conventions matrimoniales des enfans des interdits (C. civ., art. 511),
il décide, lors de la dation de la tutelle, s'il y a lieu
de restreindre l'hypothèque légale à certains
biens du tuteur (C. civ., art. 2141); enfin il donne
son avis sur la demande en réduction de cette
hypothèque (C. civ., art. 2144).

13. — Juge en outre que les tribunaux ont le droit
d'ordonner des assemblées de famille pour délibérer et donner leur avis sur les affaires qui leur
sont soumises, et par exemple, pour s'assurer

12. — ..9° De nommer un curateur au ventre
(C. civ., art. 393), un curateur à l'émancipation
(C. civ., art. 480), un curateur *ad hoc* pour l'acceptation d'une donation faite à un sourd-muet qui ne
sait pas écrire (C. civ., art. 936), un tuteur au condamné aux travaux forcés à temps ou à la réclusion. — C. pén., art. 29.

13. — ..10° De désigner un tuteur à la substitution,
à défaut de désignation par le donateur ou
le testateur. — C. civ., art. 1055-1056;—Proudhon,
t. 2, p. 188; Duranton, t. 3, n° 478.

14.—..11° De délibérer sur la demande en réclusion par voie de correction d'un mineur pour cause
d'inconduite (C. civ., art. 468), sur la collation ou
la révocation de l'émancipation (C. civ., art. 478 et
485), sur les causes d'interdiction (art. 494), ou
sur celles de nomination d'un conseil judiciaire.
— C. civ., art. 514.

15. — ..12° De voter sur le choix de l'époux auquel, en cas de divorce, les enfans seront confiés
(art. 302). Cette disposition, spéciale au divorce,
n'est pas suivie en matière de séparation de corps.
— *Contrà* Duranton, t. 3, n° 470.

16. — Indépendamment de ces attributions
principales, le conseil de famille en a encore d'autres qui seront énumérées sommairement. Ainsi :

17. — ..1° Il autorise dans certains cas le mariage
des mineurs, ou s'y oppose (C. civ., art. 160 -175). —
Il règle sous certains rapports l'administration de
la tutelle (C. civ., art. 454) et il autorise certains
actes à faire de la part du mineur ou de l'interdit;

---

de l'époque du décès de l'un des parens qui composent la famille. Le membre du tribunal délégué
pour présider une pareille assemblée a le droit
de recevoir les déclarations des membres qui en
font partie et d'en dresser procès verbal. — Cass.,
10 mars 1813, Pigeollot c. Dupuget.

19. — Le conseil de famille commet un excès
de pouvoir, lorsqu'il statue sur les contestations
qui s'élèvent entre le tuteur et le subrogé tuteur,
relativement aux comptes de tutelle. — *Turin,
mai 1810, Pascro c. Polelli Bigaud.*

§ 2. — *Composition du conseil de famille. —
Exclusions.*

20. — *Composition.* — En principe, le conseil de
famille est composé, non compris le juge de paix,
de *six* parens ou alliés du mineur, pris moitié du
côté paternel et moitié du côté maternel et en
suivant l'ordre de proximité dans chaque ligne.
Le parent est préféré à l'allié, et parmi les parens du même degré, le plus âgé à celui qui l'est
le moins (C. civ., art. 407). Il en est de même parmi les alliés.

21. — Ces parens et amis sont pris tant dans le
commune où s'ouvre la tutelle que dans la distance
de deux myriamètres.—Même article.

22. — Il n'est pas nécessaire que les parens aient
leur domicile dans la commune. Il suffit qu'ils
y résident même passagèrement. — Fréminville,
Tr. de la minorité et de la tutelle, t. 1er, n° 43.

23. — C'est d'après les règles de l'art. 407 et suiv.,
que doit être composé le conseil de famille chargé
de nommer un tuteur *ad hoc* à l'enfant contre
lequel on doit diriger. — *Montpellier, 4
mars 1833, R...*

24. — Les membres du conseil de famille doivent être mâles, majeurs, à l'exception du père et
de la mère, qui sont admis, quoique mineurs, et les
ascendantes, qui y sont admises malgré leur
sexe. — C. civ., art. 408. — En outre, ils doivent
n'être dans aucun des cas d'exclusion qui seront
indiqués plus bas. — V. n°s 70 et suiv.

25. — Lorsqu'il n'existe pas dans la distance de
deux myriamètres de parens ou alliés de l'un
ou l'autre ligne, le conseil est composé soit de
parens ou alliés domiciliés à de plus grandes distances, soit, dans la commune même, de citoyens
connus pour avoir eu des relations habituelles d'a-
mitié avec le père ou la mère du mineur. — C. civ.,
art. 409.

26. — Lorsqu'il y a lieu de craindre l'influence
que peut opérer la dissidence d'opinions religieuses
entre la mère et les membres du conseil de famille, le tribunal peut ordonner qu'à défaut de
parens du côté maternel le juge de paix désigne
un trois amis professant la même religion que la
mère. — *Cass.,* 6 mess. an XII, Delvalle.

27. — En tel même qu'il y aurait sur les lieux un
nombre suffisant de parens ou alliés, le conseil
peut être composé de parens ou alliés plus proches
en degré ou de même degré que les parens ou alliés présens, à quelque distance qu'ils soient domiciliés, de manière toutefois que cela s'opère en
retranchant quelques uns des cas derniers ci-après
excéder le nombre réglé par les précédentes dispositions. — C. civ., art. 410.

28. — Il résulte des dispositions précédées que
les parens ou alliés qui sont sur les lieux ou dans
le rayon de deux myriamètres doivent être appelés de *préférence aux amis* ou aux parens et alliés
moins proches.

29. — Ainsi, jugé par application, dit l'arrêt, de
l'ancienne et de la nouvelle législation, que ce n'est
qu'à défaut de parens que des amis ont pu être
appelés comme membres d'une assemblée de famille. — *Paris,* 26 pluv. an X, Brisson c. Debled.
— *V. aussi* 22 frim. an XII, Bourguignon; — *Frém.,
Tr. de la tutelle et la minorité,* t. 1er, n° 16.

30. — Jugé encore que la nomination d'un tuteur
ad hoc chargé de représenter l'enfant contre lequel
des parens dirigent sa mille si, bien qu'il s'agisse
des parens dans le rayon fixé par la loi, le conseil
de famille n'était composé que d'amis. — *Montpellier,* 19 mars 1833, R...

31. — À moins que les parens ne demeurent en
dehors du département où l'assemblée doit être
convoquée.—*Paris,* 9 frim. an XI, M... — Ou même
hors du canton.—*Paris,* 25 vent. an XIII, Lavière
c. *Cass.,* 19 frim. an XIV, Blondeau.

32. — Jugé de même que les pouvoirs accordés
par la loi au juge de paix en matière de composition du conseil de famille ne sont pas limitatifs
nis. Ce magistrat ne peut appeler d'amis que dans
le cas où les parens alliés se trouvent ne demeurent ni dans le ressort ni dans le rayon de la distance
de deux myriamètres. — Et les ordonnances des juges
de paix non conformes à ces dispositions peuvent
être réformées par les tribunaux. — *Paris, 21 frim.*

1842 (t. 1er 1842, p. 580), Sarda-Garriga c. de Vanlay.

33. — Mais si les parens ou alliés demeurent hors de la distance légale, bien qu'ils *puissent* être appelés ou *admis* au conseil de famille, de préférence aux amis ou aux parens ou alliés moins proches qui seraient sur les lieux, ce n'est pas là un droit pour eux.

34. — Ils ne peuvent être admis au conseil de famille qu'autant que le juge de paix aurait autorisé leur admission. — *Rennes*, 30 juill. 1833, Gaudin c. Boussard.

35. — Ainsi jugé que, lorsque le juge de paix a choisi, dans le rayon de deux myriamètres, fixé par l'art. 407, C. civ., le nombre de parens et d'alliés suffisant pour composer le conseil de famille, des parens plus proches, domiciliés hors de ce rayon, ne peuvent *le contraindre à les admettre au conseil*. — *Rouen*, 29 nov. 1816, Dulot et Valentin; Duranton, t. 3, n° 462; Marchand, *Code de la minorité et de la Tutelle*, p. 144 et 145; Fréminville, t. 1er, nos 89 et 90.

36. — Jugé toutefois que les parens domiciliés hors de la distance de deux myriamètres doivent, lorsqu'ils le *demandent et offrent de le faire à leurs frais*, être appelés au conseil de famille par préférence aux amis. — *Besançon*, 26 août 1808, Felliker c. Gomet; — Delvincourt, t. 1er, p. 106, note 8e. — Mais cette opinion ne paraît pas devoir être suivie.

37. — Le nombre de *six* membres fixé par la loi est rigoureux, il ne peut être dépassé. — *Bourges*, 3 fructid. an XIII, Maillet; *Amiens*, 11 fructid. an XIII, Charmolue c. Carré; — Magnin, *Tutelle*, t. 1er, n° 336.

38. — Toutefois, les frères germains et les maris des sœurs germaines sont exceptés de la limitation de ce nombre. — S'ils sont six, *ou au delà*, ils sont tous membres du conseil de famille. — Art. 408.

39. — Dans ce cas, ils composent seuls le conseil de famille avec les ascendans valablement excusés et avec les *veuves d'ascendans* (art. 408); on doit entendre par veuves d'ascendans les *ascendantes veuves*. — Ainsi, les secondes femmes des ascendans, devenues veuves, ne font pas partie du conseil de famille. — Delvincourt, t. 1er, p. 106, note 5e; Duranton, n° 459, note.

40. — Le mari qui a convolé en secondes noces ne demeure pas moins allié de la famille de sa première femme, s'il a des enfans de son premier mariage : il doit donc, comme beau-frère, être appelé au conseil de famille convoqué dans l'intérêt de la sœur de celle-ci. — *Cass.*, 16 juill. 1810, Chapais c. Rondeau; — Favard, t. 5, v° *Tutelle*, p. 380; Hautefeuille, p. 524; Fréminville, n° 88.

41. — En serait-il de même si le beau-frère restait veuf sans enfant? — V. pour l'affirmative *Bruxelles*, 11 juin 1812, Brixant c. Gillot; *Cass.*, ... fév. 1825, Roberjot c. Pollet; — Magnin, *Tutelle*, t. 1er, n° 327. — V. aussi Brillon, v° *Affinité*, qui cite un arrêt du parlement d'Aix de 1642; — Duperier, t. 2, p. 419.

42. — Delvincourt (t. 1er, p. 106, note 4e), et M. Duranton (t. 3, n° 458, note), professent l'opinion contraire : « Lorsque l'épouse qui formait l'alliance, dit ce dernier auteur, et les enfans issus de son mariage sont décédés, l'alliance est éteinte, et par conséquent le conjoint, de nouveau marié ou non, ne peut pas faire partie du conseil de famille. » Cette dernière opinion repose sur la loi 3, § 1er, ff., *De Postul.*, qui porte : « *Affinitates non eas accipere debemus quæ quondam fuerunt, sed præsentes*; » et sur la loi 4, § 3, ff., *De grad. et affin.*, suivant laquelle « *Affines sunt viri et uxoris cognati, dicti ab eo quod duæ cognationes, quæ diversæ sunt, per nuptias copulantur* (sans ajouter *vel copulatæ fuerunt*), *et altera ad alterius cognationis finem accedit.* » Ajoutons aussi que Carré (*Lois de procéd.*, t. 1er, quest. 241) qualifie l'affinité *une ombre de parenté qui s'évanouit avec l'objet qui l'a produite.* — D'où il conclut que l'huissier veuf sans enfans peut instrumenter pour les parens de sa femme, puisque, ajoute-t-il, ils ne seraient plus ses alliés. — Enfin on peut encore, pour soutenir que, dans l'hypothèse donnée, l'alliance cesse, invoquer les paroles de Cambacérès, qui disait, lors de la discussion de l'art. 207, que, dans ce cas, le gendre *devient étranger* à son beau-père, surtout lorsque ce gendre s'est remarié; et l'opinion exprimée au *Dict. de* ... de l'*Enc. méth.*, que l'affinité cesse par la mort de l'un des conjoints lorsqu'il n'a laissé aucun enfant vivant. — Loisel (*Instit. cout.*, liv. 1er, tit. 32, 183) pose la règle *Morte ma fille, mort mon gendre.* — V. aussi Delalande, sur la cout. d'Orléans; Despeisses, t. 1er, p. 284; Rousseaud-Delacombe, v° *Affinité*; Godefroy, *Ad. Leg.* 5, *de Verborum sig.*; Ferrière, Domat, et l'ord. d'août 1737, art. 5 et 6.

43. — Si les frères germains et maris de sœurs germaines sont en nombre inférieur à six, les autres parens ne seront appelés que pour compléter le conseil. — Art. 408.

44. — De l'art. 408 il résulte que les frères germains, ascendans ou ascendantes veuves doivent *nécessairement* être appelés à faire partie du conseil de famille lorsqu'ils demeurent dans le rayon légal. D'où il résulte qu'il ne pourrait être fait application à leur égard de la faculté ouverte par l'art. 410.

45. — Et il y aurait nullité des délibérations du conseil de famille, si on omettait d'y appeler des ascendans. — *Colmar*, 27 avr. 1813, Rœderer c. Schoeffer; *Toulouse*, 5 juin 1829, Delbos c. Méric; — Marchand, *C. de la minorité*, p. 128.

46. — Et même, dans ce cas, la nullité est *d'ordre public* et peut être demandée même par l'ascendant qui aurait acquiescé, soit expressément, soit tacitement, à la délibération irrégulière. — *Colmar*, 27 avr. 1813, Rœderer c. Schoeffer.

47. — Jugé de même qu'il y aurait nullité si, dans un conseil de famille réuni pour délibérer sur une demande en interdiction, un ami était appelé préférablement à un beau-frère demeurant sur les lieux. — *Cass.*, 24 fév. 1825, Roberjot c. Pollet.

48. — ... Ou si un frère du mineur ou de l'interdit n'avait pas été appelé. — *Metz*, 23 vent. an XIII, N...; 6 août 1818, Martini.

49. — Mais si les ascendans *doivent* être convoqués, ils ne sont pas cependant toujours membres *nécessaires* du conseil; à cet égard il faut distinguer: s'ils ne sont pas valablement excusés, ils font partie des six parens nécessaires pour la composition du conseil; s'ils sont excusés, ou s'il s'agit d'ascendantes veuves, ils sont libres d'y assister ou non; aussi ne sont-ils pas compris dans le nombre des six parens, et doit-on, outre ces ascendans, convoquer, en cas d'insuffisance des frères germains, d'autres parens pour compléter le conseil. — Toullier, n° 1111; Duranton, nos 459 et 460; Favard de Langlade, *Rép.*, v° *Tutelle*, § 4, n° 3; Marchand, *Code de la minorité*, p. 127.

50. — Mais M. Fréminville (n° 87) combat cette opinion, à laquelle il reproche de ne pas s'appuyer sur un texte positif et de contrarier, au contraire, l'esprit des dispositions qui ont réglé la composition du conseil de famille. Selon cet auteur, l'art. 407, C. civ., pose un principe général et appelle tous les parens les plus proches, en limitant leur nombre à six; mais l'art. 408 apporte à cette règle une exception tirée de la nature même des choses, et qui s'applique à l'admission illimitée des frères et beaux-frères germains, et des ascendans et veuves d'ascendans.

51. — La coopération *des deux lignes* en nombre égal au conseil de famille est de rigueur lorsque la présence d'un nombre suffisant de parens dans la distance légale permet de remplir le vœu de la loi. — *Liége*, 4 janv. 1811, Jans c. Ambros. — Duranton, t. 3, n° 462.

52. — Les frères germains peuvent, dans un conseil de famille, être mis indifféremment au nombre des parens paternels et maternels. — *Cass.*, 10 août 1815, Contrastin c. Delapraderie.

53. — Il en est de même des neveux germains. — *Cass.*, 16 juill. 1810, Chapais c. Rondeau. — Delvincourt, t. 1er, p. 106, note 6e. — V. *contrà Colmar*, 14 juill. 1836 (t. 2 1837, p. 434), Baur c. Salomon.

54. — Bien qu'il soit conforme au vœu de la loi que l'ordre de proximité dans chaque ligne soit suivi et que les prescriptions de l'art 407 doivent être observées, cependant il est maintenant de jurisprudence constante (sauf les cas dont il a été question plus haut, nos 30, 45, 47 et suiv.), que leur inobservation n'emporte pas nullité, soit lorsque, la convocation ayant eu lieu d'office, le juge de paix a ignoré l'état de la famille, soit lorsque l'intérêt des mineurs n'a pas été compromis par la composition irrégulière du conseil. A cet égard, les juges ont plein pouvoir d'appréciation. — Toullier, n° 1119; Fréminville, t. 1er, n° 85. — V. *contrà* Delvincourt, p. 108, note 3e.

55. — Jugé, en ce sens, 1° qu'il n'y a pas nullité de la délibération d'un conseil de famille, par cela seul que ce conseil n'aurait pas été composé des parens les plus proches, si le juge de paix ignorait qu'il y en eût d'autres moins éloignés, et n'a pas été à même de faire une convocation plus régulière. — *Bruxelles*, 15 mars 1806, Margat et Sarrens c. Collier.

56. — ... 2° Que l'omission d'un parent plus proche que ceux appelés pour former le conseil de famille, ou la convocation d'un allié au lieu d'un parent du même degré, n'entraîne pas nécessairement la nullité des opérations de ce conseil. — *Agen*, 10 déc. 1806, Philippeaux c. Themines; *Cass.*, 22 juill. 1807, mêmes parties; 10 août 1815, Contrastin c. Delapraderie; *Rennes*, 2 fév. 1835, Brintdejonc. — Alors surtout que l'intérêt de ce parent le rendait suspect. — *Riom*, 25 nov. 1828, Parra.

57. — ... 3° Que la délibération du conseil de famille convoqué par le subrogé-tuteur, à l'effet d'être autorisé à poursuivre la nullité d'une vente faite par le tuteur sans autorisation préalable, doit être validée, quoique le conseil n'ait été composé que d'amis, si l'acquéreur, défendeur à l'action en nullité, n'indique pas d'autres parens dans la distance légale. — *Orléans*, 9 déc. 1807, N...

58. — ... 4° Que la mention expresse dans l'acte d'assemblée de famille, que tels parens intervenans ont été convoqués par défaut ou par éloignement d'autres parens plus proches, lorsqu'elle ne résulte d'aucune exclusion volontaire et frauduleuse, n'est point prescrite à peine de nullité. — *Turin*, 5 mai 1810, Pasero c. Poletti-Rigaud.

59. — ... 5° Que les délibérations d'un conseil de famille ne sont pas nulles, par cela seul qu'il n'a pas été composé des parens les plus proches du mineur; surtout, si la convocation a été faite d'office. — *Paris*, 14 août 1813, de Bourbon-Busset c. Seignelay; *Turin*, 10 avr. 1811, Decarelli c. Durletti.

60. — ... 6° Que le conseil de famille appelé à prononcer sur l'état d'une personne dont l'interdiction est provoquée, peut être composé en partie d'amis, quoiqu'il y ait des parens dans l'arrondissement. — *Paris*, 28 févr. 1814, Vignette c. Fontaine.

61. — ... 7° Que les règles prescrites, sur la composition des conseils de famille, par l'art. 407, C. civ., ne doivent point être observées à la rigueur et à peine de nullité de la délibération. — *Toulouse*, 1er févr. 1827, Turle; *Rouen*, 30 mars 1844 (t. 1er 1844, p. 613), Debons.

62. — ... 8° Que l'inobservation des degrés de parenté pour la convocation du conseil de famille n'emporte pas nécessairement nullité de la délibération; les juges peuvent l'annuler ou non, suivant qu'il pensent que les intérêts du mineur ont été ou non compromis par cette irrégularité. — *Colmar*, 17 juill. 1836 (t. 2 1837, p. 434), Baur c. Salomon; *Paris*, 13 oct. 1836 (t. 1er 1837, p. 236), Lambert c. Mazure; *Douai*, 1er août 1838 (t. 1er 1840, p. 643), Boitchon c. Lefebvre; *Grenoble*, 4 juin 1836, Brachet c. Charbon; *Agen*, 18 févr. 1841 (t. 1er 1841, p. 649), Sauvage; *Aix*, 19 mai 1837 (t. 2 1837, p. 105), Caire c. Bernard.

63. — ... Et alors surtout qu'il n'y a aucun soupçon de dol ou de connivence. — *Cass.*, 30 avr. 1834, Roulet c. Foucault; *Lyon*, 30 nov. 1837, (t. 1er 1838, p. 215), Barre c. Martin; *Cass.*, 3 avr. 1838 (t. 1er 1838, p. 451), Bernard c. Caire.

64. — Jugé de même dans une espèce où il s'agissait de la destitution d'un tuteur légal et où un frère du tuteur n'avait pas été appelé au conseil. — *Rennes*, 28 mars 1822, Maze c. Mingaud.

65. — ... 9° Qu'en matière d'interdiction, un conseil de famille auquel le juge de paix a appelé des amis pour représenter une ligne est régulièrement composé, alors même qu'il existerait des parens ou alliés dans cette ligne dans la distance de deux myriamètres. Il y a dans ce cas présomption légale que les parens ont eu des motifs pour refuser, ou le juge de paix des motifs pour les récuser. — *Aix*, 19 mars 1835, Mayen c. Gueirard.

66. — Toutefois, plusieurs arrêts ont décidé, mais à tort, que l'inobservation des règles prescrites par les art. 407 et suiv., C. civ., sur la formation des conseils de famille, emporte nullité. — *Montpellier*, 12 mars 1833, R...; *Lyon*, 18 févr. 1812, Chanteret; *Angers*, 29 mars 1821, Delelée-Préaux, dans une espèce où des étrangers avaient été appelés au lieu de parens ou d'alliés; *Bruxelles*, 24 nov. 1829, Pinson, en cas de convocation d'un allié au lieu d'un parent au même degré; *Rouen*, 7 avr. 1827, Samson c. Boyard, en cas d'omission des parens les plus proches en degré.

67. — Jugé même que cette nullité est d'ordre public et ne peut être couverte par l'acquiescement des parties. — *Angers*, 29 mars 1821, Delelée-Préaux c. N...

68. — Lorsque des parens qui devraient faire partie d'un conseil de famille se trouvent dans des cas d'empêchement légitime fondés soit sur un intérêt pécuniaire au résultat de la délibération, soit sur une impossibilité physique résultant du grand âge, ils peuvent être remplacés par d'autres parens en ordre utile. — *Cass.*, 3 mai 1842 (t. 1er 1842, p. 707), Bernier c. Crepel.

69. — M. Fréminville (t. 1er, n° 86) combat ces derniers arrêts et adopte la doctrine des premiers, après avoir fait remarquer que le Code ne prononce pas la nullité de la délibération à raison de l'inobservation des règles sur la composition

du conseil de famille, et que c'est aux tribunaux qu'est laissé le soin d'apprécier, d'après l'intérêt du mineur, la gravité de l'infraction. — V. CASSATION, n° 613. — Cet auteur ajoute : « C'est principalement l'inobservation des formalités substantielles qui doit entraîner la nullité des opérations du conseil de famille ; ainsi le conseil qui, hors des cas où il y aurait des frères et beaux-frères germains, aurait été composé de plus de six membres, ne pourrait procéder à aucun acte valable. Il peut arriver, en effet, que la délibération n'ait été prise que sous l'influence des membres dont la présence était illégale, et c'est sous ce rapport que la limitation du nombre des personnes concourant à la formation du conseil est une formalité *substantielle* et une des conditions nécessaires de la validité de ce conflit et de ses délibérations.

70. — *Exclusions.* — Ne peuvent être membres du conseil de famille les mineurs (autres que le père et la mère), les femmes (autres que la mère ou les ascendantes), les personnes *exclues ou destituées d'une tutelle.* — V. TUTELLE.

71. —... Ceux ou celles qui ont, ou dont les père et mère ont avec le mineur un procès dans lequel l'état de ce mineur, sa fortune ou une partie notable de ses biens sont compromis. — C. civ., art. 442, 445.

72. — Ainsi, est nulle la délibération du conseil de famille à laquelle a concouru la partie adverse du mineur, fût-ce son frère. — *Aix*, 3 févr. 1832, Ailhaud.

73. — Mais le partage de communauté ou de succession que les parens du mineur ont à faire avec lui, n'est pas, dans le sens de l'art. 442, C. civ., un procès qui les rende incapables de faire partie du conseil de famille. — *Paris*, 5 oct. 1809, Lesselin c. Regnault.

74. — Rien ne s'oppose à ce que celui qui a été exclu d'un conseil de famille, à raison d'un procès qu'il avait avec le mineur, ne soit membre du conseil de famille dans une autre tutelle. — Toullier, n° 468 ; Fréminville, t. 1er, n° 92.

75. —...Ceux qui n'ont pas la qualité de Français. Ainsi, l'étranger est inhabile à faire partie d'un conseil de famille, quel que soit son degré de parenté avec le mineur. — *Bruxelles*, 28 juill. 1829, M... c. G... ; — Marchand, *Code de la minorité*, p. 150.

76. —.. Ceux qui sont privés de leurs droits civils. — Toutefois, jugé que la présence du père mort civilement, au conseil de famille délibérant sur le mariage de sa fille, n'est pas une cause de nullité, si, d'ailleurs, il y avait, outre le père, un nombre suffisant de parens. — *Paris*, 26 thermid. an IX, Bousquet c. Balainvilliers.

77. — ... Ceux qui ont été privés par un tribunal jugeant correctionnellement du droit de vote et de suffrage dans les assemblées de famille. — C. pén., art. 42.

78. — Les personnes d'une inconduite notoire ne sont pas par cela même exclues du conseil de famille. Il faudrait pour cela qu'elles fussent non pas seulement dans le cas d'une exclusion ou d'une destitution, mais qu'elles eussent déjà été frappées d'une exclusion ou destitution formelle. En effet, les incapacités sont de droit étroit et celui qui s'est personnellement livré à des écarts de conduite peut encore avoir l'intelligence nécessaire pour donner de bons avis dans l'intérêt du mineur. — Fréminville, n° 93.

79. — Au surplus, les dispositions de l'art. 445, C. civ., sur les causes d'exclusion au conseil de famille, sont limitatives et non démonstratives. — *Cass.*, 13 oct. 1807, Dasnières ; *Besançon*, 26 août 1808, Feliker c. Gomet ; *Caen*, 15 janv. 1811, Pierrepont ; *Cass.*, 16 déc. 1829, Beer ; — Toullier, nos 1169 et 1171 ; Hautefeuille, p. 526 ; Favard de Langlade, t. 5, p. 823, § 8 ; Berriat, p. 683, note ; Marchand, *Code de la minorité*, p. 145.

80. — Ainsi jugé que celui qui provoque la destitution du tuteur peut faire partie du conseil de famille. — *Bourges*, 20 germin. an XIII, Brisson de Plagny c. Delusson.

81. — Il en est de même pour le subrogé-tuteur. — *Cass.*, 3 sept. 1806, Dustou d'Arsa c. Andrieu ; *Rennes*, 14 fév. 1810, N... ; *Rouen*, 17 nov. 1810, Epaudry c. Pinel ; *Rennes*, 30 mai 1831, De Hallot c. B... ; — Toullier, t. 2, n° 1135 ; Carré, *Compét.*, t. 2, p. 416, note 3e ; Magnin, *Tr. des minor.*, t. 1er, n° 418.

82. — Le système qui tend à faire exclure du conseil de famille le subrogé tuteur qui a provoqué la destitution du tuteur, ne peut s'appuyer que sur une assimilation tirée de l'art. 495, C. civ., qui déclare incapable de faire partie du conseil de famille appelé à prononcer sur l'interdiction celui qui a provoqué cette mesure. — Mais cette assimilation ne nous paraît nullement admissible. En effet, lorsqu'il s'agit d'interdiction, la loi suppose que le parent qui la provoque peut avoir quelque intérêt personnel à le faire ; d'ailleurs, cette mesure extraordinaire ne peut être motivée que par des faits qui doivent être connus de tous les parens : sa présence au conseil de famille est donc inutile, et dès-lors il est juste de l'en écarter, puisqu'il a déjà manifesté son opinion en provoquant lui-même l'interdiction. — Au contraire, lorsqu'il s'agit de destitution d'un tuteur, le subrogé tuteur ne saurait être présumé avoir un intérêt personnel : c'est dans l'intérêt du mineur qu'il agit, et l'exercice de son droit n'est que l'accomplissement d'un devoir. En outre, qui mieux que lui serait apte à éclairer le conseil de famille sur les faits d'une gestion que la loi elle-même lui prescrivait impérieusement de surveiller ?

83. — Du principe que les exclusions sont limitatives, il résulte encore qu'un ascendant qui a renoncé de son plein gré à la tutelle légale de son enfant mineur, ne peut, sur ce motif (comme s'il y avait eu destitution), et pour cause d'inconduite (ce dont le conseil de famille n'est pas juge), être exclu de ce conseil. — *Besançon*, 26 août 1808, Féliker c. Gomet.

84. — De même, la mère qui a perdu la tutelle par suite de son convol sans convocation du conseil de famille, ne peut être considérée comme exclue ou destituée de la tutelle dans le sens de l'art. 445. C. civ. : elle n'est donc pas incapable de faire partie du conseil de famille. — *Bruxelles*, 30 mai 1810, Come ; — Duranton, t. 3, n° 511 ; Fréminville, t. 1er, n° 92. — La même décision doit être admise, ajoute ce dernier auteur, à l'égard de la mère remariée, à qui le conseil de famille n'aurait enlevé la tutelle qu'à cause de ce second mariage, et peut-être par la crainte que le second mari n'exerçât trop d'influence sur la gestion de la tutelle.

85. — Delvincourt (t. 1er, note 3e de la p. 107) combat cette doctrine en se fondant, non pas sur ce que la déchéance prononcée par l'art. 395 équivaudrait à une destitution, mais sur ce que l'art. 408, C. civ., qui donne aux ascendantes le droit d'être appelées aux conseils de famille, ne le leur accorde qu'autant qu'elles sont veuves. — Ne peut-on pas répondre à ce raisonnement que, par son second mariage, l'aïeule ne perd pas la qualité que lui a imprimée la dissolution de sa première union, celle de veuve d'ascendant ?

86. — Jugé de même que les causes de récusation admises contre les juges ne sont point applicables aux membres du conseil de famille, et que les parens qui auraient antérieurement donné leur avis sur les questions soumises à ce conseil, ne sont point par cela seul exclus du droit de concourir à sa délibération. — *Paris*, 27 janv. 1820, Maurissure ; 7 flor. an XIII, Delespinay c. Guescos (surtout si la première délibération annulée est restée secrète) ; — Fréminville, n° 94.

87. — ... Et que l'annulation de la délibération portant nomination d'un tuteur à un interdit, n'emporte pas contre les parens et le juge de paix qui ont pris cette délibération exclusion du conseil de famille qui devra se réunir pour le même objet. — *Cass.*, 13 oct. 1807, Dasnières.

88. — Jugé enfin que le concours du fils à la délibération du conseil de famille prononçant l'exclusion de son père des fonctions de tuteur, quoique contraire aux convenances, n'entraîne point la nullité de la délibération. — *Cass.*, 16 déc. 1829, Beer.

89. — *Enfans naturels.* — Le principe que les enfans nés hors mariage n'ont d'autres parens que leurs père et mère rend inapplicable à leur égard la disposition du Code civil qui veut que le conseil de famille soit composé de six parens ou alliés, moitié du côté paternel, moitié du côté maternel. — *Cass.*, 3 sept. 1806, Duston-d'Arse c. Andrieu.

90. — Le conseil doit donc être composé conformément à l'art. 409 et dans l'intérêt du mineur. — Toullier, n° 1113 ; Hautefeuille, p. 523 ; Favard de Langlade, *Rép.*, t. 5, p. 820 ; Pigeau, *Comment.*, t. 2, p. 585, et Merlin, v° *Conseil de Famille* ; Fréminville, t. 1er, n° 80. — M. Marchand (*Code de la minorité*, p. 380) soutient qu'on doit appeler trois amis du côté paternel et trois amis du côté maternel.

91. — Mais jugé que la délibération du conseil de famille qui nomme un tuteur à l'enfant naturel n'est pas nulle, en ce que les personnes appelées à composer ce conseil auraient été choisies exclusivement parmi les amis du père, et ne seraient pas toutes domiciliées dans la commune où s'est ouverte la tutelle. — *Cass.*, 7 juin 1820, N. c. Hours.

92. — De même, lorsqu'un enfant naturel n'a été reconnu par sa mère qu'à une époque récente, celle-ci ne peut se plaindre de n'avoir pas été appelée à faire partie du conseil de famille, si elle a laissé ignorer au juge de paix la reconnaissance par elle faite. — *Agen*, 19 fév. 1830, Dumas c. Bories.

93. — V., en outre, sur la composition du conseil de famille, v° DÉSAVEU DE PATERNITÉ.

§ 3. — *Convocation.* — *Domicile de la tutelle. Comparution.*

94. — Le conseil de famille doit être convoqué, soit à la diligence et réquisition des parens du mineur, de ses créanciers ou autres parties intéressées, soit d'office et à la poursuite du juge de paix du domicile du mineur. — C. civ., art. 406.

95. — Toute autre personne ne peut que dénoncer au juge de paix le fait qui donne lieu à la nomination du tuteur. — Même article.

96. — Le ministère public ne peut requérir d'office la convocation du conseil de famille. — *Cass.*, 27 frim. an XIII), Gaillard ; 11 août 1818, Berdin c. Balby ; — Magnin, *Tr. des minorités*, t. 1er, n° 323 ; Merlin, *Rép.*, vis *Ministère public*, § 7, art. 2, et *Mineur*, § 4 ; Bioche et Goujet, *Dict. de procéd.*, v° *Conseil de famille*, n° 21, art. 406 ; Pigeau, *Commentaire*, t. 2, p. 590, n° 1er ; Fréminville, n° 97.

97. — Ainsi, jugé que le ministère public n'a pas d'action soit pour provoquer par voie d'action et d'office une nouvelle organisation de la tutelle et la convocation d'un conseil de famille, soit pour demander que les baux des biens d'un mineur ou d'un interdit soient adjugés sur publications précédées d'affiches. — *Cass.*, 11 août 1818, Berdin c. Balby.

98. — De même, il ne peut faire nommer un curateur *ad lites* au mineur dont les intérêts se trouveraient en opposition avec ceux du père, tuteur légitime. — *Cass.*, 27 frim. an XIII. Gaillard c. N.

99. — Quelle que soit la personne qui provoque la convocation, c'est le juge de paix qui, dans tous les cas, doit convoquer le conseil de famille et dresser la liste de ceux qui sont appelés à le composer. On comprend, du reste, qu'il formera cette liste sur les renseignemens qui lui seront fournis par le requérant ou par toute autre personne. — Fréminville, n° 96 ; Zachariæ, t. 1er, p. 192, § 94.

100. — Cependant un conseil de famille est régulièrement composé, encore qu'il ne soit pas prouvé qu'il l'ait été par un juge de paix. — *Rennes*, 6 janv. 1814, Lemière c. N.

101. — Le conseil de famille doit, à peine de nullité radicale de ses délibérations, être convoqué devant le juge de paix du domicile réel des mineurs. Les actes et délibérations d'un conseil de famille irrégulièrement convoqué ne peuvent être validés ultérieurement par un autre conseil, assemblé et composé suivant le vœu de la loi. — *Turin*, 13 mai 1811, Botton c. Saint-Joseph.

102. — Jugé toutefois que l'art. 409, C. civ., qui veut que le conseil de famille soit convoqué devant le juge de paix du domicile du mineur, n'est pas tellement absolu que la délibération prise devant un autre juge de paix doive être annulée, alors que la délégation de ce juge de paix a été faite par jugement passé en force de chose jugée. — *Metz*, 20 avr. 1820, Marx c. N.

103. — On entend, dans ce cas, par domicile du mineur le domicile de la tutelle.

104. — En principe, il est reconnu que c'est le domicile du mineur, au moment de l'ouverture de la tutelle, qui détermine le domicile de la tutelle, considérée comme être moral, et, conséquemment, le lieu où doivent être convoqués les conseils de famille qui peuvent être nécessaires pendant la durée de cette tutelle. — *Cass.*, 20 nov. 1809, de Scepeaux c. Mahier ; 9 fév. 1813, Cadour ; 31 août 1818, N... c. N... ; 23 mars 1819, Magnen c. Petit ; *Nîmes*, 17 mai 1838 (t. 2 1838, p. 456), Pons c. Ricard. — *Cass.*, 11 mai 1842 (t. 1er 1842, p. 711), Mouthon c. Perret ; — Carré, t. 3, p. 251, note 2 ; Favard de Langlade, t. 1er, p. 281 ; Berriat, p. 678 ; Delvincourt, t. 1er, p. 106, note 2e, p. 111, note 10 ; Toullier, n° 1114 ; Duranton, t. 2, n° 453 ; Fréminville, n° 98.

105. — Jugé, en conséquence, qu'on doit réputer nulle la nomination du subrogé tuteur faite par un conseil de famille convoqué devant le juge de paix d'un domicile adopté par le tuteur depuis l'ouverture de la tutelle et différent de celui qu'avait le mineur à cette époque. — Arrêt de 1842 cité au n° précédent. — Il en est de même pour celle d'un nouveau tuteur. — Arrêt de 1809 cité au n° précédent.

106. — Et la nullité peut et doit être prononcée, bien que la convocation irrégulière ait été faite sans fraude. — *Cass.* (Sol. impl.), 11 mai 1842 (t. 1er 1842, p. 711), Mouthon c. Perret.

107. — En outre, elle vicie, même à l'égard du tiers acquéreur, l'adjudication qui a été faite des biens du mineur en présence du subrogé tuteur ainsi nommé. — Même arrêt.

108. — C'est encore d'après ces principes qu'il a été jugé que la tutelle des enfans mineurs du duc de Berry, s'étant ouverte, lors du décès de leur père, dans l'étendue du premier arrondissement de Paris où le prince était domicilié, doit conserver son domicile dans son arrondissement, bien qu'elle ait été organisée suivant l'ord. spéciale du 20 avr. 1820. — *Paris*, 24 juill. 1835, Pastoret c. Correlette.

109. — Toutefois Toullier et M. Duranton (*loc. cit.*) admettent une exception à ce principe du domicile de la tutelle pour le cas où ce serait le père, la mère, ou un autre ascendant, qui aurait changé de domicile depuis que la tutelle serait ouverte en sa personne. — Dans ce cas, suivant eux, les convocations du conseil de famille devraient avoir lieu devant le juge de paix du domicile actuel de cet ascendant, qui est celui du mineur. L'amour paternel, disent-ils, est une garantie puissante contre les inconvéniens sur lesquels le système contraire est fondé.

110. — Jugé, en ce sens, que c'est devant le juge du dernier domicile de la mère tutrice et non devant celui du lieu de l'ouverture de la tutelle que doit se réunir le conseil de famille appelé à décider si la mère conservera ou non la tutelle, en cas de convol. — *Bruxelles*, 24 nov. 1829, Pinson.

111. — Et cette distinction a été consacrée par un arrêt qui a décidé que le domicile du mineur pour toutes les opérations relatives à l'ouverture de la tutelle est au lieu du domicile du dernier décédé des père et mère. Ainsi, lorsque la mère est décédée la dernière, c'est à son domicile que doit être convoqué le conseil de famille pour délibérer sur les intérêts des mineurs. Toutefois il est à remarquer que, dans l'espèce de cet arrêt, la nullité était opposée par l'adversaire du mineur, et qu'il en serait résulté pour celui-ci un grave préjudice.

112. — Mais elle a été, depuis, repoussée par la cour de Cassation elle-même ; car l'arrêt de 1842, cité plus haut, était rendu dans une espèce où il s'agissait d'une tutelle légale. — *Cass.*, 11 mai 1842 (t. 1er 1842, p. 711), Mouthon c. Perret.

113. — Jugé que tant que le mineur dont les père et mère sont morts n'est pas pourvu d'un tuteur, son domicile est de droit au lieu du décès du dernier mourant d'entre eux ; que dès-lors le tribunal de ce lieu est compétent, même après la nomination du tuteur, pour statuer sur la demande en interdiction formée contre le mineur antérieurement. — *Paris*, 28 nov. 1835, Desdouitz de Saint-Père c. Revel.

114. — Le droit de convocation n'existe au profit des parens, créanciers ou autres parties intéressées, qu'autant qu'elle a lieu dans les termes des art. 407 et 408.

115. — Mais c'est au juge de paix seul, et non à celui qui a provoqué la réunion d'un conseil de famille, qu'il appartient de convoquer des amis à défaut de parens, ou des parens domiciliés à plus grande distance. — *Besançon*, 9 avr. 1808, de Pouthier c. de Pezeux ; *Rennes*, 20 fév. 1823, de Gillart c. Baudoin ; — Delvincourt, t. 1er, p. 106, no 10, et Magnin, *Traité des minor.*, t. 1er, no 324.

116. — Au surplus, la convocation d'amis, à défaut de parens, pour composer un conseil de famille appelé à donner son avis sur une interdiction demandée, serait régulière, bien qu'elle n'eût pas été faite par le juge lui-même, si d'ailleurs ce magistrat l'avait approuvée en agréant les choix qui ont été faits. — *Colmar*, 14 juill. 1836 (t. 2 1837, p. 434), Baur c. Salomon ; *Douai*, 13 fév. 1841 (t. 1er 1846, p. 65), Leclercq c. Labourée.

117. — Le juge de paix est compétent pour juger de la capacité des personnes appelées à former un conseil de famille, sauf le recours, comme de droit, contre sa décision. — *Bruxelles*, 22 juin 1827, G... c. H...

118. — Les personnes appelées à faire partie du conseil sont invitées par une notification à jour fixe. Le délai est réglé par le juge de paix, mais de manière à ce qu'il y ait toujours entre la notification et le jour indiqué un intervalle de trois jours au moins quand toutes les parties résident dans la commune ou dans la distance de deux myriamètres, sauf augmentation d'un jour par trois myriamètres pour celles domiciliées au-delà de cette distance. — C. civ., art. 411.

119. — La notification n'est nécessaire que pour justifier la mesure générale dont il sera parlé ci-après ; mais elle n'est pas indispensable, et son absence ne vicierait pas la délibération si les membres du conseil s'étaient présentés spontanément. — *Agen*, 19 fév. 1830, Dumas c. Bories ; — Fréminville, no 100.

120. — De même, les délais de comparution ne sont pas prescrits à peine de nullité, et leur inobservation dans la convocation ne vicie pas la délibération du conseil qui s'est réuni sur lettres le jour même de la convocation. — *Agen*, 10 déc. 1806, Thémins c. Philipeaux ; *Cass.*, 22 juill. 1807, mêmes parties.

121. — La convocation du conseil de famille appelé à délibérer sur le mariage d'un mineur n'est pas nulle par cela seul qu'elle aurait eu lieu avant la nomination du subrogé-tuteur, sauf la disposition pénale du § 2, art. 421, relative au tuteur qui s'immisce dans les fonctions de la tutelle avant d'avoir fait nommer le subrogé-tuteur. — *Agen*, 10 déc. 1806, Thémins c. Philipeaux (Sol. impl.).

122. — Les parens alliés ou amis convoqués sont tenus de se rendre en personne ou de se faire représenter par un fondé de pouvoir. — C. civ., art. 412.

123. — Cette disposition s'applique aux parens et alliés, à quelque distance qu'ils demeurent ; mais les amis ne peuvent être tenus de se présenter qu'autant qu'ils demeurent dans la commune. Leur obligation est bien moins étroite que celle des parens (C. civ., art. 409). — Delvincourt, p. 106, note 10.

124. — Le mandataire peut avoir reçu pouvoir de délibérer soit sur un objet spécialement indiqué, soit sur les différentes affaires qui se traiteront dans une assemblée nominativement désignée. — Zachariæ, t. 1er, p. 193, note 7 ; Fréminville, no 102.

125. — Celui qui, appelé à faire partie d'un conseil de famille, se fait représenter par un fondé de pouvoir n'est pas tenu d'émettre son vœu par la procuration. — *Metz*, 24 brum. an XIII, Despinois c. Saintignon.

126. — Et même Delvincourt ajoute qu'il ne pourrait prescrire à son mandataire d'opiner de telle ou telle manière, de nommer tel ou tel individu (t. 1er, p. 107, note 5e). — V. aussi Fréminville, no 102. — Cette opinion, qui nous paraît juste, est fondée sur ce qu'il résulterait du système contraire que la délibération ne pourrait plus être éclairée par la discussion, puisque, quelles que fussent les lumières qu'on en obtiendrait, le mandataire ne pourrait toujours voter que de la manière qui lui aurait été prescrite.

127. — Le fondé de pouvoir ne peut représenter plus d'une personne. — C. civ., art. 412.

128. — De là il faut conclure qu'on ne peut assister à un conseil de famille en la double qualité de membre de ce conseil et de représentant d'un autre membre. — *Turin*, 20 fév. 1807, Gresy.

129. — Cette disposition est de droit nouveau. Ainsi sous l'ancienne législation, rien n'empêchait que le fondé de pouvoir représentât plusieurs personnes, même tous les membres du conseil de famille, si la procuration n'avait été donnée qu'après délibération entre ces membres. — *Rennes*, 16 déc. 1833, Campion c. Devarenne.

130. — La loi n'exige pas, comme pour les actes de l'état civil, l'acceptation des donations, etc., que la procuration soit authentique ; le mandat peut donc être donné par acte sous seing-privé. — C. civ., art. 1985. — Mais il devra être enregistré. — Duranton, t. 3, no 456 ; Fréminville, no 103.

131. — Tout parent, allié ou ami convoqué, et qui, sans excuse légitime, ne comparaît pas, encourt une amende qui ne peut excéder cinquante francs, et qui est prononcée sans appel par le juge de paix. — C. civ., art. 413.

132. — La peine de l'amende que, par l'art. 413, C. civ., le juge de paix est autorisé à prononcer, ne peut par analogie être appliquée au parent ou à l'allié qui, ayant comparu, a refusé de délibérer, par suite d'un incident élevé dans le sein du conseil sur l'irrégularité de sa composition. — *Cass.*, 10 déc. 1828, Lehir c. Grosbois ; — Bioche et Goujet, *Dict. de procéd.*, vo *Conseil de famille*, no 34 ; Fréminville, no 104 et 105.

133. — Elle ne peut frapper que celui qui est tenu de se présenter. Aussi M. Duranton en exempte-t-il les ascendans valablement excusés et les ascendantes veuves, puisqu'ils sont libres d'assister ou non au conseil. — C. civ., art 460.

134. — S'il y a excuse suffisante et qu'il convienne soit d'attendre le membre absent, soit de le remplacer, en ce cas, comme en tout autre où l'intérêt du mineur semble l'exiger, le juge de paix peut ajourner l'assemblée ou la proroger. — C. civ., art. 414.

135. — De même, lorsque les parens les plus proches du mineur ne se sont pas rendus au conseil de famille sur une première convocation, le juge de paix peut, tout en appelant à leur défaut des parens plus éloignés, les convoquer eux-mêmes de nouveau. S'ils comparaissent tous, les plus proches seuls doivent prendre part à la délibération. — *Paris*, 7 flor. an XIII, Delespinay c. Guyet.

§ 4. — *Délibération du conseil de famille.*

136. — L'assemblée se tient chez le juge de paix, à moins qu'il ne désigne lui-même un autre local. — C. civ., art. 415.

137. — Le conseil est présidé par le juge de paix, qui y a voix *délibérative* et prépondérante en cas de partage. — Le juge de paix fait donc partie du conseil de famille. — C. civ., art. 416.

138. — Aussi paraît-il juste que les motifs d'incapacité ou de récusation applicables en général aux membres du conseil de famille (comme, par exemple, l'existence d'un procès avec le mineur. — V. no 71) le soient également au juge de paix. — C'est là d'ailleurs (art. 378, C. procéd.) un motif de récusation *du juge*.

139. — Et c'est par suite de ce principe qu'il paraît avoir été décidé que si la délibération dans laquelle le juge de paix a émis son avis est annulée, on doit renvoyer devant un autre juge, quoique ce ne soit pas celui du domicile du mineur. — *Trib. de Paris*, 16 août 1814, sous *Paris*, 6 oct. 1814, Magallon c. Carrayon de Vandeuil.

140. — Mais les causes d'incapacité ou de récusation du juge de paix ne peuvent être étendues : aussi a-t-il été jugé à tort que le juge de paix ne peut présider le conseil de famille appelé à statuer sur le sort et les intérêts de son parent. — *Bourges*, 2 fruct. an XIII, Maillet.

141. — Le juge de paix qui a provoqué la destitution peut néanmoins faire partie du conseil de famille. — *Rennes*, 14 fév. 1810, N....

142. — Le juge de paix doit *voter*, et la délibération serait nulle s'il s'était borné à présider le conseil. — *Bordeaux*, 21 juill. 1808, Palaut-Lamirande ; *Metz*, 23 vent. an XIII, N. ; *Rennes*, 6 janv. 1814, Lemère (impl.) ; *Metz*, 6 août 1818, Martin ; *Rennes*, 27 nov. 1821, Guillenel ; 20 fév. 1823, de Gillard c. Baudoin (impl.) ; *Caen*, 28 juin 1827 Dufay-Praimorel (impl.) ; *Rennes*, 30 juill. 1833, Gaudin ; *Lyon*, 30 nov. 1837 (t. 1er 1838, p. 215), Barre c. Martin (impl.) ; — Carré, t. 1er, p. 251, note 2e, no 1er ; Pigeau, *Comment.*, t. 2. p. 584 ; Favard de Langlade, t. 5, p. 622 ; Fréminville, no 106.

143. — En effet, l'intervention du juge de paix dans les délibérations du conseil de famille n'est point une vaine et insignifiante formalité : c'est une autorité tutélaire qui, placée entre la loi et les passions d'autrui, protége l'une sans trop froisser les autres. L'interdiction d'un citoyen, la nomination d'un tuteur à un malheureux orphelin, ne sont point des choses indifférentes ni étrangères au ministère de la justice. Si, dans de pareilles hypothèses, la famille doit être consultée, il faut au moins s'assurer que sa délibération est dictée par la sagesse et le véritable intérêt du pupille ou de la personne à interdire, et la loi, à cet égard, ne pouvait trouver de garantie plus sûre que la présence du magistrat conciliateur aux délibérations du conseil de famille : arbitre d'autant plus impartial qu'il est sans intérêt personnel ; ses observations persuadent, ses conseils dirigent, son autorité réprime, et, dans le conflit des passions qui souvent agitent les assemblées de ce genre, la justice est assurée, autant que possible, que la loi a été observée et que sa délibération est le fruit d'un juste discernement. Mais alors le rôle du juge de paix n'est point un rôle purement passif et qui se borne à la présidence du conseil. L'art. 416, C. civ., veut expressément qu'il y ait voix délibérative et prépondérante, en cas de partage ; donc, et par une conséquence nécessaire, si ce magistrat ne prend point une part active à la délibération, elle est radicalement nulle, parce que le vœu de la loi n'a pas été rempli.

144. — Lorsque la loi exige le vote du juge de paix, elle entend parler d'un vote sérieux sur l'objet même de la délibération. — Aussi ne peut-on approuver l'arrêt de la cour de Metz (29 déc. 1818, Schweitzer), qui décide que la déclaration par le juge de paix qu'il lui est impossible d'émettre son avis sur la demande en interdiction (attendu qu'il ne connaît que de vue l'individu dont s'agit) et que ce conseil a voté à six voix contre six voix, remplit suffisamment le vœu de la loi, qui veut que le juge de paix donne son avis.

145. — La délibération d'un conseil de famille doit, sous peine de nullité, indiquer que le juge de paix a donné son avis. — *Rennes*, 30 juill. 1833, Gaudin c. Boussard.

146. — Mais il résulte de la jurisprudence qu'il n'est pas absolument nécessaire que le fait même de la participation du juge de paix soit spécialement et *expressément* constaté. Il suffit qu'il résulte *implicitement* du procès-verbal. — *Rennes*, 6 janv. 1814, Lemière c. N...

147. — Ainsi jugé que le concours du juge de paix à la délibération du conseil de famille résulte

suffisamment d'énonciations indirectes contenues au procès-verbal, par exemple de l'énonciation que la délibération a été prise à l'*unanimité*. — *Rennes*, 27 nov. 1821, Guillemot Treffaingny c. Nouel de la Touche; *Paris*, 21 août 1841 (t. 2 1841, p. 403), Lefèvre c. Leduc.

148. — ... Ou bien encore, s'il est dit d'une manière générale que le *conseil de famille* a délibéré; il y a présomption, dès que le procès-verbal ne constate pas formellement le contraire, que le juge de paix qui en était membre a participé à la délibération. — *Lyon*, 30 nov. 1837 (t. 1er 1838, p. 215), Barre c. Martin.

149. — La présence des trois quarts au moins des membres *convoqués* est nécessaire pour la délibération. — C. civ., art. 415.

150. — La loi ne parlant que des membres *convoqués*, il en résulte que le juge de paix n'est pas compris pour la supputation du nombre des trois quarts. — Locré, *Espr. C. civ.*, p. 415; Duranton, no 464. — C'est même pour prévenir toute difficulté, dit Locré, que le mot *convoqué* a pris place dans l'article.

151. — De ce que la délibération prise par les trois quarts des membres présens est valable, il ne faut pas conclure qu'il suffise *de citer* les trois quarts des membres : la convocation doit être *complète*, et l'art. 815 ne reçoit son application qu'au cas d'*absence* de membres cités.

152. — Ainsi jugé qu'un conseil de famille est irrégulièrement composé lorsque cinq parens ou alliés seulement ont été cités, au lieu de six; on ne peut dire qu'il suffit, dans ce cas, que les trois quarts au moins des membres y aient assisté, pour que la délibération soit valable. — *Rouen*, 7 avr. 1827, Samson c. Boyard. — V. aussi *Rennes*, 9 fév. 1813, Cadour.

153. — Et il a été également décidé qu'il n'en est pas du cas où un des parens appelés au conseil de famille *s'abstient*, par suite d'excuse ou de récusation, comme de celui d'*absence* prévu par l'art. 415, C. civ. Dans ce cas, il y a lieu de compléter le conseil de famille; dès-lors, s'il y a eu dispense ou excuse d'un membre d'un conseil de famille composé de six, les cinq autres ne peuvent prendre valablement de délibération avant que le conseil se soit complété. — *Agen*, 23 mars 1810, Gardy.

154. — Toutefois il a été jugé que bien qu'un des membres du conseil ait été *illégalement représenté*, la délibération n'en est pas moins valable, si le conseil a été d'ailleurs composé d'un nombre suffisant de parens, suivant l'art. 415. — *Turin*, 20 fév. 1807, Gresy.

155. — Et la cour de Bordeaux a même décidé que, bien qu'une veuve appelée au conseil de famille, qui doit décider s'il y a lieu de lui conserver la tutelle, ne *doive pas voter*, comme elle a droit d'être *présente*, il suffit que la délibération soit prise par un nombre de parens égal aux trois quarts. — *Bordeaux*, 17 août 1825, Letanneur c. Serre. — Mais cette décision peut être critiquée, car il semble peu juste de confondre le cas où les membres convoqués sont obligés de s'absenter ou ne veulent pas voter, et celui où, à raison de leur qualité, quoique convoqués, ils *ne peuvent* pas voter. Ce cas paraît plutôt rentrer dans celui de l'arrêt du 7 avr. 1827 cité plus haut, no 152.

156. — La loi exige seulement *la présence* des trois quarts des membres convoqués pour que la délibération puisse avoir lieu. — Il n'est donc pas indispensable que tous ces membres, au nombre des trois-quarts, *délibèrent*, il suffit qu'ils soient présens. — Duranton, t. 3, no 463 (note). — Autrement, dit cet auteur, toute délibération pourrait être entravée au grand préjudice des mineurs.

157. — Ainsi jugé dans une espèce où d'ailleurs la majorité absolue avait pris part à la délibération et émis un avis unanime. — *Bruxelles*, 15 mars 1806, Morgat c. Collier.

158. — Jugé *à fortiori* qu'il n'est pas nécessaire pour la validité d'une délibération du conseil de famille que tous les membres convoqués et présens aient voté, si d'ailleurs elle a été prise par un nombre de parens égal au moins aux trois quarts. — *Rouen*, 17 nov. 1810, Epaudry c. Pinel.

159. — Mais dans le cas où tous les parens présens ne votent pas, M. Duranton (t. 3, no 463, note) pense, et avec raison, que la délibération doit être prise à la pluralité non des délibérans, mais des membres présens.

160. — Dans ce cas, comme en général toutes les fois qu'il s'agit d'une délibération du conseil de famille, la délibération doit être prise à la pluralité *absolue* et non à la pluralité *relative*. Autrement deux voix seulement, ou même la voix unique du juge de paix, qui est prépondérante, pourrait former la décision, ce qui n'est pas admissible. — *Metz*, 16 fév. 1812, Cornyère c. Thomassin; — Duranton, t. 3, no 466; Delvincourt, no 108, note 1re; Favard de Langlade, t. 5, p. 322; Fréminville, no 107; — V. *contrà* Locré, *Esp. C. civ.*, *sur l'art.* 415; Toullier, t. 2, no 1121.

161. — Il a été dit que la voix du juge était *prépondérante* en cas de partage. De là il ne faut pas conclure que la voix du juge de paix compte pour deux, mais seulement qu'elle départage par sa prépondérance, ce qui ne peut se rencontrer qu'en cas d'inégalité de suffrages. Si donc sur sept membres du conseil de famille, y compris le juge, trois votaient dans un sens, deux et le juge de paix dans un autre sens, et le dernier d'une troisième manière, l'avis adopté par le juge de paix ne l'emporterait pas, car ce serait à la fois lui donner *double voix et prépondérance*. — Duranton, no 466; Delvincourt, t. 1er, p. 108, note 2.

162. — Dans le cas où la division des voix rendrait la majorité absolue impossible il y aurait lieu à l'application de la règle prescrite par l'art. 417, C. procéd. civ., pour la délibération des tribunaux. — Duranton, n. 466; Delvincourt, p. 108, note 2.

163. — La déclaration que fait un membre du conseil de famille qu'il acceptera, s'il est nommé, ne peut être considérée comme un vote en sa faveur. Elle ne peut être comptée comme une voix opérant partage et donner lieu à l'application de l'art. 416. — *Paris*, 14 août 1813, de Bourbon-Chalus c. Seignelay.

164. — Lorsque la délibération du conseil n'est pas unanime, l'*avis* de chacun des membres qui le composent doit être mentionné au procès-verbal. — C. procéd., art. 883. — Ce procès-verbal est un acte authentique rédigé par le greffier du juge de paix, car les délibérations des conseils de famille ne pourraient être constatées par des actes sous seings privés. — V. ACTE SOUS SEING-PRIVÉ, no 13.

165. — Ce principe paraît général et a été l'objet de plusieurs applications. — *Rennes*, 20 fév. 1823, de Gillard c. Baudoin; *Caen*, 28 juin 1827, Dufay; *Bruxelles*, 26 juill. 1831, N...

166. — Toutefois, Duranton (t. 3, no 477) soutient qu'il s'entend principalement du cas où la délibération a besoin d'être revêtue de l'homologation du tribunal. Nous disons principalement, ajoute cet auteur, car il s'entend aussi de quelques autres cas, par exemple, de ceux prévus aux art. 455, 461, 462, 463 et 464, C. civ., dans lesquels l'homologation n'est pas requise, et où cependant, la délibération pouvant être funeste au mineur, le tuteur, subrogé tuteur ou curateur et les membres de l'assemblée ont droit de l'attaquer pour la faire réformer s'il y a lieu. — Magnin, *Tr. des min.*, t. 1er, no 340.

167. — Et il a été jugé que la disposition de l'art. 883, C. procéd., qui veut que l'avis de chaque membre du conseil de famille soit consigné dans le procès-verbal, quand ses délibérations ne sont pas unanimes, ne s'applique que lorsqu'il s'agit de délibération ou d'avis sur les intérêts du mineur ou de l'interdit, sur la destitution du tuteur ou sur les excès de celui-ci. — *Metz*, 16 fév. 1812, Bruyère c. Thomassin.

168. — Dans tous les cas, ce qu'il est juste de dire c'est que, les deux paragraphes de l'art. 883 étant corrélatifs, l'avis de chaque membre ne doit être mentionné qu'autant que la délibération est susceptible d'être attaquée devant la justice et réformée par elle.

169. — Est-il nécessaire, sous peine de nullité, que la délibération mentionne les *motifs de l'avis* de chacun des membres? — V. pour la négative *Cass.*, 17 nov. 1813, Menesson; *Bruxelles*, 26 juill. 1831, N. (Excepté dans les cas où la loi l'a formellement ordonné. — C. civ., art. 447); — Duranton, t. 3, no 468; Marchand, *Code de la minorité*, p. 182.

170. — Jugé en sens contraire que lorsqu'il y a eu dissidence entre les membres du conseil de famille sur une question intéressant le mineur, et notamment sur son mariage, l'avis motivé de chaque membre doit, à peine de nullité, être consigné au procès-verbal. — *Bourges*, 8 juin 1813, Bompart c. N.

171. — Le système qui exige que l'avis soit *motivé* quand il doit être mentionné paraît plus conforme à l'esprit de la loi; en effet, puisque l'art. 883 veut que, dans le cas qu'il prévoit, l'avis de chaque membre soit *mentionné* sur le procès-verbal, ne peut-on pas dire que, l'objet de cette disposition étant de soumettre à l'examen du tribunal les opinions divergentes des parens ou des amis qui composent le conseil, le but de la loi n'est rempli d'une manière satisfaisante qu'autant que les juges peuvent apprécier les motifs qui ont déterminé les opinions contraires.

172. — Dans tous les cas, la délibération doit être motivée (alors même qu'elle est prise à l'unanimité), dans les cas où la loi l'ordonne spécialement, par exemple, lorsqu'il s'agit de l'exclusion ou de la destitution du tuteur. — C. civ., art. 447. — « *Decreto igitur debebit causa*, disait la loi 4, § 1, ff., *De suspect. tut., revocandi significari, ut appareat de existimatione. Quid ergo si non significaverit causam remotionis decreto suo? Papinianus ait, debuisse dici, hunc integræ esse famæ et est verum.* » Et, en effet, la décision que prend en pareil cas le conseil de famille est un véritable jugement, qui tend à déposer le tuteur d'un titre qui lui est acquis; elle doit donc être motivée. — V. sur ce point TUTELLE.

173. — Lorsqu'il s'agit de décider si en cas de convol la tutelle sera conservée à la mère remariée, la délibération ne doit pas, à peine de nullité, être motivée. — Il n'en est pas de ce cas comme de celui de destitution. — *Paris*, 5 mars 1808, Suleau c. Devouassous; — Magnin, *Tr. des minorités*, t. 1er, no 349.

174. — Jugé en ce sens à l'égard de la délibération du conseil de famille appelé à donner son avis sur la question de savoir s'il est plus avantageux pour les enfans d'être confiés au père ou à la mère. — *Paris*, 11 déc. 1821, Ducayla.

175. — Il en est de l'avis du juge de paix comme de celui des autres membres du conseil. Il doit être mentionné au procès-verbal si la délibération n'est pas unanime. — *Caen*, 28 juin 1827, Dufay-Fremirel c. Dufay.

176. — Jugé de même que le procès-verbal de la délibération d'un conseil de famille doit, à peine de nullité, constater quel a été le vote du juge de paix, alors surtout qu'en raison de la manière dont les avis étaient divisés, ce vote aurait pu entraîner une nomination autre que celle qui a été faite. — *Rennes*, 20 fév. 1823, de Gillard c. Baudoin de Maison-Blanche.

177. — Mais, il n'est pas nécessaire que l'opinion du juge de paix soit énoncée d'une manière spéciale dans le procès-verbal, lorsque d'ailleurs il n'a existé aucun partage d'opinions dans l'assemblée. — *Turin*, 5 mai 1810, Pascro c. Polette Rigaud.

178. — Les délibérations des conseils de famille n'appartiennent pas à la publicité. — Dès-lors, les greffiers de la justice de paix ne sont pas tenus d'en délivrer expédition *à tous requérans*. — Il faut, pour obtenir cette expédition, avoir un intérêt particulier dont les juges sont appréciateurs. — *Cass.*, 30 déc. 1840 (t. 1er 1841, p. 54), N...

§ 5. — *Exécution des délibérations. — Recours contre les délibérations.*

179. — Lorsque la nomination d'un tuteur a été faite en son absence, la délibération doit lui être notifiée à la diligence du membre de l'assemblée désigné par elle. — Cette notification est faite dans les trois jours de la délibération, outre un jour par trois myriamètres de distance entre le lieu où s'est tenue l'assemblée et le domicile du tuteur. — C. procéd., art. 882.

180. — Cette notification a pour but de faire courir le délai pendant lequel le tuteur peut proposer ses excuses. — C. civ., art. 439.

181. — Elle doit être faite alors même que la personne nommée tutrice aurait été représentée au conseil par un fondé de pouvoir. Elle n'est pas pour cela réputée présente. Car le pouvoir de voter ne contient pas par lui-même et contiendrait vainement celui de proposer des excuses. — Locré, sur l'art. 439; Carré, art. 882. — V. *contrà* Demiau, art. 882.

182. — Le défaut de notification peut, en cas de préjudice pour le mineur, entraîner contre le membre qui en est chargé, une condamnation à des dommages-intérêts, la notification pourrait même être faite par toute personne intéressée. — Carré, art. 882.

183. — Si la délibération *n'a pas été unanime*, le tuteur, le subrogé tuteur ou curateur, même les membres de l'assemblée peuvent se pourvoir contre elle. — C. procéd., art. 883.

184. — Jugé que cette disposition est générale et n'admet aucune exception; — que conséquemment, il y a lieu de l'appliquer au cas où il n'y a pas eu unanimité dans le conseil de famille réuni pour consentir au mariage et régler les conditions matrimoniales d'un mineur resté sans père ni mère, aïeuls ni aïeules. — *Paris*, 24 avr. 1837 (t. 1er 1837, p. 309), Michon c. Charpillon; *Liége*, 30 avr. 1811, Kauler.

185. — Jugé en ce sens même pour le cas où le membre qui se pourvoit n'est point parent du mineur qui demande à contracter mariage, et n'a été appelé à faire partie du conseil que comme ami, à défaut de parens. — *Bruxelles*, 3 fév. 1827, D... c. N....

186. — Mais cette doctrine, appuyée par Toullier, (t. 1er, n° 547), attendu que les motifs d'opposition de la famille peuvent être basés sur des raisons d'intérêt personnel, est combattue par Delvincourt, t. 1er, p. 56, n° 6; Merlin, *Rép.*, v° *Empêchement de mariage*; Duranton, t. 2, n° 102; Vazeille, t. 1er, n° 129, qui soutiennent, et avec raison, suivant nous, que la délibération du conseil de famille relative au mariage n'est pas susceptible d'être réformée, et que, dès-lors, l'art. 883 est inapplicable.

187. — L'art. 883 n'est pas applicable aux délibérations qui ont pour objet de nommer un tuteur. Ainsi, une délibération du conseil de famille, régulière dans la forme, qui nomme un tuteur contre lequel on allègue aucune cause d'incapacité ou d'exclusion, ne peut être attaquée sous prétexte qu'elle n'a pas été prise à l'unanimité des voix. — *Paris*, 6 oct. 1814, Magalion c. Carrayon de Vandenil.

188. — Jugé cependant qu'une délibération du conseil de famille portant nomination d'un tuteur peut être attaquée par ceux contre l'avis desquels elle a été rendue, encore qu'elle ne soit pas susceptible d'être homologuée. — *Angers*, 6 août 1819, Tuprault c. Charbonneau.

189. — L'art. 883, C. procéd., n'est pas limitatif dans la désignation qu'il fait des personnes qui peuvent se pourvoir contre les délibérations du conseil de famille. Ainsi, la nullité de la délibération du conseil de famille autorisant le tuteur à intenter une action immobilière, peut être proposée par le défendeur à cette action. — *Bruxelles*, 26 juill. 1831, N. — Pigeau, t. 2, p. 350; Carré, n° 2995.

190. — De même, l'art. 883 n'est pas limitatif en ce sens que la délibération d'un conseil de famille ne puisse être attaquée qu'autant qu'elle n'a pas été unanime. — En effet, elle peut être attaquée, même dans ce cas, pour vice de forme.

191. — Ainsi jugé que des parens qui, pouvant être appelés à un conseil de famille, ne l'ont pas été, sont recevables à demander la nullité de la délibération à laquelle ils n'ont pas concouru, bien que cette délibération ait été prise à l'*unanimité*. — L'art. 883, C. procéd., dans ce cas, est inapplicable. — *Colmar*, 14 fév. 1840 (t. 1er 1841, p. 612), N... — V. en ce sens Delvincourt, t. 1er, p. 481, n° 3; Carré, *Lois de la procéd. civ.*, *Quest.* 2995 et 2996; Pigeau, *Procéd. civ.*, t. 2, p. 353; Freminville, n° 113.

192. — Jugé encore que le parent ou allié qui se plaint d'avoir été exclu à tort par le juge de paix de la composition d'un conseil de famille est recevable à porter son action devant les tribunaux. Cette action est régulièrement intentée contre le subrogé tuteur et les membres appelés à composer le conseil de famille, alors surtout que ces derniers ont déclaré accepter la mission qui leur était déférée. — *Paris*, 24 fév. 1842 (t. 1er 1842, p. 580), Sarda-Garriga c. de Vanlay.

193. — L'intervention dans une demande en nullité, pour composition vicieuse du conseil, d'une délibération qui nomme un tuteur, est suffisamment autorisée par la qualité d'oncle de l'intervenant. — *Lyon*, 15 fév. 1812, Chanteret.

194. — Jugé toutefois que des parens non convoqués au conseil de famille, mais qui auraient dû l'être en raison de leur degré de parenté, ne sont pas recevables à intervenir en cause d'appel sur l'instance introduite par quelques membres du conseil, protestant à fin d'annulation de la délibération. — *Bruxelles*, 15 mars 1806, Morgat c. Collier. — Mais l'arrêt leur réserve expressément le droit de se pourvoir par les règles ordinaires de la procédure.

195. — Jugé aussi que le subrogé tuteur ne peut pas intervenir, sur l'appel interjeté par un membre du conseil de famille, d'un jugement qui annule une délibération de ce conseil, portant nomination d'un tuteur. — *Montpellier*, 18 août 1823, sous *Cass.*, 1er fév. 1825, Freissinet c. Vernière; — Bioche et Goujet, *Dict. de procéd.*, v° *Intervention*, n° 9.

196. — Le ministère public ne peut poursuivre par voie d'action la nullité d'une délibération du conseil de famille. — Par exemple, dans le cas où il s'agirait de la nomination d'un tuteur. — *Orléans*, 23 fév. 1837 (t. 2 1837, p. 147), préfet de Loir-et-Cher c. tuteur du duc de Bordeaux.

197. — A défaut de réquisition du ministère public, le tribunal ne peut prononcer d'office cette nullité. — Même arrêt.

198. — La nullité de la délibération d'un conseil de famille est-elle susceptible d'être couverte par l'acquiescement de ceux qui auraient pu l'invoquer? — A cet égard il faut distinguer :

199. — La délibération a été prise dans l'intérêt du mineur, et dans ce cas l'acquiescement du membre non appelé, ou appelé irrégulièrement, ne peut en couvrir la nullité.

200. — Ainsi jugé qu'un membre du conseil de famille qui a concouru à une délibération du conseil de famille illégalement, quoique sans protestation ni réserve, n'en est pas moins recevable à demander lui-même la nullité de la délibération de ce conseil. (Il s'agissait de l'émancipation du mineur.) — *Liège*, 4 janv. 1811, Jans c. Ambros.

201. — Jugé de même que l'assistance d'un membre au conseil de famille ne le rend pas non recevable à demander la nullité des délibérations, s'il agit dans l'intérêt du mineur. — *Lyon*, 15 fév. 1812, Chauteret.

202. — Jugé encore que l'ascendant qui n'a pas été appelé au conseil de famille chargé de nommer un tuteur, peut, alors même qu'il aurait acquiescé à la délibération, en demander la nullité. — *Colmar*, 27 avr. 1813, Rœderer c. Schœffer.

203. — Et que (lorsqu'il s'agit d'une délibération qui décide si la tutelle sera ou non conservée à la mère qui convole en secondes noces) la nullité pour vice de la composition du conseil peut être opposée même par la partie qui a fait la convocation. — *Bruxelles*, 24 nov. 1829, Pinson.

204. — Jugé toutefois (même dans une affaire où il s'agissait de la nomination d'un tuteur) qu'on ne peut contester la capacité d'un membre du conseil de famille avec lequel on a délibéré sans réclamation. — *Paris*, 14 août 1813, de Bourbon c. Seignelay.

205. — Ou bien, la délibération a été prise dans l'intérêt personnel de celui qui en demande la nullité, et dans ce cas, elle est susceptible d'acquiescement de la part de celui-ci. — Ainsi jugé pour le cas de destitution de la tutelle. — V. TUTELLE.

206. — La demande en nullité de la délibération est formée contre les membres qui ont été d'avis de son résultat, sans qu'il soit besoin de les citer en conciliation. — C. procéd., art. 883. — Pour le cas de destitution de tutelle, V. TUTELLE.

207. — En outre, l'affaire doit être jugée sommairement. — C. procéd., art. 884.

208. — Le juge de paix, quoique membre essentiel du conseil de famille, ne peut être partie dans les procès qui s'engagent sur la validité des délibérations de ce conseil; il ne peut être recherché sur les délibérations que pour des cas extraordinaires, en qualité de fonctionnaire public, et, dans ce cas, l'action ne peut être exercée que par voie de prise à partie. — V. *Cass.*, 29 juill. 1812, Pellegrini. — Favard de Langlade, v° *Avis de parens*, t. 1er, p. 280, n° 3; Carré, *Lois procéd.*, t. 3, p. 276, n° 2098; Demiau, p. 587; Hautefeuille, p. 521; Merlin, *Quest.*, v° *Justice de paix*, § 4; Magnin, *Tr. des min.*, n° 353; Delvincourt, t. 1er, p. 103, n° 4.

209. — Les délibérations d'un conseil de famille, bien que présidé par le juge de paix, ne forment pas un degré de juridiction et doivent être attaquées non par appel, mais par action principale en nullité. — *Rennes*, 31 août 1818, N... — V. aussi *Cass.*, 15 vent. an XIII, Hilken c. Scœffer; — Fréminville, n° 110.

210. — Jugé de même qu'il n'est pas nécessaire pour faire prononcer la nullité de la délibération d'un conseil de famille, d'interjeter appel de la sentence d'homologation; qu'il suffit de se pourvoir par voie d'action principale en nullité de la délibération. — *Aix*, 3 fév. 1832, Ailhaud.

211. — Même décision dans une affaire où il y avait eu également sentence d'homologation : il s'agissait, il est vrai, d'une homologation prononcée sans contestation, à la Guadeloupe, par le juge qui avait présidé le conseil. Une telle homologation n'est réputée qu'un acte de juridiction gracieuse. — *Cass.*, 18 juill. 1826, Henry c. Moreau de Saint-Remy.

212. — Les jugemens qui statuent sur délibération du conseil de famille sont sujets à appel. — V. *infrà*, n° 244.

213. — Le tribunal qui annule une nomination de tuteur ne peut y procéder lui-même : il doit renvoyer cette nomination au conseil de famille. — *Cass.*, 27 nov. 1816, Devillers c. Villelard; *Orléans*, 9 août 1817, mêmes parties.

214. — La cour qui annule une délibération du conseil de famille, en raison du vice de la composition de ce conseil, ne peut connaître de la cause au fond. — *Bruxelles*, 24 nov. 1829, Pinson.

215. — Jugé en tous cas que, en admettant que les tribunaux puissent choisir un tuteur, il est du moins certain qu'ils ne le peuvent d'office. — *Toulouse*, 18 mai 1832, Bélard.

216. — Le jugement qui déclare *une mère naturelle* déchue de la tutelle peut ordonner la convocation d'un conseil de famille pour nommer un tuteur au mineur. Et la mère ne peut se plaindre de cette convocation en soutenant que la nomination doit émaner directement du juge, alors surtout que son mari, son père et son beau-père ont été appelés à faire partie du conseil de famille. — *Cass.*, 31 août 1815, Lemire.

217. — L'arrêt qui ordonne simplement une nouvelle organisation de la tutelle n'est pas un obstacle à ce que le tuteur nommé par la délibération déclarée nulle soit réélu. — *Paris*, 14 août 1813, de Bourbon-Busset Chalus c. Seignelay et Clermont-Tonnerre.

218. — Lorsqu'une cour royale a rejeté comme vagues et non justifiées les allégations relatives à la composition d'un conseil de famille, il n'appartient pas à la cour de Cassation de vérifier elle-même les faits. — *Cass.*, 24 déc. 1838 (t. 1er 1839, p. 24), Roujon c. Vidal. — V. CASSATION, n° 613.

219. — Si le demandeur en nullité de la délibération succombe, il peut être condamné aux dépens. Le tribunal peut aussi ordonner que les frais seront employés en dépenses d'administration. — Carré, art. 882; Locré, *Cod. procéd.*, t. 2, p. 207; Bioche et Goujet, *Dict. proc.*, v° *Conseil de famille*, n° 123; Lepage, p. 581.

220. — Jugé aussi que dans ce cas les dépens peuvent être compensés suivant l'art. 131, C. procéd. — *Rennes*, 31 août 1818, N...

221. — Toutefois, Demiau (p. 587, et 590) et Pigeau (*Comm.*, t. 2, p. 590, note) pensent que les dépens dans ce cas ne peuvent retomber sur le mineur, puisqu'il n'est pas en cause et que la partialité ou le caprice des membres du conseil ne peuvent porter atteinte à ses intérêts. — Mais Carré et Lepage font remarquer avec raison que ce dernier système effraierait les membres du conseil de famille et les porterait à négliger un recours qui sera le plus souvent dans l'intérêt des mineurs. — D'ailleurs les tribunaux resteront toujours libres d'apprécier quand il y aura ou non lieu à relever les membres du conseil de tout ou partie des dépens.

§ 6. — *Homologation des délibérations.*

222. — L'homologation est requise dans divers cas spécialement prévus par la loi. Ainsi : 1° s'il s'agit de la destitution d'un tuteur et que le tuteur réclame (art. 448); — 2° s'il s'agit d'une délibération autorisant le tuteur à emprunter, aliéner ou hypothéquer les biens immeubles (art. 457 et 458), ou d'une délibération relative aux mêmes autorisations à donner au mineur émancipé (art. 483-484); — 3° pour les transactions (art. 467); — 4° lorsqu'il y a lieu à la constitution dotale et aux conventions matrimoniales de l'enfant d'un interdit (art. 511).

223. — En général, dit Magnin (*Tr. des minorités* t. 1er, n° 355), on peut considérer comme sujettes à l'homologation les délibérations qui excèdent les bornes d'une simple administration.

224. — Ne sont pas sujettes à homologation les délibérations relatives aux autres objets et en général celles qui ont pour but de régler l'administration de la personne et des biens du pupille. — Magnin, n° 355.

225. — Ainsi jugé : 1° pour la délibération du conseil de famille qui autorise une femme mineure à répudier la donation qui lui a été faite par son père dans un contrat de mariage. — *Toulouse*, 30 thermid. an XI, Donies c. Villèle; — Magnin, *loc. cit.*

226. — ...2° Pour celle qui autorise le tuteur à renoncer à la communauté conjugale. — *Cass.*, 22 nov. 1815, Groux c. Worbe.

227. — ...3° Pour celle qui autorise le tuteur à répudier une succession échue au mineur. — *Toulouse*, 11 juin 1829, Calvet c. Blancal; 5 juin 1829, Delboz c. Meric; — Magnin, *loc. cit.*; Toullier, t. 2, n° 1236.

228. — ...4° Pour celle portant nomination d'un tuteur à un interdit. — *Metz*, 24 brum. an XIII, Despinoy c. Saintignon. — V. aussi *Metz*, 16 fév. 1812, Bruyère c. Thomassier.

229. — C'est devant le tribunal de première instance que doit être poursuivie l'homologation.

230. — Ainsi jugé quand un juge de paix n'est pas compétent pour homologuer la délibération d'un conseil de famille. En pareil cas, le tribunal de première instance, saisi de l'homologation, ne peut, sans excès de pouvoir, statuer comme tribunal d'appel et en dernier ressort. — *Cass.*, 15 vent. an XIII, Kilken c. Schœffer. — V. aussi *Rennes*, 31 août 1818, N.

231. — Dans tous les cas où il y a lieu à homologation, une expédition de la délibération doit être présentée au président, lequel, par ordonnance au bas de ladite déclaration, ordonne la communication au ministère public, et commet un juge pour en faire le rapport au jour indiqué. — C. procéd., art. 885.

232. — Toutefois, la formalité du rapport n'est pas prescrite à peine de nullité. — Alors surtout que le jugement intervient sur conclusions motivées et après plaidoiries contradictoires. — *Rennes*, 30 mai 1831, B... c. Dehallot.

233. — Le procureur du roi donne ses conclusions au bas de l'ordonnance et la minute du jugement d'homologation est mise à la suite des conclusions sur le même cahier. — C. procéd., art. 886.

234. — S'il s'agit d'une délibération contre laquelle il n'y ait pas d'opposition, le jugement est rendu en la chambre du conseil. — Dans ce cas, en effet, la publicité est inutile. — *Douai*, 1er août 1838 (t. 1er 1840, p. 643), Boitchon c. Lefaire. — Carré, art. 886; Demiau, p. 389; Bioche et Goujet, *Dict. procéd.*, v° *Conseil de famille*, n° 59. — V. *contrà* Pigeau, t. 2, p. 406.

235. — Mais s'il y a contestation, l'affaire doit être plaidée et jugée suivant les formes ordinaires.

236. — Cependant il a été jugé que la procédure spéciale tracée par les art. 885 et 886, C. procéd. civ., pour l'homologation des délibérations prises par les conseils de famille, ne s'applique qu'aux délibérations relatives aux intérêts du mineur, à ses biens, à sa personne; mais, lorsqu'il s'agit d'un débat entre le tuteur et le subrogé tuteur ou les membres du conseil de famille, par exemple, à raison d'une destitution prononcée, la cause doit être instruite et jugée dans les formes ordinaires. — *Montpellier*, 3 déc. 1841 (t. 2 1842, p. 406), Audry.

237. — Jugé dans tous les cas par le même arrêt que le tuteur destitué ne pourrait exciper comme moyen de nullité de ce que la voie d'ajournement aurait été substituée à la voie de requête, et la plaidoirie contradictoire à l'audience à l'examen en chambre du conseil, le droit de défense se trouvant ainsi plutôt étendu que restreint; et que la nullité qu'on voudrait fonder sur l'irrégularité de cette procédure serait couverte si elle n'avait pas été présentée avant toute défense et exception.

238. — L'homologation doit être poursuivie, soit par le tuteur, soit par celui des membres du conseil de famille qui en est chargé. Et si cette poursuite n'a pas lieu dans le délai fixé, ou au plus tard dans la quinzaine, elle peut être exercée par un des membres du conseil contre le tuteur, sans frais de celui-ci, et sans répétition. — C. procéd., art. 887.

239. — Le délai de quinzaine n'est pas augmenté en raison de la distance du domicile de la personne chargée de poursuivre au lieu où siége le tribunal. Ici ne s'applique pas l'art. 1033, C. procéd. — Carré, art. 887; Bioche et Goujet, v° *Conseil de famille*, n° 60.

240. — Comme le tuteur ou le membre en retard peuvent avoir des excuses à présenter, ou qui les sauveraient de la condamnation aux dépens, il y a lieu de les appeler en cause, et de porter l'affaire en audience publique. — Carré, art. 887. — V. cependant Demiau, même article.

241. — Les membres du conseil de famille qui croient devoir s'opposer à l'homologation doivent le déclarer par acte extrajudiciaire à celui qui est chargé de la poursuite. — S'ils n'ont pas été appelés, ils peuvent former opposition au jugement. — C. procéd., art. 888.

242. — Cette opposition n'est soumise à aucun délai : le délai sera donc infini, dit Delvincourt, p. 109, note 2°. — Toutefois, l'opposition ne sera recevable qu'autant que la délibération n'aurait pas été exécutée. — Bioche et Goujet, v° *Conseil de famille*, n° 63; Carré, art. 889.

243. — Si le jugement d'homologation a été rendu après contestation, mais par défaut, ceux qui y ont été parties peuvent former opposition dans les délais fixés par les art. 157, 158, et 159, C. procéd. — Delvincourt, t. 1er, p. 108, note 1°.

244. — Les jugements rendus sur délibération du conseil de famille sont sujets à appel (art. 889 C. procéd.), alors même que l'objet de la délibération serait inférieur au taux du dernier ressort. — Carré, art. 889.

245. — De même, sous l'ancien droit, l'opposition à l'homologation d'un avis de parens portant nomination d'un tuteur, devait parcourir deux degrés de juridiction. — *Cass.*, 26 vend. an VIII, Foisy c. Foissac.

246. — M. Carré (*Lois de la procéd.*, *Quest.* 3009) enseigne que les membres du conseil de famille qui n'ont pas formé opposition par acte extrajudiciaire à l'homologation, ou qui ne se sont pas présentés dans l'instance sur l'opposition, ne peuvent interjeter appel du jugement rendu contre eux par défaut. Il se fonde sur ce qu'il serait contradictoire que la voie d'appel fût accordée à

ceux auxquels on refuse la voie d'opposition. Mais MM. Chauveau sur Carré (*ibid.*, t. 6, p. 493 et 494), Lepage (p. 714) et Fréminville (n° 117) trouvent que l'art. 889 C., procéd., est conçu en termes généraux qui n'admettent aucune restriction; ce serait, dit M. Chauveau, créer une exception, qui pour exister doit être écrite dans un texte.

247. — Il résulte d'un arrêt de la cour de Turin que l'appel n'est recevable qu'autant que l'homologation est devenue contentieuse; car autrement, par exemple, s'il s'agissait de l'homologation d'une transaction attaquée comme n'ayant pas été précédée de l'examen de trois jurisconsultes, ce ne serait qu'un acte de juridiction volontaire contre lequel la voie de l'opposition et de la demande principale en nullité est ouverte. — *Turin*, 29 juill. 1809, Pocchetini c. Rosso; — Carré, art. 889; Bioche et Goujet, *Dict. proc.*, v° *Conseil de famille*, n° 65.

248. — Une cour royale peut admettre la tierce opposition d'une partie qui n'a pas été appelée à l'homologation d'une délibération de conseil de famille portant un préjudice réel à ses droits. — *Rennes*, 31 août 1818, N...

249. — L'homologation d'une délibération du conseil de famille, prononcée sans contestation par le juge même qui a présidé ce conseil (ainsi que cela a lieu à la Guadeloupe, où les attributions des juges des paix sont réunies à celles de juges du tribunal), est un acte de juridiction gracieuse; et, dès-lors, la nullité de la délibération peut être demandée devant le tribunal même dont l'a homologuée et qui est celui du tuteur. Une telle homologation n'a pas l'effet d'un jugement opérant l'effet de la chose jugée. — Lors donc que deux tuteurs ont été nommés au même mineur par deux conseils de famille formés dans des lieux différens (l'un en France, l'autre à la Guadeloupe), et que l'un des tuteurs assigne l'autre devant le tribunal qui a homologué la délibération qui a nommé ce dernier, et dans le ressort duquel il est domicilié, ce tribunal ne peut se déclarer incompétent, sous prétexte que les deux nominations de tuteurs (dont l'une seulement a été homologuée), constituent la contrariété de jugemens prévue par l'art. 504, C. procéd. — *Cass.*, 18 juill. 1826, Henry c. Moreau de Saint-Remy.

250. — Le ministère public n'a pas qualité pour interjeter appel, dans l'intérêt des mineurs, d'un jugement qui homologue la délibération d'un conseil de famille. — *Cass.*, 26 août 1807, Harriet; 8 mars 1814, Guill-Leroy.

251. — De même il ne peut être intimé sur l'appel du jugement qui, en homologuant une délibération du conseil de famille, fixe le mode de vente des biens du mineur. — *Colmar*, 15 avr. 1812, Arnold, min. Bernard.

252. — Il paraît toutefois résulter implicitement de deux arrêts de la cour de Trèves, 1° que, lorsque la vente a été autorisée par l'avis unanime du conseil de famille, le ministère public peut être intimé sur l'appel du jugement qui a refusé l'homologation. — *Trèves*, 10 mars 1813, Scholl.

255. — ... 2° qu'il peut en être de même lorsque le jugement, tout en homologuant la délibération unanime d'un conseil de famille, en change quelques dispositions. — *Trèves*, 11 fév. 1814, Aaron c. Isaac. — Mais ces décisions ne paraissent pas devoir être suivies.

254. — Quoi qu'il en soit, Delvincourt, tout en considérant comme légales les décisions qui refusent la voie d'action au ministère public, regrette qu'il en soit ainsi. « Il est possible, dit-il, en parlant de l'arrêt de 1814, que l'arrêt de Paris fût, en effet, contraire à la loi de 1790, et qu'il dût, en conséquence, être cassé; mais alors il nous semble que la disposition de la loi mérite d'être examinée. De tout temps les mineurs ont été regardés comme des personnes privilégiées, mises sous la protection de la société entière; et cependant il résulte du système que nous combattons qu'un mineur pourrait être entièrement ruiné et vexé même dans sa personne, qu'il y ait ou non de tout le monde et sans que le ministère public pût s'y opposer. » — Delvincourt, t. 1er, p. 108, note 3°.

255. — La délibération du conseil de famille qui autorise la vente des biens de mineurs doit être homologuée purement et simplement, lorsque cette vente n'est ni dommageable ni utile aux mineurs. Les tribunaux ne peuvent subordonner cette homologation à l'avis des créanciers. — *Bruxelles*, 19 flor. an XIII, Leyniers.

256. — Le tribunal à l'homologation duquel est soumise la délibération d'un conseil de famille autorisant la vente des biens de mineurs ne peut ordonner d'office que la vente se fera sous les conditions que la délibération n'a pas prévues. — Le conseil de famille peut former tierce-opposition au jugement qui modifie ainsi sa délibération,

alors même que le tuteur y a été partie. Le tuteur ne représente pas le conseil de famille dans le sens de l'art. 474, C. procéd. — Le conseil de famille pourrait même appeler de ce jugement, comme préjudiciant au mineur, malgré le silence du tuteur et sans intimer celui-ci. — *Colmar*, 11 avr. 1822, Baldanwech.

257. — Le jugement qui homologue les délibérations d'une assemblée de famille doit être considéré comme l'accessoire de l'acte homologué; en conséquence, et de la même manière que l'accessoire suit le sort du principal, la nullité des délibérations entraîne celle du jugement d'homologation. — *Nîmes*, 17 mai 1838 (t. 2 1838, p. 406), Pons-Laugier c. Ricard.

§ 7. — *Responsabilité des membres du conseil de famille.*

258. — Dans l'ancien droit, les parens étaient considérés comme les certificateurs, et en quelque sorte comme les cautions du tuteur : *Qui scilicèt cùm tutores idoneos esse affirmaverint, fidejussorum vicem sustinent.* — L. 4, § ult., ff., *De fidejuss. tut.* — De là il résultait qu'ils pouvaient, être déclarés responsables des faits du tuteur.

259. — Bien que les membres du conseil de famille n'eussent pas paru à la sentence et à l'arrêt confirmatif qui avait fixé le reliquat du compte du tuteur, les pupilles n'en pouvaient pas moins agir contre eux, si les comptes du tuteur avaient été vérifiés par des commissaires par eux nommés. — *Besançon*, 18 juin 1810, Pourcheresse c. Malarmey.

260. — Toutefois, suivant Domat (t. 1er, sect. 1, n° 4), le principe de responsabilité ne leur était applicable qu'en cas de dol ou de négligence grave.

261. — Et les parens nominateurs ne pouvaient répondre de l'insolvabilité du tuteur survenue depuis sa nomination, lorsqu'au moment où il avait été nommé il jouissait de la confiance de la famille des pupilles, et avait une réputation de probité à l'abri de tout reproche. — *Besançon*, 18 juin 1810, Pourcheresse c. Malarmey.

262. — Et il a été jugé que, dans le pays de droit écrit, les parens qui avaient concouru à la nomination des tuteurs, protuteurs, subrogés-tuteurs et tuteurs honoraires chargés de veiller à l'administration des biens du pupilles, n'étaient pas soumis à une action directe de la part des derniers en cas de mauvaise administration; qu'ils ne pouvaient être poursuivis que subsidiairement, après la discussion des biens des tuteurs, protuteurs, subrogés-tuteurs et même des tuteurs honoraires. — *Besançon*, 13 messid. an X, Faton c. Jarry.

263. — Jugé aussi que la prescription de l'action accordée au pupille dans l'ancien droit, contre les membres du conseil de famille qui avaient nommé un tuteur onéraire, ne courait qu'à dater du moment où les biens de ce tuteur avaient été discutés. — *Besançon*, 18 juin 1810, Pourcheresse c. Malarmey.

264. — Dans notre droit, le principe de responsabilité a disparu. « La famille, disait M. Leroy, rapporteur au tribunal, a rempli son devoir, lorsqu'elle a fait son choix avec toutes les précautions de bonne foi, avec tous les soins de la tendresse. » — *C. civ.*, art. 1382-1383. — Duranton, t. 3, n° 478. — V. aussi *suprà*, RECOURS.

265. — Il en est de même de la responsabilité qui, dans certaines provinces, et notamment en Bretagne, était infligée aux parens qui, appelés à faire partie du conseil de famille, négligeaient de provoquer sa convocation. Le projet du Code imposait aux parens du mineur l'obligation de convoquer le conseil de famille; mais la loi n'a pas maintenu cette responsabilité. — Fréminville, n° 95.

266. — Toutefois, les membres du conseil de famille pourraient être responsables s'il y avait de leur part prévarication manifeste ou même négligence impardonnable, par exemple, en nommant pour tuteur un homme notoirement connu pour un dissipateur, un homme de mauvaise conduite, etc., et condamnés à des dommages-intérêts envers le mineur qui serait lésé. — *C. civ.*, art. 1382-1383. — Duranton, t. 3, n° 478. — V. aussi *suprà*, RECOURS.

V. ACTES DE L'ÉTAT CIVIL, n° 539, ACTES RESPECTUEUX, COMPTE DE TUTELLE, MARIAGE, MINEUR, TUTELLE.

CONSEIL GÉNÉRAL (Colonies).

1. — C'était dans chaque colonie un conseil chargé de donner annuellement son avis sur les budgets et les comptes des recettes et des dépenses coloniales et municipales, et de faire connaître les besoins et les vœux de la colonie. — Ord. 21 août 1825, art. 5; 9 fév. 1827, art. 6, et 27 août 1828, art 5.

2. — Les membres du conseil général étaient nommés par le roi sur une liste double de candidats présentés par les conseils municipaux de la colonie. —Ord. 21 août 1825, art. 173 ; 9 fév. 1827, art. 189, et 27 août 1828, art. 173.

3. — Aujourd'hui le conseil général de chaque colonie a été remplacé par le *conseil colonial* qui a un mode de composition différent et des attributions bien plus étendues. — L. 24 avr. 1833, art. 1er. — V. à cet égard COLONIES, CONSEIL COLONIAL.

CONSEIL GÉNÉRAL DES BATIMENS CIVILS.

1. — Conseil institué, d'abord auprès du ministre de l'intérieur et aujourd'hui auprès du ministre des travaux publics, pour éclairer l'administration supérieure sur le mérite des projets et l'exécution des monumens et édifices qu'elle fait construire.

2. — Ce conseil n'a pas une organisation et des attributions qui reposent sur une loi, des décrets ou ordonnances ; on le trouve, il est vrai, nommé dans le décret impérial du 11 janv. 1811, art. 4, et dans l'ordonnance royale du 28 janv. 1815, art. 3 ; mais en réalité son institution ne procède que des circulaires et arrêtés ministériels, et encore une circulaire du 13 vendém. an VIII semble réserver au ministre la faculté de se passer, *s'il le juge convenable,* du concours du ce conseil. —Trolley, *Cours de droit admn.,* t. 2, n° 565.

3. — Le conseil des bâtimens civils est placé sous l'autorité spéciale du ministre des travaux publics. —Ord. 25 mai 1830. — Husson, t. 4, p. 40.

4. — Le maître des requêtes près le conseil d'état, qui était spécialement chargé, sous les ordres du ministre de l'intérieur, de la direction et de la surveillance de tous les travaux publics qui s'exécutaient dans la ville de Paris, était autorisé, toutes les fois que des travaux confiés à sa surveillance étaient soumis à la délibération du conseil des bâtimens civils, à assister à ce conseil et à le présider, si le ministre de l'intérieur n'était pas présent. — Décr. 11 janv. 1811, art. 4.

5. — L'intendant général des arts et monumens publics, nommé par l'ordonnance royale du 28 janv. 1815, avait, aux termes de l'art. 3 de cette ordonnance, entrée au conseil des bâtimens civils, et dans ce cas, il en prenait la présidence.

6. — Aujourd'hui le conseil des bâtimens civils est composé : 1° du directeur des bâtimens civils et des monumens historiques, président ; 2° de cinq inspecteurs généraux des bâtimens civils, dont l'un est vice-président ; 3° d'un membre inspecteur général de la comptabilité ; 4° de l'inspecteur général des monumens historiques ; 5° de l'architecte, inspecteur général des maisons pénitentiaires ; 6° d'un certain nombre, quel que soit ce nombre ne peut jamais dépasser celui des membres en service actif. — Arr. du minist. de l'intér. 15 avr. 1835, art. 4er. — Husson, t. 1er, p. 40. —Sous l'empire de l'arrêté de 1812, le conseil ne se composait que de cinq membres et un secrétaire rétribué. Le nombre des membres honoraires était alors illimité. — Arr. 4er oct. 1812.

7. — Les membres titulaires du conseil ne peuvent être chargés ni de la composition des projets, ni de la direction d'aucun travail nouveau dans les attributions de l'administration publique. — Arr. 15 avr. 1838, art. 4.

8. — Les membres honoraires peuvent toujours assister aux séances, mais ils n'ont voix délibérative que lorsqu'ils ont été convoqués spécialement par le président. — Arr. 15 avril 1838, art. 2.

9. — Ce conseil est établi pour le maintien et la propagation de la bonne pratique de l'architecture et de la construction. Il a pour mission d'éclairer l'administration 1° sur le mérite des projets et de l'exécution des monumens et édifices qu'elle fait construire ; 2° sur le choix des architectes et sur leurs opérations ; 3° sur la comptabilité et le contentieux des travaux ; 4° sur toutes les questions qui intéressent l'art et le goût, de sur celles relatives à la voirie urbaine. — Arr. du minist. intér. 15 avr. 1838, art. 7 ; 1er oct. 1812 ; 24 mai et 22 juill. 1833 ; 15 mai 1822 ; — Husson, t. 1er, p. 39.

10. — 1° Il examine les projets, plans, devis, détails estimatifs de toutes les constructions qui sont faites pour l'état, à quelque ministre qu'elles appartiennent, et de toutes celles des départemens et des communes dans les limites voulues par la loi. Il apprécie les divers systèmes de constructions, la qualité des matériaux, les conditions de la main-d'œuvre. Il recherche si les devis, détails estimatifs, sous-détails, prix et cahiers des char-

ges sont établis suivant les bonnes méthodes, si tous les ouvrages à exécuter et les dépenses à faire y sont compris, si toutes les garanties nécessaires sont prévues, si les évaluations de prix sont exactes, et il émet son opinion sur les résultats que l'administration peut attendre de l'exécution des travaux. — Arr. minis. intér. 15 avr. 1838.

11. — 2° Il est consulté sur les procès-verbaux d'adjudication, les marchés soumis à l'approbation ministérielle. — Arr. minist. int. 15 avr. 1838, art. 9.

12. —3° Il examine les devis supplémentaires qui sont présentés, constate les causes qui y ont donné lieu, s'assure si tout ou partie des ouvrages et dépenses qui y sont portés ne fait pas double emploi avec les devis primitifs, et fait connaître à l'administration si les dépenses et travaux supplémentaires pouvaient ou non être prévus dans les devis et détails estimatifs originaires, et si les architectes qui les présentent doivent être rendus passibles de l'application des dispositions réglementaires qui leur refusent des honoraires sur les dépenses et augmentations. — Arr. minist. intér. 15 avr. 1838.

13. — 4° Il donne son avis sur les difficultés qui surviennent soit entre les administrations locales et les architectes, soit entre les administrations, les architectes et les entrepreneurs. — Arr. min. int. 15 avr. 1835, art. 11.

14. — 5° Il délibère sur les réglemens définitifs des mémoires partiels et des comptes généraux des travaux du ministère des travaux publics, proposés par le bureau du contrôle de ce ministère, chargé de la révision des devis, détails estimatifs, réglemens de mémoires , métrages et comptes définitifs, placés sous sa surveillance ; il délibère aussi sur les procès-verbaux de réception des travaux des départemens et des communes dans les limites déterminées par les lois, ainsi que sur les comptes des travaux qui lui sont renvoyés par les autres ministères. — Arr. minist. intér., 15 avr. 1838, art. 12.

15. — 6° Il examine les plans généraux d'alignement des villes, les plans partiels pour la formation de nouvelles rues, plans et promenades, et pour les divers embellissemens des villes. Il donne son avis sur toutes les questions qui intéressent la salubrité, la sûreté et la commodité de la voie publique. — Arr. minist. 15 avr. 1838.

16. — 7° Il juge en dernier ressort les concours ouverts pour des projets d'édifices publics, et indique les règles à établir pour obtenir de bons résultats de ces concours. Il émet son opinion sur ceux des architectes qu'il convient de choisir pour l'exécution des travaux, ainsi que sur les mesures à prendre pour maintenir le bon ordre et l'économie.— Arr. minist. 15 avr. 1838, art. 14.

17. — 8° Il s'occupe du perfectionnement à apporter dans l'enseignement dans la pratique de l'architecture, et de tout ce qui peut tendre à favoriser les progrès de l'art et à en répandre les connaissances dans toutes les parties du royaume. Il accueille et examine toutes les inventions et les découvertes nouvelles des machines, procédés de construction, matières et matériaux propres aux travaux des bâtimens, et fait, soit seul, soit de concert avec les savans et artistes désignés par le ministre des travaux publics et d'autres ministres, particulièrement intéressés à ces examens, toutes les expériences nécessaires pour constater la valeur des inventions et découvertes, et les applications utiles qui en pourraient être faites.—Arr. 15 avr. 1838.

18. — 9° Il est appelé à rechercher et à signaler les réformes et les dispositions nouvelles qu'il pourrait être nécessaire d'introduire dans les lois concernant la grande et petite voirie, et en général la législation concernant les bâtimens. — Husson, t. 4er, p. 40 et suiv.

19. — 10° Il examine les certificats de capacité que doivent produire avec leurs projets, plans, devis, etc., les soumissionnaires des grands travaux à faire dans les bâtimens civils. Cet examen doit avoir lieu en présence de l'architecte chargé de la direction des travaux.—A la suite de cet examen, le directeur des bâtimens civils doit revêtir les certificats de son visa. Sans l'accomplissement de cette formalité, ils ne seraient pas valables.—V. BATIMENS CIVILS, n° 41.

20. — Au surplus, le conseil des bâtimens civils s'occupe que des affaires et des questions qui lui sont renvoyés officiellement, soit par le ministre de l'intérieur, soit par les autres ministres.

21. — Le conseil des bâtimens civils peut être consulté sur tous les plans et sur tous les devis qui doivent être approuvés par le ministre. Il n'émet qu'un avis et le ministre prononce.

CONSEIL GÉNÉRAL DU COMMERCE.

V. CONSEIL DU COMMERCE, DES MANUFACTURES ET DE L'AGRICULTURE.

CONSEIL GÉNÉRAL DE LA COMMUNE.

V. CONSEIL MUNICIPAL.

CONSEIL GÉNÉRAL DE DÉPARTEMENT.

Table alphabétique.

CONSEIL GÉNÉRAL DE DÉPARTEMENT. — **1.** — Assemblée délibérante chargée de représenter un département, de répartir entre les arrondissemens les contributions directes, de noter les dépenses et charges nécessaires aux besoins de la communauté départementale, d'éclairer l'administration active de ses lumières, enfin de transmettre au gouvernement l'expression des vœux et des besoins du département.

§ 1er. — *Notions préliminaires. — Législation* (n° 2).

§ 2.—*Organisation des conseils généraux —Rang.* — *Prérogatives* (n° 17).

§ 3. — *Attributions des conseils généraux* (n° 35).

§ 4.—*Attributions des membres isolés des conseils généraux*(n° 225).

§ 5. — *Sessions des conseils généraux.— Interdiction, prohibition* (n° 244).

§ 6. — *Conseil général du département de la Seine* (n° 307).

—

§ 1er. — *Notions préliminaires, législation.*

2. — L'institution des conseils généraux de département remonte seulement aux premiers jours de notre grande révolution : c'est l'assemblée constituante qui, en décrétant une nouvelle division du royaume en départemens, tant pour la représentation que pour l'administration, créa au cheflieu de chaque département une assemblée administrative supérieure sous le titre d'administration de département. — L. 22 déc. 1789, art. 3.

3. — Les membres des administrations des départemens étaient au nombre de trente-six : ils étaient élus par les électeurs qui nommaient à l'assemblée nationale ; ils ne pouvaient être regardés comme les représentans d'une localité ; ils ne pouvaient être révoqués ; leur destitution ne pouvant être le résultat d'une forfaiture jugée. — L. 22 déc. 1789, sect. 1re, art. 9 et 14 ; sect. 2e, art. 2.

4. — Les administrations de département étaient permanentes et les membres en devaient être renouvelés par moitié tous les deux ans : la première fois au sort, après les deux premières années d'exercice et ensuite à tour d'ancienneté ; de ma-

nière que les membres fussent en fonctions pendant quatre années, à l'exception de ceux sortis par le premier renouvellement au sort. — L. 22 déc. 1789, art. 12 et suiv.

5. — La permanence de l'administration de département devait être entendue en ce sens que les membres qui composaient ce corps devaient conserver leur caractère pendant tout le temps pour lequel ils avaient été élus, ainsi qu'il résulte d'une instruction de l'assemblée constituante du 8 janv. 1790, sur le décr. 22 déc. 1789.

6. — Il y avait dans chaque administration de département un procureur général syndic élu en même temps que les membres de chaque administration et par les mêmes électeurs. Il n'avait pas voix délibérative ; mais on devait lui communiquer tous les rapports et il devait être entendu dans toutes les délibérations. — L. 22 déc. 1789, sect. 2e, art. 44 et 47.

7.—L'institution des administrations de département fut confirmée par la constitution de 1791, tit. 3, ch. 4, sect. 2.

8. — Puis vint la constitution du 5 fruct. an III qui conserva également dans chaque département une administration centrale.

9. — La loi du 28 pluv. au VIII, abandonnant le système électif, transféra au chef du gouvernement le droit de nommer tous les membres des conseils généraux.

10. — Le nombre des conseillers généraux fut fixé à vingt-quatre, vingt ou seize, en raison de la population de chaque département, et la loi disposa que les conseils généraux s'assembleraient chaque année à l'époque déterminée par le gouvernement, et que la durée de la session ne pourrait excéder quinze jours. — L. 28 pluv. an VIII, art. 3 et 6.

11. — La première réunion des conseils généraux a eu lieu le 15 prair. an VIII, selon l'indication qui avait été donnée pour ce jour par l'arrêté du 18 flor. précédent.

12. — D'après l'art. 30, tit. 3, du décret du 17 therm. an X, les membres du conseil général étaient choisis sur les listes de présentation qui devaient fournir les collèges électoraux. A cet effet, chaque collège électoral de département présentait au premier consul deux citoyens domiciliés dans le département. L'un de ces citoyens au moins devait être pris en dehors du collège qui le présentait.

13. — Cette disposition législative, qui accordait au chef de l'état la nomination des membres des conseils généraux, à la condition de choisir sur les listes de présentation, ne fut jamais mise en pratique. — De Gérando, *Instit. de droit admin.*, t. 4, n° 168, art. 453, p. 203 de l'édit. 1829.

14. — Les choses furent maintenues en cet état sous l'empire et sous la restauration. Un projet de loi présenté en 1829 fut retiré par le gouvernement parce que la commission, nommée par la chambre des députés à l'effet de l'examiner, proposa la suppression des conseils d'arrondissement, proposition qui fut votée par la chambre élective.

15. — Ce fut la loi du 22 juin 1833 qui, réalisant les promesses de la charte de 1830, réorganisa les conseils généraux de département et rétablit le principe de l'élection des citoyens appelés à en faire partie. Elle se borna du reste à tracer les règles à suivre pour la formation de ces conseils, laissant en dehors de ce qui concerne leurs attributions, qui n'ont été réglées que postérieurement par la loi du 10 mai 1838.

16. — Ainsi la loi du 22 juin 1833 et la loi du 10 mai 1838, telles sont aujourd'hui les seules dispositions en vigueur sur l'organisation, la composition et les attributions des conseils généraux.

§ 2. — *Organisation des conseils généraux.—Rang. — Prérogatives.*

17. — Il y a dans chaque département un conseil général. — L. 22 juin 1833, art. 1.

18. — Le conseil général est composé d'autant de membres qu'il y a de cantons dans le département, sans pouvoir toutefois excéder le nombre de *trente*. — L. 22 juin 1833, art. 2.

19. — L'assemblée électorale appelée à nommer les membres du conseil général est composée des électeurs et des citoyens portés sur la liste du jury. Si leur nombre est au-dessous de cinquante le complément est formé par l'appel des citoyens les plus imposés. — L. 22 juin 1833, art. 3.

20. — Dans les départemens qui ont plus de trente cantons (il y en a 43), des réunions de cantons ont été opérées par la loi de 1833 elle-même de façon à diviser chacun de ces départemens en trente circonscriptions électorales. — L. 22 juin 1833, art. 3 ;—Trolley, *C. de dr. admin.*, t. 3, n° 1011.

21. — Nul n'est éligible au conseil général de département, s'il ne jouit des droits civils et politiques, si, au jour de son élection, il n'est âgé de vingt-cinq ans, et s'il ne paie, depuis un an au moins, 200 fr. de contributions directes dans le département. — Toutefois si, dans un arrondissement de sous-préfecture, le nombre des éligibles n'est pas sextuple du nombre des conseillers de département qui doivent être élus par les cantons ou circonscriptions électorales de cet arrondissement, le complément sera formé par les plus imposés. — L. 22 juin 1833, art. 4.

22. — Ne peuvent être nommés membres des conseils généraux : 1° les préfets, sous-préfets, secrétaires généraux et conseillers de préfecture ; — 2° les agens comptables employés à la recette, à la perception ou au recouvrement des contributions, et au paiement des dépenses publiques de toute nature ; — 3° les ingénieurs des ponts et chaussées et les architectes actuellement employés par l'administration dans le département ; — 4° les agens forestiers en fonctions dans le département, et les employés des bureaux des préfectures et sous-préfectures. — L. 22 juin 1833, art. 5.

23. — Nul ne peut être membre de plusieurs conseils généraux. — Même loi, art. 6.

24. — Lorsqu'un membre du conseil général a manqué à deux sessions consécutives, sans excuse légitime ou empêchement admis par le conseil, il est considéré comme démissionnaire, et il doit être procédé à une nouvelle élection, conformément à l'art. 11, L. 22 juin 1833, art. 7.

25. — Les membres des conseils généraux sont nommés pour neuf ans ; ils sont renouvelés par tiers tous les trois ans et sont indéfiniment rééligibles. — A la session qui suit la première élection des conseils généraux, le conseil général divise les cantons ou circonscriptions électorales du département en trois séries, en répartissant autant qu'il est possible, dans une proportion égale, les cantons ou circonscriptions électorales de chaque arrondissement dans chacune des séries. — Il est procédé à un tirage au sort pour régler l'ordre de renouvellement entre les séries. Ce tirage se fait par le préfet en conseil de préfecture et en séance publique. — Même loi, art. 8.

26. — La dissolution d'un conseil général peut être prononcée par le roi ; en ce cas il est procédé à une nouvelle élection avant la session annuelle et au plus tard dans le délai de trois mois, à dater du jour de la dissolution. — Même loi, art. 9.

27. — Le conseiller de département élu dans plusieurs cantons ou circonscriptions électorales est tenu de déclarer son option au préfet dans le mois qui suit les élections entre lesquelles il doit opter. A défaut d'option dans ce délai, le préfet, en conseil de préfecture, et en séance publique, décide par la voie du sort à quel canton ou circonscription électorale le conseiller appartient. — Il est procédé de la même manière lorsqu'un citoyen a été élu à la fois membre du conseil général et membre d'un ou plusieurs conseils d'arrondissement. — Même loi, art. 10.

28. — En cas de vacance par option, décès, démission, perte des droits civils ou politiques, l'assemblée électorale qui doit pourvoir à la vacance doit être réunie dans le délai de deux mois. — Même loi, art. 11.

29. — Quant à l'interprétation desdits articles et à l'examen détaillé des questions qu'ils soulèvent, soit relativement aux conditions d'âge, de cens, de capacité civile et politique, de domicile, etc., requises pour être électeur et éligible, soit aux incapacités, incompatibilités, soit à la convocation et la tenue des assemblées électorales, enfin aux élections multiples, options, démissions, réélections et réclamations, V. ÉLECTIONS DÉPARTEMENTALES.

30. — Aucune disposition législative ou réglementaire n'a fixé le rang que devaient tenir les conseils généraux dans les cérémonies publiques. — M. Dumesnil (*De l'organ. et des attrib. des cons. génér.*, t. 2, n° 820) pense que le conseil général doit prendre rang et séance immédiatement après le préfet, à côté du conseil de préfecture.

31. — Quant aux membres du conseil général qui sont appelés à faire partie des conseils de révision, une circulaire ministérielle, du 3 oct. 1818, les classe qu'en quatrième ordre, après l'officier supérieur qui entre dans la composition du même conseil.

32. — Les membres des conseils généraux électifs font partie, après trois élections à la présidence, des notabilités parmi lesquelles le roi doit choisir les membres de la chambre des pairs. — L. 29 déc. 1831, art. 23.

33. — Les simples conseillers qui sont propriétaires, chefs de manufacture et de maisons de commerce et de banque, payant 3,000 fr. de contributions directes, soit à raison de leurs propriétés foncières, depuis trois ans, soit à raison de leurs patentes, depuis cinq ans, font partie des mêmes notabilités s'ils sont depuis six ans membres du conseil général. — L. 29 déc. 1831.

34. — Les militaires qui font partie des conseils généraux ont droit, pendant le temps des sessions, à la solde et aux accessoires de solde, comme s'ils étaient présens à leur corps ou à leur poste, à l'exception, toutefois, du supplément de Paris, des indemnités au cas de rassemblement, ou pour frais de représentation. — Ord. royale des 25 déc. 1837, art. 74.

§ 3. — *Attributions du conseil général.*

35. — Les conseils généraux exercent leurs fonctions sous l'autorité du roi, à qui seul appartient le pouvoir exécutif ; or, le roi n'exerçant jamais ce pouvoir que sous la responsabilité de ses ministres, ceux-ci se trouvent ainsi investis d'une certaine autorité sur les actes des conseils de département, dans les cas déterminés par les lois et réglemens.

36. — Tous les ministres indistinctement peuvent avoir à statuer sur les délibérations des conseils généraux, lorsqu'elles ont pour objet l'exécution de mesures rentrant dans leurs attributions respectives.

37. — Mais le ministre de l'intérieur, le ministre des travaux publics, le ministre des finances et le ministre de l'instruction publique exercent cette autorité d'une manière plus spéciale que les autres.

38. — Le ministre de l'intérieur est de tous les ministres celui dont les attributions sont les plus étendues à l'égard des délibérations des conseils généraux. C'est à lui qu'est confiée l'administration générale du royaume, il doit donc couvrir de sa responsabilité la plupart des actes des assemblées administratives, et on doit les soumettre à son approbation. — Inst. min. du 30 niv. an XIII ; — Trolley, *Cours de dr. admin.*, t. 1er, p. 195.

39. — Ainsi, tous les actes d'administration proprement dite, toutes les mesures qui sont la conséquence du vote du budget des dépenses ordinaires, facultatives, extraordinaires et spéciales, sont soumis à l'autorité du ministre de l'intérieur, à l'exception toutefois de ce qui est relatif au cadastre et à l'instruction primaire. — Trolley, *loc. cit.*

40. — C'est encore le ministre de l'intérieur qui ordonne les dépenses des routes départementales, ponts et autres travaux qui en dépendent, ainsi que celles de construction et d'entretien des bâtimens et édifices départementaux, et il conserve dans ses attributions tout ce qui a rapport aux chemins vicinaux, de grande communication et autres chemins de simple vicinalité. — L. 12 juin 1842, art. 30 et 32.

41. — Le ministre des travaux publics est chargé de veiller à l'exécution des lois et réglemens relatifs au classement, à la construction et à l'entretien des routes royales et départementales, des canaux, ponts, chemins de fer, ouverture et concession de mines, travaux des bâtimens civils et monumens publics ; à l'exception, toutefois, de la conservation des monumens historiques, qui est restée dans les attributions du ministre de l'intérieur. — Ord. 19 mai 1830 et 23 mai 1839 ; — Trolley, *Cours de dr. admin.*, t. 1er, n° 197.

42. — La répartition des contributions est dans les attributions du ministre des finances, ainsi que la confection du cadastre, dont il approuve les comptes dans le budget. — Thibaut-Lefebvre, *Constitut. et pouv. des cons. génér. et d'arrond.*, p. 294.

43. — Quant au ministre de l'instruction publique, il approuve le budget et les comptes de l'instruction primaire ; il règle l'exécution de toutes les mesures nécessaires à l'établissement et à l'entretien des écoles normales primaires ; il règle également tout ce qui est relatif aux complémens, secours et encouragemens accordés aux communes. — Ord. 11 oct. 1832 ; — Trolley, *Cours de dr. adm.*, t. 1er, n° 198.

44. — Le conseil général, dans l'exercice de ses attributions, agit à trois titres divers : 1° comme délégué du pouvoir législatif ou du pouvoir exécutif ; — 2° comme représentant légal des intérêts du département ; — 3° comme organe des besoins du département. — Vivien, *Rapport à la chambre des députés* ; Foucart, *Elém. de dr. public et admin.*, n° 1384.

45. — Dans le premier cas, le conseil est souverain ; dans le second, ses délibérations ont besoin de l'approbation de l'autorité supérieure ; dans le troisième, il ne fait qu'exprimer des vœux. — Foucart, *ibid.*

46. — *Délégué des pouvoirs législatif ou exécutif.* — Le conseil général agit en qualité de délégué du pouvoir législatif, lorsqu'il répartit les contributions directes entre les arrondissemens. — L. 10 mai 1838, art. 1er.

47. — Le soin d'opérer la répartition de l'impôt fut confié aux conseils de département et de district par la loi même qui les a institués. Ce droit leur avait été retiré pour être attribué aux administrations centrales ; mais il a été rendu aux conseils de département par la loi du 28 pluv. an VIII, et il a été constamment reconnu depuis par les lois de finances, jusqu'à sa consécration définitive par la loi du 10 mai 1838. — Décr. 22 déc. 1789, sect. 3, art. 1er ; Constitut. 22 fructid. an III ; et L. 28 pluv. an VIII.

48. — Le conseil général procède à la répartition sur les tableaux qui lui sont soumis par le préfet. Ces tableaux sont au nombre de trois, contenant : 1° la contribution foncière ; — 2° la contribution personnelle et mobilière ; — 3° la contribution des portes et fenêtres, — les seules qui soient sujettes à répartition ; la quatrième, celle des patentes, est, en effet, un impôt de quotité, à l'assiette et au recouvrement duquel le conseil général reste étranger. — Thibaut-Lefebvre, *Constitut. et pouv. des cons. génér. et d'arrond.*, p. 274.

49. — En ce qui touche la *contribution foncière*, une ordonnance du 2 oct. 1821 a prescrit, en exécution de l'art. 19, L. 31 juill. 1821, à tous les directeurs des contributions directes, de faire relever par les contrôleurs les baux à ferme et les actes de vente passés pendant les neuf années comprises entre 1812 et 1821. A l'aide de ces documens, l'administration estime les propriétés cadastrées, et fait par cantons le tableau de leur revenu.

50. — Ce travail doit être ensuite, pour chaque canton, soumis à une assemblée cantonnale, composée du maire et d'un propriétaire de chaque commune nommé par le conseil municipal. L'inspecteur des contributions et les contrôleurs qui ont opéré dans le canton assistent à l'assemblée pour donner les renseignemens nécessaires. — Ord. 3 oct. 1821, art. 2.

51. — L'assemblée cantonnale examine les actes dont on a fait choix pour chaque commune, indique ceux qui pourraient conduire à de fausses indications, et fait connaître les changemens dont le travail lui paraît susceptible. — Même ord., art. 3 ; — Thibaut-Lefebvre, p. 280.

52. — Sur ces indications, le directeur des contributions dresse un tableau sur lequel figure le revenu imposable de toutes les communes de l'arrondissement, calculé d'après le prix de vente et la valeur des baux. — Thibaut-Lefebvre, *ibid.*

53. — Quand ces opérations sont terminées pour tous les cantons du département, elles sont soumises à une commission départementale formée de trois membres du conseil général, de deux membres du conseil de chaque arrondissement, et d'un notaire pareillement choisi dans chaque arrondissement. — Les membres de cette commission sont nommés par le roi, sur une liste présentée par le préfet et contenant un nombre de candidats double de ceux qui peuvent être choisis. — Ord. 3 oct. 1821, art. 4.

54. — La commission départementale fait subir aux travaux présentés les changemens qu'elle croit nécessaires, après avoir entendu le directeur des contributions directes ; c'est d'après ces indications que ce dernier rectifie les tableaux présentés et en rédige un autre par arrondissement, présentant un projet de répartition ou contingent du département, basé sur le nouveau revenu imposable des communes. — Même ord., *ibid.* ; — Thibaut-Lefebvre, p. 281.

55. — Cette opération une fois terminée, le tableau d'évaluation est remis au préfet, qui le transmet, avec ses propres observations et toutes les pièces à l'appui, au conseil général, qui approuve ou modifie la répartition par arrondissement. — Même ord., art. 5.

56. — L'art. 8, ord. 3 oct. 1821, portait qu'en attendant, et jusqu'à ce que les bases de la nouvelle répartition fussent fixées, les conseils généraux des départemens et les conseils d'arrondissement continueraient à répartir leur contingent comme par le passé entre les arrondissemens et les communes.

57. — Mais les travaux de révision ne se trouvant achevés, en 1826, que dans quelques départemens seulement, une ordonnance du 16 juill. 1826 déclara que les délibérations prises par les conseils de département pour une nouvelle répartition de la contribution foncière recevraient immédiatement leur exécution nonobstant les dispositions de l'art. 8, ord. 3 oct. 1821.

58. — L'impôt foncier est donc, ainsi que le dit M. Trolley (*C. de dr. admin.*, t. 3, n° 1442, p. 366), réparti entre les arrondissemens d'après les éva-

luations arrêtées, par le conseil général, aux termes de la loi du 31 juill. 1821, et des ordonn. des 3 oct. 1821, 16 juill. 1826.

59. — Toutefois, les bases d'appréciation changent tous les ans : des maisons nouvelles sont élevées, d'autres sont détruites; aussi la loi du 17 août 1835 a-t-elle prescrit de recenser tous les ans les maisons et les usines détruites ou reconstruites et devenues imposables : les maisons nouvelles sont évaluées par les répartiteurs assistés du contrôleur, et l'estimation est définitivement arrêtée par le préfet; le contingent de la commune, de l'arrondissement et du département est augmenté ou dégrevé selon que les constructions nouvelles ou les démolitions l'exigent.

60. — D'un autre côté, des propriétés exemptées peuvent devenir imposables, d'autres imposables peuvent être affranchies; le recensement et la révision qui en sont la conséquence ne peuvent, on le conçoit, être faits par le conseil général pendant les quinze jours que dure leur session annuelle : aussi les lois combinées des 21 avr. 1832, 17 août 1835, font-elles un devoir au directeur des contributions directes d'accomplir chaque année ce travail, puis de faire son rapport et de proposer au conseil général un projet de répartition.—Trolley, *Cours de dr. admin.*, t. 3, nº 1442, p. 368.

61. — Quant à l'impôt personnel et mobilier, le tableau sur lequel le conseil général en fait la répartition entre les arrondissemens, est formé en exécution de la loi du 21 avr. 1832, art. 11.

62. — Ce tableau est formé chaque année par le directeur des contributions directes, et présente, par arrondissement et par commune, 1º le nombre des individus passibles de la taxe personnelle; 2º le montant des valeurs locatives d'habitation. — L. 21 avr. 1832, art. 11.

63. — Bien que la contribution des portes et fenêtres soit un impôt de répartition, la loi du 21 avril 1832 fixe cependant d'une manière précise et les ouvertures imposables et la taxe due pour chacune d'elles. — V. CONTRIBUTIONS DIRECTES. — Il y a donc lieu, pour que la recette soit en rapport exact avec le chiffre mis par la loi de finances à la charge du département, d'augmenter ou réduire chaque année la taxe, suivant la proportion du tarif.

64. — Pour faciliter cette opération, le directeur des contributions directes forme chaque année un tableau présentant, 1º le nombre des ouvertures imposables des diverses classes; 2º le produit des taxes, d'après le tarif; 3º le projet de répartition. — C'est sur ce document que le conseil général fixe le quantum de la taxe et le contingent des arrondissemens.

65. — Avant d'effectuer la répartition des contributions directes entre les arrondissemens, le conseil général statue sur les demandes délibérées par les conseils d'arrondissement en réduction du contingent assigné à l'arrondissement. — L. 10 mai 1838, art. 1er, alinéa 2e.

66. — Dans les deux cas prévus par l'art. 1er, L. 10 mai 1838, le conseil général agit souverainement. La commission de la chambre des pairs avait demandé de porter le recours devant les chambres, sur la proposition du gouvernement. Un amendement de M. de Tascher avait pour but d'ouvrir le recours devant le roi au conseil-d'état; mais ces diverses mesures ont été repoussées, d'où il suit que les décisions du conseil général en cette matière sont absolues.

67. — Dès avant la loi de 1838, le conseil d'état avait reconnu qu'il n'existait aucun recours contre les délibérations des conseils généraux sur la répartition des contributions directes entre les arrondissemens, ainsi que sur les demandes en réduction de contingent formées par les communes, après le vote préalable du conseil d'arrondissement. — *Cons. d'état*, 14 juin 1837, Witz-Witz.

68. — Depuis la loi du 10 mai 1838, il a persévéré dans sa jurisprudence. — *Cons. d'état*, 31 déc. 1838, comp. des salines de l'est; — Cormenin, *Droit adm.*, vº *Cons. gén.*, t. 1er, p. 468.

69. — « Il est vrai, disait M. Vivien dans son rapport à la chambre des députés, le 19 fév. 1838 (*Monit.* du 22 fév.), que ce pouvoir suprême peut avoir des inconvéniens; mais ces inconvéniens ont leurs limites dans l'obligation de se soumettre aux règles établies par les lois, dans le droit qui appartiendrait au gouvernement de refuser l'exécution des actes par lesquels le conseil général serait sorti de ses attributions et aurait excédé ses pouvoirs, et si ce pouvoir a quelques inconvéniens l'admission d'un recours quelconque en amènerait de bien plus graves. » — M. Duvergier, qui rapporte ce passage, ajoute (*Coll. des lois*, année 1838, p. 289, à la note) : « Ces paroles doivent être expliquées. Dans quel but réclamait-on qu'un recours fût ouvert contre les décisions des conseils généraux? C'était afin de pouvoir obtenir la réforme d'une répartition qui, régulière d'ailleurs et faite conformément aux lois, ne serait pas équitable. Certainement M. Vivien n'a pas entendu dire que, dans ce cas, le gouvernement a le droit d'intervenir et de contrôler les actes et les décisions des conseils; il suppose seulement qu'un conseil est sorti de ses attributions, a *excédé ses pouvoirs*, et c'est pour cette hypothèse qu'il rappelle le droit du gouvernement, écrit dans l'art. 14, L. 22 juin 1833, d'annuler les actes entachés d'excès de pouvoir. — Donc, il n'y a aucun recours, aucune garantie contre la décision d'un conseil général qui, en se renfermant dans le cercle de ses attributions, en procédant avec la plus parfaite régularité, fait une injuste et inégale répartition des contributions entre les différens arrondissemens. » — V. également Foucart, t. 2, nº 1384; Macarel et Boulatignier, *Traité de la fortune publique*, t. 2, p. 552; Laferrière, p. 524; Dumesnil, *De l'Organ. des Cons. génér.*, t. 1er, nº 162; Thibaut-Lefebvre, *Const. et pouv. des cons. gen. et d'arrond.*, p. 205.

70. — Mais il n'en est plus de même dans le cas où le conseil général serait sorti de ses attributions et aurait excédé ses pouvoirs; alors le gouvernement pourrait, ainsi que le dit M. Rivière, user du droit d'annuler les actes entachés d'excès de pouvoir, en vertu de l'art. 14, L. 22 juin 1833; ce serait au préfet à provoquer l'ordonnance royale nécessaire à cet effet. — Duvergier, *loc. cit.*; Trolley, t. 3, nºs 1446 et suiv.

71. — Si le préfet ne provoquait pas cette ordonnance, les contribuables ne pourraient sans doute *se pourvoir* individuellement, mais ils pourraient dénoncer l'excès de pouvoir, et le gouvernement ne manquerait certainement point d'annuler d'office l'acte qui en serait entaché.—Trolley, t. 3, nº 1455. — V. cependant Foucart, nº 1391.

72. — Mais les conseils d'arrondissement ont qualité pour demander la nullité des délibérations entachées d'excès de pouvoir : il est vrai que les conseils d'arrondissement n'ayant pas d'existence civile, on pourrait leur dénier l'exercice d'une action juridique, mais l'art. 40, L. 10 mai 1838, en les autorisant à demander au conseil général la réduction du contingent mis à sa charge, a fait une exception à la règle générale, et les a habilités à exercer contre la décision du conseil général le recours ouvert par la loi. — Trolley, nº 1455. — Cet auteur pense même (nº 1456) que le conseil d'arrondissement n'est pas tenu de s'adresser d'abord au conseil général par voie d'opposition à la décision qui le condamne sans l'avoir entendu; il peut porter son pourvoi directement et immédiatement au roi.

73. — Lorsque la répartition du conseil général est annulée, on est dans le cas prévu par l'art. 27, L. 10 mai 1838. — Il n'y a pas, du reste, d'indivisibilité entre les trois contributions, et l'annulation de l'une n'entraînerait point celle des deux autres, si elles sont régulières. — Trolley, nº 1457.

74. — Le conseil général, après avoir fait la répartition, porte le résultat de son travail sur trois tableaux, l'un pour la contribution foncière, l'autre pour la contribution personnelle et mobilière, et le troisième pour la contribution des portes et fenêtres. Ces tableaux, signés par le préfet, sont remis au ministre des finances, qui en envoie des copies au directeur des contributions directes et au receveur général du département.—LL. 3 frim. an VIII, art. 25 et suiv.; 3 niv. an VII, art. 1er, 2 et 3; instr. min. 18 mai 1818.

75. — Si le conseil général ne se réunissait pas, ou si, après s'être réuni, il se séparait sans avoir fait la répartition, les mandemens des contingens assignés à chaque arrondissement seraient néanmoins délivrés par le préfet, qui suivrait alors les bases posées dans la répartition précédente, sauf les modifications résultant des lois portées dans l'intervalle. — L. 10 mai 1838, art. 27 et 47.

76. — Ce cas n'était prévu par aucune disposition législative, avant la loi du 10 mai 1838. Seulement une instruction ministérielle portait que « le préfet avait le droit de fixer les contingens d'office, mais d'après la répartition précédente, par un arrêté spécial qui devait être adressé au ministre des finances, pour être soumis à l'approbation du roi. — Circul. min. des fin. 25 juill. 1836.

77. — Le refus exprimé par un conseil général ou d'arrondissement de procéder à la répartition des contributions, quoique fort blâmable en lui-même, n'est cependant pas un fait punissable, soit d'une peine afflictive ou infamante, soit d'une peine correctionnelle, soit même de la simple destitution. Le décret du 28 août 1791, qui prévoyait ce cas, est abrogé. — Thibaut-Lefebvre, p. 52; Dumesnil, *De l'organ. et des attrib. des cons. gén.*, t. 1er, nº 170.

78. — Le conseil général prononce encore comme délégué du pouvoir législatif, lorsqu'il statue sur les demandes en réduction de contingent formées par les communes et préalablement soumises au conseil d'arrondissement. — L. 10 mai 1838, art. 2. — Foucart, *ibid.*

79. — Dans ce cas encore, la décision du conseil général est souveraine; mais, à la différence des réclamations en réduction formées par le conseil d'arrondissement, celles des communes jouissent de deux degrés de juridiction. Elles sont appréciées en première instance par les conseils d'arrondissement et portées ensuite devant le conseil général. — Duvergier, t. 38, p. 289, note 2e; Thibaut-Lefebvre, p. 296.

80. — Enfin, le conseil général vote les centimes additionnels dont la perception est autorisée par les lois. — L. 10 mai 1838, art. 3.

81. — Ces centimes additionnels sont de diverses sortes : ce sont les centimes additionnels *fixes* ou *législatifs* affectés aux dépenses du département par la loi ou par l'ordonnance qui répartit le fonds commun, les centimes *additionnels facultatifs*, les centimes *additionnels extraordinaires*, enfin les centimes *additionnels spéciaux*. — V. à cet égard le rapport de M. Vivien à la chambre des députés sur le projet de loi du 10 mai 1838. — V. aussi CONTRIBUTIONS DIRECTES.

82. — Le gouvernement ne peut pas suppléer le vote du conseil général sur les centimes additionnels, si ce n'est dans les cas où une loi formelle l'y autorise. — Art. 13, L. 28 juin 1833; — Foucart, *Dr. publ. et admin.*, t. 2, nº 1384.

83. — Comme délégué du pouvoir exécutif, le conseil général vote le classement des chemins vicinaux de grande communication, il désigne les communes chargées de pourvoir à leur ouverture et à leur entretien et détermine la direction de chacun d'eux. — L. 21 mai 1836, art. 7; Foucart, *ib.* — V. CHEMINS.

84. — Les délibérations du conseil général, en cette matière, sont prises d'après l'avis des conseils municipaux et des conseils d'arrondissement et sur la proposition du préfet : elles ne sont soumises à aucune approbation postérieure, comme elles le sont en général dans les cas prévus par la loi du 10 mai 1838.

85. — D'un autre côté, l'arrêté de classement n'est pas susceptible d'être annulé ou modifié d'office par le ministre comme d'autres arrêtés purement administratifs. — Dumesnil, *Organis. des cons. génér.*, t. 2e, nº 443.

86. — Il faut remarquer, en effet, que la loi du 10 mai 1838 n'a pas porté atteinte au droit des conseils généraux de statuer sur la formation et la direction des chemins vicinaux conformément à l'art. 7, L. 21 mai 1836; il a été expliqué plusieurs fois à la chambre des pairs que les attributions conférées aux conseils généraux par cette loi subsistaient tout entières. Le rapporteur et le ministre de l'intérieur l'ont formellement déclaré. — V. notamment *Moniteur*, 10 mars 1837.

87. — Ainsi les délibérations des conseils généraux, soit qu'elles adoptent, soit qu'elles rejettent le classement, ne pourraient être attaquées par les personnes intéressées ni devant le ministre de l'intérieur ni devant le conseil d'état; si ce n'est dans le cas où les formalités essentiellement prescrites par la loi n'auraient pas été observées : alors le recours serait ouvert devant le roi, soit aux termes de l'art. 14, L. 22 juin 1833, soit en vertu de la loi des 7-14 oct. 1790. — *Cons. d'état*, 19 fév. 1841, ville de Saint-Etienne. — Trolley, t. 3, nº 1466.

88. — Et même une décision du conseil d'état semble reconnaître, dans ce cas, à la commune un recours par la voie contentieuse pour cause d'excès de pouvoir. — *Cons. d'état*, 8 mai 1839, comm. de Mongarault.

89. — A cet égard M. de Cormenin (*Dr. administ.*, vº *Conseils généraux*, p. 470, dit : « La disposition de la loi des 7-14 oct. 1790, qui permet de recourir au roi pour incompétence contre toutes décisions des corps administratifs, paraît devoir protéger ici les besoins de l'intérêt communal ou privé; la loi du 22 juin 1833 (art. 14) permet au roi d'annuler, le cas échéant, et sans que le conseil d'état ait besoin d'être entendu, les délibérations du conseil général; mais le ministre devrait suppléer d'office cette formalité, tant il faut user de ménagemens et procéder maturément avec les corps électifs et indépendans ».

90. — Lorsqu'une expropriation pour cause d'utilité publique a pour objet l'établissement d'un chemin de grande communication, le jugement d'expropriation doit viser, *à peine* de nullité, la délibération du conseil général qui détermine la direction du chemin, et non pas seulement l'arrêté du préfet. — *Cass.*, 4 août 1841 (t. 2 1841, p. 377), Coulac.

91. — Plusieurs conseils généraux, pour hâter la construction des chemins de grande communication, ont voté pour plusieurs années de suite des centimes extraordinaires destinés à accroître les autres ressources affectées aux chemins de grande communication, et ces votes ont été approuvés par des lois spéciales. — V. notamment L. 4 juin 1842, pour les départemens du Loiret et de la Haute-Marne. — Toutefois M. Dumesnil (t. 2, nº 450) trouve, non sans quelque raison, ce mode dangereux et contraire aux sages principes posés par la loi du 21 mars 1836.

92. — *Représentant du département.* — Le conseil général délibère : 1º sur les contributions extraordinaires à établir et les emprunts à contracter dans l'intérêt du département ; — 2º sur les acquisitions, aliénations et échanges des propriétés départementales ; — 3º sur le changement de destination ou d'affectation des édifices départementaux ; — 4º sur le mode de gestion des propriétés départementales ; — 5º sur les actions à intenter ou à soutenir au nom du département, sauf les cas d'urgence prévus par l'art. 36, L. 10 mai 1838 ; — 6º sur les transactions qui concernent les droits du département ; — 7º sur l'acceptation des dons et legs faits au département ; — 8º sur le classement et la direction des routes départementales ; — 9º sur les projets, plans et devis de tous les autres travaux exécutés sur les fonds du département ; — 10º sur les offres faites par des communes, par des associations ou des particuliers, pour concourir à la dépense des routes départementales ou d'autres travaux à la charge du département ; — 11º sur la concession à des associations, à des compagnies, ou à des particuliers, de travaux d'intérêt départemental ; — 12º sur la part contributive à imposer au département dans la dépense des travaux exécutés par l'état et qui intéressent le département ; — 13º sur la part contributive du département aux dépenses des travaux qui intéressent à la fois le département et les communes ; — 14º sur l'établissement et l'organisation des caisses de retraite ou autres modes de rémunération en faveur des employés des préfectures et des sous-préfectures ; — 15º sur la part de la dépense des aliénés et des enfans trouvés et abandonnés qui sera mise à la charge des communes, et sur les bases des répartitions à faire entre elles. — L. 10 mai 1838, art. 4.

93. — La nomenclature comprise dans l'art. 4 qui précède n'a rien de limitatif. « Il y a un certain nombre d'objets, a dit le rapporteur à la chambre des députés, qui ne sont pas compris dans cet article, sur lesquels les conseils généraux sont naturellement et nécessairement appelés à délibérer ; par conséquent, de ce qu'une nature de délibération n'y serait pas comprise, il ne faut pas conclure que le conseil général n'aurait pas le droit de s'en occuper. » Cette opinion se trouve en conséquence formulée dans le 16º dudit article 4, d'après lequel le conseil général délibère sur tous les autres objets sur lesquels il est appelé à délibérer par les lois et réglemens. — V. au surplus *Moniteur* 3 mars 1838, p. 466, 2e colonne ; — Thibaut-Lefebvre, *Constitution et pouvoirs des cons. gén. et d'arr.*, p. 310.

94. — Les délibérations du conseil général sont soumises à l'approbation du roi, du ministre compétent ou du préfet, selon les cas déterminés par les lois ou par les réglemens d'administration publique. — L. 10 mai 1838, art. 5.

95. — 1º D'après le § 1er, art. 11, le conseil général examine et règle le budget départemental, qui lui est soumis par le préfet, et est réglé définitivement par ordonnance royale. — V. DÉPARTEMENT.

96. — Dans le cas où le conseil général voterait un emprunt pour subvenir à des dépenses du département, cet emprunt ne peut être contracté qu'en vertu d'une loi. — L. 10 mai 1838, art. 34.

97. — Il en est de même des impositions extraordinaires, qui ne peuvent être perçues qu'après que le vote du pouvoir législatif les a sanctionnées. — L. 10 mai 1838, art. 33.

98. — La loi, qui permet l'emprunt en fixe le chiffre et l'emploi, le maximum de l'intérêt et les conditions, parmi lesquelles sont ordinairement la publicité et la concurrence. Le remboursement est aussi réglé par la même loi. — Thibaut-Lefebvre, p. 536.

99. — Le préfet est souvent autorisé à traiter directement avec la caisse des dépôts et consignations au taux d'intérêt fixé à 4 ou 4 1/2 %. — Thibaut-Lefebvre, *ibid.*

100. — On procède de la même manière relativement aux contributions extraordinaires. — Thibaut-Lefebvre, *loc. cit.*

101. — Jugé que toute propriété soumise aux contributions directes, spécialement un canal, doit, bien qu'elle soit affranchie des charges communales et départementales ordinaires, contribuer aux centimes additionnels, alors surtout qu'ils ont pour objet l'acquittement d'une dépense communale obligatoire. — *Cons. d'état*, 1er juill. 1839, Compagnie can. Midi c. ville d'Agde.

102. — Les lois qui autorisent un emprunt ont soin d'établir que le montant de la somme à emprunter chaque année, l'emploi de cette somme et celui du produit de la contribution extraordinaire, seront réglés par ordonnance royale, rendue en la forme des réglemens d'administration publique. Elles limitent également la durée des impositions extraordinaires. — Thibaut-Lefebvre, *Constitution et pouvoirs des cons. génér. et d'arr.*, p. 537.

103. — La durée des emprunts est généralement fixée à dix ans, et ce terme paraît, d'après une circulaire du ministre de l'intérieur du 16 juill. 1840, devoir être le plus reculé que le conseil d'état soit disposé à accorder. — Le ministre ajoute : « Toute délibération tendant à obtenir l'autorisation d'emprunter devra indiquer : 1º la somme totale à emprunter ; — 2º si l'emprunt doit être fait intégralement dès la première année, ou par portions successives : dans ce dernier cas, on devra fixer la somme à emprunter la première année, et réserver la fixation des autres sommes pour les sessions suivantes ; — 3º le maximum du taux de l'intérêt ; — 4º la manière dont le conseil entend assurer le service des intérêts et le remboursement du capital ; — 5º les époques du remboursement ; — 6º si le service des intérêts et le remboursement du capital ne peuvent être faits qu'au moyen d'une imposition extraordinaire ; la délibération devra indiquer le nombre de centimes à imposer, l'époque à laquelle devra commencer l'assiette de l'imposition et le nombre d'années de sa durée ; — 7º enfin, on devra joindre à la délibération un tableau présentant le jeu de l'emprunt, en intérêts et capital, depuis la réalisation de la première somme à emprunter jusqu'à parfait remboursement. »

104. — Le préfet doit faire au ministre un envoi spécial et immédiat de la délibération du conseil général, certifiée par lui, et portant en tête les noms des membres du conseil général présens à la séance. Elle doit être accompagnée : 1º des plans et devis, s'il s'agit de constructions ; — 2º s'il s'agit de routes, d'un rapport de l'ingénieur en chef du département, faisant connaître la dépense à faire, l'élévation probable des salaires, le prix moyen de l'entretien, celui des grosses réparations et des constructions neuves. Le préfet doit joindre son rapport. — Thibaut-Lefebvre, p. 542.

105. — L'imposition extraordinaire ne doit jamais porter sur l'année dans le cours de laquelle la loi est rendue. — Thibaut-Lefebvre, p. 543.

106. — Quand la délibération relative à l'emprunt est une fois approuvée et convertie en loi, les sommes empruntées ou produites par la contribution extraordinaire ne peuvent être appliquées qu'aux objets déterminés par la loi. — Thibaut Lefebvre, p. 314.

107. — Si le conseil, au lieu de *voter* l'impôt, s'est borné à demander l'autorisation de l'imposer extraordinairement, l'impôt n'est que projeté, et il faut une seconde délibération. — C'est ainsi, dit M. Trolley (t. 3, nº 1468), que les choses se passent presque toujours.

108. — 2º Les délibérations du conseil général, relatives à des acquisitions, aliénations et échanges de propriétés départementales doivent être approuvées par une ordonnance royale, le conseil d'état entendu. — L. 10 mai 1838, art. 29.

109. — Toutefois, l'autorisation du préfet, en conseil de préfecture, est suffisante lorsque les acquisitions, aliénations et échanges ont une valeur qui n'excède pas 20,000 fr. — Même article.

110. — La valeur est déterminée : — dans les acquisitions, par le prix lui-même ; — dans les aliénations, par une expertise préalable, sauf, si les enchères portent le prix de la vente autorisée par le préfet au delà de 20,000 fr., à faire approuver le contrat par une ordonnance royale (V. circul. min. intér. 31 juill. 1839, relative, à la vérité, à des biens communaux, mais appliquant des principes identiques) ; — dans les échanges, par une expertise, qui alors est définitive, et non point provisoire, comme au cas d'aliénation. — Trolley, t. 3, nº 1478.

111. — L'autorisation n'est jamais donnée pour l'acquisition d'une propriété qui ne serait pas propre à un service public : telle paraît être la règle de la tutelle administrative. — Thibaut-Lefebvre, p. 317.

112. — De la proposition qui précède il ne faudrait point conclure cependant que les départemens soient incapables de posséder des propriétés privées ; aucun texte de loi ne leur enlève ce droit, qui appartient à toutes les personnes civiles, et le § 5 de l'art. 10, L. 10 mai 1838, le suppose même, en disant que, dans les recettes du département, entrent « les revenus et le produit des propriétés du département non affectés à un service départemental. » — En droit donc, le département est capable de posséder des immeubles patrimoniaux et d'en jouir comme un simple particulier. Et, en effet, dans l'état actuel, il y a un revenu de propriétés départementales s'élevant à 9 ou 10,000 fr. et qui est réparti entre plus de quarante départemens. — « La propriété départementale, disait M. le ministre de l'intérieur à la chambre des députés, à la séance du 2 mars 1838, n'est réellement pas, à parler vrai, une propriété du genre de la propriété communale : ce n'est pas une propriété privée : c'est une propriété transitoire, accidentelle, qui est renfermée entre son origine et le moment possible où elle reviendra à un service public, car le département *ne conserve d'immeubles productifs de revenus* que par la considération que, dans un moment donné, ils lui seront utiles pour un service public. » — Trolley, t. 3, nº 1476.

113. — 3º Une ordonnance royale, rendue en conseil d'état, est encore nécessaire pour autoriser les changemens de destination ou d'affectation des édifices départementaux. — L. 10 mai 1838, art. 29.

114. — Ici l'ordonnance royale est toujours nécessaire, même alors que la valeur des édifices serait inférieure à 20,000 fr. — Cela tient à ce que la question d'argent y est toujours compliquée d'un intérêt supérieur indéterminé, l'intérêt d'un service public. — Trolley, t. 3, nº 1479.

115. — Il n'y a d'édifices départementaux que ceux qui sont affectés à un service public départemental ou d'arrondissement et qui sont à sa charge. — Thibaut-Lefebvre, p. 317. — Les édifices affectés à l'administration générale sont réservés à l'état, et ceux affectés à un service municipal sont attribués aux communes. — Décr. 9 avr. 1811.

116. — Ainsi sont considérés comme édifices départementaux : 1º les hôtels de préfecture et de sous-préfecture ; — 2º les bâtimens affectés aux tribunaux civils ou commerciaux, et aux cours d'assises ; — 3º ceux qui servent de prison, maisons d'arrêt et de justice, les chambres de sûreté ; — 4º les casernes de gendarmerie ; — 5º les hospices d'enfans trouvés ; — 6º les édifices des écoles normales primaires ; — 7º ceux des dépôts de mendicité, etc. — Thibaut-Lefebvre, *Constit. et pouvoirs des conseils généraux et d'arrondissement*, p. 317 et suiv.

117. — Mais le pouvoir législatif, le pouvoir exécutif, la cour de Cassation, la comptabilité nationale, l'hôtel des Invalides, etc., etc., intéressant la France entière, les édifices qui leur sont affectés appartiennent à l'état ; on doit ranger dans les services communaux les justices de paix, municipalités, les bâtimens d'instruction publique, etc., etc. — Trolley, t. 3, nos 1471 et 1473.

118. — Quant aux édifices destinés aux cours royales, ce sont des propriétés de l'état. — Avis du cons. d'état 5 déc. 1838. — Le ressort d'une cour royale comprend, en effet, plusieurs départemens ; les bâtimens qu'elle occupe ne sont donc pas destinés à un service départemental. — Trolley, t. 3, nº 1472.

119. — 4º Le § 4, art. 4, accorde au conseil général le droit de délibérer sur *le mode de gestion des propriétés départementales*, sans distinguer, comme le voulait la commission de la chambre des députés, entre les propriétés affectées à un service public et celles qui sont productives de revenus.

120. — M. Vivien, rapporteur de la commission, voulait que les propriétés productives de revenus ne fussent soumises à l'autorité centrale que pour ce qui concerne les actes de propriété. Quant à la jouissance, M. Vivien demandait qu'elle fût réglée par le conseil général seul, comme les biens communaux productifs de revenus sont administrés par le conseil municipal sans contrôle. Mais le ministre de l'intérieur a combattu cette proposition de la commission, en faisant remarquer que depuis plus de trente ans qu'on suivait un système contraire, il n'y avait eu aucune plainte, aucune réclamation formée. Examinant ensuite l'argument d'analogie qu'on invoquait pour laisser au conseil général la même latitude qu'au conseil municipal, le ministre a fait remarquer qu'il y avait une différence majeure entre les propriétés *communales* productives de revenus et les propriétés *départementales* du même genre, les premières étant de leur nature *permanentes*, et les autres purement *accidentelles*, *transitoires* et renfermées entre leur origine et le moment possible où elles reviendront à un service public. — Thibaut-Lefebvre. *Constit. et pouv. des cons. gén. et d'arrond.*, p. 223.

121. — La délibération est soumise au ministre de l'intérieur : s'il y a désaccord entre le conseil général et le ministre, le préfet pourvoit provisoirement à la gestion au cas d'*urgence*. — L. 10 mai 1838 art. 30. — Si le désaccord ne cesse point, on reste, dans l'état provisoire, et c'est le préfet qui continue à administrer ; mais comme le ministre a le droit de réformer le projet, on comprend qu'il arrive toujours ainsi à faire prévaloir son avis. — Trolley, t. 3, nº 1480.

122. — 5º Les actions du département sont exercées par le préfet, en vertu des délibérations du conseil général, et avec l'autorisation du roi en son conseil d'état. — L. 10 mai 1838, art. 36.

123. — L'affaire une fois engagée, le département ne peut se pourvoir devant un autre degré de juridiction qu'en vertu d'une nouvelle autorisation. — *Ibid.*

124. — Le préfet peut, en vertu des délibérations du conseil général, et sans autre autorisation, défendre à toute action. — *Ibid.*

125. — En cas d'urgence, le préfet peut intenter toute action ou y défendre sans délibération du conseil général, ni autorisation préalable. — *Ibid.*

126. — Il fait tous actes conservatoires ou interruptifs de déchéance. — *Ibid.*

127. — En cas de litige entre l'état et le département, l'action est intentée ou soutenue au nom du département par le membre du conseil de préfecture le plus ancien en fonctions. — *Ibid.*

128. — Dans la discussion qui a eu lieu à la chambre des députés, on a vainement critiqué le second alinéa de l'art. 36, qui exige une nouvelle autorisation pour que le préfet puisse se pourvoir. Le rapporteur a fait observer que la commission avait désiré que la loi se prononçât, que la loi municipale statuât dans un sens analogue à la disposition proposée ; que, nonobstant l'autorisation donnée pour intenter le procès, le jugement, rendu après instruction, pourrait faire reconnaître qu'il y a lieu de ne pas poursuivre plus avant, et qu'alors l'administration devait intervenir de nouveau. — Duvergier, *Collect. des lois*, t. 38, p. 302.

129. — Dans le sens de la loi du 10 mai 1838, la cour de Cassation doit être considérée comme un degré de juridiction, et le préfet ne peut se pourvoir sans une nouvelle autorisation. — « Le pourvoi, dit M. Trolley (t. 3, nº 1481), entraîne des frais considérables, le département a contre lui un arrêt souverain, et ce n'est pas sans doute un motif pour l'émanciper de la tutelle administrative. »

130. — La délibération du conseil général *autorise*, mais *n'oblige* pas le préfet à plaider ; toutefois son silence ne pourrait, en aucun cas, équivaloir à un acquiescement ; ce sera, si le demandeur veut obtenir jugement, à l'autorité judiciaire de vérifier scrupuleusement la demande. — Trolley, t. 3, nº 1484.

131. — L'acquiescement formel du département à une demande fondée doit être assimilée à une transaction et est par conséquent soumis aux mêmes règles. — V. *infrà* nº 134. — Trolley, t. 3, nº 1485.

132. — Sur le dernier paragraphe, M. Feutrier a fait remarquer que l'article attribuait aux tribunaux ordinaires des contestations qui pourraient s'élever entre l'état et le département à l'occasion des propriétés de celui-ci, et il a demandé que tous les procès de ce genre fussent portés devant l'autorité administrative. Le ministre de l'intérieur a répondu que, puisque en fait la propriété départementale était reconnue, il fallait saisir les tribunaux ordinaires des contestations nées à son sujet. — Duvergier, p. 303.

133. — Aucune action judiciaire, autre que les actions possessoires, ne peut, à peine de nullité, être intentée contre un département qu'autant que le demandeur a préalablement adressé au préfet un mémoire exposant l'objet et les motifs de sa réclamation. Il lui en est donné récépissé. — L'action ne peut être portée devant les tribunaux que deux mois après la date du récépissé, sans préjudice des actes conservatoires. — Durant cet intervalle, le cours de toute prescription demeure suspendu. — L. 10 mai 1838, art. 37.

134. — 6º Les transactions délibérées par le conseil général ne peuvent être autorisées que par ordonnance du roi, le conseil d'état entendu. — L. 10 mai 1838, art. 460 et 38.

135. — .., 7º L'acceptation ou le refus des legs et donations faits au département ne peuvent être autorisés que par ordonnance royale, le conseil d'état entendu. — Le préfet peut toujours, à titre conservatoire, accepter les legs et dons faits au département ; l'ordonnance d'autorisation qui intervient ensuite a effet du jour de cette acceptation. — L. 10 mai 1838, art. 13.

136. — M. Trolley pense (t. 3, nº 1490) que le département, bien que mineur, pourrait être lui-même donateur, soit en faveur d'un établissement public ou d'une entreprise privée qui mériterait les encouragemens du département, soit en faveur d'un citoyen qui aurait rendu de grands services au pays. Dans ce cas, ce serait le roi en conseil d'état qui homologuerait la délibération.

137. — 8º Le paragraphe 8 de l'art. 4, L. 10 mai 1838, ne donne au conseil général le droit de délibérer sur le *classement* et la *direction* des routes qu'autant qu'elles sont départementales.

138. — Il ne faut pas confondre la *direction* sur laquelle les conseils généraux sont appelés à délibérer avec le *tracé*. La direction est l'indication du point de départ et du point d'arrivée ; le tracé est l'indication du parcours que la route doit suivre. Le gouvernement n'est tenu de soumettre à la délibération que la *direction*, sauf à demander, s'il le juge convenable, l'avis du conseil sur le *tracé*. — Thibaut-Lefebvre, *Constit. et pouv. des cons. gén. et d'arr.*, p. 330.

139. — Toutefois, pour que le département ne soit pas, à son insu, grevé de charges inattendues, il semblerait utile que la délibération portât aussi sur les principaux points du tracé. — Thibaut-Lefebvre, *ibid.*

140. — Une ordonnance royale homologue la délibération, classe la route et déclare l'utilité publique. — L. 3 mai 1841, art. 3.

141. — Aucune route ne peut être classée au nombre des routes départementales, sans que le vote du conseil général ait été précédé de l'enquête prescrite par l'art. 3 de la loi du 7 juill. 1833. — L. 20 mars 1835, art. 1er ; L. 25 juin 1841, art. 1er et suiv.

142. — Le *classement* s'entend non seulement de l'élévation d'un chemin vicinal de grande communication au rang de route départementale, mais encore de l'établissement d'une route nouvelle. — Thibaut-Lefebvre, *ibid.*

143. — La proposition d'établissement d'une route départementale est faite ordinairement par le préfet, mais elle peut être faite par le conseil général, voire même par les arrondissemens, communes et particuliers. — Décr. 15 déc. 1811, art. 18.

144. — Si le vote du conseil général est contraire au classement proposé, il ne peut avoir lieu. — Thibaut-Lefebvre, p. 333.

145. — Cette délibération ne saurait être attaquée par la voie contentieuse. — Avis cons. d'état 27 avr. 1841.

146. — On avait reconnu pendant la discussion de notre § 8 à la chambre des pairs, que dans le cas où un chemin vicinal intéressant deux départemens serait l'objet de délibérations opposées de la part des deux conseils généraux, le conflit ne pourrait pas avoir de suite, parce que les deux conseils généraux ne pouvaient pas correspondre, d'où il suivait que la discussion devait avoir lieu entre les deux préfets, qui, après nouvel examen, essayaient de faire revenir les conseils à une détermination uniforme. — Duvergier, *Collect. des lois*, t. 38, p. 293, note.

147. — Mais quand les conseils généraux persistaient dans leurs délibérations opposées, il était impossible d'exécuter les travaux les plus utiles et la création de routes d'une grande portée locale ; car le département qui avait voté le classement ne voulait pas entreprendre des travaux qu'il était obligé d'arrêter à sa frontière, et qui partant ne lui offraient plus les avantages qu'il en avait espérés. C'est pour remédier à cet inconvénient que la loi du 25 juin 1841 a décidé que : « Lorsqu'une route intéressant deux ou plusieurs départemens a été classée et est en voie d'exécution sur un ou plusieurs d'entre eux, et qu'un département sur lequel cette route doit s'étendre refuse de classer ou d'exécuter la portion de route qui doit traverser son territoire, le classement ou l'exécution peut être ordonné par une loi qui sera précédée d'une enquête dont les formes seront déterminées par un réglement d'administration publique. — Art. 1er. — Cette loi détermine la portion dans laquelle chaque département intéressé contribue aux dépenses de construction et d'entretien de la portion de route dont le classement ou l'exécution aura été refusé. Les dépenses de construction pourront être mises pour la totalité à la charge des départemens qui auront réclamé le classement ou l'exécution sur le territoire d'un autre département. » — Art. 2.

148. — De ce que l'art. 4, L. 10 mai 1838, n'accorde au conseil général que le droit de délibérer sur les routes départementales, il ne faut pas conclure que les attributions des conseils généraux ne s'étendent pas à d'autres chemins. En effet, la chambre des pairs avait adopté un amendement de M. Decazes, qui étendait les attributions du conseil général *sur les chemins vicinaux de grande communication* ; mais la chambre des députés a retranché cette addition, par le motif que le conseil général avait, en vertu de la loi du 21 mai 1836, des pouvoirs plus étendus en cette matière que ceux que lui reconnaissait l'amendement de la chambre des pairs. — V. le rapport de M. Vivien.

149. — En effet, d'après l'art. 7, L. 21 mai 1836, le conseil général a plus que le droit de *délibérer* sur le classement et la direction des chemins vicinaux de grande communication, puisqu'il a celui de *décider*.

150. — Ajoutons que dans la discussion à la chambre des pairs il a été expliqué et reconnu plusieurs fois que les attributions conférées aux conseils généraux par la loi du 21 mai 1836 subsistaient tout entières. — V. *Monit.* 10 mars 1837. — V. aussi CHEMINS VICINAUX.

151. — Les portions de routes royales délaissées par suite de changement du tracé ou d'ouverture d'une route nouvelle, peuvent, sur la demande ou avec l'assentiment du conseil général du département, être classées par ordonnances royales, soit parmi les routes départementales, soit parmi les chemins vicinaux de grande communication, soit parmi les simples chemins vicinaux. — L. 24 mai 1842, art. 1er.

152. — 9º. Les délibérations du conseil général sur les projets, plans et devis de tous les autres travaux exécutés sur les fonds du département, doivent être approuvées par le ministre, qui prend préalablement l'avis du conseil des bâtimens civils. — Arrêté min. 18 juin 1817, arrêté 25 avr. 1838, art. 7.

153. — Quand les travaux sont évalués à plus de 50,000 fr., les projets et les devis sont soumis non au ministre des travaux publics, mais à celui chargé de l'administration des communes, maintenant au ministre de l'intérieur. — Trolley, t. 3, nº 1493.

154. — Les travaux sont adjugés, exécutés et reçus sous la surveillance du préfet. — Thibaut-Lefebvre, p. 346.

155. — Les marchés à la charge des départemens sont assimilés aux marchés au nom de l'état, régis par les mêmes règles et soumis aux mêmes formalités : en conséquence l'administration doit observer pour ces marchés toutes les prescriptions de l'ordonnance du 4 déc. 1836. — *Cons. d'état*, 1er sept. 1841, dép. de Seine-et-Oise.

156. — Ainsi, ces marchés passés par la voie de soumission et d'adjudication ne sont valables et définitifs qu'après l'approbation du ministre, sauf les exceptions spécialement autorisées et rappelées dans le cahier des charges. — *Cons. d'état*, 21 mai 1840, Gouffier.

157. — 10º Le § 10 de l'art. 4 L. 10 mai 1838, qui s'occupe des offres faites par des communes, par des associations ou des particuliers pour concourir à la dépense des routes départementales ou d'autres travaux à la charge du département, n'a eu en vue que les prestations volontaires faites spontanément au département et non les taxes qu'aux termes de la loi du 16 sept. 1807 le conseil général a le droit d'imposer aux communes pour subvenir aux dépenses des travaux d'intérêt communal ou départemental (taxe qui est rappelée au § 13 de notre art. 4 et dans l'art. 35). — Thibaut-Lefebvre, *Constitution et pouvoirs des cons. gén. et d'arr.*, p. 349.

158. — Ce paragraphe comprend l'offre d'abandonner gratuitement un terrain compris dans le périmètre des travaux aussi bien qu'une offre pécuniaire. — Thibaut-Lefebvre, *ibdi.* ; Trolley, t. 3, nº 1494.

159. — La délibération du conseil municipal qui contiendrait l'offre d'une commune devrait être précédée d'une enquête *de commodo et incommodo*, comme lorsqu'il s'agit d'une aliénation à titre onéreux. — L. 18 juil. 1837, art. 46.

160. — Si l'offre est inférieure à 3,000 fr., et qu'elle soit faite par une commune dont le revenu est inférieur à 100,000 fr., ou si elle est inférieure à 20,000 fr., et qu'elle soit faite par une commune dont le revenu est supérieur à 100,000 fr., l'autorisation du préfet est suffisante. Si l'offre est supérieure, il faut qu'une ordonnance royale, rendue en conseil d'état, l'ait approuvée avant que le conseil général soit appelé à délibérer. — Même article.

161. — Si la délibération du conseil général refuse l'offre, on ne peut passer outre. — Thibaut-Lefebvre, p. 350.

162. — Si le conseil se prononce pour l'acceptation, une ordonnance royale est nécessaire, puisque c'est véritablement un don fait au département, pour que cette acceptation ait lieu ; sauf l'acceptation provisoire par le préfet, laquelle produit son effet à sa date, si l'ordonnance royale intervient. — L. 10 mai 1838, art. 31.

163. — Les offres sont presque toujours accompagnées de certaines conditions : par exemple, que

telle route passera dans tel lieu, que tel bâtiment sera élevé à tel endroit, etc., etc.; c'est même la son principale qui rend nécessaire la délibération du conseil général : on comprend donc que acceptation puisse constituer entre le donateur t le département donataire un véritable contrat ont l'inexécution pourrait compromettre soit un vice administratif ou une entreprise d'utilité ublique, soit même des intérêts privés.

164. — Ce contrat, se rattachant comme annexe à un fait administratif, est un acte administratif, t en a, par suite, tous les priviléges et toutes les munités. — Trolley, t. 3, nº 1494.

165. — Aussi, si la nullité en est demandée pour erreur ou ou vice de forme, si le sens en est contesté, si l'on soutient, par exemple, que la direction avenue d'une route a été changée, c'est à l'autorité administrative que le différend doit être umis et non au tribunal civil. — Trolley, *loc. cit.*; *nseil d'état*, 20 avr. 1839, préfet du Cher c. Montsaulnin.

166. — La délibération du conseil général relative aux concessions à des associations, à des compagnies ou à des particuliers, de travaux d'intét départemental, est utile pour juger si les deandes du concessionnaire ne sont pas trop onéeuses pour le département. — Thibaut-Lefebvre, , 352.

167. — Cette délibération est transmise au ministre si elle est favorable et approuvée par une donnance royale rendue en conseil d'état. — hibaut-Lefebvre, p. 353.

168. — 12º et 13º La loi du 11 juin 1842, qui ppelle à la confection des chemins de fer l'état, départemens, les communes et l'industrie privée, a donné une grande importance aux paraaphes 12 et 13 de l'art. 4 de la loi de 1838, qui pellent le conseil général à délibérer sur la part ntributive à imposer au département pour les avaux exécutés par l'état, et qui intéressent soit département seul, soit à la fois le département t les communes.

169. — En effet, d'après l'art. 3 de ladite loi du juin 1842, les indemnités dues pour les terrains bâtimens dont l'occupation est nécessaire à l'éblissement des chemins de fer et de leurs dépendances sont avancées par l'état, et rembour à l'état jusqu'à concurrence des deux tiers les départemens et par les communes. Il n'y as lieu à indemnité pour l'occupation des terns ou bâtimens appartenant à l'état.

170. — L'art. 4 ajoute : « Dans chaque département traversé, le conseil général délibère, 1º sur part qui sera mise à la charge du département ns les deux tiers des indemnités et sur les resurces extraordinaires au moyen desquelles elle ra remboursée en cas d'insuffisance des centimes cultatifs; 2º sur la désignation des communes téressées et sur la part à supporter par chacune elles, en raison de son intérêt et de ses ressour financières. Cette délibération est soumise à pprobation du roi. »

171. — L'approbation royale doit être donnée ns la forme des réglemens d'administration puique. La raison en est que, puisqu'il en est ainsi ur le classement des routes départementales, doit procéder de même pour l'établissement és chemins de fer, qui intéressent un bien plus nd nombre de personnes. — Thibaut-Lefebvre, *nstil. et pouv. des cons. gén. et d'arr.*, p. 360.

172. — Déjà, du reste, la loi du 16 sept. 1807 avait é le principe de la contribution des départeens, des *arrondissemens* et des communes aux avaux qui les intéressent; ses art. 28 et 29 énuéraient certains travaux dont les dépenses deent être supportées entre eux, selon les degrés utilité respective et dans la proportion réglée par e loi spéciale.

173. — Depuis, le décret du 16 déc. 1811 avait is, par son art. 7, la construction et l'entretien routes départementales à la charge des départens, des *arrondissemens* et des communes reonus participer plus particulièrement à leur ge; la part contributive de chacun devait être ée par un réglement d'administration publique, Art. 16 et suiv.

174. — Enfin la loi du 27 juin 1833, qui ordonne établissement dans l'Ouest de routes stratégies, a mis leur entretien à la charge des communes, des départemens et du trésor, dans des portions déterminées par des réglemens d'administration publique, rendus sur l'avis des conils généraux et départementaux.

175. — On peut remarquer que la loi du 16 sept. et le décret du 16 déc. 1811 appellent l'arronssement à contribuer aux dépenses : cela tient ce qu'à cette époque on n'était pas encore fixé r le point de savoir si on lui communiquerait stence civile : cette pensée même a failli prévaloir; mais depuis on l'a abandonnée; aussi la loi du 27 juin 1833, du 10 mai 1838 et du 11 juin 1842 n'en parlent-elles plus. — Il résulte de là que le mot *arrondissement* n'a plus de sens dans les lois de 1807 et de 1811; il faut donc l'en supprimer, c'est le département qui paie pour les arrondissemens. — Trolley, t. 3, nº 1496. — V. aussi Thibaut-Lefebvre, p. 362.

176. — En cas de désaccord sur les répartitions de la dépense des travaux intéressant à la fois le département et les communes, il est statué par ordonnance du roi, les conseils municipaux, les conseils d'arrondissement et le conseil général entendus. — L. 10 mai 1838, art. 35.

177. — Dans le cas prévu par l'art. 35 qui précède, la loi du 16 sept. 1807 voulait qu'une loi spéciale déterminât les proportions des contributions des diverses localités intéressées, mais aujourd'hui une simple ordonnance royale suffit. Cependant, s'il s'agissait de travaux par l'état, la part contributive du département intéressé à ces travaux ne pourrait être fixée que par une loi.

178. — Une loi serait également nécessaire si la part contributive du département dans les travaux intéressant, soit l'état, soit les communes, devait être acquittée avec les centimes extraordinaires spéciaux, ou si le conseil général refusait de porter la dépense à sa charge dans la seconde section du budget dite des dépenses facultatives. — Dumesnil, *De l'organ. et des attrib. des cons. gén.*, t. 2, nº 471, 3e édit.

179. — 14º Le § 14, art. 4, L. 10 mai 1838, soumet aux délibérations du conseil général l'établissement et l'organisation des caisses de retraite ou autre mode de rémunération en faveur des employés des préfectures et des sous-préfectures; à ce sujet M. Vivien, rapporteur à la chambre des députés, a fait observer que, si cette disposition ne comprend pas nominativement les veuves desdits employés, l'intention de la commission n'était pas d'exclure les mesures que certains départemens voudraient prendre à leur égard; on a voulu ne rien préjuger. — Duvergier, *Collect. des lois*, t. 38, p. 293, note.

180. — Une ordonnance royale peut seule homologuer la délibération du conseil général et la rendre exécutoire : c'est, ainsi que le dit M. Trolley (t. 3, nº 1497), à la fois un réglement d'administration publique et une société.

181. — 15º *L'art.* 12, § 11, L. 10 mai 1838, range dans la classe des dépenses ordinaires ou obligatoires des départemens « les dépenses des enfans trouvés et abandonnés, ainsi que celles des aliénés, pour la part afférente au département, conformément aux lois. » Et le § 15, art. 4, appelle les conseils généraux à délibérer sur la part de la dépense, soit des aliénés, soit des enfans trouvés et abandonnés, qui doit être mise à la charge des communes, et sur les bases de la répartition à faire entre elles.

182. — Les lois auxquelles l'art. 12 se réfère sont : pour les aliénés, la loi du 30 juin 1838, dont une ordonn. du 18 déc. 1839 a réglé l'exécution. — V. ALIÉNÉS.

183. — ... Et pour les enfans trouvés et abandonnés, le décret du 19 janv. 1811, modifié dans quelques-unes de ses parties par les lois des 25 mars 1817, 15 mai 1818, 19 juill. 1819. — V. ENFANS TROUVÉS.

184. — La délibération du conseil est soumise au ministre de l'intérieur. — Circul. min. 8 fév. 1823. — Si le ministre n'approuve pas la résolution, comme la dépense est obligatoire, et qu'il appartient au pouvoir central de prononcer comme médiateur entre le département et les communes, c'est toujours le ministre qui a le dernier mot : le conseil général donne donc en réalité, ainsi que le fait remarquer M. Trolley (t. 3, nº 1513), un avis plutôt qu'il ne prend une délibération dans le sens propre du mot.

185. — 16º Enfin le 16e § de l'art. 4, L. 10 mai 1838, en disant que le conseil général délibérera sur tous les autres objets sur lesquels il est appelé à délibérer par les lois et réglemens, a eu pour but soit de maintenir les lois spéciales que le législateur ne jugeait pas à propos de rappeler, ou tout au moins d'empêcher qu'on ne les soutînt abrogées, soit de permettre d'élargir au besoin les attributions du conseil général sans être obligé de réviser et de remanier la loi du 10 mai 1838. — Trolley, t. 3, nº 1532.

186. — Entre autres objets rentrant dans les réserves du § 16, art. 4, les conseils généraux délibèrent sur les moyens d'entretenir les écoles normales primaires. Ils délibèrent également sur les réunions de plusieurs départemens pour l'entretien d'une seule école normale. Cette réunion doit être autorisée par ordonnance royale. — L. 28 juin 1833, art. 11.

187. — Ils délibèrent également sur la création par l'autorité compétente des dépôts de mendicité. — V. MENDICITÉ.

188. — Dans tous les cas prévus par l'art. 4, L. 10 mai 1838, la délibération des conseils généraux est nécessaire, tellement que le gouvernement commettrait un excès de pouvoir s'il prononçait sur l'un de ces cas avant d'avoir provoqué les délibérations du conseil. — Thibaut-Lefebvre, p. 311.

189. — Mais quelle serait la voie de recours contre un pareil excès de pouvoirs? — M. Dumesnil enseigne qu'on devrait se pourvoir au conseil d'état.

190. — M. Thibaut-Lefebvre (p. 312) ne partage pas cet avis. Il se fonde notamment sur ce qu'en principe le conseil d'état ne peut connaître des affaires purement administratives. Or, l'acte qu'on attaquerait est essentiellement administratif. — Toutefois cette raison ne semble pas péremptoire, car lorsqu'il s'agit d'excès de pouvoir, le conseil d'état est compétent dans tous les cas, l'excès de pouvoir eût-il été commis même en matière administrative pure. — V. au surplus COMPÉTENCE ADMINISTRATIVE, CONSEIL D'ÉTAT.

191. — Le conseil général agit encore *comme représentant légal du département*, quand il donne son *avis* : 1º sur les changemens proposés à la circonscription du territoire du département, des arrondissemens, des cantons et des communes, et à la désignation des chefs-lieux; — 2º sur les difficultés élevées relativement à la répartition de la dépense des travaux qui intéressent plusieurs communes; — 3º sur l'établissement, la suppression ou le changement des foires et marchés; — 4º et généralement sur tous les objets sur lesquels il est appelé à donner son avis en vertu des lois et réglemens ou sur lesquels il est consulté par l'administration. — L. 10 mai 1838, art. 6.

192. — L'*avis* diffère de la *délibération* en ce qu'on ne peut faire autre chose que ce que la délibération propose; il faut la rejeter et s'abstenir, ou la suivre; au lieu que l'avis n'empêche pas le gouvernement d'agir sans y avoir égard. — Ajoutons que la délibération, à la différence de l'avis, a lieu pour les choses qui obligent pécuniairement le département. — Thibaut-Lefebvre, p. 385.

193. — Le projet du gouvernement voulait que le conseil général ne pût donner son avis qu'autant qu'il serait consulté par l'administration dans les cas *prévus par les lois et réglemens*. — La chambre des pairs a repoussé ce système comme trop restrictif, et l'on a modifié la rédaction de l'article en substituant la disjonctive *ou* à la conjonctive *et* du 4º de l'art. 6. Le conseil général est ainsi appelé à donner son avis en vertu des lois et réglemens *ou* (et en outre) relativement aux objets sur lesquels il est consulté par l'administration. — Duvergier, t. 38, p. 294, note 2e.

194. — Une des lois auxquelles s'applique le § 4, art. 6, est celle du 10 juillet 1837 (art. 2, 3 et 4), d'après laquelle le conseil général donne son avis toutes les fois qu'il s'agit de réunir plusieurs communes en une seule, ou de distraire une section de commune, soit pour la réunir à une autre, soit pour l'ériger en commune séparée.

195. — A cet égard, dans les cas déterminés par les art. 2, 3 et 4, L. 10 juill. 1837, l'avis affirmatif du conseil général peut remplacer le consentement des conseils municipaux et des plus imposés de ces communes, et suffire pour motiver les changemens proposés; mais il n'en faut pas moins que les représentans de ces communes aient été préalablement consultés, et que le conseil d'arrondissement ait également donné son avis. — Dumesnil, *De l'organis. et des attrib. des conseils généraux*, t. 1er, nº 255, 3e édit.

196. — Dans ces divers cas, du reste, le conseil général ne donne qu'un simple avis, parce qu'il ne s'agit pas de statuer sur des intérêts purement départementaux, se rattachant à la condition du département comme personne civile. — Dumesnil, *De l'organis. des conseils généraux*, t. 1er, nº 256.

197. — C'est encore sur l'avis du conseil général que le préfet, dans chaque département, détermine, après avoir consulté les agens forestiers, les temps, saisons et heures pendant lesquels la pêche est interdite dans les cours d'eau, et qu'il prohibe les modes de pêche et les procédés qui semblent de nature à nuire au repeuplement des rivières. — Ord. 15 nov. 1830, art. 5 et 7.

198. — Suivant la loi du 21 mai 1831 (art. 45), dans les communes qui ont plus de 2,500 âmes, les électeurs municipaux se réunissent en une seule assemblée. Toutefois, sur la proposition du conseil général du département, et le conseil municipal entendu, les électeurs peuvent être divisés en sections par un arrêté du préfet.

199. — Comme représentant du département, le

conseil général délibère le budget du département qui lui est présenté par le préfet, et qui est réglé définitivement par ordonnance royale. — L. 10 mai 1838, art. 11.

200. — Le budget du département est divisé en sections (art. 11), comprenant chacune certaines dépenses et certaines recettes affectées à leur acquit. ce sont en réalité autant de budgets que de sections.

201. — La première section est consacrée aux dépenses ordinaires et aux recettes y affectées (art. 12 à 15); — la seconde section, aux dépenses et recettes facultatives (art. 16 et suiv.); — la troisième, aux dépenses et recettes extraordinaires (art. 19); — la quatrième, aux dépenses spéciales et aux fonds spéciaux destinés à y faire face (art. 19); cette dernière se subdivise en autant de sections que d'espèces de dépenses. — Trolley, t. 3, nº 1514. — V. au surplus DÉPARTEMENT.

202. — Le conseil général surveille et contrôle l'administration du préfet et les divers comptes qu'il est tenu de lui soumettre. — Foucart, *Dr. publ. et admin.*, t. 2, nº 1385.

203. — Le conseil général exerce une autorité de surveillance lorsqu'il entend et débat les comptes d'administration qui lui sont présentés par le préfet : 1º des recettes et dépenses, conformément aux budgets du département; — 2º du fonds de non-valeurs; — 3º du produit des centimes additionnels spécialement affectés par les lois générales à diverses branches du service public. — L. 10 mai 1838, art. 24.

204. — L'examen que fait le conseil général des comptes du préfet diffère essentiellement de celui qui est soumis à la cour des comptes. En effet, la cour des comptes juge les comptes des recettes et des dépenses, au lieu que le conseil général n'a à s'occuper que de la question de savoir si les deniers par lui votés et perçus par le receveur des finances ont été employés par le préfet suivant l'affectation indiquée par le budget. — Thibaut-Lefebvre, p. 513.

205. — Le contrôle se fait au moyen du budget voté, et des comptes présentés par le préfet et par lui déclarés sincères. Mais le conseil général ne peut demander les pièces à l'appui. — Circul. min. 22 juill. 1842. — Thibaut-Lefebvre, p. 514.

206. — Toutefois, on a compris que réduire le conseil général à juger l'administration sur un compte qui dissimulerait presque toujours les fautes et les illégalités, ce serait l'obliger à croire sur parole, et par suite à abdiquer la haute et sérieuse surveillance que le législateur de 1838 a voulu lui conférer; aussi, de nouvelles circulaires, des 31 juill. 1843 et 30 juill. 1845, ont-elles prescrit de communiquer les minutes des pièces, les duplicatas, les dossiers, les factures, les registres de comptabilité, en un mot, tous les documens susceptibles d'éclairer le conseil; ne sont exceptées que les pièces comptables, c'est-à-dire les pièces justificatives. — En résumé, un préfet n'est pas comptable, et sous ce rapport il n'a pas de justification à faire; mais il est ordonnateur, et c'est sous ce point de vue que le conseil peut demander à s'éclairer par les pièces qui ont déterminé l'ordonnancement des dépenses et l'emploi des crédits. — Trolley, t. 3, nº 1534.

207. — Ce contrôle est plus ou moins étendu, suivant la nature des dépenses S'il s'agit de l'exécution de la répartition que le conseil a faite des dépenses ordinaires ou des fonds de non-valeurs, il n'a que le droit de signaler les irrégularités qu'il découvre. Si, au contraire, il s'agit de centimes facultatifs et extraordinaires, comme le conseil les a votés dans un but déterminé, le préfet doit justifier de l'emploi des fonds suivant ce but. Jusque-là le conseil peut rejeter les comptes et mettre la dépense à la charge de l'ordonnateur. — Thibaut-Lefebvre, p. 516.

208. — Le compte de la distribution des fonds de non-valeurs doit être imprimé et rendu public, comme les autres comptes départementaux; aux termes des art. 24 et 25, L. 10 mai 1838, il n'y a pas de raison de ne pas le faire. — Dumesnil, *De l'organis. et des attrib. des cons. gén.*, t. 2, nº 716, 3e édit.

209. — Les observations du conseil général sur les comptes présentés à son examen sont adressées directement par son président au ministre chargé de l'administration départementale. — Ces comptes, provisoirement arrêtés par le conseil général, sont définitivement réglés par ordonnance royale. — L. 10 mai 1838, art. 24.

210. — L'art. 24 ne disposant pas que l'ordonnance royale, qui règle définitivement les comptes du préfet, soit rendue en conseil d'état, on ne saurait l'exiger.

211. — Le conseil général exerce également une autorité de surveillance lorsqu'il vérifie l'état des archives et celui du mobilier appartenant au département. — L. 10 mai 1838, art. 8; Ord. 17 déc. 1818, art. 4. — V. aussi ord. 3 fév. 1830; 7 août 1841, et circ. 9 août 1841.

212. — *Organe des besoins du département.* — Le conseil général en cette qualité émet des vœux. — Foucart, *Dr. publ. et admin.*, t. 2, nº 1384.

213. — Le conseil général peut, porte l'art. 7, L. 10 mai 1838, adresser directement au ministre chargé de l'administration départementale, par l'intermédiaire de son président, les réclamations qu'il aurait à présenter dans l'intérêt spécial du département, ainsi que son opinion sur l'état et les besoins des différens services publics, en ce qui touche le département.

214. — Le droit d'exprimer une opinion sur l'état et les besoins du département a été accordé au conseil du département pour la première fois par la loi du 28 pluv. an VIII : « Il leur a été conservé, selon l'exposé des motifs de la loi du 10 mai 1838, parce qu'il importe à un gouvernement ami de la liberté et de la justice de connaître le vœu public, et surtout de le puiser à sa véritable source; car l'ignorance est à cet égard moins funeste que les méprises. Où peut être cette source, si ce n'est dans des réunions de propriétaires choisis sur toute la surface du territoire?... C'est là sans doute qu'est l'opinion publique et non dans des pétitions dont on ne connaît ni les auteurs, ni les provocateurs, ni les véritables motifs. » — Foucart, nº 1388.

215. — Bien que les termes de la loi semblent circonscrire aux limites du département le droit accordé au conseil général d'exprimer une opinion sur l'état et les besoins des habitans, l'intention du législateur a été de l'étendre à tous les objets d'intérêt général. — Thibaut-Lefebvre; *Constitution et pouvoirs des cons. génér. et d'arrond.*, p. 394. — V. toutefois Trolley, t. 3, nº 1541.

216. — Depuis long-temps, et surtout à partir de 1816, les conseils généraux ont en effet exprimé leur opinion, non sur l'état et les besoins de leurs départemens respectifs, mais encore sur des mesures d'intérêt public. Il suffit, pour s'en convaincre, de consulter l'analyse de leurs votes publiée chaque année par le ministre de l'intérieur.

217. — Cependant, il n'en faut pas conclure qu'un conseil général aurait le droit de proposer une mesure générale et applicable à tous les départemens. Sans cela, on ne tarderait pas à voir ces assemblées s'élever au-dessus de la représentation nationale et censurer même les mesures législatives. — Thibaut-Lefebvre, *Constitution et pouvoirs des cons. génér. et d'arrond.*, p. 398.

218. — C'est donc avec raison, selon nous, qu'une ordonnance royale du 3 oct. 1835 a annulé une délibération du conseil général du département des Côtes-du Nord, qui exprimait un vœu sur diverses mesures uniquement relatives à la politique générale et blâmait le vote de la majorité des chambres sur les lois du 9 sept. 1835. — Trolley, t. 3, nº 1541.

219. — ...Que deux délibérations du conseil général de la Loire Inférieure, en date des 22 et 31 août 1838, qui déclaraient qu'il n'y avait plus accord possible entre lui et le préfet, et que la direction des intérêts du département devait être confiée à d'autres mains, ont été également annulées. — Ord. royale 18 oct. 1838, transcrite sur les registres du conseil général.

220. — ... Et qu'il en a été de même d'une délibération du conseil général de la Vienne, du 27 août 1840, portant qu'il ne pouvait y avoir aucun rapport, ni officieux ni officiel, entre le conseil et l'ingénieur en chef des ponts et chaussées, et émettant le vœu qu'il fût immédiatement procédé à son remplacement. — Ord. royale 5 nov. 1840, transcrite sur les registres dudit conseil.

221. — Faisons cependant remarquer que, l'arrêté du 6 vent. an X chargeant le conseil général « de faire connaître l'opinion publique sur la moralité, l'aptitude des fonctionnaires publics, » le gouvernement ne paraîtrait devoir annuler leurs délibérations sur ce sujet qu'autant que le conseil, au lieu de se borner à signaler le mal, s'occuperait des moyens de le faire cesser, en demandant notamment, ainsi que l'avait fait le conseil général de la Vienne, l'éloignement d'un fonctionnaire, et porterait par là une véritable atteinte à la prérogative royale, qui a le libre choix et la nomination des agens administratifs. — V. Thibaut-Lefebvre, p. 394; Trolley, t. 3, nº 1541.

222. — Quoique les vœux que le conseil général peut adresser au gouvernement embrassent tous les divers services publics et tous les besoins du pays, dans la pratique leur tâche est fort amoindrie. Il est d'usage, en effet, que le ministre dresse une liste de questions dont il demande la solution et dont l'examen absorbe la plus grande partie du temps de la session. — Thibaut-Lefebvre, *Constitution et pouvoirs des conseils généraux*, p. 394.

223. — En effet, les conseils généraux peuvent toujours être consultés par l'administration sur toutes les questions qui la préoccupent, soit d'intérêt matériel, soit d'intérêt économique, ne même rentrant point dans l'une des matières dont la loi les reconnaît aptes à connaître : c'est ainsi que les conseils généraux ont été consultés sur les lois sur la chasse, sur les irrigations, sur l'extinction de la mendicité, etc., etc. — Trolley, t. 3, nº 1546.

224. — Les vœux des conseils généraux sont adressés par le président du conseil ou par le préfet au ministre de l'intérieur, qui envoie à ses collègues ceux des cahiers qui concernent des matières de leurs départemens. Dans le mois de cet envoi, chaque ministre dresse un rapport détaillé. Le ministre de l'intérieur présente au roi le résumé de tous les vœux qui, analysés, sont publiés annuellement et ont souvent provoqué d'utiles mesures. — Circ. 16 vent. an IX. — Thibaut-Lefebvre, *Constitution et pouvoirs des cons. génér. et d'arrond.*, p. 398.

§ 4. — *Attributions des membres isolés des conseils généraux.*

225. — La loi du 10 mai 1838 ne s'occupe pas des attributions que les membres des conseils généraux exercent dans l'intervalle d'une session à l'autre, mais ce silence est suppléé par des lois ou des ordonnances spéciales.

226. — Quelques-unes de ces attributions sont entièrement inhérentes à la qualité de conseiller de département et peuvent être exercées de droit sur la seule justification de ce titre.

227. — Telles sont les fonctions de membre des comités d'instruction primaire d'arrondissement, qui peuvent être exercées de droit par les membres des conseils généraux, à la seule condition d'avoir leur domicile réel dans la circonscription du comité. — L. 28 juin 1833, art. 19.

228. — D'autres attributions ne sont pas inhérentes à la qualité de conseiller général; car on peut choisir pour les exercer celui d'entre tous les conseillers généraux qui en paraît le plus digne. Le titre n'est plus, dans ce cas, attributif de fonctions, mais seulement déclaratif d'aptitude. — Thibaut-Lefebvre, *Constit. et pouvoirs des conseils gén. et d'arr.*, p. 590.

229. — Pour être exercées, ces fonctions ont besoin d'une désignation faite par le conseil général, ou d'une délégation spéciale de l'autorité supérieure.

230. — Ainsi, le conseil général confère à l'un de ses membres : 1º les fonctions de membre de la commission de surveillance de la caisse d'épargne des instituteurs primaires du département. — Ord. 13 fév. 1838, art. 1er, 2 et 3.

231. — ... 2º Les fonctions de membre de la commission instituée pour faire l'inventaire et les récolemens du mobilier de la préfecture. — Ord. 7 août 1841, art. 3 et 5; 3 fév. 1830, art. 4.

232. — Le roi, sur la présentation du ministre, nomme ceux des conseillers généraux qui doivent faire partie de la commission chargée de la sous-répartition de la contribution foncière. — L. 31 juill. 1821; ord. 3 oct. 1821, art. 4; 19 mars 1831.

233. — La sous-répartition, dans chaque département, des fonds destinés à l'entretien des travaux publics pour lesquels les chambres votent des fonds chaque année, est faite, suivant les besoins locaux, par un conseil local, qui, avec l'ingénieur en chef, doit se composer de deux membres du conseil général du département, désignés par le ministre des travaux publics. — Ord. 10-23 mai 1829.

234. — En matière d'expropriation, la commission d'enquête se compose du maire de la commune, de l'un des ingénieurs et de quatre membres du conseil général ou du conseil d'arrondissement. — L. 3 mai 1841, art. 8.

235. — Sur la proposition du préfet, deux membres du conseil général sont choisis pour faire partie du comité d'évaluation de la redevance proportionnelle des mines. — Décr. 16 mai 1811, art. 24; ord. 19 mai 1828.

236. — Le préfet désigne le membre du conseil général qui doit entrer dans la composition du conseil de révision appelé à prononcer sur les opérations du recrutement et sur les réclamations auxquelles elles donnent lieu. — L. 21 mars 1832.

237. — Le préfet désigne aussi un ou deux membres du conseil général pour faire partie du conseil de révision des corps détachés de la garde nationale. — L. 19 avr. 1832, art. 4.

238. — Des conseillers généraux sont encore désignés comme membres des commissions d'enquête relatives aux grands travaux d'utilité pu-

blique ou départementale. — L. 7 juill. 1833, art. 4 à 11 ; 3 mai 1841.

238. — Le préfet les nomme membres de la commission de surveillance des routes départementales. — Décr. 16 déc. 1811, art. 25.

240. — ... Et membres de la commission instituée dans chaque arrondissement pour examiner les comptes des établissemens de charité, hôpitaux et hospices, conformément à l'art. 3, décr. 7 flor. an XIII.

241. — Enfin il y a des fonctions attachées à la qualité de conseiller de département, à défaut et pour remplacer des fonctionnaires spéciaux et en vertu d'une désignation *ad hoc*.

242. — Ainsi, en cas de partage ou d'insuffisance du nombre des membres du conseil de préfecture, les conseillers de département sont appelés à compléter ce conseil. — Arrêté 19 fruct. an IX, art. 2, 3 et suiv. ; décr. 16 juin 1808, art. 1er et 2. — V. CONSEIL DE PRÉFECTURE.

243. — Lorsqu'ils siégent au conseil de préfecture, les conseillers de département doivent être considérés comme fonctionnaires publics. Mais ils ne peuvent être considérés comme fonctionnaires publics lorsqu'ils agissent avec le corps tout entier du conseil général ou qu'ils exercent individuellement des fonctions inhérentes à leur qualité de conseiller. — Thibaut-Lefebvre, *Constitution et pouvoirs des cons. gén. et d'arrond.*, p. 595 ; Dumesnil, *De l'organisation et des attrib. des cons. gén.*, t. 2, nº 816.

§ 5. — *Session des conseils généraux. — Interdictions, prohibitions.*

244. — Les conseils généraux ne sont point permanens. Ils ne peuvent se réunir qu'autant qu'ils sont convoqués par le préfet en vertu d'une ordonnance du roi qui détermine l'époque et la durée des sessions. Au jour de la réunion, le préfet donne lecture de l'ordonnance de convocation, reçoit le serment des conseillers nouvellement élus et déclare, au nom du roi, la session ouverte. — L. 22 juin 1833, art. 12.

245. — Les conseils généraux sont convoqués au moins une fois l'an pour vaquer à leurs opérations. Mais le roi a le droit de les convoquer toutes les fois qu'il le juge convenable. M. Vivien, rapporteur de la loi du 10 mai 1838, l'a formellement déclaré devant la Chambre des députés. — V. L. 10 mai 1838, art. 1er ; — Duvergier, *Collect. des lois*, t. 38, p. 300, note.

246. — Les membres nouvellement élus qui n'ont point assisté à l'ouverture de la session ne peuvent siéger qu'après avoir prêté serment entre les mains du président du conseil général. — L. 22 juin 1833, art. 12.

247. — Il va sans dire que le serment qui est prêté est celui que prescrit la loi du 31 août 1830. Le procès-verbal de la séance doit faire mention du serment prêté. — Duvergier, *Collect. des lois*, t. 33, p. 206, note.

248. — Le conseil, formé sous la présidence du doyen d'âge, le plus jeune faisant fonctions de secrétaire, nomme, au scrutin et à la majorité absolue des voix, son président et son secrétaire. — L. 22 juin 1833, art. 12.

249. — Si la majorité n'est pas acquise à l'un des membres du conseil, au premier ni même au second tour de scrutin, il est procédé, de même que dans toutes les réunions électorales, à un scrutin de ballotage entre les deux membres qui ont réuni le plus de suffrages au second tour de scrutin : si le nombre de voix donné à chacun par le scrutin de ballotage est égal, la fonction de président ou de secrétaire appartient au plus âgé.

250. — La nomination du président est d'autant plus essentielle aujourd'hui que le citoyen honoré trois fois de la présidence fait partie des catégories parmi lesquelles les pairs de France peuvent être choisis. — Thibaut-Lefebvre, *Constitution et pouvoirs des conseils généraux et d'arrondissement*, p. 84.

251. — Il est d'usage dans la plupart des conseils généraux de nommer un vice-président et un vice-secrétaire. — Ces nominations ne sont pas autorisées par la loi ; mais elles ne présentent aucun inconvénient et ne soulèvent, dès-lors, aucune objection sérieuse.

252. — Le président du conseil général a la police de l'assemblée. Il règle l'ordre du jour, fixe l'ouverture et prononce la clôture des séances. Toutes les communications qui viennent du dehors du conseil, pendant la session, doivent lui être adressées.

253. — Le préfet a entrée au conseil général, il est entendu quand il le demande : il assiste aux délibérations, *excepté lorsqu'il s'agit de l'apurement de ses comptes.* — L. 22 juin 1833, art. 12.

254. — D'après le projet adopté par la chambre des députés, le préfet n'avait pas le droit d'assister aux délibérations du conseil général. On donnait pour raison de cette disposition qu'elle était la sauvegarde de l'indépendance des conseillers, qu'il n'était pas convenable que le préfet assistât à une défaite, et qu'enfin, comme justiciable du conseil général, le préfet ne devait pas assister aux résolutions de son juge. — Thibaut-Lefèbvre, p. 86.

255. — Mais la chambre des pairs a modifié cette prohibition et a permis au préfet d'assister aux *délibérations*, en se fondant principalement sur ce motif qu'obliger le préfet à se retirer à chaque délibération, ce serait le mettre dans une position tellement inférieure, qu'il ne se présenterait pas au conseil pour n'être pas contraint de se retirer dix ou vingt fois par séance, suivant le nombre des délibérations. — Discussion à la chambre des pairs ; — Duvergier, *Collect. des lois*, t. 33, p. 207, note ; Thibaut-Lefebvre, p. 86.

256. — Et cette décision doit, selon nous, s'étendre aux *votes* du conseil général. Il est vrai que le rapporteur à la chambre des députés (séance du 8 juin 1833, *Moniteur* du 9), semble avoir émis un avis contraire ; mais les mêmes motifs qui ont fait admettre la présence aux délibérations existent quant aux votes et doivent conséquemment déterminer une solution semblable. — C'est, du reste, ainsi que, depuis la loi de 1833, paraissent avoir entendu l'art. 12 tous les conseils généraux. — Trolley, t. 3, nº 1546.

257. — Toutefois, comme le préfet est véritablement justiciable du conseil général, alors qu'il s'agit de la reddition de ses comptes, la loi lui interdit l'entrée de l'assemblée toutes les fois que la délibération doit porter sur cet objet.

258. — La nomination du président et du secrétaire ne sont pas une délibération ; aussi, les instructions ministérielles prescrivent-elles aux préfets de ne point assister à la séance pendant laquelle elles ont lieu. Après sa constitution définitive, le conseil en donne avis au préfet, qui, dès-lors, peut user de son droit d'assister aux délibérations du conseil.

259. — Du reste, le préfet n'a que voix consultative, et, comme il n'est pas membre du conseil, il n'a pas droit de le présider. — Ord. 26 mars 1817 ; inst. min. 8 avr. 1817.

260. — La durée des sessions annuelles des conseils généraux est fixée par l'ordonnance de convocation. — L. 22 juin 1833, art. 12.

261. — Il en est de même de l'époque à laquelle la session doit avoir lieu. — Même loi, même article.

262. — Les séances du conseil général ne sont point publiques. Il ne peut délibérer que si la moitié plus un des conseillers sont présens : les votes sont recueillis au scrutin secret, toutes les fois que les conseillers le demandent. — L. 22 juin 1833, art. 13.

263. — La moitié plus un, qui est exigée pour la validité des votes de l'assemblée, se calcule sur les membres qui sont actuellement en exercice, déduction faite des vacances. — Thibaut-Lefebvre, p. 90.

264. — Il y a des conseils généraux qui, en l'absence de règles tracées par la loi ou les instructions, ont adopté des réglemens particuliers afin de mettre de l'ordre et de la régularité dans leurs travaux ; et ils se sont divisés en commissions dont chacune est chargée spécialement d'une partie de l'administration départementale. Elles s'organisent elles-mêmes, délibèrent intérieurement et font ensuite leur rapport au conseil, qui adopte, modifie ou rejette leurs conclusions.

265. — Ainsi, il y a : 1º la commission des finances : elle examine la comptabilité, le budget du département, la répartition des contributions, en un mot, tout ce qui a rapport aux finances.

266. — ... 2º La commission des travaux publics, à laquelle est confié l'examen de ce qui concerne les édifices publics du département, les travaux d'intérêt général, tels que routes départementales, chemins vicinaux de grande communication, etc.

267. — ... 3º La commission des demandes et propositions diverses, vœux généraux, réponses aux communications de l'autorité supérieure, réclamations des conseils d'arrondissement, etc.

268. — ... 4º La commission administrative dans les attributions de laquelle rentre tout ce qui intéresse l'administration des établissemens publics, tels que les prisons, les hospices, les enfans trouvés, l'instruction primaire, le mobilier et les immeubles du département.

269. — Une instruction ministérielle engage les conseils généraux à diviser leur travail en cinq chapitres, sous les titres suivans : 1º agriculture et commerce ; — 2º secours publics et prisons ; — 3º ponts et chaussées, navigation ; — 4º instruction publique ; — 5º population administrative. — Inst. min. 30 niv. an XIII.

270. — Le conseil général doit se renfermer dans le cercle de ses attributions légales : tout acte et toute délibération d'un conseil général, relatifs à des objets qui ne sont pas légalement compris dans ses attributions, sont nuls et de nul effet. La nullité en est prononcée par une ordonnance du roi. — L. 22 juin 1833, art. 14.

271. — C'est ainsi que des ordonnances royales ont dû annuler notamment une délibération du conseil général de Saône-et-Loire qui avait ajourné l'admission d'un membre nouvellement élu. L'ordonnance d'annulation était fondée sur ce motif qu'il n'appartient pas aux conseils généraux de vérifier les pouvoirs de leurs membres. — Ord. 2 déc. 1837.

272. — ... Une délibération du conseil général du département de l'Indre qui autorisait le préfet à faire les poursuites nécessaires pour obtenir l'exécution des engagemens pris par un propriétaire de fournir des terrains et une somme d'argent pour concourir à la construction d'un chemin vicinal de grande communication. — Ord. roy. 9 sept. 1838.

273. — ... Une délibération du même conseil, du 23 août 1838, qui avait créé une commission composée de divers fonctionnaires et d'un membre du conseil général délégué chaque année par ce conseil à l'effet de visiter les bâtimens départementaux pour lesquels il y avait lieu de présenter au conseil général des projets de travaux et de constater ensuite l'exécution matérielle des travaux. — Ord. roy. 10 déc. 1839, transcrite sur les registres dudit conseil.

274. — L'ordonnance royale n'annule les délibérations du conseil général qu'en ce qu'elles ont de contraire à ses attributions, laissant subsister le surplus. — Ord. 26 avr. et 17 mai 1839.

275. — Ces deux ordonnances ont annulé deux délibérations en ce qu'elles déterminaient les charges que devaient supporter les communes pour les chemins vicinaux de grande communication, ce qui ne peut être fait que par le préfet, d'après l'art. 7, L. 21 mai 1836.

276. — Toute délibération prise hors de la réunion légale du conseil général est nulle de droit. — L. 22 juin 1833, art. 15. — Le conseil général ne doit délibérer qu'au lieu fixé pour ses séances : autrement le préfet serait dans l'impossibilité d'éclairer, de surveiller et de diriger les débats. — Trolley, t. 3, nº 1548.

277. — Le préfet, par un arrêté pris en conseil de préfecture, déclare la réunion illégale, prononce la nullité des actes, prend toutes les mesures nécessaires pour que l'assemblée se sépare immédiatement, et transmet son arrêté au procureur général du ressort, pour l'exécution des lois et l'application, s'il y a lieu, des peines déterminées par l'art. 258, C. pén. — L. 22 juin 1833, art. 15.

278. — L'art. 15 portant que le procureur général poursuit l'application de la loi, *s'il y a lieu*, il en résulte que ce dernier est libre de poursuivre ou de ne pas le faire. C'est ce qui a été reconnu dans le cours de la discussion aux chambres.

279. — En vain, pour repousser cette interprétation, objecterait-on qu'elle porte atteinte au principe de la séparation des pouvoirs, puisqu'elle rendrait un magistrat de l'ordre judiciaire juge d'un acte administratif. — Le texte et l'esprit de l'art. 15, tel qu'il résulte de la discussion aux chambres, sont trop formels pour qu'on puisse s'arrêter à cette objection. — Une interprétation différente de l'article ne porterait-elle point plutôt atteinte à la dignité de la justice, à laquelle on enlèverait sa liberté d'action en faisant du procureur général le subordonné du préfet ? Notre avis d'ailleurs ne peut, en tout cas, offrir aucun inconvénient grave, puisque le ministre, chef de la justice, a toujours la possibilité d'enjoindre au procureur général d'agir. — V. toutefois Thibaut-Lefebvre, *Constit. et pour. des cons. gén. et d'arr.*

280. — Du reste, il ne faut pas conclure de ces mots *s'il y a lieu*, que le tribunal saisi serait libre d'examiner si la réunion *illégale* constitue le délit d'usurpation de fonctions. Ils n'ont pour but que d'indiquer que l'application de l'article sera faite, lorsque, d'après les circonstances, le délit sera bien caractérisé, c'est-à-dire si le fait et l'acte sont vraiment coupables dans l'intention de ceux qui s'y sont livrés. — V. Discussion à la chambre des députés. — Au surplus, entendus ainsi, ils sont parfaitement inutiles, puisque toute loi pénale n'est applicable qu'autant que le prévenu ou l'accusé a agi avec une intention coupable. — Duvergier, *Coll. des lois*, t. 35, p. 210, note.

281. — Les peines prononcées par l'art. 258,

C. pén., sont celles de deux à cinq ans d'emprisonnement.

282. — En cas de condamnation, les membres condamnés sont exclus du conseil et inéligibles aux conseils de département et d'arrondissement pendant les trois années qui suivent la condamnation. — L. 22 juin 1833, art. 15.

283. — La peine de l'emprisonnement peut être réduite, aux termes de l'art. 463, C. pén. Cela a été, au reste, parfaitement entendu pendant le cours de la discussion à la chambre des députés. — Duvergier, t. 33, p. 210, note; Thibaut-Lefebvre, p. 95.

284. — Mais l'exclusion du conseil et l'interdiction d'éligibilité ne sauraient être réduites; car, prononcées par cela seul qu'il y a condamnation, ce sont des accessoires de la peine, plutôt qu'une peine même. — Thibaut-Lefebvre, *ibid.*

285. — C'est le fait seul de la réunion illégale qui donne lieu aux peines portées par l'art. 258, C. pén. Si des délibérations avaient été prises dans l'assemblée, elles pourraient donner lieu à l'application de peines différentes suivant qu'elles constitueraient un crime ou un délit par elles-mêmes. — Thibaut-Lefebvre, p. 96.

286. — Mais quelle est la juridiction compétente pour réprimer le fait de réunion illégale d'un conseil général? — Selon MM. Dumesnil (p. 88) et Thibaut-Lefebvre (p. 97), cette compétence aurait été positivement reconnue appartenir à la cour d'assises, dans le cours de la discussion à la chambre des députés: le texte d'ailleurs de l'art. 69 de la charte ne permettrait aucun doute sur ce point, puisqu'il renvoie devant la cour d'assises non seulement les crimes, mais encore les délits politiques; or, une réunion illégale est un délit de cette nature. — V. aussi Duvergier, *Collect. des lois*, t. 33, p. 168, note.

287. — Cette solution est rejetée par M. Trolley (t. 3, n° 1551). Cet auteur se demande si cette infraction constitue bien réellement un délit politique: « Comme le mot par lui-même, dit-il, est assez vague, le législateur a pris soin de le définir, les délits de la presse sont des délits politiques: quant aux autres, ils sont précisés par l'art. 7, L. 8 oct. 1830; ce sont les délits prévus et punis par divers articles du Code pénal, auquel il renvoie, et dans le nombre on ne trouve pas l'art. 258. Le législateur de 1833 a assimilé ce délit à un simple délit justiciable des tribunaux correctionnels, et s'il eût voulu en faire un délit politique, il n'eût pas manqué de le dire. Ajoutons qu'en lui-même le fait n'aura souvent aucun caractère politique.

288. — L'opinion de M. Trolley nous paraît beaucoup plus exacte: en effet, l'infraction prévue par l'art. 15, L. 22 juin 1833, et punie par l'art. 258, C. pén., ne paraît pouvoir être considérée comme constituant un délit politique qu'autant que cet art. 258 serait compris dans l'énumération des délits politiques donnée par l'art. 7, L. 8 oct. 1830, ou que cet article 7 serait seulement démonstratif et n'exclurait pas certains délits, politiques par eux-mêmes et abstraction faite de leur qualification légale; or il n'est pas permis de douter, en présence de ce qui s'est passé aux deux chambres, et dont l'analyse est même présentée par M. Duvergier d'une manière incomplète et par suite inexacte, que l'art. 7, L. de 1830, ne soit limitatif. Dès lors cet article ne comprenant pas l'art. 258, C. pén., les infractions réprimées par ce dernier ne peuvent être considérées comme délits politiques et doivent conséquemment rester soumises aux tribunaux correctionnels.

289. — Dans tous les cas, il ne saurait y avoir doute si cette infraction se trouvait connexe à un délit politique: en pareil cas elle devrait, en raison de la connexité, suivre le sort de ce dernier et être dévolue avec lui à la cour d'assises.

290. — Il est interdit à tout conseil général de se mettre en correspondance avec un ou plusieurs conseils d'arrondissement ou de département. En cas d'infraction à cette disposition, le conseil général doit être suspendu par le préfet, en attendant que le roi ait statué. — L. 22 juin 1833, art. 16.

291. — D'après le projet, le roi devait statuer *dans les deux mois*. Comme ces mots ont été supprimés du texte définitif, il en résulte que la suspension provisoire peut se prolonger indéfiniment, sauf toutefois qu'elle doit nécessairement cesser au moment de la session annuelle de tous les conseils généraux. — Thibaut-Lefebvre, p. 99.

292. — Ce n'est pas que deux conseils généraux ne puissent avoir des rapports déterminés par un intérêt commun et s'entendre, par exemple, sur une route, une entreprise qui intéresserait l'un et l'autre département; mais, dans ce cas, ils doivent communiquer entre eux par l'intermédiaire du préfet et du ministre. — Trolley, t. 3, n° 1548.

293. — Il est également interdit à tout conseil général de faire ou publier aucune proclamation ou adresse. — En cas d'infraction à cette disposition, le préfet déclare, par arrêté, que la session du conseil général est suspendue: il est statué définitivement par ordonnance royale. — L. 22 juin 1833, art. 17.

294. — Le projet de loi ne prohibait que les adresses *aux citoyens*. La suppression de ces derniers mots a eu pour objet de proscrire toute adresse, même *au roi*. — Duvergier, t. 33, p. 210, note.

295. — Dans les cas prévus par les deux art. 16 et 17, le préfet transmet son arrêté au procureur général du ressort pour l'exécution des lois et l'application, s'il y a lieu, des peines déterminées par l'art. 123, C. pénal. — L. 22 juin 1833, art. 18.

296. — La peine portée par l'art. 123, C. pén., consiste en un emprisonnement de deux mois au moins et de six mois au plus contre chaque coupable, et dans l'interdiction facultative des droits civiques et de tout emploi public pendant dix ans au plus.

297. — L'art. 7, L. 8 oct. 1830, classant parmi les délits politiques ceux punis par l'art. 123, il ne peut s'élever ici la même difficulté que pour l'application de l'art. 258, C. pén., en vertu de l'art. 7 de la loi de 1833; ce serait évidemment la cour d'assises qui devrait statuer sur l'infraction.

298. — Pendant le temps que durerait la suspension, les membres du conseil ne pourraient plus non seulement se réunir en corps, mais même remplir les fonctions individuelles qui sont attachées à leur qualité de membres du conseil, par exemple, celles de membres des comités d'instruction primaire d'arrondissement, ni celles de membres du jury de révision. — Dumesnil, *De l'organis. et des attrib. des cons. génér.*, t. 1er, p. 98, 3e édit.; Thibaut-Lefebvre, p. 99.

299. — Tout éditeur, imprimeur, journaliste ou autre individu qui rendrait publics les actes interdits aux conseils généraux, serait puni des peines portées par l'art. 123, C. pén. — L. 22 juin 1833, art. 15 et suiv.

300. — L'art. 19, L. 22 juin 1833, ne défendant que la publication des actes interdits aux conseils généraux, celle des actes licites ne ferait encourir aucune pénalité.

301. — Un arrêté du 19 flor. an VIII avait, à la vérité, décidé qu'aucune délibération ni aucun acte quelconque du conseil général ne serait imprimé, mais cette prohibition ne pouvait se maintenir en présence des idées et des besoins de publicité qui sont aujourd'hui enracinés dans nos mœurs. Aussi la loi de 1838 a-t-elle fait formellement disparaître cette prescription; son art. 26 est ainsi conçu: « Le conseil général peut ordonner la publication de tout ou partie de ses délibérations ou procès-verbaux. — Les procès-verbaux rédigés par le secrétaire et arrêtés au commencement de chaque séance, contiendront l'analyse de la discussion: les noms des membres qui ont pris part à cette discussion n'y seront pas insérés. »

302. — Une personne étrangère au conseil ne pourrait être chargée, à la place du secrétaire du conseil, du soin de rédiger le procès-verbal ou le compte-rendu de chaque séance.

303. — Malgré les termes formels de cet article, de graves abus s'étaient introduits dans quelques conseils généraux. Le secrétaire prenait de simples notes qui lui servaient à rédiger le procès-verbal des séances à son loisir; la lecture n'en était faite qu'à la fin de la session, même après le départ de quelques membres; quelquefois même des feuilles destinées à recevoir des procès-verbaux, surtout des dernières séances, étaient signées en blanc et remplies ensuite par le secrétaire. — Le ministre de l'intérieur a dû intervenir pour couper court à de pareils abus: il a invité les préfets à requérir la stricte observation de la loi, leur a rappelé que la mission du secrétaire du conseil prenant fin avec la clôture de la session, le procès-verbal complètement rédigé et signé devait être remis au préfet au moment même de la clôture, enfin, que tout procès-verbal rédigé après cette clôture ne pouvait être regardé comme authentique et que l'administration devait refuser de le recevoir.

304. — Au reste, pour la rédaction des procès-verbaux, on suit encore la plupart des règles tracées par un arrêté du ministre de l'intérieur, en forme d'instruction, en date du 16 vent. an X.

305. — Chaque membre du conseil général a le droit, conformément à l'art. 7 de la charte, de faire imprimer à ses frais les discours qu'il a prononcés dans le cours d'une discussion. Ce droit a été reconnu par M. Molé, président du conseil. — Duvergier, *Collect. des lois*, t. 33, p. 300.

306. — Quant aux budgets et aux comptes du département définitivement réglés, ils sont rendus publics par la voie de l'impression. — L. 10 mai 1838, art. 25. — A cet égard, la publicité n'est pas, comme celle qui concerne les délibérations, facultative.

§ 6. — *Conseil général du département de la Seine.*

307. — Dans l'origine, il n'existait entre le département de la Seine et les autres départemens aucune différence quant à la constitution du conseil général.

308. — Il était donc, comme les conseils généraux des autres départemens, composé de trente-six membres (L. 22 déc. 1789) et fut compris dans la suppression des conseils généraux prononcée par la loi du 14 frim. an II; puis, lorsque la loi du 22 frim. an VIII les eut rétablis, il fut compris, par la loi du 28 pluv. an VIII, au nombre de ceux qui (il y en avait vingt-neuf) devaient être composés de trente-six membres.

309. — Cet état de choses subsista pendant quelques années encore après la révolution de 1830. Lors de la discussion de la loi du 22 juin 1833, on fut naturellement amené à s'occuper du département de la Seine; mais on pensa que l'importance tout exceptionnelle du chef-lieu, qui absorbe en quelque sorte le reste du département, et la nécessité de garantir le centre politique et administratif de la France contre l'intervention des autorités de Paris, rendaient indispensables des dispositions spéciales. Aussi l'art. 57 et dernier de cette loi décida-t-il qu'elle ne serait pas applicable au département de la Seine, à l'égard duquel il serait statué par une loi particulière.

310. — Cette loi fut promulguée le 20 avr. 1834. Elle règle les points sur lesquels la position particulière du département de la Seine exigeait qu'on statuât d'une manière spéciale, rentrant dans le droit commun pour toutes les autres dispositions. — Thibaut-Lefebvre, p. 195.

311. — Aux termes de l'art. 1er, le conseil général du département de la Seine se compose de quarante-quatre membres.

312. — Les douze arrondissemens de Paris nomment chacun trois membres du conseil général du département, et les deux arrondissemens de Sceaux et de Saint-Denis chacun quatre. Les membres choisis par les arrondissemens de Paris sont pris parmi les éligibles ayant leur domicile réel à Paris. — L. 20 avr. 1834, art. 2.

313. — Dans la discussion à la chambre des députés sur l'art. 2, il a été reconnu que tout éligible au conseil général de la Seine pourrait être nommé indifféremment par l'un des douze arrondissemens. — Duvergier, *Collect. des lois*, t. 34, p. 80, note 2.

314. — Les élections sont faites dans chaque arrondissement par des assemblées électorales convoquées par le préfet de la Seine. Sont appelés à ces assemblées: 1° tous les citoyens portés sur les listes électorales formées en vertu des dispositions de la loi du 19 avr. 1831; — 2° les électeurs qui, ayant leur domicile réel à Paris, ne sont pas portés sur ces listes, parce qu'ils ont leur domicile politique dans un autre département où ils exercent et continueront d'exercer tous leurs droits d'électeurs, conformément aux lois existantes; — 3° les officiers des armées de terre et de mer en retraite jouissant d'une pension de retraite de 1200 fr. au moins, et ayant, depuis cinq ans, leur domicile réel dans le département de la Seine; — 4° les membres des cours, ceux des tribunaux de première instance et de commerce siégeant à Paris; — 5° les membres de l'Institut et autres sociétés savantes instituées par une loi; — 6° les avocats aux conseils du roi et à la cour de Cassation, les notaires et les avoués, après trois ans d'exercice de leurs fonctions dans le département de la Seine; — 7° les docteurs et licenciés en droit inscrits depuis dix années non interrompues sur le tableau des avocats près les cours et tribunaux dans le département de la Seine; — 8° les professeurs au collège de France, au muséum d'Histoire Naturelle, à l'Ecole Polytechnique, et les docteurs et licenciés d'une ou plusieurs des facultés de droit, de médecine, des sciences et des lettres, titulaires des chaires d'enseignement supérieur ou secondaire dans les écoles de l'état situées dans le département de la Seine; — 9° les docteurs en médecine, après un exercice de dix années consécutives dans la ville de Paris, dûment constaté par le paiement ou par l'exemption régulière du droit de patente. — L. 20 avr. 1834, art. 3.

315. — La dernière disposition de l'art. 3 qui exige des docteurs en médecine comme justification d'un exercice de dix années, la preuve du paiement de leur patente ou de l'exemption régulière qui leur en aurait été accordée, n'a plus d'objet depuis la loi du 25 avr. 1844, qui exempte (art. 13) les docteurs en médecine de la patente.

516.—Sont appliquées à la confection des listes les dispositions de la loi du 19 avr. 1831 qui y sont relatives. — Art. 4.

517. — Aucun scrutin n'est valable si la moitié plus un des électeurs inscrits n'a voté.—L. 20 avr. 1834, art. 5.

518. — Dans les autres départemens, il suffit pour la validité de l'élection que le tiers plus un des électeurs inscrits ait voté. — L. 22 juin 1833, art. 45. — Cette différence tient à ce qu'à Paris les électeurs peuvent facilement et sans inconvéniens se rendre aux assemblées électorales, tandis qu'en province la distance et la difficulté des communications peuvent être telles que les réunions ne puissent atteindre à un chiffre aussi élevé.

519. — Nul n'est élu s'il ne réunit la majorité absolue des suffrages exprimés.—Lorsqu'il y aura plusieurs membres du conseil général à élire, on procédera par scrutin de liste. Après les deux premiers tours de scrutin, si l'élection n'est point faite, le bureau proclame les noms des candidats qui ont obtenu le plus de suffrages en nombre double de celui des membres à élire. Au troisième jour de scrutin les suffrages ne pourront être valablement donnés qu'aux candidats ainsi proclamés. — Lorsque l'élection n'a pu être faite faute d'un nombre suffisant d'électeurs ou est déclarée nulle pour quelque cause que ce soit, le préfet du département de la Seine assigne un jour, dans la quinzaine suivante, pour procéder de nouveau à l'élection. — L. 20 avr. 1834, art. 5.

520. — L'adjonction des capacités à l'assemblée électorale destinée à nommer les membres des conseils généraux avait été demandée et refusée lors de la discussion de la loi du 22 juin 1833 relative aux élections départementales : sans doute on a pensé, en l'accordant pour le département de la Seine, que les citoyens ainsi admis présentent plus de garanties, et que dans ces assemblées aussi nombreuses que celles de ce département, ils exercent moins d'influence au détriment des électeurs censitaires.

521. — Quant à l'adjonction des plus imposés, comme dans aucun des arrondissemens électoraux, le nombre des électeurs ne pouvait être inférieur à cinquante, il n'y avait évidemment pas lieu de l'ordonner comme pour les autres départemens.

522.—Les collèges électoraux et leurs sections sont présidés par le maire, par ses adjoints suivant l'ordre de leur nomination, et par les conseillers municipaux de l'arrondissement ou de la commune où l'élection a lieu suivant l'ordre de leur inscription au tableau. — Les quatre scrutateurs sont les deux plus âgés et les deux plus jeunes des électeurs présens; le bureau ainsi constitué désigne le secrétaire. — L'élection a lieu par un seul collège dans chacun des arrondissemens de Sceaux et de Saint-Denis. — *Ibid.*, art. 6.

523. — Toutes les dispositions de la loi du 22 juin 1833, sur l'organisation départementale, qui ne sont pas contraires aux dispositions précédentes, sont applicables au conseil général du département de la Seine. — L. 20 avr. 1834, art. 10. — V. ÉLECTIONS DÉPARTEMENTALES.

524.—La tenue des assemblées électorales a lieu conformément aux dispositions contenues dans les art. 41, 43, 46, 47, 48, 49, 50, 51, 52, 53, 56 et 64. — L. 21 mars 1831; 20 avr. 1834, art. 7.

525. — Quant aux difficultés qui peuvent s'élever relativement aux conditions d'éligibilité ou d'électoral, aux incompatibilités, aux réunions électorales, élections, démissions, réclamations, etc., V. ÉLECTIONS DÉPARTEMENTALES.

526. — Aux termes de l'art. 22 de la loi du 20 avr. 1834, ses dispositions en ont dû être mises à exécution avant le 1er janv. 1835.

CONSEIL GÉNÉRAL DES MANUFACTURES.

V. CONSEILS DU COMMERCE, DES MANUFACTURES ET DE L'AGRICULTURE.

CONSEIL DE GUERRE.

1. — Les militaires qui se trouvent sous les drapeaux sont justiciables, à raison des crimes et délits qu'ils peuvent commettre, de la juridiction des conseils de guerre.

2. — Les conseils de guerre sont composés de 7 membres tous militaires et de grades différens. Il y a toujours deux conseils de guerre permanens dans chaque division militaire; de plus, et lorsque les besoins du service l'exigent, il peut être institué par les généraux commandans en chef un ou plusieurs conseils de guerre spéciaux pour les armées en campagne.

3. — Le conseil de guerre n'a aucune compé-

tence civile; il cesse même d'être compétent en matière criminelle, lorsque dans l'affaire se trouvent impliquées d'autres personnes, non justiciables des conseils de guerre. Dans ce cas, les accusés militaires sont traduits avec les accusés civils devant la juridiction ordinaire.

4. — Ainsi que l'armée de terre, l'armée de mer compte aussi ses conseils de guerre, qui sont de deux classes différentes : conseils de guerre *permanens*, chargés de juger dans les ports les déserteurs de la marine et les délits commis par les troupes de la marine; conseils de guerre *maritimes*, établis pour juger, à l'égard des personnes embarquées, les délits excédant la compétence des conseils de justice de bord.

5. — Nous n'entrerons , du reste, ici dans aucun détail sur ce qui concerne les conseils de guerre des armées de terre et de mer, dont nous aurons à nous occuper plus tard avec détail aux mots TRIBUNAUX MARITIMES, TRIBUNAUX MILITAIRES.

CONSEIL JUDICIAIRE.

Table alphabétique.

CONSEIL JUDICIAIRE. — 1. — Personne chargée par jugement d'assister, pour certains actes déter-

minés, dans la gestion de leur fortune, les prodigues et autres individus qui, sans se trouver précisément dans le cas d'être interdits, sont cependant atteints d'une telle faiblesse d'esprit que la loi les considère comme incapables de gérer seuls et librement les biens qu'ils possèdent.

—

Sect. 1re. — *Historique.— Droit ancien. — Survenance du code civil* (no 2.)

2. — Sous l'ancien droit français, la nomination d'un conseil judiciaire, qui tient le milieu entre l'interdiction et le maintien absolu de l'exercice libre de tous les droits, était à peu près inconnue. — Et les causes qui aujourd'hui donnent lieu à cette mesure, paraissaient suffisantes pour motiver la mesure extrême de l'interdiction.

3. — Seulement, il était permis aux juges de défendre à un citoyen de faire, sans l'assistance d'un conseil, tels ou tels actes qu'ils étaient libres de déterminer à leur gré. — V. sur ce point INTERDICTION.

4. — Au contraire, la loi nouvelle a déterminé d'une manière positive dans quels cas il pourrait y avoir lieu à la nomination du conseil judiciaire, quelles seraient les attributions de ce conseil et dans quelles limites la nomination restreindrait la capacité de celui qui en était l'objet. — *La mise* sous l'assistance d'un conseil judiciaire est donc aujourd'hui un état réglé par la loi ellemême, et les effets et les conséquences ne sont plus simplement abandonnés à l'arbitraire des magistrats.

5. — La prodigalité, qui était avant le Code une cause d'interdiction, n'est plus depuis le Code qu'une cause de nomination de conseil judiciaire.

6. — Ce n'est même qu'après une longue discussion que le conseil d'état admit, en en restreignant les effets, la curatelle des prodigues, reçue dans l'ancien droit français. On l'avait attaquée comme contraire à la liberté civile.— Merlin, *Rép.*, vo *Prodigue*; Locré, *Légist.*, t. p. 325, 334, nos 4 et 7.

7. — De là est née la question de savoir si devait être le sort des interdictions prononcées pour cette cause avant sa promulgation.

8. — Il est d'abord un point constant, c'est que la promulgation du Code civil n'a pas eu pour effet de rendre aux interdits pour prodigalité l'exercice absolu de leurs droits. — *Turin*, 5 thermid. an XII, Cauda c. de Gaudini; *Cass.*, 20 mai 1808, Gaudini c. Cauda; *Bruxelles*, 31 mars 1808; Devroède c. de Roisin; *Cass.*, 6 juin 1810, mêmes parties; *Metz*, 21 mai 1817, Couturier; *Rennes*, 14 juin 1819, de Plœuc.— La raison en est que si les lois qui règlent et modifient, en l'améliorant, l'état et la capacité des personnes, ont effet du jour de leur promulgation, l'état du prodigue, sous le Code, n'est pas celui d'une capacité *absolue*.

9. — Mais du principe posé au numéro qui précède sur l'effet des lois relatives à l'état des personnes, on a conclu que ce Code n'avait eu pour effet de réduire *de plein droit* les effets de l'interdiction pour cause de prodigalité à ceux d'une simple nomination de conseil judiciaire, c'est-à-dire, de donner au prodigue l'état que le Code lui assigne. La raison en est que la qualité de curateur était convertie de plein droit en celle de conseil judiciaire. — *Cass.*, 20 mai 1806 et 6 juin 1810; *Metz*, 24 mai 1817 cités *supra* no 8.— V. cependant *Turin*, 5 thermid. an XII (cassé par arrêt du 21 mai 1806); *Rennes*, 44 juin 1819 (V *suprà*, no 8), qui ont décidé que les jugemens

d'interdiction avaient conservé leur effet jusqu'à leur révocation et la substitution judiciaire faite du conseil au tuteur.

10. — Jugé encore, dans le premier sens, que, la capacité des parties contractantes étant toujours réglée par la loi en vigueur au moment du contrat, les actes faits depuis le Code civil par celui qui, avant sa promulgation, avait été interdit pour prodigalité, doivent être appréciés, quant à sa capacité, d'après les dispositions dudit Code, *qui a de plein droit* transformé l'interdiction prononcée pour ce motif en assistance de conseil. — *Montpellier*, 1er juill. 1840 (t. 2 1842, p. 290), Médal c. Bros.

11. — Jugé dans tous les cas que, dans le cas d'une interdiction prononcée par un tribunal de première instance pour cause de prodigalité, si pendant l'instance d'appel le Code civil a été promulgué, la cour a pu, sans donner à cette loi un effet rétroactif, nommer au prodigue un conseil judiciaire conformément à l'art. 499, tout en infirmant le jugement sur le chef de l'interdiction. — *Bruxelles*, 7 fructid. an XI, Staquet.

Sect. 2e. — *Quelles personnes peuvent être placées sous l'assistance d'un conseil judiciaire. — Prodigues.*

12. — Ainsi que cela a été dit plus haut, celui qui, sans être précisément dans un cas d'interdiction, est cependant atteint d'une telle faiblesse d'esprit qu'il serait dangereux de lui laisser le libre exercice de ses droits, doit être pourvu d'un conseil judiciaire.

13. — Les tribunaux seront nécessairement juges de la question de savoir quand il y aura cause suffisante de nomination d'un conseil judiciaire, et on comprend que la loi n'a pu tracer à cet égard de règles fixes. Aussi les décisions des juges du fond sur ce point échappent-elles complétement à la censure de la cour de Cassation. — *Cass.*, 5 juill. 1837 (t. 2 1838, p. 215), Magnol; 4 juill. 1838 (t. 2 1838, p. 65), Barberaud; — Toullier, t. 2, no 1369.

14. — Toutefois, les solutions qui suivent ont de l'intérêt en ce qu'elles indiquent quel usage les magistrats ont fait parfois de leur droit d'appréciation.

15. — Ainsi il a été jugé qu'il y avait lieu de nommer un conseil judiciaire : 1° à un individu qui, sans avoir perdu le bon sens et la raison, a éprouvé, en raison de son grand âge, un affaiblissement considérable de mémoire et d'idées. — *Lyon*, 2 prair. an XII, Ladreyt; *Rouen*, 8 flor. an XII, Pavie.

16. — ...2° A une femme qui, sans être dans un état d'imbécillité de nature à motiver son interdiction, est cependant parvenue à un état de vieillesse tel (quatre-vingt-sept ans), qu'elle serait susceptible d'impressions dont on pourrait abuser pour la porter à faire des ventes ou autres actes contre son intention, et sans qu'elle en profitât personnellement. — *Riom*, 4 mai 1825, Lomenède.

17. — Jugé encore que la faiblesse d'esprit, lorsqu'elle est poussée à un haut degré, peut donner lieu à la nomination d'un conseil judiciaire, bien qu'elle ne soit pas une cause d'interdiction. — *Angers*, 23 avr. 1806, Tremblin c. Detriché.

18. — Il en est de même de la faiblesse d'esprit jointe à des attaques accidentelles d'épilepsie. — *Colmar*, 2 prair. an XIII, Malfilatre; *Montpellier*, 25 août 1836 (arrêt maintenu par celui de la cour de Cassation du 5 juill. 1837 (t. 2 1838, p. 215), Magnol.

19. — Le sourd-muet, qui fait preuve d'intelligence, peut, bien qu'il ne sache ni lire ni écrire, n'être que pourvu d'un conseil judiciaire. — *Rouen*, 18 mai 1842 (t. 2 1842, p. 60), Parnuit c. Hébert; *Lyon*, 14 janv. 1812, Fabre c. Bezelou : — Magnin, *Tr. des min.*, t. 1er, p. 454; Delvincourt, t. 1er, p. 131, note 3e; Merlin, *Répert.*, vo *Sourd-muet*, no 1er.

20. — Mais jugé qu'on ne peut donner un conseil judiciaire à un prêtre administrateur sensé et économe de sa fortune, sous prétexte qu'il a des opinions erronées en matière de religion. — *Angers*, 10 prair. an XIII, Duchemin-Desgenètes c. Demerole.

21. — La *prodigalité* est aussi une cause de nomination d'un conseil judiciaire. — La prodigalité, dit M. Duranton (t. 3, no 797), est ce penchant qui porte un individu à dissiper son bien en vaines profusions et en folles dépenses, sans but utile ni pour lui, ni pour la société, et qui, suivant l'énergique expression de l'empereur Antonin : *Quod ad bona ipsius pertinet, furiosum fecit exitum.* » — L. 12, § 2, ff., *De tut. et curat. dat.*, etc., et L. 1, ff., *De curat. furios.* — « On ne considère pas comme prodigue, dit Toullier (t. 2, no 1370), celui qui n'abuse que dans une certaine mesure du droit de disposer de ses biens. L'objet des dépenses est aussi à considérer : il ne faut pas confondre le prodigue avec l'homme libéral, etc. »

22. — D'Argentré (sur l'art. 491 de l'ancienne *Cout. de Bretagne*) et Perchambault (sur l'art. 518 de la nouvelle) font entendre que l'usage de cette province était d'interdire tout homme qui avait follement dissipé le tiers de son patrimoine : «*Qui trientem de re suâ diminuerit.* » — Mais cet usage, qui n'était que local, n'a plus aucune autorité; les juges sont libres appréciateurs des causes et du degré de dérangement qui peut motiver la nomination du conseil judiciaire. — Et même leur appréciation échappe à la cour de Cassation comme le juge l'arrêt du 4 juill. 1838, cité no 13.

23. — Merlin (vo *Prodigue*, § 1er) enseigne avec raison (comme règle de conduite pour les juges), qu'ils devront distinguer entre les célibataires et les pères de famille. L'un est, dans toute l'énergie du mot, maître de sa fortune; il ne doit rien à ses collatéraux; point d'alimens pendant sa vie, point de succession après sa mort : aussi a-t-il été un temps où ils étaient non-recevables à poursuivre son interdiction. — Arrêt du 2 août 1660, rapporté par Legrand, sur l'art. 95, cout. de Troyes. — Il n'en est pas de même du père de famille; son patrimoine n'est proprement pas à lui, la nature et la loi le destinent à ses enfans; à sa mort, c'est moins une succession qu'une continuation de propriété qu'elles leur défèrent. — S'il méconnaît les obligations sacrées que lui impose le titre de père, il faut lui dire, comme le préteur romain : « *Quando tua bona paterna avitaque nequitiâ tuâ disperdis, liberosque tuos ad egestatem perducis, ob eam rem tibi eâ re commercioque interdico.* » — Paulus, *Recep. sent.*, lib. 3, tit. 4, § 7.

24. — Jugé que le choix d'un fondé de pouvoir dilapidateur peut ne pas être considéré comme une preuve de prodigalité, de nature à motiver la nomination d'un conseil judiciaire. — *Besançon*, 9 avr. 1808, de Pouthier c. de Pezeux.

25. — Jugé encore qu'il ne suffit pas, pour donner lieu à la nomination d'un conseil judiciaire, qu'il se rencontre une diminution considérable dans la fortune de celui qui est accusé de prodigalité. — Il faut que cette diminution soit la suite de l'irréflexion ou d'une faiblesse d'entendement, qui expose l'individu à se laisser facilement circonvenir et tromper. — *Paris*, 17 mars 1809, Delaas c. Duclusel.

26. — Du moins, quelques faits particuliers de mauvaise gestion ne suffisent pas pour motiver la nomination d'un conseil judiciaire; il faut pour cela des actes notoires et habituels de désordre et de dissipation. — *Metz*, 27 fév. 1812, Thiéry.

27. — Mais la manie des mauvais procès, lorsqu'elle va jusqu'à faire craindre la ruine d'une femme et celle de ses enfans, peut être réputée par les juges une cause suffisante de dation d'un conseil judiciaire — *Bourges*, 25 nov. 1837, sous *Cass.*, 4 juill. 1838 (t. 2 1838, p. 65), Barberaud.

28. — Il peut être nommé un conseil judiciaire au prodigue, encore que sa fortune ne consiste qu'en rentes viagères. — *Turin*, 20 fév. 1807, Gresy.

29. — On peut donner un conseil judiciaire à un mineur émancipé. Et les effets de cette mesure ne cessent pas à l'époque de sa majorité. — *Rennes*, 16 déc. 1833, Campion c. de Varenne. — V., sur la question de savoir si un mineur peut être interdit, vo INTERDICTION.

30. — La femme, dont le mari est absent, peut, lorsque cette absence, sans toutefois avoir été judiciairement déclarée, fait présumer le décès, être pourvue d'un conseil judiciaire pour obvier aux inconvéniens de sa prodigalité. — *Cass.*, 9 mai 1829, Baudre c. Sanot.

Sect. 3e. — *Qui peut provoquer la nomination d'un conseil judiciaire.*

31. — La nomination d'un conseil judiciaire peut être provoquée par tous ceux qui ont le droit de demander l'interdiction (C. civ., art. 514). — V. à cet égard INTERDICTION.

32. — Ainsi jugé que le mari investi du droit de poursuivre, s'il y a lieu, l'interdiction de sa femme, a conséquemment, et à plus forte raison, qualité pour provoquer contre elle, dans le cas de séparation de biens, la dation d'un conseil judiciaire, à l'effet de prévenir la dissipation de son bien mobilier. — *Cass.*, 4 juill. 1838 (t. 1er 1838, p. 65), Barberaud; *Montpellier*, 14 déc. 1841 (t. 2 1842, p. 333), D...

33. — La demande en nomination de conseil judiciaire peut être provoquée par action principale, même dans le cas où elle est fondée sur la faiblesse d'esprit (art. 499) et non sur la prodigalité. (art. 513). — *Agen*, 4 mai 1836, Ardes c. Saint-Martin; — Zachariæ, t. 1er, § 139. — V. contrà Delvincourt, t. 1er, p. 131, no 3.

34. — Elle peut n'être qu'implicite. Ainsi elle est censée comprise dans la demande d'interdiction; ce qui autorise les juges à nommer un conseil tout en refusant de prononcer l'interdiction. — C. civ., art. 499.

35. — Mais le ministère public peut-il provoquer la nomination d'un conseil judiciaire? — Toullier (no 1373), M. Duranton (no 803) et Zachariæ (t. 1er, § 139) soutiennent la négative par le motif que, la loi ne lui permettant de provoquer l'interdiction que pour cause de *fureur* ou pour cause de *démence* à défaut de parens, ces dispositions exceptionnelles, fondées sur l'*intérêt public*, limitent nécessairement son droit d'*action* au cas spécial de l'interdiction.

36. — Au contraire, Locré (*Législation civile*, t. 7, p. 347), Dalloz (t. 9, p. 565, n. 3) et Delvincourt (t. 1er, p. 130, note 1re) penchent pour l'affirmative en se fondant sur ce qu'une proposition formelle tendante à dénier au ministère public le droit que confère l'art. 513 a été rejetée. — Seulement, Delvincourt restreint l'exercice de ce droit au cas où le prodigue n'aurait que des enfans mineurs et serait sans conjoint ni proches parens.

37. — La première opinion nous semble préférable. Il est évident, suivant nous, que si, dans certains cas exceptionnels, la loi a permis ou même ordonné au ministère public d'agir, c'est parce que l'intérêt public pouvait se trouver gravement compromis par l'état de *fureur* ou même de simple *démence*. Or, il n'en est pas de même lorsqu'il ne s'agit que de l'une des causes qui motivent la nomination d'un conseil judiciaire : ce conseil n'est nommé que dans un intérêt essentiellement privé, lequel ne se rattache que d'une manière fort indirecte et sous un point de vue général à l'intérêt public. Il n'y a donc pas là place pour l'action directe du ministère public.

38. — Il ne semble même pas que le tribunal ait le droit, sur l'action en interdiction dirigée par le ministère public pour cause de fureur ou pour cause de démence (à défaut de parens), de nommer un conseil judiciaire : car dans le cas prévu par l'art. 499, c'est bien moins d'*office* que pour répondre aux conclusions *subsidiaires*, implicites du demandeur en interdiction, que le tribunal statue, or, le tribunal peut-il statuer sur des conclusions subsidiaires que le ministère public n'aurait pas le droit de prendre par voie principale? — V. cependant Duranton, no 803, qui soutient le contraire pour le cas où le tribunal reconnaîtrait l'existence de *la faiblesse d'esprit*, qui n'est qu'une atténuation de la démence.

39. — Dans tous les cas, il a été jugé avec raison que l'individu dont l'interdiction est poursuivie pour cause de fureur par le ministère public, ne peut, lorsqu'il existe des parens, être placé d'office sous l'assistance d'un conseil judiciaire. — *Besançon*, 25 août 1810, Bouvard. — C'est en effet la conséquence forcée du principe que lorsqu'il existe des parens, le ministère public n'a en matière d'interdiction, la voie d'action qu'en cas de *fureur*.

40. — Peut-on provoquer contre soi-même la nomination d'un conseil judiciaire? Bien que cette mesure n'ait pas sur l'état de la personne un effet aussi direct que l'interdiction, il ne s'agit pas moins d'une modification de la capacité, et, de la part de celui qui la provoquerait dans son intérêt personnel, d'une aliénation de partie de sa capacité civile; or, il est de principe que tout ce qui touche à l'état des personnes est indépendant de leur volonté; on doit donc proscrire les demandes personnelles à fin de nomination de conseil aussi bien que les interdictions volontaires. — V. sur ce point INTERDICTION. — Duranton, no 804; Zachariæ, t. 1er, § 139. — On doit d'autant mieux le décider ainsi qu'un pareil droit laissé aux prodigues pourrait être pour eux le moyen d'échapper par des combinaisons frauduleuses, à des engagemens qui, bien que sacrés, n'auraient pas, antérieurement à la nomination du conseil, acquis de date certaine qui en assurât l'exécution. — Enfin, Delvincourt (t. 1er, p. 131, note 3) dit que dans le projet du Code se trouvait un chapitre intitulé *Du conseil volontaire*, et que ce chapitre a été supprimé.

41. — Toutefois Toullier (no 1373) pense qu'une pareille demande, qu'autorisait l'ancienne jurisprudence, présentée par celui qui voudrait se soustraire à l'influence de penchans indomptables, ou d'une faiblesse d'esprit dont les tiers pourraient abuser, serait recevable puisqu'en définitive le conseil de famille serait consulté. — M. Duvergier, dans sa note *a*, sur le no 1373 de Toullier, ajoute : Cette opinion n'est pas sans difficulté; il ferait mieux de s'entendre avec un de ses parens, lequel provoquerait en la forme ordinaire la nomination du conseil.

42. — Il est certain, dans tous les cas, que les juges pourraient prendre en considération la demande que ferait un individu (un sourd-muet) dont on provoquerait l'interdiction, d'être placé sous l'assistance d'un conseil judiciaire. — *Lyon*, 14 janv. 1812, Fabre c. Bezelou.

43. — La demande à fin de nomination d'un conseil judiciaire est formée contre celui qui en est l'objet.

44. — S'il s'agit d'un mineur, il ne suffit pas d'appeler son subrogé tuteur. — *Nîmes*, 22 avr. 1839 (t. 2 1839, p. 490), Vinay c. Passaga.

45. — Jugé dans tous les cas que s'il n'était pas appelé, et que le jugement ne lui eût pas été notifié depuis la cessation de la tutelle, les actes qu'il aurait faits sans l'assistance du conseil depuis sa majorité, seraient valables. — Même arrêt. — V. au surplus, comme analogie, le mot INTERDICTION.

46. — S'il s'agit d'une femme mariée, la poursuite n'est-elle valable qu'autant que cette femme a été autorisée à ester en jugement par son mari ou par la justice? — V. à cet égard INTERDICTION.

47. — Jugé dans tous les cas que la femme dont le mari est absent, et contre laquelle on poursuit la nomination d'un conseil judiciaire pour cause de prodigalité, peut être réputée suffisamment autorisée à ester en justice, par le jugement qui ordonne son interrogatoire et la convocation d'un conseil de famille, et que les juges pourraient rejeter la demande en nullité des procédures, formée par la femme pour défaut d'autorisation, en se fondant sur ce que cette nullité, qui ne peut être invoquée que dans l'intérêt de la femme, serait sans aucune utilité pour elle. — *Caen*, 1er mai 1826, sous *Cass.*, 9 mai 1829, Baudre c. Senot.

48. — Au surplus, lorsque, dans cette hypothèse, le demandeur en nomination du conseil judiciaire a fait tout ce qui dépendait de lui pour que la procédure fût régularisée, et que la femme a exécuté sans réserves l'arrêt qui rejetait sa demande en nullité des procédures pour défaut d'autorisation, elle est non-recevable à invoquer cette nullité devant la cour de Cassation. — Même arrêt.

49. — La demande en nomination de conseil judiciaire doit être instruite dans les mêmes formes que la demande à fin d'interdiction et jugée de la même manière. — C. civ., art. 514.

50. — La demande en dation d'un conseil judiciaire doit être considérée comme urgente et peut, à ce titre, être portée devant la chambre des vacations. — *Paris*, 31 janv. 1846 (t. 1er 1846, p. 206), Doin. — V., au surplus, INTERDICTION.

51. — Il a cependant été décidé que l'interrogatoire n'était pas de rigueur au cas de demande en nomination de conseil judiciaire, comme lorsqu'il s'agit d'interdiction. — *Agen*, 18 fév. 1841 (t. 1er 1841, p. 649), Sauvage. — V. aussi plusieurs arrêts du parlement cités par Denisart, v° *Interdiction*, et rendus en matière d'interdiction pour prodigalité. — Duvergier, sur Toullier, n° 1374, note 6e, t. 1er, p. 393.

52. — Mais la disposition impérative de l'art. 514 ne peut laisser aucun doute sur l'entière assimilation des deux cas. Aussi a-t-il été jugé que l'interrogatoire est de rigueur en matière de dation d'un conseil judiciaire pour prodigalité, comme en matière d'interdiction. — *Bourges*, 2 fructid. an XIII, Malliet; *Nîmes*, 22 avr. 1839 (t. 2 1839, p. 489), Vinay c. Passaga; — d'Argentré, *Cout. de Bretagne*, art. 492.

53. — Jugé néanmoins que l'interrogatoire n'est pas d'ordre public, et qu'en conséquence, la partie qui se refuse à cet interrogatoire ne peut se faire un moyen de cassation de l'inaccomplissement, par son propre fait, de cette formalité. — *Cass.*, 4 juill. 1838 (t. 2 1838, p. 65), Barberaud.

54. — V. au surplus, sur la question de savoir si, soit en matière d'interdiction, soit en matière de conseil judiciaire, l'interrogatoire est de rigueur, même pour rejeter la demande, v° INTERDICTION.

55. — Le jugement est rendu dans la même forme que celui d'interdiction et après avoir entendu le ministère public. — C. civ., art. 515.

56. — Il est susceptible d'opposition ou d'appel. — V. INTERDICTION.

57. — La nullité des actes préliminaires à la demande en dation du conseil judiciaire, peut être invoquée à l'audience, encore que, après un jugement par défaut qui accueille la demande, le défendeur qui s'est pourvu par opposition ait relevé dans son acte ces moyens de nullité. Il n'en est pas de ces nullités comme de celles de procédure. — *Agen*, 18 fév. 1841 (t. 1er 1841, p. 649), Sauvage.

58. — Il a été jugé que le prodigue ne peut interjeter appel du jugement qui lui a nommé un conseil judiciaire, après avoir acquiescé à ce jugement. — *Turin*, 4 janv. 1812, Derossi. — Mais V., sur la question d'acquiescement ou de désistement en matière d'interdiction (les principes paraissent les mêmes), ACQUIESCEMENT, nos 137 et 138, INTERDICTION.

Sect. 4e. — *Procédure et jugement à fin de nomination du conseil judiciaire.*

59. — Les formalités de signification, affiches et publications prescrites en matière d'interdiction le sont également lorsqu'il s'agit d'un jugement qui nomme un conseil judiciaire. — C. civ., art. 501. — V. à cet égard INTERDICTION.

60. — Le choix du conseil appartient aux juges et non au conseil de famille. — Zachariæ, t. 1er, § 139; Magnin, t. 1er, n° 903.

61. — Cependant un arrêt de la cour royale de Riom, en décidant qu'il y avait lieu de nommer un conseil judiciaire dans une espèce déterminée, a renvoyé au conseil de famille le soin de cette nomination. — *Riom*, 4 mai 1825, Lomenede. — Mais cette décision, évidemment contraire à la loi, ne peut faire jurisprudence. Le conseil de famille pourrait seulement, comme l'indique M. Toullier (n° 1375), indiquer les personnes qu'il désire, mais le tribunal ne serait pas tenu de suivre ces indications.

62. — Les juges peuvent nommer au même individu plusieurs conseils à la fois. — Du moins la loi ne le défend pas. — Mais ils ne pourraient diviser entre eux les attributions que la loi confère au conseil judiciaire, ni, par conséquent, investir l'un du droit d'autoriser à plaider, l'autre de celui d'autoriser à transiger, etc., etc. — On comprend, au surplus, ce que la nomination de plusieurs conseils aura d'incommode et à quelles difficultés la dissidence de leurs avis peut donner lieu. Il sera donc plus prudent de n'en nommer qu'un seul, en le choisissant sage et éclairé. — Toullier (n° 1377) dit qu'en cas de nomination de plusieurs conseils, s'il n'est pas dit qu'ils sont nommés l'un à défaut de l'autre, il faut l'avis de tous pour les actes où leur assistance est requise. S'ils sont nommés l'un à défaut de l'autre, il faut s'adresser de préférence au premier nommé, et ne recourir aux autres qu'en cas d'empêchement du premier.

63. — Il n'y a pas, en matière de nomination de conseil judiciaire, lieu à l'application des principes sur la tutelle légitime. — Il ne semble même pas que le mari tuteur de droit (par exception) de sa femme interdite, soit de droit son conseil judiciaire. — La loi ne le dit pas comme elle le dit pour l'interdiction. — Toutefois, à moins de motifs graves, les magistrats devront nommer, par respect pour la dignité du mariage, le mari conseil de la femme.

64. — Les magistrats peuvent choisir parmi les parens ou des étrangers; en général ils choisissent pour conseil judiciaire un homme d'une prudence reconnue et ayant une connaissance suffisante des affaires. — La nature de celles du prodigue, dit M. Duranton (n° 805), doit exercer une grande influence dans le choix du guide qu'on lui donnera. — Au surplus, les juges ont à cet égard toute liberté. Ils en useront dans l'intérêt de celui qu'il s'agira de pourvoir.

65. — Jugé que, quand il s'agit du choix d'un conseil judiciaire, la proximité du sang, l'aptitude à la successibilité, d'où naît la possibilité de vues personnelles dans la direction des affaires du pourvu, peuvent être des motifs d'exclusion. — *Amiens*, 25 thermid. an XIII (et non an XI), Colnage.

66. — Le conseil judiciaire nommé par justice peut-il refuser sans motifs légitimes? — Sous l'ancienne jurisprudence, l'affirmative n'était pas douteuse. — Denisart, v° *Conseil nommé par justice*, § 2, nos 16 et 17. — Et telle est aussi, suivant Merlin (*Rép.*, v° *Tutelle*), l'opinion qu'on devrait suivre aujourd'hui. — *Contrà Rennes*, 14 août 1823, Le Guitleu c. Derleures. — Il semble résulter des termes de cet arrêt que les seules excuses légitimes seraient celles dont pourraient se prévaloir les tuteurs ou curateurs nommés par le conseil de famille.

67. — Au surplus, les juges qui ont nommé le conseil ont pouvoir pour apprécier ses excuses. — Même arrêt.

68. — L'art. 508, qui autorise les tuteurs nommés à l'interdiction d'un individu à se démettre de leurs fonctions après dix ans, ne paraît pas applicable au conseil judiciaire: la loi n'en dit rien. — Mais les tribunaux pourraient incontestablement, s'il y avait lieu, agréer la démission du conseil et en nommer un autre à sa place.

69. — Le rôle du conseil judiciaire se borne à un simple avis: mais ce conseil n'a aucune administration; aussi n'est-il comptable de rien, soumis à aucune responsabilité (c'est le cas, dit M. Duvergier, note B, sur le n° 1377 de Toullier, d'appliquer la maxime *consilii non fraudulentis nulla est obligatio*), et conséquemment ses biens ne sont pas frappés d'hypothèque légale. — V. HYPOTHÈQUE LÉGALE.

Sect. 5e. — *Effets de la nomination du conseil judiciaire.*

§ 1er. — *État et capacité de la personne pourvue d'un conseil judiciaire. — Actions.*

70. — Suivant les art. 499 et 513, C. civ., la nomination d'un conseil judiciaire emporte, pour celui qui en est pourvu, défense de plaider, transiger, emprunter, recevoir un capital mobilier et d'en donner décharge ni de grever ses biens d'hypothèques sans l'assistance du conseil qui lui est nommé.

71. — Les prohibitions qui résultent de ces articles sont essentiellement limitatives. — Le choix des actes soumis à la direction du conseil judiciaire ayant été fait par le Code, les juges ne peuvent en rien le modifier. — Ainsi ils sont sans droit pour restreindre ou étendre à leur gré les limites de l'incapacité. — Duranton, n° 799; Toullier, n° 1378; Zachariæ, t. 1er, § 140. — Il en était autrement sous l'ancienne jurisprudence. — V. *suprà* n° 3.

72. — L'individu pourvu d'un conseil conserve donc la libre administration de ses biens et l'exercice de tous les droits qui se rattachent à la simple administration. — Duranton, n° 799.

73. — Ainsi il peut faire des baux dans les bornes permises aux simples administrateurs. — V. BAIL, n° 98.

74. — Jugé toutefois que le bail consenti par un prodigue placé sous l'assistance d'un conseil judiciaire a pu être déclaré nul, comme entaché de dol et de fraude en ce qu'il déguisait un emprunt (défendu au prodigue) sous la forme de paiemens anticipés, comme aussi en ce qu'il contenait une clause insolite en matière de responsabilité en cas d'incendie, et qu'enfin le preneur excitait habituellement le bailleur à fréquenter les cabarets, sans que l'arrêt qui le décide ainsi puisse tomber sous la censure de la cour de Cassation. — *Cass.*, 5 août 1840 (t. 2 1840, p. 475), Lechaffotec.

75. — L'individu pourvu d'un conseil judiciaire ne peut, il est vrai, sans l'assistance de son conseil, faire le remploi des capitaux mobiliers reçus par lui. — *Bruxelles*, 9 oct. 1823, N...

76. — Mais devrait-on juger de même à l'égard du placement d'un capital non provenu de remboursement, mais formé de l'excédant des revenus sur la dépense? — Pour la négative on pourrait dire que l'individu auquel on a donné un conseil judiciaire a la libre disposition de ses revenus, sans avoir besoin de l'assistance de son conseil; que puisqu'il lui est permis de les dépenser en totalité à mesure qu'il les reçoit, il doit, à plus forte raison, lui être permis d'employer, en acquisition d'immeubles ou de créances, les épargnes qu'il a faites, d'après la règle *Non debet cui plus licet quod minus est non licere*.

77. — La négociation que le prodigue fait d'une lettre de change ne constitue en réalité qu'un emprunt soumis pour sa régularité à l'assistance du conseil judiciaire. Dès-lors, et en l'absence de cette formalité, le prodigue ne peut être tenu de garantie envers les cessionnaires qu'autant que ceux-ci établissent à la fois qu'il a reçu la valeur de cette négociation, et que cette valeur a tourné à son profit. — *Caen*, 14 juill. 1845 (t. 2 1845, p. 372), Moulin et Lerouget c. Ménage et Delavilleurnoy.

78. — La nullité qui frappe les hypothèques *consenties* sans l'assistance du conseil n'atteint pas les hypothèques légales et judiciaires.

79. — La nomination d'un conseil judiciaire ne prive pas celui qui en est pourvu du droit de disposer seul par testament. — V. TESTAMENT.

80. — Le prodigue, quoique placé sous l'assistance d'un conseil judiciaire, a le droit de transférer son domicile d'un lieu dans un autre. — *Cass.*, 14 déc. 1840 (t. 2 1843, p. 428), Cosson.

81. — De même, il peut se marier sans l'assistance de son conseil; il est en effet maître de sa *personne*. — Toullier, n° 1379; Duranton, n° 800; Merlin, v° *Prodigue*, § 5. — V. aussi arg. *Toulouse*, 2 déc. 1839 (t. 1 1840, p. 254), Massoc.

82. — Et, conséquemment, il a le droit de faire sans cette assistance, les actes respectueux nécessaires pour arriver à obtenir le consentement de ses parens.

83. — Mais il ne pourrait, sans cette assistance, *plaider* pour obtenir main-levée de l'opposition

formée à son mariage. — *Toulouse*, 2 déc. 1839 (t. 1er 1840, p. 254), Massoc.

84. — Que doit-on décider à l'égard des stipulations matrimoniales? — Doit-on à cet égard lui appliquer dans toute sa portée l'adage *habilis ad nuptias, habilis ad matrimonii consequentias?* Et quel doit être l'effet de l'existence du conseil judiciaire sur les conditions civiles du mariage? — Il faut à cet égard poser quelques distinctions.

85. — D'abord il ne serait pas vrai de dire, avec Voët (*Ad Pandect.*, liv. 23, tit. 1er), qu'un pareil mariage ne donne lieu entre les époux à aucun avantage, pas même à la communauté légale, attendu qu'on ne peut aliéner ou du moins changer son bien par la voie du mariage, tandis qu'on est déclaré incapable de faire l'un et l'autre. — Merlin (vo *Prodigue*, § 5) réfute avec raison cette opinion qu'il qualifie de *dure* et *inconséquente*, en faisant remarquer que laisser au prodigue le droit de se marier, sans lui laisser celui d'assurer à son épouse le sort qu'elle a le droit d'attendre de sa condition, c'est se contredire, rendre tout mariage impossible, et refuser réellement ce qu'on a l'air de permettre. — Il faut donc tenir pour constant: 1o que l'individu pourvu d'un conseil pourra stipuler tel régime matrimonial que bon lui semblera; 2o et que le régime stipulé et, à défaut de stipulation, celui de la communauté légale, produiront tous les effets que la convention et la loi y auront attachés.

86. — Seulement, et sur le point de savoir si le contractant peut stipuler au contrat sans l'assistance de son conseil, il y a lieu de distinguer entre les stipulations qui ont le caractère d'*aliénation* et celles qui n'ont pas ce caractère. Quant aux premières, elles lui sont défendues sans l'assistance de son conseil. Telles seraient les donations entre-vifs ou la stipulation d'un ameublissement, mais les autres lui sont permises. — Puisqu'il peut tester seul, il lui serait évidemment permis de disposer seul au contrat pour l'époque qui suivra sa mort. — Toullier, no 1379, et Duranton, no 800.

87. — Et c'est d'après cette distinction que paraît rendu un arrêt de la Cour royale de Paris, qui a déclaré valable un contrat de mariage passé par une personne placée sous la direction d'un conseil, sans l'assistance de ce conseil, attendu que ses intérêts n'avaient pas été compromis, puisqu'il s'était borné à stipuler une donation mutuelle de biens en faveur du dernier survivant. — *Paris*, 26 avr. 1833, Sponi c. Clément.

88. — Jugé même que celui qui ne peut s'obliger ou aliéner qu'avec l'assistance d'un conseil n'en a pas moins le droit de doter ses enfans sans l'avis de ce conseil. La constitution de dot, de la part d'un père, est moins une aliénation que l'accomplissement d'une obligation naturelle. — *Pau*, 25 juin 1806, Casenave c. Gassedat. — Toutefois il est à remarquer que cet arrêt est aussi fondé *en fait*: 1o sur ce que la dot constituée était en rapport avec les moyens du constituant; 2o sur ce que postérieurement à la main-levée de la mesure de nomination du conseil, la constitution avait été ratifiée.

89. — Et il semble jugé avec plus de raison que la constitution d'une dot, étant une aliénation, ne peut avoir lieu sans l'avis de ce conseil. — *Montpellier*, 1er juill. 1840 (t. 2 1842, p. 290), Médal c. Bros; — Duvergier, sur Toullier, no 1378, note *a*, t. 1er, p. 393.

90. — Celui qui est soumis à un conseil judiciaire n'en a pas moins capacité pour reconnaître un enfant naturel. — Jugem. du 18 juin 1818, sous *Douai*, 23 janv. 1819, Boulenger c. Poulet. — Il en est de lui comme du mineur. — Cette reconnaissance est l'accomplissement d'une obligation naturelle. — V. ENFANT NATUREL.

91. — Jugé aussi qu'il peut, sans l'assistance de son conseil judiciaire, consentir valablement une rente viagère pour prix de services rendus. — *Paris*, 12 déc. 1835, De Cambis c. Hammond.

92. — L'individu pourvu d'un conseil judiciaire peut-il être poursuivi par corps à raison de ses engagemens? — L'affirmative n'est pas douteuse, car la loi ne l'a pas compris dans la nomenclature des personnes exemptes de cette voie de recours. — L. 17 avr. 1832; C. civ., art. 2059 et suiv.

93. — Jugé, en tous cas, que la contrainte par corps prononcée contre lui antérieurement au jugement peut être exercée malgré la survenance de ce jugement. — *Bruxelles*, 13 avr. 1808, Lyon Reynac c. Heister.

94. — La nomination d'un conseil judiciaire n'emporte pas contre celui qui en est pourvu la suspension de l'exercice de ses droits de citoyen. — Elle ne fait que restreindre l'exercice de ses droits civils. — L'art. 5 de l'acte constitutif du 22 frim. an VIII ne déclarait suspensif de l'état de citoyen que l'état d'*interdiction*, « ce qui doit s'entendre, dit M. Coin-Delisle (*Jouiss. des dr. civ.*, art. 7, no 21), dans le sens de la constitution de l'an III, art. 13, § 1er, qui ajoutait les mots « *pour cause de fureur, de démence ou d'imbécillité.* » On ne saurait donc étendre sa disposition au cas du conseil judiciaire.

95. — Ainsi, l'individu pourvu d'un conseil judiciaire pourra être témoin instrumentaire. — Coin-Delisle, *loc. cit.*

96. — Il est vrai qu'un arrêt de la chambre criminelle de la cour de Cassation a jugé qu'il ne pouvait remplir les fonctions de *juré*. — Mais les termes de cet arrêt prouvent que ce n'est pas à raison de la perte des droits civiques que la nomination entraînerait, mais parce qu'il a paru à la cour que pour être juré, il fallait la jouissance des droits civils dans *toute leur plénitude.* — *Cass.*, 23 juill. 1825, Froment.

97. — Magnin (*Tr. des minor.*, no 901, note) croit devoir distinguer entre le cas où le conseil judiciaire est nommé pour cause *de prodigalité* et celui où il est nommé sur une demande à fin d'interdiction, pour privation d'une partie de ses facultés intellectuelles. Le premier n'est pas privé de ses droits civils, civiques et politiques, dans le sens de l'art. 381, C. inst. crim.; mais il n'en est pas de même du second. — L'arrêt cité dans le numéro qui précède ne fait pas de distinction entre ces deux cas.

98. — Le conseil exprime son avis soit en signant l'acte qu'il autorise, soit par un acte particulier qui, dans ce cas, reste annexé au premier. — Duranton, no 806; Toullier, no 1380.

99. — Delvincourt (t. 1er, p. 234) se fonde sur ce que la loi se sert du mot *assistance* pour déclarer nécessaire la présence du conseil judiciaire. — Mais cette interprétation trop rigoureuse n'est pas admissible, la loi n'yant pas déterminé d'une manière expresse la manière dont l'avis du conseil sera donné.

100. — Le consentement du conseil ne peut *suivre* l'acte, car ce serait la ratification d'un acte nul, et il ne peut priver le prodigue du bénéfice de la nullité. La ratification ne vaudrait qu'autant qu'elle serait accompagnée de celle du prodigue.

101. — Jugé qu'une vente publique, faite à la requête d'une personne pourvue d'un conseil judiciaire, est valable, bien que ce conseil ne soit pas intervenu dans la vente même, mais seulement dans la procuration portant pouvoir de vendre, donnée à une personne déterminée. — Une telle vente peut servir de base à la prescription de dix ans, pour laquelle la loi exige un juste titre. — *Bruxelles*, 20 fév. 1827, N...

102. — L'intervention du conseil judiciaire dans la procuration portant pouvoir de vendre, rend inutile son intervention dans la procuration donnée à fin de transcrire. — Même arrêt.

103. — Et si la procuration à fin de vendre n'était pas signée de la personne pourvue du conseil, la procuration à fin de transcrire, par elle donnée, couvrirait suffisamment cette nullité. — Même arrêt.

104. — L'individu pourvu d'un conseil judiciaire peut valablement signifier, sans l'assistance de son conseil, tous les actes conservatoires, tels que l'opposition à un commandement, sauf à requérir l'assistance de ce conseil pour y donner suite et ester en justice dans l'instance. — *Montpellier*, 1er juill. 1840 (t. 2 1842, p. 290), Médal c. Bros.

105. — La même solution a été donnée relativement à l'appel. — V. APPEL, no 511.

106. — Mais jugé que l'appel formé par cet individu sans l'assistance de ce conseil et malgré lui, est entaché d'une nullité radicale, et ne peut être régularisé par une autorisation de justice incidemment sollicitée sur l'instance même d'appel. — *Bourges*, 28 janv. 1842 (t. 2 1842, p. 291), Barberaud c. Gouvignon.

107. — L'individu auquel il a été nommé un conseil judiciaire ne peut, sans l'assistance de ce conseil, et à plus forte raison malgré sa résistance, se pourvoir, soit par appel, soit par demande en cassation, contre un jugement qui l'a condamné; sauf, en cas d'abus d'autorité de la part de ce conseil, à demander sa révocation. — Même arrêt.

108. — Si le prodigue peut, comme acte conservatoire, interjeter, sans l'assistance de son conseil judiciaire, appel d'un jugement rendu contre lui, ce concours devient indispensable lorsqu'il s'agit de plaider, et le défaut, par le conseil judiciaire, de se présenter manifeste son refus d'autorisation et rend l'appel non-recevable. — *Paris*, 27 mars 1844 (t. 1er 1844, p. 454), La Villeurnoy c. Hutteau d'Origny.

109. — Les jugemens rendus contre un individu pourvu d'un conseil judiciaire peuvent être attaqués par voie de tierce opposition par le conseil, s'ils ont été rendus en son absence. — En supposant que cette tierce opposition ne puisse pas être formée incidemment devant le tribunal civil, lorsqu'il s'agit de jugemens rendus par le tribunal de commerce, rien du moins ne s'oppose à ce que, sur l'appel, la cour investie de la juridiction supérieure statue sur la tierce opposition formée de nouveau devant elle par le conseil judiciaire. — *Paris*, 21 nov. 1842 (t. 1er 1843, p. 196), Hutteau d'Origny et Breton c. Boissin.

110. — De ce que celui qui est pourvu d'un conseil ne peut, sans son assistance, paraître en justice, il résulte qu'on doit réputer nulles les significations qui lui sont faites à lui seul, sans l'être en même temps au conseil. — *Bruxelles*, 13 avr. 1808, Lyon-Reinhac c. Heister. — Cette décision doit être restreinte au cas où il s'agit dans la cause d'un objet dont le prodigue ne peut disposer sans assistance. — V. APPEL, no 963.

111. — Mais le conseil judiciaire peut-il exercer seul les actions de celui qui est sous sa surveillance, ou ne peut-il agir que concurremment avec ce dernier? — La question divise la jurisprudence.

112. — Ainsi, d'un côté, il a été jugé que le conseil judiciaire ne peut exercer seul les actions du prodigue; ces actions doivent être exercées par le prodigue personnellement avec l'assistance de son conseil. — *Bruxelles*, 13 avr. 1808, Lyon-Reinhac c. Heister; — Toullier, no 1383.

113. — Jugé encore que le conseil judiciaire n'a pas qualité pour agir seul en justice, et demander, comme représentant du prodigue, la nullité des engagemens souscrits par celui-ci. — Le prodigue doit être nécessairement en cause, afin que le jugement soit commun avec lui, et puisse être exécuté sur sa personne et sur ses biens. — *Paris*, 13 fév. 1841 (t. 1er 1841, p. 394), Coutard c. Fauqueux.

114. — Jugé, d'un autre côté, que, pour demander cette nullité, le conseil judiciaire a une action directe, et non pas seulement un simple droit d'assistance. — *Paris*, 26 juin 1838 (t. 2 1838, p. 76), Coutard c. Schneider.

115. — La cour de Cassation paraît refuser l'*action directe* au conseil judiciaire, mais elle décide en même temps que, s'il ne peut *agir* seul, à l'insu et en l'absence du prodigue, il n'en est pas de même lorsqu'il s'agit de *défendre* aux actions intentées contre celui-ci. — Ainsi le conseil judiciaire, poursuivi conjointement avec le prodigue, et condamné par défaut, en sa qualité, à l'exécution des obligations contractées par celui-ci, peut, même en l'absence du prodigue, former opposition aux jugemens de condamnation, et demander, sur cette opposition, la nullité des engagemens contractés par le prodigue. — *Cass.*, 8 déc. 1841 (t. 2 1841, p. 721), Thirion-Montauban c. Coutard; 27 déc. 1843 (t. 1er 1844, p. 370), Cretot c. Coutard.

116. — Cette dernière décision ne semble pas devoir souffrir de difficulté. Si le système contraire était admis, il en résulterait qu'il dépendrait du prodigue de donner force et effet à toutes les obligations qu'il aurait pu contracter sans l'assistance de son conseil. Que deviendraient alors les dispositions protectrices de la loi? — Au surplus, la question de savoir jusqu'à quel point le conseil judiciaire est sans qualité pour *agir* sans le concours du prodigue n'est pas sans difficulté; et s'il est certaines actions pour lesquelles le concours et la volonté du prodigue qui, après tout, n'est pas interdit, peuvent paraître indispensables, il en est d'autres aussi qui semblent plus spécialement réservées au conseil judiciaire, et dont l'exercice n'est en réalité que l'accomplissement du devoir de protection et de défense que la loi impose à ce conseil.

117. — Jugé, en tous cas, que l'individu pourvu d'un conseil judiciaire, qui a formé une demande en justice conjointement avec ce dernier, ne peut se désister seul de l'instance. — *Bruxelles*, 27 nov. 1823, N... — Un désistement est une sorte de transaction; il peut aussi contenir une aliénation; donc l'assistance du conseil lui est nécessaire pour transiger. — Pour l'acquiescement, V. ACQUIESCEMENT, no 79.

118. — Si le conseil judiciaire refuse l'autorisation nécessaire pour le désistement, le prodigue peut demander celle du juge. Mais il ne peut, sans faire préalablement nommer un conseil *ad hoc*, soutenir contre son conseil judiciaire que ses intérêts commandent le désistement. — Même arrêt.

119. — En général, le conseil *ad hoc*, nécessaire pour agir contre le conseil judiciaire, doit être nommé par le tribunal. — *Turin*, 12 avr. 1808, Corbetta c. Raspa.

120. — Le conseil judiciaire pourrait, après avoir prêté son concours en première instance, le retirer pour l'appel que le prodigue voudrait interjeter. Il pourrait également se refuser à autoriser le pourvoi en cassation. — L'appel ouvre un nou-

veau degré de juridiction dont l'accès peut être dangereux après les élémens de preuve et de conviction que le débat de première instance a permis de recueillir. Le pourvoi en cassation n'est recevable, n'est fondé, qu'autant qu'il se rencontre, soit en la forme, soit au fond, quelqu'un des moyens auxquels seuls la loi a attaché le prix du succès devant la cour suprême. Mais l'autorisation donnée pour former le pourvoi ne pourrait être invalidée par un changement de volonté du conseil judiciaire, si ce changement ne survient qu'après que le pourvoi a déjà été admis par la chambre des requêtes.

121. — La nomination d'un conseil judiciaire à une femme mariée ne porte aucune atteinte à l'autorité maritale, et la laisse subsister dans toute sa force. — Montpellier, 14 déc. 1841 (t. 2 1842, p. 333), D. c. L. — Quant à la question de savoir si la femme dont le mari est pourvu d'un conseil judiciaire a besoin d'une autorisation pour¨ ester en justice, et par qui cette autorisation peut être donnée, V. AUTORISATION DE FEMME MARIÉE, n°s 274 et suiv.

§ 2. — *Actes antérieurs au jugement. — Actes postérieurs passés sans l'assistance du conseil.*

122. — Le jugement qui nomme un conseil judiciaire produit effet comme celui qui prononce l'interdiction, à partir du jour de sa prononciation. — C. civ., art. 502.

123. — Ainsi l'appel de ce jugement n'est pas suspensif; car, dit Toullier (n° 1383), suivant l'art. 502, C. civ., ce jugement doit avoir son effet à commencer du jour où il a été prononcé, quand il y aurait eu appel, pourvu que le jugement soit confirmé.

124. — Cependant il a été jugé (à tort, selon nous) que l'appel était suspensif. — Toulouse, 29 janv. 1821, Roquelaine. — La question d'appel était d'autant plus indifférente dans l'espèce qu'il s'agissait d'un des actes pour lesquels l'assistance du conseil est inutile : à savoir, un acte respectueux pour arriver à un mariage. — V. *supra* n° 82.

125. — Si le jugement produit effet du jour de sa prononciation, ce n'est que pour l'avenir. — C. civ., art. 499.

126. — *Actes antérieurs.* — Ainsi, tous les actes passés antérieurement au jugement par l'individu pourvu d'un conseil sont valables.

127. — Et il n'y a pas lieu d'appliquer par analogie la disposition rétroactive de l'art. 503 qui annule les actes antérieurs faits à l'époque où la démence existait *notoirement.* — La différence entre les deux cas est que les jugemens portant dation de conseil judiciaire sont *constitutifs* de l'incapacité, tandis que les jugemens d'interdiction sont plutôt *déclaratifs* de la démence. — Duranton, n° 781; Locré, *Législ.*, t. 7, p. 393, n° 11; Zachariæ, t. 1er, p. 144.

128. — Toutefois, d'Argentré (C. inst., art. 492, gloss. 2, n° 4) pense que les actes passés pendant la litispendance devraient être annulés s'ils étaient au profit d'un homme qui aurait eu connaissance de la demande en nomination d'un conseil, par exemple, d'un parent qui aurait voté au conseil de famille, d'un témoin, d'un avocat, d'un avoué qui auraient été employés dans l'instruction. — Et M. Toullier (n° 1383) dit qu'en effet il semble qu'il y a là un tel personnel de la part de celui qui, connaissant la demande et ses élémens de succès, s'est hâté de contracter avec le mineur avant qu'il reçût quelquefois au jugement avec avant reçu qu'il ce jugé devoir être soumis à la direction du conseil.

129. — Suivant Pothier (Tr. des oblig., n° 51), au contraire, une pareille décision n'est bonne que dans le for intérieur de la conscience; mais dans le for extérieur une personne majeure, et non interdite, ne serait pas recevable à se pourvoir contre une vente ou un emprunt qu'elle aurait fait en disant que celui avec qui elle a contracté savait qu'elle ne vendait ou n'empruntait que pour perdre l'argent en débauches.

130. — Et il a été jugé dans ce dernier sens que le billet souscrit par le prodigue pendant l'exécution à fin de nomination d'un conseil judiciaire n'est pas nul, par cela seul que celui au profit de qui il a été fait avait connaissance de ces poursuites, alors même que ce billet ne constituerait qu'un acte de libéralité. — *Orléans*, 25 août 1837 (t. 2 1837, p. 207), Gerberon c. Saint-Loup.

131. — Il nous semble que la solution de la question qui précède dépend des circonstances. Sans doute, en principe, les actes antérieurs au jugement ne peuvent être attaqués pour cause de *prodigalité ou de faiblesse d'esprit* NOTOIRES, mais ils pourraient parfois être annulés pour cause de prodigalité et de faiblesse d'esprit *connues* du contractant, alors que celui-ci en a *abusé*. Et les juges

seront toujours libres d'apprécier, surtout s'il s'agit d'actes de libéralité, s'il n'existe pas de la part de celui qui bénéficie de l'acte des circonstances de dol, de suggestion, de captation qui en entraîneraient évidemment l'annulation. — L'arrêt cité dans le numéro qui précède nie, *en fait*, l'existence de ces causes de nullité.

132. — Quant aux actes antérieurs par leur date au jugement, mais qui n'auraient acquis de date certaine que postérieurement, ils sont régis par les mêmes principes applicables au cas d'interdiction. — V. INTERDICTION.

133. — L'art. 504, qui permet aux héritiers d'attaquer pour cause de démence l'acte souscrit par leur auteur lorsqu'ils ont provoqué son interdiction ou que la démence résulte de l'acte, est spécial au cas de *démence, d'interdiction*, et ne peut s'appliquer en rien au cas d'actes souscrits par un prodigue, et de *nomination de conseil judiciaire*. — Duranton, n° 781.

§ 3. — *Actes postérieurs.*

134. — Les actes qui, postérieurement au jugement, seraient, dans les cas prévus par les art. 499 et 513, passés sans l'assistance du conseil, seraient *nuls de droit*. — C. civ., art. 502. — Il ne s'agit là, comme au cas d'interdiction, que d'une nullité *relative* dans les termes de l'art. 1125, C. civ.

135. — Sur cette nullité *de droit*, ainsi que sur la prescription de l'action en nullité, V. INTERDICTION. Les principes sont les mêmes.

136. — Les sommes remises à un individu pourvu d'un conseil judiciaire à titre de prêt de vin ou d'annuités anticipées d'un bail, qui depuis a été annulé comme excédant ses pouvoirs, ne sont pas restituables. — *Cass.*, 5 août 1840 (t. 2 1840, p. 475), Lechuffoter.

137. — Jugé toutefois que les obligations contractées par le prodigue sans l'assistance faites au conseil judiciaire ne sont pas absolument nulles; il n'en résulte qu'une action en rescision en cas de lésion. — *Metz*, 24 mai 1817, Couturier.

138. — Décidé en conséquence qu'il appartient aux tribunaux d'apprécier en pareille matière si des obligations résultant de fournitures faites au prodigue, sans l'assistance de son conseil judiciaire, en égard à la bonne foi des fournisseurs, à la nature de la dépense et à la position du débiteur. — *Paris*, 23 nov. 1844 (t. 1er 1845, p. 332), de Perregaux et Delille c. Rada.

139. — Bien que le remploi fait sans l'assistance du conseil de capitaux *reçus* par celui qui est sous sa surveillance soit nul, cependant, s'il est non-recevable, ainsi que son conseil, à contester sa validité, s'il en a, l'autre l'ont postérieurement ratifié ou approuvé. La ratification tacite ou de fait est suffisante à cet égard. — *Bruxelles*, 9 oct. 1833, N...; — Duranton, n° 807.

140. — Jugé aussi que la ratification que fait le prodigue relevé de son interdiction, des actes passés pendant cette interdiction, sans l'assistance de son curateur, remonte au jour du contrat ratifié. — *Paris*, 14 prair. an X, Boudet.

141. — Lorsqu'un conseil judiciaire a été nommé à un mineur après que celui-ci fût appelé dans l'instance, les actes qu'il a faits depuis sa majorité sans l'assistance de son conseil, sont valables, alors surtout que le jugement de nomination de la tutelle. — *Nîmes*, 22 avr. 1839 (t. 2 1839, p. 489), Vinay c. Passaga.

142. — Des propositions faites par un père, en sa qualité de père, et non comme conseil judiciaire de son fils, ne peuvent, alors surtout qu'elles n'ont pas été acceptées, être considérées comme emportant reconnaissance de la légitimité de la dette contractée par le fils, postérieurement au jugement qui lui nomme un conseil, et comme faisant obstacle à la demande en nullité de l'engagement formé par le fils. — *Cass.*, 29 juin 1849, Isabelle c. Davranche.

143 — Les obligations contractées par un individu sous l'empire des lois sardes, qui permettaient d'attaquer les actes faits par le prodigue antérieurement à son interdiction, ont continué à être régies par ces lois, tant qu'à ils quant à leur validité, et quant au mode de preuve par lequel elles pouvaient être combattues, quoique la date du conseil judiciaire fût postérieure à la promulgation du Code civil. — Dès-lors, depuis le Code, la preuve *par témoins* qu'autorisaient les lois sardes contre les engagemens souscrits par le prodigue sous leur empire, n'a pas cessé d'être admissible. — *Cass.*, 18 nov. 1806, Canosio c. Operti.

Sect. 6°. — *Révocation du jugement.*

144. — La défense de procéder sans l'assistance

d'un conseil judiciaire ne peut être levée qu'en observant les mêmes formalités que pour la provoquer.

145. — C'est dans la même forme que devrait être formée la demande tendant à substituer une personne nouvelle à la personne désignée par un premier jugement.

146. — Le prodigue pouvant sans l'assistance de son conseil judiciaire transférer, comme nous l'avons dit (*suprà*, n° 80), son domicile d'un lieu dans un autre, c'est devant le tribunal de son nouveau domicile que la demande en main-levée du conseil judiciaire doit être portée. — *Cass.*, 14 déc. 1830 (t. 2 1843, p. 428), Cosson. — Au surplus INTERDICTION.

V. ALIÉNÉS, ASSURANCE TERRESTRE, COMMUNICATION AU MINISTÈRE PUBLIC, OBLIGATIONS PÉRIODIQUES, RENTES SUR L'ÉTAT, SERMENT JUDICIAIRE ET EXTRAJUDICIAIRE.

CONSEIL MARTIAL.

1. — Les conseils martiaux étaient des tribunaux composés d'officiers de marine et auxquels était attribuée la connaissance des délits emportant peine des galères ou de mort, commis à bord des bâtimens de l'état. — L. 24 août 1790.

2. — Les conseils martiaux ont été supprimés par un décret du 22 juill. 1806 et remplacés par des conseils de guerre maritime. — V. TRIBUNAUX MARITIMES.

CONSEIL DES MINISTRES.

1. — Réunion de tous les ministres assemblés sous la présidence du roi ou de l'un d'eux pour délibérer sur les affaires publiques.

2. — Sous la loi du 27 avr.-25 mai 1791, art. 13, tous les ministres étaient membres du conseil du roi.

3. — D'après l'art. 15 de cette même loi, les ministres formaient avec le roi le conseil d'état.

4. — Le conseil des ministres, d'après l'art. 14, L. 27 avr.-25 mai 1791, art. 14, arrêtait les proclamations relatives à leurs départemens respectifs, savoir : celles qui, sous la forme d'instructions, devaient prescrire les détails nécessaires; soit à l'exécution de la loi, soit à la bonté et à l'activité du service; celles qui devaient ordonner ou rappeler l'observation des lois en cas d'oubli ou de négligence; celles qui, aux termes du décret du 6 mars 1791, devaient annuler les actes irréguliers ou devaient suspendre les membres des corps administratifs.

5. — Mais la constitution du 5 fructid. an III déclara, par son art. 151, que les ministres ne formaient pas un conseil.

6. — Sous la constitution du 22 frim. an VIII, et durant l'empire, on conçoit qu'on n'avait pas dû songer à rétablir le conseil des ministres et que la place en était remplie par le conseil d'état, à l'assemblée générale duquel les ministres avaient la faculté d'entrer sans que cependant leur voix pût y être comptée. — Réglem. du 5 niv. an VIII, art. 4.

7. — Après la première restauration et d'après l'ordonnance royale du 26 juin 1814, le conseil d'en haut ou des ministres, qui était une fraction du conseil d'état, se composait des princes de la famille royale, du chancelier et de ceux des ministres secrétaires d'état, et des ministres d'état et conseillers d'état qu'il plaisait au roi de faire appeler pour chaque séance. — Ord. précitée, art. 6.

8. — Ce conseil délibérait sur les matières de haute administration, sur la législation administrative, sur tout ce qui tenait à la police générale, à la sûreté du royaume et au maintien de l'autorité royale. — Ord. 29 juin 1814, art. 7.

9. — Le roi, par la même disposition, se réservait d'évoquer au conseil des ministres les affaires du contentieux de l'administration qui se lieraient à des vues d'intérêt général. Les projets de loi, et généralement toutes les affaires qui devaient être soumises à l'approbation royale, et qui ne l'auraient pas reçue dans le conseil d'état, pouvaient être présentées dans le conseil ou soumises directement au roi.

10. — Par une ordonnance du 9 juill. 1815, les divers ministres reçurent le nom de conseil des ministres, et l'un d'eux fut décoré du titre de président du conseil.

11. — L'ordonnance du 19 avr. 1817, modifiant cet ordre de choses, institua des conseils de cabinet appelés à discuter sur toutes les questions de gouvernement, les matières de haute administration ou de législation qui leur seraient renvoyées par le roi. — Art. 1er.

12. — Les conseils de cabinet qui devaient être présidés par le roi ou par le président du conseil des ministres, étaient composés : 1° de tous les ministres secrétaires d'état ; 2° de quatre ministres d'état au plus et de deux conseillers d'état désignés par le roi pour chaque conseil. — Art. 2 et 3.

13. — Il n'était tenu aucun registre ni note des délibérations des conseils de cabinet ; seulement, toutes les fois qu'un de ces conseils était réuni, l'avis pris à la majorité des voix était rédigé et certifié par l'un des ministres responsables y assistant. — Art. 4.

14. — Une ordonnance royale du 11-14 août 1830 nomma membres du conseil des ministres les sept secrétaires d'état aux départemens de la justice, de la guerre, des affaires étrangères, de la marine, de l'instruction publique et des cultes, des finances et de l'intérieur, et MM. Jacques Laffitte, Casimir Périer, Dupin aîné et le baron Bignon, tous quatre membres de la chambre des députés. Une autre ordonnance du 17 août 1830 autorisa M. Dupin, nommé procureur général à la cour de Cassation, à cumuler cette fonction avec celle de membre du conseil des ministres.

15. — Mais une ordonnance du 2-6 nov. 1830 restreignit la composition du conseil des ministres aux ministres secrétaires d'état chargés d'un département.

16. — Le conseil des ministres n'a que des attributions purement consultatives, en ce sens qu'il ne peut, sans la volonté du roi, prendre aucune décision obligatoire ; mais ses décisions n'en ont pas moins une très grande importance, puisque, le roi ne pouvant pas agir sans les ministres, ceux-ci en refusant leur concours l'obligent à changer de ministère, et par cela même à modifier le système politique du gouvernement. — Foucart, Élém. de droit publ. et administ., t. 1er, p. 444.

17. — Le conseil des ministres s'assemble tantôt chez le roi, tantôt chez l'un des ministres que le roi a désigné comm. président.

18. — La loi du 19 juill. 1845, par son art. 24, a conféré au conseil des ministres une attribution nouvelle en rendant son avis obligatoire lorsqu'une ordonnance qui statue en matière contentieuse n'adopte pas l'avis du conseil d'état. — V., au surplus, MINISTRE.

CONSEIL MUNICIPAL.

Table alphabétique.

CONSEIL MUNICIPAL. — 1. — Le conseil municipal est une assemblée élue dans chaque commune par un certain nombre de ses habitans pour représenter et défendre les intérêts municipaux de la manière déterminée par la loi.

2. — Nous avons traité sous le mot COMMUNE de tout ce qui appartient à l'organisation municipale, et notamment des attributions et des pouvoirs des conseils municipaux. Nous n'avons à nous occuper ici que de leur mode de procéder et des formes dont l'observation leur est commandée par la loi dans l'exercice de leurs fonctions.

3. — Aux termes de l'art. 14, L. 18 juill. 1837, c'est au maire qu'appartient l'administration active des affaires municipales. C'est lui qui est le délégataire du pouvoir exécutif de la commune ; aussi est-il interdit au conseil municipal de prendre des mesures dont l'effet pourrait être d'entraver l'administration du maire en substituant son action celle du corps délibérant. C'est ainsi que les conseils municipaux ne peuvent traiter dans leur sein de commissions spéciales et *permanentes*. Les commissions formées par ces conseils ne peuvent que préparer un rapport sur un objet déterminé ; et lorsque le rapport de chacune d'elles a été présenté, elle doit se dissoudre. — V. circ. min. int. 17 juill. 1838, rapportée dans le *Courrier des communes*, vol. 1838.

4. — Les membres des conseils municipaux, ne tenant leurs pouvoirs que de l'élection des habitans de la commune, ne peuvent être considérés, sous aucun rapport, comme des agens du gouvernement, ils peuvent donc être poursuivis sans autorisation du conseil d'état. Ce principe était admis même avant la loi de 1831, qui a rétabli le système électif, la jurisprudence considérant avec raison les conseillers municipaux comme de simples mandataires de la commune. — V. Cons. d'état, 29 janv. 1823, Wil ; 21 mai 1823, Thiébaud ; 2 déc. 1823, Cassagnoles ; 4 mai 1826, Bourgeois.

5. — Il est évident qu'il en serait autrement d'un conseiller municipal poursuivi à raison des actes d'administration qu'il aurait faits en cas d'empêchement du maire et des adjoints, et comme les remplaçant, car c'est dans ce cas comme maire et non comme membre du conseil qu'il serait recherché. — Pau, 23 déc. 1830, Verdier.

6. — Les fonctions des membres des conseils

municipaux, comme celles des maires et adjoints sont essentiellement gratuites, et ne peuvent donner lieu à aucune indemnité ni frais de représentation. — L. 21 mars 1831, art. 1er, § 2.

Sect. 1re. — *Historique.*

7. — Nous avons indiqué au mot COMMUNE les principaux traits de l'histoire des assemblées municipales antérieurement à 1789. Il suffit donc de rappeler ici les modifications successives que les diverses formes de gouvernement établies en France ont amenées dans l'organisation des corps municipaux. La loi du 14 déc. 1789, qui abolit les anciennes municipalités des villes, bourgs, paroisses et communautés, créa dans chacune de ces municipalités nouvelles qu'elle constituait des assemblées chargées de régler par leurs délibérations l'administration communale.

8. — Les communes avaient, sous ce régime, un double corps délibérant. Leurs affaires étaient réglées, suivant les différens cas, par deux conseils fonctionnant parallèlement : le conseil municipal et le conseil général.

9. — Il n'y avait de conseils municipaux que dans les communes où le corps municipal se composait de plus de trois membres. Le corps municipal se divisait alors en un conseil municipal. — L. 14 déc. 1789, art. 34, 35, 36, 37. — Le bureau, que le maire faisait nécessairement partie, était chargé des détails de l'administration. Il exerçait en outre le pouvoir exécutif. Le conseil municipal décidait, par ses délibérations, les questions qui se présentaient dans l'administration communale.

10. — Le conseil municipal s'assemblait une fois par mois ; il commençait par arrêter les comptes du bureau, s'il y avait lieu, et après cette opération, les membres du bureau avaient séance et voix délibérative avec ceux du conseil. — Art. 38.

11. — A l'exception du cas où il était appelé à faire cette vérification de comptes, le conseil municipal ne pouvait délibérer sur l'adjonction des membres du bureau. La présence des deux tiers au moins des membres du conseil était nécessaire pour recevoir les comptes du bureau, les autres délibérations pouvaient être prises par la moitié plus un des membres du corps municipal. — Art. 39 et 40.

12. — Le *conseil général* avait pour mission de délibérer sur les affaires qui intéressaient plus gravement la fortune communale, et il n'était convoqué que dans les circonstances importantes. Il se composait du corps municipal et d'un nombre de notables double de celui des membres de ce corps. — Art. 30 et 31.

13. — Dans les villes au-dessus de 25,000 âmes, l'administration municipale pouvait se diviser en sections, à raison de la diversité des matières. — Art. 41.

14. — Les officiers municipaux et les notables étaient élus pour deux ans et renouvelés par moitié chaque année. Lorsqu'un membre du corps municipal venait à mourir, ou était destitué ou suspendu de sa place, on passait dans le bureau municipal, il était remplacé de droit, pour le temps qui lui restait à remplir, par celui des notables qui avait réuni le plus de suffrages. — Art. 42 et 47.

15. — Les parens ou alliés aux degrés de père et de fils, de beau-père et de gendre, de frère et de beau-frère, d'oncle et de neveu, ne pouvaient être en même temps membres du même corps municipal. — Art. 42.

16. — Les citoyens qui occupaient des places de judicature ne pouvaient être en même temps membres des corps municipaux. — Art. 14. — Les fonctions municipales ne pouvaient être pareillement

CONSEIL MUNICIPAL, sect. 1re.
CONSEIL MUNICIPAL, sect. 1re.

plies par les percepteurs des contributions in-ctes. — Art. 15.

17. — Les membres du conseil municipal ne pou-'ent faire partie de la garde nationale.— Art. 53.

18.—Les membres des corps municipaux étaient nombre de trois à vingt-un, d'après une échelle population établie par la loi. — V. COMMUNE.

19. — Tous les membres du corps municipal laient, avant d'entrer en exercice, le serment maintenir de tout leur pouvoir la constitution u royaume, d'être fidèles à la nation, à la loi et roi, et de bien remplir leurs fonctions.—Art. 48.

20.—Les fonctions des corps municipaux étaient e deux natures; tantôt ils exerçaient les attribu-ons propres au pouvoir municipal, tantôt ils n'a-ssaient que comme délégataires de l'administra-n supérieure. — Art. 49, 50, 51 et 52. — Pour les tributions des corps municipaux à cette épo-e, V. COMMUNE.

21. — Les citoyens actifs de la commune avaient droit de prendre communication, sans déplace-ent et sans frais, des comptes, des pièces justifi-tives et des délibérations du corps municipal.— t. 59.

22. — Enfin, l'art. 60 de la loi porte : Si un ci-en croit être personnellement lésé par quelque e du corps municipal, il pourra exposer ses ets de plainte à l'administration ou au direc-re de département, qui y fera droit sur l'avis é l'administration de district, qui sera chargée de rifier les faits.

23. — Plusieurs lois vinrent compléter ou mo-fier celle du 14 déc. 1789. — Celle du 29-30 déc. la même année établit une incompatibilité en-les fonctions municipales et les fonctions mi-aires. — Art. 1er. — Elle décida que tous les ci-yens élus pour remplir avec le maire les places la municipalité, porteraient le seul nom d'offi-ers municipaux. — Art. 4.

24. — Son art. 5 attribua aux corps municipaux toute cérémonie publique la préséance sur les ciers et les corps civils et militaires.

25. — La même loi disposa que le conseil muni-l, lorsqu'il apurerait les comptes du bureau, il présidé par celui de ses membres qui aurait uni le plus de suffrages. — Art. 3.

26. — La loi du 27 août 1792 prescrivit la publi-é des séances des corps administratifs et muni-ux. Toutes les délibérations des corps muni-ux et des conseils généraux de communes ent être publiques lorsque, par leur impor-ce, elles étaient de nature à être mentionnées registre des délibérations (art. 1er et 6), et ce peine de nullité. — Art. 5.

27. — Les corps municipaux et conseils géné-x furent astreints à fixer et à indiquer des urs et heures ordinaires de leurs séances; ils du-t indiquer par des affiches les séances extraor-ires. — Art. 2.

28. — Lorsque la nullité pour défaut de publi-é entraînait un préjudice pour l'intérêt public l'intérêt individuel, il y avait lieu à responsa-lité contre les officiers municipaux et notables quels le défaut de publicité pouvait être im-té. — Art. 4.

29. — Le principe fléchissait néanmoins lorsqu'il gissait de prendre des mesures de police et de eté sur lesquelles il eût été dangereux de dé-er publiquement. Les assemblées municipales vaient ne point user de publicité pour ces dé-rations. — Art. 5.

30. — Tel était l'ensemble de la législation sur assemblées communales et le mode de leurs rations pendant les premières années qui sui-nt la révolution de 1789. Quant à l'organisa-n qui fut donnée alors au corps délibérant de municipalité de la ville de Paris, V. L. 21 mai , et PARIS (ville de).

31. — La réforme de l'an III, en modifiant pro-dément les constitutions d'un grand nombre communes, supprima dans ces communes les ils délibérans qui leur appartenaient. La titution directoriale du 5 fructid. an III ne serva, en effet, qu'aux communes dont la po-lion était de cinq mille habitans et au-dessus, droit d'avoir une municipalité distincte. Elle ne na à celle dont la population n'égalait pas ce fre qu'un agent municipal et un adjoint, et posa que dans chaque canton la réunion des s municipaux formerait une municipalité dite canton. — Art. 178, 179 et 180.

. — Cette administration municipale de canton it à sa tête un président choisi dans tout le ton. — Art. 181.

. — Les communes qui conservèrent leur icipalité distincte furent ainsi constituées : les communes dont la population s'élevait cinq à dix mille habitans, la constitution de III établit cinq officiers municipaux ; sept, de-puis dix mille jusqu'à cinquante mille; neuf, de-puis cinquante mille jusqu'à cent mille. — Art. 182.

34. — Dans les communes dont la population excédait cent mille habitans, trois administrations municipales au moins durent se former. Dans ces communes, la division des municipalités s'opéra de manière que la population de l'arrondissement de chacune n'excédât pas cinquante mille indivi-dus, et ne fût pas moindre de trente mille. La municipalité de chaque arrondissement était com-posée de sept membres. — Art. 185.

35. — Les communes divisées ainsi en plusieurs municipalités reçurent un bureau central pour les objets jugés indivisibles par le corps législa-tif. Ce bureau était composé de trois membres nommés par l'administration de département, et confirmés par le pouvoir exécutif. — Art. 184.

36. — Les officiers municipaux dans les commu-nes au-dessus de cinq mille habitans étaient élus par les assemblées primaires créées par cette cons-titution du 5 fruct. an III. C'est aussi à ces assem-blées qu'il appartenait d'élire le président de l'ad-ministration municipale de canton. Dans chaque commune d'une population inférieure à cinq mille habitans, une assemblée communale nommait l'a-gent municipal et son adjoint. — Art. 27 et 28. — V. ÉLECTIONS MUNICIPALES.

37. — Les membres des administrations muni-cipales devaient être âgés de vingt-cinq ans au moins. L'ascendant et le descendant en ligne di-recte, les frères, l'oncle et le neveu, et les alliés aux mêmes degrés, ne pouvaient simultanément être membres de la même administration, ni s'y succéder qu'après un intervalle de deux ans. — Art. 175 et 176.

38. — Les membres des administrations muni-cipales étaient nommés pour deux ans et renou-velés chaque année par moitié ou par partie la plus approximative de la moitié et alternativement par la portion la plus forte et la portion la plus faible. Ils pouvaient être réélus une fois sans in-tervalle. — Art. 185 et 186. — Mais aux élections postérieures ils ne pouvaient être élus qu'après un intervalle de deux ans. — Art. 187.

39. — Lorsqu'une administration municipale perdait un ou plusieurs de ses membres par mort, démission ou autrement, les administrateurs res-tans pouvaient s'adjoindre en remplacement des administrateurs temporaires et qui exerçaient en cette qualité jusqu'aux élections suivantes. — Art. 188.

40. — La loi du 21 fructid. an III trace quelques règles pour les sessions et les délibérations des assemblées municipales constituées par l'acte du 5 fructid.

41. — Aux termes de l'art. 4 de cette loi, le pré-sident de l'administration municipale de canton devait remplir ses fonctions pendant deux ans. Il devait se rendre au moins deux fois par décade au chef-lieu du canton, s'il n'y était pas résidant, et convoquer les assemblées extraordinaires toutes les fois qu'il y avait lieu. En cas d'extrême ur-gence et en l'absence du président, l'agent muni-cipal nommé par la commune chef-lieu de canton pouvait faire cette convocation. — Art. 5 de la même loi.

42. — Les municipalités de canton tenaient des séances périodiques fixées par l'administration de département. Il ne pouvait y en avoir moins de trois par mois. La présence était d'obligation aux jours indiqués; l'administration de canton pou-vait s'assembler extraordinairement lorsqu'elle le jugerait convenable. — Art. 6 et 7.

43. — Quant aux municipalités autres que celles provenant de la réunion des agens de plu-sieurs communes, elles devaient tenir des séan-ces d'au moins cinq jours l'un dans les commu-nes dont la population excédait vingt mille habi-tans, et de dix jours l'un dans les autres com-munes; l'administration départementale détermi-nait ces jours. Ces municipalités choisissaient an-nuellement leur président dans leur sein. En cas d'absence, maladie ou autre empêchement momen-tané de sa part, il était provisoirement remplacé par l'officier municipal que l'administration nom-merait. — Art. 8 et 9.

44. — L'art. 16 de cette loi ne reconnut comme va-lables que les délibérations prises à la pluralité des suffrages des membres présens, lesquels devaient représenter la moitié plus un des membres de l'administration municipale. Cette règle était com-mune à toutes les délibérations prises par les as-semblées administratives du territoire. Le secré-taire en chef de chacune des administrations mu-nicipales ou autres devait être nommé par elle. — Art. 17.

45. — Quant aux attributions des corps munici-paux dans cette période, et à leurs relations avec l'administration générale et le gouvernement, V. COMMUNE.

46. — La loi du 28 pluv. an VIII, par laquelle l'administration est encore actuellement régie en France, apporta deux modifications essentielles au système de l'an III. Elle rendit une municipalité distincte aux communes que la constitution direc-toriale en avait privées, mais en même temps elle supprima le système électif qui avait été appliqué jusque-là aux institutions municipales pour con-férer à l'administration supérieure le droit de nom-mer les membres des municipalités. — V. ÉLEC-TIONS MUNICIPALES.

47. — L'art. 15 de cette loi portait : Il y aura un conseil municipal dans chaque ville, bourg ou au-tre lieu dans lequel il existe un agent municipal et un adjoint. Le nombre de ses membres sera de dix dans les lieux dont la population n'excède pas deux mille cinq cents habitans, de vingt dans ceux où elle n'excède pas cinq mille; de trente dans ceux où la population est plus nombreuse. — Ce conseil s'assemblera chaque année le 15 pluv., et pourra être convoqué extraordinairement, par or-dre du préfet.

48. — L'art. 20 ajouta : Les préfets nommeront et pourront suspendre de leurs fonctions les mem-bres des conseils municipaux... Les membres des conseils municipaux seront nommés pour trois ans; ils pourront être continués.

49. — Ces dispositions furent complétées par quelques actes du pouvoir législatif destinés à en assurer l'exécution.

50. — Un arrêté du 17 vent. an VIII, relatif à l'é-tablissement des préfectures créées par la loi du 18 pluv., indique comment les municipalités fonc-tionnant lors de la promulgation de cette dernière loi devaient se dissoudre. C'est sur une notifica-tion à elles faite dans ce but par le préfet du dé-partement qu'elles durent cesser leurs fonctions. — Art. 5 de l'arrêté.

51. — L'arrêté du 19 flor. an VIII, relatif à la no-mination des maires et adjoints des communes au-dessous de cinq mille ames, portait : Les préfets nommeront les membres des conseils munici-paux, conformément à l'art. 20, L. 28 pluv. an VIII. Les citoyens nommés prêteront serment, lors de leur première assemblée, entre les mains du maire, qui en enverra le procès-verbal au sous-pré-fet, pour être transmis ensuite par extrait au pré-fet du département. — Art. 12 et 13.

52. — L'arrêté du 9 messid. an VIII décida que les conseils municipaux des villes dont la popu-lation était de cent mille habitans ou au-dessus seraient composés de trente membres, y compris les maires et adjoints. — Art. 1er. — Ils devaient être présidés par le plus âgé des maires. — Art. 2. — Dans ces villes, un des membres du conseil désigné par le président devait faire les fonctions de secrétaire. — Art. 3.

53. — Un arrêté du 25 vend. an IX, relatif à la composition des conseils municipaux, déclara que les débiteurs forains pourraient exercer les fonc-tions de membres de ces conseils. — L'art. 2 de cet arrêté portait : Les membres des conseils mu-nicipaux ne seront pas nécessairement portés au nombre fixé par la loi; il suffira qu'il y ait le nom-bre nécessaire pour la délibération, c'est-à-dire deux tiers.

54. — L'arrêté du 2 pluv. an IX détermina les fonctions des maires relativement aux conseils mu-nicipaux, et indiqua de quelle manière ces conseils seraient présidés. Le maire de chaque commune, portait cet arrêté, est de droit membre du conseil municipal. — Art. 1er. — Il en a la présidence. — Art. 2. — En cas de maladie, absence ou autre em-pêchement, il est remplacé par un adjoint, en sui-vant, lorsqu'il y en a plusieurs, l'ordre de leur no-mination. Hors ce cas, les adjoints n'ont pas entrée au conseil municipal. — Art. 3.

55. — Dans les villes de Lyon, Marseille et Bor-deaux, où il y a plusieurs municipalités, le préfet désignera un des maires pour présider le conseil municipal. — Art. 4. — Lorsque les comptes de l'administration du maire seront présentés au con-seil municipal, le maire quittera la présidence, et sera remplacé par un membre du conseil, choisi d'avance au scrutin secret et à la pluralité, par les membres du conseil. — Art. 5. — Le conseil municipal choisira de même un de ses membres pour remplir les fonctions de secrétaire. — Art. 6.

56. — Les dispositions de l'art. 20, L. pluv. an VIII, relatives à la nomination des membres des conseils municipaux et à la durée de leurs fonc-tions, furent modifiées, en l'an X, par un sénatus-consulte du 16 thermid. de ladite année, postérieur de deux jours à celui qui proclama Napoléon Bo-naparte premier consul à vie.

57. — Le sénatus-consulte du 16 thermid., qui re-produisit en grande partie la constitution consu-

laire du 22 frim. an VIII, parut vouloir rendre aux municipalités des villes de cinq mille ames et au-dessus une partie du système électif que la loi de pluv. an VIII avait aboli. En effet, son art. 10 portait : « Dans les villes de cinq mille ames, l'assemblée de canton présente deux citoyens pour chacune des places du conseil municipal. Dans les villes où il y aura plusieurs justices de paix ou plusieurs assemblées de canton, chaque assemblée présentera pareillement deux citoyens pour chaque place du conseil municipal. Les membres des conseils municipaux sont pris, par chaque assemblée de canton, sur la liste des cent plus imposés du canton. Cette liste sera arrêtée et imprimée par ordre du préfet. »

58. — L'art. 12 ajouta : « Les conseils municipaux se renouvellent tous les dix ans par moitié. »

59. — L'arrêté du 19 fructid. an X, contenant réglement pour l'exécution du sénatus-consulte du 17 thermid., traça des règles pour l'application de l'art. 12 du sénatus-consulte, en limitant cette application aux communes de cinq mille habitans et au-dessus. — Art. 81, 82, 83, tit. 4, de l'arrêté.

60. — Le système du renouvellement décimal par moitié, qui avait été limité par l'arrêté du 19 fructid. à certains conseils municipaux, fut étendu, par un arrêté du 14 niv. an XI, à toutes les communes du territoire. Cet arrêté portait : Les art. 81, 82 et 83, tit. 4, de l'arrêté du 19 fructid. seront appliqués à toutes les communes de la république (art. 1er). — En conséquence, les conseils municipaux des villes au-dessous de cinq mille habitans seront renouvelés par moitié en l'an XI, ensuite en l'an XX, et ainsi de dix en dix ans. — Art. 2.

61. — L'art. 3 autorisait les préfets à réélire les anciens membres des conseils.

62. — Un arrêté du 5 germin. an XII établit une incompatibilité entre les fonctions de membres du corps législatif ou du tribunat et celles de membre d'un conseil général de commune.

63. — L'abandon qui fut fait en 1806 du calendrier républicain et de ses qualifications rendit inexécutable l'art. 15 de la loi de pluv. an VIII, qui fixait au 15 pluv. les sessions annuelles des conseils municipaux. — Un décret du 14 fév. 1806 décida que les sessions ordinaires de ces conseils se tiendraient du 1er au 15 mai de chaque année.

64. — Les arrêtés des 9 messid. an VIII et 2 pluv. an IX (V. *suprà*), relatifs aux rapports des maires avec les conseils municipaux, furent abrogés d'une manière expresse par un décret du 4 juin 1806. — Le maire de chaque commune, portait ce décret, entre seul de droit au conseil municipal et le préside, sans pour cela compter dans le nombre des membres dont le conseil doit être composé d'après les dispositions de l'art. 15, L. 28 pluv. an VIII, art. 1er.

65. — En cas d'absence, de maladie ou d'empêchement, le maire est remplacé dans cette présidence par celui des adjoints qui est appelé à remplir les fonctions de maire. — Art. 2.

66. — L'arrêté du 14 niv. an II avait par son art. 2 fixé au 1er pluv. suivant (correspondant au commencement de l'année 1803) le point de départ pour le renouvellement décennal des conseils municipaux. Ces conseils avaient été renouvelés dès lors en 1813, et ils devaient l'être de nouveau en 1823. Mais cette opération fut déplacée par une ordonnance royale du 13 janv. 1816, qui portait dans son art. 2 : Le renouvellement des conseils municipaux, qui devait avoir lieu en 1823, aura lieu en 1821, 1831, et ainsi de suite de dix ans en dix ans.

67. — C'est sous l'empire de la loi du 18 pluv. an VIII et des dispositions postérieures qui viennent d'être rappelées que les conseils municipaux restèrent placés jusqu'en 1830. Sous la restauration, on parut, à plusieurs reprises, vouloir les remplacer par une loi nouvelle destinée à réorganiser le système de représentation communale alors existant ; mais ces tentatives n'eurent pas de suite. Pendant toute cette période, le simulacre de système électif que le sénatus-consulte du 16 thermid. an X avait donné aux conseils municipaux fut mis en oubli et les membres de ces conseils furent nommés par le gouvernement.

68. — La Charte de 1830 garantit au pays par son art. 69, § 2, des institutions municipales fondées sur un système électif. Les lois du 21 mars 1831 sur l'organisation municipale et du 18 juill. 1837 sur l'administration municipale ont réalisé cette promesse, et c'est conformément à ces lois que les conseils municipaux fonctionnent actuellement. — V. COMMUNE.

Sect. 2e. — *Convocation. — Sessions ordinaires et extraordinaires.*

69. — La loi organique du 21 mars 1831 a réglé, de la manière suivante, ce qui concerne la convocation des conseils municipaux, leurs réunions en sessions ordinaires ou extraordinaires. — (Art. 23.) « Les conseils municipaux se réunissent quatre fois l'année, au commencement des mois de février, mai, août et novembre. Chaque session peut durer dix jours. » — (Art. 24.) « Le préfet ou sous-préfet prescrit la convocation extraordinaire du conseil municipal ou l'autorise, sur la demande du maire, toutes les fois que les intérêts de la commune l'exigent. » — « Dans les sessions ordinaires, le conseil municipal peut s'occuper de toutes les matières qui rentrent dans ses attributions. » — « En cas de réunion extraordinaire, il ne peut s'occuper que des objets pour lesquels il a été spécialement convoqué. » — « La convocation pourra également être autorisée pour un objet spécial et déterminé, sur la demande du tiers des membres du conseil municipal adressée directement au préfet, qui ne pourra la refuser que par un arrêté motivé, qui sera notifié aux réclamans, et dont ils pourront appeler au roi. »

70. — Antérieurement à la loi du 21 mars 1813, les conseils municipaux ne tenaient qu'une session annuelle. L. de pluv. an VIII, art. 15, et décr. 14 fév. 1806. — V. *suprà* nos 47 et 63. Cette session étant souvent insuffisante dans les communes de quelque importance pour l'expédition des affaires ordinaires, la loi actuelle a cru devoir rapprocher les époques de réunion des conseils municipaux.

71. — Dans chacune de leurs sessions ordinaires les conseils municipaux doivent s'occuper des intérêts généraux de la commune. Néanmoins, il est certaines de leurs attributions qui, par la force des choses, appartiennent plus particulièrement à l'une de ces sessions.

72. — Dans la première session, c'est-à-dire celle de février, les conseils examinent les comptes communaux et ils préparent les élémens du budget communal qui doit les occuper à la session de mai. Dans cette première session, ils prennent connaissance des projets de constructions et de réparations de chemins ou d'édifices communaux, et se donnent ainsi les moyens de s'éclairer sur les divers projets et de les contrôler dans l'intervalle des deux sessions.

73. — Dans la session qui se tient au commencement du mois de mai, les conseils s'occupent plus particulièrement de vérifier les comptes d'administration que doit rendre le maire pour l'année précédente et de voter le budget de l'année courante. Ils votent aussi les budgets des hospices et bureaux de bienfaisance qui recevraient des subventions communales.

74. — Une ordonnance royale du 16 juill. 1833, rendue pour assurer et faciliter l'exécution de la loi du 28 juin précédent, sur l'instruction primaire, porte fixation à la session de mai de délibérations des conseils municipaux sur la création ou l'entretien des écoles primaires communales, élémentaires ou supérieures (V. les art. 9 et 10, L. 28 juin 1833), sur le taux de la rétribution mensuelle et du traitement fixe à accorder à chaque institution et sur les sommes à voter, soit pour acquitter cette dernière dépense, soit pour acquérir, construire, réparer ou louer des maisons d'école.

75. — Dans la session d'août, les conseils votent les impositions extraordinaires qu'exigent les besoins de la commune lorsqu'elles n'ont pas été déjà l'objet d'une délibération. Aux termes de l'art. 1er, ord. 16 juill. 1833, c'est pendant cette session que les conseils municipaux doivent dresser l'état des élèves qui devront être reçus gratuitement à l'école primaire élémentaire. — L. 28 juin 1833, art. 14, § 3.

76. — Enfin, la session qui s'ouvre au commencement du mois de novembre étant la dernière session ordinaire de l'année, les conseils municipaux doivent terminer d'une manière définitive toutes les opérations qui auraient été ajournées dans les sessions précédentes.

77. — L'art. 23 de la loi limite la durée des sessions ordinaires à dix jours. Peu importerait que pendant ces dix jours le conseil n'eût pas tenu dix séances ; il n'en devrait pas moins se séparer à l'expiration du délai, et si un conseil avait espacé les jours de ses réunions de manière à se mettre en quelque sorte en permanence pendant un temps plus long, ce serait le cas d'annuler les délibérations qu'il aurait prises après l'expiration des dix jours. — V. ci-après, no 176, art. 29 de la loi.

78. — Mais si un conseil municipal n'avait pas terminé dans le délai légal des affaires urgentes, ou si la session n'avait produit aucun résultat, une session extraordinaire pourrait être provoquée pour le réglement de ces affaires. — Le préfet ou le sous-préfet pourrait même autoriser le maire à convoquer le conseil en session extraordinaire pour délibérer sur toutes les affaires de la compétence de ce dernier. L'art. 24 ne proscrit pas une semblable convocation. — Circ. min. int. 17 janv. 1838.

79. — On s'est demandé si, dans le cas où l'autorité administrative négligerait de convoquer un conseil municipal pour ses sessions trimestrielles, ce conseil pourrait de plein droit et sans convocation se réunir. — L'affirmative nous paraît plus conforme à l'esprit de la loi du 21 mars 1831. En conférant au préfet ou au sous-préfet le droit de prescrire ou d'autoriser la convocation des conseils municipaux, on n'a pu vouloir leur donner celui d'anéantir en quelque sorte ces conseils en les empêchant de se réunir aux époques légales. Il semble donc que si un conseil municipal ne recevait aucune convocation à l'époque d'une de ses sessions ordinaires, il devrait réclamer auprès du préfet et à son défaut auprès du ministre de l'intérieur, et que si l'administration ne prenait aucune mesure pour le réunir, il pourrait être convoqué par le maire sans autorisation, et même, au refus de ce dernier, se réunir spontanément. Fenet, *Courr. des comm.*, t. 10, p. 54.

80. — Dans le cas des convocations prévues par le § 1er, art. 24, le sous-préfet qui les prescrit ou les autorise use d'un pouvoir qui lui est propre, la loi ne subordonne pas son action à une délégation ni même à une approbation de son supérieur. Aussi n'est-il pas obligé de demander l'avis du préfet.

81. — Bien que la loi ne le dise pas expressément, l'arrêté du préfet ou du sous-préfet, prescrit ou autorise une convocation extraordinaire, doit en fixer la durée. La loi n'a pu vouloir permettre qu'un conseil municipal, en s'ajournant indéfiniment, se mît en permanence. — Circ. min. int., 17 juill. 1838. — Si la durée assignée à la session extraordinaire se trouvait, par l'événement, insuffisante, une autre session extraordinaire pourrait être provoquée.

82. — La loi de 1831 ne prescrit pas de formes particulières pour les convocations. Elles se font habituellement par lettres remises au domicile des membres des conseils municipaux. — Tout autre mode pourrait être employé, pourvu que les conseillers fussent tous prévenus d'une manière suffisante. — V. *infrà* no 136, art. 26, L. 1837.

83. — Dans les lettres de convocation il est d'usage de rappeler à chaque membre du conseil la disposition de l'art. 26, L. 1831, aux termes duquel le préfet doit déclarer démissionnaire tout conseiller municipal qui aura manqué à trois convocations consécutives, sans motifs reconnus légitimes par le conseil.

84. — Le § 3 de l'art. 24 n'attribue compétence aux conseils municipaux réunis extraordinairement que pour régler les affaires qui ont motivé leur convocation. Il résulte de cette disposition qu'en convoquant extraordinairement les conseils, les maires doivent leur faire connaître par la convocation même quel doit être l'objet de leurs travaux pendant la session. — Lorsqu'il s'agit de sessions ordinaires, une pareille indication n'aurait pas d'utilité, puisque dans ces sessions les conseils doivent s'occuper de tout ce qui rentre dans leur compétence. — Bost, t. 1er, no 197.

85. — Les art. 23 et 24, L. 1831, ne prescrivent aucun délai entre le jour de la convocation du conseil municipal et celui où il doit se réunir. La convocation est donc régulièrement faite et valable toutes les fois qu'on aura donné aux membres du conseil un temps suffisant pour qu'ils puissent se rendre le jour indiqué pour l'ouverture de la session. — Bost, t. 1er, no 197.

86. — Il est cependant un cas dans lequel la loi a prescrit un délai fixe, comme minimum de l'intervalle qui doit séparer ces deux époques. Ce cas s'applique non au conseil municipal lui-même, mais à un certain nombre de membres de la municipalité appelée à délibérer avec lui sur un objet spécial. Aux termes de l'art. 42, L. 18 juill. 1837, sur l'administration municipale, dans les communes dont les revenus sont inférieures à cent mille francs, lorsqu'il s'agit de contributions extraordinaires et d'emprunts, les plus imposés au rôle de la commune doivent être appelés à délibérer avec le conseil municipal en nombre égal à celui des membres en exercice. Ces plus imposés doivent être convoqués individuellement par le maire au moins dix jours avant celui de la réunion. — V., sur l'adjonction des plus imposés aux conseils municipaux et leur convocation, une circ. min. int. 14 fév. 1843, *Journ. des cons. mun.*, t. 10, p. 225.

87. — L'art. 26, L. 21 mars 1831, porte : « Le préfet déclarera démissionnaire tout membre du conseil municipal qui aura manqué à trois convocations consécutives, sans motifs reconnus légitimes par le conseil. »

88. — M. Duvergier (*Coll. des lois*) fait remar-quer que cet article parle de *convocations* et non de *séances*. Un conseiller municipal pourrait donc manquer à trois séances ou plus de la même ses-on sans encourir de démission forcée. Mais la loi entend-elle dire que le préfet doit déclarer dé-ionnaire le membre d'un conseil municipal ui n'aurait pas paru aux séances d'ouverture de ois sessions consécutives, alors que chaque ses-on se sera composée de plusieurs séances? Tel est pas le sens de l'art. 26, et le mot *convocations* 'il emploie doit être considéré comme un équi-lent de celui de *sessions*. La pensée du législa-ur se révèle de manière à dissiper tous les doutes l'on rapproche l'art. 26 d'un autre texte. Aux mes de l'art. 7, L. 22 juin 1833, sur l'organi-tion des conseils généraux de département et conseils d'arrondissement, lorsqu'un membre un conseil général a manqué à deux *sessions* nsécutives, sans excuses légitimes ou empêche-ent admis par le conseil, il doit être considéré mme démissionnaire. — On comprendrait diffi-ement que la loi eût apprécié de deux manières fférentes l'inexactitude d'un membre d'un con-l général et celle d'un conseiller municipal; dernier ne doit être considéré comme démis-nnaire qu'autant qu'il n'aura pas pris part à s sessions successives. — Bost, t. 1er, p. 562, Ap-ndice.

89. — La disposition de l'art. 26 doit recevoir application, sans distinguer entre les convoca-ns faites pour les sessions ordinaires et celles seraient faites pour une ou plusieurs sessions traordinaires. Il suffit qu'un membre du conseil ait pas répondu à trois convocations successives ur que sa démission doive être prononcée. La éralité des termes de l'art. 26 et la place qu'il upe dans la loi ne permettent aucun doute à t égard. — Fenet, *Courr. des comm.*, t. 10, p. 7.

90. — La loi n'ayant attaché d'effets à l'absence un conseiller municipal qu'autant qu'elle s'est olongée pendant trois sessions, et ayant donné préfet seul le droit de prendre une mesure con-le membre du conseil absent, ce membre ne t être l'objet d'aucune manifestation de la part conseil municipal lui-même. Ainsi, lors même e ce conseil ne considérerait pas comme satis-ntes les excuses présentées par un de ses bres absent pendant une ou plusieurs ses-ns, il ne pourrait prononcer contre lui ni blâme aucune peine disciplinaire. Le rôle du conseil borne à constater l'absence à chaque session, lorsqu'elle s'est prolongée pendant trois ses-ns, à prendre une délibération pour signaler fait et le défaut d'excuses ou leur insuffisance. rocès-verbal de la délibération est envoyé au fet.

1. — Lorsqu'un conseiller municipal donne vo-airement sa démission de ses fonctions, cette ission n'a besoin d'être acceptée par aucun uvoir, et à partir du jour où elle a été donnée, conseiller démissionnaire n'appartient plus au nseil et n'a plus le droit d'y siéger. Une pareille mission ne ressemble pas en effet à celle d'un ctionnaire administratif, qui a besoin de faire r la sienne par le pouvoir qui l'a nommé, et doit pourvoir à son remplacement.

— Si l'exactitude aux séances du conseil mu-ipal est un devoir pour chacun de ses mem-il est aussi du devoir du conseil lui-même répondre aux convocations dont il serait l'ob-. Si un conseil municipal violait la loi en refu-t arbitrairement de tenir ses sessions et de libérer sur des intérêts municipaux, ce serait le de provoquer sa dissolution par ordonnance ale.

et 3e. — *Composition du conseil muni-cipal. — Incompatibilités et incapacités.*

. — Chaque commune, porte l'art. 9, L. 21 mars 1, a un conseil composé, y compris les maires adjoints, de dix membres dans les communes 500 habitans et au-dessous; de douze dans celles 500 à 1,500; de seize dans celles de 1,500 à ; de vingt et un dans celles de 2,500 à 3,500; vingt-trois dans celles de 3,500 à 10,000; de -sept dans celles de 10,000 à 30,000; et de e-six dans celles d'une population de 30,000 es et au-dessus. — Dans les communes où il y plus de trois adjoints, le conseil municipal augmenté d'un nombre de membres égal à ui des adjoints au-dessus de trois. — Dans celles il aura été nommé un ou plusieurs adjoints iaux et supplémentaires en vertu du § 2, art. 2, la présente loi (c'est-à-dire lorsque les commu-tions sont difficiles entre une portion de la mune et son chef-lieu), le conseil municipal sera également augmenté d'un nombre égal à celui de ces adjoints. — V. COMMUNE.

94. — C'est par l'élection que se forment les conseils. Leurs membres sont choisis par l'assemblée des électeurs communaux, parmi les membres de la municipalité qui réunissent les conditions diverses d'aptitude exigées par la loi. — L. 21 mars 1831, art. 10.

95. — D'après l'art. 15, L. 21 mars 1831, les membres du conseil municipal sont tous choisis sur la liste des électeurs communaux; et les trois quarts, au moins, parmi les électeurs domiciliés dans la commune. — L'art. 16 ajoute que les deux tiers des conseillers sont nécessairement choisis parmi les électeurs désignés au § 1er, art 11 (c'est-à-dire les plus imposés), que l'autre tiers peut être choisi parmi tous les électeurs. — La première condition d'aptitude aux fonctions de conseiller municipal est donc l'inscription sur la liste des électeurs communaux. — *Cons. d'état*, 12 avr. 1832, élect. de Wissembourg; 28 août 1844, Coquerelle. — Sur la composition de l'assemblée des électeurs municipaux, V. ÉLECTIONS MUNICIPALES.

96. — Les conseillers municipaux doivent être âgés de vingt-cinq ans accomplis. — L. 21 mars 1831, art. 17.

97. — Ils doivent en outre ne pas exercer de fonctions incompatibles avec les fonctions municipales. L'art. 18 de la loi porte : les préfets, sous-préfets, secrétaires généraux et conseillers de préfecture, les ministres des divers cultes en exercice dans la commune, les comptables des revenus communaux et tout agent salarié par la commune ne peuvent être membres des conseils municipaux. — Pour les détails sur ces incompatibilités, V. ÉLECTIONS MUNICIPALES.

98. — Nul ne peut être membre de deux conseils municipaux. — L. 21 mars 1831, art. 18. — Donc, celui qui a été porté par l'élection aux fonctions municipales dans deux communes différentes doit opter pour l'un des deux conseils.

99. — Si le conseiller municipal placé dans ces circonstances refuse de faire cette option, à quel mode de procéder devra-t-on avoir recours? Une difficulté du même genre a été prévue par l'art. 63, L. 19 avr. 1831, sur les élections, à la chambre des députés. Cet article porte : le député élu par plusieurs arrondissemens électoraux sera tenu de déclarer son option à la chambre dans le mois qui suivra la déclaration de la validité des élections entre lesquelles il doit opter. A défaut d'option dans ce délai, il sera décidé par la voie du sort, à quel arrondissement ce député appartiendra. — Dans une circulaire en date du 30 nov. 1831, le ministre de l'intérieur a exprimé l'avis qu'il y avait lieu de procéder d'une manière analogue.

100. — Lorsqu'il s'agit, non d'un député, mais d'un conseiller municipal et qu'en cas de refus de ce dernier de se prononcer pour l'un des conseils auxquels il a été appelé, on doit laisser écouler un mois à partir du jour après lequel aucune réclamation ne peut être faite contre les élections, ce délai d'un mois expiré, le préfet en conseil de préfecture détermine par la voie du sort à quel conseil devra appartenir le citoyen élu.

101. — Lorsqu'un individu, membre d'un conseil municipal, a été appelé aux mêmes fonctions par les électeurs d'une autre commune, et qu'il a donné sa démission de membre du conseil dont il faisait précédemment partie avant l'installation de l'autre conseil, l'incompatibilité qui serait résultée de ces doubles fonctions disparaît et la nouvelle nomination doit être déclarée valable. — *Cons. d'état*, 4 fév. 1836, Niveau c. Borraud.

102. — L'art. 19, L. 21 mars 1831, prévoit un cas de déchéance des fonctions municipales. Tout membre d'un conseil municipal, dit-il, dont les droits civiques auraient été suspendus ou qui en aurait perdu la jouissance, cessera d'en faire partie, et ne pourra être réélu que lorsqu'il aura recouvré les droits dont il aurait été privé. — V. DROITS CIVIQUES.

103. — Certains faits ont été énumérés dans l'art. 5, tit. 1er, constit. 22 frim. an VIII, comme entraînant la suspension des droits civiques. L'exercice des droits de citoyen français est suspendu par l'état de débiteur failli ou d'héritier immédiat, détenteur à titre gratuit de la succession totale ou partielle d'un failli; par l'état de domestique à gages attaché au service de la personne ou du ménage. Cette disposition est encore en vigueur. — V. pour l'application de cette disposition à l'héritier d'un failli, *Cass.*, 9 juill. 1832, Gauthier c. Chaillou.

104. — La grace et la commutation de peine n'ayant pas pour effet d'anéantir la condamnation après laquelle elles ont été accordées, elles ne sauraient effacer non plus les incapacités qui sont les conséquences nécessaires de cette condamnation. Si avant l'exécution de la peine, l'une de ces faveurs avait été obtenue par le condamné, il n'en serait pas moins incapable d'exercer les fonctions municipales. Le jugement de condamnation produit en effet des conséquences dès le jour où il est devenu irrévocable. — C. pén., art. 28. — Il n'en était pas ainsi avant la loi du 28 avr. 1832, qui a modifié le Code pénal. Alors les incapacités résultant de la condamnation ne commençaient à exister que du jour de l'*exécution* de la peine. — Avis cons. d'état 22 déc. 1822 ; — Bost, t. 1er, no 111.

105. — Jugé qu'un conseiller municipal ne doit pas être révoqué de ses fonctions par cela seul qu'il avait perdu la qualité d'électeur, comme ne payant plus le cens. — *Cons. d'état*, 30 nov. 1832, Chapelle.

106. — La compétence pour le jugement des incompatibilités a été fixée par les art. 51 et 52, L. 21 mars 1831. — Lorsque les formes et *conditions légalement prescrites* pour les opérations électorales n'ont pas été observées, le jugement de la nullité doit être déféré au conseil de préfecture. — Art. 51, § 2. — Lorsqu'une réclamation est fondée sur l'incapacité légale d'un ou de plusieurs des membres élus, la question doit être portée devant le tribunal d'arrondissement.

107. — Chacune des incompatibilités prévues par la loi pour les fonctions de conseiller municipal doit être déférée, suivant son caractère, à la juridiction administrative ou aux tribunaux ordinaires. Elle appartient à ces derniers toutes les fois qu'elle nécessite l'examen non pas seulement d'un fait mais d'un principe de droit. L'administration doit alors se conformer à la décision qui a été rendue.

108. — Lorsque l'incompatibilité alléguée peut résulter d'un lien de parenté ou d'alliance entre deux conseillers élus, et que l'existence du lien est contestée, il est évident qu'il naît alors une question d'un caractère purement civil, et que l'administration n'a pas compétence pour résoudre. Aussi a-t-il été jugé avec raison par le conseil d'état que lorsque le fait de l'alliance avec un conseiller municipal est dénié, c'est aux tribunaux et non au conseil de préfecture qu'il appartient de statuer sur cette question préjudicielle. — *Cons. d'état*, 21 oct. 1835, élect. d'Ossenbach; 9 mars 1836, Glandières ; 8 mai 1841, élect. d'Issoire.

109. — Si le fait de l'alliance n'est pas l'objet d'une contestation, le conseil de préfecture est seul juge de la question d'incompatibilité. — *Cons. d'état*, 9 juin 1838, Elect. de la Mothe.

110. — Jugé que la question de savoir s'il y a incompatibilité entre les fonctions de receveur d'un bureau de bienfaisance et celles de membre d'un conseil municipal n'est pas de celles que l'art. 52 réserve aux tribunaux ordinaires. — *Cons. d'état*, 8 janv. 1836, Denombret.

111. — Même décision pour un trésorier d'une fabrique, en même temps secrétaire de la commune. — *Cons. d'état*, 28 août 1844, Mercadier... — Et pour un fermier de l'octroi de la commune. — *Cons. d'état*, 28 août 1844, Boudet.

112. — ... Et qu'un tribunal ne peut plus connaître de la contestation, si déjà le conseil de préfecture a prononcé, quoique incompétemment. — *Cons. d'état*, 17 fév. 1832, Préfet du Haut-Rhin c. Augst.

113. — Quand le pouvoir administratif est seul juge de l'existence de l'incompatibilité, c'est au conseil de préfecture qu'il appartient de statuer, et non au préfet en conseil de préfecture. — L. 21 mars 1831, art. 51, § 2. — *Cons. d'état*, 11 avr. 1834, Desbrest-Duverger ; 1er juill. 1839, Elect. de la comm. de Wallers.

Sect. 4e. — *Installation, serment, organisation.*

114. — Lorsqu'il a été procédé à des élections municipales, l'installation des conseillers élus a lieu *de plein droit*, s'il n'y a pas eu de réclamations contre les élections portées devant le conseil de préfecture, ou si ce conseil a négligé de prononcer dans le mois. — L'ancien conseil doit rester en fonctions jusqu'à l'installation du nouveau. — L. 21 mars 1831, art. 52, § 3.

115. — Jugé, en conséquence, que, lorsque les conseils de préfecture n'ont pas statué définitivement, dans le délai d'un mois, sur les réclamations formées contre les opérations électorales, l'installation des conseillers élus a lieu de plein droit. — *Cons. d'état*, 18 fév. 1836, Elect. d'Uglas.

116. — En disant que les conseillers élus seront installés de plein droit, le § 3 de l'art. 52 veut-il consacrer pour les conseils municipaux le droit d'entrer en fonctions sans installation régulière? On ne peut croire que tel soit le sens de cette dis-

position. L'article veut dire seulement qu'après l'expiration des délais dans lesquels le conseil de préfecture doit statuer, le maire pourra procéder à l'installation du conseil, sans avoir besoin d'autorisation administrative supérieure.— Bost, t. 2, nº 191. — Mais on ne peut se passer d'une installation *de fait*, *entourée* des formes prescrites par l'instruction ministérielle du 22 avr. 1837.

117. — L'ancien conseil municipal doit rester en fonctions jusqu'à l'installation du nouveau. — L. 21 mars 1831, art. 52, § 4.

118. — Il a été jugé, par application de ce principe, qu'un membre d'un conseil municipal non réélu lors du renouvellement du conseil, conserve *légalement* ses fonctions jusqu'au moment de l'installation *de fait* des conseillers nouvellement élus.—*Cons. d'état*, 4 sept. 1841, Elect. d'Argentan.

119. — L'installation des conseillers nouvellement élus a lieu dans une séance du conseil municipal consacrée à cette cérémonie.—Cette séance est présidée par le maire ou par un adjoint en fonctions lors du renouvellement, ou à leur défaut par le premier des anciens conseillers municipaux, selon l'ordre du tableau. — Instr. min. int. 22 avr. 1837.

120. — L'ordonnance de dissolution et l'arrêt du préfet qui nomme les maire et adjoints provisoires sont des actes qui emportent nécessairement la révocation des maire et adjoints qui faisaient partie du conseil municipal dissous; ces derniers doivent, après la notification de ces actes, cesser leurs fonctions, et n'ont aucun contrôle à exercer sur les formalités à remplir pour l'installation de la nouvelle municipalité. — *Cass.*, 26 fév. 1842 (t. 2 1843, p. 403), Arsac, Gasc et Rouldès. — Lorsque, après avoir eu connaissance officielle de l'ordonnance royale et de l'arrêté du préfet, les maire et adjoints d'une commune continuent l'exercice de leurs fonctions, sous le prétexte que l'ordonnance de dissolution, qui ne fixe pas l'époque de la réélection, est radicalement nulle, ils se rendent coupables de prolongation illégale dans l'exercice de l'autorité publique. — C. pén., art. 197. — Même arrêt.

121. — La séance d'installation n'est en général employée qu'à la lecture de la lettre par laquelle le préfet a autorisé l'installation du conseil, à celle du procès-verbal de l'élection et à la prestation de serment par les membres du conseil entre les mains du président. — *Ibid.*

122. — Immédiatement après l'installation, il est dressé un nouveau tableau des membres du conseil municipal. Ce tableau doit être composé sans égard à la date de l'élection des conseillers et sans qu'aucune distinction puisse être faite entre la moitié du conseil qui vient d'être renouvelée et celle qui n'a pas été soumise au renouvellement. On suit uniquement l'ordre des suffrages obtenus. — L. 21 mars 1831, art. 5, § 2.

123. — Les membres des conseils municipaux sont astreints à la formalité du serment par application de la loi spéciale du 31 août 1830 relative au serment des fonctionnaires publics. Cette loi porte : « Art. 1er. Tous les fonctionnaires publics dans l'ordre administratif et judiciaire..... seront tenus de prêter le serment dont la teneur suit : « Je jure fidélité au roi des Français, obéissance à la charte constitutionnelle et aux lois du royaume. » — V. *suprà* arrêté 19 flor. an VIII.

124. — Le conseil municipal est présidé par le maire (L. 1831, art. 24, § 5). L'art. 25 de la loi du 18 juill. 1837 contient une exception à cette règle pour un cas particulier : « Dans les séances (porte-t-il) où les comptes d'administration du maire sont débattus, le conseil municipal désigne au scrutin celui de ses membres qui exerce la présidence. Le maire peut assister à la délibération; il doit se retirer au moment où le conseil municipal va émettre son vote. Le président adresse directement la délibération au sous-préfet. » Cette manière de procéder, qu'indique la force même des choses, était consacrée par la législation antérieure aux lois de 1831 et de 1837. — V. *suprà* nº 55, arrêté 2 pluv. an IX.

125. — Il faut remarquer que si dans les circonstances prévues par cet art. 25, la loi n'a pas voulu que le maire pût être remplacé par un adjoint, comme dans les cas ordinaires, c'est parce que les adjoints, faisant partie de l'administration municipale comme le maire, sont responsables comme lui et au même titre d'une mauvaise gestion des affaires communales lorsqu'ils ont été appelés à y prendre part comme le suppléant, ce qui arrive presque toujours.

126. — Un député, M. Muteau, avait proposé d'admettre en principe général que le maire devrait être remplacé par un membre du conseil toutes les fois qu'il y aurait opposition entre les intérêts du maire ou de son délégué et ceux de la commune. M. Vivien, rapporteur, a répondu que le mode spécial de remplacement établi par l'art. 25 n'était applicable qu'au cas prévu par cette disposition; que dans les cas ordinaires, les adjoints étaient étrangers aux intérêts personnels aux maires et qui pouvaient être contraires à ceux de la commune; qu'ils pouvaient dès-lors suppléer les maires aux termes de la loi d'organisation comme dans tous les cas où il y avait *empêchement* de ces derniers. — L. 21 mars 1831, art 5.

127. — Le maire, bien que président de droit du conseil municipal, n'a pas d'autre pouvoir vis-à-vis de lui que de surveiller et de diriger les débats qui s'agitent dans son sein. Il ne pourrait, sans abuser des droits que lui donne la présidence, lever la séance et déclarer l'assemblée dissoute avant que le conseil eût voté sur les objets soumis à sa délibération.

128. — En cas de refus par le maire de présider le conseil, l'adjoint disponible devrait prendre la présidence. Si ce dernier refusait également, le conseil, dont les opérations ne peuvent être paralysées par la mauvaise volonté des hommes appelés à le présider, pourrait élire un président parmi ses membres en faisant part au préfet de la délibération qu'il aurait prise pour cet objet.

129. — Les fonctions de secrétaire sont remplies par un des membres du conseil, nommé au scrutin et à la majorité à l'ouverture de chaque session. — L. 21 mars 1831, art. 24, § 5.

130. — Que devrait faire un conseil municipal si aucun de ses membres ne voulait accepter les fonctions de secrétaire? Si l'on s'attachait au texte seul de l'art. 24 *in fine*, le secrétaire du conseil devant être un de ses membres, on ne pourrait confier ces fonctions à un étranger, et comme l'adjonction d'un secrétaire est indispensable, puisque sans lui les délibérations ne laisseraient aucune trace, le conseil se trouverait arrêté dans ses opérations. C'est la conséquence à laquelle sont arrivés ceux qui, se fondant sur les termes rigoureux de la loi et sur le principe de la non-publicité des séances écrit dans l'art. 29 de la loi du 18 juill. 1837, ont considéré l'introduction d'un étranger dans le sein du conseil pour y exercer les fonctions de secrétaire comme une cause de nullité de toutes les délibérations.

131. — Nous ne pensons pas que cette opinion doive être adoptée. En disposant que le secrétaire serait choisi parmi les membres du conseil, la loi n'a pas prévu le cas où aucun d'eux n'accepterait ces fonctions, et en cela elle présente une lacune; mais cette difficulté ne saurait aller jusqu'à rendre l'exécution de la loi impossible. Si les séances des conseils municipaux ne sont pas publiques, ce principe ne recevrait aucune atteinte sérieuse de l'adjonction d'un étranger chargé de tenir la plume et d'inscrire les délibérations sur le registre du conseil conformément à la loi. Le principe du secret des délibérations n'est d'ailleurs pas absolu, puisqu'elles sont communicables aux contribuables de la commune et qu'elles peuvent être publiées *officieusement*. — V. *infrà* nos 150 et 151.— V. dans ce sens une consultation insérée dans le *Courrier des communes*, t. 7, p. 241, et Bost, t. 1er, nº 199.

132. — Le conseiller municipal nommé secrétaire du conseil au commencement d'une session ordinaire ne pourrait sans une nomination nouvelle exercer ces fonctions lors d'une session extraordinaire qui serait convoquée dans le trimestre ouvert par la première session. En effet, le conseil réuni en session ordinaire n'a pu *ab initio* vouloir conférer ces fonctions à un de ses membres pour qu'il les exerçât même pendant une session extraordinaire qui alors ne pouvait être prévue.

Sect. 5e.— *Délibération, vote, publicité.*

133. — L'art. 25 de la loi de 1831 a fixé quel était le nombre de membres du conseil municipal nécessaire pour qu'une délibération à laquelle procède le conseil fût valable : « Le conseil municipal ne peut délibérer, dit-il, que lorsque la majorité des membres en exercice assiste au conseil. »

134. — M. Duvergier (*Coll. des lois*, t. 31, p. 95) regarde ce texte comme erroné, en ce qu'une addition qu'y avait faite la chambre des députés n'aurait pas été transportée dans la rédaction officielle qui lui est donnée. Il est constant en effet (V. *Moniteur* du 17 fév. 1831, p. 325) que M. Baudet-Lafarge avait proposé l'amendement suivant : « Le conseil municipal ne peut délibérer que lorsque la majorité des membres en exercice et *domiciliés dans la commune* assiste au conseil. » Et comme un député (M. Duvergier de Hauranne) reprochait à cet amendement de livrer les affaires communales à la majorité d'une fraction seulement des conseillers municipaux, M. Marchal proposa de modifier ainsi la fin de l'article 25 : « *Lorsque la majorité des membres en exercice assiste au conseil et comprend la majorité des conseillers municipaux domiciliés dans la commune.* » Cet amendement de M. Marchal fut adopté, bien qu'il n'en reste pas trace dans le texte actuel, qui n'est que la reproduction de l'article de la commission.

135. — L'art. 25, quelque rédaction définitive qu'on veuille lui donner, parle de membres du conseil *en exercice*. La majorité ne se calcule donc pas sur le nombre des conseillers qui ont été élus lors des renouvellemens triennaux, mais sur celui des membres du conseil qui sont en possession des fonctions municipales lors de la délibération. Les noms de ceux qui sont morts ou démissionnaires au moment où l'on délibère n'entrent pas en compte. Ce système aurait pu présenter un danger en ce qu'il aurait validé les délibérations prises par un très-petit nombre de conseillers; mais il trouve un correctif sous ce rapport dans la disposition de l'art. 21, aux termes duquel le conseil doit être complété par des élections nouvelles toutes les fois qu'il est réduit aux trois quarts de ses membres. — V. *Courrier des communes*, t. 7, p. 323.

136. — Si la règle écrite dans l'art. 25 de la loi de 1831 pour le nombre des votans avait été absolue, la mauvaise volonté ou l'inexactitude d'une partie des membres du corps délibérant aurait pu paralyser impunément ses opérations. C'est cet abus qu'a entendu prévenir l'art. 26 de la loi 18 juill. 1837, qui est ainsi conçu : « Lorsque ap deux convocations successives faites par le m à huit jours d'intervalle et dûment constatées, les membres du conseil municipal ne se sont pas réunis en nombre suffisant, la délibération prise après la troisième convocation est valable. »

137. — Dans le cours de la discussion de la loi 18 juill. 1837, un membre de la commission a diqué de quelle manière seraient constatées convocations prescrites par l'art. 26. C'est par le registre des actes de la mairie. Le maire doit y co signer la déclaration signée de lui, qu'il a conv qué tel jour le conseil municipal; si cette décl tion était mensongère, les délibérations prises le conseil seraient frappées de nullité, et le m lui-même pourrait être poursuivi comme fauss selon les circonstances.

138. — Plusieurs membres de la chambre d députés demandaient que les trois convocations fissent par lettres écrites à domicile à peine nullité; mais cette formalité paraissait devoir d'une exécution très difficile dans certains cas.

139.—Les délibérations des conseils munici se prennent à la majorité des voix. En cas de partage, la voix du président est prépondérante.— L. 1837, art. 27.

140. — Lorsqu'une décision a été prise par majorité des membres présens, cette décision d être considérée comme l'œuvre de tout le con En conséquence, les membres représentant la norité qui a combattu l'avis adopté ne peuv protester contre le résultat du vote. Une par protestation enlèverait à la décision presque to son autorité. L'opinion de la minorité ne doit m pas être constatée. — *Courrier des communes*, t. 7 p. 145.

141. — Mais il semble qu'il doive en être au ment lorsque la délibération à laquelle a pro le conseil a le caractère, non d'une décision, m d'un simple avis. Le corps délibérant étant co sulté sur une question, il est bon que l'autorité périeure puisse avoir connaissance de l'avis n'a pas prévalu dans le conseil, et que toutes opinions soient révélées par le procès-verbal de la séance. — *Ibid.*

142. — Les délibérations, porte l'art. 28, 18 juill. 1837, seront inscrites par ordre de da sur un registre coté et paraphé par le sous-préf Elles seront signées par tous les membres p à la séance, ou mention sera faite de la cause les aura empêchés de signer.

143. — Le procès-verbal de la délibération conseil municipal doit être signé par le m comme président et par le secrétaire qui ce procès-verbal. Si le maire et le secrétaire l'un d'eux refusaient de signer cette pièce, conseil pourrait prendre une délibération suppléer à ces formalités dont l'absence ne être une cause de nullité des décisions prises la séance.— *Courr. des communes*, t. 7, p. 299.

144. — Le refus que ferait la minorité du seil de signer sur le procès-verbal ne saurait plus être une cause de nullité de la délibéra Ce refus devrait seulement être constaté par le secrétaire. — V. Bost, t. 1er, nº 204.

145. — Les formes que doivent employer les conseils municipaux pour leurs discussions et leurs délibérations n'étant pas déterminées par la loi, il y a lieu d'appliquer à cet égard les règles de raison qui ressortent de la nécessité même des choses et de se reporter aux habitudes constantes des corps délibérans à cet égard.

146. — C'est à l'autorité administrative seule qu'il appartient d'apprécier le caractère et la légalité des délibérations des conseils municipaux. Il a même été jugé par le conseil d'état que le particulier qui se prétend injurié ou diffamé par les énonciations d'une délibération prise par un conseil municipal ne peut se pourvoir contre le maire et les conseillers par la voie correctionnelle; qu'il n'a d'autre voie pour obtenir réparation que le recours à l'autorité administrative supérieure. — *Cons. d'état*, 11 fév. 1842, Dessaux. — Cette décision est fondée sur les termes de l'art. 60, L. 14 déc. 1789, sur la constitution des municipalités. — V. conf. *Cons. d'état*, 9 déc. 1842, Mourel.

147. — En ce qui concerne l'envoi des délibérations au préfet ou au sous-préfet et les mesures que l'autorité administrative peut prendre par suite de cette formalité, soit pour annuler ces délibérations, soit pour les déclarer valables, V. L. 18 juill. 1837, art. 17 et suiv., et COMMUNE.

148. — La loi n'a pas imposé aux conseils municipaux un mode spécial pour formuler leurs votes. — L'art. 29, L. 21 mars 1831, porte seulement : « Il est voté au scrutin secret toutes les fois que trois des membres présens le réclament. » Les conseils emploient, en effet, souvent cette forme de voter que les assemblées délibérantes ont généralement adoptée en France. — *Courrier des communes*, t. 9, p. 14.

149. — L'art. 29, § 1, L. 18 juill. 1837, porte : « Les séances des conseils municipaux ne sont pas publiques : leurs débats ne peuvent être publiés officiellement qu'avec l'approbation de l'autorité supérieure. » — Le législateur sachant avec quelle violence s'agitent souvent les intérêts de localité, a voulu que rien ne troublât l'indépendance et la sécurité de chacun des membres des conseils municipaux.

150. — Déjà, en 1831, la question de la publicité ou du secret des séances des conseils municipaux fut soulevée. Chacun des deux systèmes trouva des défenseurs lors de la discussion de la loi du 21 mars, mais aucun principe ne fut écrit à cet égard dans cette loi, on se contenta d'y exprimer (art. 25, § 2) que les délibérations seraient communicables sans déplacement aux citoyens contribuables de la commune.

151. — Lorsque la loi du 18 juill. 1837 fut élaborée, la chambre des députés ne voulut pas se prononcer sur la publicité des opérations des conseils. Cette chambre reconnaissait de graves inconvéniens à l'adoption du principe de la publicité, surtout si on l'acceptait d'une manière absolue; mais elle ne croyait pas qu'il fût possible d'empêcher les membres des conseils municipaux de publier eux-mêmes les débats de ces conseils s'ils le voulaient. La chambre des pairs, saisie ensuite du projet de loi, était d'avis de prohiber toute publication par un texte exprès. — Elle a fini cependant par adopter un moyen terme qui consiste à permettre les publications officieuses sans autorisation et à interdire toute publication officielle qui ne serait pas autorisée par l'administration supérieure. C'est dans ce sens qu'a été rédigé définitivement l'art. 29, L. de 1837, dont le système se lie à l'art. 25 de celle de 1831.

Sect. 6e. — *Renouvellement triennal du conseil municipal. — Vacances et remplacemens.*

152. — « Les conseillers municipaux, porte l'art. 17, L. 21 mars 1831, sont élus pour six ans et toujours rééligibles. Les conseils seront renouvelés par moitié tous les trois ans. »

153. — L'art. 53 de la loi se référant à l'art. 17 a indiqué de quelle manière on devrait commencer l'application du système de renouvellement triennal. La première nomination qui sera faite, dit-il, aura lieu intégralement pour chaque conseil municipal. Lors de la deuxième élection qui aura lieu trois ans après, le sort désignera ceux qui seront compris dans la moitié sortant. Si la totalité du corps municipal est en nombre impair, la fraction la plus forte sortira la première.

154. — Les conseils ayant été renouvelés intégralement en 1831, comme le voulait la disposition transitoire de l'art. 53, c'est en 1834 qu'a eu lieu le premier renouvellement par moitié. Une ordonnance royale des 29-30 mars 1834 disposa que les conseils qui devaient subir immédiatement un renouvellement intégral seraient affranchis du renouvellement par moitié de 1834. Quant à ceux qui étaient alors réduits à moins des 3/4 de leurs membres dans les termes de l'art. 22 (V. *infrà* nos 168 et suiv.), la même ordonnance prescrivit leur renouvellement immédiat par moitié.

155. — Une circ. min. du 22 juill. 1834 détermina comment devrait se compléter la moitié sortante des conseils municipaux des communes où les électeurs sont divisés en sections. — V. aussi circ. min. 10 sept. 1834.

156. — Une ordonnance royale du 9 sept. 1834 fixa du 1er oct. au 15 déc. suivant l'époque du renouvellement des conseils.

157. — Les opérations de tirage au sort, au moyen desquelles il a fallu désigner les membres sortans lors de ce premier renouvellement ont donné lieu à plusieurs décisions du conseil d'état. — Il a été jugé que les premiers noms extraits de l'urne ont dû être considérés comme membres sortans, et que le maire n'a pu ordonner qu'ils fussent considérés comme membres restans. — *Cons. d'état*, 12 juin 1835, Bourgerie.

158. — Lorsque des difficultés se sont élevées sur la validité du tirage, elles ont dû être déférées aux préfets, et en cas d'appel des arrêtés préfectoraux, au ministre de l'intérieur. — *Cons. d'état*, 10 sept. 1835, Lefebvre et Delobel.

159. — Les arrêtés rendus en cette matière étaient exécutoires par provision et nonobstant appel. — Même arrêt.

160. — Il n'y avait, du reste, aucun délai fatal entre le tirage au sort des membres sortans et l'élection destinée à leur donner des remplaçans, la loi de 1831 ne contenant aucune prescription de ce genre. — *Cons. d'état*, 4 déc. 1835, élect. de Marbotte.

161. — Après le renouvellement de 1834 les conseils se trouvèrent par la force des choses divisés en deux séries, et il n'y eut plus nécessité de recourir à la voie du sort pour la désignation des membres sortans. A chaque opération de renouvellement la série sortante fut nécessairement celle qui appartenait depuis six ans au conseil. — Bost, t. 1er, no 114.

162. — Les renouvellemens triennaux se sont succédé depuis 1834 d'une manière régulière, c'est-à-dire que ces opérations ont eu lieu en 1837, en 1840, puis en 1843, et lors de l'événement de chacune de ces périodes, des ordonnances royales rendues dans des termes analogues à ceux des ord. des 25 mars et 9 sept. 1834 ont prescrit le mode d'élection des nouveaux conseillers et l'époque des renouvellemens. — Ord. 12-20 fév. 1837; circ. min. int. 24 janv., 25 fév. 1837; ord. 20 mars 1837; circ. min. 25 mars 1837; instr. min. 5 avr. 1837; ord. 18 janv. et 20 avr. 1840; circ. min. 21 et 25 avr. 1840; ord. 24 janv. 1843, et circ. min. 27 janv. même mois.

163. — Si un conseiller municipal donnait sa démission au moment du renouvellement par moitié prescrit par l'art. 17, il devrait être compris au nombre des membres sortans. — *Cons. d'état*, 25 mars 1835, Joubert; — Cormenin, *Droit admin.*, vo *Elections municipales*, t. 2, p. 145, no 16.

164. — Les électeurs municipaux doivent à chaque renouvellement commencer à élire les nouveaux membres destinés à remplacer la moitié sortante du conseil, puis, cette opération terminée, ils nomment aux places vacantes dans l'autre moitié. — V. les ordonnances qui précèdent et la circulaire du 27 janv. 1843 (*Journ. des cons. munic.*, t. 10, p. 205).

165. — L'assemblée électorale doit cependant se borner à élire le nombre des conseillers fixé par l'arrêté du préfet, encore bien que, depuis cet arrêté, un membre du conseil municipal ait donné sa démission et qu'il y ait lieu de procéder à son remplacement. — *Cons. d'état*, 8 avr. 1842, Duclaud. — L'assemblée des électeurs doit, en effet, procéder conformément à l'arrêté rendu par le préfet. — Cormenin, *Dr. admin.*, vo *Elections municipales*, t. 2, p. 121.

166. — Les élections ne doivent pas être annulées par le motif que la liste des conseillers sortans n'aurait pas été publiée en même temps que l'arrêté de convocation des électeurs, lorsqu'il n'est pas allégué que les électeurs n'aient pas eu connaissance en temps utile du nom des conseillers sortans. — Même arrêt.

167. — Lorsqu'en vertu de la dissolution prononcée par le roi, porte l'art. 31, L. 1831, un conseil aura été renouvelé en entier, le sort désignera, à la fin de la troisième année, les membres qui seront à remplacer. C'est encore ainsi qu'il faudrait procéder lors du premier renouvellement qui suivrait une nomination intégrale du conseil, quand même cette nomination aurait eu une autre cause qu'une dissolution précédente par ordonnance royale, par exemple, une démission du conseil. C'est, en effet, un principe général.

168. — Aux termes de l'art. 22, L. 1831, en cas de vacance dans l'intervalle des élections triennales, il doit être procédé au remplacement dès que le conseil municipal se trouve réduit aux trois quarts de ses membres.

169. — Bien que la loi ne l'exprime pas, il paraît certain que les conseillers ainsi nommés en remplacement dans l'intervalle des élections générales ne peuvent conserver les fonctions municipales plus de temps que ne l'auraient fait ceux qu'ils remplacent. Si l'on admettait la doctrine contraire, l'opération du renouvellement par moitié se compliquerait des plus grandes difficultés. — Duvergier, *Coll. des lois*, sur l'art. 22; Bost, t. 1er, p. 85, no 115.

170. — La disposition de l'art. 22 n'est pas inconciliable avec celle de l'art. 52, § 3, de la même loi, portant que toutes les fois que l'élection d'un conseiller aura été annulée, l'assemblée des électeurs doit être convoquée dans le délai de quinze jours à partir de cette annulation. Dans le cas où s'applique cette dernière disposition, il ne s'agit pas d'augmenter le nombre des membres du conseil par l'élection, mais seulement de substituer un conseiller à celui dont l'élection a été annulée. — V. en ce sens *Cons. d'état*, 9 mars 1836, Grenier; 24 fév. 1842, élect. de Saint-Clément.

171. — Jugé que lorsqu'une partie seulement des membres du conseil municipal a donné sa démission, il doit être procédé, non pas au renouvellement intégral du conseil, mais seulement au remplacement de ceux de ses membres dont le préfet a reçu officiellement la démission. — *Cons. d'état*, 16 mars 1842, élect. de Saint-Malo-du-Bois.

172. — Il faut même remarquer que si l'art. 22 exige impérieusement qu'il soit procédé à des élections nouvelles lorsque le conseil municipal aura été réduit par des vacances aux trois quarts de ses membres, cet article ne s'oppose pas néanmoins à ce que l'administration supérieure complète le conseil si elle le juge convenable lors même qu'il ne serait pas réduit à cette proportion. — Instr. min. 22 avr. 1837; circ. min. 9 mai 1843; *Journal des conseillers municipaux*, t. 10, p. 333; — *Cons. d'état*, 21 juill. 1839, élect. de Mansle; 14 fév. 1842, élect. de Saint-Clément.

Sect. 7e. — *Dissolution du conseil municipal.*

173. — La dissolution des conseils municipaux, porte l'art. 27, L. 1831, peut être prononcée par le roi. L'ordonnance de dissolution fixera l'époque de la réélection. Il ne pourra y avoir un délai de plus de trois mois entre la dissolution et la réélection. — Toutefois, dans le cas où les maires et adjoints cesseraient leurs fonctions par des causes quelconques avant la réélection du corps municipal, le roi, ou le préfet en son nom, pourront désigner, sur la liste des électeurs de la commune, les citoyens qui exerceront provisoirement les fonctions de maire et d'adjoints. — Quant à la disposition finale de cet article, V MAIRE.

174. — On avait demandé à la chambre des députés que l'ordonnance de dissolution fût motivée. Cette proposition n'a pas été accueillie.

175. — La disposition du § 2 de l'art. 27, qui prescrit la fixation par l'ordonnance même de dissolution de l'époque de la réélection, doit-elle être exécutée à peine de nullité de l'ordonnance? — La cour de Cassation s'est prononcée sur cette question dans le sens de la négative. Par arrêt du 26 fév. 1842, elle a jugé que l'ordonnance royale qui prononce la dissolution d'un conseil municipal a un caractère d'urgence qui la rend exécutoire immédiatement, lors même qu'elle ne précise pas l'époque de la réélection des nouveaux membres du conseil municipal; que l'indication de l'époque de la réélection n'est pas une condition substantielle de la validité de l'ordonnance de dissolution, et que cette indication peut être faite par une ordonnance postérieure; que le vœu de la loi est suffisamment rempli, lorsqu'entre la dissolution et la réélection il ne s'est pas écoulé plus de trois mois. — *Cass.*, 26 fév. 1842, Arzac, Gasc et Roaldès.

176. — Certaines causes de dissolution ont été prévues par les art. 28 et 30, L. 21 mars 1831. « Sont nulles de plein droit, porte l'art. 29, toutes délibérations d'un conseil municipal, prises hors de sa réunion légale. Le préfet, en conseil de préfecture, déclarera l'illégalité de l'assemblée et la nullité de ses actes. — Si la dissolution du conseil est prononcée et si dans le nombre de ses actes il s'en trouve qui soient punissables d'après les lois pé-

nales en vigueur, ceux des membres du conseil qui y auront participé sciemment pourront être poursuivis. »

177. — L'art. 30 confère aux préfets des pouvoirs spéciaux pour le cas déterminé qu'il prévoit : « Si un conseil, dit-il, se mettait en correspondance avec lui ou plusieurs autres conseils, ou publiait des proclamations ou adresses aux citoyens, il serait suspendu par le préfet, en attendant qu'il eût été statué par le roi. Si la dissolution du conseil était prononcée, ceux qui auraient participé à ces actes pourront être poursuivis conformément aux lois pénales en vigueur. »

178. — Dans tous les cas de réunion ou division de communes, les conseils municipaux doivent être dissous, et il doit être procédé immédiatement à des élections nouvelles. — L. 48 juill. 1837, art. 8. — Il faut remarquer que la disposition de cet article est absolue, et que, dans tous les cas, il y a lieu de dissoudre tout à la fois le conseil municipal de la commune qui subit un démembrement ou qui est réuni à une autre, et celui de la commune qui reçoit une adjonction. Peu importerait que le conseil de la commune à laquelle l'adjonction est faite ne fût pas accrue de manière à ce que le nombre des conseillers municipaux qui la représentent dût s'augmenter. En effet, si peu considérable que fût la portion distraite d'une commune et incorporée à une autre, cette opération doit toujours avoir pour effet de modifier l'élément électoral de cette dernière.

V. COMMUNE, ÉLECTIONS MUNICIPALES, MAIRE, POUVOIR MUNICIPAL.

CONSEIL DES PARTIES.

1. — Nom donné autrefois à celle des sections du conseil du roi chargée de statuer sur toutes les difficultés relatives à l'application des lois, à l'exécution des ordonnances et à l'ordre des juridictions. — On l'indiquait encore sous le nom de *conseil privé*.

2. — Le conseil *privé* ou *des parties* a été nommément supprimé par un décret des 27 nov.-1er déc. 1790. — V. au surplus CONSEIL DU ROI.

CONSEILS PERMANENS ADMINISTRATIFS.

1. — Ce sont des corps institués auprès de différentes branches de l'administration, et qui tantôt ont à résoudre les difficultés qui peuvent s'élever relativement à la partie du service à laquelle ils sont attachés, tantôt ont seulement à donner l'administration de leurs avis, tantôt enfin doivent concourir par leurs délibérations et par leurs votes à certaines décisions dont les organes actifs de l'administration auront ensuite à suivre l'exécution. On les appelle *conseils permanens* par opposition aux simples commissions administratives, qui ne sont d'ordinaire formées que pour un objet spécial ou dans des circonstances déterminées. — V. COMMISSION ADMINISTRATIVE.

2. — Ainsi, le conseil d'état est appelé, soit à concourir aux règlemens d'administration publique, soit à émettre des avis sur la demande qui lui en est faite par les ministres, soit à statuer sur les difficultés qui s'élèvent en matière contentieuse administrative. — V. CONSEIL D'ÉTAT.

3. — Ainsi encore, les conseils de préfecture, placés dans chaque département près des préfets, sont chargés, tantôt de donner leur avis sur différentes demandes ou réclamations qui doivent être ensuite jugées par le préfet ou par le gouvernement, tantôt de prononcer eux-mêmes comme juges de premier ressort sur tout le contentieux administratif. — V. CONSEIL DE PRÉFECTURE.

4. — Pareillement, les conseils municipaux sont appelés, soit à *régler* par eux-mêmes différens points d'administration municipale, soit à *délibérer* sur certaines mesures qui ne peuvent être prises sans leur concours, soit seulement à émettre un simple *avis* sur certains objets à l'égard desquels l'administration, proprement dite, reste maîtresse de décider ce qu'elle juge convenable. — V. COMMUNE, CONSEIL MUNICIPAL.

5. — Divers conseils, placés auprès des différens ministères, ont également des attributions mixtes qui tantôt les appellent à donner des décisions ayant une autorité propre, tantôt bornent leur rôle à donner de simples avis qui ne lient pas le ministre. Tels sont : le conseil royal de l'instruction publique (V. ENSEIGNEMENT), le conseil général des ponts et chaussées (V. PONTS ET CHAUSSÉES), le conseil des bâtimens civils (V. CONSEIL GÉNÉRAL DES BATIMENS CIVILS).

6. — C'est ainsi encore qu'un *conseil supérieur*

de santé composé de vingt-deux membres nommé par le roi a été placé, par l'art. 35, ord. 7.août 4822 sur le régime et la police sanitaires, auprès du ministre de l'intérieur, pour donner son avis sur les questions sanitaires.

7. — ...Qu'un *conseil de perfectionnement du conservatoire des arts et métiers* créé par ord. du 24 fev. 4840 et composé des dix professeurs des cours publics, a été placé auprès du ministre de l'agriculture et du commerce pour donner son avis sur les questions qui lui sont soumises, et sur le budget du conservatoire, pour prendre auprès du ministre l'initiative des vues propres à rendre le conservatoire de plus en plus utile au progrès de l'industrie nationale.

8. —...Qu'un conseil supérieur composé de vingt-quatre membres nommés par le roi et renouvelés par sixième tous les deux ans par ordre d'ancienneté, est chargé de surveiller l'administration des cinq établissemens d'utilité générale suivans : 10 l'hospice des Quinze-Vingts ; — 20 la maison de Charenton ; — 30 l'institution des Sourds-muets de Paris ; — 40 celle des Jeunes Aveugles ; — 50 et celle des Sourds-Muets de Bordeaux. — Ce conseil donne son avis sur les budgets et les comptes de chaque établissement, les rapports des directeurs, les travaux à entreprendre, les acceptations des dons et legs, les questions contentieuses, les réglemens, etc.; il présente en outre au ministre les vues sur les améliorations dont l'administration, la direction morale et le régime intérieur de chaque établissement lui paraissent susceptibles. — Ord. 21 fév. 1841. — V. CHARENTON, nos 45 et suiv.

9. — Quelques autres conseils, au contraire, n'ont que des fonctions uniquement consultatives : tels sont le conseil général d'agriculture, le conseil général du commerce et le conseil général des manufactures. — V. CONSEILS DU COMMERCE, DES MANUFACTURES ET DE L'AGRICULTURE.

10. — Mais, d'un autre côté, il existe certains conseils dont l'autorité est complètement indépendante, en ce sens, du moins, qu'ils ne relèvent que de l'institution en vue de laquelle ils ont été créés. Les conseils de prud'hommes, les conseils de recensement et de discipline de la garde nationale, les conseils de recrutement et de révision de l'armée, par exemple, n'ont aucune analogie avec les divers conseils dont nous venons de parler. Si la dénomination de *conseils* qui leur a été donnée n'a d'autre signification que d'exprimer que les décisions qu'ils sont appelés à rendre, doivent être le résultat de leur délibération commune.

V. CONSEIL DE RÉVISION, GARDE NATIONALE, PRUD'HOMMES, RECRUTEMENT.

CONSEIL DE PRÉFECTURE.

Table alphabétique.

CONSEILS DE PRÉFECTURE. — 1. — Corps administratif institué dans chaque département pour
faire fonction, en matière administrative, de tribunal de premier degré, pour éclairer l'administration de ses avis et exercer certains actes de
tutelle administrative.

CHAPITRE Ier. — Historique, organisation,
incapacités, incompatibilités.

2. — L'institution des conseils de préfecture prend
sa source dans le principe fondamental de notre
droit : la séparation des pouvoirs administratif
et judiciaire.

3. — Cette nécessité de distinguer les matières
ordinaires et de droit commun de certaines matières soumises à un régime spécial, sentie depuis
long-temps, avait même dans notre ancien droit
été quelque peu exagérée dans ses applications :
on avait créé en quelque sorte autant de juridictions, de procédures spéciales que d'ordres d'idées
différens : il y avait les officialités, les cours des
monnaies, les cours des aides, le conseil du roi,
les maîtrises des eaux et forêts, la connétablie, les
prévôtés, les trésoriers de France, etc., etc. — De là,
on le conçoit, des conflits nombreux entre ces diverses juridictions, d'inextricables complications
qui nuisaient plus qu'elles ne profitaient à la marche de la justice et à l'expédition des affaires.

4. — La révolution a heureusement simplifié ces
rouages démesurément multipliés, et ramené les
divers actes et intérêts qui peuvent se produire
en matière religieuse, politique, fiscale, commerciale, criminelle, civile, etc., etc., à deux ordres
d'idées principaux devant se rattacher désormais
à deux pouvoirs distincts, le pouvoir administratif
et le pouvoir judiciaire.

5. — Toutefois, en faisant disparaître, avec les
institutions qu'elles devaient protéger, toutes ces
juridictions exceptionnelles de l'ancien régime,
l'assemblée constituante conserva précieusement
le principe de la séparation des deux pouvoirs
nouveaux qui seuls devaient les résumer toutes,
et crut devoir en faire l'objet, dès les premiers
jours, de dispositions formelles.

6. — « Les fonctions judiciaires, porte l'art. 43,
décr. 16-24 août 1790, sur l'organisation judiciaire,
sont et demeureront toujours séparées des fonctions administratives. Les juges ne pourront, à
peine de forfaiture, troubler de quelque manière
que ce soit les opérations des corps administratifs, ni citer devant eux les administrateurs à raison de leurs fonctions. »

7. — Déjà, par la loi même qui créait la division
nouvelle par département du territoire du royaume, l'assemblée constituante avait établi au chef-
lieu de chacun de ces départemens un corps, ou,
pour mieux dire, une assemblée administrative,
pouvoir supérieur à qui elle donnait le nom
d'administration de département. — L. 22 déc. 1789;
40 janv. 1790, sect. 2e, art. 2.

8. — Chaque administration se partageait en
deux sections distinctes : l'une sous le nom de conseil de département, l'autre sous celui de directoire
de département. — Même loi, art. 20 et 23.

9. — Au conseil de département, dont les attributions sont, en partie du moins, dévolues aujour-
d'hui aux conseils généraux (V. CONSEIL GÉNÉRAL
DE DÉPARTEMENT), appartenait la délibération ;
c'est lui qui ordonnait les travaux et dépenses générales du département, fixait les règles de chaque partie de l'administration, recevait les comptes de gestion du directoire. — Même loi, art. 21.

10. — Toujours en activité, et chargé de l'expédition journalière des affaires, le directoire du département devait rendre tous les ans au conseil de
département un compte de sa gestion, compte
publié aussi par la voie de l'impression. — Même
loi, art. 22.

11. — Le directoire du département réunissait
donc dans ses attributions l'action et le jugement.
— Ainsi l'assemblée constituante n'avait pas cru devoir admettre la division qui existe aujourd'hui

entre les attributions des préfets, chargés du rôle
actif, de l'action administrative, et celle des conseils de préfecture, auxquels est dévolue, selon les
circonstances, tantôt la délibération, tantôt le jugement.

12. — Une organisation complétement analogue
existait pour l'administration de chacun des arrondissemens du département, appelés alors districts. — V. CONSEIL D'ARRONDISSEMENT, DISTRICT.

13. — Cependant l'œuvre de l'assemblée constituante n'était point complète : sans doute elle
avait distingué le pouvoir qui délibère, et le pouvoir qui agit ; mais la délibération et l'action ne
suffisent pas au développement complet de l'autorité; un troisième attribut, la répression, lui est indispensable; à cet égard la loi était restée muette.

14. — Cet état de choses fut néanmoins maintenu
par les diverses constitutions qui se succédèrent
rapidement jusqu'à celle du 5 fructid. an III, qui
réunit entre les mains des administrations centrales de département qu'elle établissait, la délibération, l'action et le jugement dans les matières administratives.

15. — La division, si nécessaire, de ce triple pouvoir fut enfin établie d'une manière nette et précise par la loi du 28 pluv. an VIII, loi organique de
notre administration territoriale, et qui pose en
principe, dans son art. 2, qu'il y aura par chaque
département un préfet, un conseil de préfecture et
un conseil général de département.

16. — Dès-lors donc, au préfet seul appartient
l'administration (art. 3. — V. PRÉFET); — au conseil général la délibération (V. CONSEIL GÉNÉRAL
DE DÉPARTEMENT); — au conseil de préfecture le
jugement.

17. — Telle est l'origine de l'institution des conseils de préfecture : d'autres lois ont depuis modifié ou étendu leur compétence et leur ont même
conféré des attributions nouvelles ; mais leur organisation n'a subi véritablement aucun changement notable depuis leur création ; ils restent
toujours régis principalement par la loi du 22 pluv.
an VIII.

18. — Le nombre des membres composant le
conseil de préfecture n'est pas partout le même ;
il varie suivant les départemens ; par la loi du 28
pluv. an VIII, par son art. 2, a partagés en trois
catégories.

19. — Ainsi, le nombre des conseillers de pré-
fecture est de cinq dans vingt-cinq départemens :
— Aisne, Calvados, Charente-Inférieure, Côtes-
du-Nord, Dordogne, Eure, Finistère, Garonne
(Haute), Gironde, Isère, Ille-et-Vilaine, Loire-Infé-
rieure, Maine-et-Loire, Manche, Morbihan, Nord,
Orne, Pas-de-Calais, Puy-de-Dôme, Rhin (Bas),
Saône-et-Loire, Seine, Seine-Inférieure, Seine-et-
Oise, Somme.

20. — Il est de quatre dans dix-sept départemens : — Ain, Aveyron, Bouches-du-Rhône, Charente, Côte-d'Or, Gard, Loire, Lot, Lot-et-Garonne,
Mayenne, Meurthe, Moselle, Oise, Pyrénées (Basses), Rhône, Sarthe, Yonne.

21. — Enfin il est de trois dans quarante-deux
départemens : Allier, Alpes (Basses), Alpes (Hau-
tes), Ardèche, Ardennes, Ariège, Aube, Aude,
Cantal, Cher, Corrèze, Creuse, Doubs, Drôme, Eure-
et-Loire, Gers, Hérault, Indre, Indre-et-Loire,
Jura, Landes, Loir-et-Cher, Loiré (Haute), Loiret,
Lozère, Marne, Marne (Haute), Meuse, Nièvre,
Pyrénées (Hautes), Pyrénées-Orientales, Rhin
(Haut), Saône (Haute), Seine-et-Marne, Sèvres
(Deux), Tarn, Var, Vaucluse, Vendée, Vienne,
Vienne (Haute), Vosges.

22. — Deux départemens ne figurent pas dans
cette nomenclature : — la Corse, alors partagée en
deux départemens (Golo et Liamone), ayant chacun un conseil de préfecture composé de trois
membres ; — 2º celui de Tarn-et-Garonne, qui n'a
été créé que depuis, au moyen de démembremens
de plusieurs départemens. — Dans ces deux départemens le nombre des conseillers de préfecture
est aujourd'hui de trois.

23. — A une époque où les finances de l'état
étaient embarrassées, on avait cru pouvoir réduire
le nombre des membres des conseils de préfecture, qu'on voulait limiter à trois dans tous les départemens, en décidant que, dans les départemens
où le nombre des conseillers se trouverait supérieur, il ne serait point pourvu au remplacement
en cas de vacances. — Ord. 6 nov. 1817.

24. — Cette disposition n'eut qu'un effet transitoire ; trois années ne s'étaient pas écoulées
depuis l'ord. du 6 nov. 1817, qu'elle fut rapportée par une autre ord. du 1er août 1820, qui
ramenait les choses à leur état premier.

25. — Outre les conseillers de préfecture, la loi
du 28 pluv. an VIII (art. 7) instituait un secrétaire
général, lequel devait avoir la garde des papiers
et signer les expéditions, et dont le traitement fut,

par la loi du 17 vent. an VIII (art. 9), fixé au tiers de celui des préfets, sans pouvoir être toutefois inférieur à 3000 fr., ni supérieur à 6000.

26. — La loi du 17 vent. an VIII (art. 7), étendant les attributions du secrétaire général, voulut qu'en cas d'absence du préfet, le secrétaire général correspondît avec le préfet, et même fût appelé à le remplacer dans les cas urgens.

27. — Le secrétaire général, absent, empêché ou chargé par délégation des fonctions de préfet, était remplacé dans ses fonctions de secrétaire général par le conseiller de préfecture le dernier dans l'ordre du tableau. — Ord. 29 mars 1831, art. 5.

28. — Du reste, toutes les dispositions relatives aux conseillers de préfecture étaient applicables aux secrétaires généraux : ainsi notamment, comme eux, ils prêtaient serment entre les mains du préfet (L. 17 vent. an VIII); et le décret du 18 prair. an VIII voulut qu'il fût procédé à leur remplacement provisoire, en cas d'absence ou de maladie, comme pour les conseillers de préfecture.

29. — La même pensée qui devait bientôt dicter l'ord. du 6 nov. 1817 avait donné naissance à l'ord. du 9 avr. 1817, laquelle, supprimant immédiatement les secrétaires généraux, auxquels toutefois elle allouait, à titre d'indemnité, trois mois de traitement, conférait leurs fonctions, en ce qui concerne la signature des expéditions, la garde des papiers et archives et la tenue des registres, au doyen des conseillers de préfecture, et en son absence, au plus ancien après lui.

30. — Comme l'ord. du 6 nov. 1817, celle du 9 avr. fut rapportée, et les secrétaires généraux rétablis par la même ord. du 1er août 1820, qui décida, en outre, que les secrétaires généraux pourraient, avec l'autorisation du ministre de l'intérieur, et sous la direction des préfets, être chargés de l'administration du département chef-lieu.

31. — Mais ce rétablissement ne devait être que momentané; et toujours dans un but d'économie, l'ord. du 1er mai 1832 (art. 13) a supprimé de nouveau les secrétaires généraux de préfecture, à l'exception cependant de ceux des six départemens : des Bouches-du-Rhône, de la Gironde, du Nord, du Rhône, de la Seine et de la Seine-Inférieure.

32. — Dans tous les autres départemens les fonctions de secrétaire général ont été confiées à l'un des membres du conseil de préfecture, que le ministre désigne à cet effet. — Même ord., art. 2.

33. — L'ordonnance du 1er mai 1832 est-elle destinée à être rapportée, et les secrétaires généraux de préfecture seront-ils rétablis ? — Le gouvernement a déjà manifesté cette intention, et, dans le budget de 1840, le ministre de l'intérieur proposait leur rétablissement et demandait à cet effet une allocation : mais la commission de la chambre crut devoir repousser cette proposition en se fondant sur ce que l'utilité des secrétaires généraux n'était pas démontrée, vu le peu d'importance des attributions que leur donnait la loi de l'an VIII, et sur ce qu'il paraîtrait plus nécessaire d'améliorer le sort des conseillers de préfecture. — Brun, *Nouveau manuel des conseillers de préfecture*, Avant-propos, p. 11.

34. — En effet, le traitement des conseillers est fort modique ; aux termes de l'art. 22, L. 28 pluv. VIII, il est du dixième du traitement des préfets, sans toutefois qu'il puisse être inférieur à douze cents francs. Aucune modification n'a été apportée à cette fixation maintenue par l'ordonnance du 15 mai 1822, que celle résultant de l'ordonnance du 1er mai 1832, allouant au conseiller de préfecture chargé des fonctions de secrétaire général une indemnité égale au quart de son traitement.

35. — Le traitement de secrétaire général de la préfecture de la Seine a été fixé par une ordonnance du 21 août 1845 (art. 2) à 12,000 fr.

36. — L'art. 3, même ordonnance, fixe à 8,000 fr. le traitement des conseillers de préfecture du département de la Seine.

37. — Un fait beaucoup plus grave, au point de vue de l'intérêt public, c'est que jamais aucune condition d'aptitude n'a été imposée à ceux qui veulent remplir les fonctions souvent si délicates et toujours si importantes de conseiller de préfecture, et qu'alors qu'on demande sans cesse, comme le fait observer M. Brun (*loc. cit.*, Avant-propos, p. 14), des garanties nouvelles de science et d'aptitude pour l'admission dans les bureaux d'une administration publique quelconque, le choix de l'autorité supérieure en ce qui concerne la nomination des conseillers de préfecture, est laissé encore aujourd'hui à l'arbitraire le plus complet.

38. — Les conseillers de préfecture sont nommés par le roi. — L. 28 pluv. an VIII, art. 18.

39. — Ils prêtent, avant d'entrer en fonctions, serment entre les mains du préfet. — Arrêté du 17 vent. an VIII, art. 1er.

40. — Leurs fonctions sont à vie, mais révocables.

41. — Cette amovibilité des conseillers de préfecture a été regardée par diverses personnes et notamment par M. Macarel (*Des tribunaux administratifs*, p. 49), comme un principe funeste; il semble à cet auteur que le conseiller de préfecture, juge du contentieux administratif, devrait jouir de la garantie de l'inamovibilité comme le juge ordinaire.

42. — Mais cette opinion est généralement repoussée, et M. Serrigny (*Tr. de la comp. et de l'organ. en mat. administ.*, t. 1er, n° 372), après avoir fait, avec raison, remarquer les graves inconvéniens qu'entraînerait l'inamovibilité des conseillers de préfecture, qui rendrait souvent toute administration impossible, rappelle que c'est précisément parce que les juges sont inamovibles, et que par leurs décisions ils auraient pu entraver la marche de l'administration, qu'on n'a pas cru devoir leur soumettre la connaissance du contentieux administratif.

43. — La loi du 28 pluv. an VIII n'a pas fixé l'âge auquel il fallait être parvenu pour être appelé à faire partie d'un conseil de préfecture : mais il est hors de toute contestation que cet âge est celui de vingt-cinq ans, exigé par l'art. 175 de la constitution du 5 fructid. an III de tout membre de l'administration départementale.

44. — La qualité de conseiller de préfecture est incompatible avec diverses fonctions, en vertu de lois, décrets et ordonnances spéciales.

45. — Ainsi, cette incompatibilité s'applique aux membres d'un conseil général de département ou d'arrondissement. — L. 22 juin 1833, art. 5, nos 1 et 23. — V. CONSEIL D'ARRONDISSEMENT, CONSEIL GÉNÉRAL DE DÉPARTEMENT.

46. — ...Aux membres d'un conseil municipal. — L. 21 mars 1831, art. 18. — V. CONSEIL MUNICIPAL.

47. — ...Aux notaires. — L. 24 vendém. an III, tit. 2, art. 5. — Av. cons. d'état, 10 vent. an XIII. — V. NOTAIRE.

48. — ...Aux avoués. — Avis cons. d'état, 5 août 1809 ; — *Cons. d'état*, 16 fév. 1811, Nast. — V. AVOUÉ, n° 121.

49. — Par une conséquence nécessaire du principe de la séparation des pouvoirs, la qualité de conseiller de préfecture est incompatible d'une manière générale avec toute fonction de l'ordre judiciaire quelle qu'elle soit. — L. 24 vendém. an III, tit. 1er, art. 1er; arrêté du 19 fructid. an IX, art. 3; décr. 16 juin 1808, art. 1er.

50. — Mais est-elle incompatible avec la profession d'avocat ? — La question a été fort agitée : nous avons vu au mot AVOCAT (nos 271 et suiv.) que la jurisprudence n'admettait pas l'incompatibilité.

51. — M. Serrigny (t. 1er, n° 372) adopte complètement ce sentiment; seulement il fait remarquer que le conseiller chargé des fonctions de secrétaire-général ne pourrait, aux termes de l'art. 42, ord. 20 nov. 1820, cumuler ces mêmes fonctions avec celles d'avocat.

52. — Il n'y a évidemment aucune incompatibilité entre les fonctions de conseiller de préfecture et le service de la garde nationale. — *Cass.*, 12 oct. 1833, Meillet ; — Inst. min. 12 sept. 1831.

53. — Mais s'il n'y a point incompatibilité dans ce cas, le service du moins est-il facultatif et un conseiller de préfecture pourrait-il s'en dispenser ?

54. — Pour justifier le refus des conseillers de préfecture, on a prétendu que, juges administratifs, ils devaient profiter de l'exemption accordée par l'art. 28, L. 22 mars 1831, aux membres des cours et tribunaux.

55. — Mais cette assimilation n'était pas acceptable en présence des termes limitatifs de la loi de 1831, et de cette considération que, dans la langue ordinaire et dans celle du droit, les magistrats de l'ordre administratif ne sont pas compris dans la dénomination générique *cours et tribunaux* ; la loi de 1831 a été, avec intention, avare d'exemptions; les conseillers d'état eux-mêmes ne figurent pas dans la disposition de l'art. 28, ce qui explique suffisamment l'exclusion des conseillers de préfecture. — Au surplus, ce qui semble trancher toute difficulté, c'est la combinaison des diverses dispositions législatives qui se sont succédé sur la garde nationale. On remarque, en effet, que l'art. 27, ord. 17 juill. 1816, qui créait des catégories de dispenses facultatives, et dont l'art. 28, L. 1831, n'est que la reproduction partielle, comprenait dans deux paragraphes distincts « *les membres des cours et tribunaux* » et « *les conseillers de préfecture* ». Or, de ces deux paragraphes, la loi de 1831, dans son art. 28, n'a conservé que celui relatif aux *membres des cours et tribunaux*, sans reproduire celui qui concerne les *conseillers de préfecture* : il est donc évident que ces conseillers ne peuvent invoquer la faculté ainsi réservée limitativement aux *membres des cours et tribunaux*.

56. — Aussi la cour de Cassation a-t-elle constamment décidé que l'art. 28, L. 22 mars 1831, ne pouvait recevoir d'application quant aux conseillers de préfecture. — *Cass.*, 27 avr. 1843 (t. 1er 1844, p. 69), Garinet ; 26 déc. 1843 (t. 1er 1844, p. 69), mêmes parties; 12 avr. 1845 (t. 2 1845, p. 614), Trosnier. — V. GARDE NATIONALE.

57. — En dehors du conseil, les conseillers de préfecture sont parfois revêtus de certaines attributions personnelles dans l'administration départementale.

58. — Dans certains cas, notamment, la présence ou le concours d'un ou plusieurs conseillers de préfecture est exigé par la loi. — Ainsi, parmi les membres du conseil de révision qui se rassemble pour les opérations du recrutement, doit se trouver un conseiller de préfecture désigné par le préfet. — L. 21 mars 1832, art. 15. — V. RECRUTEMENT.

59. — Toutefois, le plus souvent cette participation des conseillers de préfecture à l'administration départementale est accidentelle; ils ne sont guère appelés qu'à suppléer des administrateurs absens, et se trouvent alors revêtus de tous les pouvoirs que la loi confère à ceux-ci.

60. — L'ord. 29 mars 1831, reproduisant et complétant les dispositions des arrêtés des 17 niv. an IX et 27 pluv. an X, veut que les préfets autorisés à s'absenter de leur département délèguent leurs fonctions, sous l'approbation du ministre de l'intérieur, à un conseiller de préfecture ou au secrétaire-général de la préfecture, à leur choix. — La délégation n'a pas besoin d'être approuvée par le ministre de l'intérieur lorsque le préfet ne sort pas du département. — Art. 1er.

61. — En cas d'absence ou d'empêchement d'un préfet, sans qu'il ait délégué l'administration, ou en cas de vacance de la préfecture, le premier conseiller de préfecture, dans l'ordre du tableau, prend de droit l'administration du département; toutefois, si, avant la vacance de la préfecture, l'administration a été déléguée, celui à qui elle l'a été doit continuer d'exercer jusqu'à ce qu'il en soit autrement ordonné par le ministre de l'intérieur. — Art. 2.

62. — En cas d'absence ou d'empêchement d'un sous-préfet, le préfet pourvoit à son remplacement en désignant un fonctionnaire de l'ordre administratif, pris dans l'arrondissement, ou, à défaut, un conseiller de préfecture. — Art. 3.

63. — Si le préfet peut ainsi confier à un conseiller de préfecture l'exercice complet de son autorité, à plus forte raison peut-il, même présent et lorsque la prompte expédition des affaires l'exige, déléguer à un ou plusieurs de ces mêmes conseillers quelques unes de ses attributions.

64. La loi du 21 mars 1832 a prévu spécialement cette hypothèse en matière de recrutement, et autorise le préfet à se faire suppléer par un conseiller de préfecture dans la présidence du conseil de révision, ainsi que l'instruction ministérielle de 1818 l'avait déjà autorisé à faire pour ce qui concerne les opérations préparatoires et le tirage au sort. — V. RECRUTEMENT.

65. — Lorsque l'état est en litige avec le département, l'état étant représenté par le préfet, l'action est soutenue, dans l'intérêt du département, au nom du doyen du conseil de préfecture. — L. 10 mai 1838, art. 36. — V. DÉPARTEMENT.

66. — Une circulaire du ministre des travaux publics, du 26 déc. 1840, veut que, dans les contrats administratifs où figure une partie qui ne sait pas signer, l'identité de cette partie soit constatée, non par des témoins, mais par un conseiller de préfecture. — V. TRAVAUX PUBLICS.

67. — Il est certains actes que les fonctions des conseillers de préfecture les rendent incapables de faire, à peine de nullité de ces actes.

68. — Ainsi notamment, juges ordinaires du contentieux administratif, ils ne pourraient se rendre cessionnaires de droits, procès et actions litigieuses rentrant dans la compétence du conseil de préfecture dont ils sont membres.

69. — Cette incapacité ne résulte sans doute explicitement contre les conseillers de préfecture d'aucun texte précis; mais, établie pour la juridiction ordinaire (C. civ. art. 1597), elle nous paraît devoir nécessairement être étendue à la juridiction administrative.

70. — De même, nous pensons que les règles relatives à la récusation des juges ordinaires sont applicables aux conseillers de préfecture. — V. *infrà*, nos 433 et suiv.

71. — Mais outre leurs fonctions contentieuses,

des attributions d'une autre nature ont été conférées au conseil de préfecture, fonctions d'administration (V. *infrà* nos 282 et suiv.) : résulte-t-il de l'exercice de ces attributions quelque incapacité?

72.—Un cas spécial a été prévu : l'art. 21 du Code forestier interdit à tout conseiller de préfecture, de se porter adjudicataire des coupes de bois, dans tout l'arrondissement de son ressort? — Faut-il ne voir dans cette prescription qu'une disposition exceptionnelle? Est-ce au contraire une règle de droit commun?

73. — Il serait peut-être à désirer qu'un texte spécial de loi eût établi cette incapacité d'une manière absolue pour les conseillers de préfecture, comme elle existe pour le préfet. — Toutefois, en l'absence d'une disposition précise, il est assez difficile d'établir en principe cette incapacité, les conseillers de préfecture n'ayant, à la différence du préfet, aucun pouvoir d'action, mais simplement mission d'assister ce fonctionnaire de leur avis. — Il est évident, du reste, que l'incapacité existerait pour le conseiller de préfecture appelé à suppléer le préfet.

CHAPITRE II. — *Attributions des conseils de préfecture.*

74. — Les conseils de préfecture sont de véritables tribunaux chargés de rendre la justice dans les matières du domaine de l'administration. « C'est là, dit M. Dufour (*Droit administratif appliqué*, t. 1er, no 85), leur caractère essentiel, le but principal de leur création ; mais ce n'est pas leur mission exclusive. Le législateur a appelé le conseil de préfecture à concourir à certaines opérations d'administration qui demandent plutôt une assemblée qu'un fonctionnaire ; il les a aussi chargés d'assister les préfets de leurs avis dans quelques cas déterminés, et de remplir à l'égard de certains êtres collectifs, et notamment des communes, une mission de tutelle. »

75. — De là, deux divisions bien distinctes dans l'examen que nous avons à faire de la compétence des conseils de préfecture : 1o attributions en matières contentieuses; 2o attributions administratives.

76.—Il importe de remarquer, avant tout, qu'en ce qui concerne ces diverses attributions, quelle que soit leur nature, notre travail doit se borner ici, après avoir posé les principes généraux, à l'énumération des matières qui sont de la compétence des conseils de préfecture, sans entrer dans des détails qui trouvent mieux leur place sous les mots spéciaux consacrés à chaque matière distincte, mots auxquels nous devons faire de simples renvois.

Sect. 1re. — *Attributions en matière contentieuse.*

77. — L'institution des conseils de préfecture a pour but principal le réglement du contentieux administratif; ces conseils peuvent être considérés comme les juges ordinaires en cette matière.

78. — Rœderer, orateur du gouvernement, s'exprimait ainsi, à ce sujet, dans l'Exposé des motifs de la loi du 28 pluv. an VIII. « Remettre le contentieux de l'administration à un conseil de préfecture a paru nécessaire pour ménager au préfet le temps que demande l'administration, pour garantir aux personnes intéressées qu'elles ne seront point jugées sur des rapports et des avis de bureaux, pour donner à la propriété des juges accoutumés au ministère de la justice, à ses règles et à ses formes; pour donner tout à la fois à l'intérêt particulier et à l'intérêt public la sûreté qu'on ne peut guère attendre d'un jugement porté par un seul homme. Car cet administrateur, qui balance avec impartialité des intérêts collectifs, peut se trouver prévenu et passionné, quand il s'agit de l'intérêt d'un particulier; il peut être sollicité par ses affections et ses haines personnelles à trahir l'intérêt public ou à blesser des droits particuliers. »

79. — « Sous le régime qui a précédé la révolution, continuait le même orateur, une grande partie du contentieux de l'administration était portée devant les tribunaux, qui s'étaient fait un esprit contraire à l'intérêt du trésor public; leur partialité détermina l'assemblée constituante à réunir le contentieux de l'administration avec l'administration elle-même ; et comme cette assemblée remit les fonctions administratives à des directoires nombreux, elle crut pouvoir faire de ces corporations des espèces de tribunaux. En effet, la justice pouvait trouver quelque sûreté dans ce système; mais avec l'administration qu'il était incompatible, parce que les ordres du gouvernement et les lois elles-mêmes rencontraient la délibération là où elles ne devaient trouver qu'empressement et à l'action et à l'obéissance. Or, le gouvernement crut avoir pris un juste milieu entre l'ancien système, qui séparait la justice administrative et l'administration comme inconciliables, et le nouveau, qui les cumulait dans les mêmes mains, comme si elles eussent été une seule et même chose. »

80.—Ainsi, dans la loi du 28 pluv. an VIII, et par l'institution des conseils de préfecture, le législateur avait pour but non seulement d'assurer de nouveau le principe de la séparation et de l'indépendance réciproque des deux autorités judiciaire et administrative, mais encore, en ce qui concerne les attributions de cette dernière, de diviser le pouvoir d'administrer de celui de juger, conférant le premier au préfet et le second au conseil de préfecture.

81. — On lit, en effet, dans un décr. du 6 déc. 1813, inséré au *Bulletin des Lois*, que « d'après la loi du 28 pluv. an VIII et autres lois postérieures, le préfet est seul chargé de l'administration, et que dès-lors il doit seul statuer sur les matières qui sont purement d'administration; mais que les conseils de préfecture sont institués pour prononcer sur toutes les matières contentieuses administratives; qu'ainsi la compétence de chacune de ces deux autorités doit se déterminer d'après la nature ou contentieuse ou purement administrative de la question proposée. »

82. — Toutefois, quelque juste que soit cette distinction entre les attributions du préfet et celles du conseil de préfecture, il faut cependant remarquer qu'elle doit souffrir et souffre en effet quelques dérogations, et qu'en conséquence les termes du décret du 6 déc. 1813 sont trop absolus.

83. — Ainsi, tandis que le conseil de préfecture est quelquefois appelé à prendre part à des actes d'administration, il y a certaines questions que soulève le contentieux administratif et dont il n'est pas le juge nécessaire.

84.—Sans doute, comme le remarque avec raison M. Serrigny (t. 1er, no 461), « les attributions des conseils de préfecture sont immenses en matière contentieuse, et ils sont appelés à statuer sur les intérêts de la plus haute importance. Chargés de prononcer sur la majeure partie des objets qui rentrent dans la justice administrative, ils ont hérité, sous ce rapport, des attributions qui appartenaient aux administrations centrales des départemens. — L. 28 pluv. an VIII, art. 2. — Cependant, ni cette loi, ni aucune autre n'ont investi d'une manière précise et générale les conseils de préfecture de la connaissance du contentieux administratif.

85. — Il résulte de là que, juges spéciaux, ils ne peuvent juger que les matières et dans les cas qui leur sont spécialement déférés ; c'est là un principe d'ordre public qui ne peut souffrir aucune restriction.

86. — Aussi, la jurisprudence constante du conseil d'état a-t-elle toujours décidé comme un point hors de controverse que les parties ne pourraient, par une convention privée, déroger à l'ordre des juridictions et saisir les conseils de préfecture de la connaissance de contestations qui rentrent dans la compétence de la juridiction ordinaire.— *Cons. d'état*, 2 sept. 1829, Ville de Dunkerque; 8 nov. 1829, Delahaye c. ville de Tours; 31 déc. 1831, Bénard c. comm. de Beaumont-le-Roger; 18 oct. 1833, Boyer c. comm. d'Ollioules.

87. — Néanmoins, renfermée dans ses limites légales, la compétence des conseils de préfecture n'est point une compétence exceptionnelle de la juridiction ordinaire, telle, par exemple, que l'est celle des tribunaux de commerce, car les attributions de juges administratifs ne sont point des démembremens de l'autorité judiciaire (Macarel, *Des Tribunaux administratifs*, p. 539; Serrigny, t. 1er, no 461), mais sont une conséquence nécessaire et une application du principe de la séparation des deux pouvoirs, posé dans la loi de 1790.

88. — Sans doute, pas plus que les tribunaux de commerce, les conseils de préfecture ne peuvent connaître de l'exécution des arrêtés rendus par eux (V. *infrà* no 496) ; mais, ainsi que le remarque avec raison M. Dufour (t. 1er, no 88), c'est parce que l'exécution de ces arrêtés ne peut soulever que des questions de droit commun, étrangères aux intérêts de l'administration, et qu'en conséquence rien ne justifierait plus la compétence des conseils. — Or, continue le même auteur, « la règle qui refuse aux conseils de préfecture le droit de connaître de l'exécution de leurs arrêtés ainsi expliquée, il est clair qu'elle est absolument étrangère à la nature du pouvoir qu'ils exercent, et qu'on n'en saurait conclure que la force et l'autorité de leurs décisions en soient diminuées, et qu'elles le cèdent aux jugemens des tribunaux civils. »

89. — Du reste, les tribunaux administratifs, les conseils de préfecture doivent, de même que les tribunaux de l'ordre judiciaire, se borner à rendre une décision sur les difficultés spéciales qui leur sont soumises; ils ne pourraient procéder par voie de disposition générale et réglementaire. — *Cons. d'état*, 31 janv. 1827, Ovrillard c. ville de Limoges; 8 août 1834, Maurette.

90. — La loi du 28 pluv. an VIII, dans laquelle se trouve le principe des attributions des conseils de préfecture, serait, ainsi que le remarque avec raison M. Serrigny (t. 1er, no 461), féconde en conséquences, et pourrait fournir la matière d'un long commentaire si l'on voulait les examiner toutes en détail; mais cet examen ne doit pas, nous l'avons dit déjà, trouver place ici, c'est sous chacune des matières spéciales où elle s'exerce que nous étudierons la matière et les limites de cette compétence ; nous nous bornerons, quant à présent, à en donner l'indication précise et sommaire.

91. — Quatre attributions bien distinctes sont conférées aux conseils de préfecture par l'art. 4, L. 28 pluv. an VIII.

92. — La première consiste à statuer sur les demandes des particuliers tendant à obtenir la décharge ou la réduction de leur cote de contributions directes. — L. 28 pluv. an VIII, art. 4, § 1er.

93. — Mais ils sont incompétens pour prononcer des *remises* ou *modérations*, sauf le cas exceptionnel prévu par la loi du 28 juin 1833, art. 5. — La demande en remise ou modération n'étant point fondée sur un droit, comme celle en décharge et réduction, et le contribuable n'ayant d'autre titre à l'obtenir qu'un préjudice et des pertes éprouvées que la bienveillance de l'administration prend en considération, c'est le préfet seul qui peut les accorder.

94. — La compétence des conseils de préfecture s'étend à toutes les contributions directes quelle que soit leur nature, ainsi non seulement elle comprend les quatre contributions principales, foncière, personnelle et mobilière des portes et fenêtres et patentes, mais encore les centimes additionnels et les taxes spéciales assimilées aux contributions directes, telles que les redevances sur les mines, les taxes universitaires, prestations en nature pour les chemins vicinaux, contributions pour la confection, l'entretien et la conservation de certains travaux d'intérêt commun, comme digues contre la mer et les fleuves, curage des canaux et cours d'eau, asséchement des mines, desséchement des marais, etc., etc. — Il existe même sur la plupart de ces matières des dispositions législatives, spéciales. — V. au surplus CONTRIBUTIONS DIRECTES.

95.— Au contraire, en principe et sauf quelques cas exceptionnellement établis, les conseils de préfecture sont incompétens en matière de contributions indirectes. — L. 7-11 sept. 1790, art. 2; 5 vent. an XII, art. 88. — V. CONTRIBUTIONS INDIRECTES.

96. — En second lieu, des attributions ont encore été données aux conseils de préfecture *en matière de travaux publics* dans deux cas distincts : — D'abord, « sur les difficultés qui pourraient s'élever entre les entrepreneurs de travaux publics et l'administration, concernant le sens ou l'exécution des clauses de leurs marchés. » — L. 28 pluv. an VIII, art. 4, § 2.

97. — Quelque généraux et absolus que soient ces termes, on s'est néanmoins demandé si la compétence de l'autorité administrative devait s'étendre à tous les travaux, quelle que fût leur nature, et en second lieu, si elle s'appliquait à toutes les contestations qui peuvent naître en matière de travaux publics.

98. — Sur le premier point, la compétence des conseils de préfecture n'a jamais été contestée lorsqu'il s'agit de travaux intéressant l'état ou les départemens.

99. — De même encore, il est certains travaux qui, quoique non exécutés aux frais de l'état, doivent, à raison de l'intérêt général qui s'attache à leur exécution, être soumis aux mêmes règles de compétence que les travaux publics : tels sont les travaux de constructions de digues contre la mer et les cours d'eau, dont la nécessité a été constatée par le gouvernement. — L. 16 sept. 1807, art. 33. — V. COURS D'EAU, DIGUES. — Ou bien encore les travaux relatifs à l'asséchement des mines inondées. — L. 27 avr. 1838, art. 5, § 3.—V. MINES.

100. — Mais faut-il ranger dans la même classe les travaux communaux ? — C'est là une question des plus controversées entre les auteurs, et sur la solution de laquelle la jurisprudence du conseil d'état offre les décisions les plus diverses. — V. COMMUNE, nos 460 et suiv., TRAVAUX PUBLICS.

101. — Les difficultés sont les mêmes relativement aux travaux concernant les établissemens publics, et notamment les hospices. — V. ÉTABLISSEMENS PUBLICS, HOSPICES.

102. — D'un autre côté, et quelque parti que l'on prenne sur la question de savoir si les travaux communaux ou intéressant les établissemens publics doivent être rangés dans la classe des travaux publics, on s'est demandé si la compétence de l'autorité administrative était absolue en matière de travaux publics.

103. — Dès l'abord, l'affirmative ne paraît pas douteuse; les termes de la loi sont précis et généraux, et ne semblent admettre aucune exception. Cependant, dans quelques circonstances, la compétence de l'autorité administrative a été contestée.

104. — Ainsi, appartient-il aux conseils de préfecture de statuer sur les demandes en résiliation formées par les entrepreneurs? — Le conseil d'état a consacré long-temps l'affirmative (*Cons. d'état*, 31 mars 1819, Desalle; 7 avr. 1823, Treillet c. actionn. du pont de Milhaud); puis a décidé en sens contraire (*Cons. d'état*, 2 août 1826, Rue), mais il est revenu à sa première jurisprudence. — *Cons. d'état*, 2 avr. 1828, Carmignac-Descombes; 20 janv. 1830, Orfray; 16 fév. 1833, Franciel; 20 juill. 1836, Delamarre; 11 janv. 1838, Grulet.

105. — Le conseil de préfecture peut-il également prononcer sur la responsabilité des entrepreneurs ou architectes? — Sur ce point encore, le conseil d'état, après avoir consacré l'affirmative (*Cons. d'état*, 14 janv. 1818, Mourier; 13 juill. 1825, Bourguignon c. comm. de Coges), a embrassé la négative (*Cons. d'état*, 10 déc. 1827, Castain c. comm. de Malachère; 13 juill. 1828, Pambet c. comm. de Passavant); puis a fait retour à sa première doctrine. — *Cons. d'état*, 16 nov. 1835, Perrin c. comm. d'Eloges; 20 juin 1837, mêmes parties. — V. au surplus MARCHÉS ET FOURNITURES, TRAVAUX PUBLICS.

106. — Selon les §§ 3 et 4, art. 4, L. 28 pluv. an VIII, c'est encore aux conseils de préfecture qu'il appartient de statuer, soit sur les réclamations des particuliers qui se plaignent de torts et dommages procédant du fait personnel des entrepreneurs et non du fait de l'administration, soit sur les demandes et contestations concernant les indemnités dues aux particuliers, à raison des terrains pris ou fouillés pour la confection des chemins, canaux et autres ouvrages publics.

107. — Cette double compétence, étendue par la loi du 16 sept. 1807, est-elle encore aussi absolue depuis les lois nouvelles sur l'expropriation? Faut-il distinguer la nature du dommage causé, s'il est permanent ou temporaire? Si l'entrepreneur a agi ou non dans les limites du cahier des charges? Faut-il aussi admettre la compétence du conseil de préfecture, s'il s'agit d'actions dirigées contre l'administration et non plus contre l'entrepreneur? — Telles sont quelques unes des graves questions que soulève l'application des dispositions de la loi du 28 pluv. an VIII précitées, et dont la solution est plus ou moins vivement controversée. — V. DOMMAGE PERMANENT, EXPROPRIATION POUR UTILITÉ PUBLIQUE, TRAVAUX PUBLICS.

108. — Remarquons seulement que, lorsqu'il s'agit d'extraire des matériaux des forêts et bois appartenant à l'état, aux communes et aux établissemens publics, certaines formalités spéciales sont prescrites, et qu'en cas de contestation, c'est au préfet et non aux conseils de préfecture qu'il appartient de statuer. — V. FORÊTS.

109. — La troisième attribution conférée au conseil de préfecture par la loi de l'an VIII est relative aux difficultés qui peuvent s'élever en matière de grande voirie. — L. 28 pluv. an VIII, art. 4, § 5.

110. — La grande voirie contient, aux termes de l'art. 1er, L. 29 flor. an X, tout ce qui concerne les routes, fleuves et rivières navigables, canaux de navigation et leurs accessoires, etc. — V. sur ce point ALIGNEMENT (sect. 8), BARRIÈRES DE DÉGEL, CANAUX, CHEMINS DE FER, CHEMIN DE HALAGE, COURS D'EAU, MESSAGERIES, NAVIGATION, POSTES, ROULAGE, ROUTES, VOIRIE, VOITURES PUBLIQUES.

111. — Du reste, il a été jugé, avec raison, que l'énonciation contenue dans l'art. 1er, L. 29 flor. an X, n'est que démonstrative, et qu'ainsi, par exemple, c'est aux conseils de préfecture qu'il appartient de connaître de l'action qui peut résulter de la mauvaise direction donnée à un bateau à vapeur. — *Cass.*, 5 janv. 1839 (t. 1er 1839, p. 236), Pagès.

112. — Toutefois la compétence des conseils de préfecture ne s'étend point aux peines corporelles, que les tribunaux ordinaires peuvent seuls prononcer. — *Cons. d'état*, 23 avr. 1807, Pavaillon; 2 fév. 1808, habitans de Loochristy. — V. encore Henrion de Pansey, *Comp. des juges de paix*, chap. 28; Proudhon, *Du dom. public*, n° 298; Merlin, *Rép.*, v° *Chemin*, n° 14; Cormenin, *Dr. administ.*, v° *Voirie*, t. 2, p. 482.

113. — ... Comme aussi elle ne saurait embrasser les contraventions aux lois de police de sûreté. — *Cons. d'état*, 23 déc. 1835, min. de l'int. c. Jugrand.

114. — ... Non plus que les infractions aux réglemens pris par les préfets en vertu du décret du 22 déc. 1789, sect. 3e, art. 2, lesquels n'ont que le caractère de réglemens de police. — *Cass.*, 14 nov. 1835, Clément Thore; 7 juill. 1838 (t. 1er 1839, p. 236), Flaquet. — V. PRÉFET.

115. — ... Ni ceux pris par les maires dans un intérêt de commodité, salubrité ou sécurité, relativement aux routes ou voies de navigation qui traversent les villes. — *Cass.*, 25 avr. 1839 (t. 1er 1840, p. 131), Double. — V. MAIRE, POUVOIR MUNICIPAL.

116. — Enfin, remarquons que les conseils de préfecture n'ont de juridiction en matière de grande voirie que pour prononcer dans un intérêt public, et non dans l'intérêt privé des particuliers. — *Colmar*, 19 août 1844 (t. 1er 1845, p. 552), préfet du Haut-Rhin c. Gauthier.

117. — ... Spécialement, les tribunaux ordinaires sont seuls compétens pour statuer sur la demande en réparation d'un dommage causé à un particulier sur une route ou dans un canal de navigation par le résultat de faits qui ne proviennent pas de l'administration, mais de la négligence de l'un de ses préposés. — Même arrêt.

118. — Mais en ce qui concerne la petite voirie et la répression des contraventions qui y sont commises, en principe, et sauf les cas exceptionnellement établis, les conseils de préfecture sont incompétens. — L. 7-11 sept. 1790. — V. VOIRIE.

119. — La quatrième attribution résultant, pour les conseils de préfecture, de la loi du 28 pluv. an VIII, concerne « le contentieux des domaines nationaux » (art. 4, § 7).

120. — « Il était difficile, dit M. Brun (t. 2, n° 517), d'employer des expressions plus générales; mais le pouvoir d'alors redoutait tellement l'influence des émigrés sur les membres des corps judiciaires; il tenait tant à empêcher tout ce qui pourrait ressembler à une réaction contre la vente des domaines nationaux, qu'il crut devoir déférer aux conseils de préfecture tout le contentieux de la matière, d'autant plus qu'il conservait la faculté de faire réformer par le conseil d'état les décisions erronées qui pourraient leur échapper. »

121. — Cette compétence est donc absolue; elle s'étend sur tout *le contentieux*, en matière de domaines nationaux, quelle que soit la cause de la contestation.

122. — Mais l'existence d'une contestation est nécessaire, et les conseils de préfecture ne pourraient interpréter une vente nationale, si cette interprétation n'était pas provoquée par une instance introduite devant lui. — *Cons. d'état*, 13 juin 1821, Mugot; 21 nov. 1839, Demangeat; 26 août 1842, Bazire c. Chevillot. — V. au surplus BIENS NATIONAUX, sect. 5.

123. — Du reste, comme le fait observer avec raison M. Brun (*loc. cit.*), les choses ont bien changé depuis l'époque où fut rendue la loi du 28 pluv. an VIII, et il n'est guère de questions qui se présentent aujourd'hui plus rarement devant les tribunaux que celles relatives aux domaines nationaux.

124. — Mais la disposition de la loi de pluviôse an VIII ne doit-elle être considérée que comme une loi de circonstance, relative uniquement aux ventes faites à l'époque de la révolution; doit-elle au contraire s'étendre aux ventes des biens de l'état faites depuis lors, et à faire à l'avenir?

125. — Nous examinerons cette question au mot DOMAINE DE L'ÉTAT; remarquons seulement dès à présent que la jurisprudence du conseil d'état a presque constamment décidé que la loi du 28 pluviôse an VIII n'est pas, quant à la disposition dont il s'agit, une loi de circonstance, et qu'il faut l'appliquer aux biens de l'état, sauf toutefois que la compétence du conseil de préfecture ne doit pas être étendue à tout le *contentieux* (c'était cette généralité de compétence que la loi du 28 pluviôse an VIII avait d'exceptionnel), mais seulement aux contestations qui s'élèvent entre l'état et les adjudicataires ou leurs ayant-cause, au sujet de l'adjudication, et non entre l'état et les tiers qui réclameraient sur ces mêmes biens des droits de propriété, servitude et autres droits réels. — V. notamment *Cons. d'état*, 29 août 1834, Leterme c. domaine; 27 fév. 1835, min. des finances c. Touillet; 13 nov. 1835, Musnier. — V. DOMAINE DE L'ÉTAT.

126. — L'énonciation contenue en l'art. 4, L. 28 pluv. an VIII, est loin d'être limitative; sans doute les attributions que cette loi confère aux conseils de préfecture sont les plus importantes dont ils soient investis, et celles dont l'exercice est le plus fréquent. Mais, soit par des lois antérieures, encore en vigueur, et qui avaient conféré juridiction aux administrations départementales, dont les pouvoirs ont passé aux conseils de préfecture, soit par des lois nouvelles, et dont le nombre va toujours croissant, d'autres attributions en matière contentieuse ont été conférées aux conseils de préfecture.

127. — Ainsi, les conseils de préfecture sont encore appelés à statuer sur les réclamations auxquelles peut donner lieu en matière d'abonnement par corporation le rôle de recouvrement dressé par les syndics sur les divers débitans de boissons abonnés. — L. 28 avr. 1816, art. 75 (*infrà* n° 288). — *Cons. d'état*, 17 juill. 1822, Lecocq. — V. ABONNEMENT, sect. 1re, § 2.

128. — ... En matière de ventes en la forme administrative, des biens des départemens, des communes et des établissemens publics, sur les difficultés relatives à l'interprétation de ces actes. — C'est là une conséquence nécessaire du principe de la séparation et de l'indépendance respective des deux pouvoirs. — V. ACTE ADMINISTRATIF. — V. encore COMMUNE, ch. 4, sect. 2e; DÉPARTEMENT, ÉTABLISSEMENS PUBLICS.

129. — ... Sur les contestations relatives à l'indemnité due par les hospices pour les aliénés dont le traitement ou l'entretien sert à leur charge, et qui sont placés dans les maisons d'aliénés. — L. 30 juin 1838, art. 28.

130. — Cet art. 28 de la loi du 30 juin 1838 est ainsi conçu: « A défaut, ou en cas d'insuffisance des ressources énoncées en l'art. 27, il y sera pourvu, sur les centimes affectés par la loi des finances aux dépenses ordinaires du département auquel l'aliéné appartient, sans préjudice du concours de la commune du domicile de l'aliéné, d'après les bases proposées par le conseil général sur l'avis du préfet, et approuvées par le gouvernement. — Les hospices seront tenus à une indemnité proportionnée au nombre des aliénés dont le traitement ou l'entretien était à leur charge, et qui seraient placés dans un établissement spécial d'aliénés. — En cas de contestation, il sera statué par le conseil de préfecture. »

131. — Le paragraphe dernier de l'article laisse, il est vrai, à désirer quant à sa rédaction: « On ne voit pas bien, dit M. Serrigny (t. 2, n° 890), dans quel cas le conseil de préfecture est appelé à statuer; si c'est en cas de contestation sur la part contributive du département, de la commune et de l'hospice. Il me paraît certain que l'on doit restreindre la compétence du conseil de préfecture au cas où il s'agit de statuer sur la quote part de l'hospice; car autrement, ce conseil serait appelé à réformer les délibérations des conseils généraux approuvées par le roi, ce qui serait contraire à toutes les règles de la hiérarchie administrative, et à l'art. 4, § 15, L. 10 mai 1838. » Nous n'hésitons pas à nous ranger à cette opinion. — V. ALIÉNÉS, n° 190, HOSPICE.

132. — ... Les conseils de préfecture statuent également sur certaines contestations qui peuvent s'élever à l'occasion de la ferme des bacs et bateaux entre l'état et les fermiers, V. à cet égard ACTE ADMINISTRATIF, nos 68 et suiv.; BACS ET BATEAUX, nos 76 et suiv.; BAIL ADMINISTRATIF, n° 54.

133. — ... Sur certaines questions en matière de baux administratifs. — V. BAIL ADMINISTRATIF.

134. — Pour ce qui est relatif aux baux des biens des départemens, V. DÉPARTEMENT.

135. — Notons seulement qu'en principe c'est à l'autorité judiciaire qu'il appartient de statuer sur les contestations relatives soit à l'exécution, soit à l'interprétation, soit à la résiliation des baux administratifs. — V. ACTE ADMINISTRATIF, nos 68 et suiv. — V. encore *Cons. d'état*, 27 août 1839, Robert c. ville d'Agde et la note.

136. — Toutefois il existe des dérogations à ce principe général dans certains cas particuliers, notamment en ce qui concerne les fermiers des bacs et bateaux (V. *suprà* n° 132), ou les concessionnaires des droits de péage sur les ponts (V. *infrà* n° 252), ou les fermiers des eaux minérales (V. *infrà* nos 184 et suiv.), comme aussi en matière de biens communaux au cas où la commune est locataire d'une halle appartenant à un particulier (V. *infrà* nos 221 et suiv.), ou en matière de baux d'octroi (V. *infrà* n° 174); et encore s'il s'agit du bail de sources minérales appartenant aux communes et aux établissemens publics (V. *infrà* nos 184 et suiv.). — V. BAIL ADMINISTRATIF, n° 56.

137. — ... Sur les difficultés qui peuvent s'élever entre les copartageans, détenteurs ou occupans des biens communaux, ou sur l'usurpation de ces mêmes biens. — LL. 10 juin 1793, 21 prair. an II, 9 vent. an XII; — arr. du 4e compl. an XIII; —

avis cons. d'état 18 juin 1809 ; ordonn. 23 juin 1819.

138. — Les biens communaux dont il est ici question ne sont pas ceux affectés à l'usage de tous les habitans et même de tout le monde, tels que les rues, places ou les bâtimens affectés au service communal, ni ceux qui se louent et s'afferment ou s'exploitent régulièrement au profit des communes, tels que les maisons, usines, bois dont on vend les coupes et que M. Foucart qualifie de *biens patrimoniaux* des communes, mais une autre nature de biens à qui la qualification de *biens communaux* est plus spécialement donnée et qui comprend ceux dont la jouissance en nature est laissée aux habitans, tels que les pâturages où ils envoient leurs bestiaux, les bois dont les coupes leur sont distribuées. — Brun, t. 1er, no 260.

139. — La loi du 10 juin 1793, en autorisant le partage de ces biens (art. 3), voulut que toutes les contestations qui pourraient s'élever à raison du mode de partage fussent soumises à la décision de l'autorité administrative.

140. — Mais le partage des biens communaux donna lieu à de nombreux abus, par suite desquels intervint d'abord la loi du 21 prair. an IV, qui suspendit provisoirement toute action et poursuite relatives à ces mêmes biens; puis celle du 9 vent. an XII, laquelle, après avoir réglé définitivement la matière, attribua (art. 6) aux conseils de préfecture la connaissance de toutes les contestations qui pourraient s'élever relativement à l'occupation des biens communaux entre copartageans, détenteurs ou occupans, depuis la loi du 10 juin 1793, et les communes, soit sur les actes et les preuves de partage des biens communaux, soit sur l'exécution des conditions prescrites au sujet du maintien en possession provisoire des détenteurs sans actes. — Les autres contestations restèrent dévolues aux tribunaux ordinaires (art. 6).

141. — Toutefois, quelques difficultés s'étant élevées sur le sens à donner aux art. 6 et 8 L. 9 vent. an XII, un avis du conseil d'état du 18 juin 1809 décida que : « Toutes les usurpations de biens communaux, depuis la loi du 10 juin 1793 jusqu'à la loi du 9 vent. an XII, soit qu'il y ait eu ou qu'il n'y ait pas eu de partage exécuté, doivent être jugées par le conseil de préfecture lorsqu'il s'agit de l'intérêt de la commune contre les usurpateurs; » et qu'à l'égard des usurpations d'un copartageant vis-à-vis d'un autre, elles sont du ressort des tribunaux.

142. — De la loi du 9 vent. an XII et de l'avis du 18 juin 1809 il résulte évidemment que « les conseils de préfecture cessent d'être compétens lorsque les communes sont sans intérêt dans la contestation et que les difficultés s'élèvent entre les divers copartageans ou entre les copartageans et les tiers. » — *Cons. d'état*, 7 nov. 1814, Lanfroy c. Glay; 7 août 1816, Martin Legeay; 23 oct. 1816, Montmort.

143. — ... Et que cette compétence n'existe encore qu'autant qu'il s'agit de l'interprétation des actes administratifs; ainsi elle ne peut être admise qu'au cas où la qualité communale des biens n'est contestée par le détenteur. — *Cons. d'état*, 11 janv. 1813, habit. de Neuilly c. habit. de Sensujeu; 10 fév. 1816, Guimès c. comm. de Moneteau; 7 août 1816, Romary c. comm. de Fougeles. — Cependant ce principe était contesté.

144. — Mais depuis est intervenue l'ordonnance réglementaire du 23 juin 1819, art. 3, trop explicite pour permettre aujourd'hui un doute sur la solution que déjà la jurisprudence du conseil d'état avait adoptée, et que depuis elle a encore consacrée par de nombreuses ordonnances. — *Cons. d'état*, 20 juin 1821, Rouyies c. Bourland; 15 août 1821, Brulé c. maire d'Orry ; 23 juill. 1823, hameau de Nogent c. comm. de Prérolles ; même jour, Hous- ; 22 déc. 1824, Burgues c. comm. d'Aurensan; sept. 1827, Rigobert ; 16 juin 1831, Bourdet c. comm. de Lacelle ; 23 avr. 1836, comm. de Lu-ée c. comm. de Trizay.

145. — Du reste, c'est un point constant qu'il appartient au conseil de préfecture seul et non au ... et de statuer sur les contestations qui, en ces matières, sont de la compétence de l'autorité administrative. — *Cons. d'état*, 29 déc. 1812, Usoyers Croix-Dalle c. Pernet.

146. — Toutefois, les arrêtés rendus en ces matières par les conseils de préfecture ne peuvent être exécutés qu'après confirmation préalable du conseil d'état par la voie administrative. — Arrêté du jour complémentaire an XIII.

147. — Dès-lors, le pourvoi contre ces arrêtés, ... qu'ils aient été soumis à l'approbation du gouvernement, ne serait pas recevable par la voie contentieuse. — *Cons. d'état*, 10 sept. 1835, comm. Sarrain ; 23 avr. 1836, comm. de Lavallée c. comm. de Trizay. — V. au surplus BIENS COMMUNAUX, COMMUNE.

148. — Les conseils de préfecture statuent encore sur les adjudications des biens appartenant à la caisse d'amortissement. — Décr. 17 janv. 1814 ; arrêté du même jour ; — *Cons. d'état*, 26 fév. 1823, Perraud c. caisse d'amortissement. — V. CAISSE D'AMORTISSEMENT, no 21.

149. — ... Sur les réclamations relatives au rôle des répartitions des dépenses faites pour les canaux et l'entretien des digues qui y correspondent. — L. 14 flor. an XI, art. 4.

150. — Jugé, en conséquence, que sans doute le préfet est compétent pour répartir entre les propriétaires riverains les frais de recreusement d'un canal ; mais que du moment qu'il s'élève des réclamations contre le mode de répartition, c'est au conseil de préfecture à prononcer. — *Cons. d'état*, 23 oct. 1816, Cavayé c. comm. de Castanet. — V. CANAUX, sect. 2e, § 6.

151. — ... Sur les contraventions aux mesures relatives à la conservation des chemins de fer, et ce, par conséquence du principe que les chemins de fer font partie de la grande voirie (V. *suprà* no 110), comme aussi pour la répression des contraventions de voirie commises par les concessionnaires ou fermiers. — L. 15 juill. 1845, tit. 1er et 2. — V. CHEMINS DE FER, sect. 6e, § 1er et 2.

152. — Il faut appliquer à la confection et à l'entretien des chemins de fer les règles relatives à la compétence du conseil de préfecture en matière de travaux publics. — L. 15 juill. 1845, art. 3. — V. CHEMINS DE FER, nos 130 et suiv., 341, TRAVAUX PUBLICS. — Les cahiers des charges contiennent, du reste, mention expresse de cette attribution de compétence.

153. — ... Sur les indemnités dues aux propriétaires par suite de l'établissement des chemins de halage (V. CHEMINS DE HALAGE, nos 50 et suiv.), ou sur les contraventions qui y sont commises. — V. même mot, no 89. — V. encore décr. 22 janv. 1808.

154. — ... Sur certaines difficultés et dans certains cas déterminés relativement aux chemins vicinaux, notamment par les lois du 9 vent. an XIII, 26 juill. 1824 et 21 mars 1836.

155. — En principe, la police des chemins vicinaux, ainsi que la répression des contraventions qui peuvent y être commises, appartient à la juridiction ordinaire. — L. 7-11 sept. 1790, art. 6. — Ce n'est que dans quelques cas que certaines dispositions spéciales ont attribué juridiction aux conseils de préfecture.

156. — La plus importante peut-être de ces attributions se trouve établie par la loi du 9 vent. an XIII, relative aux usurpations, anticipations, dégradations et plantations. — Art. 6, 7, 8.

157. — Bien des difficultés se sont élevées sur les limites qu'il convient d'assigner à la compétence des conseils de préfecture, et notamment sur la combinaison de la loi du 9 vent. an XIII avec la législation postérieure. — V. à cet égard CHEMINS VICINAUX, ch. 8, sect. 1re et 2e.

158. — Notons seulement que la compétence du conseil de préfecture n'est établie qu'en ce qui concerne les chemins vicinaux ; et qu'en conséquence elle n'existe pas lorsqu'il s'agit de chemins ruraux non classés. — De nombreuses ordonnances du conseil d'état ont constamment proclamé ce principe. — V. notamment *Cons. d'état*, 23 juin 1819, Chapuis c. comm. de Mautry ; même jour, Chausson c. comm. de Gisnay; 11 août 1819, Martin c. comm. de Monthéric; 18 avr. 1821, Ferrand c. comm. de Fontaine ; 12 juin 1832, Boutet c. Limage ; 28 fév. 1828, Barona c. comm. de Nesles; 17 mai 1833, Coste c. comm. de Chailly; 28 mars 1835, Cordelier c. comm. de Lampans; 6 fév. 1837, Robert c. comm. de Montreuil ; même jour, d'Assonville c. comm. de Terneux ; 18 mai 1837, Duloya c. comm. de Langorou; 2 janv. 1838, Gruter. — V. CHEMINS RURAUX, nos 50 et suiv.

159. — Comme aussi le conseil de préfecture est encore incompétent s'il s'agit de contraventions en matière de voirie urbaine. — *Cons. d'état*, 4 prair. an XIII, Fajon ; 6 mai 1836, Péjourchaud.

160. — Mais on n'est point d'accord sur le point de savoir si le conseil de préfecture est compétent ou non à l'égard des rues de villes et villages qui sont la continuation de chemins vicinaux. — Longtemps le conseil d'état a conservé la négative ; mais depuis la loi de 1836, et d'après un avis du 25 janv. 1837, il paraît avoir modifié son opinion. — V. VOIRIE.

161. — Le conseil de préfecture est encore appelé à statuer sur les difficultés relatives aux prestations en nature et centimes additionnels imposés pour les chemins vicinaux. — LL. 28 juill. 1824, art. 5 ; 18 juill. 1837, art. 44. — V. CHEMINS VICINAUX, ch. 6, sect. 2e et 3e.

162. — D'où il faut conclure que sa compétence existe également en matière de voirie urbaine relativement aux frais de premier pavage, qui peuvent être imposés aux riverains. — *Cons. d'état*, 3 janv. 1834, Cognet c. comm. de La Guillotière ; 2 janv. 1838, Laforge; 14 fév. 1838, Laforge c. comm. de la Chapelle-Saint-Denis ; 2 mai 1839, Vinée c. Chopelet. — V. VOIRIE.

163. — Il règle les subventions auxquelles les propriétaires de mines, de carrières, forêts ou entreprises industrielles peuvent être assujettis pour la réparation des chemins qu'ils dégradent. — L. 21 mai 1836, art. 14. — S'il s'agit de fixer un abonnement entre les entrepreneurs pour le même objet, les conseils de préfecture ne sont appelés qu'à assister le préfet. — V. *infrà* CHEMINS VICINAUX, chap. 6, sect. 4 ; TRAVAUX PUBLICS.

164. — Il détermine aussi l'indemnité due pour extraction de matériaux, dépôts ou enlèvemens de terre et occupations temporaires de terrains. — L. 21 mai 1836, art. 17. — V. TRAVAUX PUBLICS.

165. — Il nomme le troisième des experts sur le rapport desquels le juge de paix doit fixer l'indemnité qui peut être due aux propriétaires riverains par suite de la déclaration de vicinalité. — L. 21 mai 1836, art. 15.

166. — Il connaît des actions contre les souscripteurs dont les offres ont été acceptées pour la construction des chemins vicinaux de grande communication. — L. 21 mai 1836 ; circul. min. 8 juin 1841 ; — Serrigny, t. 2, no 718. — V. au surplus CHEMINS VICINAUX, sect. 5e § 1er.

167. — Les conseils de préfecture statuent de plus sur les réglemens des comptes des receveurs municipaux. — Cette compétence, consacrée déjà par des lois antérieures, a été en dernier lieu établie par la loi du 18 juill. 1837, mais avec une distinction selon l'importance des revenus des communes.

168. — En effet, aux termes de l'art. 67 de cette loi : « Les comptes du receveur municipal sont définitivement apurés par le conseil de préfecture pour les communes dont le revenu n'excède pas 30,000 fr., sauf recours à la cour des comptes. Les comptes des receveurs dont le revenu excède 30,000 fr. sont réglés et apurés par ladite cour. »

169. — Avant la loi de 1837, les sous-préfets, en vertu de l'art. 7, ord. 23 avr. 1823, avaient le droit d'apurer les comptes des receveurs des communes dont le revenu ne s'élevait point à 100 fr. — La loi nouvelle ne leur a pas confirmé ce droit.

170. — Il importe d'observer que la compétence du conseil de préfecture s'appliquerait uniquement, non seulement au receveur municipal régulièrement institué, mais à toute personne qui se serait ingérée dans le maniement des deniers de la commune. — L. 18 juill. 1837, art. 64 ; ord. régl. 31 mai 1838, art. 466, 483, 484 et 485.

171. — Au surplus, même avant la loi de 1837, le principe de la compétence du conseil de préfecture à l'égard de toute personne ayant eu à sa disposition des fonds appartenant à la commune avait été consacré, dans maintes circonstances, par le conseil d'état.

172. — Ainsi décidé que, lorsqu'un maire ou un adjoint s'était volontairement rendu comptable de deniers appartenant à la commune, en faisant des recettes ou des dépenses sur ces deniers, son compte devait être arrêté par le conseil de préfecture. — *Cons. d'état*, 7 mai 1828, Billery ; 26 nov. 1828, Frédéric; 6 janv. 1830, Min. int. c. Galoffre ; 5 mai 1831, comm. de Gilly c. Bernard ; 25 oct. 1833, Vignol ; 7 août 1835, Grozelies ; 14 juin 1837, Tenaille c. comm. de Châtel.

173. — ... Qu'un desservant qui s'était chargé volontairement et pour le compte d'une commune de la direction de travaux de construction d'une église, et qui avait fait emploi pour la confection desdits travaux de deniers communaux par lui touchés du receveur municipal, était comptable de fait, et par conséquent justiciable du conseil de préfecture. — *Cons. d'état*, 20 juill. 1836, comm. de Leyviller c. Schmitt.

174. — Les recettes des octrois faisant partie des revenus des communes, les comptes en sont rendus par les receveurs municipaux dans les mêmes formes que ceux des autres revenus. — L. 18 juill. 1837, art. 67. — V. OCTROI. — V. au surplus, sur ces matières, COMMUNE.

175. — Il est statué par les conseils de préfecture sur les difficultés qui peuvent s'élever relativement aux rôles des répartitions des communautés juives et aux frais du culte israélite. — L. 1er mai 1792 ; arr. 5 niv. an X ; décr. 17 mars 1808 ; — *Cons. d'état*, 19 fév. 1823, préfet de la Moselle c. Moyse Lévy ; 3 janv. 1827, Cerfbeer ; 10 janv. 1827, Roland Viala.

176. — Il en serait différemment si le Juif con-

testait sa qualité de membre de la communauté; alors l'autorité judiciaire serait seule compétente. — *Cons. d'état*, 23 fév. 1820, Péchaud c. comm. des Israélites d'Avignon; 28 juill. 1820, Astruc; 18 avr. 1821, Salvador c. Cohen; même jour, Josué Naquet. — V. CONSISTOIRE ISRAÉLITE, JUIFS. — Ces questions ont perdu du reste aujourd'hui beaucoup de leur importance, depuis que la Charte de 1830 a mis les dépenses du culte juif à la charge de l'état.

177. — ... Sur les contestations que font naître les comptes ou répartitions des revenus des cures. — Décr. 6 nov. 1813, art. 26. — V. CURE.

178. — ... Sur les réclamations relatives au rôle des répartitions des dépenses faites pour le curage des cours d'eau non navigables et l'entretien des digues qui y correspondent. — L. 14 flor. an XI, art. 1. — Il en est ici comme en matière de canaux. — V. *suprà* no 149.

179. — ... En matière de domaines engagés, sur les contestations relatives à l'application de la loi du 7 vent. an VIII. — L. 7 vent. an VIII, art. 14. — V. encore *Cons. d'état*, 25 fév. 1818, Deultche c. dom.; 1er déc. 1824, Rey c. dom. — V. DOMAINES ENGAGÉS.

180. — ... Sur les contestations relatives à la perception du droit des pauvres des hospices sur les représentations théâtrales, fêtes ou concerts. — LL. 7 frim., 2 flor., 8 thermid. an V; 7 fructid. an VIII.

181. — L'art. 3, arr. 10 thermid. an XI, veut que les contestations qui peuvent s'élever sur la perception de ces droits soient décidées par les *préfets, en conseil de préfecture*, sur l'avis motivé des comités consultatifs établis dans chaque arrondissement communal pour le contentieux des pauvres et des hospices, sauf, en cas de réclamation, le recours au gouvernement.

182. — D'après les termes du décret, on serait donc conduit à penser que c'est le préfet et non le conseil de préfecture qui est appelé à statuer; mais c'est là un vice de rédaction qui provient de la confusion souvent faite autrefois (V. *infrà* nos 326 et suiv.) entre les arrêtés du conseil de préfecture et les arrêtés du préfet en conseil de préfecture.

183. — D'ailleurs, la rectification de cette erreur existe dans l'art. 3, 8 fructid. an XIII, lequel veut que les décisions rendues *par les conseils de préfecture* dans les cas prévus par l'art. 3, arr. 10 thermid. an XI, soient exécutées provisoirement et sauf le recours au gouvernement réservé par cet article. — V. BALS PUBLICS, DROITS DES PAUVRES, nos 36 et suiv., THÉATRES.

184. — ... Sur les contestations entre les communes et l'état relativement à la propriété des sources d'eaux minérales. — Sur ce point, l'art. 9, arr. 6 niv. an XI, est ainsi conçu : « Seront au surplus les droits de propriété des communes sur les sources d'eaux minérales discutés et réglés en cas de contestation des *communes avec la république*, pardevant les conseils de préfecture, le directeur des domaines entendu, *et sauf la confirmation du gouvernement.* »

185. — Cette attribution de juridiction est évidemment en dehors du droit commun; et d'abord il faut remarquer qu'elle n'est applicable qu'aux contestations entre les communes et l'état; d'où il suit que c'est à la juridiction ordinaire qu'il appartient de statuer sur les questions de propriété qui peuvent s'élever entre une commune et un particulier. — *Cons. d'état*, 15 janv. 1809, Bardin; 23 déc. 1815, Demeaux c. Dulac.

186. — « Nous ajouterons, dit M. Brun (t. 2, no 520), que, quelque généraux que soient les termes de cet article, ils nous paraissent devoir être restreints dans leur application au cas où la commune litigante fonderait son droit de propriété sur un acte de concession nationale ou tout autre acte émané de l'administration, car les conseils de préfecture cessent d'être compétens pour statuer sur les questions de propriété dont les biens nationaux ou communaux peuvent être l'objet, dès que ces questions doivent être vidées par les règles du droit commun, ou par application de titres ordinaires et non émanés du pouvoir administratif. » — V. conf. Proudhon, *Tr. du dom. public*, nos 140 et suiv. — V. au surplus EAUX MINÉRALES.

187. — Le conseil de préfecture est encore compétent pour statuer sur les contestations relatives au bail d'eaux minérales appartenant à l'état. — Arr. 3 flor. an VIII, art. 2.

188. — L'ordonnance du 18 juin 1823 (art. 22) veut même que les clauses des baux stipulent toujours que la résiliation pourra être prononcée par le conseil de préfecture, en cas de violation des cahiers des charges.

189. — De plus, cet art. 22 déclare applicables aux baux des sources d'eaux minérales appartenant aux communes et aux établissemens publics les règles relatives aux baux des eaux appartenant à l'état. — V. EAUX MINÉRALES.

190. — ... Sur certaines difficultés qui peuvent s'élever en matière électorale. — Toutefois il importe de distinguer entre les différentes espèces d'élections législatives, départementales ou municipales.

191. — En ce qui concerne les élections législatives, aucune compétence n'est conférée au conseil de préfecture. — V. ÉLECTIONS LÉGISLATIVES.

192. — En matière d'élections départementales et municipales, le conseil de préfecture est appelé au contraire à statuer sur les réclamations élevées pour inobservation des conditions et formalités également prescrites, tandis que c'est aux tribunaux ordinaires que doivent être portées les réclamations sur l'incapacité légale d'un ou plusieurs membres élus. — LL. 22 juin 1833, art. 50, 51, 52; 21 mars 1831, art. 51, 52.

193. — Le conseil de préfecture est appelé à statuer *sur les oppositions formées contre les arrêtés du préfet autorisant un établissement insalubre de deuxième classe.* — Décr. 15 oct. 1810, art. 7.

194. — Il faut bien remarquer que cette compétence du conseil de préfecture n'existe, quand il s'agit d'établissemens de seconde classe, qu'au cas où, l'autorisation ayant été accordée, les tiers réclament contre cette autorisation. — *Cons. d'état*, 10 sept. 1823, Guyot; 14 janv. 1824, Janvier c. Ruelle; même jour, Dambricourt c. Butay; 12 janv. 1825, Lyon; 27 avr. 1825, Sorel; 11 mai 1825, Dragon c. d'Hautefeuille; 13 juill. 1825, Poncet; 26 oct. 1825, Tholet c. Foyard; 15 mars 1826, Rouyer; 2 août 1826, Curet c. Grangé; 11 nov. 1831, Guyot c. Pauwels; 6 avr. 1836, Nougaillon c. Cathalu.

195. — ... Ou lorsque, celui qui a obtenu l'autorisation ne se soumettant pas aux prescriptions qui lui sont imposées, les tiers intéressés voudraient le faire contraindre à les remplir. — *Cons. d'état*, 3 fév. 1819, Déhollain c. Roparlier; 31 mars 1839, Rioudel c. Rédon.

196. — Que si, au contraire, l'autorisation avait été refusée, ce ne serait pas au conseil de préfecture qu'il conviendrait de se pourvoir, mais au conseil d'état directement, contre l'arrêté du préfet. — *Cons. d'état*, 14 nov. 1821, Hermann; 15 nov. 1826, Reynard; 24 oct. 1827, Lacroix; 16 janv. 1828, Gide; 25 juill. 1834, Villalard c. Coudert.

197. — En ce point, l'incompétence du conseil de préfecture est absolue : ainsi elle existe quand même le refus d'autorisation par le préfet serait motivé sur l'opposition des voisins. — *Cons. d'état*, 12 avr. 1832, Douglas.

198. — S'il s'agissait d'établissemens insalubres de première classe, le conseil de préfecture serait appelé à donner son avis sur la demande en autorisation, sauf ensuite au pouvoir royal à tenir tel compte que de raison de cet avis; là se borne le pouvoir du conseil de préfecture.

199. — Quant aux établissemens de la troisième classe, le décret porte que les réclamations contre la décision prise seront jugées en conseil de préfecture, sans distinguer la nature des réclamations. — Décr. 15 oct. 1810, art. 8.

200. — D'où la jurisprudence du conseil d'état a, malgré les efforts de l'administration, cru devoir tirer cette conséquence que, quelle que soit la décision du préfet intervenue, qu'il s'agisse d'un refus d'autorisation ou d'une réclamation contre l'autorisation accordée, à la différence de ce qui a lieu pour les établissemens de deuxième classe, c'est toujours devant le conseil de préfecture qu'il convient de se pourvoir. — V. notamment *Cons. d'état*, 30 mai 1821, Lebel c. Graindory; 29 août 1821, Nausé; 12 juill. 1837, Roubard c. Augier; 22 août 1838, Gianelli. — V. au surplus ÉTABLISSEMENS INSALUBRES.

201. — Il est également compétent pour prononcer sur les contestations relatives aux menses épiscopales. — L'art. 47 du décr. du 6 nov. 1813, relatif aux comptes des revenus des menses épiscopales, n'est pas, il est vrai, aussi formel pour investir le conseil de préfecture de la juridiction quant aux contestations relatives aux revenus des évêchés que l'art. 26 du même décret relativement aux revenus des cures.

202. — Cet article est ainsi conçu : « les poursuites contre les comptables, soit pour rendre les comptes, soit pour faire statuer sur les objets de la contestation, seront faites devant les *tribunaux compétens*, par la personne que le ministre aura commise pour recevoir les comptes. »

203. — Le décret ne parle pas, il est vrai, de tribunaux administratifs, mais il nous paraît qu'il ne saurait y avoir ici le moindre doute; que les mêmes motifs qui ont fait établir la compétence de la juridiction administrative pour les revenus des cures s'appliquent aux revenus des menses épiscopales, et qu'il n'y a aucune raison de distinguer. — V. conf. Serrigny, t. 2, no 893. — V. ÉVÊQUE.

204. — ... Sur les réglemens des comptes des fabriques. — Lors de la discussion de la loi du 18 juill. 1837, on avait proposé d'étendre aux trésoriers des fabriques les dispositions de l'art. 66, sur l'apurement des comptes des receveurs des communes et des établissemens de bienfaisance. Cette proposition fut rejetée.

205. — Or, sur ce point et en présence des termes de l'art. 7, arr. 7 thermid. an XI, lequel veut que les marguilliers nomment parmi eux un caissier dont les comptes seront rendus en la même forme que ceux des dépenses communales, la cour de Cassation a décidé qu'au conseil de préfecture seul appartenait l'apurement des comptes des trésoriers des fabriques. — *Cass.*, 9 juin 18[illegible], fabrique de Sainte-Marguerite c. Olivier; — Bloche et Goujet, *Dict. de procéd.*, vo *Fabrique*, no [illegible]; Serrigny, t. 2, no 886. — V. FABRIQUE.

206. — Un avis du conseil d'état du 8 nov. 18[illegible] a en outre reconnu que les conseils de préfecture étaient seuls compétens pour statuer sur les difficultés relatives à la propriété des presbytères entre les communes et les fabriques. — V. FABRIQUE.

207. — ... Sur certaines contestations relatives aux bois de l'état, des communes et des établissemens publics soumis au régime forestier. — Il faut remarquer avant tout que la juridiction des conseils de préfecture en ces matières est loin d'être absolue, comme l'était autrefois celle des maîtrises des eaux et forêts.

208. — C'est dans le code forestier du 31 juill. 1827 que se trouvent posées les règles sur la compétence des conseils de préfecture en ces matières.

309. — Ainsi, d'après l'art. 26, c'est aux conseils de préfecture qu'il appartenait de statuer sur les contestations relatives à la validité des surenchères sur adjudications de coupes. La loi du 4 mai 1837 ayant supprimé les surenchères, cette compétence a par cela même cessé d'exister.

210. — Mais sont-ils compétens pour statuer sur la validité des adjudications de coupes, entre l'état et les adjudicataires? — Avant le code forestier le conseil d'état s'était prononcé pour la négative. — *Cons. d'état*, 6 mars 1816, Domaine c. Bernard; 21 août 1819, Nogues c. Domaine; 24 déc. 1818, Bridaine c. Domaine; 13 nov. 1819, Brocard c. Chambard; 28 fév. 1818, Guisse.

211. — Le Code forest. ne s'étant pas expliqué sur ce point, la question reste encore agitée, et la jurisprudence du conseil d'état est combattue par plusieurs auteurs. — V. notamment Brun, t. 2, no 882.

212. — Il est certain, au surplus, qu'en cas de contestation le conseil de préfecture est appelé à statuer sur les difficultés dont les procès-verbaux de réarpentage et de récolement peuvent être l'objet. — C. forest., art. 50.

213. — ... A décider entre l'administration et les communes si le droit de pâturage acquis aux habitans d'une ou plusieurs communes est pour d'une nécessité tellement absolue, qu'il ne puisse être permis à l'état d'en opérer le rachat. — *Ibid.*, art. 64.

214. — ... A juger si l'état et la possibilité des forêts motivent la réduction de l'exercice de ces mêmes droits d'usage. — *Ibid.*, art. 65.

215. — ... A déterminer quels sont les cantons défensables eu égard encore à l'exercice des mêmes droits. — *Ibid.*, art. 67.

216. — ... Enfin, à prononcer sur les contrad[illegible] tions qui peuvent s'élever entre l'état et les communes relativement aux projets de conversion en bois et d'aménagemens en pâturage, que veut [illegible] fectuer le domaine. — *Ibid.*, art. 90.

217. — Mais il importe de remarquer que la c[illegible] pétence des conseils de préfecture ne peut j[illegible] porter sur l'existence et l'étendue des droits [illegible] sage en eux-mêmes; et que ce principe est tel[illegible] ment absolu, que même les décisions rendues [illegible] eux en vertu des lois des 28 vent. an XI et 14 v[illegible] an XII, ne peuvent être considérées que co[illegible] de simples avis. — V. *infrà*.

218. — Si les principes que nous venons d'[illegible] mérer sont incontestables en fait, cependant [illegible] application offre souvent de graves difficultés [illegible] déterminer quelle est la limite précise de la [illegible] pétence respective des deux autorités. — V. [illegible] RÊTS.

219. — En tous cas, la compétence att[illegible] aux conseils de préfecture en ce qui concerne [illegible] bois de l'état, est la même à l'égard des bois [illegible] communes et des établissemens publics soumis [illegible] régime forestier. — C. forest., art. 190, 112 et 11[illegible]. V. COMMUNE, ÉTABLISSEMENS PUBLICS.

220. — Il est, en dehors du Code forest., [illegible] compétence spéciale que la loi du 19 juin 1[illegible]

conférée au conseil de préfecture en matière d'affouage, une compétence fort étendue. — V. AFFOUAGE, sect. 6e.— V. au surplus pour tout ce qui concerne les attributions des conseils de préfecture en matière forestière, FORÊTS, USAGE (droits d').

221.—Les conseils de préfecture sont chargés encore de prononcer sur les difficultés relatives aux halles appartenant aux particuliers, et dont les communes peuvent être locataires. — La loi du 15 mars 1790 abolissant les droits de hallage, entachés de féodalité, déclara néanmoins que les bâtimens et halles continueraient d'appartenir à leurs propriétaires, sauf à eux à s'arranger à l'amiable, soit pour le loyer, soit pour l'aliénation avec les municipalités des lieux, et que « les difficultés qui pourraient s'élever à ce sujet seraient soumises à l'arbitrage des assemblées administratives. »

222. — De plus, par son instruction du 12 août 1790, l'assemblée constituante établit que les anciens propriétaires pouvaient obliger les municipalités à acheter les halles ou à les prendre à loyer, et que réciproquement ils pouvaient être contraints par les municipalités à les vendre, à moins qu'ils ne préférassent les louer.

223. — ... Que si le propriétaire se refusait à vendre ou à louer à l'amiable, il y avait lieu pour la commune à user du droit d'expropriation : aucune difficulté ne peut s'élever; il s'agirait d'appliquer les règles de l'expropriation pour cause d'utilité publique.

224. — Mais que décider si le propriétaire consent à la vente ou à la location? quelle sera l'autorité compétente pour statuer sur les conditions et le règlement du prix de la vente ou de la location en cas de dissentiment entre les parties?

225.— Sur ce point, la jurisprudence du conseil d'état fut long-temps incertaine, tantôt admettant la compétence de l'autorité judiciaire (*Cons. d'état*, 26 mars 1814, Delamarre c. préfet de l'Eure; 2 juin 1819, Brichet c. comm. de Lamion; 22 fév. 1821, Beaumont c. comm. de Bacqueville); — tantôt, au contraire, celle de l'autorité administrative.— *Cons. d'état*, 13 juin 1821, comm. de Dardeville c. Leseigneur; — Serrigny, t. 2, n° 821; Foucart, t. 3, n° 872; Brun, t. 2, tit. 14 *Des halles*.

226.— Aujourd'hui, toute incertitude est levée; un avis du conseil d'état du 20 juin 1836 porte que lorsque le propriétaire opte pour la location, c'est aux conseils de préfecture qu'il appartient de régler les conséquences de cette option, et qu'au contraire, lorsqu'il opte pour la vente, il y a lieu d'appliquer les règles relatives à l'expropriation pour utilité publique. — V. conf. *Cons. d'état*, 21 août 1840, prince de Luxembourg c. comm. de Cany.

227. — Quant aux difficultés qui peuvent s'élever entre une commune propriétaire ou locataire et les locataires de places dans le marché, à raison de la perception des droits de place, elles rentrent dans les règles ordinaires sur les baux des biens des communes. — V. HALLES ET MARCHÉS.

228. — Les conseils de préfecture statuent sur certaines matières concernant les hospices ou autres établissemens de bienfaisance.

229. — Ces attributions, en ce qui concerne le droit des pauvres, portent sur plusieurs points, notamment sur le règlement des comptes des trésoriers des hospices, hôpitaux et autres établissemens de bienfaisance. — La loi du 18 juill. 1837 (art. 68) déclare ces comptables soumis aux mêmes règles et à la même juridiction que les receveurs municipaux, et d'après les mêmes distinctions tirées de l'importance des revenus.

230. — ... Sur les contestations de toute nature qui peuvent s'élever en matière de remboursement de créances et rentes appartenant aux hospices ou établissemens de bienfaisance. — Arr. 14 ...clid. an X. — « Cette règle, dit M. Brun (t. 2, n° 898), fondée sur ce qu'il est interdit aux tribunaux de connaître des actes de l'administration, a toujours été interprétée et appliquée en ce sens que ce sont les conseils de préfecture qui doivent prononcer, attendu qu'ils ont été institués pour juger le contentieux administratif; c'est du moins ce qui résulte implicitement de la jurisprudence constante du conseil d'état.— *Cons. d'état*, 22 vent. an XII, Montel c. hospice de Martel; 6 fév. 1811, bureau de bienfaisance de Rhodez c. Albène; 12 ...v. 1812, Judias; 25 juin 1817, Minule c. bureau de bienfaisance de Lamotte; 9 sept. 1818, bureau de bienfaisance de Bordeaux c. Molinier.

231. — Mais c'est devant la juridiction ordinaire que devrait être portée la demande en mainlevée des inscriptions prises pour sûreté de la rente ou de la créance.— *Cons. d'état*, 9 sept. 1818, bureau de bienfaisance c. Molinier.

232. — ... Ainsi que les contestations auxquelles pourrait donner lieu la contestation sur la validité de la consignation faite par suite d'une vente judiciaire. — *Cons. d'état*, 11 fév. 1820, hospice de Mirande.

233.—En ce qui concerne les biens révélés, bien qu'aucune loi n'ait consacré expressément la compétence des conseils de préfecture, la jurisprudence du conseil d'état la regarde comme constante lorsqu'il y a contestation entre une fabrique et un hospice sur la question de savoir auquel des deux doit être attribuée une rente.—*Cons. d'état*, 31 oct. 1821, hosp. de Limoges c. de Saint-Sylvestre.

234. — Cette compétence est encore implicitement établie par la jurisprudence constante du conseil d'état lorsqu'il s'agit de contestations sur le mérite de la révélation entre le domaine et l'établissement révélateur.—*Cons. d'état*, 5 août 1809, bureau de bienfaisance de Tongres c. Chefnay; 4 juin 1816, comm. de Berq c. hosp. de Saverne; 18 avr. 1816, domaine c. hosp. de Parthenay; 18 juill. 1821, hosp. de Bayeux c. domaine; 13 août 1823, hosp. de Longjumeau c. domaine.—V. BIENS RÉVÉLÉS, nos 53 et suiv.—V. encore ÉTABLISSEMENS DE BIENFAISANCE, HOSPICE.

235. — ... Sur diverses opérations relatives au desséchement des marais rentrant aussi dans la compétence des conseils de préfecture. — Cette compétence résulte de la loi spéciale du 16 sept. 1807.

236. — Il en de même des actions des propriétaires fondées sur le dommage qui résulte pour eux des travaux faits pour l'entretien et la conservation des travaux de desséchement.— C'est là une conséquence du principe posé par l'art. 27, L. 16 sept. 1807, d'après lequel la conservation des travaux de desséchement doit être commise à l'autorité publique. — Décr. 21 fév. 1814, art. 27. Au surplus, la jurisprudence est constante sur ce point. — V. notamment *Cons. d'état*, 23 déc. 1815, Bessard c. Laroche; 4 mars 1819, Martin c. Bessard; même jour, Martin c. Davinis.

237. — ... Des réclamations contre les taxes imposées sur la plus-value des terrains desséchés. —Arg. L. 16 sept. 1807, art. 20.—*Cons. d'état*, 29 mai 1822, association de Trébon c. Gabriac; 2 fév. 1825, Perdry.

238. — ... Des actions en répression et réparation des dommages faits aux travaux de desséchement et aux digues, lesquelles actions sont intentées comme en matière de grande voirie. — L. 16 sept. 1807, art. 27.

239. — Il résulte encore des art. 24, 48, 49, 56 et 57, L. 16 sept. 1807, que c'est aux conseils de préfecture qu'il appartient de statuer sur les actions des propriétaires de marais pour se faire indemniser de la propriété qu'un règlement d'administration publique les a contraints de céder, et encore sur les actions des propriétaires dont les usines ont été supprimées, modifiées ou déplacées, ou dont les terrains ont été pris pour l'ouverture des canaux et rigoles de desséchement. — Ces dispositions de la loi de 1807 sont-elles encore aujourd'hui applicables en présence de la législation actuelle sur l'expropriation pour cause d'utilité publique? — V. MARAIS.

240. — L'exploitation des mines, minières et carrières peut soulever des contestations dont quelques unes ont été attribuées à la juridiction contentieuse des conseils de préfecture par la loi sur les mines du 21 avr. 1810.

241. — Ainsi ils doivent statuer sur les réclamations des concessionnaires de mines à fin de dégrèvement ou de rappel à l'égalité proportionnelle, conformément à l'art. 37 de ladite loi.

242. — ... Ou sur les demandes en remise ou modération de la redevance pour pertes ou accidens. — Décr. 6 mars 1811, art. 46.

243. — ... Sur les contraventions aux arrêtés pris par le préfet, en vertu de l'art. 50, L. 21 avr. 1810, pour prévenir les accidens, et dans l'intérêt de la sûreté publique et des travailleurs. — Ce n'est du reste que l'application du principe général de la compétence des conseils de préfecture en matière de grande voirie.

244. — ... Sur les questions d'indemnité à payer par les propriétaires des mines à raison des recherches ou travaux antérieurs à l'acte de concession. — L. 21 avr. 1810, art. 46. — V. conf. *Cons. d'état*, 24 juill. 1835, Bazonni c. Oudet.

245. — Mais cette compétence n'existe qu'autant que les recherches ont été autorisées. En effet, des travaux de recherches faits sur le fonds d'un tiers sans son consentement et sans autorisation constitueraient une voie de fait de la compétence de l'autorité judiciaire. — *Cons. d'état*, 10 avr. 1841, vicomte de l'Espine c. comm. d'Asda; 9 juin 1842, Coulomb c. de Castellane.

246. — L'art. 46 ne conférant aux conseils de préfecture de compétence qu'en ce qui concerne les travaux antérieurs à la concession, il en résulte que les indemnités dues à raison de travaux postérieurs à la concession sont soumises à la juridiction ordinaire. — Serrigny, t. 2, n° 895.

247. — Si les art. précités de la loi du 21 avr. 1810 n'offrent aucune difficulté dans leur application, il n'en est pas de même de l'art. 44, aux termes duquel, « lorsque l'occupation des terrains pour la recherche ou les travaux des mines prive les propriétaires du sol de la jouissance du revenu au-delà du temps d'une année, ou lorsque après les travaux, les terrains ne sont plus propres à la culture, on peut exiger des propriétaires des mines l'acquisition des terrains à l'usage de l'exploitation. Si le propriétaire le requiert, les pièces de terre trop endommagées ou dégradées sur une trop grande partie de leur surface devront être achetées en totalité par le propriétaire de la mine. L'évaluation du prix sera faite, quant au mode, suivant les règles présentées *par la loi du 16 sept 1807, tit. 11, Sur les desséchemens de marais...* »

248. — Ce renvoi à la loi de 1807 soulève une question grave. L'administration soutient que c'est à l'autorité administrative, au conseil de préfecture, qu'il appartient de régler l'indemnité. — Circ. du direct. gén. 5 nov. 1837. — Mais cette opinion paraît généralement repoussée. — V. MINES.

249. — Notons seulement qu'aux termes de la loi du 27 avr. 1838 (art. 5), les réclamations des concessionnaires pour les travaux d'assèchement des mines sur leur quote-part dans les taxes imposées doivent être jugés par les conseils de préfecture. — V. MINES, TRAVAUX PUBLICS. — V. encore CARRIÈRE, nos 115 et suiv.

250. — Sont encore placées dans les attributions des conseils de préfecture les difficultés relatives au droit de navigation. — L. 30 flor. an X. — V. NAVIGATION.

251. — ... Les contraventions commises dans le rayon des places de guerre, et les difficultés que présentent les limites légales des servitudes de cette nature. — L. 17 juill. 1819; ord 1er août 1821. — V. PLACES DE GUERRE, SERVITUDES MILITAIRES.

252. — ... Certaines contestations relatives aux droits de péage sur les ponts. — Il faut appliquer ici les mêmes principes que lorsqu'il s'agit de la ferme des bacs et bateaux. — V. BACS ET BATEAUX, PONT, PÉAGE.

253. — ... Les contraventions relatives aux travaux maritimes et ports de commerce. — Décr. 10 avr. 1812. — V. PORTS.

254. — ... Les réclamations des cultivateurs de tabac pour l'exportation contre le résultat de leur décompte. — L. 28 avr. 1816, art. 214.

255. — Faut-il encore admettre la compétence du conseil de préfecture lorsqu'il s'agit de contestations entre les planteurs et la régie sur le mesurage des terres plantées en tabac, ou sur le nombre de pieds excédant celui fixé, ou encore sur les accidens des récoltes par suite de l'intempérie des saisons? — V. TABACS.

256. — ... Les pourvois contre l'assiette de la rétribution universitaire, ou celle du droit annuel. — L. 17 août 1835, art. 9. — V. ENSEIGNEMENT.

257.—... Les suppressions, déplacemens, ou modifications de moulins ou autres usines par suite de l'exécution de travaux publics, pour savoir si l'établissement de ces usines était légal, ou si le titre d'établissement ne soumettait pas, au contraire, les propriétaires à démolition sans indemnité. — L. 16 sept. 1807, art. 48, 56 et 57. — V. USINES.

258.— Outre les attributions générales que nous venons d'indiquer sommairement et qui sont communes à tous les conseils de préfecture, le conseil de préfecture du département de la Seine a reçu certaines attributions particulières et spéciales.

259. — Ainsi, le décret du 6 fév. 1811 porte dans son art. 32 : « En cas de contestation entre le caissier et les bouchers, herbagers, forains, employés et autres agens des marchés ou de la caisse (de Poissy), la difficulté sera soumise au directeur qui prononcera ; sa décision sera exécutée provisoirement, sauf, de la part des parties, *le recours au préfet et au conseil de préfecture.* »

260. — Suivant M. de Cormenin (t. 1er, p. 29), il y aurait eu dans le texte original du décret une faute de copiste ou de typographe, et il faudrait lire... *sauf recours au préfet de la Seine en conseil de préfecture*, d'où il suivrait que dans le cas qui nous occupe, le conseil de préfecture ne serait pas saisi comme juge, mais seulement appelé à donner son avis au préfet seul chargé de statuer.

261.—Cette opinion de M. de Cormenin ne nous paraît pas devoir être admise, et nous préférons dire avec M. Serrigny (t. 2, n° 903) « que le rédacteur du décret a voulu désigner le conseil de préfecture, et qu'il a employé la locution dont se servent toujours les praticiens qui présentent des re-

quêtes à ce conseil, et qui les adressent *au préfet et aux membres du conseil de préfecture*. Le préfet figure ici comme président du conseil, dont il fait partie. Cela doit être ainsi ; car il s'agit d'une matière véritablement contentieuse et le directeur de la caisse rend une décision provisoire, comme le maire dans le cas de l'art. 38, décr. 23 juin 1806, sur la police du roulage. » — V. CAISSE DE POISSY, nº 21.

262. — Une décision du conseil d'état a encore admis la compétence spéciale du conseil de préfecture de la Seine dans une affaire où il s'agissait de contestations relatives au bail des eaux de Paris. — *Cons. d'état*, 23 fév. 1820, Lecour c. Haupois.

263. — M. de Cormenin (vº *Baux administratifs*, t. 1er, p. 269) critique cette solution sous le rapport de la compétence : « Nous ferons remarquer, dit-il, que cette compétence ne repose sur aucune loi ni réglement législatif, mais sur un acte isolé du conseil d'état dont l'application est contestable avec d'autant plus de raison qu'il s'agissait d'un simple paiement et d'un intérêt purement communal. »

264. — M. Serrigny ne partage pas l'opinion de M. de Cormenin. Suivant lui, il faut considérer qu'outre la question d'argent, il s'agissait dans l'espèce d'un service public, dont il fallait assurer le maintien dans l'intérêt de la santé et de la salubrité publique. — Serrigny, t. 2, nº 825. — Depuis, le conseil d'état a rendu une nouvelle décision semblable à celle de 1820. — *Cons. d'état*, 23 oct. 1835, préfet de la Seine c. Delorme. — V. au surplus PARIS (ville de).

265. — Aux termes d'un arrêté du 6 messid. an X, art. 2, le conseil de préfecture du département de la Seine, présidé par le préfet de police devait connaître de toutes les affaires contentieuses administratives rentrant dans les attributions du préfet de police d'après le réglement des consuls du 12 messid. et autres postérieurs, et la loi du 29 flor. an X ; mais il paraît que cet art. 2, non plus que l'art. 3 qui voulait que dans ce cas le secrétaire général de la préfecture de police remplît auprès du conseil de préfecture les fonctions remplies ordinairement par le secrétaire général de la préfecture du département, ne sont plus exécutés, et que le préfet de police ne préside plus dans aucun cas le conseil de préfecture du département de la Seine. — V. le *Bulletin des lois* de Lepec, sous l'arr. 6 messid. an X, t. 9, p. 359, note 1re.

266. — Quels que soient du reste le nombre et l'étendue des attributions des conseils de préfecture en matière contentieuse, il ne faut pas perdre de vue ce principe fondamental que nous avons déjà posé, à savoir que les conseils de préfecture, juges ordinaires du contentieux administratif, n'en sont point les juges nécessaires, qu'aucune loi ne leur a conféré cette compétence générale, et que sur ce point par conséquent les termes du décr. 6 déc. 1813, sont évidemment trop absolus.

267. — C'est ainsi qu'il a été reconnu que les conseils de préfecture ne pouvaient prononcer sur les marchés passés par les ministres ou leurs agens. — Décr. régl. 11 juin 1816, art. 14.

268. — ...Non plus que sur les marchés entre une régie et un particulier. — Arr. réglem. 19 thermid. an IX.

269. — ...Ni sur les matières déférées aux préfets, et où les conseils ne doivent les assister que de leurs avis. — Ord. réglem. 21 mars 1816. — V. *infrà* nºs 182 et suiv.

270. — « Le même principe, dit M. Brun (t. 1er, nº 58), a conduit à décider qu'ils ne pouvaient statuer sur des contraventions commises hors des limites de leur département. — *Cons. d'état*, 29 janv. 1823, Nost ; 21 déc. 1825, Joly de Bussy.

271. — Il ne faut pas oublier non plus que, même dans les matières qui sont de leur compétence, les conseils de préfecture ne sont pas, en général, appelés à décider toutes les difficultés qui peuvent s'élever entre les parties, mais celles seulement dont la solution peut donner lieu à apprécier un acte de l'administration.

272. — Ils cessent donc d'être compétens dès que les difficultés qui s'élèvent doivent trouver leur application ou leur interprétation ailleurs que dans des actes administratifs : alors la juridiction ordinaire reste seule compétente. — A cet égard la jurisprudence et la doctrine sont unanimes.

273. — Par les mêmes motifs, il faut décider d'une manière générale que, dans les matières de la compétence du conseil de préfecture, s'il s'élève des questions incidentes du ressort des tribunaux, quelles que soient ces questions, (telles que les questions de propriété), le conseil de préfecture doit renvoyer les parties devant ces tribunaux, sauf à surseoir s'il y avait lieu jusqu'à ce que les tribunaux aient prononcé, par exemple en cas de faux incident, de désaveu. — Décr. 22 juill. 1806, art. 6.

274. — ... Qu'ils ne peuvent statuer que par application et interprétation des actes administratifs, et qu'ainsi, en matière de propriétés nationales, ils peuvent bien prononcer d'après les actes qui ont préparé ou consommé la vente, mais non sur des restitutions de fruits, questions entièrement distinctes. — Brun, t. 1er, p. 55. — V. au surplus COMPÉTENCE ADMINISTRATIVE.

275. — En aucun cas surtout le principe général de l'indépendance des deux pouvoirs ne saurait permettre aux conseils de préfecture de modifier en aucune façon, soit directement, soit indirectement, les jugemens et arrêts des tribunaux ; ce serait là un excès de pouvoir manifeste.

276. — Il y aurait aussi, dans un autre ordre d'idées, excès de pouvoir non moins évident, si le conseil de préfecture, juge du contentieux administratif, prétendait, soit directement, soit indirectement, se constituer par ses arrêtés appréciateur des décisions des autorités chargées de l'administration active.

277. — Aussi est-il reconnu comme constant que les arrêtés d'un conseil de préfecture ne peuvent porter atteinte : 1º aux décisions rendues par le conseil d'état.

278. — ...2º Aux arrêtés pris par le préfet. — *Cons. d'état*, 12 nov. 1809, Dechampneuf c. comm de Frossay ; 30 août 1814, Barreau ; 8 mai 1822, de Mussey ; 8 août 1824, Maurette.

279. — ... 3º Ou à ceux d'un sous-préfet. — *Cons. d'état*, 23 janv. 1820, Postel c. maire de Neuville.

280. — ... 4º Ni aux arrêtés des maires. — *Cons. d'état*, 29 janv. 1814, Guet c. comm. de la Ferté-sous-Jouarre.

281. — Il est incontestable, enfin, que les arrêtés pris par un conseil de préfecture comme conséquence et pour l'exécution d'autres arrêtés par lui incompétemment rendus doivent être annulés avec ceux-ci. — *Cons. d'état*, 17 déc 1823, comm. de Dosenheim c. comm. d'Ibsheim, 31 janv 1827, Conty.

Sect. 2e. — *Attributions en matière administrative.*

§ 1er. — *Fonctions consultatives.*

282. — Le concours que les conseils de préfecture sont appelés à donner à certains actes d'administration pure, a été l'objet de quelques critiques : « De graves esprits, dit M. Dufour (nº 85) ont observé qu'il eût été plus sage de les laisser tout entiers à l'accomplissement de leur mission juridique. Mais n'est-ce pas perdre de vue le caractère exceptionnel de cette juridiction ; n'a-t-elle pas sa raison dans la nécessité d'assigner à des litiges d'une nature déterminée des juges familiarisés avec les besoins et les habitudes de l'administration ? Et s'il en est ainsi, ne doit-on pas applaudir à une combinaison qui, en les immisçant dans un petit nombre d'opérations, ne leur permet pas de devenir étrangers à la science administrative ? »

283. — Les attributions des conseils de préfecture en matière d'administration pure consistent soit à éclairer par leurs avis l'administration dans les décisions qu'elle doit prendre, soit à exercer certains actes de tutelle administrative.

284. — On conçoit aisément de quelle utilité peuvent être pour les préfets les avis du conseil de préfecture composé d'hommes investis de la confiance du gouvernement, et qui, aux connaissances spéciales en législation qu'ils peuvent avoir, réunissent, ce qui est non moins important, la connaissance des besoins des localités, la pratique des hommes et des choses de leur département, ce qu'un préfet, jusque-là étranger le plus souvent au pays, et dont les exigences publiques n'amènent que trop fréquemment le changement, doit ignorer la plupart du temps.

285. — Aussi est-il toujours loisible au préfet de consulter le conseil de préfecture, et il peut le faire chaque fois qu'il le juge convenable. Il est, en outre un certain nombre de circonstances où l'avis du conseil de préfecture n'est plus pour le préfet simplement facultatif, mais où ce fonctionnaire obligé de recourir à cet avis, ne peut statuer qu'en conseil de préfecture.

286. — Il convient toutefois de remarquer que nulle trace ne se trouve dans la loi organique du 28 pluv. an VIII, ni dans les exposés de motifs et rapports qui l'ont accompagnée, de cette attribution spéciale qui, depuis, a été conférée aux conseils de préfecture. — Macarel, t. 2, tit. 5, p. 210.

287. — C'est donc par des dispositions législatives ou réglementaires spéciales que les conseils de préfecture ont été appelés à éclairer le préfet de leurs lumières. Ces dispositions sont du reste assez nombreuses.

288. — Ainsi les préfets doivent statuer en conseil de préfecture, c'est-à-dire sur l'avis de ce conseil, en matière d'abonnement, pour le droit de vente des boissons en détail. — L. 28 avr. 1816, art. 77, 78, 79 (*suprà* nº 127). — V. ABONNEMENT, sect. 1re ; BOISSONS, nºs 360 et suiv.

289. — ...En matière de changement du mode de jouissance des biens communaux. — Avis cons. d'état 29 mai 1808. — *Cons. d'état*, 19 déc. 1839, Demangeot. — V. BIENS COMMUNAUX, nºs 64 et suiv. ; COMMUNE, nºs 1124 et suiv.

290. — ... En matière de cadastre, sur le tarif des évaluations et l'allivrement cadastral entre les communes. — L. 16 sept. 1807, art. 26 et 38 ; régl. gén. du cadastre, art. 22. — V. CADASTRE, nºs 70 et 79.

291. — ...En matière de chemins vicinaux sur les subventions à payer par abonnement par les entreprises industrielles dégradant ces chemins. — L. 21 mai 1836, art. 14. — Sans doute la loi se sert de cette expression : seront réglées annuellement *par le conseil de préfecture*. — Mais l'instruction ministérielle du 24 juin 1836, rendue pour l'exécution de cette loi, ne peut laisser aucun doute sur ce point : « Ces abonnemens, dit le ministre, seront réglés non plus par le conseil de préfecture, mais par le préfet en conseil de préfecture. Cette différence de juridiction est parfaitement rationnelle, car il n'y a plus matière contentieuse ; il n'y a qu'un acte d'administration, la sanction d'une convention entre parties intéressées... » — V. CHEMINS VICINAUX, nºs 576 et suiv.

292. — ...Sur l'autorisation nécessaire pour les aliénations ou échanges concernant les chemins vicinaux. — L. 28 juill. 1824, art. 10. — V. CHEMINS VICINAUX, nºs 364 et suiv, 375 et suiv.

293 — ...Sur la part de subvention à payer par les propriétés de l'état ou de la couronne pour les dépenses des chemins vicinaux. — L. 28 juill. 1824, art. 8. — V. CHEMINS VICINAUX, nº 572, DOMAINE DE L'ÉTAT, DOMAINE DE LA COURONNE, LISTE CIVILE.

294. — ...Sur la répartition à faire des dépenses relatives aux mêmes chemins entre les diverses communes intéressées. — L. 28 juill. 1824, art. 9. — V. CHEMINS VICINAUX, chap. 6, sect. 5e.

295. — ...Sur les acquisitions, aliénations et échanges à faire par les communes. — L. 18 juill. 1837, art. 39. — V. COMMUNE, chap. 4, sect. 2e.

296. — ...Sur l'homologation des transactions dont la valeur est inférieure à 3,000 fr. — Même loi, art. 59. — V. COMMUNE, nº 411.

297. — ...En matière de budget communal, lorsqu'un conseil municipal d'une commune dont le revenu est inférieur à cent mille francs, s'est refusé à allouer les fonds exigés pour une dépense obligatoire, ou n'a alloué qu'une somme insuffisante, et qu'il s'agit d'inscrire cette somme au budget de la commune. L. 18 juill. 1837, art. 39. — V. — COMMUNE, nº 1172.

298. ...En matière de comptabilité communale, lorsque le maire s'est refusé à ordonnancer une dépense régulièrement autorisée et liquide. — L. 18 juill. 1839, art. 61. — V. COMMUNE, nº 1407.

299. — ...Ou sur le réglement de comptabilité communale, quand les revenus de la commune n'excèdent pas 10,000 fr.. — V. COMMUNE, sect. 4.

300. — ... Sur les délibérations des conseils municipaux autorisant les maires à donner main-levée des inscriptions hypothécaires prises dans l'intérêt des communes. — Ord. 15 juill. 1840. V. COMMUNE, nº 439..

301. — A ce sujet, M. Serrigny (t. 3, nº 382) fait remarquer qu'il n'existe pas une parfaite uniformité dans la législation. « En effet, dit-il, un arrêté du 11 thermid. an XII autorise le conseil de préfecture, et non le préfet en conseil, à homologuer les délibérations des commissions des hospices et des bureaux de bienfaisance, prises sur l'avis de leur comité consultatif, à l'effet de donner main-levée des oppositions formées pour la conservation des droits des pauvres et des hospices, ou de consentir les radiations, changemens ou limitations des inscriptions hypothécaires existant au profit des mêmes établissemens. Il résulte de là que, pour les hypothèques des communes, le préfet en conseil de préfecture remplit des fonctions qui sont attribuées au conseil de préfecture à l'égard des hospices et des bureaux de bienfaisance. J'avoue qu'il m'est impossible d'expliquer cette anomalie, qui n'est pas purement nominale, puisque dans un cas le préfet peut décider seul, contre l'avis de son conseil, tandis que, dans l'autre

cas, c'est la majorité des opinions qui fait la règle, sauf la voix prépondérante du préfet, s'il y a partage. »

302. — Le préfet doit encore consulter le conseil de préfecture, lorsqu'il s'agit d'annuler les délibérations prises hors de leurs réunions légales par le conseil général ou les conseils d'arrondissement. — L. 22 juin 1833, art. 5, 26 et 28. — V. CONSEIL GÉNÉRAL DE DÉPARTEMENT, n° 277, CONSEIL D'ARRONDISSEMENT, n° 92.

303. — ... Ou lorsqu'il faut établir d'office le budget départemental, qui n'aurait pas été établi par le conseil général. — L. 10 mai 1838, art. 28. — V. DÉPARTEMENT.

304. — ... Lorsqu'il s'agit d'établir d'office la répartition de l'impôt entre les différentes communes d'un arrondissement, faute par le conseil d'arrondissement d'avoir fait cette répartition. — L. 10 mai 1838, art. 47. — V. CONSEIL D'ARRONDISSEMENT.

305. — ... Pour annuler toute délibération prise par un conseil municipal hors de sa réunion légale ou sur des objets étrangers à ses attributions. — L. 21 mars 1831, art. 28 et 29. — V. CONSEIL MUNICIPAL.

306. — ... Sur les acquisitions, aliénations et échanges des propriétés départementales. — L. 10 mai 1838, art. 29. — V. DÉPARTEMENT.

307. — ... En matière d'élections communales, pour prononcer sur les pourvois contre les décisions rendues par les maires au sujet des listes électorales. — L. 21 mars 1831, art. 36. — V. ÉLECTION MUNICIPALE.

308. — ... En matière d'élections départementales, sur les difficultés qui peuvent s'élever à l'occasion de la formation des listes électorales. — L. 22 juin 1833, art. 31.

309. — ... Ou bien encore lorsqu'il s'agit de déterminer par le sort, soit l'ordre de sortie et de réélection des membres, en cas de renouvellement intégral d'un conseil général ou d'arrondissement. — Même loi, art 8 et 25.

310. — ... Soit, à défaut d'option, dans le délai déterminé, le conseil auquel doit appartenir ou le canton que doit représenter le membre élu à la fois au conseil général et à celui d'arrondissement, ou par plusieurs cantons pour le même conseil. — Même loi, art. 9. — V. ÉLECTIONS DÉPARTEMENTALES.

311. — ... En matière d'élections législatives sur les difficultés qui s'élèvent sur la composition des listes postérieurement à leur publication. — L. 19 avr. 1831, art. 22 et suiv. — V. ÉLECTIONS LÉGISLATIVES.

312. — ... En matière de garde nationale pour prononcer la suspension des officiers. — L. 22 mars 1831, art. 61. — V. GARDE NATIONALE.

313. — ... Sur le réglement de compte des hospices et autres établissemens de bienfaisance. — Ord. 21 mars 1816. — V. ÉTABLISSEMENS DE BIENFAISANCE, HOSPICE.

314. — ... Sur le recours dirigé contre l'arrêté rendu par un sous-préfet à l'occasion de contestations relatives au paiement de l'octroi de navigation. — Arrêté 8 prair. an XI. — V. NAVIGATION.

315. — ... Lorsqu'il s'agit de constestations qui peuvent s'élever sur l'administration ou la perception des octrois en régie intéressée entre les communes et les régisseurs de ces établissemens, ou entre les communes et les fermiers des octrois sur le sens des clauses des taux. — Décr. réglem. 17 mai 1809, art. 136. — V. OCTROI.

316. — ... Sur la répartition entre les cantons du contingent assigné à chaque département par les lois du recrutement. — V. RECRUTEMENT.

317. — ... Lorsqu'il s'agit de prononcer l'adjudication des travaux publics. — Ord. 10 mai 1829, art. 11. — V. TRAVAUX PUBLICS.

318. — D'après l'énumération que nous venons de faire, on voit que les actes pour l'accomplissement desquels le préfet est tenu de prendre l'avis du conseil de préfecture, se rattachent le plus souvent à l'administration pure; quelquefois cependant au contentieux administratif.

319. — Mais ce qu'il importe de remarquer c'est que l'arrêté rendu en conseil de préfecture est toujours au fond, l'acte, non du conseil, mais du préfet, qui, après l'avis reçu, reste néanmoins libre d'y accéder ou de prendre un arrêté contraire.

320. — ... Et que c'est au préfet seul en définitif qu'il appartient de statuer sur les matières que nous venons d'indiquer, et non au conseil de préfecture. — Ord. réglem. 21 mars 1816.

321. — En pareil cas, si le conseil de préfecture statuait lui-même, il commettrait un excès de pouvoir. — Même ordonnance.

322. — C'est ainsi qu'il a été jugé, par exemple, que les conseils de préfecture étaient incompétens pour statuer sur l'abandon en faveur d'un particulier de la partie d'un ancien chemin devenu inutile. — *Cons. d'état*, 17 janv. 1838, Bodet c. minist. des travaux publics.

323. — ... Sur les contestations qui s'élèvent entre une commune et un fermier d'octroi, sur le sens et l'appréciation des clauses du bail. — *Cons. d'état*, 20 mars 1828, Guichard; 9 déc. 1831, Delaporte c. ville de Saintes.

324. — ... Sur les réglemens des comptes des percepteurs qui touchent les revenus des communes, dont les budgets ne sont pas soumis à la cour des comptes. — V. notamment *Cons. d'état*, 26 mai 1824, Adeling; 28 déc. 1825, Doqueux; 7 déc. 1825, Magnin.

325. — Pendant long-temps, il est vrai, cette distinction si rationnelle entre l'arrêté du conseil de préfecture et l'arrêté pris par le préfet en conseil de préfecture, n'a pas toujours été parfaitement reconnue.

326. — Dans l'origine même, certains actes législatifs du consulat et même du commencement de l'empire, offrent la preuve d'une confusion évidente entre l'arrêt du conseil de préfecture et l'arrêté du préfet en conseil de préfecture.

327. — Le plus frappant exemple de cette confusion, est celui qui résulte de l'arrêté du 8 pluv. an XI, comparé avec la loi du 30 flor. an X. — Cette loi qui établissait un droit de navigation intérieure, voulait par son art. 4, que les contestations qui pourraient s'élever sur la perception des droits de navigation, fussent décidés administrativement par *les conseils de préfecture*; l'arrêté du 8 prair. an XI, au contraire, dont le but n'était que de réglementer l'exécution des principes posés par la loi du 30 flor. an X, décide par son art. 15 que les contestations relatives au paiement de l'octroi (de navigation) seront, conformément à la loi du 30 flor. an X, portées devant le sous-préfet de l'arrondissement duquel le bureau sera situé, sauf le recours au *préfet*, qui statue *en conseil de préfecture*.

328. — « Il est bien évident, dit M. Serrigny, (t. 1er, n° 380), que cet arrêté confondait le préfet en conseil de préfecture avec le conseil de préfecture, puisqu'il renvoie au préfet en conseil de préfecture les attributions mentionnées dans l'art. 15. *conformément à la loi du* 30 *flor. an* X, qui en investit le conseil de préfecture. Ce vice de langage fait éprouver quelque embarras dans l'intelligence des lois et décrets rendus sous le consulat et dans les premières années de l'empire, pour distinguer si l'expression *préfet en conseil de préfecture* doit s'entendre ou non d'une matière contentieuse attribuée *au conseil de préfecture*. Il n'est pas toujours aussi facile de relever l'erreur, que dans l'exemple qui vient d'être proposé. Il faut alors recourir aux règles données pour discerner le contentieux des actes de pure administration. » — V. COMPÉTENCE ADMINISTRATIVE.

329. — Si le législateur lui-même n'a pu éviter la confusion en ces matières, il ne faut pas s'étonner si les auteurs ont partagé la même erreur; c'est ainsi, notamment, que M. Macarel (*Des trib. administ.*, p. 122) avait dit que toutes les fois que le préfet statuerait en conseil de préfecture, la décision rendue en conséquence était un arrêté du conseil de préfecture.

330. — Mais aujourd'hui, il ne peut plus exister d'incertitude; une circulaire du ministre de l'intérieur du 29 sept. 1835, met fin à toute équivoque. — « Dans tous les cas, porte cette circulaire, que son importance nous détermine à rapporter, où les préfets doivent prononcer en *conseil de préfecture*, il est bien évident qu'il faut que leurs arrêtés constatent qu'ils ont rempli à cet égard le vœu de la loi; il faut qu'ils constatent que les membres du conseil assistaient en nombre suffisant. Ces arrêtés doivent donc être libellés ainsi : *Le préfet du département de... séant en conseil de préfecture, où étaient* MM... Il est également important que, dans l'arrêté, on vise la loi ou l'ordonnance en vertu de laquelle le préfet statue en conseil de préfecture. Enfin, l'arrêté ne doit contenir aucune mention de la discussion à laquelle a pu donner lieu l'affaire, ni rien qui puisse indiquer que les voix ont été comptées. Le fait que le conseil a été consulté, devra donc être constaté par cette seule phrase, qui précédera immédiatement le dispositif, *l'avis du conseil de préfecture entendu.* »

331. — « Quant à la signature des arrêtés des préfets, il ne faut pas, continue la même circulaire, perdre de vue que ces actes ne sont que des arrêtés des préfets pris en matière administrative, sous la seule responsabilité de ces magistrats, et réformables par le ministre de l'intérieur comme tous les autres actes des préfets. Ils doivent donc être signés par le préfet seul; car la signature des membres du conseil de préfecture n'y ajoute aucune force; elle ne pourrait que constater leur présence; mais cette présence se trouvera suffisamment constatée par l'intitulé : *Le préfet séant en conseil de préfecture, où étaient présens MM...*, et encore par cette mention : L'avis du conseil de préfecture entendu. Si les membres du conseil de préfecture signaient l'arrêté, il serait à craindre qu'on ne fût porté à croire que cet acte a été soumis non à leur simple avis, mais à leur sanction. Il pourrait d'ailleurs arriver que, si l'arrêté était contraire à l'opinion d'un ou plusieurs d'entre eux, ils s'abstinssent alors de le signer; ce qui aurait pour effet de faire connaître leur avis, tandis que rien ne doit constater la nature de cet avis. Je n'ai sans doute pas besoin de vous dire que les arrêtés que vous prenez en conseil de préfecture doivent être inscrits non pas sur les registres des arrêtés du conseil de préfecture, mais au registre des arrêtés du préfet. »

232. — Depuis, encore, la loi du 21 mai 1836 (art. 14, §§ 3 et 5) a formellement consacré la distinction entre les arrêtés du conseil de préfecture et les arrêtés du préfet en conseil de préfecture.

333. — De tout ce que nous venons de dire, il suit que les arrêtés du préfet rendus en conseil de préfecture n'étant, en résumé, que des actes émanant de l'autorité préfectorale, ne peuvent être déférés immédiatement au conseil d'état qu'autant qu'ils sont attaqués pour excès de pouvoir ou incompétence, ou qu'ils sont intervenus en matière contentieuse. — Dufour, t. 2, n° 161.

334. — Il est en outre quelques cas, du reste fort rares, où le législateur a pensé qu'en dehors même des fonctions ordinaires des conseils de préfecture, il pouvait être utile de recourir à leurs lumières et de provoquer leur avis sur certaines matières d'intérêt général.

335. — L'avis rendu par eux (et il n'est pas besoin que le préfet ait pris part à la délibération) doit, en pareil cas, être rédigé par écrit.

336. — C'est ainsi que les conseils de préfecture sont appelés à donner leur avis par écrit sur les affaires intéressant l'état, qui doivent être suivies par le préfet. — V. DOMAINE DE L'ETAT, ÉTAT.

337. — ... Et sur l'établissement des ateliers insalubres de première classe. — Le décret du 15 oct. 1810 (art. 4) veut que s'il y a des oppositions, le conseil de préfecture donne son *avis*, la décision étant réservée au conseil d'état. — V. ÉTABLISSEMENS INSALUBRES.

338. — Mais remarquons que ce n'est qu'un *avis* qui est demandé au conseil de préfecture et non un *arrêté* qu'il rend; sa décision n'est qu'un document destiné à éclairer la marche de l'administration supérieure, et non une déclaration judiciaire en matière contentieuse administrative.

339. — Aussi le conseil d'état a-t-il, à plusieurs reprises et par application de ces principes, décidé, d'une manière générale, à l'occasion de l'autorisation d'établissemens insalubres de première classe, que les arrêtés de conseil de préfecture rendus en forme d'avis ne sont pas susceptibles d'être attaqués par la voie contentieuse. — *Cons. d'état*, 22 juin 1825, Burlutier c. comm. de Marignane; 8 mars 1827, Guerindas.

340. — Et qu'un conseil de préfecture excéderait ses pouvoirs s'il statuait par arrêté au lieu de se borner à donner un simple avis. — *Cons. d'état*, 2 juill. 1812, Pinçon-Grandjean. — V. au surplus ÉTABLISSEMENS INSALUBRES.

341. — Un autre exemple non moins remarquable de cette différence entre les avis et les arrêtés des conseils de préfecture résulte de l'application qui a été faite de la loi du 28 vent. an XI, laquelle avait conféré aux conseils de préfecture le pouvoir de donner leur avis sur les droits d'usage prétendus par les particuliers sur les bois de l'état, et ce dans un délai fatal depuis long-temps expiré, et passé lequel les parties qui n'auraient pas produit leurs titres devant le conseil de préfecture, devaient être déclarés non-recevables dans leurs réclamations.

342. — En exécution de cette loi, les parties intéressées se sont empressées de produire leurs titres dans les délais prescrits devant les conseils de préfecture, et ceux-ci ont rendu de nombreux avis, souvent même qualifiés d'arrêtés.

343. — Mais le conseil d'état n'a jamais hésité à regarder ces décisions comme de simples avis non susceptibles de pourvoi. — V. notamment *Cons. d'état*, 9 mars 1836, comm. de Thoronel; 7 mars 1838, comm. de Villers.

344. — La jurisprudence de la cour de Cassation s'est également prononcée dans le même sens. — V. notamment *Cass.*, 6 fév. 1838 (t. 1er 1838, p. 231), comm. de Beaudinard c. duc de Sabran; 27 fév. 1838 (t. 1er 1838, p. 94), comm. de Weitersviller c. de Rohan; 17 juill. 1838 (t. 2 1838, p. 376), comm. de la Cavalerie c. Vernhette.

§ 2. — *Actes de tutelle administrative.*

345. — Les attributions des conseils de préfecture, quant aux actes de tutelle qu'ils sont appelés à exercer, consistent uniquement dans l'autorisation qui est nécessaire dans tous les procès qui intéressent certaines parties, êtres purement civils, considérés, sous ce rapport notamment, comme mineurs.

346. — Ces parties sont : 1° les *communes ou sections de communes.* — LL. 28 pluv. an VIII ; 18 juill. 1837. — V. AUTORISATION DE PLAIDER, ch. 1er ; COMMUNE, ch. 5.

347. — ...2° *Les départemens.* — L. 10 mai 1838. — V. AUTORISATION DE PLAIDER, ch. 4, sect. 1re ; DÉPARTEMENS.

348. — ...3° *Les établissemens publics légalement autorisés*, et placés, comme les départemens et les communes, dans un état de minorité continue.

349. — Aucune disposition générale n'assujettit, il est vrai, les établissemens publics à la nécessité d'une autorisation relativement à leurs actions judiciaires ; mais cette obligation résulte de dispositions spéciales, qu'il nous suffira d'indiquer, en même temps que chaque établissement soumis à l'autorisation.

350. — *Bureaux de bienfaisance.* — Nulle loi n'a prescrit explicitement la nécessité de l'autorisation pour ces établissemens ; on leur applique à cet égard, et c'est un point incontesté, les règles concernant les hospices. — Inst. min., 8 fév. 1823. — V. AUTORISATION DE PLAIDER, nos 330 et suiv. ; BUREAU DE BIENFAISANCE, nos 82 et suiv.

351. — *Chapitres cathédraux et collégiaux.* — La nécessité de l'autorisation résulte du décr., 6 nov. 1813, art. 51, § 2 et 53. — V. AUTORISATION DE PLAIDER, no 342, CHAPITRE, no 30.

352. — *Communautés religieuses.* — Un avis du conseil d'état, du 21 mai 1841, porte qu'aucune communauté religieuse légalement établie ne peut plaider sans une autorisation obtenue dans la forme prescrite pour les hospices et établissemens de bienfaisance ; toutefois le conseil a en même temps exprimé le vœu que cette règle fût établie explicitement par une ordonnance royale pour toutes les communautés, ainsi du reste que cela existe pour les maisons de femmes hospitalières ou de refuge, en vertu des décrets des 18 févr. 1809 et 26 déc. 1810 ; aucune ordonnance ne paraît cependant avoir déféré à ce vœu. — V. au surplus AUTORISATION DE PLAIDER, no 357, et surtout COMMUNAUTÉS RELIGIEUSES, nos 331 et suiv.

353. — *Consistoires protestans.* — La jurisprudence avait déjà, en l'absence de dispositions spéciales, consacré le principe de l'autorisation. — *Colmar*, 13 nov. 1833, comm. de Hengwiller c. comm. de Wasselone ; 12 déc. 1833 ; Darckeim c. fabrique de Mietersheim. — Mais le mérite de cette jurisprudence était contesté : aujourd'hui le doute n'est plus possible, depuis que l'ordonnance royale du 23 mai 1834 a prescrit la nécessité de l'autorisation. — V AUTORISATION DE PLAIDER, nos 349 et suiv. ; CONSISTOIRES PROTESTANS.

354. — *Consistoires israélites.* — Il n'existe pas encore sur ce point d'ordonnance formelle ; mais évidemment les raisons de décider sont les mêmes que pour les consistoires protestans : aussi le conseil d'état a-t-il implicitement reconnu la nécessité de l'autorisation. — *Cons. d'état*, 9 juin 1842, commiss. de la synagogue de Halstadt. — V. AUTORISATION DE PLAIDER, no 356 ; CONSISTOIRE ISRAÉLITE.

355. — *Cures.* — L'autorisation est exigée par le décret du 6 nov. 1813, art. 14. — V. AUTORISATION DE PLAIDER, no 342, 345, CURE.

356. — *Fabriques.* — L'autorisation est prescrite par le décret 30 sept. 1809, art. 77 ; L. 18 juill. 1837, art. 21, § 3. — V. AUTORISATION DE PLAIDER, nos 334 et suiv. ; FABRIQUE.

357. — *Hospices, hôpitaux et autres établissemens de bienfaisance.* — Ici, c'est l'arr. 7 messid., an IX, art. 11, 12, 13, qui exige l'autorisation ; inst. minist., 8 fév. 1823. — V. aussi ÉTABLISSEMENS DE BIENFAISANCE, HOSPICES.

358. — *Menses épiscopales.* — La nécessité de l'autorisation résulte du décr. 6 nov. 1813, art. 29. — V. AUTORISATION DE PLAIDER, nos 342, 346, ÉVÊQUE.

359. — *Séminaires.* — C'est le décr. 6 nov. 1813, art. 70, qui pour les séminaires rend l'autorisation obligatoire. — V. AUTORISATION DE PLAIDER, nos 342, 348, SÉMINAIRE.

360. — Quant à la nature et à l'étendue de ces autorisations, aux formes à suivre pour l'obtenir, les cas dans lesquels elle n'est pas absolument nécessaire, enfin toutes les difficultés auxquelles elles peuvent donner naissance. — V. AUTORISATION DE PLAIDER.

CHAPITRE III. — *Mode de procéder devant le conseil de préfecture.*

Sect. 1re. — *Mode et forme des délibérations en général.*

361. — Dans les divers cas où le conseil de préfecture est appelé à délibérer, la régularité de ses délibérations est d'une haute importance. On comprend de suite, en effet, que, soit qu'il statue comme juge, soit qu'il remplisse une fonction de tutelle, soit même qu'il ne fasse que donner un simple avis, l'observation des formes légales est la première garantie qu'il doit aux intérêts sur lesquels il a à se prononcer.

362. — La loi du 28 pluv. an VIII, s'était, pour toute procédure, bornée à ordonner par son art. 5 : « Que lorsque le préfet assisterait au conseil de préfecture, il le présiderait, et qu'en cas de partage il aurait voix prépondérante. »

363. — Un arrêté du gouvernement, du 19 fructid. an IX, a réglé, sinon complétement, du moins d'une manière plus satisfaisante ce qui tient à la forme légale des délibérations du conseil de préfecture.

364. — « Les conseils de préfecture, porte cet arrêté (art. 1er) ne pourront prendre aucune délibération, si les membres ne sont au moins au nombre de trois. — Le préfet, lorsqu'il assistera à la séance, comptera pour compléter les membres nécessaires pour délibérer. »

365. — En cas de partage ou d'insuffisance, les membres restant au conseil de préfecture, désignent, à la pluralité des voix, un des membres du conseil général du département, qui siége alors avec eux, soit qu'il faille compléter le nombre nécessaire, soit qu'il s'agisse de vider un partage. — Art. 2 et 3.

366. — La désignation du membre du conseil général appelé ainsi à faire temporairement partie du conseil de préfecture, est abandonnée à la sagesse de ce conseil ; toutefois, le choix ne saurait porter sur les membres des tribunaux qui feraient partie du conseil général. — Art. 3.

367. — En cas de partage sur le choix du suppléant, la voix du préfet, s'il assiste à la séance, ou du plus ancien d'âge des conseillers, si le préfet n'est pas à la séance du conseil, a la prépondérance. — Art. 4.

368. — Si le préfet est absent du chef-lieu ou du département, celui qui le remplace, dans tous les cas, a voix prépondérante, comme le préfet lui-même. — Art. 5.

369. — Le service du suppléant au conseil de préfecture est gratuit, s'il est nécessité par suite de récusation, maladie ou partage ; si, au contraire, il est occasionné par suite d'absence, le suppléant a droit proportionnellement au temps de son service, à la moitié du traitement de celui qu'il remplace. — Art. 6.

370. — Nous avons vu (*suprà* no 21) que dans une grande partie des départemens, le nombre des conseillers de préfecture n'est que de trois, il peut, dès-lors, arriver que par une cause quelconque, maladie, absence, récusation ou autre, tous se trouvent également empêchés. Or, l'arrêté du 19 fructid. an IX n'avait pas prévu cette hypothèse.

371. — Pour suppléer à ce silence, intervint plus tard le décret du 16 juin 1808, portant que les membres du conseil de préfecture, qui tous à la fois seraient empêchés d'exercer leurs fonctions, doivent être suppléés par un nombre égal de membres pris dans le sein du conseil général, lesquels sont désignés par le ministre de l'intérieur sur la présentation du préfet.

372. — Nulle autre restriction n'est encore ici imposée aux choix des membres du conseil général que celle mentionnée dans l'arrêté de l'an IX à l'égard des membres qui seraient en même temps membres des tribunaux.

373. — Des dispositions ci-dessus reproduites de la loi de pluviôse an VIII et de l'arrêté de fructidor an IX, il résulte que le préfet, lorsqu'il assiste à la séance du conseil de préfecture, fait partie intégrante de ce conseil.

374. — Le droit de ce fonctionnaire de venir présider le conseil de préfecture est, du reste, absolu, et ne souffre aucune exception à raison de la nature des affaires.

375. — Le conseil d'état a jugé, conformément à ces principes (spécialement en matière électorale) : 1° que, quand bien même dans le débat se trouverait engagé un arrêté du préfet, l'arrêté du conseil de préfecture rendu par le préfet et deux conseillers ne peut être attaqué comme pris par un nombre de conseillers insuffisant. — *Cons. d'état*, 30 mai 1834, Labatule ; 19 déc. 1834, Allard.

376. — ... 2° Que le droit du préfet de saisir le conseil de préfecture du jugement de la nullité des opérations électorales ne fait point obstacle à ce qu'il y siége comme juge. — Mêmes décisions.

377. — Mais si le droit du préfet est certain et absolu, il faut néanmoins observer qu'il a été quelquefois l'objet de critiques sérieuses ; des auteurs graves ont, en effet, exprimé leur surprise de ce que le conseil de préfecture fût présidé par le préfet, c'est-à-dire par le fonctionnaire qui dirige l'administration active, et qui peut être considéré comme juge et partie dans la cause. — Qu'il ait entrée au conseil de préfecture, qu'il puisse s'y faire entendre et défendre les intérêts publics qui lui sont confiés, rien de plus juste assurément ; mais que ce ne soit plus comme président, et qu'il se borne à y jouer le rôle du ministère public près les tribunaux. — Macarel, *Des tribunaux administ.*, p. 55 et suiv. ; Frégier, *Des conseils de préfecture.*

378. — La seconde disposition de la loi du 28 pluviôse an VIII, qui accorde au préfet voix prépondérante en cas de partage, a été également l'objet de quelques critiques. « Cela se justifie parfaitement bien, a-t-on fait observer, dans les actes de pure administration ; c'est ainsi que voix prépondérante est donnée, en cas de partage, au président du conseil d'état en matière gracieuse, au président d'un conseil municipal. Mais doit-il en être de même en matière contentieuse, et n'est-ce pas déjà suffisant que de conférer au préfet, le plus souvent partie dans la cause, non-seulement le droit de siéger comme juge, mais celui de présider, sans y ajouter le droit si exorbitant d'y avoir voix prépondérante, alors que cela n'a pas lieu au conseil d'état, ni à plus forte raison dans aucun tribunal ? — Serrigny, t. 4, no 371.

379. — Quoi qu'il en soit du mérite de ces observations, le texte de la loi est trop précis pour qu'on puisse, même en matière contentieuse, contester la prépondérance au préfet. Mais nous pensons avec M. Dufour (*Droit administratif*, t. 1er, no 135) que ce privilége est attribué à sa qualité de chef de l'administration départementale, bien plus qu'à sa qualité de président, et qu'il ne saurait dès-lors être réclamé par le membre du conseil appelé à présider en l'absence du préfet. « L'usage suivi à Paris, ajoute le même auteur (*loc. cit.*) est conforme à cette opinion. Il est très rare que le préfet siége au conseil de préfecture, et le doyen qui le remplace n'a jamais voix prépondérante. »

380. — Un autre privilége qu'on ne saurait non plus refuser au préfet, mais que le conseil d'état a dénié au doyen du conseil de préfecture est celui de prononcer en cas d'urgence, et par voie de référé, sur les difficultés que l'exécution des actes administratifs peut rencontrer.

381. — Sans nul doute aucune disposition légale n'autorise le président du conseil de préfecture à rendre en cette qualité des décisions de *référé*. — *Cons. d'état*, 12 avr. 1838, Fessin.

382. — Mais on peut dire qu'à cet égard la faculté accordée aux présidens de première instance appartient essentiellement au préfet, qui, en sa qualité de représentant de l'administration supérieure, est naturellement juge des difficultés imprévues que l'exécution des actes administratifs peut rencontrer, et des cas d'urgence qui peuvent nécessiter une décision immédiate. — V. dans ce sens Dufour, t. 1er, no 136.

Sect. 2e. — *Procédure spéciale en matière contentieuse.*

§ 1er. — *Instruction. — Forme des arrêtés.*

383. — En matière contentieuse, le conseil de préfecture est saisi, soit au moyen de l'action intentée par les particuliers contre l'administration ou contre d'autres particuliers, soit sur l'action de l'administration elle-même, ou sur les poursuites qu'il lui appartient d'exercer pour la répression des contraventions qui rentrent dans le domaine de la compétence administrative.

384. — Et il est évident qu'il ne doit statuer qu'autant qu'il y a contestation engagée. Il ne pourrait, par exemple, donner sur simple requête l'interprétation d'une vente nationale au sujet de laquelle aucun litige n'est élevé. — *Cons. d'état*, 21 nov. 1839, Demangeat ; 26 août 1842, Bazire.

385. — Comme aussi il ne peut juger au-delà de la demande, ni sur une demande dont il n'est pas saisi. — *Cons. d'état*, 16 janv. 1822, Levasseur c. Tébaut ; 28 mai 1835, électeurs de Saint-Dyé ; 13 mai 1836, électeurs d'Arvieu ; 2 janv. 1838, Gruter.

386. — Aucune loi, du reste, n'a réglé la forme de l'introduction des instances, et il est reconnu que les règles de la procédure ordinaire relatives

aux exploits et ajournemens devant les tribunaux de l'ordre civil, sont ici sans application. — Brun, t. 1er, p. 7.

387. — S'il s'agit d'une instance dans laquelle l'administration est demanderesse, l'arrêté du préfet saisit valablement le conseil de préfecture : ce point est incontestable.

388. — Au cas inverse, c'est au préfet que doivent s'adresser en règle générale les parties intéressées, qui provoquent la juridiction du conseil de préfecture, auquel le préfet transmet la demande.

389. — A ce sujet M. Brun fait observer (t. 1er, p. 7, note) qu'il serait bien difficile qu'il en fût autrement, le préfet préside le conseil de préfecture, et auprès de ce conseil il n'y a ni huissier, ni greffier, mais seulement un secrétaire, qui fait partie des commis de la préfecture, choisi et payé par le préfet.

390. — « Quelquefois cependant, ajoute le même auteur, une partie fait assigner son adversaire devant le conseil de préfecture ; mais l'original de l'exploit est adressé au préfet ou remis dans ses bureaux, et c'est le préfet qui le transmet au rapporteur qu'il désigne. — En réalité, c'est donc toujours le préfet qui nantit le conseil. »

391. — Toute demande formée par un particulier devant le conseil de préfecture doit être écrite sur papier timbré (L. 13 brum. an VII, art. 12), sauf toutefois les exceptions établies par des lois spéciales, comme, par exemple, dans certains cas, en matière de contributions. — (V. L. 21 avr. 1832, art. 28, § 3.

392. — Du reste aucune autre formalité n'est prescrite ; ainsi, en général, une lettre, une pétition, une demande quelconque, en un mot, suffit pour autoriser le conseil de préfecture à statuer. — *Cons. d'état*, 26 nov. 1839, Borel de Favencourt. — V. conf. Serrigny, t. 2, n° 908.

393. — Il n'est pas nécessaire, pour la validité de la procédure, qu'elle soit signifiée à la partie adverse. Toutefois, à cet égard, il importe de distinguer avec soin les demandes formées contre l'administration proprement dite, de celles dirigées contre des particuliers ou contre des communes ou des établissemens publics.

394. — Dans le premier cas, comme la demande est remise à l'administration elle-même, qui est ainsi mise à même de la combattre, l'instance se trouve, par le fait, engagée contradictoirement, ou la signification devient dès-lors inutile.

395. — Dans la seconde hypothèse, si le particulier, ou la commune, ou l'établissement public contre lequel la demande serait dirigée, n'était pas mis à même de produire ses moyens de défense, la décision qui interviendrait serait, à son égard, par défaut, et par conséquent, susceptible d'opposition (*infrà* n° 517). Il est donc opportun que la demande lui soit signifiée par le ministère d'un huissier, avec mise en demeure de fournir, dans un délai déterminé, ses observations et défenses. — Dufour, t. 1er, n° 114 ; Serrigny, t. 2, n° 908.

396. — Lorsque l'action est intentée par l'administration, il n'est pas davantage indispensable, même au cas où il s'agit de poursuites en contravention, qu'il y ait signification ou citation régulière pour que le conseil de préfecture puisse statuer. On se contente de prévenir le défendeur par une lettre administrative.

397. — Ainsi jugé, notamment en matière de grande voirie, que les conseils de préfecture sont saisis valablement sans assignation, par la remise du procès-verbal notifié au contrevenant. — *Cons. d'état*, 26 nov. 1839, Borel.

398. — Bien que les arrêtés qui interviennent par suite, soient réputés par défaut, lorsque les parties ou les prévenus ne se sont pas défendus, cette jurisprudence n'est peut-être pas à l'abri de toute critique. Il semblerait naturel au moins, en ce qui concerne le jugement des contraventions, que l'on exigeât une citation devant le conseil de préfecture, comme cela se pratique devant les tribunaux ordinaires. C'est ce que pense M. Serrigny, qui ajoute que pour épargner les frais, la loi devrait autoriser les employés qui ont caractère pour dresser les procès-verbaux, à donner les citations devant les conseils de préfecture, à l'exemple de ce qui se pratique dans les administrations des forêts, des douanes et des contributions indirectes. — Serrigny, t. 2, n° 669.

399. — Dans tous les cas, les actes introductifs d'instance, demandes, réclamations, ou actes de poursuites, sont déposés dans les bureaux de la préfecture avec les pièces à l'appui, afin qu'il soit procédé à l'instruction de l'affaire. La partie adverse peut en prendre communication, mais seulement dans les bureaux et sans déplacement.

400. — Il est, en effet, de principe incontestable que le conseil de préfecture ne peut statuer qu'autant que toutes les parties ont été mises en mesure de fournir leurs moyens de défense. — Décis. 5 brum. an XIII.

401. — Il ne pourrait donc prononcer de condamnation contre une partie qui n'a été ni appelée ni entendue. — *Cons. d'état*, 9 sept. 1818, Bodard.

402. — Ainsi que nous l'avons déjà dit (V. *suprà* n° 389), le conseil de préfecture n'a ni prétoire ni ministère public, ni greffe, ni avoués, ni huissiers. L'instruction des affaires se fait par écrit et sur simples mémoires communiqués administrativement, soit aux directeurs locaux des différentes parties du service public, pour avoir leur avis, soit aux parties adverses, pour avoir leurs défenses. — Cormenin, *Dr. admin.*, t. 1er, p. 188.

403. — Le conseil de préfecture jouit de la plus grande latitude pour éclairer sa décision. Il peut, en conséquence, recourir à toutes les mesures qui sont autorisées devant les tribunaux ordinaires, ordonner la production des pièces et documens qui lui paraissent nécessaires, prescrire une expertise, une vérification, une enquête, des descentes de lieux, etc. — V. notamment *Cons. d'état*, 6 sept. 1820, Hauser, 18 janv. 1831, min. intérieur c. d'Herbercy ; 6 août 1840, Papinot.

404. — Ainsi encore, le conseil de préfecture n'excède pas les limites de sa compétence, en ordonnant le dépôt dans les archives de la préfecture d'une expédition d'acte produite par les parties. — *Cons. d'état*, 12 janv. 1825, Giraud.

405. — Remarquons seulement que l'emploi de ces divers moyens qui, par leur nature, appartiennent au droit commun, suppose nécessairement que le fond du litige reste toujours dans le domaine de la compétence du conseil de préfecture ; autrement, il devrait s'en abstenir et renvoyer l'affaire devant les juges qui doivent en connaître.

406. — Ainsi, s'il arrivait, par exemple, que, saisi d'une contestation relative à l'étendue d'un domaine vendu nationalement, le conseil de préfecture ne trouvât pas dans l'acte de vente ou dans les actes qui s'y rattachent, les élémens suffisans pour prononcer sur le litige, il devrait se garder de recourir, soit à une expertise, soit à tout autre moyen d'instruction, tiré des règles du droit commun, car sa compétence, en cette matière, est limitée à l'interprétation des actes de vente. En cas d'insuffisance de ces actes, il ne peut que renvoyer le litige aux juges ordinaires. — V. au surplus sur ce point BIENS NATIONAUX.

407. — Il faut aussi remarquer qu'en ce qui concerne les expertises que peut ordonner le conseil de préfecture, il y a une distinction à faire, et quelques principes à poser.

408. — Dans certaines matières spéciales, la loi a réglé positivement les cas dans lesquels il y a lieu à expertise, et le mode d'après lequel les experts doivent procéder. — V. CHEMINS VICINAUX, CONTRIBUTIONS DIRECTES, MARAIS, TRAVAUX PUBLICS, VOIRIE, etc. — Ces règles doivent être suivies à peine de nullité.

409. — Ainsi jugé, que lorsqu'il s'agit de statuer sur les contestations élevées à l'occasion de dégradations de chemins vicinaux par des exploitations industrielles, l'expertise contradictoire ordonnée par l'art. 7, L. 28 juill. 1824, ne peut être remplacée par une enquête ou expertise administrative faite par ordre du préfet avant que le conseil de préfecture ait été saisi. — *Cons. d'état*, 21 avril 1830, Michel c. commune de Reuney ; 22 fév. 1823, Vandeul.

410. — Mais aucune loi ne détermine le mode des expertises que le conseil de préfecture peut ordonner dans toutes autres matières, uniquement comme moyen de suppléer à l'insuffisance des documens produits ou de vérifier les allégations des parties. Toutefois, sauf quelques exceptions, la jurisprudence du conseil d'état tend, à cet égard, à se rapprocher des règles tracées par le code de procédure.

411. — Ainsi, il a été jugé conformément à l'art. 305, C. procéd. civ., que le conseil de préfecture ne peut nommer des experts d'office dans l'intérêt des parties en cause qu'autant que celles-ci, mises en demeure de les choisir dans un délai déterminé, n'ont pas usé de cette faculté. — *Cons. d'état*, 25 juin 1817, Albitte.

412. — L'arrêté de nomination doit énoncer clairement les objets et les points sur lesquels les experts auront à s'expliquer. — Dufour, t. 1er, n° 119.

413. — La question de savoir si les experts appelés devant un conseil de préfecture doivent prêter serment avant de procéder à leurs opérations a été diversement résolue par le conseil d'état. La divergence qu'on remarque à cet égard nous paraît pouvoir s'induire de l'importance plus ou moins décisive que le conseil a attachée, dans les espèces qui lui étaient soumises, aux rapports des experts.

414. — Décidé, en effet, que les experts sont tenus de prêter serment avant de procéder aux opérations qui leur sont confiées, comme les experts nommés en matière civile. — *Cons. d'état*, 13 juin 1821, ville de Nancy c. Douville ; 23 août 1836, Duval c. comm. de Logeard ; 14 fév. 1839, de Feuchères c. comm. de Montilligueri ; 30 juill. 1840, Detouillon.

415. — Jugé, au contraire, en matière de contributions, que la formalité du serment n'est pas nécessaire. — *Cons. d'état*, 25 nov. 1831, Torterut.

416. — Mais cette déviation à la règle tracée par le Code de procédure, a été, non sans raison, vivement critiquée. « L'accomplissement de la formalité entre les mains du maire ou du juge de paix, dit à cet égard M. Dufour (*Dr. admin.*, t. 1er, n° 120), sera toujours si facile que les conseils de préfecture auront grand'peine à justifier l'omission d'une garantie dont une circonstance imprévue peut tout à coup faire ressortir l'importance.

417. — En tous cas, les sous-préfets ont qualité pour recevoir le serment des experts. — *Cons. d'état*, 19 mai 1835, Tramey.

418. — Quant au droit des parties de récuser les experts, jugé, en conformité de l'art. 283, C. procéd., que des experts sont récusables pour avoir bu ou mangé avec les parties pendant le cours de leurs opérations. — *Cons. d'état*, 15 juin 1812, Lassis — V. aussi Dufour, n° 121.

419. — Il est, du reste, de principe que, conformément aux art. 322 et 323, C. de procéd., le rapport des experts ne lie pas plus le conseil de préfecture que les tribunaux ordinaires. — *Cons. d'état*, 19 janv. 1825, Pernot ; 16 janv. 1828, Brizon ; 26 oct. 1828, Morville c. Delabrosse.

420. — Ainsi spécialement le conseil de préfecture peut, après une première expertise, en prescrire une seconde, et pas plus dans le rapport des nouveaux experts que dans celui des premiers, il n'est tenu de puiser les élémens de sa conviction. — *Cons. d'état*, 18 juill. 1821, Bourdon.

421. — Il faut en dire autant des vérifications de lieux que le conseil de préfecture croirait devoir ordonner. Cette opération est d'ordinaire confiée, soit à un membre du conseil de préfecture, soit à un commissaire choisi parmi les personnes que des connaissances spéciales rendent les plus aptes à procéder à la vérification qu'il s'agit de faire.

422. — Quant aux enquêtes ordonnées par le conseil de préfecture hors des cas prévus par des lois spéciales, il paraîtrait en quelque sorte impossible de les soumettre aux formes indiquées par le Code de procédure pour les enquêtes en matière civile, formes qui sont si éloignées de la brièveté ordinaire de la procédure administrative. Suivant le principe général, elles n'ont d'ailleurs d'autre autorité que celle de faire arriver sous les yeux du magistrat une masse de renseignemens dont il ne tient compte qu'en raison des garanties qui les accompagnent. Les reproches dont quelques témoins pourraient être susceptibles, non plus que le mode suivi dans la confection de l'enquête, ne sauraient donc, sous aucun rapport, entraîner la nullité de la décision que rendrait par suite le conseil de préfecture.

423. — Le jugement des affaires soumises aux conseils de préfecture a lieu à huis-clos et sans débat oral. Cette règle a été formellement consacrée par un avis du conseil d'état du 5 fév. 1826 qui, décidant en principe que le règlement du 22 juill. 1806, relatif au mode d'instruction suivi devant le conseil d'état, devait par analogie être étendu à l'instruction des affaires soumises aux conseils de préfecture, porte que devant ces conseils il ne peut y avoir lieu « d'appeler les parties à comparaître en personne et à plaider leur cause. »

424. — Aujourd'hui que la défense orale et la publicité des débats sont admises devant le conseil d'état, l'avis que nous venons de reproduire manque par sa base, et l'on peut en conclure que la règle qu'il consacre serait susceptible d'être modifiée. Elle continue, toutefois, d'être observée.

425. — Il est admis, néanmoins, que le conseil de préfecture peut, soit sur la demande des parties, soit d'office, admettre ou ordonner des explications verbales lorsqu'elles paraissent indispensables. Dans ce cas, le principe qui veut que les positions soient toujours égales ne permettrait pas que l'une des parties fût admise sans qu'on invitât l'autre à se présenter. — Dufour, n° 128.

426. — Décidé que quand le défendeur ne fournit pas de défenses, il y a lieu d'adjuger les conclusions du réclamant. — *Cons. d'état*, 13 juin 1821, ville de Nancy c. Douville.

427. — Les décisions d'un conseil de préfecture ne sont pas nulles pour avoir été prises un jour férié. — *Cons. d'état.*, 30 mai 1834, Lubatule.

428. — On a vu (*suprà* no 364), qu'aux termes de l'art. 1er, arr. 19 fructid. an IX, les conseils de préfecture ne peuvent prendre aucune délibération; si les membres ne sont au moins au nombre de trois; cette disposition est surtout applicable en matière contentieuse; son inobservation entraîne la nullité de l'arrêté rendu. — *Cons. d'état*, 22 janv. 1808, Trugnier; 22 fév. 1821, min. des fin. c. Lavigne; 16 janv. 1822, commune de Caupeul c. Joret.

429. — Mais il n'est pas rigoureusement nécessaire que le jugement contienne à cet égard l'énonciation que le vœu de la loi a été rempli, ni, à plus forte raison, qu'il mentionne le nom des conseillers présens à l'audience. Il peut être valablement suppléé à ces formalités par le fait que la signature des trois membres, serait apposée au bas de l'arrêté. — *Cons. d'état.*, 22 fév. 1821, min. fin. c. Lavigne; — Dufour, no 137.

430. — Les arrêtés doivent en général être revêtus de la signature de tous les membres qui y ont concouru. — *Cons. d'état.*, 22 fév. 1821, min. des fin. c. Lavigne.

431. — Néanmoins, la signature du président suffirait pour leur donner le caractère d'authenticité nécessaire et les rendre valables (*Cons. d'état*, 16 fév. 1825, Vidaud), pourvu, bien entendu, que l'arrêté ne laissât, du reste, aucun doute sur la régularité de la composition du conseil, soit qu'il fît mention spéciale du nom des trois membres, soit qu'il se bornât à dire qu'il a été rendu à une audience où assistaient trois conseillers.

432. — Inutile de rappeler qu'il y aurait nullité des arrêtés du conseil de préfecture, dans lesquels l'un des membres délibérans était frappé d'incapacité, soit à raison du défaut d'âge, soit à raison d'incompatibilités de fonctions, le conseil étant irrégulièrement composé.

433. — Mais faut-il conclure des termes de l'art. 6, arr. 19 fructid. an IX (V. *suprà*), que la récusation peut être exercée contre les membres des conseils de préfecture? Non, suivant M. de Cormenin (t. 1er, p. 188), et M. Dufour (t. 1er, no 133). Ces auteurs se fondent sur la récusation dont parle l'arrêté de fructid. an IX, qui ne doit s'entendre que de la récusation volontaire, de celle qui émane du juge et qui est plus spécialement désignée sous le nom d'abstention. « Les conseillers de préfecture, dit à cet égard M. de Cormenin, ne peuvent, en matière contentieuse, s'abstenir pour cause de récusation; sans cela, il arriverait qu'au gré de l'intérêt, des passions ou des menaces d'un citoyen, l'administration, dont la marche doit être rapide, se verrait sans cesse paralysée; tous actes de récusation de préfets ou de conseillers de préfecture n'étant pas autorisés par les lois, sont annulés par le conseil d'état, ainsi que les arrêtés qui les admettent. »

434. — Mais M. Serrigny (t. 2, no 915), partant de ce principe que les arrêtés des conseils de préfecture, en matière contentieuse, ont le caractère de jugemens, n'hésite pas, et nous partageons son avis, à en conclure que les conseillers de préfecture sont, au contraire, sujets à récusation, et, comme aucune loi, ajoute-t-il, n'a déterminé les causes de récusation en matière administrative, l'analogie conduit à adopter celles qui sont tracées par le Code de procédure. Le savant professeur de Dijon argumente à cet égard de l'art. 5 du 31 août 1828, art. 118. — *Cons. d'état*, 2 avr. 1828, Bernaud c. Dubuc; — Brun, t. 1er, p. 5, no 8.

435. — Tous les arrêtés que prend le conseil de préfecture en matière contentieuse doivent viser la demande et les pièces ou observations produites par la défense.

436. — A défaut du premier *visa*, l'arrêté serait annulé comme entaché d'abus de pouvoir.

437. — A défaut du second, il serait déclaré pris par défaut. — *Cons. d'état*, 28 fév. 1831, Honorez. — V., au surplus, *infrà* no 470. — Cette prescription est parfaitement justifiée.

438. — Devant l'autorité judiciaire, on répute contradictoires les jugemens et arrêts rendus sur les conclusions respectivement prises par les avoués des parties; les *qualités* des jugemens et arrêts font foi de ce qui se passe à cet égard. Il est rationnel que devant les conseils de préfecture, le *visa* des mémoires produits par les parties soit le caractère distinctif des arrêtés contradictoires. — V. Chevalier, *Jurispr. administ.*, vo *Procédure*, t. 2, p. 370.

439. — Aussi est-ce une jurisprudence constante que l'arrêté doit être réputé contradictoire à l'égard de toutes les parties dont il vise les observations ou mémoires. — *Cons. d'état*, 24 déc. 1818, Martel c. Buson; 11 mars 1830, de Torcy; 26 fév. 1840, Marcien c. min. des trav. publics; 26 août 1842, Bazire c. Chevillot; 23 déc. 1844, Wayher; 13 fév. 1845, canal de l'Ourcq c. Lefranc. — V., au surplus, *infrà* nos 466 et suiv.

440. — Comme les jugemens des tribunaux auxquels ils sont assimilés, les arrêts des conseils de préfecture doivent être motivés à peine de nullité. — *Cons. d'état*, 12 déc. 1818, Fouquet c. Grosleuil; 16 janv. 1822, commissaires-priseurs; 18 juill. 1834, Delucenay; 8 août 1834, min. des fin. c. Leclerc; 19 déc. 1834, Vasilières; 21 déc. 1837, Coulon. — V. encore Cormenin, *loc. cit.*, p. 260; Serrigny, t. 2, no 920; Dufour, t. 1er, no 142; Magnitot et Delamarre, *Dict. de dr. admin.*, vo *Organis. départ.*, p. 268.

441. — ... Et les motifs doivent porter sur chaque chef de demande. — *Cons. d'état*, 9 mai 1834, min. du commerce c. Lafargue.

442. — Mais, conformément aussi à la jurisprudence admise en matière civile, les conseils de préfecture peuvent à cet égard se référer aux motifs exprimés dans les avis ou autres actes faisant partie de l'instruction en les adoptant sans les reproduire.

443. — Ainsi, par exemple, est suffisamment motivé l'arrêt du conseil de préfecture qui déclare s'en référer à l'avis du sous-préfet, lequel cite à l'appui de son opinion les lois existantes. — *Cons. d'état*, 16 janv. 1832, commis.-priseurs.

444. — ... Et encore en matière de contributions, l'arrêté qui se réfère à l'avis des directeurs de contributions, contrôleurs, appariteurs ou maires. — *Cons. d'état*, 19 janv. 1832, Legingois; 5 déc. 1837, Bigot; 5 sept. 1838, min. des fin. c. Delanglade; 14 fév. 1842, Béguet; 30 mars 1844, Aubert; 20 juin 1844, Petit des Rochettes; 24 janv. 1825, Maigneval.

445. — Quels que soient d'ailleurs les motifs de décision exprimés dans les arrêtés, on ne doit s'attacher qu'à leur dispositif. — *Cons. d'état*, 12 janv. 1825, Giraud; 31 janv. 1838, comm. de Houssen; — Cormenin, *loc. cit.*, p. 198; Foucart, t. 3, no 373.

446. — Mais en matière de contravention, et lorsqu'il prononce comme tribunal de répression, le conseil de préfecture doit, de même que les tribunaux ordinaires, énoncer les termes de la loi appliquée, à peine de nullité. — *Cons. d'état*, 21 avr. 1830, Dupuy.

447. — Décidé, toutefois, qu'aucune disposition de loi ne prescrivant d'insérer le texte des lois dans les arrêtés, il suffit, pour leur validité, que les lois et réglemens dont il est fait application aux contrevenans y soient visés. — *Cons. d'état*, 10 mars 1843, Magne.

448. — Les conseils de préfecture peuvent statuer par un seul et même arrêté sur les demandes connexes, alors même que la jonction n'a été demandée par aucune des parties ni declarée préalablement d'office. — *Cons. d'état*, 11 janv. 1838, Grulot c. comm. de Goudargues.

449. — L'avis du conseil d'état du 16 therm. an XII ayant posé en principe que les arrêtés des conseils de préfecture avaient tous les caractères des jugemens ordinaires et devaient obtenir les mêmes effets, on avait été conduit à se demander s'ils ne devaient pas être précédés de l'intitulé et suivis du mandement exécutoire exigés pour ces derniers jugemens.

450. — Mais consulté depuis sur la question, le conseil « considérant que la juridiction administrative exercée par les conseils de préfecture, et celle qui appartient aux cours et tribunaux, formant deux ordres de juridiction essentiellement distincts dans leur contexture et leur objet, il y aurait inconvénient à assimiler les formules employées dans les jugemens qui émanent de l'une et de l'autre... » a émis l'avis « qu'il n'y avait lieu de donner aux décisions des conseils de préfecture un intitulé, ni d'y joindre un mandement, semblables à ceux qui sont déterminés pour les arrêts des cours et tribunaux ». — Avis 5 fév. 1826.

451. — Et comme aucun acte n'a d'ailleurs déterminé la forme des arrêtés, il en résulte qu'il n'existe à cet égard aucune formule obligatoire; dans l'usage, la décision intervient avec cette formule : *le conseil de préfecture .. arrête*, etc.

452. — Mais il importe essentiellement que la formule adoptée ne puisse pas induire en erreur sur la nature de la décision rendue. Autrement elle pourrait devenir une cause de nullité.

453. — Ainsi un arrêté rendu sur une affaire de la compétence du conseil de préfecture n'aurait aucune force légale, si l'intitulé portant : *Le préfet en conseil de préfecture... arrête*, etc., pouvait laisser à supposer que la décision est émanée du préfet et non du conseil de préfecture. — *Cons. d'état*, 5 mai 1831, Dangy.

454. — De même, si, au lieu de porter : *Le conseil de préfecture arrête*, etc., la décision portait seulement : *Le conseil de préfecture est d'avis*, etc., le doute qui pourrait s'élever sur la nature de l'acte intervenu serait susceptible d'en entraîner la nullité. — *Cons. d'état*, 11 août 1824, Laget.

455. — Toutefois, en pareil cas, on peut et on doit même s'attacher plutôt à la nature même de la question soumise au conseil qu'à la forme de la décision. — *Cons. d'état*, 28 mai 1837, Mathieu c. Min. des fin.; — Dufour, no 140.

§ 2. — *Diverses espèces d'arrêtés. — Effet de ces arrêtés.*

456. — De même que les jugemens en matière ordinaire, auxquels ils sont assimilés, les arrêtés de préfecture peuvent se distinguer en arrêtés préparatoires et en arrêtés définitifs; ceux-ci, à leur tour, sont contradictoires ou par défaut.

457. — Les arrêtés préparatoires sont rendus d'ordinaire par le conseil de préfecture dans un but d'instruction, et pour ordonner des mesures ou opérations qui doivent éclairer la religion du conseil et lui permettre de rendre en connaissance de cause une décision sur le fond de l'affaire.

458. — Nous avons parlé déjà (*suprà* nos 408 et s.) du pouvoir qu'ont les conseils de préfecture de rendre de pareils arrêtés, et notamment d'ordonner une expertise, une vérification, etc.

459. — Simples mesures d'instruction, non sujettes à recours (V. *infrà* nos 506 et s.) ces décisions, à la différence des arrêtés définitifs, sont toujours susceptibles d'être rapportées par le conseil qui les a rendues et qui n'est point lié par elles. — *Cons. d'état*, 24 août 1812, Baylac c. Moulin le Basacle, 18 juill. 1821, Bourdon.

460. — Il faut en dire autant des arrêtés qui, sans être purement préparatoires, c'est-à-dire rendus pour l'instruction de l'affaire, prescriraient certaines mesures provisoires et nécessaires pendant la durée du litige.

461. — En ce qui concerne les arrêtés définitifs, leur distinction en contradictoires ou par défaut n'existe pas à l'égard du demandeur qui a saisi lui-même le conseil de préfecture, et l'arrêté intervenu par suite doit toujours être réputé contradictoire.

462. — Ainsi jugé qu'un particulier était non-recevable à former opposition à l'arrêté du conseil de préfecture rendu sur sa réclamation. — *Cons. d'état*, 27 avr. 1841, élections de Falaise.

463. — Mais, à l'égard du défendeur, il n'en est pas de même; et en l'absence de règles positives sur la procédure administrative, il est parfois assez difficile de saisir quand un arrêté doit être réputé contradictoire; quand, au contraire, il est par défaut. — La jurisprudence du conseil d'état peut seule fournir des indications sur ce point.

464. — Or, il a été décidé que doit être réputé par défaut non seulement l'arrêté rendu contre une partie qui n'a pas été appelée dans l'instance. — *Cons. d'état*, 25 mars 1813, Lemaire c. Fleury; 22 déc. 1815, habitans de Saint-Chaptes c. Reilhe; 11 juill. 1817, Raphaël Granger; 25 fév. 1818, Cuel.

465. — ... Mais encore celui rendu sur une production qui n'a été ni signifiée, ni communiquée à cette partie. — *Cons. d'état*, 18 janv. 1813, Domaines c. Belpel.

466. — Il ne suffit même pas que la partie ait été appelée, il est de plus nécessaire qu'elle ait été entendue. — *Cons. d'état*, 3 juin 1820, Papin c. comm. de Saint-Sulpice; 24 déc. 1828, Rativeau c. comm. de Saint-Cydoine.

467. — Et sa défense doit avoir été produite dans le débat. — Ainsi, un arrêté de conseil de préfecture, rendu en 1818, qui vise un mémoire produit en l'an XII dans une contestation analogue, a dû être réputé par défaut, contre la partie qui a produit le mémoire en l'an XII. — *Cons. d'état*, 29 août 1821, Chambaut c. Frénilly.

468. — Comme aussi de ce que dans une instance où plusieurs parties sont engagées, l'une aurait produit ses moyens de défense, l'arrêté n'en serait pas moins par défaut à l'égard des autres. — *Cons. d'état*, 19 déc. 1821, Amenque c. Gignerès; 19 fév. 1823, Marimpoly c. comm. d'Igon.

469. — Toutefois, les parties pouvant comparaître par fondés de pouvoirs, les défenses produites par leurs mandataires régulièrement constitués seraient valables, et l'arrêté par conséquent réputé contradictoire.

470. — Mais l'arrêté est par défaut lorsque les parties déclarent que le mémoire qui y est visé n'était signé ni par eux, ni par un fondé de pouvoirs, régulièrement chargé, et qu'ils le désavouent entièrement. — *Cons. d'état*, 16 juin 1831, Bourdet c. comm. de Larelle; 8 fév. 1833, Lebœuf.

471. — De même, s'il s'agit d'une personne morale, telle qu'une commune ou établissement public, la défense doit être nécessairement présentée par celui qui a mission pour la représenter,

472. — Décidé, en conséquence, que les défenses d'une commune devant être présentées par le maire, et à son défaut par l'adjoint, il ne peut y être suppléé par l'avis du sous-préfet. — *Cons. d'état*, 16 mai 1827, comm. de Saint-Pée.

473. — Du reste, le conseil d'état semble généralement n'attacher aucune importance à la forme dans laquelle les observations des parties ont pu produire; et tout ce que la jurisprudence permet de préciser, c'est qu'il suffit qu'elles témoignent de la présence de la partie au débat.

474. — Ainsi décidé qu'on doit tenir pour contradictoire, l'arrêté d'un conseil de préfecture qui vise des exploits dans lesquels les parties ont développé les motifs de leur refus de se conformer à l'injonction qui leur avait été faite par l'autorité, de démolir un bâtiment soumis aux servitudes militaires. — *Cons. d'état*, 1er mars 1844, Lehordey.

475. — ...Que de simples lettres adressées au préfet ou transmises à ce fonctionnaire par le maire, au sujet de la demande formée contre lui, peuvent suffire pour rendre également à son égard l'arrêté contradictoire. — *Cons. d'état*, 14 juin 1837, Beaurroy c. comm. de Migny; 26 fév. 1840, Murlen c. Min. des trav. publ.

476. — ...Que lorsque le défendeur s'est référé devant le conseil de préfecture à une lettre par lui précédemment écrite au préfet, l'arrêté intervenu est contradictoire. — *Cons. d'état*, 28 fév. 1841 Onnorez.

477. — ...Et que le prévenu de contravention qui a adressé au maire de sa commune une lettre dans laquelle il présentait ses moyens de défense, et qui a été transmise au conseil de préfecture, qui l'a visée, est réputé s'être défendu contradictoirement. — *Cons. d'état*, 23 déc. 1844, Dielsc.

478. — Mais il en serait autrement, et l'arrêté devrait être réputé rendu par défaut, si ces lettres étaient antérieures à la demande par laquelle le conseil de préfecture s'est trouvé saisi; on ne saurait dans ce cas les considérer comme une défense. — *Cons. d'état*, 29 août 1821, Chambaut; 29 janv. 1830, Tourangin c. comm. de Doun-le-Poelier.

479. — ... Ou si antérieurement aux débats le défendeur avait adressé une pétition au conseil municipal, ou formé opposition à l'arrêté d'un maire. — *Cons. d'état*, 24 mars 1824, Bourcel c. comm. de Saint-Chaumond; 26 juill. 1826, Lefranc.

480. — Jugé encore, dans ce sens, qu'une proposition de transaction adressée au sous-préfet par un particulier qui a des intérêts contraires à ceux d'une commune, ne constitue pas dans l'instance administrative engagée par la commune une instance contradictoire. — *Cons. d'état*, 9 janv. 1828, Aprée c. comm. de Wladincourt.

481. — L'arrêté doit être de même réputé par défaut lorsque, devant le conseil de préfecture, le défendeur n'a conclu que sur la compétence et a demandé un délai pour conclure au fond. — *Cons. d'état*, 5 sept. 1836, Gaignard de la Banloue c. Edmond.

482. — Dès-lors, des observations ou réquisitions contenues dans les enquêtes ne sauraient faire considérer l'arrêté rendu sur le fond de la contestation comme contradictoire, ces enquêtes n'étant que des actes préparatoires. — *Cons. d'état*, 16 mai 1827, comm. de Saint-Pée.

483. — A plus forte raison, la simple comparution à une expertise ordonnée par défaut ne saurait-elle avoir pour résultat de faire considérer l'arrêté comme contradictoire. — *Cons. d'état*, 17 avr. 1822, comm. de Chassey-les-Scey; 18 janv. 1826, Blanchier c. comm. de Nedrine; 27 nov. 1838, Vallonde.

484. — Il en serait différemment si l'arrêté avait été rendu sur le vu d'un rapport d'experts nommés contradictoirement. — *Cons. d'état*, 29 mai 1822, Coulon.

485. — Comme aussi si, après la production des moyens du défendeur, le conseil de préfecture a ordonné une visite de lieu, à laquelle le défendeur a comparu, l'arrêté intervenu ensuite doit être considéré comme contradictoire, encore bien qu'il n'ait produit aucune nouvelle défense. — *Cons. d'état*, 29 janv. 1841, de Champigny.

486. — Mais l'arrêté serait par défaut à l'égard du défendeur si après avoir fourni des moyens de défenses au fond, avant l'arrêté du conseil ordonnant une expertise, il n'avait pas participé à l'exécution de cet arrêté. — *Cons. d'état*. 13 avr. 1842, Bard c. Morlet.

487. — Quelle que soit, au surplus la nature des arrêtés de conseil de préfecture, qu'ils soient contradictoires ou rendus par défaut, ils emportent hypothèque et contrainte par corps. — Brun, t. 1er, p. 14, n° 38.

488. — Comme aussi ils emportent taxe de dépens. — *Cons. d'état*, 12 déc. 1818, Dufour c. comm. de Saint Germain.

489. — Lorsque l'administration publique est en cause, une jurisprudence constante a érigé en principe qu'aucun texte de loi ou de règlement n'autorisant à prononcer des dépens à son profit ou à sa charge, chacune des parties devait supporter indistinctement et dans tous les cas ses propres frais, et partager par moitié ceux qui se raient communs. — V. notamment *Cons. d'état*, 7 mars 1834, Guyot; 17 avr. 1834, Parmentier; 6 juin 1834, min. des fin. c. Poustales; 10 juin 1835, Beauclart; 8 janv. 1836, min. de l'int. c. Barras; 25 janv. 1839, min. du comm. c. Giraud; 20 nov. 1840, min. des tr. pub. c. Mouteix; 20 janv. 1843, Delmas.

490. — Mais les dépens des instances suivies entre simples particuliers ou corporations sont, suivant la règle de l'art. 130, C. procéd., à la charge de la partie qui succombe. — Serrigny, *Compét. et procéd. adm.*, n° 943.

491. — Des dispositions combinées des deux avis du conseil d'état cités plus haut (V. *suprà*, nos 449 et suiv.), des 16 thermid. an XII et 5 fév. 1826, il résulte que les arrêtés du conseil de préfecture n'ont besoin, pour être mis à exécution, ni de l'intervention des préfets, ni de leurs mandemens.

492. — C'est, au surplus, ce qui résulte explicitement d'une lettre du grand-juge adressée, le 18 fév. 1809, aux procureurs-généraux : « On se plaint, porte cette lettre, de ce que les huissiers refusent de mettre à exécution des arrêtés rendus par le conseil de préfecture, et qu'ils fondent leur refus sur ce que ces arrêtés n'ont point la forme indiquée par l'acte de constitution de l'empire, en date du 24 flor. an XII. — Ce motif ne saurait dispenser les huissiers de prêter leur ministère lorsqu'ils en sont requis : ils doivent mettre à exécution tous les actes de l'autorité administrative, tels qu'ils leur sont présentés. Il est donc de votre devoir de les y contraindre toutes les fois que l'occasion se présente »

493. — Pour être mis à exécution ils doivent donc être signifiés intégralement, comme tous autres jugemens, *à la requête des parties, à personne ou domicile, et par le ministère d'un huissier*. — *Cons. d'état*, 17 avr. 1812, comm. de Candeval c. Rouvariolis; 27 nov. 1814, Roulin c. rég. des dom.; 6 mars 1816, Barreaux; 13 juin 1821, hab. de la Mouline; 5 mai 1830, Delahaye c. comm. d'Echenage.

494. — Décidé toutefois que la connaissance certaine de l'arrêté peut suppléer à la signification. — *Cons. d'état*, 6 sept. 1826, Delorme-Dubaron c. Domaine; 29 janv. 1841, de Champigny.

495. — Lorsqu'un citoyen soutient qu'une décision n'a pas été signifiée à son vrai domicile, cette prétention soulève une question préjudicielle de domicile qu'il n'appartient qu'aux tribunaux ordinaires de résoudre et qui doit faire surseoir par l'autorité administrative au jugement du fond. — *Cons. d'état*, 6 avr. 1836, Guy de Tarudel.

496. — Mais, à part les questions de droit commun que peuvent soulever les décisions rendues par les conseils de préfecture, ces conseils peuvent-ils connaître de l'exécution de leurs arrêtés? — Une ordonnance du conseil d'état s'est prononcée pour la négative. — *Cons. d'état*, 22 août 1838, Laperrière. — « Du principe, dit M. de Cormenin (*Dr. admin.*, vo *Conseils de préfecture*, ch. 19), qu'ils ne sont que des juges d'exception, il suit que l'exécution de leurs arrêtés ne leur appartient pas, mais au juge ordinaire et territorial, à moins que la loi ne l'ait réglé autrement. » — V. encore Macarel, *Trib. admin.*, n° 236; Laferrière, 2e éd., p. 604; Dufour, t. 1er, n° 88.

497. — Mais cette doctrine est vivement contestée. C'est à tort, dit-on d'abord, que les conseils de préfecture sont qualifiés de tribunaux exceptionnels. Pour qu'il en fût ainsi, il faudrait qu'ils eussent des attributions judiciaires détachées de celles conférées aux tribunaux ordinaires. Or, cela n'est pas. Ce sont des corps administratifs placés dans une sphère de pouvoir séparée et distincte de l'autorité judiciaire; ils exercent un pouvoir parallèle et non accessoire à celui des tribunaux ordinaires. Le motif sur lequel on s'appuie pour les déclarer impuissans à connaître de l'exécution de leurs décisions est donc complétement dénué de fondement.

498. — Sans doute, poursuit-on, lorsque l'exécution des arrêtés des conseils de préfecture se résout en actes qui, par leur nature, ne sont autres qu'une application des règles du droit commun, les difficultés qui naissent de l'exécution de ces actes doivent être portées devant les tribunaux ordinaires, et cela en vertu du principe général qui réserve aux juges civils l'application des règles de la procédure et du droit commun. — Mais lorsque l'exécution d'un arrêté doit se produire en faits dont l'appréciation appartient à la juridiction administrative, les tribunaux ordinaires deviennent évidemment incompétens, et le fait dément journellement la théorie que l'on cherche à faire prévaloir. C'est ainsi que, lorsque le conseil de préfecture a statué sur une réclamation formée par un contribuable contre sa cote de contribution directe, lorsqu'il a été appelé à prononcer sur le sens et l'exécution d'un marché de travaux publics, lorsqu'il a annulé ou confirmé des élections communales, etc., les nouvelles difficultés que ses décisions peuvent faire naître reviendront forcément devant lui. — V. dans ce sens Serrigny, *Compét. et proc. adm.*, t. 2, n° 942; Chauveau, *Princ. de compét. et de jurid. admin.*, nos 731 et suiv. — V. COMPÉTENCE ADMINISTRATIVE.

499. — Au surplus, et de même que les jugemens ordinaires, les arrêtés définitifs et contradictoires des conseils de préfecture sont acquis aux parties dès qu'ils sont prononcés.

500. — D'où il suit que le conseil de préfecture qui a statué contradictoirement sur une affaire qui lui était soumise, ayant épuisé sa juridiction, ne peut rendre un nouvel arrêté sur la même contestation, sans commettre un excès de pouvoirs. — *Cons. d'état*, 10 avr. 1812, Darche; 21 juin 1812, Urban c. Wick; 5 janv. 1813, Vomstraet c. Smeds; 21 juin 1813, Urban c. Wick; 23 nov. 1813, Domaine c. Kruppel; 17 janv. 1814, Frigot; 1er nov. 1820, Gaubert; 23 juill. 1823, Guerrifey c. Denaix; 2 août 1826, Guichard; 15 nov. 1826, comm. de Bologne c. Rollet; 14 déc. 1844, Dameny; 27 déc. 1844, Bidens; 12 juin 1845, Jossella; 25 juin 1845, Vilcoq; même jour, Jourdan. — V. conf. Serrigny, t. 2, n° 931.

501. — La règle est nécessairement commune à tout arrêté acquiescé ou qui a servi de base à un jugement contradictoire. — *Cons. d'état*, 18 juill. 1821, Villebois c. Waunes. — V. encore Chevalier, *Jurisp. administ.*, vo *Procédure*, t 2, p. 372, chap. 2, sect. 2e, § 3.

502. — Décidé, d'ailleurs, qu'un conseil de préfecture peut valablement rétracter une décision purement interlocutoire. — *Cons. d'état*, 24 août 1812, Baylac.

503 — ... Ou, sur la demande des parties, interprêter un arrêté précédement rendu. — *Cons. d'état*, 23 juill. 1823, Vincent c. Siou; — Cormenin, *ubi suprà*, p. 199.

504. — ... Comme aussi rectifier les erreurs de calcul, omissions, ou doubles emplois, qui ont pu échapper. — *Cons. d'etat*, 12 mars 1814, Mony c. Domaine; 11 août 1841, préfet du Loiret c. Guelan.

505. — Enfin, les arrêtés des conseils de préfecture sont, en principe, exécutoires par provision et nonobstant toute voie de recours. — V. au surplus CONSEIL D'ÉTAT.

Sect. 3e. — *Voies de recours.*

506. — Les arrêtés rendus par le conseil de préfecture en matière contentieuse, sont susceptibles de différentes voies de recours, suivant les circonstances dans lesquelles ils sont intervenus.

507. — A cet égard, il faut, comme dans l'ordre civil, distinguer soit entre les arrêtés définitifs et les arrêtés préparatoires ou interlocutoires, soit entre les arrêtés contradictoires et les arrêtés par défaut.

508. — Les arrêtés préparatoires, actes d'instruction, toujours susceptibles d'être rapportés par le conseil de préfecture, ne peuvent être déférés à la juridiction supérieure avant la décision définitive. — *Cons. d'état*, 21 fév. 1814, comm. d'Aurillac; 2 fév. 1825, Perdry; 19 juill. 1823, min. des trav. pub. c. Charaglat; — Dufour, n° 148; Serrigny, t. 2, n° 929.

509. — Quant aux arrêtés interlocutoires, la faculté de les attaquer avant le jugement définitif ne peut être contestée. — *Cons. d'état*, 2 fév. 1826, De Faudoas.

510. — Mais il est loisible aux parties de différer et de procéder à la fois contre la décision définitive et contre l'arrêté interlocutoire. — *Cons. d'état*, 23 juin 1819, Picot c. Rouffler. — V. conf., Serrigny, *loc. cit.*; Dufour, *loc. cit.*

511. — La règle suivant laquelle tout arrêté contradictoire peut être attaqué par la voie d'appel, ne peut souffrir aucune exception de ce que les parties seraient convenues que le conseil de préfecture statuerait en dernier ressort sur leur différend. Une telle convention n'est point valable. C'est là une conséquence du principe que les juridictions sont d'ordre public. La renonciation à l'appel n'est, en thèse générale, légale, qu'autant que la faculté d'y recourir est ouverte. — Dufour, n° 154.

512. — L'appel est porté devant le conseil d'état dans les matières ordinaires; et devant la cour des comptes à l'égard des arrêtés qui statuent sur

les comptes des receveurs des communes et des établissemens de bienfaisance.

513. — Mais en aucun cas les arrêtés du conseil de préfecture ne peuvent être réformés, ni modifiés par un ministre, préfet, ou tout autre fonctionnaire. *Cons. d'état*, 22 oct. 1810, Liborel; 9 janv. 1812, Plumier; 24 déc. 1828, Zethener, 8 janv. 1836, Prudhomme.

514. — Quant aux formes, au délai et à la recevabilité du recours. — V. CONSEIL D'ÉTAT, COUR DES COMPTES.

515. — Notons seulement qu'en matière de contributions directes, le recours contre les arrêtés des conseils de préfecture peut être transmis au gouvernement par l'intermédiaire des préfets et sans frais. — L. 26 mars 1831, art 29.

516. — Et que lorsque le conseil d'état annule l'arrêté du conseil de préfecture, il peut, au lieu de statuer en même temps sur le fond, renvoyer l'affaire devant le même conseil de préfecture. — *Cons. d'état*, 22 sept. 1814, Picot c. dom.

517. — Quant aux arrêtés par défaut, une jurisprudence constante a décidé que la voie de l'opposition était la seule ouverte aux parties pour les faire réformer. — V. notamment *Cons. d'état*, 25 mars 1818, Lemaire c. Fleury; 25 fév. 1818, Cuel, 3 juill. 1820, marguilliers de Rouvroy; même jour, Papin c. comm. de Saint-Sulpice; 29 août 1821, Chambaut c. Frérulez; 24 mars 1824, Boncel c. comm. de Saint-Chamond; 9 janv. 1828, Lavocat; 31 août 1830, Varenne; 1er août 1834, Mazet; 28 janv. 1835, Favre; 11 août 1840, préfet du Loiret c. Gaetan.

518. — Et à l'exception de quelques matières spéciales, telles que les contraventions aux lois sur la police du roulage (V. ROULAGE), la faculté d'opposition n'est circonscrite dans aucun délai; elle dure jusqu'à l'exécution ou l'acquiescement. — Mêmes ordonnances.

519. — Cela a lieu même au cas où l'arrêté par défaut a été signifié. — *Cons. d'état*, 14 déc. 1837, Jardin c. commune de Saint-Aubin-*du*-Désert.

520. — Si un conseil de préfecture refusait d'admettre cette opposition contre un arrêté par défaut, ce serait contre l'arrêté qui contient ce refus et non contre le premier qu'il faudrait se pourvoir. — *Cons. d'état*, 24 mars 1819, Bligny-Parisis.

521. — Le principe *opposition sur opposition ne vaut* est du reste applicable en matière administrative comme en matière civile. En conséquence, n'est pas recevable l'opposition à un arrêté du conseil de préfecture rendu sur une opposition déjà faite à un premier arrêté par défaut. — *Cons. d'état*, 27 août 1817, Bostellevy c. Howeiler.

522. — Que l'arrêté d'un conseil de préfecture ait été rendu contradictoirement ou par défaut, il ne peut plus être attaqué par la partie qui y a acquiescé ou qui l'a volontairement exécuté. — Avis cons. d'état, 21 vent. an XIII et 3 nov. 1809. — *Cons. d'état*, 31 oct. 1821, Rigolet; 16 janv. 1822, Devère c. ville de Paris; 4 nov. 1835, Petit-Clerc.

523. — Mais l'exécution d'une disposition ne rendrait pas non-recevable à se pourvoir contre les autres. — *Cons. d'état*, 15 août 1821, Ruez c. Hachin.

524. — Comme encore les arrêtés du conseil de préfecture deviennent inattaquables s'ils ont servi de base à des jugemens passés en force de chose jugée. — *Cons. d'état*, 28 avr. 1813, Patru c. fabrique de Lavillec; 18 juill. 1821, Villebois c. Waynes. — V. encore Chevalier, vo *Procédure*, t. 2, p. 337, sect. 1re, § 4.

525. — Sauf, bien entendu, le droit que conserve toujours le ministre de provoquer l'annulation de l'arrêté, même passé en force de chose jugée, mais dans le seul intérêt de la loi. — V. notamment *Cons. d'état*, 3 sept. 1836, min. de l'int.; 8 fév. 1838, min. des finan. c. commune de Sainte-Anastasie.

526. — Dans l'origine, le conseil d'état avait pensé que la voie de la requête civile devait être admise contre les arrêtés rendus par les conseils de préfecture. — *Cons. d'état*, 3 janv. 1813, Nugon.

527. — Mais depuis il a jugé avec raison que cette voie de recours n'est point ouverte devant les conseils de préfecture, ces conseils ne prononçant jamais qu'en premier ressort, et la requête civile n'étant admise que comme moyen extrême contre les jugemens rendus en dernier ressort. — V. notamment *Cons. d'état*, 24 oct. 1827, Auclerc; 4 mai 1835, Michelet. — V. encore Chevalier, t. 2, p. 372, sect. 3e, § 3.

528. — Quant aux tiers qui n'ont pas figuré dans l'instance, et à qui la désision rendue par le conseil de préfecture peut porter préjudice, sans aucun doute, ils peuvent intervenir sur l'appel.

529. — De même que devant les tribunaux civils, la tierce opposition est admise devant les conseils de préfecture de la part des tiers qui n'ont pas été parties dans l'instance et auxquels l'arrêté pourrait faire grief. — *Cons. d'état*, 27 mai 1816, Ginoux; 13 juin 1821, comm. de Nancy c. Douville; 25 mars 1830, Gaujon c. Audebal; 17 mars 1835, Laroche c. comm. de Pontigny; 8 janv. 1836, Prudhomme.

530. — Lors donc qu'une partie intéressée qui n'était pas présente devant le conseil de préfecture attaque un arrêté par voie de tierce opposition, il y a lieu par le conseil d'état de surseoir à statuer sur l'arrêté qui lui est déféré par une autre partie jusqu'à ce qu'il ait été statué sur l'opposition. — *Cons. d'état*, 10 janv. 1827, comm. de Petit Quevilly c. Rabardy.

531. — Mais aussi la tierce-opposition serait, de même qu'en matière civile, non-recevable de la part de celui à qui l'arrêté ne porterait aucun préjudice. — *Cons. d'état*, 4 avr. 1837 Roberjot.

532. — Les simples avis donnés par le conseil de préfecture, dans les cas prescrits par la loi, n'ayant aucune autorité propre qui entraîne nécessairement la décision du préfet, il en résulte naturellement qu'ils ne sont susceptibles d'aucun recours, et c'est en effet ce que nous avons vu (*suprà* no 93 et suiv.) avoir été décidé par le conseil d'état d'une manière générale à l'occasion d'avis émis par des conseils de préfecture en matière d'autorisation d'établissemens insalubres de première classe.

533. — Toutefois, si ces avis n'avaient pas été rendus dans les formes voulues, il est évident qu'on devrait les considérer comme nuls et non avenus; l'acte auquel ils auraient servi de base, pourrait donc, de ce chef, être l'objet d'un recours.

534. — Quant aux délibérations qui constituent des actes de tutelle, elles sont susceptibles de recours au conseil d'état de la part des communes auxquelles l'autorisation a été refusée, mais les adversaires de la commune ou des tiers ne seraient pas admis à se pourvoir, — elles peuvent, en outre, être réformées par le conseil de préfecture lui-même; ce sont, en effet, de simples actes de tutelle qui ne sauraient avoir l'autorité de la chose jugée. — V. notamment *Cons. d'état*, 9 fév. 1823, Faucher; 9 juin 1830, comm. de Beaufort; 2 mai 1837 comm. de Nalliers.

V. au surplus AUTORISATION DE PLAIDER, nos 191 et suiv., 199 et suiv., 215 et suiv.; CHOSE JUGÉE, COMMUNE, no 524; ENREGISTREMENT, ÉTABLISSEMENS PUBLICS, HOSPICES, DÉPARTEMENS.

CONSEIL DES PRISES.

Table alphabétique.

CONSEIL DES PRISES. — 1. — On désignait ainsi une commission instituée pour statuer sur la validité des prises maritimes et les contestations auxquelles elles pouvaient donner lieu.

2. — Les questions de prises touchent à la diplomatie; la déclaration de validité d'une prise peut être une cause d'hostilité; aussi n'avait-on pas voulu confier cette juridiction au parlement qui aurait pu ainsi influer sur la paix ou la guerre, et contrarier les négociations du cabinet. Un conseil spécial se rattachant à l'administration offrait seul des garanties.

3. — En matière de prises, il y a deux choses à considérer : la validité de la prise et la liquidation, et la répartition de la prise.

4. — Anciennement, les amirautés étaient investies du droit de juger les prises en première instance, sauf l'appel à la table de marbre ou au parlement; mais ensuite elles ne furent plus chargées que de l'instruction et de l'exécution du conseil des prises. — Déclaration du 1er févr. 1650, art. 6; arrêt du conseil du 19 août 1650; réglement du 9 mars 1695, art. 10 et 11; instruction du 9 janvier 1780; ord. du 4 août 1781.

5. — Le premier établissement du conseil des prises remonte aux lettres patentes du 20 décembre 1659. — Depuis, ce conseil, dont les fonctions n'étaient que temporaires, fut rétabli successivement dans les différentes guerres.

6. — Le conseil des prises se tenait toujours chez l'amiral qui le présidait; les commissaires étaient choisis parmi les conseillers d'état et les maîtres des requêtes. — Réglement du 23 sept. 1676; arrêt du conseil du 26 oct. 1692. — Lettres patentes du 9 mars 1695.

7. — Les appels du conseil des prises étaient portés au *conseil royal des finances pour les prises*. — Réglem. du 3 nov. 1733, art. 14; de 1778, art. 13.

8. — Le jugement des prises fut dévolu par la loi du 14 fév. 1793 aux tribunaux de commerce, qu'une loi précédente du 9 août 1791 avait déjà investis des attributions des amirautés.

9. — Le 18 brum. an II, loi qui ordonne que toutes les contestations nées ou à naître sur la validité ou l'invalidité des prises seront décidées administrativement par le conseil exécutif provisoire.

10. — Le 3 brum. an IV, loi sur l'administration des prises dont l'art. 15 charge les tribunaux de commerce de prononcer sur leur validité.

11. — Le 8 flor. suivant, loi qui défère aux tribunaux civils de département l'appel des jugemens des tribunaux de commerce en matière de prises (art. 1er); attribue aux consuls et vice-consuls de France dans les ports étrangers la même juridiction sur les prises qui appartient dans l'intérieur aux tribunaux de commerce (art. 2), et désigne les tribunaux civils de département auxquels seront portés les appels des jugemens rendus par ces officiers (art. 6).

12. — Le 26 vent. an VIII, loi qui ôte aux tribunaux la connaissance des prises et charge le gouvernement de pourvoir au mode de jugement des contestations qui y sont relatives. — Par suite, arrêté du gouvernement, du 6 germ. an VIII, qui établit à Paris un *conseil des prises*.

13. — Ce conseil, qui devait connaître des contestations relatives à la validité et à l'invalidité des prises et à la qualité des bâtimens échoués ou naufragés, était présidé par un conseiller d'état et composé en outre de huit membres. Il comprenait de plus un commissaire du gouvernement, un secrétaire et deux huissiers. — Arrêté du gouvernem. 6 germ. an VIII, art. 2 et 3.

14. — La composition des membres de ce conseil appartenait à la nomination du premier consul; — les décisions devaient être rendues par cinq membres au moins. — Même arrêté, art. 4 et 5.

15. — L'instruction avait lieu sur simples mémoires respectivement communiqués, par la voie du secrétariat, aux parties ou à leurs défenseurs. — Même arrêté, art. 13.

16. — Les délais pour cette instruction ne pouvaient excéder trois mois pour les prises conduites dans les ports de la Méditerranée, et deux mois seulement pour les autres ports de France, le tout à compter du jour où les pièces avaient été remises au secrétariat du conseil des prises. — *Ibid.*

17. — Les décisions du conseil des prises n'étaient susceptibles de recours que devant le conseil d'état, et ce recours n'avait pas d'effet suspensif. — Décr. 11 juin 1806, art. 14; avis du cons. d'état 11 janv. 1808.

18. — Plus tard le conseil des prises fut placé dans les attributions du grand-juge, ministre de la justice, et élevé au rang de tribunal, mais de tribunal simplement administratif. — Décr. 1er mai 1806.

19. — Le 7 vent. an XII, arrêté du gouvernement qui confère aux avocats à la cour de Cassation le droit exclusif de postuler au conseil des prises.

20. — Le 11 juin 1806, décret dont l'art. 14 attribue au conseil d'état la connaissance des décisions du conseil des prises.

21. — Le 12 nov. 1810, autre décret qui attribue aux membres du conseil des prises le titre de *conseillers au conseil des prises*.

22. — On verra, vo PRISES MARITIMES, quelques unes des décisions rendues par le conseil des prises sur le fond du droit; nous nous contenterons d'indiquer ici quelques décisions qui concernent plus spécialement les attributions du conseil et le mode de procéder devant lui.

23. — Le conseil des prises était, aux termes de l'art. 2 de l'arrêté du 6 germ. an VIII, exclusivement chargé de connaître des contestations relatives à la validité et à l'invalidité des prises, ainsi qu'à la qualité des bâtimens échoués et naufragés; il était incompétent pour connaître des actions qui peuvent être dirigées contre les individus qui, après l'entrée d'une prise dans le port, s'en seraient indûment emparés. — *Cons. d'état*, 7 août 1816, min. de la marine.

24. — Dès que les décisions du conseil des prises, qui, aux termes du réglement du 6 germinal an VIII, étaient souveraines, ont été susceptibles d'appel devant le conseil d'état, d'après le décret du 22 juill. 1806, on a dû signifier ces décisions et

la forme ordinaire des jugemens pour faire courir le délai d'appel. — *Cons. d'état*, 7 juill. 1816, Le Giuseppino c. Le Brave.

25. — La requête civile n'était pas admissible contre les décisions du conseil des prises.—*Cons. des prises*, 3 pluv. an IX, les corsaires l'*Effronté* et la *Légère* c. le navire américain *la Perle*.

26. — Une décision rendue sur pièces fausses ou altérées a dû être révisée par le conseil des prises; en cas d'erreur reconnue, cette décision devait être rapportée, sans qu'il fût besoin de recourir à la requête civile. — *Cons. des prises*, 23 vent. an X, *le Vilhemsbourg* c. *la Revanche*.

27. — Le conseil des prisos était le juge d'appel des décisions rendues en matière de prises par les gouverneurs et commissaires envoyés dans les colonies. — *Cons. d'état* (implicit.), 16 mars 1807, Grégoire, propriétaire de la Sally.

28. — Un arrêt du conseil des prises confirmé par l'empereur directement au vu des mémoires et défenses des parties est inattaquable, et à l'effet de la chose jugée. — *Cons. d'état*, 24 mars 1816, Tichelaar.

29. — Après la restauration, le conseil des prises a été supprimé, et ce qui lui restait d'affaires à passé au comité du contentieux du conseil d'état, qui, aujourd'hui, prononce souverainement sur ces matières. — Ord. 8 juin et 22 juill. 1814; 9 juill. et 22 août 1815, art. 43 et 14.

30. — L'instruction des affaires de prises maritimes se fait devant ce comité, sur simples mémoires, respectivement communiqués par la voie du secrétariat aux parties, qui sont tenues de se faire représenter par des avocats aux conseils du roi et à la cour de Cassation.

31. — Les décisions sont rendues à huis-clos et sans débat oral. — Ord. 9 sept. 1831.

V. CONSEIL D'ÉTAT, ENREGISTREMENT, PRISES MARITIMES.

CONSEIL PRIVÉ.
V. CONSEIL DES PARTIES, CONSEILS DU ROI.

CONSEIL PRIVÉ (Colonies).

Table alphabétique.

CONSEIL PRIVÉ (colonies). — **1.** — Conseil qui, aux colonies, a mission tantôt d'éclairer le gou-

verneur par ses avis, tantôt de participer à l'exercice des pouvoirs dont celui-ci est revêtu, et qui enfin, dans certains cas, est investi d'une juridiction, soit administrative, soit judiciaire.

2. — On peut voir (v° COLONIES, n°s 479 et suiv.) quelles sont les fonctions du conseil privé auprès du gouverneur et (n°s 576 et suiv.) quelles sont ses attributions lorsqu'il exerce une juridiction soit administrative soit judiciaire.

3. — Dans le premier de ces deux derniers cas, le conseil est constitué en *conseil du contentieux administratif*; et dans le second cas, il connaît, comme *commission d'appel*, de certaines affaires appartenant à la juridiction correctionnelle.

4. — Nous n'examinerons ici que la procédure à suivre devant un conseil, soit comme conseil du contentieux administratif, soit comme commission d'appel.

Sect. 1re. — *Composition du conseil privé.— Conseillers privés.*

5. — Le conseil privé est composé, comme on l'a vu (v° COLONIES, n°s 463 et suiv.), du gouverneur, du commandant militaire, de l'ordonnateur, du directeur de l'intérieur, du procureur général et de deux ou trois conseillers privés, selon l'importance de la colonie. L'inspecteur colonial a toujours voix représentative, et un secrétaire archiviste tient la plume. — Ord. 21 août 1825, art. 139; 9 fév. 1827, art. 154, § 1er; 27 août 1828, art. 143, § 1er; 22 août 1833, art. 2.

6.—De plus, dans certains cas, le conseil privé doit s'adjoindre deux membres de l'ordre judiciaire.—V. COLONIES, n° 578.

7.—On a pu voir également (v° COLONIES) quelle est la nature des fonctions de chacun des membres qui composent le conseil privé, à l'exception toutefois des *conseillers privés*.—Il y a donc lieu d'indiquer ici les qualités requises pour être conseiller privé, et les attributions spéciales attachées à ce titre.

8. — Les conseillers privés (appelés *coloniaux* avant l'ordonnance du 22 août 1833) sont nommés par le roi et choisis parmi les habitans les plus notables; ils doivent être âgés de trente ans révolus et domiciliés dans la colonie depuis cinq années au moins; ils peuvent être remplacés au besoin par des suppléans, également nommés par le roi, et dont le nombre est fixé à trois pour la Martinique et la Guadeloupe, et à deux pour Bourbon et la Guyane. La durée de leurs fonctions est de deux années. — Ord. 21 août 1825, art. 168; 9 fév. 1827, art. 184; 27 août 1828, art. 173.

9.—Indépendamment de leurs fonctions au conseil, les conseillers privés ont des attributions spéciales. Ainsi, ils sont chargés de l'inspection des travaux à la charge de la colonie, des noirs de la colonie, de leur emploi et de leur régime; des jardins du roi et de naturalisation, des pépinières royales; des troupeaux et haras du gouvernement; des hôpitaux, des prisons et des geôles; du collége royal et des écoles primaires gratuites; des banques et comptoirs d'escompte. — Ord. 21 août 1825, art. 169; 9 fév. 1827, art. 185; 27 août 1828, art. 174.

10.—Le gouverneur peut également les charger d'inspections ou de missions temporaires dans les différens cantons de la colonie, relativement à l'administration intérieure. — Ord. 21 août 1825, art. 170; 9 fév. 1827, art. 186; 27 août 1828, art.175, § 1er.

11. — Mais leurs attributions sont restreintes, elles sont toutes d'examen. Ainsi, ils ne peuvent donner aucun ordre ni suspendre le cours d'aucune opération. Ils doivent seulement signaler dans leur rapport fait au gouverneur en conseil, tous les abus ou les irrégularités qu'ils remarquent, en indiquant les moyens les plus propres à y remédier

dans l'intérêt de la colonie.—Mêmes articles, § 3, 4 et 5.

12. — Le titre de conseiller honoraire peut être accordé à ceux qui cessent leurs fonctions après huit années d'exercice. — Ord. 21 août 1825, art. 171; 9 fév. 1827, art. 187, et 27 août 1827, art. 176.

Sect. 2e. — *Du conseil privé constitué en conseil du contentieux administratif.*

§ 1er. — *Procédure devant le conseil du contentieux administratif.*

13.—Toute demande intentée par une partie devant le conseil privé constitué en conseil du contentieux administratif, doit être adressée au gouverneur et signée par un avocat au conseil, sauf quelques exceptions. Cette requête doit contenir l'exposé sommaire des faits et moyens, les conclusions, les noms, demeure, domicile de la partie demanderesse, et l'énonciation des pièces jointes à sa requête dont elle entend se servir. Si la demande a pour objet de faire réformer la décision d'une autorité qui ressortit au conseil, elle doit joindre en outre à sa requête une copie de cette décision, et dans le cas de conflit négatif, les deux décisions contradictoires, le tout à peine de nullité. — Ord. 31 août 1828, art. 1er.

14. — Lorsque l'administration est demanderesse, le contrôleur (aujourd'hui inspecteur) colonial introduit l'instance par un rapport qu'il adresse au gouverneur et qu'il dépose au secrétariat du conseil avec les pièces justificatives. — Même ord., art. 2.

15.—Les délais pour se pourvoir au conseil privé contre une décision qui y ressortit, sont fixés à raison de la distance qui sépare le lieu où réside le conseil privé du lieu où réside l'autorité dont la décision est attaquée. Ces délais sont de rigueur; ils courent du jour de la notification à personne ou domicile, pour les parties demeurant dans la colonie, et pour les autres, du jour de la notification au parquet du procureur général. — Même ord., art. 3.

16. — Jugé en conséquence que le délai du recours devant le conseil privé de l'île Bourbon, constitué en conseil du contentieux, ne court que du jour de la notification régulière de la décision attaquée. — *Cons. d'état*, 21 déc. 1837, Dupeyrat c. Min. de la marine.

17. — Les notifications à la requête des parties privées et des agens du gouvernement chargés de la poursuite, sont faites par le ministère d'huissier à personne ou au domicile élu par les parties privées; et en leurs bureaux pour les agens ou chefs d'administration. — Ord. 31 août 1828, art. 4 et 5.

18. — Celles à la requête des chefs d'administration se font par lettres signées d'eux. La remise en est constatée par un récépissé daté et signé par la personne qui doit la recevoir, et, en cas de refus ou d'absence, par le commissaire civil ou le commissaire commandant de la colonie. — Art. 4 et 6.

19. — Toutes les pièces produites par les parties et déposées au secrétariat du conseil sont inscrites par ordre de date sur un registre coté et paraphé par le gouverneur, lequel sert aussi à constater toutes les phases et les principaux incidens de chaque affaire. — Art. 7.

20. — Pour chaque affaire, le gouverneur désigne parmi les membres du conseil celui d'entre eux qui sera chargé de faire le rapport. — Le chef d'administration dont la décision est attaquée ne peut être nommé rapporteur. — Art. 8.

21. — Sur l'exposé préalable et sommaire fait par le membre désigné, le gouverneur ordonne, s'il y a lieu, la communication de la requête aux parties intéressées pour y répondre et fournir leurs défenses. Si le gouverneur refuse la communication, l'affaire peut être portée au conseil, qui approuve ou infirme le refus du gouverneur. Dans ce dernier cas, la requête est définitivement rejetée, et la décision ne peut être attaquée que par le recours au conseil d'état. — Art. 9 et suiv.

22. — Sur la communication de l'arrêté de soit communiqué, les défendeurs sont tenus de répondre par requête adressée au gouverneur et signée d'un avocat au conseil privé. La signature de l'avocat vaut constitution et élection de domicile en son cabinet. Jusqu'à son remplacement après révocation, toutes procédures faites par et contre lui sont valables. — Art. 16 et 17.

23.—Dans aucun cas, il ne peut être produit de mémoire en défense avant la notification de l'arrêté de soit communiqué, sous peine d'une amende de 50 fr. contre l'avocat qui l'a signé. Mais après cette notification, le défendeur peut produire ses

défenses ; le demandeur peut y répondre dans la quinzaine après la défense, et le défendeur signifier une réplique dans la quinzaine suivante. — La communication des productions de l'instance se fait le plus souvent par la voie du secrétariat du conseil ; cependant elle peut avoir lieu, dans certains cas, directement et sur récépissé. — Art. 16, 18, 19 et suiv.

24. — Chaque affaire portée devant le conseil est enrôlée d'après sa nature, ou comme sommaire, ou comme ordinaire. Cette mise au rôle sert à déterminer l'ordre dans lequel elle doit être jugée. — Lorsque son tour est arrivé, le rapporteur expose les faits et les moyens respectifs des parties; le contrôleur (inspecteur) colonial donne ensuite ses conclusions par écrit, les dépose sur le bureau, et le conseil délibère. — Art. 23 et 24.

25.—Outre la formule ordinaire qui rend exécutoires les jugemens et arrêts rendus par les cours et tribunaux de la métropole, les décisions du conseil du contentieux administratif ont besoin pour les rendre exécutoires d'un arrêté pris à cet effet par le gouverneur, au bas ou en marge de la minute, lequel est ainsi conçu : « Vu par nous, gouverneur de la colonie de N..., la minute de la décision du conseil privé, constitué en conseil du contentieux administratif, rendue le..., entre N.... et N..., ordonnons que ladite décision sera exécutée en tout son contenu, selon sa forme et teneur. » — Art. 28 et suiv.

26. — Les décisions par défaut sont rendues, à la requête du demandeur, contre la partie défenderesse qui n'a pas constitué d'avocat à l'expiration du délai pour comparaître. — Il peut arriver que le demandeur, alors même que son adversaire n'a pas constitué d'avocat, laisse écouler une année entière sans faire de poursuites, à compter du jour où le défendeur devait fournir sa défense ; dans ce cas l'instance est périmée. Mais s'il a fait ses diligences et obtenu une décision par défaut, le défendeur peut y former opposition, par requête présentée au gouverneur et signée d'un avocat au conseil.—Dans tous les cas, les frais faits jusqu'à l'opposition restent à la charge de la partie défaillante. — Art. 34 et suiv.

27. — Les actes d'instruction et les incidens qui peuvent survenir pendant l'instruction d'une affaire sont réglés par les dispositions du Code de procédure, sauf certaines modifications commandées par la nature des choses et le caractère tout spécial de la juridiction saisie.

28. — Les actes d'instruction comprennent, outre des dispositions générales (ord. 31 août 1828, art. 42), les mises en cause (art. 43 et suiv.), les enquêtes (art. 46 et suiv.), les descentes sur lieux (art. 60 et 61), les rapports d'experts (art. 62 et suiv.), l'interrogatoire sur faits et articles (art. 71 et suiv.), l'audition des parties (art. 80), et la vérification des écritures (art. 81 et 82).

29.— Les incidens qui peuvent survenir pendant l'instruction d'une affaire comprennent les demandes incidentes (ord. 31 août 1828, art. 83 et suiv.) ; les demandes en sursis (art. 86); l'intervention (art. 87 et suiv.); les reprises d'instance et constitution de nouvel avocat (art. 93 et suiv.) ; le désaveu (art. 104 et suiv.); l'inscription de faux (art. 113 et suiv.); les récusations (art. 118 et suiv.); le désistement (art. 121), et la péremption (art. 122 et suiv).

30.— Pour qu'une décision contradictoire puisse être rétractée par le conseil privé, il faut qu'elle ne soit plus susceptible d'être attaquée par la voie du recours au conseil d'état; c'est seulement 1o s'il y a eu dol personnel ; 2o si l'on a jugé sur des pièces reconnues ou déclarées fausses depuis la décision; 3o si la partie a été condamnée faute d'avoir représenté une pièce décisive qui était retenue par son adversaire.— Hors ces cas, aucun avocat ne peut présenter requête tendant à rétractation d'une décision contradictoire, sous peine d'une amende de 100 à 500 fr., et même, en cas de récidive, de suspension ou de destitution.—Art. 125 et suiv.

31.— La voie de la tierce opposition est ouverte à la partie dont les droits sont lésés par une décision rendue sans qu'elle ait été, elle ou son mandant, appelée et entendue. La marche à suivre pour l'instruction est la même que celle des affaires ordinaires, selon que la tierce opposition est principale ou incidente. L'action n'est point suspensive, à moins qu'il n'en soit autrement ordonné.— Art. 133 et suiv.

32. — Les demandes concernant les concessions de prises d'eau et les saignées à faire aux rivières pour l'établissement des usines, l'irrigation des terres et tous autres usages, sont soumises à un mode de procéder tout particulier.

33. — Dans ces cas, la requête que l'on doit adresser au gouverneur en conseil privé avec les pièces justificatives peut être signée par la partie elle-même ou par un fondé de pouvoir spécial, sans le concours d'un avocat au conseil. Elle est remise au directeur général de l'intérieur, qui doit la faire afficher pendant six semaines dans la commune où doit être établie la prise d'eau et dans les communes environnantes. Si, pendant ce temps il n'y a pas d'opposition, la concession est accordée, s'il y a lieu, sur le rapport du directeur général; s'il y a des oppositions, elles donnent lieu à une instance qui est suivie et jugée suivant les règles ordinaires. — Art. 137.

§ 2. — *Recours au conseil d'état.*

34.—Toute partie qui veut se pourvoir devant le conseil d'état contre une décision du conseil privé doit en faire la déclaration au secrétariat du conseil.— Cette déclaration doit être faite soit par la partie elle-même, soit par un fondé de pouvoir spécial, mais toujours sous l'assistance d'un avocat au conseil privé, si celui qui a occupé pour la partie dans l'instance ne la fait pas lui-même; elle doit contenir sommairement les moyens invoqués à l'appui du pourvoi. — Ord. 31 août 1838, art. 138 et 139.

35. — Toute déclaration de recours doit, à peine de déchéance, être faite dans les deux mois à compter du jour de la décision contre laquelle on se pourvoit. — Même ord., art. 140.

36. — Cette déclaration doit ensuite être signifiée, tant à l'avocat du défendeur au recours qu'au défendeur lui-même, et la signification vaut sommation au défendeur de constituer, s'il y a lieu, avocat aux conseils dans un délai déterminé. — Ord. 31 août 1828, art. 141 et 142; 26 fév. 1838, art. 1er.

37. — Toutefois la déclaration de pourvoi contre une décision du conseil privé des colonies, faite au secrétariat du conseil, dans une contestation entre un particulier et l'administration coloniale, tient lieu de toutes notifications. L'art. 141, ord. 31 août 1828, ne s'applique qu'aux contestations entre particuliers. — *Cons. d'état*, 11 août 1841, Lahuppe.

38. — La requête en recours doit, à peine de déchéance, être déposée au secrétariat du conseil d'état, dans les délais suivans, qui courent du jour de la signification de la déclaration du recours dans les colonies, savoir : 1o de quatre mois quand la signification de la déclaration de recours a été faite à la Martinique, à la Guadeloupe, à la Guyane; — 2o et de huit mois quand la signification a été faite à l'île Bourbon. — Ord. 31 août 1828, art. 143; 26 fév. 1828, art. 1er.

39. — Jugé en conséquence qu'il y a lieu à déchéance du pourvoi contre une décision du conseil privé de la Guadeloupe ou de la Martinique, si la requête n'a pas été déposée au secrétariat du conseil d'état dans les quatre mois à compter de la déclaration du pourvoi faite au secrétariat du conseil privé de cette colonie. — *Cons. d'état*, 24 mars 1832, Budan de Bois-Laurent c. Dupuy; 31 oct. 1833, Perriolat; 26 mai 1837, Brun c. Inspecteur colonial.

40. —...Qu'il y a également déchéance du pourvoi contre une décision du conseil privé de l'île Bourbon, si la requête n'a pas été déposée au secrétariat du conseil d'état dans les huit mois du jour de la déclaration du recours faite au secrétariat dudit conseil privé. — *Cons. d'état*, 21 mars 1835, Boyer.

41. — Quant au mode de procéder, une fois que le conseil d'état a été saisi, il est réglé par les art. 144 à 147, ord. 31 août 1828, qui renvoient au surplus aux règles en vigueur dans le royaume pour l'instruction et le jugement des affaires devant le conseil d'état.

Sect. 3e.— *Du conseil privé, constitué en commission d'appel.*

§ 1er. — *Procédure devant la commission d'appel*

42.—La commission d'appel est saisie des délits de sa compétence par le dépôt, au secrétariat du conseil privé, des requêtes et pièces du procès ; ces pièces y sont envoyées par le procureur du roi près le tribunal qui a rendu le jugement, dans les vingt-quatre heures après la déclaration ou la remise de la notification d'appel. — Art. 148.

43. — La commission spéciale créée par l'arrêté du 12 vendém. an XI, pour le jugement des contraventions aux lois sur le commerce étranger dans les colonies, ne pouvait connaître d'une affaire qu'autant qu'elle en avait été saisie par un appel interjeté, soit par les parties, soit par le ministère public. — *Cass.*, 16 fév. 1824, Brecker.

44. — L'appel est jugé sur le rapport de l'un des membres de la commission au jour indiqué par l'ordonnance du gouverneur. Les délais entre le jour de l'audience et la date de l'ordonnance doivent être de quinze jours au moins, augmentés d'un jour par trois myriamètres de distance entre le lieu des séances de la commission d'appel et celui du domicile de la partie dans la colonie. Pendant ce temps, le contrôleur (inspecteur) colonial, la partie civile et les parties intéressées doivent faire remettre au secrétariat du conseil leurs réquisitions, mémoires et conclusions motivées, signés d'un avocat au conseil privé. — Ord. 31 août 1828, art. 149 et suiv.

45. — Toutes les pièces produites par les parties sont lues à l'audience par le rapporteur ou le secrétaire du conseil. Le contrôleur colonial lit lui-même ses réquisitions ; il peut toujours les modifier. Dans ce cas, le conseil, s'il le juge à propos, ajourne l'affaire, afin de laisser aux parties le temps de prendre connaissance des modifications apportées à ses réquisitions. — Art. 155.

46. — La commission d'appel peut aussi ordonner, avant faire droit, tous les actes d'instruction et de poursuites, et y faire procéder soit par un de ses membres, soit par un ou plusieurs officiers de police judiciaire. — Art. 158.

47. — Les parties sont tenues de produire leurs mémoires avant le jour de l'audience ; celles qui ne les ont pas produits sont jugées par défaut; elles peuvent revenir par opposition, mais les frais restent toujours à leur charge. — Art. 159 et 160.

48. — Les arrêts doivent, à peine de nullité, être prononcés par le président publiquement, au jour déterminé par l'ordonnance portant fixation d'audience, sinon au jour indiqué par un arrêt de renvoi. — Ord. 31 août 1828, art. 169.

49. — La commission spéciale instituée par l'arrêté du 12 vendém. an XI pour le jugement des contraventions aux lois sur le commerce étranger dans les colonies devait, à peine de nullité, rendre ses arrêts en audience publique, après rapport, et conclusions prises par le ministère public. Le silence de l'arrêt (rendu à la Guadeloupe) sur l'accomplissement de ces formalités en fait présumer l'inobservation comme à l'égard des jugemens et arrêts émanés des tribunaux ordinaires. — *Cass.*, 13 juill. 1825, Boromé; 16 fév. 1824, Brecker; 28 déc. 1825, Aza White.

50.— Les arrêts rendus par la commission d'appel doivent être motivés; les faits qui ont donné lieu aux poursuites et à la condamnation ou à la responsabilité des parties, doivent aussi y être exposés.— Le texte de la loi dont on fait l'application doit être lu à l'audience par le président ; la mention de cette lecture doit être insérée dans l'arrêt, sous peine de nullité, ainsi que le texte de la loi. — Ord. 31 août 1828, art. 171 et suiv.

51. — Jugé, par suite, qu'un arrêt de la commission d'appel de la Martinique est nul lorsqu'en confirmant le jugement attaqué, il rejette implicitement et sans en déduire de motifs, les conclusions subsidiaires du ministère public, tendantes au renvoi de l'affaire devant d'autres juges, pour être de nouveau informé, dans le cas où la commission ne trouverait pas l'information suffisante. — *Cass.*, 11 déc. 1829, Gayot.

52. — Jugé cependant qu'on ne peut demander la nullité d'un arrêt sous le prétexte que l'arrêté colonial en vertu duquel il prononce une peine n'a pas été lu à l'audience, alors qu'il résulte implicitement de l'ensemble des dispositions et énonciations y contenues que cette lecture a été faite publiquement par le président. — *Cass.*, 30 avr. 1830, Roignan c. Douanes.

53.—...Que l'arrêt qui confirme un jugement de condamnation, en s'en appropriant le dispositif, n'est pas nul pour ne point contenir le texte de la loi pénale appliquée, ni la mention de la lecture à l'audience, alors que ces formalités sont observées dans le jugement confirmé. — *Cass.*, 18 sept. 1834, Kervégouen.

54. — Quant à l'exécution des arrêts de la commission d'appel, elle a lieu à la requête du contrôleur colonial et de la partie civile, chacun en ce qui le concerne. — Ord. 31 août 1828, art. 175 et suiv.

55. — Avant l'ordonnance du 31 août 1828, on était indécis sur la question de savoir quelle juridiction devait être saisie du recours contre les arrêts des commissions spéciales d'appel.

56. — Jugé que c'était devant la cour de Cassation plutôt que devant le conseil d'état que devaient être formés les pourvois contre les arrêts rendus par les commissions spéciales des colonies et particulièrement de la Guyane. — *Cons. d'état*, 1er mai 1822, Ridon.

57. — D'après l'ord. 31 août 1828 (art. 178), les arrêts de la commission d'appel, ainsi que l'instruction et les poursuites qui les ont précédés peuvent

étreannulés par voie de cassation pour : 1° violation ou omission de quelques-unes des formalités prescrites, à peine de nullité, par la législation criminelle, en vigueur et par l'ord. du 31 août 1828; 2° incompétence; 3° refus ou omission de prononcer, soit sur une ou plusieurs demandes du prévenu, soit sur une ou plusieurs réquisitions du ministère public, tendant à user d'une faculté ou d'un droit accordé par la loi, bien que la peine de nullité ne soit pas textuellement attachée à l'absence de la formalité dont l'exécution aura été demandée ou requise; 4° violation ou fausse application des lois pénales en vigueur.

58. — Ainsi il y a nullité des décisions des commissions d'appel des colonies qui, en matière de douanes et de commerce étranger, prononcent sur des questions qui n'avaient point été jugées en premier ressort, alors surtout que ces questions leur ont été soumises par le ministère public dans les conclusions qui n'ont pas été signifiées au prévenu. — *Cass.*, 9 mars 1834, Havar c. Douanes.

59. — Les voies de cassation sont respectivement ouvertes au condamné, au ministère public et à la partie civile, contre tous arrêts, sans distinction de ceux qui ont prononcé le renvoi de la partie ou sa condamnation, sans préjudice du pourvoi qui peut aussi être formé dans l'intérêt de la loi. — Ord. 31 août 1828, art. 482.

60. — Le condamné, le contrôleur colonial, et la partie civile, chacun en ce qui le concerne, ont trois jours francs après celui où l'arrêt a été prononcé pour déclarer au secrétariat du conseil privé qu'ils se pourvoient en cassation. — Ord. 31 août 1828, art. 483.

61. — Même avant l'ord. du 31 août 1828, et depuis la promulgation de l'ord. du 4 juill. 1827, le pourvoi en cassation contre un arrêt rendu par le conseil privé de la Martinique, constitué en commission d'appel, était non-recevable et tardif, s'il n'avait pas été formé dans le délai de trois jours francs, à partir de celui où l'arrêt avait été rendu. — *Cass.*, 14 déc. 1829, Guyot.

62. — Le pourvoi en cassation est suspensif de l'exécution de l'arrêt attaqué, à la charge de donner caution; cependant la commission d'appel ordonne l'exécution provisoire de son arrêt, nonobstant le pourvoi. — Ord. 31 août 1828, art. 492.

63. — Quant au mode de procéder devant la cour de Cassation, il a lieu suivant les lois du royaume. — Art. 494.

Sect. 4°. — *Officiers ministériels.*

64. — Il y a près de chaque conseil privé, des avocats au conseil, savoir : quatre à la Martinique, à la Guadeloupe et à Bourbon, et deux à la Guyane, lesquels ont le droit exclusif de faire tous actes d'instruction et de procédure devant le conseil. — Ord. 31 août 1828, art. 495.

65. — Ces avocats sont choisis parmi les avocats-avoués, ou les avoués exerçant dans le chef-lieu de la colonie, et nommés par le gouverneur, sur la présentation du procureur général. — *Ibid.*

66. — Ils ne peuvent entrer en fonctions qu'après avoir prêté serment; ils ont toujours le droit d'assister aux audiences de commission d'appel, et ils y ont un banc qui leur est spécialement affecté; ils ne peuvent être admis qu'en robes; enfin ils doivent toujours être présents à la prononciation des arrêts rendus dans les affaires dans lesquelles ils ont occupé. — Art. 496, 497, et 212, § 2.

67. — Les avocats au conseil privé ont présentéralement devant lui des affaires qui ne seraient pas de sa compétence, ni qui, à l'audience ou dans les mémoires produits, s'écarteraient des devoirs de leur profession, sont alors soumis à une pénalité que le conseil peut leur appliquer en dernier ressort; savoir : l'avertissement, la réprimande et l'interdiction, et cela (indépendamment du droit de destitution, attribué au gouverneur). — Art. 495 et 497.

68. — L'inspecteur colonial conservant la qualité de ministère public, lorsqu'il défend les intérêts de l'administration devant le conseil privé constitué en conseil du contentieux administratif, il s'ensuit que le conseil privé méconnaît le caractère de ce magistrat lorsqu'il refuse d'appliquer la peine disciplinaire à l'avocat qui l'a attaqué, par le motif que ces attaques avaient été dirigées contre lui, non en sa qualité de ministère public, mais comme partie en cause et défendant au nom de la marine à l'action dirigée contre elle. — *Cons. d'état*, 28 janv. 1836, minist. de la marine.

69. — Toutefois il n'y a pas lieu d'annuler la décision dudit conseil lorsqu'elle est fondée, non pas seulement sur ce motif erroné, mais encore sur les moyens de fait dont l'appréciation lui appartient en dernier ressort. — *Cons. d'état*, 28 janv. 1836, min. de la marine.

70. — Indépendamment de ces officiers ministériels, il y a, en outre, un huissier attaché au conseil privé et désigné par le gouverneur. Cet huissier est chargé exclusivement de faire toutes les significations d'avocat à avocat et celles aux parties ayant leur domicile dans le chef-lieu de la colonie. — Ord. 31 août 1828, art. 499.

Sect. 5°. — *Dépens.*

71. — Jusqu'à la publication d'un tarif ultérieur, le tarif des dépens des avoués en matière ordinaire est applicable aux avocats au conseil privé. — Ord. 31 août 1828, art. 200.

72. — L'impression d'aucun mémoire ne peut passer en taxe, et les écritures sont réduites au nombre de rôles réputé suffisant pour l'instruction de l'instance. — Art. 201.

73. — Les requêtes et mémoires, ainsi que les copies, doivent être écrits correctement et lisiblement; les rôles des requêtes et mémoires doivent contenir au moins cinquante lignes, et chaque ligne douze syllabes au moins. — Les copies doivent être conformes aux originaux, et l'avocat est responsable de leur exactitude. — Art. 202 et 203.

74. — Les écritures des parties, signées par les avocats au conseil, doivent être sur papier timbré dans les colonies où il est en usage; les pièces par elles produites, et en ce qui concerne seulement la production devant le conseil, ne sont pas sujettes au droit d'enregistrement, à l'exception des exploits d'huissiers, pour chacun desquels il sera perçu un droit d'un franc. — Art. 204.

75. — Il ne peut être employé dans la liquidation des dépens aucuns frais de voyage, séjour et retour des parties, ni aucuns frais de voyage, au-delà d'une journée. — Art. 205.

76. — La liquidation et la taxe des dépens sont faites par le procureur général ou par l'une des magistrats qui font partie du conseil privé, sauf révision par le conseil lui-même, sur la demande des parties intéressées. — Art. 206.

V. BOURBON, COLONIES, GUADELOUPE, GUIANE, MARTINIQUE.

CONSEIL PROVINCIAL D'ARTOIS.

1. — Tribunal siégeant à Arras, créé par l'empereur Charles-Quint le 12 mai 1530, et maintenu par nos lois lors de la réunion de cette province au royaume de France.

2. — Le conseil provincial d'Artois, dont la compétence avait été déterminée par les placards de Charles-Quint du 12 mai, 23 juin, 5 juillet 1530, 10 juillet 1531, et par une déclaration de Louis XIV, du 25 mars 1703, fut supprimé sous Louis XV, par un édit du mois de février 1771, mais il fut reconstitué par un édit postérieur du mois de novembre 1774. — V. PARLEMENT.

CONSEIL DE PRUD'HOMMES.

V. PRUD'HOMMES.

CONSEIL DE RÉVISION.

1. — Les jugemens rendus par les conseils de guerre peuvent être déférés à une juridiction supérieure, qui porte le nom de *conseil de révision.*

2. — De même que les conseils de guerre, les conseils de révision sont composés de sept membres, tous militaires et de grades différens. Il y a un conseil de révision permanent pour chaque division militaire.

3. — Le conseil de révision n'a aucune compétence quant à l'examen des faits; sa mission consiste à voir si la procédure suivie devant le conseil a été régulière, et si la peine a été bien appliquée. Lorsque ces conditions n'ont pas été remplies, il casse le jugement et renvoie l'affaire devant un nouveau conseil de guerre.

4. — Comme l'armée de terre, l'armée de mer a ses conseils *maritimes* de révision, auxquels sont déférés les jugemens rendus par les conseils de guerre maritimes.

5. — Du reste, ainsi que pour les conseils de guerre, nous n'entrerons ici dans aucun détail en ce qui concerne les conseils de révision, parce que nous aurons à nous occuper plus tard. — V. TRIBUNAUX MARITIMES, TRIBUNAUX MILITAIRES.

6. — Notons seulement que l'on ne faut pas confondre les conseils de révision appelés à connaître des décisions des conseils de guerre, soit avec les conseils de révision institués en matière de recrutement (V. RECRUTEMENT), soit avec les juges de révision de garde nationale (V. GARDE NATIONALE).

CONSEIL DU ROI.

Table alphabétique.

CONSEIL DU ROI. — 1. — C'était, suivant la définition des anciens jurisconsultes, une assemblée de personnes choisies par le roi pour connaître de tout ce qui intéressait l'administration générale du royaume, tant pour l'intérieur que pour l'extérieur. — Brunand, *Rép.*, v° *Conseil du roi*; Guyot, *Rép.*, *eod. verb.*

2. — L'origine de ce conseil est presque aussi ancienne que la monarchie elle-même, et ainsi que le remarque Denisart (*ubi suprà*), l'esprit de délibération et de conseil, du moins dans tout ce qui n'est pas de pure faveur et de pure grâce, paraît avoir toujours été en France, le vrai caractère de l'autorité royale.

3. — On retrouve auprès des rois de la première et de la seconde race un double conseil dont les attributions comprenaient, comme plus tard celles du *conseil du roi*, tout ce qui touchait à la haute administration de la justice et à la direction des affaires du gouvernement.

4. — Le premier de ces conseils avait principalement pour mission de seconder l'action et la surveillance exercée par le royauté sur l'administration de la justice, qui était rendue par les seigneurs dans leurs fiefs, ou par les abbés dans leurs bénéfices, ou par les délégués du roi (*missi dominici*), ou les centeniers dans les contrées soumises à la juridiction royale. Il révisait les sentences rendues par ces divers tribunaux. — Baluze, *Capitularia regum francorum*, t. 2, tit. 40, p. 210.

5. — Les réclamations adressées au roi par les laïques comme par les ecclésiastiques lui étaient à cet effet soumises; lorsqu'elles étaient d'une importance secondaire, elles étaient examinées dans une réunion composée seulement du comte du palais, de l'archichapelain et de deux autres juges (*scabini comitis palatii*); lorsqu'elles exigeaient une décision plus solennelle, des délégués de l'autorité royale (*missi dominici*) étaient adjoints au comte du palais et à l'archichapelain. L'assemblée était présidée par le roi.

6. — L'autre conseil, qui formait le conseil d'état proprement dit, délibérait sur la guerre, sur la paix, sur les alliances à former ou à rompre, sur la police intérieure du royaume et sur les objets à soumettre aux assemblées générales de la nation qui se tenaient tous les ans. Le roi lui portait, en outre, fréquemment les procès qu'en raison de leur importance ou des difficultés qu'ils présentaient, il ne voulait pas juger dans son conseil particulier. — Henrion de Pansey, *De l'autor. jud.*, Introd., chap. 2.

7. — La composition de ce conseil n'était pas déterminée d'une manière fixe et précise : « On prenait pour conseillers, dit Hincmar, archevêque de Reims, des hommes qui, soit laïques, soit ecclésiastiques, craignissent Dieu, chacun selon sa qualité ou ses fonctions; ensuite, qui fussent si fidèles, que, hors la vie éternelle, ils ne préférassent rien au roi et au royaume; des hommes qui ne fussent ni amis ni ennemis, ni donneurs de présens, ni flatteurs, ni emportés, ni remplis de cette sagesse hypocrite et trompeuse, qui est celle du siècle, et n'est pas aimée de Dieu, mais pourvus de cette sagesse et de cette intelligence qui sert à réprimer et même à ruiner entièrement ceux qui se confient en cette sagesse humaine. Les conseillers élus tenaient pour principe que tout ce qui se disait familièrement entre eux, tant sur l'état du royaume que sur les individus, personne, sans le consentement de tous, ne pouvait le confier dans sa famille, ni à d'autres, parce qu'il était possible que la chose dût être cachée, soit un jour, soit deux, soit une année entière, ou même à perpétuité. » — *OEuv. d'Hincmar*, t. 2, p. 206 et suiv.

8. — A cette époque donc, l'administration de la justice prenait la plus large part dans les fonctions du *conseil du roi*. On a vu dans cette occupation trop exclusive une des causes de la révolution qui éleva Capet au trône. En effet, ainsi que le fait remarquer M. Henrion de Pansey (*de l'Autorité judiciaire*, Introd., chap. 3), les conseils du roi perpétuellement distraits par les affaires religieuses, ne surent ni prévoir ni prévenir les événemens qui firent descendre du trône les descendans de Clovis et de Charlemagne.

9. — Quoi qu'il en soit, le nouvel ordre de choses que créa l'avénement de Hugues Capet vint complétement changer les attributions du *conseil du roi*, qui subit nécessairement le sort de la royauté elle-même. Le droit d'appel au roi fut aboli. La justice, exercée souverainement par les seigneurs, devint bientôt pour eux *propre et patrimoniale*, suivant l'expression du chancelier l'Hôpital (*Traité de la réformation de la justice*, t. 1er, p. 230). Les fonctions du conseil du roi furent donc alors restreintes à délibérer sur les affaires publiques et sur l'administration intérieure.

10. — Mais lorsque plus tard la royauté reprit sa puissance, le conseil du roi rentra dans ses anciennes attributions. On sait comment Philippe-Auguste ressaisit le droit d'appel sur les justices seigneuriales comme chef de la hiérarchie féodale, de *grand-fieffeux* du royaume, comme on disait alors; Saint-Louis, par ses établissemens, acheva l'œuvre de Philippe-Auguste, et la justice souveraine devint désormais l'apanage de la royauté. — *Etablissem. de Saint-Louis*, liv. 1er, chap. 6, réglem. de 1260; *Collection du Louvre*, t. 1er; Henrion de Pansey, *de l'Autorité judiciaire*, Introd., chap. 5 et 7.

11. — Les appels et les supplications étaient alors portés, suivant leur importance, ou au conseil du roi, ou devant le roi lui-même ou à un tribunal que l'on nommait les *plaids de la porte*. — Joinville, *Vie de Saint-Louis*; Pasquier, *Recherches*, liv. 1er, chap. 2.

12. — Les affaires portées devant le conseil devenant chaque jour plus nombreuses, le roi fixa quatre époques dans l'année pendant lesquelles le conseil ou une partie du conseil était exclusivement occupé à les juger. Ces époques étaient les fêtes de la Toussaint, de la Chandeleur, de Pâques et de l'Ascension. Lorsqu'il siégeait ainsi comme corps judiciaire, le conseil prenait le nom de *Parlement*, qu'on lui avait déjà donné sous les rois de la première et de la seconde race. Chaque parlement prenait le nom du jour où il s'était assemblé : on disait le parlement de la Chandeleur, le parlement de Pâques, etc. — La Rocheflavin, *Des parlemens de France*, tit. 1er, chap. 6; Henrion de Pansey, *De l'autorité judiciaire*, Introd., chap. 6.

13. — Dans l'intervalle d'un parlement à un autre, les conseillers d'état reprenaient leurs fonctions ordinaires; le conseil existait ainsi sous deux dénominations; mais lors même qu'il prenait celle de parlement, c'était toujours le conseil du roi, et le roi y délibérait les lois et les actes d'administration générale exigés par les circonstances. — Henrion de Pansey, *De l'autorité judiciaire*, Introd., chap. 6 et 8.

14. — Mais, lorsque, dans le courant du quatorzième siècle, le parlement devint sédentaire, il y eut une division complète d'attributions. Les parlemens furent investis de l'administration de la justice proprement dite et n'eurent plus connaissance des lois que par l'envoi qui leur en était fait. — V. PARLEMENT. — On attribua exclusivement au conseil du roi la connaissance des affaires relatives au gouvernement de l'état.

15. — L'examen et la discussion des lois, l'administration des domaines, la surveillance des recettes des droits du roi, les dons, les graces, les offices, la police intérieure, les relations avec les puissances étrangères, tels furent, dès-lors, les principaux objets sur lesquels le conseil du roi avait à délibérer.

16. — Mais il conserva encore nécessairement au nombre de ses attributions celle de seconder la royauté sous l'exercice de la haute action qu'elle s'était réservée sur l'administration de la justice sous le nom de *justice retenue*. C'est ainsi qu'on voit par les ordonnances de 1359, 1363 et 1366, qu'à ce moment déjà, il connaissait des réglemens de juges et des évocations au roi. Certaines affaires regardées comme intéressant particulièrement le gouvernement étaient également portées devant lui.

17. — Dès cette époque, la constitution du conseil du roi s'est trouvée assise sur les bases qu'elle a conservées jusqu'en 1789. Son organisation intérieure, fixée définitivement, sous la minorité de Louis XIV, par le réglement de 1644, a seule subi différentes modifications. Il serait aujourd'hui sans intérêt de développer les divers réglemens successivement pris à cet égard. Il nous suffira d'indiquer ici quelle était alors l'étendue de ses attributions, et comment il se répartissait les nombreuses fonctions qui lui étaient dévolues.

18. — On peut, au surplus, si l'on tient à approfondir les divers changemens que le conseil du roi a subis, consulter les ordonnances de Charles VII, de 1413, qui se trouvent dans un recueil imprimé à Paris en 1611, un réglem. 23 nov. 1463, les cahiers des états tenus à Tours en 1483, réglem. 3 avr. 1546; 18 fév. 1566; 11 janv. 1570; 28 juill. 1571; 24 oct. 1572; 7 fév. 1573; 1er mars et 5 oct. 1579; 31 mai 1582; 4 mai 1584; 1er-3 janv. 1585; mai 1588; 25 nov. 1594; 30 juin 1597; 5-9 fév. et 21 juin 1611; 29 avr. et 4 août 1619; 12 oct. 1622; 31 mai-1er juin et 2 sept. 1624, dernier fév. 1625; 11 mars et 26 août 1626; 3 janv. 1628; 14 juin 1629; 18 janv. 1630; 3 janv. 1673; août 1737, et enfin le réglem. 28 juin 1738, qui est d'autant plus important encore aujourd'hui que l'exécution en a été ordonnée par le décr. 27 nov. et 1er déc. 1790, institutif de la cour de Cassation, et dont les dispositions forment la base de la procédure suivie devant cette cour, comme devant le conseil d'état.

19. — La multitude et la diversité des affaires qui se traitaient au conseil du roi l'ont fait de tout temps diviser en plusieurs départemens qui furent plus ou moins multipliés suivant l'exigence des cas et des circonstances particulières relatives à l'administration. Chaque département formait comme un conseil distinct que l'on désignait par la nature d'affaires qui lui était attribuée.

20. — Il y avait cinq départemens principaux, comprenant : le conseil des affaires étrangères, autrement dit le conseil d'état; celui des dépêches; le conseil royal des finances; le conseil royal de commerce; le conseil privé, particulièrement connu sous le nom de conseil des parties.

21. — Le *conseil d'état* ou *des affaires étrangères* était celui dans lequel on s'occupait de tout ce qui était relatif aux négociations avec les puissances étrangères, ainsi que de la paix et de la guerre. Il était composé d'un petit nombre de personnes choisies par le roi et auxquelles on donnait le titre de ministres d'état.

22. — Ce conseil, désigné à différentes époques sous différentes dénominations, telles que *grand conseil*, *conseil étroit ou secret*, *conseil du cabinet*, etc., était encore souvent appelé *conseil d'en haut*.

23. — Une ordonnance royale du 29 juin 1814 a cherché de nos jours à faire revivre cette ancienne dénomination, et désignait sous le nom de *conseil d'en haut* ou des ministres un conseil qui devait être composé des princes de la famille royale, du chancelier et de ceux des ministres secrétaires d'état et des conseillers d'état qu'il plairait au roi d'appeler pour chaque séance. — Art. 6.

24. — Ce conseil, dont la création paraît avoir eu surtout en vue de diminuer l'importance que le conseil d'état impérial s'était acquise, devait délibérer, en la présence du roi, sur les matières de haute administration, sur la législation administrative, sur tout ce qui tenait à la police générale, à la sûreté du trône et du royaume. Le roi, était-il dit, pourrait y évoquer les affaires du contentieux qui se lieraient à des vues d'intérêt général; il devait aussi lui soumettre les projets de loi, et généralement les affaires qui, soumises à l'approbation royale, ne l'auraient pas reçue dans le conseil d'état. — Ord. préc., art. 7.

25. — Mais cette institution, peu en harmonie avec nos nouvelles institutions, s'effaça bientôt d'elle-même, avec la dénomination qu'on avait cru devoir lui donner. L'ordonnance du 19 avr. 1817, portant un nouveau réglement pour le conseil d'état, désigna seulement sous le nom de *conseils de cabinet*, les conseils appelés à discuter les questions gouvernementales, ainsi que les matières de haute administration et de législation.

26. — Le *conseil des dépêches* connaissait de toutes les affaires relatives à l'administration de l'intérieur du royaume. Il tirait son nom de ce que, dans l'origine, les décisions qu'il prenait étaient renfermées dans des dépêches ou lettres signées par celui des secrétaires d'état que la matière concernait. Il se composait du chancelier de France, de quatre secrétaires d'état, de tous les membres formant le conseil d'état ou des affaires étrangères, et des autres ministres et conseillers d'état que le roi jugeait convenable d'y appeler.

27. — Les attributions du *conseil royal des finances* comprenaient tous les objets concernant l'administration des finances et les revenus de l'état. On y portait toutes les affaires intéressant le domaine, les droits de la couronne, les fermes du roi, etc, on y jugeait aussi les différends qui survenaient entre les fermiers et les traitans. Ce conseil se composait du chancelier, d'un chef du conseil des finances et des ministres et conseillers d'état appelés par le roi.

28. — Devant le *conseil royal de commerce* étaient portées toutes les affaires appartenant au commerce de l'intérieur ou de l'extérieur du royaume : il se composait du chancelier, du secrétaire d'état ayant dans son département les affaires du commerce, d'un conseiller d'état chargé d'examiner les affaires dont le conseil devait connaître avant qu'elles lui fussent soumises, et des autres membres que le roi appelait à y venir siéger.

29. — Il faut se garder de confondre le *conseil royal* de commerce avec un autre conseil de commerce, plus communément appelé *bureau du commerce*, dont la mission était de discuter et d'examiner toutes les propositions et mémoires relatives au commerce de terre et de mer, ou intéressant les fabriques et manufactures, comme de donner son avis sur toutes les difficultés que la matière pouvait soulever. Ce conseil, composé de membres élus dans chaque ville de commerce, par les marchands et négocians (V. édit du 29 juin 1700), ne faisait que délibérer. Le roi prenait ensuite, en son conseil royal de commerce, telle décision qui était jugée convenable d'après le rapport des délibérations.

30. — Le *conseil privé* ou *des parties* avait pour attribution principale de connaître de toutes les difficultés touchant à l'application des lois, à l'exécution des ordonnances du royaume et à l'ordre des juridictions établies par le souverain.

31. — Il connaissait en conséquence de toutes les contestations soulevées sur ces différens points entre les particuliers, mais sans connaître du fond des affaires, et seulement en confirmant les décisions rendues par les cours du royaume, ou, lorsqu'il annulait ces décisions, en renvoyant l'affaire devant les juges qui devaient en connaître.

32. — Dans les attributions du conseil privé se trouvaient aussi les demandes en cassation d'arrêts rendus par les cours souveraines, les conflits suscités entre les mêmes cours, les réglemens à faire entre elles, les évocations sur parentés et alliances, les oppositions au titre des offices, les rapports de provisions de ces offices, etc.

33. — Les attributions et le caractère tout juridique de ce conseil le rapprochaient beaucoup, comme on le voit, de notre cour de Cassation actuelle. C'est de là, en effet, qu'elle tient son origine; presque toutes les attributions de l'ancien conseil des parties lui ont été été dévolues. — V. COUR DE CASSATION.

34. — Le conseil des parties se composait du chancelier, des quatre secrétaires d'état, et d'un certain nombre de conseillers d'état et maîtres des requêtes exerçant par quartier. Le grand doyen des maîtres des requêtes avait droit d'entrer au conseil toute l'année. Mais les doyens de quartier n'avaient le droit d'entrée, passé le temps de leur exercice, que pendant les trois mois suivant leur quartier de service.

35. — Le conseil des parties était intérieurement divisé en différens bureaux correspondant aux différentes sortes d'affaires susceptibles d'être portées devant le conseil.

36. — Chaque affaire, avant d'être discutée en assemblée générale, était, suivant sa nature et d'après la désignation du chancelier, préalablement examinée par le bureau qu'elle concernait. Un maître des requêtes était ensuite chargé d'en faire le rapport. Les membres du bureau qui l'avaient examinée devaient opérer les premiers.

37. — Le conseil des parties suivait toujours le roi; il tenait en conséquence ordinairement ses séances dans une des salles du palais habité par le roi. Toutefois, lorsque le roi allait à l'armée, ou s'il faisait quelque voyage où le conseil était dispensé de le suivre, il se tenait chez le chancelier.

38. — La présidence appartenait de droit au chancelier : cependant le roi était toujours réputé assister au conseil et son fauteuil restait constamment dans la salle des séances.

39. — Le garde-des-sceaux (lorque cette charge était séparée de celle de chancelier) assistait également au conseil. Il prenait séance après le chancelier.

40. — Les séances du conseil privé n'étaient point publiques. Il ne devait y avoir dans la salle dont les portes étaient fermées, outre les conseillers d'état et les maîtres des requêtes, que les deux secrétaires du chancelier, le greffier du conseil de quartier, et deux huissiers des conseils du roi, dits *huissiers de la chaîne*.

41. — Lorsqu'il devait être fait rapport de quelque affaire intéressant le clergé, les agens généraux du clergé de France avaient droit d'entrer au conseil pour y faire telles représentations ou réquisitions qu'ils jugeaient convenables. Mais ils étaient obligés de se retirer avant le délibéré de l'affaire.

42. — Le nombre de juges nécessaire pour rendre un arrêt n'était point fixé. La décision était prise à la simple pluralité des suffrages, sans aucune confusion de voix pour cause de parenté. En cas de partage, la voix du chancelier était prépondérante.

43. — Comme aujourd'hui encore, devant le conseil d'état et devant la cour de Cassation, l'instruction des affaires était spécialement confiée aux avocats du conseil du roi. — V. ce mot.

44. — Indépendamment de ses fonctions judiciaires, le *conseil privé* connaissait encore de diverses affaires intéressant particulièrement le gouvernement; sous ce rapport, il avait une partie des attributions qui ont été de nos jours dévolues au conseil d'état.

45. — Ainsi, en première ligne, il connaissait de toutes les contestations intéressant les finances de l'état. Les assemblées où ces affaires étaient portées avaient le nom de *grande* et de *petite direction des finances*. Les attributions de ces deux conseils ne différaient que par l'importance des affaires soumises à chacun d'eux.

46. — Une autre subdivision du conseil privé formait le *conseil de chancellerie*. On y traitait de toutes les affaires concernant la librairie et l'imprimerie. On y expédiait aussi les lettres en relief de laps de temps, et l'on y faisait la distribution du prix des offices vendus au sceau.

47. — Enfin, le conseil des parties comprenait encore différentes commissions soit ordinaires, soit extraordinaires, nommées par le roi pour connaître de certaines affaires particulières. Les commissions se composaient ordinairement d'un ou plusieurs conseillers d'état et de plusieurs maîtres des requêtes. Chacune d'elles avait un procureur général et un greffier. On peut, au surplus, consulter le règlement précité de 1738, relativement à la procédure qui devait y être suivie.

48. — Les décisions prises par le conseil du roi étaient intitulées : *Arrêts du conseil*. — Quant à la force et aux effets de ces arrêts rendus soit de propre mouvement, soit entre parties, V. ARRÊT DU CONSEIL.

49. — Indépendamment des diverses fractions du conseil du roi que nous venons d'énumérer, et parallèlement au conseil des parties, avec lequel on l'a quelquefois confondu, fonctionnait le *grand-conseil du roi*, devant lequel étaient portées les affaires dont le roi s'était réservé la connaissance, ou qu'il jugeait convenable d'évoquer.

50. — Créé par Charles VIII, suivant édit du 2 août 1497, et d'après le vœu exprimé par les états assemblés à Tours, en 1483, le grand conseil, confirmé dans ses fonctions par Louis XII, suivant édit du 13 juill. 1498, avait été supprimé lors de la fameuse révolution qui bouleversa la magistrature en 1771. Mais l'édit de nov. 1774, enregistré dans le lit de justice, que le roi tint au parlement le 12 du même mois, le rétablit bientôt dans ses fonctions.

51. — ... Il était composé d'un premier président, de huit autres présidens, de cinquante-huit conseillers, deux avocats-généraux, un procureur-général, huit substituts et un greffier en chef, tous en titre d'office. — Edit précité de nov. 1774, art. 2.

52. — Il y avait entre le *grand conseil* et le conseil des parties, cette différence capitale que, tandis que ce dernier conseil ne connaissait des affaires que comme juge de la saine interprétation de la loi, sans jamais statuer au fond, ainsi que le fait aujourd'hui la cour de Cassation, le grand conseil, au contraire, dans les affaires qui lui étaient attribuées, formait un véritable corps de justice, dont les décisions participaient de la nature des autres cours de justice du royaume.

53. — Comme au conseil des parties, les affaires y étaient instruites et plaidées par les avocats aux conseils, mais concurremment avec les avocats au parlement. — *Ibid.*, art. 12.

54. — Le grand conseil connaissait, comme nous l'avons dit, de toutes les contestations réservées par le roi ou évoquées. Sa compétence avait été fixée en dernier lieu par un édit de juill. 1775. Elle embrassait, non seulement les matières civiles, mais encore les matières bénéficiales et criminelles.

55. — Les contrariétés d'arrêts entre les différentes cours du royaume; les réglemens de juges entre les parlemens et les présidiaux (mais seulement lorsqu'ils étaient provoqués par les parties, le *conseil privé* connaissant de ceux suscités entre les cours elles-mêmes); les inscriptions de faux ou les procès criminels incidens aux contestations pendantes au conseil des parties; tels étaient en matière judiciaire ordinaire, les principaux objets sur lesquels il était appelé à statuer.

56. — C'était devant lui que devaient être portées les évocations soulevées par les différens ordres religieux ou les titulaires de bénéfice qui avaient obtenu des lettres d'évocation générale. — V. au surplus ÉVOCATION, GRAND CONSEIL.

57. — Telle était l'organisation du conseil du roi lorsque éclata la révolution de 1789. Dès le 9 août de cette année, le roi « ayant reconnu la nécessité de faire régner, entre toutes les parties de l'administration, cet accord et cette unité désirables dans tous les temps, et plus nécessaires encore dans les temps difficiles, » réunit au conseil d'état ou des affaires étrangères le conseil des dépêches et le conseil royal des finances et du commerce pour ne former à l'avenir qu'un seul et même conseil. — Règl. 9 août 1789, art. 1er.

58. — Sous le titre de *comité du contentieux des départemens*, une réunion composée d'un certain nombre de conseillers d'état et de maîtres des requêtes fut chargée d'examiner toutes les demandes et affaires contentieuses précédemment portées au conseil des dépêches et renvoyées de chaque département. — Règl. précité, art. 3.

59. — On peut regarder ce règlement comme la dernière organisation que reçut le *conseil du roi*; à partir de ce moment, les différens actes dont il fut l'objet ne tendirent plus qu'à l'anéantir.

60. — Par un décret du 20 oct. 1789, l'assemblée nationale, tout en l'autorisant à continuer provisoirement ses fonctions et à prononcer sur les instances dont il était saisi, jusqu'à ce que le pouvoir judiciaire et le pouvoir administratif eussent été définitivement organisés, disposa que les arrêts de propre mouvement et les évocations avec retenue du fond des affaires étaient immédiatement interdits.

61. — Un autre décret du 6 et 7-11 sept. 1790, en abolissant toutes les juridictions privilégiées, supprima formellement le *grand conseil*. — Art. 13.

62. — Le décret du 27 nov. et 1er déc. 1790 supprima le *conseil des parties*, et attribua à un *tribunal de cassation* toutes les demandes en cassation contre les jugemens rendus en dernier ressort, les demandes de renvoi d'un tribunal à un autre pour cause de suspicion légitime, les conflits de juridiction, les réglemens de juges, les demandes de prise à partie contre un tribunal entier, etc.

63. — Enfin, le décret du 27 avr. 1791 vint faire disparaître tout ce qui restait encore de l'ancien *conseil du roi*, en supprimant définitivement les maîtres des requêtes et les conseillers d'état (art. 35); et en remplaçant l'ancien conseil par un *conseil d'état*, qui fut seulement alors composé du roi et des ministres (art. 15). Ce fut là le germe de notre conseil d'état actuel, dont l'organisation, du reste, ainsi que les attributions, ne furent guère établies et définies d'une manière stable et précise que par la constitution du 22 frim. an VIII. — V. au surplus à ce sujet CONSEIL D'ÉTAT.

CONSEIL ROYAL DE L'INSTRUCTION PUBLIQUE.

1. — Ce conseil, institué sous le nom de conseil de l'université par le décret du 17 mars 1808, tit. 9, et dénommé conseil royal de l'instruction publique par l'ordonnance royale du 1er nov. 1820, est chargé d'attributions tout à la fois administratives et judiciaires. Il connaît des matières des études, de la comptabilité, et il juge les professeurs et les élèves pour les faits relatifs à la discipline universitaire.

2. — Pour les détails sur l'organisation, la composition et les attributions du conseil royal de l'instruction publique, et pour les modifications qui y ont été successivement apportées par le décret du 17 mars 1808 et les ordonn. des 17 fév.-30 mars-15 août 1815, 22 juill. et 1er nov. 1820, 27 fév. 1821 et enfin 7 déc. 1845, V. ENSEIGNEMENT.

CONSEIL DE SALUBRITÉ.

1. — Commission établie pour la visite, l'examen et les rapports sur les boissons, épizooties, établissemens insalubres, ateliers, manufactures, enfin pour tout ce qui intéresse l'hygiène, la salubrité et la sûreté publiques.

2. — Le conseil de salubrité, établi par arrêté du préfet de police du 18 messid. an X, a été réorganisé par autre arrêté du même fonctionnaire, du 24 déc. 1832.

3. — Il se compose de douze membres titulaires, six membres adjoints et d'un nombre indéterminé de membres honoraires. Son action s'étend à tout le département de la Seine, ainsi qu'aux communes de Saint-Cloud, Sèvres et Meudon, qui, bien que dépendant d'un autre département, sont placées dans la juridiction du préfet de police.

4. — Cette institution est spéciale au département de la Seine; cependant, à l'instar de celui de Paris, il s'est formé des conseils de salubrité dans la plupart des villes importantes de France. — Elouin, Tréhuchet et Labat, *Dictionn. de pol.*, v° *Conseil de salubrité*.

V. ÉTABLISSEMENS INSALUBRES.

CONSEIL DU SCEAU DES TITRES.

1. — Institué par le décret du 1er mars 1808, concernant les majorats, le conseil du sceau des titres avait pour objet de déterminer les conditions d'institution, d'aliénation et de remploi des majorats.

2. — Placé sous la présidence de l'archichancelier, ce conseil était encore composé de trois sénateurs, deux conseillers d'état, un procureur général, et un secrétaire général, chargé de tenir le registre des délibérations, et d'en être dépositaire. — Décr. 1er mars 1808, art. 11.

3. — Le conseil délibérait à la majorité après avoir entendu le rapport du procureur général, fait sur la requête et les pièces jointes. — S'il ne se trouvait pas suffisamment éclairé, l'archichancelier pouvait ordonner qu'il serait pris de nouveaux renseignemens, à la diligence du procureur général, qui correspondait à cet effet avec les magistrats, fonctionnaires et particuliers. — *Ibid.*, art. 12.

4. — Le décret du 14 oct. 1811 vint plus tard conférer au conseil du sceau des titres, relativement aux dotations sur le domaine extraordinaire, des attributions semblables à celles qu'il avait sur les majorats.

5. — Supprimé à la première restauration par l'ordonnance du 15 juill. 1814, rétabli pendant les cent-jours par le décret du 24 mars 1815, le conseil du sceau des titres fut définitivement remplacé à la seconde restauration par la commission du sceau.

V. COMMISSION DU SCEAU, DOTATION, MAJORAT.

CONSEIL SOUVERAIN D'ALSACE.

1. — Ancien tribunal souverain, établi à Colmar, et qui tenait lieu de parlement dans la province d'Alsace.

2. — Ce tribunal connaissait en première instance de toutes les affaires de ceux qui avaient autrefois

33. — La loi du 27 juin 1843, qui a augmenté de six conseillers le personnel de la cour royale de Paris, non compris le président, a décidé (art. 2) qu'il ne serait pourvu aux six places nouvelles qu'au fur et à mesure des vacances qui surviendraient parmi les six conseillers auditeurs attachés à la cour.

34. — Aujourd'hui, il ne reste plus qu'un très petit nombre de conseillers auditeurs, et l'institution peut être considérée comme entièrement abolie.

CONSENTEMENT.

1. — Se dit, dans son acception propre, de l'adhésion que l'on donne à une volonté manifestée par une autre personne. — « *Consensus dicitur cum quorum voluntates in unum concurrunt, utroque scilicet ac approbante.* — Connanus, lib. 6, cap. 1, n°4; Wolff, *Jus natur.*, 3e part., § 1054.

2. — Le consentement n'est donc pas tout acte de volition, mais une espèce particulière d'acte de volition, caractérisé par cette circonstance qu'il y a, en dehors de lui, une autre manifestation de volonté avec laquelle il vient concourir.— Ulpien, L. 1, § 2, ff., *De Pactis*; Pothier, *Vente*, n° 31; Duranton, *Dr. fr.*, t. 10, n° 95; Toullier, t. 6, n° 24.

3. — Lorsque le consentement a été donné en vue d'un engagement que l'on nous proposait de contracter, il se forme alors une convention obligatoire qui suppose toujours, en effet, ainsi qu'on le verra bientôt, la proposition ou les offres de l'une des parties, et l'acceptation de l'autre. — V. CONVENTION.

4. — Il est d'ailleurs bien évident que la formation d'un contrat, même unilatéral, implique nécessairement qu'un consentement *réciproque* soit émané des parties contractantes. — Domat, *Lois civ.*, liv. 4er, part. 4er, tit. 4er, sect. 4ro, n° 8; Zachariæ, *Dr. civ.*, t. 2, p. 464, § 343. — V. CONTRAT.

5. — Mais si le consentement doit ainsi être donné réciproquement par toutes les parties, il n'est toutefois pas nécessaire que l'adhésion intervienne immédiatement après les offres. Les consentements respectifs du promettant et du stipulant peuvent même intervenir non seulement entre *présens*, mais encore entre *absens*. — V. COMPÉTENCE COMMERCIALE, CONVENTION, CORRESPONDANCE, LETTRES MISSIVES.

6. — Toutefois, il est un cas spécial dans lequel il ne suffit pas que le consentement soit *réciproquement* donné par les parties, mais où il faut, en outre, que ce consentement soit *simultané*; c'est quand il s'agit d'apporter des changements, avant la célébration, au contrat de mariage. (C. civ., art. 1396, alin. 2. — V. CONTRAT DE MARIAGE.

7. — Le consentement est de l'essence même des obligations conventionnelles. Le défaut de consentement les empêche absolument d'exister, et certains vices déterminés par la loi les rendent annulables.— C. civ., art. 1108 et suiv. — V. OBLIGATION.

8. — Et, entre ces deux cas, il y a notamment cette différence que la ratification expresse ou tacite, impossible à l'égard des premières parce que l'on ne ratifie pas le néant, ne l'est pas à l'égard des secondes. — C. civ., art. 1304, 1338 et 1339. — V. RATIFICATION.

9. — La nécessité du consentement s'applique aussi évidemment aux donations entre vifs : seulement, cette matière, indépendamment de la règle du fond qui, pour que la donation soit parfaite, exige le consentement ou l'acceptation du donataire, il y a une règle de forme qui veut que cette acceptation soit faite en *termes exprès* (C. civ., art. 932), règle de forme qui ne s'étend pas toutefois aux donations faites par contrat de mariage (C. civ., art. 1087). — V. DONATION ENTRE VIFS, DONATION PAR CONTRAT DE MARIAGE.

10. — On distingue, en général, deux espèces de consentemens : le consentement *exprès*, et le consentement *tacite*. C'est surtout pour la preuve du consentement que cette distinction a de l'utilité. — Denisart, *Collect. de jurispr.*, v° *Contrat*, n° 9 et suiv.; Domat, *Lois civiles*, liv. 4er, part. 4er, tit. 4er, sect. 1re et suiv.; Merlin, *Rép.*, v° *Consentement*, § 4er; Toullier, *Dr. civ.*, t. 6, n° 32 et suiv.; Rolland de Villargues, *Rép. du notar.*, v° *Consentement*, n°s 12 et 13.

11. — Le consentement *exprès* est celui qui a été manifesté verbalement par un écrit; le consentement *tacite* est celui qui résulte des signes ou de certains faits qui le présupposent. — Merlin, *Rép.*, v° *Consentement*, § 4er et *Quest. de dr.*, v° *Emphytéose*, § 3; Toullier, t. 6, n° 33; Rolland de Villargues, v° *Consentement*; Zachariæ, t. 2, p. 466, § 343.

12. — Il y a des signes qui, de tout temps, ont été considérés comme une manifestation d'assentiment ou de dissentiment. — Tel est, par exemple, le mouvement de la tête, *nutus*. Nutus, significatio est voluntatis. — L. 65, § 3, ff., *Ad senatus-cons. trebell.*;—Cujas, *ad tit. Pandect.*, *De verb. oblig.*, col. 1814, *Opp. prior.*, *edit. fabr.*;—Toullier, *loc. cit.*; Rolland de Villargues, v° *Consentement*, n° 14.

13. — Tel est encore le signe de la main droite de l'une des parties jointe à la main droite de l'autre, surtout pour exprimer qu'une parole a été donnée, qu'un marché a été conclu. — Heineccius, *Antiq.*, lib. 3, tit. 23, n° 19; Ducange, *Glossaire*, v° *Main ferme*; Blackstone, t. 2, p. 448; Toullier et Rolland de Villargues, *loc. cit.*

14. — Les faits indiquent également le consentement, souvent avec la même force que les écrits. C'est ainsi que quand l'héritier fait un acte qui suppose nécessairement son intention d'accepter, et qu'il n'aurait le droit de faire qu'en la qualité d'héritier (C. civ., art. 778), ce fait, aux termes de ce même article, emporte acceptation de la succession. — V. SUCCESSION.

15. — Quelquefois même le silence ou l'inaction emportent consentement; par exemple, dans le cas de tacite réconduction. — C. civ., art. 1738, 1759 et 1776;—Toullier, t. 6, n° 33 ; Rolland de Villargues, v° *Consentement*, n° 47. — V. BAIL.

16. —... Et aussi dans le cas de mandat tacite que les anciens principes (applicables encore aujourd'hui.— V. MANDAT), faisaient résulter, conformément à la décision du droit canonique (recueil des *Clémentines*, chap. 4er, tit. *De procurat.*), de la gestion par un tiers *au vu et su* du maître. — LL. 60, ff., *De reg. jur.*, et 46, ff., *De senat. maced.*, — Pothier, *Tr. du contrat de mandat*, n° 29; Duratoine , *Règl. du dr. civ.*, p. 222; Menochius, *De præsumpt.*, lib. 3, cap. 65; Mævius, *Rec. dejugem.*, part. 2e, chap. 148; Merlin, *Quest. de dr.*, v° *Compte-courant*, § 4ro.

17. — A cet égard, au surplus, la règle générale est que le silence et l'inaction ne doivent être considérés comme un consentement tacite ou comme un aveu que dans le cas où celui qui se tait pouvait et devait s'expliquer. — Toullier, t. 6, n° 32; Rolland de Villargues, n° 46.

18. — Par exemple, ainsi que le remarquent les auteurs (*loc. cit.*), lorsqu'une personne légalement sommée de s'expliquer refuse de répondre à une chose qu'on lui a le droit de lui demander, son silence peut être interprété dans le sens de la sommation, et considéré, soit comme un aveu soit comme me un commencement de preuve par écrit.

19. — Mais, c'est surtout lorsque les signes, les faits, le silence et l'inaction sont la suite d'une demande ou d'une interrogation, qu'ils peuvent faire preuve d'un véritable consentement. — Toullier, t. 6, n° 33; Rolland de Villargues, n° 48.

20. — Il y a, du reste, des signes, des faits ou des inactions qui sont, de leur nature, équivoques, et qui ne se rattachent pas, par voie d'induction nécessaire, à l'existence d'un vrai consentement. Quelquefois le législateur a tranché toute difficulté à cet égard en établissant des présomptions légales, comme dans le cas prévu par l'art. 780, C. civ.; mais, lorsqu'il ne l'a pas fait, les juges ont un pouvoir discrétionnaire pour conclure des signes ou faits allégués à la réalité du consentement.— Toullier, t. 6, n° 34; Rolland de Villargues, n°s 49 et suiv.; Troplong, *Vente*, t. 4er, n° 48.

21. — Le consentement s'applique encore à plusieurs choses différentes de celles dont on a parlé jusqu'ici. Ainsi, c'est quelquefois la manifestation de la volonté qu'une chose se fasse, et alors il ne renferme souvent qu'une sorte de déclaration qu'une autorisation ; c'est un acte unilatéral. Tel est le consentement par lequel un mari autorise sa femme à contracter. — Rolland de Villargues, v° *Consentement*, n° 2 et suiv. — V. AUTORISATION DE FEMME MARIÉE.

22. — D'autres fois le consentement exprime l'adhésion à un acte déjà passé, par exemple, à un concordat, ou à une opération qui a eu lieu, ou enfin à un jugement. — Rolland de Villargues, *Rép.*, v° *Consentement*, n°s 5 et suiv.

23. — Dans le dernier cas, c'est-à-dire lorsque le consentement est donné par une partie à un jugement ou arrêt contre lequel, sans cette adhésion, elle aurait eu le pouvoir de se pourvoir par les voies de droit, ce consentement constitue alors ce qu'on appelle, à proprement parler, un *acquiescement*. — V. ce mot.

24. — Lorsque le consentement a pour objet de la part des parties de donner une certaine extension à la juridiction ordinaire d'un tribunal, il en résulte ce que l'on appelle une *prorogation de juridiction*. — V. ce mot.

V. ACQUIESCEMENT, AUTORISATION DE FEMME MARIÉE, BAIL, COMPÉTENCE COMMERCIALE, CONSENTEMENT, CONTRAT, CONVENTION, CORRESPONDANCE, DONATION ENTRE VIFS, DONATION PAR CONTRAT DE MARIAGE, LETTRES MISSIVES, OBLIGATION, PROROGATION DE JURIDICTION, RATIFICATION.

CONSERVATEUR DES HYPOTHÈQUES.

Table alphabétique.

CONSERVATEUR DES HYPOTHÈQUES. — 1. — Préposé chargé de la tenue et de la conservation des registres destinés à constater les formalités hypothécaires.

—

§ 1er. — Institution des conservateurs.

2. — Il y avait anciennement plusieurs sortes de conservateurs des hypothèques.

3. — Ainsi, un édit de mars 1706 avait créé dans chaque généralité un conservateur des hypothèques sur les offices qui pouvaient être exercés sans provision. L'abolition de la vénalité des charges a entraîné la suppression de ces emplois.

4. — Les conservateurs des hypothèques sur les rentes étaient des officiers établis par un édit de mars 1673, pour la conservation des hypothèques que les particuliers pouvaient avoir sur les rentes dues par le roi à leurs débiteurs. Ces officiers ont été supprimés avant que les rentes, par leur changement de nature, n'eussent été soustraites à l'hypothèque.

5. — L'édit de juin 1771 avait créé, dans chaque bailliage et sénéchaussée, des officiers nommés conservateurs des hypothèques sur les immeubles pour recevoir les oppositions des créanciers qui prétendaient quelque droit d'hypothèque ou de privilége sur les immeubles réels ou fictifs de leur débiteur. Ces officiers furent supprimés du droit par la loi du 9 messid. an III, art. 227; mais comme la mise en vigueur a été successivement différée, ce n'est réellement que par la loi du 11 brum. an VII, art. 1er, que les conservateurs institués par l'édit de 1771 ont été supprimés.

6. — La loi du 21 vent. an VII règle, d'après le nouveau régime hypothécaire, l'organisation de la conservation des hypothèques. Cette loi, jointe à certains articles du Code civil, forme toute la législation sur cette matière.

7. — Aujourd'hui, et d'après l'art. 1er de la loi du 21 vent. an VII, la conservation des hypothèques est remise à la régie de l'enregistrement; elle en confie l'exécution aux receveurs de l'enregistrement dans les lieux et suivant les formes déterminés par la loi. La direction générale de l'enregistrement doit donc donner des instructions pour assurer l'exécution des lois et la régularité des opérations hypothécaires.

8. — Les conservateurs des hypothèques, commissionnés dans la pratique par la régie de l'enregistrement (L. 21 vent. an VII, art. 1er, n° 12), doivent être aujourd'hui nommés directement par le ministre des finances, sur la proposition du directeur général de l'enregistrement et des do-

maines. — Ord. 3 juin 1821, art. 8. — Mais ils n'en restent pas moins soumis aux mêmes réglemens que les autres employés de l'administration de l'enregistrement.

9. — Il y a un bureau de la conservation des hypothèques par chaque arrondissement du tribunal civil de première-instance. Il est placé dans la commune où siége le tribunal civil de première instance. — L. 21 vent. an VII, art. 2, et 27 vent. an VII, art. 6 et 7.

10. — Cependant, par exception, le département de la Seine n'a qu'un tribunal de première instance; mais, à cause de sa nombreuse population, il a trois conservateurs des hypothèques, dont l'un pour Paris seulement, le second pour l'arrondissement de Saint-Denis, et le troisième pour l'arrondissement de Sceaux.

11. — Comme nous l'avons vu au mot COLONIES, n° 359, la conservation des hypothèques a été organisée à la Martinique, à la Guadeloupe et à la Guyane, par ord. 14 juin 1829, et à l'île Bourbon, par les ord. 22 nov. 1829, et 7 sept. — 22 nov. 1831. D'après l'art. 28 de la première de ces deux ordonnances, les fonctions de conservateurs sont remplies par les receveurs de l'enregistrement.

12. — Les conservateurs des hypothèques sont tenus de faire enregistrer leurs commissions au greffe du tribunal de l'arrondissement, où ils sont placés, avant d'entrer en fonctions. Ils y prêtent le serment de remplir avec fidélité et exactitude les fonctions qui leur sont confiées. — L. 21 vent. an VII, art. 4. — V. SERMENT DES FONCTIONNAIRES ET POLITIQUE.

13. — L'employé supérieur ou le receveur d'enregistrement qui est nommé conservateur, doit prêter un nouveau serment avant son installation. — Instruction génér. des dom., 10 nov. 1819, n° 940; Despréaux, Dict. gén. des hypoth., v° Conservateurs, n° 2.

14. — Mais il n'y a pas de nouveau serment à prêter quand un conservateur change seulement de bureau, il suffit alors qu'il fasse enregistrer l'acte de serment de sa première conservation au greffe du nouveau tribunal dans le ressort duquel il va exercer, et de justifier au directeur du département du versement de son cautionnement en numéraire. — Décis. min. just. et fin., 4 août 1820.

15. — En cas d'absence ou d'empêchement d'un préposé, il est suppléé par le vérificateur ou l'inspecteur de l'enregistrement dans le département, ou bien, à leur défaut, par le plus ancien surnuméraire du bureau; le conservateur demeure garant de la gestion du suppléant, sauf son recours contre celui-ci. — L. 21 vent. an VII, art. 12.

16. — Le conservateur des hypothèques est responsable du défaut de mention sur son registre de l'une des énonciations contenues dans les bordereaux d'inscription, lors même que cette omission ne procède pas de son fait, mais a été commise en son absence, par un préposé de la régie qui était censé le remplacer. — Bordeaux, 24 juin 1813, Moullnard c. Pouyadon; — Grenier, t. 2, n° 524.

17. — S'il y a vacance d'un bureau, par mort ou autrement, le cas de démission excepté, le bureau est rempli provisoirement par le vérificateur ou l'inspecteur de l'enregistrement, ou bien, à leur défaut, par le plus ancien surnuméraire du bureau, lesquels (à la différence du numéro précédent) demeurent responsables de leur gestion. La vacance pourvoit sur-le-champ à la place vacante. — L. 21 vent. an VII, art. 18.

18. — Nul préposé démissionnaire ne peut quitter ses fonctions avant l'installation de son successeur, à peine de répondre de tous les dommages-intérêts auxquels la vacance momentanée du bureau pourrait donner lieu. — L. 21 vent. an VII, art. 14.

19. — L'employé appelé à régir une conservation des hypothèques, doit, avant de signer l'inventaire du bureau, s'assurer que tous les registres de formalités hypothécaires, tous les volumes de la table du répertoire, et tous ceux du répertoire existent réellement. — Hervieu, Résumé de jurisp. hypoth., v° Conservateur, n° 4; Despréaux, v° Conservateur, n° 3.

20. — Jugé, en effet, que lorsqu'un conservateur est empêché de délivrer un certificat de transcription, parce que son prédécesseur a négligé de tenir un répertoire, comme le voulait la loi, et lorsque par suite il est actionné en dommages et intérêts, il ne peut recourir en garantie contre les héritiers de son prédécesseur, s'il leur a donné sans réserve un récépissé de tous les registres et répertoires que les conservateurs sont chargés de tenir. — Cass., 22 févr. 1831, Roux c. Lesueur.

21. — Les fonctions des conservateurs des hypothèques sont incompatibles avec celles de juges ou suppléans, de juges de paix et avec celles de maires et adjoints. — Décis. min. fin. 15 avr. 1820,

ordres généraux de la régie, art. 10. — Hervieu, v° Conservateur, n° 17.

22. — Dans les travaux provoqués par la circulaire de M. Martin (du Nord), garde des sceaux, en date du 7 mai 1841, relative à la réforme hypothécaire, on trouve relativement à la conservation des hypothèques , des propositions d'organisation sur des bases nouvelles, et de changement de circonscription.

23. — On a émis dans le sein de la cour royale d'Angers une opinion qui n'a pas été adoptée par cette cour et d'après laquelle tout receveur de l'enregistrement serait en même temps conservateur des hypothèques, en sorte que la circonscription territoriale serait établie par canton d'après arrondissement ; qu'en outre , les registres hypothécaires seraient tenus au domicile des débiteurs et au canton de la situation des biens et complétés dans l'un et l'autre bureau au moyen de renvois expédiés par le préposé qui aurait enregistré l'acte.

24. — Les cours royales de Bastia, de Dijon, Grenoble, Metz, Montpellier et Nancy ont indiqué un système dont l'enregistrement serait le pivot et autour duquel viendraient se grouper les travaux du cadastre ou des contributions directes, de façon que tous ces documens concourussent pour établir la situation de chaque propriétaire relativement à son crédit immobilier.

25. — L'agent de l'enregistrement auquel presque tous les contrats translatifs de propriété sont soumis dans un délai très voisin de leur date, et entre les mains duquel sont acquittés les droits dus au fisc pour la mutation et la transcription, ferait, selon les cours de Bastia et de Nîmes, d'office la transcription s'il y avait autant de bureaux d'hypothèques qu'il y a de cantons ; on expédierait l'acte au bureau central d'arrondissement, si l'on n'augmentait pas le nombre actuel des bureaux de conservation des hypothèques.

26. — D'après un autre plan exposé par la faculté de droit de Caen, les inscriptions seraient prises et les certificats délivrés non sur les personnes, mais sur l'immeuble dont les opérations du cadastre ont précisé les parcelles par section et par numéro, en sorte qu'à côté des registres, des transcriptions et des inscriptions hypothécaires, il serait établi des registres où chaque parcelle cadastrale aurait un compte ouvert au numéro sous lequel elle figure au plan cadastral. — Documens sur le régime hypothécaire publiés par ordre de M. Martin (du Nord), garde-des-sceaux, t. 1er, p. 409.

27. — Mais la cour de Cassation a considéré que le cadastre serait une base souvent inexacte et toujours incertaine de la délimitation des propriétés et de l'état des propriétaires , que dans la pratique les contrats sont la meilleure et la plus sûre base d'un tableau fidèle de la possession, de la propriété et des limites des immeubles, et que des renseignemens verbaux recueillis par les ingénieurs, les arpenteurs-géomètres et les commis étaient suffisans pour la formation des rôles des contributions, sauf les réclamations des contribuables, ils ne sauraient suffire pour constituer le grand livre des propriétés immobilières. Par suite la cour de Cassation a arrêté que les dispositions du Code civil qui déterminent les formalités hypothécaires sont sages et qu'il serait plus tôt dangereux qu'utile d'y faire des changemens. — Documens relatifs au régime hypothécaire, publiés par ordre de M. Martin (du Nord), garde-des-sceaux, t. 1, p. 475.

28. — Le moment n'a pas paru à la faculté de droit de Strasbourg être encore venu pour tenter des innovations pareilles à celles qui étaient proposées. Cette faculté a d'ailleurs combattu le système tendant à introduire l'inscription par chaque parcelle cadastrale , comme ayant l'inconvénient de rester incomplet, quant aux mutations ab intestat que personne n'a prétendu soumettre à la transcription.

§ 2. — Cautionnemens des conservateurs en France et dans les colonies.

29. — Les conservateurs des hypothèques étant soumis à des obligations envers l'état et envers les tiers sont tenus de fournir deux cautionnemens, l'un en numéraire pour garantie de leur gestion envers le trésor (L. 7 vent. an VIII et 28 avr. 1816, ord. 25 juin 1835); l'autre en immeubles. Ce dernier cautionnement demeure spécialement et exclusivement affecté à la responsabilité du conservateur pour les erreurs et omissions dont il se rend garant envers les citoyens. — L. 21 vent. an VII, art. 3 et 8; circ., n° 1829.

30. — Comme nous l'avons dit (v° CAUTIONNEMENT [fonctionnaires, etc.]), la loi du 28 avr. 1816

art. 86, statue que le cautionnement en numéraire des conservateurs des hypothèques serait établi suivant le tableau n° 5 annexé à cette loi et par conséquent variable selon les localités.

31. — Le cautionnement en immeubles est de 20,000 fr. pour une population de 50,000 individus et au-dessous; de 30,000 fr. pour une population de 50,000 à 100,000 individus ; de 40,000 fr. pour une population de 100,000 à 150,000 individus ; de 50,000 fr. pour une population de 150,000 à 200,000 individus et au-dessus. — Il est de 100,000 pour la commune de Paris. — L. 21 vent. an VII, art. 11.

32. — Pour les nouveaux conservateurs, le chiffre est fixé d'après le dernier recensement de la population. Les conservateurs en exercice n'ont rien à ajouter à leur cautionnement, à raison de l'augmentation que le recensement pourrait révéler. Ils ne sont tenus de fournir un supplément de cautionnement qu'autant que l'augmentation de population résulterait de l'adjonction à la circonscription du bureau des hypothèques d'un canton ou d'une commune. — Décis. min. fin. 29 juill. 1806 et 22 oct. 1828; instr. gén. 11 sept. 1806, n° 316, et 8 nov. 1828, n° 1260.

33. — Les maisons qui composent ce cautionnement en immeubles doivent être assurées contre l'incendie, lors même que cette obligation n'aurait pas été imposée par les jugemens prononçant l'admission des cautionnemens. — Décis. min. fin. 3 sept. 1831; instr. gén. 20 sept. 1831, n° 1382.

34. — L'acte qui établit le cautionnement doit être passé devant notaire; il est enregistré moyennant le droit fixe d'un franc. — L. 21 vent. an VII, art. 2; instr. gén. 4 juin 1822, n° 1045.

35. — Aux termes d'une circulaire du ministre de la justice, du 1er juin 1822, l'acte de cautionnement doit exprimer la qualité de celui qui fournit le cautionnement, l'objet, la durée et l'étendue du cautionnement, la nature, la valeur, l'origine des immeubles hypothéqués, s'ils sont libres, si le prix en a été payé, si les formalités de purge ont été remplies. Lorsque ces immeubles sont grevés de l'hypothèque légale de la femme, celle-ci doit intervenir à l'acte et faire, jusqu'à due concurrence, le transport de son hypothèque légale.

36. — Le cautionnement en immeubles d'un conservateur fourni par lui-même ou par un tiers, ne peut être limité soit à un nombre d'années déterminé, soit à la gestion d'un seul bureau. Il doit être consenti pour toute la durée des fonctions et dix ans après. — Décis. min. fin. et just. 17 oct. 1840; instr. gén. 31 oct. 1840, n° 1619.

37. — Le cautionnement est reçu par le tribunal civil de la situation des biens contradictoirement avec le procureur du roi. — L. 21 vent. an VII, art. 5.

38. — Le conservateur est tenu de faire recevoir son cautionnement et d'en justifier à la régie dans le mois de l'enregistrement de sa commission ; il doit déposer dans le même délai une expédition de la réception dudit cautionnement au greffe du tribunal civil dans l'arrondissement duquel il remplit ses fonctions. — L. 21 vent. an VII, art. 6.

39. — L'inscription du cautionnement est faite à la diligence et aux frais du conservateur. — L. 21 vent. an VII, art. 7.

40. — L'art. 7, L. 21 vent. an VII, disposait, par son second alinéa, que l'inscription subsistait pendant toute la durée de la responsabilité du conservateur, sans avoir besoin d'être renouvelée. Mais l'art. 2154, ayant décidé que toutes les inscriptions, indistinctement, se périmeraient par dix ans, il en résulte que les conservateurs sont tenus de renouveler les inscriptions sur leurs cautionnemens et sur ceux de leurs prédécesseurs, avant l'expiration du délai de dix ans. — Avis cons. d'état 18 avr. et 4 juin 1809; instr. gén. 8 août 1809, n° 445; 1er juill. 1821, n° 386, et 12 mars 1833, n° 1420.

41. — Si ce renouvellement n'a pas été fait avant les dix ans, et que de nouvelles hypothèques militant au profit des tiers soient venues grever les immeubles, le conservateur ou ses héritiers sont tenus de fournir un nouveau cautionnement ou un supplément de cautionnement. — Même instr.

42. — Tout employé nommé à une conservation par suite de décès, retraite, révocation, est obligé de renouveler l'inscription prise sur les biens affectés à la garantie de la gestion du conservateur qu'il remplace, dans les trois mois, à partir du jour où ce dernier a cessé ses fonctions. — Instr. gén. 2 mars 1833, n° 1420. — Hervieu, v° *Conservateur*, n° 20.

43. — Le passage d'un bureau dans un autre n'emporte pas l'obligation d'un nouveau cautionnement : celui déjà fourni subsiste pour le nouveau bureau, sauf à suppléer s'il y a lieu. — L. 21 vent. an VII, art. 10.

44. — A chaque mutation d'emploi de conservateur, une copie de l'acte de cautionnement qui a été souscrit, ou de celui préexistant, et dont on proposera de continuer l'effet, doit être adressée au directeur général de la régie. Le directeur du département y joint ses observations et fait connaître les dates tant de la réception du cautionnement par le tribunal de la situation des biens, que du dépôt de l'acte de réception au greffe du tribunal, dans l'arrondissement duquel le conservateur exerce ses fonctions, et de l'inscription prise au bureau des hypothèques de la situation. — Instr. gén. 1er juill. 1821, n° 986.

45. — Un cautionnement peut être remplacé par un autre, mais lorsqu'un nouveau cautionnement substitué à l'ancien dans tous ses effets est reçu par le tribunal de la situation des biens, contradictoirement avec le procureur du roi, et inscrit aux hypothèques, la radiation de l'inscription prise en vertu du dernier cautionnement ne peut être opérée qu'autant que le jugement qui admet le nouveau cautionnement a acquis force de chose jugée. — Inst. gén. 1er juin 1811, n° 526.

46. — Le cautionnement est affecté à la responsabilité du conservateur pendant toute la durée des fonctions de ce préposé et même dix ans après ; passé ce délai, les biens servant de cautionnement sont affranchis, de plein droit, de toutes actions de recours qui n'auraient pas été intentées dans cet intervalle. — L. 21 vent. an VII, art. 8.

47. — Le conservateur qui, dix ans après la cessation de ses fonctions, veut obtenir la radiation de l'inscription prise sur les immeubles affectés à son cautionnement, doit justifier qu'aucune circonstance ne s'oppose à l'affranchissement de plein droit mentionné dans l'art. 8, L. 21 vent. an VII ; à cet effet, il est tenu de produire : 1° un certificat délivré par le directeur de l'enregistrement du département où il a exercé ses fonctions et légalisé par le préfet, constatant le jour précis où il a cessé ses fonctions ; — 2° un deuxième certificat délivré par le greffier du tribunal civil de la situation du bureau et légalisé par le président dudit tribunal, constatant que ce tribunal ne se trouve saisi d'aucune action en responsabilité et garantie contre le conservateur et sur les biens affectés au cautionnement; sur le vu de ces pièces, le tribunal de la situation des biens prononce la radiation. — Décis. min. just. 5 avr. 1825.

48. — Lorsqu'un conservateur a délivré un certificat constatant faussement qu'il n'y a pas d'inscription sur un immeuble qu'il avait vendu, ce n'est pas là un fait de charge, dont les cautions du conservateur soient responsables. — *Paris*, 13 nov. 1811, Sutaine c. Beffroy.

49. — Les cautions hypothécaires d'un conservateur ne sont obligées par les faits de charge que jusqu'à concurrence de la somme désignée dans l'acte de cautionnement, et non personnellement, à moins de stipulation contraire. — *Paris*, 31 août 1837 (t. 1er 1841, p. 327), Duperret et Treignac c. Bruyer-Drouot.

50. — La loi du 21 vent. an VII, art. 7, en accordant aux créanciers d'un conservateur des hypothèques, pour frais de charge, une action en recours, laquelle peut être intentée pendant le délai des dix années qui suivent la cessation des fonctions du conservateur, n'a pas réduit les créanciers, pendant le délai précité, au droit de mettre simplement en demeure la caution afin d'éviter la déchéance. — Dans ce cas, comme en règle générale, le créancier porteur d'un titre exécutoire est investi d'un droit d'exécution immédiate sur les biens affectés au cautionnement. — *Paris*, 22 août 1839 (t. 1er 1841, p. 328), Duperret c. Bruyer-Drouot.

51. — *Colonies.* — Pour les préposés remplissant dans les colonies les fonctions de conservateurs des hypothèques, leur cautionnement peut être fourni soit en immeubles situés en France ou dans les colonies, soit en rentes sur l'état, ou en actions de la Banque de France ou de celles des colonies. — Ord. 14 juin 1829, art. 34 ; — Despréaux, v° *Colonies*, n° 34.

52. — Leur cautionnement ne peut être consenti que par acte authentique. S'il est fourni en immeubles, il est reçu par le tribunal de première instance de leur situation, contradictoirement avec le procureur du roi près ce tribunal. Les pièces établissant la valeur de l'immeuble sont produites par le conservateur. — Ord. 14 juin 1829, art. 35 ; — Despréaux, v° *Colonies*, n° 35.

53. — Si le cautionnement est fourni en rentes sur l'état ou en actions de la banque de France ou de celles des colonies, il est reçu dans la même forme par le tribunal de première instance du lieu de la résidence du conservateur, sur la justification préalable que lesdites rentes ou actions ont été immobilisées ou affectées spécialement au cautionnement. — Ord. 14 juin 1829, art. 36.

54. — Le conservateur est tenu de faire recevoir son cautionnement dans les délais suivans, savoir : 1° dans un mois si le cautionnement doit être reçu par un tribunal de la colonie ; — 2° dans trois mois si le cautionnement consiste en immeubles situés hors de la colonie. Ces délais courront du jour de l'enregistrement de la commission du conservateur au greffe du tribunal de première instance du lieu de sa résidence. — Ord. 14 juin 1829, art. 37.

55. — Si le cautionnement a été reçu par un tribunal autre que celui du lieu de la résidence du conservateur, l'expédition tant de l'acte de cautionnement que du jugement de réception est déposée au greffe du tribunal de cette résidence, à la diligence du conservateur, dans le mois, à partir de la date de ce paiement, s'il a été rendu dans la colonie ; et dans les trois mois à partir de la même date, s'il a été rendu hors de la colonie. — Ord. 14 juin 1829, art. 38.

56. — Dans tous les cas, l'expédition tant de l'acte de cautionnement que du jugement de réception est adressée par le conservateur au directeur de l'intérieur de la colonie, dans les délais prescrits par les art. 37 et 38 précités. — Ord. 14 juin 1829, art. 39.

57. — Immédiatement après la réception de son cautionnement, le conservateur est tenu de prendre inscription sur les immeubles affectés à ce cautionnement et de la renouveler six mois avant l'expiration de chaque période de dix ans. Le double du bordereau d'inscription et de renouvellement est adressé par le conservateur au directeur de l'intérieur. — Ord. 14 juin 1829, art. 40.

58. — Si le conservateur vient à passer d'un bureau à un autre, le premier cautionnement continue de subsister, sauf à le compléter, en cas d'insuffisance, dans les formes prescrites pour la réception du cautionnement. Toutefois, si le cautionnement a été fourni par un tiers, et seulement pour un bureau déterminé, le conservateur doit rapporter le consentement de la caution à la nouvelle affectation. Ce consentement est donné par acte authentique, dans le délai d'un mois, si la caution demeure dans la colonie, et dans le délai de six mois, si elle demeure hors de la colonie. — Ces délais courent du jour de l'enregistrement de la nouvelle commission du conservateur au greffe du tribunal de première instance du lieu de la nouvelle résidence. En vertu du consentement de la caution, il est pris une nouvelle inscription sur les immeubles affectés; si le cautionnement consiste en rentes sur l'état ou en actions de la banque de France, le conservateur est tenu d'y faire mentionner, dans les délais d'un mois ou de six mois ci-dessus fixés, que ces effets continuent d'être affectés à la garantie des nouvelles fonctions du conservateur, et il doit justifier au directeur de l'accomplissement de cette formalité.

59. — La main-levée des inscriptions ne peut être ordonnée que par le tribunal qui a reçu le cautionnement. La requête en main-levée présentée après dix années, à partir de la cessation des fonctions du conservateur, sera appuyée : 1° d'un certificat du directeur de l'intérieur, constatant le jour précis de cette cessation ; — 2° d'un certificat du greffier du tribunal de première instance du lieu de la résidence du conservateur, constatant qu'il n'existe aucune poursuite personnelle en garantie contre le conservateur, ni aucune action sur les biens affectés. — Si les immeubles affectés ne sont pas situés dans l'arrondissement du tribunal du lieu de la résidence du conservateur, il doit être en outre produit un certificat dans la même forme, du greffier du tribunal de la situation desdits immeubles. — Ord. 14 juin 1829, art. 45.

§ 3. — *Obligations des conservateurs. — Tenue des registres et des bureaux.*

60. — Les conservateurs des hypothèques sont chargés : 1° de l'exécution des formalités civiles prescrites pour la conservation des hypothèques et la consolidation des mutations de propriétés immobilières ; — 2° de la perception des droits établis au profit du trésor public pour chacune de ces formalités.

61. — Les diverses formalités dont on vient de parler sont les inscriptions, soit d'office, soit sur réquisition des intéressés, des priviléges et hypothèques, les transcriptions d'actes de mutation ou de procès-verbaux de saisie immobilière, l'enregistrement des dénonciations de ces actes et des notifications de placards, les mentions de changemens de domicile, de subrogation et autres, la délivrance de copies d'actes transcrits, d'états d'inscriptions, de certificats négatifs, les radiations, etc. — V. ÉTATS D'INSCRIPTION, HYPOTHÈQUES,

INSCRIPTIONS HYPOTHÉCAIRES, ORDRE, PURGE, RADIATION, SAISIE IMMOBILIÈRE, TRANSCRIPTION.

62. — Les conservateurs sont tenus, à peine de destitution et de dommages-intérêts, de prendre une inscription au profit du trésor public, au vu des actes translatifs de propriété que peuvent passer tous receveurs généraux et particuliers, ainsi que les payeurs des armées, des ports et des départemens, et tous receveurs trésoriers et payeurs du trésor de la couronne. — L. 5 sept. 1807, art. 7; avis cons. d'état 13 fév. 1808; instr. gén. 15 nov. 1807, n° 350; 22 juill. 1809, n° 442; 4 nov. 1814, n° 663; 5 déc. 1818, n° 868. — Toutes les fois qu'il y a lieu de prendre inscription contre ces divers comptables, il est dressé trois bordereaux, dont un est transmis à l'agent judiciaire du trésor, un autre est adressé au procureur du roi près le tribunal d'où ressortit le bureau des hypothèques, et le troisième reste déposé au bureau du conservateur. — Hervieu, *Résumé de jur. hyp.*, v° *Conservateur*, n° 18.

63. — Le conservateur des hypothèques ne peut délivrer un certificat de *non inscription* dans une affaire qui le concerne personnellement. — *Paris*, 22 janv. 1810, Sutaine c. Béfroy. — La loi du 11 brum. an VII et le Code civil avaient gardé le silence sur le cas qui fait l'objet de cet arrêt. On trouve seulement, dans l'art. 12, L. 21 vent. an VII, une disposition qui veut qu'en cas d'absence ou d'*empêchement*, le conservateur soit remplacé par un inspecteur, un vérificateur ou un surnuméraire; mais l'empêchement dont parle cette loi doit-il s'entendre des empêchemens moraux ou seulement des empêchemens physiques? — Troplong (t. 4, n° 999), Persil (*Régime hypoth.*, art. 2196, n° 5) et Grenier (*Tr. des hypoth.*, t. 2, p. 477) adoptent les principes de cet arrêt. Ces jurisconsultes comparent avec raison le conservateur au notaire, qui ne pourrait être le ministre des conventions qui le concerneraient personnellement. Leur intérêt privé rend suspecte la déclaration qu'ils font en faveur de leur libération, et ils cessent d'être fonctionnaires publics quand c'est leur propre affaire qu'ils traitent.

64. — C'est parce qu'il n'y avait pas les mêmes raisons de suspicion qu'on a décidé qu'une inscription prise sur les biens d'un conservateur des hypothèques ne peut être annulée par cela seul que ce conservateur a reçu lui-même les bordereaux et les a portés sur son registre. — *Paris*, 13 nov. 1811, Sutaine c. Beffroy.

65. — ...Et qu'il peut transcrire des inscriptions ou délivrer des certificats sur lui-même. — Si donc un conservateur délivre un certificat incomplet sur lui-même, c'est là un fait de charge dont ses cautions sont responsables. — *Paris*, 31 août 1837 (t. 1er 1841, p. 327), Duperret c. Bruyer.

66. — Dans aucun cas les conservateurs ne peuvent refuser ni retarder la transcription des actes de mutation, l'inscription des droits hypothécaires ni la délivrance des certificats requis, sous peine de dommages-intérêts des parties, à l'effet de quoi procès-verbaux du refus ou retardement seront, à la diligence des requérans, dressés sur-le-champ, soit par un juge de paix, soit par un huissier audiencier du tribunal, soit par un autre huissier ou un notaire assisté de deux témoins. — C. civ., art. 2199.

67. — L'art. 54, L. 11 brum. an VII, portait une disposition presque identique dans sa première partie. Mais elle exigeait que les actes requis *fussent requis conformément aux lois*; et des conservateurs avaient conclu de ce texte qu'une irrégularité dans les bordereaux leur donnait le droit de refuser l'inscription; aujourd'hui, en présence de la rédaction absolue du Code, les conservateurs des hypothèques ne peuvent, dans aucun cas, refuser ni retarder une formalité. — Sebire et Carteret, *Encycl. du dr.*, v° *Conserv. des hyp.*, n° 35.

68. — Ainsi le conservateur n'est pas juge de la validité des actes dont la transcription est requise, et il suffit qu'un acte emporte mutation, fût-il sous seing-privé, pour qu'il soit tenu d'en opérer la transcription.

69. — Cependant le conservateur des hypothèques n'est pas tenu de transcrire l'expédition d'un contrat de vente qui n'est pas la copie fidèle de la minute, et dans laquelle, notamment, plusieurs clauses de la vente ont été omises. — *Orléans*, 6 juin 1839 (t. 2 1839, p. 393), Transon c. Androu et enregist.

70. — Egalement un conservateur des hypothèques peut se refuser à transcrire un procès-verbal d'adjudication devant notaire, lequel lui est représenté par l'un des adjudicataires, non en entier, mais par extrait. — Vainement cet adjudicataire alléguerait-il qu'il ne saurait être tenu de faire transcrire ce qui concerne les autres acquéreurs, et lui est conséquemment étranger. — *Paris*, 28 juin 1840 (t. 2 1840, p. 127), enregist. c. Legros.

71. — Il est défendu aux conservateurs de prévenir les créanciers des dispositions légales que ceux-ci ne doivent pas ignorer. — Décis. du cons. de l'admin. des dom. 27 nov. 1828. — Despréaux, v° *Conservateur*, n° 17.

72. — Ils n'ont pas non plus à relever les inexactitudes que peuvent contenir les bordereaux dont des créanciers requièrent l'inscription. Ils doivent se borner à les reproduire sur leurs registres fidèlement, même avec les irrégularités dont ils peuvent être entachés.

73. — Le conservateur des hypothèques n'est pas, en principe, juge du mérite des inscriptions, ni de leur validité intrinsèque au point de vue d'un état dont la délivrance lui est demandée. — *Paris*, 18 janv. 1845 (t. 1er 1845, p. 115), Ardont du Pic c. Lefortier.

74. — C'est en les circonscrivant dans ce rôle purement passif, et pour empêcher aussi que le public ne se méprenne sur l'étendue de la responsabilité qui résulte à la charge des conservateurs des fonctions que la loi leur attribue, qu'il leur a été défendu, ainsi qu'à leurs commis, de dresser des bordereaux d'inscription. — Décis. min. fin., 11 août 1828; inst. gén., 22 août 1828, n° 1253; — Hervieu, *Rés. de jurisp. hyp.*, v° *Conservateur*, n° 13.

75. — Quelque impérieuse que soit la disposition de l'art. 2199, C. civ., nous pensons cependant que le conservateur serait fondé à refuser la transcription d'un acte ou l'inscription d'un bordereau qui, par leur nature, ne rentreraient pas dans la classe des actes indiqués dans cet article 2199.

76. — A plus forte raison le conservateur a intérêt et qualité pour s'assurer si celui qui a consenti une radiation d'hypothèque avait capacité à cet effet, et en cas de contestation il peut et doit, dans l'intérêt de sa responsabilité, déférer à la justice la question relative à cette capacité. — *Cass.*, 9 juin 1841 (t. 2 1841, p. 33), Souffron c. Catalogue. — V. au surplus RADIATION D'HYPOTHÈQUE.

77. — Néanmoins, porte l'art. 2200, C. civ., les conservateurs seront tenus d'avoir un registre sur lequel ils inscriront jour par jour et par ordre numérique les remises qui leur seront faites d'actes de mutation pour être transcrits, ou de bordereaux pour être inscrits, ils donneront au requérant une reconnaissance sur papier timbré qui rappellera le numéro du registre sur lequel la remise aura été inscrite, et ils ne pourront transcrire les actes de mutation ni inscrire les bordereaux sur les registres à ce destinés, qu'à la date et dans l'ordre des remises qui leur en auront été faites.

78. — On comprend que si la formalité hypothécaire requise par un particulier pouvait s'accomplir à l'instant même où elle est requise, il n'y aurait pas besoin de délivrer à la partie la reconnaissance sur papier timbré dont parle l'art. 2200, C. civ.; mais comme il n'en peut presque jamais être ainsi, et que d'ailleurs c'est le conservateur qui peut être seul juge, soit du temps que peut employer une opération, soit de son concours avec les formalités requises par d'autres personnes, il a été décidé avec raison que le conservateur peut obliger le requérant à prendre la reconnaissance et à payer le timbre. Cette pièce une fois délivrée, sa représentation est nécessaire pour réclamer l'acte inscrit ou transcrit. — Décis. min. just. et fin. 14 et 28 vent. an XIII, et min. fin. 8 août 1821.

79. — Les bulletins ainsi représentés par les parties doivent être conservés par le préposé, qui, à défaut de représentation du bulletin, doit faire souscrire par les parties, à la marge du registre de dépôt, une décharge constatant le retrait des pièces. — Inst. gén. 17 juin 1835.

80. — La publicité étant une des principales bases de notre système hypothécaire, les conservateurs des hypothèques sont tenus de délivrer à tous ceux qui le requièrent copie des actes transcrits sur leurs registres et celles des inscriptions subsistantes ou certificats qu'il n'en existe aucune. — C. civ., art. 2196.

81. — Le conservateur doit délivrer l'état des inscriptions qui lui est demandé même immédiatement après la transcription du contrat de vente. — Décis. min. just. 21 sept. 1808.

82. — Mais l'instr. gén. 11 sept. 1806, n° 316, qui, inspirée principalement par un intérêt de fiscalité, a eu pour but d'augmenter les revenus du trésor, mais qui cependant peut être, jusqu'à un certain point, considérée comme une restriction apportée au principe de la publicité des registres, a condamné l'usage qui s'était introduit dans certains bureaux de donner aux requérans la communication matérielle et directe des registres; en conséquence elle a défendu aux conservateurs de donner cette communication de leurs registres et de laisser prendre ou de donner aucune note. — Instr. gén. 11 sept. 1806, n° 316.

83. — Les conservateurs ne sont tenus que de délivrer *des copies* des inscriptions qui se trouvent sur leurs registres; on ne peut exiger d'eux qu'ils en délivrent des *extraits* ou *analyses*. — Solut. 19 déc. 1831; — Hervieu, v° *Conservateur*, n° 31.

84. — La cour royale de Montpellier, dans ses observations sur le régime hypothécaire, a exprimé le vœu qu'en attendant que le cadastre pût recevoir une organisation plus développée et concourir, avec les registres des conservations hypothécaires, à la manifestation des mutations et des charges de la propriété, on donnât plus d'extension à la publicité des registres hypothécaires en autorisant des recherches analogues à celles qui se pratiquent dans les greffes, et moyennant une rétribution modérée; ces recherches n'auraient pour objet que de fournir à toute partie requérante soit l'assurance qu'il n'existe pas de charges, soit l'indication de l'importance approximative des charges existantes, sans détail. Le détail positif des charges et la désignation de la nature des créances et de la personne des créanciers continueraient à n'être donnés que dans les extraits en forme auxquels seuls serait attachée la responsabilité des conservateurs. Ce serait, suivant la cour de Montpellier, une amélioration importante, puisqu'on ne serait plus, comme aujourd'hui, dans l'alternative de traiter sur des conjectures fournies par les notaires ou les parties intéressées et acceptées de confiance, ou de prendre avant de traiter un extrait fort coûteux. — *Docum. relatifs au rég. hypothéc.*, t. 3, p. 493.

85. — Les conservateurs ne sont tenus d'obtempérer qu'aux réquisitions qui leur sont faites par écrit, à moins que la partie requérante ne déclare ne savoir signer, auquel cas le conservateur est tenu de transcrire, en tête des copies, états ou certificats délivrés, les termes dans lesquels la demande verbale a été faite; à défaut par la partie de se conformer à cette demande, le conservateur ne doit pas déférer à sa réquisition. Ce genre de réquisition n'est pas soumis au timbre; ces réquisitions doivent être annotées du numéro de l'article du registre des salaires où sont inscrits la copie, l'état ou le certificat délivré; elles sont enliassées par ordre de date et de réception, et représentées aux employés supérieurs lors des vérifications. — Inst. gén., 17 janv. 1841, n° 1626.

86. — La faculté de droit de Caen, pour prévenir la délivrance d'inscriptions ou de réalisations inutiles à connaître, voudrait que le conservateur ne pût pas excéder la réquisition écrite qui lui serait adressée par celui qui veut avoir copie d'actes transcrits ou d'inscriptions. — *Docum. relatifs au rég. hypoth.*, t. 5, p. 498.

87. — Une instruction générale, du 29 déc. 1828, n° 1303, décide qu'on ne peut exiger d'un conservateur le certificat qu'une inscription n'a pas été renouvelée dans les six mois de sa date. Cette instruction reconnaît, au surplus, que la question est du ressort des tribunaux.

88. — Les conservateurs sont obligés de tenir 1° un registre de dépôt sur lequel ils inscrivent jour par jour et par ordre numérique les remises qui leur sont faites d'actes de mutation pour être transcrits, ou de bordereaux pour être inscrits. — C. civ., art. 2200-2203. — 2° Un registre des inscriptions sur lequel sont portés les bordereaux d'inscription des privilèges et hypothèques. — 3° Un registre de transcription pour transcrire en entier les actes translatifs de propriété d'immeubles soumis à cette formalité. — C. civ., art. 2181 et 2203.

89. — Le conservateur tiendra, en outre, un registre destiné à la transcription des procès-verbaux des saisies immobilières des biens situés dans l'arrondissement. — C. procéd. civ., art. 678.

90. — Outre les registres mentionnés en l'art. 18, L. 21 vent. an VII, et rappelés ci-dessus (nos 88 et 89), les préposés tiendront un registre sur papier *libre*, dans lequel seront portés par extrait au fur et à mesure des actes, sous le nom de chaque grevé et à la case qui lui sera destinée, les inscriptions à sa charge, les transcriptions, les radiations et les autres actes qui le concernent, ainsi que l'indication des registres où chacun de ces actes sera porté, et les numéros sous lesquels ils seront consignés. — Même loi, art. 18. — Ce livre, qu'on appelle *Répertoire des formalités hypothécaires*, est accompagné d'une *table alphabétique* des noms des individus qui figurent dans ce répertoire.

91. — A ce registre sur lequel sont portés les noms des individus sur lesquels il a été pris inscription, la Faculté de droit de Caen, qui a proposé

l'inscription sur parcelle, substitue des registres indiquant pour chaque commune de l'arrondissement les sections et numéros des parcelles, leur contenance et leur nature. Ces registres serviraient de tables, et de simples renvois aux inscriptions et aux réalisations feraient connaître en peu de temps, selon la faculté, de quelles dettes la parcelle est grevée et quels en ont été les propriétaires successifs. — *Doc. relatifs au rég. hypoth.*, t. 3, p. 495.

92. — Le conservateur qui possède des élémens ou documens servant d'auxiliaires à ses pièces officielles, est tenu, quel que soit leur titre, de les remettre à son successeur sans indemnité de la part de ce dernier. — Instr. gén., 7 juin 1823, nº 1081. — Despréaux, vº *Conservateur*, nº 16; Hervieu, vº *Conservateur*, nº 5.

93. — Les registres servant à recevoir les actes du régime hypothécaire sont en papier timbré. — L. 21 vent. an VII, art. 6; C. civ., art. 2204.

94. — La formalité du timbre étant un mode de perception d'impôt et non une condition substantielle de la validité des actes, il ne résulterait pas de nullité de ce que le conservateur aurait accompli sur papier non timbré les formalités hypothécaires; mais ce préposé serait passible d'une amende.

95. — Les préposés doivent faire coter et parapher ces registres à chaque page, par première et dernière, par l'un des juges du tribunal dans le ressort duquel le bureau est établi. — C. civ., art. 2201.

96. — D'après la loi du 21 vent. an VII, art. 6, cette formalité était remplie par le président de l'administration municipale du lieu. Elle devait être remplie dans les trois jours de la présentation des registres et sans frais.

97. — La disposition relative au délai n'a pas été reproduite par le Code civil; mais l'immunité des frais résulte de ce qu'en France la justice s'administre gratuitement, et que le juge n'est jamais rétribué par les parties pour accomplir un acte de ses fonctions.

98. — Les actes sont datés et consignés de suite, sans blanc et jour par jour; ils sont numérotés suivant le rang qu'ils tiennent dans les registres, et signés du préposé. — L. 21 vent., an VII, art. 17.

99. — Une disposition analogue est reproduite par l'art. 2203, C. civ., qui porte: « Les mentions de dépôts, les inscriptions et transcriptions sont faites sur les registres de suite, sans aucun blanc ni interligne, à peine, pour le conservateur, de mille à deux mille francs d'amende et des dommages-intérêts des parties, payables aussi par préférence à l'amende.

100. — Pour faciliter les employés supérieurs dans leur vérification, il convient sur les registres de porter en gros caractères les sommes sur lesquelles a été établie la perception des droits. — Hervieu, *Résumé de jurispr. hyp.*, nº 15.

101. — Le conservateur doit faire mention sur le registre des inscriptions de ce qui est énoncé dans chaque bordereau. Ce registre doit contenir trente-cinq lignes à la page et treize syllabes à la ligne.

102. — Le registre de transcription des actes de mutation doit contenir trente-cinq lignes à la page et dix-huit syllabes à la ligne. En marge de chaque acte transcrit, le conservateur doit indiquer les noms des parties, le prix porté en l'acte, les droits proportionnels qu'il a perçus lors de la transcription, le volume et le registre où existe l'inscription d'office, le montant des salaires qu'il a reçus et, enfin, le numéro du journal où ces salaires ont été inscrits. — Inst. gén. 31 avr. 1833, nº 1433.

103. — Les copies des actes transcrits et des inscriptions dont parle l'art. 2196, C. civ., devront être expédiées, comme les actes notariés, sur du papier timbré à 1 fr. 25 c. la feuille. — Décis. min., 10 fév. 1807; — Hervieu, vº *Conservateur*, nº 30.

104. — Les états, extraits et certificats délivrés par les conservateurs sont considérés comme simples quittances de droits et salaires, et, par conséquent, dispensés de la formalité de l'enregistrement. — Décis. min. fin. 21 mai 1809.

105. — Les registres seront arrêtés chaque jour, comme ceux d'enregistrement des actes. — C. civ., art. 2201. — Or, les arrêtés mis sur ces derniers registres devaient être signés lorsque le titre des hypothèques a été publié; l'art. 61 des *Ordres généraux de régie*, imprimés en 1792, le prescrivait, et cet article paraît la conséquence de l'art. 11, L. 27 mai 1791.

106. — L'art. 2201, C. civ., qui ordonne que les registres des conservateurs des hypothèques seront arrêtés chaque jour comme ceux d'enregistrement des actes, exige les mêmes formalités qui ont lieu pour arrêter les registres de l'enregistrement. — Spécialement, les conservateurs des hypothèques sont, comme les receveurs de l'enregistrement, obligés de signer les arrêtés de leurs registres. — Le défaut d'accomplissement de cette formalité fait encourir au conservateur la peine que porte l'art. 2202, C. civ. — *Bruxelles*, 17 juill. 1833, Xau.. c. Pol.; — Troplong, *Comment. sur les hypoth.*, t. 4, nº 1010.

107. — La faculté de droit de Caen (*Observ. sur le régime hyp.*) a demandé qu'on comblât la lacune que présente le Code civil en n'indiquant pas comment les registres doivent être arrêtés, et elle a proposé la rédaction suivante: « Les registres qui doivent être en papier timbré sont arrêtés jour par jour par le conservateur, aux termes de l'art. 11, L. 18-27 mai 1791. » — *Docum. relatifs au rég. hypoth.*, t. 3, p. 504.

108. — Aux termes de deux instructions générales des 26 juill. 1809 (nº 443) et 12 juill. 1816 (nº 730), le registre des dépôts, ceux des formalités hypothécaires et le registre des salaires doivent être arrêtés jour par jour, avec indication de la date du mois et mention des dimanches et fêtes; ces diverses mentions et indications doivent être écrites de la main du conservateur et signées par lui.

109. — Les conservateurs doivent tenir leurs bureaux ouverts huit heures par jour. Les heures doivent être indiquées au public par une affiche ostensible. — Ordres gén. de la régie, art. 14. — L. 27 mai 1791, art. 11; — Hervieu, *Résumé de jurisprudence hyp.*, vº *Conservateur*, nº 6.

110. — Dans les colonies, la durée de l'ouverture quotidienne du bureau est de six heures. Les heures de séance doivent être affichées à la porte du bureau: elles sont les mêmes que pour l'enregistrement. — Ord. 14 juin 1829, art. 32; 22 nov. 1829, art. 31.

111. — Aucune formalité hypothécaire ne doit être opérée les jours de dimanches ou de fêtes reconnues par la loi. — Inst. gén. 11 janv. 1808, nº 362; 6 juin 1809, nº 433; 10 déc. 1809, nº 499; — Despréaux, vº *Conservateur*, nº 9; Hervieu, vº *Conservateur*, nº 8.

112. — Jugé, toutefois, que la transcription d'un acte translatif de propriété n'est pas nulle pour avoir été faite un jour férié, aucune loi n'en ayant prononcé la nullité. — *Cass.*, 18 fév. 1808, Guillot c. La Béraudière.

113. — Il sera placé, dit l'art. 39 (L. 21 vent. an VII) dans chaque bureau de la conservation des hypothèques un tableau dressé en trois colonnes. La première contiendra, par ordre alphabétique, les noms des communes de l'arrondissement. — La deuxième désignera l'ancien arrondissement dont chacune d'elles fait partie. — La troisième indiquera dans quel bureau de la nouvelle organisation hypothécaire auront été déposés les registres des inscriptions et transcriptions antérieures à la mise en activité et relatives à chaque commune. — Circul. 7 juin 1809; — Hervieu, vº *Conservateur*, nº 7.

114. — Les conservateurs doivent avoir le nombre nécessaire *de bons commis* pour que toutes les parties du service soient toujours tenues au courant et dans le plus grand ordre; les commis doivent d'ailleurs rester étrangers à toute discussion avec les contribuables, et ne rien recevoir d'eux à titre de prompte expédition ou autrement. — Instr. gén. 16 oct. 1810, nº 494; — Despréaux, vº *Conservateur*, nº 5; Hervieu, vº *Conservateur*, nº 11.

§ 4. — *Traitement, remises et salaires des conservateurs.*

115. — L'art. 15, L. 21 vent. an VII, portait: Le traitement des préposés à la conservation des hypothèques est réglé ainsi qu'il suit: 1º ils auront sur la recette des droits d'hypothèque, jointe aux autres recettes dont ils sont chargés, les remises accordées sur les droits d'enregistrement et autres par le tarif compris en l'art. 9, L. 14 août 1793.

116. — Aux termes du décret du 25 mai 1810 et d'une ordonnance royale du 8 déc. 1819, le traitement des conservateurs sur la remise ordinaire a été ainsi fixé: sur les premiers 10,000 fr. de recettes, 8 %; de 10,000 fr. à 50,000 fr., 5 %; de 50,000 fr. à 150,000 fr., 2 %; de 150,000 fr. à 300,000 fr., 1 %; de 300,000 fr. à 700,000 fr., 1/2 %; au-dessus de 700,000 fr. indéfiniment, 1/4 %.

117. — Ces remises ne sont allouées qu'aux conservateurs qui réunissent d'autres attributions. Ces préposés ne peuvent prétendre au minimum fixé par le décret du 23 mai 1810. — Baudot, *Tr. des formalités hypoth.*, nº 1606; Hervieu, vº *Conservateur*, nº 23.

118. — Quant aux conservateurs qui n'ont que la conservation des hypothèques pour attribution, ils jouissent d'une remise de 2 % sur le montant des recettes qu'ils font annuellement pour le trésor. — Ord. 24 fév. 1832; — Despréaux, vº *Conservateur*, nº 42; Hervieu, vº *Conservateur*, nº 23.

119. — Outre ces remises, les salaires des conservateurs pour les fonctions dont ils sont chargés, sont payés ainsi qu'il suit:

120. — ... 1º Pour l'enregistrement et la reconnaissance des dépôts d'actes de mutation pour être transcrits, ou de bordereaux pour être inscrits, 25 cent. — Décr. 21 sept. 1810.

121. — ... 2º Pour l'inscription de chaque droit d'hypothèque ou privilége, quel que soit le nombre des créanciers, si la formalité est requise par le même bordereau, 1 fr. — Décr. 21 sept. 1810.

122. — Il n'est payé qu'un seul droit d'inscription pour chaque créance, quel que soit d'ailleurs le nombre des créanciers requérans et celui des débiteurs grevés. — L. 21 vent. an VII, art. 21.

123. — De même, il n'est dû qu'un salaire pour l'inscription d'un bordereau contenant plusieurs créances, s'il y a unité de créanciers et de débiteurs. — Décis. min. 9 juill. 1809.

124. — ... 3º Pour chaque inscription faite d'office par le conservateur en vertu d'un acte translatif de propriété, soumise à la *transcription*, 1 fr. — Décr. 21 sept. 1810.

125. — Il est prescrit aux conservateurs de ne percevoir qu'un *seul salaire d'un franc* lorsqu'une inscription d'office comprend, outre le vendeur, des prêteurs de fonds et des créanciers auxquels il a été fait des délégations dans le contrat de vente. — Décis. minis des fin. 10 août 1834.

126. — ... 4º Pour chaque déclaration, soit de changement de domicile, d'époque d'exigibilité ou de subrogation, soit de tous les deux par le même acte, 50 c. — Décr. 21 sept. 1810.

127. — Le conservateur requis de faire en marge d'une inscription mention d'une subrogation, n'est pas fondé à exiger, outre le salaire de 50 centimes, un salaire d'un franc, pour relater cette formalité sur la grosse du titre que le requérant lui représente. — *Cons. d'état.*, 10 sept. 1811; instr. génér., 19 oct. 1811, nº 547.

128. — ... 5º Pour chaque radiation d'inscription, 1 fr. — Décr. 21 sept. 1810.

129. — L'accomplissement d'une même formalité ne peut donner lieu à un cumul de salaires, (avis cons. d'ét., 16 sept. 1811); dès-lors, la radiation et le certificat qui l'atteste ne donnent lieu qu'à un seul salaire. Mais le droit serait dû pour le nouveau certificat qui serait requis pour constater la radiation. — Instr. gén. 19 oct. 1811, nº 494.

130. — ... 6º Pour chaque extrait d'inscription ou certificat, qu'il n'en existe aucune, 1 fr. — Décr. 21 sept. 1810.

131. — Le tableau des salaires des conservateurs a paru, à la cour royale d'Angers, susceptible de modification sur quelques points. « Nous citerons notamment, a-t-elle dit, les certificats attestant qu'il n'existe aucune inscription. Le préposé perçoit un franc pour chaque nom sur lequel portent ses recherches; quand le nombre en est assez limité, cet émolument ne dépasse pas de justes bornes, mais, dans le cas contraire, les investigations des parties deviennent trop dispendieuses. Nous estimerions que, par exemple, tout certificat qui contient plus de cinq noms ne fût payé, au delà de ce nombre, que 50 centimes au lieu d'un franc pour chaque individu désigné dans l'état. » — *Docum. sur le rég. hyp.* publiés par ordre de M. Martin (du Nord), garde des sceaux, t. 3, p. 500.

132. — Tout extrait d'inscription doit être délivré avec les modifications, telles que mentions de subrogation, radiations partielles, changement d'élection de domicile, et il n'est dû qu'un seul droit pour le tout. — Inst. gén. 19 oct. 1811, nº 902.

133. — Un avis du conseil d'état, du 10 sept. 1811, porte que tout certificat de clôture mis à la suite d'un état pour attester que les inscriptions délivrées sont seules subsistantes ne donne ouverture à aucun salaire, mais que, lorsque l'état est requis sur plusieurs individus, dont les uns se trouvent grevés de charges hypothécaires, et dont les autres ne le sont pas, il y a lieu, indépendamment du salaire d'un franc par chaque extrait d'inscription contenu dans l'état, de percevoir le droit de certificat négatif à raison d'un franc par chacun des individus sur lesquels il est attesté qu'il n'existe aucune inscription. — Despréaux, vº *Conservateur*, nº 46; inst. gén., 19 oct. 1811, nº 547.

134. — Il faut entendre l'avis du conseil d'état du 10 sept. 1811, en ce sens que le conservateur ne peut cumuler deux salaires, mais choisir celui des salaires exigible en raison du nombre des grevés, quand celui dû par extraits d'inscription se trouve moins élevé. — Despréaux, nº 46.

135. — Beaucoup de conservateurs ont eu l'ha-

bitude d'expédier à toute personne déposant un contrat, pour le transcrire, le relevé des inscriptions grevant le bien au jour de la remise de l'acte à leurs bureaux, et un nouvel état des mêmes charges à l'expiration de la quinzaine. Depuis cette époque, presque jamais cette délivrance de deux certificats n'est dans l'intérêt des acquéreurs. La cour royale d'Angers insiste pour que cette pratique vexatoire soit entièrement extirpée dans les localités où elle peut exister encore.— *Docum. sur le rég. hyp.*, publiés par ordre de M. Martin (du Nord), garde des sceaux, t. 3, p. 500.— L'administration supérieure avait, au surplus, depuis longtemps donné des instructions conformes à ce que vient de réclamer récemment la cour royale d'Angers. En effet, l'instruction générale n° 530 porte que le second état ne doit pas comprendre les inscriptions qui figurent au premier, mais seulement celles qui sont survenues durant cette quinzaine, et que le conservateur ne doit pas percevoir, sur ce second état qui n'est que supplémentaire, le droit d'un franc par individu non grevé.

136. — Le droit d'un franc par chaque individu non grevé est dû sur l'état sur exposition pour la purge des hypothèques légales; cet état ne doit pas non plus comprendre les inscriptions qui ont déjà été délivrées dans l'état sur transcription. — Délib. 18 mars 1818.

137. — Les conservateurs des hypothèques doivent, dans les certificats d'inscriptions qu'ils délivrent, omettre celles qui, n'ayant pas été renouvelées dans les dix ans, sont périmées de droit, —Ils peuvent être contraints à supprimer celles de ces inscriptions qu'ils ont comprises dans leur état, et à la restitution des droits qu'ils ont perçus à cette occasion. — *Paris*, 21 janv. 1814, Petit c. Tupigny; —Troplong, *Comment. sur les hypoth.*, t. 3, n° 717.

138. — Cependant, si une expresse réquisition leur est adressée relativement à cette délivrance, il leur est dû un salaire pour chaque extrait. — Décis. min., 13 sept. 1819; décis. min. just. 24 sept. 1819; instr. gén. 24 oct. 1819, n° 902.

139. — ... 7° Pour la transcription de chaque acte de mutation par rôle d'écriture du conservateur contenant vingt-cinq lignes à la page et dix-huit syllabes à la ligne, 1 fr.— Décr. 21 sept. 1810. — Depuis la loi du 28 avr. 1816, le papier employé pour les registres de transcription et des procès-verbaux de saisies étant plus grand que le papier qui était en usage au moment du décret de 1810, chaque rôle doit maintenant contenir soixante-dix lignes et chaque page trente-cinq lignes, de sorte, qu'on suivant la proportion, d'après le taux fixé par le décret du 21 sept. 1810, il est alloué pour un rôle qui est aujourd'hui de soixante-dix lignes, 1 fr. 40 cent.

140. — Les droits de transcription sont acquis irrévocablement au trésor par le fait du dépôt du contrat, et la partie ne peut retirer son titre et se dispenser de payer les droits, si le dépôt est inscrit sur les registres du conservateur. L. 21 vent. an VII, art. 3 et 17; C. civ., art. 2203. — *Cass.*, 10 avr. 1833, Regnard c. enregistrement et conservateur des hypothèques d'Arcis.—Le droit de transcription est considéré comme le salaire d'une formalité; c'est pourquoi, lorsque la transcription d'une licitation a été requise par erreur, le droit perçu par le conservateur n'est pas restituable. — V. Délib. 15 mai 1829; déc. min. fin., 31 août 1829, et le *Dict. des droits d'enreg.*, v° *Transcription*, n° 23.

141. — Les conservateurs des hypothèques, n'étant pas juges de la nécessité de la transcription des actes, ne peuvent ni refuser de revêtir de la formalité les actes dont la transcription est requise, ni se dispenser de percevoir les droits dus en conséquence, C. civ., art. 2199. — Ainsi, lorsqu'il résulte du cahier des charges dressé pour la vente d'immeubles appartenant à une société, que les associés vendeurs ont reconnu que, dans leur intérêt, le jugement était de nature à être transcrit, et que, par suite, ils ont imposé à l'adjudicataire du plus fort lot l'obligation de faire transcrire pour tous les adjudicataires, c'est avec raison que le conservateur a, sur la réquisition de transcription faite par un des adjudicataires étrangers, perçu le droit de transcription sur les lots adjugés à quelques uns des associés, bien que ceux-ci n'eussent pas requis la formalité. L. 28 avr. 1816, art. 54. — *Cass.*, 26 avr. 1843, t. 2 1843, p. 75, enregistr. c. Rohaut.

142. — ... 8° Pour chaque certificat de non transcription d'actes de mutation, 1 fr. — Décr. 21 sept. 1810.

143. — La cour royale d'Angers, à propos des certificats que doivent délivrer les conservateurs, a dit : Le tarif des salaires des conservateurs fixe bien un droit pour certificat de non-transcription d'un acte de mutation, mais il garde le silence sur le certificat qui aurait pour objet de constater uniquement la transcription d'un contrat d'aliénation par tel à tel. Cependant, l'intérêt des citoyens exige que, sans être astreint à faire les frais de la copie entière d'un contrat, on puisse s'assurer qu'il a été transcrit aux hypothèques. Pour éviter tout refus d'un pareil certificat, nous voudrions que cette pièce fût expressément relatée au nombre de celles qui peuvent être requises du conservateur. — *Docum. sur le régime hypoth.*, publiés par ordre de M. Martin (du Nord), garde des sceaux, t. 3, p. 499.

144. — ... 9° Pour les copies collationnées des actes déposés ou transcrits dans les bureaux des hypothèques, par rôle d'écriture du conservateur contenant vingt-cinq lignes à la page et dix-huit syllabes à la ligne, 1 fr.— Décr. 21 sept. 1810.

145. — ... 10° Pour chaque duplicata de quittance, 25 c. — Décr. 21 sept. 1810.

146. — ... 11° Pour la transcription de chaque procès-verbal de saisie immobilière et de chaque exploit de dénonciation de ce procès-verbal au saisi, par rôle d'écriture du conservateur contenant vingt-cinq lignes à la page et dix-huit syllabes à la ligne, 1 fr.—Décr. 21 sept. 1810 et tarif du 10 oct. 1841.

147. — ... 12° Le décr. 21 sept. 1810 allouait en outre pour l'enregistrement de la dénonciation de la saisie immobilière au saisi et la mention qui en est faite en marge du registre, 1 fr. — V. SAISIE IMMOBILIÈRE.

148. — Mais, aux termes de l'art. 678, nouveau C. procéd., le procès-verbal de saisie immobilière et l'exploit de dénonciation sont transcrits simultanément et donnent, proportionnellement à leur étendue, lieu au droit alloué au n° 146.

149. — ... 13° Pour l'enregistrement de chaque exploit de notification de placards aux créanciers inscrits (C. procéd. civ. de 1807, art. 696), tenant lieu de l'inscription des exploits de notification des procès-verbaux d'affiches, le décret du 21 sept. 1810 allouait 1 fr. 11 c. Le même salaire est attribué par l'art. 2 du tarif, 10 oct. 1841, pour la mention des deux notifications prescrites par les art. 691 et 692 C. procéd.

150. — ... 14° Pour chaque extrait d'inscription ou mention qu'il n'en existe aucune (Arg. de l'art. 692 C. procéd. civ.). 1 fr. —Tarif 10 oct. 1841, art. 2.

151. — ... 15° Pour l'acte du conservateur constatant son refus de transcription en cas de précédente saisie, 1 fr. — Décr. 21 sept. 1810 et tarif 10 oct. 1841, art. 2.

152. — ... 16° Pour la radiation de la saisie immobilière, 1 fr. — Décr. du 21 sept. 1810 et tarif 10 oct. 1841, art. 2.

153. — ... 17° Pour la mention du jugement d'adjudication, 1 fr. — Tarif du 10 oct. 1841, art. 2.

154. — ... 18° Pour la mention du jugement de conversion, 1 fr. — Tarif 10 oct. 1841, art. 2.

155. — Depuis la loi du 28 avril 1816 et par suite de l'ordonnance royale du 1er mai 1816, art. 1er, les conservateurs des hypothèques sont tenus de porter en recette pour le compte du trésor royal, la moitié des salaires fixés par le n° 7 du tableau annexé au décret du 21 sept. 1816 pour la transcription des actes de mutation. — Cette moitié des salaires produit remise au conservateur comme recette ordinaire. — Délib. 4 sept. 1816.

156. — L'employé qui remplit l'intérim d'un conservateur n'a pas droit aux salaires, lorsque ce dernier lui a souscrit une déclaration par laquelle il s'est interdit d'exercer aucun recours contre lui, à raison de sa gestion temporaire. — Délib. de la rég. 5 oct. 1832.

157. — Les états et certificats requis par l'administration, par les comptables ou leurs cautions, sont exempts du salaire des conservateurs (Circ. 2034), ainsi que les inscriptions prises par les procureurs du roi dans divers cas, sauf le recours contre les débiteurs, s'il y a lieu. —Solut. 28 pluv. an IX, et décr. 18 juin 1811, art. 124 et 125.

158. — Deux décisions du ministre des finances, des 24 juill. 1837 et 16 nov. 1843, enjoignent aux conservateurs de n'exiger aucun salaire pour les actes relatifs aux expropriations pour utilité publique, dans les cas où les acquisitions sont faites pour le compte de l'état et à la charge du budget général, et quelle que soit la participation des départemens à la dépense.

159. — Deux décisions ministérielles, des 25 mai 1825 et 31 mars 1826, avaient fixé le salaire des conservateurs sur les états délivrés à l'administration pour la transcription des actes d'acquisition pour travaux publics, et aux communes pour la confection des chemins, à un franc, sans autres droits, quel que fût le nombre des vendeurs ou anciens propriétaires non grevés.

160. — D'après l'art. 58, § 2, L. 3 mai 1841, il n'est perçu aucun droit pour la transcription au bureau des hypothèques des actes translatifs de propriété en matière d'expropriation pour utilité publique.

161. — Jugé toutefois que cet article ne dispense pas les concessionnaires de travaux publics du paiement de la moitié de ce droit formant le salaire des conservateurs des hypothèques. — *Cass.*, 25 fév. 1846 (t. 1er 1846, p. 260), comp. du chemin de fer de Rouen c. enregistr.

162. — L'art. 58 précité ajoute : Les droits perçus sur les acquisitions amiables faites antérieurement aux arrêtés du préfet, sont restitués lorsque dans le délai de deux ans, à partir de la perception, il sera justifié que les immeubles acquis sont compris dans ces arrêtés. — La restitution des droits ne pourra s'appliquer qu'à la portion des immeubles qui aura été reconnue nécessaire à l'exécution des travaux.

163. — Les salaires dus pour les formalités hypothécaires sont payables comptant et d'avance aux conservateurs. — L. 21 vent. an VII, art. 27; C. civ., art. 2155; Despreaux, v° *Conservateur*, n° 43.

164. — Toutefois, lorsqu'il s'agit de formalités hypothécaires qui intéressent l'état, le trésor ou un département pour cause d'utilité publique, les conservateurs ne peuvent exiger que leurs salaires soient payés au moment ou immédiatement après l'accomplissement des formalités. En matière d'expropriation pour utilité publique, leurs salaires sont acquittés sur un mandat délivré au préfet. — Instr. gén. 4 sept. 1834, n° 1463.

165. — Les conservateurs doivent, sur les actes ou certificats remis aux parties, libeller, dater et signer les quittances de droits; ils ne doivent pas confondre les droits perçus au profit du trésor avec ceux du timbre des registres et des salaires. Il faut aussi donner quittance du timbre de la reconnaissance de dépôt lorsqu'elle a été delivrée. Enfin, il est de leur intérêt de parapher les feuilles des états d'inscription qu'ils délivrent et celles des actes transcrits ; ils doivent également, pour leur sûreté personnelle, constater et parapher les renvois existans dans leurs états ou dans les actes revêtus d'une formalité hypothécaire. — Hervieu, v° *Conservateur*, n° 21.

166. — Les salaires des conservateurs ayant été fixés par le décret du 21 sept. 1810, ils ne peuvent en réclamer d'autres. — Instr. gén., 16 oct. 1810, n° 494; 19 oct. 1811, n° 547; — Despréaux, n° 47.

167. — Les conservateurs sont obligés d'afficher dans un endroit apparent de leurs bureaux, le tableau de leurs salaires. — Circ. de l'ad. dom. 7 juin 1809.

168. — Le conservateur des hypothèques doit examiner avec attention les actes qui sont présentés à la transcription et les bordereaux d'inscription, afin d'éviter des erreurs dans la liquidation des droits. — Hervieu, v° *Conservateur*, n° 15.

169. — Les droits perçus indûment doivent être restitués aux intéressés: mais les conservateurs ne sont tenus d'effectuer les restitutions que les employés supérieurs auraient ordonnées, que sur l'autorisation du directeur de leur département. — Circul. de la comptab. des fin., n° 14; — Despréaux, v° *Conservateur*, n° 20.

170. — Le directeur de département ne doit approuver la restitution que sur le vu d'une copie certifiée par le conservateur, tant de l'enregistrement que de l'ordre de restitution donné par l'employé supérieur. Cette copie et l'ordre de restitution, certifiée par le comptable et revêtue du visa du directeur, est destinée à justifier la dépense. Elle doit par conséquent être jointe au mandat de paiement. — Hervieu, v° *Conservateur*, n° 24.

171. — Les conservateurs doivent tenir registres de leurs salaires, et y porter article par article, jour par jour, et ordre de numéro, les salaires qu'ils perçoivent ; cependant ils ne sont tenus de porter qu'à la fin de chaque mois et en une seule ligne, 1° le nombre des articles portés pendant ce mois aux registres de dépôt des bordereaux à inscrire et des actes de mutations à transcrire, en outre, en indiquant le montant total des salaires de ces articles ; — 2° le nombre des inscriptions faites pendant le mois et la totalité des salaires dus pour ces inscriptions. — Voici des exemples des articles à passer à la fin de chaque mois :

Enregistrement de dépôts faits pendant le mois: 100 articles à 0 fr. 25 c., ci. . . . . . . 25 fr.

Inscriptions pendant le même mois, 80 à 1 fr., ci. . . . . 80 fr.

Quant à tous les autres salaires les conservateurs les portent sur leurs registres, jour par jour, article par article. — Si pendant le courant du mois, il a été enregistré des actes ou bordereaux concernant le trésor ou le département, il en est

nécessairement fait déduction. — Tout conservateur qui se permettrait des omissions ou déguisemens au sujet des salaires inscrits sur son registre, et qui en serait convaincu, serait destitué. — Despréaux, v° *Conservateur*, n° 48.

172. — Les actes et procès-verbaux soumis à la transcription ne doivent être inscrits au registre des salaires qu'après l'accomplissement de la transcription; mais ils doivent l'être aussitôt que cette formalité est remplie.

173. — Les conservateurs doivent indiquer en marge de chaque transcription le montant des salaires auxquels elles ont donné lieu et le numéro du registre-journal sous lequel ces salaires ont été portés en recette; ils doivent, en outre, faire mention au registre des salaires de la date, du numéro de la transcription et du nombre des lignes employées pour l'accomplissement de cette formalité. — Inst. gén. 31 août 1833, n° 1433.

174. — En matière d'hypothèques, comme en matière d'enregistrement, la régie peut poursuivre par voie de contrainte, et les conservateurs, dans ce cas, ont qualité pour intervenir, et poursuivre, par la même voie, les droits dus au fisc. — *Cass.*, 10 avr. 1833, Regnard c. enregistr. et conserv. des hypth. d'Arcis.

175. — M. Hervieu (*Résumé de jurispr. hyp.*, v° *Conservateur*, n° 27) et M. Despreaux (*Dict. gen. des hyp.*, v° *Conservateur*, n° 33) émettent l'opinion que le conservateur, comme tout autre fonctionnaire public qui charge, à raison de ses fonctions, un huissier de poursuivre des redevables, n'est pas tenu personnellement des frais dus à cet huissier, et que le mandat donné en cette circonstance ne donne pas lieu à l'action personnelle contre le mandant. La cour de Cassation (par arrêt du 24 mars 1835, Matrieu c. Marty) l'a, en effet, jugé en ce sens dans une espèce où il s'agissait d'un receveur de l'enregistrement; mais la règle posée pour les conservateurs que les droits et salaires sont payables d'avance nous paraît dicter à leur égard une règle différente, dans le cas où c'est par leur négligence que les droits n'ont pas été préalablement acquittés et qu'il y a lieu de recourir à des poursuites du ministère d'un huissier.

176. — Les conservateurs qui n'ont pas d'autres attributions peuvent ne faire leurs versemens que tous les dix jours, lorsqu'ils ont entre les mains une somme moindre de 500 fr. — Décis. min. fin. 25 juin. 1829, rapportée dans l'Inst. gén. 8 juill. 1829, n° 1283. — Despréaux, v° *Conservateur*, n° 11; Hervieu, v° *Conservateur*, n° 28.

§ 5. — *Responsabilité. — Domicile. — Compétence. — Procédure.*

177. — Les conservateurs des hypothèques sont soumis à une double responsabilité : 1° envers l'état; 2° envers les particuliers. Nous avons dit *suprà* (n°s 29 et s.) comment le législateur avait assuré l'effet de cette responsabilité par la prestation d'un double cautionnement.

178. — La responsabilité des conservateurs envers l'état se réfère d'abord à l'exercice matériel et comptable de leurs fonctions, et sous ce rapport, ils sont régis par les art. 2202 et 2203, C. civ.

179. — L'art. 2202 est ainsi conçu : « Les conservateurs sont tenus de se conformer, dans l'exercice de leurs fonctions, à toutes les dispositions des art. 2196 à 2201, C. civ., à peine d'une amende de 200 à 1,000 fr. pour la première contravention, et de destitution pour la seconde, sans préjudice des dommages-intérêts des parties, lesquels seront payés avant l'amende.

180. — L'amende infligée en vertu de l'art. 2202 est indépendante des dommages-intérêts et sujette au décime. — Despréaux, v° *Conservateur*, n° 25.

181. — La faculté de droit de Caen a proposé d'étendre la pénalité de l'art. 2203, non pas seulement aux contraventions contre les art. 2196 à 2201, C. civ., mais contre toutes les dispositions de tout le titre 18, liv. 3, C. civ., des *Priviléges et hypothèques*. — *Documens relatifs au régime hypothécaire*, publiés par ordre de M. Martin (du Nord), garde des sceaux, t. 3, p. 505.

182. — L'art. 2203, C. civ., est ainsi conçu : « Les mentions de dépôt, les inscriptions et transcriptions sont faites sur les registres de suite, sans aucun blanc ni interlignes, à peine contre le conservateur de 1,000 à 2,000 fr. d'amende et des dommages-intérêts des parties, payables aussi par préférence à l'amende. »

183. — La destitution dont l'art. 2202 contient la menace est prononcée par le gouvernement et non par les tribunaux. Il eût été plus logique, puisqu'il s'agit de la répression d'une infraction, de laisser le soin d'appliquer la peine de la destitution aux tribunaux qui déjà avaient eu à appliquer la peine de l'amende.

184. — Les conservateurs sont aussi responsables envers l'état des recettes qu'ils font pour son compte. Ils sont, pour ce qui concerne leur comptabilité à raison de leurs recettes, soumis aux mêmes règles que les autres comptables de l'administration.

185. — La responsabilité des conservateurs envers les particuliers se traduit en dommages-intérêts, et cette responsabilité est celle qui pèse le plus lourdement sur les conservateurs, puisqu'elle peut les obliger parfois à payer les sommes considérables que les droits hypothécaires ont souvent pour objet de conserver.

186. — La responsabilité est encourue par le conservateur, non seulement quand il y a de sa part intention de causer un préjudice, mais encore quand il y a omission involontaire, retard, inexactitude ou irrégularité dans l'accomplissement des formalités hypothécaires.

187. — Ainsi si les blancs et les interlignes dans les mentions de dépôt des titres, dans les inscriptions ou les transcriptions, sont les moins graves des infractions des conservateurs, il en peut néanmoins résulter, dans plus d'un cas, un préjudice dont la réparation incombe au conservateur.

188. — En matière d'inscription hypothécaire, le défaut d'inscription sur les registres, du bordereau déposé par le créancier, le retard, l'inexactitude dans la copie du bordereau, peuvent faire perdre à une partie le rang et la préférence auxquels elle a droit.

189. — Les mêmes préjudices peuvent découler de l'inexactitude commise dans les certificats dont la délivrance est requise, et surtout des omissions commises dans l'état des inscriptions. Le prêteur, l'acquéreur qui, sur la foi de l'attestation délivrée par le conservateur, ont cru n'avoir à traiter qu'avec un nombre déterminé de créanciers, sont évidemment lésés, quand inopinément il se révèle un créancier sur les droits antérieurs duquel ils n'avaient pas dû compter.

190. — Sous la loi du 11 brum. an VII, d'après laquelle la propriété n'était transférée vis-à-vis des tiers qu'après la transcription, l'état des inscriptions que délivrait un conservateur sur la transcription d'une vente, devait comprendre les inscriptions qui auraient été prises sur le vendeur même avant une précédente transcription, à peine, par le conservateur, de répondre de tous les dommages-intérêts des créanciers omis. — *Paris*, 9 messid. an XII, Dambremé c. Heudelet.

191. — En matière de transcription d'un titre translatif de propriété, le défaut de cette formalité, le retard à l'exécuter, l'inexactitude dans la copie du titre, peuvent exposer l'acquéreur à voir s'augmenter les charges grevant l'immeuble acquis, l'obliger à payer ainsi deux fois son prix, ou le jeter dans de longues formalités, et amener ainsi de graves irrégularités dans les procédures nécessitées par l'exercice du droit hypothécaire.

192. — La radiation d'une inscription hypothécaire irrégulièrement opérée peut entraîner aussi pour le créancier un grave préjudice.

193. — Selon M. Hervieu (v° *Conservateur*, n° 25), le conservateur doit obtempérer à l'acte extrajudiciaire qui lui défend de procéder à la radiation d'une inscription. Il n'est pas juge, en pareil cas, de la validité d'un tel acte.

194. — Mais il importe d'ajouter que le conservateur qui s'est refusé à radier une hypothèque doit supporter les dépens de l'instance si sa résistance est déclarée mal fondée. — *Rouen*, 13 janv. 1845 (t. 1er 1845, p. 369), Héritiers Devieux c. Virts.

195. — Si les peines d'amende et même de destitution peuvent être encourues par le conservateur à raison de l'existence seule d'une infraction à ses devoirs, on conçoit que sa responsabilité envers les particuliers n'est pas toujours également engagée, et que les dommages-intérêts, en cette matière comme dans tous les cas où ils peuvent être dus, doivent se proportionner au préjudice éprouvé par la partie lésée.

196. — Jugé que la responsabilité du conservateur est restreinte au dommage que l'omission peut causer au créancier. — C. civ., art. 2150 et 2197. — *Bordeaux*, 24 juin 1813, Moulinard c. Pouyadon; — Hervieu, *Résumé de jurisp. hypoth.*, v° *Responsabilité*, n° 6; Persil, *Régime hypoth.*, t. 2, art. 1297, n° 3; Grenier, *Traité des hypoth.*, n° 533; Troplong, *Hypoth.*, t. 4, n° 1001; Duranton, t. 10, n° 427.

197. — Par conséquent, quand un ordre est mal à propos ouvert par celui auquel une inscription a été indûment délivrée par le conservateur, il doit être condamné à supporter les frais de cette mauvaise procédure et à les restituer à ceux qui en ont fait les avances. — *Orléans*, 17 juill. 1818, Herpin c. Julienne.

198. — Dans quel esprit doit être appréciée la faute du conservateur relativement à sa responsabilité envers des particuliers? Selon M. Grenier (t. 2, n° 52) et selon M. Troplong (t. 4, n° 101), les conservateurs sont soumis à une responsabilité dont les conséquences peuvent être si considérables qu'il faut apporter un juste tempérament dans l'application des lois qui les concernent. Nous ne saurions nous ranger à cette opinion qui, en favorisant les conservateurs, pourrait avoir pour résultat de laisser des particuliers exposés à un préjudice dont ils n'ont pu se garantir, puisque la vérification matérielle du registre leur est interdite. Le conservateur reçoit un salaire pour l'accomplissement de ses fonctions, et dès-lors sa responsabilité doit être plus étroite. La faute ou la négligence du conservateur une fois bien avouée, les parties lésées doivent être tenues indemnes de tout préjudice.

199. — L'immeuble à l'égard duquel le conservateur aurait omis dans ses certificats une ou plusieurs des charges inscrites, en demeure, sauf la responsabilité du conservateur, affranchi dans les mains du nouveau possesseur, pourvu qu'il ait requis ce certificat depuis la transcription de son titre. — C. civ., art. 2198.

200. — Ainsi l'art. 2198, C. civ., bien que conçu en termes généraux, doit être restreint au cas où l'acquéreur a rempli les formalités nécessaires pour purger l'immeuble hypothéqué. — *Bruxelles*, 3 mars 1815, Dubrencq c. Cornélis. — Telle paraît être aussi l'opinion de Tarrible (*Rép.*, v° *Transcription*, § 7, n° 13), Delvincourt (t. 3, p. 165, note 3e), Persil (*Régime hypoth.*, sur l'art. 2198, n°s 1er et 2), et Troplong (*Comment. sur les hypoth.*, t. 4, n° 1004).

201. — Si l'acquéreur avait requis le certificat des inscriptions grevant l'immeuble avant d'avoir fait transcrire son titre, on comprend que le créancier dont l'inscription aurait été omise n'éprouverait le plus souvent aucun préjudice puisqu'il conserverait toujours le droit de suite. L'acquéreur seul aurait pu être lésé, si s'étant libéré de son prix sur la foi du certificat du conservateur il se voyait obligé de payer une seconde fois.

202. — Aussi a-t-il été jugé que l'immeuble, à l'égard duquel le conservateur a omis dans son certificat une ou plusieurs des charges inscrites, n'en est pas affranchi dans les mains du nouveau possesseur, si le certificat a été requis antérieurement à la transcription du titre; mais le conservateur n'en est pas moins responsable du préjudice résultant de l'omission, bien que ce certificat ait été requis *avant* la transcription. — C. civ., art. 2198. — *Grenoble*, 21 août 1822, Chauvin c. Girard.

203. — Décidé avant le Code de procédure dont l'art. 834 a accordé aux créanciers hypothécaires la faculté de s'inscrire dans la quinzaine de la transcription, que l'omission faite par le conservateur des hypothèques de l'inscription d'un créancier, par suite de dissemblances dans les prénoms et le domicile du débiteur, opère l'affranchissement de l'immeuble grevé, en telle sorte que le créancier est irrévocablement déchu du droit de surenchérir, et qu'il en serait de même, bien que le créancier omis par le conservateur eût fait, dans le mois de la délivrance du certificat du conservateur, notifier son inscription à l'acquéreur qui a soldé le prix de son acquisition. — *Paris*, 2 pluv. an XIII, Stuber c. Biers; *Cass.*, 9 niv. an XIV, Biers c. Hubert.

204. — Si, depuis le Code de procédure, le certificat contenant l'omission est postérieure à la transcription, mais que le délai de quinzaine depuis cette formalité ne soit pas écoulé, le créancier pourra profiter de ce laps de temps accordé par l'art. 834, C. procéd., pour échapper à la déchéance qui le menaçait. Le conservateur lui-même pourrait, dans le certificat délivré après la quinzaine de la transcription, réparer son omission, et le créancier passé une première fois sous silence, pourrait ainsi ressaisir son droit de suite et son droit d'exercer la surenchère; mais après la quinzaine de la transcription, l'immeuble serait complétement affranchi.

205. — Néanmoins d'après l'art. 2198, C. civ., les créanciers dont les inscriptions ont été omises par le conservateur, ont encore le droit de se faire colloquer suivant l'ordre qui leur appartient, tant que le prix n'a pas été payé par l'acquéreur, ou tant que l'ordre fait entre les créanciers n'a pas été homologué. De là, il suit que le créancier omis serait non-recevable s'il se présentait, 1° après le réglement amiable arrêté entre les créanciers, (C. procéd., art. 749); 2° après la clôture inté-

grale de l'ordre prononcée en l'absence de toutes contestations par le juge commissaire; 3° après la clôture partielle de l'ordre pour les créances colloquées antérieurement à celles qui sont l'objet des contredits (C. procéd., art. 758). Dans ce cas le créancier omis peut, relativement aux créances contestées, pour lesquelles l'ordre est encore ouvert, intervenir même en appel, et agir pour faire reconnaître ses droits jusqu'au règlement définitif de collocation qu'arrête le juge commissaire après la décision qui a statué souverainement sur les contredits.

206. — Néanmoins, la garantie à laquelle donne lieu, au profit de l'ancien acquéreur, l'omission faite par le conservateur, demeure suspendue jusqu'à ce qu'il ait été établi par un ordre définitif, précédé d'examen et de contredits (même de la part du conservateur), que le créancier dont l'inscription a été omise serait en ordre utile, et que l'acquéreur ne peut, par aucun moyen quelconque, se procurer la restitution des sommes indûment payées. — *Grenoble*, 21 août 1822, Chauvin c. Girard, et Girard c. Perrard; — Persil, *Régime hypoth.*, sur l'art. 2198, nos 3 et 4; Grenier, t. 2, n° 441.

207. — Si, au lieu d'avoir été seulement omise par le conservateur, une inscription avait été viciée de nullité par sa faute, le créancier n'aurait plus de rang parmi les créanciers hypothécaires, et il ne lui resterait que son recours contre le conservateur.

208. — Lorsque, par suite d'une irrégularité commise par un conservateur, une inscription est annulée, le conservateur peut cependant échapper à toute garantie et responsabilité, en prouvant qu'indépendamment du fait qui lui est reproché, l'inscription est entachée d'une nullité imputable au créancier. Il y a alors chez le créancier un défaut d'intérêt qui peut lui être opposé en tout état de cause.—V., par exemple, *Cass.*, 4 avr. 1810, Fasciaux c. le conservateur des hypothèques de Bruxelles.

209. — L'art. 2197, C. civ., a encore affranchi les conservateurs de la responsabilité que leur impose le défaut de mention dans leurs certificats d'une ou de plusieurs des inscriptions existantes, lorsque, dans ce dernier cas, ils prouvent que l'erreur provient de désignations insuffisantes qui ne peuvent leur être imputées, et qui se rapportent soit à la personne du débiteur, soit à l'immeuble hypothéqué. — V. aussi *Paris*, 10 août 1837 (t. 2 1837, p. 446), Dudin c. Philippot et Lapin.

210. — L'inscription que, dans l'état délivré après la transcription, le conservateur omet parce que le contrat de vente transcrit n'énonce pas les noms vulgaires du vendeur, sous lesquels il était le plus connu, doit être rayée. — Le conservateur qui a été induit en erreur par la différence des noms, et auquel aucune faute ne peut être reprochée, n'est pas garant de cette omission. — *Paris*, 5 déc. 1810, Courrault c. Audou, de Lavalette et Mille.

211. — — Mais le créancier dont l'inscription est ainsi rayée par suite du dol de son débiteur a droit d'obtenir contre celui-ci une condamnation à titre de dommages-intérêts et *par corps*, pour une somme égale au montant de sa créance, principal, intérêts et frais. — Même arrêt. — Persil, *Régime hypoth.*, sur l'art. 2197, n° 1er; Rolland de Villargues, v° *Conservateur des hypothèques*, t. 4, n° 1000; Grenier, t. 2, n° 53.

212. — Quelque différence entre les énonciations de l'inscription et celles du contrat de vente ne suffit pas pour justifier l'omission de l'inscription dans le certificat du conservateur des hypothèques, si cette différence néanmoins laisse bien apercevoir l'identité des personnes et des immeubles.— *Paris*, 13 fév. 1813, Comynet c. Larcher; — Grenier, *Hypoth.*, t. 2, n° 53; Troplong, *Hypoth.*, t. 4, nos 1000 et 1001.

213. — Le conservateur des hypothèques auquel une partie intéressée demande la délivrance d'un certificat des inscriptions frappant sur un propriétaire qu'elle ne désigne que par l'un de ses prénoms, peut être déclaré responsable, s'il omet de mentionner dans son certificat d'autres inscriptions frappant sur le même propriétaire désigné par d'autres prénoms, alors d'ailleurs que l'identité ne pouvait être douteuse.—On dirait en vain, dans ce cas, pour relever le conservateur de la responsabilité résultant de l'art. 2197 du code, que l'erreur est provenue de désignations insuffisantes. — *Cass.*, 8 mai 1843 (t. 2, 1843, p. 60), Orieulx, c. Varlot.

214.— Il est responsable des conséquences d'une radiation mal à propos opérée par suite d'une erreur qu'il avait commise dans le bordereau par lui rendu au créancier. — *Cass.*, 18 juill. 1838 (t. 2, 1838, p. 491), David c. Gullin; — Persil, *Comm.*, n° 2197; Troplong, *Hyp.*, t. 4, n° 1000; Rolland de Villargues, v° *Conservateur des hypothèques*; Grenier, *Hyp.*, n° 440.

215. — Toutefois les effets de cette responsabilité peuvent être tempérés, en ce que le créancier porteur du bordereau rendu aurait été à même de découvrir l'erreur et de la faire rectifier. — *Grenoble*, 23 juin 1836, sous *Cass.*, 18 juill. 1838 (t. 2 1838, p. 491), David c. Gullin.

216. — En matière d'inscription, lorsque le débiteur ou le vendeur porte un nom commun à plusieurs familles, le conservateur ne doit pas délivrer à l'acquéreur qui fait transcrire, les inscriptions existant dans son bureau, sur tous les individus portant le même nom, quoique leurs prénoms soient donnés à l'ancien propriétaire, dans l'acte de vente. — Le conservateur, dans ce cas, n'est pas responsable, à l'égard du créancier qui a mal énoncé dans son inscription les prénoms de son débiteur, du défaut de mention de cette inscription dans le certificat délivré à l'acquéreur, après la transcription. —*Cass.*, 25 juin 1821, Petit c. Depréseau; —Troplong, *Comment. sur les hyp.*, t. 4, n° 1000; Grenier, t. 2, n° 53.

217. — La déclaration écrite par le conservateur des hypothèques en marge d'une inscription dans un certificat sur transcription, et par laquelle cette inscription a été rejetée d'une manière générale et absolue, a pour effet d'effacer légalement ladite inscription du certificat, et de remettre les choses dans le même état que si elle n'y eût jamais été portée, alors même qu'en comparant les diverses énonciations de l'inscription avec les motifs du rejet, l'acquéreur eût pu reconnaître que le conservateur était dans l'erreur. — La loi n'oblige pas l'acquéreur à faire un pareil examen et à se rendre juge des déclarations du conservateur. Le certificat délivré par celui-ci fait sa règle. — Toutefois, le conservateur n'est responsable que jusqu'à concurrence de la somme qui eût été allouée au créancier dans l'ordre.—Le conservateur n'est, en pareil cas, fondé à exercer aucun recours contre les intéressés dont les observations ont déterminé la déclaration en question, si ces observations ont été faites sans fraude. — *Caen*, 16 mars 1842 (t. 2 1842, p. 601), Michel c. Daufresne.

218.— Une cour royale qui reconnaît que la mention apposée par un conservateur des hypothèques en marge d'une inscription, dans un certificat sur transcription, énonçait faussement que cette inscription ne frappait pas un immeuble vendu, et qui constate que cette mention a dû entraîner le rejet absolu de ladite inscription, peut déclarer le conservateur responsable jusqu'à concurrence de la somme qui eût été allouée au créancier dans l'ordre, sans que son arrêt tombe sous la censure de la cour de Cassation.—*Cass.*, 11 juill. 1843 (t. 2 1843, p. 218), Michel c. Daufresne.

219. — Jugé de même qu'une cour royale peut déclarer un conservateur des hypothèques responsable, lorsque son refus de radier une inscription prise pour sûreté d'une rente due à une femme mariée sous le régime dotal, et dont elle a reçu le remboursement, n'est fondé sur aucun doute sérieux, et que la condamnation qu'elle prononce dans ces circonstances par l'interprétation des actes et l'appréciation des faits ne saurait donner ouverture à cassation. — *Cass.*, 11 juill. 1843 (t. 2 1843, p. 219), Michel c. Morel.

220.—Le conservateur ne pourrait se faire, contre la responsabilité résultant d'une omission, une arme de l'irrégularité de l'inscription, dans le cas où la créance omise serait seule ou serait la dernière des créances inscrites; car personne n'ayant eu intérêt ou qualité pour la contester, elle eût été colloquée en ordre utile.

221. — Lorsque deux bordereaux d'inscription hypothécaire, l'un régulier, l'autre irrégulier, ont été remis au conservateur, et que celui-ci a fait l'inscription sur son registre, d'après le bordereau irrégulier, et remis l'autre régulier au créancier hypothécaire, si la créance vient à être rejetée de l'ordre, à raison du vice de l'inscription, le conservateur est garant de ce rejet envers le cessionnaire porteur de la créance, qui a été étranger au vice du bordereau.— Mais le conservateur, de son côté, a un recours contre le créancier hypothécaire qui lui a remis le bordereau irrégulier, et qui par conséquent a été la cause première du vice de l'inscription prise d'après ce bordereau. Lors même qu'il existerait une autre cause de nullité, ce créancier ne serait point dispensé de réparer le dommage résultant, par son fait, du rejet de la demande en collocation. — *Cass.*, 17 nov. 1824, Souheyraud c. Bachelard;—Troplong, t. 4, n° 1001; Grenier, t. 2, n° 53.

222.— Mais, dans une espèce semblable, il a été jugé que le conservateur ne peut se soustraire à la responsabilité du préjudice qu'il a porté au créancier en faisant une inscription irrégulière, sur le fondement qu'il a été induit en erreur par le bordereau qui lui était resté et auquel il s'était conformé dans cette inscription.— *Angers*, 16 août 1826, Blanchet et Lieutaud c. Mondain.—Et la cour de Cassation a décidé que la cour royale d'Angers avait pu, sans contrevenir formellement à aucune loi, se fonder sur ces faits pour déclarer le conservateur responsable du préjudice qu'il a porté au créancier en faisant une inscription irrégulière, encore que le conservateur avait opposé qu'il avait été induit en erreur par le bordereau qui était resté entre ses mains, et auquel il s'était conformé dans l'inscription.—*Cass.*, 29 avr. 1829, Lieutaud c. Blanchet.

223. — Lorsque dans un acte de main-levée, le notaire a énoncé par erreur le numéro d'une autre inscription que celle à radier, militant au profit du même créancier contre le débiteur, le conservateur des hypothèques qui a opéré la radiation de l'hypothèque a pu être déclaré responsable avec le notaire quand la lecture entière de l'acte de main-levée a pu lui faire apercevoir l'espèce d'erreur qu'il contenait. — *Lyon*, 13 avr. 1832; sous *Cass.*, 19 avr. 1836, Guyon c. Travers et Charbogne.

224. — Le notaire et le conservateur des hypothèques doivent, dans ce cas, être condamnés solidairement. — Même arrêt.

225. — Le conservateur des hypothèques poursuivi en garantie pour avoir omis dans une inscription une formalité qui en entraîne la nullité, ne peut se prévaloir de ce que la radiation des inscriptions annulées avait été consentie et effectuée par suite d'une distribution faite à l'amiable entre les créanciers inscrits, dans la fausse opinion que l'ordre n'aurait pas lieu. — Dans cette hypothèse, et lorsque la nullité de l'inscription résulte du défaut de mention de l'époque de l'exigibilité de la créance, le conservateur n'est pas dégagé de toute responsabilité, par cela seul que la radiation volontaire de l'inscription est antérieure à la loi du 4 sept. 1807, qui accordait un délai de six mois pour rectifier les inscriptions où cette mention avait été omise. — *Cass.*, 22 avr. 1818, Gussin c. Jobal.

226. — La demande adressée au conservateur de faire connaître l'état des inscriptions qui grèvent un immeuble ne renferme pas implicitement celle de faire connaître les transcriptions de donations ou autres qui frappent le même immeuble.—Le conservateur qui, sur une telle demande, ne comprend pas ces transcriptions dans l'état qu'il délivre, n'est pas responsable du tort que l'ignorance de cette transcription a pu causer. — *Cass.*, 18 mars 1835, Lemonnier et Leduc c. Prévost; — Bioche et Goujet, *Dict. de procéd.*, v° *Inscription hypothécaire*, n° 104.

227. — Le conservateur des hypothèques n'étant pas le juge du mérite des inscriptions, est tenu de les délivrer dans ses états telles qu'elles existent sur ses registres, et c'est à tort qu'on l'assignerait en réduction sous le prétexte que quelques unes ont été irrégulièrement conservées en ce que, par exemple, elles auraient été prises sur un cohéritier devenu étranger à l'immeuble par suite de la licitation. — *Angers*, 9 fév. 1827, Lieutaud c. Cemain.

228. — Jugé de même dans une espèce où l'immeuble vendu n'avait point été compris dans le lot d'un cohéritier, mais où ce dernier figurait dans l'établissement de propriété de l'acte de vente transcrit, comme ayant été partie à l'acte de partage. — C. civ., art. 2196, 2197; — *Paris*, 11 janv. 1845 (t. 1er 1845, p. 114), Ardant du Picq c. Lefortier; 9 août 1845 (t. 1er 1846, p. 110), Ardant du Picq c. Lecomte.

229.—Nous avons vu (*suprà* n° 16), que le conservateur est responsable de l'employé qui le remplace momentanément, en cas d'empêchement.

230.—Aux termes de l'art. 53, L. 11 frim. an VII, le conservateur qui, par suite de sa responsabilité, était obligé de désintéresser un créancier omis, était de plein droit subrogé aux droits de ce créancier. La même décision doit résulter, selon MM. Sebire et Carteret (*Encycl. du dr.*, v° *Conservateur*, n° 79), de l'art. 1251 3°, puisque le conservateur est tenu avec le débiteur à payer le créancier inscrit.

231.—Lorsqu'après la remise faite par un créancier de son bordereau, ou après la délivrance d'un état d'inscription, le conservateur découvre des erreurs commises par lui-même, il peut en faire la rectification en opérant sur ses registres une nouvelle inscription conforme aux bordereaux qui lui ont été remis par le créancier. Cette nouvelle inscription ne doit avoir d'autre date que celle courante; elle doit être accompagnée d'une note relatant l'inscription qu'elle a pour but de

rectifier; et toutes les fois qu'on demande au conservateur un extrait de l'inscription rectifiée, il doit délivrer en même temps un extrait de la première et de la dernière inscription. — Av. cons. d'état, 11 nov. 1810. — Turin, 16 mars 1811, Berutti c. Bacchi ; — Hervieu, *Résumé de jurispr. hyp.*, n° 16.

232. — Les dommages-intérêts dont la condamnation est prononcée contre le conservateur sont payables sur son cautionnement par préférence aux amendes encourues. — C. civ., art. 2202 et 2203. — La contrainte par corps peut, en outre, être prononcée pour en assurer le recouvrement. — C. procéd., art. 126.

233. — La durée de la responsabilité des conservateurs des hypothèques, à raison de leurs fonctions, a été restreinte, par la loi du 21 vent. an VII, au délai de dix ans après la cessation de leurs fonctions. — On ne doit pas faire de distinction entre les biens affectés au cautionnement et les autres biens libres du conservateur. — *Cass.*, 22 juill. 1816, Lemarié c. Robers.

234. — Mais il importe d'ajouter que l'action en garantie contre le conservateur des hypothèques, pour raison d'une inscription dont la nullité lui est imputée, n'est pas prescrite après dix ans de la date de l'inscription, lorsque d'ailleurs il ne s'est pas écoulé dix ans depuis la cessation des fonctions du conservateur. — *Cass.*, 2 déc. 1816, Mariette c. Clément.

235. — *Domicile et compétence.* — Les préposés à la conservation des hypothèques ont domicile dans le bureau où ils remplissent leurs fonctions pour les actions auxquelles leur responsabilité donnera lieu. Ce domicile est de droit ; il dure aussi long-temps que la responsabilité des préposés. Toutes les poursuites à cet égard pourront être dirigées contre eux, quand même ils seraient sortis de place ou contre leurs ayant-cause. — L. 21 vent. an VII, art. 9.

236. — Les parties qui ont un recours à exercer contre un ancien conservateur décédé, doivent l'assigner, non pas à l'ancien domicile de ce conservateur remplacé, mais au bureau où il remplissait ses fonctions. — *Rouen*, 7 nov. 1826, Berrubé c. Palpray ; — Grenier, *Hypoth.*, t. 2, p. 478 ; Troplong, *Des hypoth.*, t. 4, n° 1003.

237. — Les poursuites dirigées contre un ancien conservateur, à raison d'une omission par lui commise dans une inscription, peuvent être, au gré des parties lésées, portées devant le tribunal du domicile réel du conservateur, ou devant le tribunal du lieu où il exerçait ses fonctions. — *Bruxelles*, 1 mai 1820, Faucheux c. Pluchart.

238. — Le créancier dont l'inscription a été omise dans l'état délivré à l'acquéreur qui appelle le conservateur en garantie, incidemment à l'action en déclaration d'hypothèque formée contre le détenteur. — *Liége*, 13 juin, 1808, Bassompierre c. Lemarié.

239. — Par conséquent, sans tentative de conciliation. — *Liége*, 30 juin 1810, Bassompierre c. Lemarié ; — Grenier, t. 2, n° 536 ; Troplong, n° 1003 ; Hervieu, *Résumé de Jurisprud. hypoth.*, v° Conservateur, n° 29.

240. — Jugé, au contraire, qu'un conservateur des hypothèques n'est tenu de répondre des faits de sa gestion que devant le juge de l'arrondissement de son bureau, et il ne peut être distrait, sous prétexte d'une action en garantie, qui n'est contre lui qu'une action principale en dommages-intérêts. Ainsi lorsque, qu'une contestation relative aux irrégularités reprochées à un état d'inscriptions hypothécaires, la mise en cause du conservateur est ordonnée, celui-ci ne peut être distrait des juges de son bureau par la demande en garantie dirigée contre lui. — *Paris*, 28 mars 1814, de Lassac c. Lecordier ; — Troplong, *Comment. sur l'hypoth.*, t. 4, n° 1003.

241. — *Procédure.* — La forme exceptionnelle de procédure établie pour les contestations relatives aux droits d'enregistrement ne peut être appliquée à l'instruction d'une instance entre des particuliers et un conservateur des hypothèques. — *Bruxelles*, 11 juin 1812, Levasseur c. Labarre d'Esqueline. — Déciss. min. fin. et just., 2 déc. 1807, et 21 mai 1809; inst. gén., 22 nov. 1820, n° 959.

242. — On serait autrement si l'instance s'engageait sur des faits relatifs à la réception des titres à établir au profit du trésor pour les formalités hypothécaires. — Instr. de la régie, n° 359, et Inst. gén. 11 janv. 1808, n° 362.

243. — Cependant, lorsqu'un conservateur, forcé de recevoir, acquitte les droits dus au trésor pour une transcription, il ne peut agir par voie de contrainte contre le notaire qui a déposé l'acte au bureau des hypothèques. — *Bourges*, 27 mars 1829, Vidoche c. Masle.

244. — Les contestations entre les particuliers

et les conservateurs des hypothèques doivent être jugées sur plaidoiries et en audience publique, toutes les fois qu'il ne s'agit pas de perception de droits. — Spécialement, un conservateur des hypothèques, assigné pour voir ordonner la radiation d'une inscription, n'est pas fondé à demander que l'instance soit instruite par mémoire et jugée à la chambre du conseil, comme en matière d'enregistrement. — *Orléans*, 19 janv., 1827, Bouchot c. Dorbis ; — Grenier, *Traité des hypothèques*, n° 536.

245. — La faculté de droit de Caen a demandé qu'il fût déclaré que tous les jugemens qui interviendraient en vertu des articles 2202 et 2203 fussent toujours susceptibles d'appel, attendu qu'on ne doit pas refuser au conservateur le recours accordé aux notaires. — L. 25 vent. an XI, art. 53. — *Docum. relatifs au régime hypoth.*, publiés par ordre de M. Martin (du Nord), garde des sceaux, t. 3, p. 505.

246. — La compétence commerciale établie par l'art. 654, C. comm., s'applique aux billets souscrits par des conservateurs d'hypothèques. — V. COMPÉTENCE COMMERCIALE.

V. au surplus ENREGISTREMENT, HYPOTHÈQUE, TIMBRE.

CONSERVATEUR DES FORÊTS.

1. — Agent investi de l'autorité supérieure dans chacune des trente-deux conservations forestières, dans lesquelles se divise le territoire de la France suivant le tableau annexé à l'ordonnance du 1er août 1827.

2. — Les nominations des conservateurs des forêts sont faites, par le roi, sur la présentation du ministre des finances ; ces nominations sont toujours faites parmi les agens du grade immédiatement inférieur qui auront au moins deux ans d'exercice dans ce grade. — Ord. 1er août 1827, art. 12.

3. — La destitution appartient à la même autorité qui est chargée des nominations ; cependant le directeur général des forêts peut, dans les cas d'urgence, suspendre et remplacer provisoirement les agens qui ne sont pas nommés par lui, à charge d'en rendre compte immédiatement au ministre des finances. — Ord. 1er août 1827, art. 1er.

4. — Les conservateurs eux-mêmes peuvent, dans les mêmes cas, suspendre provisoirement de leurs fonctions les gardes généraux et les préposés sous leurs ordres ; mais à charge d'en rendre compte immédiatement au directeur général. — Ord. 1er août 1827 , art. 38.

5. — A la différence des autres agens forestiers qui ne correspondent qu'avec le chef de service sous les ordres duquel ils sont placés immédiatement , les conservateurs des forêts correspondent directement avec la direction générale et avec les autorités supérieures des départemens. — Ord. 1er août 1827, art. 45. — Ainsi au moyen de la correspondance des préposés et agens subalternes avec les chefs de service, de ceux-ci avec le conservateur et de cet officier supérieur avec la direction générale, tout parvient au centre, le ministre des finances ayant la haute administration des forêts.

6. — Les conservateurs des forêts ne peuvent être poursuivis devant les tribunaux qu'en vertu d'une autorisation accordée par le roi en conseil d'état. — Ord. 1er août 1827, art. 89.

7. — Le conservateur autorise les adjudications de glandée, panage et paisson dans les cantons où elles peuvent avoir lieu sans nuire au repeuplement et à la conservation des forêts. Il autorise aussi les adjudications des chablis, des arbres abattus ou rompus par les vents, les orages ou tous autres accidens, ainsi que les adjudications des bois provenant de délits de recépages, d'élagage ou d'essartement, qui n'auraient pas été vendus sur pied en coupes, dans les adjudications des coupes, et généralement tous autres menus marchés. — Ord. 1er août 1827, art. 400, 401, 402, 403.

8. — Lorsqu'il est intenté contre l'état une action qui tient à la propriété d'un bois domanial, le conservateur doit se concerter, avec le préfet et les préposés de l'administration des domaines, pour rechercher et préparer les moyens de défense à opposer à l'action à propos de laquelle le préfet a seul qualité pour défendre. — Instr. du 16 mai 1821.

9. — Pour de plus amples détails sur les attributions de ces agens, V. FORÊTS.

CONSERVATOIRE (Acte).

V. ACTE CONSERVATOIRE.

CONSERVE (Voyage de).

1. — On appelle ainsi la convention que font plusieurs capitaines de navire de ne pas s'abandonner, soit pendant leur voyage, soit depuis tel point jusqu'à tel autre, afin de se prêter secours mutuel ou de se défendre contre leurs ennemis communs ou contre l'ennemi de l'un d'eux.

2. — Le plus considérable des navires ou, en cas d'égalité, celui que monte le plus ancien capitaine, est désigné pour commander et porte le nom de *navire directeur*. — Pardessus, *Droit comm.*, n° 656.

3. — La convention de voyager en conserve est une véritable société dans laquelle les forces des navires, les soins, les secours et le courage de chacun des équipages forment la mise respective. — Pardessus, *ibid.*

4. — Dès-lors, le capitaine qui ne ferait pas son devoir dans le cas d'attaque ou de danger d'un des navires associés, serait passible de dommages-intérêts. — Pardessus, *ibid.*

5. — Il en serait de même de celui qui abandonnerait le convoi sans une cause légitime, si, par son absence, il était arrivé quelque perte que sa présence eût pu empêcher. — Pardessus, *ibid.*

6. — Du reste, c'est par les conventions particulières des parties, ou, s'il n'y en a pas de spéciales, par les circonstances, qu'on doit se décider. — Pardessus, *ibid.*

7. — Un capitaine ne peut refuser de marcher de conserve si les armateurs le lui ont ordonné. S'il n'a point reçu d'instruction à ce sujet, et que les dangers qu'il n'existaient pas ou n'étaient pas connus à son départ, lui fissent sentir l'utilité d'une telle association, il a droit de la former après en avoir fait constater la nécessité par les principaux de l'équipage. — Pardessus, *ibid.* — V. CAPITAINE DE NAVIRE.

CONSERVES ALIMENTAIRES (Marchands).

Patentables de troisième classe. — Droit fixe basé sur la population, et droit proportionnel du vingtième de la valeur locative de l'habitation et des lieux servant à l'exercice de la profession.

CONSIGNATAIRE.

C'est celui qui reçoit une consignation. — En matière de commerce, on désigne ainsi celui à qui des marchandises sont envoyées, soit pour les recevoir à titre d'acheteur, de dépositaire ou de commissionnaire. — V. ASSURANCE MARITIME, CAPITAINE DE NAVIRE, COMMISSIONNAIRE, COMMISSIONNAIRE DE TRANSPORTS, CONNAISSEMENT.

CONSIGNATION.

Table alphabétique.

Saisie-exécution, 19, 44.
Saisie immobilière, 15, 25, 38.
Scellé, 21.
Sommation, 25, 43, 47, 50 s.
Somme, 59.
Succession bénéficiaire, 21.
Terme, 32.
Vente mobilière, 20, 44 s.

CONSIGNATION. — 1. — Dépôt entre les mains de fonctionnaires publics ou autres personnes désignées par le juge, soit des deniers, soit des objets dont un débiteur veut se libérer.

2. — Le terme de *consignation* s'applique encore à d'autres opérations particulières dont il est parlé en leur lieu, mais qui sont étrangères au présent article.

3. — Telle est la consignation des alimens d'un débiteur qu'on fait incarcérer, et qui a lieu entre les mains du gardien ou geôlier de la prison. — C. procéd., art. 791 et 803. — V. EMPRISONNEMENT.

4. — Les frais de transport pour une descente sur les lieux sont consignés au greffe. — C. procéd., art. 301. — V. DESCENTE SUR LIEUX.

5. — En matière de commerce, les commerçans déposent des marchandises en consignation chez d'autres commerçans. — V. CONSIGNATAIRE.

6. — La consignation dont nous nous occupons ici est volontaire ou forcée.

7. — La consignation est volontaire toutes les fois qu'elle n'est ni ordonnée par la justice, ni prescrite par la loi.

8. — Elle est forcée quand elle est prescrite par la loi ou ordonnée par la justice, ou bien encore quand le débiteur qui veut se libérer ne peut le faire à cause des saisies-arrêts, oppositions ou autres obstacles qui empêchent le créancier de recevoir.

§ 1er. — *De la consignation volontaire* (no 9).

§ 2. — *De la consignation forcée* (no 17).

§ 3. — *Comment et où doit être faite la consignation* (no 33).

§ 4. — *Des effets de la consignation* (no 65).

—

§ 1er. — *De la consignation volontaire.*

9. — En règle générale, tout débiteur ou détenteur de deniers qui veut se libérer ou se décharger de la responsabilité d'une somme d'argent peut la consigner, à moins que cette faculté ne lui ait été interdite. — Bloche et Goujet, *Dict. de procéd.*, vo *Consignation*, no 15.

10. — En pareil cas, le débiteur est presque toujours tenu de faire précéder sa consignation d'offres réelles faites au créancier. Comme alors la consignation se lie aux offres, et qu'elles ont des effets communs, nous traiterons ce qui concerne ces deux mots sous un même article. — V. OFFRES RÉELLES.

11. — Toute personne obligée par la loi ou par jugement à fournir caution, a la faculté de donner en place un nantissement en argent; elle consigne alors à la caisse la somme suffisante. — C. civ., art. 2041; C. procéd., art. 167; C. inst. crim., art. 117. — Cette option appartient au rendant compte (autre que le tuteur) qui se reconnaît reliquataire. — C. procéd., art. 542; ord. 3 juill. 1816, art. 2, no 2.

12. — Aujourd'hui, la consignation n'est indispensable que lorsqu'elle est prescrite par le cahier des charges de l'adjudication. Hors ce cas, l'adjudicataire reste nanti du prix jusqu'à la clôture de l'ordre. Les bordereaux de collocation délivrés aux créanciers (C. procéd., art. 771) sont exécutoires contre lui; ce qui ne pourrait avoir lieu s'il était tenu de consigner. — Merlin, *Rép.*, vo *Consignation*, no 5; Toullier, t. 7, no 213.

13. — En conséquence doit être considérée comme volontaire, et non comme forcée, la consignation faite par l'acquéreur d'un bien de mineur, vendu en justice, sans expropriation, lorsque d'ailleurs il n'y a point d'ordre établi entre les créanciers, et que le dépôt n'a pas été valablement ordonné par la justice. — *Paris*, 18 juin 1825, Corbin c. Beaude de la Vieuville.

14. — Avant le Code, le débiteur d'un prix d'immeuble n'a pu, alors même qu'il existait entre ses mains des oppositions immobilières, être considéré comme dépositaire dans les termes de la loi du 23 sept. 1793, et comme forcé, à ce titre, de verser le montant de son prix dans la caisse de la trésorerie. — Le dépôt qu'il a fait de ce prix en vertu d'un jugement qui l'y a autorisé a dû être réputé purement volontaire. — Dès-lors il n'a pu avoir lieu avant l'expiration de la huitaine à partir de ce jugement, alors même que, par une clause de l'adjudication, l'acquéreur aurait été autorisé à déposer sur-le-champ, s'il n'a pas usé de cette faculté. — *Cass.*, 6 fructid. an XI, Bechet.

15. — La vente des immeubles saisis faite par le saisi depuis la transcription de la saisie reçoit son exécution si, avant l'adjudication, l'acquéreur consigne somme suffisante pour acquitter en principal, intérêts et frais, ce qui est dû aux créanciers, ainsi qu'au saisissant, et s'il leur signifie l'acte de consignation. — C. procéd., art. 687.

16. — La consignation peut être faite sans offres précédentes et sans y appeler le créancier, quand il s'agit d'effets négociables par endossement ou payables au porteur, et dont le propriétaire est inconnu. La loi du 6 thermid. an III, qui prescrit les règles à suivre en pareil cas, est toujours en vigueur. — Ord. 3 juill. 1816, art. 2, no 1er; — Toullier, t. 7, no 208; Duranton, t. 12, no 212; Rolland, *Rep.*, vo *Consignation*, no 12; Pardessus, *Dr. commerc.*, nos 216. — V. LETTRE DE CHANGE.

17. — Il ne faut pas confondre avec la consignation volontaire une espèce de prêt volontaire fait par les particuliers, et que la caisse des consignations est autorisée à recevoir. — V. CAISSE DES CONSIGNATIONS, no 56 et suiv.

§ 2. — *De la consignation forcée.*

18. — La consignation est prescrite aux officiers publics, détenteurs de deniers dans plusieurs cas, savoir : 1o aux gardes du commerce, huissiers, geôliers, en matière d'emprisonnement. — Ord. 3 juill. 1816, art. 2, nos 3 et 4. — V. EMPRISONNEMENT.

19. — 2o Aux huissiers, en matière d'offres réelles. — C. procéd., art. 814, et ord. 3 juill. 1816, art. 2, no 1er. — V. OFFRES RÉELLES. — Et de saisie-exécution. — C. procéd., art. 590; même ord., art. 2, no 7. — V. SAISIE-EXÉCUTION.

20. — 3o Aux commissaires-priseurs, greffiers, huissiers, notaires, en matière de vente mobilière. — C. proc., art. 657, 660; ord. 3 juill. 1816, art. 2, no 8. — V. VENTE MOBILIÈRE.

21. — Quand des sommes existent ou ont été recouvrées dans une succession bénéficiaire, le tribunal, sur la demande des créanciers ou de l'un d'eux, en ordonne la consignation (ord. 3 juill. 1816, art. 2, no 12), à moins que l'héritier bénéficiaire ne donne caution; il peut alors se cautionner lui-même sur ses immeubles. Et l'ordonnance du 3 juill. 1816 n'a apporté aucun changement aux principes du Code civil sur ce point. — *Aix*, 28 nov. 1831, Guien. — V. SUCCESSION BÉNÉFICIAIRE.

22. — Si, lors d'une apposition de scellés ou d'un inventaire, il se trouve des deniers comptans, le président, sur le référé provoqué par le juge de paix, ordonne la consignation des deniers. — Ord. 3 juill. 1816, art. 2, no 7. — Le juge de paix doit suivre cette marche, en cas de difficultés au sujet de ces deniers comptans (C. procéd., art. 921), ou lorsque les circonstances l'exigent. Le récépissé délivré par la caisse est alors inventorié avec les autres titres de la succession ou de la faillite. — Bloche et Goujet, *Dict. de procéd.*, vo *Consignation*, no 25.

23. — En matière de faillite, les deniers provenant des ventes et recouvremens doivent, sous la déduction des sommes arbitrées par le juge-commissaire pour le montant des dépenses et frais, être immédiatement consignés. — L. 28 avr. 1838, art. 489. — V. FAILLITE.

24. — Quand un tiers saisi est frappé d'opposition, et que les opposans ne peuvent pas s'entendre dans le délai d'un mois, il consigne dans la huitaine suivante les sommes dont il est reconnu débiteur. — C. procéd., art. 657; ord. 3 juill. 1816, art. 2, no 8. — Ce délai d'un mois court du jour de la signification qui lui est faite du jugement qui fixe ce qu'il doit rapporter. — Même ord., art. 8. — La consignation ne serait pas forcée, si tout en fixant ce que doit rapporter le tiers saisi, le jugement n'ordonnait pas cette consignation. — Bloche et Goujet, *Dict. de procéd.*, vo *Consignation*, no 31.

25. — Les fruits de l'immeuble saisi, immobilisés depuis la transcription par suite d'opposition, peuvent être consignés à la réquisition des locataires et fermiers ou sur la sommation des créanciers. — L. 2 juin 1841, art. 685; ord. 3 juill. 1816, art. 2, no 9. — V. SAISIE IMMOBILIÈRE.

26. — La consignation peut également être ordonnée quand l'adjudicataire de biens immeubles vendus sur saisie immobilière, bénéfice d'inventaire, cession de biens, faillite, n'est pas autorisé à conserver le prix entre ses mains, et ce, sur la demande d'un ou plusieurs créanciers. — C. procéd., art. 657; ord. 3 juill. 1816, art. 2, no 8.

27. — Bien que l'adjudicataire soit tenu de consigner par le cahier des charges, il en est valablement dispensé si tous les créanciers y consentent; en ce cas, ils conservent leurs hypothèques sur les immeubles vendus. — Merlin, *Rép.*, vo *Consignation*, no 10; Bloche et Goujet, *Dict. de procéd.*, vo *Consignation*, no 29. — Toutefois, il faut que tous les créanciers soient majeurs et maîtres de leurs droits. — Rolland, *Rép.*, vo *Consignation*, no 43.

28. — La consignation est encore ordonnée sur la demande de l'adjudicataire lui-même ou de tout autre acquéreur ou débiteur qui ne saurait se libérer immédiatement que par cette voie, et qui craint qu'une consignation volontaire ne soit contestée. — Toullier, *Dr. civ.*, t. 7, no 215; Rolland, *Rép.*, vo *Consignation*, no 45; Bloche et Goujet, *Dict. de procéd.*, vo *Consignation*, no 30.

29. — La consignation d'un adjudicataire n'en reste pas moins une consignation forcée, pour avoir été faite après les délais fixés par le jugement d'adjudication. — *Toulouse*, 22 nov. 1820, Laporte c. Faure.

30. — Sous l'empire du décr. 13 sept. 1790, le versement du prix d'une acquisition fait à la caisse du district, à la charge d'oppositions, était réputé consignation forcée. — *Cass.*, 12 frim. an X, Deshaires c. Durieux.

31. — Lorsque l'adjudicataire d'un navire ne paie pas aux ayant-droit, dans les vingt-quatre heures, le prix de son adjudication, ce prix doit être consigné sans frais, à peine de contrainte par corps. — C. comm., art. 209; ord. 3 juill. 1816, art. 2, no 4. — V. NAVIRE.

32. — Le débiteur à terme ou sous condition ne peut être obligé, par le mauvais état des affaires de son créancier, de verser le montant de sa dette à la caisse d'amortissement, avant l'échéance du terme ou l'événement de la condition. — *Paris*, 20 sept. 1810, Chaboud c. Johannot.

§ 3. — *Comment et où doit être faite la consignation.*

33. — Les formes de la consignation varient, suivant qu'elle est volontaire ou forcée, selon la nature de la chose que doit livrer le débiteur, et enfin selon les obligations que lui imposent la loi ou la convention.

34. — La consignation qui suit les offres réelles a des formes tracées dans les art. 1257 et suiv., C. civ., et que nous analyserons sous le mot OFFRES RÉELLES. — Ce sont là les règles générales auxquelles il faut se reporter, dans le silence la loi, et toutes les fois que l'application de ces règles est compatible avec l'espèce de consignation dont il s'agit. — V. OFFRES RÉELLES.

35. — Ce n'est qu'aux consignations volontaires que s'appliquent les formalités exigées en matière de consignation, telles que les offres réelles et la consignation. Quant aux consignations forcées, par exemple, celles imposées aux adjudicataires, il suffit que les deniers déposés soient en sûreté, et ne passent point entre les mains du vendeur, au préjudice de ses créanciers. — *Toulouse*, 22 nov. 1820, Laporte c. Fauré.

36. — Les adjudicataires des biens d'un failli, qui veulent se libérer, après avoir rempli les formalités prescrites pour purger, sont dispensés de faire des offres réelles au vendeur, et des sommations aux créanciers inscrits, conformément aux art. 1258 et 1259, C. civ. — *Cass.*, 11 mai 1825, Dyvrande c. Delondre.

37. — L'acquéreur d'un immeuble frappé d'inscriptions hypothécaires n'est pas tenu de faire précéder la consignation de son prix d'offres réelles au vendeur; l'existence de ces inscriptions étant un obstacle à ce que le vendeur puisse toucher le prix. — *Bordeaux*, 28 mars 1833, Merlet c. Cato.

38. — La consignation du prix d'adjudication d'un immeuble saisi est valable, quoique non précédée d'offres réelles ni de sommation, soit au saisi, soit aux créanciers, à l'effet d'y assister. — *Bordeaux*, 22 juin 1836, Bertrand c. Cazaubon.

39. — Les formalités prescrites par les art. 1257 et suiv., C. civ., pour les offres réelles et les consignations, ne sont applicables qu'au cas où le créancier, en mesure de recevoir, refuse le paiement. — En conséquence, l'acquéreur qui consigne son prix dans le cours de l'ordre n'est pas tenu, à peine de nullité de la consignation, de la faire précéder d'offres réelles, et de notifier aux créanciers inscrits le dépôt qu'il a opéré. — Il suffit qu'avant la clôture de l'ordre, et pour la délivrance des bordereaux, l'acquéreur fasse connaître que les fonds sont à la caisse des dépôts et consignations. — *Amiens*, 20 fév. 1840 (t. 2 1841, p. 732), Hennequière c. Deviefville; *Metz*, 12 août 1845 (t. 1 1845, p. 578), Waultain et Lacretelle c. Thévenin et Wolf.

40. — Avant le Code civil, la consignation faite

à Paris par l'acquéreur, après l'obtention des lettres de ratification, devait être ordonnée par le juge en présence des créanciers opposans.—*Paris*, 25 thermid. an X, Giard c. Lego.

41. — Cette consignation était nulle lorsqu'elle avait lieu en l'absence des créanciers opposans, sans notification préalable à chacun d'eux.—*Paris*, 25 thermid. an X, Giard c. Lego; *Cass.*, 12 fructid. an XI, mêmes parties.

42. — La consignation qui a lieu par l'adjudicataire, en vertu du cahier des charges, n'est soumise à aucune formalité.— Rolland, *Rép.*, v° *Consignation*, n° 44.

43. — Lorsqu'une clause du cahier des charges a imposé à l'adjudicataire l'obligation de payer son prix aux créanciers inscrits utilement colloqués ou délégués, il n'a pu, avant qu'il n'y eût ni ordre ni délégation, faire, par un seul acte, des offres valables à la masse des créanciers et au domicile élu par une inscription d'office. Il n'a pas pu non plus les faire valablement à la partie saisie.—*Paris*, 20 août 1813, Alquier c. Desnoyers.

44. — La consignation du prix des ventes mobilières faites par suite d'une saisie-execution, n'est soumise à aucune formalité. Il suffit à l'officier public ou à l'adiudicataire de rapporter la quittance du receveur des consignations. — Rolland, *Rép.*, v° *Consignation*, n° 41.

45. — Le notaire qui a fait la vente des meubles d'une succession, et qui, du consentement de toutes les parties intéressées, a été constitué dépositaire des deniers qui en sont provenus, doit en opérer le versement dans la caisse des consignations, sur la sommation qui lui en est faite par une seule de ces parties. — En cas de refus de sa part, il doit les intérêts de la somme à dater du jour de sa mise en demeure. — *Paris*, 15 avr. 1825, Butin c. Viot; *Cass.*, 12 déc. 1826, mêmes parties.

46. — En cas de saisies-arrêts entre les mains des débiteurs, ceux-ci ne doivent pas suivre la marche tracée pour les consignations volontaires; ils ne peuvent faire d'offres réelles à la personne du créancier, qui ne peut recevoir. Le saisissant fait juger la validité de la saisie-arrêt, et ordonner la consignation. — Si le saisissant ne suit pas, le tiers-saisi peut, contradictoirement avec lui et le saisi, se faire autoriser à consigner.—Rolland, *Rép.*, v° *Consignation*, n°s 36 et 37. — V. SAISIE-ARRÊT.

47.—Lorsqu'il est dit dans un jugement d'adjudication que l'adjudicataire, aux termes de l'ord. du 3 juill. 1816, devra, sur la demande des créanciers inscrits, consigner son prix, il ne suffit pas, pour requérir contre lui la revente à la folle-enchère, que la sommation lui en ait été faite, il faut un jugement qui ordonne cette consignation. En d'autres termes, la simple sommation de consigner n'est pas valable, bien qu'on allègue que l'adjudicataire n'a point satisfait aux clauses de son contrat, ainsi qu'il est prescrit par l'art. 737 C. procéd. — *Bordeaux*, 4 mai 1832, Lagrange c. Vincent.

48. — Lorsque l'adjudicataire d'un immeuble vendu judiciairement, à qui le cahier des charges n'impose ni l'obligation de consigner son prix, ni celle de le garder, veut se libérer en consignant, il doit faire les offres réelles au vendeur; mais il ne peut en faire aux créanciers inscrits avant que la justice ait décidé dans quel ordre ils doivent recevoir. — Toullier, t. 7, n° 215; Rolland, *Rép.*, v° *Consignation*, n° 46.

49. — Si l'ordre du prix est ouvert, il doit demander la validité des offres réelles et de la consignation, en assignant tous les créanciers inscrits; toutefois, s'ils ont produit, il suffit, pour éviter des frais, que l'adjudicataire fasse, par avoué, un dire sur le procès-verbal d'ordre et requière le renvoi à l'audience, pour être, le jugement de validité des offres et de la consignation, prononcé s'il y a lieu. — Rolland, *Rép.*, v° *Consignation*, n° 47.

50. — Il n'est pas nécessaire, en ce cas, et sous peine de nullité, de sommer les créanciers *inscrits* d'être présents au dépôt. — Toullier, t. 7, n° 216; Grenier, *Hypothèq.*, n° 463.

51. — La sommation par l'acquéreur au vendeur d'être présent à la consignation du prix n'a pas besoin d'être faite au domicile réel; elle est valablement signifiée au domicile élu. — *Bordeaux*, 28 mars 1833, Meriel c. Cato.

52. — Le débiteur autorisé à consigner n'est pas tenu, à peine de nullité, d'observer les délais prescrits pour les ajournemens, dans les citations qu'il fait aux créanciers et opposans, pour être présens à la consignation. — *Cass.*, 24 juin 1812, Coche c. Bellier.

53.—Il n'est pas nécessaire de notifier au créancier et aux opposans le récépissé du receveur. — *Cass.*, 24 juin 1812, Coche c. Bellier. — Non plus que le procès-verbal de dépôt (C. civ., art. 1259, 4°). Il suffit que les deniers soient en sûreté et consignés pour obéir à justice. — Rolland, *Rép.*, v° *Consignation*, n° 49.

54. — Ce que nous venons dire est applicable à l'acquéreur, même par acte *volontaire*, qui veut se libérer, dans le cas où il existe plusieurs créanciers inscrits. — Rolland, *Rép.*, v° *Consignation*, n° 50.

55.— Pour être libératoire, la consignation doit comprendre toutes les sommes dues par le consignataire. Une consignation insuffisante dans son origine ne peut être complétée par une consignation supplémentaire. — *Metz*, 12 août 1845 (t. 2 1845, p. 578), Waultain c. Thevenin. — V. OFFRES RÉELLES.

56.—Jugé, toutefois, que dans les consignations forcées, l'omission des intérêts n'entraîne pas la nullité de la consignation du capital. — *Toulouse*, 22 nov. 1820, Laporte c. Fauré.

57.—Sous l'empire du droit écrit, une consignation devait, pour être valable, être faite entre les mains d'un officier public. — L. 9, Cod., *De solut.*; L. 19, Cod., *De usuris.*—*Cass.*, 27 fruct. an XI, Gardera c. Lacausse.

58. — Aujourd'hui, une consignation faite dans un dépôt public serait nulle si elle n'avait pas eu lieu dans celui indiqué par la loi.— *Riom*, 16 nov. 1808, Astic c. Desraymond.

59. — La consignation des sommes d'argent se fait à la caisse des dépôts et consignations. Cette caisse est chargée de toutes les attributions de l'ancienne caisse d'amortissement (l'amortissement excepté). — L. 28 avr. 1816, art. 110; ord. 3 juill. 1816, art. 1er. — V. au surplus CAISSE DES CONSIGNATIONS.

60. — La consignation du prix d'acquisition d'un immeuble doit être faite dans la caisse du receveur de l'arrondissement de cet immeuble et non dans celle du receveur du domicile du vendeur.— *Bordeaux*, 28 mars 1833, Meriel c. Cato.

61. — Une consignation faite par un adjudicataire est nulle quand elle est opérée dans un lieu autre que celui où le prix devait être payé d'après une clause du cahier des charges. — *Caen*, 6 fév. 1826, Colas-Dupart c. Dupré.

62. — Les contestations auxquelles peut donner lieu une consignation opérée dans les caisses de l'état par suite d'une vente judiciaire, sont de la compétence des tribunaux. — *Cons. d'état*, 11 févr. 1820, hospice de Mirande c. Laborde.—En effet, l'autorité administrative n'est pas compétente lorsque le gouvernement n'a pas à défendre un acte administratif.—Cormenin, *Dr. admin.*, v° *Rentes et remboursemens*, t. 2, p. 414.

63. — Par la même raison, jugé, avant la loi du 28 avr. 1816, que c'était aux tribunaux et non à l'autorité administrative à statuer sur la validité d'un dépôt fait dans la caisse du receveur de l'enregistrement, en exécution d'un ordre émané de l'autorité judiciaire. — *Cons. d'état*, 30 sept. 1814, Eon c. Dacosta.

64.—La consignation d'un corps certain ou d'une quotité de choses fongibles doit être faite dans le lieu que la justice détermine. — C. civ., art. 1264. — V. sur ce point, OFFRES RÉELLES.

§ 4. — *Des effets de la consignation.*

65.— La consignation volontaire ou forcée, faite régulièrement, libère du montant des sommes consignées celui qui en était débiteur, dépositaire ou responsable. — C. civ., art. 1257.— Les espèces consignées cessent d'être aux risques de celui qui a consigné, et les ayant-droit deviennent alors créanciers directs de la caisse des consignations. Il en serait autrement si la perte provenait du fait de celui qui a consigné. — Bioche et Goujet, *Dict. de procéd.*, v° *Consignation*, n° 80.

66. — Comme il y aurait lieu de reproduire ici la plupart des principes que nous avons analysés à propos de la consignation par suite d'*offres réelles*, nous ne pouvons que renvoyer à ce mot pour éviter double emploi. — Il faut aussi consulter le mot CAISSE DES CONSIGNATIONS, où sont plus particulièrement retracées les obligations à la charge de cette caisse.

67. — Sous l'empire du décret du 13 sept. 1790, le versement du prix d'une acquisition fait à la caisse du district, à la charge d'opposition, étant réputé consignation forcée, était par conséquent libératoire.—*Cass.*, 12 frim. an X, Deshaires c. Durieux.

68. — Lorsqu'un jugement en premier ressort a donné à un acquéreur le droit de déposer son prix à la caisse des consignations, pour le cas où, dans un délai fixé, les créanciers n'auraient pas opté entre ce dépôt et le transfert de leurs hypothèques sur un immeuble désigné, ce jugement acquiert autorité de la chose jugée, et force de chose exécutée, par la consignation faite, à défaut d'option, en présence et du consentement des créanciers, alors même que dans l'acte de dépôt il y aurait eu réserve de la part de ces derniers contre l'un d'eux, qui avait refusé l'hypothèque offerte.— Ces réserves n'ont pu avoir pour effet de conserver aux créanciers le droit d'appel contre le débiteur de ce jugement qu'ils exécutaient. — *Cass.*, 15 mars 1836, Viard c. Ducayla.

69. — Le dépôt ordonné à la caisse des consignations sur la demande du débiteur dont la libération éprouve des empêchemens n'est jamais que provisoire.—Dès-lors, un arrêt peut ordonner le retrait des sommes déposées, dans l'intérêt des parties intéressées et de leur consentement, sans porter atteinte à l'autorité de la chose jugée par un précédent arrêt qui a prescrit la consignation. — *Cass.*, 24 août 1840 (t. 2 1840, p. 448), Ducayla c. Lacoste.

70. — La partie saisie ne peut, alors que le prix d'adjudication est absorbé par les créances colloquées, s'opposer à ce que ce prix, consigné sur la demande de l'adjudicataire, soit retiré de la caisse des consignations, du consentement de tous les créanciers, dans leur intérêt commun, pour être l'objet d'un nouveau placement. — Même arrêt.

71.— Le mari d'une femme séparée de corps qui a été colloquée éventuellement pour un droit de survie non ouvert ne peut non plus s'opposer au retrait qui est demandé par les créanciers et par la femme elle-même; et les juges peuvent, à raison du dissentiment, apprécier la convenance de la demande en retrait, et l'accueillir, s'il y a lieu, sous telles conditions qu'ils jugent utiles dans l'intérêt de toutes les parties. — Même arrêt.

72. — La consignation volontaire ou ordonnée par justice est toujours à la charge des oppositions s'il en existe, en les dénonçant aux créanciers. — C. procéd., art. 817.— V. OFFRES RÉELLES.— Il n'y a point de délai fixé pour cette dénonciation. — Carré, t. 3, p. 144; Berriat, *Procéd. civ.*, p. 646, notes. — Suivant les auteurs du *Prat. franç.*, le délai n'est que de huitaine.

73. — Sous l'empire de l'édit de 1771, une consignation insuffisante n'était pas nulle à l'égard des créanciers opposans. — *Cass.*, 17 niv. an VII, Collet c. Bernard.

74. — Si le tiers saisi est libéré par la consignation, son créancier ne l'est pas à l'égard des opposans, lorsqu'il n'a pas fait procéder entre eux à la distribution de la somme consignée. Ainsi, cette somme venant à périr parce que la consignation aurait été faite en assignats, aujourd'hui sans valeur, la perte doit être supportée par le saisi. — *Cass.*, 16 juin 1813, Sorin c. Brunetière.

V. ALGÉRIE, BILLET A ORDRE, CAISSE D'AMORTISSEMENT, CAISSE DES DÉPÔTS ET CONSIGNATIONS, CAUTIONNEMENT, COMMISSIONNAIRE, EMPRISONNEMENT, OFFRES RÉELLES, PAIEMENT, TIMBRE.

CONSIGNATION D'ALIMENS.

Dépôt imposé au créancier qui exerce la contrainte par corps contre son débiteur, des sommes nécessaires à la nourriture de ce dernier pendant qu'il reste sous les verroux. — V. EMPRISONNEMENT.

CONSIGNATION D'AMENDE.

1. — Versement préalable imposé dans certains cas aux parties qui veulent exercer un recours en appel, en cassation ou en requête civile.—V. AMENDE, APPEL, CASSATION, REQUÊTE CIVILE.

2. — En matière de cassation, la loi dispense les indigens de la nécessité de consigner l'amende.— V. CASSATION, CERTIFICAT D'INDIGENCE.

3. — Cette dispense n'existe ni pour l'appel ni pour la requête civile.

CONSIGNE MILITAIRE.

1. — On appelle ainsi l'ordre donné, soit à un chef de poste par un commandant supérieur, soit à un soldat par celui qui le met en faction. Dans le premier cas la consigne est dite générale; dans le second elle est particulière.

2. — La sûreté d'un poste militaire, et souvent même, en temps de guerre, celle d'une place ou d'une armée, repose sur l'exécution fidèle des consignes; et l'on conçoit, en conséquence, que les lois militaires en aient assuré l'accomplissement par les pénalités même les plus sévères.

3. — C'est dans cet esprit que le Code militaire des 30 sept.-19 oct. 1791, dans son tit. 2, intitulé *Des délits et des peines*, a déclaré punissables de mort: 1° tout commandant d'un poste, tout ser-

gent, ainsi que la sentinelle, convaincus d'avoir transmis de fausses consignes à la place de celles par eux reçues (art. 5); — 2° le commandant d'un poste déclaré coupable de s'être écarté de la consigne (art. 8); — 3° le soldat en sentinelle ou vedette déclaré coupable d'avoir manqué à sa consigne (même article). — Toutefois, dans ces deux derniers cas, le renvoi devant la justice militaire (alors les cours martiales) n'avait pas lieu nécessairement, mais seulement si les circonstances paraissaient le renvoi.

4. — Et, à défaut de renvoi, l'art. 8 disait que le commandant du poste serait responsable envers le et l'art. 9 que le soldat serait puni par le commandant de la troupe d'une punition de discipline.

5. — Le Code pénal militaire des 12-16 mai 1793 dispose (art. 7) que tout commandant de poste qui prendra sur lui de changer la consigne *sera traduit au tribunal criminel militaire*, et que, s'il est déclaré coupable, il sera puni de mort.

6. — L'art. 8 de la même loi substitue également le renvoi obligatoire devant le tribunal militaire au renvoi purement facultatif pour le cas où un soldat en sentinelle ou en vedette n'aura pas exécuté sa consigne. — Mais il ajoute que la peine de mort ne sera prononcée que si l'inexécution de la consigne a eu des suites funestes, et que, dans le cas contraire, le tribunal ne doit appliquer que la peine de discipline.

7. — La loi du 21 brum. an V (intitulée *Code des délits et des peines pour les troupes de la république*) vint modifier, dans son art. 8, les rigueurs excessives des deux lois précédentes et en même temps les compléter sur d'autres points.

8. — Ainsi, 1° l'art. 11 de ce titre punit de deux ans de fers tout militaire qui, étant en faction ou en vedette dans les postes les plus près de l'ennemi ou sur les fortifications d'une ville assiégée ou investie, sera convaincu de n'avoir pas exécuté sa consigne.

9. — 2° Suivant l'art. 12, tout commandant d'un poste devant l'ennemi ou d'une place assiégée, convaincu d'avoir changé la consigne donnée, doit être puni de six mois de prison.

10. — L'art. 13 prononce dix ans de fers contre tout militaire convaincu d'avoir forcé ou violé la consigne générale donnée pour la troupe, soit au camp, soit au cantonnement, quartier, caserne ou garnison.

11. — Suivant l'art. 14, toute violation d'une consigne générale commise par une troupe doit être poursuivie comme acte de désobéissance combinée, et les chefs et instigateurs de ce délit, ainsi que les officiers qui y auraient pris part, sont passibles de dix ans de fers.

12. — Ce même article ajoute que, dans ce dernier cas, si la violation de la consigne a été faite à main armée, elle sera considérée comme révolte par abandon de poste, et poursuivie et punie comme telle. — L'art. 6 de la même loi dispose à l'égard de ce dernier fait que : « Toute consigne qui aura abandonné en masse et sans ordre supérieur le poste où elle était de service sera déclarée en révolte; » que « les officiers et sous-officiers, ou, à leur défaut, les six plus anciens de service faisant partie de la troupe, seront saisis, traduits au conseil de guerre et punis de dix ans de fers, à moins qu'ils ne déclarent les vrais auteurs du délit, sur lesquels seraient alors dirigées les poursuites, et qui subiraient la peine de mort comme chefs de révolte. »

13. — L'expression de *consigne* est encore employée pour exprimer une peine de discipline, qui consiste en ce que le soldat qui y est soumis ne peut sortir de son quartier ou de sa caserne.

14. — Celui qui, dans une place de guerre, est chargé de la surveillance des portes et de ceux qui se présentent pour entrer, reçoit d'ordinaire le nom de *portier-consigne*.

CONSISTOIRE DES CARDINAUX.

1. — Le consistoire est l'assemblée des cardinaux présidée par le pape. — Il peut être public ou secret.

2. — Le consistoire public est celui dans lequel le souverain pontife, entouré du sacré collège, et de toute la pompe de la cour pontificale, reçoit les princes ou donne audience aux ambassadeurs des puissances. — Aucun acte de juridiction n'est exercé dans le consistoire public.

3. — Le consistoire secret, au contraire, est celui où sont portées les affaires réservées à la connaissance du sacré collège. C'est en consistoire secret qu'il est procédé à la canonisation des saints, à la nomination des cardinaux et aux fonctions ecclésiastiques appelées *bénéfices consisto-*

riaux.—V.*BÉNÉFICE ECCLÉSIASTIQUE.*—La *congrégation consistoriale*, présidée par le pape et composée de plusieurs cardinaux, auxquels sont adjoints plusieurs prélats, dont l'un remplit les fonctions de secrétaire, est chargée de préparer les matières qui doivent être soumises au consistoire.

4. — « Or, disait Denisart (*Rép.*, v° *Consistoire*, n° 2), il n'y a en France de bénéfices consistoriaux que les archevêchés, évêchés et certaines abbayes.» — Depuis le concordat, les abbayes n'étant pas rétablies, il n'y a plus en France d'autres *bénéfices consistoriaux*, pour nous servir de ces termes de l'ancien droit, que les archevêchés et évêchés. C'est, en effet, dans le consistoire que les ecclésiastiques nommés à l'épiscopat reçoivent l'institution canonique. — V. ÉVÊQUE.

5. — Comme tout autre acte de la cour de Rome, les décisions du consistoire ne sont reçues en France et publiées qu'avec l'autorisation du gouvernement.

V. BREF, BULLE, CARDINAL, CHANCELLERIE, CLERGÉ, CULTE, ÉVÊQUE.

CONSISTOIRE ISRAÉLITE.

Table alphabétique.

CONSISTOIRE ISRAÉLITE. — 1. — Nous n'avons point à nous occuper ici de ce qui concerne la position et les droits des Juifs dans la société civile, position et droits qui ont varié en France suivant les époques, et qui encore aujourd'hui sont si différens dans les divers états de l'Europe. (V. sur ce point JUIFS.)—Nous ne devons considérer dans cet article que ce qui est relatif à l'organisation et à l'exercice du culte israélite.

2. — Dans son discours au corps législatif sur l'organisation des cultes, M. Portalis, parlant de la religion juive, s'exprimait ainsi : « Le gouvernement n'a pas perdu de vue la religion juive; elle doit participer, comme les autres, à la liberté décrétée par nos lois. Mais les Juifs forment bien moins un religion qu'un peuple; ils existent chez toutes les nations, sans le concède avec elles. Le gouvernement a cru devoir respecter l'éternité de ce peuple qui est parvenu jusqu'à nous à travers les révolutions et les débris des siècles, et qui, pour tout ce qui concerne son sacerdoce et son culte, regarde comme un de ses grands privilèges de n'avoir d'autres réglemens que ceux sous lesquels il a toujours vécu, parce qu'il regarde comme un de ses grands privilèges de n'avoir que Dieu même pour législateur. »

3. — Aucun des articles organiques du concordat n'a traité l'exercice du culte israélite, et les actes législatifs qui les premiers ont organisé ce culte en France, sont le règlement du 10 déc. 1806, un décret, du 17 mars 1808, qui prescrit l'exécution de ce réglement, et deux ordonnances des 19 juin 1819 et 20 août 1823, qui ont. sur plusieurs points, dérogé à ce dernier décret (V. régl. 13 oct. 1842 et ord. 10 juill.-30 oct. 1841, relative au renouvelle-

ment des collèges des notables israélites et consistoires. — Mais toute cette législation a été récemment modifiée d'une manière profonde par une ordonnance royale des 25 mai-14 juin 1844, délibérée en conseil d'état, sur les observations du consistoire central et des consistoires départementaux de Paris, Metz, Nancy, Colmar, Marseille, Bordeaux, Strasbourg, portant réglement nouveau pour l'organisation du culte israélite.

4. — Un premier décret du 30 mai 1806 avait ordonné la réunion d'individus professant la religion juive, qui seraient chargés de répondre catégoriquement à différentes questions adressées par le gouvernement sur les dogmes de leur religion et les principes de leur morale.

5. — Mais bientôt cette réunion ne parut pas suffisante pour le bien qu'on se proposait.·Il faut, disait M. Molé, l'un des commissaires du gouvernement auprès de l'assemblée, que les réformes demandées et converties en décisions par une assemblée plus imposante et plus religieuse, puissent être placées à côté du *Talmud*, et acquièrent dans tous les siècles, la plus grande autorité possible. Il s'agit de rendre à l'universalité des Juifs l'important service de fixer leur croyance.—Pour rencontrer dans l'histoire d'Israël une assemblée revêtue d'une autorité capable de produire les résultats que nous attendons, il faut remonter au *grand sanhédrin*. C'est le grand *sanhédrin* que S. M. te propose de convoquer aujourd'hui. Ce corps, tombé avec le temple, va réapparaître pour éclairer par tout le monde le peuple qu'il gouvernait; il va le rappeler au véritable esprit de sa loi, et lui donner une explication digne de faire disparaître toutes les interprétations mensongères. Il lui dira d'aimer et de défendre le pays qu'il habite, et lui apprendra que tous les sentimens qui l'attachaient à une antique patrie, il les doit aux lieux où, pour la première fois depuis sa ruine, il peut élever sa voix.

6. — Le *grand sanhédrin* fut donc convoqué à Paris; soixante-onze membres le composèrent, toutes les synagogues de l'Europe furent invitées à y envoyer des députés, et l'assemblée, constituée le 4 févr. 1807, convertit (le 2 mars suivant) en décisions doctrinales les réponses données par la première assemblée. (V. le texte de la décision du *grand sanhédrin* dans le Code des *Codes*, t. 1er, p. 325 et suiv.) — Ces décisions servent encore de base à l'enseignement de la religion juive.

7. — Sans reproduire dans leur entier les dispositions des divers réglemens, décrets et ordonnances qui ont organisé le culte israélite, nous devrons nous borner à en extraire (surtout de l'ord. du 25 mai 1844) ce qui peut servir à constituer quelle est, en France, l'organisation actuelle de ce culte. D'autres détails trouveront naturellement leur place au mot JUIFS.

8. — Le culte israélite a un consistoire central, des consistoires départementaux, des grands rabbins, des rabbins communaux et des ministres officians. — Ord. 25 mai 1844, art. 1er.

9. — *Des consistoires en général.*—Le consistoire central siège à Paris. — Art. 2.

10. — Il est établi un consistoire dans chaque département renfermant 2,000 âmes de population israélite. Dans le cas où il ne se trouverait pas 2,000 israélites dans un même département, la circonscription du consistoire doit embrasser autant de départemens de proche en proche qu'il en faut pour les réunir. — Décr. 17 mars 1808, art. 2; ord. 25 mai 1844, art. 3.

11. — Dans aucun cas, il ne peut y avoir plus d'un consistoire par département.—Mêmes décret et ordonnance, art. 3.

12. — Le décret du 17 mars 1808, art. 9, porte que le siège de la synagogue est toujours dans la ville dont la population israélite est la plus nombreuse.

13. — Aucune synagogue particulière ne peut être établie qu'avec l'autorisation donnée par le gouvernement sur le vu : 1° de l'avis de la synagogue consistoriale; — 2° de celui du consistoire central; — 3° de l'avis du préfet du département; — 4° de l'état de la population israélite que doit comprendre la synagogue nouvelle. — Décr. 17 mars 1808, art. 2.

14. — L'art. 60, ord. 25 mai 1844, porte qu'il ne peut être établi aucune nouvelle circonscription rabbinique, ni être fait aucune modification aux circonscriptions rabbiniques actuellement existantes qu'en vertu de l'autorisation du roi donnée sur le rapport du ministre des cultes et sur l'avis du consistoire central, des communes intéressées et du préfet du département.

15. — Tout chef de famille peut, en rapport l'avis favorable du consistoire départemental, obtenir l'autorisation d'ouvrir un oratoire chez lui et à ses frais. Cette autorisation est donnée par le

roi sur le rapport du ministre des cultes. — Même ordonnance, art. 63.

16. — Il y a en ce moment en France, indépendamment du consistoire central, sept consistoires départementaux dont le siége est à Paris, Strasbourg, Metz, Nancy, Bordeaux, Marseille et Colmar. Un huitième consistoire vient d'être établi à Saint-Esprit (Landes), par ordonnance royale de janvier 1846.

17. — Il y a aussi une école rabbinique établie à Metz par arrêté ministériel du 21 août 1829.

18. — La population juive est maintenant en France d'environ 100,000 âmes.

19. — Quant aux israélites d'Algérie, ils sont régis par une ordonnance du 5 nov. 1845, dont il sera question *infrà* nos 105 et suiv.

20. — *Consistoire central.* — Le consistoire central se compose d'un grand rabbin et d'autant de membres laïques qu'il y a de consistoires départementaux. — Ord. 1844, art. 5.

21. — Le consistoire central est l'intermédiaire entre le ministre des cultes et les consistoires départementaux. Il est chargé de la haute surveillance des intérêts du culte israélite. Il approuve les réglemens relatifs à l'exercice du culte dans les temples. Aucun ouvrage d'instruction religieuse ne peut être employé dans les écoles israélites s'il n'a été approuvé par le consistoire central, sur l'avis conforme de son grand rabbin. — Ord. 25 mai 1844, art. 10.

22. — Au nombre des réglemens relatifs à l'exercice du culte et que le consistoire central est chargé d'approuver, il faut placer ceux qui concernent la circoncision. Le consistoire de Paris a pris récemment à cet égard, dans l'intérêt de la salubrité, des mesures dont l'inobservation a donné lieu à des poursuites et à des condamnations de la part du tribunal de simple police.

23. — Il a le droit de censure à l'égard des membres laïques des consistoires départementaux; il peut provoquer, pour des causes graves, la révocation de ces membres, et même la dissolution du consistoire départemental. — Même ord., art. 11.

24. — Le consistoire central délivre seul les diplômes de deuxième degré pour l'exercice des fonctions rabbiniques, sur le vu des certificats d'aptitude obtenus conformément au réglement du 15 octobre 1832. Il donne son avis sur la nomination des rabbins départementaux et communaux. Il peut, sur la proposition du consistoire départemental, et avec l'approbation du ministre des cultes, ordonner le changement de résidence des rabbins communaux dans le ressort du consistoire. Le consistoire central a le droit de censure à l'égard des grands rabbins consistoriaux, mais seulement sur la plainte de leurs consistoires respectifs. Il peut provoquer auprès du ministre des cultes leur suspension ou leur révocation, suivant les cas. Il a directement, après avoir pris l'avis du consistoire et du grand rabbin, le droit de censure à l'égard des rabbins communaux. Il peut prononcer leur suspension pour un an au plus. Il prononce leur révocation, sauf la confirmation du ministre des cultes. Il statue sur la révocation des ministres officians, proposée par les consistoires départementaux. — Même ord., art. 12.

25. — Le consistoire central nomme son président et son vice-président pour quatre ans. — Même ord., art. 8. — Les président et vice-président sont rééligibles. — Art. 24.

26. — Il peut être dissous par ordonnance royale. Dans ce cas, l'administration du culte israélite est déléguée, jusqu'à l'installation d'un nouveau consistoire, à une commission composée du grand rabbin et de quatre notables désignés par le ministre des cultes. — Même ord., art. 13. — En cas de dissolution, il est procédé à de nouvelles élections dans les trois mois. — Art. 24.

27. — Le grand rabbin du consistoire central est nommé, sauf l'approbation du roi, par une assemblée composée des membres du consistoire et de délégués des assemblées des notables de chaque circonscription territoriale. — Ord. 1844, art. 7, 40 et suiv.

28. — Les membres laïques du consistoire sont élus par les notables des circonscriptions territoriales, ils sont choisis parmi les notables résidant à Paris. — Même ord., art. 6.

29. — La durée des fonctions des membres laïques est de huit ans. Ils sont divisés en deux séries se renouvelant alternativement de quatre en quatre années. Les membres sortans sont rééligibles. — Art. 8.

30. — L'installation des membres laïques est faite par le préfet, qui reçoit de chaque membre le serment prescrit par la loi du 31 août 1830. Le serment est prononcé en levant la main sans autre formalité. — Même ord., art. 30.

31. — La nomination des membres laïques du consistoire central est soumise à l'agrément du roi. Le père, le fils ou les petits-fils, le beau-père et les gendres, les frères ou beaux-frères, ne peuvent être ensemble d'un même consistoire. — Art. 24.

32. — *Consistoires départementaux.* — Chaque consistoire départemental se compose du grand rabbin de la circonscription et de quatre membres laïques, dont deux au moins sont choisis parmi les habitans de la ville où siége le consistoire. — Même ord., art. 14.

33. — Les dispositions de l'art. 24 de l'ordonnance relative aux incompatibilités sont communes aux consistoires départementaux et au consistoire central.

34. — Le consistoire a l'administration et la police des temples de sa circonscription et des établissemens et associations pieuses qui s'y rattachent. Il délivre les diplômes de premier degré pour l'exercice des fonctions rabbiniques, sur le vu des certificats d'aptitude délivrés conformément au réglement du 15 oct. 1832; il représente en justice les synagogues de son ressort, et exerce en leur nom les droits qui leur appartiennent; il nomme les commissions destinées à procéder à l'élection des rabbins communaux et des ministres officians; il donne au consistoire central son avis sur ces élections; il nomme le *mohel* et le *schohet* pour le chef-lieu consistorial, sur l'avis du grand rabbin, et, pour les autres communes, sur le certificat du rabbin du ressort, confirmé par le grand rabbin. Ces nominations sont révocables par le consistoire, sur l'avis du grand rabbin. — Même ord., art. 19.

35. — Le *mohel* est l'israélite chargé d'opérer la circoncision; le *schohet* est chargé de saigner les bêtes, les israélites orthodoxes ne mangeant pas de viande abattue.

36. — Indépendamment de ce qui vient d'être dit, l'art. 12, décr. 17 mars 1808, enjoignait aux consistoires d'encourager par tous les moyens possibles les israélites de la circonscription consistoriale à l'exercice des professions utiles, et de faire connaître à l'autorité ceux qui n'ont pas de moyens d'existence avoués; mais cette disposition n'a pas été reproduite dans l'ordonnance nouvelle.

37. — Le consistoire a le droit de suspension à l'égard des ministres officians, après avoir pris l'avis du commissaire administrateur ou de la commission administrative ci-après institués. Il propose, quand il y a lieu, leur révocation au consistoire central; il adresse au consistoire central les plaintes qu'il peut avoir à former, tant contre le grand rabbin que contre les rabbins de sa circonscription; il fait, sous l'approbation du consistoire central, les réglemens concernant les cérémonies religieuses relatives aux inhumations et à l'exercice du culte dans tous les temples de son ressort; il est chargé de veiller : 1° à ce qu'il ne soit donné aucune instruction ou explication de la loi qui ne soit conforme aux réponses de l'assemblée générale des israélites converties en décisions doctrinales par le grand sanhédrin; — 2° à ce qu'il ne se forme, sans autorisation, aucune assemblée de prières. — Même ord., art. 20.

38. — Le consistoire institue par délégation auprès de chaque temple, et selon les besoins, soit un commissaire administratif, soit une commission administrative, agissant sous sa direction et sous son autorité. Le commissaire ou la commission lui rend compte annuellement. — Même ord., art. 21.

39. — Chaque année, le consistoire adresse au préfet un rapport sur la situation morale des établissemens de charité, de bienfaisance ou de religion spécialement destinés aux israélites. — Même ord., art. 22.

40. — Le consistoire nomme son président et son vice-président pour deux ans. — Art. 18. — Les président et vice-président sont rééligibles. — Art. 24.

41. — Les consistoires départementaux peuvent être dissous par arrêté du ministre des cultes. Dans ce cas, l'administration des affaires de la circonscription est déléguée, jusqu'à l'installation d'un nouveau consistoire, à une commission composée du grand rabbin consistorial et de quatre notables délégués par le consistoire central. — Art. 23. — Il doit être procédé à l'élection d'un nouveau consistoire dans trois mois. — Art. 24.

42. — L'installation et la prestation de serment des membres laïques des consistoires départementaux ont lieu comme lorsqu'il s'agit des membres laïques du consistoire central. — Art. 36. — V. *suprà* n° 30.

43. — Si le consistoire se refusait à l'accomplissement des obligations qui lui sont prescrites en ce qui concerne les élections consistoriales, il y serait pourvu par le préfet. — Art. 37.

44. — Le grand rabbin et les membres laïques sont élus par l'assemblée des notables de la circonscription. — Art. 15.

45. — Les membres laïques sont choisis parmi les notables de la circonscription. — Art. 16.

46. — La durée des fonctions des membres laïques est de quatre ans. Leur renouvellement a lieu par moitié tous les deux ans. Les membres sortans peuvent être réélus. — Art. 17.

47. — La nomination des membres laïques est soumise à l'approbation du roi. — Art. 24.

48. — Dans la ville chef-lieu du consistoire départemental, il peut être adjoint au grand rabbin un ou plusieurs rabbins communaux, selon les besoins de la population. Il est statué à cet égard par ordonnance royale. — Ord. 1844, art. 61.

49. — Il y a pour chaque circonscription territoriale un corps de notables chargé d'élire : 1° un grand rabbin consistorial; 2° les membres laïques du consistoire départemental; 3° un membre laïque du consistoire central; 4° deux délégués pour l'élection du grand rabbin du consistoire central. — Art. 25.

50. — Font partie du corps des notables les israélites âgés de vingt-cinq ans accomplis, et qui appartiennent à l'une des catégories suivantes : 1° les fonctionnaires publics de l'ordre administratif; 2° les fonctionnaires de l'ordre judiciaire; 3° les membres des conseils généraux, des conseils d'arrondissement et des conseils municipaux; 4° les citoyens inscrits sur la liste électorale et du jury; 5° les officiers de terre et de mer, en activité et en retraite; 6° les membres des chambres de commerce et ceux qui font partie de la liste des notables commerçans; 7° les grands rabbins et les rabbins communaux; 8° les professeurs dans les facultés et dans les colléges royaux et communaux; 9° le directeur et les professeurs de l'école centrale rabbinique. — Art. 26.

51. — Le ministre des cultes peut adjoindre à cette liste, sur la proposition du consistoire central et les avis du consistoire départemental et du préfet, et ce, jusqu'à concurrence du sixième de la liste totale, les israélites qui ne seraient pas compris dans ces catégories, et qui, par leurs services, se seraient rendus dignes de cette distinction. — Art. 27.

52. — Nul ne fera partie de la liste des notables s'il n'a la qualité de Français, s'il a subi une condamnation criminelle ou une des condamnations correctionnelles portées aux art. 401, 405 et 408 C. pén., s'il est failli non réhabilité, et s'il n'est depuis deux ans au moins domicilié dans la circonscription consistoriale. — Art. 28.

53. — Les art. 29 et 30 de l'ordonnance règlent tout ce qui concerne la formation et la publication des listes, ainsi que les réclamations, lesquelles seront vidées par le préfet sur l'avis du consistoire, sauf recours au ministre des cultes qui prononce définitivement sur l'avis du consistoire central.

54. — Les art. 31 et suiv. règlent les formalités qui doivent accompagner les assemblées des notables et les élections des membres du consistoire.

55. — Le grand rabbin du consistoire central est nommé à vie. Nul ne peut être grand rabbin s'il n'est âgé de 40 ans accomplis, muni d'un diplôme de 2e degré rabbinique, et s'il n'a rempli au moins pendant dix ans les fonctions de rabbin communal, ou pendant cinq ans celles de grand rabbin consistorial, ou de professeur à l'école centrale rabbinique (ces deux dernières conditions ne sont exigibles qu'à partir de 1850). — Même ord., art. 39.

56. — Il a droit de surveillance et d'admonition à l'égard de tous les ministres du culte israélite; il peut officier et prêcher dans toutes les synagogues de France. Aucune délibération n'est prise par le consistoire central, concernant les objets religieux ou du culte, sans l'approbation du grand rabbin. — Même ord., art. 38.

57. — Nul ne peut être grand rabbin consistorial, s'il n'est âgé de trente ans et s'il n'est porteur d'un diplôme de second degré rabbinique. — Art. 44.

58. — Les grands rabbins des consistoires départementaux ont droit de surveillance sur les rabbins et sur les ministres officians dans leur circonscription. Ils ont droit d'officier et de prêcher dans tous les temples de leur circonscription. — Art. 43.

59. — Les grands rabbins des consistoires départementaux sont élus, 1° parmi ceux des grands rabbins des autres circonscriptions qui se font inscrire au siége du consistoire; 2° parmi les rabbins en fonctions sortis de l'école centrale rabbinique; 3° parmi les rabbins ayant cinq ans d'exercice, quand ils ne sont pas élèves de cette école

et parmi les professeurs de la même école. Leur nomination est soumise à l'approbation du roi. — Art. 45.

60. — Indépendamment du grand rabbin du consistoire central et des grands rabbins des consistoires départementaux, il y a des rabbins communaux, lesquels officient et prêchent dans les temples de leur ressort. — Art. 46.

61. — Nul ne peut être rabbin s'il n'est âgé de 25 ans accomplis et porteur d'un diplôme du premier degré rabbinique. — Art. 47.

62. — Les rabbins communaux sont élus par une assemblée de notables désignés par le consistoire départemental et choisis de préférence parmi les notables du ressort, au nombre de cinq au moins. — Leur nomination est soumise à l'approbation du ministre des cultes. — Art. 48.

63. — Ils sont choisis parmi les élèves de l'école centrale rabbinique pourvus du diplôme exigé. Si l'école ne fournit pas un nombre de candidats suffisant, tout israélite âgé de 25 ans accomplis et porteur d'un diplôme du premier degré rabbinique peut être admis comme candidat. — Art. 49.

64. — Suivant l'art. 21, décr. de 1808, les fonctions des rabbins consistaient : 1° à enseigner la religion ; 2° à enseigner la doctrine renfermée dans les décisions du grand sanhédrin ; 3° à rappeler en toute circonstance l'obéissance aux lois, notamment et en particulier à celles relatives à la défense de la patrie, et à y exhorter plus spécialement, tous les ans, à l'époque de la conscription, depuis le premier appel de l'autorité, jusqu'à la complète exécution de la loi ; 4° à faire considérer aux israélites le service militaire comme un devoir sacré, et à leur déclarer que, pendant le temps où ils se consacreront à ce service, la loi les dispense des observances qui ne pourraient se concilier avec lui ; 5° à prêcher dans les synagogues et à réciter les prières qui s'y font en commun pour le chef de l'état et sa famille, etc. ; 6° plusieurs de ces dispositions ont évidemment cessé d'être en vigueur ; elles sont remplacées par une exhortation générale à l'obéissance aux lois.

65. — Nul ne peut être ministre officiant, s'il n'est âgé de 25 ans et s'il ne produit un certificat du grand rabbin de la circonscription, attestant qu'il possède des connaissances religieuses suffisantes. — Art. 50.

66. — Les ministres officians sont élus dans la forme voulue pour l'élection des rabbins communaux. — Leur élection est confirmée par le consistoire central. — Le consistoire départemental nomme directement le ministre officiant du chef-lieu consistorial ; et il est donné avis du tout au ministre des cultes. — Art. 51.

67. — Il ne peut être créé de titre de ministre officiant à la charge de l'état, que par arrêt du ministre des cultes, sur la demande du consistoire départemental et l'avis du consistoire central et du préfet. — Art. 62.

68. — Nul ne peut exercer les fonctions de mohel et de schohet, s'il n'est pourvu d'une autorisation spéciale du consistoire de la circonscription. Le mohel et le schohet sont soumis, dans l'exercice de leurs fonctions, aux règlemens émanés du consistoire départemental, et approuvés par le consistoire central. — Art. 52.

69. — Nul ne peut être nommé grand rabbin, rabbin communal, ministre officiant, s'il n'est Français. — Art. 57.

70. — Les fonctions de rabbin sont incompatibles avec toute profession industrielle ou commerciale. — Même article.

71. — Des dispenses d'âge peuvent être accordées aux grands rabbins, aux rabbins communaux et aux ministres officians, par le ministre des cultes, sur la proposition du consistoire central. — Même article.

72. — Avant leur installation, les grands rabbins et les rabbins prêtent, entre les mains du préfet ou de son délégué, le serment prescrit par la loi du 31 août 1830. Le serment du grand rabbin du consistoire central est prêté entre les mains du ministre des cultes. — Art. 58.

73. — Le grand rabbin consistorial et les rabbins ne peuvent célébrer les mariages que dans l'étendue de leurs ressorts ; et la bénédiction nuptiale n'est donnée que dans l'intérieur du temple, sauf le cas d'autorisation spéciale accordée par le consistoire départemental. — Art. 53.

74. — Les ministres du culte assistent aux inhumations, suivant ce qui a été réglé par le consistoire départemental, dans l'exercice de ses pouvoirs.

75. — Les rabbins ont, sous l'autorité du consistoire, la surveillance et la direction de l'instruction religieuse dans les écoles israélites. — Art. 56.

76. — Nul ministre du culte israélite ne peut donner aucune instruction ou explication de la loi qui ne soit conforme aux décisions du grand sanhédrin ou aux décisions des assemblées synodales, qui seraient ultérieurement autorisées. — Art. 56.

77. — Aucune assemblée délibérante ne pourra être formée, aucune décision doctrinale ou dogmatique ne pourra être publiée ou devenir la matière de l'enseignement, sans une autorisation expresse du gouvernement. — Art. 54.

78. — L'art. 53 de l'ord. rappelle aux rabbins qu'ils ne peuvent donner la bénédiction nuptiale qu'à ceux qui justifient avoir contracté mariage devant l'officier de l'état civil. L'infraction à cette prescription tomberait sous l'application de l'art. 199, C. pén. — V. BÉNÉDICTION NUPTIALE, CULTE, etc.

79. — Et l'art. 55 ajoute que, toutes entreprises des ministres du culte israélite, toutes discussions qui pourront s'élever entre ces ministres, toute atteinte à l'exercice du culte et à la liberté garantie à ces ministres, seront déférées au conseil d'état, sur le rapport du ministre des cultes. — V. APPEL COMME D'ABUS, CULTE.

80. — Au reste, dès avant cette ordonnance, il était reconnu que les ministres du culte israélite sont, comme ceux des autres cultes, garantis par la loi du 18 germ. an X contre les poursuites à raison de prétendus abus dans l'exercice de leurs fonctions. — Aussi la Cour de Metz a-t-elle décidé que lorsqu'un rabbin refuse de recevoir le serment *more judaïco*, déféré judiciairement à un Juif, il ne peut pas être actionné devant les tribunaux ordinaires à raison de ce refus ; c'est au conseil d'état d'en connaître. — *Metz*, 5 janv. 1827, Wittersheim c. Couturier. — Sur la question du serment *more judaïco*, V. JUIFS.

81. — En outre, et indépendamment de l'art 199 précité, les divers articles du Code pénal (201 à 208), qui ont pour but de réprimer les crimes ou délits que les ministres des cultes pourraient se permettre contre la chose publique, dans l'exercice de leurs fonctions, sont également applicables aux ministres du culte israélite. — V. CULTE.

82. — Les dispositions légales qui soumettent les ministres des cultes, en raison de cette qualité, à certaines incapacités, leur sont également applicables. — V. notamment DONATION, LEGS.

83. — Il en est de même de celles qui leur accordent certaines prérogatives, telles que la dispense du service de la garde nationale (V. GARDE NATIONALE, ou du jury (V. JURY).

84. — Les ministres du culte israélite doivent, comme ceux des autres cultes, bénéficier de l'avis du conseil d'état du 20 nov. 1806, qui a déclaré applicable à toutes personnes exerçant, pour les cultes, des fonctions qui exigent résidence, la dispense de tutelle prononcée par l'art. 427, C. civ. — V. TUTELLE.

85. — L'art. 14, n° 5, L. 21 mars 1832, qui déclare dispensés du service militaire, sous certaines conditions, les jeunes gens autorisés à continuer leurs études pour se vouer au ministère dans les cultes salariés par l'état, est applicable au culte israélite. — V. RECRUTEMENT.

86. — Les ministres du culte israélite peuvent, en leur qualité, d'après les art. 17 et 19, L. 28 juin 1833, *sur l'instruction primaire*, être appelés à faire partie du comité local de surveillance établi près les écoles communales, ainsi que du comité d'arrondissement formé pour la surveillance et l'encouragement de l'instruction primaire. — V. INSTRUCTION PRIMAIRE.

87. — Avant 1831, le culte israélite n'était pas doté par l'état ; chaque consistoire et synagogue, au moyen d'une contribution établie par les décrets et ordonnances précités, acquittaient les traitemens des ministres des cultes.

88. — Cette contribution, ainsi que celle relative aux frais du culte, était fixée et répartie par les consistoires, avec le concours des notables ; les comptes, le budget et les rôles de répartition étaient transmis au ministère de l'intérieur ; le consistoire central apposait son avis, puis les rôles définitifs approuvés par le ministre étaient renvoyés au préfet pour être rendus exécutoires. — Décr. 17 mars 1808, art. 7 ; ord. 20 août 1823, art. 10.

89. — Relativement aux taxes imposées aux Juifs, en vertu du décr. 17 mars 1808, plusieurs circulaires ministérielles ont décidé : 1° que les demandes en réduction ou en dégrèvement sont de la compétence des conseils de préfecture, d'après les attributions qui leur sont conférées par la loi du 28 pluv. an VIII, relativement à toutes les contributions autorisées. — Circ. min. int., 12 déc. 1811.

90. — .. 2° Que les redevables portés sur les rôles de répartition dressés en vertu de l'art. 23 du règlement sur les Juifs et rendus exécutoires par les préfets, doivent être poursuivis par voie de contrainte. — Circ. min. des cultes du 5 août 1812.

91. — ... 3° Que, conformément à la demande faite par les consistoires du culte israélite, les sommes réparties chaque année entre les israélites pour le traitement des rabbins et les frais d'administration des consistoires doivent être recouvrées par les receveurs des contributions directes. — Circ. min. int., 26 janv. 1816.

92. — Et il a été jugé qu'encore que les lois des 28 avr. 1816 et 25 mars 1817 aient interdit toutes contributions autres que celles autorisées et maintenues par lesdites lois, et qu'il n'y soit pas question des frais du culte israélite, les préfets ont dû, néanmoins, rendre les exécutoires des rôles de répartition dressés par les consistoires en la forme prescrite par le décr. 10 déc. 1806. — *Cons. d'état*, 28 juill. 1819, consist. centr. des Israélites.

93. — La loi du 8 fév. 1831 a établi l'égalité entre la religion juive et les autres religions reconnues par l'état. L'article unique de cette loi dispose qu'à partir du 1er janv. 1831 les ministres du culte israélite recevront des traitemens du trésor public. — Ces traitemens ont été fixés à 6,000 fr. pour le grand rabbin du consistoire central, et à 3,000 pour les grands rabbins des consistoires départementaux, par une ordonnance du 22 mars 1831. — Quant aux traitemens des rabbins communaux, ils ont été déterminés par une ordonnance du 6 août 1831. — Le minimum de ces traitemens est de 300 fr. et le maximum de 600 fr.

94. — En outre, l'état accorde des indemnités et secours pour subvenir aux dépenses d'une école centrale rabbinique, aux frais d'administration du consistoire central, et pour contribuer aux travaux des temples.

95. — Enfin, la loi du 18 juill. 1837 range également au nombre des dépenses obligatoires des communes les secours aux administrations préposées aux cultes dont les ministres sont salariés par l'état, en cas d'insuffisance de leurs revenus justifiée par leurs comptes et budgets. — Art. 30, n° 14.

96. — Depuis la loi de 1831, la contribution autrefois imposée aux Juifs pour subvenir aux frais de leur culte n'existe plus. Il y est pourvu, comme dans les autres cultes, indépendamment des subventions fournies comme il vient d'être dit, au moyen de dons volontaires.

97. — La loi du 18 juill. 1837 sur l'administration municipale range parmi les dépenses obligatoires des communes (art. 30 n° 13) l'indemnité de logement aux curés et desservans *et autres ministres des cultes salariés par l'état*, lorsqu'il n'existe pas de bâtiment affecté à leur logement. — Une ordonnance du 6 septembre 1842 a expliqué (art. 9) que les ministres du culte israélite auxquels l'indemnité de logement est due sont les grands rabbins des consistoires départementaux quand ils remplissent les fonctions de rabbin communal, et les rabbins communaux régulièrement institués.

98. — La même ordonnance détermine les bases et le mode de fixation de cette indemnité de logement.

99. — Une ordonnance royale, du 13 mars 1832, disposait que le traitement alloué aux titulaires d'emplois ecclésiastiques courrait désormais du jour de leur installation, et réglait, en outre, les formalités que ces titulaires auraient à remplir pour s'absenter temporairement du lieu de leur résidence. Par une circulaire du 29 octobre 1832, M. le ministre de la justice et des cultes a rendu applicables aux ministres de tous les cultes salariés par l'état cette ordonnance, qui était spéciale au culte catholique, « attendu, dit la circulaire, qu'elle repose sur ce principe général que le traitement n'est dû qu'à la résidence et à l'exercice des fonctions. »

100. — En conséquence, d'après cette circulaire, 1° les traitemens des ministres du culte israélite datent du jour de leur installation, laquelle est constatée par le consistoire départemental ou par les administrateurs du temple dans les communes hors du chef-lieu consistorial.

101. — ... 2° L'absence temporaire et pour cause légitime des ministres du culte israélite du lieu où ils sont tenus de résider, pourra être autorisée par les consistoires sans qu'il en résulte décompte sur le traitement, si l'absence ne doit pas excéder huit jours. Passé ce délai et jusqu'à celui d'un mois, le consistoire doit notifier le congé au préfet et lui en faire connaître le motif. Si l'absence doit se prolonger au delà d'un mois pour cause de maladie ou autre, l'autorisation du ministre est nécessaire. — Dans les départemens où il n'y a pas de consistoire israélite, le congé peut être donné aux ministres de ce culte par les administrateurs du temple.

102. — Il semble naturel d'admettre que les traitemens des ministres du culte israélite sont

insaisissables, comme ceux des autres cultes.

105. — Les consistoires israélites sont, ainsi que l'indiquent leurs fonctions, des établissemens publics, capables d'acquérir les biens nécessaires à l'entretien des temples et aux frais du culte. — Rolland de Villargues, v° *Culte*, n° 31. — A cet égard, l'ordonnance du 25 mai 1844 (art. 64) dit qu'ils ne peuvent intenter une action en justice ou y défendre, accepter des donations ou des legs, en faire l'emploi, faire des ventes ou acquisitions, sans l'autorisation du conseil d'état. — V. ÉTABLISSEMENS PUBLICS. — V. aussi AUTORISATION DE PLAIDER, n° 356.

104. — On peut enfin, pour plus grands détails, consulter le mot JUIFS.

105. — *Algérie*. — L'organisation du culte israélite en Algérie est régie par une ordonnance spéciale du 5 novembre 1845, laquelle a été successivement élaborée par une commission composée de membres de la chambre des députés, de membres du consistoire central et du consistoire de Paris, et soumise ensuite, par le ministre de la guerre, à l'examen du conseil d'état.

106. — Ce qui différencie cette organisation de celle des consistoires français, c'est qu'elle relève exclusivement du ministre de la guerre. Le consistoire central de Paris est donc entièrement étranger à cette administration. — Aux termes de l'ordonnance précitée, il y a, en Algérie, 1° un consistoire algérien (composé de quatre membres laïques et d'un grand rabbin nommés par le roi sur la proposition du ministre de la guerre); — 2° deux consistoires provinciaux, l'un à Oran, l'autre à Constantine (composés chacun de trois membres laïques et d'un rabbin nommés, savoir : le rabbin directement par le ministre de la guerre, et les membres laïques par ce ministre, sur la proposition du consistoire algérien). — Art. 1er, 2, 3.

107. — Les membres laïques des consistoires algérien et provinciaux sont renouvelés dans des proportions fixées par l'art. 4.

108. — L'autorité du consistoire algérien s'étend sur toutes les possessions françaises de l'Afrique, et celle des consistoires provinciaux s'exerce respectivement dans la circonscription de leur province. — Art. 1er.

109. — Le consistoire algérien règle l'organisation, le nombre, la circonscription des synagogues particulières, ainsi que le nombre et le mode de nomination des rabbins et des ministres officians nécessaires à l'exercice du culte; sauf à consulter les consistoires provinciaux pour tout ce qui a rapport à leur ressort. — Ses décisions ne peuvent être exécutées qu'après avoir été approuvées par l'autorité administrative. — Art. 7.

110. — Les membres des consistoires, au jour de leur installation, prêtent tous le serment suivant devant le gouverneur général ou devant le fonctionnaire délégué à cet effet : « Devant Dieu tout-puissant, créateur du ciel et de la terre, qui défend de prendre son nom en vain et qui punit le parjure, je jure fidélité au roi des Français, obéissance aux lois, ordonnances et réglemens publiés ou qui seront publiés par son gouvernement. » — Art. 6.

111. — Le projet primitif d'ordonnance contenait, en outre, dans cette formule le serment « de propager parmi les israélites l'attachement à la France et de leur faire connaître les décisions du grand sanhédrin comme obligatoires pour eux. » Tout cela a disparu dans la rédaction définitive.

112. — Les fonctions du consistoire sont : 1° de maintenir l'ordre intérieur dans les synagogues et de veiller à ce que pour cause et sous prétexte de religion il ne se forme, sans une autorisation expresse, aucune assemblée de prières; de nommer les desservans du temple et autres agens du culte, notamment les schohets; 2° de veiller à ce que les familles envoient leurs enfans dans les salles d'asile et dans les écoles, et de prendre les mesures qui paraîtront nécessaires à cet effet; 3° d'encourager les israélites à l'exercice des professions utiles, et plus particulièrement des travaux agricoles; 4° de surveiller l'emploi des sommes destinées aux frais du culte, des salles d'asiles et des écoles, et autres frais de même nature. — Art. 9.

113. — Les fonctions du grand rabbin et des rabbins sont : 1° d'enseigner la religion, de rappeler en toute circonstance l'obéissance aux lois, la fidélité à la France et le devoir de la défendre; 2° d'officier, de faire les prédications, de réciter les prières pour le roi et la famille royale dans toutes les synagogues de leur circonscription; 3° d'assister aux inhumations et de célébrer les mariages religieux; 4° d'inspecter les salles d'asile et les écoles israélites, et d'y surveiller l'enseignement religieux. — Art. 10.

114. — A défaut ou en l'absence de rabbins, les ministres officians en remplissent les fonctions. — Même article.

115. — Les rabbins et membres des consistoires provinciaux peuvent, avec l'autorisation du grand rabbin, prononcer, contre les autres rabbins et les ministres officians de leurs circonscriptions respectives, une suspension d'un mois au plus, sur l'avis du consistoire provincial, et avec l'approbation du consistoire algérien. — Art. 12.

116. — Le ministre de la guerre peut suspendre le grand rabbin et les rabbins membres des consistoires provinciaux, soit d'office, soit sur la demande du consistoire algérien. — Quant aux autres rabbins et aux ministres officians, ils peuvent être révoqués par le consistoire algérien, avec l'approbation du ministre de la guerre. — Art. 13.

117. — La suspension des fonctions entraîne, pendant sa durée, la réduction à moitié du traitement de celui qui en est l'objet. — Art. 14.

118. — Les traitemens et frais de logement du grand rabbin du consistoire algérien et des rabbins des consistoires provinciaux, ainsi que les frais d'administration du consistoire algérien, sont à la charge de l'État. — Art. 5.

119. — Les frais généraux de chaque circonscription et leur répartition entre les diverses synagogues sont, chaque année, arrêtés par les notables désignés au nombre de dix par l'autorité administrative. — Art. 16. — Les frais généraux, sont : 1° les dépenses d'administration non payées par l'état; 2° les subventions pour les salles d'asile et pour les écoles israélites; 3° les subventions pour les constructions et réparations de synagogues; 4° les dispenses considérées par le consistoire algérien, ou chaque consistoire provincial, comme étant utiles ou nécessaires. — Art. 17.

120. — En outre, chaque année les recettes et dépenses de chaque synagogue sont arrêtées par sept notables, convoqués par le commissaire institué par le consistoire (art. 7) près de la synagogue. Les dépenses comprennent : 1° la portion des frais généraux mis à la charge de la synagogue, en vertu des art. 16 et 17; 2° le traitement des rabbins, des ministres officians et des agens de la synagogue; 3° tous les frais locaux du culte et des distributions de bienfaisance (art. 19). — Les recettes comprennent le produit de la location des places dans les synagogues, et celui des offrandes et cotisations volontaires. — Art. 20.

121. — L'administration a le droit de se faire représenter, toutes les fois qu'elle le jugera utile, les états de dépenses et recettes. — Art. 21.

122. — Aux termes de la même ordonnance, il doit être créé en Algérie des salles d'asile et des écoles pour les israélites des deux sexes; ces salles d'asile et écoles doivent être établies dans des locaux fournis à cet effet par l'administration, et entretenues au moyen des subventions des consistoires, des rétributions des élèves payans; et, s'il y a lieu, des subventions lui pourront être accordées par le gouvernement. — Art. 23 et 24.

123. — Les salles d'asile et les écoles israélites sont placées sous la surveillance de l'administration, qui doit prendre l'avis des consistoires pour la nomination et la révocation des maîtres, les mesures de discipline, les matières de l'enseignement et la création des comités des écoles. — L'enseignement comprend l'instruction religieuse et l'étude de la langue française. — Art. 25.

124. — En rapportant le texte de cette ordonnance, les rédacteurs des archives israélites de France le font suivre d'observations dont nous extrayons ce qui suit : « La commission proposait d'abolir, pour les israélites d'Algérie, le divorce, qui a encore lieu dans ce pays pour les classes inférieures de la société; c'est un droit exercé par le mari au détriment de sa femme. — D'un autre côté, la commission proposait l'abrogation de l'art. 49 de l'ordonnance du 27 sept. 1842, sur l'organisation de la justice en Algérie, qui laisse aux rabbins le droit de connaître de toutes les infractions qui ne sont réputées par la loi française ni crime, ni délit ni contravention (V. ALGÉRIE, n° 114). Elle regardait ce droit comme incompatible avec les prescriptions libérales de la nouvelle loi. Elle voulait que, désormais, les Juifs, comme les Français, ne pussent plus être, pour manquement aux prescriptions de leur culte, poursuivis ni condamnés; ces vues étaient fort sages, et nous avons peine à comprendre ce qui en a empêché la réalisation. » — V. *Archives israélites de France*, 6e année, p. 920.

V. CULTE, JUIFS.

CONSISTOIRES PROTESTANS.

Table alphabétique.

CONSISTOIRES PROTESTANS. — 1. — L'exercice du culte protestant ne fut pendant long-temps admis en France qu'à titre de tolérance. Autorisé plus tard par différens édits, notamment par celui connu sous le nom d'*édit de Nantes*, puis proscrit par l'édit de 1685, qui contenait révocation de celui de Nantes, il fut de nouveau toléré par l'édit de 1787, jusqu'au jour où la déclaration des droits de l'homme, du 3 sept. 1791, vint lui rendre son entière liberté.

2. — Lors de la réorganisation des cultes en France, on fut amené à s'occuper des cultes protestans. « Dans la révolution, disait M. Portalis dans son discours sur l'organisation des cultes, (V. les discours relatifs au concordat recueillis par M. F. Portalis, p. 52), l'esprit de liberté a ramené l'esprit de justice, et les protestans, rendus à leur patrie et à leur culte, sont redevenus ce qu'ils avaient été, ce qu'ils n'auraient jamais dû cesser d'être, nos concitoyens et nos frères. La protection de l'état leur est garantie à tous égards comme aux catholiques. »

3. — Aussi la loi du 18 germin. an X renferme-t-elle, à côté des articles organiques relatifs aux cultes catholiques, d'autres articles relatifs aux cultes protestans. — Seulement, comme il y a dans le protestantisme diverses communions, on a suivi les nuances qui les distinguent.

4. — Nous ne nous occuperons dans cet article que de ce qui concerne l'organisation du culte protestant et des dispositions spéciales qui le régissent. Quant aux questions relatives à l'exercice du culte, elles trouveront mieux leur place au mot CULTE.

5. — Les protestans de France se partagent en deux communions : la communion réformée (ou calviniste) et la confession d'Augsbourg (ou luthérienne). — La population protestante de la France est estimée par les derniers documens officiels à 900,000 ames, dont les deux tiers appartenant à la communion réformée.

6. — Des diverses dispositions des articles organiques, il en est quelques-unes qui s'appliquent également à toutes les communions protestantes, d'autres qui concernent spécialement les Eglises réformées ou celles de la confession d'Augsbourg; nous en donnerons un rapide aperçu.

7. — *Dispositions générales.* — Suivant l'art. 2 des articles organiques, les Eglises protestantes ni leurs ministres ne peuvent avoir des relations avec aucune puissance ni autorité étrangère.

8. — Les pasteurs et ministres des diverses communions protestantes doivent prier et faire prier dans la récitation de leurs offices pour la prospérité de l'état et de son chef. — Art. 3.

9. — Aucune décision doctrinale ou dogmatique, aucun formulaire, sous le titre de confession ou sous tout autre titre, ne peuvent être publiés, ou devenir la matière de l'enseignement, avant que le gouvernement en ait autorisé la publication. — Art. 4.

10. — Aucun changement dans la discipline ne peut avoir lieu, sans l'autorisation du gouvernement. — Art. 5.

11. — Nul ne peut exercer les fonctions du culte protestant s'il n'est Français. — Art. 1er des articles organiques.

12. — Un décret du 25 mars 1807 a fixé à vingt-cinq ans l'âge auquel les ministres du culte protestant pourraient être consacrés; mais une décision royale,

du 14 août 1822, a autorisé le gouvernement à accorder des dispenses d'âge lorsqu'un consistoire trouverait dans les besoins de son église et dans le mérite reconnu d'un étudiant des raisons suffisantes de hâter la consécration de cet étudiant, — sans toutefois que la consécration puisse avoir lieu en faveur de jeunes gens qui n'auraient pas vingt-trois ans révolus au moins. — Cirulaire du 24 août 1839.

13. — Les art. 12 et 13 organiques disent que nul ne peut exercer les fonctions de ministre du culte protestant s'il ne rapporte un certificat constatant sa capacité, ses bonnes mœurs et son temps d'étude dans les séminaires établis en France. — Les certificats d'étude ont été, suivant deux circulaires des 30 mai 1820 et 29 oct. 1832 (V. le recueil des circulaires relatives aux offices ecclésiastiques, p. 214), remplacés par le diplôme de bachelier en théologie.

14. — Les deux cultes protestans jouissent d'une protection égale en France; leurs ministres sont salariés par l'état; l'état accorde des secours pour contribuer à la réparation des temples.

15. — En sus du traitement, le gouvernement accorde encore des indemnités et secours aux pasteurs pour suffragans, vicaires et services extraordinaires ou inspections.

16. — Un décret du 5 mai 1806 disposait que les communes où le culte protestant est exercé concurremment avec le culte catholique étaient autorisées à procurer aux ministres du culte protestant un logement et un jardin, et que le supplément de traitement qu'il y aurait lieu à accorder à ces ministres et les frais de construction, réparation et entretien des temples seraient également à la charge de ces communes, lorsque la nécessité de venir au secours de ces églises serait constatée.

17. — La loi du 18 juill. 1837 sur l'administration municipale range parmi les dépenses obligatoires des communes (art. 30, nº 13) l'indemnité de logement aux curés et desservans, ainsi qu'aux autres ministres des cultes salariés par l'état, lorsqu'il n'y aura pas de bâtiment affecté à leur logement. Une ordonnance royale, du 6 sept. 1842, explique que cette indemnité est due à dater du jour de leur installation, aux pasteurs régulièrement institués, et elle détermine, en outre, les bases et le mode de fixation de cette indemnité de logement.

18. — La même loi range également au nombre des dépenses obligatoires des communes les secours aux administrations préposées aux cultes dont les ministres sont salariés par l'état, en cas d'insuffisance de leurs revenus justifiée par leurs comptes et budgets. — Art. 30, nº 14.

19. — Une ordonnance du 13 mars 1832 disposait que le traitement alloué aux titulaires d'emplois ecclésiastiques courrait désormais du jour de leur installation, et réglait en outre les formalités que ces titulaires devaient remplir pour s'absenter temporairement du lieu de leur résidence; mais cette ordonnance était spéciale au culte catholique. — Par une circulaire du 29 oct. 1832, M. le ministre de la justice et des cultes l'a rendue applicable aux ministres de tous les cultes salariés par l'état, « attendu, porte cette circulaire, qu'elle repose sur ce principe général que le traitement n'est dû qu'à la résidence et à l'exercice des fonctions. »

20. — En conséquence, d'après cette circulaire, combinée avec celle du 5 oct. 1835, qui en fait le rappel, 1º le traitement des ministres des cultes protestans date du jour de leur installation, laquelle est constatée par un procès-verbal dressé par le consistoire du ressort ou par des anciens ou des ministres par lui délégués à cet effet.

21. — ... 2º L'absence temporaire, et pour cause légitime, des ministres protestans du lieu où ils sont tenus de résider, peut être autorisée par les consistoires, sans qu'il en résulte décompte sur le traitement, si l'absence ne doit pas excéder quinze jours. Passé ce délai, et jusqu'à celui d'un mois, le consistoire doit, quinze jours au moins à l'avance, notifier le congé au préfet (qui peut s'y opposer), et lui en faire connaître le motif. Si l'absence doit se prolonger au delà d'un mois, pour cause de maladie ou autre, l'autorisation du ministre des cultes est nécessaire, et elle est donnée sur l'avis du consistoire. — V., au surplus, la circulaire précitée, 5 oct. 1835.

22. — Les traitemens des ministres protestans sont insaisissables, comme ceux du clergé catholique, et réglés d'après la population des communes dans lesquelles ils exercent leur ministère. — Circul. min. des cultes, 8 et 12 flor. an XII (t. 1er des circul. du min. de l'int., p. 320).

23. — Le conseil d'état connaît de toutes les entreprises des ministres du culte et de toutes les dissensions qui peuvent s'élever entre ces ministres. — Art. 6 organique.

24. — Il a été jugé que le tribunal devant lequel deux églises du culte réformé se disputent la propriété d'une dotation doit, s'il s'agit de déterminer leur circonscription, les renvoyer devant l'administration. — *Cass.*, 16 brum. an XII, église de Ketteinheim c. église de Wahcheim.

25. — Les ministres protestans sont, comme les ministres des autres cultes, soumis à toutes les dispositions du code pénal qui ont pour but de réprimer les délits que les ministres des cultes pourraient se permettre contre la chose publique, dans l'exercice de leurs fonctions, comme aussi ils peuvent revendiquer le bénéfice des dispositions légales qui assurent le libre exercice du culte. — V. CULTE.

26. — Le recours au cas d'abus, ouvert par la loi du 18 germ. an X, n'est pas spécial aux prêtres catholiques; il peut également être étendu aux ministres protestans. — V. APPEL COMME D'ABUS.

27. — Les dispositions portées par les articles organiques du culte catholique sur la liberté des fondations et sur la nature des biens qui peuvent en être l'objet, sont communes aux églises protestantes. — Art. 8 des articles organiques. — V. FONDATION.

28. — Les consistoires des églises protestantes sont des établissemens publics dans le sens de l'art. 1032, C. procéd. En conséquence, ils ne peuvent plaider sans l'autorisation du conseil de préfecture; c'est ce que dit formellement une ordonnance royale du 23 mai 1834. — V., au surplus, à cet égard AUTORISATION DE PLAIDER, nos 349 et suiv.

29. — De même, toutes les règles spéciales aux établissemens publics pour l'acceptation des dons et legs; la gestion des biens fonds, la comptabilité, le contentieux, sont également applicables aux consistoires. — Circul. min. int. du 22 mai 1822 (*Recueil des circul.*, t. 5, p. 49). — V. ÉTABLISSEMENS PUBLICS.

30. — L'art. 14 des art. organiques porte que les réglemens sur l'administration et la police intérieure des séminaires, sur le nombre et la qualité des professeurs, sur la manière d'enseigner et sur les objets d'enseignement, doivent être approuvés par le gouvernement. — V. SÉMINAIRES.

31. — Les dispositions de loi qui soumettent les ministres des cultes, en raison de cette qualité, à certaines incapacités, sont applicables également aux ministres des cultes protestans. — V. DONATION, LEGS.

32. — Il en est de même de celles qui accordent aux ministres des cultes certaines prérogatives, telles que la dispense du service de la garde nationale (V. GARDE NATIONALE) ou du jury (V. JURY).

33. — Les ministres du culte protestant doivent, comme ceux des autres cultes, bénéficier de l'avis du conseil d'état du 20 nov. 1806, qui a déclaré applicable à toutes personnes exerçant pour les cultes des fonctions qui exigent résidence, la dispense de tutelle prononcée par l'art. 427, C. civ. — V. TUTELLE.

34. — L'art. 14, nº 5, L. 21 mars 1832, qui déclare dispenser du service militaire, sous certaines conditions, les jeunes gens autorisés à continuer leurs études pour se vouer au ministère dans les cultes salariés par l'état, est applicable aux cultes protestans. — V. RECRUTEMENT.

35. — Les ministres des cultes protestans peuvent aussi, en leur qualité, et conformément aux art. 17 et 19, L. 28 juin 1833, *sur l'instruction primaire*, être appelés à faire partie du comité local de surveillance établi près les écoles communales, ainsi que du comité d'arrondissement formé pour la surveillance et l'encouragement de l'instruction primaire. — V. INSTRUCTION PRIMAIRE.

36. — L'ord. des 31 oct. - 8 nov. 1821, relative à l'administration des hospices et bureaux de bienfaisance appelle les présidens des consistoires à faire partie, de droit, des conseils de charité.

37. — *Des églises réformées.* — Les églises réformées ont des pasteurs, des consistoires locaux et des synodes.

38. — Les membres de cette communion, répandus dans cinquante-six départemens, occupent principalement ceux des régions de l'Ouest, du Sud, du Sud-Est et du Nord-Est. — Le nombre de leurs églises consistoriales était au 13 janv. 1845 de quatre-vingt-dix.

39. — L'art. 16 des articles organiques porte que l'arrondissement d'un consistoire doit comprendre 6,000 âmes; mais les circonstances locales ont fait déroger à cette règle. C'est ainsi que, sur les quatre vingt-dix églises consistoriales du culte réformé, cinquante ne comprennent pas 6,000 personnes.

40. — Une marche constante n'a pas toujours été suivie dans la fixation des circonscriptions d'églises consistoriales. Les premières circonscriptions ont été fixées par les consistoires eux-mêmes; des ordonnances sont aussi intervenues pour les déterminer légalement; mais il n'y a pas à cet égard de décisions aussi formelles que pour les circonscriptions du culte catholique. Il semble donc qu'une ordonnance royale est aujourd'hui nécessaire. — *Compte général des travaux du conseil d'état*, fév. 1845.

41. — Cinq églises consistoriales forment l'arrondissement d'un synode. — Art. organ. 17.

42. — *Des consistoires locaux et pasteurs.* — Le consistoire de chaque église est composé du pasteur ou des pasteurs desservant cette église et d'anciens ou notables laïques choisis parmi les citoyens les plus imposés au rôle des contributions directes. Le nombre de ces notables ne peut être au-dessous de six ni au-dessus de 12. — Art. 18.

43. — Tous les deux ans, les anciens du consistoire doivent être renouvelés par moitié; le renouvellement a lieu par la voie de l'élection à laquelle participent les anciens en exercice et un nombre égal de chefs de famille protestans pris parmi les plus imposés au rôle des contributions directes de la commune. Les anciens sortans sont rééligibles. — Art. 23.

44. — Le nombre des ministres ou pasteurs, dans une même église consistoriale, ne peut être augmenté sans l'autorisation du gouvernement. — Art. 19.

45. — Les consistoires doivent veiller au maintien de la discipline, à l'administration des biens de l'église et à celle des aumônes. — Art. 20.

46. — Les assemblées des consistoires sont présidées par le pasteur ou le plus ancien des pasteurs; elles ne peuvent avoir lieu extraordinairement, en dehors des jours fixés par l'usage, sans la permission du sous-préfet ou du maire. — Art. 21 et 22.

47. — Suivant l'art. 26 des articles organiques, les pasteurs sont nommés à la pluralité des voix par le consistoire, sauf approbation du gouvernement. — Ces mots *à la pluralité des voix* doivent être entendus en ce sens qu'il faut que la moitié plus un au moins des membres qui composent le consistoire concourent à l'élection pour la rendre valable et régulière. — Circ. min. cultes, janv. 1837.

48. — Une autre circulaire, du 12 avr. 1838, porte que les diacres ne peuvent, lors de l'élection d'un pasteur, être appelés à l'assemblée du consistoire pour concourir à cette élection, sous quelque forme que ce soit, délibérative ou consultative, les diacres étant chargés spécialement des intérêts des pauvres, sans que leurs attributions s'étendent plus loin.

49. — Le consistoire d'une église du midi, ayant à remplacer un pasteur démissionnaire, avait cru pouvoir exiger, avant de nommer son successeur, que ce dernier s'obligeât à abandonner une partie de son traitement au démissionnaire, pendant un certain nombre d'années; et une convention privée avait été consentie dans ce sens entre les deux pasteurs. Une circulaire du ministre des cultes du 21 déc. 1839, a proscrit formellement ces sortes de conventions; « lesquelles, y est-il dit, si elles n'étaient sévèrement proscrites, dégénéreraient bientôt en un trafic, le plus condamnable de tous, celui du ministère religieux. » La même circulaire ajoute que si un titre d'élection entaché d'un pareil vice était présenté à la sanction de S. M., le ministre n'hésiterait pas soit à le repousser, soit, s'il l'avait accueilli dans l'ignorance des faits, à provoquer ultérieurement le rapport de l'ordonnance de confirmation.

50. — Les pasteurs, même après que leur élection a été approuvée par le gouvernement, ne peuvent exercer qu'après avoir prêté entre les mains du préfet le serment exigé des ministres du culte catholique. — Art. 26. — V. CLERGÉ, nº 16, et CULTE.

51. — Les pasteurs ne peuvent être destitués qu'à la charge de présenter les motifs de la destitution au gouvernement qui les approuve ou les rejette. — Art. 25.

52. — Aucune église ne peut s'étendre d'un département à un autre. — Art. 28.

53. — *Des synodes.* — Chaque synode est formé du pasteur ou d'un des pasteurs et d'un ancien ou notable de chaque église. — Art. 29.

54. — Les synodes sont institués pour veiller sur tout ce qui concerne la célébration du culte, l'enseignement de la doctrine et la conduite des affaires ecclésiastiques. Toutes leurs décisions, de quelque nature qu'elles soient, doivent être soumises à l'approbation du gouvernement. — Art. 30.

55. — Les synodes ne peuvent s'assembler sans la permission du gouvernement; leur assemblée est limitée, quant à sa durée, à six jours, et quant à son objet, aux matières dont il a été préalable-

ment donné connaissance à ladite autorité compétente. Elle a lieu en présence du préfet ou sous-fet, qui adresse à ladite autorité un procès-verbal des délibérations. — Art. 31 et 32.

56. — *Des églises de la confession d'Augsbourg.* — Les églises ont des pasteurs, des consistoires locaux, des inspections et des consistoires généraux. Art. 33.

57. — Les membres de la confession d'Augsbourg u luthériens habitent huit départemens de la ré-on du Nord et de l'Est, principalement les départemens du Haut et Bas-Rhin, et celui du Doubs. — la date du 1er janv. 1845, le nombre de leurs lises consistoriales était de trente.

58. — *Des consistoires locaux et des pasteurs.* — cet égard, les règles tracées pour les églises ré-rmées (V. *suprà*) sont applicables aux églises de confession d'Augsbourg. — Art. 34.

59. — Il en est de même de ce qui concerne la rconscription et le régime des églises consisto-es. — Même article.

60. — *Des inspections.* — Cinq églises consisto-les forment l'arrondissement d'une inspection. Art. 36.

61. — Chaque inspection est composée du minis-et d'un ancien ou notable de chaque église de rrondissement. Elle choisit dans son sein, sauf approbation du roi, deux laïques et un ecclésias-ue qui prend le titre d'inspecteur, et qui est rgé de veiller sur les ministres et sur le main-du bon ordre dans les églises particulières. — t. 37.

62. — L'inspecteur peut visiter les églises de son ndissement, en s'adjoignant, toutes les fois e les circonstances l'exigeront, les deux laïques mmés avec lui. — Il sera chargé de la convoca-n de l'assemblée générale de l'inspection. — t. 39.

63. — L'inspection ne peut s'assembler qu'avec orisation du gouvernement, en présence du fet ou du sous-préfet, et après avoir donné con-sance au ministre des cultes des matières que on se propose d'y traiter. — Art. 38.

64. — Aucune décision émanée de l'assemblée nérale de l'inspection ne peut être exécutée sans oir été soumise à l'approbation du gouverne-ent. — Art. 39.

65. — *Consistoires généraux.* — Chaque consis-e général est composé d'un président laïque testant, de deux ecclésiastiques inspecteurs et n député de chaque inspection. Le président les ecclésiastiques inspecteurs sont nommés par roi. Le président est tenu de prêter, entre les ins du roi ou d'un fonctionnaire par lui délé-é, le serment exigé des ministres du culte catho-ue. Les deux ecclésiastiques inspecteurs et les embres laïques prêteront le même serment en-les mains du président. — Art. 41.

66. — Le consistoire général ne peut s'assem-er qu'avec l'autorisation du gouvernement, en nce du préfet ou du sous-préfet, et après con-ssance préalablement donnée au ministre des lles des matières qui devront y être traitées. — semblée ne peut durer plus de six jours. — . 42.

67. — Dans le temps intermédiaire d'une assem-à l'autre, il y a un directoire composé du pré-ent, du plus âgé des deux ecclésiastiques ins-leurs, et de trois laïques, dont un est nommé r le roi et les deux autres choisis par le consis-re général. — Art. 43.

68. — L'art. 44 des articles organiques dispose e les attributions du consistoire général et du loire doivent être réglés par les réglemens et tumes des églises de la confession d'Augsbourg, ns toutes les choses auxquelles il n'a pas été mellement dérogé par les lois et par lesdits ar-cles organiques.

69. — On peut, au surplus, pour plus amples tails, consulter le mot CULTE.

CONSOLIDATION.

Dans un sens générique, ce mot indique la réu-on de deux qualités sur une même tête. — Dans un sens plus restreint, il signifie la réunion de usufruit à la nu-propriété. — V. USUFRUIT.

CONSOMMATION (Droit de).

V. BOISSONS.

CONSORTS.

Ceux qui ont un même intérêt avec d'autres dans un procès, comme si l'on indiquait par là que sort des uns est lié à celui des autres. — V. EX-PLOIT, SIGNIFICATION.

CONSPIRATION.

1. — Accord, union de plusieurs personnes dans le dessein de nuire à quelqu'un. — Merlin, *Rép.*, v° *Conspiration.*

2. — Il y a, dit Merlin (v° *Conspiration*), deux grandes différences entre la conspiration formée contre des particuliers et celle qui est dirigée contre la sûreté générale de l'état. — La première n'est punissable que lorsqu'elle a été suivie d'une tentative extérieure d'exécution; la seconde constitue par elle-même un crime que la loi punit quand même elle n'aurait pas été suivie d'un acte d'exécution (V. COMPLOT). La conspiration contre des particuliers est de la compétence des tribunaux ordinaires; la connaissance de la conspiration contre l'état est attribuée au jury ou à la cour des pairs. — V. COMPLOT, CRIMES CONTRE LA SURETÉ DE L'ÉTAT.

CONSTITUTION D'AVOUÉ.

1. — C'est la désignation de l'avoué qui doit occuper pour une partie dans une instance.

2. — Dans les affaires civiles, où le ministère de l'avoué est indispensable (V. AVOUÉ), c'est par une constitution que se manifeste le choix de la partie. Cette constitution de l'avoué peut avoir lieu de différentes manières.

3. — D'abord, quand c'est la partie demanderesse ou appelante qui agit, c'est dans son exploit introductif d'instance ou dans son acte d'appel qu'elle doit *constituer avoué*: cette formalité est prescrite à peine de nullité. — V. EXPLOIT.

4. — En général, l'élection de domicile chez un avoué n'équivaut pas à une constitution. — V. AVOUÉ, nos 411 et 467, EXPLOIT.

5. — La constitution d'un avoué décédé, interdit ou démissionnaire est-elle nulle? — V. EXPLOIT.

6. — Quant à la partie défenderesse ou intimée, c'est par un acte signifié d'avoué à avoué que la constitution doit avoir lieu. — C. procéd., art. 75.

7. — En principe, la constitution d'avoué du défendeur doit être faite dans les délais de l'ajournement, c'est-à-dire que l'acte d'avoué à avoué, contenant cette constitution, doit être signifié à l'avoué du demandeur avant le jour indiqué dans l'exploit d'ajournement pour la comparution. — Boitard, t. 1er, p. 224.

8. — Toutefois la constitution est valablement faite après l'expiration de ces délais, tant qu'il n'a pas été obtenu de jugement par défaut. — Carré, *Lois de la procéd.*, *Quest.* 384; Chauveau sur Carré, *loc. cit.*; Pigeau, *Comm.*, t. 1er, p. 206.

9. — Mais il a été jugé qu'elle est nulle si elle n'a lieu qu'après qu'il a été statué par défaut sur sa demande, et sans qu'une opposition soit formée à ce jugement. — *Orléans*, 16 mars 1809, N... — Alors, en effet, il n'existe plus d'instance, le tribunal est dessaisi : la constitution d'avoué serait donc inutile et frustratoire. — Carré, *Quest.* 384 *bis*; Pigeau, *Comm.*, t. 1er, p. 206 et 207.

10. — Si la demande a été intentée à bref délai, le défendeur peut, au jour de l'échéance, faire présenter à l'audience l'avoué qui doit occuper pour lui, et il lui est donné acte de sa constitution (C. procéd., art. 76). — Boncenne, *Théor.*, t. 2, p. 260.

11. — Toutefois, l'avoué est tenu, dans ce cas, de réitérer la constitution dans le jour par un simple acte signifié à l'avoué de la partie adverse, et s'il ne le fait pas, le jugement qui lui a donné acte de sa constitution est levé à ses frais. — C. procéd., art. 76.

12. — La disposition de l'art. 76, comme le fait observer Demiau-Crouzilhac (p. 73), ne s'applique qu'aux assignations à bref délai; le tribunal n'est donc pas autorisé à décerner acte de la constitution dans les autres cas; il doit donner défaut, à moins qu'il n'y ait consentement de l'avoué de la partie adverse à ce qu'une pareille constitution soit acceptée. — *Rennes*, 26 juin 1813, N...; *Orléans*, 2 déc. 1813, Jullien; — Carré et Chauveau, n° 389; Pigeau, *Comm.*, t. 1er, p. 207; Thomine Desmazures, t. 1er, p. 186.

13. — Ajoutons que, dans l'usage, on ne refuse pas à un avoué de lui donner acte de sa constitution et de remettre la cause lorsqu'il se présente au moment où l'on requiert défaut.

14. — L'acte qui doit être décerné de la constitution d'avoué à l'audience est-il l'objet d'un jugement préalable ou distinct de celui que le tribunal, à cette audience même, pourrait rendre préparatoirement ou définitivement sur la demande? — Cette question, qui suppose que la cause peut être entendue et jugée définitivement sur-le-champ, ce à quoi, en effet, la loi ne s'oppose pas (*Besançon*, 25 mai 1812, N... — V. Chauveau sur Carré, n° 390, et Thomine Desmazures, t. 1er, p. 186), est résolue, ainsi qu'il suit, par M. Carré (*loc. cit.*) : « Il nous semble, dit-il, que le texte de l'article 76 suffit pour sa décision; le jugement dont il parle, et qu'il déclare ne devoir être levé qu'autant que l'avoué ne réitérerait pas sa constitution par acte dans le jour, est évidemment un jugement préparatoire et de pure forme qui décerne acte de la constitution à l'audience. — Ainsi on a prévenu un abus qui résulterait de ce que l'acte serait décerné par le jugement même qui prononcerait sur la demande; cet abus consisterait en ce que l'avoué qui négligerait de renouveler sa constitution par acte, serait obligé de lever à ses frais un jugement, dont le retrait serait souvent très dispendieux, et se trouverait ainsi trop sévèrement puni de sa négligence. » — V. en ce sens, Chauveau sur Carré, *loc. cit.*

15. — Mais est-il besoin que l'avoué réitère sa constitution dans le cas où le jugement qui intervient est définitif? — « On peut dire, dit Carré (n° 390), qu'il devient inutile, et par conséquent frustratoire, d'exiger la notification d'un acte d'occuper dans une instance terminée par jugement définitif. Mais nous répondons qu'il faut bien justifier de la constitution d'un avoué pour la rédaction des qualités et les suites à faire concernant l'exécution. Si l'avoué ne réitérait pas la constitution, il faudrait bien lever le jugement qui lui décerne acte : autant vaut donc qu'il la réitère. » — V. en ce sens Chauveau sur Carré, n° 391.

16. — L'avoué du demandeur est-il obligé de faire les poursuites contradictoirement avec celui qui a été présenté à l'audience, et auquel il a été donné acte de sa constitution, encore bien qu'elle n'ait pas été réitérée dans le jour? — M. Carré (n° 488) résout cette question affirmativement. Dès que le tribunal, dit-il, a décerné acte de la constitution à l'avoué présenté à l'audience, cet acte produit tout l'effet de la dénonciation de la constitution ordinaire. L'avoué qui a fait la déclaration de se constituer est obligé de suivre la procédure, de même que l'avoué adversaire est tenu de communiquer avec lui. C'est ce qui résulte de l'art. 76, qui n'exige de réitérer la constitution par acte qu'afin de la constater dans les pièces du procès, et pour éviter les frais plus considérables du jugement qui en donne acte. — V. aussi Demiau-Crouzilhac, p. 73.

17. — En effet, ajoute Chauveau sur Carré (*loc. cit.*), la constitution n'en est pas moins valable, quoique non réitérée dans le jour. Cette réitération ou l'expédition du jugement qui en tient lieu n'ont pour but que d'en constater l'existence, et d'en laisser trace aux pièces du procès. — V. en ce sens, Thomine-Desmazures, t. 1er, p. 186; Boncenne, t. 2. p. 261; Boitard, t. 1er, p. 328.

18. — Et il a été en effet jugé par la cour de Bruxelles que la constitution d'un avoué faite à l'audience dans le cas de l'art. 76, est valable, bien qu'elle n'ait pas été réitérée par écrit. — *Bruxelles*, 21 sept. 1831, Montmaerst c. Couturier.

19. — La constitution d'avoué faite sans indication qu'on entend opposer un moyen soit d'incompétence, soit de nullité, ne couvre pas ces moyens. — Carré et Chauveau, n° 383. — V. EXCEPTION.

20. — Quelquefois la loi désigne elle-même l'avoué qui doit occuper ou indique ceux parmi lesquels les parties devront le choisir. — C'est ce qui a lieu en général dans les affaires où plusieurs parties ont un même intérêt. — V. DISTRIBUTION PAR CONTRIBUTION, ORDRE, SCELLÉS.

21. — C'est ce qui a lieu aussi dans les affaires qui ne sont qu'une suite des causes primitives. — Ainsi, l'avoué de la partie qui a obtenu le jugement attaqué dans les six mois de sa date par voie de requête civile, est constitué de plein droit sans nouveau pouvoir. — C. procéd., art. 496. — V. REQUÊTE CIVILE.

22. — De même aussi, lorque la requête civile est admise, la nouvelle instance sur le fond est suivie par les mêmes avoués sans nouvelle constitution. — V. REQUÊTE CIVILE.

23. — Enfin, l'art. 1038, C. procéd., porte que : « les avoués qui ont occupé dans les causes où il est intervenu des jugemens définitifs, seront tenus d'occuper sur l'exécution de ces jugemens sans nouveaux pouvoirs, pourvu qu'elle ait lieu dans l'année de la prononciation des jugemens. — V. JUGEMENT ET ARRÊT.

24. — V., du reste, sur l'application du principe du *mandat légal*, v° AVOUÉ, nos 413 et suiv.

25. — Les parties qui figurent dans une instance peuvent toujours révoquer leurs avoués; mais elles doivent aussitôt en constituer d'autres, sinon les procédures faites et les jugemens obtenus contre l'avoué révoqué et non remplacé sont valables. —

C. procéd. civ., art. 75; — Boncenne, t. 2, p. 263. — V. au surplus AVOUÉ, nos 468 et suiv.

26. — Lorsque, dans le cours d'une instance qui n'est pas en état, l'avoué de l'une des parties a résigné ses fonctions, est décédé ou a été destitué, les poursuites faites et les jugemens obtenus depuis le décès, la démission ou l'interdiction sont nuls, s'il n'y a eu constitution de nouvel avoué. — V. REPRISE D'INSTANCE.

27. — La révocation d'un avoué peut-elle avoir lieu dans l'intervalle qui sépare la prononciation du jugement du réglement des qualités et de la signification de ce jugement?—La cour de Riom (19 août 1826, Caylus c. Bassignac) a jugé la négative par le motif que « la révocation et la nouvelle constitution supposent l'existence d'une instance que l'arrêt dont il s'agit de régler les qualités a pourtant terminée; qu'un arrêt définitif étant prononcé, l'opposition aux qualités et le soutènement de l'opposition paraissent attachés singulièrement et de droit aux avoués qui, pour leur client respectif, ont suivi les débats judiciaires et qui étaient restés leurs avoués lorsque le jugement a été rendu, » et ce motif a été approuvé par la cour de Cassation (arrêt de rejet du 24 mai 1830, mêmes parties).

28. — M. Chauveau sur Carré (no 386 *bis*) combat cette décision. « L'art. 75, dit-il, accorde aux parties, sans distinction entre les diverses époques de la procédure, le droit de révoquer leurs avoués pourvu qu'elles en constituent un autre. Aucune restriction ne peut être apportée à ce droit dont on conçoit toute l'importance; nul ne peut être forcé de conserver un mandataire; le mandat est essentiellement volontaire, et si le premier mandataire devient notoirement indigne de la confiance du mandant, celui-ci sera-t-il donc forcé de la lui conserver? Nous ne le pensons pas... »

29.—Cette opinion, qui nous paraît seule admissible, est professée également par MM. Bioche et Goujet (*Dict. procéd.*, vo *Jugement*, no 265), qui citent ces paroles de Boncenne (t. 2, p. 262) : « L'obligation de se faire représenter en justice n'est pas un lien indissoluble qui enchaîne la partie à son avoué. Rien de plus juste, en matière de confiance, que de donner toute la liberté au discernement, aux susceptibilités et même aux caprices des plaideurs. »

30. — La constitution d'avoué faite par un simple acte est signifiée par un huissier audiencier; cette signification n'est pas assujétie aux formalités des exploits; elle donne lieu à un droit d'enregistrement de 55 c. en première instance, et de 1 fr. 10 c. en appel, décime compris. —V. ACTE D'AVOUÉ A AVOUÉ, ENREGISTREMENT.

31. — En régle générale, la constitution d'avoué est obligatoire pour les parties qui veulent ester devant les tribunaux civils de première instance ou d'appel. Il y a néamoins des exceptions à cette règle. — V. à cet égard AVOUÉ, nos 157 et suiv., et MINISTÈRE PUBLIC.

CONSTITUTION DE DOT.

V. DOT.

CONSTITUTIONS DES EMPEREURS ROMAINS.

1. — Ce nom générique comprenait tous les actes émanés des empereurs romains; mais il s'appliquait principalement à trois classes connues sous les noms d'édits (*edicta*), ou ordonnances générales; de décrets (*decreta*), ou décisions judiciaires rendues par l'empereur dans les causes qu'il évoquait; et enfin de rescrits (*rescripta, mandata, epistolæ*), ou actes adressés à des magistrats ou fonctionnaires qui le consultaient sur des points douteux de jurisprudence.

2. — De ce que la constitution la plus ancienne qui figure au Digeste est d'Adrien, il ne faut pas conclure que les empereurs qui l'ont précédé n'en aient pas rendu. Des textes assez nombreux prouvent le contraire. — V. notamment L. 1 *pr.*, ff., *De test milit.*; L. 2 *pr.*, ff., *Ad sen. cons. Velleian.*; Inst. *Quibus non est permiss. fac. testam in pr.*; *De vulgar. subst*, § 4; *De fideicom. hered.*, § 1.

3. — Quelle que soit la portée que l'on donne à la loi *Regia*, le manuscrit de Gaius ne laisse plus de doute sur son existence, et c'est en vertu de cette loi que les empereurs exerçaient le pouvoir législatif.

4. — Les constitutions impériales ont servi à former le code justinien, plus tard les Basiliques. Et le plus grand nombre des éditions du *Corpus juris civilis* renferment des appendices contenant des constitutions des empereurs Justinien, Justin, Tibère, Léon-le-Philosophe, etc., etc.

CONSTITUTIONS FRANÇAISES.

1. — L'histoire ne nous a pas transmis les monumens des premières constitutions qui réglèrent les premières années de la nation française, car nous ne saurions donner le nom de constitution à la loi salique. — V. ROI.

2. —Cependant il faut reconnaitre que, dès les premiers tems de la monarchie française, le pouvoir du chef suprême a été défini et limité; l'épisode du vase de Soissons prouve qu'entre Clovis et ses soldats il y avait des droits et des devoirs respectifs.

3. — Les capitulaires de Charlemagne sur le mode de convocation et de délibération des assemblées de mai attestent le droit qu'avait alors la nation de participer à son gouvernement. Ce droit, usurpé par les ligues féodales, ressaisi ensuite par les communes et les états généraux, exercé plus tard par les parlemens, rendu à la nation après la révolution de 1789, lui est aujourd'hui irrévocablement acquis.

4. — On voit que c'est avec raison que M. Dupin aîné a dit : La liberté est ancienne en France et il n'y a que le despotisme qui soit d'institution moderne.

5.— Toutes les constitutions qui se sont succédé depuis 1789 peuvent se ramener à ces deux points capitaux : *Egalité; participation de la nation par ses représentans au gouvernement du pays.*

6. — Après cette régénération, la première constitution fut la constitution du 3 septembre 1791, commencée le 17 juin 1789, et jurée par Louis XVI le 14 septembre 1791.

7. — Elle était précédée, à l'imitation de la constitution américaine, d'une déclaration des droits naturels et imprescriptibles de l'homme. — L'égalité était la base du droit public français. — La représentation nationale était concentrée dans une assemblée unique, permanente, non susceptible de dissolution et dont les lois n'étaient subordonnées qu'à un simple *veto* suspensif de la part du roi.

8. — Le 21 septembre 1792, la convention nationale, qui siégeait pour la première fois, abolit la royauté en France et décréta la formation d'un comité de constitution composé de neuf membres.

9. — Ce fut par suite de cette résolution qu'une constitution proposée et amendée par cinq députés nommés par le comité du salut public fut, après une faible discussion, adoptée le 24 juin 1793.

10. —Cette constitution, dont la mise en vigueur était ajournée jusqu'à la paix, n'a jamais reçu d'exécution. — Le principe de la souveraineté du peuple y était porté jusqu'à ses plus extrêmes conséquences. Le peuple entier, dans des assemblées primaires, infirmait ou ratifiait les lois et mesures de la représentation nationale.

11. — Le parti dominateur de la Convention substitua en vendémiaire an II à la marche d'un gouvernement établi par une constitution, un gouvernement révolutionnaire, qui dura jusqu'au 9 thermidor an II et jusqu'à la constitution de l'an III.

12. — Cette constitution du 5 fructidor an III était un retour à des idées plus conformes aux conditions de la raison et de la sociabilité. — La représentation nationale était partagée entre le conseil des anciens et le conseil des cinq-cents qui se contrôlaient l'un par l'autre. Le pouvoir exécutif était confié à cinq directeurs élus par les conseils et se renouvelant successivement.

13. — Elle fut acceptée par 1,057,390 citoyens et rejetée par 49,977. Les deux conseils furent constitués le 8 brum. an IV (30 oct. 1795), et le directoire fut installé le 13 brum. an IV (4 nov. 1795).

14. — La révolution du 18 brum. an VIII amena une nouvelle réaction contre les conséquences excessives du principe de la souveraineté du peuple.

15. — La loi du 19 brum. an VIII (10 nov. 1799) abolit le directoire et créa provisoirement une *commission consulaire exécutive*, composée de Sieyès, Roger-Ducos et Bonaparte sous le nom de *consuls de la république française*, et investie de la plénitude du pouvoir directorial, ajourna le corps législatif au 1er vent. an VIII, et ordonna que chaque conseil nommerait de suite dans son sein une commission de vingt-cinq membres qui devaient statuer sur la proposition formelle et nécessaire de la commission consulaire exécutive, sur tous les objets urgens de police, de législation et de finances. Ainsi fut abrogée de *fait* la constitution de l'an III.

16. — Ce fut le 22 frim. an VIII que la commission législative des deux conseils et les consuls décrétèrent la nouvelle constitution, qui fut aussi soumise à l'acceptation du peuple. Sur 3,012,569 votans, 1,562 ont rejeté, 3,011,007 ont accepté cette constitution dont quelques dispositions éparses sont encore en vigueur aujourd'hui.

17. — Par cette constitution, la représentation nationale était fractionnée en trois corps ayant des attributions, des prérogatives, des conditions d'existence tout-à-fait distinctes : le corps législatif, le sénat et le tribunat.

18.—Le pouvoir exécutif fut déféré à trois consuls ou plutôt concentré dans la personne d'un premier consul, les deux autres n'ayant que voix consultative dans les actes secondaires du gouvernement. Il fut aussi fortifié de la création d'un conseil d'état, spécialement chargé de la préparation des lois, de leur discussion et des réglemens d'administration publique.

19. — Les projets de lois rédigés et discutés par le conseil d'état étaient présentés au tribunat trois conseillers d'état, parmi lesquels l'un é l'orateur du gouvernement, chargé d'exposer motifs du projet de loi. Le tribunat discutait le projet et par l'organe d'un de ses membres émettait devant le corps législatif son vœu pour l'adoption ou le rejet du projet de loi. Le corps législatif, qui n'avait pas la faculté d'amender, adoptait ou rejetait le projet de loi dans son ensemble. Le sénat conservateur des principes de la constitution avait la haute mission d'annuler, sur la dénonciation du tribunat, les actes inconstitutionnels, et d'élire dans la liste nationale les législateurs, les tribuns, les consuls, les juges cassation et les commissaires à la comptabilité.

20. — Le sénat et les consuls entrèrent en fonctions le 4 niv. an VIII (25 déc. 1799); le corps législatif, le tribunat furent convoqués le 11 niv an VIII (1er janv. 1800); les conseils des anciens et des cinq cents cessèrent, dès que le sénat leur eut notifié la nomination des membres du tribunat et du corps législatif. Le palais des Cinq-Cents (Bourbon) fut affecté au corps législatif; le Palais-Royal (Egalité) au tribunat; le Luxembourg au sénat-conservateur; et les Tuileries aux consuls.

21.—Le sénatus-consulte organique du 16 therm. an X (4 août 1802) modifia la constitution de l' VIII pour fortifier encore le pouvoir exécutif, a que le peuple français eut été consulté sur question : Bonaparte sera-t-il consul à vie? sénat rendit viagères et inamovibles les fonctions des consuls, qui étaient électives et décennales e réduisit à cinquante le nombre des tribuns.

22.—Le 28 flor. an XII (18 mai 1804), fut promulgué un *sénatus consulte organique* portant : art. 1er. Le gouvernement de la république est confié à un empereur qui prend le titre d'*Empereur des Français*. La justice se rend au nom de l'empereur, des officiers qu'il institue.—Le tit. 2 traitait de l rédité ; le tit. 3, de la famille impériale ; le tit. 4, de la régence; le tit. 5, des grandes dignités de l'empire; le tit. 6, des grands officiers de l'em le tit. 7, des sermens.

23. — L'abolition du tribunat, qui eut lieu le 1 août 1807, laissa à la puissance impériale tout le pouvoir exécutif et la participation au pouvoir législatif par son droit exclusif d'initiative des lois en présence d'un corps législatif, muet nommé par le sénat sur des candidats présentés par un corps électoral permanent.

24.— Après l'invasion étrangère, le sénat, s'emparant des destinées de l'état, proclama, le 2 avr. 1814, la déchéance de Napoléon et de sa famille.

25. — Le 6 avr. 1814, le sénat proposa un projet de constitution dans lequel il n'omit pas d'insérer un article par lequel les dotations, pensions et rentes du sénat lui étaient conservées. Aussi, les plaisans de l'époque lui donnèrent-ils le nom de *sénat conservateur de rentes*.

26.—Ce projet ne fut pas accepté par Louis XVIII qui, le 4 juin 1814, *octroya* une charte qui fut une transaction entre la révolution et la dynastie restaurée. Cette charte, moins libérale en la forme que les constitutions de l'empire, le fut cependant davantage dans les institutions.

27.—Le corps législatif, élu directement et votant après une discussion publique, redevint une véritable représentation nationale. Une chambre des pairs fut créée pour contrebalancer la puissance démocratique de la chambre des députés, et la couronne se réserva l'initiative ainsi que la sanction des lois. Dans cette institution, le co d'état disparut comme institution politique.

28. — La liberté de la presse, la liberté individuelle, l'inamovibilité des juges, furent proclamées, et la nation revint à la vie politique dont l'empire l'avait depuis long-temps privée. On sait quelles furent les fautes de la première restauration, qui rendirent opportun le retour de Napoléon de l'île d'Elbe.

29. — Napoléon avait promis une satisfaction éclatante au sentiment national qu'avaient blessé les idées et la conduite réactionnaires des Bourbons.

30. — Mais ses promesses n'aboutirent qu'à une modification de ce que Napoléon appelait les con-

lutions de l'empire, c'est-à-dire des sénatus-consultes de l'an X et de l'an XII. — Cet acte additionnel, décrété par l'empereur de sa seule et pleine puissance le 22 avril 1815, fut soumis à l'acceptation du peuple, et le résultat des votes fut proclamé dans une assemblée du champ de mai composée des membres de tous les colléges électoraux de département et d'arrondissement et de députations des armées de terre et de mer. Mais cet acte ne fut pas accepté par la chambre des représentans, qui rédigea une constitution qu'elle eut à peine le temps d'achever au bruit du canon qui se faisait déjà entendre sous les murs de Paris. Cette constitution reconnaissait l'hérédité du pouvoir monarchique; elle consacrait une chambre des pairs héréditaire, une chambre de représentans composée d'élémens spéciaux pour le commerce, la propriété manufacturière et l'industrie.

31. — On sait que, forcée de se retirer devant les baïonnettes étrangères, la chambre des représentans consigna dans une déclaration du 8 juillet 1815 un testament politique, noble et libérale déclaration qui devait se réaliser quinze ans plus tard.

32. — La branche aînée des Bourbons reprit possession de la France, en 1814, en vertu de son droit propre; la charte octroyée fut réputée n'avoir pas cessé d'exister; le corps électoral, modifié par ordonnance, enfanta la chambre de 1815 dite *introuvable*, qui, ayant affiché la prétention de réviser la charte, fut dissoute par l'ordonnance du 5 septembre 1816.

33. — On sait comment Charles X, abusant d'un pouvoir imprudemment rendu dans la charte, dont l'art. 14 disait : « le roi... fait les réglemens et ordonnances nécessaires pour l'exécution des lois et *la sûreté de l'état* », prétendit, par les ordonnances du 25 juillet 1830, bouleverser les conditions de l'électoral, de la représentation nationale, confisquer la liberté de la presse, etc.

34. — À la suite de la grande victoire remportée par le peuple, la chambre des députés, prenant son mandat dans son caractère électif et dans la nécessité, se chargea, comme l'avaient fait les conseils après le 18 brumaire et la chambre des représentans en 1815, de constituer le nouveau gouvernement de la France.

35. — Elle conserva la charte de 1814 dans la modification dans celles de ses dispositions dont le gouvernement déchu avait prétendu abuser, en rendant plus explicites les garanties sur les quelles le pouvoir avait élevé des équivoques et en complétant les institutions destinées à protéger la liberté reconquise. La proposition faite par M. Bérard fut renvoyée à une commission de rédaction, et la chambre mit une telle précipitation dans sa délibération, que, malgré l'insistance de l'un de ses plus honorables membres, elle ne permit pas même de relire ces articles de la charte auxquels la commission de rédaction ne proposait pas de changemens. Elle ne voulait donc pas une autre charte; aussi, la formule de la publication de cette charte est-elle ainsi conçue : « Nous avons ordonné que la *charte de 1814*, telle qu'elle a été *amendée* par les deux chambres le 7 août, sera de nouveau publiée dans les termes suivans... »

36. — C'est à peine si on indiqua la question de savoir si la constitution ainsi amendée serait soumise à l'acceptation de la nation; mais la charte, qui n'avait pas été rédigée avec le concours de la nouvelle dynastie, lui fut imposée comme condition de son avénement à la couronne.

37. — La constitution fut jurée par le nouveau roi en présence des chambres, et le serment royal fut recueilli par elles au nom de la nation française.

38. — Cette métamorphose d'une charte octroyée à la nation en charte imposée par la nation à la couronne est le changement capital que la charte de 1814 a subi; les autres consistent dans la destitution des pairs nommés par Charles X, dans le renvoi à une session suivante de la constitution de la pairie (réglée par la loi du 23 déc. 1831), dans l'initiative rendue aux chambres pour la proposition des lois, dans le changement apporté aux conditions de l'éligibilité et de l'électoral, dans le retour au concordat de l'an X, dans l'abrogation de la dernière disposition de l'article 14, dans l'adoption du principe de la liberté de l'enseignement, dans l'extension du jury à tous les délits politiques, dans l'élection des officiers de la garde nationale, dans l'abolition irrévocable de la toute censure, de toute juridiction exceptionnelle et dans la promesse d'institutions municipales et départementales fondées sur le principe électif.

39. — Quelles qu'aient été les formes suivies pour la rédaction et l'adoption de cette charte, il est, au fond, que l'expression et le résumé des vœux de la nation proclamée par la tribune, par la presse et par les adhésions des citoyens.

---

40. — La charte de 1830 et tous les droits qu'elle consacre demeurent confiés au patriotisme et au courage des gardes nationales et de tous les citoyens français.—Charte de 1830, art. 66.

CONSTITUTION DE NOUVEL AVOUÉ.

Pouvoir d'occuper donné à un avoué en remplacement d'un autre avoué précédemment constitué, et qui depuis a donné sa démission a été destitué ou est décédé. — V. REPRISE D'INSTANCE.

CONSTITUTION DE RENTE.

1. — La constitution de rente est un contrat par lequel une des parties, qui reçoit de l'autre un capital quelconque, s'engage à lui payer une rente annuelle et perpétuelle, rachetable à toujours, en restituant le capital reçu dans l'origine. —Delvincourt, t. 3, p. 194.

2. — C'est un contrat réel, commutatif, unilatéral et non solennel.

3. — Quelque long-temps qu'ait duré la prestation de la rente, le débiteur ne peut jamais se libérer qu'en remboursant le capital.

4. — La rente est aussi perpétuelle en ce sens que le créancier ne peut en exiger le rachat (art. 1909, C. civ.). Toutefois cette régie souffre exception dans les trois cas suivans : 1° si le débiteur manque à fournir les sûretés promises par le contrat; — 2° s'il laisse passer deux années sans payer de rente (art. 1912, C. civ.); — 3° s'il tombe en faillite ou en déconfiture (art. 1013, C. civ.). — V. au surplus RENTE CONSTITUÉE.

V. aussi ENREGISTREMENT.

CONSTITUTIONS SARDES.

V. SARDAIGNE, TRAITÉS DIPLOMATIQUES.

CONSTRUCTION.

1. — Ce mot s'applique en général à tous les ouvrages de main d'homme, achevés ou non, tels que bateaux, canaux, églises, forges, machines, maisons, murs, vaisseaux, etc., etc.; mais nous ne l'envisageons ici que sous le rapport des ouvrages de maçonnerie et autres édifices tenant au sol.

2. — Il y a des constructions qui sont meubles, d'autres qui sont immeubles par leur nature. — C. civ., art. 519 et 532. — V. sur ce point le mot BIENS.

3. — De ce principe, écrit dans l'art. 552, C. civ., « que la propriété du sol emporte la propriété du dessus et du dessous », il résulte que le propriétaire a le droit de faire sur son terrain toutes les constructions qu'il lui plaît. — V. ACCESSION.

4. — Mais ce droit n'est pas absolu; il emporte avec lui certaines modifications, certaines restrictions qui concernent les servitudes, la sûreté publique et la voirie.—V. ALIGNEMENT, POUVOIR MUNICIPAL, SERVITUDE, VOIRIE.

5. — Quant à la distance à observer pour certaines constructions, et aux cas dans lesquels cette distance doit être observée, V. ÉTABLISSEMENS INSALUBRES, PARIS (ville de), PLACES DE GUERRE, SERVITUDE.

6. — Il y a quelquefois lieu d'élever des constructions pour défendre les propriétés de l'envahissement des eaux. — V. sur ce point les mots AFFECTATION, COURS D'EAU, RHIN.

7. — Sur les constructions nouvelles et les différens cas dans lesquels les édifices nouvellement construits sont frappés ou affranchis de l'impôt, V. ACTIONS POSSESSOIRES, CONTRIBUTIONS DIRECTES.

8. — L'autorité chargée de veiller à la sûreté publique a le droit d'ordonner la démolition des bâtimens menaçant ruine. — V. VOIRIE.

V. aussi ACCESSION, ACTES DE COMMERCE, ALIGNEMENT, AQUEDUCS, ARCHITECTE, BAIL, CHEMINS, COMMUNAUTÉ, DÉLIT RURAL, EXPROPRIATION POUR CAUSE D'UTILITÉ PUBLIQUE, LOUAGE D'INDUSTRIE, MITOYENNETÉ, POUVOIR MUNICIPAL, PRESCRIPTION, PRÉSOMPTIONS, PRIVILÉGE, PROPRIÉTÉ, RUES, ROUTES, USUFRUIT, VOIE PUBLIQUE, VOIRIE.

CONSTRUCTIONS (Fortifications).

Autour des places de guerre et des postes militaires, on ne peut élever de constructions quelconques qu'à des distances déterminées.—LL. 8-10 juill. 1791; 17 juill. 1819; Ord. 1er août 1821. — V. ENREGISTREMENT, PLACES DE GUERRE, SERVITUDES MILITAIRES.

CONSUL. — CONSULAT.

Table alphabétique.

35

CONSUL, CONSULAT. — 1. — Les consuls sont les délégués qu'un souverain envoie dans les places de commerce, et principalement dans les ports de mer d'un autre souverain, pour protéger ses sujets qui y résident ou qui voyagent, pour veiller à la conservation de leurs droits et privilèges, et même pour remplir, à leur égard, certaines fonctions d'administration et de juridiction volontaire ou contentieuse. — Pardessus, n° 1439. — V. COMMERCE.

2. — Le mot consulat a plusieurs acceptions : on l'emploie pour indiquer également : 1° l'institution des consuls ; 2° l'élève mayeur exerçant le pouvoir confié à la personne du consul ; 3° le lieu où le consul est établi ; 4° la maison où il réside ; 5° le rapport que tout capitaine de navire doit faire au consul dans certains cas. Sous ce dernier point de vue, V. CONSULAT (rapport).

CHAPITRE Ier. — Historique.

3. — Les consulats sont une institution moderne. Cependant on trouve chez les anciens quelques traces d'institutions analogues, établies pour la protection des commerçans.

4. — Dès l'année 526 avant Jésus-Christ, les Grecs avaient en Égypte des magistrats chargés de juger leurs nationaux, suivant leurs lois particulières. — Hérodote, liv. 2, chap. 178 ; Millitz, Manuel des consuls, t. 1er, liv. 1er, chap. 2.

5. — De plus, en Grèce, les proxènes offraient quelques traits de ressemblance avec nos consuls. « Souvent, dit M. Pardessus (L. marit., t. 2, p. 12), un état faisait choix dans un autre état d'un citoyen notable appelé proxène, qui, en qualité de protecteur et d'hôte commun, était chargé d'aider de ses conseils et de son crédit les sujets de l'état qui l'avait choisi, et de gérer leurs affaires... les proxènes n'étaient pas des envoyés ; ils étaient des citoyens du pays où ils exerçaient leur ministère, si le choix de leur personne devait être approuvé par le peuple de ce pays. »

6. — Chez les Romains le préteur pérégrin remplissait des fonctions analogues. — Richelet, Dictionnaire du droit, v° Consul, n° 2.

7. — A mesure que l'empire romain se fractionna, et que le commerce, en devenant plus étendu, entraînait le déplacement des marchandises, ces institutions devinrent plus nécessaires, et donna aux individus revêtus de cette espèce de magistrature les noms de : telonarii, bajoli, prepositi, seneschulli, priores mercatum, etc.

8. — Une loi des Visigoths, du VIe siècle, portait que les différends entre marchands d'outre-mer devaient être jugés suivant leurs lois, par des magistrats de leur nation : Dum transmarini negociatores inter se causam habuerint, nullus de aetibus nostris eos audire praesumat; nisi tantum modo suis legibus audiantur avud telonarios suos.— L. des Visigoths, liv. 2, tit. 3, art. 2; — Millitz, Manuel des consuls, tit. 1er, chap. 4, sect. 9e.

9. — Quand les villes importantes de l'Italie et furent constituées en petites républiques, et que des villes de la France méridionale, c'est-à-dire la Provence et du Languedoc, eurent formé des associations communales et commerçantes, indépendantes des lois de la couronne, le nom de consuls servit à désigner les magistrats spéciaux chargés de statuer sur les contestations commerciales de terre ou de mer. Ce titre fut ensuite donné par analogie aux délégués institués pour protéger à l'étranger les intérêts du commerce; on appela dans l'origine consuls d'outre-mer ou consuls à l'étranger. Il y avait des consuls de marchands et des consuls de marins ou de mer : à Pise en 1164, à Montpellier dès 1127, et à Marseille en 1254.— Demangeat, p. 478; Goujet et Merger, Dict. de dr. comm., v° Consuls, n° 4.

10. — Les premiers consuls à l'étranger ont été établis dans le Levant, à Constantinople, dans la Palestine, la Syrie et l'Égypte, par Gênes, Pise, Venise et Florence, 1098 à 1496, et ensuite par les villes méridionales de la France. — Demangeat, p. 479; Goujet et Merger, n° 5.

11. — Narbonne avait un consul à Gênes en 1166, 1924 et 1279; à Pise, en 1278 ; en Espagne, en 1297 et 1303 ; à Constantinople, en 1340 ; à l'île de Rhodes, en 1340 et 1366 ; en Sicile, en 1361 ; en Égypte, en 1377 ; Marseille en avait un à Tunis en 1250; Montpellier en eut un en Palestine et à Constantinople en 1243; à Majorque et à Barcelone, vers 1246 ; dans le royaume de Chypre, en 1281; en Égypte, en 1487; à Venise, en 1268 ; dans l'île de Rhodes, en 1356.

12. — Saint Louis fut le premier roi français qui institua des consuls à l'étranger. — En 1251 il traita avec le sultan d'Égypte pour l'établissement de deux consuls, l'un à Tripoli et l'autre à Alexandrie. — Goujet et Merger, n° 7.

13. — Lorsqu'après la réunion de la Provence et du Languedoc à la couronne de France, le commerce des villes méridionales se fut affaibli, les consulats établis à l'étranger disparurent presque complétement, et ne furent réinstitués que dans le commencement du XVIe siècle. — En 1760, la France n'avait de consuls que dans le Levant, la Barbarie, l'Italie, l'Espagne et le Portugal. Depuis les traités de Riswick et d'Utrecht, elle n'en avait plus en Hollande ni en Angleterre. — Goujet et Merger, n° 8.

14. — D'un autre côté, à l'époque dont nous parlons et jusqu'à un temps assez rapproché de nous, les étrangers ont souvent eu beaucoup de peine à obtenir de notre gouvernement le droit d'avoir des consuls chez nous. D'une part on craignait un empiétement sur la juridiction française; de l'autre, en autorisant un consul étranger en France, on renonçait par là même aux droits d'aubaine et de naufrage. — Demangeat, p. 181.

15. — Ce n'est qu'à dater de l'abolition complète du droit de naufrage, en 1543, et à mesure qu'un assez grand nombre de traités de commerce furent conclus avec les puissances étrangères, que celles-ci obtinrent plus facilement d'avoir des consuls en France. — Demangeat, *ibid.*

16. — Même après ce changement dans les dispositions de notre gouvernement on a toujours tenu dans notre ancienne jurisprudence qu'il fallait une convention expresse pour donner aux étrangers la faculté d'avoir des consuls dans notre pays. — Demangeat, *ibid.*

17. — Dans le principe, les maîtres et patrons des navires étrangers choisissaient leurs consuls, et ils les prenaient indifféremment parmi les marchands établis dans chaque lieu où ils faisaient leur principal commerce. — Demangeat, p. 180; Merlin, *Rép.*, v° *Consuls français*, § 1er.

18. — Les consuls n'avaient pour mission que de défendre et surveiller les intérêts commerciaux des négocians, de leur procurer la vente des marchandises qu'ils apportaient et l'achat de celles dont ils avaient besoin pour leur retour, afin de les défendre des avaries qui pourraient leur être faites dans le pays. — *Ibid.*

19. — Ils n'avaient le droit de juger les différends qui s'élevaient entre les négocians de leur pays, résidant ou voyageant à l'étranger, que comme arbitres; ils étaient payés par ceux-ci, et non seulement leur juridiction était volontaire, mais encore ils ne pouvaient l'exercer, et surtout l'exécuter que du consentement du souverain auprès duquel ils étaient accrédités. — Goujet et Merger, n° 9.

20. — Depuis, l'utilité de leur institution ayant été appréciée, ils ne relevèrent plus du choix des maîtres de navires, ils furent nommés par le souverain du pays; de simples chargés d'affaires commerciales qu'ils étaient, ils devinrent fonctionnaires publics; représentant, sous des rapports importans, le pays qui les avait nommés, ils furent entourés de priviléges et de prérogatives résultant de conventions et de traités particuliers. — Demangeat, *ibid.*; Goujet et Merger, n° 10.

21. — Les consuls furent régulièrement institués par l'ordonnance d'août 1681 (liv. 1er, tit. 9). — Les dispositions de cette ordonnance furent successivement complétées ou modifiées par les ordonn. 26 fév. 1787, 4 janv. 1718, 25 mai 1722, 24 mai 1728, 17 août 1756; édit 28 juin 1778; ord. 3 mars 1781.

22. — La révolution n'apporta aucun changement à la législation qui régissait alors les consuls; seulement ils cessèrent d'appartenir au ministère de la marine, et ils relevèrent du département des affaires étrangères. — L. 10 vendém. an IV; décr. 22 juin 1811 et 19 janv. 1812; — Beaussant, t. 2, p. 529.

23. — Dans l'intervalle du 19 brum. an VIII au senatus-consulte du 28 flor. an XII, les consuls furent désignés sous le nom de *commissaires aux relations commerciales*; mais leur ancien titre leur fut rendu après l'an XII, et conservé par les ord. 15 déc. 1815 et réglem. 11 juin 1816.

24. — Ces mêmes ord. 15 déc. 1815 et réglem. 11 juin 1816 réglementèrent provisoirement les consulats.

25. — L'organisation définitive des consuls, agens consulaires et officiers attachés au consulat, ainsi que leurs attributions et compétence, ont été fixées par les dispositions législatives suivantes: — 1° ord. 20 août 1833, sur le personnel des consulats; — 2° ord. 23 août 1833 sur les recettes et dépenses des chancelleries; — 3° ord. 24 août 1833 sur l'emploi des perceptions des chancelleries; — 4° ord. 23 oct. 1833 sur l'intervention des consuls relativement aux actes de l'état-civil des français en pays étranger; — 5° ord. 24 oct. 1833 sur les dépôts faits dans des chancelleries; — 6° ord. 25 oct. 1833 sur les attributions des consuls relativement aux passeports, légalisations, et significations judiciaires; — 7° ord. 26 oct. 1833 sur les fonctions des vice-consuls et agens consulaires; — 8° ord. 29 oct. 1833 sur les fonctions des consuls dans leurs rapports avec la marine commerciale; — 9° ord. 7 nov. 1833 *id.* avec la marine militaire; — 10° ord. 28 nov. 1833, sur l'immatriculation, dans les chancelleries, des Français résidant à l'étranger; — 11° loi 28 mai 1836, sur la poursuite et le jugement des contraventions, délits et crimes commis par des Français dans les Echelles du Levant et de la Barbarie; — 12° ord. 5 juill. 1842, modifiant l'organisation du tribunal consulaire de Constantinople; — 13° ord. 6 nov. 1842, portant fixation de tarif des droits à percevoir dans les chancelleries; — 14° ord. 26 avr. 1845 sur le personnel des consulats; — 15° ord. 27 juill. 1845, qui alloue, dans certains cas, des traitemens spéciaux aux agens consulaires.

CHAPITRE II. — *Organisation des consulats.*

Sect. 1re. — *Personnel des consulats.*

26. — Le corps des consuls se compose de consuls généraux, de consuls de première et de seconde classe et d'élèves-consuls. — Ord. 20 août 1833, art. 1er.

27. — Les postes consulaires sont également divisés en consulats généraux et consulats de première et de seconde classe, selon les besoins du service. — Même ord., art. 2.

28 — Dans certaines localités d'une importance moindre, il existe en outre des agens consulaires ou vice-consuls chargés de remplir les mêmes fonctions que les consuls.

29. — Des élèves-consuls et des chanceliers peuvent être attachés aux divers consulats.

30. — Enfin, dans les pays mahométans, des secrétaires, interprètes ou drogmans sont également institués près des consuls.

§ 1er. — *Consuls généraux et consuls de première et de seconde classe.*

31. — Les consuls généraux et les consuls de première et de seconde classe sont nommés par le roi sur la présentation du ministre des affaires étrangères. — Ord. 20 août 1833, art. 1er.

32. — Le consul général surveille et dirige, dans les limites de ses instructions, soit générales, soit spéciales, les consuls établis dans l'arrondissement dont il est le chef. — Tous relèvent de lui, au même degré, sans distinction de grade. — Même ord., art. 3.

33. — Dans les états où le gouvernement ne juge pas à propos d'établir un consulat général, les attributions en sont réunies à celles de la mission diplomatique. — Même ord., art. 4.

34. — Nul consul de première classe ne peut être nommé consul général, et nul consul de seconde classe ne peut être promu à la première qu'après deux ans au moins de service dans son grade. — Ord. 26 avr. 1845, art. 1er.

35. — Nul élève consul ne peut être appelé à un consulat de seconde classe qu'après cinq ans de service en qualité d'élève. — Ord. 26 avr. 1845, art. 1er.

36. — Peuvent être nommés: 1° consuls généraux les sous-directeurs du ministère des affaires étrangères et les premiers secrétaires des ambassades et légations, après cinq ans de service, dont trois au moins dans leur grade respectif; — 2° consuls de première classe: les chefs de bureau et les rédacteurs au ministère des affaires étrangères, les secrétaires des légations et les seconds secrétaires des ambassades; les uns et les autres après cinq ans de service, dont trois au moins dans leur grade respectif; enfin, le premier drogman et le secrétaire interprète de l'ambassade près de la Porte, l'un et l'autre après vingt ans de service, dont trois au moins dans leur grade respectif; — 3° consuls de deuxième classe: les commis principaux au ministère des affaires étrangères; les attachés payés des ambassades et légations; les agens consulaires nommés par le ministre des affaires étrangères dans les lieux où il n'existe point de poste consulaire; les chanceliers des ambassades et légations; les chanceliers des consulats généraux et des consulats de première classe; enfin, les premiers drogmans des consulats généraux et le second drogman de l'ambassade près de la Porte, après un nombre déterminé d'années de service dans leur grade effectif. — Ord. 26 avr. 1845, art. 4.

37. — Toutefois, ces divers fonctionnaires ne peuvent concourir que pour les deux cinquièmes au plus des postes vacans; les trois cinquièmes de ces postes restent exclusivement attribués aux consuls de première et deuxième classe. — Ord. 26 avr. 1845, art. 5.

38. — Pour être admissible aux emplois consulaires, il faut avoir la qualité de français. — Bien que cette condition ne soit pas rappelée dans l'ordonnance du 20 août 1833, elle n'en est pas moins exigée, surtout en présence de la disposition de la même ordonnance qui veut (art. 18) que les chanceliers nommés par le roi soient Français. — Pardessus, n° 1439; Merlin, *Rép.*, v° *Consuls français*, § 3, n° 1er. — V. *contrà* Goujet et Merger, v° *Consul*, n° 71.

39. — L'ordonnance de 1681 exigeait trente ans pour être nommé consul; aujourd'hui, l'âge de vingt-cinq ans suffit. — Goujet et Merger, *ibid.*, n° 72.

40. — En cas de vacance d'un consulat par décès, maladie ou départ du titulaire, ou pour toute autre cause imprévue, l'officier le plus élevé en grade de la résidence remplit provisoirement le poste jusqu'à la décision du ministre s'il s'agit d'un consulat général, et jusqu'à celle du consul général s'il s'agit d'un consulat particulier. — Ord. 20 août 1833, art. 8.

§ 2. — *Elèves-consuls.*

41. — Les élèves-consuls sont nommés par le roi, sur la présentation du ministre des affaires étrangères. — Ord. 20 août 1833, art. 1er.

42. — Leur nombre est fixé à quinze. — Même ord., art. 10.

43. — Pour être nommé élève-consul, il faut être âgé de vingt ans au moins et de vingt-cinq ans au plus et licencié en droit, et avoir été jugé admissible par une commission spéciale. La composition de cette commission, le mode et les conditions de l'examen sont déterminés par un réglement dressé par le ministre des affaires étrangères et soumis à l'approbation du roi. — Ord. 26 avr. 1845, art 2.

44. — Les élèves-consuls sont attachés aux consulats généraux ou aux consulats désignés par le ministre des affaires étrangères. — Ord. 20 août 1833, art. 13.

45. — Ils sont placés sous l'autorité et la direction immédiate du consul général ou du consul près duquel ils résident. — Même ord., art. 14.

46. — Tout acte d'inconduite tel que l'on puisse en inférer qu'un élève ne possède pas les qualités morales que demande l'emploi de consul entraîne sa révocation. — Même ord. art. 15.

§ 3. — *Agens consulaires et vice-consuls.*

47. — Les consuls peuvent, sous leur propre responsabilité, et après avoir reçu l'autorisation du ministre des affaires étrangères, nommer des délégués dans les lieux de leur arrondissement où ils le jugent utile au bien du service. — Ord. 20 août 1833, art. 39 et 43.

48. — Ces délégués sont choisis, autant que possible, parmi les Français notables établis dans le pays, et, à leur défaut, parmi les négocians ou habitans les plus recommandables du lieu. — Même ord., art. 40.

49. — Ces délégués portent le titre *d'agens consulaires*. Le titre de *vice-consul* peut être conféré quand l'importance du lieu, leur position sociale ou quelque autre motif pris dans l'intérêt du pouvoir paraît l'exiger. — Même ord., art. 41.

50. — Les brevets d'agent et ceux de vice-consul sont délivrés par les consuls, d'après le modèle qui est déterminé par le ministre des affaires étrangères. — Même ord., art. 42.

51. — Les fonctions des agens et vice-consuls ne donnent lieu à aucun traitement, et ne leur confèrent aucun droit de concourir aux emplois de la carrière des consulats. — Même ord., art. 44.

52. — Les agens consulaires et vice-consuls ne peuvent accepter le titre d'agent d'aucune autre puissance, à moins que le consul dont ils relèvent n'en ait obtenu, pour eux, l'autorisation du ministre des affaires étrangères. — Même ord., art. 45.

53. — Il leur est défendu de nommer des sous-agens et de déléguer leurs pouvoirs sous quelque titre que ce soit. — Même ord., art. 46.

54. — Ils peuvent être suspendus par le consul qui les a nommés, mais ils ne peuvent être révoqués qu'avec l'autorisation du ministre. — Même ord., art. 47.

55. — Indépendamment des délégués nommés par les consuls dans leurs arrondissemens respectifs, le ministre des affaires étangères peut nommer, dans les lieux où il n'existe pas de postes consulaires et où les besoins du service l'exigent, des agens consulaires ou vice-consuls qui corres-

pondent directement avec lui, et sont rétribués sur le budget de son département. — Ces agens doivent cesser leurs fonctions, si, dans les cinq ans, le roi n'a pas confirmé leur nomination. — Ord. 26 avril 1845, art. 3.

§ 4. — *Chanceliers.*

56. — Les consuls ont sous leurs ordres des chanceliers, qui sont nommés par le roi dans les postes consulaires où leur utilité est reconnue. — Ord. 20 août 1833, art. 16; — Merlin, *Rép.*, v° *Consuls français*, § 2, n° 7.

57. — Des chanceliers sont également placés, quand l'intérêt du service l'exige, près des missions diplomatiques qui réunissent à leurs attributions celle du consulat général. — Dans ce cas, il peut être conféré à ces chanceliers le titre honorifique de consul de seconde classe. — Ord. 20 août 1833, art. 17.

58. — Les chanceliers doivent être Français et âgés de vingt-cinq ans accomplis; — Ils peuvent être parens du chef de la mission diplomatique ou du consul sous lequel ils sont placés, jusqu'au degré de cousin germain exclusivement. — Même ord., art. 18.

59. — Dans les consulats du Levant, les fonctions de chancelier sont confiées de préférence au drogman de l'échelle, sans toutefois que le service de chancelier le dispense de celui de drogman. — Ord. 26 avril 1845, art. 6.

60. — Dans les postes consulaires où le roi n'a pas nommé de chancelier, le consul est autorisé à commettre à l'exercice de sa chancellerie, sous sa responsabilité, la personne qu'il en juge capable, à la charge de la faire agréer par le ministre des affaires étrangères. — Ord. 20 août 1833, art. 20; ord. 24 août 1833, art. 7.

61. — Beaussant (n° 1015) pense que, dans ce cas, les chanceliers peuvent être pris parmi les étrangers, et que les garanties de l'âge et de la parenté ne sont pas davantage exigées.

62. — Les chanceliers doivent prêter, entre les mains de leurs chefs, le serment de remplir avec fidélité les obligations de leur emploi. — Même ord., art. 21.

§ 5. — *Secrétaires-interprètes et drogmans.*

63. — Les secrétaires-interprètes et les drogmans sont nommés par le roi, sur la présentation du ministre des affaires étrangères. — Ord. 20 août 1833, art. 23.

64. — Les places de secrétaires-interprètes du roi pour les langues orientales sont fixées à trois; et l'un d'eux porte le titre de premier secrétaire-interprète du roi. — Ils sont choisis parmi les drogmans du Levant et de Barbarie. — Même ordonn., art. 24.

65. — Le roi peut accorder le titre de secrétaire-interprète du roi, avec l'augmentation de traitement qui y est attachée, à chacun des deux drogmans qui se sont le plus distingués dans leur emploi, et après dix ans au moins de services effectifs dans les échelles. Ce titre de secrétaire-interprète du roi et cette augmentation de traitement ne peuvent être accordés ni conservés qu'aux drogmans en activité. — Même ord., art. 25.

66. — Le nombre et la résidence des drogmans sont fixés par des ordonnances spéciales suivant les besoins du service. — Même ord., art. 26.

67. — Les drogmans sont choisis parmi les élèves-drogmans employés en Levant. — Même ord., art. 27.

68. — Les élèves-drogmans sont nommés par arrêté du ministre des affaires étrangères parmi les élèves de l'école des langues orientales à Paris, dite des *jeunes de langues*. — Même ord., art. 28.

69. — Les jeunes de langues sont nommés par le ministre des affaires étrangères, et choisis principalement parmi les fils et petits-fils, ou à défaut de ceux-ci, parmi les neveux des secrétaires-interprètes du roi et des drogmans; ils ne peuvent être admis que depuis l'âge de huit ans jusqu'à celui de douze. — Même ord., art. 29.

70. — Le nombre total des élèves-drogmans employés en Levant, et des jeunes de langues entretenus à Paris, ne peut excéder celui de douze. — Même ord., art. 31.

71. — Les élèves-drogmans et les jeunes de langues peuvent être révoqués ou rendus à leur famille par arrêté spécial du ministre des affaires étrangères, pour cause d'inconduite ou d'inaptitude. — Même ord., art. 30.

72. — Il est interdit aux drogmans de visiter les autorités du pays sans les ordres ou la permission de l'ambassadeur ou des consuls (même ordonn., art. 32), et de prêter leur ministère dans les affaires des particuliers sans en avoir été requis par eux et sans l'autorisation de l'ambassadeur ou du consul. — Art. 33.

Sect. 2e. — *Installation des autorités consulaires,*

73. — Un consul ne pouvant être établi en pays étranger sans l'autorisation expresse du souverain de ce pays, il est de règle générale que la nomination d'un consul soit notifiée par l'intermédiaire des ambassadeurs au gouvernement sur le territoire duquel il doit résider, enfin d'en obtenir les lettres d'*exequatur* nécessaires.

74. — L'*exequatur* est une formalité indispensable; c'est l'acte qui confère au consul le droit d'exercer sa juridiction et son autorité; il est de règle universelle que les commissions données à un consul, par un prince étranger, soient rendues exécutoires par le souverain du pays où ce consul est envoyé. — Goujet et Merger, n°s 112 et 118. — Cette règle était déjà observée dans l'ancien droit, « *Nullum possunt exercere jurisdictionem*, dit Casaregis, *nisi accedat consensus principis illius loci in quo ipsi residere debent.* » — Disc., 175, n° 33.

75. — Aussi a-t-il été jugé, en France, que les consuls étrangers qui n'ont pas obtenu l'*exequatur* du gouvernement français ne peuvent pas prétendre aux immunités et prérogatives qui peuvent appartenir aux consuls, ni par conséquent échapper à la contrainte par corps. — *Paris*, 25 août 1842 (t. 1er 1843, p. 67), Carlien d'Abaunzat c. Abrassart.

76. — L'*exequatur* peut être refusé ou retiré, si le souverain auquel il a été demandé ou qui l'a accordé a des motifs suffisans pour agir ainsi. — Goujet et Merger, n° 114.

77. — Mais si l'on refuse rarement un *exequatur*, on le retire plus rarement encore; car c'est une mesure grave qui ne peut être prise sans de puissans motifs. Avant que l'*exequatur* ait été donné, dit le *Traité du consulat* (note 114), le consul désigné n'est qu'un candidat consulaire, un homme privé en quelque sorte; mais après qu'il a été reconnu, il prend un caractère public; c'est le fonctionnaire d'une nation amie: à ce titre, il a droit à des égards particuliers. — Richelot, *Encyclop.*, v° *Consul*, n° 20.

78. — L'exercice des fonctions consulaires, toujours subordonné à la paix, cesse quand la guerre éclate; et il est d'usage alors que le gouvernement territorial enjoigne à celui qui les remplit de sortir du pays dans un délai plus ou moins bref. Cependant un simple refroidissement politique entre les deux états, une rupture qui n'aboutirait pas à des hostilités ouvertes, ne suffirait pour suspendre ces fonctions; souvent les consuls restent à leur poste, quoique la légation se retire. — Richelot, *ibid.*, n° 20.

79. — Quand des changemens politiques surviennent dans un pays, l'ambassadeur ou le ministre présente de nouvelles lettres de créance; mais il n'est pas nécessaire de renouveler la patente du consul et l'acte qui la rend exécutoire. — Richelot, *Encyclop.*, v° *Consul*, n° 123.

80. — La forme de la délivrance de l'*exequatur* varie selon les pays. — Richelot, *Encyclop.*, v° *Consul*, n° 19.

81. — En France, l'*exequatur* est délivré par le ministre des affaires étrangères, et lu au tribunal de commerce du lieu de la résidence du consul par le greffier, qui dresse procès-verbal de cette lecture. — Goujet et Merger, n° 115.

82. — Avant 1781, l'*exequatur* n'était pas nécessaire au Levant et en Barbarie; la notification par le consul au gouverneur et autres officiers du lieu suffisait. — Valin, sur l'ord. de 1681. — Mais aujourd'hui le gouvernement turc délivre, comme les puissances chrétiennes, des *exequatur* ou *barats*, qui doivent être notifiés aux autorités du lieu où réside le consul. — Goujet et Merger, n°s 116 et 117.

83. — Le consul nouvellement nommé prête serment, en France, s'il s'y trouve, devant le ministre des affaires étrangères, ou devant l'ambassadeur du pays où le consul va résider; cependant sont dispensés de cette formalité ceux qui, lors de leur nomination, se trouvent attachés à des consulats en des lieux éloignés. — Ord. 1681, art. 3, tit. 9, liv. 1er et 2; 1778, art. 1er; — Beaussant, n° 1021; Goujet et Merger, n° 119.

84. — Le brevet est enregistré à la chancellerie du consulat. — Ord. 3 mars 1781, tit. 1er, art. 5; — Beaussant, *ibid.*

85. — Lorsque le nouveau consul est arrivé à sa résidence, et avant qu'il entre en fonctions, l'ancien consul ou l'agent intérimaire convoque une assemblée de notables français établis dans le lieu, que l'on appelle *assemblée de la nation*; on publie devant elle l'acte de nomination du consul. Si cette formalité n'était pas remplie, les Français qui résident dans l'étendue du consulat ne seraient pas réputés instruits de la nomination du consul, ni, par suite, tenus de reconnaître son autorité. — Ord. 1781, art. 5; — Goujet et Merger, n° 121.

86. — Les agens consulaires et vice-consuls paraissent devoir être installés par le consul en les présentant à la nation. — Goujet et Merger, n° 122.

87. — L'installation du chancelier résulte de la prestation de serment entre les mains du consul. — Goujet et Merger, *ibid.*

88. — Quant aux élèves consuls et aux drogmans, ils n'ont besoin que de justifier, au consul, de la décision qui les attache auprès de lui; le consul les fait connaître à la nation. — Goujet et Merger, n° 124.

Sect. 3e. — *Traitemens. — Costumes.*

89. — *Traitemens.* — Les consuls reçoivent de l'état un traitement fixe créé par l'ordonnance de 1781, pour leur tenir lieu du droit de consulat qu'ils percevaient autrefois. Il leur est défendu de recevoir aucun autre droit, sous quelque prétexte que ce soit. — Art. 19, tit. 1er.

90. — Les secrétaires-interprètes et drogmans ont également un traitement fixe; les agens consulaires et vice-consuls n'en ont aucun; mais ils conservent, tant pour leurs frais de bureau que pour leurs honoraires, la totalité des droits qu'ils ont perçus. — Ord. 23 août 1833, art. 14.

91. — Les chanceliers sont payés par des remises proportionnelles, qui leur sont accordées sur les perceptions qu'ils font après prélèvement des dépenses nécessaires à l'entretien des chancelleries. — V. *infrà* ch. 6, sect. 2e.

92. — Les fixations établies par les ordonnances pour les traitemens d'inactivité et de retraite des vice-consuls, et autres allocations attribuées à leur grade, s'appliquent aux consuls de première classe. — Goujet et Merger, n° 134.

93. — Les agens diplomatiques et consulaires n'ont droit à un traitement d'inactivité que lorsqu'ils sont admis aux traitemens par la décision qui les rappelle de leurs fonctions. — Ord. 22 mai 1833, art. 2. — On ne compte au nombre des services donnant droit à la pension de retraite sur les fonds de retenue des affaires étrangères que ceux dont le traitement est directement payé sur les fonds de l'état, qu'ils aient été rendus dans le le ministère ou dans toute autre administration de l'état. — Ord. 7 nov. 1822; — Goujet et Merger, *ibid.*, n° 135.

94. — Des ordonnances et réglement en date des 7 juill. 1834, 1er août 1835 et 30 oct. 1843, réglaient les traitemens des agens consulaires en activité, en congé, ou appelés et retenus à Paris par ordre et pour affaires de service; ces diverses règles ont depuis été rassemblées dans l'ord. 27 juill. 1845.

95. — *Costumes.* — Le costume du consul et autres officiers consulaires a été déterminé par le ministre des affaires étrangères, en exécution de l'ord. 20 août 1833, par un arr. 27 oct. 1833.

96. — Cet arrêté fixe la forme, la couleur, les ornemens des uniformes de grande et petite tenue des consuls généraux, consuls, élèves-consuls, secrétaires-interprètes, drogmans et chanceliers nommés par le roi. Ces uniformes sont obligatoires pour les consuls et élèves-consuls; facultatifs pour les interprètes, drogmans, chanceliers. — Arr. 27 oct. 1833, art. 1er et suiv., art. 10.

97. — Les vice-consuls nommés par les consuls ne peuvent porter d'uniforme qu'autant qu'ils y sont autorisés spécialement par le ministre des affaires étrangères. — Même arr., art. 9.

CHAPITRE III. — *Prérogatives, priviléges et droits des consuls.*

98. — Les consuls, qui sont, pour leurs nationaux, l'image toujours présente de leur gouvernement, jouissent de certains droits, priviléges et prérogatives qui augmentent leur considération et assurent leur indépendance.

99. — Ces droits, priviléges et prérogatives sont déterminés par des conventions expresses ou tacites. Il faut donc consulter d'abord les conventions internationales, et ensuite, à défaut de traités, les usages reçus. — Demangeat, p. 182.

100. — Dans tous les cas, pour qu'un consul puisse exercer en pays étranger, il faut: 1° qu'une convention particulière avec le souverain de ce pays y ait autorisé l'établissement d'un pareil fonctionnaire. En effet, aucun souverain ne saurait être tenu d'admettre chez lui et malgré lui l'exercice d'une puissance ou d'une juridiction étrangère à la sienne. Un traité de commerce entre deux gouvernemens n'emporte pas par lui-même le droit d'établir des consuls. — Vattel, liv. 2,

ch. 2, § 34; Pardessus, *Dr. comm.*, n° 1439 et 1441; Goujet et Merger, n° 15. — *Contrà* Beaussant, *C. marit.*, n° 529.

101. — ...2° Que le consul nommé doit, avant d'exercer toute autorité ou juridiction, avoir été agréé et admis par la puissance chez laquelle il doit résider, ou obtenir des lettres d'*exequatur*. — V. *suprà* nos 73 et suiv.

102. — Les consuls ont toujours le devoir impérieux de réclamer tous les droits, prérogatives, honneurs et privilèges qui sont assurés à leur caractère d'après les traités et conventions, ou d'après l'usage de réciprocité et les principes du droit des gens. — Goujet et Merger, n° 17.

103. — Les consuls n'ont pas la plénitude d'indépendance et d'inviolabilité attachées au caractère public; cependant ils en jouissent jusqu'à un certain point, en qualité d'envoyés d'une puissance et pour l'exercice de leurs fonctions. — Richelot, *Encycl.*, v° *Consul*, n° 34.

104. — Dans les pays où la France a un ambassadeur, le consul est restreint aux actes provisoires, il n'agit que sous les ordres, dans les cas et pour les choses prescrites par l'ambassadeur. — Quand, au contraire, il n'y a pas d'ambassadeur, ou encore quand cet ambassadeur est éloigné ou que les communications sont très difficiles, comme dans le Levant, le consul a un pouvoir plus étendu; il devient presque un ambassadeur. — Goujet et Merger, n° 18.

105. — Les prérogatives, privilèges et droits des consuls peuvent être considérés sous des rapports politiques et sous des rapports civils.

106. — Sous les rapports politiques, les consuls doivent avoir toute garantie pour leur sûreté personnelle, toute la liberté de remplir convenablement leurs fonctions et tout concours pour l'exécution des mesures prises dans l'exercice de ces fonctions. — Merlin, *Répert.*, v° *Réunion*, § 1er, et *Quest. de droit*, v° *Contrat de mariage*, § 1er; Pardessus, *ibid*, n° 1440.

107. — Ainsi, jugé que la nation étrangère qui reçoit un consul est censé prendre l'engagement de souffrir l'exercice de sa juridiction et l'exécution des sentences rendues par ce consul, et l'exécution des décisions rendues sur l'appel de ces sentences. — *Cass.*, 29 mars 1809, corsaire *l'Aventurier* c. le navire *l'Europe*.

108. — Le caractère de représentant de la France existant dans les consuls, leur personne et leur domicile doivent donc participer du respect dû à leur pays. — Beaussant, t. 2, p. 539; Pardessus, n° 1441.

109. — C'est en cette qualité que les consuls ont droit de faire appel aux forces navales de la France qui sont à leur portée, quand ils le croient nécessaire dans l'intérêt de l'état ou par suite de danger manifeste, soit pour la sûreté des personnes, soit pour la conservation des propriétés des nationaux. — Ord. 7 nov. 1833, art. 16.

110. — Les consuls généraux, consuls, vice-consuls et les agens de la marine et du commerce des nations étrangères, en France, communiquent directement avec les autorités judiciaires et administratives de leur arrondissement respectif. — Arr. 22 messid. an VII, art. 1er.

111. — Si, par suite de leurs relations avec lesdites autorités, ils sont dans le cas de recourir aux divers ministères de la nation, ils le font par l'intermédiaire de l'ambassadeur et autres agens diplomatiques, lequel s'adresse au ministre des affaires étrangères. — Même arrêté, art. 2.

112. — *A défaut d'agens diplomatiques*, le consul général peut lui-même être l'intermédiaire des autres agens consulaires de sa nation. — Même arrêté, art. 3.

113. — Les consuls sont exempts des taxes locales, des logemens militaires, de toutes contributions directes, tant personnelles que mobilières, à moins qu'ils ne soient citoyens du pays, ou qu'ils ne deviennent propriétaires ou possesseurs de biens immeubles, ou qu'ils ne fassent le commerce; auxquels cas ils sont soumis aux mêmes charges, taxes et impositions que les autres particuliers. — Lettre ministér. 7 vendém. an XIII; — Goujet et Merger, n° 22.

114. — Jugé cependant, depuis, que les agens diplomatiques des puissances étrangères (spécialement un vice-consul anglais) sont exempts, en France, de la contribution personnelle et mobilière par suite du principe de réciprocité internationale, quand même ils feraient en France des actes de commerce. — *Cons. d'état*, 17 nov. 1843, Ullern.

115. — Mais les consuls ne peuvent, en France, se soustraire aux taxes sur les objets de consommation, ni aux droits d'octroi, de douanes, de routes et de péage; ils n'ont droit à aucune franchise d'importation et d'exportation. — L. 22 août 1791, tit. 1er, art. 1er; Lettre ministér. 7 vendém. an XIII; — Baussant, *C. marit.*, n° 975.

116. — Ils sont dispensés du service de la garde nationale et de l'obligation d'être jurés. — Lettre ministér. 7 vendém. an XIII. — V. GARDE NATIONALE, JURY.

117. — Les consuls, constituant par eux-mêmes une juridiction, ne sauraient être élus membres des tribunaux de commerce; toutefois, ils peuvent être portés sur la liste des électeurs et même nommés aux conseils municipaux, d'arrondissement, ou de département ou à la chambre législative. — Goujet et Merger, n° 25.

118. — Ils ont le droit de placer à la porte extérieure de la maison qu'ils habitent un écusson ou tableau indiquant leur qualité, sans toutefois qu'on puisse en induire aucun droit d'asile ni faculté de soustraire les individus qui y résident ou qui s'y réfugieraient aux recherches de la justice locale. Ce droit d'asile n'existerait qu'autant qu'il aurait fait l'objet d'une convention spéciale. — Goujet et Merger, n° 26.

119. — Les papiers déposés dans leur chancellerie ne peuvent, sous aucun prétexte, ni dans aucun cas, être saisis ni visités par l'autorité locale. — Goujet et Merger, n° 27.

120. — Sous les rapports purement civils, comme les consuls ne représentent pas complétement le gouvernement qui les a établis, ils ne sauraient prétendre aux mêmes immunités que les agens diplomatiques proprement dits. — Goujet et Merger, n° 28.

121. — Ainsi, les consuls n'ont pas le privilége d'ex-territorialité, c'est-à-dire le droit de ne pouvoir être traduits, en matière civile et criminelle, que devant les tribunaux de leur pays. Ils sont soumis à la juridiction locale, soit pour les crimes et délits qu'ils ont commis dans les lieux où ils résident, soit pour les obligations qu'ils y ont contractées. — Richelot, *Encycl.*, v° *Consul*, n° 37.

122. — Dans la règle, dit Martens, L. 4, c. 9, § 148, les consuls sont sujets à la juridiction civile et criminelle de l'état. — Ils sont regardés, dit Kluber, § 179, comme sujets temporaires du pays où ils résident. C'est pourquoi ils ne peuvent régulièrement prétendre à l'immunité de la juridiction et des impôts du pays. — Vicquefort, *Ambass.*, L. 1er, sect. 5e; Bynkershoek, p. 112; Lesellyer, *Des actions publiq. et priv.*, t. 2, n° 776; Mangin, *Action publiq.*, t. 1er, n° 83; Pardessus, *Cours de droit comm.*, t. 6, n° 1441.

123. — Jugé, en conséquence, que les consuls étrangers en France, dans les villes maritimes, ne jouissent point, par leur caractère, de prérogatives d'immunités telles qu'ils puissent, eux et leurs employés, être exempts de la juridiction des tribunaux français en matière de délits ou de contraventions. — En d'autres termes, les tribunaux français sont compétens pour connaître des délits et contraventions imputés aux consuls étrangers, en France, ou à leurs employés. — *Aix*, 14 août 1829, courtiers de Marseille c. Maglione et Preve.

124. — Spécialement, les employés d'un consul étranger en France, qui se sont immiscés dans les fonctions de courtiers-interprètes conducteurs de navires, pour assister les capitaines de la nation à laquelle le consul appartient, auprès des administrations françaises, ne peuvent exciper de leur qualité d'agens du consul pour décliner la juridiction des tribunaux français. — *Aix*, 14 août 1829, courtiers de Marseille c. Maglione et Prève.

125. — Cependant Wardeu (*De l'origine des établiss. consul.*, p. 106) pense qu'il est nécessaire, pour poursuivre un consul à raison d'un crime ou d'un délit, de demander l'autorisation de son gouvernement. Et Vattel (*Dr. des gens*, L. 2, § 34) prétend même que le consul doit être renvoyé à son gouvernement pour être jugé. — Toutefois l'un et l'autre pensent qu'il peut y avoir dérogation par des traités respectifs ou par l'usage.

126. — Les tribunaux français sont compétens pour connaître des obligations contractées, en France, envers un Français par un consul étranger. *Bordeaux*, 20 mai 1829, Ducos c. Salmon et Rivas.

127. — De même la qualité de consul d'une nation étrangère dont le liquidateur d'une société commerciale serait revêtu, ne peut le soustraire à la juridiction des tribunaux français. — *Paris*, 28 avril 1841 (t. 1er 1841, p. 619), Hermann Delong c. Boulé et Fillon.

128. — De même encore, un consul anglais qui a souscrit, en France, un billet à ordre pour cause de négoce à un autre Anglais est passible de la juridiction des tribunaux français. — *Cons. d'état*, 21 juill. 1824, Williams Varns.

129. — Mais les consuls ne peuvent être poursuivis devant les tribunaux français à raison des actes qu'ils font en France par ordre de leur gouvernement et avec l'approbation des autorités françaises. — *Cass.*, 13 vendém. an IX, Dania; Lettre minist. 19 flor. an VIII; — Merlin, *Rép.*, v° *Consuls étrangers*, n° 3.

130. — Les tribunaux français ne sont pas non plus compétens pour statuer sur les contestations existant entre un consul et un vice-consul d'une puissance étrangère, à raison de la répartition à faire entre eux des droits consulaires, encore bien que le vice-consul fût Français. — *Bordeaux*, 20 mai 1829, Ducos c. Salmon et Rivas.

131. — Les consuls étrangers, étant assimilés à leurs nationaux, ne sont pas affranchis de la saisie conservatoire de leurs meubles, à raison des dettes civiles qu'ils ont contractées (solut. implic.). — *Paris*, 25 août 1842 (t. 1er 1843, p. 67), Carlier d'Abaunza c. Abrassart.

132. — Mais les consuls sont-ils toujours passibles de la contrainte par corps, soit comme commerçans, soit en qualité d'étrangers?

133. — Comme commerçans, les consuls sont contraignables par corps, car ils ne sauraient jouir de plus d'avantages que les nationaux pour les obligations qu'ils ont contractées.

134. — Ainsi jugé que la qualité de consul d'une nation étrangère dont le liquidateur d'une société commerciale serait revêtu ne peut le soustraire à la contrainte par corps. — *Paris*, 28 avr. 1841 (t. 1er 1841, p. 619), Hermann-Delong c. Boullé et Filon.

135. — Quant aux consuls considérés comme étrangers, la question souffre plus de difficulté. — M. Félix (*Dr. intern.*, p. 277) et Merlin (*Rép.*, v° *Etranger*, § 2) considèrent les consuls comme les autres membres de leur pays; telle paraît être aussi l'opinion de Martens et de Kluber.

136. — Jugé, en ce sens, qu'une résidence prolongée en France, même un établissement par mariage, ne suffisent pas pour constituer au profit de l'étranger un domicile de nature à l'affranchir de la contrainte par corps (solut. implic.). — *Paris*, 25 août 1842 (t. 1er 1843, p. 67), Carlier d'Abaunza c. Abrassart.

137. — Pour l'opinion contraire, on invoque les traités et l'usage contraire.

138. — Une convention spéciale à ce sujet existe dans le traité du 13 mars 1769 entre la France et l'Espagne. L'art. 2 de ce traité porte que les consuls ne peuvent être arrêtés ni retenus en prison, excepté le cas de *crime atroce* et celui où les consuls seraient des négocians, l'immunité personnelle qui les protége devant s'étendre seulement aux dettes et aux autres causes civiles qui n'impliquent pas crime ou presque crime, ou qui ne proviennent pas du commerce qu'ils exercent par eux-mêmes ou par leurs commis.

139. — Depuis cette convention, la même distinction, c'est-à-dire, l'exemption de la contrainte par corps pour engagement civil a été reconnue dans d'autres traités. — V. l'état indicatif des traités à la fin du mot.

140. — Enfin, dans la plupart des traités avec des nations étrangères qui ne s'expliquent pas sur la question, les parties contractantes promettent, pour l'ordinaire que leurs consuls seront réciproquement traités sur le pied de ceux appartenant à la nation la plus favorisée.

141. — Il suit de là que la contrainte par corps ne saurait être prononcée contre les consuls, vu leur qualité d'étrangers, et pour dette civile: 1° lorsqu'un traité international la prohibe; — 2° ou lorsque le consul appartient à une nation dont les consuls doivent, en vertu d'un convention, être traités sur le pied de la nation la plus favorisée. — Goujet et Merger, n° 38.

142. — Les consuls des nations étrangères peuvent être Français, sans perdre leur nationalité, pourvu qu'ils en aient obtenu l'autorisation. — C. civ., art. 17. — Dans ce cas, ils ne perdent pas les droits qui sont attachés à leur qualité, et ne sont pas affranchis des charges corrélatives à ces droits. — Goujet et Merger, n° 42.

143. — Mais si le Français, consul d'un gouvernement étranger, n'avait point obtenu l'autorisation d'accepter les fonctions consulaires, il perdrait sa qualité de Français. — C. civ., art. 17; — Merlin, *Rép.*, v° *Ministre public*, sect. 5e, § 2, n° 2; Massé, n° 443.

144. — Lorsque des particuliers ont quelques protestations à faire contre les actes d'un consul, le chancelier doit les recevoir conformément à l'art. 11, tit. 1er, ord. 3 mars 1781, et en adresser expédition au ministre des affaires étrangères. — Pardessus, n° 1448.

145. — Le Français qui veut former une action contre le consul de sa nation peut le poursuivre, en France, devant le tribunal de son origine, s'il y en a un, ou bien devant le tribunal étranger du lieu où réside ce consul, puisque celui-ci est soumis à la juridiction de ces tribunaux; mais, dans ce dernier cas, il ne peut faire usage de ce juge-

ment en France qu'après l'avoir soumis à la révision des tribunaux français. — Goujet et Merger, nº 44.

146. — Pour poursuivre en France un consul français à raison d'un fait commis dans l'exercice de ses fonctions, il faut une autorisation du conseil d'état.

147. — Par application de ce principe, une ordonnance du conseil d'état a autorisé la poursuite devant les tribunaux d'un ancien consul de France, à fin de restitution d'une somme d'argent qu'il avait indûment perçue sur le produit d'un vente de prise maritime et faussement appliquée dans sa quittance aux frais de cette vente. — *Cons. d'état*, 18 nov. 1818, Wolff.

148. — Quant à la juridiction des tribunaux d'un pays sur les consuls qui y résident, elle ne peut s'exercer qu'autant que les consuls ne sont en réalité que consuls ; il en est autrement s'ils joignent à leurs fonctions consulaires des fonctions diplomatiques qui les fassent considérer comme ministres publics. — Goujet et Merger, nos 48 et 49.

149. — C'est ce qui a lieu pour les consulats établis dans le Levant et dans la Barbarie. — Dans le Levant, dit Martens, les consuls sont accrédités par des lettres de créance et traités sur le pied des ministres, jouissant de prérogatives même plus étendues, en quelques points, que celles qu'on accorde à ceux-ci en Europe. — Martens, *Précis du dr. des gens moderne*, liv. 4, ch. 3, § 148.

150. — Ainsi, dans l'empire ottoman, les consuls ne peuvent, pour quelque cause que ce soit, être mis en prison, ni leur maison scellée. Ils ont le droit de faire protéger la sûreté de leur maison par tels janissaires qu'ils demandent. — Capit. 1740, art. 50. — Toutefois, ils ne sont pas complétement assimilés aux ambassadeurs ; ils ne sont pas affranchis de la juridiction ottomane. La seule faveur dont ils jouissent à cet égard, c'est qu'ils comparaissent devant le tribunal du sultan. — *Ibid.*, art. 16. — Mais s'ils ont des difficultés avec les consuls ou les négocians d'une autre nation chrétienne, il leur est permis, du consentement des parties, de se faire juger par leurs ambassadeurs respectifs, résidant à Constantinople. — *Ibid.*, art. 52.

151. — Ils sont exemptés d'une foule de droits, d'impôts, de taxes, dont le droit public de l'Europe ne les affranchit pas. — Capit. 1740, art. 51.

152. — Ils ne peuvent être recherchés pour les dettes contractées par un marchand français. — *Ibid.*, art. 53.

153. — Il leur est permis d'exercer leur culte dans la maison consulaire, d'y établir une chapelle et de la faire desservir par des ministres de leur religion. — Martens, *Précis du dr. des gens moderne de l'Europe*, liv. 7, ch. 6.

154. — Dans tous les cas, les gens de justice de l'empire ottoman ne peuvent entrer par force dans une maison habitée par un Français sans que le consul en soit averti. — Capit. 1740, art. 70.

155. — Les consuls français ont la préséance sur les consuls des autres pays. — *Ibid.*, art. 44.

156. — Dans les régences barbaresques, à Tunis et dans le Maroc, ils sont aussi investis d'un vrai caractère représentatif. — Borel, *De l'origine des fonct. de cons.*, ch. 3 et 4. — Ils ont, comme dans les états mahométans, le privilége d'arborer sur leur demeure le drapeau du souverain qu'ils représentent ; l'inviolabilité de leur demeure est consacrée, et l'entrée en est interdite à tout officier public. — Traités de 1619 et de 1686.

157. — Les consuls ont, en leur qualité, leur passage sur les bâtimens de guerre, et y sont traités selon leur rang d'assimilation avec les officiers de la marine royale. — Ord. 7 nov. 1833, art. 3.

158. — A bord, le consul général a rang de contre-amiral ; le consul de première classe, rang de capitaine de vaisseau ; et le consul de deuxième classe, rang de capitaine de frégate. — *Ibid.*, art. 2.

159. — Le passage sur des bâtimens de guerre n'est accordé aux consuls que sur une demande adressée par le ministre des affaires étrangères au ministre de la marine. — Ord. 7 nov. 1833, art. 1er.

160. — Dans les ports étrangers, lorsque les agens consulaires se transportent à bord des bâtimens du roi, ils reçoivent les honneurs prescrits par l'ordonnance du 31 oct. 1827.

161. — Les mêmes honneurs leur sont encore rendus, lorsqu'ils font une visite officielle à bord des bâtimens du roi, lorsqu'ils s'embarquent pour revenir en France, lorsqu'ils quittent le vaisseau qui les a conduits à leur destination en pays étranger, et lorsqu'il n'y a pas, sur les lieux, un agent du rang inférieur. Il ne leur est rendu aucun honneur au port de leur embarquement ou débarquement en France. — Même ord., art. 698.

162. — Les étrangers qui acceptent le titre d'agens consulaires de France n'ont point droit aux prérogatives accordées aux consuls français d'origine. Il en est de même des Français qui sont, en France, agens consulaires des puissances étrangères ; l'acceptation de ces fonctions ne faisant point perdre la nationalité, ils doivent être traités comme les autres habitans du pays. — Goujet et Merger, nº 59.

CHAPITRE IV. — *Obligations des consuls. — Prohibitions.*

163. — Les consuls généraux, consuls, élèves-consuls, drogmans et chanceliers nommés par le roi, ne peuvent, sous peine de révocation, faire aucun commerce directement ou indirectement. — Ord. 3 mars 1781, art. 20, tit. 1er ; arr. 2 prair. an XI, art. 122 ; ord. 20 août 1833, art. 34.

164. — Il n'en était pas ainsi dans l'origine, alors que les consuls étaient presque toujours choisis parmi les commerçans établis en pays étranger. — Mais, depuis, on a senti l'inconvénient de mettre à la tête du commerce d'un pays, et de nommer à la fois juge et administrateur des commerçans, un commerçant lui-même. — Beaussant, *C. marit.*, t. 2, nº 1020.

165. — Toutefois, cette prohibition n'est pas généralement adoptée ; l'Autriche, la Hollande et la Russie défendent le commerce à leurs consuls. Les consuls d'Angleterre, au contraire, peuvent se livrer au commerce, à moins qu'une défense spéciale ne leur ait été faite. — Goujet et Merger, nº 138.

166. — La prohibition de faire le commerce n'atteint pas les chanceliers et agens consulaires choisis par le consul, sous sa propre responsabilité. — Beaussant, *C. marit.*, t. 2, nº 1020.

167. — Un consul étranger ne peut faire remplir par ses commis les formalités imposées aux capitaines de navires de sa nation, et pour lesquelles ces capitaines doivent recourir au ministère des courtiers, s'ils ne les remplissent pas eux-mêmes. — *Cass.*, 19 fév. 1831, Prève c. courtiers de Marseille.

168. — L'ord. 3 mars 1781, art. 21, défendait aux consuls et drogmans, sous peine de révocation, d'emprunter aucune somme aux Juifs, Grecs, Turcs ou Maures ; elle leur recommandait, en général, de n'emprunter aucune somme dans les échelles du Levant et de Barbarie. — Cette défense se trouvait aussi dans l'ord. de la marine de 1681, tit. 9, art. 10, confirmée par l'art. 11 ord. 24 mai 1728.

169. — Comme l'ordonnance du 20 août 1833, qui renouvelle toutes les autres prohibitions, se tait sur celle-ci M. Duvergier, (*Collection des lois* 1833, p. 404), sous l'art. 34 de cette ord., en conclut que la prohibition a été omise à dessein, et par conséquent abrogée.

170. — Mais d'autres auteurs pensent que la prohibition n'a pas, d'après la nature même des choses, cessé d'être en vigueur. — Le consul qui est débiteur d'un étranger cesse d'être dans les conditions nécessaires pour protéger efficacement ses nationaux contre cet étranger. En empruntant à un étranger, il accepte la compétence des tribunaux étrangers, juges de son contrat ; et il compromet sa dignité et son indépendance autant que s'il faisait le commerce. — Beaussant, t. 2, nº 1020 ; Goujet et Merger, nº 189.

171. — Il est défendu aux consuls et chanceliers de se rendre, directement ou indirectement, acquéreurs ou adjudicataires de quelque partie que ce soit des débris, agrès, apparaux ou marchandises provenant du sauvetage, et de tous autres objets vendus d'après leur ordre et par leur entremise. — Ord. 29 oct. 1833, art. 78.

172. — Les consuls-généraux, consuls, élèves consuls, drogmans et chanceliers sont tenus de résider constamment dans le lieu qui leur a été assigné. Celui d'entre eux qui quitte son poste sans autorisation ou sans motif légitime est considéré comme démissionnaire. — Ord. 20 août 1833, art. 35.

173. — Ils ne peuvent, sous peine de révocation, se marier sans l'agrément du roi. — Ord. 3 mars 1781, art. 23 ; 20 août 1833, art. 36.

174. — Ils ne peuvent accepter aucun titre, commission ni traitement de la puissance auprès de laquelle ils sont accrédités. — Ord. 3 mars 1781, tit. 1er, art. 18.

175. — Comme les consuls, drogmans et élèves-consuls reçoivent un traitement fixe qui leur est payé par l'état (V. *suprà* nº   ), il leur est défendu de recevoir aucun émolument pour les actes par eux faits dans l'exercice de leurs fonctions. — Ord. 3 mars 1781, art. 19.

176. — Il est encore d'autres prohibitions imposées aux consuls et autres officiers consulaires. Mais elles se trouvent indiquées dans le cours de ce mot, avec chaque matière spéciale qu'elles concernent.

177. — La peine de révocation est applicable aux élèves-consuls, drogmans ou chanceliers nommés par le roi, qui se seraient rendus coupables d'insubordination à l'égard de leurs chefs. — Ord. 20 août 1833, art. 37.

178. — Les consuls-généraux, consuls, élèves consuls, drogmans ou chanceliers qui veulent s'absenter doivent demander et obtenir un congé. — Les congés sont accordés : 1º aux consuls-généraux, consuls le élèves-consuls, par le ministre des affaires étrangères ; 2º aux drogmans employés au Levant, par l'ambassadeur de France à Constantinople, sur la proposition de leur chef ; 3º aux autres drogmans et aux chanceliers par le consul dont ils dépendent, sous sa responsabilité, et à la charge par lui d'en faire connaître les motifs au ministre des affaires étrangères. — Ord. 20 août 1833, art. 38.

CHAPITRE V. — *Attributions des autorités consulaires.*

Sect. 1re. — *Attributions des consuls.*

179. — Les attributions des consuls-généraux et des consuls peuvent être considérées comme administratives, municipales ou judiciaires.

ART. 1er. — *Attributions administratives.*

§ 1. — *Dispositions générales.*

180. — Dans les pays où il y a peu ou point de Français et où les affaires se font avec les étrangers, les Français restant soumis en tout point aux lois et juridictions étrangères, le consul a seulement la mission de les diriger dans leurs démarches, de régulariser leurs expéditions, de surveiller à leur égard l'exécution des lois françaises, surtout de celles qui s'appliquent aux actes de l'état civil, aux testamens, aux sauvetages, à la composition des équipages, à la recherche et à la poursuite des délits. — Goujet et Merger, nº 148.

181. — Cependant la protection que les consuls doivent à leurs nationaux ne s'étend pas jusqu'à la défense des intérêts d'un particulier assigné devant un tribunal. — Pardessus, nº 1452.

182. — Les consuls peuvent également aider de leur protection les étrangers sujets d'une nation qui n'a pas de consul dans le lieu de leur résidence, ou dont le consulat est vacant, pourvu qu'ils ne s'exposent point à se compromettre et que ce service ne puisse nuire en aucune manière à des Français en particulier ou aux intérêts généraux de la France ; ils doivent, en tout cas, rendre compte des faits aussitôt que possible au chef dont ils relèvent, ou au ministre des affaires étrangères. — Goujet et Merger, nº 161.

183. — Dans les consulats du Levant et de Barbarie, cet usage de protection donné par des consuls français à des étrangers est beaucoup plus étendu ; il a été stipulé par les capitulations de 1604, 1673 et 1740 ; mais lorsqu'ils accordent cette protection, ils doivent, conformément aux art. 144 et suiv., tit. 1er, ord. 3 mars 1781, prendre les précautions énoncées en ces articles ou consacrées par l'usage. — Pardessus, nº 1452.

184. — Dans les pays où les Français résidants sont nombreux, où il intervient entre eux des transactions multipliées régies par les lois françaises, le consul représente le gouvernement national. — Goujet et Merger, nº 149.

185. — Pour s'assurer la protection du consul ainsi qu'un moyen de justifier de leur esprit de retour, les Français établis en pays étrangers doivent se faire inscrire sur un registre immatricule, tenu à la chancellerie du consulat. — Déc. 11 oct. 1793, art. 12 ; arrêté gouv. 22 mai 1803, art. 15 ; ord. 28 nov. 1833, art. 1er.

186. — Il n'est perçu aucun droit pour l'inscription sur ce registre. — Ord. 28 nov. 1833, art. 2. — Et des certificats d'immatriculation doivent être délivrés aux personnes inscrites qui en font la demande. — Art. 3.

187. — Ne peuvent être admis à l'immatriculation et doivent être rayés du registre, s'ils y ont été inscrits, les Français qui ont encouru la perte de leur nationalité. — Ord. 28 nov. 1833, art. 4.

188. — Les Français, marchands ou non, établis en pays étranger et immatriculés au consulat, après justification de nationalité, forment la *nation*. — V. ASSEMBLÉE DE LA NATION.

189. — Aujourd'hui l'autorité de la *nation* est purement morale. — Ord. 18 avr. 1835. — V., au surplus, ÉCHELLES DU LEVANT ET DE BARBARIE.

190. — Les consuls sont chargés de la police entre les Français de toute condition, soit à terre soit dans les ports ; ils ont le droit de prendre à cet égard tous les arrêtés qu'ils jugent conven-

bles. — Ord. 1778, art. 2; ord. 1681, art. 12; ord. 1781, art. 87, tit. 1er.

191. — Dans les rades des pays étrangers, les capitaines ne peuvent user qu'avec la permission du consul des pouvoirs disciplinaires qui leur sont attribués en mer. — Ord. 1781, art. 16.

192. — La police des bâtimens appartient dans les ports aux consuls, dans les rades aux commandans et en la divisant entre les deux pouvoirs s'il n'y a qu'une rade et point de port, de façon à laisser aux consuls la police des bâtimens mouillés à portée des douanes et faisant leurs chargemens et déchargemens. — Ord. 1781, art. 17, 25 et suiv.; — Goujet et Merger, nº 164.

193. — Les consuls ont le droit de faire embarquer tout Français qui, par sa mauvaise conduite dans le pays ou par ses intrigues, pourrait nuire au bien général de ses compatriotes. — Édit 2 juin 1778, art. 82.

194. — Sous l'ord. de 1681, art. 15, tit. 9, les consuls ne pouvaient exercer cette faculté qu'après avoir pris l'avis des députés de la nation; mais aujourd'hui ils sont dispensés de recourir à cette formalité. Seulement il ne leur est plus permis, comme autrefois (V. édit 1778, art. 83), en faisant embarquer un sujet dangereux, de donner des ordres pour le faire détenir dans le premier port de son débarquement jusqu'à décision du ministre. — Discuss. à la chambre des députés sur l'art 82, L. 28 mai 1836. — Goujet et Merger, nº 166.

195. — Dans le Levant les consuls ont une autorité encore plus étendue. Ainsi, ils peuvent renvoyer en chrétienté : 1º les prêtres scandaleux et turbulens, ceux qui célèbrent des mariages religieux sans preuve du mariage civil (Beaussant, nº 1058); — 2º ceux qui arrivent dans les Échelles sans passeport, les gens sans état, les vagabonds, même étrangers, s'ils n'ont pas de consuls, les Français qui tenteraient de se mettre sous une protection étrangère. — Ord. 1781, tit. 2, art 1er, 8 et suiv.

196. — Il ne peut pas y avoir d'assemblée sans la permission du consul. — Même ord., art. 32. — V. au surplus, pour les détails, ÉCHELLES DU LEVANT ET DE BARBARIE.

§ 2. — *Attributions relatives à la marine commerciale.*

197. — Les consuls doivent tenir la main à ce que le pavillon français ne soit employé que conformément aux lois et réglemens. Ils ne peuvent accorder aucune dispense ou exception à ces réglemens, sous quelque prétexte que ce soit, et ils doivent dénoncer les abus qui pourraient exister ou s'introduire à cet égard. — Ord. 29 oct. 1833, art. 1er.

198. — Ils assurent, par tous les moyens qui sont en leur pouvoir, l'exécution de la proclamation du 1er juin 1791, qui défend l'importation des navires de construction étrangère en France, et celle de la loi du 27 vendém. an II, dont l'objet est empêcher que des navires étrangers ou des navires français réparés en pays étranger, sauf le cas prévu par l'art. 8 de cette même loi, ne soient admis aux privilèges des navires français. — Même ..., art. 2.

199. — Ils surveillent la vente des navires français à l'étranger, et retiennent les pièces établissant la nationalité, quand la vente n'est pas faite des Français. — L. 27 vendém. an II.

200. — Lorsque des congés en blanc leur sont ...voyés pour servir éventuellement à des expé...ions maritimes françaises, ils ont soin d'y insé... la clause que ces congés ne sont que provisoi... et valables seulement jusqu'à l'arrivée des ...vires dans un port de France, où il sera statué ...si que de droit sur la demande de nouveaux ...gés. — Ord. 29 oct. 1833, art. 3.

201. — Si un consul découvre qu'il se fait, dans ...ports de sa résidence, des importations ou des ...ortations de nature à blesser les lois et ordon...s françaises en matière de douanes, il a soin ... informer le ministre des affaires étrangères. Même ord., art. 4.

202. — Les consuls concourent, en ce qui les ...ncerne, à l'exécution des lois et ordonnances du ...aume relatives aux pêches lointaines, et se ...forment à cet égard aux instructions spéciales ... leur sont adressées par les ministres des affai... étrangères et de la marine. — Même ord., ... 5.

203. — Il assurent la prohibition d'importation ... certaines marchandises, en délivrant aux char... qui chargent dans leur consulat des certifi... d'origine dont le prix est tarifé. — L. 22 vent. XII; décr. 23 nov. 1807 et 27 juill. 1808; — Goujet et Merger, nº 181.

204. — Lorsque le gouvernement accorde des primes d'exportation pour certaines marchandises, le consul résidant au lieu où ces marchandises sont importées doit assister, en personne ou par un délégué, aux charges, décharges et pesée de la cargaison, afin de constater si les marchandises pour lesquelles la prime a été accordée ont été réellement exportées. — Goujet et Merger, *ibid.*; Pardessus, nº 1466; Beaussant, t. 2, p. 553.

205. — Ils tiennent registre des mouvemens d'entrée et de sortie des navires dans les rades et ports de leur arrondissement, et tous les trois mois, ils en adressent le relevé au ministre de la marine. — Même ord. 29 oct. 1833, art. 7.

206. — *Arrivée des navires.* — Les consuls doivent prendre les mesures nécessaires pour être promptement instruits de l'arrivée des navires français dans les rades et ports de leur arrondissement. — Ord. 29 oct. 1833, art. 8.

207. — Si quelque maladie contagieuse ou épidémique règne dans le pays, le consul a soin d'en faire avertir à temps le capitaine. — Même ord., art. 9.

208. — Le consul reçoit les rapports que tout capitaine de navire doit faire dans les vingt-quatre heures de son arrivée. — C. comm., art. 242 et suiv.; ord. 29 oct. 1833, art. 10 et suiv., 17 et suiv. — V. CAPITAINE DE NAVIRE, nos 267, 281, 268 et suiv.

209. — Ils reçoivent également, en cas de simple relâche, la déclaration que le capitaine doit faire, conformément à l'art. 245, C. comm.; et si la relâche se prolonge au delà de vingt-quatre heures, ils se font remettre le rôle d'équipage. — *Ibid.*, art. 12.

210. — Ils reçoivent, à l'entrée et au départ des navires, le manifeste du chargement, conformément à l'art. 244, C. comm. — *Ibid.*, art. 13 et 14.

211. — Si un capitaine a engagé, en cours de voyage, des gens de mer dans un pays étranger où il n'y avait pas de consul, il doit en rendre compte à celui qui reçoit son rapport ou sa déclaration, afin qu'ils soient portés sur le rôle d'équipage. — *Ibid.*, art. 14.

212. — Les consuls reçoivent les procès-verbaux dressés contre les marins déserteurs, et les informations faites à l'occasion des crimes ou délits commis par des matelots ou passagers pendant la traversée. — Ils prennent les mesures nécessaires pour faire traduire les accusés devant les tribunaux, si le capitaine a été obligé de les priver de leur liberté. — Ils rédigent eux-mêmes les procès-verbaux, si le capitaine a négligé de constater les crimes ou délits commis à bord. — *Ibid.*, art. 15.

213. — Ils reçoivent en même temps du capitaine les expéditions des actes de l'état civil rédigés pendant le voyage, ainsi que les testamens, conformément aux art. 60, 87 et 991 C. civ., et suivant l'art. 7, tit. 4, ord. 1681, les effets et papiers des individus décédés pendant la traversée, ainsi que le prix des effets vendus. — Ils envoient expédition des actes mortuaires à l'administration du port dans lequel les marins décédés avaient été engagés ou auquel ils appartenaient. — Les effets sont déposés à la chancellerie. — *Ibid.*, art. 16.

214. — Si un capitaine ne s'est pas présenté au consul dans les délais voulus, ce dernier constate les faits par un procès-verbal. — Même ord., art. 18. — V. CAPITAINE DE NAVIRE, nº 374.

215. — *Séjour des navires.* — Les consuls exercent la police sur les navires de commerce français dans tous les ports de leur arrondissement, et dans les rades sur lesquelles il ne se trouve pas de bâtimens de l'état, autant que cela peut se concilier avec les droits de l'autorité locale, et en se dirigeant d'après les traités, conventions et usages, ou le principe de la réciprocité. — Ord. 29 oct. 1833.

216. — En cas de contestation entre les capitaines et leurs équipages ou les passagers, les consuls essaient de les concilier. — Ils reçoivent les plaintes que les passagers peuvent avoir à faire contre les capitaines ou les équipages et les adressent au ministre de la marine. — Art. 20.

217. — Ils lui signalent également les capitaines qui, par inconduite, imprévoyance ou ignorance, auraient notoirement compromis la sûreté de leurs équipages et les intérêts des armateurs. — Art. 21.

218. — Quant aux mesures à prendre par le consul en cas de voies de fait, délits ou crimes commis à bord ou hors du navire par des hommes de l'équipage, envers d'autres personnes de l'équipage ou envers des personnes étrangères, V. *infrà.*

219. — Les consuls veillent à la stricte exécution de l'art. 270, C. comm., qui interdit aux capitaines de congédier leurs matelots en pays étranger; — ils dressent procès-verbal de la contravention, si elle a lieu, et l'envoient au ministre de la marine; — ils pourvoient au rapatriement des matelots ainsi délaissés; — ils autorisent ou ordonnent, quand il y a lieu, le débarquement d'un homme de l'équipage, sur sa demande ou celle du capitaine, et décident aux frais de qui le retour sera effectué après avoir entendu les deux parties. — Ord. 29 oct. 1833, art. 24.

220. — Lorsque des hommes de l'équipage ont déserté, le consul doit, sur le vu de la dénonciation du capitaine, certifiée par trois des principaux de l'équipage, réclamer auprès des autorités locales l'arrestation et la remise des déserteurs, et s'ils ne lui sont pas remis avant le départ du navire, il donne au capitaine tous les certificats nécessaires et signale les coupables à l'administration de la marine du port de l'armement. — Dans le cas où le consul éprouverait des refus ou difficultés de la part des autorités locales, il doit faire les représentations ou protestations convenables, et il en rend compte aux ministres des affaires étrangères et de la marine. — Art. 25 et 26.

221. — Si, par les ordres d'un gouvernement étranger, des navires français ont été retenus et séquestrés, les consuls doivent employer les moyens convenables pour obtenir leur relaxation et des indemnités, s'il y a lieu; ils font, en attendant l'issue de leur démarche, tout ce que peut nécessiter la conservation des équipages et leur police à bord, ou la sûreté des hommes qui descendent à terre. Ils informent de ces événemens l'ambassadeur ou chef de mission près du souverain territorial, et ils en rendent compte au ministre de la marine et des affaires étrangères. — Art. 27.

222. — Lorsqu'il y a lieu de procéder à un réglement d'avaries communes, les consuls doivent se conformer, avec exactitude, aux dispositions du Code comm. pour la vérification, l'estimation et la répartition, et veiller, d'une manière spéciale, à la conservation des droits des propriétaires, chargeurs et assureurs absens. — Ils recueillent tous les renseignemens qui leur paraissent utiles pour découvrir si les jets et autres pertes sont véritables et ne masquent pas quelque fraude ou acte répréhensible de la part des capitaines et équipages. — Dans le cas où un capitaine s'adresserait au consul pour déclarer des avaries et se faire autoriser à les réparer, celui-ci devra s'assurer de la réalité de la dépense avant de donner son autorisation, visa ou approbation. — Art. 28.

223. — Si le consul découvre qu'un capitaine, en procédant à des réparations d'avaries, ou à toute autre opération à la charge des armateurs ou des assureurs, a commis quelque fraude à leur préjudice, il doit recueillir les renseignemens propres à constater la vérité, et les faire parvenir aux ministres de la marine et des affaires étrangères. — En cas d'urgence, il peut donner directement les avis convenables aux parties intéressées, sous l'obligation d'en rendre compte aux deux départemens. — Art. 29.

224. — Il ne doit laisser faire d'avances ou de paiemens à compte par le capitaine aux hommes de l'équipage, qu'après en avoir vérifié la nécessité, en assistant à ces paiemens, en surveillant le change des monnaies et en ayant soin d'inscrire les paiemens sur le livre de bord et sur le rôle d'équipage. — Art. 30.

225. — Lorsque, dans les cas prévus par l'art. 234, C. comm., le consul a donné à un capitaine l'autorisation, soit d'emprunter à la grosse sur le corps et quille ou sur les apparaux du bâtiment, soit de mettre en gage ou de vendre des marchandises pour les besoins du navire, il en informe sur-le-champ le commissaire chargé des classes dans le port d'armement, qui en prévient les parties intéressées. — Art. 31.

226. — Lorsqu'un capitaine vend son navire, sans qu'il y ait eu d'innavigabilité préalablement constatée, le conseil lui délivre un certificat attestant que le pouvoir des propriétaires, exigé en pareil cas, est régulier. — Si la vente est faite à la chancellerie du consulat, ce pouvoir est annexé au contrat, après avoir été certifié par le capitaine. — Le chancelier se dirige, pour les formes de la vente, d'après les dispositions de la loi du 27 vend. an II, et le consul en donne sur-le-champ avis à l'administration de la marine du port où le navire était immatriculé. — *Ibid.*, art. 32. — V. CAPITAINE DE NAVIRE, nos 434 et suiv.

227. — Si l'acheteur du navire est étranger ou n'est pas du nombre des Français établis en pays étranger à qui il est permis de posséder des navires jouissant des privilèges de la francisation, le consul n'accorde son visa, pour passer la vente hors de sa chancellerie, qu'en se faisant remettre les actes de francisation, passe-ports, congés et autres pièces constatant la nationalité. Il retient également les pièces, si le contrat est passé dans la

chancellerie, et dans l'un et l'autre cas, il les renvoie à l'administration du port où le navire était immatriculé. — Même article.

228. — Lorsqu'un navire français a été, pour quelque cause que ce soit, vendu, démoli ou détruit, le consul en donne avis au ministre de la marine. Dans ce cas, et dans celui de désarmement, il passe la revue de l'équipage, veille à ce que le décompte soit fait et payé, s'il est possible, avec le produit du navire et des débris, ensemble le fret acquis. Les sommes revenant aux équipages pour leurs salaires sont versées à la caisse de la chancellerie et transmises aussitôt au trésorier général des Invalides, chargé d'en faire acquitter le montant aux marins dans les quartiers où ils sont respectivement classés. — Le consul prélève en outre sur les produits ci dessus la somme estimée nécessaire pour les frais de rapatriement des marins, tels qu'ils sont réglés par les art. 35, 36 et 37. — Il adresse pour toutes ces opérations, au ministère de la marine, des comptes établis dans les formes prescrites par les instructions de ce département. — Même ord., art. 33.

229. — Quant aux marins étrangers provenant des navires français vendus, démolis ou détruits, le consul, après s'être assuré s'il a été possible d'acquitter leurs salaires et de pourvoir à leurs frais de retour, les dirige vers leurs consuls respectifs. — Même ord., art 34.

230. — Les consuls veillent à ce que la retenue au profit de la caisse des Invalides soit effectuée sur les gages et appointemens des marins, quand la liquidation en est faite dans leur consulat. — Beaussant, t. 2, p. 546.

231. — Dans tous les cas où un consul doit assurer le rapatriement des marins français, il pourvoit à leurs besoins les plus urgens tant en subsistances que vêtemens, chaussures et autres objets indispensables, et donne sur-le-champ avis de cette dépense au ministre de la marine, sur lequel il se rembourse, sauf le recours de droit à exercer ultérieurement par ce ministre dans l'intérêt de l'état. — Ord. 29 oct. 1833, art. 35.

232. — Pour effectuer ce rapatriement, il embarque les marins sur des navires français, et à défaut, sur des navires étrangers, après avoir réglé le prix du passage et fait les avances nécessaires. — *Ibid.*, art. 36 et 37.

233. — Lorsqu'un marin français est décédé, soit à terre, soit sur le navire dans le port, soit en rade, le consul doit, après avoir dressé l'acte de décès, prendre les mesures convenables pour que les effets appartenant au décédé soient déposés à la chancellerie, et envoyer une copie de l'inventaire au ministre de la marine. — *Ibid.*, art. 38. — V. CAPITAINE DE NAVIRE, n° 253.

234. — Le consul peut faire vendre sur-le-champ les effets dépérissables en rendant préalablement une décision motivée qui doit être inscrite sur ses registres. — Les fonds provenant de ces ventes sont versés à la caisse de la chancellerie et transmis aussitôt au trésorier général des Invalides, caissier des gens de mer. — Même ord., art. 39.

235. — Lorsqu'un capitaine engage les gens de mer pendant le cours d'un voyage, le consul à qui ce capitaine est tenu de les présenter interpelle les parties de lui déclarer si elles sont bien d'accord. Si aucune ne réclame, il inscrit le résultat de la convention sur le rôle d'équipage. — Même ord., art. 40.

236. — Le consul ne peut régler ou modifier les conditions des engagemens, et laisse aux parties une entière liberté de faire telles conventions qu'elles jugent à propos. En cas de contestation, il essaie de les concilier; s'il n'y peut parvenir, il en fait mention dans son procès-verbal, sauf aux parties à se pourvoir devant les tribunaux compétens. — Même ord., art. 41.

237. — Ces juges compétens sont les juges des lieux si le matelot, engagé dans le consulat, et avec qui le capitaine a une discussion avant le départ, est étranger; si ce matelot est français, c'est au consul qu'il appartient de statuer. — Beaussant, n° 1030.

238. — Il pourvoit aussi, quand il y a lieu, au remplacement du capitaine pour maladie ou autre cause, sur requête du consignataire ou de l'équipage, en choisissant, autant que possible, parmi les gens de mer ayant la qualité requise pour commander un bâtiment de commerce. — Ord. 29 oct. 1833, art. 42.

239. — *Départ des navires.* — Lorsque des navires français destinés pour le long cours arment ou réarment dans leur arrondissement, les consuls doivent tenir la main à ce que ces navires, avant de prendre charge, soient soumis à la visite prescrite par l'art. 225, C. comm., et par la loi du 9 août 1791, tit. 3, art. 11 à 14. — Ord. 29 oct. 1833, art. 43.

240. — Le consul délivre au capitaine de navire les certificats constatant l'époque de son arrivée et celle de son départ, ainsi que la nature et l'état de son chargement (C. comm., art. 244); de plus, il doit s'assurer si le capitaine a envoyé à ses propriétaires ou à leurs fondés de pouvoirs le compte prescrit par l'art. 235, même C. — Ord. 29 oct. 1833, art. 45.

241. — Le consul est tenu, sous sa responsabilité, de délivrer, en ce qui le concerne, les expéditions aux bâtimens prêts à faire voile dans les vingt-quatre heures qui suivent la remise des manifestes. — Les capitaines qui ont remis leurs manifestes les premiers sont les premiers expédiés. — Même ord, art. 46.

242. — Le consul, en délivrant ses papiers au capitaine, doit le prévenir qu'aux termes de l'art. 345, C. comm., tout homme de l'équipage et tout passager qui apportent des pays étrangers des marchandises assurées en France, sont tenus d'en laisser un connaissement dans le lieu où le chargement s'effectue. Il l'interpelle en même temps de lui déclarer s'il connaît parmi les gens de son équipage et les passagers, des personnes qui soient dans ce cas, et lui prescrit de leur donner les avis nécessaires pour l'accomplissement de cette obligation. — Même ord., art. 47.

243. — Lorsqu'un consul apprend qu'un navire français, en relâche dans un port de son arrondissement, se dispose à se rendre dans un lieu dont l'accès offrirait de graves dangers par suite de l'état de la santé publique, d'une interdiction de commerce, d'un blocus et autres obstacles, il en prévient le capitaine et lui fait connaître s'il y a quelque autre port de la même nation où il puisse aborder en sûreté. — Même ord., art. 48.

244. — S'il existe dans le pays des administrations sanitaires qui, d'après les réglemens locaux, doivent délivrer aux capitaines partans des certificats ou patentes de santé, le conseil veille à ce que le capitaine remplisse les formalités convenables, et vise la patente ou le certificat. S'il n'existe point d'administration de ce genre, le consul délivre une patente de santé, conformément à l'art. 15, ord. 7 août 1822. — Même ord., art. 49.

245. — Lorsqu'un capitaine est obligé de laisser des malades dans un port étranger, le consul autorise leur débarquement et fait déposer par le capitaine les frais nécessaires à la maladie et au rapatriement. — Même ord., art. 50.

246. — Il remet au capitaine, qui ne peut les refuser, en outre des matelots délaissés ou naufragés, les marins ou passagers prévenus de crimes ou délits, et qui doivent être jugés en France. Il fait, à cet égard, les conventions et les avances nécessaires, et se guide, pour le placement des hommes à renvoyer en France, sur la prudence et l'équité. — Même ord., art. 51 et 52. — V. CAPITAINE DE NAVIRE, n°s 269 et suiv.

247. — Le consul peut obliger les capitaines partant d'un port étranger à recevoir les dépêches et autres envois de papiers adressés aux ministres et aux administrations publiques. — Ord. 29 oct. 1833, art. 53.

248. — *Naufrages.* — Aussitôt qu'un consul a été informé par quelque voie que ce soit du naufrage ou échouement d'un navire français dans son arrondissement, il doit se hâter de prendre ou de provoquer les mesures convenables pour qu'il soit porté secours aux naufragés et procédé au sauvetage. — Ord. 29 oct. 1833, art. 55 et 56.

249. — Si les premiers avis parviennent à un vice-consul ou agent consulaire, il est tenu, en prenant des mesures provisoires, de rendre compte de l'événement au consul sous la direction duquel il est placé, et de se conformer aux ordres et instructions qui lui seront adressés. — Même ord., art. 57.

250. — Les consuls se conforment, pour l'exécutions de ces mesures, aux conventions faites ou usages pratiqués entre la France et le pays où ils résident. — Dans les pays où ils ont droit de procéder seuls au sauvetage, ils doivent se hâter d'intervenir pour ne pas laisser à l'autorité locale le soin du naufrage. — Même ord., art. 58 et 59.

251. — Ils font administrer tous les secours nécessaires aux personnes noyées ou blessées. Dans le cas où on ne peut les rappeler à la vie, ils font ou invitent l'autorité locale à faire tous procès-verbaux et enquêtes pour connaître l'identité de ces personnes, et donnent leurs soins pour que l'inhumation ait lieu après qu'un acte de décès a été rédigé. — Même ord., art. 68.

252. — S'ils trouvent ou découvrent quelques papiers, tels que chartes-parties, connaissemens, patentes de santé ou autres renseignemens écrits, ils les recueillent pour être déposés en leurs chancelleries, après les avoir cotés et paraphés. Du reste, ils reçoivent tous rapports ou déclarations, font subir d'office tous interrogatoires nécessaires aux capitaines, gens de l'équipage ou passagers échappés au naufrage. — Même ord., art. 61.

253. — Dans les recherches qu'ils font des causes de l'événement, les consuls s'occupent spécialement du soin de connaître si l'accident peut ou non être attribué à quelque crime, délit ou autre baraterie de patron, ou à quelque connivence dans la vue de tromper des assureurs, et ils transmettent tous les renseignemens au ministre de la marine, qui les fait communiquer au procureur général près telle cour qu'il appartient. — Même ord., art. 62.

254. — Ils nomment, en se conformant aux conventions ou usages, tous gardiens, séquestres ou dépositaires des objets sauvés, et font les marchés nécessaires avec les hommes du pays, soit pour obtenir leur assistance, soit pour se procurer des magasins où les objets sauvés puissent être mis en dépôt. — Même ord., art. 63.

255. — Aussitôt que le consul peut connaître les noms du navire et du capitaine, et les autres renseignemens qu'il lui paraît utile de communiquer au public, il prend les mesures convenables pour avertir les intéressés. Il en donne avis, par les voies les plus promptes, au ministre de la marine et à l'administration du port de départ et du port de destination. — Même ord., art. 64.

256. — Si, lors de l'échouement ou après, les propriétaires ou assureurs du navire et de la cargaison, ou leurs correspondans munis de pouvoirs suffisans, se présentent pour opérer le sauvetage par eux-mêmes, en acquittant les frais déjà faits et donnant caution pour ceux qui restent à faire, le consul peut leur laisser le soin de gérer le sauvetage. — Il en est de même lorsque le capitaine, le subrecargue ou quelque passager justifie de pouvoirs spéciaux pour procéder au sauvetage en cas de sinistre. — Si le consul refuse d'obtempérer à ces demandes, sa décision est motivée et il est donné acte aux parties de leurs dires et réquisitions. — Même ord., art. 65.

257. — Le consul peut requérir la force publique de la localité pour l'aider dans le sauvetage, et en cas de vol ou de tentative de vol, il signale les coupables aux magistras du pays. — Même ord., art. 66.

258. — Si, à l'occasion du naufrage et des mesures de conservation et de sauvetage, il est nécessaire de prendre des précautions à l'égard des administrations sanitaires du pays, ou de leur donner des avis, le consul veille à ce que tout ce qui est convenable ou obligatoire soit exactement observé. — Même ord., art. 67.

259. — Le consul interpose ses bons offices auprès des antorités du pays pour obtenir la réduction ou la dispense des taxes sur les marchandises avariées par l'effet du naufrage, ou que les circonstances obligent de vendre dans le pays. — Même ord., art. 68.

260. — En cas d'échouement sans bris, le consul prend les mesures nécessaires pour faciliter au capitaine les moyens de remettre le navire à flot. Il peut ordonner la démolition du navire s'il y a nécessité de désobstruer l'entrée du port ou le lieu de l'échouement, ou si l'état des lieux, les réglemens locaux, et les réquisitions des autorités du pays ne permettaient pas qu'on eût le temps suffisant pour relever et dégager le navire. — En pareil cas, il procède, d'après l'avis d'experts assermentés, dont le procès-verbal est annexé à la décision. — Même ord., art. 69.

261. — Les consuls de France à l'étranger, compétens pour ordonner des expertises à l'effet constater l'innavigabilité d'un navire, sont incompésens pour prononcer ensuite la nullité de expertises et pour en ordonner de nouvelles. — *Cass*, 1er août 1843 (t. 1er 1844, p. 442), Denamy c. Boucher, Genson et comp.

262. — Le consul pourvoit au paiement des de sauvetage d'après une fixation amiable à ceux qui y ont travaillé. En cas de difficultés, les taxe lui-même si les soins ont été donnés l'équipage du navire, et il se conforme à la taxe est faite par l'autorité locale compétente, soins ont été donnés par des étrangers. — Il voit également aux dépenses de nourriture et tres frais indispensables pour la conservation l'équipage et son renvoi en France, de la ma prescrite par les art. 35, 36 et 37. — Même art. 70.

263. — Lorsque des propriétaires, assureurs leurs fondés de pouvoirs, se présentent pour tenir la remise d'objets à l'égard desquels ils tifient de leurs droits, la délivrance leur est faite par ordre du consul, moyennant l'acq ment proportionnel des frais. — Même ord., art.

264. — Afin d'acquitter les frais et dépenses sauvetage, le consul peut faire procéder à la publique de tout ou partie des débris, agrès

apparaux sauvés, ainsi qu'à celles des marchandises avariées qu'il y aurait inconvénient à garder en magasin, d'après l'avis d'experts assermentés. — Même ord., art. 72.

265. — Il est interdit aux consuls et chanceliers de se rendre directement ou indirectement acquéreurs ou adjudicataires de quelque partie que ce soit de ces objets et de tous autres vendus d'après leurs ordres ou par leur entremise. — Même ord., art. 73.

266. — Les consuls doivent garder pendant un an les marchandises susceptibles de conservation et les vendre après ce temps, pour en verser les fonds à la caisse du chancelier, qui les fait passer à la caisse des Invalides. — Beaussant, nº 1030.

267. — S'il y a des marchandises sauvées, le consul peut en faire vendre aux enchères jusqu'à concurrence de la part incombant à ces marchandises dans les frais généraux de sauvetage, d'après les comptes de liquidation. — Dans le cas où, aucune partie de la cargaison n'ayant pu être sauvée, le seul produit des débris du navire ne suffit pas pour acquitter les dépenses du sauvetage ainsi que les secours indispensables aux naufragés, et, s'il y a lieu, leurs frais de conduite, il avance le complément nécessaire, et s'en rembourse par des traites sur le trésor public. — Ord. 29 oct. 1833, art. 74.

268. — Si contrairement, soit aux traités ou conventions, soit au principe de la réciprocité, les autorités locales, dans les pays où elles sont en possession de donner exclusivement leurs soins au sauvetage des navires, exigeaient des droits autres que ceux fixés par le tarif ou par l'usage, ou que, de toute autre manière, il fût porté atteinte aux droits de propriété des Français, les consuls devraient faire les représentations et protestations convenables. — Ils devraient agir de même si l'autorité locale leur contestait le droit de gérer librement le sauvetage des navires français, où ce droit leur est accordé soit par les traités ou conventions, soit en vertu du principe de la réciprocité. — Même ord., art. 75.

269. — Les consuls de certaines puissances ont été admis, par suite de conventions de réciprocité, à procéder, dans les ports de France, au sauvetage des bâtimens de leurs nations respectives. — Lettres du ministre des affaires étrangères, 6 août 1818 et 24 déc. 1827. — Mais les consuls doivent intervenir en personne et ne peuvent être suppléés par aucun employé de leur chancellerie, et à plus forte raison par des étrangers qu'ils délégueraient. — Circ. du direct. gén. des douanes, 22 août 1825.

270. — Les consuls et chanceliers ont droit à des frais de voyage et de séjour, quand le naufrage exige leur déplacement; ces frais sont réglés par un tarif; et toute autre perception, sous quelque forme ou dénomination que ce puisse être, pour leurs soins et leur travail, comme remplissant à l'étranger les fonctions dont les commissaires des classes sont chargés en France, leur est interdite. — Même ord., art. 76.

271. — Tous les trois mois les consuls adressent au ministre de la marine, avec toutes les pièces justificatives, un compte présentant le résultat des opérations relatives au service des bris et naufrages. — Le solde du compte est remis au ministre, et envoyé, par l'intermédiaire du trésorier général des Invalides, aux intéressés. — Même ord., art. 77.

272. — En général, toutes les fois que le consul connaît qu'un capitaine de navire a contrevenu à quelqu'une des obligations qui lui étaient imposées, il en dresse procès-verbal et l'envoie au ministre de la marine. — Ord. 29 oct. 1833, art. 15, 18, 21, 24, 29, 32, 50.

§ 3. — *Attributions relatives à la marine militaire.*

273. — Par rapport à la marine militaire, les consuls remplissent les fonctions d'officiers d'administration. Ces fonctions se rapprochent, pour la plus grande partie de celles qui leur sont attribuées relativement à la marine commerciale. Elles se trouvent détaillées dans l'ord. du 7 nov. 1833, dans laquelle on remarque principalement les dispositions suivantes.

274. — Lorsque des bâtimens de l'état se disposent à entrer dans une rade, ou dans un port étranger, le consul, s'il y règne quelque maladie épidémique ou contagieuse, doit en donner promptement avis aux officiers commandans. — Ord. 7 nov. 1833, art. 7.

275. — Dans le cas de relâche, ainsi que dans les cas où les bâtimens de guerre viennent en mission ou en station, ils sont chargés de pourvoir à leurs besoins de toute nature. — Même ord., art. 11.

276. — Si des hommes désertent des bâtimens de guerre, les consuls les revendiquent auprès de l'autorité locale, et, après leur arrestation, ils les renvoient en France, sur un bâtiment de l'état ou sur un navire de commerce. — Même ord., art. 15.

277. — Lorsque des malades appartenant à la marine royale ont été laissés à terre, le consul est chargé de pourvoir à l'acquittement de la dépense qu'ils ont occasionnée, et d'assurer leur retour en France par un bâtiment de l'état ou sur un navire de commerce. — Même ord., art. 23.

278. — Les consuls doivent veiller au sauvetage des ancres et des chaînes abandonnés dans les ports ou rades par la marine militaire; ils font transporter en France, ou vendre, suivant qu'il y a plus d'avantage, les effets et munitions laissés à terre par un vaisseau de l'état, ou provenant du naufrage, ou de l'innavigabilité d'un de ces vaisseaux. — Même ord., art. 24 à 27.

279. — Ils pourvoient également aux besoins des équipages des pirates, et des négriers saisis et amenés en relâche dans un port étranger par un vaisseau de l'état. — En cas d'innavigabilité, ils vendent les navires et les marchandises et conservent le prix en dépôt jusqu'au jugement de la prise. — Même ord., art. 28 et 29.

280. — Quant aux prises faites et conduites, en temps de guerre, dans les ports étrangers, par les bâtimens du roi, les consuls se conforment, si les traités le permettent, aux dispositions de l'arrêté du 6 germ. an VIII, qui leur confèrent les attributions exercées en pareil cas par l'administration de la marine. — Même ord., art. 31.

ART. 2. — *Attributions municipales.*

281. — Les consuls ont capacité pour recevoir les actes de l'état civil des Français en pays étranger, en se conformant aux lois françaises. — C. civ., art. 48. — Ord. 23 oct. 1833, art. 1er. — V. ACTES DE L'ÉTAT CIVIL, nº 166.

282. — Mais ils n'ont aucune qualité pour recevoir les actes de l'état civil des étrangers. — V. ACTES DE L'ÉTAT CIVIL, nº 168.

283. — Jugé qu'ils ne sont pas non plus compétens pour recevoir ces actes, lorsqu'une des parties est étrangère, et spécialement l'acte de mariage d'un Français avec une étrangère. — *Cass.*, 10 août 1819, Sommaripa c. Gaudin; — Duranton, t. 2, nos 235 et 236; Coin-Delisle, *Actes de l'état civil*, art. 48, nº 4; Rief, *Actes de l'état civil*, sur l'art. 48, nº 88. — Mais Vazeille (*Traité du Mariage*, t. 1er, nº 186) combat cette décision.

284. — Les actes des consuls doivent, sans distinction, être inscrits de suite et sans blancs, par ordre de date, sur un ou plusieurs registres, tenus doubles, cotés par première et dernière, et paraphés sur toutes les pages par le consul. Une expédition en doit être en même temps dressée et immédiatement transmise au ministre des affaires étrangères. — Ord. 23 oct. 1833, art. 2.

285. — Les expéditions des actes de l'état civil, faites par les chanceliers et visées par les consuls, font la même foi que celles qui sont délivrées en France par les dépositaires des actes de l'état-civil. — Même ord., art. 3.

286. — Quant aux actes de l'état civil intéressant les Français et passés par les autorités étrangères, il est d'usage de les transcrire sur les registres du consulat. Cette transcription, bien qu'elle ne soit pas nécessaire à l'acte, peut fournir une preuve nouvelle de faits qu'il est utile aux nationaux de bien constater. — Circul. du garde des sceaux, 18 août 1836.

287. — Les consuls se font remettre, par les capitaines des bâtimens qui abordent dans le port de leur résidence, deux expéditions des actes de naissance ou de décès qui ont été rédigés pendant la traversée, et ils se conforment, dans ce cas, aux art. 60 et 87 C. civ. — V. CAPITAINE DE NAVIRE. — Ord. 23 oct. 1833, art. 4. — Lorsque, dans ce cas, ils reçoivent le dépôt d'un acte de naissance ou de décès survenu pendant une traversée, ils ont soin, dans leur procès-verbal, de constater, à telles fins que de droit, les différentes irrégularités qu'ils y ont remarquées. — Art. 5.

288. — S'ils découvrent, soit par le rapport, soit par l'interrogatoire des gens de l'équipage, ou par tout autre moyen, qu'un capitaine a négligé de dresser des actes de naissance ou de décès arrivés pendant la traversée, ils en rédigent procès-verbal dont expédition est envoyée au ministre de la marine, pour être pris à l'égard des contrevenans telles mesures qu'il appartiendra. Ils recueillent aussi les renseignemens qui peuvent servir à constater ces naissances ou décès, font signer le procès-verbal par les témoins qui leur ont révélé les faits et l'envoient au ministre des affaires étrangères, pour que les avis nécessaires soient donnés par ses soins aux personnes intéressées. — Même ord., art. 6.

289. — Aucun acte de l'état civil reçu dans les consulats ne peut, sous prétexte d'omission, d'erreur ou de lacune, être rectifié que d'après un jugement émané des tribunaux compétens. De même, quand, pour une cause quelconque, des actes n'ont pas été portés sur les registres, le consul ne peut y suppléer, sauf également à être statué ce que de droit par les tribunaux. Toutefois les consuls recueillent avec soin et transmettent au ministre des affaires étrangères, soit au moyen d'actes de notoriété, soit de toute autre manière, les renseignemens qui pourront être utiles pour rectifier les actes dressés dans leurs consulats, ou pour y suppléer. — Art. 7.

290. — Le tribunal compétent pour rectifier les actes de l'état civil utiles au mariage est le tribunal d'origine, celui du domicile des père et mère. — Toutefois, s'il n'y avait d'erreur que dans l'orthographe des noms, il devrait être passé outre à la célébration, sur l'attestation d'identité donnée par les personnes dont le consentement est nécessaire au mariage. — Avis cons. d'état 30 mars 1808; circ. garde des sceaux 18 août 1836.

291. — Les jugemens de rectification des actes de l'état civil sont inscrits sur les registres courans par les consuls, dès qu'ils leur sont parvenus, et mention en est faite en marge de l'acte rectifié. Le ministre des affaires étrangères tient la main à ce que la mention de la rectification soit faite d'une manière uniforme sur les deux registres tenus en double, et, s'il y a lieu, sur les registres de l'état civil de la commune française où une expédition de l'acte a été transcrite. — Ord. 23 oct. 1833, art. 8.

292. — Le 1er janvier de chaque année, les consuls arrêtent, par procès-verbal, le double registre des actes de l'état civil de l'année précédente. L'un de ces doubles reste déposé à la chancellerie, et l'autre est expédié dans le mois, si faire se peut, au ministre des affaires étrangères. — Si les consuls n'ont rédigé aucun acte, ils en dressent certificat qu'ils transmettent de même à ce ministre. — Art. 9.

293. — Lorsque l'envoi est fait par voie de mer, le consul consigne les registres entre les mains du capitaine; il fait mention du dépôt sur le rôle d'équipage, et procès verbal en est dressé en chancellerie. — Art. 10.

294. — Lorsque les envois doivent avoir lieu par voie de terre, les consuls prennent les précautions qui leur sont spécialement indiquées, suivant les lieux et les circonstances, par le ministre des affaires étrangères. — Art. 11.

295. — Le ministre des affaires étrangères charge un ou plusieurs commissaires de dresser des procès-verbaux de vérification des registres de l'état civil déposés à ces archives, et en cas de contravention, il prend contre le consul qui l'a commise telle mesure qu'il appartient. — Art. 12.

296. — En cas d'accident qui aurait détruit les registres, le consul en dresse procès-verbal, et il l'envoie au ministre des affaires étrangères, dont il attend les instructions sur les moyens à prendre pour réparer cette perte. — Art. 13.

297. — Les publications et affiches de mariages sont faites dans le lieu le plus apparent de la chancellerie du consulat. Les publications sont transcrites à leur date sur un registre coté et paraphé comme il est dit dans l'art. 2. Les consuls doivent se conformer à cet égard aux règles prescrites par le Code civil. — Art. 14.

298. — Aucun consul ne peut célébrer un mariage entre Français, s'il ne lui a été justifié des publications faites dans le lieu de sa résidence, en outre des publications faites en France, lorsque les deux futurs ou l'un d'eux ne sont pas résidans et immatriculés depuis six mois dans le consulat, ou si les parens, sous la puissance desquels l'une ou l'autre des parties se trouve relativement au mariage, ont leur domicile en France. — Art. 15.

299. — Les procurations, consentemens et autres pièces qui doivent demeurer annexés aux actes de l'état civil, après y avoir été énoncés, sont paraphés par la personne qui les a produits et par le consul pour rester déposés en la chancellerie du consulat. — Art. 16.

300. — Les consuls sont autorisés à dispenser, pour des cas graves, dont l'appréciation est confiée à leur prudence, de la seconde publication lorsqu'il n'y a pas eu d'opposition à la première, ou qu'une main-levée leur a été représentée. — Art. 17.

301. — Les consuls généraux résidant dans les pays situés au delà de l'océan Atlantique sont également autorisés à accorder des dispenses d'âge au nom du roi, à la charge de rendre compte immédiatement au ministre des affaires étrangères des motifs qui les ont portés à accorder ces dispenses. — Les consuls de première et de seconde classe résidant au-delà de l'Océan Atlantique n'ont

les mêmes pouvoirs que lorsqu'il leur ont été conférés par ordonnance spéciale. — Même ord., art. 18. — Mais le mariage entre beau-frère et belle-sœur ne peut être autorisé que par le roi et par lettres délivrées à la chancellerie.

302. — Les consuls sont autorisés à délivrer des passeports aux Français après s'être assurés de leur qualité et de leur identité. Ces passe-ports, délivrés conformément aux lois, ordonnances et réglemens en vigueur en France, énoncent le nombre des personnes à qui ils sont remis, leurs noms, âge, signalement, et doivent être signés, ainsi que le registre constatant la délivrance. — Ord. 25 oct. 1833, art. 1er.

303. — Le Français n'obtient en pays étranger la protection du consul que s'il présente à son visa un passe-port en règle. — Même ord., art. 2.

304. — Les consuls donnent gratis aux militaires isolés des feuilles de route pour retourner en France. — Même ord., art. 3.

305. — Les consuls peuvent aussi, si les lois et usages du pays où ils sont établis n'y font pas obstacle, et en se conformant aux instructions qu'ils reçoivent du ministre des affaires étrangères, délivrer des passe-ports pour la France aux étrangers, ou viser les passe-ports qui leur ont été délivrés pour la France par des autorités étrangères. — Même ord., art. 4 et 5.

306. — Ils légalisent les actes délivrés par les autorités ou fonctionnaires publics de leur arrondissement. — Même ord., art. 6.

307. — Ils doivent avoir soin de mentionner la qualité du fonctionnaire ou de l'autorité dont l'acte est émané et d'attester qu'il est à leur connaissance que le fonctionnaire a actuellement, ou avait, lorsque l'acte a été passé, la qualité qu'il y prend. — Même ord., art. 7.

308. — Ils ne sont point obligés de donner de légalisation aux actes sous signature privée, sauf aux intéressés à passer, si bon leur semble, ces actes, soit en chancellerie, soit devant des fonctionnaires publics compétens. Toutefois, lorsque des légalisations ou attestations de signatures ont été données sur des actes sous seing-privé, soit par des fonctionnaires publics, soit par des agens diplomatiques ou consulaires du lieu de leur résidence, ils ne peuvent refuser de légaliser la signature de ces fonctionnaires. — Même ord., art. 8.

309. — La signature des consuls doit être elle-même légalisée par le ministre des affaires étrangères ou par les fonctionnaires qu'il a délégués à cet effet. — Même ord., art. 9.

310. — Les arrêts, jugemens ou actes rendus ou passés en France ne peuvent être admis ou passés dans les consulats qu'après avoir été légalisés par le ministre des affaires étrangères ou par les fonctionnaires par lui délégués. — Même ord., art. 10.

311. — Les consuls font parvenir directement ou par l'intervention des autorités locales aux parties intéressés, sans frais ni formalités de justice, et à titre de simple renseignement, les exploits signifiés (C. procéd., art. 69) aux parquets des procureurs généraux et du roi dont le ministre des affaires étrangères leur a fait l'envoi. — Ils envoient au même ministre les actes dont ils n'ont pu opérer la remise, en leur faisant connaître les motifs qui s'y sont opposés. — Même ord., art. 11.

Art. 3. — *Attributions judiciaires.*

312. — Le droit de rendre la justice dans un pays constitue un acte de souveraineté qui ne peut s'exercer que par le souverain du pays ou en son nom. Les consuls ne peuvent donc rendre, en pays étranger, même entre leurs nationaux, des jugemens ayant force exécutoire dans ce pays, sans le consentement du souverain local. — Beaussant, t. 2, p. 568; Pardessus, no 1466.

313. — La juridiction des consuls dépend donc entièrement des conventions internationales. — Cependant il est reçu, en droit des gens, que l'admission d'un consul entraîne l'admission de l'exercice de sa juridiction, mais qu'elle n'entraîne pas pour les magistrats du lieu l'obligation de faire exécuter ses sentences, à moins de convention contraire. — Beaussant, t. 2, p. 569.

314. — Les attributions judiciaires des consuls ont pour objet des matières, soit civiles et commerciales, soit criminelles.

§ 1er. — *Matières civiles et commerciales.*

315. — La juridiction des consuls en matière civile et commerciale est gracieuse ou forcée.

316. — 1o *Juridiction gracieuse.* — La juridiction gracieuse des consuls résulte de plusieurs dispositions d'anciennes ordonnances qui ont continué de rester en vigueur; et il serait à désirer que cette branche des attributions consulaires eût été réglementée comme les autres.

317. — Si un Français veut tester en pays étranger, le consul a le droit de recevoir son testament, dans la même forme que les notaires de France. — Ord. 1681, tit. 9, liv. 1er, art. 24; C. civ., art. 992. — Pardessus, no 1466; Beaussant, t. 2, p. 590.

318. — Dans certains pays, les consuls peuvent apposer les scellés et dresser inventaire après décès (ord. 1781, art. 85 et suiv.); mais dans certains autres, où le droit d'aubaine existe, et où, par conséquent, les successions des étrangers sont attribuées au fisc, l'intervention du consul serait sans objet. — Pardessus, no 1467.

319. — Dans l'empire ottoman, l'art. 28 de la capitulation de 1624 et l'art. 22 des capitulations de 1673 et 1740 reconnaissent pleinement aux consuls de France, à l'exclusion des officiers de justice du pays, le double droit d'apposer les scellés et de faire les inventaires en présence de deux négocians français qui signent ces actes.

320. — Il en est de même dans le Maroc, d'après le traité du 29 janv. 1682, art. 24; dans la Perse, en vertu du traité du 13 août 1715, art. 22; dans les régences de Tripoli et de Tunis, d'après les traités des 8 et 11 août 1830. — D'Hauterive et de Cussy, *Tr. de comm. et de navig.*, p. 1re, tit. 1er, art. 3; Martens, *Rec. diplom.*, t. 13, p. 169.

321. — Dans d'autres pays, les scellés sont apposés et les inventaires dressés par un notaire accompagné d'un magistrat, en présence du consul et de deux personnes dignes de foi, et les sommes et valeurs sont déposées soit dans un établissement public, soit dans les mains de deux ou trois commerçans nommés par le consul: ainsi, 1o en Danemark (traités 23 août 1742, art. 40 et 41; 30 sept. 1749 et 10 juil. 1813); — 2o en Russie (traité 11 janv. 1787, art. 16); — 3o en Espagne (traité 13 mars 1769, art. 8). — Martens, *Rec. diplom.*, t. 1er, p. 629, et t. 3, liv. 1er, §§ 76-80, p. 87-91; D'Hauterive et de Cussy, *loc. cit.*, t. 3, p. 1re; Goujet et Merger, no 301.

322. — Dans le Mexique et la Bolivie, les scellés sont apposés par le consul et par l'autorité du pays, qui croise les scellés sur ceux apposés par le consul; les doubles scellés sont levés de concert et l'inventaire fait en présence du magistrat et du consul. — Traités 8 mai 1827 et 9 déc. 1834, art. 24; — D'Hauterive et de Cussy, *loc. cit.*; Goujet et Merger, no 302.

323. — Dans les pays où le consul jouit de la plénitude de la juridiction, il peut ordonner l'exécution de tout testament, et envoyer, s'il y a lieu, le légataire universel en possession; — et s'il s'élève des contestations sur la validité du testament, les titres et les droits des héritiers, le consul peut statuer comme les tribunaux ordinaires de France. Mais dans les pays où les décisions des consuls n'ont point d'exécution parée, il est évident qu'on doit s'adresser aux juges locaux. — Art. 26, traité 1er nov. 1785 entre l'Autriche et la Russie, rendu applicable aux Français par le traité du 11 janv. 1787 avec la Russie. — D'Hauterive et de Cussy, part. 2e, tit. 1er-5; Pardessus, no 1467; Goujet et Merger, no 305.

324. — Dans quelques pays, les consuls ont le pouvoir non seulement de faire les opérations conservatoires, mais encore celui de liquider la successions de l'administrer s'il y a des héritiers absens, ou nommer un agent qui l'administre, et de faire procéder, suivant les cas, à la vente des effets mobiliers: ainsi, 1o dans l'Amérique du Nord (convention 14 nov. 1788, art. 5); — 2o au Mexique (traité 8 mai 1827); — 3o dans la Bolivie (traité 9 déc. 1834). — Martens, *Rec.*, t. 7, p. 109; d'Hauterive et de Cussy, part. 1re, tome 1er, p. 476; Miltitz, *Man. des cons.*, t. 2, p. 11; Goujet et Merger, no 206.

325. — En tous cas, les droits conférés aux consuls par les traités ne s'appliquent qu'aux valeurs mobilières trouvées après le décès du Français résidant dans les consulats; mais si la succession est immobilière, elle est nécessairement régie par les lois et les juges de la situation des biens. — Beaussant, no 1051.

326. — En cas de décès d'un marin français, soit à terre, soit sur le navire dans le port, on a vu (*suprà* nos 283 et 284) que le consul devait faire le dépôt des effets du défunt à la chancellerie, et qu'il avait le pouvoir de faire vendre sur-le-champ ceux qui étaient dépérissables. — Ord. 29 oct. 1833, art. 38 et 39.

327. — En cas de faillite de Français, il faut distinguer. — S'il y a des créanciers étrangers, ceux-ci ont le droit de faire opérer le règlement de sa faillite par les juges locaux; le consul ne peut que veiller aux intérêts de ses nationaux, sauf l'exécution des traités. — S'il n'y a pas d'étrangers intéressés, et si le failli a son principal établissement dans le consulat, il y a lieu d'appliquer par analogie toutes les dispositions de la loi sur les faillites. Si l'établissement dans le consulat n'est qu'une dépendance d'une maison principale établie en France, la direction de la faillite appartient au tribunal français, et le consul ne doit apposer les scellés que conservatoirement. — Beaussant, no 1051; Goujet et Merger, no 309.

328. — 2o *Juridiction forcée.* — Les pouvoirs judiciaires des consuls sont plus ou moins étendus selon qu'ils habitent des pays chrétiens ou des pays musulmans. Il suit de là que quand les traités portent la clause que les consuls d'un souverain jouiront des droits et priviléges qu'ils ont chez les nations où ils sont le plus favorisés, cela ne s'entend jamais chez les nations hors de la chrétienté.

329. — La juridiction forcée des consuls peut être considérée sous le rapport de la compétence, de la procédure, de l'exécution de leurs sentences et du recours contre ces mêmes sentences.

330. — *Compétence.* — L'édit de juin 1778 donne aux consuls le droit de connaître en première instance des contestations, de quelque nature qu'elles soient, qui s'élèvent entre des Français négocians, navigateurs et autres, dans l'étendue des consulats. — Art. 1er.

331. — Mais cette disposition n'est applicable qu'autant que le demandeur et le défendeur se trouvent l'un et l'autre dans le pays où le consul exerce ses fonctions. — Hors ce cas, les tribunaux de la métropole sont compétens pour statuer, alors surtout que, s'agissant du solde d'un compte de commerce, la demande est portée devant le tribunal du lieu où le paiement doit être effectué. — *Paris*, 14 déc. 1840 (t. 1er 1841, p. 217), Chauviteau c. Duport.

332. — De plus, cette disposition de l'édit de 1778 n'est pas d'ordre public; d'où il suit que les deux parties peuvent saisir en France le tribunal du domicile de l'une d'elles. — Beaussant, t. 2, p. 575.

333. — Comme sanction de l'art. 1er, édit juin 1778, il est défendu à tout Français voyageant par terre ou par mer, ou faisant le commerce en pays étranger, d'y traduire des Français, pour quelque cause que ce soit, devant les juges et autres officiers des puissances étrangères, à peine: 1o de 1,500 liv. d'amende, applicables, pour les échelles du Levant, à la chambre de commerce de Marseille, et pour les autres consulats, aux chambres de commerce les plus proches du pays où les contraventions ont été commises; — 2o et de dommages-intérêts envers les parties, s'il y a lieu; le tout exigible avec contrainte par corps. — Edit juin 1778, art. 2 et 4.

334. — Les consuls doivent constater ces infractions par des procès-verbaux ou des informations auxquels ils procèdent en présence des contrevenans ou eux dûment appelés. Ils adressent le tout au ministre des affaires étrangères, qui le fait passser aux procureurs généraux des cours chargés de poursuivre. — Même édit, art. 3.

335. — Ces dispositions de l'édit de 1778 ont eu pour résultat d'abroger des dispositions analogues, mais sanctionnées par des peines plus sévères, de l'ord. 1681, liv. 1er, tit. 9, art. 12.

336. — Mais de ce que l'édit de 1778 rend les consuls juges en première instance des contestation, *de quelque nature qu'elles soient*, qui s'élèvent entre des Français, s'ensuit-il qu'ils aient une juridiction à peu près illimitée, sauf les exceptions résultant des traités internationaux?

337. — Quelques auteurs pensent qu'ils n'ont droit néanmoins de connaître que des causes sommaires; d'autres, qu'ils ne peuvent juger que les affaires de commerce et de police. — Beaussant, *Code marit.*, no 1042.

338. — Suivant M. Pardessus (no 1472), le consul est juge de toutes espèces de conventions civiles et commerciales, de sorte que la société dont il est le chef n'a pas besoin de recourir à la métropole pour avoir justice. Ainsi, ils peuvent connaître entre deux Français habitant le consulat, des questions d'état, des oppositions au mariage, des séparations de corps, des procès relatifs aux successions et de tous autres débats civils et commerciaux.

339. — MM. Goujet et Merger (no 319) pensent qu'il faut faire une distinction entre les consuls dans des Echelles du Levant et les autres. Ces derniers, d'après les usages de la chrétienté, n'ont pas pleine juridiction; ils ne sont revêtus que de pouvoirs plus ou moins reconnus, plus ou moins contestés. Aussi, dans une instruction donnée aux consuls en 1823, le ministre des affaires étrangères maintient-il l'application de l'édit de 1778 aux Echelles du Levant. Quant aux pays de la chrétienté, il déclare que, comme il n'existe pas de réciprocité sur ce point, les consuls doivent requérir le moins possible l'assistance de l'autorité locale étrangère pour l'exécution de leurs sentences; que *plus seront limitées leurs fonctions judiciaires, plus ils se conformeront au vœu de l'instruction.* D'où il ré-

sulte que l'interprétation étendue donnée à l'art. 1er de l'édit de juin 1778 ne doit s'appliquer qu'aux Echelles du Levant et de Barbarie, et que, quant aux autres pays, la juridiction consulaire doit être restreinte aux affaires sommaires et à celles de commerce et de police.

340. — En tout cas, comme l'édit de 1778 ne prononce pas la nullité du jugement rendu par un consul étranger, une pareille sentence a, en France, la valeur accordée à tous les jugemens étrangers, c'est-à-dire, qu'elle peut y être exécutée, après avoir été rendue exécutoire par les tribunaux français. — Goujet et Merger, nº 320.

341. — Mais la disposition de l'édit de juin 1778 ne concerne que les actions en justice; elle ne défend pas de réclamer des juges étrangers l'emploi de la force publique pour l'exécution d'un titre paré. — *Cass.*, 11 déc. 1809, Bouchereau c. Leguen.

342. — Il ne saurait être non plus défendu à un Français de renoncer à la juridiction consulaire pour choisir un tribunal arbitral. Seulement celui qui voudra faire exécuter la sentence arbitrale sera obligé d'y faire apposer une ordonnance d'*exequatur* par les autorités compétentes, c'est-à-dire, par le consul ou par les autorités locales. — Goujet et Merger, nº 322.

343. — Comme la réciprocité n'existe pas avec toutes les puissances, la juridiction des consuls ne s'exerce pas toujours pleinement et sans obstacles. — Dans plusieurs pays, la juridiction du consul dans sa maison consulaire, même entre nationaux, peut être considérée comme une entreprise sur la juridiction locale. Dans ce cas, les consuls doivent s'abstenir, et il n'y aurait pas lieu d'appliquer l'édit de 1778 au Français qui aurait obtenu contre un de ses compatriotes un jugement en pays étranger et viendrait en demander l'exécution devant les tribunaux français et qui l'assignerait directement devant ces tribunaux. — Pardessus, nº 1469.

344. — Dans d'autres pays, on reconnaît aux consuls le droit de juger, mais leurs jugemens n'ont force exécutoire qu'au moyen d'un *pareatis* ou *exequatur* donné en connaissance de cause. — Dans ce cas, le Français qui au lieu de former sa demande en première instance devant le consul, la porterait directement devant un tribunal français, contreviendrait à l'édit de 1778, puisque ce jugement, tout en n'étant pas exécutoire en pays étranger, le serait en France. Il en serait autrement, s'il avait assigné son compatriote devant le tribunal étranger du lieu; car il a pu avoir intérêt à obtenir une exécution que le tribunal étranger seul lui offrait. — Pardessus, nº 1469.

345. — Cependant, malgré les limites que les lois de chaque pays peuvent apporter à la juridiction des consuls, il est des matières à l'égard desquelles ils ont une compétence universellement reconnue. Telles sont les contestations sur les contrats relatifs à la navigation.

346. — Partout il a été admis que lorsqu'il s'agit de contestations relatives aux salaires et aux conditions d'engagement entre les capitaines et leurs équipages, et même de difficultés entre les capitaines et leurs passagers relativement aux transports effectués de personnes ou de marchandises, leur consul est seul compétent pour statuer, parce que le bâtiment constitue le territoire et qu'un juge français peut seul avoir juridiction sur ce qui se passe à bord des bâtimens français. Il est vrai que l'art. 20, ord. 29 oct. 1833, paraît n'accorder aux consuls qu'un rôle de conciliateurs; mais cet article n'est applicable qu'aux pays où l'autorité locale ne permet point aux consuls de statuer sur ces matières, qu'elle s'est réservé en vertu de sa compétence territoriale. — Pardessus, nº 1470.

347. — Il n'est pas même indispensable que les gens de l'équipage soient de la nation du consul, il suffit qu'ils se soient engagés au service d'un navire pour qu'on doive présumer qu'ils se sont soumis au capitaine de ce navire et au consul de sa nation, pour la décision des contestations relatives à leur engagement ou au voyage. — Il n'y aurait d'exception que pour le cas où un homme en contestation avec le capitaine serait de la nation même sur le territoire de laquelle s'élèverait la contestation. — Goujet et Merger, nº 327.

348. — A défaut de consuls, les juges des lieux devraient renvoyer les parties devant leurs juges naturels et ordonner de simples mesures provisoires. — Pardessus, nº 1470.

349. — Si, relativement à une de ces espèces de différends, l'une des parties intéressées portait la cause devant un tribunal français, ce tribunal pourrait repousser le demandeur pour n'avoir pas saisi le consul de France en première instance, alors qu'il serait prouvé que la loi du pays où le consul est établi ne s'opposait pas à ce qu'il jugeât la contestation. — Pardessus, nº 1479.

350. — Si les réglemens d'avaries relatifs à des navires français et faits par le consul (ord. 29 oct. 1833) n'intéressent que des Français, ces réglemens sont, sauf appel, obligatoires pour eux, soit que leur intérêt fût dans la propriété du navire ou du chargement, soit qu'ils en fussent simplement les assureurs. — Goujet et Merger, nº 329.

351. — Mais quand les parties sont étrangères, il y a une distinction à faire. Si l'une d'elles appartient à la nation sur le territoire de laquelle le consul est établi, le réglement doit être fait par le juge local, attendu l'indivisibilité de l'opération, et aussi parce que l'étranger ne saurait, dans son pays, être obligé de plaider devant un consul étranger. — Goujet et Merger, nº 331.

352. — Si aucune des parties n'appartient à la nation où réside le consul, celui-ci peut procéder au réglement, quelle que soit la nationalité diverse des parties; il ne peut y avoir autant de procès que d'individus, chacun des intéressés a dû entendre que le réglement d'avaries serait fait et que toutes les demandes en contribution seraient portées au lieu du débarquement. — Goujet et Merger, nº 332.

353. — Ainsi, la disposition du traité diplomatique passé entre la France et les Etats-Unis, le 14 nov. 1788, qui, par exception à l'ordre des juridictions, attribuait aux consuls respectifs des deux états, juridiction sur leurs nationaux, ayant été abrogée par le traité ultérieur du 8 vendem. an IX, il s'ensuit qu'un Américain, établi en France, et consignataire de marchandises à lui expédiées de l'étranger par un autre Américain, a pu être personnellement assigné devant les tribunaux français en réglement des avaries relatives à ces marchandises. — *Aix*, 17 mai 1831, sous *Cass.*, 26 avr. 1832, Hugues c. Tracy.

354. — Toutefois, M. Pardessus (nº 1470) pense que, si les étrangers étaient poursuivis dans leur pays en paiement de quelque somme résultant du réglement, ils auraient le droit de débattre de nouveau la cause, chacun dans son intérêt.

355. — S'il y a contestation entre un Français et un étranger, la sentence peut être exécutée en France sur l'ordonnance d'*exequatur* rendue par le consul français du lieu où cette sentence a été prononcée. Si la sentence doit être exécutée en pays étranger, c'est d'après la législation du lieu où l'exécution est demandée, qu'il y a lieu de décider. — Pardessus, nº 1471.

356. — *Procédure.* — Les consuls n'ont pas le droit de statuer seuls. — Sous l'ordonnance de 1681, il leur fallait le concours des députés et de quatre notables de la nation. L'ordonnance du 25 mai 1722 avait réduit ce tribunal à trois juges, le consul et deux députés, ou deux des principaux négocians français.

357. — D'après l'ordonnance de 1778, les consuls doivent se faire assister de deux Français notables choisis parmi ceux qui se trouvent dans le consulat. Ces derniers ont voix délibérative, après avoir prêté serment une fois pour toutes. — Art. 6.

358. — Ces notables doivent être âgés de vingt-cinq ans au moins et résider depuis deux ans dans le consulat. — Ord. 3 mars 1781, tit. 3, art. 50.

359. — Dans les échelles, où il est impossible de se procurer deux notables français, le consul peut rendre ses sentences en y faisant mention de cette impossibilité. — Edit 1778, art. 7.

360. — A Constantinople, où il y a un ambassadeur, la justice était rendue par trois notables de la nation, nommés par l'ambassadeur et dispensés du serment. L'acte de nomination indiquait lequel devait remplir les fonctions de consul à l'effet de rendre les ordonnances, requêtes ou déclarations. — Edit juin 1778, art. 38. — Aujourd'hui les dispositions des art. 1, 6 et 7, édit 1778, relativement au mode de jugement, en matière civile, des contestations qui s'élèvent entre Français dans les échelles du Levant et de Barbarie, sont désormais applicables à l'échelle de Constantinople. — Ord. 5 juill. 1842, art. 1er.

361. — Les fonctions judiciaires, attribuées, tant en matière civile qu'en matière criminelle, par l'édit de juin 1778 et par la loi du 28 mars 1836, aux consuls du Levant et de Barbarie, sont remplies par le consul honoraire chancelier de l'ambassade, et en cas d'absence ou d'empêchement par l'officier ou tout autre personne appelée à le remplacer, suppléer ou représenter. — Ord. 5 juin 1842, art. 2.

362. — Les fonctions de greffier et d'huissier sont remplies dans les consulats ordinaires par le chancelier. — Edit juin 1778, art. 8.

363. — A Constantinople, ces fonctions de greffier et d'huissier sont confiées à un chancelier désigné à cet effet par l'ambassadeur parmi les drogmans de l'ambassade. — Pardessus, nº 1473-1º.

364. — Les demandes devant le consul sont introduites soit par une requête présentée par la partie demanderesse en personne, soit, en cas d'empêchement, par une déclaration circonstanciée qu'elle fait faire à la chancellerie par un procureur fondé. Il lui est délivré expédition de cette déclaration, et cette expédition est présentée au consul pour tenir lieu de requête. — Edit 1778, art. 9.

365. — Le consul, sur le vu de la requête ou de la déclaration, ordonne la comparution des parties en personne aux lieu, jour et heure qu'il indique, même d'heure à heure dans les cas qui requièrent célérité, ce qui a lieu nonobstant toute opposition ou appel. — Même édit., art. 10.

366. — La requête ou déclaration est signifiée par le chancelier avec les pièces à l'appui de la demande; si elles sont trop longues, la partie peut les déposer à la chancellerie, où il en est donné communication au défendeur sans déplacement. — Art. 11.

367. — Si l'action est intentée contre le chancelier lui-même, le consul doit prendre les mesures nécessaires pour lui substituer une personne qui en exerce les fonctions, de la même manière que le ferait un tribunal en France si son greffier était partie dans un procès porté devant lui. — Pardessus, nº 1473-1º.

368. — L'assignation est donnée à personne ou domicile. Elle contient la mention des jour, lieu et heure fixés pour la comparution; l'original et la copie sont signés par le chancelier. Si le défendeur n'a pas de domicile connu, s'il est absent ou s'il n'a pu être rencontré, l'assignation est affichée à la chancellerie du consulat, le tout à peine de nullité. — Edit 1778, art. 12.

369. — Les navigateurs et les passagers qui n'ont d'autre demeure que les navires sont valablement assignés à bord. — Même édit, art. 13.

370. — Les parties comparaissent en personne ou par des fondés de pouvoir *ad hoc* (art. 14). En cas de maladie, d'absence ou autres empêchemens, elles peuvent également envoyer au consul des mémoires signés d'elles et contenant leurs moyens avec les pièces à l'appui. Les mémoires, pouvoirs et déclarations sont déposés à la chancellerie. — Même édit., art. 15.

371. — Il est, sur lesdites comparutions, ou sur les mémoires, pièces ou déclarations envoyées, rendu sur-le-champ, par le tribunal consulaire, une sentence définitive, si la cause lui paraît suffisamment instruite. — Art. 16.

372. — Lorsque l'audition personnelle d'une partie qui ne peut se présenter est nécessaire, le consul commet l'un des officiers du consulat ou des notables de la nation pour aller recevoir à domicile les déclarations de la partie. Ce commissaire est accompagné de l'officier faisant fonctions de chancelier, qui rédige l'interrogatoire par écrit. — Art. 17.

373. — Dans les cas où il y a lieu de faire une descente sur les lieux ou à bord des navires, le consul peut s'y transporter en personne, ou désigner un commissaire à cet effet. La même ordonnance fixe le jour, l'heure et le lieu du transport; il est procédé en présence des parties, ou elles dûment appelées; et il est dressé du tout procès-verbal. — Art. 18.

374. — Dans les affaires où il s'agit seulement de connaître la valeur, l'état ou le dépérissement d'effets ou de marchandises, le consul peut se borner à nommer d'office parmi les Français qui se trouvent dans le consulat, des experts qui, après avoir prêté serment, procèdent, en présence des parties, ou elles dûment appelées, aux visites et estimations ordonnées; ils en dressent un procès-verbal qui est déposé à la chancellerie. — Art. 19.

375. — Les parties peuvent, dans les cas qui précèdent, fournir toutes observations lors de la rédaction des procès-verbaux; si elles requièrent les expéditions de ces procès-verbaux, on les leur délivre. Mais il n'est pas nécessaire de faire signifier ces mêmes procès-verbaux avant le jugement, lequel doit être rendu par le consul avec toute la célérité possible, soit en présence des parties ou de leurs fondés de pouvoir, soit après en avoir délibéré. — Art. 20.

376. — Lorsque les parties sont contraires en faits dans des cas où la preuve testimoniale est admissible, elles sont tenues de nommer sur-le-champ leurs témoins, et le consul ordonne que ceux-ci seront assignés aux jour et heure qu'il indique. Lorsque l'enquête est ordonnée en l'absence des parties ou de l'une d'elles, le consul fixe, suivant les circonstances, un délai pour remettre le nom des témoins au chancelier, de manière qu'on ait le temps de les assigner. — Art. 21.

377. — Lorsqu'une enquête doit être faite en pays étranger, les juges qui l'ordonnent ne sont pas tenus de renvoyer, à cet effet, devant le consul de France. — Ils peuvent déléguer pour y procéder les juges du pays. — *Cass.*, 18 août 1836 (t. 1er 1838, p. 453), Tête et Hargous c. Germain.

378. — Les parties présentes à la sentence qui a ordonné l'enquête sont tenues, par cela seul, de comparaître au jour indiqué. Les parties qui ont envoyé un mémoire ou un fondé de pouvoir, doivent recevoir une simple signification de la sentence, qui leur tient lieu de sommation pour indiquer leurs témoins, et d'assignation pour assister à l'enquête. — Édit. 1778, art. 23.

379. — Les Français indiqués pour témoins sont assignés en vertu de l'ordonnance du consul ou de la sentence qui fixe le jour de l'enquête. Quant aux étrangers, le consul fait, vis-à-vis des consuls étrangers, les réquisitions d'usage dans le pays pour les faire comparaître; et en ce qui touche les sujets des puissances dans le territoire desquelles le consulat est établi, le consul se conforme aux capitulations et usages observés dans les différens consulats. — Art. 22.

380. — Les Français assignés comme témoins doivent se présenter exactement. Les défaillans sans excuse légitime sont passibles d'une amende de 30 livres pour le premier défaut, et de 10 livres pour le second, lesquelles amendes sont applicables à la caisse des pauvres. En cas de désobéissance réitérée par le même témoin, ces amendes peuvent même être doublées pour chaque récidive, encore que ce soit dans différentes affaires. Les consuls peuvent aussi ordonner, même sur le premier défaut, que les défaillans seront contraints à venir déposer, autant que la prudence, les usages et les conventions diplomatiques le permettent en pays étranger. — Art. 24.

381. — Les reproches sont proposés verbalement, les témoins entendus sommairement; les étrangers, qui ne savent pas la langue française, sont assistés d'un interprète, qui prête serment, à moins qu'en sa qualité de drogman ou d'interprète attaché au consulat, il ne l'ait déjà prêté. Les dispositions sont rédigées dans la sentence, et le jugement est prononcé séance tenante ou après délibéré. — Art. 25 et 26.

382. — *Exécution.* — Les sentences définitives, rendues sur lettres de change, billets, comptes arrêtés ou autres obligations par écrit, sont exécutoires par provision, nonobstant opposition et appel et sans y préjudicier, mais quand il en est ainsi ordonné par les sentences. — Édit 1778, art. 30.

383. — Dans les affaires où il s'agit de conventions verbales ou de comptes courans, l'exécution provisoire pourra être ordonnée nonobstant l'appel et sans y préjudicier, à la charge de donner caution, qui doit être reçue devant le consul. — Même édit, art. 31.

384. — Dans ce dernier cas, la partie qui veut faire exécuter une sentence dont la partie condamnée a fait signifier l'appel, présente au consul une requête par laquelle elle indique sa caution. Le consul ordonne que les parties viendront devant lui aux jour et heure qu'il indique, pour être procédé, s'il y a lieu, à la réception de la caution. La requête et l'ordonnance sont signifiées au défendeur dans les formes ci-dessus. — Même édit, art. 32.

385. — Il suffit, pour admettre la caution, qu'elle soit notoirement solvable, sans qu'elle puisse être obligée de fournir un état de ses biens (même édit, art. 33). — Et les parties peuvent, pour suppléer à la caution, déposer le montant des condamnations dans la caisse du consulat; et après la signification de la reconnaissance du chancelier, les sentences doivent être exécutées. — Art. 34.

386. — Les consuls peuvent prononcer la contrainte par corps dans tous les cas où les tribunaux français peuvent eux-mêmes la prononcer. — Même édit., art. 36.

387. — Leurs sentences sont exécutoires en France, comme celles des autres juges. — Même édit, art. 35. — Aucun mandement de justice n'est nécessaire, parce que les consuls ont un caractère public et délégation du roi pour rendre la justice, sauf les voies ouvertes aux parties qui prétendraient que le consul était incompétent. — Pardessus, no 1472 2o.

388. — Les modes d'exécution dépendent des usages autorisés par la puissance où le consul réside. — Édit 1778, art. 27 et 35. — Ainsi, c'est d'après les voies usitées dans chaque pays que doivent être pratiquées les saisies-exécutions, saisies-arrêts, saisies d'immeubles, etc. — Pardessus, no 1473.

389. — La seule signification faite aux parties condamnées, dans la forme prescrite par les art. 11 et 12, des sentences définitives, contradictoires ou par défaut, tient lieu, dans les consulats, de toute sommation et commandement. — Édit 1778, art. 27. — Mais en France, l'exécution doit être précédée d'un commandement et se faire dans les formes prescrites par le Code de procédure. — Beaussant, no 1050; — Goujet et Merger, vo *Consul*, no 369.

390. — Lorsqu'une sentence arbitrale a été rendue en pays étranger, entre Français, et qu'il s'agit de la faire exécuter en France, l'ordonnance d'*exequatur* du consul remplace suffisamment celle d'un président de tribunal en France. — Pardessus, no 1471.

391. — *Voies de recours.* — Les jugemens des consuls sont soumis aux voies de recours ordinaires.

392. — Les jugemens par défaut sont susceptibles d'opposition par requête présentée au consul dans les trois jours de la signification à la partie, ou à son procureur fondé. — Mais si la partie condamnée est absente et n'a pas de fondé de pouvoirs, le délai de l'opposition ne court contre elle que du jour où il lui a été donné connaissance de la condamnation. Cependant, les sentences par défaut peuvent être exécutées sur les biens du défaillant trois jours après la signification faite à personne ou à domicile par affiches. — Édit 1778, art. 28.

393. — Les instances sur opposition sont jugées le plus tôt possible, en suivant les formes ordinaires ci-dessus prescrites. — Même édit, art. 29.

394. — Les sentences contradictoires et les sentences par défaut, après le délai de l'opposition, sont susceptibles d'appel, à quelque somme que s'élève la condamnation, car l'édit de 1778 n'accorde point aux consuls le droit de juger en dernier ressort — Pardessus, no 1473-3o.

395. — D'après l'art. 18, liv. 1er, tit. 9, ord. 1681, et les art. 37 et 38, édit de 1778, l'appellation des sentences des consuls établis tant aux Echelles du Levant qu'aux côtes d'Afrique, devait ressortir du parlement d'Aix, et quant aux autres consulats, à celui des parlemens le plus proche du lieu où la sentence avait été rendue.

396. — Ces dispositions de l'ord. 1681 et de l'édit 1778 n'ayant été abrogées par aucune loi nouvelle, il s'ensuit qu'elles doivent s'adapter aux cours royales, qui remplacent aujourd'hui les parlemens. — Merlin, *Rép.*, vo *Consul*, § 2, no 6.

397. — Les formes de l'appel sont les mêmes que celles des assignations, et le délai est de trois mois avec la prorogation, suivant les distances, qui a lieu dans la procédure devant les tribunaux du royaume. — Goujet et Merger, *Tr. de dr. comm.*, vo *Consul*, no 371.

398. — La loi du 24 nov. 1790, sur l'organisation judiciaire, n'ayant point été publiée à Smyrne, on a pu appeler dans la huitaine des sentences de consuls rendues dans cette ville, alors surtout qu'elles étaient exécutoires par provision. — *Cass.*, 24 juill. 1811, Dauphin c. Eydin.

399. — Les sentences des consuls sont également soumises au pourvoi en cassation, dont rien ne les a dispensées. — Beaussant, t. 2, p. 585.

§ 2. — *Matières criminelles.*

400. — La juridiction criminelle des consuls, fondée en général sur le droit commun, varie selon les usages et les traités. De plus, elle diffère selon qu'elle s'exerce dans les Echelles du Levant et de Barbarie, ou dans l'étendue des autres consulats.

401. — D'après l'ordonnance de 1681, applicable à tous les consulats, le consul devait juger avec le concours des deux députés et de quatre notables de la nation. — Art. 13.

402. — Le tribunal consulaire ainsi constitué jugeait définitivement et sans appel les affaires qui n'entraînaient point de peine afflictive. — *Ibid.*

403. — Dans les affaires qui entraînaient une peine afflictive, les consuls devaient se borner à l'instruction, et, lorsqu'elle était achevée, l'envoyer avec l'accusé, par le premier navire français faisant son retour en France, et le jugement devait être rendu par les officiers de l'amirauté du premier port où le navire faisait sa décharge. — Ord. 1681, art. 14.

404. — L'ordonnance du mois de juin 1778 a maintenu ce système. — Elle a conservé au consul le droit de juger les affaires où il ne s'agirait que de réparations civiles ou d'amendes applicables à la caisse des pauvres. — Art. 55. — Quant aux délits ou crimes emportant une peine afflictive, elle a prescrit au consul d'instruire seulement l'affaire et de renvoyer l'inculpé en France, pour être jugé par l'amirauté du port d'arrivée, sauf l'appel au parlement d'où cette amirauté relèverait (art. 76); et cela même pour les jugemens par contumace. — Art. 79.

405. — Pour la composition du tribunal, l'ordonnance de 1778 s'en est référée à l'ordonnance de 1681; et, comme l'édit de 1722, qui a réduit le nombre des juges à trois, n'est applicable qu'aux affaires civiles, l'ordonnance de 1778 paraît avoir laissé subsister la nécessité de sept juges. — Beaussant, t. 2, p. 594.

406. — Bien que les tribunaux d'amirauté eussent été détruits, et que l'organisation judiciaire eût été complétement changée, la législation ancienne sur les pouvoirs des consuls avait continué de rester en vigueur (Acte du gouvernement 1807, art. 25); seulement, l'application en était devenue pour ainsi dire impossible.

407. — C'est alors qu'a été rendue la loi du 28 mai 1836, qui a eu pour but de modifier, d'après les nouvelles lois pénales et les changemens politiques, les dispositions de l'ordonnance de 1778. Mais cette loi n'a pour objet que la répression des contraventions, délits et crimes dans les Echelles du Levant et de Barbarie. Il en résulte que l'ordonnance de 1778 n'est pas abolie pour les autres consulats. — Beaussant, t. 2, p. 594.

408. — Comme la loi de 1836 est tout à la fois un code d'instruction criminelle et un code pénal, pour le pays qu'elle concerne, son analyse est nécessairement mieux placée sous le mot ECHELLES DU LEVANT ET DE BARBARIE. — C'est donc là qu'il faut chercher l'exposé des pouvoirs conférés aux consuls en matière criminelle.

409. — Quant à la juridiction criminelle des consuls dans les pays chrétiens, elle est très restreinte. Elle s'applique uniquement aux délits commis sur les navires de leur nation. Les crimes commis à terre, même par des nationaux sur leurs compatriotes, sont poursuivis en justice par les autorités locales. — Goujet et Merger, no 428; Beaussant, t. 2, p. 605.

410. — Dans tous les cas où les consuls sont compétens pour statuer, ils doivent suivre, par analogie, les dispositions prescrites par la loi du 28 mai 1836, pour les délits commis dans le Levant. — Goujet et Merger, no 436.

411. — De plus, et par la position qu'ils occupent, les consuls sont nécessairement appelés à remplir, suivant les circonstances, les fonctions d'officiers de police judiciaire, de ministère public ou de juges d'instruction. Leurs devoirs à cet égard sont en partie retracés dans les ord. de 1833.

412. — Les consuls sont expressément chargés d'assurer, par tous les moyens en leur pouvoir, l'exécution des lois et ordonnances et notamment de la L. 4 mars 1831, et de l'ord. 18 janv. 1823, qui prohibent le commerce des esclaves et le transport pour le compte d'autrui, d'individus vendus ou destinés à être vendus comme esclaves. Ils doivent se conformer, pour constater les contraventions, à la loi et à l'ordonnance susdites et à toutes les instructions qui leur sont transmises par les ministres des affaires étrangères et de la marine. — Ord. 29 oct. 1833, art. 6.

413. — Lorsqu'un crime ou délit a été commis par des matelots ou passagers pendant le cours de la navigation, et que la gravité du crime ou délit ou bien la sûreté de l'équipage a forcé le capitaine à ne pas laisser les prévenus en liberté, le consul prend telles mesures qu'il appartient, à l'effet de les faire traduire devant les tribunaux français. — Ord. 29 oct. 1833, art. 15.

414. — Si le consul découvre qu'un capitaine a négligé de dresser acte des crimes ou délits commis à bord, il doit en rédiger procès-verbal, dans lequel il réunit, autant qu'il dépend de lui, tous les renseignemens propres à les constater, et il en adresse une expédition aux ministres des affaires étrangères et de la marine. — Ord. 29 oct. 1833, art. 15.

415. — Lorsque des voies de fait, délits ou crimes ont été commis à bord d'un navire français en rade ou dans le port, par un homme de l'équipage, envers un homme du même équipage ou d'un autre navire français, le consul doit réclamer contre toute tentative que pourrait faire l'autorité locale d'en connaître, hors le cas où, par cet événement, la tranquillité du port aurait été compromise. Il doit invoquer la réciprocité des principes reconnus en France à cet égard, par l'acte du 20 nov. 1806, et faire les démarches convenables pour obtenir que la connaissance de l'affaire lui soit remise, afin qu'elle soit ultérieurement jugée d'après les lois françaises. — Ord. 29 oct. 1833, art. 22.

416. — Si les hommes d'un équipage français se sont rendus coupables de quelques voies de fait, délits ou crimes, hors du navire ou même à bord, mais envers des personnes étrangères à l'équipage, ou si l'autorité les arrête ou procède contre eux, le consul fait les démarches nécessaires pour que

es Français ainsi arrêtés soient traités avec humapité, défendus et jugés impartialement. — Ord. 29 oct. 1833, art. 23.—Néanmoins, si l'autorité locale ne poursuit pas, rien ne s'oppose à ce que le con-l poursuive lui-même et juge les coupables. — Goujet et Merger, n° 483.

417. — Comme la recherche, l'arrestation, la usion des prévenus, hors du navire, sont des tes extérieurs d'autorité qui ne peuvent être exerque par les agens de la force publique, et que tte force appartient à chaque souverain local, consul doit, pour l'obtenir, adresser sa demande r écrit avec toutes les justifications nécessaires ur que l'autorité compétente lui accorde aide et istance pour la recherche, saisie et arrestation prévenus, suivant les formes usitées dans le ys, ou déterminées par les traités. — Arg. ord. oct. 1833, art. 66; Goujet et Merger, n° 430.

418. — Lorsque le capitaine d'un navire est tenu recevoir des prévenus pour y être conduits en rance, le consul fait avec lui les conventions les lus convenables pour régler les frais de passage. remet au capitaine copie de ces conventions, n que les armateurs se pourvoient pour le paleent auprès du ministre de la marine, s'il s'agit marins, et pour tous autres, auprès du ministre es affaires étrangères. Le consul fait même, si cela nécessaire, des avances dont il se couvre sur ministère des affaires étrangères, chargé d'exerr la répétition contre qui de droit — Ord. 29 l. 1833, art. 51.

419. — Pour le placement sur les navires fran-s des prévenus renvoyés en France, les consuls ivent se guider d'après la prudence et l'équité. En cas de représentation de la part des capitai-, ils dressent un procès-verbal qu'ils transmet-t au ministre de la marine. — Même ordonn., . 52.

ct. 2e. — *Attributions des vice-consuls et agens consulaires.*

420. — Les vice-consuls et agens consulaires ivent se conformer aux directions du consul nt ils sont les délégués : ils l'informent de tout ce i peut intéresser le service de l'état ou le bien nationaux. Ils ne correspondent avec le mitre des affaires étrangères que lorsqu'il les y a ialement autorisés —Ord. 26 oct 1833, art. 1er.

21. — Ils ne sont, pas plus que les consuls, agens plomatiques.

422. — Ils n'ont point de chancelier et n'exer-t aucune juridiction. — Ord. 26 oct. 1833, art. 2.

23. — Ils doivent rendre aux Français tous les rs services qui dépendent d'eux, sans pouvoir iger aucun droit ni émolument pour leur intertion. — Même ord., art. 3.

24. — Ils visent les pièces de bord, et délivrent manifestes d'entrée, et de sortie. Ils peuvent, s'ils ont été autorisés par le ministre de la marine, plir en tout ou en partie les fonctions conférées x consuls, comme suppléant, à l'étranger, les ministrateurs de la marine. Ils instruisent les pitaines de l'état du pays; ils les appuient pour rer le maintien de l'ordre et de la discipline, et peuvent, d'accord avec eux, consigner les équies à bord. — Même ord., art. 4.

25. — Ils veillent, dans les limites des pouvoirs leur ont été confiés par autorisation spéciale ministre de la marine, à l'exécution des lois, ornances et réglemens sur la police de la naviga-. — Même ord., art. 5.

26. — En cas de décès d'un Français, les agens ulaires se bornent à requérir, s'il y a lieu, position des scellés de la part des autorités les, à assister à toutes les opérations qui en t la conséquence, et à veiller à la conservation la succession, en tant que l'usage et les lois du s l'autorisent. — Ils rendent compte aux condes mesures par eux prises en exécution de dispositions, et ils attendent leurs pouvoirs aux pour administrer, s'il y a lieu, la succes-. — Même ord., art. 6.

7. — Sauf les exceptions qui peuvent être aupar le gouvernement, dans l'intérêt du ice, les vice-consuls et agens consulaires ne ent recevoir aucun dépôt, ni faire aucun des attribués aux consuls en qualité d'officiers l'état civil et de notaires ; ils peuvent toutedélivrer des certificats de vie, des passeports légalisations ; mais ces actes doivent être visés le consul, chef de l'arrondissement, sauf les tions spécialement autorisées par le minises affaires étrangères. — Même ord., art. 7.

. — Lorsque, d'après décision du gouvernet, les vice-consuls et agens consulaires ont été risés à faire des actes de la compétence des res ou des officiers de l'état civil, une copie arrêtés rendus à cet effet doit être affichée dans leur bureau. — Dans ce cas, ils se conforment, pour la tenue et la conservation de leurs registres, à ce qui est prescrit par les ordonnances et aux instructions spéciales qui leur sont transmises par le ministre des affaires étrangères ou en son nom. — Même ord., art. 8.

429. — Comme les vice-consuls et agens consulaires n'ont point de chanceliers, ils perçoivent eux-mêmes, pour les actes qu'ils sont autorisés à délivrer ou à viser, les droits indiqués par le tarif des consulats dont ils dépendent. — V. à ce sujet *infrà* chap. 6, sect. 2e.

Sect. 3e. — *Attributions des chanceliers.*

430. — Les fonctions du chancelier sont aussi nombreuses que celles du consul, qu'il assiste toujours ; il en a en outre d'autres qui lui sont particulières.

431. — Le chancelier est le secrétaire du consul dans les affaires politiques et commerciales. En cette qualité il transcrit les ordonnances du roi, les décisions du ministre, les arrêtés de l'ambassadeur ou du consul ; il assiste au sauvetage des navires, dresse l'inventaire des objets sauvés, et rédige les procès-verbaux de vente et d'information. — Goujet et Merger, n° 450.

432. — Il agit comme secrétaire de mairie quand le consul exerce des fonctions municipales. — Goujet et Merger, n° 451.

433. — Lorsqu'il y a assemblée de la nation, il rédige et inscrit toutes les délibérations. — Ord. 3 mars 1781, tit. 2, art. 47.

434. — Le chancelier est le greffier du consul, quand celui-ci agit comme juge, tant en matière civile que criminelle. — Edit juin 1778, art. 8.

435. — Il doit tenir des registres, il perçoit des droits selon les tarifs indiqués (V. *infrà* chap. 6, sect. 2e) et fait tout ce que font les greffiers en France.

436. — Il reçoit comme notaire, et assisté de deux témoins, tous les actes et contrats auxquels les nationaux veulent donner la forme authentique. — Ord. 1681, art. 25 ; édit juin 1778, art. 8.

437. — Il délivre expédition des actes qu'il a reçus : ces actes emportent hypothèque et sont exécutoires en France, comme ceux des notaires, sans formalité. Toutefois les expéditions doivent être légalisées, afin que la vérité des signatures soit assurée. — Beaussant, t. 2, p. 590 ; Goujet et Merger, n° 453.

438. — Jugé, par application du même principe, que l'acte passé en France entre deux étrangers devant le consul de leur nation doit être considéré comme authentique, et que, dès lors, les tribunaux français peuvent ordonner l'exécution provisoire du jugement qu'ils rendent en se fondant sur cet acte. — *Rennes* (et non *Toulouse*), 6 avr. 1835, Landaluze c. Sarmento.

439. — Le consul remplit les fonctions d'huissier (édit juin 1778, art. 8) ; en cette qualité il donne toutes les assignations et fait toutes significations.

440. — Il est gardien et responsable, d'après les règles du droit commun, des valeurs déposées au consulat, des contrats à la grosse, polices d'assurance, connaissemens et autres actes dont le dépôt est fait entre ses mains. — V. *infrà* chap. 6, sect. 1re.

441. — Il est chargé d'opérer, sous la surveillance du consul, les recettes et dépenses du consulat, et, comme tel, il est seul comptable. — Ord. 23 août 1833, art. 3. — V. *infrà* chap. 6, sect. 2e.

442. — Lorsque les chanceliers peuvent être chargés de la gestion des consulats, dans ce cas ils ont le droit de déléguer un commis qui les remplace sous leur responsabilité personnelle. — Ord. 23 août 1833, art. 4.

443. — La charge de chancelier près d'un consulat, étant un emploi public autre que les offices pour lesquels l'art. 91, L. 28 avr. 1816, a consacré le droit de représentation, ne peut être l'objet d'une cession licite. — En conséquence, la vente en est nulle. — *Paris*, 18 nov. 1837 (t. 1er 1838, p. 209), Scarcey c. Duguet.

CHAPITRE VI. — *Chancelleries des consulats.*

444. — La chancellerie d'un consulat est, à proprement parler, le greffe de ce consulat. — On entend également par ce mot l'administration même confiée au chancelier.

445. — C'est en considérant la chancellerie de consulat sous le premier point de vue que la loi et les ordonnances prescrivent d'y faire des dépôts ou réglementent ces mêmes dépôts. — V. C. civ., art. 60, et les dispositions analysées *infrà* sect. 1re.

446. — Et c'est en considérant la chancellerie de consulat sous le second point de vue, que différentes dispositions législatives établissent des droits à percevoir et règlent l'emploi des fonds qui en proviennent. — V. *infrà* sect. 2e.

Sect. 1re. — *Dépôts dans les chancelleries.*

447. — Il y a lieu au dépôt, dans la chancellerie d'un consulat, de tous les actes que le chancelier reçoit, soit comme assistant le consul en qualité de secrétaire ou de greffier, soit lorsqu'il agit seul, par exemple, en qualité de notaire.

448. — Il y a encore une foule de cas où des dépôts doivent être faits dans la chancellerie, dans le but d'assurer la conservation de pièces ou titres, ou de les faire parvenir plus sûrement à leur destination.

449. — Ainsi, doivent être déposées à la chancellerie du consulat, des expéditions des actes de naissance ou de décès dressés pendant un voyage en mer. — C. civ., art. 60 et 67.

450. — Ainsi encore, tout capitaine français prêt à partir remet à la chancellerie du consulat un état des marchandises composant son chargement. — Ord. 29 oct. 1833, art. 44. — V. CAPITAINE DE NAVIRE, n° 268.

451. — Il serait peut-être impossible et sans contredit inutile de rappeler ici tous les cas où il peut y avoir lieu à dépôt. — Il suffira d'examiner quelles conséquences le dépôt entraîne après lui quand il a pour objet des sommes, valeurs, marchandises ou effets mobiliers.

452. — Toutes les sommes d'argent, valeurs, marchandises ou effets mobiliers que les lois et ordonnances prescrivent de déposer en chancellerie, doivent être consignés par les consuls à leurs chanceliers, qui en demeurent comptables sous leur contrôle et surveillance. — Ord. 24 oct. 1833, art. 1er.

453. — Les chanceliers peuvent, avec l'autorisation des consuls, recevoir le dépôt d'objets litigieux, ainsi que de tous autres effets mobiliers, sur la demande qui leur en est faite par les nationaux ou dans leur intérêt. — Ord. 24 oct. 1833, art. 2.

454. — Tout dépôt ou retrait de dépôt doit être constaté dans un acte dressé par le chancelier, en présence du consul, sur un registre spécial coté et paraphé par ce dernier. — Même ord., art. 3.

455. — La garde des marchandises ou effets déposés s'effectue dans un lieu de la maison consulaire, fermant à deux clefs différentes, dont l'une demeure entre les mains du consul, et l'autre entre celles du chancelier. — Même ord., art. 4.

456. — Les sommes d'argent, matières précieuses ou valeurs négociables, après avoir été renfermées dans des paquets scellés avec les cachets du consul et du chancelier, et revêtues d'étiquettes qui indiquent les noms des propriétaires et l'identité des objets, sont gardées dans une caisse à deux clés placée dans la maison consulaire. — Même ord., art. 5.

457. — Le consul peut ordonner la vente aux enchères des marchandises ou effets volontairement déposés, lorsqu'il s'est écoulé deux ans sans qu'ils aient été retirés ; il peut même ordonner la vente avant ce terme, lorsqu'un procès-verbal d'experts déclare qu'elle est nécessaire pour prévenir la perte de ces effets ou marchandises par détérioration ou autre cause. Le produit de la vente est versé dans la caisse des dépôts de la chancellerie. — Même ord., art. 6.

458. — Lorsque les intéressés se trouvent en France, et qu'il n'existe aucune opposition entre ses mains, le consul doit transmettre immédiatement à la caisse des dépôts et consignations établie à Paris, par l'intermédiaire du ministre des affaires étrangères, et dans les formes que celui-ci lui indiquera, la valeur des dépôts opérés d'office dans sa chancellerie. — Même ord., art. 7.

459. — Aucun dépôt fait d'office ou volontairement n'est conservé dans les caisses consulaires au delà de cinq ans, à compter du jour du dépôt ; à l'expiration de ce délai, la valeur en est transmise, pour le compte de qui de droit, à la caisse des dépôts et consignations. — Même ord., art. 8.

460. — Hors le cas où les dépôts ont lieu d'office, le recours contre les chancelleries n'est assuré aux déposans qu'autant qu'ils se présentent munis d'un extrait de l'acte de dépôt délivré par le chancelier et visé par le consul. — Toutes les règles du droit commun sur les obligations et la responsabilité des dépositaires, sont applicables aux dépôts faits dans les chancelleries. — Même ord., art. 11.

461. — En cas d'enlèvement ou de perte du dépôt par force majeure, il est dressé par le chancelier un procès-verbal qui est certifié par le consul et transmis par ce dernier, avec ses observations et toutes les pièces à l'appui, au ministère des affaires étrangères. — Même ord., art. 12.

Sect. 2e. — *Recettes et dépenses des chancelleries.*

462. — Les recettes des chancelleries se composent du produit des droits fixés par les tarifs. — Ord. 23 août 1833, art. 1er.

463. — Les droits de chancellerie sont perçus conformément à un tarif publié, et selon la catégorie dans laquelle chaque pays est classé. — Ord. 6 nov. 1842, art. 1er. — V. ce tarif dans Duvergier, *Coll. des lois*, 1845, p. 232.

464. — Sont compris dans la première catégorie les états d'Italie, l'Autriche, la Turquie, les états barbaresques et la Grèce; dans la seconde, l'Espagne, le Portugal, la Belgique, la Hollande, la Prusse, les états de la Confédération germanique, le Danemark, la Suède, la Russie, Malte et les îles Ioniennes; — dans la troisième, la Grande-Bretagne, ses possessions en Afrique, en Asie et en Amérique, Gibraltar, les états de l'Amérique septentrionale et méridionale, Haïti, les possessions espagnoles en Asie et en Amérique, et la Chine. — Même ord., art. 2.

465. — Les taxations des actes particuliers à certaines localités, et dont l'énonciation n'était pas susceptible d'être comprise dans la nomenclature du tarif général, doivent être approuvées par le ministre des affaires étrangères. — Même ord., art. 3.

466. — Le tarif des droits de chancellerie, ainsi que le tarif annexé, doivent être constamment affichés dans la chancellerie. — Ord. 23 août 1833, art. 1er; 6 nov. 1842, art. 4.

467. — Les droits de chancellerie peuvent, en cas d'urgence, être modifiés par une décision du ministre des affaires étrangères, soumise à l'approbation du roi. — Ord. 6 nov. 1842, art. 5.

468. — Chaque année la loi de fixation du budget des recettes ordonne la continuation au profit de l'état, et conformément aux lois existantes, de la perception des droits de chancellerie et de consulat perçus en vertu des tarifs existans. — V. entre autres la loi du 19 juill. 1845, art. 7. — Cette mention au budget n'a été insérée qu'à partir de 1833.

469. — Les consuls veillent à ce qu'il ne soit pas perçu dans leurs chancelleries et dans leurs agences, de droits plus forts que ceux déterminés par les tarifs. — Ord. 23 août 1833, art. 2.

470. — Les perceptions sont faites et les dépenses acquittées par le chancelier exclusivement sous la surveillance et le contrôle du consul. Le chancelier est seul comptable. — Même ord., art. 3.

471. — Les recettes des chancelleries sont affectées : 1° à l'acquittement des frais de chancellerie; — 2° à l'allocation des remises proportionnelles allouées aux chanceliers; — 3° enfin à la formation d'un fonds commun. — Même ord., art. 5.

472. — Les frais de chancellerie sont réglés annuellement et à l'avance, pour chaque poste, par le ministre des affaires étrangères, sur un rapport du chancelier adressé au consul, et transmis par ce dernier avec ses observations. — Même ord., art. 6.

473. — L'arrêté du 24 vendém. an VI avait mis les frais de bureau à la charge des agens consulaires. La dérogation à cette règle générale admise en faveur du consul des Etats-Unis, à raison du surcroît d'écritures que les circonstances exigeaient, a cessé avec ces circonstances. — *Cons. d'état*, 2 juill. 1820, Lescalier c. Min. mar.

474. — L'arrêté du 24 vendém. an VI avait également mis les frais de location à la charge des agens consulaires. En conséquence, le consul des Etats-Unis n'a pu invoquer l'exception qui avait été faite en sa faveur, après que le ministre de la marine lui eût fait connaître que son département ne devait plus être chargé des loyers du consulat général. — *Cons. d'état*, 2 juill. 1820, Lescalier c. Min. mar.

475. — Doivent rester à la charge personnelle du consul les secours par lui accordés à un colon qui jouissait, comme chancelier du consulat, d'un revenu annuel d'environ 5,000 fr., tandis que les secours n'étaient applicables qu'à ceux qui se trouvaient dans le besoin, ou qui, à raison de leur âge et de leurs infirmités, étaient hors d'état de travailler. Mais on doit lui allouer les frais de traversée d'un agent qui était chargé d'une mission par le gouverneur d'une colonie française. — *Cons. d'état*, 2 juill. 1820, Lescalier c. Min. mar.

476. — Si, après les dépenses faites, il y a des excédans restant en caisse, le consul leur donne la destination indiquée par le ministre des affaires étrangères. — Ord. 23 août 1833, art. 8.

477. — Les remises allouées aux chanceliers de consulat sont annuellement : 1° de la totalité des droits que perçoit le chancelier jusqu'à concurrence d'une somme égale au cinquième du traitement des consuls; — 2° de 50 centimes par franc sur les premiers 1,000 francs qui excèdent ce cinquième; de 42 centimes sur les seconds, de 40 centimes sur les troisièmes, et ainsi de suite d'après la même proportion décroissante, de manière qu'elles ne sont plus que de 5 centimes par franc sur les dixièmes 1000 francs. Ce taux une fois atteint, les remises continuent d'être uniformément de 5 centimes par franc. — Ord. 24 août 1833, art. 1er.

478. — Si les recettes sont absorbées par les frais, ou lorsqu'après l'acquittement des frais les remises ne s'élèvent pas dans le courant de l'année à 2,000 francs pour les chanceliers nommés par le roi, à 1,000 francs pour ceux nommés par les consuls, cette somme de 2,000 francs ou de 1,000 francs leur est complétée sur le fonds commun. — Ord. 24 août 1833, art. 2.

479. — Cette dernière disposition n'est applicable ni aux drogmans qui remplissent les fonctions de chanceliers dans les consulats du Levant et de Barbarie, ni aux chanceliers institués près les missions diplomatiques qui réunissent à leurs fonctions celles du consulat général. Mais les uns et les autres ont droit aux remises proportionnelles ci-dessus, sauf que la première est pour eux de la totalité des droits qu'ils perçoivent jusqu'à concurrence d'une somme égale à la moitié du traitement qui leur est accordé sur les fonds du département des affaires étrangères. — Ord. 24 août 1833, art. 5.

480. — Les sommes restées disponibles sur le fonds commun, après les paiemens indiqués précédemment, doivent être versées au trésor. — Ord. 24 août 1833, art. 3.

481. — Les chanceliers doivent tenir un registre de recette coté et paraphé par le consul. Chaque perception y est inscrite avec l'indication du paraphe de l'article du tarif qui l'autorise, et l'énoncé sommaire de l'acte et des noms et qualités des requérans. — Ord. 23 août 1833, art. 10.

482. — Une mention semblable doit être faite sur les minutes et sur chaque expédition des actes du montant du droit acquitté. — Si les actes sont délivrés gratis, mention en est faite sur les actes. — Même ord., art. 10.

483. — Les chanceliers doivent, au fur et à mesure, inscrire leurs dépenses de toute nature sur un registre spécial également coté et paraphé par le consul. — Même ord., art. 11.

484. — Les registres de recettes et de dépenses sont arrêtés tous les trois mois et clos à la fin de chaque année par les consuls. — Même ord., art. 12.

485. — Les agens des consulats ont droit de percevoir, pour les actes qu'ils sont autorisés à délivrer ou à viser, les droits indiqués par le tarif des consulats dont ils dépendent. — Un extrait de ce tarif comprenant les actes de leur compétence et certifié conforme par le consul, doit être constamment affiché dans leur bureau. — Ils sont tenus d'avoir un registre de recettes, comme les chanceliers, et de faire également mention du paiement des droits sur les actes. — Même ord., art. 13.

486. — Les agens des consulats conservent, tant pour leurs frais de bureau que pour leurs honoraires, la totalité des droits qu'ils ont perçus. — Même ord., art. 14.

487. — Tous les trois mois, les chanceliers doivent dresser un état des dépenses et recettes du consulat et des agens qui en dépendent. Cet état, certifié par les consuls et adressé avec les pièces justificatives au ministre des affaires étrangères, est contrôlé, redressé s'il y a lieu; puis les recettes et dépenses de toute l'année sont réunies en un seul compte annuel, dressé par un agent spécial placé au ministère, et soumises à la cour des comptes, qui statue. Le résultat est joint au compte que le ministre rend aux chambres chaque année. — Beaussant, n° 1028. — Même ord., art. 16, art. 18 et suiv.; ord. 31 mai 1838, art. 605, et régl. 17 juill. 1816, art. 115.

488. — Les chanceliers des missions diplomatiques qui réunissent à leurs fonctions celles du consulat général, sont tenus de se conformer aux obligations prescrites aux autres chanceliers. — Ord. 23 août 1833, art. 17.

CHAPITRE VII. — *Indication : 1° des traités encore en vigueur concernant les consuls; 2° et des consulats, soit français à l'étranger, soit étrangers en France.*

489. — ALGER. — Depuis la prise de possession de l'Algérie par la France, ces traités sont évidemment devenus sans objet.

490. — ANSÉATIQUES (Villes). — Point de traité de commerce. — V. cependant traité de commerce 18 sept. 1716; autre traité, 1er avr. 1769; convention, 17 mars 1789. — M. de Miltitz considère tous ces traités comme abolis (V. t. 2, 1re partie, p. 300). — La France a un consul à Lubeck et à Brême. — Les fonctions de consul de France à Hambourg sont exercées par le chancelier de la légation française. — Les villes Anséatiques ont, savoir : Hambourg, Brême et Lubeck, un consul à Bayonne; les mêmes villes, chacune un consul à Bordeaux; à elles trois, un consul à Boulogne, à Brest et à Cette; Hambourg, un vice-consul à Cherbourg; Hambourg, Brême et Lubeck, un consul à Dunkerque et à Marseille; Hambourg, un vice-consul à Morlaix; Brême et Hambourg, un consul à Nantes; Hambourg, un consul à Rouen.

491. — ARGENTINE (Confédération). — Point de traité de commerce. — V. cependant convention 29 oct. 1840, publiée le 16 oct. 1841 (art. 5 et 6).

492. — AUTRICHE. Il n'existe aucune disposition spéciale de traité relativement aux consuls. — Toutefois on en trouve quelques unes concernant commerce et la navigation dans les traités suivants : traité de Rastadt 6 mars 1714; de Vienne 18 nov. 1738; d'Aix-la-Chapelle 18 oct. 1748; de Campo-Formio, 26 vendém. an VI (art. 15); de Lunéville 9 févr. 1801 (art. 17); du Congrès de Vienne du 9 juin 1815 (art. 108 à 118). — La France a un consul général à Milan, et des consuls à Venise et à Trieste. — L'Autriche a des consuls-généraux à Paris, au Havre, à Bordeaux et à Marseille, et des vice-consuls à Bastia et à Bayonne.

493. — BADE. — Point de traité de commerce. — Toutefois, V. convention 28 avr. 1751 relative à la navigation du Rhin; traité de paix 5 fructidor an IV (art. 15). — Le grand duc de Bade a des consuls à Bordeaux, à Strasbourg et au Havre.

494. — BAVIÈRE. — Aucun traité de commerce direct. — Les relations commerciales sont fondées sur les mêmes bases qu'avec l'Autriche. — La Bavière a des consuls à Strasbourg, à Bordeaux, à Bayonne, à Montpellier, à Cette, au Havre et à Marseille.

495. — BELGIQUE. — Point de traité de commerce depuis la reconnaissance de la Belgique. — Les traités de commerce conclus par le royaume des Pays-Bas, depuis 1815 jusqu'à la reconnaissance, restent obligatoires pour le nouveau royaume belge. — V. PAYS-BAS. — La France a des consuls à Anvers et à Ostende. — La Belgique a des consuls à Dunkerque et Gravelines, à Calais, à Boulogne, au Hâvre, à Rouen, à Brest, à Nantes, à l'île d'Oléron, à la Rochelle, à Bordeaux, à Bayonne, à Montpellier, à Cette, à Marseille, à Toulon, à Cherbourg, à Noirmoutier, à Lorient, et des vice-consuls à Saint-Martin-de-Ré, à Marennes et à Saint-Valery-sur-Somme.

496. — BOLIVIE (République de). — Traité de commerce et de navigation, 9 déc. 1834, publié le 5 juill. 1837 (art. 21 à 28, 30, plus un article additionnel). — La France a un consul-général à Chuquisaca et un consul à Cobija.

497. — BRÉSIL. — Traité de commerce et de navigation, 8 janv. 1826 (art. 3, 4, 6, 17), et articles additionnels, 7 juin 1826 (art. 1er). — La France a des consuls à Bahia, à Belem et à Fernambouc. — A Rio-Janeiro, les fonctions de consul sont remplies par un chancelier de légation. — Le Brésil a un consul-général à Paris.

498. — CHILI. — Point de traité de commerce. — La France a un consul-général chargé d'affaires à Santiago, et des consuls à Valparaiso et à Valdivia. — La république de Chili a un consul-général à Bordeaux.

499. — CHINE. — Traité de commerce 24 sept. 1844, publié le 22 nov. 1845 (art. 4, 5, 9 à 13, 16 à 21, et 23, 25 à 31, 33, 35). — La France a un consul à Canton.

500. — DANEMARK. — Traité de commerce, 14 fév. 1663 (art. 44); traité de commerce, 23 août 1742 (art. 40 et 41); traité 30 sept. 1749; traité de Copenhague 10 juill. 1813; convention 9 fév. 1842, publiée le 5 avr. suiv. (art. 5 à 8). — La France a un consul à Elseneur. — Le Danemark a un consul-général à Paris, et des consuls à Dunkerque, à Nantes, au Havre, à Bayonne, à Cette, à Marseille, à Saint-Martin de Ré, à Bastia; un consul et un consul-adjoint à Bordeaux.

501. — ÉQUATEUR (République de l'). — Traité de commerce, 6 juin 1843, publié le 28 mars (art. 4, 19 à 27). — La France a un consul-général à Quito, et un consul à Guayaquil. — La république de l'Équateur a un consul à Paris.

502. — ESPAGNE. — Traité des Pyrénées, 7 nov. 1659 (art. 5, 6, 26); ord. du roi 24 mai 1728, servant de réglement pour le consulat de la nation française à Cadix; pacte de famille de 1761 (art. 24); convention secrète 2 janv. 1768 (art. 5, 6, 11 et

convention dite du *Pardo*, 13 mars 1769, qui a exclusivement pour objet, dans ses neuf articles, de mieux régler les fonctions des consuls et vice-consuls; convention 27 déc. 1774 (art. 3, 8, 19 et 20); convention 24 déc. 1786 (art. 2, 3, 5, 13, 20, 23); traité 4 thermid. an III (art. 11); traité d'alliance 2 fruct. an IV (art. 15 et 16); traité de paix 20 juill. 1814 (art. additionnel 2). — La France a des consuls à Cadix, à Santander, à Malaga, à la Corogne, à Barcelone, à Carthagène et à Valence, à Saint-Sébastien, à Bilbao, à Palma (île Majorque), à la Havane et à Santiago-de-Cuba (île de Cuba), à Porto-Rico (île de Porto-Rico), à Manille (Océanie).—L'Espagne a des consuls au Havre, à Rouen, à Bordeaux, à Bayonne, à Cette, à Marseille et à Perpignan.

503. —ÉTATS-UNIS (Amérique du Nord).—Traité de commerce 6 févr. 1778 (art. 29); convention 14 nov. 1788 qui, dans ses quinze articles, détermine les fonctions et prérogatives des consuls et vice-consuls; convention 8 vendém. an IX (art. 18); convention 24 juin 1822 (art. 6).

504. — La France a un consul-général à New-York et des consuls à Philadelphie, à Charlestown, à la Nouvelle-Orléans, à Richmond, à la Mobile, et à Boston. — Les États-Unis ont des consuls à Paris, au Havre, à Marseille, à Nantes, à Bordeaux, à Cette, à Lorient, à Bayonne, à Lyon, à La Rochelle et à Sedan.

505. — ÉTATS-UNIS DE L'AMÉRIQUE CENTRALE. — France a un consul général, chargé d'affaires à Guatemala.

506. —GRANDE-BRETAGNE (royaume et possessions de la).— Traité de Ryswick 30 sept. 1697 (art. 6); traité d'Utrecht 11 avr. 1713 (art. 5, 7, 8, 13, 14, 38, 1 et 38); convention particulière 11 avr. 1713 (art. 9); traité 26 sept. 1786 (art. 43, 44 et 46); convention 15 janv. 1787 (art. 6); traité de paix d'Amiens 6 germ. an X (art. 17). — La France a un consul général à Londres, des consuls à Liverpool, Edimbourg, à Dublin, à Newcastle, à La Valette (île de Malte), à Corfou (îles Ioniennes), à Gibraltar, à Singapour, à Sidney, et au Port-Louis. — La Grande-Bretagne a des consuls à Paris, à Calais, à Boulogne, au Havre, à Granville, à Brest, à Nantes, à La Rochelle, à Bordeaux, à Bayonne, à Marseille, dans l'île de Corse, à Alger.

507.—GRÈCE.—Point de traité de commerce. — La France a un consul à Syra; — à Athènes les fonctions de consul sont remplies par un chancelier de la légation. — La Grèce a un consul général à Paris et un consul à Marseille.

508. — GRENADE (Nouvelle). — Convention provisoire de commerce 14 nov. 1832 (art. 1er et 2); traité de commerce 18 avr. 1840, publié le 3 sept. 1841 (art. 1er et 2). — La France a des consuls à Sainte-Marthe et à Panama.

509. — HAÏTI. — Point de traité de commerce. V. cependant traité 12 févr. 1838, publié le 11 mai suiv. (art. 3). — La France a un consul général au Port-au-Prince et un consul à Santo-Domingo.

510. —HANOVRE.—Point de traité de commerce. — Le Hanovre a des consuls généraux au Havre et à Bordeaux, et des consuls à Calais, à Rouen, à Cherbourg, à Brest, à Nantes, à Sainte-Marie (île-de-Ré), à Rochefort, à Bayonne, à Cette, à Marseille et à Dunkerque.

511. — HESSE-DARMSTADT. — Point de traité de commerce. — La France a un consul à Mayence. — Le grand-duché de Hesse a des consuls au Havre et à Marseille.

512.—HESSE-ÉLECTORALE.—Point de traité de commerce. — La Hesse-Électorale a un consul à Paris.

513.—HOLSTEIN-OLDENBOURG.—Point de traité de commerce. — Le duché de Holstein a un consul à Bordeaux, au Havre, à Cette et à Boulogne.

514.—LUCQUES.—Point de traité de commerce. — Lucques a des consuls à Marseille et à Bastia, des vice-consuls à Ajaccio, à Corté, et Isola-Rossa.

515. — MAROC. — Traité de trêve 3 sept. 1630; traité de paix, 17 sept. 1631 (art. 8, 9 et 10); traité sept. 1631 (art. 9); traité 18 juill. 1635 (art. 6); articles et conditions de paix 29 janv. 1682 (art. 12 et 16); traité de paix 28 mai 1767 (art. 11 à 15, 17); articles additionnels 17 mai 1824, et 28-30 mai 1825; traité de paix 10 sept. 1844, publié le 7 déc. suiv. (art. 7). — La France a un consul général et chargé d'affaires à Tanger, et un consul à Mogador. — La France a un consul à Sanzibar.

516.—MECKLEMBOURG-SCHWERIN.—Traité de commerce 18 sept. 1779 (art. 1er); convention de commerce 19 juill. 1836, publiée le 19 sept. suiv. (art. 2, 9 et 10).—Le Mecklembourg a des consuls à Bordeaux, à Dunkerque, au Hanvre, à Rouen, à Cherbourg, à Brest, à Cette et à Marseille.

517.—MEXIQUE.— Déclarations échangées à Paris entre les ministres des deux puissances, le 8 mai 1827 (art. 10 à 17); circulaire du directeur général des douanes 27 juin 1827; traité 9 mars 1839, publié le 14 août suiv. (art. 3). — La France a des consuls à Vera-Cruz, à Campêche, à Mazatlan et à Monterry. — A Mexico, les fonctions de consul sont remplies par un chancelier de la légation. — Le Mexique a des consuls à Bordeaux, au Havre et à Marseille.

518.—MODÈNE.—Point de traité de commerce.— Le duché de Modène a un vice-consul à Bastia.

519.—MONACO.—Point de traité de commerce.— La principauté de Monaco a un consul et un vice-consul à Marseille.

520. — NORWÉGE. — V. SUÈDE.

521.—PAPE (États du).—Pas de traité particulier de commerce. — L'établissement des consuls que depuis fort long-temps la France était dans l'usage d'entretenir à Sinigiaglia et à Ancône ne repose sur aucune stipulation particulière. — Traité de paix 1er vent. an V (art. 5 et 21). — Le Saint-Siége a des consuls généraux à Bastia, à Marseille et à Cette.

522.—PARME, PLAISANCE et GUASTALLA.—Le traité de commerce du 15 brum. an V ne contient aucune stipulation relative à l'établissement de consuls. — Le duché de Parme a un consul dans l'île de Corse.

523. — PAYS-BAS. — Traité de commerce 27 avr. 1662 (art. 47); traité de Nimègue, 10 août 1678 (art. 84); traité de Ryswick, 20 sept. 1697 (art. 39); traité d'Utrecht 11 avr. 1713 (art. 38); traité de commerce 21 déc. 1739 (art. 40); traité de Fontainebleau 10 nov. 1785 (art. 3); traité de commerce 25 juill. 1840, publié le 30 juin 1841 (art. 13). — La France a un consul général à Amsterdam et un consul à Rotterdam. — Les Pays-Bas ont un consul général à Paris; des consuls à Dunkerque, à Calais, à Boulogne, à La Rochelle, au Havre, à Brest, à Nantes, à Toulon, à Caen, à Bordeaux, à Bayonne, à Cette, à Marseille, à Strasbourg et à Marennes.

524. —PÉROU.—Point de traité de commerce.— La France a un consul général à Lima et un consul à Arequipa. — Le Pérou a des consuls à Paris, à Bordeaux et au Havre.

525.—PERSE.—Conventions de sept. 1708 (art. 3, 4, 5, 16, 17, 18, 20 à 24, 27, 29); traité du commerce, 13 août 1715 (art. 4, 5, 10, 11); articles séparés du traité précédent (art. 2, 3 et 4); traité de commerce en janv. 1808 (art. 2, 3, 10 à 14, 19, 23).

526. — POLOGNE. — V. RUSSIE.

527. — PORTE-OTTOMANE. — Traité 18 oct. 1569 (art. 5, 6, 8 à 13, 16); confirmation des traités et capitulations 6 juill. 1581 (art. 1, 3, 8 à 18, 20); traité 20 mai 1604 (art. 3 à 6, 16 à 22, 24, 27 à 35, 38 et 39); capitulations, 5 juin 1673 (art. 1, 14 à 22, 24, 27 à 33, 35 à 37, 40); articles nouveaux (art. 6, 11 à 14); capitulations, 28 mai 1740 (art. 13 à 18, 22 à 26, 29, 38, 40 à 54, 60, 61, 63, 64, 66 à 72, 76, 77, 80, 81, 83, 84); traité de paix, 6 messid. an X (art. 2, 8 et 9). — La France a un consul honoraire à Constantinople, des consuls à Salonique et à Scutari, un agent et consul général à Bucharest, des consuls à Yassy et à Trébisonde, un consul général à Smyrne et à Bagdad; des consuls à Alep, à Tarsus, à Tripoli, à Saint-Jean d'Acre, à Belgrade, à Beyrouth, à Damas, à Erzeroum, à Jérusalem, à Mossoul, à Sousse, à Djedda, à La Cancé (île de Candie), à Larcana (île de Chypre); un consul général à Alexandrie (Egypte) et un consul au Caire.

528.—PORTUGAL.—Traité de Lisbonne, 31 mars 1667 (art. 11); traité d'Utrecht, 11 avr. 1713 (art. 6); traité de paix, 23 thermid. an V (art. 9, 12 à 14); lettre du comte de Palmella au prince de Bénévent, 22 juill. 1814 (art. 3); réponse, 29 juill. 1814 (art. 3); approbation de ces lettres par le roi de France, le 29 juill. 1814, et par le prince régent de Portugal, le 3 janv. 1815; Dispositions résultant de conférences, 24 juill. 1831 (art. 2). — La France a à Lisbonne un consul honoraire, qui est en même temps chancelier de la légation française en Portugal, et un consul à Porto. — Le Portugal a un consul général à Paris.

529. —PRUSSE.— Point de traité de commerce. — V. cependant : convention préliminaire de 1753; traité de paix de Bâle du 5 avr. 1795 (art. 6). — La France a des consuls à Dantzick et à Stettin. — La Prusse a des consuls à Dunkerque, à Saint-Valéry-sur-Somme, à Rouen, au Havre, à Nantes, à la Rochelle, à Marseille, à Toulon, à Abbeville, à Saint-Martin (île de Ré); des consuls et vice-consuls à Bordeaux et à Cette, et des vice-consuls à Brest, à Noirmoutiers, à l'île d'Oléron, à Calais, à Rochefort, à Caen, à Dieppe et à Cherbourg.

530. — RAGUSE. — Traité de commerce, 2 avr. 1776 (art. 7 à 10).

531. — RIO DE LA PLATA (Provinces-Unies de).— Point de traité de commerce. — La France a à Buenos-Ayres un consul général chargé d'affaires. —Les Provinces-Unies ont un consul général à Bordeaux.

532.—RUSSIE et POLOGNE.— Traité de commerce 11 janv. 1787 ou 31 déc. 1786, vieux style (art. 5 à 9, 14, 15, 16, 21 à 23, 25, 35, 36, 42, 46); édit de l'impératrice Catherine du 9 (8) fév. 1793, portant suspension du traité précédent (art. 3 et 4); traité de Tilsitt 7 juill. (25 juin) 1807 qui rétablit de nouveau les rapports commerciaux.—La France a des consuls à Saint-Pétersbourg, à Riga, à Odessa, à Varsovie, à Tiflis, et à Moscou. — La Russie a un consul général à Paris, et des consuls à Bordeaux, à Marseille et au Havre.

533. — SARDAIGNE. — Déclaration 1er mai 1745; contrat entre les députés de la chambre de commerce de Marseille et ceux du roi de Sardaigne dûment autorisés, 15 déc. 1753 (art. 6); déclaration 3 fév. 1772; traité de paix 26 flor. an IV (art. 7); traité d'alliance 16 germin. an V (art. IX); traité de commerce 28 août 1843, publié le 12 oct. suiv. (art. 6 et 7). — La France a un consul général à Gênes, et des consuls à Nice, à Port-Maurice et à Cagliari. — La Sardaigne a des consuls généraux à Rouen et à Marseille, et des consuls à Lyon, à Cette, à Toulon, à Bastia, à Bordeaux et à Bayonne.

534. —SAXE. —Point de traité de commerce. — V. cependant traité d'alliance 15 nov. 1679 (art. 2). — La France a un consul à Leipsik. — La Saxe a un consul à Paris et à Bordeaux.

535. —SAXE-WEIMAR.—Point de traité de commerce.— Le Grand-Duché de Saxe-Weimar a un consul à Bordeaux.

536. — SICILES (DEUX-) —Pour les relations commerciales établies avec ce royaume lorsqu'il fut successivement sous la puissance de l'Espagne et de l'Autriche, V. ces mots. — Depuis, V. traité de paix 19 vendém. an V (art. 10 et 11); convention 28 fév. 1817, relative au commerce, mais sans aucune stipulation relative aux consuls; traité de commerce 14 juin 1845, publié le 11 août suiv. (art. 7 et 10).—La France a un consul à Palerme; à Naples, les fonctions de consul sont remplies par un chancelier d'ambassade. — Le royaume des Deux-Siciles a des consuls généraux à Marseille et Bordeaux, et un consul à Bastia.

537. — SUÈDE et NORWÉGE. — Point de traité de commerce. — V. cependant traité 30 déc. 1662; convention préliminaire 25 avr. 1741; convention provisoire 1er juill. 1784 (art. 13); traité de paix 10 janv. 1810 (art. 8). — La France a un consul à Christiania (Norwége). — La Suède et la Norwége ont des consuls généraux à Paris, à Calais, à la Rochelle, à Bordeaux et à Marseille, et des consuls à Dunkerque, au Havre, à Nantes et à Cette.

538. —SUISSE. — Traité d'alliance 12 fructid. an VI (art. 15); traité de commerce 11 prair. an VII (art. 7 à 11).—V. aussi traité d'alliance 27 sept. 1803; déclarations réciproques 16 oct. 1820 et 3 mars 1821; conventions 30 mars 1827; traité 31 déc. 1828. — La confédération a un consul et un vice-consul à Lyon et des consuls au Havre, à Bordeaux et à Marseille.

539. —TEXAS (république du).— Traité 25 sept. 1839, publié le 24 juin 1840 (art. 2, 3, 8 à 13, 18, 19); articles additionnels même date (art. 1er et 3).

540. —TOSCANE. —Point de traité de commerce. — La France a un consul général à Livourne. — La Toscane a un consul général à Marseille, des consuls à Bastia, à Agde, à Centuri, et des vice-consuls à Cette et à Calvi.

541.—TRIPOLI.—Conditions de paix 20 juin 1685 (art. 6, 10, 15, 18 à 23, 25, 26, 28 et 29); conditions de paix 27 mai 1693; traité pour le renouvellement des capitulations (art. 4, 8, 15 à 26, 30); conditions de paix 9 juin 1729 (art. 18, 23 à 35, 37 à 39); confirmation des traités antérieurs 12 déc. 1774; articles additionnels (art. 1er et 2); traité de paix 30 prair. an IX (art. 4 à 35); répétition des anciens traités (art. 38, 46, 49, 50, 52); traité de paix 11 août 1830 (art. 1er, 4 à 6, 8). — La France a un consul général chargé d'affaires à Tripoli.

542.—TUNIS.—Articles de paix 25 nov. 1665 (art. 11, 15 à 24, 26, 29); traité de paix 28 juin 1672 (art. 3, 11, 25, 27, 30); traité pour le renouvellement des capitulations 30 août 1685 (art. 18 à 24, 27 et 28); pareil traité 16 déc. 1710 (art. 2, 5, 16 à 19, 22 et 23); pareil traité 20 fév. 1720; conditions de paix 1er juill. 1729 (art. 1er, 3, 6, 8 et 12); traité de renouvellement 9 nov. 1742; traité de paix 4 vent. an X (art. 2 à 4, 7 à 9); traité 15 nov. 1824 (art. 1er et 2); traité 8 août 1830. — La France a un consul général chargé d'affaires à Tunis.

543.—URUGUAY (république de l').—Traité 8 avr. 1836, publié le 15 avr. 1840 (art. 1er et 3). — La France a un consul à Montevideo. — L'Uruguay a un consul général à Paris et un consul à Bayonne.

544.—VÉNÉZUELA (république de).—Convention préliminaire de commerce 11 mars 1833 (art. 1er;

traité de commerce 25 mars 1843, publié le 29 juin 1844 (art. 20 à 29). — La France a un consul à Caracas. — La république de Vénézuela a un consul à Bordeaux, à Marseille et au Havre.

CONSULS ET JUGES DES MARCHANDS.

1. — On désignait dans le moyen âge par le titre de *juges-consuls* ou *consuls-marchands* les juges des tribunaux spécialement institués, dans presque toutes les villes maritimes du midi de l'Europe, pour juger les contestations commerciales. — Miltiz, t. 1er, ch. 1er.

2. — Les syndics des communautés d'arts et métiers portaient également le titre de consuls. Ainsi, des lettres du roi Jean II, données le 22 janv. 1351, parlent des consuls des tailleurs de Montpellier, et la même ville avait aussi un consul des marchands de balais.

3. — On appelait aussi *consuls*, chez presque tous les peuples de la Méditerranée, une espèce de *juges à bord des navires*, sous la surveillance desquels étaient placés les équipages, et plus spécialement encore les vivandiers. — *Consulat de la mer*, ch. 3, sect. 9.

4. — Enfin on donna ce nom à des négocians ou marchands chargés de faire les fonctions de juges dans des juridictions spécialement établies pour connaître des contestations relatives au commerce.

5. — François Ier jeta à Toulouse, par son édit de juillet 1549, les fondemens de la justice consulaire française, en permettant aux marchands de cette ville d'élire entre eux, pour chacun an, un prieur et deux consuls, pour connaître et décider en première instance de tous les procès qui, pour raison de marchandises, foires et assurances, seraient intentés entre les marchands et fabricans à Toulouse.

6. — Henri II, en établissant une place commune à Rouen, voulut que les marchands fréquentant la place s'assemblassent tous les ans avec les marchands étrangers fréquentant les foires de Rouen, pour élire un prieur et deux consuls marchands muables et électifs, lesquels jugeraient les procès.

7. — François Ier voulut même dégager les marchands de toute espèce de tribunal, et les autorisa, par son édit de 1560, à constituer, pour leurs contestations, des arbitres volontaires.

8. — Mais, cet essai n'ayant pas produit d'heureux effets, Charles IX, sur les conseils du chancelier de L'Hospital, établit à Paris, par un édit de novembre 1563, une juridiction composée d'un juge et de quatre consuls, qui devaient être choisis entre les marchands. Quelques années après, des juridictions semblables furent créées dans les villes où il y avait un grand nombre de marchands.

9. — L'art. 1er, tit. 12, ord. 1673, déclara l'édit de 1563 commun à tous les autres siéges des juges et consuls.

10. — Ces juridictions étaient composées de cinq juges ; le président, que vulgairement on appelait grand juge, avait reçu des édits de création la qualité de *juge*; ses assesseurs étaient nommés *consuls* : le titre légal de cette juridiction était donc *juge et consuls des marchands*.

11. — Le juge et les consuls étaient choisis à la pluralité des voix par les anciens juges et consuls, et par les marchands et négocians de la ville, dans le nombre des marchands et négocians régnicoles ou naturalisés, demeurant dans le lieu où se tenait la juridiction consulaire.

12. — Ces juridictions se renouvelaient tous les ans : telle était la durée des fonctions des consuls; celles du juge ne duraient pas davantage; mais comme ce dernier était toujours choisi dans le nombre des derniers consuls, on peut dire qu'il exerçait pendant deux ans, une année comme consul et une année comme juge.

13. — Le juge-consul devait avoir quarante ans et les autres consuls 27 ans. — Arr. cons., 9 sept. 1673.

14. — Les juge et consuls n'avaient pas besoin de provision, comme les autres magistrats; leur nomination suffisait ; mais ils devaient prêter serment, devant les juges royaux, de rendre la justice aux pauvres comme aux riches, et d'observer les ordonnances et arrêts de réglement.

15. — Il était défendu aux consuls de rien recevoir des parties, et d'exiger des épices directement ou indirectement.

16. — La compétence des juridictions consulaires était réglée par le tit. 12 ; et le tit. 6, ord. 1667, réglait la forme de procéder devant ces tribunaux. — V. TRIBUNAL DE COMMERCE.

CONSULAT (Rapport).

C'est le nom qu'on donne, dans certains pays et principalement sur les côtes de la Méditerranée, au rapport que le capitaine de navire est tenu de faire à son arrivée. — V. CAPITAINE DE NAVIRE, nos 345 et suiv.

CONSULAT DE LA MER.

1. — Compilation d'anciennes dispositions qui ont servi de base aux lois maritimes actuelles de l'Europe.

2. — La date et le lieu de la composition du consulat sont incertains. On a été long-temps dans le doute sur le caractère de ce recueil; le nom de son auteur est inconnu, et l'opinion des écrivains a même été partagée sur l'idiôme employé à la première rédaction. — De Miltiz, *Man. des cons.*, liv. 1er, chap. 3, sect. 9e.

3. — Le *consulat de la mer* fait encore loi en Espagne, en Italie et en Angleterre. Partout ailleurs on le consulte comme raison écrite. — De Miltiz, *ibid.* —V. aussi Berryer père, *Souvenirs*, t. 2, p.12; Vincens, *Légist. comm.*, t. 3, p. 89.

CONSULTATION.

1. — Avis motivé d'un ou de plusieurs avocats sur une question de droit ou sur un procès.

2. — Il est certaines affaires qui ne peuvent s'introduire que sur une consultation d'avocat. Ainsi, d'après l'art. 495, C. procéd. civ., aucune requête civile ne peut être reçue, si elle n'est précédée d'une consultation de trois avocats exerçant depuis dix ans au moins près un des tribunaux du ressort de la cour royale dans lequel le jugement a été rendu; cette consultation doit énoncer les ouvertures de requête civile.—V. REQUÊTE CIVILE.

3. — Aux termes de l'art. 467, C. civ., le tuteur ne peut transiger au nom du mineur, qu'après y avoir été autorisé par le conseil de famille et de l'avis de trois jurisconsultes désignés par le procureur du roi près le tribunal de première instance. — V. TUTELLE, TRANSACTION.

4. — Il en est de même lorsqu'il s'agit d'une transaction intéressant une commune; seulement, dans ce cas, les trois jurisconsultes sont désignés par le préfet et non par le procureur du roi. — V. COMMUNE, no 418.

5.—Les avocats stagiaires peuvent délibérer des consultations comme les avocats inscrits au tableau, à moins qu'il n'y ait dans le loi une exception expresse, telle que celle qui est écrite dans l'art. 495, C. procéd. civ. — V. AVOCAT.

V. TIMBRE.

CONTAGION.

V. POLICE SANITAIRE, TESTAMENT.

CONTENANCE.

V. VENTE.

CONTENTIEUX ADMINISTRATIF.

V. COLONIES, COMPÉTENCE ADMINISTRATIVE, CONSEIL D'ÉTAT, CONSEIL DE PRÉFECTURE, TRIBUNAUX ADMINISTRATIFS.

CONTENTOR.

Mot latin usité quelquefois en français pour indiquer que les droits du notaire ou du greffier, c'est-à-dire, ceux dus pour l'expédition d'un acte, avaient été payés. — Merlin, *Rép.*, vo *Contentor*.

CONTESTATION.

Débat judiciaire, procès. — V. AFFAIRE, CAUSE, INSTANCE.

CONTESTATION EN CAUSE.

1. — Termes de pratique qu'on employait autrefois pour désigner le premier appointement ou jugement intervenu sur les demandes et défenses des parties.—Jousse, sur ord. 1667, t. 1er, p.187, *in fine.*

2. — Après la contestation en cause, les parties ne pouvaient demander leur renvoi devant un autre juge, elles étaient obligées de procéder devant le tribunal saisi.

3. — L'ordonnance de 1667 avait un titre spécial sur les contestations en cause (V. tit. 14); mais le Code de procédure est muet à cet égard. — V. cependant EXCEPTIONS, LITISCONTESTATION, REPRISE D'INSTANCE.

CONTEUR.

V. AVOCAT, no 2, COMPTEUR.

CONTEXTE.

1.—D'après la loi du 25 vent. an XI (art. 13), les actes des notaires doivent être écrits en un seul et même contexte, à peine d'une amende contre le notaire contrevenant. — V. ACTE NOTARIÉ, no 264.

2. — Que doit-on entendre par ce mot *contexte*? Car, dit M. Rolland de Villargues (*Rép. du not.*, vo *Contexte*, no 2), ce terme n'est pas reçu dans le langage ordinaire, et son sens a besoin d'être déterminé.

3.—Suivant les lois romaines, le testament mystique et le testament nuncupatif devaient être rédigés *uno contextu*. Ces mots supposaient unité de temps et unité d'action dans la rédaction du testament, c'est-à-dire qu'il devait être fait *de suite sans divertir d'autres actes.*— L. 21, § 3, ff., *De qui testam. fac. poss.*; L. 21, Cod., *De testam.*; ord. 1735, art. 5.

4. — Est-ce dans ce sens qu'il faut entendre l'art. 13, L. 25 vent. an XI? — Grenier (*Donat.*, no 241) et Merlin (*Rép.*, vo *Testament*, sect. 3, § 2, art. 5, no 5) pensent que le contexte d'un acte ne doit pas s'entendre de l'unité de l'action qui est employée à sa rédaction ; que s'il en était autrement, la loi n'aurait pas, dans le cas particulier du testament mystique, disposé que *tout ce que dessus sera fait de suite et sans divertir à d'autres actes* (C. civ., art. 976); que cette interprétation est, au reste, adoptée dans la pratique, et sanctionnée par la jurisprudence, qui autorise l'apposition de plusieurs dates à un acte.

5. — L'unité de contexte d'un acte, dit M. Rolland de Villargues (vo *Contexte*, no 3), doit donc s'entendre de la série de l'enchaînement et des dispositions, clauses et conditions relatives aux conventions qu'il renferme, lesquelles doivent être rédigées sans blanc, lacune ni intervalle, comme le dit l'art. 13, L. 25 vent. an XI, qui ne fait en cela que développer le sens du mot *contexte*. — V. contrà Loret, sur ledit art. 13 ; Berriat Saint-Prix, p. 87.

6. — Au reste, l'unité de contexte n'est relative qu'à chaque acte en particulier. Ainsi, deux actes, non à certains actes qui, comme des procès-verbaux, sont rédigés à des intervalles différens.—L'égard de ces derniers, il ne saurait y avoir d'obligation à la règle de l'unité de contexte, car chaque portion de ces actes forme un tout complet qu'a une existence indépendante; c'est plutôt un composé d'actes différens qu'un seul et même acte.—Rolland de Villargues, no 4; *Dict. du not.*, vo *texte*, no 3.

7. — Il n'y a point dérogation à la loi qui prescrit l'unité du contexte par cela qu'un acte contiendrait des stipulations qui ne seraient pas par son essence et de son but. Ainsi, un contrat de mariage peut contenir la vente ou la faculté d'un bien; un acte de vente ou de bail peut contenir la reconnaissance d'un prêt.— Rolland de Villargues, no 5. — V. contrà Loret, *ibid.*

8. — Au surplus, comme l'art. 13, L. 25 vent. an XI, ne prononce qu'une amende, il s'en suit que la violation de l'article n'entraîne pas de nullité de l'acte, et cette peine n'est pas encourue sous d'autres rapports. — Rolland de Villargues, no 6.

V. ACTE NOTARIÉ, PROCÈS-VERBAL.

CONTIGUITÉ.

1. — État de deux héritages, soit maisons, terres, bois ou autres, qui se touchent.

2. — La contiguité ne doit pas être confondue avec le simple voisinage qui a lieu lorsque les héritages sont séparés l'un de l'autre par une propriété étrangère.

3.—Mais un sentier privé, un cours d'eau particulier, un ravin dont l'emplacement ou le lit fera partie des fonds qu'ils limitent ou séparent, n'empêchent pas la contiguïté. — Pardessus, *Servitudes*, t. 1er, no 118.

4. — La contiguité seule donne le droit d'exiger le voisin du bornage. — C. civ., art. 646.—Pardessus, *loc. cit.* — V. BORNAGE.

5. — Elle est un des élémens essentiels de la présomption de la mitoyenneté (C. civ., art. 653, 660), à défaut de quoi deux propriétaires n'a pas la mitoyenneté le droit de l'exiger.—C. civ., art. 661. — V. MITOYENNETÉ.

6. — La contiguité est un obstacle à l'établissement de vues ou jours libres dans un mur.—C. civ., art. 676.

7. — Elle restreint également les droits des propriétaires contigus, notamment en ce qui concerne la plantation des arbres, la chute des eaux. — C. civ., art. 671 et 681.

8. — Elle nécessite des mesures spéciales de précaution dans l'établissement de certains travaux dont le voisinage pourrait devenir nuisible, tels

que cheminées, fours, fosses d'aisances, cloaques, etc.—C. civ., art. 674.—V. CHEMINÉES, CLOAQUES, SERVITUDES.

CONTINUATION DE COMMUNAUTÉ.

V. COMMUNAUTÉ.

CONTINUITÉ.

V. PRESCRIPTION, SERVITUDE.

CONTRADICTION (Prescription).

V. PRESCRIPTION.

CONTRAINTE.

Table alphabétique.

Armée, 26 s.	Femme, 21.
Arrêté municipal, 25.	Fonctionnaire, 28 s.
Circonstance atténuante, 13.	Jury, 3 s.
Contrainte morale, 7. —	Menace, 9, 13 s.
physique, 6.	Misère, 16.
Cour d'assises, 5.	Passion, 15.
Crainte, 12.	Peine, 13.
Délit forestier, 19.	Propriétaire, 25.
Domestique, 22 s.	Pupille, 20.
Enfant, 18.	Question résultant des débats, 4.
Exécution des ordres de justice, 30.	Violence, 11.
Faim, 16.	Vol, 16.

CONTRAINTE. — 1. — La *contrainte*, soit physique ou réelle, soit morale ou cachée, est exclusive de toute volonté libre; elle vicie donc, en général, en matière civile, le *consentement*, qui est la base essentielle de toute convention. — V., à cet égard, MARIAGE, OBLIGATION, VIOLENCE.

2. — En matière criminelle, la contrainte détruit l'*intention*, sans laquelle un acte quelconque cesse d'être imputable à son auteur. Aussi l'art. 64, C. pén., consacre-t-il ce principe de rigoureuse justice que le prévenu a été contraint *par une force à laquelle il n'a pu résister.* » — La contrainte est donc ici une cause de justification, et, comme l'art. 64 ne fait aucune distinction entre la contrainte *physique* et la contrainte *morale*, il en résulte que toutes deux rentrent dans sa prévision. — Chauveau et Hélie, *Th. C. pén.*, t. 2, p. 261.

3. — Comme la démence, la contrainte dont parle l'art. 64, C. pén., excluant l'existence d'un crime ou d'un délit, et n'en étant pas seulement l'excuse, se trouve nécessairement comprise dans la question de *culpabilité*. — Il n'y a donc pas lieu d'en faire l'objet d'une question spéciale au jury. — *Cass.*, 27 nov. 1834, Révoltés de la Grand'Anse (clinique). — V. DÉMENCE.

4. — Cependant il ne résulte aucune nullité de ce que la cour d'assises a posé aux jurés, comme résultant des débats, la question de savoir si l'accusé a été contraint de commettre le crime faisant objet de l'accusation par une force à laquelle il n'a pu résister. — En pareil cas, elle ne viole aucune loi.—*Cass.*, 10 janv. 1834 (int. de la loi), Sèbe.

5. — En rapportant ce dernier arrêt, les auteurs de la *Théorie du Code pénal* ajoutent (t. 2, p. 282) : Ainsi, en matière de contrainte, la position d'une question n'est plus critiquable, et les cours d'assises iront, dès-lors, se conformer à cette règle. » La conséquence nous paraît forcée et complètement inexacte. Après avoir décidé que la démence et la contrainte rentrent dans la déclaration de culpabilité, il n'y a point lieu de poser à leur égard de question spéciale, la cour de cassation ne se décident nullement en jugeant que néanmoins la loi, en défendant point de poser une pareille question, n'est point violée, si elle est soumise au jury. — On revient à dire que la question ne doit pas, n'a besoin d'être posée, mais que si elle l'a été, il en résulte aucune nullité.

§ 1er. — *Contrainte physique.*

6. — Il y a contrainte physique lorsque « les res d'une personne sont employés, malgré résistance, à faire ou à souffrir quelque chose. » endorf, *Dr. de la nat. et des gens*, 1er, p. 83. Il ne peut guère s'élever de difficultés sur ce int, car, ainsi que le disent les auteurs de la *du Code pénal* (t. 2, p. 281), l'auteur immédiat n'est qu'un instrument matériel, le seul coule est l'auteur de la violence.

§ 2. — *Contrainte morale.*

7. — Il n'en est pas de même de la contrainte morale dont les caractères plus variables et les limites moins bien définies laissent plus de place au doute. La contrainte morale est produite par la menace d'un mal prochain, ou résulte de l'ordre d'une personne sous l'autorité de laquelle l'agent est placé.

8. — Des publicistes, se fondant sur ce que nul n'a le droit de nuire à autrui, même dans le but d'éviter un mal personnel, ont refusé à la contrainte morale un caractère justificatif; selon eux, la crainte d'un grand mal, même de la mort, peut bien diminuer le crime de celui qui commet, sous son influence, une action qu'il sait mauvaise, mais l'action n'en demeure pas moins vicieuse en elle-même et digne qu'on se la reproche. — Barbeyrac sur Puffendorf, t. 1er, p. 83 ; Covarruvias, t. 1er, p. 2, chap. 3, § 4; Burlamaqui, *Principes du droit de la nature et des gens*, t. 1er, p. 243. — V. aussi Jousse, *Dr. crim.*, t. 1er, p. 626.

9. — Mais le plus grand nombre a admis une solution contraire. Celui qui cède à la terreur obéit à l'instinct de sa propre conservation, qu'il croit compromise par les menaces dont il est l'objet ; c'est une machine qui se meut, qui agit sans penser, sans vouloir ; on ne punirait chez lui que la faiblesse, non le crime. — Puffendorf, t. 1er, p. 83 ; Farinacius, *Quaest.* 97, n° 11; J. Clarus, *Quaest.* 60, n° 17; Muyart de Vouglans, p. 34.

10. — C'est le système qu'a embrassé notre Code pénal et que consacrent également les codes autrichien , prussien, ainsi que la loi anglaise. — V. Stephen's *Summary*, p. 6, et les codes des États-Unis, *Penal Code of Georgia first. div.*, sect. 42e.

11. — Cependant, cette part que l'on fait à la faiblesse humaine doit être renfermée dans de justes limites; on conçoit que toutes espèces de contraintes morales ne puissent, à un égal degré, justifier une action nuisible. — *Vani timoris justa excusatio non est*, disait la loi romaine (L. 184, ff., de div. juris), et après que Labeon avait exigé *non quamdamlibet timorem, sed majoris malitatis*, Gaius ajoutait: *Metum autem non vani hominis sed qui merito et in hominem constantissimum cadat.* — L. 5 et 6, ff., *quod metus causâ*).—Telle est aussi la règle à laquelle se sont arrêtés nos législateurs et qu'ils ont formulée dans l'art. 1112 du Code civil, d'après lequel « la violence doit être de nature à faire impression sur une personne raisonnable et pouvoir lui inspirer la crainte d'exposer sa personne ou sa fortune à un mal considérable et présent. »

12. — Toutefois, il faudrait, en matière criminelle, restreindre l'effet justificatif à la seule crainte d'un mal corporel. — En effet, celui qui, pour ne point compromettre sa fortune consent à commettre un crime, doit rester responsable : La crainte, dans ce cas, peut être une cause d'atténuation, mais non de justification. — Cette distinction, déjà faite par la loi 43 au code, *De transací.*, a été adoptée en Angleterre, en Prusse, aux États-Unis, et tout porte à croire qu'elle rentre dans l'esprit de notre Code. — Chauveau et Hélie, *Th. C. pén.*, t. 2, p. 266.

13. — Il ne suffirait point de menaces vagues et dont l'exécution ne serait pas imminente : il faut que l'agent n'ait pu ou cru pouvoir se soustraire à leur réalisation qu'en faisant ce qui était demandé. — S'il a pu les croire simplement comminatoires, y échapper ou en détourner l'effet soit par l'intervention de l'autorité, soit de toute autre manière, il n'est point justifié. — En un mot, il faut qu'il y ait eu de sa part résistance et lutte sérieuse. — Cette règle, déjà énoncée dans la loi 9, Cod., *De his qui vi metu*, et enseignée par Burlamaqui, *Dr. de la nat. et des gens*, t. 1er, p. 243. et Farinacius, *Quaest.* 97, n° 24, se retrouve expressément formulée dans les codes de Prusse, du Brésil et de la Louisiane. — Néanmoins, le jury pourrait voir des circonstances atténuantes et diminuer la peine. — Chauveau et Hélie, *ibid.*, p. 269.

14. — Pour apprécier sainement jusqu'à quel point la personne menacée a pu être impressionnée, il est juste de consulter les circonstances dans lesquelles la menace s'est produite, et surtout, l'âge, le sexe et la condition de cette personne. — C'est ce que prescrit textuellement le paragraphe 2 de l'art. 1112, C. civ. — Telle violence fera succomber un être faible qui n'aurait qu'effleuré une nature ferme et courageuse. — Ce sera, du reste, une question de fait que la loi a dû laisser, après avoir posé le principe, à l'entière appréciation du juge. — Chauveau et Hélie, *ibid*, p. 268 ; Carnot, *C. pén.*, art. 64, n° 6.

15. — La contrainte n'est justificative que lorsqu'elle est le produit d'une cause extrinsèque, lorsqu'elle est exercée par un tiers, mais non quand

elle est due à l'emportement ou à l'exaltation des passions de l'agent.—Carnot, *C. pén.*, art. 63, n° 13. — Tel est le sens donné, à juste titre, à l'art. 64, C. pén., par tous les auteurs et consacré par un arrêt de la cour royale d'Orléans, lequel a décidé que l'exaltation ou le désordre moral de l'esprit causé par la jalousie, la colère ou toute autre passion violente, ne constitue point la force majeure dont parle l'art. 64, C. pén. — Orléans, 25 août 1840 (t. 2 1840, p. 520), M..... — Chauveau et Hélie, t. 2, p. 269.

16. — Cette solution exclut l'opinion de quelques auteurs (Carnot, *C. pén*, art. 64, n° 14) qui voient dans la faim ou dans une excessive misère une contrainte justificative soit du vol, soit de tout autre acte destiné à satisfaire d'extrêmes besoins.—Les tristes impulsions de la misère et de la faim peuvent bien, sans doute, motiver l'adoucissement de la peine, mais jamais légitimer le délit. —Tiraqueau, *De pæn. temp.*, caus., 33 ; Chauveau et Hélie, t. 2, p. 270.

17. — La contrainte morale résulte encore de l'ordre d'une personne sous l'autorité de laquelle l'agent est placé. — Cet ordre peut être donné par un père ou un tuteur à son enfant ou pupille, par un mari à sa femme, par un maître à son domestique, par un commandant militaire aux soldats qui sont sous ses ordres, enfin par un fonctionnaire à ses subordonnés.

18. — *Père.* — Quant au père, la question est tranchée par l'art. 1114, C. civ., portant : « La seule crainte révérentielle envers le père, la mère ou autre ascendant, ne suffit point pour annuler le contrat. » À plus forte raison pour justifier un délit, et cela, soit qu'il s'agisse de délits légers ou de délits très graves, les distinctions faites sur ce point par d'anciens criminalistes n'étant plus aujourd'hui admissibles. Le respect filial ne peut être une cause que d'atténuation ; — et c'est en ce sens qu'il faut entendre aujourd'hui cette ancienne règle : *Filius delinquendo de mandato patris excusatur*; — sauf à apprécier, dans le cas où le fils aurait moins de seize ans, s'il a agi avec ou sans discernement.—Bourguignon, sur *C. crim.*, sur l'art. 64, C. pén.

19. — Un délit forestier, pas plus qu'aucun autre délit, ne saurait être excusé sous le prétexte de l'obéissance qu'un fils doit à son père et que ne lui permettrait pas de discuter les ordres qu'il en reçoit. — *Cass.*, 5 mai 1837 (t. 2 1840, p. 314), Forêts c. Borderie.

20. — *Tuteur.* — La même solution devrait être donnée s'il s'agissait d'un pupille qui aurait exécuté les ordres de son tuteur.—Chauveau et Hélie, t. 2, p. 270.

21. — *Mari.* — De même, l'ordre donné par le mari à sa femme, ne justifierait pas le crime commis par celle-ci ; — mais il pourrait être considéré comme circonstance atténuante. — Chauveau et Hélie, t. 2, p. 280. — V. toutefois COMPLICITÉ, sect. 4e

22. — *Maître.* — Dans le droit romain, le commandement du maître justifiait l'esclave, à moins qu'il ne s'agit d'homicide ou d'un crime atroce. — L. 157 et 169, ff., *De reg. juris*; L. 20, ff. *De oblig. et act.* — Aujourd'hui, la même règle ne saurait protéger les domestiques qui, n'étant point la propriété du maître, et, par suite, enchaînés à sa volonté, peuvent toujours rompre des relations équivoques et se soustraire à des exigences trop périlleuses. — Chauveau et Hélie, t. 2, p. 280; Carnot, *C. pén.*, art. 64, n° 9, et *C. inst. crim.*, art. 221, n° 2.

23. — Aussi, la cour de Cassation a-t-elle jugé que l'obéissance qu'un domestique doit à son maître *ne pouvant s'étendre à ce qui blesse les lois et l'ordre public*, l'état de domesticité n'excuse pas la complicité du délit commis par le maître. — *Cass.*, 13 août 1807, Laukart et Goffer.

24. — Jugé encore que la disposition portant qu'il n'y a ni crime ni délit, lorsque le prévenu a été contraint par une force à laquelle il n'a pu résister, n'est pas applicable au domestique qui prétend n'avoir commis un vol que pour obéir aux ordres de son maître. — *Cass.*, 8 nov. 1811, Lacaze.

25. — Lorsque l'arrêté d'un maire a défendu à tout maçon et entrepreneur de bâtimens de commencer des travaux de constructions le long des chemins, rues ou places, sans que le propriétaire ait représenté le plan d'alignement ou la permission de bâtir, les tribunaux ne peuvent relaxer le maçon qui a contrevenu à cet arrêté sur le motif qu'il n'aurait agi qu'en vertu de l'ordre exprès du propriétaire. — *Cass.*, 6 août 1836(t. 1er 1837, p. 502), Int. de la loi, Joannès.

26. — *Commandement militaire.* — Quelques auteurs, partisans d'une obéissance passive absolue, considèrent les soldats comme des instruments ina-

térêts, de simples machines forcées de sacrifier leurs lumières, leur intelligence à la volonté de leur chef. — Dans ce système, le chef seul est coupable, et les agens sont à l'abri de toute responsabilité. Leur refus pourrait même les faire considérer comme coupables de rébellion.

27. — Nous ne pouvons admettre une semblable doctrine : sans parler de l'impossibilité de réduire un homme à l'état de simple instrument, et de lui enlever toute faculté d'appréciation, il n'est même pas exact de dire que jamais des soldats ne sont appelés à vérifier la légitimité des ordres qu'ils reçoivent, car ils ne doivent obéissance qu'aux chefs sous lesquels ils se trouvent, et qu'autant que leurs ordres sont pris dans les limites de leur autorité. — Sans doute, on ne doit point abandonner la nécessité de l'obéissance à des appréciations ou à des passions d'autant plus dangereuses qu'elles sont moins éclairées et moins intelligentes ; sans doute la présomption de leur légitimité doit accompagner, aux yeux de l'inférieur, les ordres qu'il reçoit hiérarchiquement ; mais cette présomption ne cesse-t-elle pas quand l'acte commandé est évidemment illégal et criminel ; et le soldat qui, en pleine paix, massacrerait, pillerait des personnes inoffensives, détruirait, incendierait leurs biens, ne serait-il pas pleinement responsable de ses actes, et pourrait-il être admis à se réfugier derrière les ordres de ses officiers ? — Nous dirons donc, avec les auteurs de la *Théorie du C. pén.* (t. 2, p. 274), que l'ordre du supérieur est présumé légitime, et que le subordonné, contraint d'obéir, y trouve, *en général*, une cause de justification ; mais que cette cause de justification n'est point absolue et cesse lorsque la criminalité de l'ordre est évidente, et que l'agent n'a pu le croire légitime ;—Rossi, *Dr.pén.*, t. 2 ; p. 431 ; Hauter, *Dr. crim.*, t. 1er, no 10. — Ce sera une question de fait abandonnée à l'appréciation des juges ou du jury, mais dans la décision de laquelle ils ne sauraient apporter trop de circonspection.

28. — Le Code de la Louisiane porte que les simples soldats ne sont pas responsables des délits qu'ils commettent sur l'ordre de leurs officiers ; mais ils continuent à être quand ce sont des crimes (art. 36 et 37). A Rome et dans l'ancien droit on suivait une règle analogue. — L'ordre du prince ne justifiait que les crimes légers et non les crimes atroces ; car les agens inférieurs sont moins aptes à reconnaître la légalité d'un acte dont l'immoralité est moins saillante. — Farinacius, *Quest.* 97e, nos 5 et suiv. ; Gomez, *De delict.*, Cod. 3, *De homic.*, no 42 ; Chauveau et Hélie, t. 2, p. 274. — Chez nous, toutes ces distinctions sont aujourd'hui inadmissibles.

29. — *Supérieurs hiérarchiques.* — Quant aux fonctionnaires civils, les mêmes principes leur sont applicables avec plus de rigueur encore ; car pour eux les liens de la discipline sont moins étroits, et on doit croire à plus de lumières, à un plus grand développement de leur intelligence ; enfin leurs actes étant moins spontanés, et, par suite, plus réfléchis, il leur est plus facile d'en apprécier la moralité et la légalité. — Ils ne sont donc pas complètement justifiés en alléguant la nécessité de l'obéissance hiérarchique, du moins en ce qui concerne les actes dont il est laissé à l'arbitrage de leurs supérieurs d'ordonner l'exécution.

30. — Mais il en serait autrement relativement à ceux commandés directement par la loi, par des jugemens ou des mandemens de la justice; dans ce cas, les fonctionnaires sont à l'abri de toute impunabilité, qu'elle qu'en soit la portée, pourvu cependant qu'ils aient mission légale et qu'ils agissent régulièrement ; car si l'exécution ne leur était pas confiée spécialement par la loi, et si elle était subordonnée à quelques formalités qu'ils eussent négligées, ils pourraient devenir responsables. — Chauveau et Hélie, t. 2, p. 275 ; Rossi, *Dr. pén.*, t. 2, p. 430.

31. — Le simple doute qu'aurait le subordonné sur la légalité des ordres qu'il a reçus de son supérieur ne suffirait pas pour l'autoriser à ne point les exécuter; car, dans ce cas, il doit soumettre son appréciation à celle de son chef, qui est présumé mieux connaître l'étendue de ses devoirs. — On ne pourrait donc s'armer de ce doute contre l'inférieur, si, en résultat, l'acte était jugé illégal, pour l'en rendre responsable. — Telle est aussi l'opinion de Barbeyrac (trad. de Grotius, *De jure par. et bell.*, t. 2, p. 183), de Rossi (*Dr. pén.*, t. 2, p. 429), et des auteurs de la *Th. C. pén.* (t. 2, p. 277), opinion, au reste, contraire à celle de Grotius. (*eod. loc.*), qui pense que, dans le doute, le fonctionnaire inférieur doit s'abstenir, parce que la désobéissance est un moindre mal que le crime.

CONTRAINTE ADMINISTRATIVE.

Table alphabétique.

CONTRAINTE ADMINISTRATIVE. — 1. — Mandement décerné contre un redevable de deniers publics ou de droits dus au fisc.— Merlin, v° *Rép.*, v° *Contrainte* [finances].

§ 1er. — *Par quelles autorités et contre quelles personnes les contraintes peuvent être décernées* (n° 2).

§ 2. — *Forme des contraintes* (n° 31).

§ 3. — *De l'opposition aux contraintes* (n° 36).

§ 4. — *Effets des contraintes* (n° 51).

—

§ 1er. — *Par quelles autorités et contre quelles personnes les contraintes peuvent être décernées.*

2. — La contrainte administrative est décernée par l'autorité administrative elle-même, qui se trouve ainsi dispensée de recourir aux tribunaux pour obtenir un titre exécutoire contre les débiteurs de l'état.

3. — Notre ancienne législation avait, dès une époque assez reculée, consacré cette prérogative. « Tous les droits dépendant de notre domaine, porte l'ordonnance de fév. 1566 (art. 48), sera, et pourra être, en tous lieux et parlemens, procédé par saisie. »

4. — En conséquence, les receveurs des domaines, les fermiers généraux et les fermiers des droits du roi pouvaient décerner des contraintes tant contre les débiteurs du fisc que contre leurs préposés, pour assurer la rentrée des recettes qui leur étaient confiées. Il en était de même des receveurs des consignations pour leurs droits, et des commissaires aux saisies réelles . tant pour le prix des baux judiciaires que pour leurs droits personnels.

5. — Toutes les lois intervenues depuis 1789, relativement au recouvrement des deniers publics, ont maintenu l'administration dans le même privilège.

6. — Ainsi, la loi des 19 août-12 septembre 1791 dispose (art. 4) qu'en cas de retard dans le paie-

ment des revenus des domaines nationaux ou du prix de rachat des droits incorporels, ou encore du prix des adjudications des bois, le directeur de la régie des domaines décernera contre les débiteurs « des contraintes qui seront visées par le président du tribunal de district de la situation des biens, sur la représentation d'un extrait du titre obligatoire du débiteur, et mises à exécution sans autre formalité. »

7. — Pour le paiement des droits de douanes, la loi des 6-22 août 1791 porte (tit. 13, art. 31) que « lorsque le receveur aura fait crédit des droits, il sera, en cas de refus ou de retard de la part des redevables, autorisé à décerner *contrainte* en fournissant en tête de la contrainte l'extrait du registre qui constatera la soumission des redevables ».

8. — Pour le recouvrement des droits d'enregistrement et des amendes, on voit, par l'art. 64, L. 22 frim. an VII, que le premier acte de poursuite consiste en « une *contrainte* décernée par le receveur au préposé de la régie. » — Il en est de même pour le recouvrement des droits de greffe, d'hypothèque et du timbre dus au fisc. — Du reste, le paiement des droits et amendes peut être poursuivi par voie de contrainte, toutes les fois que la loi n'exige point une condamnation préalable ou la rédaction d'un procès-verbal.—Instr. de la régie de l'enregistr. 23 brum. an X, art. 42.

9. — Pour le recouvrement des contributions directes, l'arrêté du 16 thermid. an VIII dispose (art. 30) « que les receveurs particuliers décerneront dans leurs arrondissemens respectifs des *contraintes* contre les percepteurs et les contribuables en retard de s'acquitter. »

10. — Pareillement, pour le recouvrement des contributions indirectes, la régie tient de l'art. 44, L. 1er germin. an XIII, le droit d'employer contre les redevables en retard la voie de contrainte.

11. — Enfin l'arrêté du 18 vent. an VIII, qui se rattache aux lois des 28 pluv. an III, 2 mess. et VI, 19 vendém. et 43 frim. an VIII, a donné au ministre des finances le droit de décerner des contraintes contre les autres comptables du trésor.

12. — La loi du 28 pluv. an III, en organisant le bureau général de comptabilité, avait chargé (art. 7) l'agent de comptabilité institué auprès de ce bureau « de faire tous les actes conservatoires, décerner les *contraintes*, et faire toutes poursuites contre les comptables, d'après les états, les arrêtés et les déclaratoires du bureau de comptabilité. »

13. — Plus tard, la loi du 5 mess. an VI, en créant un bureau de la comptabilité intermédiaire, déclara (art. 21) que les décisions des commissaires composant ce bureau seraient exécutoires par provision, et les autorisa (art. 22) à employer contre les comptables reliquataires le mode de poursuite et les voies de *contrainte* autorisées par la loi précitée du 28 pluv. an III.

14. — Par la loi du 12 vendém. an VIII (art. 1er) les mêmes pouvoirs furent accordés à l'agent du trésor public contre tout entrepreneur, fournisseur, soumissionnaire et agent quelconque comptable en retard depuis la mise en activité de la constitution de l'an III.

15. — La loi du 13 frim. suivant fit passer tous ces pouvoirs aux mains des commissaires de la trésorerie nationale, déjà chargés par les lois d'arrêter provisoirement les comptes des receveurs et payeurs généraux des départemens, ainsi que les différentes régies nationales. — Art. 1er et suiv.

16. — Mais les commissaires de la trésorerie nationale ayant été ultérieurement supprimés, le ministre des finances, comme spécialement chargé de l'administration du trésor public, devait naturellement être substitué dans tous leurs droits ; il fut en conséquence autorisé, par l'arrêté du 8 vent. an VIII, « à prendre tous arrêtés nécessaires et exécutoires par provision contre les comptables, entrepreneurs, fournisseurs, soumissionnaires et agens quelconques en débet, dans les cas et aux termes prévus par les lois des 12 vendém. et 13 frim., le tout ainsi que les ci-devant commissaires de la trésorerie nationale y étaient autorisés par lesdites lois. » Ce fut ainsi qu'indépendamment des diverses contraintes que nous avons énumérées, le ministre des finances se trouva investi du droit d'en décerner également pour assurer la rentrée d'en débet des sommes dues au trésor, dont le recouvrement n'est pas réglé par des lois spéciales.

17. — Le directeur général de la caisse des signations peut décerner, dans les départemens, et faire décerner par les préposés de la caisse, des contraintes contre les officiers publics, pour les obliger à effectuer les consignations à leur charge. — Il est procédé en ce cas comme en matière d'enregistrement et la procédure peut être, suivie au ministère public. — Ord. 3 juill. 1816, art. 8.

18. — Bien que, dans l'usage, on n'emploie la dénomination de *contrainte administrative* que

pour désigner les mandémens exécutoires délivrés dans l'intérêt de l'état, en fait, les préfets, dans l'intérêt des départemens, et les maires, dans l'intérêt des communes, jouissent de la même prérogative que celle accordée aux différentes régies financières et au ministre des finances, et ne sont pas non plus dans la nécessité de s'adresser aux tribunaux pour obtenir un titre exécutoire contre les débiteurs du département ou de la commune.

19. — En effet, l'art. 29, L. 10 mai 1838, relatif au recouvrement des produits départementaux, porte que : « les rôles et états des produits sont rendus *exécutoires* par le préfet, et par lui remis au comptable. » — V. DÉPARTEMENT.

20. — Déjà la loi du 18 juill. 1837 avait disposé (art. 63) que « toutes les recettes municipales pour lesquelles les lois et réglémens n'ont pas prescrit un mode spécial de recouvrement, s'effectuent sur des états dressés par le maire. Ces états sont *exécutoires* après qu'ils ont été visés par le sous-préfet. »

21. — La *contrainte administrative* peut être exercée, non seulement contre les comptables directs de deniers publics, mais encore contre leurs agens ou préposés, lorsqu'ils ont fait personnellement la recette. — Décr. 12 janv. 1811.

22. — Il y a plus : d'après la jurisprudence du conseil d'état, elle peut, de même, atteindre tous les débiteurs du trésor et tout rétentionnaire, à quelque titre que ce soit, des deniers publics. Les indications des lois précitées des 12 vendém. et 13 frim. an VIII ne sont pas, à cet égard, limitatives, mais seulement énonciatives ; il est donc de principe que le ministre des finances, en sa qualité d'administrateur du trésor, a un droit de contrainte contre ses débiteurs, quels qu'ils soient. — *Cons. d'état*, 3 sept. 1844, Choppener.

23. — On a vu là une des conséquences de la loi sur la séparation des pouvoirs, qui ne permet pas aux tribunaux de connaître des actes de l'administration. En effet, presque toujours, les droits du trésor reposent sur des documens et titres administratifs. Or, l'administration serait complétement désarmée à l'égard de tous ceux des débiteurs du trésor qui ne sont ni comptables, ni fournisseurs, si, ne pouvant demander contre eux aux tribunaux un titre exécutoire, elle ne pouvait les poursuivre en vertu de contraintes ministérielles. V. Ord. précitée. — *Encyclop. du droit*, v° *Contrainte administrative*, n° 12.

24. — C'est par application de ces principes qu'un avis du conseil d'état du 9 vent. an X, inséré au Bulletin des lois, a décidé qu'une contrainte avait pu être valablement décernée contre les violateurs d'un dépôt fait pour le compte du trésor, entre les mains d'un notaire.

25. — Un autre avis du 28 vent. an XII a approuvé également une contrainte que le ministre des finances avait décernée contre le mandataire du payeur de l'armée d'Italie, auquel des fonds avaient été envoyés par ce dernier pour en faire la distribution, et qui se trouvait reliquataire de sommes considérables.

26. — Enfin, par la décision précitée du 3 sept. 1844, le conseil d'état a également validé une contrainte délivrée par le ministre des finances contre un notaire qui avait indûment touché pour un de ses cliens les arrérages d'une inscription de rente, devenue la propriété de l'état.

27. — Mais il est essentiel de remarquer que le ministre des finances tient seul des lois précitées le pouvoir de décerner des contraintes contre les débiteurs de l'état. Les autres ministres peuvent bien, chacun dans les limites de ses attributions, soit constituer en débet les comptables qui ressortissent à leur juridiction, soit déclarer l'existence des dettes reconnues au profit de l'état dans leurs département ; mais lorsqu'ils veulent procurer exécution à leurs décisions, ils doivent s'adresser au ministre des finances.

28. — Par suite des mêmes principes, lorsqu'un déficit peut porter sur des deniers communaux ou appartenant à des établissemens charitables, le ministre des finances doit se concerter, pour la décision à prendre, avec le ministre de l'intérieur, conformément à l'art. 10 de l'ord. du 19 oct. 1826 et à l'art. 8 de l'ord. du 17 oct. 1837, sauf recours au conseil d'état. — *Cons. d'état*, 6 juill. 1843, Bosc. — Dumesnil, *Tr. de la législation spéciale du trésor public*, n° 264.

29. — Si, postérieurement à la contrainte délivrée par le ministre des finances, le ministre au département duquel appartient la créance qui a fait l'objet de cette contrainte, reconnaissait que le débiteur s'est libéré, son aveu entraînerait nécessairement l'annulation de la contrainte. — *Cons. d'état*, 15 nov. 1826, Deslandes c. min. des fin.

30. — Il en devrait être de même si le ministre, après avoir simultanément obtenu une contrainte du ministre des finances, et dirigé des poursuites criminelles contre un comptable, avait abandonné l'action criminelle et suspendu indéfiniment l'action administrative. — *Cons. d'état*, 31 déc. 1828, Duval.

§ 2. — *Forme des contraintes.*

31. — En matière de douanes, d'enregistrement, de contributions directes et indirectes, et généralement en tout ce qui concerne le recouvrement des droits dont la recette est confiée aux diverses administrations financières, la loi a pris soin de déterminer dans quelles formes les contraintes doivent être décernées et mises à exécution. — Les préposés de l'enregistrement doivent notamment y établir les sommes dues par les redevables, ainsi que les causes de la dette, afin de les contraindre au paiement. — V. pour les développemens relatifs à l'exercice de la contrainte dans ces différentes matières CONTRIBUTIONS DIRECTES, CONTRIBUTIONS INDIRECTES, DOUANES, ENREGISTREMENT.

32. — Les contraintes ministérielles, les seules dont nous ayons à nous occuper ici ne sont soumises à aucune forme sacramentelle. Il est même à remarquer qu'à l'encontre des contraintes qui sont décernées dans les diverses matières dont nous venons de parler et qui toutes doivent, pour être mises à exécution, être visées, soit par le juge de paix ou par le président du tribunal civil, soit par le sous-préfet, elles ne sont soumises à aucun visa.

33. — Il résulte d'ailleurs évidemment des lois précitées des 12 vendem., 13 frim. et 18 vent. an VIII, qu'elles sont exécutoires par elles-mêmes, sans qu'il soit besoin de les faire suivre du mandement de justice, prescrit par l'art. 545, C. procéd. civ.

34. — L'exécution en est poursuivie par l'agent judiciaire du trésor public. — Arr. 28 flor. an 11, art. 2.

35. — Toute contrainte doit être signifiée ; mais il n'est pas nécessaire de notifier les pièces qui ont pu lui servir de base ; ces arrêtés ayant par eux-mêmes force exécutoire n'ont besoin d'être appuyés sur aucun titre. — Avis cons. d'état, 9 vent. an X ; — *Encyclop. du dr., ubi suprà*, n° 19.

§ 3. — *Opposition aux contraintes.*

36. — Un avis du conseil d'état du 25 thermid. an XII, en déclarant que les administrateurs auxquels les lois ont attribué le droit de décerner des contraintes sont de véritables juges dont les actes doivent obtenir la même exécution que ceux des tribunaux ordinaires, a ajouté que « — Ces actes ne peuvent être l'objet d'aucun litige devant les tribunaux ordinaires sans troubler l'indépendance de l'autorité administrative. »

37. — Mais on sait qu'en matière d'enregistrement, de douanes, de contributions indirectes, etc., l'autorité judiciaire a été investie du pouvoir de statuer, sur toutes les difficultés relatives au paiement des droits. Il suit de là que les débiteurs contre lesquels des contraintes ont été décernées par les préposés des différentes régies peuvent y former opposition devant les tribunaux. La disposition qui précède doit donc seulement être entendue à l'égard des contraintes de cette nature, en ce sens que l'acte même de contrainte ne peut être critiqué devant les tribunaux.

38. — A l'égard des contraintes qui, par la nature des recouvremens qu'elles ont pour objet, sont du ressort exclusif de l'administration ; c'est devant l'autorité administrative seule qu'elles peuvent être attaquées par la voie de l'opposition. Il importe, avant tout, de se fixer sur les différens organes de cette autorité qui seront, suivant les cas, compétens pour connaître de l'opposition.

39. — L'opposition aux contraintes décernées contre les débiteurs de contributions directes appartient aux conseils de préfecture en vertu de la loi 28 pluv. an VIII. — V. CONTRIBUTIONS DIRECTES.

40. — Il en serait de même, à notre avis, de toutes contraintes décernées par le préfet dans tous les cas où il est autorisé à en délivrer.

41. — Mais du principe que les conseils de préfecture ne peuvent connaître des décisions ministérielles, il suit qu'ils sont incompétens pour statuer sur l'opposition formée à une contrainte délivrée par le ministre des finances. Cette opposition ne peut être portée que devant le conseil d'état. — *Cons. d'état*, 23 nov. 1831, Salvage.

42. — S'il s'agissait d'une contrainte décernée par les comptables supérieurs d'une administration financière contre un comptable inférieur, l'opposition de ce dernier devrait être portée préalablement devant le ministre des finances, seul juge des difficultés soulevées entre comptables. — *Cons. d'état*, 22 mai 1813, Chenantais ; 6 juill. 1843, Bosc.

43. — Dans tous ces divers cas, les tribunaux ne peuvent, sous aucun prétexte, prononcer sur le mérite des contraintes, non plus que sur la validité des motifs qui y ont donné lieu. — *Cons. d'état*, 23 avr. 1807, Scaparone ; 22 nov. 1810, Loisel Guillois ; 6 déc. 1820, Duclop ; 5 juin 1843, Chappelier.

44. — Toutefois, il ne faut pas conclure de là qu'ils sont complétement dépourvus de tout pouvoir pour connaître des oppositions auxquelles elles peuvent donner lieu. Il faut, à cet égard, distinguer entre les divers motifs sur lesquels l'opposition peut se fonder, et lorsque ces motifs reposent sur des exceptions tirées du droit commun et étranger à la contrainte, la compétence de l'autorité judiciaire reprend son empire.

45. — Ainsi, il appartient aux tribunaux de statuer sur les qualités que la veuve et les enfans d'un particulier contre lesquels une contrainte a été décernée ont prises dans sa succession. — *Cons. d'état*, 5 juin 1843, hérit. Chappelier c. min. fin.

46. — Il leur appartient de même de connaître de l'opposition formée par un comptable à l'exercice de la contrainte par corps décernée contre lui, en se fondant sur le bénéfice d'âge établi pas le droit commun ; une telle opposition n'ayant par pour effet de remettre en question la condamnation administrative. — *Cons. d'état*, 28 août 1827, Belot.

47. — Il a été jugé, cependant, que lorsque le ministre des finances a décerné une contrainte pour délit contre un comptable et sa caution, si la caution forme opposition à la contrainte et conteste la validité de son cautionnement, la contestation doit être portée devant l'autorité administrative et non devant l'autorité judiciaire. — *Cons. d'état*, 24 janv. 1827, Santelli. — Mais cette décision a été vivement critiquée, et non sans raison, par M. Chevalier (*Jurisprudence administrative*, v° *Comptabilité*, p. 190), comme contraire aux principes que nous venons d'exposer. Toutefois, M. de Cormenin (v° *Comptables*, t. 1er, p. 345) a pensé que, dans l'espèce dont il s'agissait, elle se trouvait justifiée en ce que le fond même du droit était contesté, le trésor n'était pas désintéressé et la caution était administrativement poursuivie en qualité de codébiteur solidaire.

48. — Les tribunaux seraient pareillement compétens pour décider si l'exécution de la contrainte a eu lieu selon les formalités prescrites par la loi. — *Cons. d'état*, 23 avr. 1807, Scaparone.

49. — Ils pourraient, par conséquent, prononcer sur la régularité de l'emprisonnement d'un comptable public, exécuté en vertu d'une contrainte de l'administration. — *Cons. d'état*, 6 déc. 1820, Duclop.

50. — Les oppositions à une contrainte décernée par le ministre des finances contre un comptable en faillite, ou les difficultés nées de l'exécution de cette contrainte, ne peuvent être portées devant le tribunal de commerce auquel est dévolue la connaissance de la faillite ; elles doivent être déférées au tribunal civil de première instance du domicile du failli. — *Cass.*, 9 mars 1808, Enregistr. c. Messet. — Dumesnil, *ubi, suprà*, n° 261.

§ 4. — *Effets des contraintes.*

51. — Les contraintes autorisent contre ceux qu'elles concernent, la saisie-exécution de leurs meubles, la saisie-arrêt ou opposition entre les mains des tiers, et toutes les autres saisies prévues et réglées par le Code de procéd., même la saisie immobilière.

52. — L'avis précité du conseil d'état du 25 thermid. an XII porte que « les administrateurs auxquels les lois ont attribué, pour les matières qui y sont désignées, le droit de prononcer des condamnations ou de *décerner des contraintes*, sont de véritables juges, dont les actes doivent produire les mêmes effets et obtenir la même exécution que ceux des tribunaux ordinaires. »

53. — Il semblerait résulter de là que toutes les contraintes, indistinctement, doivent avoir tous les effets des jugemens, et notamment qu'elles emportent hypothèque. Le même avis du conseil d'état ajoute, en effet, encore d'une manière générale, « que les condamnations et les contraintes émanées des administrateurs, dans les cas et pour les matières de leur compétence, emportent hypothèque de la même manière et aux mêmes conditions que celles de l'autorité judiciaire. »

54. — Par un autre avis du 29 oct. 12 nov. 1811, le conseil d'état s'est même prononcé dans ce sens en décidant, sur la question de savoir si la dispo-

sition que nous venons de reproduire était applicable en matière de douanes, « que cette question était décidée par l'avis précité. »

55. — C'est encore en se fondant uniquement sur le même avis qu'il a décidé par un dernier avis des 24-25 mars 1812, que les arrêtés des préfets fixant les débets des comptables des communes et des établissemens publics sont exécutoires sur les biens, meubles et immeubles de ces comptables, sans aucune intervention des tribunaux.

56. — Cependant la jurisprudence de la cour de Cassation, et plusieurs auteurs recommandables, s'accordent pour distinguer à cet égard deux espèces de contraintes, savoir celles qui émanent des organes de l'administration auxquels la loi a conféré des pouvoirs juridiques, et celles qui ne sont que de simples *exécutoires* délivrés par les administrateurs désignés par la loi pour l'exercice des droits et actions de l'état.

57. — D'après cette jurisprudence, ce sont seulement les contraintes de la première sorte qu'il faut considérer comme de véritables jugemens, emportant les mêmes effets, et donnant en conséquence à l'administration le pouvoir de prendre hypothèque contre les redevables de l'état, de séquestrer et de faire vendre leurs biens.

58. — Les autres contraintes doivent être considérées, non comme des actes de juridiction, mais seulement comme le titre explicatif de la demande formée par les agens de l'état contre les redevables ou contribuables.

59. — C'est ainsi qu'en ce qui concerne les contraintes ministérielles, on accorde sans difficulté qu'elles emportent hypothèque parce que la décision qui prend le ministre en un tel cas à réellement les caractères de l'administration. Les lois précitées des 2 messid. an VI ; 12 vendém. et 13 frim. an VIII, se sont d'ailleurs formellement expliquées à cet égard sur l'étendue des droits du trésor.

60. — Mais, en matière d'enregistrement, le même effet est refusé aux contraintes décernées par les préposés de la régie.—*Cass.*, 28 janv. 1828, Enregistr. c. Scellier ; —Championnière et Rigaud, *Tr. des dr. d'enregist.*, t. 4, n° 4016.

61. — Par analogie, on a étendu le principe aux contraintes décernées en matière de contributions directes et indirectes. — V. Favard de Langlade, *Rép.*, v° *Exécution des jugemens* ; Durieu, *Pours. en mat. de contrib. dir.*, t. 1er. p. 466.

62. — Si, en matière de douanes, on reconnaît que la contrainte entraîne hypothèque sur les biens des débiteurs des droits, ce n'est pas par application de l'avis du 25 thermid. an XII. L'hypothèque, dit-on, en ce cas, ne résulte pas de la contrainte ; mais elle est fondée sur ce que, aux termes de la loi du 22 août 1791 (tit. 13, art. 23), le gouvernement a hypothèque, en vertu de la soumission de redevable des droits de douanes, lorsque cette soumission est dûment enregistrée.

63. — L'ensemble de ce système, qui est adopté sans difficulté par M. Dumesnil (*Tr. de la légist. spéc. du très. publ. en mat. cont.*, n° 257) a néanmoins trouvé des contradicteurs, et l'on a fait de la cour de Cassation, dit M. Serrigny (*Compét. admin.*, suppl., p. 135, n° 990 *ter*), outre qu'elle établit une opposition manifeste dans des actes dont les effets doivent être les mêmes, détruit l'uniformité et désarme les administrations financières. — V. également *Encyclop. du dr, ubi suprà* n° 23.

64. — Toutes les contraintes n'emportent pas nécessairement la *contrainte par corps*. Ici s'applique dans toute sa force le principe qui veut que ce moyen de poursuites ne soit employé que dans les cas où la loi l'a formellement autorisé. — 17 avr. 1832, art. 46.

65. — Mais il est à remarquer que la même loi du 17 avr. 1832, en déterminant par ses art. 8 et suiv. les divers cas où la contrainte par corps peut être exercée en matière de l'état, n'en conserve à la *contrainte administrative* toute la force qu'elle tenait à cet égard des lois précédentes, en maintenant toutes les dispositions de ces lois qui concernent le *mode des poursuites* à exercer contre ces mêmes débiteurs. — Même art. 46 ; — Dumesnil, *ubi sup.* n° 267. — V. au surplus COMPTABLES PUBLICS, CONTRAINTE PAR CORPS.

V. ABONNEMENT, CAISSE DES DÉPÔTS ET CONSIGNATIONS, CAISSE DE POISSY, ENREGISTREMENT, GREFFE (droits de), TIMBRE.

CONTRAINTE PAR CORPS.

Table alphabétique.

CONTRAINTE PAR CORPS. — **1.** — Droit accordé, en certains cas, au créancier, de faire emprisonner son débiteur pour le contraindre au paiement de sa dette.

CHAPITRE 1er. — *Origine de la contrainte
par corps. — Observations préliminaires.*

2. — L'origine de la contrainte par corps se perd, comme celle de presque toutes les institutions, dans les temps de barbarie.

3.— Le sens des dispositions de la loi des Douze-Tables sur les droits accordés au créancier contre le débiteur insolvable, était déjà un sujet de discussion chez les jurisconsultes romains, et il est peu probable que les historiens de nos jours soient parvenus à résoudre des problèmes insolubles déjà près de deux mille ans avant eux. — Aulu-Gelle, *Noct. att.*, 20, 1 ; Bayle Mouillard, *De l'emprisonnement pour dettes*, ch. 1er.

4.—Il n'est pas étonnant que, dans des pays où l'esclavage existait, le créancier ait eu sur son débiteur des droits inconnus chez nous : la liberté était une propriété dernière dont le débiteur devait pouvoir se dépouiller ou être dépouillé par son créancier.

5. — Rien de semblable n'existe aujourd'hui. L'épreuve de la contrainte par corps n'a aucun rapport avec l'esclavage. C'est la société elle-même, qui, sur la réquisition du créancier, emprisonne le débiteur et le prive de sa liberté pendant un temps plus ou moins long, dans le but de s'assurer de son insolvabilité.

6. — En ce sens seulement, la contrainte par corps existe en France de temps immémorial ; Philippe-le-Bel la restreignit aux cas où le débiteur s'y soumettrait volontairement. Elle ne tarda pas à devenir de style, les prêteurs ayant soin d'exiger, dans tous les contrats, que les débiteurs la consentissent. —Coin-Delisle, *Com. anal. du tit. de la contr. par corps*; Introd., n° 4er.

7. — L'ordonnance de 4586, connue sous le nom d'ordonnance de Moulins, régularisa cet état de choses. Aux termes de l'art. 48 de cette ordonnance, la contrainte par corps devait garantir toutes les condamnations de sommes pécuniaires ; mais en même temps, elle ne pouvait être exercée avant quatre mois, à partir de la signification du jugement à personne ou domicile.

8. — La durée de la contrainte par corps était illimitée sous l'empire de cette ordonnance. Les condamnés, y est-il dit, pourront être pris au corps et tenus prisonniers, jusqu'à cession et abandonnement de leurs biens.

9.—Les commerçans étaient, toutefois, régis par des lois plus sévères; et quand les juges et consuls des marchands usaient de la faculté que leur accordaient les édits de création, de prononcer la contrainte par corps, les débiteurs n'avaient pas droit au délai de quatre mois, établi seulement pour les dettes civiles. —Coin-Delisle, introd., n° 4. — V. aussi les art. 428, 429 et 439 de la *Cout. d'Orléans.*

10. — La législation sur la contrainte par corps, en matière civile, fut modifiée d'une manière importante par l'ordonnance de 1667.

11. — L'art. 4er du tit. 34 de cette ordonnance déclare abrogé l'usage des contraintes par corps après les quatre mois établis par l'art. 48 de l'ordonnance de Moulins , pour dettes purement civiles. Les articles suivans déterminent les cas spéciaux peu nombreux , et en général fondés sur la mauvaise foi du débiteur dans lesquels il sera encore permis aux juges de prononcer la contrainte par corps.

12.— En matière commerciale, l'ordonnance de 4673, tit. 7, et l'ordonnance de la marine de 4681, tit. 43, n'introduisirent aucune innovation importante au droit ancien. Il est seulement à remarquer qu'en matière civile comme en matière commerciale, les juges pouvaient prononcer la contrainte par corps, mais n'y étaient pas tenus. — Cass. 12 therm. an IX , de France c. Godard — Coin-Delisle. *Introd.*, v° *Contrainte par corps*, n° 4 ; Merlin, *Quest. de droit*, v° *Contrainte par corps*, n° 4 ; Pardessus , n° 1512.

13.—Depuis cette époque jusqu'à la loi des 45-24 août 4790, rien ne fut modifié, quant au fond, du droit touchant la contrainte par corps ; mais un assez grand nombre de dispositions législatives eurent pour objet d'en régler l'exercice. Fournel les a rassemblées dans son commentaire de la loi du 45 germin. an VI , mais elles n'offrent guère

aujourd'hui qu'un intérêt purement historique

14. — Ce que Louis XIV avait commencé dans l'intérêt de quelques privilégiés , la révolution le continua dans un but purement démocratique. Le 25 août 4792, l'assemblée législative décréta que la contrainte par corps ne serait plus exercée à l'avenir pour dettes de mois de nourrice; et enfin , le 9 mars 4793 , la convention nationale ordonna l'élargissement de tous les prisonniers pour dettes, et décréta l'abolition de la contrainte par corps.

15. — Cependant cette dernière loi ne devait point être prise à la lettre. La convention, déjà, en décrétant l'abolition de la contrainte, chargeait son comité de législation de lui faire un rapport sur les exceptions, et, dès le 30 du même mois de mars 4793, un nouveau décret déclarait que la contrainte par corps aurait lieu contre les comptables de deniers publics.

16. — Ce même décret établissait implicitement une exception beaucoup plus importante. En effet, en qualifiant le décret du 9 mars de décret abolitif *de la contrainte par corps en matière civile*, il rappelait et maintenait les dispositions de la loi des 16-24 août 4790, qui portait, tit. 12, art. 5, que l'exception de tous les jugemens en matière de commerce.

17.—Cette exception n'était pas la seule. Le mot *dettes civiles* n'était pas moins exclusif des condamnations prononcées en matière criminelle, que de celles prononcées en matière commerciale ; et, par conséquent, le décret du 30 mars 4793 déclarait implicitement que le droit ancien était maintenu pour les unes comme pour les autres.

18. — La suppression de la contrainte, même pour dettes purement civiles, ne fut pas de longue durée. Le 24 vent. an V , le décret du 9 mars 4793 fut rapporté, et les dispositions des lois anciennes remises en vigueur jusqu'à la promulgation d'une loi complète promise, et dont s'occupa sur-le-champ. — V. Dans Fournel les différens rapports qui ont précédé la loi du 45 germin. an VI.

19. — La loi du 45 germin. an VI contenait trois titres. Le premier relatif à la contrainte par corps en matière civile; le second relatif à la contrainte par corps en matière commerciale ; le troisième, au mode d'exécution des jugemens emportant contrainte par corps.—V. Fournel, *Tr. de la contrainte par corps*; Maugeret, *Tr. de la contrainte par corps.*

20. — De ces trois titres, le premier fut abrogé par le Code civil ; le troisième, par le Code de procédure ; le second l'a été seulement par la loi du 17 avr. 4832.

21.— Nous devons rappeler enfin pour compléter la série des lois du 4 flor. an VII et du 10 sept. 4807, relatives à la contrainte par corps pour engagemens de commerce entre Français et étrangers.

22.—L'examen des dispositions de ces lois et des questions transitoires qu'elles ont soulevées devant naturellement présenter plus d'intérêt en étant rapproché des lois aujourd'hui en vigueur, nous nous y livrerons dans les différens chapitres qui suivent.

CHAPITRE II. — *Contrainte par corps en matière purement civile.*

Sect. 1re. — *Règles générales.*

23. — Le caractère rigoureux de la contrainte par corps et la ressemblance de cette voie d'exécution avec les peines proprement dites, ont porté le législateur à établir quelques règles spéciales dont il n'est jamais permis aux juges de s'écarter. —La première, celle qui domine toute la matière, est écrite dans l'art. 2062, C. civ. : - Nous les déterminés par les articles précédens, ou qui pourraient l'être à l'avenir par une loi formelle, il est défendu à tous juges de prononcer la contrainte par corps, à tous notaires et greffiers de recevoir des actes dans lesquels elle serait stipulée, et à tous Français de consentir de pareils actes, encore qu'ils eussent été passés en pays étrangers; le tout à peine de nullité, dépens, dommages et intérêts. » — V. ord. 4667, art. 4, tit. 34 ; L. 45 prair. an VI , art. 1er. — V. aussi Fournel, sur cet article.

24. — L'art. 4 de la loi du 4 flor. an VI, relative à la contrainte par corps contre les étrangers, déclarait contraignable par corps, en France, tout Français qui aurait soumis à la contrainte par corps en pays étranger. Par là, on avait cru donner aux Français un moyen de crédit; mais cette disposition, étrange d'ailleurs, favorisait la fraude. C'est pour l'abroger que l'art. 2063 défend aux Français de se soumettre à la contrainte, même par des actes passés en pays étranger. — Coin-De

lisle, sur l'art. 14, L. 17 avr. 1832. — On ne peu induire le contraire de l'arrêt de la cour de Besançon du 9 nov. 1808, Perret c. Gloriod.

25. — Par application de l'art. 2063, on a annulé le jugement qui condamnait un mari par corps envers sa femme au paiement d'une certaine somme, à raison du refus par lui fait de représenter son enfant, qu'il avait soustrait pendant une instance en divorce. — *Paris*, 27 juin 1810, Foubert. — L'art. 19 de la loi du 17 avr. 1832 permet moins encore le doute aujourd'hui. — Coin-Delisle, sur l'art. 2063, nº 2.

26. — On devait même décider, sous l'empire de la loi de l'an VI, qu'une stipulation formelle était inefficace pour rendre la contrainte impérative dans le cas où, aux termes de la loi, elle était simplement facultative. Il n'est pas plus permis aux parties d'aggraver la contrainte, dans les cas où la loi l'autorise, que de permettre son exercice dans les cas où la loi le défend. — Coin-Delisle, sur l'art. 2063, nº 9; — *contrà* Fournel, sur l'art. 2, L. 15 germin. an VI.

27. — Il faut se garder de confondre avec la contrainte toutes les voies d'exécution contre les personnes. On entend par contrainte par corps l'action de retenir un débiteur en prison pendant un certain temps pour le contraindre au paiement d'une somme déterminée. — Les tribunaux ont eu fréquemment à examiner si l'art. 2063 n'interdit pas au mari l'emploi de la force publique pour contraindre sa femme à réintégrer le domicile conjugal. L'invocation de l'art. 2063, dans ce cas, était la conséquence d'un abus évident des mots. — *Encycl. du dr.*, vº *Contrainte par corps*, nº 28.

28. — Si le mari, après avoir fait condamner sa femme au paiement d'une somme d'argent pour le cas où elle ne réintégrerait pas le domicile conjugal, avait voulu faire prononcer contre elle la contrainte par corps pour le paiement, l'art. 2063 aurait repoussé ses prétentions même avant la publication de la loi du 17 avr. 1832, qui défend (art. 19) de prononcer la contrainte contre le débiteur au profit de son mari ou de sa femme. — *Cass.*, 6 janv. 1820, Mabru. — Mais si le mari, pour soustraire sa femme aux influences qui l'obsèdent, ou pour frapper vivement son imagination, veut employer la force publique afin de la faire conduire, non en prison, mais dans sa demeure, il ne s'agit plus que d'examiner si les obligations de faire qui se résolvent habituellement, dans notre droit, en dommages-intérêts ne doivent pas, dans certains cas, être exécutées même par force et sans respect pour la liberté des personnes. — C. civ., art. 1142. — V. pour la négative, *Paris*, 22 prair. an XIII, Pleumartin; *Nîmes*, 11 juin 1806, Sylvestre; *Riom*, 13 août 1810, Bachelier; *Toulouse*, 24 août 1818, N...; *Colmar*, 10 juill. 1833, X.; *Paris*, 14 mars 1834, Geiger; — Duranton, t. 2, nºs 436 et suiv.; Delvincourt, t. 1er, p. 155. — *Contrà Paris*, 29 mai 1808, Ampère; *Pau*, 12 avr. 1810, Latrille-Dabèce; *Turin*, 17 juill. 1810, Vinardi; *Colmar*, 4 janv. 1817, Boissard; *Nancy*, 11 avr. 1826, Liegey; *Cass.*, 9 août 1826, Liegey; *Aix*, 29 mars 1831, Abbadie; — Coin-Delisle, sur l'art. 2063, nº 4. — V. PUISSANCE MARITALE.

29. — Quelque opinion qu'on embrasse sur cette question, on est toujours forcé de reconnaître que les tribunaux doivent permettre l'emploi de la force publique, même contre les personnes, lorsqu'il ne s'agit pas d'une contrainte à employer pour forcer le débiteur à remplir une obligation de faire, mais seulement de vaincre la résistance de l'obligé à l'exécution des jugemens ou de la loi; par exemple, de retirer un enfant des mains de ceux à qui un jugement en a ôté la garde. La cour royale de Corse a autorisé, dans une espèce moins favorable, un tuteur à faire enlever par force une mineure à la mère remariée qui la retenait. — *Bastia*, 31 août 1826, Guitera c. Durazzo; — Coin-Delisle, sur l'art. 2063, nº 3.

30. — Si les parties ne peuvent pas stipuler la contrainte, elles peuvent au moins y renoncer. La contrainte par corps n'est point une peine, mais un moyen d'exécution, établi dans l'intérêt du créancier, et chacun peut abandonner un droit créé en sa faveur. — Fournel, sur l'art. 2, tit. 1er, L. 15 germin. an VI.

31. — Ainsi, des créanciers qui, pour obtenir l'engagement de la femme du failli, avaient renoncé à exercer la contrainte par corps contre lui, n'ont pu l'exercer depuis, à défaut de paiement aux échéances, des dividendes convenus par le concordat. — *Cass.*, 9 déc. 1812, Lasbouygues c. Palazol.

32. — Non seulement on peut y renoncer expressément et à l'avance, mais cette renonciation a lieu tacitement et de droit, lorsque le créancier n'y a pas conclu. « Il faut observer, dit Jousse sur » l'art. 4, tit. 34, ord. de 1667, que, pour que le juge » puisse prononcer la condamnation par corps, il » faut qu'elle soit demandée par le créancier, au« trement le juge ne doit pas la prononcer; car il » ne doit jamais prononcer *ultrà petita*. » — *Bruxelles*, 30 nov. 1818, Deloique c. Jourd'heuil; — Coin-Delisle, sur l'art. 2067, nº 8; Thomine, sur les art. 126 et 127, nº 145; Carré, *Lois de la procéd.*, t. 1er, nº 540 et comp., t. 2, p. 685; Delaporte, t. 1er, p. 230; Locré, *Esprit du C. de comm.*, t. 8, p. 143; Fournel, sur l'art. 3, tit. 1er, L. 15 germin. an VI.

33. — Cependant l'introduction d'une demande dans laquelle le créancier a omis de parler de la contrainte, n'est pas une renonciation à l'exercer; tant que le tribunal n'est pas dessaisi par le jugement, la contrainte par corps peut être demandée par des conclusions additionnelles.

34. — Mais la contrainte ne saurait être réclamée pour la première fois en appel, car le débiteur ne doit point être privé des deux degrés de juridiction. Si les premiers juges ont omis de la prononcer, quoiqu'il y ait été conclu, la cour, sur l'appel du créancier, peut au contraire combler la lacune du premier jugement et condamner le débiteur par corps. — *Rennes*, 14 juill. 1813, Espivent. — Pardessus, *ibid.*; Coin-Delisle, sur l'art. 2063, nº 5, sur l'art. 20, L. 17 avr. addit.

35. — Lorsque la contrainte est demandée, les juges peuvent, en refusant de la prononcer sur le fondement de la disposition de loi invoquée par le demandeur, déclarer le débiteur contraignable par corps en vertu d'une autre loi. C'est ce qu'a jugé la cour royale de Paris dans un arrêt du 6 janv. 1832, rapporté avec l'arrêt de *Cass.*, 18 nov. 1834, Barre c. Gambier.

36. — Mais cet arrêt jugeait en outre qu'un notaire, poursuivi devant les tribunaux civils en restitution d'un dépôt, pouvait y être condamné par corps en vertu des art. 52 et 408, C. pén. La cour de Cassation a repoussé avec raison cette doctrine, qui tendrait à rendre les tribunaux civils juges des questions de culpabilité et a cassé l'arrêt de la cour de Paris pour cette cause. — *Cass.*, 18 nov. 1834, Barre c. Gambier.

37. — La deuxième règle relative à la contrainte est écrite dans l'art. 2067, C. civ., qui porte que : la contrainte, dans les cas même où elle est autorisée par la loi, ne peut être appliquée qu'en vertu d'un jugement. C'est à la fois une garantie que la contrainte n'aura pas lieu en dehors des cas prévus par la loi, et un avantage pour le débiteur qui jouira des délais toujours nécessaires pour l'obtention des jugemens.

38. — Du mot *jugement* qui se trouve dans l'art. 2067, il faut conclure que la contrainte ne pourrait être prononcée, en général, par une simple ordonnance, comme une ordonnance de référé, par exemple. — *Montpellier*, 19 juin 1807, Ribier c. Carrière; — Billhard, *Des référés*, p. 41; Coin-Delisle, sur l'art. 2067, nº 1er.

39. — Mais ce principe souffre exception, à l'égard de la caution judiciaire (C. procéd., art. 519); des débiteurs de deniers et effets mobiliers publics; des étrangers pour l'arrestation provisoire (L. 17 avr. 1832, art. 15); et aux cas prévus par les art. 191 et 264, C. procéd.

40. — Au surplus, la loi, en exigeant un jugement, n'a pas dit de quel tribunal il doit émaner; et tous juges compétens pour prononcer une condamnation le sont en même temps pour prononcer la contrainte. — Coin-Delisle, sur l'art. 2067, nº 6.

41. — Ainsi, la contrainte est valablement prononcée par arbitres, soit volontaires, soit forcés. — V. ARBITRAGE, nºs 273 et suiv.

42. — ...Ou par le juge de paix dans les limites de sa compétence. — V. JUSTICE DE PAIX.

43. — Il faut que la contrainte soit prononcée par le jugement même de condamnation; le tribunal, une fois dessaisi par son jugement, ne pourrait, sur une nouvelle demande, ajouter la contrainte par corps contre le débiteur. — *Paris*, 28 germin. an XIII, Carcatrison c. Niquille; — Pardessus, *Dr. comm.*, t. 6, nº 1512.

44. — Les juges ont la faculté d'accorder, suivant les circonstances, mais seulement par le jugement qui la prononce, un sursis à l'exercice de la contrainte par corps. — C. procéd., art. 127.

45. — Quoique cette disposition ne soit littéralement applicable qu'aux cas de contrainte facultative énumérés dans l'art. 126, C. procéd., les tribunaux n'hésiteraient probablement pas à l'étendre aux autres cas de contrainte facultative, et même aux cas de contrainte impérative. Toutes les fois que les tribunaux peuvent accorder des délais pour l'exécution de leurs jugemens, ils peuvent, et à plus forte raison, en accorder pour l'exécution de la contrainte par corps. — *Encyclop. du droit*, vº *Contrainte par corps*, nº 36.

46. — Lorsqu'un sursis a été accordé sous condition la contrainte peut être exercée avant l'expiration du délai si le débiteur n'accomplit pas les conditions qui lui ont été imposées. — *Aix*, 17 juin 1835, Paul et Raure c. Giraud.

47. — Le tribunal qui a prononcé la contrainte par corps est seul compétent pour connaître des difficultés qui s'élèvent sur le mérite de son jugement, lors même qu'il serait exécuté hors de son ressort. — *Bruxelles*, 29 juin 1808, Delavallée c. Brady.

48. — On peut poser comme troisième règle générale relative à la contrainte; que le jugement qui la prononce doit déterminer le montant des condamnations pour lesquelles elle a lieu. La contrainte, en effet, ne peut être mise à exécution au-dessous de certaines sommes, 300 fr. en matière civile, et 200 fr. en matière de commerce. Lorsque la condamnation est indéterminée, les juges n'ont pas su si elle dépassait la somme de 2 ou 300 fr., et par conséquent, ils ont ignoré si c'était ou non le cas de prononcer la contrainte. — Arg. *Cass.*, 6 oct. 1836, Godefroy.

49. — Cependant, dans le cas où des juges condamnent une partie à des dommages-intérêts à fournir par état, ils ont la faculté de prononcer éventuellement la contrainte pour l'hypothèse où ces dommages-intérêts excéderaient 300 fr. — *Encyclop du dr.*, nº 38.

50. — La contrainte peut-elle être exercée par un prête-nom? — Plusieurs arrêts fondés sur les art. 780 et 789, C. procéd., qui exigent expressément l'indication du domicile du créancier, et sur les considérations d'humanité qui veulent que le débiteur connaisse son créancier afin de lui opposer les compensations auxquelles il a droit, se sont prononcés pour la négative. — *Paris*, 17 sept. 18[illegible], Lenoir c. d'Haronville; 12 mars 1839 (t. 1er 18[illegible], p. 276), Vaulout c. Taunier. — Dans l'espèce de ces arrêts, des poursuites de contrainte par corps avaient été, nonobstant une cession non signifiée, exercées au nom de l'ancien créancier. Mais nous ne saurions adopter cette doctrine; il est toujours libre au cessionnaire et au cédant de laisser ignorer le transport au débiteur cédé, sauf au cessionnaire à courir les risques de son silence, dans le cas où le cédant recevrait le paiement de la créance; les dispositions des art. 780 et 789, C. procéd., n'ont rien d'explicite et ne peuvent modifier le principe posé dans l'art. 1690, C. civ., que le transport est non avenu à l'égard du débiteur jusqu'à la signification, et ne doit pas plus pouvoir être invoqué par lui que contre lui. Sans doute, le débiteur ne pourra pas opposer la compensation de ce qui lui serait dû par le cessionnaire, mais en revanche il pourra opposer ce lui serait dû par le cédant, ce dernier est son [illegible] table créancier, et il n'en peut avoir deux à la fois pour la même dette. — *Paris*, 25 janv. et 1er fév. 1810, Camille c. Brisseau et Michel c. Hinguerie. — On peut tirer argument en ce sens d'un arrêt de la même cour du 15 oct. 1829 (Berlin c. Drouard) qui a jugé que les alimens avaient été valablem[illegible] consignés par le créancier incarcérateur, nono[illegible] tant le transport de la créance à un tiers, non [illegible] core signifié au débiteur.

51. — La contrainte étant une mesure rigoure[illegible] l'exercice n'en peut être modifié au gré des tribu[illegible] naux. L'humanité veut sans doute que les d[illegible] teurs incarcérés puissent, à raison de leur état [illegible] maladie, être placés dans une maison de san[illegible] mais les tribunaux ne pourraient, sous le prétex[illegible] que leurs affaires et même l'intérêt de leurs c[illegible] ciers l'exigent, les autoriser à sortir de la p[illegible] sous la surveillance d'un garde du commerce [illegible] serait substituer un moyen de contrainte nouv[illegible] inconnu du législateur, à celui qu'il a établi. C[illegible] aux créanciers, si leur intérêt l'exige, à s'ente[illegible] avec le débiteur. — *Paris*, 26 fév. 1819, Doumer[illegible] — Coin-Delisle, sur l'art. 2069, nº 109; Carré, [illegible] *la procéd.*, nº 2723; Pigeau, *Procéd.*, t. 2, p. [illegible] 2e édit.; Delvincourt, p. 192, nº 114, édit. 18[illegible].

52. — L'art. 2063 prononce la nullité contre [illegible] jugemens ou actes rendus ou passés cont[illegible] ment à ses dispositions; faut-il en induire que [illegible] jugement ou l'acte sera nul pour le tout, ou que la contrainte prononcée ou stipulée sera censée non avenue? — C'est cette dernière int[illegible] prétation qu'il faut admettre. La nullité n'est [illegible] noncée que dans l'intérêt de la liberté, et le but [illegible] la loi est atteint par l'annulation de la clause [illegible] tive à la contrainte. Toutefois, on devrait d[illegible] autrement, selon M. Coin-Delisle (sur l'art. [illegible] nº 10), s'il apparaissait que la soumission à la [illegible] trainte était réellement une condition du cont[illegible] Mais nous n'adopterions cette décision qu'au[illegible] que la preuve de l'intention des parties résul[illegible] des termes même de l'acte.

53. — Dans les affaires où les tribunaux c[illegible]

ou de commerce statuent en dernier ressort, la disposition de leur jugement relative à la contrainte par corps est sujette à l'appel.—L. 17 avr. 1832, art. 20. — V. DEGRÉ DE JURIDICTION.

54. — Cet appel n'est pas suspensif. — L. 17 avr. 1832, *ibid.*

55. — Il peut être interjeté malgré l'acquiescement donné par le débiteur au jugement de condamnation. — V. ACQUIESCEMENT, nos 139 et suiv.

56. — Mais il n'est plus recevable, après l'expiration du délai de trois mois à partir du jour de la signification du jugement à personne ou à domicile. — *Rouen*, 26 fév. 1839 (t. 2 1839, p. 553), Jeannole et Duval.

57. — L'acquiescement est insuffisant pour suppléer à la signification et faire courir le délai d'appel. — V. ACQUIESCEMENT, nos 152 et suiv.

58. — Il a cependant été jugé que l'appel n'est plus recevable après les trois mois de l'acquiescement donné à un jugement par défaut sur un procès-verbal de saisie des meubles du débiteur, parce qu'à compter de ce jour l'opposition n'est plus recevable, et que, par suite, le délai de l'appel commence à courir. — *Paris*, 20 avr. 1843 (t. 1er 1843, p. 689), Rocheplatte c. Cassen.

59. — Il en est de même si l'appel n'est interjeté que plus de trois mois après l'expiration des trois jours pendant lesquels l'opposition formée au jugement par défaut sur le procès-verbal d'exécution aurait dû être renouvelée avec assignation.— *Paris*, 26 avr. 1843 (t. 1er 1843, p. 689), Henry c. Leboulanger.

60.—La contrainte par corps ne constitue qu'une voie d'exécution et non un mode de libération, le débiteur qui l'a subie pendant le temps déterminé, n'est pas affranchi de sa dette. Les biens meubles et immeubles continuent à être affectés aux poursuites de son créancier.

61. — Le droit de contrainte, dans les cas où la loi l'accorde, passe aux héritiers ou ayant cause du créancier, mais il ne peut être exercé contre les représentans du débiteur. — *Encycl. du dr.*, no 40.

Sect. 2e. — *Quelles personnes sont contraignables par corps.*

62.— La contrainte par corps peut être en principe prononcée et exercée contre toute personne. Cependant certains débiteurs, à raison de leur âge, de leur sexe, de leurs fonctions, ou même de leurs relations de parenté ou d'alliance avec le créancier, en ont été exemptés par la loi. Ces exemptions sont différentes selon que la dette est civile, commerciale ou criminelle. Nous ne nous occuperons en ce moment que des exemptions purement civiles. Les exemptions sont absolues ou relatives. On peut aussi distinguer la défense de prononcer la contrainte, et la défense de l'exercer.

§ 1er. — *Exemptions absolues.*

63. — On appelle absolues les exemptions qui, étant motivées sur l'âge, le sexe ou la position du débiteur, peuvent être invoquées contre tout créancier sans avoir égard à sa qualité.

64. — Elles existent au profit : 1o des mineurs.— C. civ., art. 2064.—Cette disposition n'est utile que lorsque l'obligation du mineur est valable. L'art. 2064 n'aurait pas de sens s'il dispensait le mineur de la contrainte à raison d'une obligation nulle. Par exemple, le mineur condamné au paiement de dommages-intérêts à raison d'un fait entaché de dol ou de fraude ne pourrait y être contraint par corps. — Il en serait de même du mineur émancipé qui se serait soumis à la contrainte dans un bail à ferme. — C. civ., art. 2062 ; — Coin-Delisle, sur l'art. 2064, no 6.—V. *contrà* Pigeau, *Procédure civ.*, liv. 2, 3e part., tit. 5, chap. 3, 4e div., no 1er.

65. — Le mineur émancipé est, sauf le cas de stellionat, complétement assimilé par la loi aux femmes et aux filles, et ne peut, comme elles, être contraint par corps que s'il est commerçant. — Coin-Delisle, sur l'art. 2064, no 5. — Et comme la signature d'une lettre de change ne donne pas la qualité de commerçant, il en résulte qu'il n'est pas contraignable pour cette cause. — Coin-Delisle, sur l'art. 2, L. 17 avr. 1832.

66. —Mais la contrainte pourrait-elle être prononcée contre un majeur à raison de dettes valablement contractées en minorité?—Le législateur, dit M. Coin-Delisle à l'appui de la négative (sur l'art. 2064, no 5), a présumé que le mineur dans les cas même où son engagement serait valable, n'aurait pas connu l'étendue de l'engagement accessoire de la contrainte par corps, et qu'il serait en conséquence restituable contre cette partie de l'obligation. Cependant Jousse (sur l'art. 9, tit. 34, ord. 1667, note 62e) fait connaître que l'ancienne jurisprudence était contraire à cette opinion.

67. — M. Duranton (t. 18, no 475) tout en admettant que la contrainte ne saurait être exercée contre un majeur en vertu d'un bail souscrit en minorité, pense qu'en général elle peut être prononcée contre un majeur, quoique le fait qui y a donné lieu se soit passé en minorité. La contrainte, dit-il, n'est point une peine, mais un moyen d'exécution, et la loi qui défend de la prononcer contre un mineur est observée.

68. — Nous n'admettons pas cette doctrine. La contrainte par corps est un accessoire de l'obligation, et lorsqu'elle ne s'est pas jointe à l'obligation au moment de sa naissance, elle ne peut venir s'y ajouter à raison d'un changement d'état du débiteur. Pourquoi d'ailleurs distinguerait-on entre le cas où l'obligation naît d'un contrat et celui où elle résulte d'un fait ? La contrainte par corps doit être repoussée ou admise dans les deux cas.— V. conf. *Encyclop. du droit*, no 48.

69. — La ratification par un majeur d'une condamnation avec contrainte par corps prononcée contre lui en minorité est nulle quant à la contrainte, car elle équivaudrait à une stipulation de contrainte par corps qui est impossible. — *Rouen*, 15 nov. 1825, Amyot c. Bonvoisin.

70.—...2o Des septuagénaires, des femmes et des filles, excepté dans le cas de stellionat. — C. civ., art. 2066. — Il suffit que la soixante-dixième année soit commencée pour jouir de la faveur accordée aux septuagénaires. — C. civ., art. 2066. — C'était un point anciennement controversé, sur lequel la loi de germinal an VI avait laissé subsister le doute, et que les rédacteurs du Code ont tranché dans le sens le plus favorable à la liberté. — Merlin, *Rép.*, vo *Contrainte par corps*, no 18; Fournel, sur l'art. 5, L. 15 germin. an VI; Coin-Delisle, sur l'art. 2064, no 2.

71. — La contrainte par corps pour cause de stellionat pendant le mariage n'a lieu contre les femmes mariées que lorsqu'elles sont séparées de biens, ou lorsqu'elles ont des biens dont elles se sont réservé la libre administration et à raison des engagemens qui concernent ces biens. — Les femmes qui, étant en communauté, se seraient obligées conjointement ou solidairement avec leur mari, porte l'art. 2066 du Code civil, ne pourront être réputées stellionataires à raison de ces contrats. Ces dispositions ont été empruntées à l'édit du mois de juillet 1680, interprétatif de l'art. 8, tit. 34, ord. 1667. Il faut donc, pour que la femme soit réputée stellionataire, qu'elle soit auteur principal du stellionat, et non pas seulement complice de son mari sous l'influence duquel alors elle est censée avoir agi. — Duranton, t. 18, no 477.

72.—Mais en cette matière, comme en toute autre, c'est à celui qui invoque l'exception à la prouver, et les septuagénaires devront établir leur âge pour se faire dispenser de la contrainte. L'arrêt qui prononce la contrainte ne peut donc être cassé sur le motif que le défendeur est septuagénaire, lorsqu'il n'en rapporte pas même la preuve devant la cour de Cassation. — *Cass.*, 21 avr. 1841 (t. 1er 1841, p. 620), Dancy c. Ernoule.

73.— Le Code de procédure civile a augmenté les cas de contrainte purement civile, mais il n'a rien statué quant aux personnes. On s'est, en conséquence, demandé si la disposition du Code civil qui dispense de la contrainte les mineurs, les filles, les femmes et les septuagénaires est applicable aux cas de contrainte établis par le Code de procédure.—La question s'est principalement présentée pour les femmes condamnées à des dommages-intérêts en vertu de l'art. 126-2o, C. procéd. Une jurisprudence constante a appliqué, avec raison, à ce cas les exemptions établies par le Code civil. — *Cass.*, 6 oct. 1813, Villecoq c. Bazin; *Colmar*, 7 avr. 1821, Erhard c. Lemarc Lévy; *Cass.*, 26 déc. 1827, Reybier de Lafugne c. Grandjean ; *Paris*, 26 fév. 1829, Morizat et Copin c. Saquinet; *Cass.*, 17 janv. 1832, Delacroix c. Chouland; *Douai*, 29 juill. 1839 (t. 2 1839, p. 466), syndics de la société des mines d'Anzin c. Bethfort.

74. — Il en est de même à l'égard des reliquats de compte de tutelle. — *Bastia*, 31 août 1826, Guitera c. Durazzo.

75.—...Des dommages-intérêts prononcés en matière de réintégrande. — *Cass.*, 20 mai 1818, Gast c. Levacher.

76. —...De la responsabilité de la femme gardienne judiciaire. — *Paris*, 14 août 1829, Hierthès c. Perrint.

77. — La question avait déjà été jugée dans le même sens, avant le Code, pour la femme gardienne judiciaire. — *Paris*, 21 prair. an XIII, Deniset c. Receveur.

78. — Une femme, enfin, ne peut être contrainte par corps en matière de folle-enchère. — *Lyon*, 20 juin 1822, Boulet c. Durand.

79. — C'est donc aujourd'hui un point à l'abri de toute contestation, que le Code de procédure n'a fait qu'étendre les cas où la contrainte peut être prononcée, sans rien changer aux dispositions du Code civil sur les personnes qui en sont passibles. —Coin-Delisle, sur l'art. 2066, no 12.

80. — La fraude ou le dol n'autorise jamais, sous le Code, à prononcer la contrainte contre les femmes ou les septuagénaires. Il en était autrement sous l'ord. de 1667. — *Paris*, 26 fév. 1829, Morizat et Copin c. Sacquinet ; — Coin-Delisle, sur l'art. 2066, no 11, et addit., *ibid.*

81. — La contrainte par corps, ayant pour but de forcer le débiteur au paiement, ne peut être mise à exécution contre un interdit, privé de l'administration de ses biens. Cependant, comme l'interdiction peut cesser, comme aucune loi ne défend de prononcer la contrainte dans ce cas, et comme aussi les tribunaux ne peuvent ajouter la contrainte à une condamnation déjà prononcée, on doit, quand un interdit se trouve dans un cas de contrainte par corps, la prononcer contre lui, sauf à retarder l'exécution jusqu'au jour où l'interdiction aura cessé.

82. — On ne saurait assimiler sous ce rapport à l'interdit le prodigue pourvu d'un conseil judiciaire. Le prodigue n'est pas privé de l'administration de sa fortune, et nous n'hésitons pas à croire que la contrainte peut être prononcée et exercée contre lui. — *Bruxelles*, 13 avr. 1808, Lyon-Reinhac c. Heister; — Pigeau, *Comment.*, t. 1er, p. 300.

83.—...3o Des pairs de France et des députés.— La contrainte peut, sans difficulté, être prononcée contre ces deux classes de personnes, mais elle ne peut être exercée contre elles que sous certaines distinctions.

84. — Aucun pair ne peut être arrêté que de l'autorité de la chambre (Charte 1830, art. 29 [ancien art. 34, Charte 1814]), ce qui signifie que la contrainte par corps prononcée contre un pair de France, ne peut être mise à exécution sans une autorisation de la chambre. Mais la chambre est-elle libre d'accorder ou de refuser cette autorisation ? — La loi ne l'a pas dit, et comme il n'existe aucun recours contre les décisions de la chambre, il est clair qu'elle reste investie d'un pouvoir discrétionnaire. — V. CHAMBRE DES PAIRS, no 90.

85. — Le 25 avr. 1822, la chambre des pairs ayant été saisie d'une demande en autorisation d'exercer la contrainte contre un de ses membres, décida d'une manière générale qu'*aucune contrainte ne pouvait être exercée contre la personne d'un pair pour dettes purement civile.* — V. la discussion et la résolution de la chambre, à sa date, t. 17, p. 297. — La chambre avait pensé que si, aux termes de l'art. 51, Charte de 1814 (art. 43, Charte de 1830), les députés, dont les fonctions sont temporaires, étaient aussi temporairement dispensés de la contrainte, la pérennité de l'office du pair devait entraîner également la pérennité du privilége.

86. — Cette décision blessait évidemment le texte formel de l'art. 34 de la Charte (art. 29, Charte de 1830), qui, en disant qu'aucun pair ne devra être arrêté que de l'autorité de la chambre, ne suppose pas certainement que cette autorisation devra toujours être refusée. On a ajouté d'ailleurs, avec raison que les fonctions du député durent cinq ans, ce qui n'empêche pas qu'il ne puisse être arrêté dans l'intervalle des sessions. L'art. 34 constituait donc encore un bénéfice au profit du pair qui ne peut être arrêté, même dans l'intervalle des sessions, que de l'autorité de la chambre.

87. — Aussi, la chambre des pairs est-elle revenue le 4 déc. 1830 (V. à cette date dans le *Journal du Palais*) sur sa résolution du 25 avr. 1822 ; et en décidant qu'elle accorderait l'autorisation d'exécuter les jugemens prononçant la contrainte par corps en matière civile ou commerciale, elle a réglé les formes dans lesquelles cette autorisation devrait lui être demandée. Conformément à cet arrêté, l'exercice de la contrainte a été autorisé le 29 janv. 1841 contre M. Dubouchage, quoique les jugemens qui la prononçaient eussent été rendus en 1828, c'est-à-dire sous l'empire de la résolution de 1822, qui refusait l'autorisation d'une manière absolue. — *Chambre des Pairs*, 29 janv. 1831, Borelly c. Dubouchage; — Coin-Delisle, sur l'art. 2069, no 40; Merlin, *Quest. de dr.*, vo *Contrainte par corps*, § 12, no 182; Coffinières, *Liberté individuelle*, t. 2, p. 20 ; Duvergier, *Bulletin annoté*, sur la résolution du 4 déc. 1830.

88. — L'article de la Charte défendant l'exercice de la contrainte sans distinction, l'autorisation est nécessaire quoique le jugement qui prononce la contrainte soit antérieur à l'élévation du débiteur à la pairie. — *Paris*, 19 juin 1826, Brissac c. comte de Saint-Aulaire.

89. — Le créancier doit obtenir l'autorisation de la chambre, même lorsque le pair condamné par corps n'est pas encore admis à siéger, et ne peut par conséquent invoquer le privilége de ses fonctions. On a pensé que les expressions générales de l'art. 29 de la Charte, et l'honneur de la chambre le voulaient ainsi. — *Paris*, 13 nov. 1831, Gouré c. de la Vauguyon. — On peut invoquer, à l'appui de cette décision, celle de la chambre des pairs, portant que les pairs non encore admis à siéger ne peuvent cependant être jugés que par elle en matière criminelle ou correctionnelle. — *Cour des pairs*, 20 sept. 1831, Montalembert. — E. Cauchy, *Précédens de la cour des pairs.* — V. COUR DES PAIRS.

90. — Depuis la loi du 28 déc. 1831, abolitive de l'hérédité de la pairie, ces décisions seraient applicables aux personnes revêtues de la dignité de pair, par une ordonnance royale, et qui ne sont pas encore admises à siéger. — *Précédens de la cour des pairs*, p. 10. — *Contrà Encyclop. du dr.*, vo *Contrainte par corps*, no 60.

91. — Mais, de ce que la cour des pairs a jugé qu'elle était compétente pour connaître des délits commis par un pair de France, lors même qu'au moment de la poursuite il a perdu sa qualité de pair (*Cour des pairs*, 24 nov. 1830, Kergorlay), il faut bien se garder de conclure que l'autorisation de la chambre serait nécessaire pour exercer la contrainte contre un pair qui a perdu cette qualité, lors même que le jugement qui la prononce serait antérieur à la déchéance. L'art. 27 de la Charte défend d'exercer la contrainte contre un pair; l'individu dont il s'agit a perdu cette qualité.

92. — Aucune contrainte par corps ne saurait être exercée contre un membre de la chambre des députés durant la session et dans les six semaines qui la précèdent ou la suivent. — Charte de 1830, art. 43, anc. art. 51, Charte de 1814. — Cette exception, dictée par des raisons politiques et par la nécessité de ne pas priver un des arrondissemens de la France de son représentant, n'a trait, comme la précédente, qu'à l'exercice de la contrainte et non à sa prononciation. — Au surplus, elle n'atteint pas complètement son but, car quoique le député ne puisse être arrêté pendant la durée de la session, on n'aurait aucun moyen pour faire remettre en liberté, à l'ouverture de la session, le député arrêté dans l'intervalle des sessions. — *Contrà Comment.*, sur la Charte, p. 316.

93. — ... 4o De certains agens de l'autorité publique ou de marins prêts à faire voile.

94. — Ne peuvent être mis en prison, dit Jousse, sur l'art. 9, tit. 34, ordonnance de 1667, les officiers et gens de guerre, lorsqu'ils sont en service ou en garnison (ainsi jugé par un arrêt, rapporté par Boniface, t. 5, liv. 3, tit. 1er, chap. 12, qui a déclaré nul l'emprisonnement fait d'un soldat pour dettes civiles). — Pothier, *Procéd. civ.*, part. 5, chap. 1er, § 2. — Contrairement à cette ancienne jurisprudence, la loi du 8 juill. 1791, tit. 3, art. 63, portait que « tout militaire en activité qui, étant majeur, aurait contracté des engagemens pécuniaires par lettres de change ou par toute autre espèce d'obligation emportant la contrainte par corps et qui s'étant laissé poursuivre pour le paiement de semblables dettes, aurait, par jugement définitif, été condamné par corps, ne pourrait rester au service si dans le délai de deux mois il ne satisfaisait pas à ses engagemens. Dans ce cas la sentence portée contre lui équivaudra, après le délai de deux mois, à une démission précise de son emploi. » L'art. 64 de la même loi défendait aux officiers ou juges militaires de prendre connaissance des actions résultant des obligations contractées par un militaire en activité, si ce n'est à l'armée et hors de France, ni d'apporter aucun obstacle, soit à la poursuite, soit à l'exécution du jugement. Cette loi a été confirmée par un décret du 24 messid. an II, par lequel la convention a refusé de suspendre l'effet des créances et actions civiles contre les défenseurs de la partie, et par un arrêté du 7 therm. an VIII, portant qu'il n'y avait pas lieu à suspendre en faveur des conscrits les dispositions des lois des 15 germin. et 4 flor. an VI.

95. — Il pourrait sembler qu'aujourd'hui, en présence de ces lois diverses, les militaires ne doivent jouir d'aucune exemption, quant à la contrainte. C'est aussi ce qu'a décidé un jugement du tribunal de la Seine du 30 avr. 1833 (t. 22, p. 1157 en note), et un autre jugement du tribunal supérieur d'Alger du 17 août 1836, Laporte. — *Sic* Pardessus, t. 6, no 1507; Bioche, *Dict de procéd.*, vo *Contrainte par corps*, no 286; Coin-Delisle, sur l'art. 2069, no 41.

96. — Cependant cette opinion a trouvé des adversaires. On a fait remarquer, avec raison, que l'art. 63, L. 8 juill. 1791, en parlant de démission d'emploi avait eu exclusivement en vue les officiers; que la loi de recrutement touche à un intérêt général et que les droits des simples particuliers contre les militaires ne doivent passer qu'après ceux de l'état. Il est d'ailleurs bien constant, nonobstant le texte de la loi du 8 juill. 1791, que l'on ne pourrait arrêter pour dettes un soldat en faction ou remplissant un service quelconque, Aussi M. Favard (*Nouv. Rep.*, vo *Contrainte par corps*) est-il d'avis que le militaire ne peut être arrêté s'il fait partie d'un bataillon de guerre en campagne; et MM. Pigeau (*Proc éd. civ.*, t. 2, p. 263 et 272); Carré (*Lois de la procéd.*, t. 3, p. 54); Thomine (*Comment. sur le Code de procéd.*, t. 2, no 911); Fœlix (*Comment. sur la loi du 17 avr.*, chap. 1er, § 2); Sebire et Carteret (*Encycl. du droit*, no 64), refusent en général l'exercice de la contrainte par corps contre un militaire. — V. conf. *Caen*, 22 juin 1829, d'Harembure c. Begouin.

97. — Le bénéfice d'être dispensé de la contrainte peut être invoqué par le militaire lui-même sans que l'intervention de l'état soit nécessaire, puisqu'il s'agit d'ordre public. — Même arrêt. — V. *contrà Alger*, 17 août 1836, Laporte. — Il est bien certain, d'ailleurs, que la dispense a pour effet seulement d'empêcher l'exécution de la contrainte par corps contre le militaire, et que les tribunaux peuvent la prononcer. Aucune différence n'existe donc entre les jugemens rendus avant l'appel du militaire sous les drapeaux, et ceux postérieurs à cet appel.

98. — Le militaire en congé, n'étant astreint à aucun service envers l'état, peut être emprisonné à la requête de ses créanciers.

99. — Les conscrits non encore appelés sous les drapeaux sont contraignables par corps; aucune difficulté ne peut s'élever sur ce point réglé par l'arrêté du 7 therm. an VIII.

100. — Le capitaine et les gens de l'équipage qui sont à bord, ou qui, sur les chaloupes, se rendent à bord pour faire voile, ne peuvent être arrêtés pour dettes civiles, si ce n'est en raison de celles qu'ils ont contractées pendant le voyage, et, même dans ce dernier cas, ils ne peuvent être arrêtés, s'ils donnent caution (C. comm., art. 231). Il faut entendre par dette civile toute dette qui ne procède pas d'un délit; par conséquent une dette commerciale aussi bien qu'une dette purement civile. — Pardessus, *Droit comm.*, no 670.

101. — Selon M. Thomine, no 911, un magistrat, un avocat, ne sauraient être arrêtés au moment où ils se rendent à l'audience, si l'intérêt public était compromis par leur arrestation, par exemple, s'ils ne pouvaient être utilement remplacés, l'un pour l'expédition des affaires, l'autre pour la défense d'un accusé.

102. — Pigeau (liv. 2, part. 5, tit. 3, chap. 1er, sect. 4), étend cette exception au berger, au voiturier, au postillon et au conducteur de diligence, dans l'exercice de leurs fonctions. — Mais il est évident que c'est là ajouter à la loi. L'officier public qui opère la contrainte en pareille circonstance doit seulement, sous peine de dommages-intérêts, prendre les mesures nécessaires pour la garde des troupeaux ou voiture. — Coin-Delisle, art. 2065, no 37; Thomine, no 911.

103. — Un garde national n'est pas contraignable par corps pendant le temps où il est employé à un service public. — Thomine, no 911.

104. — Il s'agit, du reste, en pareilles circonstances, d'un sursis à l'emprisonnement plutôt que d'une exemption de contrainte. — V. EMPRISONNEMENT.

105. — ... 5o Des agens diplomatiques. — Décr. 13 vent. an II. — Mais les consuls ne sont pas toujours considérés comme agens diplomatiques, et, à moins d'exceptions écrites dans les traités, ils sont passibles de la contrainte. — *Paris*, 28 avr. 1841 (t. 1er 1841, art. 619), Hermann-Delong c. Boullé et Silon; — Goujet et Merger, *Dict. de droit comm.*, vo *Consul*, nos 28, 33 et suiv. *Encycl. du droit*, vo *Contrainte par corps*, no 67. — V. CONSUL.

106. — ... 6o De l'un des époux quand son conjoint est poursuivi en même temps pour la même dette. — Des considérations d'humanité ont porté le législateur à défendre l'exercice de la contrainte simultanément contre le mari et la femme pour la même dette. — L. 17 avr. 1832, art. 21. — Mais si les dettes étaient distinctes, la contrainte serait valablement exercée à la fois contre les deux. — Duranton, t. 18, no 481; *Encycl du droit*, no 67.

107. — Lorsque le créancier cède une partie de la créance, elle ne cesse pas pour cela de ne former qu'une seule dette, et la contrainte ne saurait donc être exercée à la fois contre l'un des époux par le cédant, et par le cessionnaire contre l'autre.

108. — Au reste la loi défend seulement *d'exercer* la contrainte simultanément contre le mari et la femme; par conséquent on doit la prononcer, contre tous deux, sauf au créancier à ne l'exercer que contre un seul.

§ 2. — *Exemptions relatives.*

109. — On nomme exemptions relatives celles qui sont uniquement fondées sur les rapports de parenté ou d'alliance qui existent entre le débiteur et son créancier.

110. — Sous l'empire de la loi du 15 germin. an VI, et sous celui du Code de procédure, le degré de parenté ou d'alliance n'était jamais un obstacle à l'exercice de la contrainte par corps. Ainsi on avait jugé qu'elle pouvait être exercée par un beau-père contre son gendre (*Colmar*, 27 avr. 1816, Negèle c. Coglin), par un frère contre son frère (*Lyon*, 28 déc. 1826, Monestier), par un oncle contre son neveu (*Lyon*, 3 fév. 1830, Ducreux). Un arrêt, il est vrai, mais dans un considérant inutile, avait déclaré que la contrainte ne pouvait être exercée au profit d'une fille contre sa mère. — *Bastia*, 31 août 1826, Guitera c. Durazzo.

111. — L'art. 19, L. 17 avr. 1832, a comblé la lacune des législations précédentes, en établissant que la contrainte ne sera jamais prononcée contre le débiteur, au profit : 1o de son mari ou de sa femme; 2o de ses ascendans, descendans, frères ou sœurs ou alliés au même degré, et en ajoutant que les individus ci-dessus mentionnés, contre lesquels il serait intervenu des jugemens de condamnation par corps ne pourront être arrêtés en vertu desdits jugemens, ou s'ils sont détenus, ils devront être élargis immédiatement après la promulgation de la loi.

112. — Ces exceptions, dictées par les bonnes mœurs, doivent s'étendre à la parenté adoptive comme à la parenté naturelle. — Coin-Delisle, sur l'art. 19, L. 17 avr., no 1er.

113. — Elle doit même s'appliquer à la parenté simplement naturelle, dans les cas toutefois où la preuve de cette parenté est possible.

114. — L'alliance n'est pas détruite par la mort sans enfans de celui qui l'opérait. — Coin-Delisle, sur l'art. 19, L. 17 avr. 1832, no 1er.

115. — Ainsi, l'enfant d'un premier lit ne peut obtenir de condamnations entraînant la contrainte par corps contre la femme en secondes noces de son père, encore que celui-ci soit décédé. — *Nîmes*, 18 nov. 1841 (t. 1er 1842, p. 219), Guibal c. Luget.

116. — Si l'alliance survient postérieurement à l'exécution de la contrainte, nous n'hésitons pas à penser que l'emprisonnement doit cesser immédiatement. — Goujet et Merger, *Dict. de dr. comm.*, vo *Contrainte par corps*, no 187.

117. — Mais il ne faudrait pas conclure par réciprocité que si un parent cède sa créance à un étranger ce dernier devient recevable à exercer la contrainte par corps. Le cessionnaire ne peut en effet avoir plus de droits que son cédant. — *Paris*, 22 fév. 1810, Michel c. Sévenne; — Goujet et Merger, *ibid.*, no 188; *Encycl. du dr.*, no 70.

118. — Cette règle souffre cependant exception à l'égard du titre de créance négociable par la voie de l'endossement, tels que les billets à ordre. La rapidité avec laquelle se transmettent ces effets ne permet pas d'assujétir le tiers porteur à l'obligation de rechercher s'il existe ou non affinité entre le souscripteur et le premier titulaire. — *Bourges*, 8 mai 1837 (t. 2 1837, p. 400), Trumeau c. Leloup; *Paris*, 1er avr. 1840 (t. 1er 1840, p. 687), Maurue c. Launay; 3 mars 1842 (t. 1er 1842, p. 409), Pourchet c. Bellon; — Goujet et Merger, *ibid.*; *Encycl. du dr.*, *ibid.* — V. au surplus nos

119. — Nonobstant la défense de prononcer la contrainte par corps contre le débiteur au profit de ses parens ou alliés, on pourrait sans difficulté employer la force publique pour forcer le débiteur à l'exécution d'un jugement, ainsi, par exemple, à délaisser un fonds dans le cas de réintégrande. Il ne s'agit pas, en effet, dans ce cas, de contrainte par corps, et les tribunaux n'ont pas besoin de l'ordonner pour que cette exécution forcée puisse avoir lieu. C'est sans doute par un oubli de ces principes fondamentaux que l'on a essayé, depuis la loi de 1832, devant la cour de Bordeaux, de faire prononcer la contrainte contre un frère au profit de son frère, dans le cas prévu par l'art. 2061, C. civ., et que la cour, en repoussant cette prétention, a évité de viser l'art. 19, L. 17 avr. 1832. — *Bordeaux*, 14 mai 1841 (t. 2 1841, p. 581), Baritaud.

Sect. 3e. — *Pour quelles sommes la contrainte peut être prononcée.*

120. — Après avoir borné la contrainte en considération des personnes qui y sont soumises, la loi l'a aussi limitée à raison des sommes pour lesquelles elle a autorisé à la prononcer. L'art. 1, tit. 34, ord. 1667, avait déjà voulu que certaines condamnations ne pussent entraîner la contrainte qu'autant qu'elles dépasseraient 200 livres. La loi du 15 germin. an VI avait supprimé cette limita-

tion; mais l'art. 2065, C. civ., l'a rétablie avec raison, en déclarant que la contrainte par corps ne saurait être prononcée pour une somme moindre de 300 fr.

121. — Cette disposition est applicable à tous les cas où la contrainte par corps a lieu en matière civile, sans exception pour la représentation de titres ou pour la restitution de choses déposées. La contrainte par corps ne peut être prononcée que pour le paiement d'une somme d'argent; pour entraîner la contrainte par corps, l'obligation doit donc se convertir en obligation de somme d'argent, et le législateur, quelque défavorable que fût la dette, a refusé d'y attacher la contrainte par corps au-dessous de 300 fr. en matière civile.

122. — Ces principes sont encore applicables dans le cas où il s'agit de contraindre un individu à délaisser un fonds (C. civ., art. 2065). Si le propriétaire veut faire expulser le possesseur à l'aide de la force publique, il le peut sans doute; mais il n'y a rien là qui ait trait à la contrainte par corps. Si au contraire il le fait condamner au paiement d'une somme pour le dommage causé par l'indue possession, la contrainte par corps peut être prononcée en vertu de l'art. 2065, mais seulement si la condamnation est supérieure à 300 fr.

123. — Il existe une légère différence entre l'art. 2065, C. civ., et l'art. 126, § 1er, C. procéd. La contrainte, aux termes de ce dernier article, ne peut être prononcée pour dommages-intérêts en matière civile qu'*au-dessus* de 300 fr. — Coin-Delisle, sur l'art. 2065, no 7; Duranton, t. 18, no 478.

124. — Cette disposition est obligatoire pour les tribunaux de commerce comme pour les tribunaux civils. — *Cass.*, 30 déc. 1828, Bouzignes c. Laens.

125. — L'art. 2065 reste au surplus applicable à tous les autres cas prévus par le Code de procédure, et la contrainte peut être prononcée en vertu des articles de ce Code du moment que la somme atteint le chiffre de 300 fr. Rien ne doit faire croire que le législateur ait voulu établir une dérogation à cet égard au Code civil. La question a été ainsi jugée en matière de reliquat de compte. —*Bastia*, 13 juin 1827, Cesari c. Quilicini; —Bioche et Goujet, *Dict. procéd.*, 2e édit., vo *Reddition de compte*, no 119; Coin-Delisle, sur l'art. 2065, no 12; Duranton, t. 18, no 480.

126. — La loi n'exige pas que la dette soit de trois cents francs en principal; il suffit que les intérêts qui participent de la nature du principal, et pour lesquels la contrainte peut être prononcée, réunis à ce principal excèdent 300 fr. —Duranton, t. 18, no 479.

127. — Le créancier peut même réunir plusieurs sommes, dont chacune serait inférieure à 300 fr. et faire prononcer la contrainte par corps pour le total; pourvu, ainsi que le fait remarquer avec raison M. Coin-Delisle, sur l'art. 2066, no 8, que ces diverses créances aient toutes une même cause. On l'a ainsi décidé dans une espèce où un gardien avait été condamné à 600 fr. pour la valeur des objets saisis et à 300 fr. de dommages et intérêts. — *Cass.*, 30 juill. 1833, Roblot c. Viel et Vaudoré.

128. — Mais il n'y aurait pas lieu à prononcer la contrainte contre deux débiteurs condamnés sans solidarité au paiement d'une somme de 400 fr.; puisque la division ayant lieu, de droit, chacun n'est en réalité débiteur que de 200 fr. — *Cass.*, 3 déc. 1827, Bordier-Lange et Mermet c. Ruty.

129. — Il en serait autrement s'ils étaient condamnés solidairement; car alors chaque débiteur est tenu de payer le montant total de la condamnation. Il existe plusieurs décisions sur ce point dans des cas de contrainte par corps en matière criminelle. —V. *infrà* nos 164 et suiv.

130. — De ce que la contrainte ne peut être prononcée au dessous de 300 fr., il suit qu'elle ne saurait être ordonnée pour sureté d'une condamnation incertaine et indéterminée. Mais si le chiffre de la condamnation est certain, quoique non énoncé dans le jugement, la contrainte est valablement accordée. — *Riom*, 29 juin 1819, Chazaud c. Catherine Haste.

131. — Dans les art. 2065, C. civ., et 126, C. procéd., la loi parle de la condamnation à la contrainte et non de l'exécution. Il en faut conclure que, lorsque la dette, qui était de 300 fr. ou au dessus, a été, postérieurement au jugement qui prononce la contrainte, réduite par des paiemens partiels au-dessous de 300 fr., la contrainte peut encore être exercée pour ce qui reste dû. Elle avait été dès le principe valablement attachée à chaque partie de la dette; elle continue à garantir son paiement intégral. —*Paris*, 19 sept. 1839 (t. 2 1839, p. 389), Heideloff c. Léger; 11 août 1841 (t. 2 1841, p. 334), David c. Housseau; — Ginouvier, *Contr. par corps*, p. 14; Coin-Delisle, sur l'art. 2064, no 9.

132. — La cour royale de Paris a même été plus loin. Dans un arrêt que nous ne saurions approuver, elle a décidé que la contrainte est valablement exercée lorsqu'il ne reste plus dû que des frais. — *Paris*, 19 sept. 1839 (t. 2 1839, p. 389), Heideloff c. Léger. — C'est, selon nous, tirer de l'art. 800, Code procéd., une conséquence exagérée. La contrainte n'a point été et n'a point pu être prononcée pour les frais. Elle ne saurait par conséquent, lorsque des frais seuls restent dus, être mise à exécution. L'art. 800, qui exige du débiteur le paiement des frais pour obtenir son élargissement, est relatif évidemment à un cas plus défavorable puisque le débiteur s'est laissé emprisonner, et en matière rigoureuse on ne doit pas raisonner par analogie d'un cas à un autre; on peut moins encore exécuter la contrainte sans jugement, et c'est ce qu'on ferait puisque les dépens sont seuls dus et que le jugement ne prononce la contrainte que pour le principal et les accessoires autres que les dépens.

133. — M. Coin-Delisle (add. sur l'art. 23, L. 17 avr. 1832, no 4), qui blâme avec nous l'arrêt précité, semble croire que s'il ne reste plus dû que des frais, non seulement la contrainte ne peut plus être exercée, mais encore le débiteur déjà emprisonné doit être élargi. C'est du moins la conséquence du principe posé par cet auteur que les frais ne sont garantis par la contrainte par corps qu'en vertu du droit du créancier de refuser tout paiement qui ne comprendrait pas les accessoires aussi bien que le principal de la créance. Dès que le créancier a renoncé à ce droit en recevant le capital sans les frais, il a renoncé également à retenir le débiteur en prison pour les frais.

134. — Cette décision, quelque logique qu'elle soit, souffre évidemment plus de difficulté que la précédente, parce qu'elle a contre elle le texte de l'art. 800 et celui de l'art. 23, L. 17 avril 1832. On peut d'ailleurs raisonnablement croire que le débiteur déjà emprisonné jouit de moins de faveur aux yeux du législateur que le débiteur qui a payé avant l'emploi contre lui de ce moyen rigoureux, et que le créancier, en recevant le paiement du capital, n'avait pas l'intention d'abandonner les garanties que la loi lui accordait pour les accessoires. — V. EMPRISONNEMENT.

Sect. 4e. — *Pour quelles dettes la contrainte par corps peut être prononcée.*

135. — La contrainte par corps n'a pas lieu pour toute espèce de dette; le législateur a énuméré les cas dans lesquels elle peut être exclusivement prononcée. Dans tous, il a eu en vue, soit la mauvaise foi du débiteur, soit la nécessité de garantir l'exécution de certaines condamnations. Comme ces raisons elles-mêmes sont plus ou moins puissantes selon les cas, dans quelques uns il a ordonné aux juges de prononcer la contrainte, dans quelques autres il le leur a seulement permis. De là vient la distinction entre la contrainte par corps impérative et la contrainte facultative. Nous rangerons dans un dernier paragraphe les cas où la contrainte est le résultat d'une convention des parties.

§ 1er. — *Contrainte par corps impérative.*

136. — Les juges ne peuvent se dispenser de prononcer la contrainte par corps : 1o en matière de stellionat. — C. civ., art. 2059, 2136. — V. ce mot.

137. — Cette disposition a pour but de punir la mauvaise foi indépendamment du préjudice causé. Ce serait donc vainement que le stellionataire offrirait un supplément de garantie ou prouverait que celles qui restent sont suffisantes au créancier. Le droit de ce dernier à la contrainte est acquis du moment où il a formé sa demande. —*Paris*, 5 mess. an XI, Liégaut c. Leroy; 6 janv. 1810, Pelletier c. Alais; *Cass.*, 19 juin 1816, Pigot c. Corblin et Dugard; *Paris*, 12 déc. 1816, Rochette c. Delage; — Coin-Delisle, sur l'art. 2059, no 19. —*Contrà* Merlin, *Rép.*, vo *Stellionat*, § 7, et Favard, *Rép.*, *eod. verbo*. — V. aussi *Turin*, 28 avr. 1808, N...., et les observations de M. Coin-Delisle, sur cet arrêt, *loc. cit.*, et add. du même auteur, p. 121.

138. — Il n'y a pas de difficulté à repousser la contrainte par corps, lorsque les faits qui constitueraient le stellionat ont cessé avant la demande. — Coin-Delisle, sur l'art. 2059, no 20.

139. — ... 2o En matière de dépôt nécessaire. — C. civ., art. 2060 (V. ce mot). — Les voituriers et directeurs de messageries, étant assimilés aux dépositaires nécessaires, sont contraignables par corps pour le paiement des indemnités auxquelles ils sont condamnés en cas de perte des objets qu'ils doivent transporter. — *Paris*, 9 avr. 1809, Fadate et Hocquet c. Dumontet. — Coin-Delisle, sur l'art. 2060, no 2. — V. VOITURIER.

140. — Il en est de même de l'aubergiste pour les choses déposées dans son auberge. — Coin-Delisle, *ibid.* — V. HOTELIER.

141. — Mais le voiturier qui s'est chargé gratuitement du transport n'est responsable que de sa faute, et n'est contraignable par corps qu'en vertu de l'art. 126-1o, C. de procéd., c'est-à-dire qu'à son égard la contrainte par corps est facultative. — Coin-Delisle, *ibid.*

142. — ... 3o En cas de réintégrande pour le délaissement ordonné par justice d'un fonds dont le propriétaire a été dépouillé par voies de fait; pour la restitution des fruits qui en ont été perçus pendant l'indue possession et pour le paiement des dommages-intérêts adjugés au propriétaire. — C. civ., art. 2060, 2o.

143. — Il résulte de cet article que non seulement la partie condamnée à délaisser un héritage par elle usurpé, peut en être expulsée par la force publique, ce qui ne constitue pas un cas de contrainte par corps, comme nous avons déjà eu occasion de le faire remarquer; mais qu'elle peut être condamnée à payer une somme d'argent, faute par elle d'exécuter volontairement le jugement, par exemple dix ou onze francs par chaque jour de retard, et que cette condamnation peut être exécutée par voie de contrainte.

144. — Toutefois, pour qu'il en soit ainsi, il est indispensable que le montant de la condamnation soit supérieur à 300 fr. L'art. 2060 doit se combiner avec l'art. 2065. — *Encyclop. du dr.*, no 84.

145. — Il n'y a lieu à réintégrande qu'autant que le propriétaire légitime a été dépouillé par voies de fait. — Un héritier présomptif, condamné à restituer à un héritier plus proche le bien de la succession dont il s'était mis en possession, n'est donc pas contraignable par corps. — *Caen*, 23 fév. 1825, Gouix c. Sorel.

146. — ... 4o Pour répétition de deniers consignés entre les mains de personnes publiques établies à cet effet. — C. civ., art. 2060, 3o.

147. — D'après les termes mêmes de cette disposition, trois conditions sont indispensables pour motiver la contrainte. Il faut : 1o qu'il s'agisse de répétition de deniers; — 2o que ces deniers aient été consignés entre les mains de dépositaires publics; — 3o que ces dépositaires aient été établis à l'effet de recevoir.

148. — La loi punit le fonctionnaire public infidèle, et nul autre. On ne pourrait donc, dans cette matière où tout est rigoureux, prononcer la contrainte au profit du fonctionnaire contre l'individu qui, en surprenant sa confiance à l'aide de manœuvres frauduleuses, se serait fait remettre des deniers consignés entre ses mains comme homme public. — *Nancy*, 18 mai 1827, Cerf-Berr c. Lefèvre.

149. — Les consignations judiciaires sont faites à Paris entre les mains du caissier, dans les départemens entre les mains des préposés de la caisse des dépôts et consignations, substituée pour cet objet à la caisse d'amortissement par la loi de finances du 28 avr. 1816, art. 110, et celle du 3 juill. 1816, art. 10. — Coin-Delisle, sur l'art. 2060, no 7. — V. CAISSE DES DÉPOTS et CONSIGNATIONS, CONSIGNATION.

150. — ... 5o Pour la représentation des choses déposées aux séquestres, commissaires et autres gardiens. — C. civ., art. 2060, 4o.

151. — La contrainte ici a pour but la restitution de tout ce qui a été mis sous la main de la justice et confié par elle à ceux qui se constituent ou qu'elle établit ses mandataires (Bigot-Préameneu, *Exposé des motifs*). Il résulte de là qu'on doit entendre par séquestres les séquestres judiciaires seulement, et non les séquestres conventionnels. Quant à ces derniers, les parties ont à se reprocher d'avoir mal placé leur confiance (Coin-Delisle, sur l'art. 2060, no 10). Au surplus, le séquestre, quoique choisi par les parties, est judiciaire, lorsque c'est la justice qui a ordonné que la chose fût mise en séquestre. — C. civ., art. 1963.

152. — Toutefois, la contrainte par corps ne peut être prononcée par une ordonnance rendue sur requête contre celui qui s'est constitué gardien d'objets saisis (C. civ., art. 2060, 4o). Cette ordonnance peut être attaquée directement par la voie de l'appel, si la cour se trouve déjà saisie de la contestation principale, à l'égard de laquelle l'objet de cette ordonnance n'est qu'un simple incident. —*Nîmes*, 11 août 1812, Delauzun c. Dufour.

153. — Tous gardiens, quelles que soient leurs relations de parenté avec le saisi, et le saisi lui-même, sont contraignables par corps (C. procéd., art. 598). L'opinion contraire, émise sous la loi de germ. an VI (Fournel, sur l'art. 3, tit. 1er de cette loi, no 7), ne doit point être adoptée. — Coin-Delisle, sur l'art. 2060, no 13.

154. — Il a été en conséquence jugé que le locataire qui, sur les contestations entre lui et son pro-

priétaire s'est constitué gardien judiciaire de ses propres meubles doit être condamné par corps à les représenter. — *Cass.*, 23 brum. an X, Rosetti c. Lannette.

155. — Mais il est certain que les femmes gardiennes judiciaires ne sont pas contraignables par corps. La loi n'a soumis les femmes à la contrainte en matière civile que dans le cas de stellionat. Ainsi jugé sous la loi du 15 germin. an VI (*Paris*, 21 prair. an XIII, Denisset c. Receveur), et sous le Code (14 août 1829, Hierthès c. Perrint).

156. — La contrainte ne peut être prononcée contre le propriétaire saisi qui, après avoir soustrait les objets saisis, est condamné à les représenter, s'il n'a été nommé ni gardien ni séquestre. — *Rouen*, 10 juin 1824, de Vesly c. Leroy.

157. — Quoique cette décision soit antérieure à la loi du 28 avril 1832, modificative du Code pénal (art. 400), qui a prononcé des peines contre le saisi pour la soustraction des objets saisis, elle reste encore juste aujourd'hui. Le saisi pourrait, sans doute, être contraint par corps à la restitution, mais seulement en vertu de l'art. 52, C. pén., et s'il avait été condamné comme délinquant. L'art. 2060-4° continue de lui être inapplicable.

158. — Il est clair que l'art. 2060-4° ne saurait s'appliquer à un simple mandataire, détenteur de pièces et non commis par la justice. — *Bruxelles*, 17 mars 1830, V...

159. — Sous le mot *commissaire* la loi n'a pas compris les juges commissaires pour la restitution des pièces qui leur ont été remises par les parties. Cette expression empruntée à l'art. 4, tit. 34, ord. de 1667, s'y appliquait à certains officiers chargés du dépôt et de l'administration des objets saisis. — Coin-Delisle, sur l'art. 2060, n° 12.

160. — En déclarant tous les gardiens commis par la justice contraignables par corps, le législateur a étendu ses dispositions à tous les gardiens et gérans établis dans les cas prévus par les art. 1264, C. civ.; 594, 596, 628, 821, 823, 830, 914-10°, C. procéd.; 106, 172 et 200, C. comm.

161. — On a jugé, avec raison, que lorsque le gardien condamné à payer la valeur des objets saisis, enlevés par le saisi lui-même, exerçait contre ce dernier une action récursoire, toutes les condamnations prononcées, même celle du montant de la valeur des objets soustraits, avaient le caractère de condamnations à des dommages-intérêts, et que le saisi *pouvait* être pour le tout soumis à la contrainte par corps conformément à l'art. 126-2°, C. procéd. — *Cass.*, 30 juill. 1833, Roblot c. Viel.

162. — ... 6° Contre tous officiers publics pour la représentation de leurs minutes quand elle est ordonnée. — C. civ., art. 2060, 6°.

163. — Dans ce cas comme dans ceux déjà signalés, la contrainte a lieu pour le paiement des sommes auxquelles les officiers publics sont condamnés faute par eux de représenter leurs minutes. Mais la contrainte ne peut être prononcée que si le montant des condamnations excède 300 fr.

164. — Par *officiers publics* il faut entendre les notaires, greffiers, archivistes, conservateurs d'hypothèques, et généralement tous ceux qui ont été préposés par la loi à la garde d'actes publics, civils ou administratifs. — Coin-Delisle, sur l'art. 2060, n° 21.

165. — Ces mots *leurs minutes* embrassent tous les actes déposés entre les mains des divers officiers ci-dessus dénommés, bien que ces actes ne constituent pas, à proprement parler, des *minutes* reçues par eux. — Ainsi les notaires sont tenus par corps de la représentation des minutes de leurs prédécesseurs ; les greffiers, de la représentation des registres de l'état civil confiés à leur garde. — *Encyclop. du droit*, n° 103.

166. — ...7° Contre les notaires, les avoués et les huissiers pour la restitution des titres à eux confiés et des deniers par eux reçus pour leurs cliens par suite de leurs fonctions. — C. civ., art. 2060-7°.

167. — Cet article est applicable aux commissaires priseurs et aux gardes du commerce dont les fonctions ne sont qu'une distraction de celles attribuées aux huissiers. — Coin-Delisle, sur l'art. 2060, n° 22.

168. — Les officiers ministériels sont tenus par corps de la restitution des titres qui leur ont été confiés en vertu de leurs fonctions, même par d'autres que leurs cliens. — Coin-Delisle, sur l'art. 2060, n° 23.

169. — Mais la restitution du titre ne peut être exigée par corps, quand ils n'ont pas agi nécessairement en leur qualité. C'est ainsi qu'un avoué qui avait reçu des pièces pour opérer une transaction sur un compte a été considéré simplement comme mandataire *ad negotia*, et la contrainte n'a pas été prononcée contre lui. — *Cass.*, 1er fév. 1820, Thomas c. Dubois-Beauplan ; — Coin-Delisle, sur l'art. 2060, n° 24.

170. — La contrainte peut-elle être prononcée contre les officiers ministériels pour la restitution des sommes par eux reçues de leurs cliens? — La négative résulte de ce que l'art. 2060 ne parle que des sommes touchées pour leurs cliens. — En matière de liberté, dit fort bien M. Coin-Delisle, sur l'art. 2060, n° 25, on ne peut substituer, dans la loi, un mot à un autre. — Cet auteur fait remarquer cependant que, dans quelques cas, la contrainte aura lieu en vertu d'une autre disposition de loi, par exemple, en vertu de l'art. 2060-4°, contre l'huissier qui a reçu de son client une somme d'argent pour faire des offres. L'huissier, dans ce cas, doit être considéré comme un séquestre.

171. — Un arrêt du parlement de Paris, 27 juill. 1759, a condamné par corps un procureur à restituer à son client la somme qu'il en avait touchée par avance, parce que, après le jugement de l'affaire, il avait reçu de la partie adverse la totalité des dépens. Cette décision serait applicable aujourd'hui, car la partie du procureur redemandait moins ce qu'elle lui avait confié que ce qui avait été payé pour elle par la partie adverse. — Fournel, sur l'art. 3, tit. 1er, L. 15 germ. an VI, n° 6 ; Coin-Delisle, sur l'art. 2060, n° 25.

172. — La contrainte ne saurait être prononcée contre les notaires, avoués et huissiers, que s'ils ont reçu les deniers par suite de leurs fonctions. Entend-on par là qu'il faut que la remise des deniers soit une conséquence nécessaire de leur charge? Que décider, par exemple, à l'égard d'un notaire qui a reçu des fonds pour en opérer le placement? — On peut dire que, dans ce cas, la contrainte ne devrait pas être prononcée, parce que les sommes ont été remises non pour le client, mais par lui, et que la confiance mal placée n'était pas commandée par la loi, les notaires n'étant pas institués pour opérer des placemens. — *Paris*, 14 nov. 1843 (t. 1er 1844, p. 55), Jorand c. Boitet ; *Cass.*, 18 nov. 1834, Gambier c. Barre ; — Coin-Delisle, sur l'art. 2060, n° 26. — V. aussi *Paris*, 16 nov. 1833, Héloin c. Barre.

173. — Toutefois la question a été résolue en sens contraire par plusieurs arrêts. — *Lyon*, 3 fév. 1830, Aubertier ; *Paris*, 26 janv. 1835, Pichon c. Maine-Glatigny ; 31 juill. 1835, Guérin c. Legay.

174. — On a également condamné par corps un notaire au remboursement d'un prix de vente laissé entre ses mains et qu'il avait employé à payer des créanciers chirographaires. — *Cass.*, 20 juill. 1821, Guibert c. Havard.

175. — ... Et un notaire qui ne remboursait pas à son client le prix d'une vente consentie par ce dernier, et versé, de son consentement, dans la main du notaire. — *Bourges*, 11 déc. 1839 (t. 2 1840, p. 292), de Raigecourt-Gournay. — V. NOTAIRE.

176. — Il a été également jugé, avec raison, qu'un avoué est tenu par corps au remboursement des sommes reçues par lui pour son client qui l'avait chargé de les recouvrer. — *Rennes*, 16 janv. 1818, Letulzo.

177. — Mais il ne faut jamais oublier que la condamnation prononcée, en vertu de l'art. 2060-7°, est purement civile et que la contrainte ne peut avoir lieu au-dessous de 300 fr. : cette vérité a été cependant méconnue dans un arrêt rendu par la cour de Cassation, le 4 fév. 1819 (Renaud c. Noel), qui est blâmé par tous les auteurs. — Favard, v° *Contrainte par corps*, § 1er, n° 5 ; Pigeau, *Comment.*, t. 1er, p. 299 ; Coin-Delisle, sur l'art. 2065, n° 11. — Ce dernier auteur pense qu'on ne s'était pas fondé dans le pourvoir, sur la violation de l'art. 2065, et que l'arrêt a été mal interprété : mais cette opinion n'est guère admissible.

178. — .. 8° Contre l'avoué qui, après l'expiration du délai, n'a pas rétabli les pièces par lui prises en communication. — C. procéd., art. 191. — V. COMMUNICATION DE PIÈCES, n° 74.

179. — La contrainte est-elle prononcée, dans ce cas, par le président dans une ordonnance rendue sur requête ou même sur simple mémoire de la partie ; ou faut-il un jugement rendu par le tribunal, aux termes de l'art. 2067, C. civ. ? — La question est très controversée, mais nous pensons qu'elle doit être résolue dans le dernier sens. — Coin-Delisle, sur l'art. 2067, n° 3. — V. *ibid.*, n° 81 et suiv.

180. — ... 9° Contre les dépositaires publics de pièces pouvant servir de pièces de comparaison dans une instance en vérification d'écritures, qui ont reçu du juge-commissaire l'ordre de les apporter au lieu où se fait la vérification. — C. procéd., art. 201.

181. — ... 10° Contre les fonctionnaires publics dépositaires de la minute d'une pièce arguée de faux, lorsqu'ils ne la représentent pas dans le temps qui

leur est prescrit par le juge-commissaire. — C. procéd., art. 221.

182. — Dans ce cas et dans le précédent, la contrainte par corps ne peut pas être prononcée par le juge-commissaire ; un jugement est indispensable. — Coin-Delisle, sur l'art. 2067, nos 4 et 5 ; Carré, n° 830 ; Boncenne, t. 3, p. 25 ; Bioche, v° *Contrainte par corps*. — *Contrà* Demiau, p. 172. — V. FAUX INCIDENT, VÉRIFICATION D'ÉCRITURES.

183. — ... 11° Contre les témoins assignés dans une enquête et qui font encore défaut après réassignation, pour le paiement de l'amende de 100 fr. à laquelle ils sont condamnés par le juge-commissaire. — C. procéd., art. 264. — Cette disposition, empruntée à l'art. 8, tit. 22, ord. 1667, a cela de particulier que la contrainte est prononcée par le juge-commissaire seulement ; nonobstant l'art. 2067, C. civ. — Pigeau, liv. 2, part. 2, tit. 3, chap. 1er, sect. 2, § 1er, art. 2 ; Favard, *Rép.*, v° *Enquête*, sect. 1re, § 4, n° 7 ; Coin-Delisle, sur l'art. 2067, n° 2. — *Contrà* Carré, *Lois de la procéd.*, n° 1045. — V. ENQUÊTE.

184. — ... 12° Contre le gardien d'objets saisis pour le paiement des dommages-intérêts prononcés contre lui pour s'être servi des choses saisies, les avoir louées ou prêtées. — C. procéd., art. 605. — Et généralement pour la restitution du profit ou revenu qu'il a tiré des objets saisis. — C. procéd., art. 604.

185. — ... 13° Contre le saisi immobilièrement resté en possession jusqu'à la vente comme séquestre judiciaire qui a fait des coupes de bois ou dégradations, pour les dommages-intérêts auxquels il est condamné. — C. procéd., art. 681 et 683 (anciens art. 688 et 690) ; L. 2 juin 1841.

186. — ... 14° Contre le surenchérisseur devenu adjudicataire, en cas de folle enchère, pour le paiement de la différence de son prix d'avec celui de la vente. — C. procéd., art. 710 (ancien art. 712). — V. FOLLE ENCHÈRE, SURENCHÈRE.

187. — ... 15° Contre tout fol enchérisseur pour le paiement de la différence entre son prix et celui de la revente sur folle-enchère. — C. procéd., art. 740 (ancien art. 744).

188. — Les intérêts de la différence du prix sont exigibles par corps comme le principal. — Coin-Delisle, sur l'art. 2060, n° 52.

189. — Cette disposition est applicable au cas d'une adjudication d'immeuble faite en justice par suite de faillite. — C. comm., art. 572 ; L. 28 mai 1838 ; — *Rouen*, 31 mai 1820, Terrier c. Morel.

190. — Elle est également applicable à l'adjudicataire de biens de mineurs (C. procéd., art. 964) ; de biens vendus dans les formes du bénéfice d'inventaire (C. procéd., art. 733, 740 et 988 combinés), ou d'immeubles dotaux (art. 997). — Coin-Delisle, add. sur l'art. 2060, n° 52.

191. — ... 16° Contre la partie saisie qui ne délaisse pas la possession de l'immeuble après la signification du jugement d'adjudication. — C. procéd., art. 712 (ancien art. 714).

192. — ... 17° Contre le notaire ou autre dépositaire qui refuse de délivrer expédition ou copie d'un acte aux parties intéressées en nom direct, héritiers ou ayant-droit. — C. procéd., art. 839.

§ 2. — *De la contrainte par corps facultative.*

193. — La loi permet aux juges de prononcer la contrainte, mais sans les y obliger : 1° contre ceux qui, par un jugement rendu au pétitoire et passé en force de chose jugée, ont été condamnés à désemparer un fond et qui refusent d'obéir. — C. civ., art. 2061. — Il en était déjà ainsi sous l'ordonnance de 1667.

194. — ... 2° Contre les fermiers et colons partiaires, faute par eux de représenter, à la fin du bail, le cheptel de bétail, les semences et les instrumens aratoires qui leur ont été confiés ; à moins qu'ils ne justifient que le déficit de ces objets ne procède point de leur fait. — C. civ., art. 2062 ; L. 15 germin. an VI, tit. 4, art. 1er.

195. — Si dans le cours du bail le fermier faisait une vente furtive des bestiaux et autres effets aratoires formant le fonds du lieu, le propriétaire pourrait demander la résiliation du bail, et le faire condamner par corps à la restitution. Le bail étant résilié, on se trouverait dans les termes de l'art. 2062. — Coin-Delisle, sur cet article, n° 8.

196. — Les engrais, n'étant pas compris dans l'article, ne pourraient donner lieu à la contrainte. — Coin-Delisle, *ibid.*, n° 9.

197. — Elle est également inapplicable lorsque le propriétaire a confié à son fermier des bestiaux et instrumens aratoires pour l'exploitation de terres voisines. C'est un contrat particulier qui ne mérite plus la garantie spéciale que la loi accorde aux baux à ferme. — Coin-Delisle, *ibid.*, n° 11 ; L. 15 germin. an VI, art. 4.

198. — ...3° Contre les avoués qui dans les instructions par écrit ne rétablissent pas les productions qu'ils ont prises en communication, dans la huitaine de la signification du jugement qui le leur ordonne. — C. procéd., art. 107. — V. INSTRUCTION PAR ÉCRIT.

199. — ... 4° Pour dommages-intérêts en matière civile au-dessus de la somme de 300 fr. — C. procéd., art. 126-1°. — V. DOMMAGES-INTÉRÊTS.

200. — Lorsque les dommages-intérêts ont été évalués à l'avance par les parties, la contrainte par corps peut être prononcée par les juges pour en assurer le paiement, à moins que la stipulation ne fût excessive. — Coin-Delisle, sur l'art. 2060, nº 31.

201. — Quand les parties ont stipulé une clause pénale, il faut laisser aux tribunaux le soin de juger si la clause pénale équivaut ou non à une fixation de dommages-intérêts. — C. civ., art. 1229. — Lorsqu'en effet la clause pénale n'est qu'une véritable peine que les parties se sont imposée pour se contraindre plus aisément à l'exécution, il n'y a pas de motif pour appliquer la contrainte en vertu de l'art. 126, les cas de contrainte ne devant jamais être étendus.

202. — Mais on ne saurait décider que la clause pénale n'aura jamais le caractère de dommages-intérêts toutes les fois que le créancier pourra, tout en la réclamant, poursuivre l'exécution de l'obligation principale. La clause pénale peut, en effet, dans ce cas, représenter réellement le dommage causé par le retard de l'obligation principale. — Coin-Delisle, *ibid.*, nº 32.

203. — Il est difficile de donner des règles pour la prononciation de la contrainte en matière de dommages-intérêts ; cependant on peut dire sans crainte avec la cour d'Orléans que : « L'intention du législateur a été que les magistrats n'usassent de cette faculté que lorsque le débiteur se trouve dans un cas défavorable, par exemple, lorsqu'il a contracté de mauvaise foi, ou lorsqu'il paraît que son insolvabilité n'est pas réelle, et qu'il a encore des ressources qu'il cache à ses créanciers. » — *Orléans*, 16 mars 1839 (t. 1er 1839, p. 648), Bruère Dallaire c. Reverdy.

204. — La cour royale de Colmar a fait aussi une sage application des principes, en refusant de prononcer la contrainte par corps contre un commanditaire condamné à des dommages-intérêts vers la société dont il était d'ailleurs créancier pour des sommes importantes. — *Colmar*, 17 mars 1810, Schlumberger c. Benner.

205. — Enfin, la cour royale d'Angers a jugé que la contrainte par corps ne doit pas être prononcée comme moyen d'exécution d'une condamnation en dommages-intérêts, alors qu'il n'apparaît pas que le débiteur soit en possession de ressources susceptibles de rendre actuellement efficace l'application de cette contrainte ; sauf aux juges à réserver d'y statuer plus tard, s'il y échet. — *Angers*, 1er avr. 1843 (t. 2 1843, p. 658), Dault.

206. — Les motifs sur lesquels est basé cet arrêt paraissent plausibles, car les magistrats doivent éviter de s'associer aux calculs de vengeance d'un créancier souvent inintelligent dans l'excès de sa rigueur. Mais, s'il est vrai que, lorsqu'il s'agit de contrainte par corps facultative, les juges puissent fonder leur refus de prononcer cette voie d'exécution sur l'insolvabilité du débiteur, on comprend qu'il n'en saurait être de même lorsque la créance qui motive la condamnation emporte nécessairement par elle-même la contrainte par corps ; dans ce cas la décision qui refuserait de prononcer cette contrainte violerait évidemment la loi.

207. — Il y a, du reste, dans la décision de la cour d'Angers, une disposition qui ne nous paraît pas légale : c'est celle qui *réserve aux juges de statuer ultérieurement, s'il y échet, sur la contrainte par corps.* — En effet, les juges ne seraient pas en droit, alors même que les circonstances viendraient à changer, d'accorder plus tard au créancier un moyen d'exécution que ne conférerait pas le jugement relatif à la condamnation principale.

208. — La véritable difficulté consiste habituellement dans la distinction entre ce qui est restitution et ce qui est dommages-intérêts. — On peut poser comme règle générale que toutes les fois que le débiteur doit ou une somme d'argent, ou une quantité quelconque de choses appréciables, quand même le jugement les convertirait en argent pour prononcer la condamnation, il n'y a pas lieu à contrainte par corps. — Mais si le débiteur est tenu de faire et non pas de donner, ou s'il a causé un dommage qui doive être réparé, alors la condamnation pécuniaire prononcée contre lui peut être accompagnée de la contrainte par corps. Il est probable que le cas de dommage causé était seul dans la pensée des rédacteurs du Code de procédure, et qu'en écrivant le paragraphe 2, art. 126, ils ne croyaient pas accorder aux obligations de faire une garantie qu'ils ont refusée sans exception aux obligations de donner. Quoi qu'il en soit, la combinaison des art. 1142, C. civ., et 126 2°, C. procéd., est trop évidente pour que le doute soit permis ; et c'est aux juges à modérer dans l'application ce que cette anomalie offrirait de choquant.

209. — On a jugé, conformément à ce principe, que la restitution d'une somme indûment perçue ne peut donner lieu à la contrainte par corps. — *Nancy*, 18 mai 1827, Cerf-Berr c. Lefèvre.

210. — ...Et qu'il en est de même de la restitution du prix d'une cession, bien que cette restitution soit ordonnée à titre de dommages-intérêts. — *Pau*, 24 janv. 1837 (t. 2 1837, p. 254), Cailleba c. Supery.

211. — La cour de Colmar s'est prononcée en sens contraire le 7 avr. 1821 (Erhard c. Léneau-Lévy) en matière de restitution de prix à faire par un vendeur à un acquéreur évincé. Elle a, toutefois, pu considérer le vendeur comme tenu de l'obligation de garantir, qui est son obligation principale, et la restitution du prix comme une partie des dommages-intérêts dans lesquels se résout l'obligation de garantir. — C. civ., art. 1630.

212. — La cour de Caen a aussi décidé qu'un héritier présomptif condamné à restituer à un héritier plus proche la valeur des biens de la succession dont il s'était d'abord mis en possession, n'est pas contraignable par corps. Il n'existe, de sa part, qu'une obligation de rendre. — *Caen*, 23 fév. 1825, Gouix c. Sorel.

213. — Et la cour de Cassation paraît aussi partager cette opinion. Elle a, en effet, jugé que les tribunaux ne peuvent, lorsqu'ils condamnent un individu à la restitution de valeurs héréditaires par lui appréhendées en vertu d'une qualité faussement prise, et au paiement de dommages-intérêts, prononcer la contrainte par corps pour sûreté de la restitution qu'ils ordonnent. — Peu importe d'ailleurs qu'ils constatent que l'appréhension de la chose a eu lieu par dol. — *Cass.*, 7 déc. 1842 (t. 1er 1843, p. 180), Lalande c. Deputiers.

214. — Il est, toutefois, à remarquer que, dans l'espèce, la restitution prononcée par la cour royale n'avait pas été accordée à titre de dommages-intérêts. — Tout en admettant que les juges ne doivent pas chercher à étendre, par voie détournée, à un cas non prévu par la loi, une mesure d'exécution dont elle n'a limité l'application que parce qu'elle est rigoureuse, il nous semble que s'il était constant que la chose retenue a été dissipée et n'existe plus, les conclusions des parties tendant, pour le cas de non-restitution dans un délai déterminé, à l'allocation par corps de dommages-intérêts équivalant à l'importance de la chose elle-même, pourraient, suivant les circonstances, être accueillies par les magistrats.

215. — Quoi qu'il en soit, la condamnation au paiement des intérêts des sommes dont la restitution est ordonnée, peut être prononcée, même par corps, à titre de dommages-intérêts. — *Paris*, 11 nov. 1844 (t. 2 1844, p. 516), Duquesne c. Montmaur.

216. — Le dépositaire étant tenu de garder la chose pour la rendre, toute condamnation au paiement d'une somme d'argent, à défaut par lui d'exécuter son obligation, a le caractère de condamnation à des dommages-intérêts, et peut entraîner la contrainte par corps. — Coin-Delisle, *ibid.*, nº 36.

217. — Il n'y a de difficulté sérieuse que lorsque le dépôt est d'une somme d'argent. Si le déposant a remis un sac cacheté que le dépositaire ne représente pas, la condamnation peut entraîner la contrainte ; mais il en est autrement si le dépôt a eu lieu en espèces comptées au dépositaire et qui, dans l'intention des parties, pouvaient être employées par celui-ci. — Coin-Delisle, *ibid.*, nº 37.

218. — Lorsque, pour réparer le tort causé à un légataire universel par la spoliation de la succession, un arrêt condamne le spoliateur au paiement d'une somme d'argent comme évaluation des objets dérobés, il peut y être condamné à titre de dommages-intérêts et par corps. — *Cass.*, 22 juin 1837 (t. 1er 1840, p. 507), Robert c. Escoffier.

219. — L'art. 2, tit. 34, ord. de 1667, portait que les contraintes par corps, après les quatre mois, pourraient être ordonnées pour les dépens adjugés, s'ils montaient à 200 livres. On craignit, lors de la rédaction du Code, que la contrainte ne passât en usage sur ce point, et la disposition de l'ordonnance ne fut point reproduite. — Faure, rapport au tribunat, séance du 14 avr. 1806. — Aussi, malgré les efforts qu'on a plusieurs fois renouvelés, la jurisprudence a toujours refusé de prononcer la contrainte pour les dépens. — *Cass.*, 17 janv. 1832, Delacroix c. Chouland ; 30 juill. 1833, Roblot c. Viel et Vaudoré. — V. FRAIS ET DÉPENS.

220. — ... Même en les qualifiant de dommages-intérêts. — *Toulouse*, 20 fév. 1832, Gasc ; — Favard, vº *Dépens*, § 1er ; vº *Jugement*, sect. 1re, § 2 ; Delaporte, t. 1er, p. 182 ; Pigeau, *Comment.*, t. 1er, p. 325 ; Coin-Delisle, sur l'art. 2060, nº 30 ; Merlin, *Rép.*, vº *Contrainte par corps*, nº 3, *in fine* ; Carré, *L. de la proc.*, nº 539.

221. — Les dépens, en matière de commerce, n'entraînent pas non plus la contrainte par corps — V. *infrà* nos 424 et suiv. — En matière criminelle, il en est autrement, la contrainte a lieu de plein droit pour les dépens comme pour le principal, aux termes de l'art. 52, C. pén.

222. — Cependant, et quoique la contrainte par corps ne puisse être prononcée pour les dépens, le débiteur est tenu, même par corps, mais indirectement, des dépens, quand il est contraignable par corps pour le principal. Cela résulte de l'art. 800, C. de procéd., et de l'art. 23, L. 17 avr. 1832. — Coin-Delisle, sur cet art. — V. EMPRISONNEMENT.

223. — ... 5° Pour reliquat de comptes de tutelle, curatelle, d'administration de corps et communauté, établissemens publics ou de toute administration confiée par justice et pour toute restitution à faire par suite desdits comptes. — C. procéd., art. 126, 2°.

224. — Cette disposition est bien distincte de celle de l'art. 534, C. procéd. Dans ce dernier article, il s'agit de *tout comptable* en retard d'avoir présenté et affirmé son compte ; mais si les comptables non compris dans l'art. 126-2°, ont présenté et affirmé leur compte, ils ne peuvent être contraints par corps. — Les comptables compris dans l'art. 126, 2°, sont contraignables par corps, non-seulement pour le reliquat de compte, mais encore pour les sommes qu'ils seraient reconnus devoir avant d'avoir présenté leurs comptes. — Ainsi jugé pour un tuteur. — *Bastia*, 31 août 1826, Guitera c. Durazzo ; — Coin-Delisle, sur l'art. 2060, nº 48.

225. — Le second mari d'une femme qui, avant de convoler, n'a pas fait décider par le conseil de famille si la tutelle des enfans issus de son premier mariage lui serait conservée, peut, quant à la responsabilité, être assimilée à un tuteur. — En conséquence, il est contraignable par corps pour le paiement de sommes dont sa femme s'était emparée comme lui appartenant, mais qui, depuis le convol, ont été reconnues appartenir à la première communauté, et, par conséquent, aux mineurs pour partie. — *Cass.*, 12 août 1828, Estanave c. Laprada. — V. TUTELLE.

226. — On a cependant jugé qu'en pareille circonstance la contrainte par corps ne doit pas être prononcée contre le second mari pour reddition de compte dû aux enfans du premier lit, s'il possède des immeubles suffisans pour répondre des dettes. — *Bruxelles*, 28 fév. 1821, Debrion c. Dubois.

227. — Quant à l'héritier bénéficiaire et à l'envoyé en possession des biens d'un absent, ils ne sauraient être considérés comme des administrateurs commis par justice, et contraignables par corps en cette qualité, pour la reddition de leur compte. L'héritier bénéficiaire tient, en effet, de la loi, et non de la justice, son droit d'administration, et le jugement d'envoi en possession intervient plutôt pour déclarer le droit de l'héritier présomptif à l'administration des biens de l'absent que pour le lui déférer.

228. — La loi du 15 germin. an VI ne soumettait pas les tuteurs et curateurs à la contrainte pour le paiement du reliquat de leur compte. — *Bruxelles*, 13 thermid. an XI, Verulst c. Leclerk et Naveau.

229. — ... 6° Contre toute personne non publique, dépositaire de pièces pouvant servir de comparaison dans une instance en vérification d'écritures. — C. procéd., art. 201.

230. — ... 7° Contre tout individu qui a dénié une pièce écrite ou signée de lui, pour l'amende, les dépens, dommages-intérêts, et même pour le principal. — C. procéd., art. 213.

231. — On a condamné par corps, en vertu de cet article, au paiement des dépens un individu qui avait dénié sa signature apposée sur une lettre de change. — *Paris*, 21 nov. 1812, Dandin.

232. — ... 8° Contre les dépositaires non fonctionnaires publics de la minute d'une pièce arguée de faux, et dont le juge commissaire a ordonné l'apport au greffe. — C. procéd., art. 221.

233. — ... 9° Contre tous comptables, pour les contraindre à affirmer en personne ou par procureur spécial le compte qu'ils ont présenté. — C. procéd., art. 534.

§ 3. — *De la contrainte conventionnelle.*

234. — La contrainte ne peut résulter de la volonté des parties que dans deux cas : 1° contre les

cautions judiciaires et contre les cautions des contraignables par corps, lorsqu'elles se sont soumises à cette contrainte (C. civ., art. 2060-5°); — 2° Contre les fermiers, pour le paiement des fermages des biens ruraux, lorsqu'elle a été stipulée formellement dans l'acte de bail. — C. civ., art. 2062.

235. — *Caution.* — Il faut faire une distinction entre les cautions judiciaires et les cautions des contraignables par corps.

236. — Les premières sont, en effet, passibles de plein droit de la contrainte; les derniers mots de l'art. 2060 : *lorsqu'elles se sont soumises à la contrainte*, s'appliquent exclusivement aux cautions des contraignables. Cela résulte tout à la fois et de la construction même de la phrase et du discours du tribun Goupil de Prefeln. Vainement oppose-t-on l'art. 519, C. de procéd., portant que la soumission de la caution sera exécutoire de plein droit, même pour la contrainte, s'il y a lieu. — M. Demiau (p. 360) explique d'une manière très rationnelle ce dernier membre de phrase. « La soumission, dit-il, est exécutoire, même pour la contrainte par corps, lorsqu'il y a lieu; c'est-à-dire, s'il s'agit d'un cautionnement judiciaire, parce que la contrainte y est spécialement attachée, ou lorsqu'il s'agit d'un cautionnement conventionnel pour une obligation portant elle-même contrainte, ou lorsqu'il est ainsi convenu par les parties pour un objet à l'égard duquel il est permis de stipuler cette contrainte. » — L'art. 2040 exige d'ailleurs que toute caution judiciaire soit susceptible de contrainte par corps, et le législateur manifeste ainsi l'intention de maintenir la législation antérieure d'après laquelle les cautions judiciaires étaient de plein droit contraignables par corps. — *Turin*, 28 mai 1806, Biffrari c. Meger; — Carré et Chauveau, *Quest.* 1829; Thomine, sur l'art. 519, C. procéd., n° 568; Ponsot, *Du cautionnement*, n° 444; Merlin, *Rép.*, v° *Contrainte par corps*, n° 15. — V. CAUTIONNEMENT, n° 348. — *Contrà* Pigeau, t. 2, p. 341; Delvincourt, t. 3, p. 191, note 2; Pardessus, n° 1504; Favard, *Rép.*, v° *Caution (réception de)*; Coin-Delisle, sur l'art. 2060, n° 17; Duranton, t. 18, n° 386; Bioche, v° *Caution*, n° 44.

237. — En matière d'administration, la contrainte par corps contre les cautions a lieu de plein droit. — L. 17 avr. 1832, art. 8 et suiv.; C. forest., art. 28 et 46; L. sur la pêche fluv., art. 22.

238. — A l'égard des cautions des contraignables par corps, une soumission expresse est, au contraire, indispensable. — C. civ., art. 2060.

239. —... Même dans le cas où il s'agit d'une dette commerciale. — V. CAUTIONNEMENT, n°s 108 et suiv. — Goujet et Merger, *Dict. de dr. comm.*, v° *Caution*, n° 19; Coin-Delisle, sur l'art. 2060, n° 15.

240. —... A moins, cependant, que le cautionnement n'ait été donné par la caution dans son intérêt personnel, par exemple, moyennant une prime. Elle est alors contraignable par corps de plein droit et sans stipulation, non comme caution, mais comme ayant fait acte de commerce. — Coin-Delisle, sur l'art. 2060, n° 15, et add. fin., *ibid.*; — Goujet et Merger, v° *Caution*, n° 20. — V. *infrà* n° 414.

241. — *Fermier.* — Vis-à-vis des fermiers la contrainte ne peut résulter que d'une convention expresse. Une stipulation implicite ne suffirait pas; il faut qu'on ne puisse pas douter de la volonté du débiteur de se soumettre à la contrainte. Il a, en conséquence, été jugé que des réserves de la faire prononcer contenues dans un bail, n'emportent pas la preuve que le preneur ait entendu s'y soumettre. — *Rouen*, 23 mars 1824, Fabulet c. Hamel.

242. — Elle n'a pas lieu dans le cas de tacite réconduction, quoiqu'elle ait été expressément stipulée par le premier bail. — Jousse, sur l'art. 7, tit. 34, ord. de 1667; Pothier, *Contrat de Louage*, n° 364; Merlin, *Rép.*, v° *Bail*, § 9, n° 5; Coin-Delisle, sur l'art. 2062, n° 2.

243. — Elle ne saurait être ajoutée par une convention postérieure à l'acte. — C. civ., art. 2062. — Mais si les parties résiliaient le premier bail pour en faire immédiatement un autre tout semblable dans lequel la contrainte par corps serait stipulée, cette convention serait-elle valable? — Il faudrait, selon M. Coin-Delisle (*ibid.*, n° 2), examiner s'il y avait, indépendamment de la contrainte, une cause de résiliation du bail, et annuler la stipulation, s'il n'y en avait pas.

244. — La stipulation de contrainte est, du reste, valablement insérée dans un acte de bail sous seing-privé. L'authenticité de l'acte n'est point exigée par la loi. — Coin-Delisle, *ibid.*, n° 4.

245. — La disposition de l'art. 2062 ne s'applique pas aux baux à loyer, dans lesquels la contrainte ne saurait être stipulée. — Jousse, sur l'art. 7, tit. 34, ord. de 1667; Delvincourt, t. 3, p. 191, note 3ᵉ; Coin-Delisle, sur l'art. 2062, n° 5.

246. — La stipulation de contrainte faite par le colon partiaire serait également nulle. Mais le fermier qui paie chaque année ses fermages en nature et non en argent, s'y soumet valablement. — Coin-Delisle, *ibid.*, n° 5.

Sect. 5ᵉ. — *Durée de la contrainte.*

247. — Sous la loi de germin. an VI, le débiteur obtenait sa liberté de plein droit par le laps de cinq années consécutives de détention (tit. 3, art. 18), nonobstant tous écrous et recommandations, et il ne pouvait ensuite être arrêté de nouveau pour une dette antérieure à sa première détention. — *Paris*, 22 août 1806, Beausset c. Carton.

248. — Cette disposition s'appliquait aux comptables de deniers publics, et on avait jugé que le comptable emprisonné, même sous le Code de procéd., était fondé à demander son élargissement après cinq ans de détention, lorsque les faits de gestion qui avaient donné lieu à l'emprisonnement s'étaient passés sous la loi du 15 germin. an VI. — *Caen*, 15 janv. 1823, Domaines c. Mesnel.

249. — Le Code ne fixait d'autre terme à la contrainte que l'époque peut-être fort éloignée où le débiteur aurait atteint sa soixante-dixième année. — Coin-Delisle, sur l'art. 7, L. 17 avr., n° 1ᵉʳ.

250. — La loi de 1832 a sagement modifié cet état de choses; la contrainte n'est, en effet, qu'une épreuve, un moyen de s'assurer de l'insolvabilité du débiteur, et quand cette insolvabilité est certaine, il y aurait inhumanité à le retenir sous les verroux.

251. — Aux termes de cette loi, dans tous les cas où la contrainte par corps est prononcée en matière civile ordinaire, la durée en doit être fixée par le jugement de condamnation. Elle est d'un an au moins et de dix ans au plus. — Néanmoins, s'il s'agit de fermages de biens ruraux aux cas prévus par l'art. 2062, C. civ., ou de l'exécution des condamnations intervenues dans le cas où la contrainte par corps n'est pas obligée, et où la loi attribue seulement aux juges la faculté de la prononcer, la durée de la contrainte n'est que d'un an au moins, et de cinq ans au plus. — L. 17 avr. 1832, art. 7.

252. — Mais qu'arriverait-il si, contrairement à cette prescription, le jugement qui prononce la contrainte avait omis d'en déterminer la durée? — On a soutenu que, dans ce cas, la durée de la contraite était de plein droit fixée au *minimum*. — *Nîmes*, 1ᵉʳ août 1838 (t. 1ᵉʳ 1839, p. 13), Barberet c. Vignes; — Coin-Delisle, sur l'art. 7, L. 17 avr. 1832, n° 3.

253. — D'autres ont pensé que le tribunal qui a prononcé la contrainte pouvait, par un jugement postérieur, combler la lacune de la première décision et fixer la durée de la contrainte. — *Trib. de la Seine*, 11 nov. 1833, sous *Cass.*, 12 nov. 1838 (t. 2 1838, p. 666), Gentil c. Bart; *Aix*, 30 mars 1838 (t. 2 1838, p. 570), Péraldi c. Morard; *Amiens*, 6 nov. 1839 (t. 2 1840, p. 668), Choquet c. Leclerc.

254. — Ni l'une ni l'autre de ces opinions ne nous semble complétement admissible. D'une part on fixe arbitrairement la durée de la contrainte, de l'autre on rend au tribunal dessaisi par le jugement un pouvoir qu'il n'a plus. Il faut donc examiner d'abord s'il s'agit d'un jugement ou d'un arrêt.

255. — Dans le premier cas, il faut procéder par voie d'appel, et faire fixer la durée de la contrainte par la cour. M. Coin-Delisle (sur l'art. 20, L. 17 avr. 1832) enseigne, il est vrai, que le demandeur ne peut pas appeler du chef relatif à la contrainte par corps lorsque le principal de la contestation a été jugé en dernier ressort par le tribunal de première instance. Mais l'opinion contraire est admise, avec raison, par la cour royale de Paris, par le motif que la loi de 1832 décide d'une manière générale, sans aucune distinction, entre le demandeur et le défendeur, que l'appel est toujours recevable du chef de la contrainte par corps. — Goujet et Merger, v° *Contrainte par corps*, n° 235. — V. DEGRÉ DE JURIDICTION.

256. — Lorsque c'est un arrêt qui a omis de fixer la durée de la contrainte, le demandeur doit se pourvoir en cassation, la cour casse alors l'arrêt quant au chef relatif à la contrainte et renvoie les parties sur ce chef seulement devant une nouvelle cour pour la prononcer s'il y a lieu et en fixer la durée. — *Cass.*, 26 fév. 1835, Deblet c. Jeuffroy; 13 avr. 1836, Bony c. Baudin d'Alogny; 12 nov. 1838 (t. 2 1838, p. 666), Gentil c. Bart.

257. — Nous ne pensons pas qu'il y ait lieu d'admettre le demandeur à faire réformer le jugement par la voie de la requête civile lors même qu'il a pris des conclusions précises sur la durée de la contrainte par corps. Dans ce cas, comme dans tous les autres, il y a moins de la part du tribunal omission de prononcer sur un chef de demande, qu'excès de pouvoir en prononçant la contrainte par corps sans en fixer la durée. — V. cependant Coin-Delisle, additions sur l'art. 7, L. 17 avr. 1832, n° 7.

258. — Lorsque ni la voie de l'appel ni celle de la cassation ne sont plus ouvertes au demandeur, on est contraint de revenir au système qui donne pour durée à la contrainte par corps le minimum établi par l'art. 7, L. 17 avr. 1832, c'est-à-dire un an. — Coin-Delisle, *ibid.*

259. — La nécessité de fixer la durée de la contrainte est applicable à tous les cas, même à celui de stellionat; la loi du 17 avr. 1832, n'a fait à cet égard aucune distinction. — *Cass.*, 13 avr. 1836, Bony c. Baudin d'Alogny; *Aix*, 30 mars 1838 (t. 2 1838, p. 570), Péraldi c. Morard; *Nîmes*, 1ᵉʳ août 1838 (t. 1ᵉʳ 1839, p. 13), Barberet c. Vignes; *Cass.*, 12 nov. 1838 (t. 2 1838, p. 666), Gentil c. Bart.

260. — On n'a pas non plus à distinguer si la dette est antérieure à la loi de 1832. Toutes les fois que la contrainte a été prononcée sous l'empire de cette loi, les juges ont dû en fixer la durée. La contrainte est un moyen d'exécution, et la loi peut sans effet rétroactif régler ce qui la concerne, même pour les dettes antérieures à sa promulgation.

261. — On vient de voir que la durée de la contrainte est fixée par le jugement de condamnation; mais à l'égard de la caution judiciaire, la contrainte peut être exercée sans jugement en vertu du seul acte de soumission. Comment alors la durée en est-elle déterminée? — Il faut, selon M. Coin-Delisle, dans le cas où le jugement qui ordonne de fournir caution ne s'est pas exprimé sur ce point, faire fixer la durée de la contrainte par un jugement spécial rendu à la requête, soit du créancier, soit du débiteur. — Coin-Delisle, sur l'art 7, L. 17 avr. 1832.

262. — La durée de la contrainte n'eût pas été suffisamment limitée si elle eût pu être successivement exercée par chacun des créanciers. Rien ne les eût empêchés, en échelonnant leurs poursuites, de retenir indéfiniment le débiteur en prison. Le législateur a empêché ce résultat par l'art 27, L. du 17 avr. 1832. Aux termes de cet article, l'emprisonnement, subi une fois par le débiteur, compte pour toutes les dettes qui ne peuvent pas entraîner un emprisonnement plus long, et doit être déduit de la durée de l'emprisonnement à subir pour les dettes qui entraînent une durée d'emprisonnement plus longue.

263. — Il n'en est ainsi toutefois qu'à deux conditions. Il faut 1° que toutes les dettes aient été contractées antérieurement à l'arrestation du débiteur; — 2° qu'elles soient échues au moment de son élargissement. Hors ces deux cas, en effet, l'emprisonnement déjà subi ne peut être considéré comme une garantie pour le créancier ou comme une épreuve de la solvabilité du débiteur à son égard.

264. — Il faut, de plus, que l'élargissement ait eu lieu de plein droit, c'est-à-dire par le fait de l'expiration de la durée de l'emprisonnement. Si le débiteur était sorti en payant, l'épreuve serait plutôt contre lui qu'en sa faveur, et s'il était sorti par la volonté de l'incarcérateur ou par le défaut de consignation d'alimens, les autres créanciers auraient le droit de dire que l'épreuve n'a pas été complète et qu'elle doit être reprise de nouveau.

265. — Toutefois, on peut se demander s'il ne résulterait pas de là que le créancier en cessant de consigner les alimens presqu'au moment de l'expiration de la contrainte en rendrait, à son gré, la durée nulle pour le débiteur. Qu'il en soit ainsi quand le débiteur a payé, rien de plus simple, mais quand on lui rend sa liberté, l'épreuve n'est que plus complète et plus sûre. Il serait équitable, dans ce dernier cas, de ne permettre l'emprisonnement que pour le temps qui reste encore à courir pour compléter la durée du premier emprisonnement.

266. — Le temps pendant lequel un prisonnier pour dettes est transféré de sa prison à la maison d'arrêt en vertu d'un mandat décerné contre lui, comme prévenu d'un crime ou d'un délit, doit compter pour former la durée de la contrainte. Quoiqu'il soit vrai de dire que le créancier ne jouit pas complétement du bénéfice de la contrainte, puisqu'il ne lui est plus possible de rendre à son gré la liberté à son débiteur, ce qui diminue ses chances d'obtenir son paiement, il est certain d'autre part que la détention préventive, qui ne compte pas même pour la peine, ne peut constituer une détention distincte et suspendre celle que subit le débiteur, et qu'il serait enfin d'autant plus cruel de lui attribuer cet effet, qu'elle peut être suivie d'une ordonnance de non-lieu. — *Paris*, 22 déc. 1829, Seguin c. Ouvrard; et *Cass.*, 20 nov. 1832, même parties. — Le mandat de dépôt décerné

contre Ouvrard avait été suivi dans l'espèce d'une ordonnance de non-lieu, mais il est évident qu'on eût dû adopter la même décision quand il eût été suivi d'un renvoi et d'une condamnation. Le temps de la durée de la contrainte n'eût dû commencer à être suspendu qu'au moment où la condamnation aurait commencé à être exécutée. — V. EMPRISONNEMENT.

267. — Un débiteur pourrait-il, pour se dispenser de l'emprisonnement, compter celui qu'il a subi avant la loi de 1832? — La cour de Cassation, se fondant sur ce qu'aucune disposition de la loi de 1832 ne le portait expressément, a décidé la question négativement le 2 août 1838 (t. 2 1838, p. 172), de Marsilly c. Pillot et Pourrier.

CHAPITRE III. — *Contrainte par corps en matière de deniers et effets mobiliers publics.*

268. — Le recouvrement des deniers publics a toujours été garanti avec soin par les lois, et, sans parler de la législation ancienne, la convention après avoir, le 9 mars 1793, aboli la contrainte par corps, la rétablit, dès le 30 du même mois, contre les comptables de deniers publics. Ce décret a été suivi d'un assez grand nombre d'autres concernant le même objet. — Coin-Delisle, sur le tit. 2, sect. 2e, L. 17 avr. 1832.

269. — Mais la loi du 17 avr. 1832 a abrogé toutes les lois antérieures en ce qui concerne le fond du droit relativement à cette matière. C'est dans cette loi exclusivement qu'il faut chercher les cas où la contrainte peut être ordonnée : les lois spéciales continuent seulement à régir les formes selon lesquelles la contrainte s'exerce. — L. 12 vendém. et 13 frim. an VIII; avis cons. d'état 9 vent. an X; arr. 16 therm. an VIII; décr. 15 nov. 1810, 26 sept. 1811, etc. — Coin-Delisle, *ibid.*, no 2.

270. — Ces formes sont celles établies par le Code de procédure. Toutefois, la signification du jugement (C. procéd., art. 780) est remplacée par celle de la contrainte. — D'Agar, *Tr. des contrib. ind.* t. 1er, no 131; décr. 25 thermid. an XII; Avis du cons. d'état, 9 vent. an X. — Coin-Delisle, *ibid.*, no 4. — V. EMPRISONNEMENT.

271. — Sont contraignables, aux termes de la loi de 1832, pour raison du reliquat de leurs comptes, déficit ou débet constatés à leur charge et dont ils ont été responsables : 1o les comptables de deniers publics ou d'effets mobiliers publics et leurs cautions; — 2o leurs agens ou préposés qui ont personnellement géré ou fait la recette; — 3o toutes personnes qui ont perçu des deniers publics dont elles n'ont point effectué le versement ou l'emploi, ou qui, ayant reçu des effets mobiliers appartenant à l'état, ne les représentent pas, ou ne justifient pas de l'emploi qui leur avait été prescrit. — L. 17 avr. 1832, art. 8.

272. — Tout individu qui perçoit des deniers ou effets mobiliers publics à quelque titre que ce soit, par suite de fonctions soit habituelles, soit temporaires, est donc soumis à la contrainte par corps.

273. — Mais cette voie rigoureuse d'exécution ne peut être exercée contre les agens de l'administration que pour leurs dettes envers l'état. — Elle ne saurait être employée pour avoir paiement d'un billet souscrit pour une cause étrangère à leurs fonctions. — *Cass.*, 15 juill. 1817, Brivezac c. Delves.

274. — Sont assimilés aux comptables de deniers publics les comptables chargés de la perception des deniers ou de la garde et de l'emploi des effets mobiliers appartenant aux communes, aux hospices et aux établissemens publics, ainsi que leurs cautions, et leurs agens et préposés ayant personnellement géré ou fait la recette. — L. 17 avr. 1832, art. 9.

275. — Sont également soumis à la contrainte par corps, 1o tous entrepreneurs, fournisseurs, soumissionnaires et traitans qui ont passé des marchés ou traités intéressant l'état, les communes, les établissemens de bienfaisance et autres établissemens publics, et qui sont déclarés débiteurs par suite de leurs entreprises; — 2o leurs cautions ainsi que leurs agens et préposés qui ont personnellement géré l'entreprise, et toutes personnes déclarées responsables des mêmes services. — L. 17 avr. 1832, art. 10.

276. — Il résulte de l'exposé des motifs de la loi de 1832 que des sommes comptées en avance pour des entreprises de fournitures doivent être considérées comme de véritables dépôts, et que la restitution en est garantie par la contrainte par corps.

277. — Mais les simples commis et facteurs des entrepreneurs de fournitures ne sont pas contraignables; le but de la loi a été uniquement d'atteindre les personnes intéressées dans les entreprises; et les expressions *agens et préposés* ne s'appliquent qu'aux sous-traitans ou participans qui dissimulent leur position réelle tout en gérant leurs affaires.

278. — Enfin, sont soumis à la contrainte par corps les redevables et les cautions des redevables des droits de douanes, d'octroi et autres contributions indirectes qui, pour obtenir la libre disposition des objets soumis aux droits, et qui en sont le gage, ont souscrit un engagement pour le montant de ces droits.

279. — Avant la loi de 1832, la contrainte en matière de douanes devait être réglée par la loi spéciale de la matière et non par la loi du 15 germin. an VI. — *Cass.*, 14 vend. an XI, Douanes c. Pluvinet. — V. DOUANES.

280. — Cependant, le détenu pour droits de douanes devait être élargi après cinq ans de détention, conformément à l'art. 18, L. 15 germin. an VI, tit. 3. — *Cass.*, 31 mars 1829, Douanes c. Lequesne.

281. — Les femmes et les filles sont soumises à la contrainte pour les diverses causes ci-dessus énoncées (L. 17 avr. 1832, art. 12). Les septuagénaires en sont exemptés (art. 12). Quant aux mineurs, la loi garde le silence à leur égard, et par cette raison elle les exempte de la contrainte. — Coin-Delisle, *ibid.*, no 8.

282. — Les veuves, héritiers ou ayant-cause des redevables ou de leurs cautions ne sont pas non plus passibles de la contrainte. Ce point a été formellement reconnu lors de la discussion de la loi aux chambres; et cela résulte d'ailleurs de la nature même de la contrainte, qui est toute personnelle.

283. — En général, ce n'est point en vertu d'un jugement que la contrainte est exercée, mais en vertu soit d'arrêtés administratifs, soit de contraintes décernées par les agens de l'administration. — Coin-Delisle, *ibid.*, nos 2 et 3.

284. — Le montant de la dette est fixé par l'administration, sans aucun recours devant l'autorité judiciaire; mais celle-ci est compétente pour statuer sur les difficultés relatives à l'observation des formes. — Décr. 23 avr. 1807; ord. 6 déc. 1820. — Coin-Delisle, *ibid.*, no 3.

285. — La contrainte n'a lieu que pour une somme principale excédant 300 fr. — L. 17 avr., art. 13.

286. — Sa durée doit être fixée dans les limites d'un an au moins et cinq ans au plus. — L. 17 avr., art. 13. — Quand elle est prononcée par jugement, la durée en est déterminée par la sentence même qui l'ordonne. Elle est fixée par l'autorité administrative lorsqu'elle résulte d'une décision administrative. — Coin-Delisle, *ibid.*, no 9.

287. — Sous l'empire de l'ord. de 1667 et des lettres patentes du 19 janv. 1778, la contrainte par corps n'a pu être prononcée contre un receveur des aides pour les dommages-intérêts résultant de droits indûment perçus par suite d'un veltage inexact et forcé. — *Cass.*, 9 fév. 1793, Kalendrin c. Drouet.

CHAPITRE IV. — *Contrainte par corps en matière de commerce.*

288. — Lorsque l'ord. de 1667 abrogea les dispositions de celle de Moulins, qui prononçait la contrainte par corps pour toute espèce de dettes, elle la maintint (tit. 34, art. 4) dans le cas *de lettres de change quand il y aura remise de place en place*, et de *dettes entre marchands pour fait de marchandises dont ils se mêlent*. Ces dispositions furent confirmées par les ordonnances du commerce (1673, tit. 7, art. 1 et 2) et de la marine (1681, liv. 1er, tit. 13, art. 5 et 6); et enfin la loi des 16-24 août 1790, au titre : *Des juges en matière de commerce*, déclara que la contrainte par corps continuerait d'avoir lieu pour l'exécution de tous leurs jugemens.

Sect. 1re. — *Droit ancien.*

289. — La loi du 9 mars 1793 n'excepta pas les matières commerciales de l'abolition générale qu'elle portait; mais elle-même fut rapportée le 24 vent. an V par un décret qui, en attendant une loi sur la contrainte, décida provisoirement que *les obligations qui seraient contractées postérieurement à sa promulgation, et pour le défaut d'acquittement desquelles les lois antérieures prononçaient la contrainte par corps, y seraient assujéties comme par le passé.*

290. — La loi d'organisation promise fut promulguée le 15 germin. an VI; comme toutes les lois antérieures, elle consacrait la contrainte en matière de commerce. Mais la succession rapide de ces différentes lois donna naissance à de nombreuses questions transitoires qu'on ne peut bien comprendre qu'en distinguant trois époques très différentes : 1o celle antérieure au 9 mars 1793, où la contrainte était admise; — 2o celle du 9 mars 1793 au 24 vent. an V, où la contrainte était abolie; — 3o celle postérieure au 24 vent. an V, où on l'avait rétablie. Il s'agissait de savoir quel serait l'effet des obligations contractées ou des jugemens rendus sous l'empire de ces diverses législations.

291. — Pouvait-on exercer la contrainte en vertu de jugemens qui la prononçaient, rendus antérieurement au 9 mars 1793? — Pour l'affirmative on disait que la contrainte est un moyen d'exécution, et que, la loi du 9 mars 1793 ayant été elle-même rapportée par celle du 24 vent. an V, les jugemens antérieurs devaient reprendre leur effet momentanément suspendu. — *Cass.*, 2 août 1808, Cusset c. Mourgues. — V. *contrà Paris*, 27 brum. an XII, Paupelin; *Riom*, 25 mars 1820, Choussy c. Desnoyers du Sauvage. — Merlin, *Quest.*, vo *Contrainte par corps*, § 2.

292. — Quant aux obligations antérieures au 9 mars 1793, et pour sûreté desquelles aucune condamnation n'avait été prononcée avant le 24 vent. an V, elles devaient entraîner la contrainte par corps contre le débiteur; l'espèce de protection qui lui avait été accordée par le décret du 9 mars 1793, lui étant retirée depuis l'abrogation de ce décret. — *Cass.*, 4 niv. an IX, Petit c. Négré; 21 germin. an X, Caillat c. Brillard; *Colmar*, 13 messid. an X, Felmez c. Chardoillet; *Pau*, 9 germin. an XI, Ferrier c. Rives; *Cass.*, 11 prair. an XI, Wolf c. Robert; 27 oct. 1806, Lechevalier c. Morand; 3 août 1808, Poussin c. Bergeret de Norainval; 20 fév. 1809, Jougla c. Roillet; — Fournel, p. 85; Tissandier, sur l'art. 1er, L. 15 germin. an VI; Merlin, *Quest.*, vo *Contrainte par corps*, §§ 1er et 2. — V. *contrà Paris*, 25 vent. an X, Duperray c. Gilet.

293. — Par une décision analogue on a, depuis la réunion de la Flandre autrichienne à la France, appliqué la contrainte par corps aux obligations contractées dans ce pays, avant la réunion, parce qu'alors la contrainte par corps y était attachée comme mode d'exécution à toutes les obligations commerciales. — *Cass.*, 18 mars 1812, Poëlman c. Heroin-Laviolette; *Liége*, 18 nov. 1812, Héroin-Laviolette c. Poëlman.

294. — Même depuis la loi du 24 vent. an V, la contrainte n'a pas pu être prononcée pour sûreté des obligations contractées sous l'empire du décret du 9 mars 1793. Décider le contraire eût été violer la loi des contrats. — *Cass.*, 3 messid. an VII, Imbert c. Vigier; 28 messid. an VII, Delalande c. Bernadet; *Bruxelles*, 14 fructid. an IX, Loos c. Delavigne; *Colmar*, 13 messid. an X, Felmez c. Chardoillet; *Cass.*, 17 prair. an XII, Ségur c. Chaloupin, et 30 juill. 1828, Godefroy c. Gauthier; — Fournel, p. 78 et suiv.

295. — Nul doute, au reste, malgré la prétention contraire élevée une fois, que la contrainte ne dût être appliquée, même depuis la loi de l'an VI, aux obligations contractées sous celle du 24 vent. an V. — *Cass.*, 23 flor. an IX, Rigoult c. Lancel. — Fournel, sous l'art. 1er, tit. 2, L. 15 germ. an VI.

296. — Jusqu'à la promulgation de la loi de 1832, tout ce qui concernait le fond du droit sur la contrainte en matière de commerce a été régi par la loi de germ. an VI. — *Rennes*, 13 janv. 1816, N...

297. — Le tit. 2 de la loi du 15 germ. an VI prononçait la contrainte 1o contre les banquiers, agens de change, courtiers, facteurs ou commissionnaires, dont la profession est de faire vendre ou acheter des marchandises moyennant rétribution pour la restitution de ces marchandises ou du prix qu'ils toucheront; 2o de marchand à marchand, pour fait de marchandises dont ils se mêlent respectivement.

298. — Les sociétaires d'une banque ne perdaient pas leur qualité de banquiers et ne cessaient pas d'être contraignables par corps, parce que la banque aurait offert une garantie hypothécaire. — *Cass.*, 21 mars 1808, Société de la banque hypoth. c. Baraudin.

299. — La contrainte n'avait pas lieu entre marchands ne faisant pas le même commerce. — *Cass.*, 29 janv. 1806, Senaux c. Carayon : — Fournel, sur l'art. 1er, tit. 2, L. 15 germ. an VI. — *Contrà Cass.*, 26 mai 1829, Courot c. Reveux; — Pardessus, *Dr. comm.*, no 1305; Vincens, *Législ. comm.*, t. 1er, p. 152.

300. — Elle ne pouvait être prononcée à plus forte raison pour simple prêt entre commerçans. — *Cass.*, 15 janv. 1806, Pelliat c. Chamonard. — Il n'en serait plus ainsi aujourd'hui, la dette dans ce cas est présumée commerciale. — C. comm., art. 638.

301. — Cependant elle fut prononcée pour l'exécution de marchés faits entre un marchand et un propriétaire non marchand. — *Paris*, 18 mars 1811

Maillor c. Robin; et 12 mars 1814, Lecourt c. Guilleminault.

302.—... 3° Contre tous les négocians ou marchands qui signeront des billets pour valeur reçue comptant ou en marchandises, soit qu'ils doivent être payés sur l'acquit d'un particulier y nommé, ou à son ordre, ou au porteur.

303.—Par conséquent, les endosseurs non marchands d'un billet à ordre souscrit par un marchand n'étaient pas contraignables par corps. — *Cass.*, 11 fév. 1807, Deloigne c. Desonne-Dodé.

304. — Il en était de même des souscripteurs non marchands d'un billet de ce genre. — *Cass.*, 20 flor. an XI, Péan de Saint-Gilles c. Sainte-Maure.

305.—...Quand même ils auraient comparu devant le tribunal de commerce et y auraient laissé prendre des condamnations contre eux. — *Paris*, 20 germin. an XII, Picard c. Administration de la loterie.

306. — Les souscripteurs même commerçans n'étaient pas contraignables lorsque le billet n'énonçait pas en quoi la valeur avait été fournie, comme s'il portait simplement, par exemple, *valeur reçue*. — *Liége*, 14 avr. 1813, Fabricius c. Adolphy.

307. — La décision eût été la même si le billet, quoique souscrit par un marchand, avait été causé *valeur en lui-même*. — *Cass.*, 28 juill. 1813, Gerault c. Carreau.

308. — ... 4° Contre toutes personnes qui signeront des lettres ou billets de change; celles qui y mettront leur aval, qui promettront d'en fournir avec remise de place en place et qui feront des promesses pour lettres de change à elles fournies ou qui devront l'être.

309. — Ces dispositions ont continué à être en vigueur sous le Code de commerce, et sous ce Code aussi, les engagemens pour lettres de change fournies ou à fournir entraînent la contrainte par corps. — *Paris*, 5 août 1809, Duprat c. Scribe.

310.—...5° La contrainte, enfin, avait lieu pour les contrats maritimes.—L. 15 germin. an VI, tit. 2, art. 4.

311. — La loi de germin. an VI n'établissait aucune exception quant aux personnes. Elle dispensait, il est vrai, de la contrainte, pour raison des lettres ou contrats de change, les femmes, les filles et les mineurs non commerçans.—Art. 2 et 3, tit. 2. —Mais elle ne contenait aucune disposition relative aux liens de parenté entre le créancier et le débiteur, ou à l'âge avancé de ce dernier. La jurisprudence essaya d'en introduire quelques-unes.

312. — On jugea que la contrainte ne pouvait avoir lieu entre deux frères. — *Paris*, 22 fév. 1810, Michol c. Sévennes. — *Contrà Lyon*, 28 déc. 1826, Monestier.

313. — Sous l'ordonnance de 1667, la contrainte ne pouvait être prononcée entre associés. — *Cass.*, 1er avr. 1817, Marchal c. Stone.

314. — Sous la loi de brumaire et sous le Code de procédure, qui gardaient le silence, cette exception fut admise par deux arrêts (*Paris*, 2 fév. 1814, Filatier et Boullard c. Guyard; *Orléans*, 22 juill. 1818, Bruneau c. Chateau); et repoussée par beaucoup d'autres (*Cass.*, 1er prair. an X, Magnet et Betford c. Coullerez et Duball; 25 prair. an X, mêmes parties; 25 brum. an XII, Darmentier c. Fauché; 22 mars 1809, Swan c. Lubbert; *Colmar*, 24 juill. 1810, Munsh c. Helffer; *Paris*, 20 mars 1812, Morel et Henriot c. Lorch; *Cass.*, 22 mars 1813, Toullier c. Passet et Dumoulin; *Colmar*, 31 mars 1813, Guimpel c. Nerkin; *Grenoble*, 8 mars 1824, Royanez; *Toulouse*, 17 mai 1825, Cayrol c. Sabattier; *Paris*, 8 août 1825, de Lalourette c. Tanquerel et Divone; *Lyon*, 28 déc. 1826, Monestier; *Cass.*, 22 janv. 1834, Dupuy c. Portier).

315. — La contrainte ne pouvait avoir lieu contre les septuagénaires pour les obligations souscrites sous l'empire de l'ord. de 1667, aux termes de l'art 34 de cette ordonnance, lequel s'appliquait aussi bien aux matières commerciales qu'aux matières civiles. — *Paris*, 16 mars 1811, David; *Cass.*, 21 avr. 1813, David c. Dusaillant.

316. — Mais, la loi de brumaire gardant le silence à l'égard des septuagénaires, en matière de commerce, ils devaient, sous son empire, être soumis à la contrainte. — *Paris*, 29 messid. an XIII, Bourdon; *Cass.*, 12 frim. an XIV, Bourdon c. Houdin.

317. — Il a continué d'en être de même sous le Code de procéd., nonobstant l'art 800, qui ordonne l'élargissement du débiteur lorsqu'il a atteint sa soixante-dixième année. — *Paris*, 8 mai, 1807, Oglow; *Cass.*, 10 juin 1807, Oglou c. Tremblay; *Bruxelles*, 7 avr. 1810, Faveers c. Devos Bauwens; *Turin*, 30 déc. 1811, N..; *Cass.*, 3 fév. 1813 (Int. de la loi), Montier; 15 juin 1813, Vanmalder c. Rombert; 7 août 1815, Chabrillat c. Borredou; — V. *contrà Paris*, 18 avr. 1807, Romberg c. Vanbeveve; 18 août 1807, mêmes parties; *Bruxelles*, 12 juill. 1811, de Romberg c. Van Malder; *Caen*, 26 août 1812, Montier c Zouin; *Lyon*, 6 fév. 1813, Pallais c. Collet.

318. — De la contexture régulière de la loi de germin. an VI et de l'abrogation successive de ses 1er et 3e titres par le Code civil et par le Code de procédure, il semblait résulter que les dispositions du tit. 2 devaient seules rester en vigueur; mais le législateur ne saurait prendre assez de soin pour que des dispositions relatives au fond du droit ne se glissent jamais au milieu des articles destinés à en régler l'exercice.—C'est ainsi que, jusqu'à la loi de 1832, on s'est demandé si la disposition contenue dans le tit. 3 de la loi de germinal qui ordonnait l'élargissement du débiteur commercial après cinq années de détention avait continué à rester en vigueur depuis la publication du Code de procédure qui ne la reproduisait pas.

319. — L'affirmative fut jugée pour les dettes contractées avant le Code de procédure. — *Paris*, 14 janv. 1809, Sauvegrain c. Marais; *Bruxelles*, 20 août 1810, Vandermotte; *Paris*, 25 sept. 1811, Jujardi c. Brière.

320.—La même décision fut appliquée aux obligations souscrites sous le Code de procédure. — *Paris*, 1er oct. 1814, Duhardat d'Hauteville c. Thomassin; 29 mai 1815, Mariette c. Domaines; *Toulouse*, 2 sept. 1823, Moinié c. Ramondène; *Cass.*, 3 mars 1825, Ramondène c. Moinié.

321.— La loi de germin. an VI, tit. 3, défendait aussi la réincarcération du débiteur élargi faute de consignation d'alimens. Etait-ce une loi de procédure abrogée par l'art. 804, C. procéd.? ou devait-elle subsister comme touchant au fond du droit?— Cette dernière interprétation, favorable à la liberté, fut adoptée.—*Paris*, 5 août 1817, Pourin c. Labry; *Cass.*, 8 fév. 1825, Moutier c. Viel; *Caen*, 9 mars 1826, mêmes parties; *Montpellier*, 17 août 1827, Roquefeuil c. Bousquet; *Grenoble*, 15 mars 1830, Tournier c. Combes. — Elle a été consacrée par l'art. 31, L. 17 avr. 1832.

322. — Toutes ces décisions ne détruisaient pas le principe que les lois de procédure régissent même les obligations antérieures à leur promulgation, et par conséquent la contrainte exercée en vertu d'un jugement antérieur au code n'en était pas moins assujétie aux dispositions de l'art. 780 de ce code. — *Paris*, 7 août 1807, Chenot c. Hauze.

Sect. 2e. — *Quelles personnes sont contraignables par corps.*

323.— En matière commerciale comme en matière civile, l'âge, le sexe, les liens de parenté, l'intérêt public ont fait exempter de la contrainte par corps certaines personnes qui en auraient été passibles à raison de la nature de leurs engagemens.

324.— Ainsi ne sont pas soumis à la contrainte :

1° Les femmes et les filles non légalement réputées marchandes publiques. — L. 17 avr. 1832, art. 2 1°.

325.—Peu importe que la dette par elles souscrite ait un caractère éminemment commercial.— Goujet et Merger, v° *Contr. par corps*. n° 158.

326. — La femme non marchande n'est pas contraignable pour avoir garanti l'acquittement de billets à ordre faits par son mari, négociant.—*Cass.*, 28 avr. 1813, Lequesne c. Hot.

327. — ... Ni pour avoir donné son aval sur un billet de commerce souscrit par lui. — *Riom*, 13 janv. 1829, Degiot c. Debord.

328.—...Ni pour avoir tiré elle-même une lettre de change (C. comm., art. 113.) — V. LETTRE DE CHANGE.

329. —...Eût-elle pris faussement la qualité de marchande publique. — *Paris*, 12 juill. 1825, Lemaire c. Lelizeux; — Goujet et Merger, n° 165.

330. — De ce qu'une femme est copropriétaire d'un navire, il ne s'en suit pas qu'elle soit marchande publique. Elle ne saurait, par conséquent, être condamnée par corps à rembourser les engagemens pris par le capitaine. —*Cass.*, 21 janv. 1842 (t. 1er 1842, p. 145), propr. du nav. *les Trois-Frères* c. Lecarpentier.

331. — Le moyen tiré de ce que la contrainte par corps a été prononcée contre une femme non réputée légalement marchande publique est d'ordre public et peut être invoquée en tout état de cause. — Même arrêt.

332.—Il suffit que, dans les qualités d'un arrêt, des femmes soient qualifiées *sans profession* ou *rentières* pour que l'arrêt qui les condamne *par corps* au paiement d'une obligation doive être cassé. — Même arrêt: — Coin-Delisle, add. sur l'art. 2, L. 17 avr. 1832.

333.—Quant aux femmes ou filles marchandes publiques, elles sont soumises à la contrainte pour l'exécution de tous les engagemens relatifs à leur commerce, de même que tous les négocians en général. — V. COMMERÇANT, nos 269 et suiv.— V. FEMME.

334.—...2° Les mineurs non commerçans ou qui ne sont point réputés majeurs pour fait de leur commerce.—L. 17 avr. 1832, art. 2. —V. COMMERÇANT, nos 211 et suiv., MINEUR.

335.—...3° Les veuves et héritiers des justiciables des tribunaux de commerce assignés devant ces tribunaux en reprise d'instance ou par action nouvelle en raison de leur qualité. — L. 17 avr., art. 2 3°.

336. — Ces personnes ne sont pas obligées en vertu d'un engagement commercial; elles ne sont tenues qu'en leur qualité d'héritier ou successeur, la contraintene saurait donc leur être appliquée.

337. — ... 4° Les débiteurs qui ont commencé leur soixante-dixième année. — L. 17 avr., art. 4.

338. — 5° La contrainte ne peut être prononcée au profit du mari ni de la femme, des ascendans, descendans, frères ou sœurs du débiteur condamné.— L. 17 avr., art. 19.—V. *suprà*, nos 111 et suiv.

339. — Mais lorsqu'une lettre de change souscrite au profit d'une personne parente à l'un de ces degrés est passée dans d'autres mains, la contrainte devient possible. La loi défend seulement de la *prononcer* au profit des ascendans, descendans, etc., et la sûreté des opérations commerciales ne permet pas qu'on impose au porteur d'une lettre de change ou d'un billet à ordre l'obligation de rechercher les liens de parenté qui pourraient unir le souscripteur et le preneur. — *Bourges*, 1 mai 1837 (t. 2 1837, p. 400), Trumeau c. Leloup. — V. *suprà* n° 118.

340. — Ainsi, le billet à ordre souscrit par un frère au profit de son frère, puis endossé par celui-ci à un tiers, donne lieu, en faveur de ce dernier, à la contrainte par corps contre le souscripteur négociant. — *Paris*, 1er avr. 1840 (t. 1er 1840, p. 687), Maurac c. Launoy; 3 mars 1842 (t. 1er 1842, p. 409), Pourchet c. Belon.

341. — 6° Elle ne peut être exercée simultanément contre le mari et la femme pour la même dette. — V. *suprà* nos 106 et suiv.

342. — 7° Le capitaine et les gens de l'équipage qui sont à bord ou qui, sur les chaloupes, se rendent à bord pour faire voile, ne peuvent être arrêtés pour dettes civiles, si ce n'est à raison de celles qu'ils ont contractées pour le voyage, et même dans ce dernier cas ils ne peuvent être arrêtés s'ils donnent caution (C. comm., art. 231). Le mot dettes civiles comprend ici les dettes commerciales. — Pardessus, n° 670. — V. CAPITAINE, n° 1, GENS DE MER.

343. — 8° Enfin, les exemptions admises en matière civile au profit des députés, des pairs de France, des militaires en activité de service, sont également applicables en matière de commerce.— V. *suprà* nos 83 et suiv.

344. — *Associés*.— Le silence de la loi de 1832, à l'égard des associés, prouve qu'ils ne jouissent d'aucune exemption. La question de savoir s'ils sont contraignables par corps dépend uniquement de la nature commerciale de la dette.

345.—La contrainte par corps devra donc toujours être prononcée contre les associés en nom collectif que cette seule qualité constitue commerçans, soit au profit de leurs coassociés en nom collectif, soit au profit des commanditaires si la société est en commandite. — Pardessus, n° 1509; Goujet et Merger, n° 193.

346. — Mais le commanditaire peut-il être tenu par corps au versement de sa mise? — V. ACTE DE COMMERCE, nos 79 et suiv., SOCIÉTÉ.

347. — *Quid* des administrateurs d'une société anonyme? — V. SOCIÉTÉ.

348. — Pour les associations en participation, il faut distinguer. La société ne donne point lieu à la contrainte entre les coparticipans, s'ils ne sont pas tous commerçans, lorsqu'elle a pour but une opération isolée. Mais lorsqu'elle se compose d'une série d'actes commerciaux, il en résulte une habitude, une profession qui rend chaque associé commerçant. — V. SOCIÉTÉ.

349. — L'arrêt qui, par suite de la dissolution d'une société constituée pour l'exploitation d'une invention, attribue le matériel social à celui des associés auquel le secret appartenait, et pour empêcher la divulgation de ce secret, et qui le condamne à payer à ses associés la valeur de ce matériel, attache à bon droit à cette condamnation la sanction de la contrainte par corps, en raison du caractère essentiellement commercial de l'objet de l'association.— *Cass.*, 23 déc. 1844 (t. 1er 1845, p. 518), Rives c. Plainemaison et Montegut.

Sect. 3e. — *Pour quelles sommes la contrainte peut être prononcée.*

350. — La loi de germ. an VI permettait l'exercice de la contrainte en matière de commerce, quelque peu élevé que fût le montant de la condamnation. Des raisons d'humanité ont engagé le législateur à modifier cette règle; mais il a pensé que le *minimum* des sommes pouvant entraîner la contrainte, devait être moins élevé en matière de commerce qu'en matière civile.

351. — La contrainte par corps, porte l'art. 1er de la loi du 17 avr. 1832, sera prononcée, sauf les exceptions et les modifications ci-après, contre toute personne condamnée pour dette commerciale au paiement d'*une somme principale de deux cents francs et au-dessus.*

352. — Il résulte de ces expressions que les intérêts ne peuvent pas être pris en considération pour former le chiffre de deux cents francs, au-dessous duquel la contrainte n'est pas autorisée. — Duvergier, *Bull. des lois annoté*, t. 32, p. 197.

353. — Peu importe que ces intérêts soient dus depuis plusieurs années, et qu'ils aient été capitalisés sur la demande. — Coin-Delisle, sur l'art. 1er, L. 17 avr., no 24.

354. — Mais si le principal de la créance excède deux cents francs, la contrainte par corps est également prononcée pour les intérêts. L'accessoire suit, en effet, le sort du principal.

355. — La règle précédente souffre pourtant exception en matière de compte-courant, parce qu'alors les intérêts se confondent avec les autres articles du compte dont ils sont un élément, et que le solde de ce compte forme une créance principale. — Goujet et Merger, no 121. — V. COMPTE COURANT.

356. — *Quid* des frais de protêt, rechange et compte de retour d'un effet de commerce non payé? — On peut dire que ces frais ne sont qu'un accessoire de la dette originaire, et que dès lors ils ne sauraient être considérés comme *une somme principale.* — Duranton, t. 18, no 488. — Mais on répond avec raison, selon nous, que le porteur d'une traite non payée a la faculté, au lieu de poursuivre les débiteurs obligés, de se rembourser par une retraite comprenant à la fois le principal de la traite protestée, les intérêts, les frais et le rechange; or, cette retraite forme une nouvelle dette principale, dont sont tenus tous les signataires de la première traite, et pour le paiement de laquelle ils sont passibles de la contrainte par corps si elle s'élève à deux cents francs. Alors même que le porteur n'a pas recours à cette voie de remboursement, les frais de retour ne changent pas de nature, et doivent par conséquent produire le même effet. — *Paris,* 28 sept. 1843 (t. 2 1846), Bretschneider c. Coumers; — Goujet et Merger, no 122. — La cour de Cassation s'est prononcée dans ce sens, le 5 nov. 1835 (Buffet c. Devink), mais dans une affaire régie par l'ancienne législation.

357. — Les dépens peuvent, encore moins que les intérêts, être ajoutés à la dette originaire pour atteindre le chiffre de 200 francs et autoriser la contrainte. — Coin-Delisle, sur l'art. 1er, L. 17 av. 1832, no 24.

358. — Lorsqu'une même personne se trouve créancière d'une dette principale supérieure à 200 francs, mais résultant de plusieurs titres inférieurs chacun à cette somme, la contrainte peut-elle être prononcée? — Nous pensons qu'il faut faire une distinction : Dans le cas où les titres ont une origine distincte, la position du débiteur ne doit pas être aggravée par l'existence simultanée de plusieurs dettes. Si, au contraire, les divers titres ont une cause commune, ils constituent, en réalité, une même dette, et par conséquent il y a lieu à contrainte par corps. — *Grenoble,* 26 juill. 1838 (t. 1er, 1839, p. 317), Triboulet c. Gallin. — La *Gazette des tribunaux* du 10 mai 1845, cite comme ayant été rendu dans le même sens un arrêt de *Paris,* 30 avr. 1845, Duverier.

359. — On devrait aussi ne voir qu'une seule dette dans des obligations successives faites en vertu d'un compte courant, ou des ventes successives d'objets de même nature destinées à être réglées en une seule fois. — Duranton, t. 18, no 488.

360. — Quand plusieurs billets souscrits originairement au profit de diverses personnes se trouvent réunis dans la même main, la question est très délicate. — D'un côté l'on soutient que la loi ne distingue pas, et que celui qui se trouve, de bonne foi, porteur de plusieurs titres de créance contre la même personne, est bien en réalité son créancier d'une somme principale, dont chaque titre forme un élément. — Goujet et Merger, no 124. — D'autre part on répond que, chacune des créances primitives n'engendrant pas la contrainte, ces créances ne peuvent pas acquérir, par leur réunion, une force qu'elles n'avaient pas en elles-mêmes. Chacun doit savoir à quoi il s'oblige; et celui, par exemple, qui ne s'est pas engagé par corps en achetant pour 150 fr. de marchandises, ne saurait voir sa liberté compromise, parce que son vendeur a transporté sa créance à un tiers qui avait déjà contre l'acheteur une créance qui n'emportait pas non plus la contrainte. — Coin-Delisle, sur l'art. 1er, L. 17 avr. 1832.

361. — En tout cas, il est incontestable que les tribunaux ne devraient pas prononcer la contrainte s'ils reconnaissaient que le transport n'est pas sérieux, et qu'il a été uniquement simulé dans le but de se procurer une voie d'exécution que la loi n'attachait pas au titre. — *Caen*, 16 août 1843 (t. 1er 1846, p. 665), Gouin c. Goupil.

362. — Mais rien n'empêcherait l'exercice de la contrainte en vertu d'un jugement qui l'aurait ordonnée pour des sommes inférieures à 200 francs, avant la promulgation de la loi de 1832. — *Paris*, 27 avr. 1834, Descoings c. Bitterlin; — Goujet et Merger, no 128.

363. — La loi de 1832 défendant de prononcer la contrainte par corps pour dettes inférieures à 200 francs, on ne saurait l'ordonner pour une somme n'atteignant pas ce chiffre, quoique la dette fût échue antérieurement au 17 avr. 1832. — *Toulouse*, 13 fév. 1835, Gabarrot c. Bories; — Goujet et Merger, no 127.

Sect. 4e. — *Quelles dettes entraînent la contrainte par corps.*

364. — La loi du 15 germin. an VI, en spécifiant les actes de commerce qui donneraient naissance à la contrainte par corps, avait soulevé de nombreuses difficultés que l'art. 1er, L. 17 avr. 1832, a fait cesser : la contrainte aujourd'hui doit être prononcée pour le paiement de toute dette commerciale montant en principal à 200 fr. ou au-dessus.

365. — Ce système, qui tend à garantir par la contrainte par corps toutes les dettes commerciales, avait déjà été consacré, avant le Code, par la loi du 24 août 1790. Aux termes de cette loi, la contrainte par corps devait avoir lieu pour tous les jugemens émanés des tribunaux de commerce. Lorsque la loi du 15 germin. an VI spécifia les obligations commerciales qui auraient pour effet d'entraîner la contrainte, la jurisprudence et les auteurs furent partagés sur le point de savoir si le législateur avait voulu restreindre le principe trop général de la loi du 24 août 1790, ou si, au contraire, en s'expliquant sur quelques cas particuliers, il avait eu pour unique but de faire cesser les doutes qui s'élevaient relativement à ces cas.

366. — Aujourd'hui aucune difficulté ne peut plus s'élever. Il ne s'agit que de savoir si la dette est commerciale pour décider si la contrainte doit être prononcée. — On s'aide par conséquent, en cette matière, des dispositions de loi et des jugemens ou arrêts qui déterminent ce qu'il faut entendre par acte de commerce, et qui règlent la compétence des tribunaux consulaires. — Coin-Delisle, sur l'art. 1er, L. 17 avr. 1832.

367. — Ce qui détermine la contrainte, c'est la nature de l'acte. Et le caractère commercial n'existe pas moins quand l'acte est isolé et qu'il intervient entre individus n'exerçant pas habituellement le commerce, que lorsqu'il émane de commerçans et a rapport à leur négoce. — Goujet et Merger, no 29.

368. — Réciproquement, la contrainte ne saurait être prononcée entre commerçans pour un acte qui aurait un caractère purement civil; par exemple, pour la remise d'un objet mobilier. — *Bourges*, 31 déc. 1841 (t. 1er 1843, p. 243), Baudou c. Bonnet; — Goujet et Merger, no 28.

369. — Nous avons expliqué, sous le mot ACTE DE COMMERCE, quels sont les caractères généraux de ces actes et ce qui les distingue des actes civils.

370. — La loi déclare tels notamment : 1o l'achat des denrées et marchandises pour les revendre soit en nature, soit après les avoir travaillées et mises en œuvre, ou seulement pour en louer l'usage. — V. ACTE DE COMMERCE, nos 33 et suiv.

371. — Si l'achat n'est pas fait dans l'intention de revendre ou de louer l'objet acheté, il perd son caractère commercial. — V. ACTE DE COMMERCE, nos 124 et suiv.

372. — La contrainte cesse également d'être applicable si l'achat fait, même avec l'intention de revendre, n'est que l'accessoire d'une autre opération principale ayant un caractère purement civil. — *Ibid.*, nos 133 et suiv., 194 et suiv.

373. — Ainsi, l'artisan qui ne fait que confectionner, comme un teinturier, par exemple, n'est pas contraignable par corps pour les achats relatifs à sa profession. — *Turin*, 11 déc. 1811, Magnano; 7 janv. 1812, Beccaria.

374. — Mais il en est autrement de l'artisan qui achète des marchandises pour les revendre confectionnées. — Coin-Delisle, sur l'art. 1er, L. 17 avril 1832, no 24; Pardessus, no 81. — V. ACTE DE COMMERCE, no 117.

375. — L'auteur qui publie lui-même son œuvre ne fait pas acte de commerce quoiqu'il revende le papier qui a servi à l'impression. — V. ACTE DE COMMERCE, no 182.

376. — Mais la publication d'un ouvrage composé d'articles rédigés par plusieurs auteurs constitue de la part de l'éditeur, bien que homme de lettres lui-même, une opération commerciale qui le soumet, pour tout ce qui concerne cette publication, à la juridiction consulaire et à la contrainte par corps. — *Paris*, 25 avr. 1844 (t. 1er 1844, p. 576), Duperrel c. Richault. — C'est là en effet une spéculation sur les œuvres d'autrui, qui n'a rien de commun avec les opérations faites par l'auteur pour la publication ou la vente de son œuvre personnelle.

377. — Faut-il considérer comme un achat de denrées ou marchandises pouvant donner lieu à contrainte par corps, l'acquisition d'immeubles pour les revendre? — Cette question est controversée. — V. ACTE DE COMMERCE, nos 38 et suiv.

378. — Toutefois, il est incontestable que le propriétaire qui fait construire une maison pour la louer ne saurait être contraint par corps pour ce qu'il doit au constructeur; il n'y a pas, en effet, spéculation de sa part, mais bien simple placement de ses capitaux. — *Colmar*, 2 mars 1840 (t. 2 1841, p. 30), Hommel c. Zeug.

379. — *Quid*, de l'achat de fonds publics? — V. ACTE DE COMMERCE, nos 85 et suiv.

380. — ...Ou d'un fonds de commerce? Plusieurs arrêts tendent à établir une distinction entre le cas où l'on achète seulement l'achalandage et le droit au bail, et celui où des marchandises sont comprises dans la vente. Dans la première hypothèse, ils déclarent la vente purement civile, tandis que dans la seconde ils la considèrent comme commerciale. — V. ACTE DE COMMERCE, nos 85 et suiv.

381. — Il est, au surplus, hors de doute que celui qui achète, avec l'achalandage d'une maison garnie et d'un café, les meubles de cette maison garnie, ainsi que les liquides et autres marchandises nécessaires à l'exploitation de ce café, fait un acte de commerce qui le soumet à la juridiction commerciale et à la contrainte par corps. — *Rouen*, 13 sept. 1844 (t. 1er 1845, p. 509), Ferrey c. Letellier.

382. — ... 2o Les entreprises de manufactures. — V. ACTE DE COMMERCE, nos 233 et suiv.

383. — Sous la loi de germin. an VI, on jugeait que les commis d'un négociant ou les ouvriers d'un fabricant ne pouvaient faire condamner par corps, au paiement de leurs salaires, le maître qui les emploie, « attendu que les art. 1er et 4, tit. 2 de cette loi, qui déterminaient les cas dans lesquels la contrainte devait être prononcée, ne comprenaient pas dans leurs dispositions celui où le maître d'un établissement s'oblige à payer des appointemens ou un salaire à des ouvriers à raison des services ou des soins qu'ils lui donnent. » — *Cass.*, 15 avr. 1829, Courtin-Dussaulsoy c. Sauclière; 28 avr. 1830, Witz-Blech c. Nicolet.

384. — Mais il n'en saurait être de même aujourd'hui. La loi de 1832 attache la contrainte à toute dette commerciale, et l'engagement pris par un fabricant, dans l'intérêt de son établissement, a évidemment ce caractère. — Goujet et Merger, no 40.

385. — Toutefois, M. Coin-Delisle établit une distinction entre le cas où il y a de la part du maître entreprise commerciale, dans le sens de l'art. 362, C. comm., et celui où il y a simple commerce. Dans ce dernier cas, il pense que la contrainte ne saurait être prononcée.

386. — MM. Goujet et Merger (no 40) nous semblent combattre victorieusement cette distinction. — Les entreprises, disent-ils, ne sont ni plus ni moins commerciales que tout autre établissement de commerce. Si la loi les désigne spécialement, c'est que le doute pouvait naître plutôt à l'occasion des transports, agences d'affaires, etc., qu'à l'occasion d'un commerce de marchandises. Mais, dans l'un et l'autre cas, les conventions faites par les commis avec leurs maîtres sont, suivant l'expression de M. Coin-Delisle, *des dépendances mêmes de l'entreprise*; les avances que font ces employés et les émolumens qui leur sont dus constituent des dettes commerciales. — V. COMPÉTENCE COMMERCIALE, nos 66 et suiv.

387. — A l'inverse, le maître n'a pas la contrainte par corps pour faire restituer au commis ce qu'il lui a donné de trop pour appointemens. — *Toulouse*, 24 janv. 1824, syndics Rachoux c. Labrune. — De la part du commis il n'y a, en effet, qu'un

simple louage de service, et cet engagement civil ne peut engendrer la contrainte. — Goujet et Merger, n° 41; Nouguier, *des Trib. de comm.*, t. 2, p. 79.

388. — Un arrêt de la cour de Cassation a jugé le contraire sous l'empire de la loi du 15 germ. an VI. — V. COMPÉTENCE COMMERCIALE, n° 86. — Mais il est à remarquer qu'il s'agissait, dans l'espèce, d'un facteur chargé par une compagnie de faire des achats considérables, et que l'art. 1er, tit. 2, de la loi de germin., visé par la cour dans sa décision, portait expressément que la contrainte aurait lieu contre des *facteurs* dont la profession serait de faire vendre ou acheter des marchandises moyennant rétribution.

389. — ... 3° Les entreprises de commission. — V. ACTE DE COMMERCE, nos 329 et suiv. — Peu importerait que le commissionnaire n'opérât que pour une seule personne, si ces opérations étaient assez multipliées pour constituer une entreprise dans le sens de la loi. — Goujet et Merger, n° 42.

390. — ... 4° Les entreprises de transport par terre ou par eau. — V. ACTE DE COMMERCE, nos 338 et suiv.

391. — En conséquence, les entrepreneurs militaires peuvent être condamnés par corps pour les engagemens par eux contractés envers des sous-traitans. — *Lyon*, 30 juin 1827, Rousset c. Bodin.

392. — Sous l'ord. de 1673, les sous-traitans ne pouvaient pas obtenir la contrainte par corps contre les entrepreneurs principaux. — *Rennes*, 20 janv. 1813, Dacosta c. James, Thomas, Jollivet.

393 — ... 5° Les entreprises de fournitures. — V. ACTE DE COMMERCE, nos 357 et suiv.

394. — Ainsi sont passibles de la contrainte les entrepreneurs de fournitures militaires pour faits relatifs à cette entreprise. — *Cass.*, 12 janv. 1830, Oupin c. Doncker.

395. — On a jugé qu'il en était autrement sous l'empire de la loi du 15 germ. an VI pour les sommes dues par eux pour appointemens, frais de voyages, et indemnités à leurs employés. — *Cass.*, 5 sept. 1810, Estelle c. Mathieu. — Mais cette décision ne serait plus admissible depuis la loi de 1832. Les engagemens contractés par un commerçant envers ses commis ont, en effet, un caractère commercial, et comme tels, emportent la contrainte par corps. — V. *suprà* nos 383 et suiv.

396. — ... 6° Les entreprises d'agence d'affaires. — Ce qui constitue l'entreprise d'agence d'affaires, ce n'est pas le fait d'un ou plusieurs mandats acceptés, mais bien l'établissement, le bureau ouvert au public. — Goujet et Merger, n° 18.

397. — Il suit de là que le praticien qui, dans une petite ville, ne tient pas cabinet d'affaires, et se borne à donner des avis et à représenter les parties devant la justice de paix, n'est pas contraignable par corps. — *Amiens*, 10 juin 1823, Lallemand c. Flobert. — Mais il en est autrement de celui qui tient un bureau ouvert au public. — *Paris*, 6 déc. 1814, Perrier c. Villiaume. — V. ACTE DE COMMERCE, nos 371 et suiv.; AGENT D'AFFAIRES, nos 10 et suiv., 15 et suiv.

398. — ... 7° Les établissemens de vente à l'encan. — V. ACTE DE COMMERCE, n° 391.

399. — ... 8° Les entreprises de spectacles publics. — V. ACTE DE COMMERCE, nos 392 et suiv.

400. — Les entrepreneurs de spectacles sont, en conséquence, contraignables par corps. — Pardessus, *Dr. comm.*, t. 1er, no 45.

401. — Il devrait en être autrement des acteurs qui se bornent à louer leurs services. — V. ACTE DE COMMERCE, n° 400.

402. — Cependant la jurisprudence les considère, en général, comme contraignables par corps pour l'exécution de leurs engagemens. — *Paris*, 3 mai 1808, Dorli c. Morand; 11 juill. 1825, Ahn et Clouet c. Desserres et Merle; *Amiens*, 7 mai 1839 (t. 1er 1844, p. 338), Lecor c. Potel; *Bordeaux*, 9 déc. 1841 (t. 1er 1842, p. 323), Duluc c. Léon.

403. — ... 9° Les opérations de change, banque et courtage. — V. ACTE DE COMMERCE, nos 419 et suiv.

404. — Pour ces opérations la loi n'exige plus qu'il y ait entreprise; un seul acte suffit pour soumettre celui de qui il émane à la contrainte par corps.

405. — Tout individu, même non commerçant, qui appose sa signature sur une lettre de change, est contraignable par corps pour le paiement de cette lettre. — V. LETTRE DE CHANGE.

406. — Cette règle ne souffre exception qu'à l'égard des mineurs et des femmes ou filles non marchandes publiques.

407. — Les billets à domicile contenant remise d'argent de place en place sont assimilés aux lettres de change. — *Paris*, 22 juill. 1845 (t. 2 1845, p. 110), Lefon. — V. BILLET A DOMICILE, nos 8 et suiv.

408. — Quant aux billets à ordre simple, ils ne constituent un acte de commerce qu'autant qu'ils ont une cause commerciale, ou que, signés par des commerçans, ils n'indiquent pas une cause civile, parce qu'alors ils sont réputés faits pour le commerce du souscripteur. — V. BILLET A ORDRE, n° 77; COMPÉTENCE COMMERCIALE, nos 224 et suiv.

409. — Les condamnations prononcées par les tribunaux de commerce contre des individus non négocians, pour signatures apposées soit à des lettres de change réputées simples promesses aux termes de l'art. 112, C. comm., soit à des billets à ordre, porte l'art. 3, L. 17 avr. 1832, n'emportent point la contrainte par corps, à moins que ces signatures et engagemens n'aient eu pour cause des opérations de commerce, trafic, banque et courtage.

410. — On a jugé, en conséquence, que des billets à ordre souscrits par un propriétaire pour cause de fournitures de glaces destinées à l'ornement de sa maison, n'entraînaient pas la contrainte par corps. — *Paris*, 2 août 1843 (t. 2 1843, p. 355), Detry c. Brot.

411. — Tout engagement souscrit par un commerçant est réputé fait pour son commerce (C. comm., art. 18). Dès-lors le négociant qui n'établit pas que l'obligation par lui contractée est étrangère à son commerce doit être condamné par corps à l'exécuter. — *Paris*, 21 av. 1843 (t. 1er 1843, p. 594), Legris c. Marsuzy. — V. ACTE DE COMMERCE, nos 442 et suiv.

412. — Les billets des receveurs, inspecteurs ou autres comptables de deniers publics sont également censés faits pour leur gestion lorsqu'aucune autre cause n'y est énoncée, et ils entraînent la juridiction commerciale (C. comm., art. 634, 638). — Mais ils n'emportent pas la contrainte par corps, à moins qu'on ne prouve qu'ils ont été souscrits ou endossés par les fonctionnaires, soit pour une cause commerciale, soit au profit du trésor. — V. COMPÉTENCE COMMERCIALE, n° 103; ACTE DE COMMERCE, nos 553 et suiv.

413. — ... 10° Tous les actes de commerce maritime. — V. ACTE DE COMMERCE, nos 435 et suiv.

414. — Le cautionnement ne constitue pas, par lui-même, un acte de commerce. — Il ne soumet donc à la contrainte, même entre commerçans, que lorsqu'il est donné dans une forme commerciale, par exemple, par un aval. — V. AVAL. — Ou quand il est fourni dans l'intérêt même de la caution qui stipule une indemnité pour prix de son engagement. — V. CAUTIONNEMENT, nos 108 et suiv. — V. *suprà* n° 240.

415. — A plus forte raison, les cautions non commerçantes d'un commerçant contraignable par corps ne sont pas passibles de la contrainte si elles ne s'y sont expressément soumises. — *Cass.*, 21 juill. 1824, Degain c. Bourryaud; 20 août 1833, Thibaut c. Boc Saint-Hilaire; *Lyon*, 4 fév. 1835, Patricot c. Serdat-Carcassonne; — Coin-Delisle, sur l'art. 2060, nos 14 et 15.

416. — Mais le commerçant qui, en se portant fort, s'est obligé solidairement pour une dette commerciale, est soumis à la contrainte par corps. — *Bastia*, 12 avr. 1842 (t. 2 1842, p. 683), Palazzi c. Sabiani.

417. — Il a également été jugé que celui qui, dans un acte de société, se porte caution de quelques uns de ses coassociés à l'égard des autres, fait un acte de commerce et par suite devient contraignable par corps. — *Cass.*, 23 juill. 1833, Salomon c. Hébert.

418. — Un associé peut, en effet, être condamné à payer par corps, à son coassocié, les sommes dont il est redevable envers la société, si cette société est reconnue commerciale. — *Cass.*, 22 janv. 1834, Dupuy c. Portier.

419. — Ainsi, l'associé en participation est contraignable par corps pour raison de marchandises livrées à la société. — *Cass.*, 26 mars 1817, Hom c. Cretin.

420. — Lorsque des associés gérans d'une entreprise ont reçu les sommes sur lesquelles un associé non gérant doit exercer un prélèvement, ils peuvent être condamnés solidairement et par corps à les payer à celui-ci, encore bien que la société soit dissoute et qu'il ne s'agisse plus d'opération commerciale. — *Cass.*, 17 fév. 1830, Boudin.

421. — Mais la contrainte ne saurait être prononcée contre les administrateurs, mandataires et agens d'une société anonyme pour paiement des sommes réclamées de la société. — *Cass.*, 23 mai 1826, Assur. marit. de Paris c. Carré. — V. SOCIÉTÉ.

422. — Un arrêt de la cour de Cassation a décidé que les syndics d'une faillite devaient être condamnés par corps pour les obligations qu'ils avaient contractées comme représentant la masse des créanciers. — *Cass.*, 19 janv. 1819, Marmod c. Matthelin. — Cette décision rigoureuse ne devrait pas faire jurisprudence. La condamnation prononcée contre des syndics en leur qualité de syndics n'a pas le caractère commercial; mais dans l'espèce de l'arrêt le failli avait passé avec ses créanciers une convention portant que toutes les obligations par lui souscrites du consentement des syndics obligeraient la masse, et cette condition avait été remplie pour le billet dont le paiement était réclamé contre les syndics. La décision, bonne dans l'espèce, ne doit pas tirer à conséquence.

423. — La condamnation à des dommages-intérêts, lorsque les juges de commerce la prononcent parce qu'elle se rattache à un fait commercial, n'est pas elle-même commerciale; la contrainte par corps est donc, dans ce cas, facultative de la part des juges et ne saurait être accordée qu'autant que les dommages-intérêts alloués dépassent trois cents francs. — *Colmar*, 17 mars 1810, Benne c. Schimberger; *Paris*, 2 août 1827, Lesueur c. Amiot. — V. *suprà*, n° 199.

424. — La condamnation aux dépens n'est pas commerciale en matière de commerce plus qu'en matière civile, elle n'entraîne, par conséquent, jamais la contrainte par corps. — *Cass.*, 14 nov. 1809, Deede c. Rensat; 14 avr. 1817, Mancel c. Raymond; 4 janv. 1825, Boursy c. Bunel; 30 déc. 1825, Bouzigues c. Laens; — Pardessus, *Dr. comm.*, n° 1511.

425. — On a considéré comme prononçant la contrainte pour les dépens un jugement qui portait : *Le tribunal condamne par corps N... à payer le montant du billet, ensemble les intérêts et les frais.* — *Cass.*, 4 janv. 1825, Boursy c. Bunel.

426. — Les honoraires alloués à un arbitre rapporteur ont le caractère de dépens et ne peuvent, par conséquent, motiver la contrainte. — *Paris*, 12 juill. 1826, Barde c. Steinmann.

427. — Mais il faut se garder d'assimiler aux dépens les intérêts et le compte de retour d'une traite; c'est là une dette principale pour laquelle la contrainte sera prononcée. — *Cass.*, 5 nov. 1835, Buffet c. Devink; même jour, N... — V. *suprà* n° 403. — Il est vrai que, dans l'espèce de cet arrêt, il s'agissait d'un jugement rendu en 1830, c'est-à-dire sous l'empire de la loi du 15 germin. an VI. Mais les principes sont les mêmes, et on devrait juger dans le même sens sous l'empire e la loi de 1832.

428. — Au surplus, lorsqu'un arrêt conforme à la loi dans ses dispositions principales est seulement irrégulier en ce qu'il a prononcé la contrainte par corps pour les dépens, la cour de Cassation casse seulement ce dernier chef et maintient les autres. — *Cass.*, 14 nov. 1809, Dude c. Bensa; 14 avr. 1817, Mancel c. Raymond.

429. — Quand la condamnation n'est commerciale que pour partie, la contrainte ne peut être prononcée que pour cette partie; l'arrêt qui l'ordonnerait pour le tout serait cassé dans cette disposition. — *Cass.*, 4 juin 1832, Vérac c. Cezan.

430. — Il est également incontestable que quand deux créances, l'une commerciale et l'autre civile, ont été portées à la fois devant le tribunal de commerce, la contrainte ne peut être prononcée que pour la première. — *Metz*, 22 juin 1819, Mengueil c. Lhoste Renet; *Cass.*, 4 juin 1832, Vérac c. Cézan.

431. — Si des paiemens partiels ont été faits, c'est sur la créance commerciale emportant la contrainte qu'ils doivent être imputés. — *Metz*, 22 juin 1819, Mengueil c. Lhoste Renet.

432. — Lorsque des pays ont été réunis à la France, la contrainte ne peut être prononcée pour les engagemens formés avant la réunion qu'autant que les lois de ce pays prononçaient la contrainte par corps au moment de la naissance de l'obligation. — *Trèves*, 10 mars 1809, Reibett c. Goetz.

Sect. 5e. — *Durée de la contrainte.*

433. — Plus la dette est importante, plus la loi a dû mettre de ressources à la portée du créancier pour vaincre l'obstination du débiteur. Il y a d'ailleurs quelque chose d'inhumain et qui répugne à nos mœurs dans la détention prolongée d'un débiteur pour une somme modique. Le législateur de 1832 a donc fait une sorte de tarif de la résistance que le débiteur peut opposer. Le minimum est un an et le maximum cinq ans.

434. — L'emprisonnement pour dette commerciale, porte l'art. 5, L. 17 avr. 1832, cessera de plein droit après un an, lorsque le montant de la condamnation principale ne s'élèvera pas à 500 fr.; — après deux ans, lorsqu'il ne s'élèvera pas à 1,000 fr.; — après trois ans, lorsqu'il ne s'élèvera pas à 3,000 fr.; — après quatre ans, lorsqu'il ne s'élèvera pas à 5,000 fr.; — après cinq ans, lorsqu'il sera de 5,000 fr. et au-dessus.

435. — Il résulte de cette disposition qu'à la différence de ce qui a lieu en matière civile, la durée

de la contrainte en matière commerciale n'a jamais besoin d'être fixée par le jugement ; c'est le montant de la condamnation qui la détermine.

436. — Si une personne créancière d'un commerçant à divers titres réunit dans une même demande plusieurs créances inférieures chacune à 500 fr., faut-il consulter le montant total de la condamnation pour déterminer la durée de l'emprisonnement?—Nous croyons qu'on doit en général calculer la durée de l'emprisonnement sur le montant de la créance la plus élevée, sans avoir égard au total, quand même le jugement n'aurait prononcé qu'une seule condamnation. — *Paris*, 8 avr. 1841 (t. 1er 1841, p. 634), André c. Lanne; — Duvergier (*Coll. des lois*), sur l'art. 5, L. 17 avr. 1832. — Toutefois, cette règle souffrirait exception, comme on l'a déjà vu plus haut, si les diverses dettes avaient une même origine. — Coin-Delisle, sur l'art. 5, L. 17 avr. 1832.

437. — On ne doit avoir égard qu'au montant de la condamnation principale; ni les intérêts courus depuis la demande, ni les dépens ne peuvent exercer d'influence sur la durée de l'emprisonnement. — Coin-Delisle, sur l'art. 5, L. 17 avr. 1832.—V. *suprà* nos 352 et suiv., 424 et suiv.

438. — Il en est autrement des frais de rechange et compte de retour d'un effet de commerce protesté. — V. *suprà* nos 356 et 427.

439. —... Et des intérêts compris dans un compte courant. — V. *suprà* no 355.

440. — Lorsque, par l'effet de paiemens postérieurs au jugement, la dette a été réduite, la durée de l'emprisonnement n'est pas modifiée pour ce qui reste dû. Cette durée a été fixée irrévocablement au moment de la condamnation. — *Bastia*, 19 juin 1833, Rosaspina c. Stretti.

441. — Des termes de l'art. 5 et de la nature de ses dispositions, on doit conclure que cet article est applicable même aux condamnations antérieures à 1832. Dès qu'on a pensé que la contrainte d'un an, par exemple, était une épreuve suffisante de l'insolvabilité d'un débiteur de 500 fr., on ne devait pas s'occuper de la date de la condamnation. — Duvergier, sur l'art. 5, L. 17 avr. 1832, p. 200; Coin-Delisle, *ibid.* — *Contrà Paris*, 29 janv. 1835, Doussot c. Boucley.

442. — Toutefois, il a fallu se demander comment cette règle serait appliquée au débiteur d'une dette inférieure à 500 f., détenu lors de la publication de la loi, et qui avait déjà subi une année d'emprisonnement. La cour de Cassation a pensé que ce débiteur ne devait pas être remis sur le champ en liberté, mais seulement après l'expiration d'une année à partir de la publication de la loi. — *Cass.*, 20 mars 1833, Petit c. Hesbert.

CHAPITRE V. — *De la contrainte par corps contre les étrangers.*

Sect. 1re. — *Droit ancien.*

443. — La loi du 15 germin. an VI ne contenait aucune disposition relative aux étrangers. Le 4 flor. de la même année on fit une loi spéciale pour eux. Cette loi soumettait à la contrainte tout étranger résidant en France pour tous engagemens qu'il y aurait contractés envers des Français, à moins qu'il ne possédât en France des propriétés foncières ou un établissement de commerce.—Art. 1er et 2.

444. — Le Code civil abrogea cette loi et plaça les étrangers dans la même condition que les Français. Mais, le 10 sept. 1807, une loi nouvelle rétablit la contrainte à l'égard des étrangers avec d'assez importantes modifications, qui sont passées dans la loi du 17 avr. 1832.

445. — On a pu, en vertu de la loi du 10 sept. 1807, arrêter un étranger pour dettes contractées avant la publication de cette loi. — *Paris*, 2 août 1808, Swan c. Lubbert; *Cass.*, 22 mars 1809, mêmes parties.

446. — Sous l'empire de cette loi, la contrainte avait lieu contre les femmes étrangères. Le titre de princesse n'était pas même un obstacle. — *Paris*, 8 mars 1811, Tourrier c. princesse P...

447. — La détention devait-elle cesser de plein droit à l'expiration de cinq années conformément à l'art. 18, tit. 3, L. 15 germ. an VI? —L'affirmative, adoptée par la cour de Paris le 4 juill. 1816 (Mathéus c. Guyot), avait été repoussée par plusieurs arrêts et notamment par la cour de cassation. —*Nancy*, 30 juin 1819, Prescott c. Antoine; *Cass.*, 31 août 1819, Swan c. Lubbert et Dumas; *Paris*, 4 mars 1823, Lannes c. Lawless; *Cass.*, 21 mai 1823, Lawless c. Dumont.

Sect. 2e. — *Diverses espèces de contraintes. — Règles générales.*

448. — La législation actuelle reconnaît deux espèces de contraintes à l'égard des étrangers, savoir: la contrainte définitive résultant d'un jugement, et la contrainte provisoire antérieure à toute condamnation.

449. — Les causes d'exception admises par la loi au profit des Français peuvent en général être invoquées par les étrangers.

450. — Ainsi, la contrainte ne saurait être exercée contre le débiteur par ses ascendans, descendans, frères ou sœurs ou alliés au même degré. — L. 17 avr. 1832, art. 19.

451. — Dans aucun cas la contrainte par corps ne peut être exécutée contre le mari et la femme simultanément pour la même dette.—*Ibid.*, art. 21.

452. — Le débiteur étranger ne peut être emprisonné pour dette commerciale dès qu'il a commencé sa soixante-dixième année; et, s'il a été arrêté avant cette époque, il doit être mis en liberté le jour où il parvient à cet âge. — *Ibid.*, art. 18.

453. — Il en est de même en matière civile, le cas de stellionat excepté. — *Ibid.*

454. — Les étrangères sont également, sauf le cas de stellionat, exemptées de la contrainte pour dettes civiles. — *Ibid.*

455. — Mais il en est autrement des mineurs. La loi ne fait aucune exception en leur faveur. — *Bordeaux*, 28 déc. 1828, Alfaro c. Barris; *Paris*, 19 mai 1830, Lanoé c. Rafferti.

Sect. 3e. — *Contrainte définitive.*

§ 1er. — *Au profit de qui la contrainte a lieu.*

456. — C'est aux Français seulement que la loi accorde le bénéfice d'une contrainte exceptionnelle à l'égard des étrangers.—L. 17 avr. 1832, art. 14.

457. — Ce bénéfice ne saurait être revendiqué par l'étranger admis à établir son domicile en France. — *Bruxelles*, 3 juill. 1828, R...c...O..; *Paris*, 8 janv. 1831, Wright c. Sargent; — Coin-Delisle, sur l'art. 14, no 6. — *Contrà* Pardessus, *Dr. comm.*, no 1528.

458. — ... Ni, à plus forte raison, par l'étranger qui n'a en France qu'un domicile de fait. — *Bruxelles*, 20 avr. 1819, Magnat c. Menet; — Merlin, *Quest.*, vo *Etranger*, § 4.

459. — On a jugé que la contrainte par corps pouvait être prononcée au profit d'un étranger contre un étranger, lorsque les parties s'étaient volontairement soumises à la juridiction française. Mais alors la contrainte avait lieu en vertu de l'art. 1er, et non en exécution de l'art. 14 de la loi du 17 avr. 1832. — *Paris*, 30 avr. 1840 (t. 1er 1840, p. 686), Muldoon c. Ormsby.

460. — Lorsqu'une créance originairement existant au profit d'un étranger est devenue, par l'effet d'une cession régulière, la propriété d'un Français, celui-ci peut-il exercer la contrainte contre l'étranger débiteur? — Il est évident que la bonne foi s'oppose à ce qu'il en soit ainsi. La cession ne peut aggraver la position du débiteur, qui n'a pas dû croire se soumettre à la contrainte par corps. — Merlin, *Quest. de dr.*, vo *Etranger*, § 4, nos 3 et 4; Coin-Delisle, sur l'art. 15, L. 17 avr. 1832, no 7.

461. — Néanmoins cette règle n'est pas applicable aux créances transmissibles par la voie de l'endossement. Le débiteur, dans ce cas, a dû s'attendre à changer de créancier, et s'est soumis d'avance, par sa propre volonté, aux conséquences de ce changement. — *Bruxelles*, 14 janv. 1822, Heathcote c. Grutter; *Douai*, 7 mai 1828, Williams Robert c. Carpentier et Dudon; *Paris*, 29 nov. 1831, Cochrane c. Séguier; *Douai*, 12 janv. 1832, Bloqué c. Prioo; *Paris*, 6 déc. 1836 (t. 2 1837, p. 184), L... c. N...; — Nouguier, *Lettr. de change*, t. 1er, p. 487. — *Contrà Douai*, 27 fév. 1828, Hennesy-Kuox c. Ranc; *Aix*, 25 août 1828, Sturla c. Allacas; *Pau*, 27 mai 1830, Hervas c. Legoanère.

462. — La question de savoir si le créancier est Français, et s'il est en effet créancier, est une question de fait qui ne peut donner ouverture à cassation. — *Cass.*, 27 nov. 1839 (t. 1er 1840, p. 150), Orcnez c. Vasquez.

§ 2. — *Contre qui la contrainte peut être exercée.*

463. — La contrainte exceptionnelle établie contre les étrangers a pour motif la crainte qu'ils ne disparaissent et n'enlèvent ainsi le seul gage de leur créancier. Ce motif n'existe plus lorsque l'étranger a été admis par le roi à établir son domicile en France.

464. — Mais un simple domicile de fait, une résidence prolongée en France, même un établissement par mariage, seraient insuffisans pour suppléer au domicile légal. — *Paris*, 16 août 1811, Poniatowska c. Lenormand; 25 avr. 1834, Boode c. Blanc; 25 août 1842 (t. 1er 1843, p. 67), Carlier d'Abaunza c. Abrossart; 21 avr. 1838 (t. 1er 1838, p. 694), Housrol c. Colin; — Coin-Delisle, sur l'art 14, L. 17 avr. 1832, no 2; Goujet et Merger, nos 273 et 274.

465. — Si l'étranger même admis par le roi à fixer son domicile en France n'y avait qu'un domicile fictif, il serait passible de la contrainte. — *Douai*, 9 déc. 1829, Trudin-Roussel c. Creswell; — Coin-Delisle, additions sur l'art. 14, L. 17 avr. 1832, no 2.

466. — En vertu des mêmes principes, on jugeait, avant la loi de 1832, que l'étranger qui, après avoir obtenu du roi l'autorisation d'établir son domicile en France, n'avait pas usé de cette faculté, ne pouvait demander son élargissement après cinq ans de détention. — *Paris*, 4 mars 1823, Lannes c. Lawless.

467. — La loi de 1832 n'ayant pas fixé l'époque à laquelle l'étranger devait avoir été admis à établir son domicile en France, la contrainte ne pourrait être exercée contre celui qui aurait été autorisé à se fixer en France, même depuis le jugement de condamnation, et après que des poursuites auraient été commencées. — *Paris*, 25 avr. 1834, Boode c. Blanc.

468. — Mais l'étranger non domicilié n'échapperait pas à la contrainte, alors même qu'il posséderait en France, soit un établissement de commerce, soit des propriétés foncières. Cette possession n'a été prise en considération par le législateur, que pour l'arrestation provisoire. — Goujet et Merger, no 277. — V. *infrà* nos 493 et suiv. — Le journal le *Droit*, du 4 avr. 1844, indique comme ayant sanctionné cette doctrine un arrêt de la seconde chambre de la cour de Paris, du 1er avr. 1844.

469. — Il n'est pas nécessaire que l'étranger soit en France pour que la contrainte soit prononcée contre lui. — *Florence*, 3 juill. 1811, Peroni c. Rigoli.

§ 3. — *Pour quelles dettes et pour quelles sommes s'exerce la contrainte.*

470. — Toute espèce de dettes emporte la contrainte quand elle existe au profit d'un Français contre un étranger.—Il n'y a pas à rechercher si elle est civile ou commerciale, si elle est née d'un contrat ou d'un quasi contrat, ou même d'un quasi-délit. —Goujet et Merger, no 281.

471. — Mais il est indispensable que la somme principale de la condamnation s'élève à 150 fr. — L. 17 avr. 1832, art. 14.

472. — La cour royale de Metz a jugé, le 11 fév. 1820 (Kitzinger c. Sartorius), sous l'empire de la loi du 10 sept. 1807, que la contrainte pouvait être exercée contre un étranger en vertu d'un jugement qui prononçait une simple condamnation de dépens.

473. — MM. Duvergier et Coin-Delisle, sur l'art. 14, L. 17 avr. 1832, pensent qu'il en serait encore de même aujourd'hui. Ils se fondent sur ce que cet article reproduit l'art. 1er, L. 10 sept. 1807. — MM. Goujet et Merger (no 280) combattent cette opinion en faisant remarquer que le législateur de 1832 a eu soin d'ajouter à la loi préexistante les mots : à moins que la *somme principale* de la condamnation ne soit inférieure à 150 fr.; d'où il semble résulter qu'il a entendu ne soumettre l'étranger, de même que le régnicole, à la contrainte par corps que pour une dette principale.

474. — Ce dernier système nous paraît plus conforme au principe du droit commun qui interdit de prononcer, dans aucun cas, la contrainte par corps pour les dépens, et à la pensée d'humanité qui a présidé à la rédaction de la loi nouvelle.

§ 4. — *Comment s'exerce la contrainte.*

475. — La contrainte par corps à l'égard des étrangers a lieu de plein droit, elle est la conséquence du jugement de condamnation. Tout jugement, dit l'art. 14, L. 17 avril, qui interviendra au profit d'un Français contre un étranger non domicilié en France emportera la contrainte par corps. — *Bordeaux*, 16 fév. 1830, Frescarode c. Tasker; —Coin-Delisle, sur l'art. 14, L. 17 avr., no 4.

476. — Il n'est pas nécessaire qu'elle soit requise ni prononcée. —Duvergier et Coin-Delisle, sur l'art. 14, L. 17 avr. 1832.

§ 5. — *Durée de la contrainte.*

477. — La contrainte par corps exercée contre un étranger en vertu de jugement pour dette civile ordinaire ou pour dette commerciale, cesse de plein droit après deux ans, lorsque le montant de la condamnation principale ne s'élève pas à 500 fr. après quatre ans, lorsqu'il ne s'élève pas à 3,000 fr.; après huit ans, lorsqu'il ne s'élève pas à 5,000 fr.; après dix ans, lorsqu'il est de 5,000 fr. et au-dessus. — S'il s'agit d'une dette civile pour laquelle un

Français serait soumis à la contrainte par corps, les dispositions de l'art. 7, L. 17 avr., sont applicables, sans que toutefois le minimum de la contrainte puisse être au-dessous de deux ans. — L. 17 avr. 1832, art. 17.

478. — Cette durée commence à compter du jour de l'arrestation provisoire, lorsqu'elle a eu lieu, et non pas à partir seulement de la date de l'écrou définitif. — *Paris*, 26 déc. 1835, Tempier c. prince de Kaunitz ; — Coin-Delisle, sur l'art. 17, L. 17 avr., nº 2, et add., *ibid.*; Goujet et Merger, nº 263; Fœlix, sur l'art. 17, L. 1832.

479. — A l'égard de l'étranger incarcérateur, elle doit être réduite dans les limites déterminées pour l'emprisonnement du débiteur français. — En conséquence, un étranger ne pourrait retenir au delà de cinq ans en prison un autre étranger condamné par corps envers lui au paiement d'une dette de commerce. — *Paris*, 26 déc. 1835, mêmes parties ; — Goujet et Merger, nº 262.

Sect. 4e. — *Arrestation provisoire.*

480. — L'étranger peut disparaître d'un moment à l'autre sans laisser après lui aucune trace de son passage, et l'emprisonnement résultant d'un jugement qu'il n'attendrait pas serait le plus souvent insuffisant contre lui ; on prévient cet inconvénient à l'aide de l'arrestation provisoire. — Coin-Delisle, sur l'art. 15, L. 17 avr., nº 1er.

481. — « Avant le jugement de condamnation, porte l'art. 15, L. 17 avr. 1832, *mais après* l'échéance ou exigibilité de *la* dette, le président du tribunal de première instance dans l'arrondissement duquel se trouvera l'étranger non domicilié pourra, s'il y a de suffisans motifs, ordonner son arrestation provisoire, sur la requête du créancier français. »

482. — Lorsque le débiteur est déjà sous les verroux, le créancier qui se trouve dans les conditions prévues par cet article peut obtenir l'autorisation de le recommander provisoirement. — *Nancy*, 22 juin 1813, Dormer c. Speri.

§ 1er. — *Au profit de qui l'arrestation a lieu.*

483. — L'arrestation provisoire, de même que l'arrestation définitive, ne peut être opérée qu'à la requête d'un créancier français.

484. — Elle ne serait pas autorisée au profit d'un étranger, quand bien même il aurait été admis à fixer son domicile en France et y jouirait des droits civils. — *Douai*, 7 mai 1828, Williams Robert c. Corpenton ; *Paris*, 21 mars 1842 (t. 1er 1842, p. 419), Lawson c. Cassidi.

485. — Quant au Français qui a formé un établissement en pays étranger, mais avec espoir de retour, il n'a pas perdu sa nationalité ; il peut donc exercer la contrainte contre son débiteur étranger. — *Paris*, 18 avril 1835, Roëllands-Tricot c. Rouzé de Madre.

486. — Le même droit appartient au Français agissant comme membre d'une maison de commerce établie en pays étranger. — *Cass.*, 22 mars 1809, Swan c. Lubbort ; 27 nov. 1839 (t. 1er 1840, p. 150), Orense c. Vasquez.

487. — Le Français cessionnaire d'une dette originairement contractée au profit d'un étranger ne peut réclamer l'arrestation du débiteur étranger qu'autant qu'il s'agit d'un titre au porteur ou négociable par la voie de l'endossement. — V. *suprà* nº 461.

488. — Lors même qu'il existe des présomptions que le Français tiers-porteur d'une lettre de change souscrite par un étranger à l'ordre d'un de ses compatriotes n'est que le prête-nom de ce dernier, la contrainte peut lui être refusée, faute par lui d'établir la sincérité de l'endossement et de la valeur fournie. — *Paris*, 23 mars 1841 (t. 1er 1846).

489. — Il importe peu que l'obligation ait été contractée en pays étranger, dès qu'elle l'a été au profit d'un Français. La loi de 1832 ne distingue pas plus que celle de 1807 à cet égard. — *Cass.*, 12 juin 1817, Crave c. Brunet.

§ 2. — *Contre qui l'arrestation provisoire peut être exercée.*

490. — La contrainte *provisoire* peut, en général, être autorisée contre tout étranger non domicilié en France. — V. *suprà* nos 480 et suiv.

491. — Ainsi, elle a lieu à l'égard des habitans des départemens séparés de la France par les traités, et de leurs enfans, s'ils n'ont pas rempli les formalités prescrites pour se faire naturaliser. — Goujet et Merger, nº 294.

492. — L'étranger associé de la maison de commerce débitrice d'un Français peut y être soumis, encore bien que son nom ne figure pas sur le titre de créance. — *Cass.*, 25 sept. 1829, Arnold c. Fontaine.

493. — Mais, à la différence de l'arrestation définitive, elle ne saurait être autorisée contre l'étranger qui justifie qu'il possède, sur le territoire français, un établissement de commerce ou des immeubles d'une valeur suffisante pour assurer le paiement de la dette, ou s'il fournit pour caution une personne domiciliée en France et reconnue solvable. — L. 17 avr. 1832, art. 16.

494. — Dans le cas où l'arrestation a déjà été effectuée, elle cesse en faisant les justifications ci-dessus prescrites. — *Ibid.*

495. — Il n'est pas nécessaire que l'étranger affecte spécialement au paiement de la dette les immeubles ou l'établissement de commerce par lui possédés. Par cela seul qu'il les possède, la loi pense qu'il offre des garanties suffisantes pour n'être pas soumis à la contrainte provisoire. — Goujet et Merger, nº 279.

496. — Les immeubles sont estimés déduction faite des charges hypothécaires ; de simples documens sur les revenus peuvent servir de base au juge pour cette évaluation. — Pardessus, nº 1526.

497. — Un simple usufruit satisferait au vœu de la loi ; c'est, en effet, un objet vénal, un immeuble et une garantie de solvabilité. — Coin-Delisle, sur l'art. 16, L. 17 avr. 1832 ; Goujet et Merger, nº 300. — *Contrà* Pardessus, nº 1526.

498. — La caution fournie peut être étrangère, pourvu qu'elle ait un domicile en France. — Pardessus, nº 1327.

§ 3. — *Pour quelles dettes et pour quelles sommes l'arrestation provisoire peut avoir lieu.*

499. — Aux termes de l'art. 12, L. 17 avr. 1832, l'arrestation provisoire ne doit être autorisée que pour une dette échue ou exigible.

500. — La restitution d'un dépôt dont le terme n'était pas fixé ne saurait être placée dans la catégorie des dettes échues ou exigibles ; par conséquent, elle ne motive pas l'arrestation provisoire du dépositaire. — *Cass.*, 22 avr. 1818, Mendiry c. Guidoty. — V. Coin-Delisle, sur l'art. 15, L. 17 avr., nº 6.

501. — Mais il n'est pas nécessaire que la dette soit liquide. — *Cass.*, 27 nov. 1839 (t. 1er 1840, p. 150), Orense c. Vasquez.

502. — Il suffit que le créancier soit porteur de titres apparens, quoique contestés, même par la voie d'inscription de faux. — *Cass.*, 28 oct. 1809, Beaumont c. Derie ; 25 sept. 1829, Arnold c. Fontaine ; *Paris*, 29 nov. 1831, Cochrane c. Séguier.

503. — La loi s'en rapporte complétement à la prudence du président pour apprécier s'il y a lieu d'accorder ou de refuser la contrainte. — Le seul titre invoqué fût-il un jugement frappé d'opposition ou d'appel, l'arrestation provisoire n'en pourrait pas moins être ordonnée. — Coin-Delisle, sur l'art. 15, L. 17 avr. 1832.

504. — Le maître d'hôtel garni, dit le même auteur, *loc. cit.*, les fournisseurs qui n'auraient pas de titre, le créancier qui n'aurait qu'un commencement de preuve par écrit, auraient également droit à l'arrestation provisoire, si la bonne tenue de leur écriture, leur réputation connue, ou les adminicules qu'ils fourniraient suffisaient pour former la conviction du président.

505. — Il a été jugé, d'après le même principe, que le président du tribunal civil peut ordonner l'arrestation provisoire d'un étranger, quoique le billet à ordre souscrit par ce dernier ait été transmis par un endossement en blanc, s'il n'est pas démontré d'une manière positive que le mandat conféré par cet endos a été révoqué. — *Paris*, 6 avr. 1843 (t. 1er 1843, p. 688), Chevremont c. Montigny.

506. — Aucune limitation de somme n'est expressément fixée par la loi pour l'arrestation provisoire, mais cette arrestation ne saurait évidemment être autorisée pour une dette moindre de 150 fr., puisqu'une condamnation, même définitive, ne donne pas lieu à contrainte lorsqu'elle est inférieure à ce chiffre. — Rapport de M. Parant à la chambre des députés.

§ 4. — *Comment s'exerce l'arrestation provisoire.*

507. — L'autorisation de procéder à l'arrestation provisoire du débiteur est donnée par le président par une ordonnance mise au bas de la requête à lui présentée par le créancier.

508. — L'emprisonnement est opéré en vertu de cette ordonnance, et sans aucune procédure qui puisse donner l'éveil au débiteur.

509. — Il n'y a lieu de signifier aucun commandement préalable. — *Metz*, 17 mai 1816, Jacob c. Schwartz ; *Paris*, 5 déc. 1839 (t. 2 1839, p. 612), Palmaert c. Violette. — *Contrà Nancy*, 22 juin 1813, Dormer c. Speri.

510. — La vérification et le visa des titres au bureau des gardes du commerce à Paris, conformément au décret du 14 mars 1808, ne sont pas nécessaires. — *Paris*, 5 déc. 1839 (t. 2 1839, p. 612), Palmaert c. Violette.

511. — Il a même été jugé que l'huissier n'a pas besoin d'être porteur d'un pouvoir spécial du créancier poursuivant. — *Bordeaux*, 24 mai 1826, Pory Vidal c. John Tasker ; *Cass.*, 20 févr. 1827, Tasker c. Thuillier.

512. — L'ordonnance ne doit pas, à peine de nullité, être signée du greffier. — *Pau*, 27 mai 1830, Hervas c. Legoanère ; — Coin-Delisle, sur l'art. 15, L. 17 avr., nº 3.

513. — Elle est régulièrement rendue, quoique l'étranger ne se trouve pas présent dans l'arrondissement du tribunal au moment où elle est signée. Le vœu de la loi est rempli dès que l'arrestation est effectuée dans le ressort du tribunal dont le président a délivré l'ordre d'arrestation. — *Cass.*, 27 nov. 1839 (t. 1er 1840, p. 150), Orenze c. Vasquez.

514. — Toutefois il ne faut pas considérer l'arrestation provisoire comme une simple mesure de police. — *Cass.*, 28 oct. 1809, Beaumont c. Dorie.

515. — On a jugé, en conséquence, qu'elle ne peut pas être pratiquée avant ou après les heures déterminées par le Code de procédure. — *Metz*, 11 févr. 1820, Kitzinger c. Sartorius.

516. — Les formes prescrites pour l'emprisonnement du débiteur doivent être également respectées. — V. EMPRISONNEMENT.

517. — L'étranger contre lequel on aurait exercé des voies de fait contraires au droit des gens serait fondé à réclamer des dommages-intérêts. — *Metz*, 11 fév. 1820, Kitzinger c. Sartorius.

518. — La célérité avec laquelle a lieu l'emprisonnement du débiteur étranger est sans doute une garantie nécessaire pour le créancier, mais il ne faut pas qu'elle puisse devenir un moyen de vexation dangereux. L'étranger qui n'a pas été entendu doit donc avoir un recours contre l'ordonnance en vertu de laquelle il a été emprisonné.

519. — On avait d'abord jugé que ce recours devait être exercé devant la cour royale, comme dans le cas d'une ordonnance de référé. — *Cass.*, 22 avr. 1818, Mendiry c. Guidoty ; *Pau*, 27 mai 1830, Hervas c. Legoanère ; *Douai*, 12 janv. 1832, Bloqué c. Prior ; *Bordeaux*, 6 déc. 1833, Vasquez et comp. c. de Vrense ; — Coin-Delisle, sur l'art. 15, L. 17 avr. 1832.

520. — On décidait cependant que le délai pour interjeter cet appel était de trois mois et non de quinze jours. — *Cass.*, 22 avr. 1818, Mendiry c. Guidoty ; *Douai*, 12 janv. 1832, Bloqué c. Prior.

521. — Mais la cour de Cassation, modifiant cette jurisprudence, a déclaré, avec beaucoup plus de raison à notre avis, que l'ordonnance qui permet l'arrestation provisoire, étant rendue hors la présence du débiteur, n'a pas le caractère d'un jugement, et que, par suite, la réformation n'en doit pas être demandée par la voie d'appel, mais par une demande en nullité formée devant le tribunal de première instance. S'il en était autrement, le débiteur incarcéré serait, en effet, privé à tort d'un des deux degrés de juridiction. — *Cass.*, 2 mai 1837 (t. 1er 1837, p. 299), Orense et de Goyenèche c. Durou-Vasquez. — Goujet et Merger, nº 319.

522. — Au surplus, les jugemens rendus sur l'arrestation provisoire n'empêchent pas le débiteur de demander la nullité de son emprisonnement ultérieur en se fondant sur ce que, son créancier étant devenu étranger, les tribunaux français ne peuvent plus statuer entre eux. — *Rouen*, 17 août 1817, Brunet c. Crewe.

523. — Il ne peut néanmoins être dû de dommages-intérêts sur le fondement de l'arrestation provisoire lorsqu'elle a été déclarée légale. — Même arrêt.

524. — Faute par le créancier de se pourvoir en condamnation dans la huitaine de l'arrestation, la mise en liberté du débiteur est prononcée par ordonnance de référé sur assignation donnée au créancier par l'huissier que le président a commis dans l'ordonnance même qui autorisait l'arrestation, et à défaut de cet huissier, par tel autre qui est commis spécialement. — L. 17 avr. 1832, art. 15.

525. — Il résulte de ces mots : *dans la huitaine*, que le délai accordé au créancier pour se pourvoir au principal n'est pas franc. Le jour de l'arrestation n'est cependant pas compté dans ce délai. — Goujet et Merger, nº 321.

526. — La demande formée par le créancier après l'expiration de la huitaine ne saurait empêcher la mise en liberté du débiteur, si celui-ci avait déjà requis son élargissement ; mais il nous semble qu'il en devrait être autrement si l'assignation à fin de condamnation avait précédé celle tendant à la mise en liberté. — Coin-Delisle, sur l'art. 15, L. 17 avr. 1832 ; Goujet et Merger, nº 323.

CHAPITRE VI. — *De la contrainte par corps en matière criminelle, correctionnelle et de police.*

Sect. 1re. — *Droit ancien.*

327. — La nécessité de réparer un dommage méchamment causé, et le peu d'intérêt que le débiteur inspire ont dû rendre, de tout temps, le législateur facile dans l'application de la contrainte en matière criminelle. Aussi l'ordonnance de 1667 (art. 1er, tit. 34) n'abrogea l'usage de la contrainte après les quatre mois qu'à l'égard des dettes purement civiles, et elle ne changea rien aux obligations résultant des condamnations criminelles.

328. — Sous l'empire de cette législation, ces obligations étaient de deux sortes. La condamnation à l'amende au profit de l'état, et la condamnation à des dommages-intérêts ou aux dépens envers la partie civile. « Quand il n'y a point de partie civile, dit Jousse (sur l'art. 20, tit. 23, ord. 1670) et que les procès sont poursuivis seulement à la requête du procureur du roi ou fiscaux, il n'y a jamais de condamnation de dépens contre l'accusé; l'amende en tient lieu. »

329. — Au surplus, le paiement de cette amende, aussi bien que celui des dommages-intérêts et des dépens envers la partie civile, pouvait être poursuivi par corps. Un arrêt du parlement de Normandie du 3 avril 1678, rapporté par Basnage (sur l'art. 505 de la cout.) et approuvé par Jousse (sur l'art. 2, tit. 34, ord. 1667), avait jugé qu'il en devait être ainsi même quand les dépens ne s'élevaient pas à 200 livres.

330. — Enfin, la contrainte en matière criminelle avait lieu contre les septuagénaires. « La faveur de l'âge cessant, dit Jousse, dans tous les cas où il y a dol ou fraude. » — Jousse, sur l'art. 9, tit. 34, ord. 1667. — Toutefois, elle n'avait pas alors lieu de plein droit et devait être prononcée.

331. — On douta, sous le Code pénal de 1810, si cette rigueur devait être maintenue dans le silence de la loi; cependant l'affirmative fut jugée par la cour de Cassation le 16 juill. 1817 (L... c. Corbereau). — Elle est juste, dit M. Coin-Delisle (sur le tit. 3, L. 17 avr. 1832), car il n'a pas été libre au débiteur de choisir son créancier dont le méfait est l'unique principe de la créance. »

332. — Il est toutefois bon de remarquer que le principe trop général de l'ancien droit n'a pas entièrement passé dans le nôtre, et que sous le Code pénal de 1810, comme aujourd'hui, les septuagénaires n'étaient pas contraignables par corps toutes les fois qu'il y avait dol ou fraude, mais seulement quand l'obligation naissait d'une condamnation criminelle.

333. — Ces dispositions de l'ancien droit méritent d'autant mieux d'être rapportées qu'elles ont subi jusqu'à nos jours que d'assez légères modifications.

334. — Le décret des 19-22 juillet 1791 (tit. 1er, art. 26 et 27, tit. 2, art. 41), relatif à l'organisation de la police municipale et correctionnelle, en maintenant le droit ancien, réduisit seulement à un mois le droit de l'emprisonnement pour le paiement des amendes de simple police à l'égard des insolvables; ce qui fut étendu aux amendes de police correctionnelle par le décret du 5 oct. 1793.

335. — On peut croire un instant que le décret célèbre du 9 mars 1793 avait supprimé la contrainte, même en matière criminelle; mais le doute fut promptement levé par le décret du 30 du même mois qui ne qualifia le précédent que de décret abolitif de la contrainte en *matière civile*. Il est donc certain que la contrainte n'a jamais cessé d'être de droit commun en matière criminelle. — V. avis. cons. d'état, 1824, n° 4, rapporté par Coin-Delisle, introd., n° 3.

336. — Le décret du 18 germ. an VII ayant déclaré que tous les jugemens en matière criminelle, correctionnelle ou de police portant condamnation à une peine quelconque, prononceraient en même temps au profit de la république, le remboursement des frais auxquels la poursuite aurait donné lieu, fit naître la question de savoir si les tribunaux devaient prononcer la contrainte pour le remboursement de ces frais.

337. — Le doute naissait, d'une part, de la rigueur de la contrainte et du silence de la loi, de l'autre, de la nature criminelle de la condamnation. La question, soumise à la cour de Cassation, a fut résolue affirmativement, les 11 frim., et 19 vent. an XII (Darlemont), et le tribunal criminel de la Loire-Inférieure ayant eu pour un jugement du 24 flor. an XII, décidé de nouveau la question contrairement à l'opinion de la cour suprême, celle-ci, par un

---

arrêté du 29 janv. 1808, provoqua l'interprétation de la loi, qui fut définitivement faite par un décret du 20 sept. 1809, lequel déclara qu'il y avait lieu à contrainte pour le paiement des frais de justice correctionnelle.

338. — La jurisprudence alla même plus loin, et assimilant les frais de justice criminelle aux dettes du fisc, parce que ces frais sont dus à l'état, elle déclara que la contrainte pouvait être exercée de plein droit, sans avoir été prononcée. — Cass., 2 janv. 1807, Michel Lautier.

339. — Quant à la partie civile qui poursuivait par corps le paiement de ses dommages-intérêts, elle devait se conformer aux règles ordinaires; ainsi, faire préalablement signification avec commandement par huissier commis. — Aix, 25 fév. 1828, Desplan c. Audhuert.

340. — Elle était également tenue de consigner des alimens. — Cass., 19 pluv. an XIII, Guérin c. Bleu.

341. — Et le détenu obtenait son élargissement après cinq ans. — Paris, 9 mai 1811, Sarrailles c. Nouguez.

Sect. 2e. — *Règles générales.*

342. — Le droit de poursuivre, par la voie de la contrainte par corps, l'exécution des condamnations à l'amende, aux restitutions, aux dommages-intérêts et aux frais en matière criminelle, résulte des art. 52, 53, 467, 469, C. pén., et de quelques dispositions de lois spéciales, telles que l'art. 211, C. forest., et l'art. 77, L. 45 avr. 1819. La loi du 17 avr. 1832 ne règle que l'exercice de la contrainte.

343. — Sont réputées rendues en *matière criminelle* toutes les condamnations prononcées par des tribunaux de répression, bien qu'il ne s'agisse que de délits ou de contraventions.

344. — Elles entraînent de plein droit, la contrainte, encore bien qu'elles ne l'aient pas ordonnée. De là on a tiré la conséquence que la cour saisie d'un appel même par le prévenu peut prononcer la contrainte, puisqu'elle ne fait que constater un fait résultant implicitement du premier jugement. — Cass., 14 juill. 1827, Jacques de Saint-Nicolas; Bordeaux, 15 nov. 1828, Laquisse c. Delbos; Cass., 14 fév. 1832, Contrib. ind. c. Teutsch; — Coin-Delisle, sur le tit. 3, L. 17 avr. 1832; Carnot, sur l'art. 52, C. pén., n° 13; Chauveau et Hélie, Th. du C. pén., t. 4er, p. 375.—V. contrà Colmar, 17 fév. 1828, Contrib. indir. c. Teutsch.

345. — Toutefois la loi de 1832 ayant exigé que la durée de la contrainte fût fixée par le jugement même de condamnation, de nombreuses difficultés se sont élevées sur les conséquences de l'omission de cette formalité; et si l'on peut encore dire aujourd'hui que la contrainte a lieu de plein droit, ce principe reçoit dans l'application des exceptions qui en modifient gravement la portée. — V. *infrà* comme nous le verrons ultérieurement.

346. — La cour royale de Metz a même décidé qu'un individu condamné pour contravention aux lois sur les douanes à 500 fr. d'amende, ne pouvait être contraint par corps pour le paiement, parce que le jugement avait omis de prononcer la contrainte. — Metz, 18 août 1841, (t. 2 1841, p. 511), Douanes c. Orléans.

347. — La contrainte par corps exercée soit par l'état, soit par les particuliers pour le paiement des amendes, restitutions, dommages-intérêts et frais en matière criminelle, est, dans tous les cas, indépendante des peines prononcées contre les condamnés. — L. 17 avr. 1832, art. 33 et 37.

348. — Les parties poursuivantes sont tenues de pourvoir à la consignation d'alimens du débiteur lorsque la contrainte a lieu à leur requête et dans leur intérêt. — *Ibid.*, art. 38. — V. EMPRISONNEMENT.

Sect. 3e. — *Quelles personnes sont contraignables par corps.*

349. — La contrainte par corps a lieu, en matière criminelle, contre toutes personnes, sans distinction d'âge ni de sexe. Les mineurs, les femmes et même les septuagénaires y sont également soumis. Cependant la loi accorde à ces derniers quelques faveurs quant à la durée de la contrainte. — Ainsi, lorsque le débiteur a commencé sa soixante-dixième année avant le jugement, les juges peuvent réduire le minimum de l'emprisonnement à six mois, et ils ne peuvent dépasser le maximum de cinq ans.—Si le débiteur atteint sa soixante-dixième année pendant la durée de la contrainte, la détention est réduite de plein droit à la moitié du temps qu'elle avait encore à courir aux termes du jugement. — L. 17 avr. 1832, art. 40.

350. — L'arrêt qui accorde au condamné le bénéfice de la réduction ci-dessus indiquée doit éta-

---

blir d'abord qu'il est septuagénaire.—*Cass.*, 9 juill. 1835, Vincensini.

351. — Quant aux incapacités relatives fondées sur les liens de parenté, elles sont applicables en matière criminelle comme en matière civile. La contrainte ne saurait donc être exercée au profit du mari, de la femme, des ascendans, des descendans des frères ou sœurs du débiteur condamné.—L. 17 avr. 1832, art. 41.—Le législateur a cru avec raison que la gravité des torts n'effaçait jamais entièrement les obligations naissant du lien du sang.

352. — Il a également rendu commune aux matières criminelles l'interdiction établie pour les matières civiles de mettre la contrainte à exécution simultanément contre les deux époux pour la même dette. — *Ibid.*

353. — Il faut encore appliquer toutes les règles posées pour les matières civiles à l'égard des pairs de France, des députés, des militaires en activité de service ou autres agens du gouvernement.—V. *suprà* n°s 88 et suiv.

Sect. 4e. — *Des jugemens ou condamnations qui entraînent la contrainte par corps.*

354. — Pour résoudre les questions délicates que soulève cette matière, il faut distinguer avec soin le rôle joué par le débiteur dans le procès qui a donné lieu à la condamnation. Ce ne sont pas seulement en effet les accusés, mais encore les personnes civilement responsables, la partie civile, les dénonciateurs et les témoins qui peuvent être obligés en vertu des jugemens ou arrêts criminels.

355. — Nous exposerons successivement, dans des paragraphes distincts, les règles qui concernent ces diverses classes de personnes.

§ 1. — *Des prévenus ou accusés.*

356. — Toute amende, restitution ou condamnation à des dommages-intérêts prononcée contre un accusé, un prévenu ou un inculpé par un tribunal criminel, correctionnel ou de police, entraîne la contrainte par corps (C. pén., art. 52) quand même le fait qui a donné lieu à la condamnation serait qualifié crime, délit ou contravention par une loi spéciale.

357. — Ainsi, sont contraignables par corps les individus condamnés à l'amende pour délit d'usure, prévu et puni par la loi du 3 sept. 1807. — *Cass.*, 14 juill. 1827, Jacques de Saint-Nicolas.

358. — Les notaires, pour contravention à la loi du 47 pluv. an VII sur les contraventions. — Avis cons. d'état, 14-17 pluv. an IX.

359. —... Les contrevenans aux lois sur les contributions indirectes. — *Cass.*, 14 fév. 1832, contrib. ind. c. Teutsch. — *Contrà* Colmar, 17 fév. 1828, mêmes parties.

360. — Mais il en est autrement dans les cas où des amendes spéciales sont appliquées par les tribunaux civils en exécution de certaines lois civiles.

361. — Ainsi les officiers de l'état civil ou les parties passibles de l'amende prononcée par les art. 50 et 192 civ. ne sont pas soumis à la contrainte, parce qu'il ne s'agit point alors de matières criminelles proprement dites. En prononçant la contrainte, on irait contre le vœu de la loi, qui n'a attribué précisément la connaissance des faits punis par les tribunaux civils que pour enlever à la répression son caractère criminel. — L. 17 avr. an X. — Fœlix, sur la loi 17 avr. 1832, art. 33, n° 4.

362. — De même, quand un notaire est condamné à la censure par un tribunal civil jugeant disciplinairement, il n'y a pas lieu d'ajouter la contrainte par corps à la condamnation aux dépens. — *Douai*, 12 juill. 1835, Becq; — Coin-Delisle, add. fin. sur l'art. 2060, n° 30.

363. — On ne doit cependant pas aller jusqu'à dire que dans aucun cas la contrainte par corps criminelle ne devra s'attacher à des condamnations prononcées par des tribunaux civils.

364. — Ainsi elle résulte sans aucun doute de toutes les décisions qui statuent sur des délits prévus par le Code pénal et dont la connaissance n'est déférée aux tribunaux civils qu'à raison de la qualité du prévenu ou des lieux où les délits ont été commis. — V. COMPÉTENCE CRIMINELLE.

365. — Une distinction doit en outre être faite à l'égard des restitutions ou réparations civiles auxquelles le délinquant peut être condamné par les tribunaux civils.

366. — Si l'exercice de l'action civile précède l'action publique, la contrainte est facultative et ne peut être prononcée qu'en vertu de l'article 126 du Code de procédure. Les tribunaux civils ne sauraient en effet, intervertissant les juridictions, dé-

clarer un individu coupable d'un crime, d'un délit ou d'une contravention pour ensuite le condamner à des dommages-intérêts. — *Cass.*, 18 nov. 1834, Barre c. Gambier. — *Contrà Paris*, 22 mai 1832 et 16 nov. 1833, Barre c. Héloin.

567. — Ils ont seulement le droit de constater l'existence d'un dommage causé sans droit et de condamner celui par la faute duquel ce dommage est arrivé à le réparer. — C. civ., art. 1382; — Coin-Delisle, sur l'art. 2060, nos 32 et 41 et add. fin.

568. — Lorsque, au contraire, l'action publique a été exercée la première et qu'une condamnation est intervenue, les tribunaux civils, saisis de la connaissance du dommage causé, doivent nécessairement prononcer la contrainte en vertu de l'article 52 du Code pénal. L'existence du délit est certaine, et ils n'ont plus qu'à rechercher l'importance du préjudice souffert et à faire ce que les tribunaux criminels auraient fait eux-mêmes si la partie lésée avait porté son action devant eux. — *Cass.*, 16 juill. 1817, Lordereau : *Douai*, 29 juill. 1839 (t. 2 1839, p. 466), syndics de la soc. des mines d'Anzin c. Bethfort; Coin-Delisle, sur l'art. 2060, no 44.

569. — Mais *quid* si l'action civile, déjà intentée, a été suspendue par l'action criminelle, et si, avant le jugement de la première, une condamnation criminelle a été prononcée? — M. Coin-Delisle (sur l'art. 2060, no 43) considère le seul fait, de la part du demandeur, d'avoir porté sa réclamation devant les tribunaux civils comme une renonciation à la contrainte par corps. Mais nous ne saurions admettre cette opinion. Le demandeur, en s'adressant aux tribunaux civils, ne pouvait réclamer les conséquences d'un délit non encore constaté; mais si, par la condamnation criminelle, les faits ont pris un nouveau caractère, rien ne l'empêche de poser des conclusions additionnelles tendant à faire reconnaître le droit nouveau qui lui est né.

570. — Lorsque, après acquittement, la cour d'assises condamne l'accusé à des dommages-intérêts la contrainte n'a plus lieu en vertu de l'art. 52 du code pén. La cour statue, en effet, comme tribunal purement civil, et d'ailleurs il résulte des termes des art. 51 et 52 du code pén. et 33 de la loi du 17 avr. 1832 que le législateur n'a entendu appliquer la contrainte de plein droit qu'aux *coupables* ou *condamnés*. La raison seule justifierait cette décision. Ce n'est pas en considération du tribunal qui condamne, mais à cause de la mauvaise foi de l'obligé, que la contrainte a lieu; il serait profondément injuste que la position du défendeur fût aggravée parce qu'on a déjà eu le tort de le poursuivre criminellement et de lui faire subir un procès en cour d'assises. — *Douai*, 29 juill. 1839 (t. 2 1839, p. 466), Syndic de la société des mines d'Anzin c. Bethfort; *Cass.*, 14 déc. 1839 (t. 2 1840, p. 341), mêmes parties.

571. — Une femme acquittée ne peut donc être condamnée par corps, dans aucun cas, au paiement des dommages-intérêts réclamés contre elle. — Mêmes arrêts.

572. — Il n'existe qu'un seul cas où la contrainte doive nécessairement être prononcée pour sûreté des dommages-intérêts contre un prévenu acquitté. C'est celui où, après acquittement en police correctionnelle, à défaut d'appel du ministère public, et sur l'appel de la partie civile seulement, la cour infirme le jugement de 1re instance : on ne peut pas dire alors, en effet, que la condamnation est purement civile, puisque la cour n'a condamné le prévenu à des dommages-intérêts qu'en le reconnaissant coupable. Il est juste d'ailleurs que la partie civile qui n'a rien à s'imputer ne puisse souffrir de la négligence du ministère public.

573. — La contrainte n'ayant pas lieu en matière civile pour les dépens, il faut décider que la cour ne peut condamner par corps l'accusé acquitté aux dépens envers la partie civile quand même elle les prononcerait à titre de dommages-intérêts.

§ 2. — *Des personnes civilement responsables des crimes, délits ou contraventions.*

574. — Les personnes que la loi déclare civilement responsables des restitutions, indemnités et frais auxquels le prévenu sera condamné, à raison de l'autorité qu'elles avaient sur lui, ou de l'obligation qui leur était imposée de le surveiller, sont-elles pour le montant de ces condamnations passibles de la contrainte par corps?

575. — La loi s'en explique expressément dans certaines circonstances, soit pour prononcer la contrainte, soit pour en dispenser. — V. art. 46 et 206, C. forest. — Coin-Delisle, Observ. gén., sur le tit. 3, L. 17 avr., no 3.

576. — Dans tous les autres cas il faut décider que la contrainte ne peut être prononcée qu'en vertu de l'art. 126 du code de procédure. La combinaison des art. 51 et 52 du code pén. prouve que la loi a eu seulement en vue les coupables eux-mêmes; et l'art. 33 de la loi du 17 avr. confirme cette opinion. Les personnes civilement responsables, qui n'ont après tout que de la négligence à s'imputer, ne peuvent être plus sévèrement traitées que tous autres débiteurs de dommages-intérêts, en vertu de l'art. 1382, C. civ. — Coin-Delisle, *ibid.* — *Cass.*, 18 mai 1843 (t. 2 1843, p. 397), Leroux Delens c. Delaval; 3 juin 1843 (t. 2 1843, p. 617), Daullé et Admin. des Postes; *Orléans*, 8 janv. 1844 (t. 1er 1844, p. 450), Leroux Delens c. Delaval. — *Contrà* Carnot, sur l'art. 52, C. pén., no 13.

577. — Toutefois, en matière de douanes, le père civilement responsable des faits de son fils mineur peut être condamné par corps, en vertu de l'article 126 du code de procédure, au paiement de l'amende encourue par ce dernier, parce que cette amende doit être considérée plutôt comme une réparation civile que comme une peine. — *Douai*, 9 et 22 avr. 1842 (t. 2 1842, p. 57), Douanes c. Lhortloir et Bollet.

§ 3. — *De la partie civile.*

578. — Les condamnations contre la partie civile n'ont jamais qu'un caractère civil; elles ne sauraient donc emporter de plein droit la contrainte par corps, qui peut seulement être ordonnée dans les cas prévus par l'art. 126 du Code de procédure. — *Nîmes*, 19 juin 1819, Roux c. Fabre.

579. — Il résulte de ce principe que la contrainte par corps ne doit pas être prononcée contre la partie civile pour dommages-intérêts inférieurs à 300 fr. — *Cass.*, 2 avr. 1842 (t. 2 1842 p. 663), Leguevel c. Richard.

580. — ... Et qu'elle n'a jamais lieu contre les femmes. — *Contrà Bordeaux*, 15 nov. 1828, Laquiese c. Delbos.

581. — A l'égard des dépens, Merlin (*Rép.*, vo *Réparation civile*, § 2) distingue entre le cas où la cour fonde la condamnation prononcée contre la partie civile sur ce que l'action criminelle a été témérairement intentée, et celui où elle se motive sur ce que la partie civile a fait une dénonciation calomnieuse. Dans la première hypothèse il refuse la contrainte, mais il l'accorde dans la seconde. — M. Coin-Delisle (sur l'art. 32, L. 17 avr., no 4) approuve cette décision. — V. aussi *Cass.*, 31 mai 1816, Roger c. Colombe Moulin.

582. — Malgré ces autorités, il nous semble que la contrainte doit être repoussée dans tous les cas. La cour n'a pas, en effet, mission de constater un délit, mais un dommage; elle est incompétente pour changer la position de la partie civile, et la constituer prévenue au lieu de plaignante. Elle est dans une situation analogue à celle d'un tribunal civil saisi d'une demande en dommages-intérêts à raison du préjudice causé par un délit. Si l'accusé acquitté peut obtenir la contrainte contre son dénonciateur, il faut qu'il porte plainte contre lui devant les tribunaux de répression.

583. — Mais la contrainte a toujours lieu de plein droit pour sûreté des condamnations aux frais envers l'état, soit contre la partie civile, soit contre les personnes civilement responsables, en vertu de l'art. 174, décr. 18 juin 1811. — V. Carnot, sur l'art. 52, C. pén., no 13; Coin-Delisle, sur l'art. 32, L. 17 avr. 1832.

584. — La partie civile est contraignable par corps pour la restitution des frais avancés par l'état, même quand elle n'a pas succombé dans sa demande. — Coin-Delisle, add. sur l'art. 32, L. 17 avr.

585. — Toutefois, il faut remarquer que cette contrainte n'est pas régie par l'art. 52, C. pén., ni par les art. 32 et suiv., L. 17 avr. 1832. Ce n'est point une contrainte en manière criminelle. — Coin-Delisle, add. sur l'art. 32, no 4.

586. — En résulte-t-il qu'on doive, comme le veut M. Coin-Delisle (*ibid.*), appliquer les art. 8 à 13 de la loi du 17 avr., relatifs à la contrainte en matière de deniers ou effets mobiliers publics? — Nous ne le pensons pas. Il s'agit, selon nous, d'une contrainte par corps ordinaire, régie par les dispositions du Code civil, combinées avec l'art. 7, L. 17 avr. 1832. Par conséquent, elle n'aura pas lieu au-dessous de 300 fr., et ne pourra être exercée contre les mineurs, les filles, les femmes ni les septuagénaires.

§ 4. — *Des témoins, cautions et dépositaires de pièces.*

587. — Il peut intervenir des condamnations par corps devant la justice répressive : 1o contre les cautions fournies par un prévenu lors de sa mise en liberté provisoire. — C. inst. crim., art. 120.

588. — ... 2o Contre les témoins non comparans. — C. instr. crim., art. 80, 157 et 304.

589. — ... 3o Contre les dépositaires publics et particuliers de pièces arguées de faux ou pouvant servir de pièces de comparaison. — C. inst. crim., art. 452 et suiv. — Coin-Delisle, sur l'art. 32, L. 17 avr., no 6.

590. — Dans ces différens cas, la contrainte, ayant lieu en vertu de lois pénales, peut être exercée contre toute personne sans distinction d'âge ni de sexe. Les règles relatives à la contrainte en matière criminelle sont, sans aucun doute, applicables.

Sect. 5e. — *Durée de la contrainte.*

591. — Les décr. des 19-22 juill. 1791 et 5 oct. 1793, tout en limitant la durée de l'emprisonnement dans le cas d'insolvabilité constatée du débiteur, avaient l'inconvénient de fixer une durée égale pour toutes les condamnations. Les rédacteurs du Code de 1810 s'efforcèrent de corriger ce vice en établissant une durée différente, selon qu'il s'agissait d'un crime, d'un délit ou d'une contravention. Dans le premier cas l'emprisonnement était d'un an, dans le second de six mois, dans le troisième de quinze jours. La contrainte pouvait toujours être reprise quand le débiteur redevenait solvable. Ces dispositions ne s'appliquaient, du reste, qu'à l'amende et aux frais dus à l'état. — C. pén., art. 53 et 467.

592. — Elles reposaient évidemment sur un faux principe. La peine une fois subie, il n'importe guère pour quel crime elle a été prononcée, c'est bien plutôt la quotité de la dette qui doit servir de mesure à la durée de l'emprisonnement que la gravité du délit. — Fœlix, sur l'art. 35, L. 17 avr. — C'est ce qu'ont reconnu les législateurs de 1832. Toutefois ils ont distingué, comme ceux de 1810, entre l'application de la contrainte au profit de l'état, et son exercice dans l'intérêt des particuliers.

§ 1er. — *Au profit de l'état.*

593. — L'art. 53, C. pén., qui fixait à six mois la durée de l'emprisonnement pour l'acquit des amendes prononcées au profit de l'état, n'a pas été abrogé pour le passé par la loi du 17 avr. 1832. — En conséquence, les individus détenus pour amendes, en matière criminelle ou correctionnelle, prononcées antérieurement à la loi du 17 avr. 1832, n'ont pu obtenir leur mise en liberté qu'autant que leur emprisonnement a duré un espace de temps égal à celui fixé par cette loi d'après l'importance de la condamnation, ou, si cet espace de temps était plus long que celui déterminé par l'art. 53, C. pén., qu'après l'expiration de ce dernier délai. — *Paris*, 14 janv. 1834, Raspail c. Enregistr.

594. — Il faut distinguer si la condamnation est inférieure ou supérieure à 300 fr.

595. — Dans le dernier cas, la durée de la contrainte est déterminée par le jugement même de condamnation dans les limites d'un an à deux ans. — L. 17 avr. 1832, art. 7, 39 et 40.

596. — Lorsque la condamnation est inférieure à 300 fr., la loi ne fixe expressément aucune durée pour la contrainte.

597. — Doit-on conclure de ce silence, et par analogie de ce qui est prescrit pour la contrainte au profit des particuliers, que la durée de la contrainte sera déterminée dans les limites de six mois à cinq ans? — MM. Chauveau et Faustin-Hélie (*Th. C. pén.*, t. 1er, p. 371) sont de cet avis. Le législateur, disent-ils, n'a pas distingué les condamnations rendues dans un intérêt privé ou dans l'intérêt de l'état, et il n'y a aucun motif sérieux de faire cette distinction. — V. conf. *Douai*, 25 août 1832, Domaine.

598. — Mais la jurisprudence s'est fixée en sens opposé. — « La durée de la contrainte par corps, disait le garde des sceaux dans sa circulaire du 14 août 1833, ne doit pas être fixée quand il s'agit de condamnations prononcées au profit de l'état, et qui ne s'élèvent pas à 300 fr. Le second paragraphe de l'art. 39 avait fait naître des doutes à cet égard... Mais la cour de Cassation les a fait cesser en jugeant par plusieurs arrêts que le second paragraphe de l'art. 39 est évidemment limité au cas prévu par le premier paragraphe du même article. » — *Cass.*, 24 janv. 1835, Ducala; *Douai*, 7 mars 1835, Ruffin; *Cass.*, 20 mars 1835, Riol; 31 déc. 1835, Vincent; 8 juill. 1836 (t. 1er 1837, p. 560), Bastianelli; 14 juill. 1836 (t. 1er 1837, p. 616), Demol; 27 juin 1837 (t. 1er 1838, p. 27), Guyomaud.

599. — Ainsi une cour d'assises ne peut, pour le recouvrement des frais non encore liquidés,

fixer, même conditionnellement et pour le cas où les frais s'élèveraient à 300 fr., la durée de la contrainte par corps. — *Cass.*, 18 mai, 8 et 16 juin 1837 (t. 2 1843, p. 246), Gilles; 2 août 1838 (t. 2 1843, p. 251), N...

600. — Lorsque les dépens ne sont pas liquidés par l'arrêt, et que les amendes prononcées ne s'élèvent pas à 300 fr., la durée de la contrainte par corps ne doit pas être fixée. — *Cass.*, 6 oct. 1836 (t. 2 1837, p. 47), Godefroy; 10 août 1837 (t. 2 1843, p. 252), N...

601. — L'arrêt qui détermine la durée de la contrainte par corps pour le recouvrement des dépens, sans fixer la quotité de ces dépens, est nul en cette partie. — *Cass.*, 8 juill. 1837 (t. 2 1843, p. 250), Tavernier; 12 oct. 1837 (t. 2 1843, p. 250), Bourcellier; 22 mars 1838 (t. 2 1843, p. 250), N...

602. — Mais quelle doit être la durée de la contrainte? — Elle sera d'un an, selon MM. Chauveau et Hélie (*Th. C. pén.*, t. 1er, p. 371) et Parant (réquisit. rapporté sous l'arrêt de *Cass.*, 24 janv. 1835, Ducala), et selon la jurisprudence constante de la cour suprême. — *Douai*, 17 mars 1835, Ruffin; *Cass.*, 2 oct. 1835, Letard; 31 déc. 1835, Vincent; 8 juill. 1836 (t. 1er 1837, p. 560), Bastianelli; 29 juin 1837 (t. 1er 1838, p. 27), Guyomaud.

603. — M. Coin-Delisle (sur l'art. 40, L. 17 avr. 1832, no 1er) avait d'abord pensé que l'état devait profiter de la durée de cinq ans, à moins d'insolvabilité constatée. — Mais il a abandonné cette opinion dans ses additions (*Ibid.*), pour admettre que la durée de l'emprisonnement est illimitée.

604. — La cour de Cassation avait, dans l'origine, partagé cette dernière opinion; elle jugeait que, dans aucun cas, les condamnés pour une somme inférieure à 300 fr. ne pouvaient obtenir leur élargissement, quelle qu'eût été la durée de leur emprisonnement, à moins de justifier de leur insolvabilité, conformément à l'art. 420, C. inst. crim. C'est aussi l'avis adopté par le garde des sceaux dans sa circulaire du 14 août 1833. — *Cass.*, 24 janv. 1835, Ducala; — Cadrès, *Contr. par corps*, p. 250. — V. *contrà Cass.*, 8 juill. 1836 (t. 1er 1837, p. 560), Bastianelli.

605. — Un arrêt de la cour de Paris avait, au contraire, jugé que le silence de la loi devait s'interpréter en faveur du condamné, et que la contrainte devait cesser au bout de six mois, comme dans le cas de condamnation inférieure à 300 fr. au profit de particuliers. — *Paris*, 9 juin 1836, Viellard c. Ribault.

606. — Du reste, tout en admettant, avec la jurisprudence, que la durée de la contrainte ne doit point être fixée au-dessous de 300 fr., il faut reconnaître que, si cette fixation a été faite par le tribunal d'une manière favorable au prévenu, le juge saisi de l'appel interjeté par le prévenu quant aux dispositions qui lui font grief, ne peut réformer le jugement à cet égard. — *Douai*, 7 mars 1835, Ruffin.

607. — Lorsque la condamnation prononcée au profit de l'état est inférieure à 300 fr., le débiteur peut, même avant l'expiration du délai fixé, soit par la loi, soit par le jugement, mais à la charge par lui de justifier de son insolvabilité, se faire remettre en liberté après quinze jours, lorsque l'amende et les autres condamnations n'excèdent pas 15 fr.; un mois, lorsqu'elles s'élèvent de 15 à 50 fr.; deux mois, lorsque l'amende et les autres condamnations s'élèvent de 50 à 100 fr., et quatre mois, lorsqu'elles excèdent 100 fr. — C. inst. crim., art. 420; L. 17 avr. 1832, art. 35.

608. — Les pièces à produire pour constater l'insolvabilité sont: 1o un extrait du rôle des contributions constatant que le débiteur paie moins de 6 fr., ou un certificat du percepteur de sa commune portant qu'il n'est point imposé; — 2o un certificat d'indigence à lui délivré par le maire de la commune de son domicile ou par son adjoint, visé par le sous-préfet et approuvé par le préfet de son département. — C. inst. crim., art. 420; L. 17 avr. 1832, art. 35. — V. CERTIFICAT D'INDIGENCE, nos 7 et suiv.

609. — La demande en élargissement, fondée sur l'insolvabilité du détenu, est portée, en cas de contestation, devant le tribunal civil. — *Paris*, 14 nov. 1834, Raspail c. Enregist.

610. — Le condamné qui a été élargi par suite des justifications ci-dessus indiquées peut être repris, mais une seule fois, et quant aux restitutions, dommages-intérêts et frais seulement, s'il est jugé contradictoirement avec lui qu'il lui est survenu des moyens de solvabilité. — L. 17 avr. 1832, art. 36.

611. — Si la condamnation prononcée au profit de l'état est supérieure à 300 fr., la durée en est déterminée par le jugement, dans les limites fixées par l'art. 7, L. 17 avr. 1832, art. 40.

612. — Un arrêt contrevient évidemment à cette disposition lorsqu'il ne détermine pas la durée de la contrainte et qu'il spécifie une quotité de frais supérieure à 300 fr. — *Cass.*, 2 déc. 1842 (t. 1er 1844, p. 805), C...; 19 août 1837 (t. 2 1843, p. 252), Parquignot; 8 fév. 1838 (t. 2 1843, p. 252), Mingulle c. Taupin; 27 sept. 1838 (t. 2 1843, p. 152), N...

613. — Mais l'art. 7 contient deux paragraphes, dont le premier fixe la durée de la contrainte par corps de un an à dix ans, et le second de un an à cinq ans. Auquel de ces deux paragraphes l'article 40 entend-il renvoyer? — Il n'est pas douteux que ce soit au premier, qui est la règle, et non pas au second, qui ne contient qu'une exception. Le maximum de la contrainte par corps ne saurait d'ailleurs évidemment être moindre en matière criminelle qu'en matière civile. — *Cass.*, 24 juin 1837 (t. 2 1843, p. 251), Bouinère. — Coin-Delisle, add. sur l'art. 7, no 1er, L. 17 avr. 1832.

614. — Pour fixer la durée de la contrainte par corps à l'égard de plusieurs condamnés contre lesquels la solidarité est prononcée, il faut joindre aux frais le montant de toutes les amendes. — *Cass.*, 12 oct. 1837 (t. 2 1843, p. 248), Pasquez; 3 mai 1838 (t. 2 1843, p. 248), Auger; 17 juin 1838 (t. 2 1843, p. 249), Koperberg.

615. — Lorsque deux accusés ont été condamnés solidairement à 100 fr. d'amende chacun et aux frais du procès, s'il est certain que les frais, quoique non liquidés, dépasseront nécessairement la somme de 300 fr., dont chacun sera tenu pour la totalité, les juges doivent fixer la durée de la contrainte par corps. — *Cass.*, 10 janv. 1839 (t. 2 1843, p. 246), Debillieheust; 15 juin 1837 (t. 2 1843, p. 246), Rougier; 24 juin 1837 (t. 2 1843, p. 215), Bouimère.

616. — Lorsque deux coaccusés ont été condamnés chacun en une amende et aux frais, la solidarité a lieu de plein droit pour ces condamnations. Dès-lors, la cour d'assises ne peut se dispenser de fixer la durée de la contrainte par corps si les deux amendes et les frais réunis s'élèvent au-dessus de 300 fr., encore bien que la part de chacun soit inférieure à cette somme. — *Cass.*, 30 déc. 1841 (t. 1er 1842, p. 526), Demaret.

617. — La question a été jugée dans le même sens par des arrêts qui avaient expressément prononcé la solidarité; mais, aux termes de l'art. 55 du Code pénal, la solidarité n'avait pas besoin d'être prononcée, et par conséquent ces arrêts peuvent être considérés comme identiques au précédent, la prononciation de la solidarité étant indifférente. — *Cass.*, 20 mars 1835, Chapoteau et Berteau; 2 avr. 1835, Caillebotin; 14 mai 1835, Bozé et Doré; même jour, Nogent; 28 sept. 1837 (t. 2 1837, p. 486), Tuloup et Pinaget.

618. — La loi n'impose pas aux tribunaux l'obligation de fixer la durée de la contrainte par corps d'une manière distincte pour chacune des condamnations pécuniaires que prononce un jugement; dès-lors, il ne peut résulter de nullité de ce qu'ils ont déterminé cette durée sans distinguer la condamnation à l'amende et celle aux dommages-intérêts. — *Cass.*, 4 nov. 1842 (t. 1er 1843, p. 163), Bissette.

619. — Quand l'accusé est condamné à la peine de mort ou à une peine perpétuelle, la fixation d'un certain laps de temps pour la durée de la contrainte destinée à garantir le paiement des frais dus à l'état n'aurait plus de sens. Les tribunaux doivent donc s'abstenir de prononcer la contrainte par corps pour le remboursement des frais, et d'en fixer la durée. La jurisprudence est aujourd'hui constante sur ce point. — *Cass.*, 10 janv. 1839 (t. 2 1843, p. 244), Franco; 17 janv. 1839 (t. 2 1843, p. 244), Deschamps; 29 mai 1840 (t. 2 1843, p. 244), Bony; 16 mai 1840 (t. 2 1843, p. 245), Driot et Jouvin; 19 avr. 1838 (t. 1er 1838, p. 214), Guinche; 27 avr. 1838 (t. 1er 1840, p. 214), Fournier; 29 août 1839 (t. 1er 1840, p. 559), Arnaud; 18 juill. 1838 (t. 2 1843, p. 243), Oriol. — V. dans le même sens (t. 2 1843, p. 244) les arrêts suivans: 14 juin 1838, Lecomte; 30 août 1838, Gobard; 29 déc. 1838, Pommier; 21 juin 1839, Catherine; 27 juin 1839, Marosini; 6 juin 1840, Bazile; 19 juin 1840, Ostermann. — V. cependant, en sens contraire, *Cass.*, 20 mars 1835, Gauthier.

620. — La cassation du chef de l'arrêt qui fixe la durée de la contrainte pour remboursement des frais, quoique l'accusé soit condamné à une peine perpétuelle, peut être prononcée par voie de retranchement, et sans qu'il y ait lieu d'ordonner le renvoi de l'affaire devant une autre cour d'assises. — *Cass.*, 18 juill. 1838 (t. 2 1843, p. 243), Oriol.

621. — La contrainte finit à l'expiration du délai fixé par le jugement, mais elle ne peut cesser auparavant, même par l'insolvabilité constatée du débiteur. — Parant, réquis. rapporté sous *Cass.*, 24 janv. 1835, Ducala. — Si l'on adoptait une opinion contraire, les premiers mots de l'art. 40: *quand bien même l'insolvabilité du débiteur pourrait être constatée*, n'auraient pas de sens. — *Cass.*, 14 mai 1836, Lachassagne.

622. — Le débiteur serait non recevable à réclamer son élargissement pour cause d'insolvabilité, quand bien même l'arrêt aurait omis, à tort, de fixer la durée de la contrainte. Dans ce cas, en effet, ou l'on fait réparer l'omission, ou le condamné profite du minimum d'un an, mais jusqu'à l'expiration de ce délai il doit rester sous les verroux. — Même arrêt.

623. — Mais, réciproquement, le débiteur doit, à l'expiration de la durée déterminée par le jugement, être mis en liberté, quand même il serait solvable. Le contraire paraît admis dans les considérans d'un arrêt de cassation du 8 juill. 1836 (t. 1er 1837, p. 560, Bastianelli). — Mais la doctrine de l'arrêt, sur cette question, que la cour au surplus n'avait point à juger, doit être considérée comme le résultat d'une erreur évidente.

§ 2. — *Durée de la contrainte au profit des particuliers.*

624. — La durée de la contrainte prononcée dans l'intérêt des particuliers pour les restitutions, les dommages-intérêts et les frais, varie, comme celle ordonnée au profit de l'état, selon que la dette est inférieure ou supérieure à 300 fr.

625. — Mais, à la différence de la contrainte accordée à l'état, elle doit toujours être fixée par le jugement de condamnation.

626. — Les limites dans lesquelles elle peut s'exercer sont de six mois à cinq ans, lorsque la dette est au-dessous de 300 fr., et d'un an à dix ans quand elle dépasse ce chiffre. — L. 17 avr. 1832, art. 40.

627. — L'arrêt ou le jugement qui contrevient à ces dispositions doit être cassé. — *Cass.*, 30 juin 1836, François Chouet; 3 juin 1843 (t. 2 1843, p. 617), Daullée.

628. — Il a même été jugé que, lorsque la partie civile qui s'est désistée obtient son recours contre l'accusé à raison des frais avancés par l'état, dont elle a été déclarée personnellement tenue, le jugement qui prononce cette condamnation récursoire doit, comme tous ceux qui prononcent une condamnation en faveur d'un particulier, fixer la durée de la contrainte par corps. — *Cass.*, 18 juill. 1845 (t. 1er 1846, p. 48), Prunier c. Carrère. — On peut cependant soutenir, en pareil cas, que, la partie civile agissant non pas en son nom personnel, mais en celui de l'état, aux droits duquel elle se trouve substituée, la fixation de la durée de la contrainte par corps n'est pas nécessaire.

629. — A défaut de fixation de la durée de la contrainte par corps au profit d'un particulier, et si le jugement ne peut plus être réformé par la voie de l'appel ou de la cassation, le condamné devra profiter du minimum fixé par la loi. — Coin-Delisle, additions sur les art. 39 et 40, L. 17 avr. 1832, no 1er.

630. — L'insolvabilité, dûment justifiée, du débiteur, l'autorise à réclamer son élargissement contre les simples particuliers, ses créanciers, comme contre l'état, et dans les mêmes circonstances, c'est-à-dire lorsque la dette est inférieure à 300 fr. Quand elle dépasse cette somme, il doit nécessairement rester détenu pendant tout le temps fixé par le jugement de condamnation. — En cas de condamnation, l'insolvabilité du condamné doit être jugée contradictoirement avec son créancier. — L. 17 avr. 1832, art. 39, 40. — V. *suprà* nos 607 et suiv.

§ 3. — *Dispositions communes.*

631. — Dans tous les cas où la durée de la contrainte doit être fixée, elle ne peut l'être d'une manière hypothétique et conditionnelle. — *Cass.*, 20 avr. 1837 (t. 1er 1838, p. 417), Bardaire.

632. — Si le jugement a omis de la déterminer, on peut se pourvoir devant le tribunal qui a rendu ce jugement pour lui demander de réparer l'omission. Sa juridiction n'est, en effet, épuisée que quant aux points qui ont été décidés par le jugement.

633. — On a ainsi décidé pour des cours d'assises. — *Cass.*, 14 mai 1836, Lachassagne; 28 sept. 1837 (t. 2 1837, p. 486), Tuloup et Pinaget.

634. — Et il en serait, à plus forte raison, de même d'un tribunal de police correctionnelle.

635. — Il a été jugé, d'après ces principes, que lorsqu'un tribunal correctionnel a omis de fixer la durée de la contrainte par corps prononcée au profit de la partie civile, il n'appartient pas à un tribunal civil de réparer cette omission. — *Paris*, 9 juin 1836, Viellard c. Ribauld.

656. — La circonstance, que le tribunal civil aurait statué sur la demande du débiteur incarcéré ne rendrait pas celui-ci non recevable à interjeter appel du jugement pour cause d'incompétence et d'excès de pouvoir. — Même arrêt.

657. — Dans le cas où l'on ne s'est pas adressé aux juges compétens pour faire réparer l'omission, la durée de la contrainte est réduite au minimum fixé par la loi. — Même arrêt. — V. suprà nos 594 et suiv., 624 et suiv.

658. — Le débiteur incarcéré par suite de condamnations prononcées au profit de l'état peut obtenir son élargissement en fournissant une caution admise par le receveur des domaines, ou, en cas de contestation de sa part, déclarée bonne et valable par le tribunal civil de l'arrondissement. — L. 17 avr. 1838, art. 34. — V. EMPRISONNEMENT.

659. — La caution doit s'exécuter dans le mois, à peine de poursuites. — Ibid., art. 35.

640. — Ces dispositions sont applicables au cas où le débiteur est écroué à la requête d'un particulier, comme à celui où il est écroué dans l'intérêt de l'état. Il y a, toutefois, cette différence que les particuliers ne sont tenus de consentir l'élargissement moyennant caution garantissant que la dette est inférieure à 100 francs, tandis que l'état est forcé de le souffrir quelque élevée que soit sa créance. — L. 17 avr. 1832, art. 34, 39 et 40. — Coin-Delisle, sur l'art. 44, L. 17 avr. 1832.

641. — La validité de la caution doit, en cas de contestation, être jugée contradictoirement avec le créancier. — L. 17 avr. 1832, art. 39.

642. — Quand le débiteur condamné soit envers l'état, soit envers un particulier, au paiement d'une somme de 300 francs ou au-dessus, atteint sa soixante-sixième année pendant la durée de la contrainte, sa détention est réduite de plein droit à la moitié du temps qu'elle avait à courir aux termes du jugement. — L. 17 avr. 1832, art. 40.

643. — Jamais l'emprisonnement ne libère le débiteur, qui peut toujours être poursuivi sur ses biens s'il lui en survient. — Cass., 11 mars 1812, Enregistr. c. Cazals.

CHAPITRE VII. — Mode d'exécution de la contrainte. — Renvoi.

644. — Pour tout ce qui concerne l'exécution de la contrainte par corps, en quelque matière que ce soit, V. EMPRISONNEMENT.

V. BILLET A DOMICILE, BILLET A ORDRE, BILLET DE CHANGE, BILLET ET OBLIGATION AU PORTEUR, BOUCHER, CAPITAINE DE NAVIRE, CESSION DE BIENS, CHOSE JUGÉE, COLONIES, COMMISSIONNAIRE DE TRANSPORT, ENDOSSEMENT, NOVATION, TIMBRE.

CONTRARIÉTÉ DE JUGEMENS OU ARRÊTS.

1. — Opposition entre deux jugemens ou arrêts rendus entre les mêmes parties.

2. — En matière civile, la contrariété de jugemens rendus en dernier ressort entre les mêmes parties et sur les mêmes moyens en différens tribunaux donne ouverture à cassation. — C. procéd., art. 503. — V. CASSATION (matière civile).

3. — Si la contrariété existe entre deux décisions en dernier ressort émanées de la même cour ou du même tribunal, toujours entre les mêmes parties et sur les mêmes moyens, il y a lieu à requête civile.—C. procéd., art. 480.—V. REQUÊTE CIVILE.

4. — En matière criminelle, la requête civile n'étant jamais recevable, la contrariété de jugemens donne toujours ouverture à cassation, soit que les décisions contradictoires aient été rendues par le même tribunal ou par des tribunaux différens. — V. CASSATION (matière criminelle).

V. CHOSE JUGÉE.

CONTRAT.

Table alphabétique.

CONTRAT. — **1.** — Se dit, en général, de toute convention formée entre deux ou un plus grand nombre de personnes, dans le but de pouvoir en demander l'exécution en justice.

2. — Tout contrat est convention ; mais, en sens inverse, toute convention n'est pas un contrat.

3. — Il existe, en effet, un grand nombre de conventions qui, n'ayant pas ou pour objet de créer entre les parties des rapports légaux, ne présentent pas le caractère de contrat. — V. CONVENTION.

§ 1er. — Historique et principes généraux (no 4).

§ 2. — Division des contrats (no 25).

§ 3. — Effets et révocation des contrats (no 81).

—

§ 1er. — Historique et principes généraux.

4. — En droit romain, pour qu'une convention fût un contrat, il ne suffisait même pas, comme aujourd'hui, qu'elle fût pourvue d'une action qui la rendît obligatoire ; il fallait, en outre, que cette action tirât son origine, non de l'édit du préteur, mais du jus civile, et encore de l'ancien jus civile. — Ortolan, Explicat. histor. des Instit., t. 2, p. 449, 30 édit.

5. — A l'exception des contrats consensuels, qui ne sont que des exceptions, le droit civil des Romains n'accordait de force obligatoire aux conventions, et ne les érigeait ainsi en contrats, qu'autant qu'elles avaient été formées de l'une des trois manières suivantes : 1o si la volonté de s'obliger reposait sur un fait ou sur une dotation (re) ; — 2o si elle était exprimée au moyen de certaines paroles solennelles (verbis) ; — 3o ou de certaines écritures spéciales (litteris). — Il y avait donc quatre classes de contrats : réels, verbaux, littéraux et consensuels.—Instit. Just., De obligat., § 2, et sur ce paragraphe, Vinnius, nos 3 et suiv. ; Ducauroy, Instit. expli., 78 édit., t. 2, no 941 ; Ortolan, loc. cit., p. 417 et suiv. ; Laferrière, Hist. du dr. civ. de Rome, t. 1er, p. 439 et suiv. ; Bonjean, Tr. des actions, t. 2, § 288.

6. — Plus tard, les préteurs et les empereurs rendirent obligatoires plusieurs conventions qui, ne reposant que sur le seul consentement, non accompagné des solennités additionnelles, n'étaient que de simples pactes ; mais, comme leur force obligatoire n'était venue à ces conventions que du droit prétorien, ou d'un droit civil récent, elles n'en restèrent pas moins en dehors de la dénomination de contrats et dans la classe des pactes ; seulement, en continuant de les appeler pacta, on y joignit les épithètes de prætoria ou de legitima. — Vinnius, loc. cit., nos 7 et suiv. ; Ortolan et Bonjean, ubi suprà.

7. — D'après les principes tout différens de l'ancienne juri prudence française, qui a cet égard, sont encore en vigueur, toute convention intervenue entre deux ou plusieurs personnes pour former entre elles quelque engagement, ou pour en résoudre un précédent, ou pour le modifier, était, en général, et indépendamment de toute formalité additionnelle, civilement obligatoire (V. CONVENTION) ; mais l'on ne donnait toujours, à proprement parler, le nom de contrat qu'à l'espèce de convention qui avait eu pour but de créer des obligations. — Pothier, Oblig., nos 3 et 5; Domat, Lois civiles, liv. 1er, part. 1re, tit. 1er, nos 2 et 8 ; Denisart, Collect. de jurispr., vo Contrat, § 1er.

8. — Aujourd'hui encore, le mot contrat paraît être pris dans ce sens restreint, pour signifier, non pas toutes les conventions civilement obligatoires, mais seulement parmi les conventions, celles qui sont formées en vue ou faire naître des obligations. — Duranton, Dr. franç., t. 10, no 3 53 et suiv. ; Marcadé, sur l'art. 1101, C. civ., no 1er.

9. — L'art. 1101, C. civ., définit en effet le contrat : — « Une convention par laquelle une ou plusieurs personnes s'obligent, envers une ou plusieurs autres, à donner, à faire ou à ne pas faire quelque chose. »

10. — Mais cette définition est fautive en ce que, ainsi pris dans ce sens restreint, à la différence de celle de Pothier (Oblig., no 3), elle ne convient exactement qu'à une seule espèce de contrat, aux contrats unilatéraux. — Marcadé, loc. cit.

11. — L'on a aussi remarqué que le Code civil, intérieur encore sur ce point à Pothier (Oblig., nos 1er et suiv., 85), confond assez souvent, sans que cela résulte nécessairement de la rubrique du tit. III, liv. III, et des articles 711, 1106, 1138, 1140 et suiv., les obligations effets des contrats avec les contrats eux-mêmes. — Cette même confusion apparaît dans le discours de Bigot Préameneu au corps législatif. — Fenet, t. 13, p. 215, 216 suiv.; Marcadé, loc. cit. ; Merlin, Rép., vo Convention, § 1er, no 2.

12. — Dans la pratique l'on fait une autre confusion : l'on prend indifféremment les mots contrat, acte, titre, comme synonymes l'un de l'autre, et spécialement l'on se sert du mot contrat pour désigner l'écrit qui constate et prouve la convention des parties. — V. ACTES, nos 2 et suiv.

13. — Il suit de ce qui précède que tout contrat suppose, indépendamment de l'intention de s'obliger, les offres d'une partie et l'acceptation de l'autre; mais l'on n'exige pas qu'il y ait concomitance entre ces deux faits. L'acceptation peut suivre les offres comme elle peut même les précéder, et peu importe qu'elle en soit séparée par un intervalle assez long. — Toullier, t. 6, nos 18; Rolland de Villargues, Rép., vo Contrat, nos 70 et suiv.; Zachariæ, Dr. civ., t. 2, no 343.

14. — Seulement, lorsque l'acceptation ne se fait pas immédiatement aux offres, le contrat ne se forme qu'au moment où la partie à qui elles ont été faites manifeste, soit expressément, soit tacitement, la volonté de les accepter. Jusque-là, cela qui a fait la proposition reste libre de la révoquer. — Arg. L. 69, ff., De jur. ; L. 156, § 4, eod. C. civ., art. 932, 1211, alin. 3e, et 1340. — Grotius, De jur. bell. et pac., lib. 2, cap. 2 ; Pothier, Oblig., no 4; Toullier, t. 6, no 24 ; Duranton, t. 10, no 49 Zachariæ, t. 2, § 343 ; Marcadé, sur l'art. 1108, no 2 ; Rolland de Villargues, Rép., vo Contrat, no 62. — V., pour les détails, LETTRES MISSIVES, OFFRES, POLLICITATION, VENTE.

15. — Contrairement au sentiment de Cujas, qui ne distinguait dans les contrats que deux sortes de choses, les choses essentielles et les choses accidentelles, Pothier (Oblig., no 5 et suiv.) admettant la doctrine plus exacte de quelques jurisconsultes du dix-septième siècle, distingue, au contraire, dans les contrats, les choses qui sont de leur nature; et c'est cette triple distinction qui doit y prévaloir.

16. — Les choses qui sont de l'essence du contrat sont celles sans lesquelles le contrat ne peut subsister, et, à ce sujet, l'on a remarqué qu'il y a des choses essentielles à toute convention, par exemple, le consentement, et que d'autres sont essentielles seulement à tel contrat particulier, comme le prix dans le contrat de vente. — Pothier, loc. cit.; Denisart, Collect. de jurispr., vo Contrat, § 1er, no 3 et suiv.; Duranton, t. 10, no 94 suiv.; Toullier, t. 6, no 196 et suiv.; Rolland de Villargues, Rép., vo Contrat, nos 47 et suiv., vo Convention, no 7 et suiv.

17. — Les choses qui sont seulement de la nature d'un contrat sont celles qui, sans être indispensables à l'existence même de ce contrat, s'y sont néanmoins la suite ordinaire et qui font naître les contractans n'aient déclaré expressément une volonté contraire, comme en ce qui concerne dans le contrat de vente l'obligation de garantie. — Mêmes autorités.

18. — Enfin, les choses accidentelles sont celles

qui, comme le pacte de réméré, ne sont contenues dans le contrat qu'en vertu d'une stipulation particulière. — Mêmes autorités.

19. — Quatre conditions sont essentielles pour la validité d'une convention, et par conséquent d'un contrat : — le consentement de la partie qui s'oblige; — sa capacité de contracter; — un objet certain qui forme la matière de l'engagement; — une cause licite dans l'obligation. — C. civ., art. 1108. — V. OBLIGATION.

20. — Et quand la loi, entre autres conditions, exige ainsi le consentement des parties, elle entend parler d'un consentement valable, c'est-à-dire d'un consentement qui n'ait pas été donné par erreur, surpris par dol ou extorqué par violence. — C. civ., art. 1109.

21. — Ces vices de consentement feraient défaillir la première des conditions requises pour la validité des contrats. — C. civ., art. 1110, 1113, 1116 et 1117. — V. OBLIGATION.

22. — Quant à la lésion, elle ne vicie les conventions que dans certains contrats et à l'égard de certaines personnes. — C. civ., art. 1118. — V. OBLIGATION.

23. — Tout contrat a pour objet une chose qu'une partie s'oblige à donner, ou qu'une partie s'oblige à faire ou à ne pas faire. — C. civ., art. 1126.

24. — Le simple usage ou la simple possession d'une chose peut être, comme la chose même, l'objet du contrat. — C. civ., art. 1127.

§ 2. — *Division des contrats.*

25. — On distingue diverses espèces de contrats, selon les divers points de vue sous lesquels on les considère. Indiquons-en les principales, sans toutefois nous borner à celles qui sont textuellement définies par le Code civil.

26. — 1° *Contrats synallagmatiques ou bilatéraux, et contrats unilatéraux.* — Les art. 1102 et 1103, C. civ., relatifs à cette division, sont copiés de Pothier, *Obligations*, n° 9.

27. — Le contrat est *synallagmatique* ou *bilatéral* lorsque les contractans s'obligent réciproquement les uns envers les autres. — C. civ., art. 1102. — Tels sont les contrats de vente, d'échange, de société, etc., dans lesquels les obligations respectives de chacune des parties sont également principales et contemporaines l'une de l'autre. — Toullier, t. 6, n° 19; Duranton, t. 10, n° 65; Zachariæ, t. 2, § 341, note 2e; Delvincourt, *Cours de Code civil*, t. 2, p. 119, édit. de 1834.

28. — En droit romain, ces contrats étaient également distingués des autres, et Ulpien, dans la L. 19, ff., *De verb. signif.*, ne donne même le nom de contrats qu'aux conventions de cette nature. — Denisart, v° *Contrat*, § 2, n° 2.

29. — Il est bien entendu qu'un contrat synallagmatique de sa nature ne cesse pas d'être tel par cela seul que l'une des parties l'exécuterait sur-le-champ; telle serait la vente dont l'acquéreur paierait le prix comptant. — Duranton, t. 10, n° 67; Rolland de Villargues, *Rép.*, v° *Contrainte*, n° 15.

30. — Il y a également contrat synallagmatique alors même qu'une des parties ne donnerait son consentement que postérieurement à la proposition de l'autre.

31. — Ainsi, jugé qu'il y a contrat synallagmatique dans l'acte par lequel un tiers s'engage, au bas d'une lettre missive, à payer au créancier les intérêts de son capital jusqu'au remboursement, sous la condition faite et acceptée de suspendre les poursuites pendant un délai convenu. — *Cass.*, 2 juill. 1818, Leconte c. Duez.

32. — Jugé que l'obligation pour une abbaye de livrer annuellement une certaine quantité de bois dans les forêts, sous la condition, par le concessionnaire, de payer une rente annuelle qui doit cesser si la fourniture cesse, a pu être considérée comme constituant un contrat synallagmatique qui liait les deux parties contractantes, et qui ne pouvait être révoqué par la volonté d'une seule d'entre elles. — *Cass.*, 14 nov. 1833, préfet de la Moselle c. de Diétrich.

33. — Dans tout contrat synallagmatique, la loi sous-entend la condition résolutoire pour le cas où l'une des parties ne satisfera point à son engagement. Toutefois, le contrat n'est pas résolu de plein droit. — C. civ., art. 1184. — V. CONDITION.

34. — Les contrats synallagmatiques se subdivisent eux-mêmes en synallagmatiques parfaits et en synallagmatiques imparfaits. — Pothier, *loc. cit.*; Duranton, t. 10, n° 68; Zachariæ, *loc. cit.*; Marcadé, sur les art. 1102 et 1103, C. civ.; Delvincourt, *loc. cit.*

35. — Les premiers sont ceux dans lesquels les parties sont obligées réciproquement dès le principe; tels sont ceux qui ont été cités *suprà* n° 27, et remarquez que la loi, dans l'art. 1102, C. civ., n'entend parler que de cette espèce de contrats synallagmatiques. — Toullier, *loc. cit.*; Rolland de Villargues, *Rép.*, v° *Contrat*, n° 14.

36. — Les contrats synallagmatiques imparfaits sont ceux dans lesquels l'une des parties est obligée sur-le-champ, et l'autre ne le devient que *ex post-facto, ex accidenti*, et peut, par conséquent, ne l'être pas du tout; tels sont les contrats de dépôt, de commodat, etc.

37. — Mais puisque, en définitive, ces contrats ne donnent actuellement naissance qu'à une obligation d'un seul côté, et que, relativement à l'obligation de l'autre partie, il n'existe qu'une éventualité qui peut-être ne se réalisera pas, on peut justement critiquer cette subdivision dont on n'aperçoit guère, du reste, l'utilité. — Marcadé, *loc. cit.*; Merlin, *Rép.*, v° *Convention*, § 9.

38. — Quelquefois, au surplus, il peut être difficile de discerner si tel contrat est synallagmatique parfait ou imparfait, à raison des pactes accessoires que les parties ont pu y introduire. Ainsi lorsque, dans le mandat et le dépôt, un salaire a été stipulé pour le mandataire et pour le dépositaire, l'on peut hésiter sur la question de savoir si alors le contrat a cessé ou non d'être synallagmatique imparfait pour devenir synallagmatique parfait. Comme on l'a fait observer, cette question semble devoir être résolue d'après l'intention des parties, et, dans le doute, on devrait cependant la décider négativement. — Zachariæ, *loc. cit.* — M. Duranton (t. 10, n° 68, notes 1re et 2e) décide, sans distinction, que, dans cette hypothèse, les contrats de mandat et dépôt deviennent synallagmatiques parfaits.

39. — Le contrat est unilatéral lorsqu'une ou plusieurs personnes sont obligées envers une ou plusieurs autres, sans que, de la part de ces dernières, il y ait d'engagement. — C. civ., art. 1103. — Tels sont le prêt, le contrat de constitution de rente, etc. — Pothier et Denisart, *loc. cit.*; Toullier, t. 6, n° 18; Duranton, t. 10, n° 69; Rolland de Villargues, *Rép.*, v° *Contrat*, n° 17; Marcadé, *loc. cit.*

40. — Quant à l'utilité pratique de cette division des contrats en synallagmatiques et unilatéraux, elle consiste principalement en ce que, quand il s'agit de conventions synallagmatiques, l'acte sous seing-privé qui les constate doit être rédigé en autant d'originaux qu'il y a de parties ayant un intérêt distinct. — C. civ., art. 1325; — Zachariæ et Marcadé, *loc cit.* — V. au suplus ACTE SOUS SEING-PRIVÉ, n°s 75 et 105, DOUBLE ÉCRIT, OBLIGATION, PREUVE LITTÉRALE.

41. — 2° *Contrats à titre onéreux et contrats de bienfaisance.* — « Le contrat à titre onéreux, dit l'art. 1106, C. civ., est celui qui assujétit chacune des parties à donner ou à faire quelque chose. »

42. — Mais une pareille définition ne s'adapte pas à tous les contrats à titre onéreux; elle ne s'applique qu'à une seule espèce de contrats à titre onéreux, aux contrats synallagmatiques. — Duranton, t. 10, n° 80; Marcadé, art. 1105 et 1106, C. civ.; Delvincourt, *Cours de C. civ.*, t. 2, note 2e, sur la page 120.

43. — Il est donc plus rationnel de dire que le contrat à titre onéreux est celui qui procure à l'une ou plusieurs des parties un avantage moyennant une prestation qu'elle fournit ou à laquelle elle s'est engagée; tels sont : la vente, le louage, le prêt. — Pothier, *Obligations*, n° 12; Denisart, *Collection de jurispr.*, v° *Contrats*, § 2, n° 6; Zachariæ, *Dr. civ. fr.*, t. 2, § 341, p. 462; Marcadé, art. 1105 et 1106, C. civ.; Toullier, t. 6, n° 20; Duranton, t. 10, n° 79; Rolland de Villargues, *Rép.*, v° *Contrat*, n° 31.

44. — Le contrat de bienfaisance est celui dans lequel l'une des parties procure à l'autre un avantage *purement gratuit.* — C. civ., art. 1105. — Telle est la donation; — tels sont aussi le prêt, le dépôt, le mandat, qui, de leur nature, sont gratuits. — Pothier, Denisart, *loc. cit.*; Toullier, t. 6, n° 20; Duranton, t. 10, n° 78; Rolland de Villargues, v° *Contrat*, n° 29.

45. — Cette définition n'est pas plus rigoureusement exacte que celle du contrat à titre onéreux; en effet, quand une donation est faite avec quelques charges, elle ne confère pas alors un avantage *purement gratuit*, et cependant elle ne cesse pas pour cela d'être un contrat de bienfaisance. — V. conf. Duranton, *loc. cit.*

46. — Mais le prêt, le dépôt, le mandat, cesseraient d'être de bienfaisance, si un salaire avait été stipulé par le prêteur, le dépositaire ou le mandataire. — Rolland de Villargues, v° *Contrat*, n° 30; et v° *Dépot*, n° 9; Marcadé, *loc. cit.* — V. DÉPOT, MANDAT, PRÊT.

47. — Dans ces divers cas et autres semblables, où l'une des parties, en conférant un bienfait à l'autre, exige d'elle quelque chose que l'on suppose, toutefois, au dessous de ce qu'elle lui donne, le contrat, d'après les anciens principes, était qualifié de *mixte*. — Pothier, *Obligations*, n° 12; Denisart, *Rép.*, v° *Contrat*, § 2, n° 6; Toullier, t. 6, n° 19; Merlin, v° *Convention*.

48. — Les deux branches de cette division des contrats en contrats à titre onéreux et en contrats de bienfaisance ne correspondent pas, au surplus, d'une manière exacte à celles de la division qui a été précédemment établie. En effet, les contrats synallagmatiques parfaits sont tous et nécessairement à titre onéreux; mais les contrats unilatéraux ne sont pas toujours des contrats de bienfaisance. — Zachariæ, *loc. cit.*

49. — 3° *Contrats commutatifs et contrats aléatoires.* — Le contrat est commutatif lorsque chacune des parties s'engage à donner ou à faire une chose qui est regardée comme l'équivalent de ce qu'on fait pour elle. — C. civ., art. 1104.

50. — Bien que dans un sens large l'on puisse dire que tous les contrats à titre onéreux sont commutatifs (Domat, *Lois civiles*, t. 1er, tit. 1er, n° 3; Duranton, t. 10, n° 76; Delvincourt, t. 2, notes 3 et 4, p. 120), cependant cette qualification se restreint ordinairement aux contrats à titre onéreux, où l'avantage que les parties recherchent, est certain, effectif. — Pothier, *Obligations*, n° 13; Denisart, *loc. cit.*, n° 6; Duranton, *loc. cit.*; Marcadé, art. 1104, C. civ.; Demante, *Programme de droit civil*, art. 5, n° 705; Delvincourt, *loc. cit.*; Troplong, *Droit civil expliqué*, t. 1er, sur l'art. 1964; Merlin, *Rép.*, v° *Convention*, § 9; Toullier, t. 6, n° 20.

51. — Pothier (*Obligations*, n° 13), empruntant aux jurisconsultes romains une formule qu'ils appliquaient aux contrats innommés, distribue et prétend renfermer les contrats commutatifs en quatre classes : *Do ut des, do ut facias, facio ut des, facio ut facias.* — V. conf. Rolland de Villargues, v° *Contrat*, n° 23.

52. — Mais on a justement critiqué cette division en objectant : — 1° que les espèces *do ut facias, facio ut des*, ne constituent précisément qu'une même espèce, dans laquelle on considère chacun des deux contractans sous les différens rapports de promettant et de stipulant : — 2° que la classification proposée est incomplète puisqu'elle laisse en dehors de son cadre les contrats commutatifs qui ont un objet négatif. — Denisart, *loc. cit.*, § 2, n° 7; Merlin, *Rép.*, v° *Convention*, § 3, n° 1er.

53. — Le contrat est aléatoire lorsque l'équivalent consiste dans la chance de gain ou de perte pour chacune des parties, d'après un événement incertain. — C. civ., art. 1104, al. 2e. — V. CONTRAT ALÉATOIRE.

54. — 4° *Contrats nommés ou innommés.* — Les contrats sont nommés ou innommés, selon qu'ils sont, ou non, spécialement et nominativement prévus par la législation.

55. — C'est à cette division que fait allusion l'art. 1107, C. civ., ainsi conçu : — « Les contrats, soit qu'ils aient une dénomination propre, soit qu'ils n'en aient pas, sont soumis à des règles générales, qui sont l'objet du présent titre. — Les règles particulières à certains contrats sont établis sous les titres relatifs à chacun d'eux... »

56. — Cette division des contrats en contrats *nommés* et en contrats *innommés* vient du droit romain, où elle jouait un grand rôle. A Rome, en effet, tout contrat qui n'était pas *nommé*, c'est-à-dire spécialement et nominativement prévu par la législation, ne pouvait pas résulter du seul consentement, du simple accord des parties, il ne se formait qu'autant qu'il y avait eu déjà exécution de la part de l'une des parties, c'est-à-dire *re*. — D'un autre côté et sous un autre rapport, il y avait encore de l'intérêt à distinguer les contrats *innommés* des autres, afin de savoir si c'était, ou non, à la formule spéciale de l'action *præscriptis verbis* qu'il fallait avoir recours. — Ortolan, *Expl. hist. des instit.*, t. 2, p. 295; Ducaurroy, t. 2, n°s 1058 et suiv.

57. — Mais, dans notre droit français, où, de tout temps, les contrats innommés se sont formés par le seul consentement, aussi bien que les contrats nommés, et où d'ailleurs il ne peut plus être question de l'action *præscriptis verbis*, la division précitée des contrats se trouve avoir perdu par là même son ancienne signification et son ancienne utilité. — Pothier, *Obligations*, n° 9. — Denisart, *Contrat*, § 2, n° 1er; Domat, *Lois civiles*, liv. 1er, tit. 1er, n° 7; Duranton, t. 10, n° 91; Marcadé, sur l'article 1107, C. civ.; Merlin, *Rép.*, v° *Contrat*; Rolland de Villargues, *Rép.*, v° *Contrat*, n° 42.

58. — Toutefois, même encore aujourd'hui, il y a cette différence entre les contrats *nommés* et *in-*

nommés, que les premiers, indépendamment des règles générales, expliquées au titre des Obligations (V. ce mot), se trouvent, en outre, soumis à des règles spéciales développées sous des titres particuliers, tandis que les seconds ne sont formellement assujétis par la loi qu'aux règles générales, et communes à tous les contrats, sauf seulement à leur appliquer, mais ce n'est alors que par analogie, tout ou partie des règles du contrat nommé avec lequel ils se trouveraient avoir le plus de ressemblance. — Duranton, t. 10, nº 92; Marcadé, *loc. cit.*; Delvincourt, t. 2, note 1re sur la p. 121; Zachariæ, *Dr. civ. franç.*, t. 2, § 241, p. 463.

59.—Du reste, pour apprécier la nature d'un contrat, l'on doit s'attacher à ce qu'il était lorsqu'il a été formé, et non aux événemens qui peuvent être survenus dans son exécution. — L. 1re, § 20, ff., *Depos.*; L. 18, ff., *Mandat.*; L. 58, § 2, ff., *Pro soc.*: L. 78, ff., *De verb. oblig.*; L. 19 et 144, § 1er, ff., *De reg. jur.*; — d'Espeisses, t. 1er, p. 11, nº 5; Troplong, *De la vente*, nº 147; Rolland de Villargues, *Rép.*, vº *Contrat*, nº 45.

60. — Et c'est ce qui a fait décider que lorsque l'acheteur, ne pouvant payer en argent, donne en paiement une autre chose, ce n'en est pas moins un contrat de vente.—L. 9, Cod., *De rescind. vend.*; — Pothier, *De la vente*, nº 50; Troplong, *loc. cit.* — V. DATION EN PAIEMENT.

61. — 5º *Contrats solennels et contrats non solennels.* — Les contrats sont solennels ou non, selon que leur existence légale dépend, ou ne dépend pas de l'emploi de certaines formalités. Sans parler ici du mariage et de l'adoption, qui ne sont pas des contrats purement pécuniaires, l'on peut citer comme exemples de contrats solennels la donation, les conventions matrimoniales et le contrat d'hypothèque.—C. civ., art. 931, 1394, 2137; — Pothier, *Obligations*, nº 25; Denisart, vº *Contrat*, § 2, nº 8; Delvincourt, t. 2, note 7, sur la p. 120; Duranton, t. 10, nºs 88 et 89; Marcadé, sur l'art. 1107, C. civ.; Zachariæ, *loc. cit.*, p. 562; Merlin, *Rép.*, vº *Conventions*, § 3; Rolland de Villargues, *Rép.*, vº *Contrat*, nºs 35 et suiv.

62. — Mais, en dehors de ces cas exceptionnels, l'existence légale des contrats ne dépend pas de l'emploi de formalités extrinsèques. Sous ce rapport, le droit français diffère essentiellement du droit romain, dont les dispositions reposaient précisément sur le principe contraire, à savoir que le simple concours de volontés ne suffisait pas, en règle générale, pour rendre une convention civilement obligatoire. — V. CONVENTION.

63.—Aussi, sous le Code civil, comme sous l'empire de l'ancienne jurisprudence, la confection d'un acte notarié ne constitue, en général, qu'un moyen de preuve du contrat, et non une condition essentielle de son existence.

64. — Seulement dans l'ancienne jurisprudence, et à la différence de ce qui a lieu aujourd'hui, l'acte notarié, indépendamment de son utilité comme moyen de preuve, en présentait une autre en ce qu'il emportait hypothèque par lui-même, et sans qu'il fût besoin d'une convention spéciale à cet effet. — V. au surplus ACTE NOTARIÉ.

65. — *Contrats consensuels et contrats réels.* — Cette division n'est pas consacrée textuellement par le Code civil, mais elle résulte de l'ensemble de ses dispositions, et la doctrine l'a constamment admise.

66. — Les contrats consensuels sont ceux qui ne supposent rien autre chose que le consentement des parties, tels que la vente, le louage, le mandat, etc.; les contrats réels sont ceux, au contraire, qui supposent nécessairement, en raison de leur nature même, qu'indépendamment du consentement des parties il y a eu livraison effective d'une chose : tels sont les contrats de prêt de consommation, de commodat, de dépôt, etc. — Pothier, *Obligations*, nº 10; Denisart, *Collect. de jurispr.*, vº *Contrat*, § 2, nº 3; Domat, *Lois civiles.*, liv. 1er, tit. 1er, nºs 8 et suiv.; Duranton, t. 10, nº 81; Toullier, t. 6, nº 17; Troplong, *Du dépôt et du séquestre*, sur les art. 1915 et 1916, C. civ.; Rolland de Villargues, vº *Contrat*, nºs 40 et suiv.

67. — Du reste, s'il est impossible qu'il y ait un contrat de dépôt ou de prêt, sans qu'aucune chose ait été déposée ou prêtée, et si, par suite, l'on comprend que ces contrats et autres semblables aient reçu la qualification de réels, il ne résulte pas de là que la convention arrêtée entre deux personnes qu'à telle époque l'une prêtera de l'argent à l'autre, ne soit pas obligatoire; elle le sera certainement, et son inexécution donnera lieu à des dommages intérêts, mais il n'en est pas moins vrai que le défaut de tradition fait qu'il n'y a pas eu de prêt. — Duranton, t. 10, nº 82; Demante, *Progr. de dr. civ.*, t. 2, nº 524; Zachariæ, *Dr. civ. fr.*, t. 2, § 340, note 3e.

68. — Quand, opposant les contrats consensuels aux contrats réels, l'on dit que les premiers reçoivent toute leur perfection par le seul effet du consentement des parties, l'on suppose, bien entendu, que les parties, en contractant, ne soit pas convenues, par exemple, de passer un acte notarié, *avec intention que le marché ne serait parfait et conclu que lorsque l'acte aurait reçu sa forme entière*; car alors le contrat n'aurait d'existence que par la confection de l'acte.—L. 17, Cod., *De fide instrum.*;— Pothier, *Obligations*, nº 11; Denisart, vº *Contrat*, § 2, nºs 11 et suiv.; Toullier, t. 8, nº 140; Duranton, t. 10, nº 84; Rolland de Villargues, *Rép.*, vº *Contrat*, nº 39.—V. au surplus ACTE, CONDITION, VENTE.

69. — Mais si les parties contractantes, tout en convenant qu'un écrit, soit sous seing-privé, soit même notarié, serait rédigé, n'ont pas exprimé l'intention de subordonner à l'accomplissement de cette formalité la perfection du contrat, une clause de cette nature ne doit être considérée que comme ayant uniquement pour objet d'assurer la preuve de la convention à laquelle elle se rapporte.— Pothier, *loc. cit.*; *Exposé des motifs*, par Portalis; Merlin, *Rép.*, vº *Vente*, § 1er, art. 3, nº 7; Toullier, t. 8, nº 140; Duranton, t. 10, nºs 83 et suiv.; Duvergier, *de la Vente*, t. 1er, nº 166; Troplong, *De la Vente*, t. 1er, nº 19; Zachariæ, *Dr. civ.*, t. 2, p. 466, note. — V. ACTE, CONDITION, VENTE.

70. — 7º *Contrats civils et contrats commerciaux.* — Les contrats sont civils ou commerciaux, et, comme tels, soumis à des règles différentes (C. civ., art. 1107, alin. 2º, *in fine*), suivant qu'ils supposent, ou non, soit en raison de leur nature (comme le change, les contrats du droit maritime, etc.), soit en raison de circonstances extrinsèques (comme la vente, le louage, etc., qui appartiennent d'ailleurs par leur nature au droit civil), un but de trafic, une intention d'en retirer un bénéfice au moyen de la spéculation. — V. ACTE DE COMMERCE, COMPÉTENCE COMMERCIALE.

71. — 8º *Contrats principaux et contrats accessoires.*—Les contrats sont aussi principaux ou accessoires, selon qu'ils sont susceptibles d'avoir une existence propre, ou qu'au contraire ils ne peuvent se former qu'en se rattachant à un autre.—Pothier, *Obligations*, nº 14; Denisart, *Collect. de jurispr.*, vº *Contrat*, § 2, nº 4; Rolland de Villargues, *Rép.*, vº *Contrat*, nº 44; Marcadé, sur l'art. 1107, C. civ.; Merlin, *Rép.*, vº *Convention*, § 9; Delvincourt, t. 2, p. 120.

72. — 9º *Contrats d'acquisition et contrats de garantie.* — Les contrats sont ou d'acquisition ou de garantie, suivant qu'ils ont pour objet d'augmenter ou simplement de garantir le patrimoine des deux parties ou de l'une d'elles. — Zachariæ, *Dr. civ. franç.*, t. 2, § 341, p. 462.

73. — 10º *Contrats judiciaires et contrats extrajudiciaires.* — L'on oppose encore les contrats *judiciaires* aux autres, selon que l'accord des volontés a eu lieu ou non devant le juge.— V. CONTRAT JUDICIAIRE.

74. — 11º *Contrats successifs et contrats non successifs.* — Les contrats se divisent encore entre ceux dont l'exécution doit avoir lieu à des époques successives, *quihabent tempus successivum*, comme dit Dumoulin sur la coutume de Paris (tit. 1er, § 1er, gl. 1re, § 52), tels, par exemple, que le contrat de louage, le contrat de vente, etc., et ceux qui s'accomplissent en une seule fois, aussitôt qu'ils ont reçu leur perfection par le consentement des parties. — Et, à ce sujet, remarquons ici que la résolution de ces deux espèces de contrats n'aurait pas lieu de la même manière.— Toullier, t. 14, nº 285; Rolland de Villargues, *Rép.*, vº *Contrat*, nºs 114 et suiv., 122.—V. EXÉCUTION, RÉSOLUTION.

75. — 12º Enfin il y a lieu de citer, surtout à titre de document historique, deux autres divisions des contrats en :

76. — 1º *Contrats de bonne foi et contrats de droit strict.*— Cette division était tirée de l'étendue et de la nature des pouvoirs conférés au *judex* par la formule d'action. — V. pour les détails Ducaurroy, *Instit. nouv. expl.*, t. 2, nºs 1245 et s.; Ortolan, *Expl. hist.*, t. 2, p. 471; et Bonjean, *Tr. des act.*, t. 2, § 301 et suiv.

77. — Elle est sans application dans notre droit, où toutes les conventions doivent être exécutées de bonne foi. — C. civ., art. 1134 et suiv.; — Pothier, *Oblig.*, nº 9; Denisart, vº *Contrat*, § 2, nº 1er; Serres, *Instit. d'act.*, § 28; Toullier, t. 6, nº 195, et nºs 334 et suiv.; Maleville, sur l'art. 1134, C. civ.; Merlin, *Rép.*, vº *Contrat*; Zachariæ, *Dr. civ. fr.*, t. 2, § 346, note 3; Rolland de Villargues, vº *Contrat*, nº 43; Marcadé, sur l'art. 1134, C. civ., nº 3.

78. — L'on a toutefois très justement remarqué qu'il y a, dans notre droit français, certains contrats qu'on pourrait appeler de droit strict, en ce sens que, lorsqu'il s'agit d'en déterminer les conséquences légales, le juge n'a pas la moindre latitude pour outrepasser, soit par motif d'équité, soit par interprétation de la volonté des parties, les termes mêmes de la convention. C'est ainsi que, dans le prêt d'argent, les intérêts doivent être expressément stipulés, et que le juge ne pourrait suppléer à cet égard le défaut de stipulation.— Domat, *L. civ.*, liv. 1er, tit. 1er, sect. 3, nº 12; Delvincourt, t. 2, note 1re, sur la p. 121.

79. — 2º *Contrats du droit civil et contrats du droit des gens.*—Par cette division on désigne également tantôt (et surtout dans la législation romaine) les contrats qui ne sont exclusivement qu'à la portée des seuls citoyens, par opposition à ceux dont le bénéfice peut même être invoqué par les étrangers. — Gaius, *Comm.*, tit. 3, § 93; Blondeau, *Chrestomathie*, Introd., p. 68 et suiv.

80. — ... Et tantôt les contrats qui n'ont d'autre source que le droit civil même, lequel en a rigoureusement établi les formes, par opposition aux contrats qui, dans tous les temps, sont nés avec la société et en forment le lien permanent.— Merlin, *Rép.*, vº *Contrat.*

§ 3.— *Effets et révocation des contrats.*

81. — L'on distingue généralement les *effets* des contrats de leurs *suites.* — Les *effets* d'un contrat s'entendent des conséquences immédiates et nécessaires qui dérivent de sa nature même; les *suites*, des conséquences accidentelles et éloignées, qui, en raison d'événemens postérieurs, peuvent en résulter, sans qu'elles aient une cause inhérente au contrat même.—Blondeau, *Thémis*, t. 7, p. 31; Meyer, *Princip. sur les quest. trans.*, p. 36; Merlin, *Rép.*, vº *Effet rétroactif*, sect. 3e, § 3, art. 4; Mailher de Chassat, *Comm. du C. civ.*, t. 1er, p. 329; Rolland de Villargues, *Rép.*, vº *Contrat*, nºs 103 et s.

82. — Cette distinction, dont le principe est assez facile à saisir, mais qui, lorsqu'il s'agit d'en faire l'application, soulève entre les auteurs de graves dissentimens (V. Duvergier, sur Toullier, 1er vol., p. 47; Demolombe, *Cours de dr. civ.*, t. 1er, nº 15), est surtout utile pour fixer l'influence que doit exercer une loi nouvelle sur les contrats antérieurs, tant de bienfaisance qu'à titre onéreux. — Ainsi l'on décide généralement que les *effets* des contrats doivent être toujours être régis par la loi en vigueur à l'époque des contrats, et les *suites*, au contraire, par la loi nouvelle.— V. au surplus EFFET RÉTROACTIF.

83. — Les effets d'un contrat sont indivisibles, du moins telle est la règle générale. — V. ACTE, nºs 74 et suiv.

84. — N'envisageant ici que leurs effets généraux, qu'il ne faut d'ailleurs pas confondre, comme le fait perpétuellement le Code civil, dans tout le chap. 3, liv. 3, avec les effets des obligations (V. conf. Pothier, *loc. cit.*, nºs 2 et 85; Merlin, *Rép.*, vº *Convention*, § 2; Marcadé, *Expl. du C. civ.*, *Observ. prélimin.* sur le tit. 3 liv. 3), nous rattacherons d'abord à ces effets le principe qui est énoncé dans l'art. 1134, al. 1er, ainsi conçu :— « Les conventions légalement formées tiennent lieu de loi à ceux qui les ont faites. » — V. conf. L. 3, Cod., *De oblig. et act.*; L. 23, ff., *De reg. jur.*;—Domat, *L. civ.*, liv. 1er, tit. 1er, sect. 2, nº 7.

85. — Ce qui ne veut pas dire cependant que les conventions soient, à proprement parler, des lois; tellement qu'il fallût en conclure que tout jugement rendu en dernier ressort, qui aurait mal interprété une convention, aurait par cela même fait une fausse application *d'une loi*, et devrait être cassé pour cette cause par la cour de cassation. Ce serait, en effet, donner à l'art. 1134, al. 1er, C. civ., une portée que ne comporte ni son esprit, ni même son texte, puisqu'il dit seulement que les conventions *tiennent lieu de loi*, et non pas que ce soient des lois. — V. au surplus CASSATION, nºs 509 et s., LOI, OBLIGATION.

86. — Un privilége qui se réfère encore aux effets généraux des contrats, c'est que, comme l'a remarqué Pothier (*Obligations*, nº 85), d'après la loi 27, § 4, ff., *De pactis*, une convention n'a d'effet qu'à l'égard des choses qui ont fait l'objet de la convention, et seulement entre les parties contractantes; principe dont la dernière partie se trouve textuellement consacrée par le C. civ., art. 1165.— « Les conventions n'ont d'effet qu'entre les parties contractantes; elles ne nuisent point au tiers, et elles ne lui profitent que dans le cas prévu par l'art. 1121 ».—V. OBLIGATION.

87. — Les contrats ont encore pour effet général de créer des obligations, et, par conséquent, de conférer le droit d'action, lequel est réciproque, lorsque l'engagement est synallagmatique.—L. 25, § 1, ff., *De oblig. et act.*; Pothier, *Obligations*, nº 138; Domat, *Lois civ.*, liv. 1er, tit. 1er, sect. 3e, nºs 2 et 3; Toullier, t. 6, nºs 188, 207 et 566, t. 8 nº 313; Rol-

and de Villargues, v° *Contrat*, n°s 111 et suiv. — V. au surplus ACTION, EXÉCUTION, OBLIGATION.

88. — Et remarquez qu'il arrivait quelquefois que les parties, pour prévenir ou pour assurer cette action, et comme si elles se défiaient elles-mêmes de leur constance et de leur bonne foi, s'engageaient par serment dans l'acte même à ne pas contrevenir aux clauses du contrat; c'est le serment *promissoire*. — Pothier, *Oblig.*, n°s 103 et suiv.; Merlin, *Rép.*, v° *Contrat*, § 8; Toullier, t. 10, n°s 351 et suiv.; Rolland de Villargues, v° *Contrat*, n° 113.

89. — Par dérogation aux principes du droit romain et de l'ancienne jurisprudence, les contrats produisent encore un autre effet général qu'il importe de signaler. Tandis qu'autrefois ils ne pouvaient faire naître que des obligations, ils sont, en outre, aujourd'hui translatifs de propriété et de tous autres droits réels, immédiatement et sans qu'il soit besoin de tradition ou de transcription. — C. civ., art. 711, 1138, 1583; C. procéd., art. 834. — V. pour les détails OBLIGATION, PROPRIÉTÉ, TRADITION, TRANSCRIPTION, VENTE.

90. — Le lieu où un contrat a été passé, qui est déjà si important à considérer relativement aux formes extérieures (V. ACTE, n°s 56 et suiv.), influe encore sur l'effet de ce contrat en ce qui concerne la translation des droits réels. C'est ainsi, par exemple, que les contrats passés en pays étranger ne peuvent (sauf disposition contraire dans les traités) donner d'hypothèque sur les biens situés en France. — C. civ., art. 2128. — V. HYPOTHÈQUE.

91. — Les effets des contrats s'étendent, activement et passivement, aux héritiers et successeurs à titre universel des parties contractantes, à moins que le contraire ne résulte d'une disposition spéciale de la loi (comme dans les cas prévus par les articles 1514, 1795, 1865, 2003, C. civ.), d'une clause de la convention, ou de la nature même des contrats. — C. civ., art. 1122. — V. OBLIGATION.

92. — Lorsqu'il s'agit d'obtenir l'exécution forcée d'un contrat, comme personne ne peut se faire justice à soi-même, il faut s'adresser à l'autorité ou à la puissance publique; et, pour cela, deux voies sont ouvertes, la voie d'*exécution parée*, et la voie d'*action* ou de simple demande. — V. ACTE, n°s 72 et suiv., ACTION, EXÉCUTION.

93. — Quant aux modes d'exécution des contrats, ils ont varié suivant les époques, et ces vicissitudes, dont nous n'avons pas à nous occuper ici, ont été souvent l'occasion d'un conflit entre la loi qui existait à l'époque où ils ont été passés, et celle qui existe au moment où l'on en poursuit l'exécution. — V. EFFET RÉTROACTIF.

94. — De même que deux ou plusieurs personnes sont tombées d'accord entre elles pour contracter, de même elles peuvent aussi s'accorder pour anéantir les effets légaux d'un contrat existant. Il se forme alors entre elles une nouvelle convention qui agit en sens inverse de la première. A ce sujet la règle générale est que les conventions légalement formées entre les parties « ne peuvent être révoquées que de leur consentement mutuel, ou pour les causes que la loi autorise. » — C. civ., art. 1134, alin. 2e. — V. OBLIGATION, RÉVOCATION.

95. — Cette règle n'est toutefois pas absolue. D'une part, en effet, il y a des conventions, par exemple, les conventions matrimoniales, qui ne peuvent être ni révoquées, ni même modifiées au gré de la volonté des parties lorsqu'une fois le mariage a été célébré (C. civ., art. 1394); et, d'autre part il y a des contrats, comme celui de société, par exemple, pour la dissolution duquel il suffit du consentement d'une seule des parties contractantes. — C. civ., art. 1865, alin. 5e. — V. CONTRAT DE MARIAGE, OBLIGATION, SOCIÉTÉ.

96. — Indépendamment de la définition et des principales divisions des contrats, et des règles éparses qui établissent, dans un ordre assez peu logique, leurs principaux effets, le Code civil contient, notamment dans les art. 1156 et suivans, copiés de Pothier (*Oblig.*, n°s 85 et suiv.) qui, lui-même, ne faisait que traduire des textes de droit romain, un certain nombre de règles destinées à guider le juge dans l'interprétation des conventions ou contrats. — V. INTERPRÉTATION DE CONVENTIONS.

CONTRAT ALÉATOIRE.

Table alphabétique.

CONTRAT ALÉATOIRE (du latin *alea*, V. ce mot.) — 1. — C'est une convention réciproque dont les effets, quant aux avantages et aux pertes, dépendent d'un événement incertain. — C. civ., art. 1964, alin. 1er; — Brisson, *De verb. signif.*, v° *Alea*; Heineccius, *Pandect.*, lib. 2, tit. 5, n° 258.

2. — Tels sont : le contrat d'assurance, le prêt à grosse aventure, le jeu et le pari, le contrat de rente viagère. — C. civ., art. 1964, § 2.

3. — On oppose le contrat aléatoire au contrat commutatif proprement dit. — Il est *commutatif* lorsque chacune des parties s'engage à donner ou à faire une chose qui est regardée comme l'équivalent de ce qu'on lui donne, ou de ce qu'on fait pour elle. — Le contrat est aléatoire lorsque l'équivalent consiste dans la chance de gain ou de perte pour chacune des parties d'après un événement incertain. — C. civ., art. 1104. — V. cependant *infrà* n° 7.

4. — M. Duranton (*Dr. fr.*, t. 10, n° 77) comparant ce dernier article à l'art. 1964, C. civ., fait très bien ressortir une légère variante que présentent ces deux textes. D'après l'art. 1104, il semblerait, en effet, que la chance de gain et de perte doit être pour *chacune des parties*, tandis que, d'après la rédaction de l'art. 1964, cette chance de gain et de perte peut être aussi bien pour une ou plusieurs des parties seulement que pour chacune d'elles.

5. — De ces deux rédactions c'est la dernière que M. Duranton (*loc. cit.* et t. 18, n° 95) considère comme plus exacte; et, pour prouver qu'en effet, dans le contrat aléatoire la chance de gain et de perte peut être aussi bien pour l'une des parties seulement que pour chacune d'elles, il cite pour exemple le contrat d'assurance, où, dit-il, il y a bien chance de gain et de perte pour l'assureur, car c'est l'événement qui lui rendra le contrat profitable ou désavantageux, mais dans lequel il n'y a pas chance de gain pour l'assuré, puisqu'il ne peut rien avoir au-delà de l'estimation de la chose assurée.

6. — Ce raisonnement manque d'exactitude : car, précisément, en recevant l'estimation de la chose assurée qui a péri, l'assuré réalise un gain par suite du contrat d'assurance, puisque si ce contrat n'avait pas eu lieu, tout eût été absolument perdu pour lui. C'est donc à tort que M. Duranton prétend que, dans le contrat d'assurance, il n'y a pas de chance de gain pour l'assuré. Dans ce contrat aléatoire, comme dans tout autre, la chance de gain et de perte existe donc nécessairement pour chacune des parties, conformément à l'art. 1104, C. civ., par lequel nous pensons, en conséquence, contrairement au sentiment de M. Duranton, qu'il faut corriger l'art. 1964.

7. — Bien que le contrat aléatoire soit opposé au contrat commutatif proprement dit (V. *suprà* n° 3) cependant, comme l'espérance de recevoir une chose peut être mise à prix, et qu'ainsi, elle peut être considérée comme l'équivalent de la chose donnée, le contrat aléatoire doit être, sous ce point de vue, rangé dans la classe des contrats commutatifs. Il en est de même, à plus forte raison quand ce contrat a pour objet l'échange d'une espérance contre une autre espérance. — Rolland de Villargues, n°s 8 et 9.

8. — L'énumération que l'art. 1964, C. civ., donne des contrats aléatoires n'est pas limitative, et c'est ce qui résulte clairement des expressions mêmes qu'il emploie : *tels sont*, etc. — Locré, *Lég. civ.*, t. 15, p. 169; Portalis, *Exposé des motifs*; Merlin, *Rép.*, v° *Conscription*, § 11; Rolland de Villargues, *Rép.*, v° *Aléatoire*, n° 8; Troplong, *Des contrats aléatoires*, n° 17.

9. — Parmi les conventions aléatoires qui existent en dehors de cette énumération, les unes rentrent dans la classe des contrats nommés, comme la vente, le louage, etc., qu'elles modifient, les autres constituent des contrats innommés. — Troplong, *loc. cit.*, n° 17.

10. — L'on doit ranger dans la classe de ces conventions aléatoires, non spécifiées par la loi : 1° l'obligation éventuelle de remplacer un conscrit, s'il tombe au sort, moyennant une somme déterminée. — Merlin, *Rép.*, v° *Conscription*, § 11; Rolland de Villargues, *Rép.*, v° *Aléatoire*, n° 3. — V. REMPLACEMENT MILITAIRE.

11. — ... 2° Les annuités. — V. ANNUITÉS, n° 9.

12. — ... 3° Les abonnemens en matière de contributions indirectes. — V. ABONNEMENT, n° 4.

13 — ... 4° La vente d'une hérédité à cause des dettes dont est tenu l'acquéreur. — Duranton, t. 10, n° 18; Troplong, *loc. cit.*, n° 18. — V. DROITS SUCCESSIFS.

14. — ... 5° La cession de droits litigieux. — Bouteville, dans Fenet, t. 14, p. 557. — V. DROITS LITIGIEUX.

15. — ... 6° La vente d'un coup de filet (L. 8, § 1, ff., *De contrahend. empt.*, et L. 12, ff., *De act. empt. et vend.*; Scaccia, § 1-9, n° 124); et généralement d'une chose éventuelle. — V. CHOSE FUTURE, n° 4.

16. — ... 7° La convention par laquelle plusieurs copropriétaires d'un immeuble ont arrêté que la totalité en appartiendra au survivant d'entre eux. — Merlin, *Quest. de dr.*, v° *Substitution*, § 4; Rolland de Villargues, *Rép.*, v° *Aléatoire*, n° 5.

17. — Jugé en ce sens qu'il n'y a plus qu'un contrat commutatif et aléatoire dans la convention par laquelle deux copropriétaires s'obligent à ne diviser ni liciter un immeuble indivis et stipulent en outre que la part du prédécédé appartiendra en toute propriété au survivant des deux. Il n'y a lieu par conséquent d'appliquer à un pareil acte ni les formes ni les effets de la donation ou du testament. — *Cass.*, 10 août 1836, Furet c. Langlois.

18. — ... 8° Et en général, comme le dit Heineccius, *omnis actus in quo fortuna prædominatur* (*Pandect.*, lib. 2, tit. 5, n° 258).

19. — Jugé dès-lors que la convention par laquelle un capitaine de navire s'est chargé moyennant une somme fixée de transporter des passagers et de les nourrir pendant le voyage est nécessairement aléatoire. En conséquence ce capitaine est censé assumer sur lui à cet égard tous les événemens, même de force majeure, qui peuvent accroître les dépenses ordinaires. — *Poitiers*, 30 avr. 1828, Lemeur et Taillard c. Vives. — V. PASSAGER.

20. — ... Qu'on doit considérer comme synallagmatique et aléatoire l'accord passé entre la supérieure d'une communauté religieuse et les père et mère d'une jeune fille qui veut faire profession dans cette communauté, par lequel les père et mère s'engagent à payer une somme déterminée à titre d'aumone dotale et la supérieure à fournir à tous les besoins de la jeune fille. — *Agen*, 22 mars 1836, communauté de la Visitation de Saint-Céré c. Bressac.

21. — Dans les différens cas qui précèdent, le contrat aléatoire a pour objet l'achat d'une espérance. Mais ce contrat peut avoir également pour objet l'échange d'une espérance contre une autre; c'est ce qui a lieu dans les jeux de hasard, les paris, les dons mutuels ou réciproques faits au survivant. — Nouveau Denisart, v° *Aléatoire*, § 3, n°s 1er et suiv.; Toullier, t. 6, n° 20; Rolland de Villargues, n°s 10 et suiv.

22. — Jugé qu'il faut considérer comme valable, soit comme contrat aléatoire, soit comme donation déguisée, l'acte par lequel un héritier légitime abandonne une partie de la succession qui lui est dévolue par la loi, à une personne qui, de son côté, renonce à se prévaloir du testament que le défunt peut avoir fait à son profit. — *Rennes*, 8 mai 1833, Leroux. — Mais l'acte par lequel une mère donne conjointement à son gendre et à sa fille des immeubles, à la charge de la nourrir, de la loger et de l'entretenir sa vie durant, doit être, nonobstant sa dénomination, considéré comme un contrat onéreux et aléatoire, alors que les charges imposées équivalent au moins à la valeur des immeubles. — En conséquence ces immeubles doivent être réputés acquêts, et non propres de communauté. — *Colmar*, 6 août 1845 (t. 1er 1846, p. 66), Reyss.

23. — ... Que la convention par laquelle l'héritier naturel et un tiers, légataire présumé du défunt, s'obligent réciproquement, après que la succession est ouverte, à se payer une certaine somme, savoir : le légataire présumé, s'il existe un testament en sa faveur, et l'héritier, s'il n'existe pas de testament, n'est point un engagement illicite que l'on puisse considérer comme un jeu ou comme un pari, mais bien un contrat aléatoire qui doit recevoir son exécution. — *Bordeaux*, 4 fév. 1833, Lepelletier c. Ducongé.

24. — ... Qu'on a pu, d'après l'appréciation des titres et des circonstances, considérer comme

ayant essentiellement un caractère aléatoire un acte de cession par lequel un cohéritier transmet à l'usufruitier d'immeubles successifs ses droits sur la nu-propriété de partie de ces immeubles. — *Montpellier*, 6 mai 1831, sous *Cass.*, 15 déc. 1832, Roig c. Monté.

25. — Le contrat aléatoire diffère du contrat conditionnel en ce que ce sont seulement les effets du contrat aléatoire relativement aux chances de gain et de perte, qui dépendent d'un événement futur et incertain; tandis que dans les engagemens conditionnels, c'est l'existence même du contrat qui dépend de ce même événement futur et incertain. — Nouveau Denisart, vº *Aléatoire*, § 2, nº 1er; Rolland de Villargues, *Rép.*, vº *Aléatoire*, nºs 7 et suiv.

26. — « Par exemple, dit Denisart (*loc. cit.*), j'achète d'un pêcheur son coup de filet : le contrat est formé à l'instant; il faut et que le pêcheur jette son filet et que je paie le prix convenu aussitôt que le filet sera retiré, soit qu'il s'y trouve beaucoup ou rien. J'achète d'un pêcheur un brochet, *s'il le pêche*; le contrat est conditionnel : il y a achat et vente, s'il y a, par l'événement, un brochet pêché; mais si le pêcheur ne pêche point, ou s'il pêche autre chose qu'un brochet, il n'y a ni achat ni vente.

27. — Les contrats aléatoires doivent, comme toutes les conventions, réunir, pour être valables, les conditions prescrites par l'art. 1108, C. civ. — Ainsi, il faut notamment que la chose existe, *rem subesse, debitum subesse*; car, si, par exemple, j'achète un coup de filet et que l'on ne pêche pas; si je vends une succession qui n'existe pas, il est bien clair qu'alors le contrat n'est pas valable. — Rolland de Villargues, nº 16.

28. — Si les conventions en général doivent être exécutées de bonne foi (C. civ., art. 1134), cela est vrai surtout des contrats aléatoires. — Rolland de Villargues, nºs 17 et suiv.

29. — Il y a lieu d'appliquer également à ces contrats la règle qui veut que, pour déterminer les effets d'une convention, l'on recherche quelle a été la commune intention des parties, plutôt que de s'arrêter au sens littéral des termes (C. civ., art. 1156). C'est ce qui a eu lieu, par exemple, autrefois au sujet de la dispute qui s'éleva entre les pêcheurs de l'île de Cos et un étranger de Milet, et dont parle Plutarque dans la *Vie de Solon*. L'étranger avait acheté un coup de filet, et les pêcheurs ayant amené une table d'or, il prétendait qu'elle devait lui appartenir. Les pêcheurs le niaient, et avec raison, parce que, dans le contrat, il ne s'agissait manifestement que du poisson qui serait pris. — Denisart, *loc. cit.*, § 2, nº 2; Rolland de Villargues, *loc. cit.*

30. — De plus, pour que le contrat aléatoire soit valable, il faut que l'objet n'en soit pas réprouvé par les lois. Ainsi, il ne pourrait avoir pour objet : 1º la vente d'une succession future. — C. civ., art. 1130. — V. SUCCESSION FUTURE.

31. — ... 2º Les éventualités du jeu ou du pari, dans la plupart des cas. — V. JEU, PARI.

32. ... 3º Des opérations usuraires. — V. USURE.

33. — Jugé toutefois que les opérations de la caisse hypothécaire pour les avances de crédit aux emprunteurs, d'après les statuts approuvés par le gouvernement, ne constituent pas un prêt usuraire prohibé par la loi du 3 sept. 1807, mais un simple contrat aléatoire. — *Cass.*, 21 mai 1834, caisse hypothécaire c. Courby; 30 juill. 1834, Durand c. caisse hypothécaire; *Lyon*, 4 mars 1836, caisse hypothécaire c. Courby.

34. — Dans les contrats aléatoires, l'équivalent consistant, comme on l'a vu, dans une chance de gain ou de perte dont la réalisation dépend d'un événement incertain et à laquelle les parties se sont volontairement soumises, il est souvent très difficile et quelquefois même impossible de constater si le gain d'une des parties doit être considéré à l'égard de l'autre comme une lésion; c'est pour cette raison qu'en pareille matière l'action en rescision pour cause de lésion n'est pas, en principe, admise. — Pothier, *Obligations*, nº 37; Nouveau Denisart, vº *Aléatoire*, § 6, nº 2; Delvincourt, *Cours C. civ.*, t. 2, p. 125, note 5e; Proudhon, *Usufruit*, nº 899; Solon, *Nullités*, t. 1er, nºs 264 et 288. — V. au surplus LÉSION.

35. — Spécialement « l'action (en rescision) n'est pas admise contre une vente de droits successifs faite sans fraude à l'un des cohéritiers, à ses risques et périls, par les autres cohéritiers ou par l'un d'eux. » — C. civ., art. 889. — V. DROITS SUCCESSIFS.

36. — Jugé que le caractère aléatoire d'une pareille vente résulte suffisamment de cela seul que des dettes nouvelles peuvent se découvrir, qu'un tiers peut avoir des reprises à exercer et a notamment un droit d'usufruit sur les biens cédés. — *Toulouse*, 9 déc. 1843 (t. 2 1844, p. 216). — V. conf. *Lyon*, 3 déc. 1828, Truche.

37. — Au surplus, la constatation de l'existence des risques et périls à la charge du cessionnaire, par suite du caractère aléatoire d'une vente de droits successifs, renferme une appréciation de fait qui est exclusivement dans les attributions des juges du fond. — Ainsi, une cour royale a pu décider que le cessionnaire n'était soumis à aucune chance de périls, par cela que la succession était ouverte depuis près de dix ans, qu'il y avait eu inventaire, qu'un usufruit dont la succession était grevée pouvait être apprécié, et enfin que le cessionnaire connaissait les forces de l'hoirie. — *Cass.*, 9 juill. 1839 (t. 2 1839, p. 69), Mathevet c. Celles. — V. conf. *Limoges*, 29 déc. 1838 (t. 1er 1839, p. 516), Couty c. Chabrol. — V. DROITS SUCCESSIFS.

38. — Pour la même raison, on ne pourrait, ainsi qu'on l'a vu (1º CASSATION, nº 767), se pourvoir en cassation contre l'appréciation d'usure dans un contrat aléatoire. — *Cass.*, 31 déc. 1833, Havas c. Capcy.

V. ASSURANCE, BAIL A VIE, DON MUTUEL, DONATION, DROITS LITIGIEUX, DROITS SUCCESSIFS, ENREGISTREMENT, JEU, PARI, PRÊT A LA GROSSE, REMPLACEMENT MILITAIRE, RENTE VIAGÈRE.

CONTRAT D'ASSURANCE.

V. ASSURANCE MARITIME, ASSURANCE TERRESTRE, ASSURANCE SUR LA VIE.

CONTRAT DE BIENFAISANCE.

C'est celui par lequel l'une des parties procure à l'autre un avantage purement gratuit. — C. civ., art. 1105. — V. CONTRAT, nºs 44 et suiv.

CONTRAT BILATÉRAL.

C'est celui qui a lieu entre plusieurs parties qui s'engagent l'une envers l'autre. — C. civ., art. 1102. — V. CONTRAT, nºs 26 et suiv.

CONTRAT DE CHANGE.

V. CHANGE, LETTRE DE CHANGE.

CONTRAT COMMUTATIF.

C'est celui par lequel chacune des parties s'engage à donner ou à faire une chose qui est regardée comme l'équivalent de ce qu'on fait pour elle. — C. civ., art. 1104. — V. CONTRAT, nºs 49 et suiv.

CONTRAT A LA GROSSE.

V. PRÊT A LA GROSSE.

CONTRAT JUDICIAIRE.

Table alphabétique.

CONTRAT JUDICIAIRE. — 1. — Accord que font deux parties devant la justice.

2. — Dans le droit romain il y avait des stipulations qui se faisaient, les unes devant le préteur (*in jure*), les autres devant le *judex* (*in judicio*); mais, indépendamment du but qui était différent, ces stipulations se distinguaient encore de nos contrats judiciaires en ce qu'elles ne se réalisaient que sur l'ordre du magistrat, ou comme une conséquence qu'imposaient aux parties les rites et les formes solennelles de la procédure. — *Instit. Justin.*, *de divis. stip.* — Ducaurroy, *Instit. expl.*, 6e édit., t. 1, nº 980; Ortolan, *Expl. hist. des instit.*, 2e édit., t. 2, p. 748 et s.; Boujean, *Tr. des act.*, t. 2, § ... et suiv.

3. — La matière des contrats judiciaires est presque aussi vaste que celle des conventions humaines, et, comme les contrats extrajudiciaires, c'est-à-dire faits hors de la présence de la justice, ils se divisent en contrats synallagmatiques, commutatifs, à titre onéreux, de bienfaisance, ou encore en contrats primordiaux, récognitifs ou confirmatifs, etc.

4. — Il ne faut pas confondre le contrat judiciaire avec l'acquiescement : en effet, l'acquiescement n'étant, à proprement parler, qu'une adhésion à un jugement, suit nécessairement ce jugement auquel il se réfère, tandis que le contrat judiciaire, au moins celui qui a lieu devant le tribunal, existe indépendamment de tout jugement. — V. ACQUIESCEMENT, nºs 1er, 7 et suiv., 38 et suiv.

5. — Le contrat judiciaire est *exprès* ou *tacite*, suivant qu'il résulte d'actes positifs, ou de la manière d'agir des parties. — Merlin, *Rép.*, vº *Contrat judiciaire*; Berriat-Saint-Prix, *Procéd. civ.*, t. 1er, p. 366; Bioche et Goujet, *Dict. de procéd.*, vº *Contrat judiciaire*, nº 1er; Rolland de Villargues, *Rép.*, vº *Contrat judiciaire*, nº 2.

6. — L'on s'accorde généralement à ranger parmi les contrats judiciaires exprès toutes stipulations positives faites soit en présence de la justice, soit au greffe, telles que les adjudications et les cautionnemens présentés et acceptés pour l'exécution d'un jugement. — Merlin, *loc. cit.*; Bioche et Goujet, *loc. cit.*; Rolland de Villargues, *Rép.*, vº *Contrat judiciaire*, nº 3. — Mais, suivant M. Berriat-Saint-Prix (*loc. cit.*), ces stipulations peuvent ne former que des contrats tacites, parce qu'il est possible (et c'est ce qui arrive le plus souvent) qu'elles ne contiennent pas d'adhésion expresse. Ce n'est là, au surplus, qu'une différence de classification peu importante.

7. — Une autre division des contrats judiciaires, très bien établie par M. Poncet (*Tr. des jug.*, nº ...), se tire du but dans lequel ils interviennent.

8. — Lorsque le contrat judiciaire a pour but de terminer la contestation sur tout ou partie de la cause, on lui donne le nom de *transaction judiciaire*, ou de *jugement d'expédient*. — V. conf. Berriat, *Procéd. civ.*, p. 247 et 412; Rolland de Villargues, *Rép.*, vº *Contrat judiciaire*, nº 10. — V. EXPÉDIENT.

9. — A la différence de ce qui a lieu dans les contrats extrajudiciaires, la signature des parties n'est pas nécessaire dans l'acte judiciaire de magistrature qui constate leur convention. — *Cass.*, 3 oct. 1808, Morel de Than c. Carbonel; — Poncet, *loc. cit.*, nº 24; Merlin, *Rép.*, vº *Signature*, § 2, nº 12; Rolland de Villargues, *Rép.*, vº *Contrat judiciaire*, nº 11.

10. — Lorsque le contrat se forme en exécution d'un jugement ou d'une transaction judiciaire, on l'appelle, en ce cas, *contrat judiciaire d'exécution*.

11. — Le contrat judiciaire d'exécution ne peut se former que hors de l'audience, c'est à dire au greffe. — V. conf. Poncet, *loc. cit.*, nº 31. — Mais, ainsi que le remarque Merlin (*Rép.*, *loc. cit.*), bien qu'un cautionnement ait été souscrit au greffe, on ne saurait le considérer comme contrat judiciaire s'il n'a été précédé d'un jugement ordonnant au débiteur principal de fournir caution.

12. — La signature de l'obligé et celle du greffier sont nécessaires à l'existence et à l'authenticité du contrat judiciaire d'exécution, comme le sont à l'existence et à l'authenticité des contrats extrajudiciaires passés devant notaires, la signature des contractans et celle du notaire. Judiciaire par sa nature, comme étant la conséquence et l'effet d'un acte judiciaire de magistrature, il est donc véritablement extrajudiciaire dans sa forme, en raison du caractère purement ministériel de l'officier qui le constate. — Poncet, *loc. cit.*, nº 31.

13. — Quelle que soit, au surplus, la classe à laquelle appartiennent les contrats judiciaires, ils se réfèrent tous à la juridiction volontaire du tribunal qui les consacre et qui en assure les effets. — Poncet, *Tr. des Jugem.*, nº 29; Rolland de Villargues, *Rép.*, vº *Contrat judiciaire*, nº 11.

14. — Il résulte de la définition même que nous avons donnée du contrat judiciaire, qu'il ne suffit pas, pour que ce contrat existe, qu'il y ait consentement donné en justice par une partie, il est indispensable que l'autre partie ait accepté le consentement, autrement l'offre faite peut être révoquée par celui qui l'avait présentée. — *Cass.*, 13 mai 1824, de Magnoncourt c. Aymonet de Contreglise; *Bordeaux*, 28 mai 1832 (implic.), ... c. Jadot; *Cass.*, 12 août 1839 (t. 1er 1840, p. ...), comm. de Meyrargues c. d'Albertas; 13 ... et 9 juill. (t. 2 1841, p. 350), Coste c. Sillac-Lapierre; ... 1845 (t. 2 1845, p. 151), Sollambier c. Maguin; —

Merlin, *loc. cit.*; Rolland de Villargues, *Rép.*, v° *Contrat judiciaire*, n° 5.

15. — Jugé, conformément à ce principe, que, dans le cas d'une demande en paiement de vingt ans d'intérêts, le défendeur, après avoir soutenu qu'en devoir que cinq, peut, avant que son offre ait été acceptée, prétendre qu'il n'en doit pas du tout. — *Bordeaux*, 1er mars 1882, Navleau c. Gibaudan.

16. — De même, la demande que fait l'une des parties d'être jugée en premier ressort seulement, malgré les stipulations de l'acte social portant renonciation à l'appel, ne peut être invoquée par son adversaire comme moyen d'appel non recevable alors qu'il n'a pas adhéré lui-même à cette demande, et que, loin de là, il a soutenu que la clause compromissoire devait recevoir son plein effet. — *Cass.*, 13 avr. 1841 (t. 2 1841, p. 350), Coste c. Silhac-Lapierre.

17. — Il n'y a pas contrat judiciaire formé entre des parties qui sont en instance, lorsque l'une d'elles articule incidemment, par des conclusions, certains chefs de demande auxquels les autres parties ne répondent pas par un acquiescement; qu'elles se bornent seulement à ne point les contester, toutefois sans nuire à leurs droits, et lorsque le tribunal n'a pas statué sur ces demandes, qu'il n'a fait qu'en donner acte, sans que de la réponse qui y a été faite, sauf toutes exceptions contraires. — *Cass.*, 14 déc. 1831, Loury c. de la Tourelle.

18. — Mais, aussitôt qu'il y a eu en justice concours de volontés, il y a contrat judiciaire, sans qu'il soit besoin, d'ailleurs, que le juge ait donné acte aux parties de leurs déclarations respectives; le contrat judiciaire, en effet, comme tout autre contrat (et c'est ce qui le distingue d'un jugement), le juge, en donnant acte, ne fait que constater la convention qu'il lui imprime le caractère de l'authenticité qu'elle aurait pu recevoir des notaires. — Merlin, *Rép.*, v° *Contrat judiciaire*; Bioche et Goujet, *Dict. de Procéd.*, v° *Contrat judiciaire*; Rolland de Villargues, *Rép.*, v° *Contrat judiciaire*, n° 47.

19. — Deux arrêts ont décidé que le contrat judiciaire ne peut résulter du consentement donné par une partie dans ses conclusions, lorsque ce consentement n'a pas été accepté par la partie adverse, et qu'il n'en a pas été donné acte par le tribunal. — *Cass.*, 19 août 1837 (t. 1er 1838, p. 180), de Fonthaud c. Déchangel et Thoumin; — V. conf. *Cass.*, 9 juill. 1845 (t. 2 1845, p. 174), Saïambier c. Magnin. — Mais il est à remarquer que, dans les deux espèces sur lesquelles ont statué ces arrêts, il n'y avait pas de concours de volontés, et par conséquent il était incontestable que le contrat judiciaire n'avait pas été formé. — De ce que les juges ont ajouté, dans les motifs de leurs décisions, à raison déterminante qu'il n'y avait pas eu acceptation par l'une des parties du consentement donné par acte de cette acceptation, on ne saurait conclure que cette dernière circonstance fût indispensable aux yeux des magistrats pour constituer un lien de droit entre les parties.

20. — Il est, au surplus, bien certain que, pour qu'il y ait contrat judiciaire, il faut que l'acquiescement soit reçu par le juge avec les restrictions qui y étaient apposées. — Spécialement, si une partie a offert de rapporter un capital et des intérêts, mais seulement à compter du jour de la demande, et qu'elle ait été condamnée à les rapporter à compter d'une époque antérieure, il n'est pas devant la cour d'appel par son premier consentement. — *Bordeaux*, 28 mai 1832, Son c. Jadet.

21. — Il n'y a pas concours de volontés, et par conséquent il n'y a pas contrat judiciaire, quoiqu'en la partie qui a fait des offres ait déclaré qu'elle entend le silence de l'autre pour acceptation. — *Cass.*, 1 juill. 1810, Robillard; — Merlin, *loc. cit.*; Rolland de Villargues, n° 8.

22. — De ce que, sur l'assignation donnée par le syndic d'une faillite à des individus qu'il qualifiait d'associés commanditaires, ces défendeurs, sans décliner la compétence du tribunal de commerce, ont pris des conclusions sur cette qualification, il ne résulte pas un acquiescement sur l'attribution native de la qualité de commanditaires qui rende le syndic non-recevable à changer sur ce des conclusions dans le cours de l'instance, à demander contre les défendeurs une condamnation personnelle par suite des dettes du failli. — *Cass.*, 9 juill. 1845 (t. 2 1845, p. 474), Saïambier c. Magnin.

23. — Mais il y a contrat judiciaire, dans le cas où une demande ayant été formée par un exploit à une partie, celle-ci déclare y acquiescer;

en effet, à partir de ce moment, le concours de volontés existe. Dans le cas, au contraire, où un demandeur se désiste de sa demande, comme il n'y a pas concours de volontés, tant que l'acceptation du défendeur n'est pas intervenue, on doit décider que le désistement ne sera obligatoire qu'après cette acceptation. — Merlin, *loc. cit.*; Rolland de Villargues, *loc. cit.*, n° 6 et suiv.

24. — Il est, du reste, évident que l'appréciation, de la part des tribunaux, du consentement indispensable à l'existence du contrat judiciaire, ne donne pas ouverture à cassation. — *Cass.*, 13 mai 1824, de Magnoncourt c. Aymonet de Coutreglise.

25. — L'art. 19, C. procéd., déclarant que les transactions passées au bureau de paix ne valent que comme *conventions privées*, l'on en a conclu qu'on ne saurait leur attribuer le caractère de contrats judiciaires. — Merlin, *Rép.*, *loc. cit.*; Bioche et Goujet, *Dict. de procéd.*, v° *Contrat judiciaire*, n° 2; Rolland de Villargues, *Rép.*, v° *Contrat judiciaire*, n° 13.

26. — Le contrat judiciaire ne peut résulter que du serment décisoire et non du serment supplétif. — *Colmar*, 5 fév. 1834, Zillios c. Breffa. — V. SERMENT JUDICIAIRE ET EXTRAJUDICIAIRE.

27. — La déclaration judiciaire, dûment acceptée, n'étant autre chose qu'un contrat, il se manifeste que c'est par les maximes du droit, relatives à la nature, à la validité, à l'interprétation, aux effets et aux nullités des conventions, qu'il faut décider les contestations auxquelles peut donner lieu cette déclaration judiciaire, dûment acceptée.

28. — Ainsi, notamment, on appliquera sans difficulté aux contrats judiciaires la règle de l'art. 1134, C. civ., aux termes duquel les conventions légalement formées tiennent lieu de loi aux parties, et ne peuvent plus être résiliées par l'une sans le consentement de l'autre. — Merlin, *loc. cit.*; Rolland de Villargues, *loc. cit.*, n° 15; Berriat, *Procéd. civ.*, p. 366, note 3.

29. — C'est par application de cette règle que — « la partie qui a déféré ou référé le serment ne peut plus se rétracter lorsque l'adversaire a déclaré qu'il est prêt à faire ce serment. »— C. civ., art. 1384; — L. 14, Cod., *De reb. cred. et jurej.* — V. SERMENT JUDICIAIRE ET EXTRAJUDICIAIRE.

30. — Jugé, dans le même sens, qu'une partie, assignée en justice, par un exploit entaché de nullité, ne peut plus, après avoir proposé une exception, même dilatoire, demander l'annulation de cet exploit. — *Cass.*, 14 janv. 1807, Combe c. Werbrouck. — Merlin, *loc. cit.*; Rolland de Villargues, n° 9. — V. EXCEPTION.

31. — Jugé également que l'acquéreur qui, pour éviter les suites d'une surenchère, s'est obligé, à l'audience, à payer au surenchérisseur ses créances inscrites, ne peut ultérieurement, par l'effet du contrat judiciaire, contester la validité de ces créances ou la validité des inscriptions qui les conservent lorsqu'il ne s'en est pas réservé la faculté. — *Cass.*, 12 juill. 1809, Bruchet c. de Mariol.

32. — De même enfin, lorsque des cohéritiers ont consenti à la confection, en une masse, des biens de deux successions, et qu'ils ont conclu à l'homologation du rapport d'experts qui a opéré d'après ce mode, ils ne peuvent l'attaquer ensuite. — *Cass.*, 20 janv. 1838, Laillarlée c. Sedon.

33. — Mais il n'y a pas contrat judiciaire qui oblige à permettre à la partie qui a consenti à être jugée sur l'expédition de la convention produite par son adversaire et différente de la sienne, de rétracter ce consentement en appel, en excipant des énonciations différentes contenues à sa propre expédition. La renonciation faite par cette partie, en première instance, à ce que la minute de l'acte soit reproduite, n'empêche pas que les juges d'appel ne puissent ordonner le compulsoire sans violer le contrat judiciaire. — *Cass.*, 40 août 1840 (t. 2 1840, p. 285), Campion et Théroulde c. Duquesnels.

34. — Une fois que les parties se sont mises d'accord en justice, la contestation ou le litige cesse; il doit, sur la demande dirigée par un échange entre elles sur consentiment du défendeur consent un désistement qui est ordonné par le tribunal, le désistement n'est pas admissible à conclure à la nullité du titre en vertu duquel étaient proposées les biens dont le désistement a été ordonné. — *Cass.*, 11 nov. 1839 (t. 2 1839, p. 507), D'Etruchat c. Desfourneaux.

35. — Le principe de l'art. 1165, C. civ., d'après lequel les conventions n'ont d'effet qu'entre les parties contractantes, s'applique sans contestation aux contrats judiciaires. — *Cass.*, 16 déc 1834, Rousselle c. Boyer; 14 janv. 1839 (t. 1er 1839 p. 520), Dangé-Dorsuy c. Creusé de Lesser; 15 mai

1839 (t. 2 1839, p. 130), Langlet c. Catheux et H. Langlet.

36. — Il faut ajouter que le contrat judiciaire aussi bien que le contrat extrajudiciaire, n'a d'effet qu'à l'égard des choses qui ont fait l'objet de la convention. — Arg. L. 27, § 4, ff., *De pactis*; C. civ., art. 2048.

37. — En conséquence, lorsque, sur l'action en reddition de compte intentée par le propriétaire d'un immeuble contre l'ancien gérant, celui-ci a déclaré être prêt à rendre compte comme fermier, mais sous la réserve de se prévaloir d'une note de vente de cet immeuble qui lui a été consenti, un arrêt a pu décider que le vendeur était censé avoir renoncé à se prévaloir de la vente, et, par suite, le déclarer non-recevable à en exciper, attendu qu'il y avait là un contrat judiciaire *qui ne pouvait être divisé*. — *Poncet, Tr. des jug.*, n° 18; Rolland de Villargues, *loc. cit.*, n° 21 et suiv.; Merlin, *loc. cit.*

38. — Il résulte de ces principes qu'il peut y avoir à la fois dans la même affaire *transaction judiciaire* sur certains points, et *jugement* sur d'autres. — Poncet, *Tr. des jug.*, n° 19; Rolland de Villargues, *loc. cit.*, n° 18.

39. — Les règles concernant les jugements et l'autorité de la chose jugée sont entièrement étrangères au contrat judiciaire : par conséquent, le contrat n'est pas susceptible des voies ouvertes contre les jugements. — Poncet, *loc. cit.*, n° 20. — V. au surplus APPEL, n° 151, CASSATION, REQUÊTE CIVILE.

40. — Mais les voies de nullité ou rescision admises contre les conventions lui sont applicables.

41. — Si donc il y a dans un pareil contrat injustice, erreur ou fraude, la partie lésée, ne pouvant l'imputer au tribunal, qui n'a eu pour mission que de constater un fait, doit intenter l'action en nullité ou en rescision conformément aux règles générales du droit en matière de conventions, et, notamment, dans le délai de dix ans fixé par l'art. 1304, C. civ. — Poncet, *Tr. des jug.*, n° 28; Rolland de Villargues, *loc. cit.*, n°s 21 et suiv.; Merlin, *loc. cit.*

CONTRAT DE LOUAGE.
V. BAIL, LOUAGE D'INDUSTRIE.

CONTRAT DE MARIAGE.

Table alphabétique.

CONTRAT DE MARIAGE. — 1. — Ensemble des
conventions faites en vue du mariage, dont l'objet
est de régler, quant aux biens, les droits dont deux
personnes, qui veulent se marier, devront jouir
comme époux l'une à l'égard de l'autre. — Zachariæ, *Droit civil théorique français*, t. 3, § 501 ; Duranton, *Cours de droit français*, t. 14, nᵒ 9ᵉʳ.
2. — Ces expressions désignent aussi *l'acte* qui
sert à constater les conventions des futurs époux
relativement à leurs biens. — Duranton, *ibid.* ; Rolland de Villargues, vᵒ *Contrat de mariage*.
3. — On emploie aussi quelquefois les mots *contrat de mariage* pour indiquer le mariage lui-même,
abstraction faite des conventions des futurs époux
quant à leurs biens. C'est en ce sens que Pothier
a intitulé l'un de ses traités : *Traité du Contrat de
mariage*. — Nous n'avons à traiter ici que de *l'acte*
constatant les conventions relatives aux biens des
époux et ces conventions elles-mêmes ; pour
les conditions et les *formes* du *mariage* en tant qu'il
forme l'union des époux , V. **MARIAGE.**

Sect. 1ʳᵉ. — *De l'acte qui constate les*
conventions matrimoniales.

§1ᵉʳ. — *Historique.* — *Notions générales.*

4. — Originairement on ne connaissait pas, à
Rome, de caractère particulier à la convention par
laquelle deux futurs époux réglaient leurs rapports quant à leurs biens.
5. — Ainsi, la *dot*, qui comprenait les biens apportés par la femme au mari pour subvenir aux
charges du mariage, était livrée au mari en propriété et au moyen des actes d'aliénation reconnus par le droit civil. — Ortolan, *Explication his-*
torique des Instit. de Justinien, t. 1ᵉʳ, p. 476.
6. — Par la suite, l'usage vint de s'obliger à donner une dot sans la livrer immédiatement. Cet engagement se formait le plus souvent au moyen
d'une stipulation. Le mari stipulait la dot, et celui
qui la voulait fournir en faisait la promesse solennelle.
7. — On avait aussi recours à une forme toute
spéciale d'engagement, qui consistait en une déclaration solennelle que faisait le constituant, sans
qu'il fût nécessaire le futur mari fît une interrogation préalable. — LL. 44, § 1ᵉʳ, et 46, § 1ᵉʳ, ff.,
De jure dotium ; — Ortolan, *ibid.*
8. — Une constitution de Théodose et de Valentinien déclara obligatoire la convention de dot, de
quelque manière qu'elle eût été formée. — Cod.,
L. 6, *Si secundo nupserit mulier.*
9. — On appelait *instrumentum dotale* l'acte qui
contenait cette constitution de dot. — Instit., *De*
nuptiis, § 43.
10. — Cet acte pouvait précéder ou suivre le
mariage. — Paul, *Sentent.*, lib. 2, tit. 21, § 19 ;
L. 4ᵉʳ, ff., *De pactis dotalibus.*
11. — S'il précédait le mariage, les dispositions
qu'il renfermait étaient censées faites sous la condition du mariage. — Paul, *ibid.*, § 2.
12. — Le pacte dotal pouvait être fait par les futurs époux eux-mêmes ou par leurs ascendans. —
Voët, *ad Pandectas*, tit. *De Pactis dotalibus.*
13. — Toutes les conventions qui n'étaient pas
contraires à la loi ou aux bonnes mœurs pouvaient être faites dans un *pacte dotal.*—Voët,*ibid.*,
§ 15.
14. — On considérait comme contraire aux
mœurs le pacte par lequel les époux avaient arrêté, par exemple, de placer le mari sous la puissance de sa femme, ou de transférer d'elle à la
justice sur la femme. — Voët, *ad Pandectas*, tit.
De Pactis dotalibus, § 20.
15. — Dès le temps d'Auguste, on aurait regardé
comme contraire aux lois la convention qui aurait permis au mari d'aliéner le fonds dotal de la
femme sans son consentement, ou de l'hypothéquer, même avec le consentement de sa femme.
— Paul, *Sent.*, lib. 2, tit. 21; ff., lib. 23, tit. 5, § 14.
16.—Au temps de Justinien, l'aliénation du fonds
dotal fut également interdite aux époux, même
avec le consentement de la femme. — *Alienare*
licet, vel non. — V. *dot.*
17. — Comme compensation de la dot qu'il recevait, le mari était dans l'usage de faire au profit
de sa femme une donation qu'on appelait *anténup-*
tiale, parce qu'elle devait être faite avant les noces,
jusqu'au temps de Justinien, qui permit de faire
cette donation pendant le mariage ou d'augmenter la libéralité qui avait précédé le mariage. —
Inst., *De donationibus*, § 4.
18. — À côté des biens dotaux dont elle transférait la propriété à son mari (sauf toutefois les restrictions apportées à la loi *Julia de fundo dotali*
et plus tard par Justinien), la femme pouvait avoir
d'autres biens qui étaient désignés sous la dénomination de *paraphernaux* et sur lesquels le mari
n'avait que les droits qu'elle lui abandonnait. —
Cod., *De pactis conventis tam super dote*, etc. — V.
dot, *paraphernaux.*
19. — En France, comme les pays de droit écrit,
ou suivait généralement la loi romaine, et l'on distinguait les biens de la femme en dotaux et paraphernaux. La société de biens ne résultait que d'une
convention expresse. — Zachariæ, *Cours de droit*
franç., t. 3, § 497.
20. — Les pays de coutume admettaient au contraire généralement une communauté de biens
entre époux, par cela seul qu'ils n'avaient pas expressément déclaré une volonté contraire. — Lebrun, ch. 4ᵉʳ.—V. cout. de Paris, de Metz, de Normandie et de Rennes.
21. — Mais les futurs époux avaient généralement la faculté de déroger à cette communauté de
biens, par des stipulations particulières. — Zachariæ, *ibid.*
22. — Quand les époux rejetaient d'une manière
absolue la communauté de biens que le droit coutumier adoptait comme règle du droit commun,

CONTRAT DE MARIAGE, sect. 1re, § 2.

ils choisissaient ou la clause de séparation de biens ou celle d'exclusion de communauté. Cette dernière avait une grande analogie avec le régime dotal, sans paraphernaux, des pays de droit écrit. Elle n'en différait que sous le rapport de l'inaliénabilité des biens dotaux, qui n'était pas admise en pays de coutume. — Zachariæ, *ibid.*

23. — Avant d'entrer dans l'explication de la matière qui nous occupe, observons que le contrat de mariage, dont nous allons tracer les règles, ne statue aucunement sur ce qui concerne la personne des époux et le pouvoir du mari sur la femme. La loi elle-même a pris soin de déterminer, au titre *Du mariage*, tout ce qui a rapport à cet objet. Le contrat de mariage n'est relatif qu'aux biens et intérêts pécuniaires, et n'a pour but que d'établir le régime auquel les conjoints entendent se soumettre. — Duranton, *Cours de dr. franç.*, t. 14, nº 2.

24. — Observons encore, avec M. Duranton (*ibid.*), qu'il ne saurait y avoir de contrat de mariage sans mariage, au lieu qu'à l'inverse on peut très bien se marier sans faire de contrat. L'art. 1387 combiné avec l'art. 1393 le suppose en disant qu'à défaut de conventions spéciales, les époux sont mariés sous le régime de la communauté légale.

25. Il suit de là qu'on a pu diviser le contrat de mariage en *exprès* ou *tacite* : le dernier a lieu toutes les fois que les parties n'ont pas rédigé de conventions spéciales. Dans ce cas, les époux sont mariés sous le régime de la communauté légale (art. 1393, C. civ.). — V. COMMUNAUTÉ. — Le contrat est exprès alors que les parties ont dressé un acte (*instrumentum dotale*) qui règle leurs conventions. On l'appelle aussi *conventionnel*. — V. Bellot des Minières, *Contrat de mariage*, t. 1er, p. 5.

26. — Les conventions matrimoniales et les donations par contrat de mariage sont faites sous la condition d'un mariage valable; d'où il suit que la nullité ou le défaut de célébration du mariage en vertu duquel elles ont eu lieu, en entraîne la nullité, sauf l'application des art. 201 et 202, C. civ., en faveur des époux de bonne foi ou de l'un d'eux, et des enfans nés de ce mariage putatif. — Duranton, t. 14, nº 7; Battur, *Communauté*, t. 1er, nº 40; Zachariæ, *Cours de dr. civ. franç.*, t. 3, § 501.

§ 2. — *Forme du contrat de mariage.*

27. — Quand les époux ne font pas de conventions particulières et qu'ils entendent se soumettre au régime commun de la France, il n'est pas besoin de dresser d'instrument dotal. Les règles tracées par la première partie du chapitre 2, tit. 5, liv. 3, C. civ., sont applicables.

28. — Mais quand les futurs époux veulent faire un acte *exprès*, l'art. 1394, C. civ., décide que « les conventions matrimoniales doivent être rédigées *devant notaire*. »

29. — Cette disposition est de rigueur. On considère la solennité de l'acte notarié comme étant le meilleur moyen d'empêcher les changemens postérieurs qu'on aurait pu être tenté d'apporter à des droits sous la foi desquels deux familles se sont unies. L'enregistrement qu'on aurait pu faire d'un acte sous seing-privé n'aurait pas empêché ces changemens, puisqu'il prouve seulement la date et ne fait aucune mention des clauses contenues. — Duranton, t. 14, nº 39; Zachariæ, t. 3, § 503.

30. — Et quoique la loi ne déclare pas expressément la nullité d'un contrat de mariage qui ne serait pas passé devant notaire, nous n'hésiterions pas à la prononcer. D'abord, l'art. 1030, C. procéd., qui défend de suppléer les nullités, ne s'applique qu'aux nullités d'actes de procédure; et, d'autre part, comme l'art. 1395, C. civ., porte qu'aucun changement ne peut être, après la célébration du mariage, fait aux conventions matrimoniales qui sont la condition par laquelle les époux se sont mariés, il s'ensuit que la loi considère le régime sous lequel les époux doivent vivre comme étant fixé à l'époque de cette célébration. Dès-lors, il faut dire qu'aux termes de l'art. 1400, le régime en communauté légale régira les époux qui n'auront pas dressé leur contrat dans la forme que la loi ordonnait et en conclure que l'acte sous seing-privé qu'ils peuvent avoir fait est nul. — Zachariæ, *loc. cit.*, Duranton, t. 14, nº 35.

31. — Ajoutons que l'art. 68, L. 25 vent. an XI, et l'art. 1318, C. civ, qui porte que l'acte nul par l'incompétence ou l'incapacité de l'officier public, ou par un défaut de forme, *vaut comme écriture privée s'il a été signé des parties*, ne sont point applicables aux contrats de mariage, pas plus qu'aux actes portant donation, convention d'hypothèque. — Duranton, t. 14, nº 45. — En ce cas, les raisons de décider ainsi se tirent de ce que 1º l'art. 2117, C. civ., exige impérieusement, pour la validité d'un contrat d'hypothèque, la forme extérieure d'un acte notarié, d'où il suit que celui qui contiendrait convention d'hypothèque sous seing-privé ne produirait aucun effet, puisqu'un acte qui ne vaut que comme écriture privée n'a pas la forme d'un acte authentique; — 2º de ce que les art. 931 et 1339, C. civ., le premier exige impérieusement la forme authentique pour la validité des donations, le second ne permet pas de *confirmer* un acte de donation *nul en la forme*, c'est-à-dire non notarié; — 3º de ce que le contrat de mariage *doit* également être notarié, aux termes de l'art. 1394, C. civ., pour produire effet, d'où il suit que la prescription de la loi est aussi impérieuse, relativement à ce dernier contrat, que quant à ceux d'hypothèque ou de donation; et cela devait être ainsi, puisqu'il n'est guère de contrat de mariage qui ne contienne des donations.

32. — En conséquence, lorsque les conventions matrimoniales ont été rédigées sous seing-privé, la nullité doit en être prononcée, même quant à la constitution de dot qui y a été faite au profit de la femme, encore bien que depuis le mariage une partie de cette dot ait été payée par ceux qui l'avaient constituée. — *Pau*, 18 juin 1836, Mindaa c. Porte.

33. — Il a été jugé néanmoins que lorsque deux pères de famille s'engagent entre eux par un seul et même acte à payer à leurs enfans, du jour et à cause de leur mariage, une pension annuelle, ou à leur délivrer une certaine quantité d'immeubles, cet acte, quoique sous seing-privé, est valable, et l'une des parties ne peut plus s'affranchir de ce paiement. — *Rennes*, 18 fév. 1822, R. Lesage. — Dans l'espèce, la cour de Rennes a considéré les époux comme mariés sans contrat, et la convention intervenue entre leurs parens comme un contrat ordinaire produisant obligation réciproque. Cette décision nous paraît hors de toute critique.

34. — De même, l'acte sous seing-privé par lequel un père, en mariant sa fille, s'oblige à lui payer une somme déterminée à titre de dot, est valable, et doit produire son effet, lors même qu'il n'y a pas eu de contrat de mariage. — *Metz*, 23 juill. 1823, Daimé.

35. — Il n'est pas douteux qu'un contrat de mariage sous seing-privé puisse servir de titre à la femme pour les biens apportés par elle, et qui y sont désignés. — *Rouen*, 27 juin 1822, Monfitalle et Hardy c. Lavoisier.

36. — Il ne suffirait pas de dresser l'acte en brevet : il doit être fait sur minute. Ce n'est point un de ces actes simples que l'art. 20, L. 25 vent. an XI, autorise les notaires à rédiger en brevet, car il n'est point un acte simple. C'est, d'ailleurs, un sûr moyen de parer au danger de la suppression et des altérations. Nous croyons que toutes les formalités tracées par la loi du 25 vent. an XI sont applicables, et qu'aux termes de l'art. 68 de cette loi, il y aurait nullité si l'acte était rédigé en brevet. — Nouveau Denisart, p. 551; Toullier, *Dr. civ. fr.*, t. 12, nº 71; Duranton, t. 14, nº 44; Zachariæ, § 503; Rolland de Villargues, *Rép. du not.*, vº *Contrat de mariage*, nº 66.

37. — Il nous paraît donc (bien qu'on ait prétendu déduire le contraire de ce que dans l'art. 1394, C. civ., le mot notaire est écrit au singulier) que le contrat doit être reçu par deux notaires, ou par un seul notaire assisté de deux témoins, à peine de nullité. — Toullier, *loc. cit.*; Bellot des Minières, *Contr. de mar.*, t. 1er, p. 32; Grenier, *Hypoth.*, nº 8; Rolland de Villargues, nº 67; Duranton, t. 12, nº 15.

38. — Il résulte, en effet, des art. 1081 et 1092, C. civ., que les donations par contrat de mariage doivent être reçues dans les formes exigées par l'art. 931, lequel prescrit la présence de deux notaires ou d'un notaire et deux témoins, et il est peu de contrats de mariage qui ne contiennent une donation.

39. — Jugé ainsi que l'art. 1394, C. civ., portant que les conventions matrimoniales seront rédigées avant le mariage *par acte devant notaire*, ne doit pas être entendu en ce sens qu'il suffise pour la validité du contrat de mariage et des donations qu'il contient, qu'il ait été reçu *par un notaire, sans la présence de témoins instrumentaires.* — *Riom*, 12 fév. 1818, Chabrier c. Faucon; *Colmar*, 16 mars 1813. N...; *Riom*, 20 nov. 1818, Sarailles.

40. — Toutefois, observons que, dans la pratique, une foule de contrats de mariage sont reçus par un seul notaire, quoiqu'on ait soin de déclarer que l'acte a été reçu par deux notaires. Ce serait porter une rude atteinte aux intérêts de la société que de vouloir aujourd'hui annuler tous les contrats de mariage qui n'ont pas été reçus dans ces conditions. — Duranton, t. 14, nº 47. — Cette opinion a été consacrée par l'art. 1er, L. 21 juin 1843, sur la forme des actes notariés. — V. NOTAIRE.

41. — La mention de la signature des témoins dans un contrat de mariage pour être valablement placée dans le préambule de l'acte, et être conçue en ces termes : ... *témoins connus, requis à l'effet des présentes et soussignés.* — *Poitiers*, 16 avr. 1842 (t. 1er 1842, p. 95), Brangelongnes.

42. — Le contrat de mariage reçu par un seul notaire et deux témoins ne réunissant pas les qualités exigées par la loi, est frappé de nullité radicale. — C. civ., art. 1394; L. 25 vent. an XI, art. 9 et 10. — Cette nullité ne peut être couverte par un partage ultérieur fait en conformité des dispositions du contrat, si aucun acte écrit ne constate ce partage. — Le notaire qui a passé un contrat de mariage entaché d'une pareille nullité peut, d'après les circonstances, par exemple, par suite d'une jurisprudence qui aurait déclaré valable un contrat de mariage ainsi rédigé, n'être considéré que comme ayant commis une erreur sur le fond du droit qui ne saurait le rendre passible, dans toute leur étendue, des dommages-intérêts résultant de la nullité du contrat. — *Riom*, 22 juin 1844 (t. 2 1844, p. 489), Béal c. Bouche.

43. — L'art. 1394 est, quant à sa disposition relative à la forme d'acte notarié, introductif d'un droit nouveau eu égard au principe admis dans certaines coutumes de déclarer valables les contrats de mariage sous seing-privé. Ainsi, les coutumes de Normandie, d'Auvergne, de Touraine et de Pau autorisaient la rédaction des conventions matrimoniales dans un acte sous seing privé, et l'art. 8, ord. 19 mars 1696, contenait implicitement la même autorisation en ne prononçant que la *privation des privilèges et hypothèques* de la femme pour le cas où le contrat n'avait pas été reçu devant notaire. — Merlin, *Quest.*, vº *Contrat de mariage*, § 2; *Rép.*, vº *Conventions matrimoniales*, § 1er; Rolland de Villargues, nº 58.

44. — De même, les contrats de mariage passés, en Alsace, sous signature privée, avant le Code civil, étaient valables. — *Colmar*, 20 août 1814, Beck c. Gœpffert.

45. — Jugé qu'un contrat de mariage, bien que rédigé sous seing-privé, avait, par la jurisprudence du Béarn, lorsque le mariage s'en suivait, la même force qu'un acte public. — *Pau*, 25 juin 1816, Poque c. comm. de Salles.

46. — ... Que les contrats de mariage faits sous seing-privé en Normandie, avant la promulgation du Code civil, étant valables et leur date étant assurée lorsqu'ils étaient signés par les parens des parties contractantes, un tribunal a pu appliquer aux donations faites aux futurs époux par un contrat de mariage de cette espèce, la faveur accordée par l'art. 69, L. 23 frim. an VII. — *Cass.*, 20 janv. 1807, Enregist. c. Gravelle de Sulis.

47. — De même, en Normandie, la constitution du douaire faite par un parent collatéral devait, quoique insérée dans un contrat de mariage sous seing-privé, recevoir son exécution. — *Caen*, 14 avr. 1812, Bourgeois c. Debrix.

48. — Sous l'empire de la coutume de Luxembourg, qui permettait de stipuler sous seing-privé des conventions matrimoniales, ce n'est point agir contrairement à l'esprit et au texte de cette coutume que de donner effet à des conventions de cette nature lorsqu'elles sont transcrites et rappelées dans un contrat devant notaire depuis la célébration du mariage. — *Cass.*, 22 avr. 1834, syndics unis c. Debehr.

49. — Selon l'ancienne jurisprudence de Flandre, un contrat de mariage pouvait se faire par acte privé. — La passation de cet acte devant cinq échevins n'était, d'après la coutume d'Ypres, aucunement requise pour le rendre valable, mais uniquement pour lui donner l'effet d'adhériter et de déshériter. — Cout. d'Ypres, art. 1er, rub. 7; — *Bruxelles*, 23 fév. 1831, Bourdana c. Ververken.

50. — Jugé aussi que, sous l'empire de la coutume du Poitou, le contrat de mariage passé sous seing-privé n'était pas nul. — Il pouvait être opposé aux tiers, quoiqu'il n'eût été enregistré qu'après la célébration du mariage. — *Cass.*, 18 avr. 1838 (t. 1er 1838, p. 492), Paillet c. Dubarrel; 7 vent. an XIII, Besognes; 3 flor. an XIII, Spies.

51. — Mais jugé aussi qu'un contrat de mariage passé sous seing-privé dans une coutume où l'usage autorisait cette forme de contrat, n'avait date certaine à l'égard des tiers que du jour de son enregistrement. — *Cass.*, 18 fructid. an XIII, Fremont c. Luce.

52. — Nonobstant la validité d'un contrat de mariage passé sous seing-privé, sous l'empire de certaines coutumes, les donations faites par les époux, dans ce contrat, aux enfans à naître de leur union, devaient, aux termes de l'ordonnance de 1731, être considérées comme donations entre-vifs; elles étaient en conséquence frappées de nullité. — *Cass.*, 16 fructid. an VII, Dulaure; 18 fructid. an XIII, Fremont c. Luce; 20 mai 1818, Pragues. — *Contrà Toulouse*, 9 juin 1826, Bousquet.

53. — Jugé pareillement que l'usage introduit en Normandie de faire des contrats de mariage sous seing-privé ne pourrait s'appliquer aux donations entre époux pendant le mariage autorisées par la loi de l'an II. Peu importerait que, pour les soustraire à la fraude, on eût déposé l'acte chez un notaire.—*Rennes*, 2 août 1841 (t. 2 1841, p. 519), Le Petit de Montfleury c. Reméon.

54. — Mais il a été jugé que la promesse de garder succession, faite sous l'empire de la coutume de Normandie, par un père à ses enfans, dans le contrat de mariage de l'un d'eux, ne peut être considérée comme une donation entre-vifs, sujette aux formes prescrites par l'ordonnance de 1731.— Un contrat de mariage sous signature privée contenant une semblable disposition peut être valablement opposé à des tiers qui ont contracté avec le père, depuis que l'acte a été contrôlé et reconnu en jugement. — *Cass.*, 27 mars 1816, Picard.

55. — De deux contrats de mariage faits sous seings-privés par des Juifs avant le Code civil, on doit, nonobstant les statuts juifs, préférer celui qui est signé des parties à celui qui ne porte que la signature des témoins. — *Colmar*, 11 janv. 1831, Meyer c. Weyl.

56. — Jugé qu'un contrat de mariage, passé avant la promulgation du Code civil, et dans les formes prescrites par les anciennes lois, doit recevoir son exécution, encore bien que le mariage n'ait eu lieu que sous l'empire du Code. — *Grenoble*, 30 juill. 1835, Pirodon c. Froquaix.

57. — On a pu considérer comme rédigés en *instrument public* des articles de traité de mariage faits sous seing-privé, sous l'empire des constitutions piémontaises, s'il a été déclaré dans un acte notarié que ces articles feraient partie dudit acte. — *Cass.*, 25 flor. an XII, Renaldi c. Camosso.

58. — Une donation à cause de mort qu'un Français a faite, avant le Code civil, par un contrat de mariage sous seing-privé, dans un pays étranger où les contrats de mariage passés dans cette forme étaient valables, ne peut être attaquée par les héritiers du donateur mort en France sous l'empire du Code, sur le fondement que l'acte qui le contient n'est pas authentique, et qu'il ne fait foi ni de sa date, ni du lieu où il a été passé. — *Paris*, 11 mai 1816, Berlin.

59. — Le dépôt qui serait fait chez un notaire du contrat de mariage passé sous signature privée, contenant déclaration des parties qu'elles entendent confirmer les conventions écrites dans l'acte déposé, remplirait-il suffisamment la disposition impérieuse de l'art. 1394, C. civ.?

60. — M. Rolland de Villargues (*Rép. du not.*, vº *Contrat de mariage*, nº 67) se prononce pour la négative, à cause des dangers que présente une pareille forme de procéder.

61. — Mais il a été jugé, dans le sens de l'affirmative, que des conventions matrimoniales, rédigées par les futurs époux, en forme d'acte sous seing-privé, mais déposées par eux chez un notaire avant le mariage, peuvent être déclarées valables et avoir l'effet d'un contrat de mariage passé par acte public, surtout si les époux, en faisant le dépôt, ont déclaré au notaire qu'ils persistaient dans les accords portés à l'acte sous seing-privé.— *Rouen*, 11 janv. 1826, Thierry c. Décrétot.

62. — Si l'un des époux est commerçant, le contrat de mariage doit être transmis par extrait, dans le mois de sa date, aux greffe et chambre désignés par l'art. 872, C. procéd. civ., pour être exposé au tableau, conformément à la loi. Cet extrait doit énoncer si les époux sont mariés en communauté, s'ils sont séparés de biens, ou s'ils ont adopté le régime dotal. — C. comm., art. 67. — Le notaire qui a reçu le contrat est tenu de faire cette remise, sous peine d'amende et même de destitution et de responsabilité envers les créanciers, s'il est prouvé que l'omission soit la suite d'une collusion. — Art. 68. — Duranton, t. 14, nº 49.

63. — Il suffit qu'un individu soit qualifié commerçant dans son contrat de mariage, quoiqu'il ne le soit pas en réalité, pour que le notaire qui a reçu ce contrat soit obligé d'en déposer un extrait aux lieux indiqués par l'art. 67, C. comm. — *Colmar*, 4 mai 1829, M...

64. — Un notaire est passible d'amende, lorsque, ayant reçu un contrat de mariage entre époux dont l'un est commerçant, il n'en a pas fait afficher l'extrait dans l'auditoire du tribunal de première instance de l'arrondissement, mais seulement à la maison commune du domicile des époux. — *Bourges*, 13 juin 1826, Moreau.

65. — On a jugé que, lorsque le contrat de mariage d'un commerçant énonce qu'une somme apportée par la femme a été payée comptant en argent ou effets, on peut dire que la preuve de cet apport se trouve constatée, aux termes de l'art. 551, C. comm. (L. 28 mai 1838, art. 563), par un acte authentique légal. — *Cass.*, 21 fév. 1827, Hoffman c. Fargès.

66. — Il résulte d'une déclaration de Louis XIV, du 21 avr. 1692, que les contrats de mariage des princes et princesses de la famille royale, qui jusque-là paraissent avoir été reçus par les notaires, ont été valablement reçus par les conseillers et secrétaires d'état, qui peuvent en délivrer des expéditions; sauf, pour la commodité des parties, au secrétaire d'état qui les avait reçus, d'en déposer une copie de lui collationnée, chez un notaire qui en pourrait délivrer des expéditions comme s'il en avait reçu la minute.

67. — D'après l'art. 6 du statut du 30 mars 1808, « les conventions matrimoniales des princes et princesses de la maison impériale (royale) sont nulles, si elles ne sont approuvées par l'empereur (le roi), sans que dans ce cas, les parties puissent exciper des dispositions du Code civil, *lesquelles n'ont point lieu à leur égard.* »

68. — Aussi, dans l'usage actuel, c'est le chancelier de France qui reçoit les contrats de mariage des princes et princesses de la famille royale. — Rolland de Villargues, *Rép. du notar.*, vº *Contrat de mariage*, nº 76.

69. — Il est constant que le dépôt d'une copie ordonné par la déclaration de 1692 n'est jamais effectué. On donne pour raison de cette omission que les contrats de mariage des princes de la maison royale contiennent toujours quelques clauses diplomatiques qui doivent rester secrètes. Cette réponse n'est pas un obstacle, car les clauses diplomatiques pourraient être reçues dans la forme indiquée par l'art. 1396 pour les *contre-lettres.*—Rolland de Villargues, nº 77.— La véritable raison de l'inexécution de la déclaration de 1692 nous paraît être dans l'abrogation de cette disposition et dans la substitution qui lui a été faite du statut du 30 mars 1808, qui affranchit les membres de la famille royale des dispositions du droit commun.

70. — Quand de grands personnages désirent obtenir ce qu'on appelle l'agrément du roi, c'est-à-dire la signature sur leur contrat de mariage, le notaire en porte la minute chez le roi, un secrétaire d'état présente la plume à sa majesté, qui signe en présence du notaire, lequel fait ensuite signer les contractans et les autres assistans.—Massé, *Parfait notaire*, liv. 8, chap. 38.

71. — Quelle que soit la rigueur du principe qui exige pour la validité du contrat de mariage qu'il soit passé devant notaire, il faut appliquer à ce contrat la règle *locus regit actum*, qui est générale et reçue pour tout ce qui touche à la forme des actes. — C. civ., art. 170;—Godefroy, sur la nov. 94; Boullenois, *Statuts*, t. 1er, art. 114; Bouhier, ch. 23, nº 81.

72. — En conséquence, une donation par contrat de mariage sous-seing privé passée entre Français en pays étranger est valable, si cette forme était adoptée dans ce pays pour les contrats de mariage, bien qu'aux termes de l'ordonnance de 1731, les donations dussent, à peine de nullité, être faites par actes devant notaire. — *Paris*, 22 nov. 1828, de Roquelaure c. de Bonneuil.

73. — On a pu, dans le cas d'empêchement rigoureux et constaté du seul notaire existant dans un établissement colonial, y suppléer par d'autres formalités, et donner à l'acte contenant les stipulations matrimoniales des parties, une autre espèce d'authenticité. — *Cass.*, 14 nov. 1833, Kanakiah c. Bouchez.

74. — Ainsi, un contrat de mariage passé dans une colonie en présence de quatre témoins, par cause d'empêchement légitime du seul notaire, n'en est pas moins valable s'il a été inscrit au greffe du conseil supérieur de la colonie, et il produit tous ses effets.—Même arrêt.

§ 3. — *Époque à laquelle doit être rédigé le contrat de mariage.*

75. — Aux termes de l'art. 1394, toutes conventions matrimoniales doivent être rédigées avant le mariage. On ne pourrait plus les considérer comme la condition du mariage, si elles n'étaient arrêtées avant le mariage.

76. — Dans le droit romain, il en était autrement; car il était permis aux époux de régler leurs conventions, quant aux biens, soit par un acte antérieur au mariage, soit par un acte postérieur. — L. 1, ff., *De pactis dotalibus*.

77. — Le droit coutumier exigeait au contraire généralement que le contrat fût arrêté avant la célébration du mariage.—Pothier, *Tr. de la comm.*, préf., nº 11; Toullier, *Dr. civ.*, t. 12, nº 24.

78. — Les coutumes de Touraine, d'Auvergne et de Pau admettaient cependant la validité de conventions matrimoniales postérieures à la célébration, pourvu qu'elles fussent rédigées presque aussitôt après, et qu'il apparût que le traité avait été convenu auparavant. — Cout. d'Auvergne, ch. 14, art. 17; — Nouv. Dénisart, vº *Contrat de mariage*, § 2.

79. — Le contrat de mariage passé sous l'empire de la loi du 5 déc. 1790 était nul s'il n'avait pas été enregistré dans le délai fixé par cette loi. — La fausse mention faite sur la grosse de l'enregistrement de la minute ne pouvait, sous le prétexte qu'elle avait produit la foi que les parties avaient dans cet acte, lui donner aucune force. — *Bourges*, 10 juin 1817, Damon c. Claird.

80. — On demande si les époux, mariés sous l'empire d'une coutume qui permettait de régler leurs conventions matrimoniales, ont pu, depuis le Code, user de cette faculté. — Le principe de la non-rétroactivité des lois nous paraît nécessiter une solution affirmative.—Merlin, *Rép.*, vº *Effet rétroactif*, sect. 3e, § 3, art. 1er; Rolland de Villargues, nº 51; Proudhon et Valette, *Etat des personnes*, t. 1er, p. 48 et suiv.

81. — Quoique la loi ne prononce pas la nullité d'un contrat de mariage qui serait passé après la célébration, cette nullité est incontestable en présence de la disposition impérative de notre art. 1394, de l'article suivant, qui défend les changemens postérieurs, et de l'art. 1396, qui, après avoir exigé la même forme pour les changemens que pour le contrat, ajoute que les changemens seront *sans valeur* s'ils ne sont pas consentis comme les conventions primitives l'avaient été. Décider contrairement ce serait anéantir la sage prévision de la loi, qui, considérant le contrat de mariage comme intéressant les tiers, et pour empêcher les fraudes dont on voudrait les rendre victimes, exige la rédaction avant la célébration. — V. Exposé des motifs et Toullier, *Dr. civ.*, t. 12, nº 36; Rolland de Villargues, *Rép. du not.*, vº *Contrat de mariage*, nº 52.

82. — Ainsi, sont nulles et ne peuvent produire aucun effet les conventions matrimoniales rédigées postérieurement au mariage.—*Riom*, 11 janv. 1837 (t. 2 1837, p. 380), Vasson c. Bourguignon.

83. — Mais une date fausse ne suffit pas pour frapper de nullité un contrat de mariage passé devant notaire, s'il est constant, en fait, que cet acte a précédé la célébration du mariage. — *Angers*, 28 avr. 1819, Mézières.

84. — La qualification de futurs époux contenue dans un contrat de mariage, et les énonciations que le mariage n'était pas encore accompli, ou que les conventions étaient faites en vue du mariage proposé, ne peuvent faire preuve légale de la non-célébration du mariage antérieurement au contrat, parce que ces énonciations et qualifications sont étrangères à ce que le notaire avait qualité pour certifier légalement. — L'inscription de faux contre l'acte contenant ces qualifications et énonciations ne pourrait être nécessaire que en ce sens que ledit acte ferait foi que les parties auraient fait au notaire les déclarations d'où elles ont pu résulter, mais non pas que ces déclarations fussent efficaces pour constater légalement le fait de la non-célébration du mariage antérieurement à la signature des conventions matrimoniales. — Dès-lors, la preuve testimoniale du fait de la célébration du mariage antérieurement à la signature du contrat peut être admise. — *Cass.*, 18 août 1840 (t. 2 1840, p. 300), Bourguignon c. Marcheval.

85. — Nous ne pensons pas qu'un Français puisse se prévaloir de ce que son mariage aurait été célébré à l'étranger, dans un pays où le mariage peut précéder le contrat, pour prétendre en faire maintenir les clauses, s'il était postérieur à la célébration. Il ne s'agirait pas, en effet, comme le prétend M. Rolland de Villargues (*Rép. du not.*, vº *Contrat de mariage*, nº 55), de l'application de la règle *locus regit actum*, car l'époque à laquelle un acte doit être rédigé ne touche en rien à sa forme, mais constitue une question de capacité qui suit le Français partout où il se trouve. — V. aussi Bellot des Minières, *Contr. de mariage*, t. 1er, p. 34.

86. — Jugé dans ce sens que des époux français ne peuvent régler les conventions de leur contrat de mariage postérieurement à sa célébration. — *Colmar*, 11 mai 1812, Moser.

87. — Jugé cependant que les dispositions des art. 1394 et 1395, C. civ., ne sauraient être considérées comme rentrant dans le statut personnel, et qu'en conséquence les conventions civiles du mariage contracté par un Français à l'étranger sont valables en France, bien qu'elles aient été rédigées ou modifiées postérieurement au mariage, si la loi du pays où celui-ci a eu lieu permet d'en agir ainsi.—*Montpellier*, 25 avr. 1844 (t. 1er 1845, p. 432), Caradumont; — Mailher de Chassat, *Tr. des stat.*, nos 99 et suiv., 191 et suiv.

88. — Mais on comprend que la nullité ne doit porter que sur les conventions matrimoniales. C'est donc avec raison qu'on a jugé qu'un contrat de mariage nul, aux termes des art. 1394 et 1395, pour avoir été rédigé après la célébration du mariage, peut néanmoins renfermer un acte valable de cession, lorsque d'ailleurs la cession porte en elle-même tous les caractères de validité voulus par la loi. — *Cass.*, 11 nov. 1828, Tintant c. Cezeyrat.

89. — La nullité d'un contrat de mariage résultant de ce qu'il a été passé postérieurement à la célébration du mariage est couverte par l'exécution volontaire de ce contrat après la dissolution du mariage. — *Cass.*, 31 janv. 1833, Quintard c. Peignaud.

§ 4. — *Des changemens au contrat de mariage. — Irrévocabilité. — Contre-lettres.*

90. — De ce que le contrat de mariage doit, *à peine de nullité*, être passé avant la célébration du mariage, il suit qu'aucun changement ne peut y être fait après cette célébration. Dès ce moment, il est irrévocable. — C. civ., art. 1395.

91. — Le changement a pour objet en général d'ajouter à la disposition, ou d'en retrancher, ou bien encore de modifier quelque chose. — Toullier, t. 12, nº 43.

92. — La disposition de l'art. 1395 est prescrite à peine de nullité. En effet, bien qu'il ne soit pas, comme sous l'ancien droit, défendu aux époux de se faire des donations pendant le mariage, il n'en faudrait pas conclure que notre article n'a pas de sanction et dire avec Toullier (*Dr. civ.*, t. 12, nos 37 et suiv.) que les époux pourront modifier le régime par eux adopté, notamment convenir pendant le mariage d'une clause de communauté, quoiqu'ils se soient mariés sous le régime exclusif de la communauté.

93. — Cette doctrine est en contradiction manifeste avec l'art. 1395, C. civ. La loi défend expressément les changemens au contrat après la célébration du mariage, et pour nous faire sentir qu'elle considère cet acte comme intéressant les tiers, elle ajoute dans les art. 1396 et 1397 que les changemens faits *avant la célébration* ne pourront leur être opposés qu'autant qu'ils auront été reçus dans la même forme que le contrat lui-même. D'où il suit que, même passés dans cette forme après la célébration, ils ne sont pas valables. En vain, pour détruire cette argumentation, on dit que les donations sont aujourd'hui permises entre époux, à la différence de ce qui existait dans l'ancien droit, ce qui fait que, la cause cessant, l'effet doit cesser également. On répond : que toutes nos coutumes et nos pays de droit écrit prohibaient *à peine de nullité* les changemens postérieurs à la célébration, et que cependant plusieurs coutumes et nos pays de droit écrit autorisaient les avantages entre époux. — Cout. de Hainaut, ch. 29, art. 8; Serres, *Inst. au dr. français*, liv. 2, tit. 14; Merlin, *Rép.*, vº *Conventions matrimoniales*, § 2; Plasman, *Contre-lettres*, 2e édit., p. 125 et suiv. — Toullier, pour échapper au texte de l'art. 1395 C. civ., prétend que, cet article ne prononçant pas la nullité, on ne saurait le suppléer. Mais l'art. 1030, C. procéd., qui défend de suppléer les nullités, ne s'applique qu'aux nullités de procédure; et tous les auteurs, Toullier lui-même, reconnaissent souvent des nullités de droit que la loi n'a pas prononcées. On peut citer pour exemples les art. 1422, 1423, 1426 à 1429, 1447, 1451, 1597, etc. — Duranton, *Cours de dr. français*, t. 14, nº 38; Pailliet, *Manuel*, art. 1395; Rolland de Villargues, nº 204; Maillier de Chassat, *Comm.*, t. 1er, p. 280; Demante, *Thémis*, t. 8, p. 229.

94. — Et, d'ailleurs, l'art. 1451, C. civ., prononce la nullité des changemens postérieurs au mariage, puisqu'il prononce la nullité de toute convention par laquelle les époux (réunis après une séparation de biens) *rétabliraient leur communauté sous des conditions différentes de celles qui la réglaient antérieurement*.

95. — L'ancien droit interdisait également aux époux de déroger aux conventions matrimoniales stipulées dans leur contrat de mariage. — *Metz*, 26 nov. 1823, Gilbert c. Alexandre; — Merlin, *Rép.*, vº *Conventions matrimoniales*, § 2; Plasman, p. 125 et suiv.

96. — Dans l'ancien droit on trouve toutefois des exemples de modifications à des conventions matrimoniales. — Ainsi, sous l'empire de la cout. de Bruxelles, il était permis aux époux de stipuler, après leur mariage, une séparation de biens, avec clause qu'à dater du jour de cette séparation, les dettes que contracterait chacun des époux seraient étrangères à l'autre, et les tiers étaient censés en avoir eu suffisamment connaissance par la publication et l'affiche. — *Bruxelles*, 29 nov. 1829, Depessèr c. Walkiers.

97. — La prohibition contenue en l'art. 1395, C. civ., qui déclare que les conventions matrimoniales ne peuvent recevoir aucun changement après la célébration du mariage, est absolue, et s'applique généralement à tous les changemens, soit qu'ils soient opérés par voie de disposition nouvelle, soit par voie d'explication des clauses du contrat. — Ainsi, la reconnaissance faite par le mari, postérieurement au mariage, que, suivant l'intention des parties contractantes, la dot constituée avec terme ne devait pas produire d'intérêts, est nulle comme contenant un changement aux conventions matrimoniales. — *Pau*, 9 janv. 1838 (t. 2 1839, p. 548), Vidal c. Lasplagnières. — Plasman, *loc. cit.*

98. — De même, l'acte par lequel le mari consent que la donation à lui faite par sa femme dans le contrat de mariage, pour le cas où il survivrait à celle-ci, soit réduite à l'usufruit de l'objet donné, doit être annulé comme contraire à la règle de l'irrévocabilité des conventions matrimoniales. — *Cass.*, 9 nov. 1824, Dupontavice de Heussey c. Léziart de Keriolet. — Plasman, *Contre-lettres*, p. 143 et suiv.

99. — De même, lorsqu'une rente a été constituée en dot par contrat de mariage, et que, par un acte postérieur au mariage, les constituans fixent le capital de cette rente, le déclarent exigible à volonté, et consentent une hypothèque pour sûreté du paiement, un tel acte doit être annulé comme contenant une dérogation aux conventions matrimoniales. — *Dijon*, 17 juill. 1816, Monnier c. syndics Prince.

100. — Jugé aussi que la procuration donnée au mari par contrat de mariage, à l'effet de recevoir et de quittancer les sommes dues à la femme, est irrévocable comme tout autre convention matrimoniale. — *Nîmes*, 2 mai 1807, Foriel c. Dubesset. — Plasman, *Contre-lettres*, p. 154; Rolland de Villargues, *Rép.*, vº *Contrat de mariage*, nos 219 et 220; Bellot des Minières, *Contrat de mariage*, t. 1er, p. 13.

101. — Malgré le caractère distinctif des sociétés, lesquelles ne peuvent pas continuer d'exister aussitôt qu'il plaît à l'un des associés de se retirer, on a poussé les conséquences du principe de l'irrévocabilité du contrat de mariage jusqu'au point de juger que, lorsque deux époux mariés sous le régime dotal ont stipulé par leur contrat de mariage une société de commerce à moitié pertes et profits, ils n'ont pu, sans enfreindre l'immutabilité des conventions matrimoniales, dissoudre ultérieurement cette société et convenir que le commerce serait exercé désormais par l'un d'eux seulement et à ses risques personnels. — *Nîmes*, 25 frim. an XII, Coulomb c. Martel. — Cette décision nous semble bien rigoureuse, et surtout pleine de dangers pour la femme, à laquelle elle ne laisse d'autre recours que celui de la séparation de biens pour empêcher la ruine de ses enfans. — Elle n'est toutefois que la consécration de l'opinion émise par Brodeau sur Louet, lettre M, et par Brillon, vº *Contrat de mariage*. — M. Plasman (*Contre-lettres*, p. 156) l'a adoptée. Ce dernier auteur conseille aux époux de ne pas insérer dans leur contrat une clause aussi dangereuse.

102. — Les dispositions de dernière volonté insérées dans un contrat de mariage sont irrévocables comme toutes les stipulations ordinaires de ce contrat. — *Liége*, 25 pluv. an XI, N...

103. — Les époux ne peuvent, même par consentement mutuel, changer les dispositions qu'ils ont faites l'un en faveur de l'autre, dans leur contrat de mariage, et ces dispositions sont d'intérêt public, tellement qu'aucun des contractans ne peut par la suite renoncer au bénéfice des dispositions qui le concernent. — *Rennes*, 16 mai 1823, Leziart de Keriolet c. Dupontavice de Heuzé.

104. — Jugé aussi qu'un partage postérieur à la célébration du mariage ne peut en rien déroger au contrat de mariage. — *Lyon*, 3 janv. 1838 (t. 2 1838, p. 37), Perraut c. Deschavannes.

105. — De même est nulle, même vis-à-vis des tiers, la renonciation faite par la femme, pendant son mariage, à un gain de survie qui lui avait été constitué par contrat de mariage. — *Toulouse*, 7 mai 1829, Delage c. Miramont; — Plasman, *Contre-lettres*, 2e édit., p. 142. — V. GAIN DE SURVIE.

106. — Le principe de l'irrévocabilité du contrat de mariage est tellement absolu, que des époux ne peuvent, par testament, changer ou modifier les stipulations réglées par leur contrat de mariage. — *Cass.*, 27 mai 1817, Buret c. Perray; *Bruxelles*, 25 nov. 1811, Roncerez.

107. — Jugé toutefois que les époux qui, par leur contrat de mariage, se sont interdit la faculté de s'avantager pendant le mariage, ont pu, nonobstant cette clause, se donner par testament. — *Cass.*, 15 juill. 1812, Villers c. de Spangen.

108. — La cour royale de Bordeaux, par arrêt du 30 janv. 1834 (de Bacalon c. Laffargue), avait refusé de voir, dans une vente entre futurs époux consentie dans l'intervalle du contrat de mariage à la célébration une vente entre époux prohibée par l'art. 1595, C. civ. Cette solution nous paraît juridique, mais la cour de Bordeaux n'avait pas voulu non plus considérer la vente sous seing-privé dont il s'agit comme un acte dérogatoire au contrat de mariage, bien que l'immeuble vendu eût été constitué en dot à la femme. Mais cette partie de son arrêt a été censurée par la cour suprême, qui a jugé que la vente faite postérieurement à leur contrat de mariage par l'un des futurs à l'autre de meubles et d'immeubles faisant partie de son apport constitue un changement aux conventions matrimoniales, et doit par conséquent être réalisée par acte authentique. — *Cass.*, 31 janv. 1837 (t. 1er 1837, p. 637), de Bacalon c. Laffargue. — Et la cour royale d'Agen, par suite du renvoi après cassation, a décidé comme la cour de Cassation. — *Agen*, 17 août 1837 (t. 2 1837, p. 571), de Bacalon c. Laffargue.

109. — Jugé qu'une cour royale peut décider, sans violer l'art. 1394 et suiv., C. civ., qu'une dot de 4,000 fr., stipulée dans un contrat de mariage, a été payée conformément à des conventions verbales intervenues entre les parties, au moyen d'une place d'agent du gouvernement, faite par le père de la future au profit de son gendre. On ne saurait voir dans cette disposition la reconnaissance d'un changement apporté aux conventions civiles du mariage, mais seulement une interprétation sur le mode d'exécution du contrat. — *Cass.*, 2 mars 1825, Corbin c. Fannié; — Plasman, p. 209.

110. — De même, l'acte par lequel des père et mère, après avoir constitué une dot à leur fille par son contrat de mariage, donnent aux nouveaux époux, pendant le mariage, une hypothèque pour la garantie de cette dot non payée, n'est pas nul comme contraire à l'art. 1395, C. civ., qui défend tout changement aux conventions matrimoniales après la célébration du mariage, alors même qu'il a été stipulé que les père et mère dotateurs ne pourraient être tenus de fournir aucune garantie ni hypothèque pour sûreté de la dot. — *Paris*, 15 juill. 1825, Bénard c. Geluche.

111. — De même, la convention par laquelle des pères ou mères renoncent à quelqu'un des avantages résultant de leur contrat de mariage, au profit d'un de leurs enfans, ne peut être annulée comme contenant dérogation au contrat de mariage; elle n'en est plutôt que l'exécution. — *Cass.*, 18 avr. 1812, Vidart.

112. — La clause d'un contrat de mariage par laquelle les futurs époux *s'obligent à rapporter tous leurs travaux, revenus et industrie, à leur père et beau-père, qui de son côté s'oblige à les nourrir et entretenir*, doit être considérée comme une convention ordinaire, qui peut être par conséquent révoquée par consentement mutuel durant le mariage, nonobstant la disposition de l'art. 1395, C. civ. Par l'effet de cette révocation, les biens acquis postérieurement par les époux leur demeurent propres, et ils ne sont tenus d'aucun rapport au sujet de ces biens. — *Bordeaux*, 26 juill. 1838 (t. 1er 1839, p. 85), Labrousse c. Darleuset.

113. — On demande si l'acte dérogatoire au contrat de mariage pourrait être maintenu dans le cas où il serait une donation déguisée. — Pour l'affirmative, on peut dire que la jurisprudence admet la validité des donations déguisées; d'où il suit qu'on doit maintenir la disposition jusqu'à concurrence de la quotité disponible. — Toullier, *Droit civ.*, t. 12, nº 40. — Mais ce système tombe devant le principe de la nullité d'une telle convention. En outre, il n'est pas admissible qu'une convention révocatoire de la volonté des époux puisse obliger leurs héritiers. — Rolland de Villargues, *ibid.*, nº 225; Demante, *Thémis*, t. 8, p. 229; Plasman, *Contre-lettres*, 2e édit., p. 136.

114. — Si, dans l'intérêt des époux eux-mêmes et surtout dans celui des tiers, la loi a dû prohiber tout changement au contrat de mariage postérieurement à sa célébration, il n'y avait pas de motif d'empêcher des modifications au contrat jusqu'au moment de la célébration du mariage. Aussi l'art. 1396, C. civ., dispose-t-il en ces termes : « Les changemens qui seraient faits au contrat avant la célébration du mariage doivent être constatés par acte passé dans la même forme que le contrat de mariage. Nul *changement* ou *contre-lettre* n'est, au surplus, valable sans la présence et le consentement simultané de toutes les personnes qui ont été *parties* dans le contrat de mariage. »

115. — La *contre-lettre* et le *changement* sont

deux choses parfaitement distinctes : la contre-lettre est faite contre la disposition pour la détruire en tout ou en partie par une abrogation expresse. — Toullier, t. 12, nº 45. — Nous avons dit (*suprà* nº 91) le sens du mot *changement*.

116. — Sont *parties* dans le contrat de mariage les personnes qui y interviennent pour y faire une donation ou promesse aux époux ou une renonciation en leur faveur, et non celles qui n'ont assisté au contrat que *honoris causâ*. — Toullier, *Dr. civ.*, t. 12, nos 51 et 52; Plasman, *Contre-lettres*, 2e édit., p. 228; Bellot des Minières, *Contrat de mar.*, t. 1er, p. 42 et 43; Rolland de Villargues, *Rép. du not.*, vº *Contrat de mariage*; Duranton, *Cours de dr. franç.*, t. 14, nº 55.

117. — Si les époux sont d'âge compétent pour contracter mariage, et si les père et mère présens au contrat n'y sont intervenus par aucune obligation, les futurs époux peuvent y déroger sans les appeler, et les changemens seront valables. Cette solution est une conséquence de la capacité des futurs, qui peuvent, quand ils sont majeurs, faire seuls leur contrat de mariage. — Toullier, t. 12, nº 51; Plasman, *ibid.* — *Contrà* Duranton, t. 14, nº 57.

118. — Les époux mineurs ne peuvent faire aucun changement à leur contrat sans le consentement des personnes dont l'assistance est nécessaire pour la validité de ce même contrat. — C. civ., art. 1398. — S'ils étaient devenus majeurs depuis le contrat, mais avant la célébration, ils pourraient faire des changemens sans appeler leurs ascendans qui n'auraient paru au contrat que *honoris causâ*. — Bellot des Minières, t. 1er, p. 52; Plasman, p. 231.

119. — Si les parties dûment appelées ne se présentent pas, il ne peut être fait aucun changement au contrat. L'art. 1396 exige la présence et le *consentement*. — Bellot (t. 1er, p. 54); Duranton (t. 14, nº 53); Toullier (nº 54) et Malleville (*Anal. C. civ.*, sur l'art. 1396), sont d'un avis opposé; mais la doctrine précédente semble plus conforme aux termes de la loi. Il en serait de même si l'une des parties était absente, interdite ou décédée; il faudrait alors faire un nouveau contrat et renoncer au premier. M. Plasman (p. 229) et Favard de Langlade (*Rép.*, vº *Contrat de mariage*) se prononcent dans le sens que nous adoptons.

120. — Mais ne serait point partie au contrat celui qui n'y interviendrait que pour reconnaître une dette; il n'a aucun intérêt, ni moral ni réel, au changement de contrat. — Duranton, t. 14, nº 56.

121. — Rien n'empêche la partie convoquée de se faire représenter. Et comme il ne s'agit pas ici du cas prévu par l'art. 412, d'une discussion ou d'une délibération, mais bien d'un simple consentement, le même mandataire peut représenter plusieurs personnes. — Duranton, t. 14, nº 54; Plasman, *Contre-lettres*, p. 230.

122. — Les donations ou autres conventions stipulées avant la célébration du mariage, mais depuis la passation du contrat, sont radicalement nulles si les époux n'ont pas été assistés de ceux qui étaient parties au contrat, bien que ces stipulations ne changent en rien les clauses et ne fassent qu'y ajouter. — *Cass.*, 23 juin 1813, Frégeville; — Toullier, *Dr. civ.*, t. 12, nº 62.

123. — Il y aurait encore changement aux conditions matrimoniales, et, par conséquent, cause de nullité dans la remise que le futur époux ferait avant la célébration de tout ou partie de la dot à celui qui l'a constituée. La femme, ainsi que les enfans, auraient une action contre le père et l'époux et même contre les ascendans qui auraient profité de la remise sans le consentement et l'assistance de ceux qui étaient parties au contrat. — Nouveau Denisart, vº *Contrat de mariage*, § 5, nos 2 et 3; Duranton, t. 14, nos 61 et 62; Pothier, *Communauté*, préf., nº 15; Roussilhe, *Tr. de la Dot*, t. 1er, nº 81; Toullier, t. 12, nº 63; Plasman, p. 207. — V. *contrà* Delvincourt, t. 3, p. 232.

124. — Il en faut dire autant de la remise de l'action en paiement en vertu de l'adage « *Qui habet actionem ad rem recuperandam eam rem habere videtur.* » — Arr. 21 mai 1759, cité par Plasman, p. 213; — Nouveau Denisart, vº *Contrat de mariage*, § 5, nos 2 et 3; Roussilhe, *Traité de la dot*, t. 1er, p. 81 et 82; Duranton, t. 14, nos 61 et 62. — V. *contrà* Delvincourt, *loc. cit.*

125. — L'acte par lequel un futur gendre s'engage vis-à-vis son beau-père futur à n'exiger pour la dot de sa femme qu'une somme moindre que celle qui sera portée au contrat de mariage est une contre-lettre frappée de nullité aux termes de l'art. 1396, C. civ. — Peu importe que cet acte ait été rédigé et signé avant la passation du contrat de mariage. — Cette nullité est d'ordre public, et peut, dès-lors, être invoquée par le gendre malgré

l'exécution qu'il aurait donnée à l'acte dérogatoire des clauses du contrat de mariage. — *Nîmes*, 23 janv. 1843 (t. 1er 1843, p. 297), Peyrache c. Roumestan; — Toullier, t. 12, nº 62.

126. — Mais ne seraient point nulles les remises faites pendant le mariage; elles ont leur effet d'après le droit commun, et, le mari se trouvant agir en pleine liberté, on ne peut les considérer comme des changemens faits aux conventions matrimoniales. — Duranton, t. 14, nº 64; Plasman, p. 213 et suiv.

127. — Jugé ainsi qu'une quittance donnée par un mari avant le Code civil d'une somme qu'il a confessé avoir reçue depuis le mariage, pour augmentation de la dot de sa femme, ne peut être considérée comme une contre-lettre au contrat. — *Cass.*, 1er juin 1814, Henry. — V. en sens contraire (sous cet arrêt) celui de *Metz*, 6 août 1811, réformé par la cour suprême.

128. — On ne saurait considérer comme changement au contrat de mariage une donation qui serait faite à l'un des époux pendant le mariage; car cette donation ne modifiera aucunement les droits stipulés par le contrat quant aux biens qui ont pu en faire l'objet. — L'art. 1401, C. civ., et l'art. 1409, même Code, supposent des donations valablement faites à la femme pendant le mariage. — Bellot des Minières, *Contrat de mariage*, p. 55 et 63; Plasman, p. 241 et 242.

129. — Mais si cette donation comprenait des biens à venir, elle serait nulle au cas où elle serait postérieure à la célébration, non pas parce qu'elle serait un changement à ce contrat, mais parce que les biens à venir ne peuvent être donnés que par contrat de mariage. — C. civ., art. 1082.

130. — Si elle était faite antérieurement à la célébration, mais depuis le contrat, elle devrait être faite à la suite de la minute du contrat, toujours pour la même raison. — Duranton, *Cours de droit français*, t. 14, nº 65.

131. — Il en faut dire autant des donations que les futurs époux se feraient entre eux. — Bellot des Minières, *Contr. de mariage*, t. 1er, p. 56; Toullier, t. 12, nº 61. — V. cependant Delvincourt, t. 3, p. 6, et aux notes, p. 232 et 233, éd. 1819. — M. Plasman (*Contre-lettres*, p. 235 et suiv.), distingue entre les donations antérieures au contrat, qu'il reconnaît valables, et celles postérieures, mais faites avant la célébration, qu'il considère comme de vrais changemens soumis à la nécessité du consentement de toutes les parties.

132. — Le principe de l'irrévocabilité des conventions matrimoniales, introduit en faveur des époux et des enfans à naître du mariage, ne fait pas obstacle à l'exercice du droit attribué aux père et mère par l'art. 1075, C. civ., surtout alors que l'exercice de ce droit, loin de porter atteinte à la donation faite en avancement d'hoirie par le contrat de mariage, en réalise, au contraire, les effets par un rapport suivi de l'attribution définitive d'une part plus étendue dans l'hoirie elle-même. — *Cass.*, 19 janv. 1836, Pons.

133. — Lorsque les changemens ou contre-lettres ont été rédigés dans la même forme que le contrat de mariage, avant la célébration, en présence et du consentement de toutes les personnes qui ont été parties au contrat, ils sont valables entre les parties. — C. civ., art. 1396.

134. — Mais, tout changement ou contre-lettre, même revêtus des formes prescrites par l'art. 1396, seront sans effet à l'égard des tiers, s'ils n'ont été rédigés à la suite de la minute du contrat de mariage, et le notaire ne pourra, à peine de dommages-intérêts des parties, et sous plus grande peine, s'il y a lieu, délivrer ni grosse, ni expéditions du contrat de mariage, sans transcrire à la suite le changement ou la contre-lettre. — C. civ., art. 1397.

135. — Si le notaire négligeait de mettre à la suite de l'expédition les changemens survenus depuis le contrat, les tiers auraient un recours contre lui, selon MM. Duranton, t. 14, nº 69; Delvincourt, t. 3, p. 283, éd. 1819; Plasman, *Des contre-lettres*, 2e éd., p. 115 et 253 et suiv.

136. — Les changemens sont valables même à l'égard des tiers, pourvu que les parties aient eu le soin de les faire rédiger à la suite de la minute selon le prescrit de l'art. 1397, C. civ. — Delvincourt, *loc. cit.*; Plasman, *Contre-lettres*, *loc. cit.*; et Duranton, t. 14, nº 69.

137. — Toullier (t. 12, nº 68) est toutefois d'un avis différent et croit que le changement ne pourra être opposé aux tiers qu'autant qu'il aura été non seulement rédigé à la suite de la minute, mais encore délivré en expédition avec la copie du contrat lui-même.

138. — Cet auteur se fonde sur ce que : 1º il ne servirait de rien de rédiger le changement à la suite de la minute du contrat s'il n'était pas transcrit à la suite de l'expédition, puisque les tiers

ne pourraient pas plus le connaître que s'il n'avait pas été rédigé à la suite de la minute du contrat; — 2º sur ce que la loi n'accorde de recours en dommages-intérêts contre le notaire qu'*aux parties* dans le cas où l'expédition ne contient pas copie du changement, ce qui se réfère nécessairement *aux parties* au contrat dont parle l'article précédent; — 3º enfin, sur ce que la partie qui a reçu une expédition du contrat séparée du changement a commis une première faute, et une plus lourde en présentant une pièce tronquée à son créancier, ce qui s'oppose à ce qu'il invoque la validité du changement.

139. — Au premier argument de Toullier on peut répondre qu'il y a bien plus de facilité pour les tiers à se prémunir contre la fraude dont ils sont exposés à être victimes, alors que le changement aura été rédigé à la suite de la minute du contrat de mariage que dans le cas contraire, puisqu'ils peuvent exiger la représentation de la minute et ne traiter qu'après l'avoir vue; à la seconde objection il est facile d'opposer que l'on comprendrait difficilement comment les *parties* au contrat de mariage pourraient recourir en dommages-intérêts contre le notaire qui aurait négligé de délivrer copie du changement, puisque ces parties en avaient connaissance l'ayant consenti, et que dès-lors ce recours contre le notaire n'aurait pas d'application; enfin, on repousse le troisième argument de Toullier en disant que la faute qu'il attribue à la *partie* qui est intervenue au changement retomberait le plus souvent sur toute autre personne qui ne l'aurait pas commise, puisqu'en effet le changement n'étant pas, dans ce cas, opposable au tiers, il en résulterait que celui-ci pourrait se prévaloir de la clause première, aujourd'hui réduite, et rendre celui qui aurait fait régulièrement opérer la réduction responsable du fait de l'un des époux. — Duranton, *Cours de droit français*, t. 14, nº 69.

140. — L'art. 1397 doit donc être entendu en ce sens que, pour être opposables aux tiers, les changemens et contre-lettres antérieurs à la célébration du mariage doivent avoir été revêtus des formes du contrat de mariage et rédigés à la suite de la minute; mais que ces conditions suffisent, sauf aux parties qui, ayant requis expédition du contrat de mariage, n'auront pas eu copie du changement ou de la contre-lettre, leur recours contre le notaire. Cette explication ressort du texte de l'art. 1397 lui-même, qui porte : « Tous changemens et contre-lettres, mêmes revêtus des formes prescrites en l'art. 1396, seront sans effet à l'égard des tiers, *s'ils n'ont été rédigés à la suite de la minute.* » D'où l'on peut conclure qu'ils produiront effet quand ces conditions auront été observées.

141. — Sous l'ancienne jurisprudence on prononçait la nullité de la contre-lettre qui n'avait pas été revêtue des mêmes formes que le contrat, alors même que le réclamant était de mauvaise foi. — Nouveau Denisart, vº *Contrat de mariage*, § 5, nos 2 et 3.

142. — Nous pensons que, sous le Code, on devrait décider de même, parce que, autoriser la validité de la contre-lettre dans ce cas ce serait faciliter le moyen d'éluder la loi qui prononce la nullité. — Toullier, t. 12, nº 62; Plasman, *Contre-lettres*, 2e édit., p. 250.

143. — Jugé ainsi qu'un mari peut opposer la nullité d'une contre-lettre qu'il aurait souscrite et qui dérogerait à son contrat de mariage. — *Agen*, 29 déc. 1813, N...; 9 avr. 1813, Cautines c. Lavau; *Grenoble*, 19 déc. 1811, Eyme c. Paradis.

144. — ...Et que l'époux auquel ses père et mère ont fait, par leur contrat de mariage, donation, à titre de préciput, d'une partie de leurs biens présens et à venir, ne peut, durant le mariage, renoncer valablement à cette donation dans un partage anticipé de succession fait par l'un des donateurs entre tous ses enfans. — La nullité de cette renonciation et du partage anticipé peut être demandée par l'époux même qui a renoncé. — *Cass.*, 29 juill. 1818, Marti c. Bauche.

145. — Jugé que, l'art. 258, cout. de Paris, qui déclarait nulles les contre-lettres faites à part, n'était point applicable à une contre-lettre faite en double brevet le même jour que le contrat de mariage, en présence et du consentement des parens qui avaient été parties au contrat. — *Paris*, 15 fév. 1810, Valadon c. Remy de Méry.

146. — Le principe de l'irrévocabilité des conventions matrimoniales a été établi en vue des droits des tiers. Ainsi, les créanciers du mari peuvent attaquer la renonciation que celui-ci, du vivant de sa femme, a faite, en fraude de leurs droits, à des gains de survie stipulés en sa faveur, par son contrat de mariage. — *Bruxelles*, 5 mars 1814, héritiers H... c. Libau.

147. — Lorsque, sous prétexte ou dans la per-

suasion de la nullité d'un premier mariage contracté à l'étranger, des époux en contractent un second, les conventions qu'ils font à l'occasion de ce second mariage, en tant qu'elles changent leurs précédentes conventions matrimoniales, peuvent être attaquées par des tiers dont les titres de créance seraient même postérieurs aux nouvelles conventions des époux; et dans le cas où la femme se prévaudrait du second mariage, ils ont qualité pour soutenir la nullité de ce mariage et la validité du premier. — *Colmar*, 25 janv. 1823, Ogé c. Mennet.

§ 3. — *Personnes capables de faire un contrat de mariage.*

148. — Il n'y a que les parties habiles à s'unir par mariage qui puissent former un contrat de mariage valable. La capacité générale de s'obliger ne suffirait pas pour maintenir des dispositions faites en vue d'un mariage qui ne pourrait pas se réaliser.

149. — Cela résulte de ce que le contrat de mariage est censé fait en vue d'un mariage futur et valable, puisqu'un mariage nul est considéré comme n'ayant jamais existé. — LL. 3, 21, 39, § 1er, et 59, § 2, ff., *De jure dotium.*

150. — Si donc deux personnes qui ne peuvent s'unir par mariage ont rédigé et accepté les conventions d'un contrat de mariage, cet acte sera non avenu, et ces personnes seront considérées comme obligées l'une envers l'autre à se tenir compte des choses qui avaient été apportées pour subvenir aux charges du mariage. — Duranton, *Cours de dr. franç.*, t. 14, no 6.

151. — Toutefois si le mariage avait été contracté de bonne foi par les époux, il produirait, quoique annulé, à leur égard et à l'égard des enfans qui en naîtraient, tous les effets civils; par conséquent, le contrat relatif aux biens serait valable. — C. civ., art. 201.

152. — Et si l'un des époux seulement était de bonne foi, le mariage produisant ses effets civils à l'égard de cet époux et des enfans, il en résulte que le contrat serait nul seulement à l'égard de celui qui aurait été de mauvaise foi. — C. civ., art. 202.

153. — Les conventions matrimoniales et le mariage ne sont pas indivisibles quant à la capacité des parties; dès-lors, les juges peuvent, tout en maintenant le mariage, prononcer, pour cause d'interdiction, la nullité d'une donation faite par l'un des époux à son conjoint dans le contrat de mariage, encore que les deux actes aient eu lieu dans le même jour. — *Cass.*, 28 déc. 1831, Foucauld.

154. — Jugé également que les héritiers d'un interdit peuvent demander la nullité d'une donation contenue dans le contrat de mariage, en se basant sur l'état d'insanité d'esprit, bien que le mariage lui-même ne puisse être attaqué. — *Riom*, 17 juill. 1839 (t. 2 1846), Seignères.

155. — De même, il suffit d'être majeur et que les futurs soient dans la possibilité de se choisir pour mari et femme, pour que le contrat de mariage qu'ils ont fait soit valable, alors même qu'ils n'ont pas été assistés, dans cet acte, des personnes dont le consentement est requis pour la validité du mariage. — Arg. art. 1393, C. civ.; — Bellot des Minières, *Contrat de mariage*, t. 1er, p. 42; Toullier, *Dr. civ.*, t. 12, no 27; Rolland de Villargues, *Rép. du notariat*, vo *Contrat de mariage*, no 30.

156. — Ajoutons, toutefois, que conformément à la règle générale posée plus haut, ce contrat ne produira d'effet qu'autant que le mariage sera valablement célébré.

157. — Le mineur habile à contracter mariage est habile à consentir toutes les conventions dont ce contrat est susceptible; et les donations et conventions qu'il y a faites sont valables, pourvu qu'il ait été assisté, dans le contrat, des personnes dont le consentement était nécessaire pour la validité du mariage. — C. civ., art. 1398.

158. — On a jugé qu'avant le Code civil et dans les pays de droit écrit, le mineur impubère pouvait faire, avec l'assistance de ses père et mère ou d'un curateur, toutes conventions relatives à son contrat de mariage; et que ce contrat devenait irrévocable par la célébration du mariage après l'âge de puberté. — *Toulouse*, 18 juin 1838 (t. 2 1841, p. 455), Anglade c. Lafond.

159. — Avant le Code civil, le mineur était capable, avec l'assistance de ses père et mère ou tuteur, de donner par contrat de mariage à son conjoint. — *Paris*, 24 avr. 1811, Stas et Radet.

160. — Toutefois, dans la Belgique et sous l'empire des édits ou placards de 1540 et 1623, un mineur ne pouvait disposer de ses immeubles par son contrat de mariage sans l'autorisation de son père. — *Cass.*, 2 germin. an IX, Depaepe c. Pauwelant.

161. — La dispense d'âge pour pouvoir contracter mariage, autorisée par l'art. 145, C. civ., a nécessairement pour effet d'attribuer tous les droits et toutes les capacités que la loi confère à l'âge requis par le mariage. — *Cass.*, 29 mars 1837 (t. 2 1837, p. 69), Franceschini.

162. — Ainsi serait valable la donation que ferait par son contrat de mariage, avec le consentement de sa mère, un mineur de quinze ans, ayant obtenu dispense d'âge, encore bien que sa mère, avant de convoler à de secondes noces, ne se fût pas fait maintenir dans la tutelle. — Même arrêt.

163. — Le mineur habile à se marier, étant capable de consentir toutes les *conventions matrimoniales*, pourvu qu'il soit assisté des personnes dont le consentement est requis pour la validité de son mariage, il s'ensuit qu'il peut adopter le régime qui lui convient et modifier les clauses que la loi établit dans le silence des parties, absolument comme le pourrait un majeur.

164. — En conséquence, la femme mineure peut, étant assistée des personnes dont le consentement est nécessaire pour la validité du mariage, autoriser par contrat de mariage l'aliénabilité de l'immeuble dotal. — *Agen*, 25 avr. 1831, Filhol c. Derupé.

165. — De même, dans les pays où le droit romain avait été adopté comme loi générale, il était néanmoins susceptible d'être modifié par l'usage et la jurisprudence des cours souveraines. — Ainsi, dans l'ancien ressort du parlement de Toulouse, la femme mineure, mais apte à contracter mariage, pouvait, avec l'assistance d'un curateur, donner par son contrat pouvoir à son futur époux de vendre les immeubles qu'elle se constituait dotalement, à la charge par celui-ci d'en reconnaître le prix sur ses propres biens, quoique le droit romain, qui régissait le ressort de ce parlement, n'admît pas la maxime : *Habilis ad nuptias, habilis ad pacta nuptialia.* — *Cass.*, 7 nov. 1826, Chalret c. Lasfargues.

166. — Toutefois, il a été jugé que la femme mineure, bien qu'assistée dans son contrat de mariage des personnes dont le consentement est requis pour sa validité, ne peut néanmoins par ce contrat conférer à son mari la faculté d'aliéner le fonds dotal. — *Riom*, 19 nov. 1809, Debrieu.

167. — Et il avait aussi été jugé que, dans le ressort du parlement de Bordeaux, la femme mineure ne pouvait, quoique assistée de son tuteur, autoriser son mari, dans son contrat de mariage, à aliéner sa dot. — *Agen*, 15 janv. 1824, Ribès c. Manecq.

168. — Nous ne saurions, en présence des termes formels de l'art. 1398, nous ranger à l'opinion adoptée par la cour de Riom, qui ne permet pas à la femme mineure, dûment assistée, d'autoriser l'aliénation de l'immeuble dotal, et nous adoptons la doctrine que la cour d'Agen a consignée dans son arrêt du 25 avr. 1831. On ne peut soutenir la thèse contraire qu'en établissant que l'inaliénabilité de la dot est de l'*essence* du régime dotal. Or il n'en est rien, puisque la loi permet son aliénation dans plusieurs cas qu'elle prévoit et que, par son art. 1557, le Code civil autorise les époux à stipuler d'une manière générale que la dot pourra être aliénée pendant le mariage. — Bellot des Minières, t. 1er, p. 71; Rolland de Villargues, *Rép. du Notar.*, vo *Contrat de mariage*, no 18.

169. — Comment doit-on entendre le mot *assisté* de l'art. 1398? Est-il nécessaire que les personnes dont le consentement est requis pour la validité soient *présentes* à la signature du contrat? — Spécialement, lorsque le mineur n'a point d'ascendans, est-il indispensable que tous les membres du conseil de famille soient *présens* au contrat pour y donner leur consentement?

170. — La négative nous paraît certaine, surtout pour le cas où il s'agit d'un mineur qui n'a pas d'ascendans. Car la présence du conseil de famille tout entier au contrat de mariage est impossible, puisqu'il n'y a conseil de famille qu'autant que le juge de paix est présent pour présider l'assemblée, et qu'une fois la délibération prise, le conseil est dissous. — Rolland de Villargues, vo *Contrat de mariage*, no 21.

171. — Mais n'est-il pas nécessaire que le conseil de famille délègue un de ses membres pour *assister* le mineur à la passation du contrat? — Nous ne le pensons pas, et il nous semble que l'*assistance* réclamée par l'art. 1398, C. civ., n'est requise qu'à l'effet d'éclairer le mineur sur l'acte qu'il va faire, et de lui tracer les limites dans lesquelles les conventions matrimoniales doivent être restreintes. Or, quand le conseil de famille a délibéré sur cet objet, et qu'expédition de la délibération est remise au tuteur, il y a véritablement *assistance* de conseils, de lumières; il y a assentiment, sinon *présence effective.* — Duranton, t. 9, no 765; Rolland de Villargues, *ibid.*, no 21.

172. — De ce que nous venons de dire du mineur privé d'ascendans, il suit que pour le mineur dont les ascendans vivent encore, il suffit de l'assentiment des ascendans.

173. — Est-il nécessaire que l'autorisation du conseil de famille ou des ascendans soit *expresse* sur les dispositions qu'elle permet au mineur de consentir, ou suffit-il d'une autorisation générale qui permette au mineur de passer son contrat de mariage, comme pourrait le faire un majeur? — Les principes généraux relatifs à l'incapacité des mineurs nous paraissent exiger une autorisation expresse pour toutes les dispositions de biens que le mineur voudrait faire. — Rolland de Villargues, *ibid.*, no 22.

174. — Jugé ainsi que la délibération d'un conseil de famille par laquelle il consent au mariage d'un mineur et délègue trois de ses membres pour *l'assister dans les actes civils qui devront précéder le mariage* ne comporte pas une autorisation suffisante pour le mineur de faire par le contrat de mariage une donation, soit simple, soit réciproque, à son futur époux. — En conséquence, une donation ainsi faite est irrégulière et doit être annulée. — *Douai*, 1er déc. 1835, sous *Cass.*, 19 mars 1838 (t. 1er 1838, p. 413), Sthouder c. Monthuy Delassalle.

175. — Les principes généraux nous paraissent même exiger que la délibération du conseil de famille soit homologuée par le tribunal, toutes les fois qu'elle autorise des dispositions de biens. N'y a-t-il pas même raison que pour le cas de l'art. 511, C. civ., qui exige cette homologation pour que les conventions matrimoniales de l'enfant d'un interdit soient valables? — V. toutefois Rolland de Villargues, *ibid.*, no 23.

176. — Le notaire-rédacteur devra annexer au contrat la délibération du conseil de famille ou le consentement des ascendans. — L. 25 vent. an XI, art. 13. — Rolland de Villargues, *ibid.*, no 24.

177. — Il y a faculté de se faire représenter par un mandataire, soit pour les futurs époux, soit pour les personnes qui font quelques dispositions de biens en leur faveur. — V. MANDAT.

178. — La procuration devra être *spéciale*, car, aux termes de l'art. 1988, C. civ., toute procuration ayant pour objet une aliénation doit être expresse. Or les conventions matrimoniales ont toujours pour objet l'abandon de certains droits. — Rolland de Villargues, *ibid.*, no 28. — V. MANDAT.

179. — Mais il n'est pas nécessaire pour les clauses ordinaires du mariage, qui ne contiennent que des *conventions de mariage*, que la procuration soit *authentique*, puisque généralement toute procuration sous seing-privé est valable, sauf les cas où la loi exige impérieusement la forme notariée. — Mais le pouvoir devrait être notarié s'il s'agissait de faire une donation. — C. civ., art. 933.

180. — Si l'un des époux est soumis à un conseil judiciaire, et qu'il ait fait son contrat de mariage avec l'assistance de ce conseil, il sera considéré comme l'ayant fait en pleine capacité, et les stipulations de ce contrat seront valables. — Duranton, t. 3, no 800. — Mais il n'est pas nécessaire que le conseil assiste au mariage. — Duranton, t. 14, no 15.

181. — Le conseil peut donner son autorisation par acte séparé, pourvu que cet acte soit annexé au contrat. — Rolland, no 12.

182. — Parce qu'il aurait agi sans l'assistance de son conseil, le contrat de mariage ne serait pas nul, seulement les donations excessives de biens présens, relativement à sa fortune, faites par le prodigue, pourraient être annulées. Mais, suivant M. Duranton (t. 14, no 15), les donations portant sur les biens que le prodigue laissera à son décès doivent être maintenues.

183. — L'interdit, ne pouvant pas se marier, ne peut faire aucune convention matrimoniale. — Duranton, t. 3, no 760.

184. — L'art. 1095 permet aux époux mineurs, assistés de ceux dont le consentement est requis pour la validité du mariage, de se donner tout ce que la loi permet à l'époux majeur de donner à l'autre conjoint. Et du moment que la donation est faite en vue d'un mariage, les mineurs échappent à l'art. 904, qui n'est plus applicable.

185. — Néanmoins on a déclaré nulle la donation que le mineur fait par un contrat de mariage à son conjoint, si parmi les parens qui l'autorisaient se trouvait un mineur. — *Bourges*, 20 juill. 1819, Bonamy et Martin c. Marié et Latour.

186. — Ce serait à tort qu'on donnerait le nom de conventions matrimoniales à des traités particuliers, tels que des ventes, des échanges, etc.; ces

actes ne jouiraient pas de la faveur attachée au contrat de mariage.—C'est ainsi qu'il a été jugé que la capacité du mineur pour faire toutes conventions dans son contrat de mariage, sous l'assistance des personnes dont le consentement est nécessaire pour la validité du mariage, n'est relative qu'aux conventions qui ont trait au mariage; elle ne s'étend pas aux actes pour lesquels le mineur est soumis à l'observation de formes spéciales. Ainsi, une mineure qui contracte mariage ne peut conférer à son mari des pouvoirs suffisans pour faire le partage définitif d'une succession dont elle est seule héritière. — *Bordeaux*, 25 janv. 1826, Pidoux c. Ducou.

187. — De même, l'art. 1309, C. civ., portant que le mineur n'est pas restitué contre les conventions portées en son contrat de mariage, alors qu'elles ont été faites avec l'assistance des parens dont le consentement était requis pour la validité du mariage, ne s'applique qu'au cas où il s'agit de conventions matrimoniales proprement dites. Il ne s'applique pas, par exemple, au cas où il est question de conventions étrangères, telles qu'une vente de droits successifs; le mineur doit être restitué contre une telle vente. — *Bordeaux*, 1er fév. 1826, Sarlandié c. Chaumeni.

188. — Cette interprétation de la loi est parfaitement conforme aux principes; car, en règle générale, les mineurs sont frappés d'incapacité. On ne doit déroger à cette règle que pour les cas spécialement prévus: or, la loi ne fait d'exception aux principes que pour les *donations et conventions matrimoniales*: il faut donc reconnaître qu'ils continuent d'être frappés d'incapacité pour tous autres cas.

189.—Les étrangers peuvent se marier en France, soit entre eux, soit avec des Français, et leurs conventions matrimoniales recevront leur exécution, pourvu qu'elles n'aient rien de contraire aux lois et aux bonnes mœurs. Les uns et les autres seront régis, quant à leur capacité personnelle, par la loi du pays auquel ils appartiennent; mais la forme de l'acte contenant les conventions matrimoniales est subordonnée à la loi du lieu où il aura été passé, conformément au principe, *locus regit actum*. — Duranton, t. 14, no 16.

§ 6. — *Nullité du contrat de mariage.*

190. —Le contrat de mariage nul, soit parce qu'il a été rédigé après la célébration du mariage, soit parce qu'il n'est pas en la forme authentique, soit parce qu'il a été consenti par un incapable non assisté suivant les prescriptions de l'art. 1398, C. civ., est susceptible d'être attaqué par tous ceux qui y ont intérêt.—*Cass.*, 19 mars 1838 (t. 1er 1838, p. 413), Slouder c. Monthuy Delasalle; — Rolland de Villargues, *ibid.*, no 32; Bellot des Minières, *Contrat de mariage*, t. 1er, p. 78.

191. —Jugé dans ce sens que, la nullité d'un contrat de mariage passé après la célébration du mariage étant d'ordre public, les parties contractantes sont recevables à l'invoquer. — *Riom*, 11 janv. 1837 (t. 2 1837, p. 380), Vasson c. Bourguignon.

192. — Toutefois, observons que les parties intéressées ne pourraient elles-mêmes invoquer la nullité qu'autant qu'elle aurait été portée en leur faveur ou qu'elle intéresserait l'ordre public. Ainsi, il ne faudrait pas étendre l'application de l'arrêt qui précède au cas où les conventions matrimoniales auraient été souscrites par un mineur non assisté au profit d'un majeur. Ici, en effet, le mineur seul pourrait demander la nullité, car elle lui est purement relative. — C. civ., art. 1125, 1309 et 1313.

193. — Quelle serait la durée de l'action en nullité?—Nous croyons qu'il faut distinguer: S'il s'agit d'une nullité relative, par exemple, du cas où les conventions matrimoniales auraient été consenties par un mineur non assisté, l'action durera dix ans, aux termes de l'art. 1304, C. civ. — Et les dix ans ne commenceront à courir qu'à compter de la dissolution du mariage, suivant l'art. 2259, C. civ.

194. — Si, au contraire, il s'agit d'une nullité d'ordre public, par exemple, de celle qui résulte de la passation du contrat après la célébration du mariage, la durée de l'action sera de trente ans, aux termes de l'art. 2262, C. civ., lesquels ne commenceront à courir que du jour de la dissolution du mariage, comme le porte l'art. 2259, même code. — V. aussi (*suprà* § 4), des décisions semblables relativement aux changemens et aux contre-lettres qui n'auraient pas été rédigés à la suite de la minute du contrat.

195. — Les nullités substantielles des contrats de mariage, savoir: celles résultant 1° du défaut d'authenticité (par exemple, lorsque le contrat est reçu seulement par un clerc), 2° et de la rédaction postérieure à la célébration du mariage, sont d'ordre public, et ne peuvent être dès-lors couvertes, au moins tant que dure le mariage, ni par le silence, ni même par le consentement des époux. — C. civ., art. 1394.—Lorsqu'un acte, et spécialement un contrat de mariage est entaché d'une nullité d'ordre public, les parties elles-mêmes sont recevables à l'attaquer, et par suite à s'inscrire en faux pour prouver la simulation qui a eu pour objet la violation d'une loi intéressant l'ordre public. — *Caen*, 9 mai 1844 (t. 2 1844, p. 286), veuve Loupie c. Beauvais.

196.—La nullité est, du reste, susceptible d'être couverte par les parties depuis la dissolution du mariage, pourvu qu'elles soient capables de disposer de leurs droits, soit qu'elles ratifient expressément l'acte annulable, soit qu'elles l'exécutent.

197. — Jugé ainsi qu'un acte entre époux, nul en ce qu'il déroge à leurs conventions matrimoniales, est susceptible de ratification par exécution volontaire.—*Metz*, 26 nov. 1823, Gilbert c. Alexandre.

198. — La nullité serait même couverte pendant le mariage, dans le cas où ce mariage nul à cause du défaut de consentement des ascendans de l'un des époux, ayant d'ailleurs l'âge requis pour s'obliger, n'aurait pas été attaqué dans le délai voulu. — C. civ., art. 183; — Duranton, t. 14, no 11.

199. —Mais la ratification du mariage contracté par un mineur qui n'était pas capable de s'obliger, ne ferait pas valoir contre lui les conventions qu'il aurait souscrites, parce qu'il ne résulte pas de ce que la nullité du mariage est couverte, que le mineur ne soit plus sous la protection de l'art. 1304, C. civ. — Duranton, t. 14, no 14.

200. — Il en faut dire autant du cas où le mineur aurait contracté mariage avant d'être *habilis ad nuptias*, et quoique il eût été assisté des personnes sous la puissance desquelles il se trouvait. Quoique la nullité du mariage fût couverte, il n'en résulterait pas le même effet relativement aux conventions matrimoniales. — L'art. 1398, C. civ., ne parle, en effet, que du mineur *habilis ad nuptias*. — Duranton, *ibid.*

201. — Sous les lois romaines, au contraire, la dot promise à celui qui avait épousé une fille âgée de moins de douze ans, dont le mariage était nul pour cette cause, devenait valable si le mariage était renouvelé par un nouveau consentement, à l'époque où la femme avait accompli sa douzième année; il en était de même si le mariage avait été contracté sans le consentement du père et que celui-ci vînt ensuite à confirmer le mariage.— L. 68, ff., *De jure dotium;* L. 9, *ibid.*

202. — Jugé également que, sous la coutume de Normandie, la réhabilitation ou le renouvellement d'un mariage originairement nul avait pour effet de valider et confirmer les conventions matrimoniales stipulées en vue du premier mariage. — *Rouen*, 24 prair. an XII, Spies c. Davrilly.

203. — Quelle est, au surplus, l'étendue de la nullité des conventions matrimoniales, et quelles en sont les conséquences? — Si le mariage a été annulé et si l'annulation des conventions matrimoniales n'en a été qu'une conséquence, il n'y a pas de difficulté. Les parties reprendront chacune ce qu'elle aura apporté, de manière à être replacées au même point que s'il n'y avait pas eu de convention.

204. — Mais si, au contraire, le mariage étant maintenu, les conventions matrimoniales seules sont annulées, il y a plus de difficulté. — Si, en effet, il s'agit d'un mineur ou d'un prodigue pourvu d'un conseil judiciaire dont on annule le contrat, quel sera le régime sous lequel ses biens seront placés? — Admettre que la communauté doit exister à son égard, n'est-ce pas valider une aliénation que ce mineur ou ce prodigue était incapable de faire?

205. — Quoi qu'il en soit, il n'est pas douteux qu'on ne saurait appliquer, dans l'espèce, un régime autre que celui de communauté. Cela résulte nécessairement de ce que les conventions matrimoniales, étant annulées, sont comme si elles n'existaient pas, auquel cas on est dans la même position que s'il n'y avait point de contrat, c'est-à-dire, forcément sous le régime en communauté. — En vain on objecte que c'est valider une aliénation interdite au mineur et au prodigue. Nous répondons: c'est la loi qui de plein droit fait cette aliénation, alors qu'il n'y a pas de contrat. Dès l'instant que le mariage est maintenu, la loi organise elle-même les règles qui gouvernent les biens des époux, s'ils n'ont fait aucune convention particulière; elle statue également pour le cas où ces conventions ne peuvent pas produire leur effet. — V. dans ce sens les motifs d'un arrêt de *Caen*, 19 mars 1839 (t. 2 1846), Vasselin; — Rolland de Villargues, no 34.

Sect. 2e. — *Conventions permises dans le contrat de mariage. — Effets de ces conventions.*

§ 1er. — *Conventions permises dans le contrat de mariage.*

206. — La plus grande latitude est laissée aux époux dans leurs conventions matrimoniales. — Rien n'y est commandé par la loi, rien n'y est défendu, que ce qui blesse l'ordre public ou les bonnes mœurs. — Toullier, t. 12, no 10.

207. — L'art. 1387 C. civ. consacre cette proposition en ces termes: « La loi ne régit l'association conjugale, *quant aux biens*, qu'à défaut de conventions spéciales, que les époux peuvent faire comme ils le jugent à propos, pourvu qu'elles ne soient pas contraires aux bonnes mœurs, et en outre sous les modifications qui suivent. »

208. — La latitude laissée aux futurs époux est telle, qu'un contrat de mariage est susceptible de conventions qui entraîneraient la nullité de tout autre contrat.

209.—Ainsi, les institutions contractuelles sont permises dans un contrat de mariage et sont irrévocables (C. civ., art. 1082 et suiv.; — Pothier, *De la communauté*, préf., no 2), tandis qu'une pareille institution, faite par tout autre acte et à d'autres qu'aux futurs époux, n'est pas valable. — C. civ., art. 943, Duranton; *Cours de droit franç.*, t. 14, no 20.

210. — Une semblable institution peut avoir lieu, à la fois, au profit des époux et des enfans *à naître du mariage*, et la présomption est toujours que l'institution s'applique aux enfans à naître, sauf stipulation contraire.—C. civ., art. 1082.

211. — Cette faveur est l'œuvre du Code civil, car, sous l'empire de la loi du 17 niv. an II, au contraire, était nulle la disposition faite par le contrat de mariage en faveur des enfans à naître. — *Limoges*, 19 août 1818, Vaslet.

212. — Par contrat de mariage, il est permis de faire une donation dont l'exécution dépend de la seule volonté du donateur, à la différence des donations ordinaires. — C. civ., art. 1086 et 944 comb.

213. — De même, une donation faite en un contrat de mariage est valable, quoiqu'elle ne soit pas acceptée expressément, à la différence de toute autre donation entre-vifs. — C. civ., art. 1087.

214. — On peut convenir, par contrat de mariage, que le donataire acquittera d'autres dettes et charges que celles qui existent au temps de la donation ou qui sont mentionnées dans l'acte, au lieu qu'en matière de donation ordinaire, une telle clause serait nulle. — C. civ., art. 1086 et 945 comb.

215. — Une société de tous biens présens et à venir peut être formée entre époux par contrat de mariage, au lieu qu'une société ordinaire ne peut comprendre les biens à venir échus aux sociétaires à titre gratuit que pour la jouissance seulement. — C. civ., art. 1526 et 1837.

216. — Enfin, les époux peuvent convenir qu'à l'un d'eux appartiendra toute la communauté, au lieu que dans une société ordinaire tous les bénéfices ne pourraient pas être stipulés au profit de l'un des associés. — C. civ., art. 1525 et 1855.

217. — Il a été jugé que la disposition contractuelle par laquelle des époux conviennent que le survivant aura la moitié en usufruit de tous les biens présens et à venir du prédécédé, n'est point une donation sujette aux formalités ordinaires: elle ne présente qu'une simple expectative, rangée dans la catégorie des conventions matrimoniales pour lesquelles l'art. 1235, C. civ., accorde à la femme une hypothèque indépendante de l'inscription. — *Grenoble*, 12 janv. 1813, Berger c. Abry.

218. — Il nous semble difficile que l'arrêt précédent puisse faire autorité. En effet, une disposition mutuelle d'usufruit doit plutôt être envisagée comme une donation soumise aux règles prescrites pour les donations en général, que comme une simple convention matrimoniale. Par convention matrimoniale, on entend toujours les avantages faits par le mari à la femme en cas de survivance de celle-ci, tels sont: le préciput, le gain de survie, etc. Mais un don mutuel a une sorte de caractère synallagmatique, une réciprocité exclusive de la nature d'une convention matrimoniale. — V. Merlin, *Rép.*, vis *Avantage* et *Gains nuptiaux*, § 7; Grenier, t. 1er, p. 477.

219. — Jugé que le droit accordé par la coutume de Normandie à la veuve sur les meubles et acquêts laissés par son mari n'était point un droit héréditaire, mais un avantage matrimonial qui n'a pas été aboli par la loi du 17 niv. an II. —

Rouen, 9 mai 1812, Thiberge. — V. GAINS DE SURVIE.

220. — La clause insérée dans un contrat de mariage antérieur à la loi du 17 niv. an II, portant institution du premier enfant à naître, si un autre n'était élu, a été validée par la loi du 9 fructid. an III, qui a aboli la rétroactivité consacrée par la loi du 17 niv. an II. — *Cass.*, 22 déc. 1812, Claverie.

221. — Avant le Code civil, et sous la coutume de Bruxelles, la convention qui avait pour objet de faire cesser la communauté de biens entre deux époux, était valable. — *Bruxelles*, 13 août 1806, T'Kint c. Poot. — Aujourd'hui une telle solution serait inadmissible. — V. COMMUNAUTÉ.

222. — Mais, tout en reconnaissant la liberté des conventions, la loi n'a pas dû les permettre toutes indistinctement. Elle a, comme nous l'avons dit, prohibé celles qui seraient contraires aux bonnes mœurs, ou qui porteraient atteinte, directement ou indirectement, aux lois prohibitives ou impératives du Code. — C. civ., art. 1387 *in fine*.

223. — Ainsi serait nulle et de nul effet la convention qui aurait pour but d'établir que l'un des époux exercerait une profession ou industrie contraire aux mœurs, qu'il ferait la contrebande, par exemple. — Duranton, t. 14, nº 23.

224. — De même, le contrat de mariage qui ne contient que des obligations de la part des futurs, au profit d'ascendans, dont le consentement est nécessaire, est nul, comme entaché d'immoralité, parce que ces ascendans sont censés avoir mis leur consentement à prix. — *Bourges*, 29 janv. 1838, Thévenot c. Goguelat.

225. — Que doit-on décider relativement à la clause d'un préciput stipulé au profit de la femme, *dans tous les cas de dissolution de la communauté?* — Nous croyons qu'une telle convention n'a rien de contraire aux lois ni aux mœurs. En effet, la loi ne s'oppose pas à une pareille clause, car l'art. 1462, C. civ., n'est point énoncé en termes limitatifs; et d'autre part, on dirait vainement que cette clause tend à favoriser la séparation de biens, puisque les juges sont appréciateurs du mérite de la demande de la femme. — Rolland de Villargues, vº *Contrat de mariage*, nº 114.

226. — Jugé ainsi que, lorsque le contrat de mariage porte que le préciput stipulé au profit de la femme aura lieu dans tous les cas de dissolution de la communauté, les juges peuvent, au cas de séparation de biens, autoriser la femme à prélever ce préciput. L'art. 1452, C. civ., n'étant ni limitatif ni restrictif, ne met pas obstacle à l'exécution d'une pareille clause. — *Cass.*, 6 janv. 1808, Daveluy.

227. — Les époux ne peuvent, par contrat de mariage, déroger aux *dispositions prohibitives* du Code. — C. civ., art. 1388. — Pour savoir si une disposition est prohibitive, il faut s'attacher au sens qu'elle présente, à l'effet qui en résulte plutôt qu'aux termes dans lesquels elle est conçue. Il ne suffit pas toujours qu'une disposition soit rédigée en la forme *négative* pour qu'elle constitue une prohibition; il faut de plus qu'il résulte de l'esprit de la disposition que le législateur a réellement voulu la proscrire. Ainsi, nous regarderions comme prohibitifs les art. 791, 1130, 1399, 1441, 1453, 1521 C. Civ. — V. Bigot-Préameneu, *Discuss. au cons. d'état*; Toullier, t. 12, nº 16; Rolland de Villargues, vº *Contrat de mariage*, nº 144.

228. — C'est ainsi que nous déclarerions nulle la clause par laquelle les futurs époux conviendraient qu'au cas de séparation de corps la séparation de biens n'aura pas lieu entre eux, puisque l'art. 1441 dit que la séparation de corps entraîne la séparation de biens. — Duranton, t. 14, nº 29. — *Bruxelles*, 28 mars 1810, S...

229. — Ainsi encore, il y aurait nullité de la convention portant que les époux supporteront dans les dettes de la communauté une part non proportionnelle à celle qu'ils prendront dans l'actif. — C. civ., art. 1521.

230. — Quel serait l'effet de la clause par laquelle les futurs époux changeraient l'ordre de succession de leurs ascendans? — Pour soutenir sa validité on peut s'appuyer sur le texte de l'art. 1389, qui ne défend de changer que « l'ordre légal des successions par rapport aux époux dans la succession de leurs descendans, ou par rapport à leurs enfans contre eux; » d'où il suit *à contrario*, en présence du principe que toute convention non prohibée est permise par contrat de mariage, que la convention par laquelle deux futurs époux stipulent qu'ils ne prendront pas la succession de leur père ou mère telle qu'elle pourra leur être dévolue par la loi n'est pas nulle. — Nonobstant ce raisonnement, nous n'hésitons pas à nous prononcer pour la nullité en présence de l'art. 791, qui prohibe tout pacte sur succession future, rapproché de l'art. 1388, qui défend aux époux de déroger aux *dispositions prohibitives* du Code.

231. — Jugé ainsi par la cour de Paris, le 13 messid. an XIII (Poix-Menu), que, sous l'empire de la L. du 17 niv. an II, la condition imposée à l'enfant donataire par contrat de mariage de laisser jouir le survivant des père et mère donateurs de tous les biens du prédécédé, *sans pouvoir lui en demander compte ni partage, était nulle*. — Toullier (*Dr. civ.*, t. 13, nº 126); Malleville (*Anal. du C. civ.*, sur l'art. 1453) et M. Rolland de Villargues (vº *Contrat de mariage*, nº 146) pensent qu'il en doit être ainsi sous le Code.

232. — Jugé ainsi, sous le Code, que la clause par laquelle deux époux, en dotant leurs enfans, leur imposent l'obligation de laisser le survivant d'entr'eux jouir de l'usufruit des biens du prédécédé, sans pouvoir, sous aucun prétexte, demander de compte ni partage, est nulle comme contenant: 1º de la part des enfans un pacte sur une succession future; — 2º de la part des époux une donation mutuelle par un seul et même acte. — *Cass.*, 16 janv. 1838 (t. 1er 1838, p. 543), Berlaud et Lapoirière c. Maurat.

233. — Toutefois il a été jugé, sous le Code, que des père et mère, en dotant conjointement, et chacun pour moitié, leurs enfans, ont pu leur imposer la condition alternative de laisser jouir le survivant des dotateurs de tous les biens du prédécédé, sans pouvoir lui demander compte ni partage. — *Paris*, 11 janv. 1819, Schneider c. Marcuye.

234. — Cette clause était permise dans l'ancien droit, sous l'empire duquel les filles renonçaient souvent en faveur des mâles et les puînés en faveur de l'aîné à la succession de ceux qui leur constituaient la dot. — Argou, *Inst. au droit français*, t. 2, p. 182 et suiv.; Lebrun, *Tr. des succ.*, liv. 3, chap. 8, sect. 1re; Merlin, *Rép.*, vº *Renonciation à la succession future*.

235. — Il n'est pas douteux qu'on ne doive annuler la clause par laquelle les futurs époux renonceraient au bénéfice d'une institution contractuelle. Ce serait, en effet, faire un pacte sur une succession future, puisque l'effet de cette institution est d'empêcher celui qui a institué un héritier par contrat de mariage de pouvoir disposer, à titre gratuit, de ses biens au préjudice de l'institué. — Rolland de Villargues, vº *Contrat de mariage*, nºs 148 et 149; Toullier, t. 12, nº 16; Bellot des Minières, t. 1er, p. 8.

236. — Jugé ainsi que l'héritier contractuel ou donataire universel de tous biens présens et à venir ne peut renoncer valablement au bénéfice de la donation, pendant la vie du donateur; même quand il y a démission des biens présens. — *Riom*, 30 avr. 1811, Missionier.

237. — Mais jugé que le donataire de biens présens et à venir peut, du vivant du donateur, renoncer à la donation pour s'exonérer des dettes. — *Grenoble*, 15 mars 1820, Fontai c. Didier.

238. — On considère comme une disposition *prohibitive* du Code celle de l'art. 1453, qui permet à la femme de renoncer à la communauté lors de sa dissolution, et l'on annulerait la clause qui interdirait à la femme cette faculté. — Pothier, *Communauté*, préf., nº 9; Toullier, t. 12, nº 21; Rolland de Villargues, nº 153.

239. — Il en faut dire autant de la disposition de l'art. 1483, qui permet à la femme de se soustraire au paiement des dettes de la communauté qu'elle a acceptée, pourvu qu'elle ait fait inventaire et qu'elle abandonne l'émolument qu'elle en a recueilli. — V. les auteurs cités.

240. — Comment doit-on entendre la disposition de l'art. 2140, C. civ., qui porte que les parties *majeures* peuvent, par contrat de mariage, convenir que l'hypothèque légale de la femme sera restreinte à certains biens du mari? Faut-il prendre cet article à la lettre et décider que la femme *mineure* ne pourra pas consentir cette restriction, alors même qu'elle serait assistée des personnes dont le consentement est requis pour la validité de son mariage? — C'est dans ce sens qu'on décide généralement, en se fondant sur ce qu'en principe l'hypothèque légale de la femme frappe tous les biens du mari, sur ce que ce n'est que par exception que l'art. 2140 permet de la restreindre, et sur ce que, les exceptions devant être strictement appliquées aux cas prévus, il n'est pas permis d'étendre l'art. 2140 au cas où la femme serait mineure, puisqu'il ne prévoit que le cas où les parties sont *majeures*. — Duranton, *Cours de droit français*, t. 20, nº 56; Merlin, *Rép.*, vº *Inscription*, § 3, nº 18; Grenier, *Hypothèques*, t. 1er, nº 269; Troplong, *Hypothèques*, t. 2, nºs 637 et suiv.

241. — Jugé ainsi que la femme mineure ne peut, avec l'assistance des personnes dont le consentement lui est nécessaire pour la validité de son mariage, consentir dans le contrat de mariage la restriction de son hypothèque légale à certains immeubles du mari, spécialement désignés. — Tous les immeubles du mari sont frappés de l'hypothèque légale de la femme mineure, nonobstant la stipulation contraire insérée dans le contrat de mariage. — *Cass.*, 19 juill. 1820, Villers et Cretté c. Lauré (confirmatif d'un arrêt de la cour de *Paris* du 2 avr. 1819); *Caen*, 15 juill. 1836 (t. 2 1837, p. 433), Bellecourt c. Dumesnil-Dubuisson.

242. — Quelque étrange que ce système puisse paraître en présence de l'art. 1398, qui veut qu'un mineur, assisté des personnes dont le consentement est requis pour la validité de son mariage, puisse faire par contrat de mariage toutes les conventions permises à un majeur; quoique une foule de conventions plus exorbitantes que celle de la restriction de son hypothèque soient permises à la femme mineure; néanmoins, il ressort indubitablement de la discussion au conseil d'état que l'intention du législateur a été de ne permettre la restriction qu'à la femme majeure. — Troplong, *loc. cit.*

243. — Cependant il a été jugé que la femme mineure peut, avec l'adhésion de ceux dont le consentement est nécessaire pour se marier, consentir dans son contrat de mariage la restriction de son hypothèque légale à certains biens de son mari; et que l'art. 1398, C. civ., est applicable à la femme mineure comme à la femme majeure. — *Paris*, 10 août 1816, Decambray. — V. dans ce sens Delvincourt, t. 1er, p. 162, nº 4.

244. — Il n'est pas douteux, au surplus, que l'art. 2140 ne doit pas être tellement pris à la lettre que si le mari était *mineur* et la femme majeure, la restriction ne puisse pas être consentie. — Cette solution serait contraire, en effet, à ce principe incontesté qu'un mineur peut toujours faire sa condition meilleure. — Duranton, t. 20, nº 55.

245. — Les articles 1433 et 1470, C. civ., qui accordent aux époux la faculté de reprendre, avant le partage de la communauté dissoute, le prix de leurs biens aliénés pendant le mariage et dont il n'aurait pas été fait remploi, doivent-ils être interprétés en ce sens que les époux ne pourraient par contrat de mariage renoncer à cette reprise? — Toullier (t. 12, nº 373) et M. Rolland de Villargues (nº 155) enseignent qu'une pareille renonciation est absolument permise tant au regard de la femme qu'à celui du mari, parce que, disent ces auteurs, l'art. 1497 permet aux époux de modifier la communauté légale par toute espèce de conventions non contraires aux art. 1387, 1388, 1389 et 1390.

246. — Une distinction nous semble nécessaire ici. En effet, qu'on autorise une telle renonciation de la part du mari, nous n'y voyons rien que de licite, puisqu'à lui seul appartient la disposition de ses biens et qu'il est maître de faire le remploi de manière à échapper à la clause de renonciation à la reprise du prix. Mais à l'égard de la femme il n'en saurait être ainsi, puisqu'elle ne peut elle-même faire le remploi ni y contraindre le mari: d'où il suit que celui-ci aurait la possibilité de faire tomber dans la communauté les biens de sa femme.

247. — D'après le S.-C. velléien, qui avait force obligatoire dans les pays de droit écrit, il était défendu aux femmes mariées d'intercéder ou de s'engager pour autrui, même avec l'autorisation de leur mari. Cette prohibition n'existe plus aujourd'hui. — L. 1 *pr.*, ff., *Ad S.-C. velleianum*; Paul, *Sentent., ad S.-C. velleianum*.

248. — La liberté laissée aux futurs époux quant au réglement de leurs conventions matrimoniales, est fondée sur un intérêt d'ordre public, car la société est intéressée aux mariages et doit les encourager en supprimant tous les obstacles que l'intérêt privé a établis dans les conventions ordinaires, et ne laissant subsister d'entraves que celles dont l'intérêt public lui-même exige le maintien. C'est ainsi que la disposition finale de l'art. 1387 prohibe toute clause contraire aux mœurs.

249. — C'est encore ainsi que les art. 1388 et 1389 restreignent la liberté des conventions en ces termes: « Les époux ne peuvent déroger ni aux droits résultant de la puissance maritale sur la personne de la femme et des enfans, ou qui appartiennent au mari comme chef, ni aux droits conférés aux survivans des époux par le titre *De la puissance paternelle*, et par le titre *De la minorité, de la tutelle et de l'émancipation*, ni aux dispositions prohibitives du présent Code. » — Art. 1389: « Ils ne peuvent faire aucune convention ou renonciation dont l'objet serait de changer l'ordre légal des successions, soit par rapport à eux-mêmes dans la succession de leurs enfans ou descendans, soit par rapport à leurs enfans entre eux, sans préjudice des donations entre vifs ou testamentaires qui pour-

ront avoir lieu selon les formes et dans les cas déterminés par le présent Code. »

250. — L'art. 138, C. civ., défend aux époux toute clause qui tendrait à affranchir la femme de la puissance maritale. Cette prohibition est basée sur l'intérêt public, car toute société doit avoir un chef, et la bienséance exige que le plus fort et le plus capable soit le directeur de cette association. — Pothier, *Communauté*, préf., no 4; Duranton, t. 14, no 25; Rolland de Villargues, vo *Contrat de mariage*, no 117.

251. — Jugé que la femme mariée sous un régime qui attribue à son mari l'administration de ses biens et la jouissance de ses revenus peut néanmoins profiter d'un legs d'immeubles qui lui a été fait, à la condition qu'*elle jouira des revenus des biens légués sans l'autorisation de son mari*. — Une pareille disposition ne porte atteinte ni aux droits essentiels de la puissance maritale, ni à l'irrévocabilité des conventions matrimoniales. — Il en serait de même dans le cas où le testateur aurait participé au contrat de mariage, par exemple, en faisant donation d'autres biens, sans imposer à sa libéralité la même condition. — *Toulouse*, 20 août 1840 (t. 1er 1841, p. 364), Pons de Villeneuve.

252. — Le même art. 1388 prohibe la clause par laquelle le mari renoncerait à la puissance paternelle sur ses enfans, toujours par ce motif que, l'intérêt public exigeant qu'une direction supérieure appartienne à l'un des époux dans la famille, il est convenable de l'attribuer au plus capable. — Voir les auteurs cités, et Bellot des Minières, *Contrat de mariage*, t. 1er, p. 11.

253. — Le Code interdit au mari la faculté de renoncer aux droits qui lui appartiennent *comme chef*. — Ces droits sont ceux qui lui sont donnés par les art. 1421, 1428, 1531 et 1549, qui le chargent de l'administration des biens communs et des biens de la femme, et ceux qui lui sont reconnus par les art. 215 et 217, lesquels s'opposent à ce que la femme puisse ester en justice, ou aliéner ses biens sans l'autorisation de son mari.

254. — Et d'après l'art. 223, C. civ., l'autorisation générale donnée à la femme ne pourrait s'entendre que de l'administration des biens de celle-ci. Si le contrat de mariage portait autorisation pour l'aliénation ou l'administration générale des biens du mari, elle ne produirait pas d'effet quant à ce, car une telle clause tendrait à soustraire la femme à la puissance de son mari. — *Cass.*, 18 mars 1840 (t. 1er 1840, p. 424), Chevalier c. Flavigny; — Boucheul, sur l'art. 225, Cout. du Poitou; Pothier, *Communauté*, préface, no 5; Toullier, t. 12, no 13; Bellot des Minières, t. 1er, p. 11 et 304.

255. — Nous déciderions ainsi alors même que le contrat de mariage aurait stipulé la séparation de biens ou le régime dotal. — Disc. de l'art. 1576 C. civ. — V. RÉGIME DOTAL, SÉPARATION DE BIENS.

256. — Conformément à ce principe, il a été jugé que le traité passé entre deux époux pendant une instance en séparation de biens, portant autorisation générale donnée à la femme par le mari, à l'effet d'administrer, engager, aliéner et généralement disposer, sans le consentement du mari, tant de ses biens propres que des acquêts de communauté, est essentiellement nul, comme fait en violation de tous les principes qui règlent les droits respectifs des époux. — Les stipulations onéreuses contractées par la femme par ce traité, sont des obligations sans cause, ou du moins sans cause valable; ainsi le mari ne peut, en vertu d'un pareil traité, demander aux héritiers de la femme le service d'une pension viagère qui lui avait été constituée, lors même qu'il serait dit que la pension viagère est le prix de l'abandon des biens appartenant au mari dans la communauté, s'il est établi, d'ailleurs, que les droits qui pouvaient appartenir au mari étaient plus qu'absorbés par les reprises de sa femme. — *Riom*, 9 juin 1807, Simonin c. Besson.

257. — En conséquence, toutes les fois que le mari voudra autoriser sa femme à vendre, aliéner, hypothéquer, il devra le faire par une autorisation spéciale. — Bellot des Minières, *Contrat de mariage*, t. 1er, p. 13, 15 et 305; Rolland de Villargues, no 123. — V. AUTORISATION DE FEMME MARIÉE.

258. — Mais la clause d'un contrat de mariage suivant le régime dotal par laquelle la femme s'est réservé l'administration de sa dot sous la condition de contribuer pour moitié aux charges du ménage, est licite. — *Cass.*, 1er mars 1837 (t. 1er 1837, p. 208), Doguet; — Merlin, *Rép.*, vo *Dot*, § 5. — V. toutefois Toullier, t. 12, no 13.

259. — Du reste, si l'autorisation générale que le mari donne à sa femme de disposer de ses biens et de ceux du mari, ne peut pas s'entendre, alors même qu'elle est donnée par contrat de mariage, autrement que de l'administration des biens de la femme, observons que le mari pourrait parfaitement lui donner *mandat* d'aliéner et d'administrer ses propres biens ou ceux de lui, mari. — Bellot des Minières, t. 1er, p. 13 et 306; Rolland de Villargues, vo *Contrat de mariage*, no 127.

260. — Toutes les fois même que le mari accordera un semblable pouvoir pendant le mariage, ce ne sera que par un *mandat* qu'il pourra le faire, puisque la loi l'investit d'un pouvoir d'administration sur les biens de la femme et sur sa personne, à moins qu'elle n'ait fait une réserve quant aux biens par contrat de mariage, d'où il suit que, s'il charge sa femme d'agir pour lui, c'est une procuration qu'il lui donne, procuration à laquelle les règles du mandat seront applicables.

261. — En conséquence, le mari pourra révoquer à son gré le pouvoir qu'il aura donné à la femme. — Bellot des Minières, t. 1er, p. 13.

262. — Un semblable mandat, donné même par *contrat de mariage*, serait révocable à la volonté du mari. La raison en est que la solution contraire anéantirait l'un des principes fondamentaux du contrat de mandat qui permet au mandant de révoquer sa procuration quand bon lui semble. — C. civ., art 2004. — En vain, pour éluder cette difficulté, on prétendrait que le pouvoir ainsi donné ne constitue pas un mandat, puisque nous venons d'établir qu'une telle clause ne peut valoir qu'à titre de procuration. — V. toutefois Bellot des Minières, t. 1er, p. 13 et 306.

263. — Devrait être annulée la clause portant engagement de la part du mari de ne pas aller s'établir en certain lieu, quel que fût, d'ailleurs, son intérêt. — Bouhier, chap. 22, no 141; Covarruvias, *De matrimonio*, part. 2, chap. 7, nos 5, 6; Rolland de Villargues, no 110.

264. — N'est pas civilement obligatoire dans notre droit la convention insérée quelquefois dans les contrats de mariage de personnes de religion différente, portant que les filles seront élevées dans celle de la mère et les fils dans celle du père; on ne peut la considérer que comme un engagement d'honneur. — Duranton, t. 14, no 24.

265. — Serait encore nulle la stipulation que la femme, en cas de veuvage ou convol, n'aura aucune autorité sur ses enfans, que le survivant n'aura pas la jouissance accordée par la loi au survivant des père et mère sur les biens de leurs enfans; c'est là un effet de la puissance paternelle. — Bellot des Minières, t. 1er, p. 11; Toullier, t. 12, nos 13 et 15; Duranton, t. 14, no 26; Rolland de Villargues, no 132.

266. — L'art. 384, C. civ., réservant au survivant des père et mère l'usufruit légal des biens de ses enfans mineurs de dix-huit ans, il s'ensuit que le contrat de mariage ne pourrait pas enlever cette jouissance légale, qui est un des attributs de la puissance paternelle. — Rolland de Villargues, no 133; Toullier, *Droit civ.*, t. 12, no 15; Bellot des Minières, t. 1er, p. 16.

267. — La renonciation que les futurs époux feraient relativement à l'usufruit qu'ils ont *pendant le mariage* des biens de leurs enfans mineurs, serait-elle également nulle? — La négative est enseignée par M. Zachariæ (*Droit civ. théor. franç.*, t. 3, § 504, no 3), qui se fonde sur ce qu'une telle renonciation ne porte aucune atteinte à la puissance paternelle, n'a rien de contraire à l'ordre public, et sur ce que l'art 1588, loin de la prohiber, paraît plutôt l'autoriser, puisqu'il ne défend de déroger qu'aux droits qui appartiennent au *survivant* des père et mère. — Nous ne saurions nous ranger à cette interprétation judaïque de l'art. 1388-1o, C. civ., parce que l'art. 384 fait de cette jouissance une attribution de la puissance paternelle; 2o parce qu'il y a même raison de décider, quant à cet usufruit, que relativement à celui des survivans des père et mère; 3o enfin parce que Treilhard, dans la discussion au conseil d'état, émit l'avis conforme à la négative et ne fut point contredit. — Locré, *Législ. civ.*, t. 13, p. 166; Toullier, *Droit civ.*, t. 12, no 15; Bellot des Minières, *Contrat de mariage*, t. 1er, p. 16.

268. — Aux termes de l'art. 1389, C. civ., les époux ne peuvent faire aucune convention ou renonciation dont l'objet serait de changer l'ordre légal des successions, soit par rapport à eux-mêmes dans la succession de leurs enfans ou descendans, soit par rapport à leurs enfans entre eux; sans préjudice des donations entre vifs ou testamentaires qui pourront avoir lieu selon les formes et dans les cas déterminés par le présent Code.

269. — Par application de cet article, on devrait déclarer nulle la clause portant que les époux n'hériteraient pas de leurs enfans. — Rolland de Villargues, vo *Contrat de mariage*, no 135; Delvincourt, *Cours de droit civ.*, t. 3, p. 4; Bellot des Minières, t. 1er, p. 18.

270. — Dans l'ancienne jurisprudence, on était dans l'usage de stipuler propres de communauté et de *nature immobilière* certaines choses mobilières, avec la clause qu'elles reviendraient *propres aux siens et à ceux de son côté et ligne*. De là il résultait que le conjoint de l'époux qui avait fait cette déclaration ne pouvait pas recueillir ces biens *de nature immobilière*, et réservés à ceux de *son côté et ligne*, quoiqu'il devînt l'héritier de ses enfans. — Toullier, *Droit civ.*, t. 12, no 20.

271. — Une pareille stipulation serait nulle aujourd'hui comme contraire à l'art. 1389, qui défend aux époux de changer l'ordre légal des successions par rapport à eux dans la succession de leurs enfans. Elle ne produirait d'autre effet que d'exclure la chose mobilière de la communauté. — Toullier, *ibid.*; Merlin, *Rép.*, vo *Emphythéose*, § 6, et vo *Renonciation*, § 1er; Rolland de Villargues, no 141.

272. — Sous l'empire de la loi du 17 niv. an II, des époux ne pouvaient, même par contrat de mariage, faire aucune convention ou renonciation dont l'objet fut de changer par rapport à eux l'ordre légal des successions dans celles de leurs enfans. — *Bruxelles*, 23 août 1806, Devos c. Vanleuven.

273. — On devrait aussi, en vertu de l'art. 1389, C. civ., annuler toute clause qui tendrait à attribuer à l'un des enfans une part plus grande que celle des autres dans la succession de leurs père ou mère. — Rolland de Villargues, no 137; Bellot des Minières, t. 1er, p. 18.

274. — Par là se trouve prohibée la convention par laquelle deux personnes ayant des enfans d'un premier lit, convenaient autrefois, par contrat de mariage, de faire un *affrérissement* entre ces enfans et ceux qui naîtraient de leur mariage. — Merlin, *Rép.*, vo *Affrérissement*.

275. — Nous en dirons autant de la convention qui porterait que l'aîné aura une part plus grande que les autres dans la succession de toute autre personne que les père et mère, par exemple dans celle d'un frère qui décèderait avant lui.

276. — Pareillement, est nulle la clause d'un contrat de mariage par laquelle l'un des époux stipule que, dans un cas donné, une partie de ses biens sera dévolue aux héritiers paternels, au préjudice de tels des héritiers maternels, et réciproquement. — *Bruxelles*, 16 mars 1824, Tournay.

277. — Nous avons déjà démontré *suprà* qu'on devrait également annuler la clause qui tendrait à changer l'ordre légal des successions sur lesquelles les époux peuvent compter, autres que celles de leurs enfans.

278. — N'est pas valable la convention par laquelle une fille renoncerait par contrat de mariage à la succession de ses père et mère en faveur de ses frères, en déclarant qu'elle se contente de la dot que lui assurent ses parens. — Rolland de Villargues, no 139, et Toullier, t. 12, no 19.

279. — La validité des clauses d'un contrat de mariage est soumise aux conditions essentielles de toutes les conventions en général. Et les auteurs se prononcent pour la nullité de celles qui ne réuniraient pas ces conditions. — Toullier, t. 12, no 17; Rolland de Villargues, vo *Contrat de mariage*, no 158.

280. — En conséquence, la clause par laquelle l'un des époux s'engagerait à ne pas vendre son bien, ou s'interdirait d'en disposer au profit de telle personne désignée, serait nulle, parce que l'autre époux n'y aurait aucun intérêt. — L. 61, ff., *De pactis*; Merlin, *Rép.*, vo *Renonciation*, § 1er; Toullier, t. 12, no 18; Duranton, t. 14, no 30.

281. — Il suit de là que la clause par laquelle des futurs époux renonceraient, dans leur contrat de mariage, à s'avantager pendant le mariage n'est pas obligatoire. — *Cass.*, 19 juill. 1809, Thiercelin c. Michaux; 15 juill. 1812, Villers c. de Spangen; Merlin, *Rép.*, vo *Renonciation*, § 1er, no 3; Duranton, t. 14, no 30.

282. — Il en est ainsi surtout si cette renonciation n'est faite au profit d'aucune personne désignée, parce qu'elle ne constitue plus alors qu'une simple abnégation, *sans motif*, de la faculté de disposer. — *Cass.*, 21 déc. 1818, de Greische c. Scitivaux; *Dijon*, 3 avr. 1819, mêmes parties.

283. — Pour la validité du contrat de mariage, comme pour celle de tous les contrats, il est indispensable que les parties dont elles règlent les intérêts donnent leur consentement aux clauses qui y sont exprimées.

284. — Aussi on a jugé qu'il y a lieu de déclarer nul l'acte réglant des conventions matrimoniales dans lequel le père de la future a figuré et stipulé sans mandat spécial pour sa fille absente, et alors que rien n'établit qu'avant la célébration du mariage celle dernière ait ratifié les engagemens pris en son nom. — *Nîmes*, 28 déc. 1841 (t. 2 1842, p. 105), Manen et Mourgues c. Geminard.

285. — ... Et que le consentement de la future aux publications de bans et à la célébration de son mariage ne peut être considéré comme une ratification des conventions arrêtées par son père, en son absence et sans mandat, dans l'acte de mariage. — Même arrêt.

286. — Décidé cependant que les conventions matrimoniales arrêtées par le père et la mère, et au nom de la future, mineure, qui n'était point présente lors de la rédaction du contrat anténuptial, sont pleinement ratifiées au moyen de l'exécution dudit contrat par cette dernière résultant de son consentement à la célébration du mariage. *Toulouse*, 15 juin 1844 (t. 1er 1844, p. 735), Aujentis c. Pignères.

287. — Une autre prohibition est portée dans l'art. 1390 à la liberté des conventions matrimoniales. Cet article est ainsi conçu : « Les époux ne peuvent plus stipuler d'une manière générale que leur association sera réglée par l'une des coutumes, lois ou statuts locaux qui régissaient ci-devant les diverses parties du territoire français, et qui sont abrogés par le Code. »

288. — Observons, du reste, que cet article a plutôt pour but de soumettre tout le territoire à une loi uniforme que de porter atteinte à la liberté des conventions matrimoniales. Si cette disposition n'eût pas été insérée dans le Code, il eût été à craindre que la force de l'habitude ne portât les notaires à s'y reporter fréquemment. — Duranton, t. 12, n° 31.

289. — En conformité il a été jugé que la stipulation d'augment et de contre-augment, dans un contrat de mariage, est prohibée par l'art. 1390, C. civ., si, pour l'apprécier, on est obligé de se référer à l'ancienne coutume. — *Cass.*, 28 août 1833, Brun c. Marchand.

290. — De même, la stipulation en faveur de la femme, dans un contrat de mariage, à titre *d'augment, de bagues et joyaux*, quoiqu'elle présente une libéralité évidente, est permise ; cependant, cette stipulation doit être annulée, si, pour être appréciée dans son ensemble, on est obligé de se référer à des lois abolies. — *Grenoble*, 6 juin 1829, Brun c. Marchand.

291. — Il suit de l'art. 1390, C. civ., que les parties ne pourraient pas stipuler valablement, qu'elles adoptent tel article de telle coutume ; car si on admettait l'opinion contraire, il faudrait dire que les futurs époux ont le droit de se référer à trois ou quatre articles de telle coutume ou à tous les articles compris entre le premier et le dixième, etc., de manière à retomber indirectement dans le danger qu'on a voulu éviter. — Duranton, t. 12, n° 32. — V. toutefois Toullier, t. 12, n° 7, note.

292. — Du reste il est permis aux futurs époux d'extraire textuellement de telle coutume qu'il leur plaît choisir une disposition qui s'y trouve, et de l'insérer dans leur contrat de mariage, où elle produira son effet, si elle n'a rien de contraire au Code, aux lois ni aux mœurs. — *Contrà* Bellot des Minières, t. 1er, p. 29 ; t. 4, p. 504 ; Toullier, t. 12, n° 14.

293. — Dans presque toutes les provinces de droit écrit, et spécialement dans les ressorts des parlemens de Grenoble, Toulouse et Bordeaux, et dans les provinces du Lyonnais, de Forez et de Beaujolais, on stipulait ordinairement dans les contrats de mariage un *augment* et des *bagues et joyaux*. Ces libéralités sont connues sous le nom de *gains de survie*. — Benoît, *Tr. de la dot*, t. 1er, n° 35. — V. AUGMENT, BAGUES ET JOYAUX, GAINS DE SURVIE.

294. — On s'est demandé si la loi du 17 niv. an II, abolitive des coutumes et usages relatifs à la transmission des biens par succession et donation, s'appliquait aux avantages statutaires accordés par les coutumes aux époux survivans, en ce sens que des époux mariés depuis cette loi ne puissent plus les invoquer ?

295. — Dans le sens affirmatif, on dit : La loi du 17 niv. a positivement et expressément statué sur les avantages assurés entre époux, dans certains pays, par les statuts et coutumes. L'art. 61 de cette loi, en abrogeant les coutumes et usages relatifs à la transmission des biens par succession et donation, s'applique indistinctement à tous les dons et avantages matrimoniaux assurés à l'épouse par la loi, lesquels, étant un don réel dont la condition et l'effet étaient subordonnés au prédécès du mari, participent de la nature des donations et successions, et sont par cela même compris dans la disposition qui régit l'un et l'autre, qui abroge pour l'avenir tous avantages et toutes libéralités qui ne résulteraient que de la force et de la disposition de la loi, et non de la convention. — V. Merlin, *Rép.*, v° *Gains nuptiaux*, § 4, qui expose cette opinion pour la combattre.

296. — Le système affirmatif, celui de l'abolition, a été consacré par arrêts de : — *Cass.*, 20 oct. 1807, Stayssens ; 6 mars 1811, Leclerc ; 26 mai 1812, Valkiers ; 7 déc. 1812, Dasnoy c. Neuville ; 20 déc. 1812, Reder ; 8 janv. 1813, Leclerc ; *Metz*, 8 avr. 1813, Jean c. Adam ; 2 juin 1814, Faultrier ; 10 juin 1814, Vivien ; *Colmar*, 20 déc. 1814, Reder ; *Rouen*, 30 août 1824, de Saint-Paër ; *Caen*, 10 mai 1824, Juhel-Mette c. Lemoutier. — V. dans ce sens Chabot, *Quest. transitoires*, v° *Douaire coutumier*, § 1er ; Merlin, *Rép.*, v° *Gains nuptiaux*.

297. — Dans le sens négatif, on dit : La loi du 17 nivôse a établi des règles nouvelles, mais si l'art. 3 de cette loi reconnaît les mêmes effets d'irrévocabilité dans les avantages statutaires que dans ceux expressément stipulés, il n'en résulte pas que ces avantages sont des donations proprement dites et de la même nature ; ainsi, les gains conférés par les statuts aux époux ne se trouvent pas atteints par les articles 1er et 61 de la même loi, qui n'abolissait que les « lois, coutumes, usages et statuts *relatifs à la transmission des biens par succession ou donation.* » — Merlin, *ibid.*, et *Quest.*, v° *Gains nuptiaux*.

298. — La négative, c'est-à-dire le système de la non-abolition, a été consacrée par arrêts de : — *Trèves*, 30 août 1811, N... ; *Bruxelles*, 19 nov. 1816, Valkiers ; *Nancy*, 20 fév. 1812, Leclerc ; *Bruxelles*, 4 messid. an XII, Gœnens ; *Trèves*, 20 janv. 1818, N... *Liége*, 1er juin 1832, Willems.

299. — En conséquence de ce système, les époux qui ont contracté mariage depuis la loi du 17 niv. an II, peuvent encore réclamer les dons et avantages matrimoniaux résultant des coutumes et statuts locaux antérieurs à cette loi. — *Bruxelles*, 16 fév. 1809, Walkiers.

300. — Du reste, la loi du 17 niv. an II, en abolissant les coutumes qui établissaient de plein droit des gains de survie, n'avait pas défendu aux époux d'en stipuler dans leur contrat de mariage, et de se référer à ces coutumes pour en fixer le montant. — *Angers*, 31 mars 1830, Treton c. Chollet. — V. GAINS DE SURVIE.

301. — En présence de l'art. 1390, C. civ., il n'est pas douteux que tous les avantages *légaux* résultant des anciennes coutumes ne puissent pas être invoqués par ceux qui se seraient mariés sous l'empire de cet article, puisqu'il abroge ces coutumes. — Merlin, *Rép.*, v° *Gains nuptiaux*.

302. — Mais il est permis aux époux de *stipuler expressément* des gains de survie, notamment un préciput. — Merlin, *ibid.* — V. GAINS DE SURVIE, PRÉCIPUT.

303. — La loi du 17 nivôse an II a donné lieu à la même question et spécialement à l'égard du tiers coutumier accordé par la coutume de Normandie. Elle a également reçu des solutions en sens opposé. — V. TIERS COUTUMIER.

304. — Il a été jugé que l'art. 1390, C. civ., qui défend aux époux de régler d'une manière générale leurs conditions matrimoniales, par l'une des coutumes abrogées par le Code, ne s'applique point à un testament, surtout si le testateur n'a invoqué une ci-devant coutume que par forme d'instruction et uniquement pour faire mieux connaître le mode de représentation d'après lequel il appelle ses parens à sa succession. — *Bruxelles*, 16 fév. 1822, Demanet c. Watripont ; *Cass.*, 19 juill. 1810, Mirlavaud c. Charjerol ; *Bourges*, 13 déc. 1814, Chaumereuil. — V. Merlin, *Quest.*, v° *Testament*, § 15.

305. — Jugé toutefois que, sous l'empire du Code civil, la disposition par laquelle un testateur déclare d'une manière générale qu'il veut que sa succession soit partagée suivant ce que prescrivait une ancienne coutume abrogée, qu'il désigne, est nulle. — *Cass.*, 23 déc. 1828, Lanos ; *Angers*, 21 juill. 1827, mêmes parties ; *Gand*, 6 juill. 1833, N....

306. — Du reste, les époux peuvent déclarer, d'une manière générale, qu'ils entendent se marier ou sous le régime de la communauté ou sous le régime dotal. — C. civ., art. 1391. — V. le § suivant.

307. — Si le contrat de mariage contient quelque clause ou condition contraire à la loi, à l'ordre public ou aux bonnes mœurs, cette clause ou condition sera nulle, ainsi que celles qui s'y rattachent comme conséquence ou condition ; mais les autres dispositions du contrat ne sont pas nulles, car il est de règle que *utile per inutile non vitiatur*. — Duranton, t. 4, n° 33 ; Rolland de Villargues, n° 169.

308. — Jugé ainsi que bien qu'une stipulation soit reconnue illicite dans un contrat de mariage, les autres clauses n'en sont pas moins valables. — *Cass.*, 16 janv. 1838 (t. 1er 1838, p. 543), Berlaud et Lapoirière c. Maurat.

309. — Si la clause contraire à la loi était insérée dans une donation faite par contrat de mariage aux époux ou à l'un d'eux, soit par un tiers, soit par l'un à l'autre, elle ne devrait pas être annulée, mais la condition réputée non écrite, aux termes de l'art. 900, C. civ. — Duranton, *Cours de dr. franç.*, n° 34.

§ 2. — *Régime sous lequel les futurs époux peuvent se marier.*

310. — On appelle *régime de mariage* l'ensemble des règles que le Code civil a tracées pour suppléer l'absence de dispositions spéciales de la part de futurs époux qui n'ont pas fait de contrat de mariage ou qui ont déclaré d'une manière générale qu'ils entendaient adopter les règles de la communauté, de la dotalité, de la séparation de biens ou de l'exclusion de communauté.

311. — Les futurs époux peuvent, en effet, déclarer d'une manière générale qu'ils entendent se marier sous le régime de la communauté ou sous le régime dotal. — Au premier cas, et sous le régime de la communauté, les droits des époux et de leurs héritiers sont réglés par les dispositions du chap. 2, tit. 5, liv. 3, C. civ. — Au deuxième cas, et sous le régime dotal, leurs droits sont réglés par les dispositions du chap. 3. — C. civ., art. 1391.

312. — S'il n'y a point de stipulations spéciales qui dérogent au régime de la communauté en la modifiant, la communauté légale forme le droit commun (art. 1393, C. civ.) ; le régime dotal n'est admis qu'exceptionnellement et en vertu d'une déclaration expresse des parties. — Duranton, t. 14, n° 82. — V. COMMUNAUTÉ, DOT.

313. — Quoique l'art. 1391 semble ne reconnaître que deux régimes de mariage, il y a cependant quatre régimes principaux tout aussi distincts les uns des autres que la communauté l'est du régime dotal : 1° le régime de la communauté légale ou modifiée par des conventions (C. civ., art. 1399, 1496, 1497 et 1528) ; 2° celui d'exclusion de la communauté sans séparation de biens (C. civ., art. 1529-1535) ; 3° la séparation de biens (C. civ., art. 1536-1539) ; 4° le régime dotal proprement dit (C. civ., art. 1540-1581). — Duranton, t. 14, n° 73.

314. — Il suffit de comparer ces quatre régimes entre eux pour reconnaître qu'ils diffèrent aussi essentiellement l'un de l'autre que le régime dotal de celui en communauté. En effet, le régime de séparation de biens est tout-à-fait distinct du régime en communauté, puisque sous ce dernier le mari a l'administration des biens de sa femme, administration qu'il n'a pas sous le régime de séparation de biens, puisque de plus les biens mobiliers des époux sont la copropriété des deux sous le régime en communauté, ce qui n'arrive pas sous la clause de séparation. Cette clause est aussi distincte du régime dotal sous lequel le mari administre la dot et en jouit, ce qu'il ne fait pas quand il y a séparation de biens ; sous lequel encore la dot est inaliénable en principe, ce qui n'a lieu *ipso jure* qu'autant qu'il y a constitution de dotalité. La séparation de biens diffère encore de l'exclusion de communauté, en ce que dans la première, la femme administre ses biens et en jouit, avantage qu'elle n'a pas dans la seconde. Quant à la clause *d'exclusion de communauté*, nous venons de dire en quoi elle diffère de celle de séparation de biens. Elle se distingue du régime en communauté, en ce que, comme sa dénomination l'indique, il n'y a pas de copropriété entre les époux résultant de l'association conjugale, et du régime dotal ; en ce que la dot n'y est pas, comme sous ce dernier régime, envisagée sous un rapport particulier, et en ce que l'inaliénabilité n'en résulte pas *ipso jure*. — Duranton, *Cours de droit franç.*, t. 14, n° 74.

315. — La communauté est une société de biens entre mari et femme, dont la composition et les effets sont déterminés par la loi, à défaut de conventions de la part des époux. — Les parties peuvent modifier les effets de la communauté ainsi qu'elles le jugent à propos, pourvu que leurs conventions à cet égard n'aient rien de contraire aux dispositions des art. 1387, 1388, 1389 et 1390, en sorte qu'elle est conventionnelle ou légale, ou plutôt mixte, c'est-à-dire légale et conventionnelle à la fois, puisqu'elle est régie par les dispositions du Code, dans tous les points auxquels les époux n'ont pas dérogé explicitement ou implicitement par leurs conventions. — Art. 1528, C. civ. ; — Duranton, t. 14, n° 93. — V. COMMUNAUTÉ.

316. — Le régime exclusif de communauté est celui sous lequel les époux ont déclaré se marier sans communauté, sous lequel chacun d'eux conserve la propriété de son patrimoine, et sous lequel les biens qui composent la dot de la femme ne sont pas de droit inaliénables. — Zachariæ, *Dr.*

civ. théor. franç., t. 3, no 531. — V. EXCLUSION DE COMMUNAUTÉ.

317. — Le régime de séparation de biens est celui sous lequel la femme conserve l'administration et la jouissance de ses biens, sauf la contribution qu'elle doit fournir pour subvenir aux charges du mariage. — C. civ., art. 1537. — V. SÉPARATION DE BIENS.

318. — Le régime dotal est celui sous lequel la dot est envisagée d'une manière spéciale, et où les biens qui la composent sont, de droit, inaliénables. — V. DOT.

319. — Tous ces régimes peuvent être combinés entre eux, ou modifiés au gré des futurs époux, pourvu que leurs conventions n'aient rien de contraire aux lois ni aux mœurs. — C. civ., art. 1387, 1497, 1534, 1530, 1575 et 1581.

320. — C'est ainsi que les parties peuvent déroger explicitement ou implicitement au régime en communauté, et que ces dérogations ne s'étendent point aux autres effets de la communauté légale, à laquelle les époux restent soumis pour le surplus comme s'il n'y avait pas eu de contrat. — C. civ., art. 1528 ; — Duranton, t. 14, no 79.

321. — De même, on peut cumuler le régime dotal avec le régime en communauté. — C. civ., art. 1581 ; — Toullier, *Dr. civ.*, t. 12, no 372 ; Bellot des Minières, *Contrat de mariage*, t. 1er, p. 22 et 24; Rolland de Villargues, *Rép. du not.*, vo *Contrat de mariage*, no 93; Duranton, *C. de dr. franç.*, t. 15, no 297.

322. — Jugé ainsi que les époux qui n'adoptent pas le régime dotal peuvent cependant stipuler dans leur contrat de mariage que les immeubles de la femme ne seront aliénables que sous de certaines conditions, telles, par exemple, que celle de remploi. — C. civ., art. 1387. — Dans ce cas, cette stipulation devient tellement obligatoire pour les acquéreurs de ces immeubles, qu'à défaut d'exécution, la vente est nulle, et, par suite, la femme ou ses héritiers peuvent revendiquer les immeubles vendus. — *Lyon*, 31 mars 1840 (t. 2 1840, p. 735), Chopelin c. Cartelier ; *Rouen*, 10 juill. 1821, Montgrard ; *Cass.*, 22 nov. 1820, Dubontay-Rivière.

323. — Disons également que la clause d'exclusion de communauté peut être mélangée de celle de séparation de biens, puisqu'elle n'empêche pas les époux de convenir que, sur ses seules quittances, la femme touchera annuellement certaine portion de ses revenus pour son entretien et ses besoins personnels. — C. civ., art. 1534. — V. EXCLUSION DE COMMUNAUTÉ.

324. — Ajoutons que le régime dotal est presque toujours mélangé de la clause de séparation de biens, puisque, sous ce régime, l'administration et la jouissance des biens paraphernaux appartiennent à la femme comme au cas de séparation de biens. — V. PARAPHERNAUX.

325. — Il suffira aux futurs époux qui veulent adopter le régime en communauté d'en faire la déclaration expresse, et, dans ce cas, leurs conventions seront réglées par la loi elle-même dans le chap. 2 du titre *Du contrat de mariage*. — C. civ., art. 1391. — V. COMMUNAUTÉ.

326. — Ils peuvent même ne pas faire de contrat de mariage, et, dans ce cas, leurs biens seront soumis au régime en communauté, car ce régime forme le droit commun de la France. — C. civ., art. 1393 et 1399.

327. — Pour la soumission au régime dotal, une simple déclaration, même expresse, serait au contraire imparfaite; car sous ce régime il n'y a que ce que la femme se constitue ou qui lui est donné en contrat de mariage qui soit dotal. — C. civ., art. 1541.

328. — Dans le cas où les futurs époux ont fait la déclaration expresse qu'ils se marient sous le régime dotal, mais sans qu'il y ait eu de biens constitués en dot, tous les biens de la femme sont paraphernaux, ce qui équivaut au régime de séparation de biens. — C. civ., art. 1575; — Duranton, t. 15, no 332.

329. — La simple déclaration que la femme se constitue ou qu'il lui est constitué des biens en dot ne suffit pas pour soumettre ces biens au régime dotal, s'il n'y a une déclaration expresse à cet égard. — C. civ., art. 1392.

330. — Sans cette disposition il eût été souvent difficile de savoir quel est le régime que les époux ont voulu adopter, car sous tous il y a une *dot*, sauf le caractère particulier sous lequel cette dot est envisagée dans le régime dotal. — Rolland de Villargues, *ibid.*, no 87.

331. — La soumission au régime dotal ne résulte pas non plus de la simple déclaration faite par les époux qu'ils se marient sans communauté, ou qu'ils seront séparés de biens. — C. civ., art. 1392. — Cet article établit clairement les quatre régimes de mariage que nous avons reconnus nonobstant la rédaction peu claire de l'art. 1391.

332. — La simple déclaration qu'on entend se marier sous le régime dotal ne suffit pas pour frapper de dotalité les biens futurs de la femme non spécialement constitués en dot. — En conséquence, l'acquéreur d'un immeuble vendu par les époux ne peut se refuser de payer son prix jusqu'à justification, par le mari, d'un remploi solide, encore bien que cet immeuble ait été acquis pour *faire emploi* de deniers échus à la femme par succession. — *Bordeaux*, 20 janv. 1832, Durand c. Lassou.

333. — Sous l'empire du Code civil, lorsque le contrat de mariage ne porte pas expressément que les époux entendent se soumettre au régime dotal, l'élection du mari pour procureur général et irrévocable de la femme dans ce contrat, ne suffit pas pour établir l'adoption du régime dotal par ces époux. — *Grenoble*, 12 fév. 1830, Rostaing c. Eym et Bonin.

334. — La soumission au régime dotal ne suffit pas pour rendre dotaux tous les biens de la femme; tous ceux qui n'ont pas été spécialement constitués en dot sont paraphernaux. Ainsi, lorsqu'une femme, soumise, par son contrat de mariage, au régime dotal, s'est seulement constitué en dot une somme d'argent et ses meubles et effets mobiliers, ces objets seuls sont dotaux et inaliénables; les immeubles de la femme sont paraphernaux. — *Limoges*, 4 août 1827, Samie c. Meunier.

335. — Pour que les immeubles d'une femme mariée en communauté soient réputés soumis au régime dotal, il ne suffit pas que le contrat de mariage porte que les immeubles de l'épouse sont exceptés de la communauté, et lui tiendront nature de dot ; il faut que la stipulation d'inaliénabilité des biens soit formelle. — *Rouen*, 11 juill. 1826, Doré c. Montgrard.

336. — La stipulation que les époux se marient *sans communauté*, et que la femme se constitue *dotaux* les biens qu'elle apporte en mariage, ne suffit pas pour soumettre ces biens au régime dotal, s'il ne résulte pas d'une déclaration expresse des époux qu'ils ont entendu adopter ce régime. — *Cass.*, 11 juill. 1820, Rey-Giraud c. Martin.

337. — La stipulation d'une somme en *dot*, d'un *augment de dot* et d'un *douaire*, ne peut être considérée ni comme une soumission au régime dotal ni comme une exclusion de la communauté. — *Turin*, 23 juill. 1808, Arnaud c. hosp. de Busca.

338. — La stipulation de remploi consignée dans un contrat de mariage n'emporte point soumission au régime dotal. — *Toulouse*, 24 mars 1830, Delglat c. Guiraud.

339. — De même, la clause par laquelle, dans un contrat de mariage contenant stipulation du régime de la communauté, il est convenu « que les biens propres de la femme ne seront aliénés qu'à la charge de remploi par le mari, » n'imprime pas à ces propres le caractère de dotalité. — Le seul effet de cette clause est de conférer à la femme un recours contre son mari, en cas de vente sans remploi; mais elle n'apporte pas obstacle à ce que ces propres soient saisis par les créanciers de la femme, pour raison des obligations que celle-ci aurait pu contracter envers eux. — *Cass.*, 29 déc. 1841 (t. 1er 1842, p. 43), Tissot c. Chavot.

340. — Du reste, les termes *constitués en dot* ne sont pas sacramentels et peuvent être remplacés par des expressions équivalentes, pourvu qu'elles ne laissent aucun doute sur l'intention des parties. — Spécialement, la clause d'un contrat de mariage par laquelle il a été stipulé *« qu'il n'y aura pas de communauté entre les futurs époux, qu'ils adoptent le régime dotal, et que la future épouse apportera au futur époux ses droits indivis dans la succession de son père, tant mobiliers qu'immobiliers, »* implique suffisamment que l'intention de la femme a été de rendre dotaux les biens provenant de la succession de son père. — *Rennes*, 26 mai 1842 (t. 2 1842, p. 47), Dumesnil et Bellanger c. Mauger. — V. DOT.

341. — Pour établir le régime dotal, avant le Code civil, dans les pays où la communauté était de droit commun, il ne fallait pas une exclusion formelle de ce droit ; il suffisait de constituer *dotaux* les biens de la femme. — *Paris*, 1er août 1825, Rousseau c. Dulon.

342. — Une convention de contrat de mariage portant soumission au droit écrit *pour le surplus des biens présens et à venir*, est une création de biens extradotaux ou paraphernaux, et rend la femme mariée habile à jouir seule des biens ainsi soumis au droit écrit, quelque part qu'ils soient situés, même dans la ci-devant coutume de Bourbonnais. — *Riom*, 23 janv. 1809, Saint-Herem c. Jusserand.

343. — Lorsque dans un contrat de mariage se trouvent d'abord une déclaration générale des époux qu'ils entendaient se marier sous le régime dotal, et ensuite une constitution particulière du mobilier de la part de la femme, les immeubles que celle-ci possède sont paraphernaux, et par conséquent, aliénables. — *Cass.*, 9 juin 1829, Meunier c. Samie ; — Tessier, *Tr. de la dot*, t. 1er, p. 33. — V. au surplus COMMUNAUTÉ, DOT, EXCLUSION DE COMMUNAUTÉ, SÉPARATION DE BIENS.

§ 3. — *Quelle loi régit le contrat de mariage. — Rétroactivité. — Interprétation.*

344. — Nous avons dit (*suprà* nos 7 et suiv.) que relativement à la *forme*, le contrat de mariage était régi par la loi du lieu où il était passé. — Quant à ses dispositions en elles-mêmes, on les considère comme de statut personnel, partant comme soumises à la loi du domicile des parties. — L. 65, ff., *De judiciis*. — Boullenois, *Des stat.*, part. 2e, tit. 3, obs. 38; Lebrun, *De la communauté*, liv. 1er, ch. 2, no 42; Pothier, *Communauté*, nos 11 et 14; Duranton, *C. de dr. franç.*, t. 14, nos 16 et 83; Rolland de Villargues, no 190.

345. — Jugé, dans ce sens, que la loi qui régit l'association conjugale est celle du domicile matrimonial. — *Paris*, 30 janv. 1838 (t. 1er 1838, p. 169), de Sainneville c. Gilbert et Baignères.

346. — En conséquence, à défaut de contrat de mariage, les droits des époux sont exclusivement réglés par le statut du lieu où ils avaient leur domicile, sans qu'ils puissent déroger à ses dispositions, ni par un contrat postérieur, ni par un nouveau mariage, fondés sur la prétendue nullité du premier. — *Paris*, 27 mars 1824, Noel et Deblée c. Decroos.

347. — Jugé de même que, dans l'ancien droit, l'individu originaire d'un pays de communauté dans lequel il possédait tous ses biens, qui venait demeurer en Normandie, s'y mariait et retournait, peu après son mariage, dans son pays natal, ne pouvait être considéré comme normand quant à ses conventions matrimoniales. — *Caen*, 14 sept. 1824, de Puisaye c. de Coulonges. — Pothier, *Communauté*, nos 11 et 14; Duranton, *C. de dr. franç.*, t. 14, no 84.

348. — *Quid* si les futurs époux avaient un domicile différent et dont la loi ne serait pas la même ? — On applique la loi du domicile du mari, parce que la femme est censée avoir l'intention d'adopter cette loi, et en outre parce que, en se mariant, elle suit le domicile de son mari. — L. 65, ff., *De judiciis*. — Lebrun, *Communauté*, liv. 1er, ch. 2; Pothier, *loc. cit.*; Merlin, *Rép.*, vis *Autorisation maritale*, § 10, et *Conventions matrimoniales*, § 2; Rolland de Villargues, *Répert. du notar.*, vo *Contrat de mariage*, no 192.

349. — Il a été jugé toutefois que le contrat de mariage est régi par la loi du lieu où il est passé, et non par celle du domicile du mari. — *Grenoble*, 30 juin 1829, sous *Cass.*, 15 juill. 1833, Dallen c. Leclet.

350. — On a jugé qu'en l'absence du contrat de mariage, c'est la loi du lieu où les époux ont entendu fixer leur domicile, et non celle du domicile d'origine du mari, non plus que du lieu où le mariage a été célébré, qui règle le sort des conventions matrimoniales. — L'appréciation de la question de savoir quel domicile et quelle loi matrimoniale les époux ont entendu adopter rentre exclusivement, et sans recours possible en cassation, dans les attributions des juges du fond. — *Cass.*, 20 déc. 1836 (t. 1er 1837, p. 537), Dagès c. Laborde.

351. — Pour l'interprétation des conventions matrimoniales ou pour y suppléer, les époux sont censés adopter la loi du domicile conjugal. — *Cass.*, 25 janv. 1843 (t. 1er 1843, p. 675), de Sainneville c. de Narbonne-Pelet, Gébert et Baignières.

352. — De même, avant le Code, les conventions matrimoniales se réglaient non par la loi du lieu où le contrat de mariage était passé et où le mariage était célébré, mais par celle du domicile des époux ; et ce domicile était celui du mari ou celui que les époux se proposaient de choisir et choisissaient de fait immédiatement après la célébration du mariage. — *Cass.*, 7 fév. 1843 (t. 1er 1843, p. 537), Cisterne c. Dupin.

353. — Jugé, dans le même sens, qu'on entend par domicile matrimonial, non pas le domicile d'origine du mari, ni le lieu où le mariage est célébré, ni celui de la résidence de l'un ou de l'autre époux à cette époque, mais bien le domicile où les époux avaient l'intention de se fixer en se mariant, et où ils ont réellement fixé, après le mariage, leur principal établissement. — *Cass.*, 25 janv. 1843 (t. 1er 1843, p. 675), de Sainneville c. de

Narbonne-Pelet, Gibert et Baignières; — Merlin, *Rép.*, vo *Divorce*, sect. 4e, § 10; vo *Communauté*, § 1er, no 3; vo *Domicile*, § 9; vo *Autorisation maritale*, sect. 10e, no 5; Roussilhe, *De la dot*, ch. 4, sect. 1re, no 63; Lebrun, *Des successions*, liv. 2, ch. 3, sect. 9e.

354. — Du reste, le domicile des époux, quant à la loi qui régit l'association conjugale, est irrévocablement fixé au jour du mariage. — C'est donc dans les faits antérieurs à sa célébration qu'on doit puiser les élémens de décision sur la question de savoir quel a été ce domicile. — *Lyon*, 14 août 1838 (t. 1er 1839, p. 103), de Sainneville c. Belingard; — Nouveau Denisart, vo *Communauté de biens*, § 4, no 5.

355. — Le principe qui fait qu'on applique la loi du domicile du mari est à invoquer aussi bien pour les *stipulations du mariage*, telles que la dot et les donations contractuelles, que pour les droits qui *sont la suite du mariage*, tels que le réglement de la communauté. — Merlin, *Rép.*, vo *Conventions matrimoniales*, § 2, no 5, p. 829.

356. — Par application du principe de la non rétroactivité des lois, il a été jugé qu'un don mutuel entre époux, stipulé par contrat de mariage, est régi, quant à ses effets, par la loi existante au moment du contrat, et non par celle en vigueur à l'époque où le droit s'est ouvert par le décès de l'un des époux. — *Cass.*, 18 mai 1812, Wirion; *Paris*, 6 août 1810, mêmes parties; *Bruxelles*, 2 mai 1812, Lenfant c. Petit; *Cass.*, 9 juill. 1812, D'Abadie c. Leclerc. — Ricard, *Donations*, 1re part., no 791; Nouveau Denisart, vo *Donation entre-vifs*, § 3, nos 5 et 6; Chabot, *Quest. trans.*, vo *Donation*, § 3; Grenier, *Donations*, p. 92. — V. *contrà* Merlin, *Rép.*, vo *Effet rétroactif*, sect. 3e, art. 6. — Nous allons citer une série de décisions qui ont fait une application spéciale de ce principe aux conventions matrimoniales.

357. — Il a été jugé que ce sont les lois en vigueur au moment du contrat de mariage, et non celles du jour de la célébration, qui doivent servir à déterminer le régime sous lequel les époux ont entendu se marier. — Ainsi, les époux qui avaient stipulé leur contrat de mariage, avant la publication du Code civil, dans un pays (en Corse) où l'on n'admettait que le régime dotal, sont présumés s'être mariés sous ce régime, bien que la célébration du mariage devant l'officier de l'état civil n'ait eu lieu qu'après la publication du Code. — Dans ce cas, on peut invoquer l'application de l'art. 1569, C. civ., concernant la répétition de la dot. — *Bastia*, 4 mai 1836, Pieraggi.

358. — De même, les conventions matrimoniales entre Juifs, passées à une époque où ils ne jouissaient pas des droits civils, doivent être observées, nonobstant toutes lois existantes alors ou survenues depuis. — Ainsi, dans de pareilles conventions passées autrefois dans un pays de droit écrit, on a pu n'avoir aucun égard à la légitime des enfans. — *Cass.*, 26 août 1835, Blocq c. Berr.

359. — Jugé encore que c'est la loi en vigueur au moment de la célébration du mariage qui doit seule être suivie pour régler la révocabilité et le sort des conventions matrimoniales, soit expresses, soit tacites, tant pendant le mariage que dans le cas de séparation ou de décès. Ainsi, les changemens que des époux bruxellois ont faits, sous le Code civil, à leur contrat de mariage passé sous l'empire de leur coutume, doivent être maintenus. *Bruxelles*, 11 mai 1818, N...; 8 mai 1819, N...; — Merlin, *Quest.*, vo *Séparation de corps*.

360. — De même, les droits des époux mariés avant la promulgation du Code civ., encore que l'exercice ou la jouissance de ces droits ne s'ouvre que postérieurement à cette publication, doivent être réglés d'après les dispositions soit de leur contrat de mariage, soit des lois sous l'empire desquelles le mariage a été célébré. Spécialement, la femme mariée sous l'empire d'une coutume qui lui assurait pour sa dot et son douaire un privilége sur les créanciers ultérieurs de son mari, a conservé ce privilége nonobstant la promulgation du Code de commerce, et bien que la faillite du mari n'ait été déclarée que depuis cette promulgation. — *Paris*, fév. 1813, Tousserat.

361. — Les avantages nuptiaux de l'époux survivant doivent être réglés d'après le statut local, oique le mariage contracté sous l'empire de ce tui n'ait été dissous qu'après la publication de la loi du 17 niv. an II, et qu'il existe des enfans us de ce mariage ou d'un précédent. — *Trèves*, 28 août 1811, N... — V. GAINS NUPTIAUX.

362. — Les droits résultant d'un statut légal ou d'un contrat de mariage sur une certaine espèce biens reconnue par la législation féodale n'ont int été anéantis par les lois postérieures des août 1789, 15 mars et 19 sept. 1790. — On doit considérer comme statut réel l'art. 4, chap. 33, chartes du Hainault, qui attribuait à la femme la propriété de la moitié des biens connus sous la dénomination de *mains-fermes* que le mari acquérait pendant le mariage, à la différence des acquêts de fiefs et d'alleux qui, d'après ces chartes, appartenaient en totalité au mari. Dès-lors, la femme mariée sous l'empire de ces mêmes chartes a droit à la moitié des acquisitions que son mari a faites, quoique ces acquisitions soient postérieures aux lois des 4 août 1789, 15 mars et 19 sept. 1790, qui ont déclaré libres tous les biens de *mains-fermes*, s'il n'est pas méconnu que les biens acquis par le mari étaient des *mains-fermes* avant ces dernières lois. — *Cass.*, 23 avr. 1823, Laurent c. Destrées.

363. — Le statut matrimonial, c'est-à-dire la loi sous l'empire de laquelle les époux se sont mariés, régit à toujours l'association conjugale. Cette loi, qui supplée au contrat, conserve aux biens qui se trouvent à la dissolution de l'association, et par rapport aux époux ou leurs représentans, la même nature qu'ils avaient avant le changement de législation. — *Cass.*, 27 janv. 1840 (t. 1er 1840, p. 206), Dayez c. Deleau; même jour, *ibid.*, Cuvelier c. Létoile.

364. — C'est la loi en vigueur à l'époque où le mariage a été contracté qui, à défaut de contrat anté nuptial, régit les droits matrimoniaux, soit par rapport à la communauté conjugale, soit par rapport à l'usufruit qui compète au survivant des époux dans les biens du prédécédé, et autres droits de survie et gains nuptiaux, par la raison que, lorsqu'ils n'ont pas fait de conventions matrimoniales, ils sont censés avoir adopté toutes les dispositions y relatives qu'embrasse la coutume sous la domination de laquelle ils se sont unis, et qu'il est de principe *quod eadem sit vis taciti et expressi*. — *Bruxelles*, 30 mars 1823, N...

365. — En conséquence, les époux qui, avant le Code, se sont mariés sans contrat sous l'empire des statuts qui les faisaient succéder l'un à l'autre, n'ont pas été dépouillés de ce *droit* ou de cette *expectative* par l'art. 1390, C. civ. — *Bruxelles*, 23 déc. 1806, Bloqueric.

366. — Les gains de survie statutaires sont régis par la coutume sous l'empire de laquelle le mariage a été contracté, et non par la loi en vigueur à l'époque de la dissolution du mariage. — *Trèves*, 5 janv. 1807, Boudot. — V. GAINS DE SURVIE.

367. — Le Code civil n'a pas aboli les dispositions matrimoniales antérieures à sa publication. Ainsi, des héritiers sont non-recevables à contester à une femme mariée sous un statut qui accordait au survivant la propriété de tous les biens de l'autre époux la succession de son mari prédécédé, sous prétexte que, celui-ci étant mort depuis la promulgation du Code civil, elle n'y avait aucun droit. — *Colmar*, 26 mai 1818, Eppel.

368. — La maxime que les droits et les obligations des époux, tant entre eux qu'à l'égard de leurs créanciers, se règlent par la loi existant lors de la célébration du mariage, reçoit exception dans tous les cas où il s'agit du statut personnel, ou de la capacité ou incapacité de l'un ou de l'autre des époux. — *Cass. belg.*, 4 mai 1827, N...

369. — Par application du principe de non-rétroactivité, il a été jugé que l'art. 1421, C. civ., qui donne au mari le droit de vendre les acquêts de la communauté sans le consentement de la femme, n'est pas applicable aux acquêts faits avant la promulgation du Code, sous l'empire d'un statut qui refusait au mari cette faculté. — *Liége*, 25 janv. 1808, Liers c. Scheffer.

370. — De même, le père marié sous l'empire de la coutume de Normandie et à qui cette coutume donnait la faculté de renoncer à l'usufruit des biens de sa femme en faveur de ses enfans, et au préjudice de ses créanciers, n'a pas perdu cette faculté, dont il n'avait pas jusqu'alors fait usage, par l'effet de la publication du Code civil. — *Cass.*, 9 nov. 1830; Sachon c. Caron.

371. — Jugé également que le droit accordé par la coutume de Normandie à la veuve sur le mobilier de son mari n'était point un droit héréditaire, mais un avantage matrimonial, qui peut être invoqué sous l'empire du Code civil par une femme mariée sous l'empire de la coutume de Normandie. — *Cass.*, 4 août 1807, Mahieu c. Brière; — Merlin, *Rép.*, vo *Gains nuptiaux*, §§ 1 et 3.

372. — ... Et que la femme mariée sous l'empire d'un statut qui lui interdisait l'aliénation de ses propres n'a pas recouvré, par la publication du Code civil, la faculté de les aliéner ou de les hypothéquer. — *Rouen*, 21 avril 1809, Rousseau c. Lecœur.

373. — Mais le mari ne peut, en vertu d'un contrat de mariage antérieur au Code civil, dans lequel les époux se sont soumis pour les avantages à la coutume d'Asti, en Piémont, profiter, sous l'empire du Code civil, de la totalité de la dot de sa femme, au préjudice des enfans du premier lit, sans être tenu de parfaire à ces derniers leur légitime. — *Turin*, 13 fructid. an XII, Placenza c. Cagna. — Cette décision, tout en consacrant le principe de la non-rétroactivité des lois, n'a pas cependant admis l'application entière du statut d'Asti, qui excluait les enfans de la succession de leur mère remariée. La cour de Turin s'est fondée sur ce que la loi du 29 germ. an XI, sous l'empire de laquelle le contrat de mariage cause du procès avait été fait, avait modifié le statut en ce point.

374. — Jugé également que le *tiers-coutumier* (avantage statutaire de la coutume de Normandie, qui transférait aux enfans une partie des biens de leur père) n'a pu avoir lieu, depuis la loi du 17 niv. an II, en faveur d'enfans nés de mariages antérieurs à la publication de cette loi. — *Rouen*, 22 germ. an IX, Delaunai c. Duhamel. — V. TIERS COUTUMIER.

375. — Du reste, il n'est pas douteux que toute disposition à cause de mort, faite même par contrat de mariage, est régie par la loi en vigueur au moment du décès du disposant. — *Cass.*, 3 flor. an XIII, Davrilly c. Spiess.

376. — Et c'est en considérant un don mutuel entre époux comme fait à cause de mort, qu'on lui a appliqué la loi du décès de l'un des époux. — *Paris*, 6 janv. 1806, Nogaret c. Legris. — V. au surplus DONATION, RÉTROACTIVITÉ.

377. — De ce que c'est la loi en vigueur au moment où le contrat de mariage a été passé qu'il faut consulter pour connaître la validité des conventions matrimoniales, il suit que ces dernières doivent être interprétées d'après les règles et les usages qui étaient en vigueur au moment de cette passation.

378. — En conséquence, l'époux survivant qui réclame l'usufruit des biens de l'époux décédé, en se fondant sur un usage général, doit prouver que cet usufruit lui revient en vertu du statut local. — *Trèves*, 19 août 1811, N...

379. — L'interprétation d'une clause d'un contrat de mariage est du domaine exclusif des juges du fait, et ne peut donner ouverture à cassation. — *Cass.*, 22 nov. 1819, Rivière c. Lanoé.

380. — Jugé aussi que la communauté entre époux a pu être valablement stipulée dans un contrat de mariage passé en Normandie sous l'empire de la loi du 17 niv. an II, et avant le Code civil. — Du moins, l'arrêt qui le juge ainsi, en se fondant à cet égard sur la jurisprudence de l'époque et du lieu où le contrat a été passé, ne peut offrir, sous ce rapport, ouverture à cassation. — *Cass.*, 29 fév. 1832, Boulot.

381. — Nous allons citer une série de décisions interprétatives de diverses clauses insérées dans divers contrats de mariage, tant sous l'ancien droit que sous l'empire du Code civil, et sur lesquelles la jurisprudence a eu à se prononcer.

382. — La dévolution que les cout. du Hainaut, de Louvain et de Limbourg faisaient résulter de la dissolution du mariage, en faveur des enfans qui en étaient nés, n'expropriait point l'époux survivant; elle ne conférait aux enfans, sur les biens dévolus, qu'une simple expectative abolie par la loi du 17 niv. an II. — *Cass.*, 8 messid. an XI, Remy.

383. — L'art. 13, L. 17 niv. an II, qui conserve aux époux mariés *antérieurement* à la loi les avantages établis par le statut matrimonial, s'étend même aux avantages faits *au cas de non dispositions* particulières. — *Colmar*, 26 mai 1810, Eppel c. Troestler.

384. — La dévolution établie par la cout. de Namur en faveur des enfans est censée exclue par un contrat de mariage renfermant des clauses et des stipulations incompatibles avec les effets de cette dévolution. — *Liége*, 31 juill. 1811, Gaillard de Fussignier c. Dalemède.

385. — L'exclusion de communauté d'acquêts insérée dans un contrat de mariage ne doit être entendue que pour les acquêts faits particulièrement par le mari ou par la femme et non pour ceux qu'ils peuvent faire conjointement. — *Angers*, 11 mars 1807, Ladurée.

386. — En permettant aux époux *acquêts faisant* de stipuler que le survivant pourrait disposer en toute propriété de l'héritage acquis, les Chartes générales du Hainaut et la cout. de Valenciennes ne leur accordaient qu'une faculté, ou tout au plus qu'un droit subordonné à un fait ultérieur et facultatif, dont l'exercice est interdit par l'art. 1097, C. civ., s'il n'a eu lieu avant la promulgation de ce Code. — Dans tous les cas, si l'époux survivant n'a disposé que de la moitié de l'héritage, ses héritiers ne peuvent exercer à cet égard une action en revendication contre les

héritiers de l'autre époux, laissés en possession de l'autre moitié. — *Douai*, 31 juill. 1837 (t. 1er 1841, p. 163), Deleau c. Genielle.

387. — L'art. 409, cout. Bretagne, qui accordait à la femme la récompense de ses *propres* s'appliquait aux *propres fictifs*, tels que les rentes constituées. — *Cass.*, 10 août 1809, Desmerandais.

388. — La convention stipulée dans un contrat de mariage entre le beau-père et les futurs époux, *de vivre à même pot et feu, et dépense commune, en travaillant à l'avantage commun et en y rapportant leurs fruits*, n'établit pas une société qui porte sur les acquisitions que l'un ou l'autre des associés peut faire pendant sa durée. — *Toulouse*, 9 mai 1810, Garaud c. Tannières.

389. — La disposition faite par un père, dans le contrat de mariage de son fils, de l'universalité de ses biens meubles et immeubles, *en faveur des futurs conjoints*, est censée faite au profit du fils seulement, si la future épouse n'est pas nominativement comprise dans la disposition, et s'il n'est pas indiqué que la disposition profitera personnellement à chacun des époux par moitié. — *Bruxelles*, 9 juin 1810, Marie Cuirel c. Liennard.

390. — Dans l'ancienne jurisprudence, la reconnaissance faite par le mari d'une dot constituée ou augmentée pendant le mariage, en l'absence d'une numération réelle devant les notaires ou de la justification de l'origine des deniers, était considérée comme une donation à cause de mort et ne pouvait être opposée aux créanciers, même postérieurs, du mari. — *Nîmes*, 13 fév. 1810, Testa.

391. — La clause par laquelle la femme, en stipulant le régime dotal, se réserve la faculté de vendre, liciter, aliéner et partager tous les biens qui pourraient lui échoir en accroissement de dot, et ce du consentement du mari, doit être entendue en ce sens que ces divers actes ne peuvent être consentis que par le mari et la femme *conjointement*. — *Cass.*, 12 août 1839 (t. 2 1839, p. 267), Delaloy c. Clapisson.

392. — Sous l'empire de la jurisprudence du parlement de Bordeaux, on a pu considérer la stipulation, par contrat de mariage, d'un agencement réciproque, comme constituant une dette de la succession qui frappait sur les biens propres comme sur les autres biens de l'hérédité. — *Cass.*, 17 août 1830, Ballyas de Soubran c. Bacon.

393. — La clause d'un contrat de mariage, portant que le père du futur époux a reçu le montant de la dot de sa belle-fille et qu'il en garantit le remboursement sur ses biens présens et à venir, peut être déclarée feinte et simulée, sur la demande et à l'égard des frères et sœurs du futur époux, en ce qu'elle n'a eu pour but que d'avantager ce dernier au préjudice des demandeurs; et dans ce cas, les juges peuvent prendre pour base de leur décision des circonstances graves, précises, concordantes, et notamment une contre-lettre, encore que cet acte ne réunisse pas les conditions exigées par les art. 1396 et 1397, C. civ. — *Cass.*, 5 janv. 1831, Col.

394. — De même, la clause d'un contrat de mariage constatant un prétendu apport par la future peut être déclarée feinte et simulée, sur la demande et à l'égard d'un enfant du premier lit, en ce qu'elle n'a eu pour but que d'avantager la future épouse au préjudice de cet enfant; et, dans ce cas, les juges peuvent prendre pour base de cette décision des présomptions graves et concordantes. — *Cass.*, 31 juill. 1833, Romanet.

§ 4. — *Effets des conventions matrimoniales.*

395. — Comme tous les contrats, le contrat de mariage oblige toutes les personnes qui y ont été parties; et les conventions qui y sont faites tiennent lieu de loi à ceux qui les ont consenties. — V. sur ce principe général le mot CONTRAT.

396. — Mais comme toutes les conventions ou promesses portées en un contrat de mariage sont censées faites sous la condition que le mariage aura lieu, il s'ensuit que si le mariage projeté et en vue duquel les engagemens ont été pris ne se réalise pas, on les considère comme non avenus. — L. 17, § 3, ff., *De jure dotium*; — Pothier, *Communauté*, Introduct., no 17; Domat, *Lois civiles*, tit. *Des dots*, sect. 1re, no 35; Rolland de Villargues, no 171.

397. — Si le projet de mariage a été rompu, les conventions qui avaient été arrêtées dans le contrat antérieur à cette rupture ne reprendront pas leur effet, quoique le mariage soit renoué par la suite. — LL. 21 et 22, ff., *De jure dotium*.

398. — Mais, quel que soit l'intervalle qu'on ait laissé écouler entre le contrat et la célébration du mariage, ce contrat produira son effet dès qu'il aura été célébré, sauf le cas où cet intervalle serait, par impossible, de plus de trente ans, laps de temps requis pour prescrire les obligations.

399. — Si les parties avaient d'un commun accord renoncé au contrat de mariage qu'elles avaient consenti, le mariage qui serait par la suite célébré entre les futurs époux qui avaient arrêté ce contrat ne ferait pas revivre les conventions qui y étaient portées. Il n'y a pas à distinguer entre le cas où la résiliation aurait été motivée sur la rupture du mariage et le cas contraire. — LL. 21 et 22, ff., *De jure dotium*; — Rolland de Villargues, nos 175 et 176.

400. — Quand le mariage a été célébré, il y a rétroactivité des conventions jusqu'au jour où le contrat de mariage a été passé. — Domat, *Lois civiles*, tit. *Des dots*, pr.; Rolland de Villargues, no 181.

401. — Les droits et obligations qui naissent du contrat de mariage peuvent être stipulés librement, ainsi que que nous l'avons vu *suprà* sect. 2e, § 1er, nos 206 et suiv. Les futurs peuvent déclarer qu'ils adoptent l'un des quatre régimes que la loi a reconnus sans modifier les dispositions de la loi, auquel cas les règles relatives au régime adopté sont celles tracées par le Code civil. — Nous n'exposerons pas ici quels sont les droits et les obligations qui résultent des divers régimes que la loi reconnaît. Cette matière est traitée aux mots COMMUNAUTÉ, DOT, EXCLUSION DE COMMUNAUTÉ, SÉPARATION DE BIENS.

402. — Disons seulement qu'en général la loi attribue au mari l'exercice de tous les droits conservatoires des biens de sa femme; elle suppose que le mari, par éducation comme par position intellectuelle, est plus propre à une gestion pareille que la femme elle-même. Cependant les droits du mari ne sont point absolus, et la loi a apporté de sages restrictions dans leur exercice. — V. COMMUNAUTÉ, DOT, EXCLUSION DE COMMUNAUTÉ.

403. — Ainsi, un mari ne peut exercer les droits de sa femme en son nom personnel : il est obligé de faire connaître sa qualité de mari. — *Rennes*, 28 avr. 1813, de Boetiez.

404. — Sous le régime de séparation de biens, c'est la femme qui administre ses propres biens et non le mari. — V. SÉPARATION DE BIENS. — Il en est de même des biens paraphernaux lorsque les époux sont mariés sous le régime dotal. — V. PARAPHERNAUX.

405. — Il a été jugé que lorsque le contrat de mariage porte que le survivant des époux jouira des biens et droits du prédécédé, la femme survivante ne peut prétendre que l'immeuble donné au mari en usufruit seulement, et qui a fait retour par suite du décès du donataire sans postérité, doit demeurer grevé du droit de jouissance qui lui est assuré par les conventions matrimoniales. — *Cass.*, 12 juin 1832, Bergay.

406. — Puisque les conventions matrimoniales ne produisent leur effet qu'autant que le mariage en vue duquel elles ont eu lieu a été célébré, il est certain qu'il y a nécessité pour que cet effet soit produit, que le mariage soit valable, car un acte nul est censé n'exister pas. — Pothier, *Commun.*, Introd., nos 14 et 20.

407. — Si le mariage annulé a été contracté de bonne foi, il produit néanmoins ses effets, ainsi qu'il a été dit *suprà* no 151.

408. — Le mari n'est pas garant envers sa femme de la nullité de leur contrat de mariage. — *Bourges*, 10 juin 1817, Damon c. Claint.

409. — En pays de droit écrit, la présence et le consentement du père au contrat de mariage de son fils non émancipé, le rendaient subsidiairement responsable de la dot et même de l'augment stipulés au profit de sa bru. La loi du 28 août 1792, qui rendait tous les fils de famille *sui juris*, n'a pu faire cesser cette obligation résultant d'un mariage antérieur à cette loi. — *Cass.*, 27 déc. 1806, Balastron c. Thévenet.

410. — La preuve n'est admissible contre le contenu aux actes qu'en cas de fraude ou de commencement de preuve par écrit. — Ainsi, quand un contrat de mariage constate l'apport de l'épouse, on ne peut, sous prétexte de simulation, quand il n'existe ni preuve littérale ni commencement de preuve par écrit, prétendre que cet apport soit un avantage indirect; la demande en nullité de l'apport doit donc, dans ce cas, être déclarée non-recevable. — *Angers*, 6 juill. 1809, Ouvrard c. Dagneau.

V. AUGMENT, AUTORISATION DE FEMME MARIÉE, BAGUES ET JOYAUX, BREVET (acte en), COLONIES, COMMUNAUTÉ, DONATION, DOT, ENREGISTREMENT, EXCLUSION DE COMMUNAUTÉ, GAINS NUPTIAUX, GAINS DE SURVIE, MANDAT, MARIAGE, NOTAIRE, PARAPHERNAUX, RÉTROACTIVITÉ, SÉPARATION DE BIENS, TIERS COUTUMIER.

CONTRAT PIGNORATIF.

Table alphabétique.

CONTRAT PIGNORATIF. — 1. — Contrat par lequel un débiteur vend un immeuble à son créancier, moyennant la somme qui lui est due, sous la condition de pouvoir le racheter pour le même prix dans un certain temps, immeuble que le créancier reloue ensuite à son débiteur pour le même temps, moyennant une somme que celui-ci s'oblige à lui payer annuellement pour lui tenir lieu des intérêts de sa créance.

2. — Sous la législation romaine, aucun texte de loi ne décidait qu'une vente faite par un débiteur à son créancier, avec faculté de rachat et relocation, dût être regardée comme un contrat pignoratif. — *Cass.*, 24 fruct. an VIII, Dalban c. Bona.

3. — Celui qui avait acquis d'un individu propriétaire en vertu d'un contrat pignoratif, devenait propriétaire incommutable par la prescription de trente ans. — Même arrêt.

4. — Dans nos anciens parlemens, où, à l'exception de quelques uns, le prêt d'argent sans aliénation du capital ne pouvait produire d'intérêts licites, toute impignoration, directe ou indirecte, était sévèrement défendue. Lorsqu'il apparaissait que sous la forme d'un acte de vente les parties avaient déguisé un prêt à intérêt, même au taux le plus modéré, et que l'immeuble vendu en apparence n'était effectivement que donné en antichrèse, on restituait à l'acte sa véritable qualification, celle de contrat pignoratif, et on l'annulait comme usuraire. — Leprêtre, 4e cent., ch. 10; Toullier, t. 9, no 313; Chardon, *Du dol et de la fraude*; Duvergier, *de la Vente*, t. 2, no 11.

5. — Mais la prohibition du contrat pignoratif n'a jamais existé dans le ressort du parlement de Grenoble. — *Cass.*, 16 juin 1806, Gerbeu c. Guillermet; — Merlin, *Rép.*, vo *Pignoratif (contrat)*, § 2. — Ce contrat était également autorisé par les coutumes du Maine et d'Anjou. — Brodeau sur Louet, lettre *A*, somm. 14; Loyseau, liv. 1, ch. 7 *Du déguerpissement*, nos 15 et suiv.

6. — Les principaux caractères auxquels on reconnaissait les contrats pignoratifs prohibés dans nos parlemens étaient la faculté de rachat, la relocation au vendeur et la vilité du prix. — *Besançon*, 8 germ. an XI, Ligier c. Brenot; 8 flor. an XII, N.... — Dumoulin, *Quest.* 35; d'Argentré, cons. 3; Duranton, t. 16, no 430; Merlin, *ubi suprà*.

7. — Le prix n'était réputé vil qu'autant qu'il y avait au moins lésion d'outre-moitié. — Mêmes arrêts. — Bouvot, vo *Retrait conventionnel*, Quest. 1.

8. — Quelquefois, le concours de deux de ces caractères, la faculté de rachat et la relocation, suffisait pour faire considérer comme pignoratif le contrat qualifié d'acte de vente. — *Toulouse*, 2 pluv. an XII, Bellan c. Dufour et Lafont; — Duranton, t. 16, no 430.

9. — Mais on ne pouvait annuler comme contrat pignoratif une vente à réméré faite sans relocation au vendeur. — *Cass.*, 16 juin 1806, Gerbeu c. Guillermet. — La relocation était donc une condition essentielle de l'existence de ce contrat. V., au surplus, Brillon, *Dict. des arrêts*, vo *Contrat pignoratif*.

10. — Depuis la loi des 3-12 oct. 1789, qui a permis le prêt à intérêt, et surtout pendant que le taux de l'intérêt a été illimité, le contrat pignoratif a cessé d'être proscrit; mais il a été peu en usage.

11. — Ainsi, sous l'empire des lois qui ont permis le prêt à intérêt, un acte de vente a dû être déclaré valable, bien qu'il fût entaché des principaux caractères du contrat pignoratif, et notamment de la faculté de rachat et de la stipulation de bail en faveur du vendeur. — *Cass.*, 6 frim. an VIII, Lambert c. Gautherot; 24 fruct. an VIII, Dalban c. Bona; 22 niv. an IX, Roy c. Petit; *Besançon*, 15 germ. an XIII, Cart c. Perny; — Merlin, *Rép.*, vo *Contrat pignoratif*, § 2.

12. — ... Lorsque, d'ailleurs, cet acte contient stipulation précise de vente pure et simple et le délai de rachat. — *Cass.*, 22 niv. an IX, Roy c. Petit.

13.—Avant le Code et depuis 1789, la stipulation par laquelle il était convenu que si, à l'échéance d'une obligation, le créancier n'était pas remboursé, il deviendrait propriétaire de tels ou tels immeubles désignés pour le montant de sa créance, a pu également être considérée, non comme une vente conditionnelle, mais comme un contrat pignoratif licite. — *Rouen*, 22 messid. an XI, Motte c. Cherville.

14.—Ce contrat ne donnait, dans ce cas, au créancier que le droit de faire vendre les biens s'il n'était pas payé, ou de se les faire adjuger après estimation. — Même arrêt.

15.—Jugé aussi que sous l'empire de la loi du 3 oct. 1789, qui permettait de stipuler les intérêts sur prêt, et de celle du 14 fruct. an III, qui supprimait l'action en rescision pour lésion, un contrat pignoratif déguisé sous la forme d'une vente a pu être annulé comme usuraire, encore bien que les trois circonstances de la faculté de rachat, de la relocation et de la vilité du prix s'y trouvassent réunies. — *Poitiers*, 5 prair. an XII, Tiffereau c. Laurence et Gentils.

16.—Le Code civil et la loi du 3 sept. 1807, qui a fixé le taux de l'intérêt conventionnel, n'ont point défendu le contrat pignoratif. Ce contrat devrait donc aujourd'hui recevoir son exécution, comme toute autre convention, pourvu qu'il ne fût entaché ni de fraude ni d'usure.—Toullier, t. 9, nº 343; Duvergier, *De la vente*, t. 2, nº 11.

17.—S'il avait pour objet et pour résultat d'exiger un intérêt au-dessus du taux légal, c'est-à-dire celui qui est fixé par la loi du 3 sept. 1807, il devrait être annulé comme illicite. — *Pau*, 17 mai 1830, Muratté c. Castets; — Duranton, t. 16, nº 431.

18.—Les caractères auxquels on reconnaît aujourd'hui l'impignoration sont, comme sous l'ancienne jurisprudence, la stipulation de la faculté de rachat, la relocation, la vilité du prix et l'habitude de l'acquéreur de prêter à usure. — *Toulouse*, 10 août 1812, Murat c. Huc et Noyrit; *Caen*, 2 juin 1842 (t. 1er 1843, p. 244), Miette c. Marie; — Duvergier, *loc. cit.*

19.—Ainsi la vente avec faculté de rachat peut être annulée comme renfermant un prêt usuraire, si à la circonstance de la vilité du prix se joignent l'habitude d'usure, la relocation et la continuation de possession du vendeur après l'expiration du délai de rachat.—*Aix*, 9 mars 1834, Amouroux c. Chastellas; —Duranton, t. 16, nº 431.

20.—Toutefois, les trois premiers caractères peuvent, sans qu'il y ait habitude d'usure de la part de l'acquéreur, constituer un contrat pignoratif. — *Pau*, 17 mai 1830, Muratté c. Castets. — V. *contrà Besançon*, 3 avr. 1822, Besson c. Henry.

21.—En conséquence, le contrat qualifié acte de vente qui réunit ces trois caractères, bien que passé depuis la loi du 3 sept. 1807, sur le prêt à intérêt, doit être considéré comme n'étant qu'un contrat pignoratif déguisant un prêt usuraire, et, comme tel, déclaré nul. — *Toulouse*, 10 août 1812, Murat c. Hue et Noyrit; *Colmar*, 25 juill. 1821, Federlin c. Zoepffel.—Alors surtout que la réalité de l'existence du prêt est encore démontrée par les circonstances de la cause.—*Colmar*, 12 fév. 1831, Durck c. Zwickel; 28 déc. 1839 (t. 1er 1840, p. 431), Schneider et Baumler c. Emmanuel et Benjamin Lewy; *Bordeaux*, 19 avr. 1821, Vielmont c. Delpeca; *Montpellier*, 25 août 1829, Montagnol c. Sicard; *Limoges*, 28 juin 1838 (t. 2 1838, p. 472), Feuillade c. Clédière.

22.—Quoiqu'il n'y ait point vilité dans le prix d'une vente à réméré, les juges peuvent néanmoins, si, par exemple, la relocation au vendeur a été faite pour une somme excédant l'intérêt légal du prétendu prix de vente, décider que cette vente n'est qu'un contrat pignoratif et en prononcer la nullité. — *Colmar*, 10 juin 1819, Henriet c. Schnebelen; *Bordeaux*, 27 août 1827, Larose c. Baron.

23.—La relocation étant de l'essence du contrat pignoratif, il s'ensuit qu'on ne peut considérer comme renfermant un contrat pignoratif une vente faite sous faculté de rachat et à vil prix, dans laquelle le vendeur s'est réservé de percevoir, en tout ou en partie, les fruits que pourrait produire l'immeuble vendu pendant le terme fixé pour le rachat. — *Pau*, 15 fév. 1826, Saint-Germain c. Drouilhet. —V. *contrà* Chardon, *Du dol et de la fraude*, t. 3, nºs 510 et 512.

24.—Cependant, il n'est pas nécessaire pour que le contrat soit considéré comme pignoratif que la relocation soit faite dans l'acte même de vente à réméré; elle peut avoir lieu par un acte séparé, pourvu que les deux actes concourent ensemble. — *Montpellier*, 25 août 1829, Montagnol c. Sicard.

25.—La clause de réméré est, comme la relocation, un des caractères essentiels du contrat pignoratif; aussi les tribunaux ne peuvent-ils annuler une vente déguisant un contrat de prêt qu'autant que le réméré a été stipulé, lors même que l'immeuble vendu aurait été donné à bail au vendeur, et surtout si le bail a été résilié antérieurement, sans que ce dernier ait excipé du vice d'impignoration.—*Colmar*, 24 déc 1839 (t. 1er 1840, p. 559), Lafrenaye c. Lewy.

26.—Toutefois, la relocation immédiate de l'immeuble au vendeur, et l'obligation par celui-ci, devenu preneur, de payer les impôts et de faire les dépenses de grosses réparations, ne sont pas destructives d'une vente à réméré, et ne la font pas dégénérer en contrat pignoratif, lorsque la simulation et l'usure ne sont pas établies... L'appréciation du contrat réel appartient aux cours royales, dont la déclaration en ce point est souveraine. —*Cass.*, 23 déc. 1845 (t. 1er 1846, p. 182), Potheau c. Caillaut.

27.—Jugé que la vilité du prix seule ne saurait suffire pour donner à un acte de vente le caractère de contrat pignoratif. — *Caen*, 2 juin 1842 (t. 1er 1843, p. 244), Miette c. Marie.

28.—Lorsque, dans une vente à réméré suivie de relocation au vendeur, ne se rencontre pas le troisième caractère généralement admis comme constituant l'impignoration : la vilité du prix, des présomptions graves, précises et concordantes, peuvent néanmoins faire décider que cette vente n'est, dans la réalité, qu'un contrat pignoratif, renfermant des stipulations usuraires, et motiver l'annulation du contrat.—*Cass.*, 22 mars 1810, Rey; 18 janv. 1814, Ressouche c. Motsch; 3 mars 1825, Bernard c. Devaux; *Rennes*, 20 fév. 1816, Jason c. Haranchipy;—Chardon, t. 3, nº 512; Duvergier, *De la vente*, t. 2, nº 11; Merlin, *Quest.*, vº *Contrat pignoratif*, nº 3.

29.—Et l'arrêt qui juge ainsi en fait échappe à la censure de la cour de cassation. — *Cass.*, 3 mars 1825, Bernard. — V. aussi *Cass.*, 23 déc. 1845 (t. 1er 1846, p. 182), Potheau c. Caillaut.

30.—La preuve testimoniale peut être reçue pour établir qu'un acte de vente, argué de simulation par l'une des parties contractantes, masque en effet un contrat pignoratif et des intérêts usuraires. — Toullier, t. 9, nº 313; Duvergier, *ubi suprà*.

31.—Ces auteurs ne paraissent point subordonner l'admission, en cette matière, de la preuve testimoniale à un commencement de preuve par écrit. Mais, d'après la cour de Turin, il est indispensable qu'il y ait déjà un commencement de preuve par écrit pour que la preuve par témoins de la simulation soit admissible. — *Turin*, 9 juill. 1812, Saint-Vital c. Bellone.

32.—Il a été décidé dans un autre sens que l'acte de vente qui ne contient au profit du vendeur que la faculté de rachat et la stipulation de bail ne peut être annulé comme constituant un contrat pignoratif prohibé par les lois, alors surtout qu'il a eu lieu en faveur d'un créancier hypothécaire qui, en raison de cette vente, a consenti la radiation de ses inscriptions. —*Colmar*, 29 mai 1813, N...

33.—Le débiteur qui attaque comme entaché d'impignoration un acte de vente à réméré, suivi de relocation, ne peut être déclaré non-recevable par le motif qu'il aurait consenti un second bail après l'expiration du délai stipulé pour le rachat, ce fait ne pouvant équivaloir à une reconnaissance de sa part de la sincérité de la vente. — *Limoges*, 26 mai 1838 (t. 2 1838, p. 508), Thévenot c. Bauby.

34.—La vente qui ne contient en réalité qu'un contrat pignoratif peut être déclarée nulle sur la demande en déguerpissement de l'acquéreur, lors même qu'il se serait écoulé plus de dix ans depuis le contrat si le vendeur est toujours resté en possession de l'objet aliéné. Là ne s'applique pas la prescription de l'art. 1304, C. civ. — *Aix*, 9 mars 1834, Amouroux c. Chastellas.

35.—Lorsqu'un acte de vente à réméré est annulé comme déguisant un contrat pignoratif, l'acquéreur n'a droit qu'au remboursement de son capital avec intérêts au taux légal et les sommes qu'il aurait reçues à titre de prix de ferme et qui excéderaient l'intérêt légal devraient être imputées sur le capital. — *Montpellier*, 25 août 1829, Montagnol c. Sicard.

36.—Si l'acquéreur à réméré avait vendu l'immeuble, la simulation du contrat pignoratif ne pourrait être opposée aux tiers qui auraient acquis de bonne foi cet immeuble. — *Besançon*, 3 avril 1822, Besson c. Henry. — *Contrà Colmar*, 12 févr. 1831, Durck c. Zwickel.

V. DEMANDE NOUVELLE, ENREGISTREMENT, PRÉSOMPTIONS, PREUVE TESTIMONIALE.

CONTRAT SOLENNEL.

C'est celui dont l'existence dépend de l'emploi de certaines solennités. — V. CONTRAT, nºs 61 et suiv.

CONTRAT SYNALLAGMATIQUE.

C'est le même que le contrat bilatéral. —V. CONTRAT, nºs 26 et suiv.

CONTRAT A TITRE ONÉREUX.

C'est celui qui assujétit chacune des parties à donner ou à faire quelque chose. — C. civ., art. 1106. — V. CONTRAT, nºs 41 et suiv.

CONTRAT D'UNION.

V. FAILLITE.

CONTRAT DE VENTE.

V. VENTE.

CONTR'AUGMENT.

1.—C'était un gain nuptial et de survie qui avait lieu pour le mari, sur la dot de la femme prédécédée, et qui consistait en ce que le mari survivant retenait une partie de la dot de la femme prédécédée. On l'appelait aussi droit de rétention ou gain de survie. — Bretonnier, *Quest. alphab.*, vº *Augment*; Guyot, vº *Contr'augment*.

2.—Ce gain de survie s'appelait aussi contr'augment, parce qu'il était opposé à l'augment, et qu'il n'était accordé que dans le cas où l'augment n'aurait pas lieu.— Boucher d'Argis, *Tr. des gains nuptiaux*, p. 59.

3.—A l'exception de quelques coutumes, par exemple, celles de Toulouse, de Bordeaux, et les locales d'Auvergne, qui accordaient au mari survivant des droits sur la dot de la femme, le contr'augment n'avait lieu, même dans les pays de droit écrit, qu'en vertu d'une stipulation expresse. — Denisart, vº *Contr'augment*, nº 2.

4.—Il y avait donc deux espèces de contr'augment : l'un coutumier et légal qui était dû en vertu de la coutume et sans stipulation, comme à Toulouse, l'autre conventionnel et qui n'était dû que quand il était expressément stipulé en vertu du contrat de mariage.

5.—Le contr'augment légal ou coutumier était dû au mari, même lorsqu'il y avait des enfans nés de son mariage avec sa défunte femme. Il n'en était pas de ce gain de survie comme de l'augment de dot, qui n'était dû à la femme que proportionnellement à sa dot; le contr'augment était dû au mari, quoiqu'il n'eût aucun bien de son chef, et même quand il aurait été dit par le contrat de mariage que la femme n'aurait pas d'augment.

6.—Mais le mari ne pouvait prétendre au contr'augment que sur les biens dotaux; les biens paraphernaux en étaient exceptés, à moins que, par une convention expresse, ils n'y eussent été assujétis. — Boucher d'Argis, *Tr. des gains nuptiaux*, p. 71.

7.—Dans les provinces où le contr'augment était dû sans stipulation, la quotité en était réglée par la coutume. —Mais on pouvait, par le contrat de mariage, convenir que le contr'augment serait plus fort ou moindre que le taux réglé par la coutume.

8.—Le contr'augment, tant légal que conventionnel, appartenait au mari survivant, à l'exclusion des héritiers de la femme, et même à l'exclusion du père ou de tout autre personne qui avait pu constituer la dot, et lors même que le constituant aurait été vivant lors de la dissolution du mariage. — Guyot, *Rép.*, vº *Contr'augment*.

9.—Si le mari et la femme venaient à mourir ensemble, sans qu'on pût savoir lequel des deux était prédécédé, les héritiers du mari avaient le droit de retenir sur la dot reçue le contr'augment coutumier ou conventionnel. — Ce n'était pas que la femme fût présumée avoir succombé la première; mais, pour révoquer la donation du contr'augment, il fallait que le donateur eût survécu : or, dans l'espèce proposée, le droit des héritiers du mari et celui des héritiers de la femme paraissant égaux pour prétendre respectivement au gain de survie, la condition des héritiers du mari qui détiennent la dot était la meilleure, et ils devaient être autorisés à retenir le contr'augment. Il en aurait été différemment si le mari n'eût pas reçu la dot, ses héritiers n'auraient pu exiger de ceux de la femme le contr'augment, à moins qu'ils n'eussent justifié que le mari avait survécu.—Boucher d'Argis, p. 73; Guyot, *Rép.*, vº *Contr'augment*.

10.—Le mari ne devait pas être privé du con-

tr'augment légal ou conventionnel parce que durant le mariage la dot lui aurait été enlevée, de peur qu'il ne la perdît, ou parce que le mariage se serait dissous avant l'échéance du terme accordé par le mari pour le paiement de la dot. — Boucher d'Argis, p. 74.

11. — Le contr'augment, étant une libéralité, était soumis à toutes les conditions de révocation pour ingratitude.— V. Dumoulin, Cout. de Bourgogne, art. 229.

12.—Le contr'augment appartenait en propriété aux enfans nés du mariage, quand même ils auraient renoncé à la succession de leur père; celui-ci n'avait que l'usufruit du contr'augment, et pour le cas seulement où il ne se remarierait pas, il pouvait disposer d'une part virile d'enfant en propriété.

13. — Si, au décès de la femme, il n'y avait pas d'enfans, le contr'augment appartenait en pleine propriété au mari, qui pouvait alors en disposer à son gré.

14. — Quand la femme avait survécu au mari, les héritiers de celui-ci ne pouvaient prétendre de droit au contr'augment sous quelque prétexte que ce fût, la loi prohibant les conventions qui empêchent la restitution de la dot à la femme vivante. — L. 2, ff., De jure dotium.

15. — Sur l'effet du contr'augment stipulé sous le Code civil par contrat de mariage, V. AUGMENT, n° 49.

CONTRAVENTION.

1.—C'est l'infraction à une loi, à une ordonnance ou même à un règlement en matière fiscale ou de police. Ce mot s'emploie aussi généralement pour violation d'une loi, d'une convention, d'une obligation. — V. CRIMES, DÉLITS ET CONTRAVENTIONS.

2. — En matière fiscale, il existe trois classes principales de contraventions, comme il existe trois classes d'amendes; elles sont relatives : 1° à l'enregistrement; — 2° au timbre; — 3° au notariat. — V. ACTE NOTARIÉ, ENREGISTREMENT, NOTAIRE, TIMBRE.

CONTREBANDE.

1. — Dans le sens le plus large et plus usuel, ce mot désigne toute infraction aux lois de douane qui prohibent d'une manière absolue l'importation ou l'exportation de certains produits ou marchandises, ou qui les frappent d'un droit à l'entrée ou à la sortie.

2. — Dans cette acception se trouvent confondues la contrebande et la fraude : cependant le nom de fraude convient plus spécialement à l'acte qui a pour but d'éluder le paiement des droits imposés, soit sur les marchandises étrangères dont l'importation est permise, soit sur les marchandises nationales dont l'exportation est autorisée. — V. DOUANES.

3. — Le mot contrebande désigne donc spécialement, dans sa signification étroite et véritable, l'introduction ou la sortie de produits ou marchandises, malgré la prohibition absolue dont ils sont l'objet.

4. — La contrebande a toujours été sévèrement réprimée : les peines qui l'atteignent sont pécuniaires ou correctionnelles; elles peuvent même être afflictives et infamantes, lorsque la contrebande a eu lieu avec attroupement et port d'armes. — LL. 47 déc. 1814 et 21 avr. 1848.

5. — Dans ce dernier cas même, aux termes de l'art. 4, 13 flor. an XI, la peine de mort devait être prononcée contre les auteurs, complices et assureurs de la contrebande. — V. ASSURANCE MARITIME, ASSURANCE TERRESTRE.

6. — La confiscation doit être prononcée dans tous les cas où le fait de contrebande est constaté. Elle frappe non seulement sur les objets de contrebande, mais encore sur les navires, chevaux et autres moyens de transport. — V. COMMERCE MARITIME, ASSURANCE MARITIME.

7. — Autrefois la connaissance des attentats commis par les bandes de contrebandiers appartint à la chambre ardente.—V. CHAMBRE ARDENTE, n°s 7 et 8.

8. — La loi du 22 août 1791 attribua aux tribunaux de district la connaissance de toutes les contestations relatives aux douanes.

9. — Mais, plus tard, la contrebande s'étant organisée sur un pied menaçant pour la sûreté publique, les cours spéciales et ensuite les cours prévôtales des douanes furent chargées de réprimer les actes d'agression ou de rébellion qui présentaient un plus haut degré de gravité.— V. COUR PRÉVÔTALE DES DOUANES.

10.— Aujourd'hui les faits de contrebande sont,

suivant la gravité des cas, de la compétence des juges de paix, des tribunaux correctionnels ou des cours d'assises. — LL. 17 déc. 1814, 28 avr. 1816 et 21 avr. 1818.

11. — En ce qui concerne la contrebande des marchandises dont le gouvernement s'est réservé le monopole, V. CARTES A JOUER, POUDRES ET SALPÊTRES, SELS, TABAC.

V. au surplus DOUANES. — V. aussi ASSURANCE MARITIME, ASSURANCE TERRESTRE, BARATERIE DE PATRON, BILLET A ORDRE, CAPITAINE DE NAVIRE, CESSION DE BIENS, COLONIES, COMMERCE MARITIME, COMMISSIONNAIRE DE TRANSPORT, COMPLICITÉ, CHAMBRE ARDENTE.

CONTREBANDE DE GUERRE.

C'est l'action par laquelle, en temps de guerre, un vaisseau neutre porte ou tente de porter à l'une des nations belligérantes des armes, munitions ou autres marchandises utiles à la guerre.— V. PRISES MARITIMES.

CONTRE-CŒUR.

Espèce de contre-mur placé au fond de l'âtre d'une cheminée, et adossé au mur contre lequel elle est construite. — On l'appelle aussi contre-feu ou chantilis. — V. CHEMINÉE.

CONTREDIT.

1. — Ecritures ou défenses fournies par l'une des parties contre la production de l'autre dans les affaires qui s'instruisent par écrit. — V. INSTRUCTION PAR ÉCRIT.

2. — On donne aussi le nom de contredit aux dires par lesquels, en matière de distribution par contribution et d'ordre, une ou plusieurs parties contestent l'état provisoire des collocations arrêtés par le juge commissaire. — V. DISTRIBUTION PAR CONTRIBUTION, ORDRE.

CONTRE-ENQUÊTE.

Enquête faite par opposition à une autre et ayant pour objet de la contredire. — Lorsqu'une enquête est ordonnée sur la demande d'une partie, la contre-enquête est de droit. — V. ENQUÊTE.

CONTREFAÇON.

Table alphabétique.

CONTREFAÇON. — 1. — Ce mot exprime, dans son acception la plus large, une atteinte au droit qui résulte de la propriété des œuvres littéraires, artistiques ou industrielles.

2. — Le mot contrefaçon a prévalu sur celui de contrefaction, quoique ait été quelquefois employé, et désigne à la fois l'acte de contrefaire et le produit de cet acte. Du reste, comme le remarque M. Renouard (Tr. des dr. d'auteur, t. 2, n° 4), le mot contrefaçon ne répond pas toujours à la signification étymologique, car il y a souvent contrefaçon sans qu'il y ait fabrication ou façon contraire à une loi ou à une fabrication légitime.

3. — Suivant notre législation, les produits de l'intelligence humaine se divisent en deux classes, suivant qu'ils se réfèrent à l'industrie ou à des ouvrages de littérature, de science et d'art. L'on ne pouvait, en effet, assimiler, ni, par suite, soumettre à des règles identiquement semblables les découvertes industrielles de Jacquard et les œuvres du génie de Corneille.

4. — Ainsi, en matière de brevets d'invention, la contrefaçon est définie, par l'art. 40, L. 5 juill. 1844 : — « Toute atteinte portée aux droits du breveté, soit par la fabrication de produits, soit par l'emploi de moyens faisant l'objet de son brevet. » — On a traité, sous le mot BREVET D'INVENTION, (n°s 448 et suiv.), tout ce qui est relatif aux caractères spéciaux de cette espèce de contrefaçon, à sa poursuite et à sa répression.

5. — La contrefaçon artistique et littéraire, qu'il ne faut pas confondre avec le plagiat, est définie par l'art. 425, C. pén. : — « Toute édition d'écrits, de composition musicale, de dessin, de peinture ou de toute autre production, imprimée ou gravée, en entier ou en partie, au mépris des lois et règlemens relatifs à la propriété des auteurs. »

6. — Aux termes de cette définition, la contrefaçon suppose nécessairement l'existence des droits d'un auteur sur son œuvre; il paraît logique de ne présenter le détail des principes qui la concernent que comme un corollaire de la propriété littéraire dont ils constituent la sanction. Nous nous bornerons donc à indiquer ici les notions les plus générales.

7. — Le droit de propriété des auteurs, auquel se réfère en terminant la définition du Code pénal, se trouve consacré par l'art. 4er, L. 49 juill. 1793, ainsi conçu : — « Les auteurs d'écrits en tout genre, les compositeurs de musique, les peintres et dessinateurs, qui feront graver des tableaux ou dessins, jouiront durant leur vie entière du droit exclusif de vendre, faire vendre, distribuer leurs ouvrages, dans le territoire de la république, et d'en céder la propriété en tout ou en partie.» — V. PROPRIÉTÉ LITTÉRAIRE.

8. — Ainsi d'abord, la loi étend sa garantie aux écrits de tout genre; or, il n'est pas douteux que ce ne soit également à ceux-là que fait allusion l'art. 425, C. pén. En matière de contrefaçon, peu importent donc l'inégal mérite des écrits, leur valeur relative et leur utilité différente. Les écrits même les plus humbles et les plus infimes, pourvu toutefois que l'auteur y ait mis quelque chose de son intelligence, sont susceptibles d'être protégés par l'action en contrefaçon. — V. conf. Gastambide, Répertoire de la propriété littéraire. Clavel et Hélie, Th. du C. pén., t. 7, p. 573; El. Blanc, Tr de la contrefaçon, p. 267; Nion, Dr. civ. des auteurs, artistes et inventeurs, p. 69 et suiv.; Godron, De la prop. littér. en Angleterre, trad. par Th. Regnault, p. 20 et suiv.; Favard de Langlade, Rép. de législ., v° Propriété littéraire, § 2, n° 2; Renouard, Tr. des dr. d'auteur, t. 2, n° 47 et suiv.

9. — Spécialement, la protection de la loi écrite et pénale s'étend notamment aux compilations faites sur des matériaux tombés dans le domaine public, alors surtout qu'elles ont exigé, pour leur exécution, le discernement du goût, l'échoix de la science et le travail de l'esprit. — Rouen, 25 oct. 1842 (t. 44e,1844, p. 170), Didot c. Réville et Lemaire. — V. dans le même sens Cass., 2 août. 1814, Leclère c. Villeprend et Brunet; — Merlin, Rép. v° contrefaçon, 511; Pic, C. des libr. et des imprim., t. 4e, n° 499; H. Celliez, C. annoté de la presse, p. 11, 12; Et. Blanc, loc. cit., p. 313; Gastambide, n°s 54 et 55; Godson, loc. cit., p. 34 et suiv.; F. Hélie, suprà; Renouard, Dr. des auteurs, t. 2, n° 45. — V. au surplus PROPRIÉTÉ LITTÉRAIRE.

10. — Indépendamment de la garantie que leur offre l'art. 425, C. pén., contre la contrefaçon proprement dite, les auteurs d'ouvrages dramatiques ont une ressource spéciale, puisqu'il sera fait mention plus tard (V. infrà n° 28), contre une autre espèce d'atteinte qui pourrait être portée à leur droit, par la voie de la représentation illicite.

11. — Les arts du dessin et de la peinture sont aussi compris dans l'énumération que donne l'art.

425, C. pén., des productions de l'esprit qu'il protège contre la contrefaçon. Cette protection leur est, du reste, acquise sans distinction, c'est-à-dire, soit qu'il s'agisse du plus médiocre tableau, et même de la plus mince esquisse, ou d'un chef-d'œuvre d'un de nos grands maîtres.—V. dans le même sens Chauveau et Hélie, *Th. du C. pén.*, t. 7, p. 586; Gastambide, *Tr. des contrefaçons*, no 284; Et. Blanc, *Tr. de la contrefaçon*, p. 517; Renouard, *loc. cit.*, t. 2, nos 79 et suiv.—V. PROPRIÉTÉ LITTÉRAIRE.

12.— Quant à la contrefaçon des dessins industriels ou de fabrique, V. DESSINS DE FABRIQUE, PROPRIÉTÉ INDUSTRIELLE.

13.— Il résulte encore du texte de l'art. 425, C. pén., dont la rédaction large est conforme à celle de l'art. 7, L. 19 juill. 1793, qu'indépendamment des écrits de tout genre, des œuvres dramatiques, des compositions musicales, des arts du dessin et de la peinture, *toute autre production*, et par conséquent l'art de la sculpture, peut également invoquer la protection de la loi. C'est ce que prouve invinciblement le dernier alinéa de l'art. 427, C. pén., où le législateur, en ordonnant que les planches, *moules* ou *matrices* des objets contrefaits seront confisqués, se réfère évidemment au cas de contrefaçon d'un ouvrage de sculpture.— V. conf. *Cass.*, 17 nov. 1814, Robin c. Romagnesi; *Paris*, 9 fév. 1832, Ameling c. Duclos; — Et. Blanc, *Tr. de la contrefaçon*, p. 548; Gastambide, no 352; Nion, *Dr. civ. des auteurs, artistes et inventeurs*, p. 76; Merlin, *Rép.*, vo *Contrefaçon*, § 16; Godson, *loc. cit.*, p. 124 et suiv.; Renouard, *Tr. des dr. d'auteur*, t. 2, no 34; Rauter, *Dr. crim. fr.*, t. 2, no 552.

14.— Ce qui précède paraît devoir s'appliquer non seulement à la sculpture d'art proprement dite, mais encore aux nombreuses *industries à sculptures*, comme, par exemple, à l'industrie des bronzes, à celle des fontes de fer, des estampages sur métaux, des fers blancs de l'orfévrerie, des porcelaines, terres cuites, cristaux et verreries, des cartons pierre ou pâte, des marbreries, plâtres, sculptures en bois, en nacre, en ivoire, etc. — V. PROPRIÉTÉ INDUSTRIELLE, PROPRIÉTÉ LITTÉRAIRE.

15.— Quel que soit, au surplus, l'objet auquel s'applique la contrefaçon, l'art. 425, C. pén., constate implicitement que ce délit suppose trois élémens, qui sont : — la reproduction totale ou partielle d'une œuvre littéraire, scientifique ou artistique; — le fait d'un préjudice réel ou possible par suite de l'atteinte portée aux droits d'auteur, tels qu'ils résultent de la loi du 19 juill. 1793; — enfin la fraude dont cette reproduction doit être accompagnée, puisque, dans notre législation, il ne peut avoir de délit, sans intention frauduleuse. — conf. Chauveau et Hélie, *Th. du C. pén.*, t. 7, 553 et suiv.; Et. Blanc, p. 388, 438 et suiv.; Gastambide, nos 39 et 72.—V. PROPRIÉTÉ LITTÉRAIRE.

16.— La contrefaçon étant un délit, le ministère public a le droit d'en poursuivre d'office les auteurs. — *Cass.*, 7 prair. an XI, Bossange c. Moutardier.

17.— Si le dernier des trois élémens que l'on vient d'indiquer, n'existait pas, nous pensons, contrairement au sentiment de M. Renouard (*Tr. des dr. d'auteurs*, t. 2, p. 13), que la contrefaçon cesserait d'être un délit, et qu'il ne resterait plus qu'un simple fait dommageable donnant lieu seulement, par application de l'art. 1382, C. civ., à une action en réparation du tort privé qui aurait été causé. — V. conf. Et. Blanc, Gastambide, *loc. cit.*; Chauveau et F. Hélie, *loc. cit.*, p. 597; Nion, p. 55; Rauter, *Tr. du dr. crim.*, t. 2, p. 184. — V. au surplus PROPRIÉTÉ LITTÉRAIRE.

18.— Mais jugé qu'en matière de contrefaçon, la bonne foi des prévenus, fondée sur une erreur de droit, notamment sur un arrêt antérieur décidant que dans une espèce semblable il n'y aurait pas contrefaçon, ne peut être admise par les tribunaux. — *Paris*, 2 mars 1843 (t. 2 1843, p. 445), Bulla c. Meslier.

19.— Lorsque les juges de première instance ont, dans une affaire de contrefaçon, déclaré qu'il n'y avait pas eu de la part du prévenu intention de nuire, la cour en énonçant dans son arrêt que celui-ci a publié sciemment des poésies qu'il savait être la propriété exclusive des auteurs ou de leurs représentans et en le déclarant coupable de contrefaçon constate suffisamment l'existence de l'intention de nuire. — *Cass.*, 15 juin 1844 (t. 2 1844, p. 482), Guérin et Didier c. Charpentier.

20.— L'art. 4 de la loi du 19 juill. 1793 dispose que : « Tout citoyen qui mettra au jour un ouvrage, soit de littérature ou de gravure, dans quelque genre que ce soit, sera obligé d'en déposer deux exemplaires à la bibliothèque nationale, ou au cabinet des estampes de la république, dont il recevra un reçu signé du bibliothécaire : *faute de quoi, il ne pourra être admis en justice pour la poursuite du contrefacteur.* » — Anal. de l'art. 6, d'un statut du règne de Georges III (cité par Godson, *loc. cit.*, p. 228 et suiv.).

21.— L'inexécution de la formalité du dépôt, au moment même de la publication, entraîne-t-elle la perte du droit de propriété, ou bien seulement, n'est-ce qu'une simple fin de non recevoir qui suspend la poursuite, de telle sorte qu'il suffise d'ailleurs, pour être admis à cette poursuite, d'effectuer le dépôt postérieurement à la publication, mais avant d'intenter l'action? — V. PROPRIÉTÉ LITTÉRAIRE.

22.— Une question analogue s'élève relativement aux dessins de fabriques, pour lesquels il y a aussi un dépôt à effectuer, aux termes des art. 15 de la loi du 28 mars 1806, et 1er de l'ordonnance du 17 août 1825. — V. DESSIN DE FABRIQUE, PROPRIÉTÉ INDUSTRIELLE.

23.— En matière de découvertes industrielles, le droit d'exploitation exclusive n'existe légalement, et il ne peut y avoir lieu à des poursuites en contrefaçon, qu'autant que l'inventeur a régulièrement obtenu un brevet d'invention.—L. du 5 juill. 1844, art. 1er et 40.—Or, entre autres formalités qui sont prescrites pour arriver à cette fin, se trouve celle qui astreint l'inventeur à déposer avec sa demande une description de la découverte, invention ou application faisant l'objet du brevet demandé. — L. précitée, art. 5, nos 91 et suiv., 418 et suiv. — V. BREVET D'INVENTION.

24.— La loi du 19 juill. 1793 ne prescrit l'obligation du dépôt d'un nombre déterminé d'exemplaires qu'aux auteurs des ouvrages *imprimés* ou *gravés*; la nature des choses s'opposait à ce que cette formalité fût prescrite pour l'exercice des actions conservatoires du droit de propriété, soit d'un manuscrit, soit d'un ouvrage de peinture ou de sculpture, soit enfin des leçons faites oralement par un professeur dans un cours public, ou d'un discours improvisé. — V. PROPRIÉTÉ LITTÉRAIRE.

25.— Le code pénal, après avoir défini le délit de contrefaçon, prévoit deux délits de la même nature, qui sont : le débit d'ouvrages contrefaits, et l'introduction, en France, d'ouvrages contrefaits à l'étranger. — C. pén. art. 426.

26.— Quant aux pénalités, elles sont réglées ainsi qu'il suit : — « La peine contre le contrefacteur ou contre l'introducteur sera une amende de cent francs au moins et de deux mille francs au plus; et contre le débitant une amende de vingt-cinq francs au moins et de cinq cents francs au plus.—La confiscation de l'édition contrefaite sera prononcée tant contre le contrefacteur que contre l'introducteur et le débitant.—Les planches, moules ou matrices des objets contrefaits seront aussi confisqués. » — C. pén., art. 427. — V. PROPRIÉTÉ LITTÉRAIRE.

27.— Le législateur, au surplus, en érigeant en délit le fait de l'introduction en France d'ouvrages contrefaits à l'étranger, ne donne pas aux intéressés une arme suffisante contre la contrefaçon étrangère; rien ne saurait suppléer, à cet égard, l'efficacité qu'auraient des traités internationaux pour fermer aux contrefacteurs le refuge qu'ils trouvent sur la terre étrangère pour y organiser la plus honteuse des spoliations, puisqu'elle s'attaque à ce qu'il y a de plus intime et de plus personnel à l'homme, aux œuvres de son intelligence et de sa pensée. — V. PROPRIÉTÉ LITTÉRAIRE.

28.— Mais nous avons dit (*suprà* no 10) que les auteurs d'ouvrages dramatiques protégés par la loi pénale contre la contrefaçon qui s'opère à leur préjudice par la voie de l'impression, le sont, en outre, contre l'atteinte qui serait portée à leur droit de propriété par des représentations illicites. L'art. 428, C. pén., porte, en effet, que : « Tout directeur, tout entrepreneur de spectacle, toute association d'artistes, qui aura fait représenter sur son théâtre des ouvrages dramatiques au mépris des lois et réglemens relatifs à la propriété des auteurs, sera puni d'une amende de cinquante francs au moins, et de cinq cents francs au plus et de la confiscation des recettes. »—Et dans ces divers cas « Le produit des confiscations, ou les recettes confisquées, seront remis au propriétaire, pour l'indemniser d'autant du préjudice qu'il aura souffert; le surplus de son indemnité, ou l'entière indemnité, s'il n'y a eu ni vente d'objets confisqués, ni saisie de recettes, sera réglé par les voies ordinaires ». — C. pén., art. 429. — V. PROPRIÉTÉ LITTÉRAIRE, THÉATRE.

29.— La loi du 22 germ. an XI, art. 16, généralisant la disposition des art. 1er de l'arr. du 23 niv. an IX et 2 de l'arr. du 7 germ. an X, reconnaît à tout fabricant ou manufacturier le droit d'apposer des marques particulières sur les objets de sa fabrication. Mais en même temps, des formalités sont prescrites pour l'adoption et la conservation de ces marques, qui, comme le faisait observer le comte Chaptal dans son rapport à la chambre des pairs, constituent au profit du manufacturier une propriété certainement aussi légitime et aussi sacrée que la propriété ordinaire. — V. MARQUES DE FABRIQUE, PROPRIÉTÉ INDUSTRIELLE.

30.— Ici, comme lorsqu'il s'agit de la propriété artistique et littéraire, nous retrouvons la nécessité du dépôt. L'art. 18 de la loi précitée est, en effet, ainsi conçu : « Nul ne pourra former action en contrefaçon de sa marque, s'il ne l'a préalablement fait connaître d'une manière légale, par le dépôt d'un modèle au greffe du tribunal de commerce d'où relève le chef-lieu de la manufacture ou de l'atelier. » — Et c'est une formalité qu'établit aussi, pour les marques de quincaillerie et de coutellerie, l'art. 4 du décr. du 5 sept. 1810. — V. MARQUES DE COUTELLERIE ET DE QUINCAILLERIE.

31.— La nature et les effets de ce dépôt sont, du reste, les mêmes que pour les productions artistiques et littéraires. Ajoutons que ce dépôt au greffe du tribunal de commerce paraît être indépendant de celui ordonné au greffe du tribunal de commerce par l'art. 7, décr. 11 juin 1809, au secrétariat du conseil des prud'hommes.—V. pour les détails MARQUES DE FABRIQUE, PROPRIÉTÉ INDUSTRIELLE.

32.—Il faut, en ce qui concerne les marques de fabrique, distinguer soigneusement, pour l'application des pénalités, deux sortes d'atteintes au droit du propriétaire de la marque.

33.— Lorsque la contrefaçon résulte de ce que l'on a, soit apposé, soit fait apparaître, par addition, retranchement, ou par une altération quelconque, sur des objets fabriqués, le nom d'un fabricant autre que celui qui en est l'auteur, ou la raison commerciale d'une fabrique autre que celle de la fabrication, le délit est puni d'une peine correctionnelle consistant dans l'emprisonnement pendant trois mois au moins, un an au plus, avec amende et confiscation. — L. 28 juill. 1824, et C. pén., art. 423, combinés.

34.— Lorsqu'il s'agit, au contraire, de la contrefaçon proprement dite de la marque elle-même, elle est punie, ainsi que l'usage qui en serait fait, de la peine de la réclusion. Quant à l'emploi illicite et frauduleux des marques vraies, il est puni de la peine de la dégradation civique. — C. pén., art. 142 et 143.

35.— La contrefaçon proprement dite des marques de quincaillerie et de coutellerie est spécialement réprimée par le décret du 5 sept. 1810.

36.— L'art. 1er de ce décret porte que tout contrefacteur desdites marques « sera puni, pour la première fois, d'une amende de 300 fr., dont le montant sera versé dans la caisse des hospices de la commune. En cas de récidive, cette amende sera double, et il sera condamné à un emprisonnement de six mois. »

37.— En outre, « tout jugement emportant condamnation, rendu en matière de contrefaçon d'une marque, sera imprimé et affiché aux frais du contrefacteur. Les parties ne pourront, en aucun cas, transiger sur l'affiche et la publication. » — Même décret, art. 11.

38.—Indépendamment de ces peines appliquées dans l'intérêt de la vindicte publique, « les objets contrefaits seront saisis et confisqués au profit du propriétaire de la marque; le tout, sans préjudice des dommages-intérêts qu'il y aura lieu de lui adjuger. » — Même décret, art. 2.

39.— Un fabricant peut, indépendamment de la marque, distinguer ses produits par d'autres moyens qui consistent dans des désignations spéciales dont les principales sont, par exemple : la *forme* et la *couleur* des boîtes, étiquettes ou enveloppes; le *nom spécial* qu'il donne à son produit; la *forme* et la *couleur* des annonces, *prospectus*, *factures* et *affiches* dont il se sert pour en favoriser le débit; l'*enseigne* adoptée pour un établissement, etc.

40.— Si le fait de reproduction de ces désignations ne constitue pas le délit de contrefaçon proprement dit, on a toujours, pour obtenir la réparation du préjudice que l'on éprouverait par suite d'imitations frauduleuses, la ressource d'invoquer le principe général que consacre l'art. 1382, C. civ. — V. PROPRIÉTÉ INDUSTRIELLE, NOM COMMERCIAL.

41.— Ces désignations spéciales ne sont pas, comme les marques en général, soumises à la formalité du dépôt, et l'exercice de l'action en justice est tout-à-fait indépendant de l'accomplissement de toute formalité de ce genre. — V. PROPRIÉTÉ INDUSTRIELLE.

42.— Les principes qui viennent d'être indiqués relativement à la question d'usurpation de nom ou d'enseigne, en matière d'industrie, devraient

aussi, en général, recevoir leur application aux cas où il s'agirait de noms d'auteurs ou de titres d'ouvrages. — V. PROPRIÉTÉ LITTÉRAIRE.

43. — Le Code pénal contient des dispositions spéciales (art. 139 et suiv.) pour la contrefaçon des sceaux de l'état, des billets de banque, des effets publics, et des poinçons, timbres et marques.— V. CONTREFACTION DES SCEAUX DE L'ÉTAT, CONTREFACTION DES EFFETS PUBLICS ET BILLETS DE BANQUE.

CONTREFACTION DES EFFETS PUBLICS ET BILLETS DE BANQUE.

Table alphabétique.

CONTREFACTION DES EFFETS PUBLICS ET BILLETS DE BANQUE.—1.— L'art. 139, C. pén., § 2, prévoit et punit le fait « d'avoir contrefait ou falsifié soit des *effets émis par le trésor public avec son timbre*, soit *des billets de banques autorisées par la loi*, ou qui auront fait usage de ces effets et billets contrefaits, ou d'avoir introduit de pareils effets ou billets dans l'enceinte du territoire français. »

2. — Ce fait, disent MM. Chauveau et Hélie (*Th. C. pén.*, t. 3, p. 225), est une véritable fabrication de fausse monnaie, mais avec plus de facilités pour sa perpétration et plus de périls pour la société.— Aussi le législateur a-t-il jugé nécessaire d'y appliquer la même peine.

3.— Déjà, en effet, l'art. 36, L. 24 germin. an XI, disait que « les fabricateurs de faux billets, soit de la banque de France, soit des banques de départemens, et les falsificateurs de billets émis par elle, seront assimilés aux faux monnayeurs, poursuivis, jugés et condamnés comme tels. »

4. — Avant la loi de 1832 (28 avril), la peine appliquée au fait prévu par l'art. 139 était celle de mort. Le Code pénal de 1810, en l'édictant, avait suivi les erremens de la législation antérieure. Ainsi, l'art. 8 des lettres-patentes du 2 mai 1716 et l'art. 1er de l'ordonnance du 4 mai 1720 appliquaient la peine de mort à toute contrefaction des ordonnances tirées sur le trésor royal, des états ou extraits de distributions émanant du trésor et des billets de banque; de même le Code pénal des 25 sept.-6 nov. 1791 portait la même peine contre les contrefacteurs de papiers nationaux ayant cours de monnaie.

5. — Cette sévérité excessive a été tempérée par la loi du 28 avr. 1832, laquelle, considérant que ce crime, de même que celui de fausse monnaie, n'est, après tout, qu'un vol avec une circonstance très aggravante, un crime contre la propriété et non contre les personnes, a substitué à la peine de mort celle des travaux forcés à perpétuité.

6. — MM. Chauveau et Hélie font néanmoins remarquer que plusieurs législations étrangères se sont montrées moins rigoureuses même que la loi de 1832. — Ainsi, disent-ils, les Codes de New-Yorck et de Géorgie ne punissent la fabrication des billets des banques des Etats-Unis et des billets de crédit que de dix ans de réclusion dans un pénitencier; le Code de la Louisiane applique la peine de sept à quinze ans de réclusion; celui de Prusse prononce dix ans de détention dans un fort; les lois pénales des Deux-Siciles punissent la falsification des billets de banque de la réclusion à vie, et celle des effets publics de douze à vingt-quatre ans de fers.

7. — Au contraire, l'Autriche a conservé jusqu'ici la peine de mort contre les contrefacteurs de billets de crédit public. — Quant à l'Angleterre, après avoir maintenu pendant long-temps comme un principe que la grace même ne pouvait dispenser de la peine de mort le fabricateur d'un faux billet de banque, et confirmé encore cette peine dans un bill du 23 juill. 1832, elle en a prononcé l'abolition en y substituant la transportation à vie au delà des mers.

8. — La première remarque à faire quant aux élémens constitutifs du crime prévu par l'art. 139, c'est que cet article ne s'applique qu'à la contrefaction des effets *émis par le trésor public avec son timbre*, ou par les *banques autorisées par la loi*, ce qui comprend les banques départementales comme celles de France. — L. 24 germin. an XI, art. 36.

9. — Le projet du Code pénal tendait à établir une distinction entre les billets de banque et les effets du trésor, dont la contrefaction n'aurait été punie que de la déportation. — M. Regnauld et après lui Cambacérès demandèrent que les obligations des receveurs généraux fussent assimilées aux billets de banque. « Dans toute l'Europe, disaient-ils, beaucoup de papiers font office de monnaies. Il importe donc d'établir des peines très graves contre ceux qui contrefont, falsifient ou mettent en circulation des papiers accrédités par le gouvernement. Cette précaution est d'autant plus nécessaire que la plupart des transactions sont soldées par la voie commode du papier; en conséquence, la peine infligée aux faux monnayeurs convient aussi aux faussaires dont s'agit. » M. Treilhard, sans contester le principe, voulut en restreindre l'application aux effets qui *sont versés au trésor en exécution d'une loi*. Enfin, sur la proposition de M. Defermon, la protection de l'art. 139 fut limitée *aux effets revêtus du timbre du trésor public*. — Procès-verbaux du cons. d'état, 22 oct. 1808.

10.— De même, les billets émis par des banques non autorisées, et qui ne sont dès-lors que des établissemens particuliers de commerce, ne sont pas compris dans l'art. 139; il y a lieu, en ce qui concerne les contrefactions qui s'y rattachent, de faire application de l'art. 147, C. pén.—V. FAUX.

11. — Il est donc nécessaire que le jury s'explique à la fois sur la qualité des effets émis par le trésor et sur la circonstance que ces effets étaient revêtus du timbre du trésor public.— Il doit aussi, s'il s'agit de billets de banque, être consulté expressément sur le point de savoir si les billets ont été émis par des banques *autorisées par la loi*. — Bourguignon, *Jurisp. crim.*, t. 3, p. 135; Carnot, *C. pén.*, t. 1er, p. 450, n° 5; Chauveau et Hélie, *Th. du C. pén.*, t. 3, p. 230; Morin, *Dict. de dr. crim.*, v° *Contrefaction*.

12. — Quant aux billets des banques étrangères, on peut se demander si la contrefaction qui en a lieu constitue le crime de contrefaction de monnaie étrangère ou celui de fausse monnaie.—V. à cet égard FAUSSE MONNAIE, FAUX.

13. — L'accusé déclaré coupable d'avoir fabriqué de faux billets de banque est punissable des peines, quand même il n'en aurait point fait usage. — *Cass.*, 21 mars 1834, de Mélignan et Fonvielle.

14. — Celui qui, pour faire revivre des billets de banque retirés de la circulation et frappé d'un timbre indiquant qu'il sont annulés, fait disparaître ce timbre par des procédés chimiques, commet-il le crime prévu par l'art. 139?

15. — La cour de Cassation a jugé l'affirmative, par le motif « que ce délit est une altération de billets de banque annulés, en grattant et détruisant le mot *annulé*, dans le dessein de les remettre en circulation et de s'en approprier le montant; que cette altération constitue le crime de faux à dessein de nuire à autrui. » — *Cass.*, 19 déc. 1807, Cabourdin.

16. — MM. Chauveau et Hélie (t. 3, p. 231) critiquent cette décision, par le double motif que l'art. 139 ne s'applique qu'aux billets de banque ayant cours, et non à ceux annulés et hors de cours; — 2° que cet article ne punit pas l'*altération* des billets de banque, mais seulement leur contrefaction ou falsification, ce qui n'existe pas dans l'espèce. — Ils ne voient donc dans le fait incriminé qu'un vol ou un faux en écriture de commerce ou de banque.

17. — L'usage des faux effets du trésor ou des billets de banque falsifiés est puni comme le crime de fabrication ou de falsification même; le jury doit toutefois déclarer que l'usage a eu lieu *sciemment*. — C. pén., art. 163.

18. — Mais l'individu accusé d'avoir fait usage des effets ou billets faux peut-il invoquer le bénéfice de l'art. 135, relatif à celui qui, ayant reçu pour bonnes des pièces de monnaie contrefaites ou altérées, les remet en circulation? — La loi ne le dit pas, et, de son silence, MM. Chauveau et Hélie (*loc. cit.*) concluent que l'art. 135 doit être restreint dans son application au cas spécial qu'il a eu en vue.—V. aussi Morin, *Dict. de dr. crim.*, v° *Contrefaction*. — Toutefois on ne peut se dissimuler qu'il existe une certaine analogie entre ces deux cas, et les auteurs précités regrettent qu'au moins le législateur n'ait pas édicté des peines moins sévères contre celui dont le but unique était de rejeter ainsi sur un autre le dommage qu'il avait souffert, et non de se rendre complice d'un faux.

19. — La simple *exposition*, faite par un changeur, d'un billet contrefait ou falsifié ne constitue pas l'*usage* prévu et puni par l'art. 139; il faut qu'il y ait eu émission. — Chauveau et Hélie, *loc. cit.*

20. — « De même, ajoutent ces auteurs, l'introduction sur le territoire de billets contrefaits ne serait punissable qu'autant que cette introduction aurait eu lieu avec intention de nuire; cette circonstance seule serait constitutive du crime, et il ne suffirait pas que l'agent eût connu les faux s'il n'avait pas eu l'intention de se servir des billets. »

21. — L'amende et la peine accessoire de l'exposition publique, prononcées contre les faussaires par les art. 164 et 165, C. pén., sont nécessairement applicables aux individus déclarés coupables des crimes prévus par l'art. 139. — Chauveau et Hélie, *loc. cit.*—V. FAUX.

22. — Enfin l'art. 144, C. pén., déclare expressément applicable aux crimes mentionnés dans l'art. 139 la disposition de l'art. 138, qui prononce l'exemption des peines légales en faveur des révélateurs du crime de fausse monnaie.— V. FAUSSE MONNAIE.

23. — L'art. 5, C. inst. crim., dispose que tout Français qui se sera rendu coupable, hors du territoire de France, du crime de contrefaction de papiers nationaux et de billets de banques autorisées par la loi pourra être poursuivi, jugé et puni en France, d'après les dispositions des lois françaises; et l'art. 6 étend cette disposition aux complices des mêmes crimes. MM. Chauveau et Hélie (t. 3, p. 231) font remarquer avec raison que ces mots *papiers nationaux* doivent être appliqués dans le sens défini par l'art. 139, c'est-à-dire seulement aux effets *émis par le trésor public, avec son timbre*.

CONTREFACTION DES MARQUES DU GOUVERNEMENT, DES AUTORITÉS ET DU COMMERCE.

Table alphabétique.

CONTREFACTION DES MARQUES DU GOUVERNEMENT, DES AUTORITÉS ET DU COMMERCE.—1.—La loi pénale prévoit et punit : 1° La contrefaction des marques destinées à être apposées au nom du gouvernement sur les diverses espèces de denrées ou de marchandises, et l'usage de ces fausses marques;—2° la contrefaction des sceaux, timbres ou marques d'une autorité quelconque et des établissemens particuliers de banque ou de commerce, ainsi que l'usage de ces sceaux, timbres marques ainsi contrefaits.

2. — *Marques du gouvernement et des autorités.*— Les marques destinées à être apposées au nom du gouvernement sont celles des diverses administrations, telles que les douanes, les contributions indirectes, les vérifications des poids et mesures, etc.

3. — Quant aux timbres, sceaux et marques des autorités, on comprend sous ces mots les différens cachets que les fonctionnaires placent dans les actes qu'ils délivrent comme un symbole de leur autorité, et les marques diverses qu'ils sont tenus d'apposer dans l'exercice de leurs fonctions, tels que les timbres de la poste, les cachets dont sont empreints les scellés. — Chauveau et Hélie, t. 3, p. 252.

4. — Sous la loi des 25 sept.-6 oct. 1791, la contrefaction des cachets des autorités constituées devait être rangée dans la classe des crimes de faux en écriture publique et authentique. — *Cass.*, 11 vent. an XII, Bronne.

5. — Il a été jugé, par application de l'art. 142, que l'apposition d'un faux poinçon sur des bouteilles, ou la contrefaction de la marque employée par l'administration pour assurer l'exécution des lois et réglemens sur les poids et mesures, constitue le crime de faux prévu par cet article, et non la contravention prévue par l'art. 479, n° 5, C. pén. — *Cass.*, 20 janv. 1825, André Fabre; — Chauveau et Hélie, *Th. C. pén.*, t. 3, p. 251.

6.—La raison de douter dans cette espèce, disent MM. Chauveau et Hélie (t. 3, p. 251), venait de ce que le faux n'avait eu d'autre effet que de commettre une contravention aux lois et réglemens rela-

tifs aux poids et mesures. Mais le réquisitoire qui a précédé l'arrêt insistait sur la généralité de l'art. 142. « Vouloir, y est-il dit, à raison de la matière à laquelle la fausse marque a été appliquée, lui faire perdre son caractère, c'est faire périr la loi sous le poids des systèmes. Un fait où il y a audace dans le faussaire, droit usurpé, tromperie par supposition, signe imposteur et préjudiciable, est un véritable faux. La fausse marque porte en elle-même, indépendamment du plus ou moins de dommage qu'elle a produit, un caractère qui ne permettait pas au législateur de la confondre avec le poids qui pèche seulement dans sa pesanteur, ou avec la mesure qui n'a pas une exacte fidélité. »

7. — L'art. 142 diffère de l'art. 140 en ce que, dans ce dernier article, il s'agit de la contrefaction des *timbres nationaux*, c'est-à-dire de ceux qui portent les armoiries de l'état, tandis que l'art. 142 s'applique à la contrefaction des marques et timbres qui ne portent que les armes des *diverses administrations* ou autorités. — V. CONTREFACTION DES SCEAUX, TIMBRES, ETC., DE L'ÉTAT.

8. — On jugeait, avant le Code pénal, que la fabrication de fausses vignettes à bandes, propres à serrer les cartes à jouer, et la contrefaction du type ou poinçon aux armes de la régie sur les cartes (lequel type ou poinçon était le véritable *timbre national* affecté à ce genre de fabrication) constituaient le crime de faux dévolu exclusivement, sous la loi du 23 vent. an XII, à la cour spéciale de la Seine. — *Cass.*, 26 déc. 1807, Chevalier.

9. — Sous le Code pénal, ce fait ne constituerait le crime prévu par l'art. 140, qu'autant que le timbre contrefait porterait les armoiries de l'état, car c'est dans ce cas qu'il pourrait être réputé national. S'il ne portait que les armes de la régie, l'art. 142 serait seul applicable. — Chauveau et Hélie, p. 238.

10. — La cour de Cassation a, en effet, reconnu « qu'on ne doit pas confondre avec les timbres qui portent les armoiries de l'état des timbres qui, ne portant que les noms des communes où les bureaux de poste sont établis, ne peuvent être réputés timbres nationaux ; » et, en conséquence, elle a décidé que la contrefaction des timbres de la poste aux lettres, quoiqu'ils soient employés au nom du gouvernement et réputés fournis par lui, ne constitue pas une contrefaction des timbres nationaux. — *Cass.*, 28 nov., 1812, Chambes ; — Merlin, *Rép.*, v° *Timbre national* ; Chauveau et Hélie, t. 3, p. 239 ; Carnot, sur l'art. 140, *C. pén.*, t. 1er, p. 451, n° 3 ; Legraverend, t. 1er, p. 584.

11. — La contrefaction de ces sceaux, timbres et marques, ainsi que l'usage des sceaux, timbres et marques contrefaits, sont punis de la réclusion. — C. pén., art. 142.

12. — *Marques des établissemens de banque ou de commerce.* — L'art. 142, C. pén., punit de la réclusion ceux qui auront contrefait le sceau, timbre ou marque d'un établissement *particulier* de banque ou de commerce, et qui auront fait usage des sceaux, timbres ou marques contrefaits.

13. — Cet article reproduit à peu près les dispositions de la loi du 22 germin. an XI, dont les art. 16 et 17, empruntés eux-mêmes en partie aux dispositions, plus rigoureuses, de l'édit du 14 oct. 1661, et des ord. de juill. 1681, art. 10, et déclarat. 18 oct. 1720, art. 43, punissaient de la peine du faux en écriture privée et de dommages-intérêts « la contrefaçon des marques particulières que tout manufacturier ou artisan a le droit d'appliquer sur des objets de sa fabrication. »

14. — La loi de germinal an XI assimilait même à la contrefaçon le fait d'avoir inséré dans une marque « les mots *façon de*... et à la suite le nom d'un autre fabricant et d'une autre ville. » Et l'on doit admettre que c'est également de cette manière que l'art. 142 envisageait le fait de la contrefaçon.

15. — Mais, depuis la loi du 28 juill. 1824, l'art. 142 ne conserve plus son application qu'en ce qui touche la contrefaçon proprement dite ; quant au fait de simple imitation du nom d'un fabricant, de supposition du lieu de la fabrique ou d'altération de ce nom ou de ce lieu, il n'est plus atteint que par l'art. 423, C. pén., relatif à la tromperie sur la nature de toute marchandise, et puni de simples peines correctionnelles (emprisonnement de trois mois au moins, un an au plus, amende au maximum du quart des restitutions et dommages-intérêts, et de 50 fr. au minimum).

16. — Il avait été jugé, antérieurement au Code pénal, que pour qu'il y ait faux en matière de contrefaçon de marques du commerce, il faut que celles choisies par un manufacturier aient été falsifiées, et appliquées à des objets sortis d'une manufacture étrangère à la sienne. — *Cass.*, 22 janv. 1807, Laugier.

17. — « Cette règle, disent MM. Chauveau et Hélie (t. 3, p. 254), devrait encore être appliquée sous la loi du 28 juill. 1824. Les marques choisies par des manufacturiers sont, en effet, destinées à constater l'identité des marchandises sorties de leurs fabriques auxquelles elles sont inhérentes. Ainsi, si la marque employée, bien qu'étrangère au prévenu, n'appartient légalement à aucun autre fabricant, si elle n'a été apposée que sur un produit étranger au fabricant dont elle usurpe le nom, le faux cesse d'exister, car l'usurpation ne produit plus aucun préjudice. »

18. — « Toutefois, ajoutent les mêmes auteurs (t. 3, p. 255), il semble résulter de l'art. 44, L. 21 avr. 1818 sur les douanes, que l'apposition d'une marque de fabrication française sur des tissus de fabrication étrangère constituerait le crime de faux. Cet article, en effet, après avoir prononcé une amende contre les détenteurs, ajoute : « Sans préjudice des peines encourues en cas de faux caractérisé par le Code pénal. » Mais il est sensible qu'il ne pourrait y avoir faux, d'après les termes de l'article 142, qu'autant que la marque imitée serait celle d'un fabricant français ; c'est cette marque que la loi pénale avait mission de garantir, et non les droits et prohibitions établis par les douanes ; c'est donc avec cette restriction que cette disposition doit être comprise. »

19. — A côté des dispositions générales sur la contrefaction des marques d'établissemens particuliers de commerce, dispositions qui sont applicables à toutes les industries, se placent des dispositions particulières concernant certaines industries spéciales, telles que la quincaillerie, les savons, les draps.

20. — Ainsi, aux termes de l'arrêté du 23 niv. an X et du décret du 5 sept. 1810, la contrefaction des marques de quincaillerie et coutellerie est punie d'une amende de 300 francs, laquelle est doublée, indépendamment d'un emprisonnement de six mois, en cas de récidive. En outre, les objets du délit sont confisqués au profit du propriétaire de la marque.

21. — D'un autre côté, suivant les décrets des 1er avr., 18 sept. 1811-22 déc. 1812, les savons faussement marqués sont saisis et confisqués, sans préjudice d'une amende qui peut aller jusqu'à 3,000 francs.

22. — Enfin, deux décrets des 25 juill. 1810 et 22 déc. 1812 contiennent des dispositions spéciales relativement à la contrefaction des lisières de draps. — Mais ces décrets sont restés sans exécution par suite de deux avis du conseil d'état, des 30 sept. 1811 et 17 déc. 1813.

23. — On sait, au surplus, que les chambres législatives sont en ce moment saisies d'un projet de loi qui a pour objet d'uniformiser la législation en ce qui concerne la propriété et la contrefaction des marques de fabrique et de commerce. Nous devons donc nous borner à ces indications générales et renvoyer pour tous autres détails au mot MARQUES DE COMMERCE ET DE FABRIQUE.

24. — *Dispositions communes.* — Suivant l'art. 163, C. pén., les peines portées contre ceux qui ont fait usage des sceaux, timbres, marteaux, poinçons et marques fabriqués ou falsifiés cessent d'être appliquées, lorsque le faux n'a pas été connu de la personne qui a fait usage de la chose fausse.

25. — Mais il semble que, dans ce cas, l'art. 143 pourrait, suivant les circonstances, recevoir application. — V. *infrà* n° 27.

26. — L'amende et la peine accessoire de l'exposition publique sont nécessairement applicables, comme dans tous les cas de faux, au crime prévu par l'art. 142.

27. — *Usage des vrais sceaux, marques*, etc. — L'art. 143 du C. pén. punit de la dégradation civique quiconque *s'étant* INDUEMENT *procuré les vrais sceaux, timbres ou marques*, ayant l'une des destinations exprimées dans l'art. 142, en aura fait une application ou usage préjudiciable aux droits ou intérêts de l'état, d'une autorité quelconque ou même d'un établissement particulier. « Cet article a été modifié, comme l'art. 142, en ce qui concerne l'usage abusif des marques contenant les vrais noms des fabricans, les raisons commerciales d'une fabrique ou d'un lieu de fabrication. — Chauveau et Hélie, *loc. cit.*

28. — On jugeait, sous la loi des 25 sept.-6 oct. 1791, que celui qui, devenu possesseur illégitime d'un instrument servant à marquer les tabacs au nom du gouvernement, par des empreintes sur les plombs qui les garnissaient, en faisait un emploi frauduleux et préjudiciable aux intérêts de l'état, devait être poursuivi comme coupable de faux en écritures authentiques. — *Cass.*, 6 oct. 1809, Legrand — V. en ce sens *Cass.*, 26 janv. 1818 et 31 janv. 1811, mêmes parties, — et un décret interprétatif du 15 oct. 1810 ; — Merlin, *Quest. de droit*, v° *Faux*, § 13 ; Chauveau et Hélie, t. 3, p. 256.

29. — Aujourd'hui ce fait rentrerait sous l'application de l'art. 143 C. pén.

30. — Le fait prévu par l'art. 143 tombe sous l'application de l'art. 164 et est dès-lors passible de l'amende.

V. FAUX, MARQUES DE FABRIQUE.

CONTREFACTION DE MONNAIES.

V. ESCROQUERIE, FAUSSE MONNAIE.

CONTREFACTION DES SCEAUX, TIMBRES, MARTEAUX ET POINÇONS DE L'ÉTAT.

Table alphabétique.

CONTREFACTION DES SCEAUX, TIMBRES, MARTEAUX ET POINÇONS DE L'ÉTAT. — 1. — Les art. 139 et 140 s'occupent : 1° de la contrefaction du sceau de l'état ou de l'usage du sceau contrefait ; 2° de la contrefaction ou falsification soit des timbres nationaux, soit des marteaux de l'état servant aux marques forestières, soit du poinçon ou des poinçons servant à marquer les matières d'or et d'argent, ainsi que de l'usage des papiers, effets, timbres, marteaux ou poinçons falsifiés ou contrefaits. — Il sera traité séparément de chacun de ces faits. — Nous mentionnerons ensuite quelques dispositions qui leur sont communes.

2. — *Sceau de l'état.* — La contrefaction du sceau de l'état, considérée dans l'ancien droit comme un crime de lèse-majesté, était punie de la peine de mort par les édits de mars 1531 et mars 1680. — Muyart de Vouglans, *Lois criminelles*, p. 253.

3. — L'assemblée constituante n'avait porté contre ce fait que la peine de quinze ans de fers. — C. pén. 25 sept.-6 oct. 1791, tit. 1er, sect. 6e, art. 3.

4. — Le législateur de 1810, moins indulgent, porta la peine de mort. — Dans sa pensée « contrefaire le sceau de l'état ou faire usage d'un sceau contrefait, c'était commettre un véritable crime de lèse-majesté, une usurpation de la souveraineté, et mériter la plus rigoureuse de toutes les peines. — C. pén., ancien art. 139.

5. — Le nouvel art. 139, tel que l'a modifié la loi du 28 avr. 1832, punit des travaux forcés à perpétuité ceux qui auront contrefait le sceau de l'état ou fait usage du sceau contrefait.

6. — Par sceau de l'état, il faut entendre celui qui s'appose *sur les actes du gouvernement*.

7. — La contrefaction du sceau de l'état est au nombre des crimes qui peuvent être poursuivis en France, quoique commis hors du territoire. — C. instr. crim., art. 5.

8. — MM. Chauveau et Hélie (t. 3, p. 236) font remarquer que le crime de contrefaction du sceau de l'état ou d'usage du sceau contrefait est en quelque sorte *imaginaire*, « attendu que le grand sceau n'étant apposé qu'à certains actes émanés de l'autorité royale, et cette apposition, qui n'est qu'une simple formalité, n'ajoutant aucune force à l'acte lui-même, dès-lors aucun intérêt réel ne commande de le contrefaire. » Toutefois, ils ajoutent qu'une telle imitation pourrait avoir pour but de faciliter l'exécution d'un crime politique ou de servir des intérêts privés, par exemple, en matière d'âge pour contracter mariage. de lettres de dispense de parenté et dispenses d'âge pour contracter mariage.

9. — L'art. 138, C. pén., qui exempte de toute peine, sauf la surveillance de la haute police, les individus coupables des crimes mentionnés aux art. 132 et 133, si, avant la consommation de ces crimes et avant toutes poursuites, ils en ont donné connaissance et révélé les auteurs aux autorités constituées, ou même si, après les poursuites commencées, elles ont procuré l'arrestation des coupables, reçoit son application au crime de contrefaction du sceau de l'état, prévu par l'art. 139. — C. pén., art. 144. — V. FAUSSE MONNAIE.

10. — *Timbres nationaux.* — *Marteaux de l'état.* — *Poinçons.* — La contrefaction ou falsification des timbres nationaux, marteaux de l'état servant aux marques forestières, des poinçons servant à marquer les matières d'or ou d'argent, ou l'usage de papiers, effets, timbres, marteaux ou poinçons falsifiés ou contrefaits, sont punis du maximum des travaux forcés à temps, c'est-à-dire vingt ans. — C. pén., art. 140.

11. — *Les timbres nationaux* sont ceux qui portent les armoiries de l'état, et qui sont apposés en son nom sur les pièces que le gouvernement délivre.

12. — Il faut distinguer entre les *timbres nationaux* et le timbre d'une autorité quelconque dont la contrefaction n'est atteinte que par l'art. 142. — Cette distinction a donné naissance à quelques arrêts rapportés au mot CONTREFACTION DES MARQUES DU GOUVERNEMENT, DES AUTORITÉS OU DU COMMERCE.

13. — *Les marteaux de l'état*, en matière forestière, sont ceux dont les agens forestiers et de la marine font usage pour les opérations de martelage et de balivage.

14. — Avant le Code pénal, aucune disposition de loi n'avait explicitement prévu la contrefaction du marteau de l'état; mais en présence des dispositions de la loi des 25 sept.-6 oct. 1791, portant que « quiconque serait convaincu d'avoir contrefait les marques apposées au nom du gouvernement sur toute espèce de *marchandises* serait puni de dix ans de fers (tit. 1er, sect. 6, art. 5), » la cour de Cassation (2 oct. 1806, Didier) avait jugé que la contrefaction de la marque du marteau national sur des arbres réservés dans une coupe de bois constituait le crime de faux. — Cette interprétation ainsi donnée à la loi de 1791 a été reproduite par l'art. 140.

15. — Il résulte implicitement d'un arrêt de la cour supérieure de Bruxelles (3 avr. 1817, Boivin) que la contrefaction des marteaux à l'usage des particuliers et l'apposition des empreintes de ces marteaux sur les arbres d'une forêt, ne présentent point les caractères du crime prévu par l'art. 140. On ne trouve, en effet, dans l'art. 140, C. pén., aucune disposition qui puisse s'appliquer à la contrefaction du marteau d'un particulier. Or, il n'est pas permis d'étendre, même sur un motif d'analogie, les dispositions pénales de la loi.

16. — Le crime de falsification du marteau de l'état n'est point subordonné au plus ou moins d'exactitude dans l'imitation de la véritable marque. — *Cass.*, 21 oct. 1813 (int. de la loi), Martin Rame.

17. — Le même arrêt a décidé que l'apposition d'une fausse marque forestière sur un arbre, avec l'intention de la faire passer pour la marque de l'état, constitue le crime de falsification prévu par l'art. 140, C. pén., encore bien qu'il n'y ait pas eu contrefaction *du marteau même*, et que cette fausse marque ait seulement été gravée avec un poinçon. — Même arrêt.

18. — Mais cette interprétation peut être critiquée. La loi ne dit pas que ceux qui auront contrefait ou falsifié les marques forestières seront punis comme faussaires; elle ne considère comme tels que ceux qui ont contrefait ou falsifié les marteaux de l'état *servant* aux marques forestières, etc. Est-il permis de confondre la falsification de la marque avec la falsification du marteau? — Nous ne le pensons pas. — « En matière pénale, disent MM. Chauveau et Hélie (*Th. du Code pénal*, t. 3, p. 242), toute analogie est interdite : les termes de la loi doivent être rigoureusement renfermés dans leurs limites, et le désir de combler une lacune ne justifie pas une interprétation extensive..... La contrefaction d'un timbre ou d'un marteau et l'apposition d'une fausse marque ne sont point des faits d'une même valeur, le premier exige un appareil et des préparatifs qui supposent une criminalité plus grave. » Il est aussi de nature à produire un dommage bien autrement considérable, car avec un faux marteau on marquera des arbres par centaines, sans employer plus de temps que pour graver la marque sur un très petit nombre.

19. — Le fait, par l'adjudicataire, de détruire l'empreinte du marteau de l'état, sur des arbres mis en réserve, pour y substituer frauduleusement le sien ne constitue pas le crime prévu par l'art. 140, car il n'y a là ni contrefaction de marteaux, ni usage de marteaux contrefaits. — Chauveau et Hélie, p. 240. — Mais ce fait constitue-t-il le crime de destruction de titres et actes originaux de l'autorité publique prévu et puni par l'art. 439, C. pén.? — La cour de Cassation a jugé l'affirmative le 14 août 1812 (Cassel). — V. DESTRUCTION DE TITRES.

20. — Sous le mot *poinçons*, l'art. 140 n'entend parler que du poinçon de l'état, c'est-à-dire de celui du bureau de garantie et non de celui du fabricant ou du titre. — Chauveau et Hélie, t. 3, p. 243.

21. — L'ord. du 4 janv. 1724 prononçait la peine de mort contre ceux qui calqueraient, contretireraient ou autrement contreferaient les poinçons, ou qui s'en serviraient pour une fausse marque; cette peine fut réduite à dix ans de fers par l'art. 5, sect. 6e, tit. 1er, C. pén. 25 sept.-6 oct. 1791, et par l'art. 19, L. 19 brum. an VI, relative à la garantie des matières d'or et d'argent.

22. — Les marques apposées sur des matières d'or ou d'argent, avec un poinçon calqué sur le véritable, n'en offrent pas moins l'empreinte d'un poinçon contrefait, et constituent le délit de contrefaçon, dont la connaissance appartenait, sous la loi du du 23 floréal an X, aux cours spéciales. — *Cass.*, 13 mai 1808, Morel.

23. — Suivant l'art. 141, celui qui, s'étant indûment procuré *les vrais timbres* ou marteaux ou poinçons ayant l'une des destinations exprimées en l'art. 140, en aura fait une application ou un usage préjudiciable aux droits et intérêts de l'état, doit être puni de la réclusion.

24. — Le seul fait d'avoir tenté de se procurer indûment les vrais timbres, marteaux et poinçons, ne suffirait pas pour constituer la tentative du crime prévu par l'art. 141, C. pén. — Carnot, *C. pén.*, t. 1er, p. 454, no 1er.

25. — Carnot (*ibid.*) pense, avec raison, que la tentative ne devient criminelle qu'autant que celui qui s'est emparé de ces objets a commencé à en faire usage.

26. — Mais l'individu qui s'est indûment procuré les timbres, marteaux ou poinçons de l'état peut, dans certains cas, alors qu'il n'a pas commencé à en faire usage, être poursuivi comme coupable de vol. — Carnot, *C. pén.*, t. 1er, p. 454, no 2.

27. — Le fait d'enlever, à l'aide de moyens chimiques, l'écriture de vieux papiers timbrés pour les rendre propres à être employés de nouveau, ne constitue pas le faux puni par l'art. 141, mais un délit spécial prévu par les art. 22 et 25, L. 13 brum. an VII : « attendu, dit la cour de Cassation (11 juill. 1834, Monié), que l'art. 141 ne s'applique qu'à l'apposition de timbres détournés par des moyens illicites, sans qu'on puisse en étendre la disposition au double emploi du papier revêtu de cette empreinte. » — Chauveau et Hélie, p. 247. — V. TIMBRE.

28. — On s'est demandé si la transposition de la marque d'un arbre à un autre rentrait sous l'application, soit de l'art. 140, soit de l'art. 141 du Code pénal, et quelle était, dans tous les cas, la disposition de loi applicable à ce cas. A cet égard, la jurisprudence a été incertaine.

29. — Ainsi, on jugeait, antérieurement au Code pénal, qu'enlever la marque du marteau de l'état apposée sur un arbre de réserve et l'appliquer sur un arbre non réservé c'était commettre le crime de faux. — *Cass.*, 18 mai 1807, N...

30. — Sous le Code, un premier arrêt a décidé que le fait d'avoir enlevé les empreintes du marteau royal apposées sur des arbres compris dans une adjudication, et de les avoir incrustées sur des arbres de plus forte dimension, constituait non une simple filouterie, mais le *double crime* de destruction d'actes originaux de l'autorité publique et d'usage de vrais sceaux ou marques de l'état, prévu par les art. 143 et 439, C. pén. — *Cass.*, 4 mai 1822, Schwanger.

31. — Puis, plus tard, il a été jugé que le fait d'avoir enlevé les empreintes du marteau de l'état apposées sur des arbres pour en constater la délivrance et d'avoir incrusté ces empreintes sur des arbres réservés, coupés en délit, dans le dessein de se les approprier, constitue le crime prévu par l'art. 141, C. pén. — *Cass.*, 4 janv. 1834, Wolff.

32. — Ces arrêts appellent quelques observations. Et d'abord c'est évidemment à tort que l'arrêt de 1822 consacre l'application de l'art. 143 du Code pénal. Les art. 141 et 143, C. pén., ne sont que le corollaire, l'un de l'art. 140, l'autre de l'art. 142. Chacun d'eux se réfère exclusivement à celui qui le précède. Or, il est impossible de confondre les *marques forestières* avec celles mentionnées dans l'art. 142, puisqu'elles font l'objet d'une disposition expresse dans l'art. 140. L'art. 141 est-il du moins applicable au fait prévu par les arrêts? Voici ce que nous avons dit à cet égard dans notre troisième édition : « Sans doute, ce fait a une bien grande analogie avec le crime prévu par l'art. 141, C. pén., mais ils diffèrent essentiellement dans leurs moyens d'exécution. Si cet article réprime l'usage abusif du marteau de l'état, il n'a nullement prévu l'usage abusif *de l'empreinte de ce marteau*. La cour de Cassation, ne pouvant le nier, prétend que cette différence est effacée par la circonstance que le but et le résultat sont les mêmes. Cependant, d'après les principes les plus incontestables du droit, les moyens d'exécution sont des élémens constitutifs des crimes ou délits. Le but et le résultat ne sauraient suffire. L'absence de l'un des caractères légaux détruit toute l'assimilation et s'oppose à l'application de la peine. — MM. Chauveau et Hélie (*Théorie du Code pénal*, t. 3, p. 248) combattent, comme nous, cette interprétation.

33. — Reste à examiner si le fait constitue du moins le crime de destruction d'un acte de l'autorité publique. Dans le cas de l'art. 439, C. pén., peut-on dire que l'intention criminelle est dirigée contre l'acte et que le délit consiste dans la volonté de le détruire pour priver la partie intéressée du droit qu'elle pouvait y puiser? Dans notre espèce, au contraire, le coupable n'a nullement en vue la suppression de l'acte; c'est son propre titre et non celui d'autrui qu'il anéantit. L'unique but qu'il se propose est de s'en créer un autre, et de s'arroger un droit qu'il n'a pas. Voilà toute la criminalité du fait. Cela est si vrai que, s'il se bornait à l'enlèvement des empreintes, il n'encourrait aucune peine. L'action deviendra-t-elle punissable par une circonstance postérieure à la destruction de l'acte et qui est entièrement indépendante? L'affirmative est en opposition avec l'esprit de la loi. A ces objections, on répond que la disposition de l'art. 439, C. pén., n'admet aucune distinction; qu'il suffit que la destruction de l'acte ait été volontaire; que, soit qu'on la considère comme le but principal du coupable, soit qu'on la considère seulement comme le moyen d'arriver à un autre but, elle n'en est pas moins criminelle dès qu'il s'y mêle une intention frauduleuse, et que cette intention se révèle par la transposition de l'empreinte d'un arbre sur l'autre. Il ne paraît pas, au surplus, qu'on puisse contester à cette empreinte le caractère d'acte original de l'autorité publique, opérant disposition pour les arbres à abattre, ou obligation pour les arbres à conserver. Il semble, enfin, que le déplacement de la marque qui faisait titre pour les deux parties équivaut à une destruction de l'acte qui consiste dans l'application de la marque sur tel arbre, autant que dans le signe même. — Carnot, sur l'art. 439, C. pén., t. 2, p. 468, no 6. — V. DESTRUCTION DE TITRES, ACTES, etc.

34. — MM. Chauveau et Hélie (t. 3, p. 240, et t. 8, p. 148) écartent l'application de l'art. 439, pour ne voir dans le fait prévu qu'une contravention à l'art. 34 du Code forestier. — V. FORÊT.

35. — Ce qui vient d'être dit relativement à la transposition des empreintes de marteaux peut être dit également du fait d'appliquer sur un ouvrage d'or à bas titre une marque apposée par le bureau de garantie sur une matière d'un titre plus élevé. MM. Chauveau et Hélie (p. 244) soutiennent qu'il n'y a là ni contrefaçon d'un poinçon, ni abus d'un poinçon vrai.

36. — Ce dernier fait était prévu par l'ord. du 19 avril 1739, qui prononçait la peine de l'amende honorable et de la mort contre ceux qui « abuseraient des poinçons de contremarque et qui les enteraient, souderaient, ajouteraient et appliqueraient sur des ouvrages d'or et d'argent. »

37. — *Dispositions communes.* — Les peines portées contre ceux qui auraient fait usage des sceaux, timbres, marteaux et poinçons faux, contrefaits, fabriqués ou falsifiés, cessent de recevoir leur application toutes les fois que le faux n'a pas été connu de la personne qui a fait usage de la chose fausse. — C. pén., art. 163.

38. — Mais il semble que, dans ce cas, l'art. 141 pourrait, suivant les circonstances, recevoir application. — V. *suprà* nos 23 et suiv.

39. — De même, les art. 164 et 165, relatifs à l'amende et à la peine accessoire de l'exposition publique, sont également applicables aux individus déclarés coupables du crime de faux prévu par les art. 139 et 140 C. pén. — Chauveau et Hélie, p. 245.

40. — C'est ce qui a été jugé notamment en matière d'usage de poinçons falsifiés ou contrefaits. — *Cass.*, 14 déc. 1827, Laguéry.

41. — Mais les individus déclarés coupables du crime prévu par l'art. 141, doivent-ils être, en vertu de l'art. 165, soumis à l'exposition publique? — Carnot (*Comm. C. pén.*, t. 1er, p. 334) et Chauveau et Hélie (p. 249) soutiennent la négative, attendu que l'art. 165, quoique commun à toute la section où l'art. 141 se trouve placé, n'assujétit à l'exposition que *tout faussaire* condamné soit aux travaux forcés, soit à la réclusion. Or, disent ces derniers auteurs, l'individu coupable d'abus d'un timbre ou d'un marteau vrai n'est pas un faussaire; il a détourné le timbre et en a fait un usage illicite, mais il n'a pas commis de faux. »

49.—Mais la généralité des termes de l'art. 464 ne permet pas de douter que les individus coupables du crime prévu par l'art. 444 ne doivent être condamnés à l'amende. — V. FAUX.

CONTRE-FEU.

Nom sous lequel on désigne le contre-cœur d'une cheminée. Le contre-feu prenait autrefois dans certaines coutumes le nom de *Chantille.* — V. CHEMINÉE.

CONTRE-LETTRE.

Table alphabétique.

CONTRE-LETTRE.—1.—C'est un acte destiné à rester secret, au moins pour un temps et par lequel on modifie ou on détruit un acte précédent et, ostensible.

2.— Autrefois, les actes publics étaient appelés *lettres.* — Ainsi on disait *lettres royaux, lettres de réunion,* etc. On opposait en ce sens encore à la preuve par *lettres,* ou preuve *littérale,* à la preuve à témoins ou testimoniale. De là est venu le mot *contre-lettre,* c'est-à-dire acte contraire à un autre acte.

3.— L'acte public et la contre-lettre sont donc deux actes séparés, dont le premier ne peut produire d'effet qu'en ce qui ne se trouve pas détruit ni changé par la contre-lettre. — Merlin, *Rép.,* v° *Contre-lettre,* n° 1er; Toullier, t. 8, n° 468; Duranton, *Dr. franç.,* t. 13, n° 499; Plasman, *Contre-lettres,* p. 18.

4.— Peu importerait que la contre-lettre, qui modifie un acte public, fût sous seing-privé, si d'ailleurs elle avait été vérifiée ou reconnue. — Cass., 1 avr. 1807, Sanzé.

5.— On ne peut opposer à la propriété établie un titre authentique une contre-lettre qui est point rapportée, mais qui se trouve seulement énoncée dans un acte. — Paris, 6 avr. 1813, de Montgel et Treisse.

6.— Il ne faut pas confondre la contre-lettre avec la déclaration faite au profit d'un tiers. La déclaration ne détruit pas l'acte et n'en change pas les dispositions; elle en applique seulement le ... à une autre personne; elle forme, en faveur de celle-ci, un titre qui n'existait point, au lieu que contre-lettre, relative uniquement à l'intérêt des parties, est une reconnaissance que le premier acte n'est pas sérieux en totalité ou dans quelques une de ses parties. — Merlin, *Rép.,* v° *Contre-lettre,* 2; Toullier, t. 8, n° 169.

7.— Les contre-lettres n'ont rien d'illicite ni ... en elles-mêmes. Elles sont même souvent ... à des objets de la publicité desquels il ... résulter du préjudice aux contractans, ... ce cas elles sont utiles. Toutefois, comme ... peuvent servir à couvrir des pratiques frauduleuses, la justice les voit toujours d'un œil défavorable, lorsqu'elles donnent lieu à quelques contestations. — Merlin, *ibid.,* n° 3.

8.— Tout acte qui explique, étend ou restreint une convention précédente, n'est pas par cela seul une contre-lettre. Il n'y a contre-lettre que lorsque le second acte renferme la reconnaissance de la simulation totale ou partielle du premier. — Plasman, *Contre-lettres,* p. 23 et 42.

9.—On passe ordinairement la contre-lettre devant notaire pour lui donner une date certaine. Il est aussi d'usage de la faire le même jour que l'acte qu'elle modifie. Il n'est cependant pas défendu de la reculer de plusieurs jours, mais elle devient plus suspecte à mesure qu'elle s'éloigne du temps de la passation du premier acte. — Merlin, *Rép., ibid.,* n° 4.

10.—Quand la contre-lettre est sous seing-privé, elle doit être faite en double original, ou contenir un bon ou approuvé, selon qu'elle renferme soit des conventions synallagmatiques, soit des dérogations à des conventions de cette nature, ou qu'elle contient des obligations unilatérales. — C. civ., art. 1325-1326. — Duranton, t. 13, n°s 406-407. — V. APPROBATION DE SOMME, DOUBLE ÉCRIT.

11.— Les contre-lettres, employées fréquemment comme moyen de priver le trésor d'une partie des droits qui lui sont dus pour mutation de propriété, avaient été proscrites par la loi du 22 frim. an VII, sur l'enregistrement, qui avait voulu réprimer ce genre de fraude. L'art. 40 de cette loi porte : « Que toute contre-lettre faite sous *signature privée,* qui aurait *pour objet une augmentation du prix stipulé dans un acte public* ou dans un acte sous signature privée précédemment enregistré, est déclarée nulle et de nul effet. » — Le numéro suivant établit une amende triple du droit qui aurait eu lieu sur les sommes et valeurs ainsi stipulées. — V. ENREGISTREMENT.

12.— Il faut observer que la loi de frim. an VII ne déclare nulle et ne soumet au triple droit que la contre-lettre *sous signature privée,* qui aurait pour objet une augmentation du prix d'une vente précédemment stipulée. Ses dispositions ne s'appliquent donc pas aux contre-lettres notariées. C'est qu'à la différence de la contre-lettre sous signature privée, elles sont destinées à être présentées à l'enregistrement, puisque tous les actes notariés doivent l'être dans un délai déterminé; c'est que, par conséquent, on n'a pas cherché à frauder les droits. — Toullier, t. 8, n° 484.

13.— Il faut observer, en outre, que la loi de frim. an VII n'est relative qu'aux contre-lettres sous signature privée, *qui auraient pour objet une augmentation du prix stipulé dans des actes précédemment enregistrés.* Si la contre-lettre avait pour objet d'annuler un acte de vente authentique antérieur, elle ne serait point nulle : ici ne s'applique pas la loi de frimaire. — Toullier, t. 8, n° 488; Plasman, p. 52.

14.— L'acte sous seing-privé qui a pour objet d'élever l'intérêt au-dessus de celui stipulé dans l'acte public ne doit pas être considéré comme une contre-lettre frappée de nullité par l'art. 40, L. 22 frim. an VII. — Liége, 20 fév. 1814, Grand c. Jomba; — Plasman, *ibid.,* p. 107.

15.— Jugé aussi, sous l'empire de la loi du 22 frim. an VII, que l'acte sous seing-privé qui contient augmentation du prix porté dans une cession authentique ne saurait être considéré comme contre-lettre, lorsque celui en faveur de qui on s'oblige n'a pas été partie dans l'acte authentique. — Cass., 26 fév. 1807, Ducayla-Ferrières c. Thomas.

16.— Tous les actes qui stipulent une augmentation de prix ne sont pas même des contre-lettres. Par exemple, s'il existait une contestation sur la validité de la vente (comme si elle avait été faite par une femme non autorisée, par un mineur), et si pour la faire cesser l'acquéreur se soumettait à payer une somme, il y aurait supplément de prix et non contre-lettre. — *Dict. de l'enregistrement,* v° *Contre-lettre,* n° 12.

17.— La nullité de la contre-lettre, dans le cas prévu par la loi de frimaire, était absolue, quoiqu'elle eût été établie dans l'intérêt du fisc seulement. L'acte était annulé avec la convention, et l'acquéreur qui l'avait souscrit, qui avouait même la convention, pouvait refuser de payer la somme convenue pour augmentation du prix. — Duranton, t. 13, n° 402; Toullier, t. 8, n° 485.

18.— Jugé, en ce sens, qu'avant le Code civil la nullité prononcée par la loi du 22 frim. an VII de toute contre-lettre sous seing-privé ayant pour objet l'augmentation du prix d'une vente était absolue et pouvait être opposée même par l'acquéreur au vendeur. — Cass., 13 fructid. an XI, Laurier c. Chesnon.

19.— ... Qu'un tiers n'est pas recevable à se prévaloir d'une contre-lettre à laquelle il a été étranger, et qui constate la simulation d'une déclaration de command, pour détruire l'effet de cette déclaration. — Paris, 10 fructid. an X, Berger c. Coulon.

20.— Jugé cependant que le créancier hypothécaire est fondé à réclamer, en cas de vente de l'immeuble hypothéqué, non seulement le prix énoncé au contrat, mais encore le supplément de prix stipulé par une contre-lettre, et qu'il peut, pour réclamer ce supplément, se servir de la preuve qui résulte à cet égard de la contre-lettre, quoique la loi sur l'enregistrement en prononce la nullité. — *Paris,* 2 germ. an XIII, Guyot-Mouton et Houveaux c. Guerre, Grandin et Delon.

21.— Cependant, la doctrine de la nullité absolue de la contre-lettre était en opposition manifeste avec la morale, en ce qu'elle favorisait ouvertement la mauvaise foi. Lors de la discussion du Code civil, la commission n'avait proposé aucun article sur les contre-lettres; on demanda que l'usage en fût proscrit (séance du 2 frim. an XII; mais l'opinion contraire prévalut, sauf à attribuer des effets différens à la contre-lettre. La proposition fut renvoyée à la commission, qui rédigea l'art. 1321 tel qu'il existe. — Toullier, t. 8, n°s 485 et suiv.

22.— « Les contre-lettres, dit l'art. 1321, ne peuvent avoir leur effet qu'entre les parties contractantes; elles n'ont point d'effet contre les tiers. »

23.— De là est née la question de savoir si la nullité prononcée par la loi du 22 frim. an VII devait encore régir la matière sous ce code. — Pour l'affirmative, on dit que le Code est une loi générale et la loi du 22 frim. an VII une loi spéciale, et que, suivant les principes, une loi générale ne déroge point à une loi spéciale antérieure, à moins que le législateur ne s'en soit expliqué. — Merlin, *Quest. de dr.,* v° *Contre-lettre,* § 3; Plasman, *ibid.,* p. 65.

24.— Jugé en ce sens que l'art. 1321, C. civ, n'a point abrogé l'art. 40, L. 22 frim. an VII. — Cass., 10 janv. 1809, Lesens de Lions c. Haussoulier; Metz, 17 fév. 1819, Mayot.

25.— ... Qu'en conséquence la nullité prononcée par la loi du 22 frim. an VII de toute contre-lettre sous seing-privé ayant pour objet d'augmenter le prix d'une vente est absolue et peut être opposée même par l'acquéreur au vendeur. — Cass., même arrêt.

26.—...Que sous l'empire du Code civil, une contre-lettre de cette espèce, qui aurait pour effet de frauder une partie du droit d'enregistrement, est nulle, lors même qu'elle aurait déjà reçu une exécution partielle. — Bruxelles, 25 mars 1812, Vandame c. Leyens.

27.— Pour la négative on répond : 1° que l'art. 1321, C. civ., déclare virtuellement les contre-lettres valables entre les parties contractantes ; 2° que la loi du 30 vent. an XI porte que, pour toutes les matières qui sont l'objet du présent Code, toutes les lois antérieures sont abrogées ; 3° enfin que l'intention des auteurs du Code de déroger à la loi spéciale de frimaire an VII est clairement manifestée par la discussion qui s'est élevée au conseil d'état sur l'art. 1321, discussion dont le résultat a été le rejet d'une proposition du directeur général de l'enregistrement, qui voulait qu'on maintînt l'art. 40 de la loi de frimaire, et qu'on proscrivît les contre-lettres d'une manière absolue. — Toullier, t. 8, n°s 485 et 486; Favard de Langlade, *Rép.,* v° *Contre-lettre;* Delvincourt, *Cours de C. civ.,* p. 609, note 15; Plasman, *ibid.,* n° 403.

28.—Jugé, en ce sens, que l'art. 40, L. 22 frim. an VII, qui déclarait nulle toute contre-lettre ayant pour objet une augmentation du prix stipulé dans un acte public, est abrogé par l'art. 1321, C. civ. — Cass., 10 janv. 1819, Bleiteau c. Boulais; Rennes, 13 janv. 1819, N...; *Toulouse,* 24 nov. 1819, Casterès c. Daubert; Dijon, 9 juill. 1828, sous Cass., 15 déc. 1832, Vinatier c. Lépine; Aix, 21 fév. 1832, Pinatel c. Durand.

29.— Les contre-lettres produisent leur effet entre les parties contractantes (C. civ., art. 1321); car, à leur égard, elles constituent de véritables contrats. — Merlin, *Rép.,* v° *Contre-lettre,* n° 5; Plasman, *Contre-lettre,* p. 43.

30.— Sous le nom de parties contractantes, l'art. 1321 comprend aussi leurs héritiers. — Duranton, t. 13, n° 400.

31.— Les contre-lettres sous seing-privé portant augmentation de prix d'une vente produisent leur effet contre l'acquéreur ou ses représentans. Dans tous les cas, la nullité de la contre-lettre ne peut en être opposée, lorsqu'un acte postérieur sans aucune mention de la somme portée par le contrat de vente, en fait reliquat dû par l'acquéreur. — Turin, 20 avr. 1813, Giani c. Meruli.

32.— Une contre-lettre passée entre les mandataires et un tiers fait foi de sa date et de son contenu contre le mandant, et peut lui être opposée,

même par le mandataire, sauf le cas de dol et fraude. Le mandant n'est pas un tiers dans le sens de l'art. 1321, C. civ. — *Bordeaux*, 25 juill. 1826, Domecq c. Cambon.—V. conf. Plasman, *Contre-lettres*, p. 37. — V. au surplus AYANT-CAUSE, nos 14 et suiv.

33. — Tous les actes souscrits par le tuteur, en sa qualité de tuteur, doivent être considérés comme souscrits par le mineur lui-même. En conséquence, une contre-lettre souscrite par le tuteur fait pleine foi vis-à-vis du mineur, même après sa majorité, de sa date et des dispositions qu'elle contient, sauf le cas où elle serait attaquée pour dol et fraude. — *Cass.*, 29 nov. 1880, Dumas c. Monnerie; — Plasman, *Contre-lettres*, p. 39.

34. — Une contre-lettre sous seing-privé, qui révèle la fausseté de la cause exprimée dans une obligation authentique, et en énonce la cause réelle, n'a pas pour effet d'anéantir et de remplacer cette obligation. — *Cass.*, 28 juill. 1823, Neuville c. Levieux-Balon. — V. ACTE AUTHENTIQUE, no 172.

35. — Lorsqu'une convention est constatée par un acte notarié et par une contre-lettre qui le modifie, les tribunaux ne peuvent, pour l'interprétation de la convention, écarter la contre-lettre sous prétexte qu'il s'élève des présomptions contre sa sincérité. — *Cass.*, 13 août 1806, Geyler Jordan c. Bourrienne.

36. — La nullité d'une contre-lettre ayant pour objet une augmentation de prix stipulée dans un acte public ne dispense pas l'acquéreur de payer la somme convenue, si d'ailleurs la sincérité de la convention est établie par un aveu judiciaire. — *Turin* (et non *Cass.*), 6 déc. 1808, Signora c. Ropolo.

37. — Des aveux judiciaires, soutenus de présomptions légales, ne suffisent pas pour détruire l'effet d'une contre-lettre sous seing-privé, mais reconnue, qui annule un contrat de vente authentique. — *Cass.*, 9 avr. 1807, Sanzé.

38. — On a vu que les contre-lettres n'ont point d'effet contre les tiers.—C. civ., art. 1321.—En pareille matière, les tiers sont tous ceux qui n'ont point souscrit les contre-lettres. — *Cass.*, 23 fév. 1835, hérit. Jeanneret et Espitalier c. Chabert et Gondrand; — Plasman, p. 41.

39. — Les créanciers de celui qui a souscrit la contre-lettre sont des tiers dans le sens de l'art. 1321, C. civ., et ne peuvent être considérés comme de simples ayant-cause de leur débiteur. — *Cass.*, 16 déc. 1840 (t. 2 1840, p. 789), Rocher c. Destroyes.

40. — On distinguait, sous l'ancienne jurisprudence, entre les contre-lettres sous seing-privé et les contre-lettres passées devant notaire ou reconnues en justice, et dont il restait minute. Les premières ne pouvaient être opposées à des tiers: il en était autrement des secondes, lorsqu'elles avaient été passées en même temps que l'acte auquel elles dérogeaient ou qu'elles détruisaient. — Nouveau Denisart, vo *Contre-lettre*, no 2. — Cette distinction se trouve aujourd'hui repoussée par les termes généraux de l'art. 1321, C. civ. — Toullier, t. 8, no 182; Merlin, *Quest. de dr.*, vo *Contre-lettre*, § 5; Plasman, *ibid.*, p. 23.

41. — Le principe que les contre-lettres n'ont d'effet qu'entre les parties contractantes est absolu. — *Paris*, 29 avr. 1837 (t. 1er 1837, p. 499), Tandron c. Maronnier.

42. — Le cessionnaire n'étant pas un ayant-droit de son cédant (V. AYANT-CAUSE, nos 60 et suiv.), une contre-lettre sous seing-privé n'a pas entre l'une des parties et les cessionnaires de l'autre la même foi qu'un acte authentique. — *Cass.*, 25 juill. 1832, Fould c. Ardouin.

43. — Du principe que les contre-lettres ne peuvent avoir d'effet qu'entre les parties contractantes, et qu'elles n'ont point d'effet contre les tiers, découlent plusieurs conséquences.

44. — Si l'acquéreur qui a donné la contre-lettre transmet l'immeuble à un tiers de bonne foi, la transmission sera valable. — Plasman, *ibid.*, p. 34; Toullier, t. 8, no 182; Duranton, t. 13, no 104.

45. — Jugé en ce sens qu'une vente simulée peut, quoique imparfaite entre les parties, être réputée parfaite à l'égard des tiers, et que la contre-lettre qui attesterait sa simulation ne saurait vicier la revente qui aurait eu lieu au profit d'un tiers de bonne foi par le propriétaire apparent. — *Cass.*, 18 déc. 1810, Lerebours c. Fontenelle; *Caen*, 19 mars 1823, Dumont-Durville c. Dubois-Dubay.

46. — ...Alors surtout que la revente avait lieu à une époque où la première vente n'était pas attaquée. — *Cass.*, 18 déc. 1810, Lerebours c. Fontenelle.

47. — ...Qu'on ne peut opposer aux tiers acquéreurs qui ont traité sur la foi de plusieurs actes qui établissaient d'une manière légale le droit de propriété du vendeur, des contre-lettres qui prouvent la simulation de ces actes ou qui les modifient. — *Douai*, 5 juin 1820, Pinta-Deleau c. Gorillot.

48. — ...Qu'une vente simulée peut, quoique imparfaite entre les parties, être réputée parfaite à l'égard des tiers, et que la contre-lettre qui attesterait sa simulation ne saurait vicier la dation d'hypothèque qui aurait eu lieu au profit d'un tiers de bonne foi. — *Nîmes*, 14 avr. 1812, Lafare c. Charcot.

49. — ...Que celui qui a vendu fictivement un immeuble ne peut opposer à des tiers, qui l'ont acquis de bonne foi de l'acquéreur apparent, la contre-lettre souscrite par ce dernier, sous prétexte que ces tiers sont les ayant-cause de leur vendeur. — *Cass.*, 25 avr. 1826, de Saint-Haon c. Sanitas.

50. — ... Que lorsqu'un contrat de vente d'immeubles porte quittance du prix, une contre-lettre, avec ou sans date certaine, qui porte que le prix est encore réellement dû, et un jugement qui déclare la vente nulle faute de paiement ne peuvent être opposés à des tiers. — *Cass.*, 11 juill. 1814, Enregist. c. Dubo.

51. — ... Que les créanciers de l'acquéreur, ne pouvant être considérés comme les ayant-droit de celui-ci, ne doivent pas être soumis à l'exécution de contre-lettres qui portent augmentation du prix stipulé dans l'acte authentique de la vente, et qui peuvent avoir été faites entre l'acquéreur et le vendeur en fraude de leurs droits. — *Lyon*, 21 juin 1837 (t. 2 1837, p. 404), Chabert.

52. — ... Que lorsqu'il existe un acte authentique constatant le prix d'une vente, la contre-lettre qui élève ce prix à une somme supérieure ne peut point être opposée aux créanciers de l'acquéreur qui, en cas de non-paiement de la part de celui-ci, offrent, pour empêcher la résolution de la vente, de solder le prix porté en l'acte authentique. — *Cass.*, 23 fév. 1835, Jeanneret et Espitalier c. Chabert et Gondrand; — Tarrible, *Rép.*, vo *Privilége*, sect. 4e, § 1er; Grenier, *Hypoth.*, t. 2, p. 220; Plasman, *Contre-lettres*, p. 35.

53. — Le créancier de l'acquéreur d'un immeuble peut empêcher la résolution de la vente, en offrant d'exécuter les conditions de l'acte de vente, et le vendeur ne peut lui opposer celles renfermées dans une contre-lettre. — *Paris*, 29 avr. 1837 (t. 1er 1837, p. 499), Tandron c. Maronnier.

54. — Toutefois, une contre-lettre ayant pour objet une vente ou rétrocession peut, quoique non enregistrée avant la faillite du vendeur, être opposée aux créanciers du failli, lorsqu'elle est déclarée avoir été faite de bonne foi. — *Cass.*, 15 juin 1843 (t. 2 1843, p. 108), Nivert c. Georges.

55. — Le créancier qui a saisi une chose comme appartenant à son débiteur peut repousser à bon droit une contre-lettre qui lui est opposée, et qui dessaisit le débiteur de la chose saisie. — *Cass.*, 16 déc. 1840 (t. 2 1840, p. 789), Rocher c. Destroyes.

56. — La reconnaissance, par le propriétaire apparent d'une créance qui a obtenu condamnation personnelle contre le débiteur, de la remise à lui faite d'un acte d'appel, ne peut être critiquée, vis-à-vis du débiteur auquel elle a profité, par celui qui, en vertu d'une contre-lettre postérieure en date certaine, se dirait plus tard propriétaire réel de la créance, et interviendrait en cette qualité dans l'instance d'appel. — *Cass.*, 25 juin 1835, Daru c. Ducos et Dumoulin.

57. — La nullité de la contre-lettre prononcée en faveur des tiers est fondée sur une présomption d'ignorance de leur part.

58. — Dès-lors si, en règle générale, les contre-lettres ne peuvent point avoir d'effet contre les tiers, il en est autrement quand ces tiers ont connu la simulation. — *Bourges*, 28 déc. 1824, de Saint-Haon c. Lusseau.

59. — La connaissance que les tiers ont eue de la simulation d'une contre-lettre ne saurait s'induire ni de ce que la simulation a été alléguée dans un procès, ni de ce qu'il a été porté une plainte en détournement de la contre-lettre. — Même arrêt.

60. — Le tiers qui repousse la contre-lettre n'est pas tenu de justifier que, lorsqu'il a traité, il avait eu connaissance que son débiteur possédait la chose dont la contre-lettre le dessaisit. — *Cass.*, 16 déc. 1840 (t. 2 1840, p. 789), Rocher c. Destroyes.

61. — En matière criminelle, comme en matière civile, il ne peut être reçu aucune preuve testimoniale de la soustraction d'une contre-lettre sur une somme ou valeur excédant 150 fr., s'il n'y a aucun commencement de preuve par écrit de la préexistence de cette contre-lettre, ou si elle n'est pas avouée par le prévenu. — *Cass.*, 5 avr. 1817, Desblancs. — Rolland de Villargues, *ibid.*, no 18; Mangin, *Tr. de l'act. publ.*, t. 1er, p. 379, no 173. — V. aussi COMMENCEMENT DE PREUVE PAR ÉCRIT.

62. — Lorsqu'un prévenu de soustraction d'une contre-lettre nie l'existence de cette contre-lettre, si le plaignant justifie d'un commencement de preuve par écrit, le tribunal de police correctionnelle a juridiction pour prononcer sur cette exception, comme sur l'action principale, sans qu'il soit besoin de renvoyer devant le tribunal civil. — *Cass.*, 25 mai 1816, Sanitas c. Larodde.

63. — Les art. 1396 et 1397, C. civ., contiennent des règles particulières pour les contre-lettres relatives aux contrats de mariage. — V. à cet égard CONTRAT DE MARIAGE.

64. — Pour les contre-lettres, en matière de cession d'office, V. OFFICE.

65. — Quant aux contre-lettres considérées relativement à la perception des droits d'enregistrement, V. ENREGISTREMENT.

V. ACTE AUTHENTIQUE, AVEU, AYANT-CAUSE, CHOSE JUGÉE, CONTRAT DE MARIAGE, CRÉANCIER, ENREGISTREMENT, OFFICE.

CONTRE-MAITRE.

V. ACTE DE COMMERCE, FORÊTS, MANUFACTURES, OUVRIER.

CONTRE-MUR.

1. — Mur appliqué additionnellement à un autre mur pour le garantir, le préserver ou le soutenir.

2. — Le contre-mur n'est exigé, d'après l'art. 674, C. civ., qu'autant que les constructions dont l'établissement en fait sentir la nécessité ne sont point placées à la distance prescrite par les règlemens ou les usages relatifs à chacune d'elles.

3. — Le Code est muet sur les dimensions du contre-mur et les matériaux qui doivent y entrer: ce sont donc les statuts locaux, usages et règlemens qui doivent servir de guides à cet égard. — On paraît généralement considérer comme suffisantes, mais on sent que cela dépend surtout des travaux qu'on veut établir, des fondations de deux pieds (66 cent.), une épaisseur de huit pouces (23 cent.), et une élévation égale à celle de la masse des objets que le contre-mur doit séparer du mur. — V. Perrin, *Code de la contiguïté*, no 161. — V. aussi Pardessus, *Servitudes*, t. 1er, no 200.

4. — MM. Pardessus (t. 1er, no 200), Merlin (*Rép.*, vo *Contre-mur*) et Desgodets (*Cout. Paris*, art. 191, no 1) pensent qu'il n'y a, dans aucun cas, nécessité d'incorporer le contre-mur au mur, qu'il suffit de l'appliquer: mais Goupy, annotateur de Desgodets (*loc. cit.*), est d'avis contraire. — M. Perrin (no 162) ne voit d'utilité à l'incorporation qu'autant qu'il s'agit de soutenir, fortifier le mur principal; dans ce cas, il doit en résulter plus de solidité pour la construction.

5. — Il y a nécessité d'élever un contre-mur lorsqu'on veut établir, contre un mur mitoyen ou susceptible de le devenir, des cheminées, fours, forges, fourneaux, fournaises, et mêmes les tuyaux (Pardessus, t. 1er, no 199), écuries, magasins de sel ou salaisons de poissons, caves, puits, fosses d'aisance ou à chaux, trous à fumier, aqueducs. — C. civ., art. 674; — Perrin, no 163.

6. — Il en est de même quand on veut adosser à un mur ou y amonceler des terres dites *jectisses*, des fers, pierres, bois, fumiers, salpêtres, débris d'animaux pour les manufactures, et toutes matières corrosives, ou susceptibles d'engendrer de l'humidité, ou tous objets capables de charger ou endommager le mur par leur poids. — Desgodets, *Cout. Paris*, art. 192, no 5; Perrin, no 163; Pardessus, t. 1er, no 199.

7. — La nécessité du contre-mur existe encore lorsqu'on veut construire entre deux héritages ayant des niveaux différens. — Pardessus, *loc. cit.*

8. — Le propriétaire voisin pourrait cependant se dispenser des mesures de précaution, et par conséquent de l'établissement du contre-mur, lorsqu'elles ne sont prescrites que dans son intérêt; mais si la sûreté publique peut être intéressée en quelque chose, aucune convention particulière, non plus que la prescription, ne peuvent y porter atteinte. — Delvincourt, t. 1er, p. 561; Pardessus, t. 1er, no 201.

V. au surplus, CHEMINÉE, CITERNE, CLOAQUE, FOSSES D'AISANCE, FOURS, PUITS, SERVITUDES.

CONTREPASSATION D'ORDRE.

1. — C'est l'acte par lequel celui au profit de qui un endossement a été à tort ou par erreur mis sur un effet de commerce, endosse à son tour cet effet au profit de son cédant.

2. — Il vaut mieux biffer l'endossement que de faire une contre-passation d'ordre. Car dans ce dernier cas l'endosseur reste lié comme si la négociation eût été réelle, à moins qu'il n'ait inséré

avant sa signature, qu'il ne sera tenu d'aucune garantie. — V. ENDOSSEMENT.

CONTRESCARPE.

On appelle ainsi le côté extérieur du fossé, c'est-à-dire la ligne qui termine la largeur du fossé du côté du chemin couvert; elle est ordinairement revêtue de maçonnerie pour empêcher les terres du chemin couvert de s'écouler dans le fossé. — V. CHEMIN COUVERT, PLACE DE GUERRE, SERVITUDES MILITAIRES.

CONTRE-SEING.

V. FRANCHISE, CONTRE-SEINGS, MINISTRES.

CONTRIBUTION.

1. — C'est, en général, la répartition d'une chose entre plusieurs personnes.

2. — Pour la contribution aux avaries, V. AVARIES.

3. — Pour la contribution de deniers, V. DISTRIBUTION PAR CONTRIBUTION.

4. — Pour la contribution aux dettes d'une société, d'une succession, etc, V. SOCIÉTÉ, SUCCESSION.

CONTRIBUTIONS DIRECTES.

Table alphabétique.

CHAPITRE Iᵉʳ. — Notions générales.

3. — Autrefois, les impositions directes perçues
en France prenaient le nom de capitation, tailles,
dixièmes et vingtièmes (V. ces mots) qui, en général, étaient arbitrairement perçues sur la partie
industrielle et agricole de la population; et n'at-
teignaient point les classes riches et nobles. —
V. IMPOTS.
4. — Tandis que les fermiers généraux prenaient
à bail les revenus de l'état et pressuraient le peuple, les classes privilégiées profitaient des dîmes
et d'une foule de droits seigneuriaux. Aussi les
impôts n'entraient-ils dans le trésor que pour une
faible partie, et les deniers publics, détournés de
leur véritable destination, servaient-ils plutôt à
alimenter le luxe et les prodigalités d'un petit nombre d'élus qu'à subvenir aux besoins de l'état.
5. — La révolution de 1789, pour les embarras du
trésor contribuèrent en partie à faire éclater,
changea complétement le système de privilége sur
lequel les contributions étaient établies, et fixa
successivement les bases nouvelles d'après lesquelles la répartition des charges publiques et nécessaires devait se faire d'une manière plus équitable entre tous.
6. — Aujourd'hui les impôts pèsent indistinctement sur la généralité des citoyens, et proportionnellement à la fortune de chacun. — Charte,
art. 2.

7. — Aucun impôt ne peut être établi ni perçu
s'il n'a été consenti par les deux chambres, et
sanctionné par le roi. — Charte, art. 40.
8. — L'impôt foncier n'est consenti que pour
un an, à la différence des impositions indirectes,
qui peuvent l'être pour plusieurs années. — Charte,
art. 41.
9. — L'art. 41 de la charte ne parle que de l'impôt foncier. Il n'en faudrait point conclure que
les autres impôts directs pourraient être établis
pour plusieurs années par une seule loi. Cette faculté n'est accordée que pour les impositions indirectes, et ce n'est que par opposition à cette sorte
de contributions que l'on n'a cité que l'impôt foncier, pris comme type de la contribution directe.
— Au besoin, d'ailleurs, et dans le doute, on pourrait invoquer l'art. 1ᵉʳ, tit. 5, de la constitution
des 3-14 sept. 1791, dont le principe, conforme à
notre solution, se trouve plutôt confirmé que
contrarié par les constitutions postérieures. —
Durieu, Poursuites en mat. de contrib. dir., t. 1ᵉʳ,
p. 36, nᵒ 5.
10. — Les contributions directes se divisent en
impôts de répartition et impôts de quotité; — de
répartition, quand le chiffre total en est d'avance
fixé par la loi pour être réparti plus tard entre
les contribuables; — de quotité, lorsque la loi détermine le quantum à payer par chaque contribuable, sans se préoccuper du produit total. —
Dans le premier cas, le produit est certain, mais
la part de chaque individu est indéterminée; dans
le second, au contraire, la part de chaque
contribuable est déterminée, c'est le total qui reste
incertain jusqu'après sa perception.
11. — La contribution foncière, la contribution
personnelle et mobilière, et celle des portes et
fenêtres sont des impôts de répartition. — La contribution des patentes et les redevances sur les
mines sont des impôts de quotité.
12. — Dans les impôts de répartition, la loi,
après avoir déterminé le chiffre total, fixe elle-
même la part contributive de chaque département. — Les bases générales doivent être renouvelées tous les cinq ans. — V. RECENSEMENT. —
Les conseils généraux répartissent le contingent
de chaque département entre les divers arrondissemens qui le composent; puis les conseils d'arrondissement arrêtent la part de chaque commune; enfin la répartition entre les particuliers
de chaque commune est faite par les répartiteurs pris parmi les contribuables, avec le concours des agens de l'administration.
13. — Pour les impôts de quotité les agens du
fisc sont chargés de rechercher les contribuables,
et de réclamer au besoin contre eux, par la voie
juridique, l'application rigoureuse de la loi de
l'impôt. — Dufour, Tr. gén. de dr. admin., t. 2,
p. 60, nᵒ 836.
14. — De ce double mode d'impositions il résulte
pour les contribuables des conséquences diverses.
Dans l'impôt de quotité, toute cote est personnelle, sans solidarité entre les divers contribuables; les cotes mal imposées tombent simplement
en non-valeurs pour le trésor public. — Dans
l'impôt de répartition, au contraire, la commune
est obligée tout entière à l'acquittement intégral
de la portion mise à sa charge; aussi y a-t-il une
sorte de solidarité entre tous les contribuables, et
le montant des décharges et réductions qui est imposé sur tous, afin que le chiffre déterminé soit
toujours atteint. — Durieu, Poursuites en mat. de
contrib. dir., t. 1ᵉʳ, p. 89, nᵒ 7.
15. — Toute contribution directe autre que celles
désignées par la loi annuelle des finances est illégale et concussionnaire, les autorités et agens qui
auraient concouru à son assiette et à son recouvrement en sont personnellement responsables. —
L. 15 mai 1818. — Magnitot et Delamarre, Dict. de
dr. publ., vᵒ Contributions directes, sect. 1ʳᵉ,
p. 316; Dufour, Dr. admin., t. 2, p. 54, nᵒ 831.
16. — Les impositions sont payables par mois,
et perçues en argent; le ministre des finances doit
présenter chaque année au roi et aux chambres,
entre autres comptes, celui du produit brut des
contributions directes. — Instr. gén. min. des fin.
1826; — Belmondt, C. des contrib. dir.; Magnitot
et Delamarre, Dict. de dr. publ., vᵒ Contributions
directes, sect. 1ʳᵉ, p. 316.
17. — Le montant total des contributions directes pour 1846 est évalué à la somme de 408,435,642
fr., dont 288,302,788 fr. sont affectés aux dépenses
générales du budget et 420,135,121 fr. aux dépenses spéciales, savoir: instruction publique, 4,460,100
fr.; intérieur, 26,746,744 fr.; agriculture et commerce, 4,920,440 fr.; finances, 47,432,070 fr. — Le
total général des contributions se divise ainsi
par nature de contribution: foncière, 975,997,484
fr.; personnelle et mobilière, 57,737,310 fr.; portes

et fenêtres, 33,751,638 fr.; patentes, 40,463,250 fr.; taxe de premier avertissement, 788,930 fr.

CHAPITRE II. — *Diverses espèces de contributions directes.*

18. — La loi reconnaît nominativement trois espèces de contributions directes : 1° la contribution foncière ; — 2° la contribution personnelle et mobilière ; — 3° la contribution des portes et fenêtres ; — 4° l'impôt des patentes.

19. — A ces quatre espèces d'impôts il faut ajouter certaines taxes spéciales, telles que les redevances sur les mines, les taxes pour travaux de desséchement des marais, les prestations en nature pour l'entretien des chemins vicinaux, etc., qui présentent le même caractère, et dont la perception est autorisée chaque année par les lois de finances. — V. *infrà* sect. 6e.

20. — Quant aux centimes additionnels qui, votés par les conseils généraux et communaux, s'ajoutent au principal des autres contributions directes, ils ne constituent pas précisément un impôt spécial et doivent être imposés dans les mêmes rôles que les contributions auxquelles ils sont ajoutés. —V. au surplus *infrà* sect. 5e et 6e.

Sect. 1re. — *Contribution foncière.*

21. — La contribution foncière est celle qui est établie sur les propriétés territoriales bâties ou non bâties.

22. — L'impôt foncier, établi d'abord par le décret du 23 nov. 1790, est aujourd'hui régi par la loi du 3 frim. an VII, qui, bien qu'ayant abrogé le décret de l'assemblée constituante, en a conservé l'esprit et les dispositions fondamentales. — Laferrière, *Cours de droit publ. et admin.*, p. 184.

§ 1er. — *Assiette. — Mode d'évaluation.*

23. — La répartition de l'imposition (ou contribution) foncière est faite par égalité proportionnelle sur toutes les propriétés foncières, à raison de leur revenu net imposable. — L. 3 frim. an VII, art. 2.

24. — Le revenu net est, selon la définition même de la loi, ce qui reste au propriétaire, déduction faite, sur le produit brut, des frais de culture, semence, récolte et entretien. — L. 3 frim. an VII, art. 3.

25. — Le revenu imposable est le revenu net moyen calculé sur un nombre d'années déterminé. — *Ibid.*, art. 4.

26. — Le revenu net imposable des maisons et celui des fabriques, forges, moulins et autres usines sont tout ce qui reste au propriétaire, déduction faite sur leur valeur locative, calculée sur un nombre d'années déterminé, de la somme nécessaire pour l'indemniser du dépérissement des diverses constructions et ouvrages d'art, et des frais d'entretien et de réparation. — Art. 5.

27. — Le revenu net imposable des canaux de navigation est ce qui reste au propriétaire, déduction faite sur le produit brut ou total, calculé sur un nombre d'années déterminé, de la somme nécessaire pour l'indemniser du dépérissement des diverses constructions et ouvrages d'art, et des frais d'entretien et de réparation. — Art. 6.

28. — Lorsqu'il s'agit d'évaluer le revenu imposable de terres labourables, soit actuellement cultivées, soit incultes, mais susceptibles de ce genre de culture, on s'assure d'abord de la nature des produits qu'elles peuvent donner en s'en tenant aux cultures généralement usitées dans la commune, telles que froment, seigle, orge et autres grains de toute espèce, lin, chanvre, tabac, plantes oléagineuses, à teinture, etc. ; on suppute ensuite quelle est la valeur du produit brut ou total qu'elles peuvent rendre, année commune, en les supposant cultivées sans travaux ni dépenses extraordinaires, mais selon la coutume du pays, avec les alternats et assolemens d'usage, en formant l'année commune sur quinze années antérieures, moins les deux plus fortes et les deux plus faibles. — L. 3 frim. an VII, art. 56.

29. — Le revenu net imposable s'obtient alors en déduisant du produit brut de l'année moyenne les frais de culture, de semence, de récolte et d'entretien. — L. 3 frim. an VII, art. 57.

30. — Les jardins potagers sont évalués d'après le produit de leur location possible, année commune, en prenant cette année commune sur quinze, comme pour l'évaluation du revenu des terres labourables ; ils ne peuvent, en aucun cas, être évalués au-dessous du taux des meilleures terres labourables de la commune. — L. 3 frim. an VII, art. 58.

31. — L'évaluation du revenu imposable des terrains enlevés à la culture pour le pur agrément, tels que parterres, pièces d'eau, avenues, etc., sera portée au taux des meilleures terres labourables. — *Ibid.*, art. 59.

32. — Lorsqu'il s'agira d'évaluer le revenu net imposable des vignes, on supputera d'abord quelle est la valeur du produit brut ou total qu'elles peuvent rendre, année commune, en les supposant cultivées sans travaux ni dépenses extraordinaires, mais selon la coutume du pays, et en formant l'*année commune sur quinze*, comme pour les terres labourables. — *Ibid.*, art. 60.

33. — L'année commune du produit brut des vignes étant déterminée, on déduit sur ce produit brut les frais de culture, de récolte, d'entretien, d'engrais et de pressoir ; en outre, un quinzième, en considération des frais de dépérissement annuel, de replantation partielle et des travaux à faire pendant les années où chaque nouvelle plantation est sans rapport ; le surplus forme le revenu net imposable. — *Ibid.*, art. 61.

34. — Le revenu imposable des prairies naturelles, soit qu'on les tienne en coupes régulières ou qu'on en fasse consommer les herbes sur pied, est calculé d'après la valeur de leur produit, année commune prise sur quinze, comme pour les terres labourables, déduction faite sur ce produit des frais d'entretien et de récolte. — *Ibid.*, art. 62.

35. — Les prairies artificielles sont évaluées comme les terres labourables d'égale qualité. — Art. 63.

36. — L'évaluation du revenu imposable des terrains connus sous les noms de *pâtés*, *palus*, *marais*, *bas-prés* et autres dénominations quelconques qui, par la qualité inférieure de leur sol ou par d'autres circonstances naturelles, ne peuvent servir que de simples pâturages, est faite d'après le produit que le propriétaire est présumé pouvoir en obtenir, année commune, selon les localités, soit en faisant consommer la pâture, soit en les louant sans fraude à un fermier auquel il ne fournirait ni bestiaux ni bâtimens et déduction faite des frais d'entretien. — Art. 64.

37. — Les terres vaines et vagues, les landes et bruyères, et les terrains habituellement inondés ou dévastés par les eaux, sont assujétis à la contribution foncière, d'après leur produit net moyen, quelque modique qu'il soit, sans que, dans aucun cas, leur cotisation puisse être moindre d'un décime par hectare. — L. 3 frim. an VII, art. 65 et 109.

38. — Les particuliers peuvent s'affranchir de la contribution à laquelle les fonds ci-dessus sont soumis, en renonçant à ces propriétés au profit de la commune dans laquelle elles sont situées, et qui devient ainsi passible de la contribution. — Art. 66.

39. — La déclaration détaillée de cet abandon perpétuel doit être faite par écrit au secrétariat de la mairie, par le propriétaire ou par un fondé de pouvoir spécial. Les cotisations des objets ainsi abandonnés, dans les rôles faits antérieurement à l'abandon, restent à la charge de l'ancien propriétaire. — Art. 66.

40. — L'évaluation des bois en coupes réglées est faite d'après le prix moyen de leurs coupes annuelles, déduction faite des frais d'entretien, de garde et de repeuplement. — L. 3 frim. an VII, art. 67 ; — *Cons. d'état*, 27 fév. 1835, Holterman ; — de Cormenin, n° 3.

41. — Quant aux bois qui cessent de faire partie du domaine public, l'évaluation par des experts pour leur cotisation doit être faite conformément à l'art. 18, L. 23 sept. 1814, et non conformément à l'art. 67, L. 3 frim. an VII, qui, relativement à ces bois, se trouve abrogé. — Duvergier, sous l'art. 67, L. 3 frim. an VII (t. 11, p. 57).

42. — Les bois taillis non en coupes réglées sont évalués d'après leur comparaison avec les autres bois de la commune ou du canton. — L. 3 frim. an VII, art. 68.

43. — L'art. 69, L. 3 frim. an VII, réputait taillis tous les bois au-dessous de l'âge de trente ans : mais aujourd'hui, dit M. Dufour (t. 2, n° 872), les bois, quel que soit leur âge, ne sont plus évalués que comme bois taillis. — Cette disposition, introduite pour encourager les propriétaires à laisser croître leurs bois en futaie, n'empêche cependant pas de tenir compte des différences de fertilité du sol, elle ne fait pas une obligation, par exemple, de ranger dans la classe des taillis de la commune une futaie plantée sur un sol infiniment meilleur ; on doit seulement se contenter de faire abstraction de l'âge et estimer le bois d'après ce qu'il vaudrait comme taillis, toutes les autres conditions demeurant d'ailleurs les mêmes.

44. — Les bois âgés de trente ans ou plus et non aménagés en coupes réglées, doivent être estimés à leur valeur au temps de l'estimation, et cotisés jusqu'à leur exploitation comme s'ils produisaient un revenu égal à deux et demi pour cent de cette valeur. — Art. 70.

45. — Il n'y a lieu de procéder à l'évaluation spéciale et distincte des vieilles écorces, conformément à l'art. 70, L. 3 frim. an VII, que lorsque les bois ne sont pas aménagés en coupes réglées. — *Cons. d'état*, 27 fév. 1835, Hollerman.

46. — L'évaluation des forêts en futaie aménagées ou non et qui s'étendent sur le territoire de plusieurs communes, est répartie entre toutes ces communes en proportion de l'étendue qui se trouve sur le territoire de chacune d'elles. — *Ibid.*, art. 71, 72 et 73.

47. — On ne doit avoir égard, dans l'évaluation du revenu imposable des terrains sur lesquels se trouvent des arbres forestiers épars ou en simple bordure, ni à l'avantage que le propriétaire peut tirer de ces arbres ni à la diminution qu'ils apportent dans la fertilité du sol qu'ils ombragent. — *Ibid.*, art. 74.

48. — Lorsqu'un terrain est exploité en *tourbière*, on évalue, pendant les dix années qui suivent le commencement du tourbage, son revenu au double de la somme à laquelle il a été évalué l'année précédente. Après ces dix années, ces terrains sont cotisés comme les autres propriétés (c'est-à-dire d'après leur revenu moyen). — Art. 75 et 76.

49. — Néanmoins, les entailles des tourbières qui sont abandonnées, improductives et isolées des marais tourbeux où se continue l'extraction de la tourbe, ne peuvent être imposées comme tourbières, mais seulement comme terrains ne donnant aucun produit. — *Cons. d'état*, 30 mai 1834, comm. de Daours ; — de Cormenin, p. 64.

50. — Les terrains enclos sont évalués de la même manière que les terrains non enclos d'égale qualité et donnant le même genre de productions, sans qu'on ait égard, dans la fixation de leur revenu imposable, soit à l'augmentation de produit qui résulterait de ces clôtures, soit aux dépenses que nécessitent leur établissement et leur entretien. Si un enclos contient différentes natures de biens, telles que bois, prés, terres labourables, jardins, vignes, étangs, etc., chaque nature de biens est évaluée séparément de la même manière que s'il n'existait point de clôture. — Art. 77 et 78.

51. — Le revenu imposable des étangs est évalué d'après le produit de la pêche, année commune, formée sur quinze, moins les deux plus fortes et les deux plus faibles, sous la déduction faite des frais d'entretien, de pêche et de repeuplement. — Si le terrain est alternativement en culture et en étang, l'évaluation en est combinée d'après sa double nature. — Art. 79 et 80.

52. — Les mines et les carrières sont évaluées à raison seulement de la superficie du terrain occupé par leur exploitation, et sur le pied des terrains environnans. — Art. 81. — La loi du 21 avril 1810, art. 33 et suiv., a en outre assujéti les mines à une redevances fixe et proportionnelle. — V. *infrà* sect. 6e, § 1er.

53. — Les salins et marais salans et les salines doivent être cotisés à la contribution foncière dans les rôles des communautés où ils sont situés ; les bâtimens qui en dépendent sont imposés d'après leur valeur locative, et les terrains et emplacemens, sur le pied des meilleures terres labourables. — Décr. 15 oct. 1810.

54. — Décidé que toutes les parcelles de terrain qui sont affectées à la fabrication du sel, ou forment avec le reste du salin un même système d'exploitation, doivent aussi être imposées sur le pied des meilleures terres labourables. — *Cons. d'état*, 28 fév. 1831, com. d'Agde c. Portalis.

55. — On calcule aussi la contribution due par les canaux de navigation faits soit aux frais du trésor public, soit aux dépens des particuliers, à raison du terrain qu'ils occupent, y compris leurs francs-bords et les magasins et maisons d'éclusiers, et comme terre de première qualité. — LL. 5 flor. an XI, art. 1er et 2 ; 23 juill. 1820, art. 26. — V. aussi *Cons. d'état*, 4 nov. 1835, comm. de Celle c. comp. Usquin ; — Cormenin, p. 64.

56. — Les autres maisons et magasins dépendant desdits canaux doivent être imposés comme les autres propriétés de la même nature (L. 5 flor. an XI, art. 3), dans chaque commune dans laquelle ils se trouvent situés. — *Ibid.*, art. 4.

57. — Quant aux canaux destinés à conduire les eaux à des moulins, forges et usines, ou à les détourner par l'irrigation, ils doivent être imposés à raison de l'espace qu'ils occupent, et sur le pied des terres qui les bordent. — L. 3 frim. an VII, art. 104.

58. — Jugé qu'à leur égard, il n'a point été dérogé à l'art. 104, L. 3 frim. an VII. — *Cons. d'état*, 20 fév. 1835, Moiroux.

59. — Les terrains inutiles à la navigation dépendant des canaux doivent être imposés d'après leurs produits. — *Cons. d'état*, 4 nov. 1835, comm. de Cette c. comp. Usquin.

60. — En tous cas, le droit est dû par le propriétaire du canal, abstraction faite du terrain qui borde son lit, de telle sorte que c'est lui et non le propriétaire dudit terrain qui doit payer l'impôt. — *Cons. d'état*, 5 mai 1831, Meyraut; — Dufour, *Dr. adm. appliqué*, t. 2, n° 876.

61. — Les chemins de fer sont assimilés aux canaux de navigation. — L. 9 juill. 1835, art. 31 du cahier des charges. — Les bâtimens suivent le sort des propriétés bâties de la commune.

62. — Le revenu net des maisons d'habitation, en quelque lieu qu'elles soient situées, soit que le propriétaire les occupe ou qu'il les fasse occuper par d'autres, à titre gratuit ou onéreux, est déterminé d'après la valeur locative calculée sur dix années, sous la déduction d'un quart de cette valeur locative, en considération du dépérissement et des frais d'entretien et de réparation. — L. 3 frim. an VII, art. 82. — *Cons. d'état*, 6 juin 1844, Pérabon et Bélon; 3 mai 1844, Dumont.

63. — Aucune maison d'habitation occupée comme il vient d'être dit ne peut être cotisée, quelle que soit l'évaluation de son revenu, au-dessous de ce qu'elle le serait à raison du terrain qu'elle enlève à la culture, évalué sur le pied du double des meilleures terres labourables de la commune, si la maison n'a qu'un rez-de-chaussée; du triple si elle a un étage au-dessus du rez-de-chaussée et du quadruple si elle en a plusieurs. — Le comble ou toiture, de quelque manière qu'il soit disposé, n'est point compté pour un étage. — Art. 83.

64. — S'il n'y a point de terres labourables dans une commune, l'évaluation à faire dans les prévisions des art. 83 et 85 de la loi 3 frim. an VII doit être faite sur le pied des meilleures terres labourables de la commune voisine. — Art. 86.

65. — Le revenu net imposable des fabriques et manufactures, forges, moulins et autres usines, est déterminé d'après leur valeur locative, calculée sur dix années, déduction faite d'un tiers de cette valeur, en considération du dépérissement et des frais d'entretien et de réparation. — Art. 87. — *Cons. d'état*, 6 juin 1844, Pérabon et Bélon; 3 mai 1844, Dumont.

66. — Pour déterminer la valeur locative d'une usine, on peut, à défaut d'autres documens, avoir égard au nombre de fuseaux qu'elle contient. — *Cons. d'état*, 18 fév. 1839, Faugier.

67. — La valeur locative d'une usine doit être établie, non sur les produits qui résultent de l'exploitation, mais d'après l'état matériel des établissemens au moment où il s'agit de les imposer. — *Cons. d'état*, 31 déc. 1828, Boignes. — V. aussi *Cons. d'état*, 10 janv. 1839, Paillot; 20 juin 1839, de Stoffer.

68. — En conséquence, le conseil de préfecture ne peut prendre en considération le plus ou le moins d'augmentation actuelle dans des revenus industriels. — *Cons. d'état*, 6 sept. 1825, de Janzé.

69. — De même, on ne peut, dans la fixation de la valeur locative d'un établissement thermal, comprendre des produits purement industriels. — *Cons. d'état*, 8 fév. 1833, Laperre. — V. aussi *Cons. d'état*, 6 juin 1834, Schlumberger.

70. — Mais il y a lieu d'avoir égard, pour fixer la valeur locative des bâtimens d'un semblable établissement, à l'usage auquel ils sont destinés. — *Cons. d'état*, 7 août 1835, Laffargue et Lasbennes; 4 sept. 1836, Pina.

71. — La disposition précitée de l'art. 87, L. 3 frim. an VII (*suprà* n° 65) ne s'applique pas aux théâtres; on ne peut les comprendre dans la dénomination de manufactures. — *Cons. d'état*, 11 mai 1838, théâtre des Variétés (Bordeaux) c. ministre des finances.

72. — Mais elle s'applique aux établissemens thermaux. — *Cons. d'état*, 20 juin 1837, Lasserre.

73. — La valeur locative qu'on évalue est celle des bâtimens et usines, abstraction faite des meubles qui y sont renfermés et autres objets qui sont placés dans les usines de manière à être déplacés d'un instant à l'autre, dont le nombre peut constamment varier au gré de l'exploitant et qui sont essentiellement mobiliers, tels que métiers à filer ou à carder et autres machines du même genre. — Inst. minist. 22 juill. 1833; — Dufour, *Dr. adm. appliq.*, t. 2, n° 878.

74. — Mais les effets mobiliers attachés au fond à perpétuelle demeure et en faisant partie intégrante doivent entrer dans les bases d'évaluation. — Même instruction; — Dufour, *ibid.*

75. — Décidé, en conséquence, que la valeur locative des établissemens industriels doit être établie d'après l'état matériel de ces établissemens considérés comme usines, tels qu'ils se comportent au moment où il s'agit de les imposer; dès-lors si le conseil de préfecture n'a point tenu compte, dans l'appréciation d'une usine, des machines qui en faisaient partie intégrante, sa décision doit être annulée. — *Cons. d'état*, 8 mai 1841, Montaru-Pothée; — Dufour, t. 2, n° 878.

76. — Jugé que le revenu net imposable des abattoirs d'une commune doit également être évalué d'après leur valeur locative, en prenant pour bases les art. 82 et 87, L. 3 frim. an VII, c'est-à-dire sous la déduction d'un quart pour les maisons d'habitation, et d'un tiers pour la partie de l'édifice servant à l'exploitation. — *Cons. d'état*, 19 juill. 1837, Tessier. — V. aussi *Cons. d'état*, 6 juin 1844, Pérabon et Bélon.

77. — L'évaluation du revenu imposable et la cotisation des propriétés foncières de toute nature sont faites sans avoir égard aux rentes constituées ou foncières et autres prestations dont elles se trouveraient grevées, sauf aux propriétaires à s'indemniser par des retenues. — L. 3 frim. an VII, art. 97; — Foucart, t. 2, n° 790 (3e éd.).

§ 2. — *Biens soumis à la contribution foncière. — Exemptions.*

78. — La contribution foncière pèse, d'après leur revenu, sur toutes les propriétés immobilières qui n'en sont pas exemptées par la loi.

79. — Décidé en conséquence qu'il y a lieu d'imposer les établissemens thermaux. — *Cons. d'état*, 20 juin 1837, Lasserre; — de Cormenin, *Droit adm.*, t. 2, Appendice, v° *Contributions directes*, § 1er, n° 1er.

80. — ... Les fours à plâtre. — *Cons. d'état*, 8 janv. 1836, Joly; — de Cormenin, *ibid.*

81. — ... Les halles et abattoirs qui appartiennent à une commune et lui donnent des produits. — *Cons. d'état*, 26 oct. 1836, ville d'Alençon; 3 mars 1837, comm. de Beuzeville; 19 juill. 1837, Tessier; — de Cormenin, *ibid.*

82. — Avant la loi du 18 juillet 1836, portant fixation du budget des recettes de 1837, les bains sur bateaux non fixés par piliers et les bacs n'étaient pas assujétis à la contribution foncière. — *Cons. d'état*, 28 juill. 1819, Reybaud; 19 janv. 1836, Bresson.

83. — Mais cette loi (art. 2) a formellement soumis à la contribution foncière les bains et moulins sur bateaux, les bacs, les bateaux de blanchisserie et autres de même nature, même non construits sur piliers ou pilotis, ou retenus seulement par des amarres.

84. — Il a été décidé qu'elle comprenait également les bacs libres, allant à force de rames. — *Cons. d'état*, 27 mai 1839, Delaunay. — V. sur ce point Favard de Langlade, *Rép.*, v° *Contributions directes*, sect. 1re, § 1er, n° 8; de Cormenin, *ubi suprà.*

85. — Doivent aussi être imposées les bourdigues ou pêcheries qui dépendent d'un canal. — *Cons. d'état*, 4 nov. 1835, comm. de Cette. — V. cependant Favard, *loc. cit.*, n° 4.

86. — ... Les canaux de navigation et leurs dépendances. — *Cons. d'état*, 4 nov. 1835, comm. de Cette; — Cormenin, Appendice, p. 63, § 1er, n° 1re.

87. — ... Les canaux destinés aux usines ou à l'irrigation, à raison du terrain qu'ils occupent. — L. 3 frim. an VII, art. 104. — V. *Cons. d'état*, 5 mai 1831, Mogroux; 20 fév. 1835, même partie.

88. — ... Le terrain sur lequel est établi un chemin de halage, sauf au propriétaire de ce terrain à former une demande en remise ou modération. — *Cons. d'état*, 6 mars 1835, Trubert; — Cormenin, *ibid.*

89. — Sous l'empire de la loi du 3 frim. an VII (art. 84), les maisons qui restaient inhabitées pendant un an étaient imposées, non comme propriétés bâties, mais comme terres labourables de première qualité, à raison du terrain enlevé à la culture. Depuis la loi du 15 sept. 1807, la perte totale ou partielle du revenu d'une année, par suite de vacance, ne donne plus lieu qu'à une demande en remise ou modération de contribution de la part des propriétaires. — Art. 38.

90. — Les ponts appartenant à des particuliers ou concédés à des compagnies sont évalués de même que les bâtimens destinés à l'exploitation même, mais quant au terrain seulement occupé par leurs culées. — Dufour, t. 2, n° 880.

91. — Toutefois, des exceptions ont dû être introduites au principe général en vertu duquel toutes les propriétés sont soumises aux mêmes charges. Les unes sont fondées sur l'intérêt public, les autres sur l'intérêt de l'agriculture, de l'industrie ou des nouvelles constructions. — Laferrière, p. 186; Bost, *Organisation des corps municipaux*, t. 2, n° 562.

92. — Mais ces exceptions, tenant en général de la nature de la propriété à laquelle elles sont attachées, en suivent le sort, et, par suite, disparaissent si cette nature elle-même se trouve modifiée.

93. — Ainsi, qu'une forêt de l'état soit vendue à un particulier en vertu d'une loi, qu'un bien dépendant du domaine public ou de la couronne soit légalement aliéné, ils rentrent dans la règle commune, et deviennent dès-lors imposables; et réciproquement le bien acquis par l'état cesse d'être sujet à contribution. — Bost, *loc. cit.*

94. — Dans cette double hypothèse, la commune, l'arrondissement et le département doivent, soit être dégrevés, soit être chargés de la part de contribution que représentaient pour eux les biens affranchis ou grevés. — L. 19 vent. an IX, art. 3; — Foucart, t. 2, n° 791; Magnitot et Delamarre, v° *Contribution*, § 2. — V. notamment ord. 1er mai 1832, qui supprime la dotation des invalides de la guerre.

95. — Les bois qui cessent de faire partie du domaine public doivent être cotisés comme les autres bois de la commune ou des communes voisines, sans qu'on puisse prendre d'autres bases, et notamment prétendre que ces derniers bois auraient été imposés au-dessous de leur valeur. — *Cons. d'état*, 6 juin 1834, Pourtalès; 7 nov. 1834, Lepreux-Jarlot; 5 déc. 1834, min. des fin.

96. — C'est en vertu de ce principe que les maisons ou usines qui nouvellement établies ou reconstruites sont temporairement exemptes de l'impôt, et qui deviennent imposables à l'expiration du délai de l'exemption, augmentent le contingent dans la contribution foncière et la contribution des portes et fenêtres de la commune, de l'arrondissement et du département, comme aussi en cas de destruction ou de démolition il y a lieu à un dégrèvement dans le contingent de la commune, de l'arrondissement et du département où ces constructions étaient situées. — L. 17 août 1835, art. 2; — Foucart, *ibid.*

97. — Lorsque dans une commune, les maisons bâties dans certaines rues ont été exemptées d'impôt pendant un délai déterminé par un acte de l'autorité supérieure, et que ce délai est expiré, le contingent de la commune et, par suite, celui du département doivent s'accroître des cotisations auxquelles ces maisons doivent être soumises, lors même qu'elles auraient été construites long-temps avant la loi du 17 août 1835. — *Cons. d'état*, 12 avr. 1844, Ville de Paris.

98. — Les propriétés qui, par suite d'omissions ou d'altérations faites à la matrice, n'ont pas été imposées depuis un certain nombre d'années, ne peuvent être cotisées que dans le rôle de l'année dont les contributions ne sont pas encore assises. — Favard, *ubi suprà*, n° 7, sect. 1re, § 11.

99. — Sont affranchis de l'impôt foncier, dans l'intérêt public les domaines nationaux non productifs exceptés de l'aliénation ordonnée par les lois, et ceux réservés pour un service national, tels que les palais des deux chambres, le Panthéon, les bâtimens destinés au logement des ministres et de leurs bureaux, les arsenaux, magasins, casernes, fortifications et autres établissemens dont la destination a pour objet l'utilité générale. — L. 3 frim. an VII, art. 105.

100. — Les domaines nationaux productifs déclarés aliénables (à l'exception des bois. — V. L. 19 vent. an IX) doivent être évalués et cotisés comme les propriétés particulières de même nature et d'égal revenu. — L. 3 frim. an VII, art. 108.

101. — De même, les constructions élevées sur un terrain dépendant des fortifications d'une place, et affermées par l'autorité militaire, doivent être soumises à l'impôt. — *Cons. d'état*, 22 juill. 1839, Min. des finances.

102. — ... Ainsi que les terrains sur lesquels l'état a construit un édifice destiné à un service public, à moins qu'il ne soit propriétaire de ces terrains. — *Cons. d'état*, 10 janvier 1834 (Min. des fin.). — Cormenin, Appendice, p. 63, § 1er, n° 1er.

103. — A l'énumération qui précède, il faut ajouter l'hôtel des Invalides, l'école militaire, et l'école polytechnique.

104. — ... Les bâtimens consacrés aux haras, et les terres dont ils consomment les productions, mais non les autres biens dépendant des haras, qui sont affermés. — Décis. du min. des finances, citée par M. Bost, t. 2, n° 562, p. 316; Favard, sect. 1re, § 2, n° 6.

105. — ... Les manufactures pour le compte du gouvernement, telles que manufactures de tabac, d'armes, de poudre de guerre, etc.

106. — Ainsi, décidé que les usines, bâtimens et

terres qui composent un établissement de forges royales sont, comme étant affectés exclusivement à un service public, exempts de la contribution foncière, lorsqu'il est établi, 1° que les produits sont destinés à l'armement de la flotte et aux approvisionnemens de la marine; 2° que les bâtimens servent au logement du directeur, des agens de l'administration et des ouvriers des forges; 3° que les produits des terres non affermées sont consommés en nature dans l'intérieur de l'établissement. — *Cons. d'état*, 4 juill. 1837, min. de la marine.

107. — Sont encore exempts au même titre: le jardin du roi. — Durieu, t. 1er, p. 41, note.

108. — ... Les bibliothèques, musées, jardins de botanique des départemens, leurs pépinières et celles faites au compte du gouvernement par l'administration des forêts. — Durieu, *loc. cit.* — V. aussi *Cons. d'état*, 7 févr. 1845, ville de Nantes.

109. — ... Les cimetières.

110. — ... Les églises et temples destinés à un culte public.

111. — ... Les archevêchés, évêchés, presbytères et jardins y attenant. — V., pour les presbytères, *Cons. d'état*, 23 avr. 1836, comm. de Conlie; 22 janv. 1840, Desfriches; 26 nov. 1840, Geffroy.

112. — L'exemption de la contribution foncière établie en faveur des presbytères ne peut être appliquée à un bâtiment qui, bien qu'affecté primitivement à cette destination, a été loué plus tard à un consistoire protestant. — *Cons. d'état*, 5 juin 1845, Min. fin. c. consistoire protestant du temple neuf à Strasbourg.

113. — ... Les hôtels des préfectures, sous-préfectures et jardins y attenant.

114. — ... Les bâtimens occupés par les cours et tribunaux.

115. — ... Les colléges, écoles et maisons d'éducation royales.

116. — ... Les maisons communales, colléges et maisons d'école appartenant aux communes.

117. — ... Les séminaires, écoles secondaires ecclésiastiques.

118. — Lorsqu'une école secondaire ecclésiastique a reçu le caractère d'établissement public par son ordonnance d'institution, elle doit obtenir décharge de la contribution foncière, alors même qu'il existerait dans cette école des infractions au régime auquel ces établissemens sont soumis, ces infractions ne pouvant être déférées au conseil d'état par la voie contentieuse, et ne pouvant motiver qu'une ordonnance de révocation. — *Cons. d'état*, 1er juill. 1840, évêque d'Angers; 18 déc. 1839, ville de Mortain.

119. — Une maison acquise par une fabrique et affectée par ordonnance du roi à la tenue des écoles chrétiennes et au logement des prêtres qui les dirigent, doit être rangée dans les bâtimens non productifs, et par conséquent exemptée de la contribution foncière des portes et fenêtres. — *Cons. d'état*, 19 juin 1838, fab. de Saint-Epvre de Nancy; 1er juill. 1840, fab. de Saint-Pierre de Saumur.

120. — Mais un établissement de religieuses autorisées par une ordonnance royale à tenir un pensionnat de jeunes filles ne peut profiter de cette exemption, s'il est constant que de jeunes filles qui y sont admises paient une somme quelconque. — *Cons. d'état*, 2 mars 1839, communauté de Notre-Dame-de-Charité de Bayeux (Calvados): 22 août 1844, commun. des sœurs de Charité de Bourges; 25 juin 1845, dames de la Miséricorde de Cahors.

121. — ... Les bâtimens affectés aux prisons, maisons d'arrêt, de justice ou de détention.

122. — ... Les bâtimens occupés par les hospices, dépôts de mendicité, maisons d'aliénés et autres établissemens de bienfaisance publics.

123. — Il est à remarquer cependant que le décr. du 11 août 1808 ne comprend pas dans les exceptions qu'il prononce les bâtimens des hospices et les jardins y attenant, et qu'au contraire la loi du 3 frim. an VII porte, art. 110, que les hospices et autres établissemens publics acquitteront la contribution assise sur leurs propriétés foncières de toute nature: une lettre du ministre du commerce et des travaux publics, du 30 juin 1831, adressée au préfet de la Seine-Inférieure, se prononce même dans ce sens: cependant l'exemption indiquée dans le recueil méthodique du cadastre a été constamment admise dans la pratique et approuvée par tous les auteurs qui se sont occupés de ces matières. — V. Belmondi, *Code des contrib. indir.*; Dulaurens, *Manuel des contribuables*; Durieu, *Poursuites en mat. de contrib. indir.* (t. 1er, p. 41, note). — En effet, ces bâtimens et jardins sont consacrés à un service public, et entièrement improductifs pour les hospices?

124. — Les monts-de-piété sont des établissemens de bienfaisance qui rentrent dans les cas d'exemption prévus par la loi sur les contributions foncières et des portes et fenêtres. — *Cons. d'état*, 19 janv. 1844, mont-de-piété de Rouen.

125. — Mais un établissement de bienfaisance appartenant à une société particulière, et dans lequel la plupart des personnes secourues ne sont admises qu'en payant, ne profite pas de l'exemption d'impôt. — *Cons. d'état*, 8 janv. 1836, Asile royal de la Providence.

126. — Lorsqu'une maison destinée à recevoir des pauvres a été achetée au nom de la dame fondatrice, et que les pauvres n'y sont admis qu'avec l'agrément de cette dame, cette maison ne saurait être considérée comme l'un des établissemens nationaux et publics non cotisables, auxquels s'appliquent les art. 105 et 106 des lois des 3 et 4 frim. an VII. — *Cons. d'état*, 10 janvier 1845, veuve Lasnier.

127. — Sont également exempts les bois et forêts nationaux. — L. 19 vent. an IX, art. 1er.

128. — Tous les bois et forêts de l'état sont exempts de la contribution foncière; à cette nature de propriété ne peut s'appliquer la disposition de la loi du 3 frim. an VII qui assujétit à l'impôt les propriétés de l'état productives de revenu. — *Cons. d'état*, 12 juin 1845, Min. des finances.

129. — ... Les biens formant la dotation de la couronne; mais ils sont assujétis au paiement des centimes additionnels départementaux et communaux. — L. 30 janv. 1810, art. 16; 2 mars 1825 et 2 mars 1832, art. 13; Avis cons. d'état 15 août 1834.

130. — Il n'en est pas de même des biens du domaine privé. — A leur égard, le roi est considéré comme simple particulier. — Foucart, t. 2, p. 91, n° 791; Bost, t. 2, n° 562.

131. — Enfin les rues, les places publiques servant aux foires et marchés, les grandes routes, les chemins publics vicinaux et les rivières ne sont point cotisables. — L. 3 frim. an VII, art. 103.

132. — Il en est de même des carrefours, fontaines et promenades publiques, boulevards, lacs, rochers nus et arides, et tous autres biens improductifs ou consacrés au service public. — Bost, t. 2, n° 562; Durieu, t. 1er, p. 41, note.

133. — Un bâtiment clos et fermé de toutes parts servant de halle aux grains, appartenant privativement à une commune et lui produisant un revenu, est imposable à la contribution foncière, sans qu'on puisse lui appliquer l'exception prononcée par l'art. 103 (L. 3 frim. an VII), en faveur des foires et marchés établis sur les rues ou places publiques, ni celle prononcée par l'art. 105, qui ne s'applique qu'aux édifices affectés à un service public mais non productifs. — *Cons. d'état*, 26 oct. 1836, ville d'Alençon.

134. — *Agriculture.* — Dans l'intérêt de l'agriculture, de l'industrie et des nouvelles constructions, la loi accorde soit des dispenses (mais alors elles ne sont que temporaires, ce sont de véritables primes d'encouragement); soit des modérations de droit, par exemple, quand des bâtimens sont destinés aux exploitations rurales.

135. — Ainsi le desséchement de marais ou étangs ne peut donner lieu à aucune augmentation d'impôt foncier pendant les vingt-cinq premières années qui suivent le desséchement. — L. 3 frim. an VII, art. 3. — V. *Cons. d'état*, 31 oct. 1838, Gaigneron: 11 déc. 1838, propriétaire des marais d'Hiers-Brouage.

136. — On ne saurait faire résulter la même faveur d'ouvrages (tels, par exemple, que la conversion d'un étang en saline) qui n'ont pas opéré le desséchement. — *Cons. d'état*, 26 juill. 1837, marquis d'Albertas c. comm. de Berre.

137. — La cotisation des terres en friche depuis dix ans, qui sont plantées ou semées en bois, ne peut être augmentée pendant les trente premières années du semis ou de la plantation. — L. 3 frim. an VII, art. 113.

138. — Les terrains du sommet ou du penchant des montagnes sur lesquels des plantations et des semis ont eu lieu, sont exempts de la contribution foncière pendant vingt ans; et cette exemption n'est soumise à aucune déclaration préalable. — *Cons. d'état*, 27 août 1839, Tonnelier; — C. forest., art. 225.

139. — S'il s'agit de terres vaines et vagues depuis quinze ans, la cotisation ne peut en être augmentée pendant les dix premières années quand elles sont défrichées, et pendant vingt ans quand elles sont plantées en vignes, mûriers et autres arbres fruitiers. — L. 3 frim. an VII, art. 112 et 114.

140. — Quant aux terrains déjà en valeur, qui sont plantés en vignes, mûriers ou autres arbres fruitiers, le revenu imposable n'en peut être évalué, pendant les quinze premières années de la plantation, qu'au taux de celui des terres d'égale valeur non plantées. — *Id.*, art. 115.

141. — Pour jouir de ces divers avantages, et à peine d'en être privé, le propriétaire est tenu de faire, à la sous-préfecture, avant de commencer les desséchemens, défrichemens et autres améliorations, une déclaration détaillée des terrains qu'il veut ainsi défricher. — L. 3 frim. an VII, art. 117.

142. — Ainsi, décidé que la demande à fin de réduction d'imposition sur un terrain desséché n'est pas admissible lorsque la déclaration exigée par l'art. 117, L. 3 frim. an VII, n'a pas été faite, et qu'il n'est pas prouvé que le terrain sur lequel la réduction est demandée était un marais qui a été mis en culture par le réclamant. — *Cons. d'état*, 8 sept. 1819, Hermel.

143. — Les bâtimens servant aux exploitations rurales, tels que granges, écuries, greniers, caves, celliers, pressoirs, et autres, destinés soit à loger les bestiaux des fermes et métairies ou à serrer les récoltes, ainsi que les cours desdites fermes ou métairies, ne sont soumis à la contribution foncière qu'à raison des terrains qu'ils enlèvent à la culture, évalués sur le pied des meilleures terres labourables. — L. 3 frim. an VII, art. 85. — V. *Cons. d'état*, 26 déc. 1830, Sarre.

144. — Les bâtimens qui ne sont pas uniquement destinés aux exploitations rurales ne sont pas dans le cas des exceptions prévues par l'art. 85, L. 3 frim. an VII. En conséquence ils doivent être imposés comme propriétés bâties. — *Cons. d'état*, 12 avr. 1844, Jousselin.

145. — Spécialement, les bâtimens employés à recevoir les récoltes ne doivent pas moins être soumis à l'impôt foncier et à celui des portes et fenêtres, s'ils sont habitables et ne sont point considérés comme bâtimens ruraux. — *Cons. d'état*, 30 mai 1844, Brieude.

146. — Lorsque les pressoirs sont un objet de spéculation et d'industrie, ils doivent être imposés sous la déduction du tiers de leur revenu. — Favard, sect. 1re, § 2, n° 7; Crémieux, *Journ. des cons. municip.*, t. 3, p. 69, *in fine*.

147. — *Industrie, nouvelles constructions.* — Les maisons, les fabriques et manufactures, les moulins et autres usines nouvellement construits ne sont soumis à la contribution foncière qu'en la troisième année après leur construction. — Le terrain qu'ils enlèvent à la culture continue alors d'être cotisé comme il l'était avant. — Il en est de même pour tous autres édifices construits ou reconstruits: le terrain seul en doit être [illegible] pendant les deux premières années. — Art. 88.

148. — Cette disposition ne s'applique pas à la contribution mobilière ni à celle des portes et fenêtres. — *Cons. d'état*, 16 déc. 1835, Merchez de Saint-Pierre.

149. — Mais il n'y a ni constructions ni reconstructions, dans le sens de l'art. 88 précité, lorsque le propriétaire s'est borné, pour convertir des bâtimens en maisons habitables, à démolir des distributions intérieures. — *Cons. d'état*, 28 nov. 18[illegible], Thibault.

150. — Lorsqu'un édifice a été construit ou reconstruit en plusieurs parties, l'exemption accordée par l'art. 88, L. 3 frim. an VII, ne doit pas courir pour l'édifice entier du jour où la construction ou la reconstruction complète a été terminée, mais elle doit courir pour chaque partie du jour où elle a été successivement achevée et mise en valeur. Ainsi, à l'égard d'un moulin incendié et reconstruit en deux parties, l'exemption doit courir pour chacune d'elles du moment où les meules qui y sont comprises ont été mises en activité. — *Cons. d'état*, 24 déc. 1818, Pagès.

151. — L'art. 88 ci-dessus doit être entendu en ce sens que le délai accordé pour l'exemption de l'impôt ne court qu'à partir de l'exercice au commencement duquel l'usine était entièrement terminée, de manière à assurer un revenu au propriétaire. On ne doit tirer aucune induction contraire de ce que l'usine aurait été terminée dans le cours de l'exercice précédent, ni de ce qu'antérieurement elle aurait fonctionné à titre d'essai. — *Cons. d'état*, 6 déc. 1844, Blanchard des Ro[illegible]siers.

152. — L'exemption a lieu au profit du propriétaire d'un moulin reconstruit après incendie et même après un premier rappel à l'égalité proportionnelle dans les termes de l'art. 133 de la loi du 2 mess. an VII. — *Cons. d'état*, 24 déc. 18[illegible], Pagès.

153. — Le propriétaire d'un moulin incendié et reconstruit à neuf est fondé à réclamer le dégrèvement de l'impôt foncier pendant deux ans, conformément à l'art. 88, L. 3 frim. an VII, encore que la digue et les murs du moulin n'aient pas été entièrement détruits, et que, par suite, il n'y ait pas eu reconstruction complète, si toutefois il résulte du procès-verbal dressé après l'incendie qu'aucune partie essentielle n'était restée intacte, et que sans les travaux exécuté l'usine serait re-

improductive.— *Cons. d'état*, 15 oct. 1826, Bou-usquié.

54. — Lorsqu'un moulin a été achevé à une que déterminée et qu'il a été mis en activité à lé époque, le propriétaire n'est pas fondé à ré-er la décharge de la contribution à laquelle été imposé pour la troisième année, sous pré-te que la marche de son usine, résultat d'un édé nouveau, n'avait été, pendant la première ée de son existence, qu'un long essai presque s produit. — *Cons. d'état*, 30 mars 1844, Ron-e.

155. — La contribution foncière cesse même re due pour des bâtimens lorsqu'ils sont en olition, et qu'ils ne sont plus susceptibles de ce. — Bost, t. 2, nº 562, p. 315.

56. — Ainsi, décidé que les bâtimens inhabités reconstruction ne sont point soumis à la tribution foncière pendant leur reconstruc-; ils n'y sont même soumis qu'à la troisième e après la reconstruction. — *Cons. d'état*, 13 . 1816, Malafosse.

7. — Il en est ainsi alors même que le rez-de-ussée est terminé, et que l'achèvement du ne paraît pas devoir être opéré de long-s. — *Cons. d'état*, 24 juin 1840, Laurence.

8. — Si le propriétaire d'une maison nouvel-nt construite retarde l'achèvement des tra-nécessaires pour la rendre habitable jus-u moment où il trouvera à la louer, les trois ne courent qu'à partir de l'entière confection s travaux. — *Cons. d'état*, 8 avr. 1840, Borsat pérouse.

59. — Une maison non meublée n'est pas sou-à la contribution foncière. — *Cons. d'état*, vr. 1844, Jousselin.

60. — Les propriétaires d'une maison en dé-lition ne sont pas passibles de la contribution ière pendant la durée de la démolition, en-bien que quelques chambres auraient été oc-ées momentanément, si cette occupation n'a eu que pour la surveillance des ouvriers. — *d'état*, 31 mai 1833, Auguin.

61. — La demande d'un contribuable tendante, à un dégrèvement pour défaut d'habitation, s à une réduction de sa cote par le motif qu'il sé l'exploitation de son auberge et de sa bras-e, et que ses bâtimens doivent être assimilés bâtimens ruraux, doit être rejetée s'il se e à établir qu'il n'habite plus sa maison et il n'exploite pas sa brasserie, mais sans établir ses bâtimens seront désormais employés à des ges ruraux. — *Cons. d'état*, 16 nov. 1825, Sal-n. — V. Durieu, t. 1er, p. 40, note.

62. — Un décret du 11 janv. 1811 a dispensé dant trente années, à partir de sa promulga-, de la contribution foncière et de celle des tes et fenêtres, les propriétaires des terrains, et place de Rivoli et rue de Castiglione, qui y struisent des maisons, à raison desdites mai-, cours, jardins et dépendances.

§ 3. — *Sur qui pèse l'impôt foncier.*

165. — La contribution foncière doit être ac-tée par tous ceux qui ont la propriété *utile*, s que les usufruitiers, les engagistes, les déten-à titre d'antichrèse, les acquéreurs à pacte réméré et tous autres détenteurs à titre de pro-taires par des actes contenant des clauses ré-utoires. — Magnitot et Delamarre, *Dictionn.*, *Contributions*, § 2, p. 317; Laferrière, p. 184, t. 1re, § 1er.

164. — La contribution foncière étant une charge la propriété, le percepteur ne peut agir que tre l'individu inscrit au rôle, sauf le recours celui-ci contre qui de droit, et sans préjudice l'action du percepteur contre ceux qui peuvent e tenus de payer en l'acquit du contribuable.— 12 nov. 1808, art. 2; — Cormenin, Append., 64, § 1er, nº 2.

165. — Les fermiers ou locataires sont tenus de er, à l'acquit des propriétaires ou usufruitiers, contribution foncière pour les biens qu'ils ont s à ferme ou à loyer; et les propriétaires ou uitiers, de recevoir le montant des quittances cette contribution pour comptant sur le prix fermages ou loyers, à moins que le fermier ou taire n'en soit chargé par son bail.—L. 3 frim. VII, art. 147.

166. — Le percepteur peut refuser les offres de ement qui lui sont faites par des fermiers qu'il pas requis de payer en l'acquit du proprié-re; ceux-ci ne sont tenus de payer que sur la ande qui leur en est faite. — L. 12 nov. 1808, . 2; — *Cons. d'état*, 1er juill. 1839, Joly; — Cor-nin, *ibid.*

167. — Les contributions imposées sur les pro-étés tenues à bail emphythéotique sont à la charge de l'emphythéote, lors même qu'il n'a point été astreint expressément à ce paiement par l'acte de bail. Néanmoins il est autorisé à la rete-nue du cinquième sur le montant de la redevan-ce, pour représenter la contribution due par le bailleur, à moins que le contraire n'ait été expres-sément stipulé. — Favard, nº 12; Cormenin, p. 64, nº 2.

168. — Les droits d'usage dans les forêts ne constituent au profit des usagers qu'une servitude discontinue.— *Cass.*, 30 juill. 1838 (t. 2 1838, p. 53), Lombard c. Fauverteils.

169. — Jugé en conséquence que les usagers dans les bois de l'état ou des particuliers ne sont pas, à rai-son de leurs droits d'usage, passibles de la contri-bution foncière. — *Cons. d'état*, 13 juill. 1825, Mar-tin de Villiers et de la Coudre; *Cass.*, 30 juill. 1838 (t. 2 1838, p. 53), Lombard c. Fauverteils; — Ma-gnitot et Delamarre, p. 317 et 318.

170. — Jugé encore que les usagers qui ne con-servent point tous les fruits du fonds soumis à l'usage ou tout le produit du canton de bois aban-donné, ne sont pas tenus de l'impôt foncier. Cet impôt est à la charge du propriétaire seul. — *Bourges*, 15 juin 1838 (t. 2 1838, p. 635), Legat et Devogué c. Lemercier.

171. — Nous avons vu (*suprà* nº 82) qu'avant la loi du 18 juill. 1836, les bacs étaient exempts d'impôt foncier; cependant il avait été décidé par le conseil d'état que le fermier d'un bac devait payer l'impôt foncier auquel ce bac était soumis, lorsqu'il était constant que la mise à prix de l'ad-judication avait été baissée en raison de l'exis-tence de cette charge. — *Cons. d'état*, 1er août 1834, Carrive. — Aujourd'hui l'impôt est dû dans tous les cas.

172. — Lorsque la concession d'un canal com-prend toute la propriété utile, ainsi, par exemple, tous les droits de péage établis ou à établir, la jouissance de la pêche et des produits des francs-bords, le concessionnaire est passible de l'impôt foncier, quoique sa concession ne soit que tempo-raire, et qu'au moment où elle a eu lieu elle ne fût pas grevée de cet impôt.—*Cons. d'état*, 22 oct. 1830, Min. de l'int. c. Usquin.

173. — Le propriétaire d'une saline qui, par suite d'une convention avec une commune, s'est obligé à lui faire la prestation annuelle d'une cer-taine quantité du produit de la saline, n'en est pas moins tenu d'acquitter personnellement la tota-lité de la contribution foncière; mais il a le droit de faire, sur la commune, la retenue de la partie de la contribution proportionnelle à la prestation, alors, d'ailleurs, que le titre originaire ne contient aucune stipulation à cet égard. — *Cass.*, 24 août 1829, domaines c. d'Aiguesmortes.

174. — La contribution foncière est due par la récolte de l'année où elle se perçoit et non par celle de l'année antérieure. — *Cass.*, 18 août 1813, Haussoulier c. Lesens et Tostain; — Magnitot et Delamarre, p. 318.

175. — En conséquence, l'acquéreur d'un fonds de terre doit payer la contribution foncière de l'année où commence la jouissance, s'il n'y a con-vention contraire. — Même arrêt. — Favard, sect. 1re, § 2, nº 9.

176. — Les acquéreurs de plusieurs coupes suc-cessives de bois représentent le propriétaire, et peuvent en cette qualité être poursuivis pour le paiement de la contribution foncière due par ce dernier. — *Cons. d'état*, 15 oct. 1826, Chambon et Girard.

177. — Le propriétaire qui n'a fait aucune dé-claration de mutation de propriété doit continuer d'être imposé au rôle, sauf son recours contre ses acquéreurs. — L. 3 frim. an VII, art. 36; — *Cons. d'état*, 23 janv. 1820, Desjardins et Dellard c. de Po-lignac; 1er nov. 1826, Hérauld c. Tassac; 22 juill. 1835, Prat; — de Cormenin, p. 64, nº 2.

178. — Les héritiers sont tenus des contribu-tions dues par leur auteur. — V. *Cons. d'état*, 1er nov. 1826, Hérauld c. Tassac. — Cormenin, *ibid.*

179. — Un adjudicataire, par expropriation for-cée, n'est point tenu personnellement au paiement des contributions dues par le propriétaire dépos-sédé; il n'est tenu qu'à la représentation et à la distribution de son prix. — *Cons. d'état*, 1er mai 1816, Morard c. Chauvet et Clerc.

180. — Le trésor a le droit de poursuivre l'ex-propriation de l'immeuble qui ne produirait rien par la négligence ou l'incurie du propriétaire, si ce dernier ne présentait pas de ressources pour le paiement de sa cotisation. — Magnitot et Dela-marre, p. 318.

§ 4. — *Répartition, répartiteurs.*

181. — Le contingent de chaque commune, une fois établi, est réparti entre les contribuables par des répartiteurs nommés annuellement par le pré-fet.—L. 3 frim. an VII, art. 8.

182. — La nomination de ces répartiteurs est notifiée à chacun d'eux par un simple avertisse-ment sur papier non timbré. Cette notification est signée tant par celui qui en est le porteur que par le sous-préfet et datée; elle n'est point sujette à l'enregistrement, mais il en reste un double qui est déposé au secrétariat de l'administration mu-nicipale.—L. 3 frim. an VII, art. 12.

183. — Les fonctions de répartiteurs ne peuvent être refusées que pour les causes spécialement in-diquées par la loi (L. 3 frim. an VII, art. 13), sous peine d'une amende de trois journées de travail prononcée par le juge de paix et des frais.— *Ibid.*, art. 21.

184. — Les causes légitimes de refus sont : les infirmités graves et reconnues ou vérifiées en la forme ordinaire en cas de contestation; l'âge de soixante ans commencés ou plus; l'entreprise d'un voyage ou d'affaires qui obligeraient à une longue absence du domicile ordinaire; l'exercice des fonctions administratives ou judiciaires, le service militaire de terre ou de mer ou un autre service public actuel, enfin l'éloignement du do-micile de plus de 2 myriamètres de la commune.— L. 3 frim. an VII, art. 14 et 15.

185. — Celui qui se trouverait nommé réparti-teur par plus d'une administration municipale pour la même année, doit déclarer son option au secrétariat de l'une d'elles dans les dix jours de l'avertissement qui lui aurait été donné de sa no-mination. Il doit en justifier aux autres adminis-trations municipales dans les cinq jours suivans, et celles-ci doivent le remplacer sans délai. — Art. 16.

186. — Les répartiteurs sont au nombre de cinq; ils doivent être pris parmi les contribuables fon-ciers de la commune : deux au moins doivent être forains. — Bost, *Tr. organis. munic.*, t. 2, nº 561.

187. — La signature de trois ne suffirait pas pour valider une délibération. — *Cons. d'état*, 1er juill. 1840, Paul.

188. — Ils sont convoqués et présidés par le maire ou son adjoint, ou par l'un des membres du conseil municipal désigné, et, à leur défaut, par le plus âgé des autres répartiteurs. — Art. 23.

189. — La répartition de la contribution fon-cière est faite, ainsi que nous l'avons dit déjà (*suprà* nº 23), par égalité proportionnelle sur toutes les propriétés foncières à raison de leur revenu net imposable. — L. 3 frim. an VII, art. 2. — Pour la manière dont s'établit ce revenu, V. *suprà*, nºs 24 et suiv.

190. — La détermination du revenu imposable est faite d'une manière nette et précise à l'aide du cadastre. — V. ce mot.

191. — Le rôle cadastral contient en effet le mon-tant de la contribution foncière en principal et centimes additionnels, à laquelle la commune est imposée, la somme de son revenu cadastral et la proportion dans laquelle chaque propriétaire doit acquitter ses contributions.—C'est sur les états de section, les matrices de rôle et le rôle cadastral qu'a lieu chaque année la répartition.

192. — Dans les communes non cadastrées, les répartiteurs font eux-mêmes les matrices des rô-les et les évaluations des revenus avec l'assistance d'indicateurs et en présence des propriétaires ou de leurs fermiers. — LL. 3 frim. an VII, art. 38; 3 frim. an VIII, art. 5. — Trolley, *Cours de dr. admin.*, t. 2, nº 601. — V. CADASTRE.

193. — Et ces évaluations sont, selon M. Trolley (t. 2, nº 601), définitives, comme celles faites dans les communes cadastrées.

194. — Les répartiteurs commencent par éta-blir la proportion exacte du contingent total de la commune en principal et accessoires de toute na-ture avec le revenu imposable. Dans ce but, l'on divise le contingent par le revenu, le quotient prend le nom de *centime le franc*. — Les bases et les ré-sultats de cette opération sont consignés dans un tableau placé en tête de la matrice générale. — Bost, t. 2, nº 561.

195. — Le *centime le franc* obtenu, on dresse le tarif jusqu'à six décimales au moins, à l'aide du-quel on peut connaître la contribution depuis 1 fr. jusqu'à 100 fr. — Il ne reste plus pour déterminer la cotisation de chaque contribuable qu'à appli-quer ce tarif à son revenu. — Bost, *ibid.*

196. — De plus, les répartiteurs doivent exami-ner, chaque année, la matrice du rôle et y faire les changemens nécessaires; à cet effet, ils font sur le livre des mutations un relevé des mutations de propriétés survenues parmi les contribuables. Ce relevé est signé par eux, et reste joint à la matrice du rôle. — Chaque année le préfet renouvelle l'é-mission du rôle cadastral avec les changemens opérés.—L. 3 frim. an VII, art. 34; — Bost, *loc. cit.*

197. — Les répartiteurs peuvent, sans excéder leurs pouvoirs, porter sur l'état des mutations celles des propriétés d'un contribuable qui ont été omises lors de la formation des états de section et de la matrice.—*Cons. d'état*, 14 oct. 1827, Bremard.

Sect. 2e. — *Contribution personnelle et mobilière.*

198. — La contribution personnelle a été établie par le décret du 7 thermid. an III; la contribution mobilière par la loi des 13 janv.-18 fév. 1791 : réunies par la loi du 3 niv. an VII, elles ont été séparées de nouveau par celle du 26 mars 1831, qui fit de la contribution personnelle un impôt de quotité, jusqu'à ce qu'enfin la loi du 21 avr. 1832 vint, en les réunissant de nouveau, rétablir l'ancien système.

199.—L'impôt personnel et mobilier comprenait, d'après la loi des 13 janv.-18 fév. 1791, quatre espèces de contributions en une seule: 1° une taxe personnelle, uniforme pour tous les citoyens non indigens; — 2° une taxe somptuaire sur chacun des objets de luxe que la civilisation seule a rendus nécessaires; — 3° une taxe d'habitation correspondante à notre contribution mobilière actuelle; — 4° une contribution *mobilière* proprement dite, c'est-à-dire un prélèvement sur les revenus provenant de la fortune mobilière, et calculé sur tout ce qui la constitue, comme le salaire, l'industrie, les capitaux et les créances. — Crémieux, *Journal des cons. municip.*, t. 3, p. 80.

200. — De ces quatre contributions, la première et la troisième ont seules survécu. Les taxes somptuaires portant notamment sur les cheminées, les domestiques mâles, les chevaux, voitures, etc., ainsi que celles établies sur les salaires publics et privés, ont été supprimées d'après un avis du conseil d'état approuvé le 27 vendém. an IX et par la loi du 24 avr. 1806.

201. — Aujourd'hui la contribution personnelle et mobilière ne se compose donc que de deux élémens : 1° d'une taxe personnelle, ancienne capitation, *census capitis*, dont sont seuls exempts ceux qui n'ont aucuns moyens personnels d'existence; — 2° d'une taxe mobilière destinée à faire contribuer aux charges publiques, autant que possible, les capitaux.

§ 1er. — *Assiette, évaluation, répartition, paiement, responsabilité.*

202. — La taxe personnelle est uniforme pour tous les contribuables et représente trois journées de travail.— C'est le conseil général qui, dans chaque département, et sur la proposition du préfet, détermine le prix moyen de la journée de travail dans les limites, qu'il ne peut pas franchir, de 50 cent. à 1 fr. 50 cent. — L. 21 avr. 1832, art. 10.

203. — Suivant M. Laferrière (*C. de dr. admin.*, p. 195), la contribution personnelle a le tort d'atteindre le salaire des ouvriers ; toutefois, cet auteur fait remarquer qu'elle l'atteint sans application spéciale et humiliante pour la classe ouvrière, et s'adresse également à tous.

204. — La loi du 3 niv. an VII n'assujettissait à l'impôt que celui qui avait un an de domicile. — *Cons. d'état*, 2 mars 1832, Lecomte. — La loi du 25 mars 1831, art. 2, n'exigeait plus qu'un domicile de six mois. Mais la loi du 21 avr. 1832 n'indiquant aucun terme, le conseil d'état en a conclu avec raison que tout citoyen doit être imposé au lieu où il réside à l'époque de la confection des rôles, sauf à lui à réclamer, s'il est imposé pour le même exercice dans un autre lieu. — *Cons. d'état*, 23 avr. 1836, Delmal; 21 mai 1840, Libert. — Les décisions rendues par le conseil d'état, et dans lesquelles il est question des délais de six mois et d'un an, se rapportent donc à des dispositions aujourd'hui sans vigueur et ne présentent plus dès lors aucune espèce d'intérêt. — Foucart, t. 2, p. 107, *in fine*; Dufour, t. 2, p. 131, n° 920.

205. — Comme la taxe personnelle frappe indistinctement sur les pauvres et sur les riches, elle ne peut être augmentée par les centimes additionnels généraux ou particuliers ajoutés au contingent des contributions personnelles et mobilières seulement. — L. 21 avr. 1832, art. 19; — Foucart, t. 2, p. 110.

206. — La taxe mobilière est déterminée d'après le loyer d'habitation de chaque contribuable et suivant une proportion uniforme qui résulte de la masse des loyers comparée à la partie du contingent de la commune à répartir, déduction faite du montant des taxes personnelles. — L. 3 niv. an VII, art. 21 et 27.

207. — On ne doit comprendre dans l'évaluation des loyers que les parties de bâtimens consacrées à l'habitation personnelle. — L. 21 avr. 1832, art. 17.

208. — Une évaluation rigoureuse est bien difficile sinon impossible à obtenir en cette matière; aussi l'art. 17 (*in fine*), L. 21 avr. 1832, permit-il aux répartiteurs de faire usage pour 1832 des élémens d'après lesquels étaient fixées les cotes individuelles antérieurement à 1831.

209. — Toutefois, le législateur n'a entendu autoriser par cette disposition que l'emploi des élémens qui seraient de nature à amener une juste évaluation de la valeur locative de l'habitation du contribuable.—*Cons. d'état*, 12 déc. 1834, comm. de Laventie; 20 fév. 1835, Caron; 2 juill. 1836, Guibout; 28 août 1844, Fougeray-Ducoudray; 27 déc. 1844, Fache; 12 juin 1845, Moulin; 18 fév. 1839, Cormier; 23 mai 1844, Lavoy de la Griffonière; 30 mars 1844, Cochart-Bidault; — de Cormenin, p. 68.— V. aussi sur ce point, de Felcourt, *De la contrib. mobil.*; Wolowski, *Revue de législat.*, 1re série, t. 3, p. 215 et suiv.

210. — Ce n'est point exclusivement d'après l'évaluation cadastrale que doivent être établies les bases de la contribution mobilière; on doit tenir compte de tous les élémens de nature à amener une juste appréciation de la valeur locative de l'habitation personnelle du contribuable. — *Cons. d'état*, 29 nov. 1833, Min. fin. c. Cauvet; 17 oct. 1834, comm. de Thelus c. Dupuich.

211. — Il faut avoir égard à l'importance de l'habitation et de la destination, combinée avec la valeur locative de cette habitation. — L. 26 mars 1831, art. 7 et 8; 21 avr. 1832, art. 17; — de Cormenin, p. 67.

212.— On ne peut jamais asseoir la contribution mobilière d'après les facultés présumées des contribuables. A cet égard la jurisprudence est constante. — *Cons. d'état*, 29 nov. 1833, Min. fin. c. Cauvet; 17 janv. 1834, Levadoux; 17 oct. 1834, comm. de Thélus c. Dupuich; 20 avr. 1835, Reynaud; 13 avr. 1836, Billig; 16 nov. 1836; Guttin; 2 janv. 1838, Hay; 9 mai 1838, Devoucoux; 15 août 1839, Hervouet; 29 oct. 1839, Vintaut; 1er juill. 1840, de la Rouvraye; 30 mars 1844, Cochart-Bidault; 12 juin 1845, Moulin; 27 déc. 1844, Fâche; 6 déc. 1844, Mangon; 28 août 1844, Fougeray-Ducoudray ; — Bost, *Organ. des corps municipaux*, t. 2, n° 564. — V. toutefois *Cons. d'état*, 5 déc. 1834, Lefilliastre.

213.—On ne peut discuter l'importance des produits d'une profession si le contribuable l'exerce réellement. — *Cons. d'état*, 16 août 1833, Leygue.

214. — La valeur locative servant de base à la contribution mobilière peut être déterminée non seulement d'après le prix du loyer, mais aussi par comparaison avec d'autres maisons de la commune. — V. *Cons. d'état*, 15 août 1834, Dumaisniel; 20 avr. 1835, Reynaud; 6 mai 1836, de Montigny; 1er nov. 1837, Mauny.

215. — Ainsi, la cote d'un contribuable est légalement établie, lorsqu'elle est fixée sur l'évaluation cadastrale de sa maison d'habitation, augmentée d'une plus-value proportionnelle à celle qui a été répartie sur les autres habitans de la commune. — *Cons. d'état*, 24 mai 1833, Wicart.

216. — Dans ce cas, la réclamation d'un contribuable pour surtaxe doit être rejetée. — *Cons. d'état*, 19 août 1837, Douard ;—Cormenin, p. 68, n° 7.

217. — Toutefois, la valeur locative d'une maison voisine ne peut être prise pour base, lorsque cette valeur est contestée. — V., en ce sens, *Cons. d'état*, 18 juin 1834, Simon.

218. — Les termes de comparaison, pour fixer la cote mobilière d'un contribuable, ne doivent en aucun cas être pris hors des limites de la commune où il est imposé. Spécialement, on ne peut, pour fixer la valeur locative d'un château, s'attacher à tous les châteaux du même arrondissement. — *Cons. d'état*, 6 avr. 1836, min. fin. c. Williams Lee.

219. — On ne peut baser la cote mobilière d'un contribuable sur le revenu net de toutes les propriétés foncières qu'il possède. — *Cons. d'état*, 12 déc. 1834, de Salomon; 19 oct. 1837, Schultz.

220. — Si l'instruction établit que le contribuable a été surtaxé ou indûment imposé, il y a lieu de réduire ou de supprimer la cote qui lui a été attribuée. — *Cons. d'état*, 7 juin 1836, Durand de Lançon; — de Cormenin, p. 68, n° 7.

221. — Lorsqu'il est procédé à une révision générale du revenu des maisons par les contrôleurs, contradictoirement avec les maires et les répartiteurs, le loyer d'une maison peut être porté à un chiffre plus élevé qu'il ne l'était précédemment, bien que cette maison n'ait éprouvé aucun changement depuis l'époque de l'évaluation antérieure. — *Cons. d'état*, 10 janv. 1845, Demercière.

222. — Un individu n'est pas fondé à se plaindre de surtaxe lorsqu'il est prouvé qu'il est imposé d'après une valeur locative inférieure au prix réel de son loyer.—*Cons. d'état*, 4 nov. 1835, Chevassu.

223. — L'art. 88, L. 3 frim. an VII, relative à la contribution foncière des nouvelles constructions, ne peut être invoqué lorsqu'il s'agit de la perception des impôts des portes et fenêtres et de la contribution mobilière : ces deux contributions sont régies par des lois spéciales. — *Cons. d'état*, 16 déc. 1835, Mehereau de Saint-Pierre.

224. — Ainsi, le propriétaire de constructi nouvelles ne peut se prétendre, aux termes cette loi, exempt de la contribution des portes fenêtres et de la contribution mobilière pen les deux premières années. — Même décjsion.

225. — Le directeur des contributions directes forme, chaque année, un tableau présentant arrondissement, le nombre des individus pass et de la taxe personnelle et le montant de leurs va leurs locatives d'habitation. — L. 21 avr. 1832, art. 11.

226. — Ce tableau sert de renseignement au seil général et aux conseils d'arrondissemen pour la répartition de la contribution perso et mobilière. — *Ibid.*

227. — Dans la répartition du contingent, taxe personnelle est confondue avec la taxe bilière.— On opère la séparation en multipliant nombre des contribuables de chaque comm par le prix de trois journées de travail; le produ présente la masse de la contribution personn de la commune. On soustrait ensuite ce prod de la somme du contingent; la différence indiq la masse de la contribution mobilière. somme étant connue, on la rapproche de la m des loyers d'habitation de la commune, et on répartit sur chaque habitation proportionnellement à sa valeur. Le premier calcul est fait par le conseil d'arrondissement, le second par les répartiteurs. — L. 23 juill. 1820, art. 27 et 29; L. 21 avr. 1832, art. 17;—Foucart, t. 2, p. 108.

228. — La contribution personnelle et mobill est perçue d'après un rôle rédigé par les commissaires répartiteurs, assistés du contrôleur, lesquels portent sur la matrice du rôle tous habitans jouissant de leurs droits et non réputés indigens, et déterminent les loyers qui servent de base à la répartition individuelle. — L. 22 avr. 1832, art. 17. —Foucart, t. 2, p. 106 et 107.

229. — Il est formé chaque année un état mutations survenues pour cause de décès, changement de résidence, de diminution ou d'a mentation de loyers. — Même article.

230. — Le travail de répartition est soumis conseil municipal, qui désigne les individus croit devoir exempter de toute cotisation ou n' sujétir qu'à la taxe personnelle. — L. 21 avr. 1832, art. 18.

231.—Selon M. Trolley (*Cours de dr. adminis* t. 2, n° 602), le droit du conseil municipal sebo à retrancher de la liste le nom des habitans qu croit devoir exempter; mais il ne peut réviser l'opération des répartiteurs et soumettre à l'impôt des individus omis comme indigens : si on l'admettait à contester et à rétablir les bases de la répartition, il entraverait le service et finirait absorber les attributions des commissaires répartiteurs. — V. aussi dans ce sens Macarel et Boulatignier, *Traité de la fortune publ.*, t. 3, n° 828.

232. — Celui qui n'a pas été désigné par le conseil municipal comme devant être exempt de toute cotisation, ne peut, pour défaut de facultés tributives, réclamer contre son inscription au rô de la contribution personnelle. — *Cons. d'état*, 23 avr. 1806, Beffroy de Beigny; 14 déc. 1836, Dalb 25 juin 1845, Latreille;—de Cormenin, Append p. 66, § 11, n° 1er. — V. en sens contraire Trolley, t. 2, n° 603.

233. — Pour être déchargé de la taxe personnelle il faut nécessairement être porté sur le rô des indigens; toute autre justification d'indig est inadmissible. — *Cons. d'état*, 2 janv. 1 Trotté.

234. — Dans les villes ayant un octroi, le contingent personnel et mobilier peut être payé totalité ou en partie par les caisses munici sur la demande qui doit en être faite aux préf par les conseils municipaux. Ces conseils dét nent la portion du contingent qui est prélevée les produits de l'octroi. La portion à percevoir moyen d'un rôle est répartie en cote mobil seulement, au centime le franc des loyers d tation, après déduction des faibles loyers que conseils municipaux croient devoir exempter la cotisation. — L. 22 avr. 1832, art. 20.

235. — Les délibérations prises par les co municipaux ne reçoivent leur exécution qu' avoir été approuvées par ordonnance royale. *Ibid.*

236. — Ainsi, se trouve étendu à toutes les vi les ayant un octroi, l'avantage, qui n'était d'abord

accordé qu'à quelques unes, de payer leur contingent dans la contribution personnelle et mobilière, en tout ou en partie sur le produit de l'octroi. — L. 26 mars 1831, art. 16.

237. — La contribution personnelle et mobilière est établie pour l'année entière. Dès-lors, si un contribuable vient à décéder dans le courant de l'année, les héritiers sont tenus d'acquitter le montant de la cote. — L. 21 avr. 1832, art. 21; — *Cons. d'état.*, 20 juin 1844, Michel.

238. — Mais l'héritier du contribuable décédé n'est pas tenu d'acquitter le montant de la cote personnelle et mobilière de l'année qui a suivi celle du décès; il ne doit que celle de l'année du décès même. — *Cons. d'état*, 22 nov. 1836, de Pressy; 6 juin 1839, héritiers Lextrait.

239. — Toutefois, celui qui, par suite du décès d'un de ses parens, est devenu propriétaire d'une maison doit, lorsque cette maison est restée meublée et à sa disposition pendant l'année qui a suivi le décès, être imposé pour cette habitation. — *Cons. d'état*, 13 avr. 1836, De Vitrolles.

240. — ... Alors surtout que diverses pièces ont continué d'être habitées par les domestiques. — *Cons. d'état*, 22 nov. 1836, de Pressy.

241. — Si, par suite du décès du mari, survenu avant l'ouverture de l'exercice, la veuve est devenue imposable à la contribution personnelle et mobilière, c'est à l'aide d'un rôle supplémentaire et non au moyen de l'imputation à la charge de la cote du mari, qu'il y a lieu de l'imposer, soit à la contribution personnelle, soit à la contribution mobilière. — *Cons. d'état*, 23 fév. 1839, Lanoire.

242. — Les changemens survenus dans la position du contribuable postérieurement à l'ouverture de l'exercice sont sans influence sur sa cotisation. — Spécialement, le particulier qui possède, à l'ouverture de l'exercice, deux habitations meublées, doit la contribution sur ces deux habitations, alors même qu'il en aurait cédé une dans le cours de l'année. — *Cons. d'état*, 27 août 1839, ...ayle; — de Cormenin, Append., vo *Contributions directes*.

243. — Le propriétaire d'une maison qui est restée meublée durant les premiers mois de l'année, mais qui par suite de travaux est devenue inhabitable pendant l'autre partie de l'année, n'est pas moins soumis à la contribution mobilière, sauf à faire réduire la taxe en raison de la durée des travaux. — *Cons. d'état*, 27 juin 1838, Min. des fin. c. Moisset.

244. — Le contribuable doit être porté au rôle de la contribution personnelle et mobilière pour l'année entière, alors même que dans le cours du premier trimestre il prend la fuite et ne reparaît plus. — *Cons. d'état*, 20 mars 1838, Daufresne; — de Cormenin, Append., p. 68, no 6.

245. — La contribution personnelle et mobilière peut être acquittée par douzième. Mais cette faculté ne constitue qu'un terme accordé au débiteur. Par conséquent, si celui-ci diminue, par son fait, les sûretés du créancier, il perd le bénéfice du terme. — De Cormenin, Append., p. 68, no 6.

246. — La loi du 21 avr. 1832 (art. 22) a prévu elle-même un cas où la contribution personnelle et mobilière devient exigible pour la totalité de l'année courante : c'est celui de déménagement hors du ressort de la perception, ou de vente volontaire ou forcée du mobilier. — Laferrière, *Cours de dr. publ. admin.*, p. 195; de Cormenin, *ibid.*

247. — Il en serait de même en cas de faillite. — C. civ., art. 1188; C. comm., art. 444; — de Cormenin, *ibid.*

248. — Les propriétaires, et à leur place les principaux locataires, doivent, un mois avant l'époque du déménagement de leurs locataires, se faire représenter par ces derniers les quittances de leur contribution personnelle et mobilière. Lorsque les locataires ne représentent point ces quittances, les propriétaires ou principaux locataires sont tenus, sous leur responsabilité personnelle, de donner, dans les trois jours, avis du déménagement au percepteur. — L. 21 avr. 1832, art. 22.

249. — Dans le cas de déménagement furtif, les propriétaires, et à leur place les principaux locataires, sont responsables des termes échus de la contribution de leurs locataires, s'ils n'ont pas fait constater dans les trois jours ce déménagement par le maire, le juge de paix ou le commissaire de police. — *Ibid.*, art. 23.

250. — Dans tous les cas et nonobstant toute déclaration de leur part, les propriétaires ou principaux locataires demeurent responsables de la contribution des personnes logées par eux en garni, et désignées à l'art. 15. — Même article.

251. — L'art. 23, § 2, L. 21 avr. 1832, qui porte que les propriétaires demeurent responsables de la contribution des personnes logées chez eux en garni, est applicable au gendre qui loge chez lui sa belle-mère, aux termes des art. 203 et 206, C. civ. — *Cons. d'état*, 30 mars 1844, Maria Delhom.

§ 2. — *Personnes imposables.*

252. — La contribution personnelle et mobilière est due par chaque habitant français et par chaque étranger de tout sexe, jouissant de ses droits, et non réputé indigent. — L. 21 avr. 1832, art. 12, § 1er.

253. — Les étrangers sont soumis à la contribution personnelle et mobilière en France, à moins qu'ils ne jouissent pas de leurs droits ou qu'ils soient indigens : en conséquence, lorsqu'un étranger habitait une commune au moment où l'on a fait le recensement des individus assujétis à la contribution personnelle et mobilière, et qu'il l'habitait encore au 1er janv. suivant, il a dû être maintenu au rôle sur lequel il a été inscrit comme contribuable. — *Cons. d'état*, 18 janv. 1844, d'Odjardy.

254. — Toutefois les ambassadeurs, envoyés, chargés d'affaires des nations amies ou alliées sont exemptés de la contribution personnelle (L. 7 therm. an III, art. 17), et cette exemption s'étend même aux personnes de leur suite et de leur maison.

255. — Sont considérés comme jouissant de leurs droits les veuves et les femmes séparées de leur mari, les garçons et filles majeurs ou mineurs ayant personnellement des moyens suffisans d'existence, soit par leur fortune propre, soit par la profession qu'ils exercent, et lors même qu'ils habitent avec leur père, mère, tuteur ou curateur. — Art. 12, § 2.

256. — La femme séparée de fait de son mari, occupant un logement meublé pour lequel elle a passé un bail, doit être considérée comme jouissant de ses droits et portée au rôle de la contribution mobilière. — *Cons. d'état*, 21 juin 1839, d'Aubigny; — de Cormenin, *Droit administratif*, Append., p. 66.

257. — Le mineur qui a des moyens suffisans d'existence, soit par sa fortune personnelle, soit par la profession qu'il exerce, est soumis à la contribution personnelle et mobilière, lors même qu'il habite avec ses père, mère, tuteur ou curateur. — *Cons. d'état*, 5 juin 1845, ministre des finances c. Gandra.

258. — Il en est ainsi alors même que la jouissance de ses revenus personnels serait dévolue à ses père et mère, aux termes de l'art. 385, C. civ. — *Cons. d'état*, 16 déc. 1835, min. fin. c. Bonnefoy; 20 janv. 1835, Boileau de Castelnau.

259. — Mais le mineur qui n'exerce aucune profession et qui n'a pas, par sa fortune personnelle, des moyens suffisans d'existence, ne peut être imposé à la taxe personnelle. — *Cons. d'état*, 28 mai 1835, Lebourdon; 19 oct. 1837, Vaufrey.

260. — On ne peut décider, sur l'examen des arrangemens de famille, que le fils qui en apparence a des moyens personnels d'existence est en réalité à la charge de ses parens. — *Cons. d'état*, 23 avr. 1836, Delimal.

261. — Cependant on peut examiner jusqu'à quel point l'héritage laissé par un père à ses enfans est susceptible de pourvoir à leur existence.

262. — Les mineurs doivent, de même que les majeurs, être assujétis à la contribution mobilière, encore bien que leurs parens, chez lesquels ils demeurent, aient été soumis à une cote basée sur la valeur locative de la totalité de la maison. — *Cons. d'état*, 29 nov. 1833, Pons.

263. — Cette décision nous paraît injuste, et nous nous rangeons volontiers à l'avis de M. le ministre des finances, qui, sur le pourvoi, s'exprimait ainsi : « En admettant que le sieur Pons soit domicilié à Brioude, du moment qu'il demeurait chez son père, le loyer de l'habitation devait être partagé entre eux, et puisque la cote mobilière du père avait été basée sur la valeur locative de la totalité de la maison, on ne pouvait plus assigner au fils qu'une taxe personnelle. »

264. — Décidé ainsi qu'on ne peut, pour imposer un contribuable à la taxe mobilière, prendre pour base la valeur locative d'une maison tout entière, lorsqu'il est établi qu'une partie de cette maison est occupée par son père. — *Cons. d'état*, 28 déc. 1836, Laserve.

265. — ... Et que, lorsque de deux contribuables occupant la même habitation l'un des deux réclame, il y a lieu, pour fixer la cote de contribution mobilière à sa charge, de retrancher de la valeur locative totale de l'habitation commune la quote part à la charge de l'autre contribuable, à raison des locaux qu'il occupe. La base de la contribution du réclamant est fixée sur la différence. — *Cons. d'état*, 3 sept. 1844, Vanlerberghe.

266. — Réciproquement, la contribution mobilière étant individuelle, un père ne peut être imposé à la contribution mobilière à raison de l'habitation de son fils, qui réunit lui-même toutes les conditions exigées par la loi pour être imposé à ladite contribution. — *Cons. d'état*, 16 nov. 1836, Guttin.

267. — Un avocat est soumis à la contribution personnelle et mobilière, encore qu'il habite avec ses père et mère. — *Cons. d'état*, 16 août 1833, Leygue.

268. — A plus forte raison, le fils qui possède une habitation meublée distincte de celle de sa mère ne peut-il, sous prétexte qu'il demeure avec elle, se prétendre à tort imposé au rôle de la contribution. — *Cons. d'état*, 6 mai 1836, de Montigny. — V. aussi 31 janv. 1845, Roland.

269. — Si le fils qui demeure habituellement avec son père a des moyens personnels d'existence, il doit être imposé à la contribution personnelle dans la commune où il a une habitation meublée, s'il ne l'est pas dans le lieu où il habite avec son père. — *Cons. d'état*, 31 janv. 1845, Roland.

270. — Le gendre qui occupe dans la maison de son beau-père une habitation meublée qui lui est propre doit être soumis à la contribution mobilière à raison de cette habitation. — *Cons. d'état*, 3 sept. 1844, Cordier.

271. — Le contribuable qui habite chez sa belle-mère, et qui s'est réservé une habitation dans des propriétés lui appartenant sur le territoire de la même commune, doit être imposé à raison de ses deux habitations. — *Cons. d'état*, 12 avr. 1838, Landais-Dupré.

272. — Une fille jouissant de ses droits, non réputée indigente, qui occupe chez son frère un logement meublé, peut être imposée à la taxe mobilière à raison de ce logement. — *Cons. d'état*, 14 déc. 1837, Signeux.

273. — Une belle-sœur logeant chez son beau-frère doit être imposée à la contribution mobilière, sauf à ce dernier à se pourvoir en réduction de sa cotisation. — *Cons. d'état*, 18 fév. 1839, Raguideau.

274. — Celui qui a déclaré à la mairie d'une commune qu'il entendait fixer son domicile dans cette localité, et qui réside effectivement chez sa belle-mère, ne peut, alors qu'il ne justifie pas être imposé dans une autre commune à la contribution mobilière, demander décharge sous prétexte qu'il ne possède pas de meubles dans la commune. — *Cons. d'état*, 4 nov. 1836, de Nesle.

275. — Les habitans qui n'occupent que des appartemens garnis ne sont assujétis à la contribution mobilière qu'à raison de la valeur locative de leur logement, évalué comme un logement non meublé. — L. 21 avr. 1832, art. 16; — *Cons. d'état*, 26 déc. 1839, Min. des fin. c. Mermet. — V. *contrà* 20 mars 1838, de Mylius; — Bost, *Organ. municip.*, t. 2, no 563, p. 317.

276. — Elle n'est pas due par le particulier qui occupe momentanément un appartement ou une chambre dans un hôtel garni. — *Cons. d'état*, 20 déc. 1834, Blacque. — De Cormenin, Append., p. 67.

277. — Les officiers de terre et de mer ayant des habitations soit pour eux, soit pour leur famille, les officiers sans troupes, officiers d'état-major, officiers de gendarmerie et de recrutement, les employés de la guerre et de la marine dans les garnisons et dans les ports, les préposés de l'administration des douanes, sont imposables à la contribution personnelle et mobilière, d'après le même mode et d'après la même proportion que les autres contribuables. — L. 21 avr. 1832, art. 14.

278. — Mais les officiers avec troupes, qui n'ont pas de résidence fixe, ne doivent pas y être soumis, lors même qu'ils auraient une habitation particulière, s'ils paient le loyer de cette habitation avec l'indemnité de logement qui leur est allouée, ou si le logement qu'ils occupent en ville n'excède pas l'importance de celui qui aurait pu leur être accordé dans les bâtimens militaires. — *Cons. d'état*, 30 oct. 1834, Lebasteur; 6 mai 1836, Loysel; 23 avr. 1837, Tessier; 17 mai 1837, Lechevalier; — de Cormenin, p. 66.

279. — Décidé également que les officiers de tout grade employés au recrutement ne sont pas soumis à la contribution personnelle et mobilière. — *Cons. d'état*, 1er nov. 1838, Desjars; 31 oct. 1838, Mallarmé; 18 fév. 1839, Papirer; 12 avr. 1844, Thi-

bault ; 18 janv. 1845, Martin de Saint-Romain ; 26 mai 1845, Bascans ; 9 mai 1845, Béliard et Beaupré ; 18 avr. 1845, Simonnot.

280. — Cette solution est fondée sur ce que, aux termes des ordonn. 13 mars et 15 déc. 1841, les officiers employés au recrutement, autres que les officiers supérieurs, ne cessent pas de compter à leurs corps et n'en sont que temporairement détachés. — Toutefois on ne peut se dissimuler qu'elle est tout à fait contraire à l'art. 14 précité, L. 21 avr. 1832, lequel déclare expressément les officiers de gendarmerie et de *recrutement* soumis à la contribution personnelle et mobilière.

281. — Les fonctionnaires, les ecclésiastiques, et les employés civils et militaires, logés gratuitement dans les bâtimens appartenant à l'état, aux départemens, aux arrondissemens, aux communes ou aux hospices, sont imposables d'après la valeur locative des parties de ces bâtimens affectées à leur habitation personnelle. — L. 21 avr. 1832, art. 15.

282. — On doit considérer comme habitation personnelle d'un fonctionnaire logé gratuitement dans un bâtiment public, toute la portion de ce bâtiment qui a été mise à sa disposition, alors surtout que cela a eu lieu sans réclamation. — *Cons. d'état*, 30 nov. 1836, min. des fin. c. Salaville.

283. — Ainsi, lorsque le desservant d'une succursale a eu à sa disposition la totalité du presbytère habité par lui, sa taxe mobilière doit être fixée d'après la valeur locative de tout le bâtiment, quoiqu'il n'en ait occupé qu'une partie. — *Cons. d'état*, 29 oct. 1839, Mauget.

284. — Un ecclésiastique logé gratuitement dans un hospice est imposable à la contribution mobilière à raison des bâtimens affectés à son habitation personnelle, encore bien que sa position dans cet hospice soit purement précaire en ce qu'on refuse de l'y recevoir comme aumônier. — *Cons. d'état*, 4 fév. 1836, Vallet.

285. — Le fonctionnaire public, spécialement un sous-inspecteur des forêts, qui loue un appartement garni au lieu de sa résidence, doit être assujéti à la contribution mobilière. — *Cons. d'état*, 13 juin 1845, Vigan.

286. — Les officiers sans troupes et à résidence fixe qui occupent des bâtimens de l'état, sont imposés à la contribution mobilière dans la résidence qui leur est assignée, pour la partie de ces bâtimens affectée à leur habitation personnelle. — *Cons. d'état*, 27 fév. 1835, Joffre et Bugeaud.

287. — Un lieutenant d'infanterie attaché en qualité de surveillant à une école royale militaire doit être considéré comme officier sans troupes et à résidence fixe, et par conséquent imposé à la contribution personnelle et mobilière. — *Cons. d'état*, 10 janv. 1845, Laforge.

288. — Les militaires qui logent en garni doivent être portés au rôle de la taxe mobilière d'après la valeur de leur appartement, en y comprenant la valeur du mobilier. — *Cons. d'état*, 20 mars 1838, de Myllus.

289. — L'officier qui fait partie de l'état-major particulier de l'artillerie et qui n'appartient à aucun corps de troupes est soumis à la contribution mobilière. — *Cons. d'état*, 16 juill. 1840, de Grave.

290. — Un vétérinaire employé à un dépôt de remonte, n'étant que temporairement détaché de son corps, ne peut être considéré comme ayant une résidence fixe, et par conséquent comme devant être imposé à la contribution personnelle et mobilière. — *Cons. d'état*, 23 mars 1845, Noirot.

291. — Les préposés du service actif des douanes qui possèdent une habitation particulière dans une commune doivent être imposés au rôle de la contribution personnelle et mobilière de ladite commune. — *Cons. d'état*, 17 août 1836, Lecouvey.

292. — Le fonctionnaire public qui occupait un logement dans une commune à l'époque de la confection des rôles et au 1er janvier de l'année à laquelle se rapportaient les rôles, a dû être imposé dans ladite commune à la contribution personnelle et mobilière, alors même qu'il aurait été mis à la retraite à partir du 1er janvier. — *Cons. d'état*, 17 août 1836, Reverchon.

293. — Celui qui était, au commencement d'une année, éditeur d'un journal, et qui, d'ailleurs, était locataire de l'appartement occupé par les bureaux pendant ladite année et en a payé les loyers, doit être imposé à la contribution mobilière à raison de ce local, et non le caissier dudit journal. — *Cons. d'état*, 30 nov. 1836, Despréaux.

294. — D'après une circulaire du ministre des finances, du 14 mai 1831, les personnes qui se vouent exclusivement et gratuitement, soit à l'instruction de la classe indigente, soit à des œuvres de charité, ne sont pas imposables. Cette exception n'est pas applicable aux religieux et religieuses qui subviennent à leurs besoins sur leurs propres revenus ou qui se livrent à l'instruction moyennant un salaire payé par les parens des élèves ou par les communes.

295. — La même instruction prescrit aux contrôleurs des contributions de s'adresser aux supérieurs ou supérieures par l'intermédiaire du maire, pour obtenir les noms des religieux ou religieuses et autres personnes de l'établissement imposables à la contribution personnelle; si les supérieurs ou supérieures refusent de donner ces renseignemens, les contrôleurs, sur l'indication du maire ou d'après la notoriété publique, ouvrent dans la matrice un article collectif sous le nom des religieux ou religieuses de cette communauté, composé d'autant de taxes personnelles qu'il existe d'imposables dans la maison.

296. — Si les imposables habitant la maison ont été désignés par les supérieurs, et s'il a été possible de déterminer séparément la valeur locative de leur habitation personnelle, distraction faite, s'il y a lieu, des dortoirs, salles d'étude, classes, réfectoires, la contribution mobilière est établie sous le nom de chacun d'eux, et, dans le cas contraire, elle l'est sous le nom du supérieur, et d'après la valeur locative totale de la maison. — Même circulaire.

297. — Les domestiques attachés à l'exploitation d'une ferme ne sont pas assujétis à la contribution personnelle et mobilière. — *Cons. d'état*, 31 juill. 1833, Dutaillis.

298. — Celui qui est attaché au service d'un propriétaire en qualité de jardinier, et qui est logé dans un bâtiment dépendant de la maison de son maître, doit être exempté de la contribution personnelle comme domestique à gages. — *Cons. d'état*, 20 juin 1844, Hardouin.

299. — Il en est de même de ceux qui ont été dispensés par le conseil municipal comme indigens. — V. *suprà* no 251.

§ 3. — *Lieux où est due la contribution personnelle et mobilière.*

300. — La taxe personnelle n'est due que dans une seule commune. — *Cons. d'état*, 18 août 1833, Desmichels.

301. — ...C'est celle du domicile réel. — L. 21 avr. 1832, art. 13 ; — V. aussi *Cons. d'état*, 4 nov. 1834, Jordan ; 26 juin 1835, Landrevie ; 26 janv. 1809, Lottermann ; 19 mars 1845, Lecomte.

302. — L'art. 3, arr. 13 vendém. an XII, avait fait une exception à cette règle pour les individus domiciliés à Paris. Cet article voulait que nul individu ayant domicile à Paris, quoique payant la contribution personnelle dans un autre département, ne fût exempt de l'imposition établie pour Paris par ledit arrêté ; mais il est douteux que cette exception ait survécu à la loi du 21 avr. 1832. — Cormenin, *Dr. admin.*, vo *Contributions directes*, Appendice, p. 67, note 1re.

303. — La contribution mobilière est due pour toute habitation meublée, située soit dans la commune du domicile réel, soit dans toute autre commune. — L. 21 avr. 1832, art. 13.

304. — Dès qu'il est constant qu'un individu réside dans une commune et qu'il y a une habitation meublée, il y a lieu de l'imposer au rôle de la contribution mobilière. En vain exciperait-on, pour l'écarter du rôle, de ce qu'il n'aurait pas, à proprement parler, dans cette commune de ménage monté. — *Cons. d'état*, 12 avr. 1836, Noël et Guérin.

305. — Il suffit en effet que le propriétaire d'une habitation meublée s'en soit réservé la libre disposition pour qu'il soit tenu de la contribution mobilière. — *Cons. d'état*, 25 oct. 1833, Deluze de Montmeyan ; 24 janv. 1834, Lelieure ; 11 avr. 1834, Kermarec ; 19 janv. 1836, Von-Elsberg ; 6 déc. 1836, Rancé ; 28 déc. 1836, Ansiaume ; 11 avr. 1837, Lemor.

306. — Un propriétaire peut être présumé s'être réservé la jouissance d'une maison meublée, lorsqu'il n'est pas dans l'usage de la louer. — *Cons. d'état*, 10 juill. 1832, Wilman.

307. — Mais la contribution mobilière du propriétaire d'une maison ne doit être fixée que sur la portion meublée qu'il a réservée à son habitation personnelle et déduction faite des parties louées et de celles non destinées à l'habitation (par exemple, des greniers). — *Cons. d'état*, 4 fév. 1836, Carmignac-Descombes.

308. — Cependant la contribution mobilière n'est pas due par le propriétaire d'une maison qui n'est ni meublée ni habitée. — *Cons. d'état*, 28 janv. 1835, Lanvin ; — de Cormenin, p. 67.

309. — Par cela seul qu'une maison a été en fait meublée et habitée dans le cours d'une année, il y a lieu à la taxe mobilière à raison de cette maison, alors même qu'elle n'aurait pas été habitée au moment où, l'année précédente, les mutations

ont été recueillies pour l'année suivante. — *Cons. d'état*, 12 juill. 1837, comm. de Ligugé c. Guron.

310. — La contribution mobilière est due alors que l'habitation n'est restée meublée que jusqu'au mois de mai. — *Cons. d'état*, 24 janv. 1845, de Morangies.

311. — La contribution mobilière est due par le propriétaire d'une maison meublée, lorsqu'elle est restée à sa disposition après la réunion de l'usufruit à la propriété, encore bien qu'il n'ait pas habité cette maison. — *Cons. d'état*, 15 août 18.., Druet-Desvaux.

312. — Une maison qui est restée garnie de meubles meublans, tels que lits, tables, chaises, commodes, peut donner lieu à la taxe mobilière, bien qu'elle soit inhabitée depuis plusieurs années et dégarnie des objets précieux de mobilier, tels que linge, vaisselle, argenterie. — *Cons. d'état*, 4 nov. 1836, Calemard de Lafayette.

313. — Il suffit que des pièces forment une dépendance de l'appartement habité pour qu'elles soient comptées pour la fixation de la contribution mobilière, alors même qu'elles ne seraient pas meublées. — *Cons. d'état*, 21 mai 1840, Durand.

314. — Est soumis à l'impôt mobilier le logement meublé dans lequel un individu va de temps en temps passer la journée avec sa famille. — *Cons. d'état*, 6 déc. 1836, Rancé.

315. — De même, celui qui s'est réservé dans une maison de campagne une chambre garnie de meubles, qu'il habite quelquefois, ne peut demander décharge de la taxe mobilière à laquelle il a été imposé à raison de cette chambre, sous prétexte qu'elle ne constitue pas une véritable habitation. — *Cons. d'état*, 28 déc. 1836, Ansiaume.

316. — Un cercle littéraire qui occupe un appartement meublé doit être imposé à la contribution mobilière. — *Cons. d'état*, 31 janv. 1833, de la Rochelle ; 8 janv. et 9 mars 1836, Cercle Châteauroux ; — de Cormenin, p. 67.

317. — Il en est de même d'une société de francs-maçons pour le local tenu à la disposition de cette société, affecté à sa réunion et meublé conformément à sa destination. — *Cons. d'état*, 5 déc. 18.., min. des fin. c. Fouché. — De Cormenin, *ibid.*

318. — La contribution mobilière d'une m[aison] meublée attenant à un jardin est à la charge [de] celui que les apparences indiquent comme [loca]taire de cette maison : par exemple, s'il a[vait] avoir loué le jardin et que la maison soit néc[essaire] pour son exploitation, à moins qu'il ne pro[uve] que le propriétaire s'est réservé la maison et co[n]sent à prendre la contribution à sa charge. — [*Cons.*] *d'état*, 18 oct. 1833, Leloup de la Biliais.

319. — Car, à l'égard des locaux loués, c'est [le] locataire qui doit l'impôt mobilier. — *Cons. d'état*, 16 juill. 1840, Meyer ; 18 oct. 1833, Leloup [de] la Biliais. — Sauf la responsabilité du propri[étaire] dans les cas prévus par les art. 22 et 23, L. 21 a[vr.] 1832.

320. — Lorsque, par suite de changement de [do]micile, un contribuable se trouve imposé d[ans] deux communes, quoique n'ayant qu'une seule [ha]bitation, il ne doit la contribution que dans [la] commune de sa nouvelle résidence. — L. 21 avr. 1832, art. 13. — V. *Cons. d'état*, 24 juin 1840, Thi[...]sé ; 12 juin 1845, Bertrand de Novion ; 19 mars 1845, Jullien ; 14 mars 1845, Hue.

321. — Le contribuable qui n'a pas fait connaître son changement de domicile doit être maintenu [au] rôle de la contribution personnelle et mobilière [de] la commune qu'il a quittée, quoique le chan[ge]ment soit un fait public qui ait dû être connu [de] l'administration. — *Cons. d'état*, 10 juill. 18.., Puthod.

322. — L'individu qui a quitté, après la co[n]fection des rôles, la commune où il résidait, [ne] peut se faire décharger, par suite de ce [change]ment de résidence, de sa contribution mobi[lière] qu'en justifiant qu'il a été imposé dans la [com]mune de sa nouvelle résidence. — *Cons. d'état*, [...] avr. 1836, min. des fin. c. Duflos ; 21 avr. 1836, Narp ; 3 mars 1837, Berlemont ; 12 avr. 1836, Chatel-Daversin ; 1er juill. 1839, Peney ; 22 août 1[...], Robion ; 6 nov. 1839, Bérigaud ; 19 avr. 1844, [...]blanc.

323. — On ne saurait faire résulter la pr[euve] qu'un contribuable a conservé son habitation [dans] une commune, de ce qu'il y aurait laissé des [meu]bles, si cela n'a eu lieu que momentanément [et] accidentellement. — *Cons. d'état*, 21 avr. 1836, Narp.

324. — De ce que la taxe mobilière est p[ropor]tionnelle à la valeur locative de la maison d'[habita]*tion*, on doit en conclure qu'elle ne comp[rend] pas la valeur locative des magasins, boutiq[ues], échoppes ou étaux de marchands, chantiers, [ate]liers, hangars, greniers et caves servant de [ma]gasins, et des usines (pour raison desquels les

bitans paient déjà la patente); des bureaux des fonctionnaires et employés ; des parties des bâtimens qui servent aux élèves dans les maisons d'éducation, pensionnats ou collèges ; des maisons servant d'auberges et d'hôtelleries ; des hôtels garnis ; des bâtimens nécessaires à l'exploitation rurale, tels que granges, pressoirs, écuries, étables, etc. —L. 26 mars 1838, art. 8; —Crémieux, Journ. cont. min., t. 3, p. 82.

325. — La taxe mobilière n'est pas due à raison locaux qui servent, non à l'habitation, mais lement à l'exploitation du commerce du contribuable, encore bien qu'il soit reconnu qu'un garçon y couche pour garder les marchandises. Cons d'état, 28 août 1838, Guérin.

326. — Les ateliers dans lesquels les artistes (peintres ou sculpteurs) se livrent à l'exercice de leur art, sont réputés faire partie de leur habitation personnelle, et, à ce titre, doivent compter pour l'évaluation de la valeur locative servant à la taxe mobilière, encore qu'ils soient placés à un autre étage que leur appartement, et même hors de leur domicile. — Cons. d'état, 2 juill. 1836, min. des fin. c. Roffort.

Sect. 3°. — Contribution des portes et fenêtres.

327. — La contribution des portes et fenêtres (window tax, en Angleterre) a pour but, non d'imposer l'air et la lumière, mais, à l'égard de la contribution personnelle et mobilière, de faire contribuer la fortune mobilière aux charges publiques, en prenant pour base sa manifestation par les avantages que présente l'habitation. — Trolley, c. de dr. admin., t. 2, n° 580; Dufour, Dr. admin. appliqué, t. 2, n°s 962 et 963; Bost, Org. municip., t. 2, n° 566.

328. — La loi du 4 frim. an VII, qui l'a établie, en avait fait un impôt de quotité: l'art. 3 la fixait à 20, 30, 40, 50 et 60 c. par ouverture, suivant le chiffre de la population de la commune; et l'art. 4 disposait que, dans les villes de plus de 10,000 habitans, les fenêtres des troisièmes étages et au-dessus ne paieraient que 25 c. — Mais, malgré la simplicité apparente de cette base, tant de difficultés devinrent, que, trois ans environ après, la loi du 3 flor. an X en fit un impôt de répartition. — Depuis, la loi du 26 mars 1831 tenta de le rétablir comme impôt de quotité, mais ce fut sans obtenir de meilleurs résultats, et la loi du 21 avr. 1832 (art. 24) lui rendit définitivement le caractère d'impôt de répartition.

329. — Bien que la contribution des portes et fenêtres soit aujourd'hui un impôt de répartition, elle participe néanmoins de l'impôt de quotité, en ce qu'elle est assise d'après un tarif et des élémens fixés par la loi elle-même. Ce qui détermine son caractère d'impôt de répartition, c'est que si l'application du tarif à toutes les maisons de la commune donne un produit inférieur au contingent assigné pour la commune, la taxe devra être augmentée de la différence.

§ 1er. — Assiette, évaluation, répartition.

330. — Le but du législateur a été de mettre l'impôt en rapport avec la fortune du contribuable, et de soulager autant que possible les classes les moins fortunées; il a combiné dans la graduation des taxes quatre élémens distincts : 1° la population; — 2° le nombre des ouvertures de la maison; — 3° le genre des ouvertures; — 4° enfin l'élévation de l'étage. —Dufour, Dr. admin. appliqué, t. 2, n° 974.

331. — Le tarif qui sert de base à la répartition des contributions des portes et fenêtres est divisé en deux parties, ayant l'une et l'autre six degrés, ont chacun correspond à une certaine population, depuis 1,500 et au-dessous jusqu'à 100,000 habitans et au-dessus. — La première partie comprend les maisons à une, deux, trois, quatre et cinq ouvertures, et taxe les ouvertures de chacune de ces classes d'après l'échelle adoptée pour la population. — La seconde partie s'applique aux maisons ayant six ouvertures et plus. — On y établit six catégories: dans la première sont rangées les portes cochères, charretières et magasins, qui sont les plus imposées; puis viennent les portes ordinaires et les fenêtres jusqu'au deuxième étage, puis les fenêtres du troisième étage et au-dessus. La taxe de chaque catégorie varie également selon la population.

332. —Ce tarif, donné par l'art. 24, L. 21 avr. 1832, est ainsi conçu:

		Au-dessous de 5,000 âmes.	De 5,000 à 10,000	10,000 à 25,000	25,000 à 50,000	50,000 à 100,000	Au-dessus de 100,000
POUR LES MAISONS à six ouvertures et au-dessus	Fenêtres des étages supérieurs.	0 60	0 75	0 75	0 75	0 75	0 75
	Fenêtres du 3e étage.	0 75	0 90	1 20	1 20	1 80	1 80
	Portes ord. et fenêtres du rez-de-chaussée, des 1er et 2e étages.	0 60	0 90	1 40	1 70	2 10	2 80
	Portes cochères, charretières et de magasins.	1 80	2 40	4 30	6 11	9 18	12 80
POUR LES MAISONS à	Cinq ouvertures.	0 50	0 80	3 00	4 00	5 00	5 00
	Quatre ouvertures.	1 80	2 80	3 00	4 00	5 00	5 00
	Trois ouvertures.	0 90	0 80	2 70	4 00	4 50	4 50
	Deux ouvertures.	0 45	0 80	0 80	4 00	0 50	0 50
	Une ouverture.	0 30	0 40	0 50	0 00	0 00	0 00

333. —Le contingent assigné par la loi à chaque département est réparti entre les arrondissemens par le conseil général, et entre les communes par les conseils d'arrondissemens, d'après le nombre des ouvertures imposables.—L. 21 avr. 1832, art. 25.

334. — Le directeur des contributions directes forme chaque année un tableau présentant : 1° le nombre des ouvertures imposables des différentes classes; —2° le produit des taxes d'après le tarif; —3° le projet de la répartition. Ce tableau sert de renseignement au conseil général et aux conseils d'arrondissemens pour fixer le contingent des arrondissemens et des communes.— L. 21 avr. 1832, art. 26.

335. — Chaque année, les répartiteurs font le recensement des portes et fenêtres imposables, puis ils rédigent, avec l'assistance des contrôleurs des contributions directes, la matrice du rôle de cette contribution. C'est sur cette matrice que les rôles sont faits par le directeur des contributions. — L. 24 avr. 1832, art. 27 ; —Bost, t. 2, n° 566, p. 223.

336. — D'après l'art. 24, L. 21 avr. 1832, dans les villes et communes de plus de 5,000 âmes, la taxe correspondante au chiffre de la population ne doit s'appliquer qu'aux habitations comprises dans les limites intérieures de l'octroi. Quant aux habitations dépendantes de la banlieue, elles doivent être portées dans la classe des communes rurales.

337. — Mais quelques villes ont deux rayons d'octroi, l'un ne s'étendant pas au-delà des limites de la ville et comprenant certains droits ; l'autre embrassant les faubourgs et la banlieue et établissant des droits plus restreints (ordinairement sur les boissons seulement). — On s'est demandé quel était, dans ces villes, celui des deux rayons qui devait être considéré comme comprenant les limites intérieures et au-delà duquel les maisons ne devraient être portées que dans la classe des communes rurales ; et le conseil d'état a plusieurs fois décidé avec raison que les limites intérieures étaient celles qui circonscrivaient la première enceinte dans laquelle se perçoivent les droits sur tous les objets portés au tarif.—Cons. d'état, 28 fév. 1834, Billaud ; 14 mars 1834, min. des fin. ; — Dufour, ibid., t. 2, n° 978.

338. — Quant aux villes au-dessus de 5,000 âmes

qui n'ont pas d'octroi, elles sont, dans l'usage, assimilées aux communes rurales. — Lettre min. fin. au direct. du départ. de Loire-Inférieure, du 30 mai 1833, citée par Dufour, n° 977, à la note.

339. — La même assimilation s'applique également au profit des maisons qui, comprises dans les limites de l'octroi, sont néanmoins disséminées. — Même lettre; Dufour, ibid.

340. — On ne peut, pour fixer la contribution des portes et fenêtres, se baser uniquement sur la population urbaine de la commune; on doit se baser sur sa population totale, rurale et urbaine. — Cons. d'état, 30 août 1832, min. des fin. c. Bourdeau.

§ 2. — Ouvertures sujettes à l'impôt.

341. — Cette contribution s'applique aux portes et fenêtres donnant sur les rues, cours ou jardins, des bâtimens ou usines, aux portes cochères, à celles de magasins, de marchands en gros, commissionnaires et courtiers, et généralement à toutes les ouvertures donnant accès aux habitations des hommes ou servant à les éclairer. — L. 4 frim. an VII, art. 2 et 3; Favard de Langlade, Rép., v° Contributions directes, sect. 3°, n° 1er; de Cormenin, Dr. admin. t. 2, Appendice, v° Contributions directes, p. 68, § 3, n° 1er; Durieu, Poursuites en mat. de cont... des contribut. dir., t. 1er, art. 1er, n° 10, p. 43.

342.—Les établissemens de bains publics y sont assujétis pour les ouvertures des cabinets dans lesquels sont placées les baignoires.—Cons. d'état, 16 août 1838, Sabatier.

343. — L'art. 2 de la loi des finances du 18 juill. 1836 y soumet explicitement, ainsi qu'à la contribution foncière, les bains et moulins sur bateaux, les bacs, bateaux de blanchisserie et autres de même nature, lors même qu'ils ne sont point construits sur piliers ou moulins, et qu'ils sont seulement retenus par des amarres.

344. — Les cabinets d'une école de natation, destinés seulement à recevoir les vêtemens des personnes qui fréquentent cet établissement, ne peuvent être considérés comme des cabinets de bains sur bateaux et assujétis à la contribution des portes et fenêtres.—Cons. d'état, 12 avr. 1844, École de natation d'Amiens.

345. —Une porte cochère ne peut en être exemptée sous prétexte que les dimensions de la rue et de la cour sur lesquelles elle donne ne permettent pas qu'elle puisse servir d'entrée à une voiture attelée d'un cheval —Cons. d'état, 6 mai 1836, Ledieu.

346. — ... Ni sous le prétexte qu'elle donne dans une cour où ne se trouvent qu'un atelier et une écurie. — Cons. d'état, 15 août 1834, min. des fin. c. Vidal.

347. — ... Ou que la maison a une seconde entrée d'un autre côté. — Cons. d'état, 1er août 1834, Tassy.

348. — Ainsi, si, outre la porte de la principale avenue dans un château, il s'en trouve de pratiquées pour les avenues qui vont dans d'autres directions, on doit les imposer. — Inst. min. 30 sept. 1834.

349. — Les portes charretières doivent être assimilées aux portes cochères, et comme telles soumises à l'impôt, et cela dans les communes rurales comme dans les villes. — Cons. d'état, 11 août 1833, Clavier.

350. — Lorsque des portes charretières donnent toutes accès aux bâtimens d'un château, elles doivent être soumises à l'impôt, alors même qu'une partie de ce château serait affectée au service de l'agriculture. — Cons. d'état, 2 mai 1845, Bocandé.

351. — Est soumise à l'impôt des portes et fenêtres la porte charretière d'un bâtiment où un tonnelier renferme les cuves, cuviers ou tonneaux qu'il répare pour les propriétaires.—Cons. d'état, 8 août 1840, Delasalle.

352. — Les barrières d'avenues, celles servant de clôtures seulement, les barrières volantes, les clôtures en claies fixées par un lien d'osier, celles roulant sur gonds ou pivots ne sont pas imposables. — Durieu, t. 1er, p. 54, note.

353. — Cependant une barrière peut, suivant sa destination et la nature de sa construction (par exemple, lorsqu'elle sert d'entrée à un domaine rural et est à deux battans), être considérée comme une porte charretière. — Cons. d'état, 11 oct. 1833, Maze; 19 août 1837, Rochoux; — de Cormenin, ubi suprà.

354. — Mais il ne peut jamais être compté qu'une seule porte charretière pour chaque ferme, métairie, ou toute autre exploitation rurale. — L. 21 avr. 1832, art. 27, § 2.

355. — Les portes charretières existant dans les maisons à une, deux, trois, quatre et cinq ouver-

tures ne sont comptées et taxées que comme portes ordinaires. — Même loi, art. 27, § 3.

356. — Cette disposition n'est point applicable aux magasins établis pour le commerce dans les villes de 5,000 ames et au-dessus. Aux termes de l'art. 3, L. 20 juill. 1837, les portes charretières des bâtimens à moins de six ouvertures, situés dans les villes de 5,000 ames et au-dessus, et employés à usage de magasins, doivent être taxées comme les portes charretières des magasins établis dans les maisons à six ouvertures. — V. le tarif *suprà* nº 332.

357. — Les chantiers devant être considérés comme des magasins (*Cons. d'état*, 31 juill. 1833, Desborides), l'art. 3 précité de la loi du 20 juill. 1837 est applicable aux portes qui y donnent entrée.

358. — Le même article devrait également recevoir son application au cas où il s'agirait de portes de magasins qui se louent au mois et qui sont souvent vides; car la généralité de ses termes ne permet aucune distinction.

359. — La porte de la boutique d'un carrossier est imposable seulement comme porte ordinaire et non comme porte cochère, bien que par le dérangement des deux établis fixés à ses deux côtés, mais s'enlevant à volonté, elle puisse donner passage à une voiture. — Instr. min. 30 sept. 1831.

360. — Lorsque l'ouverture d'une boutique est vitrée des deux côtés de la porte qui se trouve au milieu, il y a lieu de l'imposer pour une porte et deux croisées. — *Cons. d'état*, 28 janv. 1835, Prevel; 2 févr. 1844, Sallony; 22 févr. 1844, Bonfils.

361. — Les ouvertures, autres que les portes, qui servent à éclairer des magasins et entrepôts, ne doivent point être assimilées aux ouvertures des boutiques et ne sont pas, dès-lors, soumises à l'impôt des portes et fenêtres. — *Cons. d'état*, 20 déc. 1836, Mory.

362. — Il y a lieu d'imposer la porte d'une remise située sur la voie publique, ou d'un jardin, lorsqu'elle donne accès à l'habitation d'un contribuable. — *Cons. d'état*, 28 janv. 1835, Mandel; 5 déc. 1837, Mongis; — de Cormenin, *loc. cit.*

363. — ...Les portes donnant sur les cours, alors même qu'on ne paraît pas s'en servir habituellement, si elles ne sont ni murées, ni condamnées. — *Cons. d'état*, 15 mars 1837, Rigoulet.

364. — ...Un pavillon construit dans un jardin et fermé par portes et fenêtres. — *Cons. d'état*, 8 août 1834, Rabier-Pingault; — de Cormenin, *ibid.*

365. — Mais un pavillon sans fenêtre, construit dans un jardin, ne doit pas être imposé pour la porte qui donne sur le jardin. — *Cons. d'état*, 17 mai 1833, Michel.

366. — On ne peut non plus soumettre à la taxe des portes et fenêtres les portes ouvrant sur des galeries qui n'ont pas d'issue extérieure. — *Cons. d'état*, 18 oct. 1832, Condamine.

367. — Les ouvertures des bûchers et des buanderies ne sont pas imposables, ces lieux ne faisant pas partie de l'habitation proprement dite. — Durieu, t. 1er, p. 54, note.

368. — Il en est de même des ouvertures des serres et orangeries. — Même auteur.

369. — Sont imposables les ouvertures, même à verre dormant, servant à éclairer l'escalier d'une maison d'habitation. — *Cons. d'état*, 19 août 1837, Dervillez; 22 févr. 1844, Bonfils.

370. — ...Et celles qui consistent en vitrages fixes à châssis dormans. — *Cons. d'état*, 19 déc. 1838, Bardin; — de Cormenin, *ibid.*

371. — Toutefois, les œils-de-bœuf, les vitrages placés au-dessus des portes et autres ouvertures du même genre ne doivent point être recensés, à moins qu'ils n'éclairent des pièces habitées. — Durieu, t. 1er, p. 52, à la note.

372. — Quand la façade entière d'une chambre ou d'un atelier est toute vitrée, on doit compter autant d'ouvertures qu'il y a de séparations solides, soit en fer, soit en pierres, soit en bois. — Inst. min. 30 sept. 1831.

373. — Si une seule fenêtre éclaire deux pièces, elle doit être comptée pour deux ouvertures. — En principe, quelle que soit la forme des croisées d'une maison, chacune doit être comptée pour autant de fenêtres qu'il y a de coupures, lorsque ces coupures éclairent des locaux différens. — Durieu, t. 1er, p. 52, note.

374. — Les ouvertures de caves sont imposables, lorsque ces caves servent à l'habitation, ou sont employées à des cuisines, magasins, cabarets, officines, etc. Les celliers et les caves proprement dites sont seuls exempts d'imposition. — Durieu, t. 1er, p. 52, note.

375. — Mais ne sont pas soumises à la contribution les fenêtres qui servent à éclairer ou aérer les granges, bergeries, étables, greniers, caves et autres locaux non destinés à l'habitation des hommes, ainsi que toutes les ouvertures des combles ou toitures des maisons habitées. — L. 4 frim. an VII, art. 5, § 1er; — *Cons. d'état*, 9 mai 1845, Donadieu.

376. — Sont imposables les fenêtres dites *mansardes* et autres ouvertures pratiquées dans la toiture des maisons, lorsqu'elles éclairent des appartemens habitables. — L. 21 avr. 1832, art. 27, § 4. — V. aussi *Cons. d'état*, 21 mars 1834, Mouren; 21 oct. 1835, Dangest; 19 janv. 1836, Michel; — de Cormenin, *eod. loc.*, p. 68, nº 1er, appendice.

377. — On doit ranger dans la catégorie des locaux non destinés à l'habitation des hommes ceux qui ne sont pas encore achevés. — *Cons. d'état*, 2 août 1838, Blavinhac.

378. — Lorsqu'une maison est inhabitée ou non encore habitable, elle ne peut être soumise à la contribution des portes et fenêtres. — *Cons. d'état*, 18 avr. 1845, Trucy-Aubert.

379. — La maison qui est restée inhabitée pendant un an n'est exempte de contributions qu'autant que c'est par suite de reconstruction qu'elle est demeurée inhabitable, et non par suite de réparation. — *Cons. d'état*, 20 juin 1844, Cardinaud.

380. — Une maison en construction ne peut pas être considérée comme achevée, et par conséquent comme soumise à l'impôt des portes et fenêtres, lorsque le propriétaire l'a laissée sans plafond, sans carrelage, sans lambris et peintures, encore qu'il ait placé un écriteau de mise en location, et qu'il n'ait suspendu l'achèvement de ses travaux que pour les faire faire au gré du locataire. — *Cons. d'état*, 23 déc. 1843, Levasseur.

381. — Sont comprises dans l'exemption prononcée par l'art. 5, L. 4 frim. an VII, les ouvertures donnant accès à des bâtimens servant à une exploitation de sucre indigène. — *Cons. d'état*, 16 mars 1836, Giraud.

382. — Les châlets qui ne sont habités que par les fruitiers faisant le fromage ne peuvent être considérés que comme des bâtimens ruraux et ne doivent pas être assujétis à l'impôt. — Inst. min. 30 sept. 1831.

383. — Mais doivent être imposées les ouvertures qui éclairent des appartemens habitables, alors même que ces appartemens serviraient à serrer des récoltes, s'ils n'ont point été construits pour cette destination. — *Cons. d'état*, 5 sept. 1836, Leclerc.

384. — Il en est de même des ouvertures de chambres servant à renfermer des liqueurs et autres provisions, si elles éclairent des lieux habitables ou donnant accès à l'habitation. — *Cons. d'état*, 19 août 1837, Rochoux.

385. — Les ouvertures qui éclairent des locaux habitables et dont la disposition n'a pas été changée, bien qu'ils soient temporairement employés à conserver les produits des récoltes, sont soumises à l'impôt des portes et fenêtres. — *Cons. d'état*, 12 avr. 1844, Jousselin.

386. — La loi du 4 frim. an VII, art. 5, § 2, affranchit encore de la contribution des portes et fenêtres les bâtimens employés à un service public, civil, militaire ou d'instruction, ou aux hospices.

387. — Parmi ces bâtimens, il faut ranger les écoles secondaires ecclésiastiques. — V. *Cons. d'état*, 21 oct. 1835, évêque de Nantes; 23 oct. 1835, petit séminaire de Saint-Gaultier; 22 fév. 1838, grand séminaire de Bourges; 19 juin 1838, fabrique de Saint-Epvre de Nancy; 14 janv. 1839, évêque de Quimper; 18 déc. 1839, ville de Mortain.

388. — ...Les monts-de-piété. — *Cons. d'état*, 25 avr. 1845, mont-de-piété de Saint-Omer.

389. — ...Les bâtimens occupés par les bureaux d'un directeur de douanes. — *Cons. d'état*, 14 fév. 1839, Maisonneuve.

390. — ...Ceux qui servent au pesage et mesurage publics dans les villes. — *Cons. d'état*, 20 avr. 1840, ville de Marseille.

391. — ...Un jardin de plantes médicinales établi dans une ville, et les bâtimens en dépendant. — *Cons. d'état*, 7 fév. 1845, min. fin. c. ville de Nantes.

392. — Les bâtimens de l'abattoir et de la halle aux grains d'une ville sont consacrés à un service public: en conséquence ils sont exempts de l'impôt des portes et fenêtres. — *Cons. d'état*, 26 avr. 1844, ville de Nantes.

393. — Les petits séminaires qui ne sont pas entretenus par les deniers publics ou dirigés par des professeurs institués par l'administration publique, ne peuvent être rangés dans la classe des établissemens d'instruction publique qui sont, à ce titre, exempts de la contribution des portes et fenêtres. — *Cons. d'état*, 26 févr. 1832, Min. des fin. c. petit séminaire de Grenoble.

394. — Il en est de même d'une maison d'éducation dirigée par une communauté religieuse, qui en est propriétaire, et où une partie des élèves n'est admise qu'en payant une rétribution. — *Cons. d'état*, 25 juin 1845, dames de la Miséricorde de Cahors.

395. — Dans les communes où la mairie se tient dans la maison du maire, la chambre occupée par cette mairie, soit constamment, soit accidentellement, est imposable comme faisant partie de l'habitation personnelle du maire, puisqu'il en conserve la disponibilité. — Durieu, t. 1er, p. 52, à la note.

396. — L'art. 5, L. 4 frim. an VII, ajoutait que, si les bâtimens employés à un service public étaient occupés en partie par des citoyens auxquels il n'est pas dû de logement par le gouvernement, d'après les lois existantes, lesdits citoyens seraient soumis à la contribution des portes et fenêtres, à concurrence des parties desdits bâtimens qu'ils occuperaient. — Il résultait de là virtuellement que les citoyens auxquels le logement était dû n'étaient pas soumis à la contribution.

397. — La loi du 26 mars 1831 a modifié ces dispositions, en déclarant (art. 10) que les fonctionnaires, les ecclésiastiques et les employés civils ou militaires logés gratuitement dans les bâtimens publics seraient imposés d'après la valeur locative de leur habitation personnelle.

398. — Aussi le conseil d'état a-t-il décidé qu'en vertu de cette loi, à partir de l'exercice de 1832, les bâtimens employés à un service public ont été soumis à la contribution des portes et fenêtres. — *Cons. d'état*, 16 août 1833, Min. des fin. c. comm. de Saint-Porquier.

399. — Mais cette décision ne doit pas être prise dans un sens trop absolu; elle signifie seulement que ces bâtimens sont assujétis à l'impôt, quand ils sont occupés et pour la partie occupée par des fonctionnaires logés gratuitement; mais quant à ceux non habités, la disposition de la loi de frimaire subsiste toujours, et ils restent affranchis de l'impôt.

400. — La même interprétation doit être admise sous la loi du 21 avr. 1832, dont l'art. 27, § 5, reproduit l'art. 5 de la loi de 1831. — Cet art. 27 est ainsi conçu: « Les fonctionnaires, les ecclésiastiques et les employés civils ou militaires, logés gratuitement dans les bâtimens appartenant à l'état, aux départemens, aux arrondissemens, aux communes ou aux hospices, doivent être imposés nominativement pour les portes et fenêtres des parties de ces bâtimens servant à leur habitation personnelle. » — V. aussi *Cons. d'état*, 25 avr. 1845, mont-de-piété de Saint-Omer.

401. — Il a été fait application de cette disposition spécialement aux instituteurs communaux logés gratuitement dans les bâtimens appartenant aux communes. — *Cons. d'état*, 14 fév. 1839, Isoré.

402. — ... Et aux ecclésiastiques logés dans les bâtimens affectés aux écoles secondaires ecclésiastiques. — *Cons. d'état*, 18 déc. 1839, ville de Mortain.

403. — ... Ou dans les presbytères appartenant aux communes. — *Cons. d'état*, 19 avr. 1838, Jullian; 22 janv. 1840, Desfrièches.

404. — Les ecclésiastiques logés gratuitement dans les bâtimens appartenant à l'état, aux départemens ou aux communes, doivent être imposés nominativement pour les portes et fenêtres des parties des bâtimens servant à leur habitation personnelle. — *Cons. d'état*, 1er nov. 1838, Cordier.

405. — Les ouvertures des maisons où plusieurs célibataires de l'un ou de l'autre sexe se réunissent pour vivre en communauté sont imposables. — Inst. min. 30 sept. 1831.

406. — Les ouvertures des temples et des synagogues, comme celles des églises, ne doivent pas être recensées: celles des habitations des desservans de tous les cultes indistinctement doivent être imposées au nom des propriétaires, sauf le recours de ces derniers contre les desservans. — Même inst.

407. — On doit recenser les portes et fenêtres des locaux occupés par les concierges des préfectures, mairies, maisons de détention, prisons, etc., lorsque les bâtimens dont ils dépendent appartiennent à l'état, aux départemens ou aux communes. — Même inst.

408. — L'habitation des buralistes de l'octroi, formée ordinairement d'une seule pièce qui sert à la fois de bureau et de logement, est imposable dès que la pièce sert en même temps à l'habitation. — Même inst.

409. — La porte cochère d'un hôtel de préfecture qui sert d'entrée aux bâtimens destinés à l'habitation personnelle du préfet est imposable au nom de ce dernier, encore bien que cette porte serve en outre aux employés des bureaux, qu'aux membres du conseil de préfecture, du conseil général et du conseil d'arrondissement. — *Cons. d'état*, 10 fév. 1835, Duval.

410. — Aux termes de l'art. 19, L. 4 germin. an

XI, les portes et fenêtres des manufactures ne sont pas assujéties à la contribution.

411. — Cette exemption s'applique aux ouvertures d'un pavillon dépendant d'une manufacture, s non destiné à l'habitation. — *Cons. d'état*, 25 l. 1833, Maugars et Leganry.

412. — Les propriétaires de manufactures ne vent, en effet, d'après la même loi, être taxés ae pour les fenêtres de leurs habitations personelles et celles de leurs concierges et commis. lle dernière expression comprend également les vriers. — V. la décis. précitée du 25 oct. 1833.

413. — La loi, en déclarant que les propriétai- de manufactures ne seront taxés que pour les êtres de leurs habitations personnelles et celles e leurs concierges ou commis, ne s'est point ré- , pour ce qu'on doit entendre par manufactu- à la définition donnée par la loi des patentes. Le caractère d'usine ou de manufacture ne peut e déterminé que par la nature des travaux exé- tés dans les établissemens industriels. — *Cons. état*, 7 fév. 1845, Rousseau; 12 janv. 1844, Du- urnel; 9 fév. 1844, Rouet.

414. — L'art. 19, L. 4 germin. an XI, qui dis- se de la taxe les fenêtres des manufactures, oute : « Qu'en cas de difficultés sur ce qu'on doit nsidérer comme manufactures il sera statué par conseil de préfecture. » — Le législateur ne s'est référé à la loi des patentes et a, comme on le il, reculé devant la définition du mot *manufac- e*, difficile, en effet, à donner d'une manière ab- lue. — Peut-être, cependant, eût-il dû établir -même quelques bases qui pussent du moins duire une certaine uniformité dans les inter- lations des conseils de préfecture. — Il n'en est n, et aucune autre garantie d'unité n'existe, à égard, que le recours au conseil d'état, dont les sions, quelquefois peut-être un peu arbitrai- ont du moins l'avantage de soumettre à une le à peu près uniforme les nombreuses et di- solutions émanées des juridictions inférieu-

415. — Par une instruction du 30 mars 1831 t. 71), le ministre des finances a dit qu'on de- entendre par manufactures ou fabriques, tous établissemens industriels désignés en l'art. 64, 25 mars 1817, comprenant plusieurs ateliers et nissant un grand nombre d'ouvriers travail- t pour le compte du manufacturier ou du fa- cant. — Mais le conseil d'état semble avoir donné mot *manufacture* un sens plus restreint, et a dé, le 6 août 1839 (Michaud), que l'exemp- introduite par la loi du 4 germin. an XI, faveur des manufactures, ne s'appliquait qu'aux blissemens industriels qui, à raison de leur ture même, exigent un grand nombre d'ouver- es.

16. — L'art. 2, L. 4 frim. an VII, assujétissant mmément les *usines* à la contribution des portes fenêtres, pour leurs ouvertures (V. *Cons. d'état*, mars 1844, Tholozan), il s'est élevé assez sou- t des difficultés sur la qualité attribuée à cer- s établissemens que les parties voulaient faire sidérer comme manufactures. — C'est ainsi que conseil d'état a maintes fois décidé que les mou- s ne doivent pas être rangés au nombre des ufactures, et sont, dès-lors, soumis à la con- tion des portes et fenêtres. — *Cons. d'état*, 14 t 1838, Lecoulteux et Picqueret-Pothier; 6 août , Michaud; 16 juill. 1840, Véron; 3 avr. 1841, eret.

17. — Il en est de même d'une boulangerie, rs même qu'on y fabriquerait à la main. — *Cons. t.* 18 oct. 1833 et 28 fév. 1834, Duclos.

18. — ... Ou d'une minoterie. — *Cons. d'état*, 26 . 1844, Fort.

19. — ... Ou d'un établissement de tannerie. *Cons. d'état*, 26 mai 1845, Royer.

0. — Le caractère de manufacture a été en- refusé à une fabrique de chapeaux. — *Cons. t*, 20 déc. 1836, Mory.

1. — ... A un établissement de bains. — *Cons. at*, 16 août 1833, min. des fin.; — Dufour, *Dr. in. appliq.*, t. 2, no 968.

22. — ... A un établissement destiné à la fabri- on de produits chimiques. — *Cons. d'état*, 9 fév. , Rouet.

23. — ... A un simple atelier de fabrication de comptant seulement cinq ouvertures. — *Cons. t*, 5 juin 1845, Tallard.

24. — ... A une blanchisserie. — *Cons. d'état*, ai 1845, Voussen frères.

5. — ... A une blanchisserie de cotons filés qui ploie qu'un petit nombre d'ouvriers, dont et le feu sont les moteurs principaux, et où lanchissage se fait par procédés chimiques. — . *d'état*, 12 juin 1845, Solignac.

6. — Les papeteries doivent être considérées me des usines et non comme des manufactures. — *Cons. d'état*, 29 juin 1844, Lecomte et Lalance.

427. — Il en est de même d'un atelier de mécanicien. — *Cons. d'état*, 30 mars 1844 et 12 juin 1845, Tholozan.

428. — ... Ou d'ateliers de fonderie. — *Cons. d'état*, 7 fév. 1845, Rousseau.

429. — En ce qui concerne les établissemens destinés à la fabrication du sucre, il a d'abord été décidé que les bâtimens servant à une exploitation de sucre indigène n'étaient pas soumis à l'impôt des portes et fenêtres. — V. *Cons. d'état*, 16 mars 1836, Giraud aîné. — Ensuite, le conseil d'état a déclaré que ces bâtimens ne pouvaient être considérés comme manufactures jouissant de l'exemption portée par la loi du 4 germin. an XI. — V. *Cons. d'état*, 13 fév. 1840, Dejean. — Cette apparente antinomie disparaît lorsqu'on rapproche les deux décisions de l'ordonnance précitée du 6 août 1839, qui porte que l'exception introduite par la loi du 4 germin. an XI, en faveur des manufactures, ne s'applique qu'aux établissemens industriels qui, à raison de leur nature même, exigent un grand nombre d'ouvertures. — Cormenin, t. 2, Append., p. 69, note 11.

430. — Ainsi, une fabrique de sucre n'est imposable, comme toute autre fabrique, que lorsqu'elle occupe peu d'ouvriers et un local peu étendu, comme dans l'espèce jugée le 13 fév. 1840 (V. le numéro précédent), où il s'agissait d'une fabrique dans laquelle il était fait usage de la vapeur pour toute fabrication. — V. Dufour, t. 2, no 973. — V. aussi *Cons. d'état*, 12 janv. 1844, Fournel.

431. — De même, un établissement où l'on fabrique des pianos peut être considéré, lorsqu'il se compose de plusieurs ateliers distincts, occupés par un grand nombre d'ouvriers, comme constituant une manufacture, et par suite être exempté de la contribution des portes et fenêtres. — *Cons. d'état*, 8 avr. 1840, Boisselot.

432. — En résumé, l'exception consacrée pour les manufactures n'étant destinée qu'à protéger les grands établissemens industriels qui emploient beaucoup de monde et exigent une grande quantité d'ouvertures, il faut, dit M. Dufour (*ibid.*, t. 2, no 973), pour demeurer fidèle à cette pensée, ne considérer comme manufactures que les établissemens dans lesquels de nombreux ouvriers sont occupés à fabriquer eux-mêmes les produits ou à mettre en mouvement les machines et les métiers destinés à les façonner, et qui, par suite, renferment de vastes ateliers; mais on doit reléguer au rang d'usines les établissemens qui fonctionnent principalement à l'aide des élémens et dans lesquels l'emploi d'ouvriers n'est qu'un agent secondaire de la fabrication.

433. — L'art. 88, L. 3 frim. an VII, qui exempte de la contribution foncière pendant les deux premières années les maisons et bâtimens nouvellement construits, n'est pas applicable à la contribution des portes et fenêtres : les bâtimens nouvellement construits ou reconstruits doivent donc être soumis à cette taxe aussitôt qu'ils sont habités ou habitables. — Durieu, t. 1er, p. 53, note.

434. — Cependant un décret du 11 janv. 1811 avait exempté pendant trente ans, à partir de sa date, de la contribution des portes et fenêtres les maisons bâties sur la place de Rivoli et dans les rues de Rivoli et de Castiglione, à Paris.

435. — Les changemens momentanés de destination ne peuvent faire modifier la taxe établie. — *Cons. d'état*, 29 août 1834, Benausse; — de Cormenin, *loc. cit.*, p. 69, no 4.

§ 3. — *Personnes sur lesquelles pèse l'impôt.*

436. — La contribution des portes et fenêtres est exigible contre les propriétaires et usufruitiers, fermiers et locataires principaux des maisons, bâtimens et usines, sauf leur recours contre les locataires particuliers pour le remboursement de la somme due à raison des locaux par eux occupés, et sans préjudice de l'action du percepteur contre les locataires, jusqu'à concurrence des sommes qu'ils doivent au propriétaire. — LL. 4 frim. an VII, art. 12; 12 nov. 1808, art. 2.

437. — Une ordonnance du conseil d'état décide que les propriétaires doivent, à l'exclusion des locataires, être portés au rôle et payer la contribution des portes et fenêtres même pour les maisons louées à une seule personne. — *Cons. d'état*, 18 juin 1841, Leclercq. — M. Dufour (t. 2, no 986) critique cette solution, qui nous paraît, comme à lui, contraire au texte et à l'esprit de la loi : en effet, la loi met sur la même ligne que le propriétaire et l'usufruitier *le locataire principal*. — Or, celui qui habite seul une maison n'en est-il pas, *à fortiori*, le locataire principal?

438. — Le propriétaire qui a payé la contribution des portes et fenêtres peut exercer son recours contre les locataires particuliers pendant trente ans, encore bien que le bail ne contienne aucune mention à cet égard, et que les quittances de loyer aient été données sans réserve. — *Cass.*, 26 oct. 1814, Rabejac c. Brun; — Duranton, t. 17, no 75; Rolland de Villargues, *Rép.*, vo *Bail*, no 349 *bis*. — V. toutefois Duvergier, *Louage*, t. 1er, no 349.

439. — Si le même bâtiment est occupé par le propriétaire et un ou plusieurs locataires, ou par plusieurs locataires seulement, la contribution des portes et fenêtres d'un usage commun doit être acquittée par les propriétaires ou usufruitiers. — L. 4 frim. an VII, art. 15.

440. — Lorsqu'une porte cochère est d'un usage *commun* à différens *propriétaires*, la contribution ne doit pas être payée par un des propriétaires, sauf son recours contre les autres; ce n'est pas le cas de faire application des art. 12 et 15 précités, L. 4 frim. an VII. Elle doit être, au contraire, répartie proportionnellement entre *tous les propriétaires*, en prenant pour base la contribution foncière assise sur leurs maisons. — *Cons. d'état*, 10 fév. 1835, min. des fin.

441. — Le propriétaire ou l'usufruitier peuvent, lorsqu'ils louent leur maison à plusieurs locataires, retenir la taxe des fenêtres, à raison de celles qui sont à l'usage de chacun d'eux, et retenir toute la taxe si un seul locataire occupe toute la maison. — Magnitot et Delamarre, sect. 4e, § 1er, *in fine*.

442. — Le propriétaire doit supporter seul les contributions établies sur les portes d'entrée, les fenêtres du palier, des escaliers, enfin sur les portes communes à toute la maison. — Magnitot et Delamarre, *ibid.*

443. — La contribution des portes et fenêtres est comprise dans le même rôle que les contributions foncière et personnelle et mobilière. — Dufour, t. 2, no 987.

Sect. 4e. — *Patentes.*

444. — L'impôt des patentes, créé par la loi du 2-17 mars 1791, avait été supprimé par celle du 21 mars 1793, mais, rétabli par la loi du 4 therm. an III, il fut définitivement réglé par la loi du 1er brum. an VII, qui est restée en vigueur jusqu'au 25 avr. 1844, époque à laquelle a été promulguée une nouvelle loi, la seule aujourd'hui en vertu de laquelle soit réglée cette matière depuis le 1er janv. 1845. — Art. 34, L. 25 avr. 1844.

445. — Cette contribution est assise sur le commerce, l'industrie et les professions. — L. 25 avr. 1844, art. 1er. — C'est un impôt de quotité divisé en droit fixe et en droit proportionnel. — Art. 2. — Le droit fixe est déterminé par un tarif gradué sur la population des communes : ce tarif est distribué en huit classes comprenant tous les commerces et toutes les professions industrielles, de façon telle que l'impôt se proportionne tout à la fois et sur la classe dans laquelle le commerçant est rangé et sur la population de la commune qu'il habite. — Art. 3 et suiv., et tableau A. — Le droit proportionnel est fixé sur la valeur locative tant de la maison d'habitation que des magasins, boutiques, usines, ateliers, hangars et autres locaux servant à l'exercice de la profession des patentables. — Art. 9 et suiv.

446. — Chaque année les contrôleurs des contributions directes, assistés du maire ou d'un délégué de ce magistrat, procèdent dans chaque commune au recensement des imposables et à la formation de la matrice des patentes : la matrice est déposée pendant dix jours à la mairie pour que les intéressés puissent en prendre connaissance et faire leurs observations : ces observations sont adressées par le maire au sous-préfet et par ce fonctionnaire au directeur des contributions directes, qui établit les taxes conformément à la loi pour les articles non contestés : à l'égard des articles sur lesquels le maire ou le sous-préfet n'est pas d'accord avec le contrôleur, le directeur soumet les contestations au préfet avec son avis motivé : si le préfet ne croit pas devoir adopter les propositions du directeur, il en est référé au ministre des finances. — Le préfet arrête les rôles et les rend exécutoires. — Art. 20.

447. — La contribution des patentes est due pour l'année entière par ceux qui exercent au mois de janvier une profession patentable; et par ceux qui entreprennent cette profession après le mois de janvier, à partir seulement du 1er du mois dans lequel ils ont commencé d'exercer. — Art. 22. — Elle est payable par douzième, et le recouvrement en est poursuivi comme celui des autres contributions directes (art. 24). — V. au surplus et pour plus amples détails le mot PATENTES.

Sect. 5°. — *Centimes additionnels.*

448. — Outre le principal des contributions directes, il est perçu, accessoirement au capital de chacune d'elles, des supplémens proportionnels désignés sous le nom de *centimes additionnels*.

449. — On distingue plusieurs natures de centimes additionnels : les centimes généraux, les centimes facultatifs, des départemens et des communes, les centimes extraordinaires.

450. — Les centimes additionnels généraux sont destinés soit à accroître les ressources du trésor public, soit à subvenir aux dépenses départementales, fixes, communes et variables, soit à venir au secours des départemens dans certains cas. — L. 31 juill. 1821, art. 28. — Le nombre en est déterminé annuellement par la loi de finances, qui fixe en même temps les divers services auxquels ils doivent être appliqués. — Bost, t. 2, n° 557.

451. — Une partie de ces centimes doit être versée dans les caisses des receveurs généraux, pour être tenue à la disposition des préfets, et être employée, sur leurs mandats, aux dépenses *variables* des départemens, conformément aux budgets votés par les conseils généraux, et approuvés par le ministre de l'intérieur; — l'autre partie est versée au trésor pour être employée, sur les ordonnances du ministre de l'intérieur, au paiement des dépenses *fixes* ou *communes* aux départemens; et ce qui reste forme un *fonds commun* destiné à venir au secours des départemens dont les dépenses variables excèdent les centimes qui y sont affectés. — Foucart, t. 2, n° 119.

452. — Les centimes additionnels facultatifs sont ceux que les départemens et les communes peuvent éviter si leurs ressources ordinaires sont suffisantes. — L. 15 mai 1818.

453. — Ainsi, cinq centimes sont habituellement imposés dans les rôles des contributions foncière, personnelle et mobilière pour *les dépenses ordinaires des communes*; mais elles peuvent se soustraire à cette contribution en déclarant qu'elle leur est inutile. — L. 15 mai 1818, art. 31.

454. — De plus, les conseils généraux sont autorisés à voter annuellement pour les frais des opérations cadastrales une imposition dont le montant ne peut excéder trois centimes du principal de la contribution foncière. — L. 31 juill. 1821, art. 20.

455. — Les centimes additionnels extraordinaires sont ceux que les départemens et les communes demandent à s'imposer pour des dépenses urgentes.

456. — Ainsi, les conseils généraux de département peuvent, sauf l'approbation du gouvernement, établir, pour les dépenses d'utilité départementale, des impositions dont le montant ne pourra excéder cinq centimes du principal des contributions foncière, personnelle et mobilière. — L. 31 juill. 1821, art. 30.

457. — Quant aux communes, l'art. 39, L. 15 mai 1818, porte que dans le cas où, les cinq centimes additionnels ordinaires étant épuisés, une commune aurait à pourvoir à une dépense véritablement urgente, le maire, sur l'autorisation du préfet, convoquera le conseil municipal et les plus forts contribuables aux rôles de la commune, en nombre égal à celui des membres de ce conseil, pour reconnaître l'urgence de la dépense, l'insuffisance des revenus municipaux et des cinq centimes ordinaires.

458. — La délibération des conseils municipaux sur les centimes extraordinaires ne peut être exécutoire qu'après qu'elle a reçu l'approbation du préfet, et qu'elle a été sanctionnée par une ordonnance royale rendue sur le rapport du ministre de l'intérieur. — *Ibid.*, art. 41.

459. — Le nombre des centimes extraordinaires communaux n'est pas limité par la loi comme celui des départemens, mais le gouvernement a adopté comme règle de n'approuver ces sortes d'impositions que jusqu'à concurrence de 20 centimes, à moins de circonstances tout-à-fait exceptionnelles. — Circ. min. int., 18 mai 1818. — Toutefois, une nouvelle instruction du min. de l'int., du 27 mars 1837, décide que les 3 centimes imposés aux communes pour l'instruction primaire, les 5 centimes pour les chemins vicinaux, et ceux relatifs aux salaires des gardes champêtres, demeurent en dehors de la limite ci-dessus fixée.

460. — L'imposition extraordinaire, par centimes additionnels, établie en conformité de la loi du 25 mai 1818, sur tous les habitans de la commune, frappe les contribuables forains. — *Cons. d'état*, 21 août 1816, Tronc; 7 mai 1823, Lepine; 13 août 1823, Petit; 31 août 1828, Declercq; — Cormenin, *Dr. admin.*, v° *Communes*, t. 1er, p. 426.

461. — Les communes touchent les produits des centimes additionnels à l'époque du recouvrement des contributions ordinaires. Les percepteurs, lorsqu'ils ne sont pas eux-mêmes receveurs municipaux, doivent verser entre les mains de ceux-ci le montant des centimes additionnels; dans le cas contraire, ils le retiennent eux-mêmes pour l'employer aux dépenses de la commune. Mais dans les villes divisées en plusieurs arrondissemens de perception, les percepteurs versent le produit des impositions communales dans la caisse des receveurs des finances, qui doivent en tenir compte aux caisses municipales d'après les mandats des préfets. — Magnitot et Delamarre, sect. 7°.

462. — Les centimes additionnels ne sont pas une nature particulière d'impôt, mais seulement un supplément qui s'ajoute au principal de telle ou telle contribution directe, et ne fait en quelque sorte avec elle qu'une seule et même imposition. — Ces centimes se recouvrent dès-lors en même temps et de la même façon que la contribution principale, et participent aux mêmes priviléges. — Durieu, *Poursuites en matière de contrib. dir.*, t. 1er, p. 71, n° 21.

463. — Il ne faut pas perdre de vue que jamais les centimes additionnels, quels qu'ils soient, ne peuvent porter sur la contribution personnelle, qui, ainsi que nous l'avons déjà vu (*suprà*, n° 205), doit être imposée en principal seulement.

464. — Les centimes additionnels, quelle qu'en soit la nature, entrent dans la composition du cens électoral. — V. ÉLECTIONS. — Magnitot et Delamarre, sect. 7e.

Sect. 6°. — *Contributions spéciales assimilées aux contributions directes.*

465. — Ces contributions spéciales sont : 1° les redevances sur les mines; 2° la contribution pour la conservation des travaux de desséchement; 3° la contribution pour les travaux d'entretien des digues et de curage des canaux et rivières non navigables; 4° les rétributions sur les eaux minérales; 5° les prestations pour les chemins vicinaux; 6° les rétributions universitaires; 7° les contributions pour l'instruction primaire; 8° les droits de la vérification des poids et mesures; 9° les droits pour frais de visites chez les pharmaciens, les droguistes, les épiciers et les herboristes; 10° la contribution pour l'entretien des bourses et chambres de commerce.

§ 1er. — *Redevance sur les mines.*

466. — Les mines, indépendamment de la contribution foncière du terrain qu'elles occupent, sont soumises à une redevance spéciale établie par l'art. 33, L. 21 avr. 1810.

467. — Cette redevance consiste : 1° en une taxe fixe de 10 francs par kilomètre carré de superficie (L. 21 avr. 1810, art. 34), et 2° en une taxe proportionnelle dans les produits de l'extraction et qui, réglée chaque année par le budget de l'état comme les autres contributions publiques, ne peut excéder 5 % du produit net. — *Ibid.*, art. 34 et 35. — V. aussi décr. 6 mai 1811.

468. — La redevance fixe est déterminée d'après un tableau, dressé par le préfet, de toutes les mines concédées dans le département : dans ce tableau se trouvent énoncées la dénomination de chaque mine, sa situation et son étendue superficielle. — Décr. 6 mai 1811, tit. 1er, sect. 1re.

469. — Quant au produit de la redevance proportionnelle, il est déterminé d'après des états d'exploitation dressés par les maires et adjoints, les répartiteurs et les ingénieurs des mines, et d'après les états d'évaluation arrêtés en un comité où siégent le préfet, deux membres du conseil général, le directeur des contributions, deux propriétaires de mines et l'ingénieur des mines du département. — Decr. 6 mai 1811, tit. 2, sect. 1re.

470. — Les concessionnaires et exploitans des mines peuvent demander la conversion de la redevance proportionnelle en un abonnement fixe. — L. 21 avr. 1810, art. 35; décr. 6 mai 1811, tit. 3, art. 31 et 35.

471. — Dans l'origine le produit de la contribution spéciale sur les mines était appliqué aux dépenses de l'administration des mines (L. 21 avr. 1810, art. 39) : mais aujourd'hui il se confond avec les revenus généraux de l'état. — Bost. t. 2, n° 571.

472. — Les règles relatives à l'assiette de ces droits, à la formation des rôles, aux réclamations qu'ils soulèvent et à leur instruction, aux décharges et réductions, enfin à la perception, sont indiquées dans la loi du 21 avril 1810, tit. 4, sect. 2e, et dans le décret du 6 mai 1811.

473. — Le recouvrement des redevances fixes se fait, au reste, comme pour la contribution foncière (L. 21 avr. 1810, art. 37), et est confié au percepteur de la commune de la situation de la mine. — Décr. 6 mai 1811, art. 40.

474. — Cet impôt entre dans la composition du cens électoral. — Laferrière, sect. 3, § 1er.

§ 2. — *Contribution pour la conservation des travaux de desséchement.*

475. — L'entretien et la garde des travaux de desséchement des marais sont à la charge des propriétaires, qui, pour subvenir aux dépenses, sont passibles d'une contribution proportionnée à la nature de leur propriété et au degré d'intérêt qu'ils ont à la dépense. — L. 16 sept. 1807, art. 26. — V. aussi le décret spécial du 15 fév. 1811, relatif aux marais de Saint-Louis et de Saint-Simon.

476. — Le genre et l'étendue de cette contribution sont fixés par un réglement d'administration publique rendu sur la proposition d'une commission composée des syndics de la réunion des propriétaires, auxquels le préfet peut en adjoindre deux ou quatre autres, et sur l'avis du préfet et du ministre. — L. 16 sept. 1807, art. 26.

477. — Toutes les contestations relatives au recouvrement des rôles, aux réclamations des individus imposés et à l'entreprise des travaux, sont jugées comme travaux publics, selon la loi du 28 pluv. an VIII.

478. — Ainsi, il appartient aux conseils de préfecture, à l'exclusion des préfets et des tribunaux, de prononcer sur les réclamations contre la formation des rôles de contribution aux dépenses relatives au desséchement des marais. — *Cons. d'ét.*, 2 fév. 1825, Perdry. — V. DESSÉCHEMENS.

§ 3. — *Contribution pour les travaux d'entretien des digues et de curage des canaux et rivières non navigables.*

479. — Les dépenses des travaux nécessaires pour le curage des canaux et rivières non navigables et pour l'entretien des digues et ouvrages d'art qui y correspondent, sont à la charge des propriétaires riverains de la manière prescrite par les anciens réglemens ou les usages locaux. — L. 14 flor. an XI, art. 1er.

480. — En cas de difficultés sur l'application des réglemens ou l'exécution du mode consacré par l'usage, ou s'il survient des changemens qui nécessitent des dispositions nouvelles, il y est pourvu par un réglement d'administration publique rendu sur la proposition du préfet du département, de manière que la quotité de la contribution de chaque imposé soit toujours relative au degré d'intérêt qu'il a aux travaux à effectuer. — L. 14 flor. an XI, art. 2.

481. — Les rôles de répartition des sommes nécessaires au paiement des travaux d'entretien, réparation ou reconstruction, sont dressés sous la surveillance du préfet, rendus exécutoires par lui, et le recouvrement s'en opère de la même manière que celui des impositions publiques. — Art. 3.

482. — Toutes les contestations relatives au recouvrement des rôles, aux réclamations des individus imposés et à la confection des travaux, doivent être portées devant le conseil de préfecture, sauf le recours au conseil d'état. — Art. 4.

§ 4. — *Rétributions sur les eaux minérales.*

483. — Des rétributions sont imposées en vertu des arrêtés du gouvernement du 3 flor. an VIII et du 6 niv. an XI, sur les établissemens d'eaux minérales naturelles pour le traitement des médecins chargés par le gouvernement de l'inspection de ces établissemens.

484. — La loi de finances rappelle chaque année ces impositions, en y ajoutant les rétributions destinées à couvrir le traitement des médecins inspecteurs des bains, des fabriques et des dépôts d'eaux minérales. — V. notamment L. 4 août 1844, art.

485. — Le recouvrement s'effectue comme en matière de contributions directes.

§ 5. — *Prestations pour les chemins vicinaux.*

486. — La prestation en nature a pour but de mettre les communes à même de subvenir aux frais des chemins vicinaux que la loi du 21 mai 1836, art. 1er, met à leur charge.

487. — Cet impôt consiste dans la prestation de trois jours de travail par chaque habitant, chef de famille ou d'établissement porté au rôle des contributions directes : 1° pour sa personne et pour chaque individu mâle, valide, âgé de dix-huit à soixante ans, membre ou serviteur de la famille et résidant dans la commune; — 2° pour chacune des charrettes ou voitures attelées, et en outre pour chaque bête de somme, de selle, de trait

service de la famille ou de l'établissement dans la commune. — L. 21 mai 1836, art. 3.

488. — Le délai de trois jours est indiqué par la loi à titre de maximum seulement : le conseil municipal pourrait fixer un délai moindre, si celui de la loi n'était pas nécessaire. — Proudhon, *Dom. publ.*, n° 509.

489. — La prestation en nature est due dans la commune où le redevable a son principal établissement. — *Cons. d'état*, 19 mars 1845, Lecomte.

490. — Pour l'exécution des prestations, il doit être dressé par une commission composée du maire, des répartiteurs et du receveur municipal, avec le concours des contrôleurs des contributions directes, un état-matrice présentant pour chaque article, le nom de l'individu sur lequel la cote est assise, le nom des membres de la famille et des serviteurs donnant lieu à l'impôt, le nombre des charrettes, voitures, bêtes de somme, de trait, de selle pour lesquelles il est dû. — Sur cet état-matrice le directeur des contributions directes rédige le rôle de prestations qui est rendu exécutoire par le préfet. — V. Inst. min. int. 24 juin 1836.

491. — La prestation peut être acquittée en nature ou en argent au gré du contribuable, mais si ce dernier n'a pas opté dans les délais prescrits, la prestation est de droit exigible en argent. — L. 21 mai 1836, art. 4.

492. — Ce sont les conseils généraux qui sont chargés du soin de fixer, sur la proposition des conseils d'arrondissement, le taux du rachat.

493. — La prestation non rachetée en argent peut être convertie en tâches, d'après les bases et évaluations de travaux préalablement fixées par le conseil municipal. — Même art.

494. — Le recouvrement des cotes en argent est poursuivi comme pour les contributions directes. Circ. min. 24 juin 1836. — Il est opéré par le receveur municipal ; ainsi, les percepteurs n'ont à y intervenir que lorsqu'ils remplissent en même temps les fonctions de receveurs des communes. — V., pour tous les détails relatifs à la prestation pour les chemins vicinaux, le mot CHEMINS VICINAUX.

495. — La prestation pour les chemins vicinaux entre dans la composition du cens électoral. — V. ÉLECTIONS.

§ 6. — *Rétributions universitaires.*

496. — Les rétributions universitaires comprennent deux élémens principaux distincts : 1° une rétribution sur le prix de pension payé par les élèves ; — 2° un droit annuel payé par les chefs d'institution. — Laferrière, sect. 3, § 2.

497. — La première, imposée par le décret du 17 mars 1808, art. 134 (V. aussi décr. 17 sept. 1808, art. 25) est fixée au vingtième du prix de la pension ; la seconde, établie par le décret du 17 sept. même année (art. 27 et 29), soumet les maîtres de pension et les chefs d'institution à un droit annuel fixé, pour les chefs d'institution à Paris, à 150 fr., dans les départemens à 100 fr.; et pour les maîtres de pension à Paris, à 75 fr., et dans les départemens, à 50 fr. — Trolley, *Cours de dr. admin.*, t. 2, n° 634.

498. — Si la rétribution payée pour l'instruction des élèves est confondue avec leur pension, les conseils académiques déterminent la somme à prélever sur chaque pensionnaire pour le trésor de l'Université. — *Ibid.*, art. 135.

499. — Un réglement ministériel du 27 nov. 1834 (art. 6) affranchit de la taxe les écoles primaires qui restreignent leur enseignement dans les limites de la loi du 28 juin 1833.

500. — Les élèves ecclésiastiques des petits séminaires sont également exempts de la taxe. — Trolley, t. 2, n° 634. — Quant aux petits séminaires eux-mêmes, il résulte de l'art. 3 du décr. 9 avr. 1809 qu'ils sont placés en dehors du régime universitaire.

501. — Les colléges royaux et communaux sont soumis, comme les pensions et institutions, à la taxe qui porte sur le prix total de la pension et non pas seulement sur le prix payé par l'élève pour son instruction. — Laferrière, sect. 3, § 2.

502. — C'était autrefois l'Université qui profitait de ces droits, qui étaient fixés par le recteur et recouvrés, à sa diligence, à l'aide de contraintes décernées par lui : c'était la cour royale qui connaissait du recours que les instituteurs ou maîtres de pension pouvaient exercer, soit contre l'arrêté d'émission, soit contre la contrainte. — Déc. 15 nov. 1811, art. 52, 53, 116 et suiv.

503. — Mais la loi du 24 mai 1834, tout en maintenant les droits universitaires, a changé cet état de choses. — La taxe n'est plus dès-lors perçue au profit de l'université, mais au profit du trésor : c'est l'administration de l'instruction publique qui fixe son assiette de concert avec les agens des contributions directes, puis les rôles sont rendus exécutoires par le préfet et recouvrés par les agens du trésor dans la même forme que les autres impôts directs : s'il est formé des demandes en remise ou modération, c'est l'administration qui prononce dans les limites fixées par le budget, et quant aux pourvois contre l'assiette de la taxe, ils sont portés non devant la cour royale, mais devant le conseil de préfecture. — Le mode d'action des agens des deux ministères des finances et de l'instruction publique est déterminé par un réglement arrêté en commun par les deux ministères, le 27 nov. 1834. — V. aussi sur ce point une circul. min. fin. du 24 déc. 1834.

504. — Le droit annuel imposé sur les chefs d'institution et les maîtres de pension doit entrer dans la formation du cens électoral. Il n'en est pas de même de la rétribution du vingtième, qu'on pourrait plus justement regarder comme un impôt indirect. — Laferrière, sect. 3, § 2 ; Foucart, t. 2, n° 834.

505. — Ce dernier impôt, établi sur l'intelligence et sur les familles, charge sans compensation, puisqu'il ne comptait même point pour le cens électoral, a toujours soulevé une réprobation universelle et bien légitime, à laquelle enfin il a été donné satisfaction par la loi de finances du 4 août 1844 : l'art. 14 de cette loi porte en effet : « A compter du 1er janv. 1845, la rétribution universitaire cessera d'être perçue. »

506. — Mais cette disposition ne s'applique, bien entendu, qu'à la rétribution du vingtième, perçue sur le prix de pension des élèves ; quant aux autres taxes universitaires, elles subsistent toujours : l'art. 15 de la même loi de finances de 1844 dit même, d'une manière formelle, qu'elles continueront à être perçues. — V. ENSEIGNEMENT.

§ 7. — *Contributions pour l'instruction primaire.*

507. — En cas d'insuffisance des revenus ordinaires pour l'établissement des écoles primaires communales, élémentaires et supérieures, la loi du 28 juin 1833 porte (art. 13) qu'il y sera pourvu au moyen d'une imposition spéciale, votée par le conseil municipal, ou, à défaut du vote de ce conseil, établie par ordonnance royale. — L. 28 juin 1833, art. 13.

508. — Lorsque des communes n'ont pu, soit isolément, soit par la réunion de plusieurs d'entre elles, procurer un local pour l'instruction primaire et assurer le traitement de l'instituteur, il est pourvu aux dépenses reconnues nécessaires, et en cas d'insuffisance des fonds départementaux, par une imposition spéciale, votée par le conseil général du département, ou, à défaut du vote de ce conseil, établie par ordonnance royale. — Même art.

509. — Cette double imposition doit être autorisée chaque année par la loi de finances, et ne peut excéder 3 centimes additionnels pour les communes et 2 centimes pour les départemens au principal des quatre contributions directes. — L. 28 juin 1833, art. 13 ; L. 4 août 1844, art. 9.

510. — En sus du traitement fixe, l'instituteur communal reçoit une rétribution mensuelle, dont le taux est réglé par le conseil municipal, et qui est perçue dans la même forme et selon les mêmes règles que les contributions publiques directes. Le rôle est recouvrable, mois par mois, sur un état des élèves certifié par l'instituteur, visé par le maire et rendu exécutoire par le sous-préfet. — L. 28 juin 1833, art. 14.

511. — L'art. 11 de l'ord. royale du 16 juill. 1838 contient, quant à l'exécution de cette disposition, les prescriptions suivantes : « Au commencement de chaque mois, l'instituteur communal remettra au maire l'état des parens des élèves qui auront fréquenté son école pendant le mois précédent, avec l'indication du montant de la rétribution mensuelle due par chacun d'eux. »

512. — « Les réclamations auxquelles la confection du rôle pourrait donner lieu seront rédigées sur papier libre, et déposées au secrétariat de la sous-préfecture. — Elles seront jugées par le conseil de préfecture, sur l'avis du comité local et du sous-préfet, lorsqu'il s'agira de décharge et de réduction, et par le préfet sur l'avis du conseil municipal et du sous-préfet, lorsqu'il s'agira de remises et de modération. » — Même ord., même art. — Laferrière, sect. 3, § 2.

513. — L'impôt relatif à l'établissement ou à l'entretien de l'école primaire et au traitement fixe de l'instituteur entre dans la formation du cens électoral, mais la rétribution mensuelle n'y entre pas.

§ 8. — *Droits de la vérification des poids et mesures.*

514. — Les droits dus par les assujétis pour la vérification des poids et mesures ont été fixés d'abord par l'arrêté du 29 prair. an IX, et le tarif y annexé.

515. — Alors le recouvrement de ces droits était fait par les vérificateurs eux-mêmes, sous l'autorité du sous-préfet.

516. — Cet état de choses a été modifié par l'ordonnance du 18 déc. 1825, maintenue par une nouvelle ordonnance du 21 déc. 1832 : aux termes de ces dispositions, le montant de cette perception, que les percepteurs étaient désormais chargés d'effectuer en vertu de rôles arrêtés et rendus exécutoires par les préfets, fut rattaché aux produits divers du budget de l'état ; le recouvrement en devait être fait de la même façon que celui de la contribution des portes et fenêtres.

517. — Cette taxe est aujourd'hui réglée par l'ordonnance du 17 avr. 1839, dont l'art. 47 est ainsi conçu : « Les droits de la vérification périodique doivent être provisoirement perçus conformément au tarif annexé à l'ordonnance du 18 déc. 1825, modifié par celles des 21 déc. 1832 et 18 mai 1838. »

518. — Selon la même ordonnance, les états-matrices des rôles sont dressés par les vérificateurs des poids et mesures, et remis aux directeurs des contributions directes qui procèdent à la confection des rôles. Ceux-ci sont rendus exécutoires par le préfet, et mis immédiatement en recouvrement par les mêmes voies et avec les mêmes termes de recours en cas de réclamation que pour les contributions directes. — Art. 50 et 51.

519. — La perception des droits de vérification est faite par les agens du trésor public. Le montant intégral des rôles est exigible dans la quinzaine de leur publication. — Même ord., art. 53.

520. — Quant à la vérification première des poids, mesures et instrumens de pesage, elle est faite gratuitement ; il en est de même pour les poids, mesures et instrumens de pesage rajustés qui sont soumis à une nouvelle vérification, ou pour les poids et mesures qui appartiennent à des établissemens publics, ou enfin qui sont présentés volontairement à la vérification par des individus non assujétis. — Ord. 17 avr. 1839, art. 46 et 48. — V. POIDS ET MESURES.

§ 9. — *Droits pour frais de visites chez les pharmaciens, les droguistes, les épiciers et les herboristes.*

521. — Des visites doivent être faites au moins une fois par an, aux termes des art. 29, 30 et 31, L. 21 germin.-1er flor. an XI ; et de l'art. 42, arr. 25 thermid. même année, chez les pharmaciens, les droguistes et les épiciers, par des docteurs et professeurs des écoles de médecine, ou par des membres des écoles de pharmacie ou des jurys de médecine.

522. — Il doit être payé, pour les frais de visites, 6 fr. par chaque pharmacien, et 4 fr. par chaque épicier ou droguiste, conformément à l'ar. 16, lettres-patentes 10 fév. 1780. — Arr. 25 thermid. an XI, art. 42.

523. — Toutefois, l'art. 17, L. 23 juill. 1820, affranchit du paiement du droit de visite les épiciers non droguistes chez lesquels il ne serait trouvé aucune des drogues appartenant à l'art de la pharmacie.

524. — Les *drogues* n'étant point définies, on comprend que, dans l'application de cette disposition, de sérieuses difficultés auraient pu s'élever sur ce qu'on doit comprendre sous ce terme : aussi, pour les prévenir, une ordonnance du 20 sept. 1820 a-t-elle énuméré les substances qui doivent être considérées comme drogues, et décidé que les épiciers chez lesquels une de ces substances serait rencontrée devraient payer le droit.

525. — Les mêmes visites ont lieu chez les herboristes. — Arr. 25 thermid. an XI, art. 46.

526. — Ces rétributions font l'objet d'un rôle rendu exécutoire par le préfet et recouvré par les percepteurs, conformément aux dispositions du réglement sur les poursuites en matière de contributions directes. — Circ. min. fin. 14 avr. 1829.

§ 10. — *Contribution pour l'entretien des bourses et chambres de commerce.*

527. — L'art. 4, L. 28 vent. an IX, veut que les dépenses annuelles relatives à l'entretien et aux réparations des bourses de commerce soient supportées par les banquiers, négocians et marchands.

528. — A cet effet, il décide qu'il sera levé une

contribution personnelle, qu'il faisait porter sur le total de chaque patente de première et de deuxième classe et sur celles d'agens de change et courtiers; mais la nouvelle loi sur les patentes du 25 avr. 1844 (art. 33) répartit cette contribution sur les patentables des trois premières classes et sur ceux désignés par les tableaux B et C comme passibles d'un droit fixe égal ou supérieur à celui desdites classes; les associés des établissemens compris dans les classes et tableaux sus-désignés doivent contribuer également à ces dépenses.

529.—Le décret du 23 sept. 1806 assimile (art. 1er) les dépenses relatives aux chambres de commerce à celles des bourses, et veut qu'elles soient acquittées comme elles.

530. — Les dépenses des bourses de commerce devaient, dans l'origine, être fixées chaque année par le préfet (L. 28 vent. an XI, art. 5), et celles des chambres de commerce par le ministre de l'intérieur. — Décr. 23 sept. 1806, art. 3. — Ces dispositions ont été modifiées par l'art. 16, L. 23 juill. 1820, d'après lequel les sommes à imposer pour subvenir aux dépenses des bourses et chambres de commerce sont déterminées chaque année par une ordonnance royale.

531. — Elles sont reçues par les percepteurs de la même manière et aux mêmes termes que le droit total des patentes. — Arr. 12 brum. an XI, art. 1er. — V. BOURSES DE COMMERCE, CHAMBRES DE COMMERCE.

CHAPITRE III. — *Réclamations.*

Sect. 1re. — *Recevabilité, formes, effets des réclamations.*

532. — Les contribuables sont admis à réclamer contre le taux des contributions mises à leur charge et à former des demandes de dégrèvement.

533. — Les conseils municipaux même peuvent réclamer, s'il y a lieu, contre le contingent assigné à la commune par le conseil d'arrondissement dans les impositions directes. — L. 18 juill. 1837, art. 22.

534. — On distingue quatre espèces de demandes de dégrèvement de contributions directes : 1° demande en décharge; 2° demande en réduction; 3° demande en remise; 4° demande en modération.

535. — Les demandes en décharge sont formées pour obtenir le dégrèvement d'un impôt qui n'est pas dû. — Arrêté 24 flor. an VIII, art. 1er-24; L. 21 avr. 1832, art. 28.

536. — Les demandes en réduction ont lieu pour obtenir la réduction d'une somme plus forte que celle qui est due. — *Ibid.*

537. — Les demandes en *remise* ou *modération* se fondent sur des pertes éprouvées par le contribuable à la suite d'événemens imprévus, tels que stérilité extraordinaire, grêle, inondations, incendies, défaut de location d'appartemens, chômage des usines, malheurs commerciaux, etc. — Arr. 24 flor. an VIII, art. 24-29; 6 mai 1811, art. 54; L. 15 sept. 1807, art. 37 et 38; — Foucart, *ibid.*, n° 843; Laferrière, *ibid.*, p. 204; Dufour, t. 2, nos 905, 961, 990.

538. — La *remise* de l'impôt peut également être faite par l'état au contribuable qui a perdu la totalité de ses facultés imposables; s'il n'en a perdu qu'une partie, l'état lui accorde une *modération*. — L. 15 sept. 1807, art. 37 et 38; — Laferrière, p. 204.

539. — La *décharge* peut être demandée pour *faux emploi* ou *double emploi* : — *faux emploi* si, par exemple, un individu est imposé à la contribution personnelle dans une commune autre que celle de son habitation, ou à la contribution foncière pour un bien qu'il ne possède point; — *double emploi* quand il y a plusieurs taxes sur le même bien, les mêmes facultés, la même personne. — Foucart, *Élém. de dr. publ.*, t. 2, n° 842.

540 — La *réduction* peut résulter de *surtaxe* produite soit par une *erreur de cotisation ou de calcul*, soit par *défaut d'égalité proportionnelle*. — L. 3 frim. an VII; L. 3 mai 1802.

541. — On ne peut se pourvoir en réduction dans les communes cadastrées, pour rappel à l'égalité proportionnelle, qu'à l'égard des propriétés bâties. Quant aux propriétés non bâties, le pourvoi n'est admis que dans le cas de destruction, ou d'anéantissement de ces propriétés ou d'erreur de calcul. — Foucart, n° 842.

542. — Le contribuable pouvait en effet faire rectifier les erreurs aux époques légalement déterminées, puisque le cadastre avait établi l'évaluation du revenu imposable. — Laferrière, p. 204.

543.—Mais, dans les communes non cadastrées, les demandes annuelles en réduction pour rappel à l'égalité proportionnelle, sont recevables en matière de contribution foncière, mais seulement dans le cas où la cote du réclamant et une ou plusieurs de celles qu'il présente comme point de comparaison établissent une différence d'un dixième.—LL. 2 messid. an VII, art. 129; 24 flor. an VIII, et 15 sept. 1807, art. 36, 37 et 38. — *Cons. d'état*, 17 mars 1825, comm. de Crolles c. de Barral.

544. — Lorsque les formalités prescrites pour les demandes en rappel à l'égalité proportionnelle ont été remplies et qu'il résulte de l'instruction que les terrains objets de la réclamation ont été évalués dans une juste proportion avec les autres propriétés de la commune, la demande en réduction des revenus d'un contribuable doit être rejetée. — *Cons. d'état*, 14 déc. 1836, Leblanc-Duplessis.

545. — Quant aux autres contributions, les demandes en réduction peuvent être formées tous les ans lorsqu'elles ont pour cause une erreur de cotisation ou de calcul, ou une fausse évaluation de la valeur locative en matière de contribution mobilière. — Foucart, *ibid.*

546. — Lorsque la valeur locative de l'appartement d'un contribuable qui réclame n'a pas été exagérée, il y a lieu de maintenir la cote de contribution mobilière mise à sa charge.—*Cons. d'état*, 5 juin 1845, de La Tullaye.

547. — Le droit de réclamer en matière de contributions foncières n'appartient qu'aux contribuables inscrits au rôle.—*Cons. d'état*, 15 mars 1844, Ponty.

548. — En conséquence, le fermier d'un bac, quoique chargé par les clauses et conditions de son bail de payer la contribution foncière assise sur ce bac, est sans qualité pour réclamer contre la cote des contributions établie en conséquence, s'il n'est pas personnellement inscrit au rôle. — *Cons. d'état*, 13 juin 1845, Perriat; 15 mars 1844, Ponty; 23 déc. 1844, Sage.

549. — De même, l'acquéreur non inscrit d'une propriété immobilière est sans qualité pour demander la décharge des contributions foncière et des portes et fenêtres. — *Cons. d'état*, 30 mai 1844, Dames de l'œuvre du Bon-Pasteur.

550. — Les percepteurs sont sans droit pour demander au conseil de préfecture la décharge ou la réduction des taxes inscrites sur les rôles exécutoires dont le recouvrement leur est confié; ils cessent seulement d'être responsables des cotes dont ils justifient, en fin d'exercice, après toutes les diligences requises, n'avoir pu opérer le recouvrement. — *Cons. d'état*, 10 août 1844, percepteur d'Essavilly; 19 avr. 1844, percepteur de Jussey (Haute-Saône); 3 sept. 1844, percepteur de Châteaudun; 27 déc. 1844, percepteur de la 1re div. de Limoges.

551. — Le contribuable qui aurait été indûment imposé n'est pas néanmoins recevable à se pourvoir devant le conseil de préfecture qui a rejeté la demande formée, non par lui, mais par le percepteur, afin d'être déchargé du recouvrement de la cote à laquelle il a été soumis; il est sans qualité pour attaquer un arrêté dans lequel il n'a pas été partie. — *Cons. d'état*, 27 déc. 1844, Bucher.

552. — Un contribuable n'a pas qualité pour demander la refonte totale du rôle de la commune. — *Cons. d'état*, 5 mai 1831, Dupasquier; 28 janv. 1836, Schultz.

553. — ... Ni le maire, agissant au nom de la commune. — *Cons. d'état*, 8 fév. 1838, ville de Périgueux c. Parrot.

554. — Un propriétaire ne peut être admis à réclamer, par exception, contre le tarif des évaluations cadastrales qu'autant qu'il possède à lui seul la totalité ou la presque totalité d'une nature de culture. — *Cons. d'état*, 27 fév. 1835, Holterman; 8 janv. 1836, Leuliette et Barbault de la Mothe; 9 mars 1836, Langlois d'Amilly; 22 nov. 1836, de Graindorge; 9 fév. 1837, Lemire; 15 mars 1837, Ferradou; 4 juill. 1837, Holterman et de Chavagnac c. comm. de Saint-Georges-Buttavend; 17 sept. 1838, de Chavagnac.

555. — Par conséquent, le droit de réclamer est interdit au propriétaire qui, sur quatre cent quarante-cinq hectares de bois que renferme la commune, n'en possède que deux cent quinze.—*Cons. d'état*, 23 avr. 1836, Marbeau.

556.—Toutefois, si ce propriétaire s'est pourvu à la fois contre le classement et contre le tarif des bois qui lui appartiennent, et que les experts n'aient pas donné leur avis sur le classement, cette omission doit être réparée.— *Cons. d'état*, 17 sept. 1838, de Chavagnac.

557. — Celui qui s'est rendu adjudicataire d'une usine, à la condition d'acquitter la totalité des impôts d'un exercice, a qualité pour réclamer mo-

dération ou décharge de ces impôts.—*Cons. d'état*, 25 avr. 1834, Ivelin de Béville.

558. — Le contribuable dont la demande n'a pour objet ni d'obtenir un nouveau classement des propriétés qu'il possède, ni de se plaindre d'un changement quelconque apporté dans son revenu imposable fixé par les opérations cadastrales, doit être déclaré sans qualité, et par suite non-recevable. — *Cons. d'état*, 30 juill. 1839, Rouquié.

559.—Le réclamant qui, après avoir obtenu une diminution dans l'évaluation de son revenu imposable, a acquiescé à cette évaluation, en ne réclamant pas dans le délai de trois années fixé par l'ord. du 3 oct. 1821 (art. 7), n'est plus recevable à demander une nouvelle réduction, si, depuis, il n'est survenu aucun changement. — *Cons. d'état*, 17 juin 1834, Modas.

560. — Un contribuable est non-recevable à se pourvoir contre des arrêtés du conseil de préfecture rendus contradictoirement avec ses auteurs et lui, et exécutés, encore qu'ils n'aient pas été notifiés. — *Cons. d'état*, 28 nov. 1821, Pinondel.

561. — Un tiers n'a qualité pour se pourvoir au conseil d'état, au nom d'un contribuable, qu'autant qu'il lui a été donné pouvoirs suffisans pour le faire. — *Cons. d'état*, 9 mars 1836, Coulbeaux. —V. aussi *Cons. d'état*, 6 déc. 1844, Bardin.

562. — Un père même n'a pas qualité pour réclamer au nom de sa fille majeure. —*Cons. d'état*, 31 juill. 1833, de la Bourdonnaie.

563. — ... Ni un fils pour se pourvoir au conseil d'état au nom de sa mère. — *Cons. d'état*, 31 janv. 1845, Delapalme.

564. — Lorsqu'un particulier ne justifie d'aucune qualité qui l'autorise à se pourvoir au nom d'une partie et à réclamer la décharge de la cote personnelle et mobilière portée au nom de cette partie sur le rôle des contributions de sa commune, le pourvoi doit être rejeté. — *Cons. d'état*, 6 juin 1844, Beasse.

565. — Les propriétaires ne peuvent réclamer contre le classement de leurs propriétés que par comparaison avec les types choisis pour chaque classe. — *Cons. d'état*, 23 avr. 1836, Marbeau; 14 fév. 1839, de Mélignon.

566. — Par suite, la réclamation qui a pour objet l'abaissement des propriétés des réclamans et le rehaussement du classement des immeubles d'un contribuable doit être rejetée. — *Cons. d'état*, 14 fév. 1839, de Mélignon.

567. — Il ne suffirait pas qu'il excipât d'une erreur dans l'évaluation de la valeur locative *absolue* de sa propriété, s'il ne citait d'ailleurs aucunes propriétés de la commune en raison desquelles il aurait été surtaxé. — *Cons. d'état*, 24 avr. 1835, Duteuil. — En effet, à la différence de la contribution mobilière, qui s'établit d'après la valeur réelle des propriétés, sans égard aux propriétés de même nature, la contribution foncière n'est fixée que d'après la valeur *comparative* des différentes propriétés de la commune entre elles.

568. — Un propriétaire ne peut prendre pour point de comparaison, dans sa demande en rappel à l'égalité proportionnelle, des maisons qui ont augmenté de valeur depuis le cadastre, et qui dès lors sont susceptibles d'une nouvelle évaluation. — *Cons. d'état*, 27 fév. 1835, Lefeuve.

569. — La demande en rappel à l'égalité proportionnelle doit être repoussée lorsqu'il est reconnu que le classement des biens pris pour terme de comparaison a eu lieu par erreur au-dessous de leur valeur réelle. — *Cons. d'état*, 10 juin 1835, de Ranglandre.

570. — L'arrêté du conseil de préfecture qui, pour l'examen d'une demande en rappel à l'égalité proportionnelle, a pris pour terme de comparaison une cote antérieurement réduite, doit être annulé, comme basé sur un document inexact; dans ce cas, il y a lieu à procéder à une nouvelle expertise devant le même conseil de préfecture et à réserver les dépens.—*Cons. d'état*, 6 fév. 1833, de Janzé c. comm. de Lanoué.

571. — Il en est de même lorsque le conseil de préfecture a statué sur une demande en rappel à l'égalité proportionnelle sans tenir aucun compte de ce que les propriétaires dont les terrains avaient été pris pour termes de comparaison n'avaient point été entendus dans l'expertise. — *Cons. d'état*, 29 mai 1822, association des eaux de Trebon c. Achardy.

572. — Un maître de pension ne peut réclamer contre les taxes de rétribution universitaire auxquelles il a été soumis, qu'en justifiant que ces taxes n'ont pas été établies en raison du nombre de ses élèves. — *Cons. d'état*, 6 déc. 1844, Nicolas.

573. — Dans les villes de 20,000 ames et au-dessus, et lorsque les conseils municipaux en auront formé la demande, les vacances, pendant un trimestre au moins, de tout ou partie des maisons

dont les propriétaires ne sont pas dans l'usage de se réserver la jouissance peuvent, en cas d'insuffisance des sommes allouées sur le fonds de non-valeurs, donner lieu au dégrèvement de la portion d'impôts afférente au revenu perdu. — Ces dégrèvemens doivent être prononcés par les conseils de préfecture à titre de décharge et de réduction et réimposés au rôle foncier qui suivra la décision. — L. des fin. 28 juin 1833, art. 5.

574. — Jugé que les propriétaires de maisons vacantes ne sont recevables en pareil cas à demander le dégrèvement de la portion d'impôt afférente au revenu perdu qu'autant que le conseil municipal a consenti à ce que cette demande soit formée et à la réimposition de la portion de dégrèvement non couverte par le fonds de non valeurs. — *Cons. d'état*, 7 août 1835, Rousselin-Cavey.

575. — Et lorsque le conseil municipal a consenti la réimposition en faveur des propriétaires dont les maisons auraient été vacantes pendant six mois, il faut encore, pour avoir droit à la décharge, justifier non-seulement de l'inhabitation, mais aussi de la privation du revenu pendant cet espace de temps. — Même ord.

576. — On ne peut exciper contre les propriétaires en faveur desquels le conseil municipal a usé de la faculté que lui accorde l'art. 5, L. 28 juin 1833, de ce qu'ils n'auraient pas fait de démarches spéciales pour louer leur maison s'ils ont fait les démarches nécessaires pour la vendre. — *Cons. d'état*, 3 sept. 1836, Deforieville et Degove.

577. — Le propriétaire d'une maison démolie a le droit de demander à être déchargé de la contribution pendant la durée de la démolition. — *Cons. d'état*, 7 août 1835, Vasseur.

578. — Cette demande ne saurait être rejetée sur le motif que quelques chambres seraient restées momentanément occupées si cette occupation n'avait eu pour objet que la surveillance des ouvriers. — *Cons. d'état*, 31 mai 1833, Auguin.

579. — Les décharges ou réductions accordées en matière d'impôt de répartition donnant lieu à un supplément de cotisation pour les autres contribuables, ceux-ci auraient évidemment intérêt à faire réformer les décisions qui les ont prononcées. — Cependant, comme ce supplément de cotisation se répartit sur la totalité des autres contribuables, la loi, pour éviter sans doute dans une matière d'une nécessité aussi pressante, de trop nombreuses contestations, n'a reconnu qu'à la communauté elle-même qualité pour contester en pareille circonstance. — L. 2 messid. an VII, art. 31.

580. — Décidé, en conséquence, que la loi du 2 messid. an VII, sur les réclamations en matière de contributions foncières, n'ouvre point aux contribuables individuellement la voie de la réclamation contre les décisions sur la demande en réduction de contribution foncière : l'article 31, tit. 4, ch. 2, de la loi confère seulement l'action en recours à l'autorité municipale, qui l'exerce auprès du préfet, au moyen d'une déclaration motivée, appuyée d'une délibération des commissaires répartiteurs. — *Cons. d'état*, 21 mars 1821, de Grignon-Desburreaux c. Truchy.

581. — Aux termes de l'art. 31, L. 2 messid. an VII, le maire seul, et à son défaut son adjoint, ont qualité pour se pourvoir, dans l'intérêt des habitans, contre les décisions qui dégrèvent un contribuable. — *Cons. d'état*, 15 oct. 1826, Doumergues c. Rivols Cingla.

582. — Plusieurs propriétaires n'ont pas qualité pour attaquer par voie individuelle et privée, mais dans un intérêt commun, l'arrêté du conseil de préfecture qui prononce une descente de classe en faveur d'autres propriétaires de la même commune. — *Cons. d'état*, 27 mai 1831, Breugues. — « Car, dit le conseil d'état, dans les motifs de cette ordonnance, dans l'instruction de ces instances, où le trésor est sans intérêt, les droits et les intérêts de la généralité des contribuables opposés à ceux des demandeurs en descente de classe sont représentés par l'administration. »

583. — C'est le maire et, à son défaut l'adjoint, qui ont qualité pour se pouvoir au conseil d'état dans l'intérêt collectif des habitans de la commune, à raison de la surcharge qui résulterait pour eux de la réduction accordée à un contribuable par le conseil de préfecture. Cependant leur recours devrait être déclaré non recevable, s'ils ne produisaient aucune délibération du conseil municipal qui l'eût autorisée. — *Cons. d'état*, 12 déc. 1834, maire de Beussent c. Dezoteux; 19 déc. 1834, comm. de Desvres; 26 déc. 1834, maire de Conteville c. Houbronne; 2 janv. 1835, maire d'Hénin-Lieutard; 26 juil. 1837, le maire et les répartiteurs de la comm. de Ribeauville c. Sec et Levy; 2 janv. 1838, maire de Sarricans c. de Saint-Paulet; et 9 avr. 1838, comm. de Bosville c. Souday.

584. — L'adhésion donnée au pourvoi par plusieurs conseillers individuellement ne pourrait suppléer à l'autorisation du conseil municipal. — *Cons. d'état*, 19 déc. 1834, comm. de Desvres.

585. — Décidé toutefois (mais cette décision est isolée et ne paraît point avoir été suivie depuis) que des contribuables ont qualité pour former personnellement et *ut singuli* tierce opposition à des arrêtés pris en matière de contribution foncière, qui accordent des dégrèvemens particuliers à d'autres habitans de la même commune. — *Cons. d'état*, 8 mai 1822, Falgas Gaxieu c. Bruyères de Chalabres; — Chevalier, *Jur. adm.*, vo *Contributions directes*, p. 251.

586. — Aujourd'hui l'art. 49, L. 18 juill. 1837, donne à tout contribuable inscrit au rôle de la commune le droit d'exercer à ses frais et risques, avec l'autorisation du conseil de préfecture, le sactions qu'il croirait appartenir à la commune ou section et que la commune préalablement appelée à en délibérer aurait refusé ou négligé d'exercer; un contribuable pourrait donc, en vertu de cette disposition, se pourvoir contre un arrêté qui prononcerait un dégrèvement d'impôt. — Mais dans ce cas même, c'est le droit de la commune qu'il exercerait et non le sien propre.

587. — Les maires n'ont pas droit de se pourvoir devant le conseil d'état par la voie contentieuse. — *Cons. d'état*, 28 nov. 1834, ville de Lille; — Cormenin, vo *Contributions directes*, t. 1er, p. 484.

588. — Cette fixation des tarifs constitue, en effet, une opération administrative contre laquelle il ne peut être formé de recours que par les propriétaires de propriétés bâties ou les propriétaires de fonds possédant à eux seuls la totalité ou la presque totalité d'une nature de culture. — *Cons. d'état*, 4 nov. 1836, comm. de Troissy. — V. aussi *Cons. d'état*, 11 avr. 1837, comm. d'Epernay c. Roy.

589. — Quant aux impôts de quotité, les dégrèvemens accordés ne devant en aucune façon retomber sur d'autres contribuables, les communes ni les particuliers n'ont intérêt et qualité pour se plaindre des décisions qui les ont ordonnées. — *Cons. d'état*, 26 janv. 1836, ville de Lyon c. Martouret; — Dufour, *ibid.*, t. 2, no 1064.

590. — Il est évident, au reste, que le maire et les répartiteurs d'une commune sont, dans tous les cas, sans qualité, à défaut d'intérêt, pour se pourvoir devant le conseil d'état en réduction des cotes des contribuables. — *Cons. d'état*, 11 oct. 1833, comm. de Guéronde; — Chevalier, *Jur admin.*, vo *Contributions directes*, p. 278.

591. — La prestation en nature ne constituant aucune perception au profit du trésor, le ministre des finances est sans qualité pour se pourvoir contre les arrêtés des conseils de préfecture qui en déchargent les contribuables. — *Cons. d'état*, 28 août 1844, Dubouch.

592. — Le ministre des finances n'est pas recevable à se pourvoir au conseil d'état en matière de contributions directes, même pour erreur matérielle, contre un arrêté du conseil de préfecture rendu sur le rapport du directeur en cette partie, lorsque cet arrêté a été exécuté par l'administration, sans aucune réserve de sa part. — *Cons. d'état*, 7 mars 1821, min. des finances c. Laroque.

593. — Les contribuables sont recevables chaque année à présenter des demandes en décharge, sans qu'on puisse leur opposer la chose jugée les années précédentes. C'est une conséquence du principe que les rôles sont annuels. — *Cons. d'état*, 23 nov. 1821, Pinondel; 6 mars 1835, Trubert et Martin. — V. cependant *Cons. d'état*, 11 avr. 1837, association du canal des Alpines.

594. — De même, la décision rendue pour un exercice ne peut constituer, pour les exercices suivans, un droit acquis en faveur du contribuable. — *Cons. d'état*, 23 fév. 1839, Bouis; 12 juin 1845, Simonnin; 28 août 1844, Grimoult c. Roussel-Desfrêches.

595. — Ainsi, l'arrêté du conseil de préfecture qui décharge un contribuable de la contribution d'une année, et qui n'a pas été attaqué par l'administration, ne fait pas obstacle à ce que l'administration porte le contribuable sur les rôles de l'année suivante, et attaque le nouvel arrêté qui le décharge. — *Cons. d'état*, 8 janv. 1836, min. des finances c. l'asile royal de la Providence.

596. — Lorsque la demande a pour but la *décharge* ou une *réduction*, c'est le conseil de préfecture qui est chargé de statuer; c'est le préfet lorsqu'il s'agit d'une demande en *remise* ou *modération*. Dans le premier cas, c'est une justice qu'on réclame, un droit qu'on veut; c'est donc aux tribunaux administratifs qu'on doit s'adresser. — Dans le dernier, c'est une faveur, et dès-lors la juridiction gracieuse, dont l'autorité active est l'unique dépositaire, peut seule être invoquée.

597. — Jugé, en conséquence, que si le préfet a statué sur une demande ayant pour objet d'obtenir l'exemption de l'impôt foncier pendant vingt ans pour un bois semé et planté nouvellement, aux termes de l'art. 225, C. forest., l'arrêté rendu par ce fonctionnaire ne fait pas obstacle à ce que la partie se pourvoie au conseil de préfecture pour faire statuer sur sa demande. — *Cons. d'état*, 14 fév. 1845, de Schulembourg.

598. — La même distinction doit être observée quand le contribuable veut déférer au pouvoir supérieur la décision intervenue sur sa réclamation. Si cette décision émane du conseil de préfecture, c'est au conseil d'état que le recours doit être porté. — C'est au ministre des finances si elle émane du préfet. — *Cons. d'état*, 14 juill. 1841, Macquet; — Laferrière, *ibid.*, p. 205.

599. — La demande du contribuable doit être rédigée sur papier libre si elle a pour objet une cote inférieure à 30 fr., et sur papier timbré si la cote est supérieure. — L. 21 avr. 1832, art. 28; — Foucart, t. 2, no 844.

600. — Une décision du ministre des finances rapportée par M. Durieu (*Poursuites en mat. de contrib. dir.*, t. 1er, p. 115), qui n'en donne point la date, décide que l'exemption du timbre ne s'applique qu'aux réclamations relatives aux contributions personnelle et mobilière, et des portes et fenêtres. — Elle se fonde sur ce que l'art. 28, L. 21 avr. 1832, qui l'autorise, est placé au tit. 2, où il n'est question que de ces deux contributions; mais cet article est conçu d'une manière générale et s'applique dans son motif à toutes les contributions; directes il ne paraît donc point qu'on doive les restreindre à quelques unes seulement. — Foucart, *ibid.*, t. 2, no 844, à la note.

601. — Plusieurs réclamans ne pourraient se réunir pour ne faire qu'une seule demande. — Il faut autant de demandes qu'il y a d'individus, à moins toutefois que les réclamans n'aient été joints comme indivis ou par toute autre cause, sous un même numéro du rôle. — Foucart, *ibid.*, t. 2, no 844.

602. — De même, l'administration a toujours admis en principe que les contribuables surtaxés ou taxés mal à propos devaient former une réclamation séparée pour chaque nature d'impôt. — Elle se fonde sur l'arrêté du gouvernement du 24 flor. an VIII, lequel, par la distinction établie dans les divers paragraphes qui le composent, et notamment aux art. 17 et 24, admet évidemment la nécessité d'une demande particulière suivant que le contribuable réclame sur sa contribution foncière ou sur sa contribution mobilière, soit aussi qu'il demande une remise ou une modération d'impôt. — Les art. 27 et 28, L. 26 mars 1831, sur le mode de présentation et d'admission des réclamations, n'ont rien changé à cet ordre de choses, et chaque année les préfets rappellent cette obligation dans les arrêtés relatifs à la publication et à la mise en recouvrement des rôles. — Tel est aussi l'avis de M. Foucart, t. 2, no 844.

603. — Le conseil d'état a néanmoins décidé, et avec raison, suivant nous, que les réclamans ne sont pas irrecevables en ce qu'ils ne présenteraient pas autant de demandes séparées qu'ils ont de chefs de réclamation. — *Cons. d'état*, 11 oct. 1833, Parcheming. — En effet, les mesures d'exécution prescrites par des arrêtés de préfets sur la mise en recouvrement des rôles ne peuvent, alors que la loi elle-même est aussi peu explicite, être exigées à peine de nullité, et motiver des déchéances complétement arbitraires.

604. — Chaque réclamation doit être accompagnée de la quittance des termes échus de la cotisation du contribuable. — L. 21 avr. 1832, art. 28. — Par ce moyen, le montant de l'impôt voté par les chambres n'éprouve aucune diminution, et les réclamations ne peuvent s'élever dans le seul but de retarder le paiement de la contribution.

605. — Les demandes en rappel à l'égalité proportionnelle doivent être accompagnées des diverses productions exigées par les art. 97 et 98, L. 2 messid. an VII. — *Cons. d'état*, 23 mai 1834, Pavy.

606. — Ces productions consistent : 1o lorsqu'il s'agit d'inégalité de lots, en un extrait de la matrice du rôle contenant la cote du réclamant et chacune de celles auxquelles il entend la comparer, avec les évaluations respectives; en une déclaration détaillée sur chacune de ces cotes, en commençant par la sienne, de la somme à laquelle il prétend que doit en être porté le revenu imposable, pour qu'il y ait égalité proportionnelle entre elles; et en une quittance des termes échus de la contribution foncière du réclamant; — 2o lorsqu'il s'agit d'inégalités entre le fonds de terre d'une part, et les maisons et usines de l'autre, en un relevé de la matrice du rôle, délivré par le secrétaire et certifié par le président de l'administration municipale ou par celui qui le remplace,

portant que, d'après ladite matrice, le total du revenu imposable des fonds de terre de toute nature est de la somme de..., le total du revenu imposable des maisons et usines, de la somme de...; en une déclaration de la somme à laquelle le réclamant prétend que doivent être portées respectivement, pour qu'il y ait égalité proportionnelle, l'évaluation du revenu imposable de tous les fonds de terre, et l'évaluation du revenu imposable de toutes les maisons et usines; et enfin une quittance des termes échus.

607. — Toutefois, il n'est pas nécessaire, à peine de nullité, que la production des diverses pièces à l'appui ait lieu dès l'origine; elle peut être faite plus tard. — *Cons. d'état*, 18 oct. 1838, Curtille c. Arson.

608. — Que le contribuable demande la remise ou sa décharge, une modération ou réduction, la marche suivie est toujours la même. Lorsque sa réclamation a été remise au préfet ou au sous-préfet, ceux-ci doivent la renvoyer au contrôleur, qui vérifie les faits et donne son avis, après avoir pris celui du maire, s'il s'agit de la contribution des portes et fenêtres, et celui des répartiteurs, ou des classificateurs (lorsque ces derniers sont appelés à remplacer les répartiteurs), s'il s'agit de la contribution foncière ou personnelle et mobilière. — L. 21 avr. 1832, art. 29. — Seulement il vérifie, sans l'assistance et sans prendre l'avis des répartiteurs, quand il s'agit de demandes en remise ou modération. — La commune alors est désintéressée puisque la remise ne donnerait pas lieu à une réimposition : le maire assiste néanmoins à l'opération pour donner les renseignemens nécessaires. — Trolley, *C. de dr. admin.*, t. 2, no 622. — V. aussi Cormenin, vo *Contributions directes*, t. 1er, no 2, p. 432.

609. — Le maire et les répartiteurs d'une commune ne deviennent pas incapables de donner leur avis sur une réclamation dirigée contre une cote d'impôt foncier, par cela seul qu'ils seraient propriétaires ou fermiers des propriétés citées en comparaison. — *Cons. d'état*, 28 août 1844, Grimoult c. Roussel-Desfrêches.

610. — Lorsque c'est la commune qui, ayant éprouvé des pertes par suite d'événemens extraordinaires, demande la remise de son contingent, le fait ayant plus de gravité, deux commissaires sont adjoints par le sous-préfet au contrôleur pour vérifier avec lui, et en présence du maire, la réalité des faits et l'importance du dommage. — Mais le procès-verbal est toujours rédigé par le contrôleur. — Trolley, *ibid.*

611. — Des mains du contrôleur, la demande passe dans celles du directeur, qui doit également donner son avis. — S'il pense qu'il y a lieu de l'admettre, il fait son rapport, et c'est sur ce rapport que le conseil de préfecture statue. — S'il repousse la réclamation, il exprime les motifs de son opinion, transmet le dossier à la sous-préfecture, et invite le réclamant à en prendre communication, et à faire connaître, dans les dix jours, s'il veut fournir de nouvelles observations, ou recourir à la vérification par voie d'experts.

612. — La décision qui accorde un dégrèvement sur la cote contributive doit remonter dans ses effets au jour où la demande a été formée. — *Cons. d'état*, 11 mai 1825, Varnier.

613. — Mais il en doit être autrement si rien ne prouve qu'alors la demande ait été admise, et si, d'ailleurs, depuis ce jour, les contributions ont été acquittées tous les ans sans que la réclamation ait été renouvelée. — *Cons. d'état*, 21 oct. 1818, Hocquart.

614. — Le réclamant ne peut, sous aucun prétexte, différer le paiement des termes qui viennent à échoir pendant les trois mois qui suivent la réclamation, dans lesquels elle doit être jugée définitivement. — L. 21 avr. 1832, art. 28.

615. — Les demandes en décharge et en réduction n'arrêtent pas les poursuites du percepteur, le rôle étant un titre exécutoire auquel provision est due. — Trolley, t. 2, no 689.

616. — Mais il résulte des termes formels de l'art. 28 précité que le réclamant peut refuser de payer les douzièmes échus trois mois après sa réclamation. Il ne doit pas être, en effet, victime de la négligence du conseil de préfecture. — Trolley, no 689; Durieu, t. 1er, p. 117. — *Contrà* Serrigny, t. 1er, p. 509, no 606.

617. — Chaque année, un fonds de non-valeurs est remis au préfet, pour être réparti, proportionnellement à leurs pertes, entre ceux qui ont obtenu une remise ou une modération d'impôt. Ce ne peut être, par conséquent, qu'après l'année expirée que le préfet peut prononcer définitivement sur toutes les réclamations de ce genre; il communique au conseil général son état de répartition. — Arr. 24 flor. an VIII, art. 24 à 28; décr. 6 mai 1811; circul. 22 nov. 1814.

618. — Il n'appartient pas au conseil de préfecture d'ordonner l'imputation sur le fonds de non-valeurs du dégrèvement accordé à un contribuable. — *Cons. d'état*, 24 janv. 1845, de Brouilly.

Sect. 2e. — *Délai des réclamations.*

619. — Toute réclamation doit être adressée au préfet ou au sous-préfet dans les trois mois de l'*émission* des rôles. — L. 21 avr. 1832, art. 28.

620. — Sous l'empire de la loi du 2 messid. an VII, le délai ne partait que du jour de la *publication* des rôles; mais on a pensé avec raison qu'on ne pouvait faire dépendre les réclamations, dans une matière aussi urgente, de la négligence ou de la mauvaise volonté des maires qui auraient pu retarder la publication. — Foucart, t. 2, no 844, à la note; Dufour, t. 2, no 896.

621. — On entend par *émission* des rôles le mandement par lequel le préfet les rend exécutoires. — Durieu, t. 1er, no 116.

622. — Les contribuables ont également un délai de trois mois pour réclamer contre leur omission aux rôles. Si leur réclamation est admise, l'excédant de recette qui en résulte, pour la commune, à la contribution personnelle et mobilière ou à la contribution des portes et fenêtres, est déduit de son contingent l'année suivante. — L. 21 avr. 1832, art. 28.

623. — On ne peut donner pour point de départ au délai de trois mois fixé par l'art. 28 précité, la *publication* des rôles dans la commune, mais bien leur *émission*. — *Cons. d'état*, 4 fév., Bonnet; 23 avr., Roux, et 9 août 1836, Lamberthod. — V. cependant 23 juill. 1840, ville de Verdun c. Choppin d'Arnouville; 13 juin 1845, Courapied.

624. — Il y a déchéance si la demande en décharge ou réduction est formée après le délai de trois mois depuis l'émission des rôles. — *Cons. d'état*, 2 fév. 1844, Poiron; 9 fév. 1844, Fontan; 30 mai 1844, Deluy; 20 juin 1844, Sarre; 14 mars 1845, Leigony.

625. — Vainement le contribuable alléguerait-il qu'ayant réclamé pour l'exercice précédent, et le conseil de préfecture n'ayant pas encore statué sur sa réclamation, il n'a pu, dans l'incertitude de la décision à intervenir, former une nouvelle réclamation sur les mêmes motifs. — *Cons. d'état*, 12 juin 1845, Douaire.

626. — Un contribuable ne peut être relevé de la déchéance par lui encourue pour n'avoir pas réclamé dans les trois mois de l'émission des rôles, par cela seul qu'avant l'expiration de ce délai il aurait demandé une expertise afin de faire fixer tant sa taxe mobilière que le droit proportionnel de la patente. Cette demande ne peut tenir lieu de réclamation. — *Cons. d'état*, 14 déc. 1844, Dumény-Chevalier.

627. — La réclamation doit être encore rejetée comme tardive, alors même qu'il serait établi que le contribuable a quitté la commune long-temps avant cette émission, et est imposé dans une autre localité. — *Cons. d'état*, 6 déc. 1844, Bousquet.

628. — Cependant le contribuable, maintenu à la contribution personnelle et mobilière d'une commune qu'il a quittée avant l'émission des rôles, pour fixer sa résidence dans une autre, peut être relevé de la déchéance par lui encourue pour n'avoir réclamé qu'après l'expiration des délais fixés par la loi, s'il n'est pas justifié qu'il ait reçu en temps utile l'avertissement du percepteur de son ancien domicile. — *Cons. d'état*, 10 août 1844, Dubiez.

629. — Le délai de trois mois ne compte, en effet, en cas de changement de résidence, qu'à partir du moment où il a eu connaissance de son inscription aux rôles des deux communes. — *Cons. d'état*, 12 janv. 1844, Roche; 6 déc. 1844, Torcol; 18 janv. 1845, Courbebaisse; 14 mars 1845, Hue; 10 mars 1845, Jullien.

630. — Les conseils de préfecture sont compétens pour apprécier si les contribuables ont encouru la déchéance pour n'avoir pas réclamé dans les délais fixés. Mais ils ne peuvent, sans excès de pouvoir, relever les contribuables d'une déchéance qu'ils reconnaîtraient avoir été encourue. — *Cons. d'état*, 23 déc. 1844, Tortorat; 12 avril 1844, Villetelle; 28 févr. 1845, Maurin; 28 août 1844, Dubouch; 29 juin 1844, Michel; 3 mai 1844, Sailly.

631. — Le conseil de préfecture ne peut, sans excès de pouvoir, après avoir rejeté contradictoirement la réclamation d'un contribuable, lui accorder un délai pour fournir ses observations. — *Cons. d'état*, 3 sept. 1844, Roussel.

632. — Le délai pour réclamer contre le classement des fonds immeubles, en d'autres termes, des immeubles non bâtis, est de six mois à partir de la mise en recouvrement du premier rôle cadastral. Les propriétaires ne peuvent élever de réclamation, après l'expiration de ce délai, qu'autant qu'il est survenu dans ces immeubles une diminution de revenu provenant de causes postérieures et étrangères au classement et indépendantes de leur volonté. C'est ce que porte expressément l'art. 9 de l'ordonnance royale du 3 oct. 1821, sur les *opérations cadastrales*, et ce qui a été constamment décidé par le conseil d'état. — V. notamment 1 févr. Lasserre, et 31 oct. 1833, de Gallifet; 17 avr., Benoît; 23 mai, Calvet; 4 juill., d'Espinay de Saint-Luc; 1er août, Maignant et Jacob; 28 août, Siboulet; 21 nov., Elie Croq, et 5 déc. 1834, Dudouil; 7 août 1835, Lançon; 8 janv., Bernard, 19 janv., Drevet; 9 mars, Cherest; 1er juin, Martin de Mentques et Cliquot; 4 nov., comm. de Gelacourt, et 22 nov. 1836, Combe; 16 mars, Havoux; 28 avr., Menage; 18 mai, Lacase, et 19 août 1837, Acquié; 1er nov. 1838, Charoneuil.

633. — Spécialement, un propriétaire dont les terrains ont été détériorés par les travaux d'une route stratégique postérieurement au classement est recevable à réclamer contre ce classement, même après le délai de six mois depuis la mise en recouvrement du premier rôle cadastral. Cette détérioration est en effet indépendante de la volonté du propriétaire; et le bénéfice de l'art. 9, ord. 3 oct. 1821, ne peut lui être refusé sous prétexte qu'il aurait reçu de l'état une indemnité égale ou même supérieure au dommage à lui causé. — *Cons. d'état*, 19 juill. 1837, Maussion. — V. cependant 1er juill. 1839, de Sainte-Maure.

634. — Mais on ne peut considérer comme ayant le caractère d'une détérioration produite par des événemens imprévus et indépendans de la volonté du propriétaire, la diminution de valeur d'un pré provenant de la nouvelle direction donnée aux eaux qui l'arrosaient, lorsque la dérivation est le fait même du propriétaire; ni la diminution de valeur qui a sa source dans des changemens quelconques faits par le propriétaire. — *Cons. d'état*, 1er août 1834, Maignant et Jacob; 28 avr. 1837, Ménage.

635. — Si la diminution de revenu provenant de causes étrangères et postérieures au classement n'est que passagère, le propriétaire qui a laissé passer six mois depuis la mise en recouvrement du premier rôle cadastral sans réclamer est déchu du droit de le faire. — *Cons. d'état*, 14 oct. 1836, héritiers Cazenave.

636. — Dans ce cas, il ne peut plus se pourvoir qu'en *remise* ou en *modération* devant le préfet. — Foucart, t. 2, no 800, à la note 2e.

637. — Quand, après la mise en recouvrement du rôle cadastral, on rectifie une prétendue erreur, le propriétaire que cette rectification intéresse a six mois pour réclamer, à partir de la première mise en recouvrement du rôle rectifié. — *Cons. d'état*, 30 juill. 1840, Montrond.

638. — Relativement aux propriétés bâties, les réclamations contre le tarif assigné par les évaluations cadastrales peuvent être formées, même plus de six mois après le recouvrement des rôles. Aucune disposition législative n'a fixé de délai pour ces réclamations. — *Cons. d'état*, 8 août 1834, Bordet-Giey; 6 mars, Brulé; et 22 juill. 1835, Delagarde; 19 janv., Milliard; 4 nov., Hochard; et 9 déc. 1836, Morin d'Anvers.

639. — Les demandes en rappel à l'égalité proportionnelle peuvent être formées dans les trois années qui suivent celle de la publication du dépôt de la matrice du rôle au secrétariat de l'administration municipale. — L. 2 mess. an VII, art. 116; *Cons. d'état*, 23 juill. 1823, Dunoyer c. la commune de Vegennes.

640. — Le délai de trois années commence à courir du jour de la publication du dépôt de la matrice dans la commune où les biens sont situés. — *Cons. d'état*, 16 fév. 1826, comm. d'Ervy c. Truchy.

641. — Cette disposition n'est pas applicable au cas où un contribuable a demandé la réduction de la cote assignée à son usine par le rôle foncier, sur le motif que cette cote violait le principe de l'égalité proportionnelle. — *Cons. d'état*, 19 janv. 1836, Milliard.

642. — La raison en est que la division en classes n'est point applicable aux usines (art. 90, réglem. 10 oct. 1821), et que l'art. 37, L. 15 sept. 1807, n'est relatif qu'aux propriétés non bâties. — Même décision.

643. — L'art. 126, L. 2 messid. an VII, ne peut plus guères recevoir d'application aujourd'hui que toutes les communes ou à peu près sont cadastrées, et que d'ailleurs les demandes en rappel à l'égalité proportionnelle ont été assimilées, par l'arrêté du 24 flor. an VIII, aux demandes en réduction, et sont soumises aux mêmes délais. — *Cons. d'état*, 26 déc. 1840, Duret; — Serrigny, t. 1er, no 473.

644. — Les recours portés au conseil d'état contre les arrêtés des conseils de préfecture doivent

être formés dans les trois mois qui suivent la notification de l'arrêté.—Décr. 22 juill. 1806, art. 11. —S'ils ne sont parvenus au secrétariat général du conseil d'état qu'après l'expiration de ces trois mois, ils doivent être déclarés non-recevables comme tardifs.—*Cons. d'état*, 19 janv. 1836, Frontgons; 5 sept. 1836, le supérieur du petit séminaire de Nantes; 12 juill. 1837, le maire et les conseillers municipaux d'Etrejust c. Morgan de Belloy; 19 juill. 1837, Meyer; 27 oct. 1837, Pelletan; 12 juin 1845, Hèbre.

645. — Il ne suffit pas que la requête ait été déposée dans les trois mois au secrétariat de la préfecture, il faut de plus qu'avant l'expiration de ce délai, ladite requête ait été enregistrée au conseil d'état.—*Cons. d'état*, 5 sept. 1836, supér. du petit séminaire de Nantes; 12 juill. 1837, Morgan de Belloy; 19 juill. 1837, Meyer.

646. — C'est au défendeur qui prétend que le pourvoi est frappé de déchéance pour n'avoir pas été formé dans les trois mois de la notification de l'arrêté attaqué à prouver cette allégation.—*Cons. d'état*, 4 nov. 1835, comm. de Cette c. la compagnie Usquin.

Sect. 3e. — *Expertise, contre-expertise, frais.*

647. — Il peut y avoir lieu à expertise, aux termes de la loi du 2 messid. an VII, art. 22, quand le réclamant refuse de se contenter de la réduction proposée par les répartiteurs ou que ceux-ci déclarent que la réclamation n'est pas fondée. — V. aussi arr. 24 flor. an VIII, art. 5.

648. — De même, lorsque le directeur des contributions directes est d'avis que la réclamation doit être repoussée, il exprime les motifs de son opinion, transmet le dossier à la sous-préfecture et invite le réclamant à en prendre communication et à faire connaître s'il veut fournir de nouvelles observations ou recourir à la vérification par la voie d'experts. — L. 21 avr. 1832, art. 29.

649. — L'accomplissement de ces formalités doit avoir lieu alors même que la vérification par experts serait inutile. — *Cons. d'état*, 20 juin 1844, Faissolle.

650. — Jugé, en conséquence, qu'en pareil cas le conseil de préfecture ne peut prononcer sans que le réclamant ait été mis en demeure de présenter de nouvelles observations ou de recourir à l'expertise.—*Cons. d'état*, 18 oct. 1832, Mangars; 7 mars 1834, Clément; 28 janv. 1836, Colin; 6 déc. 1836, Ibanault; 14 fév. 1839, de Mélignon; 27 mars 1839, Garnier.

651. — Le réclamant doit faire connaître son désir de recourir à une expertise ou communiquer ses observations dans les dix jours, à peine de déchéance.—L. 2 messid. an VII, art. 2; 21 avr. 1832, art. 29. — *Cons. d'état*, 19 nov. 1823, Vassieux.

652. — Si l'expertise est demandée, deux experts sont nommés, l'un par le sous-préfet et l'autre par le réclamant, et il est procédé à la vérification dans les formes prescrites par l'arrêté du gouvernement du 24 flor. an VIII, art. 29. — LL. 26 mars 1831, art. 28; 21 avr. 1832, art. 29.

653. — Les formalités prescrites par l'art. 29, L. 21 avr. 1832, sont de rigueur et ne peuvent être méconnues. — *Cons. d'état*, 18 déc. 1835, Mehercuc de Saint-Pierre.

654. — Lorsqu'il y a contestation sur la valeur locative d'une habitation, le contribuable doit être mis en demeure de réclamer la vérification de la demande par la voie de l'expertise : si le conseil de préfecture statue sans que cette formalité ait été remplie, sa décision doit être annulée. — *Cons. d'état*, 12 avr. 1844, Duvette-Carbu; 30 mars 1844, Bourrec.

655. — Lorsque lesdites formalités n'ont pas été remplies, il y a lieu de prononcer la nullité de la procédure, et par conséquent d'annuler l'arrêté du conseil de préfecture rendu en l'absence de ces formalités.—*Cons. d'état*, 11 oct. 1833, Parcheminy; 14 fév. 1834, Delamotte; 28 janv. 1836, Colin; 19 avr. 1836, Dubus; 12 juill. 1837, comm. de Ligugé c. Guron de Rechignevoisin; 19 avr. 1839, Carrière; 29 janv. 1839, Caillau; 19 mars 1840, Péronnier. — V. encore *Cons. d'état*, 29 juin 1844, Brassac; 17 sept. 1844, Oriolle.

656. — Il y a lieu notamment d'ordonner une nouvelle instruction, quand les experts ont été désignés tous deux par le sous-préfet.—*Cons. d'état*, 4 juill. 1834, Salomon. — V. aussi 4 nov. 1835, comm. de Cette.

657. — Mais le contribuable qui, mis en demeure de demander l'expertise pour vérifier la valeur locative de son habitation, ne demande pas ou refuse cette expertise, ne peut faire réformer l'arrêté qui a maintenu sa cote au taux porté sur le rôle, alors surtout que sa demande n'est pas d'ailleurs justifiée. — *Cons. d'état*, 28 janv., Schultz; 18 fév., Salomon; 2 juill., Quesnel-Morinière; 9 nov., de Salomon, et 28 déc. 1836, Morin d'Anvers; 14 déc. 1837, Massad-Elias.

658. — Lorsqu'il a été procédé dans une commune à la révision des opérations cadastrales, et que, sur la réclamation élevée par un contribuable contre la nouvelle évaluation donnée à la maison, celui-ci a été mis en demeure de demander une vérification par voie d'expertise, sans qu'il y ait eu recours, il n'y a pas lieu à vérifier son ancienne cote, alors surtout qu'il est établi par l'instruction que la nouvelle évaluation est dans une juste proportion avec celle des autres propriétés bâties de la commune.— *Cons. d'état*, 11 avr. 1837, Cannet des Aulnois.

659. — Doit également être rejetée la réclamation du contribuable, lorsqu'il résulte de l'instruction qu'il a eu connaissance de l'avis du directeur des contributions, qu'en outre sa signature apposée au procès-verbal d'expertise, prouve qu'il a assisté à cette opération; qu'enfin la valeur locative de sa maison a été bien appréciée comparativement aux autres maisons de la commune. — *Cons. d'état*, 21 oct. 1835, Vergnières.

660. — Du reste, l'expertise n'est établie par la loi que comme l'un des élémens de la décision à intervenir sur les demandes en réduction formées par les contribuables. En conséquence, elle n'est pas obligatoire pour le conseil de préfecture. — *Cons. d'état*, 27 nov. 1844, Société des papeteries du Marais et de Sainte-Marie.

661. — On ne peut même recourir à la vérification par voie d'experts lorsqu'il s'agit uniquement de savoir si le réclamant s'est réservé la jouissance d'une habitation meublée dans une maison qu'il n'habite pas. — *Cons. détat*, 19 août 1835, Gailhard.

662. — Les experts se rendent sur les lieux avec le contrôleur; et, en présence de deux répartiteurs et du réclamant ou de son fondé de pouvoir, ils vérifient les revenus, objets de la cote du réclamant, et des autres cotes prises ou indiquées par le réclamant pour comparaison dans le rôle de la contribution foncière de la même commune. — Arr. 24 flor. an VIII, art. 5.

663. — En matière de contribution foncière, les experts doivent, pour déterminer s'il y a surtaxe, vérifier les objets de la cote du réclamant et les comparer aux revenus d'un certain nombre d'autres propriétés désignées par lui et l'administration dans le rôle de la contribution foncière de la même commune.—L'arrêté du conseil de préfecture qui a statué sur la réclamation du contribuable, sans que cette formalité ait été remplie, doit être annulé. — *Cons. d'état*, 12 avr. 1844, Falque.

664. — Le contrôleur rédige un procès-verbal des dires des experts, et y joint son avis; puis, le sous-préfet, après avoir lui-même donné son avis, envoie le tout au préfet. — Art. 6.

665. — S'il résulte de l'expertise que les cotes prises pour comparaison sont dans une proportion plus faible que celle du réclamant, le conseil de préfecture prononce la réduction, sur l'avis du directeur des contributions, à raison du taux commun des autres cotes. — Même article.

666. — Le montant de cette réduction est réimposé sur les autres contribuables de la commune. — *Ibid.*

667. — Si le réclamant produit de nouvelles pièces, le conseil de préfecture ne peut statuer avant de communiquer ces justifications aux agens des contributions directes, et recevoir les observations du directeur, bien que celui-ci ait déjà fait son rapport. — *Cons. d'état*, 28 mai 1840, min. des fin. c. Chapelle. — Trolley, n° 645.

668. — Le tit. 7, L. 2 messid. an VII, règle tout ce qui concerne la capacité des experts, leur récusation et la rédaction de leurs procès-verbaux.

669. — Jugé notamment que ne peuvent être experts ceux qui ont des propriétés ou un usufruit, ou qui tiennent des biens à ferme dans la commune dans laquelle les opérations ordonnées doivent avoir lieu.—*Cons. d'état*, 30 mai 1844, Dumont.

670. — L'administration ou le réclamant qui se croient lésés par le résultat de l'expertise peuvent réclamer du conseil de préfecture une contre-vérification ou contre-expertise. — L. 2 messid. an VII, art. 31 et 32.

671. — Quand le conseil de préfecture juge nécessaire d'ordonner une contre-vérification, cette opération est faite par l'inspecteur des contributions, ou, à son défaut, par un contrôleur autre que celui qui a procédé à la première instruction, en présence du maire ou de son délégué, et du réclamant ou de son fondé de pouvoirs. — L. 26 mars 1831, art. 29.

672. — Il est procédé à cette contre-expertise dans la forme prescrite pour les experts. — L'inspecteur dresse procès-verbal, mentionne les observations du réclamant, celles du maire, s'il s'agit d'une taxe, celles des répartiteurs, si la réclamation est relative à une contribution, et donne son avis; puis le directeur fait son rapport et le conseil de préfecture statue. — L. 2 messid. an VII, art. 34; 26 mars 1831, art. 29.

673. — Une contre-expertise, faite pour fixer le revenu foncier de bois vendus par l'état à un particulier, n'est pas nulle en ce qu'une partie des opérations aurait eu lieu en l'absence de l'un des répartiteurs chargés de représenter la commune. — *Cons. d'état*, 15 mars 1837, Ferradou.

674. — Dans le cas de contre-expertise, si l'inspecteur des contributions n'a fait que se référer à l'avis émis par l'expert de l'administration, et si, d'ailleurs, la partie réclamante a été présente à la contre-expertise, et y a présenté ses observations, il n'y a pas lieu d'ordonner une expertise nouvelle. Le contribuable ne peut soutenir qu'il n'a pas été entendu, parce que l'avis de l'inspecteur et le rapport du directeur ne lui auraient pas été communiqués. — *Cons. d'état*, 30 juin 1839, Robert.

675. — Les réclamans, qui n'ont point demandé qu'il fût procédé à une contre-expertise, bien qu'ils aient été mis en demeure de la réclamer, ne peuvent attaquer les résultats de l'expertise. — *Cons. d'état*, 6 mai 1836, Dubois.

676. — Les frais de vérification par experts des demandes en rectification du classement cadastral doivent demeurer à la charge de la commune, lorsque, par l'effet de la contre-expertise, le propriétaire réclamant obtient dans son revenu cadastral une réduction quelconque, alors même que cette réduction n'atteindrait pas le dixième de la cote foncière. — *Cons. d'état*, 20 juin 1837, Maumus.

677. — Ils doivent au contraire être supportés par le réclamant, lorsque sa demande est rejetée. — *Cons. d'état*, 25 déc. 1840, Cordier.

678. — Ils doivent être partagés lorsque les réclamations ont été en partie admises et en partie rejetées. — *Cons. d'état*, 17 mars 1825, comm. de Crolles c. de Barral.

679. — Les frais d'expertise sont réglés par le préfet sur l'avis du conseil de préfecture. — Arr. 24 flor. an VIII, art. 17 et 18. — *Cons. d'état*, 25 déc. 1840, Cordier.

680. — Un conseil de préfecture excède ses pouvoirs lorsqu'en statuant sur une réclamation en matière de contributions directes il détermine le montant des frais d'une seconde expertise; c'est au préfet seul que cette liquidation de frais appartient. — *Cons. d'état*, 6 juin 1844, Viard-Lanon; 30 mars 1844, Colombe-Vitcoq.

681. — Les frais dont les contribuables doivent obtenir le remboursement, quand leurs réclamations sont admises, sont seulement ceux de vérification, et d'expertise dont le recouvrement leur est accordé par l'arrêté du 24 flor. an VIII (art. 17 et 18). — *Cons. d'état*, 14 juill. 1844, Vintant.

CHAPITRE IV. — *Fonctionnaires et agens chargés de concourir au recouvrement des contributions directes.*

682. — Les fonctionnaires et agens qui concourent au recouvrement de l'impôt direct dépendent tous du ministre des finances; cependant ils sont divisés en deux catégories bien distinctes : la première comprenant ceux qui sont chargés de l'assiette et de la répartition de l'impôt et qui ressortissent à l'administration des contributions directes proprement dite; la seconde dans laquelle se trouvent les agens chargés de la perception de l'impôt et qui dépendent plus spécialement du trésor.

Sect. 1re. — *Agens chargés de la répartition. Administration des contributions directes.*

683. — L'administration des contributions directes a été organisée par la loi du 3 frim. an VIII, modifiée par les ordonnances des 8 janv. 1841 et 17 déc. 1844.

684. — La direction centrale des contributions directes, érigée par l'ordonnance du 8 janv. 1841 en direction générale, se compose d'un directeur général et deux administrateurs formant le conseil d'administration, un directeur pour chaque département, un inspecteur, des contrôleurs et géomètres, dont un géomètre en chef, un trianguiateur et des géomètres de première classe. — Ord. 17 déc. 1844, art. 47.

685. — Le directeur général, les administrateurs et les directeurs de département sont nommés par le roi sur la proposition du ministre des finances. — Ord. 17 déc. 1844, art. 49.

686. — Les inspecteurs, chefs de bureau de l'ad-

ministration centrale et géomètres en chef du cadastre sont nommés par le ministre des finances sur la proposition du directeur général. — *Ibid.*, art. 50.

687. — Enfin les contrôleurs principaux et de toutes classes, les premiers commis de direction et les surnuméraires sont nommés par le directeur général, et en vertu de la délégation du ministre des finances. — *Ibid.*, art. 51. — V. aussi arrêté min. fin. 9 janv. 1841, art. 6.

688. — Quant aux géomètres ordinaires, ils sont nommés par les préfets. — *Ibid.*, art. 52.

§ 1er. — *Directeur général — Administrateurs.*

689. — Les attributions du directeur général des contributions directes comprennent la surveillance et la suite de toutes les opérations relatives à l'assiette, à la répartition et au recouvrement des impôts perçus en vertu de rôles; la distribution des fonds de non-valeurs et les travaux du cadastre. Il surveille l'exercice des poursuites contre les redevables, et fait exécuter les réglemens qui s'y rapportent. — Arr. min. fin. 9 janv. 1841, portant organisation de la direction générale des contributions directes, art. 1er.

690. — Les instructions du directeur général réglent le concours des percepteurs en ce qui concerne la recherche de la matière imposable et le travail annuel des mutations. — Même arrêté, art. 4.

691. — Le directeur général prépare et propose au ministre la fixation et l'ordonnancement des remises des percepteurs, et la fixation du cautionnement des comptables. Il soumet au ministre le travail qui concerne la circonscription des arrondissemens de perception, et fixe la résidence des percepteurs. — *Ibid.*, art. 5.

692. — Il prononce directement la suspension et la révocation des agens à sa nomination, les descend de grade et de place, ou les change de résidence, selon qu'il le trouve juste et convenable dans l'intérêt du service. Il se borne à faire des propositions quant aux agens qui sont à la nomination du roi ou du ministre. Il est chargé de la délivrance des congés avec retenue, et soumet au ministre les demandes de congé sans retenue. — *Ibid.*, art. 7.

693. — Enfin, il est chargé de tout ce qui a rapport à la perception des contributions directes et du service financier des communes et des établissemens de bienfaisance, et peut faire vérifier, par les agens des contributions directes, la comptabilité des percepteurs et des receveurs communaux. — Trolley, t. 2, n° 612.

694. — Les administrateurs dirigent, sous la surveillance du directeur général, deux des trois divisions dont se compose l'administration des contributions indirectes; la troisième division, intitulée *Bureau central et du personnel*, reste sous les ordres immédiats du directeur général. — Ord. 17 déc. 1844, art. 47.

§ 2. — *Directeurs des départemens.*

695. — Le directeur est spécialement chargé de diriger et surveiller l'administration des impôts directs du département. — Trolley, n° 627.

696. — Il fait opérer le recensement de la matière imposable lors de la révision des bases de la répartition législative. — Mais c'est à la direction générale qu'il appartient de mettre en ordre tous les documens, et de soumettre le travail au ministre des finances pour qu'il soit présenté aux chambres. — Trolley, n° 628.

697. — De plus, et pour faciliter la répartition que font chaque année les conseils généraux et d'arrondissement, le directeur doit : 1° dresser un tableau présentant par arrondissement et par commune le nombre des individus passibles de la taxe personnelle, et le montant de leurs valeurs locatives d'habitation; — 2° former un second tableau indiquant le nombre des ouvertures imposables et leurs différentes classes, et de plus le produit des taxes d'après le tarif. — Trolley, *ibid.*

698. — Ces tableaux servent, ainsi que nous l'avons vu, à fixer le contingent des arrondissemens et des communes dans la contribution personnelle et mobilière, et dans l'impôt des portes et fenêtres. — L. 21 avr. 1832, art. 11 et 26.

699. — Le directeur élabore les projets de répartition que les conseils généraux et d'arrondissement se bornent à vérifier, à réformer ou approuver. — Arr. 19 flor. an VIII, art. 3.

700. — Les rapports et les projets du directeur sont communiqués aux conseils généraux et d'arrondissement par l'intermédiaire des préfets et sous-préfets. — Circ. du 3 août 1842, rapportée par Trolley, n° 628.

701. — Lorsqu'il s'agit de la révision du contingent assigné, dans l'impôt foncier, aux arrondissemens et aux communes, le directeur a la mission de relever au bureau de l'enregistrement les actes de vente et les baux qui peuvent faire connaître la véritable valeur des propriétés foncières. Il est présent à l'assemblée, qui arrête définitivement les résultats de ces recherches, et lui fournit tous les éclaircissemens dont elle peut avoir besoin. — L. 31 juill. 1821; ord. 3 oct. 1821. — Trolley, *ibid.*

702. — Le directeur rédige tous les rôles pour les recouvremens et des impôts directs et des taxes qui leur sont assimilées. — L. 3 frim. an VII, art. 5.

703. — Après l'émission du rôle général, et au fur et à mesure de l'émission des rôles spéciaux, le directeur arrête et soumet à la signature du préfet un état indicatif du relevé des rôles émis par commune et par perception. Un double est envoyé au ministre des finances, un autre au receveur général, et l'original est laissé à la préfecture. — Circ. du 17 juin 1840, art. 37, citée par Trolley, n° 640.

704. — Le directeur adresse les rôles et les avertissemens aux receveurs particuliers, qui les remettent aux percepteurs. Ceux-ci ne peuvent y ajouter que l'indication de leurs jours de recette et du lieu où ils feront la perception dans la commune. — Décis. min. 30 janv. 1835; *Mémorial des percept.*, t. 1835, p. 32.

705. — Il fait, sur chaque affaire, un rapport qui ne lie pas le conseil de préfecture, mais qui, dans la pratique, est presque toujours suivi. — Trolley, n° 641.

706. — Le directeur ne représente ni le trésor, ni les contribuables, ni la commune, il n'émet qu'un avis, c'est un auxiliaire qui n'agit pas directement; ainsi il n'aurait pas qualité pour se pourvoir contre un arrêté du conseil de préfecture devant le conseil d'état. Il peut seulement le signaler au ministre des finances, qui se pourvoit dans l'intérêt du trésor, s'il y a lieu. — Trolley, n° 645.

707. — Le directeur tient registre des décharges ou réductions prononcées par le conseil de préfecture, dont les arrêtés lui sont transmis à cet effet. — Trolley, n° 647.

708. — Sur les demandes en remise ou en modération, le directeur fait son rapport et propose, à la fin de l'année, un projet de répartition des fonds de non-valeurs. — Arrêté 24 flor. an VIII, art. 27; Circul. du direct. général des cont. direct. des 21 et 22 mars 1842; *Bullet. des contr. dir.*, t. 1842, p. 69. — Trolley, n° 648.

709. — En matière de cadastre, le directeur est, sous l'autorité du préfet, chargé spécialement de la direction et de la surveillance de toutes les parties qui se rattachent aux opérations cadastrales, et de tous les agens qui y concourent; — il adresse au préfet l'état des travaux annuels et des dépenses qu'ils exigent; — il donne son avis sur la rétribution à allouer au géomètre en chef; — il propose au préfet le paiement de la rétribution des divers agens; — il donne son avis sur les demandes des communes tendant à faire renouveler, par anticipation, leurs matrices de rôles; — il fait un rapport sur les contestations de limites entre les communes; il adresse au préfet son rapport sur le tarif des évaluations formé par le conseil municipal; — il envoie au contrôleur, pour servir au classement, le procès-verbal du conseil municipal, le tableau indicatif des propriétaires et les calques des plans, avec les instructions qu'il juge utiles; — il rédige les états de section et matrices des rôles en double expédition; il envoie à la commune, en même temps que le rôle, l'expédition des états de section et matrices qui lui est destinée; il adresse particulièrement à chaque propriétaire une lettre d'avis de la remise des états de section et de la matrice, à la mairie de la commune, et du délai accordé pour les réclamations; — il fait son rapport sur les réclamations des propriétaires contre le classement de leurs fonds; — il opère sur la matrice déposée à la direction, les changemens résultant des décisions du conseil de préfecture; — il tient la main à ce que les contrôleurs portent les mutations sur les matrices déposées dans les communes; il reçoit les déclarations des mutations recueillies par les contrôleurs, et applique les mutations aux matrices déposées à la direction; — il propose au préfet la transcription des matrices, lorsqu'elles se trouvent dans un état qui ne permet plus d'en faire usage. — Réglem. 10 oct. 1821; — Trolley, n° 649.

710. — Mais après l'expédition des rôles, des avertissemens et des états qu'il a dressés, le directeur devient étranger au recouvrement des contributions directes. — Trolley, n° 640. — V. DIRECTEUR DES CONTRIBUTIONS.

§ 3. — *Inspecteurs.*

711. — Ces fonctionnaires ont pour mission de surveiller le travail des contrôleurs. Ils les remplacent même au besoin à défaut de surnuméraires capables. Ils remplissent également par intérim les fonctions de directeur en cas de décès, d'absence ou d'empêchement. — Trolley, n° 626.

712. — Ils sont quelquefois chargés du recensement et des opérations qui présentent de grandes difficultés. — *Ibid.*

713. — Lorsque le conseil municipal désigne les classificateurs, l'inspecteur est présent à la réunion, et veille à ce qu'il se trouve au moins dans le nombre deux propriétaires forains. — Avant la classification, il procède, avec les propriétaires chargés du classement, à la reconnaissance du territoire; il fournit tous les renseignemens nécessaires pour établir le tarif dans la proportion la plus exacte. — Trolley, *ibid.*

714. — L'inspecteur fait trois tournées générales par an chez les contrôleurs et se rend successivement chez chacun d'eux; — de plus, il fait toutes les tournées qui lui sont prescrites pour accélérer les travaux du cadastre. — Trolley, *loc. cit.*

715. — Enfin il surveille l'administration et la comptabilité des percepteurs. — Circul. 26 fév. 1841; réglem. 10 oct. 1821; *Manuel des contrib.*, p. 160. — Trolley, n° 626.

§ 4. — *Contrôleurs.*

716. — Les fonctions du contrôleur ont pour objet de rassembler et vérifier les déclarations de mutation reçues par les percepteurs; — d'assister les répartiteurs; de dresser le rôle des patentes, instruire les demandes en décharge ou en réduction, en remise ou modération, et de donner leur avis sur leur mérite; de vérifier l'état des cotes irrécouvrables; et de concourir à la classification du territoire cadastré et au classement des parcelles. — Trolley, n° 615.

717. — Le contrôleur vérifie, *au vu des pièces cadastrales*, si toutes les déclarations inscrites au journal ont été portées sur les feuilles de mutation; il en certifie l'exactitude ou fait les rectifications nécessaires; — il arrête le livre-journal et il le vise toutes les fois qu'il va dans la commune. — Circul. 26 et 27 fév. 1841, rapportée par Trolley, n° 616.

718. — Il rectifie les matrices de chaque commune, après les changemens opérés par le directeur sur la matrice de la direction. Il peut exécuter le travail au chef-lieu de chaque perception et y réunir les matrices des diverses communes, mais alors les frais sont à sa charge. — Circul. 27 fév. 1841; 6 mai 1835, citées par Trolley, n° 617.

719. — Le contrôleur assiste les répartiteurs, facilite leur travail, les renseigne sur les faits, les rappelle à l'exécution des lois et réglemens, fait les calculs et rédige la matrice. — L. 3 frim. an VII, art. 8; L. 21 avr. 1832, art. 17 et 27.

720. — Si les répartiteurs n'avaient aucun égard à ses observations et prenaient une mesure illégale, le contrôleur devrait les dénoncer à l'autorité supérieure et en prévenir les parties intéressées. — Trolley, n° 617.

721. — En cas de pertes de revenu éprouvées dans une commune par suite d'événemens extraordinaires, le contrôleur rédige le procès-verbal de vérification après avoir vérifié les faits et la quotité des pertes, en présence du maire, et conjointement avec deux commissaires nommés par le sous-préfet. — Trolley, *ibid.*

722. — Le contrôleur prend part aux dernières opérations du cadastre; il assiste les propriétaires classificateurs dans le classement des fonds; il porte sur le tableau indicatif la classe assignée à chaque parcelle; il donne une attention particulière au classement des propriétés appartenant aux forains, et veille à ce que la valeur n'en soit pas exagérée; il fait intervenir les régisseurs et tous ceux qui peuvent fournir d'utiles renseignemens; il vérifie les réclamations des propriétaires contre le classement; il assiste aux contre-expertises et donne son avis. — Réglem. 10 oct. 1821, cité par Trolley, n° 624.

723. — Le contrôleur est, en outre, chargé de faire des vérifications chez les percepteurs et chez les receveurs des communes et des établissemens de bienfaisance. — Trolley, n° 625.

§ 5. — *Surnuméraires.*

724. — Quant aux surnuméraires, ils sont sous les ordres du directeur, et travaillent sous la surveillance des contrôleurs, qu'ils remplacent au besoin, en cas de maladie ou d'absence. — Trolley, n° 614.

CONTRIB. DIRECTES, ch. 4, sect. 2e.

725. — On ne peut être surnuméraire avant dix-huit ni après vingt-cinq ans. — *Ibid.*

726. — Les candidats au surnumérariat et les surnuméraires de l'administration des contributions directes sont examinés par une commission instituée (il y en a dix) par le directeur général. — L'examen que les candidats au surnumérariat doivent subir porte principalement, pour ce qui concerne les mathématiques et la théorie de l'arpentage, sur les proportions, les logarithmes, l'égalité et la similitude des figures, le calcul des surfaces et la trigonométrie rectiligne. Ils doivent produire des épreuves de réduction sur des sujets donnés, former des états d'après des modèles qui leur sont présentés. — Les surnuméraires doivent faire la description raisonnée des méthodes dont ils auront fait usage dans leurs opérations d'arpentage, répondre aux questions qui leur sont adressées sur la matière imposable en général, les différentes natures de contributions directes, la nature et la répartition des impôts, les attributions des divers agens, le jugement des réclamations, enfin sur tout le mécanisme des contributions directes. — Circ. direct. gén. 9 août 1845.

§ 6. — *Géomètres.*

727. — Le géomètre en chef a dans ses attributions la confection du cadastre, du moins de la première partie comprenant *les travaux d'art.* — V. CADASTRE.

728. — Il choisit ses collaborateurs ; mais ceux-ci ne peuvent entrer en fonctions avant que le préfet leur ait délivré, sur le rapport du directeur du département, une commission, soit de triangulateur, soit de géomètre de première classe. Le nombre des géomètres de première classe ne peut être inférieur à quatre, ni supérieur à douze. — Trolley, nº 611.

729. — Les géomètres de première classe peuvent s'adjoindre, pour les opérations de détail, deux auxiliaires, à titre d'élèves ou de géomètres secondaires. — *Ibid.*

Sect. 2e. — *Agens chargés de la perception.*

730. — Il y a par chaque département une agence de perception, chargée du recouvrement des impositions. Elle se compose d'un receveur général, de receveurs particuliers et de percepteurs. — Ces derniers ont à leur disposition des porteurs de contrainte et garnisaires qui, bien qu'agens inférieurs, sont revêtus cependant, dans les actes auxquels ils sont employés, d'un caractère public.

731. — Le montant des contributions est perçu directement par les percepteurs, qui le déposent dans la caisse du receveur particulier, d'où il est versé dans celle du receveur général. — Les percepteurs sont responsables des recouvremens qui leur sont confiés, les receveurs particuliers le sont de la gestion des percepteurs de l'arrondissement, et les receveurs généraux de celle des receveurs particuliers du département et des percepteurs de l'arrondissement chef-lieu. — Trolley, nº 702.

§ 1er. — *Receveurs généraux.*

732. — Les receveurs généraux, établis autrefois dans chaque généralité, furent supprimés par la loi du 14-24 nov. 1790 et rétablis par l'art. 153, constit. 5 fructid. an III, sous le titre de receveurs des impositions directes du département.

733. — Il y a donc aujourd'hui dans chaque département un receveur général nommé par le roi, sur la présentation du ministre des finances, et qui doit résider au chef-lieu. Il ne peut s'absenter sans un congé du ministre des finances, et est remplacé, en cas d'absence ou d'empêchement, par un fondé de pouvoirs, agréé par le préfet, et accrédité auprès du ministre, de la cour des comptes et des différentes administrations. — Trolley, nº 700.

734. — Les receveurs généraux sont chargés de diriger et de centraliser la perception et le recouvrement des impôts directs. A cet effet ils examinent les rôles qui vont être mis en recouvrement et vérifient les calculs et la légalité des taxes pour mettre leur responsabilité à couvert ; s'ils découvrent des erreurs de calculs ou des illégalités dans les rôles que leur adressent les directeurs des contributions, ils doivent les leur dénoncer et s'entendre avec eux pour faire opérer les rectifications par qui de droit. — Instruct. 17 juin 1840, art. 39 ; — Trolley, nº 702.

735. — Leur droit de surveillance n'est pas borné à la gestion des percepteurs et receveurs particuliers, elle s'étend encore aux receveurs des communes, des hospices, et des autres établissemens de bienfaisance, dont ils sont même responsables lorsque ces receveurs sont en même temps percepteurs des contributions directes. — L. 18 juill. 1837, art. 67 ; ord. 12 sept. 1837 ; — Trolley, nº 706.

736. — Ils sont eux-mêmes soumis à la surveillance du ministre des finances et au contrôle des inspecteurs des finances, qui vérifient leur caisse et leurs écritures. — Mêmes lois ; — Trolley, nº 707.

737. — De ce que les receveurs généraux sont responsables des receveurs particuliers et, par eux, des percepteurs, il résulte qu'ils sont comptables envers le trésor de tous les rôles émis et que les autres agens ne sont, malgré leur caractère public, que leurs préposés, leurs mandataires quant à la comptabilité. — Trolley, nº 702.

738. — Toutefois, comme ils n'ont pas le choix de ces agens, leur responsabilité ne saurait être absolue, et ne s'étend point au déficit qu'une surveillance sévère n'eût pu prévenir : mais c'est à eux de prouver qu'aucun reproche de négligence ne peut leur être imputé ; en principe, il sont débiteurs, et s'ils n'établissent pas l'exception, l'espèce de force majeure qu'ils sont admis à invoquer, ils sont tenus du paiement. — Trolley, nº 702.

739. — Décidé ainsi qu'ils sont responsables envers le trésor du débet des percepteurs des contributions, lorsqu'ils n'ont pas fait en temps utile les poursuites et les actes conservatoires qui doivent assurer leur solvabilité. — *Cons. d'état*, 16 fév. 1811, comm. de la Fermeté c. Lefebvre-Lemaire ; 26 déc. 1839, Delambre c. ministre des finances.

740. — Ils en sont responsables, surtout lorsqu'au lieu d'avertir le ministre du déficit qu'ils savaient exister dans la caisse de ces comptables, ils ont reçu de celui-ci des traites pour le montant du déficit. — *Cons. d'état*, 26 janv. 1809, Costes.

741. — La décision du conseil d'état qui déclare indéfiniment le receveur général responsable de ce débet s'applique à la totalité et même à la portion qui n'aurait pu être reconnue du receveur général que postérieurement au décret de responsabilité. — Même décision. — V. RECEVEURS DES FINANCES.

§ 2. — *Receveurs particuliers.*

742. — Les receveurs particuliers étaient connus avant 1790. Supprimés par la loi du 14-24 nov. 1790, ils furent remplacés par des receveurs de districts, puis par des préposés aux recettes, et enfin rétablis par la loi du 27 vent. an VIII dans chaque arrondissement, à l'exception du chef-lieu du département.

743. — Les receveurs particuliers sont nommés par le roi, sur la présentation du receveur général et du ministre des finances. — Instr. 17 juin 1840, art. 1149 ; — Trolley, nº 694.

744. — Les receveurs particuliers sont préposés à la recette des contributions directes, sous l'autorité et la responsabilité du receveur général, qui fait vérifier, à leur domicile, leur caisse et leurs écritures. — Trolley, nº 696.

745. — Par suite de leur responsabilité, soit de la perception versée dans leur caisse, soit des percepteurs de leur arrondissement, ils doivent couvrir le trésor de tous les débets de ces derniers : en conséquence ils doivent, au 20 novembre de la seconde année de chaque exercice, prendre en charge toutes les cotes qui n'ont pas été recouvrées sans avoir été jugées irrécouvrables. — Trolley, *ibid.*

746. — Il est donc de leur devoir et il rentre dans leurs attributions de diriger et surveiller le recouvrement des percepteurs. — Ils autorisent contre eux, provoquent et même peuvent exercer en leur propre nom des poursuites, suivant la marche tracée à ces derniers. — Trolley, nº 696.

747. — Ils tiennent la main à ce que les percepteurs fassent des versemens à des époques assez rapprochées, pour qu'ils ne se trouvent jamais débiteurs de sommes considérables. Chaque trimestre, ils vérifient à leur domicile par eux-mêmes ou par un fondé de pouvoir leur caisse et leurs livres, et peuvent les obliger à apporter leurs registres à la recette. Les percepteurs produisent, à chaque versement, leur livre récapitulatif, et tous les mois ils présentent aux receveurs particuliers des bordereaux mensuels, et des bordereaux de situation sommaire toutes les fois qu'ils le demandent. — Trolley, *ibid.*

748. — Les receveurs particuliers ont le droit de placer près des percepteurs un agent spécial pour diriger et surveiller leur gestion. Ils peuvent même les suspendre et les remplacer par un agent intérimaire, mais ils ne peuvent exiger d'eux un supplément de cautionnement, une caution ou une hypothèque, ces garanties ne leur étant pas imposées par la loi. — Trolley, *ibid.*

749. — En général, les receveurs particuliers sont déchargés de toute responsabilité lorsqu'aucune faute ne leur est imputable, notamment en cas de perte par force majeure ou en cas de vol lorsqu'ils ont pris toutes les précautions prescrites par l'arrêté du 8 floréal an X et les réglemens ; circonstance abandonnée à l'appréciation du ministre des finances, sauf l'appel au conseil d'état. — Trolley, nº 696.

750. — Mais jugé qu'ils sont responsables du débet d'un percepteur, lorsqu'ils n'ont pas exercé la surveillance qui leur était prescrite, ni employé en temps utile tous les moyens de poursuite que la loi mettait à leur disposition. — *Cons. d'état*, 5 sept. 1810, Morlet ; 20 sept. 1812, Saujeon. — V. RECEVEURS DES FINANCES.

§ 3. — *Percepteurs.*

751. — Avant 1789, les impôts mis à la charge de chaque paroisse étaient perçus par des *collecteurs* nommés chaque année soit par l'intendant, soit par les habitans. — Après 1789, la perception fut mise en adjudication au rabais ; à défaut d'adjudicataire, l'administration municipale désignait pour percepteur une personne connue pour sa moralité et de la gestion de laquelle elle répondait ; les percepteurs, tels qu'ils existent aujourd'hui, n'ont été établis que par la loi du 5 vent. an XII ; ce sont de véritables fonctionnaires nommés à vie par le gouvernement, mais cependant révocables à volonté. — V. aussi ord. 31 oct. 1839.

752. — Le nombre et la circonscription des perceptions sont déterminés, et la résidence de chaque percepteur est fixée par le ministre des finances, sur le rapport du directeur général des contributions directes. — Arr. du min. des fin. 9 janv. 1841.

753. — Dans chaque département, celui de la Seine excepté, il y a des percepteurs surnuméraires, nommés par le ministre des finances, et qui, placés sous les ordres du receveur général, sont employés, sous la direction des receveurs particuliers, aux travaux relatifs aux services confiés aux percepteurs titulaires ; ils peuvent également être chargés, sous la responsabilité desdits receveurs, des fonctions d'agens spéciaux et de gérans intérimaires. — Ord. 31 oct. 1839, art. 4.

754. — Les percepteurs sont chargés du recouvrement des rôles rédigés par le directeur des contributions directes, des rôles spéciaux comme des rôles généraux et des centimes additionnels, il n'y a d'exception que pour les taxes universitaires et les prestations en nature. — Trolley, nos 661 et 662.

755. — Cependant, ils perçoivent les rétributions dues par les élèves aux instituteurs primaires. — L. 28 juin 1833, art. 14.

756. — Ils doivent émarger sur le rôle, en toutes lettres, à côté des articles respectifs, en présence du contribuable, et à l'instant même du paiement, la somme qu'ils reçoivent, sous peine d'être condamnés correctionnellement à une amende de 10 francs au moins et de 25 au plus. — L. 3 frim. an VII, art. 141 et 142 ; arr. 16 therm. an VIII, art. 16. — Ils doivent croiser les articles entièrement soldés, et, s'ils en sont requis par le contribuable, lui donner quittance sur papier libre, sans pouvoir rien exiger pour cette quittance. — L. 3 frim. an VII, art. 140 ; arr. 16 therm. an VIII, art. 16 ; ord. 31 mai 1838, art. 263 ; inst. 17 juin 1840, art. 55.

757. — Les quittances délivrées par le percepteur doivent être extraites d'un livre à souche, et elles libèrent le contribuable à l'égard du trésor, lors même qu'il n'y a pas eu d'émargement au rôle. — Avis cons. d'état, 19 avr., 8 oct. 1816 ; 4 mai 1822. — Durieu, t. 1er, p. 139 ; Trolley, t. 2, nº 666.

758. — Les contribuables ne peuvent être garans ni responsables de l'émargement, qui n'est qu'une affaire d'ordre et d'administration intérieure ; ainsi ils sont valablement libérés en présentant la quittance, lors même que le paiement n'est pas émargé. — Ord. 19 avr. 1816, 8 oct. 1816, 4 mai 1822 ; — Trolley nº 666 ; Durieu, t. 1er, p. 139.

759. — De même, l'émargement sans la quittance suffit pour libérer le débiteur. — Durieu, *ibid.* ; Trolley, nº 667.

760. — Les percepteurs sont tenus de se rendre dans chaque commune de leur perception, au moins une fois tous les mois, au jour indiqué par le sous-préfet, sur l'avis du receveur particulier. Il est donné connaisance aux redevables du jour de l'arrivée du percepteur dans leur commune, par des avertissemens qui leur sont remis. — Instr. 17 juin 1840, art. 53, citée par Trolley, nº 668.

761. — Les percepteurs qui vont faire leurs recouvremens dans les communes de leur arrondissement n'ont pas un droit positif à s'établir dans la maison commune, mais ils peuvent obtenir officieusement, des maires ou de leurs secrétaires, d'y déposer leurs registres et d'y recevoir les contribuables. Les maires doivent d'ailleurs accorder aux percepteurs l'assistance et les facilités qui leur

sont nécessaires dans l'exercice de leurs fonctions. — Lettre du min. des fin. 23 juin 1831.

762. — Mais les maires n'ont pas le droit de fixer les jour, lieu et heure où les percepteurs se rendront dans leur commune. Ils peuvent seulement être consultés sur l'opportunité de ce choix. — Lettre du min. des fin. 13 janv. 1828.

763. — Les percepteurs ont qualité pour poursuivre les contribuables, mais ils ne peuvent user des voies de rigueur avant d'y être autorisés par le sous-préfet et le receveur particulier. Ce dernier fonctionnaire a même le droit de décerner une contrainte contre les redevables que les percepteurs ne jugeraient pas à propos de poursuivre. — Trolley, nos 670 et 671.

764. — Les percepteurs reçoivent les déclarations de mutation, sans avoir besoin de l'assistance du maire ni de celle des répartiteurs. Si les parties ne savent pas signer, ils l'énoncent, et le maire le certifie. — Ces déclarations sont inscrites sur un livre-journal et portées sur une feuille spéciale. — V. circul. 26 et 27 fév. 1841, rapportée par Trolley, no 616.

765. — Il est accordé aux percepteurs sur les fonds généraux du cadastre, une indemnité de deux centimes par parcelle ou ligne portée aux extraits; mais ils ne peuvent exiger aucune indemnité des déclarans. — *Ibid.*

766. — Les percepteurs doivent, en outre, assister à l'assemblée des répartiteurs, et leur fournissent les renseignemens dont ils ont besoin ; ils remettent encore aux patentables les formules de patentes rédigées par l'administration des contributions directes. — Instr. 17 juin 1840, art. 34, 36 et 512.

767. — Les percepteurs de commune ou de canton sont responsables de la non-rentrée des sommes qu'ils ont été chargés de percevoir. Ils peuvent être contraints par la vente de leurs biens à remplacer les sommes pour la perception desquelles ils ne justifient pas avoir fait les diligences de droit dans les vingt jours de l'échéance, sauf les recours contre les redevables. — L. 3 frim. an VII, art. 148. — Ce recours doit être exercé par eux, à peine de déchéance, dans les trois ans de la remise des rôles. — Réglem. 21 déc. 1839, art. 18. — V. *infrà* ch. 5, sect. 2, § 8.

768. — La responsabilité imposée aux percepteurs pour le recouvrement des contributions, cesse de peser sur eux pour les cotes à l'égard desquelles, après toutes les diligences requises, ils justifient, en fin d'exercice, de l'impossibilité duement constatée d'en opérer le recouvrement. — *Cons. d'état*, 19 avr. 1844, le percepteur de Jussey (Haute-Saône); même date, percepteur de Limoges; même date, percepteur de Couzeia (Haute-Vienne); 19 mai 1845, Doyen.

769. — Ils ne peuvent non plus être condamnés par le conseil de préfecture au paiement de sommes à l'égard desquelles il n'y a eu ni demande ni action exercée par le receveur de l'arrondissement ou autres agens du trésor; l'art. 148 précité n'est pas applicable en ce cas. — *Cons. d'état*, 23 janv. 1820, Desjardins et Dollard c. de Polignac.

770. — Le percepteur peut, étant responsable du recouvrement des contributions dont la perception lui est confiée, s'il existe des cotes à la charge de contribuables qui n'existent pas, ou sans désignation de contribuables, agir comme le contribuable lui-même. Il est recevable à demander, dans les trois mois de l'émission des rôles, décharge en conseil de préfecture, et à se pourvoir au conseil d'état, conformément au réglement du 26 juill. 1806. — *Cons. d'état*, 15 août 1839, percepteur de la réunion d'Aubagne (Bouches-du-Rhône).

771. — Toutefois le percepteur est non-recevable à se pourvoir au lieu et place de contribuables qui ont quitté la commune ou qui sont notoirement indigens. — Même décision.

772. — L'insolvabilité notoire des redevables doit être constatée, pour que le défaut de poursuites ne puisse être imputé au percepteur, par un certificat délivré gratuitement par le maire, et sous sa responsabilité. Ce certificat doit être visé par le préfet pour l'arrondissement du chef-lieu, et par le sous-préfet pour les autres arrondissemens. — Arrêté 6 messid. an X, art. 1er et 2. — Le certificat de carence, délivré avant toutes poursuites et pour les prévenir, ne doit pas être confondu avec le procès-verbal de carence, rédigé seulement lorsque l'insolvabilité du contribuable ne devient certaine qu'après que des poursuites ont déjà été exercées.

773. — Les arrêtés des conseils de préfecture qui prononcent sur l'état des cotes indûment imposées présenté par le percepteur ne font point obstacle à ce que le percepteur se pourvoie, en fin d'exercice, à raison des sommes qu'il n'aurait pas pu recouvrer et à l'égard desquelles il aurait rempli toutes les formalités prescrites par les réglemens; mais ce percepteur est non-recevable à se pourvoir au conseil d'état contre ces arrêtés, il est sans qualité pour cela. — *Cons. d'état*, 29 oct. 1839, Langlois.

774. — Un percepteur qui a un recours à exercer contre son prédécesseur à raison du non-émargement du paiement fait par un contribuable doit se pourvoir devant le ministre des finances et non devant le conseil de préfecture. — *Cons. d'état*, 24 mars 1820, Pujols c. Dolique. — V. aussi, dans le même sens, *Cons. d'état*, 28 nov. 1821, Imbert c. Saint-Paul.

775. — Le percepteur qui garantit à l'adjudicataire d'un immeuble exproprié le remboursement d'une somme qui lui est comptée à la décharge du saisi, pour le cas où il ne serait pas colloqué dans l'ordre sur le prix, contracte un engagement personnel. — *Cons. d'état*, 23 juin 1819, Falcou.

776. — Le percepteur doit cesser la perception dont on l'a chargé aussitôt qu'il en connaît l'illégalité, et on ne peut le rechercher pour avoir négligé de faire le recouvrement illégal. — *Cons. d'état*, 26 mars 1812, Blanchard c. comm. de Forcalquier.

777. — Ainsi il doit s'assurer de la légalité et de la régularité des rôles avant de les mettre en recouvrement, afin de mettre sa responsabilité à couvert. — Durieu, p. 143 et suiv.

778. — Il doit également examiner les avertissemens qu'il reçoit de la direction, et s'il découvre qu'ils ne sont pas entièrement conformes aux rôles, il en demande la rectification par l'intermédiaire de son supérieur immédiat sans pouvoir y faire lui-même aucune modification. — Décis. min. 30 janv. 1835.

779. — Les percepteurs des contributions sont personnellement débiteurs des frais faits pour leur compte par les huissiers, afin d'obtenir le recouvrement des contributions. — *Cons. d'état*, 3 déc. 1828, Dutremblay c. Masson.

780. — Lorsqu'il y a lieu de poursuivre un percepteur pour des faits relatifs à ses fonctions, les poursuites doivent être autorisées par le préfet. C'est ce qui résulte de l'arrêté du gouvernement du 10 flor. an X, dont le titre de receveur particulier des contributions nommé directement par le gouvernement ne saurait même faire écarter l'application. — *Cass.*, 6 mars 1806, Thribert c. Gassies.

781. — On doit considérer comme ayant agi dans ses fonctions le percepteur des contributions qui, ayant rencontré chez le receveur général, où il allait faire son versement, un particulier contre lequel il avait décerné une contrainte, se porte envers lui à des violences à l'occasion de cette contrainte. — Même arrêt (sol. impl.) — V. PERCEPTEUR.

§ 4. — *Porteurs de contraintes et garnisaires.*

782. — Les porteurs de contraintes et les garnisaires sont à peu près les seuls agens employés en matière de contributions directes pour les poursuites exercées contre les redevables en débet. — Les porteurs de contraintes agissent dans tous les degrés de poursuites; les garnisaires ne sont employés que pour la garnison collective ou individuelle. — Réglem. 21 déc. 1839, art. 28.

783. — Le nombre des porteurs de contraintes est réglé pour chaque arrondissement par le préfet, sur la proposition du receveur général. — Réglem. 21 déc. 1839, art. 29.

784. — Les porteurs de contraintes et garnisaires à employer dans un arrondissement sont désignés par le sous-préfet, sur la proposition du receveur particulier. — Réglem. 21 déc. 1839, art. 30. — Ils sont choisis parmi les citoyens de l'arrondissement sachant lire et écrire et ayant une certaine instruction, et de préférence parmi les invalides et anciens militaires qui réunissent ces conditions. — Arrêté 16 therm. an VIII, art. 19 et 20.

785. — Aucun des individus attachés au service des autorités administratives et à celui des receveurs et percepteurs ne peut remplir les fonctions de porteur de contrainte ni de garnisaire. — Réglem. 21 déc. 1839, art. 31.

786. — Les porteurs de contraintes sont commissionnés par le préfet; ils prêtent serment devant le sous-préfet. — Réglem. 21 déc. 1839, art. 30. — Quant aux garnisaires, ils ne reçoivent pas de commission.

787. — Les porteurs de contraintes et les garnisaires sont à la disposition du receveur particulier des finances dans chaque arrondissement, et ne peuvent être employés par les percepteurs que d'après son ordre. — Réglem. 21 déc. 1839, art. 32.

788. — Ils doivent résider dans la commune chef-lieu de l'arrondissement, sauf les exceptions autorisées par le préfet. — Réglem. 21 déc. 1839, art. 32.

789. — Les porteurs de contraintes remplissent les fonctions d'huissier pour les contributions directes, et, en cette qualité, ils font les commandemens, saisies et ventes. — Réglem. 21 déc. 1839, art. 34.

790. — Cependant, s'il y a des commissaires-priseurs dans le lieu où les porteurs de contraintes exercent leurs poursuites, ce sont les commissaires-priseurs qui sont chargés de préférence des ventes, conformément aux dispositions de l'art. 31, L. fin. 23 juill. 1820, et ils sont tenus de se soumettre, pour le paiement de leurs frais, aux fixations déterminées par le préfet. — Réglem. 21 déc. 1839, art. 34.

791. — Dans tous les cas, les porteurs de contraintes ne peuvent, non plus que les percepteurs, adjuger ou faire adjuger aucun des objets vendus en conséquence des poursuites faites ou dirigées par eux, sous peine de restitution. — Réglem. 26 août 1824, art. 83.

792. — Dans les arrondissemens où il ne se trouve pas de porteurs de contraintes ayant les qualités et les connaissances nécessaires, les sous-préfets autorisent les receveurs des finances à se servir des huissiers près les tribunaux pour l'exécution des actes réservés aux porteurs de contraintes, en se conformant, pour les frais, aux fixations arrêtées par le préfet. — Réglem. 21 déc. 1839, art. 35.

793. — Les huissiers, dans ce cas, doivent être commissionnés porteurs de contraintes. — Réglem. 21 déc. 1839, art. 35 *bis*.

794. — Ces dispositions ont donné lieu à quelques difficultés; des huissiers, pensant que la mission de porteurs de contraintes ne ressortissait pas à leur ministère, refusèrent fréquemment d'en accepter les commissions qui leur étaient offertes; d'autres, qui avaient consenti à s'en charger, prétendirent avoir droit aux émolumens fixés par le tarif judiciaire.

795. — L'administration, voulant être fixée d'une manière définitive sur le mérite de cette double prétention, la soumit au conseil d'état par l'intermédiaire de M. le garde des sceaux; sur quoi le conseil d'état a émis, le 13 août 1840, l'avis: 1o que les fonctions d'huissier ne sont pas incompatibles avec celles de porteur de contraintes; — 2o que l'administration ne peut pas forcer un huissier à accepter une commission de porteur de contraintes; — 3o que les huissiers sont tenus d'exercer leur ministère, c'est-à-dire de faire tous les actes qui rentrent dans leurs attributions ordinaires pour le service des contributions directes lorsqu'ils en sont requis; — 4o que dans ce cas les huissiers ont droit aux émolumens fixés par leur tarif ordinaire, les tarifs dressés dans chaque département par les préfets en vertu de l'art. 73, L. 25 mars 1817, n'étant applicables qu'aux porteurs de contraintes. — M. Durieu (*Manuel des percept.*, t. 1er, p. 165, à la note) avait émis, dans son ouvrage sur les poursuites en matière de contributions directes (t. 1er, p. 506), une opinion contraire dans laquelle il a déclaré persister, même après l'avis du conseil d'état. — Toutefois cet avis ayant été admis par l'administration, c'est lui seul aujourd'hui qui doit faire la règle des comptables.

796. — Le ministre des finances s'est rangé à l'opinion du conseil d'état, et a en conséquence décidé que le paragraphe suivant, qui n'est que la reproduction de l'avis du conseil d'état, prendrait place dans le réglement du 21 décembre 1839, et formerait l'art. 35 *ter*. — « Les huissiers ne sauraient être forcés d'accepter une commission de porteurs de contraintes; mais ils peuvent être requis d'exercer contre les redevables les actes de leur ministère, et dans ce cas ils ont droit de demander que leurs émolumens soient fixés par le tarif judiciaire. »

797. — Les porteurs de contraintes dans l'exercice de leurs fonctions doivent être munis de leur commission. Ils la mentionnent dans leurs actes, et la représentent quand ils en sont requis. — Réglem. 21 déc. 1839, art. 33.

798. — Les porteurs de contraintes et les garnisaires en arrivant dans une commune font constater, par le maire et l'adjoint, et, à défaut, par l'un des membres du conseil municipal, sur la contrainte ou l'ordre dont ils sont munis, le jour et l'heure de leur arrivée, et, de même, en se retirant, le jour et l'heure de leur départ. — Réglem. 21 déc. 1839, art. 37.

799. — Les porteurs de contraintes sont assujétis à tenir un répertoire coté et paraphé par le juge de paix du chef-lieu d'arrondissement, et visé gratuitement pour timbre par le receveur de l'enregistrement; ils y portent tous les actes de leur ministère sujets au timbre et à l'enregistrement, soit gratis, soit payés, sous peine d'une amende de 5 fr. pour chaque omission. — Indépendamment des détails prescrits par l'art. 5, L. 22

frim. an VII, ce répertoire doit contenir, dans une colonne distincte, le coût de chaque acte d'après les fixations arrêtées par le préfet. — Dans les dix premiers jours de chaque trimestre, ce répertoire est présenté au receveur de l'enregistrement pour être revêtu de son visa. Le porteur de contraintes qui diffère cette présentation est puni d'une amende de 10 fr. pour chaque dizaine de retard : le porteur de contraintes est tenu en outre de communiquer son répertoire à toute réquisition aux préposés de l'enregistrement qui se présentent chez lui pour le vérifier, à peine d'une amende de 50 fr. en cas de refus. — Il le communique au percepteur, au maire, au sous-préfet, au receveur de l'arrondissement et aux inspecteurs des finances en tournée, toutes les fois qu'il en est requis. — Réglem. 21 déc. 1839, art. 39.

800. — Les porteurs de contraintes ne sont pas assujettis au droit de patente. — Réglem. 21 déc. 1839, art. 34.

801. — Les porteurs de contraintes et les garnisaires ne jouissent d'aucun traitement fixe et ne sont payés qu'autant qu'ils sont employés. Il ne leur est rien dû pour frais d'aller et retour. — Réglem. 21 déc. 1839, art. 36.

802. — Les porteurs de contraintes et les garnisaires ne peuvent, dans aucun cas ni sous aucun prétexte, recevoir aucune somme des percepteurs des contribuables pour leur salaire ou pour les contributions, à peine de destitution. — Les percepteurs qui leur remettraient des fonds en demeureraient responsables, et les contribuables qui paiement entre leurs mains s'exposeraient à payer deux fois. — Réglem. 21 déc. 1839, art. 38; Arr. 16 thermid. an VIII, art. 50. — V. *infrà* nº 895.

803. — En cas d'injures ou de rébellion contre les agens de poursuites, ils se retirent auprès du maire pour en dresser procès-verbal. Ce procès-verbal, visé par le maire, est enregistré et envoyé au sous-préfet, lequel dénonce le fait aux tribunaux, s'il y a lieu. — Réglem. 21 déc. 1839, art. 40.

804. — Si la conduite des porteurs de contraintes donne lieu à des plaintes, le sous-préfet à qui elles sont adressées statue sommairement, ou les plaintes sont portées devant les tribunaux ordinaires, si elles ont un certain caractère de gravité. — Arr. 16 thermid. an VIII, art. 25 et 26.

CHAPITRE V. — *Perception ; poursuites.*

805. — Les percepteurs ont seuls titre pour effectuer et poursuivre le recouvrement des contributions directes appartenant au trésor et celui de toutes contributions locales et spéciales établies dans les formes voulues par la loi. — Réglem. 21 déc. 1839, art. 8.

Sect. 1re. — *Perception.*

806. — Le percepteur ne peut rien exiger des contribuables, qu'il ne soit porteur d'un rôle rendu exécutoire et publié. — Arr. 16 thermid. an VIII, art. 2; réglem. 21 déc. 1839, art. 9.

807. — Le rôle est le tableau indiquant les noms des contribuables inscrits sur la matrice et la dette de chacun d'eux.

808. — Pendant long-temps chaque nature de contributions directes donnait lieu à un rôle distinct ; mais, depuis 1818, un rôle unique comprend la contribution foncière, la contribution personnelle et mobilière, l'impôt des portes et fenêtres, l'impôt des patentes, les centimes additionnels et toutes les impositions locales.

809. — Il peut y avoir lieu, cependant, d'établir des rôles supplémentaires et des rôles spéciaux ; — supplémentaires, quand, par exemple, de nouveaux patentables sont assujétis depuis l'émission du rôle général, ou si une commune est autorisée à s'imposer extraordinairement pour faire face à une dépense urgente et imprévue, ou si des biens sortant du domaine de l'état deviennent imposables ; — spéciaux, lorsqu'il s'agit d'une nature d'impôt dont l'assiette est soumise à des règles spéciales, telles que les redevances sur les mines, les taxes universitaires, les prestations en nature. — V. circul. min. fin. 17 juin 1840, art. 33 et 34 ; — Durieu, *Man. des pours. en mat. de contr. dir.*, t. 1er, p. 143. — Du reste, les rôles spéciaux sont soumis aux mêmes formalités que le rôle général.

810. — Les rôles doivent indiquer en tête la loi ou au moins l'ordonnance qui autorise la perception de l'impôt; le directeur certifie leur exactitude dans leurs détails et dans leurs résultats. — Trolley, t. 2, nº 638.

811. — Ils sont rendus exécutoires par le préfet dans les dix jours, à compter de leur réception. Ce magistrat les remet au directeur des contributions, qui les fait passer, par l'intermédiaire des contrôleurs, aux maires des communes, avant le 1er janvier. — Arr. 16 thermid. an VIII, art. 13.

812. — Les maires doivent, le premier dimanche qui suit leur réception, faire afficher un avis portant que les rôles de la commune sont entre les mains du percepteur, que chaque contribuable doit payer sa part d'impôt, et qu'il a un délai de trois mois, à partir de l'émission du rôle, pour présenter ses réclamations.

813. — Les rôles doivent être rendus aux percepteurs, dans les cinq jours, avec le visa des maires.

814. — Les percepteurs adressent à chaque contribuable, lors de l'émission des rôles, un avertissement rédigé par le directeur, et énonçant en détail le montant de sa contribution en principal, accessoires et centimes additionnels, la loi ou l'ordonnance en vertu desquelles lesdites contributions sont établies, et les termes dans lesquels elles doivent être acquittées. — L. 15 mai 1818, art. 50 et 51. — Le percepteur ajoute à cet avis l'indication de ses jours de recette et du domicile où il fera sa perception dans la commune. — Décis. min. fin. 30 janv. 1835 ; réglem. 21 déc. 1839, art. 10.

815. — Cet avis coûte 5 centimes pour les frais d'impression et de remises. — L. 15 mai 1818, art. 51.

816. — Lorsqu'une cote est inscrite au rôle avec indication de la propriété imposée, mais sans désignation du contribuable, le percepteur en informe le receveur, et celui-ci le préfet. Ce magistrat fait opérer par le directeur la rectification, dans le rôle suivant, d'après les renseignemens pris par le contrôleur. — Durieu, *loc. cit.*

817. — Les contributions directes sont payables en douze portions égales. — L. 3 frim. an VII, art. 146 ; arr. 16 therm. an VIII, art. 1er ; réglem. 21 déc. 1839, art. 1er. — Durieu, t. 1er, p. 75, art. 28.

818. — Aucun contribuable ne peut être poursuivi que lorsqu'il n'a pas acquitté le douzième échu pour le mois précédent. — L. 3 frim. an VII, art. 146.

819. — Chaque douzième des contributions n'est exigible que le premier de chaque mois pour le mois précédent. — Réglem. 21 déc. 1839, art. 1er. — Laferrière, *Cours de dr. publ.*, p. 201 ; Trolley, nº 669.

820. — Il y a exception à cette règle dans trois cas : 1º les droits dus pour la vérification des poids et mesures sont exigibles dans la quinzaine de la publication des rôles (ord. 17 avr. 1839, art. 58) ; — 2º les droits de patente doivent être payés en entier, au moment de la délivrance de la formule, par les colporteurs, marchands forains, ou qui vendent en ambulance, échoppe ou étalage (L. 25 mars 1817 ; réglem. 21 déc. 1839, art. 2) ; — 3º enfin, en cas de déménagement hors de la perception, de faillite, vente volontaire ou forcée, décès, la cotisation personnelle et mobilière est tout entière exigible. — L. 21 avr. 1832, art. 21 et 22 ; réglem. 21 déc. 1839, art. 3. — Dans le premier cas, le montant de la cote est trop minime pour supporter une division ; — dans le second, les redevables n'ayant pas de résidence fixe, on ne saurait où les faire payer ; dans le dernier, le débiteur a perdu, dans les principes généraux, le bénéfice du terme (C. civ., art. 1188). — Trolley, *ibid.*

821. — M. Trolley (t. 2, nº 669) pense que cette dernière exception peut être étendue à tous les impôts directs. — Cette opinion, que le silence de la loi spéciale, explicite seulement pour les contributions personnelle et mobilière, et celui du réglement de 1839, rendent fort douteuse, ne nous semble devoir être admise qu'avec beaucoup de circonspection.

822. — Les impositions sont *portables* par les contribuables, mais dans l'intérieur seulement de la commune. — Elles sont *quérables* par le percepteur, en ce sens qu'il doit se transporter dans chaque commune où, au moins une fois par mois, il est tenu, aux jours indiqués par le sous-préfet, sur l'avis du receveur particulier, d'ouvrir un bureau pour recevoir les paiemens des redevables. — Son itinéraire, affiché dans son bureau et dans ceux du receveur de l'arrondissement, est d'ailleurs, ainsi que nous l'avons vu, notifié aux contribuables dans les avertissemens qu'on leur remet. — Instr. 17 juin 1840, art. 53.

823. — D'après l'art. 4, régl. 26 août 1824, reproduit textuellement par le réglement du 21 déc. 1839, les héritiers ou légataires seraient tenus et pourraient être poursuivis solidairement, et un d'eux seul pour tous, à raison des contributions de ceux dont ils ont hérité ou auxquels ils ont succédé, tant que la mutation n'a pas été opérée sur le rôle ; — mais cette solution soulève de graves objections : un réglement ne saurait déroger aux principes du droit commun, et en l'absence de disposition de loi contraire, il paraît difficile d'échapper à l'application de l'art. 1202, C. civ. D'ailleurs, ainsi que le fait observer avec raison M. Durieu (t. 1er, p. 95), la loi du 12 nov. 1808, en permettant que le privilége du trésor s'exerce sur les meubles du contribuable, *en quelque lieu qu'ils se trouvent*, accorde deux actions au percepteur, l'action personnelle et l'action réelle, en suivant les voies ordinaires, et par là remédie aux difficultés de poursuite.

824. — Tous fermiers et locataires sont, ainsi que nous l'avons dit déjà, tenus de payer, à l'acquit des propriétaires ou usufruitiers, la contribution des biens qu'ils tiennent à ferme ou à loyer, et peuvent être poursuivis comme les propriétaires eux-mêmes. Les propriétaires ou usufruitiers sont tenus de recevoir les quittances du montant de ces contributions sur le prix des fermages et loyers, à moins que les fermiers ou locataires n'en soient chargés par leur bail. — Réglem. 21 déc. 1839, art. 18.

825. — Les propriétaires peuvent, dans les limites et sous les conditions fixées par l'administration, déléguer le paiement de l'impôt foncier à un certain nombre de fermiers ; toutefois ils n'en restent pas moins soumis solidairement aux poursuites du percepteur, lorsque l'intérêt du recouvrement l'exige. — Réglem. 21 déc. 1839, art. 18 *bis*. — V. aussi, pour les limites et les conditions fixées par l'administration et auxquelles renvoie cet article, la circul. min. fin. du 28 févr. 1888.

826. — Tous receveurs, agens, économes, notaires, commissaires-priseurs et autres dépositaires et débiteurs de deniers provenant du chef des redevables et affectés aux priviléges du trésor, sont tenus, sur la demande qui leur en est faite par le percepteur, de payer à l'acquit des contribuables, sur le montant et jusqu'à concurrence des fonds qu'ils doivent ou qui sont entre leurs mains, les contributions dues par ces derniers. — Les commissaires-priseurs, sequestres et autres dépositaires sont même autorisés à payer d'office les contributions dues, avant de procéder à la délivrance des deniers. Les quittances du percepteur (pour les sommes légitimement payées) leur sont allouées en compte. — Réglem. 21 déc. 1839, art. 14.

Sect. 2e. — *Poursuites.*

827. — Le contribuable qui n'a pas acquitté, au premier du mois, le douzième échu pour le mois précédent est dans le cas d'être poursuivi. — Régl. 21 déc. 1839, art. 20.

828. — Les poursuites doivent comprendre, sans division d'exercices, toutes les sommes dues par le même contribuable. — Réglem. 21 déc. 1839, art. 22.

829. — Lorsqu'un contribuable qui a été soumis à la garnison devient débiteur de nouveaux douzièmes sans avoir, depuis la date du bulletin de garnison, payé intégralement la somme qui était alors exigible, le même acte de poursuite ne doit pas être répété pour ces nouveaux douzièmes ; il doit être procédé, pour la totalité de la dette, par les degrés de poursuite subséquens, à moins qu'il ne s'agisse de douzièmes appartenant à l'exercice suivant ; il en est de même pour les poursuites des autres degrés qu'il y aurait à exercer ultérieurement. — Réglem. 21 déc. 1839, art. 43 *bis*.

830. — D'après l'art. 51, L. 15 mai 1818, les préfets peuvent faire, sous l'approbation du ministre, des réglemens sur les frais de poursuite en matière de contributions directes. Pour rendre plus facile et plus homogène l'exécution de cette loi, un réglement a été fait, le 16 sept. 1819, par le ministre des finances, qui coordonne toutes les dispositions des lois diverses qui sont relatives aux poursuites en matière de contributions directes et est destiné à servir de modèle aux réglemens particuliers. — C'est ce réglement, revu et publié de nouveau le 26 août 1824 et le 21 déc. 1839, qui sert de règle en matière de poursuites.

831. — Avant de poursuivre, le percepteur est tenu de prévenir le contribuable retardataire par une sommation *gratis*. Cette sommation gratuite est donnée par le porteur de contraintes au domicile du redevable, s'il réside dans la commune ; s'il n'y réside pas, elle est remise à son principal fermier, locataire ou régisseur, et, à défaut, à la personne qui le représente. — Réglem. 21 déc. 1839, art. 21.

832. — Cette sommation doit être remise huit jours avant le premier acte de poursuite qui donne lieu à des frais. — L. 25 mars 1817 ; 15 mai 1818, art. 51 ; réglem. 21 déc. 1839, art. 21.

833. — Elle n'a pas besoin d'être renouvelée, dans le courant d'un exercice, contre le même contribuable ; une seule suffit. — Régl. 21 déc. 1839, art. 21. — Elle est à la charge du percepteur. — Décis. min. 22 juill. 1822.

834. — La date de la remise de la sommation gratis doit toujours être constatée sur le rôle. — Réglem. 21 déc. 1839, art. 21 *bis*.

835. — L'art. 3, L. 17 brum. an V, porte que les contribuables qui n'auront pas acquitté le montant de leur taxe en contribution directe dans les dix jours de l'échéance y seront contraints, dans les 10 jours suivans, par la voie des garnisaires envoyés dans leur domicile, etc., etc. — On s'est demandé comment il fallait concilier ce délai de dix jours pendant lequel aucune poursuite ne peut être faite avec le délai de huitaine qui doit s'écouler, aux termes de l'art. 5, L. 15 mai 1818, entre l'avertissement sans frais et le premier acte de poursuite donnant lieu à des frais.

836. — M. Durieu (*Comment. du régl. de* 1824, sous l'art. 21, nº 14) donne la solution suivante : Dès le lendemain du jour de l'échéance, le percepteur peut délivrer aux redevables en retard la sommation sans frais, portant qu'ils aient à se libérer des douzièmes échus dans le délai de huit jours, à peine d'y être contraints ; ces huit jours, étant francs, conduisent à l'expiration du délai de dixaine exigé par la loi du 17 brum. an V ; et, comme le percepteur qui voudrait se mettre en mesure d'agir immédiatement après les délais de grâce pourrait, le jour même où il envoie l'avertissement sans frais, demander au receveur de décerner une contrainte pour procéder par voie de garnison contre le redevable, il pourrait se tenir dans la limite des divers délais fixés tant par la loi de l'an V que par celle de 1818, et concilier rigoureusement toutes leurs exigences. — Dufour, t. 2, nº 1068. — V. cependant Foucart, t. 2, nº 848.

837. — Du reste, aucune poursuite donnant lieu à des frais ne peut être exercée dans une commune qu'en vertu d'une contrainte décernée par le receveur particulier de l'arrondissement. — Réglem. 21 déc. 1839, art. 23.

838. — Autrefois, l'administration faisait suivre la sommation sans frais d'un premier acte de poursuite appelé sommation *avec frais*, et portant menace par le porteur de contrainte, pour le cas où, dans les trois jours, le contribuable n'aurait pas acquitté sa dette, de s'établir chez lui et à ses frais : ce n'était qu'après cette sommation avec frais, non suivie d'effet, que le receveur particulier décernait la contrainte.

839. — Mais la sommation avec frais a été complétement passée sous silence, et, par suite, implicitement supprimée par les réglemens des 26 août 1824 et 21 déc. 1839, lesquels n'admettent, comme premier degré de poursuite après la sommation sans frais, que la contrainte, qui, une fois notifiée, est immédiatement suivie de la garnison (art. 21 et 42) ; une circulaire du ministre des finances, du 26 février 1826, déclare même que le mode de poursuite consistant dans la sommation avec frais serait considéré, s'il était encore employé par les percepteurs, comme une véritable concussion. — Durieu, t. 1er, sous l'art. 21, nº 18.

840. — La contrainte, qui doit précéder toute poursuite, est visée par le sous-préfet, et désigne nominativement les contribuables à poursuivre ; elle est dressée en double expédition, dont l'une est remise par l'inspecteur à l'agent de poursuites, et l'autre reste entre ses mains (réglem. 21 déc. 1839, art. 23), pour qu'il puisse savoir toujours quels sont les contribuables contre lesquels les poursuites s'effectuent ; c'est sur cette expédition que ces comptables émargent, en exécution de l'art. 110 *bis* du réglement, les sommes qui leur sont versées par les redevables en paiement des frais.

841. — Les percepteurs demandent aux receveurs d'arrondissement qu'il soit décerné des contraintes contre les contribuables en retard toutes les fois qu'ils le jugent nécessaire pour l'exactitude du recouvrement. — Néanmoins, les receveurs d'arrondissement peuvent d'office décerner ces contraintes en se conformant à l'ordre et aux règles établis pour les degrés de poursuite. — Réglem. 21 déc. 1839, art. 24.

842. — La contrainte délivrée par le receveur particulier n'est pas sujette au timbre. — Décis. cons. d'admin. de l'enregistr., mentionnée dans une circ. min. fin. 12 avr. 1837 ; réglem. 21 déc. 1839, art. 25.

843. — Elle est décernée collectivement pour celles des communes de l'arrondissement de perception où le recouvrement est arriéré ; elle ne peut être spéciale que dans le cas où une commune seule est en retard de paiement. — Réglem. 21 déc. 1839, art. 25.

844. — En aucun cas, l'effet de la contrainte ne peut, à moins qu'elle ne soit renouvelée, se prolonger pour chaque degré de poursuite au-delà de dix jours employés soit consécutivement, soit alternativement, à des poursuites contre une même commune, et les agens de poursuite doivent cesser leurs opérations plus tôt si, d'après la situation des rentrées, le percepteur leur en donne l'ordre. — Régl. 21 déc. 1839, art. 25.

CONTRIB. DIRECTES, ch. 5, sect. 2e.

845. — La même contrainte a donc son effet dans les différentes communes du ressort qui y sont désignées ; le porteur de contraintes, d'après l'ordre qui lui en est donné par le percepteur, se transporte successivement dans chacune de ces communes (arr. 16 thermid. an VIII, art. 41), et il demande, ainsi qu'il est dit dans l'art. 27, régl. de 1839, que la contrainte soit publiée, afin que les poursuites puissent commencer contre les retardataires. — Durieu, t. 1er, sous l'art. 25, nº 2.

846. — Les dix jours sont employés *consécutivement* aux poursuites, lorsque le porteur de contraintes ne quitte pas la commune qu'ils ne soient expirés ou que les recouvremens ne soient achevés ; ils le sont *alternativement* quand le porteur quitte une première commune où il s'est transporté pour se rendre dans une seconde, puis revient dans la première, où les recouvremens n'ont pu s'achever, et retourne ensuite dans la deuxième.

847. — A l'arrivée d'un agent de poursuites dans une commune, le maire ou l'adjoint, et, à défaut, l'un des membres du conseil municipal doit faire publier la contrainte décernée par le receveur particulier. Le jour de la publication est constaté par la date du visa du nom apposé sur ladite contrainte. — Réglem. 21 déc. 1839, art. 27.

848. — Le délai de dix jours, mentionné ci-dessus, part du jour de la publication de la contrainte faite successivement dans chacune des communes y relatées ainsi qu'il vient d'être dit ; laquelle publication doit avoir lieu dans les trois jours de la date de ladite contrainte ou, au plus, dans un délai calculé à raison d'un jour d'intervalle pour chacune des communes qui y sont comprises. — Réglem. 21 déc. 1839, art. 25 *bis*.

849. — Ces contraintes sont, au surplus, exécutoires par elles-mêmes et sans l'intervention des tribunaux ordinaires, qui ne doivent même ni en contester la régularité ni en arrêter l'effet. — C'est ce qui résulte formellement d'un avis du conseil d'état du 6 thermid. an XII, approuvé le 25, lequel porte en outre que « les condamnations et les contraintes émanées des administrations dans les cas et pour les matières de leur compétence, emportent hypothèque de la même manière et aux mêmes conditions que celles de l'autorité judiciaire. »

850. — D'après quelques auteurs (Favard de Langlade, *Rép.*, vº *Exécution de jugemens* ; Durieu, *Pours. en mat. de contr. dir.*, t. 1er, p. 466), le pouvoir d'emporter hypothèque ne serait attaché qu'aux *contraintes* émanées des corps administratifs en possession d'attributions judiciaires, et non à celles que peuvent décerner certains membres des administrations publiques exerçant les droits et actions de l'état. — Cette distinction nous semble tout-à-fait rationnelle et conforme aux saines notions du droit ; cependant elle est combattue, à tort, selon nous, par M. Foucart (t. 2, nº 849, à la note), qui se fonde surtout sur l'avis du 6 thermid. an XII, lequel ne fait aucune distinction et a toute la force d'un décret impérial, et serait inutile si on admettait la doctrine de MM. Durieu et Favard, puisque les décisions des tribunaux administratifs emportent nécessairement, et sans recourir à l'avis de thermidor, hypothèque contre ceux qu'elles concernent.

851. — Les poursuites contre les contribuables en retard doivent coïncider autant que possible avec les époques où le percepteur, se rendant dans les communes où il ne réside point, peut, par sa présence, faciliter aux redevables le moyen de se libérer. — Réglem. 21 déc. 1839, art. 26.

852. — Il y a quatre degrés de poursuites, 1º la garnison collective ou individuelle ; 2º le commandement ; 3º la saisie ; 4º la vente. — Réglem. 21 déc. 1839, art. 41. — Les percepteurs peuvent de plus employer certaines mesures conservatoires telles que la saisie-arrêt, le sequestre, etc. — Même réglem., art. 88 et suiv. — Ils peuvent même recourir à la saisie immobilière des biens des redevables. Quant aux frais occasionnés par l'emploi de ces diverses mesures, la justification, le réglement et le recouvrement en sont faits suivant certaines règles prescrites par les instructions spéciales.

853. — Les receveurs particuliers des finances font imprimer et fournissent aux porteurs de contraintes et garnisaires, dans leurs arrondissemens respectifs, les formules de bulletins de garnison collective, ceux de garnison individuelle et de commandement, indiqués aux articles 46, 51 et 57 du réglement, les états de frais relatés en l'article 102, et généralement tous les modèles d'actes et de procès-verbaux relatifs aux poursuites.

854. — Tous ces imprimés doivent être timbrés à l'extraordinaire par les soins des receveurs généraux qui font l'avance des frais de timbre pour ce qui concerne l'arrondissement du chef-lieu, et qui se font tenir compte, par les receveurs particuliers, de ce qu'ils ont avancé momentanément pour les autres arrondissemens. — Réglem. 21 déc. 1839, art. 101 *bis*.

CONTRIB. DIRECTES, ch. 5, sect. 2e.

855. — Les frais d'impression déterminés d'avance par le préfet, sur la proposition du receveur général, sont payés par les receveurs particuliers et supportés soit par les agens des poursuites, soit par les percepteurs, soit enfin par les receveurs eux-mêmes, ainsi qu'il est réglé pour chaque nature de frais par la décision ministérielle du 23 juillet 1822, notifiée aux receveurs des finances par la circulaire du 2 août 1822 ; il ne peut y avoir lieu à aucune répétition contre les contribuables pour le prix de ces imprimés. — Réglem. 21 déc. 1839, art. 101.

856. — La décision ministérielle du 23 juillet 1822, qui détermine, ainsi que l'annonce l'art. 101 du réglement, par quels agens doit être supporté chaque acte de poursuite, est ainsi conçue : 1º *sommation gratis*, à la charge du percepteur, vu que l'obligation lui en est imposée par les lois des 25 mars 1817 et 15 mai 1818. — 2º *contrainte par voie de garnison individuelle et collective* ; à la charge du receveur particulier, comme acte relatif au recouvrement dont le receveur particulier retire avantage ; — 3º *idem, décernée d'office*, idem ; — 4º *bulletin de garnison collective* ; à la charge de l'agent des poursuites, lequel en est payé sur le prix de sa journée ; — 5º et 6º *état des redevables à poursuivre par voie de garnison ou collective ou individuelle* ; à la charge du percepteur, attendu que cet état est un relevé fait sur les rôles, et la conséquence des devoirs du percepteur ; — 7º *bulletin de garnison individuelle* : à la charge de l'agent de poursuites qui en est payé sur le prix de sa journée ; — 8º *état des contribuables à poursuivre par voie de commandement*, à la charge du percepteur, par les motifs énoncés aux nºs 5 et 6 ; — 9º *commandement*, à la charge du porteur de contraintes dont le salaire est réglé en conséquence ; — 10º à 15º *état de répartition des frais de garnison collective, de garnison à domicile, de commandement, de saisie, de ventes, d'actes conservatoires* ; à la charge du percepteur ; — 16º *état général et trimestriel des frais faits dans chaque arrondissement*, à la charge des receveurs particuliers, comme pièce résultant de leur gestion et de leur comptabilité.

857. — Cet état ne contient pas tous les actes de poursuite, notamment *la saisie-exécution, la saisie-brandon, la saisie-arrêt, la vente* et *les affiches* qui s'y rattachent, non plus que les autres exploits qui peuvent devenir nécessaires. M. Durieu pense avec raison (sous l'art. 101, nº 4) que ceux de ces actes dont la signification est pour le porteur de contraintes l'occasion d'un salaire sont dans le cas du commandement, dont la décision met la formule imprimée à la charge de l'agent de poursuites, parce que les droits qui lui sont alloués sont réglés en conséquence.

858. — D'après une lettre du ministre des finances, écrite, le 11 mars 1836, au préfet de l'Hérault, les frais d'impression des tarifs, des frais de poursuites, sont à la charge de l'abonnement des préfectures, par le motif que les arrêtés relatifs aux poursuites font naturellement partie des actes administratifs des préfets. — Durieu, sous l'art. 101, nº 5.

859. — Les actes de tous les degrés à distribuer aux contribuables doivent (à l'exception de l'avertissement), être imprimés sur un papier de couleur différente pour chaque degré de poursuite. — Les couleurs sont les mêmes dans tous les départemens. — Chaque formule d'acte est revêtue du cachet du receveur particulier apposé à la main. — Réglem. 21 déc. 1839, art. 101.

860. — Cette mesure a pour but de prévenir les erreurs que pourraient commettre les agens de poursuites dans les distributions d'actes de différentes natures qu'ils ont à faire simultanément. — Circul. min. fin. 21 déc. 1839.

861. — La même circulaire porte que, pour l'exécution de cette disposition, les préfets doivent, dans leurs arrêtés, déterminer de la manière suivante la couleur du papier sur lequel les divers actes de poursuites doivent être imprimés. — Le papier *vert* doit être employé pour les sommations sans frais, — le *jaune* pour les bulletins de garnison collective, — le *lilas* pour ceux de garnison individuelle, — le *bleu* pour les commandemens, le *rouge* pour les saisies, le *gris* pour les ventes, et le *blanc* pour les actes conservatoires.

862. — Les actes de commandement, saisie-arrêt, saisie-exécution, vente et tous autres actes y relatifs doivent être sur papier timbré et enregistrés dans les quatre jours non compris celui de la date,

— Réglement du 21 décembre 1839, article 95.

863. — Si des changemens étaient prescrits dans la rédaction des formules ou dans leur dimension, ou dans la couleur du papier, les receveurs d'enregistrement seraient autorisés à timbrer sans frais les nouvelles formules en échange des anciennes précédemment timbrées et non employées. — Lett. min. fin. au direct. gén. de l'enregistrem. et des domaines, du 29 oct. 1830.

864. — L'art. 68, § 1er, L. 22 frim. an VII, soumet à un droit fixe de 1 franc les actes de poursuite et autres actes, tant en action qu'en défense, ayant pour objet le recouvrement des contributions publiques et de toutes autres sommes dues à l'état, ainsi que des contributions locales, le tout lorsqu'il s'agit de cotes, droits et créances excédant en total la somme de 25 francs. Mais cette limite a été portée à 100 francs par l'art. 6, L. 16 juin 1824. — S'il s'agit de cotes, droits et créances n'excédant pas la somme de 100 fr., l'exploit est enregistré gratis. — Même art. de la L. de 1824. — Réglem. 21 déc. 1839, art. 97.

865. — Lorsque, dans le délai de quatre jours, mentionné à l'art. 95, les contribuables se sont libérés intégralement, tous les actes de poursuites, procès-verbaux de vente exceptés, non encore présentés à l'enregistrement, peuvent, quoique ayant pour objet le recouvrement de cotes excédant 100 fr., être admis à la formalité *gratis*. — Dans ce cas, indépendamment de l'annotation sur le répertoire déjà prescrite par la décision du 28 juin 1822, les porteurs de contraintes doivent faire mention sur l'acte de poursuite de la libération intégrale du redevable et faire certifier cette déclaration par le percepteur. — Réglem. 21 déc. 1839, art. 98.

866. — L'exemption prononcée par cet art. 98 serait également applicable au contribuable qui, compris dans un commandement collectif, se serait libéré avant l'enregistrement, alors même que les autres redevables compris dans le même acte n'auraient pas acquitté leurs dettes, et que le commandement subsisterait toujours à leur égard. — Décis. min. fin. 15 oct. 1829.

§ 1er. — *Garnison.*

867. — La garnison est une mesure dirigée contre les contribuables retardataires qui ne se sont libérés, et qui a pour objet d'empêcher ces contribuables de dépouiller le trésor du gage de sa créance.

868. — La garnison est collective ou individuelle : — *collective*, lorsqu'elle a lieu à la fois contre plusieurs redevables par un seul garnisaire ; *individuelle*, quand elle a lieu contre un seul redevable par un garnisaire à domicile. — Réglem. 21 déc. 1839, art. 44 et 49.

869. — Les poursuites par voie de garnison collective ou individuelle sont employées contre les contribuables retardataires qui ne se sont pas libérés, huit jours après la sommation gratis. — Même réglem., art. 42 et 45.

870. — Elles sont notifiées à chacun des redevables par un acte ou bulletin imprimé d'après un état nominatif dressé par le percepteur, remis à l'agent de poursuites et au pied duquel la contrainte est décernée. — Même réglem., art. 46 et 81.

871. — Les agens de poursuites doivent remettre entre les mains des maires, qui en donnent récépissé sur la contrainte, les bulletins qui n'auraient pas pu être signifiés par suite de l'absence du contribuable et de toute autre personne apte à les recevoir. — Même réglem., art. 47.

872. — Les bulletins de garnison individuelle ou collective ne sont soumis ni au timbre ni à l'enregistrement. — Arr. 16 thermid. an VIII, art. 29 ; réglem. 21 déc. 1839, art. 94.

873. — Les garnisons collective ou individuelle peuvent être employées facultativement par le percepteur, s'il n'a pas d'ordre contraire du receveur particulier, c'est-à-dire que le percepteur peut d'abord employer, contre un contribuable en retard, la garnison collective, et ensuite la garnison individuelle, ou bien commencer par cette dernière, sans qu'alors il puisse revenir à la garnison collective contre un même contribuable et pour la même dette. — Réglem. 21 déc. 1839, art. 43.

874. — Toutefois la garnison individuelle ne peut être employée comme premier degré de poursuite que lorsque le retard qui y donne lieu excède la somme que les préfets déterminent selon les localités, mais qui doit être combinée tant avec la somme totale de contributions que doit payer le redevable pour être soumis à la poursuite par garnison individuelle, qu'avec celle des termes échérés dont le montant est nécessaire pour justifier l'application de cette mesure. — Même réglem., art. 43 et 50 et les notes.

875. — Le § 2, art. 43, réglem. 26 août 1824, portait que le même agent de poursuites ne pourrait être employé cumulativement dans une journée à la garnison collective et à la garnison individuelle. — Cette disposition a été remplacée par le § 2, art. 51, réglem. 21 déc. 1839, d'après lequel « pendant la durée de la garnison individuelle l'agent ne peut exercer aucun autre acte de poursuite. » — C'est, comme on le voit, le même principe exprimé en termes plus généraux et appliqué à toute espèce d'actes. Par conséquent on doit considérer comme rapportée une décision du ministre des finances mentionnée au Commentaire de M. Durieu, t. 2, p. 14, qui autorisait le même porteur de contraintes à exercer, dans la même journée, par garnison collective et par commandement.

876 — *Garnison collective.* — La garnison collective peut être exercée contre tous les contribuables retardataires sans distinction du montant des des cotes. — Réglem. 21 déc. 1839, art. 44.

877. — Le salaire de l'agent employé à la garnison consiste en une somme fixe, par bulletin de garnison, dont le prix est déterminé à l'avance dans le tarif des frais arrêté par le préfet. — Réglem. 21 déc. 1839, art. 48 ; circul. min. fin. 21 déc. 1839. — Il ne leur est dû, par conséquent, dans ce cas, ni vivres ni logement.

878. — Précédemment les frais de la garnison collective se réglaient sur le nombre des journées employées par le garnisaire, et se répartissaient ensuite entre les redevables poursuivis, conformément à ce qui était prescrit par les art. 47 et 48, réglem. du 26 août 1824 ; le réglem. de 1839, abrogeant ces deux articles, a substitué à ce système celui de la taxe fixe par bulletin de garnison, de telle sorte que les porteurs de contraintes ne sont plus payés qu'à raison du nombre d'actes ou bulletins qu'ils ont délivrés tant pour la garnison collective que pour les poursuites des degrés supérieurs. — Circul. min. fin. 21 déc. 1839.

876. — Les avantages de ce nouveau mode de rétribution sont évidens ; ils sont parfaitement exposés dans la circul. min. fin. du 21 déc. 1839 : « Le porteur de contraintes, n'étant plus payé à la journée, mais à tant par acte, n'est plus intéressé, comme il l'était auparavant, à prolonger l'exécution des contraintes, mais à l'accélérer le plus possible, accélération qui est dans l'intérêt du service : le coût des bulletins ne devant plus varier à raison du nombre d'individus poursuivis dans la journée, le contribuable sait d'avance quels sont les frais auxquels il s'expose, s'il ne se maintient pas au courant. D'un autre côté la liquidation des sommes dues à l'agent de poursuites s'opère avec promptitude et facilité, et le contrôle le plus simple suffit pour prévenir toute espèce d'abus de la part des agens de poursuites. »

880. — Quant aux prix des bulletins, le ministre pense (*loc. cit.*) qu'une distinction doit être établie entre les poursuites exercées dans les communes rurales et celles faites dans les villes assez peuplées pour exiger la permanence d'un porteur de contraintes. Pour les premières, le prix de la taxe doit être renfermé dans la limite de 15 à 25 centimes ; pour les secondes, dans celle de 10 à 20 centimes. Pour les cotes de 1 fr. et au-dessous, le prix de la taxe doit être uniformément fixé à 10 cent.

881. — *Garnison individuelle.* — La garnison individuelle, lorsqu'elle a lieu après la garnison collective, ne peut être exercée que trois jours après celle-ci. — Réglem. du 21 déc. 1839, art. 49.

882. — Mais si c'est par elle que le percepteur commence ses poursuites, elle ne peut avoir lieu, comme la garnison collective, que huit jours après la sommation sans frais. — Réglem. 21 déc. 1839, art. 49. — V. *suprà* no 869.

883. — La garnison individuelle ne peut être établie si les contributions du redevable ne s'élèvent en totalité à une somme, et si les termes dus ne montent au moins à une autre somme, dont le réglement du 21 déc. 1839, art. 50, à la note, laisse la fixation aux préfets.

884. — La première partie de cette disposition du réglement de 1839 est une application de l'art. 44, arr. 16 thermid. an VIII, 3e alin., qui défend aux porteurs de contraintes de s'établir chez les redevables qui paient moins de 40 fr. de contributions directes. — Il résulte de cette disposition de l'arrêté de l'an VIII que les préfets ne sont pas, quant à ce, complétement libres dans leurs fonctions, et c'est en effet ce qu'a reconnu formellement le ministre des finances lui-même, dans une lettre adressée au préfet de la Loire-Inférieure, le 12 févr. 1833 (sous l'empire du réglement du 26 août 1824, conforme en cela à celui de 1839), let re citée par M. Durieu, t. 2, sous l'art. 50 du réglement, no 3, et dans laquelle le ministre dit que « si l'art. 50 du réglement de 1839 autorise les préfets à déterminer le minimum de la cote que doivent payer les contribuables pour pouvoir être soumis à la garnison à domicile, ce n'est que sous la réserve que ce minimum ne descendra pas au-dessous de 40 fr., limite établie par l'arrêté du 16 thermid. an VIII. » — Du reste, les préfets peuvent même, s'ils le jugent convenable, se dispenser de fixer un minimum ; par cela seul que le montant de la contribution est inférieure à 40 fr., la garnison individuelle ne peut être employée.

885. — Quant au 2e minimum auquel l'art. 50 du réglement de 1839 subordonne l'emploi de la garnison individuelle, l'arrêté du 16 thermid. an VIII ne fixe aucune limite, et dès lors les préfets sont complétement libres dans la fixation qu'ils en peuvent faire, sauf toutefois l'approbation du ministre. — Durieu, t. 2, sous l'art. 50 du réglem., no 5.

886. — Le garnisaire ne peut rester plus de deux jours chez un redevable. — Réglem. 21 déc. 1839, art. 51.

887. — Cette disposition est renouvelée de l'art. 44, arr. 16 thermid. an VIII : — une disposition analogue existait également pour les tailles. — V. réglem. 8 mai 1761, art. 19.

888. — Le garnisaire délivre à celui chez lequel il s'établit, en vertu de l'état qui lui a été remis par le percepteur, un bulletin imprimé sur papier de couleur. — Réglem. 21 déc. 1839, art. 51.

889. — Le salaire du garnisaire consiste dans le paiement en numéraire de chaque journée de garnison avec vivres et logement. — Même réglem., art. 52.

890. — Le prix de la journée est réglé chaque année par le préfet, sur l'avis des sous-préfets, et ne peut excéder 2 fr. ni être au-dessous de 1 fr. — Arr. 16 thermid. an VIII, art. 27 ; réglem. 21 déc. 1839, art. 53.

891. — « Si le contribuable préfère ne pas se libérer en nature du logement et de la nourriture (V. réglem. 21 déc. 1839, art. 52), il en sera tenu compte au porteur de contraintes, dans le réglement des frais, conformément à la taxe réglée par le préfet. Pour le cas où le contribuable se refuse à la nourriture et au logement, ce refus sera constaté par une attestation signée du contribuable, ou par un certificat du maire de la commune. » — Circul. du 31 mars 1831 — V. aussi Saulmont, *C. des contrib. dir.*, p. 432.

892. — En tous cas, il est expressément défendu au garnisaire de se loger à l'auberge aux frais des redevables, même sur la demande de ceux-ci. — Arr. 16 thermid. an VIII, art. 28.

893. — Si le contribuable se libère le jour même où il reçoit le garnisaire, il ne doit que les frais d'une journée. — Réglem. 21 déc. 1839, art. 52.

894. — Si le porteur de contraintes se présente successivement chez plusieurs redevables qui se libèrent sur-le-champ, il n'a droit qu'au salaire réglé en numéraire pour la journée de garnison individuelle, *sans vivres ni logement*, et le prix de cette journée est réparti par portions égales, lors de la taxe des frais, sur chacun des contribuables contre lesquels la poursuite a lieu. — Circul. 31 mars 1831.

895. — C'est, du reste, entre les mains du percepteur lui-même que le contribuable doit se libérer. Ni les porteurs de contraintes ni les garnisaires n'ont le droit de recevoir aucune somme des contribuables — Arr. 16 thermid. an VIII, art. 50. — V. *suprà* no 802.

896. — Immédiatement après la libération du contribuable, le garnisaire doit se retirer. — Réglem. 21 déc. 1839, art. 52 et 53.

897. — Les frais de garnison individuelle sont présentés par journée dans un état particulier, arrêté par le percepteur et transmis au receveur particulier, pour être arrêté par le sous-préfet. — Même réglem., art. 54 et 102.

§ 2. — *Commandement.*

898. — Si, dans les trois jours qui suivent l'exercice de la contrainte par garnison individuelle ou la garnison collective, quand la garnison individuelle n'a pas eu lieu, le contribuable retardataire ne s'est pas libéré, on passe contre lui aux poursuites du second degré, consistant dans la signification du commandement. — Réglem. 21 déc. 1839, art. 55.

899. — Le délai de trois jours, après lequel le commandement peut avoir lieu doit être *franc* : il court donc non de l'expiration de la dixaine pendant laquelle l'exercice de la garnison collective peut durer, ni du premier jour de l'exercice de cette garnison, mais à partir du jour de la *cessation réelle* de la garnison, constatée par le départ du garnisaire, lequel est certifié authentiquement par

le maire, conformément à l'art. 37 du réglement, et par la remise au contribuable du bulletin de garnison. — Durieu, t. 2, sous l'art. 55, nos 2 et 3.

900. — Aucun contribuable retardataire ne peut être poursuivi par voie de commandement qu'en vertu d'une contrainte qui le désigne nominativement. — Réglem. 1839, art. 56.

901. — L'art. 51, arr. 16 thermid. an VIII, autorise le percepteur à faire procéder à la saisie et à la vente des meubles des redevables immédiatement après l'expiration de la durée de la première contrainte, c'est-à-dire après les dix jours assignés à la durée de la garnison collective, sans se munir d'une autorisation nouvelle : mais le gouvernement s'est départi de cette extrême rigueur : il a voulu que la position du contribuable fût l'objet d'un nouvel examen avant de le soumettre à des poursuites aussi extrêmes qu'une saisie et une vente de meubles ; et aujourd'hui le comptable qui ferait procéder au commandement contre un contribuable sans se munir d'une nouvelle contrainte, ainsi que le prescrit l'art. 56 du réglement, serait passible de tous les frais qui s'ensuivraient, et même de dommages-intérêts envers le contribuable qui serait lésé par les poursuites. — Durieu, sous l'art. 56, no 1er.

902. — Mais cette deuxième contrainte, une fois décernée, sert pour tous les degrés de poursuites subséquens, c'est-à-dire pour la saisie et la vente ; cette saisie et cette vente eussent-elles lieu plus de dix jours après qu'elle a été décernée. — La disposition de l'art. 25 du réglement, portant que l'effet de la première contrainte ne peut, à moins qu'elle ne soit renouvelée, se prolonger pour chaque degré de poursuites au-delà de dix jours, n'est point applicable à la contrainte préalable au commandement. — Durieu, t. 2, sous l'art. 56, no 4.

903. — Cette contrainte est décernée à la suite d'un état envoyé préalablement par le percepteur ou dressé par le receveur particulier (nous avons vu que l'art. 24 du réglement donne à ce fonctionnaire le droit de décerner les contraintes d'*office*), d'après l'inspection des rôles et la situation des poursuites. — Réglem. 21 déc. 1830, art. 56.

904. — La contrainte comprend l'ordre de procéder à la saisie, si le contribuable ne se libère pas dans le délai de trois jours à compter de la signification du commandement. — Même article.

905. — Les commandemens sont faits et délivrés par les porteurs de contraintes, sur des imprimés conformes à un modèle annexé au réglement. — Réglem. 21 déc. 1839, art. 57.

906. — Les principes du droit commun sont applicables aux poursuites en matière de contributions directes pour tout ce qui n'a pas été prévu par des dispositions spéciales. — Circul. min. fin. 19 oct. 1831. — Les commandemens doivent donc contenir toutes les formalités ordinaires prescrites pour les exploits par les art. 61, 67, 1037, 583 et 584, C. procéd. civ. — Durieu, t. 2, p. 46, sous l'art. 57, nos 2 et 3.

907. — Le commandement à fin de saisie-exécution signifié à un contribuable pour obtenir paiement de ses contributions directes est valable, bien qu'il ne contienne pas copie littérale et intégrale de la contrainte qui l'a précédé, si d'ailleurs il contient copie du rôle en ce qui concerne le contribuable, et mention de la contrainte. — C. proc. civ., art. 583 ; arr. 16 thermid. an VIII, art. 13 et 30 ; — *Cass.*, 12 fév. 1815 (t. 1er 1843, p. 458), Ruel c. Chesnel. — L'art. 583, C. procéd. civ., exige que le commandement à fin de saisie-exécution contienne copie du titre en vertu duquel la saisie doit avoir lieu ; or, en matière de contributions directes, ce n'est pas la contrainte décernée contre le contribuable qui constitue le titre en vertu duquel la poursuite a lieu. Ce titre, c'est l'extrait du rôle des contributions. Dès que copie de cet extrait a été donnée en tête du commandement, l'art. 583, C. procéd., a été respecté. — V. à cet égard Durieu, t. 1er, p. 436, et t. 2, p. 196.

908. — De même, le commandement doit contenir, conformément aux prescriptions de l'art. 584, C. procéd. civ., élection de domicile par le percepteur, dans les communes où les exécutions doivent avoir lieu. — Durieu, sous l'art. 58, no 13.

909. — Le commandement doit mentionner encore, aux termes de l'art. 583, C. procéd., le titre en vertu duquel se font les poursuites, c'est-à-dire les articles du rôle où est établie la cote du redevable, ainsi que la contrainte délivrée pour l'exécution forcée de ce rôle. — Durieu, sous l'art. 57, no 9, t. 2, p. 44.

910. — Le prix du commandement est fixé uniformément pour l'original et la copie *certifiée* (ce mot est sans doute le résultat d'une erreur, c'est *signifiée* qu'il faudrait lire), tous frais de timbre et de transport compris, et indépendamment du droit d'enregistrement, lorsqu'il y a lieu à ce droit. — Réglem. 21 déc. 1839, art. 58.

911. — L'original du commandement est collectif pour tous les contribuables poursuivis le même jour, dans la même commune. — Même réglem., art. 58.

912. — Le prix du commandement n'était pas autrefois fixé d'après les mêmes bases. — Il était déterminé par le tarif des frais de poursuites que la loi du 25 mars 1817 a donné aux préfets le droit d'arrêter pour chaque département, à un taux qui variait suivant le nombre de commandemens que devait délivrer l'agent de poursuites, et cela indépendamment du prix du papier timbré et du droit d'enregistrement. L'art. 58 du réglement du 26 août 1824 ajoutait : « Cette fixation peut être réduite, savoir : à .... lorsqu'il y aura plus de quatre commandemens délivrés en vertu de la même contrainte et dans le même jour ; — à .... au-dessus de huit commandemens, — et à .... au-dessus de douze commandemens. »

913. — Dans ce système, le coût de chaque bulletin de commandement variant de 40 cent. à 2 fr., non compris le timbre et l'enregistrement, suivant que le porteur de contraintes en avait distribué dans la journée un nombre plus ou moins grand, on comprend dès-lors l'intérêt que cet agent pouvait avoir à prolonger la mise à exécution de la contrainte qui lui était remise. — Circul. min. fin. 21 déc. 1839.

914. — D'après le réglement de 1839, le principe du tarif décroissant en raison du nombre de commandemens signifiés dans la même journée par un seul porteur de contraintes, demeure abrogé. — Par suite, la disposition finale de l'art. 58 du réglement de 1824 a dû disparaître de la nouvelle rédaction adoptée dans le réglement de 1839.

915. — Aujourd'hui donc les frais de timbre de l'original et des extraits ou copies doivent rester à la charge des porteurs de contraintes, et il doit leur être alloué pour chaque acte une *somme fixe*, laquelle est, comme pour la garnison collective, différente dans les villes et dans les campagnes : cette somme, dont les préfets sont chargés de déterminer la quotité pour leurs départemens respectifs, ne peut, dans aucun cas, porte la circulaire ministérielle du 21 déc. 1839, excéder le maximum de 1 fr. 25 c., non compris, bien entendu, le droit d'enregistrement, dont les contribuables restent passibles.

916. — Des originaux de commandemens collectifs peuvent être rédigés sur la même feuille de papier timbré. — Réglem. 21 déc. 1839, art. 95 *bis*.

917. — Mais il est dû autant de droits d'enregistrement que, dans le commandement collectif, il y a de cotes individuelles excédant 100 fr. — Durieu, sous l'art. 58, nos 7 et 8.

918. — Lorsqu'un contribuable retardataire est domicilié hors du département dans lequel il est imposé, sans y être représenté par un fermier, locataire ou régisseur, il peut être procédé immédiatement contre lui par voie de commandement. — Pour l'exécution de cette poursuite, le receveur particulier de l'arrondissement où le rôle a été mis en recouvrement décerne, à la requête du percepteur, une contrainte, qui, après avoir été visée par le sous-préfet, est transmise par le receveur général à son collègue du département où le contribuable a son domicile, afin qu'après l'avoir fait viser par le préfet de ce département, il en fasse suivre l'exécution par un porteur de contraintes et en fasse opérer le recouvrement par le percepteur de la résidence du débiteur. — Cette contrainte est accompagnée d'un extrait du rôle comprenant les articles dus par le contribuable. — Même réglem., art. 59.

919. — Lorsque le contribuable est domicilié dans le département, mais hors de l'arrondissement de sous-préfecture où il est imposé, la contrainte, visée par le sous-préfet, est envoyée par le receveur général, avec l'extrait du rôle, au receveur particulier de l'arrondissement où réside le contribuable. — Réglem. 21 déc. 1839, art. 60.

920. — Les contraintes et extraits des rôles mentionnés aux deux articles précédens sont remis au percepteur de la résidence du contribuable pour diriger les poursuites requises et effectuer le recouvrement des contributions exigibles. — Les frais relatifs à ces poursuites sont taxés par le sous-préfet, avancés au porteur de contraintes par le receveur particulier, et remboursés par le percepteur de la résidence du contribuable. — Ces frais entrent dans sa comptabilité comme ceux des poursuites qu'il exerce pour le recouvrement des sommes imposées sur ses rôles. — Même réglem., art. 61.

921. — Si le contribuable habite dans l'arrondissement où il est imposé, mais hors de la perception où le rôle est établi, le receveur des finances peut, à l'instar de ce qui se pratique quand le contribuable est domicilié hors de l'arrondissement ou du département, obliger le percepteur du lieu habité par le retardataire à poursuivre pour le compte de son collègue la rentrée de la contribution due : à cet effet, il doit, comme l'indiquent les art. 59 et 60 du réglement, remettre un extrait du rôle au percepteur chargé d'agir, et délivrer une contrainte spéciale dûment visée par l'autorité administrative, pour autoriser la rentrée des sommes portées sur cet extrait de rôle. — Lettre du min. fin. au préfet de la Loire-Inférieure du 16 juill. 1834. — V. aussi Durieu, sous l'art. 59 à 61, no 9, t. 2, p. 59.

922. — Le contribuable domicilié, soit hors du département, soit hors de l'arrondissement où il est imposé, et qui, s'étant mis dans le cas d'être poursuivi de la manière indiquée aux articles précédens, vient à se libérer dans l'intervalle de l'expédition de la contrainte à la signification du commandement, ou des autres poursuites dirigées contre lui, n'est pas pour cela exempt des frais encourus. — Réglem. 21 déc. 1830, art. 62.

§ 3. — *Saisie.*

923. — Trois jours après la signification du commandement, et en vertu de la même contrainte, le percepteur peut recourir au troisième degré de poursuites, consistant dans la saisie des meubles et effets ou celle des fruits pendans par racines. — Réglem. 21 déc. 1839, art. 63.

924. — Si une garnison collective a été décernée après un commandement, les frais sont mis à la charge du percepteur qui a irrégulièrement procédé ; mais la saisie faite ensuite n'est pas nulle. La garnison collective est seulement regardée comme non-avenue. — Lettre min. des fin. 4 août 1834.

925. — La saisie est faite pour tous les termes échus des contributions et pour ceux qui seront devenus exigibles au jour de la vente, quoique le commandement ait exprimé une somme moindre. — Réglem. 21 déc. 1839, art. 65.

926. — Les saisies s'exécutent d'après les formes prescrites pour les saisies judiciaires par le Code de procéd., tit. 8, liv. 5, art. 583 à 635. — Même réglem., art. 66.

927. — Quant à la saisie des fruits pendans par racines ou à la saisie-brandon, il n'y peut être procédé que dans les six semaines qui précèdent l'époque ordinaire de la maturité des fruits. — Réglem. 21 déc. 1830, art. 64. — C'est ce que prescrit, du reste, dans les autres matières, l'art. 626, C. procéd. civ.

928. — En cas de mutation de propriété et d'insolvabilité de la personne portée au rôle, le percepteur peut obtenir l'autorisation du receveur de poursuivre le nouvel acquéreur devant le conseil de préfecture pour le faire déclarer débiteur de la contribution. — L'arrêté de condamnation servirait alors de titre exécutoire pour exercer les poursuites. — Durieu, t. 1er, p. 430.

929. — La saisie est exécutée nonobstant toute opposition, sauf à l'opposant à se pourvoir par-devant le sous-préfet contre le requérant. — Réglem. 21 déc. 1839, art. 67.

930. — Dans ce cas, le sous-préfet décide, comme en référé, s'il y a lieu de surseoir ou de poursuivre. — *Cons. d'état*, 28 juill. 1819, Reybaud.

931. — Selon M. Foucart (t. 2, no 851), si le motif de l'opposition était judiciaire, il faudrait se pourvoir en référé devant le président du tribunal civil. — C. procéd., art. 607. — V. *infrà* chap. 6, sect. 3.

932. — La demande en distraction des meubles compris dans une saisie pratiquée pour le recouvrement des contributions ne peut être soumise à l'autorité judiciaire sans avoir été portée devant l'autorité administrative. — *Cons. d'état*, 29 août 1809, Buquet c. recev. de Louviers.

933. — Les offres réelles arrêtent les poursuites lorsqu'elles sont régulières. — Durieu, t. 2, p. 108.

934. — Si, au moment où le porteur de contraintes vient à effectuer une saisie dans l'étendue de la commune du chef-lieu de perception, le contribuable retardataire demande à se libérer chez le percepteur, l'agent de poursuites doit, sur la déclaration écrite du contribuable, suspendre la saisie, et, sur le vu de la quittance du percepteur, il inscrit dans son procès-verbal le motif qui lui a fait suspendre son opération. — Dans ce cas, le contribuable doit seulement le prix du timbre du procès-verbal, et, pour les vacations du porteur de contraintes, le prix d'une journée de garnison individuelle, ainsi que le salaire des assistans, d'après le tarif arrêté par le préfet. — Réglem. 21 déc. 1839, art. 68.

935. — Si la saisie a lieu dans une commune autre que celle du chef-lieu de perception, et que le contribuable demande également à se libérer

duel le percepteur, le porteur de contraintes s'établit en qualité de garnisaire au domicile du retardataire pendant tout le temps que celui-ci emploie à effectuer sa libération, et, sur le vu de la quittance du percepteur, il inscrit dans son procès-verbal, comme il a été précédemment indiqué, le motif qui lui a fait discontinuer la saisie. Dans ce second cas, le contribuable ne doit au porteur de contraintes, savoir : — s'il justifie de la quittance du percepteur dans la première journée de l'opération, que le prix d'une journée de garnison individuelle et le salaire des assistans ; — et si cette justification ne peut être donnée que dans la journée du lendemain, que deux journées de garnison individuelle. — Même réglem., art. 68.

936. — A la fin de la seconde journée, si le contribuable retardataire n'a pas opéré sa libération ou n'en justifie pas, le porteur de contraintes exécute la saisie; alors le contribuable doit, indépendamment des frais de la saisie, deux journées de garnison individuelle. — Même réglem., même art.

937. — Le redevable qui est dans l'intention de se libérer entre les mains du percepteur, doit faire sa déclaration par écrit ou sur le procès-verbal de saisie; s'il ne peut ou ne sait signer, le procès-verbal en fait mention. — Durieu, t. 2, p. 101.

938. — Les à-comptes donnés au percepteur ne suspendent les poursuites que lorsqu'ils forment une grande partie de la dette. — Circul. min. 31 mars 1831.

939. — Dans les cas précités le porteur de contraintes est tenu de faire mention, à la suite du procès-verbal de suspension de saisie, de la date de la quittance du percepteur et de la somme pour laquelle elle a été délivrée. — Réglem. 21 déc. 1839, art. 68.

940. — En cas de revendication des meubles et effets saisis, l'opposition n'est portée devant les tribunaux qu'après avoir été, conformément aux lois des 5 nov. 1790 et 12 nov. 1808, déférée à l'autorité administrative: en conséquence, le percepteur se pourvoit auprès du sous-préfet par l'intermédiaire du receveur particulier, pour qu'il y soit statué par le préfet sous le plus bref délai. — Réglem. 21 déc. 1839, art. 69. — V. *infrà* chap. 6, sect. 3.

941 — Le porteur de contraintes qui, se présentant pour saisir, trouve une saisie déjà faite, se borne à procéder au récolement des meubles et effets saisis et, s'il y a lieu, provoque la vente, ainsi qu'il est prescrit par les art. 611 et 612, C. procéd. — Régl. 21 déc. 1839, art. 70.

942. — En cas de disparition du redevable, le porteur de contraintes fait certifier son absence par le maire ou l'adjoint, et constater si le redevable a emporté ou laissé ses meubles, pour en référer au percepteur, qui prend les mesures qu'il juge convenables. — Durieu, t. 2, p. 100.

943. — Lorsque le porteur de contraintes ne peut exécuter sa commission parce que les portes sont fermées ou que l'ouverture en est refusée, il a le droit d'établir un gardien aux portes pour empêcher le divertissement. — Il se retire sur-le-champ devant le maire ou l'adjoint, lequel autorise l'ouverture des portes, y assiste et reste présent à la saisie des meubles et effets. — L'ouverture des portes et la saisie sont constatées par un seul procès-verbal dressé par le porteur de contraintes, et signé en outre par le maire ou son adjoint. — Réglem. 21 déc. 1839, art. 71.

944. — Le procès-verbal de saisie fait mention de la réquisition faite au saisi de présenter un gardien volontaire. Le porteur de contraintes est tenu d'admettre ce gardien, sur l'attestation de solvabilité donnée par le maire de la commune. — Même réglem., art. 72.

945. — Si le saisi ne présente pas de gardien, le porteur de contraintes en établit un d'office, en observant les prohibitions portées par l'art. 598, C. procéd. — Réglem. 21 déc. 1839, art. 73.

946 — Il ne peut être établi qu'un seul gardien. Dans le cas où la nature des objets saisis en exigerait un plus grand nombre, il y serait pourvu sur l'avis du maire de la commune. — Art. 74.

947. — Les gardiens à la saisie sont contraignables par corps pour la représentation des objets saisis. — Art. 75.

948. — Si le gardien d'effets saisis ne les représente pas, le percepteur se pourvoit auprès du sous préfet en autorisation de poursuivre ce gardien devant le tribunal civil, à l'effet de le condamner par corps au paiement des contributions dues et des frais de poursuites, conformément aux art. 2060. 2063 et 2067, C. civ., et à la loi du 17 avr. 1832 sur la contrainte par corps. — Art. 76.

949. — En cas de soustraction frauduleuse, les gardiens d'objets saisis autres que le saisi lui-même peuvent être poursuivis par la voie criminelle. — Le contribuable qui aura détruit, détourné ou tenté de détourner les objets saisis sur lui et confiés à sa garde est passible des peines portées à l'art. 406, C. pén. Il est passible des peines portées à l'art. 401 si la garde des objets saisis et par lui détruits ou détournés avait été confiée à un tiers. — Art. 76 *bis*.

950. — Cependant, le gardien préposé par le percepteur, n'ayant aucun caractère public, n'aurait pas le droit de requérir la force armée et de s'opposer ouvertement à l'enlèvement des meubles du redevable; mais, en cas de nécessité, le percepteur pourrait s'adresser au président du tribunal, qui commettrait un gardien judiciaire. — Durieu, t. 2, p. 246.

951. — Ne peuvent être saisis, pour contributions arriérées et frais faits à ce sujet, les lits et vêtemens nécessaires au contribuable et à sa famille; — les outils et métiers à travailler; — les chevaux, mulets, bœufs et autres bêtes de somme ou de trait servant au labour, les charrues, charrettes, ustensiles et instrumens aratoires, harnais de bêtes de labourage; — les livres relatifs à la profession du saisi, jusqu'à la somme de 300 fr., à son choix; — les machines et instrumens servant à l'enseignement pratique ou exercice des sciences et arts, jusqu'à concurrence de la même somme, et au choix du saisi; — les équipemens militaires, suivant l'ordonnance et le grade. — Réglem. 21 déc. 1839, art. 77.

952. — Il est laissé au contribuable saisi une vache à lait, deux chèvres ou trois brebis à son choix, avec les pailles, fourrages et graines nécessaires pour la nourriture et la litière de ces animaux pendant un mois; plus la quantité de grains ou de graines nécessaires à l'ensemencement ordinaire des terres. — Les abeilles, les vers à soie, les feuilles de mûriers, ne sont saisissables que dans les temps déterminés par les lois et usages ruraux. — Le tout à peine de 100 fr. d'amende contre les porteurs de contraintes qui contreviendraient à ces dispositions. — Arr. 16 thermid. an VIII, art. 52 ; réglem. 21 déc. 1839, art. 77.

953. — L'art. 592, C. procéd., postérieur à l'arrêté du 16 thermid. an VIII, loin de le modifier, n'a fait qu'ajouter aux dispositions qu'il consacrait en faveur des contribuables eux-mêmes; il faut donc les combiner et s'inspirer du sentiment d'humanité qui les a dictés pour arriver à une notion exacte de tous les objets qui doivent être respectés lors de la saisie. — C'est ce que les réglemens des 26 août 1824 et 21 déc. 1839 ont tenté de faire dans leur art. 77; toutefois, la nomenclature qu'ils donnent n'est pas complète. — V. à cet égard Laferrière, p. 202; Foucart, t. 2, n° 852; Magnitot et Delamarre, v° *Contributions directes*; Durieu, t. 2, sous l'art. 77.

954. — Il faut donc comprendre encore parmi les objets insaisissables tous ceux que la loi déclare immeubles par destination; les farines et menues denrées (pain et pot au feu, disait la loi du 2 oct. 1791, art. 16) nécessaires à la consommation du saisi et de sa famille pendant un mois. — C. procéd., art. 592, n° 7.

955. — A défaut d'objets saisissables, et lorsqu'il est constant qu'il n'existe aucun moyen d'obtenir le paiement de la cote d'un contribuable, il est dressé sur papier libre un procès-verbal de carence, en présence de deux témoins. Ce procès-verbal doit être certifié par le maire. — Le préfet décide selon les différens cas d'insolvabilité s'il y a lieu de mettre les frais de ce procès-verbal à la charge du percepteur, ou s'ils sont susceptibles d'être imputés comme la cote elle-même sur le fonds de non-valeurs. — Réglem. 21 déc. 1839, art. 78.

956. — L'insolvabilité des contribuables doit être constatée de la manière suivante : — 1° pour les retardataires qui auraient primitivement été réputés solvables, et contre lesquels une saisie, précédée de commandement, aurait été intentée, il sera fait usage des procès-verbaux de carence prescrits par l'art. 78; ces procès-verbaux seront individuels ou collectifs, suivant le nombre des contribuables insolvables contre lesquels la saisie aurait été dirigée dans le même jour ; — 2° pour les contribuables dont l'insolvabilité serait notoire, les percepteurs devront se borner, au moment où ils reconnaîtront cette insolvabilité, à obtenir (en exécution de l'arrêté du gouvernement du 6 mess. an X), des certificats des maires attestant l'indigence desdits contribuables. — Circul. min. 31 mars 1831; réglem. 21 déc. 1839, art. 78 *bis*.

957. — Les percepteurs doivent conserver lesdits certificats pour justifier du non-recouvrement des cotes, et pour former, en fin d'exercice, leurs états de cotes irrécouvrables. — Circul. min. 31 mars 1831; réglem. 21 déc. 1839, art. 78 *bis*.

958. — Quant aux procès-verbaux de carence, ils sont rédigés en double original et sur papier libre. L'un des doubles reste entre les mains des percepteurs pour être joint, comme pièce justificative, à l'appui des états de cotes irrécouvrables; l'autre double est mis à l'appui des états de paiement du salaire des porteurs de contraintes pour rester ensuite à la recette particulière. — Circul. min. 31 mars 1831 ; réglem. 21 déc. 1839, art. 78 *bis*.

959. — Le salaire des porteurs de contraintes et des témoins, pour les procès-verbaux de carence, est fixé par le tarif arrêté par le préfet. — Dans le cas où les témoins auraient été pris hors de la commune, leur salaire serait alloué comme si la saisie avait été effectuée et conformément à la taxe réglée pour ce dernier acte. — Circul. min. 31 mars 1831 ; réglem. 21 déc. 1839, art. 78 *bis*.

960. — Relativement aux frais de la saisie, V. les mesures nouvelles adoptées par M. le ministre des finances.

§ 4. — *Vente.*

961. — Huit jours seulement après la clôture du procès-verbal de saisie, il peut être procédé à la vente des meubles et effets saisis, et des fruits pendans par racines. — Réglem. 21 déc. 1839, art. 80.

962. — Le délai de huit jours doit être franc; du reste, la détermination d'un délai doit être entendue en ce sens que si elle ne permet pas de faire la vente avant huit jours, elle ne commande pas non plus d'y procéder immédiatement à l'expiration du délai. — Il y a des cas, par exemple, où il se trouve prolongé par suite des dispositions de la loi, notamment dans le cas de l'art. 620, C. procéd. civ., ou quand il s'agit de la vente de vaisselle d'argent ou de bijoux de la valeur de cinq cents francs au moins. — C. procéd., art. 621 ; — Durieu, sous l'art. 80, n°s 1 et suiv.

963. — Néanmoins le délai de huit jours peut être abrégé, avec l'autorisation du sous-préfet, lorsqu'il y a lieu de craindre le dépérissement des objets saisis. — Réglem. 21 déc. 1839, art. 80.

964. — M. Durieu (sous l'art. 80, n° 8) pense, malgré le texte de l'art. 80 du réglement, que l'autorisation du sous-préfet ne saurait suffire seule pour abréger les délais de la vente : et en effet, les délais sont établis dans l'intérêt des redevables, et il ne semble pas que l'administration, par le sous-préfet qui la représente, puisse prononcer elle-même entre elle et le redevable, et décider seule de l'urgence qu'il peut y avoir à s'écarter de la règle générale. — Le percepteur devra donc, si les objets saisis sont sujets à se corrompre, prendre, outre l'autorisation du sous-préfet, qui lui est toujours nécessaire pour sa propre responsabilité, l'autorisation du juge. — Cette autorisation doit être demandée par requête présentée au président du tribunal civil.

965. — Aucune vente ne peut s'effectuer qu'en vertu d'une autorisation spéciale du sous-préfet, accordée sur la demande expresse du percepteur, par l'intermédiaire du receveur particulier. — L'avis du receveur particulier et l'autorisation du sous-préfet seront placés à la suite de la demande du percepteur. — Réglem. 21 déc. 1839, art. 79

966. — Les ventes de meubles sont faites par les commissaires-priseurs, dans les villes où ils sont établis. — L. 28 juill. 1820, art. 81. — Toutes autres ventes sont faites par les porteurs de contraintes, dans les formes usitées pour celles qui ont lieu par autorité de justice (C. procéd. civ., tit. 8 et 9, liv. 5). — Réglem. 21 déc. 1839, art. 81.

967. — Le porteur de contraintes doit être assisté de deux témoins sachant signer et domiciliés dans la commune où se fait la vente. — Durieu, sous l'art. 81, n° 19.

968. — Si la vente ne pouvait avoir lieu parce que l'objet est complétement avarié, le porteur de contraintes ferait constater l'avarie, et il serait fait mention au procès-verbal de la cause qui empêche la vente, sauf recours contre le gardien si l'avarie provient de sa négligence. — Durieu, sous l'art. 81, n° 23.

969. — La vente doit avoir lieu dans la commune où s'opère la saisie. Mais le maire peut ordonner qu'elle ait lieu au marché le plus voisin ou dans tout autre jugé plus avantageux. Les frais de transport des meubles et objets saisis sont réglés par le sous-préfet. — Réglem. 21 déc. 1839, art. 82.

970. — Si le maire pense que la vente doit être faite au marché le plus voisin, le porteur de contraintes y procède d'après la règle générale du Code de procédure (art. 617). — Si, au contraire, le fonctionnaire a indiqué soit la maison du saisi, soit tel ou tel endroit autre que le marché voisin, le percepteur se pourvoit devant le tribunal civil de l'arrondissement, par simple requête, pour obtenir la permission de procéder à la vente sur le

point indiqué. — Cette marche a été, au surplus, approuvée par une lettre du ministre des finances au préfet des Bouches-du-Rhône, du 29 mars 1834, dans laquelle ce ministre reconnaît formellement que, malgré l'art. 82 du réglement, c'est au tribunal civil qu'il appartient de désigner en définitive le lieu de la vente, dans le cas et en exécution de l'art. 617, C. procéd. civ. — Durieu, sous l'art. 82, nº 2.

971. — Les porteurs de contraintes et les percepteurs ne peuvent se rendre adjudicataires des objets vendus en conséquence des poursuites faites ou dirigées par eux, sous peine de destitution. — Réglem. 21 déc. 1839, art. 83.

972. — Dès que le produit de la vente est suffisant pour solder le montant des contributions dues et des frais de poursuites, les porteurs de contraintes et commissaires-priseurs sont tenus, sous leur responsabilité personnelle, de discontinuer la vente. — L. 23 juill. 1820, art. 31 ; réglem. 21 déc. 1839, art. 81.

973. — Le percepteur doit être présent à la vente ou s'y faire représenter pour en recevoir les deniers : il est responsable desdits deniers. — Même réglem., art. 84.

974. — L'absence du percepteur ou d'un représentant ne serait pas une cause de nullité : toutefois elle pourrait présenter de sérieux inconvéniens, et si elle se reproduisait souvent chez un percepteur, elle pourrait l'exposer au blâme mérité de ses supérieurs. — Durieu, sous l'art. 84, nº 4.

975. — Immédiatement après avoir reçu le produit de la vente, le percepteur émarge les rôles jusqu'à concurrence des sommes dues par le saisi, et lui en délivre quittance à souche. — Réglem. 21 déc. 1839, art. 85.

976. — Le percepteur conserve en ses mains le surplus du produit de la vente, s'il y en a, jusqu'après la taxe des frais, et délivre au contribuable une reconnaissance portant obligation de lui en rendre compte, et de lui restituer l'excédant s'il y a lieu ; — ce compte est rendu à la réception de l'état des frais régulièrement taxés, inscrit à la suite du procès-verbal de vente, et signé contradictoirement par le contribuable et le percepteur. — Même réglem., même art.

977. — A défaut par le contribuable de savoir signer, il faudrait distinguer, conformément à l'art. 738 de l'instruct. gén. min. des fin. du 15 déc. 1826, suivant la quotité de la somme à restituer ; — si cette somme n'excède pas 150 fr., le percepteur pourrait en effectuer le paiement, en présence de deux témoins qui signeraient avec lui au bas du compte la déclaration du contribuable qu'il ne sait ou ne peut signer ; — mais si la somme dépasse ce chiffre, il faut nécessairement recourir à un acte notarié aux frais du contribuable.

978. — En cas d'opposition à la délivrance des deniers, le porteur de contraintes ou le commissaire-priseur doit consigner les deniers à la caisse des consignations conformément aux art. 657 et suiv., C. procéd., s'ils ne sont pas affectés au privilége du trésor ; mais si le trésor a un privilége, le percepteur peut exiger le versement immédiat à sa caisse des sommes dues au trésor en exécution de l'art. 2, L. 12 nov. 1808. — Durieu, t. 2, p. 184, sous l'art. 84, nº 1er.

979. — En cas de contestation sur la légalité de la vente et d'opposition sur les fonds en provenant, le percepteur se pourvoit, ainsi qu'il est dit en l'art. 69 du réglement, auprès du sous-préfet, par l'intermédiaire du receveur particulier, pour qu'il y soit statué par le préfet sous le plus bref délai. — Réglem. 21 déc. 1839, art. 86.

980. — Toute vente faite contrairement aux formalités prescrites par les lois donne lieu à des poursuites contre ceux qui y ont procédé et les frais faits restent à leur charge. — Réglem. 21 déc. 1839, art. 87.

981. — En ce qui concerne les frais de poursuite par voie de saisie et de vente, la circulaire min. fin. du 21 déc. 1819 est ainsi conçue : « bien que le salaire des porteurs de contraintes ait été réglé jusqu'à présent par des tarifs décroissans, on conçoit, d'après ce qui a été fait pour les frais de garnison et de commandement (V. *suprà* §§ 1er et 2), qu'il est préférable d'uniformiser le mode de tarification des frais, c'est-à-dire de donner à ceux-ci la fixité qui devra exister pour tous les autres degrés de poursuites. On observera d'ailleurs que les saisies et les ventes sont des actes qui, à la différence du commandement, ne consistent pas dans la simple signification d'une copie ; ils entraînent des formalités nombreuses de la part de l'agent de poursuites, et l'on ne saurait mesurer le temps que ces formalités peuvent exiger ni payer l'agent autrement que par vacation, ce qui exclut la décroissance des frais. »

982. — C'est en conséquence de ces observations

que le ministre a supprimé les tarifs décroissans partout où ils existaient, et a établi pour chaque acte de poursuites un salaire fixe, connu à l'avance des autorités municipales, des contribuables et des comptables : il a pensé que peu à peu, et grace à cette fixité dans le coût des actes, les habitans des communes les plus reculées parviendraient à connaître le prix exact de chaque signification différente qui leur serait faite, de se mettre au courant, et que les fraudes qui se commettaient trop fréquemment, malgré la surveillance des receveurs des finances, deviendraient plus rares chaque jour. — Même circulaire.

§ 5. — *Mesures conservatoires, saisie-arrêt, gardien.*

983. — A défaut de paiement de contributions par un receveur, agent, économe, notaire, commissaire-priseur, ou autre dépositaire et débiteur de deniers provenant d'un redevable, le percepteur peut faire, entre les mains desdits dépositaires et débiteurs de deniers, une saisie-arrêt ou opposition. — Réglem. 21 déc. 1839, art. 88.

984. — Le percepteur n'est pas toujours tenu d'employer la saisie-arrêt à l'égard des tiers débiteurs ou détenteurs de sommes appartenant aux redevables ; il peut user d'un mode plus prompt et plus expéditif, en vertu de l'art. 14 du réglement et de la disposition spéciale de la loi du 12 nov. 1808. Dans ce cas, il se borne à leur faire une sommation de payer et les y force par voie de contrainte personnelle. Les formes de poursuites sont alors les mêmes que celles employées contre les contribuables eux-mêmes. — Dufour, nº 1072 ; Durieu, sous l'art. 89, nº 1er.

985. — Mais, en tous cas, le dépositaire d'une somme appartenant à un contribuable saisi ne pourrait être tenu de la remettre, à son acquit, au percepteur, si celui-ci ne lui avait fait, à ce sujet, aucune interpellation directe ni légale. — *Limoges*, 29 déc. 1812, Farge c. Laval.

986. — La saisie-arrêt ou opposition, quand le percepteur croit devoir s'en contenter, s'opère à sa requête par le ministère d'un huissier ou d'un porteur de contraintes, sans autre diligence, et sans qu'il soit besoin d'autorisation préalable, suivant les formes réglées, tit. 7, liv. 5, C. procéd. civ : il en suit l'effet conformément aux dispositions de ce code. — Réglem. 21 déc. 1839, art. 89.

987. — La saisie-arrêt étant une mesure conservatoire et non un acte de poursuite, il n'y a donc aucun inconvénient à ce que le percepteur la fasse faire sans autorisation du receveur particulier ou du sous-préfet ; — il n'a pas besoin non plus de la permission du juge, puisque le rôle lui tient lieu de titre. — C. procéd. civ., art. 558.

988. — La saisie-arrêt n'est pas nécessaire lorsque le percepteur a fait constater sa demande ou sa saisie-arrêt dans un procès-verbal de vente de récolte ou d'effets mobiliers, dressé par un officier ministériel. — Réglem. 21 déc. 1839, art. 89.

989. — Lorsque la saisie-arrêt ou opposition doit être faite entre les mains d'un receveur ou de tout autre dépositaire de deniers publics, le porteur de contraintes se conforme aux formalités prescrites par le décret du 18 août 1807. — Réglem. 21 déc. 1839, art. 90.

990. — Si les tiers saisis élèvent des contestations, elles sont évidemment de la compétence des tribunaux ordinaires, lors même qu'elles porteraient sur le droit conféré au trésor en lui-même. Il s'agit, en effet, de questions purement civiles dans lesquelles les conseils de préfecture n'ont pas le droit de s'immiscer. — Dufour, nº 1072. — *Cons. d'état*, 17 sept. 1838, Lavaud.

991. — Autrement, et si les contestations émanaient des contribuables eux-mêmes, elles devraient être portées devant le conseil de préfecture, soit que le contribuable contestât la validité du titre, au fond ou en la forme, en vertu duquel il est poursuivi (*Cons. d'état*, 16 fév. 1832, Pichon), soit qu'il opposât l'irrégularité des actes de poursuites eux-mêmes ou le défaut de qualité des agens dont ils émanent (*Cons. d'état*, 22 fév. 1821, Devillenouvette c. Deminé), soit enfin qu'il prétendît avoir payé tout ou partie de la somme qui lui est réclamée. — Dufour, t. 2, nº 1069.

992. — Lorsqu'un percepteur est informé d'un commencement d'enlèvement furtif de meubles ou de fruits, et qu'il y a lieu de craindre la disparition du gage de la contribution, il a le droit, s'il y a déjà eu un commandement, de faire procéder immédiatement et sans autre ordre ni autorisation, à la saisie-exécution par un porteur de contraintes et, à son défaut, par un huissier des tribunaux. — Réglem. 21 déc. 1839, art. 91.

993. — D'après l'art. 583, C. procéd., la saisie-exécution peut avoir lieu un jour après le commandement : nous avons vu qu'en matière de con-

tributions, et dans le seul intérêt des redevables, l'art. 63 du réglement avait porté ce délai d'un jour à *trois* ; — or, l'art. 91, en disant que dans le cas de tentative d'enlèvement furtif des meubles le percepteur aura le droit de faire procéder à la saisie immédiatement après le commandement, ne signifie pas qu'il le pourrait une heure, par exemple, après le commandement, mais que, pour ce cas, la faveur de la prorogation de délai cesse et qu'on peut revenir aux dispositions du code de procédure, c'est-à-dire procéder à la saisie un jour après le commandement ; — telle nous paraît être la véritable portée du mot *immédiatement* employé dans notre article, lequel, du reste, ne paraît accorder aucun autre droit nouveau au percepteur. — V. en ce sens Durieu, sous l'art. 93, nº 3.

994. — Si le commandement n'a pas été fait, le percepteur établit d'office, soit au domicile du contribuable, soit au lieu où existe le gage de l'impôt, un gardien chargé de veiller à sa conservation, en attendant qu'il puisse être procédé aux poursuites ultérieures qui commenceront sous trois jours, au plus tard. — Réglem. 21 déc. 1839, art. 92.

995. — Si le percepteur qui n'a pas fait le commandement était cependant déjà muni de l'autorisation de le faire, M. Durieu (sous l'art. 93, nº 4) enseigne avec raison qu'il peut le faire délivrer et passer outre, un jour après, à la saisie, ainsi qu'il est prescrit par l'art. 91 du réglement.

996. — L'art. 92 ne s'appliquerait donc qu'au cas seulement où le percepteur, n'ayant pas encore les autorisations qui lui sont nécessaires, d'après l'art. 56, pour faire le commandement, se trouverait dans l'impossibilité d'agir. — Durieu, *loc. cit.*

997. — Néanmoins le percepteur ne peut établir de gardien, conformément aux dispositions ci-dessus des art. 91 et 92 du réglement, sans en informer le maire de la commune du contribuable, et en rendre compte au receveur particulier en lui demandant ses instructions. — Dans tous les cas, la vente ne peut être faite que dans la forme ordinaire. — Réglem. 21 déc. 1839, art. 93.

998. — Si les meubles avaient été enlevés furtivement ou ouvertement, peu importe, et transportés au domicile d'un tiers, le respect dû à ce domicile et la maxime qu'en fait de meubles la possession vaut titre protégeraient ce tiers contre une poursuite qui n'est nominativement exercée que contre le redevable lui-même. — Cependant, s'il était bien certain que les meubles n'ont pas cessé d'appartenir au contribuable, M. Durieu (*loc. cit.* nº 6) ne doute pas qu'on ne pût les atteindre, même par voie de saisie-exécution, si le percepteur était d'ailleurs pourvu d'une contrainte contre le redevable ; mais si la contrainte n'avait pas été décernée, le percepteur, n'ayant pas de titre exécutoire, ne pourrait procéder que par voie de saisie-arrêt.

§ 6. — *Saisie immobilière.*

999. — A défaut de toute autre ressource du redevable ou dans leur insuffisance, le trésor peut poursuivre l'expropriation de ses immeubles par voie de saisie immobilière. — Favard de Langlade, *Rép.*, vº *Contributions directes*, sect. 1re, § 2, nº 4.

1000. — Le droit d'expropriation, contesté pendant quelque temps au trésor, mais constamment admis par l'administration et formellement reconnu par un avis du conseil d'état du 27 fév. 1812, résultait pour elle de l'art. 3, L. 12 nov. 1808, ainsi conçu : « Le privilége attribué au trésor public pour le recouvrement des contributions directes, ne préjudicie point aux autres droits qu'il pourrait exercer sur les biens des redevables, *comme tout autre créancier.* » — Cet art. 3 a été depuis, pour prévenir tout doute à cet égard, textuellement transporté dans les réglemens de 1826 et 1839, dont il forme l'art. 12.

1001. — Jugé, en conséquence, que le recouvrement d'une créance d'impositions peut être poursuivi sur la généralité des biens du contribuable. — *Bordeaux*, 5 juin 1832, Lamarque c. percept. de la comm. de Blanquefort.

1002. — Toutefois, un percepteur ne peut poursuivre, hors du rayon de sa perception, un contribuable en retard que lorsqu'il a reçu du receveur particulier de l'arrondissement une autorisation spéciale pour diriger les poursuites. — Même arrêt.

1003. — Ce n'est, en effet, qu'avec une extrême circonspection que l'administration se déciderait à user de son droit. « Ces cas d'exception, heureusement très rares, lisait on dans les motifs du projet de réglement sur les poursuites arrêté en 1819 par le ministre des finances, peuvent seuls en nécessiter l'exercice rigoureux : il paraît prudent de

ne pas indiquer, à cet égard, des règles qui ne sont pas d'une application habituelle. »

1004. — Ces considérations ont déterminé le ministre à se réserver seul l'appréciation des circonstances qui pouvaient déterminer l'emploi d'une semblable voie : les percepteurs, et même les receveurs particuliers, n'ont à cet égard qu'un simple droit d'initiative, et ne peuvent faire qu'une proposition, sur laquelle le ministre statue souverainement. — C'est, au surplus, ce que, pour plus de sûreté, le ministre a cru devoir formuler d'une manière précise en introduisant, dans le réglement du 21 déc. 1839, et sous le nº 12 *bis*, un article nouveau, ainsi conçu : « L'expropriation ne peut être poursuivie qu'avec l'autorisation du ministre des finances, sur la proposition du receveur particulier et l'avis du préfet. »

1005. — Pour éviter d'en venir à cette rigueur, même dans le cas où le contribuable ne présente aucun revenu saisissable, quelques administrations locales avaient proposé de décider que lorsqu'un contribuable, d'ailleurs insolvable, aurait (ce qui arrive assez fréquemment) abandonné ou laissé inculte la propriété pour laquelle il était imposé au rôle de la contribution foncière, l'administration affermerait la propriété dont il s'agit, à la charge par le fermier d'acquitter la contribution et de garder le surplus du fermage, s'il y en avait, à la disposition du propriétaire. — Mais cette mesure, évidemment illégale, a été formellement condamnée par l'avis du conseil d'état du 27 fév. 1812. — Durieu, sous l'art. 12, nº 7.

1006. — En tous cas, la procédure, si l'administration se décidait à recourir à l'expropriation forcée, serait celle prescrite par le Code de procédure civile, aucune règle spéciale n'étant prescrite à ce sujet par les lois ou les réglemens fiscaux.

§ 7. — *Frais, justification, réglement, recouvrement.*

1007. — Les frais de sommation à des tiers, de saisie-arrêt, saisie-exécution, saisie-brandon, vente, et de tous les actes qui s'y rapportent, sont fixés conformément au tarif annexé au réglement du 21 déc. 1839, art. 96.

1008. — Quant aux frais extraordinaires qui ne peuvent entrer en taxe, tels que honoraires d'avocats ayant plaidé pour des percepteurs autorisés à employer leur ministère, ils seraient imputés, par décision du ministre, sur le crédit des frais généraux de perception. — Durieu, sous l'art. 96, nº 2.

1009. — Chacun des actes de poursuite délivrés par les porteurs de contraintes et garnisaires relate le prix auquel il a été taxé, à peine de nullité. — Réglem. 21 déc. 1839, art. 99.

1010. — Malgré les termes formels de cette disposition, M. Durieu pense (sous l'art. 99) que l'omission de la mention du prix n'entraînerait pas la nullité de l'acte. Seulement, dit-il, l'administration appréciant l'importance de la mention pourrait déclarer qu'elle considère comme nul, pour l'agent de poursuites, l'acte qui ne relate pas le coût, et qu'il sera rejeté de la taxe comme irrégulier. — Art. 105 du réglem. — De sorte qu'en définitive le porteur de contraintes, outre l'amende, supporterait les frais de l'acte.

1011. — Les fixations déterminées pour le prix des divers actes de poursuites doivent être affichées dans chaque bureau de perception (arr. 16 therm. an VIII, art. 27), et à la mairie de chaque commune. — Réglem. 21 déc. 1839, art. 100.

1012. — Les listes nominatives constatant les poursuites exercées par voie de garnison, l'état des commandemens signifiés et le bordereau des frais résultant de tous actes, doivent être dressés en double expédition, certifiés par les agens de poursuites, signés par le percepteur, et adressés au receveur particulier, qui, après les avoir vérifiés, en arrête provisoirement le montant, et les remet au sous-préfet avec les pièces dont ils doivent être accompagnés : ces listes, états et bordereaux ne doivent comprendre que les frais résultant de la contrainte qui a prescrit les poursuites; ils indiquent les noms des retardataires, la somme pour laquelle chacun d'eux a été poursuivi, la date des actes, le prix de chaque acte de poursuite, d'après les fixations arrêtées par le préfet. — Les porteurs de contraintes doivent joindre à l'appui les originaux des actes de commandement, saisie et vente, et la contrainte ou autorisation en vertu de laquelle ils ont agi. — Réglem. 21 déc. 1839, art. 102; 16 thermid. an VIII, art. 46.

1013. — Le sous-préfet, après vérification, arrête et rend exécutoires les états de frais; il en tient registre et renvoie sans retard les deux expéditions au receveur particulier. — Réglem. 21 déc. 1839, art. 103; arr. 16 thermid. an VIII, art. 47.

1014. — Lorsque le receveur particulier, en vérifiant l'état des frais de poursuites, reconnaît des abus dans l'application des tarifs, il propose au sous-préfet de réduire les frais à ce qui est légitimement dû à l'agent des poursuites. — Le sous-préfet peut opérer d'office cette réduction quand il le juge nécessaire. — Réglem. 21 déc. 1839, art. 104.

1015. — Les contribuables intéressés pourraient également signaler au sous-préfet les abus qu'ils auraient reconnus dans l'état de frais : mais leurs réclamations, dans ce cas, constitueraient de simples renseignemens propres à éclairer le sous-préfet et non un débat contentieux sur lequel celui-ci devrait statuer comme juge. La décision du sous-préfet n'empêcherait donc point le contribuable et le porteur de contraintes de se pourvoir devant le conseil de préfecture, seul compétent pour prononcer au contentieux sur les frais en matière de contributions, sauf recours au conseil d'état. — Durieu, sous l'art. 105, nº 2.

1016. — Aux termes de l'art. 105, réglem. 21 déc. 1839, doivent être rejetés et mis à la charge de l'agent qui les a exécutés, ou du comptable qui les a provoqués : 1º les frais de poursuites sujets à l'enregistrement, non constatés par la production des actes originaux ; — 2º les frais à l'appui desquels n'est pas rapportée la contrainte ou l'autorisation spéciale du receveur particulier; — 3º tous frais faits contre les contribuables notoirement insolvables à l'époque où ils ont été poursuivis, ou pour des taxes résultant d'erreurs évidentes sur les rôles, dont le percepteur aurait négligé de demander la rectification; — 4º les poursuites de toute nature exercées arbitrairement, ou dans un ordre contraire à celui qui est tracé par ce réglement. —

1017. — Le 2º de cet article ne s'applique pas évidemment aux actes qui peuvent être faits sans autorisation préalable, tels que la sommation au tiers détenteur, la saisie-arrêt. — Durieu, sous l'art. 105, nº 3. — Quant au 4º, il en a été fait application : 1º aux actes d'une saisie interrompue par suite d'offre de paiement, par le motif que cette offre n'avait pas été constatée suivant les règles établies en l'art. 68 du réglem. (lettre minist. fin. au préfet des Bouches-du-Rhône, du 31 déc. 1832); — 2º aux frais d'une saisie-arrêt dont le percepteur avait donné main-levée avant d'avoir été payé intégralement des sommes pour lesquelles cette saisie avait été opérée, attendu que si les comptables, au lieu d'accorder un *sursis* en exécution de la circulaire du 31 mars 1831, lorsque des à-compte leur sont payés, croient pouvoir donner main-levée, les frais de la saisie doivent être considérés comme ayant été inutilement faits. — Lettre du direct. de la comptab. génér. des fin. au recev. particul. de Bergerac, du 3 oct. 1831.

1018. — C'est le percepteur qui est responsable de l'irrégularité des poursuites résultant de l'erreur commise dans la contrainte qu'il a fait mettre à exécution, soit que cette contrainte ait été délivrée à sa demande, soit qu'elle ait été décernée d'office; il ne pourrait rejeter cette responsabilité sur le receveur des finances, car ce dernier, en décernant la contrainte, ne s'est fondé que sur les états qui lui avaient été fournis par le percepteur, en exécution de l'art. 1005 de l'instruction générale du 15 déc. 1826 et de l'art. 24 du réglem. du 21 déc. 1839. — Il n'en pourrait être différemment qu'autant que le receveur n'aurait pas remis la contrainte décernée d'office au percepteur lui-même et l'aurait fait exécuter directement par le porteur de contraintes. — Durieu, *Mém. des percept.*, t. 17, 1840-1841, p. 121 et suiv.

1019. — Les originaux des actes de poursuites et autres pièces produites à l'appui restent déposés à la recette particulière, pour y avoir recours au besoin. — Réglem. 21 déc. 1839, art. 106.

1020. — Mais cet article n'oblige pas le receveur particulier de conserver aussi dans ses bureaux une expédition des états de frais de poursuites arrêtés par le sous-préfet en exécution de l'art. 103; cet art. 103 n'exigeant que deux expéditions des états de frais, l'une pour être adressée aux percepteurs, l'autre pour le receveur général, il n'est pas possible d'en conserver une pour le receveur particulier. — Lettre min. à un inspect. des fin. du 2 oct. 1833.

1021. — Le salaire et le prix des actes dus aux porteurs de contraintes et aux garnisaires sont payés par le receveur particulier, sur la quittance de ces agens, mise au pied d'une des expéditions des états définitivement arrêtés par le sous-préfet. — Il est expressément défendu aux percepteurs de payer directement les salaires et actes de poursuites aux porteurs de contraintes ou garnisaires. — Réglem. 21 déc. 1839, art. 107.

1022. — Les comptables qui enfreindraient la prohibition de cet article, non seulement encourraient le blâme de l'administration et même la révocation selon les cas, mais de plus, s'exposeraient à perdre les sommes qu'ils auraient indûment avancées, si ces sommes n'étaient pas admises en taxe; dans ce cas, ils n'auraient d'autres recours qu'une action en restitution contre les agens mêmes qui auraient reçu. — Durieu, sous l'art. 107, nº 1er.

1023. — Les receveurs particuliers sont tenus de constater dans leurs écritures, à deux comptes spéciaux, la totalité des sommes payées par eux pour frais de poursuites et des remboursemens qui leur en sont faits par les percepteurs. — Ils envoient successivement à la recette générale une des expéditions des états de frais acquittés par les agens de poursuites. Ces pièces sont produites à la cour des comptes par le receveur général à l'appui de son compte annuel. — Réglem. 21 déc. 1839, art. 108.

1024. — Les receveurs particuliers ne doivent plus, comme ils y étaient autorisés par la circulaire du 23 avr. 1811, faire rembourser par les percepteurs le montant des frais payés aux agens de poursuites, avant que le recouvrement en ait été opéré sur les contribuables. L'art. 901, inst. gén. 15 déc. 1826, a décidé sur ce point que les pièces justificatives des frais payés par les receveurs particuliers sont transmises aux receveurs généraux, qui restent chargés de cette avance jusqu'à l'époque du recouvrement par les percepteurs. — Lettre du direct. de la comptab. génér. des finan. du 9 juill. 1827.

1025. — La seconde expédition des états de frais rendus exécutoires par le sous-préfet est remise par le receveur particulier au percepteur, qui en devient comptable envers le receveur particulier, et est chargé d'en suivre le recouvrement sur les contribuables y dénommés. — Réglem. 21 déc. 1839, art. 109.

1026. — Le percepteur est tenu d'émarger sur lesdits états les paiemens qui lui sont faits pour remboursement des frais, et d'en donner quittance de la même manière que pour les contributions directes. — Réglem. 21 déc. 1839, art. 110.

1027. — Si le contribuable poursuivi veut se libérer des frais sans attendre la taxe, il est admis à en consigner le montant entre les mains du percepteur, qui lui en donne une quittance détachée de son livre à souche, et émarge le paiement sur le double de la contrainte restée entre ses mains. (Art. 23 du réglem.) — A la réception de l'état des frais taxés, le percepteur y émarge, jusqu'à concurrence des frais à la charge du contribuable, la somme provisoirement consignée par ce dernier. — Si cette somme excède le montant des frais taxés, il tient compte de cet excédant au contribuable de la manière prescrite pour les excédans provenant des contributions directes. — Si, au contraire, elle ne couvre pas le montant des frais taxés, il suit le remboursement du surplus, conformément à ce qui est prescrit par l'art. 109. — Dans tous les cas, en transportant au rôle les états de frais taxés, il émarge les sommes versées sur ces frais par les contribuables. — Réglem. 21 déc. 1839, art. 110 *bis*.

1028. — Le principe général qu'aucune somme ne peut être régulièrement exigée d'un contribuable qu'en vertu d'un titre exécutoire délivré par l'autorité compétente avait fait défendre aux percepteurs, avant le réglement de 1839, non seulement *d'exiger* des contribuables, avant la taxe et le visa du sous préfet, le montant des frais faits contre eux, mais encore de percevoir ces frais même volontairement offerts : cette prohibition se justifiait surtout dans le système du réglement de 1824, où, les porteurs de contraintes étant payés à la journée et d'après des tarifs nécessairement variables, le montant des frais à percevoir n'était presque jamais connu exactement des percepteurs avant la remise des états taxés. Les contribuables auraient été amenés trop facilement à payer des sommes quelquefois plus fortes que celles auxquelles ils pouvaient être taxés.

1029. — Toutefois, il y avait un avantage tel pour les percepteurs à recevoir des redevables qui veulent se libérer le montant des frais en même temps que le principal de la dette, qu'il y avait peu de comptables qui ne contrevinssent pas plus ou moins à cette interdiction du réglement : et, en effet, tel contribuable eût payé sans difficulté le montant des frais en même temps que le principal, qui ne le ferait plus tard qu'après de vives contestations, parfois même de nouvelles poursuites : d'autres contribuables sont ou deviennent presque insolvables, et on n'obtient leur libération qu'avec beaucoup de peine; d'autres enfin ne sont pas établis dans la commune, à domicile fixe : dans ces divers cas, un percepteur qui refuserait de recevoir un paiement de frais offert risquerait de voir ces frais retomber à sa charge ou à celle du fonds de non-valeurs.

1030. — L'art. 110 *bis*, dont nous venons de donner le texte, a eu pour but de prévenir ces in-

conviennent réels; d'ailleurs la fixité des nouveaux tarifs arrêtés en exécution du règlement de 1839 devait lever le seul obstacle qui jusqu'alors s'opposait à ce que l'administration généralisât une mesure qu'elle avait été obligée de tolérer dans quelques localités; l'art. 110 bis est rédigé du reste de façon à concilier les prescriptions des règlemens avec les exigences du recouvrement de l'impôt; mais il est bien entendu, et cet article le dit d'ailleurs expressément, que tout doit être volontaire et facultatif de la part du contribuable dans le payement des frais non taxés, et qu'en aucun cas, sous aucun prétexte, les percepteurs ne doivent exiger ce payement sous les peines les plus sévères. — Circ. min. fin. 21 déc. 1839.

1031. — Quelques percepteurs avaient cru pouvoir, dans le but de faciliter les recouvremens, faire avec les contribuables des espèces de transactions par lesquelles ils leur remettaient tout ou partie des frais de poursuites, moyennant le payement immédiat des termes restant à courir de la contribution; mais une lettre du directeur de la comptabilité générale des finances, adressée au préfet de la Seine le 14 mai 1830, blâme formellement ces sortes d'arrangemens comme irréguliers et pouvant ouvrir la porte à des abus. — Durieu, sous l'art. 110, n° 2.

1032. — Les frais, devant être recouvrés sur le redevable comme le principal, sont soumis naturellement à la même prescription, c'est-à-dire à la prescription de trois ans. Mais de quelle époque ces trois ans courent-ils? — Une circulaire du ministre des finances du 25 oct. 1834 s'exprime sur ce point en ces termes: « L'art. 90, inst. gén. 15 déc. 1826, porte que les sommes qui resteraient à recouvrer sur les états de frais rendus exécutoires depuis trois ans doivent, comme cela se pratique pour les rôles, être soldés par les percepteurs, qui sont tenus en outre de faire le dépôt de ces états à la sous-préfecture, avec les rôles des exercices auxquels ils correspondent. Les actes dirigés contre les contribuables devant, aux termes de l'art. 22 du règlement sur les poursuites, comprendre toutes les sommes dues sans division d'exercice, plusieurs comptables ont demandé si la période de trois ans se déterminait par la date donnée à chaque état de frais, ou seulement par l'année dans laquelle il avait été rendu exécutoire. La réponse à cette question ne saurait être douteuse; il est évident que pour les états de frais de poursuites, comme pour les rôles, c'est l'année pendant laquelle ils sont mis en recouvrement qui forme le point de départ, quelle que soit d'ailleurs la date particulière donnée à chacun d'eux. » — Durieu, sous l'art. 18, n° 48, et sous l'art. 110, n° 4.

1033. — Tout contribuable taxé est en droit d'exiger du percepteur la communication de l'état de frais sur lequel il est porté. — Réglem. 21 déc. 1839, art. 111.

1034. — Le percepteur prévenu d'avoir frauduleusement, soit avant, soit après la taxe, exigé des frais pour une somme plus forte que celle qui est fixée par le tarif ou arrêtée dans l'état des frais, doit être traduit devant les tribunaux pour y être jugé comme concussionnaire. — Réglem. 21 déc. 1839, art. 112.

1035. — « La poursuite, dit M. Durieu (sous l'art. 112), pourrait avoir lieu, soit d'office par l'ordre de l'administration qui aurait découvert le crime, soit sur la dénonciation du contribuable lui-même. Ce dernier ne serait même obligé de se pourvoir d'aucune autorisation préalable; le percepteur ne pourrait pas exciper de sa qualité de fonctionnaire public pour prétendre qu'il ne peut être traduit devant les tribunaux qu'avec l'autorisation du conseil d'état. »

1036. — A la fin de chaque trimestre, les receveurs particuliers remettent au sous-préfet un état présentant par nature de poursuites les frais faits contre les contribuables en retard. Cet état est transmis au préfet par le sous-préfet; les receveurs particuliers en adressent un double visé par le double au receveur général du département, qui le transmet au ministère, après en avoir reconnu la conformité avec ses écritures. — Réglem. 21 déc. 1839, art. 113.

1037. — Indépendamment de la surveillance qui doit être exercée par l'autorité administrative sur les poursuites et les frais auxquels elles donnent lieu, le receveur général et les receveurs particuliers des finances sont tenus de surveiller et d'informations sur la conduite des percepteurs, des porteurs de contraintes et des garnisaires dans l'exercice des poursuites effectuées contre les contribuables; de s'assurer que lesdites poursuites ne sont faites que dans les cas prévus, dans les formes voulues et suivant les tarifs arrêtés, et de provoquer des mesures de répression contre les abus

qui parviendraient à leur connaissance.—Réglem. 21 déc. 1839, art. 114.

§ 8. — *Prescription, déchéance.*

1038. — Les percepteurs qui ont laissé passer trois années à compter du jour où les rôles leur ont été remis, sans faire de poursuites contre un contribuable, ou qui, après avoir commencé des poursuites, les ont abandonnées pendant trois ans, sont déchus de leurs droits contre les redevables; passé ce délai, toutes poursuites leur sont interdites. — L. 3 frim. an VII, art. 149 et 150; art. 16 thermid. an VIII, art. 17; réglem. 21 déc. 1839, art. 18.

1039. — Ainsi, deux points de départ sont donnés à la prescription : 1° le jour où le rôle est remis au percepteur; 2° le jour où les poursuites qui avaient été commencées contre le contribuable ont été suspendues.

1040. — Le rôle est remis par le receveur des finances, et, immédiatement après qu'il a été rendu exécutoire, au percepteur (circ. min. fin. 25 nov. 1828), qui en donne reçu sur un état d'émargement que le receveur particulier transmet au directeur des contributions directes.—Circ. min. fin. 29 nov. 1828. — Le jour donc de la remise est ainsi constaté de la manière la moins équivoque, et les difficultés qui pourraient s'élever à cet égard seraient promptement levées.

1041. — Quant au second point de départ, il est fixé tout naturellement par la date du dernier des actes de poursuite qui a été fait.

1042. — Mais que doit-on entendre ici par acte de poursuite? faut-il se décider à cet égard d'après les seules dispositions du droit commun, et ne considérer comme tels que les actes énumérés dans l'art. 2244, C. civ., ou doit-on recourir à la législation spéciale des contributions directes et en combiner les dispositions avec celles du Code civil?

1043. — Nous pensons que la législation spéciale doit être prise en considération, et qu'on doit en conséquence ranger parmi les actes de poursuite, en cette matière, ceux ceux qui, ayant pour certaine, tendent évidemment, dans l'intention du percepteur qui y procède, comme dans l'opinion du contribuable qui les subit, à l'exécution forcée du rôle, alors même que ce ne seraient pas précisément, selon les termes de l'art. 2244, C. civ., une citation en justice, un commandement ou une saisie. — V. Durieu, t. 1er, sous l'art. 18, n° 11.

1044. — Ainsi la garnison, soit collective, soit individuelle, constitue, selon la disposition expresse de la loi du 3 frim. an VII, de l'arrêté du 16 thermid. an VIII, et des réglemens de 1826 et de 1839, un acte de poursuite au même degré que le commandement. — Durieu, *ibid.*, n° 14.

1045.—Mais la *sommation gratis*, qui n'est guère qu'un second avertissement, la *contrainte* même, dont le but unique est de donner au percepteur un titre exécutoire, ne présentent pas les caractères d'actes de poursuite, ce ne sont point des actes d'exécution. — Durieu, *ibid.*, n°s 12 et 13. — Il en est de même de la réquisition des scellés ou de l'opposition à leur levée, qui sont simplement des actes conservatoires.

1046. — Nous avons vu que, dans certains cas, les poursuites et demandes ne peuvent être soumises aux tribunaux qu'après que le percepteur a préalablement référé à l'autorité administrative. Dans ce cas, M. Durieu (*loc. cit.*, n° 20) voit dans ce référé une sorte de citation ou conciliation, et appliquant les règles de cette procédure, estime que le référé devant le préfet interrompt la prescription à partir du jour de sa date, si ce référé a été suivi d'une action en justice dans les délais, c'est-à-dire à l'expiration du mois pendant lequel l'autorité a dû statuer; mais si le percepteur, après avoir obtenu du préfet l'autorisation de poursuivre, laisse écouler un long délai sans le faire, la prescription n'est pas interrompue par ce référé.

1047. — La suspension du percepteur, son décès, sa mutation, ne suspendraient pas la prescription à l'égard du redevable : ces faits lui sont étrangers et ne peuvent lui nuire. De même, le décès du redevable, sa faillite et même son indigence constatée ne suspendent point la prescription au regard du percepteur, qui peut toujours faire des actes conservatoires. — Durieu, *loc. cit.*, n°s 31 et suiv.

1048.—Le percepteur, en interrompant la prescription à l'égard du contribuable, assure par là même ses droits contre les tiers obligés, qui sont ses codébiteurs solidaires ou ses cautions. — Durieu, sous l'art. 18, n° 36.

§ 8. — *Prescription. — Déchéance.*

1049.— M. Durieu, appliquant à la contribution

directe ce que des auteurs estiment déclarent lorsqu'il s'agit d'une créance payable par termes successifs, pense (t. 1er, sous l'art. 18, n° 9) que la prescription ne compte que pour chaque quote échu considéré isolément, et non pour la contribution de l'année entière.

1050. — Du reste, la prescription est un moyen péremptoire de libération auquel aucun titre ne peut être opposé dès qu'elle est acquise et que le contribuable s'en prévaut: le percepteur ne pourrait même point la combattre en déférant le serment au redevable, ainsi que l'art. 2275, C. civ., le permet dans les cas ordinaires au créancier vis-à-vis de son débiteur: cela tient, selon M. Durieu (sous l'art. 18, n° 47, t. 1er, p. 369), à ce que la prescription de trois ans en matière de contributions directes n'est pas fondée sur une présomption de payement qu'il serait impossible d'admettre en présence des précautions prises pour que le percepteur puisse toujours constater si le recouvrement a été opéré et l'administration supérieure reconnaître si des dissimulations de recette ont été opérées. — La prescription en matière de rôles est une mesure d'ordre public; la loi n'a pas que les termes de la contribution puissent s'accumuler et rendre plus difficile la position des contribuables et que la résistance des réclamations et des résistances compromette la tranquillité du payeur. Le contribuable est libéré, non pas parce que la loi présume qu'il s'est libéré, mais uniquement parce qu'il a négligé de le poursuivre et qu'il est contraire à l'ordre public que les agens du fisc puissent indéfiniment entre les mains des titres de contraintes contre les citoyens. — Ainsi le texte de la loi du 3 frim. an VII et de l'arrêté du 16 thermid. an VIII ne portent-ils pas l'expression de *prescription*, mais déclarent-ils seulement le percepteur *déchu de toute action*.

1051. — La nécessité pour les percepteurs de faire rentrer les contributions dans les trois ans résulte encore pour eux des dispositions de l'art. 79 de l'instruction générale du 15 déc. 1826, conçu ce sens: «Les percepteurs qui ont laissé écouler trois années sans terminer le recouvrement et tenus de solder de leurs propres deniers le montant des cotes ou portions de cotes restant à recouvrer, en deviennent créanciers particuliers des contribuables. » — Aussi, les comptables sont tenus envers le trésor, alors même qu'ils auraient fait tous les actes nécessaires pour rompre la prescription à l'égard des contribuables et qu'ils auraient conservé tous leurs droits contre eux. — Durieu, sous l'art. 18, n° 54.

1052. — Le recours accordé au percepteur, fondé sur la subrogation légale qui s'opère en faveur par l'effet du payement qu'il a dû faire de ses deniers personnels au lieu et place du redevable; c'est une application presque littérale de l'art. 1251, C. civ. — Durieu, sous l'art. 18, n° 54.

1053. — Il en résulte que le percepteur à côté de le contribuable les mêmes droits, actions et privilèges qui appartiennent au trésor (C. civ., art. 1251), de là-loi, poursuite de deniers, par le contribuable administrative, d'après le mode avec les privilèges autorisés par le règlement d'exécution des lois de la matière. — Durieu, l'art. 18, n° 55.

1054. — C'est ainsi qu'aux termes de l'art. l'instr. gén. du 15 déc. 1826, lorsqu'à l'expiration de la troisième année de leur exercice les rôles sont retirés des mains du percepteur pour être déposés aux archives de la sous-préfecture, les comptables doivent dresser un état de rôles à recouvrer, qui leur sert de titre pour poursuites à faire en leur nom personnel.

1055. — Il en est encore à ce sujet, une décision du ministre des finances du 20 juin « Les art. 79 et 90 de mon instruction de (15 déc. 1826) en obligeant les percepteurs à la les cotes des contributions directes, ainsi que frais de recouvrement dont ils auraient tenu le recouvrement dans les délais déterminés, ont pu vouloir déroger au principe résultant de 1251, C. civ., d'après lequel le tiers qui a désintéressé ressé un créancier se trouve subrogé aux droits actions de celui-ci contre le débiteur. Ainsi le percepteur qui a désintéressé le trésor royal et dant de ses propres deniers les sommes dues par les contribuables à l'expiration des années de l'exercice, demeure subrogé au du trésor, et les exerce par les moyens de poursuite établis en matière de contributions directes si toutefois il n'a pas perdu ce recours par une interruption de poursuites pendant trois consécutives. — Mais il n'est point nécessaire les extraits de rôles ou états de restes à recouvrer dressés, conformément aux art. 79, 80 et 90 de l'instruction-générale, pour constater les sommes

dont les percepteurs ont à suivre la rentrée pour leur compte personnel, soient revêtus de la formule exécutoire prescrite pour les rôles eux-mêmes, puisque ces rôles, étant déposés aux archives des sous-préfectures, seraient consultés s'il y avait lieu à contestation; il suffit que l'exactitude des ...vés soit rectifiée par la signature du sous-pré... de l'arrondissement. »

1056. — Toutefois ces règles ne sont applicables qu'au cas de *subrogation légale*, c'est-à-dire au cas où le comptable a été *forcé* de payer la cote du redevable. — Il n'en serait plus ainsi si le percepteur avait, par suite d'une convention particulière ou spontanément, avancé de ses propres deniers la contribution due, après émargement au rôle du nom du contribuable débiteur, — il resterait sans doute son créancier, mais il n'aurait point la subrogation légale et ne pourrait exercer les poursuites administratives, à moins, selon M. Durieu (sous l'art. 18, n° 53, note), que le contribuable eût consenti, au moment du paiement, en faveur du percepteur, un engagement pardevant notaire, par lequel, reconnaissant que sa dette envers le trésor a été acquittée au moyen des deniers prêtés par le percepteur, il déclare expressément subro... ce comptable dans tous les droits et actions ...u trésor à son égard. — C. civ. art., 1250, § 2.

1057. — Le droit d'exercer des poursuites administrativement ne pourrait, dans tous les cas, être exercé par le percepteur qu'autant qu'il serait demeuré en fonctions, et cesserait évidemment dans l'hypothèse où il serait sorti de charge; aussi ...circul. min. fin. du 21 janvier 1836 prescrit-elle, en cas de mutation de comptables, au percepteur entrant de poursuivre la rentrée des cotes arriérées pour le compte de son prédécesseur.

1058. — La prescription de l'action du percep...r qui a acquitté personnellement la cote d'un ...tribuable est toujours celle de trois ans; par ...la qu'il exerce contre les contribuables, au ...oyen de la subrogation légale, les droits et ac... du trésor, le percepteur doit être soumis, ...réciprocité, aux mêmes exceptions. — Durieu, ...l'art. 18, n° 60.

...59. — Toutefois, si la cote arriérée d'un con...buable avait été acquittée non par le percepteur, ...raison de sa responsabilité vis-à-vis du trésor, ...s par un tiers ou même par le percepteur à ...d'ami, de mandataire ou de débiteur du re...vable, la prescription ne serait plus la même : ...action en remboursement, restant soumise au ...t commun, pourrait être exercée pendant ...nte ans. — Durieu, sous l'art. 18, nos 60 et 61.

1060. — Ainsi jugé : 1° que la prescription de trois ...établie en matière de contributions directes ...r l'art. 149, L. 3 frim., an VII, n'est pas appli...le au cas où il s'agit d'une action dirigée non ...l'administration, mais par un tiers, en répéti...on, contre un contribuable, des impositions qu'il ...payées pour ce dernier, et à son insu : c'est là ...e action soumise au droit commun. — *Nancy*, ...août 1826, comm. de Ménil-Latour c. Gaillard; ...*Id.*, 22 janv. 1828, Bonis c. Rebusat.

1061. — ... 2° Que le percepteur de contributions ...qui, étant en relations d'amitié et d'intérêt avec ...contribuable, a payé pour lui sa quote-part, ...t porter directement son action en rembour...ent devant les tribunaux. — Le débiteur ne ...ut opposer à sa demande la prescription établie ...les art. 149, L. 3 frim. an VII, et 17, arr. 16 ...rmid. an VIII. — *Bruxelles*, 23 déc. 1829, Du...rier c. Valériane.

1062. — ... 3° De même que celui qui, étant à la ...s percepteur des contributions et locataire d'un ...evable, fait, à leur échéance et périodiquement, ...ance des contributions de ce dernier, n'est ...réputé agir en qualité de percepteur pour un ...evable en retard, mais en qualité de locataire, ...comme tel, de débiteur de ce redevable; — Que ...dès-lors, on ne peut lui opposer, à la réclamation ...qu'il fait du montant de ses avances, la prescrip...n triennale établie en matière de contributions ...les. — *Cass.*, 15 mars 1841 (t. 2 1841, p. 168), ...eaune c. Chaillou.

CHAPITRE VI. — *Compétence.*

1063. — En principe, toutes les réclamations et ...testations auxquelles donnent naissance l'as...tte et la perception des contributions directes, ...si que les poursuites auxquelles cette percep...n donne lieu, sont placées dans les attributions ...u pouvoir administratif. C'est ce qui résulte no...ment, soit de la loi du 22 déc. 1789, qui charge ...administrations départementales du soin d'as...r la perception et la répartition des impôts et ...fend aux tribunaux de les troubler dans l'exer...e de leurs fonctions, soit de la loi du 28 pluv. ...an VIII, qui renvoie devant les conseils de préfecture les demandes en décharge et en réduction; soit enfin du règlem. du 21 déc. 1839, dont l'art. 19 formule cette règle de la façon la plus explicite. — La doctrine et la jurisprudence sont également d'accord pour constater et faire observer ces prescriptions, qui intéressent d'ailleurs éminemment l'ordre public. — Foucart, n° 857; Serrigny, t. 1er, n° 461.

1064. — Toutefois, l'autorité judiciaire n'est pas entièrement dépouillée de toute attribution en cette matière; il est des cas que la loi lui a expressément réservés; telles sont notamment, les questions qui touchent à la propriété, aux conventions des parties, aux formes des procédures ordinaires, quand on les emploie, etc., etc. C'est ainsi qu'il a été décidé que l'autorité judiciaire est seule compétente pour statuer sur l'attribution de contribution foncière résultant de droits conférés par un bail emphytéotique. — *Cons. d'état*, 26 juill. 1837, Austruy c. Dassier.

1065. — De même, toutes les contestations relatives aux actes qui se rattachent à la saisie depuis et y compris le commandement qui la précède, sont de la compétence des tribunaux ordinaires. — *Cons. d'état*, 15 mars 1826, Pétiniaud; — Dufour, t. 2, n° 1071; Laferrière, p. 202; Foucart, n° 851.

1066. — Toutefois, lorsqu'un contribuable conteste les causes de la saisie-exécution qui a été pratiquée sur ses meubles, pour le paiement des contributions directes, et soutient s'être libéré, la connaissance de cette contestation et le droit de prononcer sur la libération prétendue appartiennent à l'autorité administrative, sauf aux tribunaux à statuer plus tard sur la validité de la saisie en elle-même. — *Angers*, 18 mai 1827, Bernard.

1067. — Mais les réclamations concernant la perception des contributions directes et les poursuites auxquelles cette perception donne lieu sont du ressort de l'autorité administrative. — Règlem. 21 déc. 1839, art. 19.

1068. — C'est à l'autorité administrative qu'il appartient de statuer sur les questions relatives à la délivrance des quittances pour un paiement contesté, lorsque, par exemple, le percepteur applique aux impositions dues par un contribuable les sommes payées par un autre pour ses contributions, sous prétexte que celui-ci a pris l'engagement de payer pour le contribuable en retard. — *Cons. d'état*, 18 juill. 1809, le percepteur de la comm. de Picquecos c. Paga-Langle.

1069. — ... Ou de connaître des questions de savoir si, en matière de recouvrement de contributions directes arriérées, les poursuites qui ont précédé le commandement sont régulières, et si le contribuable est réellement débiteur. — *Cons. d'état*, 22 fév. 1811, Deminé c. Villenouvelle.

1070. — ... Ou de décider si un individu a indûment payé la contribution foncière pour un autre, et s'il a droit de se faire rembourser par ce dernier. — *Cons. d'état*, 30 sept. 1811, Moreau c. Richard.

1071. — Au reste, toutes les réclamations ne constituent pas précisément des contestations, et ne sont pas, par conséquent, de nature à être décidées par la voie contentieuse; nous avons vu déjà que lorsqu'elles ont pour objet non un droit, mais une simple faveur, ce n'était ni aux conseils de préfecture, ni par voie d'appel au conseil d'état, qu'il fallait s'adresser, mais uniquement aux préfets et aux ministres, seuls représentans du pouvoir administratif pur : nous verrons d'ailleurs séparément quelles sont les attributions spécialement affectées à chacun de ces pouvoirs, soit en matière contentieuse, soit en matière gracieuse, ainsi que celles réservées aux tribunaux ordinaires.

Sect. 1re. — *Préfets.*

1072. — Le préfet est seul compétent pour statuer sur le tarif des évaluations cadastrales, ce tarif étant une opération purement administrative. — *Cons. d'état*, 9 mars 1837, Torcheux; 9 fév. 1837, Lemire; — de Cormenin, *Dr. admin.*, t. 1er, v° *Contributions directes*, n° 4.

1073. — Dès-lors, les arrêtés des préfets qui approuvent ou modifient le tarif des évaluations sont des actes de simple administration qui ne peuvent être déférés au conseil d'état par la voie contentieuse. — *Cons. d'état*, 13 avr. 1836, Poinsot.

1074. — Et c'est à l'administration supérieure et non aux conseils de préfecture qu'il faut demander la réformation des irrégularités que ces arrêtés peuvent renfermer. — *Cons. d'état*, 13 avr. 1836, Poinsot.

1075. — C'est aussi le préfet qui règle la distribution des fonds de non-valeurs. Cette distribution est une opération administrative qui lui est exclusivement réservée sous l'autorité du ministre des finances. Il ne pourrait même déléguer au conseil de préfecture le droit de la faire. — *Cons. d'état*, 14 déc. 1837, min. des fin. c. les dames de la congrégation de Saint-Michel.

1076. — Il statue encore sur les réclamations relatives à l'expertise et au classement des propriétés cadastrées d'une commune. — *Cons. d'état*, 8 nov. 1829, com. de Moutiers; — de Cormenin, n° 4.

1077. — ... Sur les changemens de matrices de rôles dans les communes non cadastrées. — *Cons. d'état*, 21 juin 1826, comm. de Saint-Marcel c. comm. de Bidon; — de Cormenin, *ibid.*

1078. — Il est seul compétent pour faire la répartition des contingens de contributions entre les communes cadastrées, sauf à prendre l'avis du conseil de préfecture. — *Cons. d'état*, 21 juin 1826, comm. de Saint-Marcel; — de Cormenin, *eod. loc.*

1079. — Mais le préfet est incompétent pour ordonner la formation de nouvelles cotes et déterminer le montant de chacune d'elles. — *Cons. d'état*, 21 juin 1826, comm. de Saint-Marcel.

1080. — Le préfet est seul compétent, à l'exclusion du conseil de préfecture, pour connaître des demandes en remise ou modération de contributions. — *Cons. d'état*, 25 oct. 1833, de Galiffet; 18 août 1833, Gervais; 11 oct. 1833, Bonnaud; 31 janv. 1834, Cauvet; 25 avr. 1834, Baynast de Septfontaines; 18 juin 1834, Double; 29 août 1834, Grangier; 19 déc. 1834, Gazzani; 21 nov. 1834, Poncet; Noury; 28 nov. 1834, Samazeuilh; 28 janv. 1835; 14 juin 1836, Duhays; 7 août 1835, Vasseur; 11 avr. 1837, Lemor; 14 août 1838, l'archevêque d'Aix; 28 déc. 1839, Delanneau; 3 mars 1840, Jacquet.

1081. — Par suite, les décisions prises par les préfets sur les demandes en remise ou modération ne peuvent être déférées au conseil d'état par la voie contentieuse. — *Cons. d'état*, 22 fév. 1841, Jérôme, dit Baron; 9 mai 1838, Capillard.

1082. — La demande tendant à obtenir le dégrèvement de la contribution foncière assise sur deux usines, à raison de chômage de ces usines, ne peut donner lieu à décharge entière, mais seulement à remise ou modération. Dans ce cas, le préfet seul est compétent pour statuer sur la demande, et sa décision ne peut être déférée au conseil d'état par la voie contentieuse. — *Cons. d'état*, 30 juin 1839, Chore.

1083. — Le préfet est seul compétent pour déterminer et fixer la ligne séparative du territoire de deux communes, afin de procéder aux opérations cadastrales. — *Cons. d'état*, 19 déc. 1834, Demangeat; 27 fév. 1836, comm. de Gajan c. comm. de Parignargues (Gard); — de Cormenin, n° 4.

1084. — Dès-lors, l'arrêté du préfet qui procède à une pareille fixation, ne contenant aucun excès de pouvoir, ne peut être attaqué devant le conseil d'état par la voie contentieuse. — *Cons. d'état*, 27 fév. 1836, comm. de Gajan.

1085. — C'est au préfet seul qu'il appartient encore de connaître d'une demande en dégrèvement de l'impôt foncier afférant à un moulin ou autre usine pour raison de chômage de ce moulin ou de cette usine pendant l'année. — *Cons. d'état*, 12 juill. 1837, Bon; 30 juin 1839, Chore.

1086. — ... De la réclamation d'une commune contre la réimposition opérée sur les rôles par suite du dégrèvement accordé à un propriétaire. — *Cons. d'état*, 4 déc. 1837, comm. de Baugy c. Arnaud.

1087. — ... Des demandes en revendication de tout ou partie des meubles et autres effets mobiliers, en cas de saisie, même de ceux légalement insaisissables, pour le paiement des contributions. — On avait longtemps pensé que c'était au conseil de préfecture que les parties devaient adresser leurs mémoires. — *Cons. d'état*, 20 nov. 1816, Decombredel; 18 mars 1818, Cazenaud. — Mais, d'après l'avis interprétatif du conseil d'état, 28 août 1823, c'est au préfet seul que les mémoires doivent être remis. Le mois passé, si le préfet n'alloue pas la demande, les parties, munies du récépissé du mémoire, sont libres de saisir les tribunaux. C'est comme une tentative de conciliation manquée. — De Cormenin, n° 4, *in fine*, et note 4.

1088. — C'est encore au préfet seul, sauf recours au ministre des finances, et non au conseil de préfecture, qu'il appartient de statuer sur les contestations qui s'élèvent entre les receveurs des finances et les percepteurs relativement aux comptes de la perception. — *Cons. d'état*, 23 avr. 1822, Landes; — de Cormenin, n° 3.

1089. — Ainsi, il n'excède pas sa compétence lorsque, sur le rapport dressé par le directeur des contributions directes du département, il émet l'avis qu'il y a lieu d'approuver un compte de perception et de condamner un percepteur à la restitution de sommes perçues par double emploi sur les contribuables, et qu'il n'y a lieu à délibérer sur la demande formée par celui-ci contre le re-

caveur particulier. — *Cons. d'état*, 25 nov. 1829, Collignon.

1090. — Il excède au contraire ses pouvoirs lorsqu'il déclare nulles les poursuites dirigées par le percepteur contre un fermier. — *Cons. d'état*, 16 juill. 1817, Caron c. Dumesnil.

1091. — Lorsqu'un immeuble a été déchargé de la contribution foncière, et que, par suite, le contingent du département a été proportionnellement réduit, le préfet ne peut former tierce opposition à l'ordonnance du conseil d'état qui a prononcé le dégrèvement. — *Cons. d'état*, 8 août 1838, département de la Nièvre c. min. de la marine.

1092. — Le préfet est incompétent pour statuer dans toutes matières qui rentrent dans le contentieux des contributions directes.

Sect 2e. — *Ministres.*

1093. — Le ministre des finances connaît de l'appel des arrêtés des préfets pris dans les limites de leur compétence. — *Cons. d'état*, 26 juill 1837, comm. de Savigny-sous-Beaune et Champigny. — V. aussi les décisions précitées, 8 et 25 nov. 1829, Collignon.

1094. — Sa juridiction est, comme celle des préfets, purement gracieuse.

1095. — Les contestations relatives à la répartition de la contribution foncière par département doivent être portées devant le ministre des finances. — V. en ce sens *Cons. d'état*, 25 déc. 1834, comm. de Gour.

1096. — Les arrêtés des préfets qui approuvent ou modifient le tarif des évaluations cadastrales sont des actes de simple administration qui doivent être déférés au ministre des finances et non au conseil d'état par la voie contentieuse. — *Cons. d'état*, 26 juill. 1837, comm. de Savigny c. Champy; 9 nov. 1836, de Bryas; 21 juin 1839, comm. d'Aigurande; 30 juill. 1839, Rouquié.

1097. — ...Et cela encore bien que les modifications aient eu lieu sur la demande d'un propriétaire de la presque totalité d'une nature de culture. — *Cons. d'état*, 11 avr. 1837, comm. d'Epernay c. Roy.

1098. — Il en est de même de ceux par lesquels les préfets font une distribution de fonds de non-valeurs. — *Cons. d'état*, 13 avr., Tuffier; 1er juin, Noury, et 14 juin 1836, Duhays; 14 déc. 1837, les dames de la congrégation de Saint-Michel.

1099. — ... Ou refusent de comprendre des réclamans dans cette distribution. — *Cons. d'état*, 26 oct. 1836, Lenormand.

1100. — ... Ou de ceux par lesquels ils statuent sur une demande en remise ou modération de contribution pour cause d'inhabitation, lorsque ces arrêtés ne sont attaqués ni pour incompétence ni excès de pouvoir. — *Cons. d'état*, 12 déc. 1834, Bizot; 13 avr. 1836, Douche; 9 mai 1838, Capillard; 9 janv. 1836, Pety.

1101. — ... Ou sur les réclamations relatives à l'expertise et au classement des propriétés cadastrées d'une commune. — *Cons. d'état*, 8 nov. 1829, comm. de Moutiers.

1102. — C'est au ministre des finances et non au conseil de préfecture qu'il appartient de statuer sur les débats entre des comptables et notamment sur le recours d'un percepteur contre son prédécesseur à raison du non émargement du paiement fait par un contribuable. — *Cons. d'état*, 24 mars 1820, Pujols c. Dolique.

1103. — Le préfet étant compétent pour approuver la répartition, entre les habitans d'une commune, des dépenses de pavage dont le rôle a été arrêté par le maire sans la participation du conseil municipal, l'annulation de son arrêté doit être demandée au ministre de l'intérieur et non au conseil d'état. — *Cons. d'état*, 17 mai 1813, Bourge c. Martin Ole.

1104. — Un directeur des contributions directes est sans qualité pour se pourvoir contre un arrêté du conseil de préfecture rendu en matière de contributions; ce droit n'appartient qu'au ministre. — *Cons. d'état*, 23 août 1838, dir. des contrib. du dép. de la Creuse c. Villard.

Sect. 3e. — *Conseil de préfecture.*

1105. — En principe, les conseils de préfecture ont compétence pour statuer sur les contestations relatives à la légalité ou la régularité des rôles, la qualité des agens, la régularité et la force libératoire des quittances, la régularité des poursuites, et généralement pour connaître de toutes les actions contentieuses intéressant le trésor. — V. LL. 28 pluv. an VIII, 27 pluv. an IX; arr. des 11 brum. an XI, 14 flor. an XII; décr. 6 déc. 1813. — Foucart, no 853; Dufour, no 1072; de Cormenin, t. 1er, p. 481, no 5.

1106. — Ce n'est pas que les conseils de préfecture aient été investis d'une manière générale du contentieux administratif, mais la doctrine et la jurisprudence ont tiré cette induction des diverses attributions spéciales qui leur ont été conférées par un grand nombre de lois. Leur compétence est d'ailleurs tellement reconnue qu'elle ne peut plus être mise en doute. — Serrigny, no 461.

1107. — Ainsi c'est aux conseils de préfecture, à l'exclusion des préfets et des tribunaux, qu'il appartient de prononcer en général sur le contentieux administratif, et spécialement sur les contestations relatives à l'assiette et à la quotité d'une taxe dans la contribution directe. — *Cons. d'état*, 23 nov. 1808, Orcel; 16 juill. 1817, Caron c. Dumesnil, et Ruffier-David c. percept. de la commune de Poisols.

1108. — ... Sur les frais auxquels donne lieu la réduction des matrices du rôle qui a pour objet l'assiette et le recouvrement des contributions. — *Cons. d'état*, 14 fruct. an X, Ludovicq c. Torn.

1109. — ...Sur les demandes en mutation de cotes des contributions. — *Cons. d'état*, 2 fév. 1835, Regy c. Chamayou; 31 mars 1835, Lacaze; — de Cormenin, *loc. cit.*, no 5, p. 490.

1110. — ... Sur les contestations relatives à la validité des quittances délivrées au contribuable. — *Cons. d'état*, 18 juill. 1809, le percepteur de la comm. de Picquecos c. Paga-Langle; 15 juin 1825, Baudot c. Soustras; — de Cormenin, no 5, p. 488.

1111. — ...Sur la contestation élevée entre deux communes et un particulier au sujet d'un double emploi en matière de contribution. — *Cons. d'état*, 8 oct. 1810, comm. de Montjaux c. Montguion; — de Cormenin, no 5, p. 491.

1112. — ...Sur l'action formée par un percepteur en exercice contre un contribuable pour remboursement des sommes dont il lui a fait l'avance pour le paiement de ses contributions. — *Cons. d'état*, 30 juin 1824, Brenier c. Petit-Didier.

1113. — ... Sur le débat élevé entre un ex-percepteur et un contribuable, ayant pour objet de savoir si ce dernier a ou non payé des contributions qui lui sont réclamées. — *Cons. d'état*, 18 août 1807, Thro.

1114. — ...Sur la réclamation d'un acquéreur qui prétend ne pas devoir la contribution réclamée, attendu qu'elle est antérieure à son acquisition. — *Cons. d'état*, 19 juin 1813, Poustis c. Galan.

1115. — ... Et, plus généralement, sur la question de savoir lequel, du vendeur ou de l'acquéreur, doit supporter l'impôt assis sur le fonds vendu. — De Cormenin, *ubi suprà*.

1116. — ...Sur la demande en paiement de contributions formée par le percepteur contre les fermiers d'une commune qui, par leur bail, se sont engagés à payer les contributions assises sur les biens affermés, alors même que ces fermiers seraient en instance pour obtenir des dommages-intérêts contre la commune, à raison de trouble apporté à leur jouissance. — *Cons. d'état*, 24 vendém. an XI, Boissier c. Morel; — De Cormenin, *ibid.*

1117. — ...Sur les difficultés en cas de surtaxe. — De Cormenin, t. 2, vo *Contributions directes*, no 5, p. 490.

1118. — ...Alors surtout que la surtaxe provient d'une erreur matérielle. — *Cons. d'état*, 12 déc. 1834, comm. d'Ornel.

1119. — ...Sur la demande formée par un particulier en remboursement des contributions qu'il prétend avoir payées pour une propriété appartenant à un autre contribuable non imposé. — *Cons. d'état*, 16 mai 1810, Passagcon c. Bourdillon.

1120 — ...Sur la question de savoir si un contribuable est en débet, et si, conséquemment, des poursuites ont pu être ou non valablement exercées contre lui. — *Cons d'état*, 24 mars 1820, Pujols c. Dolique; 15 mars 1826, Pétiniaud c. Reynaud. — V. aussi *Cons. d'état*, 22 fév. 1821, Dinine c. Villenouvette.

1121. — ...Ou si le contribuable qui a payé pour l'année sa contribution personnelle et mobilière doit, lorsqu'il change d'habitation, être contraint de payer une partie de la contribution du locataire qu'il remplace. — *Cons. d'état*, 3 mai 1810, Duplessis; — de Cormenin, no 5, p. 488.

1122. — ...Sur la réclamation d'un contribuable en réduction de son revenu imposable, fondée sur la détérioration de son fonds, qu'il attribue à des événemens imprévus et indépendamment de sa volonté. — *Cons. d'état*, 19 août 1835, Gard.

1123. — ...Sur les demandes en décharge ou réduction de la contribution foncière, dans le cas de démolition totale ou partielle des bâtimens. — *Cons. d'état*, 7 août 1835, Vasseur; 22 nov. 1836, Schulemberg; 1er nov. 1838, Bougarel.

1124. — ...Sur les demandes en décharge ou réduction des contributions foncières et des portes et fenêtres, fondées sur ce qu'il s'agit de maisons exclusivement réservées à l'exploitation rurale. — *Cons. d'état*, 29 août 1834, Villatte de Peufeilhoux.

1125. — ...Sur les demandes en dégrèvement formées par les conseils municipaux, pour cause de vacance, pendant un trimestre au moins, de tout ou partie des maisons dont les propriétaires ne sont pas dans l'usage de se réserver la jouissance, et qui sont situées dans les villes de vingt mille âmes et au-dessus. Ces dégrèvemens sont prononcés à titre de décharge et réduction, et réimposés au rôle foncier de l'année qui suit la décision. — L. 28 juin 1833, art. 5.

1126. — Mais le conseil de préfecture est incompétent pour statuer sur les demandes en remise ou modération de contributions; c'est aux préfets seuls qu'il appartient d'en connaître. — *Cons. d'état*, 20 juin 1844, Michel; 14 août 1838, archevêque d'Aix; 3 juin 1845, Dupont; 12 juin 1845, Frénerolle.

1127. — Il en est ainsi alors même qu'il aurait reçu à cet égard délégation du préfet. — *Cons. d'état*, 14 déc. 1837, les dames de la congrégation de Saint-Michel.

1128. — La demande en dégrèvement pour vacance de maison constitue, dans tous les cas autres que celui prévu par l'art. 5, L. des fin., 28 juin 1833 (*suprà* no), une demande en remise ou modération sur laquelle il appartient au préfet, et non au conseil de préfecture, de statuer. — *Cons. d'état*, 28 août 1844, Combette; — V. aussi *Cons d'état*, 13 juin 1845, Dupont; 28 août 1844, comp. du chemin de fer du Gard; 10 août 1844, Guyemot.

1129. — Quant à la rétribution universitaire, le conseil de préfecture ne peut, non plus, statuer sur les demandes en remise et modération; c'est l'administration de l'instruction publique qui, à cet égard, est seule compétente. — *Cons. d'état*, 27 déc. 1833, min. fin. c. principal du collége de Belfort.

1130. — Lorsque, sur les poursuites du percepteur des contributions directes, le redevable prétend avoir cédé ses droits à un tiers qui s'est chargé du paiement des contributions, il s'agit là d'une contestation dont la connaissance appartient au conseil de préfecture. — *Cons. d'état*, 20 sept. 1809, Gayet; — De Cormenin, *ibid.*, no 5, p. 492.

1131. — La question de savoir si le trésor a le droit de poursuivre, tant par voie d'opposition entre les mains des locataires d'une maison que par voie de contrainte directe, contre l'adjudicataire de cette maison, le recouvrement des contributions qui restent dues sur l'exercice précédent par l'ancien propriétaire, est aussi de la compétence du conseil de préfecture. — *Cons. d'état*, 19 juill. 1837, Hamel.

1132. — Le conseil de préfecture connaît encore des réclamations relatives au classement des propriétés pour l'assiette de l'impôt. — *Cons. d'état*, 15 mars 1838, Lebeschu.

1133. — L'arrêté du conseil de préfecture qui a ordonné une instruction interlocutoire à l'effet de vérifier l'augmentation du revenu signalée par les répartiteurs, doit être maintenu. — *Cons. d'état*, 14 oct. 1827, Frémard.

1134. — Mais il excède sa compétence, lorsqu'au lieu de statuer sur une réclamation formée par un propriétaire contre le classement de sa propriété dans la matière cadastrale, il prescrit la formation d'un nouveau tarif d'évaluation pour certaines classes de culture. — *Cons. d'état*, 21 juin 1826, comm. de Saint-Marcel c. comm. de Bidon; 9 mars 1836, Torcheux. — L'établissement du tarif des évaluations est, ainsi que nous l'avons vu, une opération administrative qui n'a pas le caractère contentieux. Le préfet a seul le droit de le modifier ou de l'approuver; le conseil de préfecture n'est appelé qu'à donner préalablement son avis. — *Cons. d'état*, 8 nov. 1839, comm. de Moutiers; 11 juill 1834, Bouvery.

1135. — On doit considérer comme relative, non au classement, mais au tarif des évaluations, et par suite comme devant être soumise au préfet, la réclamation formée contre le classement cadastral et fondée sur ce que les bois et les meilleures terres labourables auraient, à tort, été portées au même taux dans une commune, contrairement à ce qui avait eu lieu dans les communes voisines. — V. *Cons. d'état* précité, 11 juill. 1834, Bouvery.

1136. — Le conseil de préfecture statue également sur les contestations relatives à l'exécution du mandat donné par un percepteur à un individu pour la perception des deniers publics. — *Cons. d'état*, 11 sept. 1813, Vaissier c. Domergue; — de Cormenin, p. 491.

1137. — ... Sur la réclamation dirigée par le percepteur des contributions directes contre un huissier, en paiement des frais de la sommation faite à ce dernier de réintégrer chez un contribuable des meubles qu'il en avait indûment enlevés, malgré une saisie antérieure; en vain dirait-on qu'en

ce qui touche à cet huissier, il ne s'agit pas d'une action relative aux contributions. —*Cons. d'état*, 28 fév. 1810, Desnoyer; — de Cormenin, *ibid.*, p. 493.

1138. — ... Sur l'action dirigée contre un percepteur par les gardiens d'une saisie, en paiement de leurs frais de garde. — De Cormenin, p. 489. — V. aussi *Cons. d'état*, 8 mars 1811, Mondoux.

1139. — ... Sur la demande d'un contribuable à fin de restitution des dépens qu'il prétend avoir payés indûment. —*Cons. d'état*, 18 janv. 1813, Constantc. Langlade; — de Cormenin, p. 489.

1140. — Le conseil de préfecture excède ses pouvoirs et empiète sur les fonctions des répartiteurs, en déterminant d'avance pour l'année suivante la valeur locative de l'habitation d'un réclamant. — *Cons. d'état*, 19 déc. 1834, Vasilières.

1141. — Il est incompétent pour connaître des demandes en rectification de la répartition des contributions faite par le conseil général du département en vertu de la loi du 28 pluv. an VII, art. 6. —*Cons. d'état*, 29 août 1834, compagnie des salines de l'Est.

1142. — ... Pour statuer sur la responsabilité d'un receveur particulier à raison de déficits constatés dans la caisse du receveur municipal : au ministre des finances seul appartient le droit d'en connaître, sauf à lui, au cas de demande en décharge de responsabilité, à se concerter pour la décision à prendre avec le ministre de l'intérieur. —*Cons. d'état*, 8 févr. 1838, comm. de Sainte-Anastasie.

1143. — Le conseil de préfecture peut, sans excéder ses pouvoirs, lorsque le fait de la reconstruction d'une usine est constaté, accorder au fabricant décharge de la contribution foncière. — *Cons. d'état*, 2 janv. 1835, comm. de Darnetal.

1144. — Les différends portés devant les conseils de préfecture sont décidés sur simple mémoire et sans frais. — L. 4 frim. an VII, art. 16.

1145. — Le conseil de préfecture doit motiver ses décisions, surtout quand il s'écarte des estimations des experts et agens de l'administration, pour en prendre d'autres. —*Cons. d'état*, 19 déc. 1834, Vasilières.

1146. — Mais il satisfait suffisamment à cette formalité, lorsqu'il déclare adopter les rapports motivés des experts, du contrôleur et du directeur des contributions directes. — *Cons. d'état*, 28 déc. 1836, Ausiaume; 5 déc. 1837, Bigot.

1147. — L'arrêté du conseil de préfecture qui se réfère à l'avis développé du directeur des contributions directes est suffisamment motivé. — *Cons. d'état*, 20 juin 1844, Petit des Rochettes.

1148. — Le procès-verbal d'un expert en matière de contributions directes ne constituant qu'un avis, son irrégularité ne peut entraîner l'irrégularité de l'arrêté du conseil de préfecture qui a adopté l'opinion des experts, lorsque d'ailleurs le conseil a fait une juste application des lois de la matière. — *Cons. d'état*, 16 févr. 1826, comm. d'Ervy c. Truchy.

1149. Mais l'annulation d'un arrêté du conseil de préfecture entraîne l'annulation de l'arrêté pris par le préfet pour en procurer l'exécution. —*Cons. d'état*, 27 févr. 1835, Bulterman.

1150. — En matière de contribution foncière, la commune est représentée et défendue devant le conseil de préfecture par les répartiteurs ou les classificateurs. Ainsi, il suffit que les classificateurs ou répartiteurs aient donné leur avis pour que la décision du conseil de préfecture soit contradictoire. — *Cons. d'état*, 4 nov. 1835, comm. de Celle c. Usquin.

1151. — Du reste, le conseil de préfecture qui statue sur la réclamation d'un contribuable épuise sa juridiction ; il ne peut, en conséquence, prendre une nouvelle décision sur la même réclamation. —*Cons. d'état*, 14 déc. 1844, Aumény-Chevalier.

1152. — De même, le conseil de préfecture ne peut, en prononçant la réduction d'une cote de contribution foncière, la faire porter sur des années à raison desquelles aucune réclamation n'est formée. — *Cons. d'état*, 19 mars 1845, Paillot et Lambel.

1153. — Il ne peut non plus décider, sans excès de pouvoir, que la cote dont il vient de décharger un particulier sera supportée par un autre, sous le prétexte que ce dernier possède les immeubles sur lesquels doit peser l'impôt. — *Cons. d'état*, 18 avr. 1845, Desbirons.

1154. — ... Ni rendre la cote ouverte au nom d'un contribuable, qu'il décharge de la contribution mobilière d'un logement qu'il n'occupe plus, exécutoire contre le locataire qui l'a remplacé. — *Cons. d'état*, 22 août 1844, Belin.

Sect. 4e. — *Conseil d'état.*

1155. — Le conseil d'état connaît en appel des pourvois formés contre les arrêtés définitifs des conseils de préfecture.

1156. — Quant aux décisions de ces conseils purement préparatoires, elles ne sont pas susceptibles de pourvoi. —*Cons. d'état*, 21 fév. 1814; — Crémieux, *Journ. des cons. municip.*, t. 3, p. 108.

1157. — Le conseil d'état ne peut connaître d'une demande relative à la contribution d'un réclamant, qu'autant que l'arrêté préfectoral qui a statué sur cette demande lui est déféré. — *Cons. d'état*, 16 nov. 1836, Guttin; 3 sept. 1844, Wagner; 14 déc. 1844, Fiquel.

1158. — Il ne peut connaître d'une réclamation relative aux contributions d'un exercice, lorsqu'il n'a pas été statué sur cette réclamation par l'arrêté attaqué. — V., en ce sens, *Cons. d'état*, 28 1821, Pinondel; 5 mai 1830, Plagniol; 5 mai 1831, Dupasquier; 20 déc. 1836, Mory.

1159. — Un contribuable n'est pas recevable à attaquer devant le conseil d'état l'arrêté du conseil de préfecture qui a rejeté, pour cause de déchéance, une demande en réduction par lui formée, lorsque déjà le conseil d'état a statué définitivement sur un pourvoi dirigé contre le même arrêté. — *Cons. d'état* 28 août 1844, Combette.

1160. — Les recours peuvent être transmis au gouvernement par l'intermédiaire des préfets ; et alors ils ne sont soumis qu'au droit de timbre. — L. 21 avr. 1832, art. 30. —*Cons. d'état*, 2 janv. 1835, Fage; 3 fév. 1835, Teulade; 27 fév. 1835, Leclerc et Durieu de Souzy.

1161. — La transmission des recours au gouvernement par l'intermédiaire des préfets se fait sans frais (L. 21 avr. 1832, art. 30) ; le ministère d'un avocat au conseil n'est donc pas en pareil cas nécessaire. —*Cons. d'état*, 25 janv. 1833, Noury; 8 fév. 1833, Lasserre.

1162. — Cette faculté exceptionnelle du recours sans frais accordé par l'art. 30, L. 21 avr. 1832, n'est applicable qu'aux recours qui ont pour objet l'établissement, la réduction ou la décharge des cotes des contributions directes. — *Cons. d'état*, 25 avr. 1839, Lebreton.

1163. — ... Et elle n'est accordée qu'en faveur des recours transmis par l'intermédiaire des préfets. — *Cons. d'état*, 2 janv. 1835, Fage; 3 fév. 1835, Teulade.

1164. — Quant au délai du recours, V. *suprà* chap. 3, sect. 2e.

1165. — La répartition par les conseils généraux de la portion de la contribution foncière assignée par la loi à chaque département est une opération administrative qui ne peut faire l'objet d'un recours au conseil d'état par la voie contentieuse. — *Cons. d'état*, 14 juin 1837, Witz-Witz et Kœchlin.

1166. — Lorsque deux pourvois ont pour objet l'annulation du même arrêté du conseil de préfecture, il y a lieu de statuer par une seule et même ordonnance. —*Cons. d'état*, 12 mai 1830, Desmoustiers de Mérinville; 25 nov. 1831, Torterat et Thouron de Bertinval; 8 mars 1833, Moll; 25 avr. 1833, Barbot; 19 juill. 1837, Tessier.

1167. — Le conseil d'état peut, sur les observations conformes du ministre des finances, accueillir une demande en compensation proposée par les fermiers d'un canal, si elle est propre à terminer convenablement toutes les contestations. — *Cons. d'état*, 21 août 1816, ex-fermiers régisseurs des canaux de Loing et d'Orléans.

1168. — Le conseil d'état ne peut pas prononcer de dépens contre l'administration. — V. notamment *Cons. d'état*, 6 juin 1834, Pourtalès; 20 nov. 1840, Monteix.

Sect. 5e. — *Tribunaux ordinaires.*

1169. — Nous avons vu que les tribunaux ordinaires restent compétens pour statuer en matière de contributions directes, sur les questions relatives à la propriété, ou aux formes de procédure employées conformément au Code de procédure civile; à plus forte raison doivent-ils connaître seuls des difficultés qui s'élèvent entre les contribuables et des tiers à raison de conventions particulières et alors que le trésor est désintéressé.

1170. — Ainsi, les tribunaux ont seuls juridiction pour statuer sur l'action formée par un tiers contre un contribuable en remboursement des contributions qu'il a payées à sa décharge. — *Cons. d'état*, 23 janv. 1820, Roussel c. Millot; 22 janv. 1823, Peytavin; 2 fév., Regy c. Chamayon, et 31 mars 1825, Lacase; 18 sept. 1833, Cordelier c. Janin; — de Cormenin, t. 2, v° *Contributions directes*, n° 6, p. 495. — V. toutefois *Cons. d'état*, 11 fév. 1818, Maire.

1171. — ... Spécialement, sur la contestation qui s'élève entre un propriétaire et son fermier relativement à des contributions que le premier prétend avoir indûment payées pour le second. — *Cons. d'état*, 7 nov. 1814, Badrot c. Nivert; — de Cormenin, p. 496.

1172. — ... Ou sur celle qui est dirigée par une commune contre une autre commune en remboursement de contributions qu'elle prétend avoir payées à sa décharge. — *Cons. d'état*, 21 juin 1826, comm. de Saint-Marcel c. comm. de Bidon.

1173. — ... Par un percepteur contre une commune en remboursement de contributions par lui payées en son acquit; car, en pareil cas, il agit surtout comme particulier. — *Cons. d'état*, 30 janv. 1812, Bourchany c. comm. de Chavangy.

1174. — ... Ou contre un particulier pour lequel il a payé la quote-part de contributions. — *Bruxelles*, 23 déc. 1829, Dumortier c. Valeriane.

1175. — ... Alors surtout que le percepteur est à la fois locataire du redevable, parce qu'il est réputé avoir agi plutôt en cette dernière qualité qu'en qualité de percepteur. — *Cass.*, 15 mars 1841 (t. 2 1841, p. 168), Debeaune c. Chaillou.

1176. — ... Sur l'action qu'un ex-percepteur intente contre un contribuable en remboursement des sommes qu'il a avancées durant l'exercice de ses fonctions, en l'acquit de ce dernier, pour le paiement de ses contributions. — *Cons. d'état*, 16 fév. 1826, Cleret c. Tavernier Zende.

1177. — ... Ou en paiement de sommes arriérées sur la cote, lorsque le contribuable ne conteste ni la légalité des contributions, ni la justesse de leur répartition, ni enfin la qualité du demandeur pour en poursuivre le recouvrement. — *Cons. d'état*, 8 oct. 1810, Decosseau c. Gillas.

1178. — Ils ne pourraient rejeter de semblables actions en se fondant sur la prescription de trois ans établie par l'art. 149, L. 3 frim. an VII. Cette prescription n'est pas applicable ici. — *Nancy*, 21 août 1826, comm. de Menil-Latour c. Gaillard; *Cass.*, 22 janv. 1828, Bonis c. Rebusal. — V. aussi *Cass.*, 15 mars 1841 (t. 2 1841, p. 168), Debeaune c. Chaillou; *Bruxelles*, 23 déc. 1829, Dumortier c. Valériane.

1179. — De même, les tribunaux statuent sur la demande formée par un acquéreur de biens nationaux contre la régie des domaines en remboursement des contributions qu'il prétend avoir payées pour plusieurs héritages non compris dans son adjudication. — *Cons. d'état*, 27 avr. 1826, Vivier.

1180. — ... Sur les questions de solidarité entre des époux séparés de biens pour le paiement d'une taxe portée au rôle sous le nom de l'un d'eux seulement. — *Cons. d'état*, 9 avr. 1817, Hainguerlot; — de Cormenin, *ubi suprà*, p. 496.

1181. — Mais, dans ce cas, s'il s'élève des contestations entre les parties sur le point de savoir dans quelle proportion leurs propriétés respectives doivent être imposées, les tribunaux doivent renvoyer devant l'autorité administrative pour faire régler le montant desdites contributions. — *Cons. d'état*, 22 janv. 1823, Peytavin.

1182. — Ils excéderaient leurs pouvoirs s'ils nommaient des commissaires pour procéder à la division des contributions de ces particuliers. Cette opération ne peut être régulièrement faite que par un agent de l'administration. — Même décision.

1183. — Les tribunaux civils sont compétens pour prononcer sur les plaintes individuelles d'illégalité à raison des contributions exigées sans l'intervention des chambres. — *Tarascon*, 1er fév. 1833, israélites de Tarascon.

1184. — ... Notamment sur la question de savoir si l'état a le droit d'exiger un impôt sur les eaux salées qui surgissent dans le puits d'un propriétaire, et quelles seraient, dans le cas où l'impôt serait dû, les conséquences du défaut de paiement ou de la résistance à l'exercice. — *Cons. d'état*, 28 juin 1837, Laplace.

1185. — Mais la demande de ce propriétaire tendant, soit à soumettre au tribunal les actes ou opérations des agens de l'état ou du trésor, soit à faire condamner l'état en des dommages-intérêts pour raison d'entraves apportées à l'exploitation de son puits, n'est pas de la compétence de l'autorité judiciaire. — Même décision.

1186. — C'est à l'autorité judiciaire qu'il appartient de décider entre une commune usagère et la direction générale des domaines, considérée comme propriétaire des bois de l'état, dans quelle proportion cette commune doit contribuer au paiement des charges publiques imposées aux propriétés soumises à son droit d'usage. — *Cons. d'état*, 6 sept. 1825, comm. de Velaine en Haye. — Car le droit d'usage participe de la nature du droit de propriété dont il dérive, et on ne pourrait guère, dans l'espèce, arriver à une solution, sans en fixer les charges et conditions.

1187. — C'est elle encore qui est compétente pour condamner l'administration des domaines au remboursement des sommes que la commune aurait indûment payées pour cet objet. — *Cons. d'état*, 6 sept. 1825, comm. de Velaine en Haye.

1188. — Lorsque la question de contribution est subordonnée à l'examen des droits résultant, pour les affouagistes, soit de l'ancienne concession, soit des règles fixées par le Code civil et par la législation forestière, elle doit être portée devant les tribunaux civils, et le conseil de préfecture ne peut statuer sur la demande en dégrèvement qu'après la décision de ces tribunaux. —*Cons. d'état*, 15 oct. 1830, Seiller ; — de Cormenin, p. 497.

1189. — L'autorité judiciaire est seule compétente pour statuer sur l'application de la responsabilité établie contre les propriétaires pour le paiement des contributions dues par leurs locataires, alors qu'il y a des poursuites faites en exécution contre des tiers non compris au rôle. —*Cons. d'état*, 17 sept. 1838, Lavaud-Grezol c. Cazenaud.

1190. —... Sur les contestations qui s'élèvent à l'occasion des frais faits pour le compte des percepteurs des contributions par des huissiers, afin d'obtenir le recouvrement des contributions, lorsque les parties s'opposent respectivement des exceptions tirées du droit commun, comme la prescription. — *Cons. d'état*, 3 déc. 1828, Dutremblay c. Masson ; — de Cormenin, p. 497. — V. Cependant *Cons. d'état*, 27 mars 1807, Fabre c. Jourdan ; 22 janv. 1824, Dutremblay c. Masson.

1191. — ... Sur une demande en paiement d'honoraires formée par des géomètres pour arpentage de cadastre, si l'arpentage a été fait par suite de conventions entre le géomètre et les particuliers. — *Cons. d'état*, 11 fév. 1818, Lefebvre-Millet c. Montjean.

1192. — Les tribunaux saisis d'une action dirigée par un propriétaire contre un géomètre du cadastre, à raison du dommage causé à son domaine par suite des opérations cadastrales, ne peuvent prononcer avant la décision de l'autorité administrative sur la question de savoir si les opérations cadastrales ont été exécutées conformément aux lois sur le cadastre et sur les travaux d'utilité publique. — *Cons. d'état*, 25 janv. 1831, de Vergennes c. Gyliot.

1193. — Les tribunaux sont seuls compétens pour juger si les actes de procédure faits au sujet des poursuites dirigées contre un contribuable en débet sont ou non valables. —*Cons. d'état*, 15 mars 1826, Pélinaud c. Roynaud.

1194. — ... Spécialement, pour statuer sur la validité d'un commandement qui a précédé la saisie et est argué de nullité pour vice de forme. — *Cons. d'état*, 25 fév. 1818, Chastin-Amiaud, c. Champville-Desbertins ; — de Cormenin, p. 498.

1195. — ... Sur la question relative à l'illégalité et à la nullité d'une contrainte. — *Cons. d'état*, 23 avr. 1807, Saparone ; 15 oct. 1826, Chambon.

1196. — ... Sur la demande en validité d'une saisie-exécution pratiquée par un percepteur contre un contribuable retardataire. — *Bordeaux*, 5 juin 1842, Lamarque c. percepteur de la comm. de Blanquefort.

1197. — C'est à l'autorité judiciaire et non au conseil de préfecture qu'il appartient de statuer sur une demande en revendication de meubles et effets saisis pour contributions, après l'accomplissement des formalités prescrites par la loi du 12 nov. 1808. — *Cons. d'état*, 17 sept. 1844, Paloque.

1198. —... Ou sur les contestations qui sont relatives à la revendication, faite par un tiers, d'effets saisis sur un contribuable à la requête d'un percepteur de contributions. — *Cons. d'état*, 16 sept. 1806, Palégry ; 20 fév. 1822 ; Tripler c. Peyronnel.

1199. — Dès-lors le juge du référé peut, sans excéder ses pouvoirs, faire main-levée de la saisie pratiquée, non sur les meubles des contribuables, mais sur ceux d'un tiers, par exemple, d'un fermier. — *Cons. d'état*, 9 avr. 1817, Morin c. Berrier.

1200. —... Ordonner un sursis aux poursuites exercées contre la femme qui attaque la saisie pratiquée sur ses meubles par le motif qu'elle n'est pas inscrite nominativement au rôle de répartition. —*Cons. d'état*, 9 avr. 1817, Hainguerlot.

1201. — Nous avons vu, toutefois, que la demande en revendication ne peut être portée devant les tribunaux civils qu'après avoir été soumise à l'autorité administrative. — *Cons. d'état*, 29 août 1809, Buquet c. le receveur de Louviers ; 1er sept. 1811, Tardy c. Guichard. — Mais l'omission de ce préalable administratif ne donne pas au préfet le droit d'élever un conflit ; seulement, il y a lieu de renvoyer les parties, pour son accomplissement, non devant le conseil de préfecture, comme l'ont décidé les ordonnances suivantes (20 nov. 1816, Decombredet c. Decourteix ; 18 mars 1818, Cazenaud ; 20 janv. 1819, Dubourg), mais devant le préfet. — V. *suprà* no 340.

1202. — L'opposition formée par un tiers à la vente des meubles d'un percepteur de contributions, saisis par l'état, ne donne lieu qu'à une action entre particuliers à laquelle l'état est étranger, et qui est également de la compétence de l'autorité judiciaire, alors qu'aucune question n'est élevée ayant rapport au contentieux des domaines ou au recouvrement des impositions. —*Cons. d'état*, 25 flor. an XII, Castel.

1203. — Les tribunaux sont encore compétens pour décerner la contrainte par corps contre un contribuable pour le forcer à la représentation, en qualité de gardien, des effets mobiliers qui ont été saisis sur lui pour le paiement de ses contributions. — *Cons. d'état*, 30 mai 1821, Morel ; — De Cormenin, *ubi suprà*, p. 498.

1204. — Mais ils ne peuvent s'immiscer dans la recherche des causes d'une saisie et renvoyer les parties à compter devant l'autorité administrative. — *Cons. d'état*, 14 juill. 1824, Dusserech.

1205. — Ils ne peuvent non plus connaître de l'action dirigée contre un percepteur par les gardiens d'une saisie, en paiement de leurs frais de garde. — *Cons. d'état*, 8 mars 1811, Mondoux.

1206. — Le président du tribunal de première instance est également incompétent pour autoriser un gardien établi par le percepteur à se faire remplacer ; ce pouvoir n'appartient qu'aux porteurs de contraintes. — *Cons. d'état*, 2 juin 1819, Sermet de Tournefort c. Olivier.

1207. — Est du ressort des tribunaux l'engagement par lequel le percepteur garantit à l'adjudicataire d'un immeuble exproprié le remboursement d'une somme qui lui est comptée à la décharge du saisi, pour le cas où il ne serait pas colloqué dans l'ordre sur le prix. — *Cons. d'état*, 23 juin 1819, Falcou ; — De Cormenin, p. 498.

1208. — Le tribunal saisi d'une contestation relative à une réclamation sur l'assiette et la quotité d'une taxe dans la contribution directe doit, alors même qu'il y a eu saisie et opposition à cette saisie, en faire complétement le renvoi à l'autorité administrative, sans pouvoir se réserver de statuer sur le fond de la cause et sur les dépens après décision administrative. — *Cons. d'état*, 16 juill. 1817, Ruffié-David c. percepteur des contributions de la commune de Polsols.

1209. — Les tribunaux ne peuvent prononcer sur la demande en main-levée des inscriptions hypothécaires prises par un receveur général sur les biens d'un préposé aux recettes des contributions directes, pour sûreté de sa gestion, avant que l'autorité administrative, seule compétente à cet effet, ait arrêté le compte du préposé. Ils doivent donc surseoir jusqu'à la décision de cette autorité sur le compte. — *Cons. d'état*, 6 juill. 1810, Coste c. Mazars.

1210. — Ils sont incompétens pour statuer sur l'action d'un contribuable contre un autre en remboursement des contributions que le premier prétend avoir acquittées pour le second, par suite d'une erreur d'inscription au rôle ; ce serait, de la part des tribunaux, rectifier implicitement le rôle des impositions. — *Bordeaux*, 4 mars 1828, Ménard c. Chabot.

1211. — ... Sur la question de savoir si le contribuable poursuivi par le percepteur est ou n'est pas débiteur des contributions réclamées contre lui. — *Bordeaux*, 3 juin 1832, Lamarque c. percepteur de la commune de Blanquefort.

1212. — ... Sur les contestations relatives à une contribution établie sur les propriétaires de chevaux, alors même que les tribunaux seraient saisis par les agens de l'administration. —*Cons. d'état*, 27 messid. an XI, Racine c. Gruet.

1213. — ... Sur des contestations relatives à la contribution des portes et fenêtres. — *Cass.*, 12 vendém. an VIII (int. de la loi).

1214. —... Sur l'opposition à des contraintes en paiement des contributions, quoique le percepteur ait lui-même décliné l'autorité administrative et cité l'opposant au bureau de conciliation. — *Cass.*, 29 thermid. an XI, Bauzon c. Chatain.

1215. —... Sur la prétention d'un contribuable de payer les impositions par douzièmes à partir seulement du jour où les rôles sont rendus exécutoires. Cette prétention doit être portée devant l'autorité administrative, seule compétente pour en connaître. — *Paris*, 10 avr. 1843 (t. 1er 1843, p. 596), Fournier c. Tartenson.

1216. — La juridiction demeure la même, bien qu'il y ait eu offres réelles et demande en validité formée par les contribuables. — Même arrêt.

1217. — Ils sont incompétens pour condamner un percepteur à la restitution du trop perçu sur des contribuables, encore bien que ces restitutions aient été réglées par l'autorité administrative. C'est à cette autorité seule qu'appartient le droit de les ordonner. —*Cons. d'état*, 10 sept 1808, Heiliger c. Flory.

1218. — ... Pour condamner un percepteur à payer une somme due pour frais de garnisaires placés chez des contribuables. — *Cass.*, 6 frim. an VII, min. pub.

1219. — ... Pour prononcer une condamnation de dépens contre un percepteur, et ordonner la suspension des poursuites dirigées contre lui pour reliquats de compte. Ce droit est réservé exclusivement à l'autorité administrative. — *Cons. d'état*, 19 mars 1808, comm. de Wolfersweiler.

1220. — Une demande en dommages-intérêts formée par un contribuable contre son percepteur pour contraintes vexatoires que celui-ci aurait dirigées contre lui n'est point de la compétence des tribunaux ordinaires. — *Bordeaux*, 17 juin 1830, Berolle c. Bordier.

1221. — Ils étaient incompétens sous la loi du 24 nov. 1790, qui autorisait (art. 23 et 24) les communes à adjuger à des particuliers la perception de leurs contributions foncière et mobilière, pour connaître des difficultés élevées entre un adjudicataire de la perception d'une commune et les officiers municipaux de cette commune relativement à l'exécution de son marché. —*Cass.*, 28 sept. 1793, Ganard.

1222. — ... Et surtout depuis la loi du 16 fructid. an III, qui défendait aux tribunaux de connaître, sous les peines de droit, des faits d'administration, pour condamner au paiement d'une contribution imposée par une administration municipale. — *Cass.*, 16 frim. an VIII, Payen.

1223. — L'administration doit se pourvoir devant les tribunaux civils pour obtenir le montant des contributions dont un vendeur est débiteur. — *Cons. d'état*, 19 mars 1820, Ogier c. Othenin.

1224. — En cas d'opposition à une contrainte décernée en paiement des contributions directes dues sur une maison, les tribunaux civils sont compétens pour décider si l'acquéreur de cette maison est personnellement tenu d'acquitter les contributions pour le temps antérieur à son acquisition. — *Douai*, 19 juill. 1843 (t. 1er 1844, p. 138), Pigalle c. Dupont et Lefebvre.

1225. — ... Et l'arrêté par lequel le préfet a autorisé le percepteur à exercer les poursuites ne peut être considéré comme une décision portant condamnation, et comme faisant obstacle dès-lors à la compétence des tribunaux ordinaires, encore bien que cet arrêté ait apprécié le mérite de la réclamation du contribuable, et le bien ou mal fondé des poursuites. — Même arrêt.

1226. — Lorsque les biens d'un redevable ont été vendus par expropriation forcée, le percepteur qui veut obtenir le montant des contributions arriérées doit se pourvoir, comme les autres créanciers, en venant à l'ordre par les voies judiciaires. — Il peut recourir directement contre l'adjudicataire devant l'autorité administrative. — *Cons. d'état*, 1er mai 1816, Morard c. Chauvet et Clerc ; 19 mars 1820, Ogier c. Othenin.

1227. — Les poursuites relatives à la distribution du prix dû par un adjudicataire devant, aux termes des lois sur l'expropriation forcée, être faites devant les tribunaux, suivant la forme prescrite par le Code de procédure civile, les préfets n'ont aucune compétence sur ces matières. — *Cons. d'état*, 1er mai 1816, Morard c. Chauvet et Clerc ; 30 juin 1824, Maheulct c. Dupressoix.

1228. — La contestation qui s'élève sur une question de préférence entre un percepteur et des créanciers hypothécaires est de la compétence exclusive des tribunaux. — *Cons. d'état*, 25 fév. 1818, Chastin-Amiaud c. Champville-Desbertins.

1229. — Il en est de même de la question de savoir si un percepteur des contributions est déchu de son privilége sur le prix d'une vente par expropriation forcée pour ne s'être pas fait colloquer dans le délai légal. — *Cons. d'état*, 11 août 1808, Morin c. Delagrange ; — de Cormenin, *ubi suprà*, p. 494.

1230. —... Comme aussi celle de savoir si les adjudicataires qui ont payé le prix, conformément au jugement d'ordre, ont purgé le bien de toutes charges, même pour contributions. — Même décision.

V. **AGENT DIPLOMATIQUE, AUTORISATION DE PLAIDER, COLONIES, ENREGISTREMENT, TIMBRE.**

CONTRIBUTIONS INDIRECTES.

Table alphabétique.

1. — CONTRIBUTIONS INDIRECTES. — On donne ce nom, *lato sensu*, et par opposition, à toutes les contributions autres que les contributions directes. — C'est en ce sens que se trouvent classés les contributions indirectes non seulement les impôts perçus par l'administration de ce nom, mais encore les droits de douanes, d'enregistrement et de timbre dont la perception est confiée à des administrations particulières. — V. DOUANES, ENREGISTREMENT, TIMBRE.

2. — Mais dans l'usage, la dénomination de contributions indirectes s'applique plus spécialement, soit à l'administration qui porte ce nom, soit aux impôts qu'elle est chargée de percevoir.

3. — Ces impôts, assis sur la fabrication, la vente et le transport de certains objets du commerce et de consommation, sont appelés indirects, parce que, à la différence des impôts directs qui saisissent directement une portion du revenu des contribuables et sont perçus d'après un rôle nominatif, ils ne portent sur personne nominativement et atteignent indirectement et indistinctement tous les citoyens par cela seul qu'ils font usage des objets taxés. — Dufour, *Dr. admin. appliqué*, t. 2, n° 832; Foucart, *Elém. de dr. publ. et admin.*, t. 2, n° 784.

4. — Avant la révolution, les impôts appelés aujourd'hui indirects recevaient généralement le nom d'aides et gabelles, et droits joints aux aides (V. AIDES) dont la perception, confiée d'abord à la *ferme des aides*, fut attribuée, par un arrêt du conseil du 9 janv. 1780, à la *régie générale*, compagnie qui avait la recette des droits dits d'*exercice*, et dont le contentieux était soumis à la *cour des aides*. — V. ce mot.

5. — Les droits d'aides et gabelles et les droits joints aux aides, source intarissable des abus les plus criants, étaient devenus, lorsque la révolution éclata, l'objet de la réprobation générale, aussi l'assemblée constituante s'empressa-t-elle, par ses décrets des 19 fév., 2, 20 et 21 mars 1791, d'en prononcer la suppression.

6. — On pensait alors que la terre devait être considérée comme la source unique de tous revenus et de toute richesse, et que dès-lors l'impôt territorial devait seul tenir lieu de tous autres impôts; mais on ne tarda point à s'apercevoir que l'agriculture ne peut supporter seule tous les impôts réunis; que les richesses mobilières, capi-

taux, rentes, etc., doivent également avoir leur part des charges publiques et que les impôts indirects ont seuls le pouvoir de les atteindre.

7. — Aussi, les impôts indirects supprimés furent-ils tous, ou à peu près, successivement rétablis à partir de l'an VI (L. 9 vendém.), puis définitivement reconstitués par la loi du 5 niv. an XII, sous le nom de *droits réunis* : l'ordonnance du 17 mai 1814, après avoir annoncé « qu'il importe de soulager les peuples de ce que tous les droits réunis ont de vexatoire pour eux » ne trouva rien de mieux à faire que de changer le nom sans toucher à la chose; désormais, la *régie des droits réunis* prit le titre d'*administration des contributions indirectes.*

8. — Les contributions indirectes sont pour l'état, et, après les contributions directes, la source de produits la plus abondante; ces produits sont évalués dans le budget des recettes du 19 juill. 1845, aux sommes suivantes :

Droits sur les boissons......... 98,233,000 fr.
Taxe de consommation des sels perçus hors du rayon des douanes. 12,660,000
Droit de fabrication sur les sucres indigènes.............. 10,771,000
Droit de vins et recettes à différens titres (cartes à jouer, dixième du prix des places, matières d'or et d'argent, etc.)........... 39,759,000
Produit de la vente des tabacs.. 107,156,000
Produit de la vente des poudres à feu......................... 5,296,000

En tout... 273,875,000 fr.

CHAPITRE Iᵉʳ. —*Administration des contributions indirectes.*

9. — L'administration des contributions indirectes, qui a remplacé en 1814 celle des droits réunis, est aussi désignée fréquemment dans l'usage sous le nom de *régie*, que nous emploierons indistinctement. — Son organisation, qui remonte à la loi du 5 vent. an XII a reçu encore diverses modifications successives des décrets des 5 germin. an XII et 1ᵉʳ germin. an XIII, et des ord. des 17 mai 1814, 3 janv. 1821, 4 déc. 1822, 5 janv. 1831, 11 nov. 1842 et 17 déc. 1844.

10. — Il y a une administration spéciale pour les tabacs.—V. TABACS.—Du reste, la direction des tabacs agit jusqu'à l'arrivée du tabac dans les entrepôts.—Dès qu'il y est rendu, le magasinage, la vente par les entreposeurs aux débitans et par ceux-ci au public, la surveillance des uns et des autres, la recherche et la poursuite de la contrebande, le personnel des agens chargés de ces services, leur comptabilité, etc., rentre dans les attributions de l'administration des contributions indirectes. — Trolley, nº 1494.

Sect. 1ʳᵉ. — *Organisation, serment, cautionnement.*

11. — L'administration des contributions indirectes est dirigée et surveillée sous l'autorité du ministre des finances par un directeur général. Quatre administrateurs placés chacun à la tête d'une division, forment, avec le directeur général, et sous sa présidence, le conseil d'administration. — Ord. 17 déc. 1844, art. 26 et 45.

12. —Il y a de plus des directeurs de département et d'arrondissement, des contrôleurs de comptabilité, ambulans et de ville, des receveurs principaux, des entreposeurs, des receveurs principaux entreposeurs, des receveurs particuliers sédentaires, des receveurs ambulans, des buralistes à pied et à cheval, etc., etc. — Ord. 3 janv. 1821; 4 déc. 1822; 17 déc. 1844.

13. — Il y a un directeur dans chaque département et un dans chaque arrondissement. — Les employés des autres grades sont répartis suivant les besoins du service.

14. — Le directeur général, les administrateurs et directeurs de département sont nommés par le roi, sur la proposition du ministre des finances.— Les directeurs d'arrondissement, receveurs principaux et particuliers, entreposeurs, les contrôleurs, marqueurs et présenteurs du service de la garantie, les préposés en chef d'octroi, par le ministre des finances, sur la proposition du directeur général. — Ord. 17 déc. 1844, art. 57, 58 et 59.

15. —Le directeur général travaille seul avec le ministre des finances; il dirige sous ses ordres et surveille tout le service; il correspond avec les autorités militaires, judiciaires et administratives; il nomme à certains emplois, rend définitives, en les approuvant, les transactions dont le montant sur un intérêt de 500 fr. à 3,000 fr., si le conseil a émis un avis favorable. — Trolley, C. de dr. adm., l. 3, nº 1177.

16. — Le travail et les attributions des quatre *administrateurs* sont répartis et déterminés entre eux par le ministre. — Trolley, nº 1178.

17.— Le conseil d'administration délibère : 1º sur le budget général des dépenses, et il donne son avis sur : 2º sur toutes les affaires résultant de procès-verbaux, saisies et contraventions; —3º sur le contentieux de la comptabilité, les déficits des receveurs, les contraintes à exercer contre les redevables; — 4º sur les demandes en décharge ou en remise de droits; — 5º sur la liquidation des pensions de retraite; — 6º sur la suppression, la création ou la division d'emplois; — 7º sur les projets, devis et marchés; — 8º sur la révocation, la destitution et la mise à la retraite des employés.— Ord. 3 janv. 1821, art. 5. — V. aussi ord. 17 déc. 1844.

18. — Les *directeurs de département* dirigent et surveillent le service de chaque département. — Ils décernent, avec les directeurs d'arrondissement et les receveurs, des contraintes contre les redevables (décr. 1ᵉʳ germin. an XIII. art. 44); — ils sont chargés de décerner des contraintes et d'exercer des poursuites contre les préposés en débet (décr. 5 germin. an XII, art. 19); — ils représentent la régie dans toutes les instances portées devant les tribunaux; — rendent définitives ou les approuvant les transactions faites par les directeurs d'arrondissement sur les délits entraînant des amendes et confiscations inférieures à 500 fr.; — nomment les buralistes de la gestion, desquels ils

sont responsables, sauf leur recours contre les receveurs et contrôleurs ambulans. — Trolley, nº 1181.

19. — Les *directeurs d'arrondissement* ont des fonctions analogues, mais subordonnées; ils sont, dit M. Trolley (nº 1182), au directeur de département ce que le sous-préfet est au préfet : sauf les contraintes, les mesures de service extérieur qu'ils prennent n'ont de caractère officiel qu'autant qu'elles sont revêtues de l'attache du directeur du département. — Au chef-lieu du département, les fonctions de directeur d'arrondissement sont remplies par le directeur de département. — Trolley, loc. cit.

20. — Les *contrôleurs de comptabilité* sont des auxiliaires placés près du directeur du département, et sont chargés spécialement de la surveillance de tous les comptables du département. — Trolley, nº 1183.

21.— Les *contrôleurs ambulans* à pied ou à cheval inspectent et surveillent le service dans l'étendue du ressort qui leur est assigné. — Trolley, nº 1185.

22. — Les *contrôleurs de ville* exercent sous les ordres du directeur et des contrôleurs ambulans leur surveillance sur les employés et sur les individus soumis aux exercices.—Dans les villes où ils n'ont pas de supérieurs ils donnent eux-mêmes l'ordre de travail. — Trolley, nº 1184. — V. CONTROLEURS.

23. — Les *receveurs principaux* centralisent les recettes de tous les comptables de leur arrondissement : au chef-lieu, ils remplissent les fonctions de receveur particulier sédentaire, et parfois de buralistes. A ce titre, ils reçoivent les déclarations et délivrent les expéditions.—Trolley, nº 1185.

24. — Les *entreposeurs* ont l'entrepôt des tabacs et des poudres. Les tabacs nécessaires pour approvisionner les débitans leur sont expédiés par les manufactures royales : ils ne peuvent les livrer au commerce que par quantité de dix kil. au moins et au comptant.—Instruct. 7 juin 1811.

25.—Quand les receveurs principaux sont chargés de l'entrepôt, ils prennent le nom de *receveurs principaux entreposeurs.*

26. — Les *receveurs particuliers sédentaires* sont chargés de recevoir les droits, même si la régie l'exige, ceux de circulation et d'entrée, auquel cas, ils remplissent les fonctions de receveurs buralistes.—Quant aux droits résultant d'exercices, les receveurs ne vont pas au domicile des redevables pour en faire le recouvrement : ces droits, liquidés par les commis à pied, sont versés au bureau; à défaut de paiement, ils décernent des contraintes. — D'Agar, Man. alphab. des contrib. indir., vº *Receveurs.*

27. — Les *receveurs ambulans* à pied ou à cheval, font à domicile la recette due, à la suite des visites et exercices, par les débitans de boissons, brasseurs, distillateurs, entrepreneurs de voitures et cartiers, reçoivent des buralistes leurs fonds qu'ils vont en tournée le montant des sommes qu'ils ont reçues et vérifient leur gestion et leur comptabilité, procèdent avec le commis à cheval qui leur est adjoint, aux exercices chez les redevables qui y sont soumis, s'assurent de la circulation des boissons. — D'Agar, loc. cit.

28. — Les *commis à pied ou à cheval* procèdent, sous les ordres du directeur et des contrôleurs, aux visites et exercices. Deux fois par mois ils viennent prendre l'ordre.—Dans ces départements frontières et dans ceux où la culture du tabac a lieu, ils prennent le nom de *commis surveillans.*—Trolley, nº 1191.

29.— Les *buralistes* reçoivent les déclarations, délivrent les expéditions et perçoivent les droits qui se paient au comptant. — Ils doivent, lorsqu'ils en sont requis, assister les employés du service actif et concourir avec eux à la découverte et la saisie de la fraude. — Leur bureau doit être indiqué au public par un tableau portant les mots : *Bureau des contributions indirectes.* Il est établi des buralistes dans toutes les communes où une personne solvable se présente pour en remplir les fonctions. — Trolley, nº 1192.

30. — Les *collecteurs*, qui percevaient autrefois les impôts directs et indirects ont disparu avec le système ancien des contributions. Ils sont remplacés aujourd'hui, pour les contributions directes, par les répartiteurs et percepteurs, et pour les contributions indirectes, par les receveurs, contrôleurs, commis, etc. — V. COLLECTE, COLLECTEURS.

31.— Les préposés de la régie doivent être âgés au moins de vingt-un ans accomplis : ils reçoivent une commission du directeur général et sont tenus, avant d'entrer en fonctions, de prêter serment devant le juge de paix ou le tribunal civil de l'arrondissement dans lequel ils exercent; serment est enregistré au greffe et transcrit sur leur

commission, sans autres frais que ceux d'enregistrement et de greffe, et sans qu'il soit nécessaire d'employer le ministère d'avoués. — Décr. 1er germ. an XIII, art. 20.

32. — L'administration des contributions indirectes a le droit de placer ses employés où les besoins du service l'exigent, et même d'étendre leur surveillance sur les différens lieux où elle la croit nécessaire. En conséquence, un procès-verbal ne peut pas être annulé, sous le prétexte qu'il a été dressé hors du département où les rédacteurs ont leur résidence fixée. — *Cass.*, 11 fév. 1825, Contrib. indir. c. Charlin; — Mangin, *Tr. des proc.-verb.*, p. 324, no 189.

33. — Aucun texte de loi n'assujétit les préposés des contributions indirectes qui ont prêté un premier serment à en prêter un nouveau à chaque changement de résidence. — *Cass.*, 14 mai 1824, Lecouteux; 28 fév. 1829, Lecouteux; 1er mai 1806, Augé; 11 fév. 1825, Charlin.

34. — En conséquence, les procès-verbaux par eux dressés ne peuvent pas être annulés pour inaccomplissement de cette formalité. — Décr. 1er germ. an XIII, art. 20; — *Cass.*, 14 mai 1824, Contrib. indir. c. Lecouteux; — Mangin, *Tr. des proc.-verb.*, p. 323, no 188; Merlin, *Quest.*, vo *Serment*, § 6.

35. — Mais les employés doivent, à peine de nullité de leurs procès-verbaux, justifier du serment par eux prêté, ainsi que de l'enregistrement de leur prestation de serment et de sa transcription sur leur commission. — *Cass.*, 28 fév. 1829, Contrib. indir. c. Lecouteux.

36. — Il a été jugé cependant que l'omission, par le greffier de l'enregistrement de la prestation de serment au greffe n'est pas une cause de nullité des procès-verbaux, lorsque d'ailleurs le fait même de la prestation de serment est constant, et que ce fait a été mentionné par le greffier sur la commission, dans la forme usitée pour la transcription de l'enregistrement omis. — *Cass.*, 1er avr. 1808, droits réunis c. Delisle.

37. — Les employés de la régie qui ont une recette particulière ou manutention de deniers, tels que receveurs sédentaires et ambulans, les inspecteurs, directeurs, contrôleurs de ville et ambulans, entreposeurs et débitans doivent fournir un cautionnement qui est déposé à la caisse d'amortissement. — L. 5 vent. an XII, art. 86.

38. — La quotité de ce cautionnement a été fixée par l'art. 24 de l'arrêté du 5 germ. an XII, au douzième du montant des recettes à percevoir dans l'année suivante (an XIII), modifiée en partie par le décret du 29 août 1807 et celui du 21 janv. 1811, et enfin déterminée par la loi du 28 avr. 1816, art. 85, selon le tarif no 4 annexé à cette loi. — V. aussi ord. 25 sept. 1816.

39. — Aucun comptable ne peut être installé dans ses fonctions ni être admis à prêter serment qu'après avoir versé le montant de son cautionnement et en avoir justifié. — L. 28 avr. 1816, art. 95 et 96; ord. 1er mai 1816. — V. CAUTIONNEMENT (fonct. publ.), no 39.

40. — Tout employé destitué ou démissionnaire est tenu de rendre ses comptes et de remettre à la régie ou à son fondé de pouvoirs, en quittant son emploi, sa commission, ainsi que les registres et autres effets dont il a été chargé par la régie, sous peine d'y être contraint, même par corps.

Sect. 2e. — *Attributions.*

41. — L'administration des contributions indirectes a des attributions diverses; ainsi: 1o elle est chargée de l'assiette et du recouvrement de certains impôts, et des taxes sur les boissons.

42. — ..2o Elle a en outre la surveillance générale des octrois du royaume et perçoit le dixième de leur produit net au profit du trésor, comme aussi elle fait les prélèvemens sur le revenu des communes pour frais de casernement. — L. 27 frim. an 8, art. 3; 28 avr. 1816, art. 157; 15 mai 1818, art. 46; ord. 9 déc. 1814, art. 88; 5 août 1818, t. 2.

43. — ... 3o Enfin, elle fait opérer pour le compte de l'état exclusivement, l'achat, la fabrication et la vente des poudres à feu et des tabacs. — L. 13 fruct. an V, art. 16, 33; 28 avr. 1816, art. 172; ord. 25 mars 1818, art. 1er. — V. POUDRES, TABACS.

44. — Les taxes sur les boissons comprennent les droits de circulation, d'entrée et de vente en détail sur les boissons, telles que vins, cidres, eaux-de-vie, etc, autres que les bières. — L. 28 avr. 1816, art. 1er, 20 et 47. — V. BOISSONS.

45. — Quant aux localités dans lesquelles il est établi un droit d'entrée sur les boissons introduites ou fabriquées dans l'intérieur et destinées à la consommation du lieu, aux exceptions relatives aux faubourgs et à la banlieue, aux personnes qui en jouissent, aux droits qu'elles comprennent, etc., V. BANLIEUE, nos 11 et suiv.; et BOISSONS, no 222 et suiv.

46. — ...De consommation sur les eaux-de-vie, esprits et liqueurs, propres à être consommés, et de dénaturation sur ceux rendus impropres à la consommation. — L. 24 juin 1824, art. 2; 26 juill. 1843, art. 3.

47. — ...De fabrication sur les bières. — L. 1er mai 1822, art. 8; 12 déc. 1830. — Pour les obligations imposées, soit à Paris, soit ailleurs, aux brasseurs et brasseries, les exercices auxquels les brasseurs sont soumis, V. BRASSERIE et BOISSONS.

48. — Les autres impôts du recouvrement desquels est chargée l'administration des contributions indirectes sont ceux du dixième sur le prix des places et du transport des marchandises dans les coches ou voitures publiques de terre et d'eau, messageries, bateaux, bateaux à vapeur, et sur les chemins de fer. — LL. 9 vendém. an VI; 5 vent. an XII, art. 75; décr. 14 fruct. an XII; 25 mars 1817, art. 113; 20 juill. 1837; 2 juill. 1838, art. 1er, 2, 3. — V. VOITURES PUBLIQUES, CHEMINS DE FER, nos 219, 225 et suiv., BATEAUX A VAPEUR, no 44, BATEAUX, no 4.

49. — ..De fabrication sur les sucres indigènes. — L. 18 juill. 1837, art. 1er; ord. 4 juill. 1838; LL. 5 juill. 1840; 2 juill. 1843. — V. SUCRES

50. — ...De fabrication ou de timbre sur les cartes à jouer. — L. 9 vendém. an VI; arr. 3 pluv. an VI; 19 flor. an VI, art. 18; décr. 1er germin. an XIII; 16 juin 1808; 9 fév. 1810, art. 7 et 8; L. 28 avr. 1816, art. 160. — V. CARTES.

51. — ...La taxe sur les sels, mais seulement en deçà de la ligne des douanes. — L. 28 avr. 1816, art. 18. — V. DOUANES, SELS.

52. — ...Les droits de garantie sur les matières d'or et d'argent. — L. 19 brum. an VI, art. 21 et 29; arr. 7 flor. an VIII; ord. 5 mai 1824; 26 déc. 1827; 5 fév. 1835; 7 avr. 1838; 28 juill. 1838; L. 10 août 1839. — V. MATIÈRES D'OR ET D'ARGENT.

53. — ... Les droits de licence auxquels sont assujétis les débitans et marchands en gros de boissons, les brasseurs, bouilleurs et distillateurs, les fabricans de cartes et de sucres indigènes, et les entrepreneurs de voitures publiques. — LL. 28 avr. 1816, art. 171; 25 mars 1817, art. 115; 18 juill. 1837, art. 1er; ord. 4 juill. 1838, art. 5. — V. LICENCE.

54. — ... Les droits de navigation intérieure et autres droits et revenus des canaux, pêches, francs-bords, ponts, bacs et passages d'eau. — Décr. 5 germin. an XII, art. 4. — V. NAVIGATION.

55. — Les employés des contributions indirectes ne sont pas seulement chargés de percevoir tous les impôts compris sous cette dénomination, mais leurs principales fonctions consistent à faire exécuter les formalités nombreuses qui garantissent cette perception, et à constater les diverses contraventions résultant de l'inaccomplissement de ces formalités.

56. — De plus, ils ont droit de dresser procès-verbal des fraudes qu'ils découvrent: 1o aux droits d'octroi. — Décr. 1er germ. an XIII, art. 53.

57. — 2o ... Aux droits de douanes. — Décis. min. fin. 16 juin 1817.

58. — 3o .. Aux droits de timbre, pour les expéditions non timbrées qui accompagnent les marchandises par eux saisies. — Décis. min. fin. 22 mars 1822.

Sect. 3e. — *Priviléges de l'administration, prérogatives des employés.*

59. — Pour assurer le recouvrement des droits qu'elle est chargée de percevoir, certains priviléges ont été accordés à l'administration des contributions indirectes. — De leur côté, les employés jouissent de certaines faveurs et prérogatives destinées à leur rendre plus facile l'exercice, parfois pénible, de leurs fonctions.

60. — Ainsi, l'administration peut exercer la contrainte par corps contre tous les redevables (débiteurs et cautions) de contributions indirectes qui ont obtenu un crédit pour leurs soumissions ou obligations non acquittées à échéance, lorsque la somme principale excède 300 fr.; et en outre, pour les confiscations, amendes et restitutions. — Décr. 1er germin. an XIII, art. 52; L. 17 avr. 1832, art. 11, 13. — V. CONTRAINTE PAR CORPS, nos 268 et suiv.

61. — Elle a encore privilége et préférence à tous les créanciers, sur les immeubles et effets mobiliers des comptables pour leurs débets et sur ceux des redevables pour les droits, à l'exception des frais de justice, de ce qui est dû pour six mois de loyer seulement, et sauf aussi la revendication dûment formée par les propriétaires des marchandises en nature qui sont encore sous balle et sous corde. — Décr. 1er germin. an XIII, art. 47.

62. — Par le mot *redevables* (l'art. 47, décr. 1er germin. an XIII, entend tous ceux qui, à quelque titre que ce soit, se trouvent débiteurs de droits envers la régie, sans distinction entre les droits établis à cette époque et ceux établis postérieurement. — *Cass.*, 18 janvier 1841 (t. 1er 1841, p. 348), Giroux.

63. — Ainsi, par exemple, cette disposition s'applique à la caution solidaire d'un entrepositaire de boissons, à raison de droits dûs par celui-ci, bien que le système de cautionnement n'ait été admis que par des lois postérieures qui ne reproduisent pas l'attribution du privilége. — Même arrêt.

64. — Le privilége de la régie sur les meubles des redevables n'interdit pas à ceux-ci la disposition de leur mobilier, après une contrainte décernée contre eux, mais avant que ce mobilier n'ait été saisi à leur préjudice. — Décr. 1er germin. an XIII, art. 47. — *Cass.*, 18 mai 1819, Contrib. indir. c. Aimé et Thuillier.

65. — Le privilége accordé à la régie des contributions indirectes par l'art. 47 décr. 1er germin. an XIII sur les effets mobiliers des redevables, pour les droits qui lui sont dus, ne peut s'exercer à l'égard du tiers propriétaire de ces effets dont le droit est également constaté. — *Cass.*, 9 déc. 1844 (t. 1er 1845, p. 91), Contrib. indir. c. Toulouse.

66. — En cas de concurrence entre l'administration des contributions indirectes et celle des contributions directes, c'est cette dernière qui doit être préférée. — Avis cons. d'état 28 juill. 1830.

67. — La régie ne peut pas plus que tout autre créancier se faire subroger à la poursuite de vente des biens d'un failli dans le cas où les syndics ne vendraient pas dans un délai déterminé. — *Paris*, 22 janv. 1813, synd. Bonnel c. Droits réunis.

68. — Du reste, toutes saisies du produit des droits, faites entre les mains des préposés de la régie, ou dans celles de ses redevables, sont nulles et de nul effet. — Décr. 1er germin. an XIII, art. 48.

69. — Quant aux employés, ils peuvent, pour l'exercice de leurs fonctions, requérir l'aide et l'assistance des autorités civiles et militaires. — L. 28 avr. 1816, art. 243.

70. — ... Ils ont le droit de port d'armes, sans être assujétis à la taxe; mais l'usage du fusil de chasse leur est interdit, à moins d'une autorisation spéciale. — Lettre min. de la police 25 juill. 1806.

71. — ... Et ils jouissent de l'exemption des droits de passe sur les bacs et passages d'eau. — Girard, *Man. des contr. indir.*, no 423, note 2e.

Sect. 4e. — *Crimes et délits des employés, responsabilité de l'administration.*

72. — Les employés de la régie prévenus de crimes ou délits dans l'exercice de leurs fonctions sont poursuivis et traduits, dans les formes communes à tous les citoyens, devant les tribunaux compétens, sans autorisation préalable de la régie: seulement le juge instructeur lorsqu'il a décerné un mandat d'arrêt, est tenu d'en informer le directeur des contributions indirectes du département de l'employé poursuivi. — L. 28 avr. 1816, art. 244

73. — Les infractions et prévarications dont les employés peuvent se rendre coupables dans l'exercice de leurs fonctions, ne sont prévues par aucune loi spéciale et sont punies par le Code pénal.

74. — Tels sont notamment les abus d'autorité (art. 114, 117 et 184, C. pén.); le crime de faux (art. 145, 146 et 165, même Cod.); la soustraction de pièces (art. 173): la concussion (art. 174); le commerce de marchandises soumises aux droits (art. 175); le fait de corruption (art. 177, 178, 179 et 180); l'exercice illégal des fonctions publiques (art. 196, 197): enfin les violences commises par les fonctionnaires publics (art. 186 et 198.)

75. — Sont spécialement considérés comme prévarications: 1o tout procès verbal fait par suite d'une rixe particulière et personnelle que l'on voudrait transformer en résistance ou rébellion, quoique les employés ne fussent véritablement pas en fonctions; — 2o toute amende perçue sans transaction préalable. — Girard, *Manuel des contrib. indir.*, no 770, note 2.

76. — Mais, ne constituent pas le délit d'injures verbales des propos uniquement relatifs aux éclaircissemens et aux recherches que le prévenu était obligé de faire en sa qualité d'employé. — Arg. *Cass.*, 29 germ. an IX, Cornebise c. Hamel; — Girard, *ibid.*, no 772.

77. — En général la régie est responsable des actes de ses employés, toutefois, il a été jugé que

sa responsabilité cessait quand ces actes dépassaient les limites des pouvoirs légaux de l'employé.—*Cass.*, 2 avr. 1825, Aihaud.

78. — Les principaux cas de responsabilité de la régie résultent des saisies irrégulières ou illicites.—V. *infrà* nos 404 et suiv.

CHAPITRE II. — *Établissement des droits. — Perception.*

Sect. 1re. — *Etablissement des droits, décime par franc.*

79. — Les contributions indirectes ne peuvent être établies ni perçues qu'en vertu d'une loi. — Charte, art. 40 et 41.

80. — A la différence des contributions directes qui doivent être votées tous les ans (V. CONTRIBUTIONS DIRECTES, nos 5 et 8), les impositions indirectes peuvent l'être pour plusieurs années. — Charte, art. 41. — Cependant elles sont comprises tous les ans dans le budget et votées par les chambres avec toutes les autres contributions et charges publiques.

81. — Aucunes instructions soit du ministre des finances, soit du directeur général ou de la régie des contributions indirectes, soit d'aucun de ses employés, ne peuvent, sous quelque prétexte que ce soit, annuler, étendre, modifier ou forcer le vrai sens des dispositions de la loi 28 avr. 1816, art. 247.

82. — Par suite, les tribunaux ne peuvent prononcer de condamnations qui seraient fondées sur lesdites instructions, et qui ne résulteraient pas formellement de la loi. — *Ibid.*

83. — ... Et les contribuables de qui il aurait été exigé ou perçu quelques sommes au-delà du tarif, ou d'après les seules dispositions d'instructions ministérielles, peuvent en réclamer la restitution. — Leur demande doit être formée dans les six mois; elle est instruite et jugée dans les formes qui sont observées en matière de domaine. — *Ibid.*

84. — En général, indépendamment des différens droits de contributions indirectes, tels qu'ils sont fixés en principal par le tarif, il est perçu en sus de chacun de ces droits un décime par franc pour contribution de guerre. — L. 28 avr. 1816, art 232.

85. — Sont néanmoins exemptes du décime les perceptions faites sur les canaux affermés, la pêche, les francs bords, les ponts, les bacs et passages d'eau. — L. 25 mars 1817, art. 123.

86. — Cette exemption s'étendait, avant la loi du 25 mars 1817, au droit de navigation et à celui du décime sur le prix du transport dans les voitures publiques, mais elle ne leur est plus applicable aujourd'hui. — Girard, *Man. des contrib. indirectes*, no 789, note 2e.

87.—Ces doubles droits pour non-rapport d'acquits à caution sont soumis au décime. — *Ibid.*, note 4e.

88. — Mais le coût des passavans, acquits à caution, les amendes et condamnations pécuniaires n'en sont point passibles. — *Ibid.*, notes 3e et 5e.

Sect. 2e. — *Perception.*

§ 1er. — *Bureaux. — Registres. — Expéditions.*

89. — La régie des contributions indirectes doit établir un bureau dans toutes les communes où il est présenté un habitant solvable qui puisse remplir les fonctions de buraliste. — L. 28 avr. 1816, art. 233.

90.—Les receveurs buralistes sont nommés par les directeurs : ils doivent prêter serment en justice. — Girard, no 790.

91. — Les buralistes doivent tenir leur bureau ouvert au public depuis le lever jusqu'au coucher du soleil, les jours ouvrables seulement. — L. 28 avr. 1816, art. 234.

92. — Pour établir les droits du trésor et ceux des redevables, les employés de la régie doivent tenir des registres, tels que portatifs, registres de perception ou de déclaration, etc., qui, ayant une existence officielle, doivent être cotés et paraphés, les registres portatifs par les juges de paix, et les autres, dans chaque arrondissement, par un des fonctionnaires publics que le sous-préfet désigne à cet effet. — L. 28 avr. 1816, art. 241.

93. — Les actes inscrits par les employés, dans le cours de leurs exercices, sur leurs registres portatifs, font foi en justice jusqu'à inscription de faux. — L. 28 avr. 1816, art. 242.

94. — Ainsi, le registre portatif des employés fait foi jusqu'à inscription de faux du degré des eaux-de-vie prises en charge par un débitant, quoiqu'il n'énonce pas qu'elles ont été pesées en sa présence. — *Cass.*, 3 avr. 1818, contrib. indir. c. Bouchereau.

95. — Les actes inscrits sur les registres portatifs des employés font foi, jusqu'à inscription de faux, que les boissons d'un débitant ont été vendues au prix qu'ils constatent, et la force de ces actes ne peut être invalidée par le refus que le débitant aurait fait, sans motif, de les signer. — *Cass.*, 26 nov. 1810, droits réunis c. Duval.

96. — Un tribunal ne peut refuser à un acte inscrit sur le registre portatif des employés des contributions indirectes la foi qui lui est due jusqu'à inscription de faux, sous le prétexte qu'il y a été ajouté une pièce de boissons postérieurement à l'arrêté du compte du redevable, et que cette addition faite avec une encre plus noire aurait dû être approuvée et signée au moment même par les employés. — *Cass.*, 9 déc. 1818, contrib. indir. c. Dequoy.

97. — De même, lorsqu'il est établi par le registre portatif que toutes les tonnes existantes dans les caves d'un débitant étaient marquées, s'il s'en trouve ultérieurement deux qui ne le soient pas et dont le congé ne puisse être représenté, le tribunal viole la foi due au registre portatif jusqu'à inscription de faux, en acquittant le débitant, sous le prétexte que la mention insérée sur ce registre paraît avoir été faite après coup, et qu'il n'en résulte aucune preuve que toutes les tonnes fussent marquées. — *Cass.*, 8 juill. 1808, Droits réunis c. Vanderdunck.

98. — Mais lorsque l'administration des contributions indirectes a reconnu elle-même les inexactitudes existant dans les portatifs de ses employés, et en a provoqué conjointement avec le prévenu la vérification par experts, elle est non-recevable à proposer, contre le jugement qui a ordonné cette expertise, un moyen de cassation tiré de ce que ce jugement violerait la foi due aux portatifs de de ses employés, jusqu'à inscription de faux. — *Cass.*, 27 avr. 1825, Contrib. indir. c. Martin.

99. — Quant aux expéditions délivrées par la régie, telles que acquits à caution, congés, passavans, passe-debout, laissez-passer, certificats de déchéance, etc., et dont les contribuables doivent être munis pour justifier de l'acquittement des droits de circulation, entrée, consommation, fabrication, etc., imposés sur les boissons, eaux de vie et liqueurs, tabacs, cartes à jouer, sels, etc., aux circonstances dans lesquelles elles sont nécessaires, leur forme, leurs effets; enfin, aux difficultés qu'elles peuvent soulever. V. ACQUIT A CAUTION, PASSAVANT, COLPORTAGE, CIRCULATION, et surtout BOISSONS, OCTROIS, TABACS, CARTES A JOUER, POUDRES ET SALPÊTRES, SELS.

§ 2. — *Visites et exercices.*

100. — La surveillance des employés de la régie s'exerce principalement au moyen des visites et vérifications, ou exercices qui ont lieu dans les habitations, celliers, caves, magasins, etc., soit des redevables, soit même, dans certains cas, des particuliers à l'effet de constater, non-seulement l'existence des objets soumis aux droits, mais aussi les contraventions aux formalités prescrites pour garantir leur perception.

101. — *Redevables.* — En général, ces visites et exercices que les employés sont autorisés à faire chez les redevables ne peuvent avoir lieu que de jour, et dans les intervalles de temps ci-après déterminés, savoir : depuis sept heures du matin jusqu'à six heures du soir, pendant les mois de janvier, février, novembre et décembre; depuis six heures du matin jusqu'à sept heures du soir, pendant les mois de mars, avril, septembre et octobre; depuis cinq heures du matin jusqu'à huit heures du soir pendant les mois de mai, juin, juillet et août. — L. 28 avril 1816, art. 26, 235, 236.

102. — Jugé toutefois que l'introduction des commis dans une maison ne peut être considérée comme nocturne, s'il est constaté qu'au moment où elle a eu lieu le soleil était levé. — *Cass.*, 11 mai, 1821, contrib. indir. c. Meoule.

103. — Les dispositions de la loi du 28 avr. 1816, qui règlent le temps du service, n'empêchent pas que les employés des contributions indirectes puissent et doivent exercer en tout temps, de nuit comme de jour, leur surveillance extérieure sur tous les objets de fraude, les saisir et verbaliser. — L. 28 avr. 1816, art. 234, 236 et 237; — même arrêt.

104. — Il y a plus, les visites et exercices peuvent aussi être faits la nuit dans les brasseries et distilleries, alors qu'il résulte des déclarations que ces établissemens sont en activité ; et chez les débitans de boissons, dans les cabarets, cafés, auberges, etc., pendant tout le temps que les lieux de débit sont ouverts au public. — L. 28 avr. 1816, art. 235.

105. — Les employés des contributions indirectes n'ont pas besoin de se faire assister d'un officier de police dans les visites qu'ils font chez les individus qui, par état, y sont habituellement soumis. — Décr. 5 vent. an XII, art 81 et 83; L. 28 avr. 1816, art. 237; — *Cass.*, 24 messid. an XIII, Droits réunis c. Josslen; 7 fév. 1806, 31 déc. 1807, Droits réunis c. Mallet.

106. — Il en est ainsi, non seulement pour les visites de jour, mais même dans tous les cas où les visites sont autorisées pendant la nuit. — Girard, *Man. des contrib. indir.*, no 792. — Et lorsque les employés des contributions indirectes se présentent chez un assujéti pour y procéder à leurs exercices, ils ne sont point obligés de lui déclarer l'objet de leur visite. — *Cass.*, 18 fév. 1826, Contrib. indir. c. Cissey.

107. — Les débitans soumis à l'exercice sont tenus d'accompagner les employés dans la visite qu'ils font de leurs magasins, caves et celliers. — En conséquence il y a refus d'exercice de la part du débitant qui se borne à remettre aux employés les clés de ses caves, et refuse de les y accompagner. — *Orléans*, 27 mars 1843 (t. 1er 1844, p. 305); Contrib. indir. c. Pillau.

108. — L'absence des redevables ne pourrait les soustraire aux visites et exercices : à quelque moment que les préposés se présentent, ils doivent trouver accès partout, et le refus que feraient les personnes présentes de leur ouvrir les portes, constituerait un refus d'exercice punissable, alors même que les redevables absens auraient emporté les clés. — V. au surplus BOISSONS, nos 531 et suiv., 572 et 605.

109. — Lorsque, dans le cours de leurs visites, les employés trouvent chez un débitant des boissons falsifiées, ce fait pouvant donner lieu à une double contravention, soit aux lois spéciales relatives aux contributions indirectes, si les quantités de liquide trouvées ne concordent ni avec les expéditions représentées, ni avec les portatifs des employés, soit aux dispositions du Code pénal concernant les boissons falsifiées (C. pén., 318, 475, 476 et 478); les employés doivent saisir les objets du délit et dresser procès-verbal pour servir de base aux poursuites à exercer. — V. au surplus BOISSONS FALSIFIÉES.

110. — Les redevables peuvent, en certaines circonstances, s'affranchir des visites et exercices des employés au moyen d'un *abonnement*. — V. ce mot.

111. — *Particuliers.* — En cas de soupçon de fraude, à l'égard de particuliers non sujets à l'exercice, les employés peuvent faire des visites dans l'intérieur de leurs habitations, en se faisant assister du juge de paix, du maire, de son adjoint ou du commissaire de police, lesquels sont tenus de déférer à la réquisition qui leur en est faite et qui est transcrite en tête du procès-verbal. Ces visites ne peuvent avoir lieu que d'après l'ordre d'un employé supérieur, du grade de contrôleur au moins, qui rend compte des motifs au directeur du département. — L. 28 avr. 1816, art. 237.

112. — Il en était de même sous l'empire de la loi du 5 vent. an XII, dont l'art. 83 se référait, non seulement aux inventaires ordonnés par cette loi, mais encore à tous les cas de soupçons de fraude. — L. 28 avr. 1816, art. 67 et 237; — *Cass.*, 15 fév. 1811, Droits réunis c. Augier.

113. — Il y a soupçon de fraude à l'égard d'un individu qui, par son état (de charpentier), étranger au commerce des boissons, et surtout des spiritueux, est trouvé, néanmoins, lors de la visite qui est faite chez lui par les agens assistés d'un commissaire de police à tel effet requis, et d'un contrôleur de ville, en possession d'une quantité considérable de spiritueux, et qui refuse de donner une cause à cette possession, sans justifier du paiement des droits, lorsque, d'ailleurs, il est propriétaire d'un bouilleur de profession. — *Cass.*, 17 ... 1839 (t. 2 1845, p. 86), Nayrac.

114. — L'assistance d'un officier de police judiciaire n'est pas prescrite à peine de nullité. — En conséquence, l'irrégularité résultant du défaut d'assistance se trouve couverte lorsque le particulier ne s'est pas opposé à l'introduction des employés. — *Cass.*, 30 juill. 1807, Savart; 31 juill. ... Dutemple; 31 déc. 1807, Mallet; 25 janv. ... Vincent; 10 avr. 1823, Lebarbier.

115. — Le défaut de transcription, en tête du procès-verbal de visite, de la réquisition faite à l'officier de police qui y a assisté, n'est pas non plus une cause de nullité ; il suffit que la perquisition ait été faite en présence de cet officier de ... lier. — *Cass.*, 22 germin. an XIII, Droits ... c. Deleyre; 10 avr. 1823, Contrib. indir. c. Lebarbier.

116. — Au contraire, l'ordre d'un employé su-…eur, du grade de contrôleur au moins, est exigé sous peine de la nullité du procès-verbal ; et cette nullité ne peut pas être couverte par le défaut …pposition de la part du particulier chez lequel employés se sont introduits. — *Cass.*, 4 déc. 18, Arribert c. Contrib. indir. ; 13 fév. 1819, Contrib. indir. c. Caubet ; 24 sept. 1830, Courtois Contrib. indir. ; *Nancy*, 10 mars 1837 (t. 2 1837, 181), Contrib. indir. c. Miniselle ; — Mangin, *Tr. procès-verbaux*, p. 335, n° 195.

117. — Le particulier dont le domicile a ainsi été …é est recevable à exciper de l'irrégularité de …ercice, s'il était absent au moment où les opé…ns ont commencé, quand bien même ces opé…ons auraient été continuées et terminées en sa …nce, et avec l'assistance de l'officier de police …s intermédiairement. — *Cass.*, 19 avr. 1822, Contrib. indir. c. Drieux ; 10 avr. 1823, Contrib. …r. c. Lebarbier.

118. — Le tribunal ne peut se dispenser d'an…r le procès-verbal d'une visite faite sans l'or…xigé, sous le prétexte que les procès-verbaux employés font foi jusqu'à inscription de faux. …loi n'attache cet effet qu'aux procès-verbaux …liers. — Décr. 1er germin. an XIII, art. 26 ; *Cass.*, 10 avr. 1823, contrib. indir. c. Lebar-…

119. — L'ordre ne peut pas être régulièrement …né par un brigadier de surveillance, ayant le … de contrôleur, parce que le rang n'est pas le …e, et que le titre de brigadier de surveillance …, non par la loi, mais par des décisions de …ministration générale, ne fait que placer l'em…é dans un état intermédiaire entre le con…ur et le brigadier. — L. 28, avr. 1816, art. 237 ; *Cass.*, 3 juill. 1829, Contrib. indir. ; — Mangin, … *des proc.-verb.*, p. 337, n° 195.

120. — Jugé toutefois que l'ordre était valable…nt donné par le régisseur de l'octroi, dans une …e où il n'y avait pas de préposé en chef des con…tions indirectes, et où leurs fonctions étaient …plies par un régisseur. — *Cass.*, 21 déc. 1839 (t. 2 …, p. 345), contrib. indir. c. Lefebvre.

121. — Cet ordre devant être exhibé tant à l'of…er de police dont l'assistance est requise qu'au …ticulier chez lequel s'opère la visite, un simple … verbal est insuffisant. — *Cass.*, 10 avr. 1823, Contrib. indir. c. Lebarbier.

122. — On ne peut considérer comme tenant lieu … l'ordre exigé par l'art. 237 (L. 28 avr. 1816), un … papier imprimé, en forme d'ordre banal, … date, et qui autorise à faire des visites, en …al, même chez les voisins. — Même arrêt.

123. — Mais cet ordre peut être valablement rem…é par l'assistance à la visite d'un employé … grade prescrit. — *Cass.*, 17 oct. 1839 (t. 2 1845, …), Mayrac ; 24 sept. 1830, Courtois ; — Mangin, … 195.

124. — La loi ne s'étant pas expliquée sur le …ps pendant lequel les employés peuvent faire … visites chez les particuliers, il est évident qu'el…es peuvent avoir lieu que pendant les heures … ces visites sont permises aux officiers de po… — Girard, n° 794.

125. — Les marchandises transportées en fraude … sont au moment d'être saisies, introduites dans … habitation particulière pour les soustraire aux …ployés, peuvent y être suivies par eux, sans …ils soient tenus, dans ce cas, d'observer les …alités ci-dessus prescrites. — L. 28 avr. 1816, … 237. — V. au surplus BOISSONS.

§ 3. — *Rébellion et voies de fait envers les employés.*

126. — Les rébellions ou voies de fait contre les …loyés sont poursuivies devant les tribunaux … ordonnent l'application des peines prononcées … le Code pénal, indépendamment des amendes … confiscations qui peuvent être encourues par les …trevenans. — L. 28 avr. 1816, art. 238 ; C. pén., … 209 et suiv.

127. — Quand les rébellions ou voies de fait ont … commises par un débitant de boissons, le tri…l ordonne en outre la clôture du débit pen…t un délai de trois mois au moins, et six mois … plus. — L. 28 avr. 1816, art. 238

128. — Ces rébellions ou voies de fait constituent, …nt leur gravité, des délits ou des crimes qui …ent leurs auteurs justiciables, soit des tribu…x correctionnels, soit des cours d'assises.

129. — Jugé que les employés des contributions …ctes, n'étant ni officiers ministériels ni agens …taires de la force publique, les injures et …ces proférées envers eux ne sont pas punissa… des peines prononcées par l'art. 224, C. pén., … seulement, si elles ont eu lieu publiquement, … peines portées par l'art. 19, L. 17 mai 1819. — …, 1er mars 1844 (t. 2 1844, p. 363), Bouyer c. Min. publ. et Contrib. indir. — *Contrà Douai*, 28 juill. 1843 (t. 2 1844, p. 362), Farine.

130. — L'action en réparation du dommage causé par la rébellion ou les voies de fait ne peut, suivant le droit commun, être exercée que par la partie lésée, c'est-à-dire par les employés directement. — C. inst. crim., art. 1er.

131. — L'administration des contributions indirectes est non-recevable à intervenir et à se constituer partie civile, dans une accusation portée contre des individus, pour violences exercées sur la personne de ses employés dans l'exercice de leurs fonctions. — C. inst. crim., art. 63 et 67 ; — *Assises de l'Isère*, 9 août 1825, Contrib. indir. c. Lajon.

132. — Elle n'a un droit d'action que lorsque la rébellion ou les voies de fait sont accompagnées d'une contravention prévue et punie par les lois spéciales sur les contributions indirectes. — Girard, n° 795, note 15e.

133. — Le procès-verbal des employés, en ce qui touche les faits à eux personnels, ne vaut que comme plainte et peut être contredit par tous les modes ordinaires de preuve. — Girard, *ibid.*, note 20e.

§ 4. — *Responsabilité des redevables et des particuliers.*

134. — Les propriétaires des marchandises sont responsables du fait de leurs facteurs, agens ou domestiques, en ce qui concerne les droits, confiscations, amendes et dépens. — Décr. 1er germin. an XIII, art. 35.

135. — Le mari est responsable du fait de sa femme, qui est son facteur naturel, et qui est censée exécuter les ordres qu'il lui a donnés. En conséquence, le mari qui a été averti de la déclaration qu'il avait à fournir, n'est pas recevable à contester, sous le prétexte d'erreur, la déclaration faite par sa femme en son absence. — *Cass.*, 10 août 1808, Droits réunis c. Giraud.

136. — Le débitant de boissons dont la femme a refusé de souffrir les exercices des employés de la régie est passible des peines qu'entraîne ce refus. *Cass.*, 9 mai 1807, Droits réunis c. Raneud ; 11 fév. 1808, Richelaert c. Droits réunis ; 12 août 1813, Kroger ; 27 nov. 1818, contrib. indir. c. Fouqueau ; — d'Agar, *Tr. du cont. des contrib. indir.*, t. 2, p. 9, n° 247.

137. — Une cour royale n'a pu, sans encourir la censure, se dispenser de faire l'application des art. 101 et 102, L. 28 avr. 1816, à la femme d'un marchand de boissons qui avait refusé d'obéir aux ordres que lui donnaient des employés, d'aller chercher son mari pour avoir les clés des magasins. — *Cass.*, 20 déc. 1828, Venet.

138. — Le père est civilement responsable de l'amende prononcée contre son fils mineur, non émancipé, demeurant avec lui. — C. civ., art. 1384 ; C. pén., art. 74 ; — *Cass.*, 11 oct. 1834, Contrib. indir. c. Klein.

139. — Le maître est civilement responsable des faits de son domestique, et cette responsabilité pèse sur lui sans qu'il soit nécessaire de le mettre personnellement en cause ni même de lui notifier copie du procès-verbal dressé contre le domestique, et légalement signifié à celui-ci, qui le représente légalement. — *Cass.*, 13 mai 1809, Droits réunis c. Rodrigues et Evain ; 26 avr. 1839, (t. 2, 1839, p. 285). Becq.

140. — Le règlement de police portant que les logeurs qui feront connaître les auteurs des délits commis chez eux n'en seront pas responsables, excède les pouvoirs de l'autorité municipale et n'est pas obligatoire en matière de contributions indirectes. — C. pén., art. 471, n° 15 ; — *Cass.*, 13 août 1819, Contrib. indir. c. Jean Grèze.

CHAPITRE III. — *Poursuite en paiement des droits.*

Sect. 1re. — *Action, compétence.*

141. — Les contributions indirectes doivent être acquittées entre les mains des receveurs et sont payables en argent ; toutefois, la loi du 24 avr. 1806, art. 53, et la loi du 28 avr. 1816, art. 127, permettent à la régie de recevoir dans les cas qu'ils déterminent, des obligations dûment cautionnées à trois, six ou neuf mois de terme. — Mais les souscripteurs qui ne paient pas à l'échéance sont contraignables par corps. — L. 17 avr. 1832, art. 11.

142. — A la régie seule appartient l'action en paiement des droits dont la perception lui est conférée, et c'est à sa requête que les poursuites doivent être dirigées. — C'est le directeur du département qui instruit et défend sur les instances portées devant les tribunaux. — Décr. 5 germin. an XII, art. 19.

143. — Quant à la juridiction devant laquelle l'action doit être introduite, il faut distinguer s'il s'agit d'une difficulté sur le fond des droits dus à la régie ou de la poursuite d'une contravention. Dans le premier cas, c'est le tribunal civil qui est compétent pour en connaître ; dans le second, c'est le tribunal correctionnel. — L. 5 vent. an XII, art. 88 et 90.

144. — Les contestations sur le fond du droit sont celles introduites, soit par la régie directement, soit par le contribuable au moyen d'une opposition à la contrainte décernée contre lui, et qui ont pour objet le paiement du droit réclamé par l'une et refusé par l'autre. — Elles ne peuvent s'entendre des contestations incidentes à un procès-verbal de contravention ou de saisie. Dans ce dernier cas, les tribunaux correctionnels juges de l'action, le sont aussi des exceptions qui s'y rattachent. — *Cass.*, 3 avr. 1830, Contrib. indir. c. Escalafal et Parotti ; 11 mai 1839 (t. 2 1839, p. 441), Gaccon.

145. — Ces contestations ne peuvent être portées devant le président du tribunal civil, tenant l'audience des référés. — *Cass.*, 6 août 1817, Witecoq ; 3 juin 1833, Vacquier ; — instr. de la Régie de l'enreg., 5 juin 1837, art. 1537, n° 50 ; *Dict. des droits d'enreg.*, v° *Instance*, § 2, n° 78 ; *Dict. d'enreg.*, *ibid.*, § 2, n° 7.

146. — Pour les soumettre au tribunal civil, le contribuable est tenu, comme en matière d'octroi, de consigner, préalablement à la saisie, le montant des droits qu'il veut contester. — *Cass.*, 3 avr. 1830, Contrib. indir. c. Escalafal et Parotti. — V. *Contrà* Mangin, *Traité de l'act. publ.*, t. 1er, p. 543.

147. — Une distinction est nécessaire pour déterminer, à l'égard de ces contestations, la compétence du tribunal correctionnel.

148. — En cas de consignation des droits, le tribunal correctionnel saisi d'une prétendue contravention doit surseoir et statuer jusqu'à la décision du tribunal civil sur le fond du droit. Et il ne doit insérer dans son jugement de renvoi aucun motif tendant à établir que le droit n'est pas dû. — *Cass.*, 16 juin 1809, Droits réun. c. Gaucher.

149. — Au contraire, à défaut de consignation, le tribunal correctionnel doit statuer, sans renvoi, sur la prétendue contestation relative au fond du droit, qui n'est plus alors considérée que comme un moyen de défense incident à la poursuite de la contravention. — *Cass.*, 3 avr. 1830, Contrib. indir. c. Escalafal et Parotti

150. — Il y a contestation sur le fond du droit, et par suite lieu au renvoi par le tribunal correctionnel devant le tribunal civil, lorsque le prévenu soutient être dispensé par la loi d'accomplir la formalité qui donne lieu aux droits réclamés par la régie. — L. 15 vent. an XII, art. 88. — *Cass.*, 17 vent. an XIII, Dr. réunis c. Berger ; — D'Agar, *Tr. du content. des contrib. indir.*, t. 2, p. 42.

151. — … Lorsqu'il prétend que le droit d'entrée n'est pas dû sur des objets pour lesquels il réclame l'entrepôt, surtout s'il n'existe de sa part aucun indice de fraude. — Décr. 21 déc. 1808, art. 49 ; — *Cass.*, 16 juin 1809, Dr. réunis c. Gaucher.

152. — … Lorsqu'un débitant de boissons, au domicile duquel des futailles de bière ont été saisies, soutient qu'il n'a jamais fait le débit de bière, et que celle trouvée chez lui était uniquement destinée à sa consommation. — L. 5 vent. an XII, art. 88 et 90 ; — *Cass.*, 16 juin 1808, Droits réunis c. Slaaff. — V. aussi *Cass.*, 27 flor. an XIII, Vigneron.

153. — … Lorsqu'il prétend n'être pas acquéreur du vin saisi, ou de la récolte qui l'a produit. — L. 24 avr. 1806, art. 27 ; — *Cass.*, 23 juill. 1807, Dr. réunis c. Marthe.

154. — C'est par l'action civile, et non par la voie correctionnelle, que la régie doit procéder contre le délinquant constitué gardien des objets saisis sur lui, et confisqués par jugement passé en force de chose jugée, pour le contraindre à les représenter en nature ou en payer la valeur. — *Cass.*, 24 mai 1811, Dr. réunis c. Tasso.

Sect. 2e. — *Contraintes.*

155. — A défaut de paiement des droits, il est décerné contre les redevables des contraintes qui sont exécutoires nonobstant opposition et sans y préjudicier. — L. 28 avr. 1816, art. 239.

156. — L'art. 45, décr. 1er germin. an XIII, donnait au contraire le droit de former opposition à la contrainte ; mais cette disposition a été modifiée par la loi de 1816. — Trolley, *C. de dr. admin.*, t. 3, n° 1172. — V. toutefois Foucart, *Dr. admin.*, t. 2, n° 902.

157. — En conséquence, les tribunaux ne peu-

vent, sur l'opposition formée à une contrainte en matière de contributions indirectes, ordonner un sursis aux poursuites. — *Cass.*, 6 août 1817, Villecoq; 3 juin 1833, Vacquier.

158. — L'administration des contributions indirectes ne peut pas être déclarée non-recevable à décerner une contrainte, sous le prétexte qu'elle a négligé depuis quelque temps d'user de ce droit. — *Cass.*, 25 juin 1834, Contrib. indir. c. Regn-Taftin.

159. — La voie de la contrainte est autorisée; 1° pour le recouvrement des droits qui se constatent par exercice chez les divers assujétis; — 2° pour les doubles droits résultant du défaut de décharge des acquits à caution; — 3° pour les droits au comptant, lorsqu'un buraliste forcé en recette en cas de perception insuffisante, exerce son recours contre la personne qui a fait la déclaration; — 4° pour les divers revenus autres que les droits dont la régie est chargée de faire le recouvrement; — 5° contre les redevables admis à payer les droits en obligations cautionnées, et sauf, envers eux, l'exercice de la contrainte par corps. — Girard, n° 687, note 1re.

160. — La contrainte est ordinairement précédée d'un avertissement remis au contribuable par les employés; mais cet avertissement n'étant pas prescrit par la loi, on ne saurait se prévaloir de son omission. — Girard, *ibid.*, note 3.

161. — La contrainte est décernée par le directeur ou receveur de la régie; elle est visée et déclarée exécutoire, sans frais, par le juge de paix du canton où le bureau de perception est établi, et peut être notifiée par les préposés de la régie. — Le juge de paix ne peut refuser de viser la contrainte pour être exécutée, à peine de répondre des valeurs pour lesquelles la contrainte a été décernée. — Décr. 1er germin. an XIII, art. 44.

162. — L'exécution de la contrainte peut avoir lieu par toutes les voies de droit.

163. — La contrainte donne le droit de faire saisir les meubles ou de faire une saisie-brandon, et à plus forte raison une saisie-arrêt. — Mais elle n'emporte point hypothèque. Aucune loi ne lui confère ce privilége. — Trolley, t. 3, n° 1172 et t. 2, n° 760. — *Contrà* Foucart, t. 2, n° 901.

164. — En cas d'insuffisance des meubles, la régie doit poursuivre l'expropriation des immeubles des redevables. — Foucart t. 2, nos 901 et suiv. — Si l'agent chargé d'opérer la poursuite ne trouvait chez le redevable aucun objet susceptible d'être saisi, il devrait, de même qu'en toute autre matière, dresser un procès-verbal de carence. — Cependant il serait mieux de s'assurer de l'insolvabilité du redevable, avant même d'intenter aucune poursuite; dans ce cas, il suffit d'un *certificat de carence*, délivré par le maire, et qui n'occasionne aucun frais. — De cette façon, le procès-verbal de carence ne serait utile qu'autant que l'insolvabilité serait survenue postérieurement aux poursuites. — V. CERTIFICAT DE CARENCE.

Sect. 3e. — *Instruction, jugement.*

165. — Aux termes de l'art. 88 de la loi du 5 vent. an XII, les contestations sur le fond des droits dus à la régie doivent être jugées par les tribunaux civils, avec les formalités prescrites en matière d'enregistrement.

166. — Jugé que cette disposition n'a point été abrogée par la loi du 28 avr. 1816. — *Cass.*, 5 mars 1823, Contrib. ind. c. Pellerin; 3 juin 1833, Vacquier; *Rouen*, 2 janv. 1819, Octroi de Rouen c. Chevalier.

167. — L'instruction se fait, dès-lors, sur simples mémoires respectivement signifiés, sans plaidoiries; les parties ne sont pas obligées d'employer le ministère des avoués; les jugemens sont rendus en la chambre du conseil sur le rapport d'un juge fait en audience publique et sur les conclusions du procureur du roi. — LL. 22 frim. an VII, art. 65; 27 vent. an IX, art. 17; 5 vent. an XII, art. 88.

168. — Les tribunaux doivent accorder, soit aux parties, soit aux préposés de la régie qui suivent leurs instances, le délai qu'ils demandent pour produire leurs défenses. Il ne peut en aucun cas être de plus de 30 jours. — Les jugemens doivent être rendus dans les trois mois au plus tard, à compter de l'introduction de l'instance. — LL. 22 frim. an VII, art. 45; 27 vent. an XII, art. 88.

169. — Jugé, par suite, qu'il y a nullité : 1° si le jugement a été rendu sur plaidoiries, sans que rien ne constate qu'il a été précédé de mémoires respectivement signifiés. — L. 27 vent. an IX, art. 17. — *Cass.*, 28 mars 1825, Contrib. indir. c. Mounier; 4 fév. 1812, Mandoux.

170. — Du reste, la loi ne défend pas d'employer le ministère des avoués, ni de prendre des conclusions verbales; elle n'interdit que les plaidoiries. — L. 27 vent. an IX, art. 17. — *Cass.*, 25 juill. 1821, Contrib. ind. c. Maréchal.

171. — La cour de Cassation avait décidé, par arrêt du 23 juill. 1807 (Marthe), que les jugemens en matière de contributions indirectes devaient être rendus en la chambre du conseil et non à l'audience *à peine de nullité*; mais elle paraît être revenue depuis à une jurisprudence plus large, et a décidé que si ces jugemens doivent être prononcés en la chambre du conseil, il ne s'ensuit pas qu'ils ne puissent, à peine de nullité, être prononcés dans la salle ordinaire des séances publiques du tribunal. — *Cass.*, 30 juill. 1845 (t. 2 1845, p. 471), Gasquet.

172. — Mais, bien que ces jugemens doivent être rendus en la chambre du conseil, ils n'en doivent pas moins être prononcés publiquement. — *Cass.*, 28 mars 1825, Contrib. ind. c. Mounier; — 6 fév. 1826, Contrib. ind. c. Vian; 16 avr. 1839 (t. 2 1839, p. 260), Rivoire c. Contrib. ind.; 2 déc. 1845 (t. 2 1845, p. 792), Chaper.

173. — Et ils doivent contenir dans leur texte l'énonciation de l'accomplissement de cette formalité. — *Cass.*, 2 déc. 1845 (t. 2 1845, p. 792), Chaper.

174. — A cet égard, lorsqu'un jugement rendu dans la chambre du conseil constate que toutes les formes essentielles établies par les lois des 22 frim. an VII et 5 vent. an XII ont été observées, il y a présomption, tant que le contraire n'est pas prouvé, que toutes ces formes, et spécialement en ce qui concerne la publicité, ont été observées dans la chambre du conseil. — Loi 22 frim. an VII, art. 65; L. 5 vent. an XII, art. 88; — *Cass.*, 6 juill. 1824, Contrib. indir. c. Lasne.

175. — Mais la mention *Fait et jugé en la chambre du conseil* est insuffisante pour établir que le jugement a été rendu publiquement. — *Cass.*, 2 déc. 1845 (t. 2 1845, p. 792), Chaper c. Contrib. ind.

176. — ... 2° Il y a encore nullité s'il n'y a pas eu de rapport fait par un juge. — *Cass.*, 4 fév. 1812, Mandoux; 31 janv. 1816, Droits réunis c. Guidet; 25 mars 1825, Contrib. indir. c. Mounier; 14 juill. 1840 (t. 2. 1840, p. 648), Contrib. indir. c. Lamarque.

177. — Mais aucune loi n'exige que le rapport qui a été fait dans une première audience soit recommencé dans l'audience à laquelle l'affaire a été continuée. — *Cass.*, 30 déc. 1818, Contrib. indir. c. Lorion-Pavis.

178 — ... 3° S'il n'y a pas eu de conclusions données par le ministère public. — *Cass.*, 31 janv. 1816, Droits réunis c. Guidet.

179. — Aucune loi ne défend aux tribunaux de joindre des instances engagées devant eux sur diverses contraintes décernées par la régie pour des faits identiques. — *Cass.*, 2 mai, 1827, Contrib. indir. c. liquoristes de Lyon.

180. — Mais le jugement rendu entre l'administration des contributions indirectes qui a fait pratiquer une saisie-arrêt entre les mains d'un tiers, et ce tiers qui prétend ne rien devoir à la partie saisie, ne porte point sur le fond des droits dus à la régie, et ne peut être prononcé en la chambre du conseil, à peine de nullité. — L. 5 vent. an XII, art, 88. — La nullité résultant de ce qu'une affaire de cette nature a été jugée en la chambre du conseil, a pour cause une incompétence *ratione materiæ*, qui peut être opposée pour la première fois devant la cour de Cassation. — *Cass.*, 18 janv. 1830, Marchais de la Berge c. Contrib. indir.

181. — L'instruction sur mémoires, au rapport d'un juge, et sans plaidoiries, ne s'applique qu'aux contestations qui s'élèvent sur la perception des contributions indirectes, et ne s'étend pas à l'interprétation d'un bail à louage consenti par la régie. — L. 5 vent. an XII, art. 88; — *Limoges*, 8 juin 1842 (t. 1er 1843, p. 415), Contrib. indir. c. Laumond.

182. — En matière de contributions indirectes, comme en matière d'enregistrement, il n'y a d'autres frais à la charge de la partie qui succombe que ceux du papier timbré, des significations et de l'enregistrement des jugemens. En conséquence, la régie perdant son procès ne peut pas être condamnée au paiement des émolumens dus à l'avoué qu'il a plu à l'autre partie d'employer. — L. 22 frim. an VII, art. 65; L. 5 vent. an XII, art. 88. — *Cass.*, 26 mars 1827, Contrib. indir. c. Lecarpentier; — Bioche et Goujet, *Dictionn. de procédure*, v° *Avoué*, nos 68 et 177.

183. — Du reste, les jugemens rendus par les tribunaux civils pour le paiement des droits de contributions indirectes sont, comme les jugemens ordinaires, exécutoires par toutes les voies de droit, et même par corps, lorsque la somme principale excède 300 fr.

Sect. 4e. — *Recours contre les jugemens.*

184. — Les jugemens rendus sur le fond du droit en matière de contributions indirectes, sont en dernier ressort et sans appel. — LL. 28 avr. 1816, art. 246; 5 vent. an XII, tit. 5, chap. 6, art. 88; 22 frim. an VII, art. 65; 27 vent. an IX, art. 17. — *Nancy*, 24 nov. 1831, Collet c. Contrib. indir.; *Cass.*, 24 nov. 1835, Contrib. indir. c. Schattermann.

185. — Mais les jugemens qui interviennent entre la régie des contributions indirectes et un fermier de droits de bac ou de péage relativement au paiement de son fermage, ne portant pas sur les droits de contributions indirectes proprement dits, sont susceptibles d'appel s'il s'agit d'une somme ou valeur excédant 1,500 fr. — *Bordeaux*, 8 janv. 1840 (t. 1er 1840, p. 428), Péreyra c. Contrib. indir.

186. — L'acte d'appel que forme l'administration des contributions indirectes contre le jugement rendu par un tribunal de commerce à l'effet de régler l'ordre des priviléges sur les biens d'un failli est nul s'il ne renferme pas constitution d'avoué. — LL. 22 frim., an VII, art. 65; 27 vent. an IX, art. 17; 5 vent. an XII, art. 88; 27 vent. an XII, art. 94; C. procéd., 61 et 456; Avis cons. d'état, 12 mai 1817; instr. min. 25 mars 1808. — *Lyon*, 1er avr. 1841 (t. 2 1841, p. 671), Contrib. indir. c. Chatard et synd. Rothan, Stein et Lipps; — Bioche et Goujet, vis *Contrib. indir.*, n° 22; *Avoué*, nos 14 et suiv.; *Enreg.*, n° 153; Rolland de Villargues, *Rép. du not.*, v° *Enreg.*; Berriat, p. 388, note 1re.

187. — Jugé que la voie de la requête civile étant admissible contre toute espèce de jugemens, sans exceptions, est nécessairement ouverte contre les jugemens rendus sur le fond du droit en matière d'enregistrement (et par conséquent en matière de contributions indirectes), nonobstant l'art. 65, L. 22 frim. an VII, qui porte que ces jugemens ne peuvent être attaqués que par la voie de la cassation. — *Cass.*, 14 mai 1811, Enregistr. c. Vanonorvert.

188. — Le délai pour se pourvoir en cassation est de trois mois et ne court qu'à compter de la signification du jugement, sans qu'on puisse lui appliquer la péremption d'instance d'un an établie par les lois de frim. an VII et 1er germin. an XIII. — *Cass.*, 31 janv. 1816, Droits réunis c. Guidet; — Bioche et Goujet, *Dict. de procéd.*, n° 159.

189. — La signification du jugement faite à l'administration des contributions indirectes au domicile par elle élu chez un de ses receveurs, à Paris, pour la notification des actes de l'instance est insuffisante pour faire courir le délai du pourvoi en cassation; cette signification ne peut lui être régulièrement faite à Paris que dans ses bureaux. — C. procéd., art. 69. — *Cass.*, 6 juill. 1818, Contrib. indir. c. messageries.

190. — Les jugemens rendus en matière de contributions indirectes n'étant pas susceptibles d'appel, on ne peut opposer une fin de non recevoir au pourvoi en cassation, fondée sur ce qu'il aurait été formé avant l'expiration du délai d'appel. — *Cass.*, 24 nov. 1835, Contrib. indir. c. Schattermann; *Nancy*, 24 nov. 1831, Collet c. Contrib. indir.

191. — Si le jugement a été rendu par défaut, lorsque, par exemple, l'une des parties n'a produit aucune réponse au mémoire signifié contre elle, il peut y être formé opposition. — Le délai de l'opposition est déterminé par l'art. 155, C. procéd. — Foucart, t. 2, n° 905.

Sect. 5e. — *Prescription.*

192. — D'après l'art. 50, décr. 1er germin. an XIII, la prescription était acquise à la régie contre toutes les demandes en restitution de droits et marchandises, paiement d'appointemens, après un délai de deux années.

193. — Mais cette disposition a été modifiée par l'art. 147, L. 28 avr. 1816, qui restreint à six mois le délai de la prescription contre les contribuables desquels il a été exigé ou perçu quelques sommes au delà du tarif ou d'après les seules dispositions d'instructions ministérielles — Foucart, t. 2, n° 907; Trolley, t. 3, n° 1175.

194. — La prescription est acquise aux redevables contre la régie, pour les droits que ses préposés n'auraient pas réclamés dans l'espace d'un an, à compter de l'époque où ils étaient exigibles. — Décr. 1er germin. an XIII, art. 50.

195. — La prescription d'un an établie contre la régie par l'art. 50, décr. 1er germin. an XIII, n'a pu commencer à courir que du jour de la promulgation de ce décret. — *Cass.*, 6 sept. 1806, Droits réunis c. Vancasacle.

196. — Les stipulations insérées aux acquits à caution délivrés par l'administration des contributions indirectes ne peuvent être considérées comme constituant des engagemens ordinaires, régis par la prescription de trente ans; les actions

qui en résultent restent soumises à la prescription d'un an établie par l'art. 50, décr. 1er germ. an XIII. — *Cass.*, 8 mai 1832, Allard.

197. — La prescription annale n'est applicable qu'aux droits exigibles, et non aux confiscations et amendes, que la régie ne peut exiger qu'après qu'elles ont été prononcées par des jugemens. — Même arrêt.

198. — Les droits pour l'exercice d'une année sont exigibles à partir du 1er janvier de cette année, et, par suite, sont prescrits contre l'administration des contributions indirectes, le 1er janv. de l'année suivante. — *Cass.*, 13 juin 1834, Contrib. indir. c. Acquart.

199. — La régie est déchargée de la garde des registres de recette antérieurs de trois années à l'année courante. — Décr. 1er germin. an XIII, art. 50.

200. — Cette période de trois ans, fixée pour la conservation des registres de recette par la régie, n'expire que trois ans après le *quitus* de la cour des comptes. — Girard, no 698, note 6e.

CHAPITRE IV. — *Poursuite des contraventions.*

Sect. 1re. — *Action, compétence.*

201. — Les contraventions commises aux lois sur les contributions indirectes peuvent être punies de l'emprisonnement, de l'amende et de la confiscation, et même donner lieu à des réparations pécuniaires.

202. — La régie a le droit exclusif de poursuivre les contraventions aux lois sur les contributions indirectes qui entraînent la confiscation et l'amende. — *Cass.*, 24 fév. 1820, Soudaix; *Paris*, 20 mai 1837 (t. 2 1837, p. 146), Thirion; 11 nov. 1826, Clément Pomiès; *Cass.*, 1er oct. 1842 (t. 1er 1843, p. 63), Andreau; — Foucart, *Dr. admin.*, t. 2, no 909.

203. — Et elle demeure seule maîtresse d'arrêter ou de suspendre, si bon lui semble, l'exercice de son action. — *Cass.*, 24 fév. 1820, Contrib. indir. c. Soudaix; 18 janv. 1828, Min. publ. c. Roy; *Paris*, 20 mai 1837 (t. 2 1837, p. 146), Contrib. indir. c. Thirion.

204. — Ainsi, le ministère public ne peut intenter aucune action directe contre les contrevenans; il n'a droit de figurer dans l'instance introduite par la régie que comme partie jointe. — Mêmes arrêts.

205. — En conséquence le ministère public est non-recevable à poursuivre la répression des contraventions aux lois sur les contributions indirectes. — *Cass.*, 18 janv. 1828, Roy.

206. — L'instruction faite à la requête du ministère public, sans la participation et à l'insu de la régie, ne peut porter aucun préjudice à l'action de cette dernière, et l'ordonnance qui déclare qu'il n'y a lieu à suivre ne peut acquérir à son égard l'autorité de la chose jugée. — *Cass.*, 24 fév. 1820, Contrib. indir. c. Soudaix; — Mangin, *Act. publ.*, t. 1er, no 41, p. 76.

207. — La régie peut seule, sur l'appel formé par elle *seulement*, demander l'application des dispositions pénales relatives aux délits et contraventions dont la poursuite lui appartient. — *Paris*, 20 mai 1837 (t. 2 1837, p. 146), Contrib. indir. c. Thirion.

208. — Et le ministère public qui, lorsque la contravention emporte l'emprisonnement, devient alors compétent pour conclure à l'application de cette peine, doit attendre cependant que la régie intente l'action. — Foucart, t. 2, no 909.

209. — Le ministère public est même non-recevable à se pourvoir en cassation. — *Cass.*, 25 août 1827, Leblanc.

210. — Quant aux délits communs qui peuvent accompagner les contraventions aux lois sur les contributions, le ministère public seul a le droit d'en poursuivre la répression. — C. instr. crim., art. 1er.

211. — Toutefois, l'action de la régie est distincte de l'action publique, dont l'exercice est confié aux fonctionnaires désignés par la loi. — Et lorsque, sur les poursuites du ministère public tendant à faire considérer un fait comme rébellion et trouble apporté à l'exercice des employés de la régie, un individu a été acquitté, il ne s'ensuit pas que le même fait ne puisse, sur les poursuites de l'administration, être considéré comme constituant un refus d'exercice. — *Cass.*, 1er oct. 1842 (t. 1er 1843, p. 63), Contrib. indir. c. Andréau.

212. — Le désistement de la plainte portée par les employés en ce qui concerne les injures et menaces relatées au procès-verbal laisse subsister la contravention de refus d'exercice, dont la répression est à poursuivre, et ne saurait dès-lors motiver le renvoi des poursuites du contrevenant. — *Cass.*, 8 nov. 1839 (t. 2 1845, p. 89), Goulinet.

213. — Lorsque les contraventions aux lois des contributions indirectes entraînent la confiscation ou l'amende, ce sont les tribunaux de police correctionnelle qui sont compétens pour statuer. — L. 5 vent. an XII, art. 90; C. inst. crim., art. 179.

214. — Il suffit que la régie demande une condamnation à l'amende pour que le tribunal correctionnel soit exclusivement compétent, et ne puisse renvoyer l'affaire devant le tribunal civil sous le prétexte que le procès-verbal de saisie n'offre ni prévention de délit ou contravention, ni un fait quelconque à la charge du prévenu. — L. 5 vent. an XII, art. 90; — Carnot, t. 1er, p. 546, no 4; — *Cass.*, 22 mars 1810, Droits réunis c. Eicholser; 5 avr. 1811, Droits réunis c. Valery-Lemaire.

215. — Si le prévenu traduit devant le tribunal correctionnel décline sa compétence en contestant le fond du droit, le tribunal doit-il surseoir à statuer sur la contravention jusqu'à la décision du tribunal civil sur l'exception élevée par le prévenu?

216. — Après plusieurs variations, la cour de Cassation paraît avoir admis que, dans ce cas, le juge de l'action est également juge de l'exception, que dès-lors le tribunal correctionnel doit prononcer tout à la fois sur la contestation du fond et sur la contravention. — Trolley, t. 3, no 1174; Foucart, t. 2, no 910.

217. — Jugé, spécialement, que la disposition qui veut qu'en matière de contributions indirectes les contestations élevées sur le fond des droits soient portées devant les tribunaux civils, ne peut s'appliquer qu'au cas où un contribuable, pour éviter la saisie, consigne le montant des droits qu'il veut contester et ne s'entend point des contestations qui s'élèvent incidemment à un procès-verbal de contravention et de saisie. — *Cass.*, 3 avr. 1830, Escatafal et Parotti; 11 mai 1839 (t. 2 1839, p. 411), Gaccon.

218. — Ainsi, lorsqu'un individu prévenu d'avoir introduit des raisins dans une ville, en fraude des droits d'entrée auxquels sont soumises les *vendanges*, etc., se borne à soutenir que le mot *vendanges* ne comprend pas les raisins, le tribunal de répression ne peut se dispenser de statuer lui-même sur cette défense. — *Cass.*, 3 avr. 1830, Contrib. indir. c. Escatafal et Parotti.

219. — Le tribunal correctionnel saisi de la poursuite dirigée contre un entrepreneur de voitures publiques, par suite d'un procès-verbal constatant qu'il a exigé des voyageurs une somme supérieure à celle déclarée à l'administration et sur laquelle se perçoit l'impôt du dixième, est compétent pour statuer, nonobstant toute demande en renvoi au civil, sur l'exception tirée de ce que l'excédant par lui exigé serait un simple pourboire non soumis à l'impôt. — *Cass.*, 11 mai 1839 (t. 2 1839, p. 441), Gaccon.

220. — En tous cas, il n'y a pas lieu, par le tribunal correctionnel, à surseoir et à renvoyer devant le tribunal civil, lorsque la loi est tellement claire qu'il ne peut s'élever aucun doute sérieux sur l'existence du droit et conséquemment sur la contravention. — *Cass.*, 5 juin 1818, Appert c. Contrib. indir.; — Mangin, *Tr. de l'act. pub.*, t. 1er, p. 544, no 226.

221. — Il en est de même lorsque la contestation porte, non sur un droit dont le paiement est demandé, mais sur un exercice que les commis prétendent avoir le droit de faire, et auquel le prévenu soutient n'être pas assujéti. — L. 5 vent. an XII, art. 88; — *Cass.*, 8 juill. 1808, Contrib. indir. c. Charronnier; 9 déc. 1819, Contrib. indir. c. Philippe Brodet. — V. conf. Mangin, *Tr. de l'act. publ.*, t. 1er, p. 543, no 226.

222. — Et la juridiction correctionnelle est toujours compétente pour statuer sur le procès-verbal de contravention, encore que le fond du droit soit contesté. — L. 5 vent. an XII, art. 88; — *Cass.*, 2 avr. 1813, Droits réunis c. Cassagneau.

223. — La juridiction correctionnelle, légalement saisie de la poursuite à raison d'une contravention, reste compétente, nonobstant le décès du contrevenant, pour statuer sur la confiscation demandée contre l'héritier. — *Cass.*, 9 déc. 1813, Droits réunis c. Van Brabant.

Sect. 2e. — *Procès-verbaux.*

224. — Les contraventions sont constatées, en matière de contributions directes, par des procès-verbaux qui mentionnent en même temps, s'il y a lieu, la saisie des objets de fraude.

225. — Selon M. Trolley (t. 3, no 1167), un procès-verbal régulier est la base et la condition *sine qua non* de toute poursuite. — « Les contraventions, dit M. Mangin (*Procès-verbaux*, liv. 1er, p. 14, no 5), gisent moins dans des faits que dans des omissions, elles résultent moins de l'existence de choses nuisibles en elles-mêmes, que du lieu, des heures auxquelles les choses sont aperçues : rapides, momentanées, fugitives, les contraventions laissent rarement après elles des traces qui permettent de les reconnaître : c'est pourquoi la loi a exigé qu'elles fussent constatées à l'instant de leur apparition et qu'il y eût main-mise instantanée sur les choses qui en sont l'objet. — V. cependant *infra* nos 236 et suiv. — Toutefois, malgré la nullité des procès-verbaux, le juge prononce en vertu du même article la confiscation des objets saisis s'ils sont prohibés, ou si la contravention est d'ailleurs suffisamment justifiée. » — Décr. 1er germin. an XIII, art. 34.

226. — Les procès-verbaux de contravention, en matière de contributions indirectes, sont ordinairement dressés par les employés de cette administration.

227. — Ils peuvent être également rédigés, suivant les circonstances, par quelques autres fonctionnaires publics, savoir : — 1o Par les employés de l'octroi, pour toutes les fraudes qu'ils découvrent en matière de contributions indirectes. — Décr. 1er germin. an XIII, art. 53.

228. — ... 2o Par les employés des douanes, pour les contraventions concernant les boissons, les cartes à jouer, les tabacs, les poudres à feu et les matières d'or et d'argent. — L. 28 avr. 1816, art. 17, 169 et 223; décr. 16 mars 1813, art. 5; L. 19 brum. an VI, art. 23.

229. — ... 3o Les gardes champêtres et les gardes forestiers, pour celles relatives aux cartes à jouer, aux tabacs et aux poudres à feu. — L. 28 avr. 1816, art. 169 et 223; décr. 16 mars 1813, art. 5.

230. — ... 4o Les gendarmes pour les mêmes contraventions. — *Ibid.*

231. — ... 5o Les maires, leurs adjoints, et les commissaires de police, pour les fraudes concernant les tabacs et les poudres à feu. — L. 28 avr. 1816, art. 223; décr. 16 mars 1813, art. 5.

232. — Mais les préposés institués sous le nom de surveillans, par le maire d'une ville, sur la demande des syndics des débitans de boissons abonnés par corporation, n'ont aucun pouvoir ni caractère légal à l'effet de constater par des procès-verbaux ayant une foi quelconque, les contraventions commises par les débitans non compris dans l'abonnement. — L. 28 avr. 1816, art. 82; — *Cass.*, 16 mars 1822, Roussel c. Contrib. indir.

233. — Les procès-verbaux dressés par les employés des contributions indirectes doivent être signés par deux d'entre eux. — L. 5 vent. an XII, art. 84.

234. — Est valable la signature par l'un des employés d'un simple surnom, ajouté à son véritable nom, dans sa commission, et qui est sa signature habituelle. — *Cass.*, 30 janv. 1824, Contrib. indir. c. Alex. Bazin.

235. — Les procès-verbaux doivent énoncer la date et la cause de la saisie, la déclaration qui en est faite au prévenu, les noms, qualités et demeures des saisissans et de celui chargé des poursuites; l'espèce, poids ou mesure des objets saisis, la présence de la partie à leur description, ou la sommation qui lui a dû être faite d'y assister, le nom et la qualité du gardien, s'il y a lieu, le lieu de la rédaction du procès-verbal et l'heure de la clôture. — Décr. 1er germin. an XIII, art. 21.

236. — Mais il n'est pas nécessaire, pour la validité de la saisie, qu'elle ait été accompagnée d'une main-mise réelle; il suffit que les commis aient déclaré la saisie et qu'ils l'aient mentionnée dans leur procès-verbal. — *Cass.*, 10 juin 1826, Contrib. indir. c. Marrot. — V. conf. Mangin, *Traité des procès-verbaux*, p. 343, no 203.

237. — Un objet peut être saisi fictivement, lorsque la contravention résulte de sa non représentation. — *Cass.*, 22 mai 1812, Droits réunis c. Nicolas Plumier. — V. conf. d'Agar, *Manuel du contentieux des contrib. indir.*, t. 1er, p. 400, no 341.

238. — Si un procès-verbal de saisie est nécessaire pour prononcer la confiscation, il suffit que la saisie ait été déclarée dans le procès-verbal sans qu'elle ait été effectuée, lorsque les préposés de la régie en ont été empêchés par la résistance des contrevenans. — *Cass.*, 19 fév. 1807, Droits réunis c. Duchêne.

239. — Lorsque la lettre de voiture qui accompagne des objets saisis en fraude n'exprime aucune destination ultérieure, on doit les considérer comme destinés au négociant dont ils portent l'adresse et chez lequel ils ont été trouvés. En conséquence, le procès-verbal de contravention est

valablement déclaré à ce négociant. — *Cass.*, 29 mars 1806, Droits réunis c. Casseyrol.

240. — La qualité des saisissans est suffisamment constatée par un procès-verbal dans lequel les commis ont agi à la requête des administrateurs de la régie des droits réunis, et déclaré qu'ils étaient attachés à une recette particulière qu'ils ont désignée. — *Cass.*, 7 mai 1813, Droits réunis c. Howels.

241. — L'obligation imposée aux employés des contributions indirectes d'indiquer leur demeure dans leurs procès-verbaux est suffisamment remplie par la désignation du lieu de leur résidence, sans que l'on puisse les soumettre à indiquer jusqu'à la rue et le numéro de la maison qu'ils habitent. — *Cass.*, 24 sept. 1830, Courtois c. Contrib. ind.; 18 mars 1836, Contrib. ind. c. Bar; — Mangin, *Tr. des pr. verb.*, p. 346, no 200.

242. — Le directeur des contributions indirectes d'un département ayant son domicile de droit au chef-lieu du département et un autre domicile de droit dans chaque bureau des contrôleurs principaux de son arrondissement, un procès-verbal fait à sa poursuite et diligence n'a pas besoin d'indiquer son domicile réel. — *Cass.*, 12 avr. 1811, Droits réunis c. Malsherg; — Merlin, *Rép.*, vo *Procès-verbal*, § 4, no 3.

243. — Le procès-verbal de saisie d'une seule bouteille, pour contravention, est nul, s'il ne constate pas la capacité de cette bouteille, ou la qualité de la liqueur qui y était contenue. — *Cass.*, 21 avr. 1814, Droits réunis c. Dubroc.

244. — Mais l'espèce et les mesures de plusieurs objets saisis peuvent être énoncées en masse, sans mentionner les contenances particulières de chaque vaisseau ni la quantité de boissons qui pouvait y être respectivement contenue. — *Cass.*, 21 nov. 1817, Contrib. ind. c. dame Hallo.

245. — Le procès-verbal qui énonce que les employés ont saisi un litre de vin servi à deux buveurs, payé par l'un d'eux 30 c., et estimé par les saisissans 60 c., fût et vin, établit suffisamment l'espèce et la mesure de l'objet saisi. — *Cass.*, 27 fév. 1823, Contrib. ind. c. André Ractricque.

246. — Lorsque les préposés de la régie saisissent du vin en bouteilles, ils ont incontestablement le droit de cacheter les bouteilles, afin de constater invariablement l'objet sur lequel porte la saisie. En conséquence, le débitant qui s'y oppose se rend coupable d'un refus d'exercice. — *Cass.*, 4 janv. 1810, Douanes c. Lasnel.

247. — Il suffit pour la régularité d'un procès-verbal de saisie en matière de droits réunis, que la description des objets de la fraude ait été faite en présence du porteur, il n'est pas nécessaire de la réitérer avec le propriétaire; elle produit tout son effet contre lui. — *Cass.*, 4 sept. 1813, Droits réunis c. Anthierens.

248. — La sommation faite par les employés de la régie au contrevenant chez lequel ils opèrent une saisie, de se rendre au lieu qu'ils lui indiquent pour assister à la rédaction du procès-verbal, satisfait suffisamment au vœu de la loi. — *Cass.*, 14 juin 1834, Contrib. ind. c. Daron.

249. — Il en est de même de la sommation faite, en l'absence du prévenu, à son représentant qui a assisté à toutes les opérations et répondu à toutes les interpellations des commis, de se trouver à la rédaction du procès-verbal ou d'y faire trouver le prévenu lui-même. — *Cass.*, 26 mars 1836, Lalosse.

250. — Il n'y a pas nullité du procès-verbal lorsque les préposés des contributions indirectes, au lieu de sommer le délinquant d'assister à la description des objets saisis, l'ont seulement prévenu de s'y trouver à une heure déterminée. — *Cass.*, 5 juill. 1839 (t. 2 1839, p. 338), Contrib. ind. c. Goumy et Comleyre. — *Contrà Bordeaux*, 7 mars 1839 (t. 2 1839, p. 134), même affaire.

251. — Le contrevenant ne peut se faire un moyen de nullité de ce qu'il n'aurait pas été sommé d'assister à la rédaction du procès-verbal, s'il a lui-même empêché cette sommation par ses violences. — *Cass.*, 7 avr. 1808, Droits réunis c. Giraud; 3 mars 1821, Contrib. ind. c. Ventenac et autres. — Legraverend, t. 1er, p. 231.

252. — Le procès-verbal de saisie est nul, lorsqu'il ne fait aucune mention des noms et qualité du gardien entre les mains de qui les vins saisis ont été déposés. — *Cass.*, 23 oct. 1807, Droits réunis c. Pignier.

253. — Il ne suffit pas que le nom de la rue de l'auberge où les chevaux compris dans la saisie ont été mis en fourrière s'y trouve mentionné. — *Cass.*, 14 nov. 1839 (t. 1er 1841, p. 143), Contrib. indir. c. Castelain.

254. — Un procès-verbal de saisie ne peut pas être annulé sous le prétexte que les objets saisis ont été déposés chez le receveur à cheval au lieu

de l'avoir été au bureau du receveur principal, s'il est établi par ce procès-verbal qu'il n'y avait au bureau aucune place libre. — *Cass.*, 23 av. 1808, Droits réunis c. Barthélemi.

255. — En effet, il n'existe aucune disposition qui défende aux préposés de la régie de demeurer dépositaires ou gardiens des objets qu'ils saisissent. — *Cass.*, 23 avr. 1808, Dr. réun. c. Barthélemi.

256. — Aucune loi n'exige que les procès-verbaux de saisie soient signés par le dépositaire des objets dont la régie est garante et responsable. — *Cass.*, 4 sept. 1813, Droits réunis c. Durand.

257. — Le lieu de la rédaction du procès-verbal peut différer de celui où la contravention a été découverte et la saisie pratiquée. — *Cass.*, 21 avr. 1814, Buels c. Droits réunis.

258. — ... Surtout lorsque les employés ont été empêchés, par des causes légitimes, de rédiger le procès-verbal sans déplacement. — *Cass.*, 29 déc. 1808, Droits réunis c. Bouchalo.

259. — Par suite, le lieu de la rédaction est suffisamment énoncé au procès-verbal, lorsqu'il résulte de son ensemble qu'il a été rédigé dans sa majeure partie au domicile du prévenu, et qu'il a été clos au bureau, où ce prévenu a été sommé de se trouver. — *Cass.*, 20 oct. 1809, Droits réunis c. Provost.

260. — Et le procès-verbal qui constate une saisie avec déplacement ne peut pas être annulé, sous le prétexte qu'il n'aurait pas été immédiatement signé par le receveur ou le contrôleur qui en a été constitué dépositaire; il suffit que la signature de ce fonctionnaire y ait été ultérieurement apposée. — *Cass.*, 4 juin 1830, Becq c. Contrib. indir.

261. — Dans le cas où le motif de la saisie porte sur le faux ou sur l'altération des expéditions, le procès-verbal doit énoncer le genre de faux, les altérations ou surcharges. — Lesdites expéditions, signées et paraphées des saisissans *ne varietur*, sont annexées au procès-verbal, qui contient la sommation faite à la partie de les parapher, et sa réponse. — Décr. 1er germin. an XIII, art. 22.

262. — Aux termes de l'art. 23, décr. 1er germin. an XIII, il doit être offert main-levée, sous caution solvable, ou en consignant la valeur des bateaux, navires, voitures, chevaux et équipages saisis pour autre cause que pour importation d'objets dont la consommation est défendue; et cette offre ainsi que la réponse de la partie sont mentionnées au procès-verbal.

263. — Cet article a été modifié, à l'égard des contraventions aux droits de circulation et d'entrée, par les art. 17 et 27, L. 28 avr. 1816, en ce sens que pour obtenir main-levée de la saisie sur les objets de transport le prévenu doit cautionner ou consigner, non plus la valeur desdits objets, mais le maximum de l'amende. — *Cass.*, 19 mai 1837 (t. 1er 1838, p. 372), Contrib. indir. c. Houlette.

264. — Les employés des contributions indirectes peuvent faire utilement l'offre de main-levée, tant que le procès-verbal n'est pas clôturé; on ne peut donc tirer aucun moyen de nullité de ce que cette offre n'a pas été faite au moment même de la saisie. — *Cass.*, 4 déc. 1840 (t. 2 1846), Deschamp.

265. — Le défaut d'offre de main-levée des moyens de transport saisis n'est point une cause de nullité du procès-verbal, lorsque cette offre n'a pu avoir lieu par la faute du prévenu, qui a disparu avant la clôture du procès-verbal. — *Cass.*, 12 nov. 1835, Duhomme.

266. — L'obligation imposée aux commis d'offrir au contrevenant la main-levée sous caution des objets saisis, ne concerne que les moyens de transport. Cette offre ne doit pas être faite pour les objets de fraude et de contravention. — *Cass.*, 22 sept. 1811, Droits réunis c. Padet.

267. — Le procès-verbal qui mentionne la sommation faite au saisi et son refus de fournir caution suppose nécessairement que l'offre de main-levée lui a été faite, et la constate suffisamment. — Même arrêt. — V. d'Agard, *Man. du cont. des contr. indir.*, t. 1er, p. 407; et Merlin, *Rép.*, vo *Procès-verbal*, § 4.

268. — Si le prévenu est présent, le procès-verbal énonce qu'il lui en a été donné lecture et copie; en cas d'absence du prévenu, la copie est affichée, dans le jour, à la porte de la mairie du lieu de la saisie. — Les procès-verbaux et affiches peuvent être faits tous les jours indistinctement. — Décr. 1er germin. an XIII, art. 24.

269. — La lecture du procès-verbal ne doit être donnée au prévenu que lorsqu'il est présent à sa rédaction, et non lorsque la copie en est signifiée à son domicile. — *Cass.*, 10 août 1810, Droits réunis c. Lamlinet; 26 août 1813, Droits réunis c. Ybos; 23 nov. 1821, Contrib. indir. c. Maurel; 4 juin 1830, Longis; — Merlin, *Rép.*, vo *Procès-verbal*, § 4.

270. — Lorsque, par ses injures et ses menaces,

un débitant a forcé les employés à se retirer dans leur bureau d'ordre, où ils ont dressé leur procès-verbal en son absence, aucune disposition de loi ne les oblige à lui en donner une lecture, qui serait d'ailleurs inutile. — *Cass.*, 28 mai 1822, Contrib. indir. c. Louis Cèbe.

271. — En donnant aux préposés de la régie des droits réunis le pouvoir de constater les délits et contraventions à la loi du 19 brum. an VI (relative à la garantie des matières d'or et d'argent), la loi du 28 flor. an XIII ne les a pas assujétis à d'autres formalités que celles prescrites par cette dernière loi. Ainsi, le défaut de lecture de leur procès-verbal au prévenu n'est point alors une cause de nullité. — *Cass.*, 25 fév. 1813, Holst.

272. — Le prévenu est réputé présent pour tous les actes faits avec son représentant légal; et il suffit, pour la validité d'un procès-verbal de saisie, que toutes les formalités aient été remplies à l'égard de ce représentant. — *Cass.*, 29 mai 1806, Nicolino et Ghidella; 6 sept. 1806, Witry; 9 mars 1807, de Pauw; 25 juin 1807, Latouche; 4 déc. 1807, Smeriglio; 13 mai 1809, Rodrigues; 29 mai 1812, Leoncini.

273. — Par suite, la copie du procès-verbal est valablement remise : 1o pour le mari, à la femme en présence de laquelle la visite des employés a été faite et le procès-verbal a été rédigé. — *Cass.*, 6 sept. 1806, Witry; 9 mars 1807, de Pauw; 25 juin 1807, Latouche; 4 déc. 1807, Smériglio; 29 mai 1812, Santi.

274. — ... 2o Pour le maître, au domestique en présence duquel la contravention a été constatée. — *Cass.*, 13 mai 1809, Rodrigues; 29 mai 1812, Leoncini.

275. — ... 3o Pour l'associé, à son coassocié, au domicile et en présence duquel le procès-verbal a été rédigé. — *Cass.*, 29 mai 1806, Nicolino et Ghidella.

276. — Le mari et la femme exerçant le même commerce sont réputés de droit, quant à l'exercice des employés des contributions indirectes, ne former civilement qu'une seule et même personne; en conséquence, le procès-verbal constatant une contravention commise par la femme est régulièrement signifié par une seule copie aux deux époux, à leur domicile, parlant à tous deux avec la sommation de le signer. — *Cass.*, 9 sept. 1831, Lemarchand.

277. — Le procès-verbal de saisie est nul lorsqu'il n'énonce pas qu'il en a été donné copie au prévenu présent. — *Cass.*, 14 frim. an XIV, Dr. réun. c. Gadet; 23 oct. 1807, Dr. réun. c. Pignier.

278. — Mais il n'est pas nécessaire que cette énonciation se trouve dans la copie même; il suffit qu'elle existe dans l'original. — *Cass.*, 18 mars 1808, Droits réunis c. Vanderdonck.

279. — Il y a nullité du procès-verbal, lorsque la copie n'en a été délivrée au contrevenant que le lendemain de sa clôture, quoiqu'il ait été présent à sa rédaction. — *Cass.*, 9 mai 1807, Droits réunis c. Dumoutier; — Merlin, *Rép.*, vo *Procès-verbal*, § 4, no 6.

280. — Le délai d'un jour accordé pour l'affiche de la copie du procès-verbal à la mairie, en cas d'absence du prévenu, doit être entendu en ce sens qu'il suffit que l'affiche soit faite dans les vingt-quatre heures de la clôture du procès-verbal, et non le jour même avant minuit. — *Cass.*, 4 déc. 1806, Dr. réun. c. Corso; 26 mars 1808, Dr. réun. c. Holmes.

281. — Jugé d'ailleurs que l'affiche de la copie du procès-verbal à la porte de la mairie du lieu de la saisie, en cas d'absence du prévenu, n'est pas prescrite à peine de nullité. — *Bourges*, 20 août 1825, Contrib. indir. c. Jouty.

282. — En autorisant les employés à afficher copie de leur procès-verbal à la mairie, en cas d'absence du prévenu à sa rédaction, la loi ne leur interdit pas la faculté de se conformer aux règles générales et ordinaires de la procédure, et, par exemple, de lui en faire la notification, soit en parlant à sa personne, soit à son domicile naturel. — *Cass.*, 23 nov. 1821, Contrib. indir. c. Pascal Mirol; 31 mai 1822, Contrib. indir. c. Lagel; 28 nov. 1822, Contrib. indir. c. Louis Cèbe; 13 juin 1835, Contrib. indir. c. Lescadé; 26 avr. 1839 (t. 2 1839, p. 285), Becq; — Legraverend, t. 1er, p. 231.

283. — Lors donc que le délinquant n'est pas présent à la rédaction du procès-verbal, les employés ont le choix de lui en faire la notification, soit par l'affiche d'une copie à la maison commune, soit par la délivrance d'une copie à son domicile naturel, soit par la délivrance de cette copie en parlant à sa personne dans le lieu où il peut être trouvé. — En conséquence, le délinquant à qui le procès-verbal a été notifié en parlant à sa personne, est non-recevable à en demander la nullité sous le prétexte que la copie aurait dû être affichée à la porte de la maison commune. — *Cass.*, 23 juin

1808, Droits réunis c. Pellegrini; 23 août 1816, Contrib. indir. c. François Favier.

284. — Il en est de même lorsque la notification a eu lieu au domicile du prévenu. — *Cass.*, 4 déc. 1806, Corso; 5 mars 1807, de Pauw; 30 juill. 1807, Savart; 26 mars 1808, Holmes.

285. — Les employés ne sont obligés d'afficher, à la porte de la maison commune, la copie du procès-verbal de saisie que dans trois cas : 1° si le prévenu qui n'est pas présent à la rédaction du procès verbal n'a pas de domicile connu; — 2° si ce domicile est trop éloigné; — 3° s'il n'a laissé personne pour l'y représenter. Hors ces cas, le vœu de la loi est mieux rempli par la signification du procès-verbal à personne ou domicile. — *Cass.*, 8 mars 1821, Contrib. indir. c. Veritalac; 12 nov. 1835, Contrib. indir. c. Lory.

286. — Les débitans et entrepositaires doivent être considérés comme ayant élu domicile, pour tous les actes concernant leur débit ou leur entrepôt, dans le lieu même de cet établissement, lors même qu'ils ont dans la même commune une autre habitation où se trouvent leur famille et leur ménage. En conséquence, la signification des procès-verbaux des employés est valablement faite en ce domicile élu. — *Cass.*, 13 juin 1835, Contrib. ind. c. Lescudé; 12 nov. 1835, Contrib. ind. c. Lory.

287. — Toutefois, bien que le prévenu ait un domicile connu, la notification du procès-verbal peut lui être régulièrement faite par affiche à la porte de la mairie. — *Cass.*, 5 nov. 1807, Droits réunis c. Guéry.

288. — Les procès-verbaux doivent être affirmés au moins par deux des saisissans dans les trois jours, devant le juge de paix ou l'un de ses suppléans; l'affirmation énonce qu'il en a été donné lecture aux affirmans. — Décr. 1er germin. an XIII, art. 25.

289. — Un procès-verbal de contravention est nul lorsque, sur la réquisition formelle du juge de paix, les rédacteurs ont refusé de déclarer que leur affirmation était faite sous la foi du serment. — *Cass.*, 19 janv. 1810, Droits réunis c. Garabiglia.

290. — Mais s'il n'y avait pas eu réquisition formelle et refus d'y déférer, l'affirmation serait suffisante, quoiqu'elle ne portât pas qu'elle a été faite sous la religion du serment. Il y aurait présomption légale qu'elle a été faite ainsi. — Carnot, sur l'art. 43, C. inst. crim., t. 1er, p. 267, n° 5; Merlin, *Quest. de droit*, v° *Serment*, § 9; d'Agar, *Tr. du content. des contrib. indir.*, t. 1er, p. 415.

291. — Le procès-verbal est également nul, lorsque l'acte d'affirmation constate seulement qu'il a été *confirmé*, sans ajouter que cette confirmation a été faite avec serment. — *Cass.*, 3 juill. 1812, Natali; — Merlin, *Rép.*, v° *Serment*, § 3, n° 1er.

292. — Il suffit, pour la régularité d'un procès-verbal de contravention, qu'il ait été signé et affirmé par deux préposés, quoique trois y aient coopéré. — *Cass.*, 19 janv. 1809, Droits réunis c. Grégoire; 8 mai 1818, Contrib. indir. c. Métayer; — Merlin, *Quest.*, v° *Douanes*, § 12.

293. — Un procès-verbal de contravention ne peut pas être annulé, sous le prétexte que dans la copie signifiée d'ailleurs surabondamment, en tête de l'assignation, l'acte d'affirmation porte une date antérieure d'un mois, par l'effet d'une erreur de copiste. — *Cass.*, 11 sept. 1812, Droits réunis c. Duquesnoy.

294. — Lorsque l'erreur de date qui s'est glissée dans l'acte d'affirmation d'un procès-verbal se trouve clairement rectifiée par l'ordre dans lequel sont placées les écritures du procès-verbal, de l'affirmation et de la relation d'enregistrement, faisant suite les unes aux autres, cette erreur n'opère pas nullité. — *Cass.*, 28 août 1812, Min. pub. c. Gen.

295. — La seule signature substantielle sur l'acte d'affirmation est celle du juge de paix. Le défaut de signature des affirmans ne pourrait opérer nullité que dans le cas où cette signature serait exigée par la loi de la matière. — Spécialement, le défaut de signature des employés sur un renvoi de l'acte d'affirmation relatif à la lecture du procès-verbal aux affirmans n'est pas une cause de nullité, lorsque ce renvoi est signé par le juge de paix. — *Cass.*, 26 août 1813, Droits réunis c. Ybos. — V. Merlin, *Rép.*, v° *Procès-verbal*, § 4, n° 5 *bis*.

296. — L'affirmation est régulièrement faite devant le juge de paix du lieu où la saisie a été pratiquée et où le procès-verbal a été rédigé. — *Cass.*, 26 mars 1812, Droits réunis c. Broca.

297. — Lorsque la rédaction d'un procès-verbal des employés des contributions indirectes a occupé plusieurs vacations, le délai fixé pour son affirmation et sa signification ne court qu'à partir de la clôture ou de la dernière heure de la dernière vacation. — *Cass.*, 14 juin 1834, Contrib. indir. c. Daron.

298. — Un procès-verbal de contravention clos le 7, à onze heures du soir, et affirmé le 10 du même mois, est réputé l'avoir été dans les trois jours, quand même l'heure de l'affirmation ne serait pas constatée. — *Cass.*, 7 oct. 1809, Droits réunis c. Ricouard.

299. — La loi n'exige point que l'acte d'affirmation énonce les noms et prénoms des préposés affirmans. — *Cass.*, 7 avr. 1809, Dr. réunis c. Guillot.

300. — C'est le procès-verbal lui-même, et non l'affirmation, dont la loi exige qu'il soit donné lecture aux employés rédacteurs. Ainsi, un procès-verbal ne peut pas être annulé pour défaut de lecture de l'affirmation. — *Cass.*, 11 fév. 1808, Bichelaert c. Droits réunis; 7 avr. 1809, Pignoni.

301. — Il suffit que l'acte d'affirmation d'un procès-verbal en matière de droits réunis énonce qu'il en a été donné lecture *aux affirmans*. La nullité ne peut pas en être prononcée sous le prétexte que cet acte ne fait pas connaître par qui la lecture a été donnée. — *Cass.*, 10 avr. 1807, Droits réunis c. Marie Musche; — Legraverend, t. 1er, chap. 5, p. 231.

302. — La formalité de l'affirmation et celle de l'énonciation de la lecture du procès-verbal au moment de l'affirmation n'ont été établies que par l'art. 25, décr. 1er germin. an XIII. En conséquence, un tribunal n'a pu, sans donner un effet rétroactif à ce décret, annuler un procès-verbal antérieur à sa promulgation, sous le prétexte qu'il ne résultait pas de l'affirmation qu'il eût été donné lecture de ce procès-verbal aux employés qui l'avaient affirmé. — *Cass.*, 20 oct. 1808, Droits réunis c. Vandereyder.

303. — Les formalités prescrites par le décret du 1er germin. an XIII ne s'appliquent qu'aux procès-verbaux qui doivent faire foi jusqu'à inscription de faux. — En conséquence, elles sont inapplicables aux procès-verbaux dressés par des gendarmes, en matière de contrebande sur les tabacs, qui ne font foi que jusqu'à preuve contraire. — *Cass.*, 4 sept. 1813, Droits réunis c. Durand. — V. conf. d'Agard, *Man. des contrib. indir.*, v° *Gendarmerie*, p. 278.

304. — Les dispositions des Codes de procéd. et d'inst. crim. ne sont applicables aux procès-verbaux de contravention en matière de contributions indirectes, que dans les cas non prévus par le décr. du 1er germin. an XIII. — *Cass.*, 9 sept. 1831, Contrib. indir. c. Lemarchand.

305. — Lorsqu'une saisie porte sur deux objets, l'irrégularité du procès-verbal à l'égard de l'un n'a pas pour effet d'annuler la saisie à l'égard de l'autre, si, en ce qui concerne celui-ci, les formalités prescrites ont été observées. — *Cass.*, 21 avr. 1814, Droits réunis c. Dubroc.

Sect. 3e. — *Foi due aux procès-verbaux.*

306. — Les procès-verbaux des employés de la régie, rédigés, signés et affirmés conformément à la loi, font foi en justice jusqu'à inscription de faux en ce qui concerne les fraudes et les contraventions qu'ils constatent : les tribunaux ne peuvent admettre contre lesdits procès-verbaux d'autres nullités que celles résultant de l'omission des formalités prescrites. — L. 5 vent. an XII, art. 84, décr. 1er germin. an XIII, art. 26; L. 8 déc. 1814, art. 139.

307. — Ces procès-verbaux font foi jusqu'à inscription de faux, non seulement des faits matériels des contraventions, mais encore des déclarations émanées des contrevenans, lors de la rédaction des procès-verbaux et se rattachant aux faits des contraventions. — *Cass.*, 12 août 1808, Droits réunis c. Lefèvre; 9 nov. 1810, Perrat et Huber; 7 juin 1821, Tesseidre; 11 nov. 1824, Bosc; — Merlin, *Rép.*, v° *Procès-verbal*, § 4, n° 13; d'Agar, *Traité du contentieux des Contrib. indir.* t. 1er, p. 82, n° 495. — V. cependant *Bruxelles*, 7 nov. 1823, N....

308. — Ainsi, lorsqu'il est établi par un procès-verbal régulier et par les déclarations mêmes du saisi qu'il a fait une fausse déclaration de destination, un tribunal ne peut refuser de reconnaître la contravention, sans violer la foi qui est due à ce procès-verbal, jusqu'à inscription de faux. — *Cass.*, 23 avr. 1808, Droits réunis c. Barthélemi.

309. — Mais un procès-verbal ne fait pas foi jusqu'à inscription de faux des déclarations qui, au lieu d'avoir été constatées le jour même, ne l'ont été que le lendemain au moment où le prévenu rétractait ses aveux, comme lui ayant été arrachés par la violence. — *Cass.*, 20 oct. 1808, Beardi.

310. — De même, un procès-verbal de saisie ne fait pas foi de la qualité qui est attribuée au dépositaire. — Nonobstant ses énonciations, une qualité différente peut être réputée constatée suffisamment par la patente. — *Cass.*, 10 fév. 1840 (t. 1er 1840, p. 489), Contrib. indir. c. Rodier.

311. — Aucune preuve ne peut être admise contre le contenu en un procès-verbal qui n'est pas attaqué par la voie de l'inscription de faux. — *Cass.*, 30 nov. 1811, Droits réunis c. Arnault.

312. — Spécialement lorsque la contravention est établie par un procès-verbal des préposés de la régie et par la nature de la défense du prévenu, le tribunal ne peut admettre la voie testimoniale ordinaire contre le contenu audit procès-verbal, sans violer la foi qui lui est due jusqu'à inscription de faux. — *Cass.*, 8 mars 1809, Droits réunis c. Ipens.

313. — Les tribunaux ne peuvent dénaturer les faits constatés par les procès-verbaux des préposés de la régie. — *Cass.*, 5 févr. 1807, Droits réunis c. Zucchieri.

314. — Ils doivent les admettre comme constans, tant que la foi due à ces procès-verbaux n'a pas été détruite par une inscription de faux. — *Cass.*, 2 févr. 1838 (t. 1er 1840, p. 414), Contrib. indir. c. Leboucher. — V. aussi *Cass.*, 6 nov. 1812, Hubert; 21 nov. 1817, Lévesque; 18 nov. 1825, David; 16 fév. 1826, Cissey; 24 sept. 1830, Glaton.

315. — Les procès-verbaux de contravention dressés par les préposés faisant foi jusqu'à inscription de faux, leur contenu ne peut être détruit par une allégation postérieure et contraire. — *Cass.*, 30 oct. 1807, Droits réunis c. Cognard.

316. — Les tribunaux ne peuvent, lorsqu'une contravention est légalement constatée, refuser d'appliquer aux inculpés les dispositions pénales de la loi, sous prétexte d'erreur possible de la part des rédacteurs du procès-verbal, ou de bonne foi de la part des contrevenans. Spécialement ils ne peuvent, dans le cas où un procès-verbal des employés de la régie constate l'existence d'une contravention aux lois sur le transport des boissons, relaxer le prévenu en se fondant sur une erreur possible de ses employés, et en prenant en considération le peu d'importance de la contravention. — *Cass.*, 4 juill. 1844 (t. 2 1844, p. 555), Contrib. indir. c. Couton.

317. — Lorsqu'un procès-verbal des employés de la régie constate qu'il n'y a pas identité entre les boissons expédiées et celles transportées, les tribunaux ne peuvent relaxer l'inculpé en se fondant sur ce qu'il a pu y avoir erreur de la part des employés, et que la différence dans le degré et la quantité des boissons est minime. — *Cass.*, 4 juill. 1844 (t. 2, 1844, p. 556), Contrib. indir. c. Gelis.

318. — Celui qui loge et nourrit d'habitude des ouvriers étant logeur et aubergiste ou maître d'hôtel garni, dans le sens de l'art. 50, L. 28 avr. 1816, qui l'astreint à faire sa déclaration et à prendre une licence, il y a lieu, en présence d'un procès-verbal qui constate ces circonstances, avouées du reste par le prévenu, de casser l'arrêt qui a renvoyé le prévenu de la poursuite par le motif que le fait incriminé aurait été purement accidentel et passager, et qu'il n'était pas prouvé que ce fait eût eu lieu moyennant salaire. — *Cass.*, 9 déc. 1845, (t. 1er 1846, p. 253), Contrib. indir. c. Lestrade; 21 déc. 1844 (t. 1er 1845, pag. 565), mêmes parties.

319. — Ainsi, un tribunal ne peut, sans violer la foi qui est due aux procès-verbaux des employés des contributions indirectes, baser l'acquittement du prévenu sur une simple allégation de sa part consignée au procès-verbal, alors qu'elle est contredite par l'ensemble même de ce procès-verbal. — *Cass.*, 27 mai 1830, Contrib. indir. c. Dangareill.

320. — Un commerçant ne peut opposer à la régie des droits réunis, comme commencement de preuve par écrit des extraits de ses propres registres, ni des lettres missives émanées de ses correspondans. — *Cass.*, 7 avr. 1810, Bogaert c. Droits réunis.

321. — La régie des droits réunis est non-recevable à attaquer, comme violant la foi due à un procès-verbal de ses employés, une preuve faite en exécution d'un jugement contre lequel elle a négligé de se pourvoir. — *Cass.*, 27 flor. an XIII, Droits réunis c. Vigneron.

322. — Si la foi est due aux procès-verbaux des employés de la régie, relativement aux faits matériels qu'ils constatent, il n'en est pas de même à l'égard de l'énonciation qu'un fait est de notoriété publique. La preuve testimoniale peut, en conséquence, être admise contre une allégation de ce genre. — *Cass.*, 18 fév. 1808, Droits réunis c. Vié; — Merlin, *Rép.*, v° *Procès-verbal*, § 4, n° 13.

323. — Un tribunal peut, sans violer la foi qui est due jusqu'à inscription de faux à un procès-verbal des employés des contributions indirectes, entendre des témoins sur des faits non relatés au procès-verbal, mais seulement pour déterminer la quotité de l'amende à prononcer dans la limite du *minimum* au *maximum* fixé par la loi. — *Riom*, 4 juin 1829, Contrib. indir. c. Peydière.

324. — Le principe d'après lequel les procès

verbaux des préposés des droits font foi jusqu'à inscription de faux, ne s'applique qu'aux faits matériels des contraventions qu'ils constatent; un débitant peut, sans inscription de faux, être admis à prouver par témoins que des cidres saisis chez lui proviennent de sa fabrication dans un pressoir contigu et avec sa récolte de pommes. — *Cass.*, 3 mars 1808, Droits réunis c. Cheret.

325. — Quant aux faits de rébellion, injures ou mauvais traitemens, les actes et procès-verbaux des employés ne font foi que jusqu'à preuve contraire. — L. 8 déc. 1814, art. 139; — *Cass.*, 4 nov. 1842 (t. 2 1843, p. 358), Vincent; 28 oct. 1818, Cusson.

326. — En conséquence, l'arrêt qui refuse de voir le délit de rébellion dans le fait, énoncé dans un procès-verbal des employés des contributions indirectes, d'avoir excité des bœufs conduisant un attelage chargé de vin de manière à renverser un employé et son cheval placés en tête du convoi pour l'arrêter, et d'avoir accompagné ce fait d'un refus d'exercice avec menaces, échappe à la censure de la cour de Cassation. — *Cass.*, 4 nov. 1842 (t. 2, 1843, p. 358,) Vincent.

327. — Déjà, avant la loi de 1814, il avait été jugé que les procès-verbaux des préposés des droits réunis ne font foi jusqu'à inscription de faux qu'en tant qu'ils constatent des contraventions. Mais en ce qui concerne les injures commises envers eux dans l'exercice de leurs fonctions, ces procès-verbaux n'ont que le caractère de plaintes ou de dénonciations, et la preuve contraire est permise contre eux. — L. 5 vent. an XII, art. 84; — *Cass.*, 2 mai 1806, Droits réunis c. Gougis; 22 juin 1810, Droits réunis c. Manens et Simon. — V. *contrà* 27 déc. 1810, Droits réunis c. Lawen.

328. — Aujourd'hui, à plus forte raison, décide-t-on que les procès-verbaux des employés ne font pas foi jusqu'à inscription de faux relativement aux injures et voies de fait par eux reçues dans l'exercice de leurs fonctions; ils ne peuvent être considérés que comme plaintes ou dénonciations dont l'appréciation est du domaine des magistrats, et qu'il est permis aux prévenus de débattre par toutes espèces de preuves contraires. — *Metz*, 23 déc. 1820, Hamen c. Contrib. indir.; — Merlin, *Rép.*, v° *Procès-verbal*, § 4; Legraverend, t. 1er, chap. 5, § 5, n° 217; Carnot, *Instr. crim.*, sur l'art. 16, t. 1er, p. 104, n° 20; d'Agar, *Traité du cont. des contrib. indir.*, t. 1er, p. 433, n° 364.

329. — Les procès-verbaux des employés des contributions indirectes font foi, jusqu'à inscription de faux, des faits qui troublent ou empêchent le libre exercice de leurs fonctions et qui constituent par eux-mêmes une contravention. — Mais la preuve contraire est admissible, lorsque des injures ou voies de fait constatées par les procès-verbaux des employés n'intéressent que leurs personnes, sont étrangères à leurs fonctions, et n'en ont ni troublé ni empêché l'exercice. — *Cass.*, 22 janv. 1819, Contrib. indir. c. Guichard; 27 nov. 1818, Contrib. indir. c. Fouqueau,

330. — Par suite, le procès-verbal des employés des contributions indirectes qui constate tout à la fois un trouble à leur exercice et un acte de rébellion, fait foi jusqu'à inscription de faux, de la contravention à la loi du 28 avr. 1816; mais le tribunal ne peut refuser au prévenu la faculté de combattre, par des preuves testimoniales, les énonciations de ce procès-verbal relatives à la rébellion. — C. inst. crim., art. 154. — *Cass.*, 6 nov. 1823, Marcel.

Sect. 4e. — *Inscription de faux.*

331. — Celui qui veut s'inscrire en faux contre un procès-verbal de contravention est tenu d'en faire la déclaration par écrit, en personne, ou par un fondé de pouvoir spécial passé devant notaire, au plus tard à l'audience indiquée par l'assignation devant le tribunal correctionnel, à fin de condamnation. — Décr. 1er germin. an XIII, art. 40.

332. — La déclaration d'inscription de faux est nulle lorsqu'elle n'est pas faite par écrit. — *Cass.*, 18 nov. 1813, Droits réunis c. Saquebouille.

333. — Ainsi, la déclaration d'inscription de faux contre un procès-verbal en matière de contributions indirectes est irrégulièrement faite oralement à l'audience, quoiqu'il en ait été donné acte par le tribunal. — *Cass.*, 29 juin 1810, Droits réunis c. Pelazo; 6 avr. 1821, C. ind. c. Dusserre.

334. — Le prévenu est déchu de son inscription de faux lorsque sa déclaration n'est pas signée de lui, ou ne contient pas la mention qu'il ne sait point signer. — *Cass.*, 6 juill. 1809, Min. publ. c. Seghésio.

335. — La déclaration d'inscription de faux peut légalement être faite ailleurs qu'à l'audience, dans l'intervalle de la citation au jour de l'audience qu'elle indique. — *Cass.*, 19 avr. 1811, Droits réunis c. Nicolas Lefranc; 20 mai 1813, Droits réunis c. Douchez.

336. — L'audience indiquée par l'assignation à fin de condamnation est le dernier terme légal pour faire une inscription de faux contre un procès-verbal des employés.

337. — En conséquence, la déclaration de s'inscrire en faux contre un procès-verbal des employés des droits réunis est tardivement faite à l'audience qui suit celle indiquée par l'assignation à fin de condamnation. — *Cass.*, 3 déc. 1811, Droits réunis c. Lainé; 7 mai 1813, Droits réunis c. Laperche.

338. — Peu importe qu'à l'audience indiquée par l'assignation la cause n'ait pas été appelée, par des circonstances quelconques, telles que le défaut d'inscription au rôle ou la multiplicité des affaires, la déclaration faite à l'audience où la cause est venue en ordre utile n'en est pas moins tardive. — *Cass.*, 19 avr. 1811, Droits réunis c. Lefranc; 7 mai 1813, Droits réunis c. Laperche; 20 mai 1813, Droits réunis c. Douchez.

339. — La faculté de s'inscrire en faux ne peut être prorogée par le renvoi de l'affaire à une autre audience, sur une nouvelle assignation complémentaire de la part de la régie. — *Cass.*, 31 déc. 1836, Contrib. indir. c. Brazil.

340. — L'inscription de faux qui n'a pas été formée à la première audience indiquée par l'assignation, ne peut être admise plus tard, lors même que l'assignation a été donnée au besoin pour toutes les audiences suivantes, jusqu'à jugement définitif. — *Cass.*, 30 nov. 1811, Droits réunis c. Ibos; 20 mai 1813, Droits réunis c. Douchez; 4 mai 1838 (t. 1er 1839, p. 427), Contrib. indir. c. Aiglon.

341. — Néanmoins, s'il est constant, en fait, que la partie s'est présentée à l'audience indiquée par la citation et a requis jugement, mais que l'audience, s'étant trouvée remplie, a été renvoyée au lendemain par le juge, et que la partie s'est trouvée dans l'impossibilité absolue de former son inscription de faux, sans qu'il y ait eu ni faute, ni oubli, ni négligence de sa part, elle peut, ce lendemain, former son inscription de faux. — *Cass.*, 24 avr. 1839 (t. 1er 1839, p. 428), Contrib. indir. c. Aiglon.

342. — De plus, lorsque de fait, il n'y a pas eu d'audience au jour indiqué par la citation, l'expiration du délai pour la déclaration d'inscription de faux ne peut avoir lieu qu'à la plus prochaine audience; mais ce délai ne saurait s'étendre au-delà de cette audience, lors même que les parties n'y auraient pas comparu. — *Cass.*, 25 mai 1827, Contrib. indir. c. Bernardy.

343. — Si la partie a fait à l'audience du tribunal, et en temps utile, sa déclaration d'inscription de faux contre le procès-verbal de contravention, elle doit, sous les trois jours suivans, faire au greffe dudit tribunal le dépôt des moyens de faux, et des noms et qualités des témoins qu'elle veut faire entendre; le tout à peine de déchéance de l'inscription de faux. — Décr. 1er germ. an XIII, art. 40.

344. — Le demandeur est déchu de son inscription de faux lorsqu'il n'a pas effectué le dépôt de ses moyens de faux dans les trois jours qui ont suivi l'audience indiquée par l'assignation. — *Cass.*, 3 déc. 1812, Droits réunis c. Lainé.

345. — Cette déchéance a lieu, encore bien que le demandeur ait proposé contre le procès-verbal de faux des nullités accueillies en première instance; le délai n'est pas suspendu jusqu'à ce que la cour royale ait statué sur les nullités proposées. — *Cass.*, 1er oct. 1829, Contrib. indir. c. Riche-Landel.

346. — Jugé que le dépôt des moyens de faux doit toujours être fait par le prévenu, à peine de déchéance, dans les trois jours qui suivent sa déclaration d'inscription, alors même que cette déclaration aurait eu lieu avant l'expiration du délai accordé pour former la demande en inscription de faux. — *Cass.*, 11 déc. 1841 (t. 2, 1842, p. 463), Contrib. indir. c. Pouvaret.

347. — Le dépôt au greffe ne peut pas être suppléé par une requête que le prévenu aurait présentée au tribunal et dans laquelle il aurait articulé ses moyens de faux. — *Cass.*, 23 nov. 1810, Droits réunis c. Ordioni.

348. — L'inscrivant en faux ne doit pas se borner à une dénégation pure et simple des faits énoncés au procès-verbal argué de faux; il doit articuler avec précision ses moyens de faux; ainsi, par exemple, il ne suffit pas, en présence d'un procès-verbal constatant une contravention de sa part, d'alléguer simplement un *alibi*, sans accompagner cette articulation d'aucune circonstance qui permette aux juges d'en vérifier l'exactitude, et de reconnaître si elle impliquait nécessairement la fausseté des faits contenus au procès-verbal. — *Cass.*, 4 fév. 1843 (t. 1er 1843, p. 639), Mermoz.

349. — L'inscription de faux contre un procès-verbal des préposés des droits réunis n'est pas recevable si, en même temps, l'inscrivant n'en offre pas la preuve et n'indique pas les noms et qualités des témoins qui doivent la justifier. — *Cass.*, 19 avr. 1811, Droits réunis c. André Mariotti.

350. — La déclaration d'inscription de faux est reçue et signée par le président du tribunal et le greffier, dans le cas où le déclarant ne sait écrire ni signer. — Décr. 1er germ. an XIII, art. 40.

351. — En matière d'inscription de faux contre un procès-verbal d'employés des contributions indirectes, l'obligation de présenter une déclaration par écrit n'est prescrite que pour l'inscrivant qui sait écrire ou signer; mais, à l'égard de celui qui ne sait ni écrire ni signer, il suffit que sa déclaration, faite verbalement, soit reçue et signée par le président du tribunal et par le greffier. — *Cass.*, 4 fév. 1843 (t. 1er 1843, p. 639), Mermoz.

352. — La déclaration est nulle si elle a été faite par acte signé de l'avoué des inscrivans et déposé au greffe. — *Cass.*, 18 nov. 1813, Droits réunis c. Saquebouille.

353. — Les nullités résultant de l'inobservation des formalités prescrites par l'art. 40, décr. 1er germin. an XIII, étant absolues et d'ordre public, elles ne se couvrent ni par le silence ni par le consentement, soit des parties intéressées, soit du ministère public; et elles peuvent être proposées en tout état de cause. Les juges sont même tenus de les prononcer d'office. — *Cass.*, 18 nov. 1813, Droits réunis c. Saquebouille; — Legraverend, t. 1er, chap. 17, p. 565, note 2e.

354. — Le délai pour l'inscription de faux contre un procès-verbal des employés des contributions indirectes, dans le cas où l'administration a obtenu un jugement par défaut, est régi par le décret du 1er germin. an XIII, qui forme la loi spéciale, et non par les art. 184, 187 et 188, C. inst. crim. — *Cass.*, 25 mai 1827, Contrib. indir. c. Antoine Bernardy.

355. — Aux termes de l'art. 41 dudit décret du 1er germin. an XIII, le délai pour l'inscription de faux contre le procès-verbal ne commence à courir que du jour de la signification de la sentence, si elle a été rendue par défaut.

356. — En conséquence, il a été jugé que le prévenu de contravention, en matière de contributions indirectes, procède régulièrement en faisant au greffe sa déclaration d'inscription en faux contre le procès-verbal des préposés, et le dépôt de ses moyens, avec indication des témoins, dans les trois jours de la signification à lui faite du jugement rendu par défaut contre lui, et auquel il est opposant. — *Cass.*, 12 fév. 1825, Contrib. indir. c. Frémont.

357. — Mais d'autres arrêts ont décidé que le délai exceptionnel mentionné en l'art. 41, pour le cas de jugement par défaut, est applicable seulement au dépôt des moyens de faux et non à la déclaration de faux elle-même, qui n'est plus recevable après l'audience indiquée par l'assignation, lors même que le prévenu y a été condamné par défaut. — *Cass.*, 27 avr. 1811, Droits réunis c. Conraye; 7 mai 1813, Droits réunis c. Laperche.

358. — Les moyens de faux proposés dans le délai et dans la forme réglée par l'art. 40 ci-dessus, par les prévenus contre les procès-verbaux des préposés de la régie, ne sont admis qu'autant qu'ils tendent à justifier les prévenus de la fraude ou des contraventions qui leur sont imputées. — Décr. 1er germin. an XIII, art. 42.

359. — Ainsi, celui qui a déclaré s'inscrire en faux contre un procès-verbal des préposés, ne peut pas se borner à proposer pour moyens de faux une dénégation sèche des faits de ce procès-verbal; il doit, sous peine de déchéance, articuler des faits et circonstances propres à détruire ceux qui ont été constatés par les commis. — *Cass.*, 18 fév. 1813, Dr. réun. c. Lombardo; — Legraverend, t. 1er, chap. 17, p. 564.

360. — Les moyens de faux, présentés contre un procès-verbal des employés des contributions indirectes, sont inadmissibles, lorsque, en les supposant prouvés, ils sont insuffisans pour justifier le prévenu de la contravention qui lui est imputée. — *Cass.*, 31 janv. 1823, Jean Puech; 23 nov. 1810, Ordioni.

361. — Ainsi, lorsqu'il est établi par un procès-verbal régulier que les employés ont rencontré à cinq heures du soir la voiture du prévenu chargée de vin, et qu'il leur a déclaré ne pas avoir d'expédition, il ne peut pas être admis à prouver que sa voiture a été arrêtée vide, à quatre heures du soir, dans un lieu peu éloigné. — De même, lorsque le procès-verbal constate qu'après la découverte de la contravention le prévenu a conduit ses chevaux dans une auberge, et que l'aubergiste lui a donné asile, il n'y a pas lieu de l'admettre à la preuve contraire de ces faits qui sont posi-

rieurs à la contravention consommée. — *Cass.*, 31 janv. 1823, Jean Puech.

362. — De même encore, le cabaretier inculpé d'avoir recélé du vin dans un vase de contenance inférieure à l'hectolitre, et de refus d'exercice, n'est pas recevable à proposer comme moyens de faux contre le procès-verbal de la contravention que le vase n'était point totalement rempli de vin, et que les préposés n'en avaient point fait la dégustation, quoiqu'ils eussent déclaré que c'était du bon vin, parce que l'existence de la contravention ne dépend pas de la quantité ni de la qualité du vin, et que d'ailleurs les deux faits allégués ne détruiraient pas le refus d'exercice. — *Cass.*, 28 nov. 1840, Dr. réun. c. Ordioni.

363. — Sont également inadmissibles les moyens de faux proposés contre un procès-verbal des préposés de la régie, lorsqu'ils ne se rapportent qu'à des exercices antérieurs à ceux qui font l'objet du procès-verbal argué de faux. — *Cass.*, 19 avr. 1811, Droits réun. c. Mariotti; — Merlin, *Rép.*, vo *Inscription de faux*, § 6.

364. — Mais la preuve d'un alibi, qui se rattache à la date de la contravention et non pas du procès-verbal, est admissible comme moyen de faux contre le procès-verbal, lorsqu'elle tend à disculper entièrement le prévenu. — *Cass.*, 12 fév. 1825, Contrib. indir. c. Frémont.

365. — Les juges peuvent encore déclarer inadmissibles les moyens de faux proposés contre un procès-verbal des employés des contributions indirectes en se fondant sur ce que ce procès-verbal, non attaqué en cette partie, constate que le prévenu a reconnu l'existence de la contravention qui lui est imputée, et sur ce que cet aveu n'a pas été le résultat d'une erreur. — *Cass.*, 22 fév. 1845 (t. 1er 1846, p. 395), Trochu.

366. — Le prévenu qui s'est inscrit en faux contre le procès-verbal des employés de la régie et a déposé ses moyens dans le délai légal peut, après ce délai, être admis à rectifier l'erreur matérielle qu'il a commise en confondant la date de la contravention avec celle du procès-verbal. — *Cass.*, 21 mai 1842 (t. 2 1842, p. 463), Contrib. indir. c. Delamotte.

367. — Le tribunal correctionnel n'est autorisé à statuer que sur l'admission de l'inscription de faux contre un procès-verbal des préposés de la régie; il ne peut, sans violer les règles de la compétence, ordonner l'audition des témoins ou toute autre preuve à l'appui des faits articulés. — *Cass.*, 6 janv. 1809, Droits réunis c. Ledru; 19 janv. 1809, Droits réunis c. Berclaer; — Merlin, *Rép.*, vo *Inscription de faux*, § 7, et *Quest.*, *eod. verb.*, §§ 11 et 12.

368. — ... Et cela alors même qu'il se fonderait sur ce que les employés ont agi sans dessein de nuire. — *Cass.*, 31 janv. 1823, Puech.

369. — Lorsqu'un prévenu a fait en première instance une déclaration éventuelle de s'inscrire en faux contre un procès-verbal de contravention aux lois sur les contributions indirectes et que le tribunal d'appel, en infirmant le jugement qui a prononcé seulement sur le premier chef de conclusions, a renvoyé les parties devant les premiers juges pour procéder sur l'inscription de faux, dans les formes voulues par la loi, il n'y a point chose jugée sur l'admission de l'inscription de faux, et la régie est toujours recevable à en contester la validité. — *Cass.*, 3 déc. 1811, Droits réunis c. Lainé.

370. — L'inscription de faux contre un procès-verbal des préposés des droits réunis n'étant qu'un incident à la demande principale, il n'en peut résulter aucun changement à la forme de procéder prescrite pour les appels par le décret du 1er germin. an XIII. — Ainsi est non-recevable l'appel d'un jugement correctionnel, rendu sur une inscription de faux contre un procès-verbal des préposés des droits réunis, lorsque la déclaration en a été faite au greffe et n'a été notifiée ni avant la signification du jugement, ni dans la huitaine de cette signification. — *Cass.*, 29 juin 1810, Droits réunis c. Pélazo; — d'Agar, *Traité du contentieux des contrib. indir.*, t. 2, p. 104, no 513.

371. — Lorsque les rédacteurs d'un procès-verbal de contravention, en matière de contributions indirectes, sont vivans, il ne peut être procédé que par la voie criminelle sur l'inscription de faux dirigée contre le procès-verbal. — *Cass.*, 31 janv. 1823, Contrib. indir. c. Puech.

372. — Lorsque le prévenu qui s'était inscrit en faux contre un procès-verbal des employés des contributions indirectes a été déclaré déchu de son inscription, soit pour vice de forme, soit pour inadmissibilité des moyens de faux, ce procès-verbal reprend toute sa force, nonobstant toute plainte en faux principal. En conséquence le tribunal ne peut surseoir, sous le prétexte d'une poursuite criminelle dont il ne lui appartient point de prendre connaissance. — *Cass.*, 19 fév. 1825, Contrib. indir. c. Grimmeisen; — Mangin, *Traité des procès-verbaux*, p. 104, no 42.

373. — L'amende prononcée par l'art. 246, C. procéd., est encourue par celui qui succombe dans toute inscription de faux, soit qu'elle ait été formée au civil ou au criminel, soit qu'elle l'ait été par voie principale ou par voie incidente, et notamment contre un procès-verbal dressé en matière de contributions indirectes. — C. procéd., art. 246; C. instr. crim., art. 458 et suiv.; — *Cass.*, 8 fév. 1845 (t. 1er 1845, p. 602), Quignon.

Sect. 5e. — *Saisies. — Confiscation. — Dommages-intérêts. — Amendes. — Répartition.*

374. — En matière de contributions indirectes, la saisie, la confiscation et l'amende sont les peines ordinaires des contraventions. L'étendue des unes et la quotité des autres sont indiquées sous chaque article auquel elles se rapportent; il ne s'agit ici que des dispositions générales.

375. — La confiscation des objets saisis peut être poursuivie et prononcée contre les conducteurs, sans que la régie soit tenue de mettre en cause les propriétaires, quand même ils lui seraient indiqués; sauf, si les propriétaires interviennent, ou sont appelés par ceux sur lesquels les saisies ont été faites, à être statué ainsi que de droit sur leur intervention ou réclamation. — Décr. 1er germin. an XIII, art. 36.

376. — Ainsi, la régie a la faculté de poursuivre personnellement les conducteurs de boissons trouvés en fraude sans être obligée de mettre en cause les propriétaires de ces boissons. — *Cass.*, 7 mai 1808, Droits réunis c. Delport.

377. — Elle peut poursuivre à son choix le conducteur ou l'expéditeur, ou même l'un et l'autre conjointement. — *Cass.*, 10 juin 1826, Contrib. indir. c. Marrot.

378. — Les chevaux et la voiture qui ont servi à un transport frauduleux de tabacs doivent être confisqués, malgré la bonne foi du voiturier, et la fidélité des renseignemens qu'il a donnés pour remonter jusqu'à l'auteur de la fraude. — *Cass.*, 26 nov. 1829, Contrib. indir. c. Hébert.

379. — Elle peut aussi poursuivre directement le mineur prévenu, et n'est point déchue de ses droits, pour n'avoir pas poursuivi en même temps les personnes civilement responsables. — *Metz*, 5 mars 1821, Contrib. indir. c. Hamen.

380. — Les poursuites, en cas de saisie faite contre des associés habitant en commun et dont la qualité n'est pas déniée, sont valablement dirigées contre l'un d'eux; ils doivent être considérés comme une seule personne morale. — Girard, *Manuel des contrib. indir.*, p. 336.

381. — Le mari est responsable de la confiscation prononcée à raison de la fraude faite par sa femme, dans sa demeure et sous ses yeux. — *Cass.*, 31 juill. 1807, Droits réunis c. Dutemple.

382. — Il y a présomption légale que toutes les boissons trouvées dans le cellier d'une maison contiguë à celle occupée par un débitant, et dans lequel il peut entrer librement à toute heure du jour et de la nuit, appartiennent à ce débitant, et cette présomption ne peut être détruite par la déclaration faite aux employés, lors de la saisie, qu'une partie desdites boissons appartenait au frère du débitant, vivant en commun avec lui... ; alors surtout qu'elle se fortifie par l'absence de revendication de la part de celui-ci, qui, en outre, ne justifie d'aucun bail authentique. — Dès-lors, en pareil cas, les juges ne peuvent se borner à ordonner la confiscation de la partie des boissons qui serait reconnue ne pas appartenir au prétendu copropriétaire. — Ils doivent ordonner une confiscation totale et immédiate. — *Cass.*, 4 nov. 1842 (t. 2 1843, p. 274), Contrib. indir. c. Bizard.

383. — Les objets, soit saisis pour fraude ou contravention, soit confisqués, ne peuvent être revendiqués par les propriétaires ni le prix, soit qu'il soit consigné ou non, réclamé par aucun créancier, même privilégié; sauf leur recours contre les auteurs de la fraude. — Décr. 1er germin. an XIII, art. 38.

384. — Cet article ne s'applique qu'au cas où des objets ont été saisis pour fraude ou contravention, ou ont été confisqués. — *Cass.*, 3 avr. 1837 (t. 2 1837, p. 282), Contrib. indir. c. Auger.

385. — Si la saisie est jugée bonne, et qu'il n'y ait pas d'appel dans la huitaine de la signification, le neuvième jour, le préposé du bureau indique la vente des objets confisqués, par une affiche signée de lui, et apposée, tant à la porte de la maison commune, qu'à celle de l'auditoire du juge de paix, et il procède à la vente publique cinq jours après. — Décr. 1er germin. an XIII, art. 33.

386. — Dans le cas où la saisie n'étant pas déclarée valable, la régie interjette appel du jugement, les navires, voitures et chevaux saisis, et tous les objets sujets à dépérissement, ne doivent être remis que sous caution solvable, après estimation de la valeur. — *Ibid.*, art. 31.

387. — Dans le cas où le procès-verbal portant saisie d'objets prohibés est annulé pour vice de forme, la confiscation desdits objets est néanmoins prononcée sans amende, sur les conclusions du poursuivant ou du ministère public, si la contravention se trouve d'ailleurs suffisamment constatée par l'instruction. — *Ibid.*, art. 34.

388. — Cet article, qui fait remise de l'amende lorsque le procès-verbal est nul pour vice de forme, et qui ordonne aux tribunaux de prononcer la confiscation des objets saisis, ne s'applique point aux procès-verbaux dressés par d'autres agens ou employés que ceux de l'administration des contributions indirectes. — *Cass.*, 10 fév. 1826, Contrib. indir. c. Dupré.

389. — Jugé, par application textuelle de cet article, que la nullité du procès-verbal ne dispense pas les juges de prononcer la confiscation des objets saisis en contravention, lorsque la contravention est constatée par l'instruction. — *Cass.*, 14 frim. an IV, Droits réunis c. Cadet; 31 juill. 1807, Droits réunis c. Dutemple; 14 août 1807, Droits réunis c. Négrier; 11 sept. 1807, Droits réunis c. Cazeaux; 23 oct. 1807, Droits réunis c. Pignier; 7 mai 1808, Droits réunis c. Delport; 17 nov. 1808, Droits réunis c. Germain; 16 mars 1822, Roussel c. Contrib. indir.; 6 fév. 1836, Tissot c. Contrib. indir.

390. — Par suite, les tribunaux ne peuvent se dispenser de vérifier s'il résulte de l'instruction une preuve suffisante de la contravention. — *Cass.*, 31 déc. 1807, Droits réunis c. Vanderdaele.

391. — Et la preuve des contraventions peut se faire par tous les moyens indiqués par la loi. — *Cass.*, 20 août 1818 (et non 28 avr.), Contrib. indir. c. Desnoué-Bataille; — conf. d'Agar, *Tr. du cont. des contrib. indir.*, t. 2, p. 55.

392. — Ainsi, un tribunal ne peut, en cas de nullité du procès-verbal, refuser d'admettre la régie à prouver la contravention par l'apport du registre portatif de ses employés. — *Cass.*, 20 août (et non 28 avr.) 1818, Contrib. indir. c. Desnoué-Bataille; 11 déc. 1818, Contrib. indir. c. Ligneau-Grandcour.

393. — ... Ou même par la preuve testimoniale. — *Cass.*, 28 août 1812, Min. publ. c. Gon.; — d'Agar, *Tr. du cont. des contrib. indir.*, t. 2, p. 55; — *Contrà Metz*, 8 juin 1820, Bombardier c. Contrib. indir.

394. — La contravention peut aussi résulter de la reconnaissance du prévenu. — *Cass.*, 9 déc. 1819, Gallois-Dumesnil c. Contrib. indir.; 30 janv. 1807, Droits réunis c. Paoletti.

395. — Et, bien que la transaction faite par une femme soit sans force pour obliger son mari à l'exécuter, elle suffit néanmoins pour établir la preuve de la contravention. — *Cass.*, 31 juill. 1807, Droits réunis c. Dutemple.

396. — A plus forte raison, les procès-verbaux dressés contre les contrevenans peuvent, lorsque la contravention qu'ils ont pour but de constater n'en ressort pas assez clairement, être complétés par d'autres actes et documens. — *Cass.*, 13 juill. 1838 (t. 1er 1840, p. 302), Contrib. indir. c. Ronjat.

397. — Spécialement, en cas d'insuffisance d'un procès-verbal de contravention, le tribunal ne peut, à peine de nullité de son jugement, refuser d'ordonner une vérification requise, tant par la régie que par le ministère public, à l'effet de compléter la preuve de la contravention. — *Cass.*, 8 sept. 1808, Droits réunis c. Gobby.

398. — La nullité de la saisie des objets qui ont servi au transport n'entraîne pas celle de la saisie des marchandises, encore bien que l'une et l'autre de ces saisies soient constatées dans le même procès-verbal. — *Cass.*, 14 nov. 1839 (t. 1er 1841, p. 143), Contrib. indir. c. Castelain.

399. — Mais lorsque la contravention est établie par un procès-verbal régulier, les juges ne peuvent se dispenser de prononcer l'amende, sous prétexte que les marchandises, objet de la contravention, n'ont pas été saisies. — Tout ce qui peut résulter de cette omission, c'est qu'il n'y a pas lieu à prononcer la confiscation. — *Cass.*, 16 mai 1811, Droits réunis c. Vincent.

400. — La confiscation d'une marchandise prohibée n'ayant rien de personnel, le décès du contrevenant ne met pas obstacle à ce qu'elle soit prononcée contre son héritier. — C. inst. crimin., art. 2; — *Cass.*, 9 prair. an IX, Dr. réunis c. Beaussaert; 11 flor. an X, Droits réunis c. Huyben; 9 déc. 1813, Droits réunis c. Van Brabant; — Mangin, *Tr. de l'act. publ.*, t. 2, p. 88, no 280.

401. — Jugé, quant à l'amende, qu'en matière de

contributions indirectes comme en matière de douanes, l'amende doit être considérée plutôt comme une réparation du préjudice causé à l'état par les effets de la fraude que comme une peine proprement dite. — *Cass.*, 11 oct. 1834, Klein. — Cette exception à l'amende, comme peine, paraît consacrée par la loi du 1er germin. an XIII, laquelle a, par son art. 13, reproduit l'art. 20, tit. 13, L. 6-22 août 1791 sur les douanes, et la jurisprudence de la cour de Cassation l'a consacrée par un grand nombre de décisions, surtout en matière de douanes, en appliquant, notamment, l'amende, non à ceux qui avaient commis personnellement la contravention, mais à leurs père, mari, maître, etc.

402. — Néanmoins l'amende conserverait encore, même d'après la cour de Cassation, quelque caractère pénal, puisque cette cour a reconnu qu'elle ne pourrait être poursuivie contre l'héritier du prévenu de contravention décédé avant que la condamnation ait été prononcée. — *Cass.*, 28 messid. an VIII, Douanes c. Michell; 9 déc. 1813, Dr. réunis c. Van-Brabant; — Chauveau et Hélie, *Th. C. pén.*, t. 1er, p. 257; Mangin, *Tr. de l'action pub.*, t. 2, p. 80, no 279; Carnot, *C. inst. crim.*, t. 1er, p. 64, no 7; d'Agar, *Tr. du content. des contrib. indir.*, t. 2, p. 8. — V. cependant *Cass.*, 6 juin 1811, Marchand. — La jurisprudence de la cour de Cassation ne paraît pas à l'abri de toute controverse, elle est en effet vivement critiquée par plusieurs auteurs, et notamment par MM. Chauveau et Hélie (t. 1er, p. 203). — V. aussi Mangin, *Act. publ.*, t. 2, no 279. — V. au surplus AMENDE (mat. crim.), nos 91 et suiv.

403. — Lorsque, dans la supposition où le procès-verbal de saisie serait nul, la régie des droits réunis a demandé la confiscation des objets saisis, une cour de justice criminelle ne remplit pas le vœu de la loi en confirmant purement et simplement le jugement qui annule la saisie, sans s'occuper des conclusions prises par la régie sur la confiscation. — *Cass.*, 26 déc. 1807, Dr. réunis c. Vanderdunck.

404. — Si le tribunal juge la saisie mal fondée, il peut condamner la régie, non seulement aux frais du procès et à ceux de fourrière, le cas échéant, mais encore à une indemnité proportionnée à la valeur des objets dont le saisi a été privé, pendant le temps de la saisie, jusqu'à leur remise, ou l'offre qui en a été faite : mais cette indemnité ne peut excéder un pour cent par mois de la valeur desdits objets. — Déc. 1er germin. an XIII, art. 29.

405. — Mais, en cas de saisie mal fondée, la régie ne peut être condamnée à une indemnité envers le saisi qu'autant que celui-ci a été privé de la disposition de sa chose; elle n'en doit aucune, lorsque la chose saisie a été laissée à la garde du saisi lui-même, pour, par lui, la représenter ou sa valeur. — *Cass.*, 20 nov. 1812, Dr. réunis c. Desgranges; 23 janv. 1819, Contrib. indir. c. Faucher.

406. — La régie n'est, non plus, tenue à aucune indemnité envers le saisi, lorsque la remise des objets saisis a été offerte à celui-ci à l'instant même, soit que l'offre ait été acceptée, soit qu'elle ait été refusée. — *Cass.*, 27 fév. 1813, Dr. réunis c. Bazergue.

407. — Le décr. du 1er germin. an XIII n'ayant autorisé les tribunaux à condamner la régie des droits réunis à des dommages-intérêts qu'en cas de saisie mal fondée, il n'en peut être accordé aucun à raison des déplacemens que ses poursuites auraient occasionnés à un tiers dont le nom aurait été emprunté par un fraudeur. — *Cass.*, 28 déc. 1809, Dr. réunis c. Decomble.

408. — Dans tous les cas, les dommages-intérêts ne peuvent excéder le taux de 1 % par mois de la valeur de l'objet saisi. — *Cass.*, 20 nov. 1812, Dr. réunis c. Desgranges.

409. — En matière de contributions indirectes, le tribunal qui annule une contrainte et la saisie qui en est la suite, peut compenser les droits revenant à l'administration avec les dommages-intérêts alloués au contribuable pour le préjudice que les poursuites lui ont occasionné. — *Cass.*, 26 mai 1830, Contrib. indir. c. Martin.

410. — Si, par l'effet de la saisie et leur dépôt dans un lieu et à la garde d'un dépositaire qui n'a pas été choisi ou indiqué par le saisi, les objets saisis ont dépéri avant leur remise, ou les offres valables de les remettre, la régie peut être condamnée à en payer la valeur, ou l'indemnité de leur dépérissement. — Décr. 1er germin. an XIII, art. 30.

411. — En général, les employés des contributions indirectes n'ont pas droit au partage du produit des amendes et confiscations; un tiers de ce produit appartient à la caisse des retraites : les deux autres tiers font partie des recettes ordinaires de la régie, le tout conformément aux dispositions de l'art. 137, L. 8 déc. 1814 sur les boissons. — Néanmoins, les employés saisissans ont droit au partage du produit net des amendes et confiscations prononcées par suite des fraudes et contraventions relatives aux octrois; aux tabacs, aux cartes, aux voitures publiques et au droit de circulation sur les boissons. — A Paris, et dans les villes où l'abonnement général autorisé par l'art. 72 est consenti, les communes disposent, relativement aux saisies faites aux entrées par les préposés de l'octroi, du tiers affecté ci-dessus à la caisse des retraites de la régie. — LL. 28 avr. 1816, art. 240; 23 mars 1817, art. 126. — V. ABONNEMENT.

412. — Les amendes prononcés pour fait de rébellion ne doivent être réparties qu'entre les préposés ou autres qui l'ont éprouvée. — Arr. min. fin. 22 juill. 1806, art. 14.

413. — Dans tous les cas où il y a lieu d'admettre les employés de la régie au partage du produit des amendes et confiscation, ce partage s'opère entre eux suivant le mode déterminé par l'arr. min. fin. 22 oct. 1816.

Sect. 6e. — *Instruction et jugement.*

414. — La procédure relative à l'instruction et au jugement des contraventions, devait, aux termes de l'art 246, L. 28 avr. 1816, être réglée par une loi spéciale; mais cette loi promise n'a pas été faite, et en son absence, il faut s'en référer principalement au décret du 1er germin. an XIII, qui n'a subi que de légères modifications par la loi du 15 juin 1835; et recourir, pour les cas non prévus par le décret, au Code d'instruction criminelle.

415. — Les poursuites sont dirigées par le directeur de chaque département, à la requête du directeur général des contributions indirectes. — Décr. 5 germin an XII, art. 19; — Girard, *Man. des contrib. indir.*, p. 327.

416. — L'assignation à fin de condamnation peut être donnée par les commis. — Décr. 1er germin. an XIII, art. 1er; L. 15 juin 1835, art. 1er.

417. — Sous ce rapport, les employés de la régie sont investis des mêmes pouvoirs que les huissiers et sont astreints aux mêmes formalités du timbre et de l'enregistrement. — Girard, *Man. des contribut. indir.*, p. 330.

418. — Aux termes de l'art. 28, décr. du 1er germin. an XIII, l'assignation à fin de condamnation devait être donnée dans la huitaine, au plus tard, de la date du procès-verbal de contravention.

419. — Alors s'élevait la question de savoir si le défaut d'assignation dans ce délai entraînait déchéance : l'affirmative avait été admise par un arrêt de la cour de Cassation du 31 janv. 1834 (Contrib. indir. c. Moquet); mais, avant et depuis, la même cour s'était décidée en sens contraire, par de nombreux arrêts.

420. — Elle avait ainsi jugé que le décr. 1er germin. an XIII, en disposant que l'assignation en matière de droits réunis serait donnée dans la huitaine du procès-verbal au plus tard, n'avait d'autre objet que d'accélérer la marche de la procédure et ne prononçait, à défaut de cette formalité, ni la nullité ni la déchéance. — *Cass.*, 4 brum. an XIV, Droits réunis c. Schumager; 25 juill. 1812, Droits réunis c. Caysagues; 23 août 1816, contrib. indir. c. Favier; 20 août 1818; Contrib. indir. c. Aguasse; 1er mars 1821, Contrib. indir. c. Giron; 6 déc. 1821, Contrib. indir. c. Pierron; 27 févr. 1823, Contrib. indir. c. Delarue; 15 mai 1830, Contrib. indir. c. Bosc; 3 fév. 1826, Dufau; 4 mai 1833 (ch. réunies), Bosc; 30 janv. 1834, Mocquet; 24 janv. 1835, Pouhicou; 21 mars 1835, Moquet; 15 oct. 1835, Langlet; 18 mars 1836, Bax; — V. aussi *Bourges*, 20 août 1825, Jouty.

421. — Aujourd'hui la question de déchéance se trouve définitivement résolue dans le sens affirmatif, par l'art. 1er, L. 15 juin 1835, qui modifie en même temps les délais d'assignation; cet article est ainsi conçu : « Dans le cas prévu par l'art. 28, décr. 1er germin an XIII, l'assignation à fin de condamnation sera donnée dans les trois mois, au plus tard, de la date du procès-verbal, *à peine de déchéance.* — Lorsque les prévenus de contravention seront en état d'arrestation, l'assignation devra être donnée dans le délai d'un mois à partir de l'arrestation, *à peine de déchéance.* »

422. — Du reste, en matière de délits relatifs aux contributions indirectes, comme en toute matière criminelle, le juge d'instruction peut être saisi par le procureur du roi de la connaissance de l'affaire. Dans ce cas, l'administration des contributions indirectes ne peut procéder par voie de citation directe : elle doit attendre le résultat de l'instruction, et ne donner assignation aux prévenus qu'après et en vertu de l'ordonnance de la chambre du conseil qui renvoie ceux-ci devant le tribunal correctionnel. — *Paris*, 14 janv. 1841 (t. 1er 1841, p. 88), Contrib. indir. c. Bitous.

423. — Le délai prescrit par la loi du 15 juin 1835 pour l'assignation par l'administration des contributions indirectes, ne commence à courir, lorsqu'il y a eu instruction, que du jour où a été rendue l'ordonnance de la chambre du conseil. — Même arrêt.

424. — Lorsque le prévenu a reçu copie du procès-verbal, au moment de la rédaction, il n'est pas nécessaire de lui notifier une seconde copie, en tête de l'assignation. — *Cass.*, 19 juill. 1811, Droits réunis c. Guerre. — V. Merlin, *Rép.*, vo *Procès-verbal*, § 4, no 9.

425. — Dans ce cas, l'assignation ne peut être annulée, sous le prétexte que la date du procès-verbal de saisie y aurait été omise ou laissée en blanc. Il suffit, pour la régularité de l'exploit, que ni le prévenu ni la justice ne puissent ignorer l'objet de la demande. — Même arrêt.

426. — Il a été jugé que le Code de procédure n'a porté aucune atteinte aux formes tracées par le décret du 1er germin. an XIII, pour les exploits faits à la requête de la régie des droits réunis. Ainsi, lorsqu'il est reconnu qu'un exploit a été notifié au prévenu, la nullité de l'exploit de notification ne peut pas être prononcée, sous le prétexte qu'il n'énonce pas le domicile de la partie intimée. — C. procéd., art. 61; — *Cass.*, 23 nov. 1810, Droits réunis c. Mazoyer; même jour, Crillon; — Merlin, *Rép.*, vo *Appel*, sect. 2e, § 11, no 6; d'Agard, *Tr. du cont. des contrib. indir.*, t. 2, p. 35, no 446, p. 29, no 431, et p. 105, no 513.

427. — Un exploit en matière de contributions indirectes ne peut pas être annulé, sous le prétexte que le voisin à qui la copie en a été remise, en l'absence de ce dernier, n'a pas signé l'original ou du moins n'a pas été sommé de le signer. — C. de procéd., art. 69 et 70. — *Cass.*, 10 fév. 1814, Droits réunis c. Cléricy.

428. — En tous cas, la nullité qui serait commise dans les poursuites faites contre l'un des prévenus du même délit ne doit influer en rien sur la régularité des poursuites faites contre les autres. — *Cass.*, 23 nov. 1810, Mazoyer.

429. — Sous le Code du 3 brum. an IV, les citations en police correctionnelle, dans les matières de droits réunis, n'étaient pas soumises à la formalité du visa préalable du directeur du jury. — *Cass.*, 5 fév. 1808, Droits réunis c. Frager.

430. — Une condamnation peut être basée sur une contravention autre que celle exprimée explicitement, au procès-verbal des préposés des droits réunis, pourvu qu'elle en résulte implicitement. — *Cass.*, 27 fév. 1808, Droits réunis c. Jacques Blan.

431. — Mais, lorsque l'exploit d'assignation n'énonce qu'un seul chef de contravention, il n'y a lieu, par le tribunal, de statuer que sur ce chef, encore bien que le procès-verbal des employés en constate plusieurs. — *Paris*, 24 nov. 1828, Dominique Berger c. Contrib. indir.

432. — Lorsque la disposition de la loi est claire et positive, un tribunal ne peut, en matière de droits réunis, ordonner le sursis et renvoyer devant les tribunaux civils, sous prétexte d'une prétendue contestation sur le fond du droit de la part du contrevenant. — L. 5 vent. an XII, art. 88; — *Cass.* 11 avr. 1809, Droits réunis c. Tallin. — V. d'Agard, *Tr. du cont. des contrib. indir.*, t. 2, p. 41 et 248, nos 455 et suiv., et 607. — V. aussi *suprà* no 220.

433. — L'intervention d'un tiers sur les contestations relatives à un procès-verbal de contravention, en matière de droits réunis, a pour effet de soumettre sa conduite à l'examen des questions qu'on n'avait pu prévoir lors de la saisie, et d'autoriser sa condamnation personnelle, à raison des faits établis par l'instruction. — Décr. 1er germin. an XIII, art. 36. — *Cass.*, 25 mai 1810, Remy et Lemoine c. Droits réunis. — V. d'Agar, *Tr. du cont. des contrib. indir.*, t. 2, p. 77, no 486.

434. — Les tribunaux doivent suppléer d'office les moyens omis par la régie. — *Cass.*, 6 nov. 1809, Droits réunis c. Buzergue.

435. — Les juges ne peuvent, à peine d'en répondre en leur propre et privé nom, modérer les confiscations et amendes, ni en ordonner l'emploi au préjudice de la régie. — Décr. 1er germin. an XIII, art. 39.

436. — En matière de contributions indirectes, les contraventions sont attachées à l'existence matérielle des faits, abstraction faite de l'intention des prévenus. Les tribunaux ne sont pas juges de cette intention, et ils sont obligés d'appliquer aux contrevenans les peines portées par la loi, sans pouvoir les excuser, sous prétexte, soit de leur bonne foi, soit de l'ignorance des lois, tant de leur part que de celle des employés de la régie. — Foucart, t. 2, no 913

437. — Cette solution a été consacrée invariablement par la cour de Cassation, dont les arrêts sur ce point sont nombreux. — C'est, en effet, à l'ad-

ministration seule qu'il appartient d'avoir égard aux circonstances qui peuvent atténuer ou excuser les contraventions. — *Cass.*, 29 mars 1806, Droits réunis c. Casseyrol; 30 juill. 1807, Droits réunis c. Devé; 25 fév. 1808, Barrandon; 7 mai 1808, Delport; 30 mars 1810, Griffon; 15 fév. 1811, Aubert; 9 mai 1811, Dury; 31 janv. 1812, Lesueur; 1er mai 1812, Carrière; 6 août 1813, Jacques Heintz; 26 déc. 1818, Vaudran; 19 fév. 1819, Regneaud; 18 juin 1819, Pierre Alric; 22 janv. 1820, André Fieffé; 31 mai 1822, Bousquet; 27 sept. 1822, Fayaud; 18 oct. 1822, John; 14 mai 1824, Chevalier; 11 fév. 1825, Teyssonnier; 9 juin 1826, Pierre Augé; 23 mai 1828, Villette et Chabroux; 26 nov. 1829, Hébert; 10 août 1832, Martin; 14 août 1834, Baudoin; 17 juill. 1835, Lefranc.

438. — Ainsi les tribunaux ne peuvent, en cette matière, apprécier les circonstances tendant à atténuer le délit, et, par exemple, décider, d'après le livre de sortie de l'expéditeur, que des objets saisis en fraude avaient une autre destination que celle indiquée sur l'adresse et sur la lettre de voiture. — *Cass.*, 29 mars 1806, Droits réunis c. Casseyrol.

439. — Ils ne peuvent même modérer la peine, sous prétexte de circonstances atténuantes : l'art. 463, C. pén., relatif aux circonstances atténuantes, n'est, en effet, applicable qu'aux infractions communes réprimées par le Code pénal, et ne peut être étendu aux matières spéciales qu'autant qu'une disposition formelle le permet, c'est ce qui n'existe point en matière de contributions indirectes. — V. CIRCONSTANCES ATTÉNUANTES.

440. — Les tribunaux ne peuvent non plus acquitter le contrevenant, sous le prétexte qu'il est établi par un certificat du buraliste qu'il a commis une erreur de calcul dans la réduction des velles en hectolitres. — *Cass.*, 11 fév. 1825, Contrib. indir. c. Robert Teyssonnier.

441. — En matière de contributions indirectes, il n'y a pas lieu à examiner si le prévenu mineur a agi sans discernement ; les dispositions du Code pénal sont sans application aux lois spéciales. — C. pén., art. 66 ; — *Metz*, 5 mars 1821, Contrib. indir. c. Marie Humen.

442. — Ainsi le mineur qui habite chez sa mère ne peut se soustraire aux poursuites de l'administration en alléguant sa minorité et en prouvant qu'il a agi d'après la volonté et sur les ordres de sa mère. — Même arrêt.

443. — Si une force majeure peut servir d'excuse légitime à une contravention en matière de contributions indirectes, aucune loi n'autorise le tribunal à la regarder comme constante sur la simple allégation du prévenu, et sans que la régie ait reconnu formellement ou implicitement la vérité du fait. — *Cass.*, 7 avr. 1809, Droits réunis c. Guillot.

444. — Néanmoins, quoique en matière de contributions indirectes, les juges n'aient point à examiner la question intentionnelle, ils peuvent s'éclairer sur les circonstances du fait imputé, pour arbitrer le *quantum* de l'amende, pourvu qu'ils se renferment dans le cercle du *minimum* et du *maximum* fixés par la loi. — Décr. 1er germin. an XIII, art. 39 ; — *Riom*, 4 juin 1829, Contrib. indir. c. Peyrière.

445. — Un tribunal excède ses pouvoirs en méconnaissant la fixation faite d'une ancienne mesure par l'autorité administrative. — *Cass.*, 8 juin 1808, Droits réunis c. Touzet.

446. — ... Ou en faisant lui-même la réduction. — L. 16 fructid. an III ; — *Cass.*, 28 juin 1808, Droits réunis c. Durieux.

447. — Lorsque, en vertu d'une loi qui veut que les objets de fraude soient saisis et confisqués, un jugement passé en force de chose jugée a prononcé la confiscation du *vin saisi* sur un individu, sans excepter la futaille, un tribunal ne peut donner main-levée de la saisie quant à cette futaille sous le prétexte qu'elle n'a pas été expressément comprise dans la confiscation. — L. 5 vent. an XII, art. 34 ; — *Cass.*, 5 août 1808, Dr. réunis c. Madelaine ; — Merlin, *Rép.*, vo *Saisie pour contravention*, no 2.

448. — Toutes les fois qu'un procès-verbal de contravention régulier n'est pas argué de faux, les juges ne peuvent se dispenser de prononcer les condamnations déterminées par la loi. — Décr. 1er germin. an XIII, art. 26 ; — *Cass.*, 8 mars 1821, Contrib. indir. c. Ventenac.

449. — En matière de contributions indirectes, les nullités de forme des procès-verbaux sont des exceptions péremptoires qui tombent sur le titre même de l'action et non de simples nullités d'instruction ou de procédure, devenues inadmissibles si elles n'ont été proposées *in limine litis*. En conséquence, elles peuvent être proposées en tout état de cause. — *Cass.*, 10 avr. 1807, Droits réunis c. Richard. — V. Legraverend, t. 1er, chap. 5, p. 234, et Merlin, *Rép.*, vo *Procès-verbal*, § 4, no 13.

450. — La disposition de l'art. 365, C. inst. crim., qui veut qu'en cas de conviction de plusieurs crimes ou délits la peine la plus forte soit seule prononcée est inapplicable à la matière des contributions indirectes : chaque contravention, en cette matière, est passible des peines particulières qui y sont spécialement attachées. — *Cass.*, 26 mars 1825, Contrib. indir. c. Lefebvre. — V. conf. Mangin, *Tr. de l'act. publ.*, t. 2, p. 503, nos 461 et 462.

451. — L'administration des contributions indirectes, même en l'assimilant aux parties civiles, n'est point obligée de faire la consignation des frais de poursuites : seulement elle doit en faire l'avance. — Décr. 18 juin 1811, art. 158 et 160 ; ord. 22 mai 1816, art. 4, § 2 ; — *Nancy*, 8 mars 1833, Contrib. indir. c. Reeb.

452. — Cette administration, agissant dans l'intérêt de l'état, ne peut, lorsqu'elle succombe dans un procès correctionnel, être condamnée à payer les émolumens dus à l'avoué employé par la partie adverse. — Décr. 18 juin 1811, art. 1er, no 3 ; — *Cass.*, 8 juin 1827, Contrib. indir. c. Chemin.

453. — Les condamnations pécuniaires contre plusieurs personnes pour un même fait de fraude sont solidaires entre elles. — Décr. 1er germin. an XIII, art. 37.

454. — L'exécution de ces condamnations peut même être poursuivie par la voie de la contrainte par corps. — C. pén., art. 52.

455. — ... Et cela, encore bien que les juges aient omis de la prononcer. — *Cass.*, 14 fév. 1832, Teutsch ; — Chauveau et Hélie, *Th. C. pén.*, t. 1er, p. 255.

456. — Le directeur des contributions indirectes a le droit de poursuivre devant le tribunal correctionnel les contraventions entraînant des amendes et confiscations, et, par suite, il a droit et qualité pour amener à exécution, par la voie de la contrainte par corps, les jugemens qu'il a obtenus sans avoir besoin de recourir au receveur de l'enregistrement et des domaines. — L. 5 vent. an XII, art. 90 ; décr. 5 germ. an XII, art. 19 ; — *Montpellier*, 11 mai 1841 (t. 1er 1842, p. 145), Contrib. indir. c. D...

Sect. 7e. — *Recours contre les jugemens.*

457. — *Opposition.* — Le décret du 1er germ. an XIII, qui est le Code spécial en matière de droits réunis, garde le silence sur les jugemens par défaut et sur les voies de recours dont ils pouvaient être susceptibles ; mais la faculté de former opposition à ces sortes de jugemens étant de droit commun, on ne peut se dispenser de l'admettre en cette matière. — *Cass.*, 24 août 1810, Thomas ; 22 nov. 1811, Zacharie ; 29 mai 1824, Vidal. — Foucart, t. 2, no 912.

458. — Avant le Code instr. crim. et sous le décret du 1er germin. an XIII, la célérité que le législateur avait voulu être observée dans les affaires de droits réunis ne permettait pas d'admettre pour l'opposition un délai plus long que celui de huitaine, à partir de la signification du jugement. Le délai prescrit par le Code de procéd. n'étant pas en harmonie avec les autres règles de la matière, il fallait se référer à l'ord. de 1667, qui fixait le délai à huitaine, à partir de la signification du jugement. — C. inst. crim., art. 187. — *Cass.*, 24 août 1810, Thomas c. Droits réunis. — La difficulté naissait de ce que le Code du 3 brum. an IV avait complètement passé sous silence l'opposition aux jugemens par défaut en matière correctionnelle.

459. — Aujourd'hui, le délai de l'opposition aux jugemens par défaut en matière de droits réunis n'ayant pas été réglé par les lois spéciales à la matière, c'est d'après les dispositions du Code inst. crim., relatives aux jugemens de police correctionnelle, et non d'après celles du Code de procéd., que ce délai doit être déterminé. — C. inst. crim., art. 187. — *Cass.*, 22 nov. 1811, Zacharie c. Droits réunis ; 29 mai 1824, Contrib. indir. c. Vidal.

460. — Quant à l'appel, il doit être notifié dans la huitaine de la signification du jugement, sans citation préalable au bureau de paix et de conciliation. — Après ce délai, il n'est point recevable, et le jugement est exécuté purement et simplement. La déclaration d'appel doit contenir assignation à trois jours devant le tribunal criminel (ou la cour) du ressort de celui qui a rendu le jugement. Le délai de trois jours est prorogé d'un jour par chaque deux myriamètres de distance du domicile du défendeur au chef-lieu du tribunal. — Décr. 1er germ. an XIII, art. 32.

461. — Les dispositions du décr. 1er germ. an XIII, sur les formes et le délai de l'appel en matière de contributions indirectes, n'ont pas été abrogées par le Code inst. crim. Ainsi l'appel doit être interjeté en cette matière, non par déclaration au greffe dans les dix jours de la prononciation, mais par exploit d'huissier dans la huitaine de la signification du jugement. — *Metz*, 2 mai 1818, Jacquin c. Contrib. ind. ; 18 août 1813, Droits réunis c. Niewey ; *Cass.*, 31 déc. 1819, Locqueneux ; 7 juin 1821, N... ; 8 août 1822, Perineal ; 18 fév. 1840 (t. 2 1840, p. 588), Royal. — *Nîmes*, 26 mars 1840 (t. 1er 1840, p. 563), Gruvier. — Merlin, *Quest.*, vo *Appel*, § 10, art. 3.

462. — Toutefois, lorsque le jugement statue en même temps sur un délit commun, par exemple sur un délit de rébellion, la déclaration faite au greffe du tribunal correctionnel est régulière et valable quant à cette disposition. — C. inst. crim., art. 203. — *Metz*, 23 déc. 1820, veuve Hamen c. Contrib. indir.

463. — La cour royale de Riom, se fondant sur ce que la régie avait, à son choix, le droit de procéder, en cas d'appel, soit en vertu de l'art. 203 C. inst. crim., soit en conformité du décret du 1er germ. an XIII, avait décidé, par arrêt du 9 juill. 1818, que l'appel interjeté par la régie dans le délai et selon les formes déterminés par ledit décret, devait être écarté par le motif qu'en faisant, suivant les dispositions de l'art. 203, C. inst. crim., un premier appel déclaré nul, elle avait exercé et consommé son droit d'option. — Mais la cour de Cassation a annulé cet arrêt : « La loi, dit-elle dans ses motifs, n'a point donné à la régie la faculté de choisir et d'opter tel autre mode de procéder pour la poursuite des affaires qui sont confiées à sa direction ; elle n'a pas d'autres règles à suivre que celles qui lui sont prescrites par le décret de germ. an XIII ; d'où il suit que la cour de Riom a erré en droit en disant que la régie avait exercé et consommé son droit d'option en formant son premier appel. — *Cass.*, 16 avr. 1819, Louis Grenet ; même jour, Garant-Grenet.

464. — Pour faire courir le délai de l'appel, en matière de contributions indirectes, il est impérieusement nécessaire que la partie en faveur de laquelle le jugement de première instance a été rendu, le fasse signifier à sa partie adverse. — *Cass.*, 19 janv. 1810, Droits réunis c. Grosso.

465. — ... Et cela, lors même que la partie condamnée aurait été présente à la prononciation du jugement. — *Cass.*, 16 avr. 1819, Contrib. indir. c. Louis Grenet ; même jour, Garant-Grenet.

466. — Ainsi, lorsque le jugement frappé d'appel n'a pas encore été signifié, la cour ne peut, en déclarant nul l'exploit d'appel, ordonner l'exécution de ce jugement comme ayant acquis force de chose jugée ; mais le délai de l'appel ne commençant à courir qu'à compter de la signification du jugement, un nouvel appel peut régulièrement être interjeté. — *Cass.*, 11 mars 1808, Droits réunis c. Labbe ; 10 fév. 1814, Droits réunis c. Cléricy.

467. — En matière de contributions indirectes, la huitaine accordée, à partir de la signification des jugemens, pour en appeler, n'est pas franche. L'art. 1033, C. procéd., qui veut que le jour de l'échéance ne soit pas compté est inapplicable à la matière. — *Cass.*, 27 avr. 1821, Contrib. indir. c. Pouble.

468. — L'art. 455, C. procéd., portant que les appels des jugemens susceptibles d'opposition ne sont point recevables pendant la durée du délai pour l'opposition, n'est point applicable en matière de contributions indirectes. — Ainsi, décidé que les jugemens par défaut rendus en cette matière peuvent être attaqués par la voie de l'appel, avant l'expiration du délai de l'opposition. — *Cass.*, 12 avr. 1811, Dr. réun. c. Castaldi ; 3 sept. 1808, Saunier (sous l'arr. 12 avr. 1811) ; — Merlin, *Quest.*, vo *Appel*, § 8, art. 4.

469. — En réglant le délai de l'assignation sur l'appel suivant la distance du domicile de l'intimé, le décret du 1er germin. an XIII a implicitement confirmé les règles qui veulent que les significations de jugemens, en matière de droits réunis, soient faites au domicile réel. — *Cass.*, 4 déc. 1866, Dr. réun. c. Merlant.

470. — Toutefois, l'appel signifié au domicile élu par la partie chez son avoué ne peut pas être annulé pour contravention à l'art. 456, C. procéd., qui veut que l'appel soit notifié à personne ou domicile, s'il est d'ailleurs constant que l'intimé en a eu connaissance. — *Cass.*, 23 mars 1809, Dr. réun. c. Goupil ; — Merlin, *Rép.*, vo *Appel*, sect. 2e, § 11, no 5.

471. — L'appel n'est déclaré non-recevable par l'art. 32, décr. 1er germin. an XIII, que lorsqu'il n'a pas été notifié dans la huitaine de la signification du jugement. Cette déchéance ne s'applique point au cas où l'acte d'appel ne contiendrait pas assignation à trois jours. — *Cass.*, 4 déc. 1812, Dr. réun. c. Hersigh ; 8 avr. 1813, Droits réunis c. Adernheimer ; 16 avr. 1819, Contrib. indirectes c. Louis Granet.

472. — Ainsi, l'intimé n'est pas recevable à se plaindre de ce que l'assignation lui aurait été donnée pour comparaître à un délai plus long que celui fixé par la loi. — *Cass.*, 15 déc. 1808, Droits réun. c. Beucklaer; — Carnot, sur l'art. 203, C. inst. crim., t. 2, p. 119, nº 10. — En thèse générale, une assignation n'est pas nulle par cela seul qu'on l'aurait donnée à un délai plus long que le délai légal.

473. — Aucune loi n'oblige la régie à intimer sur l'appel une partie qui n'est intervenue dans la cause principale que dans l'intérêt du prévenu. — *Cass.*, 5 avr. 1811, Dr. réun. c. Renault.

474. — Spécialement, lorsqu'un propriétaire de marchandises saisies pour contravention, appelé en garantie par le conducteur, s'est borné à demander, en première instance, son renvoi de cette action, il est non-recevable à former opposition à la disposition de l'arrêt qui statue en son absence, mais contradictoirement entre le conducteur et la régie, sur l'action principale portée en appel. — *Cass.*, 14 déc. 1820, Bonnecarrère.

475. — La signification faite à la requête de la régie d'un jugement qui lui est favorable sous un rapport et défavorable sous l'autre, ne constitue pas de sa part un acquiescement, et n'a pas pour effet de la rendre non-recevable à se pourvoir par appel, dans le délai de la loi, contre la disposition qui lui fait grief. — *Cass.*, 6 juin 1806, Georges Helló.

476. — Encore bien que deux contraventions aux lois sur les contributions indirectes aient été constatées à la charge du même prévenu par le procès-verbal qui a donné lieu aux poursuites, lorsqu'une seule de ces contraventions a été déférée aux premiers juges, le tribunal d'appel ne peut se permettre de prendre connaissance de l'autre. — C. inst. crim., art. 210. — *Cass.*, 5 déc. 1828, Contrib. indir. c. Treyve.

477. — Le tribunal supérieur ne peut, sur l'appel interjeté par le prévenu du jugement qui l'a déclaré non-recevable dans l'opposition par lui tardivement formée à un jugement par défaut rendu contre lui, infirmer ce dernier jugement sans qu'aucun appel en ait été interjeté en temps utile. — C. inst. crim., art. 199; — *Cass.*, 29 mai 1824, Contrib. indir. c. Jean-Baptiste Vidal; — Carnot, sur l'art. 187, C. inst. crim., t. 2, p. 46, nº 4.

478. — Le décret du 1er germin. an XIII ayant réglé les formes et les délais à observer pour les appels des jugemens de police correctionnelle, en matière de contributions indirectes, la régie n'a pas pu être déclarée non-recevable dans un appel interjeté selon ce décret, sous le prétexte qu'elle ne s'était pas conformée aux dispositions du Code du 3 brum. an IV. — *Cass.*, 15 frim. an XIV, Dr. réun. c. N...; 29 frim. an XIV, Dr. réun. c. N...; 30 mai 1806, Dr. réun. c. Michel Poulh.

479. — Spécialement, la régie n'a pas pu être déclarée déchue de l'appel par elle interjeté d'un jugement de police correctionnelle pour n'avoir pas annexé à son appel une requête en griefs, conformément à l'art. 195 C. 3 brum. an IV. — *Cass.*, 7 niv. an XIV, Droits réunis c. Receveur.

480. — Par la même raison, un appel interjeté par la régie le jour même de la signification du jugement n'a pas pu être déclaré non-recevable comme tardif, en vertu de l'art. 194, C. 3 brum. an IV, qui fait courir le délai d'appel du jour de la prononciation du jugement. — *Cass.*, 25 janv. 1806, Droits réunis c. N...

481. — *Pourvoi en cassation.* — En matière de contributions indirectes, le délai pour se pourvoir en cassation contre les arrêts rendus par les cours de justice criminelle est limité à trois jours. — C. inst. crim., art. 373 et 418; — *Cass.*, 7 janv. 1808, Droits réunis c. Rosy. — A défaut de disposition spéciale, on suit le droit commun. — Foucart, t. 2, nº 912.

482. — L'administration des contributions indirectes qui n'a pas excipé en première instance de l'incompétence de la chambre du conseil, ne peut se faire un moyen de cassation de ce que, sur la poursuite d'une contravention, il aurait été procédé par voie d'instruction : la loi ne lui interdit pas de consentir à ce mode d'information. — *Cass.*, 10 juin 1830, Contrib. indir. c. Seillard.

483. — Le ministère public étant sans qualité pour poursuivre d'office les contraventions aux lois sur les contributions indirectes, le pourvoi en cassation par lui formé contre un jugement rendu en cette matière doit être déclaré non-recevable. — C. inst. crim., art. 1er; L. 5 vent. an XII, art. 90; — *Cass.*, 25 août 1827, Leblanc.

484. — Le ministère public ne peut se pourvoir en cassation contre un jugement qui a statué sur une contravention aux lois sur les contributions indirectes entraînant seulement la confiscation ou l'amende. — *Cass.*, 6 mars 1840 (t. 2 1840, p. 785), messageries Laffitte et Caillard.

485. — Lorsque, en matière de contributions indirectes, les tribunaux s'écartent des matières du procès-verbal et dénaturent les faits tels qu'ils y sont rapportés, la cour de Cassation est obligée, pour réprimer le mal jugé, d'entrer dans leur examen, sinon au fond, du moins dans leur rapport avec le procès-verbal et le jugement. Dans ce cas, elle casse pour violation du principe qui veut que force soit ajoutée au procès-verbal. — LL. 9 flor. an VII, art. 11; 1er germin. an XIII, art. 26.

Sect. 8e. — *Prescription.*

486. — On ne trouve rien, dans les lois relatives aux contributions indirectes sur la prescription des actions publique et civile résultant des délits et contraventions commis en cette matière : il y a donc lieu, quant à ce, de recourir aux dispositions du Code d'instruction criminelle. — D'Agar, *Traité du contentieux des contrib. indir.*, t. 2, nº 430.

487. — D'après les art. 637 et 638 de ce Code, l'action publique et l'action civile se prescrivent, quand il s'agit d'un délit de nature à être puni correctionnellement, après trois ans révolus à compter du jour où le délit a été commis si, dans cet intervalle, il n'a été fait aucun acte d'instruction ni de poursuite, ou à compter du dernier acte, même à l'égard des personnes qui ne seraient pas impliquées dans cet acte, s'il a été exercé des actes de poursuite ou d'instruction non suivis de jugement.

488. — Jugé, en conséquence, que, la prescription de l'action correctionnelle tendant à poursuivre les contraventions en matière de contributions indirectes n'ayant été réglée par aucune disposition spéciale, il y a lieu de se référer aux dispositions des art. 637 et 638, C. inst. crim. En conséquence, l'action est prescrite lorsqu'il n'a été fait aucun acte de poursuite pendant trois années. — *Cass.*, 11 juin 1820, Contrib. indir. c. Soccard; *Paris*, 26 avr. 1837 (t. 1er 1837, p. 31), Contrib. indir. c. Labady; — Mangin, *Traité de l'action publique*, t. 2, p. 143, nº 308. — En effet, ces contraventions étant, aux termes de l'art. 90, décr. 1er germin. an XIII, du ressort exclusif des tribunaux correctionnels, les art. 637 et 638 sont les seules dispositions applicables.

489. — L'art. 640, C. inst. crim., qui fixe à un an la durée de la prescription des contraventions de simple police, est absolument étranger, soit par la nature du fait, soit par le taux des amendes, aux contraventions en matière de contributions indirectes. — *Cass.*, 25 nov. 1818, Contrib. ind. c. Baudrier. — « La prescription d'un an établie dans l'art. 640, lit-on dans cet arrêt, ne concerne que les contraventions de simple police, telles qu'elles sont énumérées par le quatrième livre du Code pénal, et dont les peines sont énoncées en l'art. 137, C. inst. crim.; on ne peut donc ranger parmi les contraventions de simple police les contraventions aux lois qui régissent la perception des contributions indirectes, puisque les amendes qui doivent être infligées aux contrevenans dans cette dernière partie excèdent toujours le maximum de l'amende, portée à 15 fr. par ledit art. 137, pour les contraventions de simple police.

490. — La prescription établie par l'art 50, décr. 1er germin. an XIII, ne peut s'appliquer qu'à des droits exigibles et pour lesquels la régie aurait pu exercer des contraintes, mais non aux confiscations et amendes, qui ne sont exigibles qu'après qu'elles ont été prononcées par des jugemens. — *Cass.*, 6 sept. 1806, Droits réunis c. Vancasacle.

491. — Quant à la prescription des peines correctionnelles prononcées contre les contrevenans, elle est acquise en leur faveur par cinq années révolues, savoir : à compter de la date de l'arrêt ou du jugement rendu en dernier ressort, et s'il s'agit d'un jugement en premier ressort, à compter du jour où il ne peut plus être attaqué par la voie de l'appel. — C. inst. crim., art. 636.

CHAPITRE V. — *Transaction.*

492. — L'administration des contributions indirectes est autorisée à transiger sur les amendes et confiscations résultant des contraventions constatées par les procès-verbaux de ses employés : ce droit résulte pour elle de l'art. 23, décr. 5 germin. an XII, dont les dispositions ont été renouvelées, avec quelques modifications, par l'art. 9, ord. 2 janv. 1817.

493. — Comme il ne s'agit ici, dit M. Foucart (t. 2, nº 913), que des intérêts pécuniaires du trésor et non point des grands principes d'ordre public; que, d'un autre côté, les prescriptions de la loi sont multipliées à l'infini; qu'il y a souvent plus d'ignorance que de mauvaise foi dans le fait des contrevenans, et que les obliger à subir la confiscation et à payer intégralement les amendes ce serait quelquefois occasionner la ruine de leur commerce et de leur fortune, la législation autorise les transactions entre les contrevenans et la régie. »

494. — Ledit art. 9 de l'ord. du 2 janv. 1817 est ainsi conçu : — « Dans les affaires résultant des procès-verbaux de saisie ou de contravention, les transactions sont définitives : — 1º par le consentement du directeur d'arrondissement (l'art. 6 de l'ord. du 4 déc. 1822 exige l'approbation du directeur de *département*), lorsque les condamnations, confiscations ou amendes ne pourraient s'élever à une valeur de plus de 500 fr.; — 2º par l'approbation du directeur-général, lorsque lesdites condamnations pourraient s'élever de 500 à 6,000 fr. (3,000 fr. d'après l'art. 10, ord. 3 janv. 1821), pourvu toutefois que l'avis du conseil d'administration ait été conforme à la décision du directeur-général; — 3º par l'approbation du ministre des finances lorsqu'il y aura eu dissentiment entre le directeur-général et le conseil d'administration, et, dans tous les cas, lorsque le montant des condamnations pourrait excéder 6,000 fr. (3,000 fr. d'après l'art. 10, ord. 3 janv. 1821).

495. — La régie ne peut cependant transiger sur les délits ou contraventions relatifs à la garantie des matières d'or et d'argent; toutefois le ministre des finances peut remettre et réduire les condamnations pécuniaires prononcées pour cette cause. — Arg. du décr. 28 flor. an XIII; — Foucart, t. 2, nº 913.

496. — Le droit de transiger n'est donné qu'à la régie; il peut s'exercer soit avant, soit après la condamnation obtenue, et nul autre qu'elle ne peut remettre ou modérer les condamnations encourues par les contrevenans.

497. — Ainsi, les tribunaux ne peuvent, en aucune manière, faire remise de la peine lorsqu'il existe des preuves matérielles de la contravention. — *Cass.*, 1er sept. 1809, Droits réunis c. Podesta. — V. *suprà*, nos 435 et suiv.

498. — Lorsque la rigueur d'une loi sur les contributions indirectes présente des inconvéniens, c'est à la régie seule qu'il appartient d'adopter des mesures d'exécution qui concilient la tranquillité et la sécurité des citoyens de bonne foi avec ce que commande la nécessité de surveiller la fraude. — *Cass.*, 4 fév. 1813, Droits réunis c. Ecnaerts.

499. — Les transactions ne peuvent porter que sur les *amendes*, *doubles droits* et *confiscations*, en un mot sur les condamnations encourues en cas de contravention, lesquelles ne forment pas un objet de recette prévu par les lois. — Il n'en est pas de même des droits eux-mêmes, qui, établis par la loi, forment une ressource acquise d'avance à l'état pour subvenir à ses dépenses, et ne peuvent, dès-lors, faire l'objet d'aucune espèce de remise. — LL. 27 mars 1791, art. 50; 22 frim. an VII, art. 59; — d'Agar, *Man. du content. en mat. de contrib. indir.*, t. 2, nº 431-3º; Foucart, t. 2, nº 913; Girard, *Man. des contrib. ind.*, p. 323.

500. — Mais le droit de détail imposé par l'art. 57, L. 28 avr. 1816, sur les boissons vendues en gros et livrées sans démarque, étant la peine du fait de l'enlèvement sans démarque et non un droit attaché à la vente, la régie a le pouvoir de transiger sur cette contravention, comme sur toutes les condamnations encourues en cette matière.

501. — Dès-lors le jugement qui, appréciant les termes d'une transaction, décide qu'elle comprend le droit de détail imposé sur des boissons vendues en gros et enlevées sans démarque, ne viole aucune loi. — *Cass.*, 30 juill. 1823, Contrib. ind. c. Bourgueil.

502. — Les directeurs seuls peuvent transiger, et il est défendu à tout autre employé, quel que soit son grade, d'entrer, s'il n'en a reçu délégation expresse du directeur, en négociation avec les prévenus à la suite d'un procès-verbal et de s'immiscer en aucune manière dans les traités d'accommodement qui pourraient survenir; — le tout à peine de destitution. — Le droit d'approuver définitivement les transactions peut même, aux termes d'une circulaire du directeur-général, être retiré à ceux des directeurs qui s'écarteraient trop souvent de l'esprit de modération qui doit constamment les diriger dans cette partie délicate de leurs attributions. — Girard, *Man. des contrib. ind.*, p. 322.

503. — Ainsi l'administration des contributions indirectes n'est pas liée par les transactions que se permettraient de faire ses buralistes ou préposés sur des contraventions. — *Cass.*, 11 fév. 1825, Contrib. indir. c. Robert et Teyssonnier.

504. — Spécialement, une transaction provisoire faite entre le propriétaire de vins saisis et le contrôleur du lieu ne peut empêcher l'application des peines portées par la loi, lorsqu'elle n'a pas reçu l'approbation légale. — *Cass.*, 31 juill. 1807, Lafosse.

505. — Toutefois, le contrevenant ne peut se dégager d'une transaction qu'il a librement passée avec un employé d'un grade inférieur à celui de directeur, tel qu'un contrôleur, sous la condition suspensive de l'approbation de l'autorité compétente. — *Cass.*, 26 juin 1811, Contrib. indir. c. Hérard; — d'Agar, *Tr. du content. en matière de contributions indir.*, t. 2, nº 433-1º.

506. — Les transactions en cette matière, comme en toute autre, doivent être rédigées par écrit. — C. civ., art. 2044.

507. — Elles peuvent avoir lieu, indistinctement, soit par acte devant notaire, soit par acte sous seing-privé, et, dans ce dernier cas, elles doivent, à peine de nullité, être faites en deux originaux, dont l'un pour le directeur et l'autre pour le contrevenant ou celui qui le représente. — C. civ., art. 1325.

508. — Les transactions doivent, pour être valables être signées des employés qui les ont approuvées et des contrevenans; si ces derniers ne peuvent ou ne savent signer, ils doivent être représentés par un fondé de pouvoir porteur d'une procuration régulière, auquel même, dans l'usage, on demande de se porter fort pour son commettant. Du reste, cette dernière condition est, ainsi que le fait remarquer avec raison M. d'Agar (*Man. des contrib. indir.*, vº *Transaction*), sans inconvénient pour lui, puisqu'au moment même où il contracte, il exécute en payant l'obligation à laquelle il soumet ce commettant.

509. — Est valable comme transaction provisoire, l'acte sous seing-privé fait double entre un contrôleur principal et le contrevenant, par lequel celui-ci s'oblige à payer à la régie une somme fixe, pour tenir lieu de confiscation et d'amende, sous la réserve de l'approbation et de la ratification du directeur général. — C. civ., art. 1326 et 2052; — *Cass.*, 26 juin 1811, Contrib indir. c. Hérard.

510. — Les transactions faites entre un délinquant et l'administration ont pour effet d'arrêter toute poursuite, même de la part du ministère public, à l'égard des contraventions, et d'empêcher toute condamnation non seulement à l'amende, mais encore à la peine de l'emprisonnement, à raison des fraudes qui ont fait l'objet de ces transactions. — C. inst. crim., art. 4; — *Cass.*, 26 mars 1830, Seguin; — Mangin, *Tr. de l'act. publ.*, t. 1er, p. 92, nº 46.

511. — Lorsque le procès-verbal énonce à la fois une contravention spéciale aux lois de la régie et un délit commun réprimé par le Code pénal, M. d'Agar (*Tr. du content. en mat. de contrib. indir.*, t. 2, nº 431-2º) enseigne que « tant que la régie n'a point fait remise du procès-verbal au ministère public, il n'y a point lieu encore à l'action publique, parce que celle-ci doit résulter du procès-verbal, qui équivaut dans ce cas à la plainte exigée par le Code d'instruction criminelle. La régie peut donc transiger sur le procès-verbal, et stipuler qu'il n'y sera donné aucune suite, tant sous le rapport de la contravention que sous celui du délit. Mais lorsque la régie a remis le procès-verbal au ministère public, il ne dépend plus d'elle d'éteindre par une transaction l'action publique résultant de cet acte, considéré alors comme plainte. »

512. — Cette doctrine contient, selon nous, une erreur grave qu'il importe de relever : le droit de transaction sur des contraventions est assez exorbitant pour qu'on doive en restreindre soigneusement l'exercice aux cas précis pour lesquels il a été établi; l'étendre à des délits communs aurait pour effet de soumettre l'action publique, qui, en thèse générale, et à moins d'une exception formelle qui ne se rencontre point ici, appartient souverainement au ministère public, au bon ou mauvais vouloir de l'administration; une plainte n'est point indispensable, ainsi que semblerait le penser M. d'Agar, d'après le passage que nous venons de rapporter, pour rendre possible l'action du ministère public; dès qu'un délit arrive à sa connaissance, de quelque façon que ce soit, il peut en poursuivre la répression et en faire la preuve par tous les moyens que le Code d'instruction criminelle met à sa disposition : peu importe donc que, dans l'hypothèse indiquée par M. d'Agar, le procès-verbal des préposés de la régie lui ait été remis ou non; s'il apprend d'ailleurs le délit commun, il est le maître de le poursuivre, s'il y croit l'ordre public intéressé. La transaction de la régie ne portera donc que sur la contravention spéciale, et le défaut de remise de son procès-verbal au ministère public ne peut avoir d'autre effet, quant au délit, que de le lui laisser ignorer : ce n'est qu'une chance, mais non une certitude d'impunité. — V. Girard, *Man. des contrib. indir.*, p. 323.

513. — Le droit de transiger emporte au profit de l'administration des contributions indirectes celui d'acquiescement. — V. ACQUIESCEMENT.

514. — Les préposés de la régie des contributions indirectes, étant autorisés à transiger sur les conséquences de leurs procès-verbaux, peuvent consentir à une nouvelle vérification ou jaugeage du fût dans lequel on a constaté à la charge du contribuable un excédant de liquide sur la quantité déclarée. — Cette transaction constitue une fin de non-recevoir contre les préposés qui prétendraient exciper des énonciations de ces procès-verbaux. — Par suite, si l'administration conteste les résultats de la vérification faite amiablement, les tribunaux peuvent, sans méconnaître le caractère authentique des procès-verbaux, ordonner un nouveau jaugeage suivant les formes prescrites par l'art. 146, L. 28 avr. 1816, quel que soit d'ailleurs le laps de temps écoulé depuis la rédaction du procès-verbal, et encore que le fût dont la contenance est contestée, ne soit point resté en la possession de la régie. — *Cass.*, 19 sept. 1845 (t. 2 1845, p. 725), Contributions indir. c. de Kergorlay.

515. — L'ordonnance d'amnistie du 13 janv. 1815 n'a fait la remise que des amendes prononcées pour contraventions en matière de contributions indirectes, avant sa publication ; elle est inapplicable aux faits postérieurs. — *Cass.*, 16 mars 1819, Contributions indir. c. Rhillard; 24 nov. 1818, d'Abancourt.

CHAPITRE VI. — *Timbre et enregistrement.*

516. — En matière de contributions indirectes comme en toute autre, la formalité du timbre est applicable à tous les papiers destinés aux actes civils ou judiciaires et aux écritures qui peuvent être produits en justice et y faire foi : il n'y a d'autres exceptions que celles nommément exprimées dans la loi. — L. 13 brum. an VII, art. 1er.

517. — Cette disposition s'applique, aux termes d'une décision du ministre des finances du 25 mai 1807, aux actes administratifs pour tous les objets de perception confiés à la régie, tels que congés, passavans, acquits à cautions, licences, quittances de droits, à quelque somme qu'ils puissent monter, aux ampliations ou copies des actes de portatifs des commis, des déclarations d'inventaires des brasseurs, distillateurs et autres redevables assujétis à faire des déclarations ; en un mot, à tous autres actes faits et délivrés directement par les préposés de cette régie aux redevables pour les mettre à portée de justifier du paiement des droits par eux dus, ou de l'accomplissement des formalités prescrites.

518. — Sont assujétis au timbre de dimension créé par la loi du 13 brum. an VII les originaux et copies de significations, les contraintes, les procès-verbaux de contravention, les significations qui en sont faites par les préposés, et autres actes judiciaires, ainsi que les transactions sur procès passées avec les contrevenans.

519. — Cependant, en matière d'octroi, lorsque l'objet de la contravention est d'une valeur de 10 fr. et au-dessous, les employés sont autorisés à dresser des procès-verbaux ou plutôt de simples rapports sur papier libre. — Décis. min. fin. 20 mars 1809.

520. — Quant aux obligations souscrites par les redevables, elles sont soumises au timbre proportionnel. — Décis. min. fin. 25 mai 1807.

521. — L'art. 243, L. 28 août 1816, portant que les *expéditions* et *quittances* délivrées par les employés doivent être marquées d'un timbre spécial dont le prix est fixé à 10 cent., ne modifie en rien la différence établie entre les actes soumis au timbre de l'enregistrement et ceux passibles du timbre de la régie. — D'Agar, *Tr. du contentieux en matière de contrib. indir.*, t. 2, nº 748-3º.

522. — Le papier employé pour les contraintes doit, dans tous les cas, être soumis au timbre, même quand la contrainte doit être enregistrée gratis. — Décis. min. fin. 14 avr. 1807.

523. — Les exploits et procès-verbaux dressés par les employés de la régie, tels que les contraintes, procès-verbaux de contravention, assignations et notifications, doivent être enregistrés dans les quatre jours de leur date. — L. 22 frim. an VII, art. 20, § 2.

524. — Le défaut d'enregistrement dans ce délai entraîne la nullité des procès-verbaux et exploits, avec une amende de 25 francs, et de plus, une somme égale au droit; les employés sont responsables de la nullité envers la régie. — *Ibid.*, art. 34, § 1er.

525. — Sont sujets au droit fixe de 1 franc : 1º les exploits, significations et autres actes faits pour le recouvrement des contributions indirectes, et seulement lorsque la somme principale excède cent francs. — *Ibid.*, art. 68, § 1er, nº 30; L. 16 juin 1824, art. 6.

526. — ...2º Les jugemens rendus en pareille matière, quel que soit le montant de la condamnation, ou de quelque autorité ou tribunal qu'émanent les jugemens. — L. 22 frim. an VII, art. 68, § 1er, nº 49.

527. — ...3º Et les transactions relatives aux contraventions qui ne contiennent aucune stipulation de somme et valeur, ni disposition soumise à un plus fort droit d'enregistrement. — *Ibid.*, nº 45.

528. — Il est dû un droit particulier pour les assignations données à la requête de la régie, lorsqu'elles contiennent constitution d'avoué. — Lettre du direct. gén. de l'enreg. 30 avr. 1821.

529. — Les procès-verbaux de contravention sont sujets au droit fixe de 2 fr. — L. 28 avr. 1816, art. 43, nº 16.

530. — Il n'est dû qu'un seul droit fixe quel que soit le nombre des prévenus dénommés dans le procès-verbal. — Décis. min. des fin. 31 oct. 1817; lettre du dir. gén. de l'enreg. 7 et 30 avr. 1831.

531. — Il n'est également dû qu'un seul droit fixe lorsque les employés se constituent gardiens des objets saisis ou qu'ils les laissent à la charge et garde du prévenu; mais il est dû un second droit fixe quand la personne qui est constituée gardienne est étrangère à la régie, parce qu'alors cette personne a un intérêt distinct et indépendant de celui de la régie et du contrevenant. — Décis. min. fin. 25 nov. 1806; lettre du dir. gén. de l'enreg., 18 sept. 1818 et 30 avr. 1821.

532. — Sont enregistrés gratis 1º les actes d'affirmation des procès-verbaux des employés. — L. 22 frim. an VII, art. 70, § 3, nº 12.

533. — ...2º Et les actes de poursuites et tous autres actes faits tant en action qu'en défense ayant pour objet le recouvrement de droits et créances n'excédant pas en total la somme de 100 fr. — L. 16 juin 1824, art. 6.

V. ABONNEMENT, AGENT DIPLOMATIQUE, BOISSONS, COLONIES COMPLICITÉ, ENREGISTREMENT, GREFFE (droit de), TIMBRE.

CONTROLE (Enregistrement).

1. — C'est le nom que l'on donnait autrefois à la formalité connue aujourd'hui sous le nom d'*enregistrement*. — V. ce mot.

2. — On distinguait trois espèces de contrôles : le contrôle des actes, celui des exploits et celui des greffes.

3. — Le contrôle des actes avait été établi pour assurer la priorité des hypothèques en mettant les actes à l'abri des doutes et des suppositions d'antidates. — *Dict. des Droits d'enreg.*, vº *Enregistrement*, nº 6.

4. — Le premier édit qui ait établi le contrôle est du mois de juin 1581. Il créa un office de contrôleur des titres en chaque siége royal, avec attribution de droits. Cet édit, non exécuté généralement, fut suivi d'un autre du mois de janvier 1698, qui ordonna que les droits fussent perçus au nom du roi. Néanmoins, la vente des droits de contrôle fut autorisée par un édit du mois de mars 1710.

5. — Enfin, en 1722, le contrôle devint, au moyen de nouvelles dispositions et d'un nouveau tarif, un impôt régulier et entièrement perçu, ou affermé au profit de l'état.

6. — Le tarif s'appliquait aux actes des notaires, tabellions, greffiers, gens de loi et autres ayant droit d'instrumenter, et aux actes sous-seings privés passés dans toute l'étendue du royaume. Il comprenait également les actes ecclésiastiques, c'est-à-dire les nominations, démissions, permutations, etc., faites par les ecclésiastiques. — Toutefois, des exceptions eurent lieu, comme autrefois, ou furent la conséquence des franchises de quelques provinces.

7. — Les droits étaient fixes ou proportionnels. Les acquisitions de meubles comme celles d'immeubles étaient tarifées à 10 sous pour 100 livres jusqu'à 10,000 livres; ce qui excédait 10,000 livres ne payait que 1 pour 1,000 livres. Il y avait en outre 10 sous pour livre des droits. Les droits proportionnels des assurances, des baux, des déguerpissemens, étaient différens, mais toujours réglés de manière que les actes les plus importans ne payaient qu'un faible droit. — *Dict. des dr. d'enreg.*, vº *Enregistrement*, nº 8.

8. — Il y avait cette différence entre les registres des insinuations et ceux du contrôle que les premiers étaient publics, tandis que les seconds n'étaient communiqués qu'aux parties contractantes, à leurs héritiers ou ayant-cause.

9. — Le contrôle des exploits, d'abord créé par un édit de 1654, qui fut peu exécuté, fut depuis rétabli par un édit du mois d'août 1669 et consacré par plusieurs déclarations et arrêts du conseil qui réglèrent définitivement les droits et désignèrent les exploits sujets à la formalité. — *Dict. des dr. d'enreg.*, v° *Enregistrement*, n° 9.

10. — Le contrôle des greffes était de trois espèces : 1° le contrôle ancien des greffes, ou le contrôle-tiers des greffes, créé en 1627 ; — 2° le contrôle des actes d'affirmation de voyage, de présentation, défauts et congés, établi en 1704 et 1707 ; — 3° enfin le contrôle des greffes établi en 1707, avec attribution seulement du dixième de tous les émoluments des greffes en chef, façons et expéditions, le surplus demeurant aux greffiers. — Les droits de greffe ont remplacé le contrôle des greffes. — *Dict. des dr. d'enreg.*, v° *Enregistrement*, n° 10. — V. GREFFE (droits de).

CONTROLE (Matières d'or et d'argent).

1. — Marque appliquée sur tous les ouvrages d'or et d'argent, pour en garantir la sincérité et le titre.

2. — Le contrôle de l'or ou d'argent paraît remonter, en France, à saint Louis (1260), et a donné lieu, dès le mois de sept. 1579, à la perception de droits qui, sous le nom, tantôt de droit de *remède*, tantôt de droit de *seigneuriage*, puis sous celui de droit de *marque* et de *contrôle* (aujourd'hui on l'appelle droit de *garantie*), ont été successivement accrus ou modifiés par les déclarations et ordonnances postérieures d'octobre 1631, du 17 fév. 1674, de juill. 1681, et édits d'août 1718 et mai 1723.

3. — Le contrôle n'a point été, comme semblent le penser quelques auteurs, supprimé par la loi du 2 mars 1791, qui a aboli tous les impôts indirects ; un décret de l'assemblée constituante du 31 mars 1791, sanctionné le 3 mai suivant, « considérant qu'il était indispensable d'établir, pour le commerce d'orfévrerie et de joaillerie, des règles qui, en assurant l'exactitude et la fidélité des vendeurs, inspirassent aux acheteurs la confiance sur laquelle repose la prospérité de cette branche intéressante de l'industrie nationale, » a ordonné que jusqu'à ce qu'il eût été fait un nouveau réglement général sur la police et l'administration de l'orfévrerie, « les lois et réglemens existans, sur la marque et le contrôle des matières d'or et d'argent, continueraient d'être exécutés suivant leurs forme et teneur ». C'est au point de vue du 19 brum. an VI qui a réglementé définitivement cette matière, et qui, confirmée par celle du 28 avril 1816, est encore aujourd'hui la base de la législation en vigueur. — V. MATIÈRES D'OR ET D'ARGENT.

CONTROLEUR.

1. — Fonctionnaire appelé à exercer un contrôle sur certaines actes ou sur certaines parties des services publics.

2. — Il y avait autrefois un très grand nombre de contrôleurs, depuis le contrôleur général des finances, le contrôleur général des fermes, celui des monnaies, des domaines, des rentes, les contrôleurs des guerres, de la marine, des eaux et forêts, des bons d'état, jusqu'aux simples contrôleurs des gabelles, des traites, des aides, des portes, des greniers à sel, etc. — *Encyclop. méthod.* (jurisprud.), v° *Contrôle, Contrôleurs.* Nouveau-Denisart, v° *Contrôle, Contrôleurs.*

3. — Presque toutes ces fonctions ont successivement disparu dans l'ancienne organisation administrative et financière (V. notamment déer. 24 mai 1791, tit. 4er, art. 16 et 5 ; 15 nov. 1790 ; 16 août 1790 ; 4 déc. 1792). Le titre cependant existe encore aujourd'hui et est attribué à un certain nombre de fonctionnaires dont les attributions n'ont, du reste, rien de commun avec celles d'une époque et d'un état de choses complètement différens.

4. — Entre autres fonctionnaires auxquels le titre de *contrôleur* a été attribué par nos lois et réglemens, on connaît plus généralement : les *contrôleurs des impositions directes*, qui sont chargés, sous les ordres des *inspecteurs* et *directeurs* du département, de concourir à tous les travaux nécessaires pour fixer l'assiette et la répartition des contributions directes. — V. CONTRIBUTIONS DIRECTES.

5. — ...Les *contrôleurs des contributions indirectes*, de ville ou ambulans, institués, ceux-ci pour surveiller, sous les ordres du directeur, le service des contributions indirectes dans chaque arrondissement, faire des tournées et rendre compte soit au directeur, soit à l'inspecteur de tout ce qui concerne le service sous le rapport des hommes et des choses, et les contrôleurs de ville pour veiller, sous la direction immédiate du directeur et sous la surveillance des contrôleurs ambulans, à l'exécution des exercices dans le lieu où ils doivent résider, à la tenue régulière des portatifs et à la rédaction et signature des actes qui doivent y être inscrits. — V. CONTRIBUTIONS INDIRECTES.

6. — ...Les contrôleurs *des bureaux de garantie*, qui, comme subordonnés de l'administration des monnaies, et sous les ordres du directeur des contributions directes, veillent à ce que les mesures prescrites pour la garantie des matières d'or et d'argent ne soient ni négligées ni omises. — V. MATIÈRES D'OR ET D'ARGENT.

7. — ...Le scontrôleurs en chef ou ordinaires des *manufactures royales de tabac* chargés, les contrôleurs en chef, soit de la direction de tous les travaux de la fabrication, soit de la partie administrative et de la comptabilité dans ces établissemens, et les contrôleurs ordinaires, de suppléer les contrôleurs en chef et de s'occuper des mêmes fonctions qu'eux, sous leurs ordres. — V. TABACS.

8. — ... Les *contrôleurs généraux, particuliers ou spéciaux des magasins* où de manutention des feuilles chargés, à des degrés différens, de surveiller, soit les mouvements sous le rapport des entrées et sorties, soit la manutention des tabacs en feuilles, soit enfin l'emploi dés fournitures, et de prendre soin de la conservation des machines et ustensiles. — V. TABACS.

9. — Les *contrôleurs des salines royales* ou contrôleurs-receveurs des salines particulières chargés de concourir à la perception et à la comptabilité du droit sur les sels fabriqués dans les salines, et de veiller à l'observation des formalités prescrites, soit pour la conservation du droit, soit pour la délivrance et la décharge des acquits à caution. — V. SALINES, SEL.

10. — ... Les *contrôleurs des douanes*, soit de brigade, soit aux entrepôts, soit aux visites, chargés, les contrôleurs ou capitaines de brigade, de s'assurer, sous les ordres du directeur et de l'inspecteur, que le service des brigades s'exécute ainsi qu'il a été prescrit ; les contrôleurs des entrepôts, de surveiller, sous la direction du receveur et du contrôleur aux visites, les opérations des visiteurs, et même celles des préposés du service extérieur et de vérifier l'existence en entrepôt des marchandises soumissionnées ; enfin, les contrôleurs aux visites, de surveiller, sous les ordres de l'inspecteur, et de diriger en son absence, le travail des brigades de leur résidence, de vérifier les écritures et les registres de recettes du receveur principal et de viser ses bordereaux et pièces de dépenses.—Les contrôleurs aux visites ont aujourd'hui le titre de *sous-inspecteurs sédentaires*. — V. DOUANES.

11. — ... Les *contrôleurs de la marine*. — V. CONTRÔLEUR DE LA MARINE, MARINE.

12. — ... Les *contrôleurs des postes*, employés supérieurs chargés de toutes les tournées pour inspecter le service des postes aux lettres et des postes aux chevaux. — V. POSTES.

CONTROLEUR DES BONS D'É-TAT.

Agent chargé, avant 1790, de poursuivre la répétition de toutes les sommes dues au trésor par d'autres que par les comptables. — V. AGENT JUDICIAIRE DU TRÉSOR.

CONTROLEUR COLONIAL.

V. INSPECTEUR COLONIAL.

CONTROLEUR DE LA MARINE.

1. — Fonctionnaire chargé dans chaque arrondissement maritime du contrôle permanent des ports.

2. — Le contrôleur de marine faisait partie du corps du commissariat de la marine, suivant deux ord. des 3 janv. 1835 et 14 oct. 1836 ; mais ces deux ordonnances ont été depuis modifiées par celle du 14 juin 1844.

3. — Le contrôleur de la marine est subordonné au rapport maritime sous le rapport hiérarchique seulement. Il ne relève pour l'exercice de ses fonctions que de l'autorité du ministre de la marine, avec qui il correspond directement. — Ord. 14 juin 1844, art. 83. — V. MARINE.

4. — Toutes les opérations du contrôle des ports sont centralisées par un directeur du contrôle central, au ministère de la marine.—Ord. 14 juin 1844, art. 121.

5. — Le corps du contrôle de la marine a été organisé par une ordonnance du 21 déc. 1844.

CONTROLEUR DES RESTES.

Agent spécialement chargé, sous l'ancien régime, de poursuivre la rentrée de tous les débets dont la condamnation était prononcée par la chambre des comptes. — V. AGENT JUDICIAIRE DU TRÉSOR, CHAMBRE DES COMPTES.

CONTUMACE.

Table alphabétique.

CONTUMACE. — 1. — Etat de celui qui, mis en accusation pour un crime, ne se présente point dans le
délai qui lui est fixé, ou s'est évadé avant de le jugement.—Mussabiau, *Manuel du procureur du roi*,
t. 2, n° 3455.

2. — On appelle *contumax* l'accusé qui est en
état de contumace.

3. — Les expressions *contumace, contumax*, ne
sont employées et la procédure de contumace
n'est applicable qu'en matière de crimes emportant peines afflictives et infamantes. — En matière de police correctionnelle ou simple, les prévenus qui ne comparaissent pas sont appelés *défaillans* et jugés par défaut.—Merlin, *Rép.*, v° Contumace, § 1er, p. 744.

§ 1er. — *Historique.* — *Notions générales*
§ 2. — *Procédure* (n° 23).
§ 3. — *Jugement.* — *Exécution* (n° 74).
§ 4. — *Effets de la contumace* (n° 116).
§ 5. — *Arrestation ou représentation de
l'accusé contumax* (n° 151).
§ 6. — *Nouveau jugement.* — *Débat contradictoire.*

§ 1er. — *Historique.* — *Notions générales.*

4. — La loi romaine définit ainsi le contumax :
*Contumax est qui tribus edictis propositis vel uno
proxibus, quod vulgo peremptorium appellatur, litteris evocatus praesentiam sui facere* CONTEMNIT.
— L. 53, § 1. ff., *De re judicata*.

5.— Le contumax, à Rome, n'était pas condamné, mais seulement frappé de la saisie-annota-
tion: *Non sci irroganda in absentem pena, sed ab-
eius requirendus annotatus est vel copiam sui prae-
sit.*— L. 1, Cod., *De requir. vel abs. damn*.

6. — Les lois saliques et ripuaire admettaient la
condamnation par contumace. Il faut savoir, dit
Montesquieu (*Esp. des liv.* 31, ch. 8), que,
quand un homme était cité en jugement, et qu'il
ne se présentait point, ou n'obéissait pas aux ordonnances des juges ; il était appelé devant le roi,
et s'il persistait dans sa contumace, il était mis
hors de la protection du roi, et personne ne pouvait le recevoir chez soi, ni même lui donner du
biens étaient confisqués; mais, s'il était vassal du
roi, ne le l'étaient pas. Le premier, par sa contumace, était censé convaincu du crime, et non
pas le second.

7. — Anciennement, en France, on ne condamnait pas à mort par contumace. — Capitul. de
Charlemagne, liv. 7, ch. 204, et ch. 854, p. 1068 et
1401. — Ainsi Robert, comte d'Artois, Geoffroi de
Harcourt et le fils d'Olivier de Clisson, qui furent
condamnés par contumace pour crime de lèse-
majesté, ne furent cependant punis que de l'exil
et de la confiscation de leurs biens. De même, Jean
de Craon, pour avoir voulu tuer le sire de Clisson,
connétable de France, fut seulement banni du
royaume et ses biens confisqués. — Pasquier, *Recherches sur la France*, liv. 6, ch. 3.

8. — L'ordonnance de 1670, tit. 25, prescrivait,
pour le cas de contumace, une procédure qui a
été reproduite, sauf quelques modifications de
détail, par les lois des 16-29 sept. 1791, tit. 9;
4 thermid. an II; elle est encore en vigueur.

9.— La loi du 4 thermid. an II, dans son art. 11,
ordonnait au juge de condamner le contumax
sans examen des charges portées contre lui. — Cette
prescription, qui ne peut s'expliquer que par les
circonstances au milieu desquelles elle a été portée, a été supprimée par la législation postérieure.

10. — On ne la trouve même pas dans nos anciennes lois criminelles, toutes rigoureuses qu'elles
fussent pour les accusés. — On lit en effet dans
Jousse (*Just. crim.*, t. 2, p. 418) : « On peut regarder
comme une maxime constante que, pour pouvoir
condamner un accusé qui est en contumace, il
faut qu'il y ait contre lui des preuves ou des indices légitimes. »

11. — Le Code d'instruction criminelle a reproduit presque textuellement les dispositions du
Code de brum. an IV relatives à la contumace.

12. — M. Berenger (*Just. crim.*, p. 510 et suiv.),
après avoir rappelé les différens actes de la procédure par contumace et signalé les résultats fâcheux que cette procédure peut amener, termine
ainsi : « Je ne vois rien qui justifie une aussi hi-
deuse manière de procéder. L'expérience en est
faite, les jugemens par contumace ne procurent
à la justice aucune satisfaction véritable. Si l'homme qui fuit est coupable, il ne reparaît plus; ou
s'il se représente, c'est lorsqu'il est bien assuré
que le temps a détruit les preuves à sa charge; s'il
est innocent, il attend que la prévention qu'il
supposait exister contre lui soit dissipée : alors il
est absous. Jamais la saisie des biens, jamais la
honte d'une condamnation provisoire n'ont rappelé l'homme qui a eu des raisons de fuir; jamais
ces considérations, quelque impérieuses qu'elles
soient, n'ont touché celui qui, par son retour, se
serait cru exposé à des peines afflictives ou infamantes. Cette partie de notre législation est donc
superflue, puisqu'elle est inutile et sans objet. Elle
est injuste, puisqu'elle autorise la condamnation
d'un homme qui n'est point entendu. Elle est barbare, puisqu'elle punit une famille non seulement
d'un crime qui lui est étranger, mais souvent aussi
des frayeurs d'un innocent. »

13. — Cette énergique critique n'a pas été accueillie par le législateur qui, lors de la révision
du 28 avr. 1832, a laissé intactes les dispositions
relatives à la contumace.

14. — Il est certains crimes qui, par leur nature
particulière, sont incompatibles avec la procédure
de contumace.

15. — Ainsi, on ne peut pas procéder par contumace contre un banni, pour avoir rompu son ban
en reparaissant sur le territoire du royaume. Il
faut, pour qu'il y ait à accusation, que le
banni ait été repris et qu'il soit présent au débat
ainsi qu'au jugement d'identité. — Cass., 6 mars
1817, Monnot ; — Chauveau et Hélie, *Th. du cod. pén.*,
t. 1er, p. 163 ; Legraverend, t. 2, ch. 9, sect. 1re,
p. 563 ; Carnot, art. 519, C. inst. crim., t. 3, p. 419,
n° 1er.

16. — Il en est de même du déporté qui rentre
sur le territoire du royaume. — Legraverend, loc.
cit.; Carnot, loc. cit.

17. — C'est qu'en effet, dans l'un et l'autre cas,
la reconnaissance d'identité est le préalable indispensable de la condamnation ; or, aux termes de
l'art. 519, C. inst. crim., cette reconnaissance doit
nécessairement, à peine de nullité, être faite en
présence de l'individu repris. — Legraverend, loc.
cit.

18. — L'état de contumace et la procédure particulière à laquelle cet état donne lieu ne commencent qu'après la mise en accusation ; tant que
dure l'instruction préparatoire, l'absence de l'inculpé n'exerce aucune influence sur la procédure,
ne donne lieu à aucune mesure extraordinaire.—
Legraverend, *Légist. crim.*, t. 2, p. 564.

19. — En conséquence, si le prévenu fugitif a,
comme le prévenu présent, le droit de produire
un mémoire devant la chambre des mises en accusation ; l'art. 468, C. inst. crim., portant qu'aucun conseil ne pourra se présenter pour défendre
l'accusé qui est en contumace, ne concerne que l'accusé déclaré en état de contumace. — Cass., 3 fév. 1826,
Martin ; — Carnot, art. 217, C. inst. crim., t. 2,
p. 180, n° 1er.

20. — La mise en accusation prononcée, si l'inculpé est absent, l'arrêt doit être notifié à son domicile. — C. inst. crim., art. 465.

21. — Lorsque son domicile est inconnu, la notification doit être faite dans la forme tracée par
l'art. 69, n° 8, C. procéd. civ., par affiche, à la
porte de la cour d'assises, et par copie remise au
parquet. — Cass., 8 avr. 1826, Joseph Bidy.

22. — En conséquence, la cour d'assises ne peut,
en ce cas, annuler la procédure, à partir de l'acte
de notification, sous le prétexte que cette notification n'a été faite, ni à la personne, ni au domicile
de l'accusé. — Même arrêt.

§ 2. — *Procédure.*

23. — Lorsqu'après l'arrêt de mise en accusation l'accusé n'a pu être saisi, ou ne se présente
pas dans les dix jours de la notification qui en a
été faite à son domicile, ou lorsqu'après s'être
présenté ou avoir été saisi, il s'est évadé, le président de la cour d'assises, ou, en son absence, le
président du tribunal de première instance, et, à
défaut de l'un et de l'autre, le plus ancien juge de
ce tribunal, rend une ordonnance portant qu'il
sera tenu de se représenter dans un nouveau délai
de dix jours; sinon, il sera déclaré rebelle à la loi;
qu'il sera suspendu de l'exercice des droits de citoyen ; que ses biens seront séquestrés pendant
l'instruction de sa contumace; que toute action en
justice lui sera interdite pendant le même temps;
qu'il sera procédé contre lui, et que toute personne
est tenue d'indiquer le lieu où il se trouve. — Cette
ordonnance fait de plus mention du crime et de
l'ordonnance de prise de corps. — C. inst. crim.,
art. 465.

24. — Le président du tribunal de première instance et le plus ancien juge de ce tribunal, dont
parle l'art. 465, sont ceux du tribunal du lieu où
la cour saisie siège habituellement. — Carnot, *Inst.
crim.*, sur l'art. 465, n° 3.

25. — Si ce lieu est le siège même de la cour
royale, ce n'est pas au président du tribunal de
première instance qu'il appartient de rendre l'ordonnance, puisque dans aucun cas il ne peut faire
partie de la cour qui doit prononcer; mais si le
président de la cour d'assises est empêché, il doit
être remplacé par le plus ancien des magistrats
qui la composent, et à défaut, par un des conseillers de la cour royale, en suivant l'ordre de réception. — Carnot, sur l'art. 465, n° 4.

26. — Aux termes des art. 462 et 464, C. 3 brum.
an IV, le président devait rendre deux ordonnances. Le Code d'instruction criminelle (art. 465 (se
contente d'une seule.

27. — Cette ordonnance est publiée par un huissier à son de trompe ou de caisse, le dimanche
suivant, et affichée à la porte du domicile de l'accusé, à celle du maire et à celle de l'auditoire de
la cour d'assises. — C. inst. crim., art. 466.

28. — Le procureur général ou son substitut
adresse aussi cette ordonnance au directeur des
domaines et droits d'enregistrement du domicile
du contumax. — Même article.

29. — Il y aurait nullité si l'ordonnance de se
représenter rendue contre un accusé contumax
n'était pas publiée et affichée le dimanche (*Cass.*,
29 juin 1833, de Courson) ; ou si elle était publiée
et affichée un dimanche autre que celui qui suit
sa date. — *Cass.*, 12 avril 1845 (1er 1846, p. 458,)
Colomb.

30. — Lorsque le domicile de l'accusé est situé
hors de l'arrondissement où le siège la cour d'assises, le ministère public près cette cour transmet
une expédition de l'ordonnance au procureur du
roi du domicile du contumax ; ce magistrat la
remet à un huissier et veille à l'exécution de la loi;
— mais alors elle ne peut être publiée que le dimanche qui suit sa réception. — Mussabiau, t. 2,
n° 2137.

31. — Si la publication doit avoir lieu dans l'arrondissement où siège la cour d'assises, elle est
faite sur la minute même de l'ordonnance, et,
par suite, sans readdit. — Décr. 18 juin 1811, art.
70 ; circul. min. just. 30 déc. 1812-6°.

32. — L'ordonnance de se représenter doit, à
peine de nullité, être affichée à la porte du domicile de l'accusé, non à celle de la mairie. — Cass.,
29 juin 1833, de Courson.

33. — Lorsque l'accusé n'a pas de domicile, la
publication se fait au lieu de sa dernière résidence connue.

34. — Du reste, la circonstance que le domicile
est inconnu ne dispense pas de l'affiche prescrite
près dans le lieu où siège la cour d'assises. — Carnot,
sur l'art. 466, n° 2.

35.— Il avait d'abord été jugé que l'affiche d'une
copie de l'ordonnance à la porte du dernier domicile de l'accusé contumax constituait, avec les
autres affiches, une notification suffisante.—*Cass.*,

19 mai 1826, Yves Leguamec; 24 nov. 1826, Joubert et Louis Barbet.—V. aussi Carnot, sur l'art. 465, n° 4.

36. — Mais, depuis, il a été jugé que la notification de l'ordonnance au domicile de l'accusé devait être faite à peine de nullité. —*Cass.*, 29 juin 1833, de Courson.—Carnot, *Instr. crim.*, sur l'art. 465, n° 5.

37.— Jugé que la notification de l'ordonnance du président à l'accusé contumax peut être faite par l'acte même qui constate la publication et l'affiche de cette ordonnance aux lieux déterminés par la loi; aucune loi n'exigeant qu'elle soit faite par acte séparé. — *Cass.*, 2 avr. 1836, Jausset.

38. — De la combinaison des art. 105 et 109, C. inst. crim., avec les art. 68 et 69, n° 8, C. procéd., il résulte que l'acte de notification doit, à peine de nullité, être visé par le maire ou le juge de paix. —*Cass.*, 24 nov. 1826, Joubert; 29 juin 1833, de Courson; —De Serres, *Man. des cours d'assises*, t. 3, p. 89; Legraverend, t. 2, p. 565, note 2e.

39. — Il en est de même des procès-verbaux de publication et d'affiche qui doivent, également, à peine de nullité, être visés conformément aux art. 68 et 69, n° 8, C. procéd. — *Cass.*, 29 juin 1833, de Courson.

40. — Mais nous devons faire, à cet égard, une observation. Sans doute le visa est nécessaire quand les procès-verbaux de publication et affiche sont faits par le même acte que la notification; mais lorsqu'ils sont faits par acte séparé, on ne peut, suivant nous, étendre aux procès-verbaux les dispositions des art. 68 et 69, qui ont pour objet les exploits dont il doit être laissé copie. Ce serait ajouter à la loi; c'est seulement en cas de procès-verbal de perquisition qu'il y a lieu au visa du juge de paix. Or, la perquisition a dû être faite lors de la notification du mandat d'arrêt.

41. — Il est alloué à l'huissier pour les publications et affiches, y compris le procès-verbal, un salaire de 12, 15 et 18 fr., selon la population de la commune où elles ont eu lieu. — Si elles ont été faites dans deux communes différentes et par deux huissiers, chacun d'eux n'obtient que moitié de l'émolument accordé par le tarif.— Décr. 18 juin 1811, art. 71-8° et 80.

42. — Lorsque le domicile de l'accusé est inconnu, l'ordonnance ne peut être transmise au directeur de l'enregistrement de ce domicile: dans ce cas, elle doit l'être à celui du département où siége la cour d'assises. — Carnot, *Instr. crim.*, sur l'art. 466, n° 2.

43. — Selon Carnot (sur l'art. 466, n° 3), ce serait seulement après l'expiration des dix jours depuis la publication et l'affiche de l'ordonnance que l'officier du ministère public, exerçant près la cour saisie, devrait en transmettre une expédition au directeur de l'enregistrement. — Mais nous ferons remarquer que les biens du contumax devant, d'après l'art. 465, être séquestrés *pendant l'instruction de la contumace*, il en résulte que l'envoi de l'ordonnance serait tardif à une époque où il y a lieu de procéder au jugement (art. 467) dont un extrait est transmis, dans les trois jours, au directeur des domaines.

44. — Après un délai de dix jours, il est procédé au jugement de la contumace. — C. inst. crim., art. 467.

45. — Ce délai ne commence à courir que du jour de la publication et de l'affiche, et non de celui de la signification à domicile. — Carnot, sur l'art. 467, n° 1er. — En effet, le contumax n'est légalement mis en demeure de se représenter que par l'accomplissement de la double formalité. Il faut donc, pour qu'il puisse jouir du délai qui lui est accordé, que ce délai coure seulement à compter du dernier en date de ces deux actes.

46. — Le Code n'a prescrit aucun délai fatal pour le jugement de la contumace; il a voulu seulement qu'il ne pût pas y être procédé avant l'expiration des dix jours; mais il ne doit pas y être apporté de retard. — Carnot, sur l'art. 467, n° 2.

47. — L'art. 466, C. brum. an IV, qui contenait une disposition semblable, ne permettait pas aux tribunaux d'accorder un nouveau délai; il a été jugé, en conséquence, qu'après la réunion à la France des provinces de Gênes, de Montenotte, des Apennins et de Marengo, une cour de justice criminelle n'avait pu, en s'appuyant sur un prétendu usage des anciens tribunaux de la Ligurie, qui se trouvait formellement aboli par les lois nouvelles, suspendre les poursuites contre un accusé contumax, en lui accordant un délai de six jours, pour se représenter volontairement. — *Cass.*, 3 mars 1809, Venerio Mory.

48. — Si une cour d'assises n'a à juger dans la session qu'un accusé contumax, le président ne doit pas s'y rendre et les jurés ne doivent pas être assignés. — Circul. 31 déc. 1824; — Gillet, *Analyse chronol. des circul., instruct. et décis. émanées du minist. de la justice*, p. 252.

49. — Aucun conseil, aucun avoué ne peut se présenter pour défendre l'accusé contumax. — C. instr. crim., art. 468. — Accorder au contumax le droit de se faire défendre, ce serait lui donner le droit de se faire représenter en matière criminelle, ce qui serait contraire à toutes les règles. — Legraverend, t. 2, p. 566.

50. — L'accusé contumax ne peut donc, sans se mettre en état, faire proposer un déclinatoire (arg. *Cass.*, 27 oct. 1815, Delattre; 24 déc. 1818, Panais). Cependant, en matière correctionnelle, le prévenu qui fait défaut a cette faculté (*Cass.*, 7 messid. an VIII, Bérenger c. Hébert). — Selon Merlin (*Rép.*, v° *Contumace*, § 2, n° 6), la raison de cette différence c'est que, dans les matières de grand criminel, l'arrestation ou la représentation du contumax anéantit tous les jugemens qui l'ont précédée, tandis qu'ils continuent de subsister en matière correctionnelle.

51.— M. Legraverend (t. 2, p. 566) pense que les parens ou amis de l'accusé contumax peuvent présenter au tribunal des *moyens préjudiciels*. Il cite à l'appui de son opinion deux espèces dans lesquelles des conseils de guerre ont admis les parens de l'accusé à s'expliquer sur une question d'identité et sur une question de compétence, et il ajoute: « Je ne doute point qu'on peut être admis à faire valoir, dans l'intérêt d'un contumax, les moyens tirés d'un précédent acquittement ou d'une précédente condamnation pour le même fait, et de l'autorité de la chose jugée, soit de la prescription de l'action, soit d'une incompétence absolue et radicale, soit enfin de ce que le fait serait couvert par une amnistie. C'est la défense, au fond, que la loi interdit; mais les moyens qui appartiennent, en quelque sorte, à l'ordre public, peuvent sans doute être allégués dans l'intérêt du contumax, comme dans celui des accusés présens. » — V. aussi Bourguignon, *Juris. des C. crim.*, art. 468, t. 2, p. 386; de Serres, *Manuel des cours d'assises*, t. 3, p. 92.

52. — Ce système nous paraît contraire aux dispositions de l'art. 468, qui ne distingue pas entre le fond et les exceptions, mais qui prohibe d'une manière générale et absolue *la défense* de l'accusé contumax; or les moyens exceptionnels constituent évidemment une défense. D'ailleurs la loi a soigneusement spécifié les cas dans lesquels les parens et amis de l'accusé pourraient se présenter devant la justice; c'est dans celui d'absence ou d'impossibilité pour celui-ci de comparaître: lors donc que la loi ajoute que ses parens ou amis pourront présenter *son excuse*, et en plaider la légitimité, il est évident qu'elle n'a entendu admettre la présentation que d'une seule excuse, celle de l'absence de l'accusé.— Rauter, *Droit crim. franç.*, t. 2, p. 517, note 2e.

53. — La cour d'assises ne doit pas prendre connaissance des mémoires qui lui seraient présentés dans l'intérêt du contumax. — De Serres, *Manuel des cours d'assises*, t. 3, p. 91.

54. — Cependant si l'accusé est absent du territoire européen de la France, ou s'il est dans l'impossibilité absolue de se présenter, ses parens ou amis peuvent présenter son excuse et en plaider la légitimité. — C. inst. crim., art. 468.

55. — Devrait être considérée comme cause d'impossibilité absolue, et par suite comme excuse légitime, la présence de l'accusé dans une place assiégée, ou sous les drapeaux, lorsque l'armée est fort éloignée du lieu où se fait l'instruction. — Legraverend, t. 2, p. 565.

56. — Mais il n'en serait pas de même de l'excuse résultant des affaires particulières de l'accusé. Cette excuse ne devrait point être admise. Le grand intérêt de la répression des crimes doit l'emporter sur tout autre intérêt.— Legraverend, *loc. cit.*

57. — L'absence hors du territoire européen et l'impossibilité absolue de se présenter, ne devraient pas elles-mêmes être admises comme excuse, si elles avaient une cause répréhensible. — Legraverend, *loc. cit.*

58. — Si la cour trouve légitime l'excuse présentée par les parens, elle ordonne qu'il sera sursis au jugement de l'accusé et au séquestre de ses biens pendant un temps qui est fixé eu égard à la nature de l'excuse et à la distance des lieux. — C. inst. crim., art. 469.

59. — L'officier du ministère public en exercice près la cour saisie, doit s'empresser de donner connaissance au directeur de l'enregistrement de l'arrêt qui admet l'excuse. — Carnot, sur l'art. 469, n° 1er.— Il doit même lui transmettre un extrait de l'arrêt pour arrêter l'exécution de l'ordonnance du président.

60. — Si déjà le séquestre était apposé, l'accusé qui en réclamerait la main-levée devrait l'obtenir, car l'admission de l'excuse fait disparaître la présomption de désobéissance. — Carnot, sur l'art. 469, n° 2.

61. — Selon Carnot (*loc. cit.*), l'accusé pourrait demander cette main-levée soit à la cour saisie, soit, par simple mémoire, au tribunal civil de première instance, dans la forme requise pour affaires de régie.—Mais, la cour d'assises étant saisie de l'affaire, nous ne pensons pas qu'il soit possible de recourir à d'autres juges.

62.—Pendant le sursis, l'accusé reprend l'administration de ses biens. — Carnot, sur l'art. 469, n° 3.

63. — Jugé que les tribunaux ne peuvent surseoir au jugement d'un contumax que dans le seul cas où les parens ou amis de l'accusé présentent pour lui une excuse fondée sur son absence.— *Cass.*, 31 janv. 1839 (t. 2 1839, p, 509), Ramassa-Michetty.

64. —En conséquence, doit être annulé, comme renfermant un excès de pouvoir, l'arrêt qui, hors ce cas exceptionnel, prononce un sursis pendant lequel il ordonne qu'il sera informé des causes de la non-comparution de l'accusé, à l'audience.— Même arrêt.

65. — Ces principes, posés dans les actes législatifs qui régissent l'île Bourbon, sont communs aux établissemens français dans l'Inde.— Même arrêt.

66. — Hors le cas où l'excuse est admise, il est procédé de suite à la lecture de l'arrêt de renvoi, de l'acte d'accusation et de l'ordonnance ayant pour objet la représentation du contumax et des procès-verbaux dressés pour en constater la publication et l'affiche. — C. instr. crim., 470.

67. — C'est le greffier qui doit faire cette lecture, bien que la loi ne s'en explique point. Cependant, elle pourrait être faite également par l'un des juges de la cour d'assises. — Carnot, sur l'art. 470, n° 3.

68. — Après cette lecture, la cour, sur les conclusions du ministère public, prononce sur la contumace. — C. Instr. crim., art. 470, alin. 2.

69.—Ainsi, l'arrêt est rendu sans que les témoins soient appelés à déposer oralement. En l'absence de l'accusé, ces dépositions ne pourraient être que l'inutile répétition des dépositions écrites. Les dépositions orales n'acquièrent de force que par la contradiction que peut leur opposer l'accusé.— Legraverend, t. 2, p. 566 et 567.

70.— Si l'instruction n'est pas conforme à la loi, la cour la déclare nulle et ordonne qu'elle sera recommencée, à partir du plus ancien acte illégal.— C. instr. crim., art. 470.

71. — Il résulte de cette disposition que toutes les formalités tracées par les art. 465 et 466 sont prescrites à peine de nullité.—Carnot, *Inst. crim.*, sur l'art. 470, n° 1er.

72.—La cour d'assises qui reconnaît que les formalités prescrites pour l'instruction d'une contumace n'ont pas été observées, ne pourrait donc se borner à la déclarer incomplète. — *Cass.*, 29 juin 1833, de Courson.

73. — Si la cour reconnaît son incompétence, elle doit la déclarer et se dessaisir de l'affaire.— Legraverend, t. 2, p. 568.

§ 3. —*Jugement.—Exécution.*

74. — Si l'instruction est régulière, la cour prononce sur l'accusation et statue sur les intérêts civils, le tout sans l'assistance ni l'intervention de jurés. — C. inst. crim., art. 470.

75. — Suivant Bourguignon (*Jurispr. C. crim.*, t. 2, p. 386), il serait rendu par la cour d'assises deux arrêts successifs: l'un sur la régularité de la procédure et l'autre sur le fond et sur les intérêts civils. Sans doute, il n'y a rien d'irrégulier, rien d'illégal dans cette manière de procéder: mais la loi n'exige point un double arrêt, il suffit d'un seul pour la validité de la procédure.

76. — A la différence du Code d'instruction criminelle, le code du 3 brum. an IV admettait, en cette matière comme en toute autre, le jugement par jurés. Mais l'orateur du gouvernement a expliqué que le jugement sans audition de témoins, et sur une simple lecture de pièces, n'avait pas paru compatible avec l'institution du jury.

77.—Bien qu'il ne puisse être présenté, dans l'intérêt de l'accusé contumax, ni mémoire, ni défense, la partie civile peut, comme en matière contradictoire, former ses demandes, présenter ses mémoires, plaider ou faire plaider ses moyens, prendre enfin telles conclusions qu'elle juge convenable. —Legraverend, t. 2, p. 568.

78. — Du reste, quoi que décide la cour, ses arrêts doivent être précédés des conclusions du ministère public. — Legraverend, t. 2, p. 569; Carnot, sur l'art. 470, n° 4.

CONTUMACE, § 3.
CONTUMACE, § 3.

79. — Les pièces doivent être lues et l'arrêt prononcé en séance publique. La désobéissance de l'accusé ne pourrait être un motif suffisant pour déroger au grand principe de la publicité, qui forme l'une des bases fondamentales de notre droit criminel. — Legraverend, t. 2, p. 569; Carnot, sur l'art. 467, n° 1er.

80. — La décision de la cour sur l'accusation dirigée contre le contumax n'est pas nécessairement une condamnation. Si la fuite de l'accusé établit contre lui une présomption défavorable, elle ne peut être regardée comme une preuve de sa culpabilité. La cour doit donc peser les charges qui s'élèvent contre lui et l'absoudre s'il y a lieu. — Legraverend, t. 2, p. 569; Carnot, sur l'art. 470, n° 4. — V. aussi Barthole, sur la loi *Absentem*, ff., *De pœnis*; Jousse, *Just. crim.*, t. 2, p. 414, n° 4, et les paroles de M. Berlier, rapportées par Bourguignon, *Man. d'inst. crim.*, t. 1er, p. 586, n° 1er.

81. — Selon Jousse (*loc. cit.*), il ne faudrait pas, pour condamner un accusé contumax, des preuves aussi fortes que pour condamner celui qui obéit à la justice. Sans doute les juges sont, dans ce cas, obligés de s'en tenir à des déclarations sur lesquelles ils pourraient désirer de plus amples éclaircissemens; mais, en principe, il faut une conviction pour condamner le contumax comme pour condamner l'accusé présent.

82. — Dans le cas où le contumax est acquitté, la partie civile ne peut être condamnée aux dommages-intérêts. En effet, l'accusé, par l'effet même de son état de contumace, ne peut former, à cet égard, aucune demande. — Legraverend, t. 2, p. 570.

83. — Le contumax acquitté ne peut être de nouveau recherché pour les mêmes faits; et les frais de la contumace ne peuvent être répétés contre lui. L'arrêt rendu en sa faveur a les mêmes effets que s'il était rendu contradictoirement. — Legraverend, *loc. cit.* — V. aussi Mangin, nos 395 et 396.

84. — La cour d'assises ne peut ordonner au profit de la partie civile la restitution provisoire des objets du vol saisis sur un tiers, sous le prétexte que ce tiers est le même que le contumax, si l'identité n'a pas été reconnue dans la forme légale, et il n'y a pas de condamnation intervenue contre ce tiers. — *Cass.*, 1er fév. 1827, Plantier.

85. — Les art. 518, 519, C. inst. crim., ne concernent que les condamnés évadés et repris et ne peuvent recevoir ici aucune application. La circonstance que les objets réclamés par la partie civile ont été saisis sur un individu dont le nom n'est pas le même que celui du condamné ne dépouille point la cour d'assises du droit qui lui appartient d'apprécier tous les faits de la cause. Ainsi l'individu qui commet un crime sous un faux nom, ou qui commet plusieurs crimes sous des noms différens, doit être jugé même par contumace en la forme ordinaire. La question d'identité, qui, dans un débat contradictoire, serait tout entière du domaine du jury, se trouve dévolue à la cour d'assises en cas de contumace. Or, les restitutions et réparations civiles n'étant que l'accessoire de l'action principale, on doit suivre à leur égard la même forme de procéder, par une conséquence nécessaire.

86. — Dans l'ancien droit, le mode d'exécution des condamnations par contumace variait suivant la nature des peines prononcées. — Les condamnations à mort étaient exécutées par effigie, c'est-à-dire qu'on exposait, sur la place publique où il était d'usage de faire les exécutions, la représentation en peinture du genre de supplice auquel l'accusé avait été condamné. — Les autres condamnations à des peines corporelles ou afflictives, telles que les galères, l'amende honorable, le bannissement perpétuel, le fouet, le pilori et le carcan, s'exécutaient par l'affiche du jugement sur le tableau dans la place publique. — Toutes les autres condamnations, quand elles étaient infamantes, n'étaient exécutées que par une simple signification du jugement au domicile ou à la résidence du contumax. — Ord. 1670, tit. 17, art. 16; — Jousse, note 2e, sur cet article; Nouveau-Denisart, v° *Contumace*, § 4.

87. — Aujourd'hui il n'existe plus, pour les condamnations par contumace, qu'un seul mode d'exécution, déterminé en ces termes par l'art. 472, C. inst. crim. : « Extrait du jugement de condamnation sera, dans les trois jours de la prononciation, à la diligence du procureur général ou de son substitut, affiché par l'exécuteur des jugemens criminels, à un poteau qui sera planté au milieu de l'une des places publiques de la ville, chef-lieu de l'arrondissement où le crime aura été commis. »

88. — Suivant Carnot (sur l'art. 472, n° 1er), cette disposition aurait été modifiée par la disposition postérieure de l'art. 26, C. pén., qui autorise les cours par lesquelles les condamnations sont prononcées à désigner le lieu des exécutions.

89. — Mais l'opinion contraire, soutenue par Legraverend (t. 2, p. 572), nous paraît plus conforme à la véritable pensée du législateur. En effet, le soin qu'il a pris de régler les lieux d'exécution dans le cas de condamnation par contumace, quoiqu'il eût gardé le silence sur ce point dans le Code d'instruction criminelle à l'égard des arrêts contradictoires, et quoiqu'il soit d'usage, en général, de faire exécuter les arrêts dans la ville où la condamnation est prononcée, ce soin, disons-nous, semble indiquer que sa volonté est absolue, relativement aux arrêts de contumace. — V. dans le même sens, Bourguignon, *Jurisp. C. crim.*, t. 2, p. 595.

90. — Le greffier a droit à un émolument, pour son assistance aux exécutions par effigie, rapport du procès-verbal compris, et quelque soit le nombre des condamnés compris dans le même arrêt, de 3, 5 ou 10 fr. selon la population de la ville où a lieu l'exécution. — Décr. 18 juin 1811, art. 53; Instr. gén. 30 sept. 1826, n° 67.

91. — Un second extrait doit être, dans le même délai de trois jours, adressé au directeur des domaines et droits d'enregistrement du domicile du contumax. — C. inst. crim., art. 470.

92. — Cet envoi a pour objet de provoquer et d'assurer, soit l'exécution des condamnations pécuniaires au profit de l'état, soit l'emploi des mesures prescrites pour la gestion des biens du contumax, soit enfin de fixer le terme du séquestre provisoire qui a précédé l'arrêt de condamnation. — Legraverend, t. 2, p. 573.

93. — Le recours en cassation n'est ouvert contre les jugemens de contumace qu'au procureur général et à la partie civile en ce qui la regarde. — C. inst. crim., art. 473.

94. — Le Code du 3 brum. an IV (art. 473) ne permettait qu'au ministère public de se pourvoir en cassation. Le Code d'instruction criminelle a, comme on le voit, étendu cette faculté à la partie civile, mais dans son seul intérêt.

95. — Quant au contumax, à qui la loi refuse la faculté de se faire défendre ou représenter devant la cour d'assises, il ne peut *à fortiori* se pourvoir en cassation. — Legraverend, t. 2, p. 570.

96. — Par une autre conséquence des mêmes principes, le contumax est non-recevable à former une demande en renvoi pour cause de suspicion légitime. — *Cass.*, 24 déc. 1818, Panais; — Bourguignon, *Jurisp. des C. crim.*, art. 468, t. 2, p. 386; de Serres, *Manuel des cours d'assises*, t. 3, p. 98.

97. — Il a été jugé, sous l'empire du Code de brum. an IV, que l'ordre des juridictions étant de droit public, un accusé contumax était recevable à se pourvoir en cassation pour cause d'incompétence contre l'arrêt d'une cour maritime. — *Cass.*, 20 fructid. an XIII, Belamy c. min. pub.

98. — Cette solution n'est pas admissible aujourd'hui. L'art. 473 du projet du Code d'instruction criminelle faisait une exception en faveur des pourvois fondés sur l'incompétence du tribunal qui avait rendu la sentence. Cette exception a été supprimée après discussion. — Carnot, *C. inst. crim.*, art. 473, t. 3, p. 336, note 1re; Bourguignon, *Jurisp. des C. crim.*, art. 476, t. 2, p. 396.

99. — Ainsi jugé que le condamné par contumace est non-recevable à se pourvoir en cassation, même pour cause d'incompétence contre l'arrêt qui le condamne. — *Cass.*, 28 déc. 1833, de Larochejacquelin.

100. — Jugé également que, tant qu'il ne s'est pas constitué, l'accusé contumax est non-recevable à se pourvoir en cassation contre l'arrêt qui le met en accusation. — *Cass.*, 27 oct. 1815, Jean-Baptiste Delaitre. — V. conf. Legraverend, t. 2, p. 570; de Serres, *Manuel des cours d'assises*, t. 3, p. 98.

101. — Les parens ou amis de l'accusé qui ont présenté en son nom l'excuse dont nous avons parlé ci-dessus (nos 54 et suiv.), ne peuvent se pourvoir en cassation contre l'arrêt qui l'a rejetée; en effet, en refusant de l'admettre, la cour n'a jugé qu'un point de fait : or, les appréciations de faits ne peuvent être déférées à la cour de Cassation. — Carnot, *Inst. crim.*, sur l'art. 473, n° 2; Legraverend, t. 2, p. 570.

102. — Si la cour avait refusé d'admettre les parens ou amis de l'accusé à proposer l'excuse, Carnot (*loc. cit.*) pense que le recours serait recevable, et cela quoique l'art. 469 semble laisser une entière liberté à la cour d'assises d'accorder ou de refuser la surséance requise, car cette faculté ne lui est donnée que pour en faire usage après avoir entendu les parens ou amis de l'accusé. — Nous ferons observer à cet égard qu'il faut écarter complétement toute appréciation de faits d'où ne résulterait qu'un mal jugé. Pour que le recours fût recevable, il faudrait que, quelle que fût la nature de l'excuse, la cour eût statué sur le droit d'être admis à la proposer.

103. — Dans ce cas, le délai du pourvoi serait de trois jours, conformément à l'art. 373, C. inst.

104. — L'arrêt par lequel la cour de Cassation annule, pour fausse application de la loi pénale, un arrêt de contumace, laisse subsister la disposition du même arrêt qui déclare la procédure régulièrement instruite. — En conséquence, la cour d'assises saisie par le renvoi de la cour de Cassation doit prononcer immédiatement sur l'application de la peine, et ne peut surseoir à statuer jusqu'à ce que, par la signification de l'arrêt de cassation et par l'accomplissement des formalités de la contumace, l'accusé ait été mis en demeure de se présenter. — *Cass.*, 24 déc. 1830, Mariotti.

105. — Sous le Code du 3 brum. an IV, une cour de justice criminelle ne pouvait, à peine de cassation de son arrêt, ordonner qu'il serait sursis au jugement des accusés présens, jusqu'après l'instruction de la contumace. — *Cass.*, 26 fructid. an XII, Peretti.

106. — Le Code d'instruction criminelle a modifié ce principe, en déclarant qu'en aucun cas la contumace d'un accusé ne suspendrait ni ne retarderait, *de plein droit*, l'instruction à l'égard de ses coaccusés présens. — C. inst. crim., art. 474.

107. — Ces mots *de plein droit*, dont se sert l'art. 474, permettent implicitement aux juges d'ordonner un sursis dans l'intérêt de la vindicte publique ou pour la manifestation de la vérité. — Legraverend, t. 2, p. 571; Carnot, sur l'art. 474, t. 3, p. 337; de Serres, *Man. des cours d'ass.*, t. 3, p. 101.

108. — Il est clair, d'ailleurs, qu'il ne peut être statué conjointement et par un seul jugement, à l'égard du contumax et à l'égard de ses coaccusés présens. La procédure n'est point la même dans les deux cas. Dans l'un, la cour juge sans débat oral et sans l'assistance de jurés; dans l'autre, au contraire, sa décision est nécessairement précédée d'un débat contradictoire et de la déclaration du jury. — Legraverend, t. 2, p. 571; Carnot, sur l'art. 467, n° 3.

109. — Lorsque les coaccusés présens sont jugés avant leur coaccusé contumax, la cour peut ordonner, après le jugement des premiers, la remise des effets déposés au greffe comme pièces de conviction, lorsqu'ils sont réclamés par les propriétaires ou ayant-droit. Elle peut aussi ne l'ordonner qu'à charge de les représenter, s'il y a lieu. — C. inst. crim., art. 474, al. 2.

110. — Cette remise doit être précédée d'un procès-verbal de description dressé par le greffier, à peine de 100 fr. d'amende. — C. inst. crim., art. 474, al. 3.

111. — Ce procès-verbal était rédigé, sous le Code du 3 brum. an IV, par le président ou par un juge commis.

112. — Les préfets doivent adresser au ministre de l'intérieur les signalemens des condamnés par contumace; et les procureurs du roi, de leur côté, doivent fournir aux préfets ceux de ces signalemens qui manquent à l'autorité administrative, quand ils existent dans les procédures. — Circul. min. just., 31 mars et 12 mai 1823.

113. — Lorsqu'il est établi que le contumax est mort avant le jour où l'arrêt de contumace a été rendu, la cour qui a prononcé cet arrêt peut, sur la demande des héritiers de l'accusé, rapporter et annuler son arrêt; il n'y a pas lieu, dans ce cas, de former une demande en révision, ni un recours en cassation. — *Cass.*, 25 oct 1821, Pillot; — Legraverend, t. 1er, ch. 1er, p. 66; Carnot, C. pén., art. 12, t. 1er, p. 71, n° 17; Mangin, *Action publique*, t. 2, n° 278; Merlin, *Quest.*, v° *Contumace*, § 3.

114. — Après avoir établi qu'on ne peut pas prendre la voie de la requête civile, dont il n'est pas dit un mot dans le Code d'inst. crim., ni celle de la révision, parce qu'aucune des dispositions qui y sont relatives ne trouverait son application dans l'espèce, ni celle de la cassation qui est interdite à l'accusé par l'art. 473, C. inst. crim., et par conséquent à sa mémoire représentée par sa famille, Merlin (*loc. cit.*) ajoute : « Il ne reste donc plus que la voie de l'opposition; et en effet c'est celle que doit prendre la famille du condamné. Cette voie serait incontestablement ouverte au condamné lui-même contre l'arrêt qui l'eût jugé à raison d'un crime éteint par la prescription; il faut donc qu'elle le soit aussi à sa mémoire représentée par sa famille lorsqu'il a été jugé à raison d'un délit éteint par sa mort. »

115. — Si l'accusé meurt après l'arrêt par contumace, mais avant l'expiration du délai de la prescription, la condamnation est également anéantie. *Cass.*, 29 juill. 1813, François Soye; *Paris*, 4 janv. 1840 (t. 1er 1840, p. 313), Berant.

§ 4. — *Effets de la contumace.*

116. — Ainsi qu'il résulte de l'art. 465, C. instr. crim., la contumace produit, à l'égard de l'accusé, trois effets principaux : — 1° suspension de l'exercice de ses droits de citoyen; — 2° séquestre de ses biens; — 3° interdiction de toute action judiciaire.

117. — La privation de l'exercice des droits de citoyen se trouve encourrue par le contumax, *ipsò facto*, à l'expiration des dix jours qui suivent l'ordonnance qui lui prescrit de se représenter. — Carnot, *Instr. crim.*, sur l'art. 465, n° 8.

118. — Quant à la séquestration de ses biens, elle a lieu également dès l'expiration des dix jours qui suivent la publication et l'affiche de l'ordonnance.

119. — Le séquestre est apposé en vertu de cette ordonnance même, sans qu'il soit nécessaire que le préfet rende un arrêté à cet effet. — Circul. de la régie, 2 flor. an IX.

120. — Il s'étend même sur les arrérages d'une rente incessible et insaisissable léguée au condamné par contumace. — *Caen*, 6 janv. 1845 (t. 1er 1845, p. 608), Ceffray et Enregist. c. Charles Ceffray, Thomferel et autres. — C'est en privant le contumax de la jouissance de ses biens que la loi espère l'obliger à se représenter; lui laisser les arrérages d'une rente, c'est le mettre dans le cas de perpétuer sa désobéissance, c'est contrarier le but du législateur.

121. — Le séquestre ne peut être mis sur les biens d'une femme mariée sous un régime qui en attribue la jouissance au mari. — *Lyon*, 20 avr. 1831, D... c. Domaine; *Paris*, 15 fév. 1833 (et non 1832), Domaine c. Larochejacquelin; *Angers*, 28 mars 1833, Domaine c. Larochejacquelin.

122. — Mais il peut être mis jusqu'à concurrence d'une pension qu'elle s'est réservé de toucher personnellement et sur les revenus de ses biens. — *Angers*, 28 mars 1833, Domaine c. Larochejacquelin.

123. — Le mobilier du contumax ne doit pas être vendu, à l'exception des comestibles et des provisions pour l'illumination et le chauffage. — Lettre min. 8 fruct. an VII.

124. — Si le contumax est condamné, ses biens sont, à partir de l'exécution de l'arrêt, considérés et régis comme biens d'absent. — C. inst. crim., art. 471. — V. ABSENCE.

125. — L'administration de ces biens continue d'appartenir à la régie, à l'exclusion des héritiers présomptifs. — *Montpellier*, 19 mars 1836 (t. 1er 1387, p. 11), Domaine c. Fabry; — Merlin, *Rép.*, v° *Séquestre pour contumace*; Duranton, t. 1er, n° 229; Legraverend, t. 2, p. 578.

126. — Jugé, dans le même sens, que le séquestre mis sur les biens d'un accusé pendant l'instruction de sa contumace ne cesse point par suite de la condamnation prononcée contre lui, et subsiste pendant tout le temps qui lui est accordé pour purger sa contumace. — *Caen*, 6 janv. 1845 (t. 1er 1845, p. 608), Ceffray et Enregistr. c. Charles Ceffray, Thomferel et autres.

127. — ... Que la disposition de l'art. 471, C. inst. crim., portant que, « si le contumax est condamné, ses biens seront, à partir de l'exécution de l'arrêt, considérés et régis comme biens d'absent, » doit être entendue en ce sens seulement qu'après l'exécution de l'arrêt de condamnation, l'administration des domaines régira les biens du contumax de la même manière qu'elle régirait les biens d'un absent. — Même arrêt.

128. — Mais combien de temps dure le séquestre? — L'art. 471, C. instr. crim., porte que le compte en sera rendu à qui il appartiendra après que la condamnation sera devenue irrévocable par l'expiration du délai donné pour purger la contumace.

129. — De là il résulte que lorsque la peine prononcée contre le contumax n'emporte pas la mort civile, la régie garde l'administration des biens jusqu'à ce que la peine soit prescrite, c'est-à dire pendant vingt ans (au moins lorsqu'il s'agit de crime), à l'expiration desquels elle rend compte au condamné ou à ses héritiers. — Legraverend, t. 2, p. 578; Duranton, t. 1er, n° 229. — *Contrà* Carnot, sur l'art. 471, n° 3.

130. — Mais si la peine emporte la mort civile, la régie rend compte aux héritiers, cinq années après l'exécution par effigie, de l'arrêt de condamnation. — *Montpellier*, 19 mars 1836 (t. 1er 1837, p. 11), Domaine c. Fabry; — Legraverend et Duranton, *ibid.* — V. MORT CIVILE.

131. — Lorsque le contumax est décédé, la mainlevée du séquestre apposé sur ses biens doit être prononcée par l'autorité administrative, et la restitution des biens séquestrés ne peut être suspendue sous prétexte qu'il existe des frais à acquitter. — Décis. min. 3 janv. 1809.

132. — Mais que doit restituer la régie des domaines lorsqu'elle rend compte du séquestre soit au contumax, soit à ses ayant-droit? — C'est là une question controversée.

133. — Merlin (*Rép.*, v° *Séquestre pour contumace*) pense que l'état doit conserver les fruits perçus avant l'exécution par effigie de l'arrêt de condamnation.

134. — Mais Carnot (*C. inst. crim.*, art. 471, t. 3, p. 332) combat justement ce système par les raisons suivantes : « Cette opinion (celle de Merlin) se concilie-t-elle bien avec les expressions du discours de l'orateur du gouvernement dans lequel on lit que la confiscation irrévocable des fruits et revenus échus durant la contumace irait contre le but que le législateur s'est proposé? — Le mot sequestre dont se sert le Code d'instruction criminelle doit être ramené à sa véritable signification. — Le séquestre n'est que le dépôt en mains tierces d'une chose litigieuse jusqu'à ce qu'il soit décidé à qui elle appartiendra. — On ne peut accorder au séquestre l'effet d'une véritable confiscation; aussi le Code de brumaire an IV avait-il prononcé d'une manière formelle la perte des fruits séquestrés. Le législateur concevait bien que la confiscation ne pouvait être la conséquence du séquestre, qu'il fallait une disposition expresse dans la loi pour l'établir, et cette disposition ne se trouve plus dans le Code d'instruction criminelle. — Il faut cependant convenir que les termes de l'avis du conseil d'état du 19 août 1809 semblent confirmer l'opinion de M. Merlin en ce qu'ils portent que l'administration des domaines doit gérer les biens du condamné au profit de l'état jusqu'à l'envoi en possession des héritiers. — Mais le conseil d'état n'a-t-il pas simplement entendu qu'en vertu du séquestre, les revenus des biens du condamné seraient versés dans la caisse de l'état, sauf à en rendre compte à qui il appartiendra? — Le ministre de la justice et le ministre des finances paraissent avoir entendu l'avis du conseil d'état du 19 août 1809 dans le sens que lui a donné M. Merlin. Leurs décisions, en date des 20 avril et 10 août 1810, portent en effet que les fruits perçus depuis l'envoi en possession appartiennent aux héritiers, et qu'ils doivent leur être rendus, ce qui est restrictif. — La charte constitutionnelle nous semble avoir levé tous les doutes par son art. 66, qui porte que la confiscation des biens est abolie et qu'elle ne pourra pas être rétablie; car à quel autre titre le trésor public pourrait-il conserver les revenus des biens séquestrés sur le condamné? » — V. aussi Legraverend, t. 2, p. 577 et suiv.; Bourguignon, *Jurisp. du C. crim.*, art. 471, t. 2, p. 391 et suiv.; Rauter., *Dr. crim. français*, t. 2, p. 517, note 3e.

135. — Jugé que l'administration des domaines, chargée de la régie des biens d'un condamné contumax, ne peut retenir, lors de la réintégration du contumax après son acquittement, que les frais de régie et ceux du procès. Elle n'a pas droit en outre à un prélèvement de 5 °/o du revenu à titre de frais généraux de régie. — *Paris*, 12 mars 1842 (t. 1er 1842, p. 402), domaine c. de Larochejacquelin.

136. — Aux tribunaux ordinaires seuls appartient le droit de statuer sur les contestations qui s'élèvent à l'égard des comptes que rend la régie des domaines relativement aux biens des contumax frappés de séquestre. Les actes de l'administration qui règlent ces comptes ne font pas obstacle à ce que le recours des parties intéressées soit porté devant les tribunaux. — *Cons. d'état*, 27 août 1839, de Larochejacquelin.

137. — Lors de la promulgation du titre 1er du Code civil, qui contenait sur la gestion des biens des contumax des principes nouveaux contraires à ceux du Code du 3 brum. an IV, de graves doutes s'étaient élevés sur la question de savoir si le Code civil devait être appliqué non seulement aux contumax jugés depuis sa promulgation, mais encore à ceux qui avaient été jugés antérieurement. — Le ministre de la justice ayant cru devoir, pour faire cesser cette incertitude, provoquer de la part du conseil d'état une décision interprétative, ce conseil émit, le 19 août 1809, un avis qui fut approuvé le 20 sept. suivant, et duquel il résulte que, conformément à l'art. 2 du titre préliminaire du Code civil, portant : « *La loi ne dispose que pour l'avenir et n'a pas d'effet rétroactif,* » on doit se régler par la disposition de la loi sous l'empire de laquelle la condamnation a été prononcée.

138. — Pendant le séquestre, il peut être accordé des secours à la femme, aux enfans, au père ou à la mère de l'accusé qui sont dans le besoin. — C. inst. crim., art. 475.

139. — Le Code du 3 brum. an IV, art. 475, obligeait les parens du contumax à recourir au corps législatif pour obtenir des secours sur les biens séquestrés, ce qui rendait à peu près illusoire cette disposition bienfaisante de la loi. — Le Code d'inst. crim., art. 475, a remédié à toutes les difficultés que ce recours entraînait, en disposant que les secours dont il s'agit seraient réglés par l'autorité administrative.

140. — C'est au préfet du département que la femme, les enfans, le père ou la mère de l'accusé doivent adresser leur demande de secours. — Carnot, sur l'art. 475, n° 2.

141. — Toute action judiciaire étant encore interdite au contumax, c'est l'administration des domaines qui seule a qualité pour le représenter en justice pour l'exercice des actions actives ou passives, mobilières ou immobilières, qui le concernent. — *Montpellier*, 19 mars 1836 (t. 1er 1837, p. 11), Fabry.

142. — Spécialement, le débiteur en état de banqueroute frauduleuse ne peut être représenté que par l'administration des domaines. — *Montpellier*, 22 juin 1838 (t. 2 1838, p. 426), Coste c. Vidal-Naguet.

143. — La nullité qui vicie les actes faits en justice par un contumax est simplement relative, et non radicale et absolue. — Dès-lors, l'administration des domaines, chargée de la régie de ses biens peut, alors surtout que les parties intéressées ne se sont point encore prévalues de la nullité des actes du contumax, ratifier et s'approprier tout ce qui a été fait par lui, et notamment intervenir devant la cour royale sur l'appel interjeté, et se substituer à lui pour continuer le procès. — Mais, dans ce cas, le contumax, qui est en même temps failli, ne peut continuer de rester dans la cause, où il est représenté par l'administration des domaines quant à ses intérêts particuliers, et par le syndic de la faillite quant à ceux de ses créanciers. — *Caen*, 6 janv. 1845 (t. 1er 1845, p. 608), Ceffray et Enregistrement c. Charles Ceffray et Thomferel.

144. — On ne peut faire nommer un curateur aux condamnés par contumace à une peine afflictive ou infamante pendant le délai qui leur est accordé pour se représenter. Leurs biens ne peuvent être administrés que conformément au prescrit de l'art. 471, C. inst. crim., qui n'a pas été modifié par l'art. 29, C. pén., relatif aux condamnations contradictoires. — En conséquence, les poursuites faites contre le curateur et non contre le directeur des domaines, seraient nulles, comme dirigées contre une personne sans qualité pour y défendre. — *Toulouse*, 4 mai 1814, Sicre c. Séguier; *Montpellier*, 26 mars 1836, Vacquier; — Rolland de Villargues, *Rép. du Not.*, v° *Curateur*, n° 2.

145. — Mais si les poursuites sont dirigées contre le contumax par la régie elle-même pour arriver au remboursement de droits d'enregistrement, il y a nécessité de lui faire nommer un curateur *ad hoc*. — *Cass.*, 6 déc. 1836 (t. 1er 1837, p. 166), Chamblain c. l'Enregistrement.

146. — Bien que toute action en justice soit interdite au contumax, il peut être poursuivi devant les tribunaux civils par ses créanciers, et ses immeubles peuvent être saisis. — *Cass.*, 3 (et non 30) niv. an XIV, Meiresse c. Thieulaine; — Merlin, *Rép.*, v° *Contumace*, § 1er, n° 4; Carnot, *Inst. crim.*, sur l'art. 465, n° 8.

147. — Jugé, toutefois, que, tant que ses biens sont sous le séquestre, ses créanciers ne peuvent saisir-arrêter entre les mains de ses débiteurs les sommes qui lui sont dues, ils doivent se pourvoir dans les formes imposées aux créanciers du fisc. — *Poitiers*, 7 août 1835, Domaine c. de Carconet; — Roger, *Saisie-Arrêt*, n° 255; Bioche et Goujet, *Dict. de procéd.*, v° *Séquestre*, n° 3.

148. — L'administration des domaines, chargée du séquestre des biens d'un condamné par contumace, ne peut exercer les droits ouverts au profit de ce dernier dans une succession ouverte depuis sa condamnation, qu'à la charge par elle de prouver l'existence dudit condamné conformément à l'art. 135, C. civ. — *Paris*, 16 fév. 1842 (t. 1er 1842, p. 418), Domaine c. Fouché.

149. — Le contumax conserve la libre disposition de ses biens jusqu'à l'apposition du séquestre, de sorte que les tiers qui traitent avec lui sans fraude avant cette époque, ne peuvent être inquiétés. — *Cass.*, 15 mai 1820, Domaine c. Arvisenet; — Bourguignon, *Jurisprud. des Codes crim.*, t. 2, p. 383 et 394; Legraverend, t. 2, p. 580; Carnot, sur l'art. 471, *Observ. addit.*, nos 1er et 2.

150. — La vente, consentie sous le Code du 3 brum. an IV, par un individu poursuivi par contumace pour crime, peut être réputée frauduleuse à l'égard du fisc comme n'ayant d'autre but que de soustraire le bien vendu au séquestre résultant de la contumace, et, cependant, être réputée valable, par rapport à l'héritier du vendeur; dans ce cas, cet héritier est non-recevable à demander l'envoi en possession de l'objet vendu vingt ans

après l'arrêt de contumace. — *Cass.*, 27 mai 1828, Ouin c. Deshayes. — La même solution devrait intervenir dans le cas d'application des dispositions du Code d'instruction criminelle.

§ 5. — *Arrestation ou représentation de l'accusé contumax.*

151. — Si l'accusé se constitue prisonnier, ou s'il est arrêté avant que la peine soit éteinte par prescription, le jugement rendu par contumace et les procédures faites contre lui depuis l'ordonnance de prise de corps ou de se représenter sont anéantis de plein droit, et il est procédé contre lui dans la forme ordinaire. — C. inst. crim., art. 476, alin. 1er.

152. — En reproduisant avec de légères différences l'art. 476, C. 3 brum. an IV, qui disposait que toutes les procédures faites contre le contumax depuis l'ordonnance de prise de corps, seraient anéanties de plein droit par son arrestation ou sa représentation, le législateur a conservé ces expressions *depuis l'ordonnance de prise de corps,* qui ont, dans le nouveau système d'instruction criminelle, une tout autre portée. En effet, sous le Code de l'an IV, l'ordonnance de prise de corps ne se décernait qu'après l'accusation admise par le jury, en sorte qu'il n'y avait d'anéanti par la présence du contumax que l'ordonnance de prise de corps et les procédures ultérieures, ce qui laissait subsister la mise en accusation, tandis qu'aujourd'hui l'anéantissement de l'ordonnance de prise de corps entraînerait nécessairement celui de l'arrêt de renvoi ou de mise en accusation qui lui est postérieur. — Le législateur a-t-il eu cette intention?

153. — Rien n'annonce qu'il ait voulu attacher à la comparution du contumax un effet plus étendu que sous le Code du 3 brumaire an IV. Sa pensée se révèle tout entière dans ces mots : *ou de se représenter,* qui expliquent parfaitement de quelle ordonnance il entend parler, et qui seraient eux-mêmes inexplicables s'ils se référaient à l'ordonnance de prise de corps proprement dite, plutôt qu'à celle qui est rendue par le président.

154. — Jugé, en ce sens, que l'arrestation ou la représentation de l'accusé contumax n'anéantit pas l'arrêt de mise en accusation, et que la disposition portant que les procédures faites contre lui depuis les ordonnances de prise de corps ou de se représenter seront anéanties, doit s'entendre de l'ordonnance rendue par le président sur la contumace, et non de l'ordonnance de prise de corps proprement dite. — *Cass.*, 16 janv. 1812, Toumen-Bourcade; 5 fév. 1819, Benoît Arnaud; 19 fév. 1819, Henri Vasseur; 17 mars 1831, Robert; *Bruxelles,* 6 mars 1816, Vanassche; — Carnot, *C. inst. crim.*, art. 476, t. 3, p. 341 et suiv.; Merlin, *Rép.*, v° *Contumace*, § 3, n° 3; de Serres, *Man. des cours d'ass.*, t. 3, p. 103 et 112; Duvergier, *C. inst. crim. annoté*, art. 476, note 2e; Morin, *Dict. de dr. crim.*, v° *Contumace*, p. 207; Rauter, *Dr. crim. franç.*, t. 2, p. 518, note 1re. — *Contrà* Bourguignon, *Man. d'inst. crim.*, art. 476; *Jurisp. des C. crim.*, art. 476, t. 2, p. 397; Legraverend, *Inst. crim.*, t. 2, p. 581 et suiv.

155. — Mais il a été jugé que l'accusé contumax qui est arrêté ou qui se représente, a comme tous les autres accusés, la faculté de se pourvoir en cassation avant les débats contre l'arrêt de mise en accusation. — *Cass.*, 16 janv. 1812, Toumen-Bourcade; — Bourguignon, *Jurisp. des C. crim.*, art. 476, t. 2, p. 405. — Le délai du pourvoi ne court qu'à partir de l'avertissement qui lui est donné par le président lors de son interrogatoire, conformément à l'art. 296, C. inst. crim. — Carnot, sur l'art. 476, *C. inst. crim.*, t. 3, p. 344; Merlin, *Rép.*, v° *Contumace*, § 3, n° 3.

156. — L'arrêt de cassation qui aurait saisi une autre cour d'assises postérieurement à la contumace doit, comme tous les précédens, être anéanti par la représentation de l'accusé. — *Cass.*, 14 sept. 1833, Mariotti.

157. — Il a même été jugé que, sous la loi du 18 pluv. an IX, lorsqu'une cour spéciale avait jugé sa compétence pendant la contumace d'un accusé, l'arrestation de cet accusé avait pour effet d'anéantir, non seulement l'arrêt de condamnation rendu contre lui, mais encore l'arrêt de compétence. — ..., 4 pluv. an XIII, Montolieu; 9 frim. an XIV, ...zonnet; 21 frim. an XIV, Jean Descamps; 9 sept. 1808, Desfarges.

158. — Le jugement rendu et la procédure faite ...tre le contumax depuis l'ordonnance de prise de corps étant anéantis de plein droit par sa mise ... état d'arrestation forcée ou volontaire, il ne ... se prévaloir des irrégularités commises dans ... procédure, ni prétendre qu'à raison de sa nullité elle n'a pas eu l'effet d'interrompre la prescription de l'action publique. — *Cass.*, 7 avr. 1820, Benedetti; 8 juin 1809, Alloisio; — Legraverend, t. 1er, chap. 1er, p. 77.

159. — « L'art. 476, C. inst. crim., dit Mangin (*Act. publ.*, t. 2, n° 341), est rédigé dans les mêmes termes que l'art 476, C. 3 brum. an IV. Ce que la cour de Cassation a jugé sous l'empire de cette dernière loi, elle le jugerait donc également sous l'empire de l'autre, et cela avec toute raison. Non seulement on ne peut pas admettre qu'une cour d'assises puisse s'occuper de la régularité, de la validité d'actes et de jugemens qui sont anéantis par la force de la loi; mais il serait contre les intérêts de l'ordre public d'exposer l'action du procureur général à une prescription contre laquelle il n'a pu se garantir, puisque l'arrêt de contumace lui ôtait tout moyen de la conserver par des actes de poursuite. La loi a dû accorder au condamné par contumace qui n'a pas prescrit sa peine, le droit d'être jugé de nouveau; mais elle n'a pas dû lui fournir le moyen d'échapper, à la faveur de sa désobéissance, de sa fuite, à toute espèce de jugement. »

160. — La loi, en parlant du nouveau jugement auquel on doit procéder contre le contumax, lorsqu'il se représente ou est constitué prisonnier *avant que la peine soit éteinte,* suppose nécessairement que l'arrêt de contumace a prononcé une peine.

161. — Il suit de là que l'acquittement prononcé en faveur d'un accusé contumax est définitif, que son arrestation n'anéantit point le jugement, et que dès-lors cet accusé ne peut plus être repris à raison du même fait. — *Cass.*, 18 vent. an XII, Sylvain Collin; 15 nov. 1821, Fourchon; — Bourguignon, *Man. d'inst. crim.*, art. 476, t. 1er, p. 595, n° 2; *Jurisp. des C. crim.*, t. 2, p. 399, n° 2; Carnot, *C. inst. crim.*, *Des contumaces*, *observ. prélim.*, n° 6, t. 3, p. 312; art. 476, t. 3, p. 340; Merlin, *Quest.*, v° *Contumace*, § 4; *Rép.*, v° *Contumace*, § 3, n° 6.

162. — Il en est de même dans le cas d'absolution. — Carnot, *C. inst. crim.*, art. 476, t. 3, p. 341; de Serres, *Man. des cours d'ass.*, t. 3, p. 104.

163. — Par application du même principe, il a été jugé que la représentation volontaire ou forcée de l'accusé contumax qui a été condamné sur certains chefs et acquitté sur d'autres, n'anéantit l'arrêt que dans les dispositions qui lui étaient contraires; son acquittement est définitif sur les autres chefs. — *Cass.*, 15 nov. 1821, Fourchon. — « C'est, dit Merlin (*Quest.*, v° *Contumace*, § 4), une conséquence de la maxime *tot capita, tot sententiæ.* » — « On ne comprendrait pas, ajoute Mangin (*Action publ.*, t. 2, n° 396), que l'accusé dût souffrir de ce qu'au lieu d'être jugé sur chaque crime séparément, il a été jugé sur tous en même temps. » — Bourguignon, *Jurisp. des C. crim.*, art. 476, t. 2, p. 401; de Serres, *Man. des cours d'assises*, t. 3, p. 110.

164. — Il en serait autrement si, au lieu de chefs d'accusation, il s'agissait de circonstances aggravantes; dans ce cas, le débat contradictoire devrait s'établir non seulement sur le fait reconnu à la charge de l'accusé par l'arrêt de condamnation, mais encore sur toutes les circonstances résolues en sa faveur. — *Cass.*, 29 juill. 1813 (et non 29 vent. an X), Soye; 1er juill. 1820, Grosbois; 8 janv. 1836 (t. 1er 1837, p. 63), Plisson; — Merlin, *Rép.*, v° *Contumace*, § 3, n° 6; Mangin, *Action publ.*, t. 2, p. 327, n° 397. — *Contrà* Carnot, *C. inst. crim. des contum.*, *observ. prél.*, t. 3, p. 316.

165. — L'arrestation ou la comparution volontaire du contumax anéantit-elle *nécessairement* la condamnation prononcée contre lui, soit qu'il le veuille ou ne le veuille pas, et quelle que soit d'ailleurs la peine prononcée contre lui? — Cette question a été plusieurs fois portée devant la cour de Cassation, qui l'a constamment résolue dans le sens de l'affirmative.

166. — Ainsi, il avait été jugé, sous le Code du 3 brum. an IV, que le jugement de contumace est anéanti de plein droit par la représentation du condamné, et que la nécessité d'un nouveau jugement est telle que le condamné lui-même ne peut s'y soustraire en offrant d'exécuter celui qui a été rendu pendant sa fuite. — *Cass.*, 29 vent. an X, Mottet.

167. — ... Que le contumax arrêté doit être soumis à un nouveau débat, quand même il n'aurait été condamné qu'à une peine correctionnelle. — *Cass.*, 13 vent. an XI, Duthil.

168. — ... Qu'un jugement rendu par contumace étant anéanti de plein droit par l'arrestation du condamné, le tribunal criminel ne peut pas en ordonner l'exécution en démettant le condamné de son opposition. — *Cass.*, 22 frim. an VII, Darmaing.

169. — Depuis la publication du Code d'instruction criminelle, la question a été de nouveau portée devant la cour de Cassation, qui a persisté dans sa jurisprudence. — V. dans le même sens, Merlin, *Rép.*, v° *Contumace*, § 3, n° 6; Bourguignon, *Jurisp. C. crim.*, t. 2, p. 399, n° 3; Legraverend, t. 2, p. 592; Mangin, *Act. publ.*, t. 2, n° 398.

170. — Ainsi, elle a jugé que tout arrêt de condamnation rendu par contumace est anéanti de plein droit par la représentation du condamné, soit qu'il prononce des peines afflictives ou infamantes, soit que, d'après le résultat des débats, il ne prononce que des peines correctionnelles ou de police. — *Cass.*, 29 juill. 1813, Soye; 27 août 1819, Guelfucci; 1er juill. 1820, Grosbois.

171. — ... Que l'accusé ne peut, par son acquiescement, donner à l'arrêt de contumace une existence que la loi ne lui accorde que dans le cas où la peine qu'il prononce serait éteinte par la prescription, hors lequel cas, conséquemment, l'accusé doit être mis en jugement. — *Cass.*, 29 juill. 1813, Soye; 27 août 1819, Guelfucci.

172. — Toutefois il a été soutenu, en sens contraire, que l'arrêt qui prononce contre le contumax des peines correctionnelles ou des peines de police, fixe définitivement et irrévocablement la nature du fait; que dès-lors le contumax se trouve, par l'effet de cet arrêt, assimilé à un prévenu par défaut; qu'il peut donc former opposition s'il se trouve dans les délais; mais que, dans ce cas, il doit porter son opposition non pas devant la cour d'assises qui a rendu l'arrêt, mais devant la cour ou le tribunal qui, dans le département où est fixée la cour d'assises, est chargé de procéder en dernier ressort sur les matières correctionnelles. — Tel était l'avis exprimé dans une lettre adressée, le 2 mars 1812, par le magistrat qui exerçait alors les fonctions de procureur général à la cour de Cassation, à M. le procureur général près la cour royale de Douai qui l'avait consulté à cet égard. — V. aussi Carnot, *Inst. crim.*, t. 2, p. 518 et suiv.

173. — La prescription de la peine a pour effet non seulement de libérer le condamné, mais de rendre inattaquable le jugement qui prononce cette peine.

174. — Ainsi, le condamné par contumace qui a prescrit la peine ne peut pas être admis à purger sa contumace. — *Cass.*, 5 août 1825, Bruyèron.

175. — Si le fait qui avait été poursuivi comme constituant un crime, s'est trouvé réduit, dans l'arrêt de condamnation, à un délit correctionnel ou à une contravention, quelle est la prescription qui doit être appliquée?

176. — Suivant Legraverend (t. 2, p. 591 et suiv.), il faudrait appliquer dans tous les cas, sans distinction, la prescription de vingt ans. — Mais cette doctrine a été repoussée par la jurisprudence et par les auteurs.

177. — Ainsi jugé que, lorsque le contumax qui avait été poursuivi pour crime, n'a été condamné que comme coupable d'un délit, il prescrit par cinq années la peine correctionnelle prononcée contre lui, et ne peut, s'il n'est arrêté qu'après l'accomplissement de cette prescription, être de nouveau mis en jugement, sous le prétexte que les faits étaient qualifiés crimes par l'acte d'accusation. — *Cass.*, 5 août 1825, Bruyèron; 2 fév. 1827, Blanc; 17 janv. 1829, Vasseur; 9 juillet 1829, Bousquié; 6 mars 1835, Conte. — Carnot, *Instr. crim.*, t. 3, p. 313; Bourguignon, *Jurisp. C. crim.*, sur l'art. 476, t. 2, p. 402; Merlin, *Quest.*, v° *Contumace*, § 5; Duvergier, notes sur Legraverend, t. 2, p. 592.

178. — De même, si le contumax n'avait été condamné par la cour d'assises qu'à des peines de simple police, la prescription se trouverait acquise au bout de deux ans. — C. inst. crim., art. 639.

179. — Il ne faut pas confondre la prescription de l'action publique avec la prescription de la peine. La condamnation par contumace, qui forme le point de départ de celle-ci, arrête le cours de la première. — *Cass.*, 7 frim. an VIII, Andren; 7 avr. 1820, Benedetti; 2 fév. 1827, Blanc; 17 janv. 1829, Vasseur; 6 mars 1835, Conte; — Mangin, *Act. publ.*, t. 2, p. 340. — V. PRESCRIPTION (mat. crim.)

180. — Il en est ainsi alors même que la condamnation serait intervenue sur une procédure irrégulière. — *Cass.*, 8 juin 1809, Alloisio. — Mangin, *Act. publ.*, t. 2, n° 341; Merlin, *Rép.*, v° *Prescription*, sect. 3, §, 7 art, 4, n° 4.

181. — Lorsque la cour de Cassation annule l'arrêt par lequel une cour d'assises a prononcé une condamnation contre un contumax repris, mais dont la peine était prescrite, elle n'ordonne aucun renvoi. — *Cass.*, 5 août 1825, Bruyèron.

182. — Il est un cas dans lequel le condamné par contumace n'est pas soumis à un nouveau jugement bien que sa peine ne soit pas prescrite, c'est celui où, accusé d'un nouveau crime, il a été condamné à une peine supérieure à celle qui pourrait être prononcée contre lui, à raison des faits qui ont donné lieu à l'arrêt de contumace. — *Cass.*, 19 mars 1818, Boudois.

183. — Cette règle doit être observée sous l'empire du Code d'instruction crim., lors même que les faits seraient antérieurs à l'époque de sa mise à exécution. — Même arrêt ; — Mangin, *Action publique*, t. 2, p. 487, n° 457; Legraverend, t. 2, ch. 9, p. 600; Carnot, *C. instr. crim.*, art. 476, t. 3, p. 351.

184. — Il est constant que le jugement n'est anéanti que vis-à-vis des condamnés contumax qui se représentent.

185. — Ainsi, lorsqu'un jugement a été rendu par contumace contre plusieurs accusés absens, la comparution volontaire ou l'arrestation de quelques-uns d'entre eux n'a pas pour effet d'anéantir ce jugement à l'égard des autres qui restent dans l'état de contumace, et il n'y a pas lieu, en procédant au nouveau jugement des premiers, de procéder aussi à celui de ces derniers. — *Cass.*, 9 vendém. an X, Laurin.

186. — Si la condamnation par contumace était de nature à emporter la mort civile, et si l'accusé n'a été arrêté ou ne s'est représenté qu'après les cinq ans qui ont suivi l'exécution du jugement de contumace, ce jugement, conformément à l'art. 30, C. civ., conserve, pour le passé, les effets que la mort civile a produits dans l'intervalle écoulé depuis l'expiration des cinq ans jusqu'au jour de la comparution de l'accusé en justice. — C. instr. crim., art. 476, al. 1er.

187. — Ainsi, dans le cas prévu par cet article, l'arrestation ou la représentation des contumax avant les vingt ans qui suivent la condamnation, mais après les cinq ans depuis l'exécution par effigie, anéantit bien la condamnation quant à la peine corporelle, et nécessite un nouveau jugement, mais elle laisse entiers, pour le passé, les effets que la mort civile a produits dans l'intervalle écoulé depuis l'expiration des cinq ans jusqu'au jour de la comparution de l'accusé en justice. — Legraverend, t. 2. p. 593.

188. — Ces effets continueraient donc de subsister, alors même que, par suite de la nouvelle procédure, l'accusé contumax viendrait à être acquitté. — Legraverend, t. 2, p. 594.

189. — De ce que les effets de la mort civile ne sont produits qu'après l'expiration des cinq ans depuis l'exécution par effigie, il suit que, si le contumax se représentait ou était arrêté le jour même de l'expiration de ces cinq années, les effets de la mort civile seraient complétement anéantis, même pour le passé. — Legraverend, t. 2, p. 593.

190. — Il en serait de même si le contumax mourait le jour même de l'expiration de ces cinq années : il mourrait dans l'intégrité de ses droits, et la condamnation serait censée n'avoir jamais existé. — Legraverend, *ibid.*, p. 594.

191. — S'il ne reparaît qu'après vingt ans depuis la condamnation par contumace, bien qu'alors aucune peine ne puisse plus lui être appliquée, la mort civile se trouve irrévocablement encourue, même pour l'avenir. — Legraverend, t. 2, p. 594; Carnot, sur l'art. 476, Observ. add., n° 1er.

192. — Le jugement de condamnation se trouvant anéanti *ipso facto*, par le seul fait de l'arrestation ou de la comparution du contumax ; il s'ensuit que ce dernier recouvre ses droits et en jouit dans l'intervalle qui s'écoule depuis sa constitution dans les prisons, jusqu'à son nouveau jugement contradictoire, quand même il serait de nouveau condamné à une peine emportant mort civile; et que, s'il mourait avant que ce jugement contradictoire fût devenu définitif, il mourrait dans l'intégrité de ses droits, c'est-à-dire de ceux qu'il a recouvrés à l'instant où il a été replacé sous la main de la justice. — Legraverend, t. 2, p. 594.

193. — Mais l'anéantissement du jugement n'a lieu qu'à la condition par le condamné de purger sa contumace. Si donc, après avoir été arrêté, il s'évade avant qu'il ait été statué sur son sort, le jugement de contumace continue de subsister et de produire tous ses effets. — *Cass.*, 18 vend. an XIV, Perron ; — Legraverend, t. 2, p. 595 et 596 ; de Serres, *Manuel des cours d'assises*, t. 3, p. 104 ; Mars, *Corps de droit crim.*, t. 1er, p. 263. — V. *contrà* Carnot, *C. inst. crim.*, art. 476, t. 3, p. 351.

194. — L'art. 30, C. civ., auquel se réfère l'art. 476, C inst. crim., porte que « lorsque le condamné par contumace qui ne se sera représenté ou qui n'aura été constitué prisonnier qu'après les cinq ans, *sera absous* par le nouveau jugement, ou n'aura été condamné qu'à une peine qui n'emportera pas la mort civile, il rentrera dans la plénitude de ses droits civils pour l'avenir, et à compter du jour où il aura reparu en justice ; mais que le premier jugement conservera, pour le passé, les effets que la mort civile avait produits dans l'intervalle écoulé depuis l'époque de l'expiration des cinq ans jusqu'au jour de sa comparution en justice. »

195. — Cet article ne maintenant, pour le passé, les effets de la mort civile que dans le cas où le contumax est ensuite absous ou condamné à une peine n'emportant pas la mort civile, on s'est demandé s'il devait être également appliqué au cas où la nouvelle procédure se termine par un acquittement.

196. — Carnot (sur l'art. 476, n° 6) se prononce pour la négative : il pense que, le législateur ayant restreint la disposition de l'art. 30, C. civ., aux deux cas d'absolution et de condamnation à une peine n'emportant pas mort civile, on ne doit pas l'étendre au cas d'acquittement, et qu'en conséquence, dans ce dernier cas, les effets de la mort civile sont annulés, même pour le passé. — Mais nous croyons avec Legraverend (t. 2, p. 597), qu'il ne faut pas donner à ce mot *absous* un sens restrictif, et que le législateur l'a employé par opposition au mot *condamné*, comme un terme générique désignant et le cas d'acquittement et le cas d'absolution proprement dite; qu'ainsi, dans l'un comme dans l'autre cas, les effets de la mort civile sont maintenus pour le passé.

197. — Dans les pays réunis à la France, la représentation ou l'arrestation du condamné anéantissait le jugement par contumace, rendu sous l'empire des lois françaises, encore bien que le fait eût été commis sous l'empire de la loi étrangère. — C'est ce qui a été jugé dans une espèce où il s'agissait d'un assassinat commis sur le territoire de la Savoie, le 4 juill. 1790, et qui avait donné lieu à une condamnation par contumace, à dix années de gêne, prononcée le 7 oct. 1793, postérieurement à la réunion de la Savoie à la France.

198. — La cour de Cassation appelée à se prononcer sur cette espèce, par une demande en réglement de juge, a décidé que la loi sarde, qui disposait que le jugement par contumace devenait irrévocable, faute par le condamné de s'être présenté dans les six mois, était inapplicable à la cause; et que, conformément aux termes de l'art. 7, L. 13 janv. 1792, les tribunaux de première instance et d'appel étaient seuls compétens pour en connaître. — *Cass.*, 26 mai 1806, Favre; — Merlin, *Rép.*, v° *Contumace*, § 3, n° 12.

§ 6. — *Nouveau jugement. — Débat contradictoire.*

199. — La procédure et l'arrêt de contumace étant anéantis par l'effet de l'arrestation ou de la représentation volontaire de l'accusé, il doit être procédé à son égard dans la forme ordinaire (C. instr. crim., art. 476, alin. 1er), c'est-à-dire que cet accusé doit être remis en jugement et soumis à un débat contradictoire.

200. — Mais auparavant, si la procédure qui précède la comparution de l'accusé devant la cour d'assises n'est pas en état, elle doit être complétée.

201. — En conséquence l'individu qui, avant la création des cours royales avait été condamné par contumace sans qu'il fût intervenu contre lui une déclaration affirmative du jury d'accusation, n'a pu être soumis à un débat contradictoire qu'en vertu d'un arrêt de mise en accusation et de renvoi rendu d'après les dispositions du Code d'instruction criminelle. — *Cass.*, 13 sept. 1811, N...; 16 nov. 1820, Silvestre; — Carnot, *C. inst. crim.*, art. 477, t. 3, p. 355, n° 6.

202. — Lorsque l'arrêt de renvoi et l'acte d'accusation ont été signifiés au dernier domicile de l'accusé contumax pendant sa contumace, ni le texte ni l'esprit de la la loi n'exigent, à peine de nullité, qu'une nouvelle signification lui en soit faite à sa personne après son arrestation ou sa représentation. — *Bruxelles*, 3 mars 1819, Chezelle; *Cass.*, 15 avr. 1841 (t. 2 1844, p. 378), Bontemps. — C'est en effet par le fait de l'absence de l'accusé que la copie déposée à son domicile ne lui a pas été remise. Il n'y a donc pas de motifs pour enfler le dossier et l'état des frais d'une nouvelle signification: l'accusé peut d'ailleurs se faire, à ses frais, délivrer une copie de l'arrêt de renvoi et de l'acte d'accusation, si son intérêt est d'avoir communication de ces pièces (C. inst. crim., art. 305).

203. — Si, après avoir commis un second crime moins grave, un condamné à mort par contumace est arrêté, ou se constitue prisonnier, la loi n'exige par aucune de ses dispositions que la poursuite du second crime soit suspendue jusqu'au jugement de la contumace. — *Cass.*, 18 fév. 1819, Sarrazin.

204. — Carnot (sur l'art. 340, C. pén., t. 2, p. 133, n° 7) pense que l'instruction sur le second crime doit être continuée, parce qu'il importe de recueillir les preuves qui pourraient dépérir par suite du sursis; « mais, ajoute-t-il, comme rien de frustratoire ne doit se faire en justice, et que rien ne le serait davantage qu'une condamnation aux travaux forcés ou à la réclusion de l'accusé, lorsque par le jugement à intervenir sur son premier crime, il pourrait être condamné à la peine de mort, n'aurait-il pas fallu surseoir au jugement à rendre sur le nouveau crime, jusqu'à ce qu'il eût été statué contradictoirement sur la contumace? Il aurait semblé qu'une seule peine pouvant lui être appliquée, c'était sur celui des deux crimes qui emportait la peine de mort qu'il devait être d'abord jugé. » Si cette marche est, en certains cas, plus convenable, la loi n'oblige cependant point le ministère public à la suivre. Tout crime, tout délit engendre une action. En parlant de la *conviction* de plusieurs crimes ou délits, l'art. 365, C. inst. crim., suppose nécessairement des poursuites ou simultanées ou successives. On ne trouve rien de contraire dans les divers textes de la loi. Enfin, un tribunal ne peut refuser de procéder au jugement d'une affaire dont il est légalement et compétemment saisi. Cela étant, il y aurait incontestablement déni de justice dans la disposition par laquelle l'autorité judiciaire renverrait devant l'autorité militaire un accusé qu'elle tiendrait sous sa main, surtout si, comme dans l'espèce, l'autorité militaire n'avait élevé aucune réclamation. Les observations de Carnot doivent donc être considérées comme des conseils donnés aux officiers du ministère public, et non comme une interprétation de la loi.

205. — L'art. 7, L. 13 janv. 1792, portait que toutes les plaintes ou accusations suivies d'informations antérieures à l'époque de l'installation des tribunaux criminels, seraient jugées par les tribunaux qui s'en trouveraient saisis, soit en première instance, soit sur appel, et que l'instruction de la procédure serait continuée suivant les lois qui avaient précédé l'institution des jurés.

206. — Il a été jugé que cet article n'avait pas été abrogé par l'art. 62, Constit. 22 frim. an VIII (qui portait qu'en matière de délits emportant peine afflictive ou infamante un premier jury admettait ou rejettait l'accusation ; que, si elle était admise, un second jury reconnaissait le fait; et que les juges, formant un tribunal criminel, appliquaient la peine); — qu'ainsi, lorsqu'il s'agissait de juger contradictoirement un contumax dont le procès avait été commencé dans l'ancienne forme, ce n'était ni devant le directeur du jury, ni devant la cour de justice criminelle, mais devant le tribunal civil de première instance du lieu du délit que l'accusé devait être traduit. — *Cass.*, 26 mai 1806, Favre.

207. — Nous avons dit (*suprà*, nos 199 et suiv.) qu'il est procédé dans la forme ordinaire à l'égard du contumax arrêté ou qui s'est représenté. — C'est donc au jury qu'il appartient de prononcer sur l'accusation qui pèse sur cet accusé.

208. — Cependant, s'il prétend que la condamnation par contumace ne lui est pas applicable, la cour d'assises doit procéder seule, et sans l'assistance de jurés, au jugement de la question d'identité. — *Cass.*, 6 fév. 1824, Joseph Letoux ou François Gandoulf; 24 janv. 1834, Karst ou Klein; 3 sept. 1834, Karst ou Klein; *Colmar*, 29 déc. 1834, Karst ou Klein; 13 mars 1845 (t. 2 1845, p. 527), Duchêne; — Morin, *Dict. de dr. crim.*, v° *Contumace*, p. 207; Bourguignon, *Jurisp. des C. crim.*, art. 478, t. 2, p. 407. — V. *contrà Ass. Seine*, 10 mars 1826, Socla; — Legraverend, t. 2, p. 599, note 4e.

209. — Sous le Code du 3 brum. an IV, lorsqu'un individu arrêté comme étant sous le poids d'une condamnation par contumace soutenait qu'il n'était pas le même que celui qui avait été condamné, la cour de justice criminelle ne pouvait passer outre à l'instruction, avant d'avoir procédé en la forme ordinaire à la reconnaissance de son identité. Il ne suffisait pas que les officiers de santé eussent déclaré que cet individu avait des cicatrices aux jambes, comme le condamné contumax. — *Cass.*, 3 vent. an XIII, Musset ou Jean-Baptiste.

210. — Le défaut de pourvoi de l'accusé contre l'arrêt qui a statué sur son identité ne fait pas obstacle à ce qu'il puisse soutenir devant le jury qu'il n'est pas l'auteur des faits qu'on lui impute. — *Cass.*, 8 janv. 1841 (t. 1er, 1842, p. 206), Heinsperger.

211. — Lorsqu'il est reconnu qu'un individu arrêté sous le nom d'un accusé contumax n'est pas la même personne que cet individu, il ne peut pas être traduit devant la cour d'assises ni soumis aux débats, à peine de nullité de toute la procédure faite ainsi contre lui, sous un nom qui ne lui appartient pas. — Dans ce cas, la nullité des questions posées au jury, de sa déclaration et de l'ordonnance d'acquittement, peut être prononcée par la cour de Cassation sur un réquisitoire présenté sur l'ordre du ministre de la justice, en vertu de l'art. 441, C. inst. crim. — *Cass.*, 13 déc. 1827, Dollé et Savoret.

212. — Dans le débat contradictoire qui s'ouvre devant la cour d'assises, si, pour quelque cause que ce soit, des témoins ne peuvent être produits,

leurs dépositions écrites et les réponses écrites des autres accusés du même délit doivent être lues à l'audience. — C. inst. crim., art. 477.

213. — Le Code du 3 brum. an IV (art. 477) n'autorisait la lecture que des dépositions écrites des témoins décédés. Le Code d'instruction criminelle a été plus loin, en ordonnant la lecture des dépositions des témoins qui ne peuvent être produits *pour quelque cause que ce soit*.

214. — Cette lecture est une formalité substantielle dont l'inobservation entraîne nullité. — *Cass.*, 11 mai 1827, Tortora; 21 déc. 1827, Victor Jourdon; 15 janv. 1829, Ferracci; 26 juill. 1832, Delantes; 3 juill. 1834, Drouin-Lambert; 29 nov. 1834, Bouron; 18 août 1837 (t. 1er, 1840, p. 118), Jerbaud; 24 août 1837 (t. 1er, 1840, p. 118), de Pont-Fare; 17 nov. 1840 (t. 1er, 1842, p. 28), Sarral; 8 janv. 1841 (t. 1er, 1842, p. 206), Heinsperger; — Legraverend, t. 2, p. 598 et 599, note 2e; Carnot, *C. inst. crim.*, art. 477, t. 3, p. 355; Bourguignon, *Jurisp. des C. crim.*, art. 477, t. 2, p. 408.

215. — Le Code du 3 brum. an IV (art. 477) portait expressément que les déclarations des témoins absens, lues à l'audience, ne valaient que comme simples renseignemens. — Carnot (sur l'art. 477, no 3) et Bourguignon (t. 2, p. 408) pensent qu'il doit en être de même sous le Code d'instruction criminelle. — Legraverend (t. 2, p. 599) soutient, au contraire, que les déclarations ainsi lues ne sont pas de simples renseignemens.— Il nous semble, en effet, que le changement survenu dans la législation n'est pas une chose insignifiante. Nous n'admettons donc pas, comme une règle de droit, que les déclarations écrites soient de simples renseignemens; mais, nous reportant aux art. 312 et 342, nous concluons de leur combinaison avec l'art. 477 ancien et nouveau, que les jurés doivent peser dans leur conscience le degré de foi qu'ils croient pouvoir accorder aux diverses déclarations qui leur sont faites.

216. — Indépendamment des dépositions et réponses écrites qui *doivent* nécessairement être lues à l'audience, comme nous venons de le voir, le président *peut* ordonner la lecture de toutes les autres pièces qu'il juge être de nature à répandre la lumière sur le délit et les coupables. — C. inst. crim., art. 477, *in fine*.

217. — Ainsi il peut, en vertu de son pouvoir discrétionnaire, faire donner lecture des déclarations des coaccusés et des dépositions des témoins entendus dans la première instruction, même sur des faits étrangers à la procédure instruite contre le contumax. — *Cass.*, 20 mars 1835, Bouron; — Legraverend, t. 2, p. 599, note 3e.

218. — De même, lorsque l'accusé contumax se représente, le président de la cour d'assises peut, en vertu de son pouvoir discrétionnaire, faire usage des documens que renferme la procédure, et, par conséquent, donner lecture de la déposition d'un témoin, alors d'ailleurs que cette lecture a lieu sans opposition de la part de l'accusé. — *Cass.*, 28 avr. 1838 (t. 2 1842, p. 706), Cochard-Denieures.

219. — Il n'y a aucune nullité, lorsqu'après la lecture de sa déclaration, le témoin se présente et fait sa déposition. — *Cass.*, 20 oct. 1820, Agostini; — Carnot, *C. inst. crim.*, art. 477, t. 3, p. 356; Bourguignon, *Jurisp. des C. crim.*, art. 477, t. 2, p. 408.

220. — Si l'accusé soutenait que rien ne s'oppose à la comparution d'un témoin dont on se proposerait de lire la déposition, la cour d'assises devrait prononcer sur l'incident avant d'ordonner cette lecture; car l'exception ne doit pas dégénérer en abus, et faire substituer des preuves écrites à des dépositions orales, quand il y a possibilité de se les procurer. — Carnot, *Inst. crim.*, sur l'art. 477, no 2.

221. — S'il était jugé, sur la demande de l'accusé, que tel témoin qui n'a pas été cité devait l'être, ou que tel qui n'a pas comparu n'avait pas d'excuse légitime, la lecture de leurs déclarations ne pourrait pas, selon Carnot (sur l'art. 477, no 2), être régulièrement ordonnée. — Mais la loi n'impose pas cette restriction au pouvoir discrétionnaire du président. L'absence du témoin ne pourrait que motiver le renvoi de la cause à une autre session; rien ne s'opposerait à la lecture de sa déclaration, si la cour jugeait qu'il y avait lieu de passer outre aux débats.

222. — Toutes les questions résultant de l'arrêt de renvoi doivent être soumises au jury.

223. — En conséquence, la déclaration de l'existence d'un crime intervenue sur la poursuite exercée contre les principaux auteurs, pendant la contumace du complice, est étrangère à ce dernier et ne peut pas lui être opposée lorsqu'il est mis ultérieurement en jugement. Son arrestation aurait, d'ailleurs, pour effet de l'anéantir. Dès-lors, la question doit en être posée de nouveau au jury à son égard, sous peine de nullité. — La difficulté se présentera bien rarement sous le C. inst. crim., parce qu'il n'est plus nécessaire de poser au jury une question portant uniquement sur l'existence du fait, comme cela se pratiquait sous le Code 3 brum. an IV, pour éviter la complexité; mais le principe n'en est pas moins applicable sous les deux législations. — *Cass.*, 29 brum. an IX, Pierre Cherèdre.

224. — D'après la loi des 16-29 sept. 1791, tit. 9, art. 12, l'accusé qui avait été contumax pouvait, en cas d'absolution, être condamné, par forme de correction, à garder prison pendant huit jours; le juge pouvait aussi lui faire en public une réprimande pour avoir douté de la justice et de la loyauté de ses concitoyens. — Le Code du 3 brum. an IV (art. 579) contenait une disposition semblable, avec cette seule différence que l'emprisonnement, au lieu d'être de huit jours, était d'une décade.

225. — Jugé que l'art. 479 du Code du 3 brum. an IV, portant que l'accusé contumax serait, en cas d'absolution, condamné à un emprisonnement de dix jours, n'était applicable qu'à celui qui se représentait ou qui était repris après la condamnation prononcée par contumace, et non à celui qui était absous par le jugement même de contumace. — *Cass.*, 3 messid. an XII, Défendini.

226. — Le Code d'inst. crim. n'a point reproduit ces dispositions; il porte simplement (art. 478) que le contumax qui, après s'être représenté, obtiendrait son renvoi de l'accusation, sera toujours condamné aux frais occasionnés par sa contumace.

227. — Ainsi cet article est applicable soit que le contumax ait été acquitté, soit qu'il ait été absous. L'art. 478 ne fait à cet égard aucune distinction.

228. — Jugé que, à partir de l'expiration du délai qui lui est accordé par l'ordonnance du président pour se représenter, l'accusé fugitif est passible des frais de sa contumace, encore bien qu'il soit arrêté ou qu'il se représente avant d'avoir été déclaré contumax. — *Cass.*, 2 déc., 1830, Grosset. — V. aussi Cheauveau et Hélie, *Th. C. pén.*, t. 1er, p. 304, et l'art. 187, C. inst. crim.

229. — D'après un avis du conseil d'état approuvé le 26 fruct. an XIII, si l'accusé décédait avant l'exécution de l'arrêt, les frais de la contumace resteraient à la charge de sa succession.

230. — Jugé que l'accusé déclaré coupable, mais absous parce que la prescription lui était acquise, doit être condamné à tous les frais occasionnés par son crime, ou délit, non seulement à ceux causés par sa contumace, mais encore à ceux faits postérieurement. — *Cass.*, 22 avr. 1830, Richeville.

231. — Dans tous les cas, il est constant que l'accusé acquitté ne doit point supporter les frais du débat contradictoire. — Legraverend, t. 2, p. 600.

232. — L'omission par le ministère public de requérir et par la cour d'assises de prononcer, contre l'individu acquitté, la condamnation aux frais occasionnés par la contumace, constitue une violation de l'art. 478, C. inst. crim., mais n'entraîne pas la nullité de l'ordonnance d'acquittement. Il y a lieu seulement d'ordonner le renvoi devant une autre cour d'assises, pour faire application dudit art. 478. — *Cass.*, 15 sept. 1837 (t. 1er 1840, p. 135), Desmarquoy.

V. BIGAMIE, COLONIES, MORT CIVILE, PAIEMENT.

CONTUMACE (Quarantaine).

C'est le nom que dans quelques ports on donne à la quarantaine imposée aux navires à leur arrivée. — E. Vincens, *Législ. commerciale*, t. 3, p. 163. — V. POLICE SANITAIRE, QUARANTAINE.

CONTUSION.

V. BLESSURES ET COUPS.

CONVENANCIÈRE (Rente).

On appelle ainsi la redevance ou prestation, soit en argent, soit en denrées, qui forme le prix annuel d'un bail à domaine congéable. — V. BAIL A CONVENANT OU A DOMAINE CONGÉABLE.

CONVENTION.

1. — C'est, en général, le consentement ou le concours des volontés de deux ou plusieurs personnes sur le même objet. *Duorum pluriumve in idem placitum consensus.* — Ulpien, L. 1er, § 2, *de Pactis*.

2. — Les conventions ont pour but l'intérêt public ou l'intérêt privé : — « *Aut enim ex causa publica fiunt, aut ex privata.* » — L. 8, ff., *de Pactis* : — 1o l'*intérêt public*; dans cette catégorie rentrent les traités de paix, d'alliance, de commerce, etc. (V. TRAITÉ DIPLOMATIQUE); — 2o l'*intérêt privé*, c'est presque exclusivement sous ce rapport que le droit, la doctrine et la jurisprudence envisagent les conventions.

3. — Il n'y a pas toujours convention par cela qu'il y a consentement de deux ou plusieurs personnes sur un même objet. Ainsi, l'on n'appelle pas de ce nom l'accord qui s'établit entre elles sur une opinion. — Duranton, *Droit fr.*, t. 10, no 11.

4. — Il ne faut pas confondre avec les conventions dont il s'agit ici celles qui se font souvent dans le commerce de la vie sans avoir pour objet de faire naître entre les parties des rapports légaux, comme, par exemple, lorsque deux ou plusieurs personnes conviennent d'aller ensemble au spectacle du jour, ou de faire ensemble un voyage, etc. De pareilles conventions n'appartiennent pas au domaine de la jurisprudence. — Domat, *Lois civiles*, part. 1re, liv. 1er, tit. 1er, no 2; Pothier; *Obligations*, no 3; Denisart, vo *Convention*, nos 2 et 3; Wolf, *Jus nat.*, part. 3, § 701 et suiv.; Toullier, t. 6, no 8; Duranton, t. 10, no 12; Marcadé, sur l'art. 1101, C. civ., no 1er; Rolland de Villargues, *Rép.*, vo *Convention*, no 4.

5. — On ne saurait non plus considérer comme convention, dans le sens juridique, celle qu'une personne ferait avec vous de vous donner une chose *si elle le voulait*, non plus que la promesse qui serait même faite avec la volonté actuelle de l'accomplir, si l'on n'avait point eu l'intention d'accorder le droit d'en exiger l'accomplissement, comme, par exemple, la promesse d'un père de donner à son fils une somme pour faire un voyage de récréation, etc. — Pothier, *loc. cit.*, no 47; Duranton, t. 10, nos 13 et 14; Toullier, t. 6, no 494; Rolland de Villargues, *Rép.*, vo *Contrat*, nos 3 et suiv.

6. — Ainsi, en droit, le mot *convention* se prend dans un sens spécial et restreint, pour signifier non pas un accord quelconque de volontés, mais seulement l'accord de volontés avec intention de créer une obligation. — Zachariæ, *Droit civ.*, t. 2, § 340.

7. — Dans le droit romain, les conventions ou simples pactes (car ce sont termes synonimes), ne se confondaient pas avec les contrats. Lorsqu'il n'y avait eu qu'un accord de volontés, abstraction faite de toute solennité additionnelle et que le *negotium gestum* ne constituait, d'ailleurs, ni une vente, ni un louage, ni une société ni un mandat, la convention, quoique formée en vue de faire naître des obligations, ne produisait pas d'action, mais seulement, tout au plus, une exception. —L. 7, § 4, ff., *de Pactis*.—Vinnius, *In Instit.*, lib. 3, tit. 14, § 2, *Comment.*, no 5; Pothier, *Pandect. Justin.*, ad. tit., *de Pactis*, no 15; Ortolan, *Expl. hist. des Instit.*, t. 2, 3e édit., p. 115 et suiv.; Ducaurroy, *Inst. expl.*, t. 2, no 941 et 1033; Bonjean, *Traité des actions*, t. 2, § 288; et Duranton, t. 10, no 56 et suiv.

8. — Il est presque impossible, du reste, d'expliquer aujourd'hui pourquoi les fondateurs du droit romain, pour attribuer à une convention la force obligatoire, ne se contentaient pas du simple consentement intervenu à cet effet, mais exigeaient, en outre, des solennités additionnelles. Peut-être, comme l'a remarqué M. Bonjean (*loc. cit.*), avaient-ils craint les surprises et les engagemens téméraires; peut-être avaient-ils pensé que la volonté est par elle-même un fait fugitif dont il serait trop difficile au juge d'apprécier les caractères et la portée. — V. conf. Perezius, *Ad cod.*, lib. 2, tit. 3, *de Pactis*, no 22.

9. — Il y avait, toutefois, en droit romain, certains cas, mais c'était l'exception, où des pactes, de simples conventions, abstraction faite de toute solennité de paroles ou d'écritures, engendraient des obligations. — Tels étaient : 1o les *pacta adjecta* (clauses qui étaient ajoutées incontinent, *non ex intervallo*, aux contrats *bonnæ fidei* et participaient à la force obligatoire du contrat principal lui-même); — 2o le pacte de réméré et le pacte commissoire; — 3o les *pacta prætoria* (pacte de constitut, convention d'hypothèque, etc.); — 4o les *pacta legitima* (par exemple, depuis Justinien, la donation entre-vifs promise *sans stipulation*). — Vinnius, *loc. cit.*, no 7; Pothier, *loc. cit.*, no 18; Ortolan, p. 294 et suiv.; Ducaurroy et Bonjean, *ubi suprà*; Perezius, *loc. cit.*, no 26.

10. — Ces principes du droit romain sur les différentes espèces de pactes, et sur la distinction des conventions ou simples pactes et des contrats, « n'étant pas, dit Pothier (*Obligations*, no 3), fondés sur le droit naturel, et étant très éloignés de

sa simplicité, n'ont pas été admis en droit français où, toutes les *fois* que deux ou plusieurs personnes sont d'accord pour former entre elles quelque engagement, ou pour en résoudre un précédent, ou pour le modifier, la convention produit son effet légal, sauf toutefois certains cas exceptionnels dans lesquels sa validité se trouve subordonnée à l'emploi de certaines formalités déterminées par la loi.» — V. CONTRAT.

11. — Il n'y a donc plus aujourd'hui de conventions qui soient des *pactes* dans le sens du droit romain, et il résulte même de plusieurs articles du Code civ. (V. notamment art. 1108, 1114 et suiv., 1115, 1117, 1132, 1134 et suiv., 1156 et suiv., etc.) que le mot *convention* est pris indifféremment par le législateur comme synonyme du mot *contrat.* — V. ce mot.

12. — Et l'on ne se sert pas seulement du mot *convention* comme synonyme de *contrat*, mais encore pour désigner tous les pactes particuliers qu'on peut ajouter à chaque contrat, comme les conditions, les charges, les réserves, les clauses résolutoires et autres. — L. 4, § 3, ff., *de Pactis;* — Duranton, t. 10, n° 7; Rolland de Villargues, *Rép.*, v° *Convention*, n° 3.

13. — Toullier (t. 6, n° 16) soutient, mais cette opinion peut être sérieusement contestée, qu'il y a encore sous l'empire de notre droit des pactes dans certains cas. Ainsi, selon cet auteur, 1° la donation qui n'a pas été acceptée expressément est un pacte, attendu que l'exécution volontaire qu'en fait le donateur l'empêche de revenir contre l'acte et de répéter ce qu'il a livré ; — 2° il y a encore un pacte, lorsque d'une des parties a exécuté l'acte contenant des conventions synallagmatiques, qui n'a pas été fait en autant d'originaux qu'il y a de parties ayant un intérêt distinct. — V. *contr.* Rolland de Villargues, *Rép.*, v° *Contrat*, n° 38, — V. *contrà* Duranton, t. 10, n° 64; Delvincourt, *Cours de Code civ.*, t. 2, note 6°, p. 416.

14. — L'élément constitutif de la convention, c'est l'accord des volontés. Tant que cet accord n'existe pas, et qu'il n'y a qu'une proposition de la part de celui qui offre de s'obliger, alors cette offre, non suivie d'acceptation, s'appelle *pollicitation* (de *polliceri, promettre*). — *Pollicitatio est solius offerentis promissum.* — L. 3, ff., *de Pollicit.* — V. LETTRES MISSIVES, OFFRES, POLLICITATION.

15. — Quatre conditions sont essentielles pour la validité d'une convention : — le consentement de la partie qui s'oblige; — sa capacité de contracter; — un objet certain qui fait la matière de l'engagement; — enfin une cause licite dans l'obligation. — C. civ., art. 1108. — V. CONTRAT, OBLIGATION.

16. — Les conventions légalement formées tiennent lieu de loi à ceux qui les ont faites. — Elles ne peuvent être révoquées que de leur consentement mutuel, ou pour les causes que la loi autorise. — Elles doivent être exécutées de bonne foi. — C. civ., art. 1134. — V. CONTRAT, OBLIGATION, RÉVOCATION.

17. — Les conventions obligent non seulement à ce qui y est exprimé, mais encore à toutes les suites que l'équité, l'usage ou la loi donnent à l'obligation d'après sa nature. — C. civ., art. 1135. — V. INTERPRÉTATION DES CONVENTIONS.

18. — Elles n'ont d'effet qu'entre les parties contractantes; elles ne nuisent point aux tiers, et elles ne leur profitent que dans le cas prévu par l'art. 1121. — C. civ., art. 1165.

19. — Toutefois, bien qu'en général les conventions ne profitent point aux tiers, les créanciers peuvent : 1° exercer tous les droits et actions de leur débiteur, à l'exception de ceux qui sont exclusivement attachés à sa personne (C. civ., art. 1166); — 2° et attaquer, en leur nom personnel les conventions et actes faits par leur débiteur en fraude de leurs droits. — C. civ., art. 1167. — V. CRÉANCIER, FRAUDE.

CONVENTIONS MATRIMONIALES.
V. CONTRAT DE MARIAGE.

CONVENTION NATIONALE.

1. — Cette assemblée, qui se réunit le 22 sept. 1792, concentra dans ses mains non seulement le pouvoir législatif, mais les pouvoirs exécutif et judiciaire.

2. — Ses délibérations étaient dirigées conformément à un règlement du 28 sept. 1792, aux termes duquel toute motion relative à la législation ou à la législation, ne pouvait être décrétée qu'après avoir été portée deux fois et à deux jours différens à la discussion.

3. — La convention se divisait en comités dont le nombre s'éleva jusqu'à 21. La loi du 7 fructid. an II les réduisit à 16, dont elle détermina la composition et les attributions.

4. — L'organisation gouvernementale et législative, instituée par la constitution du 5 fructid. an III, vint mettre fin aux travaux et aux pouvoirs de la convention nationale.

CONVENTION TACITE.

1. — C'est celle que la loi supplée dans le silence des parties.

2. — Comme il arrive souvent que les parties oublient de prévoir toutes les conséquences de leurs conventions, elles sont censées alors s'en rapporter à la loi : *In contractibus tacitis veniunt quæ sunt moris et consuetudinis.* — L. 32, ff., *De ædilit. edict.*; C. civ., art. 1135.

3. — Ainsi, en fait, d'obligations de mariage, *tout ce qui est de statut devient conditionnel*, suivant l'expression des docteurs. — Rolland de Villargues, *Rép. du notar.*, v° *Convention tacite*, n° 3.

CONVENTION VERBALE.

1. — On appelle ainsi toute convention qui n'a point été rédigée par écrit.

2. — Les conventions verbales sont passibles du droit d'enregistrement dans deux cas : 1° lorsqu'il en résulte une transmission de propriété ou d'usufruit de biens immeubles; — 2° lorsqu'elles donnent lieu à une instance et qu'il est prononcé un jugement en conséquence.

V. CHANGE, CHARTE-PARTIE, COMMENCEMENT DE PREUVE PAR ÉCRIT, COMMISSIONNAIRE, ENREGISTREMENT.

CONVERSATION CRIMINELLE
(Législation anglaise).

1. — Le nom de conversation criminelle, *criminal conversation*, est employé en Angleterre pour désigner l'adultère. — Al. Laya, *Droit anglais*, t. 2, C. pén., ch. 4, p. 189.

2. — Si l'on en excepte la période révolutionnaire, où l'adultère fut puni de mort, jamais dans la législation anglaise l'adultère n'a donné lieu à une poursuite criminelle; et quant à l'époux outragé, la seule réparation qui peut lui être accordée, outre le divorce, est l'allocation de dommages-intérêts à recouvrer contre le coupable en compensation du dommage à part qu'il a faite de la *société* et de l'*assistance* de sa femme.

3. — Le chiffre des dommages-intérêts est fixé selon le rang et la qualité du demandeur, la condition du défendeur, s'il est ami, parent ou serviteur, la nature de la séduction, ce qui se juge, en général, d'après la conduite et le caractère de l'épouse, et enfin aussi, suivant les obligations imposées au mari forcé de pourvoir à l'entretien d'enfans qu'il y a lieu de soupçonner bâtards. — Laya, *loc. cit.*

4. — Si le mari a encouragé, ou au moins toléré les désordres de sa femme, ou si lui-même vit séparé par suite de conventions mutuelles, et que, par conséquent, il ait déjà renoncé volontairement à *la société et à l'assistance* de sa femme, il n'est plus admis à exercer la poursuite de *criminal conversation*. — Un concubinage notoire du mari avec une autre femme peut aussi faire présumer la renonciation à *la société et à l'assistance* de l'épouse, et, par conséquent, ne plus rendre le mari recevable dans sa demande.

5. — Il est permis de donner pour excuse de l'adultère la mauvaise intelligence des époux, les mauvais traitemens du mari envers sa femme, ou bien encore la correspondance notoire du mari avec une autre femme. — Le défendeur est admis, pour atténuer les torts, et, par conséquent, faire diminuer le chiffre des dommages-intérêts, à établir que la femme avait déjà été enlevée, ou qu'elle était en état d'adultère, ou bien encore qu'elle a été mère avant son mariage, ou telle publique avant ses relations avec lui. — Mais il ne saurait argumenter simplement de la mauvaise réputation de la femme, sauf pourtant, s'il peut établir soit la notoriété de l'improbité, soit ses provocations, soit encore qu'il n'avait aucun avantage à retirer des relations entretenues.

6. — La législation anglaise se montre très difficile pour l'admission de la preuve du délit. L'aveu de la femme ne peut suffire contre le défendeur; toutefois, on admet l'aveu commun des deux coupables ainsi que leur correspondance.

V. ADULTÈRE.

CONVERSION (Saisie immobilière).
V. SAISIE IMMOBILIÈRE.

CONVOIS MILITAIRES (Entrepreneurs).

1. — Entrepreneurs généraux des convois militaires. — Patentables d'après la loi du 25 avril 1844. — Droit fixe de 4000 fr., et droit proportionnel du vingtième de la valeur locative de l'habitation et des magasins de vente complètement séparés de l'établissement, et du quarantième de l'établissement industriel.

2. — Entrepreneurs particuliers pour une division militaire. — Droit fixe de 400 fr. et mêmes droits proportionnels que les précédens.

3. — Entrepreneurs particuliers des convois militaires, pour gîtes d'étapes. — Droit fixe de 25 fr. et mêmes droits proportionnels.

CONVOL.
V. ALIMENS, COMMUNAUTÉ, CONDITION, DONATION PAR CONTRAT DE MARIAGE, DONATION ENTRE ÉPOUX, DOT, HABITATION, NOCES (secondes), QUOTITÉ DISPONIBLE, TUTELLE, VIDUITÉ.

COOBLIGÉ.
C'est celui qui est obligé avec un ou plusieurs autres dans un traité, dans un contrat, etc. — V. BILLET A ORDRE, OBLIGATION SOLIDAIRE, PROTÊT.

COPAGINAIRE.
C'est ainsi qu'on nommait, dans plusieurs parties de la France, les cotenanciers d'un héritage divisé entre eux et dont la totalité était chargée d'une redevance. — Denisart.

COPARTAGEANT.
1. — C'est celui qui partage avec un autre.

2. — Des héritiers, des associés deviennent copartageans quand ils procèdent au partage des choses qu'ils possédaient par indivis. — V. ENREGISTREMENT, PARTAGE.

COPERMUTANT.
V. ÉCHANGE.

COPIE.
C'est, en général, la transcription d'un acte ou d'un écrit quelconque, faite d'après un autre, qu'on nomme *original.* — V. les mots suivans.

COPIE COLLATIONNÉE.

1. — C'est la copie faite sur une pièce par un officier public, qui constate par un certificat, au bas de cette copie, sa conformité avec la pièce produite.

2. — Les copies collationnées se délivrent : 1° soit sur la demande des parties intéressées; — 2° soit lorsque le tribunal a ordonné une collation de pièces (V. COLLATION DE PIÈCES); — 3° soit lorsque le tribunal a ordonné un compulsoire sur la demande d'un tiers.

3. — Il est dû aux notaires, pour coût de la collation, pour chaque rôle des expéditions délivrées dans l'intérêt public, 75 cent. à Paris, et 50 cent. dans les départemens, indépendamment du droit de timbre du papier. — Décis. min. fin. 9 janv. 1806; instr. 367.

V. COPIE DE TITRES ET ACTES, ENREGISTREMENT.

COPIE FIGURÉE.

1. — Copie conforme à son original, non seulement quant à la substance ou teneur de l'acte, mais quant à sa forme matérielle.

2. — Ainsi la copie figurée diffère de l'expédition, qui, dans le langage ordinaire, est seulement une copie fidèle et littérale de tout ce qui est écrit sur la minute.

3. — Toutes les fois qu'un notaire doit, par autorité de justice, se dessaisir d'une de ses minutes, il est tenu d'en dresser et signer une copie figurée, qui, après avoir été certifiée par le président du tribunal et le procureur du roi, est substituée à la minute, dont elle tient lieu jusqu'à réintégration. — L. 25 vent. an XI, art. 52.

4. — Une disposition semblable était prescrite par l'art. 7 des lettres-patentes du 12 août 1775, et

ce qui concernait les notaires de Paris. — Loret, t. 1er, p. 355.

5. — C'est principalement en matière de vérification d'écritures et de faux incident ou principal qu'il y a lieu à dresser une copie figurée.—C. procéd., art. 201 et suiv., 214 et suiv. ; C. inst. crim., art. 452 et 455.

6. — Cependant, en prescrivant à tout dépositaire, personne publique, de ne se dessaisir des pièces qu'après en avoir dressé une copie qui est vérifiée par le président du tribunal, qui en dresse procès-verbal, l'art. 203, C. procéd., ne parle que d'une expédition ou copie collationnée. De son côté l'art. 455, C. inst. crim., ne parle que d'une copie collationnée. Ces dispositions de loi étant postérieures à la loi du 25 vent., an XI, s'ensuit-il que la disposition de l'art. 23, en ce qui concerne la copie figurée, soit abrogée? — Nous ne le pensons pas. — En effet, la loi du 25 vent. an XI est spéciale pour les notaires. Toutes les dispositions doivent être maintenues, tant qu'elles ne se trouvent pas en opposition avec des dispositions ultérieures prescrites dans un intérêt général. Or, cette prescription de la loi de ventose, en ce qui concerne la copie certifiée, n'est nullement en opposition avec l'obligation de dresser de simples expéditions ou des copies collationnées dans les autres cas. C'est un surcroît de précautions qui s'explique par l'intérêt que la loi porte aux actes notariés.

7. — La copie figurée d'une minute doit en être le tableau trait pour trait. Ainsi elle doit faire connaître toutes les imperfections de l'original, les ratures, les surcharges, les interlignes, les fautes d'orthographe, l'indication des blancs, lacunes, renvois et autres circonstances.—Lorel, sur l'art. 22, L. 23 vent. an XI ; Rolland de Villargues, Rép., v° Copie figurée, n° 4.

V. COLLATION DE PIÈCES, COPIE COLLATIONNÉE, EXPÉDITION, MINUTE, NOTAIRE.

COPIE DE LETTRES (Livre de).

V. LIVRES DE COMMERCE.

COPIE DE LETTRE DE CHANGE,

C'est un titre par lequel celui qui l'endosse le premier prévient les preneurs subséquens qu'il a paralysé la négociation du titre original pour l'envoyer à l'acceptation, et s'oblige envers eux à faire trouver ce titre original à leur disposition dans le lieu que désigne la copie. — Horson , Quest. sur la C. de commerce, n° 55. — V. LETTRE DE CHANGE.

COPIE DE PIÈCES (matière civile).

Table alphabétique.

COPIE DE PIÈCES (Matière civile). — **1.** — Transcriptions minutées de titres et documens faites en tête des exploits , par le ministère des huissiers ou avoués, pour justifier le droit des parties.

2. — Historique. — L'usage des copies de pièces a été négligé, pendant long-temps, comme inutile, et même repoussé comme suspect. — Nicias-Gaillard, Tr. des copies de pièces, p. 24.

3. — Du temps de Masuer, les jugemens et autres actes judiciaires étaient les seuls titres dont le demandeur fût tenu de donner copie au défendeur sur sa demande. « Quant aux autres lettres et instrumens , autre chose en était; encore qu'ils fussent produits en jugement, la partie qui les produisait n'était tenue d'en bailler copie. » — Même auteur, loc. cit.

4. — L'ord. de 4563 fut la première qui ordonna la signification des titres respectivement invoqués. - Les parties sont tenues, dès le commencement de l'introduction de la cause, de bailler copie, si elle est requise , du contrat, instrument ou pièces sur lesquelles les demandes et défenses sont spécialement fondées. » — Ord. 4563, art. 5.

5. — Enfin l'ord. de 4667 vint faire une obligation absolue de ce qui ne devait avoir lieu précédemment que sur la réquisition du défendeur. « Si la demande est fondée sur des pièces et des titres, le demandeur sera tenu d'en donner copie dans la même feuille ou cahier de l'exploit , ou au moins des extraits, si les pièces sont trop longues pour être transcrites entièrement; sinon les copies qu'il en fournira dans le cours de l'instance seront données et y sera répondu à ses dépens , sans aucune restitution. » — Ord. 4667, tit. 2, art. 6.

6. — Cas où il y a lieu à copie de pièces. — Il y a, en général, nécessité : 4° pour toute partie, de donner copie, en tête des commandemens ou exploits de saisie, des paiemens ou titres en vertu desquels elle poursuit une exécution, si ces titres n'ont été précédemment signifiés.

7. — ... 2° Pour tout demandeur, de signifier, avec la demande, copie des pièces sur lesquelles cette demande est fondée. — Cette obligation est formellement imposée par l'art. 65, C. procéd., et par l'art. 28 , décr. 46 fév. 1807, sous peine , par le demandeur, de ne pouvoir passer en taxe les copies qu'il serait tenu de fournir dans le cours du procès.

8. — Toutes les personnes assignées dans la même instance doivent recevoir individuellement copie des pièces. — Carré, t. 4er, art. 65 ; Favard de Langlade, v° Copie de pièces; Rodier, sur l'art. 6, tit. 2, de l'ord. de 1667.

9. — Si le demandeur signifie des copies trop courtes ou incomplètes , les supplémens de copies ou les nouvelles copies qu'il est tenu de signifier plus tard n'entrent pas en taxe. — V. Fons, Tarif, p. 60.

10. — Au contraire, si les copies sont trop multipliées ou trop longues, le juge doit retrancher de la taxe, comme écritures frustratoires, tout ce qui est inutile. — V. même, loc. cit.

11. — Il doit même laisser à la charge du demandeur non seulement les frais des significations tardives, mais encore les frais des nouvelles requêtes nécessitées par ces significations. — Arg., ord. 4667, art. 6, tit. 2.

12. — ... À moins que des incidens imprévus n'aient nécessité de nouvelles significations ; par exemple, dans le cas de demande respectivement faite. — Bioche et Goujet, v° Ajournement, n° 87 ; Fons, p. 61.

13. — En un mot, le droit pour copie de pièces ne doit être alloué à l'officier ministériel que lorsque la signification de ces pièces est nécessaire. — Dans le cas contraire, le juge doit rejeter de la taxe tant l'émolument demandé pour cette copie, que le prix du papier timbré qui n'aurait pas été employé sans ces écritures. — Sudraud Desisles, p. 457, n° 513.

14. — Le défendeur qui a égaré les copies à lui signifiées peut en réclamer d'autres à ses frais. — Berriat, p. 234; Rodier, t. 6, art. 61.

15. — Comment les copies doivent être faites. — En principe, les copies des pièces fait partie constitutive de l'exploit introductif d'instance; le tout ne doit former qu'un seul et même acte ; toutefois, les copies des pièces faite en même temps, mais sur une feuille séparée, ne serait pas nulle. — Carré, p. 204.

16. — Toute copie de pièces doit être correcte et lisible , à peine de rejet de la taxe et d'une amende de 25 fr. contre l'huissier qui fait la signification ; sauf son recours , s'il y a lieu, contre l'avoué. — Décr. 16 fév. 1807, art. 28 ; 14 juin-29 août 1813 , art. 3.

17. — L'illisibilité d'une copie résulte tant de la ténuité affectée des caractères d'écriture que du

nombre des abréviations dont elle se compose.— V. Fons, Tarif, p. 41.

18. — L'amende est prononcée sur la seule provocation du ministère public par la cour ou le tribunal devant lequel la copie illisible est produite.—Décr. 44 juin-27 août 1813, art. 2 ; — Cass., 24 nrv. 4836, Tarasme.

19. — Le ministère public peut, du reste, poursuivre l'huissier contrevenant non-seulement par voie de réquisition, dans le cours d'une instance, mais encore et en tout état de cause, par voie d'action directe, sur la simple production de l'acte illisible. — Cass., 47 déc. 4828, Poullain.

20. — Si l'huissier contrevenant est convaincu de récidive , il devient passible de suspension ou même de remplacement , selon les circonstances. — Décr. 44 juin 1813, art. 4.

21. — L'amende est prescrit par deux ans comme toutes les amendes de contraventions aux lois sur le timbre, et la prescription court du jour où le préposé aurait été mis à portée de constater les contraventions au vu de chaque acte soumis à l'enregistrement. — L. 26 juin 1824, art. 44.

22. — Dans le cas où les préposés n'auraient pas été mis à même de constater la contravention, le droit de poursuivre durerait 30 ans, conformément à l'art. 2262 , C. civ. — Cass., 44 nov. 4834 , Enregist. c. Auger ; — Instr. gén. de l'admin., § 44, n° 4481. — Nicias-Gaillard , p. 32.

23. — On ne doit pas, dans les copies, couvrir d'écriture l'empreinte du timbre. Cette décision s'applique également au timbre sec et au timbre mobile. — L. 43 brum. an VII, art. 21.

24. — Toutefois , il n'y a pas de contravention lorsque le verso seulement des empreintes des deux timbres est couvert d'écritures ou de traits de plume. — Décis. min. des fin. 46 juin 1807.

25. — La contravention aux prescriptions précédentes est punie d'une amende de 5 fr. — L. 43 brum. an VII, art. 26 ; 46 juin 1824, art. 40.

26. — Les copies ne peuvent contenir plus de trente-cinq lignes par page de petit papier, quarante lignes par page du moyen papier et cinquante lignes par page de grand papier, à peine de 5 fr. d'amende contre l'huissier. — Décr. 43 juin-29 août 4813, art. 4er ; L. 46 juin 4824, art. 40.

27. — Il est dû autant d'amendes qu'il y a de pages de petit papier contenant plus de trente-cinq lignes. — Nicias-Gaillard, p. 33.

28. — Mais les copies de pièces qui contiendraient plus de trente-cinq lignes par page de petit papier ne pourraient par ce seul motif être rejetées de la taxe. Le rejet de la taxe est une mesure générale; on ne peut pas ajouter une seconde peine à celle qui est prononcée par la loi. — Même auteur, p. 44.

29. — La compensation d'une feuille à l'autre autorisée à l'égard des expéditions par l'art. 20, L. 43 brum. an 7, s'applique aux copies faites par les huissiers en ce qui concerne le nombre de lignes fixé par le décret de 1813. — Décis. minist. fin. 44 nov. 4834. — V. Fons, loc. cit.

30. — Le mot page ne doit s'entendre que d'une page écrite dans la largeur et non dans la longueur du papier. En conséquence , l'huissier qui écrit dans la longueur de la feuille, au lieu de le faire dans la largeur, commet une contravention, si le nombre des lignes tracées dans le premier sens excède, d'après un calcul de proportion, la quantité qu'il aurait pu tracer dans le second. — Fons, p. 39, n° 6.

31. — Les contraventions relatives au nombre de lignes par page doivent être constatées et poursuivies suivant les formes spéciales au recouvrement du droit du timbre par la régie de l'enregistrement. Le ministère public ne peut pas à raison de ce dernier fait poursuivre directement devant la juridiction où les copies de pièces sont produites, l'huissier qui les a signifiées. — Cass., 45 fév. 4834 (t. 4er 4841, p. 638), Puissant et Gaillard; Douai, 26 mars 4835, M... c. Cassella; — Nicias-Gaillard, p. 46.

32. — Les dispositions du décret de 4843 s'appliquent aux copies imprimées comme à celles qui sont manuscrites. — Décis. du min. des finances du 5 oct. 4824 ; J. enregis., art. 7076.

33. — Il n'y a aucune distinction à établir entre les copies des exploits faites par les huissiers aux copies des pièces des actes étrangers à leur ministère. — Fons, p. 39, n° 5.

34. — Cependant M. Nicias Gaillard (Tr. des copies de pièces, p. 34-44) pense que la copie des exploits n'est pas comprise dans les prescriptions du décret du 29 août 1813, parce que, selon lui, par ces mots copies de pièces, la loi n'a pu entendre les actes et pièces qui sont la demande elle-même comme les exploits, mais seulement les pièces proprement dites sur lesquelles la demande ou les défenses sont fondées.

35. — Dans tous les cas, il est certain que l'original lui-même n'est pas soumis aux dispositions du décret. — Même auteur, *loc. cit.*

36. — Les dispositions précitées du décret de 1813 ne concernent que les copies faites par les huissiers; celles qui sont signées par les avoués ne sont pas assujéties au nombre de lignes indiqué. — Délibér. du conseil d'admin. de l'enregistr. du 9 nov. 1832, approuvée le 26; *J. enregistr. et domaines*, t. 68, p. 281; Boucher d'Argis, *Dict. raisonné de la taxe*, p. 102; Carré, *Tarif*, p. 58.

37. — Cette distinction doit être admise quand même les copies seraient signifiées par un huissier. — Boucher d'Argis, *loc. cit.*

38. — Les huissiers et les avoués peuvent faire lithographier ou autographier leurs actes. —Fons, p. 63.

39. — Dans ce cas, les frais d'impression restent à leur charge, et les seuls droits fixés par rôle leur sont alloués. Mais on ne peut se refuser à passer ces droits en taxe sous prétexte de l'impression. L'enrôlement fixé par la taxe est dû, pourvu que les copies remises soient lisibles et correctes. Quant aux originaux des mémoires, requêtes et jugemens, ils doivent être écrits à la main, surtout les jugemens, parce qu'ils émanent du greffe. — V. Fons, p. 163, § 47.

40. — Les copies de pièces doivent toujours être signées soit par un huissier, soit par un avoué, qui répond de leur exactitude. — Tarif, art. 28-72.

41. — *Emolumens dus pour copie de pièces.* — Le tarif alloue à l'officier ministériel qui certifie la sincérité des copies de pièces un émolument dont la quotité varie selon l'importance des localités.

42. — Ainsi pour les copies de pièces qui doivent être données avec l'exploit d'ajournement et autres actes, le droit par rôle contenant vingt lignes à la page et dix syllabes à la ligne (400 syllabes pour un rôle) ou évalué sur ce pied est de : pour cantons de 1re classe, 25 c.; 2e classe, 23 c.; 3e et 4e classes, 20 c. — 1er tarif, art. 28.

43. — Pour les copies qui sont données avec les défenses ou qui peuvent être signifiées dans les causes, par rôle de 25 lignes à la page et 12 syllabes à la ligne (600 syllabes pour un rôle), le droit est de : 1re classe, 30 c.; 2e classe, 27 c.; 3e classe, 25 c. — 1er tarif, art. 72, § 2.

44. — *Quels officiers ministériels ont droit à l'émolument.* — L'art. 72, § 2, du tarif est conçu dans les termes suivans : « Les copies de tous actes ou jugemens qui seront signifiées avec les exploits des huissiers appartiendront à l'avoué si elles sont faites par lui, à la charge de les certifier véritables et de les signer. »

45. — Cette disposition a donné lieu à une vive controverse sur l'étendue des droits respectifs des avoués et des huissiers.

46. — On a prétendu, en effet, dans l'intérêt des avoués, qu'ils avaient, sans aucune distinction, le droit de certifier toute espèce de copies de pièces données en tête des exploits, et par suite qu'ils devaient en percevoir les émolumens. — Les lois organiques qui instituent les avoués et les huissiers, disait-on, ne contiennent aucune disposition relative au droit de faire les copies de pièces; il faut donc s'en rapporter uniquement au tarif; et il résulte des termes de l'article ci-dessus rappelé, que l'intention de ses rédacteurs a été que les copies fussent faites par l'officier ministériel à qui la partie aurait déposé ses titres. Souvent une même demande doit être signifiée à plusieurs défendeurs résidant à de grandes distances, les huissiers n'étant autorisés à notifier les copies de pièces qu'autant qu'elles précèdent un exploit de leur ministère, il faudra donc successivement envoyer les titres sur lesquels se fonde la demande aux divers huissiers, seuls compétens pour signifier les divers ajournemens; de là des retards toujours nuisibles et quelquefois fatals aux parties, une augmentation de frais et des risques de perte pour des titres précieux. C'est précisément pour remédier à ces inconvéniens qu'on a investi l'avoué du droit de faire lui-même les copies et de les envoyer ensuite, revêtues de sa signature, aux divers huissiers. — *Paris*, 5 fév. 1833, Mira c. Pottier; 5 août 1834, Mauger c. Thevenin.

47. — Mais on répondait, pour les huissiers, que les copies de pièces font partie des exploits qu'elles accompagnent, et que, dès-lors, c'est, en principe, aux huissiers seuls qu'appartient le droit de les transcrire et d'en toucher les émolumens. Les avoués ont, il est vrai, à l'égard des actes signifiés dans le cours d'une instance, la faculté de s'immiscer dans les actes d'huissier par une copie de pièces à signifier avec ces actes; mais cette exception, toute spéciale, ne saurait être étendue; entre les attributions des huissiers et celles des avoués, il existe des points de contact qui peuvent faire admettre, dans un même acte, le concours de ces deux officiers ministériels, parce que la signification, qui est du domaine de l'un, est celle d'un acte résultant de la postulation, qui est du domaine de l'autre; mais, en dehors de l'instance dans laquelle il est constitué, l'avoué n'est plus qu'un simple mandataire, qui n'a pas le droit de s'interposer entre la partie et l'huissier, pour priver ce dernier d'une portion des émolumens qui lui sont accordés par la loi.

48. — La cour de Cassation a consacré cette distinction par un arrêt du 5 déc. 1832 (Bourgerie c. Denis), dont voici les motifs : « Attendu que les articles invoqués du tarif, exactement analysés, se réduisent à dire que le droit de copie de pièces appartient soit à l'avoué, soit à l'huissier, selon que cette copie a été faite par l'un ou par l'autre; mais que la question à résoudre, qui est celle de savoir dans quel cas l'avoué a privativement à l'huissier qualité pour faire cette copie de pièces, n'est pas décidée par cet article, et doit être résolue par les principes résultant de la nature même des choses, et celle des actes dont la copie de pièces est le complément; attendu qu'un principe fondé sur la nature même des choses est que l'accessoire suive la nature du principal, et par conséquent que l'officier ministériel à qui la loi confère le droit exclusif de faire un acte ait exclusivement aussi le droit de faire la copie de pièces, que la loi déclare partie intégrante, et qu'on doit considérer comme complément de ce même acte... » — *Metz*, 23 nov. 1830, Bourgerie c. Denis; *Rouen*, 20 janv. 1830, Delamotte c. Heusé.

49. — Il faut, en conséquence, distinguer les copies de pièces en deux classes, savoir : 1° celles qui se rattachent à des actes faisant partie intégrante d'une instance, ou placées dans les attributions spéciales des avoués; — 2° celles relatives à des actes purement extrajudiciaires, ou se rapportant à des instances dans lesquelles le ministère des avoués n'est pas admis. — Les premières peuvent être faites concurremment, soit par l'avoué, soit par l'huissier. — Le droit de transcrire les secondes appartient exclusivement aux huissiers. — La jurisprudence est aujourd'hui fixée sur ce point. — Bioche, *Dict. de procéd.*, v° *Copie de pièces*, nos 11 et suiv.; Boucher d'Argis, v° *Copie de pièces*, p. 99; Fons, p. 61, 62; Chauveau, *Comm. du tar.*, p. 77.

50. — Ainsi les huissiers ont un droit exclusif pour faire les copies de pièces signifiées en tête : 1° d'une assignation devant les conseils de prud'hommes ou les tribunaux de commerce. — *Paris*, 19 janv. 1837 (t. 1er 1837, p. 459), Guériot c. Louis; *Cass.*, 22 mai 1838 (t. 2 1838, p. 246), Thevenin c. Mauger.

51. — ... 2° D'une citation aux témoins devant ces juridictions. — *Paris*, 29 mai 1837 (t. 1er 1837, p. 459), Legrand c. Dupoty.

52. — ... 3° De la signification des jugemens rendus également par ces tribunaux. — *Paris*, 29 mai 1837 (t. 1er 1837, p. 459), Legrand c. Dupoty; *Cass.*, 22 mai 1838 (t. 2 1838, p. 246), Thevenin c. Mauger.

53. — ... 4° Des actes relatifs à des arbitrages. — *Paris*, 19 janv. 1837 (t. 1er 1837, p. 459), Gueriot c. Louis; 29 mai 1837 (t. 1er 1837, p. 459), Legrand c. Dupoty.

54. — ... 5° D'une citation en conciliation devant le juge de paix. — *Cass.*, 22 mai 1832, Millart c. Barée-Deschamps. — Ou même d'une citation en matière de la compétence du juge de paix. — Arg. *Cass.*, 29 mai 1838 (t. 2 1838, p. 246), Thevenin c. Mauger.

55. — ... 6° Des commandemens tendant à des exécutions de quelque nature que ce soit. — *Cass.*, 5 déc. 1832, Bourgerie c. Denis; *Amiens*, 24 nov. 1836 (t. 1er 1837, p. 41), Miro c. Pottier; *Cass.*, 22 mai 1838 (t. 2 1638, p. 246), Thevenin c. Mauger.

56. — ... 7° D'une signification de transport. — *Cass.*, 22 mai 1838 (t. 2 1838, p. 246), Thevenin c. Mauger.

57. — ... 8°. De l'exploit de saisie-arrêt formé en vertu d'un titre; il n'y a pas encore instance, mais il en serait autrement si l'opposition était pratiquée en vertu d'une ordonnance rendue par le président du tribunal. — *Amiens*, 24 nov. 1836 (t. 1er 1837, p. 41), Miro c. Pottier.

58. — 9° ... De la notification d'une saisie-brandon, ou de la dénonciation d'une saisie-exécution. — Bioche, n° 19 et 20.

59. — ... 10° De la notification, à l'héritier, d'un titre exécutoire contre le défunt. — Bioche, n° 21.

60. — ... 11° De la sommation faite au tiers détenteur de payer les créances inscrites sur l'immeuble à lui transmis ou de délaisser. — Bioche, n° 23.

61. — Mais les avoués peuvent faire, concurremment avec les huissiers, les copies de pièces relatives : 1° aux exploits d'ajournement devant les tribunaux de première instance. — *Cass.*, 22 mai 1834, Dieu-Bralret c. Didelot; *Amiens*, 24 nov. 1836 (t. 1er 1837, p. 41), Miro c. Pottier; *Cass.*, 22 mai 1838 (t. 2 1838, p. 246), Thévenin c. Mauger.

62. — ... 2° A la signification des jugemens contradictoires ou par défaut rendus par les tribunaux de première instance. — *Cass.*, 22 mai 1834, Dieu-Bralret c. Didelot; 22 mai 1838 (t. 2 1838, p. 246), Thevenin c. Mauger. — Peu importe que cette signification ne soit faite que plus d'un an après la date du jugement; Arg. *Rouen*, 20 janv. 1830, Delamotte c. Heuzé; *Cass.*, 22 mai 1834, Dieu et Bralret c. Didelot; — Bioche, n° 70.

63. — ... 3° Aux assignations données aux témoins pour paraître dans une enquête faite devant un tribunal de première instance, et autres actes de procédure suivis devant les mêmes tribunaux.

64. — ... 4° A la sommation faite à un époux, à la requête de son conjoint, demandeur en séparation de corps, pour comparaître devant le président du tribunal. — *Cass.*, 22 mai 1838 (t. 2 1838, p. 246), Thevenin c. Mauger.

65. — ... 5° A la signification des requêtes présentées au président ou à des juges du tribunal civil et des ordonnances rendues par ces magistrats. — *Amiens*, 24 nov. 1836 (t. 1er 1837, p. 41), Miro c. Pottier.

66. — ... 6° A la notification des procès-verbaux de saisie immobilière et du jugement d'adjudication. Dès qu'il y a saisie immobilière, il y a, en effet, avoué constitué et instance. — *Cass.*, 22 mai 1838 (t. 2 1838, p. 246), Thévenin c. Mauger.

67. — ... 7° A la signification de l'ordonnance d'ouverture d'un procès-verbal d'ordre : l'ordre constitue une véritable instance. — Même arrêt.

68. — ... 8° Aux notifications pour la purge des hypothèques inscrites. Il a même été jugé que les avoués ont le droit exclusif de composer le tableau, prescrit par l'art. 2183, C. civ., et qui se trouve en tête des notifications. — *Orléans*, 21 nov. 1844 (t. 2 1844, p. 685), avoués de Tours c. huissiers de Tours.

69. — Mais il en est autrement en matière de purge légale. Il n'y a plus, en effet, comme dans le cas précédent, une véritable instance; l'acte de notification devient purement extrà-judiciaire, et il rentre, par conséquent, dans les attributions exclusives des huissiers. — *Amiens*, 24 nov. 1836 (t. 1er 1837, p. 41), Miro c. Pottier; *Cass.*, 22 mai 1838 (t. 2 1838, p. 246), Thévenin c. Mauger; Arg. *Cass.*, 31 mars 1840 (t. 1er 1840, p. 606), avoués de Senlis c. Pétré.

70. — ... 9° Enfin, à la signification de tous les actes concernant des procédures où le ministère des avoués, sans être obligatoire, peut être employé par les parties. Le droit exclusif des huissiers cesse alors, quand il y a constitution d'avoué.

71. — Il en est, par exemple, ainsi dans le cas de référé (*Amiens*, 24 nov. 1836 [t. 1er 1837, p. 41], Miro c. Pottier); de procédure suivie en police correctionnelle (*Cass.*, 22 mai 1838 (t. 2 1838, p. 246), Thévenin c. Mauger); ou en cour d'assises. — Même arrêt.

72. — Dans le cas où la concurrence appartient aux avoués, d'après les règles ci-dessus posées, les huissiers n'ont pas le droit de supprimer les copies de pièces qui leur sont remises et d'en faire de nouvelles dont ils réclament l'émolument, sous prétexte que ces copies contiennent plus de trente-cinq lignes à la page. Les avoués sont responsables de la contravention, si elle existe. — *Cass.*, 22 mai 1834, Dieu et Bralret c. Didelot.

73. — L'émolument dû aux avoués pour les copies de pièces par eux certifiées et signifiées avec les exploits d'ajournement ou autres analogues, est-il celui fixé par l'art. 28 du tarif, ou bien celui déterminé par l'art. 72 pour les copies données avec les défenses ou signifiées dans la cause? — Cette question divise les auteurs.

74. — Les uns pensent que les avoués ont, dans tous les cas, le droit de réclamer l'émolument réglé par l'art. 72, parce que si le législateur eût entendu que l'art. 28 leur fût applicable, aussi bien qu'aux huissiers, il l'aurait exprimé dans l'art. 72, où il répète que les copies de tous actes et jugemens, signifiées avec les exploits des huissiers, appartiennent à l'avoué, si elles ont été faites par lui. Or, cet article garde le silence et ne se réfère, ni implicitement ni explicitement, à l'art. 28. Il est donc rationnel de penser qu'il existe une liaison intime entre les deux derniers paragraphes de l'art. 72, et que, si les rédacteurs du tarif les ont ainsi rapprochés, c'est que, dans leur opinion, ils s'enchaînaient et ne formaient qu'une seule disposition. — Chauveau, *Comm. du tarif*, t. 2, p. 74, n° 14; Vervoort, *Tarifs expliq.*, p. 29, note *a*; Rivoire, v° *Copie de pièces*, p. 222; Victor Fons, p. 61, n° 4.

75. — MM. Sudraud-Desisle et Boucher d'Argis (p. 200 et suiv.) soutiennent, au contraire, que les avoués n'ont droit, ainsi que les huissiers, qu'à l'émolument déterminé par le § 2 de l'art. 28 du

tarif, parce que, selon eux, si l'on considère le
§ 1 de l'art. 72 comme le corollaire du § 2, il y a
même raison pour considérer le § 2 de l'art. 28
comme corollaire du § 1er. — D'où la conséquence
que, sauf l'exception portée dans l'art. 89 et relative aux copies de jugemens signifiées par les
avoués, toutes les copies données en tête des actes des huissiers doivent être payées aux avoués,
quand elles sont faites par eux, d'après le taux fixé
par le § 2 de l'art. 28.

76. — Nous n'hésitons pas à nous ranger à l'opinion de ces derniers auteurs. L'analogie qu'ils
établissent entre les deux premiers paragraphes
de l'art. 28 et les second et troisième paragraphes
de l'art. 72 du tarif, nous paraît très rationnelle.
D'ailleurs, nous comprendrions difficilement comment certaines copies pouvant être faites indistinctement soit par l'avoué, soit par l'huissier, un
émolument différent serait accordé, selon qu'elles
émaneraient de l'un ou de l'autre de ces officiers
ministériels.

V. ABRÉVIATION, TIMBRE.

COPIE DE PIÈCES (matière cri-
minelle).

Table alphabétique.

COPIE DE PIÈCES (mat. crim.).—1.—La procédure
criminelle a toujours été secrète. L'ord. 1670, tit. 6,
art. 45, qui ne fit en cela que renouveler une prohibition déjà existante, défendait aux greffiers, sous
peine d'interdiction et de cent livres d'amende, de
communiquer aux accusés les pièces du procès. —
V. aussi règlem. 28 juin 1738, part. 2e, tit. 6, art. 40.
— V. INSTRUCTION CRIMINELLE.

2. — Cette défense subsistait non seulement pendant l'instruction, mais aussi après la confrontation et même en cas d'appel. — Arrêt de règlem.
du parlem. Paris, 3 sept. 4667.

3. — Le magistrat instructeur devait seulement
donner connaissance à l'accusé des dépositions
faites contre lui. — Cet usage fut rétabli par la loi
du 7 pluv. an IX.

4. — Aujourd'hui la procédure est également secrète. Mais aussitôt qu'est intervenu l'arrêt de renvoi, le secret qui a présidé aux premières opérations de la justice ne subsiste plus, et l'accusé doit,
aux termes de la loi, avoir connaissance de tout ce
qu'on lui impute.

5. — Le ministre de la justice, consulté sur ce
point, a été d'avis du secret de la procédure criminelle, et l'usage est constant en conséquence ;
cependant, le procureur général a la faculté d'ap-

précier si cette communication peut présenter des
inconvéniens.

6. — Néanmoins, le secret des procédures criminelles n'est pas prescrit à peine de nullité. — Cass.,
34 août 4833, Létagé.

7. — L'accusé, avant sa translation de la prison
où il était détenu, dans la maison de justice, ou
dès son arrivée dans cette maison, a déjà reçu copie de l'arrêt de renvoi et de l'acte d'accusation
(C. inst. crim., art. 242 et 243) ; et il peut ainsi vérifier si l'arrêt de renvoi est susceptible d'être attaqué.—V. ACTE D'ACCUSATION, CHAMBRE DES MISES
EN ACCUSATION.

8. — L'art. 305, C. inst. crim., veut de plus qu'il
lui soit délivré gratuitement copie des procès-verbaux constatant le délit et les déclarations écrites
des témoins.

9. — Son conseil peut, en outre, prendre communication de toutes les pièces, sans toutefois,
pouvoir les déplacer du greffe, et sans que cette
communication puisse apporter aucun retard à
l'instruction. — C. inst. crim., art. 302.

10. — Il peut aussi prendre ou faire prendre, à
ses frais ou à ceux de l'accusé, copie de toutes les
pièces qu'il juge utiles à la défense. — Ibid., art.
305.

11. — C'est une copie entière et non un simple
extrait des procès-verbaux constatant le délit,
qu'on doit délivrer gratuitement à l'accusé. — Dalmas, Des frais de justice en matière criminelle,
p. 444.

12. — La communication des pièces au défenseur de l'accusé ne peut tenir lieu de la remise
d'une copie. — Cass., 4 brum. an VII, Conseil ;
7 vendém. an VII, Lacuman ; 19 brum. an VII,
Bauquis ; 24 prair. an XIII, Cenaldi ; 6 juill. 1827,
Gilmaire. — Ces décisions avaient, du reste, beaucoup plus d'intérêt sous le Code du 3 brum. an IV,
qui prononçait formellement la nullité en cas de
non délivrance de la copie.

13. — L'art. 390 du Code du 3 brum. an IV exigeait que la copie remise à l'accusé comprît toutes les pièces de la procédure et cette disposition
était prescrite à peine de nullité.— Cass., 29 brum.
an X, Lacoudre ; 28 pluv. an X, Defaugre ; 24
prair. an XIII, Cenaldi.

14. — Aussi jugeait-on, sous l'empire de ce Code,
qu'il y avait nullité des débats et du jugement
lorsqu'il n'avait pas été donné à l'accusé copie des
déclarations des témoins. — Cass., 7 vendém. an
VII, Lacuman; 26 vent. an VII, Lepimpet ; 17 flor.
an VII, Saint-Alyre et Bérenger; 30 vent. an XIII,
Peretti.

15. — Il y avait aussi nullité, lorsque la liste des
témoins notifiée à l'accusé ne contenait pas l'indication de leur âge, profession et domicile. — Cass.,
19 brum. an VII, Brujaud ; 25 vent. an VII, Jean
Mélay.

16. — ... Ou lorsque les nom, âge, profession et
domicile des témoins entendus, pendant le débat,
n'avaient pas été notifiés à l'accusé vingt-quatre
heures avant l'examen. — Cass., 12 vent. an VII,
Brothier-Lavaux.

17. — De même, il y avait nullité lorsqu'il n'a-
vait pas été donné copie à l'accusé des ordonnances relatives à des visites domiciliaires avec celles
des autres pièces du procès. — Cass., 1er frim. an
VIII, Chambard et Rollin.

18. — Le défaut de remise à l'accusé d'une copie d'un procès-verbal d'autopsie, pièce servant à
constater le délit et annexée à l'acte d'accusation,
opérait également nullité. — Cass., 16 janv. 1806,
Fortuné Benard.

19. — Il en était ainsi du défaut de remise d'une
copie des conclusions et réquisitions du substitut
du commissaire du gouvernement et du procès-
verbal de tirage du jury d'accusation. — Cass.,
9 frim. an X, Dufay.

20. — Le procès-verbal constatant la désignation d'un juge pour remplacer l'accusateur public
était au nombre des pièces dont il devait être délivré copie à l'accusé à peine de nullité. — Cass.,
42 vent. an VIII, Gelu.

21. — Lorsque la copie notifiée à l'accusé de
l'ordonnance de prise de corps ne contenait pas
son signalement, la notification était nulle ainsi
que toute la procédure qui s'était ensuivie. — Cass.,
13 oct. 4805, Mancelle.

22. — En matière de faux, il devait être donné
copie de la pièce incriminée. — Cass., 12 vent. an
VII, Moncget ; 27 messid. an X, Dangies. — V. cependant Dalmas, Des frais en matière criminelle,
p. 444, et infrà n° 32.

23. — Le Code d'inst. crim., moins favorable à
la défense, ne parle que des procès-verbaux constatant le délit, et des déclarations des témoins
(art. 305). Il n'est donc dû aux accusés vcopie gratuite que de ces pièces. — Cass., 25 avr. 4839 (1. 1er
1840, p. 449), Cas dit Touin.

24. — Par une stricte interprétation de cette
disposition, la cour de Cassation a jugé qu'il n'est
pas nécessaire de donner copie à l'accusé d'un
procès-verbal qui avait seulement pour objet de
constater sa culpabilité et non le délit imputé. —
Cass., 23 juin 4819, Christophe Pyot.

25. — Jugé de même que, lorsque le président
de la cour d'assises fait visiter l'accusé, sans aucune réquisition de sa part ni de celle du ministère public, pour vérifier si elle est enceinte et en
état de supporter les débats, il n'est pas nécessaire
que le rapport de l'expert soit communiqué à l'accusée.— Liège, 26 juin 4829, Goffin.

26. — Mais le garde des sceaux, ayant reconnu
l'utilité de ces procès-verbaux, a, par décision du
43 nov. 4827, autorisé les procureurs généraux à
faire délivrer copie gratuite aux accusés des rapports des médecins, chirurgiens et officiers de
santé, dans les affaires où leur ministère a été requis. — Dalmas, Des frais de justice en matière criminelle, p. 447.

27. — Il n'y a pas nécessité de donner copie à
l'accusé des procès-verbaux qui n'étaient pas
joints à la procédure lors de sa translation dans
la maison de justice et de sa traduction devant la
cour d'assises. — Cass., 25 juin 4819, Pyot.

28. — De même il ne peut se plaindre
de ce qu'il ne lui a pas été donné copie des procès-verbaux constatant le délit, qui n'ont été
dressés que postérieurement à la délivrance à lui
faite d'une copie des pièces de la procédure, sauf
à lui à en requérir la communication. — Cass., 4
juin 4848, Casse.

29. — Quant à la disposition relative aux déclarations écrites des témoins, elle ne paraît permettre aucune distinction. Cependant, d'après une
décision du garde des sceaux, en date du 9 avr.
1825, elle ne s'appliquerait pas aux déclarations
reçues à titre de simple renseignement. — V. Dalmas, Des frais de justice en matière criminelle,
p. 444. — Il est cependant impossible de se dissimuler que la connaissance de semblables déclarations ne soit fort utile à l'accusé ; elles exercent
toujours, et quel que soit le sentiment de méfiance
avec lequel on les accueille, une certaine influence
sur l'esprit de ceux qui en prennent connaissance,
et surtout des jurés ; l'accusé a donc le plus grand
intérêt à en détruire l'effet si elles lui sont défavorables, soit en provoquant l'exercice du pouvoir discrétionnaire du président, soit en produisant lui-même des témoignages contraires.— Aussi
l'exception admise par M. le garde des sceaux ne
nous semble-t-elle point justifiée.

30. — Il doit aussi être délivré copie gratuite
des déclarations des nouveaux témoins entendus
par le président des assises en vertu de l'art. 303,
C. inst. crim. — Cass., 24 vendém. an VII, Antou-
mari ; 28 prair. an VIII, Gilbert-Bourdier; 30 nov.
4809, Devertoy. — Ces décisions, intervenues sous
l'empire du Code de brumaire et sous la loi du 7
pluv. an IX, nous paraissent encore pleinement
applicables aujourd'hui.

31. — Il en est de même, à fortiori, de la décision, rendue également sous le Code de brumaire,
et d'après laquelle il n'y aurait pas lieu de délivrer
à l'accusé copie des déclarations de témoins reçues par un juge de paix depuis que le directeur
du jury était saisi de l'affaire. — Cass., 24 brum.
an VII, Roux.

32. — Aux termes des circulaires du ministre de
la justice des 23 fév., 9 avr., 8 nov. 4825, 8 mars
4826 et de l'instruction générale du 30 sept. 4826
(p. 59, n° 48), on ne doit jamais délivrer copie gratuite aux accusés : 1° des plaintes ou dénonciations; — 2° des actes argués de faux ; — 3° des
procès-verbaux dressés pour constater la représentation aux accusés des actes argués de faux, et
la reconnaissance de ceux-ci par le notaire et les
témoins qui ont figuré dans les actes ; — 4° des
procès-verbaux de description des mêmes actes ;
— 5° des pièces revêtues de sceaux contrefaits ; —
6° du bilan dans les affaires de banqueroute frauduleuse ; — 7° de l'inventaire du mobilier de l'accusé dans les mêmes affaires ; — 8° des rapports
des agens et syndics provisoires et définitifs, même
lorsqu'ils ont été faits à la requête des magistrats;
— 9° des actes et écrits simulés constatant des
dettes passives et collusoires entre l'accusé et ses
créanciers fictifs ; — 10° du procès-verbal des exploits d'assignation; — 13° des assignations en garantie; — 14° des commandemens à fin de saisie ;
— 15° des interrogatoires des prévenus poursuivis
d'abord comme complices, mais contre lesquels
il a été déclaré n'y avoir lieu à suivre. — Dalmas,
Des frais en matière crim., p. 447.

33. — L'ordonnance rendue par le juge d'instruction pour annexer un rapport à la procédure,

n'est pas non plus au nombre des pièces dont copie doive être délivrée gratuitement à l'accusé.— *Cass.*, 3 janv. 1833, Ané.

34. — Il en est de même du premier interrogatoire de l'accusé; celui-ci est censé le connaître suffisamment. — *Cass.*, 19 mars 1819, Esporrin. — Dalmas, *Des frais en matière criminelle*, p. 141.

35.—...Ainsi que des autres interrogatoires dans les affaires où il y a confrontation des accusés entre eux ou avec les témoins. — Dalmas, *ibid.*, p. 143.

36. — L'accusé n'a pas non plus le droit d'exiger qu'il lui soit délivré copie gratuite des interrogatoires d'un prévenu décédé pendant l'instruction; il suffit qu'il n'ait pas demandé une copie à ses frais et qu'elle ne lui ait pas été refusée. — *Cass.*, 15 avr. 1824, Pigeonnat.

37.— Une lettre écrite au juge d'instruction par un témoin ne constitue pas une des déclarations écrites dont il doit être donné gratuitement copie aux accusés. — *Cass.*, 28 mars 1829, Chauvière. — Dalmas, *ibid.*, p. 150.

38. — A plus forte raison en doit-il être ainsi lorsque la lettre a été écrite au juge d'instruction par l'accusé lui-même.—*Cass.*, 1er fév. 1839 (t. 1er 1840, p. 199), Delavier.

39. — L'accusé ne peut se plaindre du défaut de copie d'une lettre qui ne faisait point partie de la procédure avant l'ouverture des débats, et qui lui a été représentée lorsqu'elle a été produite. — *Cass.*, 9 avr. 1818, Couaix.

40. — Aucune disposition du Code d'instruction criminelle ne prescrit la notification au prévenu de l'ordonnance de prise de corps qui n'est que provisoire jusqu'à ce qu'elle ait été sanctionnée par la chambre des mises en accusation. — D'ailleurs, l'accusé qui n'a formé aucune demande en nullité dans les cinq jours de l'interrogatoire qu'il a subi devant le président de la cour d'assises, est non-recevable à attaquer la procédure antérieure à cet interrogatoire. — *Cass.*, 29 avr. 1830, Vandermans.

41.— Lorsqu'une procédure sur laquelle il était intervenu une ordonnance de non lieu a été reprise sur charges nouvelles, il doit être délivré copie à l'accusé des procès-verbaux et déclarations de la première information. — *Cass.*, 24 mai 1832, Lostage.

42. — L'accusé acquitté n'a plus à se défendre, et n'a conséquemment plus de motif légal pour demander qu'il lui soit donné copie de la procédure. — *Cass.*, 27 flor. an XII, Migliotti.

43.—Toutefois, si l'accusé, faute d'avoir connu son dénonciateur avant la fin de la session, est obligé de porter sa demande en dommages-intérêts devant le tribunal civil (C. inst. crim., art. 358), on ne pourrait, sans le priver de l'exercice de son action, lui refuser copie de la plainte, ainsi que des ordonnances et jugement; mais il aurait besoin alors de l'autorisation du procureur général, conformément à l'art. 56, décr. 18 juin 1811, qui doit être appliqué aux matières de grand criminel.

44.—L'art. 305, C. inst. crim., ne dit pas, comme le Code de brumaire, que la délivrance de la copie aura lieu à peine de nullité. — Aussi la jurisprudence a-t-elle changé avec la législation et ne considère-t-elle plus cette formalité comme substantielle.

45.—Jugé, en conséquence, que l'inobservation de l'art. 305 qui prescrit la délivrance d'une copie des pièces à l'accusé n'entraîne point de nullité.— *Cass.*, 4 juin 1818, Claude Casse; *Bruxelles*, 11 nov. 1819, Jacques Gilbert; *Cass.*, 10 déc. 1824, Sauva; 13 janv. 1827, Roque; 27 avr. 1827, Maury; 3 août 1827, Reynaud dit Lissot; 7 mars 1828, Cauchy; 19 mars 1829, Esperrin; 28 mars 1829, Chauvière; 6 fév. 1832, Faure; 20 juill. 1837 (t. 2 1839, p. 313), Pithon. — V. *contrà Cass.*, 24 mai 1832, Lestage.

46. — Cependant, si l'omission de la délivrance de la copie n'opère pas de plein droit la nullité des débats, cette peine doit être prononcée, lorsque, malgré la réquisition de l'accusé, la cour a ordonné qu'il serait passé outre aux débats.—*Cass.*, 15 juin 1827, François Faye; 6 juill. 1827, Gilmaire; 20 juill. 1837 (t. 2 1839, p. 313), Pithon.

47. — Dans ce cas, la nullité est encourue, encore bien que la cour d'assises ait accédé à la demande du défenseur de l'accusé tendante à obtenir la communication de la procédure.—*Cass.*, 6 juill. 1827, Gilmain.

48. — Dès-lors, l'accusé ne peut tirer une ouverture à cassation de ce qu'il ne lui aurait pas été délivré copie de la déposition d'un témoin, si ni lui, ni son conseil, n'ont usé de la faculté qui leur était accordée par la loi d'en demander copie à ses frais, et si, par conséquent, cette copie n'a pas été refusée.—*Cass.*, 29 avr. 1825, Houcix; 10 déc. 1824, Sauva; 14 janv. 1830, Martres.

49. — De même, l'accusé ne peut se faire un moyen de cassation de ce qu'il ne lui aurait pas été donné copie des procès-verbaux constatant le délit et des déclarations des témoins s'il n'a élevé, au sujet de cette omission, aucune réclamation devant la cour d'assises. — *Cass.*, 30 avr. 1835, Lambert et Robert; 3 août 1827, Reynaud dit Lissac.

50.—...Ni de ce qu'il ne lui aurait pas été délivré copie des procès-verbaux des hommes de l'art appelés par le juge d'instruction, alors surtout qu'il ne rapporte aucune preuve qu'il en ait fait la demande. — *Cass.*, 27 avr. 1827, Maury.

51.—L'accusé qui, avant les débats, n'a demandé ni la copie des dépositions qui ne lui ont pas été remises, ni le renvoi de l'affaire à une autre session, est non-recevable à se prévaloir de ce défaut de remise pour faire casser l'arrêt de condamnation rendu contre lui. — *Cass.*, 13 janv. 1827, Roque.

52. — Lorsque lecture des pièces a été donnée, et que les accusés, au lieu d'en demander copie, en ont sollicité et obtenu la communication; qu'elles ont pu, dès-lors, être discutées dans la plaidoirie, il n'y a eu aucune atteinte portée à la liberté et à l'efficacité de la défense. — *Cass.*, 25 avr. 1839 (t. 1er 1840, p. 149), Cas dit Touin.

53. — Lorsqu'un plan levé en exécution d'une ordonnance du président des assises et le procès-verbal de cette opération ont été joints aux pièces du procès dont l'accusé a pu prendre communication; que, d'ailleurs, il n'y a eu de sa part aucune opposition aux débats, contre l'usage de ce plan et de ce procès-verbal, il ne peut demander ultérieurement la nullité de la procédure en se fondant sur ce qu'il n'a pas assisté aux opérations de l'expert, et sur l'absence de communication des pièces qui ont été rédigées en conséquence.—*Cass.* 3 nov. 1836 (t. 1er 1837, p. 240), Marié.

54.— Carnot (sur l'art. 305, *C. inst. crim.*, t. 2, p. 452, n° 2) critique vivement la jurisprudence de la cour de Cassation, et fait les réflexions suivantes : « La loi ne prononce pas, il est vrai, la peine de nullité; mais est-il nécessaire que l'article applicable du Code prononce cette peine, lorsque de son inobservation il peut résulter que l'accusé aura été gêné dans sa défense, lorsque les pièces de l'instruction qui peuvent exercer une influence quelconque sur le jugement ne lui ont pas été communiquées? Le conseil de l'accusé est bien autorisé, sans doute, à prendre communication au greffe des pièces de la procédure; mais croit-on qu'une lecture rapide puisse remplacer une copie que l'on a sous les yeux pendant le cours des débats? et d'ailleurs cette communication n'est autorisée qu'en faveur du conseil de l'accusé. »

55.—Malgré ces objections, dont on chercherait vainement à dissimuler la gravité, nous pensons que les changemens introduits dans la législation ne permettent pas de suppléer la nullité qui était formellement écrite dans le Code de brumaire an IV, art. 320.

56. — Le § 1er, art. 305, qui autorise les conseils des accusés à prendre ou à faire prendre, à leurs frais, copie de telles pièces du procès qu'ils jugent utiles à la défense, embrasse par la généralité de ses termes *toutes* les pièces sans exception; on ne devrait donc leur en refuser aucune. — Carnot, *C. Inst. crim.*, art. 305, n° 2, t. 2, p. 447.

57. — Jugé toutefois que le refus de délivrer copie à l'accusé, même à ses frais, des pièces d'une affaire précédente qui ne fait pas essentiellement partie de la poursuite actuelle n'est pas une cause de nullité.—*Cass.*, 23 nov. 1833, Jean Trottchet.— En effet, aucune disposition de loi ne donne à l'accusé le droit de l'exiger. Le refus d'une semblable copie ne rentre donc pas dans les termes de l'art. 408, C. inst. crim. Le système contraire attribuerait à l'accusé une faculté de fouiller dans les greffes, qui pourrait être préjudiciable à des tiers ou même à la vindicte publique.

58. — L'art. 56, décr. 18 juin 1811, qui accorde aux parties, en matière criminelle, le droit de se faire délivrer copie de la plainte, de la dénonciation, des ordonnances et des jugemens définitifs, ne s'applique pas aux réquisitoires du ministère public. — *Cass.*, 24 août 1838, Int. de la loi c. Kergorlay.

59. — Mais la partie civile elle-même peut-elle se faire délivrer à ses frais une copie des pièces?— Aucune loi ne le permet, ni ne le défend. Le droit qu'elle a de prendre part aux débats nous semble supposer nécessairement la faculté de prendre communication des pièces et même d'en obtenir copie, moyennant le salaire fixé par la loi.— Dans l'usage, lorsque la partie civile désire obtenir copie de la procédure, elle s'adresse au procureur général qui donne ou qui refuse son autorisation suivant les circonstances. — Carnot, *Inst., crim.*, t. 2, p. 448, art. 305, note 1re; Bourguignon, *Jurisp., crim.*, t. 2, p. 25.

60. — dans tous les cas, l'accusé ne peut se faire un moyen de cassation de ce qu'il a été délivré copie de la procédure à la partie civile. — *Cass.*, 1er juill. 1808, Plissard c. Duval.

61. — Il fallait, sous le code du 3 brum. an IV, fournir autant de copies qu'il y avait d'accusés, et on prononçait invariablement la nullité, s'il n'en avait été délivré qu'une pour plusieurs accusés. — *Cass.*, 25 fruct. an VII, Lebrun, Lannoy; 15 frim. an VIII, Diot et Anne Brognon; 12 brum. an VIII, Drain et Follet; 21 frim. an V, Pozier; 6 brum. an VIII, Piel, Lefèvre; 6 fruct. an VII, Pâté; 2 frim. an VII, Naver.

62. — ... Surtout si les accusés avaient des intérêts opposés. — *Cass.*, 21 frim. an V, Pozier.

63. — La loi du 5 pluv. an XIII, sur la diminution des frais de justice en matière criminelle, réduisit le nombre des copies gratuites à une seule pour tous les accusés.

64. — Le Code d'instruction criminelle a reproduit la même disposition. Suivant les termes exprès de l'art. 305, il ne peut être délivré gratuitement qu'une seule copie, dans tous les cas et en quelque nombre que soient les accusés.

65. — On s'est élevé avec raison contre cette parcimonie de la loi. Il peut arriver en effet que les accusés soient fort nombreux; que plusieurs aient des intérêts opposés; que la même accusation comprenne des hommes et des femmes, qui sont séparés dans toutes les prisons. Aucun délai n'étant prescrit pour la délivrance de cette copie, comment pourra-t-elle servir à tous? La loi, on ne saurait le nier, sacrifie l'intérêt de la défense à l'intérêt du trésor. Il serait sage de réserver au président de la cour d'assises ou à l'officier du ministère public la faculté d'autoriser la délivrance d'un plus grand nombre de copies, par une ordonnance spéciale et motivée, toutes les fois que les circonstances l'exigeraient impérieusement. — V. Legraverend, *Législ. crim.*, t. 2, p. 156, n° 6.

66. — Toutefois, il a été jugé que lorsque deux individus accusés du même crime sont jugés dans des assises différentes, la délivrance d'une copie gratuite des pièces de la procédure au premier jugé ne dispense pas d'en délivrer une autre à celui qui est jugé le second. — *Cass.*, 15 juin 1827, Faye; 6 juill. 1827, Gilmaire. — V. conf. *circul.* min. 11 nov. 1827, et Dalmas, p. 147.

67. — Cette exception au principe absolu de l'art. 305, C. instr. crim., résulte nécessairement de la force des choses. Lorsque deux accusés dans la même affaire sont jugés à des époques différentes, il est constant que le second ne peut s'aider de la copie des pièces qui a été donnée au premier; cette copie n'ayant plus aucun intérêt pour celui-ci, après les débats de son affaire, est anéantie. Le second accusé ne peut donc s'en aider pour sa défense, et il est indispensable, pour que la loi soit exécutée à son égard, qu'une nouvelle copie lui soit donnée.

68. — L'accusé qui a obtenu une première copie gratuite des pièces ne peut en exiger gratuitement une seconde. — *Cass.*, 28 juin 1832, Saboriaud; — V. aussi décr. 18 juin 1811, art. 55.

69. — Cependant jugé que lorsque, après cassation, la cause est portée devant une nouvelle cour d'assises, et que les accusés affirment ne point avoir la copie des pièces du procès qui a pu rester entre les mains d'un co-accusé acquitté, il y a lieu de leur en délivrer une seconde. — La Cour d'assises est compétente pour ordonner la délivrance de cette seconde copie, et peut même, à cet effet, renvoyer la cause à une prochaine session. — *Assises* du Tarn, 10 mai 1828, Montpeyre.

70. — Le ministre de la justice, sollicité de provoquer l'annulation de cet arrêt dans l'intérêt de la loi, s'y est refusé par décision en date du 3 juin 1828. M. Dalmas (*Frais de justice en mat. crim.*, p. 148) dit que cette décision qui donne une extension forcée à l'art. 305, *C. Instr. crim.*, ne doit pas être considérée comme une règle générale. Il pense que le conseil de l'accusé ayant la faculté de compulser le dossier et d'y recueillir les notes nécessaires pour préparer sa défense, il ne s'agit au fond que d'une question d'argent.

71. — Nous sommes loin d'y voir une simple question d'argent. Si la communication de la procédure était pour la défense une garantie suffisante, le législateur n'aurait pas sans doute introduit dans le Code instr. crim. la disposition de l'art. 305. Il faut, à notre avis, envisager de plus haut l'intérêt de la défense et abandonner aux cours d'assises l'appréciation des circonstances qui peuvent rendre indispensable la délivrance d'une seconde copie.

72. — Au surplus, si le procureur général pense que l'intérêt de la défense exige qu'une seconde copie soit délivrée à l'accusé, il peut, pour prévenir tout incident, demander au ministre de la

justice l'autorisation de la faire délivrer gratuitement, en lui exposant les raisons déterminantes.

73. — La copie des pièces de la procédure doit être remise à l'accusé ou à son défenseur. — V. Carnot, *Instr. crim*, t. 2, p. 449, nº 8, sur l'art. 305.

74. — Elle ne peut pas l'être à une tierce-personne, à moins que ce ne soit à un mandataire spécial de l'accusé.

75. — Toutefois, il résulte évidemment de ce que nous avons dit (*suprà*, nºs 48 et suiv.), que l'accusé ne pourrait tirer ouverture à cassation de cette remise irrégulière, s'il ne s'était pas plaint de n'avoir pas reçu la copie et s'il n'avait pas demandé, sur ce motif, qu'il fût sursis à sa mise en jugement. Il en eût été autrement sous le Code de brumaire. — V. Carnot, *ibid.* p. 450.

76. — La copie des pièces destinées aux accusés ne doit pas leur être signifiée. Le greffier leur en fait lui-même la remise sur leur récépissé. — *Instr. gén.* du 30 sept. 1826, p. 71, nº 9.

77. — Dans les procès où les frais d'impression de ces copies peuvent être moindres que si elles étaient délivrées manuscrites, elles seront imprimées. — L. 29 frim. an VIII, art. 2.

78. — Aucun article n'oblige de donner aux accusés qui n'entendent par le français copie *traduite dans la langue qu'ils entendent* des dépositions des témoins, des procès-verbaux constatant le corps du délit, des listes des jurés et des témoins. — *Cass.*, 2 avr. 1810, N...; 23 avr. 1812, ...nette.

79. — Mais, dit Carnot (art. 315, *Instr. crim.*, t. 2, p. 481, nº 8), si le Code ne l'a pas ordonné, c'est une lacune à remplir : car la notification n'a plus d'objet d'utilité pour l'accusé, s'il ne peut prendre connaissance du contenu de l'acte qui lui est remis. » — V. le même auteur, sur l'art. 242, t. 2, p. 175, nº 1er.

80. — La loi n'exige pas non plus que la remise de la copie des pièces à l'accusé soit constatée par le procès-verbal des débats. — *Cass.*, 24 déc. 1835, ...ribas.

81. — Il a été jugé que l'accusé qui n'a élevé aucune réclamation devant la cour d'assises est présumé de droit avoir reçu copie des pièces dont parle l'art. 305. — *Cass.*, 27 déc. 1832, Dulas.

82. — Il en était autrement sous le Code de brumaire an IV : il y avait nullité lorsqu'aucune pièce ne justifiait pas qu'il eût été donné copie de la procédure à l'accusé. — *Cass.*, 22 vendém. an VIII, ...re Perrot; 14 frim. an VIII, Joseph Lat...r; 9 frim. an X, Dutay; 13 vendém. an XII, ...lus.

83. — Le reçu délivré par un citoyen qui n'était pas le défenseur de l'accusé ne suffisait pas pour justifier de cette remise. — *Cass.*, 13 vendém. an ..., Rosalie Artus.

84. — Jugé même qu'il y avait nullité lorsque rien ne constatait que les accusés renvoyés devant un nouveau tribunal criminel par suite de cassation eussent reçu copie de la procédure instruite devant le premier tribunal criminel, ni du procès-verbal des débats, ni des questions, ni de la déclaration du jury, ni du jugement de condamnation, ni enfin du jugement du tribunal de cassation. — *Cass.*, 17 brum. an VIII, Lagrave et ...arquefave. — Il est difficile de concevoir que, même sous le Code du 3 brumaire an IV, qui, à la différence du Code d'instruction criminelle, prononçait la peine de nullité, on ait pu exiger la délivrance à l'accusé d'une copie de divers actes qui n'ont plus d'existence, comme ayant été annulés, et qui, de plus, ne présentent aucune utilité.

85. — D'après l'art. 320, C. brum. an IV, la copie des pièces du procès devait être délivrée à l'accusé, aussitôt après qu'il avait subi son interrogatoire devant le président.

86. — Le Code d'instruction criminelle n'a indiqué aucune époque pour cette délivrance; mais, ainsi que le fait observer Legraverend (*Législ. crim.*, t. 2, p. 156), « il convient que cette délivrance ait lieu aussitôt que l'instruction est complète, de manière à donner le temps aux accusés et à leurs conseils de prendre une connaissance exacte des faits qui ont motivé la mise en accusation et les dépositions précédemment faites contre eux. »

87. — Cette délivrance doit avoir lieu le plus tôt possible, surtout lorsque l'accusation comprend un grand nombre d'accusés qui doivent être soumis aux mêmes débats. — Legraverend, *loc. cit.*; Carnot, *Instr. crim.*, art. 305, t. 2, p. 449, nº 6.

88. — La loi dispose, en termes formels, que la copie des pièces sera délivrée *gratuitement* à l'accusé. Carnot avait pensé, dans sa première édition, qu'en cas de condamnation, l'accusé devait rembourser au trésor les frais de cette copie, parce qu'il n'était pas raisonnable de supposer qu'un individu reconnu coupable eût occasionné des frais frustratoires au gouvernement. Mais, dans sa deuxième édition (art. 305, *Instr. crim.*, t. 2, p. 451, nº 12), il paraît avoir conçu des doutes sur cette solution. Nous pensons, en effet, que cette expression *gratuitement* est trop précise pour qu'il soit possible d'établir une distinction qu'elle repousse. — V. conf. Dalmas, *Des frais en mat. crim.*, p. 436, nº 1er.

89. — En matière correctionnelle, aucune expédition ou copie des pièces de la procédure ne peut être délivrée aux prévenus, soit gratuitement, soit à leurs frais, sans une autorisation expresse et par écrit du procureur général. Il n'y a d'exception que pour les plaintes et les dénonciations, les ordonnances et les jugemens, dont expédition peut leur être délivrée sur leur seule demande et à leurs frais. — Décr. 18 juin 1811, art. 56.

90. — L'autorisation ne doit être accordée par le procureur général qu'avec beaucoup de circonspection, et elle ne doit jamais l'être lorsque la procédure, n'ayant pas eu de résultats, doit rester secrète. — Décis. min. 2 fév. 1816 et 10 oct. 1817.

91. — Dans tous les cas, l'autorisation ne peut être donnée qu'aux *parties*; d'où la conséquence que le plaignant qui ne s'est pas constitué partie civile n'a pas le droit de réclamer la délivrance d'une copie des pièces de la procédure à laquelle il est étranger. — Déc. min. 17 sept. 1818.

COPIE DE TITRES ET ACTES.

Table alphabétique.

Acquéreur, 87.
Acte non enregistré, 97, 106 s. — imparfait, 97 s. — notarié, 43. — public, 113. — sous seing-privé, 40. — souverain, 76.
Addition, 13.
Amende, 111.
Annexe, 99.
Arpenteur géomètre, 19.
Assignation, 90.
Autorité du magistrat, 17, 35 s., 73 s.
Ayant droit, 80, 87.
Blanc, 15.
Brevet (acte en), 60.
Cadastre, 20.
Capacité, 41, 44.
Cassation, 76.
Certifié conforme, 69.
Charge de prouver, 8, 11, 31, 33, 66.
Cohéritier, 38.
Collation, 29.
Commencement de preuve par écrit, 63 s., 39, 52 s., 59.
Compétence, 92.
Compulsoire, 110.
Consentement, 17, 35 s., 45 s.
Contrainte par corps, 96.
Copie, 112. — ancienne, 45 s., 59, 64 s. — collationnée, 62, 68, 74. — de copie, 17, 67 s.
Créancier, 88, 89.
Date, 57 s.
Délégation, 86.
Délivrance, 80. — (refus de), 90. — de copie, 19, 24.
Dépositaire, 13, 17, 45 s., 59 s., 80, 112.
Dépôt pour minute, 25.
Discipline, 114.
Dol, 95.
Dommages-intérêts, 111 s.
Donataire, 87.
Enregistrement, 34.
Exécution provisoire, 93.
Expédition, 2, 13, 80, 112. — (première), 10, 17, 21 s., 26 s., 50.
Extrait, 108 s., 112.
Faux, 115.
Femme, 44.
Foi, 8 s., 9 s., 18, 24 s., 28, 32, 37 s., 45 s., 71.
Fruit, 78.
Greffier, 29, 112.
Grosse, 2, 10, 13, 17, 21 s. — (seconde), 75, 109, 120.
Héritier, 80, 87.
Hypothèque, 38.
Indication de paiement, 85.
Information criminelle, 116 suiv.
Inscription de faux, 5 s. — hypothécaire, 79.
Interprétation, 72.
Jugement, 12, 29, 120.
Légataire, 87.
Loi antérieure, 16.
Mandat, 86.
Mandataire, 82.
Matière sommaire, 93.
Mention, 26, 103.
Mineur, 44.
Minute, 1, 33 s., 59 s.
Mise en demeure, 91.
Notaire, 13, 24, 33 s., 45 s., 59 s., 80, 111.
Obligation, 83.
Officier public, 45 s., 60, 67, 69.
Ordonnance du juge, 90, 98 s., 102 s.
Original, 1, 3 s., 21.
Partie, 76, 86 s., 115. — appelée, 35 s., 74, 77, 101.
Personne privée, 18 s.
Perte de l'original, 7 s., 32, 45 s., 60 s., 66.
Porté fort, 86.
Possession, 51.
Pouvoir du juge, 56.
Prescription, 38, 78.
Présomption, 28, 55, 77 s.
Preuve, 3, 42, 46, 61. — testimoniale, 47, 55.
Procès-verbal, 99.
Rature, 14.
Référé, 104 s.
Registre public, 112, 116.
Renseignement, 70 s.
Représentation, 4 s., 28.
Requête, 98.
Serment, 55.
Signature, 6.
Stipulation pour autrui, 84.
Sursis, 30 s.
Suspension, 111.
Testament, 6, 16, 31.
Tiers, 37 s., 77, 82 s., 88, 110, 114.
Vente, 86.

COPIE DE TITRES ET ACTES. — 1. — C'est la transcription littérale d'un titre ou d'un acte d'après un autre qui le plus souvent constitue l'original ou la minute.

2. — Elle se fait ordinairement sous la forme de *grosse* ou d'*expédition*. — V. EXPÉDITION, GROSSE.

SECT. 1re. — *Dispositions générales* (nº 3).

SECT. 2e. — *Diverses espèces de copie* (nº 17).

§ 1er. — *Grosses et premières expéditions* (nº 21).

§ 2. — *Copies tirées par l'autorité du magistrat ou du consentement des parties* (nº 35).

§ 3. — *Copies tirées sans l'autorité du magistrat ou le consentement des parties* (nº 45).

§ 4. — *Copies tirées par un autre que le dépositaire de la minute* (nº 59).

§ 5. — *Copies de copies* (nº 67).

SECT. 3e. — *Voies à prendre pour avoir copie d'un acte* (nº 80).

—

Sect. 1re. — *Dispositions générales.*

3. — En principe, c'est l'original du titre qui forme seul et par lui-même la preuve des conventions. — Pothier, *Oblig.*, nº 766; Toullier, t. 8, nº 415; Rolland de Villargues, *Rép.*, vº *copie*, nº 1.

4. — Lorsque le titre original subsiste, les copies ne font foi que de ce qui est contenu au titre, dont la représentation peut toujours être exigée. — C. civ., art. 1334.

5. — Ainsi les juges ne peuvent point refuser d'ordonner l'apport d'un titre original subsistant, dont la copie est produite devant eux, sous prétexte que cette copie est authentique, et que la partie qui réclame l'apport du titre ne s'est point inscrite en faux contre la copie. — *Cass.*, 15 juill. 1829, Lacombe c. Blanchon.

6. — Il ne suffit pas que l'expédition en due forme d'un testament constate que la minute était revêtue de la signature du testateur, pour que celui qui prétend qu'elle ne contient qu'une signature imparfaite soit tenu de s'inscrire en faux, avant de pouvoir demander l'apport de cette même minute au greffe du tribunal appelé à connaître de la validité du testament. — *Bruxelles*, 1er juill. 1829, N...

7. — Peu importe le temps qui se serait écoulé depuis que l'acte a été passé : tant que l'original n'est pas perdu, celui qui en produit la copie n'est point dispensé de le représenter, si le débiteur l'exige. — Duranton, t. 13, nº 341; Rolland de Villargues, nº 3; *Dict. not.*, vº *copie*, nº 7.

8. — Mais à la charge de qui la représentation doit-elle se faire ? Il faut distinguer. — Si le demandeur produit une première grosse ou expédition qui de sa nature fait provisoirement foi, ainsi qu'on le verra *infrà*, sect. 2e, § 1er, c'est au défendeur qui prétend qu'elle est inexacte à justifier sa prétention. — Si, au contraire, le demandeur ne produit qu'une expédition ou copie délivrée par suite des premières, et qui ait moins de 30 ans, c'est à lui de compléter la preuve que sa demande est bien fondée, par la représentation de la minute, sauf reprise en définitive des frais de cette représentation, s'il y a lieu. — Toullier, t. 8, nº 462; Rolland de Villargues, *Rép.* vº *copie*, nº 6.

9. — Toutefois, lorsque le titre original n'existe plus, comme les copies font foi, d'après les distinctions établies par l'art. 1335, C. civ., le débiteur ne peut prétexter, pour se dispenser d'exécuter l'obligation, qu'on ne lui représente point l'original qu'il a souscrit. — Duranton, t. 13, nº 239.

10. — Il serait, en effet, injuste, si l'original ou la minute a péri sans la faute du créancier, qu'il perdît son droit par un accident qui ne peut lui être imputé. La foi provisoire qui était due à la grosse ou première expédition devient définitive et absolue; la loi veut qu'elles forment une preuve complète, en un mot, qu'elles fassent la même foi que l'original. — C. civ., art. 1335 1º; — Toullier, t. 8, n. 428.

11. — Dans le sens de l'art. 1335, C. civ., le titre original, qui ne se trouve pas, est censé ne plus exister : celui qui produit la copie n'est pas tenu de rapporter la preuve de l'événement qui a causé la perte de l'original. — *Cass.*, 10 nov. 1830, de Nettancourt c. de La Rochefoucauld.

12. — Lorsque la copie régulière d'un acte a d'abord été produite par un plaideur qui a refusé de la représenter avant la prononciation du juge-

ment ou de l'arrêt, les juges peuvent baser leur décision sur une copie de ce même acte. — *Cass.*, 22 déc. 1824, de Neuflize c. Lelaurain.

13. — Les notaires et autres dépositaires ne doivent pas se permettre, même par motif d'interprétation, de rien ajouter, dans les grosses et expéditions qu'ils délivrent, au titre original ou minute, ni d'y rien retrancher. — Pothier, *Oblig.*, no 766; *Dict. not.*, vo *Copie*, no 1er; Duranton, t. 13, no 238.

14. — Dès-lors quand sur une copie conforme à l'original, lequel est régulier, se trouvent des mots raturés, mais sans approbation des ratures, ces ratures doivent être considérées comme non avenues. — *Cass.*, 12 juin 1827, Roux et Anne Lafoy c. Lafoy.

15. — Les notaires et autres dépositaires publics ne doivent point laisser de blanc dans les grosses, expéditions et copies qu'ils délivrent. — V. BLANC, no 20.

16. — Les dispositions du Code civil sur la foi due aux copies d'actes n'ayant fait que reproduire les dispositions des lois antérieures, s'appliquent aux contestations antérieures au Code, et comprennent les testamens comme les autres actes. — *Cass.*, 10 nov. 1830, Nettancourt, c. de Larochefoucauld.

Sect. 2e. — *Diverses espèces de copies.*

17. — L'art. 1335 n'accorde pas la même faveur aux diverses copies, dans le cas de perte du titre primitif. On distingue, à cet égard, cinq sortes de copies : — 1o les grosses et les premières expéditions ; — 2o les copies ou expéditions tirées sur la minute, par l'autorité du magistrat ou du consentement des parties ; — 3o les copies ou expéditions tirées sur la minute, sans l'autorité du magistrat ou sans le consentement des parties; — 4o les copies tirées par un autre que les dépositaires de la minute; — 5o enfin, les copies des copies.

18. — Il est à remarquer que la loi n'a entendu parler, et qu'il n'est ici question, que des copies faites par des personnes publiques. Les copies dont l'auteur ne serait pas connu, ou ne serait qu'une personne privée, ne mériteraient aucune faveur en justice. — Toullier, t. 8, no 416 et 443; *Dict. not.*, vo *copie*, no 10; Rolland de Villargues, no 9.

19. — Il n'est interdit à personne de faire des actes sous seing-privé, ni de se rendre dépositaire de ces actes et d'en délivrer des copies. Ainsi, un arpenteur-géomètre qui, en cette qualité, rédige un acte de partage, en conserve la minute et en délivre des copies aux parties interressées, ne contrevient point à la loi du 25 vent. an XI, sur le notariat, et n'est point passible de dommages-intérêts envers les notaires. — *Cass.*, 31 mai 1831, notaires de Laon c. Defrance.

20. — En ce qui concerne la délivrance de copies des pièces cadastrales, V. CADASTRE, nos 42 et 62.

§ 1er. — *Grosses et premières expéditions.*

21. — Les grosses et premières expéditions font la même foi que l'original. — C. civ., art. 1335, 1o — V. EXPÉDITION, GROSSE.

22. — L'art. 1335 parle des grosses ou premières expéditions. Entend-il par là deux espèces de copies distinctes; ou bien, une seule et même espèce de copie par deux noms différens?

23. — Le doute pourrait venir de ce que la première expédition qui, dans les pays de droit écrit, conservait ce nom, prenait celui de grosse dans les pays coutumiers. Ces expressions étaient alors synonimes. — Mais on est généralement d'avis que les auteurs du Code ont réellement entendu parler de deux espèces de copies, savoir : des expéditions authentiques, revêtues de la formule exécutoire, qu'on appelle grosses, et des premières expéditions non revêtues de la formule exécutoire, et destinées uniquement à fournir la preuve authentique de l'existence de l'acte. Ces dernières, quoiqu'elles ne forment point titre paré, ont cependant la même force probante, elles font la même foi que l'original. — Toullier, t. 8, no 418 et 426; Rolland de Villargues, *ibid.*, no 11 et 17.

24. — Cette disposition qui confère aux grosses et aux premières expéditions la même foi qu'à l'original est fondée en raison. La loi ne voulant plus que le notaire puisse en remettre la minute aux parties, il faut bien leur donner un équivalent qui ait la même force, et qui leur tienne lieu de l'original que le notaire leur remettait autrefois. En arrêtant la convention et en signant la minute qui doit rester chez le notaire, les contractans le requièrent, au moins tacitement, d'en délivrer à chacun d'eux une grosse ou une première expédition, pour leur tenir lieu du titre original dont, sans cela, ils ne pourraient au besoin faire usage. Cette réquisition est même quelquefois exprimée en l'acte qui porte qu'il en sera délivré une grosse ou une première expédition à chaque partie. — Ainsi, la délivrance de la grosse ou de la première expédition n'est en quelque sorte qu'une continuation des fonctions du notaire, qui a reçu l'acte. Le même caractère d'authenticité doit donc être attaché tant à la copie qu'à l'acte lui-même. — Toullier, t. 8, no 421 et 429; Delvincourt, t. 2, p. 618, note 2e; *Dict. not.*, *ibid.*, no 12; Rolland de Villargues, *Ibid.*, no 12.

25. — les grosses ou *premières* expéditions délivrées sur un acte déposé pour minute au notaire doivent faire la même foi que si le notaire eût reçu lui-même l'acte; car, par le dépôt fait par les parties, dans l'étude du notaire, de l'acte qu'elles avaient rédigé, cet acte acquiert le caractère de l'authenticité, et il n'est pas douteux qu'il ne puisse être délivré dans la forme exécutoire, c'est-à-dire en grosse. — V. ACTE AUTHENTIQUE, no 57 et suiv., GROSSE; — Rolland de Villargues, *ibid.*, no 13.

26. — La loi ne fait nulle distinction entre les grosses et les premières expéditions relativement à la foi qui leur est due. — Toullier, t. 18, no 426. — Mais quand une expédition doit-elle être réputée *première*? — Cela résulte de la mention que le notaire a dû en faire, sur l'expédition même en la délivrant: à défaut de mention par le notaire, cela peut résulter des circonstances.

27. — Décidé à ce sujet qu'une cour royale peut juger, en fait, qu'une expédition est la *première*, toutes les fois que le contraire n'est pas prouvé. — *Cass.*, 29 nov. 1830, Badua.

28. — Si les grosses et premières expéditions font la même foi que l'original, c'est par la présomption qu'elles sont conformes à ce même original. Cette foi n'est que provisoire; et si l'original existe, on peut toujours en demander la représentation. — C. civ., art., 1334; — Duranton, t. 13, no 242.

29. — Jugé, en ce sens, que l'expédition d'un jugement de condamnation, même revêtue de la formule exécutoire, que le greffier remet au créancier contre le débiteur, ne saurait être considérée que comme une copie de la minute de ce jugement. Aussi la partie poursuivie peut demander que l'expédition qu'on lui oppose soit collationnée avec ladite minute, pour savoir si toutes les formes constitutives d'un jugement ont été observées. — *Bordeaux*, 20 juin 1840 (t. 2, 1840, p. 275), Duranty c. Barbe.

30. — Mais les juges pourraient-ils alors surseoir à l'exécution de l'acte? — Non; car l'exécution d'un acte authentique ne peut être suspendue qu'en cas d'inscription de faux principal, suivie de la mise en accusation. — C. civ., art. 1319; L. 25 vent. an XI, art. 19. — D'ailleurs, une grosse contient le mandement d'exécution; son effet ne peut être suspendu, puisque telle est la volonté du souverain, et que cette volonté ne peut être éludée. — Rolland de Villargues, *ibid.*, no 21.

31. — Ainsi, lorsque l'expédition régulière et authentique d'un testament olographe constate que la minute existe dans un dépôt public, son exécution ne peut être suspendue jusqu'à la représentation de la minute, dont l'apport ne peut être mis à la charge de l'héritier institué. — *Toulouse*, 9 août 1834, Godin.

32. — Lorsque l'original n'existe plus, et s'il a péri sans la faute de celui qui fait usage de la grosse ou de la première expédition, cette grosse ou cette expédition font alors la même foi que l'original. — C. civ., art. 1335.

33. — Jugé, en ce sens, que lorsqu'une partie représente la grosse d'un acte notarié dont la minute ne se retrouve pas parmi celles du notaire qui a reçu l'acte, elle ne peut être obligée de prouver que cette minute a existé. — *Bourges*, 17 mai 1827, Graillot c. Lelong.

34. — ...Que l'expédition d'un acte dont la minute ne se retrouve pas chez le notaire qui paraît l'avoir reçu, et dont il n'est fait aucune mention sur les registres de l'enregistrement, est, dans le sens de la loi, un acte authentique auquel on doit ajouter foi jusqu'à inscription de faux. — *Cass.*, 17 messid. an X, Coulomb c. Auzily.

§ 2. — *Copies tirées par l'autorité du magistrat ou du consentement des parties.*

35. — Les copies qui ont été tirées sur l'original par l'autorité du magistrat, parties présentes ou dûment appelées, ou qui ont été tirées en leur présence et de leur consentement réciproque, font la même foi que l'original. — C. civ., art. 1335, no 1er.

36. — Cette disposition est encore fondée en raison. En effet, il y a, en pareil cas, le témoignage d'un officier public appelé par les parties, témoignage donné en leur présence et de leur consentement réciproque, qui atteste que la copie est en tout conforme à l'original, fait que les parties ont vérifié ou ont pu vérifier par elles-mêmes. Comment, dès-lors, se refuser à un témoignage aussi positif lorsque l'original n'existe plus? — Toullier, t. 8, no 430; Rolland de Villargues, nouv. édit., vo *Copie*, no 23.

37. — Malgré l'assimilation que l'art. 1335, no 1er, paraît faire, quant à la force probante, des grosses ou premières expéditions et des copies tirées par l'autorité du magistrat ou du consentement réciproque des parties, les auteurs signalent entre ces actes une différence notable. Les copies tirées par l'autorité du magistrat ou du consentement des parties font bien foi, comme l'original, à l'égard des personnes présentes ou appelées à la délivrance, contre leurs héritiers ou ayant-cause, mais elles ne font pas la même foi contre les personnes non appelées et contre les tiers. — Dumoulin, *Cout. de Paris*, § 8, glos. 1, no 37; Pothier, *oblig.*, nos 767, 769; Toullier, t. 8, no 430; *Dict. not.*, *ibid*, no 15; Duranton, art. 13, no 244; Rolland de Villargues, *ibid.*, no 24.

38. — Ainsi, ces copies ne feraient preuve, ni contre le cohéritier non appelé, ni contre le fidéjusseur, ni contre un créancier ou tout autre étranger. Elles ne suffiraient pas pour faire preuve du titre devant servir de fondement à la prescription de dix ans ou de vingt ans, ni pour établir la priorité d'une hypothèque. — Dumoulin, *loc. cit.*; Toullier, t. 8, no 431; *Dict. not.*, *ibid.*, no 1; Rolland de Villargues, *ibid*, no 25. — V. Cependant Duranton, t. 13, no 244.

39. — Néanmoins, les copies dont il s'agit formeraient un commencement de preuve par écrit suffisant pour faire admettre à prouver contre les tiers qu'il a été passé, en effet, à l'époque indiquée, un contrat renfermant les mêmes conventions qui, depuis, ont reçu leur exécution. — Arg. C. civ., art. 1335, no 2; — Dumoulin, *ibid.*, no 41; Toullier, t. 8, no 432-433; Rolland de Villargues, *ibid.*, no 26.

40. — Si l'original était un *acte sous seing-privé*, la copie qui en aurait été tirée par autorité de justice, ou du consentement des parties, aurait plus de force que lui; car elle ne serait pas soumise à la reconnaissance ou à la vérification d'écritures. — Rolland de Villargues, *ibid.*, no 28.

41. — Pour que le consentement soit valablement donné, il faut que les parties aient la capacité de contracter. En effet, si le titre original venait à se perdre, cette expédition le rempla[cerait]. Or, comment celui qui n'aurait pu passer le ti[tre] original pourrait-il donner à une copie la fo[rce] nécessaire pour le remplacer? D'un autre côté, le consentement à la délivrance d'une nouvelle expédition peut détruire la présomption de libération résultant de la non représentation de la grosse ou de la première expédition. Pour faire un tel acte, il faut être capable de disposer. — Toullier, t. 8, no 454; Delvincourt, t. 2, p. 618, note 6e; Rolland de Villargues, *ibid.*, nos 30-31.

42. — Lorsque des copies sont tirées du consentement des parties, comme c'est de ce consentement qu'elles tirent leur force, il faut qu'il soit constant ou qu'il ait été valablement donné.

43. — Pour être constant, le consentement doit être constaté dans la forme prescrite pour les actes notariés. — Toullier, art. 8, no 453.

44. — Il suit de là que, si les parties présentes à la délivance étaient incapables de contracter, comme si c'était un mineur non assisté de son tuteur, une femme non autorisée de son mari, dans ce cas, l'expédition ou la copie ne ferait pas foi contre eux, contre leurs héritiers ou ayant-cause, même après trente ans. — Mêmes autorités.

§ 3. — *Copies tirées sans l'autorité du magistrat ou le consentement des parties.*

45. — Les copies qui, sans l'autorité du magistrat, ou sans le consentement des parties, et depuis la délivrance des grosses ou premières expéditions, ont été tirées sur la minute de l'acte par le notaire qui l'a reçu, ou par l'un de ses successeurs, ou par officiers publics qui, en cette qualité, sont dépositaires des minutes, peuvent, au cas de perte de l'original, faire foi quand elles sont anciennes. — C. civ., art. 1335, 2o.

46. — Par faire foi, il faut entendre faire preuve complète. — Toullier, t. 8, no 433.

47. — La raison d'une pareille disposition est que le témoignage authentique de l'officier public qui atteste avoir vu, lu et copié l'original du titre, joint à l'ancienneté de ce titre, équivaut au moins à la preuve testimoniale, permise en cas de perte du titre, et doit dispenser d'y avoir recours. — Toullier, t. 8, no 433; Rolland de Villargues, *ibid.*, no 34; *Dict. not.*, *ibid.*, no 21; Delvincourt, t. 2, p. 620, note 9e; Duranton, t. 13, no 245.

48. — Les copies sont considérées comme an-

ciennes quand elles ont plus de trente ans. — C. civ., art. 1335-2°.

49. — Ces trente ans se comptent, non du jour de la passation de l'acte, mais de celui de la délivrance de la copie : ainsi, il ne suffirait pas que le titre fût ancien, si la copie était récente. — Toullier, t. 8, n° 434; *Dict. not.*, *ibid.*, n° 23; Rolland de Villargues, *ibid.*, n° 36.

50. — Des expéditions anciennes, quoique secondes expéditions, font foi contre le débiteur qui ne rapporte pas les premières. — *Riom*, 12 août 1809, Pourton c. Ruin et Jami.

51. — Pour faire pleine foi, les copies anciennes, tirées parties non présentes, ni appelées, doivent être soutenues de la possession. Sans la possession, en effet, le droit serait prescrit, puisqu'on suppose que le titre remonte à plus de trente ans. — Toullier, t. 8, n° 435; *Dict. not.*, *ibid.*, n° 24; Rolland de Villargues, *ibid.*, n° 37.

52. — Lorsque les copies dont il s'agit ont moins de trente ans, elles ne peuvent servir que de commencement de preuve par écrit. — C. civ., art. 1335-2°.

53. — Dans ce cas, en effet, elles sont récentes; la perte de l'original est plus récente encore; on peut craindre quelque surprise à raison de ces deux circonstances; mais le témoignage d'un officier public n'en existe pas moins, et ce témoignage écrit peut servir de commencement de preuve. — Toullier, t. 8, n° 433; Rolland de Villargues, *ibid.*, n° 38.

54. — Il est à remarquer que l'art. 1335-2° déroge par là à l'art. 1347, qui définit le commencement de preuve par écrit : l'acte émané de celui à qui on l'oppose. Ici, en effet, les copies ne sont évidemment pas émanées de la partie à qui elles sont opposées.

55. — De ce que les copies dont il s'agit peuvent servir de commencement de preuve écrite, il suit que, pour les compléter, les juges peuvent admettre la preuve testimoniale, les présomptions et le serment. — C. civ., art. 1347, 1353 et 1367; — Toullier, t. 8, n° 436; Duranton, t. 13, n° 247; Rolland de Villargues, *ibid.*, n° 39.

56. — Toutefois, les juges ne sont pas obligés d'admettre ces copies comme commencement de preuve par écrit : c'est ce qui résulte des termes mêmes de l'art. 1335, n° 2, qui ne dit pas qu'elles *doivent*, mais qu'elles ne *peuvent* servir que de commencement de preuve par écrit. — Duranton, t. 13, n° 246.

57. — Les copies produites en justice, à défaut des actes originaux, ne doivent pas nécessairement être datées pour faire la même foi que la minute, ou pour servir au moins de commencement de preuve par écrit, lorsqu'elles ne sont pas anciennes. — *Cass.*, 10 nov. 1830, de Nettancourt c. de Larochefoucauld.

58. — Cependant, ne peut-on pas dire que l'art. 1335-2° repose nécessairement sur l'idée que l'indication de la date se trouve dans les copies dont il s'occupe; autrement, il resterait incertain si elles émanent du signataire alors qu'il était officier public dépositaire de la minute, et si elles sont anciennes. Or, c'est par la date seule de la copie que l'une et l'autre circonstance peuvent être certaines. — La mention de la date de la délivrance de la copie nous paraît donc indispensable quand cette copie est produite, comme ancienne.

§ 4. — *Copies tirées par un autre que le dépositaire de la minute.*

59. — Lorsque les copies tirées sur la minute d'un acte ne l'ont pas été par le notaire qui l'a reçu, ou par l'un de ses successeurs, ou par officiers publics qui, en cette qualité, sont dépositaires des minutes, elles ne peuvent servir, quelle que soit leur ancienneté, que de commencement de preuve par écrit. — C. civ., art. 1335-3°.

60. — Aujourd'hui qu'il est défendu aux notaires de se dessaisir de la minute des actes qu'ils ont reçus (L. 25 vent. an XI, art. 227), il ne peut arriver que difficilement que la copie d'un acte soit tirée par un autre notaire que le dépositaire de la minute. Cependant on peut prévoir deux cas : 1° celui où un acte ayant été délivré en brevet, le porteur de cet acte le présente à un notaire autre que celui qui l'a reçu; 2° celui où, des événemens extraordinaires, tels qu'un pillage, auraient dépouillé le notaire de ses minutes pour les faire passer aux mains d'un tiers, qui jugerait à propos d'en faire tirer des copies par des officiers publics. — Toullier, t. 8, n° 437. — Rolland de Villargues, *ibid.*, n° 43.

61. — Lorsque les copies, tirées sur la minute d'un acte dont l'original n'existe plus, ne l'ont pas été par un officier public qui, en cette qualité, fût dépositaire des minutes, ces copies sont insuffisantes pour prouver l'existence ou la simulation d'un contrat, surtout quand l'une des parties en conteste l'exactitude. — *Cass.*, 3 juin 1812, Caroillon-Destillières c. Séguin.

62. — De même la copie collationnée, délivrée par des notaires sur la minute d'un acte que ni eux ni leurs prédécesseurs n'avaient reçu, minute qui leur a été seulement représentée par l'une des parties en l'absence des autres, et qu'ils ont rendue à l'instant même à cette partie, ne peut être considérée comme formant un titre suffisant qui puisse, par exemple, faire accueillir une demande en délaissement. — *Cass.*, 27 janv. 1825, comm. de Vassincourt c. de Bouvet.

63. — En pareil cas, ces copies ne forment qu'un commencement de preuve par écrit. — *Cass.*, 3 juin 1812, Caroillon-Destillières c. Séguin.

64. — Il n'est pas besoin que les copies aient plus de trente ans, pour pouvoir servir de commencement de preuve par écrit; car le Code dit qu'elles peuvent servir de commencement de preuve par écrit, *quelle que soit leur ancienneté*, et il ne leur refuse point cet effet quand elles sont récentes. — Toullier, t. 8, n° 437; *contrà Dict. not.*, *ibid.*, n° 27; Duranton, t. 13, n° 248.

65. — Ainsi jugé que l'expédition d'un acte notarié, délivrée hors de la présence des parties par un notaire auquel la minute a été représentée et retirée, et à laquelle ni lui ni ses successeurs n'ont concouru, forme un commencement de preuve par écrit, bien qu'elle remonte à moins de trente ans. — *Montpellier*, 22 fév. 1831, Dausse c. Genestel.

66. — Si les copies étaient produites par celui qui les aurait fait tirer, il conviendrait de l'obliger à prouver qu'il a perdu la minute par accident, ou qu'il l'avait déposée depuis chez un notaire dans les dépôts duquel elle n'existe plus. — Toullier, t. 8, n° 437.

§ 5. — *Copies de copies.*

67. — Les copies de copies sont celles qui, sans autorité de justice, et parties non appelées ni présentes, ont été tirées par un officier public, non sur la minute d'un acte, mais sur une autre copie ou expédition délivrée, soit par celui qui a reçu l'acte, soit par tout autre officier public dépositaire de la minute. — Pothier, *Oblig.*, n° 741; Toullier, t. 8, n° 439.

68. — On donne quelquefois, dans l'usage, à ces copies de copies le nom de *copies collationnées*. — V. COLLATION DE PIÈCES, n° 14.

69. — Il y a lieu à délivrance d'une copie de copie, quand la personne saisie de la grosse ou de l'expédition d'un acte a besoin de la produire en même temps en plusieurs endroits. Elle s'adresse à un officier public, qui tire de la grosse ou de l'expédition une copie qu'il certifie conforme, et qui se dessaisit ensuite du tout. — Toullier, t. 8, n° 439; Rolland de Villargues, n° 48.

70. — Les copies de copies peuvent, suivant les circonstances, être considérées comme simples renseignemens. — C. civ., art. 1335-4°.

71. — Une plus grande foi ne saurait être attachée à ces copies de copies, car la certification de l'officier public, en pareil cas, n'est qu'un témoignage donné sur la foi d'autrui, ou sur un ouï-dire. — Toullier, t. 8, n° 439; Duranton, t. 13, n° 252.

72. — L'examen et l'interprétation dans un arrêt d'une copie de copie produite en justice par des demandeurs au pétitoire, qui prétendent puiser dans cet acte la preuve du droit par eux réclamé ne constituent pas une violation de l'art. 1335, n° 4, C. civ., qui veut que les copies de copies ne soient considérées que comme simples renseignemens, si l'arrêt déclare la demande non justifiée, et s'il a apprécié en même temps, pour repousser cette demande, divers titres et documens produits. — *Cass.*, 17 déc. 1838 (t. 1er 1839, p. 345), Guyot c. comm. de Ville-les-Aulesy.

73. — Une copie de copie ne peut être considérée que comme simple renseignement, encore bien que cette copie eût été tirée sur une première copie, tirée elle-même sur l'original authentique, avec les formalités requises et par autorité de justice. — Toullier, *ibid.*; Rolland de Villargues, n. 50.

74. — Mais il en serait autrement si la copie d'une copie en forme, par exemple, d'une première expédition, ou d'une copie tirée sur l'original par autorité de justice, parties présentes ou dûment appelées, était collationnée aussi par autorité de justice, contradictoirement avec les mêmes parties, leurs héritiers ou ayant-cause. Cette copie collationnée aurait la même force que la première expédition en forme, à moins que, depuis cette première expédition, il ne fût survenu de nouvelles raisons de contester l'original. — Pothier, *Oblig.*, n° 776; Ferrière, liv. 1er, ch. 27; Toullier, t. 8, n° 440-441; *Dict. not.*, *ibid.*, n° 32; Duranton, t. 13, nos 250-251; Rolland de Villargues, nos 51 et suiv.

75. — Les secondes grosses délivrées par ampliation sur une grosse déposée chez un notaire, et les expéditions tirées de cette grosse ne sont, à vrai dire, que des copies de copies; néanmoins, elles sont en dehors du cas prévu par l'art. 1335; elles valent plus qu'un simple renseignement. — Duranton, t. 13, n° 250.

76. — Bien que les copies ne puissent être considérées, suivant les circonstances, que comme simples renseignemens, lorsqu'il est constant en fait que des titres de cette nature ne sont point des actes particuliers entre particuliers, mais bien des actes souverains qui ont servi de base à plusieurs décisions judiciaires et administratives, l'arrêt qui décide que l'autorité et l'authenticité de tels actes ne peut être méconnue, surtout par une partie qui s'en est elle-même prévalue, n'encourt pas la cassation. — *Cass.*, 16 mai 1838 (t. 2 1838, p. 288), comm. de Celles c. préfet des Vosges.

77. — Quant aux tiers non appelés à la délivrance des copies de copies, ces pièces ne forment pas preuve contre eux; elles forment une présomption qui, jointe à d'autres, peut entraîner, dans certains cas, la persuasion du juge. — C. civ., art. 1353. — Toullier, t. 8, n° 442; *Dict. not.*, *ibid.*, n° 33; Rolland de Villargues, *ibid.*, n° 54.

78. — Cette présomption peut faire présumer la bonne foi de celui qui l'invoque à l'appui de sa possession et le dispenser du rapport des fruits; mais elle ne suffirait pas pour servir de fondement à la prescription. — Toullier, t. 8, n° 442; Rolland de Villargues, *ibid.*, n° 55.

79. — Si la convention emportait hypothèque, le créancier pourrait, en vertu d'une copie de la copie, prendre inscription. — Duranton, t. 13, n° 250.

Sect. 3e. — *Voies à prendre pour avoir copie d'un acte.*

80. — La délivrance des copies ou expéditions des actes ne peut être faite par les notaires et autres dépositaires qu'aux parties intéressées en nom direct, héritiers ou ayant-droit. — L. 25 vent. an XI, art. 23; C. procéd., art. 839.

81. — L'expression *parties intéressées en nom direct* s'entend de ceux qui ont contracté par l'acte et pour eux et non de ceux qui ont contracté pour autrui, ni de ceux dont il serait parlé dans l'acte, mais qui n'auraient pas contracté. — Pigeau, t. 2, p. 327; Carré, sur l'art. 839; *Dict. not.*, v° *Copie*, n° 38; Rolland de Villargues, v° *Copie*, n° 65.

82. — Ainsi, on ne devrait point considérer comme *partie* l'individu qui aurait contracté comme fondé de pouvoir ou à autre titre de représentant d'un tiers, et qui voudrait avoir expédition pour lui et non pour le tiers.

83. — On ne regarderait point non plus comme *partie* le tiers dont il serait fait mention dans l'acte, quand même cet acte contiendrait une reconnaissance ou une obligation *en sa faveur*. — Pigeau et Carré, *ibid.*; *Dict. not.*, *ibid.*, n° 40; Rolland de Villargues, *ibid.*, nos 67 et suiv.

84. — Il en est de même des individus en faveur desquels l'acte renferme des stipulations quelconques, sans qu'ils y aient comparu. — *Rouen*, 13 mars 1826, Ricquier c. Destours.

85. — Il faudrait en dire autant du cas où l'acte contiendrait indication de paiement en faveur d'un tiers. — *Dict. not.*, *ibid.*, n° 41; Rolland de Villargues, *ibid.*, n° 70.

86. — De même, celui au nom duquel la délégation du prix d'une vente a été acceptée, mais sans mandat de sa part, et sans qu'on se soit porté fort pour lui, ne peut être considéré comme partie à l'acte, ni en exiger du notaire l'expédition, surtout après que le vendeur a authentiquement révoqué cette délégation, et reçu de l'acquéreur délégué le prix de la vente. Ce n'est qu'en vertu d'une ordonnance du président que ces sortes d'expéditions peuvent s'obtenir. — *Toulouse*, 12 mars 1838 (t. 2 1840, p. 30), Pébernard c. Geniez.

87. — Quant aux *héritiers ou ayant-droit* auxquels la loi donne qualité pour demander copie d'un acte, il faut entendre les héritiers ordinaires, les donataires ou légataires universels ou à titre universel, et les acquéreurs à titre particulier, onéreux ou gratuit, de la chose qui fait l'objet de l'acte. — Pigeau, *ibid.*; *Dict. not.*, *ibid.*, n° 43; Rolland de Villargues, *ibid.*, nos 71-72.

88. — Un notaire ne peut refuser l'expédition d'un acte au tiers intéressé qui est porteur d'une ordonnance du président du tribunal autorisant cette délivrance. — *Rouen*, 13 mars 1826, Ricquier c. Destours.

89. — Le créancier qui n'a plus les copies de ses titres peut s'en faire délivrer de nouvelles aux frais du débiteur, lorsque celui-ci s'était engagé à prouver qu'il s'était libéré et qu'il ne l'a pas fait.

— *Paris*, 21 avr. 1809, Lafontaine c. Delarmalière et Chatney.

90. — En cas de refus de la part du notaire ou autre dépositaire, assignation lui est donnée, à bref délai, en vertu de permission du président du tribunal de première instance, sans préliminaire de conciliation. — C. procéd., art. 839.

91. — Mais est-il nécessaire de constituer préalablement le dépositaire en demeure? — Non, dit Carré, *loc. cit.*; la loi ne prescrit point cette mise en demeure préalable; c'est au notaire ou dépositaire assigné à faire valoir devant le tribunal les motifs de son refus. — Toutefois, on peut objecter que l'art. 840 prévoit le refus du notaire : il faut donc que ce refus soit constaté avant d'en venir à la mesure toujours fâcheuse d'une assignation. — Demiau-Crouzilhac, p. 520; Rolland de Villargues, n° 74.

92. — La demande à fin de délivrance d'une copie ou expédition étant personnelle, il n'est pas douteux qu'elle ne doive être portée devant le tribunal de la résidence du notaire ou dépositaire. — Carré, sur l'art. 849; Rolland de Villargues, *Rép.*, v° *Copie*, n° 75.

93. — L'affaire est jugée sommairement et le jugement exécuté nonobstant opposition ou appel. — C. procéd., art. 840.

94. — Les juges apprécient les motifs de refus de la part du dépositaire de l'acte, et ordonnent ou non, en conséquence, la délivrance de la copie.

95. — Ainsi, les juges qui annulent un acte notarié pour des motifs étrangers à sa rédaction, par exemple, pour dol, peuvent simultanément, et à cause de cette annulation, déclarer non-recevable l'action en délivrance d'expédition de cet acte, formée contre le notaire par la partie qui a commis la fraude. — *Cass.*, 15 mars 1836, Durat-Lassale c. Dufaure.

96. — En cas de condamnation du notaire ou autre dépositaire à la délivrance de la copie ou expédition, la contrainte par corps peut être prononcée contre lui. — C. procéd., art. 839.

97. — Il peut arriver que l'acte existant entre les mains du notaire ou du dépositaire soit resté imparfait ou n'ait pas été enregistré (V. ACTE IMPARFAIT), et que cependant la partie ait intérêt à en avoir une expédition ou copie, ou au moins un extrait.

98. — La partie qui veut obtenir copie d'un acte resté imparfait présente requête au président du tribunal de première instance. Le juge y répond, s'il y a lieu, par une ordonnance au bas de la requête portant autorisation de se faire délivrer copie de l'acte. — C. procéd., art. 841 et 842.

99. — Le notaire dresse procès-verbal de la copie. Il y annexe la requête présentée, ainsi que l'ordonnance du juge dont il fait mention au bas de la copie. — C. procéd., art. 842; — Pigeau, t. 2, n° 334; Rolland de Villargues, v° *Acte imparfait*, n° 25; Carré, n° 2873.

100. — Le notaire ne pourrait *de plano*, et de sa seule autorité, se permettre de délivrer la copie demandée. — *Dict. not.*, v° *Acte imparfait*, n° 8; Rolland de Villargues, v° *Acte imparfait*, n° 23.

101. — Il n'est pas nécessaire d'appeler l'autre partie à la délivrance de la copie, qui ne peut entraîner contre elle aucun acte d'exécution, et peut seulement servir de simple renseignement. — *Dict. not.*, *ibid.*, n° 12; Rolland de Villargues, *ibid.*, n° 28; Bioche, *Dict. de procéd.*, v° *Copie*, n° 31.

102. — L'ordonnance du juge n'est pas rigoureusement obligatoire pour le notaire qui peut refuser d'y obtempérer. — C. procéd., art. 842 et 843; — Pigeau, t. 2, p. 334; Carré, n° 2868; Rolland de Villargues, *ibid.*, n° 30; *Dict. not.*, *ibid.*, n° 15.

103. — Lorsque le notaire consent à délivrer l'acte, on doit lui remettre l'ordonnance rendue par le président du tribunal. En effet, il est tenu de faire mention de cette ordonnance sur la copie, d'où il résulte qu'il doit la conserver pour en justifier dans le cas où cela deviendrait nécessaire. — Pigeau, Carré, *ibid.*; Rolland de Villargues, *ibid.*, n° 35; Bioche, *ibid.*, n° 34.

104. — En cas de refus de la part du notaire ou autre dépositaire, il en est référé au président du tribunal. — C. procéd., art. 843.

105. — Dans ce cas, c'est la partie qui réclame la copie qui doit introduire le référé. — Pigeau, t. 2, p. 335; Carré, *ibid.*; *Dict. not.*, *ibid.*, n° 15; Rolland de Villargues, *ibid.*, n° 22; Bioche, *ibid.*, n° 35.

106. — Les règles ci-dessus sont applicables au cas où l'on veut se faire délivrer copie d'un acte *non enregistré*, sauf l'exécution des lois et réglemens relatifs à l'enregistrement. — C. procéd., art. 841, 842 et 843.

107. — Mais il n'y aurait pas lieu de recourir à cette procédure pour obtenir copie d'un acte notarié *parfait*, non enregistré dans le délai, car il suffit au notaire de faire enregistrer l'acte et d'en payer les droits ainsi que l'amende ou le double droit, pour être autorisé à en délivrer expédition. On ne pourrait appliquer l'art. 841 qu'au cas où le notaire refuserait de faire enregistrer l'acte, refus qui l'exposerait aux contraintes de la régie. Aussi l'art. 841, dans la disposition relative aux actes non enregistrés, reçoit-il rarement son exécution. — *Dict. not.* v° *Acte non enregistré*, n° 2; Rolland de Villargues, *cod. verb.*, n° 3.

108. — Tout ce que nous venons de dire, relativement à la délivrance des expéditions ou copies, s'applique évidemment à la délivrance d'un simple extrait; car les raisons de décider sont les mêmes. — Rolland de Villargues, *Rép.*, v° *Acte imparfait*, n° 25.

109. — Quant à la délivrance d'une seconde grosse soit d'une minute d'acte, soit par forme d'ampliation sur une grosse déposée, V. AMPLIATION, nos 9 et suiv., GROSSE.

110. — Celui qui, dans le cours d'une instance, veut se faire délivrer expédition ou extrait d'un acte dans lequel il n'a pas été partie, peut se pourvoir par la voie du compulsoire. — C. procéd., art. 846. — V. COMPULSOIRE.

111. — Le notaire qui, sans l'ordonnance du président du tribunal de première instance, délivrerait expédition ou copie des actes dont il est dépositaire à d'autres qu'aux personnes intéressées en nom direct, héritiers ou ayant-droit serait passible de dommages-intérêts et d'une amende de 100 fr. (réduite à 10 fr., L. 16 juin 1826, art. 10) et serait, en cas de récidive, suspendu de ses fonctions pendant trois mois. — L. 26 vent. an XI, art. 23.

112. — Les greffiers et dépositaires des registres publics sont tenus d'en délivrer, sans ordonnance de justice, expédition, copie ou extrait, à tous requérans, à la charge de leurs droits, à peine de dépens, dommages et intérêts. — C. procéd., art. 853.

113. — Mais cette disposition ne doit s'entendre que des actes judiciaires livrés à la publicité; il en serait autrement s'il s'agissait des actes de discipline intérieure ou même d'instruction.

114. — Ainsi jugé qu'un greffier de cour royale est fondé à se refuser, jusqu'à ce qu'il y ait été autorisé, à délivrer à des tiers l'expédition d'arrêts qui ont suspendu des avoués et censuré un magistrat. — *Aix*, 11 janv. 1825, Michel c. greffier de la cour royale d'Aix.

115. — ... Que lorsque, par suite de poursuites pour crime de faux, des pièces sont restées déposées au greffe de la cour royale, le greffier ne peut en délivrer des expéditions sans le consentement exprès des parties intéressées. — *Rennes*, 18 août 1823, de Cintré c. Bilheust.

116. — Jugé également que les informations écrites prises en matière criminelle ne font pas partie des registres publics dont parle l'art. 853, C. procéd. civ. — *Aix*, 15 déc. 1840 (t. 2 1841, p. 59), Jérôme B...

117. — Un tribunal civil ne peut donc, dans une contestation civile, autoriser une des parties à se faire délivrer expédition des pièces déposées au greffe d'un tribunal, par suite d'une procédure criminelle sur laquelle il est intervenu une ordonnance portant qu'il n'y a lieu à suivre, quant à présent, contre les inculpés. — *Cass.*, 17 juin 1834, (Int. de la loi.)

118. — En effet, tant qu'il n'y a pas eu d'arrêt de mise en accusation, les procédures criminelles doivent rester secrètes, et le dépôt de ces procédures ne saurait constituer un arsenal où viendraient puiser des armes toutes les haines et les mauvaises passions.

119. — Jugé néanmoins que les tribunaux pourraient autoriser le greffier à en délivrer copie à des tiers dans le cas où ces derniers justifieraient d'un intérêt évident, actuel et grave. — *Aix*, 15 déc. 1840 (t. 2 1841, p. 59), Jérôme B...

120. — Quant à la délivrance des secondes grosses de jugement, V. GROSSE.

V. aussi ACTE ANCIEN, ACTE RÉCOGNITIF, ACTE RESPECTUEUX, AMPLIATION, ANNEXE DE PIÈCES, BLANC, COMMENCEMENT DE PREUVE PAR ÉCRIT, COMPULSOIRE, EXPÉDITION, EXTRAIT, GREFFE (droits de), TIMBRE.

COPROPRIÉTAIRE. — COPROPRIÉTÉ.

1. — Le copropriétaire est celui qui possède avec un autre la propriété d'une maison, d'une terre, d'un navire, etc. La copropriété est cette propriété existant en commun.

2. — On appelle *copropriétaires à titre particulier* ceux dont chacun a acquis séparément la part qu'il a dans la chose commune; et *copropriétaires à titre commun* ceux qui sont devenus propriétaires par le même titre. — Merlin, *Rép.*, v° *Copropriétaire*.

3. — En général, et sauf quelques exceptions, il est libre à chacun des copropriétaires par indivis de provoquer le partage ou la licitation, si l'objet ne peut se partager commodément. — C. civ., art. 815. — V. INDIVISION, LICITATION, PARTAGE, PROPRIÉTÉ.

V. aussi ASSURANCE TERRESTRE, BAIL, CAPITAINE DE NAVIRE, CASSATION (mat. civ.), COMMENCEMENT DE PREUVE PAR ÉCRIT, ENREGISTREMENT, NAVIRE, SERVITUDE.

COPULATIVE.

V. PARTICULE CONJONCTIVE ET DISJONCTIVE.

COQUETIERS.

Coquetiers avec voitures; — patentables de sixième classe; — droit fixe basé sur la population et droit proportionnel du vingtième de la valeur locative de l'habitation et des lieux servant à l'exercice de la profession. — Coquetiers avec bêtes de somme, — patentables de septième classe; — droit fixe et droit proportionnel du quarantième de la valeur locative de tous les locaux des patentables, mais seulement dans les communes de 20,000 âmes et au-dessus. — V. PATENTE.

CORAIL (Pêche du).

1. — La pêche du corail, qui se faisait autrefois sur la plupart des côtes de la Méditerannée, et même sur quelques points du littoral de la mer Rouge, est depuis long-temps resserrée sur les côtes de la régence de Tunis, de l'Algérie, de la Corse et de la Provence.

2. — Dès 1560, les Français conclurent avec les puissances barbaresques des traités en vertu desquels ils avaient seuls le droit de pêcher le corail sur les côtes de ces états. — Ils fondèrent sur le territoire d'Alger le comptoir de la Calle dont le but principal était l'exploitation de ce monopole; et une compagnie, formée sous le nom de compagnie d'Afrique, eut exclusivement le privilège de cette exploitation. — Hautefeuille, *Code de la pêche maritime*, p. 47.

3. — La loi des 21-29 juill. 1791, sur le commerce du Levant et de Barbarie, supprima le privilège de la compagnie d'Afrique et rendit la pêche libre à tous les Français, ce qui entraîna, en 1792, la suppression de la compagnie elle-même et son remplacement par une agence établie à Marseille.

4. — Mais cet état de choses ne fut que temporaire, car un 1er arrêté, du 27 niv. an IX, supprima l'agence d'Afrique et rétablit la compagnie; toutefois la pêche du corail fut l'objet de dispositions particulières contenues dans un arrêté spécial du même jour.

5. — Aux termes de cet arrêté la pêche du corail sur les côtes d'Afrique devait être faite par une compagnie dans laquelle n'étaient admis comme actionnaires que les Français et les étrangers établis en France. — Art. 1er et 2.

6. — La compagnie ne pouvait employer à la pêche que des marins français ou étrangers établis en France. — Art. 3. — Tout bateau-pêcheur ne pouvait être armé et recevoir son expédition que dans les ports de France. — Art. 4. — Aucun bateau ne pouvait consommer sa quarantaine dans un port étranger. — Art. 5. —

7. — Le siége de la compagnie fut fixé à Ajaccio — Art. 6. — C'est là que, d'après l'art. 10, devait être établi le lazaret pour la quarantaine.

8. — La compagnie devait établir dans le port d'Ajaccio une manufacture de corail, et ce corail ne devait être vendu à l'étranger qu'ouvré. — Art. 7.

9. — La compagnie devait avoir, pour tout ce qui était relatif à la pêche du corail, la jouissance des magasins ou établissemens existant sur la côte d'Afrique, moyennant une indemnité à payer de gré à gré à l'ancienne compagnie du commerce d'Afrique. — Art. 8.

10. — De plus, et conjointement avec la compagnie reconstituée d'Afrique, la compagnie de la pêche du corail devait rembourser au gouvernement le montant des redevances annuelles payées aux états barbaresques. — V. ALGÉRIE, sect. 1re, n° 4. — Toutefois la part de contribution afférente à la compagnie de la pêche du corail ne pouvait s'élever au delà de cent francs par an et par gondole. — Art. 9.

11. — Enfin la compagnie était placée sous la surveillance du ministre de l'intérieur, qui devait également faire les réglemens nécessaires pour déterminer les rapports de la compagnie avec l'état, ou ceux des deux compagnies entre elles,

pour accélérer l'établissement de la pêche. — Art. 11 et 12.

12. — Mais bientôt la loi du 17 flor. an X supprima tout à la fois et la compagnie d'Afrique et celle pour la pêche du corail. — Une nouvelle compagnie fut substituée à la première de ces compagnies; mais quant à la pêche du corail, elle fut déclarée libre à tous les Français, moyennant une rétribution à payer par chaque bâtiment pêcheur à la compagnie. rétribution dont la quotité devait être fixée, tous les ans, par le gouvernement.

13. — Cette loi ne contenait d'ailleurs aucune disposition de détail. Elle se bornait à poser le principe, à charger le gouvernement de tous les réglemens et de toutes les stipulations à faire avec les chefs de la compagnie.

14. — La rupture de la paix empêcha l'exécution de la loi de l'an X, et depuis le rétablissement de la paix, la pêche du corail étant à peu près abandonnée par la France sur le continent, les habitans de la Corse seuls continuèrent à envoyer quelques barques. — V. Hautefeuille, loc. cit.

15. — La redevance dont il a été parlé plus haut a pris évidemment fin par suite de l'occupation qu'alige par les armées françaises, et la cessation de tout tribut aux puissances barbaresques qui en a été la conséquence nécessaire.

16. — Un des premiers actes de l'autorité civile française en Algérie a été le réglement de la pêche du corail. — Un arrêté du 31 mars 1832 déclara cette pêche libre pour les sujets français, et imposa aux étrangers une redevance fixée à 216 piastres d'Espagne par bateau pour la pêche d'été, et à 98 piastres pour la saison d'hiver.

17. — Depuis cette époque est intervenue, à la date des 9-20 nov. 1844, une ordonnance relative à la pêche du corail en Algérie, laquelle, en vue du traité du 24 oct. 1832 par lequel le bey de Tunis a cédé à la France l'exploitation de la pêche sur les côtes de cette régence, et dans le but d'accorder aux sujets des puissances alliées de la France qui se livrent à la pêche du corail sur les côtes de l'Algérie ou de la régence de Tunis, les avantages et diminutions de droits compatibles avec les intérêts de la marine française et la colonisation de l'Algérie, dispose :

18. — 1° Que la rétribution payée par les bateaux corailleurs, d'après l'arrêté du 31 mars 1832 sur la pêche du corail en Algérie, est réduite à un droit de pêche de 800 fr. pour l'année entière, sans distinction des saisons d'hiver et d'été. — Art. 1er.

19. — ... 2° Que les bateaux sardes armés, commandés et équipés par des Sardes et pêchant exclusivement dans les eaux tunisiennes, continueront d'acquitter les droits déterminés par le traité susmentionné du 24 oct. 1832 ; et que ces mêmes bateaux pourront faire la pêche sur les côtes de l'Algérie, pourvu qu'au préalable ils en aient fait la déclaration au bureau de la Calle et qu'ils aient acquitté la redevance fixée ci-dessus. — Art. 2.

20. — 3° Que les bateaux étrangers employés en Algérie à la pêche du corail seront tenus de se pourvoir d'un passeport, valable pour un an, et dont le prix est fixé à 5 fr. pour les bateaux de moins de dix tonneaux, à 15 fr. pour les bateaux de dix à trente tonneaux, et de 30 fr. pour ceux de plus de trente tonneaux. — Le tout à peine d'une amende de 100 fr. — Art. 3.

21. — L'art. 4 de cette ordonnance dispose que les autres articles comprchensifs seront l'objet d'un nouvel arrêté du ministre de la guerre.

22. — « M. Hautefeuille (loc. cit.) fait remarquer, en effet, que si cet arrêté contient quelques dispositions générales pour la police des bateaux à la mer et celle des pêcheurs à terre, et pose en règle que si le bailli pour des corailleurs et une église seront établis à la Calle et à Tabarca, la police proprement dite, c'est-à-dire les règles à observer pour l'exploitation de certains bancs, et pour les engins employés à la pêche, n'ont donné lieu à aucune disposition, et que, sur cette partie importante, l'arrêté renvoie aux anciens usages. — Mais, ajoute M. Hautefeuille, c'est là, je crois, une faute grave, car ces usages sont à peu près inconnus; d'ailleurs ils n'ont jamais eu de caractère légal, et ils sont par conséquent impraticables.»
V. PÊCHE.

CORAUX (Préparateurs, Marchands de).

Préparateurs de coraux et marchands de coraux bruts ; — patentables de troisième classe ; — droit fixe basé sur la population, et droit proportionnel du vingtième de la valeur locative de l'habitation et des lieux servant à l'exercice de la profession.
V. PATENTE.

CORDES, CORDIERS.

1. — Fabricans de cordes harmoniques et de cordes métalliques pour leur compte; patentables de sixième classe; — droit fixe basé sur la population, et droit proportionnel du vingtième de la valeur locative de l'habitation et des lieux servant à l'exercice de la profession.

2. — Fabricans de cordes harmoniques et de cordes métalliques à façon; — patentables de septième classe; — même droit et droit proportionnel du quarantième de la valeur locative de tous les locaux des patentables de septième classe, mais seulement dans les communes de 20,000 âmes et au-dessus.

3. — Quant aux fabriques de cordes à instrumens, elles sont rangées dans la première classe des établissemens insalubres. — V. ÉTABLISSEMENS INSALUBRES (nomenclature).

4. — Cordiers, fabricans de câbles et cordages pour la marine ou la navigation intérieure; — patentables de quatrième classe; — droit fixe basé sur la population et droit proportionnel du vingtième de la valeur locative de l'habitation et des lieux servant à l'exercice de la profession.

5. — Cordiers, fabricans de menus cordages, tels que cordes, ficelles, longes, traits, etc.; patentables de septième classe; — mêmes droits que les fabricans de cordes harmoniques à façon. — V. PATENTE.

6. — Cordiers marchands; — patentables de sixième classe ; — mêmes droits que les cordiers, fabricans de câbles et cordages pour la marine.

7. — Fabricans de cordes à puits et liens; — patentables de huitième classe; — mêmes droits, sauf la différence de classe, que les fabricans de cordes harmoniques à façon. — V. PATENTE.

CORDONS (Fabricans de).

1. — Fabricans de cordons en fil, soie, laine, etc., pour leur compte; — patentables de septième classe ; — droit fixe basé sur la population; droit proportionnel du quarantième de la valeur locative de tous les locaux des patentables, mais seulement dans les communes de 20,000 âmes et au-dessus.

2. — Fabricans à façon; — patentables de huitième classe; — mêmes droits que les précédens, sauf la différence de classe.

CORDONNIERS (Marchands).

Patentables de quatrième classe ; — droit fixe basé sur la population; droit proportionnel du vingtième de la valeur locative de l'habitation et des lieux servant à l'exercice de la profession.
V. COMMERÇANT, COMPÉTENCE COMMERCIALE.

CORDONNIERS EN CHAMBRE.
V. PATENTE.

CORNE (Apprêteurs, Fabricans, Marchands).

1. — Apprêteurs de corne, fabricans de feuilles transparentes de corne, et marchands de cornes brutes; — patentables, les deux premiers de cinquième classe, et les troisièmes de cinquième; — droit fixe basé sur la population, et droit proportionnel du vingtième de la valeur locative de l'habitation et des lieux servant à l'exercice de la profession.

2. — Les apprêteurs et fabricans à façon ne sont patentables que de huitième classe ; — droit fixe et droit proportionnel du quarantième de tous les locaux qu'ils occupent, mais seulement dans les communes de 20,000 âmes et au-dessus. — V. PATENTE.

3. — Les ateliers consacrés au travail de la corne sont rangés dans la troisième classe des établissemens insalubres. — V. ÉTABLISSEMENS INSALUBRES (nomenclature).

CORPORATIONS.
V. CORPS D'ARTS ET MÉTIERS.

CORPS D'UN ACTE.

1. — C'est ce qui constitue tout acte, abstraction faite des signatures, additions, renvois, etc.

2. — Dans les billets ou promesses sous seing-privé contenant obligation, de la part d'une seule partie, de somme ou de chose appréciable, et qui doivent être revêtus de son bon ou approuvé en toutes lettres, quand la somme exprimée au corps

de l'acte est différente de celle exprimée au bon, l'obligation est présumée n'être que de la somme moindre. — C. civ., art. 1326 et 1327. — V. APPROBATION DE SOMME.

3. — Une acceptation avec indication de somme, d'échéance et de lieu de paiement, mise au dos d'une lettre de change en blanc, ne saurait constituer un titre de créance contre le souscripteur, quand le corps de la lettre de change n'a pas été rempli. — Caen, 31 (et non 13) mars 1827, Saussay c. Lemoyne. — V. LETTRE DE CHANGE.

4. — Dans les actes notariés, on entend plus spécialement par le corps de l'acte la partie qui en comprend les clauses, conventions, etc., par opposition au préambule et à la clôture. — V. ces mots.

CORPS D'ARTS ET MÉTIERS.

Table alphabétique.

CORPS D'ARTS ET MÉTIERS. — 1. — C'étaient des agrégations d'artisans de même profession, jouissant de certains priviléges, notamment du droit exclusif de fabriquer et de vendre les objets de leur art, et dont l'administration était réglée par des statuts spéciaux, émanés de l'autorité royale ou de la corporation même, quand l'édit de création lui avait conféré le droit de faire des statuts.

2. — Historique. — Dès les premières années de Rome, on voit apparaître des corporations d'artisans légalement reconnues et instituées. Numa

avait distribué le peuple en plusieurs corps, séparés chacun par des intérêts particuliers : en métiers de musiciens, d'orfèvres, de charpentiers, de teinturiers, de cordonniers, de tanneurs, de forgerons et de potiers de terre. Il avait réuni en un seul corps tous les artisans d'un même métier, et institué des assemblées, des fêtes et des cérémonies de religion convenables à chacun de ces corps. — Plutarque, *Vie de Numa*. — Tarquin-le-Superbe abolit les corporations que Numa avait créées; mais elles furent rétablies immédiatement après son expulsion. Sylla les abolit encore; elles furent rétablies sous le consulat de Lentulus, et enfin abolies de nouveau sous Néron. — Pothier, *Pandect.*, liv. 47, tit. 22.

3. — Le Digeste de Justinien rappelle l'abolition des *colléges de confréries* qui étaient particulièrement interdits dans les camps. Les associations de pauvres étaient seules permises, pourvu qu'elles ne se réunissent qu'une fois par mois. Les esclaves pouvaient en faire partie du consentement de leurs maîtres. Nul ne pouvait être membre de deux colléges. Ces agrégations ne jouissaient d'aucun privilége, n'avaient point de magistrats particuliers, et se trouvaient soumises aux lois de la république, comme tous les autres citoyens. — Dig., L. 47, tit. 22.

4. — Saint Louis est le premier qui ait établi en France des confréries d'ouvriers. Ce prince voulut que les ouvriers les plus distingués eussent une inspection sur les plus jeunes et les moins habiles; que ces derniers fussent tenus pendant plusieurs années sous les yeux et la direction des maîtres, et ne fussent admis qu'après avoir fait leurs preuves. Du reste, aucun privilége n'était attaché à ces confréries. — V. *Etablissemens des métiers de Paris*, par Etienne Boileau (Bibliothèque royale, manuscrit sous le n° 259).

5. — La peine de la destruction de la marchandise, une amende, et même la perte du poing, étaient prononcées contre celui qui avait manufacturé certains produits d'une manière contraire aux réglemens. — V. *Etablissemens de Saint-Louis*, liv. 1er, ch. 146, p. 228.

6. — Les confréries d'ouvriers ne furent établies dans le principe que dans les villes royales. Les seigneurs ne tardèrent cependant pas à en créer dans leurs seigneuries. Un *roi des merciers* était chargé de l'inspection des arts et manufactures du royaume; c'était lui qui donnait les brevets d'apprentissage, les lettres de maîtrise, moyennant des *droits d'expédition*. Il nommait des sous-inspecteurs chargés de parcourir le royaume pour vérifier les poids et mesures et la qualité des marchandises. Ces visites rapportaient aussi des droits considérables. — V. Savary.

7. — La charge de *roi des merciers* fut supprimée par Henri IV; un *grand chambrier* fut chargé de l'inspection des arts et manufactures dans tout le royaume. — Locré, *Lég.*, t. 17, p. 375.

8. — Une ordonnance de Henri III, du mois de déc. 1581, porte que tous les marchands, artisans et gens de métiers, seront établis en corps de maîtrises et jurandes, sans qu'aucun puisse s'en dispenser. Jusqu'à cette époque, beaucoup de localités, beaucoup de villes étaient exemptes de maîtrises et jurandes, et jouissaient d'une liberté d'industrie plus étendue que les localités qui y étaient soumises. Cet édit eut pour but de régulariser dans tout le royaume cette institution. Un nouvel édit de Henri III, publié en 1583, déclara que la permission de travailler était un droit royal et domanial. Cet édit réglait le temps des apprentissages, la forme et la qualité des chefs-d'œuvre, la manière de travailler, l'administration intérieure des différens corps classés et réglés avec attribution de priviléges. Il distingua les villes jurées des autres, détermina la forme des réceptions, le prix à payer par les aspirans. Mais, en compensation, on permit aux corporations de limiter leur nombre et d'exercer le monopole de leur industrie. — V. l'édit de 1583, et Forbonnais, *Recherches et considérations sur les finances de France*.

9. — L'ordonnance de 1673 vint organiser des jurandes dans toutes les villes où les édits d'Henri III n'avaient pas été mis en vigueur, et y soumettre presque toutes les professions industrielles, ce qui créa un vaste monopole en faveur de ces compagnies, et priva le peuple du précieux avantage d'une sage concurrence, qui fait baisser les prix et permet au consommateur d'acheter les objets d'art les plus utiles. — Ord. 1673, art. 1er à 5.

10. — De 1673 à 1720, un grand nombre d'édits royaux créèrent de nouveaux offices, dont le but était d'étendre le monopole sur les objets les plus futiles, ce qui procurait au gouvernement de grands revenus, car les offices étaient achetés fort cher. Le nombre de ces nouveaux offices s'éleva, dit-on, à plus de 40,000 pendant les cinquante années qui suivirent l'ordonnance de 1673. — Voltaire, *Siècle de Louis XIV*, ch. 29 et 30.

11. — On créa des offices de jurés-syndics des arts et métiers dans tout le royaume, des courtiers de vins et commissionnaires dans les provinces; des pourvoyeurs, vendeurs d'huîtres à Paris, à la suite de la cour et en Normandie; des courtiers de ventes de meubles et immeubles à Marseille; des maîtres et compagnons tireurs d'or à Lyon; des auneurs de toile à Paris; des vendeurs de veaux, volailles, à Rouen; des mesureurs de grains; des mouleurs de bois; des jurés-vendeurs de poissons d'eau douce, etc., etc. — Locré, *Lég.*, t. 17, p, 380.

12. — Il y avait les grandes communautés et les petites. La grande communauté était composée de jurés, d'anciens, de maîtres modernes, de compagnons et d'apprentis; la petite, de syndics, de gardes, de grands-gardes, de compagnons et d'apprentis. Certaines communautés étaient patentées, d'autres non. L'élévation à chacun des grades de la confrérie rapportait un impôt au gouvernement. En compensation, on accordait des honoraires aux syndics et aux jurés. Ces honoraires étaient prélevés sur tous les membres de la communauté — Locré, *Lég.*, t. 17, p. 382.

13. — Il y avait six communautés des marchands, qu'on appelait *corps des marchands*. C'étaient : 1° le corps des drapiers-merciers. Il pouvait tenir et vendre en gros et en détail toutes sortes de marchandises en concurrence avec tous les fabricans et artisans de Paris, même ceux compris dans les six corps; mais il ne pouvait fabriquer ni mettre en œuvre aucune marchandise, même sous prétexte de les enjoliver; — 2° le corps des épiciers. Il pouvait faire le commerce des drogues simples sans manipulation; celui du vinaigre indéfiniment, en concurrence avec le vinaigrier; celui de l'eau-de-vie et des liqueurs, même en détail, sans pouvoir les servir et donner à boire en boutique; celui du café brûlé, en grain et en poudre, en concurrence avec le limonadier; celui de la graineterie indéfiniment, avec le grainier; — 3° le corps des bonnetiers, pelletiers et chapeliers : nul autre qu'eux ne pouvait exercer la profession de coupeur de poil; — 4° le corps des orfèvres, batteurs d'or, tireurs d'or. Il n'avait que la mise en œuvre en pierres fines seulement, en concurrence avec les lapidaires; — 5° le corps des fabricans d'étoffes et gazes, tissutiers-rubaniers. Il avait la peinture des gazes et des rubans, en concurrence avec les peintres; — 6° le corps des marchands de vins. Un article des statuts des marchands de vins de Paris leur interdisait de mettre de l'eau dans le vin. — Guyot, *Rép.*, édit. de 1784, t. 5, p. 57.

14. — On distinguait soixante-cinq communautés d'artisans, dont il est curieux de comparer la nomenclature avec l'état actuel du commerce et de l'industrie : 1° amidoniers; — 2° arquebusiers, fourbisseurs, couteliers. Ils avaient la faculté de fabriquer et polir tous les ouvrages d'acier; — 3° bouchers; — 4° boulangers. Ils avaient la faculté d'employer, en concurrence avec les pâtissiers, le beurre, le lait et les œufs dans leur pâte. — 5° brasseurs; — 6° brodeurs, passementiers, boutonniers; — 7° cartiers; — 8° charcutiers; — 9° chandeliers; — 10° charpentiers; — 11° charrons; — 12° chaudronniers, balanciers, potiers d'étain; — 13° coffretiers, gainiers. Ils pouvaient faire et garnir les vaches ou malles d'impériales des chaises et carrosses, en concurrence avec les selliers; — 14° cordonniers; — 15° couturières, découpeuses. Elles étaient en concurrence avec les ouvrières en mode pour la garniture des robes; et avec les tailleurs pour les corps de femmes et enfans; — 16° couvreurs, plombiers, carreleurs, paveurs; — 17° écrivains; — 18° faiseuses et marchandes de modes, plumassières. Elles faisaient la broderie en concurrence avec les brodeurs, et la découpure en concurrence avec les couturières. — 19° fayenciers, vitriers, potiers de terre. Ils concouraient avec le mercier pour la vente des porcelaines et des poteries de terre, avec les couvreurs et paveurs pour la profession de carreleur; — 20° ferrailleurs, cloutiers, épingliers. Ils pouvaient faire le commerce de petite quincaillerie en échoppe ou étalage seulement avec le mercier; — 21° fondeurs, doreurs, graveurs sur métaux. Ils avaient les fontes garnies en fer en concurrence avec le mercier; — 22° fruitiers-orangers, grainiers. Ils avaient le commerce des graines en concurrence avec l'épicier; — 23° gantiers, boursiers, ceinturiers; — 24° horlogers; — 25° imprimeurs en taille douce; — 26° lapidaires. Ils avaient la mise en œuvre en fin en concurrence avec les orfèvres, et en faux exclusivement; — 27° limonadiers, vinaigriers. Ils exerçaient la profession de confiseurs, en concurrence avec le pâtissier et l'épicier; la vente du vinaigre avec le vinaigrier, celle des eaux-de-vie et liqueurs en gros et détail, le détail de la bière avec les brasseurs, et la vente du cidre exclusivement, ainsi que le droit de donner à boire l'eau-de-vie et les liqueurs; — 28° lingères; — 29° maçons; — 30° maîtres d'armes; — 31° maréchaux-ferrans, éperonniers; — 32° menuisiers-ébénistes, tourneurs, layetiers; — 33° paulmiers; — 34° peintres, sculpteurs en bâtimens, voitures et meubles; vernisseurs, doreurs sur bois, sculpteurs-marbriers. Ils avaient le commerce des tableaux en concurrence avec le mercier et le tapissier, et celui des couleurs avec l'épicier; — 35° relieurs, papetiers-colleurs. Ils pouvaient vendre tout ce qui sert à l'écriture et au dessin en concurrence avec le mercier; le commerce de la peinture et du vernis des papiers en concurrence avec le peintre; — 36° selliers, bourreliers; — 37° serruriers, taillandiers-ferblantiers, maréchaux-grossiers; — 38° tabletiers, luthiers, évantaillistes; — 39° tanneurs-hongroyeurs, corroyeurs, peaussiers, mégissiers, parcheminiers; — 40° tailleurs, fripiers d'habits et de vêtemens en boutique, en échoppe. Ils avaient la faculté de faire des boutons d'étoffes en concurrence avec le passementier; — 41° tapissiers, fripiers en meubles et ustensiles, miroitiers; — 42° teinturiers en soie; tondeurs, foulons de draps; — 43° tonneliers, boisselliers; — 44° traiteurs, rôtisseurs, pâtissiers; — 45° bouquetières. On ne pouvait exercer cette profession qu'après quatre années d'apprentissage, et deux années de compagnonnage; — 46° brossiers; — 47° boyaudiers; — 48° cardeurs de laine et coton; — 49° coiffeuses de femmes; — 50° cordiers; — 51° fripiers-brocanteurs, achetant et vendant dans les rues, halles et marchés, et non en place fixe; — 52° faiseurs de fouets; — 53° jardiniers; — 54° linières filassières; — 55° maîtres de danse; — 56° nattiers; — 57° ciseleurs; — 58° pain-d'épiciers; — 59° patenôtriers-bouchonniers; — 60° pêcheurs à verge; — 61° pêcheurs à engin; — 62° savetiers; — 63° tisserands; — 64° vanniers; — 65° vidangeurs. — Guyot, *Rép.*, *Corps d'arts et métiers*, édit. de 1784.

15. — Les frais d'apprentissage étaient très-élevés; des droits étaient payés au maître; le brevet devait être notarié et enregistré au bureau de la communauté, moyennant une taxe. En outre, l'apprenti payait une imposition annuelle, outre les droits de cire, de chapelle et de bienvenue qu'il devait donner à son entrée. — Merlin, *Rép.*, v° *Corps d'arts et métiers*; Locré, *Lég.*, t. 17, p. 382.

16. — Les frais de réception et d'apprentissage étaient pour les six corps de marchands : 1° drapiers, 3,240 liv; merciers, 1,700 liv. : ensemble, 4,940 liv.; — 2° épiciers, 1,700 liv.; — 3° bonnetiers, 1,500 liv.; pelletiers, 1,000 liv.; chapeliers, 1,100 liv.; ensemble : 3,600 liv.; — 4° orfèvres, 2,400 liv.; pour les batteurs et les tireurs d'or, les fils succédaient aux pères, et n'avaient, partant, pas de frais à payer; — 5° fabricans d'étoffes et gazes, 1,000 liv.; tissutiers-rubaniers, 750 liv.; ensemble : 1,750 liv.; — 6° marchands de vins, 800 liv.

17. — Les mêmes frais pour réception et apprentissage dans les communautés variaient depuis 175 jusqu'à 1800 livres : la moyenne était de 600 livres. — V. *Rép.* de Guyot, v° *Corps d'arts et métiers*, t. 5, p. 66.

18. — Les fils de maîtres étaient exempts de ces frais d'apprentissage, et se trouvaient *compagnons* de droit à dix-sept ans, pourvu qu'ils eussent travaillé chez leur père jusqu'à cet âge. — V. les auteurs cités.

19. — Les *étrangers* seuls étaient soumis aux droits d'apprentissage, et par *étrangers* on entendait tout enfant qui n'était pas né dans la communauté : ainsi, le fils d'un charron était étranger à la communauté des orfèvres ou des cordonniers. De même les membres d'une communauté de province étaient étrangers à ceux d'une autre province, alors même que la profession était la même dans les deux corporations. De ce principe il résultait que le maître d'une ville ne pouvait exercer sa profession dans une autre ville, qu'après une admission en forme dans la communauté de cette nouvelle ville. Un arrêt du conseil, de 1755, supprima cette nécessité, à l'exception des villes de Paris, Lyon, Lille, Rouen et autres principales villes.

20. — Quant aux *étrangers non français*, ils étaient exclus par des dispositions expresses dans la plupart des édits de création. Depuis l'édit de 1767, les étrangers ont eu le droit d'être admis dans les communautés.

21. — Les frais de maîtrise étaient excessifs : il fallait payer l'enregistrement de la lettre de maîtrise au greffe; un droit de réception, droit d'ouverture de boutique, droit royal, et droit d'honoraires des jurés et des anciens qui étaient chargés de recevoir le maître. — V. Locré, *Lég.*, t. 17, p. 384.

22. — L'ordonnance du mois de mars 1691 tarifait les droits que les syndics pourraient deman-

der pour chaque visite faite chez les membres de la corporation, et fixait à quatre le nombre des visites qu'ils devaient faire chez chacun. Moitié de ces droits était attribuée à la communauté, et l'autre moitié aux syndics.

23. — Plusieurs charges très onéreuses étaient imposées à chaque communauté. C'est ce qui explique comment la plupart étaient endettées malgré les priviléges dont elles jouissaient. Ces charges étaient : 1° le paiement des arrérages de rentes ur emprunts faits par la corporation; 2° les ais d'administration des biens de la communauté; 3° les frais de bureau; 4° frais de perception des droits de visite; 5° frais d'étrennes; 6° frais de saisies des ouvrages défendus; 7° frais 'assemblées ordinaires et extraordinaires; 8° frais de réception, de rédaction et d'audition des comptes de jurandes; 9° frais de procédure pour les procès de la corporation. Ce dernier article s'élevait à un million de dépenses annuelles. Les huit autres articles dépassaient cette somme. — V. le pport fait à la chambre de commerce de Paris, par Vital Roux, en 1805; — Locré, *Lég.*, t. 17, . 386.

24. — Le parlement de Rouen rendit, en 1766, arrêt pour empêcher les corporations de plaider avant d'avoir obtenu l'avis motivé de deux ciens avocats inscrits au tableau depuis dix ans au moins. Mais cet arrêt n'apporta point de reède au mal.

25. — La police des métiers consistait dans le droit de réunir en corporations ceux qui les exerçaient, leur donner des statuts ou leur perttre d'en faire; leur nommer ou leur permettre élire des chefs ou syndics; recevoir les plaintes membres de la corporation, et y faire droit; fin recevoir et juger les rapports et procès-verux des visites que les syndics étaient tenus de re chez chacun d'eux. — Loyseau, *Des seieuries*, ch. 9, art. 49 et 50.

26. — De nombreuses réclamations s'étaient fait tendre depuis long-temps contre les abus des randes. Dès 1614, on voit les états-généraux se ndre de ces abus, par l'organe du tiers-état. 1617, l'assemblée des notables de Rouen s'occupa de la question de supprimer la vénalité et érédité des priviléges. Le roi Louis XIII en demandait la suppression. Mais les sommes énorqu'il aurait fallu payer à ceux qui en étaient possession et les avaient acquis à prix d'ar- empêcha cette réforme. Les besoins de l'état ligèrent même le gouvernement à créer de nouux offices.

27. — En 1776, sous le ministère de Turgot, un t fut publié qui supprimait toutes les corporans et leurs priviléges, à l'exception des communautés de *perruquiers*, *imprimeurs*, *libraires*, *orfé*-*vres* et *apothicaires*. — La crainte de favoriser la lié de la presse empêcha l'émancipation des imeurs et des libraires. Le peu de dangers et nconvéniens résultant des communautés de uquiers ne valait pas les sommes qu'il aurait lu rembourser aux titulaires. Le dessein où était rgot de faire une réforme radicale de la législa- existante sur le commerce de l'or et de l'ar- t fit ajourner la suppression des commutés d'orfèvres. Enfin, le danger qu'il y avait à ever toute garantie de la part des apothicaires ajourner la suppression de leur communauté à l'époque où l'on aurait trouvé un système législation digne de remplacer avantageuse- t celui qui existait déjà. — V. le rapport de Vi- Roux, déjà cité.

28. — Turgot, dans le préambule de l'édit de 6, a exprimé des idées fort saines et qui font etter que ce sage ministre n'ait pas pu mettre exécution le projet qu'il avait si mûrement éla- .

29. — Necker, ayant remplacé Turgot au minis- , laissa subsister les corporations, en permet- t à chacun de faire des étoffes de telle dimenn qu'il voudrait, en y faisant appliquer un mb indicateur de la nationalité du produit. Il it pour cela se conformer aux réglemens pour fabrication. — Edit du mois d'août 1776, raplé dans Guyot, v° *Corps d'arts et métiers*.

. — Cet édit, dans son art. 1er, rétablissait les corps de marchands tels qu'ils existaient avant it de Turgot, en diminuant toutefois les frais réception et d'apprentissage, qui, de 1,940 liv. r le corps des drapiers et merciers, furent réà 1,000 liv.; qui, de 1,700 liv. pour le corps épiciers, furent portés à 800 liv.; qui, de liv. pour le troisième corps, furent réduits à liv.; et qui, pour le quatrième corps, furent és à 800 liv. au lieu de 2,400. Les deux derniers s furent portés chacun à 600 liv. au lieu de et 1800 liv. — Guyot, *Rép.*, édit. de 1784, t. 5, 46, v° *Corps d'arts et métiers*.

31. — Le même article du même édit rétablissait les communautés d'artisans, en réduisant également les droits d'apprentissage et de réception, dans une proportion des deux tiers au moins. — V. le même auteur, *loc. cit.*, où les chiffres sont donnés pour chaque communauté.

32. — Du reste, cet édit ne rétablit que quarante-quatre communautés, laissant les professions qui étaient comprises dans les vingt-une communautés que nous avons énumérées en dernier lieu, parmi les professions qui pouvaient être exercées librement. — Edit d'août 1776, cité dans Guyot, *Répert.*, *loc. cit.*

33. — A la différence des édits antérieurs, le nouvel édit accordait en outre aux filles et aux femmes le droit de faire partie de toute communauté en remplissant les conditions tracées dans l'édit. Le roi s'engageait en outre, par son édit, à payer les dettes des anciennes communautés, à prendre des mesures capables d'arrêter les contestations fréquentes qui étaient si préjudiciables aux intérêts des communautés. — Préambule de l'édit.

34. — Un édit de janvier 1777 abolit les anciennes communautés des arts et métiers de Lyon, et en établit quarante-une nouvelles dont il régla l'administration sur le même plan que celui suivi pour les communautés de Paris. Des communautés semblables furent, par des édits d'avril 1777 et 19 mai 1778, créées dans beaucoup de villes.

35. — Par arrêt rendu au conseil d'état le 14 mars 1778, le roi fit la répartition et le recouvrement des impositions que devaient fournir les communautés d'arts et métiers de la ville de Paris.

36. — Les professions d'artisans avaient aussi été divisées en classes, et soumises à l'impôt suivant leur classe.

37. — Un arrêt du conseil du 27 oct. 1781 attribua aux receveurs des impositions le recouvrement dont les gardes, syndics et adjoints avaient été chargés. — Guyot, *Répert.*, *loc. cit.*

38. — Des lettres-patentes du 8 sept. 1781, enregistrées au parlement le 8 janv. 1782, réglaient la discipline dans les manufactures et les villes où il y avait des corps d'arts et métiers. L'art. 1er de ces lettres voulait que tout ouvrier arrivant dans une ville où il y avait communauté, fût tenu de se faire inscrire au greffe de la police. L'art. 2 ordonnait que les conventions entre maîtres et ouvriers fussent fidèlement exécutées, et que les maîtres ne pussent renvoyer leurs ouvriers, et réciproquement, ceux-ci ne pussent quitter leurs maîtres avant le terme convenu, s'il n'y avait cause légitime.

39. — L'art. 3 voulait qu'à défaut de terme convenu, les ouvriers ne pussent quitter leurs maîtres qu'après achèvement de leurs travaux, remboursement des avances à eux faites, et huit jours après avoir averti leurs maîtres. L'art. 4 ordonnait aux maîtres envers lesquels les engagemens avaient été bien remplis, de délivrer à leurs ouvriers un billet de congé. Les ouvriers devaient avoir un livre (*livret*) où devaient être portés les certificats délivrés par les différens maîtres qui les avaient employés. Au cas de contestations entre le maître et l'ouvrier, le juge de police devait statuer sans retard et sans frais. — Art. 5.

40. — Une déclaration du roi, du 1er mai 1782, avait tracé un réglement relatif aux apprentissages, réceptions, assemblées, visites, contestations, dépenses, emprunts, comptes et à la police. D'après ce réglement, les brevets d'apprentissage pouvaient être sous seing-privé; mais ils devaient être enregistrés par les syndics de la communauté. Le temps de l'apprentissage ne courait que du jour de l'enregistrement. Les syndics ne pouvaient exiger que six livres dans les villes de première classe pour frais d'enregistrement, et quatre dans celles de deuxième classe. Après quatre ans d'apprentissage, on pouvait être admis dans la communauté; et dans la communauté d'une autre ville après une année de plus passée chez un des maîtres de ladite ville.

41. — Les enfans de maîtres ou maîtresses, inscrits sur le registre de la communauté, pouvaient être reçus maîtres dès l'âge de dix-huit ans, après avoir travaillé avec leurs pères ou mères deux ans au moins. Tout aspirant âgé de vingt-cinq ans pouvait être admis, après un an de travail chez un des maîtres de la communauté. Tout aspirant devait subir un examen de capacité en présence des syndics et adjoints de la communauté et trois autres maîtres tirés au sort. Dans le cas de refus d'admission, il pouvait se pourvoir devant le juge de police pour obtenir un nouvel examen : 3 livres ou deux, suivant que la ville était de première ou de deuxième classe, étaient payées à chacun des examinateurs par l'aspirant. C'était le juge de police qui faisait la réception.

42. — Chaque communauté devait, suivant le réglement, avoir un syndic et un adjoint chargés de veiller conjointement à l'administration des affaires, à la recette et à l'emploi des revenus communs et à la police intérieure de la communauté. Les syndics et adjoints devaient être choisis par la communauté, et pour deux ans; la première année comme adjoints, la deuxième comme syndics.

43. — Les communautés de vingt-cinq maîtres pouvaient s'assembler en commun pour leurs affaires importantes. Celles qui étaient plus nombreuses étaient représentées par dix de leurs membres choisis par la voie du scrutin dans une assemblée générale. Les assemblées générales ne pouvaient être convoquées que par permission du juge de police. Les délibérations prises par les dix membres délégués obligeaient tout le corps. — Les assemblées devaient être présidées par les syndics et adjoints : les délibérations prises à la pluralité des voix. — Le juge de police et le substitut du procureur-général du roi, assistés du greffier, devaient être présens aux assemblées. Il leur était dû pour cela 6 livres au juge, 4 au substitut, 2 au greffier.

44. — Les syndics et adjoints étaient tenus de faire, chaque année, quatre visites, au moins, chez tous les maîtres, à l'effet de s'informer si le réglement était observé et si la conduite des apprentis, compagnons ou garçons était régulière. Ils en devaient rendre compte à la première assemblée. Les maîtres en faute devaient y être cités. — En cas de récidive, procès-verbal devait être dressé et remis aux mains du substitut, pour être pourvu à la requête du procureur-général, si la contravention intéressait l'ordre public. — Une livre était due pour chaque visite dans les villes de première classe; 10 sous dans celles de deuxième classe. Les trois quarts de ce droit revenaient à la communauté; l'autre quart aux syndics et adjoints.

45. — Les présens étaient formellement interdits de la part des ouvriers, de même que les repas à l'occasion des assemblées, réceptions, visites, saisies, le tout à peine de concussion de la part de celui qui offrait et de celui qui acceptait.

46. — L'autorisation de l'assemblée était nécessaire aux syndics soit pour former une demande en justice, à l'exception des demandes en validité de saisies, soit pour appeler d'une sentence, intervenir en une cause principale ou d'appel. Aucun accommodement ne pouvait être consenti qu'avec l'approbation du substitut.

47. — Aucune dépense extraordinaire ne pouvait être faite par les syndics sans l'autorisation de l'assemblée, sous peine de radiation desdites dépenses dans leurs comptes, et d'être tenus personnellement de ces dépenses. Les emprunts ne pouvaient être faits sans une autorisation spéciale par lettres patentes dûment enregistrées.

48. — Dans les deux mois au plus tard après l'expiration de chaque année de leur exercice, les syndics devaient rendre compte de leur gestion, à peine d'y être contraints à la diligence du substitut du procureur-général, et d'être condamnés à vingt livres d'amende pour chaque quinzaine de retard, au profit de la communauté. Les comptes devaient être rendus en présence du substitut. Ils devaient être dressés en triple, l'un pour la communauté, un autre pour le rendant compte, et le troisième pour le syndic qui le remplaçait.

49. — Il était défendu aux maîtres des communautés d'employer des ouvriers ayant travaillé chez d'autres maîtres et qui ne présentaient pas de congé de ces maîtres, ou de permission du juge de police; et ce sous les peines portées par les ordonnances.

50. Les marchands en gros étaient dispensés de se faire recevoir dans les communautés. Mais ils devaient se faire inscrire, sans frais, au greffe de la juridiction consulaire, et à celui de la police, à peine de déchéance de tous privilèges. — V. le réglement rapporté par Guyot, *Rép.*, v° *Corps d'arts et métiers*, p. 85; et la déclaration du 30 août 1782, pour les communautés de la ville de Lyon.

51. — Un édit. de 1788, changeant la forme de l'administration générale du commerce, établit un bureau de commerce composé, outre les ministres d'état qui avaient droit d'y assister, de quatre conseillers d'état et quatre maîtres des requêtes. Les membres de ce bureau étaient chargés de présenter à l'administration publique les renseignemens, les plans et les réclamations qui pouvaient intéresser le commerce et les manufactures. L'administration publique était composée de cinq inspecteurs généraux du commerce et des manufactures, d'inspecteurs ambulans, d'inspecteurs particuliers des manufactures, de sous-inspecteurs, et d'élèves des manufactures. — V. le rapport déjà cité de Vital-Roux.

52. — L'art. 2 de la loi du 2-17 mars 1791, confirmative du célèbre décret du 4 août 1789, supprima définitivement les offices des perruquiers, barbiers, baigneurs, étuvistes, et tous les autres offices pour l'inspection et les travaux des arts et du commerce, les brevets et les lettres de maîtrise, les droits perçus pour la réception des maîtrises et jurandes, ceux des collèges de pharmacie, et tous priviléges de profession, sous quelque dénomination que ce soit. L'art. 7 de la même loi, porte : «Il sera libre à toute personne de faire tel négoce ou d'exercer telle profession, art ou métier qu'elle trouvera bon, mais elle sera tenue de se pourvoir auparavant d'une *patente*, d'en acquitter le prix suivant les taux ci-après déterminés; et de se conformer aux réglemens de police qui sont ou pourront être faits. »

53. — Par là même, se trouva supprimé le bureau de commerce institué en 1788 et dont on n'avait, dans le peu de temps qui s'était écoulé depuis sa création, pu apprécier l'utilité.

54. — Malgré les inconvéniens sans nombre que contenaient les institutions de corps d'arts et métiers, et qui se résument dans ses mots : *Droit exclusif au travail au profit de quelques privilégiés, à raison de leur fortune ou de leur naissance; sacrifice des intérêts de la masse au profit d'un petit nombre*, — il s'est trouvé, dans les siècles précédens et même dans notre siècle, des esprits supérieurs qui en ont défendu le principe avec ardeur et conviction. Les raisons invoquées en faveur des corporations sont de deux sortes : les unes relatives à la prospérité du commerce ; les autres puisées dans l'intérêt de la liberté civile.

55. — Domat expose ainsi les raisons tirées de l'intérêt du commerce : « Il importe à l'état que tous ceux qui exercent une profession aient les connaissances qu'elle exige. La bonne qualité des matières premières, la manière de les employer, la fidélité dans les poids et mesures importent également au commerce; mais tout cela tient à une foule de petits détails, et surtout à une surveillance tellement continuelle que les gouvernemens ont senti que le mieux était de confier cette surveillance à des hommes du même art et de la même profession, ayant l'amour de leur état, et dont la probité, depuis long-temps éprouvée, ne souffrirait pas dans les autres ce qu'ils auraient rougi de se permettre à eux-mêmes. Pour atteindre ce but, si moral et si utile au commerce, on permet aux maîtres de chaque métier de former un corps et de faire des statuts et réglemens avec l'approbation du prince ou de la justice ; et c'est pour l'observation de ces réglemens qu'on nomme dans ces corps quelques uns d'entre eux, sous le nom de gardes et de syndics jurés, qui sont préposés pour faire observer les réglemens.., etc. » — V. Domat, *Traité du droit public*, liv. 1er, tit. 13, sect. 1re.

56. — Sans doute, il importe à l'état que ceux qui exercent une profession aient les connaissances qu'elle exige; de même la bonne qualité des matières premières, la manière de les employer, la fidélité dans les poids et mesures importent au commerce. Mais les corporations étaient loin de garantir à l'état cette connaissance de la profession; il arrivait d'ailleurs que des maîtres, reçus dans une communauté, étaient moins aptes à leur profession que ceux qui n'avaient pas fait un long apprentissage; c'est au consommateur à choisir les meilleurs ouvriers, et ce choix sera un bien plus sûr garant de la bonté des travaux, puisque ainsi chaque ouvrier sera personnellement intéressé à bien faire. Avec les corporations, il n'en pouvait être ainsi, puisque chaque communauté, ayant le droit exclusif de vendre tel ou tel produit, n'avait point à craindre une rivalité qui lui donnât de l'émulation, et n'avait qu'un but, celui de faire hausser le plus possible la marchandise, quelle qu'elle fût. Du reste, l'expérience des cinquante dernières années est venue prouver que la liberté de l'industrie, sagement entendue, fait plus pour la perfection des arts mécaniques, que le système étroit des corporations.

57. — Quant à la seconde raison qu'on fait valoir en faveur des corporations, tirée de l'intérêt de la liberté civile, elle ne nous paraît pas sérieuse, et nous ne voyons pas que jamais, sous l'ancienne monarchie, cette institution ait contribué à l'agrandissement de nos libertés. Nous voyons, au contraire, qu'elle pourrait être de nos jours une source de désordre et un prétexte pour les réunions d'ouvriers coalisés. — V. cependant Bodin, liv. 3, ch. 7 et Henrion de Pansey, *De l'autorité judiciaire*, ch. 49.

58. — Depuis la loi abolitive des corporations, les anciens membres d'une corporation supprimée ont pu valablement se réunir, du consentement de l'autorité administrative, à l'effet de délibérer sur des intérêts remontant au temps de l'existence de cette corporation et de nommer des syndics chargés de les représenter. — *Cass.*, 7 sept. 1814, Pons c. Rouband.

59. — Les membres qui ont assisté à une pareille délibération ne peuvent se refuser de payer leur part dans une dette commune à laquelle se sont obligés les syndics en leur qualité, alors surtout que cette dette avait été reconnue dans la délibération en question sans aucune opposition ni protestation. — Même arrêt.

60. — Est valable l'assignation donnée par les syndics en leur nom personnel dans l'intérêt de la communauté. — Même arrêt.

61. — Mais jugé que les corporations d'arts et métiers ayant été supprimées par la L. 2 mars 1791, les individus dont elles se composaient ne peuvent aujourd'hui, à raison d'intérêts nés depuis leur suppression, être représentés en justice par des syndics ni être mis hors de cause dans des instances où ils sont personnellement intéressés. — *Cass.*, 18 nov. 1823, Constantin c. Rougier.

62. — La convention passée avec une corporation supprimée par la L. 2 mars 1791, a cessé d'être obligatoire à dater de la publication de cette loi, et les choses qu'elles avait pour objet de régler, ont dû, dès ce moment, être régies par le droit commun. — Même arrêt.

63. — Il existe encore aujourd'hui, sous le régime de la liberté du commerce et de l'industrie, certaines professions qui, dans l'intérêt public, ont été organisées par des lois récentes et sont placées sous l'autorité de syndics dont les pouvoirs sont déterminés par la loi, tels sont les agens de change, les bouchers, les boulangers, les courtiers, etc.

CORPS CERTAIN, INCERTAIN.

1. — Le corps *certain* est celui dont l'existence ne saurait être douteuse, ou dont l'énoncé précise la nature ou l'espèce.

2. — Le principe de la divisibilité des obligations, entre les héritiers du débiteur, reçoit exception, lorsqu'il s'agit d'un corps certain. — C. civ., art. 1221-2°. — V. OBLIGATIONS DIVISIBLES ET INDIVISIBLES.

3. — Quand la chose est un corps certain qui doit être délivré au lieu où il se trouve, les offres réelles ont lieu au moyen d'une sommation de l'enlever faite par le débiteur au créancier. — C. civ., art. 1264. — V. OFFRES RÉELLES.

4. — Les corps *certains* sont, dans la langue du droit et les dispositions légales, assez souvent associés avec les corps *déterminés*.

5. — Ainsi, le débiteur d'un corps certain et déterminé est libéré par la remise de la chose en l'état où elle se trouve lors de la livraison, quand les détériorations ne viennent point de son fait ou de sa faute. — C. civ., art. 1245. — V. PAIEMENT.

6. — Ainsi encore lorsque l'objet d'une obligation consiste en un corps certain et déterminé, la perte de ce corps sans la faute du débiteur et avant sa mise en demeure éteint l'obligation. — C. civ., art. 1302. — V. PERTE DE LA CHOSE.

7. — Le corps *incertain* est celui dont l'existence est douteuse, ou qui n'est déterminé, quant à sa nature ou à son espèce, que d'une manière générale.

V. ACTION (dr. franc.), COMMUNAUTÉ, CONSIGNATION, LEGS.

CORPS DE DÉLIT.

1. — On appelle ainsi, dans le sens le plus large, l'existence d'un délit considéré en elle-même, et abstraction faite de la question de savoir quel est le délinquant. Ainsi, dans l'assassinat, le fait qu'il y a eu un homme assassiné; dans le vol, le fait qu'il y a eu une chose volée; dans les injures, le fait qu'il y a des injures proférées, sont le corps du délit. — Rauter, *Tr. du dr. crim.*, t. 1er, n° 202; Denisart, t. 6, v° *Corps de délit*.

2. — Dans une acception plus restreinte et plus usuelle, on donne le nom de *corps du délit* à l'objet même sur lequel a porté le délit. Ainsi, dans ce sens, la chose volée et représentée, le cadavre de la personne assassinée sont le corps du délit du vol et de l'assassinat. — Bentham, *Des preuv. judic.*, liv. 5, chap. 2, t. 1er, p. 320; Carré, *Dr. franç.*, t. 4, n° 3265; Rauter, *loc. cit.*; Duverger, *Man. du juge d'inst.*, t. 2, n° 209.

3. — Enfin, sous le rapport de la preuve, *le corps du délit* consiste dans l'ensemble des signes extérieurs du fait, qui le constituent crime ou délit; c'est ce qui doit être démontré, mis en évidence, pour prouver qu'il y a eu un crime ou un délit. — Jousse, *Tr. de la justice crim.*, t. 2, p. 19; Rauter, *loc. cit.*; Duverger, *loc. cit.*

4. — C'est une maxime d'ordre général, que pour intenter une accusation il est nécessaire qu'il y ait un corps de délit dans le sens le plus étendu du mot, c'est-à-dire qu'il soit bien constant qu'un crime ou un délit a été commis. — Jousse, *loc. cit.*, t. 1er, p. 17, n° 654; t. 2, p. 4, n° 10; t. 4, p. 326; Ayrault, *De l'ord. et form. jud.*, liv. 2, part. 2e, n° 1er, p. 178; Muyard de Vouglans, *L. crimin.*, t. 1, p. 276; Pastoret, *L. pén.*, part. 1re, p. 121. — En effet, dit M. Duverger (*loc. cit.*, n° 204), « si le crime est incertain, il serait barbare de faire tomber sur un citoyen honnête le poids d'une instruction toujours flétrissante dans l'opinion et souvent vexatoire. La loi présuppose un délit, et par conséquent elle exige qu'il soit constaté préalablement à toute instruction contre les personnes. » — V. aussi Rauter, *loc. cit*, n° 204.

5. — Mais, d'un autre côté aussi, il n'est pas toujours nécessaire qu'un corps de délit matériel soit représenté pour qu'il puisse y avoir conviction. — Crivelli, *Dict. de dr.*, v° *Corps de délit*. — « A Dieu ne plaise, disait d'Aguesseau, que le public ne puisse jamais nous reprocher que nous donnons aux criminels une espérance d'impunité, en reconnaissant qu'il est impossible de les condamner, lorsque leur cruelle industrie aura été assez heureuse pour dérober aux yeux de la justice les misérables restes de celui qu'ils ont immolé à leur vengeance. — Quand les lois romaines, plus favorables aux accusés que nos ordonnances, établissent pour principe qu'il faut, avant toutes choses, que le corps du crime soit assuré, elles ne disent pas qu'il faut nécessairement représenter à la justice le cadavre du mort. Elles demandent seulement qu'il soit certain qu'il y a eu un homme tué, *liquere debet hominem esse interemptum*; et soit que l'inspection du corps publie hautement la vérité du crime, soit que des témoins dignes de foi assurent qu'ils ont été spectateurs de l'assassinat, le crime est toujours prouvé au moins par rapport à la nécessité de l'instruction. — 51e plaidoyer, t. 4, p. 456. » — Jousse, *loc. cit.*; Rauter, *loc. cit.*

6. — L'absence du corps du délit matériel ne saurait donc arrêter l'exécution des mesures prescrites ou autorisées par la loi, s'il était d'ailleurs constant qu'un délit a réellement été commis. — Carré, *loc. cit.*; Bonnier, *Tr. des pr.*, p. 52; Rauter, *loc. cit.*, n° 204; Duverger, *loc. cit.*; Crivelli, *loc. cit.*

7. — Il est important que le corps du délit soit constaté le plus tôt possible. L'art. 1er, tit. 4, ord. crimin. de 1670, ordonnait aux juges de dresser sur-le-champ et sans déplacer, procès-verbal de l'état où seraient trouvées les personnes blessées ou le corps mort; ensemble du lieu où le délit aurait été commis, et de tout ce qui pourrait servir pour la décharge ou pour la conviction.

8. — De même, la loi en forme d'instruction, du 29 sept. 1791, ordonnait, en termes exprès, que le procès-verbal fût dressé dans l'instant le plus voisin du temps auquel le crime aurait été commis; le Code du 3 brum. an IV (art. 209 et suiv.) répéta ces injonctions; et telle est encore la disposition de l'art. 32, C. inst. crim. En effet, plus cet acte suit de près le moment où l'infraction a été commise, plus les renseignemens sont abondans, véridiques et propres, soit à faire connaître le délit en lui-même, soit à en désigner l'auteur. — Le juge d'instruction devra donc, sans aucun retard, s'occuper de constater le corps du délit, son état.

9. — *L'état du corps du délit* est « l'état dans lequel est trouvée la personne ou la chose sur laquelle a été exercée l'action criminelle, et qui encore des traces de son action. » — Duverger, *loc. cit.*, n° 209.

10. — L'acte qui constate le corps du délit est la base de toute l'instruction criminelle. Il doit renfermer l'énumération exacte de tous les faits intéressans pour la preuve du crime. L'officier de police judiciaire qui y procède doit donc y apporter l'attention la plus scrupuleuse. — « Cette attention scrupuleuse, dit Schenck (*Tr. du min. pu*., t. 2, p. 46 et 50), est de la plus haute importance, car les conclusions à tirer des faits doivent être entières, et les juges de ces faits doivent trouver les élémens de leur décision retracés dans le procès-verbal, de manière à les connaître avec la même rectitude, la même précision que s'ils avaient vu par eux-mêmes. »

11. — Si les signes extérieurs de l'objet sur lequel le crime ou délit a été commis sont faciles à saisir et à apprécier, l'officier de police judiciaire peut constater seul le corps du délit et en recueillir les signes et les traces.

12. — Si ces signes sont déjà dépéris, il doit appeler à son procès-verbal les personnes qui furent témoins du fait et qui en ont aperçu les signes et les traces, et constater le corps du délit et son état d'après leurs indications.

13. — De même, si le crime est de telle nature que, pour être vérifié, constaté et sainement apprécié, il faille employer le ministère des gens de l'art, l'officier de police judiciaire doit appeler auprès de lui les hommes qui, par leur profession, sont présumés avoir les connaissances qu'exige respectivement chaque espèce d'affaire.

14. — Malgré l'extrême importance du procès-verbal constatant le corps du délit, la cour de Cassation a jugé, à diverses reprises, que l'omission de la rédaction de ce procès-verbal n'opérait pas nullité et ne pouvait être un obstacle aux poursuites. — *Cass.*, 19 juin 1817, Jacques Hubert ; 14 juin 1821, Sophie Lamontagne ; 16 mars 1837 (t. 1er 1838, p. 90), Legendre. — Telle est aussi l'opinion des auteurs. — Merlin, *Rép.*, v° *Procès-verbal*; Legraverend, *Lég. crim.*, t. 1er, p. 211, 219 et 220; Mangin, *Tr. des procès-verbaux*, p. 5 et suiv.; Bonnenne, *Elém. de lég. crim.*, p. 7; Bonnier, *Tr. des preuves*, p. 52; Duverger, *Man. du juge d'inst.*, t. 2, n° 138.

15. — D'ailleurs il y a des cas où le corps de délit ne peut être constaté ni par le procès-verbal du juge, ni par un rapport d'experts. En effet, le crime a pu ne laisser après lui aucune trace, ou bien les traces qu'il a laissées ont dépéri ou ont cessé d'exister par les manœuvres de l'auteur même du crime. Dans tous ces cas, il est de l'intérêt public que la preuve du corps du délit puisse être suppléée et acquise, soit par une information, soit par l'aveu du prévenu, soit enfin par tout autre moyen d'instruction.

16. — De ce que la rédaction d'un procès-verbal constatant le corps du délit n'est pas prescrite à peine de nullité, il résulte nécessairement que le prévenu ne pourrait être recevable à se plaindre des irrégularités contenues en cet acte. — *Cass.*, 14 juin 1821, Sophie Lamontagne.

17. — ... Non plus que du retard apporté à son accomplissement. — *Cass.*, 3 juill. 1807, Pierre Chaville. — V. INSTRUCTION CRIMINELLE.

CORPS DÉTERMINÉ, INDÉTERMINÉ.

1. — Le corps *déterminé* est celui dont la seule énonciation montre quelle en est l'espèce, la qualité et la quantité.

2. — Dans la langue du droit et des dispositions légales, les corps déterminés sont presque toujours associés avec les corps certains. — V. CORPS CERTAIN.

3. — Le corps *indéterminé* est celui dont l'indication est tellement générale qu'on n'en peut connaître l'objet précis. — V. aussi CHOSE CERTAINE, CHOSE INCERTAINE.

CORPS FRANCS.

1. — On appelle ainsi des troupes formées dans des momens de crises, le plus souvent en cas d'invasion de territoire ou de guerre civile, se recrutant par le moyen d'enrôlemens volontaires, soumises à des règles spéciales de discipline, et destinées d'ordinaire à la guerre de partisans.

2. — Les agitations révolutionnaires de la fin du dernier siècle, les troubles intérieurs qui en furent la suite, ainsi que la guerre générale dans laquelle la France se trouva engagée, donnèrent lieu dans diverses circonstances à la formation de *corps francs*, qui prirent aussi quelquefois la dénomination de *bataillons francs* et *compagnies franches*.

3. — Par un premier décret des 28-31 mai 1792, l'assemblée nationale, dans le but d'augmenter l'infanterie légère, prescrivit, outre la formation de légions franches, partie infanterie et partie cavalerie, dont le noyau fut pris dans divers régimens ou corps d'armées désignés par le décret, la formation de cinquante-quatre compagnies franches. L'assemblée faisait, à cet effet, un appel au patriotisme des citoyens, et déterminait, en outre, tout ce qui devait concerner l'organisation de ces premiers corps francs.

4. — Cet appel fut entendu, de nombreuses compagnies franches se formèrent; les citoyens vinrent demander à l'assemblée nationale la permission de lever non plus simplement des compagnies, mais même des corps de troupes; et à cet effet intervint le décret du 4-5 septembre 1792, portant que le ministre de la guerre était autorisé à faire pour la levée de ces corps telles avances qu'il jugerait nécessaires.

5. — Mais bientôt, effrayée elle-même des conséquences que pouvaient entraîner de pareilles levées, l'assemblée nationale, par un premier décret des 9-14 sept. 1792, déclara que désormais elle n'accorderait plus d'autorisation à des particuliers pour lever aucun corps d'armée, que ces particuliers n'eussent produit des certificats authentiques de leur civisme, et l'état nominatif des membres qui devaient entrer dans ces corps.

6. — Le même jour intervint un second décret portant qu'il ne pourrait être levé, jusqu'à ce qu'il en fût autrement ordonné, aucun corps de troupes légères, sous quelque dénomination que ce pût être, mais seulement des compagnies franches, pour la formation desquelles ce décret imposait l'accomplissement de certaines conditions, outre celles mentionnées au décret précédent.

7. — Et presque le même jour, deux décrets successifs, des 10 sept. 1792, 12-14 sept. 1792, prescrivaient la formation de deux compagnies franches, dont la première sous le nom de *chasseurs bons tireurs*, devait être plus tard l'objet d'un nouveau décret du 27 juin 1793.

8. — La convention nationale fut loin de se montrer favorable au développement des corps francs. — En effet, le décret du 21-26 févr. 1793, sur l'organisation de l'armée, prescrivit leur incorporation, suivant leur nature, dans les troupes régulières de cavalerie (tit. 3, art. 3) et d'infanterie (tit. 4, art. 1er).

9. — Il est vrai qu'un autre décret du 10-13 mars 1793 suspendit l'exécution de cette incorporation; mais cette suspension ne fut que temporaire : le décret du 21 niv. an II, sur la cavalerie, ordonna l'incorporation des escadrons ou compagnies connues sous le nom de *compagnies franches* ou détachées (sect. 3, art. 2.). — Enfin le décr. du 9 pluv. an II, prononça la réforme générale de tous les corps francs.

10. — Sous les régimes directorial et consulaire, les troubles qui agitaient l'Ouest de la France donnèrent lieu à la formation de plusieurs corps francs. — V. LL. 10 messid. an VII sur l'organisation de compagnies franches dans l'Ouest de la France; 14 messid. an VII, art. 31 à 33 sur la composition des mêmes compagnies; arrêtés des 22 brum. an IX relatifs à la levée de bataillons francs dans les 12e 13e et 22e divisions militaires, et à la formation de la légion de la Loire.

11. — Sur la fin de l'empire, et à l'époque où le sol français se trouva livré à l'invasion ennemie, un décret du 4 janv. 1814 autorisa la formation de corps de partisans; la dissolution de ces corps fut prononcée par l'ordonnance royale des 6 mai-4 juin suivant, laquelle statua en outre que les hommes qui les composaient et qui appartenaient à l'armée et ceux qui voudraient continuer à servir seraient incorporés dans les régimens de ligne; quant aux autres ils étaient renvoyés dans leurs foyers.

12. — Pendant les Cent-jours, la formation de nouveaux corps francs dans les départemens frontières fut prescrite par le décr. du 22 avr. 1815, qui en réglait l'organisation et la composition. — Les individus ayant les qualités nécessaires pour lever un corps franc devaient s'adresser au ministre de la guerre ou au préfet. L'infanterie et la cavalerie de ces corps étaient assimilée aux troupes légères des mêmes armes, sans être obligées à aucun uniforme régulier, l'infanterie étant armée de fusils de guerre ou de fusils de chasse, et la cavalerie, de lances sans banderolles. — L'armement et l'équipement étaient à la charge des enrolés, qui profitaient, en compensation, de tout ce qu'ils prenaient à l'ennemi.

13. — L'ordonnance du 20 juillet 1815 prononça le licenciement de ces nouveaux corps francs, ordonnant à tous ceux qui en faisaient partie d'avoir à se retirer dans leurs foyers, et enjoignant de traduire devant les conseils de guerre quiconque se refuserait ou s'opposerait au licenciement.

14. — Mais les corps francs que l'ordonnance venait ainsi de licencier s'étaient quelquefois rendus coupables d'exactions ou de violences; par suite, l'autorité judiciaire fut saisie; des poursuites furent exercées soit par le ministère public, soit par les particuliers.

15. — Or, sur les pourvois qui lui furent déférés, la cour de Cassation décida, et avec raison, que ceux qui, chefs ou soldats, faisaient partie d'un corps franc, régulièrement levé et autorisé, et placé sous l'action de l'autorité militaire supérieure, devaient être assimilés aux militaires, et en conséquence, être déclarés justiciables des conseils de guerre et non des tribunaux ordinaires pour tous les délits qu'ils avaient pu commettre sous les drapeaux, et dans l'exercice de leur qualité de partisans. — *Cass.*, 23 déc. 1819, Brice; 30 juin 1820, Pelletier de Chambare.

CORPS HÉRÉDITAIRES.

1. — Signifient des biens de la succession tels qu'ils sont en nature.

2. — Ainsi la légitime ou réserve peut être réclamée en *corps héréditaires*. — V. LÉGITIME, QUOTITÉ DISPONIBLE, RÉSERVE.

3. — Le légitimaire qui a reçu sa légitime en corps héréditaires est censé avoir succédé seul et immédiatement aux biens qui lui sont assignés. — *Nîmes*, 19 flor. an XIII, Villevielle.

CORPS LÉGISLATIF.

1. — On désignait sous ce nom l'assemblée qui en France, exerçait, soit dans son intégralité, soit en partie, le pouvoir législatif.

2. — L'assemblée nationale législative formant le corps législatif n'était composée que d'une seule chambre. — V. ASSEMBLÉE NATIONALE LÉGISLATIVE.

3. — Il en fut de même de la convention nationale qui, le 21 sept. 1792, succéda à l'assemblée nationale législative. — V. CONVENTION NATIONALE.

4. — Le 2 brum. an IV fut installé un nouveau corps législatif dont l'organisation et les pouvoirs avaient été déterminés par la constitution du 5 fructid. an III.

5. — Le corps législatif, disait l'art. 44 de cette constitution, est composé d'un conseil des anciens et d'un conseil des cinq-cents.

6. — L'art. 45 interdisait au corps législatif de déléguer à un ou plusieurs de ses membres, ni à qui que ce fût, aucune des fonctions qui lui étaient attribuées par la constitution.

7. Le conseil des Cinq-Cents proposait les lois, le conseil des anciens les approuvait définitivement. — Ces deux conseils se renouvelaient tous les ans par tiers.

8. — Selon le droit que leur donnait la constitution, art. 59, les deux conseils s'ajournèrent le 19 brum. an VIII, et cet ajournement fut pour eux un acte de dissolution, suite inévitable, dit Merlin (v° *Corps législatif*), de l'excessive étendue des pouvoirs dont ils étaient investis, et de l'état de faiblesse auquel se trouvait par là réduit le directoire exécutif, à qui, dans les derniers temps, ils disputaient jusqu'au nom de *gouvernement*

9. — Du 19 frim. an VIII au 5 niv. suivant, les fonctions des deux conseils furent remplies par deux commissions législatives, dont l'une représentait le conseil des Anciens et l'autre le conseil des Cinq-Cents. — L. 19 brum. an VIII.

10. — La constitution du 22 frim. an VIII donna le nom de corps législatif à une assemblée formée de trois cents membres, âgés de trente ans au moins, renouvelés par cinquième tous les ans, et dans laquelle devait se trouver un citoyen au moins de chaque département de la république.

11. — D'après l'art. 25 de cette constitution, il ne devait être promulgué de lois nouvelles que lorsque le projet en aurait été proposé par le gouvernement, communiqué au tribunat, qui exprimait son vœu, et décrété par le corps législatif.

12. — Le corps législatif faisait la loi en statuant, au scrutin secret et sans aucune discussion de la part de ses membres, sur les projets de loi débattus devant lui par les orateurs du tribunat et du gouvernement.

13. — Le sénatus-consulte du 16 thermid. an X attribua au sénat le pouvoir de dissoudre le corps législatif (art. 55) et au gouvernement celui de le convoquer, de l'ajourner et de le proroger. — Art. 75.

14. — D'après le sénatus-consulte du 28 frim. an XII, le premier consul faisait l'ouverture de chaque session du corps législatif; il en nommait le président, sur une présentation de candidats faite par le corps législatif, au scrutin secret et à la majorité absolue.

15. — A l'ouverture de chaque session, le corps législatif nommait quatre vice-présidens et quatre secrétaires, qui étaient renouvelés tous les mois, et remplaçaient le président, en cas d'empêchement.

16. — D'après l'art. 30 de ce sénatus-consulte, le corps législatif, toutes les fois que le gouvernement lui avait fait une communication ayant un autre objet que le vote de la loi, devait se former en comité général pour délibérer sa réponse. Ce comité était toujours présidé par le président du corps législatif, ou par un des vice-présidens, désigné par le président, en cas d'empêchement.

17. — Si le corps législatif désirait quelques renseignemens sur la communication que le gouvernement lui avait faite, il pouvait, par une délibération préalable, charger son président d'en faire la demande au gouvernement. Les orateurs du

gouvernement portaient la réponse au corps législatif. — Même sénatus-consulte, art. 31.

18. — Les délibérations du corps législatif étaient prises à la majorité des voix et sans nomination de commission ni de rapporteur. Ces délibérations étaient portées au gouvernement par une députation. — Art. 32.

19. — De nouvelles modifications furent apportées à cette organisation par le sénatus-consulte du 28 flor. an XII, dont l'art. 38 disposait que tous les actes du corps législatif seraient rendus au nom de l'empereur et promulgués ou publiés sous le sceau de l'empire.

20. — L'art. 78 abrogeant l'art. 32, constit. 22 frim. an XIII, autorisait la réélection, sans intervalle, des membres sortant du corps législatif.

21. — Les art. 80 et suivans du même sénatus-consulte distinguaient les séances du corps législatif en séances ordinaires et en comités généraux. Les séances ordinaires étaient composées des membres du corps législatif, des orateurs du conseil d'état, des orateurs des trois sections du tribunat. Les comités généraux n'étaient composés que de membres du corps législatif.

22. — En séance ordinaire, le corps législatif entendait les orateurs du conseil d'état et ceux des trois sections du tribunat, et votait sur les projets de loi. — En comité général, les membres du corps législatif discutaient, entre eux, les avantages et les inconvéniens des projets de loi.

23. — Le corps législatif se formait en comité général : 1° sur l'invitation du président pour les affaires intérieures du corps ; — 2° sur une demande faite au président et signée par cinquante membres présens ; dans ces deux cas, le comité général était secret, et les discussions ne devaient être ni imprimées ni divulguées ; — 3° sur la demande des orateurs du conseil d'état spécialement autorisés à cet effet ; dans ce cas, le comité général était nécessairement public. Aucune délibération ne pouvait être prise dans les comités généraux.

24. — La charte de 1814 a substitué à ce corps législatif un pouvoir législatif tripartite formé du roi, de la chambre des pairs et de la chambre des députés. — V. CHAMBRE DES DÉPUTÉS, CHAMBRE DES PAIRS.

25. — Ce pouvoir a été maintenu par la charte de 1830, sauf quelques modifications relatives à la constitution de la pairie, à l'âge exigé pour être éligible à la chambre des députés et au droit de présenter les lois, lequel a été rendu commun aux deux chambres au lieu d'être exclusivement réservé au roi. — V. CHAMBRE DES DÉPUTÉS, CHAMBRE DES PAIRS.

CORPS DE NAVIRE.

1. — On entend en général par là le navire avec tous ses accessoires, agrès ou apparaux.

2. — C'est également dans ce sens que le mot *corps* est entendu lorsqu'il est mis en opposition à celui *facultés*, par lequel on désigne les marchandises et objets chargés sur le navire.

3. — *Corps et quille* est une expression consacrée pour désigner le navire avec tous ses accessoires. La *quille*, à proprement parler, est la pièce inférieure qui s'étend de la poupe à la proue, et sert de base au bâtiment. Il y a donc une espèce de pléonasme dans cette expression *corps et quille*, puisque le mot *corps* tout seul comprend tout.

4. — Si le mot *corps* était employé par opposition à *agrès et apparaux*, il ne désignerait que le bâtiment lui-même, sans comprendre les mâts et les accessoires.

V. ASSURANCES MARITIMES, PRÊT A LA GROSSE.

CORPUS JURIS.

1. — On désigne sous le titre de *corpus juris civilis* un recueil composé principalement des Institutes, du Digeste, du Code et des Novelles de Justinien. — L'épithète de *civilis* a été ajoutée pour le distinguer du *corpus juris canonici*.

2. — Le *corpus juris canonici*, dont l'édition la plus estimée est celle publiée à Paris en 1601, est une compilation qui contient les parties les plus importantes du droit ecclésiastique. Camus (*Lettres sur la profession d'avocat*, t. 5, p. 177) enseigne que cette compilation, où les textes sont souvent tronqués et mutilés, n'a jamais eu force de loi en France.

3. — L'expression de *corpus omnis juris romani* se trouve déjà dans Tite-Live (l. 3, p. 34) ; mais, comme on le pense bien, par application seulement aux Douze-Tables. Justinien, dans la loi 1, § 1, Cod., *De rei exact.*, emploie aussi le mot de *corpus juris* en parlant des diverses sources du droit romain. On trouve pour la première fois cette qualification appliquée aux compilations de Justinien, dans un acte de donation de 1262. Mais ce fut Denis Godefroy qui, le premier, l'employa comme titre général dans la réimpression de son édition de la Glose en 1604.

4. — Les éditions du *corpus juris* se distinguent en éditions accompagnées de la Glose et en éditions sans la Glose. — Les éditions glosées se composent ordinairement de cinq volumes dont le premier renferme le *Digestum vetus* (les vingt-trois premiers livres des Pandectes et les deux premiers titres du vingt-quatrième livre) ; — le deuxième, l'*Infortiatum* (les derniers titres du vingt-quatrième livre, jusqu'au livre trente-cinquième, *renforcé* plus tard des livres trente-six et trente-septième d'où lui vient son nom). — Le troisième, le *Digestum novum* (la fin des Pandectes à partir du trente-huitième livre). — Le quatrième volume les neuf premiers livres du Code, et le cinquième les trois derniers livres du Code, les Novelles, les Institutes et les livres des fiefs, compilation faite au douzième siècle du droit coutumier des Lombards et des constitutions impériales en matière féodale, et qui, de nos jours, est encore la source principale de tout le droit féodal de l'Allemagne.

5. — On donnait autrefois à chacun de ces cinq volumes une couverture d'une couleur différente et analogue aux matières qui y étaient traitées. Le premier volume devait être couvert en *blanc*, parce qu'il renferme les matières les plus simples. Le deuxième en *noir*, attendu qu'il traite des hérédités, sujet constant de deuil et de tristesse. Quant au troisième, il devait être relié en *rouge*, comme renfermant les matières criminelles et les peines qui leur sont applicables. Le quatrième, contenant le Code, matière neuve et plus récente que le Digeste, devait, à raison de sa nouveauté, être revêtu de *vert*, et le cinquième, de *rouge* et de *vert*, parce qu'il renferme à la fois et du droit nouveau et quelques parties du droit criminel.

6. — Les éditions non glosées se distinguent encore en éditions accompagnées de notes de jurisconsultes postérieurs aux glosateurs, comme celles de Denys Godefroy ; en éditions qui ne présentent que le texte seul, comme l'édition d'Amsterdam qui, sortie des presses des Elzevirs, 2 vol. in-8°, 1664, réimprimée en 1700, porte la célèbre faute *pars secundus*, et en éditions où le texte est suivi d'une concordance de textes analogues comme l'édition de Friesleben in-4°, dite *corpus juris civilis academicum*, souvent réimprimée, soit à Altenburg, soit à Bâle (*Coloniæ munatianæ*), et dont M. Galisset a fait récemment à Paris une nouvelle publication.

CORRECTEURS DES COMPTES.

1. — On donnait autrefois ce titre à certains officiers de la chambre des comptes. — V. CHAMBRE DES COMPTES.

2. — L'office de correcteur des comptes, bien mis en œuvre, dit Pasquier, est le vrai nerf par lequel les comptables sont plus retenus dans leur devoir. — Il s'exerçait dans l'origine tantôt par les maîtres, tantôt par les auditeurs ou clercs. Par l'ord. de 1319, Philippe V ordonna que des quatre clercs, deux seraient en bas pour corriger les comptes, et que tous les samedis ils viendraient rendre raison de leur correction au grand bureau. — On voit que la correction des comptes était confiée en 1332 à un petit clerc, et en 1395 à deux maîtres. — Pasquier, t. 1er, p. 77. — Enfin, une ordonnance de Charles VI, du 14 juill. 1410, établit les correcteurs avec les droits, les prérogatives et le titre de conseillers.

3. — Il n'y eut que deux conseillers jusqu'en 1434. Mais leur nombre s'est successivement accru, ainsi que celui des autres officiers de la chambre des comptes. A la fin, on en comptait trente-huit, dont moitié était employée dans chaque semestre. Leur robe de cérémonie était de damas noir. — Ils prenaient rang après les maîtres, mais devant les trésoriers de France et les généraux des finances et de justice. — Pasquier, t. 1er, p. 77.

4. — Ils eurent séance au grand bureau avec les maîtres jusqu'en 1447. A cette époque on les renvoya dans un lieu appelé depuis la *chambre de la correction*, attenante au dépôt des contrôles, dont la garde leur était confiée comme nécessaire à la vérification des recettes et dépenses des comptes qu'ils étaient chargés de corriger.

5. — Les correcteurs, au nombre de deux seulement, venaient au grand bureau sur un banc qui était en face de celui du président, pour assister : 1° au jugement des instances de correction ; — 2° à celui des affaires qui intéressaient le corps de la chambre (ils avaient voix délibérative dans ces deux cas) ; — 3° à la lecture des arrêts qui ordonnaient le renvoi des comptes à la correction ; — 4° lorsqu'ils venaient apporter les avis de correction ; — 5° enfin, lorsqu'il s'agissait de cérémonies extérieures ou intérieures dont on voulait les informer.

6. — La correction avait pour objet de réformer les omissions de recettes, faux ou doubles emplois, les erreurs de calcul et de fait qui avaient pu se glisser dans les comptes. — La correction était méthodique, assujétie à des réglemens concernant la distribution des matières, la vérification des comptes, la remise des états, pièces et acquits. — La correction finie, les correcteurs faisaient à leurs confrères un rapport de leurs observations, dont chaque article était soumis à une décision prise à la pluralité des voix.

7. — Cette décision, qu'on appelait *avis de correction*, était rédigée sur papier timbré par les deux correcteurs, et remise par celui qui présidait au greffier, pour la faire parvenir au procureur général. — Cet avis était signifié, à la requête du procureur-général, au comptable ou à ses représentans, avec assignation en la chambre pour y procéder sur l'avis de correction et en voir ordonner l'entérinement.

8. — Le défendeur fournissait ses moyens et l'on suivait dans l'instruction de l'instance les règles ordinaires, sauf qu'on ne jugeait pas à l'audience. Un appointement était requis au greffe, alors il y avait production respective, contredits et solvations. — Le rapport était ensuite confié à un conseiller maître, à qui le procureur-général donnait ses conclusions écrites et cachetées. — Le maître faisait son rapport à la chambre en présence des deux correcteurs qui avaient voix délibérative. — Ord. d'avr. 1667 ; déclarat. 15 sept. 1684, et réglem. 20 mars 1673.

9. — Si le défendeur déclarait par requête qu'il ne s'opposait pas à l'entérinement de l'avis de correction, cette requête était distribuée à un maître et communiquée au procureur général, qui donnait ses conclusions sur le tout. Après quoi on se conformait pour le rapport et le jugement aux mêmes formes que s'il y avait eu appointement.

10. — Les offices de corrections des comptes furent supprimés avec les chambres des comptes. — V. CHAMBRE DES COMPTES.

CORRECTION.

1. — Punition infligée sans forme de procès. — Nouv. Denisart, v° *Correction*.

2. — On voit par cette définition que, suivant la remarque de Loyseau (*Des seign.*), ch. 16, n° 23 et suiv., le droit de correction diffère essentiellement du droit de justice.

3. — Autrefois, le droit de correction appartenait à l'abbé sur ses religieux, au maître sur ses disciples, au marchand sur ses apprentis, au particulier sur ses domestiques, au capitaine sur ses soldats, au père sur ses enfans, au mari sur sa femme.

4. — Notre droit civil ne reconnaît le droit de correction qu'aux père et mère sur la personne de leurs enfants. — C. civ., art. 375. — V. PUISSANCE PATERNELLE.

5. — ...Ou au tuteur sur la personne de son pupille. — C. civ., art. 462. — V. TUTELLE.

6. — Il est une conséquence du droit de puissance paternelle. — V. PUISSANCE PATERNELLE.

7. — Toutefois, dans les colonies, le droit de correction appartient encore aux maîtres sur leurs esclaves. Il est seulement restreint dans de certaines limites par la législation spéciale. — V. ESCLAVAGE, ESCLAVE.

8. — Les personnes qui, ayant commis des crimes emportant des peines afflictives ou infamantes, sont exemptes de ces peines à raison de leur jeune âge, doivent, quand elles sont convaincues d'avoir agi avec discernement, être condamnées, par forme de *correction*, à une détention plus ou moins prolongée. — V. DISCERNEMENT, PEINE.

9. — Mais cette correction est, comme on le voit, d'une nature toute spéciale, puisqu'elle ne peut être infligée que par l'autorité judiciaire.

CORRECTIONS (Acte).

V. ACTE NOTARIÉ, n° 327 ; RATURE, nos 334 et suiv. ; RENVOI (Acte).

CORRECTION (Maison de).

V. MAISON DE CORRECTION.

CORRESPONDANCE (Droit).

1.—C'est tout à la fois une indemnité et un émolument attribués dans certains cas à l'avoué, pour les soins et les déboursés de la correspondance tant avec son client qu'avec les huissiers ou autres officiers ministériels. — Sudraud Desisles, *Manuel du juge taxateur*, p. 111.

2. — L'art. 145 du Tarif porte : Quand les parties seront domiciliées hors de l'arrondissement du tribunal, il sera passé à leurs avoués, pour frais de port de pièces et de correspondance, par chaque jugement définitif, à Paris, 10 fr.; dans le ressort, 7 fr. 50, et par chaque interlocutoire, 5 fr. à Paris, et 3 fr. 75 dans le ressort.

3.—Le droit est dû à l'avoué par le seul fait que la partie est domiciliée hors de l'arrondissement, quand même la correspondance ne lui aurait rien coûté. — Vervoort, p. 183, note *a*.

4. — Toutefois, il ne peut rien être exigé au-delà quand bien même on justifierait de déboursés plus considérables faits pour port de pièces ou de lettres. — Carré, p. 72; Sudraud Desisles, p. 111; Victor Fons, p. 263; Boucher d'Argis, v° *Correspondance*, p. 203.

5.—Le législateur a déterminé un droit, à forfait, pour ne pas forcer l'avoué à représenter des lettres toutes confidentielles, et que son client croyait destinées à demeurer secrètes.

6. — Toutefois le droit, ainsi fixé à forfait, représente uniquement la somme qui, dans le cas prévu, doit être mise à la charge de l'adversaire qui succombe; mais le client n'en doit pas moins à son avoué le remboursement de tout ce qui excède le droit. — Carré, *Taxe en mat. civ.*, p. 73; Vervoort, p. 183; Victor Fons, art. 245, p. 262; Bioche et Goujet, v° *Tarif*, n°s 18 à 21.

7.—Il est tenu de ce remboursement, même dans les causes où aucun droit de correspondance n'est alloué, par exemple, lorsqu'il s'agit d'un jugement sur requête, ou d'une ordonnance de référé. —Carré, p. 329; Sudraud Desisles, n°s 350 et 843; Bioche, v° *Correspondance*, n°s 9 et 10.

8.—Lorsque les parties sont domiciliées dans l'arrondissement du tribunal, la partie qui succombe ne supporte aucun frais de la correspondance faite par l'avoué de son adversaire; mais l'avoué a le droit d'en demander le remboursement à son client. — Grenoble, 18 août 1838 (t. 1er 1839, p. 423), Ancillon c. Navelle; — Carré, p. 74; Victor Fons, *Tarif en mat. civ.*, p. 262.

9. — Mais, si un avoué occupe pour plusieurs parties, il suffit qu'une seule ait son domicile hors de l'arrondissement pour que le droit soit dû. — Rivoire, p. 118; Victor Fons, p. 262, n° 14.

10.—Dans les instances suivies devant une cour royale, le droit de correspondance est dû, quand la partie est domiciliée hors de l'arrondissement où siège la cour. — Rivoire, p. 118; Victor Fons, n° 12 ; Cabissol, p. 235; Bioche, v° *Correspondance*, p. 5.

11. — Le droit est dû autant de droits qu'il y a de parties si elles ont un intérêt distinct ou si elles sont domiciliées dans des arrondissements différens.— Rivoire, p. 562; Victor Fons, p. 265, n° 8; Bioche, n° 8.

12.—L'art. 145 du Tarif, précité, n'alloue le droit de correspondance que par *chaque jugement définitif*. Il en résulte qu'un simple jugement préparatoire n'y donne pas lieu.—Carré, p. 73; Sudraud Desisles, n° 350; Bioche, v° *Correspondance*, n° 8; Victor Fons, p. 264; Boucher d'Argis, p. 103.

13. — Il n'est pas davantage exigible dans le cas de jugement de défaut profit-joint.—*Poitiers*, 7 juill. 1842 (1. 2 1842, p. 624), Banc c. Gaillard; — Victor Fons, p. 261; Boucher d'Argis, p. 103.

14.—... Ou d'ordonnance de référé. — Sudraud Desisles, p. 259, n° 843.

15.—Et de jugement sur requête. — Carré, p. 329; Sudraud Desisles, n° 350; Bioche, n° 9.

16. — Mais un désistement, une transaction, produisant le même effet qu'un jugement définitif, donnent ouverture. — Rivoire, p. 118; Victor Fons, p. 262; Boucher d'Argis, p. 103.

17.—Peut-il y avoir dans la même cause plusieurs jugemens définitifs et, par suite, plusieurs droits de correspondance ? — La cour royale de Bourges s'est prononcée pour la négative. — *Bourges*, 14 janv. 1846 (1.1er 1841, p. 355), Martin c. Chambault.—Mais la plupart des auteurs ont adopté l'opinion contraire. — Rivoire, p. 118; Victor Fons, p. 261, n° 6; Bioche, v° *Correspondance* n° 6. — Nous pensons avec eux que la cour royale de Bourges est allée trop loin en décidant qu'aucun des jugemens rendus sur le droit de correspondance n'aura d'allocation du droit de correspondance. Il est certain que tous les jugemens qui, sans terminer la contestation, doivent, en effet, être considérés comme définitifs, par rapport à leur objet. Tels sont, par

exemple, ceux qui prononcent séparément sur une incompétence, une exception, une nullité, une fin de non-recevoir. Dans ces circonstances, les contestations sur lesquelles le jugement statue forment autant de procès qu'il en termine et pour lesquels une correspondance particulière a pu avoir lieu, ce qui suffit pour donner ouverture au droit.

18. — Toutefois, il n'est dû qu'un seul droit dans le cas d'un défaut suivi d'un débouté d'opposition. Le jugement par défaut, suivi d'une opposition, ne saurait être considéré comme définitif.—Victor Fons, p. 260, n° 4; Bioche, v° *Correspondance*, n° 7. — *Contrà* Rivoire, p. 118.

19.— Le droit de correspondance est-il dû dans les affaires sommaires? — Pour l'affirmative on dit que ce droit est considéré par la loi comme un remboursement de déboursés. — *Bourges*, 30 août 1829, Delante c. Blanchil; 24 août 1829, préfet du Cher c. Bujon-Desbrosses; *Douai*, 16 juill. 1828, Maurice c. Dumont; 26 janv. 1843 (t.1er 1843, p. 338), Quéra c. Franconville; — Carré, p. 6 ; Chauveau, t. 1er, p. 144; Fons, p. 263 ; Bioche, v° *Matière sommaire*, n° 53.—Mais la cour de Cassation s'est formellement prononcée pour l'opinion contraire, attendu que la loi n'accorde en matière sommaire que le remboursement des seuls déboursés justifiés, et que du reste l'art. 145 est sous la rubrique des affaires ordinaires. — *Cass.*, 7 janv. 1834, préfet du Cher c. Bujon; 17 janv. 1842 (t. 1er 1842, p. 105) , Rachivel c. Wauville; — Boucher d'Argis, p. 103.

CORROYEURS (Marchands).

1. — Marchands corroyeurs : — patentables de quatrième classe.—Droit fixe basé sur la population, et droit proportionnel du vingtième de la valeur locative de l'habitation et des lieux servant à l'exercice de la profession.

2. — Corroyeurs à façon : — patentables de septième classe. — Droit fixe et droit proportionnel du quarantième de la valeur locative de tous les locaux des patentables, mais seulement dans les communes de 20,000 ames et au-dessus.

3. — Quant aux établissemens des corroyeurs, ils sont considérés et classés comme insalubres. — V. ÉTABLISSEMENS INSALUBRES (nomenclature.)

CORRUPTION DE FONCTIONNAIRES PUBLICS.

Table alphabétique.

CORRUPTION DE FONCTIONNAIRES PUBLICS.—1.—

Le Code pénal comprend à la fois, sous cette rubrique, et le fait passif du fonctionnaire qui se laisse corrompre, c'est-à-dire qui trafique de son autorité pour faire ou pour ne pas faire un acte de ses fonctions, et le fait actif de celui qui l'a corrompu ou qui a tenté de le corrompre.

Sect. 1re. — *Historique*.

2. — Platon, dans sa république, voulait que les fonctionnaires qui recevaient des dons fussent punis de mort.—Dans le dernier état de la législation romaine, *novo jure*, suivant l'expression du Code, une distinction avait été faite entre les causes civiles et les causes criminelles : dans la peine de la corruption n'était qu'une amende double ou triple de la valeur des choses promises ou reçues et la perte de l'emploi; en matière criminelle, la peine était la confiscation des biens et l'exil; elle s'élevait même jusqu'à la mort, si la corruption avait eu pour effet de sacrifier la vie d'un homme innocent.—L. 4, § 2, Cod., *De pænâ judicis qui malè judicavit vel ejus qui judicem corrumpere curavit*.

3. — Cette distinction avait été adoptée dans notre ancien droit; mais elle était plutôt fondée sur la jurisprudence des parlemens que sur les ordonnances de nos rois, qui se bornaient à prononcer les peines de la concussion contre les juges prévaricateurs, et à recommander aux juges de proportionner les peines à la qualité du délit et aux circonstances de la cause.— Ord. de Blois et de Moulins, art. 19 et 20, et art. 134; ord. de 1667, tit. 21, art. 15; — Muyart de Vouglans, p. 165; Jousse, t. 3, p. 779.— Les peines ordinaires étaient l'interdiction à temps, la privation d'office, la restitution du quadruple et les dommages - intérêts ; dans les cas graves, ces peines s'élevaient jusqu'au blâme et au bannissement; elles pouvaient devenir capitales à l'égard du juge qui avait reçu de l'argent pour prononcer une condamnation à mort. — Muyart de Vouglans, p. 165.

4. — Depuis qu'il n'y a plus de peine arbitraire, celle de la corruption avait été fixée, par le Code pénal du 25 sept. 1791, à la mort, pour les membres de la législature (part. 2e, tit. 1er, sect. 5e, art. 7); — à la dégradation civique, pour tout fonctionnaire ou pour tout juré qui n'avait pas encore prêté le serment (art. 8);—à vingt années de gêne, c'est-à-dire de réclusion solitaire, pour tout juge qui avait prêté le serment, et pour tout officier de police en matière criminelle (art. 9);—et, en outre, pour tous, à une amende égale à la valeur de la somme ou de l'objet qu'ils avaient reçu.

5. — L'art. 4, L. 4 germin. an II, portait que « si un des coupables dénonçait la corruption , il serait absous des peines , amende et confiscation. » Cette absolution était subordonnée, bien entendu, à la preuve régulièrement établie du fait de corruption. En conséquence, le jury étant seul compétent pour prononcer sur les faits de cette nature, le tribunal saisi de la contravention ne pouvait, sans commettre un excès de pouvoir, faire jouir le dénonciateur du bénéfice de la disposition, jusqu'à ce qu'elle eût été légalement reconnue fondée.— *Cass.*, 3 frim. an XII, Aschiéry.

Sect. 2°. — *Diverses sortes de corruptions*.

6. — Le Code pénal actuel distingue trois sortes de corruption.—La première, prévue par l'art. 177, est celle de « tout fonctionnaire public de l'ordre administratif ou judiciaire, de tout agent ou préposé d'une administration publique, qui a agréé des offres ou promesses, ou reçu des dons ou présens pour faire un acte de sa fonction ou de son emploi, même juste, mais non sujet à salaire. Elle est punie de la dégradation civique et d'une amende double de la valeur des promesses agréées ou des choses reçues, sans que ladite amende puisse être inférieure à deux cents francs.—La présente disposition , porte le § 2 du même article, est applicable à tout fonctionnaire, agent ou pré-

posé de la qualité ci-dessus exprimée qui, par offres ou promesses agréées, dons ou présens reçus, se sera abstenu de faire un acte qui entrait dans l'ordre de ses devoirs. » — L'art. 178 ajoute que « dans le cas où la corruption aurait pour objet un fait criminel emportant une peine plus forte que celle de la dégradation civique, cette peine plus forte sera appliquée aux coupables. »

7. — Lorsque la chose promise, telle qu'une place, une distinction honorifique, n'est pas susceptible d'évaluation positive, l'amende doit être fixée au minimum de 200 fr. Autrement, en effet, il faudrait supposer que les juges auraient le droit de la déterminer arbitrairement, ce qui est inadmissible. — Carnot, sur l'art. 174, n° 7.

8. — La seconde espèce de corruption est celle du juge prononçant en matière criminelle, ou du juré qui s'est laissé corrompre, soit en faveur, soit au préjudice de l'accusé. — Elle est prévue par l'art. 181, qui la punit de la réclusion, outre l'amende ordonnée par l'art. 177. — A quoi l'art. 182 ajoute que « si, par l'effet de la corruption, il y a eu condamnation à une peine supérieure à celle de la réclusion, cette peine, quelle qu'elle soit, sera appliquée au juge ou juré coupable de corruption. »

9. — Enfin, l'art. 183 dispose que « tout juge ou administrateur qui se sera décidé par faveur pour une partie ou par inimitié contre elle sera coupable de forfaiture et puni de la dégradation civique. »

10. — Nous traiterons, dans trois sections distinctes, de ces trois sortes de corruptions. — Une quatrième section sera consacrée à l'examen des règles relatives aux corrupteurs.

11. — Le crime de corruption a une grande analogie avec la concussion et avec certaines escroqueries commises par les fonctionnaires publics ou agens des administrations publiques dans l'exercice de leurs fonctions. — Il en diffère cependant sous plusieurs points importans. — V. CONCUSSION, nos 8 et suiv.

12. — Du reste, la cour de Cassation semble considérer certains faits comme constituant le double crime ou délit de corruption et de concussion. Il en est ainsi toutes les fois qu'un fonctionnaire public ou agent de l'autorité exige ou reçoit un présent pour un acte de ses fonctions. Il y a, en effet, acceptation d'une chose non due, ce qui constitue le crime prévu par l'art. 174, C. pén., et acceptation de don pour un acte de sa fonction, ce qui rentre dans les termes de l'art. 177. — V. CONCUSSION, nos 15 et suiv.

13. — Ainsi, il a été jugé que le garde forestier qui reçoit de l'argent d'un particulier délinquant, pour ne pas dresser procès-verbal contre lui, ou qui en reçoit d'un individu pour lui permettre de couper du bois en contravention aux lois, commet le crime de concussion (*Cass.*, 23 avr. 1818, Ferranti); et le crime de corruption. — *Cass.*, 12 nov. 1812, Badel; 5 mai 1837 (t. 2 1837, p. 346), Pélisson.

Sect. 3e. — *Fonctionnaires publics, agens ou préposés des administrations publiques.*

14. — Il résulte des termes de l'art. 177, C. pén., que la réunion de trois circonstances est indispensable pour constituer le crime de corruption de fonctionnaires publics. — Il faut tout à la fois : 1° que le coupable ait la qualité, soit de fonctionnaire public de l'ordre administratif ou judiciaire, soit d'agent ou préposé d'une administration publique; — 2° qu'il ait agréé des offres ou promesses, ou reçu des dons ou présens; — 3° que ces dons ou promesses aient eu pour objet de faire un acte de sa fonction ou de son emploi, même juste, mais non sujet à salaire, ou de s'abstenir de faire un acte qui entrait dans l'ordre de ses devoirs.

15. — *Qualité de fonctionnaire public.* — Sont en général considérés comme fonctionnaires publics tous ceux qui exercent des fonctions publiques à eux déférées par l'autorité légalement constituée. — V. CONCUSSION, nos 29 et suiv.

16. — Ainsi, l'art. 177 est applicable à l'huissier qui a reçu de l'argent pour s'abstenir de mettre à exécution une contrainte par corps. — *Cass.*, 8 juill. 1813, Jérôme Tamburini.

17. — C'est le serment, dit fort bien Loyseau (*Tr. des offices*, liv. 1er, ch. 4, n° 71), qui attribue et accomplit en l'officier l'ordre, le grade, et, s'il faut ainsi parler, le caractère de son office, et qui lui défère la puissance publique. Il suit de là que le défaut de serment enlèverait à la corruption sa qualification criminelle, de même qu'il ôterait leur force probante aux actes émanés du fonctionnaire non assermenté. — V. CONCUSSION, n° 27.

18. — La même solution s'appliquerait au cas où un garde forestier serait transféré d'un arrondissement dans un autre, et ne prêterait pas un nouveau serment, puisque l'art. 16, C. inst. crim., limite les fonctions des gardes champêtres et forestiers à la recherche, chacun dans le territoire pour lequel ils sont assermentés, des délits et contraventions portant atteinte aux propriétés rurales et forestières. — *Cass.*, 6 août 1812, Drevet c. Administration des forêts.

19. — Si le fonctionnaire avait prêté son serment devant une autorité incompétente, et qu'il eût néanmoins exercé sans obstacle et sans réclamation, pourrait-il être déchargé de la peine attachée aux prévarications qu'il aurait commises, sous le prétexte qu'il n'a pas été reçu légalement dans ses fonctions? — La cour de Cassation a jugé la négative en se fondant sur ce que, si la prestation du serment est l'un des actes substantiels qui confèrent le caractère d'officier public, le mode de prestation n'a pas cette qualité, et qu'il n'est pas prescrit à peine de nullité. — *Cass.*, 11 juin 1813, Paul Fabri.

20. — Au surplus, lorsqu'un individu est inculpé d'avoir, en qualité de fonctionnaire, accepté des dons, agréé des promesses relativement à des remplacemens de soldats, son acquittement n'est pas suffisamment motivé sur la simple déclaration qu'il n'était pas revêtu de fonctions publiques. Cette déclaration l'absout bien du crime de corruption; mais elle laisse subsister une prévention d'escroquerie. Il faut en conséquence, à peine de nullité, que le jugement s'explique sur les dons et promesses. — *Cass.*, 3 déc. 1813, Terrasson c. Milscent.

21. — Les secrétaires des mairies sont agens ou préposés d'une administration publique, et par suite, celui qui, chargé de la délivrance des passeports, se laisse corrompre dans l'exercice de cette attribution est passible des peines portées par l'art. 177. — *Cass.*, 17 juill. et 10 oct. 1828, Dumas. — Un avis du conseil d'état du 2 juill. 1807 décide que les employés des mairies ne peuvent rendre authentique aucun acte, aucune expédition ni aucun extrait des actes de l'autorité. Mais on doit seulement inférer de cet avis qu'ils ne sont pas fonctionnaires, et il n'en reste pas moins vrai, comme l'ont décidé les deux arrêts ci-dessus, 1° que les mairies par la nature de leur institution, par les objets dont elles s'occupent, par leurs rapports avec l'administration générale du royaume, sont nécessairement des administrations publiques; 2° que leurs secrétaires sont leurs agens ou préposés, et non pas les secrétaires particuliers des maires, puisque le traitement de ces employés est à la charge des communes, et fait chaque année partie de leurs budgets, conformément à la loi du 11 frim. an VII. — V. CONCUSSION, n° 21.

22. — Un agent de police est, dans le sens de l'art. 177, un préposé d'une administration publique. Dès-lors, la tentative de corruption pratiquée envers lui constitue le délit prévu par l'art. 179. — *Bordeaux*, 5 fév. 1842 (t. 2 1842, p. 542), Anne Lacaze.

23. — La qualité d'agens d'une administration publique appartient encore aux employés des bureaux de sous-préfecture, quelle que soit la nature des travaux qui leur sont confiés par le chef de l'administration, et quoiqu'ils ne soient personnellement investis d'aucune portion des pouvoirs publics. — *Cass.*, 30 sept. 1836, Buchot. — On s'est efforcé de combattre cette jurisprudence dans l'affaire Hourdequin; mais M. le procureur général Dupin a démontré victorieusement que l'art. 177 était applicable à l'accusé, qui, chef du bureau de la voirie, et, pendant un certain temps, du bureau des plans, de plus, membre nécessaire de la commission d'indemnité pour les terrains retranchés, présentait les rapports, avait voix délibérative, et, quand cette commission avait opéré, devenait son orateur devant le conseil municipal. — *Cass.*, 6 déc. 1842 (t. 2 1846), Hourdequin.

24. — Les cantonniers sont-ils des préposés dans le sens de l'art. 177, ou de simples ouvriers sans caractère public, et dès-lors les dons qu'ils ont agréés pour s'abstenir d'un acte qu'ils devaient faire peuvent-ils constituer le crime de corruption ou bien un simple délit d'escroquerie? — La cour de Cassation a touché cette question sans la résoudre. — *Cass.*, 5 nov. 1831, Périn. — Il nous paraît assez difficile de ne pas considérer les cantonniers comme des agens de l'administration des ponts et chaussées. Ce ne sont point, en effet, de simples ouvriers que l'on prend ou que l'on quitte suivant l'urgence ou le ralentissement des travaux. Ils sont nommés par l'ingénieur en chef, et ne peuvent être renvoyés que par lui : ils ont donc un titre. D'autre part, ils doivent avoir un écriteau, une plaque, enfin des signes extérieurs qui les fassent reconnaître. Enfin la loi elle-même leur confie une mission de surveillance dans l'intérêt des routes. Sans doute, lorsqu'ils reconnaissent une contravention, il ne leur appartient point de la constater par un procès-verbal faisant foi devant les tribunaux; mais ils doivent faire un rapport à leurs chefs, et ce rapport peut être la base d'un procès-verbal de la part de ces derniers. Si donc ils s'abstiennent de faire ce rapport, ils manquent à un devoir de leur emploi; et si ce devoir n'a été violé par eux qu'en considération des dons qu'ils ont agréés, toutes les conditions exigées par la loi concourent pour les faire considérer comme coupables de corruption.

25. — Merlin (*Rép.*, v° *Commis*, n° 11) se demande si l'art. 177 n'a pas abrogé les art. 6, L. 13 flor. an XI, et 87, L. 5 vent. an XII, qui prononcent la peine des fers pour cinq ans au moins et quinze ans au plus, contre les préposés des douanes et des droits réunis reconnus coupables d'avoir prévariqué dans leurs fonctions? — Il n'hésite pas à répondre que non, parce que, d'un côté, le Code pénal ne s'occupe pas spécialement de la contrebande, et que, de l'autre, il renvoie (art. 484) aux lois antérieures, pour les crimes et les délits sur lesquels il ne statue pas. Aussi voyons-nous, dit-il, le décret du 8 nov. 1810 ordonner, dans les départemens de la Hollande, la publication de la loi du 13 flor. an XI, et du titre 5 de celle du 5 vent. an XII, en même temps que la publication du Code pénal. Il ajoute enfin que les corrupteurs des préposés doivent, d'après l'art. 59, C. pén., être punis de la même peine que ces derniers. — Cette opinion a été consacrée par la cour suprême. — *Cass.*, 24 janv. 1828, Louis Petit.

26. — Néanmoins, dans un arrêt rendu dix ans auparavant, la cour de Cassation n'avait considéré le même fait que comme une forfaiture prévue par l'art. 167, C. pén., et punie de la dégradation civique. — *Cass.*, 29 janv. 1818, Rousseau.

27. — Legraverend (*Lég. crim.*, t. 1er, p. 660) voit également une forfaiture dans l'acte des préposés des douanes qui font eux-mêmes la contrebande, ou se laissent corrompre pour la favoriser.

28. — Il n'y a corruption, suivant nous, que dans ce dernier cas, et cette corruption nous paraît rentrer dans les dispositions générales de l'art. 177. Mais quand le préposé se livre lui-même à la contrebande, il commet le crime spécial prévu par l'art. 6, L. 13 flor. an XI, et c'est dans cette loi qu'il faut en chercher la répression.

29. — Des doutes se sont élevés sur la nature de l'infraction commise par les médecins, officiers de santé, membres du conseil de recrutement, qui reçoivent des présens ou gratifications, pour soustraire des conscrits au service militaire. Les art. 30, L. 28 niv. an VII, et 60, décr. 8 fructid. an XIII, n'avaient prononcé pour ce fait qu'une peine correctionnelle d'un an à deux ans d'emprisonnement et une amende de 300 à 1,000 fr. — Il a été jugé par la cour de Cassation, avant la promulgation du Code pénal de 1810, que cette peine était seule applicable, et que le fait dont il s'agit ne constituait ni un vol ni une filouterie, ni une concussion, mais bien le délit spécial prévu par les lois du 28 niv. an VII et 8 fructid. an XIII. — *Cass.*, 17 mai 1806, Etienne Brun; 8 janv. 1807, Pierre Jégu.

30. — Au contraire, la même cour a décidé, sous l'empire du Code de 1810, que les médecins chargés d'examiner les jeunes soldats devaient être considérés comme agens d'une administration publique, et qu'en conséquence ils se rendaient coupables du crime de corruption, prévu par l'art. 177, C. pén., lorsqu'ils exigeaient ou acceptaient des dons ou présens, sous la promesse de faire réformer les jeunes gens à la visite desquels ils étaient préposés. — *Cass.*, 15 fév. 1828, Laburthe; 26 déc. 1829, Mergant.

31. — Mais la loi du 21 mars 1832, sur le recrutement, a déclaré expressément qu'il n'y avait en pareil cas qu'un simple abus de confiance et non un crime de corruption. Cet article porte que « les médecins, chirurgiens ou officiers de santé qui, appelés au conseil de révision à l'effet de donner leur avis, auront reçu des dons ou agréé des promesses, pour être favorables aux jeunes gens qu'ils doivent examiner, seront punis d'un emprisonnement de deux mois à deux ans. »

32. — Toutefois la cour de Cassation n'en a pas moins persisté dans son ancienne jurisprudence à l'égard des préposés des conseils de révision chargés de procéder au toisage des jeunes gens qui se présentent pour faire valoir leurs exemptions. Elle a jugé qu'ils doivent être réputés agens d'une administration publique, et que, s'ils agréent des offres ou reçoivent des dons ou présens pour faire un acte de leur emploi, même juste, mais non sujet à salaire, ils commettent le crime prévu par l'art. 177. — *Cass.*, 14 déc. 1837 (t. 1er 1838, p. 611), Rigaud. — Ces agens ne sont point, il est vrai,

compris dans la disposition de l'art. 45; L. 21 mars 1832. Il est permis néanmoins de se demander comment le même fait qui constitue un crime à leur égard ne constitue qu'un simple délit à l'égard d'un médecin?

33. — Il convient de rappeler, en terminant sur ce point, l'art. 207, C. forest., ainsi conçu : « Les peines que la présente loi prononce, dans certains cas spéciaux, contre des fonctionnaires ou contre des agens ou préposés de l'administration forestière sont indépendantes des poursuites et peines dont ces fonctionnaires, agens ou préposés seraient passibles d'ailleurs pour malversation, concussion ou abus de pouvoir. — Il en est de même quant aux poursuites qui pourraient être dirigées, aux termes des art. 179 et 180, C. pén., contre tous délinquans ou contrevenans pour fait de tentative de corruption envers des fonctionnaires publics et des agens et préposés de l'administration forestière. »

34. — *Dons ou promesses agréés.* — Le deuxième élément du crime consiste dans le fait, soit d'agréer des offres ou promesses, soit de recevoir des dons ou présens. Il est clair que l'accusation ne doit pas seulement établir l'existence des offres, qu'elle doit prouver, en outre, leur acceptation par le fonctionnaire ou l'agent. Il ne l'est pas moins que le crime existerait, s'il avait eu lieu par interposition de personne, c'est-à-dire si les propositions avaient été faites, si les présens avaient été portés à des commis, à des subordonnés, à des parens du coupable. La ratification de celui-ci une fois prouvée, il importe peu qu'il n'ait pas reçu lui-même les dons du corrupteur. On ne peut pas faire indirectement ce que la loi défend de faire directement : c'est surtout en matière criminelle que cette maxime est d'une incontestable vérité. — Carnot, sur l'art. 177, n° 5.

35. — Lorsqu'il est constant qu'un capitaine de recrutement a reçu des présens de la part des parens d'un conscrit, la présomption légale est que ces présens lui ont été donnés à raison de sa qualité; et cette présomption ne peut être détruite qu'autant qu'il est reconnu qu'ils ont eu lieu pour une tout autre cause. — *Cass.*, 7 janv. 1808, Huart et Deghidi.

36. — La peine portée par l'art. 177 peut valablement être prononcée, quoique la déclaration du jury ne fasse mention que de *rétributions exigées et consenties.* — *Cass.*, 2 janv. 1818, Nicolas Joly.

37. — *Actes relatifs aux fonctions.* — Ce qui constitue le troisième élément du crime de corruption, c'est que les dons ou promesses aient été reçus ou agréés par le fonctionnaire, soit pour faire un acte de sa fonction, soit pour s'en abstenir.

38. — « Ainsi, disent MM. Chauveau et Hélie (*Th. du C. pén.*, t. 4, p. 161), lorsque la prévarication est commise en dehors des limites du pouvoir de l'agent, lorsqu'elle a pour objet un acte qui n'est pas dans sa compétence, cette prévarication peut, sans doute, léser des tiers, mais elle ne menace l'état d'aucun péril, puisqu'elle ne peut prêter à la fraude aucune force légale. Elle doit donc être punie, non plus comme un délit spécial de fonctionnaire, mais comme un délit commun, si elle constitue en elle-même un délit de cette nature. — La corrélation qui réunit l'une à l'autre les deux parties de l'art. 177 ne peut que justifier cette interprétation. En effet, s'il s'agit, dans la première, du fonctionnaire qui fait un acte de sa fonction, et dans la deuxième, de celui qui s'abstient d'un acte qui entre dans l'ordre de ses devoirs, évidemment ces termes différens sont l'expression d'une même pensée. Il ne s'agit dans ces deux hypothèses que de la transgression, par le fonctionnaire, de ses devoirs spéciaux, des devoirs attachés à la qualité. »

39. — Cependant la cour de Cassation a jugé deux fois, soit à l'égard d'un garde champêtre, soit à l'égard d'un garde forestier, que la deuxième disposition de l'art. 177, corrélative à la première, devait être appliquée non seulement au cas où l'acte dont le fonctionnaire s'abstient rentre dans l'ordre de ses devoirs, mais encore à celui où le fonctionnaire croit, simule ou prétend faussement qu'il est de son devoir de faire cet acte, puisque, dans ce dernier cas comme dans le premier, le fonctionnaire abuse également de son caractère. — *Cass.*, 1er oct. 1813, Ange Volpi; 16 sept. 1820, Warnet.

40. — La même cour a de nouveau et pour la troisième fois prononcé de la même manière dans une espèce où un garde champêtre s'était abstenu, à prix d'argent, de dresser procès-verbal d'un délit de chasse, et où cependant ce procès-verbal eût été nul pour défaut de pouvoir du garde sur le territoire où il avait surpris le chasseur. — *Cass.*, 19 août 1826, Claude-Antoine Rose. — Mais, sur le renvoi de l'affaire, après cassation, devant une deuxième cour d'assises, celle-ci se rangea à l'opinion de la première : seulement elle aperçut dans la manœuvre du garde les caractères d'un délit d'escroquerie, et, sur la déclaration conforme du jury, elle lui en appliqua la peine. La question fut alors portée devant les chambres réunies, et cette fois elle reçut une solution tout-à-fait différente. Le pourvoi fut rejeté par les motifs « qu'il résultait de la déclaration du jury que l'accusé avait sciemment abusé de sa qualité pour exiger une somme d'argent, en promettant de s'abstenir de dresser un procès-verbal *qu'il n'avait pas le droit de dresser et qui n'entrait pas, par conséquent, dans l'ordre de ses devoirs*; et qu'en appliquant au fait ainsi qualifié l'art. 405, C. pén., la cour d'assises n'avait point violé l'art. 177. » — *Cass.*, 31 mars 1827, Claude-Antoine Rose. — V. CONCUSSION, nos 13 et 14.

41. — Il a, depuis lors, été jugé sans contestation que le fonctionnaire qui reçoit un présent pour s'abstenir de faire un acte étranger à l'ordre de ses devoirs ne saurait être considéré comme coupable de corruption; mais qu'il commet un délit d'escroquerie, lorsque, abusant de sa qualité, il se fait remettre une somme d'argent afin de ne pas faire un acte qu'il n'avait pas le droit de faire. — *Bruxelles*, 9 janv. 1831, Grisart et Deschamps; *Limoges*, 4 janv. 1836, Martial Laplaud. — Il s'agissait, dans cette dernière affaire, d'un gendarme qui s'était fait remettre de l'argent par un voyageur dont le passeport était irrégulier, en lui inspirant la crainte d'être conduit en prison. — V. CONCUSSION, n° 12.

42. — Toutefois, le garde forestier qui, ayant surpris des individus en flagrant délit dans une forêt où il a qualité pour verbaliser, consent, moyennant une somme d'argent, à ne pas dresser procès-verbal, ne peut pas être absous sur le motif qu'il n'était pas *spécialement* chargé de la surveillance de cette forêt. — *Cass.*, 6 vendém. an X, Lhuillier. — L'art. 16, C. inst. crim., charge, en effet, les gardes forestiers de la recherche des délits commis sur le territoire pour lequel ils sont assermentés. La mission qu'ils peuvent recevoir de surveiller plus particulièrement telle partie de ce territoire ne retranche rien de l'étendue de leurs devoirs.

43. — Le tort du garde champêtre qui ne dresse pas de procès-verbal du délit reconnu par lui, ne saurait non plus être excusé, ni changer de caractère par le consentement que le propriétaire lésé aurait pu donner à cette omission, puisque ce n'est pas dans l'intérêt seul des particuliers, mais aussi dans celui de la vindicte publique que la loi impose au garde champêtre l'obligation de rechercher et de constater les délits ruraux, que le ministère public a le droit de poursuivre d'office. Si donc le garde reçoit des dons ou présens pour ne point dresser de procès-verbal, l'intervention et le consentement du propriétaire ne peuvent empêcher l'application de l'art. 177. — *Cass.*, 5 mai 1837 (t. 2 1837, p. 346), Pélisson.

44. — Il y a évidemment crime de corruption de la part d'un commandant de gendarmerie, ou d'un juge de paix qui, moyennant argent, font cesser l'effet d'un procès-verbal constatant un délit qu'ils étaient chargés de poursuivre. — *Cass.*, 30 avr. 1812, V... et R...

45. — *Acte sujet à salaire.* — La circonstance que l'acte était sujet à salaire ne ferait pas obstacle à l'existence du crime, si l'agent, au lieu de se contenter des émolumens attachés à cet acte, avait agréé des dons ou des promesses plus considérables. Vainement voudrait-on induire le contraire de ces mots de l'art. 177 : Tout fonctionnaire qui aura reçu des dons pour faire un acte de sa fonction, même juste, *mais non sujet à salaire.* La loi a voulu seulement protéger la perception légale et non tout ce qui pourrait l'excéder. Cet excédant, en effet, ne fait plus partie du salaire : il est le prix de la corruption, de même que, dans le cas de l'art. 174, tout ce qui excède les sommes dues pour droits, taxes, etc., est le résultat de la concussion.

46. — *Tentative.* — Mais l'arrangement conditionnel par lequel un fonctionnaire public s'engage, moyennant des dons ou présens, à s'abstenir de constater des contraventions *futures* que son devoir l'oblige de surveiller, constitue-t-il le crime de corruption, de même que l'arrangement par lequel un fonctionnaire s'abstient de constater des contraventions déjà *commises?* — La négative semble résulter d'un considérant inséré dans un arrêt de la cour de Cassation du 2 janv. 1818 (Nicolas Joly) : mais ce considérant a pu avoir pour objet de laisser la question à l'écart en établissant que la déclaration rendue par le jury dans l'espèce était relative à des contraventions *commises.* — Il faut, selon nous, faire une distinction entre la corruption qui a pour objet *de faire* un acte, et celle qui a pour objet de *s'en abstenir.* La première constitue un crime par cela seul que les offres ont été agréées ou que les dons ont été reçus : la loi n'exige pas que l'acte ait été consommé; il suffit que l'inexécution ne soit pas un effet de la libre volonté du fonctionnaire. Le fait présente, en ce cas, tous les caractères d'une tentative légale du crime que la loi assimile au crime même. — Chauveau et Hélie, *Théorie du Code pén.*, t. 7, p. 173. — Au contraire, la corruption qui a pour objet l'abstention d'un acte ne devient punissable que par le fait de cette abstention. La loi est positive à cet égard. « La présente disposition sera applicable, dit l'art. 177, à tout fonctionnaire... qui *se sera abstenu* de faire... » Quelque immoral que soit un pacte de cette espèce, on ne saurait prétendre que le fonctionnaire *a tenté* de s'abstenir de constater une contravention qui n'a pas été commise, qui est encore éventuelle, ou dont il pourra n'avoir jamais connaissance. L'acceptation des offres, la réception des présens peuvent exister, indépendamment du fait principal, *l'abstention*, et ne suffisent pas pour constituer un commencement d'exécution.

47. — Même dans le cas où il s'agit de faire un acte, le fonctionnaire cesserait d'être punissable s'il avait, de son propre mouvement, et avant toutes poursuites, restitué les dons ou présens qu'il aurait d'abord agréés. Les caractères légaux de la tentative ne se retrouveraient plus, en effet, en pareille circonstance.

Sect. 4e. — *Juges ou jurés statuant en matière criminelle.*

48. — Aux termes de l'art. 181, C. pén., la peine prononcée contre le fonctionnaire qui s'est laissé corrompre est aggravée, si c'est un juge prononçant en matière criminelle ou un juré qui a trahi ses devoirs, soit en faveur, soit au préjudice d'un accusé.

49. — Cet article, désignant uniquement les juges et les jurés, exclut par cela même de ses dispositions les autres officiers de justice. Le membre du ministère public qui se serait laissé corrompre pour faire un acte de ses fonctions en matière criminelle ne serait donc passible que des dispositions de l'art. 177. La raison en est que ce magistrat requiert, mais ne prononce pas, et qu'ainsi la corruption exercée à son égard n'a pas d'aussi funestes effets.

50. — L'aggravation de peine portée par l'art. 181 n'est même applicable au juge qu'autant qu'il statue en matière *criminelle.* La corruption pratiquée à son égard pour obtenir un jugement favorable ou défavorable au prévenu, en matière correctionnelle, n'est passible que des peines prononcées par l'art. 177. — Vainement opposerait-on que les mots *matière criminelle* sont quelquefois employés dans un sens générique; les expressions qui suivent : *en faveur ou au préjudice de* L'ACCUSÉ, ne peuvent, en effet, laisser aucun doute sur l'intention du législateur et démontrent qu'il n'a eu en vue que la matière du grand criminel. — Carnot, sur l'art. 181, n° 3.

51. — Il résulte de ces dernières expressions que l'art. 181 ne saurait régir les décisions du juge antérieures à la mise en accusation, car jusqu'à cette époque il n'y a que des prévenus, il n'existe pas encore d'*accusés.* — Rauter, t. 1er, n° 359; Carnot, sur l'art. 181, n° 6.

52. — Chauveau et Hélie (t. 4, p. 178) pensent, au contraire, que le juge d'instruction encourrait les peines de l'art. 181, si, mû par la corruption, il décernait un mandat de dépôt, ou refusait de décerner un pareil mandat contre un individu qui serait seulement *inculpé*, mais non encore accusé d'un crime.

53. — Cette opinion est peut-être plus logique, mais l'autre est évidemment plus conforme au texte de la loi, et comme elle est, d'ailleurs, favorable à l'accusé, elle nous semble devoir être préférée.

54. — Selon M. Rauter, la peine de l'art. 181 serait encourue lors même que le juge ou le juré aurait, d'ailleurs, réellement prononcé selon sa conviction. Cela est rigoureux, mais l'art. 181 doit être combiné avec l'art. 177, dont il émane, et ce dernier article frappe également la corruption quand elle a produit un acte juste et légitime. — V. *suprà* n° 14.

55. — Si, par l'effet de la corruption, il y a eu condamnation à une peine supérieure à celle de la réclusion, cette peine, quelle qu'elle soit, est appliquée au juge ou juré coupable de corruption. — Telle est la disposition de l'art. 182. Le projet du Code pénal portait seulement : « Si, par l'effet de la corruption, il y a eu condamnation à mort, le juge ou le juré coupable sera pun de

mort. » M. Defermon fit remarquer, au sein du conseil d'état, que les art. 181 et 182 ne graduaient pas assez la peine, qu'ils n'admettaient, en effet, que la réclusion ou la mort, de manière qu'un juré qui, par corruption, aurait envoyé un innocent aux fers ne subirait que la réclusion. C'est sur cette observation judicieuse que l'article a été rédigé tel que nous le lisons aujourd'hui.

56. — La loi romaine admettait aussi la peine de mort pour le cas où cette peine avait été, par l'effet de la corruption, infligée à un innocent.— L. 7, § 3, ff., *Ad leg. Jul. repet.* — Mais il ne fallait pas seulement que la condamnation eût été prononcée, il fallait encore qu'elle eût été exécutée. C'est ce qu'attestent Farinacius (*Quæst.* 3, nos 16, 25 et 379) et Julius Clarus (§ *Homicidium*, no 15). Jousse adopte la même règle en l'appliquant au droit français (*Traité des matières criminelles*, t. 3, p. 779), et depuis elle a été reproduite par les législations modernes, notamment par les Codes de Prusse (art. 389), et du Brésil (art. 131). — Notre Code n'a pas suivi la même distinction : il a appliqué la peine au fait seul de la condamnation, et, en thèse purement philosophique, cette règle absolue est conforme à la raison, puisque l'inexécution est un événement qui est étranger au juge ou au juré, qui ne modifie nullement sa criminalité, qui n'apporte aucune excuse à son action. Toutefois, lorsqu'il s'agit de la peine de mort, et que, soit par annulation de l'arrêt, soit par tout autre motif, elle n'a pas été exécutée, nous pensons, avec MM. Chauveau et Hélie (t. 4, p. 181), qu'une peine perpétuelle serait pour le juge un châtiment suffisant.

Sect 5e. — *Juges ou administrateurs se décidant par faveur ou par inimitié.*

57. — La corruption proprement dite n'existe que lorsque le juge a trafiqué de ses fonctions, lorsqu'il a vendu sa sentence. Mais la faveur ou l'inimitié peuvent être le produit d'une corruption morale opérée par sollicitations ou autres moyens semblables. C'était là ce qu'on appelait autrefois juger *per sordes aut dolo malo, ex preco seu gratiâ, vel ex odio seu inimicitiâ.*—Ce fait constitue un crime spécial, qui reçoit le nom de *forfaiture*, quoiqu'il reste rangé dans la classe du crime de corruption. — V. FORFAITURE.

58. — Tout juge ou administrateur, porte l'art. 183, C. pén., qui se sera décidé par faveur pour une partie, ou par inimitié contre elle, sera coupable de forfaiture et puni de la dégradation civique.

59. — Mais comment constater un pareil crime? Où en prendre les preuves, si ce n'est dans la conscience de l'administrateur ou du juge, et n'est-ce point là une région inaccessible à la justice humaine, qui ne doit punir que les actions, qui ne peut saisir que les faits extérieurs? — Cette objection parut si forte à la commission du corps législatif, qu'elle n'hésita point à proposer la suppression de l'art. 183, et son avis fut partagé par plusieurs membres du conseil d'état.— Il fut répondu par M. Régnier, en ce qui concerne l'administration des preuves, que la faveur ou la haine se manifestaient par des faits extérieurs qui caractérisaient la prévarication du juge.

60. — Il faut donc que la faveur ou l'inimitié se soit trahie par des actes, pour qu'elle puisse devenir l'élément du crime. Dans le doute, la présomption est en faveur du juge : « *In dubio judex non dolo sed per imperitiam malè judicasse præsumitur.* » Mais cette présomption change, s'il existe une inimitié capitale entre lui et la partie, s'il a hautement et à l'avance manifesté son opinion sur le procès; il y a même des faits, comme l'observe Toullier, qui ne peuvent s'expliquer que par la perversité de l'intention.

61. — L'art. 183 ne s'applique qu'aux juges et aux administrateurs : parce que ce n'est qu'à eux seuls qu'il appartient de rendre des jugemens et de prendre des arrêtés. — Carnot, sur l'art. 183, no 5.

62. — Sont compris sous la dénomination *d'administrateurs*, les préfets, les sous-préfets, les maires, les directeurs des administrations publiques, en un mot, tous ceux qui sont investis du droit de prendre des arrêtés comme exerçant une portion du pouvoir exécutif.

63. — Mais cette qualification n'est pas applicables aux officiers de police et autres agens ou simples préposés des administrations. — Carnot sur l'art. 183, no 9.

64.— Il n'est pas, du reste, nécessaire d'être administrateur titulaire pour se rendre coupable de forfaiture, il suffit d'en remplir les fonctions par remplacement.— Carnot, ib., no 6.

65. — Si les jurés ne sont pas les juges du droit, dit Carnot (*loc. cit.*, no 7), ils sont les juges du fait, et quoique le législateur ne les ait pas nommément compris dans la disposition de l'art. 183, comme il l'a fait dans l'art. 182, on ne peut en tirer la conséquence qu'ils ne s'y trouvent pas compris, cet article parlant, sans restriction, des administrateurs et des juges.

66. — Il faut, d'après le même auteur (no 8), en dire autant des arbitres, des prud'hommes, des officiers de l'université lorsqu'ils remplissent les fonctions des juges.

67.—Toutefois, la question est vivement controversée à l'égard des arbitres. — On peut dire, en effet, que la qualité de *magistrat* n'appartient dans toute l'acception du mot qu'à celui qui exerce une charge permanente, et non accidentelle, avec puissance de commandement et avec juridiction. — Bodin, *De la république*, liv. 3, chap. 3.—Aucune de ces conditions n'est remplie par les arbitres. La loi leur attribue, il est vrai, le droit de prononcer, même exclusivement, dans certaines contestations; mais ils n'ont que la connaissance des affaires (*jus cognoscendi*) ; ils n'ont pas la juridiction qui consiste dans *le pouvoir* de connaître et de juger les causes (*publica de causis cognoscendi et judicandi potestas*). — Il n'est pas même exact, selon M. Chassan (*Délits et contravent. de la parole*, t. 1er, p. 77 et 78), de dire que les arbitres sont des juges : car ils ne tiennent pas leur nomination du prince, mais des parties ou du tribunal de commerce, et c'est, dans ce dernier cas, une simple désignation que les parties ont toujours le droit de rendre caduque, en s'accordant pour faire choix d'autres arbitres. « Il est donc permis, ajoute M. Chassan, il est donc vrai de dire que les arbitres, même forcés, ne sont pas de véritables juges. » — V. conf. réquisitoire de M. Dupin dans l'affaire Parquin (t. 1er 1838, p. 587). — Mais si ces considérations sont décisives à l'égard des arbitres volontaires, elles ne nous semblent nullement concluantes quant aux arbitres forcés. — L'arbitrage forcé constitue une juridiction instituée par la loi parallèlement à celle des tribunaux de commerce; les arbitres investis du droit d'exercer cette juridiction agissent donc dans un caractère public et doivent être assimilés aux juges ordinaires. Quiconque, à quelque titre, à quelque degré que ce soit, exerce une partie du pouvoir judiciaire est un véritable juge ; que ses pouvoirs émanent du prince, de la loi, de l'élection ou du choix des parties, peu importe, il n'y a aucune distinction à établir par la nature, l'origine et l'étendue de la délégation qui lui est faite.—Ces principes ont été solennellement proclamés, dans l'affaire Parquin, par les chambres réunies de la cour de Cassation, qui ont décidé que la diffamation envers un arbitre forcé rentre dans la compétence exclusive des cours d'assises. — *Cass.*, 15 mai 1838 (t. 1er 1838, p. 587), Parquin. — V. ARBITRAGE, nos 123 et suiv. — V. conf. Chauveau et Hélie, t. 4, p. 178.

68.—Les pouvoirs d'amiables compositeurs conférés aux arbitres forcés ne changent pas la nature de l'arbitrage, et dès-lors l'art. 183 continue à recevoir son application. — Même arrêt. — Carnot, *loc. cit.*, no 8. — V. ARBITRAGE, nos 136 et suiv.

69. — Les officiers du ministère public doivent-ils être assimilés aux juges? — Oui, dit Carnot, sur l'art. 183, no 9, car s'ils ne rendent pas de jugemens, s'ils ne prennent pas des arrêtés, ils les provoquent, ils en fournissent les élémens.—Nous ne saurions nous ranger à cet avis. Les fonctions du ministère public sont complétement distinctes de celles des juges ; la partialité des membres du parquet est, sans doute, redoutable pour les parties, mais cependant elle n'a pas nécessairement les mêmes conséquences que la passion du juge qui prononce. En présence du texte formel de l'art. 183 qui ne parle que des juges, il nous semble donc impossible d'étendre cet article aux officiers qui remplissent les fonctions du ministère public.

70.—Il est, du reste, nécessaire, pour l'existence du crime de forfaiture, qu'il y ait eu *décision* de la part du juge ou de l'administration. Il ne suffirait pas d'actes préparatoires et d'instruction.—Les lois pénales de Naples n'inculpent que l'officier public à qui la loi a donné la faculté de décider *définitivement* une affaire, soit administrative, soit judiciaire, et seulement à raison des actes qui ont *terminé* cette affaire (art. 200). — La loi française n'a pas été si loin : elle n'a pas exigé que la décision fût définitive et sans recours.

71.—Selon M. Rauter, il faut recourir à l'art. 182, quand celui-ci prononce une peine plus forte que la dégradation civique. — *Tr. du dr. crim.*, t. 1er, no 361. — Mais MM. Chauveau et Hélie (t. 4, p. 198 et 199) enseignent, avec plus de raison, que

le juge n'est passible, dans tous les cas, que de la dégradation civique, quels que soient d'ailleurs le résultat de sa décision et la peine qui ait été prononcée contre son justiciable.

Sect. 6e. — *Corrupteurs.*

72. — L'art. 179 du Code pénal est ainsi conçu : « Quiconque aura contraint ou tenté de contraindre, par voies de fait ou menaces, corrompu ou tenté de corrompre par promesses, offres ou dons, ou présens, un fonctionnaire, agent ou préposé de la qualité exprimée en l'art. 177, pour obtenir, soit une opinion favorable, soit des procès-verbaux, états, certificats ou estimations contraires à la vérité, soit des places, emplois, adjudications, entreprises ou autres bénéfices quelconques, soit enfin tout autre acte du ministère du fonctionnaire, agent ou préposé, sera puni des mêmes peines que le fonctionnaire, agent ou préposé corrompu. — Toutefois, si les tentatives de contrainte ou de corruption n'ont eu aucun effet, les auteurs de ces tentatives seront simplement punis d'un emprisonnement de trois mois au moins, et six mois au plus, et d'une amende de cent à trois cents francs. »

73. — Le rapprochement de cet article et de l'article 177 donne naissance à une question qui nous paraît ne pas manquer de gravité. — L'art. 177, comme on l'a vu plus haut, déclare, en effet, coupable du crime de corruption, non seulement le fonctionnaire qui reçoit des présens ou agrée des promesses pour faire un acte de ses fonctions, mais encore celui qui se laisse corrompre par les mêmes moyens pour s'en abstenir ; tandis que l'art. 179 ne prononce une peine contre le corrupteur qu'autant que la corruption a eu pour objet la perpétration d'un acte, et non pas seulement son omission. — Faut-il induire de là que ce dernier fait n'est pas prévu par la loi pénale?

74. — La négative a été jugée par la cour royale de Bordeaux (3 fév. 1842 [t. 2 1842, p. 512], Anne Lacaze), qui a décidé qu'on doit considérer comme tentative de corruption le fait, par un délinquant, d'avoir offert à un agent de la force publique, qui l'a arrêté, une somme d'argent pour obtenir sa mise en liberté.—On peut ajouter que si cette solution est rigoureuse en ce qu'elle atteint une nature de délit qui semble en quelque sorte passée dans les habitudes de chaque jour, elle n'en doit pas moins être approuvée. Essayer de se libérer des soucis qu'un procès-verbal entraîne à sa suite en offrant à l'agent chargé de le dresser une pièce de monnaie, c'est ce qui a lieu fréquemment, c'est ce dont à peine on ose blâmer celui qui ne s'en fait aucun scrupule. Et cependant cela est mal, non seulement aux yeux de la loi, mais encore aux yeux de la morale, qui ne veut pas que par l'attrait d'un gain illicite on habitue l'agent de l'administration, l'homme institué pour veiller, dans l'intérêt de tous, à l'observation de la loi, à transiger avec ses devoirs et à faire trafic de leur inaccomplissement. — C'est de l'exécution consciencieuse des devoirs prescrits à chacun dans sa sphère et suivant sa position que dépend le maintien de l'ordre moral et de l'ordre matériel dans la société; c'est donc aussi se rendre coupable envers la société que de provoquer à la violation de ces devoirs.

75. — Néanmoins la cour de Cassation a sanctionné l'opinion contraire, comme étant la conséquence nécessaire du texte positif de l'art. 179. — *Cass.*, 23 avr. 1841 (t. 1er 1844, p. 347), Ravesi ou Revest.

76. — MM. Chauveau et Faustin Hélie citent comme ayant jugé dans le même sens un arrêt de la chambre criminelle de la cour de Cassation du 31 janv. 1822 (Lecluse). Il est vrai que le procureur général a dit dans son réquisitoire qu'on était porté à croire que l'intention du législateur n'avait pas été de punir, en pareil cas, l'acte du corrupteur ; mais il a ajouté que *la question n'était pas celle qui devait être examinée dans l'espèce*, et, en effet, la cour n'en était pas nécessairement saisie ; elle l'a laissée à l'écart sur le motif qu'il y avait décision souveraine en point de fait. Mais, objecte-t-on, la cour a improuvé un autre motif de l'arrêt dénoncé, et elle n'a pas improuvé celui-ci. La cour, peut-on répondre, ne se permet des improbations de cette espèce que lorsqu'elle rencontre des erreurs grossières ; elle ne blâme jamais, *sans nécessité*, les opinions des cours royales sur des questions graves et susceptibles d'être débattues. D'ailleurs, le procureur-général s'étant exprimé dans le même sens que la cour royale, l'improbation aurait porté sur son réquisitoire autant que sur l'arrêt dénoncé. Il est tout naturel qu'on s'en soit abstenu, dès que la question était en dehors du procès et que rien n'obligeait à se prononcer.

77.—MM. Chauveau et Hélie (t. 4, p. 183 et suiv.) vont encore plus loin : ils soutiennent que les principes généraux établis par les art. 59 et 60 du Code pénal, en matière de complicité, sont sans application possible au corrupteur, dont l'action est indépendante de celle du fonctionnaire corrompu.

78.—Mais M. Rauter (t. 1er, n° 357) combat, avec raison selon nous, cette doctrine. — Si, en effet, un respect scrupuleux du texte de l'art. 179 ne permet pas d'appliquer les dispositions spéciales de cet article au corrupteur qui a tenté d'empêcher un fonctionnaire d'accomplir un acte de ses fonctions, il n'y a aucun motif plausible pour repousser l'application du principe général d'après lequel le complice doit être puni de la même peine que l'auteur principal du crime ou du délit.

79.—La seule conséquence qui résulte de cet état de choses, c'est que, la complicité légale ne pouvant jamais exister sans un délit principal, le corrupteur n'est punissable, dans le cas dont il s'agit, qu'autant que le fonctionnaire s'est laissé corrompre. S'il a résisté, il reste une simple tentative qui, quelque répréhensible qu'elle soit, ne saurait motiver aucune condamnation en présence des termes restrictifs de l'art. 179.

80.—Quant à la tentative de corruption, qui a pour objet de déterminer des préposés des douanes à certifier faussement la sortie de l'entrepôt, et l'exportation d'une certaine quantité de sel, elle tend à faire faire aux agens de l'administration un acte de leurs fonctions, et, par conséquent, elle tombe sous le coup de l'art. 179.— Cass., 31 janv. 1822, Lecluse.

81.—La tentative de corruption d'un fonctionnaire est passible des peines portées par l'art. 179, encore bien que les actes qu'elle avait pour objet d'acheter à prix d'argent ne soient pas contraires aux devoirs du fonctionnaire qu'on a voulu corrompre.— Cass., 24 mars 1827, Moléon et Beaugé. — MM. Chauveau et Hélie (t. 4, p. 188 à 191) critiquent cette décision. Leur premier argument est tiré de ce que l'art. 177 énonce formellement dans ses dispositions l'acte même juste commis par corruption, tandis que l'art. 179 n'a point reproduit ces termes à l'égard du corrupteur. Ils en puisent un second dans le texte qui prévoit la corruption par contrainte : « Les moyens de corruption, disent-ils, ne supposent-ils pas nécessairement pour but un acte illégitime? Comment prévoir des voies de fait ou de menaces pour obtenir du fonctionnaire un acte juste et légal?... » — A cela nous répondrons, d'abord, que c'est précisément parce que l'acte même juste est menacé dans l'art. 177, qu'il était inutile de le répéter dans l'art. 179 : il suffisait de prévoir dans celui-ci tout acte en général émané du fonctionnaire, et c'est ce que le législateur n'a pas manqué de faire. Ensuite, un acte légitime peut ne pas obtenir à celui qui l'exige. La crainte de ne pas l'obtenir, et quelquefois même un soupçon de partialité, un intérêt personnel, peuvent déterminer un homme violent à recourir, de prime-abord, aux voies de fait et aux menaces. Le fond ne saurait en faire la forme. De ce que l'acte demandé est légitime, il ne s'ensuit point que l'officier public soit tenu de l'exécuter. La loi n'oblige pas les fonctionnaires à faire généralement et sans exception tous les actes de leur ministère; elle leur attribue au contraire un droit d'appréciation dont ils usent sous leur responsabilité personnelle et sauf à en rendre compte à leurs supérieurs. Excuser la violence exercée envers eux quand l'acte demandé est légitime, c'est détruire toute leur indépendance. — Enfin, l'argumentation de MM. Chauveau et Hélie serait fausse, en admettant toutes les suppositions qu'ils font. Ainsi, quand même il serait vrai que la contrainte ne fût pas un moyen constitutif de la corruption, il n'en résulterait rien de contraire au système consacré par la cour de Cassation : l'art. 179 a spécifié deux modes : la violence et les promesses. Si le premier mode ne se réfère pas à tous les cas prévus, il pourrait en être ainsi s'y référer. C'est donc assez que l'on puisse concevoir la corruption par dons ou promesses pour obtenir un acte légitime, quand même on ne pourrait pas concevoir la contrainte employée pour obtenir le même acte. L'objection n'est donc soutenable sous aucun rapport. Les mêmes auteurs prétendent aussi que l'individu étranger à l'administration n'est pas tenu envers elle par les liens des mêmes devoirs que le fonctionnaire. Cette objection, qui est diamétralement contraire à l'art. 179, ne permettrait en aucun cas de condamner le corrupteur. Tous les citoyens sont liés envers l'administration par les liens des mêmes devoirs que les fonctionnaires eux-mêmes en dépendent, parce qu'elle représente le corps social qui commande à chacun de ses membres. Il n'y

a pas deux morales, l'une à l'usage des fonctionnaires, l'autre à l'usage des simples particuliers. L'objection ne saurait être écoutée que s'il s'agissait de graduer les peines.

82. — Les caractères constitutifs du crime de provocation à la corruption sont au nombre de trois. Il faut que l'agent se soit servi de voies de fait ou de menaces, de promesses ou de prétexto; que ces divers moyens de contrainte ou de séduction aient été employés vis-à-vis d'un fonctionnaire de l'ordre administratif ou judiciaire, ou d'un préposé d'une administration publique; enfin que leur but ait été d'obtenir un acte du ministère du fonctionnaire ou préposé. Chacune de ces trois circonstances doit être nécessairement constatée par la déclaration du jury, et l'omission de l'une d'elles ôterait au crime sa base légale. — Cass., 10 mars 1849, Chapsal; — Carnot, sur l'art. 183, n° 10.

83. — La loi place sa menace sur la même ligne que les voies de faits; mais pour constituer le crime de corruption, les menaces doivent avoir été telles qu'elles dussent inspirer une crainte fondée de les voir réalisées. Et comme le Code ne les a pas définies, leur appréciation rentre essentiellement dans le domaine des tribunaux. — Carnot, sur l'art. 179, n° 5.

84. — Des voies de fait pourraient n'avoir pas le caractère de violence; mais il suffit qu'il y ait simples voies de fait pour faire rentrer le crime dans la disposition de l'art. 179. — Carnot, ibid., n° 6.

85. — Si la tentative de contrainte ou de corruption n'a été suivie d'aucun effet, ce n'est plus qu'une injure faite à la justice, et elle retombe dans la classe des simples délits. — Ce délit, comme tout autre, est susceptible de l'application de l'art. 463, C. pén. — Cass., 21 mars 1828, Noité.

86. — L'art. 180 ajoute aux peines qui frappent le corrupteur la confiscation spéciale du prix de la corruption. « Il ne sera jamais fait, dit-il, au corrupteur, restitution des choses par lui livrées, ni de leur valeur; elles seront confisquées au profit des hospices des lieux où la corruption aura été commise. » — La confiscation ne porte que sur les choses qui ont été livrées; celles qui ont été promises, mais par écrit, ne pourraient en être l'objet. Mais, si elles avaient été déposées, la confiscation s'appliquerait, car le corrupteur s'en serait dessaisi.

87. — Quand bien même la chose n'appartiendrait pas à celui qui l'aurait livrée, la confiscation devrait en être prononcée; à moins qu'il ne fût clairement établi que le corrupteur l'a frauduleusement soustraite à son légitime propriétaire pour en faire l'usage coupable auquel il l'a appliquée. — Carnot, sur l'art. 180, n° 4.

V. CONCUSSION, ESCROQUERIE, FONCTIONNAIRES, PUBLICS, FORFAITURE.

CORSAIRE.

1. — On appelle ainsi un navire armé, avec la permission du gouvernement, pour faire la course. — V. ARMEMENT EN COURSE.

2. — Dans l'usage, la dénomination de corsaire est aussi appliquée au commandant de cette sorte de navires. — V. ARMEMENT EN COURSE, ASSURANCE MARITIME, CAISSE DES INVALIDES DE LA MARINE, CAPITAINE DE NAVIRE.

CORSE.

Table alphabétique.

§ 1er. — Historique.

CORSE. — 1. — La Corse a été cédée à la France par la république de Gênes, par convention du mois de mai 1768. — La nation corse, réunie dans l'assemblée générale de 1770, reconnut l'autorité du roi et renouvela le serment de fidélité que lui avaient déjà prêté les plèves ou districts de l'île. — Guyot, Rép., v° Corse; Encycl. method., et Denisart, eod. verbo.

2. — Avant la révolution, la Corse, pays de droit écrit, était régie en outre par des statuts civils particuliers, rédigés après la paix de Cateau-Cambrésis, et dont la république de Gênes avait prescrit l'observation dans toute l'île. Ces statuts civils furent maintenus en vigueur par des ordonnances royales. — Mêmes auteurs.

3. — La Corse avait aussi, avant sa réunion à la France, des statuts criminels. Ils avaient été abrogés par une ordonnance criminelle de juin 1768 et par deux édits et une déclaration interprétative de mars et mai 1772. — Denisart, eod verbo.

4. — Trois édits des mois de juin 1768, janvier 1772 et juin 1773, établirent à Bastia un conseil supérieur jugeant souverainement et en dernier ressort, comme les parlemens et conseils souverains du royaume.

5. — Il y avait, en outre, des tribunaux particuliers nommés juntes, créés par édit du mois d'août 1772, qui exerçaient leur juridiction sur les bandits et les fugitifs. Ces juntes, composées de six commissaires corses choisis indistinctement dans la noblesse et le tiers état, remplissaient aussi la mission d'un tribunal de famille arrêtant les querelles et dissensions, et empêchant les voies de fait. — Mêmes auteurs.

6. — La Corse était un pays d'états. Un arrêt du conseil, du 2 nov. 1772, avait maintenu la consulta ou assemblée générale dans laquelle, avant la réunion, les Corses réglaient les affaires générales de la nation. Ces états, comme ceux de quelques provinces de France, étaient composés des trois ordres. — Mêmes auteurs.

7. — Quant à ce qui concernait l'application des édits, ordonnances et réglemens d'utilité générale en vigueur en France, ils étaient devenus, par le fait même de la réunion de l'île, obligatoires pour ses habitans. La publication n'était pas une condition nécessaire pour leur exécution. Outre que cette publication individuelle était impossible pour chacun des édits, ordonnances et réglemens alors en vigueur dans la métropole, le fait même de la réunion avait emporté soumission tacite à la juridiction existante alors en France.

8. — Jugé, en conséquence, que les tribunaux de simple police de Corse ne peuvent refuser d'ordonner, conformément à l'édit de 1607, la destruction des travaux entrepris sans autorisation sur la voie publique, par le motif que la publication de cet édit n'a pas été ordonnée lors de la réunion de la Corse à la France. — Cass., 20 sept. 1815 (t. 1er 1846, p. 564), Michelini.

9. — Tel étant l'état des choses, lorsqu'en 1789 la république de Gênes réclama la souveraineté de l'île de Corse dont elle prétendait lui avoir cédé que l'administration à la France, un mémoire ayant été produit par elle à l'assemblée constituante le 24 janv. 1790, décret du même jour qui porte : qu'attendu le vœu énoncé par les habitans de l'île de Corse de former partie de la monarchie française, il n'y avait pas lieu à délibérer sur ce mémoire; et le président fut chargé de ne retirer encore le roi pour le prier de faire publier et exécuter incessamment les décrets de l'assemblée dans l'île de Corse.

10. — Déjà, par décr. 30 nov. 1789-janv. 1790, il avait été déclaré par l'assemblée que la Corse faisait partie de l'empire français et était régie par la même constitution.

11. — Depuis lors, la Corse a été régie par la même législation que la France sauf quelques exceptions commandées par les circonstances et l'état particulier du pays, et dont nous allons rappeler ce qui peut offrir encore de l'intérêt.

§ 2. — *Division territoriale.*

12. — La Corse n'avait été, d'abord, comprise dans la division territoriale de la France que pour un seul département. — Décr. 26 fév.-4 mars 1790; décr. 16 nov. 1790.

13. — Depuis, elle fut divisée en deux départemens : celui de Golo, chef-lieu Bastia ; — et celui de Liamone, chef-lieu Ajaccio. — Décr. 11 août 1793.

14. — Enfin, les deux départemens furent de nouveau réunis en un seul sous le nom de *département de la Corse*, dont le chef-lieu fut Ajaccio. — Sénatus-consulte 19 avril 1811, art. 1er.

15. — Le département de la Corse est divisé en cinq arrondissemens dont les chefs-lieux sont Ajaccio, Bastia, Calvi, Corte et Sartène. — Décr. 24 avr. 1811, art. 1er.

16. — Le même décret 24 avr. 1811 déclara que rien n'était changé à la circonscription des justices de paix ni à celle des communes telles qu'elles existaient alors. — Art. 2.

17. — Toutefois, les chefs lieux des justices de de paix qui n'avaient pas jusqu'alors été fixés l'ont été d'une manière définitive par ord. du 13 avr. 1828. — Cette ordonnance dispose que chaque canton prendra le nom de la commune déclarée chef-lieu. Quelques modifications peu importantes ont été apportées à la circonscription de deux communes. — L. 13-19 avr. 1844, et 9-15 juill. 1845.

18. — Il y a une cour royale dont le siége, d'abord à Ajaccio, a été ensuite transporté à Bastia. — Décr. 24 avr. 1811, art. 9.

19. — Chacun des cinq arrondissemens possède un tribunal de première instance qui siége au chef-lieu. — Décr. 24 avr. 1811, art. 10 et suiv. — Et à chacun de ces tribunaux ressortissent des justices de paix. — Art. 2.

20. — La Corse, après avoir formé la vingt-troisième division militaire, forme aujourd'hui la dix-septième. — Décr. 22 niv. an XI; ord. 23 nov. 1820. — Le lieutenant général commandant la division réside à Bastia, et le maréchal de camp commandant le département réside à Ajaccio.

21. — La Corse, depuis le sénatus-consulte organique de 1811, n'a plus qu'un seul évêché ; le siége en est établi à Ajaccio. Cet évêché est suffragant de l'archevêché d'Aix.

22. — Sous le rapport universitaire, la Corse dépend de l'académie d'Aix. — Des commissions spéciales ont été établies à Ajaccio pour la surveillance des établissemens d'instruction primaire et pour examiner les candidats au grade de bachelier ès-lettres ayant fait leurs études classiques dans le département de la Corse. — Ord. 1er oct. 1828 et 16 sept. 1829.

§ 3. — *Administration civile et militaire.*

23. — Le département de la Corse est administré par un préfet de quatrième classe. Il y a quatre sous-préfets pour les arrondissemens autres que celui du chef-lieu. — Décr. 24 avr. 1811, art. 4.

24. — Le conseil de préfecture est composé de trois membres. — Décr. 24 avr. 1811, art. 5.

25. — De plus, en raison de la situation particulière de l'île qui est assez éloignée de la France, et surtout à cause de la nature particulière des individus qui l'habitent, le gouvernement supérieur a dû être, pour certains cas, confié à l'autorité militaire. Aussi, en envoyant un lieutenant général commandant de la division, un arrêté du 22 nivôse, et plus tard une ord. 23 nov. 1820, ont-ils augmenté ses pouvoirs au détriment des autres autorités. Voici une analyse des dispositions de cette dernière ordonnance.

26. — Le commandant supérieur est spécialement chargé de tout ce qui concerne la sûreté des personnes et l'ordre public; il reçoit des ministres les ordres qui s'y rappportent. — Ord. 23 nov. 1820, art. 2.

27. — Il exerce la haute surveillance sur la police générale de l'île, sur toutes les autorités civiles, militaires et administratives, qui doivent l'informer de tout ce qui intéresse la sûreté et la tranquillité publiques. — Art. 3.

28. — Il a sous ses ordres immédiats la garde nationale, la gendarmerie et les troupes de toute nature, ainsi que les employés des douanes. — Art. 4.

29. — Il est formé près de lui un conseil dont il est le président, et composé du procureur général, du président de la cour royale, du président de la cour criminelle, du préfet et de deux membres du conseil général, proposés par le préfet et agréés par les autres membres du conseil. — Art. 5.

30. — Ce conseil a pour mission de procurer l'exécution des lois et le maintien de la sécurité publique ; il reçoit les rapports des autorités, les plaintes et les réclamations des particuliers; il propose au gouvernement toutes les mesures nécessaires au rétablissement du bon ordre, à la sûreté des personnes et des propriétés et aux progrès de la prospérité intérieure de l'île; il dirige et surveille l'exécution de ces mesures, lorsqu'elles ont été ordonnées. — Art. 6.

31. — *Armée.* — La gendarmerie du département de la Corse, formée par décret du 3 juin 1793, a été organisée successivement par les lois des 16 frim. an VI (6 déc. 1797), 28 germin. an VI (17 avr. 1798). Elle forme aujourd'hui la dix-septième légion de gendarmerie et a son chef-lieu à Bastia. — Elle est divisée en deux compagnies départementales, réparties entre Ajaccio et Bastia.

32. — Une compagnie de canonniers sédentaires a été établie par ord. du 5 avr. 1820.

33. — Un bataillon de voltigeurs corses a été créé par ord. du 6 nov. 1822, puis réorganisé sur de nouvelles bases par ord. du 17 juin 1845.

34. — *Chambre de commerce.* — Une ord. du 22 fév. 1843 a établi à Bastia une chambre de commerce, composée de neuf membres, et supprimé la chambre consultative des arts et manufactures de cette ville.

§ 4. — *Administration financière.*

35. — *Cautionnement.* — Par exception, la loi du 28 avr. 1816, qui exige que les cautionnemens des officiers ministériels soient fournis en numéraire (art. 97), une ord. du 4 juill. 1821 a permis aux greffiers, notaires, avoués et huissiers de l'île de Corse de fournir provisoirement en immeubles leurs cautionnemens pour la totalité ou pour partie. — Art. 2.

36. — Dans le cas où il y a lieu à poursuites pour faits de charge, les biens doivent être vendus dans les formes prescrites par le Code de procédure, au titre des partages et licitations. — Même ord., art. 3.

37. — La sûreté des cautionnemens est discutée par le préfet, après avoir pris l'avis du procureur du roi près du tribunal de première instance de la situation des biens. Le préfet prend inscription sur les biens, et aucun officier ministériel n'est admis à prêter serment que sur le vu de l'un des bordereaux d'inscription. — Même ord., art. 4.

38. — *Contributions directes.* — La Corse est soumise au même régime que le reste de la monarchie française, pour la perception des impôts, le mode suivant lequel les recettes, les dépenses et les paiemens doivent être effectués.

39. — Toutefois il est à remarquer que la loi du 12 juin 1790, aujourd'hui abrogée portait que les contributions continueraient provisoirement à être payées en nature en Corse, contrairement au système introduit en France de ne plus percevoir les contributions qu'en numéraire.

40. — *Douanes.* — Tout ce qui concerne les douanes a été successivement réglé par les dispositions suivantes : Arrêté 5 fruct. an VI; arrêté 6 prair. an X; décret 24 avr. 1811; ord. 12 fév. 1815, 5 nov. 1816; L. 21 avr. 1818; ord. 9 janv. 1822; L. 17 mai 1826; L. 26 juin 1835; ord. 1er juill. 1835, 26 fév. et 8 août 1836; 7 juill. 1839 et 16 juill. 1840; L. 6 mai 1841 ; ord. 11 janv. 1842 et 25 déc. 1845.

41. — *Enregistrement.* — Des dispositions spéciales ont été rendues en ce qui concerne les droits à percevoir en certains cas sur les transmissions d'immeubles situés en Corse. — V. ENREGISTREMENT.

42. — *Forêts.* — Par le décr. des 5 sept.-12 oct. 1791, tout ce qui concerne la régie, administration et exploitation des bois et forêts nationaux de la Corse, a été placé sous l'empire de la loi sur l'administration forestière du royaume. — Art. 5.

43. — Mais une loi du 16 juill. 1840 a introduit des dispositions toutes spéciales relativement à l'exploitation des forêts domaniales de la Corse.

§ 5. — *Organisation judiciaire et administration de la justice.*

44. — La cour royale est composée de : 1° un premier président, deux présidens de chambre, dix-sept conseillers, quatre auditeurs; — 2° un procureur-général, deux avocats-généraux, et un substitut; — 3° un greffier en chef et trois commis-greffiers. — Ord. 8 déc. 1818, art. 1er.

45. — Chacun des tribunaux d'arrondissement est composé de trois juges (excepté Bastia qui en a quatre), y compris le président et le juge d'instruction. — Décr. 24 avr. 1811, art. 11 et 12.

46. — D'après les mêmes articles du décr. 25 avr. 1811, les procureurs du roi n'avaient point de substituts. Mais il leur en a été donné par l'ord. 8 déc. 1818. — Art. 27.

47. — Les traitemens des magistrats de la cour royale et des tribunaux de première instance sont fixés au maximum des traitemens attachés aux mêmes fonctions sur le continent ; à l'exception toutefois de celui du premier président et de procureur-général qui sont moins élevés. — Ord. 8 déc. 1818, art. 8.

48. — Une ord. du 26 sept. 1837 a fixé les traitemens des magistrats de quelques uns des tribunaux de première instance de la Corse et ceux des commis assermentés près les cinq tribunaux.

49. — Il y a des tribunaux de commerce à Bastia, à Ajaccio, à l'île Rousse.

50. — *Justice criminelle.* — Le sénatus-consulte 26 vendém. an XI avait ordonné la suspension du jury dans les départemens, entre autres, du Golo et du Liamone pendant le cours de l'an XI et de l'an XII.

51. — D'après l'art. 27, L. 20 avr. 1810, portant qu'une cour spéciale extraordinaire, prise dans le sein de la cour impériale, devait remplacer la cour d'assises dans des départemens où le jury n'aurait pas été établi ou aurait été suspendu, une cour spéciale extraordinaire fut établie à Ajaccio.

52. — Décr. 9 sept. 1810, portant que jusqu'à la mise en activité du Code d'instruction criminelle et de la loi du 20 avr. 1810, dans la Corse, les affaires criminelles continueront d'être poursuivies, instruites et jugées comme par le passé.

53. — D'après l'art. 25, L. 20 avr. 1810, la cour spéciale extraordinaire devait être composée de huit membres de la cour impériale. Le Code d'instruction criminelle (art. 556) prescrivait aussi le nombre de huit juges comme devant composer en général une cour spéciale; mais l'art. 103, décr. 6 juill. 1810, dérogeant à ce point aux dispositions du Code d'instruction criminelle et des lois antérieures, autorisa les cours spéciales à juger au nombre de six ou huit juges.

54. — Le 29 juin 1814, ord. royale, portant que cette cour spéciale extraordinaire de la Corse prendra à l'avenir le nom de *cour de justice criminelle.* — Art. 1er.

55. — Il est dit, dans le préambule de cette ordonnance, qu'il ne paraît pas convenable d'introduire en ce moment dans l'île la procédure par jurés qui n'y a jamais été établie.

56. — Jugé, avant l'établissement du jury en Corse, que la cour de justice criminelle de cette île y exerçait la plénitude de la juridiction ordinaire. — *Cass.*, 23 mars 1820, Durand.

57. — Cette cour, n'étant pas tenue à l'exécution des lois sur le jury qui n'existait pas en Corse, on ne pouvait se faire un moyen de cassation de ce qu'elle n'avait pas observé la loi du 2 mai 1827. — *Cass.*, 7 fév. 1828, Devichi.

58. — Le président de cette même cour n'était pas tenu de poser les questions sur le fait de l'accusation et ses circonstances, il suffisait que l'arrêt décidât d'après la preuve résultant des débats. — *Cass.*, 23 mars 1820, Durand.

59. — Les juges, comme les jurés, ne devaient former leur conviction que d'après leur conscience, sur les preuves résultant des débats, et ils n'étaient soumis à aucune autre règle. — *Cass.*, 4 août 1820, Lorenzi.

60. — La cour de justice criminelle qui reconnaissait qu'un accusé n'était ni atteint ni convaincu du fait de l'accusation, commettait un abus de pouvoir en énonçant dans son arrêt qu'il y avait eu des intrigues qui avaient écarté les preuves, et que la plupart des témoins s'étaient laissés entraîner à déposer contre la vérité. — Même arrêt.

61. — Lorsque, dans son arrêt, la cour de justice criminelle déclarait l'accusé coupable du fait de l'accusation, elle n'était point tenue de dire les motifs de sa conviction. — *Cass.*, 23 mars 1820, Durand.

62. — La cour de justice criminelle ne pouvait juger, conformément à la loi de son institution, qu'au nombre pair de six ou huit juges. — Ord. 29 juin 1814, art. 2.

63. — Ainsi, cette cour était régulièrement constituée, lorsque six conseillers avaient concouru à sa composition. — *Cass.*, 17 mai 1821, N...; 7 fév. 1828, Devichi.

64. — Elle pouvait également juger au nombre de huit juges. — *Cass.*, 11 mai 1827, Tortora.

65. — Comme un réglement d'administration publique qui règle d'une manière spéciale l'organisation d'un tribunal ne peut pas être soumis à l'examen de l'autorité judiciaire, un particulier ne pouvait pas demander la cassation d'un arrêt rendu par la cour de justice criminelle sur le motif que cette cour, composée seulement de six juges, était illégalement constituée. —*Cass.*, 4 déc. 1823, Tavera.

66. — Lorsque, dans le nombre des huit juges, il s'en trouvait deux dont les voix, si elles étaient conformes, ne comptaient que pour une à raison de la parenté, cette cour spéciale extraordinaire ne pouvait pas rendre un arrêt de condamnation contre l'accusé, qui avait eu quatre voix pour lui sur le motif que ces quatre voix se trouvaient réduites à trois, et formaient la minorité. — *Cass.*, 16 juin 1814, Paoli.

67. — Si, dans un cas particulier, le président s'était abstenu de signer, il y avait présomption légale d'un empêchement légitime. — *Cass.*, 31 déc. 1829, Lusinchi.

68. — Les membres de la cour de justice criminelle pouvaient être remplacés par des juges de première instance. — *Cass.*, 22 mars 1816, Léonardi; 26 janv. 1826, Mondolini.

69. — Les arrêts de la cour de justice criminelle étaient sujets aux recours en cassation, comme l'étaient ceux de la cour spéciale extraordinaire.— Ord. 29 juin 1814, art. 3.

70. — Il n'y avait pas lieu à cassation lorsque la cour n'avait pas statué sur un prétendu état de démence du condamné, dont un témoin avait seulement parlé, mais dont l'accusé n'avait fait l'objet d'aucune demande ni réquisition. —*Cass.*, 23 mars 1820, Durand.

71. — Le 12 nov. 1830, ordonn. royale dont l'art. 1er porte : « Le jugement par jurés est *rétabli* dans le département de la Corse. En conséquence, toutes les lois existantes relatives au jury, notamment celles du 2 mai 1827 et 2 juill. 1828, y seront exécutées. »

72.—L'art. 8 de cette même ordonnance abroge en termes exprès celle du 29 juin 1814.

73.—*Délais de distance.* — Le délai requis pour que la promulgation des lois dans le lieu de la résidence royale, soit réputée connue en Corse, est de quinze jours. — Ord. 7 juill. 1824, art. 2.

74.— La distance de Paris à Ajaccio comme chef-lieu du département, pour la promulgation des lois et ordonnances, d'abord indiquée à 87 myriamètres 3 kilomètres (tableau annexé à l'arrêté du 25 thermid. an XI) a été fixée à 145 myriam. 5 kil. — Ord. 7 juill. 1824, art. 1er.

75. — Le délai des ajournemens pour les personnes qui demeurent en Corse est de deux mois. C. proc., art. 73.

76. — Le délai pour se pourvoir en cassation contre les jugemens rendus par les tribunaux de la Corse en matière civile, est de six mois pour les habitans. — Décr. 11 févr. 1793.

77. — Quant au délai de la signification de l'arrêt d'admission. — V. CASSATION (mat. civ.), nº 1766.

78. — Mais en matière criminelle, comme le pourvoi peut avoir lieu par acte déposé au greffe de la cour ou du tribunal qui a rendu l'arrêt ou le jugement, le délai pour le pourvoi en cassation n'est que de trois jours, comme sur le continent. — C. instr. crim., art. 373.

79. — *Langue française.* — L'arr. 24 prair. an II, avait ordonné qu'à compter du jour de sa publication, tous les actes publics seraient écrits en langue française dans les pays réunis à la France.

80. — Il a été sursis à l'exécution de cet arrêté dans l'île de Corse, jusqu'à ce qu'il en fût autrement ordonné. — Décr. 19 vent. an XIII, art. 1er.

81. — Mais cette surséance n'a eu lieu qu'à l'égard des notaires, juges de paix, greffiers et officiers de l'île alors en exercice, et sous la condition qu'aucun candidat ne pourrait être admis à l'avenir à l'exercice des fonctions de ces offices, sans avoir préalablement justifié de sa connaissance de la langue française et de sa facilité à rédiger dans cette langue. Même décr. art. 2.

CORSETS (Fabricans et Marchands).

Patentables de sixième classe;—droit fixe basé sur la population, et droit proportionel du vingtième de la valeur locative de l'habitation et des lieux servant à l'exercice de la profession.—V. PATENTE.

CORVÉES.

1. — Coquille (*sur Nivernais*, chap. 8, art. 5), définissait la corvée « l'œuvre d'un homme, un jour durant, pour l'aménagement du seigneur, aux champs, soit de la personne seule, soit avec bœufs et charrettes, comme à faucher, moissonner, charroyer ».

2. — Des termes de cette définition il résulte que les corvées avaient pour objet le service du seigneur, mais dans les champs seulement, et non point auprès de sa personne. — Merlin, *Rép.*, vº *Corvée.*

3. — On distinguait les corvées en réelles et personnelles.—Les corvées réelles étaient celles qui avaient été imposées sur les fonds lors de la concession primitive qu'en avait faite le seigneur.—Les corvées personnelles étaient celles qui avaient été établies sur les personnes, sur les habitans d'une seigneurie, sans considérer s'ils étaient détenteurs d'héritages ou s'ils n'en possédaient pas. — Merlin, *Rép.*, vº *Corvée seigneuriale*, nº 2.

4.—Les corvées auxquelles les seigneurs avaient droit étaient abonnées presque partout; lorsqu'elles ne l'étaient pas, elles étaient sujettes à réglement, nonobstant tout titre et possession contraires. On considérait comme un abus de laisser ces droits à l'arbitrage des seigneurs. Et cet abus, quelque prolongé qu'il eût été, ne pouvait fonder un droit. La prescription n'était pas admise en pareille matière.—Dunod, *Prescriptions*, p. 393 et 394; Laroche-Flavin, *Des droits seigneuriaux*, chap. 7, art. 1er; Catelan, t. 1er, liv. 3, chap. 16; Salvaing, ch. 49; Rabot et Bonetot, *sur la quest. 57 de Guy-Pape.* — V. aussi, dans l'ancien *Journal du Palais*, arrêt du 27 janv. 1674.

5. — On pouvait, au contraire, prescrire, par trente ou quarante ans, ou par un temps immémorial, l'exemption des corvées. — Dunod, *Prescriptions*, p. 397; Brodeau, *sur Paris*, art. 71, nº 10; Lapeirère, lett. P, nº 88.

6. — Celui qui faisait la corvée n'avait droit à aucune rétribution. Mais on s'était demandé s'il devait se nourrir à ses frais quand le titre ou la convention n'avait rien décidé à cet égard.— L'opinion la plus commune était que le corvéable était tenu de subvenir à ses besoins quand il en avait les moyens, parce que chacun doit exécuter, à ses frais, les obligations qu'il a contractées, à moins que le contraire ne résulte du titre, de la coutume ou de la possession. — Ferrerius, *Ad quæst.*, 217; Lapeirère, lett. C, nº 139; Chorier, liv. 2, sect. 12e, art. 22. — Toutefois les parlemens de droit écrit jugeaient que les seigneurs étaient forcés de nourrir leurs corvéables, et leur jurisprudence avait été adoptée par plusieurs coutumes des contrées voisines, comme celles d'Auvergne, Bourbonnais et La Marche.— V. notamment Bretonnier, *sur Henrys*, t. 1er., liv. 3, chap. 3, quest. 32; Dunod, *Prescriptions*, p. 397.

7. —Les corvées ne s'arrérageaient pas ; en conséquence lorsque le seigneur ne les exigeait pas dans l'année où elles étaient dues, il en perdait le droit pour cette fois. — Dunod, *Prescript.*, p. 397; Laroche-Flavin, *Dr. seigneur.*, art. 6, chap. 6; Cambolas, liv. 1er, chap. 11 ; Coquille, *sur Nivernais*, chap. 8, art. 5.

8. — Aujourd'hui les corvées sont abolies, mais cette abolition n'a été prononcée que successivement.

9.—La première loi qui s'en soit occupée est celle des 15-28 mars 1790.—Les art. 1er, 2 et 27, tit. 2 de cette loi, portent que les corvées personnelles sont supprimées sans indemnité, que les corvées réelles, au contraire, continueront de grever les fonds qui y étaient précédemment assujétis; mais elle ajoute que seront réputées corvées réelles celles là seulement qui seront prouvées être dues pour prix de la concession d'un fonds ou d'un droit réel.—Enfin l'art. 1er, tit. 3, même loi, dispose que tous les droits et devoirs féodaux ou censuels utiles, qui sont le prix et la condition d'une concession primitive de fonds, seront simplement rachetables et continueront d'être payés, jusqu'au rachat effectué, disposition qui s'applique évidemment aux corvées réelles.

10. — La loi des 3-9 mai 1790, art. 16 et 21, régla le mode d'évaluation du produit annuel des corvées réelles, et le taux suivant lequel elles pourraient être rachetées.

11. — La loi du 25 août 1792, art. 5, abolit, sans indemnité, tous les droits féodaux et censuels, et notamment les corvées conservées par les lois antérieures, à moins qu'elles ne fussent justifiées avoir pour cause une concession primitive de fonds, et que cette cause se trouvât clairement énoncée dans l'acte primordial de concession, qui devrait être rapporté.

12. —Enfin, la loi du 17 juill. 1793 supprima, sans indemnité, toutes redevances ci-devant seigneuriales, droits féodaux ou censuels, même ceux conservés par le décret du 25 août 1792.

13. — La loi du 21 mai 1836 permet d'appeler tout habitant, chef de famille, ou d'établissement, à titre de propriétaire, de régisseur ou de fermier, ou de colon partiaire porté au rôle des contributions directes, à fournir chaque année une prestation de trois jours, pour l'entretien des chemins vicinaux; 1º pour la personne de chaque individu mâle, valide, âgé de dix-huit ans au moins et de soixante ans au plus, membre ou serviteur de la famille et résidant dans la commune; 2º pour chacune des charrettes ou voitures attelées, et, en outre, pour chacune des bêtes de somme, de trait, de selle, au service de la famille ou des établissemens dans la commune. — V. CHEMINS VICINAUX, nº 452 et s.

14. — Mais c'est là une simple contribution que la loi autorise seulement le contribuable à acquitter en nature, s'il le préfère, au lieu de la payer en argent, et qui n'a aucun rapport avec les anciennes corvées.

COSMÉTIQUES (Marchands de).

Patentables de septième classe ; — droit fixe basé sur la population, et droit proportionnel du quarantième de la valeur locative de tous les locaux des patentables, mais seulement dans les communes de 20,000 âmes et au-dessus. — V. PATENTE.

COSMORAMA (Directeur de).

Patentables de sixième classe;—droit fixe basé sur la population, et droit proportionnel du vingtième de la valeur locative de l'habitation et des lieux servant à l'exercice de la profession. — V. PATENTE.

COSTUME.

Table alphabétique.

COSTUME. — 1. — C'est l'habillement qui distingue les fonctionnaires et officiers publics, soit les uns des autres, soit des simples citoyens.

2. — L'importance du costume, comme signe extérieur des fonctions publiques, a été appréciée partout et toujours. Aussi a-t-on pris soin de déterminer depuis le costume du ministre jusqu'à la marque distinctive du garde champêtre. Mais il serait aussi long qu'inutile de rappeler ici les lois, décrets et ordonnances qui fixent le costume des ministres, des pairs et députés, des conseillers d'état, des membres du corps judiciaire, de la cour des comptes, de l'université, des corps savans, des administrations de département, d'arrondissement et de commune, des avocats, avoués, agréés et huissiers, des agens des divers services publics spéciaux, des commissaires de police, etc., etc.

3. — S'il faut une loi pour établir des décorations (V. ce mot), une ordonnance suffit pour déterminer le costume des fonctionnaires. — Toussaint, *Code des préséances et des honneurs*, p. 345.

4. — La dépense du costume est à la charge de chacun des membres des autorités constituées. — L. 3 niv. an VIII, art. 19.

5. — Les magistrats et fonctionnaires publics doivent assister en costume aux cérémonies publics et aux fêtes nationales.—Constit. de l'an VIII, art. 301 ; arrêté 2 niv. an XI, art. 1er et 10 ; — Circ. min. 24 prairial an VI, 12 brum., 1er niv. an VII et 7 juin 1826.

6. — Tout fonctionnaire civil en costume a droit au salut militaire. — Ord. 2 nov. 1833.

7. — Aux termes de l'article 105 du décret du 30 mars 1808, les avocats doivent, aussi bien que les greffiers et les huissiers, porter leur costume dans toutes leurs fonctions, soit à l'audience, soit au parquet, soit au greffe, soit aux comparutions devant les juges-commissaires. — Il faut en dire autant des avoués. — Massabiau, *Manuel des procureurs du roi*, nos 3098 et 3220.

8. — Pour ne pas s'exposer à voir méconnaître

impunément leur caractère, les fonctionnaires ou officiers publics doivent également se revêtir toujours, dans l'exercice de leurs fonctions, de leur costume ou de la marque distinctive de leur dignité. — Favard de Langlade, *Rép.*, v° *Costume*.

9. — Cependant, une seule loi, celle du 10 avril 1831, impose cette obligation aux fonctionnaires chargés de faire les sommations exigées avant de dissiper les attroupemens par la force.

10. — Aux termes de l'article 1er de cette loi, les magistrats qui font ces sommations doivent être décorés d'une écharpe tricolore.

11. — ... Et l'inaccomplissement de cette formalité rend les sommations irrégulières et nulles, si, d'ailleurs, rien n'indique qu'il y ait eu impossibilité de la remplir. — *Cass.*, 3 mai 1834, Bertrand. — V. ATTROUPEMENT, n° 19.

12. — En toute autre circonstance l'absence du costume n'enlève pas au fonctionnaire son caractère public, et les actes qu'il accomplit dans les limites de ses fonctions produisent tous leurs effets, à moins qu'il ne s'agisse, soit de contraindre la volonté d'un citoyen, soit de s'introduire dans son domicile, soit de faire un acte qui rende la rébellion inexcusable. — *Cass.*, 20 sept. 1833, Roguet.

13. — Ainsi, les outrages commis envers un commissaire de police dans l'exercice de ses fonctions, de la part d'une personne *qui connaissait sa qualité*, sont considérés et punis comme faits à ce fonctionnaire, et non à un simple particulier, quoiqu'il ne fût pas revêtu de son costume au moment où il les a reçus. — *Cass.*, 26 mars 1813, Alessio. — V. OUTRAGES, RÉBELLION VIOLENCE.

14. — Toutefois si, dans la même hypothèse, l'auteur de l'outrage ignorait la qualité du commissaire de police, le fait ne pourrait être considéré comme outrage envers un fonctionnaire public dans l'exercice de ses fonctions. — *Cass.*, 23 frim. (rapporté par Merlin, *Rép.*, v° *Costume*, § 3, sous la date du 24), Jérôme Tartet.

15. — Lorsqu'il s'agit simplement d'établir un fait qui constate un délit ou une contravention, la constatation en est régulièrement faite par l'officier compétent, quoiqu'il ne soit revêtu, dans le moment, d'aucune marque distinctive de ses fonctions. — *Cass.*, 6 juin 1807, Planche; 10 mars 1815, Munriés; 11 oct. 1821, Menessier; 11 nov. 1826, Giot. — V. conf. Merlin, *Rép.*, v° *Costume*, § 3; Boyard, *Nouv. man. des maires*, v° *Costume*; Trébuchet, *Dict. de pol.*, même mot; Petit, *Tr. de la chasse*, t. 1er, p. 357; Mangin, *Tr. des procès-verbaux*, n° 17; Carnot, *De l'instr. crimin.*, t. 1er, n° 6, sur l'art. 11; Teulet, d'Auvilliers et Sulpicy, *Codes annotés*, art. 11, C. instr. crim., n° 17; Favard de Langlade, *Rep.*, *loc. cit.*

16. — Jugé, en conséquence, que le procès-verbal d'un délit rural n'est pas nul quoiqu'il n'énonce pas que le garde champêtre qui l'a dressé fût revêtu de ses marques distinctives. — *Cass.*, 18 fév. 1820, Souillard; 20 sept. 1833, Roguet. — V. au surplus PROCÈS-VERBAL.

17. — ... Et qu'il en est de même du procès-verbal dressé par un commissaire de police. — *Cass.*, 14 févr. 1840 (t. 1er 1841, p. 92), Lemarchand. — Surtout si le prévenu connaissait la qualité de ce fonctionnaire. — *Cass.*, 9 niv. an IX, Belnin. — V. même mot.

18. — ... Et du procès-verbal rédigé par un maire. — *Cass.*, 11 nov. 1826, Giot.

19. — Le port illicite d'un costume est puni, par l'art. 259, C. pén., d'un emprisonnement de six mois à deux ans.

20. — Ce délit était aussi prévu par la loi du 15 sept. 1702, qui prononçait la peine de deux années de fers contre tout citoyen revêtu d'un costume qu'il ne serait point autorisé à porter. — « Il est du plus grand intérêt pour la société, disaient les rédacteurs de cette loi, que des particuliers ne puissent, pour faciliter l'exécution de projets criminels, se revêtir à volonté des décorations décrétées pour les juges, les administrateurs, les magistrats du peuple, et pour tous autres officiers publics. »

21. — Deux conditions sont indispensables pour constater le délit d'usurpation de costume. Il faut 1° que le fait ait eu lieu publiquement; — 2° que celui qui a revêtu le costume ait eu l'intention de faire croire qu'il était possesseur des fonctions ou du titre que les signes extérieurs représentent. — Chauveau et Hélie, *Th. du C. pén.*, t. 4. p. 503 et s.; Carnot, *C. pén.*, t. 1er, p. 711, nos 1er et 3; Teulet, d'Auvilliers et Sulpicy, *Codes annotés*, sur l'art. 259, C. pén., nos 4 et suiv.; Rauter, *Dr. crimin. franç.*, t. 1er, p. 538 et suiv.

22. — Il est, du reste, superflu d'ajouter qu'il est nécessaire que le costume revêtu soit un costume reconnu ou décrété, soit par une loi, soit par un réglement.

23. — En conséquence, n'est pas passible des peines prononcées par cet article, celui qui a porté le costume d'un ordre religieux non autorisé en France, particulièrement le costume de capucin. — *Aix*, 29 juin 1830, R. P. Eugène; *Metz*, 28 juill. 1823, Georges Zitler.

24. — Une décision ministérielle du 8 prair. an IX statue toutefois qu'on ne peut porter de costume religieux dès que l'état religieux lui-même n'est pas autorisé, et que, dans ce cas, un religieux ne saurait paraître dans une église avec l'habit particulier de son ordre. Mais nous vu, v° COMMUNAUTÉS RELIGIEUSES, nos 67 et suiv, que cette décision ne devait pas être suivie. — V. aussi CULTE, nos 402 et suiv.

25. — Quant à l'usurpation du costume des ministres du culte catholique, elle rentre, sans aucun doute, sous l'application de l'art. 259. — *Paris*, 3 déc, 1836 (t. 1er 1837, p. 634), Pillot.

26. — Un clerc tonsuré ne peut revêtir ce costume. — *Toulouse*, 21 fév. 1839 (t. 1er 1846, p.

27. — Mais il faut considérer comme costume des ministres celui qu'ils portent dans l'exercice de leurs fonctions, et non le costume civil prescrit par la loi du 28 messidor an IX. — Même arrêt.

28. — Si le port illégal d'un costume est accompagné de faits qualifiés crimes ou délits, il peut cesser de constituer un délit distinct pour devenir une circonstance aggravante de ces crimes ou délits.

29. — Il en est, par exemple ainsi, dans le cas de vol (V. C. pén., art. 381) ou d'arrestation, détention et séquestration arbitraire. — V. C. pén., art. 244. — V. ARRESTATION ILLÉGALE, n° 45; VOL.

COSTUMIERS.

Patentables de sixième classe; — droit fixe basé sur la population; droit proportionnel du vingtième de la valeur locative de l'habitation et des lieux servant à l'exercice de la profession. — V. PATENTE.

COTÉ. — COTÉ ET LIGNE.

1. — Par *côté* en droit on entend la parenté d'une personne et l'ordre de sa succession.

2. — On distingue deux côtés; le côté paternel et le côté maternel. — V. PARENTÉ.

3. — Les mots *côté* et *ligne* ont le même sens. On s'en servait autrefois principalement dans les contrats de mariage, par exemple, quand il est dit que des époux faisaient des stipulations de propres à leur *côté et ligne*. — V. CONTRAT DE MARIAGE.

COTES (Maritimes).

1. — On entend par *côtes maritimes*, les endroits baignés par les eaux de la mer à marée basse. — *Cass.*, 9 messid. an VII, Guelderland; 28 niv. an VIII, Desruelles.

2. — Dès-lors, d'après le traité du 16 prair. an VIII, les rives de l'Escaut ne pouvaient être réputées côtes maritimes, et ne dispensaient pas de la formalité du passavant les marchandises prohibées circulant dans la distance des deux lieues frontières. — Mêmes arrêts. — V. *infrà* n° 5.

3. — C'est à partir de ce point jusqu'à deux myriamètres (quatre lieues anciennes) en mer que s'exerce la police des douanes. — Arrêté du 5 frim. et L. du 8 flor. an XI, art. 84. — V. aussi L. 28 avr. 1816, art. 36.

4. — L'exercice des préposés de la douane est autorisé dans la distance d'un myriamètre (deux lieues anciennes) des côtes ou des fleuves qui aboutissent à la mer pour empêcher la circulation pendant la nuit, des tissus de toute espèce, des fils de coton, des poissons salés, des tabacs et des denrées coloniales, le transport de ces objets étant puni de la confiscation et de 500 fr. d'amende. — L. 8 flor. an XI, art, 85.

5. — La circulation de ces objets est permise pendant le jour, c'est seulement à l'égard des grains et et farines, armes et poudres à fusils, tabacs, tulles, etc., qui sont soumis à une police spéciale de surveillance, que la circulation doit être assurée par une expédition des douanes. — Fasquel, *Lois et réglem. des douanes*, n° 80; Dujardin Sailly, *C. des douanes*, liv. *B*, n° 1er.

6. — En cas de poursuite de la contrebande, les préposés peuvent la saisir même en deçà des côtes, s'ils l'ont vue pénétrer sur le territoire et s'ils l'ont suivie sans interruption. — L. 22 août 1791, tit. 13, art. 35. — V. aussi *Cass.*, 23 oct. 1807, Douanes c. Fontana.

7. — Les côtes et les frontières de terre sont au point de vue des douanes partagées en vingt-six directions dont les chefs-lieux, pour les côtes, sont Rouen, Dunkerque, Bastia, Boulogne, Lorient, Brest, Saint-Malo, Cherbourg, Abbeville, Bayonne, Bordeaux, La Rochelle, Nantes, Perpignan, Montpellier, Marseille, Toulon. — Dans chaque direction, il y a un directeur chargé de correspondre avec l'administration sur toutes les parties du service. — L. 1er mai 1791; instr. génér. 30 janv. 1817. — V. DOUANES.

8. — Les côtes maritimes constituant les frontières de l'état sont encore, au point de vue de leur sûreté et des moyens de défense, l'objet de dispositions spéciales. — V. BATTERIES DES COTES, PLACES DE GUERRE.

9. — Des dispositions analogues existent encore, quant aux douanes et aux moyens de défense, pour les colonies. — V. COLONIES.

10. — Enfin les côtes maritimes ont cela de particulier, c'est que leurs habitans sont astreints au service de la marine de préférence aux habitans de l'intérieur du royaume. — V. INSCRIPTION MARITIME.

COTE MAL TAILLÉE.

On appelle ainsi une composition, une convention que l'on fait en gros sur plusieurs sommes ou prétentions, au lieu d'entrer dans la discussion particulière de chaque objet. — Merlin, *Rép.*, v° *Cote*. — V. TRANSACTON.

COTE DE PIÈCES ET REGISTRES.

1. — La cote est la marque numérale dont on fait usage pour mettre en ordre les pièces d'un procès, d'un inventaire, etc.; ou pour indiquer la série des feuilles, d'un registre, d'un répertoire, etc.

2. — Dans le plus grand nombre de cas où la loi ordonne de coter des pièces ou registres, elle ordonne en même temps de les parapher. — V. PARAPHE.

3. — Autrefois on cotait les pièces par les paroles du *pater*; ainsi, la première pièce était cotée *pater*; la seconde *noster*, et ainsi successivement. — En Bretagne on disait *coter* et *millésimer*, pour dire qu'en cotant les pièces on les marquait de chiffres depuis un jusqu'à mille. — Merlin, *Rép.*, v° *Cote*.

4. — Aujourd'hui l'usage presque général est de coter par chiffres les pièces et liasses dans les inventaires qui se font après le décès d'un défunt. Mais le plus souvent on cote par lettres les requêtes de production.

5. — Toutes les pièces qui ont rapport au même objet sont ordinairement comprises sous une même cote, et attachées ensemble de manière à former dossier. On donne également à ce dossier le nom de *cote*. Chacune des pièces de la cote ou dossier est sous-cotée, c'est-à-dire qu'elle porte l'indication numérale de sa place dans la cote.

6. — Quant à la cote des registres et répertoires, elle s'indique ordinairement par des chiffres que l'on pose sur le haut du recto de chaque feuillet du registre ou répertoire.

— V. ENREGISTREMENT, INVENTAIRE, LIVRES, REGISTRES, RÉPERTOIRE, TIMBRE.

COTONS (Marchands de).

1. — Marchands en gros de coton filé et de coton en laine; — patentables de première classe; — droit fixe basé sur la population; — droit proportionnel du quinzième de la valeur locative de l'habitation et des lieux servant à l'exercice de la profession.

2. — Marchands en détail; — Patentables de quatrième classe; — Droit fixe; — droit proportionnel du vingtième de la valeur locative de l'habitation et des lieux servant à l'exercice de la profession.

3. — Marchands de coton cardé ou gommé; — patentables de septième classe; — droit fixe basé sur la population; — droit proportionnel du quarantième de la valeur locative de tous les locaux des patentables, mais seulement dans les communes de 20,000 ames et au-dessus.

V. PATENTE.

COTRETS (Marchands, Débitans).

1. — Marchands de cotrets sur bateaux; — patentables de quatrième classe; — droit fixe basé sur la population; — droit proportionnel du vingtième de la valeur locative de l'habitation et des lieux servant à l'exercice de la profession.

2. — Débitans de cotrets; — patentables de 7e classe; — droit fixe; — droit proportionnel du quarantième de la valeur locative de tous les locaux des patentables, mais seulement dans les communes de 20,000 ames et au-dessus. — V. PATENTE.

COTUTEUR.

1. — Celui qui est chargé d'une tutelle conjointement avec un autre.

2. — A Rome, le pupille pouvait avoir simultanément plusieurs tuteurs.

3. — Aujourd'hui nous ne connaissons qu'un cas dans lequel il existe un cotuteur : c'est celui où la mère remariée est maintenue dans la tutelle de ses enfans du premier lit. Son second mari doit nécessairement être nommé cotuteur des enfans du premier lit. —C. civ., art. 396.

4. — Ainsi, le conseil de famille ne pourrait pas se dispenser de nommer le second mari cotuteur. —Fréminville, *Tr. de la minorité et de la tutelle*, n° 58.

5.—Sous le Code civil, la cotutelle est donc une charge imposée, par la loi, au second mari d'une femme tutrice, à laquelle le conseil de famille a conservé la tutelle. — Fréminville, n° 469.

6. — Le cotuteur est solidairement responsable, avec sa femme, de la gestion postérieure au mariage. — C. civ., art. 396.

7.—Le cotuteur exerce réellement tous les pouvoirs de la tutelle ; les devoirs et les charges qui en résultent lui sont également imposés ; la position du mari est telle, qu'il peut, comme cotuteur et sans le concours de sa femme, administrer les biens des mineurs. Ce droit résulte de la solidarité même que la loi établit entre sa femme et lui, et il est surtout la conséquence forcée de ce qu'en France le mari exerce toutes les actions de sa femme. — L.3, ff., *De admin. et peric. tut.* — Fréminville, n° 474.

8. — Sur la capacité du mineur de disposer en faveur du second mari de sa mère, cotuteur de cette dernière, V. DISPOSITIONS A TITRE GRATUIT.

V. aussi HYPOTHÈQUE LÉGALE, TUTELLE.

COUCHER.

L'art. 592, C. procéd., a déclaré insaisissables le coucher nécessaire des saisis et ceux de leurs enfans vivant avec eux. — V. SAISIE-EXÉCUTION.

COULEURS ET VERNIS (Fabricans de).

1.—Fabricans et marchands de couleurs et vernis, —patentables de quatrième classe;—droit fixe basé sur la population, et droit proportionnel du vingtième de la valeur locative de l'habitation et des lieux servant à l'exercice de la profession.

2.—Quant au classement, comme insalubres, des fabriques de vernis, V. ÉTABLISSEMENS INSALUBRES (nomenclature), VERNIS.

COUPABLE.

V. CULPABILITÉ.

COUPE DE BOIS.

V. BAIL, BOIS, DÉFRICHEMENT, FORÊTS, USUFRUIT.

COUPEURS DE POILS (Marchands et Fabricans).

1.—Marchands et fabricans coupeurs de poils pour leur compte ; — patentables de sixième classe ; —droit fixe basé sur la population et droit proportionnel du vingtième de la valeur locative de l'habitation et des lieux servant à l'exercice de la profession.

2.—Coupeurs de poils à façon;—patentables de septième classe ; — droit fixe et droit proportionnel du quarantième de la valeur locative de tous les locaux des patentables, mais seulement dans les communes de 20,000 ames et au-dessus.

V. PATENTE.

COUPS ET BLESSURES.

V. BLESSURES ET COUPS.

COUR.

1. — Ce mot a deux significations; il se prend pour l'assemblée des magistrats formant un tribunal souverain, ou pour le lieu où les juges d'appel rendent la justice.

2. — Dans le premier sens, le mot *cour* ne se donne, en matière civile, qu'aux cours royales et à la cour de Cassation. En matière criminelle, il se donne aux cours d'assises. — V. ces mots.

COUR DES AIDES.

1.— La cour des aides était une compagnie insti-

---

tuée pour juger et décider en dernier ressort et souverainement tous procès, tant civils que criminels, qui s'élevaient au sujet des aides et gabelles, tailles, octrois, droits de marque sur les fers et sur les cuirs, et autres droits, subsides et impositions. — V. Miraulmont, *Mémoires sur les cours souveraines de l'Enclos du palais*; Légier, *Traité des jurid. de l'Enclos du palais*, p. 401 et suiv.;[Encycl. méth. (jurisp.), v° *Cour des aides*; Guyot, *Rép.*, eod. verb.; Denisart, eod. verb., § 3.

2.— Elle recevait les appels de trois siéges inférieurs, les élections, les greniers à sel et les traites.—*Encycl. méth.* (jurisp.), v° *Cour des aides*, sect. 1re.—V. ÉLECTIONS, GRENIERS A SEL, TRAITES.

3.—Elle avait encore dans ses attributions la vérification des titres de noblesse, des lettres d'anoblissement et de réhabilitation. — *Encycl. méth.* (jurisp.), v° *Cour des aides*, sect. 1re; Guyot, *Rép.*, eod. verb.; Denisart, eod. verbo, §§ 1er et 3e.

4.— Elle connaissait également des exemptions et privilèges dont les nobles et les ecclésiastiques jouissaient à l'égard des aides, tailles et autres impositions. — Elle avait le droit de remontrance, pouvait rendre des arrêts de réglement, et vérifier et enregistrer les ordonnances royales.

5.—Enfin elle vérifiait les états de la maison du roi, ceux des maisons de la reine, des enfans de France et du premier prince du sang. — *Encycl. méth.*; Guyot; Denisart, *loc. cit.*

6. — Cette juridiction remonte, quant à sa constitution, à l'assemblée des états généraux, tenue à Paris le 28 déc. 1355, sur la convocation du roi Jean; mais elle n'a été régularisée que sous le régne de Charles V. — Légier, *Tr. des jurid. de l'enclos du palais*, p. 401.

7.—Des trésoriers, qualifiés de généraux ou *juges intendans*, étaient chargés de percevoir les subsides accordés par les états généraux en 1355, et d'en surveiller l'emploi. — Ces généraux, dont le nombre a varié, et que le roi choisissait dans les trois ordres, étaient assistés de receveurs particuliers nommés *élus*, qui leur transmettaient les subsides, et, aux termes de l'ordonn. du 28 déc. 1355, les uns et les autres *pouvaient contraindre et punir les réfractaires*, et ce qu'ils avaient fait ou ordonné devait valoir comme *arrêt de parlement*, *sans que*, sous ombre de quelconque appel, l'exécution de leurs sentences pût être retardée.

8. — Les attributions des généraux étaient d'abord judiciaires et financières tout à la fois. — Ce n'est qu'en 1437, sous le régne de Charles VII, qu'ils durent exclusivement s'occuper de l'exercice de la justice. — De là la dénomination de *cour des généraux sur la justice des aides* qui leur fut donnée.

9.—Les élus, nommés par les états, étaient établis dans les provinces; ils recevaient des trésoriers généraux, qui avaient eux-mêmes reçu commission du roi pour les subsides, des ordres d'après lesquels ils imposaient et levaient, chacun en leur ressort, les deniers exigés. — V. ÉLECTIONS, ÉLUS.

10. — « La cognoissance et jurisdiction des élus s'étendait, dit Miraulmont (*loc. cit.*), en première instance sur toutes matières, tant civiles que criminelles, concernant le faict des tailles et aydes, circonstances et dépendances d'icelles, et de tous subsides et impôts, chacun au destroict et ressort de son élection. »

11.—Quoique l'aide imposée en 1355 ne dût avoir lieu que pour un an, il n'en faut pas moins regarder l'ordonnance dont il vient d'être parlé, comme contenant l'institution véritable de la cour des aides.— Légier, *loc. cit.*

12.— Dans l'origine, la cour des aides était unique. Bien qu'établie à Paris seulement, son ressort s'étendait par tout le royaume. Sa juridiction, comme nous l'avons dit, était souveraine, de même que celle des parlemens. — C'est ce qui résulte notamment d'une déclaration faite par Charles VI, lors d'une assemblée des états, tenue en mai 1413.

13. — Plus tard, de nouvelles cours des aides furent établies dans les villes de Bordeaux, de Clermont et de Montauban. — D'autres furent unies à des parlemens ou à des chambres des comptes : telles étaient celles d'Aix, de Rouen, Montpellier, de Dijon, de Rennes, de Besançon, etc.—*Encycl. méth.*, v° *Cour des aides*; Guyot, *Rép.*, v° *Cour des aides*, sect. 1re; Légier, *loc. cit.*

14.— La cour des aides de Paris comptait trois chambres, qui furent créées successivement.—Déclar. 28 déc. 1355 ; édits de mars 1551 et déc. 1635.— Elle se composait d'un premier président, de neuf présidens, de plusieurs conseillers maîtres des requêtes dont le nombre n'était pas fixe, de cinquante-deux conseillers ordinaires, d'un procureur général, de trois avocats généraux et de quatre substituts.—Légier, *loc. cit.*, p. 401 et 402.

15.— Les membres de cette cour portaient le titre d'officiers du roi; ils jouissaient de priviléges nombreux et étendus. La charge qu'ils rempli-

---

saient leur conférait la noblesse au premier degré, c'est-à-dire qu'ils pouvaient marcher partout devant la noblesse, mais cela tenait à ce qu'elle était de moins ancienne création.

18.—La procédure qu'on suivait devant la cour des aides était, à quelques différences près, la même que devant le parlement.—Légier, *loc. cit.*, p. 408.

19. — Comme auprès de toutes les cours souveraines, les *secrétaires du roi* tenaient la plume aux séances des aides , ils signaient les arrêts et mandemens rendus. « *Institués* , porte l'édit de nov. 1842, pour..., assister au grand conseil ès-cour de parlement..., dans la chambre des comptes, *justice souveraine des aides*, etc., etc. »

20. — La constituante, en ordonnant, en 1790, que les jugemens seraient motivés, ne fit point précisément une innovation : en effet, un arrêt du la cour des aides, cité par Guyot (*Rép.*, v° *Cour des aides*), ordonne qu'à l'avenir les officiers des siéges de son ressort *seront tenus de motiver leurs jugemens.*

21.—Les cours des aides ont été supprimées par la loi du 7 sept. 1790, art. 40. — Merlin, *Rép.*, v° *Cour des aides.* — Le décret des 22 janv.-20 mars 1791 déclara (art. 4) les anciens procureurs aux cours des aides aptes de droit à remplir près les tribunaux de district où ils jugeraient à propos de se fixer les conclusions d'avoués, en se faisant préalablement inscrire au greffe desdits tribunaux.

22. — Jugé que la contestation relative au bail du droit de subvention d'une ville, dont une cour des aides a été portée non devant le conseil de préfecture, mais devant les tribunaux, en vertu de la loi des 12-4 oct. 1790. — Cons. d'état, 15 nov. 1814, Gausset c. ville de Nîmes.

V. AIDES, BOISSONS, CONTRIBUTIONS INDIRECTES, ÉLECTIONS, ÉLUS, GRENIER A SEL.

COUR D'APPEL.

Nom donné par le sénatusconsulte du 28 floréal an XII aux tribunaux d'appel jugeant en dernier ressort. — Tit. 11, art. 136. — La loi du 20 avr. 1810 substitua le titre de *cours impériales* au titre de *cours d'appel*, et la dénomination de *cour impériale* elle-même fut, après la chute de l'empire, remplacée par celle de *cour royale.* — V. COUR ROYALE.

COUR D'ASSISES.

Table alphabétique

COUR D'ASSISES. — 1. — On désigne ainsi, *lato sensu*, la juridiction appelée à statuer sur les faits qualifiés crimes, et dans certains cas, sur les simples délits et contraventions, notamment sur les délits de presse et sur les délits politiques. — Cette acception comprend tout à la fois les juges et le jury; mais dans un sens moins large, on donne plus spécialement le nom de *cour d'assises* au tribunal chargé de l'application de la loi, par opposition au jury qui n'est appelé à prononcer que sur le fait.

2. — Les cours d'assises partagent avec la cour des pairs la connaissance de tous les attentats contre la sûreté de l'état. — *Cass.*, 14 déc. 1815, Lavalette; 8 déc. 1820, Planzeau.

CHAPITRE Iᵉʳ. — *Historique.*

5. — L'origine des cours d'assises telles qu'elles existent aujourd'hui en France remonte à la plus haute antiquité. Nous retrouvons en vigueur à Athènes et à Rome les principes du droit d'accusation, de la procédure orale, du débats publics et de la procédure par jurés. Les lois des barbares et après elles les lois féodales avaient fait renaître ces principes qui avaient disparu sous la législation impériale. Mais à la fin du moyen âge une réaction s'était opérée. Les circonstances dans lesquelles on vivait alors en avaient développé les abus et détruit les bons effets. On alla chercher dans d'autres règles de justice criminelle les moyens d'arriver à une efficace répression des crimes.

4. — Déjà au douzième siècle les tribunaux ecclésiastiques avaient mis en usage la procédure inquisitoriale et l'instruction écrite. Au treizième siècle ces deux principes furent adoptés par les juridictions séculières. L'accusation publique fut substituée, au quatorzième siècle, à l'accusation privée, l'instruction devint secrète et fut instituée. Au quinzième siècle furent introduits l'instruction secrète et les informations, la procédure par récolement et confrontation ; des juges permanents furent chargés de rendre la justice.

5. — Les ordonnances de 1539 et de 1670 vinrent coordonner les principes de cette procédure nouvelle substituée à l'ancienne ; la publicité des débats, la preuve orale, le jugement par jurés furent supprimés. L'audience fut remplacée par une information écrite, œuvre d'un seul juge et unique élément du jugement. La défense fut interdite, les preuves morales ne furent plus admises, l'instruction devint secrète et l'accusé isolé, séparé entièrement de la société, de tous secours et de tous conseils, fut placé sous l'empire de l'intimidation. On la croyait alors nécessaire pour arriver à la connaissance de la vérité et en sacrifiant entièrement l'accusé à la société, on ne lui laissait aucunes garanties, tandis que l'ordre social les avait toutes. Telle était encore la procé-

dure criminelle à l'époque de la révolution.—Faustin Hélie, *Trait. de l'inst. crim.*, t. 1ᵉʳ, p. 675 et suiv.

6. — Les parlements et autres cours souveraines, ainsi que les tribunaux inférieurs, dans les limites de leur juridiction, exerçaient dans toute leur plénitude la justice civile et criminelle. Ils se conformaient, dans l'administration de cette dernière, aux ordonnances précitées de 1539 et 1670.

7. — Depuis long-temps, cependant, ce système de procédure était l'objet de nombreuses critiques et de vives attaques. — Faustin Hélie, *ibid.*

8. — Une réforme était devenue nécessaire : l'assemblée constituante l'entreprit. Au moment d'aborder cette tâche, elle se trouva en présence de deux systèmes de procédure criminelle, le système existant alors, et le système que l'avait précédé, le système réactionnaire. — Faustin Hélie, *ibid.*

9. — Ce dernier système avait, au moyen âge, fait naître des abus et paraissait souvent l'impunité des coupables. C'était même ces abus qui avaient fait introduire le système réactionnaire des ordonnances de 1539 et de 1670.

10. — Mais alors, comme nous l'avons dit plus haut, son application n'avait pu avoir lieu que d'une manière imparfaite, les circonstances le voulaient ainsi. On ne pouvait rien en conclure contre sa bonté et son utilité, d'autant plus qu'en Angleterre ce système, développé et amélioré par l'expérience, présentait de bons résultats.

11. — D'autre part, le système des ord. de 1539 et de 1670 contenait aussi quelques-uns des élémens d'une bonne justice criminelle, viciés seulement par l'extension absolue et exclusive qu'on leur avait donnée.

12. — L'assemblée constituante puisa dans les deux systèmes. Elle conserva, de la législation en vigueur alors, l'institution du ministère public, les juges permanens, la procédure écrite pour l'instruction préliminaire ; mais elle modifia profondément cette législation, en introduisant les jurés dans les procès criminels, non seulement pour déclarer la culpabilité lors du jugement définitif, mais aussi pour prononcer sur la mise en accusation des prévenus, les preuves orales, la publicité des audiences qu'elle puisait dans la législation antérieure. — Faustin Hélie, *ibid.*

13. — Les principes de la publicité des débats et du jugement par jurés en matière criminelle furent posés dans les art. 14 et 15, L. 16-24 août 1790, sur l'organisation judiciaire.

14. — L'assemblée constituante crut devoir, en outre, séparer l'administration de la justice criminelle de celle de la justice civile. Elle institua dans chaque département un tribunal spécialement chargé de connaître des affaires criminelles. — L. 20 janv.-25 fév. 1791, art. 1ᵉʳ.

15. — La répression des contraventions de police et des délits correctionnels fut confiée également à des tribunaux particuliers.—Décr. 19 juill. 1791; mais nous n'avons pas à nous en occuper ici. — V. TRIBUNAUX CORRECTIONNELS, TRIBUNAUX DE POLICE.

16. — Le tribunal criminel fut composé d'un président et de trois juges. Un accusateur public, un commissaire du roi et un greffier étaient établis près de ce tribunal. — L. 20 janv. 1791, 2, 3, 4 et 5.

17. — Ce tribunal ne pouvait rendre ses jugemens qu'au nombre de quatre juges. — L. 20 janv. 1791, art. 2. — Il était, en outre, assisté de douze jurés de jugement qui étaient seuls juges de l'existence du fait coupable. — V. JURY.

18. — Le président, l'accusateur public et le greffier étaient, comme tous les magistrats d'alors, élus par les électeurs du département. Le président et l'accusateur public étaient nommés à temps, le greffier à vie. L. 20 janv. 1791, 3, 4 et 5.

19. — Pour être président ou accusateur d'un tribunal criminel il fallait avoir trente ans accomplis et avoir été pendant cinq ans juge ou homme de loi, exerçant publiquement auprès d'un tribunal. — Décr. 30 mars-17 avr. 1791, art. 9, tit. 2 ; L. 16-24 août 1790 sur l'organisation judiciaire.

20. — Les trois juges étaient pris tous les trois mois, et par tour, parmi les juges des tribunaux civils de district. — L. 20 janv. 1791, art. 5. — Ces juges, désignés d'abord par les directeurs des jurés permanens, furent ensuite à la majorité des voix par les juges des tribunaux qui devaient les envoyer. — Décr. 2 niv. an II, art. 10.

21. — Le commissaire du roi était un fonctionnaire auprès d'institution royale et nommé à vie.— Art. 9, L. 16-24 août 1790.—V. COMMISSAIRE DU ROI. — Ce ne fut que par décret du 17-23 sept. 1791 qu'un commissaire du roi particulier fut établi pour chaque tribunal criminel. — Ces commissaires du roi, devenus commissaires nationaux,

COUR D'ASSISES, ch. 1er.
COUR D'ASSISES, ch. 1er. 423

cessèrent d'être à la nomination du pouvoir exécutif, en vertu du décret du 23-25 sept. 1792. Ils devinrent électifs comme les membres des corps administratifs et des tribunaux, et ils furent nommés dans la même forme.

22. — Ces commissaires du roi ou nationaux partageaient avec les accusateurs publics les fonctions des anciens membres du ministère public. Du reste, ces fonctions en matière criminelle ne furent pas long-temps séparées. Les commissaires nationaux près les tribunaux criminels furent supprimés et leurs fonctions réunies à celles des accusateurs publics. Les commissaires nationaux de district des lieux où le jury d'accusation avait été assemblé, furent chargés de l'exécution des jugemens définitifs des tribunaux criminels. — Décr. 20-22 oct. 1792.

23. — Les fonctions des membres de ces tribunaux et la procédure à suivre furent déterminées par le décret des 16-29 sept. 1791.

24. — Le président, outre les fonctions de juge, était chargé : 1° d'entendre l'accusé au moment de son arrivée dans la maison d'arrêt ; — 2° de faire tirer les jurés au sort et de les convoquer. Il pouvait déléguer ces fonctions à l'un des juges. — 3° Il était chargé personnellement de diriger les jurés de jugement dans l'exercice de leurs fonctions, de leur exposer l'affaire et de leur rappeler leurs devoirs ; — 4° il présidait à toute l'instruction ; — 5° il déterminait l'ordre entre ceux qui lui demandaient la parole ; — 6° il prononçait l'acquittement et ordonnait la mise en liberté lorsqu'il y avait lieu ; — 7° il prononçait les jugemens rendus par le tribunal criminel, et il avait pour mission de retracer aux condamnés la manière généreuse et impartiale avec laquelle ils avaient été jugés ; il pouvait aussi les exhorter à la fermeté et à la résignation, et devait leur rappeler les voies de droit qu'ils pouvaient encore employer pour leur défense ; — 8° enfin il avait la police de l'audience. — Décr. 16 sept. 1791, tit. 3, art. 1er et tit. 6 et 7.

25. — Il devait en outre prendre sur lui de faire ce qu'il croirait utile pour la découverte de la vérité ; la loi chargeait sa conscience et son honneur d'employer tous ses efforts pour en favoriser la manifestation. — Décr. 16 sept. 1791, tit. 3, art. 2.

26. — L'accusateur public était chargé de poursuivre les délits devant les tribunaux criminels sur les actes d'accusation admis par le jury d'accusation. — V. JURY. — Sa mission n'était accomplie que lorsque la clôture des débats avait été prononcée. C'était lui qui devait fournir les preuves et les témoins à l'appui de l'accusation et porter la parole pour la soutenir. — Déc. 16 sept. 1791, tit. 4, art. 1er ; tit. 6, art. 9 et suiv., 19 et suiv. ; tit. 7, art. 1er et suiv. — Il ne pouvait, à peine de forfaiture, porter devant le tribunal d'autre accusation que celles admises par le jury d'accusation. — Même décr., tit. 4, art. 1er.

27. — En cas d'absence du président du tribunal et de l'accusateur public, il était pourvu à leur remplacement au moyen de juges des tribunaux de district, qui venaient se joindre aux trois juges leurs collègues et procédaient entre eux, par voie d'élection, à la nomination d'un président et d'un accusateur public provisoires. — Décr. 10-18 janv. 1792, art. 6. — Ces juges, d'abord choisis par les directoires des départemens (même décr.), furent ensuite nommés par les membres de leur tribunal à la majorité des voix. — Décr. 2 niv. an II (22 déc. 1793). — Ce décret décidait que lorsqu'il y aurait lieu d'appeler un quatrième juge pour remplacer soit le président, soit l'accusateur public, il serait nommé par le tribunal qui serait en tour de nommer (art. 41).

28. — Dans le cas où le remplacement ne devait avoir lieu que pour un mois, le juge devait être pris dans le tribunal du district dans l'étendue duquel le tribunal criminel tenait ses séances. — Art. 42.

29. — Le commissaire du roi assistait à l'examen et au jugement des affaires portées devant le tribunal criminel, il prenait communication de toutes pièces et actes, il pouvait faire au nom de la loi toutes réquisitions qu'il jugeait convenables et dont il devait lui être donné acte. C'était lui qui, après la déclaration de culpabilité rendue par le jury, requérait l'application de la loi. C'était lui aussi qui était chargé de l'exécution des jugemens rendus par les tribunaux criminels. — Décr. 16 sept. 1791, tit. 5, art. 1er et 2 ; tit. 6 et 7, art. 5, 6 et suiv., et tit. 8, art. 28. — V. COMMISSAIRE DU ROI.

30. — La constitution de 1793 qui, d'ailleurs, ne fut pas mise à exécution, ne modifia pas l'organisation ni la procédure des tribunaux criminels. Toutefois la création, par le décret du 10-12 mars 1793, d'un tribunal extraordinaire chargé de connaître des crimes politiques, leur enleva une partie de leurs attributions. Ils restèrent cependant chargés de la connaissance des crimes d'embauchage. — Décr. 30 sept.-1er oct. 1793.

31. — Les tribunaux criminels devaient par exception connaître de ces crimes sans recours en cassation. — Décr. 30 sept.-1er oct. 1793 ; 30 frim. an II, art. 9. — Et pour assurer d'une manière encore plus efficace la prompte répression de ces crimes, le décret du 30 frim. an II (20 déc. 1793) avait ordonné que les tribunaux criminels des départemens en connussent immédiatement et sans instruction préalable devant le jury d'accusation ; et que néanmoins devant le tribunal criminel on procédât dans la même forme que si cette instruction préalable avait eu lieu.

32. — Les jurés devaient, dans ces affaires, voter et former leur déclaration publiquement et à voix haute à la pluralité absolue des suffrages. — Décr. 30 frim. an II, art. 8.

33. — Ce décret ajoutait aux délits d'embauchage, les délits de complicité d'émigration, de fabrication, distribution et introduction de faux assignats ou fausse monnaie dont il donnait également la connaissance aux tribunaux criminels ordinaires, concurremment avec le tribunal criminel extraordinaire ou tribunal révolutionnaire, dont les tribunaux ordinaires suivaient du reste la procédure dans le jugement de ces crimes particuliers, aux termes de ce décret et de ceux qui viennent d'être cités. — Décret 30 frim. an II, art. 1er.

34. — Ces dispositions que nous venons de rapporter avaient été motivées par l'état de crise violente dans lequel on se trouvait alors. Mais si, d'une part, la juridiction des tribunaux criminels ordinaires avait éprouvé des restrictions, d'autre part elle avait été étendue par le décret du 29 flor.-9 prair. an II (18-28 mai 1794) à la connaissance des délits militaires commis hors de l'arrondissement des armées, c'est-à-dire, du territoire sur lequel s'étend le commandement militaire des généraux qui les commandent en chef. — Le tribunal devait, en jugeant ces affaires, se conformer aux lois pénales militaires. — Il pouvait connaître de ces délits alors même qu'ils étaient antérieurs à la publication du décret.

35. — Les crimes et délits commis par les fonctionnaires publics étaient de la compétence des tribunaux criminels ordinaires, comme ceux commis par les simples citoyens. — Décr. 17 germin. an III (6 avr. 1795).

36. — Tel était l'état des choses à l'époque où fut publié le Code des délits et des peines de brum. an IV. Ce code, conformément à la constitution de l'an III, maintenait un tribunal criminel par departement.

37. — Ces tribunaux furent composés d'un président, d'un accusateur public, de quatre juges au lieu de trois, pris dans le tribunal civil, du commissaire du pouvoir exécutif près le même tribunal, d'un substitut qui lui était donné spécialement par le pouvoir exécutif pour le service du tribunal criminel, et d'un greffier. — Art. 266, tit. 4, Code brum. an IV. — Comme on le voit, le Code de brum. an IV rétablissait les fonctions de commissaire du pouvoir exécutif près les tribunaux criminels, en les confiant aux commissaires près les tribunaux civils qui n'avaient jamais cessé d'exister.

38. — L'incompatibilité résultant de l'art. 246 de la constitution de 1795 entre les fonctions de présidens des tribunaux civils et de juges des tribunaux criminels était maintenue.

39. — Le service de ces tribunaux criminels était fait par les autres juges, chacun à son tour, pendant six mois ; ils ne pouvaient, pendant ce temps, exercer aucune fonction au tribunal civil. — Art. 247, acte constit. an III ; art. 268, C. de brum. an IV.

40. — Le président mort ou légitimement empêché était remplacé provisoirement par un des juges nommé au scrutin secret par ses collègues ; à cet effet, on leur adjoignait un cinquième juge en suivant l'ordre du tableau. — Art. 269, C. de brum. an IV.

41. — On procédait de la même manière au remplacement de l'accusateur public. — Art. 270, C. brum. an IV.

42. — Le remplacement du commissaire du pouvoir exécutif ou de son substitut près le tribunal criminel se faisait par le substitut du tribunal civil. — Art. 271, C. brum. an IV.

43. — Le tribunal ne pouvait juger qu'au nombre de cinq juges. Il jugeait toujours en dernier ressort. — Art. 272, C. brum. an IV.

44. — Le Code de brum. an IV n'apporta pas de modifications aux fonctions du président. — Art. 273 et suiv. — Rétablissant, comme nous l'avons vu, la division entre les commissaires du pouvoir exécutif et les accusateurs publics des fonctions du ministère public, réunies dans les mains des accusateurs publics par le décret du 20 oct. 1792, il rendait aux uns et aux autres, sans modifications, les fonctions que leur avait attribuées le décret de 1791 (art. 283 et suiv.). — Seulement, au lieu de rétablir auprès des tribunaux criminels des commissaires du pouvoir exécutif spéciaux, les fonctions en furent données aux commissaires près les tribunaux civils, auxquels on adjoignit un substitut pour le service criminel.

45. — Il fut établi pour le tribunal criminel de la Seine un vice-président et un substitut de l'accusateur public. Le tribunal fut divisé en deux sections, huit membres du tribunal civil y exercèrent les fonctions de juge. — Art. 300, Code brum. an IV ; art. 245, Constitut de l'an III.

46. — Nous n'avons pas eu à entrer dans le détail des formes particulières à suivre dans l'instruction et pour arriver au jugement, établies par le décret du 16 sept. 1791 ; réaction contre la procédure des ordonnances, il exagérait peut-être les garanties à donner à l'accusé. Les ordonnances sacrifiaient l'accusé à l'ordre social ; le décret de 1791 entoura l'accusé de sa protection jusqu'à compromettre les intérêts de la société, à rendre trop souvent douteuse la punition des coupables.

47. — Outre que l'accusé trouvait déjà des garanties dans le jury d'accusation (V. JURY), qui admettait difficilement les préventions, il ne pouvait être déclaré coupable par le jury de jugement qu'autant que dix jurés sur douze s'étaient prononcés pour la culpabilité. — Décr. 16 sept. 1791, art. 28.

48. — Dans le cas où les juges étaient partagés pour l'application de la loi, l'avis le plus doux était adopté. — S'il y avait plus de deux avis ouverts et si deux juges réunis étaient pour l'application de la peine la plus sévère, ils devaient appeler des juges du tribunal de district pour les départager, à commencer par le premier à partir du président, et ainsi de suite par ordre du tableau. — Art. 10, tit. 8.

49. — De plus, le système de la publicité avait reçu autant d'extension que possible.

50. — Les jurés donnaient leur avis dans la chambre du conseil, mais à haute voix, isolément et en présence d'un des juges et du commissaire du roi. Les juges devaient donner leur avis à haute voix dans l'auditoire en commençant par le plus jeune et finissant par le président.

51. — De plus, un accusé pouvait demander à être jugé par un des tribunaux des départemens les plus voisins, si le tribunal criminel devant lequel il était cité siégeait dans le même lieu que le jury d'accusation qui avait connu de l'affaire, ou si l'accusé habitait la même ville, à moins que cette ville eût plus de 40,000 habitans. — Décr. 16 sept. 1791, art. 3 et suiv.

52. — Le Code de brumaire ne fit aucune modification à ce système du décret de 1791, et, depuis, ce système était resté le même, sauf une modification apportée par l'art. 33 de la loi du 19 fructid. an V, quant au nombre de voix nécessaire pour la déclaration de culpabilité (V. *infrà* n° 2669). La loi du 7 pluv. an IX n'avait apporté de modifications qu'à l'instruction devant le jury d'accusation et à la police judiciaire, dont nous n'avons pas à nous occuper ici. La constitution du 22 frim. an VIII (13 déc. 1799) avait maintenu la procédure devant les tribunaux criminels telle qu'elle était avant ; seulement elle avait supprimé les accusateurs publics et réuni leurs fonctions à celles des commissaires du gouvernement. (Art. 62 et 63.) Le nom de ces tribunaux avait aussi été changé, ils avaient pris celui de cour de justice criminelle. — Art. 136, sén. cons. org. 28 flor. an XII.

53. — Mais si des modifications n'avaient pas encore été faites, la loi de pluv. an IX et même le Code de brum. an IV indiquaient, dans certaines parties de leurs dispositions, une tendance à revenir en arrière et à se rapprocher sur plusieurs points du système des ordonnances de 1539 et 1670. — V. Faustin Hélie, *Inst. crim.*, p. 686 et suiv.

54. — Les travaux préparatoires du Code d'instruction criminelle de 1808 commencèrent en l'an XII (1804). On avait pu apprécier alors les résultats des modifications faites par la législation nouvelle à l'ancienne.

55. — On était en pleine voie de réaction contre la législation de 1791 ; on discuta et on compara tous les systèmes, les principes de la procédure écrite et de la procédure orale, le jugement par jurés et par juges permanens, les preuves légales et les preuves morales.

56. — Les tribunaux criminels, tels que la loi de 1791 et les lois postérieures les avaient organisés, n'avaient pas produit tous les bons résultats qu'on en avait attendus. — Aussi, lors des travaux préparatoires du Code d'instruction criminelle, le système

de procédure alors suivi avait-il excité les oppositions les plus vives. Les jurisconsultes les plus éclairés, entre autres Siméon et Portalis, opinaient pour sa suppression. Plusieurs des tribunaux d'appels consultés avaient répondu : « Avec le secours des conseils aux accusés et la publicité des débats, l'ordonnance de 1670 modifiée serait peut-être, nous ne saurions trop le répéter, ce qui approcherait le plus de la perfection. » Cette opinion fut longuement développée au conseil d'état. « On ne doit pas craindre, disait Berlier, de reprendre quelques dispositions de l'ordonnance de 1670; elle n'était point défectueuse dans toutes ses parties. Les vices qu'on lui a principalement reprochés avec justice étaient le secret de la procédure et l'état de dégradation et d'abandon dans lequel elle faisait paraître l'accusé. La privation de conseils et de défenseurs, l'interrogatoire sur la sellette ne doivent certainement pas être rétablis; mais il n'en est pas de même du récolement dans lequel un témoin peut se corriger, de la confrontation où il est permis de reprocher les témoins et de discuter leurs dépositions. Avec quelques modifications, les articles de l'ordonnance de 1670 sur ce sujet peuvent être utilement employés dans notre législation nouvelle pour faire disparaître les principaux inconvéniens du jury. » Procès-verbaux du conseil d'état, séance du 16 prair. an XII (Locré, t. 24, p. 28).

57. — Les seuls principes sur lesquels il n'y avait pas de discussion, c'était l'institution du ministère public, la défense des accusés, la publicité des débats et l'instruction à l'audience. — Locré, t. 24.

58. — Ce fut sous l'empire de ces impressions que le Code d'instruction criminelle de 1808 fut rédigé. Nous allons en analyser brièvement le système en ce qui concerne les cours d'assises.

59. — Les principes de la publicité des audiences et du débat oral furent conservés, mais les délibérations et le vote des jurés et des juges devinrent secrets. L'information écrite prit une importance qu'elle n'avait pas auparavant ; elle put servir à contrôler le débat oral; et, contrairement aux principes des législations antérieures de 1791 et de l'an IV, on put lire à l'audience la déposition d'un témoin absent. Il fut permis au président de contrôler par les dépositions écrites les dépositions faites à l'audience et de prendre note des variations.

60. — Ce Code supprima le jury d'accusation, mais il laissa subsister le jury de jugement. L'existence matérielle et la moralité des faits incriminés continuèrent à être déclarés par lui. Les jurés furent maintenus au nombre de douze; mais ils décidèrent de la culpabilité à la simple majorité. De plus, lorsque la déclaration du jury n'était rendue qu'à la majorité de sept voix, les juges étaient appelés à délibérer sur la culpabilité de l'accusé et à se réunir à la minorité du jury pour déclarer la culpabilité ou la non culpabilité. — De plus encore, les juges acquirent le droit d'apprécier le degré de culpabilité pour en tenir compte dans l'application facultative du maximum ou du minimum de la peine.

61. — Le Code d'instruction criminelle supprima les cours de justice criminelle. Réunissant, dans les mains des cours impériales qu'il instituait, la juridiction civile et la juridiction criminelle, il les chargea de pourvoir au service des cours d'assises qui remplacèrent les cours de justice criminelle. — C'était encore là un retour à l'ancien ordre de choses, une réaction contre les dispositions législatives de l'assemblée constituante, qui avait séparé l'administration de la justice criminelle de celle de la justice civile.

62. — Il fut établi une cour d'assises dans chaque département. Dans ceux où siégeait une cour impériale, la cour d'assises fut composée de cinq conseillers, dont l'un faisait fonctions de président. Dans les autres départemens, elle fut composée d'un conseiller délégué, président, et de quatre juges. On pouvait envoyer des conseillers pour assister le président. La désignation de ces conseillers et président, faite d'abord par le premier président de la cour, dut et doit encore aujourd'hui être faite généralement par le ministre de la justice, alors le grand juge. — Décr. 6 juill. 1810.

63. — Les fonctions de ministère public, auparavant remplies par les commissaires du gouvernement, furent remplies par les procureurs généraux impériaux, les avocats-généraux et les substituts, dans les départemens siéges des cours royales; dans les autres par des procureurs du roi spéciaux nommés procureurs impériaux au criminel. Les greffiers des cours et tribunaux remplissaient, suivant les cas, les fonctions de greffier près la cour d'assises.

64. — Les fonctions du président et du ministère public sont généralement restées les mêmes.

65. — Nous n'entrerons pas dans d'autres détails sur la procédure et la constitution des cours d'assises telles qu'elles ont été réglées par le Code de 1808. Aucun changement n'y a été apporté jusqu'à la loi de 1831; seulement une loi du 25 déc. 1815, art. 1er, a supprimé les procureurs du roi au criminel, et confié leurs fonctions aux procureurs du roi près les tribunaux de première instance.

66. — La loi du 4 mars 1831 a réduit à trois le nombre des juges composant la cour d'assises, et leur a enlevé toute participation au jugement du fait. Elle avait aussi porté à huit voix la majorité nécessaire pour la déclaration de culpabilité; mais ce nombre de voix a été reporté à la majorité simple par la loi du 9 sept. 1835. — V. JURY.

67. — Nous n'avons pas à nous occuper ici en détail de la compétence des cours d'assises, que nous avons déjà indiquée sommairement plus haut (V. nos 1er et 2). Le Code de 1808 leur avait enlevé la connaissance de certains crimes qu'il avait attribués aux cours spéciales. — V. COURS SPÉCIALES. — Mais depuis que ces cours ont été supprimées par la charte de 1814, ces crimes sont rentrés dans la compétence des cours d'assises. — La loi du 25 mars 1822, art. 17, avait enlevé aux cours d'assises la connaissance des délits commis par la voie de la presse et les autres modes de publication, qui leur avait été attribuée par les lois des 19 et 26 mai 1819. Mais la connaissance de ces délits leur a été rendue par la loi du 8 oct. 1830.

68. — Il n'a été établi de cours d'assises en Corse que par ordonnance du 10 nov. 1830. — V. CORSE. — Il n'en existe pas encore en Algérie. — V. ALGÉRIE. — Quant aux colonies françaises, elles sont régies par des dispositions particulières. — V. COLONIES.

CHAPITRE II. — *De la formation des cours d'assises.*

Sect. 1re. — *Tenue des cours d'assises.*

69. — Il est tenu des assises dans chaque département, pour juger les individus que la cour royale y renvoie. — C. instr. crim., art. 251.

70. — Cette disposition a eu pour but d'éviter les frais de transport des accusés et des témoins et de ne pas diminuer l'influence salutaire de la répression, en jugeant le crime à une distance trop éloignée du lieu où il a été commis. — Le Sellyer, *Tr. des actions publique et privée*, t. 3, no 965.

71. — Dans les départemens où se trouvent les cours royales, les assises se tiennent au lieu où siége la cour royale.

72. — Dans les autres départemens, les assises doivent être tenues dans le lieu où siégeaient antérieurement les cours criminelles (L. 20 avr. 1810). Ce n'est pas toujours au chef-lieu du département; c'est ce qui arrive notamment dans les départemens de Saône-et-Loire, de la Marne, du Pas-de-Calais, de Vaucluse, etc. — Quelquefois même l'endroit où siége la cour d'assises n'est pas même chef-lieu d'arrondissement : c'est ce qui a lieu dans les départemens des Ardennes, de la Meuse.

73. — Lorsque les circonstances l'exigent, les cours royales sont autorisées à désigner un autre lieu. — C. instr. crim., art. 258.

74. — Mais ce déplacement de la cour d'assises du lieu ordinaire de ses séances ne peut avoir lieu que par des motifs graves tirés des circonstances, des localités, de l'intérêt public. — Bourguignon, *Jurispr. des C. crim.*, sur l'art. 258, C. inst. crim.; Legraverend, t. 2, p. 86; Le Sellyer, t. 3, no 1029.

75. — Cette mesure ne peut être prise que sur le réquisitoire du ministère public en chambres réunies. — L. 20 avr. 1810, art. 21. — Le premier président de la cour n'aurait pas seul ce droit. — Legraverend, *Lég. crim.*, t. 2, p. 86. — Et les chambres réunies ne pourraient l'ordonner d'office. — Carnot, sur l'art. 258 C. instr. crim.

76. — On a agité, à cet égard, la question de savoir si la cour devait déférer à la réquisition du procureur général et prononcer le renvoi devant le tribunal par lui indiqué. — Legraverend (t. 2, p. 87 et 88) et M. Le Sellyer (t. 3, no 1032), soutiennent l'affirmative : « En ordonnant, dit le premier de ces auteurs, un déplacement autre que celui qui serait demandé par le procureur général ou par ses substituts, en son nom, la cour prendrait une initiative qui lui est expressément interdite. »

77. — Bourguignon (*Jurispr. des C. crim.*, sur l'art. 258) repousse cette doctrine; il se fonde sur ce qu'elle n'est appuyée sur aucune disposition législative, et, Carnot (sur l'art. 258, Observ. add.,) se range à l'opinion de Bourguignon, en ajoutant que « les officiers du ministère public requièrent et ne commandent pas. »

78. — Quant à nous, nous adoptons pleinement l'opinion de Bourguignon et Carnot, et nous cherchons vainement, avec ces auteurs, la loi dans laquelle M. Legraverend a vu que l'initiative que prendrait la cour dans ce cas *lui est formellement interdite*. Si le ministère public n'avait pas besoin de l'assentiment de la cour, il ne requerrait pas, il ordonnerait lui-même le renvoi qu'il doit requérir.

79. — Quoi qu'il en soit, le déplacement de la cour d'assises n'est que momentané; il cesse avec la nécessité qui l'avait fait ordonner : « aussitôt après la cessation de cette assise, dit M. Legraverend (t. 2, p. 88 et 89), tout doit reprendre son cours ordinaire, sauf à recourir de nouveau à la même mesure, si de nouvelles circonstances en exigeaient encore l'emploi. » — V. aussi en ce sens Bourguignon, *Jurispr. des C. crim.*, sur l'art. 258; Carnot, sur le même article, Observ. add.; Le Sellyer, t. 3, no 1034.

80. — Le transfert de la cour d'assises ne peut avoir lieu que dans une ville où il existe un tribunal de première instance. — Legraverend, t. 2, p. 88; Bourguignon, *Jurisprud. des C. crim.*, sur l'art. 258; Carnot, sur le même article; Le Sellyer, t. 3, no 1030.

81. — Ce transfert du siége des assises ne peut même avoir lieu que dans une ville du même département (Legraverend, t. 2. p. 87); en ordonner l'ouverture hors de l'enceinte d'un département serait un véritable renvoi d'un tribunal à un autre, que la cour de Cassation seule peut ordonner. — Carnot, *Inst. crim.*, sur l'art. 258, no 5; Le Sellyer, t. 3, no 1031.

82. — La tenue des assises a lieu tous les trois mois; elles peuvent se tenir plus souvent, si le besoin l'exige. — C. inst. crim., art. 259. — « Il a paru convenable, dit Legraverend (t. 2, p. 89), de ne pas les multiplier sans nécessité, afin d'éviter de multiplier aussi les déplacemens des jurés. »

83. — Sous le Code de brumaire an IV, la session du jury de jugement s'ouvrait le 15 de chaque mois.

84. — En Angleterre, les assises s'ouvrent deux fois par an seulement dans chaque comté, à l'exception des quatre comtés du nord (Durham, Northumberland, Cumberland et Westmoreland), où elles ne se tiennent qu'une fois par an, et de celui de Middlessex (Londres), où elles ont lieu huit fois par an. — Cottu, *De l'admin. de la justice en Angleterre*, p. 40.

85. — Les assises doivent être tenues dans chaque département de manière à n'avoir lieu, dans le ressort de la même cour royale, que les unes après les autres, et de mois en mois, à moins qu'il n'y ait plus de trois départemens dans le ressort de la cour royale, ou que le besoin du service exige qu'il en soit tenu plus souvent. — L. 20 avr. 1810, art. 19.

86. — Le président de la cour d'assises est nommé à l'avance par le ministre de la justice, ou à son défaut par le premier président de la cour royale.

87. — La nomination faite par le ministre, ou à son défaut, la nomination faite par le premier président, est déclarée par une ordonnance de ce dernier. Cette ordonnance est publiée au plus tard le dixième jour qui suit la clôture des dernières assises. — Décr. 6 juill. 1810, art. 80; L. 20 avr. 1810, art. 22.

88. — L'ordonnance est insérée dans les journaux du département où siége la cour d'assises; elle est affichée dans les chefs-lieux d'arrondissement et siéges des tribunaux de première instance. — Décr. 6 juill. 1810, art. 90.

89. — Une décision du directeur général de l'imprimerie, du 28 juill. 1813, porte que l'insertion dans les journaux, étant un acte prescrit par la loi, doit être faite sans frais par l'éditeur du journal. Cette décision, rapportée par M. Legraverend (t. 2, p. 94, note 5e), est approuvée par cet auteur : « C'est une obligation tacite qu'il (l'éditeur) a contractée, dit-il, en obtenant le privilége de publier son journal. »

90. — Cette opinion est repoussée, et suivant nous avec raison, par M. Le Sellyer (t. 3, no 971). « L'obligation, dit il, imposée aux journaux d'insérer gratuitement l'annonce dont parle l'art. 89, décr. 6 juill. 1810, serait une atteinte au droit de propriété, qu'on ne doit pas supposer commise par le législateur, lorsque ses dispositions peuvent très bien s'interpréter d'une autre manière; or, ici, rien n'empêche de comprendre l'art. 89 en ce sens que les journaux de département seront tenus de faire l'insertion, mais toutefois moyennant paiement des frais de cette insertion. L'inter-

prétation donnée en sens contraire par le directeur général de la librairie ne saurait avoir autorité suffisante pour décider la question. — Au surplus, continue cet auteur, dans la pratique, cette question offre peu d'intérêt; les propriétaires des journaux ne manquant jamais, dans l'intérêt de leurs journaux, d'insérer d'eux-mêmes les nouvelles qui intéressent leurs lecteurs, par conséquent, celles relatives à l'ouverture des assises. »

91. — Le jour de l'ouverture des assises est fixé, non plus par le président de la cour d'assises, comme le voulait l'art. 260, C. inst. crim., mais par une ordonnance du premier président de la cour royale ou du président de chambre qui le remplace. — L. 20 avr. 1810, art. 20; décr. 6 juill. 1810, art. 82. — V. aussi *Cass.*, 23 fév. 1837 (t. 1er 1837, p. 603), Lecoutre de Beauvais.

92. — Jugé que les dispositions de cet article ne sont pas prescrites à peine de nullité, et que leur inobservation ne peut être invoquée devant la cour de cassation lorsque l'accusé n'en a pas excipé devant la cour d'assises. — *Cass.*, 13 avr. 1816, Locheron et autres; 22 janv. 1841 (t. 1er 1842, p. 262), Raynal et Puel. — L'ordonnance portant fixation du jour de l'ouverture de la cour d'assises, ou l'arrêt qui indique le lieu et le jour de cette ouverture, est publié par affiches et par la lecture qui en est faite dans les tribunaux de première instance du ressort, huit jours au moins avant l'ouverture. — L. 20 avr. 1810, art. 22.

93. — Il peut arriver que, par des circonstances que l'on n'avait pu prévoir, le jour des assises, qui avait été fixé par une ordonnance du premier président, ne puisse plus se concilier avec les affaires qui devaient être portées dans cette session. Alors, cette fixation peut être changée par une nouvelle ordonnance. Cette ordonnance doit relater les motifs qui portent le ministère public à requérir que le jour de l'ouverture des assises soit retardé, et rappeler que c'est en vertu de l'art. 20 L. 20 avril 1810, et de l'art. 80 décr. du 6 juill. de la même année, que le jour de l'ouverture est définitivement fixé à telle époque. — De Serres, *Manuel des cours d'assises*, t. 1er, p. 72.

94. — Le premier président de la cour royale doit donner connaissance de cette nouvelle ordonnance au président des assises, afin que ce magistrat puisse s'y conformer. — De Serres, *loc. cit.*

95. — Lorsque les assises ordinaires ne peuvent suffire à l'expédition des affaires, il en est, dans l'intervalle des sessions, créé d'autres que l'on nomme assises extraordinaires. — C. instr. crim., art. 259.

96. — A Paris les assises sont permanentes. Il y a par conséquent, chaque trimestre, une assise ordinaire et cinq assises extraordinaires. — Et il arrive assez fréquemment que le nombre des affaires nécessite que la cour d'assises se divise en deux sections qui fonctionnent simultanément.

97. — Il est même un cas particulier où la loi ordonne la convocation d'assisses extraordinaires; c'est celui prévu par l'art. 27, L. 9 sept. 1835, sur les délits de la presse, dont voici les termes: « Si, au moment où le ministère public exerce son action, la session de la cour d'assises est terminée, et s'il ne doit pas s'en ouvrir d'autre à une époque rapprochée, il sera formé une cour d'assises extraordinaire par ordonnance motivée du premier président. »

98. — Lorsqu'il est nécessaire que la cour d'assises soit divisée en plusieurs sections, c'est au garde des sceaux que la loi du 9 sept. 1835 donne le droit de l'ordonner.

99. — C'est au premier président, sur la demande qui lui en est faite par le procureur général, qu'il appartient de fixer par ordonnance l'époque de l'ouverture des assises extraordinaires. — La raison en est que, l'art. 259, C. instr. crim., ne prescrivant aucune forme particulière à suivre pour cette convocation extraordinaire, il s'ensuit que l'art. 20, L. 20 avr. 1810, qui donne au premier président de la cour royale le droit de fixer le jour des assises ordinaires, lui confère aussi le droit de le fixer pour les assises extraordinaires, d'autant plus que, par l'art. 81 du décret du 6 juill. 1810, le président de la cour d'assises est de droit président de l'assise extraordinaire lorsqu'elle a lieu. — Carnot, sur l'art. 259, C. instr. crim.

100. — Ainsi, jugé qu'une simple ordonnance du premier président de la cour royale ou du juge qui le remplace suffit pour convoquer une cour d'assises extraordinaire. Aucune loi n'exige que cette convocation soit ordonnée par un arrêt de la cour. — *Cass.*, 18 janv. 1816, Thibaud.

101. — De même, lorsqu'une assise extraordinaire est indiquée après la clôture de la session ordinaire, le président désigné pour cette session est appelé de plein droit à présider cette assise extraordinaire, et n'a pas besoin d'une nouvelle délégation. — *Cass.*, 21 mai 1829, Jean Carcassès.

102. — En cas d'empêchement, il est remplacé par un autre conseiller nommé par le premier président à l'instant où la nécessité des assises extraordinaires est connue. — Décr. 6 juill. 1810, art. 81.

103. — Le décret du 6 juill. 1810 ne s'occupant que du président dans le cas d'assises extraordinaires, on ne saurait en conclure que ce magistrat soit le seul qui continue ses fonctions de plein droit pendant la session extraordinaire. Il est constant que l'art. 81 s'applique, si ce n'est par son texte, au moins par son esprit, aux magistrats qui ont assisté le président lors des assises ordinaires, et qu'ils sont *de droit* ses assesseurs lors de l'assise extraordinaire. — Carnot, sur l'art. 252, C. inst. crim., t. 2, p. 312, n° 10.

104. — La nomination du président des assises ordinaires a toujours lieu avant la clôture des assises précédentes, ou au plus tard dans la huitaine qui suit cette clôture. — Décr. du 6 juill. 1810, art. 79; — Legraverend, t. 2, p. 91; Le Sellyer, t. 3, n° 969.

105. — Elle est faite par le ministre ou, à son défaut, par le premier président de la cour royale. — Legraverend, *eod. loc.* — Ainsi jugé que les premiers présidens des Cours royales ont conservé, à l'exclusion des Cours, même depuis la loi du 4 mars 1831, le droit, que la loi du 20 avr. 1810 leur a attribué, de nommer les conseillers qui doivent siéger aux Cours d'assises comme présidens ou comme assesseurs, lorsque cette désignation n'a pas été faite par le ministre de la justice. — *Cass.*, 4 oct. 1839 (t. 1er 1845, p. 426), procureur général à la cour de Cassation.

106. — La nomination faite par le premier président en l'absence de celle du ministre est définitive et ne saurait être anéantie par celle qui interviendrait ultérieurement de la part du ministre. — *Cass.*, 11 janv. 1838 (t. 1er 1838, p. 148), le premier président de la Cour royale d'Aix.

107. — M. Legraverend est d'un avis contraire; il se fonde sur ce qu'aux termes de la loi du 20 avr. 1810 le ministre de la justice peut exercer son droit de nomination *dans tous les cas*; expressions qui, selon cet auteur, suffisent pour démontrer que tant que les assises ne sont pas ouvertes, le ministre est autorisé à nommer; et qu'aussitôt que la nomination faite par lui est connue, elle confère à celui qui se trouve nommé tous les droits et tous les pouvoirs attachés à la délégation.

108. — Nous n'adoptons pas cette opinion, qui nous paraît contraire à la loi: remarquons, en effet, que l'art. 16, L. 20 avr. 1810, confère aux présidens des cours royales la nomination des présidens des cours d'assises; que si ce même article accorde au ministre de la justice la faculté de les nommer lui-même, l'art. 79 du décret du 6 juill. 1810 décide que le ministre usera de son droit pour chaque trimestre, pendant la durée des assises précédentes, et que s'il laisse passer ce délai sans faire la nomination, le premier président la fera dans la huitaine du jour de la clôture de l'assise; que les mots *dans tous les cas*, invoqués par M. Legraverend, ne doivent s'entendre que de l'application de ce droit aux divers cas pour lesquels les trois alinéas précédens du même article chargent les premiers présidens de nommer, et qu'on ne peut, sans leur donner une extension qu'ils ne comportent pas, en induire que la nomination du ministre, à quelque époque qu'elle intervienne, doit faire tomber la nomination du premier président légalement faite. — V. en ce sens Le Sellyer, t. 3, n° 970.

109. — Jugé qu'un accusé ne peut tirer ouverture à cassation de ce que le président des assises aurait été désigné par la cour royale, et non par le ministre de la justice ou par le premier président de cette cour. — *Cass.*, 16 août 1811, N...; — Carnot, sur l'art. 252, C. inst. crim., t. 2, p. 312, n° 8.

110. — Le président des assises doit toujours être pris parmi les membres de la cour royale; c'est du moins ce qui s'infère des dispositions des art. 252 et 253, C. d'inst. crim., qui portent, le 1er: « Dans les départemens où siégent les cours royales, les assises seront tenues par trois membres de la cour, *dont l'un sera président*; » le 2e: « Dans les autres départemens, la cour d'assises sera composée d'un conseiller de la cour royale, délégué à cet effet, et *qui sera président de la cour d'assises.* »

111. — Le même membre peut être délégué pour présider successivement plusieurs cours d'assises. — L. 20 avr. 1810, art. 19, § 2.

112. — Les présidens des cours d'assises ne peuvent être pris parmi les présidens de la cour qu'autant qu'il s'agit de la présidence des assises du chef-lieu de la cour royale: la raison de cette restriction est fondée sur ce que le service de la cour royale pourrait en souffrir. — Instr. minist. 9 oct. 1812; — Legraverend, t. 2, p. 92.

113. — On peut encore tirer un argument en faveur de cette opinion des termes mêmes de l'art. 253, C. inst. crim., qui ne parle que des *conseillers* à la cour, ce qui exclut les présidens. — Le Sellyer, t. 3, n° 986.

114. — Jugé, toutefois, qu'il ne peut résulter une nullité de ce que les fonctions de président de la cour d'assises auraient été remplies par un président de chambre de la cour royale. — *Cass.*, 29 août 1811, N... — V. aussi Carnot, sur l'art. 252, C. inst. crim., t. 2, p. 311; de Serres, *Man. des cours d'assises*, t. 1er, p. 58; Carnot, sur l'art. 252, C. inst. crim., t. 2, p. 311, n° 7.

115. — Le premier président de la cour royale peut présider lui-même les assises lorsqu'il le juge à propos. — L. 20 avr. 1810, art. 16. — L'instruction du garde des sceaux précitée (n° 112) ne s'applique qu'aux présidens de chambre. — Bourguignon, *Jurisp. des C. crim.*, sur l'art. 253, n° 1er; Legraverend, *loc. cit.*; Le Sellyer, t. 3, n° 987.

116. — Le premier président a le droit de présider les assises extraordinaires, comme les assises ordinaires. — *Cass.*, 18 avr. 1833, Demarcé et Royer.

117. — Il peut également présider dans un département autre que celui où siége la cour royale. — Carnot, art. 253, C. inst. crim., t. 2, p. 316, n° 3.

Sect. 2e. — *Composition de la cour d'assises.*

118. — La composition des cours d'assises varie selon qu'elles sont ouvertes dans les départemens où siégent les cours royales, ou dans les départemens qui en sont éloignés.

119. — Dans les départemens où siégent les cours royales, les assises sont tenues par trois des membres de la cour, dont l'un est nommé président. — C. instr. crim., art. 252.

120. — Cette disposition est nouvelle; l'ancien texte des art. 252 et 253 voulait que les cours d'assises fussent composées de cinq magistrats; les lois des 4 mars 1831 et 28 avr. 1832 ont réduit ce nombre à trois; les auteurs de ces lois en ont donné pour raison, 1° qu'on enlèverait par là un moins grand nombre de magistrats à leurs fonctions habituelles; 2° que la responsabilité ne portant que sur un nombre restreint de magistrats, leur décision serait plus circonspecte et offrirait ainsi plus de garantie; 3° que dans toutes les législations où l'appréciation du fait était attribuée à des juges spéciaux et le point de droit à des juges ordinaires, le nombre des juges du fait était toujours nombreux, et celui du droit beaucoup plus restreint; 4° enfin, qu'en réduisant le nombre des juges, on pourrait faire des choix plus parfaits.

121. — Ces raisons puissantes ont cependant trouvé de nombreux contradicteurs, et aujourd'hui encore d'habiles criminalistes pensent que le nombre de trois magistrats n'est pas en rapport avec l'importance des questions qui leur sont soumises.

122. — « Cette composition, dit M. Massabiau (*Man. du procur. du roi*, n° 2472), nous semble nuire un peu à l'imposante majesté des séances d'une cour criminelle; elle a détruit aussi les différences proportionnelles que le législateur de 1810 n'avait pas établies sans raison dans le nombre des magistrats des juridictions criminelles, correctionnelles et de police. — Il est au moins étrange, nonobstant l'intervention des jurés pour l'appréciation de la culpabilité, qu'il ne faille pas un plus grand nombre de juges pour l'application d'une peine capitale ou perpétuelle, que pour l'application d'une peine correctionnelle, et qu'il suffise de trois juges pour prononcer une condamnation aussi grave, tandis que la loi en exige cinq pour une simple mise en accusation. » — V. au surplus la discussion à laquelle a donné lieu la loi du 4 mars 1831; Le Sellyer, t. 3, n° 966.

123. — Les conseillers qui doivent concourir à la formation de la cour d'assises sont nommés par le ministre de la justice. — L. 20 avr. 1810, art. 16; décr. 6 juill. 1810, art. 79.

124. — Jugé cependant que la cour d'assises composée d'un président nommé par le ministre de la justice et de deux juges assesseurs délégués par la cour royale et choisis par le ministre au sein de cette cour est légalement constituée. — *Assises de la Loire*, 25 fév. 1833, Passagers du *Carlo Alberto*.

125. — Cette nomination doit être faite par le

ministre pendant la durée des assises, pour le trimestre suivant. — Arg. art. 79 et 82, décr. 6 juill. 1810.

126. — Faute par le ministre d'avoir fait la nomination dans ce délai, elle appartient au premier président de la cour, dans la huitaine de la clôture des assises. — Décr. 6 juill. 1810, art. 79 et 82.

127. — La nomination doit être faite, en pareil cas, par le premier président.

128. — La loi n'exige pas qu'il soit fait mention, dans le procès-verbal des débats ou dans l'arrêt, de la délégation en vertu de laquelle agit le président des assises. Il y a présomption légale que le conseiller qui a rempli les fonctions de président avait été régulièrement désigné à cet effet. — *Cass.*, 14 déc. 1837 (t. 1er 1838, p. 104), Mulhuret.

129. — Les membres de la cour d'assises sont pris parmi les conseillers de la cour royale; les présidens de chambre en sont exceptés, sauf celui qui préside la chambre des appels correctionnels. — Legraverend, t. 2, p. 95.

130. — En cas d'empêchement de l'un des magistrats composant la cour d'assises, survenu depuis la notification faite aux jurés en exécution de l'art. 389, C. inst. crim., c'est aux deux autres magistrats qu'il appartient de procéder à son remplacement, et non au premier président de la cour royale ou au ministre de la justice. — Les art. 79, 80 et 82, décr. 6 juill. 1810, ne s'appliquent point à ce cas, mais uniquement à celui où il s'agit de la première nomination des conseillers appelés à composer la cour d'assises. — *Cass.*, 2 mars 1843 (t. 1er 1844, p. 202), Lefort. — V. aussi *Cass.*, 12 mai 1842 (t. 1er 1843, p. 70), Henry.

131. — Une cour d'assises ne peut être complétée que par les officiers du siége du lieu où elle se tient, et non par ceux existant à la cour royale établie dans une autre ville. — *Cass.*, 28 fév. 1835, Herbelin.

132. — Avant l'établissement du jury en Corse, la cour de justice criminelle établie dans cette île pouvait juger au nombre de six ou huit juges. — L. 20 avr. 1810, art. 31; — *Cass.*, 11 mai 1827, Tortora; 7 fév. 1828, Devichi; 18 fév. 1830, Borghetti.

133. — Cette jurisprudence n'a plus d'application depuis l'ordonnance du 12 nov. 1830; la cour d'assises de la Corse est composée maintenant de trois magistrats, comme celles du continent.

134. — La loi du 4 mars 1831, sur la composition des cours d'assises, ayant été reçue à la chancellerie le 5 mars, était exécutoire à Paris le 7, et le 13 seulement à Bordeaux, où elle n'avait pas été promulguée extraordinairement dans les formes prescrites par l'ordonnance du 18 janv. 1817. — *Cass.*, 23 avr. 1831, Prévost. — De même, étant exécutoire à Beauvais le 8 mars, les arrêts rendus ce jour par la cour d'assises de ladite ville, composée de cinq magistrats au lieu de trois, ont dû être annulés. — *Cass.*, 31 mai 1831, Boullier.

135. — Lorsque, depuis la promulgation de la loi du 4 mars 1831, une cour d'assises a été composée de cinq juges, il y a lieu d'annuler les débats et l'arrêt qu'elle a rendu, bien qu'avant la clôture des débats elle se soit réduite au nombre prescrit par la nouvelle loi. — *Cass.*, 28 avr. 1831, Jouen et Bous.

136. — Il y a nullité lorsqu'il n'est prouvé, ni par le procès-verbal des débats, ni par aucune autre pièce de la procédure que pendant tout le cours des débats la cour d'assises ait été composée du nombre de juges voulu par la loi. — *Cass.*, 13 déc. 1815, Henri Verniol; — Legraverend, t. 2, p. 33; Carnot, sur l'art. 251, C. inst. crim, t. 2, p. 306, no 8, et art. 252, p. 307, no 1er.

137. — En Belgique, l'arrêté du gouvernement provisoire du 6 oct. 1830 a été abrogé par le décret du 19 juill. 1831; en conséquence, les cours d'assises sont légalement composées par l'assistance de cinq juges seulement; le sixième magistrat mentionné dans cet arrêté n'a plus qualité, aujourd'hui, pour entrer dans la composition de ces mêmes cours d'assises. — *Bruxelles*, 24 déc. 1831, H. G....

138. — Les conseillers auditeurs qui ont atteint l'âge pour avoir voix délibérative, peuvent être délégués pour la composition des cours d'assises. — *Cass.*, 16 avr. 1818, Guillain; — Carnot, sur l'art. 252, C. inst. crim., t. 2, p. 311, no 5; Legraverend, t. 2, p. 98.

139. — Ils peuvent même être nommés présidens de la cour d'assises. — *Cass.*, 6 fév. 1818, Pierre Escallier; — Legraverend, t. 2, chap. 2, p. 95; De Serres, *Manuel des cours d'assises*, t. 1er, p. 58; Morin, *Dictionnaire de droit crim.*, vo *Cour d'assises*, p. 212; Carnot, sur l'art. 252, C. inst. crim., t. 2, p. 311, no 6.

140. — Mais il serait peu convenable de leur faire présider les assises dans le lieu où est établie la cour royale, lorsque des conseillers en titre y rempliraient les fonctions de juges. — De Serres, *Manuel des cours d'assises*, t. 1er, p. 59; Legraverend, t. 2, p. 95.

141. — Les magistrats délégués pour composer une cour d'assises sont légalement présumés réunir toutes les conditions nécessaires à cet effet. — *Cass.*, 21 août 1835, De Laroncière; 26 déc. 1828, Quetel.

142. — En conséquence, les conseillers auditeurs qui ont fait partie de la cour d'assises sont présumés de droit avoir voix délibérative. — *Cass.*, 18 fév. 1830, Borghetti.

143. — Carnot (C. inst. crim., t. 2, p. 312, no 11) pense que s'il n'avait pas été fait de désignation des membres qui doivent tenir les assises dans le département où siége la cour royale, ou si la désignation n'avait pas été complète, les cinq conseillers en titre (aujourd'hui trois) ou les conseillers qui se trouveraient les premiers dans l'ordre de réception, devraient entrer dans la composition de la cour d'assises, et le plus ancien des juges devrait les présider. Carnot ne dit pas sur quel texte ni même sur quel motif il fonde son opinion, contre laquelle s'élève, suivant nous, une disposition formelle de la loi. En effet, la loi, en exigeant qu'une ordonnance du premier président déclare les nominations des présidens et assesseurs, et l'époque de l'ouverture de la cour d'assises, a subordonné, par cela même, l'existence de cette cour aux formalités et conditions qu'elle impose.

144. — De simples conseillers, qui n'ont reçu aucun mandat à cet effet, ne sauraient donc constituer une cour d'assises, dont la création appartient au ministre de la justice ou, à son défaut, au premier président de la cour. — V. en ce sens Le Sellyer, t. 3, no 994.

145. — Les membres de la cour royale qui ont voté sur la mise en accusation ne peuvent, dans la même affaire, ni présider les assises, ni assister le président, à peine de nullité. — C. inst. crim., art. 257.

146. — Une foule d'arrêts ont confirmé cette disposition législative. — *Cass.*, 5 juin 1818, Goddet; 22 oct. 1818, Le Gardeur; 3 janv. 1823, Pierrelle; 28 oct. 1824, Albert; 17 juin 1825, Gilbert Grinneman; 4 mars 1826, Bidault; 20 sept. 1828, Payenneville; 24 déc. 1830, Etcheverry; 14 avr. 1831, Jacquemot; 18 mars 1842 (t. 2 1842, p. 681), Daubard.

147. — Au reste, cette disposition n'est pas nouvelle: l'art. 502 du Code de brum. an IV portait que nul ne pouvait être juré de jugement dans la même affaire où il avait été juré d'accusation.

148. — La prohibition s'étend même au cas où l'arrêt de mise en accusation et l'arrêt de la cour d'assises qui prononce la condamnation de l'accusé ont été rendus sous la présidence du même magistrat. — *Cass.*, 20 juin 1815, Laroche; 20 sept. 1828, Payenneville; 16 juin 1831, Mallard.

149. — Mais cette disposition prohibitive, restrictive de sa nature, ne concerne que ceux des membres qui ont participé à l'arrêt de mise en accusation, elle ne peut conséquemment être étendue aux conseillers qui n'auraient concouru qu'à un arrêt préparatoire d'instruction qui a ordonné de nouvelles informations. — *Cass.*, 11 juill. 1816, Laporte; — Le Sellyer, t. 3, no 996.

150. — Ainsi jugé 1o qu'il n'y a pas de nullité des débats en ce que les assises auraient été présidées par un conseiller qui avait déjà connu d'une affaire civile concernant l'accusé, et se rattachant à l'instance criminelle, ce fait n'étant de nature à ouvrir au profit de l'accusé, conformément à l'art. 378, C. procéd. civ., no 8, que la voie de récusation dont il eût dû, pour être recevable à l'invoquer, faire usage devant la Cour d'assises. — *Cass.*, 13 avril 1837 (t. 1er 1838, p. 327), Nicole; — Bourguignon, *Jurispr. des C. crim.*, sur l'art. 252.

151. — ... 2o Que le magistrat qui a seulement concouru à un arrêt de plus ample informé n'est pas empêché, comme celui qui a concouru à l'arrêt de mise en accusation, de présider la cour d'assises dans la même affaire. — *Cass.*, 11 juill. 1816, Laporte. — V. aussi en ce sens de Serres, *Man. des cours d'assises*, t. 1er, p. 67.

152. — Jugé toutefois, au contraire, qu'il suffit qu'un membre de la chambre d'accusation ait concouru à une arrêt de plus ample informé, quoiqu'il n'ait pas participé à l'arrêt de renvoi, pour qu'il ne puisse pas, dans la même affaire, présider les assises ni assister le président. — C. inst. crim., art. 257. — *Bruxelles*, 3 mai 1816, Léopold-François de W...

153. — Mais remarquons que les motifs déduits à l'appui de cette décision n'ont rien de concluant; il eût été préférable de dire que lors de l'arrêt sur plus ample informé, comme lors de l'arrêt de renvoi, la mise en accusation a été agitée; que le magistrat qui a, plus tard, présidé les assises a pu voter contre la mesure préparatoire et pour la mise en accusation immédiate; que, dans tous les cas, il devait avoir sur l'affaire une opinion formée à l'avance, d'où résultaient tous les dangers que le législateur a voulu prévenir.

154. — ... 3o Que le conseiller qui a présidé la cour d'assises lors de la condamnation par contumace d'un accusé, et qui a procédé, en cette qualité, à l'examen de ses co-accusés, peut présider encore la cour d'assises lors du jugement contradictoire de l'accusé contumax arrêté ou qui se représente. — *Bruxelles*, 3 mars 1819, Chezelle.

155. — ... 4o Que l'art. 257, C. inst. crim., ne met aucun obstacle à ce que les membres de la cour royale qui ont connu de l'affaire en concourant à un arrêt par lequel la chambre correctionnelle s'est déclarée incompétente, fassent ensuite partie de la cour d'assises dans la même affaire. — *Cass.*, 3 mars 1824, Déhlinger.

156. — ... 5o Que la loi ne s'oppose point à ce que le conseiller qui a connu d'un procès civil pendant entre le failli et ses créanciers, siége ensuite à la cour d'assises comme président ou comme assesseur, dans une poursuite en banqueroute frauduleuse exercée contre le failli. — *Cass.*, 22 juill. 1819, Fontanille; — Bourguignon, *Jurisp. des codes crim.*, sur l'art. 257; Le Sellyer, t. 3, no 1005; Carnot, *Inst. crim.*, art. 257, t. 2, p. 324, obs. add.; de Serres, *Man. des cours d'assises*, t. 1er, p. 69.

157. — Le président d'un tribunal qui a pris part en cette qualité au jugement rejetant au civil un écrit qui fait l'objet d'une poursuite criminelle, ainsi qu'à la mise en prévention de l'inculpé, peut encore concourir à l'arrêt de la cour d'assises. — *Cass.*, 6 avr. 1838 (t. 2 1842, p. 653), Guillaume.

158. — Le conseiller qui a fait partie de la première chambre civile au moment où le premier président a procédé au tirage du jury pour la formation de la liste de la session, n'est point pour cela incapable de présider la cour d'assises. — *Cass.*, 4 sept. 1828, Roquet.

159. — Le magistrat qui a décerné une ordonnance ayant pour unique objet d'indiquer l'audience à laquelle devra être portée l'opposition formée à un arrêt par défaut prononcé par la cour d'assises, peut siéger comme juge à la cour d'assises, nonobstant la prohibition de l'art. 257. — *Cass.*, 18 avr. 1838, Godefroi.

160. — On a agité la question de savoir si, la cour d'assises ayant renvoyé à une autre session une affaire par la persuasion que le jury se serait trompé dans sa déclaration, les magistrats qui auraient concouru à cet arrêt de renvoi pourraient faire partie de la nouvelle cour d'assises.

161. — M. Legraverend (t. 2, p. 256 et 257) soutient la négative: « Il faut, dit-il, que l'affaire soit soumise à un nouveau débat, devant de nouveaux hommes; et c'est dans ce renouvellement complet que la loi a cherché une garantie contre la prévention et l'erreur. » — MM. Bourguignon (*Jurisp. des codes crim.*, no 3, sur l'art. 251) et Le Sellyer (t. 3, no 998) professent l'opinion contraire, qui est aussi partagée par M. Duvergier dans ses notes sur Legraverend (*loc. cit.*) et qui nous paraît plus conforme aux principes.

162. — Mais il en serait autrement du magistrat qui aurait concouru à l'arrêt d'une cour d'assises qui aurait été cassé; il ne pourrait être membre d'une autre cour d'assises, créée dans le ressort de la même cour royale, et qui serait saisie de la même affaire par le renvoi de la cour de cassation. — *Cass.*, 6 mai 1824, Branger; 12 mai 1842 (t. 1er 1843, p. 70), Henry; — Le Sellyer, t. 3, no 997; Legraverend, t. 2, p. 151.

163. — La prohibition s'étend aux membres de la cour royale qui ont rempli les fonctions de juges instructeurs. — Art. 257. — Legraverend, t. 2, p. 102.

164. — Mais la disposition de l'art. 257 ne s'applique pas au conseiller membre de la chambre des mises en accusation, qui, au cas d'informations nouvelles ordonnées par la cour, a fait, conformément à l'art. 236, les fonctions de juge instructeur. — *Cass.*, 12 août 1813, Serra; — Bourguignon, *Jurisp. des Codes crimin.*, art. 236 et 257.

165. — Bourguignon (*Jurispr. des C. crim.*, sur l'art. 236, C. inst. crim., t. 1er, p. 311) semble approuver cette solution; mais Legraverend (t. 2, chap. 2, sect. 3e, p. 102) dit qu'il lui est impossible de trouver une raison valable d'établir quelque différence à cet égard entre le juge in-

tructeur qui est attaché au tribunal de première instance et celui qui appartient à la cour royale.

166. — Il ne faut pas non plus étendre la prohibition au conseiller qui doit, aux termes de l'art. 259, remplir les fonctions de juge instructeur lorsque la cour ordonne des informations nouvelles dans une affaire dont elle se trouve saisie par une ordonnance de la chambre du conseil du tribunal de première instance. — *Cass.*, 12 juill. 1833, Lachassagne; 26 mai 1842 (t. 2 1842, p. 670), Bonnet; — Le Sellyer, t. 3, no 1003; Legraverend, t. 2, p. 102.

167. — La cour d'assises ne peut, dans le lieu où siége la cour royale, être composée de plus de trois juges; toutefois, à raison de la gravité des circonstances, la chambre civile de la cour royale que préside le premier président peut être réunie à la cour d'assises pour le débat et le jugement d'une affaire, lorsque le procureur général en a fait la réquisition aux chambres assemblées et qu'il est intervenu un arrêt conforme à ses conclusions. — Décr. 6 juill. 1810, art. 93.

168. — Cette chambre civile opère sa réunion, telle qu'elle est composée pour juger les affaires civiles, c'est-à-dire de sept conseillers, ou d'un nombre plus élevé. — Carnot, *Inst. crim.*, art. 252, p. 308; Le Sellyer, t. 3, no 976. — Il faut sur ce point repousser l'opinion de M. Legraverend, qui pense (t. 2, p. 97) que la chambre civile ne peut s'adjoindre à la cour d'assises qu'en nombre pair, afin d'éviter le partage; le motif puisé dans la crainte du partage qu'il invoque ne saurait prévaloir, puisque s'il avait lieu pour l'application de la peine, il serait interprété dans le sens le plus favorable à l'accusé. — Le Sellyer, t. 3, no 977.

169. — Dans le cas de la réunion de la chambre civile à la cour d'assises, si un membre de cette cour se trouvait empêché, il devrait être remplacé sans qu'on pût s'en dispenser à raison de la présence de la chambre civile. — Le Sellyer, *loc. cit.*; Carnot, sur l'art. 252, no 1er. — La raison qu'en donne le premier de ces auteurs est que la chambre civile est *réunie* et non *confondue* avec la cour d'assises, ce qui ne permet pas à cette cour de se compléter par les membres de la chambre civile.

170. — La réunion de la chambre civile n'a lieu que dans les lieux où réside la cour royale; la réunion aux assises des départemens entraînerait un déplacement coûteux et qui pourrait paralyser pour quelque temps l'administration de la justice civile, ce qui ne peut pas être. — Le Sellyer, t. 3, no 980; Legraverend, t. 2, p. 97.

171. — Lorsque la réunion est ordonnée, c'est toujours le premier président qui doit présider la cour d'assises. — Legraverend, t. 2, p. 97; Le Sellyer, t. 3, no 981. — La raison qu'en donnent ces auteurs, c'est que partout où se trouve le premier président, la présidence ne peut appartenir à aucun membre de la cour.

172. — Les motifs graves qui peuvent nécessiter la réunion de la chambre civile, n'étant pas déterminés par la loi, sont laissés à l'appréciation de la cour royale; les arrêts qu'elle rend sur ce point échappent à la censure de la cour de Cassation. — Legraverend, t. 2, p. 99.

173. — Les fonctions du ministère public sont remplies, soit par le procureur général, soit par un des avocats généraux, soit par un des substituts du procureur général. — C. inst. crim., art. 252, § 2.

174. — Ces officiers peuvent, en cas d'empêchement, être remplacés par des conseillers auditeurs désignés par le procureur général. — Décr. 6 juill. 1810, art. 61.

175. — C'est une maxime constante dans le droit public du royaume, que les fonctions du ministère public sont incompatibles avec celles de juge. En conséquence, la cour d'assises est illégalement constituée, lorsque l'un des juges qui la composent a précédemment, et en qualité de substitut du procureur du roi, fait toutes les réquisitions nécessitées par l'instruction préalable. — *Cass.*, 13 sept. 1827, Reynaud, dit Lissac; — Bioche et Goujet, *Dict. procéd.*, vo *Ministère public*, no 31; Carnot, *Inst. crim.*, art. 257, t. 2, p. 324, note 2e; Le Sellyer, t. 3, no 1007.

176. — Jugé aussi que le jugement rendu à la Guadeloupe, sur la poursuite du procureur du roi, par un tribunal dont faisait partie le substitut du procureur du roi, est nul. — *Cass.*, 22 mai 1828, Antoine.

177. — Jugé cependant que le conseiller auditeur, qui a rempli les fonctions du ministère public à la chambre des mises en accusation, en remplacement du procureur général, peut, sans qu'il en résulte une nullité, siéger comme juge à la cour d'assises dans la même affaire. — *Cass.*, 21 sept. 1827, Choselières.

178. — Mais la doctrine consacrée par cet arrêt ne paraît pas devoir être admise; le principe de l'incompatibilité des fonctions de juge avec celles du ministère public doit ici recevoir son application comme dans l'arrêt du 13 sept. 1827, cité au no 175; il en serait autrement si le magistrat qui a déjà remplacé le procureur général continuait à remplir les fonctions du ministère public à la cour d'assises. — V. Le Sellyer, t. 3, no 1008.

179. — Jugé que, bien qu'un conseiller auditeur ait rempli les fonctions du ministère public sur l'accusation portée contre un individu, il peut siéger comme juge à la cour d'assises sur l'accusation concernant un autre individu, et ayant pour objet un fait distinct, mais comprise dans le même arrêt de renvoi et dans le même acte d'accusation. — *Cass.*, 5 avr. 1832, Castellani.

180. — Le greffier de la cour royale y exerce ses fonctions par lui-même ou par l'un de ses commis assermentés. — Art. 252, § 3.

181. — Le greffier ou le commis assermenté qui le remplace doit avoir vingt-sept ans accomplis. — L. 20 avr. 1810, art. 65.

182. — Il a été jugé qu'il n'entre point dans les attributions de la cour de Cassation de vérifier si le greffier qui a tenu la plume aux séances d'une cour d'assises réunissait les qualités nécessaires, et qu'il y a pour elle présomption légale que celui qui a rempli les fonctions de greffier avait l'âge requis, lors même que le contraire serait prouvé par la production de son acte de naissance. — *Cass.*, 8 mars 1816, Beaumann.

183. — Carnot (sur l'art. 254, C. inst. crim., t. 2, p. 307, no 9, et sur l'art. 252, même Code, p. 313, no 15) soutient, avec raison, que les présomptions, quelque fortes qu'elles soient, ne sont toujours que des présomptions; qu'elles ne peuvent prévaloir sur la vérité, lorsqu'elle se trouve établie par des pièces authentiques et irrécusables; il fait aussi remarquer que la cour de Cassation n'hésite pas à prononcer la nullité de la déclaration du jury lorsqu'il y a preuve que l'un des jurés qui y ont concouru n'avait pas l'âge requis; et il demande pourquoi on jugerait différemment à l'égard du greffier ou de l'un des magistrats de la cour d'assises.

184. — Dans les départemens autres que celui où siége la cour royale, la cour d'assises est composée : 1o d'un conseiller à la cour royale, délégué à cet effet, et qui préside la cour d'assises; — 2o de deux juges pris soit parmi les conseillers de la cour royale, lorsque celle-ci juge convenable de les déléguer à cet effet, soit parmi les présidens ou juges du tribunal de première instance du lieu de la tenue des assises. — C. inst. crim., art. 253.

185. — L'ancien art. 253 portait que les magistrats qui devaient assister le président seraient pris parmi les présidens et les juges *plus anciens* du tribunal de première instance du lieu de la tenue des assises. — Il a été jugé, alors que cet article était en vigueur, qu'il ne disposait pas à peine de nullité et, par conséquent, que des magistrats qui n'étaient pas les plus anciens du tribunal avaient pu être valablement désignés comme assesseurs du président. — *Bruxelles*, 22 nov. 1820, Boivier; 27 nov. 1821, Botte; 27 mars 1828, Crosnier.

186. — Toutefois, il a depuis été décidé que, en modifiant la rédaction de l'ancien art. 253 C. instr. crim., la loi du 4 mars 1831 n'a en rien changé le mode établi par cet article quant à la composition de la cour d'assises. En conséquence, dans les départemens où ne siége pas une cour royale, les assesseurs des cours d'assises doivent être d'abord les présidens, puis les juges de première instance inscrits les premiers sur le tableau; en cas d'empêchement, ceux qui les suivent immédiatement, et ainsi de suite, en descendant aussi loin qu'il est nécessaire, et même jusqu'aux suppléans, s'il y a lieu. Et il n'appartient ni au président de la cour d'assises, ni au tribunal de première instance de désigner ces assesseurs. — *Cass.*, 15 mars 1845 (t. 1er 1845, p. 429), procureur gén. près la cour de cass.

187. — Malgré cette décision, la rédaction évidemment incomplète du nouvel art. 253, C. instr. crim., a donné lieu à quelques doutes sérieux sur la manière dont il devait être interprété : l'ancien art. 253 disposait que la cour d'assises serait composée, dans les départemens autres que celui où siége la cour royale, d'un membre de cette cour, président, et de quatre assesseurs pris parmi les présidens et juges les plus anciens du tribunal de première instance. Ainsi, dans l'esprit de cet article, c'était l'ancienneté qui devait désigner les assesseurs, sans que cette désignation pût être arbitraire ou émaner d'une autorité quelconque autre que la loi elle-même.

188. — Le nouvel art. 253 ne dispose pas d'une manière aussi explicite; il se borne à déclarer que la cour sera composée, indépendamment du conseiller président, de deux juges pris, soit parmi les conseillers de la cour royale, lorsque la cour jugera convenable de les déléguer à cet effet, soit parmi les présidens ou juges du tribunal de première instance du lieu de la tenue des assises. — Mais il n'ajoute pas, comme l'article qu'il a remplacé, que ces juges seront pris *par ordre d'ancienneté*.

189. — De cette différence entre les deux rédactions on a été tenté de conclure que le mode de composition des cours d'assises avait été changé par la loi nouvelle; mais on s'est trouvé alors en présence d'une sérieuse difficulté. La loi nouvelle ne dit pas par quelle autorité seront nommés les juges assesseurs autres que ceux pris parmi les conseillers de la cour royale. Or, dans le silence du texte, à qui le droit de désignation devait-il appartenir? — Il paraît que depuis long-temps l'usage s'est établi à la chancellerie de reconnaître au président délégué le pouvoir de choisir lui-même ses assesseurs, pouvoir qui doit paraître exorbitant : car ne serait-il pas dangereux que l'influence déjà si grande que les présidens d'assises exercent nécessairement par la nature de leurs fonctions pût s'augmenter encore de la force que leur donnerait un droit dont il leur serait facile d'abuser pour écarter ceux dont ils redouteraient l'opposition?

190. — D'un autre côté, certains tribunaux ont cru pouvoir s'arroger le droit de procéder eux-mêmes à la désignation des assesseurs en vertu du pouvoir qui leur appartient de régler leur service intérieur. C'est même au sujet d'une mesure de cette nature prise par le tribunal de Saint-Mihiel qu'est intervenu l'arrêt cité *suprà* no 186. — Enfin M. le procureur général Dupin, dans le réquisitoire prononcé dans l'espèce à l'occasion de laquelle est intervenu le même arrêt, émettait l'opinion que le droit de désignation devrait plutôt appartenir à la cour royale, puisque l'art. 253 lui accorde le pouvoir de composer la cour d'assises entière de conseillers pris dans son sein, et qu'il semble naturel que le droit de désigner les magistrats du second degré entraîne, *à fortiori*, celui de désigner les juges du premier degré.

191. — Quoi qu'il en soit de ces diverses interprétations, on voit qu'aucune d'elles ne trouve précisément son point d'appui dans la loi. — Aussi la cour de Cassation a-t-elle cru devoir examiner sérieusement la question de savoir s'il existait réellement une lacune dans le nouvel art. 253, et si, malgré l'imperfection de sa rédaction, il n'était pas la reproduction de l'ancien article, en sorte que l'ancienneté dût seule décider de l'appel des membres du tribunal de première instance. « La question, disait à cet égard M. le rapporteur, ne s'est pas encore présentée en termes exprès; mais il semble résulter de plusieurs arrêts postérieurs à la loi de 1831 que la cour a pensé que cette loi avait laissé subsister l'ancienne règle. » En effet, sous cette loi, comme sous l'ancien art. 253, lorsqu'on a critiqué la composition des cours d'assises, par le motif que des juges qui y avaient siégé n'étaient pas les plus anciens, la cour a fondé le rejet de ce moyen sur la présomption légale de l'empêchement des juges plus anciens. — *Cass.*, 2 juin 1831, Chadrin; 29 mars 1832, Thiaut; 11 nov. 1841 (t. 1er 1842, p. 549), Lenormand et Raulet. — V. aussi 12 déc. 1840 (t. 2 1842, p. 622), ve Laffarge. — V. en outre *Cass.*, 2 mars 1843 (t. 1er 1844, p. 202), Lefort; et surtout l'arrêt du 4 oct. 1839 (t. 1er 1845, p. 426), Procur. gén. à la cour de cass. — Ce dernier arrêt a repoussé tous les systèmes d'interprétation que nous avons signalés pour s'en tenir à cette idée que la loi du 4 mars 1831 n'avait pas été introductive d'un droit nouveau.

192. — Le conseiller désigné pour présider une cour d'assises dans un département où ne siége pas de cour royale doit, lorsqu'il se trouve dans l'impossibilité de remplir ses fonctions, être remplacé, conformément à l'art. 263, C. inst. crim., par le plus ancien des membres de la cour royale qui auraient été nommés pour l'assister, et, s'il n'a pour assesseurs aucun membre de la cour royale, par le président du tribunal de première instance. — *Cass.*, 9 janv. 1845 (t. 1er 1845, p. 428), Pottier.

193. — Jugé encore que, quand le président d'une cour d'assises se trouve légalement empêché, ses fonctions ne peuvent être remplies que par un magistrat délégué par le premier président de la cour royale, aux termes de l'art. 16, L. 21 avr. 1810, pour remplir ces fonctions, ou par le plus ancien des conseillers assesseurs. — *Cass.*, 27 juin 1844 (t. 2 1844, p. 94), Benedetti.

194. — S'il y a, pour le président des assises,

impossibilité de remplir ses fonctions à l'égard d'une des affaires de la session, même par une cause antérieure à la notification faite aux jurés, par exemple, pour avoir déjà connu de l'affaire, il doit être remplacé par l'un des magistrats désignés dans l'art. 263, C. inst. crim. — *Cass.*, 12 mai 1842 (t. 1er 1843, p. 70), Henry.

195. — Les président et juges du tribunal de première instance ne sont appelés à faire partie de la cour d'assises que lorsqu'il n'a pas été délégué de conseillers par la cour royale. — Legraverend, t. 2, p. 98. — Au reste, cette délégation doit être faite avec beaucoup de réserve et seulement lorsque des circonstances graves l'exigent, afin de ne pas nuire au service intérieur de la cour royale. — *Ibid.*

196. — Nous avons déjà vu (*suprà* nos 163 et suiv.) que le conseiller de la cour royale qui avait rempli les fonctions de juge instructeur dans une affaire ne pouvait entrer dans la composition de la cour d'assises qui devait la juger; cette prohibition est plus formelle encore à l'égard du juge d'instruction titulaire; il ne peut, à peine de nullité, ni présider les assises, ni assister le président. — C. inst. crim., art. 257, *in fine*.

197. — Jugé, d'après cette règle, qu'un juge d'un tribunal de première instance qui, *faisant les fonctions de juge d'instruction*, entend des témoins, procède à des interrogatoires, fait, en cette qualité, le rapport à la chambre du conseil, et concourt à l'ordonnance de renvoi et de prise de corps, ne peut, dans la même affaire, ni présider la cour d'assises, ni assister le président. — *Cass.*, 24 fév. 1813, Angot; 11 août 1820, Delion.

198. — ... Qu'il suffit qu'un juge ait, d'après la délégation du tribunal, fait acte d'instruction dans une affaire, pour qu'il ne puisse, de même que le juge d'instruction titulaire, siéger parmi les membres de la cour d'assises, dans la même affaire. — *Cass.*, 1er août 1829, Rhades; 8 oct. 1832, Gellée; 29 mai 1834, Rhades; — De Serres, *Man. des cours d'assises*, t. 1er, p. 67.

199. — Est nul l'arrêt d'une cour d'assises auquel a concouru un juge qui, dans la même affaire, avait rempli les fonctions de juge d'instruction même pour une partie seulement de la procédure. — *Cass.*, 4 nov. 1830, Néther, Rauch.

200. — Lorsqu'il est établi qu'il y a identité entre le magistrat qui a fait le rapport de la procédure à la chambre du conseil de première instance, et l'un des juges qui ont siégé à la cour d'assises, cette cour ayant été illégalement composée, il y a lieu d'annuler les débats, la déclaration du jury et l'arrêt de condamnation. — *Cass.*, 7 août 1828, Merger.

201. — Il doit en être de même lorsque le juge qui a rempli accidentellement les fonctions de juge d'instruction, a fait à la chambre du conseil un rapport sur lequel est intervenue une ordonnance portant qu'il n'y a lieu à suivre, quant à présent; ce juge ne peut ultérieurement faire partie de la cour d'assises saisie de la poursuite dirigée contre le même individu, à raison des mêmes faits. — *Cass.*, 3 juill. 1834, Spinel.

202. — La participation du juge d'instruction, comme assesseur du président des assises, aux arrêts rendus sur les excuses des jurés absens, à leur remplacement et à la formation de la liste des trente jurés, pour le service de la session, opère nullité dans les affaires par lui instruites, encore bien qu'il n'ait pas assisté aux débats. — *Cass.*, 2 fév. 1832, Geboliau; 20 oct. 1832, Gellée.

203. — Ces arrêts sont fondés sur le texte littéral de la loi; il y a corrélation nécessaire entre la formation de la liste des trente jurés, et les diverses affaires de la session, puisque chaque accusé est recevable à se prévaloir des irrégularités qu'elle renferme, malgré l'intervalle qui a pu s'écouler entre la formation de la liste et le jugement.

204. — Mais faut-il s'arrêter judaïquement à la lettre de la loi, lorsqu'il s'agit d'établir une incapacité, une nullité? Ne doit-on pas plutôt, pour en fixer le sens, rechercher l'esprit qui l'a dictée? — Le législateur a prononcé une exclusion contre le juge d'instruction, parce qu'il a pensé que ce magistrat porterait à la cour d'assises les préventions qu'il aurait pu contracter dans l'information. Ce danger n'est certes pas à craindre dans l'opération préliminaire qui constitue le jury pour toute la session. A moins de supposer au juge une inimitié personnelle contre l'accusé, il n'y a pas le moindre prétexte de lui interdire d'y participer, Son influence presque illusoire serait d'ailleurs neutralisée par les récusations de l'accusé. Ainsi l'art. 257, C. inst. crim., sainement entendu, ne concerne que les actes qui ont un rapport direct avec les faits de l'accusation, et ne s'applique point aux actes préliminaires qui sont complétement étrangers à la connaisssance de l'affaire. — Le système de la cour de Cassation ne conduirait-il pas jusqu'à interdire au magistrat qui aurait voté sur l'accusation d'assister à l'audience de la cour royale où l'on procède au tirage des trente jurés qui doivent former la liste de la session?

205. — Jugé toutefois que le conseiller qui a concouru à l'acte de mise en accusation peut, sans contrevenir à l'art. 257, C. inst. crim., interroger l'accusé lors de son arrivée dans la maison de justice, et lui donner l'avertissement prescrit par l'art. 200, même Code. — Il n'y a aucune incompatibilité entre cette double fonction. — *Cass.*, 5 fév. 1819, Benoît Arnaud.

206. — L'art, 257, C. inst. crim., ne porte que sur le cas où le juge d'instruction ferait partie des membres de la cour d'assises, jugeant une affaire qu'il aurait instruite, et nullement sur le cas où il s'agit d'entendre ce magistrat comme témoin aux débats. — *Cass.*, 12 déc. 1811, Magnette; — Carnot, sur l'art. 257, C. inst. crim., t. 2, p. 232, no 3.

207. — La prohibition faite au juge d'instruction de siéger à la cour d'assises n'est point applicable au président de la cour d'assises qui a fait des actes d'instruction en vertu des art. 301, 303 et 304, C. inst. crim. — *Cass.*, 22 avr. 1836, Fourré et Grenadon.

208. — ... Ni au juge qui, en qualité de membre de la cour d'assises délégué par le président, procède à la levée d'un plan du lieu où le crime a été commis. — *Cass.*, 9 sept. 1819, Nicolas Robardot; — Carnot, *C. inst. crim.*, art. 257, t. 2, p. 324; obs. add.; de Serres, *Man. des cours d'assises*, t. 1er, p. 67; Bourguignon, *Jurisp. des C. crim.*, sur l'art. 257; Le Sellyer, t. 3, no 1004.

209. — Mais le magistrat qui a rempli les fonctions de juge d'instruction sur une prévention de faux témoignage, en sa qualité de président de la cour d'assises devant laquelle ce crime a été commis, ne peut, à peine de nullité, remplir ensuite les fonctions de président de la cour d'assises qui procède au jugement de ce crime. — *Cass.*, 7 oct. 1824, Joseph Friedel; — Carnot, sur l'art. 257, C. inst. crim., t. 2, p. 324, no 1er; Le Sellyer, t. 3, no 1006.

210. — Les juges qui ont connu d'une affaire, comme membres de la chambre du conseil, peuvent siéger dans la même affaire, comme membres de la cour d'assises, nonobstant la disposition de l'art. 257, C. inst. crim., qui est limitée au juge d'instruction. — *Cass.*, 28 janv. 1813, Renaud; 26 janv. 1832, Tailland; 6 juill. même année, Rivot. — V. aussi en ce sens, Bourguignon, *Jurispr. des C. crim.*, t. 2, p. 335; Carnot, *Inst. crim.*, t. 2, p. 324, obs. add.

211. — Jugé aussi que les juges de première instance, autres que le juge d'instruction, qui ont concouru à l'ordonnance de prise de corps, peuvent, dans la même affaire siéger à la cour d'assises. — C. inst. crim., art. 257; — *Bruxelles*, 1er mars 1816, Vanhaudenhove; 17 juin 1823, N...; *Aix*, 2 oct. 1828, Girault; *Cass.*, 28 mars 1829, Chauvière; 24 déc. 1829, Barcel; 15 avr. 1830, Wanveninghem.

212. — Avant la loi du 10 déc. 1830, qui a supprimé l'institution des juges auditeurs, ces juges, lorsqu'ils étaient âgés de vingt-cinq ans, avaient qualité pour siéger comme juges à la cour d'assises. — *Cass.*, 13 oct. 1826, Garnier; 10 mars 1827, Texier; 6 juill. 1827, Pélicat; 27 mars 1828, Crosnier; 16 mai 1828, Laforest; 9 janv. 1829, Beaumont; 4 avr. 1829, Laborie.

213. — Il avait même été décidé que les juges auditeurs devaient être appelés, de préférence aux juges suppléans, dans la composition des cours d'assises. — *Cass.*, 3 déc. 1829, Jean-Baptiste Delettre.

214. — La loi n'exige point que le juge qui a fait l'interrogatoire de l'accusé à son arrivée dans la maison de justice fasse partie de la cour d'assises. — *Bruxelles*, 31 oct. 1831, Delaet et Vanvoorde; *Cass.*, 21 déc. 1832, Bouffont; même date, Armand.

215. — Et l'on ne peut tirer ouverture à cassation de ce que le magistrat qui aurait procédé à l'interrogatoire de l'accusé serait entré dans la composition de la cour d'assises. — Carnot, *Inst. crim.*, art. 251, no 2.

216. — Dans les départemens, la cour d'assises est, en outre, composée du procureur du roi près le tribunal, ou de l'un de ses substituts. — C. inst. crim., art. 253.

217. — Le procureur du roi n'étant, en ce qui concerne le service des assises, que le substitut du procureur-général, il est évident que celui-ci peut, soit par lui-même, soit par ses avocats-généraux et substituts, soutenir toutes les accusations portées devant les cours d'assises qui sont dans le ressort de la cour. — Morin, *Dict. de dr. crim.*, vo *Cour d'assises*, p. 213; Carnot, *Inst. crim.*, art. 253, t. 2, p. 317, no 7.

218. — Il n'est pas nécessaire que le même membre du parquet assiste à toutes les audiences. — De Serres, *Manuel des cours d'assises*, t. 1er, p. 62.

219. — La cour d'assises est, en outre, composée du greffier du tribunal ou de l'un de ses commis assermentés. — C. inst. crim., art. 253.

220. — Lorsque le conseiller délégué pour présider les assises se trouve empêché, il est pourvu à son remplacement; si l'empêchement est antérieur à la notification qui doit être faite aux jurés en vertu de l'art. 389, C. inst. crim., le premier président nomme un conseiller pour présider les assises. — Décr. 6 juill. 1810, art. 81.

221. — Il n'est pas nécessaire que l'ordonnance du premier président de la cour royale qui délègue un autre conseiller pour remplacer le président des assises empêché soit publiée comme l'ordonnance qui fixe l'époque de l'ouverture des assises. — Décr. 6 juill. 1810, art. 80 et 82; C. inst. crim., art. 264. — *Cass.*, 13 juill. 1816, Joseph Locheron.

222. — De même, il n'est pas nécessaire, à peine de nullité, qu'une décision expresse intervienne pour procéder au remplacement de l'un des juges d'une cour d'assises. Il suffit que l'empêchement et le remplacement soient constatés par le procès-verbal d'audience ou par l'arrêt rendu sur l'accusation. — *Cass.*, 3 mars 1842 (t. 1er, 1844, p. 202), Lefort.

223. — Si l'empêchement est postérieur à la notification, le président de la cour d'assises est remplacé par le plus ancien des autres juges de la cour royale, nommés ou délégués pour l'assister. — C. inst. crim., art. 263; — *Cass.*, 13 avr. 1837 (t. 1er 1838, p. 322), Farcinet.

224. — Carnot (sur l'art. 252, no 13) émet sur ce point une opinion que nous ne saurions admettre; il pense qu'il faut appeler le plus ancien magistrat de la cour dans l'ordre de réception, pour compléter le nombre des membres de la cour d'assises; et que c'est alors au plus ancien d'entre eux, dans l'ordre de réception, qu'appartient la présidence; mais c'est évidemment une erreur qui se réfute par le texte de l'art. 263, C. d'inst. crim., lequel dispose que, dans le cas énoncé, le président sera remplacé par le plus ancien des autres juges de la cour royale *nommés ou délégués pour l'assister*: telle est, au reste, l'opinion de Legraverend, t. 2, p. 99, et celle de M. Le Sellyer, t. 3, no 1015.

225. — Lorsque le président d'une cour de justice criminelle s'est abstenu de siéger, il y a présomption légale d'un empêchement légitime. — *Cass.*, 15 janv. 1829, Ferracci; 31 déc. 1829, Lusinchi; 26 fév. 1836, Boiché et Morache.

226. — Dans le cas prévu par l'art. 263, C. inst. crim., il n'est pas nécessaire d'une délégation du premier président pour remplacer le président des assises, le conseiller le plus ancien dans l'ordre de réception ou le président du tribunal le remplaçent de droit. — *Cass.*, 31 mai 1827, Gillet; — De Serres, *Man. des cours d'assises*, t. 1er, no 61; 9 juin 1831, Perrin.

227. — Jugé même qu'aucune loi n'interdit à un conseiller remplaçant le président d'une cour de justice criminelle d'abandonner la présidence à un conseiller moins ancien que lui. — *Cass.*, 31 déc. 1829, Lusinchi.

228. — Si le président empêché n'a pour assesseur aucun membre de la cour royale, il est remplacé par le président du tribunal de première instance. — C. inst. crim., art. 263.

229. — Si le président du tribunal est lui-même empêché, il est remplacé par le vice-président. — *Cass.*, 26 fév. 1836, Boiché et Morache: c'est, au reste, ce qu'avait déjà implicitement jugé la même cour le 31 déc. 1830, Benezech; — V. encore en ce sens Legraverend, t. 2, p. 99; — Déc. min. just. 4 mars 1812.

230. — Il ne peut résulter une nullité de ce que, à raison de l'empêchement du président de la cour d'assises, du président du tribunal et du vice-président, la cour d'assises aurait été présidée par le plus ancien juge. — *Cass.*, 22 nov. 1832, Michel Boyère; 25 avr. 1833, Dumas.

231. — M. Legraverend (t. 2, p. 100) est d'un avis contraire à cet arrêt. Si le vice-président, dit-il, était également empêché, dans ce cas il y aurait lieu à une délégation extraordinaire, attendu que la loi n'appelle pas les simples juges du tribunal à remplir les fonctions de président; l'importance de ce fonctionnaire nécessite cette distinction et ne permet pas que des magistrats qui pourraient n'être âgés que de vingt cinq ans fussent appelés à remplir des fonctions qui en

gent celui de vingt-sept ans. — V. aussi en ce sens, Bourguignon, *Man. et Jurispr. des Codes crim.*, sur l'art. 263.

232. — MM. Carnot (Observ. add. sur l'art. 263) et Le Sellyer (t. 3, no 1017) combattent l'opinion de M. Legraverend; ils se fondent principalement sur ce que, dans le droit commun, les juges sont appelés à remplacer le président et le vice-président de leur tribunal lorsqu'ils sont empêchés, et que pour leur ôter ce droit il faudrait une disposition expresse qui n'existe pas. Cette raison nous paraît décisive.

233. — Lorsque le président d'une cour d'assises, établie dans le lieu où siége la cour royale, se trouve empêché, et qu'il est remplacé par le conseiller le plus ancien, la loi n'exige pas que le cinquième juge appelé pour compléter la cour d'assises soit délégué par le premier président. — C. inst. crim., art. 252. — *Cass.*, 16 juill. 1818, Dufour.

234. — Jugé cependant qu'en cas d'empêchement de quelques uns des conseillers nommés par le premier président pour former la cour d'assises, ce magistrat peut, même pendant la session, en désigner d'autres pour compléter la cour, sans qu'il en résulte aucune violation de la loi. — *Bruxelles*, 25 avr. 1831, Vanleeuw.

235. — ... Et que, la composition des cours d'assises étant d'ordre public et ne pouvant être modifiée par le seul consentement des magistrats qui en font partie, il y a nullité lorsque le magistrat appelé pour compléter la cour d'assises n'est pas désigné par le premier président ou n'est pas le plus ancien des magistrats assesseurs, et que le procès-verbal des débats ou l'arrêt ne font aucune mention de l'empêchement des juges plus anciens. — *Cass.*, 27 juin 1844 (t. 2 1844, p. 94), Benedetti.

236. — Un conseiller auditeur peut être désigné pour remplacer l'un des assesseurs, qui se trouve empêché. — *Cass.*, 9 juin 1831, Perrin.

237. — Les juges du tribunal de première instance ne sont appelés à remplacer les juges de la cour royale qu'autant que la cour d'assises siége dans une ville autre que celle de la cour royale. — Le Sellyer, t. 3, no 1014; Carnot, *Inst. crim.*, sur l'art. 264, no 2; Legraverend, t. 2, p. 99.

238. — Lorsqu'un juge de la cour d'assises est remplacé par un autre, il y a présomption légale d'un empêchement légitime. — *Cass.*, 2 juill. 1812, Mora; 30 janv. 1818, Lépine; 10 juin 1826, Soudry; 24 août 1827, Piriou; 27 mars 1828, Crosnier; 15 janv. 1829, Ferracci; 31 déc. 1829, Lusinchi; 1er oct. et 31 déc. 1830, Benazech; 2 juin 1831, Chadrin; 29 mars 1832, Thiault; 26 fév. 1836, Boiché et Morache.

239. — Jugé de même que la mention que c'est par suite de l'empêchement de deux juges plus anciens que deux autres juges ont été appelés à faire partie de la cour d'assises est suffisante, quoique la cause de l'empêchement ne soit pas exprimée. — *Cass.*, 10 oct. 1828, Fournier.

240. — Toutefois, M. Legraverend (t. 2, p. 101) soutient que le remplacement des juges titulaires, en quelque circonstance que ce soit, ne peut s'opérer d'une manière régulière qu'autant que le motif est constaté dans le jugement ou l'arrêt auquel les remplaçans ont concouru. A l'appui de son opinion, il invoque un arrêt rendu par la chambre civile de la cour de Cassation du 4 juin 1822 (Leblin). — V. aussi en ce sens, Merlin, *Quest.*, vo *Avocat*, § 3, no 1er. — V. aussi AVOCAT et AVOUÉ.

241. — Mais les membres d'une cour ayant tous également le caractère de juges, il nous semblerait bien rigoureux d'ériger l'irrégularité en une présomption légale. Les magistrats méritent assez de confiance pour que l'on doive présumer, au contraire, que le remplacement s'est opéré d'une manière conforme aux réglemens. Le système de Legraverend conduirait jusqu'à permettre à l'accusé de discuter les causes d'empêchement alléguées par les juges remplacés, ce qui n'est sans doute pas entré dans l'intention du législateur. Quant à l'arrêt du 4 juin 1822 (Leblin), il dispose spécialement sur le mode de vider un partage. La loi exige impérativement que l'on appelle les juges les plus anciens. L'ordre suivi pour compléter la cour, dans ce moment décisif, intéresse les parties au plus haut degré, et doit avoir quelque chose de substantiel. C'est donc par un motif particulier que la jurisprudence ne s'est point contentée, en ce cas, d'une simple présomption légale, et qu'elle a voulu accorder aux parties une garantie positive en exigeant à son tour une mention expresse de l'empêchement et de ses causes. — *Cass.*, 2 avr. 1838 (t. 2 1838, p. 6), Morizot c. Muteau.

242. — Jugé encore que, lorsqu'un juge suppléant a fait partie de la cour d'assises, il y a présomption légale que les autres juges du tribunal étaient légitimement empêchés. — *Cass.*, 17 juill. 1828, Pageot; 1er oct. 1830, Martil; 11 nov. 1841 (t. 1er 1842, p. 195), Brizard.

243. — En cas d'empêchement des président, juges et suppléans du tribunal de première instance, ou à leur défaut, les avocats peuvent-ils être appelés à compléter les cours d'assises? — Cette question, qui peut se présenter, n'a point été prévue par le Code d'instruction criminelle; mais l'affirmative ne saurait être douteuse; la jurisprudence et la doctrine sont d'accord sur ce point. — *Cass.*, 27 déc. 1811, Jean Barrié; — Legraverend, *Tr. de la législ. crim.*, t. 2, p. 101; Carnot, sur l'art. 299, C. inst. crim., t. 2, p. 432, no 12; Merlin, *Quest.*, vo *Homme de loi*, § 4; Le Sellyer, t. 3, no 1019.

244. — Sous la loi du 30 germin. an V, on décidait aussi que les cours de justice criminelle pouvaient, comme les tribunaux civils, appeler des hommes de loi à l'effet de compléter instantanément le nombre des juges requis pour le jugement des procès. Mais il fallait, à peine de nullité, que les juges ou suppléans ayant caractère de juges siégeassent en majorité. — *Cass.*, 11 prair. an XIII, Jamaigne.

245. — Il y a plus, en cas d'empêchement des juges, on peut appeler un avoué pour compléter la cour d'assises. — *Cass.*, 10 nov. 1832, Morson; — Carnot, *Inst. crim.*, sur l'art. 264, no 6; Le Sellyer, t. 3, no 1021.

246. — Dans tous les cas, le remplacement d'un juge de la cour d'assises par un avoué ou un avocat ne peut avoir lieu que lorsque les assises ne se tiennent pas au lieu où siége la cour royale, ou du moins la cour d'assises du lieu où siége la cour royale ne peut s'adjoindre un avocat pour se compléter, en cas d'empêchement légitime de tous les conseillers, qu'autant que tous les juges ou suppléans du tribunal de première instance sont également empêchés. — *Cass.*, 24 avr. 1834, Conti et Casanova.

247. — ... Et l'on ne peut appeler en remplacement qu'un seul avocat ou un seul avoué. — *Cass.*, 11 prair. an XIII, Jamaigne; — Merlin, *Quest.*, vo *Avocat*, § 2, no 1er.

248. — Les cours d'assises peuvent s'adjoindre des magistrats pour assister aux débats, et remplacer ceux de leurs membres qui se trouveraient dans l'impossibilité de continuer à exercer leurs fonctions. — L. 25 brum. an VIII, art. 4.

249. — Cette disposition n'a point été abrogée par les lois subséquentes, et notamment par le décret du 6 juill. 1810; le droit qu'exercent à cet égard les cours d'assises est dans l'intérêt de la bonne administration de la justice et de la prompte expédition des procès. — *Cass.*, 31 janv. 1812, Guilmot; 27 juill. 1820, Caron; 11 mai 1833, Paulin.

250. — La cour d'assises peut, en conséquence, s'adjoindre un quatrième juge pour remplacer au besoin l'un des magistrats qui la composent. — *Cass.*, 21 août 1835, de Laroncière.

251. — Il n'est pas nécessaire d'entendre les accusés ou leurs défenseurs relativement aux réquisitions du ministère public, tendant à ce qu'un troisième assesseur assiste la cour. — *Cass.*, 30 juin 1838 (t. 2 1838, p. 418), Hubert.

252. — La désignation d'un conseiller au-delà du nombre légal, pour remplacer au besoin celui des membres de la cour d'assises qui se trouverait empêché, ne peut produire une nullité, surtout si ce conseiller n'a pas siégé et si la cour d'assises a été régulièrement composée. — *Cass.*, 16 avr. 1818, Guillaume.

253. — Il n'est pas besoin de communiquer à l'accusé l'ordonnance qui adjoint à la cour d'assises un quatrième conseiller destiné à remplacer celui des trois membres titulaires qui se trouverait empêché. — *Cass.*, 8 oct. 1840 (t. 1er 1841, p. 273), Elliçabide.

254. — Il y a ouverture à cassation lorsque, sur la demande du procureur général, tendante à une adjonction de jurés et de juges suppléans, la cour d'assises, en rejetant l'adjonction des jurés, a omis de statuer sur celle des juges. — *Cass.*, 31 janv. 1812, Guilmot.

255. — Le juge supplémentaire qui a suivi les débats peut, en cas d'empêchement de l'un des juges, concourir à l'arrêt de condamnation, comme membre de la cour d'assises, sans que le président soit tenu d'expliquer à l'accusé les causes de l'empêchement du juge remplacé. — *Cass.*, 2 avr. 1829, Vivier.

256. — Il doit, du moment où le remplacement est devenu nécessaire, être considéré comme ayant tenu toutes les audiences, de manière qu'il peut juger le compte-rendu d'une séance dans laquelle il n'aurait pas pris part comme juge. — *Cass.*, 11 mai 1833, Paulin (le *National*); — De Grattier, *Comm. sur les lois de la presse*, t. 2, p. 120, no 5.

257. — Lorsqu'un magistrat a siégé en exécution d'un arrêt dans une affaire, comme membre adjoint à la cour, il y a présomption légale qu'il a été régulièrement désigné à cet effet : cette prétendue irrégularité ne saurait d'ailleurs être invoquée lorsque ce magistrat n'a pris aucune part aux diverses décisions intervenues dans l'affaire. — *Cass.*, 5 déc. 1839 (t. 2 1840, p. 176), Brallet et Rombach.

258. — Lorsque les juges titulaires ont continué à siéger, il y a présomption légale que les assesseurs suppléans n'ont pris part ni aux arrêts incidens, rendus dans le cours des débats, ni aux arrêts définitifs. — *Cass.*, 3 déc. 1836 (t. 1er 1838, p. 37), Demiannay c. Thuret.

259. — L'accusé ne peut tirer de l'assistance aux débats d'un conseiller adjoint un moyen de nullité, sous le prétexte qu'il a concouru au jugement. — *Cass.*, 14 déc. 1815, Chamans Lavalette.

260. — L'adjonction d'un juge supplémentaire, à raison de la durée présumée des débats, rentre dans les pouvoirs que le président de la cour d'assises tient de la loi, pour assurer la bonne administration de la justice. — *Cass.*, 19 juill. 1832, Benoit.

261. — Cet arrêt est-il bien conforme à la loi? — Nous ne le pensons pas. L'art. 4, L. 25 brum. an VIII, porte que le *tribunal s'adjoindra*, etc. Ce serait donc à la cour d'assises et non au *président* à ordonner l'adjonction d'un ou de deux magistrats, ainsi qu'elle doit le faire lorsqu'il s'agit d'ordonner l'adjonction de jurés suppléans. — Ce système a été soutenu devant la cour de Cassation, lors de l'arrêt du 19 juill. 1832, par M. Nicod, avocat général. — Au surplus, c'est par arrêt de la cour et non par ordonnance du président que, dans l'usage, la double adjonction est ordonnée.

262. — Au reste, la cour de Cassation elle-même a reconnu la régularité de ce mode de procéder en décidant que l'adjonction de juges, pour tenir lieu de suppléans dans les procès qui paraissent de nature à entraîner de longs débats, peut être ordonnée par la cour d'assises au lieu de l'être par le président. — *Cass.*, 12 déc. 1840 (t. 2 1842, p. 622), Lafarge.

263. — Les cours d'assises ne sont pas compétentes pour statuer sur les irrégularités commises dans leur composition. — *Assises de la Loire*, 25 fév. 1833, le *Carlo Alberto*.

264. — Jugé, d'ailleurs, que l'accusé qui n'a élevé aucune réclamation sur la composition de la cour d'assises est non-recevable à s'en prévaloir. — *Cass.*, 10 juin 1826, Goudey.

265. — Si la première des deux décisions qui précèdent doit être admise, il faut nécessairement écarter la seconde, ce qui, selon nous, serait entièrement contraire aux principes; remarquons, en effet, que la fin de non-recevoir qui résulterait de l'arrêt du 10 juin 1826 ne pourrait se soutenir s'il était reconnu, par exemple, que l'un des juges de la cour d'assises n'avait pas caractère. Dans ce cas, la nullité qui en résulterait, étant d'ordre public, ne pourrait en aucun cas être couverte par le silence de l'accusé. Il faut donc dire que si la cour d'assises ne peut entendre l'accusé réclamant contre l'irrégularité de sa composition parce qu'elle serait incompétente, il doit être permis à cet accusé de se pourvoir contre la violation de la loi qu'il n'a pu proposer devant la cour qui l'a jugé.

266. — Les assises ne sont closes qu'après que toutes les affaires criminelles qui étaient en état lors de leur ouverture, y ont été portées. — C. inst. crim., art. 260.

267. — Par affaires *en état* il faut entendre les affaires dans lesquelles l'arrêt de renvoi a été rendu, l'acte d'accusation dressé, et la translation de l'accusé dans la maison de justice opérée conformément aux dispositions des art. 241, 242 et 243, C. inst. crim. — Bourguignon, *Jurispr. des cod. crim.*, sur l'art. 260, no 3; Le Sellyer, t. 3, no 1047.

268. — Il ne faut pas entendre ces expressions de l'art. 260, *y auront été portées*, en ce sens que toutes les affaires portées aux assises devront y être *jugées* avant sa clôture. M. Carnot (sur l'art. 260, no 6) fait très bien observer qu'il peut y avoir des cas où il serait impossible de *juger* toutes les affaires; il cite pour exemple celui où des témoins importans ne se présentent pas, et celui où l'accusé serait atteint d'une maladie qui l'empêcherait de comparaître, etc., etc. — Voir aussi, en ce sens, Le Sellyer, t. 3, no 1052.

Sect. 3e. — *Incompatibilité.*

269. — Indépendamment des causes qui font exclure de la composition des cours d'assises les

magistrats de la chambre d'accusation et les juges d'instruction, il est encore une autre cause d'exclusion, l'incompatibilité résultant de la parenté et de l'alliance.

270. — Les parens et alliés jusqu'au degré d'oncle et neveu inclusivement ne peuvent être simultanément membres d'un même tribunal ou d'une même cour, soit comme juges, soit comme officiers du ministère public, ou même comme greffiers, sans une dispense du roi. — L. 20 avril 1810, art. 63.

271. — Dans le cas où des magistrats parens au degré prohibé par l'art. 63 de la loi du 20 avril 1810 ont siégé à la cour d'assises, leurs voix, aux termes d'un avis du conseil d'état du 23 avr. 1807, ne comptent que pour une s'ils sont du même avis.

272. — La difficulté est de savoir quand les deux juges parens auront été du même avis ; la loi n'ordonnant pas de mentionner dans le procès-verbal les noms des juges qui ont adopté la même opinion, il pourra être difficile de le constater. « Dans ce cas, dit Carnot (*Instr., crim.* sur l'art. 351), il restera nécessairement dans l'esprit une telle incertitude, que l'arrêt de condamnation devra être annulé. »

273. — Ce n'est qu'entre les juges que la prohibition pour cause de parenté peut exister. — Carnot, *Inst. crim.*, obs. add. sur l'art. 251, n° 8.

274. — Ainsi, il n'y a pas lieu à cassation de l'arrêt de la cour d'assises parce que l'avocat général occupant le siége du ministère public aurait été le fils du président des assises. — *Cass.*, 21 juin 1838 (t. 2 1838, p. 196), Sauzet.

275. — Jugé, en conséquence, que la nomination par le roi d'un conseiller de cour royale, le serment par lui prêté, l'arrêt de sa réception et l'exercice public qui en est la suite, lui impriment le caractère légal de membre de cette cour. Dès-lors, quoiqu'il soit parent du procureur-général au degré prohibé, et qu'il n'ait pas obtenu de dispenses, sa participation aux actes d'une cour d'assises ne peut y apporter aucun vice ni donner ouverture à cassation. — Au surplus, il suffit, pour la régularité des poursuites, que le procureur général ait été remplacé par un avocat général qui n'était lié par aucun degré de parenté avec les membres de la cour royale composant la cour d'assises. — *Cass.*, 4 déc. 1823, Castaing.

276. — Deux cousins germains peuvent siéger comme juges, à la cour d'assises, sans contrevenir à la loi qui limite la prohibition au degré d'oncle et neveu inclusivement. — *Cass.*, 16 janv. 1818, Nicolas Drujon ; 2 oct. 1824, Dupin.

277. — Les magistrats qui ont épousé les deux sœurs n'ont pas besoin de dispenses pour siéger simultanément à la cour d'assises : il n'y a entre eux aucune affinité. — *Cass.*, 18 sept. 1824, Talmard.

278. — La cécité d'un des magistrats de la cour d'assises n'est pas une cause de nullité. — L'accusé qui, d'ailleurs, n'a élevé aucune réclamation à cet égard lors des débats, n'est pas recevable à proposer cette nullité devant la cour de cassation. — *Cass.*, 21 août 1835, de Laroncière.

279. — En Belgique, l'accusé ne peut demander la nullité des débats et de l'arrêt de condamnation auxquels aurait concouru un juge qui ne savait pas le flamand, lorsque rien n'établit la réalité de ce fait. D'ailleurs, ce moyen n'est fondé sur aucune disposition de loi. — Toutefois, s'il était constaté qu'un des juges ayant concouru à l'arrêt de condamnation n'entendait le langage ni des accusés, ni des témoins, il nous paraîtrait bien difficile, malgré le silence du Code, de fermer à l'accusé toute voie de recours si aucun interprète ne lui avait été donné. — *Bruxelles*, 28 oct. 1831, N.....

280. — Aucune loi n'a défendu le concours d'un juge de cour d'assises et d'un juré entre lesquels il existerait un lien quelconque de parenté ou d'alliance. — *Cass.*, 29 mai 1817, Laporte ; Carnot, sur l'art. 351, C. inst. crim., t. 2, p. 673, n° 7.

281. — Deux frères peuvent siéger à la cour d'assises dans la même affaire, l'un comme juge, l'autre comme juré, sans que leur parenté donne lieu à une incompatibilité. — *Cass.*, 14 mars 1817, Brie ; 3 août 1827, Reynaud ; 24 sept. 1829, Dauge.

282. — Le père et le fils peuvent connaître de la même affaire, l'un comme juré, l'autre comme membre de la cour d'assises. — *Cass.*, 26 mai 1826, Marguerite Marron.

CHAPITRE III. — *Compétence de la cour d'assises.*

283. — La cour d'assises embrasse dans sa juridiction tous les crimes dont la connaissance ne lui est pas enlevée par des lois spéciales. — Legraverend, t. 2, p. 143.

284. — Ainsi, il est certains cas particuliers où, soit à raison de la nature des crimes, soit à raison de la qualité ou des fonctions des accusés, la connaissance des affaires criminelles est soumise à une juridiction spéciale. — Le Sellyer, *Traité des actions publique et privée*, n° 955.

285. — Et réciproquement, dans d'autres cas, les cours d'assises sont appelées à statuer seulement sur des délits et des contraventions : « Si le fait, porte l'art. 365, C. inst. crim., est défendu, la cour prononcera la peine établie par la loi, même dans le cas où, d'après les débats, il se trouverait n'être plus de la compétence de la cour d'assises. »

286. — Cette disposition n'est, au reste, que la reproduction de l'art. 434, C. 3 brum. an IV, conçu en ces termes : « Si le fait dont l'accusé est déclaré convaincu se trouve être du ressort, soit des tribunaux de police, soit des tribunaux correctionnels, le tribunal criminel n'en prononce pas moins définitivement, et en dernier ressort, les peines qui auraient dû être prononcées par ces tribunaux. »

287. — La raison sur laquelle est fondée cette disposition est que, les cours d'assises ayant une juridiction générale en matière criminelle, le droit que leur accorde l'art. 365 ne pouvait leur être refusé. — Le Sellyer, n° 958.

288. — Elle peut, en conséquence, connaître d'un délit d'escroquerie, renvoyé régulièrement devant elle, comme connexe avec un crime de baraterie et un crime de faux. — *Cass.*, 17 août 1821, Dieudonné et Flandin.

289. — Mais les cours d'assises ne sont autorisées à prononcer des peines correctionnelles ou de police qu'autant que les faits ont été fixés et déclarés constans non par elles, mais par le jury. — *Spécialement*, lorsque, sur une accusation de viol ou d'attentat à la pudeur avec violence, le jury a fait une réponse négative, la cour d'assises ne peut condamner l'accusé à des peines correctionnelles, pour mauvais traitemens, si la déclaration du jury ne constate aucun délit correctionnel. — *Cass.*, 30 mai 1812, Ribes Berthès et Chaila. — V. aussi en ce sens Legraverend, t. 2, chap. 2, p. 277 et 246 ; Merlin, *Quest.*, v° *Réparation civile*, § 2, n° 7.

290. — Sous le Code du 3 brum. an IV, le tribunal criminel qui ne trouvait pas suffisant, pour fonder sa compétence, l'acte d'accusation qui lui était présenté, à cause de l'omission d'une circonstance aggravante, ne pouvait pas renvoyer d'office le prévenu devant le tribunal correctionnel : il devait annuler l'acte d'accusation et renvoyer devant un autre directeur du jury, pour en faire dresser un nouveau. — *Cass.*, 14 prair. an VII, Pierre-Cadet.

291. — Lorsqu'il était intervenu une déclaration du jury portant qu'il n'y avait pas lieu à accusation, le tribunal criminel qui se permettait d'annuler l'acte d'accusation et ce qui s'en était suivi commettait un excès de pouvoir. — *Cass.*, 27 pluv. an VIII, Schuter.

292. — Lorsqu'un prévenu avait été mis en liberté par suite d'une déclaration négative du jury d'accusation, le tribunal criminel ne pouvait accueillir la demande de la partie plaignante en annulation de l'acte d'accusation et de ce qui s'en était suivi : la déclaration du jury et l'ordonnance de mise en liberté étaient inattaquables. — *Cass.*, 15 messid. an VIII, Haslaver ; 5 brum. an XIII, Guillain.

293. — Le tribunal criminel ne pouvait connaître de la validité d'un acte fait par le directeur du jury, qu'autant qu'il était valablement saisi de l'affaire par une accusation légalement admise, et il excédait ses pouvoirs en se permettant d'annuler l'ordonnance par laquelle le directeur du jury avait mis un prévenu en liberté. — C. 3 brum. an IV, art. 278, 279 et 301 ; — *Cass.*, 19 niv. an IX, (int. de la loi), Hérard.

294. — La mise en accusation était prononcée par des jurés. Le tribunal criminel ne pouvait être saisi de la connaissance d'un fait puni par la loi d'une peine afflictive et infamante que sur une accusation ainsi admise, et le jugement qu'il pouvait rendre sans cette accusation préalable était entaché de nullité. — *Cass.*, 18 vent. an VII, Boustan ; 12 flor. an VII, Flory ; 7 thermid. an VII, Olivier ; 4 fructid. an VII, Groslevin ; 11 brum. an VIII, Acrens ; 26 brum. an VIII, Dupont ; 8 germin. an VIII, Baudin ; 28 germin. an VIII, Chaumpard ; 15 messid. an VIII, Haslaver. — V. COUR DE JUSTICE CRIMINELLE.

295. — Aucun procès ne pouvait être porté à un tribunal criminel autrement que sur une déclaration du jury d'accusation. — C. 3 brum. an IV, art. 301 ; — *Cass.*, 19 brum. an IX, Brochier et Imbert ; 28 brum. an IX, Dumas ; 29 brum. an IX, Sponcy ; 22 fructid. an X, Pétel.

296. — Après la loi du 18 pluv. an IX, qui réservait au gouvernement la faculté d'établir des tribunaux spéciaux partout où il jugerait à propos, il ne pouvait ni ne devait plus y avoir d'autres tribunaux d'exception. Ainsi, la loi du 30 prair. an III n'existait réellement plus que dans sa partie pénale, et nul individu ne pouvait être traduit directement au tribunal criminel, sans déclaration préalable d'un jury d'accusation. — *Cass.*, 28 fruct. an IX, Médé des Tourbes.

297. — Tant que le jury d'accusation n'avait pas encore statué sur l'acte d'accusation dressé contre les prévenus, le tribunal criminel excédait ses pouvoirs en ordonnant l'apport de la procédure à son greffe pour examiner des nullités dénoncées par le commissaire du gouvernement. — *Cass.*, 28 germ. an VIII, Chaumard et Roux.

298. — Sous la loi du 7 pluv. an IX, dans les pays où l'institution du jury était suspendue, les cours de justice criminelle ne pouvaient connaître des délits ordinaires que par suite d'une ordonnance de compétence rendue par le directeur du jury sur information. En conséquence, était nul l'arrêt de condamnation intervenu sur le renvoi pur et simple de l'affaire à la cour de justice criminelle ordonné par le directeur du jury pour l'instruire et juger comme s'il eût été question d'un délit spécial. — L. 7 pluv. an IX, art. 15 ; — *Cass.*, 19 fév. 1808, Maccia.

299. — La loi du 30 prair. an III, en autorisant l'accusateur public à porter directement devant le tribunal criminel la poursuite de certains crimes, écartait bien le jury d'accusation, mais ne pouvait pas être entendue en ce sens que le tribunal criminel pût juger sans déclaration d'un jury de jugement. — *Cass.*, 22 prair. an X, Carrel et Robertin.

300. — Il y avait excès de pouvoir si un tribunal criminel statuait, sans assistance ou déclaration préalable de jury, dans une affaire où il y avait eu accusation légalement prononcée et renvoi de l'accusé devant le jury de jugement. — *Cass.*, 26 mess. an VIII, Orsini ; 19 prair. an X, Rivoire.

301. — Le principe consacré par ces arrêts sous l'empire du Code de brumaire est encore parfaitement exact, et devrait être appliqué aux cours d'assises constatant de leur chef des crimes ou délits à la charge des accusés sans le concours et la déclaration des jurés, et appliquant les peines portées par la loi contre ces crimes ou délits.

302. — Il faut assimiler à l'absence de toute déclaration du jury le cas où cette déclaration est manifestement contradictoire et illégale. Le tribunal criminel qui, dans ce cas, au lieu de renvoyer les jurés dans la chambre de leurs délibérations pour former une déclaration nouvelle, condamnait ou absolvait l'accusé sur une déclaration ainsi irrégulière, commettait un excès de pouvoir aussi grave que s'il avait jugé sans le concours du jury. — *Cass.*, 19 prair. an X, Rivoire ; 18 mess. an XII, Guillot.

303. — Avant l'établissement de l'institution du jury en Corse, la cour de justice criminelle de cette île y exerçait la plénitude de la juridiction ordinaire. — *Cass.*, 23 mars 1820, Jean Durand.

304. — Sous l'empire de la loi du 20 déc. 1815, si un individu renvoyé par arrêt de la cour royale devant une cour prévôtale n'était pas jugé par cette cour, qui s'était reconnue incompétente, et avait renvoyé l'affaire devant qui de droit, cet individu ne pouvait être traduit devant la cour d'assises sans un nouvel arrêt de renvoi. — *Cass.*, 7 août 1818, Castanié ; — Legraverend, t. 1er, p. 138.

305. — Aujourd'hui les cours d'assises ne peuvent connaître que des affaires dont elles ont été saisies par un arrêt de renvoi rendu par la chambre d'accusation. — *Cass.*, 7 août 1818, Castanié.

306. — ... Ou que de celles dont elles sont saisies par citation directe du procureur général, conformément à la loi du 9 sept. 1834. — V. COMPTE-RENDU, DÉLITS DE LA PRESSE, DÉLITS POLITIQUES.

307. — ... Ou encore, les délits commis à leurs audiences. — C. inst. crim., art. 181, 504 et 505.

308. — La loi du 26 mai 1819, relative à la poursuite et au jugement des délits commis par la voie de la presse ou par tout autre moyen de publication, a attribué aux cours d'assises, outre la connaissance des faits qualifiés *crimes*, celle de tous les *délits* de la presse, autres que les délits ou contraventions de diffamation ou d'injure contre les particuliers. — Art. 13 et 14.

309. — Ces dispositions de la loi de 1819 ont été rapportées par la loi du 25 mars 1822 (art. 17 et 18), qui rendit à la juridiction correctionnelle la connaissance de tous les délits commis par la voie de la presse. Mais pour assurer à ces matières difficiles les garanties d'une justice éclairée et impartiale, la même loi, dérogeant aux articles 200 et 201, C. inst. crim., disposa que les appels des jugemens rendus sur les délits commis par des écrits imprimés par un procédé quelconque seraient toujours portés directement à la cour royale du ressort, sans distinction de la situation locale des tribunaux correctionnels, et jugés par la chambre civile et la chambre correctionnelle réunies.

310. — Cette loi confirme en outre l'attribution spéciale faite aux chambres législatives, par la loi du 25 mars 1822, d'ordonner, sur la simple réclamation d'un de leurs membres, que tout individu prévenu d'avoir commis envers elles le délit d'offense sera traduit à leur barre. — L. 25 mars 1822, art. 15 et 16; 8 oct. 1830, art. 3.

311. — Il en est de même du cas où le délit de presse consiste dans un compte-rendu infidèle et de mauvaise foi ou même injurieux, soit pour l'une des chambres ou l'un de leurs membres, soit pour une cour ou un tribunal, ou l'un des magistrats, jurés et témoins. Dans ces diverses circonstances, la chambre ou le tribunal dont la séance ou l'audience a été rapportée avec infidélité et mauvaise foi ou d'une manière injurieuse, est compétent pour réprimer ce délit, si mieux il n'aime laisser à la justice son cours ordinaire. — *Ibid.*

312. — Sous l'empire de la législation actuelle et aux termes de la loi du 8 oct. 1830, qui accomplissait la promesse inscrite dans l'article 69 de la charte constitutionnelle de 1830, la connaissance de tous les délits commis, soit par la voie de la presse, soit par tous les autres moyens de publication énoncés dans l'art. 1er, L. 17 mai 1819, et celle de tous les délits politiques sont attribués aux cours d'assises. — Art. 1er et 6.

313. — La cour d'assises est compétente pour procéder au jugement de tous les attentats contre la sûreté de l'état, la cour des pairs ne connaissant que de ceux qui sont définis par les lois postérieures à la charte. — *Cass.*, 14 déc. 1815, Lavalette; 8 déc. 1820, Planzeau; 8 nov. 1834, Avril; — Merlin, *Rép.*, v° *Compétence*, § 2, n° 6, et v° *Cour des pairs*, n° 2.

314. — Mais la cour d'assises serait incompétente pour juger un membre de la chambre des pairs accusé d'un crime quelconque, ou un ministre accusé par la chambre des députés. La charte constitutionnelle attribue *exclusivement* à la cour des pairs le droit de juger ces dignitaires. — Art. 29 et 47; — *Cour des pairs*, 6 déc. 1815, maréchal Ney; 21 déc. 1830, de Polignac.

315. — Sous le Code pénal et avant la loi du 25 juin 1824, les crimes commis par des individus au dessous de l'âge de seize ans accomplis n'étaient pas exceptés des règles ordinaires de la compétence, bien qu'ils pussent, à raison de cet âge, n'entraîner que des peines correctionnelles, et ils appartenaient à la juridiction des cours d'assises, sans distinction de la nature ou de la gravité des crimes et de leurs conséquences pénales, ou de l'âge des autres accusés présens. — C. inst. crim., art. 231, 340, 346 et 416; C. pén., art. 1er et 7; — *Cass.*, 4 avr. 1811, Nones et Manet; 18 avr. 1811, Marchand; 25 avr. 1811, Jacob.

316. — Mais l'article 1er de la loi du 25 juin 1824, qui, depuis la loi du 28 avr. 1832, forme l'art. 68, C. pén., a attribué aux tribunaux correctionnels la connaissance de tous les crimes imputés à des mineurs de seize ans, excepté lorsque ces crimes sont punis par la loi de la peine de mort, de celle des travaux forcés à perpétuité, de la peine de la déportation ou de celle de la détention. — L'indivisibilité de la poursuite et l'intérêt de la bonne administration de la justice ont motivé une autre exception. Le mineur de seize ans, accusé d'un crime ou d'un fait quelconque appartenant à la juridiction du jury, doit toujours être renvoyé devant les assises quand il a des complices *présens* au-dessus de l'âge de seize ans.

317. — Il est de principe, dans notre droit pénal, qu'en matière de recélé il suffit, pour que le recéleur d'objets obtenus à l'aide d'un crime ou d'un délit soit passible de la peine portée contre l'auteur principal, qu'il ait eu connaissance du crime ou du délit, sans qu'il soit nécessaire, en général, d'établir contre lui qu'il a également connu les circonstances aggravantes qui l'ont accompagné. (V. COMPLICITÉ). — Il suit de là que c'est devant la cour d'assises et non devant la police correctionnelle que doivent être renvoyés les auteurs et complices d'un vol commis à l'aide d'escalade, encore bien que l'auteur principal soit mineur de seize ans, et qu'il soit reconnu en fait que les complices par recélé ont ignoré l'escalade. — *Paris*, 4 janv. 1838 (t. 1er 1838, p. 138), Rainon.

318. — C'est à la cour d'assises, et non au tribunal correctionnel, qu'il appartient de juger l'accusé qui prétend qu'au moment de la perpétration du crime qui lui est imputé, il n'avait pas encore accompli sa seizième année, mais qui ne justifie pas sa prétention. Dans le doute, en effet, on doit préférer le tribunal qui a la plénitude de juridiction, et qui, en cas de contestation, jugera la question de savoir quel âge avait l'accusé au moment du crime. Le jury seul peut décider cette question, qui se lie au fait de l'accusation et qui est de nature à en modifier essentiellement la criminalité. — *Cass.*, 28 avr. 1836, Bonnin; même jour, Mari; 4 mai 1839 (t. 2 1839, p. 444), Hayé. — V. MINEUR DE SEIZE ANS.

319. — Le fait, de la part d'un fils, d'avoir *maltraité* son père, n'est pas un simple délit correctionnel, mais un crime de la compétence de la cour d'assises. — C. pén., art. 311 et 312; — *Grenoble*, 28 avr. 1824, Gessey fils.

320. — En matière de banqueroute, la cour d'assises est compétente pour constater l'état de commerçant failli de l'accusé, même en l'absence de tout jugement déclaratif de la faillite. L'absence de ce jugement rend encore plus nécessaire une réponse du jury sur ce point. Les jurés ont évidemment caractère pour examiner ce fait qui est un élément nécessaire du crime qui leur est soumis, la juridiction criminelle étant absolument indépendante des juridictions civiles. — *Cass.*, 22 juin 1827, Gilbert-Duchâteau; 16 sept. 1831, Buret; 17 sept. 1835, Gondret; 29 mars 1838 (t. 1er 1840, p. 203), Lourdel et Minet. — Il est même indispensable que le jury constate la qualité de commerçant et l'état de faillite, à peine de nullité de la condamnation du chef de banqueroute, encore bien que cette qualité et cet état soient mentionnés dans l'acte d'accusation et même que le jury eût, sur une autre question, déclaré l'accusé coupable de n'avoir pas fait, au greffe du tribunal de commerce, la déclaration, en temps prescrit, de la cessation de ses paiemens. — *Cass.*, 28 déc. 1837 (t. 1er 1843, p. 350), Auger; 20 sept. 1838 (t. 1er 1843, p. 351), Magallon; 30 oct. 1839 (t. 1er 1843, p. 352), Cottard; 4 mai 1842 (t. 1er 1842, p. 620), Dupuy; 16 oct. 1842 (t. 1er 1843, p. 172), Manneville.

321. — Les tribunaux criminels chargés d'instruire et de prononcer sur les crimes et délits ont ce caractère pour prononcer sur toutes les matières accessoires et incidentes qui ne sont pas exceptées de leur juridiction par la loi; ils sont même compétens pour prononcer sur des questions de droit susceptibles de modifier ou d'aggraver la peine, lors même que ces questions, considérées indépendamment du fait criminel, ne seraient pas de leur compétence. — Ainsi, dans une accusation de parricide, la cour d'assises est compétente pour apprécier la qualité de fils adoptif attribuée à l'accusé dans l'acte d'accusation, et qui constitue un des élémens du crime. — *Cass.*, 27 nov. 1812, Projitto. — V. Bourguignon, *Jurisp. des codes crim.*, sur l'art. 3, C. inst. crim., p. 34, n° 3; Carnot, sur l'art. 299, C. pén., t. 2, p. 24, n° 9, et sur l'art. 323, p. 83; Mangin, *Tr. de l'action publ.*, t. 1er, p. 459, n° 193, et le réquisitoire de Merlin, au *Rép.*, v° *Parricide*, n° 3.

322. — Lorsqu'une cour d'assises est saisie d'une affaire par le renvoi de la chambre d'accusation et que l'arrêt rendu par cette chambre n'a pas été attaqué dans les délais, elle ne peut se déclarer incompétente. — *Cass.*, 13 juin 1816, Aurussi; 19 juillet même année, Lemoine; 16 nov. 1816, Deville; 22 janv. 1819, Vergé; 23 mars 1820, Durand; 20 avr. 1820, Alquier; 13 juill. 1820, Chevalier; 19 oct. 1820, Terrier; 4 déc. 1823, Castaing; 20 avr. 1827, Boulin; 13 juill. 1827, Couder; 2 oct. 1828, Olive.

323. — En conséquence, elle ne peut se déclarer incompétente par les motifs : 1° que le fait de l'accusation n'est pas qualifié crime par la loi. — *Cass.*, 28 mars 1816, Figeard; — de Serres, *Man. des cours d'assises*, t. 1er, p. 215.

324. — ... 2° Qu'elle reconnaîtrait l'existence d'une circonstance faisant rentrer l'affaire dans les attributions d'une autre juridiction. — *Cass.*, 12 fév. 1813, Monnier.

325. — Spécialement, une cour d'assises saisie par un arrêt de renvoi non attaqué dans les délais ne pouvait se déclarer incompétente pour connaître d'un crime de rébellion armée et de contrebande armée sous le prétexte que ce crime était placé dans les attributions des cours spéciales. — *Cass.*, 2 fév. 1815, Guérin; — de Serres, *Man. des cour d'assises*, t. 1er, p. 206.

326. — Spécialement encore, lorsque l'accusé serait, comme militaire, justiciable d'un conseil de guerre. — *Cass.*, 25 avr. 1816, Pierre Olivier; 19 juil. 1816, Lemoine; 5 fév. 1819, Arnaud.

327. — ... 3° Qu'elle aurait découvert une circonstance particulière, telle que la récidive qui autrefois attribuait juridiction à la cour spéciale. — *Cass.*, 26 janv. 1815, Brochet.

328. — ... 4° Qu'il s'agirait d'un délit qui n'a pas été commis sur le territoire français. — *Cass.*, 15 avr. 1837 (t. 1er 1838, p. 315), Cambres. — V. *contrà* de Serres, *Manuel des cours d'assises*, t. 1er, p. 219.

329. — La théorie de ces arrêts repose sur ce principe simple que la cour de cassation a seule et exclusivement le droit de statuer sur les demandes en nullité des jugemens de mise en accusation. Aussi, lorsqu'une demande en nullité a été rejetée, ou que l'arrêt de mise en accusation est passé en force de chose jugée, les cours d'assises ne peuvent annuler cet arrêt, elles sont tenues de soumettre l'accusé aux débats, et ne peuvent examiner le fait, sous le rapport de la criminalité et de l'application de la peine, qu'après la déclaration du jury. — De Serres, *Manuel des cours d'assises*, t. 1er, p. 218.

330. — C'est seulement après cette déclaration, que la cour d'assises peut statuer sur la question de savoir si le fait qui en est résulté est ou non punissable. En conséquence, une cour d'assises est compétente pour décider qu'il n'est rien résulté des débats qui modifie les énonciations contenues dans l'arrêt de renvoi, et, par suite, qu'elle a qualité pour juger une accusation de vols et de séquestrations commis partie en France et partie en pays étranger. — *Cass.*, 10 août 1838 (t. 2 1838, p. 390), Cabanes.

331. — L'accusé qui a reçu l'avertissement prescrit par l'art. 296, C. instr. crim., et qui n'a formé aucune demande en nullité contre l'arrêt de mise en accusation, est non-recevable à contester l'incompétence de la cour d'assises, lors même que les faits qui lui étaient imputés auraient été mal qualifiés par cet arrêt. — *Cass.*, 13 juill. 1820, Chevalier.

332. — Toutefois, Merlin (*Quest. de droit*, v° *Incompétence*, § 4) et M. Le Sellyer (t. 2, n° 453) pensent que la cour d'assises saisie par un arrêt de la chambre des mises en accusation, peut, dans certains cas, se déclarer incompétente malgré l'arrêt de la chambre d'accusation qui l'a saisie de l'affaire; que la règle résultant, sur ce point, soit de la loi soit de la jurisprudence, n'est pas absolue.

333. — Ces auteurs (*loc. cit.*) appliquent leur opinion, soit au cas d'incompétence à raison de la matière, soit au cas d'incompétence à raison du lieu.

334. — M. Le Sellyer (*eod. loc.*), applique même la solution qu'il donne de la question au cas où la loi attribue la connaissance de certains crimes à des tribunaux impérativement spéciaux.

335. — Cet auteur fait toutefois remarquer, à ce sujet, qu'il en est autrement lorsque l'attribution au tribunal spécial n'est que facultative. Il cite, à l'appui de cette distinction, la disposition de l'art. 28, charte de 1830, et l'art. 1er de la loi du 9 sept. 1835, et enfin l'arrêt de la cour de Cassation du 8 nov. 1834, qui a jugé que l'art. 28 de la charte, en attribuant à la chambre des pairs la connaissance des crimes de haute-trahison et des attentats à la sûreté de l'état, n'a point frappé les cours d'assises d'incompétence par rapport à ces crimes. — V. aussi, en ce sens, *Cass.*, 14 déc. 1815, Lavalette; 8 déc. 1820, Pluveau.

336. — Une cour d'assises, dit aussi de Serres (t. 1er, p. 219), devrait pourtant se déclarer incompétente si un accusé lui était renvoyé par un arrêt de mise en accusation rendu par une cour royale d'un autre ressort, car les cours royales n'ont de juridiction que dans leur ressort, et conséquemment elles ne peuvent en conférer hors des limites du territoire compris dans leur juridiction.

337. — Dans tous les cas, une cour d'assises ne peut juger les accusés sur des faits à raison desquels ils n'ont pas été renvoyés devant elle par la chambre des mises en accusation. — *Cass. belge*, 11 nov. 1819, Barbe Honckx. — A moins que ces faits ne se rattachent à celui de l'accusation, et qu'ils ne soient résultés des débats.

338. — Elle ne peut se déclarer incompétente, quelles que soient les circonstances qui pourraient faire rentrer le fait dans les attributions d'une autre juridiction, et à quelque époque que ces circonstances aient été connues. — *Cass.*, 11 mars 1813, Bayer et autres; 12 fév. 1813, Monnier; — Merlin, *Rép.*, v° *Récidive*, n° 13.

339. — La cour d'assises ne peut pas se permettre d'apprécier l'arrêt de la cour de Cassation qui l'a saisie d'une affaire, ni de déclarer que cet arrêt repose sur une erreur de fait. — *Cass.*, 9 juin 1826, Loercher.

340. — ... Ni même entendre un débat sur sa compétence. — *Cass.*, 5 avr. 1832, Guignard.

341. — ... A moins qu'elle ne soit saisie, non par un arrêt de renvoi, mais par une simple citation délivrée à la requête du procureur-général. — LL. 8 avr. 1831, art. 1er; 9 sept. 1835 sur la presse, art. 24 et 26; L. du même jour sur les cours d'assises, art. 4 et 7.

342. — Sous la loi du 16-29 sept. 1791, les tribunaux criminels étaient incompétens pour prononcer sur des intérêts civils résultant d'actes de la police correctionnelle. Ils n'en auraient pu connaître qu'autant que ces intérêts seraient résultés de procès criminels instruits devant eux. — *Cass.*, 5 oct. 1792, Colson.

343. — Sous le Code du 3 brum. an IV, c'était seulement dans le cas où les tribunaux criminels avaient condamné l'accusé à une peine quelconque ou prononcé son acquittement par jugement, qu'ils pouvaient statuer en même temps sur les dommages-intérêts prétendus par lui ou par la partie plaignante: ils étaient sans juridiction à cet égard, dans le cas où l'acquittement avait été prononcé par le président seul, en exécution d'une déclaration négative du jury. — C. 3 brum. an IV, art. 424, 425 et 432. — Ainsi, un tribunal criminel excédait ses pouvoirs en condamnant, par forme de dommages-intérêts, au remboursement des frais envers la république, à laquelle des objets enlevés appartenaient, l'individu acquitté de l'accusation d'enlèvement de ces objets. — *Cass.*, 18 thermid. an X, Elie Fauce. — Cette espèce diffère complétement de celle du jugement de cassation du 17 vent. an XII (Desbordes), quoiqu'un arrêtiste les ait confondues sous une seule notice. — Reproduisant cette erreur, MM. Chauveau et Hélie (*Théorie du Code pén.*, t. 1er, p. 297) citent le présent jugement comme ayant décidé que l'accusé absous ne pouvait pas devenir passible des frais. Tel est, sans doute, son résultat, mais telle n'est point la véritable question: Il ne faut pas perdre de vue que les frais avaient été adjugés à titre de dommages-intérêts envers la république, propriétaire des objets enlevés, et considérée comme partie lésée, mais non à titre de remboursement envers le trésor public.

344. — Les cours d'assises peuvent condamner à des dommages-intérêts envers la partie civile l'accusé qui a été acquitté, alors même qu'une question d'homicide par imprudence, posée au jury, a été résolue négativement et en faveur de l'accusé. Il suffit qu'il y ait *faute*, et la faute est distincte de l'imprudence, comme le genre de l'espèce. — *Cass.*, 26 mars 1818, Gitz; — Mangin, *Tr. de l'action publ.*, t. 2, p. 428 et 480, n° 431; Merlin, *Rép.*, v° *Réparation civile*, § 7, n° 2; et *Questions de droit*, v° *Réparation civile*, § 2, nos 3 et 4; Bourguignon, *Jurisp. des Codes crim.*, sur l'art. 358, C. inst. crim., t. 4, p. 467 et 468, n° 3; Carnot, sur le même article, t. 2, p. 700 et 701, n° 4; Legraverend, t. 2, chap. 2, p. 268, n° 2; *Journ. de dr. crim.*, t. 5, p. 133. — Voir aussi *Cass.*, 22 juill. 1813, Sauvegrain.

345. — En matière criminelle, il peut y avoir lieu à dommages-intérêts au profit de la partie civile aussi bien dans le cas d'acquittement que dans celui de condamnation. — C. inst. crim., art. 366. — *Cass.*, 30 mars 1843 (t. 2 1844, p. 250), Romanet; 22 juill. 1813, Sauvegrain; 26 mars 1818, Jean Gitz c. Boesch; 13 oct. 1826, Renault; 29 juin 1827, Lelorrain, *Ass. Basses-Pyrénées*, 15 août 1837 (t. 2 1841, p. 583), Daguerre c. Dandurain; *Ass. Seine*, 14 juill. 1841 (t. 2 1841, p. 147), Lenoble c. Shéan; *Cass.*, 24 juill. 1841 (t. 1er 1843, p. 31), Souesme; 19 nov. 1841 (t. 1er 1843, p. 536), Douanes c. Maguero; — Merlin, *Rép.*, v° *Réparation civile*, § 7, n° 2; et *Quest.*, *eod. verb.*, § 2, n° 3; Bourguignon, *Manuel d'instr. crim.*, sur l'art. 358 C. inst. crim., n° 2; et *Jurisp. C. crim.*, sous le même article, t. 2, p. 467, n° 3; Carnot, *Inst. crim.*, art. 358, n° 4; et *C. pén.*, art. 10, n° 4; Legraverend, *Législ. crim.*, t. 2, ch. 2, n° 268, note 2°; De Serres, *Manuel des C. d'ass.*, t. 2, p. 22; Maugin, *Act. publ.*, t. 2, n° 431; Morin, *Dict. de dr. crim.*, v° *Acquittement*, p. 33.

346. — La même solution est applicable en matière de presse comme en toute autre matière. — *Cass.*, 23 fév. 1837 (t. 2 1837, p. 145), Brière; 27 (et non 28) fév. 1835, Pélissier c. Pontevès; 5 avr. 1839 (t. 2 1839, p. 119), Salbois c. Parquin et Ducros; 30 août 1839 (t. 2 1839, p. 561), Jobart et Colas-Martinet c. Cunin-Gridaine; — de Grattier, *Comm. sur les lois de la presse*, t. 1er, p. 507; Chassan, *Tr. des délits de la parole*, t. 2, p. 494.

347. — Jugé même que la déclaration de non-culpabilité prononcée par le jury en faveur d'un individu accusé d'incendie n'est point un obstacle à ce que les juges civils, sur la demande en dommages-intérêts formée contre lui, admettent le demandeur à prouver qu'il est l'auteur ou la cause du sinistre. — *Orléans*, 4 déc. 1841 (t. 1er 1842, p. 252), Berton c. Hubert.

348. — Mais les cours d'assises ne peuvent pas baser les condamnations en dommages-intérêts qu'elles prononcent au profit de la partie civile contre l'accusé acquitté par les jurés sur des faits inconciliables avec la déclaration du jury. Les dommages-intérêts alloués doivent reposer uniquement sur un fait matériel dégagé de tout caractère de criminalité. — Spécialement, sur une accusation de meurtre dont l'accusé est déclaré non coupable, la cour d'assises ne peut fonder la réparation à laquelle elle le condamne envers la partie civile *sur ce qu'il est l'auteur volontaire de la mort* de la victime. — *Cass.*, 24 juill 1841 (t. 1er 1843, p. 30), Souesme.

349. — Le droit conféré aux cours d'assises de statuer sur les dommages-intérêts respectivement prétendus est, en ce qui concerne la partie civile, restreint à ceux qui lui peuvent être dus à raison du fait de l'accusation et ne peut être étendu à d'autres faits. — C. inst. crim., art. 358. — *Cass.*, 11 oct. 1817, Rolland; 4 nov. 1831, Delesalle; 17 déc. 1831, Berthelet. — V. Chauveau et Hélie, *Théor. du C. pén.*, t. 1er, p. 273 et suiv. — V. toutefois *Cass.*, 8 oct. 1818, Causse.

350. — Le Code inst. crim., art. 358 et 366, consacre formellement le système contraire, en attribuant à la cour d'assises le droit de prononcer, en cas d'acquittement, sur les dommages-intérêts respectivement prétendus. — « Les motifs de cet innovation, dit Bourguignon (*Manuel d'instr. crim.*, t. 1er, p. 446), sont faciles à saisir: le législateur a pensé, avec beaucoup de raison, que la cour devant laquelle se sont passés les débats serait plus à portée que toute autre de statuer sur les dommages-intérêts, et il n'a pas voulu obliger les parties à intenter un nouveau procès devant une autre juridiction. » — Legraverend (t. 2, p. 268) ajoute que cette règle est fondée sur ce que, dans la législation actuelle, la déclaration de non culpabilité n'exclut pas l'existence du fait. — V. aussi Bourguignon, *Jurisp. des Codes crim.*, t. 2, p. 467; Carnot, t. 2, p. 700, n° 4. — On ne peut se dissimuler que les raisons données par Bourguignon et Legraverend ne sont peut-être pas complétement décisives; car elles s'appliqueraient à peu près aussi bien aux tribunaux correctionnels qu'aux cours d'assises, et cependant la loi et la jurisprudence sont d'accord pour refuser à cette juridiction le droit d'accorder des dommages-intérêts en réparation du tort éprouvé par la partie civile, quand *le fait, même constaté* par le jugement, ne constitue pas un délit, et que le tribunal n'applique aucune peine. — N'est-il pas plus vrai de dire que le législateur a refusé aux tribunaux correctionnels un pouvoir qu'il a accordé aux cours d'assises, parce qu'il pouvait craindre que l'on ne tentât souvent d'échapper aux formes et aux garanties de la procéd. civ. en soumettant, sous le prétexte d'un délit imaginaire, un procès civil à la juridiction correctionnelle, tandis qu'il ne pouvait craindre un semblable abus à l'égard des cours d'assises, où une affaire ne peut être renvoyée, en général, qu'après le double examen des magistrats de la chambre du conseil et de ceux de la cour royale; que, dès-lors, il convenait, afin de ne pas éterniser les procès sans utilité, d'attribuer, par une disposition spéciale, le droit de statuer, même en cas d'acquittement ou d'absolution, sur les dommages-intérêts respectivement prétendus, à la cour qui est investie, d'ailleurs, de la plénitude de juridiction et qui est plus à même qu'aucun autre tribunal d'apprécier ce qui est résulté des débats qui se sont agités devant elle.

351. — La cour d'assises n'a aucune juridiction de discipline sur un avoué de première instance traduit devant elle comme accusé d'un crime; elle ne peut, sans excéder sa compétence, le suspendre de ses fonctions à raison des faits de l'accusation sur lesquels il a été déclaré non coupable. — Décr. 30 mars 1808, art. 102 et 103. — *Cass.*, 3 nov. 1820, Martin; — Favard, v° *Discipline*, n° 4, et Bioche et Goujet, *Dict. de procéd.*, v° *Discipline*, n° 155, 2e édit.

352. — Il en serait autrement d'un avoué qui aurait encouru une peine disciplinaire dans l'exercice de ses fonctions de défenseur d'un accusé. En acceptant cette défense, il se serait rendu justiciable, sous ce rapport, de la cour saisie de l'accusation. — Carnot, *Disc. judic.*, § 4, sect. 1re, n° 17. — D'ailleurs, dit M. Bioche, il s'agirait alors d'une faute commise à l'audience.

353. — Le Code de brum. an IV (art. 303 et 304), laissait à l'accusé la liberté de choisir entre deux tribunaux criminels celui par lequel il préférait être jugé. Il était manifestement contraire à ce droit d'option qu'un tribunal criminel crût pouvoir retenir la connaissance d'une affaire malgré l'option légalement faite par l'accusé pour un autre tribunal. — *Cass.*, 5 flor. an VII, Rebuffel.

354. — Ce droit, qui entravait la marche de la justice criminelle, et qui élevait une suspicion injurieuse pour les tribunaux et pour le jury, a heureusement disparu de la législation. Le maintien du droit de *récusation* a suffisamment garanti tous les intérêts.

355. — Le tribunal criminel saisi d'une affaire par l'option du prévenu ne pouvait pas se dispenser d'en prendre connaissance et de prononcer conformément à la loi. — *Cass.*, 26 niv. an X, Martin et Rue.

356. — Lorsqu'il était saisi par l'option de l'accusé, il ne pouvait pas, en cassant l'acte d'accusation, renvoyer la procédure devant un directeur du jury d'un autre département, et si le renvoi avait été fait devant un directeur du jury du département où la poursuite avait été commencée, le tribunal criminel de ce département était incompétent pour connaître de l'affaire, au mépris de l'option par laquelle l'accusé l'en avait dessaisi. — *Cass.*, 24 vent. an VII, Moutardon.

357. — De même, le tribunal criminel dessaisi d'une affaire par l'option du prévenu était désormais incompétent pour en connaître, même par suite du renvoi que le tribunal choisi aurait fait de la procédure devant un directeur du jury de son ressort. — *Cass.*, 9 vend. an VII, Bernard; 9 prair. an VII, Pommier; 18 prair. an VIII, Angot.

CHAPITRE IV. — *Renvoi de l'affaire à une autre session.*

358. — Le renvoi d'une affaire criminelle à une autre session peut avoir lieu ou avant l'ouverture des débats, ou pendant leur cours et après leur clôture.

Sect. 1re. — *Renvoi avant les débats.*

359. — Aux termes de l'art. 306, C. inst. crim., si le procureur-général ou l'accusé ont des motifs pour demander que l'affaire ne soit pas portée à la première assemblée du jury, ils présentent au président de la cour d'assises une requête en prorogation de délai.

360. — Le président déclare si cette prorogation est accordée. Il peut aussi d'office prononcer cette prorogation.

361. — Ces dispositions sont la reproduction des art. 333 et 334, C. brum. an IV, qui fixaient en outre le délai durant lequel la requête devait être présentée et l'assemblée à laquelle l'affaire devait être renvoyée; ces dispositions n'ont pas été conservées; l'art. 306 ne détermine pas l'époque où la demande en renvoi doit être formée; il suffit que la requête soit présentée avant la formation du jury. — Carnot, sur l'art. 306, n° 1er; de Serres, *Man. des cours d'assises*, t. 1er, p. 222.

362. — Si la demande en renvoi n'est formée qu'après que la cour est saisie du fait, par l'examen de l'accusé, ce n'est plus le président, mais la cour seule qui peut ordonner le renvoi. — *Cass.*, 4 fév. 1825, Ponsole-Chicat; — Le Sellyer, t. 3, n° 1056; Carnot, sur l'art. 306; Legraverend, t. 2, ch. 3, p. 195; Bourguignon, *Man.*, p. 425.

363. — Jugé, en conséquence de ce principe, que le pouvoir discrétionnaire dont le président de la cour d'assises est investi ne l'autorise pas à renvoyer seul, d'office, et malgré l'opposition de l'accusé, une affaire à la session prochaine, sur le motif que les débats ont fait connaître un témoin important qui n'a pu être cité. — *Cass.*, 10 janv. 1824, Cérès.

364. — M. Carnot, qui cite cet arrêt, fait une juste critique de l'ordonnance du président qui avait renvoyé l'affaire à une autre session sur un semblable motif: « Un pareil excès de pouvoir, dit-il, est d'autant plus répréhensible, que non seulement il a pour effet de priver l'accusé du jury qui se trouve légalement appelé à prononcer sur son sort, ce qui est irréparable en définitive, mais encore à retenir l'accusé en une détention qui devient arbitraire, puisqu'elle n'est pas autorisée par la loi. »

365. — Mais il est un cas où, quoique les débats ne soient pas ouverts, la cour seule, et non le président, peut ordonner le renvoi; ce cas est celui prévu par l'art. 354, C. instr. crim., en ces termes: « Lorsqu'un témoin qui aura été cité ne comparaîtra pas, *la cour* pourra, sur la réquisition du procureur général, et avant que les débats soient ouverts par la déposition du premier témoin inscrit sur la liste, renvoyer l'affaire à la prochaine session. »

366. — Pour qu'il y ait lieu à renvoi dans le cas d'absence de témoins, il faut que le témoin absent *ait été cité*. La cour ne saurait donc prononcer ce renvoi lorsque le témoin absent a été invité à comparaître *volontairement*.—Carnot, *Instr. crim.*, art. 352, t. 2, p. 692.

367. — Lorsqu'un témoin cité ne comparaît pas, il n'est pas nécessaire que le ministère public ait requis le renvoi de l'affaire à la session prochaine, pour que la cour d'assises puisse l'ordonner. — *Cass.*, 20 août 1824, Bayle; 11 oct. 1821, Curione. —V. aussi Bourguignon, *Jurispr. des C. crim.*, sur l'art, 354, C. instr. crim., t. 2, p. 158.

368. — Si la loi parle de la réquisition du ministère public, c'est parce que c'est ordinairement lui qui a intérêt à demander le renvoi; mais elle ne le fait qu'incidemment et sans exiger ses conclusions comme une condition du pouvoir qu'elle accorde à la cour d'assises d'ordonner le renvoi. Il serait difficile de justifier par de bonnes raisons une pareille restriction.

369. — Jugé que la cour d'assises ne peut ordonner le renvoi à une autre session lorsque le ministère public s'y oppose. — *Cass.*, 12 janv. 1832, Caro.

370. — Il n'est pas nécessaire, à peine de nullité, de demander aux accusés s'ils ont quelque chose à dire contre des conclusions prises par le ministère public, tendant à ce qu'il soit passé outre aux débats d'une affaire, nonobstant l'absence de plusieurs témoins assignés. — *Cass.*, 23 juin 1830, César Veron;— Carnot, sur l'art. 306, C. instr. crim., n° 5.

371. — Dès-lors, un accusé ne peut se faire un moyen de cassation de ce que la cour d'assises n'aurait point renvoyé l'affaire malgré l'absence de plusieurs témoins et sans consulter les accusés ni le ministère public. — *Cass.*, 16 sept. 1831, Couvreux; 14 déc. 1837 (t. 1er 1838, p. 104), Mulhuret.

372. — L'accusé peut seulement, dans ce cas, prendre telles conclusions qu'il juge nécessaire.— *Cass.*, 14 déc. 1837 (t. 1er 1838, p. 104) Mulhuret.

373. — Le renvoi à une autre session à raison de l'absence d'un témoin est purement facultatif pour la cour d'assises.—*Cass.*, 14 sept. 1821, Charles Noyon; — Legraverend, t. 2, chap. 2, p. 195; De Serres, *Manuel des cours d'assises*, t. 1er, p. 229.

374. — Ainsi jugé que: 1° lorsque deux témoins cités à la requête du ministère public ne se présentent pas, leur absence donne simplement à la cour d'assises la faculté de renvoyer l'affaire à une autre session et ne peut fournir un moyen de nullité lorsque ni l'accusé ni le ministère public n'ont demandé l'exercice de cette faculté.—*Cass.*, 16 mai 1828, Laforest.

375. — ...2° Que lorsque la cour d'assises reconnaît que l'audition des témoins qui ne sont pas présentés n'est pas nécessaire, elle peut passer outre aux débats, et n'est pas obligée de renvoyer la cause à une autre scession. — *Cass.*, 20 oct. 1820, Agostini.

376. — ...3° Qu'il ne peut résulter aucune nullité de ce que la cour d'assises, statuant sur la demande des accusés tendante à ce que l'affaire fût renvoyée à une autre session, à raison de l'absence d'un témoin, aurait ordonné qu'il serait passé outre à l'ouverture des débats. — *Cass.*, 25 sept. 1824, Claude; — Bourguignon, *Manuel du jury*, p. 424.

377. — ...4° Que l'arrêt par lequel une cour d'assises ordonne qu'il sera passé outre aux débats, nonobstant l'absence de plusieurs témoins cités à la requête du ministère public, qui a renoncé à leur audition, est à l'abri de toute critique. — *Cass.*, 18 sept. 1829, Latournerie; 31 oct. 1817, Reynaut; 20 oct. 1820, Agostini; 16 mai 1828, Laforest.

378. — Lorsqu'un juré désigné pour le jugement d'une affaire criminelle fait connaître son opinion avant même l'ouverture des débats, il y a nécessité de renvoyer la cause à la prochaine session.—*Ass. du Gard*, 19 mai 1838 (t. 2 1838, p. 161), Lacombe.

379. — Le président de la cour d'assises a le droit de remettre à une autre époque l'ouverture des débats d'après l'état de maladie de l'un des accusés. — *Cass.*, 15 avr. 1818, Guillam.

380. — Mais la cour d'assises peut refuser de renvoyer l'affaire à une autre session, malgré la maladie du défenseur de l'accusé, et alors qu'elle constate que le défenseur accepté par l'accusé en remplacement du premier a eu le temps suffisant pour prendre connaissance des pièces. — *Cass.*, 1 juin 1831, Chadrin.

381. — Le président de la cour d'assises ayant le droit de proroger d'office le délai de la mise en jugement, l'accusé ne peut se plaindre de ce qu'avant même que la cour fût saisie, son affaire a été renvoyée à une autre session, alors que ce renvoi, motivé sur l'intérêt de la défense, a été suivi d'une instruction supplémentaire dont il appartenait à ce magistrat d'apprécier l'utilité. — *Cass.*, 25 juin 1840 (t. 2 1842, p. 679), Maubant; — Legraverend, t. 2, p. 195.

382. — D'après un arrêt du 15 sept. 1820, cité par Carnot sur l'art. 306, l'accusé ne pourrait tirer ouverture à cassation de ce que le président aurait prononcé le renvoi sur un motif *insignifiant*.—Nous ne pouvons admettre cette décision, et Carnot lui-même la rejette, en faisant remarquer, avec raison, que ce serait de la part du président faire abus de son pouvoir discrétionnaire que d'ordonner un pareil renvoi, sans en avoir un motif légitime.

383. — Lorsque, par suite de l'absence d'un témoin, l'accusé ou le ministère public demande le renvoi de l'affaire à une autre session, la cour d'assises a le droit d'apprécier cette demande d'une manière souveraine. Et le rejet qu'elle en fait par le motif que la présence du témoin absent n'était pas nécessaire pour le jugement de la cause ne donne pas ouverture à cassation. — *Cass.*, 21 mars 1839 (t. 2 1839, p. 412), Bergs.

384. — Le pouvoir conféré aux cours d'assises de renvoyer le jugement d'une affaire à une autre session, même après la formation du jury, n'est pas restreint aux cas prévus par les art. 330, 331 et 354, C. inst. crim..—Dès-lors, la notification faite au ministère public d'un arrêt de *soit communiqué* d'une requête en renvoi pour cause de suspicion légitime présentée par l'accusé à la cour de Cassation emportant de plein droit sursis au jugement du procès, la cour d'assises doit, sur l'avis qui lui est donné par le ministère public de cette notification, renvoyer l'affaire à la session suivante. — *Cass.*, 14 juin 1833, Bory et Clisson.

385. — Mais l'accusé qui a formé une demande en renvoi, pour cause de suspicion légitime, est non-recevable à se plaindre de ce que la cour d'assises saisie du procès a refusé de surseoir aux débats, s'il n'a point notifié au procureur général l'arrêt de *soit communiqué* rendu par la cour de Cassation. — *Cass.*, 10 fév. 1832, Robert.

Sect. 2e. — *Renvoi pendant les débats.*

386. — L'accusé ne peut plus demander le renvoi de l'affaire à une autre session après l'ouverture des débats. — *Cass.*, 10 oct. 1839 (t. 1er 1840, p. 14), Peytel.— V. aussi en ce sens Bourguignon, *Man. du jury*, p. 425; Carnot, sur l'art. 268, C. inst. crim., t. 2, p. 350, n° 4; sur l'art. 306, t. 2, p. 455, n° 3; sur l'art. 353, t. 2, p. 691, n° 3, et dans son *Supplément*, p. 105; Duvergier, dans ses notes sur Legraverend, t. 2, p. 195. — Les débats sont censés ouverts par la déposition du premier témoin inscrit sur la liste. — C. inst. crim., art. 354.

387. — Toutefois, le pouvoir discrétionnaire du président lui permettant de diriger les débats à son gré, s'il croyait devoir les ouvrir par l'interrogatoire de l'accusé, ce serait à partir de ce premier acte que l'accusé ne pourrait plus former sa demande en renvoi.

388. — L'accusé ne peut plus, à plus forte raison, demander le renvoi de l'affaire à une autre session, après l'ouverture des débats et l'audition de plusieurs témoins. — *Cass.*, 22 sept. 1826, Raynard.

389. — Toutefois, la jurisprudence n'a pas toujours été uniforme sur ce point.—Ainsi, il a été jugé 1° que la cour d'assises peut, nonobstant la disposition qui porte que les débats une fois entamés ne seront pas interrompus, renvoyer l'affaire à une autre session, après la prestation de serment du premier témoin et au commencement de sa déposition, si ce renvoi lui paraît nécessaire pour l'audition d'un témoin absent.— *Cass.*, 26 nov. 1829, Dumay.

390. — ...2° Qu'elle peut, même après avoir entamé les débats, renvoyer la cause à la session suivante, lorsque après avoir gardé le silence dans le cours de l'instruction écrite l'accusé présente inopinément, à l'audience, un système de défense qui repose sur des documens étrangers à l'information écrite, inconnus au ministère public, et qu'il importe de vérifier pour la découverte de la vérité. — *Assises de l'Aisne*, 17 mai 1834, B....

391. — ... 3° Que le refus de renvoyer une affaire à la prochaine session, sous prétexte que deux témoins assignés ne se sont pas présentés, rentre dans le droit de la cour d'assises, et que ce refus ne peut donner ouverture à cassation.—C. inst. crim., art. 330 et 331. — On alléguerait vainement que c'est par suite d'intimidation ou d'outrage que ces témoins ne se sont pas présentés, si le procès-verbal des débats est muet à cet égard, et si d'ailleurs ce moyen n'a pas été formulé devant la cour d'assises. — *Cass.*, 17 fév. 1843 (t. 2 1843, p. 539), Besson.

392. — Il a même été jugé, ainsi que nous l'avons vu (*suprà* n° 67), que lorsqu'un témoin cité ne comparaît point, la cour d'assises peut, *sans que le ministère public l'ait requis*, renvoyer d'office l'affaire à la session prochaine.

393. — Lorsque la déposition d'un témoin paraît fausse, le procureur général, la partie civile ou l'accusé peuvent immédiatement requérir et la cour ordonner, même d'office, le renvoi de l'affaire à la prochaine session. — C. inst. crim., art. 330 et 331.

394. — Mais si le témoin suspecté de faux témoignage est mis en accusation, il doit être jugé avant l'accusé, afin que, suivant la décision prise à son égard, il soit écarté définitivement de la procédure ou admis une seconde fois à déposer. — Legraverend, t. 2, p. 209.

395. — Par renvoi à une autre session, il ne faut pas entendre une session extraordinaire; en conséquence, l'accusé n'a aucune réclamation à former si, dans l'intervalle d'une session à l'autre, il est tenu une assise extraordinaire, et que son affaire n'y soit pas portée. — Legraverend, t. 2, p. 210.

396. — Lorsque des témoins entendus aux débats se trouvent prévenus de faux témoignage, les cours d'assises ont la faculté, mais ne sont pas obligées de renvoyer l'affaire à la session suivante.— *Cass.*, 21 janv. 1814, Schweitzen; *Bruxelles*, 29 oct. 1835, Dewit. — V. aussi, en ce sens, Carnot, *Inst. crim.*, sur l'art. 331, t. 2, p. 557; Merlin, *Rép.*, v° *Subornation*, n° 5.

397. — Il a été jugé que la défense faite par l'art. 353, C. inst. crim., d'interrompre les débats une fois entamés, n'est pas tellement absolue que la cour d'assises ne puisse, dans des circonstances graves, et pour la découverte de la vérité, interrompre les débats et renvoyer l'affaire à une autre session. — *Cass.*, 1er oct. 1813, Bourbier; 6 juill. 1815, Besaucelle; — Carnot, sur l'art. 306, C. inst. crim., t. 2, p. 454, n° 3.

398. — Le droit pour la cour d'assises de renvoyer à la prochaine session n'est point limité aux cas d'absence de témoins et de faux témoignage.

399. — L'art. 353, C. inst. crim., qui défend d'interrompre les débats entamés devant une cour d'assises, doit s'entendre seulement d'une suspension momentanément ordonnée, et ne met point obstacle au renvoi de l'affaire à une autre session. — *Cass.*, 12 fév. 1818, Lestrade.

400. — En conséquence: 1° lorsque l'accusé a fait imprimer et distribuer aux jurés de la session un écrit ou mémoire dans lequel les faits de l'accusation sont présentés et discutés d'avance, la cour d'assises peut, à raison des impressions que cet écrit a dû produire sur l'esprit des jurés, renvoyer l'affaire à une autre session. — *Cass.*, 10 juin 1830, Bourbon-Leblanc.

401. — 2° Lorsque, dans le cours des débats, il s'est élevé un tumulte scandaleux à l'occasion de la déposition d'un témoin, il suffit que les jurés aient vivement manifesté les impressions qu'ils en ressentaient, bien néanmoins qu'ils n'aient point fait connaître leur opinion sur le fond de l'affaire, pour que cette affaire puisse être renvoyée à une session suivante.—*Cass.*, 11 juin 1831, Mathé;—Carnot, *Inst. crim.*, t. 3, sur l'art. 406, n° 9.

402. — 3° Lorsque, dans le cours des débats, l'un des jurés s'est livré à des distractions qui ont nécessité une observation de la part du président, et qu'en interpellant un témoin, il a manifesté son opinion sur l'affaire, il y a lieu, par la cour d'assises, de renvoyer l'affaire à une autre session. —*Ass. Seine*, 28 déc. 1836, N... — De Serres, *Man. des cours d'assises*, t. 1er, p. 225.

403. — 4° Lorsqu'un juré désigné pour le jugement d'une affaire criminelle fait connaître son opinion avant même l'ouverture des débats, il y a nécessité de renvoyer la cause à la prochaine session.

404. — 5° Lorsque, l'affaire étant commencée, l'un des douze jurés vient à se trouver empêché par un événement quelconque de suivre les débats et de continuer de siéger, et qu'il n'a pas été tiré de jurés suppléans, il n'y a pas lieu de faire un nouveau tirage pour le remplacer; dans ce cas, la cour peut, soit renvoyer l'affaire à la session suivante, soit annuler le tirage du premier jury et ce qui s'en est suivi, et procéder à un nouveau tirage, sur une liste de jurés, pour faire recommencer l'affaire immédiatement. Dans tous les cas, ce mode de procéder ne pourrait donner ouverture à cassation, alors que ni l'accusé ni son conseil ne s'y sont opposés. — *Cass.*, 22 nov. 1838 (t. 2 1839, p. 633), Pietri; 31 mars 1842 (t. 2 1842, p. 57), Maisetti.

405. — La loi ne semble pas avoir prévu le cas où, après les débats commencés, un des douze jurés ne peut pas continuer de siéger. Carnot (sur

l'art. 399, no 8), pense qu'il n'y a pas lieu, dans ce cas, au renvoi à une autre session, mais qu'il faut remplacer le juré manquant, d'abord en tirant au sort un des noms restant dans l'urne, ensuite de la manière indiquée pour les remplacemens qui se font avant l'ouverture des débats, et recommencer les débats pendant la même session. — La doctrine des arrêts précités nous paraît préférable, la loi n'ayant permis nulle part les tirages partiels et successifs de jurés.

406. — Lorsque les débats commencés se trouvent interrompus par l'empêchement de l'un des jurés, la cour d'assises ne peut, si l'accusé demande le renvoi à une autre session, ordonner qu'il sera procédé de suite à la formation d'un nouveau jury de jugement, et que les débats seront recommencés immédiatement. — *Cass.*, 31 mars 1842 (t. 2 1842, p. 57), Maisetti.

407. — Lorsque l'état de démence est reconnu et constaté aux débats, la cour d'assises peut et doit prononcer le sursis au jugement de l'affaire jusqu'à ce que cet état ait cessé. — *Cass.*, 19 janv. 1837 (t. 1er 1838, p. 22), Bonnet.

408. — C'est avec raison, suivant nous, qu'il a été jugé que la communication d'un juré avec une personne étrangère est un événement de nature à justifier le renvoi de l'affaire à une autre session, lorsqu'il résulte de l'ensemble des circonstances que ce juré a dû recevoir une impression autre que celle des débats. — *Ass. Seine*, 16 juin 1836, Dehors.

409. — Mais nous ne saurions nous associer à cette autre décision, de laquelle il résulte qu'il n'y a pas lieu de remettre une affaire à une autre session, quoique, pendant la suspension des débats, quelques jurés aient pris part à des conversations sur l'affaire qui leur est soumise, lorsqu'ils se sont abstenus de faire connaître leur opinion personnelle sur le fond. — *Ass. Seine*, 22 juin 1831, Pion.

410. — Nous croyons, en effet, qu'il n'est pas nécessaire, pour que la communication défendue par la loi existe, que les jurés *aient manifesté leur opinion sur le fond de l'affaire*, mais qu'il suffit, ainsi que l'a déclaré l'arrêt précité du 16 juin 1836, rendu par la même cour d'assises, que les jurés, par suite de la communication, *aient dû recevoir une impression autre que celle des débats.*

411. — Jugé néanmoins que, si un témoin communique à voix basse avec l'un des jurés, il y a présomption qu'ils se sont entretenus de l'affaire, et que, dès-lors, les débats doivent être annulés, bien qu'ils aient affirmé l'un et l'autre qu'ils ne parlaient pas de l'affaire. — *Cass.*, 20 juin 1833, Laroche et Mornet du Temple.

412. — La cour de Cassation, dans ces derniers temps, a admis une jurisprudence plus large et encore plus conforme, suivant nous, à la loi et aux nécessités de la justice, en décidant que la cour d'assises a un pouvoir discrétionnaire pour ordonner le renvoi d'une affaire à une prochaine session, et que sa décision sur ce point ne peut donner ouverture à cassation.

413. — Il est donc certain qu'elle ne jugerait plus aujourd'hui 1o qu'une affaire ne peut pas être renvoyée à la session suivante, sous le prétexte que le défenseur de l'accusé s'est permis des inculpations inconvenantes contre plusieurs fonctionnaires, a avancé des principes faux pour égarer le jury, et a persisté malgré les avertissemens du président. — *Cass.*, 11 brum. an XII, Angevin.

414. — ... 2o Que l'impuissance momentanée du président d'une cour de justice criminelle de continuer l'examen d'une affaire n'est pas un motif suffisant pour en autoriser le renvoi à la session suivante. — *Cass.*, 1er thermid. an XIII, Felquier.

415. — Cependant, lorsque l'examen et les débats d'une affaire sont entamés, la cour d'assises ne peut plus la renvoyer à une autre session, sous l'unique prétexte qu'il existe des nullités dans la procédure antérieure aux débats. — L'appréciation de ces nullités est dévolue à la cour de Cassation, qui peut seule y statuer après l'arrêt définitif de la cour d'assises. — *Cass.*, 28 février 1833, Laroche.

416. — Le ministère public doit toujours être entendu sur les demandes en renvoi formées à l'audience. — *Cass.*, 12 janv. 1832, Jean Caro.

417. — La cour d'assises peut refuser de prononcer le renvoi de l'affaire à une autre session; et sa décision, étant de pure instruction, n'a pas besoin d'être motivée. — *Cass.*, 2 juin 1831, Chadrin.

418. — Elle peut, sans qu'il en résulte une ouverture à cassation, rapporter l'arrêt par lequel elle a ordonné le renvoi d'une affaire à la session prochaine. — *Cass.*, 11 oct. 1821, Curione.

419. — Le Code d'instruction criminelle n'a spécialement prévu que deux cas de renvoi : celui d'absence de témoins et celui de faux témoignage fait à l'audience. — C. inst. crim., art. 330, 331 et 354. — Mais, ainsi que nous l'avons dit (*suprà* no 398), ces dispositions ne sont point restrictives du pouvoir conféré à ce sujet aux cours d'assises, qui tiennent de l'art. 406, même Code, la faculté d'ordonner aussi ce renvoi toutes les fois que quelque événement le leur fait juger utile à la manifestation de la vérité ou à l'ordre public. — *Cass.*, 1er oct. 1813, Bourbier; 12 fév. 1818, Lestrade; 11 nov. 1830, Delannoy; — Carnot, sur l'art. 406, C. inst. crim., t. 3, p. 80, no 5.

420. — La cour d'assises a le droit de statuer souverainement sur les demandes tendant à la remise de la cause à une autre session. — *Cass.*, 14 sept. 1821, Hoyon; 25 sept. 1824, Claude; 7 fév. 1833, Hue; 14 sept. 1837 (t. 1er 1840, p. 13), Pic; 11 juill. 1839 (t. 2 1840, p. 584), Esparseil; — Carnot, sur l'art. 352, C. inst. crim., t. 3, no 684; Legraverend, t. 2, p. 105; De Serres, *Man. des cours d'ass.*, t. 1er, p. 223.

421. — Elle peut en conséquence, sans violer le droit de la défense, refuser d'ordonner, sur la demande de l'accusé, le renvoi de l'affaire à la prochaine session. — *Cass.*, 24 déc. 1824, Jean Abt.

422. — Le renvoi d'une affaire pendante devant une cour d'assises, d'une session à une autre, en conformité des art. 333, 354 et 406, C. inst. crim., ne peut donner ouverture à cassation. — *Cass.*, 2 fév. 1837 (t. 1er 1838, p. 76), Selli; 21 mars 1839 (t. 2 1839, p. 412), Bergs; 11 juill. 1839 (t. 2 1840, p. 584), Esparseil.

423. — D'ailleurs, l'accusé qui ne s'est pas opposé à ce qu'il fût passé outre aux débats, nonobstant la non-comparution de deux témoins, est non recevable à s'en faire un moyen de nullité. — *Cass.*, 10 juin 1826, Goudey.

424. — Il ne peut fonder un moyen de nullité sur ce que la cour d'assises a ordonné que les débats seraient continués malgré l'absence des témoins à décharge, alors que lui et son conseil y ont expressément consenti. — *Cass.*, 16 sept. 1831, Buret.

425. — La cour d'assises ne peut renvoyer l'affaire à *un autre jour de la même session*, alors que l'accusé s'oppose à ce renvoi. — *Cass.*, 7 nov. 1839 (t. 2 1841, p. 433), Casabianca.

426. — L'irrégularité du renvoi d'une affaire d'une session à une autre ne peut avoir pour effet d'annuler les débats auxquels il a été procédé ultérieurement. — *Cass.*, 14 sept. 1837 (t. 1er 1840, p. 13), Pic. — *Contrà Cass.*, 1er thermid. an XIII, Felquier.

427. — Lorsque le renvoi de l'affaire à une autre session est nécessité par la négligence de l'accusé, celui-ci doit être condamné aux frais occasionnés par le renvoi. — *Cass.*, 6 juill. 1815, Besancelle.

428. — Dans le cas où une affaire criminelle a été renvoyée à une autre session par la faute d'un juré, ce juré peut être condamné à tous les frais occasionnés par le renvoi et avancés soit par l'état, soit par les parties civiles ou l'accusé. — *Ass. Gard*, 19 mai 1838 (t. 2 1838, p. 161), Lacombe.

429. — Le renvoi à une autre session peut être ordonné plusieurs fois dans la même affaire. — *Cass.*, 11 juill. 1839 (t. 2 1840, p. 584), Esparseil.

430. — La continuation des débats, malgré l'absence de deux témoins et le défaut de décision par la cour d'assises, à la fin de la séance, sur cette absence, ne peuvent donner ouverture à cassation, lorsque l'accusé n'a élevé aucune réclamation. — *Cass.*, 2 sept. 1830, Gromelle; 8 juill. 1837 (t. 1er 1840, p. 310), Rigaud; — Carnot, sur l'art. 332, C. inst. crim., t. 2, p. 684, no 2.

431. — Lorsque, après cassation, la cause est portée devant une nouvelle cour d'assises, et que les accusés affirment ne point avoir la copie des pièces du procès, qui a pu rester dans les mains d'un co-accusé acquitté, la cour d'assises peut renvoyer la cause à une autre session, pour qu'il soit donné aux accusés une seconde copie de pièces. — *Ass. Tarn*, 10 mai 1828, Montpeyre.

432. — Cependant il faut reconnaître que les cours d'assises ont le droit d'apprécier les circonstances et d'ordonner la délivrance aux accusés d'une seconde copie. — V. à cet égard COPIE DE PIÈCES (mat. civ.), nos 69 et suiv.

Sect. 3e. — *Renvoi après la clôture des débats.*

433. — Dans le cas où l'accusé a été déclaré coupable à la majorité de plus de sept voix et lorsque les magistrats de la cour d'assises sont *unanimement convaincus* que les jurés, tout en observant les formes, se *sont trompés au fond*, la cour déclare qu'il est sursis au jugement et renvoie l'affaire à la session suivante, pour être soumise à un nouveau jury, dont ne peut faire partie aucun des premiers jurés. — C. inst. crim., art. 352.

434. — Cette disposition a pour objet d'empêcher les condamnations injustes; bien que l'institution du jury présente de plus fortes garanties aux accusés que les décisions des magistrats; il n'est pas impossible que l'erreur se glisse quelquefois dans ses déclarations, et alors il fallait bien laisser aux magistrats le pouvoir d'en arrêter les effets. — Le Sellyer, t. 4, no 1383.

435. — Il y aurait excès de pouvoir d'une cour d'assises, si, après la déclaration du jury favorable à l'accusé, elle le renvoyait à un nouveau jugement, alors même qu'elle aurait reconnu quelque irrégularité dans la déclaration du jury. — Carnot, *Inst. crim.*, sur l'art 352, no 5. — « Si le Code d'instr. criminelle, dit cet auteur, ne le porte pas d'une manière formelle, comme le faisait le Code de brum. an IV (art. 414), la raison indique assez que, cet article n'ayant pas été rapporté, il doit continuer à recevoir son exécution. »

436. — Avant la loi du 9 sept. 1835, l'art. 352, C. instr. crim., était restreint dans son application au cas où les magistrats de la cour d'assises étaient *unanimement* convaincus que le jury s'était trompé; le législateur a apporté une amélioration sensible à cette disposition en y inscrivant le second paragraphe dont nous venons de rapporter les termes.

437. — Lorsqu'il n'est pas juridiquement prouvé que les juges de la cour d'assises ont été unanimement d'avis que les jurés se sont trompés au fond, l'accusé ne peut se prévaloir de l'aveu qui en a été fait par les juges eux-mêmes, dans une demande en grâce, pour soutenir qu'il y a eu de leur part violation de l'art. 352, C. inst. crim. — *Cass.*, 26 juill. 1822, Duport.

438. — Le renvoi à la session suivante ne peut plus être ordonné après que les juges ont déclaré ne pas être unanimement convaincus que les jurés se soient trompés au fond, encore bien que l'un des jurés témoigne publiquement le regret d'avoir voté contre l'accusé, et que les autres demandent par l'organe de leur chef à expliquer leur déclaration. — *Cass.*, 22 janv. 1813, Boriaire. — V. Carnot, *Inst. crim.*, art. 352, t. 2, p. 681; Legraverend, t. 2, chap. 2, p. 253 à 254.

439. — M. Le Sellyer (t. 4, no 1386) pense qu'il faudrait appliquer cette décision au cas où la cour aurait commencé par reconnaître et déclarer que la majorité de ses membres n'était pas d'avis de renvoyer à la session suivante, et où, après les réquisitions du ministère public pour l'application de la peine, la cour ordonnerait ce renvoi : nous ne partageons pas cette opinion; et cet auteur lui-même, après l'avoir émise, la réfute en disant avec raison qu'il ne voit guère pourquoi la cour d'assises déclarerait que l'opinion de la majorité de ses membres est contraire à la prononciation du renvoi. La cour doit bien, sans aucun doute, exprimer l'opinion de l'unanimité, ou au moins de la majorité de ses membres, pour motiver la prononciation du renvoi à la session suivante; mais elle n'a rien à déclarer sur ce point, lorsqu'elle laisse les choses suivre leur cours naturel, et conserve à la déclaration du jury toute son autorité.

440. — Lorsque l'accusé n'a été déclaré coupable qu'à la simple majorité, il suffit que la majorité des juges soit d'avis de surseoir au jugement et de renvoyer l'affaire à la session suivante pour que cette mesure soit ordonnée par la cour. — C. inst. crim., art. 352, modifié par la loi du 9 sept. 1835.

441. — Nul n'a le droit de provoquer le renvoi à une autre session. La cour ne peut l'ordonner que d'office *et immédiatement après que la déclaration du jury a été prononcée publiquement.* — C. instr. crim., art. 352.

442. — Toutefois il ne faudrait pas conclure de ce que la cour d'assises ne peut ordonner que d'office le renvoi à une autre session et de ce que le renvoi ne peut être provoqué, qu'il y aurait nullité dans le cas où la cour aurait prononcé le renvoi sur la demande qui lui en aurait été adressée. — Carnot, sur l'art. 352, C. instr. crim., no 2; Le Sellyer, t. 4, no 1394.

443. — La faculté accordée aux juges par l'art. 352, C. inst. crim., lorsqu'ils pensent que la déclaration du jury est erronée au fond, de surseoir au jugement, et de renvoyer l'affaire à une autre session, peut être exercée par eux jusqu'au moment de procéder au jugement, et même après les réquisitions du ministère public pour l'application de la peine et les observations à ce sujet de l'accusé ou de son défenseur. — Il n'est pas nécessaire, à peine de nullité, qu'elle le soit immédiatement après la lecture publique de la déclaration du jury. — *Cass.*, 16 août 1839 (t. 1er 1840, p. 228), Chabaud.

444. — Suivant cet arrêt, une décision prononçant le renvoi n'en est pas moins le résultat de la libre inspiration de la conscience des juges, pour n'être intervenue qu'après la lecture de la décla-

ration du jury à l'accusé, les réquisitions du ministère public tendant à l'application de la peine, et les observations présentées à ce sujet, par l'accusé ou son défenseur ; c'est en ce sens qu'il a été fait usage du mot *immédiatement* dans le dernier paragraphe de l'art. 352.

445.—La cour de Cassation a expliqué, du reste, elle-même ce qu'il faut entendre par le mot *immédiatement*; elle a jugé qu'en exigeant que le renvoi fût prononcé *immédiatement* après que la déclaration du jury a été rendue publique, la loi a seulement entendu qu'il faudrait que la cour n'eût point suspendu la séance, ni fait aucun acte de procédure.—*Cass.*, 27 fév. 1812, Otto et Polder-Dyck ; —De Serres, *Manuel des cours d'assises*, t. 1er, p. 323 ; Carnot, *Inst. crim.*, art. 352, t. 2, p. 681 ; Merlin, *Rep.*, vo *Juré*, § 4, no 22.

446.—Merlin (*loc. cit.*) fait, à ce sujet, les observations suivantes, qui nous paraissent pleines de justesse et de raison : « Conçoit-on, dit-il, que le ministère public pût être, par son plus ou son moins de promptitude à prendre la parole après la déclaration du jury, le maître de priver ou de ne pas priver l'accusé de la ressource que l'art. 352 lui permet encore d'espérer ? Conçoit-on qu'il pût dépendre de lui d'empêcher, par le soin qu'il aurait de se lever avec la rapidité de l'éclair, à l'instant même où le dernier mot de la déclaration du jury serait sorti de la bouche du chef des jurés, une délibération à laquelle il doit être absolument étranger et qui ne peut être prise que d'*office* ? Conçoit-on qu'il pût, par son fait, rendre impossible une délibération qu'il n'a pas le droit de provoquer. » —V. aussi Le Sellyer, t. 4, no 1198.

447.—La cour d'assises peut, à plus forte raison, ordonner le renvoi lorsque le ministère public n'a pas encore fait de réquisition, et lorsque seulement la réponse du jury a été lue à l'accusé.—*Cass.*, 14 oct. 1831, Goretta.

448.— Toutefois, Carnot (*Inst. crim.*, sur l'art. 351, no 3) émet l'avis que la cour n'est plus recevable à prononcer le renvoi lorsque la lecture de la déclaration a été faite par le greffier à l'accusé.

449.— Il pourrait arriver que le jury eût déclaré, par de justes motifs, l'accusé coupable du fait principal lorsque, d'ailleurs, il aurait prononcé à tort une déclaration affirmative sur les circonstances aggravantes : dans ce cas la disposition de l'art. 352 devrait être appliquée et le renvoi à la session suivante ordonné. — Carnot, sur l'art. 352, obs. add. ; Le Sellyer, t. 4, no 1390.

450.— La faculté de surseoir au jugement et de renvoyer l'affaire à la session suivante, sur le motif que les jurés se sont trompés au fond, n'ayant été accordée aux cours d'assises que dans l'intérêt de l'accusé, il s'ensuit que le renvoi à de nouveaux jurés ne peut les investir du droit de prononcer de nouveau que sur les faits à l'égard desquels la déclaration des premiers avait été contraire à l'accusé. — *Cass.*, , 8 janv. 1813, Durand.—Merlin, *Rép.*, vo *Révision de procès*, § 3, art. 2; Legraverend, t. 2, ch. 2, p. 254 ; Carnot, sur l'art. 352, C. inst. crim., t. 2, p. 683, no 8 ; Bourguignon, *Jurisp. des C. crim.*, sur le même article, t. 2, p. 154 et suiv.; De Serres, t. 1er, p. 527 et suiv.

451.— Spécialement, lorsque le premier jury a déclaré un accusé d'assassinat coupable sur le fait du meurtre et non coupable sur la circonstance aggravante de la préméditation, cette circonstance est irrévocablement exclue de tout nouveau débat. Le second jury n'est saisi légalement que du fait principal du meurtre. — *Cass.*, 23 juin 1814, Joseph Fischer.

452. — Rien ne s'oppose à ce que la cour se retire dans la chambre du conseil pour délibérer sur le renvoi, sauf à rentrer dans l'auditoire pour rendre son arrêt. — Carnot, *Inst. crim.*, sur l'art. 352, no 4; Le Sellyer, t. 4, no 1392.

453. — M. Legraverend professe l'opinion contraire : « Cette mesure extraordinaire, dit-il, ne doit, au reste, être prise que spontanément ; la cour ne peut l'ordonner que d'office et immédiatement après que la déclaration du jury a été prononcée publiquement. Il faut que l'erreur soit évidente et, pour ainsi dire, palpable; que chacun des juges en ait l'intime conviction, et que par un mouvement spontané chacun d'eux la manifeste à l'instant même. La loi interdit, en pareil cas, toute espèce de provocation et de réclamation, toute discussion, *toute délibération*. La décision de la cour doit suivre immédiatement la lecture qui est donnée de la déclaration à l'audience. La loi serait violée si cette mesure, qui doit être l'effet subit de l'élan d'un sentiment profond, était *le résultat d'une discussion quelconque, ou même le fruit de la réflexion* ; et le législateur, en se déterminant à autoriser ainsi, dans l'intérêt de l'accusé, l'annulation de la déclaration du jury, qu'il environne habituellement d'un respect religieux, n'a pu s'écarter à ce point des principes fondamentaux de son système de législation, sans prescrire et exiger des conditions qui offrissent à la société une grande garantie contre l'abus que l'on pourrait faire de cette interversion des règles générales. »

454. — Mais il est facile de voir, en se pénétrant surtout de l'esprit de l'art. 352 et de la jurisprudence qui précède, que M. Legraverend a forcé le sens que l'on doit attacher aux expressions du législateur. S'il s'agit, en effet, au fond, de réparer une erreur commise par le jury, erreur dont la suite serait la condamnation d'un innocent, doit-on s'attacher au sens rigoureux des termes pour en empêcher l'application et paralyser par là l'action protectrice de la loi qui ne veut pas qu'une injustice puisse être commise en son nom ? Non, sans doute, et M. Legraverend, trop sévère interprète de la loi, en a méconnu le sage motif.

455. — Par suite du même principe, il a été jugé qu'aucune disposition ne défend aux cours d'assises de motiver les ordonnances par lesquelles, en déclarant que les jurés se sont trompés au fond, ils renvoient une affaire à la session suivante. — *Cass.*, 21 avr. 1814, Fradet.

456. — Cette solution doit être entendue en ce sens que la cour peut, sans qu'il en résulte nullité, mettre à nu l'erreur des jurés et exprimer en quoi ils se sont trompés. — Merlin, *Quest.*, vo *Jury*, § 4 ; Le Sellyer, t. 4, no 1403.

457. — La faculté accordée aux cours d'assises de surseoir au jugement et de renvoyer à la session suivante, en cas d'erreur du fond, de la part du jury, ne peut être exercée que dans le cas où l'accusé a été déclaré convaincu d'un crime ou d'un délit, et jamais quand la déclaration du jury lui a été favorable.— *Cass.*, 13 mars 1812, Broquet.

458. — En conséquence, s'il y a plusieurs accusés, ceux qui ont été déclarés non coupables ne peuvent pas être compris dans ce renvoi ; ils doivent être immédiatement acquittés et mis en liberté. — *Cass.*, 2 juill. 1812, Gence et Crouzet; 8 janv. 1813, Durand ; — Carnot, *Inst. crim.*, art. 353, t. 2, p. 683 et 684 ; Merlin, *Rép.*, vo *Révision de procès*, § 3, art. 2, no 6 ; Bourguignon, *Jurisprud. des Codes crim.*, sur l'art. 352 ; Le Sellyer, t. 4, no 1401.

459. — Le droit d'annulation accordé à la cour ne peut pas s'étendre à une seconde déclaration ; la culpabilité de l'accusé ne peut plus alors être révoquée en doute, malgré l'opinion contraire précédemment manifestée par tous les juges, et le cours de la justice ne saurait rester plus longtemps suspendu. — Legraverend, t. 2, p. 255.

460. — Aucun des jurés qui ont concouru à la première déclaration, dont l'annulation a été prononcée spontanément par la cour, ne peut, à peine de nullité de la procédure, faire partie du second jury. — Carnot, sur l'art. 352, no 6 ; Legraverend, t. 2, p. 253, note 2e ; Le Sellyer, t. 4, no 1395.

461. — Mais les membres de la cour d'assises qui ont concouru à l'annulation peuvent-ils siéger à la nouvelle session de cette cour, lorsque l'affaire y est reproduite ? — La loi n'a rien déterminé à cet égard, et l'on ne peut pas s'appuyer sur ses dispositions pour chercher la solution de cette difficulté. Cependant, puisque tous les jurés qui ont concouru à la déclaration annulée sont exclus, *à peine de nullité*, du jury qui doit prononcer de nouveau sur l'affaire, il nous semble que, par analogie, les juges qui ont concouru à l'annulation doivent également être exclus de la cour. Il faut que l'affaire soit soumise à un nouveau débat devant de nouveaux hommes ; et c'est dans ce renouvellement complet que la loi a cherché une garantie contre la prévention ou l'erreur. Ce moyen de garantie, il est vrai, n'est exprimé qu'en faveur de l'accusé par l'exclusion donnée aux jurés auteurs de la première déclaration ; mais le législateur n'a pu vouloir le négliger en faveur de la société : et ce qui manifeste sa sollicitude à cet égard, c'est l'obligation qu'il impose à la cour d'assises de prononcer *immédiatement* après la seconde déclaration, quoi qu'elle soit conforme à la première. — Nous pensons donc que, pour former régulièrement la cour d'assises, lorsque l'affaire est examinée une seconde fois après l'annulation d'une première déclaration du jury, il faut avoir soin de n'y appeler que des juges qui n'aient point concouru à cette annulation. — Legraverend, t. 2, p. 256 ; Le Sellyer, t. 3, no 998 et t. 4, no 1399.

462. — Le renvoi à une autre session, et, par conséquent, à un autre jury, n'autorise pas à remettre en question les circonstances écartées par la déclaration du premier jury. — *Cass.*, 20 juin 1814, Fischer ; 29 nov. 1811, Van Sommern ; 8 janv. 1813, Durand. — V. aussi, en ce sens, Merlin, *Rép.*, vo *Révision de procès*, § 3, art. 2 ; Legraverend, t. 2, p. 254 ; Carnot, sur l'art. 352, *C. inst. crim.*, t. 2, p. 683 ; Bourguignon, *Jurisprud. des Codes crim.*, t. 2, p. 151 ; De Serres, *Manuel des cours d'assises*, t. 1er, p. 257 ; Le Sellyer, t. 4, no 1399.

CHAPITRE V. — *Publicité des débats.*

463.— La première disposition législative qui a ordonné la publicité des débats en matière criminelle est l'art. 21, décr. 9 oct. 1789, ainsi conçu : « Le rapport du procès sera fait par un des juges, les conclusions du ministère public données ensuite et motivées, le dernier interrogatoire prêté et le jugement prononcé, *le tout en audience publique*, etc. »

464. — Après ce décret parut la loi du 18 pluv. an IX, qui consacra le même principe, même pour les tribunaux spéciaux. — Dite loi, art. 28.

465. — Vint ensuite la loi du 30 avr. 1810 sur l'organisation judiciaire, qui déclara nuls les arrêts qui ne seraient pas rendus publiquement.

466. — De ces diverses dispositions on a conclu que la publicité du débat est une formalité substantielle. — *Cass.*, 3 mars 1826, Ferrier.

467. — C'était, au reste, la disposition formelle de l'art. 14, tit. 2, L. 24 août 1790, de l'art. 7, L. 20 avr. 1810 et de l'art. 55 de la charte.

468. — Ces lois n'admettaient aucune exception au principe de la publicité des débats. — Aussi, a-t-il été jugé, sous l'empire de la loi du 18 pluv. an IX, que la lecture de l'acte d'accusation, les débats et la défense de l'accusé ne pouvaient avoir lieu à huis-clos, même en matière de viol. — *Cass.*, 17 mai 1810, Paul Gasparini ; —Merlin, *Rép.*, vo *Publicité de l'audience*, § 2, no 4 ; Legraverend, t. 2, chap. 1er, § 4, p. 25 ; Carnot, *Inst. crim.*, sur l'art. 418, t. 3, p. 145, no 8.

469. — Sous le Code du 3 brum. an IV, l'arrêt d'une cour de justice criminelle qui annulait une partie de la procédure instruite par le directeur du jury était nul, lorsqu'il avait été rendu dans la chambre du conseil, et sans publicité. — *Cass.*, 2 sept. 1808, Salvador Levi.

470. — La charte constitutionnelle, art. 55, a sanctionné le principe de la publicité des débats en décrétant cette publicité, à moins qu'elle ne fût dangereuse pour l'ordre et les mœurs. — *Cass.*, 13 oct. 1826, Rochelmagne.

471. — Dans ce cas, la cour ou le tribunal doit le déclarer par un jugement. — Charte, art. 55.

472. — La cour d'assises a le droit de déterminer le moment où le huis-clos devra commencer. — Ainsi elle peut l'ordonner immédiatement après le serment prêté par les jurés et avant la lecture de l'arrêt de renvoi et de l'acte d'accusation. — *Cass.*, 22 déc. 1842 (t. 2 1843, p. 71), Marignan.

473. — ... Et à plus forte raison avant l'exposé de l'affaire par le ministère public. — *Cass.*, 13 oct. 1826, Rochelmagne.

474. — En ne déterminant pas les crimes dont l'instruction orale pourrait être secrète, la charte constitutionnelle a abandonné aux lumières et à la conscience des cours et tribunaux l'appréciation des faits et circonstances de nature à nécessiter le huis-clos. Leurs décisions à cet égard sont hors des attributions de la cour de Cassation. — *Cass.*, 5 oct. 1821, Naulet.

475. — Il n'est pas nécessaire que les réquisitions du ministère public tendant à ce que les débats aient lieu à huis-clos soient signées par ce magistrat. Cette formalité, qui n'est point prescrite à peine de nullité, n'a d'ailleurs rien de substantiel, et peut être suppléée par la mention desdites conclusions dans le procès-verbal d'audience. — *Cass.*, 6 janv. 1845 (t. 1er 1846, p. 44), Senil.

476. — L'arrêt par lequel une cour d'assises ordonne que les débats auront lieu à huis clos doit être prononcé en public. De même, toutes les formalités qui précèdent la lecture de l'arrêt de renvoi et de l'acte d'accusation doivent être remplies en audience publique, le tout à peine de nullité. — Charte de 1830, art. 56. — *Cass.*, 12 déc. 1823, Boulaud.

477. — Lorsqu'une cour d'assises a ordonné que les débats auraient lieu à huis-clos, l'audience doit redevenir publique aussitôt que la clôture des débats est prononcée. — *Cass.*, 30 sept. 1824, Jourdia.

478. — Mais le résumé du président, tout ce qui le suit, et, conséquemment, la position des questions doivent être faits en audience publique, à peine de nullité, comme étant extrinsèques aux débats dont la clôture les a précédés. — Charte de 1830, art. 55; — *Cass.*, 30 août 1822, Olivier Courtel ; 19 déc. 1822, Roche.

479. — Il en est de même de la lecture de la déclaration des jurés par leur chef. — *Cass.*, 22 avr. 1820, Lafitte.

480. — Lorsqu'il a été ordonné que les débats auraient lieu à huis-clos, si l'accusé demande que l'audience cesse d'être secrète, il n'est pas nécessaire que l'arrêt qui statue sur cet incident soit

rendu publiquement. — C. Inst. crim., art. 309; — *Cass.*, 29 avr. 1826, Gréau.

481. — Il y a nullité lorsque rien n'établit, après que les débats ont eu lieu régulièrement à huis-clos, que les portes de la salle d'audience ont été rouvertes avant le résumé du président. — *Cass.*, 26 mai 1831, Marès.

482. — Il y a nullité lorsqu'un arrêt rendu incidemment dans le cours des débats qui ont eu lieu à huis-clos n'a pas été prononcé publiquement, et spécialement lorsque la cour d'assises a statué, sans publicité, sur l'admission de la partie civile, ou sur l'opposition formée par l'accusé à l'audition d'un témoin, ou enfin a ordonné par un arrêt que, nonobstant l'absence de plusieurs témoins, il serait passé outre aux débats. — *Cass.*, 19 janv. et 19 déc. 1844 (t. 1er 1845, p. 486), Espeillac, Lyautey et Malnet (trois arrêts).

483. — Lorsque l'audience a été suspendue, le procès-verbal doit constater qu'elle a été reprise publiquement.

484. — Il n'y a pas eu violation du principe de la publicité des débats par cela que le président a fait retirer une partie de l'auditoire pour cause de tumulte, et tenir fermées pendant son résumé les portes de la salle d'audience, qui étaient assaillies par la populace. — *Cass.*, 30 mai 1839 (t. 2 1843, p. 298), Nougué et Garos.

485. — Il y a lieu d'annuler les débats lorsque, le président de la cour d'assises ayant, suivant le procès-verbal, fait retirer le public de l'auditoire après avoir remis les questions au jury, rien ne constate ni même n'énonce que l'audience a été rendue publique jusqu'au moment où il est dit que le président a prononcé publiquement l'arrêt. — *Cass.*, 25 juill. 1833, Boussac.

486. — Il y a nullité lorsque, dans le procès-verbal des débats, rien ne constate la publicité d'une partie de la séance. — *Cass.*, 23 juin 1827, Rivière.

487. — Mais lorsque le procès-verbal des débats constate que l'audience a été publique, et qu'après un quart d'heure de suspension elle *a été reprise*, il en résulte suffisamment que la reprise de l'audience a été publique. — *Cass.*, 2 avr. 1810 (t. 1er 1842, p. 278), Prévost et Saillot; 23 juin 1831, Comité.

488. — Lorsqu'une cour d'assises tient le même jour deux audiences, l'une dans la journée, et l'autre le soir, celle-ci doit être considérée comme la continuation de la première; il suffit en conséquence que le procès-verbal constate la publicité au commencement des débats, et ajoute que le soir la cour a repris son audience. — *Cass.*, 12 oct. 1837 (t. 2 1837, p. 390), Métreau.

489. — La mention, dans le procès-verbal d'une seconde séance où un arrêt incident a été rendu, que les débats ont été repris publiquement, constate suffisamment la publicité de l'audience. — *Cass.*, 31 mars 1831, Cornier.

490. — Le procès-verbal des débats qui énonce qu'après une suspension la séance a été *reprise* et l'arrêt prononcé en présence du public constate suffisamment la publicité de cette seconde partie des débats. — *Cass.*, 30 mai 1839 (t. 2 1843, p. 298), Nougué et Garos.

491. — Le président peut, en vertu de son droit de police, ordonner l'évacuation de la salle. En conséquence, il a été jugé que la fermeture des portes après l'évacuation de la salle et jusqu'après le prononcé de l'arrêt de condamnation, et le refus de laisser entrer des avocats qui n'étaient pas en robe, et des amis du prévenu, ne peuvent constituer des atteintes à la publicité, alors qu'il est constant que des personnes en robe et autres ont été admises dans l'intérieur du parquet, sous la protection des huissiers, et que ces mesures étaient nécessaires pour prévenir le retour du désordre. — *Cass.*, 14 juin 1833, Roche (Aff. de la *Gazette du Languedoc*).

492. — La distribution de billets pour entrer de préférence à l'audience d'une cour d'assises n'est qu'une mesure d'ordre et de police qui ne contrarie point la publicité des débats. — *Cass.*, 6 fév. 1812, Morin; — Morin, *Dict. de droit crim.*, v° *Cour d'assises*, p. 220.

493. — Legraverend critique, avec raison, cette décision (t. 2, chap. 1er, § 4, p. 25, note 4e) : « Rien ne s'oppose sans doute, dit-il, à ce que le président d'une cour et le ministère public prennent des mesures de concert, pour prévenir le désordre et le trouble à l'audience; mais autre chose est de prendre des mesures de cette espèce, autre chose est de choisir, en quelque sorte, les spectateurs. » — Favard (v° *Audience*, § 1er, n° 1er) est encore plus positif : « Un auditoire composé en entier ou dans une trop forte proportion de personnes de choix, n'aurait point, dit-il, le caractère de publicité requis : la loi serait violée, et la nullité des débats en serait la conséquence. » — Carré pense qu'il vaut mieux que cette distribution de billets n'ait jamais lieu, ou du moins qu'elle soit restreinte de manière à ne pas dégénérer en privilége exclusif, et qui donne aux débats une publicité autre que celle qu'elle aurait dû avoir. Au surplus, certains magistrats, religieux observateurs de la loi, ont constamment refusé de délivrer des billets de cette nature.

494. — Le procès-verbal des séances d'une cour d'assises, constatant que l'audience a été rendue publique pour le résumé du président, fait foi jusqu'à inscription de faux. — *Cass.*, 18 janv. 1828, Philippe.

495. — Les débats d'une cour d'assises sont nuls, ainsi que tout ce qui les a suivis, quand la publicité n'est pas constatée. — *Cass.*, 28 janv. 1825, Bayle et Massias; 19 fév. 1825, Gaillard.

496. — Jugé de même que, lorsque la publicité des débats ne se trouve pas constatée par le procès-verbal, l'arrêt doit être cassé. — *Cass.*, 13 sept. 1834, Césaire.

497. — La publicité de l'audience d'une cour d'assises est suffisamment constatée par la mention insérée au procès-verbal des débats 1° que la cour était assemblée en audience publique dans l'une des salles du palais de justice. — *Cass.*, 5 fév. 1835, Dejean et Gourdon.

498. — ... 2° Que l'audience étant publique, etc... — *Cass.*, 27 avr. 1838 (t. 2 1842, p. 705), Fournier et Godri.

499. — ... 3° Que le président a fait ouvrir l'audience, et que les témoins et le public ont été introduits (C. inst. crim., art. 309). — *Cass.*, 5 janv. 1832, François Lecomte.

500. — Il y a publicité légale des débats, à quelque heure de la nuit qu'ils commencent, pourvu que les portes de l'auditoire demeurent ouvertes; peu importe dès-lors qu'ils aient commencé au milieu de la nuit, à une heure du matin. — *Cass.*, 28 juin 1838 (t. 1er 1840, p. 311), Couvreur.

501. — Le procès-verbal des débats doit mentionner la publicité des débats pour chaque audience.

502. — En conséquence, l'arrêt d'une cour d'assises est nul lorsque, les débats ayant duré trois séances, le procès-verbal ne contient la mention expresse de publicité de l'audience que pour la première. — *Cass.*, 18 nov. 1830, Cousin.

503. — Est nul l'arrêt d'une cour d'assises lorsque, les débats ayant duré trois séances, le procès-verbal ne constate la publicité d'une manière expresse et formelle que pour les deux premières séances. — *Cass.*, 24 juin 1831, Catois-Bussart; — Morin, *Dict. dr. crim*, v° *Cour d'assises*, p. 220.

504. — Mais la publicité est suffisamment constatée pour toutes les audiences, lorsque le procès-verbal des débats d'une cour d'assises énonce que la première séance a été publique, qu'elle a été continuée au lendemain et reprise; et qu'après une nouvelle continuation et une nouvelle reprise l'arrêt a été prononcé publiquement dans la troisième séance. — *Cass.*, 22 mars 1832, Jean Jourde.

CHAPITRE VI. — *Ouverture, continuité et suspension des débats.*

Sect. 1re. — *Ouverture des débats.*

505. — *Délais.* — Les débats de la cour d'assises ne doivent s'ouvrir, à peine de nullité, qu'après l'expiration des cinq jours qui sont accordés à l'accusé pour se pourvoir en cassation contre l'arrêt de mise en accusation. — C. inst. crim., art. 296.

506. — A cet effet, le juge qui a fait subir à l'accusé l'interrogatoire prescrit par l'art. 293, C. inst. crim., doit l'avertir que, dans le cas où il se croirait fondé à former une demande en nullité, il doit faire sa déclaration dans les cinq jours suivans, et qu'après l'expiration de ce délai, il n'y sera plus recevable. — C. inst. crim., art. 296.

507. — L'exécution de cette disposition est constatée par un procès-verbal que signent l'accusé, le juge et le greffier. — Même article.

508. — Le délai de cinq jours accordé à l'accusé pour former sa demande en cassation de l'arrêt de mise en accusation n'est pas franc. Ainsi, la déclaration de pourvoi formée le 19 n'est plus recevable lorsque l'accusé a été interrogé le 13 par le président de la cour d'assises. — *Cass.*, 12 juin 1828, Canac de Serre.

509. — Le délai de cinq jours accordé à l'accusé pour se pourvoir contre l'arrêt de renvoi ne peut être abrégé que de son consentement. — En conséquence, il y a nullité lorsque cet accusé a été traduit aux assises moins de cinq jours après l'avertissement qui lui a été donné conformément à l'art. 296, C. inst. crim., s'il n'a pas renoncé formellement au bénéfice du délai que la loi accorde pour se pourvoir. — *Cass.*, 27 fév. 1845 (t. 1er 1845, p. 666), Cedon. — V. aussi *Cass.*, 22 août 1844 (t. 2 1844, p. 539), Mora; 20 fév. 1845 (t. 1er 1846, p. 29), Lebas.

510. — Jugé, par suite, que les débats et le jugement sont nuls lorsqu'il a été procédé, avant l'expiration des cinq jours, à moins que l'accusé n'ait *formellement* renoncé à attaquer l'arrêt de mise en accusation. — Même arrêt de 1845.

511. — Il y a renonciation formelle à se pourvoir contre l'arrêt de mise en accusation, lorsque l'accusé, sur l'interpellation formelle s'il consentait à être jugé dans la session, y a consenti. — *Cass.*, 8 juill. 1830, Hastenritter; 4 oct. 1833, Pouyet.

512. — Les accusés qui ne sont arrivés dans la maison de justice qu'après l'ouverture des assises, ne peuvent y être jugés que lorsque le président l'ordonne. — Dans ce cas, le procureur général et les accusés sont considérés comme ayant renoncé à la faculté de se pourvoir en nullité contre l'arrêt de renvoi aux assises. — C. inst. crim., art. 263.

513. — Jugé, cependant, que l'accusé qui n'est arrivé dans la maison de justice qu'après l'ouverture des assises peut être jugé pendant le cours de la session, s'il n'y a pas d'opposition de sa part, encore bien qu'il n'y ait eu à cet égard ni réquisitoire du procureur général, ni consentement formel de l'accusé, ni ordonnance du président. — *Cass.*, 5 janv. 1838 (t. 1er 1838, p. 176), Breton; *Bruxelles*, 22 nov. 1820, Baivier.

514. — Jugé même qu'il n'y a pas d'irrégularité à faire juger un accusé dans les assises ouvertes avant son arrivée à la maison de justice, pourvu qu'il y ait consenti; et que, quoique le procureur général n'en ait pas fait la réquisition, et que le président n'ait pas rendu d'ordonnance formelle à cet égard, les actes de poursuites faits en conséquence par le procureur général et le président constituent un acquiescement suffisant de la part de ces magistrats. — *Cass.*, 7 et 8 nov. 1811, N...

515. — Si l'accusé n'a pas été averti conformément à l'art. 296, ou si l'avertissement n'est pas constaté par le procès-verbal, le délai ne court pas contre lui. — Legraverend, t. 2, p. 150.

516. — Il conserve le droit de se pourvoir en cassation, même après l'arrêt définitif. — *Bruxelles*, 24 août 1815, Corneille de Coninck.

517. — La demande en nullité, formée après l[es] cinq jours donnés à l'accusé par l'art. 296, n'empêche pas l'ouverture des débats. — Le Sellyer, t. 3, n° 1049.

518. — M. Carnot (*Inst. crim.*, sur l'art. [illegible]) est d'une opinion contraire. Il se fonde sur ce que « la doctrine qui autorise l'ouverture des débats aurait ce résultat étrange que l'accusé, étant soumis aux débats, subirait toutes les angoisses d'une procédure et peut-être d'une condamnation criminelle, alors que la cour de cassation pourra[it] encore être saisie de son pourvoi en cassation. »

519. — Mais à cela M. Le Sellyer (*loc. cit.*) répo[nd] d'abord que l'inconvénient signalé arrivera rarement, la cour de Cassation devant prononcer [sur] la demande en nullité, toutes autres affaires c[es]santes; et que, d'un autre côté, un certain tem[ps] s'écoule d'ordinaire entre l'arrêt de renvoi, l'in[terrogatoire] par le président et l'ouverture d[es] assises; que, d'ailleurs, l'accusé n'est pas fondé [à] se plaindre de ces inconvéniens, puisqu'ils sont [le] résultat de sa négligence à se pourvoir dans le [dé]lai; qu'enfin les inconvéniens signalés peuve[nt] exister tout aussi bien dans le cas de l'art. 297 [où] l'accusé n'a pas été averti, et cependant le législateur veut que les débats soient ouverts. — V. aussi en ce sens, Legraverend, t. 2, p. 152 et 153.

520. — Lorsqu'un individu accusé de suppr[es]sion et de supposition d'état a laissé passer le dél[ai] qui lui était accordé pour se pourvoir en cassat[ion] contre l'arrêt qui l'a mis en accusation avant [le] jugement de la question d'état, il y a lieu de [pas]ser outre aux débats sur l'accusation, sans at[ten]dre le jugement de cette question. — *Ass. de Main[e]-et-Loire*, 27 nov. 1829, Lepoudray.

521. — Les débats doivent avoir lieu au jour [in]diqué par le président; cependant il ne peut [résul]ter aucun moyen de nullité de la substitution d['un] jour, opérée par le président de la cour d'ass[ises] au jour primitivement indiqué pour l'ouve[rture] des débats, lorsque le prévenu en a été instruit [en] temps utile et qu'il n'en a éprouvé aucun préj[udice] pour sa défense. — *Cass.*, 16 avr. 1835, Gras et menge.

522. — Les débats peuvent s'ouvrir un jour [fé]rié. — *Cass.*, 5 déc. 1839 (t. 2 1840, p. 176), [...] et Rombach.

523. — La loi ne fixant pas les heures où les [dé]bats d'une affaire peuvent être commencés, il [ne] peut résulter aucun moyen de nullité de ce [qu'ils] auraient eu lieu à une heure inaccoutumée,

que les énonciations du procès-verbal ne laissent aucun doute sur la publicité de l'audience.—*Cass.*, 31 déc. 1835, Barribas.

524. — L'examen de l'accusé commence immédiatement après la formation du tableau du jury. — C. instr. crim., art. 405.

525.—La disposition de cet article n'est pas prescrite à peine de nullité. — *Cass.*, 24 avr. 1818, Donrieux.

526. — En conséquence, 1° il est permis au président de procéder sans désemparer, et avant le jugement d'aucune d'elles, au tirage du jury pour chacune des affaires indiquées pour le même jour.— *Cass.*, 28 juin 1838 (t. 1er 1840, p. 311), Couvreur.

527. — 2° L'accusé ne peut se faire un moyen de nullité de ce qu'il s'est écoulé plus de deux heures entre la formation du jury et l'ouverture des débats de son affaire. — *Cass.*, 13 avr. 1837 (t. 2 1837, p. 619), Coste.

528. — 3° Il n'y a pas lieu à cassation dans le cas où le tirage du jury ayant eu lieu à huit heures du matin, les débats se sont ouverts le même jour à midi. — *Cass.*, 8 mars 1838 (t. 2 1840, p. 59), Valentin.

529. — 4° Lorsque, deux affaires ayant été indiquées pour le premier jour, les débats de la première se sont prolongés au-delà de minuit, ceux de la seconde peuvent néanmoins être entamés. — *Cass.*, 28 juin 1838 (t. 1er 1840, p. 311), Couvreur.

530. — 5° Il ne peut résulter aucune ouverture à cassation de ce que, entre le tirage du jury et les débats, la cour d'assises aurait employé un intervalle de quelques heures au jugement d'une autre affaire. — *Cass.*, 3 sept. 1812, Billet.

531.—*Entrée en séance.*—Après le tirage du jury, la cour prend séance; les douze jurés se placent, dans l'ordre désigné par le sort, sur des siéges séparés du public, des parties et des témoins, et en face de celui qui est destiné à l'accusé. — C. instr. crim., art. 309.

532.—Jugé, cependant, qu'il ne peut résulter une nullité de ce que les jurés ne se seraient pas placés dans l'ordre désigné par le sort. — *Cass.*, 27 sept. 1832, Loubet.

533. — Le procès-verbal doit, à peine de nullité, indiquer les noms des juges composant la cour d'assises, et cela alors même que l'arrêt de condamnation constate les noms des juges qui l'ont rendu. — *Cass*, 26 janv. 1832, Reynaud.

534. — Jugé, cependant, que l'accusé ne peut tirer une nullité de ce que le procès-verbal des débats d'une cour d'assises ne mentionnerait pas le nom des juges qui ont rendu l'arrêt de condamnation dans la seconde séance, si cet arrêt constate lui-même que les juges qui l'ont rendu sont les mêmes que ceux de la première. —*Cass.*, 6 juill. 1832, Laforge.

535. — ... Que le défaut de désignation des noms des magistrats, dans le procès verbal des débats d'une cour d'assises qui n'ont duré qu'une séance, ne peut pas être une cause de nullité, lorsqu'il résulte du rapprochement de ce procès-verbal et de l'arrêt de condamnation, mentionnant les noms des magistrats qui l'ont rendu et signé, que la cour d'assises a été légalement composée. — *Cass.*, 26 janv. 1832, Violeau.

536. — ...Et que l'énonciation au procès-verbal des séances de la cour d'assises, qu'à la seconde séance du même jour la cour était composée comme à la précédente séance, est suffisante et régulière, si le procès-verbal énonce formellement, pour cette précédente séance, la présence du nombre de juges nécessaires. — *Cass.*, 31 mars 1831, Cornier.

537.—*Comparution de l'accusé.*—L'accusé comparaît libre et seulement accompagné de gardes pour l'empêcher de s'évader. — C. inst. crim., art. 110. —La loi a voulu par cette disposition faire disparaître tout ce qui pourrait porter atteinte à la liberté morale de l'accusé en gênant sa liberté physique. —De Serres, *Man. des cours d'assises*, t. 1er, p. 161.

538. — Le Code de brum. avait une disposition semblable.—Sous le droit ancien, au contraire, l'accusé, déjà confondu avec le coupable, paraissait devant la cour chargé de fers; aujourd'hui, la loi ne prend contre l'accusé, tant qu'il n'est pas condamné, que des mesures de précaution pour prévenir son évasion.

539. — Toutefois, en usant de ces mesures bienveillantes à son égard, la loi supose qu'il ne se livrera à aucun acte de violence; s'il en était autrement, sa conduite justifierait toutes les mesures sévères qui pourraient être prises envers lui. — Legraverend, t. 2, p. 184.

540. — Ainsi, il a été jugé que lorsque l'accusé se livrait à des actes de violences, le président chargé de la police de l'audience, pouvait lui faire mettre des menottes.—*Cass.*, 7 oct. 1830, Metz ;— Morin, *Dict. du dr. crim.*, vº *Cour d'assises*, p. 221.

541. — Il n'est pas nécessaire que le procès-verbal des débats mentionne que l'accusé a été amené libre à chacune des audiences ; il y a présomption légale que la loi a été exécutée lorsque rien n'indique le contraire.—*Cass.*, 13 août 1829, Trenque;—Dufour, *Aide-mémoire d'un présid. d'assises*, p. 51.

542. — Il est évident que l'accusé ne peut tirer ouverture à cassation du silence du procès-verbal des débats, sur la présence des gardes qui ont dû l'accompagner lors de sa comparution devant la cour d'assises. Leur absence ne saurait, en aucun cas, vicier la procédure. — *Cass.*, 7 oct. 1824, Vincent Jacquet.

543. — *Ordre des débats, identité.*—Le président de la cour d'assises n'est point tenu, à peine de nullité, de déterminer et de constater l'ordre dans lequel chacun des accusés sera soumis aux débats et le débat particulier qui a lieu pour chaque accusé. — *Cass.*, 3 mai 1834, Duponcy ; — Dufour, *Aide-mémoire d'un président d'assises*, p. 51.

544.—Le président demande à l'accusé ses nom et prénoms, son âge, sa profession, sa demeure et lieu de sa naissance.—C. inst. crim., art. 310.

545.—« Les jurés ne doivent pas, dit Carnot (*Inst. crim.*, sur l'art. 310), ignorer les faits importans qui les mettent à même de prononcer sans équivoque sur l'identité de l'accusé. »

546. — Lorsque, dans tous les actes de la procédure et même dans le dernier interrogatoire, le domicile d'un accusé est indiqué en un certain lieu, l'indication par lui faite d'un autre lieu devant la cour d'assises ne suffit pas pour faire douter de son identité. — *Cass.*, 12 juill. 1832, Carnitrot.

547. — *Refus de comparution.* — La loi du 9 sept. 1835 a établi certaines règles pour le cas où l'accusé refuserait de comparaître. — Ainsi, sommation lui est faite d'obéir à justice au nom de la loi par un huissier commis à cet effet par le président de la cour d'assises, et assisté de la force publique. L'huissier dresse procès-verbal de la sommation et de la réponse du prévenu.—Art. 8.

548. —Le refus de l'accusé de se présenter à l'audience, par suite duquel la cour d'assises est autorisée à passer outre aux débats, est suffisamment constaté par la déclaration du défenseur de l'accusé que ce dernier est dans l'impossibilité de comparaître, et par le procès-verbal de l'huissier qui l'a sommé d'obéir à justice, lequel porte qu'il l'a trouvé étendu sur son lit, ne voulant faire aucune réponse. — *Cass.*, 12 déc. 1840 (t. 2 1842, p. 622), Lafarge.

549. — Si l'accusé n'obtempère pas à la sommation, le président peut ordonner qu'il soit amené par la force devant la cour; il peut également, après lecture, faite à l'audience, du procès-verbal constatant sa résistance, ordonner que, nonobstant son absence, il sera passé outre aux débats. — L. 9 sept. 1835, art. 9.

550. — Après chaque audience il est, par le greffier de la cour d'assises, donné lecture du procès-verbal des débats aux accusés qui n'ont point comparu, et il leur est signifié copie des réquisitoires du ministère public ainsi que des arrêts rendus par la cour, qui sont tous réputés contradictoires. — L. 9 sept. 1835, art. 9.

551. — Lorsque l'accusé ne peut ou ne veut se rendre à l'audience, la loi du 9 sept. 1835 n'exige pas qu'il lui soit donné lecture par le greffier du procès-verbal des débats antérieurs à son absence. Il suffit qu'il lui soit donné connaissance de ce qui s'est passé à l'audience depuis qu'il a cessé d'y paraître. — *Cass.*, 12 déc. 1840 (t. 2 1842, p. 622), Lafarge.

552. — La signification à l'accusé du réquisitoire du ministère public tendant à l'application de la loi du 9 sept. 1835, n'est pas exigée par cette loi. Il suffit qu'il soit donné à l'accusé copie du réquisitoire tendant à l'application de la peine. — *Cass.*, 12 déc. 1840 (t. 2 1842, p. 622), Lafarge.

553. — *Avertissement au défenseur.* — Le président avertit le conseil de l'accusé qu'il ne peut rien dire contre sa conscience ou contre le respect dû aux lois, et qu'il doit s'exprimer avec décence et modération. — C. Inst. crim., art. 311.

554. — A Paris, d'après un usage constant, le président se borne à dire au défenseur : « Vous connaissez les dispositions de l'art. 311 du Code d'instruction criminelle, je vous engage à vous y conformer. »

555. — Sous le Code de brum. an IV, le conseil de l'accusé devait faire la promesse de n'employer que la vérité dans la défense de son client.

556. — L'avertissement de l'art. 311 n'est pas prescrit à peine de nullité. — *Cass.*, 14 sept. 1837 (t. 1er 1840, p. 123, Saint-Yves).—Morin, *Dict. de dr. crim.*, vº *Cour d'assises*, p. 221.

557. — Si le défenseur s'écartait de cet avertissement, il pourrait être rappelé à l'ordre et la parole lui être retirée. — Carnot, *C. Inst. crim.*, sur l'art. 311.

558. — Mais une affaire ne pourrait être renvoyée à la session suivante sous le prétexte que le défenseur de l'accusé se serait permis des inculpations inconvenantes contre plusieurs fonctionnaires, aurait avancé des principes faux pour égarer le jury, et aurait persisté malgré les avertissemens du président. — *Cass.*, 11 brum. an XII, Angevin.

559. — L'accusé ne peut se faire un moyen de nullité de ce que le défenseur qu'il a choisi et qui a reçu, lorsqu'il s'est présenté à la première séance, l'avertissement prescrit par l'art. 311, C. instr. crim., n'a point, à la seconde séance, continué de l'assister, alors qu'il a été, dès cet instant et pour la plaidoirie, remplacé par un autre défenseur qui a également reçu l'avertissement voulu par la loi. — *Cass.*, 2 sept. 1830, Grenelle.

560. — *Serment des jurés.* — Le président adresse aux jurés, debout et découverts, le discours suivant : « Vous jurez et promettez devant Dieu et devant les hommes d'examiner avec l'attention la plus scrupuleuse les charges qui seront portées contre N.; de ne trahir ni les intérêts de l'accusé ni ceux de la société qui l'accuse; de ne communiquer avec personne jusqu'après votre déclaration ; de n'écouter ni la haine ou la méchanceté, ni la crainte ou l'affection ; de vous décider d'après les charges et les moyens de défense, suivant votre conscience et votre intime conviction, avec l'impartialité et la fermeté qui conviennent à un homme probe et libre. » Chacun des jurés, appelé individuellement par le président, répond en levant la main : *Je le jure.* A peine de nullité. — C. inst. crim., art. 312.

561. — Sous le Code de brum. (art. 343), la formule du discours était la même; seulement les jurés, au lieu de répondre *je le jure*, répondaient simplement : *je le promets.*

562. — Jugé, sous l'empire de ce Code, que l'expression d'une formalité rigoureuse excluant l'observation des formalités de même nature, il y avait lieu de présumer que le directeur du jury n'avait pas adressé aux jurés le discours prescrit par l'art. 343, lorsque le procès-verbal des débats constatait seulement la prestation du serment des jurés. — *Cass.*, 4 messid. an VII, Cassini.

563. — Jugé de même que, lorsque le procès-verbal des débats contenait le détail de tout ce qui avait été fait, et ne mentionnait pas que la lecture avait été faite aux jurés de l'instruction voulue par la loi, cette lecture était présumée avoir été omise, et la nullité était encourue. — *Cass.*, 29 mars 1810, Paira.

564. — La loi du 19 fructid. an V ayant décidé, par son art. 32, qu'aucun juré ne pouvait exercer de fonctions avant d'avoir prêté le serment de haine à la royauté, à l'anarchie ; de fidélité, attachement à la république et à la constitution de l'an III, la cour de Cassation avait jugé que le juré qui n'avait pas prêté ce serment était sans caractère pour prononcer sur une accusation et que la déclaration à laquelle il avait concouru était nulle. — *Cass.*, 9 pluv. an VII, Vidal ; 16 frim. an VIII, Ponchain et Roturier; 23 frim. an VIII, Golier et Lapaille ; 16 pluv. an VIII, Labat.

565. — La loi du 12 thermid. an VII ayant changé le serment civique des jurés, on ne put plus, à peine de nullité, leur faire prêter celui déterminé par la loi du 19 fructid. an V. — *Cass.*, 6 niv. an VIII, Aubry ; 19 niv. an VIII; Ceuppens.

566. — Jugé que le refus fait par un juré de prêter le serment civique prescrit par la loi du 19 fructid. an V et modifié par celle du 12 thermid. an VII, a cessé de pouvoir être assimilé au refus de remplir ses fonctions, dès l'instant où la loi du 19 brum. an VIII, qui a remplacé le directoire par le consulat, a été promulguée et publiée. — *Cass.*, 26 niv. an VIII, Hermans.

567. — Jugé de même que, dès que la loi du 19 brum. an VIII, qui remplaçait le directoire par un consulat, fut connue officiellement, un juré ne put pas être condamné comme défaillant pour avoir refusé de prêter le serment civique prescrit par la loi du 12 thermid. an VII, si, du reste, il jurait attachement et fidélité à la république et haine à la royauté.—*Cass.*, 11 pluv. an VIII, Grisard; 23 pluv. an VIII, Georgerie.

568. — Sous l'empire de cette même loi, les jurés qui n'avaient pas prêté le serment de fidélité à la constitution étaient sans pouvoirs pour remplir leurs fonctions, et la déclaration à laquelle ils avaient concouru était nulle. — *Cass.*, 25 flor. an VIII, Hébert ; 19 thermid. an VIII, Georges ; 16 frim. an IX, Chomier ; 7 vent. an IX, Leroi ; 7 prair. an IX, Dumont ; 7 messid. an IX, Robert ; 26 messid. an IX, Deluzuvieux ; 18 thermid. an IX,

Delor ; 26 thermid. an IX, Joyaud ; 28 thermid. an IX, Lavis ; 7 vent. an X, Guichardot ; 13 vent. an XI, Valour ; 2 fév. 1810, Vey.

569. — Jugé plus tard que le serment exigé des fonctionnaires par le sénatus-consulte organique, 28 flor. an XII, ne concernait pas les jurés qui n'étaient astreints qu'à faire la promesse prescrite par l'art. 207. — *Cass.*, 5 brum. an XIII, Maucouduit ; 20 flor. an XIII, Debout.

570. — Les jurés ne peuvent être dispensés de prêter serment sous le prétexte qu'ils l'ont prêté le même jour à l'occasion d'une autre affaire. — *Cass.*, 7 flor. an XI, Maillard.

571. — La formalité du serment est imposée aux jurés suppléans comme à ceux qui composent le tableau des douze. — De Serres, *Manuel des jurés*, p. 243.

572. — Lorsque le procès-verbal des débats énonce que chacun des jurés interpellés individuellement a répondu *Je le jure*, la prestation de serment des jurés suppléans est suffisamment constatée par la mention que la même formalité a été remplie à leur égard. — *Cass.*, 8 janv. 1824, Lecouffe.

573. — Il a même été jugé que lorsque, après avoir énoncé que les jurés suppléans ont pris place à l'audience, le procès-verbal constate que chaque juré, sur l'interpellation du président, a répondu *Je le jure*, cette constatation du serment s'applique aux jurés suppléans comme aux autres. — *Cass.*, 29 mars 1832, Thiault

574. — L'appel des jurés pour prêter serment doit être fait par le président lui-même et non par le greffier. — De Serres, *Man. des cours d'ass.*, t. 1er, p. 263.

575. — Jugé cependant qu'il ne peut résulter aucune nullité de ce que l'appel nominal des jurés pour la prestation du serment a été fait par le greffier et non par le président de la cour d'assises. — *Cass.*, 16 juin 1836, Pierrot.

576. — Lorsque le procès-verbal des débats constate que le président a adressé aux jurés, debout et découverts, le discours contenant le serment prescrit par l'art. 312, et que chaque juré a prêté individuellement ce serment, en levant la main et répondant *Je le jure*, il y a preuve suffisante que les jurés ont répondu au fur et à mesure qu'ils étaient individuellement appelés. — *Cass.*, 30 déc. 1830, Rabaud.

577. — Dans l'art. 312, C. inst. crim., ce n'est pas le discours du président, mais seulement le serment des jurés qui est prescrit, à peine de nullité. — *Cass.*, 21 janv. 1814, N..... ; 10 fév. 1816, Danouville ; 1er mars 1816, Lacoste ; — De Serres, t. 1er, p. 262 ; Morin, *Dict. de droit crim.*, vº *Cours d'assises*, p. 222.

578. — Mais ce n'en serait pas moins une faute grave de la part du président, s'il se permettait de substituer une autre formule à celle que la loi a employée pour rappeler aux jurés leurs devoirs. — Legraverend, t. 2, p. 186, note 2.

579. — Il ne peut résulter une nullité de ce que deux jurés appartenant au culte israélite auraient prêté le serment ordinaire et non pas le serment *more judaico*. — *Cass.*, 10 juill. 1828, Gratien Beusses. — V. TÉMOINS.

580. — Le procès-verbal des débats de la cour d'assises doit, à peine de nullité, faire mention de la prestation de serment des jurés. — *Cass.*, 17 mai 1833, Léger ; 3 pluv. an V, Lerouge ; 1er mars 1816, Lacoste ; 15 juin 1820, Bouhier ; 14 sept. 1820, Cullet ; 28 juin 1844, Reygnard (t. 1er 1845, p. 76) ; — Legraverend, t. 2, chap. 2, p. 186.

581. — En conséquence, 1º le silence du procès-verbal des débats sur le serment que doivent prêter les jurés établit la présomption légale de son omission, et opère la nullité des débats ainsi que de tout ce qui s'en est suivi. — *Cass.*, 1er juill. 1824, Malest ; 12 fév. 1825, Lambert ; — Carnot, *Inst. crim.*, sur l'art. 312, obs. addit., nº 1er.

582. — 2º Il y a nullité lorsque le procès-verbal des débats d'une cour d'assises constate seulement que le président a lu aux jurés la formule du serment contenu en l'art. 312, C. inst. crim., sans ajouter que chacun des jurés a répondu individuellement : *Je le jure*. — *Cass.*, 8 nov. 1832, Breton.

583. — Mais il ne peut exister de doute sur la nature et les termes du serment des jurés, lorsque le procès-verbal des débats constate que c'est le serment prescrit par l'art. 312, C. inst. crim., qui a été lu aux jurés et prêté par eux. — *Cass.*, 5 janv. 1832, Lecomte.

584. — La nullité résultant de ce que les jurés n'ont prêté le serment prescrit par l'art. 312, C. inst. crim., qu'après le réquisitoire du ministère public, ne peut pas être couverte par le consentement donné par le prévenu à ce que les débats ne fussent pas recommencés. — *Cass.*, 10 déc. 1831, Merson. — Dufour, *Aide-mémoire d'un président d'assises*, p. 53, sur l'art. 312.

585. — *Débats proprement dits*. — Après le serment des jurés, les débats proprement dits commencent (*Cass.*, 11 janv. 1816, Faiggias), et l'examen continue ; car l'examen commence après la formation du tableau du jury.

586. — Carnot (sur l'art. 405, C. inst. crim., t. 3, p. 77, nº 2) dit que cette solution semble contrarier les dispositions combinées des art. 354 et 405, en ce qu'elle confond l'*examen*, qui doit commencer aussitôt que le tableau du jury est formé, avec les débats, qui ne commencent réellement que par la déposition du premier témoin. — Cette critique est diamétralement contraire à l'art. 328, C. inst. crim., qui porte que « pendant l'*examen*, les jurés, le procureur général et les juges pourront prendre note de tout ce qui leur paraîtra important soit dans les *dépositions des témoins*, soit dans la défense de l'accusé. » Il résulte de cette disposition que l'audition des témoins fait partie de l'examen.

587. — Il n'est pas besoin de déclarer l'ouverture des débats.

588. — La cour d'assises n'est tenue de rendre un arrêt pour ordonner qu'il sera passé outre aux débats, qu'autant que cette mesure a formé l'objet d'un contentieux porté devant elle ; hors de là le droit de l'ordonner rentre dans les attributions du président. — *Cass.*, 24 août 1827, Piriou.

589. — Une cour d'assises peut procéder à l'ouverture des débats nonobstant un pourvoi tardivement déclaré ou qui ne lui paraît pas porter sur des ouvertures à cassation déterminées par la loi, et cela sans préjudice du droit qui appartient à la cour de Cassation de juger si cette cour d'assises a été régulièrement saisie. — *Cass.*, 5 fév. 1819, Arnaud.

590. — Carnot (sur l'art. 296, *C. inst. crim.*, t. 2, p. 421, nº 4) paraît être opposé à cette jurisprudence. « Au cas de réussite du pourvoi, dit-il, l'accusé n'aurait-il pas été soumis à des débats lorsqu'il n'aurait pas dû y être livré ? Sa mise en jugement est-elle donc une chose aussi indifférente que l'arrêt semble le supposer ? Si le pourvoi est rejeté, il n'aura donné lieu qu'à un retard de quelques jours. La vindicte publique n'en sera pas moins satisfaite. — C. inst. crim., art. 571 ; L. 20 déc. 1815, art. 40. — Pour que les cours d'assises pussent procéder autrement (que les cours spéciales ou prévôtales), il faudrait que la loi en renfermât l'autorisation expresse, et l'on ne peut la tirer d'aucune de ses dispositions. » — Quelle que soit la cause qui a motivé le pourvoi, il est évident, d'après les réflexions de Carnot, que si la demande réussit, l'annulation de l'arrêt de renvoi doit mettre au néant tout ce qui s'est fait en conséquence, et notamment la condamnation qui s'en serait suivie. Hors ces diverses hypothèses, nous ne pensons pas que la nullité puisse être prononcée. L'accusé ne doit pas entraver la marche de la poursuite par un pourvoi que la loi n'autorise point.

591. — Jugé, en conséquence, que le pourvoi contre l'arrêt de renvoi aux assises ne nécessite le sursis aux débats ordonnés par l'art. 301, même Code, que dans ceux où le pourvoi est basé sur l'un des trois moyens de nullité mentionnés dans l'art. 299. — *Cass.*, 24 déc. 1812, Pompé Grecco.

ART. 1er. — *Lecture de l'arrêt de renvoi et de l'acte d'accusation. — Rappel du contenu de cet acte à l'accusé et exposé de l'affaire par le procureur général.*

592. — Après la prestation du serment par les jurés, le président avertit l'accusé d'être attentif à ce qu'il va entendre. — C. instr. crim., art. 313, § 1er.

593. — Cet avertissement a pour objet d'appeler l'attention tout entière de l'accusé sur l'accusation, afin qu'il puisse, en s'en pénétrant bien, ne laisser échapper aucun des moyens qui sont ou qu'il croit favorables à sa défense. — Legraverend, t. 2, p. 189 ; Carnot, *Instr. crim.*, sur l'art. 314, nº 2.

594. — Après cet avertissement, le président ordonne la lecture de l'arrêt de la chambre d'accusation qui renvoie l'affaire à la cour d'assises, ainsi que de l'acte d'accusation. — C. instr. crim., art. 313 ; — Legraverend, t. 2, p. 188.

595. — Le Code de brum. an IV n'ordonnait que la lecture de l'acte d'accusation ; on ne considérait alors l'ordonnance de compétence et la déclaration du jury d'accusation que comme de simples actes d'instruction. Aujourd'hui l'arrêt de la chambre d'accusation doit être motivé, et il est essentiel que l'accusé en prenne connaissance. — Carnot, *Instr. crim.*, sur l'art. 313.

596. — Jugé aussi que le défaut de lecture de l'arrêt de renvoi n'emporte pas nullité. — *Cass.*, 5 nov. 1811, Ruel et Levasseur.

597. — Legraverend (t. 2, p. 189), en approuvant cet arrêt, fait cependant remarquer que l'omission de la lecture de l'acte de renvoi n'en est pas moins une faute grave de la part du président qui ne l'ordonne pas, du ministère public qui ne la requiert pas en cas de besoin, et même du greffier, qui doit connaître son devoir.

598. — Jugé que l'art. 313, qui ordonne la lecture de l'arrêt de renvoi et de l'acte d'accusation, n'est point limitatif et ne met point obstacle à la lecture de l'interrogatoire des accusés. — *Cass.*, 22 juin 1820, Terrein.

599. — Carnot (*Inst. crim.*, sur l'art. 314, nº 1er) est d'un avis contraire ; il pense que le président ne doit autoriser la lecture par le greffier d'aucune autre pièce que de l'arrêt de renvoi et de l'acte d'accusation. « Son pouvoir discrétionnaire, dit-il, ne peut s'étendre au-delà, sauf, dans le cours des débats, à faire donner lecture des procès-verbaux ou autres actes de l'instruction qui pourraient tendre à éclairer certains faits contestés. »

600. — Sous la loi du 7 pluv. an IX, il y avait nullité lorsqu'il n'était pas établi qu'il eût été fait lecture aux jurés d'accusation de l'acte d'accusation et des pièces y relatives. — *Cass.*, 8 vendém. an XI, Begon.

601. — Lorsqu'il est établi par le procès-verbal de la séance que l'arrêt de renvoi et l'acte d'accusation ont été lus aux débats dans leur entier, l'accusé ne peut tirer un moyen de nullité, de ce que l'un des chefs d'accusation aurait été omis dans le préambule de ce procès-verbal. — *Cass.*, 10 oct. 1828, Fournier.

602. — Lorsque, par suite d'une erreur qui s'est glissée dans la citation donnée aux témoins, plusieurs d'entre eux n'ont pas comparu à la première audience, le président peut, à la séance suivante, lorsque ces témoins ont comparu devant la cour, faire donner en leur présence une seconde lecture de l'acte d'accusation. Mais cette mesure n'est pas obligatoire. — *Cass.*, 26 janvier 1837 (t. 2 1840, p. 100), Rupp.

603. — Après la lecture dont il vient d'être parlé, le président rappelle à l'accusé ce qui est contenu en l'acte d'accusation, et lui dit : « Voilà de quoi vous êtes accusé ; vous allez entendre les charges qui seront produites contre vous. » — C. inst. crim., art. 314.

604. — Le magistrat qui occupe le siége du ministère public expose le sujet de l'accusation. — C. inst. crim., art. 315.

605. — C'est là un nouveau moyen d'imprimer dans la mémoire de l'accusé et des jurés les détails de l'accusation. On peut dire, à la vérité, que la lecture de l'arrêt de renvoi, de l'acte d'accusation, que l'exposé du président ont déjà dû remplir ce but ; mais le législateur a pensé qu'on ne pouvait trop prendre de précautions pour frapper d'une manière sûre l'attention de l'accusé, et c'est dans cet objet qu'il a prescrit ces reproductions successives des mêmes faits. — Legraverend, t. 2, p. 189.

ART. 2. — *Nomination d'un interprète.*

606. — On entend par interprète, en matière criminelle, celui qui est chargé de traduire, à l'accusé, les questions qui lui sont faites et la déposition des témoins ; aux témoins les questions qui leur sont adressées, et aux juges les réponses des uns et des autres, dans le cas où l'accusé, les témoins ou l'un d'eux ne parleraient pas la même langue.

607. — La nécessité de la nomination d'un interprète en matière criminelle a dû se faire sentir de bonne heure. Cependant, avant l'art. 11 de l'ordonnance de 1670, aucune disposition ne l'avait érigée en loi. Cette disposition en fait seulement pressentir l'usage antérieur : « Si l'accusé, porte cet article, n'entend pas la langue française, l'*interprète ordinaire*, ou, s'il n'y en a point, celui qui sera nommé d'office par le juge, après avoir prêté serment, expliquera à l'accusé les interrogatoires qui lui seront faits par le juge, et aux juges les réponses de l'accusé. »

608. — La disposition de cet article, qui ne parlait de l'emploi d'un interprète que pour le cas où l'accusé ne parlait pas la langue française, fut ensuite étendue au cas où les témoins ne l'entendaient pas. — V. arrêt du parlement de Paris du 20 février 1696, dont le texte est rapporté par Merlin, *Rép.*, vº *Interprète*, nº 3.

609. — Le Code de brumaire an IV avait aussi ordonné la nomination d'un interprète dans les mêmes cas. « Lorsque, portait l'article 368, l'ac-

cusé, les témoins, ou l'un d'eux, ne parleront pas la même langue ou le même idiome, le président du tribunal criminel nomme d'office un interprète, âgé de vingt-cinq ans au moins, et lui fait promettre de traduire fidèlement, et suivant sa conscience, les discours à transmettre entre ceux qui parlent des langages différens. »

610. — On jugeait même, sous l'empire de cette disposition, que la nomination d'un interprète devait avoir lieu à peine de nullité. — *Cass.*, 6 brum. an VIII, Solliard; *Bruxelles*, 18 fév. 1815, Demalker.

611. — Le Code d'instruction criminelle a reproduit dans son art. 332 cette disposition du Code de brumaire, en restreignant l'âge que doit avoir l'interprète à vingt et un ans.

612. — La nomination d'un interprète, exigée par l'art. 332, C. inst. crim., l'a été en vue des débats qui ont lieu devant la cour d'assises; elle n'est pas en conséquence nécessaire pour l'interrogatoire que le président fait subir à l'accusé à son arrivée dans la maison de justice. — La loi s'en repose sur ce magistrat du soin de s'assurer que les questions qu'il adresse à l'accusé et les avertissemens qu'il doit lui donner sont entendus par lui. — *Cass.*, 24 juill. 1845 (t. 1er 1846, p. 52), Burrus.

613. — Le président de la cour d'assises peut, sans violer les art. 332 et 333, C. inst. crim., nommer pour la meilleure direction des débats un interprète à un témoin dont l'idiome, quoique non différent de celui de l'accusé, est peu intelligible, qui parle très bas à cause de son grand âge et qui est d'ailleurs un peu sourd. — *Cass.*, 21 juill. 1843 (t. 2 1843, p. 721), Dupont.

614. — Il y a plus : lorsque l'un des témoins ne parle pas le même idiome que l'accusé, le président de la cour d'assises ne peut, au lieu de nommer un interprète, rendre lui-même en français la déposition du témoin. — *Cass.*, 6 brum. an VIII, Solliard; 21 fév. 1812, Desnoux; — Merlin, *Rép.*, v° *Interprète*, n° 6; Carnot, *Inst. crim.*, sur l'art. 332, n° 4.

615. — L'interprète ne pouvant être pris parmi les juges, même du consentement de l'accusé, la nullité résultant de ce que le président a traduit lui-même la déposition d'un témoin ne se couvre pas par la déclaration de l'accusé que la nomination d'un interprète est inutile. — Même arrêt de 1812.

616. — Il y a nullité même lorsque l'accusé a consenti à ce que le président lui servît d'interprète. — *Cass.*, 18 août 1832, Erfurth.

617. — Ces décisions ne sont, au reste, que la fidèle application du dernier paragraphe de l'art. 332, C. inst. crim., qui dispose que « l'interprète ne pourra, à peine de nullité, même du consentement de l'accusé ni du procureur général, être pris parmi les témoins, les juges et les jurés. »

618. — Toutefois la défense de prendre l'interprète parmi les jurés ne doit s'entendre que des membres du jury de jugement et ne peut s'appliquer aux autres citoyens portés sur la liste qui n'ont pas été désignés par le sort pour composer le tableau définitif. — *Cass.*, 21 mai 1812, Jensen-Meyer.

619. — Dès-lors il ne résulte aucune nullité de ce que l'interprète aurait été pris parmi les jurés de la session, pourvu qu'il n'ait point figuré au nombre de ceux qui ont concouru à la déclaration du jury. — *Cass.*, 16 juill. 1812, Hoffer; — Legraverend, t. 1er, ch. 5, sect. 7e, p. 245.

620. — Lorsque c'est pour les accusés qu'il y a lieu de nommer un interprète, conformément à l'art. 332, C. inst. crim., la nomination et la prestation de serment doivent nécessairement avoir lieu avant l'audience publique, afin que l'interprète puisse assister les accusés lors des opérations qui précèdent et accompagnent la formation du tableau du jury. — C. inst. crim., art. 332. — Et le serment est valablement reçu par le président hors la présence du ministère public ou des accusés, sauf le droit pour eux de récuser l'interprète, s'il y a lieu. — *Cass.*, 8 juin 1843 (t. 2 1843, p. 576), Legoaer; 30 nov. 1827, Robin; 17 août 1832, Arbogast; 18 août 1832, Erfurth.

621. — Mais jugé que l'absence de l'interprète donné à l'accusé, lors de l'opération du tirage des assesseurs, pour l'exercice du droit de récusation, et la non mention au procès-verbal qu'il a traduit les réponses de l'accusé et les dépositions des témoins, n'emportent pas nullité, si le procès-verbal des débats ne constate point que l'accusé n'entendait pas la langue française, et se borne à dire qu'il parle une langue étrangère. — *Cass.*, [illegible] avr. 1835, Fanelly.

622. — Lorsqu'un accusé ne comprend pas la langue française, et qu'il lui a été donné des interprètes, le président qui, en vertu de son pouvoir discrétionnaire, fait lire à l'audience les dépositions des témoins absens, doit, à peine de nullité, les faire traduire à l'accusé. — *Cass.*, 3 mars 1836, Fabiani.

623. — Mais lorsque rien ne prouve que les accusés ignorassent la langue dans laquelle ont été reçues les déclarations écrites de deux témoins absens dont le président a ordonné la lecture, le défaut de réclamation de leur part établit une présomption qu'ils n'ignoraient pas cette langue. — *Cass.*, 19 janv. 1821, Guelfucci.

624. — Rien ne s'oppose à ce que le greffier d'une cour de justice criminelle soit désigné pour servir d'interprète à l'accusé. — *Cass.*, 22 janv. 1808, Gazan, dit Musero.

625. — Il n'est pas nécessaire de nommer un interprète lorsque c'est la partie civile qui ne parle pas la langue française. — Carnot, *Inst. crim.*, sur l'art. 332.

626. — ...Ni que le procès-verbal des débats fasse mention de l'âge d'un interprète appelé pour le service de l'audience : il suffit que cet interprète soit réellement âgé de vingt-un ans au moins. — *Cass.*, 3 avr. 1818, Léopold Lewy.

627. — Lorsqu'un individu appelé par le président pour servir d'interprète a été admis au serment et s'est acquitté de sa mission, sans qu'il ait été récusé ni par l'accusé ni par le ministère public, il y a présomption de droit qu'il avait l'âge requis par la loi. — Même arrêt; — *Cass.*, 11 déc. 1832, Armand et Delaval.

628. — Il n'est pas nécessaire que l'individu appelé à remplir les fonctions d'interprète devant une cour d'assises soit Français et jouisse des droits civils; un étranger en état de domesticité peut remplir les fonctions d'interprète. — *Cass.*, 2 mars 1827, Tap et Saviard; — Carnot, sur l'art. 332, C. inst. crim., t. 2, p. 562, n° 4.

629. — Une femme peut servir d'interprète, pourvu qu'elle soit âgée de vingt-un ans au moins. — *Cass.*, 16 avril 1818, Guillain; — Legraverend, t. 1er, p. 254.

630. — Il y a présomption légale que la nomination d'un interprète n'était pas nécessaire, lorsque, pendant les débats, il ne s'est élevé aucune réclamation; et cette présomption ne peut être détruite par la production de certificats ou actes de notoriété postérieurs à la condamnation. — *Cass.*, 23 mai 1839 (t. 2 1839, p. 61), Orlanducci.

631. — Jugé de même que, lorsque l'accusé, né Français, a répondu en cette langue aux questions qui lui ont été faites par le président de la cour d'assises, que ni lui ni son défenseur n'ont réclamé l'intervention d'un interprète, et que le président n'en a pas nommé d'office, il y a présomption légale que cette intervention n'était pas nécessaire. En conséquence, l'accusé ne peut se faire un moyen de nullité de ce qu'il ne lui aurait pas été nommé un interprète. — *Cass.*, 15 juill. 1830, Stéfani.

632. — Jugé ainsi que, lorsque rien n'indique dans la procédure que l'accusé ait eu besoin d'un interprète, et si d'ailleurs il n'a point réclamé, il ne peut se faire un moyen de nullité de ce que la cour d'assises ne lui aurait pas désigné un interprète. — *Cass.*, 20 nov. 1828, Caunter.

633. — En Belgique, l'accusé qui a demandé que l'instruction se fît en flamand ne peut se plaindre qu'il ne lui a pas été nommé d'interprète lorsque rien n'indiquait qu'aucune disposition eût été donnée dans une autre langue. — *Bruxelles*, 28 oct. 1831, N...

634. — La mention suivante insérée au procès-verbal des débats qui est signé par le président et par le greffier : *Nous avons nommé N... interprète, lequel a prêté serment entre nos mains*, se rapporte au président et non au greffier. — *Cass.*, 21 déc. 1832, Armand et Daval.

635. — Lorsque rien ne prouve que les accusés ignorassent la langue dans laquelle ont été reçues les déclarations écrites de deux témoins absens dont le président a ordonné la lecture, le défaut de réclamation de leur part établit une présomption qu'ils n'ignoraient pas cette langue. — *Cass.*, 19 janv. 1821, Guelfucci.

636. — Carnot (sur l'art. 332, C. inst. crim., t. 2, p. 562, n° 7) dit que cette présomption ne pourrait prévaloir sur la vérité; de sorte que s'il était bien constaté que l'accusé n'aurait pas entendu ni parlé la même langue, la nullité des débats devrait être prononcée. — Nous serions de cet avis si la cour de Cassation trouvait, dans la procédure même, une preuve suffisante que l'accusé n'entendait pas la langue dans laquelle ont été reçues les dépositions; mais nous ne pensons pas que le sort d'un arrêt, puisse dépendre de certificats ni de contestations puisées à toute autre source. La présomption admise par la cour de Cassation est, selon nous, pleine de sagesse.

637. — Bien qu'un interprète ait été donné à l'accusé lors de son interrogatoire devant le juge instructeur et le juge délégué par le président de la cour d'assises, ainsi que lors du tirage au sort primitif des assesseurs, l'accusé ne peut se plaindre de ce qu'il ne lui en a point été donné devant la cour d'assises, alors qu'il n'en a pas réclamé l'assistance, et que le procès-verbal des débats constate qu'il a répondu aux questions qui lui ont été adressées par le président. — *Cass.*, 13 juin 1835, Mingo.

638. — Jugé encore que, lorsque l'accusé prétend ne pas entendre la langue française, et que cette circonstance ne s'est revelée que par ses réclamations au moment de l'audition d'un témoin, il y a présomption qu'il a suffisamment compris l'arrêt de renvoi et l'acte d'accusation dont la lecture a précédé le débat oral dans le cours duquel on n'avait encore entendu aucun témoin s'exprimant en français. — *Cass.*, 20 nov. 1828, Caunter; 15 janv. 1829, Ferracci; 28 avr. 1836, Balizoni.

639. — D'ailleurs, lorsque les accusés n'ont réclamé la nomination d'un interprète qu'au moment de l'audition d'un témoin, et qu'il résulte du procès-verbal des débats qu'ils avaient pu converser en français, ils sont non recevables à se plaindre devant la cour de Cassation de la non assistance de cet interprète, soit au moment de la lecture de l'arrêt de renvoi et de l'acte d'accusation, soit au moment de l'interrogatoire. — *Cass.*, 31 mars 1836, Arrighi et Rossi.

640. — De même, la nomination d'un interprète n'est indispensable qu'autant que l'accusé la réclame, ou que la nécessité s'en révèle lors du tirage du jury de jugement ou à l'ouverture des débats : hors ces cas, il n'y a lieu de faire cette nomination que lorsque quelque circonstance du débat en fait reconnaître la nécessité ou l'utilité. — Spécialement, le fait par le président de la cour d'assises d'avoir, au milieu des débats, nommé spontanément un interprète à l'accusé, peut n'être considéré que comme un surcroît de précaution, mais ne prouve nullement que le ministère d'un interprète fût nécessaire à l'accusé pour soutenir tous les débats, et, par suite, que l'art. 332 a été violé, alors surtout que l'accusé n'a point réclamé ce ministère, et que l'instruction écrite, ainsi que son interrogatoire dans la maison de justice, ont eu lieu sans y avoir recours. — *Cass.*, 7 oct. 1841 (t. 1er 1842, p. 580), Boldovino.

641. — De même, il n'est pas nécessaire que le résumé des débats fait par le président de la cour d'assises soit traduit par l'interprète donné à l'accusé. — *Cass.*, 29 fév. 1844 (t. 2 1844, p. 538), Rapars.

642. — Il en est de même des développemens oralement donnés à l'accusation par le ministère public. Les réquisitions doivent seules, à peine de nullité, être traduites à l'accusé. — Même arrêt.

643. — En conséquence, l'accusé ne peut se faire un moyen de cassation de ce que cet interprète ne lui a point traduit les réquisitions du ministère public, le plaidoyer de son conseil et le résumé du président, s'il ne l'a point demandé aux débats. — *Cass.*, 19 juill. 1832, Legal.

644. — L'accusé et le procureur général peuvent récuser l'interprète en motivant leur récusation. — C. inst. crim., art. 332.

645. — La partie civile n'a pas ce droit. — Carnot, *Inst. crim.*, sur l'art. 332, n° 4.

646. — La récusation de l'interprète doit être motivée; mais c'est à la cour et non au président qu'il appartient d'en apprécier les motifs. — Carnot, sur l'art. 332, n° 5.

647. — Le président n'est pas obligé, à peine de nullité, d'avertir les accusés de la faculté qu'ils ont de récuser l'interprète. — *Cass.*, 31 mars 1836, Arrighi et Rossi.

648. — L'interprète doit, à peine de nullité, prêter serment de traduire fidèlement les discours à transmettre. — C. inst. crim., art. 332.

649. — Sous le Code du 3 brum. an IV, l'interprète devait, sous peine de nullité, promettre de traduire fidèlement et *suivant sa conscience* les discours à transmettre. — *Cass.*, 29 vendém. an VII, Mangeot et Bour.

650. — La promesse de traduire fidèlement comprenant implicitement celle de traduire *suivant sa conscience*, il suffisait, sous le Code de brum. an IV, que l'interprète eût prêté serment de traduire *fidèlement* les discours sans ajouter *suivant sa conscience*. — *Cass.*, 16 avr. 1807, Dewilde et Gay.

651. — Ces dernières expressions n'ayant pas été reproduites dans l'art. 332, C. inst. crim., la question ne peut plus se présenter.

652. — Il y a nullité lorsque l'interprète nommé pour le débat a fait une simple promesse au lieu du serment exigé par la loi. — *Cass.*, 4 juin 1812, Schoonaerts; — Merlin, *Rép.*, v° *Serment*, § 3, n° 1er.

653. — La formule du serment de l'interprète, contenue en l'art. 332, C. inst. crim., n'est pas prescrite à peine de nullité; il suffit que l'inter-

prête ait juré de remplir toutes les obligations qu'impose cette formule. — *Cass.*, 4 fév. 1819, Mittelbrone; 16 avr. 1818, Guillain; 27 avr. 1820, Cazaux dit Taminet; 15 avr. 1824, Pigeonnet.

654. — Il a même été décidé qu'il suffit que l'interprète appelé devant une cour d'assises pour traduire un écrit prête le serment prescrit pour les experts, de remplir sa mission en son honneur et conscience. — *Cass.*, 12 juill. 1812, Libry.

655. — Mais lorsque la cour d'assises appelle pour interprète un traducteur assermenté, le serment qu'il a prêté pour ses fonctions de traducteur ne le dispense pas du serment particulier prescrit, à peine de nullité, par l'art. 332, C. inst. crim. — *Cass.*, 21 oct. 1813, Veronstracte. — Carnot, sur l'art. 332, C. inst. crim., t. 2, p. 561, nº 7.

656. — Il y a nullité lorsqu'il résulte du procès-verbal des débats d'une cour d'assises que le président a nommé un interprète, sans lui faire prêter le serment de traduire fidèlement les discours à transmettre entre un témoin et l'accusé qui parlaient des langages différens. — *Cass.*, 8 juill. 1813, Larchi.

657. — Le silence du procès-verbal des débats d'une cour d'assises sur le serment exigé d'un interprète fait présumer que la formalité a été omise et opère nullité. — *Cass.*, 6 janv. 1826, Maerten.

658. — Par suite, on décide que, bien que le procès-verbal des débats constate que l'accusé y a été assisté d'un interprète, et énonce, en se référant au procès-verbal du tirage au sort du jury de jugement, pour la constatation de ce fait, que cet interprète a prêté, lors de cette opération, le serment prescrit par la loi, les débats doivent être annulés si le procès-verbal du tirage ne mentionne pas cette prestation. — *Cass.*, 22 sept. 1837 (t. 1er 1840, p. 118), Lauer.

659. — En Belgique, lorsque le procès-verbal des débats d'une cour d'assises constate seulement qu'un interprète a prêté le serment voulu par l'art. 332, C. inst. crim., il y a présomption de l'omission de la formule de serment, consacrée par l'arrêté du 4 nov. 1814, et par conséquent nullité. — *Bruxelles*, 24 déc. 1831, V... et H...

660. — L'interprète qui a prêté, avant le tirage au sort des jurés, le serment prescrit, n'est pas tenu d'en prêter un nouveau dans la séance rendue publique immédiatement. — *Cass.*, 4 fév. 1819, Mittelbrone; 15 juill. 1813, Severin; 1er avr. 1837 (t. 1er 1838, p. 558), Kempart; 25 nov. 1837 (t. 1er 1840, p. 141), Mayé.

661. — L'interprète qui a prêté serment dans la première séance n'est pas tenu de le renouveler dans les séances subséquentes. — *Cass.*, 24 août 1827, Pirion; 15 juill. 1813, Severin; — Carnot, sur l'art. 332, C. inst. crim., t. 2, p. 561, nº 7.

662. — Les interprètes assermentés près les tribunaux français en Afrique, ayant un caractère permanent et non accidentel, ne sont pas tenus de réitérer leur serment dans chacune des affaires où leur ministère est nécessaire. — *Cass.*, 28 janv. 1836, Murano; 17 nov. 1836, Mohammed-Ben-Raddou.

663. — Le président de la cour d'assises peut demander à l'interprète d'un accusé s'il se serait aperçu que l'accusé, en le supposant étranger, aurait conservé l'accent de sa langue et qu'il eût donné des preuves qu'il entendait bien la langue française, sans lui faire prêter un nouveau serment comme témoin. — *Cass.*, 25 fév. 1830, Riva.

664. — L'interprète qui a prêté serment pour assister un témoin parlant une langue étrangère peut, sous la foi de ce serment, procéder à la traduction d'un passage d'une pièce du procès. — *Cass.*, 26 mai 1842 (t. 2 1842, p. 670), Bonnet.

665. — L'interprète doit assister à toutes les parties du débat.

666. — Cependant il n'est pas nécessaire que le procès-verbal des débats constate la présence de l'interprète à chacune des séances. Le silence des accusés et des défenseurs prouve suffisamment qu'il a été constamment présent. — *Cass.*, 4 fév. 1819, Mittelbrone.

667. — De même la constatation de la présence et de l'assistance de l'interprète à l'ouverture de l'audience s'applique à la séance entière. Il n'y a qu'une seule séance, bien qu'elle ait été momentanément suspendue pendant deux heures. — *Cass.*, 24 juill. 1845 (t. 1er 1846, p. 52), Burrus.

668. — Il a même été jugé que le silence du procès-verbal sur l'assistance de l'interprète pendant les débats pourrait seulement indiquer que cette nomination, d'abord régulière, serait devenue sans objet. — *Cass.*, 23 juin 1831, Halterer.

669. — L'interprète doit transmettre à l'accusé les dépositions des témoins et toutes les observations auxquelles ces dépositions peuvent donner lieu. En conséquence, il y a nullité si l'interprète a omis de traduire à l'accusé tout ou partie des déclarations faites par un témoin. — *Cass.*, 8 fév. 1838 (t. 1er 1840, p. 378), Orsini.

670. — De même, lorsqu'un accusé ne comprend pas la langue française et qu'il lui a été donné un interprète, le président qui, en vertu de son pouvoir discrétionnaire, fait lire à l'audience les dépositions de témoins absens, doit, à peine de nullité, les faire traduire à l'accusé. — *Cass.*, 3 mars 1836, Fabiani.

671. — L'interprète doit reproduire en français le serment qui doit précéder la déclaration des témoins.

672. — Mais l'accusé ne peut se faire un moyen de nullité de ce qu'en transmettant à la cour d'assises la réponse des témoins à qui il avait traduit la formule du serment, l'interprète a dit que ces témoins le juraient, au lieu de dire qu'ils répondaient : *Je le jure.* — *Cass.*, 29 mars 1832, Lang.

673. — Il a été jugé qu'il n'était pas nécessaire que la formule du serment prêté par les témoins fût traduite par l'interprète à peine de nullité. — *Cass.*, 24 août 1827, Pirion.

674. — Nous ne saurions approuver cette décision, car la traduction du serment peut seule mettre à même la cour et l'accusé de s'assurer que le serment exigé à peine de nullité a été prêté.

675. — Lorsque le procès-verbal des débats constate que l'interprète, nommé d'office pour le service des débats, a été accepté par l'accusé et par le ministère public, il y a présomption de droit que cet interprète a rempli les devoirs de sa mission, et l'accusé est non-recevable à se plaindre de ce que le procès-verbal des débats ne contient pas la mention que l'interprète ait traduit les discours de ceux qui ne parlaient pas la même langue. — *Bruxelles*, 6 mars 1816, Vanassche.

676. — Aucun article de loi n'impose au greffier de la cour d'assises l'obligation de constater que l'interprète nommé à l'accusé a traduit tout ce qui a pu être dit et lu dans le débat : la présence d'un interprète établit la présomption légale qu'il a rempli sa mission. — *Cass.*, 24 sept. 1829, Hally.

677. — Il y a présomption que l'interprète a traduit tout le débat, surtout lorsqu'il n'y a eu aucune réclamation à cet égard, soit de l'accusé, soit de son défenseur. — *Cass.*, 10 déc. 1841 (t. 1er 1842, p. 48), Ben-Hadj-Ben-Bayr.

678. — L'interprète doit traduire à l'accusé les questions soumises au jury.

679. — Cependant, il n'est pas prescrit, à peine de nullité, que l'interprète donné à un accusé lui traduise ces questions, lorsqu'il est prouvé, postérieurement à la nomination de l'interprète, que l'accusé entend la langue française. — *Cass.*, 8 juin 1837 (t. 2 1837, p. 610), Oddo.

680. — L'interprète doit faire connaître à l'accusé la condamnation prononcée contre lui et le droit qu'il a dans les trois jours qui suivent, de se pourvoir en cassation.

681. — Aucune disposition légale ne prescrit, en Algérie, de faire traduire par un interprète, aux condamnés, le jugement de condamnation et l'avertissement relatif au droit de se pourvoir en cassation. — En tous cas, lorsque le condamné s'est pourvu en temps utile, il est non-recevable à se plaindre du défaut de traduction. — *Cass.*, 25 janv. 1839 (t. 1er 1839, p. 569), Soliman-ben-Abd-el-Rahman.

682. — Lorsqu'il est constaté par le procès-verbal d'audience que toutes et chacune des parties du débat ont été traduites et transmises à l'accusé par l'interprète qui lui a été donné, il n'y a pas lieu d'admettre l'inscription de faux formée contre ces énonciations, alors que les faits allégués à l'appui de cette inscription de faux, quoique pertinens, ne réunissent pas les caractères de vraisemblance suffisans pour ébranler la foi due à l'acte authentique, et que cette vraisemblance résulte de l'ensemble des énonciations du procès-verbal. — *Cass.*, 30 juin 1838 (t. 2 1838, p. 418), Hubert.

683. — Lorsque l'accusé est sourd-muet et ne sait pas écrire, le président nomme d'office, pour son interprète, la personne qui a le plus d'habitude de converser avec lui. Il en est de même à l'égard du témoin sourd-muet. — C. instr. crim., art. 333.

684. — La loi n'exige pas, à peine de nullité, que la personne qui a le plus d'habitude de converser avec un accusé ou un témoin sourd-muet soit âgée de plus de vingt ans, pour qu'elle puisse être désignée pour lui servir d'interprète. — *Cass.*, 25 déc. 1834, Jeanne Hamon.

685. — Legraverend (t. 1er, chap. 5, sect. 7e, p. 244, note 2e) dit que cet arrêt lui paraît évidemment contraire à la loi, malgré un considérant où il est dit que le texte de l'art. 333 prouve jusqu'à l'évidence que son alinéa 1er a dérogé, relativement à l'âge de l'interprète, à la disposition de l'alinéa 1er, art. 332. — L'induction que la cour de Cassation tire de l'art. 333 est, en effet, moins évidente qu'elle ne le prétend, car on peut objecter que si cet article ordonne de choisir la personne qui a le plus d'habitude de converser avec le sourd-muet, c'est seulement sous la condition que cette personne aura la capacité requise, en général, de tout interprète, par l'article qui précède. Nous pensons cependant que l'alinéa 3e, art. 333, fixe avec certitude le sens du premier. Ces expressions : *le surplus des dispositions du précédent article sera exécuté*, supposent nécessairement une dérogation audit article ; or, l'âge de vingt-un ans au moins est la seule condition exigée de l'interprète par l'art. 332. Sur quoi porterait donc la dérogation, si ce n'était sur la condition de l'âge? Ajoutons que la difficulté de communiquer par gestes avec un sourd-muet a pu être pour le législateur un motif de choisir exclusivement, et sans aucune condition d'âge, celui qui a le plus d'habitude de converser avec lui.

686. — Lorsque la personne qui a le plus d'habitude de converser avec un témoin sourd-muet n'est pas présente, rien ne s'oppose à ce que le président de la cour d'assises désigne une autre personne qui soit en état de remplir fidèlement les fonctions d'interprète. — D'ailleurs, lorsque le procès-verbal des débats constate que le témoin a répondu à toutes les interpellations, et lorsqu'il n'apparaît d'aucun incident élevé à l'occasion de l'audition de ce témoin, l'accusé est non-recevable à se plaindre devant la cour de Cassation du choix de l'interprète. — *Cass.*, 27 mars 1834, Bernard Sayer.

687. — Dans le cas où le sourd-muet sait écrire, le greffier écrit les questions qui lui sont faites; elles sont transmises à l'accusé ou au témoin, qui donnent par écrit leur réponse ou leur déclaration. Il est fait lecture de tout par le greffier. — C. instr. crim., art. 333.

688. — Il est alloué une rétribution à l'interprète qui la réclame. — Décr. 18 juin 1811, art. 16.

ART. 3. — *Audition des témoins.*

689. — Après l'exposé du procureur général et la nomination d'un interprète, s'il y a lieu, on procède à l'audition des témoins.

690. — Tout ce que nous avons à dire concernant l'audition des témoins, est relatif : 1º à la notification respective des listes; 2º à la citation et au défaut de comparaître; 3º au refus de déposer; 4º aux reproches des témoins; 5º au serment des témoins; 6º aux formalités qui précèdent la déposition des témoins; 7º à la déposition des témoins; 8º au faux témoignage.

§ 1er. — *Notification respective des listes de témoins.*

691. — La notification de la liste des témoins doit être faite à l'accusé par le procureur général et la partie civile; au procureur général par l'accusé. — C. inst. crim., art. 315.

692. — L'accusé ni le procureur général ne sont pas tenus de faire notifier la liste de leurs témoins à la partie civile. — Carnot, *eod. loc.*; Legraverend, t. 2, p. 190 et 191.

693. — Il suit de là que la partie civile n'a pas, comme le procureur-général et l'accusé, le droit de s'opposer à l'audition d'un témoin qui n'est pas inscrit sur la liste notifiée. — Carnot, *Inst. crim.*, t. 2, p. 480, nº 7; Legraverend, t. 2, p. 191.

694. — La partie civile n'est pas non plus obligée de faire signifier la liste de ses témoins au procureur général; mais elle doit lui en donner connaissance, afin que ces témoins soient compris dans la liste qui doit être lue à l'audience. — Carnot, sur l'art. 315, nº 5; Legraverend, *loc. cit.*

695. — Carnot prétend, en outre, que, si la partie civile n'avait pas communiqué au ministère public la liste de ses témoins, et qu'elle ne les eût pas fait inscrire sur la liste générale qui doit être lue par le greffier, les témoins ne pourraient être entendus qu'en vertu du pouvoir discrétionnaire; tel n'est pas notre avis, les témoins cités par la partie civile sont acquis à la cause, et dès le moment où la notification de leur nom, profession et résidence a été faite à l'accusé, ils ne peu pas être dépouillés de leur qualité de témoins.

696. — Un accusé n'est pas tenu de notifier son coaccusé les témoins qu'il a fait citer déposer contre celui-ci. — *Cass.*, 22 avr. 1841 (t. 1 1842, p. 455), Potignon.

697. — Aucun article de loi n'oblige de ner aux accusés qui n'entendent pas le fra copie traduite dans la langue qu'ils entendent listes des jurés et des témoins. — *Cass.*, 23 avr. Dernette.

698. — Carnot (*Inst. crim.*, sur l'art. 315, nº en citant cet arrêt, fait remarquer avec raison

si le Code a gardé le silence sur ce point, c'est une lacune qu'il faut remplir, car la notification n'a plus d'objet d'utilité pour l'accusé, s'il ne peut prendre connaissance du contenu de l'acte signifié.

699. — La remise par le défenseur de l'accusé au ministère public de la liste des témoins à décharge ne constitue point la notification exigée par l'art. 315, C. inst. crim.; en conséquence, le ministère public peut s'opposer à l'audition de ces témoins. — *Cass.*, 16 sept. 1830, Pagès.

700. — Jugé de même que, quoique le ministère public ait lui-même fait assigner des témoins, dans l'intérêt et sur la demande de l'accusé, il peut s'opposer à leur audition, si ce dernier ne lui en a pas fait notifier la liste, conformément à l'art. 315, C. inst crim. — *Ass. Ille-et-Vilaine*, 9 août 1825, D...

701. — La notification des listes doit être faite vingt-quatre heures au moins avant l'examen des témoins. — C. inst. crim., art. 315.

702. — Le Code de brum. an IV s'était borné à prescrire que la liste fût notifiée vingt-quatre heures *avant l'examen*, d'où l'on avait conclu qu'il fallait nécessairement qu'il se fût écoulé vingt-quatre heures depuis le moment de la notification jusqu'à l'ouverture de la séance. — *Cass.*, 13 janv. 1809, Forcy.

703. — En conséquence, on déclarait nulle, sous ce Code, la notification de la liste des témoins à l'accusé, lorsqu'elle n'avait été faite que le jour même des débats. — *Cass.*, 9 frim. an VIII, Florent Burger.

704. — ... Ou seulement s'il ne s'était écoulé que vingt-trois heures entre la notification de la liste des témoins à l'accusé et les débats. — *Cass.*, 7 pluv. an VII, Vignot.

705. — Il y avait également nullité lorsque les nom, âge, profession et domicile de trois témoins entendus pendant le débat n'avaient pas été notifiés à l'accusé vingt-quatre heures avant l'examen. — *Cass.*, 12 vent. an VII, Brothier-Lavaux; 8 therm. an IX, Beaujais.

706. — Sous le même Code, l'acte de notification d'une liste de témoins qui n'était point daté ne pouvait pas constater que cette notification eût été faite vingt-quatre heures avant l'examen. Par suite, les débats et le jugement étaient nuls. — *Cass.*, 21 vendém. an VII, Jeannette.

707. — Aujourd'hui l'art. 315, en exigeant un délai de vingt-quatre heures entre la notification de la liste et l'examen des témoins, n'entend pas parler de l'audition de ces témoins, mais de l'ouverture des débats. — *Cass.*, 5 nov. 1815, Joseph Papon; — Carnot, *Instr. crim.*, sur l'art. 355, n° 9.

708. — La notification de la liste des témoins et l'intervalle de vingt-quatre heures prescrit par la loi ont pour objet de faciliter au ministère public et à l'accusé les moyens de se procurer les renseignemens nécessaires sur les témoins à entendre. — Legraverend, t. 2, p. 193.

709. — Ainsi, les vingt-quatre heures qui doivent s'écouler depuis la notification doivent se calculer depuis l'instant de cette notification jusqu'au moment de la lecture de la liste. — Legraverend, t. 2, p. 193.

710. — Aucune liste subsidiaire ou supplétive de témoins ne peut être notifiée après l'ouverture des débats devant une cour d'assises. — *Cass.*, 12 avr. 1827, Guérin et Roque.

711. — Sous le Code de brum. an IV on jugeait différemment. — *Cass.*, 23 frim. an XIV, Fauchard; 20 mai 1808, Finot. — Cette jurisprudence était fondée sur l'art. 2, L. 5 pluv. an XIII, qui autorisait les cours de justice criminelle à ordonner pendant le cours des débats que de nouveaux témoins seraient entendus.

712. — Plusieurs auteurs pensent, malgré l'arrêt cité ci-dessus du 12 avr. 1827, que si le procureur-général ou l'accusé voulait faire entendre d'autres témoins que ceux dont la liste aurait été notifiée, il pourrait le faire, en présentant une nouvelle liste, qui devrait être, comme la première, notifiée vingt-quatre heures avant l'examen des témoins qui y seraient compris. — Carnot, *Instr. crim.*, sur l'art. 315, n° 10; Legraverend, t. 2, p. 193; de Serres, *Man. des cours d'assises*, t. 1er, 269; Bourguignon, *Man. d'instr. crim.*, t. 1er, p. 400.

713. — Selon Legraverend (*loc. cit.*), les listes supplémentaires devraient être présentées par le ministère public au commencement de chaque audience qui suit l'expiration des vingt-quatre heures depuis la notification, et il devrait être statué sur les oppositions et sur les reproches de la même manière que l'on statue sur ce qui concerne les témoins dont les listes ont déjà été présentées et notifiées.

714. — Lorsque la liste des témoins a été notifiée à l'accusé la veille de l'ouverture des débats, il y a présomption légale que cette notification a été faite vingt-quatre heures au moins avant cette ouverture. — *Cass.*, 26 juin 1828, Marie; 27 sept. 1832, Trone.

715. — Cependant il est plus régulier que la notification indique l'heure à laquelle elle a été faite. — Legraverend, t. 2, p. 192.

716. — L'accusé à qui la liste des témoins à charge a été notifiée sept jours d'avance est non-recevable à se plaindre de n'avoir pas eu le temps nécessaire pour faire citer ses témoins à décharge, surtout s'il n'a point réclamé devant la cour d'assises. — *Bruxelles*, 22 mars 1825, T.....

717. — Lorsque l'original de la signification de la liste des témoins est daté, et que la copie n'est pas produite, l'accusé ne peut proposer comme moyen de nullité une prétendue omission de la date sur cette copie. — *Cass.*, 7 oct. 1825, Daumont.

718. — La signification faite tardivement à l'accusé et même l'absence de toute signification des noms, prénoms et domiciles des témoins, n'ôte pas à ceux-ci la qualité de témoins ordinaires, mais n'a d'autre résultat que de donner à l'accusé le droit de s'opposer à leur audition. — *Cass.*, 1er avr. 1837 (t. 1er 1838, p. 548), Lapierre; 7 oct. 1825, Daumont; 13 juill. 1820, Chevalier.

719. — L'audition d'un témoin non compris dans la liste notifiée à l'accusé, nonobstant l'opposition de ce dernier et de son défenseur, est une cause de nullité. — *Cass.*, 15 mars 1810, Pierre Boyer.

720. — Le ministère public est en droit de s'opposer à l'audition des témoins à décharge dont la liste ne lui a pas été notifiée conformément à l'art. 315, C. inst. crim. — *Cass.*, 12 nov. 1812, Sels; 20 avr. 1819, Benoit.

721. — Mais ce droit est refusé à la partie civile. — Carnot, sur l'art. 315, n° 6.

722. — Lorsque le ministère public a demandé que des témoins tardivement cités à sa requête, et qui n'ont pu être notifiés à l'accusé, ne fussent point entendus avec serment, et que l'accusé n'a fait aucune observation, le président peut, en vertu de son pouvoir discrétionnaire, écarter ces témoins des débats ou les faire déposer à titre de simple renseignement. — *Cass.*, 21 août 1835, Laroncière.

723. — Mais lorsqu'il n'a pas été fait usage du droit de s'opposer à l'audition de témoins, dont la liste n'a pas été notifiée ou ne l'a été que tardivement, les témoins doivent être entendus, non en vertu du pouvoir discrétionnaire, mais avec prestation de serment, à peine de nullité. — Même arrêt; *Cass.*, 3 déc. 1835, Lacroix.

724. — Il n'est point nécessaire qu'il y ait, dans ce cas, consentement explicite provoqué par le président de la cour d'assises; il suffit que celle des deux parties qui a intérêt à s'opposer à l'audition du témoin n'ait pas cru devoir faire usage de la faculté qui lui est attribuée par la loi. — *Cass.*, 17 août 1837 (t. 1er 1840, p. 93), Bonnet.

725. — Mais jugé que les témoins dont la liste a été tardivement notifiée ne peuvent être entendus qu'en vertu du pouvoir discrétionnaire du président, à peine de nullité, *lorsque l'accusé s'y est opposé*. — *Cass.*, 12 avr. 1827, Guérin et Roque.

726. — Ainsi, dans ce cas, l'accusé a le droit de s'opposer à ce qu'ils déposent; mais, s'il n'use pas de ce droit, il ne peut, devant la cour de Cassation, se faire un moyen de nullité de l'irrégularité de la notification. — *Cass.*, 13 avr. 1837 (t. 2 1837, p. 619), Coste.

727. — La notification de la liste doit contenir les noms des témoins. — C. inst. crim., art. 315.

728. — Sous le Code de brum. an IV, cette formalité était prescrite à peine de nullité. — C. inst. crim., art. 346.

729. — Une jurisprudence nombreuse avait consacré ce principe. — *Cass.*, 8 vendém. an VII, Jobert; 29 germin. an VII, Robillard; 15 frim. an VIII, Corard; 17 brum. an X, Percheux et Pivère; 27 mess. an XI, Bonnecasse.

730. — On jugeait aussi qu'un tribunal criminel n'était pas obligé d'appeler un témoin à charge indiqué pour la première fois pendant les débats. — *Cass.*, 17 fructid. an IX, Maurice Frégère.

731. — Sous ce Code, il y avait aussi nullité lorsque le nom d'un témoin se trouvait intercalé dans la liste avec une encre différente et des formes qui laissaient des doutes sur les caractères de cette intercalation. — *Cass.*, 3 vendém. an VII, Chevrier.

732. — L'audition aux débats d'un témoin dont le nom ne se trouvait pas sur la copie de la liste notifiée à l'accusé était une cause de nullité, et cette omission ne pouvait pas être suppléée par l'original de l'exploit, surtout si le nom du témoin paraissait y avoir été porté après coup. — *Cass.*, 2 frim. an VII, Delours.

733. — Il y avait aussi nullité lorsque, au lieu de deux témoins portant le même nom qui devaient être entendus aux débats, la liste notifiée à l'accusé n'en présentait qu'un seul avec son prénom et lui attribuait l'âge et la profession de l'autre. — *Cass.*, 16 flor. an IX, Rhoc; 16 therm. an IX, Laprune.

734. — Sous le même Code, une liste de témoins était nulle si les prénoms de plusieurs d'entre eux n'avaient pas été notifiés à l'accusé. — *Cass.*, 21 germin. an VII, Lalanne.

735. — De même, il y avait encore nullité lorsque la femme d'un témoin avait été entendue dans le débat aux lieu et place de son mari dont le nom seul était porté sur la liste notifiée, s'il n'était pas constaté que l'accusé eût été averti de cette audition ni qu'il l'eût demandée. — *Cass.*, 30 mars 1809, Dominique Garnier.

736. — Jugé que l'art. 2, L. 5 pluv. an XIII, devait être entendu en ce sens qu'une cour de justice criminelle pouvait, dans le cours des débats, entendre de nouveaux témoins parmi ceux indiqués par l'accusé; mais qu'il n'abrogeait point l'art. 346, C. 3 brum. an IV, et n'autorisait point une audition de témoins à charge dont les noms n'étaient pas portés sur la liste notifiée à l'accusé. — *Cass.*, 23 frim. an XIV, Fauchard.

737. — Sous le Code d'instruction criminelle, les conséquences de l'inobservation de cette formalité ne sont pas les mêmes.

738. — Ainsi, la désignation d'un témoin, dans la liste notifiée, sous un nom qui n'est pas le sien, mais qu'il porte habituellement, n'est pas une cause de nullité, si ce témoin, désigné d'ailleurs sous son véritable prénom, avait déjà été reconnu par l'accusé dans le cours de l'instruction où la même erreur avait été commise. — *Cass.*, 25 août 1826, Bridier.

739. — De même, l'accusé ne peut se prévaloir des irrégularités commises dans la désignation des témoins sur la liste notifiée, lorsqu'il n'existe sur leurs noms et qualités aucune erreur assez grave pour l'empêcher de les reconnaître. — *Cass.*, 13 janv. 1827, Louis Roque.

740. — L'inobservation des dispositions de l'art. 315, C. inst. crim., sur la notification des noms des témoins, confère seulement à l'accusé le droit de s'opposer à l'audition de ceux dont les noms ne lui ont pas été notifiés; l'accusé est non recevable à se faire de cette omission un moyen de nullité, s'il n'a élevé aucune réclamation dans le débat. — *Cass.*, 3 mars 1819, N...; 29 avr. 1820, Leguével; 13 juill. 1820, Chevalier; 17 janv. 1825, Verdeilhe; 29 juill. 1825, Dufour; 7 oct. 1830, Metz; 7 oct. 1825, Daumont; 5 août 1831, Lavrard et Trognac; 10 janv. 1833, Gellée; 26 déc. 1835, Lacenaire; 8 juill. 1836, Leblanc; 17 avr. 1837 (t. 1er 1840, p. 93), Bonnet; 30 sept. 1841 (t. 1er 1842, p. 590), Liarson; 5 janv. 1843 (t. 2 1843, p. 74), Pomarede; 2 mars 1843, (t. 1er 1844, p. 202), Lefort.

741. — L'accusé qui ne s'est pas opposé à l'audition d'un témoin dont le nom était écrit d'une manière incorrecte sur la liste notifiée ne peut se faire de cette incorrection un moyen de nullité. — *Cass.*, 21 avr. 1832, Gueux.

742. — Aussi, encore bien qu'il y ait régularité dans l'audition d'un témoin porté sur la liste notifiée à l'accusé sous un nom tout à fait différent du sien, s'il a été entendu sans opposition de la part de l'accusé, il n'y a pas nullité. — *Cass.*, 8 juill. 1837 (t. 1er 1840, p. 310), Rigaud; 26 janv. 1837 (t. 2 1840, p. 100), Rupp.

743. — Les témoins non compris dans l'acte de notification préalable doivent être entendus avec prestation de serment, et non à titre de simple renseignement, en vertu du pouvoir discrétionnaire du président, lorsque personne ne s'oppose à leur audition. — *Cass.*, 16 sept. 1830, Pagès; — de Serres, *Man. des cours d'assises*, t. 1er, p. 266; Morin, *Dict. de dr. crim.*, v° *Témoins*, p. 735. — V. *contrà Cass.*, 5 juin 1812, N...; 23 avr. 1813, N...; 1er janv. 1831, Descamp; 3 sept. 1835, Cazelles; 13 mai 1836, Leroux; 3 nov. 1836 (t. 1er 1837, p. 240), Marié.

744. — De même, lorsque l'accusé ne s'est pas opposé à l'audition en qualité de témoin de l'individu dont le nom a été omis sur la liste qui lui a été notifiée, et que le ministère public n'a fait aucune réquisition à cet égard, ce témoin doit, à peine de nullité, être entendu avec prestation de serment, et non pas à titre de renseignement. — *Cass.*, 21 juill. 1836 (t. 1er 1837, p. 461), Ollier; 1er avr. 1837 (t. 1er 1838, p. 548), Lapierre; 14 juill. 1837 (t. 1er 1840, p. 309), Denode; 15 juill. 1842 (t. 2 1842, p. 218), Porcheron.

745. — De même aussi, à défaut d'opposition de la part du ministère public à l'audition des témoins à décharge dont les noms ne lui ont pas été notifiés, ces témoins doivent être entendus, à peine de nullité, sous la foi du serment, et non à

titre de simple renseignement. — *Cass.*, 14 mars 1833, Mandin.

746. — Il n'est pas besoin qu'il y ait, dans ce cas, consentement explicite provoqué par le président de la cour d'assises ; il suffit que celle des deux parties qui a intérêt à s'opposer à l'audition du témoin n'ait pas cru devoir faire usage d'une faculté qui lui est attribuée par la loi. — *Cass.*, 17 août 1837 (t. 1er 1840, p. 93), Bonnet.

747. — L'audition, sans serment, en vertu du pouvoir discrétionnaire du président, d'un témoin acquis aux débats, comme compris sur la liste notifiée à l'accusé, est une cause de nullité, lors même qu'il n'aurait pas été présent au moment de l'appel des témoins et que le ministère public aurait déclaré renoncer à ce qu'il fût entendu. — *Cass.*, 17 sept. 1834, Bouvet; 4 avr. 1833, Porcheron.

748. — L'accusé qui pouvait s'opposer à l'audition d'un témoin dont le nom ne lui a pas été notifié est déchu de ce droit s'il ne l'a pas exercé avant la prestation du serment de ce témoin. — *Cass.*, 2 avr. 1831, Fontaines.

749. — Jugé, au contraire, que l'accusé peut encore, après la prestation du serment, mais avant le commencement de la déposition d'un témoin reprochable, rétracter le consentement qu'il a donné à son audition. — *Cass.*, 15 sept. 1831, Agard.

750.—Le premier de ces deux arrêts a été l'objet de quelques critiques : on a dit qu'il était trop rigoureux, qu'un consentement tacite ne pouvait résulter du simple silence de l'accusé pendant la prestation de serment du témoin; enfin qu'il consacrait une surprise dans la loi : ces observations nous paraissent peu fondées; en effet, si le nom du témoin a été notifié à l'accusé, celui-ci est averti, il sait d'avance quel parti il doit prendre lorsque ce témoin se présentera : si le nom n'a pas été ou n'a été qu'irrégulièrement notifié, l'attention de l'accusé, qui doit se porter tout entière sur ce qui se passe sous ses yeux, est suffisamment excitée par l'appel d'un nom inconnu; il peut, il doit immédiatement se décider. La loi l'a prévenu de son droit, il est mis en demeure de l'exercer. Mais s'il garde le silence, si, le témoin se présentant, il lui laisse prêter serment, décliner son nom, évidemment il y a consentement de sa part, et il est inexact de dire qu'en s'opposant à ce qu'il revienne sur un fait consommé par sa faute, la loi use de surprise à son égard. Toutefois, si les circonstances paraissaient indiquer une erreur évidente, nous pensons que la cour d'assises pourrait faire droit à ses réclamations, bien que présentées après la prestation de serment ; ce ne serait ici qu'une appréciation de fait laissée tout entière à l'arbitrage des cours d'assises et qui ne pourrait motiver aucune censure de la cour de Cassation.

751. — Un témoin dont le nom n'a pas été régulièrement notifié à l'accusé peut être entendu à titre de simple renseignement, quoique l'accusé ne se soit point opposé à son audition en la forme ordinaire, si auparavant le ministère public avait renoncé à l'audition de ce témoin, en se fondant sur l'irrégularité de la citation, et que l'accusé eût implicitement acquiescé à cette renonciation par son silence. — *Cass.*, 10 août 1838 (t. 2 1838, p. 390), Cabanes. — Mais les témoins dont les nom, profession et demeure n'ont pas été notifiés en temps utile ne peuvent être entendus, s'il existe à cet égard une opposition.

752. — Sous le Code du 3 brum an IV, *il y avait nullité* lorsque la notification ne contenait pas l'*âge* de tous les témoins (art. 346). — *Cass.*, 3 vendém. an VII, Chevrier; 3 vendém. an VII, Briaval; 7 vendém. an VII, Roulhier ; 8 vendém. an VII, Jobert; 15 vendém. an VII, Coulon et Dupré; 10 brum. an VII, Brujaud; 19 brum. an VII, Aussant; 24 brum. an VII, Roux; 15 frim. an VII, Beaudouin; 20 frim. an VII, Ledoyen; 19 niv. an VII, Corvisier; 5 vent. an VII, Clerget; 25 vent. an VII, Metay; 8 germ. an VII, Frémont; 16 germ. an VII, Rossard; 16 germ. an VII, Jean Raux; 21 germ. an VII, Lalanne; 29 germ. an VII, Robillard; 17 flor. an VII, Saint-Alyre; 9 prair. an VII, J. Violet; 29 prair. an VII, Brasseur; 8 therm. an VII, Haney; 29 therm. an VII, Bec-de-Lièvre; 11 fructid. an VII, Minet; 23 vendém. an VIII, Delahaye; 6 brum. an VIII, Solliard; 12 brum. an VIII, Drain; 13 brum. an VIII, Brossard et Chaillon; 17 brum. an VIII, Lagrave; 19 brum. an VIII, Galachon et David; 3 frim. an VIII, Carton; 15 frim. an VIII, Corard et Diot; 23 frim. an VIII, Delacroix; 11 niv. an VIII, Mengus et Boucher; 12 niv. an VIII, Cartier et Luttin; 1er pluv. an VIII, Médord Jardon; 3 pluv. an VIII, Imberot; 15 pluv. an VIII, Hucher; 3 germ. an 8, Garnier; 22 germ. an VIII, Dodet; 17 flor. an IX, Rosset et Pillet; 17 brum. an X, Pescheux; 25 germ. an XI, Raymond; 2 flor. an XI, Melon-Fatin; 27 mess. an XI, Bonnecasse; 22 fructid. an XI, Castel; 25 fructid. an XIII, Tillou; 27 janv. 1806, Huet; 18 janv. 1810, Plissonneau.

753.— Ainsi, une liste de témoins notifiée à l'accusé était nulle si elle ne contenait pas l'âge d'un de ces témoins, surtout si l'accusé n'avait pu trouver ce renseignement dans aucune des pièces à lui notifiées.— *Cass.*, 22 vendém. an VIII, Riollay.

754.— De même, une liste de témoins était nulle si elle en contenait plusieurs dont les âges n'avaient pu être connus de l'accusé par aucune autre notification ou pièce du procès.—*Cass.*, 8 pluv. an VII, Durand.

755. — Sous le même Code, une liste de témoins notifiée à l'accusé était nulle lorsque l'âge de plusieurs d'entre eux différait essentiellement de celui indiqué par l'exploit de notification. — *Cass.*, 17 vent. an VIII, Nicolas Lefebvre.

756 —...Ou lorsqu'il y avait une telle différence entre l'âge qu'elle donnait à plusieurs témoins et l'âge par eux déclaré, qu'on ne pouvait pas le considérer comme remplissant le vœu de la loi.—*Cass.*, 2 vendém. an VIII, Lamotte.

757.— Mais il suffisait, lorsque l'âge de quelques uns n'avait pu être connu, qu'il en fût fait mention expresse dans la notification.— *Cass.*, 6 mess. an VII, Laporte et Jourdain.

758. — Aujourd'hui la loi n'exige pas que l'âge des témoins soit indiqué.—Carnot, sur l'art. 315, no 6. — Il suffit que le témoin le fasse connaître lorsque le président lui demande, avant sa déposition, ses noms, prénoms, *âge* et profession.

759.— Sous le Code du 3 brum. an IV, il y avait également nullité lorsque la profession d'un ou de plusieurs témoins ne se trouvait pas indiquée dans la notification. — *Cass.*, 3 vendém. an VII, Briaval; 15 vendém. an VII, Coulon et Dupré; 29 frim. an VII, Ledoyen; 5 vent. an VII, Clerget; 8 germ. an VII, Frémont; 16 germ. an VII, Roux ; 29 germ. an VII, Robillard; 1er thermid. an VII, Robin; 3 therm. an VII, Mauvel et Bernard ; 7 vendém. an VIII, Roullier; 17 brum. an VIII, Lagrave; 15 frim. an VIII, Savivien Diot et Brognon ; 12 niv. an VIII, Cartier et Luttin ; 13 niv. an VIII, Gagnoulet; 3 pluv. an VIII, Montraille; 6 vent. an VIII, Rouziérolle ; 17 flor. an IX, Rosset et Pillet ; 17 brum. an X, Pescheux ; 2 flor. an XI, Melon-Fatin; 12 mai 1808, Thoyer; 7 sept. 1809, Vuillaume.

760. — De même, sous ce Code, il y avait nullité lorsque la profession et le domicile des témoins n'étaient point indiqués sur la liste notifiée à l'accusé. — *Cass.*, 19 brum. an VII, Aussant; même jour, Brujaud; 22 vendém an VIII, Perrot; 6 brum. an VIII, Solhart; 7 germ. an VIII, Denis; 29 pluv. an VIII, Valade ; 28 prair. an IX, Capouy.

761.—Cependant il a été jugé, sous ce Code, que l'omission de la profession et du domicile de plusieurs témoins sur la liste notifiée à l'accusé pouvait bien être suppléée par la remise d'une copie de la procédure contenant ce document. — *Cass.*, 16 frim. an VII, Chenou.

762.—... Notamment par la copie des dépositions reçues dans l'instruction. — *Cass.*, 28 prair. an IX, Capouy.

763. — Il y avait nullité surtout si les déclarations des témoins dont la profession avait été omise n'avaient pas été auparavant reçues par écrit, l'accusé n'ayant pu, dans ce cas, les connaître par la copie, à lui délivrée, de la procédure.— *Cass.*, 22 frim. an XI, Castel; 27 messid. an XI, Bonnecasse; 24 brum. an VII, Roux; 8 frim. an VII, Teulon; 19 niv. an VII, Corvisier; 17 flor. an VII, Saint-Alyre; 9 prair. an VII, Violet; 11 fructid. an VII, Minet; 9 janv. 1806, Huet.

764. — Sous le Code d'instruction criminelle, l'absence de l'indication de la profession d'un témoin ne peut créer une nullité; elle donne seulement le droit de s'opposer à l'audition des témoins dans le cas où ils n'auraient pas été suffisamment désignés.

765. —D'ailleurs, l'accusé ne peut se plaindre du défaut d'indication de la profession d'un témoin sur la liste notifiée, lorsqu'il est établi que ce témoin n'en a aucune, et qu'au domicile indiqué, il n'y a pas d'autre personne qui porte son nom. — *Cass.*, 4 sept. 1828, Bernardini.

766. — Sous le Code du 3 brum. an IV, on ne pouvait pas entendre aux débats, à peine de nullité, un témoin dont le domicile n'avait pas été notifié à l'accusé. — *Cass.*, 13 frim. an VII, Beaudouin; 11 niv. an VIII, Mengus et Boucher.

767. — Jugé, sous ce Code, qu'il y avait nullité lorsque la liste notifiée à l'accusé n'énonçait pas le domicile d'un témoin entendu pour la première fois aux débats. — *Cass.*, 31 oct. 1806, Rose Thivolle.

768. — Jugé aussi, sous ce Code, que l'audition dans le débat de plusieurs témoins qui n'avaient pas préalablement déposé dans l'instruction écrite et dont les domiciles n'avaient pas été notifiés à l'accusé, opérait nullité. — *Cass.*, 17 brum. an X, Busquet.

769. — Sous le Code du 3 brum. an IV, la notification de la liste des témoins à l'accusé était nulle, si, au lieu d'indiquer le domicile précis de deux d'entre eux, elle énonçait seulement les moyens d'en avoir connaissance. La loi du 7 pluv. an IX ne dérogeait pas sous ce rapport au Code du 3 brum. an IV. — *Cass.*, 25 germin. an XI, Raymond.

770. — Mais une liste de témoins fait suffisamment connaître leur domicile si, après avoir exprimé la commune où demeurent les premiers, elle contient pour les suivans le mot *idem*. — D'ailleurs, le vœu de la loi est rempli si le domicile de ces témoins est formellement énoncé dans des informations écrites notifiées à l'accusé plusieurs jours avant l'examen. — *Cass.*, 25 messid. an VII, Saurin.

771. — Si la loi du 5 pluv. an XIII réservait aux cours de justice criminelle le droit de faire entendre de nouveaux témoins dans le cours des débats, cette disposition ne dérogeait nullement aux formes prescrites par l'art. 346, C. inst. crim., qui exigeait, à peine de nullité, que les noms, âge, profession et domicile des témoins fussent préalablement notifiés à l'accusé.—*Cass.*, 20 mai 1808, Victor Finot.

772.—Sous le Code d'instruction criminelle, la notification doit contenir l'indication de la *résidence* des témoins. L'absence de cette indication peut donner à l'accusé le droit de s'opposer à l'audition de ces témoins; mais, s'il n'use pas de ce droit, il ne peut se prévaloir ultérieurement de cette irrégularité. — *Cass.*, 13 juill. 1837 (t. 2 1844, p. 377), Pelleautier ; — Legraverend, t. 2, p. 192.

773.—Sous le Code du 3 brum. an IV, il y avait nullité, si la notification à l'accusé de la liste des témoins avait été faite *en parlant au concierge*.— *Cass.*, 17 prair. an IX, Dépinay et Gomé.

774.—M. Carnot (*Inst. crim.*, sur l'art. 315, no 8) faisait remarquer, avec cet arrêt, que les termes de la loi, *à l'accusé*, excluent tout intermédiaire.

775.—Toutefois, cet auteur, dans sa dernière édition (t. 2, sur le même art. 315, no 8), pense qu'aujourd'hui la cour de Cassation ne se déterminerait à prononcer la nullité que dans le cas où l'accusé aurait réclamé contre cette violation de la loi devant la cour d'assises, *et dans celui où il ne serait pas constaté que la copie de la liste lui aurait été remise dans un temps opportun*.

776.—Aucune disposition du Code d'instruction criminelle ne prescrit aux huissiers de notifier aux accusés détenus la liste des témoins entre deux guichets, comme lieu de liberté.—*Cass.*, 1er juill. 1837 (t. 2 1842, p. 637), Tranchant; — Carré et Chauveau, *Lois de la procéd.*, quest. 358 ; Pigeau, t. 1er, p. 126.

777.—Le défaut de notification de la liste des témoins à un seul des accusés doit profiter à tous; c'est là une conséquence nécessaire de ce que les reproches proposés par l'un des accusés contre le témoin doivent profiter à tous ; et par le défaut de notification de la liste à l'un des accusés, cet accusé n'a pas été mis à même de fournir les reproches contre les témoins cités. —Carnot, sur l'art. 315, no 7.

778. — Sous le Code du 3 brum. an IV, la notification de la liste des témoins ne pouvait pas être faite au mari et à la femme par une seule copie servant pour les deux.—*Cass.*, 17 messid. an VII, Joseph Dieux.

779.—Aujourd'hui, quoiqu'il soit dit, dans les motifs d'un arrêt de la cour de Cassation du 18 janv. 1828 (Château), que la notification de l'arrêt de renvoi et de l'acte d'accusation, par une seule copie pour plusieurs individus, était régulière, nous ne pensons pas que des accusés qui n'ont qu'un délai de vingt-quatre heures pour se renseigner, et qui sont privés de leur liberté, puissent être réputés suffisamment avertis par une seule copie de la liste des témoins. L'art. 315, C. inst. crim., doit être entendu en ce sens qu'il faut que la formalité qu'il prescrit soit remplie à l'égard de chaque accusé individuellement. Si donc il y avait réclamation aux débats, la nullité serait incontestablement prononcée en vertu de l'art. 408, no 2, C. inst. crim.

780. — Sous le Code de brum. an IV, on jugeait aussi que, lorsque la liste des témoins et celle des jurés n'avaient été notifiées qu'à l'un des accusés, il y avait nullité à l'égard de tous.—*Cass.*, 11 vent. an VIII, Bureau et André.

781. — La notification de la liste des témoins à plusieurs coaccusés, à chacun desquels il a dû être laissé une copie séparée, n'est pas viciée par l'in-

 COUR D'ASSISES, ch. 6, sect. 1re. COUR D'ASSISES, ch. 6, sect. 1re.

correction grammaticale résultant de cette mention contenue en l'original : *Et pour que du contenu en icelle ils n'ignorent, nous lui avons, parlant comme dessus, laissé copie de ladite liste et du présent.* — *Cass.*, 14 juill. 1837 (t. 1er 1840, p. 309), Derode.

782. — Jugé que l'accusé qui s'est servi pendant les débats de la copie de la liste des témoins qui lui a été notifiée est non-recevable à se plaindre de l'erreur commise sur l'indication de son nom dans l'exploit de notification. — *Cass.*, 17 janv. 1828, Raymond Verdeilhe.

783. — L'arrêt par lequel une cour d'assises déclare insuffisante la désignation de plusieurs témoins dans une liste notifiée, juge un point de fait dont l'appréciation échappe à la censure de la cour de Cassation. — *Cass.*, 8 nov. 1816, Bertomini.

784. — C'est la cour d'assises, et non le président, qui doit apprécier les difficultés auxquelles donne lieu la notification de la liste des témoins. Ainsi, le président usurpe les pouvoirs de la cour d'assises en décidant, sans le concours des autres juges, qu'un témoin que l'accusé prétend n'avoir pas été suffisamment désigné sur la liste notifiée sera entendu, non sous la foi du serment, mais à titre de simple renseignement. — *Cass.*, 9 déc. 1830, Antoine Ladès.

785. — De légères inexactitudes dans les noms ou la qualification des témoins, sur la liste notifiée aux accusés, ne sont point une cause de nullité, lorsqu'elles sont insuffisantes pour constituer un défaut d'identité, et que, d'ailleurs, les accusés, qui ne se sont point opposés pour ce motif à leur audition, n'ont réclamé à cet égard qu'après la clôture des débats et la lecture de la déclaration du jury. — *Cass.*, 31 mars 1836, Arrighi et Rossi.

786. — Un renvoi sur la notification de la liste des témoins est suffisamment approuvé par un simple paraphe qui est évidemment de la main du rédacteur de cet acte, surtout lorsqu'il a pour objet de rectifier une erreur qui ne pouvait porter aucun préjudice. — *Cass.*, 20 sept. 1833, Durand.

787. — Des irrégularités dans la notification de la liste des témoins à l'accusé résultant, soit du défaut d'indication de l'heure à laquelle elle a été faite, soit de ce qu'il y aurait eu erreur relativement aux prénoms et à l'âge du témoin, ne sauraient entraîner la nullité de cette notification ; elles donnent seulement à l'accusé le droit de s'opposer à l'audition du témoin qui lui a été indiqué d'une manière inexacte. — *Cass.*, 26 janv. 1837 (t. 2 1840, p. 100), Rupp ; 1er avr. 1830, Schantz.

788. — Ainsi, un témoin qui n'a pas été régulièrement cité à la requête du ministère public peut être entendu devant la cour des pairs sous la foi du serment, si les accusés y consentent. — *Cour des pairs*, 16 juill. 1821, Gauthier de Laverdorie (conspiration du 19 août 1820).

789. — L'accusé qui ne s'est pas opposé à l'audition d'un témoin qu'il prétend avoir été irrégulièrement désigné, est non-recevable à se faire de cette irrégularité un moyen de nullité. Il en est de même aujourd'hui. — *Cass.*, 13 janv. 1827, Louis Roque ; 14 sept. 1827, Olivier ; 7 déc. 1827, David.

790. — Sous le Code du 3 brum. an IV, l'audition aux débats d'un témoin qui n'avait pas été compris sur la liste notifiée à l'accusé était une cause de nullité de la liste et de ce qui s'était ensuivi. — *Cass.*, 22 germin. an VII, Pitance ; 23 prair. an VII, Faucher ; 7 thermid. an VII, Parco ; 8 vendém. an VIII, Côme Vinet ; 14 vendém. an VIII, Couanne et Gauthier ; 19 niv. an IX, Charmel ; 17 pluv. an X, Bonnemaison ; 21 flor. an XII, Lafond ; 2 messid. an XIII, Leca.

791. — Les nullités commises dans l'exploit de notification de la liste des témoins sont couvertes par l'audition de ces témoins sans opposition de la part de l'accusé. — *Cass.*, 24 août 1827, Pirion.

792. — Sous le Code du 3 brum. an IV, l'audition aux débats de quarante-deux témoins, alors que la liste notifiée à l'accusé n'en contenait que trente-trois, était une cause de nullité. Cette cause ne pouvait pas être réparée par une mention, faite sur la copie des témoins non notifiés, qu'ils étaient appelés à décharge, surtout si cette mention paraissait y avoir été ajoutée après coup. — *Cass.*, 29 vendém. an VIII, Dernois.

§ 2. — *Citation et défaut de comparution.*

793. — La loi n'a déterminé aucun intervalle entre la citation et la comparution ; mais il faut donner aux témoins un délai suffisant pour qu'ils puissent comparaître.

794. — De même, aucune disposition législative n'ordonne, sous peine de nullité, que l'assignation aux témoins à charge devant une cour d'assises soit précédée d'un réquisitoire signé par le ministère public. — *Bruxelles*, 22 nov. 1820, Baivier.

795. — ... Ni que l'ordre de citer soit donné par écrit à l'huissier. — *Cass.*, 12 sept. 1807, N...

796. — Jugé que la citation délivrée par un huissier hors de son arrondissement, mais dans le département, n'est pas nulle, puisqu'il aurait pu la faire en vertu d'un mandement exprès du procureur général. — *Cass.*, 12 sept. 1807, N...

797. — L'accusé n'est pas recevable à se plaindre de ce que tous les témoins à charge n'ont pas été appelés, sauf à lui à provoquer leur audition, s'il la juge utile à sa défense. — *Cass.*, 16 pluv. an VII, Samuel ; 6 juin 1810, Lavatori.

798. — Jugé qu'un accusé ne peut, sans des motifs graves et proposés d'avance, citer comme témoin à décharge le président de la cour d'assises. — *Bruxelles*, 25 mai 1818, Donny.

799. — La loi ne contient pas de disposition assez explicite à cet égard ; mais l'intérêt d'une bonne administration de la justice, l'ordre public et même le simple bon sens ne permettent pas que l'accusé puisse éliminer, par une récusation déguisée, les magistrats qu'il ne veut pas avoir pour juges. — La cour de Bruxelles exige que l'accusé propose d'avance les motifs sur lesquels il fonde sa demande : les convenances lui en font certainement un devoir. Si, cependant, au lieu de s'y conformer, il avait compris le président sur la liste de ses témoins notifiée en temps utile et cité régulièrement ce magistrat, nous pensons que la cour d'assises ne pourrait pas se dispenser de statuer sur sa demande, et que même, dans le cas où elle trouverait suffisans les motifs exposés par l'accusé, il n'y aurait aucune fin de non-recevoir à tirer de ce qu'il n'aurait pas proposé ses moyens à l'avance, parce qu'aucune disposition de loi ne l'y obligeait. Mais s'il avait laissé procéder le témoin dans ses fonctions de président sans réclamer, il serait réputé avoir renoncé à son audition et n'aurait plus le droit de se plaindre d'avoir été privé de son témoignage.

800. — Au reste, il a été jugé que lorsque l'accusé a fait citer, le jour même de l'ouverture des débats, le président de la cour d'assises comme témoin à décharge, ce magistrat peut, sans le concours de la cour d'assises, rejeter cette citation comme tendant à prolonger inutilement les débats et à paralyser les fonctions du président. — *Bruxelles*, 25 mai 1818, Donny.

801. — Le témoin qui ne comparaît pas peut être condamné à une amende qui n'excède pas 100 fr. et en outre forcé par la voie de la contrainte par corps à venir donner son témoignage. — C. inst. crim., art. 80 et 355.

802. — La même peine de 100 fr. d'amende lui est infligée, si, ayant comparu, il refuse de déposer. — C. inst. crim., art. 80, 304 et 355.

803. — Les témoins qui ont allégué une excuse reconnue fausse sont condamnés, outre les amendes prononcées pour la non-comparution, à un emprisonnement de six jours à deux mois. — C. pén., art. 236 ; — *Cass.*, 29 nov. 1811, Deleclaux.

804. — Toutefois, il ne suffit pas que la fausseté de l'excuse soit reconnue, il faut encore que le témoin ait connu la fausseté de l'excuse qu'il alléguait et qu'il ait eu l'intention de tromper les juges pour s'exempter de son obligation. — Chauveau et Hélie, *Th. C. pén.*, t. 4, p. 224.

805. — Lorsque le procès-verbal des débats ne fait aucune mention, soit du refus de la part de la cour d'assises, d'entendre un témoin produit par l'accusé, soit de son audition, il y a présomption légale qu'il n'a point comparu aux débats. — *Cass.*, 19 avr. 1821, Picard.

806. — C'est à la cour d'assises, qu'il appartient de prononcer sur la non-comparution et les empêchemens des témoins. — *Cass.*, 27 nov. 1834, Révoltés de la Grand'Anse (Martinique) ; 20 août 1819, Lenoret.

807. — En effet, la condamnation à l'amende ne pourrait être prononcée que par un arrêt. L'intervention de la cour d'assises est même nécessaire pour décider s'il y a lieu de renvoyer l'affaire à une autre session. Le président ne serait compétent qu'autant que l'attribution lui en aurait été faite par une disposition spéciale.

808. — L'arrêt par lequel une cour d'assises admet l'excuse proposée par un témoin absent n'est qu'un simple arrêt d'instruction, ne formant point contrat judiciaire, et qui peut être rapporté lorsque la cour d'assises reconnaît que la déposition de ce témoin est indispensable. — *Cass.*, 26 nov. 1829, Dumay.

809. — Lorsque, des témoins cités à la requête de l'accusé n'étant pas présens lors de l'appel de leurs noms à l'ouverture des débats, l'accusé n'a point, ainsi qu'il en avait le droit, requis le renvoi de la cause à une autre session, il ne résulte aucune nullité de ce que le ministère public n'a point fait lui-même cette réquisition. — *Cass.*, 20 janv. 1844 (t. 1er 1844, p. 545), Baroyer ; 25 sept. 1824, Claude ; 16 mai 1828, Laforest ; 2 sept. 1830, Gromolle ; 11 août 1827, Maubreuil. — V. aussi Bourguignon, *Manuel du jury*, p. 424.

810. — Si, à raison de la non-comparution d'un témoin, l'affaire est renvoyée à la session suivante, tous les frais de citation, actes, voyages des témoins, et autres ayant pour objet de faire juger l'affaire, sont à la charge de ce témoin. — C. inst. crim., art. 355.

811. — Le témoin défaillant peut, sur la réquisition du procureur général, être contraint même par corps par l'arrêt qui renvoie les débats à une prochaine session. — Le même arrêt peut, de plus, ordonner que ce témoin sera amené par la force publique devant la cour pour y être entendu. — C. inst. crim., art. 355.

812. — La cour d'assises ne doit employer ces moyens rigoureux que lorsque la présence des témoins est absolument nécessaire. — Bourguignon, *Jurispr. crim.*, t. 2, p. 159.

813. — Mais, quelque rigoureuse que soit la contrainte ordonnée par l'arrêt d'une cour, le procureur général ne doit pas négliger de la mettre à exécution pour éviter qu'une nouvelle absence du témoin ne nécessite une nouvelle remise. — Carnot, *Inst. crim.*, t. 2, p. 694.

814. — La condamnation du témoin défaillant aux frais qui sont le résultat du renvoi des débats à une autre session ne met pas obstacle à ce qu'il soit condamné à l'amende qu'il doit supporter dans tous les cas. — Carnot, *Inst. crim.*, t. 2, p. 694, n° 3.

815. — Le témoin défaillant doit être condamné à l'amende bien que la cour d'assises n'ait pas jugé nécessaire de renvoyer l'affaire à une autre session. — Carnot, *Inst. crim.*, t. 2, p. 692, n° 3.

816. — Mais l'accusé ne peut se faire un moyen de cassation de ce que le témoin qui n'a pas comparu n'a pas été condamné à l'amende. — *Cass.*, 14 sept. 1821, Noyon.

817. — La contrainte par corps pour l'exécution des condamnations pécuniaires encourues par le témoin, étant de droit, n'a pas besoin d'être prononcée. — Legraverend, t. 2, p. 196.

818. — L'arrêt par lequel la cour d'assises statue sur l'amende encourue par un témoin régulièrement cité qui refuse de déposer doit être motivé à peine de nullité. — *Cass.*, 12 août 1831, Pichot.

819. — La voie de l'opposition est ouverte contre les condamnations prononcées contre les témoins, dans les dix jours de la signification qui lui est faite, ou à son domicile, outre un jour par cinq myriamètres ; et l'opposition est reçue s'il prouve qu'il a été légitimement empêché, ou que l'amende contre lui prononcée doit être modérée. — C. inst. crim., art. 356.

820. — Le jour de la signification de l'arrêt ne doit pas être compté dans le délai ; mais il n'en est pas de même de celui de l'opposition. — Carnot, *Inst. crim.*, t. 2, p. 696, n° 2 ; Legraverend, t. 2, p. 466.

821. — Carnot (*Instr. crim.*, t. 2, p. 697, n° 3) pense que l'opposition peut être faite par requête ou par un simple acte notifié au procureur général. Legraverend (t. 2, p. 497) dit qu'elle pourrait l'être par un acte passé au greffe. La loi n'ayant point tracé la forme de cette opposition, il serait difficile d'annuler l'acte qui constaterait d'une manière authentique l'intention du témoin condamné ; mais nous pensons que la forme la plus régulière est la notification par exploit d'huissier.

822. — Le témoin peut, en comparaissant avant d'avoir encouru la déchéance, présenter oralement sa réclamation à la cour d'assises, et demander acte de son opposition. — Carnot, *Instr. crim.*, t. 2, p. 697, n° 3 ; Legraverend, t. 2, p. 497.

823. — C'est à la cour d'assises qui a rendu l'arrêt de condamnation à prononcer sur l'opposition. Si la session était close, le jugement serait renvoyé de droit à la session suivante de la même cour. — Carnot, *Instr. crim.*, t. 2, p. 697, n° 4.

824. — Une force majeure légalement constatée, l'ignorance de la citation qui n'aurait pas été remise au véritable domicile, ou l'absence du témoin, sont des excuses valables pour fonder l'opposition de l'accusé à l'arrêt qui l'a condamé par défaut. — Carnot, *Instr. crim.*, t. 2, p. 695, n° 5.

825. — Mais le témoin défaillant ne serait pas écouté, s'il alléguait un simple vice de forme de la citation (V. Carnot, *ibid.*), à moins cependant que l'irrégularité, par exemple, l'omission ou une fausse indication du jour de l'audience, ne l'eût mis dans l'impossibilité de comparaître.

COUR D'ASSISES, ch. 6, sect. 1re.
COUR D'ASSISES, ch. 6, sect. 1re.

§ 3. — *Personnes qui peuvent refuser leur témoignage.*

826. — Toutes les personnes qui sont assignées en témoignage doivent déposer des faits qui sont à leur connaissance; cependant, le législateur a admis plusieurs exceptions à cette règle.

827. — Ainsi, 1° les médecins, chirurgiens et autres officiers de santé, ainsi que les pharmaciens et les sages-femmes, ne peuvent déposer des faits qui leur ont été confiés à raison de leur profession. — *Grenoble*, 23 août 1828, Fournier.

828.—Il leur suffit d'exciper de leur profession et de la confiance qui leur a été accordée. — Legraverend, t. 1er, p. 257.

829. — Mais les personnes qui exercent ces professions ne sont pas dispensées de faire à la justice la révélation des faits à leur connaissance, lorsqu'elles sont entendues comme témoins, et que, dans l'intérêt de l'ordre public, leurs dépositions sont jugées nécessaires pour parvenir à la découverte de la vérité. — *Cass.*, 23 juill. 1830, Cressent; — Legraverend, t. 1er, p. 257.—V. DIVULGATION DE SECRETS.

830.—2° Les avocats et les avoués sont dispensés de déposer des faits qui sont venus à leur connaissance à raison de leur profession et par suite des procès dont ils ont été chargés. — *Cass.*, 23 juill. 1830, Cressent; *Rouen*, 9 juin 1825, Bertran.

831.—Ce principe a été puisé dans la loi ult., ff., *De testibus*, qui porte : *Mandatis cavetur ut præsides attendant ne patroni, in causâ cui patrocinium præstiterunt, testimonium dicant.*

832. — Il avait été admis dans l'ancienne jurisprudence; c'est ce qu'attestent Imbert (*Pratique judiciaire*, liv. 1er, ch. 62, p. 441); Jousse (t. 2, p. 102); Muyart de Vouglans (*Lois crim.*, p. 784). Toutefois Serpillon (*Code crim.*, p. 447) cite quelques arrêts qui les auraient contraints de déposer.

833. — Cependant, la cour d'assises devant laquelle un avocat est cité comme témoin peut ordonner qu'il prêtera le serment prescrit par l'art. 317, C. inst. crim., en lui réservant la faculté de ne déclarer que les faits qui seraient venus à sa connaissance autrement que dans l'exercice de sa profession d'avocat. — *Cass.*, 14 sept. 1827, Jouberjon.

834. — De même, l'arrêt qui, malgré l'opposition de l'accusé, ordonne l'audition, comme témoin, de son avoué, en s'en rapportant à sa conscience pour déposer des faits dont il aurait pu être informé en dehors de ses fonctions, ne peut donner ouverture à cassation. — *Cass.*, 18 juin 1835, Bureau.— Chauveau et Hélie, *Théorie du Code pén.*, t. 6, p. 535.

835. — Si les avocats ne sont point tenus de révéler ce qu'ils ont appris, par suite de la confiance qui leur est accordée, ils ne sont point pour cela incapables d'être témoins. En conséquence, un prévenu ne peut tirer une ouverture à cassation de ce que son avocat aurait été entendu comme témoin. — *Cass.*, 22 fév. 1828, Grégoire Piétri.

836. — On ne peut s'opposer à la déposition d'un avocat, par le motif qu'il aurait plaidé dans une affaire précédente, soit pour le prévenu, soit pour la partie civilement responsable, et quelle que soit la relation de cette affaire avec celle dans laquelle son témoignage est requis. — *Douai*, 14 janv. 1842 (t. 2 1842, p.71), Douanes c. Couterie.

837.—3° Les notaires peuvent-ils être contraints de déposer des faits dont ils ont eu connaissance en leur qualité d'officiers ministériels? —MM. Chauveau et Hélie (*Théorie du Code pén.*, t. 6, p. 522 et suiv.) disent que tous les anciens auteurs rangent les notaires parmi les personnes qui ne doivent pas révéler les faits qu'elles ne savent que par la nécessité de leur profession; ils citent Ferrière (v° *Notaire*), Jousse (*Inst. crim.*, t. 2, p. 104), Muyart de Vouglans (*Lois criminelles*, p. 784) et Serpillon (*Code criminel*, t. 2, p. 448). « Toutefois, ajoutent-ils, ce dernier auteur et Denisart (v° *Notaire*) rapportent deux arrêts du parlement de Paris, des 19 janv.-6 fév. 1743, qui auraient décidé que les notaires étaient obligés de déposer dans les affaires criminelles sur ce qui s'était passé entre les parties lors des actes qu'ils avaient reçus. » Ils reconnaissent enfin que tous les auteurs modernes, à l'exception de Legraverend (t. 1er, chap. 6, p. 261), ont continué à lier les notaires au secret des parties. C. inst. crim., t. 2, p. 51, n° 5; Rauter, t. 2, — V. Bourguignon, *Jur. C. crim.*, sur l'art. 322, p. 105.

838.—Mais, après avoir posé l'état de la question, MM. Hélie et Chauveau finissent par se prononcer pour la jurisprudence de la cour de cassation, en se fondant sur les mêmes motifs. — L'autorité de Legraverend perdra beaucoup ici de son influence si l'on considère que cet auteur ne dispense pas même les avocats de l'obligation de déposer: système que personne, aujourd'hui, n'oserait soutenir. Quant à l'argument que la cour de Cassation a tiré de l'art. 23, L. 25 vent. an XI, et qui serait décisif, selon MM. Chauveau et Hélie, nous ne pensons point qu'il ait toute la force que ces auteurs veulent bien lui prêter. La défense de donner connaissance des actes à d'autres qu'aux personnes intéressées, n'a pour but que de régler les conditions du dépôt des minutes dont les notaires restent nantis, et qu'on aurait pu croire devoir être publiques, comme les registres de l'état civil et ceux du bureau des hypothèques. Cette disposition, qui n'avait pas mis obstacle à la jurisprudence antérieure, quoiqu'elle existât depuis l'ord. de 1539 (V. Rousseau de Lacombe, v° *Notaire*, n° 4) est étrangère à la question, et ne peut même pas être opposée au ministère public, d'après les art. 452 et suiv., C. inst. crim. La matière n'a donc pas été réglementée par l'article précité de la loi de ventôse. Les notaires sont, sous le rapport du secret de leur cabinet, dans la même position que les avocats et les avoués; ils donnent des conseils et reçoivent des confidences. Si leur ministère ne touche pas immédiatement à la défense des accusés ou des prévenus, il s'y trouve intimement lié, en ce que c'est porter une grave atteinte à la défense d'un individu que de baser sa condamnation sur les aveux qu'il a faits, même avant toute poursuite, à un fonctionnaire offert par la loi elle-même à la confiance du public. La divulgation est, dans ce cas, aussi odieuse que si elle émanait d'un avocat. Il est impossible que le législateur ait voulu faire aux notaires une condition différente. — Mais pour que ces officiers ministériels soient tenus au secret, il faut nécessairement que les faits sur lesquels on les interpelle ne leur aient été communiqués, ou soient présumés, par leur nature, ne leur avoir été connus qu'à ce titre.—Bourguignon, *Jur. C. crim.*, t. 2, p. 51, n° 5; Rauter, t. 2, p. 105; Toullier, *Droit civil*, t. 8, n° 424; Massé, *Parfait notaire*, liv. 1er, chap. 15; Merlin, *Rép.*, v° *Témoin judiciaire*, § 1er, art. 6; Carnot, *C. pén.*, art. 378; Bioche et Goujet, *Dict. de procéd.*, v° *Enquête*, n° 181; Rolland de Villargues, *Rép. du Notariat*, v° *Secret*, n° 4.

839. — Jugé, d'après ce principe, qu'un notaire n'est pas tenu de déposer en justice des faits relatifs à une instance correctionnelle pendante entre deux parties, lorsqu'il déclare que c'est dans le secret de son étude que ces faits lui ont été révélés; qu'il en devrait être ainsi, quand bien même la partie qui lui a confié les faits l'autoriserait à les faire connaître. — *Montpellier*, 24 sept. 1827, Teyssier c. T...

840. — Toutefois, la cour de Cassation a jugé que la dispense accordée par la jurisprudence aux avocats et aux avoués de déposer en justice des faits qu'ils n'ont connus qu'en leur dite qualité dans les procès de leur client, ne peut ni ne doit être étendue aux notaires qui ne sont pas appelés comme eux à exercer le droit de défense en faveur duquel cette exception a été établie. — *Cass.*, 23 juill. 1830, Cressent.

841. — Jugé dans tous les cas que le notaire qui n'est appelé à déposer, ni sur des pourparlers, ni sur des confidences qui lui auraient été faites, mais seulement sur des faits matériels, tels que l'apport, dans son étude, d'une somme d'argent paraissant provenir d'un vol, ne peut refuser d'en rendre témoignage. — Même arrêt.

842. — 4° Les ecclésiastiques ne doivent et ne peuvent révéler à la justice les faits dont ils ont eu connaissance au tribunal de la pénitence.—*Cass.*, 30 nov. 1810, Lavaine; — Carnot, *Inst. crim.*, t. 1er, p. 358; Legraverend, t. 1er, p. 236; Merlin, *Rép.*, t. 1er, p. 450, et t. 13, p. 438; Favard, v° *Enquête*; Carré, *Lois de la procéd.*, t. 1er, p. 662, n° 1037; Pigeau, t. 1er, p. 278; Berriat, p. 292.

843. — La règle consacrée par cet arrêt est fort ancienne; dès le quatrième siècle elle avait été érigée en maxime par un concile : *Non liceat clericum ad testimonium vocari eum qui præses vel cognitor fuit.* — D'Héricourt, *Lois ecclésiastiques*, p. 330; Durand de Maillane, v° *Confesseur*, n° 5.

844.—Farinacius (quæst. 51, num. 93) la reproduit en ces termes : *Sacerdos non potest nec debet revelare sibi imposita per confitentem in sacramentali confessione.*

845. — L'ancienne jurisprudence l'avait aussi adoptée.—Jousse, t. 2, p. 98; Muyart de Vouglans, p. 786.

846.—Un principe aussi sage ne pouvait qu'être reconnu par la jurisprudence moderne. La religion est placée sous la protection du gouvernement, ce qui tient à son exercice doit être respecté et maintenu; or, la confession tenant essentiellement aux rites de cette religion, elle cesserait d'être pratiquée dès l'instant où son inviolabilité cesserait d'être assurée. — V. les motifs de l'arrêt de cassation ci-dessus cité du 30 nov. 1830; — Merlin, *Rép.*, v° *Confesseur*; Legraverend, t. 1er, p. 268.

847. — Un prêtre n'est pas non plus tenu de déposer en justice des faits qui lui sont révélés hors de la confession, mais en qualité de confesseur. — *Cass.*, 30 nov. 1810, Lavaine; — Legraverend, t. 1er, p. 257 et 258.

848. — Les prêtres peuvent-ils taire les faits dont ils ont eu connaissance en dehors de la confession et non comme confesseurs, et quelle peut être la nature et l'étendue de leurs priviléges à cet égard ?

849. — Ces différentes questions ont été récemment discutées devant la cour d'Angers et résolues par elle. — V. DIVULGATION DE SECRETS.

850. — La qualité de mère ou de sœur d'une congrégation religieuse ne dispense point celles qui en sont revêtues de l'obligation de déposer en justice lorsqu'elles en sont requises. — Legraverend, t. 1er, p. 260.

851. — Hors la nécessité de fonctions civiles ou religieuses, le témoin cité en justice ne peut refuser de donner sa déclaration sur les faits dont il a connaissance, sous le prétexte que les parties lui en ont fait confidence sous le sceau du secret. — *Cass.*, 8 mai 1828, Ferragut.

852. — Il a été jugé que les préposés de l'administration des postes ne peuvent refuser de déclarer sous la foi du serment, lorsqu'ils sont appelés comme témoins, s'il existe des lettres dans leurs bureaux à l'adresse des individus poursuivis par le ministère public. — *Ass. Indre-et-Loire*, 11 juin 1830, Definances.

853. — Remarquons, en effet, que si le serment que l'art 2, L. 26 août 1789, impose aux préposés de l'administration des postes consiste dans la promesse de garder et observer fidèlement le secret des lettres, et si l'art. 378, C. pén., prononce des peines contre les personnes qui ont trahi les secrets dont elles étaient dépositaires par état, il ne résulte qu'une chose de la combinaison de ces deux dispositions, c'est qu'un préposé de l'administration des postes ne peut pas être tenu de déclarer à la justice des faits relatifs au contenu des lettres dont il est ou a été dépositaire. Ainsi, s'il avait eu l'indiscrétion de lire une lettre non cachetée, ou de plonger ses regards dans une lettre cachetée, la révélation du contenu de ces lettres serait une nouvelle violation du serment qui le lie et ne pourrait pas être exigée de lui.

854. — Mais la partie administrative de ses fonctions n'a rien de commun avec le secret des lettres, et n'est pas comprise dans les mêmes dispositions de la loi. Le préposé ne pourrait donc point refuser de déclarer le nom de la personne qui a chargé une lettre à son bureau, ni de celle qui a retiré une lettre chargée ou même adressée *poste restante*. Sa déclaration sur ces divers faits ne porte aucune atteinte à l'inviolabilité du secret des lettres, qui ne saurait s'étendre au-delà de ce qu'elles ont de confidentiel, c'est-à-dire de leur contenu.

§ 4. — *Témoins dont la déposition ne peut être reçue.*

855. — La position particulière de certains individus, soit vis-à-vis de la société, soit vis-à-vis des accusés, les a fait considérer par la loi comme n'offrant pas les garanties nécessaires à un témoin et leur en a fait interdire la qualité.

856. — On appelait anciennement témoins *inhabiles* ceux qui donnaient lieu à quelque suspicion soit par leur qualité, soit par la nature de leurs dépositions. — Jousse, *Just. crim.*, t. 1er, p. 729, nos 189 et suiv.

857. — L'incapacité légale qui s'oppose à l'audition comme témoins de ces individus n'est pas absolue.

858. — En conséquence, l'accusé qui ne s'est pas opposé à l'audition d'un témoin frappé d'incapacité légale ne peut se faire de cette audition un moyen de nullité. — *Cass.*, 21 avr. 1832, Gusur; 13 oct. 1832, Poncelet.

859.—*Enfans au-dessous de quinze ans.*—Les enfans au-dessous de quinze ans ne peuvent être admis à déposer, si ce n'est par forme de déclaration et sans prestation de serment. — C. inst. crim., art. 79.

860. — D'après Carnot (*Inst. crim.*, sur l'art. 79, n° 1er), cette disposition n'est applicable qu'aux dépositions devant le juge d'instruction; devant la cour d'assises, lorsque l'enfant est porté sur la liste, il doit prêter serment comme les autres témoins.

861.—Aussi, il avait d'abord été jugé que les en-

fans, âgés de moins de quinze ans, appelés comme témoins devant une cour d'assises, doivent prêter, avant leur déposition, le même serment que les autres témoins, à peine de nullité. — *Cass.*, 7 fév. 1812, Camail et Bouilly; 20 févr. 1812, Petit; 27 fév. 1812, Werote; 28 fév. 1812, Ukens; 5 mars 1812, Jérôme; 12 mars 1812, Germain; 19 mars 1812, Termondt; 2 avr. 1812, Hendrick; 16 avr. 1812, Bouterchou; 23 avr. 1812, Lambert Volino; 4 juin 1812, Migné; 25 nov. 1813, Coquet.

862. — On avait jugé aussi qu'un témoin entendu aux débats d'une cour d'assises n'avait pu, à peine de nullité, être dispensé du serment, sous le prétexte qu'il n'était pas assez avancé en âge. — *Cass.*, 24 avr. 1812, Jean Vonner.

863. — Cette jurisprudence éprouvait de la résistance de la part des cours d'assises, et, le 21 août 1812, la cour de Cassation prit un arrêté pour demander au gouvernement l'interprétation de la loi relativement à l'audition devant les tribunaux des enfans âgés de moins de quinze ans.

864. — Mais cette demande en interprétation n'eut pas de suite à raison de la solution nouvelle donnée à la question par la cour de Cassation.

865. — En effet, on décida plus tard que les enfans âgés de moins de quinze ans, qui sont appelés comme témoins devant une cour d'assises, doivent être entendus sans prestation de serment et seulement par forme de déclaration. — *Cass.*, 3 déc. 1812, Migné; — Merlin, *Rép.*, vo *Témoin judiciaire*, § 3, art. 6, no 3; Legraverend, t. 1er, p. 278.

866. — Puis, aussi peu satisfaite de ce système que de celui qu'elle avait d'abord embrassé, la cour de Cassation admit un moyen terme, d'après lequel le président de la cour d'assises pouvait à son gré et selon les circonstances entendre avec ou sans prestation de serment les enfans âgés de moins de quinze ans, sans que, dans aucun cas, il y eût nullité. — Merlin, *Rép.*, vo *Témoin judiciaire*, § 3, art. 6, no 3; Legraverend, t. 1er, chap. 6, p. 201; Carnot, *Inst. crim.*, sur l'art. 317, t. 2, p. 494, no 7.

867. — En conséquence, il a été jugé que l'audition avec prestation de serment d'un témoin âgé de moins de quinze ans ne peut opérer ni nullité ni ouverture à cassation. — *Cass.*, 2 janv. 1818, Nicolas Joly; *Bruxelles*, 11 nov. 1819, Gilbert; *Cass.*, 27 avr. 1827, Maury; 25 avr. 1834, Raymond.

868. — Jugé de même que l'art. 79, C. inst. crim., qui veut que les enfans au dessous de quinze ans, appelés à déposer, ne prêtent point serment, s'applique aux témoins appelés devant la cour d'assises comme à ceux cités devant le juge d'instruction, sans néanmoins que la prestation de serment de leur part puisse donner ouverture à cassation. — *Cass.*, 16 juill. 1835, Henry; 15 avr. 1841 (t. 1er 1842, p. 476), Reigner.

869. — ... Que la loi sur ce point est facultative, et laisse toute latitude au président, qui doit, selon les circonstances et le degré d'intelligence de l'enfant, exiger ou non le serment. — *Cass.*, 8 mars 1838 (t. 1er 1838, p. 370), Mordant.

870. — ... Que l'accusé ne peut se faire un moyen de nullité de ce qu'un témoin aurait déposé sans prêter serment, lorsque le procès-verbal des débats constate que ce témoin était âgé de moins de quinze ans. — *Cass.*, 9 juin 1831, Perrin.

871. — Jugé que le président de la cour d'assises qui ordonne qu'un enfant âgé de moins de quinze ans sera entendu sans prestation de serment n'est pas tenu d'avertir le jury que la déclaration de cet enfant n'est reçue qu'à titre de simples renseignemens. — *Cass.*, 15 avr. 1841 (t. 1er 1842, p. 476), Reigner.

872. — La cour de Cassation belge a également varié dans la solution donnée à la question de savoir si les enfans au-dessous de quinze ans devaient ou non prêter serment lorsqu'ils étaient appelés à l'audience comme témoins.

873. — Ainsi, elle a jugé que lorsqu'un enfant âgé de moins de quinze ans se trouve porté sur la liste des témoins notifiée à l'accusé, le président de la cour d'assises ne peut, sans excès de pouvoir, ordonner qu'il sera entendu sans prestation de serment, alors que ni l'accusé ni le ministère public n'ont renoncé à son audition comme témoin. — *Cass. belge*, 31 mars 1836, Marie Herman.

874. — Puis elle a décidé, au contraire, que les enfans de moins de quinze ans, entendus comme témoins devant la cour d'assises, ne doivent point prêter serment avant de faire leur déclaration. — *Cass. belge*, 13 août 1836, Semestre.

875. — Dans tous les cas, le témoignage des enfans au-dessous de quinze ans est abandonné à l'appréciation des magistrats et des jurés. — Carnot, *Inst. crim.*, sur l'art. 79.

876. — Il y a nullité lorsqu'un témoin ayant quinze ans révolus a été entendu sans prestation de serment. — *Cass.*, 27 juin 1845 (t. 2 1845, p. 559), Coiffard; 7 janv. 1819, Gasquet; 25 nov. 1824, Rozé; 4 juill. 1840 (t. 2 1841, p. 154), G.

877. — Mais l'audition d'un témoin sans prestation de serment n'emporte pas nullité, bien qu'il soit âgé réellement de quinze ans ans accomplis, si ce témoin, avant de déposer, a déclaré être âgé de moins de quinze ans, et que sa déclaration n'ait été l'objet d'aucune réclamation ni contradiction (C. inst. crim., art. 79 et 317). — *Cass.*, 2 sept. 1842 (t. 2 1843, p. 466), Valois.

878. — S'il était établi, par l'acte de naissance d'un témoin, qu'il avait plus de quinze ans révolus lorsque la cour d'assises l'a dispensé de prêter serment, sur le motif erroné qu'il était seulement âgé de quatorze ans, la procédure serait nulle. — *Cass.*, 15 nov. 1833, Audibert; — Carnot, *Inst. crim.*, t. 2, p. 494, no 8.

879. — Le témoin qu'en vertu de son âge le président a dispensé du serment n'est point par cela même écarté du débat : dès-lors cette mesure du président ne contient aucune violation de la loi. — *Cass.*, 24 déc. 1835, Barribas.

880. — *Condamnés.* — Les condamnés à des peines afflictives ou infamantes, ceux qui l'ont été à des peines correctionnelles avec interdiction du droit de témoigner en justice, ne peuvent être admis à déposer comme témoins en cour d'assises autrement que pour y donner des renseignemens. — C. pén., art. 34 et 42.

881. — Sous le Code de brum. an IV, cette prohibition n'existait pas. — Legraverend, t. 1er, p. 255.

882. — Sous ce Code, l'individu qui avait subi une condamnation à la dégradation civique pouvait être entendu comme témoin en matière criminelle, surtout si le tribunal criminel avait préalablement donné connaissance de son état aux jurés, pour par eux avoir tel égard que de raison à sa déclaration. — *Cass.*, 19 pluv. an XII, Jaubert.

883. — Par cette condamnation, l'accusé n'était privé que de ses droits politiques. — Carnot, *Inst. crim.*, t. 2, p. 522, no 31.

884. — Sous le Code pénal de 1810, et avant la révision de 1832, la durée de la peine du condamné ne commençait à courir que du jour de l'exécution. — C. pén., art. 23.

885. — Il a été jugé, en conséquence, que, les incapacités résultant du caractère afflictif et infamant d'une peine telle que la réclusion ne commençant à avoir leur effet que du jour de l'exposition, l'individu dont la condamnation était devenue définitive par le rejet de son pourvoi en cassation pouvait être entendu comme témoin assermenté tant qu'il n'avait pas subi l'exposition. — *Cass.*, 8 avr. 1826, Bonnet; — Merlin, *Quest.*, vo *Témoin judiciaire*, § 8.

886. — L'art. 28, C. pén., révisé en 1832, portant « que la dégradation civique est encourue du jour où la condamnation est devenue irrévocable, » il en résulte que l'individu condamné à une peine afflictive ou infamante est incapable de déposer, à compter de l'époque où sa condamnation est devenue définitive.

887. — Jugé, en conséquence, que le témoin dont la condamnation à la dégradation civique est devenue irrévocable par le rejet de son pourvoi doit être entendu sans prestation de serment et à titre de simple renseignement, bien qu'il n'ait pas encore subi l'exposition publique. — *Cass.*, 13 oct. 1842 (t. 1er 1843, p. 169), Couret.

888. — Mais un témoin ne peut être délié du serment par le motif qu'il a été condamné à une peine afflictive et infamante, lorsqu'il s'est pourvu en cassation contre l'arrêt de condamnation, et qu'il n'a pas encore été statué sur son pourvoi au moment où il est appelé à déposer. — *Cass.*, 20 janv. 1844 (t. 2 1845, p. 473), Anglade.

889. — Jugé, avant la révision de 1832, que lorsqu'il était établi qu'un témoin à décharge avait été condamné contradictoirement à une peine emportant privation du droit de déposer en justice, si rien ne prouvait que la condamnation n'avait pas été exécutée, elle était réputée l'avoir été, et que dès-lors le témoin ne devait être entendu qu'à titre de renseignement et sans prestation de serment. — *Cass.*, 6 juill. 1827, Jacquin.

890. — L'individu condamné à une peine afflictive et infamante postérieurement à la loi du 28 avr. 1832, et qui n'a pas été réhabilité, est incapable de déposer en justice autrement que pour y donner de simples renseignemens, encore bien qu'il soit intervenu une ordonnance de sursis à l'exécution de cette condamnation, et qu'une grace ait commué sa peine en une peine correctionnelle. — *Cass.*, 29 oct. 1818, Mansard; 13 janv. 1838 (t. 1er 1840, p. 224), Radez; — Carnot, *Inst. crim.*, t. 2, p. 526, no 5.

891. — Cependant, l'audition en qualité de témoin, et sous la foi du serment, d'un individu précédemment condamné à des peines afflictives et infamantes, n'est pas un vice irritant dont puisse résulter la nullité de la procédure, s'il n'y a eu aucune opposition de la part soit de l'accusé, soit du ministère public. — *Cass.*, 18 nov. 1819, François Kerleu; 22 janv. 1825, Paris; 8 avr. 1826, Bonnet; 13 oct. 1832, Poncelet; *Bruxelles*, 25 oct. 1824, Sabiaux; — Merlin, *Quest.*, vo *Témoin judiciaire*, § 9; de Serres, *Manuel des cours d'assises*, t. 1er, p. 281.

892. — De même, il ne peut résulter aucun moyen de nullité de ce qu'un témoin aurait été entendu sans prestation de serment, alors que le procès-verbal constate que ce témoin était sous le coup d'une condamnation afflictive et infamante, et que ni lui, ni les accusés, n'ont élevé aucune réclamation. — *Cass.*, 26 déc. 1835, Lacenaire.

893. — L'accusé qui ne s'est pas opposé à l'audition avec serment d'un témoin précédemment condamné à une peine afflictive ou infamante dont le nom ne lui avait pas été régulièrement notifié, ne peut se faire de cette audition un moyen de nullité. — *Cass.*, 21 avr. 1832, Gueux; 13 oct. 1832, Poncelet (aff. dite de la rue des Prouvaires); — Legraverend, t. 1er, p. 355.

894. — La cour d'assises ne viole aucune loi en ordonnant qu'un témoin privé du droit de rendre témoignage en justice, cité à la requête du ministère public, ne sera entendu que sans prestation de serment et pour faire une simple déclaration. — *Cass.*, 31 mai 1827, Germain Rivière.

895. — Legraverend (t. 2, chap. 6, sect. 7e, p. 283, note 4e) dit que cette jurisprudence anéantit complétement la disposition de l'art. 28, C. pén. (édit. de 1810), qui portait : « Quiconque aura été condamné aux travaux forcés, etc., *ne pourra jamais* déposer en justice autrement que pour y donner de simples renseignemens. » Carnot (sur le même article, t. 1er, p. 119, no 5) ne voudrait même pas que les présidens d'assises pussent entendre, à titre de renseignemens, les individus qui ont subi une condamnation afflictive ou infamante. Ces individus sont, selon lui, des témoins plus dangereux que tous les autres, en ce qu'ils doivent déposer sans prestation de serment préalable. « On dit, ajoute-t-il, qu'ils peuvent devenir des témoins nécessaires; mais peut-on mettre en considération un cas aussi rare avec l'admission de pareilles gens dans le sanctuaire de la justice qu'ils ne peuvent que profaner de leur souffle impur? Il est à redouter d'ailleurs que leurs déclarations ne fassent planer dans l'esprit des auditeurs une prévention involontaire... qui peut conduire un innocent à l'échafaud. La privation de quelques renseignemens peut-elle couvrir l'immoralité du fait d'appeler en justice des personnes infâmes pour y porter témoignage? Si l'on ne doit pas prendre une entière confiance à leur déclaration, à quoi bon les appeler? Si l'on doit les croire, pourquoi ne pas exiger d'elles la garantie du serment? » MM. Chauveau et Hélie (*Th. C. pén.*, t. 1er, p. 169) trouvent bizarre l'incapacité établie par l'art. 34, C. pén., et pensent qu'il suffit que les juges connaissent la moralité du témoin. A Carnot, ils opposent Bentham, qui a dit : « Il y a un mode de punition où, pour faire une égratignure au coupable, on passe une épée au travers du corps d'un innocent; je veux parler de cette peine infamante qui rend inadmissible à témoigner. »

896. — Au milieu de ce conflit d'opinions, le parti le plus sage est, selon nous, de se ranger à la jurisprudence de la cour de Cassation, qui est approuvée et clairement expliquée par Merlin (*Quest.*, vo *Témoin judiciaire*, § 9). A l'appui de ce système, on peut invoquer les modifications introduites dans la rédaction des art. 28 (nouveau) et 34, C. pénal, par la loi du 28 avr. 1832, qui a supprimé les mots : *Ne pourra jamais déposer.* D'ailleurs, les principes sont assez certains pour résoudre la difficulté. Ce n'est pas seulement à titre de peine que l'individu frappé de dégradation civique est déclaré incapable de rendre témoignage en justice; c'est aussi dans l'intérêt de la société, qui ne peut plus avoir en lui la même confiance. Ainsi, il ne *doit* pas être entendu avec serment. D'un autre côté, on ne saurait l'exclure entièrement du sanctuaire de la justice, parce qu'il est des cas où sa déclaration, confirmée par d'autres indices, peut servir à éclaircir certains faits et à les rendre plus palpables pour les jurés. La loi ne dit pas, à la vérité, qu'il ne résultera aucune nullité de son audition comme témoin, lorsque les parties ne s'y seront pas opposées; mais la dernière disposition de l'art. 322 lui est évidemment applicable par analogie.

897. — Lorsque après l'audition d'un témoin, sous la foi du serment, mais avant la clôture des

débats, le ministère public produit un jugement établissant que ce témoin est interdit du droit de porter témoignage en justice, la cour d'assises, en ordonnant que sa déposition sera considérée comme simple déclaration, se conforme exactement à la loi. — *Bruxelles*, 8 mars 1819, Doussaint.

898. — De même, il n'y a pas nullité non plus lorsqu'un témoin incapable de déposer ayant été entendu sans réclamation ni de l'accusé, ni du ministère public, le président de la cour d'assises a fait observer aux jurés que la déclaration de ce témoin n'aurait pas dû être faite sous la foi du serment, et les a avertis d'y avoir tel égard que de raison. — *Cass.*, 25 janv. 1838 (t. 1er 1840, p. 175), Val.

899. — Le témoignage d'un individu sous le coup d'une accusation capitale, ou même d'un condamné, peut, malgré sa rétractation postérieure, servir à asseoir une condamnation lorsque, loin de reposer sur la seule déclaration du témoin, il s'appuie sur des faits matériels qu'il n'a pu inventer et qui se trouvent confirmés par tous les autres documens du procès, et que, d'ailleurs, il porte un caractère de vérité tel qu'il est impossible de n'y pas ajouter foi. — *Rennes*, 2 avr. 1835, Sevoy.

900. — *Parens de l'accusé.* — Ne peuvent être reçues les dépositions du père, de la mère, de l'aïeul, de l'aïeule, ou de tout autre ascendant, ainsi que des alliés aux mêmes degrés de l'accusé, ou de l'un des accusés présens et soumis au même débat. — C. inst. crim., art. 322.

901. — Mais un témoin peut être admis à déposer des faits à charge qu'il tient d'une des personnes mentionnées dans cet article, sauf à apprécier la valeur de cette déposition. — Legraverend, t. 1er, p. 254.

902. — Ce n'est pas, au reste, sur l'art. 283, C. procéd., que doivent être fondés les reproches en matière criminelle ; il y a pour cette matière une législation spéciale qui seule doit être suivie. — C. inst. crim., art. 156, 189 et 322; C. pén., art. 28 et 42. — Carnot, sur l'art. 322; — *Douai*, 14 janv. 1842 (t. 2 1842, p. 71), Douanes c. Couture.

903. — La disposition de l'art. 322, relative aux parens ou alliés du coaccusé, s'applique à la ligne descendante et collatérale, comme à la ligne ascendante. — Carnot, *Inst. crim.*, sur cet article, no 17.

904. — L'opinion de cet auteur, qui semble, au premier aspect, contraire à la lettre de l'art. 322, se justifie par cette observation faite par lui-même que « tous les numéros dont se compose cet article ont un rapport tellement nécessaire entre eux, qu'il est impossible de les isoler dans le texte comme dans la pensée; que chacun de ces numéros comprend *substantiellement* ces mots, *de l'accusé*, ou de l'un des accusés présens et soumis aux mêmes débats ; que s'ils n'ont pas été répétés à chaque numéro, c'est parce que ç'aurait été une redite aussi fastidieuse qu'inutile. »

905. — Ainsi, jugé que les dépositions du beau-père, de la belle-mère et des beaux-frères et belles sœurs de l'accusé ne peuvent être, nonobstant l'opposition de l'accusé, reçues sous la foi du serment, lors même que la personne qui a produit l'affinité est décédée sans enfans. — *Cass.*, 10 mai 1843 (t. 2 1843, p. 445), Roques.

906. — Jugé qu'une cour d'assises peut entendre, en conséquence, comme témoins, les parens au degré prohibé d'un coprévenu mis hors d'accusation avant les débats. — *Cass.*, 10 janv. 1817, François Rey.

907. — En effet, l'art. 322, C. inst. crim., n'excepte que les parens ou alliés de l'un des accusés présens et soumis au même débat.

908. — Jugé qu'on peut entendre en témoignage le mari de la mère de l'accusé. — *Assises de l'Hérault*, 29 janv. 1820, N...

909. — Cet arrêt est basé sur ce qu'il n'existe point d'alliance légale entre le fils d'une femme et le mari de cette femme. De Serres (*Man. des cours d'assises*, t. 1er, p. 289) soutient au contraire, avec raison, que l'alliance existe réellement. Le beau-père est appelé par la loi à partager avec sa femme la tutelle des enfans de cette dernière ; il exerce sur eux une autorité qui le place au rang de père. On doit donc décider que son audition en qualité de témoin est prohibée par les nos 1er et 4, art. 322, à raison de sa qualité de père par alliance.

910. — Mais sous le Code du 3 brum. an IV, il y avait nullité lorsque sur la liste notifiée se trouvait compris un témoin qui avait épousé la veuve du père de l'accusé, si d'ailleurs il n'était pas prouvé que ce témoin n'avait pas été entendu aux débats. — *Cass.*, 23 frim. an VIII, Delacroix.

911. — Ne peuvent également être reçues les dépositions des fils, fille, petit-fils, petite-fille, ou de tout autre descendant de l'accusé, ainsi que des alliés aux mêmes degrés. — C. inst. crim., art. 322.

912. — Mais la défense d'admettre le témoignage du fils contre la mère ne s'applique pas aux déclarations qu'il peut faire contre elle dans un débat où il est son coaccusé. La mère ne peut se faire, en ce cas, un moyen de nullité de ce que la cour d'assises n'a pas ordonné la disjonction des causes. — *Cass.*, 8 janv. 1824, Lecouffe.

913. — La prohibition de recevoir les dépositions orales des enfans contre leurs père et mère ne va pas jusqu'à interdire d'entendre comme témoins des tiers qui déposent de ce qu'ils ont entendu dire aux enfans. — *Cass.*, 30 mai 1818, Bastide, Jausion c. Fualdès fils ; 9 juin 1831, Perrin.

914. — La fille victime d'un viol commis sur sa personne par son père peut être légalement entendue sous la foi du serment, si le ministère public ni l'accusé ne s'y sont pas opposés. — *Cass.*, 20 janv. 1844 (t. 1er 1844, p. 545), Baroyer.

915. — Sous le Code du 3 brum. an IV, l'audition aux débats du fils de la femme de l'accusé était une cause de nullité. — *Cass.*, 1er thermid. an VII, Hourdel.

916. — L'art. 322 est applicable à la parenté naturelle comme à la parenté légitime, alors même qu'elle résulterait d'un commerce adultérin. — Carnot, *Inst. crim.*, sur les art. 156 et 322.

917. — Jugé, en conséquence, que la prohibition d'entendre comme témoins les fils et filles de l'accusé comprend les enfans naturels comme les enfans légitimes. — *Cass.*, 19 sept. 1832, Bougé; — Morin, *Dict. de dr. crim.*, vo *Témoins*, p. 737.

918. — Jugé, sous le code de brumaire, que le bâtard adultérin de la femme mariée depuis à un autre que le père de l'enfant, ne peut être entendu comme témoin, en matière criminelle, contre le mari de sa mère et malgré l'opposition de celui-ci, sous peine de nullité. — *Cass.*, 6 avr. 1809, Ferrand.

919. — L'art. 322, C. inst. crim., n'ayant fait que reproduire les dispositions de l'art. 358, C. 3 brum. an IV, cette décision conserve tout son intérêt et toute son autorité. — Carnot, *Inst. crim.*, t. 1er, p. 671, no 12 ; Merlin, *Rép.*, vo *Témoin judiciaire*, § 1er, art. 3, no 9 ; Carré et Chauveau, *Lois procéd.*, t. 1er, p. 702, no 1106, et Favard, t. 2, p. 362.

920. — Jugé, sous le même Code, que la fille issue d'un premier mariage de la femme de l'accusé ne peut pas être entendue en témoignage contre lui, lorsque du second mariage il existe un enfant qui établit entre eux l'alliance. — *Cass.*, 11 vent. an VII, Dransard.

921. — Jugé, cependant, que l'art. 322, C. inst. crim., ne s'applique qu'aux ascendans légitimes et ne met point obstacle à ce que l'aïeul d'un enfant naturel soit entendu en témoignage sur l'accusation dirigée contre lui. — *Liége*, 24 déc. 1823, Rawray.

922. — On ne saurait également entendre comme témoins les frères, sœurs et les alliés au même degré de l'accusé. — C. inst. crim., art. 322.

923. — Toutefois le président, après avoir décidé que le beau-frère de l'accusé ne sera pas entendu comme témoin sous la foi du serment, peut, en vertu de son pouvoir discrétionnaire, ordonner qu'il sera entendu à titre de renseignemens. — *Cass.*, 10 sept. 1840 (t. 2 1843, p. 444), Mauguin.

924. — Jugé, sous le Code du 3 brum. an IV, que le frère d'un accusé qui est resté en état de contumace peut être entendu comme témoin lors du jugement des coaccusés du même délit. — *Cass.*, 9 brum. an X, N...

925. — La question n'est plus susceptible de difficulté sous le Code d'instruction criminelle, qui ne prononce l'interdiction qu'à l'égard des parens des accusés *présens* et soumis au *même débat*. — Carnot, *Inst. crim.*, t. 2, p. 513, no 15.

926. — La prohibition d'entendre en témoignage les frères et sœurs de l'accusé et ses alliés au même degré ne peut pas être étendue aux maris et femmes des mêmes alliés. Ainsi, un tribunal criminel ne peut pas écarter du débat, malgré les réquisitions du ministère public, des témoins qui ont épousé les sœurs du mari de l'accusée. — *Cass.*, 6 frim. an IX, Poulet.

927. — Jugé cependant, sous le Code du 3 brum. an IV, que celui qui a épousé la sœur de l'accusé et en a des enfans ne peut pas être entendu comme témoin aux débats, quoique, par suite du décès de cette première femme, il ait passé à un second mariage. — *Cass.*, 27 vendém. an IX, Joseph Barrère.

928. — Jugé aussi que la déposition du beau-frère de l'accusé ne peut être entendue sous la foi du serment, lors même que ce beau-frère est demeuré veuf sans enfans. — *Cass.*, 10 sept. 1840 (t. 2 1843, p. 444), Mauguin.

929. — La femme du beau-frère de l'accusé n'est point son alliée, et peut être entendue comme témoin. — *Cass.*, 5 prair. an XIII, Denis Pechon; — Merlin, *Rép.*, vo *Témoin judiciaire*, § 1er, art. 3, no 9; Carnot, *Inst. crim.*, t. 1er, p. 673, no 13.

930. — De même, le mari de la sœur de la femme de l'accusé peut être entendu en témoignage. — *Cass.*, 11 avr. 1811, Paul Billon; 10 sept. 1812, Vouriot; 16 mars 1821, Jolly.

931. — Il ne peut résulter aucune nullité de ce que la cour d'assises a entendu comme témoin une personne qui a déclaré n'être point parente de l'accusé, et qui ne l'était effectivement pas d'après les interrogatoires de l'accusé, lors même qu'il aurait plus tard été produit au débat un acte tendant à prouver que ce témoin était la belle-sœur de celui-ci. — *Cass.*, 26 brum. an X, Goyon.

932. — Les neveux de l'accusé peuvent être entendus en qualité de témoins. — *Cass.*, 11 juin 1807, Villame; 23 janv. 1835, Piaud; — Carnot, t. 1er, p. 673, no 14 ; Merlin, *Rép.*, vo *Témoin judiciaire*, § 1er, art. 3, no 9.

933. — Les oncles de l'accusé ne sont pas compris au nombre des personnes dont l'audition en qualité de témoins est prohibée. — *Cass.*, 13 janv. 1820, Claude Rey.

934. — Ainsi, lorsqu'un oncle de l'accusé a été porté sur la liste notifiée de ses témoins à décharge, il y a nullité s'il est entendu sans prestation de serment et simplement en vertu du pouvoir discrétionnaire du président. — *Cass.*, 13 janv. 1820, Claude Rey.

935. — De même, la cour d'assises ne peut pas refuser d'entendre en témoignage les parens des parties au degré de cousins ni les enfans issus de cousins germains. — *Cass.*, 8 flor. an IX (Intér. de la loi.)

936. — Les alliés au degré prévu par l'art. 322, C. inst. crim., ne doivent pas être entendus avec prestation de serment, alors même que le conjoint qui produisait l'affinité est décédé sans enfans; l'alliance, malgré ce décès, n'en continue pas moins de subsister. — *Assises de Vaucluse*, 19 avr. 1836, Fabre; *Cass.*, 10 oct. 1839 (t. 1er 1840, p. 11), Peytel.

937. — En conséquence, une belle-mère ne peut, même après le décès de sa fille, être entendue comme témoin, devant la cour d'assises, dans une affaire concernant son gendre. — *Assises de Vaucluse*, 19 avr. 1836, Fabre.

938. — La parenté résultant de l'adoption est un motif de reproche qui ne doit pas être rejeté; ce serait blesser les mœurs publiques que d'admettre l'enfant adoptif à déposer contre son père; cela ne peut souffrir de difficulté. — Carnot, sur l'art. 322, no 25.

939. — La parenté adoptive se trouvant admise par la loi, la fiction doit s'étendre dans la ligne collatérale, comme dans la ligne directe; l'alliance même doit être prise en considération; en déposant contre le mari ou la femme de l'adoptant, dit Carnot (*loc. cit.*, no 25), « le fils adoptif serait présumé, aux yeux de la loi, porter témoignage contre l'adoptant lui même. »

940. — La parenté et l'alliance du témoin avec la partie civile ne peut constituer un reproche légal; le véritable adversaire de l'accusé c'est le ministère public. — Carnot, sur l'art. 315, C. inst. crim., no 18.

941. — On pourrait argumenter en faveur de l'opinion contraire de la disposition de l'art. 317, qui exige que les témoins soient interpellés de déclarer s'ils sont parens ou alliés, soit de la *partie civile*, soit de l'accusé; « mais, dit Carnot (no 18, sur l'art. 315), l'objet que s'est proposé le législateur, en l'exigeant ainsi, a été de prémunir le jury contre la foi trop entière qu'il pourrait ajouter au témoignage de parens ou alliés de la partie civile, et pour le tenir en garde contre leurs dépositions. »

942. — ...Sauf, toutefois, au jury à avoir tel égard que de raison à la déposition. — *Cass.*, 5 oct. 1833, Héran.

943. — Jugé, en conséquence, que le frère de la partie civile peut être entendu comme témoin. — *Metz*, 12 nov. 1821, Blondin.

944. — Il en est de même du conjoint ou des proches parens de la partie civile. — *Cass.*, 21 therm. an XIII, Duval; *Liége*, 19 juill. 1832, K.... — Carnot, *Inst. crim.*, t. 2, p. 517, no 18; de Serres, *Manuel des cours d'assises*, t. 1er, p. 287.

945. — On ne peut entendre comme témoins le mari ou la femme de l'accusé. — C. inst. crim., art. 322.

946. — L'interdiction d'appeler en témoignage la femme de l'accusé ne peut s'entendre que l'audition à l'audience devant le jury. — *Cass.*, niv. an XI, Forel.

947. — L'accusé n'est pas recevable à reprocher le témoignage du frère de la femme d'avec laquelle

il a divorcé, quoiqu'il y ait des enfans existans de leur mariage. — *Cass.*, 24 janv. 1808, N....

948. — Les parens indiqués dans l'art. 322, C. inst. crimin., peuvent-ils être entendus comme témoins et avec prestation de serment, lorsque ni le ministère public ni l'accusé ne s'opposent à leur audition?

949. — L'affirmative de cette question a d'abord été adoptée par la cour de Cassation, qui a jugé que l'accusé qui ne s'est pas opposé à l'audition d'un témoin, qui est son allié au degré prohibé, ne peut puiser dans cette audition un moyen de nullité. — *Cass.*, 13 avr. 1821, Piazza.

950. — ... Que la fille d'un accusé, citée à la requête de l'un des coaccusés, avait pu valablement être entendue comme témoin ordinaire, avec prestation de serment, lorsqu'il n'y a eu opposition, ni de la part du ministère public, ni de la part des accusés ou de l'un d'eux. — *Cass.*, 5 janv. 1837 (t. 1er 1838, p. 71), Latour.

951. — A plus forte raison, lorsque la parenté du témoin avec l'accusé est inconnue et qu'il n'y a aucune réclamation de celui-ci, l'audition avec prestation de serment ne peut-elle constituer une nullité.

952. — Mais la belle-sœur de l'accusé, qui d'abord avait déposé avec prestation de serment, alors que sa qualité était inconnue, et qu'il n'y avait eu à son audition aucune opposition, a pu être entendue en vertu du pouvoir discrétionnaire du président, alors que, rappelée pour donner de nouvelles explications, sa qualité de belle-sœur a été signalée par l'accusé, et qu'il y a eu de la part de celui-ci opposition à ce que le témoin fût entendu. Cette opposition ne peut rétroagir sur la déposition faite antérieurement. — *Cass.*, 16 avr. 1840 (t. 2 1840, p. 177), Planus.

953. — Le témoin qui déclare qu'il est parent des accusés, sans pouvoir dire à quel degré, ne doit pas être présumé être parent ou allié au degré prohibé. C'est donc à tort que la cour d'assises annulerait le serment qu'il aurait prêté en qualité de témoin, et que le président ordonnerait son audition en vertu de son pouvoir discrétionnaire, alors surtout que les accusés à cet égard n'ont formé aucune opposition. — *Cass.*, 17 oct. 1836 (t. 1er 1837, p. 507), Tavernier.

954. — Lorsqu'un témoin dont le nom est sur la liste du ministère public ou de l'accusé, et a été régulièrement notifié, a déclaré être parent de l'accusé à un degré prohibé, bien qu'en principe un témoin ne puisse être rayé de la liste qu'en vertu d'un arrêt de la cour d'assises, néanmoins le président peut, agissant en vertu de son pouvoir discrétionnaire, ordonner qu'il ne sera entendu qu'à titre de simples renseignemens, et sans prestation de serment. — *Cass.*, 12 janv. 1837 (t. 1er 1838, p. 67), Pommier.

955. — Lorsque la fille de l'accusé citée par le ministère public n'a été entendue, sur l'opposition dudit accusé, qu'en vertu du pouvoir discrétionnaire du président et à titre de simples renseignemens, il n'en résulte aucun incident contentieux sur lequel la cour soit appelée à statuer, si le ministère public n'a pas insisté sur son audition comme témoin. — *Cass.*, 28 fév. 1835, Herbelin.

956. — De même, lorsque l'opposition de l'accusé à l'audition de son beau-frère comme témoin ne donne lieu à aucune contestation, il n'est point nécessaire que la cour d'assises rende sur ce point un arrêt motivé. — *Cass.*, 5 fév. 1836, Antorebi.

957. — De même encore, lorsqu'un témoin, notifié aux accusés, déclare à l'audience être le beau-frère de l'un d'eux, et que le ministère public s'oppose à son audition, si les accusés ne font à cet égard aucune réclamation, le président peut seul, sans l'intervention de la cour, ordonner qu'il sera entendu à titre de renseignement et sans prestation de serment. — *Cass. belge*, 1er sept. 1836, Vanhavenberg et Rosiers.

958. — Il ne peut résulter aucune nullité de ce que le président a statué seul sur l'opposition de l'accusé à l'audition, avec prestation de serment, d'un témoin inscrit sur la liste notifiée, alors qu'existant, à l'égard de ce témoin, un motif péremptoire d'incapacité, fondé sur une disposition formelle de la loi (parenté au degré prohibé), reconnu constant, il ne pouvait s'élever aucune contestation. — *Cass.*, 6 avr. 1838 (t. 2 1842, p. 653), ...laume.

959. — Carnot (sur l'art. 322) s'élève avec beaucoup de force contre la jurisprudence qui permet au président, en vertu de son pouvoir discrétionnaire, d'entendre à titre de renseignement des personnes mentionnées en l'art. 322.

960. — Quoi qu'il en soit, le jury ne doit accorder sa confiance qu'avec une grande réserve à ce que déclarent les personnes interrogées en vertu du pouvoir discrétionnaire. — Carnot, sur l'art. 322, p. 314.

961. — Le témoin écarté comme parent au degré prohibé de l'un des accusés ne peut être entendu sous serment à l'égard des autres. — *Cass. belge*, 1er sept. 1836, Vanhavenberg et Rosiers.

962. — Jugé, de même, sous le Code du 3 brum. an IV, que les proches parens d'un accusé sont exclus d'être entendus en témoignage, soit en faveur, soit à charge des autres accusés du même crime. — *Cass.*, 28 avr. 1808, Noel; 24 frim. an XIII, Tournon; — Carnot, *Inst. crim.*, t. 2, p. 515, no 14.

963. — *Dénonciateurs.* — Ne peuvent être reçues les dépositions des dénonciateurs dont la dénonciation est récompensée pécuniairement par la loi. — C. inst. crim., art. 322.

964. — Sous le Code de brumaire, le témoignage du dénonciateur n'était déjà pas admis aux débats (art. 358), mais ce Code portait plus loin sa sévérité, il étendait la prohibition à celui *qui pouvait profiter de toute autre manière de l'effet de la dénonciation.*

965. — Il suivait de là, et on avait jugé que l'audition du dénonciateur en qualité de témoin n'était prohibée que dans deux cas, savoir : celui où la loi récompensait pécuniairement la dénonciation elle-même, et celui où il pouvait tirer un profit de sa dénonciation. Hors ces deux cas, et particulièrement lorsqu'il s'agissait d'un complot contre la vie du premier consul, l'audition en témoignage du dénonciateur n'opérait point nullité. — *Cass.*, 9 pluv. an IX, Demerville, Cevachi, Aréna et Topino-Lebrun.

966. — La loi nouvelle n'a point admis la seconde des deux prohibitions dont il vient d'être parlé : la raison en a été qu'il était presque toujours difficile de se fixer sur les circonstances qui établissaient cette position du témoin.

967. — Le droit de reprocher son dénonciateur est presque toujours inefficace, car, la dénonciation ne faisant pas partie des pièces du procès et le procureur général ne pouvant être contraint de nommer le dénonciateur qu'en cas d'acquittement (C. inst. crim., art. 358), il en résulte qu'il est presque toujours inconnu à l'accusé. — Carnot, sur l'art. 322, no 8.

968. — Sous le Code du 3 brum. an IV, il y avait nullité, non seulement des débats, mais encore du jugement, lorsque l'on avait entendu comme témoin un dénonciateur dont la dénonciation était récompensée pécuniairement par la loi. — *Cass.*, 15 vendém. an VII, Bayère et Couchoud; 6 brum. an VIII, Thomas dit Drugon.

969. — Le contraire a été décidé depuis le Code d'instruction criminelle; ainsi, il a été jugé que l'accusé qui ne s'est pas opposé à l'audition d'un dénonciateur récompensé pécuniairement par la loi, quoiqu'il en eût connaissance, est non-recevable à s'en plaindre ultérieurement. — *Cass.*, 6 fév. 1812, Morin; 10 oct. 1817, Osouf; 18 mai 1815, Rosay; — Bourguignon, *Manuel d'inst. crim.*, t. 1er, p. 407, no 1er.

970. — D'ailleurs l'énonciation de cette qualité dans l'acte d'accusation, dont il doit être donné lecture en présence des jurés, suffit pour qu'ils ne puissent l'ignorer. — *Cass.*, 18 mai 1815, Rosay.

971. — Cette jurisprudence nous semble contraire à la loi, dont les dispositions sont prohibitives : la déposition du dénonciateur *ne peut être reçue*, dit-elle; qui pourrait d'ailleurs assurer que ce ne serait pas la déposition du dénonciateur qui aurait déterminé l'opinion du jury?

972. — On ne peut considérer comme dénonciateur, dans le sens de l'art. 323, C. inst. crim., l'individu qui, sans faire une dénonciation libellée conformément à l'art. 31, même Code, a seulement fait sa déclaration devant le maire du lieu. — *Cass.*, 5 janv. 1827, Jeanne Héraud.

973. — Le Code du 3 brum. an IV ne repoussait le témoignage que des dénonciateurs et des parens aux degrés y énoncés de l'accusé. On ne pouvait, en conséquence, sous l'empire de ce Code, refuser d'entendre comme témoin le propriétaire des objets volés, sous le prétexte de son intérêt dans l'affaire. — *Cass.*, 8 vent. an IX, Vieillard et Boisvin.

974. — Sous ce Code il n'était interdit qu'aux parties poursuivantes, c'est-à-dire au ministère public et à la partie civile, de faire entendre comme témoins des dénonciateurs intéressés. — Cette interdiction n'existait pas pour le prévenu. — *Cass.*, 25 flor. an X, Houzard.

975. — L'art. 358, C. brum. an IV, ne parlait, en effet, que de l'accusateur public et de la partie plaignante. — L'art. 156, C. inst. crim., n'autorise pas plus l'audition des parens ou alliés du prévenu au degré prohibé lorsqu'ils sont produits *à sa requête* que lorsqu'ils le sont à celle du ministère public ou de la partie civile. — V. Carnot, t. 1er, p. 666, no 5. — Cette observation est également applicable aux dénonciateurs récompensés par la loi, dans le cas de l'art 322, C. instr. crim.

976. — L'art. 322, C. inst. crim., qui défend d'entendre en qualité de témoins les dénonciateurs récompensés pécuniairement par la loi, ne s'applique pas à celui qui est intéressé dans la cause comme étant le souscripteur d'un billet argué de faux qui fait l'objet des poursuites. — *Bruxelles*, 25 juin 1822, Chrysostome P...

977. — Jugé, sous le Code du 3 brum. an IV, que les dispositions de la loi sur l'audition des dénonciateurs intéressés n'étaient applicables qu'à la procédure criminelle, et qu'un tribunal de police ne pouvait refuser d'entendre des témoins à décharge, sous le prétexte qu'ils étaient dénonciateurs d'un fait étranger au délit. — *Cass.*, 25 flor. an X, Houzard.

978. — Jugé, sous ce Code, que celui qui ne demande aucuns dommages-intérêts et qui recouvre seulement les sommes qu'on lui a soustraites, n'est pas un dénonciateur profitant de sa dénonciation, et peut non seulement donner de simples renseignemens, mais encore être entendu comme témoin. — *Cass.*, 16 pluv. an VII, Samuel.

979. — La femme qui a porté plainte contre son mari, en l'accusant du crime de viol sur la personne de sa fille mineure, ne peut être considérée comme dénonciatrice. En conséquence, lors de son audition, il n'y a pas lieu, par le président de la cour, de donner aux jurés l'avertissement indiqué par l'art. 323, C. inst. crim. — *Cass.*, 16 fév. 1837 (t. 1er 1837, p. 144), Audibert.

980. — Les dénonciateurs, autres que ceux récompensés pécuniairement par la loi, peuvent être entendus en témoignage, mais le jury doit être averti de leur qualité de dénonciateurs. — C. inst. crim., art. 323. — *Cass.*, 6 fév. 1812, Morin; 9 fév. 1816, Simonin; 16 juillet 1818, Dufour.

981. — Il en était de même sous le Code du 3 brum. an IV. — *Cass.*, 17 fruct. an IX, Maurice Frégère.

982. — L'art. 323, C. inst. crim., qui dispose que les jurés devront être avertis de la qualité de dénonciateur, ne concerne que le cas où le dénonciateur est entendu en témoignage. On ne saurait en conséquence l'appliquer au cas où un individu condamné à une peine afflictive et infamante est entendu sans prestation de serment, et après que les jurés ont été avertis de ne considérer sa déclaration que comme un simple renseignement. — *Cass.*, 29 août 1844 (t. 1er 1845, p. 416), Duponchel.

983. — L'avertissement que le président d'une cour d'assises doit donner au jury avant l'audition d'un dénonciateur en qualité de témoin, n'est pas prescrit à peine de nullité. — *Cass.*, 29 août 1811, N...; 16 juill. 1812, Jacquet; *Bruxelles*, 13 août 1814, Pierre Détrief; *Cass.*, 9 fév. 1816, Simonin; 10 oct. 1817, Osouf; 16 fév. 1837 (t. 1er 1837, p. 144), Audibert; 9 avr. 1818, Couaix; 16 juill. 1818, Dufour; 23 juill. 1818, Jean Boucher; 5 fév. 1819, Arnoud; 7 déc. 1827, Lenglet; 18 sept. 1829, Latournerie; 30 avr. 1835, Lambert; *Cass. belge*, 9 sept. 1836, Bourguignon; *Cass.*, 13 avr. 1837 (t. 2 1837, p. 619), Costes; 9 mars 1838 (t. 1er 1840, p. 668), Bernard; 16 avr. 1840 (t. 1er 1841, p. 615), Bergonnier; 24 déc. 1840 (t. 2 1840, p. 180), Bussière; 29 août 1844 (t. 1er 1845, p. 416), Duponchel. — De Serres, *Manuel des cours d'assises*, t. 1er, p. 285; Legraverend, t. 1er, p. 255; Merlin, *Rép.*, vo *Témoin judiciaire*, § 1er, art. 3, no 3.

984. — D'ailleurs, le jury est suffisamment averti par la lecture des procès-verbaux qui constatent que le témoin est dénonciateur. — *Bruxelles*, 13 août 1814, Pierre Détrief; *Cass.*, 9 fév. 1816, Simonin.

985. — Lorsque les dénonciateurs d'un crime ont été entendus comme témoins, il suffit, pour remplir le vœu de l'art. 323, C. inst. crim., que le jury ait été averti de leur qualité par la lecture de l'acte d'accusation. — *Cass. belge*, 9 sept. 1836, Bourguignon.

986. — D'ailleurs, il suffit que le jury ait connu la position et l'intérêt du témoin dans l'affaire. Le but de la loi a été en conséquence rempli lorsque le président a prévenu les jurés, avant l'audition du plaignant, que le fait imputé à l'accusé avait été commis au préjudice de celui-ci. — *Cass.*, 13 avr. 1837 (t. 2 1837, p. 619), Coste.

987. — Il n'y a pas violation de l'art. 269, C. inst. crim., lequel n'est pas d'ailleurs prescrit à peine de nullité, parce que le président de la cour d'assises, en avertissant le jury qu'un accusé condamné à une peine afflictive et infamante ne prêterait pas serment, s'est borné à dire qu'il serait entendu par forme de simple déclaration, sans ajouter que cette déclaration ne devrait être con-

sidérée que comme renseignement.—*Cass.*, 7 janv. 1841 (t. 2 1844, p. 383), Sarret dit Jarresi.

988. — Lorsque la cour d'assises a jugé que des témoins n'ont point la qualité de dénonciateurs, elle n'est pas obligée de donner aux jurés l'avertissement prescrit par l'art. 323. — *Cass.*, 20 juin 1817, Guillaume Pastoret.

989.—Au surplus, la qualification de dénonciateur ne saurait appartenir à la partie plaignante et lésée. — *Cass.*, 9 mars 1838 (t. 1er 1840, p. 668), Bernard ; 24 déc. 1840 (t. 2 1841, p. 130), Bussière.

990. —Dès-lors, la mère qui a porté plainte à raison d'un viol commis sur sa fille mineure de quinze ans ne peut pas être considérée comme un dénonciateur ; et par suite, il n'y a pas lieu par le président de donner aux jurés, lors de son audition, l'avertissement prescrit par l'art. 323, C. inst. crim.— *Cass.*, 25 sept. 1828, Beaune.

991. — Ainsi, celui qui n'a fait de déclaration qu'après la plainte portée et dans laquelle il avait signé comme témoin n'est point dénonciateur, et peut être entendu comme témoin devant la cour d'assises. — *Cass.*, 30 juillet 1831, Béranger.

992. — Les syndics d'une faillite qui ne sont point dénonciateurs peuvent être entendus comme témoins sur la poursuite en banqueroute frauduleuse exercée par le ministère public contre le failli, surtout s'il ne s'oppose pas à cette audition. — *Cass.*, 24 sept. 1819, Joseph d'Ambricourt.

993. — Mais si les syndics de la faillite étaient parties civiles dans la cause, ils ne devraient pas être entendus, et l'accusé aurait le droit de s'opposer à leur audition.— *Cass.*, 29 messid. an VIII, Gieurens. — M. de Serres (*Manuel des cours d'assises*, t. 1er, p. 297) prétend que les créanciers d'un failli qui le dénoncent pour fait de banqueroute frauduleuse annoncent par cela même l'intérêt qu'ils ont à sa condamnation ; et que les rendre témoins à l'égard des faits qu'ils ont eux-mêmes dénoncés, ce serait les rendre juges et parties dans leur propre cause ; danger qui, dit-il, n'existe plus lorsque n'ayant fait aucune dénonciation contre le failli, ils attendent de sa loyauté et de sa justice le paiement de leur créance. Ces réflexions sont plus spécieuses que solides. Le créancier qui dénonce son débiteur failli est dans la même position que toute autre personne qui dénonce un délit par lequel ses intérêts sont lésés. Aucune disposition de loi ne défend d'entendre comme témoins les syndics d'une faillite qui ont accompli le devoir que leur imposaient leurs fonctions de dénoncer les faits de banqueroute par eux découverts. Ils ne sont point au nombre des dénonciateurs récompensés pécuniairement par la loi, qui ne peuvent pas être entendus aux termes de l'art. 323, C. inst. crim.

994. — La cour d'assises ne fait qu'user de son droit en décidant qu'un témoin ne peut être considéré comme dénonciateur, et il ne peut résulter aucune nullité de ce qu'elle a déclaré qu'il n'y avait pas lieu, conséquemment, de satisfaire à la disposition de l'art. 323, C. inst. crim. — *Cass.*, 11 nov. 1830, Delannoy.

995. — Sous le Code du 3 brum. an IV, une dénonciation constatant le délit ne pouvait être considérée comme une déposition écrite de témoin absent ; en conséquence, elle pouvait être remise aux jurés. —*Cass.*, 29 vend. an X, Durand.

996. — *Partie civile.* — Sous le Code du 3 brum. an IV, la partie civile ne pouvait être admise aux débats comme témoin, même du consentement de l'accusé, à peine de nullité. — *Cass.*, 21 thermid. an XIII, Denis Duval.

997. — Jugé aussi, sous ce même Code, qu'on pouvait entendre comme témoin la partie civile qui s'était désistée de la plainte, encore bien que son désistement n'eût été fait qu'après les vingt-quatre heures.—*Cass.*, 16 avr. 1807, Dewilde et Gay.

998. — Sous le Code d'instruction criminelle les témoins assignés qui, au moment de l'ouverture des débats, ont déclaré se porter parties civiles ne peuvent plus être entendus comme témoins.—*Metz*, 12 nov. 1821, Blondin ; *Cass.*, 6 nov. 1834, Julien ; 10 fév. 1835, Demolon ; — Morin, *Dictionnaire de droit crim.*, v° *Témoins*, p. 736 ; Carnot, *Inst. crim.*, t. 2, sur l'art. 322 ; Merlin, *Rép.*, v° *Témoin judiciaire*, art. 3 ; Bourguignon, *Manuel d'inst. crim.*, t. 1er, p. 407.

999. — Jugé, au contraire, que la déposition d'un témoin porté sur la liste signifiée à l'accusé doit être reçue par la cour d'assises, bien qu'il se soit porté partie civile avant son audition. — *Liége*, 22 mai 1832, Orban.

1000. — Cet arrêt se fonde sur ce que l'art. 322, C. inst. crim., en faisant l'énumération des personnes dont *les dépositions* ne peuvent être reçues, n'y a pas compris la partie civile ; ce motif ne nous semble pas concluant. L'incapacité de la partie civile résulte de la force même des choses

COUR D'ASSISES, ch. 6, sect. 1re.

et n'avait pas besoin d'être écrite dans la loi. En effet, la partie civile, qui a un intérêt direct dans l'affaire, est placée dans des conditions telles, qu'on peut, à bon droit, suspecter son impartialité. D'ailleurs elle cesse d'être témoin du moment où elle est partie au procès, et dès-lors elle devient, par cette seule modification dans sa situation, incapable de déposer avec prestation de serment.

1001. — Les mêmes motifs nous déterminent à penser qu'il a été à tort jugé que rien ne s'oppose à ce que la partie civile soit entendue sous la foi du serment, pourvu que les jurés soient avertis de la qualité du témoin, et sauf à avoir à sa déposition tel égard que de raison.—*Cass.*, 15 juill. 1824, Abot.

1002. — La loi ne met aucun obstacle à ce que les créanciers d'un failli soient entendus comme témoins sur la poursuite en banqueroute frauduleuse exercée contre lui, encore bien que les syndics de la faillite se soient portés parties civiles. — *Cass.*, 15 juill. 1824, Abot ; 15 avr. 1825, Granier.

1003. — Sous le Code du 3 brum. an IV, l'audition de la partie plaignante en qualité de témoin opérait nullité.—*Cass.*, 15 vendém. an VII, Coulon ; 6 niv. an VIII, Guiraudent et Joyeux ; 18 niv. an VIII, Buffet ; 25 niv. an VIII, Durozel ; 15 pluv. an VIII, Morin ; 28 pluv. an VIII, Moreau ; 12 vent. an VIII, Dupont ; 17 vent. an VIII, Lefebvre ; 1er germin. an VIII, Boulanger ; 2 germin. an VIII, Grosvert ; 9 germin. an VIII, Bélanger ; 15 germin. an VIII, Lamalmaison ; 22 germin. an VIII, Dodet et Dumont ; 18 flor. an VIII, Couanne ; même jour, Bonnet ; 7 fructid. an VIII, Vilianis ; même jour, Loyard ; 19 brum. an IX, Renard ; 18 niv. an IX, Autornil ; 4 prair. an XII, Joly.

1004. — ... Surtout si elle avait eu lieu malgré l'opposition de l'accusé.— *Cass.*, 27 prair. an VIII, Charpentier et Gouffet.

1005. — En conséquence, les créanciers d'un failli qui avaient porté contre lui une plainte en banqueroute frauduleuse et qui ne s'en étaient pas désistés dans les vingt-quatre heures, étaient réputés parties plaignantes et, par suite, ne pouvaient pas être entendus comme témoins aux débats, à peine de nullité.—*Cass.*, 29 messid. an VIII, Gieurens.

1006. — Il avait même été jugé que l'audition dans le débat en qualité de partie plaignante d'un individu qui, par le désistement de sa plainte, avait cessé d'avoir cette qualité, opérait une nullité. — *Cass.*, 9 messid. an XIII, Milguin.

1007.—Aucune disposition du Code d'inst. crim. de 1808 ne s'oppose à ce qu'un plaignant qui ne s'est pas porté partie civile soit entendu en qualité de témoin. — *Cass.*, 3 août 1827, Robier ; 1er sept. 1832, Becq ; 15 nov. 1833, Audibert ; 2 mai 1840 (t. 2 1840, p. 540), Wenten. — V. cependant, en sens contraire, Carnot, *Inst. crim.*, t. 2, p. 528.

1008. — Jugé de même que les plaignans ne doivent pas être confondus avec les dénonciateurs, et peuvent être entendus comme témoins sans que le jury soit averti de leur qualité. — *Cass.*, 30 avr. 1835, Lambert et Robert.

1009. — Le fait par un individu de s'être porté partie civile, après avoir été entendu comme témoin sous la foi du serment, n'a pas pour effet d'entraîner la nullité de la procédure, sous prétexte que la partie civile ne saurait être entendue comme témoin. — *Cass.*, 23 fév. 1843 (t. 2 1843, p. 677), Piéri.

1010. — La procédure antérieure ne saurait, en effet, être viciée par l'intervention d'un témoin comme partie civile ; autrement ce serait donner à cette intervention un effet rétroactif qu'on ne peut raisonnablement lui reconnaître.

1011. — Il ne peut résulter une nullité de ce qu'avant de se porter partie civile, un individu qui n'était que plaignant et partie lésée aurait été entendu comme témoin sous la foi du serment : ni l'une ni l'autre de ces deux qualités n'a pu le rendre incapable de rendre témoignage, ni l'assimiler aux dénonciateurs. — *Cass.*, 12 janv. 1828, Quirin Humbert ; *Bruxelles*, 20 juill. 1816, Van Keerbergh.

1012. — Le plaignant qui ne s'est porté partie civile que devant la cour d'assises et avant la clôture des débats, ainsi que l'art. 67, C. inst. crim., lui en donnait la faculté, peut, lorsque l'arrêt de condamnation a été cassé, être entendu comme témoin et sous serment devant la cour d'assises de renvoi, si d'ailleurs il ne s'est pas de nouveau porté partie civile devant cette cour. — *Cass.*, 11 nov. 1841 (t. 1er 1842, p. 195), Brizard.

1013. — La cour, ainsi qu'on le voit, établit une distinction entre le cas où le plaignant s'est porté partie civile devant le juge d'instruction (art. 63, C. inst. crim.) et celui où il ne s'est porté partie civile que devant la cour d'assises, avant la clôture

COUR D'ASSISES, ch. 6, sect. 1re.

des débats. — Dans le premier cas, sa constitution de partie civile, remontant à une époque antérieure à l'ouverture des débats, survit à la cassation de l'arrêt de condamnation, car cette cassation n'anéantit que la procédure suivie devant la cour d'assises, et non les actes antérieurs. Dans le deuxième cas, au contraire, la constitution, n'étant qu'un des actes incidens du débat annulé, disparaît avec lui.

1014. — Il y a, d'ailleurs, cette différence essentielle que, malgré la cassation de l'arrêt, la constitution faite devant le juge d'instruction conserve sa base, son point d'appui, puisqu'elle reposait sur les élémens fournis par une instruction qui reste debout. Au contraire, la constitution faite devant la cour d'assises s'appuyant sur le débat et sur les preuves qui en résultent, si ce débat, si ces preuves disparaissent, il semble rationnel qu'elle soit entraînée dans leur chute.

1015. — La partie civile peut être entendue à titre de renseignement, en vertu du pouvoir discrétionnaire du président. — *Cass.*, 5 fév. 1819, Arnaud ; 30 mai 1839 (t. 2 1843, p. 298), Nougué et Garos.

1016. — De même, l'audition de la partie civile peut, sur la demande de l'accusé, être ordonnée par la cour d'assises, mais seulement à titre de renseignement et sans prestation de serment.— *Cass.*, 6 fév. 1835, Demolon.

1017. — *Témoins non reprochables.* — Sont seuls reprochables les témoins que la loi a déclarés tels. — *Cass.*, 12 oct. 1837 (t. 1er 1840, p. 93), Bregeat.

1018. — Le témoin reprochable peut refuser lui-même de faire sa déposition. — Carnot, t. 2, sur l'art. 322.

1019. — Le reproche n'a pas besoin d'être justifié par écrit. — Carnot, sur l'art. 322, n° 8.

1020. — Il n'y aurait pas nullité des débats alors même que la justification du reproche serait faite devant la cour de Cassation. — Carnot, *Inst. crim.*, sur l'art. 322.

1021. — Aucune loi ne s'oppose à ce que des témoins entendus dans une instance civile le soient, sur les mêmes faits, dans une instance criminelle. — *Cass.*, 30 mars 1832, Paillet.

1022. — Les témoins instrumentaires peuvent être admis à déposer sur la poursuite en faux exercée contre un acte qu'ils ont signé, et ne sont pas reprochables de ce chef. — *Cass.*, 1er avr. 1808, Simon Delafont.

1023. — Bourguignon (*Manuel d'inst. crim.*, t. 1er, p. 409, n° 4) dit que cet arrêt paraît contraire à la jurisprudence des parlemens de Paris et de Dijon, qui décidaient que la foi due aux actes ne pouvait être détruite par les déclarations du notaire et des témoins (V. Merlin, *Quest. de droit*, v° *Témoin instrumentaire*, § 3) ; cependant, il faut remarquer que la cour de Cassation n'a point admis que des assertions isolées pussent être prises comme des preuves suffisantes, et qu'elle a laissé aux juges la faculté de balancer, lors du jugement du fond, la foi due aux actes avec les divers élémens de preuve produits pour les détruire, et d'apprécier les déclarations des témoins instrumentaires et les reproches qui peuvent résulter de leur participation à l'acte attaqué. — Merlin, *Rep.*, v° *Témoin instrumentaire*, § 2, n° 8 ; Toullier, t. 5, p. 382, n° 412 ; Carnot, *Inst. crim.*, t. 2, p. 523, n° 35.

1024. — De même, on peut entendre comme témoin un individu qui est en procès avec le prévenu et qui a un intérêt à sa condamnation. *Cass.*, 18 juin 1807, Vincent ; même jour,

1025. — Sous le Code de brum. an IV, l'accusateur public pouvait faire entendre aux débats témoins qui n'avaient pas préalablement dé par écrit, pourvu qu'ils fussent compris sur liste notifiée à l'accusé. — *Cass.*, 27 vend. an V Bonifay.

1026. — Aucune disposition de la loi n'int d'entendre comme témoins des individus pré ment accusés et acquittés de l'accusation m sur laquelle ils sont appelés en témoignage. 6 mai 1815, L... ; 29 mars 1832, Vidal.

1027. — De même, le coïnculpé mis hors de par une ordonnance de la chambre du conseil être entendu comme témoin malgré l'op de l'accusé. — *Cass.*, 27 juin 1828, Aubry.

1028. — L'audition, sous la foi du serment, témoin atteint d'idiotisme, et que les documens la cause représentent comme incapable de prendre la gravité du serment, ne constitue une violation de la loi. — *Cass.*, 12 oct. 1837 (t. 1840, p. 93), Brégeat ; — Morin, *Dict. de dr.* v° *Témoins*, p. 736.

1029. — Les témoins arrêtés, soit pour faux moignage, soit pour participation au crime, la même instruction, ont pu être valablement tendus sous serment, malgré l'opposition de

cusé, si d'ailleurs l'état d'arrestation de ces témoins a été signalé aux jurés, et si l'accusé n'a pas requis le renvoi de l'affaire à une autre session. — *Cass.*, 20 juin 1839 (t. 2 1839, p. 489), Belkassem-Ben-Ali.

1050. — Aucune loi ne prohibe l'audition comme témoins dans une instance criminelle : 1° des magistrats qui ont participé à l'instruction, spécialement, du procureur du roi. — *Cass.*, 23 janv. 1835, Piaud ; 1er fév. 1839 (t. 1er 1840, p. 184), Willandt.

1051. —... 2° Des officiers de police judiciaire. L'accusé ne peut se faire un moyen de nullité de ce qu'on aurait entendu comme témoin un maire qui aurait écrit au sous-préfet une lettre de renseignemens sur l'accusé. — *Cass.*, 8 juill. 1824, Baud.

1052. — Il en est ainsi, même dans les affaires à l'instruction desquelles ils ont pris part. — *Cass.*, 31 oct. 1817, Wilfrid Reynaut ; 12 mars 1829, Rouguarié ; 9 janv. 1840 (t. 2 1840, p. 548). Debeaumarché.

1053. — Aucune loi d'ailleurs ne défend d'entendre en témoignage les officiers de police judiciaire, soit pour qu'ils expliquent ce qui est porté aux procès-verbaux par eux dressés, soit pour qu'ils déposent sur des faits énoncés dans leurs procès-verbaux. — *Cass.*, 12 juill. 1810, Canitrot ; — Carnot, *Inst. crim.*, sur l'art. 332, t. 2, p. 523, n° 34.

1054. —... 3° Des personnes qui ont rédigé des rapports nuls ou insuffisans. — *Cass.*, 3 fév. 1820, Blanc ; 24 fév. 1820, Teillon ; 21 juill. 1820, Meneret ; 7 nov. 1823, Martin ; — Merlin, *Rép.*, v° *Témoin judiciaire*, § 1er, art. 5, n° 7 ; Legraverend, t. 1er, art. 237 ; Morin, *Dict. de dr. cr.*, v° *Témoins*, p. 747.

1055. —... 4° Des gendarmes rédacteurs du procès-verbal qui a donné lieu aux poursuites. — *Cass.*, 6 juill. 1821, Jusserand.

1056. —... 5° Des appariteurs qui ont fait à un commissaire de police un rapport dont il a rédigé procès-verbal, sur les faits énoncés dans ce procès-verbal. — *Cass.*, 8 mars 1821, Martinet.

1057. —... 6° Des personnes qui ont rempli les fonctions d'experts dans l'instruction ; leur audition en qualité de témoins ne fait point obstacle à ce que leur rapport soit remis aux jurés. — *Cass.*, 14 nov. 1811, Gosset et Got ; — Legraverend, t. 2, p. 230.

1058. — De même, rien ne s'oppose à ce que celui qui a rempli dans l'instruction écrite les fonctions d'expert soit ensuite entendu en qualité de témoin devant la cour d'assises après prestation de serment, et soit, en outre, appelé plus tard et entendu comme expert, après la prestation du serment prescrit par l'art. 44, C. inst. crim. — *Cass.*, 8 déc. 1836 (t. 1er 1838, p. 37), Demiannay.

1059. —... 7° Du juge-commissaire d'une faillite, dans l'accusation de banqueroute dirigée contre le failli. — Même arrêt.

1060. —... 8° Des greffiers. — *Cass.*, 3 janv. 1812, N... ; — Carnot, *Inst. crim.*, t. 2, p. 559, n° 4.

§ 5. — *Serment des témoins.*

1041. — Avant de déposer, les témoins prêtent serment, à peine de nullité, de parler sans haine et sans crainte, de dire toute la vérité et rien que la vérité. — C. inst. crim., art. 317.

1042. — Tous les termes employés par cet article, relativement à la formule du serment, sont sacramentels. — *Cass.*, 29 sept. 1842 (t. 2 1842, p. 403), Besnard ; — De Serres, *Manuel des cours d'assises*, t. 1er, p. 277 ; Carnot, *Inst. crim.*, sur l'art. 317 ; Legraverend, t. 1er, p. 273 ; Merlin, *Rép.*, v° *Serment*, § 3, n° 4. — V. *infrà* nos 1069 et suiv.

1043. — Sous le Code de brum. an IV, art. 350, le témoin était seulement astreint à faire la promesse de dire la vérité.

1044. — Il suivait de là que, sous ce Code, un tribunal criminel ne pouvait pas entendre à titre de *simples déclarans* des individus cités au débat comme témoins : c'était là créer un nouveau genre d'audition non autorisé par la loi. — *Cass.*, 28 germ. an IX, Renaud et Barre.

1045. — Aujourd'hui il y a nullité lorsqu'il est établi que des témoins à charge ont déposé devant la cour d'assises, *sur la simple promesse* de dire la vérité, et sans l'avoir appuyée *du serment* prescrit par la loi. — *Cass.*, 26 déc. 1811, Yves Clayes ; 16 janv. 1812, Cahague ; 9 avr. 1812, Comte ; 24 avr. 1812, ... ; 4 juin 1812, Confavreux ; — Carnot, *Inst. crim.*, sur l'art. 317, t. 2, p. 487, n° 2 ; Morin, *Dict. de dr. crim.*, v° *Témoin*, p. 740. — Cette décision ne doit pas être entendue dans un sens restrictif ; la nécessité du serment s'applique aussi bien aux témoins à décharge qu'aux témoins à charge. — V. *infrà* n° 1118.

1046. — Il y a aussi nullité lorsque le procès-verbal ne constate pas que les témoins ont prêté le serment prescrit par la loi. — *Cass.*, 7 févr. 1812, Schnater ; 29 juin 1816, Lefranc ; 25 juill. 1816, Picart ; 26 juill. 1816, Beguin ; 20 sept. 1817, Deparday ; 9 janv. 1818, Liebaut ; 17 sept. 1818, Midrel ; 7 janv. 1819, Gasquel ; 4 juill. 1840 (t. 2 1840, p. 154), Gas.

1047. — Cependant il a été jugé que la loi n'exige pas que le procès-verbal mentionne les termes du serment, et qu'il suffit qu'il constate que tous les témoins ont prêté le serment prescrit par la loi. — *Cass.*, 20 oct. 1820, Agostini ; 19 déc. 1821, Devos ; 30 mai 1839 (t. 2 1843, p. 298), Nougué et Garos.

1048. — ... Et même que lorsque le procès-verbal des débats constate que les témoins ont fait avant leur déposition *la promesse* exigée par l'art. 317, C. inst. crim., il y a présomption légale que cette promesse a été faite sous la foi du serment. — *Cass.*, 2 juill. 1812, Barthélemi Guitton ; — Merlin, *Rép.*, v° *Serment*, § 3, n° 1er.

1049. — Le président doit faire prêter serment au témoin lorsqu'il est introduit dans l'auditoire, et avant qu'il n'ait donné ses noms et qualités. — *Cass.*, 12 déc. 1840 (t. 2 1842, p. 622), Lafarge.

1050. — Il a même été jugé qu'il y a nullité lorsque, devant la cour d'assises, des témoins ont reconnu les pièces de conviction avant d'avoir prêté serment. — Cette reconnaissance, que le président a jugée utile, fait une partie essentielle de leur déposition. — *Cass.*, 18 mars 1841 (t. 1er 1842, p. 575), Fourton.

1051. — C'est à tort, suivant nous, qu'il a été décidé que, lorsque, avant d'être entendu comme témoin assermenté, un individu inscrit sur la liste des témoins à décharge a été appelé par le président pour donner de simples explications sur la déposition d'un autre témoin, il n'y a pas abus de pouvoir discrétionnaire, et que l'accusé ne peut tirer de là un moyen de nullité, en soutenant que les deux auditions du témoin ne font qu'une seule déposition, dont la première partie a été faite sans prestation du serment prescrit par la loi sous peine de nullité. — *Cass.*, 6 mai 1819, Pioule.

1052. — Il est évident que des explications données sur la déclaration d'un témoin sont une partie beaucoup plus essentielle de la déposition qu'une simple reconnaissance de pièces de conviction, et que la nullité reconnue par l'arrêt de cassation du 18 mars 1841 (*suprà* n° 1050), dans ce dernier cas, doit être admise à plus forte raison dans l'autre.

1053. — Le mode usité pour le serment est de faire lever la main droite à celui qui le prête, en même temps qu'il répond : *Je le jure*, aux interpellations qui lui sont adressées. — Merlin, *Rép.*, v° *Serment*, § 3, n° 1er.

1054. — Cependant ce n'est là qu'un usage, car la loi n'exige pas que les témoins, en prêtant serment, lèvent la main. — *Cass.*, 8 oct. 1840 (t. 1er 1841, p. 273), Elicabide.

1055. — C'est le président qui doit prononcer la formule du serment.

1056. — Cependant, de ce que l'un des juges composant la cour d'assises aurait, pendant le cours des débats, lu aux témoins la formule du serment, et leur aurait adressé des questions, il n'en résulte pas une cause de nullité, lorsqu'il est constaté qu'il n'a agi ainsi qu'en raison de la maladie et de l'état de fatigue du président, qui, d'ailleurs, a toujours conservé la direction des débats. — *Cass.*, 17 déc. 1836 (t. 1er 1838, p. 71), Masson.

1057. — Jugé qu'il n'est pas nécessaire que la formule du serment prêté par les témoins soit traduite par un interprète à l'accusé qui n'entend pas le français. — *Cass.*, 24 août 1827, Piriou.

1058. — Un sourd et muet, ne sachant pas écrire, peut n'être admis à déposer que par forme de renseignement et sans prestation de serment, quoique porté sur la liste des témoins notifiée à l'accusé, sans qu'il en résulte une nullité. — *Cass.*, 13 août 1812, Filastre.

1059. — L'exception introduite par la cour de Cassation relativement au sourd et muet qui ne sait pas écrire est arbitraire ; elle ne s'appuie sur aucune loi. Le président de la cour d'assises a donc commis un excès de pouvoir en dispensant ce témoin du serment.

1060. — Par la même raison, l'aveugle doit être admis à déposer, même sur un fait dont la perception n'a pu s'opérer que par la vue, sauf aux jurés à avoir telle confiance que de raison en sa déposition. — Merlin, *Rép.*, v° *Témoins*, § 4, art. 6, n° 6.

1061. — Un témoin cité à la requête du ministère public et compris dans la liste notifiée à l'accusé ne peut être dispensé de prêter serment par le président de la cour d'assises en vertu de son pouvoir discrétionnaire, alors qu'il n'était ni récusable ni récusé, et que l'accusé n'a point renoncé à son témoignage. — *Cass. belge*, 1er juill. 1831, N...

1062. — De même, un témoin légalement cité ne peut être écarté du débat qu'en vertu d'un arrêt de la cour d'assises, qu'il y ait ou non opposition à son audition, et il n'appartient pas au président seul de le dispenser, en vertu de son pouvoir discrétionnaire, de prêter serment. — *Cass.*, 30 juin 1831, Thorel.

1063. — C'est à tort, suivant nous, qu'il a été jugé qu'il ne résulte aucune nullité de ce que le président a fait entendre, en vertu de son pouvoir discrétionnaire et sans prestation de serment, un témoin régulièrement cité, et à l'audition duquel le ministère public avait renoncé, bien que le motif de cette renonciation, fondé sur la parenté du témoin avec l'accusé, fût erroné, lors d'ailleurs que l'accusé y a tacitement acquiescé en ne demandant pas le maintien de ce témoin aux débats. — *Cass.*, 12 déc. 1840 (t. 2 1842, p. 622), Lafarge.

1064. — Jugé, de même, que le président de la cour d'assises n'excède point ses pouvoirs et ne viole pas la loi en recevant, sans prestation de serment, en vertu du pouvoir discrétionnaire, du consentement du ministère public et des accusés, la déclaration de deux témoins à décharge qui ont entendu, dans l'auditoire, la déposition d'autres témoins. — *Cass.*, 11 nov. 1830, Delannoy.

1065. — C'est avec raison qu'il a été décidé que, lorsqu'un témoin acquis au procès par une citation régulière et une notification officielle est sorti de la chambre des témoins sans y avoir été autorisé, le président de la cour d'assises excède ses pouvoirs en ordonnant qu'il sera entendu en vertu de son pouvoir discrétionnaire et sans prestation de serment ; il n'appartient qu'à la cour d'assises de le dépouiller de sa qualité de témoin. — *Cass.*, 22 mai 1835, Madaule.

1066. — L'audition à titre de simple renseignement d'un témoin régulièrement notifié à l'accusé n'est pas une cause de nullité, lorsque l'erreur a été réparée par l'accomplissement de la formalité du serment, et par une nouvelle déposition de sa part, avant la clôture des débats. — *Cass.*, 9 mai 1833, Chambon.

1067. — Ainsi, l'accusé ne peut se faire un moyen de nullité de ce qu'un témoin, qu'on pensait avoir été condamné à une peine afflictive et infamante, aurait déposé sans prestation de serment, alors que le président de la cour d'assises, s'apercevant de son erreur immédiatement après sa déclaration, l'a fait sortir de l'auditoire, où il n'est rentré pour déposer avec serment qu'après que le témoin entendu dans l'intervalle a terminé sa propre déposition. — *Cass.*, 7 oct. 1830, Metz.

1068. — L'arrêt qui ordonne qu'il sera passé outre aux débats, nonobstant l'absence de deux témoins, ne dépouille pas ces témoins de leur qualité ; ils doivent, en conséquence, s'ils se présentent pendant le cours des débats, être entendus avec prestation de serment. Il y a nullité s'ils ne l'ont été qu'en vertu du pouvoir discrétionnaire du président, et sans avoir prêté serment. — *Cass.*, 30 juin 1837 (t. 1er 1838, p. 358), Goublin.

1069. — Les témoins entendus devant une cour d'assises doivent, à peine de nullité, prêter le serment, non seulement de dire toute la vérité et rien que la vérité, mais encore de *parler sans haine et sans crainte*. — *Cass.*, 1er juill. 1813, Tourtiller ; 2 juill. 1813, François Grimaldi ; 1er oct. 1814, Espinal ; 5 janv. 1815, Gilbert ; 6 sept. 1816, Renaud ; 15 juin 1827, Deschamps.

1070. — Il y a nullité si le procès-verbal des débats n'établit pas que les témoins aient prêté serment de *parler sans haine*. — *Cass.*, 19 avr. 1821, Marmi ; 26 janv. 1827, Dominique Perès.

1071. — Il y a également nullité si le serment de parler *sans haine* n'est pas accompagné de celui de parler *sans crainte*. — *Cass.*, 19 juin 1821, N...

1072. — Lorsqu'un témoin à décharge n'a pas juré de parler *sans haine et sans crainte*, la formule du serment voulu par la loi a été incomplètement exprimée, et il en résulte une nullité. — *Cass.*, 26 sept. 1816, Chaussepied.

1073. — Les témoins doivent, à peine de nullité, prêter le serment de dire *toute* la vérité ; il ne suffirait pas qu'ils eussent juré de dire *la* vérité. — *Cass.*, 29 mai 1813, Pétroli ; 22 juill. 1813, Lazzerini ; 3 fév. 1814, Duparcq ; 16 juin 1814, Devilliers ; 6 oct. 1814, d'Etré ; 27 janv. 1815, Poumeyrac ; 23 fév. 1816, Maréchal ; 12 sept. 1816, Richer ; 18 mai 1821, Cadet ; 13 sept. 1821, Tableau ; — Merlin, *Rép.*, v° *Serment*, § 3, n° 4 ; Carnot, *Inst. crim.*, sur l'art. 317, t. 2, p. 487, n° 2 ; Legraverend, t. 2, chap. 2, p. 199.

1074. — Les témoins qui sont produits, tant à charge qu'à décharge, devant une cour d'assises, doivent, à peine de nullité, prêter avant leur déposition le serment, non-seulement de dire toute la vérité, mais de *ne rien dire que la vérité*. — *Cass.*,

8 juill. 1813, Germain Gaudin ; — Merlin, *Rép.*, v° *Serment*, § 3, n° 4.

1075. — Lorsque des témoins appelés devant une cour d'assises ne consentent à prêter serment qu'en modifiant la formule de la loi, le président peut seul, et sans l'arrêt de la cour, ordonner que ces témoins ne seront pas entendus. — *Cass.*, 15 déc. 1832, Enfantin.

1076. — La garantie du serment ne peut être légitimement refusée, à moins que les principes du culte religieux du témoin ne s'y opposent. — *Cass.*, 9 avr. 1812, Comte ; 24 avr. 1812, N...

1077. — Il y a modification à la nécessité du serment, lorsque la religion que professe le témoin prohibe le serment. — *Cass.*, 4 avr. 1812, Pinguet.

1078. — Ainsi, un quaker qui affirme en son âme et conscience, ainsi que sa religion l'y autorise, satisfait au vœu de la loi qui prescrit le serment judiciaire. — *Bordeaux*, 14 mars 1809, Masson ; *Cass.*, 28 mars 1810, Masson et Fenwick.

1079. — Carnot (*Inst. crim.*, t. 2, p. 487, n° 2) prétend que les jurés et les juges ne devraient, en ce cas, considérer les déclarations du témoin que comme de simples renseignemens, ou du moins, que comme ne méritant pas une pleine confiance. La jurisprudence de la cour de Cassation ne saurait être entendue en ce sens que des témoins qui, d'après leur rite religieux, ne prêtent point serment, soient *de fait* privés du droit de rendre témoignage et assimilés aux repris de justice (C. pén., art. 42). Le quaker qui, sans jurer devant Dieu, promet en son âme et conscience de dire toute la vérité, etc., est réputé avoir satisfait au vœu de l'art. 317, et mérite la même confiance que le catholique qui a prêté un véritable serment ; mais ce n'est là qu'un principe général. Les jurés ne sont pas obligés de faire plier leur conviction devant une règle invariable ; ils doivent apprécier chaque témoignage selon leur conscience. — Merlin, *Rép.*, v° *Serment*, § 3, n° 3.

1080. — Jugé qu'aucune disposition législative ne dispense les membres d'une association religieuse de la prestation du serment exigé des témoins, sous peine de nullité, par l'art. 317, C. inst. crim. — *Cass.*, 30 déc. 1824, Jacques Faucher ; — Carnot, *Inst. crim.*, sur l'art. 317, t. 2, p. 494, n° 9.

1081. — On a prétendu que chaque témoin doit, pour la prestation du serment, suivre la forme établie dans la religion qu'il professe.

1082. — Il a même été jugé que les Juifs ne pouvaient prêter serment que suivant le rite de leur religion, parce qu'un serment prêté dans une autre forme ne serait point obligatoire pour eux. — *Nancy*, 15 juill. 1808, Coblentz ; *Colmar*, 5 mai 1815, Surkapff ; 18 janv. 1828, Mannheimer.

1083. — D'après la loi mosaïque, le juif doit prêter serment dans la synagogue, en présence du grand rabbin, la tête couverte et la main droite étendue sur la Bible. — Le musulman prête le sien d'une manière analogue, en posant la main sur le Coran.

1084. — Cependant, il n'est pas nécessaire que le juge se transporte dans la synagogue ni même que le serment soit fait en présence du rabbin. — Denisart, *Rép.*, v° *Juif* ; Merlin, *Rép.*, v° *Affirmation*, n° 1er, v° *Serment*, § 3, n° 2 ; — Bourguignon, *Jurisprud. crim.*, t. 1er, p. 183.

1085. — Ainsi, on ne peut se faire un moyen de cassation de ce qu'un témoin de religion juive compris sur la liste notifiée au ministère public a prêté aux débats le serment *more judaïco*. — *Cass.*, 12 juill. 1810, Hirtz c. Spinner ; 31 déc. 1812, Hess ; 18 fév. 1813, Dapino ; 1er avr. 1813, Smient ; 19 mai 1826, Malagutti ; — Carnot, *Instr. crim.*, t. 1er, p. 342, n° 7 ; Legraverend, t. 1er, p. 274 et suiv. ; *Journ. du Pal.*, t. 7, p. 442, note 1re.

1086. — Donc il ne peut résulter aucune nullité de ce qu'en matière criminelle un témoin juif aurait déposé la tête couverte. — *Ass. Haut-Rhin*, 4 oct. 1832, Kiener.

1087. — Mais cette jurisprudence a été abandonnée, et il a été décidé avec raison qu'on ne devait pas contraindre les témoins à prêter serment dans la forme indiquée par leur religion, et qu'on pouvait se contenter d'un serment prêté ainsi que l'indique la loi. — *Turin*, 22 fév. 1809, Trèves ; *Nîmes*, 10 janv. 1827, Carcassone ; *Aix*, 13 août 1829, David-Vidal ; *Colmar*, 4 oct. 1832, Kiener ; — Bourguignon, *Jurispr. crim.*, t. 1er, p. 182, n° 1er ; Carnot, *Instr. crim.*, sur l'art. 317, t. 2, p. 493, n° 7, note 1re.

1088. — Ainsi, peu importe qu'un témoin professant le culte musulman, qui a prêté le serment voulu par la loi, ait prêté ce serment la main posée sur le Coran, dans la forme usitée chez les mahométans, et pardevant l'assesseur musulman. — *Cass.*, 13 fév. 1838 (t. 1er 1840, p. 742), Delucca.

1089. — De même, lorsqu'un juif a prêté, sans réclamation, le serment en la forme ordinaire, le vœu de la loi est pleinement rempli, et l'accusé ne peut s'en faire un moyen de nullité. — *Cass.*, 19 mai 1826, Malagutti et Ratta.

1090. — De même encore, il ne peut résulter une nullité de ce qu'un témoin israélite n'aurait pas prêté son serment *more judaïco* ; l'invocation de la Divinité, jointe à la formule indiquée par l'art. 317, C. inst. crim., remplit complètement le vœu de la loi. — *Cass. belge*, 29 oct. 1835, Dewit.

1091. — Il y a nullité lorsque le procès-verbal des débats d'une cour d'assises ne constate pas qu'une partie des témoins entendus aient prêté le serment prescrit par l'art. 317, C. inst. crim., ou ne mentionne pas la cause pour laquelle ils ont été dispensés. — *Cass.*, 31 mai 1827, Germain Rivière.

1092. — Et même, lorsque le procès-verbal des débats constate seulement qu'une partie des témoins entendus a prêté le serment prescrit par l'art. 317, C. inst. crim., les autres sont réputés avoir déposé sans avoir prêté ce serment, et la nullité est acquise à l'accusé. — *Cass.*, 14 fév. 1817, Louis Clarac ; 19 sept. 1833, Biran.

1093. — De même encore, lorsqu'il est dit, dans le procès-verbal de la séance d'une cour d'assises, que le premier témoin a été entendu, et que tous les autres successivement appelés ont été entendus séparément, après avoir individuellement prêté serment, il ne résulte de cette rédaction aucune mention du serment que le premier témoin a dû prêter, sous peine de nullité. — *Cass.*, 18 avr. 1812, Joseph Lainé.

1094. — Il y a nullité lorsque le procès-verbal ne fait aucune mention qu'un témoin entendu aux débats comme produit à charge par le ministère public ait prêté le serment prescrit par la loi. — *Cass.*, 7 janv. 1819, Jean Gasquet.

1095. — ... Ou lorsqu'il ne constate pas que tous les témoins entendus dans les différentes séances aient prêté, avant leur déposition, le serment prescrit par la loi. — *Cass.*, 21 mai 1812, Aubin et Regnier.

1096. — Ainsi, lorsqu'une affaire a occupé deux audiences de la cour d'assises, et que le procès-verbal constate la prestation du serment des témoins entendus dans la première séance, s'il énonce seulement que dans la deuxième séance les témoins ont continué d'être entendus, et qu'après ceux à charge on a entendu ceux à décharge, cette mention ne prouve nullement que les témoins de la seconde séance aient prêté le serment prescrit à peine de nullité. — *Cass.*, 18 avr. 1812, Joseph Lainé ; 12 juin 1812, Rousseau ; 30 juill. 1812, Dauré ; 12 sept. 1812, Jacquemin ; 4 fév. 1813, Magniant ; 8 juill. 1813, Carlier ; 16 mars 1815, Taboureau ; 20 sept. 1821, Douelle ; 15 mars 1822, Mary ; 11 déc. 1824, Boudre ; 30 déc. 1824, Boiron.

1097. — Le serment prêté par un témoin à l'audience où il a déposé ne doit pas être renouvelé à l'audience suivante où il serait appelé pour répéter ou expliquer sa déposition. — *Cass.*, 23 juill. 1812, Beauberthier ; 13 avr. 1816, Layné ; — Legraverend, t. 1er, p. 277 ; Merlin, *Rép.*, v° *Témoin judiciaire*, § 3, art. 16, n° 4.

1098. — ... Lors surtout qu'il lui a été rappelé que c'était sous la foi de ce serment qu'il allait répondre. — *Bruxelles*, 31 oct. 1831, Delaet et Vanvoorde ; *Cass.*, 29 avr. 1830, Rocher.

1099. — Spécialement, le témoin qui, ayant déjà déposé, est rappelé par le président pour donner, relativement à des lettres produites, des explications sur sa déposition, ne doit point être soumis au serment prescrit par l'art. 44. — *Cass.*, 21 août 1835, de Laroncière.

1100. — La mention du serment prêté par les témoins dans la seconde séance ne peut se rapporter qu'aux témoins entendus dans cette séance. — *Cass.*, 3 janv. 1812, Colin et Feron ; 1er août 1816, Thierrion.

1101. — Dès-lors, il y a nullité s'il n'est fait aucune mention de celui que devaient prêter les témoins entendus dans la première séance. — Mêmes arrêts.

1102. — Mais lorsqu'il est établi par le procès-verbal des débats que les témoins entendus après une suspension et la reprise de l'audience ont rempli les mêmes formalités que ceux entendus précédemment, qui ont déposé conformément aux art. 316, 317 et 319, C. inst. crim., et prêté serment de parler sans haine, sans crainte, de dire toute la vérité, rien que la vérité, cette énonciation remplit suffisamment le vœu de la loi. — *Cass.*, 1er juill. 1824, Catherine Ebrard.

1103. — L'audition aux débats, sans prestation de serment, d'un témoin âgé de plus de quinze ans compris sur la liste notifiée, opère nullité. — *Cass.*, 7 janv. 1819, Gasquet ; 23 nov. 1824, Rozé. — V. *suprà* nos 855 et suiv.

1104. — ... Alors même que le témoin aurait déclaré n'être âgé que de quatorze ans, si son acte de naissance, joint aux pièces, constatait qu'il était âgé de quinze ans révolus. — *Cass.*, 13 nov. 1833, Joseph Audibert.

1105. — Lorsque, parmi les témoins entendus, un seul a été dispensé du serment, à cause de son âge, il ne peut résulter une nullité de ce que la mention particulière qui en est faite au procès-verbal semble se rapporter à un autre témoin non dispensé du serment, si d'ailleurs l'ensemble du procès-verbal établit que le témoin qui en a été dispensé est bien celui qui devait l'être. — *Cass.*, 4 sept. 1828, Bernardini.

1106. — Le procès-verbal qui constate que le président de la cour d'assises n'a entendu un témoin âgé de dix ans et demi que par *forme de déclaration* remplit suffisamment le vœu de l'art. 269, C. inst. crim. — *Cass.*, 15 mars 1832, Baillière.

1107. — Lorsque le procès-verbal de la séance ne constate d'aucune manière que les témoins aient prêté le serment prescrit, il résulte de cette omission une nullité qui frappe sur tout le débat et ce qui l'a suivi. — *Cass.*, 26 sept. 1817, Deparday.

1108. — Les paraphes du président et du greffier sont suffisans pour constater légalement l'approbation d'un renvoi relatif à la prestation de serment de l'un des témoins, comme de tout autre renvoi. — *Cass.*, 30 juill. 1829, Baroux.

1109. — Il suffit que le procès-verbal des débats constate que tous les témoins entendus ont prêté individuellement le serment prescrit : la loi n'exige pas que la mention soit répétée à chaque déposition. — *Bruxelles*, 11 nov. 1819, Gilbert ; 20 oct. 1820, Agostini ; 23 déc. 1820, Hourtaud ; 16 sept. 1831, Jarron ; 17 oct. 1832, la *Tribune* ; 28 avr. 1843 (t. 2 1843, p. 389), Divelsat.

1110. — De même, la mention dans le procès-verbal des débats que tous les témoins entendus ont prêté serment dans les termes prescrits par l'art. 317, C. inst. crim., est suffisante, quoiqu'elle ne contienne pas le nom de chacun de ces témoins. — *Cass.*, 23 mars 1827, Arnaud Tuffeau ; 16 sept. 1831, Jarron ; 17 oct. 1832, *la Tribune* ; 16 fév. 1837, (t. 1er 1837, p. 144), Audibert.

1111. — Est suffisante la mention insérée au procès-verbal que tous les témoins ont, avant de déposer, prêté serment de parler sans haine et sans crainte, de dire toute la vérité, et rien que la vérité. — *Cass.*, 8 oct. 1840 (t. 1er 1841, p. 273), Eliçabide.

1112. — Aucun témoin ne peut être dispensé de la prestation du serment, à moins qu'il ne soit expressément compris dans le nombre des personnes qui n'y sont pas astreintes. — De Serres, *loc. cit.*

1113. — Ainsi il a été jugé qu'un témoin cité à la requête du ministère public ne peut être dispensé du serment, et entendu en vertu du pouvoir discrétionnaire du président de la Cour d'assises. — *Cass.*, 14 janv. 1842 (t. 1er 1842, p. 678), Combouive ; 17 sept. 1834, Bouvet.

1114. — ... Qu'il y a nullité, lorsqu'il résulte du procès-verbal de la séance d'une cour d'assises qu'un témoin a été entendu aux débats sans que le président lui eût préalablement fait prêter le serment prescrit. — *Cass.*, 7 fév. 1812, Schenaller ; 23 avr. 1812, N....

1115. — L'absence de constatation, dans le procès-verbal, du fait que les témoins ont prêté le serment exigé, opère la nullité de la procédure ultérieure et de l'arrêt. — De Serres, *Manuel des cours d'assises*, t. 1er, p. 278 ; Carnot, *Inst. crim.*, sur l'art. 317, n° 1er.

1116. — Le serment doit être spontané : ainsi les tribunaux peuvent refuser d'entendre des témoins qui ont déclaré qu'ils ne satisferaient pas à l'obligation imposée par la loi, sous peine de nullité, sans avoir préalablement obtenu l'autorisation formelle du prévenu. — *Cass.*, 15 déc. 1832, Enfantin ; — Morin, *Dict. de dr. crim.*, v° *Témoins*, p. 740.

1117. — Lorsque la cour d'assises a décidé que la déposition d'un témoin ne serait pas reçue, à raison de certaines conditions auxquelles ce témoin entendait soumettre sa prestation de serment, le président peut ordonner, seul, et sans le concours de la cour d'assises, que les autres témoins qui réclament les mêmes conditions ne seront point entendus. — *Cass.*, 15 déc. 1832, Enfantin.

1118. — Les témoins à décharge doivent, comme ceux cités à la requête du ministère public, prêter le serment exigé par la loi. — *Cass.*, 16 janv. 1812, Ponsin ; 2 avr. 1812, Larielle ; 12 juin 1812, Rousseau ; 23 avr. 1813, Raudoux-Boistailly ; 23 avr. 1813, Cotencin ; 10 fév. 1814, Bergousi ; 5 janv. 1815, Gilbert ; 27 janv. 1815, Poumeygrac ; 26 sept. 1816, Marin-Aujot ; 26 sept. 1816, Chaussepied ; 9 oct. 1817, Grammond ; 13 janv. 1820, Rey ; — De Serres, *Manuel des cours d'assises*, t. 1er, p. 277 ; Carnot, *Inst. crim.*, sur l'art. 317 ; Legraverend, t. 1er, p. 271.

1119. — Tout individu faisant à l'audience une

déclaration en faveur du prévenu qui l'a fait venir en vertu du droit qu'il tient de la loi, est nécessairement un témoin à décharge qui ne peut être entendu sans une prestation préalable de serment, à peine de nullité. — *Cass.*, 8 août 1817, François Dessommes; — Legraverend, t. 2, chap. 3, p. 327, note 3e.

1120. — La mention au procès-verbal d'audience que, relativement aux témoins à décharge, les formalités de l'art. 317, C. inst. crim., ont été remplies, suffit pour constater la prestation de serment de ces témoins. — *Cass.*, 6 sept. 1839 (t. 1er 1840, p. 440), Girard et de Vaucleron.

1121. — Cependant l'accusé qui a consenti à ce que les témoins à décharge dont il avait notifié la liste fussent entendus à titre de simple renseignement, est non-recevable à se faire un moyen de nullité de ce qu'ils n'ont pas prêté serment avant leur audition. — *Cass.*, 5 nov. 1812, Joseph Popon.

1122. — Les personnes entendues comme experts dans le cours d'une procédure criminelle, et qui sont ensuite appelées comme témoins, doivent prêter le serment des témoins. — *Cass.*, 16 juill. 1829, Bellan; 19 fév. 1841 (t. 1er 1842, p. 270), Regnier.

1123. — Les experts appelés aux débats par le président pour donner de simples renseignemens ne doivent prêter aucun serment. — *Cass.*, 14 juin 1832, Veillard.

1124. — Les personnes chargées, dans l'instruction écrite, de la vérification de la pièce arguée de faux, doivent, lorsqu'elles sont portées comme témoins sur la liste notifiée à l'accusé, prêter serment comme témoins et non comme experts. — *Cass.*, 12 juin 1835, Desabey.

1125. — Il n'est pas nécessaire de leur faire prêter serment comme experts, lors même qu'elles sont interrogées sur des faits relatifs à leur expertise. — *Cass.*, 19 fév. 1841 (t. 1er 1842, p. 270), Régnier.

1126. — De même, les médecins qui, après avoir procédé comme experts dans l'instruction écrite et dressé un procès-verbal de visite et d'autopsie d'une personne homicidée, sont appelés dans l'instruction orale à déposer de ce qu'ils ont vu et observé lors de leur opération, doivent prêter le serment de témoins et non celui d'experts. — *Cass.*, 24 juill. 1841 (t. 2 1842, p. 676), Zeller.

1127. — En effet, l'art. 44, C. instr. crim., n'étant applicable qu'au cas où les médecins sont appelés dans le cours de l'instruction pour faire un rapport, rien ne s'oppose à ce que, lorsqu'ils sont appelés comme témoins dans le cours des débats, ils prêtent le serment prescrit pour les témoins par l'art. 317, C. instr. crim. — *Cass.*, 28 fév. 1834, Ledoux.

1128. — Ainsi, un médecin, cité comme témoin à raison de l'expertise dont il a été chargé par le juge d'instruction, et qui, à ce titre, a prêté le serment exigé par l'art. 317, C. instr. crim., peut, sans prêter préalablement le serment prescrit aux experts par l'art. 44 du même Code, donner son opinion sur un point de médecine légale; et l'inobservation de l'art. 44 n'emporte pas nullité, alors qu'il n'est pas établi que les nouvelles explications qui lui ont été demandées fussent étrangères à l'expertise, à raison de laquelle il a été cité comme témoin. — *Cass.*, 10 oct. 1839 (t. 1er 1840, p. 14), Peytel.

1129. — Ainsi, jugé qu'un médecin, assigné comme témoin, et qui a prêté serment en cette qualité, n'agit point comme expert lorsque, sur la demande qui lui est faite, il donne des explications sur les effets de la monomanie; il ne doit pas, en conséquence, prêter un nouveau serment comme expert. — *Cass.*, 8 oct. 1840 (t. 1er 1841, p. 273), Eliçabide.

1130. — Jugé même que le médecin appelé comme témoin doit prêter serment en cette qualité, et non celui déterminé pour les experts, quelles que soient d'ailleurs les questions qu'on lui adresse et les réponses qu'il fait pendant les débats. — *Cass.*, 16 janv. 1836, Rivière.

1131. — Lorsqu'il ne résulte point du procès-verbal des débats ni des pièces du procès qu'un pharmacien ait reçu, soit du président, soit de la cour d'assises, la mission de procéder à une analyse des pièces à conviction, l'accusé ne peut, sur le fondement d'une déclaration extrajudiciaire de ce pharmacien, portant qu'il a procédé à une expertise, se faire un moyen de nullité de ce que le président ne lui aurait pas fait prêter le serment exigé des experts. — *Cass.*, 15 août 1829, Françoise Trenque.

1132. — De même, un pharmacien cité comme témoin devant la cour d'assises n'est pas tenu de prêter le serment prescrit pour les experts, si les opérations auxquelles il se livre en présence de la cour et de l'accusé n'ont pour objet que d'expliquer les procédés qu'il a employés lors de l'expertise dont il a été chargé dans l'instruction. — *Cass.*, 27 avr. 1827, Maury.

1133. — Mais si le président confie une expertise nouvelle au témoin, il devra prêter le serment prescrit par l'art. 44. — *Cass.*, 19 janv. 1827, Tichant; 14 avr. 1827, Mancel; 13 août 1835, Lancery; 3 déc. 1836 (t. 1er 1838, p. 37), Demiannay.

1134. — Un tribunal criminel ne peut interdire à un officier de santé appelé comme témoin à décharge, de déposer sur les faits consignés dans un rapport qu'il a dressé comme expert, dans le cours de l'instruction, sous le prétexte que la loi ne permet pas de mettre sous les yeux des jurés les déclarations écrites des témoins. — *Cass.*, 12 frim. an IX, Gaillard et Neuville.

1135. — Le procès-verbal qui constate que les personnes appelées pendant le cours des débats n'ont prêté aucun serment, et que le président des assises a averti les jurés que ces personnes avaient été citées en vertu de son pouvoir discrétionnaire, et que leurs déclarations ne devaient être considérées que comme de simples renseignemens, ne peut donner lieu à la cassation de l'arrêt, encore bien que ces personnes aient été qualifiées *témoins*, et leurs déclarations *dépositions*. — *Cass.*, 3 nov. 1836 (t. 2 1837, p. 39), Charié.

1136. — Il ne peut résulter une nullité de ce que le procès-verbal d'une séance de la cour d'assises ne mentionne pas que des témoins entendus sans prestation de serment, ne l'ont été qu'à titre de renseignement, si cette mention se trouve sur la partie du même procès-verbal relative à la séance précédente où cette audition avait été ordonnée précédemment. — *Cass.*, 16 juill. 1835, Henry.

1137. — Le serment prêté par des témoins à qui il a été nommé un interprète, parce qu'ils n'entendaient pas la langue française, est suffisamment constaté par la mention faite au procès-verbal des débats, que les témoins entendus ont prêté le serment ordonné par l'art. 317, C. inst. crim. — *Cass.*, 15 avr. 1824, Pierre Pigeonnat.

1138. — La disposition de l'art. 269, C. inst. crim., qui porte que les témoins appelés en vertu du pouvoir discrétionnaire ne prêteront pas serment, n'est pas prescrite à peine de nullité. — En conséquence l'accusé ne peut se faire un moyen de cassation de la prestation de serment d'un témoin appelé en vertu du pouvoir discrétionnaire quand le serment a été prêté sans qu'il s'y oppose. — *Cass.*, 2 mai 1840 (t. 1er 1844, p. 326), Houdeville.

§ 6. — *Autres formalités qui précèdent la déposition des témoins.*

1139. — Les témoins doivent assister à la lecture de l'arrêt de renvoi, de l'acte d'accusation et de la liste des témoins. — *Cass.*, 13 août 1812, Cairoche. — Carnot, *Inst. crim.*, sur l'art. 313.

1140. — Il a été jugé cependant que, la lecture de l'arrêt de renvoi et de l'acte d'accusation, ainsi que l'exposé du sujet de l'accusation par le ministère public devant avoir lieu avant l'appel des témoins, la présence de ces derniers n'est pas indispensable. — Tout ce qui se passe avant ledit appel, et, dès-lors, leur absence ne peut fonder une cause de nullité. — *Cass.*, 7 janv. 1842 (t. 1er 1842, p. 675), Valois; 23 fév. 1832, David.

1141. — Ainsi, l'absence d'un témoin à la lecture de l'arrêt de renvoi et de l'acte d'accusation ne met point obstacle à ce qu'il fasse une déposition spontanée et complète, et n'emporte point présomption nécessaire que, contrairement à l'art. 319, C. inst. crim., il n'a déposé qu'après avoir été interpellé. — Même arrêt.

1142. — Il n'y a pas nullité en ce qu'au lieu d'être lue à haute voix par le greffier de la cour d'assises (C. inst. crim., art. 315, § 2), la liste des témoins l'aurait été par l'un des huissiers de service. — *Cass.*, 23 mars 1843 (t. 2 1843, p. 644), Charruault.

1143. — Jugé aussi que, lorsqu'un témoin a été valablement assigné, et que ses nom, profession et demeure ont été notifiés à l'accusé, son témoignage étant acquis tant à l'accusation qu'à la défense, il ne peut perdre la qualité de témoin qu'autant qu'une *incapacité légale* lui surviendrait; cette incapacité n'existe pas alors que le témoin ne s'est présenté qu'après l'ouverture des débats et alors que l'interrogatoire de l'accusé était déjà commencé. — *Cass.*, 13 brum. an VIII, Favreau; 17 sept. 1836, Champeaux.

1144. — Est nul, en conséquence, l'arrêt de condamnation, si, dans ce cas, le témoin a été entendu sans prestation de serment et à titre de renseignement. — La cour peut seulement condamner le témoin à l'amende. — Mêmes arrêts.

1145. — Jugé encore qu'un témoin dont le nom est compris sur la liste notifiée à l'accusé est légalement entendu sous la foi du serment, quoiqu'il n'ait point comparu à la première audience, s'il n'a été dépouillé de son caractère de témoin par aucune décision de la cour d'assises. — *Cass. belge*, 5 janv. 1831, Descamp; *Cass.*, 6 fév. 1832, Faure; — Legraverend, t. 2, p. 197.

1146. — ... Et que l'absence aux débats d'un témoin régulièrement cité ne donne à la cour d'assises que le droit de prononcer contre lui les peines attachées à son absence s'il n'y a pas d'excuse suffisante, mais ne l'autorise pas à ordonner sa radiation de la liste des témoins, et à le priver ainsi de la capacité de témoigner en justice. — *Cass.*, 20 oct. 1820, Agostini; 25 fév. 1836, Campana; 30 juin 1837 (t. 1er 1838, p. 358), Goublin; 18 août 1837 (t. 1er 1840, p. 105), Pinel.

1147. — Dès-lors, si ce témoin se présente avant la fin des débats, il doit être entendu avec la prestation du serment, mais non pas seulement en vertu du pouvoir discrétionnaire du président et sans serment. — Mêmes arrêts.

1148. — Dans ce cas, lorsqu'un témoin régulièrement excusé se présente avant la clôture des débats, la cour d'assises peut rapporter l'arrêt par lequel elle avait admis son excuse et ordonner son audition, quoique le président ait fait donner lecture aux jurés de la déposition écrite de ce témoin, en vertu de son pouvoir discrétionnaire. — *Cass.*, 29 mars 1832, Vidal.

1149. — Jugé cependant, au contraire, que, lorsqu'un témoin porté sur la liste notifiée à l'accusé n'a point comparu à la première séance, a fait admettre son excuse par la cour d'assises, et n'a point entendu la lecture de l'acte d'accusation, il a perdu sa qualité de témoin; qu'en conséquence, s'il se présente à la dernière séance, il ne doit être entendu qu'à titre de renseignement et sans prestation de serment. — *Cass.*, 13 août 1812, Cairoche.

1150. — Il n'appartient qu'au ministère public d'appeler les témoins dont il juge les dépositions utiles à la manifestation de la vérité. — Dès-lors, aucune nullité ne peut résulter de ce qu'il n'a pas appelé un témoin, même notifié à l'accusé comme devant être entendu, ce dernier étant libre de faire citer à sa propre requête ceux qu'il croit à propos de faire entendre. — *Cass.*, 20 janv. 1844 (t. 1er 1844, p. 445), Baroyer.

1151. — Après l'appel fait par le greffier du nom des témoins, le président leur ordonne de se retirer dans la chambre qui leur est destinée; ils ne doivent en sortir que pour déposer. — C. inst. crim. art. 316.

1152. — La loi prescrit cette mesure afin que les témoins ne puissent prendre connaissance des dépositions des autres témoins et formuler la leur sur celles qu'ils auraient entendues. — Carnot, sur l'art. 316, no 2.

1153. — Cependant, les dispositions de l'art. 316, C. inst. crim., ne sont pas prescrites à peine de nullité. — *Cass.*, 15 déc. 1832, Enfantin.

1154. — Ainsi, jugé que l'introduction furtive dans la salle d'audience, pendant la durée des débats, d'un ou plusieurs témoins non encore entendus, nonobstant les mesures de précaution prises par le président, ne saurait vicier la procédure. — *Cass.*, 7 mars 1839 (t. 1er 1843, p. 351), Furey-Goujon; 15 déc. 1832, Enfantin; 25 janv. 1838 (t. 1er 1840, p. 175), Val.

1155. — Jugé de même qu'il ne peut résulter une ouverture à cassation de ce que quatre témoins sont sortis de leur chambre pour se rafraîchir. — *Cass.*, 14 janv. 1830, Martres; 12 sept. 1835, Tremblays; — Carnot, *Inst. crim.*, sur l'art. 316, no 1er.

1156. — La défense faite aux témoins de sortir de leur chambre autrement que pour déposer doit s'interpréter de la même manière que celle de l'art. 353, relative aux jurés, c'est-à-dire qu'ils peuvent en sortir pendant les intervalles nécessaires à leur repos et à leur alimentation. — Carnot, *Inst. crim.*, t. 2, p. 386, no 5; Legraverend, t. 2, p. 197.

1157. — En conséquence, il ne résulte pas une nullité, dans les débats d'une cour d'assises, de ce qu'il ne serait pas suffisamment établi que les témoins restant à entendre étaient retirés dans la chambre à eux destinée pendant l'audition d'autres témoins, l'art. 316, C. inst. crim., n'étant point prescrit à peine de nullité. — *Cass.*, 25 janv. 1838 (t. 1er 1840, p. 175), Val.

1158. — Lorsqu'il est établi qu'après l'appel des témoins le président a ordonné qu'ils se retireraient dans la chambre qui leur était destinée pour n'en sortir qu'au fur et à mesure de leur audition, et que, dans la seconde séance, le défenseur de l'accusé ayant signalé la présence d'un témoin à l'audience, le président l'a fait reconduire dans la chambre où il aurait dû rester, l'ac-

cusé ne peut se faire un moyen de nullité de ce que ce témoin aurait assisté aux débats avant d'être entendu. — *Cass.*, 8 juill. 1824, Baud.

1159. — A plus forte raison, l'accusé qui ne s'est pas opposé à l'audition d'un témoin est non-recevable à se plaindre de ce que ce témoin ne se serait pas retiré de l'auditoire, après la lecture de la liste. — *Cass.*, 23 fév. 1832, David; — Morin, *Dict. de dr. crim.*, v° *Témoins*, p. 741.

1160. — D'ailleurs, lorsqu'il est établi qu'un témoin présent dans l'auditoire au moment de la déposition des autres n'a rien ajouté à ses dépositions écrites, il n'est pas possible qu'il ait été influencé par celle des autres, et dès-lors l'accusé est non-recevable à se plaindre de l'inexécution de l'art. 316, C. inst. crim. — *Cass.*, 3 avr. 1818, Lewy.

1161. — Il a même été jugé que la présence de témoins, dans l'auditoire, pendant les débats, ne les rend pas incapables de déposer; qu'il ne peut résulter ouverture à cassation de ce que la cour d'assises aurait ordonné, en pareil cas, et malgré l'opposition des accusés, l'audition de ces témoins. — *Cass.*, 3 avr. 1818, Lewy; 19 août 1819, Hubert; 23 avr. 1835, Fanelly. — Carnot, *Inst. crim.*, t. 2, p. 485, n° 3.

1162. — On le jugeait déjà ainsi sous le Code du 3 brum. an IV. — *Cass.*, 9 prair. an VIII, Cochois.

1163. — Jugé, de même, que le président de la cour d'assises ne peut recevoir, sans prestation de serment, la déclaration d'un témoin cité régulièrement, sous prétexte que ce témoin aurait entendu, dans l'auditoire, la déposition d'un contre-témoin, si le ministère public ni les accusés n'ont renoncé expressément à son audition. — *Cass.*, 4 nov. 1830, Néther et Rauch.

1164. — Mais le président n'excède pas ses pouvoirs en recevant, sans prestation de serment et en vertu de son pouvoir discrétionnaire, la déposition de deux témoins à décharge qui sont restés dans l'auditoire lorsque le ministère public et les accusés consentent à ce qu'il en soit ainsi. — *Cass.*, 11 nov. 1830, Delannoy. — Morin, *Dict. de dr. crim.*, v° *Témoins*, p. 741.

1165. — Le président doit prendre des précautions, s'il en est besoin, pour empêcher les témoins de conférer entre eux du délit et de l'accusé avant leur déposition. — Art. 316.

1166. — Mais si les témoins avaient conféré entre eux, dit Carnot (sur l'art. 316), malgré la défense du président, il n'en résulterait aucune irrégularité dans l'instruction, car ce n'est point là une formalité substantielle. »

1167. — Il n'y aurait pas non plus d'irrégularité dans la procédure dans le cas où un étranger se serait introduit ou aurait été admis dans la salle des témoins. — Carnot, *Instr. crim.*, sur l'art. 316, n° 5.

1168. — Les témoins déposent dans l'ordre établi par le ministère public. — C. inst. crim., art. 317.

1169. — Cet ordre est celui de la liste dont la lecture a été faite; — Carnot, *Inst. crim.*, sur l'art. 317, n° 5.

1170. — Le procureur général ne peut faire entendre les témoins à décharge qu'après que les témoins à charge ont déposé. — Legraverend, t. 2, p. 198.

1171. — Cependant, l'interversion de l'ordre tracé par le procureur général pour l'audition des témoins n'opère point nullité. — *Cass.*, 22 juin 1820, Nicolas Terrein; 14 juill. 1827, Fauvel; — Morin, *Dict. de dr. crim.*, v° *Témoins*; De Serres, *Man. des cours d'assises*, t. 1er, p. 272.

1172. — ...A moins que l'accusé n'eût demandé sa rigoureuse observation et qu'il eût été omis ou refusé de prononcer sur sa demande. — Carnot, sur l'art. 317, C. inst. crim.

1173. — Ainsi, le témoin dont le nom n'a pas été notifié et qui est entendu sans prestation de serment en vertu du pouvoir discrétionnaire du président, peut déposer avant que la liste des témoins légalement appelés soit épuisée. — *Cass.*, 16 sept. 1831, Jarron.

1174. — Et le président des assises peut procéder à l'audition des témoins à décharge avant celle de témoins à charge compris sur une liste supplémentaire. — *Cass.*, 6 mai 1824, Gatonnes; 14 déc. 1837 (t. 1er 1840, p. 185), Flambard.

1175. — Mais, sous le Code du 3 brum. an IV, lorsque, nonobstant la réquisition faite par le commissaire du gouvernement, le tribunal criminel avait ordonné que la partie plaignante fût entendue avant que les témoins eussent déposé, le jugement était nul. — *Cass.*, 27 vendém. an IX, Hélène Duverger.

1176. — On déciderait autrement aujourd'hui que l'art. 408, C. inst. crim., ne prononce de nullité que dans le cas où il n'a pas été statué sur des réquisitions tendant à user d'une *faculté* ou d'un *droit* accordé par la loi.

1177. — Lorsqu'il y a plusieurs accusés, le président n'est pas tenu d'ordonner l'appel des témoins lors des débats particuliers à chacun des accusés, et on ne peut supposer qu'aucun des témoins fût absent lorsque le procès-verbal constate qu'à cette phase des débats ils ont été interpellés par le président. — *Cass.*, 4 sept. 1841 (t. 1er 1844, p. 725), Tozzoli.

1178. — Les témoins doivent déposer séparément. — C. inst. crim., art. 317.

1179. — La raison de cette disposition est que s'il en était autrement, il serait souvent fort difficile de saisir chaque déposition et d'en faire l'application aux faits signalés dans l'acte d'accusation. — Legraverend, t. 2, p. 199.

1180. — Cependant il a été jugé qu'on pouvait entendre simultanément plusieurs témoins, sans qu'il en résultât une ouverture à cassation; la prestation de serment étant la seule disposition prescrite, à peine de nullité, dans l'art. 317, C. inst. crim. — *Cass.*, 16 avr. 1818, Guillain; 5 fév. 1819, Arnauld; 3 janv. 1833, Ané; — De Serres, *Manuel des cours d'assises*, t. 1er, p. 281.

1181. — Toutefois, Legraverend (t. 2, p. 199) pense, avec raison, que cela ne peut avoir lieu que lorsque chaque témoin a déjà déposé séparément.

1182. — Mais, si l'accusé requérait formellement l'audition séparée de chaque témoin, l'arrêt qui repousserait cette demande, conforme, d'ailleurs, aux prescriptions de la loi, nous paraîtrait attentatoire aux droits de la défense, et par conséquent entacherait les débats de nullité. — Carnot, *Inst. crim.*, t. 2, p. 489, n° 3; Legraverend, t. 2, p. 205; Morin, *Dict. de droit crim.*, v° *Témoins*, p. 741.

1183. — Au surplus, la nécessité imposée par la première partie de l'art. 317, C. inst. crim., d'entendre les témoins séparément, ne se rapporte qu'à leurs dépositions, et ne met point obstacle à ce que le président leur adresse, après les avoir appelés tous ensemble, une interpellation individuelle relative à leur serment. — *Cass.*, 15 déc. 1832, Enfantin.

1184. — Le président demande aux témoins quels sont leurs noms, prénoms, âge, profession domicile ou résidence, s'ils connaissaient l'accusé avant le fait mentionné dans l'acte d'accusation, s'ils sont parens ou alliés soit de l'accusé, soit de la partie civile, et à quel degré; il leur demande, en outre, s'ils ne sont pas attachés au service de l'un ou de l'autre. — C. inst. crim., art. 317.

1185. — Ce n'est qu'après que le témoin a répondu à ces questions, qu'il doit faire sa déposition.

1186. — L'ordonnance de 1670 déclarait nulle la déposition du témoin auquel le président n'avait pas adressé la question de savoir s'il était serviteur ou domestique de l'une des parties. Le Code d'instruction criminelle n'a pas reproduit cette disposition.

1187. — La peine de nullité n'est pas attachée au défaut d'interpellation de la part du président au témoin sur ses noms, prénoms, etc. — *Cass.*, 19 oct. 1815, Walbring; 4 avr. 1816, N...; 16 juill. 1818, Dufour; 25 juill. 1825, Dufour; 14 juill. 1827, Fauvel; 15 oct. 1828, Fournier.

1188. — Jugé, par suite, qu'il ne peut résulter un moyen de nullité de ce que l'âge d'un témoin entendu ne serait pas relaté au procès-verbal des débats. — *Cass.*, 15 avr. 1830, Wanveninghem.

1189. — M. Morin (*Dict. de dr. crim.*, v° *Témoins*, p. 741) fait remarquer avec raison que la question du président sur les noms, âge, profession et domicile des témoins, et sur leurs rapports avec l'accusé, est fort importante, puisqu'elle sert à constater l'identité de la personne de chaque témoin, et qu'elle peut avoir de l'influence sur le point de savoir si le serment est nécessaire, et sur le degré de confiance que le jury doit accorder à la déposition.

§ 7. — *Déposition des témoins.*

1190. — Les témoins doivent déposer oralement. — C. inst. crim., art. 317.

1191. — Cependant un témoin, en commençant sa déposition, se fût-il aidé d'une note, il n'y a pas nullité si la cour a ordonné, après le dépôt de cette note, que le témoin recommencerait sa déposition. — *Cass.*, 12 avr. 1839 (t. 1er 1840, p. 198), Breton.

1192. — Legraverend (t. 2, p. 201) émet un avis conforme à cette décision; il ajoute que si le président autorisait une déposition écrite, la partie civile, le ministère public et l'accusé pourraient s'y opposer.

1193. — Le Code de brum. (art. 352) défendait formellement toute déposition écrite; les auteurs du C. d'instr. crim. ont pensé qu'il suffirait, pour les proscrire, de ces mots: *Les témoins déposeront oralement.*

1194. — Un témoin est réputé avoir déposé oralement, quoiqu'il ait lu une lettre dans le cours de sa déposition. — *Cass.*, 22 janv. 1841 (t. 1er 1842, p. 263), Raynal et Puel.

1195. — Il n'y a pas atteinte portée au principe qui veut que le débat soit oral, soit en ce qu'un témoin a été mis, après sa déposition, en présence de déclarations écrites, propres à réveiller ou à rectifier ses souvenirs, soit en ce qu'un autre témoin, provoqué par la cour à revenir sur un point que sa déposition avait laissé obscur, a fait usage pour l'éclaircir de pièces étrangères au dossier, soit enfin en ce que ce témoin et l'un des accusés se seraient respectivement interpellés à ce sujet sans l'intermédiaire du président. — *Cass.*, 2 déc. 1842 (t. 1er 1844, p. 805), C...

1196. — L'infraction à la disposition qui veut que les témoins déposent oralement opère-t-elle nullité? — La loi se tait sur ce point; et Carnot (t. 2, sur l'art. 317) s'en étonne avec raison. Il pense que le droit accordé à l'accusé de requérir que cette formalité soit remplie, et la nullité qui serait la suite du refus ou de l'omission de prononcer sur sa demande, revient à peu près au même.

1197. — Nous n'admettons pas cette transaction avec la nécessité de protéger la défense de l'accusé et de le mettre à l'abri de toute surprise; car ce serait une véritable surprise que l'admission d'une déposition écrite, préparée d'avance, et qui n'aurait pas été communiquée. Si la loi ne prononce pas la peine de nullité dans ce cas, nous croyons qu'elle n'en doit pas moins être déclarée comme résultant de la violation d'une formalité substantielle. Dans un grand nombre de cas, la cour de Cassation a annulé des arrêts, en reconnaissant l'existence de nullités qui n'étaient pas écrites dans la loi, et spécialement toutes les fois qu'il y avait eu violation d'une disposition qui intéressait la défense de l'accusé; or, la déposition orale des témoins nous paraît de cette nature. — V. en ce sens *Bruxelles*, 28 fév. 1826, S...

1198. — Legraverend (t. 2, p. 201), il est vrai, professe l'opinion contraire, mais il ne la motive pas autrement que sur le silence de la loi, silence qui, en présence des observations qui précèdent, perd beaucoup de sa force dans la solution de la question.

1199. — La déclaration des témoins devant être spontanée, il y aurait nullité si, avant leur déposition, il avait été donné lecture de leur déclaration écrite. — *Cass.*, 26 oct. 1820, Orticoni; 7 avr. 1836, Dehaut. — Bourguignon, *Jurispr. C. crim.*, t. 2, p. 44; Carnot, *Instr. crim.*, t. 2, p. 342, n° 6.

1200. — La mention faite au procès-verbal que l'art. 317, C. instr. crim., a été observée, constate suffisamment que les témoins ont déposé oralement. — *Cass.*, 24 nov. 1832, Lecouvreur.

1201. — Il a été jugé que lorsque le procès-verbal des débats constate que les témoins ont été entendus, il y a présomption légale qu'ils l'ont été régulièrement. — *Cass.*, 5 juill. 1832, Fourcade.

1202. — La rédaction du procès verbal des débats n'étant assujétie à aucune formule sacramentelle pour mentionner l'audition des témoins, on peut les désigner par leurs numéros au lieu de mentionner successivement leurs noms: il suffit que le procès-verbal constate l'observation des formalités prescrites par l'art. 317, C. inst. crim. — *Cass.*, 24 sept. 1834, Oudin.

1203. — La loi n'exige pas que le procès-verbal des débats mentionne la réponse des témoins aux interpellations qui leur ont été faites sur leurs noms, prénoms, etc.; il suffit que ce procès-verbal constate que chaque témoin a satisfait à ces questions. — *Cass.*, 29 juill. 1825, Dufour.

1204. — Sous le Code de brum. an IV, on décidait qu'il ne peut résulter une nullité de ce qu'il a été donné lecture à un témoin, avant sa déposition, des déclarations faites par ceux qui ont été entendus avant lui. — *Cass.*, 8 sept. 1808, N...

1205. — Les témoins, par quelque partie qu'ils soient produits, ne doivent jamais s'interpeller entre eux. — C. inst. crim., art. 325.

1206. — Mais cette disposition de l'art. 325, C. inst. crim., n'est pas prescrite à peine de nullité. — *Cass.*, 11 avr. 1817, Verdier.

1207. — La loi n'a pas déterminé les points sur lesquels les témoins seraient entendus. Elle s'en rapporte, à cet égard, complétement aux lumières et à la conscience du magistrat qui dirige les débats.

1208. — En conséquence, le président d'une cour d'assises ne viole aucune loi en invitant les témoins à se renfermer dans l'objet de l'accusation, et à en écarter tous les faits qui y sont étrangers. — *Cass.*, 18 sept. 1829, Latournerie.

1209. — Cependant, les témoins ne doivent pas être interrompus dans la narration des faits relatifs à l'accusation. Une interruption, dans ce cas, pourrait changer la marche de leurs idées, et ne pas leur laisser la liberté d'esprit qu'exige un acte aussi important que le témoignage. — Carnot., *Inst. crim.*, t. 2, p. 499, n° 1er.

1210. — On jugeait même, sous le code du 3 brum. an IV, qu'un tribunal ne peut, sans excès de pouvoir et sans préjudicier à la légitime défense de l'accusé, imposer silence à un témoin à décharge, sur des faits relatés dans l'acte d'accusation et sur la moralité de l'accusé. — *Cass.*, 12 frim. an XI, Gaillard.

1211. — Les témoins régulièrement cités peuvent, devant la cour d'assises, être entendus sur des faits étrangers à la prévention. — *Cass. belge*, 21 mai 1832, Orban.

1212. — Le président de la cour d'assises a caractère pour décider, sans le concours des autres juges, s'il y a lieu de faire expliquer des témoins sur la moralité d'un autre témoin. — *Cass.*, 11 avr. 1817, Verdier; — Carnot, *Inst. crim.*, t. 2, p. 503, n° 3.

1213. — Le ministère public a toujours le droit de faire citer des témoins sur des faits autres que ceux qui font la matière de l'accusation, afin d'éclairer le jury sur la moralité de l'accusé. — *Cass.*, 28 avr. 1838 (t. 2 1842, p. 706), Cochard-Denieurs; 21 juill. 1841 (t. 2 1842, p. 676), Zeller.

1214. — Il ne résulte pas de nullité de ce que le ministère public a, dans son réquisitoire, donné lecture, sans que l'accusé ou son conseil s'y opposassent, de la déposition écrite d'un témoin qui, entendu dans l'instruction, n'a pas été assigné aux débats, surtout si cette déposition est du nombre de celles signifiées à l'accusé en exécution de l'art. 305, C. inst. crim. — *Cass.*, 9 juill. 1840 (t. 2 1843, p. 538), Forleville et Borquier.

1215. — Un témoin peut valablement être entendu aux débats sur des faits à charge qu'il tient de la bouche d'une personne qui elle-même ne pourrait pas être entendue, aux termes de l'art. 322, C. inst. crim. — *Cass.*, 11 avr. 1811, Billon; — Carnot, *Inst. crim.*, sur l'art. 322, t. 2, p. 515, n° 14.

1216. — La cour d'assises doit-elle entendre tous les témoins qui ont été régulièrement assignés? — « Je conçois, dit Legraverend (t. 2, chap. 2, p. 210, n° 4), que dans quelques circonstances on pourrait, sans nuire à la manifestation de la vérité et au droit sacré de la défense, se dispenser d'entendre certains témoins insignifians; mais de combien d'inconvéniens un pareil système n'est-il pas habituellement susceptible, et qui peut prévoir jusqu'où pourrait aller l'abus d'une pareille faculté laissée à l'arbitraire du juge? »

1217. — A ces observations, nous ajouterons qu'on ne retrouve pas, dans les art. 315 et 317, C. inst. crim., les mots *s'il y a lieu*, des art. 153 et 190 du même Code; de là il résulte, suivant nous, que, devant la cour d'assises, la faculté de faire entendre tous les témoins notifiés et non reprochables est, pour l'accusé comme pour le ministère public, un véritable droit dont ils ne peuvent être privés. — V. *contrà* de Serres, *Manuel des cours d'assises*, t. 1er, p. 266.

1218. — Conformément à ce système, il a été jugé qu'une cour de justice criminelle excède ses pouvoirs en refusant d'entendre, malgré les conclusions formelles de l'accusé, les témoins par lui produits pour déposer sur des faits qu'il croyait utiles à sa défense. — *Cass.*, 29 oct. 1808, Senta dit Mescotti.

1219. — Mais il a été décidé que la loi n'impose pas aux cours d'assises l'obligation d'entendre tous les témoins à décharge qu'il plaît à l'accusé de faire citer. — *Cass.*, 8 nov. 1816, Bertolani.

1220. — ... Que la cour d'assises n'est pas tenue d'entendre tous les témoins à charge ou à décharge, et que l'accusé ne peut tirer un moyen de nullité de la non audition d'un témoin qui ne s'est pas présenté, surtout s'il n'a fait aucune réclamation à cet égard. — *Cass.*, 18 mars 1826, Dermenonnet.

1221. — ... Que la cour d'assises peut écarter ceux dont elle juge les dépositions n'être propres qu'à prolonger les débats, sans utilité pour la manifestation de la vérité. — *Cass.*, 19 avr. 1821, Picard.

1222. — Jugé que l'accusé ne peut puiser un moyen de nullité dans la non audition d'un témoin à décharge dont le nom a été régulièrement notifié, s'il n'a élevé aucune réclamation devant la cour d'assises. — *Cass.*, 4 nov. 1819, Miltebrone; 26 juill. 1832, Gombault.

1223. — Jugé également qu'il ne peut résulter une nullité de ce que l'un des témoins cités devant la cour d'assises n'aurait pas été entendu, si l'accusé ni le ministère public n'ont demandé la remise de l'affaire, à raison de l'absence de ce témoin. — *Bruxelles*, 22 mars 1835, T...

1224. — ... Qu'il ne résulte point de nullité de la non audition d'un témoin à décharge, lorsqu'il n'a répondu à aucun appel. — *Cass.*, 22 sept. 1826, Raynard.

1225. — L'accusé ne peut se plaindre de ce qu'un témoin à l'audition duquel il a renoncé n'a pas été entendu. — *Cass.*, 6 nov. 1840 (t. 1er 1841, p. 604), Rouyer.

1226. — Ainsi, le refus par la cour d'assises d'entendre le juge d'instruction cité comme témoin à charge, ne peut être une cause de nullité, lorsqu'il a eu lieu sur la demande de l'accusé et sans opposition du ministère public. — *Cass.*, 22 mai 1834, Guitard.

1227. — Jugé que, lorsque le procès-verbal des débats mentionne que plusieurs des témoins assignés à décharge n'ont pas été entendus, sans énoncer le motif pour lequel leur audition n'a pas eu lieu, il y a présomption légale que les accusés et leurs défenseurs y ont implicitement renoncé, alors qu'ils ne paraissent avoir élevé aucune réclamation à cet égard. — *Cass.*, 22 janv. 1841 (t. 1er 1842, p. 262), Raynal.

1228. — L'arrêt de la cour d'assises est nul lorsqu'un témoin a déposé en l'absence de l'officier du ministère public. — *Cass.*, 3 janv. 1839 (t. 1er 1839, p. 349), N...

1229. — Il ne résulte aucune ouverture à cassation de ce qu'un témoin militaire aurait fait sa déposition l'épée au côté. — *Cass.*, 16 juin 1836, Pierrot.

1230. — Après chaque déposition, le président demande au témoin si c'est de l'accusé présent qu'il entend parler. — C. inst. crim., art. 319.

1231. — Le président doit aussi demander à l'accusé s'il veut répondre à ce qui vient d'être dit contre lui. — C. inst. crim., art. 319.

1232. — Les formalités prescrites par l'art. 319, C. inst. crim., sur les interpellations à faire par le président à l'accusé ne sont pas prescrites à peine de nullité. — *Cass.*, 9 avr. 1818, Couaix; 5 févr. 1819, Arnaud; 24 déc. 1824, Gilles; 11 mai 1827, Tortora; 31 déc. 1829, Lusinchi; 5 janv. 1832, Pichonnet; 8 juill. 1836, Leblanc; 1er fév. 1839 (t. 1er 1840, p. 199), Delavier; 30 mai 1839 (t. 2 1840, p. 298), Nougué; 22 juin 1839 (t. 2 1840, p. 116), Pagès; 28 avr. 1843 (t. 2 1843, p. 389), Le Divehat.

1233. — Ainsi, le président n'est pas tenu, à peine de nullité, de demander à l'accusé s'il veut répondre à ce qu'ont dit les témoins; la nullité ne résulterait que du refus de recevoir les observations qu'il voudrait faire. — *Cass.*, 8 déc. 1836 (t. 1er 1838, p. 37), Demiannay et Thuret.

1234. — De même, le président de la cour d'assises n'est pas obligé, à peine de nullité, d'avertir les accusés du droit qu'ils ont de répondre aux dépositions des témoins, lors surtout qu'ils ne sont entendus qu'à titre de renseignement. — *Cass.*, 31 mars 1836, Arrighi et Rossi.

1235. — D'ailleurs l'accusé ne peut se plaindre de ce que le président aurait d'abord omis d'adresser à un témoin les interpellations prescrites par l'art. 319, § 2, C. inst. crim., si cette omission a été réparée avant l'audition du témoin suivant. — *Cass.*, 10 janv. 1833, Gellée.

1236. — La disposition de l'art. 319, C. instr. crim., qui enjoint au président de demander à l'accusé, après chaque déposition, s'il a quelque chose à répondre, n'est applicable qu'aux dispositions faites oralement dans le cours des débats, et non à celles lues en exécution de l'art. 477, C. instr. crim. — *Cass.*, 28 avr. 1843 (t. 2 1843, p. 389), Le Divehat.

1237. — Les accusés ne peuvent non plus se plaindre en cour de Cassation de ce qu'on ne leur aurait adressé aucune interpellation à l'égard des témoins absens, si cette absence n'a donné lieu à aucune réclamation de leur part lors des débats. — *Cass.*, 3 déc. 1836 (t. 1er 1838, p. 37), Demiannay et Thuret.

1238. — L'accusé ne peut interpeller les témoins. Il ne doit les questionner que par l'organe du président. — C. inst. crim., art. 319.

1239. — Sous le Code du 3 brum. an IV, au contraire, l'accusé avait le droit d'interpeller les témoins.

1240. — Sous ce Code, il y avait nullité si, malgré la réclamation de l'accusé, le tribunal criminel lui avait dénié le droit de faire des interpellations à un témoin. — *Cass.*, 29 prair. an VII, de Moermel.

1241. — Ainsi, un tribunal criminel ne pouvait, à peine de nullité, refuser à un accusé le droit de faire des interpellations à un témoin, sous le prétexte que, ayant par erreur assisté aux débats comme partie plaignante, quoiqu'il ne dût être considéré que comme témoin, il ne pouvait pas être entendu à ce dernier titre. — *Cass.*, 26 thermid. an VIII, Gourdel et Louis.

1242. — Sous le même Code l'accusé avait une faculté indéfinie de questionner les témoins entendus aux débats, et cette faculté ne pouvait être restreinte sans nuire à sa défense. Il y avait nullité si, malgré sa demande, l'exercice de ce droit lui était refusé. — *Cass.*, 6 fructid. an VII, Berrante.

1243. — En conséquence, en déterminant le moment où l'accusé questionnait les témoins, la loi avait seulement réglé la place ordinaire de ces sortes d'interpellations, et ne lui avait point interdit l'exercice de son droit après le discours du commissaire du gouvernement. — *Cass.*, 26 germin. an IX, Vandevelde.

1244. — L'accusé a le droit d'adresser, par l'organe du président, les questions qu'il croit utiles à sa défense.

1245. — Cependant, il appartient au président, et en cas de réclamation, à la cour d'assises, de décider si une interpellation demandée par le conseil de l'accusé sera faite à un témoin. — *Cass.*, 1er oct. 1829, Vannier; 21 oct. 1835, Galine.

1246. — Donc, c'est à la cour d'assises qu'il appartient de décider, en cas de difficulté, si la question ou interpellation que veut faire l'accusé à un témoin, est ou non utile à sa défense, afin d'éviter toute investigation sur la conduite de ce témoin qui, n'ayant aucun rapport avec les faits de l'accusation, pourrait dégénérer en diffamation ou en injure. — En conséquence, est à l'abri de la cassation l'arrêt par lequel la cour d'assises refuse d'adresser à un témoin une question faite par l'accusé, sur le fondement qu'elle renferme une calomnie grave et un outrage aux mœurs, d'autant plus coupable que la question n'a pas d'utilité pour la défense. — *Cass.*, 22 sept. 1827, Proust.

1247. — Ainsi, il appartient à la cour d'assises d'apprécier si les questions que les accusés veulent faire adresser aux témoins, sont utiles pour la découverte de la vérité et se rapportent aux faits de l'accusation. Dès-lors, l'accusé ne peut se faire un moyen de cassation de ce qu'une question par lui adressée à un témoin n'aurait pas été posée, s'il est constaté au procès-verbal que cette question était étrangère au procès. — *Cass.*, 3 déc. 1836 (t. 1er 1838, p. 37), Demiannay et Thuret.

1248. — La cour d'assises peut décider qu'une question sur la moralité d'un témoin ne sera pas posée, en se fondant sur ce que cette question n'est pas de nature à faciliter la manifestation de la vérité. — *Cass.*, 28 mai 1818, Beaume; 14 avr. 1837, (t. 2 1840, p. 332), Gambier; — Bourguignon, *Jurispr. C. crim.*, t. 2, p. 46.

1249. — La cour d'assises peut, contrairement à la demande de l'accusé, refuser d'adresser des questions aux témoins à décharge sur la moralité d'un témoin à charge qui avait été plaignant, lorsqu'elle décide que le débat qu'on veut établir entre les témoins pourrait dégénérer en récriminations réciproques et distraire de l'objet de l'accusation. — *Cass.*, 5 oct. 1832, Fromage.

1250. — C'est à la cour d'assises qu'il appartient de décider, en cas de contestation, si la question ou l'interpellation que veut faire l'accusé à un témoin est ou non utile à sa défense, afin d'éviter toute investigation sur la conduite de ce témoin qui, n'ayant aucun rapport avec les faits de l'accusation, pourrait dégénérer en diffamation ou injure. — *Cass.*, 18 sept. 1824, Morel.

1251. — L'arrêt par lequel la cour d'assises décide qu'une interpellation ne sera pas faite à un témoin, parce qu'elle porte sur un fait étranger à l'accusation, est à l'abri de la censure de la cour de cassation. — *Cass.*, 1er oct. 1829, Vannier.

1252. — De ces différens arrêts il résulte que la cour d'assises ne peut refuser à un accusé la position d'une question que lorsqu'elle reconnaît, en fait, que la réponse à cette question ne pourrait être utile à la défense.

1253. — Mais si l'interpellation avait pour objet un fait se rattachant directement à l'accusation et de nature à en modifier la criminalité, la cour d'assises ne pourrait se dispenser d'ordonner que la question fût posée, quoique la réponse fût susceptible de compromettre un témoin. — Chauveau et Hélie, *Théorie du Code pénal*, t. 4, p. 415; Carnot, *Inst. crim.*, t. 2, p. 501, n° 10.

1254. — Lorsque les questions ou les interpellations que l'accusé veut faire aux témoins à décharge se rapportent aux faits de l'accusation et tendent à établir son innocence, la cour d'assises

ne peut, sans restreindre le droit sacré de la défense, refuser de les adresser aux témoins, quoiqu'elles soient de nature à compromettre les témoins à charge. — *Cass.*, 18 sept. 1824, Morel.

1255. — Ainsi, il y a nullité lorsque, sur la demande d'un accusé d'incendie, la cour d'assises a refusé de faire expliquer un témoin sur le point de savoir si l'opinion publique n'accuse pas le propriétaire de la maison incendiée d'y avoir mis lui-même le feu. — Même arrêt.

1256. — Le président peut demander au témoin et à l'accusé tous les éclaircissemens qu'il croit nécessaires à la manifestation de la vérité. — C. inst. crim., art. 319.

1257. — Ainsi il peut interroger les témoins sur tous les faits qui tendent à faire connaître la moralité de l'accusé, quoiqu'ils soient étrangers à ceux de l'accusation. — *Cass.*, 9 avr. 1818, Couaix.

1258. — Ainsi encore, la cour d'assises peut, pour avoir des renseignemens sur la moralité d'un accusé, faire entendre des témoins sur des faits à raison desquels il a été précédemment acquitté d'une poursuite exercée contre lui, sans qu'il en résulte une violation de la chose jugée. — *Cass.*, 20 janv. 1832, Jouen; 7 janv. 1836, Lefrançois.

1259. — Les témoins peuvent être interrogés sur des faits non portés à l'acte d'accusation, mais propres à éclairer les jurés sur la moralité de l'accusé. — *Cass.*, 28 avr. 1838 (t. 2 1842, p. 706), Cochard-Denieures; 12 déc. 1840 (t. 2 1842, p. 706), Lafarge.

1260. — Le président de la cour d'assises peut, sur la demande de la partie plaignante, adresser des interpellations aux témoins. — *Cass.*, 13 avr. 1837 (t. 2 1837, p. 619), Coste.

1261. — Les juges, le procureur général et les jurés ont aussi le droit d'adresser des interpellations aux témoins, en demandant la parole au président. — C. inst. crim., art. 319.

1262. — Il en est de même des jurés suppléans. — *Cass.*, 23 déc. 1826, Heurtaux et Daguet.

1263. — Sous le Code du 3 brum. an IV, le refus fait par le président d'un tribunal criminel de permettre que l'un des juges adresse une interpellation à un témoin, avant la déclaration de la clôture des débats, était une cause de nullité. — *Cass.*, 2 messid. an XII, Colombier.

1264. — Cette solution est d'autant plus remarquable que l'art. 354, C. 3 brum. an IV, n'était pas du nombre de ceux à l'inobservation desquels l'art. 388, qui avait précisé tous les cas, attachait la peine de nullité. — Devrait-on décider de même sous le Code inst. crim.? Nous ne le pensons pas. Le pouvoir discrétionnaire accordé au président est beaucoup plus large que sous le Code de l'an IV, et l'autorise à rejeter tout ce qu'il estime devoir prolonger inutilement le débat, dont la direction lui appartient essentiellement. Si donc sa détermination reposait sur des motifs de cette nature, il ne nous semblerait pas que le droit du juge fût plus sacré que celui de l'accusé lui-même; mais s'il y avait eu des conclusions à cet égard de la part soit du ministère public, soit de l'accusé, il est hors de doute que, dans les termes de l'art. 408, C. inst. crim., la cassation pourrait être prononcée; car, encore bien qu'il s'agisse du droit personnel du juge, son résultat tourne toujours à charge ou à décharge, et conséquemment le bénéfice en appartient et au ministère public et à l'accusé. — Legraverend, t. 2, p. 205.

1265. — Le président fait tenir note par le greffier des additions, changemens ou variations qui pourraient exister entre la déposition d'un témoin et les précédentes déclarations. — C. inst. crim., art. 318.

1266. — Mais il ne peut être tenu note sur le procès-verbal des débats des dépositions reçues pour la première fois et à titre de simples renseignemens en vertu du pouvoir discrétionnaire du président de la cour d'assises. — *Ass. Corse*, 16 mars 1843 (t. 2 1843, p. 413), Cotoni.

1267. — Lorsqu'il résulte du procès-verbal des débats que le président de la cour d'assises a ordonné de tenir note des additions faites par un témoin à ses précédentes dépositions, les explications fournies par un second témoin sur les déclarations du premier doivent être considérées comme se liant intimement avec elles, et en conséquence il ne saurait résulter un moyen de nullité de ce que le procès-verbal ne porte point que c'est sur l'ordre du président que le greffier a pris note des explications fournies par le second témoin. — *Cass.*, 11 fév. 1843 (t. 1er 1843, p. 604), Cazassus.

1268. — Il n'y a pas lieu de faire tenir note par le greffier de toute espèce de variations dans les déclarations des témoins. Ainsi le président de la cour d'assises n'est point tenu de faire constater la variation existant entre la déposition orale d'un témoin lors des débats et sa déclaration dans l'instruction écrite, à moins que ces variations ne soient de nature à constituer une prévention de faux témoignage. — *Cass.*, 16 déc. 1841 (t. 1er 1842, p. 731), Rodoug.

1269. — D'ailleurs, l'art. 318, C. inst. crim., qui veut que le greffier de la cour d'assises tienne note des changemens et variations existant dans les dépositions des témoins, n'est pas prescrit à peine de nullité. — *Bruxelles*, 22 nov. 1820, Laurent Baivier; *Cass.*, 11 avr. 1817, Verdier; 28 mai 1810, Servat; 19 avr. 1821, Sicard; — Carnot, *Inst. crim.*, t. 25, p. 497, n° 2; Legraverend, t. 2, chap. 28, p. 202, note 2e.

1270. — Le défaut de mention au procès-verbal des débats d'une addition à la déposition d'un témoin qui a donné lieu à la réouverture des débats n'opère pas nullité, lorsqu'il est établi que cette réouverture a eu lieu régulièrement. — *Cass.*, 27 mars 1834, Bernard Savez.

1271. — Il a même été jugé qu'il ne doit être tenu note des explications données par les accusés ou les témoins qu'autant qu'il s'est élevé à cet égard quelque incident, et qu'il a été pris des conclusions sur ce point. — *Cass.*, 10 août 1837 (t. 2 1839, p. 556), Goupil.

1272. — Aucune disposition de loi n'oblige le greffier d'une cour d'assises à faire mention dans son procès-verbal des réponses des témoins aux interpellations qui leur sont faites en exécution de l'art. 317, C. inst. crim. — *Cass.*, 14 juill. 1827, Fauvel.

1273. — Est nul le procès-verbal des débats de la cour d'assises dans lequel on a inséré les dépositions des témoins non entendus dans l'instruction écrite. — *Cass.*, 10 avr. 1835, Lancery; 6 janv. 1838 (t. 1er 1840, p. 148), Bernardin.

1274. — Cependant, la prohibition de l'art. 372, C. inst. crim., ne met pas obstacle à l'exercice du droit qu'a le ministère public de faire constater au procès-verbal, sans être tenu d'en articuler les motifs, tout fait ou toute déposition qui lui paraissent devoir être retenus comme pouvant servir de base à une action ultérieure. — En conséquence, il n'y a pas nullité lorsque, sur la réquisition du ministère public, par l'ordre du président, et immédiatement après la confrontation d'un témoin avec d'autres témoins, sa déposition est transcrite au procès-verbal des débats. — *Cass.*, 12 déc. 1840 (t. 2 1842, p. 622), Lafarge.

1275. — Les variations des témoins dans leurs dépositions ne peuvent fournir une ouverture à cassation. — *Cass.*, 19 juin 1817, Jacques Hubert.

1276. — Lorsque des réquisitions ou des conclusions sont prises pour ou contre l'audition d'un témoin, c'est à la cour et non au président de la cour d'assises qu'il appartient de statuer.

1277. — Ce principe, admis par le Code d'instruction criminelle l'était également par le Code du 3 brum. an IV.

1278. — Il a été, en conséquence, jugé, sous l'empire de ce Code, qu'il y avait nullité lorsque, l'accusé et le ministère public ayant requis qu'un témoin fût tenu de faire une opération d'arithmétique, pour se convaincre si ce témoin savait ou ne savait pas calculer, le tribunal avait omis de statuer sur cette réquisition. — *Cass.*, 27 vendém. an IX, Barrère.

1279. — De même, la cour de justice criminelle était seule compétente pour prononcer sur les réquisitions du ministère public ou de l'accusé tendant à faire entendre de nouveau des témoins, pour fixer le sens de leurs dépositions antérieures. Le président commettait un excès de pouvoir en refusant seul d'y faire droit, sous le prétexte que les débats étaient fermés. — *Cass.*, 8 fév. 1810, Gardini.

1280. — Jugé, depuis le Code d'inst. crim. de 1810, que, lorsque, après l'audition de tous les témoins l'accusé a requis que deux d'entre eux fussent entendus de nouveau, en présence l'un de l'autre, il y a nullité, s'il n'est pas constaté, par le procès-verbal des débats ou par un arrêt, que la cour d'assises ait statué sur cette réquisition. — *Cass.*, 11 janv. 1817, François Cheminade.

1281. — De même, lorsque l'accusé a requis qu'un témoin se retirât de l'auditoire pendant la déposition d'un autre témoin, cette réquisition étant l'exercice d'un droit accordé à tout accusé par l'art. 326, C. inst. crim., il y a nullité, s'il n'est établi ni par le procès-verbal des débats, ni par aucun arrêt de la cour d'assises, qu'il y a été statué ou que le témoin a rendu tout jugement inutile, en obtempérant à la demande de l'accusé. — *Cass.*, 1er juill. 1814, Julie Jacquemin; — Carnot, *Inst. crim.*, sur l'art. 326, t. 2, p. 541.

1282. — Jugé que le rejet que fait une cour d'assises de la demande de l'accusé tendant à faire entendre des témoins à décharge ne peut pas fonder un moyen de nullité; il n'y aurait nullité que dans le cas où la cour d'assises aurait omis ou refusé de statuer sur une pareille demande. — *Cass.*, 5 nov. 1812, Popon; 18 juin 1813, Blanchemin; 3 nov. 1814, Pesteturenne.

1283. — Il a même été jugé que, lorsque le ministère public ou l'accusé ont formé opposition à l'audition d'un témoin non indiqué sur la liste notifiée, il suffit que la cour d'assises ait statué sur cette opposition d'une manière quelconque, soit qu'elle ait ordonné que le témoin sera ou ne sera pas entendu, pour qu'il n'y ait ni nullité ni ouverture à cassation. — *Cass.*, 11 fév. 1813, N...; — Bourguignon, *Jurispr. des Codes crim.*, t. 2, p. 35, art. 315.

1284. — En matière de grand criminel, l'audition des témoins à décharge ne saurait être de pure tolérance. La faculté de les produire est l'un des attributs les plus essentiels de la défense. Aussi, loin de dire, comme les art. 153 et 190, relatifs aux matières correctionnelles et de simple police, que les témoins pour ou contre seront entendus *s'il y a lieu*, l'art. 315 dispose-t-il que le procureur général présentera la liste des témoins qui devront être entendus, soit à sa requête, soit à celle de l'accusé. Ces expressions, et l'obligation imposée à l'accusé de notifier sa liste vingt-quatre heures d'avance, prouvent bien évidemment que la production des témoins à décharge est pour lui un véritable droit. Il ne faut point, sans doute, qu'il puisse s'en faire un moyen de prolonger inutilement les débats, et d'en changer à son gré la direction; mais il ne faut point non plus que son *droit* soit illusoire à ce point qu'il suffise que la cour d'assises statue d'une manière *quelconque* sur l'exercice qu'il en prétend faire. Les arrêts qui interviennent sur des incidens de cette espèce, doivent être motivés; il appartient à la cour de cassation d'apprécier en cette circonstance, comme elle le fait dans une foule d'autres, si l'intérêt de la défense a été sacrifié à de vaines considérations. — Pailliet, *Manuel de droit franç.*; Carnot, *Suppl. au comment. du Code inst. crim.*, p. 118.

1285. — L'opposition de l'accusé à l'audition d'un témoin appelé en vertu du pouvoir discrétionnaire du président élève un contentieux sur lequel la cour d'assises peut prononcer à l'effet d'écarter l'obstacle mis à l'exercice du pouvoir du président. — *Cass.*, 26 mai 1842 (t. 2 1842, p. 670), Bonnet.

1286. — L'arrêt par lequel la cour d'assises statue sur l'amende encourue par un témoin régulièrement cité qui refuse de déposer, doit être motivé, à peine de nullité. — *Cass.*, 12 août 1831, Pichot.

1287. — Il n'y a lieu à arrêt de la cour qu'autant qu'il y a eu des réquisitions du ministère public ou des conclusions de l'accusé.

1288. — Ainsi, lorsque ni les accusés ni les défenseurs ne se sont opposés par des conclusions, à l'audition simultanée de deux témoins, et qu'il leur a été donné acte de cette audition, sur la demande qu'ils en ont faite postérieurement, il n'y a pas eu de la part de la cour d'assises l'omission de statuer prévue par l'art. 408, C. inst. crim. — *Cass.*, 16 avr. 1818, Guillain.

1289. — Les témoins doivent, après avoir fait leur déposition, rester à l'audience pour répondre aux nouvelles interpellations qui pourraient leur être adressées. — C. inst. crim., art. 320.

1290. — Cependant l'accusé ne peut se faire un moyen de nullité de ce qu'un témoin à charge se serait retiré de l'audience avant la clôture des débats, mais après avoir fait sa déclaration orale, si c'est avec son consentement que la permission lui en a été accordée. — *Cass.*, 7 avr. 1827, Coulé.

1291. — De même, lorsque des témoins se sont retirés après avoir déposé, et avant la clôture des débats, sur la permission du président, l'accusé est non-recevable à s'en faire un moyen de nullité, s'il n'a point demandé qu'ils comparussent pour être par lui questionnés. — *Cass.*, 22 mars 1821, Agostini; 13 avr. 1821, Piazza.

1292. — Lorsqu'un témoin demande à se retirer, si l'accusé, le ministère public ou la partie civile s'y opposent, le président peut rejeter sa demande sans consulter la cour; chargé de diriger les débats, il n'a aucun compte à rendre des motifs qui lui paraissent nécessiter la présence des témoins.

1293. — Mais il ne faut pas induire de l'art. 320, C. inst. crim., que le président ait le droit de congédier les témoins après leur déposition. La permission qu'il leur donnerait de se retirer priverait le ministère public, l'accusé, les juges et les jurés de la faculté qu'ils ont de provoquer de nouveaux éclaircissemens. Le droit que l'art. 320 lui confère ne peut avoir pour objet qu'une mesure provisoire analogue à celle que l'art. 327 autorise à

l'égard des accusés. — Carnot, *Inst. crim.*, t. 2, p. 304, no 1er.

1294. — Jugé toutefois que les dispositions de l'art. 320, C. colon., relatives à la sortie des témoins de l'auditoire, qui doit être autorisée par le président, ne peuvent, à raison de leur violation, donner ouverture à cassation, et rentrent dans le pouvoir de police conféré au président. — *Cass.*, 23 avr. 1835, Fanelly.

1295. — Tous les témoins cités devant la cour d'assises doivent être taxés.

1296. — En conséquence, les témoins qui n'ont pas été entendus doivent être taxés lorsqu'ils le demandent. — *Cass.*, 29 avr. 1837 (t. 1er 1838, p. 361), Laithier.

§ 8. — *Faux témoignage devant la cour d'assises.*

1297. — Si, d'après les débats, la déposition d'un témoin paraît fausse, le président peut, sur la réquisition du procureur général, soit de la partie civile, soit de l'accusé, et même d'office, faire sur-le-champ mettre le témoin en état d'arrestation. Le procureur-général et le président ou l'un des juges par lui commis remplissent, à son égard, le premier les fonctions d'officier de police judiciaire, le second les fonctions attribuées aux juges d'instruction dans les autres cas. — C. inst. crim., art. 330.

1298. — Ces mots de l'art. 330, *si d'après les débats*, ne veulent pas dire qu'il faille attendre la clôture des débats pour faire mettre le témoin en état d'arrestation; le témoin, comme le fait observer Carnot, *Inst. crim.*, art. 330, no 1er, pourrait échapper à la vindicte publique s'il ne pouvait être mis en arrestation qu'après la clôture des débats, lorsque, surtout, les débats devraient durer plusieurs jours; il lui serait facile de se soustraire à l'exécution de l'ordonnance.

1299. — Sous le Code de brumaire, il fallait, pour que le témoin fût mis en état d'arrestation, que la déposition parût *évidemment* fausse; le Code d'instruction criminelle se contente d'une déposition qui paraisse fausse; cette rédaction est plus conforme aux principes, car il suffit que des indices d'un crime se manifestent pour que celui qui en est prévenu puisse être soumis à des recherches et à des poursuites. — Carnot, *Inst. crim.*, sur l'art. 330.

1300. — Le Code d'instruction criminelle présente encore cette différence avec celui de brum. an IV, que l'art. 367 de ce dernier Code prescrivait la rédaction d'un procès-verbal constatant les faits, établissant les faux témoignages, avant de mettre le témoin en état d'arrestation; tandis que, sous la loi actuelle, le président n'est tenu de faire dresser aucun procès-verbal, et il peut, malgré les réclamations des parties, ordonner ou refuser la mise en état d'arrestation du témoin. Le président n'avait pas cette faculté sous le Code de brumaire: le procès-verbal une fois dressé, le témoin était de suite mis en état d'arrestation. — Carnot, *Inst. crim.*, sur l'art. 330.

1301. — Toutefois, on jugeait que la disposition de la loi sur les devoirs imposés au président d'une cour de justice criminelle, dans le cas où la déposition d'un témoin produit aux débats paraîtrait fausse, n'était pas prescrite à peine de nullité. — *Cass.*, 10 déc. 1807, Vancopenable.

1302. — Si les magistrats de la cour d'assises n'ont pas rempli les formalités indiquées par l'art. 330, cette omission ne peut empêcher que le témoin contre lequel il existerait des soupçons de faux témoignage ne soit ensuite poursuivi à raison de ce crime; seulement il ne pourrait l'être que dans les formes ordinaires. — Legraverend, t. 2, p. 209.

1303. — Lorsque les magistrats de la Cour d'assises ont procédé à la première instruction, les pièces de cette instruction sont ensuite transmises à la cour royale, pour y être statué sur la mise en accusation. — Art. 330.

1304. — C'est le président et non la cour d'assises qui doit ordonner l'arrestation du témoin prévenu de faux témoignage. — Carnot, *Inst. crim.*, sur l'art. 330, no 6.

1305. — Cependant il a été jugé que l'intervention de la cour d'assises dans l'exercice du droit attribué au président de faire arrêter les témoins suspects de faux témoignage, ne peut vicier les débats ultérieurs. — *Cass.*, 12 mars 1831, Hervé Ansquer.

1306. — La disposition de l'art. 330, C. inst. crim., ne s'applique pas aux personnes entendues par forme de renseignement, en vertu du pouvoir discrétionnaire du président; n'ayant pas été appelées à déposer; elles ne peuvent être considérées comme prévenues de faux témoignage. — LL. 16, ff., *De testib.*; 10, Cod., *De testib.* — Carnot, *Inst. crim.*, sur l'art. 330, nos 9 et 13.

1307. — Le faux témoignage ne résulte pas de la contrariété entre certaines dépositions et celles d'autres témoins, ni même de la contrariété qui peut exister entre une seule déposition et celles de plusieurs autres témoins; car plusieurs peuvent avoir menti et un seul avoir dit la vérité. — Carnot, *Inst. crim.*, sur l'art. 330, no 15.

1308. — Pour qu'il y ait faux témoignage, il faut qu'une déposition soit en contradiction absolue et nécessaire avec la vérité du fait. — *Cass.*, 10 janv. 1812, Galetti.

1309. — Carnot (*Inst. crim.*, sur l'art. 410) explique en ces termes la décision un peu obscure de cet arrêt: « La déclaration négative du témoin sur un fait ne pourrait constituer le faux témoignage qu'autant que la dénégation serait exclusive, d'une manière absolue, d'un fait reconnu pour constant au procès; ce qui doit être ainsi, car il serait possible que de plusieurs personnes qui auraient été présentes sur le lieu de la scène quelques unes eussent remarqué ce qui aurait échappé à d'autres; de telle sorte que celles-ci, déposant n'avoir pas vu ce que d'autres auraient remarqué, n'en auraient pas moins rendu un témoignage véritable, et que leur négation ne pourrait constituer un faux témoignage. »

Sect. 2e. — *Continuité des débats.*

1310. — L'examen et les débats, une fois entamés, doivent être continués *sans interruption*, jusqu'après la déclaration du jury inclusivement. — C. inst. crim., art. 353.

1311. — L'art. 418 du Code de brumaire portait une disposition semblable.

1312. — Il faut entendre cette disposition en ce sens qu'il y aurait nullité des débats, si, dans l'intervalle des séances consacrées à une même affaire, la cour d'assises en jugeait une autre. — Carnot, *Inst. crim.*, sur l'art. 353, no 2.

1313. — Ainsi il a été jugé qu'un président excède ses pouvoirs lorsque, pendant les débats, et sur l'imputation faite au défenseur de l'accusé d'avoir voulu le trahir pour de l'argent, il ordonne que des témoins seront de suite entendus et se permet, après l'enquête, de le réprimander. — *Cass.*, 24 janv. 1806, Baboie.

1314. — Mais la réception du serment d'un garde forestier entre deux séances de la cour d'assises, dans l'intervalle consacré au repos des juges, des jurés, des témoins et des accusés, ne peut pas être considérée comme une interruption des débats opérant nullité. — *Cass.*, 22 nov. 1832, Michel Royère.

1315. — Sous le Code du 3 brum. an IV, le tribunal criminel ne pouvait pas interrompre le cours des débats pour ordonner un référé au ministre de la justice. D'ailleurs un pareil référé contient tout à la fois un excès de pouvoir, comme tendant à faire exercer des fonctions judiciaires par le ministre de la justice, et un déni de justice, comme suspendant l'exécution de la loi. — *Cass.*, 21 vendém. an VIII, René Poulain.

1316. — L'examen et les débats, une fois entamés devant être continués sans interruption, il s'ensuit qu'une affaire qui n'a pas pu être terminée le premier jour doit être renvoyée au lendemain, encore bien que ce soit un jour férié. — *Cass.*, 10 juin 1826, Goudey; — Legraverend, t. 2, p. 84; Bourguignon, sur l'art. 353, no 3.

Sect. 3e. — *Suspension des débats.*

1317. — Le président ne peut suspendre les débats que pendant les intervalles nécessaires pour le repos des juges, des jurés, des témoins et des accusés. — C. inst. crim., art. 353.

1318. — La loi s'en est rapportée à la prudence du président de la cour d'assises, pour l'appréciation de la nécessité de suspendre l'audience pour donner aux jurés, accusés, etc., le repos indispensable, et elle n'a point fixé la durée de ces suspensions. — *Cass.*, 28 juin 1831, Comité.

1319. — Le président a un pouvoir discrétionnaire à cet égard; il peut, pour cette fixation, consulter le vœu des jurés et l'intérêt de la manifestation de la vérité. — *Cass.* 4 nov. 1836 (t. 2 1837, p. 88), Horner.

1320. — L'accusé ne saurait donc se plaindre de ce que les débats ont été suspendus : 1o pendant plusieurs heures. — *Cass.*, 5 sept. 1811, Gros; 16 janv. 1812, Sturm; 15 oct. 1812, Gauthier.

1321. — ... 2o Depuis midi jusqu'à trois heures. — *Cass.*, 9 sept. 1819, Nicolas Robardet.

1322. — ... 3o Depuis le soir jusqu'au lendemain. — *Cass.*, 18 juin 1821, Leroux; 26 mai 1826, Bigot; 7 août 1845 (t. 2 1846), Moron; *Bruxelles*, 16 mai 1814, Duquesne.

1323. — ... 4o Pendant un jour. — *Cass.*, 23 mars 1827, Tuffeau.

1324. — ... 5o Pendant plus d'un jour. — *Cass.*, 5 avr. 1832, Giacomoni.

1325. — ... 6o Pendant trente-six heures. — *Cass.*, 23 juin 1831, Comité.

1326. — ... 7o Depuis le samedi soir jusqu'au lundi matin. — *Cass.*, 1er avr. 1830, Martial.

1327. — Aucun article du Code ne prohibe la suspension de la séance entre la clôture du débat et la déclaration du jury. — *Cass.*, 11 avr. 1817, Jean-Marie Verdier.

1328. — Le procès-verbal des débats doit énoncer que la suspension des débats a été ordonnée pour le repos des juges, des jurés, des accusés et des témoins.

1329. — L'art. 353 n'est pas limitatif.

1330. — Ainsi, les débats peuvent être suspendus, à raison de circonstances particulières et imprévues, que la cour d'assises doit apprécier dans sa conscience. — *Cass.*, 22 mars 1821, Jacques Agostini.

1331. — Le président peut, en conséquence, suspendre les débats à raison : 1o de l'indisposition subite du défenseur de l'accusé. — *Cass.*, 12 avr. 1812, Doumal.

1332. — ... 2o De l'absence de personnes appelées en vertu du pouvoir discrétionnaire. — *Cass.*, 27 juin 1833, Brette.

1333. — ... 3o De la demande des jurés, et pour qu'ils aient un laps de temps plus long pour examiner les pièces et délibérer. — *Cass.*, 4 nov. 1836 (t. 2 1837, p. 88), Horner.

1334. — Il ne peut résulter aucun moyen de cassation de ce que le président de la cour d'assises aurait suspendu les débats, alors que cette suspension est explicitement motivée par le procès-verbal dans les termes voulus par la loi, et bien que le procès-verbal se soit servi tantôt des mots *levé la séance*, tantôt de ceux *suspendu* la séance. — *Cass.*, 12 déc. 1834, Gilbert.

1335. — Il a d'ailleurs été jugé que l'art. 353, C. inst. crim., qui veut que les débats entamés ne soient pas suspendus, n'est pas prescrit *à peine* de nullité. — *Cass.*, 23 mars 1820, Jean Durand.

1336. — L'accusé ne peut faire résulter un moyen de nullité de ce qu'après une suspension d'audience, la cour aurait procédé à la continuation des débats avant que le président eût déclaré l'audience reprise et en l'absence d'un assesseur, lorsqu'il est constaté que les débats n'ont réellement été repris qu'après que la cour a été constituée, et que toutes les personnes intéressées ont été à leur poste. — *Cass.*, 23 avr. 1835, Fanelly.

1337. — Le procès-verbal qui constate la présence des jurés dans le cours des diverses séances établit une preuve suffisante de la continuité de leur présence, sans qu'il soit nécessaire d'exprimer à chaque reprise de l'audience qu'ils ont été présens. — *Cass.* 14 déc. 1815, Chamans Lavalette.

Sect. 4e. — *Accusé écarté de l'audience.*

1338. — Le président peut, avant, pendant, ou après l'audition d'un témoin, faire retirer un ou plusieurs accusés et les examiner séparément sur quelques circonstances du procès, mais il doit avoir soin de ne reprendre la suite des débats généraux qu'après avoir instruit chaque accusé de ce qui s'est fait en son absence et de ce qui en est résulté. — C. inst. crim., art. 327.

1339. — Le droit de faire retirer les accusés de l'audience appartient au président seul et fait essentiellement partie de son pouvoir discrétionnaire; si le ministère public ou l'accusé en provoquait l'exercice, le président pourrait passer outre de sa propre autorité, sans même consulter la cour. — Legraverend, t. 2, p. 207; Carnot, *Inst. crim.*, sur l'art. 327, no 1er.

1340. — Ces mots de l'art. 327, *sur quelques circonstances du procès*, restreignent l'application de la disposition et ne permettent pas de penser que la faculté accordée au président pût être étendue à tout l'examen. — Carnot, *Inst. crim.*, sur l'art. 327.

1341. — Le droit du président de faire retirer l'accusé de l'audience ne s'étend pas au conseil de l'accusé, seulement il peut lui interdire la parole pendant le débat particulier qui s'établit en l'absence de son client. — Carnot, *loc. cit.*

1342. — L'obligation imposée au président de la cour d'assises d'instruire l'accusé, qu'il a fait retirer, de ce qui a été fait pendant son absence, constitue une formalité substantielle à la défense et à la publicité du débat. — L'omission de cette formalité opère une nullité radicale. — *Cass.*, 16 janv. 1822, Danjean; 15 juill. 1825, Trenc; 17 sept.

1820, Massé ; 2 juill. 1835, Garay ; — Carnot, *Inst. crim.*, sur l'art. 327, no 2.

1343. — Jugé cependant, au contraire, que la disposition de l'art. 327, C. inst. crim., qui, lorsque le président a fait retirer de l'audience un accusé, impose à ce magistrat l'obligation de l'instruire de ce qui s'est fait en son absence, n'est pas prescrite à peine de nullité. — *Cass.*, 3 avr. 1818, Léopold Lewy ; 10 avr. 1819, Morel ; 22 juin 1820, Terrein.

1344. — L'art. 327, C. inst. crim., en enjoignant au président de la Cour d'assises d'instruire, avant de reprendre la suite des débats généraux, l'accusé de tout ce qui s'est passé en son absence, ne prescrit pas que les témoins répètent eux-mêmes ce qu'ils ont dit en l'absence de l'accusé. — *Cass.*, 17 fév. 1843 (t. 2 1843, p. 539), Besson.

1345. — La faculté accordée au président de la cour d'assises de faire retirer de l'audience un accusé pendant l'audition d'un témoin s'applique au cas où cet accusé est seul, comme au cas où il y a plusieurs accusés. — *Cass.*, 19 août 1819, Hubert.

1346. — De même, le président peut faire retirer de l'audience plusieurs accusés, comme il pourrait en faire retirer un seul, et entendre pendant leur absence plusieurs témoins comme il pourrait en entendre un seul : l'art. 327, C. inst. crim., ne limite aucun nombre à cet égard. — *Cass.*, 28 mars 1829, Chauvière.

1347. — Il doit user de la faculté que lui donne l'art. 327, surtout lorsque la personne de l'accusé intimide le témoin. — *Cass.*, 16 janv. 1829, Brunier.

1348. — L'art. 327 n'est pas seulement relatif à l'audition des témoins, il est également applicable au cas où le président a cru devoir examiner les accusés hors la présence les uns des autres avant l'audition des témoins. — *Cass.*, 16 janv. 1823, Danjean ; 15 juill. 1825, Tronc ; 12 août 1825, Marie Tuquet. — V. *contrà Cass.*, 3 avr. 1818, Léopold Lewy.

1349. — L'omission dans le procès-verbal d'audience de la mention que le président des assises, après avoir *fait retirer* un des accusés pendant l'interrogatoire de son *coaccusé*, l'a instruit, à son retour, de ce qui avait eu lieu en son absence, entraîne la nullité des débats. — *Cass.*, 21 janv. 1841 (t. 1er 1842, p. 238), Fraigneau.

1350. — Il y a nullité lorsque au lieu de mentionner expressément l'accomplissement de cette formalité, le procès verbal des débats énonce, au contraire, le doute du président à ce sujet, et l'incertitude des souvenirs de la cour. — *Cass.*, 2 juill. 1825, Gazay.

1351. — Il y a, à plus forte raison, nullité si le procès-verbal énonce que le président a omis de rendre compte à chacun des accusés de ce qui s'était passé en son absence. — *Cass.*, 10 mars 1831, Delente.

1352. — Le président qui a fait retirer de l'audience un accusé n'est tenu de l'instruire de ce qui s'est fait en son absence qu'avant de reprendre les débats généraux : l'accusé ne peut se faire un moyen de nullité de ce que le président ne l'en aurait instruit qu'après son propre interrogatoire. — *Cass.*, 13 avr. 1832, Blache ; 18 avr. 1833, Demarcé et Royer ; 16 juin 1836, Pierrot ; 3 avr. 1841 (t. 1er 1842, p. 526), Monnet et Schmidt.

1353. — Aucune obligation n'interdit au président le droit de faire connaître lui-même à un ou plusieurs accusés qui auraient été momentanément éloignés du débat, la traduction faite par l'interprète de ce qui a été dit en leur absence. — *Cass.*, 16 avr. 1818, Guillain.

1354. — Il ne peut résulter une cause de nullité de ce que le président de la cour d'assises, fatigué par la longueur des débats, a délégué, pour rendre compte aux accusés interrogés séparément de ce qui s'est passé en leur absence, l'un des membres de la cour, qui s'en est acquitté exactement. — *Cass.*, 26 mai 1826, Beyot.

1355. — Le président qui, après avoir prononcé la clôture des débats, s'aperçoit immédiatement et avant de commencer son résumé qu'il a omis de rendre compte aux accusés de ce qui s'était passé pendant qu'il interrogeait, hors de leur présence, un de leurs coaccusés, peut déclarer non avenu le prononcé de la clôture des débats, réparer son omission, puis déclarer de nouveau les débats terminés après avoir demandé derechef aux accusés s'ils n'ont rien à ajouter à leur défense. — *Cass.*, 10 janv. 1833, Gellée.

Sect. 5e. — *Pièces de conviction.*

1356. — Dans le cours ou à la suite des dépositions, le président fait représenter à l'accusé toutes les pièces relatives au délit et pouvant servir à conviction. Il l'interpelle de répondre s'il les reconnaît. — C. inst. crim., art. 329.

1357. — Le président les fait aussi représenter aux témoins s'il y a lieu. — C. inst. crim., art. 329.

1358. — L'art. 329 ne dit pas que le président interpellera le témoin de répondre s'il reconnaît les pièces de conviction, mais c'est là une conséquence nécessaire et forcée de la représentation. — Carnot, sur l'art. 329; Legraverend, t. 2, p. 207.

1359. — Cependant, la disposition qui veut qu'en présentant à un accusé de faux les pièces incriminées ou les pièces de comparaison le président lui demande s'il les reconnaît, n'est pas prescrite à peine de nullité. — *Cass.*, 5 fév. 1819, Arnaud; 2 avr. 1840 (t. 1er 1842, p. 278), Prévost.

1360. — La représentation des pièces de conviction précédemment faite aux accusés et aux témoins, et la déclaration obtenue d'eux ne dispensent pas de la représentation à faire à l'audience. — Legraverend, t. 2, p. 207.

1361. — La disposition de l'art. 329 n'est pas prescrite à peine de nullité, et l'accusé ne saurait se plaindre de ce que les pièces de conviction n'ont été présentées ni aux témoins ni à lui-même. — *Cass.*, 23 oct. 1817, Deboutières; 31 oct. 1817, Wilfrid Régnaud; 10 avr. 1819, Morel ; 29 mars 1821, N... ; 19 avr. 1821, Picard ; 10 oct. 1828, Fournier ; 16 avr. 1829, Nathan ; 1er oct. 1829, Vannier; 10 fév. 1835, Demolon ; 13 juill. 1837 (t. 2 1839, p. 313), Piet ; 30 mai 1839 (t. 2 1843, p. 298). Nougué ; 16 avr. 1840 (t. 2 1840, p. 177), Planus ; 10 sept. 1840 (t. 2 1843, p. 444), Mauguin; 6 nov. 1840 (t. 1er 1841, p. 604), Rouyer ; 24 juill. 1841 (t. 2 1842, p. 676), Zeller ; 7 janv. 1842 (t. 1er 1842, p. 675), Valois ; 8 janv. 1842 (t. 1er 1842, p. 678), Foin ; 29 août 1844 (t. 1er 1845, p. 417), Duponchel. — V. aussi en ce sens Legraverend, t. 2, p. 208 ; Carnot, *Inst. crim.*, sur l'art. 329.

1362. — ... Alors surtout que l'accusé n'a pas demandé cette représentation. — *Cass.*, 8 oct. 1840 (t. 2 1845, p. 561), Mirebeau ; 30 mai 1839 (t. 2 1843, p. 298), Nougué.

1363. — A plus forte raison il n'y a pas nullité lorsque le procès-verbal ne mentionne pas si, lors de la présentation de la pièce de conviction à l'accusé, celui-ci a été interpellé sur le point de savoir s'il la reconnaissait. — *Cass.*, 24 déc. 1840 (t. 2 1841, p. 130), Bussière.

1364. — On ne peut pas considérer comme des pièces à conviction des lettres, des notes, des écrits quelconques, qui ne sont pas de l'accusé, et qui contiennent, au contraire, des renseignemens soit contre lui, soit en faveur de témoins cités par le ministère public. — *Cass.*, 31 oct. 1817, Wilfrid Régnaut.

1365. — Mais si l'accusation prétend tirer de ces pièces des inductions propres à lui servir d'appui, on ne peut en refuser la représentation à l'accusé. — Carnot, *Inst. crim.*, sur l'art. 330.

1366. — Le vœu de l'art. 329, C. inst. crim., est parfaitement rempli lorsqu'il est établi par le procès-verbal des débats que le président a fait représenter aux accusés et aux témoins les pièces servant à conviction, qu'il les a interpellés de s'expliquer sur ces pièces, et que les accusés et les témoins se sont expliqués. — *Cass.*, 14 juin 1832, Veillard.

1367. — Lorsque, dans une séance de la cour d'assises, les pièces de conviction ont été représentées aux accusés et aux témoins entendus dans cette séance, il n'est pas nécessaire qu'aux audiences suivantes cette représentation soit réitérée pour les accusés ; il suffit qu'elle soit faite aux témoins nouvellement entendus. — *Cass.*, 12 juill. 1832, Canitrot.

1368. — La loi n'exige pas que les réponses des témoins ou des accusés aux interpellations qui leur sont faites par le président, en leur présentant les pièces à conviction, soient constatées dans le procès-verbal des débats. — *Cass.*, 29 oct. 1835, Dewit.

1369. — Mais le procès-verbal des débats peut, sans qu'il en résulte une nullité, mentionner la réponse faite par l'accusé à la question du président sur le point de savoir s'il reconnaît la fausseté des titres servant de pièces de conviction. — *Cass.*, 13 oct. 1843 (t. 1er 1845, p. 140), Constant.

1370. — L'accusé n'est pas fondé à se plaindre de ce que, dans le cours des débats, des pièces pouvant servir à conviction ne lui auraient point été représentées, alors que, jointes au dossier de la procédure et déposées au greffe, le défenseur a pu en prendre communication, qu'il a été délivré copie à l'accusé de celles désignées par lui ou par ses conseils sans qu'ils aient même requis la représentation des originaux, et lorsque d'ailleurs il n'a pas demandé que ces pièces lui fussent présentées. — *Cass.*, 10 fév. 1835, Demolon.

1371. — Mais il est évident que si l'accusé demandait qu'on lui représentât toutes les pièces relatives au délit, et que le président refusât de satisfaire à sa demande, ce refus entraînerait avec lui nullité; il y aurait là violation du droit de défense. — *Cass.*, 6 nov. 1840 (t. 1er 1841, p. 604), Rouyer; 7 janv. 1842 (t. 1er 1842, p. 675), Valois; — Carnot, *Inst. crim.*, t. 2, p. 545, no 1er.

1372. — De ce que la cour d'assises a, sur la réquisition du ministère public et par arrêt, ordonné le dépôt au greffe d'objets présentés par un témoin sans que l'accusé ni son défenseur aient été entendus, il ne saurait y avoir de nullité, alors que l'accusé, présent au débat, n'a élevé aucune réclamation à ce sujet, et n'a pas été empêché de présenter les observations qu'il aurait cru devoir faire dans son intérêt. — *Cass.*, 12 déc. 1840 (t. 2 1842, p. 622), Lafarge.

1373. — C'est à la cour d'assises et non au président qu'il appartient de statuer sur une demande en restitution de pièces à conviction restées au greffe. — *Cass.*, 1er juill. 1820, Spréafico ; — Chauveau et Hélie, *Théorie du Code pénal*, t. 1er, p. 271.

1374. — Il ne peut résulter une nullité de ce que, pour servir d'élément de conviction, une pièce relative à un délit éteint par la prescription aurait été laissée à l'audience sous les yeux des jurés. — *Cass.*, 20 juill. 1837 (t. 2 1839, p. 313), Pithon.

1375. — Sous la loi du 7 pluv. an IX, il y avait nullité lorsqu'il résultait de la procédure qu'il n'avait pas été fait lecture aux accusés, après leurs interrogatoires, de plusieurs pièces renfermant des charges contre eux et mises sous les yeux des jurés. — *Cass.*, 29 fructid. an X, Michel.

Sect. 6e. — *Lecture de pièces à charge.*

1376. — Sous la loi du 16-29 sept. 1791, le président d'un tribunal criminel ne pouvait pas, à peine de nullité, donner lecture à l'audience des déclarations écrites des témoins. — *Cass.*, 4 mai 1793, Hermet ; 29 août 1793, Ithier. — Ces déclarations écrites ne devaient être remises au président que pour lui servir de renseignement. — *Cass.*, 29 août 1793, Ithier.

1377. — Sous l'empire du Code du 3 brum. an IV on ne pouvait, à peine de nullité, donner lecture aux jurés des déclarations, 1o d'un témoin décédé. — *Cass.*, 7 niv. an IX, Daminelle ; 1er mess. an IX, Alliey; 13 oct. 1808, Rouvet ; — Merlin, *Rép.*, vo *Déposition*, § 2.

1378. — ... 2o D'un témoin absent. — *Cass.*, 29 août 1793, Ithier ; 16 germ. an VII, Roux ; 29 prair. an VII, Demoernel; 21 vend. an VIII, Antomari; 25 brum. an VIII, Antoine Courrier ; 28 prair. an IX, Ré ; 19 frim. an X, Descarpie ; 11 messid. an XII, Defendini ; 9 frim. an XII, Montagne ; 11 vend. an XIV, Salle ; *Bruxelles*, 24 nov. 1815, W...

1379. — La déposition écrite d'un témoin non présent ne pouvait pas plus être lue aux jurés sur la demande de l'accusé que sur celle du ministère public. La prohibition était absolue. — *Cass.*, 11 vend. an XIV, Taisse. — Carnot, *Instr. crim.*, sur l'art. 189, t. 2, p. 52, no 2.

1380. — ... 3o D'un témoin présent à l'audience. — *Cass.*, 22 frim. an VIII, Rolle.

1381. — La rétractation faite par un témoin d'une précédente déposition est elle-même une véritable déposition. — Ainsi, sous le Code du 3 brum. an IV, il y avait nullité lorsque lecture avait été faite aux jurés de la rétractation d'un témoin, reçue par un directeur du jury. — *Cass.*, 28 prair. an IX, Ré.

1382. — Sous le même Code, les débats et le jugement étaient nuls, lorsque le commissaire du gouvernement avait donné lecture aux jurés, pendant le débat, d'une déclaration écrite, faite par la femme de l'accusé. — *Cass.*, 7 germ. an IX, N... — Carnot, *Instr. crim.*, sur l'art. 322, p. 522.

1383. — Depuis le Code d'instruction criminelle, une jurisprudence contraire a été admise, et il a été jugé que le président peut, en vertu du pouvoir discrétionnaire que lui accordent les art. 268 et 269 de ce Code, ordonner la lecture aux débats des dépositions écrites : 1o des témoins qui n'ont pas comparu. — *Cass.*, 20 oct. 1820, Agostini ; 22 mars 1821, Agostini ; 14 août 1828, Jullien ; 7 oct. 1825, Daumont ; 3 juill. 1831, Drouin-Lambert ; 15 avr. 1837 (t. 1er 1838, p. 309), Saladini.

1384. — ... 2o D'un témoin non cité. — *Cass.*, 27 sept. 1832, Tronc ; 3 juill. 1834, Drouin-Lambert; 16 janv. 1836, Gilbert-Bermigat ; 28 avr. 1836, Balezoni ; 19 janv. 1837 (t. 2 1840, p. 131), Demangeot.

1385. — ... 3o D'un témoin atteint d'aliénation mentale. — *Cass.*, 27 nov. 1834, Révoltés de la Grand'Anse, Martinique.

1386. — ... 4o D'un témoin décédé. — *Cass.*, 9 avr. 1818, Couaix ; 6 avr. 1838 (t. 2 1842, p. 653), Guillaume.

1387. — ... 5o D'un témoin dont la déclaration n'a été reçue que depuis la comparution de l'accusé

pour purger sa contumace. — *Cass.*, 23 janv. 1812, Baffier.

1388. — Le pouvoir discrétionnaire du président de la cour d'assises lui étant personnel, cette cour ne peut, même avec le consentement de son président, ordonner, sans réquisition aucune, la lecture de la déposition écrite d'un témoin décédé, ni statuer sur la demande du défenseur tendant à ce que la déposition d'un témoin soit interrompue par la lecture de pièces émanées de lui. — *Cass.*, 11 fév. 1835, Moine et Boisnier.

1389. — Lorsque, à la suite d'un arrêt de cour d'assises qui décide que, nonobstant l'absence de quatre témoins, il sera passé outre aux débats, et qu'il sera donné lecture des dépositions écrites de ces témoins, le président a fait procéder à cette lecture, si, dans le procès-verbal d'audience, il n'est pas énoncé que l'arrêt intervenu sur l'incident a réservé au président le droit de ne se conformer à sa disposition qu'autant qu'il le jugerait convenable, et si d'ailleurs rien n'indique que la lecture ordonnée par l'arrêt a eu lieu, non par suite de l'injonction qu'il renferme, mais en vertu d'une inspiration spontanée, il y a nullité de l'arrêt et des débats.—*Cass.*, 27 avr. 1837 (t. 1er 1838, p. 445), Vincent.

1390. — La raison principale sur laquelle repose cette jurisprudence est que l'art. 268, C. inst. crim., confère au président des assises et à lui seul un pouvoir discrétionnaire pour la découverte de la vérité, et que, dès-lors, la cour d'assises elle-même ne peut ni ordonner, ni restreindre l'usage de ce pouvoir.

1391. — Jugé que le président des assises qui ordonne la lecture des dépositions écrites des témoins défaillans ou non cités, n'est pas obligé d'avertir les jurés que la lecture ne leur est faite qu'à titre de renseignement. — *Cass.*, 3 juill. 1834, Brouin-Lambert.

1392.—Cependant, il a été décidé avec raison que le jury doit former sa conviction par le débat oral; que c'est seulement dans des cas graves et extraordinaires que le président doit, en vertu de son pouvoir discrétionnaire, donner lecture d'une ou de plusieurs dépositions écrites. — *Cass.*, 30 juill. 1836 (t. 1er 1837, p. 481), Beaudet; — Legraverend, t. 2, p. 200; Carnot, sur l'art. 318, no 3.

1393.—Par suite, lorsque au lieu de dépositions orales le ministère public produit en termes de preuve devant une cour d'assises des déclarations écrites, l'instruction est entachée de nullité. — *Bruxelles*, 28 fév. 1826, S...

1394. — Mais il ne peut résulter une nullité de la mention d'une déposition écrite, faite par le ministère public, dans son plaidoyer à l'appui de l'accusation. — Même arrêt.

1395. — Sous le Code du 3 brum. an IV, la circonstance que de deux accusés l'un était contumace n'autorisait pas la lecture aux jurés des déclarations des témoins, et la nullité devait être prononcée, quand même le procès-verbal des débats aurait constaté qu'il n'avait été fait lecture des déclarations des témoins qu'en ce qui concernait l'accusé contumace. — *Cass.*, 25 brum. an VIII, Courrier.

1396.— La lecture de la déclaration écrite d'un témoin ne sort pas des bornes du pouvoir discrétionnaire confié au président de la cour d'assises, surtout lorsqu'elle a été rendue nécessaire par le conseil de l'accusé, qui a fait usage de cette déclaration. — *Cass.*, 14 sept. 1826, Deschamps.

1397. — Si, par suite d'une méprise, il a été donné connaissance d'une déposition autre que celle dont la lecture avait été ordonnée, il n'y a pas nullité, puisque la déposition dont il a été donné connaissance aurait pu être lue en vertu du pouvoir discrétionnaire. — *Cass.*, 19 janv. 1837 (t. 2 1840, p. 131), Demangeot.

1398. — Le président de la cour d'assises peut autoriser le ministère public, en vertu de son pouvoir discrétionnaire, et à titre de simples renseignemens, à lire les déclarations écrites de témoins qui n'ont point été cités. — *Cass.*, 16 juin 1831, Ribette.

1399. — De même, la lecture de la déposition d'un témoin décédé, ordonnée en vertu du pouvoir discrétionnaire du président, peut être faite par le procureur général sur l'invitation du président. — *Cass.*, 1er juill. 1837 (t. 2 1842, p. 637), Tranchant.

1400.—La lecture, par le ministère public, d'une pièce qui ne fait pas partie du dossier, *avec l'autorisation du président de la cour d'assises*, doit être considérée comme ayant eu lieu en vertu du pouvoir discrétionnaire dont le président est investi par la loi. — *Cass.*, 24 juill. 1841 (t. 2 1842, p. 676), Zeller.

1401. — Il a même été jugé 1o que la lecture faite par le ministère public, sans autorisation du président, d'une lettre relative à un accusé, lettre qui lui a été adressée pendant le cours des débats, ne peut donner lieu à cassation de l'arrêt, surtout lorsque le président ni la cour n'ont interdit la lecture de cette lettre, et que l'accusé a donné à ce sujet toutes les explications qu'il a jugées utiles à sa défense. — *Cass.*, 4 nov. 1836 (t. 2 1837, p. 88), Horner.

1402. — ... 2o Que l'autorisation donnée par le président à un témoin de lire pendant le cours de sa déposition une lettre qui lui a été adressée doit être considérée comme émanée de l'exercice légal du pouvoir discrétionnaire, bien que le procès-verbal ne le mentionne point, et que cette autorisation ne soit constatée que par l'arrêt qui a donné acte aux accusés de faits formant l'objet de conclusions de leur part.— *Cass.*, 22 janv. 1841 (t. 1er 1842, p. 262), Raynal et Puel.

1403. — Le président de la cour d'assises peut, en vertu de son pouvoir discrétionnaire, donner lecture de la déclaration d'un témoin dont la loi défend l'audition, à la charge par lui de faire connaître la qualité de ce témoin.—*Cass.*, 16 avr. 1840 (t. 1er 1841, p. 615), Bergonnier.

1404. — En conséquence, il peut lire la déclaration faite par: 1o la femme de l'un des accusés. — C. inst. crim., art. 268.—*Cass.*, 23 juin 1832, Veron.

1405.—... 2o L'enfant de l'accusé.— *Cass.*, 26 mai 1831, Dupont; 29 nov. 1838 (t. 1er 1839, p. 269), Bourdolle; 24 juill. 1841 (t. 2 1842, p. 676), Zeller.

1406.—... Surtout lorsqu'il n'y a aucune opposition de la part de l'accusé. — *Cass.*, 23 déc. 1826, Heurtaux et Dagnet.

1407. — ... 3o Le frère de l'accusé, alors surtout qu'il ne l'a fait que sur la demande du défenseur et sans opposition du ministère public. — *Cass.*, 10 sept. 1835, Biard ou Belard.

1408. —Le président, qui peut ordonner la lecture de la déclaration d'un témoin, peut aussi la refuser. — *Cass.*, 22 sept. 1827, Proust.

1409. — Le consentement donné par l'accusé à ce qu'il soit passé outre aux débats nonobstant l'absence d'un témoin ne peut être considéré comme emportant renonciation expresse à la lecture de la déposition écrite de ce témoin. — *Cass.*, 17 nov. 1840 (t. 1er 1842, p. 28), Sarrat.

1410. — Le refus fait par la cour d'assises de permettre la lecture devant les jurés d'une consultation de médecins délibérée sur le fait de l'accusation, sans mandat de justice et sur la demande privée de l'accusé, ne porte aucune atteinte au droit de la défense, si la cour lui a réservé de faire valoir dans le débat tous les moyens de fait et de droit qu'il croirait propres à repousser les poursuites du ministère public, et notamment de relever dans sa défense tous les moyens qu'il pourrait puiser dans ladite consultation et de les faire connaître aux jurés. — *Cass.*, 15 mars 1822, Mary.

1411. — La lecture des dépositions ne peut, à peine de nullité, être faite avant l'audition des témoins qui les ont faites. — *Cass.*, 7 avr. 1836, Dehaut.

1412. — En effet, s'il peut devenir nécessaire de donner lecture des dépositions que des témoins peuvent avoir précédemment faites, cette lecture ne peut jamais être donnée que comme moyen de comparaison et afin d'en contrôler l'exactitude; c'est sur ce qui est verbalement déclaré devant eux et sur les débats que la conviction des jurés doit se former; il n'est pas permis de prévenir ou de diriger cette conviction avant l'audition orale d'un témoin qui doit comparaître.

1413. — Le président peut également donner lecture : 1o des interrogatoires subis par l'un des coaccusés, sauf aux jurés à y avoir tel égard que de raison. — *Cass.*, 14 août 1817, Jacques Senlis; 30 mai 1818, Bastide; 15 avr. 1837 (t. 1er 1838, p. 309), Saladini.

1414. — ... 2o De l'interrogatoire subi pendant l'instruction par la fille de l'accusé qui avait été inculpée au commencement des poursuites. — *Cass.*, 10 oct. 1817, Jean-Baptiste Gueudet.

1415.—...Et par les parens de cet accusé.—*Cass.*, 27 juin 1823, Berthe.

1416.—... 3o De l'interrogatoire subi par un prévenu mis hors d'accusation avant les débats, et qui n'est pas appelé en témoignage.—*Cass.*, 10 janv. 1817, Rey.

1417. — Jugé qu'on ne peut refuser d'ordonner la lecture des déclarations d'un coaccusé mis en liberté, sous le prétexte que ces déclarations sont celles du père de l'accusé. — *Cass.*, 10 avr. 1828, Lebourgeois.

1418. — La raison de douter était que l'art. 322 s'oppose à l'audition orale d'un père contre son fils accusé; que ce serait l'entendre que de donner lecture des déclarations qu'il a faites dans l'instruction.

1419. — Mais la cour de Cassation a pensé, avec raison, que si l'art. 322 défend de recevoir la déposition de certaines personnes, à raison de la suspicion qu'attacherait à leur témoignage leur qualité de parens de l'accusé, cette prohibition qui ne s'applique qu'à la déposition orale sous la foi du serment, n'empêche pas que les déclarations contenues dans un interrogatoire subi par elles ne puissent être lues à titre de renseignemens, en vertu du pouvoir discrétionnaire du président, car c'est l'audition orale comme témoin que la loi prohibe dans ces cas, et non pas l'usage des déclarations faites en une autre qualité en dehors de la cour d'assises. Cela résulte clairement des art. 317 et suiv., C. inst. crim., et notamment de l'art. 318.

1420. — ... 4o De l'interrogatoire d'un coaccusé acquitté.—*Cass.*, 30 juill. 1829, Gosse.

1421.—...5o Des interrogatoires écrits de l'accusé et de ceux d'un coaccusé décédé pendant l'instruction. — *Cass.*, 3 sept. 1812, Perrosset; 20 juin 1820, Terrein; 15 avr. 1824, Pigeonnat.

1422. — ... Alors surtout que les autres accusés n'y ont pas formé d'opposition. — *Cass.*, 4 nov. 1830, Nether et Rauch.

1423. — Sous la loi du 7 pluv. an IX, le défaut de lecture à l'accusé d'un procès-verbal constatant le corps du délit et faisant charge au procès opérait nullité.—*Cass.*, 21 pluv. an XI, Leclerc; 5 vent. an XI, Aumont.

1424. — Des procès-verbaux peuvent être produits pour la première fois dans le cours des débats, sans qu'il en résulte une nullité, si l'accusé a eu la faculté de proposer contre les inductions que le ministère public en a tirées, tous les moyens justificatifs qu'il a jugés convenables. — *Cass.*, 25 juin 1819, Pyot.

1425. — Il ne résulte aucune nullité de ce que, dans le cours des débats et après la déposition des témoins, le président a fait donner lecture aux jurés des procès-verbaux dressés par le juge d'instruction et par le procureur du roi (procès-verbaux qui, dans les débats oraux, ne sont considérés que comme des renseignemens), encore bien qu'on y trouve consignées les déclarations des enfans de l'accusé.—*Cass.*, 24 juill. 1841 (t. 2 1842, p. 676), Zeller.

1426. — Le procès-verbal de vérification d'armes trouvées sur le lieu du crime et de la confrontation d'un témoin peut être lu à l'audience. — *Cass.*, 6 fév. 1832, Faure.

1427. — Cette lecture est pour le président une faculté et non une obligation. En conséquence : 1o il n'est pas nécessaire qu'il soit donné lecture des procès-verbaux constatant le corps du délit.—*Cass.*, 29 mai 1817, Laporte; — Carnot, sur l'art. 341, C. inst. crim., t. 2, p. 617.

1428. — ... 2o Il n'y a point nullité des débats d'une cour d'assises par cela qu'on aurait omis de lire aux jurés quelques procès-verbaux dressés dans le cours de l'affaire. — *Cass.*, 27 janv. 1838 (t. 1er 1840, p. 209), Costat.

1429. — ... 3o La lecture aux jurés d'un procès-verbal dressé par le commissaire de police, lors d'une visite domiciliaire, n'est prescrite par aucune loi, à peine de nullité; dès-lors, les accusés ne peuvent se plaindre de son omission lorsque, d'ailleurs, ils ne l'ont point demandée.— *Cass.*, 4 nov. 1830, Néther et Rauch.

1430. — Jugé, en Belgique, qu'il ne peut résulter aucune nullité de ce qu'il aurait été donné lecture à l'audience de la cour d'assises d'un rapport de médecins; la loi n'interdit que la lecture des dépositions écrites des témoins. — C. inst. crim., art. 341; — *Bruxelles*, 28 oct. 1831, N...

1431.—Cependant il avait été jugé par la même cour qu'il peut être donné lecture devant la cour d'assises de la plainte, des procès-verbaux de renseignemens et des rapports des gens de l'art. — *Bruxelles*, 27 sept. 1821, Bolte.

1432. — Sous le Code du 3 brum. an IV, la lecture, dans le débat, de plusieurs certificats et lettres dont le contenu avait pour objet de prouver l'immoralité de l'accusé était une cause de nullité. — *Cass.*, 26 messid. an IX, Delpech.

1433. — Il en est autrement d'après le Code d'instruction criminelle.

1434. — Jugé en conséquence : 1o que le président peut donner lecture d'un rapport d'expert.— *Cass.*, 7 oct. 1825, Daumont.

1435.—... 2o Qu'aucun article du Code d'instruction criminelle n'interdit la lecture, à l'audience, des certificats délivrés à l'accusé, lorsqu'ils peuvent contribuer à l'éclaircissement des faits de la cause. — *Ass. d'Ille-et-Vilaine*, 11 nov. 1824, Roussel.

1436.—...3o Que l'art. 269, qui permet la lecture, à l'audience, de toute pièce pouvant éclairer la cause, est général et applicable même aux lettres missives adressées par un fils à son père. — *Cass.*, 27 mars 1833, Charbonnel.

1437.—... 4° Que le président de la cour d'assises ne porte aucune atteinte au principe du débat oral, en donnant lecture aux débats d'un arrêt de la même cour qui a précédemment condamné l'accusé à la réclusion. — *Cass.*, 28 mars 1829, Chauvière.

1438. —...Et d'une déclaration du jury rendue dans une affaire précédente, et énonçant qu'il y a partage de voix sur la question de culpabilité. — *Cass.*, 7 janv. 1836, Lefrançois.

1439. — Mais au président seul appartient le droit de lire, en vertu de son pouvoir discrétionnaire, la déclaration, les interrogatoires et les autres pièces du procès dont la connaissance est nécessaire à la manifestation de la vérité.

1440. — La cour d'assises ne peut empiéter sur ce droit et ordonner la lecture de la déclaration d'un témoin. — *Cass.*, 30 déc. 1831, Tapiau; 19 avr. 1832, Milet; 30 juill. 1836, Cottereau; du même jour, Heaudet.

1441. — Le président ne peut y renoncer ni expressément, ni tacitement. — *Cass.*, 30 déc. 1831, Tapiau.

1442. — En conséquence, il y a nullité des débats et de tout ce qui a suivi, lorsque le président a ordonné la lecture de la déclaration écrite d'un témoin absent, non en vertu de son pouvoir discrétionnaire et en prévenant les jurés que ce n'était qu'à titre de renseignement, mais seulement en exécution d'un arrêt de la cour d'assises rendu par suite d'un accord entre le ministère public et l'accusé, et sans qu'il ait été donné aucun avertissement au jury. — *Cass.*, 22 sept. 1831, Imbert.

1443. — Il y aurait nullité si la cour d'assises avait ordonné la lecture de la déposition écrite d'un témoin absent, encore bien que le président eût lui-même exécuté son arrêt. — *Cass.*, 24 déc. 1835, Durand.

1444. — C'est au président seul qu'il appartient d'ordonner cette lecture, alors même que l'accusé s'oppose à ce qu'elle ait lieu. — *Cass.*, 25 août 1820, Bridier; du même jour, Couraud; 14 août 1828, Jullian.

1445. — A plus forte raison a-t-il ce droit lorsque l'opposition de l'accusé est vague et non motivée. — *Cass.*, 27 juin 1828, Aubry.

1446. — Jugé que la cour d'assises ne viole aucune loi en permettant, malgré l'opposition de l'accusé, la lecture de la déposition d'un témoin absent. — *Cass.*, 30 avr. 1819, Benoit.

1447. — ... Ou de pièces qui n'ont pas fait partie de la procédure. — *Liége*, 27 déc. 1822, N...

1448. — ... Et qu'en agissant ainsi elle n'exerce point le pouvoir discrétionnaire du président. — *Cass.*, 27 nov. 1834, Révoltés de la Grand'-Anse (Martinique).

1449.—De ces derniers arrêts il résulterait que la cour et le président peuvent indistinctement statuer sur l'opposition formée à l'exercice du pouvoir discrétionnaire, et que la décision qui intervient sur cette opposition est valable, soit qu'elle émane de la cour, soit qu'elle ait été rendue par le président. Nous ne pensons pas qu'il puisse en être ainsi.— Les art. 268 et 269, C. inst. crim., donnent, dans les cas qu'ils déterminent, *un pouvoir discrétionnaire* au président de la cour d'assises en s'en remettant, pour l'exercice de ce pouvoir, à son honneur et à sa conscience. Le droit qui en résulte pour ce magistrat doit être sans contrôle et sans autre limite que sa volonté; autrement le pouvoir que la loi lui concède ne serait plus *discrétionnaire*. La cour ne peut donc, dans aucun cas, être appelée à se prononcer sur le point de savoir si une déclaration de témoin ou une autre pièce du procès sera lue lorsque, par une pareille décision, elle violerait la loi qui veut que le président soit omnipotent pour ce qui concerne la direction des débats et la lecture des pièces. — Si donc une simple opposition se manifeste à l'exercice que le président veut faire de son pouvoir discrétionnaire, cette opposition doit être repoussée par le président seul. Mais si cette opposition est formulée dans des conclusions, la cour, qui doit statuer sur tous les élémens contentieux du débat, est appelée à prononcer. Alors elle doit se borner à déclarer que, le pouvoir discrétionnaire ne devant pas rencontrer d'obstacle, l'opposition n'est pas recevable. Elle doit soigneusement éviter de se prononcer sur la question de savoir si la lecture doit avoir lieu et laisser cette question à la discrétion du président.

1450. — Le président doit avertir les jurés qu'ils ne peuvent considérer les déclarations, interrogatoires et pièces dont il donne lecture, que comme de simples renseignemens. — *Cass.*, 25 août 1826, Bridier; 25 août 1826, Couraud; 14 sept. 1826, Deschamps; 14 août 1828, Jullian; 22 sept. 1831, Imbert; 16 avr. 1840 (t. 1er 1841, p. 615), Bergonnier.

1451. — Mais cet avertissement, qui n'est pas formellement exigé par l'art. 269, C. inst. crim., n'est pas exigé à peine de nullité. — La cour de Cassation a même jugé, dans ces derniers temps, que le président n'était pas tenu de donner cet avertissement aux jurés. — *Cass.*, 3 juill. 1834, Drouin-Lambert; 16 janv. 1836, Gilbert-Berungat.

Sect. 7e. — ***Interdiction aux accusés, témoins, et jurés de communiquer entre eux et au dehors.***

1452. — Le président, en vertu de son pouvoir discrétionnaire, peut défendre aux accusés de communiquer entre eux dans l'intervalle d'une séance à l'autre, pendant le cours des débats. — *Cass.*, 5 mars 1812, N...

1453. — Il peut même être défendu aux accusés de communiquer avec leur conseil, dans l'intervalle d'une séance à l'autre. — Même arrêt.

1454. — Carnot (*Inst. crim.*, sur l'art. 302, t. 2, p. 439, n° 2) fait remarquer, avec raison, que si le président peut être autorisé à interdire toute communication entre les accusés, c'est aller bien loin que de priver un accusé de communiquer avec son conseil, malgré la disposition de l'art. 302, C. inst crim., qui lui accorde ce droit sans aucune restriction. Il nous semble effectivement que la première proposition rentre dans le cercle du pouvoir discrétionnaire du président, et que la seconde est contraire à tous les principes d'humanité et de justice, ainsi qu'au texte même de la loi.

1455. — Quoique aucune disposition législative ne défende aux témoins de communiquer avec les personnes étrangères à l'affaire avant d'avoir fait leur déposition, comme le fait la loi à l'égard des jurés, le président des assises peut, en vertu de son pouvoir discrétionnaire, prendre toutes les mesures pour que cette communication n'ait pas lieu. — Legraverend, t. 2, p. 197.

1456.—Sous le Code du 3 brum. an IV, le président de la cour d'assises, en remettant aux jurés les questions et les pièces, leur annonçait que la loi les obligeait de se retirer dans leur chambre pour délibérer et leur rappelait qu'elle leur défendait de communiquer avec personne jusqu'après leur déclaration. — Art. 382 et 383.

1457. —Sous ce Code, il y avait communication au dehors, et par suite nullité de la déclaration, si les jurés, après avoir commencé leur délibération dans leur chambre, s'étaient séparés et avaient renvoyé la continuation au lendemain.— *Cass.*, 26 vent. an V, Boussaye.

1458. — Par application du même principe, on jugeait aussi : 1° que lorsqu'il était justifié que plusieurs jurés étaient sortis de la chambre de leurs délibérations, qu'ils étaient allés boire et manger dans un cabaret, et que là ils avaient discuté les questions qui leur avaient été posées par le président et énoncé publiquement leur opinion, la déclaration intervenue ensuite était nulle. — *Cass.*, 6 brum. an VIII, Trevaux.

1459. — ...2° Que lorsque la cour de justice criminelle s'était déclarée incompétente pour statuer sur la réquisition du ministère public tendant à l'annulation de l'opération du jury, par le motif que plusieurs des jurés avaient quitté sans cause légitime le lieu de leur délibération avant qu'elle fût terminée, cet arrêt, la déclaration du jury et les débats devaient être annulés. —*Cass.*, 1er frim. an XIV, Faudot.

1460. — ... 3° Qu'une fois les jurés retirés dans la chambre de leurs délibérations, après la clôture des débats, il leur était défendu de communiquer, même avec le tribunal criminel, sur tout autre objet que leur déclaration à faire.—En conséquence, si, sur leur demande, les débats avaient été rouverts et les témoins interpellés, en présence des accusés et en l'absence de leurs conseils, la déclaration qui s'ensuivait était nulle. — *Cass.*, 12 messid. an VII, Marquifare et Lagrave.

1461. — Le Code d'instruction criminelle a reproduit dans deux dispositions distinctes la prohibition de l'art. 383, C. 3 brum. an IV.

1462. — Ainsi, les jurés ne doivent communiquer avec personne jusqu'après leur déclaration. — C. inst. crim., art. 312.

1463. — L'examen et les débats une fois entamés doivent être continués sans interruption et *sans aucune espèce de communication au dehors* jusqu'après la déclaration du jury inclusivement.— C. inst. crim., art. 353.

1464. — Bourguignon (*Man. du jury*, p. 522, n° 343) pense que la prohibition de communiquer au dehors est substantielle, non seulement par son importance, mais encore parce que le législateur a voulu que chaque juré s'engageât par un serment à l'observer : « Les art. 312 et 353 sont, dit-il, évidemment corrélatifs. Comment pourrait-on considérer comme non substantielle une formalité imposée sous la foi du serment? Si l'omission du serment emporte nullité, comment se fait-il que la violation du serment soit tolérée et classée parmi les omissions indifférentes? » Il explique, au surplus, que les mots *sans aucune espèce de communication au dehors* ont été introduits dans l'art. 353, C. inst. crim., pour faire cesser le doute qui existait dans l'instruction du mois de sept. 1791 et dans l'art. 418, C. 3 brum. an IV. Enfin à l'objection tirée de la difficulté que présente l'exécution ponctuelle de la loi, il répond que la suspension des débats pour le repos des juges et des jurés n'est point incompatible avec l'interdiction de communiquer au dehors, que les jurés qui seraient empêchés peuvent être remplacés par des jurés suppléans, et qu'on a peine à concevoir pourquoi les jurés français s'affranchiraient d'une obligation à laquelle les jurés d'Angleterre et ceux des Etats-Unis sont assujétis d'une manière encore plus rigoureuse.—L'opinion de cet auteur est à nos yeux parfaitement fondée. Nul ne saurait contester les inconvéniens et les dangers d'une communication au dehors.

1465. — Cependant, un usage et une jurisprudence contraires ont prévalu et il a été constamment jugé que les juges et les jurés peuvent, pendant les débats, aller dîner et coucher chez eux ou à l'auberge. — *Cass.*, 5 sept. 1811, Gros; 9 août 1811, Sterlin; 29 août 1811, N...; 16 janv. 1812, Sturm; 15 oct. 1812, Gauthier; 4 déc. 1812, Durieux; 12 avr. 1817, Verdier; — Carnot, *Inst. crim.*, sur l'art. 353; Legraverend, t. 3, p. 187.

1466.— ...Et que les témoins ont le même droit. — *Cass.*, 29 août 1811, N.....

1467. — Lorsqu'une affaire est de nature à occuper plusieurs séances de la cour d'assises, c'est un devoir pour le président de rappeler aux jurés, à la fin de chaque séance, et au moment où la cour se sépare, le serment solennel qu'ils ont prêté au commencement de la première audience de ne communiquer avec personne. — Legraverend, t. 2, p. 187.

1468. — Jugé que lorsque, par suite d'une indisposition subite du défenseur de l'accusé, le président de la cour d'assises a été obligé de suspendre les débats et de renvoyer l'affaire au lendemain, l'accusé ne peut se faire un moyen de nullité de ce que le président n'aurait pas, pendant la suspension, renvoyé les jurés et les témoins dans leurs chambres respectives, jusqu'à la reprise des débats; qu'il suffit que ce magistrat les ait invités à ne communiquer avec personne sur l'affaire. — *Cass.*, 12 avr. 1832, Dournac.

1469. — La cour de Cassation avait même d'abord décidé que l'art. 353, C. inst. crim., n'était pas prescrit à peine de nullité. — *Cass.*, 31 oct. 1817, Regnaut; 16 déc. 1825, Desprez; 1er avr. 1830, Martial.

1470. — ... Et par suite, que la communication au dehors de la part des jurés, pendant les suspensions de l'audience, était bien une désobéissance à la loi, mais n'emportait pas la peine de la nullité. — *Cass.*, 6 fév. 1812, Morin.

1471. — ... Que la nullité de la déclaration du jury ne peut être prononcée sur le motif de la communication des jurés avec les personnes du dehors. — *Cass.*, 30 nov. 1811, N...; — Carnot, *Instr. crim.*, sur l'art. 343, t. 2, p. 634, n° 5.

1472. —... Qu'il ne résultait aucune nullité de ce que pendant la suspension des débats, pour le repos des jurés, l'un d'eux aurait communiqué au dehors.—*Cass.*, 12 sept. 1812, Lempereur Cambay.

1473. — ...Qu'il ne pouvait résulter aucune nullité de ce que le président de la cour d'assises avait suspendu momentanément la séance pour le repos des juges, des jurés, des témoins et des accusés, lors même que pendant cette suspension les jurés auraient communiqué avec les témoins. — *Cass.* 17 août 1815, Borel.

1474. — ...Que de ce que pendant la suspension de l'audience, et au moment où elle allait être reprise, les accusés étant déjà ramenés, un juré aurait, en présence de quelques autres, et sans manifester aucune opinion, demandé à un témoin un renseignement sur l'état des localités, il n'en résulte pas une communication entraînant la nullité des débats. — *Cass.*, 8 oct. 1840 (t. 2 1845, p. 561), Mirebeau.

1475. — ...Qu'il en est de même si, sans manifester aucune opinion, un juré a fait une observation à un témoin sur l'attitude de l'accusé au moment du crime. — Même arrêt.

1476. — ... Que lorsque le défenseur de l'accusé allègue qu'avant l'une des audiences du procès un témoin déjà entendu a conversé de l'affaire avec l'un des jurés, et qu'il conclut à ce que la cour

donne acte de cette communication et interroge sur ce fait le juré et le témoin, la cour d'assises, en refusant de donner acte d'un fait qui s'est passé avant l'ouverture de l'audience, et par conséquent hors de sa présence, et qui consistait dans une simple allégation, n'a fait qu'user d'un droit d'appréciation qui lui appartenait, et n'a violé ni les art. 312 et 353, C. inst. crim., ni le droit de la défense. — *Cass.*, 21 juill. 1843 (t. 2 1843, p. 721), Dupont.

1477. — Cependant il nous semble que de graves inconvéniens doivent résulter du système qui n'attribue à la cour d'assises qu'une compétence en quelque sorte facultative, arbitraire, et ne lui impose de compétence nécessaire pour constater la communication consacrée par cet arrêt qu'autant que cette communication a eu lieu à l'audience. N'est ce pas une compétence presque illusoire que celle qui est aussi restreinte? L'audience de la cour d'assises n'est-elle pas le lieu où cette illégale communication se fera le plus rarement, le plus difficilement? Est-ce que le président des assises n'interrompra pas ces colloques à l'instant où ils seront près de s'établir? N'est-il pas vrai que la communication aura plus fréquemment lieu dans ces instans où le repos nécessaire aux jurés force la cour d'assises à suspendre les débats? N'est-ce pas l'un de ces instans où le juré n'est plus associé de fait aux investigations des magistrats que la fraude aura l'adresse de choisir pour jeter dans un esprit mal éclairé sur l'étendue de ses devoirs quelques indications qui prépareront ou formeront une conviction dont l'accusé n'aura pu contrôler tous les élémens? Pour lutter contre une fraude habile, l'accusé ne doit pas implorer en vain l'appui de la justice; il faut qu'il puisse s'adresser aux magistrats, et quels magistrats seront donc investis d'une compétence qui puisse garantir à l'accusé une loyale manifestation de la vérité?

1478. — Jugé, au reste, que les communications entre les jurés et des tiers, prohibées par les art. 312 et 353, C. inst. crim., ne sont relatives qu'à des faits postérieurs à l'ouverture des débats. — *Cass.*, 13 oct. 1845 (t. 1er 1845, p. 140), Constant.

1479. — ... Qu'il ne résulte point une nullité de ce que les jurés, après s'être retirés dans leur chambre, à la suite de la position des questions, en sont sortis et ont communiqué au dehors avant d'avoir formé leur déclaration. — *Cass.*, 1 janv. 1812, Herbault.

1480. — La cour de Cassation, éclairée par les inconvéniens graves du système qu'elle avait embrassé, n'a pas tardé à l'abandonner en partie du moins, et à reconnaître que les art. 312 et 353 étaient prescrits à peine de nullité.

1481. — Mais elle a singulièrement limité l'application de ce principe et les cas de nullité. — Ainsi, elle a décidé que 1° la peine de nullité ne doit pas être prononcée indistinctement pour toute communication des jurés au dehors, mais seulement pour celle qui serait relative aux faits du procès, et pourrait, par suite, exercer sur l'opinion des jurés une influence illégale. — *Cass.*, 15 mars 1838 (t. 2 1839, p. 480), Danicourt; 29 nov. 1838 (t. 1er 1839, p. 269), Bourdelle.

1482. — ... 2° Qu'il n'y a pas communication d'un juré avec un témoin de nature à entraîner nullité, lorsqu'il est constaté que le colloque qui allait s'établir entre eux a été interrompu dès qu'il a commencé. — *Cass.*, 6 déc. 1838 (t. 2 1839, p. 645), Roubaud.

1483. — ... 3° Que la remise d'une lettre à un juré pendant le cours des débats n'établit pas suffisamment contre ce juré la présomption d'incapacité résultant d'une communication ayant pour objet l'affaire soumise à sa décision. — *Cass.*, 11 nov. 1836 (t. 2 1837, p. 66), Marmont.

1484. — ... 4° Que lorsque le procès-verbal établit, d'après la déclaration d'un juré, que la communication qui a eu lieu pendant les débats entre lui et un individu étranger à l'affaire n'avait aucun rapport avec le procès, la cour d'assises n'est nullement obligée de provoquer des témoignages pour contrôler la déclaration du juré sur la nature des communications qui lui ont été reprochées. — *Cass.*, 25 nov. 1337 (t. 1er 1840, p. 141), Mayé.

1485. — ... 5° Que le seul fait, de la part d'un juré, d'être sorti de la chambre des délibérations avant la formation de la délibération, n'est pas une cause de nullité s'il n'en est pas résulté une communication de nature à exercer une influence illégale sur sa conviction : ainsi, par exemple, s'il n'est sorti que pour aller dans la chambre du conseil communiquer avec le président. — *Cass.*, 26 mars 1840 (t. 2 1840, p. 601), Dufour.

1486. — ... 6° Que le fait par un juré d'avoir, en dehors de l'audience, adressé une question à un témoin ne constitue pas une communication réelle entre le juré et le témoin, si, d'ailleurs, celui-ci n'a pas répondu à la question qui lui était faite. — *Cass.*, 28 juin 1838 (t. 1er 1840, p. 311), Couvreur.

1487. — ... 7° Que de ce que, dans le cours des débats, l'un des douze jurés aurait échangé quelques paroles avec un autre juré qui ne siégeait pas, il n'en résulte pas une violation de la défense de communiquer pouvant opérer nullité, si rien n'établit que le colloque ait eu trait à l'affaire. — *Cass.*, 12 sept. 1833, Couturier.

1488. — M. Tarbé, avocat général, qui portait la parole dans cette affaire, disait : « L'art. 312 prescrit en effet aux jurés de ne communiquer avec personne pendant le cours des débats, mais dans cette prescription de l'art. 312 il faut distinguer deux choses, le texte et l'esprit : le texte serait, la plupart du temps, toujours même, impraticable, c'est un point qui tombe sous le sens ; l'esprit de l'art. 312, et c'est à cet esprit qu'il faut s'attacher, c'est que le juré ne communique avec personne, sur les faits de l'affaire. Mais alors c'est là un point qui est nécessairement abandonné à la conscience du juré, puisque l'engagement de ne communiquer avec personne fait partie de son serment. »

1489. — ... 8° Que le fait par un juré d'avoir demandé la séparation de deux accusés dont l'un paraissait exercer sur l'autre une grande influence ne peut être considéré comme une manifestation de son opinion, ni comme une communication interdite par la loi. — *Cass.*, 6 fév. 1840 (t. 1er 1843, p. 20), Quenardel.

1490. — ... 9° Que les certificats et déclarations donnés postérieurement aux débats par des personnes ayant assisté à ces débats, et par plusieurs jurés, sur l'existence de propos tenus par l'un de ces derniers, ne peuvent infirmer l'arrêt de la cour d'assises qui déclare que les magistrats n'ont pas entendu les propos, et qui refuse d'en donner acte. — *Cass.*, 22 mars 1845 (t. 2 1845, p. 530), Lagarde.

1491. — Il a cependant été jugé contrairement à cette opinion que : 1° sont nuls les débats dans le cours desquels il y a eu communication à voix basse entre un témoin et des jurés, bien que, sur la demande immédiate du président, ils aient déclaré n'avoir point parlé de l'affaire. — *Cass.*, 20 juin 1833, Laroche et Mornet du Temple.

1492. — ... 2° Qu'en matière criminelle, il y a nullité de l'arrêt de cour d'assises alors qu'il est constant que les jurés de l'affaire se sont transportés hors de la présence de la cour, de l'accusé et de son conseil, sur les lieux où s'est passé le fait objet de l'accusation, et que là ils ont reçu de la partie plaignante et d'autres témoins des renseignemens relatifs à ce fait. — *Cass.*, 16 fév. 1838 (t. 1er 1838, p. 359), Massiani.

1493. — La prohibition de communiquer ne commence qu'au tirage du jury, et les propos que des jurés auraient tenus sur des faits qui font l'objet de l'accusation, antérieurement à la formation du jury, ne sont pas une cause de nullité, l'accusé ayant eu la faculté de récuser ces jurés. — *Cass.*, 12 déc. 1840 (t. 2 1842, p. 622), Lafarge.

1494. — La prohibition pour le jury de ne communiquer avec personne ne doit s'entendre que d'une communication volontaire et non de celle qui est nécessitée par les circonstances : elle n'est point applicable, notamment au cas où le jury s'est adressé à la cour d'assises, pour faire rectifier l'erreur commise dans une question sur le nom de la victime du crime. — *Cass.*, 7 juill. 1831, Greco, 29 nov. 1838 (t. 1er 1839, p. 269), Bourdolle.

1495. — Jugé aussi que, lorsque c'est sur la demande écrite des jurés que le président de la cour d'assises s'est introduit dans la salle de leurs délibérations pour leur donner un éclaircissement dont ils avaient besoin, il n'y a pas violation du secret de leurs délibérations, et qu'il n'en résulte aucune nullité. — *Cass.*, 26 mai 1826, André; 13 oct. 1826, Garnier.

1496. — La cour de Cassation est allée plus loin, elle a décidé qu'il y a présomption légale, lorsqu'un président de cour d'assises entre dans la chambre des délibérations des jurés, qu'il y a été appelé par eux pour leur donner des éclaircissemens. — *Cass.*, 11 sept. 1827, Jouberjou.

1497. — Mais le président d'une cour d'assises ne peut, à peine de nullité, s'introduire dans la chambre des délibérations des jurés pour leur donner des éclaircissemens qu'ils n'ont pas demandés, et qu'il ne devrait, dans tous les cas, leur donner qu'en audience publique. — *Cass.*, 3 mars 1826, Ferrier; — Bourguignon, *Man. du jury*, p. 493; de Serres, *Man. des cours d'ass.*, t. 1er, p. 466.

1498. — La déclaration faite à un juré par un témoin déjà entendu qu'il désire demander la parole au président pour éclaircir un fait, ne constitue pas la communication dont l'art. 312, C. inst. crim., fait un devoir aux jurés de s'abstenir jusqu'après le jugement. — *Cass*, 16 mars 1837 (t. 1er 1838, p. 86), Govrinchat.

1499. — La communication entre un juré et un témoin, à cause d'une indisposition subite du premier et de la profession du second, qui est médecin, ne constitue pas une violation de la loi, si, d'ailleurs, rien n'établit que cette communication ait eu rapport à l'affaire. — *Cass.*, 19 sept. 1833, Robert.

1500. — La sortie d'un juré de la salle des délibérations n'est pas une cause de nullité, si ce juré n'a communiqué avec personne et s'est seulement introduit momentanément dans la salle d'audience, pour prendre des notes qu'il avait oubliées. — *Cass.*, 28 déc. 1832, Blondeau.

1501. — Le fait par un juré d'avoir, sans la permission du président, quitté sa place dans l'auditoire pendant la délibération de la Cour, ne constitue pas une violation de l'art. 343, C. inst. crim., surtout s'il n'est point articulé que ce juré ait communiqué avec qui que ce soit, si son absence a été fort courte, et si elle a été commandée par une nécessité physique. — *Cass.*, 8 sept. 1837 (t. 1er 1840, p. 124), Laurent.

1502. — En supposant qu'il pût être prouvé que la réponse d'un témoin à une question à lui adressée par le président des assises a été déterminée par un signe affirmatif d'une personne présente à l'audience, cette circonstance ne saurait donner ouverture à cassation, s'il n'est point établi que la personne qui a fait le signe était un des jurés du jugement, seul cas auquel le fait constituerait la communication prohibée par l'art. 353, C. inst. crim. — *Cass.*, 22 juill. 1842 (t. 1er 1843, p. 159), Lebreton.

1503. — La cour peut condamner le juré qui contrevient à l'art. 343, C. inst. crim., en communiquant au dehors, à une amende de 500 fr.

1504. — La communication d'un juré avec une personne étrangère, pendant la suspension de l'audience, est un événement de nature à justifier le renvoi de l'affaire à une autre session, lorsqu'il résulte de l'ensemble des circonstances que ce juré a dû recevoir une impression autre que celle des débats. — *Ass. de la Seine*, 16 juin 1836, Dehors.

1505. — Il n'y a pas lieu pour la cour de Cassation de s'occuper du fait de communication reproché à un juré, lorsque ce fait n'est pas consigné au procès-verbal, et qu'il n'a donné lieu à aucune réclamation pendant les débats. — *Cass.*, 30 juin 1838 (t. 2 1838, p. 418), Hubert; 15 mars 1838 (t. 2 1839, p. 480), Danicourt.

1506. — De même, les propos que des jurés auraient tenus, ou la communication qu'ils auraient eue au dehors sur les faits de l'accusation, pendant le cours des débats, ne peuvent être une cause de nullité si le procès-verbal n'en contient aucune trace, et il n'est pas dans les attributions de la cour de Cassation d'autoriser la preuve de ces faits. — *Cass.*, 12 déc. 1840 (t. 2 1842, p. 622), Lafarge.

1507. — ... Jugé cependant que le fait de la communication peut être prouvé en dehors des énonciations du procès-verbal. — *Cass.*, 16 fév. 1838 (t. 1er 1838, p. 359), Massiani.

1508. — Le fait de communication d'un tiers avec deux jurés qui auraient reçu la visite de celui-ci ne peut être non plus un moyen de cassation, alors surtout qu'aucune déclaration relative à cette communication n'est consignée au procès-verbal des séances de la cour d'assises, et qu'elle n'est révélée que par une déposition faite par les jurés qui ont cessé leurs fonctions et qui figurent comme témoins dans une affaire postérieure. — D'ailleurs, il ne peut dépendre d'un tiers d'interrompre le cours de la justice et de placer les jurés en dehors de leur serment en établissant entre eux et lui une communication involontaire de la part des premiers. — *Cass.*, 3 nov. 1836 (t. 2 1837, p. 59), Charié.

1509. — Il y a nullité des débats et de tout ce qui s'en est suivi lorsque le président a autorisé un témoin à conférer secrètement avec le défenseur de l'accusé avant de compléter et signer sa déposition, qui était suspectée de faux témoignage. — *Cass.*, 29 janv. 1841 (t. 1er 1842, p. 200), Barthon de Montbas.

1510. — L'accusé ne peut se faire un moyen de nullité de ce que les jurés suppléans auraient communiqué avec les jurés titulaires pendant les débats, s'ils n'ont pris aucune part à la délibération. — *Cass.*, 29 mars 1832, Thiault.

1511. — Les jurés ont la faculté de se couvrir après la prestation du serment. — Legraverend, t. 2, p. 187, aux notes.

1512. — L'allégation de l'accusé faite après la

déclaration du jury, et par laquelle il a prétendu que l'un des jurés avait constamment lu un journal pendant les plaidoiries, ne peut être l'objet que d'une observation d'ordre de la part du président, et n'est pas de nature à donner ouverture à cassation. — *Cass.*, 30 juin 1838 (t. 2 1838, p. 418), Hubert.

Sect. 8°. — *Arrêts incidens.*

1513. — Lorsqu'il s'élève un débat contentieux pendant le cours des débats, le ministère public et l'accusé doivent être entendus sur cet incident.

1514. — La disposition qui veut que l'accusé et son conseil aient toujours la parole les derniers, s'applique non-seulement à la défense proprement dite, mais encore à tous les incidens qui peuvent s'élever dans le cours des débats et qui peuvent intéresser la défense ou la justification de l'accusé, soit qu'une ordonnance du président, soit qu'un arrêt doivent terminer ces incidens. — *Cass.*, 5 mai 1826, Renault ; 28 janv. 1830, Moutte.

1515. — Mais la loi n'astreint pas le président à interpeller l'accusé sur le point de savoir s'il veut présenter des observations sur les demandes incidentes. L'accusé peut user de son droit à cet égard, mais l'exercice de ce droit ne doit pas être provoqué par le président. — *Cass.*, 22 janv. 1841 (t. 1er 1842, p. 262), Raynal et Puel.

1516. — Spécialement, le président n'est pas tenu d'interpeller l'accusé de s'expliquer sur le huis-clos demandé par le ministère public. Il suffit qu'aucun empêchement n'ait été apporté de la part du président à ce que l'accusé contredît, si bon lui semblait, les conclusions du ministère public. — *Cass.*, 6 nov. 1840 (t. 1er 1841, p. 604), Rouyer.

1517. — De même, il n'y a pas atteinte au droit de défense par cela seul que l'accusé n'a pas été interpellé de s'expliquer sur l'absence d'un témoin et sur les conclusions du ministère public tendant à ce que les débats fussent continués nonobstant cette absence, alors surtout que l'accusé n'a fait aucune réclamation à cet égard, et que, d'ailleurs, le témoin s'est présenté et a été entendu pendant le cours des débats. — *Cass.*, 16 juill. 1842 (t. 2 1842, p. 725), Berger.

1518. — Lorsque l'accusé demande qu'il lui soit donné acte d'un fait qu'il signale et que le ministère public s'oppose à cette constatation, l'incident devient contentieux et sort des limites du pouvoir discrétionnaire.

1519. — En conséquence, c'est à la cour d'assises, et non au président, qu'il appartient d'en donner acte au défenseur. — *Cass.*, 7 janv. 1842 (t. 1er 1842, p. 675), Valois.

1520. — L'accusé a le droit de requérir qu'il lui soit permis de lire les dépositions écrites pour relever les changemens et variations d'un témoin. En cas de contestation de la part du ministère public, l'incident forme un débat contentieux sur lequel il ne peut être statué que par la cour d'assises, à peine de nullité. — *Cass.*, 19 août 1819, Martin.

1521. — Mais 1° lorsque la cour d'assises a rejeté des conclusions prises au moment de la lecture de la déclaration du jury, elle n'est point obligée, si les mêmes conclusions sont reprises au sujet de l'application de la peine, d'y statuer de nouveau d'une manière distincte. — *Cass.*, 18 juill. 1839 (t. 2 1840, p. 535), Manenti.

1522. — 2° Lorsque l'accusé s'est opposé à l'audition d'un témoin qui, par suite de cette opposition, n'a pas été entendu, il ne peut tirer un moyen de cassation de ce que la cour d'assises n'aurait pas rendu un arrêt formel sur ses conclusions. — *Bruxelles*, 27 sept. 1821, Botte.

1523. — 3° L'omission faite par la cour d'assises de statuer sur une réquisition du ministère public, ne peut fournir un moyen de cassation à l'accusé qui n'a formé aucune demande ni élevé aucune plainte. — *Bruxelles*, 3 mars 1819, Doussanint.

1524. — L'art. 408, C. inst. crim., exige seulement, pour la régularité des débats, qu'il ait été prononcé sur les réquisitions du ministère public ou de l'accusé, l'ouverture à cassation ne peut résulter que du refus ou de l'omission de prononcer, lorsque la formalité n'est pas prescrite à peine de nullité.—*Cass.*, 14 nov. 1811, Gosset et Got ; 4 janv. 1812, N....

1525. — Pour qu'une cour d'assises soit tenue de prononcer, à peine de nullité, sur une réquisition de l'accusé, il faut que cette réquisition ait pour objet un acte d'instruction ou de procédure qui puisse être considéré comme une faculté ou un droit accordé par la loi. Dans tout autre cas, il suffit d'y statuer *formâ negandi*, en jugeant le fond. —*Cass.*, 26 mai 1814, N....;—Bourguignon, *Jurisp.*

des Codes crim., sur l'art. 408, C. inst. crim., t. 2, p. 295, n° 5.

1526. — Lorsqu'il y a eu omission ou refus de prononcer, la cour de cassation doit annuler les débats et par suite l'arrêt de condamnation comme s'il y avait eu omission d'une formalité prescrite par la loi. — Carnot, *Inst. crim.*, sur l'art. 308.

1527. — Si le refus ou l'omission de prononcer n'a porté que sur une réquisition ou sur une demande qui n'avait pas pour objet d'user d'une faculté ou d'un droit accordé par la loi, il peut y avoir mal jugé, mais le mal jugé n'autorise pas à prononcer l'annulation des arrêts. — Carnot, *loc. cit.*

1528. — Les conclusions d'un prévenu, ayant pour objet de transformer en témoin son co-prévenu, et de confondre deux qualités aussi essentiellement distinctes, ne peuvent être considérées comme l'exercice d'une faculté ou d'un droit accordé par la loi ; d'où il suit que l'omission d'y statuer ne pourrait entraîner aucune nullité.—*Cass.*, 19 déc. 1835, Sarrans.

1529. — Ainsi encore lorsque, sur le refus fait par le président d'user de son pouvoir discrétionnaire, comme le demandait le défenseur de l'accusé, ce défenseur se borne à dire qu'il prend des conclusions formelles, mais sans expliquer ni en quoi elles consistent, ni à qui il les adresse, la cour d'assises peut s'abstenir de délibérer sur ces prétendues conclusions. — *Cass.*, 8 avr. 1843 (t. 2 1843, p. 646), Allary.

1530. — Au reste, il a été jugé que l'opposition du ministère public à ce qu'un témoin soit entendu en vertu du pouvoir discrétionnaire, ou la demande de l'accusé, ne donne pas à l'incident un caractère qui le fasse rentrer dans les attributions de la cour d'assises. C'est toujours au président seul qu'il appartient de statuer. — *Cass.*, 17 août 1821, Dieudonné.

1531. — Les arrêts incidens doivent, à peine de nullité, être motivés. — *Cass.*, 27 vend. an VII, Bonifay ; — Rauter, t. 2, p. 458.

1532. — C'est par cela qu'il a été jugé 1° dans le cas où une cour d'assises statue sur l'opposition de l'accusé à ce que les questions soumises au jury ne soient pas littéralement conformes au résumé de l'acte d'accusation.—*Cass.*, 14 avr. 1826, Fourgeol.

1533. — ... 2° Lorsqu'il s'agit d'un arrêt qui rejette la demande de l'accusé, tendant à ce que la question de discernement soit soumise au jury.— *Cass.*, 14 oct. 1836, Chaussat ; — Chauveau et Hélie, *Théorie du C. pén.*, t. 2, p. 481.

1534. — ... 3° Lorsqu'un débat sur une question d'excuse proposée par l'accusé s'est élevé entre celui-ci et le ministère public. — *Cass.*, 10 avr. 1841 (t. 1er 1841, p. 647), Bryère.

1535. — ... 4° Lorsqu'il s'agit d'un arrêt qui, sur les conclusions subsidiaires de l'accusé tendant à ce qu'il soit fait une descente sur les lieux, déclare qu'il n'y a lieu d'ordonner la descente demandée. — *Cass.*, 15 janv. 1829, Ferracci ; — Carnot, *Inst. crim.*, Append. au t. 2, p. 809.

1536. — Mais la nécessité des motifs ne s'applique pas aux arrêts qui ont pour objet de constater certains faits articulés par l'accusé. — *Cass.*, 28 avr. 1838 (t. 2 1842, p. 706), Cochard.

1537. — La décision de la cour sur l'accomplissement d'une formalité que le président aurait pu seul ordonner n'a pas le caractère d'un arrêt interrenu sur un point contentieux, alors même qu'il y aurait eu débat et contradiction entre le ministère public et l'accusé ; dès-lors, une pareille décision n'a pas besoin, pour sa régularité, d'être motivée. — Tel est, par exemple, l'arrêt qui ordonne que la déclaration du jury sera signée séance tenante par le chef du jury. — *Cass.*, 11 fév. 1843 (t. 1er 1844, p. 436), Capponi.

1538. — L'arrêt ordonnant qu'il sera passé outre aux débats nonobstant l'absence de plusieurs témoins est suffisamment motivé s'il porte que la cour accueille les conclusions motivées du ministère public. — *Cass.*, 23 juin 1832, Veron.

1539. — ... Il n'existe pas, à peine de nullité, que les arrêts ou décisions d'instruction qui peuvent être rendus dans le cours des débats soient signés par tous les juges, comme les arrêts définitifs prononçant des condamnations ; il suffit qu'ils soient signés par le président et le greffier. — *Cass.*, 14 déc. 1815, Chamans-Lavalette ; 29 mai 1817, Laporte ; 16 avr. 1819, Denat ; 29 janv. 1834, Blandine-Dupuis ; 45 avr. 1824, Pigeonnat ; 20 sept. 1827, Biron ; 20 août 1829, Le Noret ; 45 avr. 1830, Wauveningham ; 13 avr. 1837(t. 2 1837, p. 619), Corle ; 2 mai 1838 (t. 1er 1840, p. 668), Bernard ; — Legraverend, t. 2, p. 482; Carnot, *Inst. crim.*, t. 2, p. 254; Merlin, *Rep.*, v° *Signature*, § 2.

1540. — Spécialement l'arrêt par lequel la cour d'assises refuse d'ordonner la communication d'un plan des lieux est un simple arrêt d'instruction qui ne peut être annulé pour n'avoir pas été signé

par tous les juges qui l'ont rendu. — *Cass.*, 29 mars 1832, Thiault.

1541. — D'ailleurs, la formalité de la signature de tous les juges n'est pas prescrite à peine de nullité, même pour les arrêts définitifs. — *Cass.*, 29 mai 1817, Laporte ; 20 août 1829, Le Noret.

1542. — Il n'est pas exigé que les arrêts incidens soient signés spécialement au procès-verbal par le président et par le greffier ; il suffit que le procès-verbal des débats dans lequel ils se trouvent relatés soit revêtu de ces signatures. — *Cass.*, 14 déc. 1815, Chamans-Lavalette ; 26 juin 1835, Bisseau ; 14 janv. 1844 (t. 1er 1842, p. 261), Castel.

1543. — Legraverend (t. 2, p. 482) pense au contraire que *toutes* les décisions qui l'interviennent sur les réquisitions du ministère public doivent être signées par le magistrat qui préside et par le greffier. — Nous pensons avec cet auteur que le vœu de la loi ne serait pas rempli, si le président et le greffier se bornaient à apposer leur signature à la fin du procès-verbal qui contient les réquisitions faites et les décisions intervenues ; il faut que chaque décision soit signée du président et du greffier, comme chaque réquisition doit être signée de l'officier du ministère public.

1544. — Jugé néanmoins 1° que l'arrêt par lequel une cour d'assises statue sur l'opposition formée par l'accusé à l'audition d'un témoin est un simple arrêt d'incident dont l'authenticité est suffisamment constatée par la signature du président et par celle du greffier apposées au bas du procès-verbal des débats dans lequel il est inséré.— *Cass.*, 20 sept. 1827, Gentili : même jour, Biron.

1545. — 2° Que la signature du président et du greffier au bas du procès-verbal des débats donne un caractère authentique à toutes les énonciations dont il se compose, et dispense dès-lors d'apposer ces signatures au bas de chacun des arrêts incidens relatés dans ce procès-verbal.—*Cass.*, 7 mars 1839 (t. 1er 1843, p. 351), Furcy-Goujon.

1546. — Un arrêt incident de la cour d'assises qui, avant le tirage, a dispensé un juré de remplir ses fonctions ne saurait donner ouverture à cassation pour n'avoir pas été signé par le greffier, s'il restait encore trente-et-un jurés titulaires sur lesquels l'accusé pouvait exercer son droit de récusation. — *Cass.*, 22 mars 1839 (t. 2 1843, p. 407), Philio.

1547. — Jugé encore qu'il suffit que l'arrêt incident qui ordonne que les débats auront lieu à huis-clos soit constaté au procès-verbal. Il n'est pas nécessaire qu'il soit signé des magistrats qui l'ont rendu. — *Cass.*, 11 janv. 1845 (t. 1er 1846, p. 44), Senil.

1548. — Le greffier fait essentiellement partie de la cour d'assises, et sa présence à tous les actes de la procédure qui concerne l'examen et la jugement est une condition substantielle de leur régularité. — Dès-lors il y a nullité des débats lorsqu'il est établi que le greffier n'était pas présent au moment où un arrêt d'excuse concernant un accusé a été prononcé. — *Cass.*, 18 avr. 1837 (t. 1er 1838, p. 327), Nicolle.

1549. — Est nul l'arrêt incident qui, rendu dans le cours des débats à huis-clos, n'a pas été prononcé en audience publique. — *Cass.*, 4 janv. 1827 et 24 déc. 1840 (t. 2 1843, p. 456), Chamonard dit Paul ; 19 mars 1840 (t. 2 1840, p. 342), Marlès ; 11 mars 1844 (t. 1er 1842, p. 368), Macé ; 21 janv. 1844 (t. 1er 1843, p. 61), Georges.

1550. — Mais la cour d'assises peut, en annulant l'arrêt incident prononcé à huis-clos et tout ce qui l'a suivi, recommencer les débats à partir de l'acte qui a précédé cet arrêt. — Mêmes arrêts.

1551. — Lorsqu'un arrêt incident, rendu sur des conclusions prises par l'accusé pour qu'une ancienne information faite sur le crime à lui imputé soit jointe au procès, a refusé d'ordonner cette jonction, mais a réservé au président de prononcer en vertu de son pouvoir discrétionnaire, l'accusé qui n'a pris aucunes conclusions tendant à ce que le président usât du droit qui lui était réservé ne peut se faire un moyen de cassation de ce que la jonction n'a pas eu lieu, s'il résulte des pièces de l'instruction que le défenseur de l'accusé a eu connaissance de cette information ancienne. — *Cass.*, 11 janv. 1839 (t. 2 1843, p. 344), Maugard.

Sect. 9°. — *Fonctions du ministère public pendant les débats.*

1552. — Dans les cours d'assises qui siègent au chef-lieu de la cour royale, les fonctions du ministère public sont remplies par le procureur général ou par l'un de ses substituts ; dans les autres, elles le sont par le procureur du roi.

1553. — Le procureur général a néanmoins le

droit de se rendre au lieu où siégent ces dernières pour y exercer ses fonctions. — Legraverend, t. 2, p. 111.

1554. — Cette faculté peut être exercée par le procureur général personnellement, ou par un de ses substituts, qu'il délègue à cet effet. —Legraverend, *loc. cit.*

1555. — La présence d'un officier du ministère public à tous les actes de l'instruction orale devant les jurés est une condition substantielle de la régularité des débats. En conséquence, l'arrêt de condamnation rendu par une cour d'assises est nul si l'un des témoins a prêté serment et déposé en l'absence du ministère public. — *Cass.*, 3 janv. 1839 (t. 2 1839, p. 527), F....

1556. — Le ministère public assiste aux débats (C. instr. crim., art. 273); il fait au nom de la loi toutes les réquisitions qu'il juge utiles; la cour est tenue de lui en donner acte et d'en délibérer. — C. instr. crim., art 276.

1557. — Après la lecture de l'arrêt de renvoi et de l'acte d'accusation, le ministère public expose le sujet de l'accusation. — C. instr. crim., art. 315.

1558. — Cependant, la disposition de cet art. 315 n'est pas prescrite à peine de nullité. — *Cass.*, 17 août 1827, Evesque; 19 mars 1832, Thiault; 8 mai 1834, Duponey; 5 fév. 1836, Antomarchi; 29 nov. 1839 (t. 1er 1844, p. 339), Ampierre.

1559. — Le ministère public peut, en conséquence, se borner à s'en rapporter à l'exposé contenu dans l'acte d'accusation. — *Cass.*, 3 mai 1834, Duponey.

1560. — La loi n'ayant point tracé la forme de l'exposé que le procureur général fait aux jurés à l'ouverture des débats, l'accusé ne peut tirer un moyen de nullité de ce que, dans cet exposé, le procureur général aurait nommé quelques témoins et fait connaître substantiellement leurs dépositions. — *Cass.*, 3 janv. 1833, Ané.

1561. — Remarquons toutefois, à l'égard de cette décision, qu'il serait parfois difficile de faire un exposé complet de la cause sans dire un mot des dépositions de quelques témoins, et surtout sans en nommer aucun. L'accusé peut même avoir autant d'intérêt que le ministère public aux explications qui tendent à faciliter aux jurés l'intelligence de l'affaire. Mais le ministère public doit se renfermer dans un simple exposé du sujet de l'accusation et s'abstenir de toute argumentation.

1562. — Les réquisitions du procureur général doivent être de lui signées. — C. instr. crim., art. 277.

1563. — Toutefois cet article n'est pas prescrit à peine de nullité. — *Cass.*, 28 juin 1832, Gaboriaud; 3 janv. 1833, Ané.

1564. — Ainsi on a jugé qu'il n'est pas nécessaire, sous peine de nullité, que le réquisitoire du ministère public tendant à la lecture de quelques pièces à l'audience soit signé de lui. — *Bruxelles*, 27 sept. 1821, Joseph Bolte.

1565. — Les réquisitions faites dans le cours des débats par le procureur général sont retenues par le greffier sur son procès-verbal. — C. instr. crim., art. 277.

1566. — Et l'on juge que ces réquisitions sont suffisamment constatées lorsqu'elles sont ainsi mentionnées au procès-verbal des débats qui porte la signature du président et du greffier. — *Cass.*, 28 juin 1832, Gaboriaud; 12 déc. 1840 (t. 2 1842, p. 622), Lafarge.

1567. — Lorsque la cour ne défère pas à la réquisition du procureur général, l'instruction ni le jugement ne sont arrêtés ni suspendus, sauf, après l'arrêt, s'il y a lieu, le recours en cassation par le procureur général. — C. inst. crim., art. 278.

1568. — Le ministère public a le droit d'adresser aux témoins toutes les questions qu'il juge propres à l'appui de l'accusation; mais il ne le peut qu'après avoir demandé la parole au président, qui seul est chargé de la police de l'audience. — C. inst. crim., art. 267.

1569. — Il peut aussi demander que certains témoins se retirent de l'auditoire, ou qu'ils y soient introduits, ou qu'ils soient entendus de nouveau, soit séparément, soit en présence les uns des autres. — C. inst. crim., art. 326; — de Serres, *Manuel des cours d'assises*, t. 1er, p. 347.

1570. — Il a aussi le droit d'adresser des questions aux accusés sur les faits de l'accusation. — *Cass.*, 13 mai 1836, Chaveau.

1571. — La lecture faite par le ministère public, sans autorisation du président, d'une lettre relative à un accusé, lettre qui lui a été adressée pendant le cours des débats, ne peut donner lieu à cassation, surtout lorsque le président de la cour n'ont interdit la lecture de cette lettre, et que l'accusé a donné à ce sujet toutes les explications qu'il a jugées utiles à sa défense. — *Cass.*, 4 nov. 1836 (t. 2 1837, p. 88), Horner.

1572. — Le procureur général peut récuser l'interprète en motivant sa récusation. — C. inst. crim., art. 332.

1573. — Le ministère public peut requérir le président de faire tenir note par le greffier des additions, changemens ou variations qui pourraient exister entre la déposition d'un témoin et ses précédentes déclarations. — C. inst. crim., art. 318.

1574. — Si, par suite des débats, la déposition d'un témoin est reconnue fausse, le président peut faire mettre sur-le-champ le témoin en état d'arrestation; dans ce cas, le procureur général doit remplir à son égard les fonctions d'officier de police judiciaire. — C. inst. crim., art. 330.

1575. — Dans ce cas, le procureur général peut requérir et la cour ordonner même d'office le renvoi de l'affaire à une autre session. — C. inst. crim., art. 331.

1576. — A la suite des dépositions des témoins le ministère public est entendu; il développe les moyens qui appuient l'accusation et présente, s'il y a lieu, une réplique. — C. inst. crim., art. 335.

1577. — Aucune loi ne limite les élémens dont le ministère public peut se servir dans son réquisitoire, et l'accusé, ayant le droit d'invoquer les mêmes élémens, pouvant les contredire et les connaissant d'avance, ne peut en éprouver préjudice. — *Cass.*, 9 juill. 1840 (t. 2 1843, p. 538), Folleville et Borquier.

1578. — L'officier du ministère public près d'une cour d'assises saisie par un renvoi de la cour de Cassation n'est pas lié par les conclusions prises devant la première cour dont l'arrêt a été annulé. Il peut, en conséquence, faire telle réquisition qu'il juge convenable. — *Cass.*, 9 juin 1826, Loercher.

1579. — Il ne peut résulter une nullité de ce que, dans les développemens donnés à l'audience, le ministère public aurait fait usage de déclarations faites dans une affaire autre que celle dont la cour d'assises était saisie, alors que l'accusé, ayant pu prendre communication de ces déclarations qui étaient jointes par extrait au dossier et ayant eu toute liberté pour combattre les conséquences qu'en voulait tirer le ministère public, n'a éprouvé aucun préjudice dans son droit de défense. — *Cass.*, 7 fév. 1833, Hue.

1580. — Sous l'empire du Code de brum. an IV, il a été jugé qu'il y avait nullité lorsque, nonobstant les réquisitions, tant de l'accusateur public que du commissaire du gouvernement, la liberté de l'accusateur public pour développer les moyens de l'accusation avait reçu des atteintes assez fortes pour égarer le jugement des jurés. — Cette proposition serait encore applicable aujourd'hui. — *Cass.*, 17 flor. an VIII, Michel.

1581. — Le procureur général ne peut faire aucune réclamation ni prendre aucune conclusion contre le résumé du président, à moins qu'il n'y ait inséré des faits nouveaux ou étrangers aux débats. — De Serres, *Manuel des cours d'assises*, t. 1er, p. 384 et 385.

1582. — Il peut se rendre dans la chambre des jurés avec le président des assises, lorsqu'ils y sont appelés. — De Serres, *loc. cit.*

1583. — Le ministère public doit être entendu sur l'application de la peine. — C. inst. crim., art. 362.

1584. — La loi n'exige pas, à peine de nullité, que la présence du ministère public à la prononciation de l'arrêt de condamnation soit mentionnée expressément dans le procès-verbal des débats ou dans l'arrêt lui-même. — *Cass.*, 13 oct. 1832, Poncelet.

1585. — Les fonctions du ministère public étant indivisibles, les officiers qui le composent peuvent se succéder dans le cours des séances des cours d'assises; et, par exemple, un substitut peut requérir l'application de la peine dans une affaire où un avocat général avait assisté aux débats, sans qu'il en résulte nullité de l'arrêt de condamnation. — *Cass.*, 15 nov. 1815, Guinchet; 6 avr. 1827, Courrouve; 29 mars 1832, Thiault.

1586. — Il ne peut résulter une nullité de ce que le ministère public n'aurait pas été entendu avant le prononcé de l'arrêt d'absolution, si rien ne constate qu'il ait été empêché de prendre la parole. — *Cass.*, 4 janv. 1833, Houet.

Sect. 10e. — *Pouvoirs du président pendant les débats.*

1587. — Les pouvoirs du président de la cour d'assises sont de deux espèces : les uns résultent des dispositions formelles de la loi, les autres, non spécifiés, s'étendent à tout ce que ce magistrat juge utile pour découvrir la vérité. — C. inst. crim., art. 268.

1588. — En vertu du premier de ces pouvoirs, le président des assises a la police de l'audience. — Art. 267.

1589. — Il dirige personnellement les jurés dans l'exercice de leurs fonctions. — Même article.

1590. — Il leur expose l'affaire sur laquelle ils ont à délibérer et leur rappelle leurs devoirs. — Même article.

1591. — Il est chargé de présider à toute l'instruction et de déterminer l'ordre entre ceux qui demandent à parler. — Même article.

1592. — Ainsi, on a jugé qu'il appartient au président de déterminer l'ordre dans lequel il doit être procédé aux débats, et par conséquent, de régler l'ordre des interrogatoires et des plaidoyers. — *Cass.*, 4 sept. 1841 (t. 1er 1844, p. 725), Tozzolli.

1593. — Le président doit rejeter soigneusement tout ce qui tend à prolonger les débats sans utilité pour la découverte de la vérité, et sans donner lieu d'espérer plus de certitude dans les résultats. — C. inst. crim. art. 270; — Legraverend, t. 2, p. 180.

1594. — Il peut, avant, pendant et après l'audition d'un témoin, faire retirer l'accusé de l'auditoire, à la charge de l'instruire de ce qui s'est passé en son absence. — C. inst. crim., art. 327.

1595. — Il doit, dans le cours ou à la suite des dépositions, faire représenter à l'accusé et aux témoins les pièces de conviction. — C. inst. crim., art. 329.

1596. — Le président ne peut suspendre les débats entamés que pendant les intervalles nécessaires pour le repos des juges, des jurés, des témoins et des accusés. — C. inst. crim., art. 353.

1597. — Le président de la cour d'assises a droit de confier à l'un des assesseurs de cette cour le soin de recueillir toutes les déclarations qu'il juge utiles à la manifestation de la vérité, et de faire lever, d'après ces déclarations, un plan des lieux. — *Cass.*, 24 janv. 1839 (t. 1er 1839, p. 563), Muglioni.

1598. — Le droit de police qui appartient au président ne lui donne pas celui de délivrer des billets de faveur pour l'entrée de la cour d'assises. — Il y a, suivant nous, dans l'usage qui s'est établi à cet égard dans un grand nombre de cours d'assises, atteinte portée à la publicité des débats. Au surplus, une circulaire du ministre de la justice, de 1844, enjoint aux présidens d'assises de ne délivrer aucun billet de faveur.

1599. — Le président d'une cour d'assises n'excède point ses pouvoirs en faisant surveiller dans l'enceinte du palais un témoin dont la déposition paraît fausse, au lieu de le faire mettre en arrestation. — *Cass.*, 30 mai 1818, Bastide et Jausion; 28 déc. 1838 (t. 2 1839, p. 643), Sicre.

1600. — Cependant, dit Carnot (*Inst. crim.*, sur l'art. 330, t. 2, p. 536, n° 2), une pareille mesure, qui doit tendre nécessairement à intimider le témoin, ne doit être employée qu'avec la plus grande circonspection, à raison des conséquences fâcheuses qui pourraient en résulter.

1601. — Indépendamment de ces pouvoirs ordinaires, le président des assises est investi d'un pouvoir discrétionnaire, en vertu duquel il peut prendre sur lui *tout ce qu'il croit utile pour découvrir la vérité.* La loi charge son honneur et sa conscience d'employer tous ses efforts pour en favoriser la manifestation; elle ne met, pour ainsi dire, aucune borne à l'étendue et à l'exercice de ce pouvoir. Tout ce qui n'est point contraire ou à une disposition textuelle du Code, ou au système de la législation criminelle française, peut être régulièrement fait ou ordonné par le président, pourvu que cela tende au but que la loi a fixé, à ce but vers lequel tous les efforts des magistrats doivent être dirigés, la découverte de la vérité... — C. inst. crim., art. 268; — Legraverend, t. 2, p. 178.

1602. — Il peut, en vertu de ce pouvoir, entendre comme témoins toutes personnes qu'il juge à propos. — C. inst. crim., art. 269.

1603. — Sous le Code du 3 brum. an IV, le pouvoir discrétionnaire dont le président du tribunal criminel était investi n'allait pas jusqu'à le dispenser d'observer les formalités voulues par ce Code. En conséquence, il ne pouvait pas faire entendre aux débats des témoins dont les nom, âge, profession et domicile n'avaient pas été notifiés à l'accusé au moins vingt-quatre heures avant l'examen. — *Cass.*, 6 vent. an IX, Bergognoux; 19 fév. an XI, Dubois; 28 prair. an XI, Douchet; 30 juin 1809, Mertens.

1604. — Ainsi, il peut appeler et entendre les parens de l'accusé désignés dans l'art. 322. — *Cass.*, 7 déc. 1815, N...; 18 déc. 1817, Mignot; 27 janv. 1823, Berthe; 23 déc. 1826, Heurtaux; 27 mars 1828, Crosnier; 19 sept. 1832, Bougé; 12 janv. 1837 (t. 1er 1838, p. 67), Pommier; 19 janv. 1837 (t. 2 1840, p. 131), Demangeot; 27 avr. 1838 (t. 2 1842, p. 705), Fournier Godri; 22 déc. 1842 (t. 2 1843, p. 71), Marignan.

1605. — Carnot (*Inst. crim.*, t. 2, p. 254) soutient, contrairement à cette jurisprudence, que l'art. 269 ne donnait le droit au président des assises d'entendre, en vertu de son pouvoir discrétionnaire, que les prisonniers qui peuvent avoir la qualité de *témoins*; que dès-lors il ne saurait faire entendre les parens de l'accusé dont le *témoignage* est prohibé par l'art. 322, C. inst. crim. — « L'art. 269, dit-il, qualifie de *témoins* les personnes qui sont appelées pour donner des *renseignemens*, ce qui fait nécessairement rentrer ces personnes dans la disposition de l'art. 322; il n'y a de différence entre elles et les autres témoins qu'en ce qu'elles sont appelées à déposer, sans prestation de *serment* préalable. Il résulte seulement de cet état de choses que les unes sont des témoins *assermentés*, tandis que les autres sont des témoins *non assermentés*; mais elles n'en sont pas moins toutes de véritables *témoins*, puisque c'est en cette *qualité* que les unes et les autres sont appelées à déposer aux débats. — Lorsque le législateur a voulu que les personnes auxquelles il refusait le caractère nécessaire pour porter un *véritable* témoignage en justice pussent cependant être appelées pour donner des *renseignemens*, il s'en est expliqué d'une manière claire et précise, ainsi qu'on peut le voir en recourant à l'art. 28 du Code pénal, et c'est ce que la loi n'a pas fait à l'égard des pères et mères, des enfans, de l'époux des accusés dont il a prohibé le témoignage formellement et *sans restriction*, par l'art. 322 du présent Code, d'où suit qu'il n'a voulu en établir *aucune*; et s'il ne l'a pas voulu, c'est qu'en le voulant il aurait sanctionné une immoralité, c'est qu'il serait tombé en contradiction avec lui-même. — Il n'est pas moins immoral, en effet, d'appeler aux débats le fils contre le père, le père contre le fils, le mari contre la femme, la femme contre le mari, pour y donner des *renseignemens* que pour y faire une déposition *assermentée*; c'est toujours appeler en *témoignage* le fils contre le père, le père contre le fils, le mari contre la femme, la femme contre le mari; c'est toujours mettre le fils, le père, la femme, le mari, entre la conscience et les liens de famille; c'est toujours les mettre dans l'*alternative* forcée d'en imposer à la justice ou de conduire leur père, leur fils, leur époux à l'échafaud. — On dirait vainement que le jury n'est pas tenu de s'en rapporter aux déclarations des personnes appelées aux débats pour y donner de simples renseignemens, car le jury n'est pas tenu non plus de s'en rapporter aux déclarations des témoins *assermentés*; mais si le jury n'est pas tenu de s'y rapporter, rien ne peut mettre obstacle à ce qu'il s'y rapporte. Si c'est d'ailleurs une chose *inutile*, pourquoi violenter les termes de la loi pour lui faire dire une chose aussi contraire à la morale publique? » — Le système de Carnot ne manque pas d'une extrême force; mais la cour de Cassation a vu dans les termes larges de l'art. 269 *toutes personnes* un pouvoir sans limites, et n'a pas voulu le restreindre.

1606. — Ainsi, jugé que le président de la cour d'assises peut faire entendre en vertu de son pouvoir discrétionnaire, et sans prestation de serment, la femme d'un accusé. — *Cass.*, 4 nov. 1830, Nether; 26 juin 1828, Taraire; 16 avr. 1835, Brochard; 26 avr. 1839 (t. 2 1839, p. 665), Noel.

1607. — ...Que le président d'une cour d'assises peut, en vertu de son pouvoir discrétionnaire, entendre par voie de simple déclaration et sans prestation de serment la sœur de l'accusé. — *Cass.*, 8 oct. 1812, Tarducci; 20 sept. 1827, Biron.

1608. — ...Qu'il a la faculté de faire entendre en vertu de son pouvoir discrétionnaire, sans prestation de serment et à titre de renseignement, le beau-frère d'un accusé. — *Cass.*, 18 déc. 1817, Migot; 20 sept. 1827, Biron; 27 juin 1828, Aubry; 29 mars 1832, Unault; 30 août 1832, Labbé; 14 sept. 1832, Bouillot.

1609. — ... Qu'il peut faire entendre à titre de simples renseignemens, en vertu de son pouvoir discrétionnaire, la belle-fille de l'accusé. — *Cass.*, 3 mai 1832, Bray.

1610. — Par application du même principe la cour de Cassation a décidé que c'est au président seul et non à la cour d'assises de décider si le beau-frère de l'accusé sera entendu à titre de renseignemens, en vertu du pouvoir discrétionnaire alors même que l'accusé se serait opposé à ce que cet individu fût entendu à quelque titre que ce fût. — *Cass.*, 18 déc. 1817, Migot.

1611. — Cependant il a été décidé qu'il ne peut résulter une ouverture à cassation de ce que c'est la cour d'assises et non le président qui, de l'agrément de ce magistrat, a statué sur l'opposition de l'accusé à l'audition d'un témoin appelé en vertu du pouvoir discrétionnaire. — *Cass.*, 27 juill. 1820, Caron.

1612. — De même le président de la cour d'assises a le droit de faire entendre, en vertu de son pouvoir discrétionnaire, un témoin qui, par une circonstance, n'a pas pu être entendu sous la foi du serment. — *Cass.*, 14 janv. 1830, Martres; 10 juin 1830, Taburet.

1613. — De même encore, lorsque la cour d'assises a décidé qu'un témoin ne serait pas entendu à ce titre, parce qu'il a communiqué avec les autres témoins, et assisté à leurs déclarations, le président peut, en vertu de son pouvoir discrétionnaire, le faire entendre sans prestation de serment, — *Cass.*, 13 avr. 1821, Razza.

1614. — Il ne résulte pas de nullité de ce qu'un témoin tardivement assigné a été entendu en vertu du pouvoir discrétionnaire du président, avec prestation de serment, alors que l'accusé a expressément consenti à son audition. — *Cass.*, 6 fév. 1840 (t. 1er 1843, p. 19), Quenardel.

1615. — Lorsqu'un accusé s'oppose à l'audition, comme témoin, d'un parent dont la déposition aurait pu être reçue sans son opposition, la circonstance que ce témoin a prêté serment ne fait pas obstacle à ce qu'il soit entendu à titre de renseignemens, alors que le président de la cour d'assises a fait observer au jury que le serment doit être considéré comme non avenu. — *Cass.*, 27 avr. 1838 (t. 2 1842, p. 705), Fournier; 12 déc. 1840 (t. 2 1842, p. 622), Lafarge.

1616. — Un témoin qui, après avoir prêté serment, a été reconnu ne pouvoir déposer en cette qualité par la cour d'assises, peut néanmoins être entendu à titre de simple renseignement, en vertu du pouvoir discrétionnaire du président. — *Cass.*, 15 sept. 1831, Agure; 23 avr. 1835, Fanelly.

1617. — Au reste, le président fait un usage légitime de son pouvoir discrétionnaire en recevant à titre de simple renseignement la déclaration des personnes que la cour d'assises a refusé d'entendre à titre de témoins. — *Cass.*, 29 oct. 1818, Mansard; 30 avr. 1819, Benoit; 25 sept. 1824, Claude; 27 mai 1828, Aubry; 3 mai 1832, Bray; 14 sept. 1832, Bouillot; 16 avr. 1835, Brochard.

1618. — Le président peut faire entendre, en vertu de son pouvoir discrétionnaire, un témoin entendu lors de l'information et qui n'a pas été compris dans la liste du ministère public. — *Cass.*, 21 nov. 1844, (t. 2 1845, p. 288.) Sauvé.

1619. — Le président peut, malgré l'opposition des accusés, faire entendre, en vertu de son pouvoir discrétionnaire et à titre de renseignemens, les témoins dont les noms n'ont pas été régulièrement notifiés, bien que ces individus, ayant été cités par le ministère public qui a renoncé à leur audition, la cour d'assises ait ordonné qu'ils ne seraient pas entendus. — *Cass.*, 29 janv. 1835, Guisset.

1620. — De même, l'arrêt de la cour d'assises qui a ordonné que plusieurs témoins, dont la notification avait été irrégulière et incomplète, ne seraient pas entendus, et que leurs noms seraient rayés de la liste, n'enlève pas au président de la cour le droit de recevoir les déclarations de ces témoins, en vertu de son pouvoir discrétionnaire, à titre de simples renseignemens et sans prestation de serment. — *Cass.*, 5 janv. 1837 (t. 1er 1838, p. 71), Latour.

1621. — Le président d'une cour d'assises a la faculté de faire entendre, sans prestation de serment, en vertu de son pouvoir discrétionnaire, un témoin porté sur la liste notifiée, mais qui n'a pas été cité. — *Cass.*, 22 juin 1820, Terrein.

1622. — Le témoin, régulièrement assigné à la requête du ministère public ne peut pas être entendu en vertu du pouvoir discrétionnaire du président. Il doit l'être, à peine de nullité, après prestation de serment. — *Cass.*, 25 nov. 1813, Coquet; 13 janv. 1820, Rey; 30 juin 1831, Thorel; 4 avr. 1833, Porcheron; 30 juin 1837 (t. 1er 1838, p. 358), Goublin.

1623. — Il doit en être ainsi alors même que le nom du témoin n'aurait pas été notifié à l'accusé, lorsque celui-ci ne s'est pas opposé à l'audition de ce témoin. — *Cass.*, 28 mars 1844 (t. 2 1845, p. 414), Lescure; 16 sept 1830, Pagès; 14 mars 1833, Mandin; 3 sept., Cazelles; et 3 déc. 1835, Lacroix; 13 mai 1836, Leroux; 21 juill. 1836 (t. 1er 1837, p. 461), Ollier; 3 nov. 1836 (t. 1er 1837, p. 240), Marcé; 1er avr. 1837 (t. 1er 1838, p. 548), Lapierre; 15 juill. 1842 (t. 2 1842, p. 218), Percheron.

1624. — Et peu importe que, ce témoin s'étant trouvé absent lors de l'ouverture des débats, le ministère public ait renoncé à son audition. — *Cass.*, 17 mai 1844 (t. 1er 1845, p. 62), Valence; 17 sept. 1834, Bouvet.

1625. — Le président peut faire entendre, en vertu de son pouvoir discrétionnaire et sans prestation de serment, les personnes qui ont déjà figuré comme experts dans l'instruction écrite. — *Cass.*, 19 sept. 1839 (t. 1er 1841, p. 729), Prayer.

1626. — Ainsi, le médecin appelé, en vertu du pouvoir discrétionnaire, pour donner de simples renseignemens, n'est point tenu de prêter préalablement serment comme expert. — *Cass.*, 10 avr. 1828, Doré; 2 avr. 1831, David; 20 fév. 1834, Ledoux; 27 juin 1835, Gandaix.

1627. — Jugé spécialement qu'un médecin appelé par le président de la cour d'assises, en vertu du pouvoir discrétionnaire, pour donner aux jurés un renseignement, sur le point de savoir si l'accusé a un membre cassé, n'est pas tenu de prêter serment, à peine de nullité. — *Cass.*, 25 fév. 1831, Choleau.

1628. — De même, les pharmaciens entendus dans le cours des débats qui ne sont appelés qu'en vertu du pouvoir discrétionnaire du président et pour donner de simples renseignemens, ou exprimer leur opinion sur des opérations faites dans le cours de l'instruction, ne sont pas tenus de prêter serment. — *Cass.*, 15 janv. 1829, Raynal.

1629. — Le président de la cour d'assises a le droit de faire entendre, en vertu de son pouvoir discrétionnaire, un substitut du procureur du roi qui ne se trouve dans aucun cas d'exception au principe général posé en l'art. 268, C. inst. crim. — *Cass.*, 22 sept. 1832, Secondi.

1630. — Le président de la cour d'assises peut, en vertu de son pouvoir discrétionnaire, faire entendre, à titre de renseignement, les personnes qui ont assisté aux débats et entendu la déposition de tous les témoins. — *Cass.*, 18 fév. 1830, Borghelli.

1631. — Le droit d'ordonner l'audition de témoins en vertu du pouvoir discrétionnaire et sans prestation de serment n'appartient qu'aux présidens des cours d'assises. — *Cass.*, 5 oct. 1838 (t. 2 1838, p. 600), Bonicard; 26 déc. 1840 (t. 1er 1841, p. 303), Léger.

1632. — Aucune loi ne déterminant la manière dont le président doit faire comparaître à l'audience les personnes qu'il veut faire entendre en vertu de son pouvoir discrétionnaire, il peut faire entendre une personne qui, au lieu d'être citée par exploit, a été invitée par un témoin à décharge à se rendre à l'audience. — *Cass.*, 28 avr. 1838 (t. 2 1842, p. 706), Cochard; — Gaillard, *Des présidens des cours d'assises*, p. 151; Rauter, *Droit crim.*, t. 2, no 787.

1633. — Le président d'une cour d'assises qui fait appeler des témoins en vertu de son pouvoir discrétionnaire, n'est pas tenu, à peine de nullité, de formuler par écrit l'ordre qu'il donne à cet égard, ni d'en exiger l'exécution, quoiqu'elle soit possible, ni de faire constater que cette possibilité n'existe pas. — *Cass.*, 12 avr. 1842 (t. 2 1842, p. 501), Orset.

1634. — L'accusé ne peut se faire un moyen de nullité de ce que les témoins appelés par le président, en vertu de son pouvoir discrétionnaire, n'ont parlé que de faits étrangers à celui de l'accusation. — *Cass.*, 23 oct. 1817, Deboulières.

1635. — Les dispositions de l'art. 319, C. inst. crim., n'étant pas prescrites à peine de nullité, on ne peut se faire un moyen de cassation de ce que le président des assises n'aurait pas adressé aux personnes entendues en vertu de son pouvoir discrétionnaire les interpellations voulues par cet article, alors d'ailleurs que le procès-verbal des débats contient une mention générale qui s'applique aussi bien à ces personnes qu'aux témoins proprement dits. — *Cass.*, 1er juin 1843 (t. 2 1843, p. 501), Courtier; 1er fév. 1839 (t. 1er 1840, p. 199), Delavier; 22 juin 1839 (t. 2 1840, p. 116), Pagès.

1636. — L'opposition du ministère public à ce qu'un témoin soit entendu en vertu du pouvoir discrétionnaire, sur la demande de l'accusé, ne donne pas à l'incident un caractère qui le fasse rentrer dans les attributions de la cour d'assises. C'est toujours au président seul qu'il appartient d'y statuer. — *Cass.*, 17 août 1821, Dieudonné.

1637. — Mais lorsqu'il s'élève un débat contentieux sur une question à poser à un témoin entendu en vertu du pouvoir discrétionnaire du président, c'est à la cour d'assises, et non au président seul, qu'il appartient de statuer. — *Cass.*, 27 juin 1833, Lecoq.

1638. — Le président peut appeler des témoins en vertu de son pouvoir discrétionnaire, même après les conclusions du ministère public et la plaidoirie du défenseur, et jusqu'à la clôture des débats. — *Cass.*, 1er fév. 1839 (t. 1er 1840, p. 199), Delavier.

1639. — La dispense de serment portée par l'art. 269, C. inst. crim., en faveur des personnes appelées par le président en vertu de son pouvoir discrétionnaire et à titre de simples renseignemens, porte aussi bien sur le serment prescrit pour les experts que sur celui déterminé par les témoins. — *Cass.*, 16 janv. 1836, Rivière.

1640. — Des experts qui ne sont pas entendus comme témoins, et qui ont seulement été appelés par le président en vertu de son pouvoir discrétionnaire pour donner leur avis sur une pièce arguée de faux, ne doivent pas prêter le serment prescrit par l'art. 317, C. inst. crim. — *Cass.*, 4 fév. 1819, Piard.

1641. — Si l'art. 322, C. inst. crim., permet, en certains cas, l'audition des personnes y désignées, il n'en impose jamais l'obligation ; en conséquence, le refus de les entendre n'est point une cause de nullité. — *Cass.*, 3 sept. 1812, Billet.

1642. — La disposition de l'art. 269, C. inst. crim., qui veut que les témoins appelés en vertu du pouvoir discrétionnaire du président ne prêtent pas serment et soient entendus par forme de renseignement, n'est pas prescrite à peine de nullité. — Dès-lors, le serment prêté par des témoins de cette espèce ne saurait donner ouverture à cassation quand il a eu lieu sans opposition de l'accusé ni de son défenseur. — Une pareille nullité ne peut surtout être invoquée lorsqu'il n'est pas question du serment imposé par l'art. 317, C. inst. crim., mais bien de celui prescrit par l'art. 44 du même Code pour les experts. — *Cass.*, 30 avr. 1841 (t. 1er 1842, p. 246), Fronteau.

1643. — Ainsi, il ne peut résulter une nullité de ce que des témoins qui n'auraient dû être appelés qu'en vertu du pouvoir discrétionnaire du président ont été entendus avec prestation de serment, qu'autant que les accusés s'y seraient opposés. — *Cass.*, 4 fév. 1819, Mittelbrone ; 5 avr. 1832, Giacomoni ; 11 mars 1841 (t. 1er 1842, p. 527), Bey.

1644. — Carnot (*Inst. crim.*, sur l'art. 322, t. 2, p. 525, no 3) fait, à cette occasion, les réflexions suivantes : « Quelle est la loi qui exige de l'accusé qu'il s'oppose à ce que le témoin appelé en vertu du pouvoir discrétionnaire du président soit entendu avec prestation de serment ? Ne suffit-il pas que la loi l'ait interdit ? Le pouvoir discrétionnaire du président ne peut aller jusqu'à changer en véritables dépositions le caractère de simples renseignemens à fournir. » — L'infraction n'est pas douteuse ; personne ne songe à la contester. Mais porte-t-elle sur une formalité substantielle ? a-t-elle assez de gravité pour autoriser les tribunaux à prononcer une nullité qui n'est pas écrite dans la loi ? voilà le véritable siége de la question. Or, la prestation de serment a offert aux jurés une garantie qui a pu profiter à l'accusé, comme elle a pu lui nuire. Son silence fait présumer qu'il n'avait aucun intérêt à s'opposer au serment prêté par les témoins. Cette présomption est en harmonie avec les principes généraux du droit. — V. notamment art. 315, C. inst. crim. — Il n'y avait donc point de motif suffisant pour suppléer une nullité dont l'accusé ne serait pas privé, s'il eût élevé une réclamation, ainsi que l'y obligeait l'art. 408, C. inst. crim.

1645. — C'est d'après ces principes que la cour de Bruxelles a jugé que l'accusé ne peut se faire un moyen de nullité de ce qu'un témoin appelé par le président, en vertu de son pouvoir discrétionnaire, a fait sa déclaration sous la foi du serment. — *Bruxelles*, 18 fév. 1845, Jacques Cuyvers. — Mais la nullité serait incontestablement encourue si l'accusé s'était opposé à ce que le témoin fût admis à prêter serment.

1646. — Indépendamment des actes dont nous venons de parler, le président de la cour d'assises peut, en vertu de son pouvoir discrétionnaire, faire donner lecture des dépositions des témoins, des interrogatoires, des procès-verbaux, des certificats, des lettres et arrêts qui font partie de la procédure. — *Cass.*, 22 déc. 1842 (t. 2 1833, p. 71), Mazan ; 6 avr. 1838 (t. 2 1842, p. 663), Guillaume ; … 1844 (t. 2 1845, p. 457), Valeri ; 27 mars 1845 (t. 2 1845, p. 613), Lejeune.

1647. — Jugé toutefois que, lorsque le président d'une cour d'assises a fait donner lecture de la déclaration écrite d'un témoin, en sa présence, avant qu'il eût déposé oralement, il y a violation des règles substantielles de la procédure criminelle et nullité des débats. — *Cass.*, 26 oct. 1820, …leoni et Graziani.

1648. — La lecture de la déposition d'un témoin absent ne peut être ordonnée que par le président en vertu de son pouvoir discrétionnaire, en avertissant le jury que cette déposition ne peut servir que de renseignement. — En conséquence il y a nullité des débats si la lecture de la déposition d'un témoin absent est ordonnée par la cour d'assises, même sur la réquisition expresse du ministère public, et du consentement formel du défenseur de l'accusé. — *Cass.*, 13 juin 1839 (t. 1er 1843, p. 352), Brugères.

1649. — … 2o Faire amener de force devant la cour le témoin qui refuse de comparaître, ou ordonner que, nonobstant son absence, il sera procédé aux débats. — L. 9 sept. 1835, art. 8 et 9.

1650. — … 3o Se faire apporter toutes les nouvelles pièces qui lui paraîtraient, d'après les nouveaux développemens donnés à l'audience, pouvoir répandre un jour utile sur le fait contesté. — *Cass.*, 20 mai 1837 (t. 1er 1840, p. 143), Denis et Robert.

1651. — Seulement, l'accusé peut prendre connaissance de ces pièces et les discuter. — *Cass.*, 20 mai 1837 (t. 1er 1840, p. 143), Denis et Robert.

1652. — L'accusé déclaré coupable ne peut se faire un moyen de cassation contre l'arrêt qui le condamne de ce que le procureur général aurait communiqué aux jurés un plan des lieux dressé par lui-même, si cette communication n'a été faite qu'en vertu du pouvoir discrétionnaire du président, sur la déclaration faite par l'accusé et par son conseil qu'ils ne s'y opposaient pas, après avoir eux-mêmes pris connaissance du plan. — *Cass.*, 22 juill. 1842 (t. 1er 1843, p. 159), Lebreton.

1653. — La distribution faite aux jurés, par ordre du président, d'un cahier imprimé contenant l'indication des chefs d'accusation, et, sur chaque chef, des circonstances aggravantes et des noms des accusés auxquels on les impute, est un acte qui rentre dans l'exercice du pouvoir discrétionnaire, et, par conséquent, n'est point une cause de nullité. — C. inst. crim., art. 341. — D'ailleurs elle ne saurait non plus en être une, puisque les indications dont il s'agit sont toutes dans l'acte d'accusation et dans les procès-verbaux qui doivent être remis aux jurés. — *Cass.*, 2 fév. 1843 (t. 2 1843, p. 74), François.

1654. — … 4o Ordonner une expertise. — *Cass.*, 5 fév. 1819, Benoît Arnaud ; 6 avr. 1837 (t. 2 1840, p. 58), Chanvinreau ; 4 sept. 1841 (t. 1er 1844, p. 725), Trozelli.

1655. — Et bien que l'expert, dans ce cas, ait prêté le serment dont il pouvait être dispensé, il n'y a pas cependant nullité. — *Cass.*, 1er fév. 1839 (t. 1er 1840, p. 199), Delavier.

1656. — Le président de la cour d'assises qui refuse d'admettre à une expertise qu'il a ordonnée les fondés de pouvoirs des accusés agit dans les limites de son droit et du pouvoir discrétionnaire qui lui appartient. — *Cass.*, 30 août 1844 (t. 1er 1845, p. 392), Jérôme et Lenoble.

1657. — … 5o Défendre au conseil de l'accusé de continuer à invectiver et injurier un témoin. — *Cass.*, 6 mars 1812, Crisi dit Columbo.

1658. — … 6o En matière de faux, se faire remettre par un témoin un billet attribué à l'accusé, mais que celui-ci dénie. — *Cass.*, 2 avr. 1831, David.

1659. — … 7o Nommer l'auteur d'une lettre adressée au procureur du roi qui en avait donné lecture sans faire connaître de qui elle émanait, en ajoutant qu'il existe au dossier des preuves irrécusables de la vérité du contenu de cette lettre. — *Cass.*, 29 juin 1833, Gerboin.

1660. — … 8o Faire évacuer la salle dans le cas où il s'y manifeste des désordres qui empêchent le cours de la justice. — Il suffit même que le président ait cru et que le procès-verbal des débats énonce que le désordre qui a éclaté dans l'auditoire a nécessité l'évacuation de la salle pour qu'il n'y ait pas lieu d'admettre l'inscription de faux motivée sur ce qu'il n'aurait existé que de simples murmures. — *Cass.*, 14 juin 1833, Roche (*Gazette du Languedoc*).

1661. — … 9o Signaler, même avant son résumé, une erreur de droit qui lui paraîtrait avoir échappé à la défense, lorsqu'il pense que cette défense a eu pour but d'entretenir les jurés des conséquences, en droit, de leur déclaration. — *Cass.*, 13 avr. 1837 (t. 1er 1838, p. 321), Farcinet.

1662. — … 10o Ordonner, en vertu de son pouvoir discrétionnaire, que les débats seront momentanément continués hors de la salle ordinaire des audiences de la cour d'assises, à l'effet de procéder à une vérification des lieux ou à une opération qui ne saurait être faite dans l'intérieur de cette salle. — Il suffit que le transport soit effectué avec toutes les conditions requises pour la constitution de la cour d'assises et pour l'observation du principe de la publicité des débats. — *Cass.*, 23 mars 1843 (t. 1er 1844, p. 368), Montely ; 22 mai 1834, Guitard.

1663. — Mais il y aurait violation du droit de légitime défense de l'accusé, ainsi que de la publicité des débats, si les jurés se transportaient de l'audience sur la place du palais en vertu de l'autorisation du président, pour y examiner, *en l'absence de la cour d'assises et de l'accusé*, une voiture dans laquelle aurait été placée une boîte volée, et vérifier de quelle manière le vol aurait pu être commis. — *Cass.*, 25 sept. 1828, Pissard ; 16 fév. 1838 (t. 1er 1838, p. 359), Massiant. — La participation des jurés à des opérations du genre de celles qui ont été l'objet de l'arrêt du 23 mars 1843 et des arrêts précités fait de ces vérifications une partie du débat. Mais on comprend qu'un tout autre caractère doit être attaché à une expertise ordonnée par le président, comme acte préparatoire ou d'instruction propre à éclairer les juges lors du débat oral. — *Cass.*, 27 vendém. an VII, Bonifay.

1664. — … 11o Ordonner la réouverture des débats.

1665. — Le président des assises et le ministère public peuvent appeler l'attention du jury sur un renseignement qui leur paraît de nature à éclairer la moralité de l'accusé, alors même que ce renseignement serait pris en dehors de l'accusation. — *Cass.*, 21 nov. 1844 (t. 2 1845, p. 288), Sauvé.

1666. — Le pouvoir discrétionnaire du président n'est pas sans limites ; il n'est pas tel qu'il puisse autoriser le président à faire ce qui est prohibé par la loi. — Spécialement, le président de la cour d'assises excède ses pouvoirs en ordonnant que l'accusé sera extrait de la maison de justice où il a été écroué en vertu d'un arrêt de mise en accusation, et qu'il sera transféré sous la garde d'un gendarme dans un lieu éloigné de la prison, et que onze jours lui sont accordés pour faire, dans les bureaux de l'administration et dans tous autres lieux, les recherches qu'il croit utiles à l'intérêt de la défense. — *Cass.*, 21 mai 1813, Mariette.

1667. — Le pouvoir discrétionnaire ne peut avoir pour effet de restreindre ou de gêner la défense.

1668. — Il s'arrête là où la loi a donné à la cour d'assises le droit de statuer.

1669. — Ainsi le président usurpe les pouvoirs de la cour d'assises en décidant, sans le concours des autres juges, qu'un témoin que l'accusé prétend n'avoir pas été suffisamment désigné sur la liste notifiée sera entendu, non sous la foi du serment, mais à titre de simple renseignement. — *Cass.*, 9 déc. 1830, Antoine Ladès.

1670. — L'arrêt par lequel la cour d'assises décide, après ordonnance du président, et sur l'invitation de ce magistrat, que la mesure prise par ladite ordonnance (un transport de la cour et du jury sur le lieu du délit) serait exécutée par elle, ne constitue pas une usurpation du pouvoir discrétionnaire qui appartient exclusivement au président. — *Cass.*, 20 sept. 1845 (t. 2 1845, p. 728), Dusseaut et Jacquet. — V. *contrà Cass.*, 27 juill. 1820, Caron.

1671. — Lorsque, avant d'être entendu comme témoin assermenté, un individu inscrit sur la liste des témoins à décharge a été appelé par le président pour donner de simples explications sur la déposition d'un autre témoin, il n'y a pas abus de pouvoir discrétionnaire, et l'accusé ne peut tirer de là un moyen de nullité, en soutenant que les deux auditions des témoins ne font qu'une seule déposition, dont la première partie a été faite sans prestation du serment prescrit par la loi, sous peine de nullité. — *Cass.*, 6 mai 1819, Joseph Pioule.

1672. — L'opposition du ministère public ou des accusés ne peut apporter aucune entrave à l'exercice du pouvoir discrétionnaire qu'a le président de la cour d'assises, ni même créer une question contentieuse qui nécessite un arrêt de la cour d'assises. — *Cass.*, 15 avr. 1830, Bataille.

1673. — Le réquisitoire du ministère public tendant à ce que des témoins soient entendus en vertu du pouvoir discrétionnaire ne saurait porter aucune atteinte à l'exercice de ce pouvoir, le président restant libre d'entendre ou de ne pas entendre les témoins dont l'audition est demandée. — *Cass.*, 30 août 1844 (t. 1er 1845, p. 392), Jérôme et Lenoble.

1674. — En conséquence un accusé ne peut tirer une ouverture à cassation du refus ou de l'omission de la part de la cour d'assises de statuer sur une de ses réquisitions tendant à ce qu'un témoin présent à l'audience fût entendu en vertu du pouvoir discrétionnaire du président. — *Cass.*, 27 juin 1817, Mathurin Galerneau. — V. Carnot, *Inst. crim.*, sur l'art 408, t. 3, p. 100, no 14.

1675. — Le président de la cour d'assises, en demandant aux jurés s'ils désirent qu'il appelle des témoins indiqués dont il juge l'audition inutile, ne subordonne point à leur réponse l'exercice de son pouvoir discrétionnaire, et l'accusé ne peut tirer une nullité, soit de la demande, soit de leur réponse. — Cette demande du président n'est qu'un simple acte de déférence envers les jurés, et ne tend qu'à éclairer leur religion. Le résultat peut tourner à la décharge de l'accusé qui est, dès-lors, mal fondé à s'en faire un moyen de nullité. — *Cass.*, 13 oct. 1832, Poncelet (aff. dite de la rue des Prouvaires).

1676. — Le président, dans les décisions qu'il

prend en vertu de son pouvoir discrétionnaire, n'a aucun compte à rendre à qui que ce soit, et, dès-lors, n'est point tenu de les motiver. — *Cass.*, 16 janv. 1836, Rivière.

1677. — L'omission du mot *ordonné* dans la mention contenue au procès-verbal des débats, que le président a fait entendre un témoin en vertu de son pouvoir discrétionnaire, ne peut opérer une nullité. — *Cass.*, 29 mars 1832, Thiault.

1678. — Les ordonnances que rend le président des assises, en vertu de son pouvoir discrétionnaire, pendant le cours des débats qui ont eu lieu à huis-clos, peuvent être prononcées sans que l'audience devienne publique. — *Cass.*, 28 fév. 1835, Herbelin; 1er fév. 1839 (t. 1er 1840, p. 184), Willandt.

1679. — Le président n'est pas lié par une ordonnance qu'il aurait déjà rendue; il peut modifier ses décisions selon les circonstances qui lui paraissent exiger des mesures différentes.—*Cass.*, 17 août 1821, Dieudonné et Flandin.

1680. — Le président de la cour d'assises ne peut abdiquer ni expressément ni tacitement le pouvoir discrétionnaire dont il est investi.—*Cass.*, 30 déc. 1831, Marie Tapiau; 14 fév. 1835, Moine et Boisnier.

1681. — Le pouvoir discrétionnaire du président ne peut être exercé par la cour, même du consentement de celui-ci. — *Cass.*, 14 fév. 1835, Moine et Boisnier.—V. Rauter, t. 2, nº 781.

1682. — Aussi on a jugé que le pouvoir discrétionnaire du président de la cour d'assises lui étant personnel, cette cour ne peut, même avec le consentement de son président, ordonner, sans réquisition aucune, la lecture de la déposition écrite d'un témoin décédé, ni statuer sur la demande du défenseur tendant à ce que la déposition d'un témoin soit interrompue par la lecture de pièces émanées de lui. — Même arrêt.

1683. — Il n'est pas interdit au président des assises de s'aider des lumières de ses assesseurs avant de prendre une mesure qui rentre dans son pouvoir discrétionnaire, telle, par exemple, que la séparation des accusés les uns des autres. — *Cass.*, 6 fév. 1840 (t. 1er 1843, p. 19), Quenardel.

Sect. 11e. — *Pouvoirs de la cour d'assises pendant les débats.*

1684. — La cour d'assises doit statuer sur toutes conclusions et réquisitions prises devant elle pendant le débat.

1685. — C'est, en conséquence, à la cour d'assises, et non au président seul, qu'il appartient de statuer sur les réquisitions du ministère public, tendantes à ce que des témoins soient de nouveau entendus. —*Cass.*, 8 fév. 1810, Gardiné.

1686. — Lorsque le défenseur de l'accusé a conclu à ce qu'une opération fût faite par un expert, et le ministère public à ce qu'elle fût confiée à un autre, c'est à la cour d'assises, et non au président qu'il appartient de prononcer sur l'incident. — *Cass.*, 27 av. 1832, Félicité Laguiette.

1687. — Lorsqu'il y a opposition de la part de l'accusé à ce que le président rouvre, sur la demande du ministère public, les débats qu'il a déclarés fermés, cette opposition forme une matière contentieuse en dehors des attributions du président, et sur laquelle il est du devoir de la cour d'assises de prononcer. — *Cass.*, 30 août 1817, Denis Chancerel; — Legraverend, t. 2, ch. 2, p. 214; De Serres, *Man. des C. d'ass.*, t. 1er, p. 364.

1688. — Carnot (*Inst. crim.*, sur l'art., 335, t, 2, p. 569, nº 7) va beaucoup plus loin : il soutient qu'aucun article du Code n'autorise le président de la cour d'assises à rouvrir les débats une fois qu'il les a déclarés clos; qu'au contraire la loi le lui interdit, sinon expressément, du moins implicitement, par la série d'opérations qu'elle trace. On dit enfin, dans le même système, que le pouvoir discrétionnaire du président expire au moment où il a prononcé la clôture des débats, et on conclut de là qu'il est sans droit pour en ordonner la réouverture.—Lorsqu'il y a opposition de la part soit de l'accusé, soit du ministère public, il nous semble hors de doute que la matière devient contentieuse, et qu'il n'appartient qu'à la cour d'assises d'y statuer; mais lorsqu'il ne s'élève aucune réclamation, nous ne voyons aucun inconvénient à ce que le président rapporte lui-même l'ordonnance par laquelle il a déclaré les débats terminés tant que les choses sont encore entières, c'est-à-dire jusqu'au moment où il a renvoyé les jurés dans la salle de leurs délibérations. Ce n'est point, en ce cas, en vertu de son pouvoir discrétionnaire qu'il rapporte son ordonnance; c'est par une conséquence du droit qu'il a eu de la rendre. L'usage s'en est établi sans contradiction sérieuse.

1689. — La cour peut ordonner les moyens d'instruction qui lui paraissent nécessaires à la découverte de la vérité, notamment une vérification d'écriture. — *Cass.*, 12 janv. 1833, Perrin.

1690. —Elle peut refuser d'ordonner : 1º la communication aux jurés d'un plan des lieux, sur le motif que ce plan est intact, et qu'il a été fait par un individu sans caractère. — *Cass.*, 29 mars 1832, François Thiault.

1691. — ... 2º La comparution personnelle de la partie civile, pour donner des explications sur les faits principaux, sauf au président à l'appeler en vertu de son pouvoir discrétionnaire. — *Cass.*, 27 déc. 1811, Jean Barrié.

1692. — ... 3º De donner acte au défenseur de l'accusé de ce qui se serait passé au moment de la lecture de la liste des témoins, lorsqu'il n'en a fait la demande qu'après la réquisition du ministère public pour l'application de la peine.—*Cass.*, 23 fév. 1832, David.

1693. — ... 4º De faire mention, au procès-verbal des débats, d'un fait allégué par l'accusé, lorsque aucun de ses membres n'a eu connaissance de ce fait, et qu'aucune enquête ou information sommaire n'a été requise. — *Cass.*, 17 nov. 1836, Esnard.

1694. — Elle peut aussi, nonobstant l'absence de plusieurs témoins et la demande de l'accusé, se refuser à renvoyer la cause à une prochaine session. — *Cass.*, 30 août 1844 (t. 1er 1845, p. 392), Jérome et Lenoble.

1695. — Mais lorsqu'il résulte d'un acte authentique qu'un accusé est âgé de plus de seize ans, la cour d'assises excède ses pouvoirs en décidant, sur la déposition de quelques témoins, qu'il est âgé de moins de seize ans. — *Cass.*, 5 juill. 1832, Couges.

1696. — Une cour d'assises ne viole aucune loi en prononçant la suppression des passages d'un mémoire produit par l'accusé, comme étant injurieux envers les témoins et inutiles à la défense.— *Cass.*, 12 mars 1812, Campion c. Morel.

1697. — Elle peut décider provisoirement les questions d'état, touchant la filiation, lorsque ces questions ne se présentent qu'incidemment, et qu'elles ne se rattachent pas au fait de l'accusation. Ainsi, la cour d'assises saisie d'une accusation d'homicide, peut admettre en qualité de partie civile, comme fils naturel de l'homicidé, un individu dont l'accusé conteste la filiation. — *Cass.*, 15 janv. 1818, Chalumeau et Mesnard; — Mangin, *Traité de l'action publ.*, t. 1er, p. 441, nº 190.

1698. —Elle est compétente pour juger seule, et sans le concours des jurés, les crimes ou délits commis à son audience, soit qu'ils l'aient été à l'occasion du fait de l'accusation, soit qu'ils proviennent d'un fait entièrement étranger. — *Cass.*, 27 fév. 1832, Raspail; — Chassan, *Traité des délits de la parole*, t. 1er, p. 82.

1699.—Les cours d'assises peuvent-elles, depuis qu'elles ne sont composées que de trois juges, continuer à juger les crimes commis à leur audience, malgré l'impossibilité de former la majorité prescrite par l'art. 508, C. inst. crim., pour la condamnation? Evidemment oui. — *Cass.*, 27 fév. 1832, Raspail. — V. *infrà* nºs 1513 et suiv.

Sect. 12e. — *Défense de l'accusé.*

1700. — L'accusé doit être pourvu d'un défenseur, à peine de nullité, lors même qu'après la cassation d'un premier arrêt de condamnation il a été renvoyé devant une autre cour d'assises qui n'a plus à statuer que sur l'application de la peine. — *Cass.*, 22 avr. 1813, Bortayre.

1701. — L'absence d'un conseil n'est pas réparée par l'assistance d'un interprète.—Même arret.

1702. — Aucune loi ne limite les élémens dont les parties civiles, le ministère public, et les accusés ou leurs conseils, peuvent se servir dans le cours des plaidoiries. — *Cass.*, 17 fév. 1843 (t. 2 1843, p. 539), Besson.

1703. — L'accusé doit toujours avoir la parole le dernier, mais après sa défense, s'il veut répondre au procureur-général et à la partie civile, il doit le demander. — *Cass.*, 8 avr. 1813, Kaascabels; — Carnot, *Inst. crim.*, sur l'art. 335, nº 6.

1704.—En conséquence, il a été jugé que le droit qu'a l'accusé ou son conseil d'avoir toujours la parole le dernier n'implique pas, pour le président, l'obligation d'interpeller l'accusé immédiatement avant de prononcer la clôture des débats pour savoir de lui s'il n'a rien à ajouter à sa défense. — *Cass.*, 16 juin 1836, Pierrot.

1705. — Cependant, il a été jugé que lorsque, postérieurement à la plaidoierie du défenseur de l'accusé, un nouveau témoin a été entendu en vertu du pouvoir discrétionnaire du président, sans que l'accusé ou son conseil aient été mis en demeure de s'expliquer sur sa déclaration, les débats sont nuls, ainsi que l'arrêt de condamnation. — *Cass.*, 9 avr. 1835, Isnardi.

1706. — Si l'accusé avait demandé la parole et qu'elle lui eût été refusée, il y aurait nullité. La raison en est que ce n'est pas avoir été entendu que de l'avoir été d'une manière incomplète. — Carnot, *Inst. crim.*, sur l'art. 335, nº 6.

1707. — L'accusé ne pourrait se faire un moyen de cassation de ce que la cour aurait refusé au procureur général ou à la partie civile de développer leurs moyens à l'appui de l'accusation. —Carnot, *Inst. crim.*, sur l'art. 335, nº 4.

1708. — La liberté de la défense de l'accusé ne doit pas être entravée; ainsi, il a été jugé qu'une cour de justice criminelle ne peut interdire au défenseur de l'accusé la faculté de lire aux jurés en jugement une consultation de médecin ayant pour objet d'établir un fait contraire à celui contenu dans un procès-verbal, contenant le corps du délit.—*Cass.*, 11 août 1808, Petit. —V. en ce sens Carnot, *Inst. crim.* sur l'art. 335.

1709. — Les débats et tout ce qui est de nature à exercer une influence quelconque sur l'esprit des jurés doit avoir lieu contradictoirement avec l'accusé.

1710. — En conséquence, les jurés ne peuvent, sans violer le droit de légitime défense de l'accusé, ainsi que la publicité du débat, se transporter de l'audience sur la place du palais, en vertu de l'autorisation du président pour y examiner, en l'absence de la cour d'assises et de l'accusé, une voiture dans laquelle avait été placée une boîte volée et vérifier de quelle manière le vol a pu être commis.—*Cass.*, 25 sept. 1828, Pissard.

1711.—Le défenseur de l'accusé n'a pas le droit de faire connaître au jury la peine dont, en cas de culpabilité, son client pourrait être frappé.— Toutefois, l'infraction qu'il commettrait à cet égard n'entraîne pas la nullité des débats; elle n'aurait d'autre effet que de provoquer contre lui soit une injonction du président, soit, en cas d'insuffisance, l'application d'une peine disciplinaire. —*Cass.*, 25 mars 1836, Lefeurne.

1712. — La cour d'assises peut, sans porter atteinte au droit de la défense, interdire pendant les débats à l'avocat de l'accusé la lecture d'une lettre écrite par la femme de celui-ci. — *Cass.*, 18 juill. 1844 (t. 2 1844, p. 536), Deniau.

1713. — L'ivresse, même considérée comme cause occasionnelle de l'état d'aberration où s'est trouvé l'accusé au moment de la perpétration de son crime ne constituant pas un motif d'excuse légale, il n'y a pas atteinte portée à la liberté de la défense lorsque la cour d'assises interdit au défenseur de l'accusé de plaider une semblable excuse. —*Cass.*, 1er juin 1843 (t. 2 1843, p. 501), Courtier.

CHAPITRE VII. — *Clôture des débats et résumé du président.*

1714. — Le président, après avoir demandé à l'accusé s'il a quelque chose à ajouter à la défense qui vient d'être présentée en son nom, et entendu les explications de celui-ci, déclare que les débats sont terminés. — C. inst. crim., art. 335.

1715. — Les débats sont terminés lorsque les dépositions des témoins, les dires des parties, le ministère public et le conseil de l'accusé ont été entendus, et que la défense de l'accusé a été épuisée. — *Cass.*, 26 mai 1831, Marès.

1716. — L'omission faite par le greffier de mentionner dans son procès-verbal l'instant de la clôture des débats n'est pas une cause de nullité, lorsque cette omission se trouve réparée par les énonciations de la date, de la déclaration du jury, de la délibération de la cour d'assises et de l'arrêt de condamnation. — *Cass.*, 24 sept. 1829, Dauge.

1717. — Le président qui, après avoir prononcé la clôture des débats, s'aperçoit immédiatement, et avant de commencer son résumé, qu'il a omis de rendre compte aux accusés de ce qui s'était passé pendant qu'il interrogeait hors de leur présence un de leurs coaccusés, peut déclarer non-avenu le prononcé de la clôture des débats, réparer son omission, puis déclarer de nouveau les débats terminés, après avoir demandé derechef aux accusés s'ils n'ont rien à ajouter à leur défense. — *Cass.*, 10 janv. 1833, Gellée.

1718. — Si le président ordonne la réouverture des débats et que l'accusé s'y oppose, l'incident forme une matière contentieuse sur laquelle la cour d'assises est appelée à délibérer, et que le président n'a pas le droit de régler seul, même en

vertu de son pouvoir discrétionnaire. — *Cass.*, 30 août 1817, N...; — Legraverend, t. 2, p. 214.

1719. — Carnot (*Inst. crim.*, sur l'art. 335, t. 2, p. 569, n° 7) va beaucoup plus loin; il soutient qu'aucun article du Code n'autorise le président de la cour d'assises à rouvrir les débats une fois qu'il les a clos; qu'au contraire la loi le lui interdit sinon expressément, du moins implicitement, par la série d'opérations qu'elle trace.

1720. — Les débats terminés, le président les *résume et fait remarquer aux jurés les principales preuves pour ou contre l'accusé.* — C. inst. crim., art. 336.

1721. — Ce résumé, dit M. de Serres (*Man. des cours d'ass.*, t. 1er, p. 382), est la partie la plus délicate et en même temps la plus difficile des fonctions du président. Quelle que soit son opinion, il ne doit jamais la manifester dans son résumé. Il faut, au contraire, qu'il soit impartial, comme la loi, dont il est l'organe.

1722. — La manifestation de l'opinion personnelle du président, dit aussi Carnot (sur l'art. 336, t. 2, p. 572), ne pourrait manquer d'exercer une grande influence sur l'esprit des jurés, soit à raison du caractère dont il est revêtu, soit à raison de la confiance particulière qu'il peut mériter.

1723. — En Angleterre, où le président des assises est tenu, comme en France, de faire le résumé des débats, il le fait toujours sous le point de vue le plus favorable à l'accusé, attendu que l'innocence doit toujours être présumée jusqu'à condamnation. — De Laporte, t. 18, p. 31, édit. de 1778.

1724. — On peut consulter également sur ce point M. Dupin en sa *Législ. crim.*, p. 175, et le *Tr. de la jurid. crim.* de M. Cottu, p. 274.

1725. — En Belgique, on a, par une loi modificative du Code d'instruction criminelle, supprimé le résumé du président.

1726. — Quel est le véritable sens de ces mots de l'art. 336 : *Il fera remarquer aux jurés les principales preuves pour ou contre l'accusé?* Faut-il dire que le président doit se borner à reproduire les moyens plaidés par l'accusation et la défense, ou bien faut-il penser que le président a le droit de présenter des moyens nouveaux et suppléer ainsi aux omissions de la défense et de l'accusation ?

1727. — Si l'on doit adopter sur cette question l'opinion de la cour de Cassation, il faudrait décider que le devoir du président n'est pas seulement de résumer les débats; qu'il doit en outre faire remarquer aux jurés les principales preuves pour ou contre l'accusé, et suppléer aux omissions de l'accusation et de la défense. — *Cass.*, 29 août 1844 (t. 1er 1845, p. 417), Duponchel.

1728. — Nous ne saurions adopter la doctrine de cet arrêt : selon nous, le résumé du président doit reproduire fidèlement les principales circonstances du débat et les argumens de l'accusation et de la défense, sans y rien ajouter. Le mot *résumé* ne comporte, en effet, qu'une simple reproduction, et si des argumens nouveaux y sont donnés, le président se dépouille de son rôle pour prendre celui de défenseur ou d'accusateur. Une argumentation nouvelle dans le résumé peut d'ailleurs avoir de graves inconvéniens. En effet, avant le résumé, les débats ont été clos; le ministère public et le défenseur ne peuvent en conséquence prendre la parole pour discuter, et ainsi l'intérêt de la société et celui de l'accusé peuvent être mis en péril d'une manière fâcheuse.

1729. — C'est évidemment dans cet esprit que la cour avait précédemment décidé que le président ne peut, dans son résumé, présenter aux jurés des charges nouvelles; et qu'il commet un excès de pouvoir en se permettant de leur lire des pièces nouvelles, notamment des lettres écrites par l'un des accusés à l'autre et qui paraissent pour la première fois au procès. — *Cass.*, 9 fructid. an IX, Otto.

1730. — Toutefois, la doctrine contraire a prévalu, et dans plusieurs circonstances, la cour de Cassation a décidé que la forme du résumé était abandonnée à la loyauté et à la conscience du magistrat qui présidait les assises; que dès-lors ce résumé ne pouvait être l'objet d'aucune critique devant la cour de Cassation. — *Cass.*, 29 juin 1839 (t. 2 1840, p. 116); — de Serres, *Man. des cours d'ass.*, t. 1er, p. 382).

1731. — ... Que même on ne pouvait l'attaquer utilement en soutenant que le président y avait manifesté son opinion personnelle sur la décision à intervenir. — *Cass.*, 22 juin 1839 (t. 2 1840, p. 116). — *Contrà* Carnot, *Inst. crim.*, p. 580, n° 6.

1732. — Le résumé du président d'une cour d'assises ne peut être interrompu par aucune observation ou réclamation, soit du ministère public, soit des parties, soit de leurs défenseurs, sauf à ceux qui y auraient intérêt, dans le cas seulement où le président aurait présenté des faits nouveaux ou des pièces nouvelles, à demander, après la fin du résumé, que la clôture des débats et ce qui s'en est suivi soient annulés, afin d'être entendus sur ces faits ou sur ces pièces. — *Cass.*, 28 avr. 1820, Lavandier; 28 avr. 1838 (t. 2 1842, p. 706), Cochard Denieures; 22 juin 1839 (t. 2 1840, p. 116), Payen, — de Serres, *Man. des cours d'ass.*, t. 1er, p. 385; Carnot, *Inst. crim.*, sur l'art. 336, t. 2, p. 580.

1733. — Evidemment, à l'égard de ces nouveaux faits et de ces pièces nouvelles, le discours du président n'aurait pas été le résumé des débats; il n'aurait été qu'un acte auxiliaire de l'accusation ou de la défense. Alors l'accusé ou le ministère public serait fondé à demander à être entendu sur ces faits ou sur ces pièces. — De Serres, *Man. des cours d'ass.*, t. 1er, p. 385.

1734. — Cette demande doit être formée à la fin du résumé.

1735. — Le président porterait atteinte aux droits de la défense en refusant, dans ce cas, à l'accusé la parole, sous le prétexte que les débats sont terminés. — *Cass.*, 9 fructid. an IX, Otto.

1736. — L'accusé ou son défenseur n'est plus recevable, après la déclaration du jury, à demander à répondre à la réfutation que le président aurait faite, dans son résumé, d'un des argumens de la défense. — *Cass.*, 13 avr. 1837 (t. 1er 1838, p. 321), Farcinet.

1737. — Les interruptions que l'avocat de l'accusé se permet de faire au résumé du président, et les conclusions qu'il prend, hors le cas où elles sont légitimes, peuvent, selon les circonstances, constituer une irrévérence, ou même une injure qui donnent lieu contre lui à des peines disciplinaires. — *Cass.*, 28 avr. 1820, Lavandier.

1738. — Le procès-verbal des débats constatant que le président a résumé l'affaire satisfait au vœu de la loi, quoiqu'il ne mentionne pas que ce magistrat a fait remarquer les principales preuves pour ou contre l'accusé. — *Cass.*, 14 déc. 1815, Chamans-Lavalette; 10 juin 1830, Routet.

1739. — Le résumé que doit faire le président d'une cour d'assises est une formalité substantielle dont l'inobservation emporte nullité. — *Cass.*, 8 janv. 1836, Gau, dit Marande; — Carnot, *Inst. crim.*, sur l'art. 336, t. 2, p. 580.

1740. — Il y a donc nullité lorsque le procès-verbal des débats ne mentionne pas que le président ait fait un résumé. — *Cass.*, 18 déc. 1823, Egrain; — Bourguignon, *Manuel du jury*, p. 453, n° 305; Merlin, *Quest.*, v° *Procès-verbal des débats*, § 2; Carnot, *Inst. crim.*, sur l'art. 336, t. 2, p. 580, n° 6.

1741. — De même, lorsque le président de la cour d'assises, au lieu de rappeler dans son résumé les principales preuves pour ou contre l'accusé, s'est borné, à raison de son état de souffrance, à inviter les jurés à rappeler dans leur souvenir les impressions qu'avaient produites sur eux les moyens de l'accusation et ceux de la défense, il y a nullité radicale et essentielle des débats et de tout ce qui a suivi. — *Cass.*, 14 oct. 1831, Amans.

1742. — Jugé cependant qu'en matière de presse, le résumé du président remplit suffisamment le vœu de la loi, quoique après avoir parlé d'une manière générale des avantages et des abus de la presse, des devoirs des jurés et du bienfait du jury, ce magistrat se soit dispensé de reproduire les moyens de l'attaque et de la défense, et s'en soit référé à cet égard aux souvenirs des jurés. — *Cass.*, 2 fév. 1832, Letard.

1743. — Le résumé doit être fait publiquement, même dans le cas où le huis-clos a été ordonné. — V. HUIS-CLOS.

CHAPITRE VIII. — *Questions à résoudre par le jury.*

1744. — Après avoir chargé le président de présenter le résumé de l'affaire, l'art. 336, C. inst. crim., lui impose le devoir de poser les questions qui doivent être résolues par le jury; et les art. 337, 339, 340 ont pour objet de déterminer la manière dont ces mêmes questions doivent être posées.

1745. — Toutefois ces articles n'ayant trait qu'à des cas particuliers, nous réunirons ici les principes qui régissent toute la matière, pour en faire l'objet d'un examen complet.

1746. — Nous verrons d'abord tout ce qui concerne la position des questions en général; nous examinerons ensuite ce qui concerne les différens genres de questions en particulier.

Sect. 1re. — *Règles générales sur la position des questions.*

1747. — Sous le Code de brum. an IV, la position des questions appartenait au président, mais il ne pouvait les poser qu'au nom et de l'avis du tribunal criminel.

1748. — Depuis le Code d'instr. crim., la position des questions appartient au président seul (art. 336, C. instr. crim.). — Toutefois si, à cette occasion, quelques contestations s'élèvent, c'est à la cour qu'il appartient de statuer. — De Serres, *Manuel des cours d'assises*, t. 1er, p. 388.

1749. — Cette partie des fonctions dévolues par la loi au président de la cour d'assises est des plus délicates; et, quoique le Code de 1808 ait considérablement simplifié la législation du Code de brum. an IV, cette attribution est encore de la plus haute importance par l'influence qu'elle peut exercer sur la réponse du jury, et par les moyens de nullité dont elle est ordinairement la source la plus abondante.

ART. 1er. — *Ordre des questions.*

1750. — En premier lieu, la loi des 16-29 sept. 1791 et le Code du 3 brum. an IV déterminaient, pour la position des questions, un ordre absolu duquel il n'était pas permis de se départir *à peine de nullité.*

1751. — La première question tendait essentiellement à savoir si le fait qui formait l'objet de l'accusation était constant ou non. — L. 16 sept. 1791, tit. 7, art. 20; C. brum. an IV, art. 374.

1752. — Elle devait être posée préalablement à toute autre à peine de nullité. — *Cass.*, 22 vendém. an VIII, Riollay; 7 frim. an X, Mazuel; 16 oct. 1807, Buisson.

1753. — Ainsi on jugeait : 1° que dans une accusation d'exposition de monnaies nationales contrefaites, la question de savoir si le fait était constant ou non devait, à peine de nullité, être proposée la première au jury. — *Cass.*, 19 niv. an VII, Cadion.

1754. — ... 2° Que, dans une accusation de tentative de fabrication de fausse monnaie, la première question posée au jury devait être relative au fait principal, c'est-à-dire à la fabrication de fausse monnaie; et celle relative à la tentative ne devait être posée qu'en seconde ligne : l'interversion opérait nullité. — *Cass.*, 3 pluv. an VIII, Montaille.

1755. — ... 3° Que, lorsque l'acte d'accusation était principalement causé pour homicide, la première question à soumettre au jury devait tendre à savoir si le fait de l'homicide était constant ou non. Il ne suffisait pas qu'elle eût pour objet de savoir si l'homicidé avait été trouvé mort sur un chemin, parce qu'un individu peut être trouvé mort sans que ce soit par l'effet d'un délit. — *Cass.*, 28 prair. an VIII, Regnaud.

1756. — Les faits connexes ne devaient pas être classés dans des catégories différentes, ils devaient faire l'objet de questions placées à la suite les unes des autres; en conséquence, dans une accusation d'assassinat suivi de vol, le président devait poser la question du vol immédiatement après celle de l'homicide et dans la même série; il y avait nullité si les deux questions avaient été scindées en deux séries et présentées comme distinctes et indépendantes l'une de l'autre. — *Cass.*, 9 vend. an VII, Rey.

1757. — Dans une accusation de complot, les questions relatives à la distribution des armes et aux rendez-vous des conjurés devaient être placées immédiatement après la question de complot. — *Cass.*, 9 pluv. an IX, Demerville.

1758. — Immédiatement après la question sur l'existence du fait venait la question de savoir si l'accusé était convaincu d'avoir commis le fait qui faisait l'objet de la première question ou d'y avoir coopéré. — L. 16-29 sept. 1791, tit. 7, art. 20; — Code de brum. an IV, art. 374.

1759. — ... Et il y avait nullité lorsque les questions relatives à la moralité du fait étaient proposées au jury avant celle de savoir si les accusés étaient ou non convaincus du délit. — *Cass.*, 23 frim. an VIII, Sénéchal; 12 vent. an VIII, Drouineau.

1760. — Venait ensuite, en troisième ordre, la question sur la moralité, qui devait toujours à cette époque faire l'objet d'une question distincte. — L. 16-29 sept. 1791, tit. 7, art. 21; Code 3 brum. an IV, art. 374.

1761. — En conséquence, sous le Code du 3 brum. an IV, la question sur la volonté, dans une accusation d'homicide, devait être posée après celles sur le fait de l'homicide et sur la conviction; mais il y avait nullité, lorsqu'elle n'était posée qu'après celles relatives aux circonstances atténuantes. — *Cass.*, 12 brum. an XII, Galier.

1762. — Du reste, les questions diverses relatives à la moralité, et qui étaient de nature à augmenter ou diminuer la moralité du fait, devaient être présentées dans l'ordre le plus favorable à l'accusé. — L. 16-29 sept. 1791, tit. 7, art. 21 ; Code 3 brum. an IV, art. 374.

1763. — Carnot (t. 2, p. 583, sur l'art. 337) fait remarquer à l'occasion de cette disposition qu'elle n'avait aucun but d'utilité réelle, car si le jury trouve que l'accusé a agi volontairement, mais que le fait qui lui était imputé était commandé par la légitime défense de soi ou d'autrui, il lui suffit de répondre que l'accusé n'est pas coupable ; de sorte que, sans embarrasser le jury dans un dédale de questions surabondantes, on parvient, dans le même ordre de choses au même résultat.

1764. — Quoi qu'il en soit, la position des questions au jury était nulle lorsque le tribunal avait classé à la fin celles qui, dans l'ordre de la moralité du fait, étaient les plus favorables à l'accusé. — *Cass.*, 5 fruct. an VII, Dupuy ; 17 fruct. an VII, Granges.

1765. — Spécialement, dans une accusation d'homicide il y avait nullité : 1° lorsque la question de savoir si l'homicide faisant l'objet de l'accusation était l'effet de l'imprudence, avait été posée après celle de savoir si l'accusé l'avait commis volontairement (*Cass.*, 14 pluv. an VIII, Dupuis) ou à plus forte raison la dernière. — *Cass.*, 15 pluv. an VIII, Huches.

1766. — ... 2° Lorsque les questions de préméditation ou de provocation avaient été posées avant celle d'imprudence ou de négligence. — *Cass.*, 20 flor. an XIII, Lelarge ; 29 mai 1806, Olivier.

1767. — ... 3° Lorsque, les questions relatives à la légitime défense et à la provocation avaient été posées avant celle de volonté. — *Cass.*, 17 frim. an XII, Griffet ; 16 oct. 1807, Buisson.

1768. — ... 4° Lorsque, au contraire, les questions relatives à la légitime défense et à la provocation violente avaient été proposées au jury après celles sur la préméditation. — *Cass.*, 9 niv. an XII, Masselot. — A plus forte raison si la question de provocation n'avait été posée que la dernière. — *Cass.*, 16 prair. an VII, Demois.

1769. — Lorsqu'un accusé d'homicide avait soutenu pour sa défense que les coups par lui portés étaient la suite d'une provocation violente, la question devait être soumise au jury avant celles qui étaient à sa charge et aggravaient le délit. L'interversion de cet ordre opérait nullité. — *Cass.*, 7 brum. an X, Tartanson.

1770. — Le Code d'instruction criminelle (art. 337 et 338) indique aussi l'ordre dans lequel les différentes questions doivent être soumises au jury.

1771. — Mais c'est un point hors de doute, qu'à la différence de ce qui avait lieu précédemment, la prescription de la loi nouvelle, sur l'ordre de la position des questions au jury, n'est pas prescrite à peine de nullité. Il suffit pour sa régularité qu'elle soit conforme au résumé de l'acte d'accusation ou au résultat des débats, et susceptible d'une réponse catégorique. — *Cass.*, 6 fév. 1812, Morin ; 14 déc. 1815, Lavalette ; 26 déc. 1839 (t. 1er 1839, p. 493).

1772. — Ainsi il ne résulte aucune nullité de ce que, dans une affaire comprenant deux chefs principaux d'accusation, c'est sur le fait le moins grave que la délibération du jury a commencé. — *Cass.*, 6 fév. 1812, Morin.

1773. — De même, les présidens des cours d'assises ayant la faculté de poser les questions dans l'ordre qui leur paraît le plus convenable, il ne saurait résulter une nullité de ce qu'ils n'auraient pas suivi la classification proposée par l'accusé. — *Cass.*, 8 avr. 1830, Bouton.

1774. — De même encore, le président satisfait aux prescriptions de la loi, lorsque, après les questions résultant de l'acte d'accusation, il pose la question de complicité surgissant des débats, et qu'ensuite il reproduit celle relative à un autre crime ou délit qui aurait précédé, accompagné ou suivi le crime. — *Cass.*, 26 déc. 1839 (t. 1er 1839, p. 493), Jourdain.

ART. 2. — *Forme des questions.*

1775. — En second lieu, la loi des 16-29 sept. 1791 et le Code d'inst. du 4 brum., an IV déterminaient la forme dans laquelle les questions devaient être rédigées à peine de nullité.

1776. — Aujourd'hui et depuis le Code d'inst. crim. de 1808, il n'existe plus de forme rigoureuse et absolue ; ainsi on juge que le président de la cour d'assises peut, dans la position des questions au jury, s'écarter de la forme tracée par les art. 337 et suiv., C. inst. crim., dont l'observation rigoureuse n'est point prescrite à peine de nullité.

Il suffit que les questions se réfèrent aux faits portés dans le résumé de l'acte d'accusation. — *Cass.*, 6 fév. 1812, Morin ; 17 déc. 1812, Bernard ; 12 fév. 1813, Canonne ; 18 mai 1815, Rosay ; 14 déc. 1815, Lavalette ; 2 août 1816, Lerelost ; 31 janv. 1817, Pignier ; 14 fév. 1817, Rietsch ; 10 juill. 1817, Brelet ; 3 oct. 1817, Armand ; 16 janv. 1818, Drujon ; 6 fév. 1818, Escalier ; 16 avr. 1818, Coste ; 4 juin 1818, Casse ; 13 août 1818, Viell ; 3 fév. 1821, Signoret ; 19 avr. 1821, Picard ; 3 fév. 1826, Bossière ; 18 mars 1826, Deincenon-Annet ; 22 sept. 1831, Frédéric ; 24 juill. 1841 (t. 2 1842, p. 676), Zeller. — V. conf. *Bruxelles*, 19 déc. 1821, Devos ; 1er juin 1832, Scheppers. — V. encore Bourguignon, *Jurisp. des C. crim.*, t. 2, p. 75, n° 1er.

1777. — Lors même que le crime aurait été commis antérieurement à la mise en activité du Code d'inst. crim., les questions devraient être posées au jury dans la forme indiquée par ce Code. Ainsi, l'accusé ne pourrait se faire un moyen de cassation de ce qu'une question spéciale n'aurait pas été posée au jury sur l'intention. — *Cass.*, 26 juill. 1811, Lacombe. — Carnot, *Inst crim.*, sur l'art. 337, t. 2, p. 594, n° 23.

1778. — La disposition de l'art. 337, C. inst. crim., sur la forme des questions à soumettre au jury n'est pas prescrite, à peine de nullité. — *Cass.*, 3 oct. 1817, Armandet.

1779. — Ainsi, le président peut donner plus ou moins de précision ou d'étendue aux faits soumis au jury. — *Cass.*, 29 avr. 1831, Dirrion et Hermann.

1780. — Il peut étendre les questions non seulement à toutes les circonstances aggravantes du fait principal, mais encore à tous les faits particuliers qui s'y rattachent. — *Cass.*, 31 janv. 1817, Pignier.

1781. — Il peut diviser les questions et y ajouter les circonstances de fait qu'implique la qualification du crime qui fait l'objet de l'accusation. — *Cass.*, 16 juill. 1835, Couillou.

1782. — Il peut, en posant les questions, au lieu de les copier littéralement dans le résumé de l'acte d'accusation, les présenter dans un ordre différent, en diviser plusieurs en en modifiant la rédaction ; pourvu toutefois qu'entre les faits soumis aux jurés et ceux résultant de l'arrêt de renvoi, il n'existe aucune différence substantielle et propre à dénaturer l'accusation. — *Cass.*, 3 déc. 1836 (t. 1er 1838, p. 37), Demiannay.

1783. — L'accusé ne peut tirer ouverture à cassation de ce que les questions posées au jury ne seraient pas conformes au résumé de l'acte d'accusation lorsque ce résumé a été modifié par des circonstances résultées des débats. — *Cass.*, 10 avr. 1819, Morel.

1784. — Spécialement le président peut substituer dans la position des questions aux jurés la qualité de *serviteur à gages* à celle *d'ouvrier cordonnier*, que le résumé de l'acte d'accusation donnait à l'accusé. — *Cass.*, 10 déc. 1824, Sauva.

1785. — Il peut ajouter, dans la question posée au jury, que l'accusé a assisté l'auteur du crime *avec connaissance*, alors que cette circonstance ressort *implicitement* de la qualification donnée aux faits par l'arrêt de renvoi. — *Cass.*, 4 janv. 1836, Michel et Valade.

1786. — L'accusé ne pourrait se faire un moyen de nullité, de ce que, au lieu de demander au jury si un vol avait été commis avec escalade, le président aurait posé la question de savoir si le voleur s'était introduit dans la maison en franchissant le mur qui lui servait de clôture. — *Cass.*, 19 août 1813, Laperche.

1787. — Mais il faut que les termes employés soient conformes à la loi pénale ; si les expressions équivalentes à la loi étaient admises, il n'y aurait plus de règle pour reconnaître si elles ont identiquement la valeur des termes de la loi. — Chauveau et Hélie, t. 2, p. 43.

1788. — Il n'est pas nécessaire, en règle générale, qu'une question spéciale soit soumise au jury sur l'âge de l'accusé et sur celui de la personne au préjudice de laquelle le crime a été commis.

1789. — Cependant, dans les accusations de viol, la question relative à l'âge de la personne violée doit être soumise au jury, car elle constitue une circonstance aggravante du crime dont il est un élément accidentel. — *Cass.*, 30 août 1810, N... ; — Carnot, sur l'art. 337, C. inst. crim., t. 2, p. 589. — V. VIOL

1790. — De même, la question de l'âge doit être soumise au jury lorsqu'il s'agit de décider si au moment du crime l'accusé avait ou non seize ans. — *Cass.*, 20 avr. 1827, Boulin ; 14 sept. 1827, mêmes parties.

1791. — Les nom et prénoms de l'accusé doivent être insérés dans les questions posées au jury.

1792. — Toutefois, l'omission de quelqu'un des prénoms de l'accusé, dans les questions posées au jury, n'est pas une cause de nullité, lorsqu'il n'est pas même articulé que cette omission ait pu laisser le moindre doute sur l'identité de la personne de l'accusé. — *Cass.*, 9 fév. 1837 (t. 1er 1838, p. 75), Houllier.

1793. — La date du crime doit encore être mentionnée dans l'acte d'accusation.

1794. — Mais la question au jury qui énonce l'année, le mois et l'heure où le crime a été commis, remplit le vœu de la loi, et ne peut pas être annulée, sous le prétexte qu'elle ne contiendrait pas, en outre, l'indication du quantième. — *Cass.*, 30 déc. 1830, Garcin.

1795. — Jugé même qu'il n'est pas nécessaire que la date du crime imputé à l'accusé soit précisée par le mois, le jour et l'heure dans le résumé de l'acte d'accusation et dans les questions posées au jury, et que dès-lors on a pu valablement énoncer dans l'acte d'accusation que le crime avait été commis dans le printemps de telle année, et reproduire la même indication dans les questions soumises au jury. — *Cass.*, 1er fév. 1839 (t. 1er 1840, p. 199), Delavier.

1796. — Cette jurisprudence est tellement passée en pratique que la cour royale de Paris n'énonce jamais ou presque jamais le *jour* du crime, dans ses arrêts de mise en accusation ; elle se borne à indiquer l'année et le mois où il a été commis. Il arrive souvent que l'instruction n'a pu en préciser davantage la date ; et il arrive quelquefois aussi que les débats lui en assignent une autre que celle présumée. C'est sans doute pour prévenir les inconvéniens qui pourraient résulter de cette incertitude ou de ces variations, que la cour de Paris a fait de la prétérition du quantième une règle générale. L'accusé n'aurait d'intérêt à s'en plaindre qu'autant que l'indication du jour du délit déciderait du sort d'une exception de prescription qu'il voudrait opposer. Nous considérerions dans ce cas la formalité comme substantielle. Il ne faut pas qu'un accusé puisse être privé arbitrairement d'un moyen de défense qui aurait pour effet de le soustraire à l'application de toute peine.

1797. — Le président de la cour d'assises peut, dans la question soumise au jury, changer la date du crime, s'il résulte des débats qu'il y a eu, à cet égard, erreur dans l'arrêt de renvoi et dans l'acte d'accusation, et alors surtout que le fait principal et ses circonstances sont restés identiquement les mêmes. — *Cass.*, 19 mai 1831, Delahaix.

1798. — Le président ne contrevient nullement à la loi en étendant dans les questions l'époque où le crime pouvait avoir été commis au-delà de celle qui était déterminée dans l'acte d'accusation, lorsque cela est résulté des débats. — *Cass.*, 10 oct. 1817, Gueudet ; 4 janv. 1836, Michel.

1799. — La différence qui existe entre les chiffres et les dates qui se trouvent dans le texte des questions soumises aux jurés, et les chiffres et les dates mentionnés dans l'acte d'accusation, et s'appliquant aux mêmes faits, n'est pas une cause de nullité, lorsque cette différence n'altère en rien d'essentiel la substance et les circonstances de chacun de ces faits, et lorsque, d'ailleurs, d'autres questions sur lesquelles il y a eu des réponses affirmatives, et dont la régularité n'est pas contestée, devaient entraîner contre l'accusé les peines qui ont été prononcées contre lui. — *Cass.*, 9 mars 1838 (t. 1er 1840, p. 668), Bernard.

1800. — L'omission de la date du crime dans la question posée au jury n'est pas une cause de nullité lorsqu'elle est mentionnée dans le résumé de l'acte d'accusation et dans l'arrêt de renvoi auxquels la question se réfère. — *Cass.*, 28 janv. 1825, Sauvario ; 24 nov. 1832, Lecouvreur.

1801. — Lorsque les questions posées au jury donnent deux dates à un complot faisant l'objet de l'accusation, quoique l'arrêt de renvoi ne lui en donne qu'une, la date ajoutée est présumée être résultée des débats. — *Cass.*, 13 oct. 1832, Poncelet

1802. — L'erreur commise dans la question posée au jury, sur la date d'un billet argué de faux, ne peut pas être une cause de nullité lorsque, à raison de la concordance existant entre la question et l'arrêt de renvoi, en ce qui concerne la somme portée dans ce billet, le nom du souscripteur et la signature altérée, le jury n'a pas pu être induit en erreur. — *Cass.*, 6 juill. 1827, Joseph Marcassin.

1803. — Le défaut d'énonciation, dans la question posée au jury, de la date du fait incriminé, ne rend pas cette date incertaine à l'effet de faire courir la prescription, si elle est rappelée dans l'arrêt de renvoi et l'acte d'accusation. — *Cass.*, 16 juin 1842 (t. 2 1842, p. 402), Lerué.

COUR D'ASSISES, ch. 8, sect. 1re. COUR D'ASSISES, ch. 8, sect. 1re. **467**

1804. — Bien que l'acte d'accusation n'ait pas précisé la date du délit, le président de la cour d'assises peut interroger le jury sur ce point, et renvoyer après en déclaration la question de savoir si le délit est ou n'est pas prescrit. — Cass., 1 janv. 1838 (t. 1er 1840, p. 148), Aumaître.

1805. — Une surcharge existant dans la position des questions au jury, sur le millésime de l'année où le crime a été commis, ne peut fournir un moyen de nullité à l'accusé qui ne prétend pas que le crime soit prescrit. — Cass., 17 juill. 1828 Pageot. — V. PRESCRIPTION CRIMINELLE.

1806. — Il n'est pas besoin que, dans les questions, il soit fait mention du lieu où le crime aurait été commis, lorsque cette désignation n'est pas, bien entendu, nécessaire pour constituer le crime.

1807. — Spécialement, dans une accusation de complot, il n'est pas indispensablement nécessaire que les questions posées au jury indiquent le lieu où le crime a été commis. — Cass., 13 oct. 1832, Poncelet.

ART. 3. — Nature des questions.

1808. — Le Code d'instr. crim., art. 337, veut que l'on demande au juge si l'accusé est coupable de tel fait.

1809. — Mais est-il nécessaire que le mot coupable se trouve inséré dans les questions, et cette expression doit-elle être tenue comme sacramentelle? — Il existe sur ce point des arrêts contradictoires.

1810. — Dans le sens de l'affirmative, deux fois la cour de Cassation a décidé que l'expression coupable devait être tenue comme sacramentelle, attendu qu'elle renfermait tout à la fois la question du fait en lui-même et celle de la moralité. — Cass., 19 avr. 1827, Raimond; 4 janv. 1839 (t. 2 1839, p. 643), Louisy-Lefèvre.

1811. — D'autres fois, au contraire, et plus fréquemment, la même cour a décidé que le mot coupable, employé dans la formule de questions tracées par l'art. 337, n'avait rien de sacramentel et pouvait être remplacé par un équivalent. — Cass., 23 juin 1814, Chauvin; 18 mai 1815, Rosay; 1 juin 1825, Trulpet.

1812. — Et il a été jugé, en ce sens, que l'on peut tenir pour régulière la question par laquelle on demande au jury si l'accusé s'est rendu complice de tel crime, en aidant ou assistant l'auteur, avec connaissance, etc. La culpabilité se trouve nécessairement comprise dans la connaissance que l'accusé avait du crime. — Bruxelles, 19 déc. 1821, Devos.

1813. — Jugé encore qu'en tous cas l'insertion du mot coupable, dans les questions soumises au jury, n'est exigé que pour celles qui résultent de l'acte d'accusation, et non pour celles qui sont posées par la cour comme résultant des débats, lorsque, d'ailleurs, les jurés ont été interrogés nettement sur la culpabilité de l'accusé. — Cass., 10 déc. 1836 (t. 2 1887, p. 341), Pierrard et Varloteau. — V. au surplus CULPABILITÉ.

1814. — Sous l'empire de la loi du 16-29 sept. 1791 (tit. 7, art. 21), il devait, à peine de nullité, être posé au jury des questions relatives à l'intention. — Cass., 24 août 1792, Combos.

1815. — Sous le Code du 3 brum. an IV reproduisit cette disposition dans son art. 373, et de nombreux arrêts en tirent l'application. — Cass., 7 vendém. an V, Laverne; 16 vendém. an VII, Duret; 28 vendém. an VII, Pellé; 26 brum. an VII, Olivieri; 1 pluv. an X, Suzzarti; 18 brum. an XII, Bailloux; 4 therm. an XIII, Culle; 19 juin 1807, Bonnaire.

1816. — Spécialement, lorsque l'acte d'accusation portait qu'un homicide avait été commis dans le dessein de se, c'est-à-dire volontairement, le jury devait être interrogé, à peine de nullité, sur cette volonté. — Cass., 27 frim. an VII, Delfau.

1817. — Dans une accusation d'homicide volontaire, le jury devait être interrogé, à peine de nullité, sur la question de savoir si le délit avait été commis volontairement ou pour la légitime défense de soi ou d'autrui, on s'il était la suite d'une provocation violente. — Cass., 8 messid. an VIII, Cistar; 8 fructid. an VIII, Aubincau; 26 vent. an IX, Monynet.

1818. — Lorsqu'il résultait de l'acte d'accusation que le prévenu avait, en tirant un coup de fusil, attaqué le citoyen individuellement, à dessein de le tuer, il ne suffisait pas de poser au jury la question de savoir si le coup de fusil avait été dirigé sur un citoyen et tiré à dessein de tuer, en général, la question de savoir si le coup avait été dirigé sur un citoyen était insuffisante pour déterminer la moralité du fait, en ce que l'on pouvait s'entendre de la simple direction physique du coup. — Cass., 29 niv. an IX, Lesot.

1819. — Dans une accusation d'homicide occasionné par la privation d'alimens, il ne suffisait pas de demander si les accusés y avaient concouru sciemment et même avec préméditation, il fallait demander de plus s'ils y avaient concouru dans l'intention du crime. — Cass., 7 frim. an X, Mazuel.

1820. — Sous le même Code, si la préméditation constituait suffisamment la moralité de l'homicide, si elle supposait nécessairement qu'il avait été commis volontairement et dans le dessein du crime, et dispensait d'autre question de moralité lorsqu'elle était décidée contre le prévenu, il n'en était pas de même lorsqu'elle était décidée négativement et en sa faveur. Pour ce cas, il devait être nécessairement posé une question sur la moralité qui donnait à l'homicide le caractère du crime. — Cass., 4er pluv. an VII, Palavicini.

1821. — Lorsqu'un chirurgien était accusé d'avoir procuré l'avortement à une fille enceinte, le jury devait être interrogé, à peine de nullité, sur la question de savoir si l'accusé avait été dans l'intention du crime. — Cass., 27 juin 1806, Allard.

1822. — Lorsqu'il résultait de l'acte d'accusation que l'accusé avait fabriqué une lettre sous un nom supposé, dans le dessein de faire passer ceux à qui elle était adressée pour des conspirateurs, et de les exposer à des peines capitales, il ne suffisait pas de poser au jury des questions sur le faux; il devenait indispensable de lui proposer celles qui dérivaient de l'intention de l'accusé. — Cass., 19 messid. an VIII, Petermann.

1823. — En matière de complicité, les questions de moralité devaient être posées, à peine de nullité, non seulement à l'égard du principal accusé, mais encore à l'égard de tout autre individu accusé d'être l'un des auteurs du crime ou d'en être le complice. — Cass, 24 vendém. an V, Péroux; 9 fruct. an VIII, Aboville.

1824. — Spécialement, la question de moralité, dans une accusation de complicité par recel, ne pouvait être suppléée par celle de la connaissance qu'avait l'accusé que les objets provenaient de vol, cette question portant sur le faux et non sur l'intention. — Cass., 27 vendém. an V, Jaquebert; 17 brum. an V, Houguenangues.

1825. — Jugé encore, sous le Code du 3 brum. an IV, qu'il ne suffisait pas de demander au jury si un accusé de complicité d'empoisonnement, avait aidé et assisté volontairement l'auteur du crime dans les faits qui en avaient préparé l'exécution; mais qu'il fallait poser aussi la question de savoir s'il avait agi sciemment. — Cass., 23 août 1806, Plessar.

1826. — Sous le même Code, il avait été jugé que la question intentionnelle ne devait être posée que lorsque la nécessité résultait, soit de la défense de l'accusé, soit du débat, ou lorsqu'elle était indispensable pour caractériser la moralité du fait matériel. — Cass., 4er déc. 1808, Levavasseur.

1827. — Cet arrêt décidait que, dans l'espèce, la solution donnée sur le fait principal emportait de nécessité le caractère moral ce fait, et que dès lors la question d'intention placée à la suite de celle relative à ce fait, était surabondante.

1828. — L'obligation imposée aux tribunaux criminels de soumettre au jury les questions relatives à la moralité ne pouvait pas donc s'entendre en ce sens qu'après une question qui, répondue affirmativement, attestait complètement l'immoralité de l'action, il fallût, en outre, poser une question vague et générale d'intention criminelle. — Cass., 18 therm. an VIII, Mélon.

1829. — Ainsi, la moralité criminelle de l'action étant intrinsèque à la provocation au faux témoignage, il n'y avait pas lieu, sous le Code du 3 brum. an IV, de poser au jury une question particulière sur l'intention. — Cass., 17 nov. 1107 Lorrain.

1830. — Ainsi encore, après avoir interrogé le jury sur l'usage d'une pièce fausse, et sur la connaissance de sa fausseté, il ne pouvait être posé, à peine de nullité, une question de savoir si l'accusé l'avait fait méchamment et à dessein de nuire à autrui. — Cass., 3 flor. an X, Vivian.

1831. — Le Code d'instruction criminelle n'a pas reproduit la disposition de la loi de brumaire, sur la nécessité de la question intentionnelle; on a pensé, avec raison, que la moralité de l'action se confondant avec le fait en lui-même, le président devait se borner à demander au jury si l'accusé était coupable, qu'en appel comprenait tel, car l'accusé ne peut être déclaré coupable que lorsqu'il a agi volontairement et dans l'intention du crime. — Carnot, t. 2, sur l'art. 337.

1832. — Toutefois, dans certains cas, cette position de la question de volonté devient indispensable; tel est, par exemple, le cas où il s'agit de coups ou blessures prévus par l'art. 309, du C. pén. — Carnot, C. pén., t. 2, p. 50, n° 9; Chauveau et Hélie, t. 5, p. 387.

1833. — Au reste, même avant 1832, et alors que l'art.309.C. pén., par une imperfection de rédaction ne contenait pas mention formelle de la volonté comme condition nécessaire du crime, la jurisprudence avait décidé que le jury devait, à peine de nullité, être interrogé sur le point de savoir si les coups et blessures avaient été faits volontairement. — Cass., 16 mars 1826, Cornut.

1834. — Lorsqu'un individu avait été renvoyé devant la cour d'assises comme accusé d'avoir, volontairement et avec préméditation, porté des coups et fait des blessures ayant occasionné une incapacité de travail personnel de plus de vingt jours, l'acte d'accusation et les questions posées au jury devaient comprendre, à peine de nullité, non seulement la circonstance de la préméditation, mais encore le fait de la volonté. — Cass., 12 janv. 1832, Chenelière; 10 fév. 1832, Fanjaux.

1835. — De même, le président de la cour d'assises devait, dans la question soumise aux jurés relativement à une accusation de coups volontaires, poser la circonstance de volonté, bien que cette circonstance ne fût point écrite dans le résumé de l'acte d'accusation, alors d'ailleurs qu'elle se trouvait rappelée dans le narré de cet acte et comprise dans l'arrêt de mise en accusation. — Cass., 24 oct. 1822, Saïlecuti; 2 sept. 1831, Dubuc.

1836. — À plus forte raison, la question de volonté doit elle être posée, depuis que l'art. 309, C. pén., a été révisé par la loi de 1832. — Cass., 2 juill. 1835, Ravazin; 18 juill. 1840 (t. 2 1841, p. 76), Depain; 23 déc. 4841 (t. 4er 1842, p. 45), Fabié.

1837. — Lorsque que le jury n'a pas été interrogé sur le point de savoir si les coups et blessures ont été volontaires, sa réponse affirmative sur la culpabilité ne peut servir de base à l'application d'une peine. — Cass., 26 déc. 1834, Godard; 2 juill. 1835, Ravazin.

1838. — La circonstance de la pluralité dans les coups ne peut suppléer à la mention de la volonté. — Cass., 23 déc. 1841 (t. 4er 1842, p. 45), Fabre; — Carnot, C. pén., t. 2, p. 50, n° 9; Chauveau et Hélie, Th. C. pén., t. 5, p. 387.

1839. — C'est donc à tort qu'il a été jugé qu'il n'est pas nécessaire, à peine de nullité, que dans une accusation de coups et de blessures, le mot volontairement soit compris dans la question soumise au jury, et que la volonté de l'accusé peut résulter de toute autre expression équivalente, et notamment de la circonstance que les coups auraient été portés depuis un an et à réitérées fois. — Cass., 20 fév. 1841 (t. 1er 1842, p. 46), Simon.

1840. — C'est, au surplus, une règle générale qu'au jury seul il appartient de statuer souverainement sur l'existence matérielle des faits et sur leur moralité.

1841. — Il importe donc que les questions soumises au jury ne bornent pas à la simple énonciation d'un fait, mais qu'au contraire elles soient posées de telle sorte qu'elles contiennent les circonstances constitutives du crime.

1842. — Ainsi, en matière de tentative, le jury doit être interrogé, à peine de nullité, sur les circonstances constitutives de la tentative; on ne pourrait se borner à demander au jury si l'accusé est coupable d'avoir commis une tentative. — Cass., 14 vendém. an VII, Seligmann; 23 sept. 1825, Damion.

1843. — Mais il n'est pas nécessaire que la question soumise au jury et qui comprend ces mots: si cette tentative n'a manqué son effet que par des circonstances indépendantes de la volonté de son auteur comprenne également ceux-ci: et si elle n'a été suspendue. — Cass., 28 août 1845 (t. 2 1845, p. 277), Beauchène.

1844. — La question relative à la complicité de l'accusé et la réponse du jury doivent contenir, à peine de nullité, les caractères de la complicité as recevez de la criminalité légale. — Cass., 26 mars 1824, Brondel; 26 déc. 1834, Nala. — V. en ce sens Carnot, Inst. crim., sur l'art 337, t. 2, p. 586.

1845. — Mais la qualité de commerçant failli ne doit pas être nécessairement jointe à celle de banqueroutier frauduleux dans la question relative au complice, lorsqu'elle l'a été dans celle qui concerne l'accusé principal. — Cass., 26 mai 1838 (t. 2 1838, p. 168), Salmté.

1846. — Cependant, lorsqu'on demande au jury si l'accusé est complice de tel ou tel accusé, les noms de ces accusés désignés sont purement indicatifs et non limitatifs de l'accusation de complicité qui s'étend à tous autres auteur ou auteurs du crime, pourvu que la preuve de la complicité soit acquise. — Cass., 31 mai 1827, Rivière.

1847. — Dans une accusation d'attentat à la pudeur avec violence, la question, posée au jury, de

savoir si l'accusé est coupable d'un *attentat* (sans ajouter *à la pudeur*) consommé avec violence sur la personne de sa fille, est nulle comme retranchant une énonciation substantielle et caractéristique du crime poursuivi. — *Cass.*, 24 déc. 1840 (t. 1er 1842, p. 254), Hardy.

1848. — Les violences commises par les fonctionnaires publics, dans l'exercice de leurs fonctions, ne pouvant constituer un crime ou un délit que lorsqu'elles ont eu lieu sans motifs légitimes, le jury doit être interrogé, à peine de nullité, sur cette circonstance substantielle. — *Cass.*, 5 déc. 1822, Louvry.

1849. — Il ne suffirait pas qu'il fut demandé au jury si le fonctionnaire a été provoqué par des coups ou des blessures graves. — *Cass.*, 15 mars 1821, Barcon.

1850. — En conséquence, le jury, dans ce cas, doit être interrogé, à peine de nullité, sur les deux questions de savoir si le fonctionnaire a agi dans l'exercice de ses fonctions, et s'il a agi sans motifs légitimes. Ces deux questions doivent être posées d'office, lorsque la réquisition n'en a été faite, ni par l'accusé, ni par son défenseur. — *Cass.*, 14 oct. 1825, Girod; — Chauveau et Hélie, *Th. du Cod. pén.*, t. 2, p. 111.

1851. — En matière de provocation à un crime contre l'inviolabilité du roi et l'ordre de successibilité au trône, par des cris proférés dans des lieux publics, le jury doit être interrogé, non seulement sur le fait matériel des cris, mais aussi sur le point de savoir si ces cris avaient le simple caractère de séditieux ou le caractère plus grave d'attaque formelle. — *Cass.*, 2 oct. 1819, Maurand; — Carnot, *Inst. crim.*, t. 2, p. 595, sur l'art. 337.

1852. — Lorsqu'un individu est prévenu d'avoir publié un ouvrage précédemment condamné, le jury doit être interrogé sur l'existence de cette première condamnation, et sur la publicité légale qu'elle aurait reçue. — *Cass.*, 13 mai 1843 (t. 1er 1843, p. 718), Terry.

1853. — Pour qu'un accusé puisse être condamné comme coupable du crime d'émission de fausse monnaie, il faut, à peine de nullité, que le jury ait été interrogé sur le point de savoir si les pièces émises étaient contrefaites, et que le jury ait résolu affirmativement la question. — *Cass.*, 8 avr. 1825, Nozé.

1854. — Dans une accusation de fabrication de fausse monnaie, le jury doit être consulté, à peine de nullité, sur le point de savoir si les pièces contrefaites ont cours de monnaie en France. — *Cass.*, 28 germin. an IX, Sigleur.

1855. — ... Ou dans les colonies françaises, si la contrefaçon a été faite dans les colonies. — *Cass.*, 10 août 1839 (t. 1er 1840, p. 383), Louis.

1856. — Dans une accusation de contrefaçon de monnaie ayant cours légal en France, c'est au jury qu'il appartient de décider si le fait du blanchiment d'une pièce de billon réuni, à raison des circonstances relatives ou intrinsèques à sa perpétration, les élémens constitutifs du crime de contrefaçon d'une monnaie d'argent. — *Cass.*, 17 oct. 1830, Fourmy.

1857. — La circonstance que l'accusé avait reçu comme fausses les pièces qu'il a mises en circulation est constitutive du crime d'émission de fausse monnaie. En conséquence, elle doit être, à peine de nullité, comprise dans la question posée au jury et dans la réponse de celui-ci. — *Bruxelles*, 26 mars 1831, Bléron.

1858. — Le simple usage d'une pièce fausse, dépouillé du fait de sa fabrication, ne prend un caractère de criminalité qu'autant que le faux est connu de l'accusé. En conséquence, le jury doit être interrogé, à peine de nullité, sur la connaissance que l'accusé pouvait avoir de la fausseté de la pièce dont il a fait usage. — *Cass.*, 5 oct. 1815, Lhermitte; 3 mai 1832, Guillermet; 12 nov. 1835, Lacasse; — Chauveau et Hélie, *Th. C. pén.*, t. 2, p. 426; Carnot, *Inst. crim.*, t. 2, p. 641, n° 2, sur l'art. 345.

1859. — Les peines portées contre ceux qui ont fait usage d'un écrit faux n'étant applicables qu'autant que l'auteur de cet usage a connu la fausseté de l'écrit, il est indispensable, pour baser une condamnation, que cette circonstance, essentiellement constitutive de la criminalité, résulte des questions adressées aux jurés et de leurs réponses. — *Cass.*, 26 juin 1834, Paoli.

1860. — Dans une accusation de faux, commis sur des billets à ordre, il doit être posé des questions au jury, pour savoir si les personnes qui y figurent ont la qualité de commerçant, ou si les billets se rattachent à des opérations de commerce. — *Cass.*, 26 janv. 1826, Muiron; 26 janv. 1827, Avril; 9 mars 1827, de Cerdey; même jour, Marin; 12 avr. 1827, Dufour; 14 avr. 1827, Mégret; 25 mai 1827, Gabreaux; 8 juin 1827, Roze; 15 juin 1827, Boissonneau; même jour, Cainvatti; 22 juin 1827, Gilbert et Duchâteau; 6 juill. 1827, Marcassin; 24 janv. 1828, Berson; 10 avr. 1828, Parcillier; 18 sept. 1829, Petit-Coulon; 11 mars 1830, Roulet; 3 fév. 1831, Halton; 30 déc. 1831, Vellepot; 23 janv. 1834, Grenier; 10 juill. 1834, Rolle; 2 août 1838 (t. 1er 1840, p. 420), Sudric; 31 janv. 1840 (t. 1er 1840, p. 566), Burland. — V. conf. Chauveau et Hélie, t. 3, p. 404 et 431.

1861. — Lorsqu'un individu est accusé de faux en écriture publique pour avoir contrefait l'écriture et la signature d'un fonctionnaire public sur une quittance, le président de la cour d'assises viole l'art. 337, C. inst. crim., en n'interrogeant le jury que sur la contrefaçon de signature et en omettant la contrefaçon d'écriture. — *Cass.*, 20 sept. 1828, Girard.

1862. — L'accusation d'avoir fabriqué et écrit un acte sous le nom d'un fonctionnaire s'entend d'un acte régulier et revêtu de la fausse signature de ce fonctionnaire. En conséquence, lorsqu'un individu est accusé d'avoir fabriqué un acte sous le nom d'un fonctionnaire, le président de la cour d'assises ne peut scinder l'accusation en posant au jury deux questions, l'une sur la fabrication de l'acte, l'autre sur la fabrication de la signature. — *Cass.*, 7 juill. 1827, Simon Bel.

1863. — Mais il n'est point nécessaire, en matière de faux, que la question posée au jury ni sa réponse constatent que le faux pouvait préjudicier à un tiers, et lorsque l'accusé a été déclaré *coupable*, il ne peut plus plaider que le faux n'est point criminel, parce qu'il n'en résultait aucun préjudice possible pour autrui. — *Cass.*, 8 juill. 1830, Flahaut.

1864. — Lorsqu'un arrêt de mise en accusation a renvoyé un accusé devant les assises, sous la prévention *d'avoir fabriqué en juin, à la fausse date de février, un effet de commerce*, et que dans la question soumise au jury l'on a omis de reproduire le mot *fausse*, l'accusation sur ce chef n'en est pas moins valablement jugée par la réponse du jury, le mot *fausse*, qui se rapportait à date, se trouvant virtuellement suppléé dans la question par l'énonciation que l'effet argué avait été confectionné en juin, quoiqu'il portât la date de février. — *Cass.*, 3 mars 1837 (t. 1er 1838, p. 84), Mohen.

1865. — L'art. 145 du Code pénal n'exige pas que la question posée au jury renferme explicitement celle de savoir si l'accusé du crime de faux de la nature de ceux spécifiés dans ledit article a agi *sciemment et frauduleusement*; la question intentionnelle se trouve virtuellement et implicitement comprise dans celle de savoir si l'accusé est coupable d'avoir *commis un faux par supposition de personne dans l'exercice de ses fonctions de notaire*, et cela dans *une procuration par lui retenue en cette qualité*. — Par suite, la réponse affirmative du jury à une question ainsi posée est complète, et résout tout à la fois la matérialité du fait et l'intention criminelle. — *Cass.*, 13 oct. 1842 (t. 1er 1843, p. 169), Courel.

1866. — Les questions posées au jury sur une accusation de faux ou de tentative de faux doivent, à peine de nullité, comprendre les *faits matériels* du faux spécifiés dans l'arrêt de renvoi; il ne suffirait pas de demander d'une manière vague au jury si l'accusé est coupable de faux ou de tentative de faux, soit *par supposition de personnes*, soit *par fabrication de conventions*: ce serait là d'ailleurs l'appeler à décider une question de droit exclusivement réservée à la cour d'assises. — *Cass.*, 6 avr. 1832, Mericux.

1867. — La qualité de commerçant étant essentiellement constitutive du crime de banqueroute frauduleuse, doit être soumise au jury et spécifiée dans le résumé de l'acte d'accusation, alors surtout qu'elle l'a été d'une manière expresse dans le dispositif de l'arrêt de renvoi. — *Cass.*, 22 juin 1827, Gilbert-Duchâteau; 19 sept. 1828, Escande; 16 sept. 1830, Gère; 3 fév. 1831, Halton; 3 mars 1831, Dumont; 17 mars 1831, Bombard; 21 avr. 1831, Robin; 29 mars 1838 (t. 1er 1840, p. 203), Lourdel.

1668. — Il est nécessaire que la qualité de commerçant soit reconnue au failli pour qu'il y ait lieu à l'application des peines prononcées par la loi contre ceux qui, dans l'intérêt de ce commerçant failli, auraient soustrait, vendu ou dissimulé tout ou partie de ses biens meubles ou immeubles. En conséquence, est incomplète et nulle la question posée au jury, dans laquelle la qualité de commerçant n'est pas donnée au failli, dont l'accusé est prévenu de s'être rendu complice par recélé. — *Cass.*, 18 oct. 1842 (t. 1er 1843, p. 172), Manneville.

1869. — Mais un accusé de banqueroute frauduleuse ne peut se faire un moyen de nullité de ce que, dans une question ayant pour objet une dette collusoire, le nom de créancier fictif n'a pas été énoncé, lorsque ce créancier n'a pas pu rester inconnu aux jurés, soit parce qu'il a été désigné dans l'acte d'accusation, soit parce qu'il a été entendu comme témoin aux débats. — *Cass.*, 18 mars 1826, Dermenon-Annet.

1870. — Est incomplète et nulle la question par laquelle on demande au jury si l'accusé est coupable de faux témoignage en matière correctionnelle, sans mentionner la circonstance établie, dans l'acte d'accusation, que ce faux témoignage a été porté en faveur du prévenu. — *Cass.*, 4 juill. 1832, Rolland.

1871. — Mais la question posée aux jurés est suffisamment explicite lorsque, conforme d'ailleurs à l'arrêt de renvoi, elle rappelle la procédure criminelle dans laquelle le témoignage a été donné, le nom de l'accusé en faveur de qui il a été rendu, ainsi que la date. — *Bruxelles*, 31 oct. 1831, Delact.

1872. — Il suffit, en effet, que les questions telles qu'elles sont posées au jury mettent celui-ci en état de statuer sur l'existence des faits et sur leur moralité.

1873. — Ainsi, la circonstance de fraude ne doit pas être énoncée dans la question posée aux jurés, alors qu'ils sont interrogés sur un détournement commis par un domestique ou employé au préjudice de leur maître; elle résulte virtuellement de ce fait même. — *Cass.*, 30 nov. 1837 (t. 1er 1838, p. 626), Dailloux.

1874. — Pour qu'il y ait lieu à condamnation pour tentative d'empoisonnement, il n'est pas nécessaire que les substances qu'on a voulu administrer soient en quantité suffisante pour donner la mort; c'est assez qu'elles soient mortifères, c'est-à-dire de nature à pouvoir la donner; en sorte qu'il n'est pas nécessaire d'interroger le jury sur le point de savoir si la quantité était suffisante. — *Cass.*, 7 juill. 1814, Turleret.

1875. — Par les mêmes motifs, sous la loi du 25 sept.-6 oct. 1791, il suffisait, pour que l'homicide fût caractérisé meurtre, que les coups qui l'avaient occasionné eussent été portés volontairement. Dès-lors, la question de savoir s'ils avaient été portés avec intention de tuer était inutile, surabondante et contraire à la loi. — *Cass.*, 3 sept. 1807, Lacombe et Besson.

1876. — Avant la loi du 28 avr. 1832, tout acte de violence exercé volontairement sur une personne, et par l'effet duquel celle-ci avait été plus ou moins promptement privée de la vie, constituait le crime de meurtre, alors même que l'auteur n'aurait pas eu l'intention de tuer. Ainsi, il suffisait de demander au jury si l'accusé était coupable d'avoir volontairement porté des coups et fait des blessures qui avaient occasionné la mort. — *Cass.*, 13 mars 1828, Lazare Roux.

1877. — Ainsi, il fallait interroger le jury sur le point de savoir, non si l'homicide avait été volontaire, mais si le coup avait été porté volontairement. — *Cass.*, 6 mars 1823, Claude Tisserand.

1878. — Spécialement, en matière de duel, la question ainsi posée: Est-il constant que l'accusé ait, dans un duel où tout s'est passé avec loyauté et conformément aux conventions des parties, tiré volontairement et avec préméditation un coup de fusil sur son adversaire, lequel coup de fusil a donné la mort à celui-ci, est irrégulière à la fois, en ce que le mot *coupable* y est omis, et en ce que par ces mots: *où tout s'est passé avec loyauté et conformément aux conventions des parties*, le duel est présenté comme excuse du meurtre. — *Cass.*, 4 janv. 1839 (t. 2 1839, p. 643), Louisy-Lefrère.

ART. 4. — *Complexité.*

1879. — Ainsi que nous l'avons vu déjà (v° COMPLEXITÉ), la question complexe est celle qui contient tout à la fois dans la même proposition des élémens, soit constitutifs, soit aggravans ou atténuans des délits.

1880. — Dans l'origine les présidens des tribunaux criminels n'étaient astreints à aucune règle fixe pour la position des questions au jury, la loi leur indiquait de suivre seulement l'ordre qui leur paraissait le plus favorable à l'accusé. — L. 16 sept. 1791, tit. 27, art. 21.

1881. — Mais postérieurement intervint la constitution du 5 fructid. an III, laquelle défendit expressément de poser une question complexe. — Cette prohibition fut renouvelée par le Code du 3 brum. an IV, art. 377, et sanctionnée à peine de nullité.

1882. — Cette disposition, comme l'observait M. Faure (*Exposé des motifs du Code d'instruction criminelle*), eut pour résultat la division et la subdivision à l'infini des questions. On compta jusqu'à six mille questions dans une même affaire. La position des questions devint alors une opération tellement compliquée, qu'elle embarrassait les

hommes doués de la mémoire la plus heureuse, et accoutumés à la plus grande contention d'esprit.

1883. — Les rédacteurs du Code d'instruction criminelle entreprirent d'apporter un remède à des abus aussi évidens, et à cet effet s'étudièrent à simplifier autant que possible la position des questions.

1884. — Sans doute ils n'interdirent pas la division lorsqu'ils la jugèrent nécessaire ; mais, néanmoins, ils autorisèrent formellement la position de questions complexes.

1885. —Toutefois, depuis les lois des 9 sept. 1835 et 13 mai 1836, il a fallu soumettre au jury, par questions distinctes, le fait principal, chaque circonstance aggravante, et chaque fait d'excuse, tant pour prévenir la confusion et des erreurs sans nombre, que pour faciliter à la cour d'assises l'exercice du droit que lui confère l'art. 352, de renvoyer la cause à une autre session lorsque les juges sont d'avis que les jurés se sont trompés au fond. — Teulet, d'Auvilliers et Sulpicy, *Codes annotés*, sur l'art. 337, n° 146. — V. *infrà* nos 1967 et suiv.

1886. — Ainsi, s'est reproduite la prohibition des questions complexes non pas absolue, comme sous le Code de l'an IV, mais limitée aux nécessités du vote par scrutin secret. Toutefois, cette modification a tant de portée qu'elle ne laisse qu'une faible différence entre l'ancienne et la nouvelle prohibition.

1887. — Examinons séparément l'état de la jurisprudence sous les diverses législations que nous avons indiquées.

§ 1er. — *Complexité sous le Code du 3 brum. an IV.*

1888. — *Législation antérieure au Code d'instruction criminelle.* — A cette époque, l'obligation de diviser les questions était poussée jusqu'à ses dernières limites, et de nombreux arrêts rendus en exécution de ce principe cassèrent les décisions des tribunaux criminels pour vice de complexité dans les cas les plus divers.

1889. — Ainsi, 1° il y avait nullité si plusieurs faits avaient été réunis dans une seule question. — *Cass.*, 24 fructid. an VII, Truc; 22 vendém. an VIII, Riollay ; 29 fructid. an VIII, Carlier.

1890. — Notamment on déclarait nulle la question renfermant trois faits de complicité. — *Cass.*, 23 vendém. an VIII, Solange.

1891. —... Même celle par laquelle on demandait au jury s'il avait existé des intelligences avec les ennemis extérieurs et si ces intelligences tendaient à leur fournir des secours en argent. — *Cass.*, 17 niv. an VIII, Charles Foehr.

1892. — ...Et celle de savoir s'il avait été tenu des *propos* ou *discours* tendant à la dissolution du gouvernement républicain. — *Cass.*, 13 vent. an VIII, Raymond Bonnet.

1893. — On jugeait aussi que, dans une accusation relative à des faux commis sur plusieurs billets de commerce, il devait être posé au jury autant de questions qu'il y avait de billets ; une seule question portant sur plusieurs billets était complexe et nulle. — *Cass.*, 11 fruct. an VII, Ducret.

1894. — De même la question par laquelle on demandait au jury s'il avait été commis des faux était complexe comme portant sur les diverses pièces arguées de faux, tandis qu'il aurait fallu poser une question particulière sur la fausseté de chaque pièce. — *Cass.*, 15 frim. an VIII, Thuriel.

1895. — Cependant, il avait été jugé, sous ce même Code, qu'on ne pouvait pas considérer comme complexe la question posée au jury en ces termes : « *Est-il constant qu'il ait été mêlé du poison dans un potage destiné spécialement à N... et qu'il en ait fait usage?* » — *Cass.*, 29 thermid. an IX, Thinot.

1896. — ...2° Il y avait nullité dans la question soumise au jury, si elle renfermait plusieurs délits.

1897. — Ainsi, la question de savoir si la signature apposée au bas d'une convention de vente privée était fausse présentait deux idées, celle du faux matériel et celle de l'écriture privée, ce qui la rendait complexe et nulle. — *Cass.*, 5 niv. an VIII, Joseph Celse.

1898. — ...3° A plus forte raison était réputée nulle la question renfermant plusieurs crimes. — *Cass.*, 3 frim. an VII, Gasse; 25 flor. an VII, Pussot.

1899. — ...Notamment celui de blessures et de viol. — *Cass.*, 4 brum. an VIII, Varnier.

1900. — ...4° La question présentant au jury plusieurs époques, était complexe et nulle. — *Cass.*, 21 fruct. an VII, Truc.

1901. — ... 5° Il en était de même de celle contenant plusieurs circonstances aggravantes, notamment celle de préméditation et de guet-apens. — *Cass.*, 15 pluv. an VII, Austel; 7 germin. an VII, Chenard; 15 frim. an VIII, Mézan.

1902. —... 6° Et de celle réunissant le fait et une ou plusieurs circonstances aggravantes. — *Cass.*, 18 brum. an VII, Laforêt ; 28 vendém. an VII, Dumesnil ; 1er pluv. an VII, Palavicini ; 29 vendém. an VIII, Roelland ; 18 vent. an VIII, Crouseilhes. — V. conf. sous l'empire de la loi du 16 sept. 1791, *Cass.*, 2 juin 1792, Prévot.

1903. — Il en était encore ainsi, lorsque la question soumise au jury comprenait tout à la fois le fait du vol et la circonstance aggravante de grande route. — *Cass.*, 12 flor. an VII, Potier.

1904. — ... Lorsqu'elle comprenait tout à la fois le fait de la soustraction et la circonstance que cette soustraction avait été commise dans une écurie. — *Cass.*, 22 brum. an VIII, Béguin ; 7 fructid. an VIII, Louis.

1905. — ... Lorsque le mot assassinat, qui comprend tout à la fois le fait relatif à l'homicide et celui relatif à la préméditation qui donne à l'attaque à dessein de tuer le caractère d'assassinat, se trouvait énoncé dans une question soumise au jury. — *Cass.*, 23 pluv. an VII, Baille; 8 frim. an VIII, Auclair.

1906. — Ainsi encore était complexe et nulle la question renfermant le fait d'ouverture de portes, caisses et caissons, et en même temps tous les moyens employés pour l'ouvrir. — *Cass.*, 11 vent. an VII, Durdan.

1907. —... 7° Il y avait complexité lorsque, dans une accusation comprenant plusieurs accusés, la circonstance aggravante n'était pas présentée d'une manière spéciale pour chaque accusé, mais en masse et pour tous en général. — *Cass.*, 28 flor. an VIII, Trollet; 4 flor. an X, Marty; 16 thermid. an XI, Aumont.

1908. — Jugé en ce sens que lorsque, dans une accusation d'assassinat commis par plusieurs personnes, le jury était interrogé d'une manière générale si l'homicide avait été commis avec préméditation, cette question était tellement vague et indéterminée que l'on ne pouvait savoir auquel des auteurs elle se rapportait, ce qui la rendait complexe et nulle. — *Cass*, 26 flor. an VIII, Vial.

1909. — ... 8° Était complexe et nulle la question comprenant plusieurs accusés. — *Cass.*, 17 vendém. an V, Langlamet; 22 vendém. an V, Renmoux; 1er thermid. an VII, Vacher; 19 flor. an VII, Piétrequin; 16 frim. an XII, Picot.

1910. — Sous le Code du 3 brum. an IV, lorsqu'après avoir imputé tous les délits à tous les accusés, l'acte d'accusation signalait, en outre, quelques charges personnelles à quelques-uns des accusés et relatives seulement à quelques-uns des délits, le président devait répéter au jury la question générale à l'égard de chaque délit et de chaque accusé. Il ne pouvait pas se borner à poser sur chaque délit les questions relatives à ceux des accusés contre lesquels il existait dans l'acte d'accusation des charges particulières. — *Cass.*, 24 thermidor an X, Calingaers.

1911. —...9° Il en était de même de la question renfermant tout à la fois le fait et l'auteur du délit. — *Cass.*, 15 pluv. an VII, Grée; 22 vendém. an VIII, Riollay.

1912. — Ainsi, la question au jury tendant à savoir s'il y avait eu tentative d'homicide, si un meurtre avait été accompagné de cette tentative d'homicide et si cette tentative avait été commise par l'accusé, était complexe et nulle. — *Cass.*, 29 fructid. an VIII, François Carlier.

1913. —...10° Il y avait complexité dans le fait de confondre dans la même question le cas de légitime défense, et celui d'excuse. — *Cass*, 6 brum. an XI, Jacquin.

1914. —...11° Toute question alternative était nulle comme complexe.

1915. — Ainsi, on ne pouvait, à peine de nullité, proposer au jury cette question : N... *est-il auteur ou complice?* — *Cass.*, 27 vendém. an VII, Barrière.

1916. — La question de savoir si l'accusé avait contrefait ou distribué des monnaies nationales ayant cours, était nulle, comme présentant une alternative qui la rendait complexe. — *Cass.*, 3 vendém. an V, Dupont.

1917. — La question par laquelle le jury était interrogé sur le point de savoir si un accusé avait prêté faux témoignage soit devant le juge de paix, soit devant le tribunal criminel, renfermait une alternative qui ne présentait rien de certain ni sur le fait ni sur l'époque. En conséquence, elle était nulle comme entachée de complexité. — *Cass.*, 16 vent. an IX, Pierre Cucq et Bajet.

1918. — Lorsqu'un individu était accusé de viol ou tentative de viol, il fallait d'abord poser la question de savoir s'il y avait eu viol consommé, et subsidiairement celle de savoir s'il y avait eu tentative de viol. — *Cass.*, 21 pluv. an XI, Leclerc.

1919. — ...12° Enfin, et c'est le point le plus important, sous le Code du 3 brum. an IV, la position des questions au jury était nulle si l'on avait accumulé tout à la fois ce qui était relatif au fait et ce qui concernait l'auteur du fait, au lieu de poser d'abord la question de savoir si le fait était constant, et, ensuite, celle de savoir si l'accusé était ou non convaincu de l'avoir commis ou d'y avoir coopéré. — *Cass.*, 15 pluv. an VII, Grée ; 16 frim. an VII, Blanc; 6 vent. an VII, Barrière; 6 flor. an VII, Dieulois; 21 prair. an VII, Daydé; 1er thermid. an VII, Vacher; 5 fructid. an VII, Parneson ; 24 brum. an VIII, Leclerc ; 5 messid. an X, Sehmann.

1920. — La question par laquelle on demandait au jury s'il y avait eu attaque à dessein de tuer, était prohibée comme complexe, en ce qu'elle confondait le fait de l'attaque avec l'intention qui la faisait commettre. — *Cass.*, 9 frim. an VII, Réaux.

1921. — Le mot *meurtre*, présentant tout à la fois le fait et sa moralité, rendait complexe et nulle la question au jury dans laquelle il était employé. — *Cass.*, 27 frim. an VII, Delfau ; 7 prair. an VII, Cariou et Legall.

1922. — La question au jury consistant à savoir s'il y avait eu un *assassinat non consommé*, était complexe et nulle en ce que le fait s'y trouvait joint à la moralité. — *Cass.*, 1er pluv. an VII, Palavicini ; 23 pluv. an VII, Baille ; 17 vent. an VIII, Lefebvre.

1923. — Le mot *assassinat* voulant dire, d'après les termes mêmes de la loi, homicide avec préméditation, les juges ne pouvaient l'employer, dans une question au jury, sans cumuler le fait et la moralité. — *Cass.*, 21 germin. an VII, Roux.

1924. — Il devait être posé séparément au jury une question et sur le meurtre et sur la préméditation. — *Cass.*, 23 vendém. an VII, Guémenée.

1925. — La question par laquelle on demandait au jury s'il avait existé une conspiration tendant à troubler la république en armant les citoyens les uns contre les autres et contre l'exercice de l'autorité légitime, comprenant tout à la fois le fait matériel de complot, et la moralité de ce fait était nulle comme complexe. — *Cass.*, 5 flor. an X, Dieulois.

1926. — Le mot *viol*, employé dans une question au jury, comprenant tout à la fois le fait matériel et sa moralité, rendait la question complexe et nulle. — *Cass.*, 14 pluv. an VII, Saleucci; 5 vent. an VII, Clerget; 2 pluv. an VIII, Mirel.

1927. — On jugeait même que la question où se trouvaient énoncés ces deux mots de *crime* et *viol*, était doublement complexe et nulle, en ce que les mots *crime* et *viol* présentaient tout à la fois le fait et la moralité. — *Cass.*, 13 brum. an VIII, Lambinet.

1928. — Le mot *vol*, exprimant tout à la fois la soustraction et la moralité, on devait tenir pour complexe et nulle la question au jury, dans laquelle il était employé. — *Cass.*, 26 brum. an VII, Olivieri ; 8 frim. an VII, Montagne; 29 pluv. an VII, Dumas; 24 vent. an VII, Aléau-Nordon ; 16 germ. an VII, Chevalier ; 22 frim. an VII, Huet ; 22 germ. an VII, Roux ; 29 germ. an VII, Robillard; 4 flor. an VII, Neciani; 6 flor. an VII, Chaussul; 18 flor. an VII, Nathier; 9 prair. an VII, Gillière; 7 thermid. an VII, Lalu ; 8 thermid. an VII, Ristori; 29 thermid. an VII, Ricard ; 5 fructid. an VII, Cahuzac; 1er pluv. an VII, Courtay; 12 fructid. an VII, Charbonnel; 14 vendém. an VIII, Gesse ; 1er frim. an VIII, Chambard ; 17 frim. an VIII, Corrard; 13 vent. an VIII, Hilaire; 3 germ. an VIII, Ray.

1929. — Dans une accusation de complicité de vol par recélé, la question au jury portant cumulativement sur le fait du nantissement et sur la connaissance qu'avait le prévenu que les effets avaient été volés, était complexe et nulle. — *Cass.*, 6 vent. an VII, Bellegarde et Regnartigue ; 15 frim. an VIII, Roche ; 27 pluv. an IX, Mahé.

1930. — La question au jury tendant à savoir s'il était constant que l'accusé se fût introduit dans une maison était complexe, comme portant sur le fait de l'introduction de l'accusé dans la maison et sur sa culpabilité. — *Cass.*, 11 fructid. an VII, Minel.

1931. — La question par laquelle on demandait au jury si *le vol* avait été commis *telle nuit au domicile de telle personne*, était triplement complexe, en ce que le mot *vol* comprenait tout à la fois le fait de l'enlèvement et la moralité qui en constitue le délit, et en ce que la même question présentait en outre deux circonstances aggravantes, celles du lieu et du temps. — *Cass.*, 8 frim. an VII, Montagne ; 22 frim. an VII, Huet ; 29 frim. an VII, Ledoyen.

1932. — La question au jury tendant à savoir si l'accusé avait fait *banqueroute*, était complexe et nulle comme portant à la fois sur le fait et sur sa moralité. — *Cass.*, 11 vent. an VIII, Sirhop; 16 germ. an VIII, Cauvet.

1933. — Le mot *concussion* présentant en même temps la moralité du fait et le fait lui-même, la question par laquelle on demandait au jury s'il n'avait pas été commis *des concussions* sur les contribuables, était nulle comme entachée de complexité. — *Cass.*, 13 brum. an VII, Lomprine; 19 niv. an VII, Desbœufs; 5 fructid. an VII, Parneson.

1934. — La question au jury tendant à savoir s'il avait été commis des *faux* était complexe et insuffisante, et conséquemment nulle. — *Cass.*, 18 brum. an VIII, Husson.

1935. — La question de moralité qui embrassait plusieurs prévenus était complexe et ne pouvait pas être proposée au jury à peine de nullité. — *Cass.*, 19 flor. an VII, Piétrequin; 1er thermid. an VII, Vacher.

§ 2. — *Complexité sous le Code d'instruction criminelle.*

1936. — Ainsi que nous l'avons dit (*suprà* no 1882) l'expérience avait appris que la prohibition des questions complexes posées en principe absolu et sans exception par le Code du 3 brum., an IV, amenait de graves inconvéniens: les rédacteurs du Code d'inst. crim. voulurent y porter remède; mais, ainsi qu'il arrive toujours en pareille circonstance, ils allèrent au delà du but et admirent un système extrême plus fâcheux peut-être encore que celui qu'il remplaçait et dont le résultat fut d'autoriser les présidens d'assises à réunir dans une seule question plusieurs accusés, le fait et les circonstances aggravantes qui s'y rattachaient.

1937. — Telle est, en effet, la formule que donne le Code d'instr. crim. : « L'accusé est-il coupable d'avoir commis tel meurtre, tel vol, ou tel autre crime avec les circonstances comprises dans l'acte d'accusation? » — Art. 337.

1938. — De nombreux arrêts consacrèrent la possibilité de réunir dans une même question des faits divers, ou des faits et des circonstances de toute nature. — Jugé en effet que :

1939. — … En principe général le président des assises n'était tenu à suivre aucune forme particulière quant à la position des questions, pourvu que la base en fût prise dans l'acte d'accusation. — *Cass.*, 29 avr. 1831, Dirion.

1940. — En conséquence la position d'une question spéciale résultant des débats pouvait être comprise dans les questions résultant de l'acte d'accusation. — *Cass.*, 3 fév. 1826, Bossière.

1941. — Le président pouvait comprendre plusieurs faits dans une seule question, surtout lorsque ces faits se rattachaient tellement à la perpétration du fait principal qu'ils ne pouvaient en être séparés. — *Cass.*, 12 juill. 1832, Canilier.

1942. — Il pouvait encore comprendre dans une seule et même question plusieurs accusés. — *Cass.*, 6 fév. 1812, Morin; 24 sept. 1835, Raffault.

1943. — Toutefois, le jury pouvait, dans sa déclaration sur une pareille question, répondre distinctement à l'égard de chaque accusé. — *Cass.*, 6 fév. 1812, Morin.

1944. — Le jury pouvait être interrogé par une seule et même question sur le fait principal et ses circonstances aggravantes. — *Cass.*, 24 sept. 1835, Ravault.

1945. — … Par conséquent, il importait peu que la circonstance aggravante de la domesticité ait été posée dans une seule et même question avec le fait principal, alors surtout que le jury avait fait une réponse particulière sur cette circonstance. — *Cass.*, 18 avr. 1833, Feyt.

1946. — Le Code d'instruction criminelle autorisa implicitement la position des questions alternatives prohibées sous le Code du 3 brum. an IV, comme complexes, et par conséquent nulles. — *Cass.*, 18 mars 1826, Dermenon-Annel; 26 mars 1836, Martin.

1947. — Mais pour que la question fût valable, il fallait que chaque alternative constituât le crime faisant l'objet de l'accusation. — Mêmes arrêts.

1948. — Le crime de faux pouvant se constituer par l'action d'avoir fait fabriquer une pièce fausse, comme par la fabrication même de cette pièce, il n'y avait aucune irrégularité dans la question alternative qui présente à la fois au jury ces deux faits. — *Cass.*, 27 janv. 1827, Laloua; 8 juill. 1830, Flahaut, 16 juin 1836 (t. 1er 1837, p. 53), Verninac.

1949. — On pouvait encore soumettre au jury la question de savoir si l'accusé était coupable de tentative de viol ou de tout autre attentat à la pudeur avec violence. — *Cass.*, 15 sept. 1831, Salard; 29 mars 1832, Bray.

1950. — La violence étant une circonstance constitutive et non pas seulement aggravante du crime d'attentat à la pudeur, il n'était pas nécessaire d'en faire l'objet d'une question particulière. — *Cass.*, 2 fév. 1815, Vautroys; 22 mars 1821, Vincent; 10 mars 1823, Jean-Jean. — Cette décision est encore aujourd'hui applicable.

1951. — Dans une accusation d'enlèvement de mineurs, l'accusé ne pouvait se faire un moyen de nullité de ce qu'en demandant au jury si l'enlèvement avait eu lieu par fraude ou violence, on avait réuni dans une seule question les deux circonstances de la fraude et de la violence. — *Cass.*, 25 oct. 1821, Destout.

1952. — Toutefois, si le président n'était pas tenu par le Code d'instruction criminelle à diviser les faits et les questions, aucune disposition de la loi ne lui défendait de diviser les questions, et de les spécifier avec plus de clarté pour les soumettre au jury. — *Cass.*, 27 déc. 1811, Barril.

1953. — Le président procédait donc régulièrement en ordonnant que le résumé de l'acte d'accusation serait modifié dans la position des questions, de manière à présenter aux jurés, au lieu d'une question complexe qu'il renfermait, une simple question de fait, en réservant à la cour l'appréciation de la qualité légale du crime. — *Cass.*, 26 juill. 1832, Dumon.

1954. — Sur une accusation de tentative d'assassinat, le président pouvait, sans inconvénient, diviser les questions, et demander aux jurés si l'accusé avait commis une tentative d'homicide, s'il avait agi volontairement et avec préméditation. — *Cass.*, 4 fév. 1819, Mittelbrone.

1955. — Lorsque l'accusé avait été renvoyé devant la cour d'assises pour meurtre de son père, avec préméditation et guet-apens, le président de la cour d'assises avait pu régulièrement, si le résultat des débats l'avait rendu nécessaire et en l'absence surtout de toute contestation de la part de l'accusé, classer dans deux questions séparées le fait du parricide et celui du meurtre avec préméditation et guet-apens. — *Cass.*, 15 déc. 1831, De Castres.

1956. — Le président pouvait poser deux questions séparées sur les deux circonstances d'un crime, bien qu'elles fussent réunies dans le résumé de l'acte d'accusation. — *Cass.*, 2 sept. 1830, Codemard.

1957. — Il pouvait également soumettre séparément au jury la double question relative à la culpabilité de l'accusé, comme auteur principal ou comme complice, bien que l'acte d'accusation, conforme à l'arrêt de renvoi, en réunît et confondît ensemble les caractères divers. — *Cass.*, 27 sept. 1832, Tronc.

1958. — Jugé encore que lorsque les circonstances du fait sont constitutives du délit imputé à l'accusé, il n'était point nécessaire, à peine de nullité, de poser au jury deux questions séparées, l'une sur le fait, l'autre sur les circonstances. — Spécialement, lorsque, dans une accusation portant à la fois sur une usurpation de fonctions et sur un attentat à la sûreté de l'état, l'acte d'accusation présentait l'attentat comme le fait principal, et l'usurpation de fonctions comme une dépendance et l'une des circonstances constitutives de la culpabilité, ces deux faits pouvaient être compris dans une seule et même question. — *Cass.*, 14 déc. 1815, Lavalette.

1959. — … Que avant la loi du 28 avr. 1832, bien qu'il fût plus conforme à la lettre de la loi de mettre successivement en question et de faire résoudre séparément par les jurés les deux premières circonstances constitutives de la criminalité de la tentative, savoir : 1o la manifestation par des actes extérieurs; 2o et le commencement d'exécution, il ne pouvait cependant résulter aucune nullité de ce qu'elles auraient été posées et résolues cumulativement. — *Cass.*, 20 oct. 1831, Laruelle.

1960. — Dans cet arrêt la cour de Cassation tout en reconnaissant la légalité de la question complexe, lorsqu'il s'agit des circonstances constitutionnelles qui viennent se joindre au fait principal, avait déclaré cependant que la division était plus conforme à la loi.

1961. — Elle avait également décidé, dans le cas de vol qualifié, qu'il était plus rationnel et plus légal de présenter aux jurés le fait principal et ses circonstances dans des questions distinctes et séparées, que de les réunir simultanément en une seule question. — *Cass.*, 16 avr. 1831, Acerbé.

1962. — La cour de Cassation avait même été plus loin, et dans diverses circonstances elle avait consacré la division des questions comme nécessaire. — Ces décisions sont encore aujourd'hui applicables.

1963. — Ainsi jugé, en ce sens, que, lorsqu'un accusé de meurtre soutient n'avoir commis qu'involontairement l'homicide qui lui est imputé, le président ne peut réunir dans une seule question le meurtre et l'imprudence; il doit interroger le jury sur le meurtre, par une question principale, et sur l'homicide involontaire ainsi que sur l'imprudence, la négligence, etc., par une question subsidiaire. — *Cass.*, 20 juin 1833, Geisser.

1964. — … Que lorsqu'une circonstance aggravante est résultée des débats, elle doit faire l'objet d'une question distincte au jury, et ne peut pas être confondue avec la question principale, *à peine de nullité*. — *Cass.*, 12 juill. 1832, Barthélemy Rouvières.

1965. — … Que le crime de faux pouvant se constituer par l'action d'avoir fait fabriquer une pièce fausse, comme par la fabrication même de cette pièce, il n'y a aucune irrégularité dans la question alternative qui présente à la fois au jury ces deux faits. — *Cass.*, 27 janv. 1827, Laloux.

1966. — … Qu'un prévenu ne pouvant régulièrement être déclaré complice d'un crime ou d'un délit que sur la reconnaissance d'un ou plusieurs des faits particuliers spécifiés dans l'art. 60, C. pén., comme constituant la complicité, il ne devait pas être posé de question alternative sur le fait ou la complicité. — *Cass.*, 10 août 1820, Dancourt; 4 oct. 1821, Dolbec; 29 juill. 1824, Gorde. — V. toutefois *contrà Cass.*, 10 sept. 1812, Verres.

§ 3. — *Complexité depuis la loi du 13 mai* 1836.

1967. — La loi du 13-14 mai 1836 a adopté, pour la division des questions, un système mixte qui nous paraît concilier suffisamment les intérêts de la société et ceux des accusés. Elle a repoussé le principe de la prohibition absolue des questions complexes admis par le Code de brum. an IV, et, la complexité absolue proclamée par le Code d'instruction criminelle.

1968. — Elle a dit, dans son art. 1er, que le jury voterait par bulletins écrits et par scrutins distincts et successifs sur *le fait principal d'abord* et, s'il y a lieu, sur *chacune* des circonstances aggravantes, sur *chacun* des faits d'excuse légale, sur la question de discernement, et enfin, sur les question des circonstances atténuantes

1969. — La loi des 13-14 mai 1836 ne dit pas que chaque question ne pourra comprendre qu'un seul fait. Cependant, si les différens faits qui sont imputés à l'accusé ont eu lieu à des époques et dans des circonstances différentes, les explications que celui-ci aura à présenter pour sa défense pouvant être de différentes natures, la cour d'assises devra nécessairement soumettre aux jurés ces faits dans des questions distinctes et séparées.

1970. — En conséquence, l'accusation d'avoir fait usage sciemment de plusieurs traites fausses en les escomptant divisément, à des jours différens, chez divers banquiers, comporte autant de faits principaux distincts qu'il y a d'escomptes séparés; dès-lors le jury doit, à peine de nullité, être interrogé séparément, et voter par scrutin distinct sur chacun des faits d'escompte. — *Cass.*, 30 mars 1839 (t. 2 1839, p. 366), Raymond d'Hénard.

1971. — Mais il été jugé que lorsqu'un crime d'empoisonnement résultant de faits commis à des époques différentes sur la même personne ne forme, d'après l'arrêt de renvoi, qu'un seul chef d'accusation, le président de la cour d'assises n'est pas tenu de poser une question distincte pour chacun de ces faits. — *Cass.*, 12 déc. 1840 (t. 2 1840, p. 622), Lafarge.

1972. — … Qu'en matière de délit de presse, il n'est pas nécessaire de poser au jury autant de questions distinctes qu'il y a de feuilles incriminées. — *Cass.*, 13 mars 1838 (t. 2 1839, p. 480), Danicourt.

1973. — … Et même qu'il n'y a pas nullité pour complexité lorsque le jury, dans une accusation de viol et de tentative de viol commis sur la même personne, a été interrogé par une seule question sur le point de savoir si la victime a été l'objet d'une ou de plusieurs tentatives, d'un ou de plusieurs viols. — *Cass.*, 9 oct. 1845 (t. 1er 1846, p. 643), Mulot.

1974. — La réunion de plusieurs faits distincts, et indépendans l'un de l'autre, dans une même question n'est pas le seul cas de complexité prévu par la loi du 13 mai 1836.

1975. — Le jury ne doit pas être interrogé par une seule question sur le fait principal et sur les circonstances qui s'y rattachent. Chaque circonstance, ainsi que chaque fait d'excuse ou question de discernement, doit, à peine de nullité, faire l'objet d'une question particulière et distincte. — *Cass.*, 8 juill. 1837 (t. 1er 1838, p. 582), Lioret; 13 juill. 1837 (t. 2 1837, p. 278), Dombideau; 3 août 1837 (t. 2 1837, p. 200), Baqué; 23 sept. 1837 (t. 1er 1840, p. 96),

Marc; 28 sept 1837 (t. 2 1837, p. 623), Jung; 24 mars 1838 (t. 1er 1840, p. 204), Bettinger; 31 mai 1838 (t. 1er 1840, p. 222), Huc; 13 déc. 1838 (t. 2 1838, p. 586), Cornely; 13 déc. 1838 (t. 1er 1839, p. 310), Collier; 29 déc. 1838 (t. 1er 1840, p. 142), Fabre; 10 mai 1839 (t. 2 1839, p. 367), Tomasini; 5 sept. 1839 (t. 1er 1840, p. 495), Dureux; 12 sept. 1839 (t. 1er 1840, p. 495), Pénissard; 20 sept. 1839 (t. 2 1839, p. 367), Collot; 26 sept. 1839 (t. 1er 1840, p. 495), David; 9 janv. 1840 (t. 2 1840, p. 233), Beaudrouet; 29 mai 1840 (t. 2 1840, p. 191), Jacquemain.

1976. — Le meurtre, suivi de vol, ou ayant pour objet un vol, ne peut être compris dans une seule et même question, avec les circonstances de préméditation et de soustraction frauduleuse. — *Cass.*, 8 juill. 1837 (t. 1er 1838, p. 582), Lioret.

1977. — Il y a nullité s'il a été demandé au jury par une seule question s'il y a eu soustraction frauduleuse, si cette soustraction a été commise la nuit, dans une maison habitée, et si elle a précédé, accompagné ou suivi un meurtre. — *Cass.*, 5 juin 1845 (t. 1er 1845, p. 103), Salessaud.

1978. — Dans une accusation de coups et blessures ayant occasionné la mort, mais sans intention de la donner, il y a nullité lorsqu'il a été posé aux jurés une seule question sur le seul fait principal de coups et blessures, et les circonstances aggravantes résultant de ce que ces coups et blessures auraient occasionné la mort. — *Cass.*, 19 avr. 1839 (t. 2 1841, p. 749), Lavergne; 9 janv. 1840 (t. 2 1840, p. 233), Beaudrouet; 30 déc. 1841 (t. 1er 1842, p. 241), Poilié.

1979. — Il y a nullité lorsque, dans une accusation d'empoisonnement, la circonstance que le crime a été commis par une fille sur sa mère a été comprise dans la question relative au fait principal. — *Cass.*, 19 sept. 1839 (t. 1er 1841, p. 720), Prayer.

1980. — Dans une accusation de viol ou d'attentat à la pudeur avec violence, les circonstances que le coupable était l'ascendant de la victime, ou que la victime était âgée soit de moins de vingt-un ans, soit de moins de quinze ans, constituent des circonstances aggravantes qui ne peuvent, à peine de nullité, être comprises dans la même question que le fait principal. — *Cass.*, 23 sept. 1837 (t. 1er 1840, p. 96), Marc; 28 sept. 1837 (t. 2, 1837, p. 623), Jung; 11 juill. 1839 (t. 2 1839, p. 555), Froger; 9 sept. 1841 (t. 2 1841, p. 559), Enjalbert; 15 juill. 1842 (t. 2 1842, p. 224), Canet.

1981. — Il y a nullité lorsque, dans une affaire d'avortement, le jury a été interrogé par une seule question sur le fait d'avortement et sur *la qualité* de médecin, de chirurgien, d'officier de santé, de pharmacien, ou de sage-femme, qui forme une circonstance aggravante de ce crime. — *Cass.*, 26 janv. 1839 (t. 1er 1839, p. 312), Verdun.

1982. — Dans une accusation de violences exercées sur un agent de la force publique (C. pén., art. 231 et suiv.), la circonstance que cet agent était dans l'exercice de ses fonctions est une circonstance aggravante, à l'égard de laquelle il doit être posé au jury une question distincte et séparée. En conséquence il y a nullité pour cause de complexité (L. 1er mai 1836) si la question posée au jury comprend à la fois le fait de violences (fait principal) et la circonstance (aggravante) que l'agent sur lequel ces violences ont été commises se trouvait dans l'exercice de ses fonctions. — *Cass.*, 12 juin 1845 (t. 1er 1846, p. 93), Alloffe.

1983. — Même solution s'il s'agit d'un homicide sur un agent de la force publique. — *Cass.*, 14 janv. 1841 (t. 1er 1842, p. 245), Picquier.

1984. — Dans une accusation de vol avec les circonstances aggravantes de nuit, de maison habitée et d'effraction intérieure, on ne peut, à peine de nullité, réunir dans une seule question le fait principal et les circonstances aggravantes. — *Cass.*, 31 mai 1838 (t. 1er 1840, p. 222), Huc; 10 mai 1839 (t. 2 1839, p. 367), Tomasini; 5 sept. 1839 (t. 1er 1840, p. 495), Dureux; 20 sept. 1839 (t. 2 1839, p. 367), Collot.

1985. — La circonstance de maison habitée ne peut être considérée comme ayant été implicitement résolue, lorsqu'elle n'a pas fait l'objet d'une question particulière. — *Cass.*, 29 déc. 1838 (t. 1er 1840, p. 142), Fabre.

1986. — Il y a nullité lorsque le jury a posé une seule question de culpabilité sur un vol, avec les circonstances que ce vol aurait été commis par deux personnes, sur un chemin public, avec violence, port d'armes et menace d'en faire usage. — *Cass.*, 3 août 1837 (t. 2 1837, p. 200), Baqué.

1987. — Dans une accusation de vol domestique, la domesticité ne peut pas être réunie au fait de la soustraction dans les questions posées au jury. — *Cass.*, 26 sept. 1839 (t. 1er 1840, p. 495), David.

1988. — La circonstance qu'un blanc-seing n'aurait pas été confié à celui qui en a abusé, étant aggravante du délit d'abus de blanc-seing, doit être posée d'une manière distincte. — *Cass.*, 13 oct. 1842 (t. 1er 1843, p. 164), Royer.

1989. — On ne peut comprendre avec le fait principal, dans une même question posée au jury, la circonstance que l'édifice incendié était habité ou servait à l'habitation, cette circonstance étant aggravante du fait d'incendie. — *Cass.*, 24 mars 1838 (t. 1er 1840, p. 204), Bettinger; 26 avr. 1838 (t. 1er 1840, p. 143), Bernard; 13 déc. 1838 (t. 2 1838, p. 586), Cornely; 13 déc. 1838 (t. 1er 1839, p. 310), Collier; 28 mars 1839 (t. 2 1840, p. 602), Vallau; 12 sept. 1836 (t. 1er 1840, p. 495), Pénissard; 20 sept. 1839 (t. 1er 1840, p. 475), Leconte; 27 mars 1840 (t. 2 1840, p. 603), Vachon; 29 mai 1840 (t. 2 1840, p. 191), Jacquemain; 19 juin 1840 (t. 2 1841, p. 675), Mitjaville; 16 janv. 1845 (t. 1er 1846, p. 45), Thuau; 11 av. 1845 (t. 1er 1846, p. 158), Charliac.

1990. — Il a cependant été jugé que la disposition de l'art. 1er, L. 13 mai 1836, qui veut que le jury vote par bulletins écrits et par scrutins distincts et successifs sur chacune des circonstances aggravantes, n'est pas d'une observation nécessaire et indispensable à peine de nullité, relativement à ces circonstances, lorsque, par leur nature, elles se confondent, pour ainsi dire, l'une avec l'autre, et qu'elles entraînent les mêmes conséquences pénales, comme, par exemple, lorsqu'il s'agit de la circonstance de préméditation et de celle du guet-apens. Ainsi, il n'y a pas de nullité en ce que la circonstance de préméditation et de guet-apens n'aura fait l'objet que d'une seule question posée au jury. — *Cass.*, 22 nov. 1838 (t. 2 1839, p. 633), Pietri; 19 juill. 1839 (t. 2 1843, p. 803), Marc-Angeli.

1991. — Mais depuis, au contraire, la cour de Cassation a décidé que l'on doit annuler, comme entachée du vice de complexité, la question soumise au jury qui comprend les deux circonstances de préméditation et de guet-apens. — *Cass.*, 3 juill. 1845 (t. 2 1845, p. 615), Courtot.

1992. — Jugé que dans une accusation de complicité du crime d'assassinat par aide et assistance, avec connaissance, dans les faits qui l'ont préparé, facilité ou consommé, il ne doit pas être soumis au jury de question relative à la préméditation. Cette question est inutile, soit parce que les caractères d'une telle complicité emportent nécessairement avec eux celui de préméditation, soit parce que la question de préméditation, résolue en ce qui concerne l'auteur du crime, détermine aussi le sort de l'accusation relativement au complice, qui doit être puni de la même peine que l'auteur principal. — *Cass.*, 8 juin 1843 (t. 2 1843, p. 576), Legouer.

1993. — ...Que, dans une accusation de coups et blessures ayant occasionné la mort sans intention de la donner, le président obéit au vœu de la loi, qui exige que le jury soit appelé à s'expliquer d'abord sur le fait principal, ensuite sur chacune des circonstances aggravantes séparément, en divisant la question, et demandant : 1° si l'accusé est coupable d'avoir volontairement porté des coups; — 2° si les coups portés sans intention de donner la mort l'ont pourtant occasionnée. Il en est ainsi quoique l'arrêt de renvoi et l'acte d'accusation ne contiennent pas cette division, et que le fait principal, isolé, soit purement correctionnel, et ne prenne le caractère de crime que rapproché de la circonstance aggravante. — *Cass.*, 7 janv. 1842 (t. 1er 1842, p. 675), Valois.

1994. — ...Que les questions de complicité par aide et assistance et de complicité par recélé peuvent être posées par 1° et 2°, sans que le vice de complexité résulte de ce qu'il n'y a eu qu'une seule réponse, alors qu'elle s'applique particulièrement à une seule des questions. — *Cass.*, 4 avr. 1844 (t. 1er 1844, p. 744), Gumbeau.

1995. — ...De même que la cumulation de deux crimes de complicité dans une seule et même question n'étant défendue par aucune loi, le président d'une cour d'assises peut donc, en les réunissant, interroger tout à la fois le jury sur la complicité par aide et assistance et sur celle de la provocation. — *Cass.*, 4 juin 1840 (t. 1er 1846), Santa-Lucia.

1996. — ...Que lorsque les circonstances aggravantes d'un vol imputé à plusieurs accusés se lient au fait matériel de ce vol, et ne peuvent exister en même temps pour les autres, il suffit que les questions y relatives soient posées séparément, sans qu'il soit besoin, pour chacune de ces circonstances, d'une déclaration individuelle en ce qui concerne chacun des accusés. — *Cass.*, 21 janv. 1843 (t. 2 1843, p. 630), Brunet.

1997. — Mais, à part ces cas exceptionnels, il y a obligation de diviser les circonstances aggravantes; il y a même nullité lorsque, le jury ayant été d'abord interrogé par des questions distinctes et séparées sur le fait principal et sur chacune des circonstances aggravantes, ce fait et ces circonstances ont été attribués à l'accusé par une question complexe. — *Cass.*, 27 mars 1840 (t. 1er 1841, p. 79), Maufoix.

1998. — Il y a nullité lorsque le jury a été interrogé par une seule question sur la complicité de l'accusé dans plusieurs crimes qui ont fait l'objet de questions distinctes pour l'accusé principal. — *Cass.*, 20 juin 1844 (t. 1er 1845, p. 146), Rochedragon; 30 mars 1839 (t. 1er 1840, p. 176), Raymond d'Hénard, et la note; — Carnot, *Inst. crim.*, t. 2, p. 587, n° 17; Teulet, d'Auvillers et Sulpicy, *Codes annotés*, t. 2, p. 265, n° 148 et suiv.

1999. — En conséquence, il y a nullité lorsque, dans une accusation de meurtre dirigée contre plusieurs individus, le président de la cour d'assises a posé une seule question sur l'existence de la circonstance aggravante de préméditation, et que le jury n'a pas fait, relativement à chacun des accusés déclarés coupables du crime de meurtre, une réponse distincte. — *Cass.*, 13 juin 1844 (t. 2 1844, p. 95), Duponchel.

2000. — Avoir coopéré comme coauteur à un crime et avoir été complice dans les faits qui l'ont préparé, sont deux crimes distincts, et le président des assises doit poser aux jurés sur chacun de ces crimes une question distincte. — *Cass.*, 4 juin 1840 (t. 2 1846,), Santa-Lucia.

2001. — Ainsi que nous le verrons plus bas, cette obligation de division est telle qu'il ne suffit pas que les questions soient régulièrement posées; il faut encore que la réponse ne soit pas collective. — *Cass.*, 27 juin 1839 (t. 1er 1841, p. 93), Fichet; 1er avr. 1842 (t. 1er 1842, p. 492), Godefroy.

2002. — « Si, au contraire, le président de la cour d'assises avait posé des questions complexes et que le jury, procédant régulièrement, eût voté par bulletins séparés sur le fait principal et sur chacune des circonstances aggravantes ou accessoires, la mention de ce vote, à l'appui de ses réponses distinctes, remplirait complètement le vœu de la loi. Les dispositions du Code d'instruction criminelle n'ont été modifiées par la loi du 13 mai 1836, qu'en ce qui concerne le vote du jury. Nous n'avons donc entendu admettre la nullité dans les espèces mentionnées au présent paragraphe, qu'en tant que des questions complexes auraient amené une réponse également complexe. » — Teulet, d'Auvillers et Sulpicy, sur l'art. 337, n° 169.

2003. — A la différence de ce qui a lieu pour les circonstances aggravantes, il n'est pas besoin de questions distinctes, lorsqu'il s'agit des circonstances constitutives. — *Cass.*, 26 mai 1838 (t. 2 1838, p. 188), Sabaté.

2004. — Ainsi, tous les caractères de complicité spécifiés dans l'art. 60, C. pén., constituant également la criminalité, peuvent être réunis dans une seule et même question sans qu'il en résulte un vice de complexité préjudiciable à l'accusé. D'ailleurs, l'accusé serait sans intérêt, et, par suite, non recevable à se plaindre de ce vice si, la réponse du jury à la question de complicité ayant été négative, il ne lui cause aucun préjudice. — *Cass.*, 16 avr. 1842 (t. 2 1842, p. 538), Couret c. Sentein-Rouch.

2005. — On peut également comprendre dans une seule question le fait de la complicité et toutes ses circonstances, lorsque le fait principal a été régulièrement posé et les circonstances aggravantes décomposées conformément à la loi. — *Cass.*, 6 avr. 1838 (t. 1er 1840, p. 214), Panlous.

2006. — Dans les accusations de tentative de crime, on peut comprendre dans une seule question la circonstance de la manifestation du crime par un commencement d'exécution et celle que le crime aurait manqué par des circonstances indépendantes de la volonté de l'accusé. — Même arrêt.

2007. — Dans le crime de parricide, la qualité de la victime formant une circonstance constitutive et non pas aggravante du meurtre, il n'est pas nécessaire qu'elle fasse l'objet d'une question séparée. — *Cass.*, 5 avr. 1838 (t. 1er 1840, p. 262), Durand; 16 avr. 1840 (t. 1er 1841, p. 616), Bergonnier; 16 juill. 1842 (t. 2 1842, p. 724), Beaurain; 19 avr. 1844 (t. 1er 1844, p. 636), Thouvenin.

2008. — Jugé, il est vrai, que la circonstance que des coups portés l'ont été par un fils à son père est aggravante, et ne peut dès-lors être réunie au fait des coups et comprise dans la question relative à ce fait. — *Cass.*, 27 juin 1845 (t. 1er 1846, p. 325), Dague.

2009. — La qualité d'enfant nouveau-né n'est pas une circonstance aggravante, mais bien une circonstance constitutive du crime d'infanticide, et peut, dès-lors, être comprise dans la question principale. — *Cass.*, 21 août 1840 (t. 1er 1841, p. 733), Lebrun.

2010. — Dans une accusation d'attentat à la pu-

deur sans violence, sur un enfant de moins de onze ans, l'âge de la victime ne forme point une circonstance aggravante, mais bien une circonstance constitutive; dès-lors, elle peut être comprise dans la même question que le fait principal. — *Cass.*, 23 sept. 1837 (t. 1er 1840, p. 96), Marc; 9 sept. 1841 (t. 2 1841, p. 559), Enjulbert; 4 mars 1842 (t. 2 1842, p. 212), Arrazeau.

2011. — La circonstance que le bâtiment incendié, appartenant à l'accusé, était assuré est, non pas aggravante, mais constitutive du crime d'incendie, et peut, dès-lors, être comprise dans la question principale. — *Cass.*, 13 déc. 1839 (t. 2 1840, p. 262), Penissard; 24 avr. 1845 (t. 1er 1846, p. 659), Fontaine. — V. *suprà* no

2012. — La circonstance que les édifices, parcs ou enclos dans lesquels un vol a été commis n'étaient ni habités ni servant à l'habitation, ne constitue pas une circonstance aggravante, et, dès-lors, elle n'exige pas la position au jury d'une question séparée. — *Cass.*, 15 oct. 1840 (t. 1er 1841, p. 84), Robin.

2013. — La circonstance que l'officier public, accusé de faux en écriture authentique, a agi dans l'exercice de ses fonctions, est *constitutive* d'une *nature spéciale* de crime de faux, prévue et spécifiée par l'art. 146, C. pén., et non pas simplement une circonstance aggravante; dès-lors il n'est pas nécessaire de poser au jury une question distincte à cet égard. — *Cass.*, 13 oct. 1842 (t. 1er 1843, p. 169), Couret.

2014. — La question de savoir si l'accusé est coupable d'avoir fait usage de la pièce, sachant qu'elle était fausse, en la produisant en justice, bien que cumulant les trois circonstances d'usage, de production en justice et de connaissance, ne comprend que les circonstances élémentaires du crime d'usage, avec connaissance, d'une pièce fausse, et peut, dès-lors, être également résolue par une seule affirmation. — *Cass.*, 6 avr. 1838 (t. 2 1842, p. 653), Guillaume.

2015. — Il est évident que la cour d'assises, lors même qu'elle a le droit de soumettre au jury des questions complexes, peut diviser ces questions.

2016. — Ainsi, le président de la cour d'assises peut, dans la position des questions, diviser la disposition de l'arrêt de renvoi et de l'acte d'accusation, s'il doit en résulter plus de précision. — *Cass.*, 22 déc. 1842 (t. 2 1843, p. 71), Marignan.

2017. — Ainsi, l'arrêt qui met un inculpé en prévention d'avoir réimprimé un ouvrage précédemment condamné, contient implicitement la question de la moralité de cet ouvrage. Dès-lors, le président de la cour d'assises peut poser séparément au jury: 1° la question de savoir si l'ouvrage contient le délit, par exemple, d'outrage aux bonnes mœurs; — 2° la question de savoir si le prévenu est coupable d'avoir publié cet ouvrage. — *Cass.*, 20 juin 1840 (t. 2 1840, p. 390), Lavigne.

2018. — Il ne peut résulter aucune nullité de ce que, dans une accusation de parricide, la cour d'assises a soumis au jury deux questions principales: l'une sur le fait d'homicide volontaire, l'autre sur le fait de paternité. — *Cass.*, 22 sept. 1842 (t. 2 1842, p. 700), Fabre. — V. PARRICIDE.

2019. — Il a même été jugé, par la cour de Cassation, avant la loi du 13-14 mai 1836, qu'il était plus conforme à la lettre de la loi de mettre successivement en question et de faire résoudre séparément par les jurés les circonstances de la tentative. — *Cass.*, 20 oct. 1831, Laruelle et Jumelle.

2020. — Il est vrai que récemment la cour de Cassation a jugé que le président de la cour d'assises doit poser en une seule question, toutes les circonstances constitutives du fait principal. — *Cass.*, 7 août 1845 (t. 1er 1846, p. 30), Crombach.

2021. — ... Et qu'ainsi, lorsqu'un individu est poursuivi pour avoir procuré l'évasion d'une personne légalement détenue, la circonstance que cette personne était accusée ou condamnée pour un fait de nature à entraîner une peine afflictive et infamante est constitutive et non aggravante; et qu'il y a, dès-lors, nullité lorsqu'elle a été soumise au jury comme circonstance aggravante. — Même arrêt.

2022. — Antérieurement aux lois des 9 sept. 1835 et 13 mai 1836, les présidens de cours d'assises ont eu le droit de comprendre dans la question relative au fait principal les circonstances constitutives, ou d'en faire l'objet de questions distinctes, mais à la condition, dans ce dernier cas, de les soumettre au jury comme circonstances constitutives et non comme circonstances aggravantes. Les lois des 9 sept. 1835 et 13 mai 1836 n'ont, suivant nous, imposé aucune obligation nouvelle quant à la position des questions. Il est bien vrai, ainsi que l'énonce l'arrêt que nous rapportons, que ces lois enjoignent au jury de faire connaître le nombre de voix auquel a été prise leur déclaration lorsqu'elle est intervenue à la simple majorité sur le fait principal, mais il ne saurait en résulter que la division du fait principal et des circonstances aggravantes n'est pas possible. En effet, lorsque cette division est faite, et lorsque les circonstances constitutives du crime ont été présentées comme telles au jury et comprises dans des questions distinctes, le jury peut fort bien se conformer au vœu de la loi en déclarant, s'il y a lieu, que sa décision sur ces circonstances est intervenue à la simple majorité.

2023. — Nous pensons qu'il serait fâcheux pour la bonne administration de la justice, et d'ailleurs contraire à l'esprit de la loi et de l'institution du jury, de contraindre le président d'assises à soumettre au jury par une seule question le fait principal et les circonstances constitutives: car il est bien préférable, suivant nous, que le jury soit interrogé sur des faits simples et des questions distinctes qui rendent sa réponse facile et certaine. Lui poser une seule question comprenant deux ou trois ordres de faits, qui cependant doit être répondue par un *oui* ou un *non*, c'est l'exposer fréquemment à des erreurs déplorables, qui ne sont plus à craindre avec la division de la question.

Sect. 2e. — *Règles spéciales aux diverses espèces de questions.*

ART. 1er. — *Questions résultant de l'acte d'accusation.*

2024. — Les questions soumises au jury doivent être posées conformément au résumé de l'acte d'accusation. — C. inst. crim., art. 337; — De Serres, *Manuel des cours d'assises*, t. 1er, p. 395.

2025. — La question résultant de l'acte d'accusation est posée en ces termes: « L'accusé est-il coupable d'avoir commis tel meurtre, tel vol ou tel crime, avec toutes les circonstances comprises dans le résumé de l'acte d'accusation? » — C. inst. crim., art. 337. — Mais ces termes ne sont pas sacramentels; le président peut poser les questions dans des termes différens, et l'accusé est valablement condamné, si la déclaration du jury établit sa culpabilité. — Legraverend, t. 2, p. 218.

2026. — Le président peut même substituer à la qualité d'*ouvrier* donnée au prévenu dans le résumé de l'acte d'accusation, celle de *serviteur à gage* dans la position des questions; du moins une pareille substitution de qualité ne peut donner ouverture à cassation si la circonstance aggravante qui en résulte a été écartée par le jury. — *Cass.*, 10 déc. 1824, Sauva; — Duvergier, sur Legraverend, t. 2, p. 218.

2027. — Il semblerait résulter des termes de l'art. 337, qu'il ne doit être posé qu'une seule question aux jurés, mais il est évident que le législateur a supposé que l'accusation ne comprendrait qu'un seul crime; s'il en est autrement, si l'accusation porte sur plusieurs faits, on doit poser autant de questions qu'il y a de faits. — Legraverend, *loc. cit.*

2028. — Si l'acte d'accusation, dans son résumé, n'énonce pas toutes les circonstances constitutives de la criminalité du fait, le président doit recourir pour la position des questions, au dispositif de l'arrêt de mise en accusation. — *Cass.*, 2 déc. 1825, Gardet; — Legraverend, t. 2, p. 218.

2029. — Lorsque les circonstances qui résultaient du corps de l'acte d'accusation, et qui sont incriminées par la loi, ont été omises, tant dans le résumé de cet acte que dans les questions posées au jury, c'est le cas d'annuler les débats, ainsi que tout ce qui s'en est suivi. — *Cass.*, 15 sept. 1826, Dufouilloux.

§ 1er. — *Questions sur les faits.*

2030. — Le président de la cour d'assises, dans les questions qu'il soumet aux jurés, doit leur faire connaître toutes les circonstances qui peuvent aggraver ou atténuer la peine, les cours d'assises étant seulement appelées à déterminer la qualification des faits pour leur appliquer la loi pénale.

2031. — La loi du 25 sept. et 6 oct. 1791 et celle du 3 brum. an IV étaient très rigoureuses en ce qui concerne la nécessité de reproduire, dans les questions soumises au jury, tous les faits mentionnés dans l'acte d'accusation.

2032. — Sous l'empire de ces lois, la déclaration du jury était nulle lorsque les questions ne comprenaient pas tous les faits résultant de l'acte d'accusation. — *Cass.*, 27 vendém. an VII, Bonifay; 23 pluv. an VII, Baille; 9 germin. an VII, Bude; 11 messid. an VII, Vaulacre; 11 brum. an VIII, N.; 11 niv. an VIII, Hengas; 18 messid. an IX, Pourquery; 7 pluv. an X, Juguet; 14 pluv. an XII, Stein.

2033. — Étaient nulles la question au jury et la déclaration qui ne contenaient pas les faits exprimés dans l'acte d'accusation et qui obligeaient à recourir audit acte pour les connaître. — *Cass.*, 3 frim. an VII, Gasse.

2034. — En conséquence la position des questions au jury et le jugement étaient nuls s'il n'avait été posé de questions que sur deux délits, tandis que l'acte d'accusation en comprenait cinq. — *Cass.*, 23 frim. an VII, Mathieu.

2035. — Lorsque l'acte d'accusation comprenait des vols et une participation à des rassemblemens armés, il y avait nullité si les questions au jury portaient seulement sur les vols et s'il n'en avait pas été posé sur les rassemblemens armés. — *Cass.*, 28 pluv. an IX, Daguet.

2036. — Lorsque l'acte d'accusation comprenait deux faits, un assassinat et des violences graves, l'omission d'une question au jury relativement aux violences était une cause de nullité. — *Cass.*, 29 vendém. an VIII, N...

2037. — Lorsque l'acte d'accusation comprenait à la fois un assassinat et une rébellion, le jury devait être interrogé, à peine de nullité, non seulement sur l'assassinat, mais encore sur la rébellion. — *Cass.*, 28 germin. an VIII, Mandon-Thuillière.

2038. — Lorsque l'acte d'accusation présentait non seulement la prévention d'une tentative d'assassinat, mais aussi et secondairement celle de blessures faites de guet-apens et avec préméditation, il ne suffisait pas de poser au jury les questions relatives à l'attaque à dessein de tuer, il fallait encore, sous peine de nullité, en poser pour raison de ces blessures avec toutes leurs circonstances. — *Cass.*, 10 fév. 1808, Pons; même date Vernet.

2039. — Lorsque l'acte d'accusation avait pour base deux faits principaux absolument indépendans l'un de l'autre, il devait être posé au jury une question principale et distincte sur chacun de ces délits. Le président ne pouvait pas, confondant les faits en un seul, poser une seule question principale sur le premier, et ne soumettre le second à l'examen des jurés que comme accessoire du premier. Ainsi, lorsque l'acte d'accusation comprenait à la fois le vol d'une diligence exécuté sur le territoire d'une commune, et un homicide commis sur le territoire d'une autre commune, constatés séparément par des officiers de police différens, le président ne pouvait pas, à peine de nullité, poser une seule question principale sur le vol, et ne présenter l'homicide que comme circonstance accessoire de ce vol, surtout s'il n'avait existé aucun rapport entre la personne homicidée et la diligence volée. — *Cass.*, 17 prair. an IX, Cholat.

2040. — Lorsque l'acte d'accusation énonçait qu'un prévenu avait fait usage d'une pièce fausse, il y avait nécessité de soumettre ce fait à la délibération du jury, sous peine de nullité. — *Cass.*, 14 vendém. an V, Luquet.

2041. — Lorsqu'il résultait de l'exposé de l'acte d'accusation que l'homicide qu'une fille était accusée d'avoir commis sur la personne de son enfant pouvait être l'effet de l'imprudence ou de la négligence, le jury devait, à peine de nullité, être interrogé à cet égard. — *Cass.*, 29 mai 1806, Boucan.

2042. — Lorsque, par l'acte d'accusation, trois individus étaient inculpés d'un homicide et d'un vol, si les questions proposées au jury ne portaient, relativement à l'homicide accompagné de vol, que contre un des accusés, il y avait nullité à l'égard de tous. — *Cass.*, 8 fruct. an VIII, Gasticet.

2043. — Il ne suffisait pas de proposer au jury les questions résultant du résumé de l'acte d'accusation, il fallait l'interroger sur toutes celles qui résultaient du contexte même de cet acte. Ainsi, quoique le résumé d'un acte d'accusation présentât un vol consommé, si les faits qui servaient de base à ce résumé caractérisaient une tentative, le jury devait être interrogé, à peine de nullité, sur la tentative. — *Cass.*, 27 therm. an IX, Gast.

2044. — Ainsi, sous les lois des 25 sept.-6 oct. 1791 et 3 brum. an IV, lorsqu'un acte d'accusation comprenait une tentative de vol et de violences, à dessein de tuer dans cette tentative, ce second fait pouvant constituer une tentative d'assassinat ou une tentative d'homicide, selon qu'il y aurait eu ou non préméditation, il devait être posé au jury, sous peine de nullité, une question de préméditation sur ce fait, et une question sur les circonstances constitutives de la tentative. — *Cass.*, 23 août 1810, Plaisant.

2045. — Lorsqu'il résultait de l'acte d'accusation qu'indépendamment des faits sur l'existence desquels le jury de jugement avait été interrogé, il était articulé des faits attentatoires à la sûreté

individuelle des citoyens et des vols avec effraction, le jury devait être également interrogé sur ces délits, à peine de nullité de la position des questions et du jugement. — *Cass.*, 17 messid. an VIII, Beaulac.

2046. — Le Code d'instruction criminelle a consacré, par son article 337, le principe des lois antérieures sur la conformité des questions à l'acte d'accusation et à l'arrêt de renvoi. — *Cass.*, 14 sept. 1827, Assénac.

2047. — Il suit de là 1° que lorsque, dans l'arrêt de renvoi et le résumé de l'acte d'accusation, un individu est inculpé d'avoir fait usage de fausses lettres de change, le président de la Cour d'assises ne peut se borner à demander au jury si l'accusé est coupable d'avoir fait usage d'une fausse obligation. — *Cass.*, 9 sept. 1837 (t. 2 1837, p. 363), Vidal.

2048. — ... 2° Que lorsque l'arrêt énonce que l'accusé est renvoyé devant la cour d'assises pour incendie d'une *meule de paille*, le président ne saurait poser au jury la question de savoir s'il y a eu incendie d'une *meule* de récoltes. — *Cass.*, 20 avr. 1838 (t. 2 1838, p. 5), Girard.

2049. — ... 3° Que lorsqu'un crime d'assassinat et un vol distinct sont compris dans le même acte d'accusation, il doit être posé au jury des questions relativement au vol, à peine de nullité; et il ne suffirait pas de l'interroger sur l'assassinat. — *Cass.*, 12 avr. 1810, Desgranges.

2050. — Mais, à la différence de ce qui avait lieu sous le Code de brumaire, pourvu que les questions reproduisent au fond celles résultant de l'arrêt de renvoi et de l'acte d'accusation, aucune forme spéciale n'est prescrite.

2051. — Le président de la cour d'assises n'est pas obligé de se conformer exactement et littéralement à l'acte d'accusation dans la position des questions au jury : ces questions peuvent être régulièrement présentées en termes équipollens, si ces termes sont consacrés par la loi. — *Cass.*, 6 fév. 1818, Escallier; 10 déc. 1824, Sauva; 12 mars 1831, Hervé; 22 sept. 1831, Frédéric; 6 juil. 1832, Laforge; 3 déc. 1836 (t. 1er 1838, p. 37), Demiannay; 4 janv. 1839 (t. 2 1839, p. 643), Louisy-Lefebvre; 20 juin 1840 (t. 2 1840, p. 390), Lavigne; 24 juill. 1841 (t. 2 1842, p. 676), Zeller; 15 mai 1843 (t. 1er 1843, p. 718), Terray. — V. conf. de Serres, t. 1er, p. 395; Rauter, t. 2, p. 458.

2052. — Ainsi, quoique, en principe, les questions au jury doivent être posées dans les termes du résumé de l'acte d'accusation, l'omission d'un mot qui ne change aucunement le sens de la phrase ne peut pas opérer nullité. — *Cass.*, 28 juin 1832, Gaboriaud.

2053. — Ainsi encore, il suffit que le fait soit exposé dans les questions de manière à comprendre celui qui sert de base à l'accusation, avec toutes les circonstances qui y sont énoncées. — *Cass.*, 14 fév. 1817, Rietsch.

2054. — Il n'y a pas omission de la part du président des assises bien que, en posant la question de savoir si un accusé est coupable de faux par supposition de personne, il n'ait pas demandé au jury si ce faux a causé préjudice à autrui. En pareil cas, la réponse affirmative du jury renferme virtuellement la déclaration que le faux a porté ou a pu porter préjudice à autrui. — *Cass.*, 13 déc. 1842 (t. 1er 1843, p. 169), Couret.

2055. — Lorsque les questions proposées au jury ne portent que sur des faits compris dans l'acte d'accusation ou résultant des débats, les accusés ne peuvent se faire un moyen de nullité de ce que le président aurait employé dans leur rédaction diverses expressions empruntées à une législation postérieure à la consommation du crime. — *Cass.*, 3 sept. 1812, Billet.

2056. — L'accusé ne peut se faire un moyen de nullité de ce que la question soumise au jury ne serait pas littéralement et entièrement conforme au résumé de l'acte d'accusation, lorsqu'au contraire elle présente avec plus de régularité le fait de l'accusation. — *Cass.*, 12 nov. 1829, Beausson.

2057. — L'accusé ne peut se faire un moyen de nullité de la dissemblance qui existerait entre le résumé de l'acte d'accusation, l'arrêt de renvoi et la question soumise au jury, lorsque tous les caractères du fait incriminé retenus par l'arrêt de renvoi et l'acte d'accusation se retrouvent dans la question soumise au jury. — *Cass.*, 2 avr. 1831, Bass.

2058. — Lorsque les questions ont été posées au jury conformément au résumé de l'acte d'accusation qui est lui-même conforme au dispositif de l'arrêt de renvoi, l'accusé ne peut, en invoquant le narré de l'acte d'accusation, pour en changer ou modifier le résumé, faire résulter de là une ouverture à cassation. — *Cass.*, 23 mars 1821, Gouvernel.

2059. — Les termes de *préméditation* et de *guet-apens*, dont se sert la loi, ne sont pas sacramentels, et l'on peut, sans contrevenir à sa disposition, se servir, dans les questions soumises au jury, de la définition que la loi donne à ces mots. — *Cass.*, 28 mars 1829, Chauvière.

2060. — Lorsque l'arrêt de mise en accusation énonce simplement un homicide volontaire, le président ne viole aucune loi en posant les questions ainsi : 1° l'accusé est-il coupable d'avoir volontairement porté des coups et fait des blessures? — 2° Ces coups et blessures volontaires ont-ils occasionné la mort? — 3° Ont-ils été portés dans l'intention de donner la mort? — *Cass.*, 24 juill. 1841 (t. 2 1842, p. 676), Zeller.

2061. — Le président n'est pas tenu d'employer sacramentellement, dans la position des questions, les expressions consignées dans l'arrêt de renvoi et dans l'acte d'accusation, pourvu qu'il n'en altère pas la substance. Ainsi il a pu substituer les mots *à plusieurs reprises* au mot *habituellement*, alors surtout que l'habitude n'était ni caractéristique ni constitutive du crime. — *Cass.*, 26 déc. 1842 (t. 1er 1843, p. 71), Marignan.

2062. — L'accusé n'est pas fondé à se plaindre de ce que, dans la question posée au jury, les faits dont il est accusé sont, de même que dans l'arrêt de renvoi et dans l'acte d'accusation, réunis par la copulative *ou* au lieu de l'être par la conjonctive *et*, alors que chaque alternative constitue le crime qui faisait le sujet de l'accusation, et que l'accusé n'a pu en souffrir aucun préjudice. — *Cass.*, 26 mai 1842 (t. 2 1842, p. 670), Bonnet.

2063. — La question conçue en termes indéterminés se réfère naturellement aux faits établis dans l'arrêt de renvoi et dans l'acte d'accusation, en sorte qu'il n'est pas nécessaire qu'elle renferme la désignation détaillée. — *Cass.*, 14 sept. 1826, Deschamps.

2064. — Est régulière, au surplus, la question soumise aux jurés, lorsqu'elle est conforme à l'arrêt de renvoi; peu importe que cet arrêt indique un article qui ferait supposer l'existence d'un crime différent, spécialement le crime de faux en matière de commerce, lorsqu'il y a seulement renvoi pour faux en écriture privée. D'ailleurs, le condamné serait non-recevable à se prévaloir d'une irrégularité qui, loin de lui porter préjudice, atténuerait la gravité du fait qui lui est imputé. — *Cass.*, 8 mars 1830 (t. 1er 1848, p. 59), Valentin.

2065. — Lorsque les questions ont été posées au jury dans les termes mêmes dans lesquels est conçu l'acte d'accusation, l'accusé est non-recevable à s'en plaindre, surtout s'il n'a pas réclamé lors des débats. — *Cass.*, 17 déc. 1812, Bernard.

2066. — La qualification donnée par l'arrêt de renvoi aux faits de l'accusation ne lie point la cour d'assises pour l'application de la peine, ni son président pour la position des questions. — *Cass.*, 12 mars 1831, Hervé-Ansquer; 14 sept. 1837 (t. 1er 1840, p. 109), Assenat.

2067. — Il suffit que la question posée au jury reproduise substantiellement ces faits. — *Cass.*, 12 mars 1831, Hervé-Ansquer; 22 sept. 1831, Frédéric.

2068. — En conséquence, lorsqu'un accusé a été renvoyé devant la cour d'assises comme prévenu d'un vol auquel se rattachent plusieurs circonstances aggravantes, et notamment celle de violence, la cour peut détacher cette circonstance du fait principal et en faire l'objet d'une question spéciale et séparée de coups et blessures. — *Cass.*, 10 déc. 1836 (t. 2 1837, p. 341), Pierrard.

2069. — Le jury ne peut pas être interrogé sur d'autres circonstances que celles qui sont mentionnées dans le résumé de l'acte d'accusation ou qui sont résultées des débats. — *Cass.*, 4 janv. 1822, Guy.

2070. — Cependant, lorsque les questions soumises au jury se rattachent essentiellement au fait énoncé dans le résumé de l'acte d'accusation, elles peuvent contenir des circonstances non spécifiées dans ce résumé, si cette spécification est nécessaire pour déterminer, soit les divers genres de coopération à la consommation du crime, soit la complicité de ce crime. — *Cass.*, 3 oct. 1817, Armandet.

2071. — En conséquence, lorsque la circonstance qu'un officier public savait que les droits par lui exigés excédaient ceux qui lui étaient dus résulte implicitement de l'arrêt de renvoi aux assises contre lequel l'accusé n'a formé aucun pourvoi, cette circonstance doit être soumise au jury, quoiqu'elle n'ait pas été explicitement relatée dans l'arrêt de renvoi. — *Cass.*, 15 mars 1821, Gallet.

2072. — Jugé que lorsque l'accusation porte sur un faux commis dans un billet à ordre, le président de la cour d'assises a pu et même a dû préciser dans les questions le point de savoir si l'accusé était commerçant, quoique l'arrêt de renvoi et l'acte d'accusation n'aient pas mentionné expressément cette circonstance. — *Cass.*, 28 déc. 1837 (t. 1er 1840, p. 146), Texier.

2073. — Cet arrêt ne nous paraît pas de nature à faire jurisprudence, car il contredit les précédens arrêts de la cour de Cassation, qui ont formellement consacré le principe que le jury ne peut être interrogé que sur les circonstances mentionnées dans l'acte d'accusation ou qui sont résultées des débats.

2074. — Mais il est constant que l'accusé ne peut se plaindre de l'énonciation dans les questions d'une circonstance non mentionnée dans l'arrêt de renvoi, alors que cette énonciation n'ajoutait rien à la criminalité du fait, non plus qu'à la gravité de la peine. — *Cass.*, 16 sept. 1831, Jarron.

2075. — En conséquence, il ne peut résulter une ouverture à cassation de ce que, en demandant aux jurés si l'accusé était coupable d'avoir volé du fourrage faisant partie d'une récolte et *exposé dans un champ*, le président n'aurait pas ajouté les mots *sur la foi publique* qui se trouvaient dans le résumé de l'acte d'accusation. La loi ne parle en aucune façon d'exposition sur la foi publique. — *Cass.*, 6 fév. 1818, Escalier.

2076. — L'individu condamné pour crime de faux est sans intérêt, et, par conséquent, non recevable à se faire un moyen de cassation de ce qu'une accusation aurait été à tort substituée à une autre dans les questions posées au jury, alors que le fait objet de ces questions ne comporte, tel qu'il a été reconnu constant par le jury, que l'application d'une peine correctionnelle, laquelle a été absorbée par celle du faux. — *Cass.*, 13 oct. 1842 (t. 1er 1843, p. 164), Royer.

2077. — L'accusé est non-recevable à se plaindre de ce que, au lieu de demander aux jurés, conformément au résumé de l'acte d'accusation, s'il est coupable de faux en écriture publique, on leur aurait seulement demandé s'il est coupable de faux en écriture privée. — *Cass.*, 30 nov. 1827, Delaye.

2078. — Lorsqu'un fait formant l'un des chefs de l'arrêt de mise en accusation ne constitue ni un crime ni un délit particulier, l'omission d'une question sur ce fait ne présente ni une nullité ni une irrégularité. — *Cass.*, 4 fév. 1819, Piart.

2079. — Il y a nullité lorsque, les questions ayant été posées aux jurés d'après l'acte d'accusation, qui n'énonçait pas tous les caractères du crime, il n'est pas résulté de la déclaration du jury un fait qualifié crime par la loi. — *Cass.*, 9 janv. 1812, Luisart.

2080. — Lorsque la cassation d'un arrêt de condamnation est basée sur l'insuffisance des questions posées au jury, et que l'accusation n'est pas purgée, il y a lieu au renvoi à de nouveaux débats devant une autre cour d'assises. — *Cass.*, 10 oct. 1822, Denis.

2081. — Lorsqu'il existe des différences entre le résumé de l'acte d'accusation et l'arrêt de renvoi, le président doit se conformer à l'arrêt de renvoi dans la position des questions. — *Cass.*, 26 janv. 1827, David; 26 sept. 1822, Duhamel; 10 oct. 1822, Louis Denis; — Carnot, *Inst. crim.*, sur l'art. 336, t. 2, p. 580.

2082. — En conséquence, lorsque le résumé de l'acte d'accusation présente des omissions qui effaceraient la criminalité du fait de l'accusation, le président de la cour d'assises doit, pour la position des questions au jury, se conformer au dispositif de l'arrêt de renvoi. — *Cass.*, 2 déc. 1825, Gardet.

2083. — Spécialement, le président de la cour d'assises doit, dans la question soumise aux jurés relativement à une accusation de coups volontaires, poser la circonstance de volonté, bien que cette circonstance ne soit point écrite dans le résumé de l'acte d'accusation, alors, d'ailleurs, qu'elle se trouve rappelée dans le narré de cet acte et comprise dans l'arrêt de mise en accusation. — *Cass.*, 2 sept. 1831, Dubuc.

2084. — C'est, en effet, le dispositif, et non l'énoncé de l'arrêt de renvoi, qui doit servir de règle pour la position des questions au jury. — *Cass.*, 16 oct. 1817, Marloury.

2085. — C'est conformément à l'arrêt de renvoi combiné avec l'acte d'accusation, et non d'après l'ordonnance de la chambre du conseil, que le président doit poser les questions au jury. — *Cass.*, 8 avr. 1826, Bonnet.

2086. — Cependant, il a été jugé que lorsqu'une circonstance constitutive du crime se trouve omise dans le dispositif de l'arrêt de renvoi et dans le résumé de l'acte d'accusation, la cour d'assises doit réparer cette omission dans la position des questions, si la circonstance omise résulte de l'ordonnance de prise de corps faisant partie inté-

grante de l'arrêt de renvoi. — *Cass.*, 28 déc. 1827, Dimpré.

§ 2. — *Questions sur les circonstances aggravantes.*

2087. — Sous l'empire de la loi du 16-29 sept. 1791, lorsque l'acte d'accusation renfermait une circonstance aggravante, le jury de jugement devait, à peine de nullité, être consulté sur cette circonstance. — *Cass.*, 6 juill. 1792, Gaubout.

2088. — Sous la loi du 25 sept. - 6 oct. 1791, un tribunal criminel ne pouvait refuser de poser au jury une question sur la circonstance aggravante de l'escalade, sous le prétexte que l'art. 11, sect. 2e, tit. 2, 2e part., dite loi, ne s'appliquait pas à l'escalade des murs d'une cour environnant un bâtiment. — *Cass.*, 22 germin. an XII, Larseneur.

2089. — Sous le Code du 3 brum. an IV, on ne pouvait soumettre au jury une question portant tout à la fois sur le fait matériel et sur la circonstance aggravante. — *Cass.*, 28 vendém. an VII, Dumesnil.

2090. — Il devait être posé des questions au jury non seulement sur tous les délits résultant de l'acte d'accusation, mais sur toutes les circonstances de ces délits, à peine de nullité. — *Cass.*, 23 vendém. an VII, Poulletier; 14 pluv. an VII, Salleucci; 4 brum. an VIII, Varnier.

2091. — ... Surtout lorsque la position de ces questions avait été requise par le ministère public. — *Cass.*, 28 niv. an XII, N...

2092. — En conséquence, il y avait nullité 1o si, sur une accusation d'attaque à dessein de tuer, le jury n'avait pas été interrogé sur la préméditation, quoiqu'elle résultât de l'acte d'accusation. — *Cass.*, 14 frim. an VII, Desnès; 29 frim. an VII, Ledoyen; 25 frim. an XI, Fauqué.

2093. — ... 2o Si, l'acte d'accusation ayant pour objet une prévention de complicité, tant sous le rapport d'un homicide que sous le rapport de la préméditation de ce même homicide, le président n'avait point posé de question relativement à cette préméditation. — *Cass.*, 17 prair. an IX, Depinay et Goiné.

2094. — ... 3o Si, dans une accusation de faux en écriture publique, on avait omis d'interroger le jury sur le caractère d'écriture publique attribué à la pièce fausse. — *Cass.*, 5 fruct. an VII, Parneson.

2095. — ... 4o Si l'on avait omis de poser au jury une question sur la circonstance que le faux imputé à un fonctionnaire avait été commis dans l'exercice de ses fonctions, quoiqu'elle résultât de l'accusation. — *Cass.*, 16 vendém. an VIII, Pierre Georges; 17 brum. an VIII, Coq.

2096. — Aujourd'hui, aux termes de l'art. 337 du Code d'instr. crim., il y a lieu, comme sous la législation précédente, d'interroger le jury d'une manière spéciale sur les circonstances aggravantes résultant de l'acte d'accusation.

2097. — 5o Lorsque l'acte d'accusation comprenait une tentative de vol et de violence à dessein de tuer dans cette tentative, ce second fait pouvant constituer une tentative d'assassinat ou une tentative d'homicide, suivant qu'il y aurait eu ou non préméditation, il devait sous peine de nullité, être posé au jury une question de préméditation sur ce fait et une question sur les circonstances constitutives de la tentative. — *Cass.*, 23 août 1810, Plaisant.

2098. — ... 6o Lorsqu'il résultait de l'acte d'accusation qu'un détenu dont l'évasion avait été favorisée par connivence était prévenu d'empoisonnement et d'assassinat, le jury devait être interrogé, à peine de nullité, sur cette circonstance qui était de nature à influer sur la gravité de la peine encourue par le complice. — *Cass.*, 3 frim. an XIII, Coudère.

2099. — ... 7o Lorsque l'accusation mentionnait qu'un accusé avait commis le fait en employant la force et la violence, le jury devait être interrogé, à peine de nullité, sur cette circonstance, qui était de nature à déterminer le plus ou moins de gravité du délit. — *Cass.*, 12 janv. 1809, Devaux.

2100. — Le jury doit, à peine de nullité, être interrogé par des questions distinctes sur le fait principal et sur chacune des circonstances aggravantes. — *Cass.*, 11 avr. 1845 (t. 1er 1846, p. 158), Charliac; 5 juin 1845 (t. 1er 1846, p. 103), Salessaud; 27 juin 1846 (t. 1er 1846, p. 325), Dague.

2101. — Avant l'abrogation de l'art. 280, C. pén., qui prononçait la peine de la marque contre les vagabonds convaincus d'un crime emportant la peine des travaux forcés à temps, le jury devait être interrogé non-seulement sur ce crime, mais encore sur le vagabondage. — Lorsque, dans ce cas, la cour d'assises avait prononcé elle-même sur le vagabondage, la condamnation était illégale, et son arrêt devait être cassé. — *Cass.*, 18 avr. 1812, Delapierre; 11 avr. 1817, Wacheux; — Carnot, *Inst. crim.*, sur l'art. 338, t. 2, p. 605.

2102. — Lorsque la cour d'assises a négligé d'interroger le jury sur une circonstance qui est la base essentielle de l'accusation, en ce qu'elle donne seule au fait le caractère de crime, il ne peut en résulter, en faveur de l'accusé, un acquittement sur cette circonstance aggravante, puisque le jury n'a rien prononcé à cet égard. — *Cass.*, 27 août 1813, Moyen.

2103. — Est nul l'arrêt de condamnation rendu par une cour d'assises lorsque l'acte d'accusation, les questions posées par la cour d'assises et les réponses ne mentionnent point une circonstance aggravante reprise dans l'arrêt de mise en accusation, et alors surtout que la loi pénale a été appliquée à l'accusé comme si cette circonstance avait été déclarée constante par les juges du fait. — *Cass.*, 18 déc. 1835, Louison Bosic.

2104. — Est insuffisante et nulle la question soumise aux jurés qui ne renferme point la circonstance aggravante du fait portée dans l'arrêt de renvoi. Ainsi, avant la loi du 25 juin 1824, il y avait nullité lorsque le président de la cour d'assises se bornait à demander aux jurés si l'accusé était coupable d'avoir volé des effets dans une auberge et au préjudice de la personne qui tenait cette auberge, sans les interroger sur la circonstance que l'accusé y était logé. — *Cass.*, 20 janv. 1820, Haumont. — Carnot, *Inst. crim.*, sur l'art. 337, t. 2, p. 600.

2105. — Lorsqu'un individu a été renvoyé devant la cour d'assises, comme accusé d'assassinat en portant volontairement des coups et blessures qui ont occasionné la mort, le président doit poser au jury une question spéciale sur l'homicide volontaire avec la circonstance aggravante de la préméditation. En pareil cas, ce magistrat ne peut se borner à soumettre au jury la question de coups et blessures volontaires qui ont occasionné la mort, et, par question séparée, la circonstance de préméditation et de guet-apens, sans dénaturer l'acte d'accusation; par suite, la réponse à ces questions ne saurait servir de base ni à un acquittement ni à une condamnation. — *Cass.*, 4 août 1843 (t. 2 1843, p. 627), Perfettini.

2106. — Il y a nullité, lorsque sur une accusation de vol commis dans un moulin, à l'aide d'effraction, la question posée au jury ne s'explique point sur la circonstance de la nuit, mentionnée tant dans l'arrêt de renvoi que dans le résumé de l'acte d'accusation. — *Cass.*, 31 déc. 1830, Charroin.

2107. — La circonstance que des billets à ordre, argués de faux, ont été endossés par un commerçant, comprise dans l'arrêt de renvoi, doit, à peine de nullité, être reproduite dans le résumé de l'acte d'accusation et dans les questions posées au jury, comme servant à constituer le faux en écriture de commerce. — *Cass.*, 30 mai 1833, Boulet.

2108. — Cependant il n'y a pas nullité si la cour d'assises n'a pas soumis à la décision du jury une circonstance aggravante résultant de l'arrêt de renvoi, alors que cette circonstance, eût-elle été déclarée constante, ne devait entraîner aucune aggravation dans la peine à prononcer par la cour. — *Cass.*, 1er fév. 1838 (t. 2 1840, p. 60), Guedon.

2109. — Spécialement, lorsque l'accusé a été déclaré coupable d'un vol commis dans une maison habitée et à l'aide d'effraction, il n'y a pas nullité de ce que la cour d'assises aurait omis de soumettre au jury la question de nuit énoncée dans l'acte d'accusation. — *Cass.*, 31 déc. 1830, Charroin.

2110. — Jugé que la cour d'assises a le droit d'ordonner la position d'une question au jury, sur une circonstance aggravante, implicitement énoncée dans l'acte d'accusation. — *Cass.*, 19 avr. 1821, Picard.

2111. — La peine des travaux forcés à perpétuité ou de la déportation ne pouvant être prononcée contre les recéleurs qu'autant qu'ils sont convaincus d'avoir eu au temps du recélé connaissance des circonstances auxquelles la loi attache les peines de mort, des travaux forcés à perpétuité et de la déportation, le jury doit nécessairement être interrogé sur la connaissance qu'ils ont pu avoir de ces circonstances. — C. pén., art. 63.

2112. — Jugé que, lorsque la peine encourue pour un fait de recélé est celle des travaux forcés à temps, il n'y a pas lieu d'interroger le jury sur la connaissance que l'accusé aurait eue des circonstances aggravantes, au temps du recélé, encore bien qu'à raison de son état de récidive il puisse être condamné aux travaux forcés à perpétuité. — *Cass.*, 18 juin 1829, Allaire.

2113. — Cette décision dépasse peut-être en sévérité l'intention du législateur. Néanmoins elle nous paraît conforme au véritable sens de la loi. L'art. 63, C pén., ne substitue la peine des travaux forcés à temps à celle des travaux forcés perpétuels qu'en faveur des accusés qui ne sont pas convaincus d'avoir eu, au temps du recélé, connaissance des circonstances auxquelles la loi attache cette dernière peine. Nous ne voulons point prendre le texte à la lettre, ni soutenir que l'accusé, qui ne pouvait ignorer son état de récidive, est mal fondé, par ce motif, à invoquer le bénéfice de l'art. 63. Ce serait une interprétation trop judaïque pour mériter d'être présentée. Mais il nous semble que les seules circonstances dont la loi entende parler sont celles qui se rattachent au fait principal, et qu'il n'y a pas lieu de s'occuper de l'état de récidive du recéleur, parce que cette circonstance lui est personnelle.

Art. 2. — *Questions résultant des débats.*

2114. — La loi des 16-29 sept. 1791 (tit. 7, art. 27) ne permettait pas au président de poser au jury des questions résultant des débats.

2115. — Sous l'empire de cette loi, le jury ne pouvait, à peine de nullité, être consulté sur un délit non porté dans l'acte d'accusation, quelle que fût la déclaration des témoins. — *Cass.*, 4 oct. 1792, Venot.

2116. — Le Code du 3 brum. an IV (tit. 7, art. 396) défendit que les jurés fussent interrogés sur d'autres délits que ceux portés dans l'instruction.

2117. — Était nulle, en conséquence, la question, et par suite la déclaration du jury, qui portait sur un délit non compris dans l'acte d'accusation. — *Cass.*, 22 vend. an V, Rennoux et Canet; 5 brum. an VII, Lambert de Burlet.

2118. — ... Spécialement la question sur un vol non compris dans l'acte d'accusation. — *Cass.*, 15 janv. 1807, Mesnier.

2119. — Il y avait encore nullité lorsqu'un vol ayant seulement fait l'objet de l'accusation, le jury avait été interrogé sur un délit distinct et indépendant d'excitation à la débauche. — *Cass.*, 29 pluv. an XI, Terristre.

2120. — Mais le Code du 3 brum. an IV, à la différence de la loi des 16-29 sept. 1791, autorisait, par son art. 373, le président à poser au jury des questions résultant des débats.

2121. — Dès-lors, on tint pour constant que toutes les fois que des débats il résultait non pas une accusation nouvelle et étrangère à la première, mais une modification de celle-ci, l'accusation ainsi modifiée devait faire l'objet de questions posées comme résultant des débats.

2122. — En conséquence, lorsque, sous l'empire du Code du 3 brum. an IV, d'après les débats, un fait poursuivi comme constituant un crime accompli se trouvait réduit à une simple tentative, il y avait lieu d'interroger le jury sur cette tentative; et ce n'était point le cas de renvoyer l'accusé en état de mandat de dépôt devant le directeur du jury, comme s'il s'agissait d'un délit étranger à l'objet de l'accusation. — *Cass.*, 11 brum. an VII, Leemans.

2123. — Mais, pour qu'il y eût lieu à la position de questions résultant des débats, il fallait que les débats eussent changé le caractère du crime tel qu'il avait été déterminé par la décision qui renvoyait l'accusé devant les assises. — En conséquence, lorsque les débats n'avaient pas changé ce caractère, le tribunal ne pouvait poser au jury une question qui eût aggravé le sort de l'accusé. — *Cass.*, 19 niv. an VIII, Leparout.

2124. — Comme aussi sous le Code du 3 brum. an IV, qui défendait de dresser un acte d'accusation pour autres délits que pour ceux emportant des peines afflictives et infamantes, il ne pouvait jamais être posé régulièrement au jury que des questions tendant à établir un fait susceptible d'emporter peine afflictive ou infamante. — Ainsi était nulle la série de questions relatives au simple garrottage d'un individu, sans autre circonstance aggravante, quand même on aurait demandé au jury si le prévenu avait agi volontairement et à dessein. — *Cass.*, 10 fév. 1809, Laponterie Escol.

2125. — Le Code d'instruction criminelle a consacré en ces termes le droit de soumettre au jury des questions résultant des débats : « S'il résulte des débats une ou plusieurs circonstances *aggravantes non mentionnées* par l'acte d'accusation, le président ajoute la question suivante : *L'accusé a-t-il commis le crime avec telle ou telle circonstance?* » — C. inst. crim., art. 338.

2126. — Le président doit faire autant de questions supplémentaires qu'il y a de circonstances aggravantes résultant des débats. — Legraverend, t. 2, p. 218.

2127. — Lorsqu'il y a plusieurs coaccusés, il est posé une question pour chacun. — Legraverend, *loc. cit.*

2128. — Lorsque le jury est interrogé sur des circonstances aggravantes, il n'est pas nécessaire qu'il soit dit expressément que ces circonstances sont résultées des débats. Il y a présomption qu'en

COUR D'ASSISES, ch. 8, sect. 2e.

effet c'est par suite des débats que les questions ont été posées. — Legraverend, t. 2, p. 220.

2129. — A plus forte raison il n'est pas nécessaire que le procès-verbal énonce de quelle partie des débats résultent ces circonstances aggravantes. — Duvergier, sur Legraverend, t. 2, p. 221, notes. — V. *infrà* no 2236.

§ 1er. — *Questions pouvant être soumises comme résultant des débats.*

2130.—Les termes de l'article 338, C. inst. crim., ne sont formels qu'en ce qui concerne les circonstances aggravantes ; d'où il semblerait résulter à la première lecture que, dans le cas seulement de circonstances aggravantes résultant des débats, la position d'une question nouvelle est possible.

2131. — Mais c'est un point hors de contestation que la disposition de l'art. 338 n'est que démonstrative et n'empêche point que le président de la cour d'assises ne puisse poser des questions sur des faits autres que des circonstances aggravantes, lorsque ces faits sont essentiellement liés au fait principal et qu'ils sont résultés des débats. — *Cass.*, 31 janv. 1817, Pignier; 23 sept. 1830, Guyot.

2132. — Il est dans le droit du président de poser comme question subsidiaire celle qui pourrait résulter d'une qualification légale dont paraîtraient susceptibles les faits articulés en l'acte d'accusation, et qui serait autre que la qualification légale formulée en l'arrêt de renvoi et par le résumé de l'acte d'accusation. Ce n'est pas là présenter une accusation nouvelle. — *Cass.*, 6 mars 1843 (t. 2 1843, p. 644), Baysse.

2133. — Ainsi, notamment, le président peut soumettre au jury des questions sur des circonstances qui, admises en faveur de l'accusé, atténuent la gravité du crime. — *Assises de la Seine*, 23 sept. 1839 (t. 1er 1840, p. 187), Vade.

2134. — Spécialement, la cour d'assises peut, sans violer aucune loi, poser aux jurés, comme résultant des débats, la question de savoir si l'accusé a été contraint de commettre le crime faisant l'objet de l'accusation, par une force à laquelle il n'a pu résister. — *Cass.*, 10 janv. 1834, Sèbe.

2135. — Ainsi, dans une accusation de vol domestique, le président peut, après avoir posé les questions conformes à l'accusation, donner au fait, dans une question subsidiaire soumise au jury, la qualification d'abus de confiance. — Même arrêt.

2136. — « Le même principe, observent MM. Teulet, d'Auvilliers et Sulpicy (sur l'art. 338, no 3), est applicable toutes les fois que la question posée n'est que la reproduction du fait primitif, envisagé sous un autre point de vue, quoiqu'il présente un autre caractère pénal, et qu'il soit prévu par une autre disposition de la loi. »

2137. — Le droit conféré au président par l'art. 338 s'étend généralement aux diverses modifications que les débats ont apportées au fait principal et aux différens aspects sous lesquels il peut être envisagé. — *Cass.*, 16 fév. 1816, N...; 2 avr. 1816, N...; 13 août 1818, Viell; 31 janv. 1817, Pignier; 3 fév. 1831, Signoret; 20 août 1835, Périchon; 20 mai 1831, Geslain; 17 avr. 1834, Auzeville; 7 juill. 1837 (t. 2 1839, p. 424), Veillon; 16 mai 1840 (t. 2 1842, p. 617), Astlier; 22 janv. 1841 (t. 1er 1842, p. 262), Raynal. — V. conf. Carnot, sur l'art. 337, no 19; Legraverend, t. 1er, p. 146; de Serres, t. 1er, p. 199.

2138. — Lorsque les questions soumises au jury se rattachent essentiellement au fait énoncé dans le résumé de l'acte d'accusation, elles peuvent contenir des circonstances non spécifiées dans ce résumé, si cette spécification est nécessaire pour déterminer, soit les divers genres de coopération à la consommation du crime, soit la complicité de ce crime. — *Cass.*, 3 oct. 1817, Armandet.

2139. — Il n'y a lieu, en effet, à une nouvelle instruction sur un fait dont un accusé est inculpé dans les débats que lorsque ce fait est *autre* que celui porté en l'acte d'accusation. — *Cass.*, 20 juin 1811, Fabre.

2140. — ... Et qu'il ne se lie à celui de l'accusation ni par le temps, ni par le lieu, ni par la personne victime du délit. — *Cass.*, 12 fév. 1813, Canonne.

2141. — Hors ce cas le président, et en cas de contestation les cours d'assises, ne peuvent se refuser à formuler en questions les faits se rattachant à l'accusation qui sont reconnus être résultés des débats.

2142. — En conséquence, 1o le président de la cour d'assises est obligé de poser au jury une question résultant des débats, lorsqu'elle se rattache au fait qui était l'objet de l'accusation, lorsqu'elle peut seulement en modifier le caractère, ou lorsqu'elle tend à en faire déclarer les circonstances que les débats ont fait connaître. — *Cass.*, 14 mai 1813, Seckel.

2143. — Mais le président d'une cour d'assises peut, sans violer aucune loi, refuser de poser au jury des questions sur un fait à charge contre l'accusé, lorsque ce fait constitue un délit distinct non compris dans l'arrêt de renvoi ni dans l'acte d'accusation, et qui n'est nullement résulté des débats. — *Cass.*, 31 janv. 1839 (t. 2 1846), Vesperini.

2144. — 2o Le président des assises peut et doit énoncer dans les questions toutes les circonstances résultant du débat, quand même elles tendraient à modifier le caractère de la culpabilité et la nature de la peine ; il peut en conséquence poser la question relative au fait de complicité dès qu'il se rattache à l'action principale, et qu'il en devient le résultat immédiat. — *Cass.*, 16 fév. 1816, N... — Legraverend, t. 1er, chap. 3, p. 142, note 2e.

2145. — 3o Lorsque, par le résultat des débats, le fait mentionné dans l'acte d'accusation a reçu une modification dans son caractère, le président peut et doit poser une question secondaire sur ce même fait qui n'est que modifié, et qui se rattache toujours essentiellement à celui de l'accusation. — *Cass.*, 16 janv. 1848, Nicolas Drujon.

1246. — 4o Lorsqu'une circonstance aggravante est résultée des débats, elle doit faire l'objet d'une question distincte au jury et ne peut pas être confondue avec la question principale, à peine de nullité. — *Cass.*, 12 juill. 1832, Rouvières.

2147. — C'est donc à tort qu'il a été jugé que la position d'une question spéciale pour les circonstances résultant des débats n'est pas prescrite à peine de nullité et que la cour d'assises est autorisée à les comprendre dans les questions résultant de l'acte d'accusation. — *Cass.*, 2 fév. 1826, Bossière.

2148. — Bien plus, le président de la cour d'assises ne pourrait refuser de poser une question au jury sur une circonstance aggravante résultant des débats, sous prétexte qu'elle a été rejetée par l'arrêt de renvoi. — *Cass.*, 10 déc. 1812, Carini; 2 janv. 1829, Bousquet.

2149. — Ainsi, la circonstance de l'emploi des fausses clés, dans la perpétration d'un vol, peut être soumise au jury, comme résultant des débats, quoiqu'elle ait été écartée par l'arrêt de mise en accusation. — *Cass.*, 19 mai 1830, Déselus.

2150. — Il en est ainsi, à plus forte raison, lorsque l'arrêt de renvoi n'a écarté le chef d'accusation qui y donne lieu que parce qu'il le jugeait implicitement et nécessairement compris dans l'accusation principale. — *Ass. de la Seine*, 23 nov. 1839 (t. 1er 1840, p. 187), Nade.

2151. — Et quand même la chambre des mises en accusation a omis de statuer sur une circonstance aggravante ou l'a faussement qualifiée, cette omission ou cette fausse qualification n'est point un obstacle à ce que le président de la cour d'assises la soumette au jury, si elle résulte des débats. — En effet, tout incomplet que soit dans ce cas l'arrêt de la chambre des mises en accusation, il est suffisant pour saisir la cour d'assises de la connaissance du crime avec toutes ces circonstances. — *Cass.*, 11 juin 1841 (t. 2 1841, p. 419), Migeot.

2152. — Il n'en serait autrement que si après avoir reconnu en fait la circonstance aggravante, l'arrêt de renvoi l'avait écartée en droit par une décision formelle. — Même arrêt. — V. *infrà* no 2207.

2153. — Il a encore été jugé, ainsi que nous l'avons vu *suprà* no 2086, que lorsqu'une circonstance du crime se trouve omise dans le dispositif de l'arrêt de renvoi et dans le résumé de l'acte d'accusation, la cour d'assises doit réparer cette omission dans la position des questions, si la circonstance omise résulte de l'ordonnance de prise de corps faisant partie intégrante de l'arrêt de renvoi. — *Cass.*, 28 déc. 1827, Dimpré.

2154. — ... Comme aussi que l'on peut soumettre au jury comme résultant des débats, une question sur une circonstance omise dans le dispositif de l'arrêt de renvoi, mais relatée dans l'exposé des faits de ce même arrêt. — *Cass.*, 16 mars 1831, Jarron.

2155. — Dans l'espèce de l'un de ces arrêts, celui du 28 déc. 1827, il s'agissait même, non pas d'une circonstance modificative, mais constitutive du délit; et, à ce sujet, M. le procureur général Mourre (V. le réquisitoire sous cet arrêt) allait même jusqu'à soutenir qu'il suffisait que la circonstance fût résultée des débats pour qu'elle pût être comprise dans la question au jury.

2156. — La cour de Cassation évita de se prononcer sur cette question et motiva sa décision sur ce que l'omission dans l'arrêt de renvoi ne résultait que d'une erreur purement matérielle. — Il est probable que si elle eût tranché la question telle que la posait le procureur général, elle l'eût résolue dans le sens de la négative. — Carnot, sur l'art. 241, t. 2, p. 273, no 6.

2157. — Il est encore incontestable que le président peut poser, d'après les débats, la question intentionnelle, quoiqu'elle ne soit pas relatée dans l'acte d'accusation. — *Cass.*, 12 sept. 1812, Lempereur.

2158. — ... Et qu'il peut aussi poser au jury des questions sur les délits résultés des débats et connexes aux faits portés dans le résumé de l'acte d'accusation. — *Cass.*, 28 déc. 1816, Amyot.

2159. — Jugé même que le président peut poser comme résultant des débats et accessoirement à l'accusation principale de meurtre avec préméditation, une question relative à une tentative de vol qualifié qui aurait précédé, accompagné ou suivi le meurtre et que la cour d'assises ne pourrait se refuser d'ordonner la position d'une question au jury sur le fait nouveau sous prétexte qu'il est seulement connexe au premier. — *Cass.*, 14 nov. 1822, Lacoste; 7 oct. 1839 (t. 2 1840, p. 118), Soucaze-Baqué; 16 mai 1840 (t. 2 1842, p. 617), Astier. — V. aussi Legraverend, t. 2, p. 22.

2160. — Et c'est avec raison que la cour de Cassation a décidé que la question de vol pouvait être, dans cette circonstance, posée comme résultant des débats. En effet, le vol, dans ce cas particulier, est considéré, non comme un chef d'accusation, mais comme une circonstance aggravante du crime de meurtre. Or, l'art. 338 donne au président le droit de poser comme résultant des débats toutes les questions relatives aux circonstances aggravantes.

2161. — Mais l'omission de poser des questions sur les délits connexes et résultés des débats ne peut avoir pour effet d'établir à leur égard l'autorité de la chose jugée au profit de l'accusé. — *Cass.*, 28 déc. 1816, Amyot.

2162. — Du principe qu'il appartient au président ou à la cour d'assises, suivant les cas (V. *infrà* nos 221 et suiv.), de poser des questions nouvelles sur tous les faits qui surgissent des débats et qui sont de nature à modifier l'accusation primitive, de nombreuses conséquences ont été déduites.

2163. — Ainsi, on peut soumettre au jury une question subsidiaire de tentative, si elle résulte des débats, bien que l'arrêt de renvoi et l'acte d'accusation ne portent que sur le crime consommé. — *Cass.*, 14 mai 1813, Seckel ; 3 fév. 1821, Signorel; 23 juin 1830, Aubry. — V. conf. Legraverend, t. 2, ch. 2, p. 224 ; Chauveau et Hélie, t. 5, p. 415; Carnot, sur l'art. 337, t. 2, p. 587.

2164. — Spécialement sur une accusation d'attentat à la pudeur commis avec violence, on peut soumettre au jury, comme résultant des débats, une question sur la tentative avec violence. — *Cass.*, 10 juin 1830, Picardat.

2165. — ... De même sur une accusation d'usage d'une pièce fausse la question de tentative d'usage. — *Cass.*, 2 juill. 1835, Aubry.

2166. — Le président d'une cour d'assises peut proposer au jury comme résultant des débats une question subsidiaire de complicité à l'égard d'un individu qui avait été mis en accusation comme auteur principal du crime. — *Cass.*, 16 avr. 1818, Costes; 30 juin 1831, Gabis; 19 sept. 1833, Wind; 24 sept. 1834, Oudin; 24 sept. 1835, Raffault ; 26 déc. 1839 (t. 1er 1846, p. 495), Jourdain.

2167. — La cour d'assises peut poser au jury sur les mêmes faits une double question de perpétration comme auteur et comme complice lorsque ces faits diversement appréciés peuvent présenter l'un ou l'autre de ces caractères. — *Cass.*, 12 juill. 1832, Cauilrot.

2168. — ... Et cela encore bien que les débats n'aient pas fait connaître d'auteur principal. — *Cass.*, 6 mai 1815, L...; 16 fév. 1816, N...

2169. — Spécialement, sur une accusation de vol, on peut poser une question subsidiaire de complicité par recélé, si elle est résultée des débats. — *Cass.*, 20 juin 1811, Fabre ; 13 août 1818, Vieill.

2170. — Sur une accusation de pillage en réunion et en force ouverte, qui emporte avec elle la culpabilité de vol, on a pu poser au jury comme résultant des débats une question de complicité par recélé des objets volés. — *Cass.*, 29 déc. 1832, Pluvinet.

2171. — On peut encore soumettre au jury la question de savoir si le prévenu mis en accusation comme complice pour avoir facilité l'exécution d'un crime est complice pour avoir procuré les instrumens nécessaires à commettre ce crime sachant qu'ils devaient y servir. — *Cass.*, 2 mars 1827, Top.

2172. — ...Ou encore celle de savoir si l'accusé, mis en accusation comme coauteur du fait incri-

miné, doit être considéré comme complice. — *Cass.*, 22 janv. 1841 (t. 1er 1842, p. 262), Roynal.

2173. — Réciproquement, la loi ne s'oppose pas à ce que, sur une accusation de complicité, la question de savoir si l'accusé s'est rendu coauteur soit soumise aux jurés comme résultant des débats. — *Cass.*, 19 juin 1829, Tixier.

2174. — Dans une accusation d'homicide volontaire avec préméditation, la question de savoir : 1° si l'accusé a volontairement porté des coups et fait des blessures ; — 2° si ces coups portés et ces blessures faites sans intention de donner la mort l'ont néanmoins occasionnée, peut être valablement soumise au jury. — *Cass.*, 16 mai 1840 (t. 2 1842, p. 617), Astrés ; 11 mars 1841 (t. 1er 1842, p. 527), Rey. — V. cependant no 2198.

2175. — ... Sur une accusation de tentative de meurtre, la question de savoir si l'accusé est coupable de blessures volontaires ayant occasionné une incapacité de travail de plus de vingt jours. — *Cass.*, 2 août 1816, Leruth.

2176. — ... Sur une accusation de vol avec violences qui ont laissé des traces de blessures et de contusions, une question sur les blessures que l'accusé aurait commises avec guet-apens dans la même action, et sur la durée de l'incapacité de travail occasionnée par ces blessures. — *Cass.*, 12 fév. 1813, Canonne.

2177. — ... Sur une accusation d'homicide volontaire, celle d'homicide par imprudence, qui n'en est qu'une modification. — *Ass. du Brabant*, 21 mai 1834, Cl...

2178. — ... Sur une accusation d'infanticide, une question sur le point de savoir si l'accusée est coupable d'avoir, par maladresse, imprudence, inattention ou négligence, involontairement causé la mort de l'enfant dont elle est accouchée. — *Cass.*, 20 août 1825, Périchon.

2179. — Jugé même que lorsque, par l'acte d'accusation une femme est accusée d'avoir *fait disparaître* l'enfant dont elle était accouchée, le président peut poser au jury la question subsidiaire de *suppression d'enfant*. — *Cass.*, 7 juill. 1837 (t. 2 1839, p. 424), Veillin.

2180. — Ce n'est pas, en effet, de sa part, porter une nouvelle accusation sur un autre fait ; et cette question subsidiaire, bien qu'elle constitue, si elle est résolue affirmativement, un crime différent de celui qui était l'objet du crime principal, ne présente cependant qu'une modification du fait complexe qui était l'objet de l'accusation. — V. cependant *infrà* no 2199.

2181. — Dans une accusation de viol, la question d'attentat à la pudeur avec violence peut être posée comme résultant des débats. — *Cass.*, 16 janv. 1818, Drujon ; 17 déc. 1836 (t. 1er 1838, p. 59), Jean Louis.

2182. — Dans une accusation d'attentat à la pudeur avec violence, si les débats révèlent la circonstance de la publicité, la cour d'assises peut soumettre au jury, comme résultant tout à la fois de l'acte d'accusation et des débats, une question d'outrage public à la pudeur. — *Cass.*, 14 oct. 1826, Beauventre.

2183. — On peut encore soumettre au jury une question relative à une menace d'incendie, quoique l'arrêt de renvoi et l'acte d'accusation ne portent que sur une prévention d'incendie. — *Cass.*, 23 juill. 1813, N. — Carnot, *Inst. crim.*, sur l'art. 337, t. 2, p. 587, no 19 ; Bourguignon, *Jurispr. des C. crim.*, sur l'art. 338, t. 2, p. 87, no 2.

2184. — La qualité de l'objet volé n'étant pas une circonstance du vol, le président de la cour d'assises peut, sur une accusation de vol d'une somme d'argent, poser les questions de savoir si l'accusé est coupable de vol d'argent, et s'il l'est d'avoir volé des marchandises. — *Cass.*, 4 sept. 1812, Lafont.

2185. — Le président de la cour d'assises peut, sur une accusation de banqueroute simple, résultant de vente de marchandises au-dessous du cours, poser au jury comme résultant du débat, une question relative à l'irrégularité des écritures de commerce tenues par l'accusé. — *Cass.*, 12 sept. 1833, Bossens.

2186. — Lorsqu'un individu a été mis en accusation, comme auteur d'un faux, on peut poser au jury, comme résultant des débats, la question de savoir s'il a fait usage de la pièce fausse, sachant qu'elle était fausse. — *Cass.*, 18 oct. 1811, N... ; 6 mai 1815, L...

2187. — Et, à ce sujet, il faut observer que l'usage d'une pièce fausse peut bien présenter quelquefois les caractères d'une complicité de faux commis par le fabricateur de la pièce ; mais qu'il constitue lui-même un crime particulier. En conséquence, il n'y a aucune contradiction dans l'accusation qui les impute cumulativement au même individu ; et l'on ne doit point trouver extraordinaire qu'une question soit posée sur l'un de ces deux crimes, dont l'existence est établie par les débats, quoiqu'il n'ait pas été révélé par l'instruction écrite. — V. Carnot, sur l'art. 361, t. 2, p. 728, no 9.

2188. — De même, dans une accusation de contrefaçon de monnaies, la question d'émission de pièces avec connaissance de leur contrefaçon peut être valablement soumise au jury. — *Cass.*, 19 avr. 1832, Latreille. — V. conf. Chauveau et Hélie, t. 3, p. 211.

2189. — Jugé enfin que, dans une accusation de complot, on peut poser au jury, comme résultant des débats, la question de non révélation du complot, le délit de non-révélation n'étant qu'une modification du fait principal. — *Cass.*, 20 mars 1831, Geslin. — Mais la loi du 28 avr. 1832 ayant abrogé les dispositions du Code pén. relatives au délit de non-révélation, la question ne peut plus se présenter.

§ 2. — *Questions ne pouvant être soumises au jury comme résultant des débats.*

2190. — Quelque absolu que soit le principe qui confère au président, et en cas de contestation à la cour (V. *suprà* nos 2130 et suiv.), le droit de poser des questions comme résultant des débats, néanmoins ce droit est soumis, quant à son exercice, à certaines règles qui ont pour objet d'en prévenir l'abus.

2191. — Et d'abord, il importe d'observer qu'il n'y a lieu à poser, comme résultant des débats, une question nouvelle qu'autant que le fait qui donne lieu à la position de cette question se rattache à celui de l'accusation. — *Cass.*, 24 juin 1819, Girard ; 16 sept. 1819, Peyredieu ; 14 nov. 1822, Lacoste ; 30 juin 1826, Demery ; 19 avr. 1839 (t. 1er 1839, p. 670), Alexandre.

2192. — Le consentement de l'accusé ne suffit pas pour que le président puisse proposer au jury, comme résultant des débats, une question sur un fait nouveau indépendant de celui de l'accusation. — *Cass.*, 24 juin 1819, Joseph Girard.

2193. — On décidait, en conséquence, sous l'empire du Code du 3 brum. an IV, qu'il ne pouvait être posé au jury, sous peine de nullité, aucune question sur un vol non compris dans l'acte d'accusation, quelles que fussent les dépositions des témoins à l'audience. — *Cass.*, 15 janv. 1807, Mesnier.

2194. — Sous le même Code, l'acte d'accusation portant que l'accusé était prévenu d'avoir commis ou tenté de commettre un viol sur plusieurs filles n'autorisait pas le tribunal criminel à poser au jury les questions de savoir si ce crime avait été commis ou tenté sur telle ou telle personne nominativement, la position des questions subsidiaires ne s'appliquant qu'aux circonstances et non aux faits. — *Cass.*, 13 vent. an XI, Pierre Valour.

2195. — Ce système a été constamment admis sous le Code d'inst. crim. de 1810, et depuis la révision du 28 avr. 1832.

2196. — Carnot, il est vrai (sur l'art. 337, t. 2, p. 593, no 21), cite un arrêt, lequel aurait décidé que la question d'attentat à la pudeur peut régulièrement être posée sur une prévention de meurtre, quoique l'arrêt de renvoi et l'acte d'accusation ne fassent pas mention de cette circonstance et qu'elle soit seulement résultée des débats. — *Cass.*, 29 mars 1812, N...

2197. — Mais nous ne saurions approuver cette décision. En effet, le crime d'attentat à la pudeur est d'une nature complétement différente de celui de meurtre, et ne saurait, dans aucun cas, être considéré comme une modification de ce dernier. L'accusé renvoyé devant la cour d'assises pour répondre à une accusation de meurtre et qui aura préparé sa défense en ce sens, ne serait pas évidemment en mesure de s'expliquer sur une accusation d'attentat à la pudeur, qui ne peut être repoussée que par des moyens d'une autre nature.

2198. — Lorsqu'un individu a été renvoyé à la cour d'assises comme accusé de meurtre avec préméditation et guet-apens, cette cour ne peut, sans dénaturer l'accusation, poser au jury une question de coups portés volontairement, avec préméditation et guet-apens, et qui ont donné la mort. — *Cass.*, 18 juill. 1833, Picard.

2199. — La suppression ou la tentative de suppression d'enfant, n'ayant aucun rapport avec le crime d'infanticide, ne peut faire l'objet d'une question résultant des débats. — *Cass.*, 20 avr. 1835, Périchon ; 19 avr. 1839 (t. 1er 1839, p. 670), Alexandre ; — Legraverend, t. 2, p. 219, note 2e.

2200. — Les questions de provocation au faux témoignage ou de complicité de ce crime ne peuvent être soumises au jury à l'occasion d'une affaire de subornation de témoins. — *Cass.*, 19 avr. 1832, Brousse.

2201. — Lorsqu'un garde forestier a été renvoyé devant la cour d'assises comme accusé de s'être, par dons ou promesses agréés ou reçus, abstenu de faire un acte qui rentrait dans l'ordre de ses devoirs, on ne peut poser au jury, comme résultant du débat, la question de savoir s'il a reçu des présens pour s'abstenir d'un acte qu'il prétendait rentrer dans ses devoirs : c'est là un fait nouveau et non une circonstance aggravante ou modificative du fait principal. — *Cass.*, 14 juill. 1832, Lacombe.

2202. — Lorsqu'un officier ministériel n'a été renvoyé devant la cour d'assises que comme accusé de soustractions de pièces qui lui avaient été confiées dans ses fonctions, cette cour ne peut autoriser la position au jury d'une question sur des faits de concussion résultant des débats. — *Cass.*, 16 sept. 1819, Peyredieu.

2203. — On ne peut, sur une accusation de banqueroute, soumettre au jury une question sur la tenue d'une maison de prêt sur gage non autorisée (*Cass.*, 24 juin 1819, Girard), ou une question d'escroquerie. — *Cass.*, 30 juin 1826, Demery.

2204. — La question de tentative d'usage d'un faux billet ne peut pas être posée au jury comme résultant des débats à l'égard d'un accusé auquel l'arrêt de renvoi et l'acte d'accusation n'impulent aucune criminalité relative à ce billet. — *Cass.*, 9 juill. 1835, Seyty.

2205. — La question de savoir si l'accusé est coupable de fabrication et d'émission de fausses pièces de quinze et de trente sous, considérées comme *monnaie de cuivre ou de billon*, lorsque cet accusé a été renvoyé devant la cour d'assises comme coupable de fabrication et d'émission de fausses pièces de quinze et trente sous, considérées comme *monnaie d'argent*, ne peut être soumise au jury. — *Cass.*, 9 sept. 1830, Merleau. — Et à ce sujet, MM. Chauveau et Hélie (t. 3, p. 212) font observer que cette circonstance présente une question de droit, et que la cour d'assises, en se prononçant dans un sens contraire à l'arrêt de la chambre d'accusation, usurpe un droit qui ne lui appartient pas, et dénature l'accusation qu'elle a mission de purger, sans pouvoir la changer.

2206. — A plus forte raison, lorsqu'il ressort des débats d'une cour d'assises quelques indices de culpabilité contre une personne qui n'a pas été mise en accusation, soit comme auteur, soit comme complice, le président de la cour d'assises ne peut poser une question au jury sur sa culpabilité, sauf au ministère public à faire telles réserves qu'il juge convenables. — *Cass.*, 11 janv. 1834, Martin.

2207. — De même, la cour d'assises ne peut soumettre au jury une question sur une circonstance aggravante écartée par l'arrêt de renvoi. — *Cass.*, 11 juin 1841 (t. 2 1841, p. 419), Migeot.

2208. — C'est au résumé une règle absolue que la question résultant des débats doit être *ajoutée* mais non *substituée* à celle qui résulte de l'acte d'accusation. — *Cass.*, 15 sept. 1825, Desenne.

2209. — Ainsi, sous la loi du 20 avr. 1825, la question posée comme résultant des débats, et consistant à savoir si l'accusé était coupable du vol d'un vase sacré, ne dispensait pas de soumettre au jury la question principale, résultant de l'acte d'accusation, ayant pour objet de savoir si l'accusé était coupable de vol d'un vase destiné aux cérémonies du culte catholique. — Même arrêt.

2210. — Il n'est pas moins évident qu'on ne peut, après la déclaration du jury lue à l'audience, poser une question nouvelle comme résultant des débats.

§ 3. — *Position des questions résultant des débats.*

2211. — Les questions résultant des débats sont posées, soit d'office par le président, soit sur la demande du ministère public ou de l'accusé.

2212. — Jugé même qu'une pareille question serait régulièrement posée sur la demande d'un juré, et qu'il suffit que la cour ait déclaré qu'elle est résultée des débats. — *Cass.*, 19 juin 1829, Tixier.

2213. — Il n'appartient, en principe, qu'au président de soumettre aux jurés les questions qui sont résultées des débats. La cour ne doit statuer à cet égard qu'autant qu'il y a contestation. — *Cass.*, 30 mars 1815, Grissingen ; 27 sept. 1827, Terrasse ; 5 août 1831, Lavrard.

2214. — Jugé que le président de la cour d'assises peut ajouter aux questions posées au jury une ou plusieurs circonstances aggravantes lorsqu'elles résultent des débats, et alors surtout qu'il ne l'a fait qu'après avoir prévenu le ministère public et les défenseurs des accusés, qui ne s'y sont point opposés. — *Cass.*, 14 oct. 1831, Bruno.

2215. — Le président des assises qui par l'examen de la procédure a pu prévoir que des questions subsidiaires résulteraient des débats peut et doit l'annoncer aux accusés afin de favoriser leur défense. — *Cass.*, 29 déc. 1832, Pluvinet.

2216. — Toutefois, l'omission de cet avis n'entraînerait aucune nullité. — Même arrêt. — De deux choses l'une, en effet : ou les questions résolues ont été posées en sa faveur, ou elles l'ont été contre lui.

2217. — Dans le premier cas il est évident que l'accusé ne serait pas admis à critiquer la position des questions. — *Cass.*, 5 août 1831, Lavrard.

2218. — Au cas contraire, l'accusé, ayant dû préparer sa défense, tant sur l'accusation que sur les questions qui peuvent légalement résulter des débats, ne peut prétendre qu'il a été porté atteinte à son droit de défense, alors surtout que ni lui, ni son défenseur n'ont opposé aucune réclamation à la position de la question. — *Cass.*, 14 oct. 1831, Bruno; 26 déc. 1839 (t. 1er 1846, p. 495), Jourdain.

2219. — Que si l'accusé ou son défenseur ont formé opposition à la position de la question nouvelle, sans doute il est résulté de là un contentieux, sur lequel il n'appartient plus qu'à la cour d'assises et non au président seul de statuer. — *Cass.*, 16 mai 1840 (t. 2 1842, p. 617), Astier.

2220. — Mais cette opposition, fût-elle faite sous la réserve de tous les droits de l'accusé après le verdict du jury, ne gêne en rien la liberté de la cour, qui peut toujours et nonobstant poser la question, si elle le juge nécessaire. — Même arrêt.

2221. — Jugé, spécialement, que la question d'homicide involontaire, n'étant qu'une modification de l'homicide volontaire faisant l'objet de l'accusation, peut, malgré l'opposition de l'accusé, être soumise au jury comme résultant des débats. — *Ass. du Brabant*, 21 mai 1834, L...

2222. — Mais la cour d'assises ne peut ordonner la position d'une question subsidiaire, comme résultant du débat, que par un arrêt en forme, lors duquel le ministère public doit être entendu. — *Cass.*, 9 sept. 1830, Merleau.

2223. — Du reste, la cour d'assises peut, sans violer aucune loi, refuser de poser une question nouvelle, si elle pense que cette question ne résulte pas des débats. — *Cass.*, 12 sept. 1835, Tremblays.

2224. — Ainsi, l'accusé ne peut se plaindre de ce que la cour d'assises aurait refusé d'ordonner, sur sa demande, la position d'une question comme résultant des débats. — *Cass.*, 16 avr. 1819, Deval; 17 sept. 1829, Couder.

2225. — Il en est de même au cas où la position d'une question nouvelle, demandée par le ministère public, aurait été rejetée par la cour, comme ne résultant pas des débats. — *Cass.*, 7 mai 1829, Féraud.

2226. — Jugé, par application du même principe, 1° qu'un accusé ne peut se faire un moyen de nullité de ce qu'il a été déclaré par la cour que les faits d'imprudence et de maladresse sur lesquels il voulait faire interroger le jury ne sont pas résultés des débats. — *Cass.*, 13 avr. 1832, Blache.

2227. — ... 2° Que la cour peut refuser de poser, comme résultant des débats, la question de savoir si la meule incendiée est *une meule de récolte*, lorsque l'acte d'accusation et l'arrêt de renvoi parlent d'une *meule de paille*. — *Cass.*, 20 avr. 1838 (t. 2 1838, p. 5), Girard.

2228. — ... 3° Que la cour de Cassation n'a ni la possibilité, ni le droit de rechercher si c'est à tort que le président de la cour d'assises ou la cour d'assises elle-même, suivant les cas, ont soumis au jury ou refusé de soumettre une question comme résultant des débats. — *Cass.*, 2 juill. 1815, Aubry; 29 déc. 1832, Pluvinet.

2229. — Mais il en serait autrement si le président avait posé une question nouvelle sur un fait non compris dans l'acte d'accusation, ou qui n'aurait pas été déclaré résulter des débats. — *Cass.*, 9 déc. 1825, Buré.

2230. — Comme aussi le refus fait par la cour d'assises de poser au jury une question sur une circonstance aggravante qu'elle reconnaît être résultée des débats, rend la déclaration du jury insuffisante pour servir de base légale à une condamnation, et opère nullité. — *Cass.*, 26 déc. 1823, Laurencin; — Carnot, *C. pén.*, t. 2, p. 112 et suiv., n° 10.

2231. — Les questions résultant des débats doivent être rédigées dans la forme ordinaire.

3232. — Cependant, l'insertion du mot *coupable* dans les questions soumises au jury n'est exigée que pour celles qui résultent de l'acte d'accusation, et non pour celles qui sont posées par la cour comme résultant des débats, lorsque d'ailleurs les jurés ont été interrogés implicitement sur la culpabilité de l'accusé. — *Cass.*, 10 déc. 1836, Pierrard et Varloteau.

2233. — La solution devrait être différente, nonobstant les termes de l'art. 337, si le jury avait été interrogé uniquement sur un fait, et s'il ne résultait pas de sa réponse, combinée avec la question, qu'il y a eu volonté criminelle de la part de l'accusé. Pour éviter les difficultés qui pourraient naître à cet égard, il serait convenable, suivant nous, de placer le mot *coupable* dans les questions résultant des débats.

2234. — Lorsque les questions résultant de l'arrêt de renvoi énoncent suffisamment la date du délit, l'accusé ne peut se plaindre de ce que les questions posées comme résultant des débats ne contiendraient aucune fixation de la date; elles sont toutes réputées se rattacher aux faits exposés dans l'acte d'accusation. — *Cass.*, 15 nov. 1832, Pélet.

2235. — La question posée au jury comme résultant des débats est réputée avoir rappelé toutes les circonstances que les débats ont fait ressortir, encore bien qu'elle ne réunisse les caractères légaux d'un délit. — *Cass.*, 16 mars 1826, Pierre Courtaud.

2236. — Le président des assises n'est pas tenu de faire constater, dans le procès-verbal de la séance, de quelle partie des débats sont résultées les circonstances aggravantes que la loi l'autorise à ajouter aux questions soumises au jury. — *Cass.*, 15 janv. 1825, Candon.

2237. — Il n'est pas nécessaire que le procès-verbal des débats s'explique avec détail sur les questions résultant des débats : la mention que le président a posé aux jurés les questions résultant de l'acte d'accusation et des débats est suffisante. — *Cass.*, 30 juin 1831, Gabis.

2238. — Il n'y a pas même nullité dans le cas où le procès-verbal est complétement muet relativement aux questions posées comme résultant des débats.

2239. — Lors donc que les questions posées au jury énoncent des faits ou des circonstances non mentionnés dans l'acte d'accusation, il y a présomption légale que ces faits ou ces circonstances sont résultés du débat, encore bien que le procès-verbal n'en fasse pas mention. — *Cass.*, 9 fév. 1816, Simonin; 31 janv. 1817, Pignier; 10 juill. 1817, Brelet; 16 avr. 1818, Costo; 3 fév. 1821, Signoret; 18 mars 1826, Dermenon-Annet; 2 mars 1827, Tap; 20 mars 1829, Beller; 8 avril 1830, Boudon; 23 juin 1831, Hatterer; 16 sept. 1831, Jarron; 15 déc. 1831, de Castres; 19 sept. 1833, Wind; 17 avr. 1834, Auzeville.

2240. — En conséquence, 1° lorsque, sur une accusation d'attentat à la pudeur commis avec violence, le président de la cour d'assises a demandé au jury si l'accusé était coupable d'un attentat à la pudeur, *consommé ou tenté* avec violence, la question est parfaitement régulière. — *Cass.*, 10 juill. 1817, Donatien Brelet.

2241. — La question posée au jury sur un fait qui se rattachait au fait principal de l'accusation et qui était mentionné dans l'exposé de l'acte d'accusation, est présumée de droit résultée des débats. — *Cass.*, 31 janv. 1817, Denis Pignier.

2242. — 2° Lorsqu'il a été proposé au jury une question sur la tentative, quoique l'acte d'accusation n'en fit point mention, cette question est présumée être résultée des débats. — *Cass.*, 3 fév. 1821, Barthélemy Signoret.

2243. — 3° Quand la question de complicité de vol par aide et assistance, ou par recélé, a été soumise au jury, bien qu'elle ne fût pas comprise dans l'arrêt de renvoi, et que le procès-verbal de l'audience ne constatât pas qu'elle était résultée des débats, il y a présomption légale qu'elle en est résultée. — *Cass.*, 19 sept. 1833, Wind.

2244. — 4° La question de domesticité qui ne se trouve ni dans l'arrêt de renvoi ni dans l'acte d'accusation, doit être présumée être résultée des débats. — *Cass.*, 20 mars 1829, Beller.

2245. — 5° Lorsque les questions posées au jury donnent deux dates à un complot faisant l'objet de l'accusation, quoique l'arrêt de renvoi ne lui en donne qu'une, la date ajoutée est présumée être résultée des débats. — *Cass.*, 13 oct. 1832, Poncelet.

2246. — Mais on ne peut pas considérer comme étant résultée des débats une question subsidiaire posée au jury, lorsque cela n'est établi ni par les réquisitions du ministère public, ni par l'arrêt de la cour, et *lorsque le contraire s'induit de diverses circonstances*. — *Cass.*, 9 déc. 1825, Nicolas Buré.

ART. 3. — *Questions d'excuse.*

2247. — Sous le Code de brum. an IV, le président était obligé de soumettre au jury toutes les questions qui *résultaient de la défense* de l'accusé (art. 646), par conséquent toutes les questions d'excuses.

2248. — Ainsi, lorsqu'un accusé d'homicide requérait les juges de poser au jury une question sur la provocation violente qu'il alléguait pour sa défense, cette question devait être posée à peine de nullité. — *Cass.*, 12 fruct. an VII, Bouzenet; 7 fruct. an VIII, Mercourt; 24 vent. an XII, Quichaud-Lion; 19 fév. 1808, Wilhelmans.

2249. — De même, lorsqu'un accusé de meurtre avait proposé pour excuse une provocation par des violences graves envers son domestique, la question devait en être soumise au jury, à peine de nullité. — *Cass.*, 15 messid. an XIII, Pierre Féron.

2250. — Il suffisait même que, dans ses interrogatoires et dans le cours de la procédure, un accusé eût constamment soutenu avoir agi par suite de provocation et dans le cas d'une légitime défense pour que le jury fût, *sous peine de nullité*, interrogé à cet égard. — *Cass.*, 22 janv. 1807, Mazeyras.

2251. — Ainsi encore, on jugeait que, lorsque dans ses interrogatoires, une femme accusée d'infanticide avait constamment soutenu que l'enfant n'était pas né vivant, les jurés devaient être interrogés par une question particulière sur ce moyen péremptoire de la défense, à peine de nullité. — *Cass.*, 22 janv. 1808, veuve Perthuis.

2252. — ... Et aussi que lorsqu'un accusé de tentative d'empoisonnement de moutons avait toujours fondé sa défense sur ce que la substance par lui employée n'était pas un poison pour les moutons, le jury devait être interrogé sur ce point, à peine de nullité. — *Cass*, 3 août 1810, Gérard.

2253. — Le président devait, du reste, même sans avoir été sollicité par l'accusé, poser toutes les questions sur les faits de nature à atténuer la gravité du délit lorsque ces faits résultaient de l'acte d'accusation. — Cod. 3 brum. an IV, art. 374.

2254. — « Mais comme la loi n'avait donné aucune définition de l'excuse, il ne se rencontrait pas d'accusé qui n'eût à en proposer. Combien de criminels ne parvinrent-ils pas à faire abaisser leur peine, à l'aide de prétendues excuses, toutes plus singulières, plus inadmissibles et même plus immorales les unes que les autres? » — Teulet, d'Auvilliers et Sulpicy, *Codes annotés*, sur l'art. 339, C. inst. crim.

2255. — « Le législateur moderne, continuent les mêmes auteurs, a extirpé cet abus vraiment scandaleux, en définissant l'excuse et en ne permettant d'interroger le jury que sur des faits admis comme tels par la loi. » — *Ibid.* — V. EXCUSE.

2256. — Toutefois, la disposition du Code de 1808 a trouvé des adversaires; sans doute, a-t-on observé, il y avait abus dans le système du Code de brum. an IV; mais, d'un autre côté, n'est-ce pas être tombé dans un excès contraire que d'interdire ainsi à l'avance tout fait d'excuse non formellement prévu par la loi, et n'est-il pas par conséquent regrettable que l'art. 339 soit conçu d'une manière aussi restrictive? — Bourguignon, *Manuel d'inst. crimin.*, t. 1er, p. 421, n° 3; et *Jurisp.*, t. 2, p. 99.

2257. — Quoi qu'il en soit du mérite de ces observations, elles ont perdu tout intérêt depuis que par la révision de la législation pénale, en 1832, le jury a été investi du droit de prononcer qu'il y a en faveur de l'accusé des circonstances atténuantes.

2258. — La position des questions d'excuse peut résulter en premier lieu de l'acte d'accusation, et dans ce cas, aucune difficulté ne peut s'élever autre que celle sur la position des questions résultant de cet acte.

2259. — Mais, souvent aussi, c'est pendant le cours des débats et à la demande de l'accusé que l'excuse est proposée; dans ce cas, quel est le devoir du président? quel est aussi celui de la cour d'assises?

2260. — Quant au président, on n'a jamais mis en doute que, si l'excuse proposée par un accusé était du nombre de celles prévues par la loi, il ne lui appartenait pas de refuser de la poser, lors même qu'elle lui paraîtrait mal fondée. — Carnot, *Inst. crim.*, t. 2, p. 609, n° 8; Legraverend, *Législ. crim.*, t. 2, p. 223; Bourguignon, *Jurisp.*, t. 2, p. 95, n° 2.

2261. — La même obligation est-elle imposée aux cours d'assises appelées, comme nous le verrons (*infrà* n° 2359 et suiv.), à statuer sur la position des questions toutes les fois qu'un incident contentieux s'élève sur ce point?

2262. — Avant 1832, la cour de Cassation, pour mettre un terme aux innombrables difficultés auxquelles avait donné lieu la position des questions d'excuse sous la loi de brumaire, décidait con-

stamment que les cours d'assises jouissaient d'un droit d'appréciation souverain de l'opportunité des questions d'excuse, et pour décider si les faits allégués étaient résultés des débats.

2263. — Et elle jugeait, en conséquence, que le refus par la cour d'assises de poser une question d'excuse, sur la demande de l'accusé, ne donnait pas ouverture à cassation. — *Cass.*, 15 nov. 1811, Vanderstraeten; 15 mai 1812, N...; 27 janv. 1844, N..; 2 fév. 1815, Leroy; 1er mars 1816, N...; 16 août 1816, N...; 16 avr. 1819, Denot; 17 mai 1821, Sabardin; 6 mars 1823, Tisserand; 24 janv. 1814, Dupuis; 29 juin 1826, Faïba; 29 mars 1827, Pestel; 4 oct. 1827, Lartet; 5 sept. 1828, Aubry; 28 août 1828, Poyson; 16 janv. 1829, Giraud; 1er oct. 1829, Vannier; 9 juill. 1830, Humbert; 20 janv. 1832, Charbonneau.

2264. — Et qu'au résumé c'était à la cour d'assises et non au jury qu'il appartenait de décider si des faits d'excuse résultaient ou non des débats. — *Cass.*, 31 juill. 1829, Garaud.

2265. — Mais depuis la loi du 28 avr. 1832, les questions d'excuse proposées par l'accusé doivent être soumises au jury, *à peine de nullité*. — C. inst. crim., art. 339. — Le texte de l'article est formel sur ce point.

2266. — Aussi a-t-il été jugé que lorsque l'accusé a proposé pour excuse un fait admis comme tel par la loi, mais qui n'est relaté ni dans l'arrêt de renvoi, ni dans l'acte d'accusation, la cour d'assises ne peut refuser de soumettre la question au jury, sous le prétexte qu'elle n'est point résultée des débats. — *Cass.*, 1er oct. 1835, Virgilli ; 28 juin 1839 (t. 2 1839, p. 364), Canals. — V. *infrà* n° 2310.

2267. — ... Ou que la forme dans laquelle elle était présentée était incomplète. — *Cass.*, 2 mai 1833, Didier.

2268. — ... Que la cour d'assises ne peut, si le défenseur le requiert sans être désavoué par l'accusé, refuser de poser au jury une question sur l'existence d'un fait qui constituerait une excuse légale, encore bien que le langage de l'accusé pendant les débats semble impliquer la non-existence du fait allégué. — *Cass.*, 31 mars 1842 (t. 2 1842, p. 470), Bouygues.

2269. — Nous n'avons point à nous occuper ici des cas où il y a excuse dans le sens de la loi, et des difficultés qu'élèvent sur la question de savoir si tel fait déterminé doit être ou non tenu comme constituant, d'après la loi, une excuse. — V. EXCUSE.

2270. — Constatons seulement que, par de nombreux arrêts, la jurisprudence de la cour de Cassation a consacré, depuis la révision de 1832, le droit absolu de l'accusé en ce qui concerne la position des questions d'excuse.

2271. — Il a donc été jugé que, lorsque l'individu accusé d'homicide volontaire demande formellement que la question de savoir s'il a été provoqué par des coups ou violences graves soit soumise au jury, cette question doit être soumise au jury, à peine de nullité. — *Cass.*, 22 sept. 1836 (t. 1 1837, p. 91), Chevrial.

2272. — ... Et même que la question de préméditation résultant de l'acte d'accusation ne serait pas un obstacle à ce que celle de provocation soit également posée au jury. — *Cass.*, 15 nov. 1811, Vanderstraeten. — Il ne peut, en effet, y avoir aucune contradiction entre ces deux questions dès qu'elles viennent de source différente ; il est tout naturel que les débats aient modifié l'accusation.

2273. — ... Que la cour d'assises ne peut, sur la demande d'un individu accusé de sédition, mais qui n'a exercé ni la bande ni commandement, ni fonctions, refuser de poser au jury la question de savoir s'il ne s'est pas retiré au premier avertissement des autorités. — *Cass.*, 2 mai 1833, Snasier.

2274. — ... Qu'en matière de séquestration de personne, la circonstance qu'antérieurement aux poursuites l'accusé aurait rendu la liberté à la personne séquestrée avant le dixième jour accompli depuis la séquestration, constituant une excuse légale, la cour d'assises ne peut, à peine de nullité, se refuser à poser une question sur ce fait si elle en est requise par l'accusé. — *Cass.*, 24 avr. 1841 (t. 1er 1842, p. 433), Poncet.

2275. — ... Que lorsqu'un accusé de fausse monnaie demande qu'il soit posé au jury une question sur les faits déterminés par l'art. 138, C. pén., comme donnant lieu à l'exemption de toute peine en faveur des coupables qui ont révélé le crime ou qui ont procuré l'arrestation des autres coupables, la cour d'assises ne peut rejeter la demande, sous le prétexte que le crime a été consommé et que la non-consommation est une condition de l'application dudit article dans les deux cas. Par cette décision elle empiète sur les attributions du jury, qui

a seul le droit de prononcer sur le fait de la consommation du crime, et elle donne une fausse interprétation à la loi, qui laisse aux coupables une chance d'absolution après sa consommation. — *Cass.*, 17 août 1820, Ferchaud.

2276. — ... Que, dans une accusation d'émission de fausse monnaie, la cour d'assises ne peut refuser de poser au jury, sur la demande de l'accusé, la question de savoir si ce dernier avait reçu pour fausses les monnaies par lui émises. — *Cass.*, 12 sept. 1833, Couturier; 14 déc. 1833, Court-Payet; 15 mai 1834, Tranchart; 12 nov. 1835, Lacasse; 23 janv. 1840 (t. 1er 1841, p. 425), Dubeton; 9 avr. 1841 (t. 1er 1842, p. 476), Gruardet; 15 avr. 1841 (t. 1er 1842, p. 476), Petit; 31 mars 1842 (t. 2 1842, p. 470), Bouygues; 21 juin 1844 (t. 1er 1845, p. 63), Turpin. — V. encore *Bruxelles*, 29 mai 1832, Desplaisier. — Chauveau et Hélie, *Th. C. pén.*, t. 3, p. 205.

2277. — Mais suffirait-il que le fait d'excuse ait été proposé dans l'instruction, ou est-il nécessaire que l'accusé l'ait présenté dans le débat à l'audience? — Les termes de l'art. 339 ne paraissent pas sans doute exiger cette dernière condition. — Néanmoins, nous pensons que le silence de l'accusé au débat prouverait que l'excuse n'était pas sérieuse et qu'il y a renoncé; qu'ainsi, faute par lui de l'avoir proposée à l'audience, il est non-recevable à puiser un moyen de cassation dans l'omission d'une question au jury à cet égard, qu'elle qu'ait été sa défense dans l'instruction.

2278. — Jugé, en ce sens, qu'encore bien que dans l'instruction écrite l'accusé ait allégué une provocation, la cour d'assises n'est pas tenue, à peine de nullité, de poser au jury une question sur cette prétendue excuse, s'il n'est point proposée à l'audience par l'accusé ou par son conseil. — *Bruxelles*, 27 sept. 1821, Butte.

2279. — Comme aussi, il est bien évident que l'accusé doit demander la position des questions d'excuse avant la clôture des débats. — Ce n'est, du reste, ici, que l'application de la règle générale. — V. *suprà*.

2280. — Cependant, il a été jugé que lorsqu'après la clôture des débats l'accusé demande qu'il soit posé aux jurés une question d'excuse qui peut donner lieu à des débats nouveaux, la cour d'assises n'excède point ses pouvoirs et ne viole aucune loi en rapportant l'ordonnance de clôture des débats et en autorisant la position de cette question. — *Cass.*, 8 nov. 1832, Yalot.

2281. — Mais lorsque l'accusé n'a pas réclamé des cas où il y a excuse dans le sens de la déclaration affirmative du jury a été lue à l'audience, l'accusé n'est plus recevable à demander la position d'une question d'excuse: et la cour d'assises ne peut, sans violer l'autorité de la chose jugée, faire rentrer les jurés dans leur chambre pour délibérer sur cette question. — *Cass.*, 12 mars 1813, Tombarel; 16 juin 1820, Vielle. — V. conf. Merlin, *Rép.*, v° *Révision de procès*, § 3, art. 2, n° 8.

2282. — Le ministère public a, comme l'accusé, le droit de requérir la position d'une question d'excuse légale. — Ainsi jugé sous le Code pénal de 1808: — *Cass.*, 8 juill. 1826, Montaynier; — et depuis 1832: *Cass.*, 28 juin 1839 (t. 2 1839, p. 361), Canals. — *Contrà* Rauter, t. 2, p. 456.

2283. — La cour ne peut refuser de faire droit à cette réquisition à plus forte raison lorsque le défenseur de l'accusé a déclaré adhérer aux conclusions du ministère public. — *Cass.*, 28 juin 1839 (t. 2 1839, p. 361), Canals.

2284. — Mais doit-elle, à peine de nullité, poser la question d'excuse lorsqu'elle est demandée par le ministère public seul, ainsi que cela a lieu lorsque l'excuse est proposée par l'accusé? (V. *suprà* n° 2265). Non, car ce serait ajouter au texte de la loi. L'art. 339, qui porte expressément la nullité, ne parle que de l'accusé.

2285. — Jugé, en conséquence, qu'alors que le ministère public a requis la position d'une question d'excuse, et que, loin d'y adhérer, l'accusé s'y est, au contraire, opposé, la cour peut, sans violer aucune loi, refuser de poser la question au jury si les circonstances ne lui en indiquent pas l'opportunité. — *Cass.*, 16 mars 1844 (t. 1er 1844, p. 793), Lafond.

2286. — Que devient donc alors le droit du ministère public? — Ce droit n'est pas sanctionné, à la vérité, comme celui de l'accusé, par la peine de nullité; mais il n'en subsiste pas moins, en ce sens qu'il oblige la cour d'assises à statuer sur la demande du ministère public, et qu'il trouve une sanction dans l'art. 408, C. inst. crim. Ainsi, il y a entre les deux cas cette différence que, dans le premier, il suffit que la question proposée par l'accusé n'ait pas été soumise au jury pour que la nullité soit encourue, tandis que, dans le second, la cour d'assises est investie d'un droit d'appré-

ciation qui lui permet de rejeter la demande; mais il y aurait nullité si la cour d'assises déniait au ministère public le droit qui lui appartient, en refusait de statuer.

2287. — Que décider si la question d'excuse n'est proposée ni par l'accusé, ni par le ministère public : la cour est-elle tenue de poser d'office cette question au jury?

2288. — Non, évidemment ; et il a été jugé avec raison, en ce sens, que l'individu accusé d'émission de fausses monnaies ne peut se faire un moyen de nullité de ce que le jury n'a pas été interrogé sur la question de savoir si les pièces émises avaient été par lui reçues comme bonnes, s'il n'a pas demandé aux débats la position de cette question qui n'était pas comprise dans l'acte d'accusation. — *Cass.*, 12 sept. 1833, Couturier.

2289. — Mais si la cour d'assises n'est pas tenue d'ordonner d'office la position d'une question d'excuse légale, l'intérêt d'une bonne distribution de la justice lui en impose le devoir lorsqu'elle en reconnaît l'opportunité. — L'art. 338 ne parle, il est vrai, que des circonstances aggravantes; mais la jurisprudence a étendu l'application aux faits qui sont de nature à modifier l'accusation.

2290. — Ainsi la cour d'assises peut, sans violer aucune loi, poser aux jurés, comme résultant des débats, la question de savoir si l'accusé a été contraint de commettre le crime faisant l'objet de l'accusation par une force à laquelle il n'a pu résister. — *Cass.*, 10 janv. 1834, Sébo.

2291. — Mais la cour d'assises peut-elle poser une question d'excuse lorsque l'accusé s'y oppose formellement? — Les questions d'excuse étant posées dans l'intérêt de l'accusé, on comprend difficilement qu'il fût possible de lui imposer une faveur qu'il repousse. Cependant, la loi ayant accordé au président le droit de soumettre au jury des questions résultant des débats, sans limiter ce droit à celles qui peuvent aggraver le sort de l'accusé, il en résulte qu'il lui est loisible de poser le titre même des questions d'excuse. — *Cass.*, 6 juill. 1826, Montagnier. — V. *contrà Ass. du Brabant*, 21 mai 1834, Cl...

2292. — Quoique l'art. 339 impose, à peine de nullité, la position de toute question d'excuse alléguée par l'accusé, néanmoins il convient d'observer que cette obligation ne s'applique qu'aux excuses légales ; car la question serait inutile si elle ne devait avoir aucune influence sur le sort de l'accusé.

2293. — Ainsi il n'est pas permis à une cour d'admettre comme motifs d'excuse des faits que la loi n'a pas spécialement déterminés comme tels, ni de commuer par ce motif, une peine afflictive et infamante en une peine correctionnelle. — *Cass.*, 7 fév. 1812, Danety.—Legraverend, t. 2, p. 225.

2294. — Ainsi encore, la circonstance que le vol et la séquestration imputés à un accusé auraient eu lieu en pays étranger ne présentant pas une question d'excuse légale, mais une question de compétence, la cour peut refuser de la soumettre au jury. — *Cass.*, 10 août 1838 (t. 2 1838, p. 490), Cabanès.

2295. — Même solution au cas où l'accusé allègue pour sa justification la provocation, mais sans articuler que cette provocation résulte de coups ou violences graves. — *Cass.*, 19 mars 1835, Margaine.

2296. — On ne peut considérer et admettre comme excuse, dans une accusation de meurtre, l'imputation faite verbalement à l'accusé d'un délit prouvé par une décision qu'il en soit la chose jugée. — *Cass.*, 27 fév. 1813, Fioravantis.—Legraverend, t. 2, p. 225.

2297. — Jugé encore que l'individu qui n'a point prétendu qu'il eût reçu pour bonnes les fausses pièces de monnaie dont il est accusé d'avoir fait l'émission, et qui ne demande point qu'une question soit posée au jury à cet égard, est non-recevable à demander qu'il en soit posé une sur le point de savoir s'il a fait usage desdites pièces après en avoir vérifié les vices. — En effet, la question n'aurait pu produire aucun effet légal. — *Cass.*, 26 déc. 1823, Ravel.

2298. — Ainsi encore, et l'allégation de l'accusé consiste dans l'ivresse, aucune loi n'ayant fait de l'ivresse un cas d'excuse en matière criminelle, la position d'une question de cette nature n'échapperait point à la censure de la cour de cassation. — *Cass.*, 7 prair. an IX, Foisy ; 15 therm. an XII, Walchern ; 19 nov. 1807, Chignin ; 2 oct. 1812, 18 mai 1815, Rosay ; 22 avril 1824, Trendel. — V. *contrà* (mais sous l'empire du Code du 3 brum. an IV) *Cass.*, 8 frim. an VII, Metay. — V. EXCUSE, IVRESSE.

2299. — De même la misère, le besoin, la colère et l'intention de restituer, la restitution mê-

me, opérée depuis la soustraction, ne peuvent être admis comme faits d'excuse. — Legraverend, t. 2, p. 225.

2300. — Du principe ci-dessus il résulte qu'il appartient à la cour d'assises de décider si une question dont la position est demandée constitue ou non une excuse. — *Cass.*, 29 nov. 1838 (t. 1er 1839, p. 269), Bourdolle.

2301. — Jugé même que le refus d'une cour d'assises de poser une question d'excuse, sur le motif qu'elle ne résulte pas des débats, ne peut pas être une cause de nullité de son arrêt, si le dispositif est parfaitement conforme à la loi. — *Cass.*, 19 mars 1835, Margaine.

2302. — Bourguignon (*Man. d'inst. crim.*, t. 1er, p. 420, no 2) soutient que si le fait de l'excuse se trouvait établi d'une manière authentique, il ne serait pas nécessaire de la soumettre au jury. — Carnot (*Inst. crim.*, t. 2, p. 610, no 11) répond avec raison que la loi ne fait aucune distinction. Au surplus, l'art. 107, C. pén., ayant été abrogé, la question ne peut se présenter dans les cas prévus aux art. 327, 337 et 380 du même Code, cités par Bourguignon, parce que les exceptions admises par ces articles n'ont pas le caractère d'excuses.

2303. — Mais c'est au jury seul qu'il appartient de statuer sur l'existence du fait, et la cour d'assises ne saurait appliquer les dispositions de la loi sur le crime excusable, si le jury n'avait pas été appelé à prononcer par une question spéciale sur le fait d'excuse. — *Cass.*, 7 fév. 1812, Dancty; 6 août 1812, Rey; 29 avr. 1819, Leguével.

2304. — On ne doit, du reste, soumettre au jury que le point de savoir si le fait allégué est ou non constant, et non s'il est de nature à rendre le crime excusable; ce pouvoir d'appréciation appartient à la cour d'assises seule, lorsque le jury a déclaré le fait constant. — *Cass.*, 16 juin 1815, Lacoste. — Legraverend, t. 2, p. 224.

2305. — Il est vrai que, sous l'empire du Code du 3 brum. an IV, un premier arrêt de Cassation, rendu sur les conclusions conformes du procureur général Merlin, décida que non seulement le jury devait être consulté sur l'existence matérielle du fait d'excuse allégué, mais encore sur la question de savoir si le crime était ou non, à raison de ce fait, excusable. — *Cass.*, 27 flor. an VIII, Zandos. — Merlin, *Rép.*, vo *Excuse*, no 6.

2306. — Mais, depuis, Merlin revint sur cette opinion; et de son côté, même sous l'empire du Code du 3 brum. an IV, la cour de Cassation décida que la question de savoir si tels ou tels faits peuvent rendre un accusé excusable n'est point de nature à être soumise à la décision du jury, qui ne doit être consulté que sur les faits matériels. — *Cass.*, 6 vent. an IX, Rigollet; 1er frim. an XIV, Brulez. — Conf. Carnot, *Instr. crimin.*, t. 2, p. 609, no 7; Legraverend, t. 2, p. 225.

2307. — Comme l'observe encore avec raison Carnot (t. 2, p. 608, no 3), la cour d'assises ne saurait confondre la question d'excuse dans la question intentionnelle; en effet, le crime *excusable* reste toujours néanmoins un crime; il faut donc que la question d'excuse soit posée séparément, et d'une manière directe et formelle.

2308. — On ne peut soumettre au jury que des faits précis d'excuse. — Ainsi, en cas de meurtre ou de violences graves, on ne peut se borner à demander si l'accusé a agi hors le cas de légitime défense et sans excuse suffisante. — *Cass.*, 1er frim. an XIV, Brules.

2309. — La question de provocation envers un fonctionnaire public, accusé de meurtre commis dans l'exercice de ses fonctions n'est pas implicitement comprise dans celle de savoir s'il a agi sans motifs légitimes, et doit conséquemment, comme toute question d'excuse, être soumise au jury, à peine de nullité, quand l'accusé le requiert. — *Cass.*, 30 janv. 1835, Pierre Pons; — V. conf. Chauveau et Hélie, *Théorie du C. pén.*, t. 4, p. 232. — Toutefois, il importe d'observer que cette solution n'est applicable qu'en admettant comme constant que la provocation exercée à l'égard d'un fonctionnaire public ne peut être qu'une cause d'excuse et non un motif d'immunité complète pour ce même fonctionnaire.

2310. — Dans une accusation de meurtre, la question de savoir si l'accusé était dans l'exercice de ses fonctions d'agent de la force publique, au moment où, poursuivant un prévenu, et blessé grièvement par lui, il l'a blessé mortellement d'un coup de feu, rentre dans la disposition de l'art. 339, C. instr. crim., qui oblige le président de la cour d'assises à soumettre au jury, à peine de nullité, les questions d'excuse proposées par l'accusé. — *Cass.*, 1er octobre 1835, Virgilli. — V. EXCUSE, FONCTIONNAIRE PUBLIC.

2311. — Dans une accusation de sédition, lorsqu'un accusé propose pour excuse qu'il a été entraîné *par force* dans les rassemblemens, il ne suffirait pas de demander au jury si l'accusé a été entraîné dans les rassemblemens. — *Cass.*, 16 flor. an VIII, Vanlacre.

2312. — Mais remarquons que la force dont il s'agit ici n'est pas celle prévue par l'art. 64, C. pén., et qui efface le délit. — Dans ce cas il ne s'agit plus d'une excuse, et en conséquence l'allégation de la force majeure ne peut faire l'objet d'une question particulière, comme étant comprise dans la question principale de culpabilité.

2313. — On doit en dire autant de la démence prévue par le même article 64, C. pén, et qui, faisant aussi disparaître complètement la criminalité du fait, ne peut être l'objet d'une question spéciale d'excuse, et se trouve nécessairement comprise dans la question générale de culpabilité. — *Cass.*, 19 juin 1807, Remy; 24 nov. 1811, N...; 26 oct. 1815, Pigeon; 17 janv. 1817, Chaussepied; 10 oct. 1817, Osouf; 28 mai 1818, Servat; 11 oct. 1821, Carione; 9 sept. 1825, Rouf; 5 sept. 1828, Aubry; 9 juin 1831, Laurent; 12 nov. 1841 (t. 1er 1842, p. 589), Henry. — V. conf. Carnot, *Inst. crim.*, t. 2, p. 670, no 10; Rauter, t. 2, p. 456; de Serres, t. 1er, p. 484. — V. *Contrà* Legraverend, t. 1er, p. 468; Berriat Saint-Prix, *Cours de dr. crim.*, p. 6, note 14e.

2314. — En effet, *le fait* de la démence est un fait exclusif de la culpabilité. — V. au surplus DÉMENCE.

2315. — Il a été jugé que le point de savoir si l'accusé se trouvait en état de démence lors du jugement est étranger à l'existence du crime, ne peut pas faire l'objet d'une question au jury, et que c'est à la cour d'assises seule à le résoudre. — *Cass.*, 15 fév. 1816 (et non 11 mars 1813), Lecouarzer.

2316. — Sous l'empire du Code du 3 brum. an IV, on décidait que la question de démence devait être posée séparément au jury; c'était là une conséquence du système de ce Code, qui voulait que le jury fût interrogé sur la moralité du fait. — *Cass.*, 8 vendém. an VII, Thézat; 12 frim. an XI, Widersbach. — V. encore Merlin, vo *Démence*, § 2, no 2.

2317. — Par les mêmes motifs, et toujours sous l'empire du Code du 3 brum. an IV, on décidait que la question de légitime défense devait être posée spécialement au jury. — *Cass.*, 9 vendém. an VII, Gex; 1er frim. an XIV, Brulez.

2318. — Mais depuis la promulgation du Code d'instruction criminelle, il a été constamment jugé avec raison que la légitime défense étant, comme la démence, non pas une cause d'excuse, mais faisant disparaître complétement le délit, est nécessairement comprise dans la question principale, et ne peut faire l'objet d'une question d'excuse. — *Cass.*, 13 janv. 1827, Roque; 4 oct. 1827, Lartet; 4 sept. 1828, Bernardini; 19 mars 1835, Margaine; 14 janv. 1841 (t. 1er 1842, p. 261), Cartel. — V. conf Chauveau et Hélie, t. 6, p. 100.

2319. — Du reste, quelle que soit la nature du fait allégué, la cour d'assises est tenue de statuer, à peine de nullité, sur la demande à fin de position d'excuse, et son arrêt doit être motivé.

2320. — Une jurisprudence constante a consacré ce principe depuis la promulgation du Code d'instruction criminelle. — *Cass.*, 3 fév. 1821, Salicetti; 24 oct. 1822, mêmes parties; 8 avr. 1826, Vivier; 14 oct. 1826, Chaussat; 13 janv. 1827, Roque. — V. conf. Merlin, *Rép.*, vo *Motifs des jugemens*, no 16; Carnot, *Inst. crim.*, sur l'art. 329, t. 2.

2321. — Et il faut qu'il soit motivé sur tous les chefs de la demande. Ainsi, lorsqu'un accusé de meurtre a demandé d'une manière générale la position d'une question d'excuse fondée sur la provocation, la cour d'assises ne peut rejeter sa demande, sur le motif qu'il ne résulte point de l'instruction ni du débat qu'il y ait eu provocation dans telle rue ni dans tel moment. En limitant ainsi sa déclaration, elle ne statuerait que sur une partie de la demande, et son arrêt devrait être cassé. — *Cass.*, 10 mars 1826, Chevalier.

ART. 4. — *Questions sur les circonstances atténuantes.*

2322. — La législation sur cette matière n'a pas toujours été la même; sous le Code de brum., art. 373, il devait, à peine de nullité, être posé des questions sur toutes les circonstances résultant de l'acte d'accusation qui pouvaient atténuer la peine ou la faire écarter entièrement.

2323. — La jurisprudence avait fait de cette règle une constante application ainsi il y avait nullité 1o lorsque le jury n'avait pas été interrogé sur le point de savoir si l'homicide avait été commis sans nécessité et sans provocation violente, alors que l'acte d'accusation énonçait ces différentes circonstances. — *Cass.*, 9 pluv. an VIII, Dufay.

2324. — ...2o Lorsque le jury n'avait pas été interrogé sur l'état mental de l'accusé, alors qu'il résultait des pièces du procès et qu'il avait été articulé que l'accusé avait donné des preuves de démence lors de la consommation du crime. — *Cass.*, 8 vend. an VII, Thézut. — V. aussi, en ce sens, *Cass.*, 8 frim. an VII, Melay; 24 brum. an VIII, Palé.

2325. — Le Code d'inst. crim. gardait le silence sur les circonstances atténuantes; l'art. 338 ne parlait que des circonstances aggravantes. Toutefois il était admis, en jurisprudence et en doctrine, que le président des assises devait poser aux jurés les circonstances atténuantes qui avaient pu résulter des débats. — *Cass.*, 17 mai 1821, Sabardin. — Legraverend, t. 2, p. 221.

2326. — Cet arrêt avait cependant décidé que la cour d'assises avait la faculté d'admettre ou de rejeter la demande de l'accusé ayant pour objet de faire poser des questions sur les circonstances atténuantes.

2327. — Sous la législation actuelle, c'est-à-dire depuis la révision de 1832, on ne pose plus de question sur les circonstances atténuantes; mais l'art. 341, C. inst. crim., dispose qu'en toute matière criminelle le président, après avoir posé les questions résultant de l'acte d'accusation et des débats, avertira le jury, à peine de nullité, que s'il pense, à la majorité, qu'il existe en faveur d'un ou de plusieurs accusés reconnus coupables, des circonstances atténuantes, il devra en faire la déclaration en ces termes : « A la majorité, il y a des circonstances atténuantes en faveur de tel accusé. »

2328. — Cet avertissement au jury tient lieu, comme on le voit, de la position des questions sur les circonstances atténuantes, vu la jurisprudence antérieurement admise: Nous verrons ci-dessous (au chap. 9) tous les principes qui régissent cette matière. — V. aussi CIRCONSTANCES ATTÉNUANTES.

ART. 5. — *Questions après renvoi de cassation.*

2329. — Lorsqu'un arrêt de cour d'assises est cassé sur le pourvoi du condamné, il est de principe que la cassation ne porte que sur les déclarations du jury qui lui sont défavorables et que celles qui ont été favorables sont maintenues.

2330. — En conséquence, les questions résolues en sa faveur ne doivent pas être soumises au second jury saisi de l'affaire. — V. CASSATION.

2331. — Spécialement, lorsque, dans une accusation de faux par contrefaçon d'écriture et de signature, le jury n'a été régulièrement interrogé que sur la contrefaçon de signature, et a fait, sous ce rapport, une réponse négative, cette partie de sa déclaration est définitivement acquise à l'accusé, et ne peut, après la cassation de l'arrêt de condamnation, faire l'objet d'une nouvelle question au jury devant une autre cour d'assises saisie par le renvoi de la cour de cassation. — *Cass.*, 20 sept. 1828, Girard.

2332. — Lorsqu'un accusé, acquitté sur les deux premiers chefs d'accusation, a été renvoyé par la cour de Cassation devant une autre cour d'assises, pour qu'il soit de nouveau statué sur le troisième chef, il n'y a pas lieu d'annuler ce second arrêt à raison de ce qu'il n'a pas été rédigé un nouvel acte d'accusation, qu'il a été donné aux débats lecture entière de l'acte d'accusation contenant les trois chefs, et que, nonobstant l'opposition de l'accusé, des témoins ont été entendus sur les deux chefs purgés par la déclaration d'acquittement; il suffit qu'il n'ait été posé de question au jury que sur le troisième chef, et que les jurés aient su que l'acte d'accusation était restreint à ce chef. — *Cass.*, 13 déc. 1839 (t. 2 1840, p. 262), Penissard.

2333. — L'annulation de la réponse du jury sur une circonstance aggravante entraîne l'annulation de la réponse sur le fait principal lui-même. Mais, si l'accusé a été traduit à raison de trois chefs, et qu'il ait été acquitté sur deux chefs et condamné sur un seul, la réponse du jury sur les faits dont l'accusé n'a point été déclaré convaincu subsiste après l'arrêt de cassation et devient définitive. En conséquence, les nouveaux débats ne peuvent plus s'engager que sur le fait dont il avait été reconnu coupable. — *Cass.*, 20 juill. 1832, Geoffroy; 11 avr. 1845 (t. 2 1845, p. 315), Radet dit Hacquart.

2334. — L'annulation prononcée par la cour de Cassation d'un arrêt de la cour d'assises pour omission de l'avertissement prescrit par l'art. 341, C. inst. crim., laisse subsister les réponses favora-

bles à l'accusé sur des chefs distincts, et le débat ne peut s'engager devant une nouvelle cour d'assises, que sur le chef qui a motivé la condamnation, malgré le silence de l'arrêt de cassation. — *Ass. de la Meurthe*, 5 août 1833, Vion.

2335. — C'est donc à tort qu'il a été jugé que lorsque la cour de Cassation a annulé les débats d'une affaire et par une suite nécessaire les questions soumises au jury ainsi que ses réponses, la cour d'assises devant laquelle l'affaire a été renvoyée tout entière doit poser aux nouveaux jurés toutes les questions résultant de l'acte d'accusation et du débat, sans en excepter celles qui avaient été précédemment résolues en faveur de l'accusé. — *Cass.*, 30 mai 1818, Bastide et Jausion.

2336. — Cependant il a été fait plusieurs exceptions à cette règle. — Ainsi, les circonstances aggravantes, quoique résolues en faveur de l'accusé, doivent être soumises au nouveau jury si le fait auquel elles se rattachent a été déclaré contre lui. — V. CASSATION (mat. crim.)

2337. — La cassation d'un arrêt de la cour d'assises en raison de l'irrégularité de la réponse du jury sur la question relative à une circonstance aggravante tirée de la qualité de l'accusé, investit nécessairement la cour de renvoi du droit de statuer sur le fait principal aussi bien que sur cette circonstance ; dès-lors le nouveau jury doit être consulté à la fois sur le fait principal et sur la circonstance aggravante. — *Cass.*, 30 mars 1843, (t. 1er 1843, p. 694), Grignard.

2338. — C'est donc aussi à tort qu'il a été jugé que lorsque la cour de Cassation annule, sur le pourvoi du condamné, l'arrêt contre lui rendu par une cour d'assises, les nouveaux débats devant la cour d'assises à laquelle il est renvoyé ne peuvent pas porter sur les circonstances aggravantes résolues en faveur de l'accusé par le premier jury. — *Cass.*, 16 juin 1814, Claude Devilliers.

2339. —... Que lorsque, sur une accusation d'assassinat, le jury a écarté la circonstance de la préméditation, cette partie de la déclaration est définitivement acquise à l'accusé, et ne peut plus, après la cassation de l'arrêt de condamnation, faire l'objet d'une nouvelle question au jury devant une autre cour d'assises saisie par le renvoi de la cour de Cassation. — *Cass.*, 19 sept. 1828, Neulander.

2340. —... Que lorsque le jury a répondu négativement sur la question de savoir si un vol avait été commis par plusieurs personnes, cette partie de sa déclaration est acquise à l'accusé, et ne peut, après la cassation de l'arrêt de condamnation, être comprise dans le nouveau débat. — *Cass.*, 27 juin 1828, Gand.

2341. — Les chefs d'accusation écartés par le jury doivent être soumis au nouveau jury, lorsque la nullité qui détermine la cassation affecte, non pas seulement l'arrêt de la cour d'assises ou une partie de la déclaration du jury, mais les débats eux-mêmes, et annihile par conséquent la déclaration du jury dans son entier. — V. CASSATION.

2342. — Lorsqu'il y a indivisibilité entre les différens chefs d'accusation résultant d'un même fait, et impossibilité morale de les séparer dans l'examen qu'en doit faire le jury, l'annulation par la cour de Cassation doit porter sur les chefs écartés par le jury aussi bien que sur ceux qui ont motivé la condamnation, et l'affaire doit être renvoyée devant une autre cour d'assises pour être soumise entière à l'appréciation d'un nouveau jury. — *Cass.*, 14 fév. 1835, Boisnier.

2343. — Lorsque, sur le pourvoi d'un accusé, la cour de Cassation a annulé la liste des trente jurés, le tableau des douze, la déclaration du jury et l'arrêt de condamnation, le président de la cour d'assises devant laquelle l'affaire a été renvoyée, pour être procédé à une nouvelle formation du jury, à de nouveaux débats et à un nouvel arrêt, ne peut se borner à soumettre aux jurés les questions précédemment répondues contre l'accusé ; il doit les interroger sur tous les chefs de l'accusation, même sur ceux qui avaient été résolus en faveur de l'accusé par la première déclaration annulée. — *Cass.*, 8 mai 1825, Lang.

2344. — La cour d'assises saisie, par le renvoi de la cour de cassation, d'une affaire dans laquelle la déclaration du jury rendue avant la loi du 28 avr. 1832 a été maintenue, n'a qu'à appliquer la peine prononcée par la loi, et commet un excès de pouvoir, en renvoyant devant un nouveau jury, depuis la mise à exécution de ladite loi, pour le faire prononcer sur les circonstances atténuantes. — *Cass.*, 31 août 1832, Chevalier.

2345. — Lorsque, d'après l'arrêt de renvoi et la déclaration du jury, une meule de paille à laquelle l'accusé est reconnu avoir mis volontairement le feu, n'a pas été considérée comme récolte, mais comme matière combustible, il y a lieu de prononcer son absolution, si cette meule de paille n'était point placée de manière à communiquer l'incendie à des objets appartenant à autrui. — *Cass.* (ch. réun.), 8 août 1828, Blanchard.

Sect. 3e. — *Réclamations sur la position des questions.*

2346. — Le Code du 3 brum. an IV, art. 376, permettait à l'accusé, à ses conseils, au ministère public et même aux jurés de faire des observations sur la manière dont les questions étaient posées.

2347. — On jugeait, par suite, qu'un tribunal criminel ne pouvait pas déclarer qu'il n'y avait lieu à faire droit sur la réquisition du commissaire du gouvernement, tendant à ce qu'il fût posé au jury une seconde série de questions sur des points de fait qui lui paraissaient ressortir des pièces de la procédure. — *Cass.*, 17 messid. an VIII, Darnajou.

2348. — Le Code d'instruction criminelle n'a point reproduit formellement la disposition du Code du 3 brum. an IV ; mais, d'un autre côté, aucun texte nouveau ne contenant de dispositions contraires, il faut en conclure que le droit d'observation existe encore. — Carnot, *Inst. crim.*, t. 2, p. 577, nos 11 et 12.

2349. — Aussi a-t-il été jugé que le droit de présenter des observations sur la position des questions appartenait à l'accusé comme au ministère public. — *Cass.*, 30 mars 1813, Grissingen ; 1er oct. 1813, Bastianes ; 28 (et non 27) avr. 1820, Lavandier.

2350. — Il est vrai qu'un arrêt a décidé que la faculté de faire des observations sur la position des questions au jury n'ayant été accordée à l'accusé par aucune disposition du Code d'instruction criminelle, le refus fait par la cour d'assises de lui accorder la parole sur la position des questions ne peut donner ouverture à cassation. — *Cass.*, 13 juin 1816, Mochincourt.

2351. — Mais cette solution est erronée. — En effet, quoique aucune disposition du Code d'instruction criminelle ne donne expressément à l'accusé le droit d'être entendu sur la position des questions, il n'en est pas moins vrai que sans cette faculté, la défense ne peut pas être complète. S'il en est ainsi, et nous ne saurions croire que cette proposition soit contestée, il faut en conclure que la faculté dont il s'agit est de droit ; qu'elle entre essentiellement dans l'esprit de la loi, et qu'elle y est sous entendue : car, comment supposer que le législateur ait voulu que la défense ne fût pas complète ?

2352. — Aussi, revenant à sa première jurisprudence, la cour de Cassation a décidé qu'il y a nullité lorsque le défenseur de l'accusé n'a pas été entendu sur la position d'une question subsidiaire comme résultant des débats. — *Cass.*, 9 déc. 1825, Buré.

2353. — C'est comme conséquence de ce principe qu'il a encore été jugé que l'accusé, ayant le droit d'être entendu sur la position des questions, le président ne peut, à peine de nullité, remettre aux jurés hors de sa présence les questions posées. — *Cass.*, 16 mars 1826, Courtaud.

2354. —... Qu'il y a nullité lorsque l'une des questions soumises au jury a été rectifiée en l'absence de l'accusé. Cette nullité ne peut être couverte par le consentement à la rectification donné par le défenseur de cet accusé. — *Cass.*, 11 janv. 1840 (t. 1er 1841, p. 51), Royer.

2355. —... Et que même il ne peut être statué par une cour d'assises sur un point contentieux, qui a donné lieu à des conclusions prises par le défenseur de l'accusé ou par le ministère public, sans que l'autre partie soit entendue ou interpellée de s'expliquer, et que la nullité résultant de l'inobservation de cette règle est absolue. — *Cass.*, 11 janv. 1839 (t. 2 1842, p. 679), Bourdeiron.

2356. — En conséquence, lorsque le ministère public ne s'est point expliqué sur les conclusions du défenseur de l'accusé tendantes à faire modifier les questions, il y a lieu d'annuler l'arrêt qui ordonne la modification demandée. — Même arrêt.

2357. — Les réclamations qui s'élèvent sur la position des questions au jury constituent une matière contentieuse, qui excède le pouvoir discrétionnaire du président, et sur laquelle il ne peut être statué que par un arrêt délibéré par la cour d'assises. — *Cass.*, 28 mai 1812, Blazy ; 1er oct. 1813, Bastinens ; 30 mars 1815, Grissingen ; 16 juin 1815, Lacoste. — V. conf. Legraverend, t. 2, p. 230 ; Carnot, sur l'art. 336, C. instr. crim., t. 2, p. 577, no 12, et p. 617, no 1er.

2358. — Par suite il a été décidé que le président de la cour d'assises peut, sans l'intervention de la cour, soumettre aux jurés des questions résultant des débats, mais pourvu qu'il n'y ait pas opposition de la part des accusés. — *Cass.*, 5 août 1831, Lavrard.

2359. — La position des questions soumises aux jurés n'appartient au président qu'autant qu'aucune contestation ne s'élève sur l'exercice de ce pouvoir. — *Cass.*, 26 mai 1839 (t. 1er 1840, p. 145), Laville.

2360. — Lors donc que des conclusions sont prises soit verbalement, soit par écrit, contre cette position ou sur l'omission de la position des questions résultant de l'arrêt de renvoi ou des débats, ou enfin à l'occasion d'une question d'excuse, c'est à la cour, et non au président seul, qu'il appartient de statuer sur ces conclusions. — Même arrêt.

2361. — Si le président de la cour d'assises refuse de poser une question, c'est à la cour qu'il appartient de statuer sur les conclusions posées à cet égard par le défenseur. — *Cass.*, 14 avr. 1837 (t. 2 1840, p. 332), Gambier.

2362. — Mais lorsque la réclamation de l'accusé, sur la position des questions au jury, est sans utilité et sans objet, le président peut la rejeter sans avoir besoin de consulter la cour d'assises. — *Cass.*, 27 août 1812, Duffès ; — Bourguignon, *Jurisprud. des Codes crim.*, sur l'art. 408, C. inst. crim., t. 2, p. 295, no 5.

2363. — Comme aussi la réclamation de l'accusé sur la manière de poser les questions, ne nécessite une décision de la cour d'assises qu'autant qu'il en pourrait résulter soit sa disculpation, soit une modification de peine. Hors ce cas, l'accusé ne peut se faire un moyen de nullité de ce que sa réclamation a été écartée par le président sans consulter la cour. — *Cass.*, 5 nov. 1812, Popon. — V. conf. Merlin, *Rép.*, vo *Question* (*Réponses par jurés*), no 4.

2364. — Carnot (sur l'art. 336, C. instr. crim., t. 2, p. 577, no 12), et après lui un arrêtiste, objectent que, pour s'assurer si la réclamation de l'accusé présente un objet d'utilité réelle, il faut entrer dans le mérite du fond de l'affaire, ce qui sort du domaine de la cour de Cassation. — Les incidens sur la position des questions ne peuvent avoir d'autre objet que l'observation des formes prescrites par la loi, les rapports de ces questions avec le résumé de l'acte d'accusation, ou leur influence sur l'application de la loi pénale. Il n'y a rien là qui sorte des attributions de la cour suprême. Au surplus, nous n'entendons point prétendre que le pouvoir discrétionnaire du président le rende juge du mérite des réclamations élevées sur la position des questions ; nous pensons seulement que lorsqu'il est constant que la réclamation de l'accusé ne pouvait avoir pour résultat, ni sa disculpation, ni une modification de peine, il est, à défaut d'intérêt, non-recevable à se plaindre de ce que sa demande a été rejetée comme tendant à prolonger inutilement le débat.

2365. — Du reste, à part ce cas exceptionnel, la cour d'assises doit, à peine de nullité, statuer sur les réclamations relatives à la position des questions. — *Cass.*, 6 nov. 1834, Julienne.

2366. — En conséquence, l'omission de la part de la cour d'assises de statuer sur une demande de l'accusé, tendant à un changement qui pouvait avoir de l'influence sur l'application de la peine, est une cause de nullité de l'arrêt de condamnation. — *Liége*, 20 juin 1822, Strumann.

2367. — Mais l'accusé est non recevable à se plaindre, lorsque la cour d'assises a statué sur sa réclamation relativement à la position des questions, et qu'en rejetant sa demande elle s'est conformée à la loi. — *Cass.*, 5 fév. 1819, Arnaud ; 13 mars 1831, Hervé.

2368. — Jugé en ce sens que la cour d'assises a le droit d'examiner et de décider souverainement si une question est ou non résultée des débats. — Soit que la demande soit formée par le ministère public. — *Cass.*, 7 mai 1829, Féraud. — Soit qu'elle émane de l'accusé. — *Cass.*, 17 sept. 1829, Coudes ; 13 avr. 1832, B'ache.

2369. — Est nul l'arrêt de la cour d'assises rendu sur la position des questions, sans que le ministère public ait été entendu. — *Cass.*, 9 sept. 1830, Merleau.

2370. — L'arrêt par lequel une cour d'assises statue sur une demande tendant à faire poser des questions ayant pour objet de dépouiller le fait de l'accusation du caractère criminel, ou de le modifier, ou d'affaiblir la peine, doit être motivé à peine nullité. — *Cass.*, 8 avr. 1826, Agathe Vivier.

2371. — De même jugé que l'arrêt par lequel une cour d'assises statue sur l'opposition de l'accusé, à ce que les questions soumises au jury ne

fussent pas littéralement conformes au résumé de l'acte d'accusation, doit être motivé, à peine de nullité. — *Cass.*, 14 avr. 1826, Fourgeot.

2372. — ... Que l'arrêt qui rejette la demande de l'accusé tendant à ce que la question de discernement soit soumise aux jurés doit être motivé à peine de nullité. — *Cass.*, 14 oct. 1826, Georges Chaussat. — Chauveau et Hélie, *Th. du C. pén.*, t. 2, p. 181.

2373. — Enfin jugé que, lorsque le défenseur de l'accusé, après des conclusions tendant à ce que la question subsidiaire de complicité ne fût pas posée, et que le ministère public a combattu ces conclusions, l'arrêt par lequel la cour d'assises statue sur cet incident contentieux doit être motivé à peine de nullité. — *Cass.*, 8 août 1833, Savart.

2374. — ... Et que, lorsqu'un débat sur une question d'excuse proposée par l'accusé s'est élevée entre celui-ci et le ministère public, l'arrêt qui intervient sur cet incident doit, à peine de nullité, être motivé. — *Cass.*, 10 avr. 1841 (t. 1er 1841, p. 647), Bryère.

2375. — Lorsqu'un accusé de meurtre a demandé d'une manière générale la position d'une question d'excuse fondée sur la provocation, la cour d'assises ne peut rejeter sa demande sur le motif qu'il ne résulte point de l'instruction ni du débat qu'il y ait eu provocation dans telle rue ni dans tel moment. En limitant ainsi sa déclaration, elle ne statue que sur une partie de la demande, et son arrêt doit être cassé. — *Cass.*, 10 mars 1826, Chevalier.

2376. — Du reste, l'arrêt par lequel une cour d'assises, statuant sur l'opposition de l'accusé, ordonne que les questions posées par le président, comme résultant des débats, seront maintenues, n'est pas nul à défaut de motifs. — *Cass.*, 20 juill. 1831, Criel; 17 avr. 1834, Auzeville.

2377. — Comme aussi l'arrêt par lequel une cour d'assises statue sur une réclamation relative à la position des questions est suffisamment constaté par le procès-verbal des débats revêtu de la signature du président et de celle du greffier. — *Cass.*, 11 déc. 1815, Lavalette; 11 avr. 1833, Guesdon; 12 avr. 1833, Guesdon; *Bruxelles*, 2 mars 1826, Deroo.

2378. — Lorsque le procès-verbal des débats porte que le conseil de l'accusé a proposé pour excuse un fait admis comme tel par la loi, il y a présomption qu'il a formellement conclu à ce que cette excuse fût soumise au jury. — *Bruxelles*, 3 mars 1816, Pierre Deroo.

2379. — Il n'est pas nécessaire que l'arrêt par lequel une cour d'assises décide qu'elle ne posera pas une question au jury soit signé par tous les juges qui l'ont rendu : la signature du président et celle du greffier sont suffisantes. D'ailleurs, la disposition de l'art. 370, C. inst. crim., n'est pas prescrite à peine de nullité. — *Cass.*, 14 déc. 1815, Lavalette; 9 juill. 1830, Humbert.

2380. — Les réclamations sur la position des questions doivent être présentées immédiatement après la lecture des questions et avant la délibération du jury.

2381. — D'où l'on avait conclu, sous le Code du 3 brum. an IV, que le commissaire du gouvernement qui n'avait fait aucune réclamation devant le tribunal criminel était non-recevable à se pourvoir en cassation contre l'ordonnance d'acquittement, pour des irrégularités commises dans la position des questions au jury. — *Cass.*, 16 brum. an X, C...

2382. — ... Et encore que le tribunal criminel commettait un excès de pouvoir lorsque, après la déclaration du jury, il ordonnait qu'il serait fait une modification à l'une des questions et que le jury délibérerait de nouveau sur la question ainsi modifiée. — *Cass.*, 7 fructid. an VIII, Mercourt.

2383. — Lorsque le jury, répondant aux questions qui lui ont été posées, a déclaré l'accusé coupable d'attentat à la pudeur, sans violence, sur une jeune fille de moins de quinze ans, la cour d'assises ne peut plus, après la lecture et la signature de la déclaration, poser la question de savoir si cette jeune fille avait moins de onze ans, et la faire résoudre par le jury. — *Cass.*, 23 juill. 1836, Thourot.

2384. — Jugé encore que 1° le défenseur de l'accusé ne peut plus demander la position d'une nouvelle question après la réponse du jury, faite, signée et lue publiquement. — *Cass.*, 15 sept. 1831, Dussaud.

2385. — ... 2° Que, tout étant consommé après la déclaration affirmative du jury, l'accusé ne peut se plaindre de ce que le président n'aurait point posé aux jurés des questions subsidiaires résultant des débats, alors que lui-même n'en a pas fait la demande. — *Cass.*, 24 sept. 1835, Raffault.

2386. — Mais la cour d'assises qui s'aperçoit, peu après la retraite du jury dans sa chambre, qu'il s'est glissé dans les questions une erreur matérielle à rectifier, peut, sans attendre qu'il ait terminé sa délibération, rentrer en séance, après s'être assuré qu'aucune décision ne s'est encore formée, et opérer cette rectification. — *Cass.*, 4 janv. 1836, Michel.

2387. — ... Et l'accusé ou son conseil ne peuvent se plaindre que les droits de la défense en aient souffert, alors que la cour a eu le soin de procéder contradictoirement avec eux. — Même arrêt.

2388. — L'accusé est non-recevable à critiquer la position d'une question qui a été résolue en sa faveur par le jury. — *Cass.*, 30 mai 1818, Bastide; 19 avr. 1821, Picard; 10 déc. 1824, Sauva; 14 sept. 1826, Deschamp.

Sect. 4e. — *Lecture et signature des questions.*

2389. — Le Code d'instruction criminelle ne prescrit pas, en termes formels, au président des assises de donner publiquement lecture des questions avant de les remettre aux jurés : cette formalité est cependant indispensable; elle est même une conséquence si directe de l'ensemble de la législation criminelle et des diverses dispositions du Code, qu'il eût été inutile d'en faire l'objet d'un article particulier. — Legraverend, t. 2, p. 229; Carnot, sur l'art. 341, C. inst. crim., t. 2, p. 617.

2390. — La lecture des questions devant la cour d'assises constitue une formalité substantielle dont l'inobservation emporte nullité. — *Bruxelles*, 10 mars 1830, N...

2391. — Cependant il a été jugé que le défaut de lecture à l'accusé des questions soumises au jury n'emporte pas nullité, l'art. 341 n'ayant pas même ordonné que la lecture en serait donnée. — *Cass.*, 26 déc. 1811, N...; 3 mai 1834, Duponcy.

2392. — ... Qu'en conséquence il n'est pas nécessaire que le procès-verbal mentionne que le président, après avoir posé les questions, en a donné lecture à haute voix, en présence de l'accusé. — *Cass. belge*, 2 mai 1833, Talboom.

2393. — Cependant la cour de Cassation paraît avoir abandonné le système absolu qu'elle avait embrassé à cet égard, en décidant que la lecture des questions soumises aux jurés n'est pas prescrite à peine de nullité, et qu'il appartient à la cour de Cassation, lorsque cette lecture n'a pas eu lieu, d'apprécier dans chaque affaire, et d'après les circonstances de la cause, si l'accusé a eu connaissance des questions posées. On doit admettre que l'accusé a eu connaissance de ces questions lorsque celles qui ont été posées résultaient toutes de l'arrêt de renvoi et de l'acte d'accusation, et que le président, après les avoir divisées en plusieurs séries, et rangé sous le même chef toutes les questions identiques, a lu successivement à l'audience toutes les questions normales de chaque série, en déclarant qu'il y avait identité de celles qui les suivaient. — *Cass.*, 6 sept. 1839 (t. 1er 1840, p. 440), Girard et de Vaucleroy.

2394. — Le président de la cour d'assises doit signer les questions soumises au jury et les faire signer par le greffier pour leur donner un caractère invariable et authentique. — *Cass.*, 3 oct. 1833, Crudelli.

2395. — Cependant il a été jugé 1° qu'aucun article de loi n'impose au président de la cour d'assises l'obligation de signer les questions qu'il soumet aux jurés. — *Cass.*, 9 juin 1831, Perrin.

2396. — ... 2° Que l'omission, faite par le président de la cour d'assises, de signer une question résultant des débats, ne peut fournir un moyen de nullité, lorsque le procès-verbal de la séance, qui est régulier et authentique, constate légalement que le président a posé cette question sur la réquisition formelle du ministère public. — *Cass.*, 3 fév. 1826, Bossière; 3 oct. 1833, Crudeli.

2397. — ... 3° Qu'il ne peut résulter une nullité de ce que le président de la cour d'assises aurait omis de signer les questions avant de les remettre au jury, cette formalité n'étant exigée par aucun article de loi. — *Cass.*, 26 juin 1835, Bourelly.

2398. — Toutefois la signature de tout acte authentique est une formalité substantielle. Un acte qui n'est revêtu d'aucune signature est réputé ne pas exister; il y a une foule de cas dans lesquels la cour de Cassation n'hésiterait pas à prononcer la nullité malgré le silence de la loi. Peut-être trouverait-on dans le procès-verbal des débats une garantie suffisante, si les questions posées y étaient textuellement relatées (*Cass.*, 3 fév. 1826, Bossière); mais la loi n'exige pas qu'elles y soient copiées; et, par conséquent, il est indispensable qu'elles soient signées pour avoir une existence légale.

2399. — Lorsque les questions soumises aux jurés sont nombreuses et qu'elles ont été écrites sur des feuilles de papier séparées, il n'est pas nécessaire que chacune de ces feuilles soit revêtue des signatures du chef du jury, du président et du greffier. Il suffit que la dernière porte ces signatures. — *Cass.*, 25 avr. 1839 (t. 1er 1840, p. 174), Foissard et Macaine.

2400. — Et il a encore été jugé que deux questions soumises au jury, l'une sur un fait de faux témoignage, l'autre sur un fait de subornation, se réfèrent l'une à l'autre et sont régulières, quoique présentées aux jurés sur des feuilles séparées. — *Cass.*, 17 sept. 1829, Cardinal.

CHAPITRE IX. — *Avertissement au jury.*

2401. — Le président, après avoir posé les questions résultant de l'acte d'accusation et des débats, doit avertir le jury que si l'accusé est déclaré coupable du fait principal à la simple majorité, il doit en faire mention en tête de sa déclaration. — L. 9 sept. 1835; C. inst. crim., art. 341.

2402. — Avant la loi du 9 sept. 1835, le président, après avoir posé la question, devait, à peine de nullité, avertir le jury que ses déclarations contre l'accusé ne pouvaient intervenir *qu'à la majorité de plus de sept voix.* — C. inst. crim., art. 31.

2403. — On décida, par suite de cette disposition, que l'obligation où était le jury de mentionner dans sa déclaration que la décision portée contre l'accusé s'était formée à la majorité de plus de sept voix s'appliquait aussi bien à la décision sur le fait principal qu'à celle qui avait pour objet les circonstances aggravantes. — Que dès-lors le président de la cour d'assises, en se bornant à avertir les jurés que *si l'accusé était déclaré coupable du fait principal à la majorité de plus de sept voix, ils devaient en faire mention en tête de leur déclaration*, ne leur donnait qu'une instruction incomplète, et si, dans la réponse du jury, la mention que la déclaration de culpabilité s'était formée à la majorité de plus de sept voix, rapprochée de l'avertissement insuffisant du président, laissait du doute sur la question de savoir si cette mention s'appliquait tant au fait principal qu'aux circonstances aggravantes, il y avait lieu d'annuler la réponse du jury et tout ce qui avait suivi. — *Cass.*, 19 août 1831, Brochec.

2404. — ... Que l'avertissement donné aux jurés par le président de la cour d'assises *que leur décision devait se former contre l'accusé à la majorité de plus de sept voix et qu'elle devait se former à la même majorité sur les circonstances atténuantes*, remplissait suffisamment les prescriptions de l'art. 341, C. inst. crim., alors surtout que les jurés avaient déclaré qu'il existait des circonstances atténuantes. — *Cass.*, 28 mars 1833, Pineau.

2405. — Il y a nullité lorsque rien ne constate que le président de la cour d'assises ait donné au jury l'avertissement prescrit par l'art. 341, C. inst. crim., pour le cas où sa déclaration serait rendue à la majorité simple, sur le fait principal. — *Cass.*, 10 avr. 1828, François Pareillier; 16 mai 1828, Magis.

2406. — Mais lorsque le président de la cour d'assises a donné au jury les avertissemens prescrits par les art. 341 et 347, C. inst. crim., il y a présomption légale que le jury s'est conformé, dans la salle de ses délibérations, au mode qui lui avait été prescrit. — *Cass.*, 8 juill. 1836, Leblanc.

2407. — Le président de la cour d'assises, satisfait aux prescriptions de l'art. 341, C. inst. crim., lorsqu'il a averti le jury *que sa décision devait se former à la majorité contre l'accusé, et sans exprimer le nombre de voix, si ce n'est dans le cas où il serait déclaré coupable à la simple majorité*, et qu'il l'a de plus invité à se conformer aux dispositions de l'art 341, C. inst. crim. — *Cass.*, 12 déc. 1840 (t. 2 1842, p. 622), Lafarge.

2408. — Dans une accusation d'assassinat, la question de meurtre est seule principale; celle de préméditation ou de guet-apens n'est pas un élément constitutif, mais seulement une circonstance aggravante du crime. — En conséquence, le président de la cour d'assises n'est point tenu de faire porter sur cette circonstance l'avertissement qu'il doit donner aux jurés d'exprimer si leur décision n'a été prise qu'à la simple majorité,

— *Cass.*, 19 oct. 1837 (t. 1er 1840, p. 126), Blanquet.

2409. — Le président doit encore avertir le jury, *à peine de nullité*, que, s'il pense, *à la majorité*, qu'il existe en faveur d'un ou de plusieurs accusés reconnus coupables des circonstances atténuantes, il doit en faire la déclaration en ces termes : « *A la majorité, il y a des circonstances atténuantes en faveur de tel accusé.* » — C. inst. crim., art. 341. — L. 9 sept. 1835, nouvel art. 341. — V. CIRCONSTANCES ATTÉNUANTES.

2410. — L'art. 341 n'ayant déterminé la nature ni le caractère des circonstances atténuantes, toute latitude à cet égard est laissée aux jurés. — Carnot, sur l'art. 341, n° 11, supplém.

2411. — Il y eut, lors de la discussion de la loi de 1832, de longs débats dans la commission sur la question de savoir si on laisserait au jury ou à la cour d'assises *l'application des circonstances atténuantes.* Carnot (sur l'art. 341, suppl., p. 137) nous apprend que « l'on finit par demeurer convaincu que l'on manquerait le but que l'on se proposait si l'on ne plaçait pas cette appréciation dans les mains du jury, qui, dans l'incertitude où il serait si la cour d'assises la prendrait en considération, préférerait toujours déclarer l'accusé non coupable à lui faire courir le risque de l'application d'une peine hors de toute proportion avec la gravité de son délit. »

2412. — Le président des assises ne doit avertir les jurés de déclarer s'il existe des circonstances atténuantes que pour les faits qualifiés crimes. — *Cass.*, 11 août 1832, Pitrat; — Chassan, *Traité des délits de la parole*, t. 1er, p. 60.

2413. — Carnot (*Inst. crim.*, sur l'art. 341, n° 21, suppl., p. 141) cite deux arrêts, l'un du 9 août (Debauvre), et l'autre du 17 oct. 1832 (la *Tribune*), qui ont décidé dans le même sens; il ajoute même que le 18 mai 1833 la cour de Cassation décida que quand le jury, sans y avoir été provoqué, aurait déclaré qu'il existe, en faveur de prévenus déclarés coupables, des circonstances atténuantes, la cour d'assises ne devrait avoir aucun égard à une pareille déclaration.

2414. — Cette jurisprudence est motivée sur ce que « l'art. 341 n'impose l'obligation relative aux circonstances atténuantes qu'*en toute matière criminelle*; que ces expressions excluent les affaires correctionnelles; que cela résulte de l'art. 463, C. pén., d'après lequel l'atténuation de la peine, lorsqu'il y a des circonstances atténuantes déclarées par le jury, ne s'applique qu'aux peines criminelles, le dernier paragraphe de cet article, laissant aux tribunaux correctionnels le soin d'apprécier les circonstances atténuantes, lorsqu'il ne s'agit que de délits. »

2415. — Carnot (*loc. cit.*) s'élève avec beaucoup de force contre cette interprétation de la cour de Cassation. « Comment peut-on supposer, dit-il, à l'aide même de la plus large interprétation, qu'il pût être entré dans la pensée du législateur de refuser aux cours d'assises le même droit qu'il accorde par l'art. 463, C. pén., aux tribunaux correctionnels, et même, par l'art. 483, aux tribunaux de simple police? — Pour qu'il pût en être ainsi, il faudrait que la loi renfermât une disposition en termes si positifs que l'on se trouvât dans la dure nécessité de s'y conformer, ce qui n'est pas. » Un peu plus bas, réfutant le motif de l'arrêt du 17 oct. 1832, il ajoute : « Il n'y a rien d'exclusif dans ces mots *en toute matière criminelle* de l'art. 341. Dans l'ancien droit comme dans le nouveau, quand on a parlé des matières criminelles, on a toujours entendu parler des matières de petit comme de grand criminel. L'art. 341 ayant parlé des matières criminelles sans restriction, les a nécessairement toutes comprises dans sa disposition, en ajoutant le mot *toute*, pour qu'il ne pût s'élever des doutes sur son application. »

2416. — M. Le Sellyer (*Des actions publique et privée*, t. 1er, p. 199) rejette cette opinion; il soutient que le jury n'a le droit de déclarer les circonstances atténuantes que dans les matières criminelles proprement dites; que ce droit leur doit même être refusé dans les affaires de délits politiques et de la presse. Nous ne partageons pas cette doctrine, qui nous paraît contraire aux termes et à l'esprit de l'art. 341.

2417. — Jugé cependant que, l'atténuation des peines établies par l'art. 463, C. pén., lorsqu'il y a des circonstances atténuantes déclarées par le jury, n'étant applicable qu'aux peines criminelles, le président de la cour d'assises peut, lorsqu'il s'agit d'un simple délit correctionnel, avertir le jury qu'il n'a pas à s'occuper des circonstances atténuantes. — *Cass.*, 17 oct. 1832, la *Tribune*.

2418. — ...Et que la disposition de l'art. 463, C. pén., sur les circonstances atténuantes, ne s'applique pas aux délits de la presse de la compétence des cours d'assises. — En conséquence, le président ne doit pas, en cette matière, donner au jury l'avertissement prescrit par l'art. 341, C. inst. crim. — *Cass.*, 22 sept. 1822, Balary.

2419. — Le président de la cour d'assises n'est pas tenu d'avertir le chef du jury qu'il doit poser, en cas de déclaration de la culpabilité de l'accusé, la question des circonstances atténuantes; il suffit que ce magistrat ait donné aux jurés les avertissemens prescrits par les art. 341 et 347, C. inst. crim. — *Cass.*, 1er juill. 1837 (t. 2 1842, p. 637), Tranchant.

2420. — L'accusé ne peut se faire un moyen de nullité de ce que le président de la cour d'assises aurait averti les jurés que, s'il existait des circonstances atténuantes en faveur de l'accusé, ils *pourraient*, au lieu de *ils devraient*, le déclarer, alors que le procès-verbal constate que l'avertissement prescrit par l'art. 341 a été donné, et qu'il résulte de ses termes que les jurés ont suffisamment connu les pouvoirs qui leur étaient conférés par la loi et les devoirs qui en résultaient pour eux. — *Cass.*, 24 janv. 1833, Bodinier.

2421. — Lorsque le procès-verbal énonce que le président a rappelé aux jurés les dispositions de l'art. 1er de la loi du 9 sept. 1835, modificatives de l'art. 341, il est suffisamment prouvé qu'il leur a donné les avertissemens prescrits par l'art. 341. — *Cass.*, 10 oct. 1839 (t. 1er 1840, p. 15), Peytel.

2422. — On ne peut arguer de nullité l'avertissement donné aux jurés *de se conformer aux dispositions de l'art. 341, C. instr. crim.*, comme ne comprenant pas l'avertissement d'examiner s'il existe des circonstances atténuantes, alors surtout que le jury a déclaré qu'il existait en faveur de l'accusé des circonstances atténuantes. — *Cass.*, 12 déc. 1840 (t. 2 1842, p. 622), Lafarge.

2423. — Mais il y a nullité des questions et de tout ce qui s'en est suivi lorsque rien ne constate qu'il ait été satisfait par le président de la cour d'assises à la disposition de l'art. 341, C. inst. crim., concernant l'avertissement qui doit être donné aux jurés relativement aux circonstances atténuantes. — *Cass.*, 20 sept. 1832, Eyman; 21 sept. 1832, Lang.

2424. — L'avertissement que le président de la cour d'assises doit donner au jury sur la manière de former sa déclaration est tellement de rigueur, qu'il y aurait nullité si le procès-verbal des débats constatait seulement que le président a donné aux jurés l'avertissement prescrit par un article du Code d'instruction criminelle dont le numéro est resté en blanc dans ce procès-verbal. — *Cass.*, 22 janv. 1835, Besnard.

2425. — L'avertissement prescrit par l'art. 341, C. inst. crim., ne peut être suppléé par celui donné en vertu de l'art. 347. En conséquence, est nulle la déclaration du jury et tout ce qui s'en est suivi, lorsque le président de la cour d'assises s'est borné à donner aux jurés l'avertissement des formalités exigées par l'art. 347. — *Cass.*, 17 janv. 1833, Vion; 24 janv. 1823, Duboc.

2426. — Il y a nullité lorsque le procès-verbal des débats de la cour d'assises ne constate pas que les jurés ont été avertis par le président qu'ils devaient délibérer et voter sur l'admission des circonstances atténuantes : spécialement, lorsque le greffier, au lieu d'énoncer que le président a donné l'avertissement exigé par l'art. 341, C. inst. crim., a mentionné l'art. 348, étranger aux avertissemens qui doivent être donnés par le président. — *Cass.*, 8 févr. 1844 (t. 2 1845, p. 474), Montmartin et Soletti.

2427. — Il y a nullité de la déclaration du jury et de tout ce qui a suivi, lorsque le président a averti les jurés que leur décision sur les circonstances atténuantes devait se former à la majorité de plus de sept voix, tandis qu'aux termes des art. 341 et 347, C. inst. crim., rectifiés par la loi du 9 sept. 1835, il suffit de la majorité ordinaire. — *Cass.*, 22 déc. 1836 (t. 1er 1838, p. 51), Tesson.

2428. — L'avertissement donné aux jurés par le président de la cour d'assises relativement au nombre de voix nécessaire pour former leur déclaration sur les circonstances atténuantes ne prouve pas suffisamment qu'il les ait avertis de la faculté qui leur est accordée, et même du devoir qui leur est imposé d'examiner s'il existe des circonstances atténuantes. — *Cass.*, 11 sept. 1835, Chaigneau; 12 sept. 1835, Desfarges.

2429. — En autorisant le jury à déclarer l'existence des circonstances atténuantes d'une manière spéciale pour chaque accusé sur l'ensemble des divers chefs d'accusation dont cet accusé a été déclaré coupable, la loi ne lui interdit pas la faculté de déclarer l'existence de ces circonstances distinctement et dans leur relation avec chacun des chefs d'accusation. — *Cass.*, 8 juin 1843 (t. 2 1844, p. 700), Thilloy.

2430. — Dès-lors, il n'y a point nullité par cela que le président, en donnant aux jurés l'avertissement prescrit par l'art. 341, C. inst. crim., leur a dit qu'ils pouvaient accorder des circonstances atténuantes pour chacun des chefs d'accusation distinctement. — Même arrêt.

2431. — Le président qui, sur la demande du défenseur des accusés, fait connaître au jury la faculté réservée à la cour par le second paragraphe de l'art. 352, C. inst. crim., dans le cas où la déclaration rendue contre l'accusé est intervenue à la simple majorité, ne contrevient pas à l'art. 342 du même Code, qui défend au président de faire connaître aux jurés les conséquences pénales de leur déclaration. — *Cass.*, 22 mars 1845 (t. 2 1845, p. 530), Lagarde.

2432. — Le président qui, dans son résumé, après avoir rappelé aux jurés l'obligation où ils sont de délibérer sur les circonstances atténuantes, exprime que, dans son appréciation personnelle, si la culpabilité leur paraît constante, aucuns faits de la cause ne semblent en devoir motiver l'admission, ne commet ni violation de la loi ni excès de pouvoir donnant ouverture à cassation. — *Cass.*, 27 mars 1845 (t. 2 1845, p. 613), Lejeune; 22 juin 1839 (t. 2 1840, p. 116), Pagès; 29 août 1844 (t. 1er 1845, p. 416), Duponchel, et la note développée qui accompagne cette dernière décision.

2433. — S'il arrive que les jurés soient renvoyés dans la chambre des délibérations pour compléter leur déclaration, le président n'est pas tenu de leur renouveler les avertissemens exigés par les art. 341, C. inst. crim., et 1er, L. 9 sept. 1835. — *Cass.*, 20 mai 1837 (t. 1er 1840, p. 143), Denis et Robert.

2434. — Lorsque la déclaration du jury s'est formée contre l'accusé à la majorité de plus de sept voix sur une question d'excuse, il ne peut résulter une nullité de ce que le président des assises aurait averti les jurés que leur déclaration ne pourrait, en aucun cas, se former à la majorité de plus de sept voix. — *Cass.*, 20 sept. 1833, Ullman.

2435. — Il ne résulte aucune ouverture à cassation de ce que devant la cour d'assises le procureur général dans son réquisitoire, et le président dans son résumé, ont averti le jury que, si la question de provocation était résolue affirmativement, il y aurait acquittement. — *Cass.*, 7 août 1845 (t. 2 1845, p. 797), Paoli.

2436. — Il semble difficile de concilier cette décision avec le texte et l'esprit des art. 336 et 342, C. inst. crim., combinés; car, en admettant, d'après la jurisprudence, que la loi n'a entendu s'en remettre, pour l'impartialité et l'exactitude du résumé, qu'à la conscience du magistrat qui dirige les débats, ne faudrait-il pas au moins reconnaître qu'il n'y a pas observation de la loi dans un résumé dont les énonciations portent atteinte à la sincérité de la délibération du jury. Or, l'art. 342, en ordonnant « aux jurés de s'attacher uniquement aux faits qui constituent l'acte d'accusation et qui en dépendent, leur défend de considérer les suites que pourra avoir, par rapport à l'accusé, la déclaration qu'ils ont à faire, en pensant aux dispositions des lois pénales. » Mais lorsque le président, dans son résumé, les avertit que, « si la question de provocation est résolue affirmativement, il y aura acquittement, » ne reporte-t-il pas leur pensée sur les conséquences de leur verdict, et, par suite, ne les oblige-t-il pas à prévoir la pénalité qui frappera l'accusé? Dire au jury que, si la provocation existe, il y aura acquittement, c'est lui dire que, si elle n'est pas admise, une peine sera appliquée; c'est placer sa conscience en présence du résultat de sa décision, et l'exposer à méconnaître les devoirs que lui impose la loi, qui n'a pas voulu que les élémens de conviction fussent puisés ailleurs que dans les faits de la cause. N'est-ce pas, dès-lors, de la part du président, violer l'art. 342, C. inst. crim.? — V., au surplus, la note sur l'arrêt du 29 août 1844 (t. 1er 1845, p. 416), Duponchel.

2437. — Le président doit, en outre, avertir le jury qu'il doit voter par bulletins écrits et par scrutins distincts et successifs sur chaque question qui lui est soumise. — L. 9 sept. 1835, art. 1er; nouvel art. 341, C. inst. crim.

2438. — Le vœu de la loi est rempli lorsque le président de la cour d'assises a donné aux jurés les avertissemens prescrits par la loi en ce qui touche l'obligation de voter au scrutin secret. Il n'est pas nécessaire, à peine de nullité, qu'il leur explique le mode suivant lequel le scrutin secret doit avoir lieu. — *Cass.*, 16 fév. 1837 (t. 1er 1837, p. 144), Audibert.

2439. — Il résulte suffisamment du procès-verbal que le jury a été averti que son vote devait

avoir lieu au scrutin secret lorsqu'il énonce que le président a donné aux jurés les trois avertissemens prescrits par l'art. 341, C. inst. crim., rectifié par l'art. 1er, L. 9 sept. 1835. — *Cass.*, 11 janv. 1838 (t. 1er 1840, p. 220), Girard.

2440. — L'avertissement que le président doit donner au jury, que son vote doit avoir lieu au scrutin secret, n'est point prescrit à peine de nullité. — *Cass.*, 5 fév. 1836, Antomarchi; 13 avr. 1837 (t. 1er 1838, p. 321), Farcinet.

2441. — Dans tous les cas, si le procès-verbal et un arrêt incident intervenu à ce sujet constatent que l'avertissement a eu lieu, l'accusé est non-recevable, devant la cour de Cassation, à offrir la preuve contraire sans s'être inscrit en faux et avoir préalablement consigné l'amende. — *Cass.*, 13 avr. 1837 (t. 1er 1838, p. 321), Farcinet.

CHAPITRE X. — *Pièces remises au jury.*

Sect. 1re. — *Pièces remises au jury sous la loi du 16-29 sept. 1791, et le Code du 3 brum. an IV.*

2442. — Sous la loi du 16-29 sept. 1791, dans tous les cas où le corps d'un délit avait pu être constaté par un procès-verbal, ce procès-verbal devait être présenté au jury avec l'acte d'accusation. — *Cass.*, 21 vendém. an III, Gleyses.

2443. — Les déclarations écrites des témoins ne pouvaient, à peine de nullité, être communiquées aux jurés soit d'accusation, soit de jugement. — *Cass.*, 27 sept. 1793, Chapsal.

2444. — Sous le Code du 3 brum. an IV, l'acte d'accusation et les pièces y relatives, autres que les déclarations des témoins et les interrogatoires des accusés, devaient être remis aux jurés.

2445. — Le défaut d'annexe à l'acte d'accusation d'un procès-verbal constatant le corps du délit opérait nullité. — *Cass.*, 15 pluv. an VIII, Marin et Bourgeaux.

2446. — Il ne suffisait pas qu'il fût donné lecture aux jurés d'accusation des pièces de la procédure : il fallait, à peine de nullité, qu'elles leur fussent remises. — *Cass.*, 2 thermid. an XI, Rose Paulmier.

2447. — Il y avait également nullité de l'acte d'accusation et de tout ce qui s'était ensuivi, si, dans une affaire d'homicide, le directeur du jury avait omis d'annexer à l'acte d'accusation le procès-verbal dressé par des officiers de santé de l'état du cadavre de la personne homicidée. — *Cass.*, 12 brum. an VII, Gatinel.

2448. — En effet, le rapport des officiers de santé relatif à l'autopsie d'un cadavre n'est autre chose qu'un procès-verbal constatant le corps du délit. — *Cass.*, 6 brum. an XI, Jacquin.

2449. — Et l'on jugeait même que, si l'officier de santé était appelé ultérieurement aux débats en qualité de témoin à décharge, les déclarations qu'il pouvait faire ne changeant pas le caractère du rapport qu'il avait dressé, la remise pouvait en être faite aux jurés dans la chambre de leurs délibérations. — *Cass.*, 12 frim. an XI, Gaillard; 2 prair. an XI, Graindor.

2450. — L'audition aux débats des officiers de santé qui avaient constaté le corps du délit n'autorisait pas le tribunal criminel à détacher leurs procès-verbaux de l'acte d'accusation, et à les soustraire du nombre des pièces remises aux jurés de jugement, sous prétexte que ces procès-verbaux ne devaient plus être considérés que comme déclarations écrites de témoins. — *Cass.*, 7 frim. an X, Dameron.

2451. — De même, encore bien que l'officier de police judiciaire qui avait dressé le corps du délit eut été entendu comme témoin dans le débat, son procès-verbal devait, à peine de nullité, être remis aux jurés. — *Cass.*, 15 mess. an XIII, Salagnard.

2452. — Les experts écrivains appelés pour une vérification d'écriture, dans une instruction criminelle, ne devaient pas être considérés comme de simples témoins. En conséquence, le rapport qu'ils dressaient avait le caractère de procès-verbal constatant le corps du délit, et pouvait être remis aux jurés dans la salle de leurs délibérations. — *Cass.*, 22 prair. an X, Péneau.

2453. — Mais il n'y avait pas nécessité d'annexer à l'acte d'accusation des déclarations relatives aux progrès journaliers d'une blessure, aux remèdes administrés et aux causes de la mort d'un individu, surtout si ces déclarations avaient été faites sans réquisition, hors la présence d'un officier de police judiciaire et à une époque où le corps du délit n'était plus sous les yeux des déclarans. — *Cass.*, 12 fructid. an VII, Bouzenet.

2454. — Il y avait nullité lorsque les déclarations écrites des témoins avaient été mises sous les yeux des jurés, soit d'accusation, soit de jugement. — *Cass.*, 15 vend. an VII, Coulon; 29 thermid. an VII, Lebidois; 5 fructid. an VII, Detachat; 11 fructid. an VII, Ducret; 3 vendém. an VIII, Miallel; 23 vendém. an VIII, Solange; 25 brum. an VIII, Baudoin.

2455. — De même, il y avait nullité si, par suite de leur annexe à l'acte d'accusation, des déclarations écrites de témoins, contenues dans le procès-verbal constatant le délit, étaient mises sous les yeux du jury d'accusation et de jugement, sans avoir été couvertes et masquées. — *Cass.*, 9 prair. an VII, Billières; 13 vent. an VII, Cormier; 26 vent. an VII, Lepimpet; 12 messid. an VII, Marchal; 13 fructid. an VII, Kaisser; 2 vendém. an VIII, Lamotte; 18 brum. an VII, Busson; 1er frim. an VIII, Michel; 28 frim. an VIII, Lacre; 4 niv. an VIII, Martin; 13 niv. an VIII, Aubert; 17 niv. an VIII, Maintenot; 19 niv. an VIII, Grovet; 28 pluv. an VIII, Bernard-Genic; 19 vent. an VIII, Mongel; 1er germ. an VIII, Callens; 19 messid. an VIII, Chambarad; 18 brum. an IX, Roux; 9 vent. an XI, Barnier; 14 fructid. an XII, Deport.

2456. — ... Ou lorsque, par suite de son annexe à l'acte d'accusation, un procès-verbal, qui n'était dans la réalité qu'une déclaration écrite de témoin, était mis sous les yeux du jury. — *Cass.*, 27 germin. an VII, Fourquignon; 28 germin an VII, Blisson.

2457. — De même encore, un acte d'accusation dont il devait être fait remise aux jurés était nul s'il contenait en termes précis la déclaration d'un témoin. — *Cass.*, 24 brum. an V, Massin; 16 frim. an VII, Chenou; 17 vend. an X, Médard; 7 vend. an X, Girard.

2458. — L'accusateur public ne pouvait pas, à peine de nullité, rapporter dans l'acte d'accusation, qui devait être lu et remis aux jurés, les déclarations de divers témoins, avec l'indication de leurs noms et prénoms, surtout si, parmi ces témoins, se trouvait la belle-mère de l'accusé, dont l'audition aux débats n'était pas permise. — *Cass.*, 6 niv. an VII, Pussot et Chevenement.

2459. — Il ne pouvait pas non plus rapporter dans le même acte ce qui avait été écrit au directeur du jury par le président d'une administration municipale à peine de nullité de l'acte d'accusation, des débats, de la déclaration du jury et du jugement. — Même arrêt.

2460. — Il y avait nullité si un procès-verbal de gendarmes entendus ensuite comme témoins avait été annexé à l'acte d'accusation et mis sous les yeux des jurés. — *Cass.*, 19 brum. an VIII, Lambert-Daillevaux; 4 niv. an VIII, Nautret; 15 frim. an VIII, Corard.

2461. — En effet, ce procès-verbal n'est autre chose que leur déclaration écrite, et ainsi que nous l'avons vu (*suprà* nos 2454 et suiv.), la remise aux jurés d'une déclaration de témoins était une cause de nullité.

2462. — Il y avait aussi nullité lorsqu'une plainte à la suite de laquelle se trouvait une déclaration écrite de témoins passait sous les yeux du jury par suite de son annexe à l'acte d'accusation. — *Cass.*, 12 vent. an VII, Brothier-Lavaux.

2463. — Mais des attestations sur la moralité de l'accusé ne pouvaient pas être considérées comme des déclarations écrites de témoins, dont la remise aux jurés était interdite sous peine de nullité. — *Cass.*, 27 fructid. an IX, Muzel.

2264. — Au surplus, le commissaire du gouvernement qui ne s'était pas opposé à cette remise n'était pas recevable à s'en faire un moyen de cassation. — Même arrêt.

2465. — On ne pouvait, à peine de nullité, annexer à l'acte d'accusation, et conséquemment communiquer aux jurés un acte d'huissier qualifié de procès-verbal, qui contenait des déclarations d'individus qui n'avaient point été appelés ni entendus aux débats. — *Cass.*, 18 flor. an X, Mondelle.

2466. — En conséquence, il y avait contravention à la loi lorsque, par suite de son annexe à l'acte d'accusation, un procès-verbal contenant les déclarations de la mère de l'accusé avait été présenté aux jurés. — *Cass.*, 19 pluv. an IX, François Laruelle.

2467. — Il y avait nullité si, par suite de leur annexe à l'acte d'accusation, les déclarations écrites des dénonciateurs entendus aux débats comme témoins avaient été mises sous les yeux du jury d'accusation. — *Cass.*, 28 thermid. an VII, Villain et Lépine.

2468. — La dénonciation ou plainte d'une personne entendue ensuite aux débats comme témoin, ne pouvait pas être mise sous les yeux des jurés, à peine de nullité. — *Cass.*, 28 thermid. an VII, Degillet; 25 fructid. an VII, Flamme; 23 vendém. an VIII, Delahaye; 6 brum. an VIII, Diel; 18 brum. an VIII, François; 23 frim. an VIII, Bouchet; 11 niv. an VIII, Legros; 18 niv. an VIII, Buffet.

2469. — La plainte d'une partie lésée qui s'était ensuite désistée n'était plus qu'une déclaration écrite de témoin, et ne pouvait pas être mise sous les yeux des jurés, à peine de nullité. — *Cass.*, 14 thermid. an VII, Moulin; 22 thermid. an VII, Gigault.

2470. — Il y avait nullité si, par suite de son annexe à l'acte d'accusation, un procès-verbal contenant la déclaration de la partie plaignante entendue ensuite aux débats, avait été mis sous les yeux des jurés. — *Cass.*, 19 fructid. an VII, Etienne Devaux.

2471. — Il en était de même si, par suite de son annexe à l'acte d'accusation, la déclaration écrite du plaignant entendu ensuite comme témoin aux débats, avait été mise sous les yeux des jurés d'accusation et de jugement. — *Cass.*, 25 fruct. an VII, Lebrun et Lannoy.

2472. — De même encore, les interrogatoires du prévenu ne pouvaient pas être remis aux jurés d'accusation, à peine de nullité. — *Cass.*, 29 thermid. an VII, Ricard; 22 thermid. an VII, Gigault; 18 niv. an VIII, Alary.

2473. — Et il y avait nullité si, par suite de son annexe à l'acte d'accusation, un procès-verbal contenant l'interrogatoire d'un prévenu avait été mis sous les yeux des jurés. — *Cass.*, 26 vent. an VII, Lepimpet; 24 messid. an VII, Judde; 7 vendém. an VIII, Roullier; 13 niv. an VIII, Aubert; 17 niv. an VIII, Martenot, Dieux; 7 pluv. an VIII, Gressel; 26 vent. an VIII, Gavrier.

2474. — Mais il n'était pas interdit de communiquer au jury d'accusation le procès-verbal d'un maire, contenant l'interrogatoire d'un prévenu, en voilant la partie relative à cet interrogatoire. — *Cass.*, 8 messid. an IX, La Caux.

2475. — Il y avait nullité si, par suite de leur insertion entière dans l'acte d'accusation, les interrogatoires des accusés avaient été mis sous les yeux des jurés. — *Cass.*, 9 frim. an VIII, Florent Burger.

Sect. 2e. — *Pièces remises au jury sous le Code d'instruction criminelle.*

2476. — Au moment où les jurés entrent dans la salle de leurs délibérations, le président leur remet les questions écrites, l'acte d'accusation, les procès-verbaux qui constatent les délits et les pièces du procès *autres que les déclarations écrites des témoins*. — C. instr. crim., art. 341.

2477. — Le président ne peut, à peine de nullité, remettre aux jurés, hors la présence de l'accusé, les questions posées. — *Cass.*, 16 mars 1826, Courtaud. — La raison en est que, l'accusé ayant le droit d'être entendu sur la position des questions, ce serait violer à son égard le droit de défense que de faire la remise des questions aux jurés en son absence et à son insu.

2478. — Le président de la cour d'assises n'est pas obligé à peine de nullité de remettre aux jurés les pièces du procès, telles que les rapports d'experts et les procès-verbaux, surtout lorsque l'accusé n'a pas demandé la remise de ces pièces aux jurés. — *Cass.*, 26 janv. 1837 (t. 2 1840, p. 105), Mariani.

2479. — La destruction ou le défaut de remise aux jurés du procès-verbal constatant le corps du délit ne saurait motiver une nullité, alors que les rédacteurs en ayant été entendus dans les débats, il n'a pu en résulter aucun préjudice pour l'accusé. — D'ailleurs, il y a présomption de l'existence dans la procédure, au moment de l'ouverture des débats, et preuve légale de sa remise au chef du jury par le président de la cour d'assises, du procès-verbal constatant le corps du délit, lorsque l'accusé n'a élevé aucune réclamation et que le procès-verbal des débats constate que l'acte d'accusation et *les pièces du procès*, etc., ont été remis au chef du jury. — *Cass.*, 26 août 1830, Gilbert.

2480. — Lorsque le procès verbal constate que le président a remis aux jurés l'acte d'accusation, les procès-verbaux constatant le délit et les pièces du procès autres que les déclarations écrites des témoins, l'accusé ne peut se faire un moyen de nullité de ce que certaines pièces qu'il désigne n'auraient pas été remises. — *Cass.*, 31 mars 1831, Cornier.

2481. — Le président de la cour d'assises, en remettant aux jurés, conformément à l'art. 341, C. inst. crim., les pièces de la procédure antérieu-

re à l'arrêt de renvoi, n'a point à distinguer celles qui sont régulières et celles qui pourraient ne pas l'être. Il suffit que cette remise ne porte que sur des pièces faisant partie du dossier. — *Cass.*, 16 janv. 1836, Gilbert Bernugat.

2482. — Cependant, lorsqu'un individu qui n'était pas inscrit au nombre des témoins ni appelé en vertu du pouvoir discrétionnaire du président, a été admis à déposer une pièce nouvelle qui a été ensuite remise au jury, *sans avoir été signée du greffier, et sans qu'il soit constaté que l'accusé ait été mis à même de la combattre*, les débats, tout ce qui s'en est suivi et notamment l'arrêt de condamnation sont nuls. — *Cass.*, 30 déc. 1830, Desornos.

2483. — La cour d'assises ne porte aucune atteinte aux droits de la défense, lorsqu'elle refuse d'ordonner la communication aux jurés d'un plan des lieux, sur le motif que ce plan est inexact et qu'il a été fait par un individu sans caractère. — *Cass.*, 2 mars 1832, Thiault.

2484. — L'art. 341, C. inst. crim., n'a imposé aucune condition à la remise des pièces au jury, si ce n'est celle que ces pièces devaient faire partie du dossier. — En conséquence, la remise qui doit être faite aux jurés du procès-verbal et des *pièces* peut comprendre même les pièces du procès qui n'auraient pas été lues dans les débats, lorsqu'il était libre aux accusés d'en demander la lecture, s'ils la jugeaient utile à leur défense. Il ne peut résulter de nullité de ce que cette remise aurait eu lieu sans récolement ni inventaire. — *Cass.*, 5 fév. 1819, Arnaud ; 3 déc. 1836 (t. 1er 1838, p. 37), Demiannay et Thuret.

2485. — Mais la remise des pièces dont parle l'art. 341 ne doit être faite qu'au moment où les jurés vont délibérer.

2486. — Ainsi, l'acte d'accusation ne doit pas être remis aux jurés avant le moment où ils entrent dans la salle de leurs délibérations. — *Ass. d'Ile-et-Vilaine*, 24 mai 1836, Demiannay.

2487. — L'art. 341, n'ayant excepté des pièces qui peuvent être remises au jury *que les dépositions écrites des témoins*, il en résulte que le président peut leur confier 1° une lettre anonyme qui a été lue dans le débat. — *Cass.*, 29 juin 1833, Gerboin.

2488. — Des lettres anonymes adressées pendant l'instruction aux magistrats chargés d'y procéder pour leur fournir des documens, ne peuvent être assimilées à des déclarations écrites de témoins légalement entendus. — *Cass.*, 7 janv. 1836, Lefrançois.

2489. — ...2° Des lettres missives saisies au domicile d'un accusé. — *Cass.*, 13 oct. 1832, Poncelet.

2490. — La remise aux jurés d'une lettre jointe à l'acte d'accusation, et qui ne serait qu'une déclaration de témoin, opérerait une nullité. — *Cass.*, 1er pluv. an VII, Courtay.

2491. — ... 3° Le rapport d'un médecin qui n'a point été commis légalement, et dont l'avis spontané est purement privé et sans aucun caractère judiciaire. — *Cass.*, 16 janv. 1836, Rivière.

2492. — ... 4° L'interrogatoire prêté par un co-accusé acquitté ; cet interrogatoire n'est pas une déposition de témoin. — *Cass.*, 9 avr. 1818, Couaix ; — Carnot, sur l'art. 340, C. inst. crim., t. 2, p. 623.

2493 — ... 5° Les interrogatoires d'un co-prévenu décédé pendant l'instruction. — *Cass.*, 15 avr. 1824, Pigeonnat.

2494. — ... 6° Le relevé des livres d'un accusé de banqueroute frauduleuse, fait par un témoin sur l'autorisation du juge commissaire. Ce relevé n'est pas une déposition de témoin. — *Cass.*, 7 mars 1828, Cauchy.

2495. — ... 7° Tous les livres du failli, accusé de banqueroute frauduleuse. L'accusé ne saurait se plaindre de cette remise, s'il n'a pris aucune conclusion à cet égard. — *Cass.*, 3 déc. 1836 (t. 1er 1838, p. 37), Demiannay.

2496. — ... 8° Les rapports dressés par les médecins à qui le juge d'instruction a donné mission de procéder à l'autopsie d'un cadavre, encore que ces médecins aient été appelés et entendus à l'audience comme témoins. — *Cass.*, 18 août 1837 (t. 1er 1840, p. 105), Pinel ; — Carnot, sur l'art. 341, C. inst. crim., t. 2, p. 619.

2497. — ... 9° Un rapport dressé dans le cours de l'instruction par un docteur en médecine commis à cet effet, bien que ce rapport n'ait pas été précédé de prestation de serment dudit docteur. — *Cass.*, 28 sept. 1837 (t. 2 1837, p. 587), Guillot.

2498. — ...10° Le procès-verbal de vérification des armes trouvées sur le lieu du crime, et le procès-verbal de confrontation d'un témoin, quoiqu'il n'en ait pas été donné copie à l'accusé. — *Cass.*, 6 fév. 1832, Faure.

2499. — ...11° Des observations faites par un procureur du roi sur l'instruction écrite. — *Cass.*, 31 oct. 1817, Régnaut.

2500. — La cour d'assises peut ordonner, contre les conclusions de l'accusé, que le procès-verbal d'une vérification d'écriture sera remis aux jurés ; ce procès-verbal est une pièce de la procédure. — *Cass.*, 31 mars 1831, Cornier.

2501. — De même la cour d'assises pourrait refuser de remettre aux jurés une pièce qu'elle trouverait inexacte. — *Cass.*, 29 mars 1832, Thiault.

2502. — Jugé qu'il ne peut résulter une nullité de ce que l'arrêt qui a précédemment condamné l'accusé à une peine afflictive a été remis aux jurés avec les autres pièces du procès, dans la salle de leurs délibérations. — *Cass.*, 28 mars 1829, Chauvière.

2503. — La loi n'a pu, il est vrai, prononcer la nullité pour ce cas, mais il n'en résulterait pas moins que le président qui aurait alors remis une pareille pièce entre les mains du jury aurait commis une faute grave.

2504. — L'interdiction prononcée par l'art. 341, relative aux déclarations écrites des témoins, s'étend aussi bien sur les déclarations écrites des témoins présens que sur celles des témoins absens, puisqu'il n'en excepte aucune. — De Serres, *Man. des cours d'assises*, t. 1er, p. 418.

2505. — Cependant, si certaines dépositions de témoins se trouvaient consignées dans les procès-verbaux, il faudrait les voiler pour remplir le vœu de la loi. On ne pourrait pas se soustraire à cette obligation en ne considérant ces dépositions que comme de simples renseignemens, puisqu'elles auraient été faites par de véritables témoins, qu'aux termes des art. 33 et 34, C. inst. crim., on aurait contraints de déposer. — De Serres, *Man. des cours d'assises*, t. 1er, p. 418 ; Carnot, sur l'art. 341, C. inst. crim., t. 2, p. 619.

2506. — Jugé que l'art. 341, C. inst. crim., qui défend de remettre aux jurés les déclarations écrites des témoins, n'est pas prescrit à peine de nullité. — *Cass.*, 31 oct. 1817, Régnaut ; — de Serres, *Man. des cours d'assises*, t. 1er, p. 388 et 418.

2507. — Carnot critique cette solution en ces termes : « On pourrait peut-être soutenir, avec quelque espoir de succès, qu'il y aurait lieu à l'annulation de l'arrêt, lors même qu'il n'aurait été fait aucune réquisition relative, si la remise des dépositions *écrites* au jury était bien constatée, car il en résulterait une violation de la disposition du Code qui exige, sous peine de nullité, que l'instruction soit *publique* ; la déclaration du jury se serait, en effet, formée sur des pièces qui n'auraient pas été soumises aux débats, et qui, dès-lors, n'auraient pas passé au creuset d'une discussion publique. » — Carnot, sur l'art. 341, C. inst. crim., t. 2, p. 618.

2508. — Les plaintes et les dénonciations ne peuvent être mises au rang des dépositions : elles font partie des pièces du procès ; et comme toutes les pièces du procès, sous la seule réserve des dépositions écrites des témoins, doivent être remises aux jurés, le procureur général ni l'accusé ne seraient recevables ni fondés à s'opposer à ce que la remise de pareilles pièces fût faite aux jurés. Cependant si le plaignant ou le dénonciateur avait été entendu aux débats en forme de témoignage, il faudrait considérer la plainte ou la dénonciation comme étant sa déposition écrite, et il nous paraîtrait alors que ce serait entrer dans l'esprit de la loi, que ce serait même en suivre la disposition à la lettre, que de ne pas en faire la remise au jury. — Carnot, sur l'art. 341, C. inst. crim., t. 2, p. 619.

2509. — Des certificats produits pour ou contre l'accusé ne sont pas des déclarations de témoins et peuvent dès-lors être remis au jury. — *Cass.*, 27 fruct. an IX, Muzet. — V. *contrà* Carnot, *Inst. crim.*, sur l'art. 341, t. 2, p. 620.

2510. — Evidemment les interrogatoires écrits de l'accusé ne sont pas compris dans cette interdiction de l'art. 341, et doivent être remis aux jurés avec les autres pièces du procès. — De Serres, *Manuel des cours d'assises*, t. 1er, p. 418 ; Carnot, sur l'art. 341, C. inst. crim, t. 2, p. 617.

CHAPITRE XI. — *Délibération et vote du jury.*

2511. — Les réquisitions étant remises aux jurés, ils se rendent dans la chambre de leurs délibérations. — C. inst. crim., art. 342.

2512. — Le chef du jury est le premier juré sorti par le sort ou celui qui est désigné par eux et du consentement de ce dernier. — Art. 342.

2513. — Jugé, par application de ce principe, 1° qu'il suffit pour autoriser le changement du chef du jury que le juré dont le nom est sorti de

l'urne le premier y consente ; la loi n'exige pas le consentement de l'accusé. — *Cass.*, 24 déc. 1824, Marie Gilles.

2514. — ... 2° Que les jurés peuvent, sans qu'il en résulte une ouverture à cassation, désigner pour leur chef un autre d'entre eux que celui désigné par le sort, du consentement de celui-ci, aussitôt après la formation du tableau, et même avant d'avoir prêté serment. — *Cass.*, 27 sept. 1822, Loubet.

2515. — ... 3° Que lorsque les fonctions de chef du jury ont été remplies par un juré autre que le premier désigné par le sort, il y a présomption légale que ce changement s'est opéré du consentement du juré sortant premier, et sur la désignation du jury, quoique le procès-verbal des débats n'en fasse pas mention. — *Cass.*, 17 août 1827, Evesque.

2516. — De même, lorsque le juré suppléant a remplacé le chef du jury légalement empêché et en a exercé les fonctions sans opposition des autres jurés, il y a présomption légale qu'il a eu leur assentiment. — *Cass.*, 3 juin 1831, Bès.

2517. — Comme nous le dirons bientôt, la délibération des jurés étant secrète, le procès-verbal des debats ne peut ni ne doit faire mention de ce qui s'y passe. C'est au chef du jury à mentionner dans la déclaration la manière dont le remplacement a été effectué. Le président peut même, en cas d'omission, lui faire ajouter cette mention sur la réponse. Dans tous les cas, la disposition qui règle le mode de remplacement n'a rien qui altère la substance de la déclaration.

2518. — L'accusé ne peut prétendre que les formalités relatives à la déclaration du jury ont été violées, lorsque le deuxième juré sorti par le sort, ayant apporté la déclaration du jury, sans qu'il fût constant que ce juré eût été désigné légalement comme chef des jurés, la cour a annulé la déclaration, que les mêmes questions ont été remises au chef du jury, en présence du public et de l'accusé, sur la réclamation des défenseurs, et que le chef du jury a rapporté une déclaration semblable à la première. — *Cass.*, 8 juill. 1824, Baud.

2519. — Sous le Code du 3 brum. an IV, il y avait nullité lorsque les fonctions de chef du jury avaient été remplies par un juré qui n'était tombé au sort que le septième et sans que l'on vît par quelle circonstance il avait pu être autorisé à les remplir. — *Cass.*, 19 flor. an XIII, Landon et Léonarde-Martin.

2520. — Sous le même Code, le dernier des jurés remplaçans ne pouvait pas remplir les fonctions de chef du jury, à peine de nullité. — *Cass.*, 24 vend. an VIII, Laporte et Jourdain.

2521. — Jugé cependant que quoiqu'il ne fût pas bien conforme à la loi que le juré désigné par le sort pour remplacer le premier juré absent remplît les fonctions de chef du jury, il n'en pouvait cependant résulter un motif de cassation. — *Cass.*, 17 pluv. an IX, Augustin Cochin.

2522. — Avant de commencer la délibération, le chef des jurés leur fait lecture de l'instruction contenue en l'art. 342, C. inst. crim., laquelle doit en outre être affichée en gros caractères dans le lieu le plus apparent de leur chambre. — Art. 342.

2523. — Cependant il n'est pas nécessaire, à peine de nullité, que le procès-verbal énonce que l'affiche en la chambre des délibérations du jury et l'instruction prescrite par l'art. 342, C. inst. crim., ont eu lieu. Cette formalité est étrangère aux débats proprement dits. — *Cass.*, 26 avr. 1839 (t. 2 1839, p. 665), Noel.

2524. — Il n'y aurait pas nullité, lors même qu'il ne serait pas légalement établi que le chef du jury eût donné lecture aux jurés, dans la salle de leurs délibérations, de l'instruction contenue en l'art. 342, C. inst. crim. — *Cass.*, 16 janv. 1812, N..

2525. — La raison en est que la disposition qui oblige le chef du jury à donner cette lecture aux jurés n'est pas prescrite à peine de nullité. — *Cass.*, 25 juin 1817, Pierre Cardinaux ; 3 juin 1831, Bes ; 3 juill. 1836, Leblanc.

2526. — Carnot (*Inst. crim.*, sur l'art. 342, t. 2, p. 632, n° 2) dit qu'il semblerait que ce serait une chose de rigueur, puisque c'est dans cette instruction que les devoirs des jurés se trouvent tracés. Mais la loi n'ayant prononcé aucune peine et n'ayant même rien réglé sur la manière de constater l'accomplissement de la formalité, nous ne pensons pas qu'il soit possible de suppléer la nullité.

2527. — Jugé, en conséquence, que la lecture par le chef du jury et l'affiche dans la chambre des délibérations de l'instruction dont parle l'art. 342, C. inst. crim, n'étant pas prescrites à peine de nullité, et n'ayant lieu que dans la chambre des jurés, hors

des débats et du lieu de la cour d'assises, le silence du procès-verbal à cet égard ne peut donner ouverture à cassation. — *Cass.*, 16 sept. 1831, Jarron; 26 juin 1817, Cardinaux.

2528. — Les jurés ne peuvent sortir de leur chambre qu'après avoir formé leur déclaration. — C. inst. crim., art. 343.

2529. — Le président des assises est tenu de donner au chef de la gendarmerie l'ordre spécial et par écrit d'en faire garder les issues. — C. inst. crim., art. 343.

2530. — Il n'est cependant pas nécessaire, à peine de nullité, que le procès-verbal fasse mention que l'ordre donné l'a été par écrit. — *Cass.*, 16 juin 1826, Oberveiller.

2531. — Ce n'est que du moment où les jurés se sont retirés dans leur chambre pour délibérer, qu'ils ne peuvent en sortir qu'après que leur délibération est formée. — *Cass*, 31 oct. 1817, Wilfrid-Régnaut.

2532. — La cour peut condamner le juré qui a quitté la salle des délibérations avant la clôture des opérations du jury, à une amende de 500 fr. au plus. — C. inst. crim., art. 343.

2533. — Mais l'infraction à la défense faite aux jurés par l'art. 343, C. inst. crim., de sortir de leur chambre avant d'avoir formé leur déclaration, n'opère point nullité. — *Cass.*, 30 nov. 1811, N...; 9 janv. 1812, Heibault; 11 avril 1817, Verdier; 31 oct. 1817, Wilfrid-Régnaut; 3 avr. 1818, Lewy: — Carnot, t. 2, p. 634, n° 5, sur l'art. 347; Merlin, *Rép.*, t. 6, p. 693.

2534. — En conséquence, le juré qui s'est retiré avant l'expiration de ses fonctions est passible de l'amende de 500 fr.; mais il ne peut pas être condamné en outre aux frais occasionnés par le renvoi de l'affaire à la session suivante. — *Cass. belge*, 19 oct. 1835, Osy.

2535. — L'entrée de la chambre des jurés ne peut être permise pendant leur délibération, pour quelque cause que ce soit, que par le président et par écrit. — C. inst. crim., art. 343.

2536. — Le président, qui peut accorder le droit de pénétrer dans la chambre des délibérations du jury, peut s'y présenter lui-même, et donner aux jurés les explications nécessaires pour répondre aux questions. — *Cass.*, 26 mai 1826, André; 13 oct. 1826, Garnier.

2537. — Il suffit, pour justifier l'entrée du président dans la salle des jurés, que ceux-ci l'aient invité à s'y rendre pour leur donner des éclaircissemens. — *Cass.*, 26 mai 1826, André; 5 mai 1827, Farenc; 13 oct. 1826, Garnier: — Legraverend, t. 2, p. 232; Duvergier, note sur cet auteur, *eod. loc.*

2538. — Mais si le président des assises est entré dans la salle des jurés sans qu'un procès-verbal constate qu'un motif légitime a nécessité cette démarche de la part du magistrat, il y a lieu à cassation pour violation de la liberté des jurés. — *Cass*, 3 mars 1826, Ferrier. — V. cependant, en sens contraire, *Cass.*, 14 sept. 1827, Jouberjon; — De Serres, *Man. des cours d'assises*, t. 1er, p. 465 et suiv.

2539. — Bourguignon (*Manuel du jury*, p. 493, n° 320), est d'avis que toutes les fois qu'il y a lieu de donner des éclaircissemens aux jurés, soit qu'ils les demandent, soit que l'on croie devoir les leur offrir, ils ne doivent être donnés que publiquement et à l'audience, puisque ceux qui ont été donnés en secret sont également contraires à la publicité du débat, à la liberté ou au secret de la délibération des jurés et au droit de défense. « De cette manière, ajoute-t-il, le président de la cour devrait s'abstenir, ainsi que tous autres, de s'introduire dans la chambre des jurés sous le prétexte de leur donner des éclaircissemens. L'art. 343 serait plus littéralement exécuté, et l'on se conformerait à la méthode anglaise, qui me paraît préférable. » — Tel est aussi notre avis. La cour de Cassation fait une distinction selon qu'il y a eu ou qu'il n'y a pas eu de demande de la part des jurés: cette demande peut bien légitimer les éclaircissemens qui leur sont donnés; mais elle n'a rien de concluant sur le mode de communication employé par le président, qui peut faire rentrer les jurés dans la salle d'audience, où il satisfera à toutes leurs demandes. On dit que ce magistrat ayant le droit de permettre l'entrée de la salle des délibérations du jury, a, à plus forte raison, le droit d'y entrer lui-même. La conséquence est, selon nous, inexacte. Si le président peut permettre à des étrangers l'accès de la chambre où les jurés sont réunis, ce n'est sûrement point pour y communiquer avec eux, *sur l'affaire*, car la loi le défend trop expressément, mais on a considéré qu'il serait possible, qu'à raison de la durée du délibéré, les jurés eussent besoin de nourriture, et que l'indisposition de quelqu'un d'entre eux réclamât les soins d'un médecin. Dans ces divers cas et autres semblables dont le président doit être juge, rien ne s'oppose à ce qu'il permette l'entrée de la chambre des jurés en prenant, d'ailleurs, les précautions nécessaires pour éviter toute communication sur l'affaire. Ainsi, de ce que le président peut permettre l'entrée de la chambre des jurés avec l'interdiction de communiquer, il ne faut point conclure qu'il puisse s'arroger le droit d'y entrer lui-même avec la faculté de communiquer. Ce serait aller autant contre le vœu de la loi que contre les règles de la logique. — Carnot, sur l'art. 343, C. inst. crim., t. 2, p. 635. obs. add., n° 1er.

2540. — Les jurés suppléans qui n'ont pas été appelés à remplacer les jurés titulaires ne peuvent prendre part à la délibération du jury. — En conséquence, lorsque les douze jurés de jugement qui ont assisté au débat prennent part à la délibération, l'entrée d'un juré supplémentaire dans la chambre de leurs délibérations entraîne nullité. — *Cass.*, 10 juin 1830, Paul Roulet.

2541. — Lorsqu'aucun juré ne s'est absenté, il n'est pas nécessaire que le procès-verbal des débats mentionne qu'un juré suppléant n'a pas pris part à la délibération. On ne peut induire de ces expressions du procès-verbal: *les jurés se sont retirés dans leur chambre pour y délibérer*, que ce juré suppléant a participé à la délibération. — *Cass.*, 30 mai 1829, Bertrand.

2542. — La délibération du jury doit être secrète: suivant l'art. 1er de la loi du 13 mai 1836, le jury vote par bulletins écrits et par scrutins distinctifs et successifs, sur le fait principal d'abord, et s'il y a lieu sur chacune des circonstances aggravantes, sur chacun des faits d'excuse légale, sur la question de discernement, et, enfin, sur la question des circonstances atténuantes, que le chef du jury est tenu de poser toutes les fois que la culpabilité de l'accusé est reconnue.

2543. — A cet effet, chacun des jurés, appelé par le chef du jury, reçoit de lui un bulletin ouvert, marqué du timbre de la cour d'assises et portant ces mots: Sur mon honneur et ma conscience, ma déclaration est.... Il écrit ou fait écrire à la suite, secrètement, par un juré de son choix, le mot *oui* ou le mot *non*, sur une table disposée de manière à ce que personne ne puisse voir le vote inscrit au bulletin; il remet le bulletin écrit et fermé au chef du jury, qui le dépose dans une urne ou boîte destinée à cet usage. — L. 14 mai 1836, art. 2.

2544. — La remise des bulletins sur lesquels les jurés doivent écrire leur vote doit être faite par le chef du jury, et non par le président des assises. Il n'est pas nécessaire que le procès-verbal fasse mention de cette remise. — *Cass.*, 11 janv. 1838 (t. 1er 1840, p. 220), Girard.

2545. — Le chef du jury dépouille chaque scrutin en présence des jurés, qui peuvent vérifier les bulletins. Il en consigne sur-le-champ le résultat en marge ou à la suite de la question résolue, sans néanmoins exprimer le nombre des suffrages, si ce n'est lorsque la décision affirmative sur le fait principal a été prise à la simple majorité. La déclaration du jury en ce qui concerne les circonstances atténuantes n'exprime le résultat du scrutin qu'autant qu'il est affirmatif. — L. 14 mai 1836, art. 3.

2546. — S'il arrivait que dans le nombre des bulletins il s'en trouvât sur lesquels aucun vote ne fût exprimé, ils seraient comptés comme portant une réponse favorable à l'accusé. — Même loi, art. 4.

2547. — Il en serait de même des bulletins que six jurés au moins auraient déclarés illisibles. — *Ibid.*

2548. — Immédiatement après le dépouillement de chaque scrutin, les bulletins sont brûlés en présence du jury. — Même loi, art. 5.

2549. — Les jurés délibèrent sur le fait principal, et ensuite sur chacune des circonstances. — C. inst. crim., art. 344.

2550. — Le fait principal est le fait constitutif du crime dégagé de toutes les circonstances qui l'aggravent ou qui l'atténuent. — De Serres, *Manuel des cours d'assises*, t. 1er, p. 419 et 420.

2551. — La raison qui veut que l'on procède ainsi est puisée dans l'ordre naturel des choses; avant d'examiner les circonstances d'un fait, il faut établir son existence; car si l'existence n'en est pas prouvée, il devient inutile d'en examiner les circonstances. — Legraverend, t. 2, p. 233.

2552. — Il n'est pas dressé procès-verbal de la délibération du jury. — Rauter, t. 2, p. 459.

2553. — La loi n'ayant fixé aucune limite à la durée de temps dans laquelle la délibération du jury doit se renfermer, l'accusé n'est pas recevable à se faire un moyen de nullité de ce que le jury n'aurait pas eu le temps de procéder régulièrement à l'examen de toutes les questions répondues. — *Cass.*, 8 juill. 1836, Leblanc.

2554. — Sous le Code du 3 brum. an IV, lorsque les jurés étaient en état de donner leur déclaration, ils faisaient avertir le président qui commettait l'un des juges pour recevoir dans la chambre du conseil, avec le commissaire du pouvoir exécutif, les déclarations individuelles que les jurés faisaient successivement et en l'absence les uns des autres. — Art. 386.

2555. — Ce système, bien qu'il garantît de la publicité le vote des jurés, n'en portait pas moins une grave atteinte à leur indépendance. La présence du ministère public était surtout de nature à gêner la liberté d'opinion des jurés, qui ne doivent compte qu'à leur conscience de la détermination qu'ils prennent. D'ailleurs, tout doit être égal entre l'accusation et la défense. Il ne peut y avoir d'exceptions à ce principe salutaire que celles qui sont commandées par le danger imminent de quelque abus. L'art. 345, C. inst. crim., a sagement chargé le chef du jury de recueillir les votes. — Carnot, *Inst. crim.*, sur l'art. 341, t. 2, p. 622.

2556. — Sous le Code du 3 brum. an IV, la déclaration du jury était nulle, lorsque les jurés avaient voté hors la présence du juge et du commissaire du pouvoir exécutif, qu'ils n'avaient fait appeler que pour leur remettre le résultat de la délibération prise entre eux. — *Cass.*, 2 vendém. an VIII, Joseph Paris.

2557. — Sous ce Code, une déclaration du jury était nulle lorsque, des diverses réponses qu'elle contenait, la plus importante n'avait pas été reçue par le juge commis à cet effet. — *Cass.*, 23 thermid. an XI, Adélaïde Montagne.

2558. — ... Et, une fois que le jury de jugement avait délibéré sur les questions proposées, il n'était plus permis au commissaire du pouvoir exécutif de requérir l'annulation des procédures antérieures à la délibération du jury, ni au tribunal d'accueillir ces réquisitions tardives et attentatoires à la délibération du jury. — *Cass.*, 19 vent. an VII, Macon.

2559. — Il suffit que les avertissemens exigés par les art. 345 et 346, C. inst. crim., aient été donnés aux jurés par le président: la loi ne prescrit rien de plus, et n'ordonne point notamment qu'il soit justifié que les jurés ont voté au scrutin secret. — *Cass.*, 24 déc. 1835, Barribas.

2560. — Le jury ne peut pas refuser de donner sa déclaration sous le prétexte qu'il ne se trouve pas suffisamment éclairé. Une pareille réponse ne doit pas être reçue, et il y a lieu de faire réunir immédiatement tous les jurés à l'effet de passer une déclaration conforme à la loi — *Cass.*, 23 vendém. an VIII, Hamon, Bertrand et Police.

2561. — Lorsque la délibération et le vote du jury sont terminés, les jurés rentrent dans l'auditoire et reprennent leurs places. — C. inst. crim., art. 348.

2562. — Une fois rentrés dans l'auditoire, les jurés ne peuvent pas, sur la demande d'un ou de plusieurs d'entre eux, être obligés de retourner dans la salle de leurs délibérations pour rouvrir une discussion qui a atteint son terme: il n'appartient qu'à la cour d'assises de le leur ordonner, selon les circonstances qu'elle est chargée d'apprécier. — *Cass.*, 11 oct. 1827, Pierre Feuchère.

CHAPITRE XII. — *Attributions du jury et de la cour d'assises.*

Sect. 1re. — *Principes généraux.*

2563. — Le jury n'est appelé à prononcer que sur les questions de fait; les questions de droit sont de la compétence exclusive de la cour. — *Cass.*, 19 niv. an VIII, Gallier; 28 mai 1825, Vidal; 10 août 1826, Fourgeot; 4 déc 1828, Nicolle; 11 mars 1830, Rigaud et Maussel; 12 mars 1831, Ansquer; 2 avr. 1831; Lugues; 22 sept. 1831, Frédéric.

2564. — Mais il n'est pas facile de déterminer les caractères de la question de droit et ceux de la question de fait; toutefois, la jurisprudence nous fournit sur ce point quelques règles qui peuvent servir de guide dans la pratique. Ainsi il a été jugé:

2565. — ... Que dans les accusations d'attentat à la pudeur, la question de savoir si le coupable est de la classe de ceux qui ont autorité sur sa victime est une question de droit qui ne peut être posée au jury et résolue par lui. — *Cass.*, 14 sept. 1837 (t. 1er 1840, p. 409), Assénat.

2566. — ... Que la question de savoir si un prévenu de délit de presse condamné par défaut est recevable dans l'opposition qu'il a formée, et dont la régularité est contestée par le ministère public, est une question de droit qui n'est pas de la com-

pétence du jury et dont la cour peut seule connaître. — *Cass.*, 27 fév. 1834, Havard.

2567. — ...Que la qualification légale des faits, lorsqu'elle doit être faite d'après une loi qui en a réglé les élémens constitutifs forme une question de droit dont la solution rentre dans les attributions de la cour. Par exemple, il n'appartient pas au jury de déclarer que le faux dont l'accusé est convaincu est un faux en écriture de commerce. — *Cass.*, 28 déc. 1820, Viala; 28 mai 1825, Vidal; 7 oct. 1825, Voillot; 1er avr. 1826, Lebihan; 13 mai 1826, Rudon; 26 janv. 1827, Avril; 25 mai 1827, Gabreaux; 8 juin 1827, Rose; 22 juin 1827, Gilbert-Duchâteau; 15 juin 1827, Boissonneau; même jour, Caminatti; 22 janv. 1830, Coupeux; 11 mars 1830, Roulet; 26 juill. 1832, Dumon; — Nouguier, *Lettres de change*, t. 1er, p. 504, nos 14 et 15; Bourguignon, *Jurisp. des C. crim.*, t. 2, p. 555. — V. FAUX.

2568. — ...Que la cour d'assises ne peut pas appeler le jury à examiner la question de savoir si l'accusé a commis le crime de faux en écriture de commerce, alors même que la question relate d'abord les faits constitutifs de ce crime de faux. — *Cass.*, 3 janv. 1828, Gabriel; 3 juill. 1828, Guntzberger.

2569. — ...Ni celle de savoir si l'accusé a commis le crime de faux en écriture publique et authentique. — *Cass.*, 20 avr. 1827, Laval; 11 mars 1830, Roulet et Mausset.

2570. — ...Que dans une accusation de fausse monnaie, c'est à la cour et non au jury qu'il appartient de juger si la monnaie que le faussaire a contrefaite ou altérée est une monnaie d'argent ou une monnaie de billon, et si elle a cours légal en France. — *Cass.*, 10 août 1826, Fourgeot; 22 sept. 1831, Frédéric.

2571. — ...Qu'on ne pourrait demander aux jurés si l'accusé est coupable de banqueroute frauduleuse sans les appeler à prononcer sur une question de droit qui est placée dans les attributions exclusives des magistrats. — *Cass.*, 12 nov. 1829, Beausson.

2572. — ...Que la cour est seule compétente pour apprécier les faits de réconciliation allégués par la femme traduite devant elle pour un délit d'adultère connexe à un crime de sa compétence. — *Ass. de la Seine*, 16 fév. 1884, Ruidiaz.

2573. — En effet, la réconciliation est un fait qui ne peut évidemment rentrer dans aucune des catégories de ceux sur lesquels les jurés sont appelés à prononcer, puisqu'il ne résulte point de l'arrêt de renvoi, qu'il ne constitue ni circonstances aggravantes ou atténuantes, ni excuses, et que là se borne la compétence spéciale des jurés.

2574. — Mais jugé qu'une cour de justice criminelle ne peut, sans usurper les fonctions des jurés, étendre son examen sur les faits particuliers portés dans l'acte d'accusation comme moyens de preuve de l'accusation, ni se permettre d'annuler cet acte sans commettre un excès de pouvoir. — *Cass.*, 25 prair. an XII, Richard et Patis.

2575. — ... Que lorsqu'un individu traduit en cour d'assises prétend que les désignations de l'acte d'accusation ne s'appliquent pas à lui, l'appréciation de la question d'identité appartient au jury et non à la cour d'assises. — *Cass.*, 29 nov. 1833, Loiseau.

2576. — ... Que la cour n'est pas juge du fait, alors même qu'il serait réduit par les débats aux proportions d'un simple délit; qu'elle ne peut, dans ce cas, appliquer les peines correctionnelles qu'autant que le délit est constaté par la réponse même du jury. — *Cass.*, 26 juin 1806, Benoît; 10 fév. 1809, Laponterie.

2577. — De même, la cour d'assises ne peut pas considérer comme constante une circonstance aggravante articulée dans l'arrêt d'accusation, si cette circonstance n'a pas été l'objet d'une question aux juges du fait, auxquels seuls il appartient d'en constater l'existence. — *Cass.*, 4 avr. 1822, Bodin; 25 mars 1825, Merlette; 18 déc. 1835, Louison Rosie; 29 déc. 1838 (t. 1er 1840, p. 142), Fabre.

2578. — A plus forte raison, la cour d'assises ne peut pas considérer comme constante une circonstance qui a été écartée par la déclaration du jury. — *Cass.*, 30 sept. 1825, Aubé.

2579. — La cour d'assises usurpe les attributions du jury en interprétant elle-même une déclaration ambiguë des jurés, au lieu de les renvoyer dans leur chambre pour donner une nouvelle déclaration exempte d'ambiguïté. Spécialement, sur une question ainsi posée : *A l'époque du crime, l'accusé était-il âgé de moins de seize ans, et dans ce cas a-t-il agi avec discernement?* Si le jury a simplement répondu : *Non, à la majorité*, ce n'est pas à la cour, mais au jury de faire connaître si cette réponse négative s'applique exclusivement à la première ou à la seconde partie de la question. — C'est là une question de fait et non une question de droit. — *Cass.*, 28 avr. 1836, Mari.

2580. — La cour excède ses pouvoirs en se permettant d'induire l'existence des circonstances constitutives de la tentative d'un crime de la réponse affirmative des jurés sur des faits matériels qui lui paraissent la constituer. — *Cass.*, 23 juin 1827, Rivière.

2581. — Lorsque la question de savoir si l'accusé est âgé de moins de seize ans est l'objet d'une contestation, c'est au jury et non à la cour qu'il appartient de la décider. En effet, cette circonstance est essentiellement modificative de la criminalité, puisqu'elle entraîne nécessairement l'examen d'une question de discernement qui, résolue en faveur de l'accusé, efface le crime, et qui change du moins la peine, si elle résolue contre lui. — *Cass.*, 20 avr. 1827, Boulin; 4 mai 1839 (t. 2 1839, p. 444), Haye. — V. conf. Chauveau et Hélie, *Th. C. pén.*, t. 2, p. 182. — V. toutefois *Cass.*, 16 sept. 1836, Roghi; — Legraverend, t. 2, ch. 2, p. 227; de Serres, *Man. des cours d'ass.*, t. 1er, p. 378.

2582. — De même, c'est au jury, et non à la cour d'assises, qu'il appartient de décider la question de savoir si la victime d'un attentat à la pudeur était, à l'époque du crime, âgée de moins de onze ans, lorsqu'il s'agit d'un attentat sans violence, et de moins de quinze ans lorsqu'il s'agit de viol ou d'attentat à la pudeur commis avec violence. C'est là, en effet, une circonstance constitutive ou aggravante du crime, et il est du domaine exclusif du jury de s'expliquer sur l'existence du fait principal et de toutes ses circonstances. — *Cass.*, 11 juin 1812, Chiatone; 29 avr. 1824, Chaussard. — V. encore une application de cette règle, *Cass.*, 28 avr. 1836, Mari.

2583. — Et la cour d'assises ne peut suppléer à l'absence d'une question et d'une réponse du jury à cet égard, même en se fondant sur l'acte de naissance de la victime. — *Cass.*, 1er oct. 1834, Bourdesol; — Chauveau et Hélie, *Thérie du Code pén.*, t. 6, p. 160; Legraverend, t. 2, ch. 2, p. 227; de Serres, *Man. des Cours d'assises*, t. 1er, p 378.

Sect. 2e. — *Attributions du jury.*

2584. — Le jury est-il omnipotent? Cette question a vivement agité les esprits et donné lieu à de longues controverses. Nous ne reproduirons pas ici tout ce qui a été dit dans ces discussions, nous dépasserions les bornes que nous nous sommes imposées dans la rédaction de nos articles : nous dirons seulement ici : Non, le jury n'est pas omnipotent : son pouvoir doit s'arrêter aux limites que la loi et sa conscience lui tracent. Ainsi, lorsque la loi lui impose le devoir de statuer sur les questions de fait qui lui sont soumises, sans se préoccuper des résultats de sa déclaration, il ne peut pas, sans violer le serment qu'il a prêté, répondre négativement aux questions posées lorsque l'affirmative est établie en fait.

2585. — Au jury seul est attribuée la connaissance des faits. Sous le Code du 3 brum an IV, on jugeait déjà qu'une cour de justice criminelle ne pouvait, sans usurper les fonctions des jurés, étendre son examen sur les faits portés dans l'acte d'accusation. — *Cass.*, 25 prair. an XII, Richard; 15 frim. an XIII, Risse.

2586. — ...Et spécialement que la question de savoir si le délit est relatif à telle conspiration devait être résolue par le jury. — *Cass.*, 21 prair. an VII, Sanial.

2587. — Depuis, de nombreux arrêts ont consacré ce principe. — Ainsi, lorsqu'un individu est accusé d'avoir volontairement mis le feu à des récoltes appartenant à sa femme, d'avec laquelle il est séparé de corps, le fait de séparation et de la connaissance qu'en a eue l'accusé doit être soumis à la décision du jury, s'il n'est pas légalement constaté par les pièces produites devant la cour d'assises. — *Cass.*, 2 mars 1820, Martinet.

2588. — Dans une accusation d'incendie, la question de savoir si une meule de paille incendiée constitue une récolte, est une question de fait, qui ne peut être résolue que par le jury. — *Cass.*, 22 mars 1832, Clermont.

2589. — Lorsqu'un individu traduit en cour d'assises prétend que les désignations de l'accusation ne s'appliquent pas à lui, l'appréciation de la question d'identité appartient au jury, et non à la cour d'assises. — *Cass.*, 27 avr. 1827, Boulin; 29 nov. 1833, Loiseau; 4 mai 1839 (t. 2, 1839, p. 444), Haye; — Chauveau et Hélie, *Théor. du C. pén.*, t. 8, p. 183. — V. cependant en sens contraire *Cass.* 16 sept. 1836 (t. 1er 1837, p. 554), Roghi.

2590. — Lorsqu'il y a doute sur le point de savoir si un accusé est ou non au-dessous de seize ans, cette circonstance, qui se lie au fait même de l'accusation et en forme un des principaux élémens,

doit nécessairement être soumise au jury. — *Cass.*, 4 mai 1839, (t. 2 1839, p. 444), Haye.

2591. — C'est au jury seul qu'il appartient d'apprécier les faits constitutifs du crime reproché à l'accusé. — *Cass.*, 18 avr. 1812, Delapierre; 23 juin 1827, Rivière; 11 mars 1830, Roulet et Massel; 7 avril 1842 (t. 2 1842, p. 664), Michel.

2592. — Spécialement il suffit de demander au jury si l'accusé a reçu au-delà de ce qui lui était dû pour les actes par lui faits en qualité d'huissier, sans ajouter s'il s'est rendu coupable de concussion. — Mais il n'appartient pas au jury de qualifier le fait dont l'appréciation lui est soumise; ainsi, il suffit que les questions qui lui sont posées spécifient les circonstances constitutives du crime, sans lui attribuer son caractère légal. — *Cass.*, 7 avr. 1842 (t. 2 1842, p. 664), Michel.

2593. — Dans une accusation de banqueroute frauduleuse il faut, à peine de nullité, que les jurés soient interrogés sur les faits caractéristiques de la banqueroute. — *Cass.*, 11 juill. 1816, Davoust; 1er août 1835, Trabucco.

2594. — La question de savoir si un accusé de banqueroute est commerçant failli, est une question de fait qu'il appartient au jury de résoudre. — *Cass.*, 17 sept. 1835, Gondret; 29 mars 1838 (t. 1er 1840, p. 203), Lourdel.

2595. — Le jury doit être interrogé sur les faits constitutifs du faux, ainsi que sur les circonstances caractéristiques qui l'ont accompagné. — *Cass.*, 18 fév. 1839, Sophie Couteau; — de Serres, *Man. des cours d'ass.*, t. 1er, p. 379.

2596. — Dans une accusation de faux en écriture de commerce par fabrication de faux billets, le jury doit être interrogé, à peine de nullité, sur le point de savoir si les billets fabriqués portaient la fausse signature de négocians, ou s'ils se rattachaient à des opérations de commerce, circonstances nécessaires pour leur imprimer un caractère commercial. — *Cass.*, 26 janv., 1826, Muiron; 26 janv. 1827, Avril; 9 mars 1827, de Cordey; 9 mars 1827, Marin; 12 avr. 1827, Dufour; 14 avr. 1827, Megret; 15 juin 1827, Canimotti; 15 juin 1827, Boissonneau; 22 juin 1827, Gilbert Duchâteau; 9 juill. 1827, Marcassin.; 10 avr. 1828, François Pareillier; 26 janv. 1837 (t. 2 1840, p. 100), Rupp; — Carnot, sur l'art. 344, Inst. crim., t. 2, p. 639, no 4 : Bousquet, *Dict. des contrats et oblig.*, vo *Billet à ordre*, t. 1er, p. 3' 6.

2597. — Lorsque l'existence d'une lettre de change n'est point contestée, le jury peut répondre à la question de savoir si le faux a été commis sur cette lettre de change, ce qui ne présente qu'une question de fait. — *Cass.*, 22 janv. 1830, Coupeux.

2598 — Pour que la cour d'assises puisse déclarer que le faux commis par l'accusé est en écriture de commerce, il faut que le jury ait été interrogé et ait répondu affirmativement sur la qualité commerciale des individus dont ces billets porteraient les signatures fausses, ou sur la nature commerciale des opérations pour lesquelles ils seraient causés. — *Cass.*, 25 mai 1827, Gabreaux; 14 juin 1832, Gourg; — Nouguier, *Lettre de change*, t. 1er, p. 504, nos 14 et 15.

2599. — La question de savoir si un accusé de viol est protuteur et beau-père de la victime, ne porte que sur un point de fait, et doit être soumise par conséquent au jury. — *Cass.*, 29 mars 1832, Brog. — V. conf., Chauveau et Hélie, t. 6, p. 196.

2600. — Par les mêmes raisons, c'est au jury seul, et non à la cour d'assises, qu'il appartient de statuer sur l'âge de la personne victime du viol, ou de l'attentat à la pudeur. — *Cass.*, 30 août 1811, N...; 11 juin 1812, Chiatone; 29 av. 1824, Chaussard; 1er oct. 1824, Bourdesol.

2601. — Cette opinion est embrassée par les auteurs de la *Théorie du C. pénal*, t. 6, p. 160. Mais Legraverend (t. 2, p. 227) trouve ridicule la distinction faite par la jurisprudence entre la récidive de l'accusé et l'âge de la personne violée. — V. aussi de Serres, t. 1er, p. 378. — Cependant cette dernière circonstance est constitutive ou aggravante du délit, et rentre par conséquent dans l'art. 344; elle présente toujours une question d'appréciation à défaut d'acte de naissance, ou bien une question d'application de cet acte à la victime, tandis qu'au contraire la récidive, indépendante du fait principal, n'a de rapport qu'à l'application de la peine, ce qui est étranger aux attributions du jury. — Art. 342.

2602. — La cour d'assises, saisie de la connaissance d'un délit correctionnel à raison de sa connexité avec un crime, se conforme au vœu de la loi en soumettant à la déclaration du jury, non seulement les faits constitutifs du crime, mais encore les faits constitutifs du délit correctionnel. — *Cass.*, 4 nov. 1813, Van-Esse.

2603. — En général, toute circonstance de fait qui est de nature à aggraver ou à atténuer la peine doit être soumise à la décision du jury, et ne peut être appréciée par la cour d'assises elle-même, à peine de nullité. — *Cass.*, 11 avr. 1817, Wacheux; 29 avr. 1819, Leguével; 4 janv. 1822, Xavier Guy.

2604. — Ainsi il appartient aux jurés seuls d'apprécier irrévocablement ce qui caractérise la violence considérée comme circonstance aggravante du vol. — *Cass.*, 26 mars 1813, Pronier.

2605. — Ainsi, dans une accusation de complot attentatoire à la sûreté de l'état, la cour d'assises ne peut, à peine de nullité de son arrêt, exempter de la peine, par application de l'art. 108, C. pén., ceux des coupables qui, avant toute poursuite, ont procuré l'arrestation des auteurs ou complices du crime, qu'autant que le jury a été interrogé et a fait une réponse affirmative sur l'existence de cette circonstance. — *Cass.*, 29 avr. 1819, Leguével; — Chauveau et Hélie, *Théorie du C. pén.*, t. 3, p. 69; Carnot, sur l'art. 339, C. inst. crim., t. 2, p. 613, no 7.

2606. — Ainsi, dans une accusation d'émission de fausse monnaie, la circonstance que les accusés avaient reçu pour bonnes les monnaies par eux émises est un fait d'atténuation ou de justification qui rentre dans les attributions exclusives du jury, et que la cour d'assises n'a pas le droit de suppléer. La preuve de cette excuse est à la charge de l'accusé. — *Cass.*, 3 mai 1832, Guillermet; — Chauveau et Hélie, *Théorie du C. pén.*, t. 3, p. 205 et 340.

2607. — Dans une accusation de vol, la question de savoir si le vol a été commis avec escalade, ne constituant aucun point de droit, doit être soumise au jury. — *Cass.*, 26 mars 1812, Dysserinck; 29 vend. an VII, Mériolle.

2608. — Même solution, s'il s'agit de déterminer la publicité du chemin dans une accusation de vol sur un chemin public. — *Cass.*, 21 fév. 1828, Gervais.

2609. — Ainsi, dans le cas d'une accusation de contrefaction de monnaie ayant cours légal en France, c'est au jury qu'il appartient de décider si le fait du blanchiment d'une pièce de billon réunit, à raison des circonstances relatives ou intrinsèques à sa perpétration, les élémens constitutifs du crime de contrefaction d'une monnaie d'argent. Ce n'est pas là une question de droit qui, après la réponse du jury sur le fait matériel du blanchiment, soit réservée à l'appréciation de la cour d'assises, laquelle aurait à déclarer si ce fait constitue la fabrication d'une pièce d'argent, ou l'altération d'une pièce de cuivre, ou même le simple délit d'escroquerie. — *Cass.*, 17 oct. 1839 (t. 2 1840, p. 122), Fourmy.

2610. — Ainsi, avant l'abrogation de l'art. 280, C. pén., qui prononçait la peine de la marque contre le vagabond convaincu d'un crime emportant la peine des travaux forcés à temps, le jury devait être interrogé non-seulement sur ce crime, mais encore sur le vagabondage. — *Cass.*, 11 avr. 1817, Wacheux; — Carnot, sur l'art. 280, C. pén., t. 1er, p. 749, no 5.

2611. — Ainsi, dans une accusation d'empoisonnement, la circonstance que le crime a été commis par une fille sur sa mère doit être résolue par le jury. — *Cass.*, 19 sept. 1838 (t. 1er 1841, p. 729), Prayer.

2612. — C'est au jury qu'il appartient de s'expliquer sur l'intention; en conséquence, c'est lui seul qui doit décider si, en tenant des livres irréguliers, un failli a agi frauduleusement; la cour d'assises ne peut se permettre de statuer sur ce point de moralité, sous le prétexte qu'il présente une question de droit. — *Cass.*, 3 nov. 1826, Lambert.

2613. — Dans une accusation de discours séditieux tendant à détruire ou changer le gouvernement ou l'ordre de successibilité au trône, etc., la cour d'assises empiète sur les attributions du jury, lorsque, après s'être bornée à l'interroger sur le fait matériel des discours, et sur celui de la publicité, elle se permet de prononcer sur l'objet de ces discours et sur les effets qu'ils tendaient à produire. — *Cass.*, 11 oct. 1816, Viriot.

2614. — En matière de provocation à un crime contre l'inviolabilité du trône par des cris proférés dans des lieux publics, le jury doit être interrogé, non-seulement sur le fait matériel des cris, mais aussi sur le point de savoir si ces cris avaient le simple caractère de séditieux ou le caractère plus grave d'attaque formelle. — *Cass.*, 2 oct. 1819, Maurand.

2615. — La déclaration du jury, portant que l'accusé est coupable d'avoir fabriqué une convention portant obligation, est une déclaration en fait, et non la solution d'une question de droit excédant ses attributions. — C. pén., art. 150 et 147. — *Cass. belge*, 2 mai 1835, Talboom.

2616. — Lorsque, dans une première question, le jury a été interrogé sur toutes les circonstances constitutives d'un complot contre la sûreté de l'état, on peut, sans que ce soit faire statuer les jurés sur une question de droit, leur demander, relativement à chaque accusé, s'il est coupable de complot, quoique en s'abstenant d'en énumérer de nouveau les circonstances constitutives. — *Cass.*, 13 oct. 1832, Poncelet (aff. dite de la rue des Prouvaires).

2617. — En matière de presse, la détermination des délits qui peuvent résulter de la publication d'un écrit, d'une gravure ou emblème quelconque, constitue une question d'appréciation qui doit être résolue par le jury, et non par la cour. — *Cass.*, 23 mai 1834, Coulanges.

Sect. 3e. — *Attributions de la cour d'assises*

2618. — A la cour d'assises seule il appartient de donner aux faits déclarés constans par le jury leur qualification légale.

2619. — Sous le Cod. du 3 brum. an IV, la question de savoir si un ecclésiastique était sujet à la déportation ou à la réclusion renfermait une question de droit dont la solution appartenait à la cour d'assises. — *Cass.*, 19 niv. an VIII, Gaitier.

2620. — Le jury doit être interrogé sur tous les faits et sur les circonstances aggravantes. — V. la section qui précède. — Cependant, il est certaines circonstances qui, bien qu'aggravantes, ont un caractère spécial, et se distinguent des circonstances aggravantes ordinaires; telle est celle de la récidive et celle qui résulte de ce que la personne qui a commis un viol avait autorité sur sa victime. La cour de Cassation a décidé que, dans ces deux cas, la cour et non le jury devait résoudre la circonstance aggravante. — *Cass.*, 4 avr. 1833, Cieutat; 2 oct. 1835, Létard.

2621. — MM. Chauveau et Hélie s'expliquent ainsi sur la question de récidive: « La récidive n'est pas une circonstance aggravante; quoique concomitante à ce fait, elle lui est étrangère; elle diffère sous ce rapport des circonstances de l'âge, de la parenté, des fonctions qui, à l'égard de certains crimes, forment des circonstances aggravantes. La récidive doit être considérée comme élément accidentel de la délibération pour l'application de la loi pénale, et cette délibération est exclusivement dans les attributions des juges de la cour d'assises, d'après les règles sur la division des pouvoirs qui sont écrites dans les art. 362 et suiv., C. d'inst. crim. » — *Th. C. pén.*, t. 1er, p. 420; Legraverend, t. 2, p. 227.

2622. — Jugé, en ce sens, que le fait de la récidive est exclusivement dans les attributions des juges de la cour d'assises, et ne doit point faire l'objet d'une question au jury. — *Cass.*, 11 juin 1812, Chiatone; 3 avr. 1828, Moyse; — Legraverend, t. 2, chap. 2, p. 227; Chauveau et Hélie, *Théorie du Code pén.*, t. 1er, p. 419, et de Serres, *Man. des Cours d'ass.*, t. 1er, p. 378, et t. 2, p. 106; Carnot, sur l'art. 336, C. inst. crim., t. 2, p. 578.

2623. — C'est à la cour d'assises, et non au jury, qu'il appartient de décider si un individu accusé de viol a, en qualité de beau-père, autorité légale sur la victime. — *Cass.*, 2 oct. 1835, Létard; 14 sept. 1837 (t. 1er 1840, p. 109), Assenat.

2624. — ...Si le mari a, dans le sens de l'art. 333, C. pén., autorité sur les enfans de la femme. — *Cass.*, 25 mars 1830, Blain.

2625. — Jugé qu'il ne pouvait résulter aucune nullité de ce que, dans sa délibération relative à un accusé déclaré coupable par le jury, à la majorité simple, la cour d'assises aurait dit qu'il était coupable comme auteur et comme directeur dans une bande de malfaiteurs, et aurait ainsi ajouté la qualité de directeur à celle d'auteur, qui était seule comprise dans la déclaration du jury. — C. inst. crim., art. 351. — *Cass.*, 15 mai 1818, Mainpain; — Carnot, sur l'art. 351, C. inst. crim., t. 2, p. 679, no 7.

2626. — Le motif donné par la cour de Cassation à l'appui de cet arrêt est que la qualité de *directeur* ajoutée par la cour n'a modifié en rien la position de l'accusé; la solution eût évidemment été contraire, si le fait ajouté par la cour avait pu avoir une influence quelconque sur l'application de la peine.

2627. — Dans une accusation de crime de faux, il n'appartient qu'à la cour d'assises de rapprocher les dispositions du Code pén. des faits déclarés par le jury et de décider si, d'après ce rapprochement, ces faits constituent le crime de faux en *écriture privée, publique ou de commerce*. — *Cass.*, 28 déc. 1820, François Viala; 19 fév. 1825, Gaillard; 28 mai 1825, Aubin Vidal; 2 juin 1825, Suzzoni; 7 oct. 1825, Voillot; 3 nov. 1826, Thomas Dubois; 25 mai 1827, Gabreaux; 18 fév. 1830, Couteau; — Legraverend, t. 2, p. 247; Carnot, sur l'art. 147, C. pén., t. 1er, p. 481, no 1er; de Serres *Man. des cours d'ass.*, t. 1er, p. 379.

2628. — Cette jurisprudence est fortement combattue par Bourguignon, dans une dissertation imprimée à la fin du t. 2 de sa *Jurisp. des Codes criminels*, p. 555 et suiv.: « L'art. 337, C. inst. crim., veut, dit-il, que la question générale qui doit être soumise aux jurés soit ainsi conçue: L'accusé est-il coupable d'avoir commis tel meurtre, tel vol ou tel autre crime avec toutes les circonstances comprises dans le résumé de l'acte d'accusation? Et, en rapprochant de cet article la disposition finale de l'art. 241, portant que l'acte d'accusation sera terminé par le résumé suivant: « En conséquence N... est accusé d'avoir commis tel meurtre, tel vol ou tel autre crime, avec telle et telle circonstance, » il s'ensuit bien évidemment que la question générale doit comprendre l'accusation *tout entière*. L'instruction générale insérée dans l'art. 342, ajoute-t-il, attribue aux magistrats la poursuite et la punition des délits, et charge les jurés de décider si l'accusé est *coupable du crime qu'on lui impute*. L'art. 345 répète que les jurés qui sont convaincus doivent déclarer l'accusé *coupable* d'avoir commis le *crime* avec telle circonstance, etc. Ainsi, dit Bourguignon, l'intention du législateur a bien été d'attribuer au jury toutes les questions de fait, qui comprennent *l'appréciation*, la *criminalité des faits*, et de ne réserver aux magistrats que la direction des débats et l'application de la loi pénale. Cet auteur pense, au surplus, que la *qualification* des faits rentre naturellement dans les attributions du jury; il traite de prévention les craintes des personnes qui voient du danger à confier aux jurés cette appréciation inséparable de la criminalité, et il leur oppose sa propre expérience. — Sans rechercher si le jury fonctionnait mieux du temps de Bourguignon que de nos jours, nous répondrons qu'il suffit de débattre devant les jurés une question de droit pour rendre l'acquittement infaillible. En effet, comme l'écrivait à Bourguignon un membre éclairé de la cour suprême, les jurés ne connaissent pas nos Codes; on ne les leur fait pas connaître et on ne doit pas les leur faire connaître. L'ignorance du droit engendre le doute, et le doute entraîne l'acquittement. Les conséquences que cet auteur prétend tirer des art. 337, 341, 342 et 345, C. inst. crim., ne sont pas plus fondées. En exigeant que les jurés soient interrogés et qu'ils répondent sur la question de savoir si l'accusé est *coupable de tel crime*, le législateur n'a point dit que la qualification légale du fait serait nécessairement comprise dans la question; il suffit qu'on y ait inséré tous les élémens constitutifs du crime pour que le jury soit réellement interrogé sur la question de savoir si l'accusé est *coupable de ce crime*. Le vœu de la loi est donc rempli.

2629. — Ainsi est nulle la question par laquelle on demande au jury si l'accusé est coupable du crime de faux *en écriture privée*, pour avoir, etc. — *Cass.*, 28 déc. 1820, Viala.

2630. — Après avoir demandé au jury s'il existe un faux sur un extrait du registre de la préfecture du département, on ne peut lui soumettre en outre la question de savoir si le faux a été commis *en écritures authentiques et publiques*. — *Cass.*, 27 messid. an X, Dangier.

2631. — On ne peut poser au jury la question de savoir si l'accusé est coupable de faux en écriture *authentique et publique* dans un acte obligatoire reçu par tel notaire. — *Cass.*, 20 avr. 1827, Laval; 11 mars 1830, Roulet et Maussel; 6 avr. 1832, Mérieux; — Legraverend, t. 2, p. 247, note 1re.

2632. — Il ne peut résulter une ouverture à cassation de ce que, dans une accusation de faux, la cour d'assises aurait seulement demandé au jury si l'accusé était coupable d'avoir commis le crime de faux sur un billet de loterie, et de ce qu'elle ne lui aurait pas demandé si le fait constituait un faux en écriture authentique, publique, privée ou de commerce. — *Cass.*, 13 mai 1826, Radon.

2633. — La cour d'assises ne commet aucune violation de la loi en ordonnant que le jury sera interrogé, non sur le point de savoir si un faux a été commis en écriture authentique, mais sur des circonstances matérielles propres à constituer ce crime. — *Cass.*, 11 juin 1830, Roulet et Maussel.

2634. — C'est à la cour d'assises et non au jury qu'il appartient de décider si des billets et endossemens argués de faux constituent des écritures de commerce. — *Cass.*, 26 janv. 1827, Avril; 9 mars 1827, de Cordey; 15 juin 1827, Antoine Cadimatti; 11 mars 1830, Rigaud.

2635. — En conséquence, il y a nullité lorsque, au lieu de faire expliquer le jury sur les élémens constitutifs du crime de faux en écriture de commerce, on lui demande si l'accusé est coupable

d'avoir commis le crime de faux *en écriture de commerce*. — *Cass.*, 3 oct. 1817, Armandel; 1er avr. 1826, Désiré de Bihau; 12 avr. 1827, Dufour; 8 juin 1827, Roze; 15 juin 1827, Boissonneau; 3 janv. 1828, Gabriel; 3 juill. 1828, Guntzberger; 4 déc. 1828, Nicolle; 30 avr. 1827, Bertrand Fort; 18 sept. 1829, Petit-Coulon; 22 janv. 1830, Coupeux; 23 déc. 1830, Dechavanne; 2 avr. 1831, Lugues; 30 juin 1831, Muller; 6 janv. 1833, Haudebours-Hurvon; 6 oct. 1836 (t. 1er 1837, p. 535), Genlyes; — Nouguier, *Lett. de change*, t. 1er, p. 504, nos 44 et 45.

2636. — Il suit aussi de là que l'affirmation par un jury qu'il y a eu faux en écriture de commerce doit être considérée comme non avenue, et ne peut motiver, de la part de la cour d'assises, la peine du faux en matière de commerce, alors surtout que les caractères de ce faux ne se rencontrent pas dans les circonstances de faits qui résultent de la déclaration du jury. — Il y a lieu, dans ce cas, à annulation de l'arrêt de la cour d'assises, et à renvoi devant une autre cour pour l'application des peines prévues pour les faits déclarés constans par le jury. — *Cass.*, 5 mars 1840 (t. 2 1840, p. 29), Grange. — V. *contrà* Bourguignon, *Jurisp. des Codes crim.*, t. 2, p. 535.

2637. — Cependant il a été jugé que lorsque le jury a été à tort interrogé sur la question de savoir si le faux avait été commis sur *un effet de commerce*, cette irrégularité ne peut créer un moyen de nullité, lorsqu'elle ne peut changer en rien la position de l'accusé. — *Cass.*, 14 janv. 1830, Fraisse.

2638. — Mais il n'appartient point à la cour d'assises de qualifier une simple quittance acte de commerce. — *Cass.*, 23 juin 1832, Courmont.

2639. — La question de savoir si un faux a été commis par supposition de nom seulement, ou tout à la fois par supposition de nom et de personne, est une question de droit sur laquelle il appartient à la cour d'assises et non au jury de prononcer. — *Cass.*, 21 avr. 1814, Louis Fradet.

2640. — La question de savoir si les monnaies contrefaites sont d'argent ou de billon étant une question de droit, la cour peut se dispenser de la soumettre au jury. — *Cass.*, 22 sept. 1831, Frédéric.

2641. — Dans une accusation de fausse monnaie, il n'appartient qu'à la cour d'assises de décider si les pièces de monnaie contrefaites ont cours légal en France. — *Cass.*, 10 août 1826, Fourgeot; — Carnot, sur l'art. 132, C. pén., t. 1er, p. 435, no 5, et sur l'art. 350, C. inst. crim., t. 2, p. 669, no 7.

2642. — Le fait de banqueroute frauduleuse n'est point un fait distinct et spécial, mais bien une qualification légale de certains faits déterminés; les jurés ne doivent être interrogés que sur les faits constitutifs; quant à la qualification, c'est à la cour d'assises seule qu'il appartient de l'appliquer aux faits déclarés constans. — *Cass.*, 12 nov. 1829, Beausson; 1er août 1835, Trabucco.

2643. — Aussi, le jury interrogé sur les faits constitutifs de la banqueroute frauduleuse ne peut déclarer l'accusé coupable de banqueroute simple; c'est à la cour d'assises seule qu'il appartient de donner aux faits reconnus constans par le jury leur qualification légale. — *Cass.*, 2 mars 1835, Poncelet.

2644. — L'accusé ne peut se faire un moyen de nullité de ce que, au lieu de demander aux jurés si le vol, objet des poursuites, a été commis avec escalade dans une maison habitée, le président leur a proposé, conformément à l'acte d'accusation, la question de savoir si le voleur s'est introduit dans la maison en franchissant le mur qui lui servait de clôture. Ce sera à la cour à apprécier si les faits déclarés constituent la circonstance d'escalade. — *Cass.*, 19 août 1813, Laperche.

2645. — Mais, d'autre part, la position des questions et la déclaration des jurés ne peuvent pas être annulées sous le prétexte qu'en ne divisant pas les questions et en copiant littéralement le résumé de l'acte d'accusation, le président aurait implicitement présenté des points de droit à la décision du jury. — Spécialement, la question de savoir si un vol a été commis avec escalade, ne peut pas être déclarée nulle sous le prétexte que le jury aurait dû être interrogé seulement sur les faits constitutifs de l'escalade, et que la cour d'assises avait seule le droit de les qualifier. — *Cass.*, 26 mars 1812, Dysserinck.

2646. — Quoique l'usage ait fait admettre que la cour d'assises peut se borner à demander au jury si le vol a eu lieu avec la circonstance aggravante d'*escalade*, nous n'en pensons pas moins que cette position de question est irrégulière: en effet, la jurisprudence de la cour de Cassation exige rigoureusement que les jurés soient interrogés sur les circonstances de fait et réserve exclusivement à la cour la qualification légale de ces faits; or le mot *escalade* est précisément un de ceux à l'aide desquels la loi donne à certains faits une qualification légale.

2647. — La question de savoir si le fait d'avoir tué son adversaire en duel rentre sous l'application de la loi pénale, est une question de droit dont le jury ne peut connaître. — *Cass.*, 4 janv. 1839 (t. 2 1839, p. 643), Louizy-Lefrère.

2648. — La cour d'assises, saisie d'une poursuite en adultère par suite de la connexité de ce délit avec le crime de vol imputé au complice de la femme, est compétente pour statuer sans assistance du jury sur les faits de réconciliation que la femme oppose à l'action du mari. — *Ass. de la Seine*, 16 févr. 1834, Ruidiaz.

2649. — La cour d'assises doit appliquer la loi à raison des faits, tels qu'ils ont été déclarés par le jury. — Elle ne peut, sans excéder les bornes de sa compétence, expliquer ou interpréter la déclaration du jury. — *Cass.*, 2 mai 1816, Aoustel; 30 mai 1816, Colombel.

2650. — Elle excède également ses pouvoirs en suppléant au silence de la déclaration du jury, et en expliquant le sens de cette déclaration. — *Cass.*, 12 sept. 1816, Richer; — Carnot, sur l'art. 345, t. 2, p. 641.

2651. — Ainsi, la cour d'assises excède ses pouvoirs en se permettant d'induire l'existence des circonstances constitutives du crime de la réponse affirmative des jurés sur des faits qui *lui paraissent* la constituer. — *Cass.*, 23 juin 1827, Rivière. — A plus forte raison la cour d'assises excède-t-elle ses pouvoirs lorsqu'elle base une condamnation sur des faits que le jury n'a pas déclarés. — *Cass.*, 24 oct. 1811, Tychenne.

2652. — Ainsi, une cour de justice criminelle ne pouvait, sans excès de pouvoir, déclarer constans, comme résultant des débats ou de l'aveu de l'accusé, des faits ou des circonstances aggravantes sur lesquels les jurés n'avaient pas été consultés et n'avaient pas donné de déclaration. — *Cass.*, 26 juin 1806, Benoît; 10 fév. 1809, Laponterie-Escot.

2653. — Ainsi, lorsque le jury n'a point fait de réponse sur les circonstances aggravantes d'un crime, quoiqu'elles fussent comprises dans les questions qui lui ont été soumises, la cour d'assises ne peut supposer la déclaration du jury concordante avec les questions, et appliquer la peine que ces circonstances comportaient. — *Cass.*, 18 août 1815, Morisson.

2654. — Ainsi, la cour d'assises excède ses pouvoirs en ajoutant, dans un arrêt de condamnation, que des pommes de terre qu'un accusé avait tenté de voler n'étaient pas séparées de leur tige, si cette circonstance n'a été ni énoncée dans la question, ni déclarée par le jury. — *Cass.*, 31 janv. 1828, Hennebelle.

2655. — Avant la loi du 4 mars 1831, la cour d'assises appelée à délibérer sur une question résolue par le jury à la majorité simple, ne pouvait suppléer à l'insuffisance de la réponse, ni déclarer l'existence de la fraude, dont il n'était pas parlé dans les questions soumises au jury. — *Cass.*, 26 janv. 1827, Gilles.

2656. — ...Ni, sur une accusation d'homicide *volontaire*, déclarer que l'homicide avait été commis par imprudence, quoiqu'aucune question n'eût été posée à cet égard. — *Cass.*, 10 déc. 1825, Negrel; 7 juill. 1827, Lecourt.

2657. — La question ne pourrait pas se reproduire, parce que l'art. 351, C. inst. crim., a été abrogé par la loi du 4 mars 1831; mais cet arrêt conserve toujours de l'intérêt comme consacrant le principe que la cour d'assises ne peut jamais ajouter à la déclaration du jury. — Bourguignon, *Man. du jury*, p. 517.

2658. — Toutes les *circonstances constitutives* du crime de faux devant être soumises au jury, il n'en doit être omis aucune dans la position des questions, et les cours d'assises ne peuvent suppléer à cette omission en y statuant par leurs arrêts. — *Cass.*, 11 mars 1830, Roulet et Mausset.

2659. — Lorsque le jury a omis de s'expliquer sur une circonstance aggravante qui lui a été soumise, la cour ne peut considérer cette circonstance comme écartée par le jury. L'accusation n'est pas purgée à cet égard, et la cour doit renvoyer les jurés dans leur chambre de délibération, pour qu'ils aient à compléter leur réponse.

2660. — C'est à tort qu'il a été jugé que lorsqu'une circonstance aggravante est complètement omise dans la déclaration du jury, la cour d'assises peut la considérer comme résolue négativement, et ne doit appliquer la peine qu'abstraction faite de cette circonstance. — *Cass.*, 18 août 1815, Morisson.

2661. — La cour d'assises peut, dans certains cas, accorder un sursis; elle peut, en conséquence, décider, dans une accusation de suppression d'état, qu'il sera sursis à l'ouverture des débats jusqu'au jugement de la question d'état.

2662. — Mais elle ne peut pas annuler l'ordonnance de prise de corps, ni ordonner la mise en liberté de l'accusé. — *Cass.*, 22 juin 1820, Delahaye.

2663. — Il n'appartient pas à la cour d'assises de fixer les limites du pouvoir discrétionnaire de son président. — *Ass. du Gard*, 15 nov. 1842 (t. 1er 1843, p. 111), Marignan.

CHAPITRE XIII. — *Déclaration du jury.*

2664. — Après avoir tracé dans les chapitres précédens les règles relatives au vote du jury, et après avoir déterminé les cas où le jury seul ou bien la cour d'assises peuvent intervenir et prononcer sur les divers incidens qui peuvent s'élever sur la position des questions à résoudre par le jury, il convient de développer les règles relatives à la déclaration et aux élémens dont elle se compose.

Sect. 1re. — *Nombre de voix nécessaire pour la déclaration de la culpabilité.*

2665. — Cette partie de notre législation criminelle, introductive d'un droit nouveau, a subi bien des variations avant d'être arrêtée définitivement. L'expérience et l'application des diverses dispositions dont elle s'est successivement formée, en ont long-temps montré l'insuffisance et les défectuosités; de nombreuses modifications en ont été la suite inévitable, et aujourd'hui nous avons à faire connaître à la fois, et ces modifications survenues, et la jurisprudence qui appartient à chacune d'elles. C'est ce que nous allons faire dans quatre divisions spéciales.

ART. 1er. — *Nombre de voix nécessaire pour la déclaration de culpabilité sous la loi du 16-29 sept. 1791, le C. du 3 brum. an IV et la loi du 19 fructid. an V.*

2666. — La loi du 16-29 sept. 1791, tit. 7, art. 28, portait que l'option de trois jurés suffirait toujours en faveur de l'accusé; elle exigeait par conséquent pour la déclaration de culpabilité une majorité de dix voix.

2667. — Le même système avait été adopté par le Code de brum. an IV, art. 403 et suiv.

2668. — Mais, sous ce Code, les voix des jurés qui avaient déclaré le fait non constant, devaient être comptées en faveur de l'accusé sur toutes les autres questions, à peine de nullité. — *Cass.*, 27 brum. an IX, Tissier.

2669. — La loi du 19 fructid. an V vint ajouter à cette législation déjà bien favorable à l'accusé; elle adopta le système de l'unanimité. Elle portait, art. 33: « Les jurés ne pourront, dans les vingt-quatre heures de leur réunion, voter pour ou contre qu'à l'unanimité; ils seront, pendant ce temps, exclus de toute communication extérieure. Si, après ce délai, ils déclarent qu'ils n'ont pu s'accorder pour émettre un vœu unanime, ils se réuniront de rechef, et la déclaration se fera à la majorité absolue. »

2670. — Cependant on jugeait, sous l'empire de cette loi, que la déclaration des jurés adjoints et des jurés titulaires réunis était soumise aux mêmes formalités que la première déclaration, et ne pouvait être prise qu'à l'unanimité, dans les vingt-quatre heures. C'était seulement après ce délai qu'elle pouvait se former à la majorité. — *Cass.*, 17 vent. an VII, Tillier; 11 messid. an VII, Gros; 12 niv. an VIII, Coutil; 29 thermid. an VIII, Guilbert.

2671. — En présence des deux systèmes introduits par ces deux lois, Bourguignon (*Man. du jury*, no 60, p. 128) se prononçait en faveur de celui de la loi du 19 fructid. an V. — Il offrait, suivant lui, le triple avantage de tenter la voie de l'unanimité, d'empêcher que la majorité ne surprît une délibération qui n'aurait pas été suffisamment mûrie, et de donner à la minorité le temps de développer ses motifs; mais il pensait que l'intervalle de vingt-quatre heures était trop long, et il voulait qu'après une première délibération qui n'aurait pas produit l'unanimité, les jurés rentrassent en séance et que la cour leur impartît un délai de trois à dix heures, suivant l'importance de l'affaire, passé lequel leur déclaration eût été reçue à la majorité voulue par la loi. Ce mode, qui diffère peu de celui de l'an V, dont on a reconnu tous les vices, n'eût offert d'autre avantage que d'obliger toujours les jurés à délibérer; mais il n'eût pas empêché, et il eût entraîné fréquemment,

au contraire, des déclarations de pure convention dans le but d'éviter les ennuis et les fatigues d'une tentative inutile, car la conviction ne se commande pas et ne saurait arriver à heure fixe. — N'était-il donc pas mille fois mieux de les laisser arbitres de la durée de leurs délibérations et de s'en remettre entièrement à leur conscience? L'unanimité d'opinion est une si rare exception, que l'on court après une chimère, même en ne voulant que tenter de l'obtenir.

ART. 2. — *Nombre de voix nécessaire pour la déclaration de culpabilité sous le Code d'inst. crim. de 1808.*

2672. — Le Code d'instruction criminelle rejetait le système de l'unanimité. Il portait, art. 347 : « La décision du jury se formera contre l'accusé à la majorité de plus de sept voix. — Elle se formera à la même majorité de plus de sept voix sur l'existence des circonstances atténuantes. — Dans l'un et l'autre cas, la déclaration du jury constatera cette majorité, à peine de nullité, sans que jamais le nombre de voix puisse y être exprimé. »

2673. — Et plus loin, l'art. 351 : « Si néanmoins l'accusé n'est déclaré coupable du fait principal qu'à la simple majorité, les juges délibéreront entre eux sur le même point; et si l'avis de la minorité des jurés est adopté par la majorité des juges, de telle sorte qu'en réunissant le nombre de voix, ce nombre excède celui de la majorité des jurés et de la minorité des juges, l'avis favorable à l'accusé prévaudra. »

2674. — Cette participation des magistrats à la décision du point de fait était vicieuse sous plus d'un rapport.

2675. — Ainsi, quatre juges (le nombre était alors de cinq) pouvaient, en se réunissant aux cinq jurés favorables à l'acquittement, faire changer la décision, et l'emporter sur les huit voix, composées de celles de sept jurés et du cinquième juge.

2676. — C'était toujours, il est vrai, l'avis de la majorité qui l'emportait dans ce cas; mais cette majorité, qui faisait le jugement, se composait d'une seule voix sur dix-sept opinans.

2677. — Il pouvait arriver aussi cet autre singulier résultat que la minorité de la cour l'emportât sur la majorité. Il suffisait, en effet, que deux des cinq magistrats se réunissent aux sept jurés pour la culpabilité; ces neuf voix entraînaient nécessairement le sort de l'accusé, et triomphaient de celles des cinq jurés et des trois magistrats.

2678. — On sentit, dès-lors, la nécessité de modifier les dispositions de l'art. 351; c'est ce qui fut fait par la loi du 24-25 mai 1821, qui disposa en ces termes : « A l'avenir, et lorsque, dans le cas prévu par l'art. 351 du Code d'instruction criminelle, les juges seront appelés à délibérer entre eux sur une déclaration du jury formée à la majorité, l'avis favorable à l'accusé prévaudra toutes les fois qu'il aura été adopté par la majorité des juges. »

2679. — Il résulte clairement de cette disposition que les juges pouvaient, en se réunissant à la minorité du jury, annuler, dans l'intérêt de l'accusé, la déclaration de culpabilité portée contre lui à la simple majorité.

2680. — Bientôt cette modification, apportée à l'art. 351, C. inst. crim., fut reconnue également insuffisante, et fut abrogée, comme cet article lui-même, par la loi du 4-5 mars 1831.

2681. — Ces diverses dispositions législatives avaient donné lieu à des décisions juridiques qui appartiennent plutôt à l'histoire de la jurisprudence qu'à la science du droit, mais que nous devons néanmoins rapporter ici.

2682. — Ainsi on avait jugé que lorsque les voix des jurés étaient partagées, ils devaient déclarer l'accusé non coupable, au lieu d'énoncer dans leur déclaration le nombre des suffrages pour ou contre lui. Ainsi, la déclaration du jury portant que les voix avaient été au nombre de six pour l'affirmative et de six pour la négative équivalait à une déclaration de non culpabilité. Le sens en étant de la plus grande clarté, la cour d'assises ne pouvait se permettre de l'annuler et d'en demander une nouvelle aux jurés. — *Cass.*, 23 juin 1814, Chauvin; — Legraverend, t. 2, p. 239.

2683. — C'était seulement lorsque l'accusé était déclaré coupable du fait principal à la majorité simple, que les jurés étaient tenus de mentionner le nombre des voix dans leur déclaration. A défaut de cette mention, la délibération était réputée prise à la majorité absolue. — *Cass.*, 27 déc. 1811, Jean Barric; 6 fév. 1812, Morin; 2 juill. 1812, Paraire; 10 sept. 1812, Bessières; 29 juill. 1813, Piquenal; 29 déc. 1815, Maillot; 31 oct. 1817, Wilfrid Régnault; 27 déc. 1817, Piller; 22 (au lieu de 20) juin 1820, Terrein; 7 août 1828, Parcellier; — Carnot, *Inst. crim.*, sur l'art. 351, t. 2, p. 677, n° 11.

2684. — Cependant la déclaration des jurés qui n'énonçait pas à quelle majorité elle avait été délibérée n'était présumée avoir été prise à la majorité absolue qu'autant que le président leur avait donné l'avertissement prescrit par la loi. A défaut de cet avertissement, elle ne pouvait servir de base légale à une condamnation. — *Cass.*, 14 sept. 1820, Sourdin; 31 août 1827, Brillois; 16 mai 1828, François Magis; 13 août 1829, Diff. — Carnot sur l'art. 341, t. 2, p. 623, n° 1er; Legraverend, t. 2, chap. 2, p. 230 et 240.

2685. — Mais lorsque le président avait donné aux jurés l'avertissement prescrit par l'art. 341, C. inst. crim., il suffisait que leur déclaration énonçât qu'elle avait été rendue à la majorité pour qu'ils fussent présumés de droit avoir délibéré à la majorité absolue. — *Cass.*, 15 juill. 1824, Dubertrand.

2686. — La déclaration du jury qui mentionnait que sa délibération avait été prise à la *pluralité absolue* des suffrages exprimait suffisamment une majorité légale. — *Cass.*, 3 avr. 1818, Lewy.

2687. — Le jury n'était tenu d'énoncer, dans sa déclaration, à quelle majorité sa décision avait été formée, que dans le cas où cette majorité aurait été de sept voix contre cinq. — Ainsi, la rature des mots : *à l'unanimité, à la majorité absolue*, écrits sur la réponse du jury, n'avait rien d'irrégulier. — *Cass.*, 22 juin 1820, Terrein.

2688. — Encore bien que, sur l'interpellation du président, le chef du jury eût dit que la réponse avait été arrêtée à six voix contre six, cette assertion ne pouvait pas avoir pour effet de détruire la déclaration écrite, signée et lue publiquement, qui portait qu'elle avait été arrêtée à la majorité de sept contre cinq. — *Cass.*, 28 janv. 1830, Miermont.

2689. — Il ne pouvait résulter aucune nullité de ce que la mention que la délibération des jurés avait été prise à la majorité simple se trouvait transcrite à la fin de leur réponse au lieu d'avoir été mise en tête. — *Cass.*, 16 juill. 1818, Dufour.

2690. — La déclaration du jury portant que l'accusé était coupable à la majorité *absolue*, était claire et précise, et excluait l'idée d'une majorité simple. — Néanmoins, si la cour d'assises avait craint que le jury n'eût confondu la majorité absolue avec la majorité simple, le président pouvait interpeller sur ce fait le chef du jury, en présence des autres jurés. — *Cass.*, 29 sept. 1826, Pinloche.

2691. — Lorsque, pour dissiper un doute, les jurés avaient expliqué à l'audience, sur l'invitation du président, que la *pluralité absolue* des suffrages, mentionnée dans leur délibération, s'était composée de dix voix contre deux, leur déclaration à cet égard n'était point le résultat d'une délibération nouvelle et n'avait rien de contraire à l'art. 343, C. inst. crim. — *Cass.*, 3 avr. 1818, Lewy.

ART. 3. — *Nombre de voix nécessaire pour la déclaration de culpabilité depuis la loi du 4-5 mars 1831.*

2692. — Nous avons dit (*suprà* n° 2680) que la loi de 1831 avait abrogé les dispositions de l'art. 351, C. inst. crim. et celles de la loi des 24-25 mai 1821. — Elle apporta, en effet, de notables changemens. Ainsi elle réduisit les magistrats composant la cour d'assises à trois; elle exigea dans le jury une majorité de huit voix contre quatre pour la condamnation, et retira aux cours d'assises la faculté de délibérer sur la déclaration du jury.

2693. — L'art. 3, § 1er, était ainsi conçu : « La décision du jury se formera à la majorité de plus de sept voix. »

2694. — Cette disposition, relative à la formation de la majorité, fut également reproduite plus tard par la loi du 18 avr.-1er mai 1832.

2695. — Plusieurs amendemens furent proposés lors de la discussion de la loi de 1831 : l'un, de M. Gaujal, qui tendait à établir une différence dans le nombre de voix nécessaire pour appliquer les peines moindres que la peine de mort, et le nombre nécessaire pour infliger cette peine. Cet amendement fut repoussé par ce motif qu'on ne pouvait admettre deux espèces de certitude en pareille matière. — Duvergier, *Collect. des lois*, 1831, p. 50.

2696. — Un second, présenté par M. Daunou, qui exigeait la majorité de neuf voix contre trois, au lieu de celle de sept contre cinq, portée au projet, avait d'abord été adopté par la chambre des députés; mais la chambre des pairs changea cette disposition, la remplaçant par celle qui se trouve dans la loi, et qui fut adoptée ensuite par la chambre des députés.

2697. — M. Dumont de Saint-Priest en proposa un troisième, conçu en ces termes : « La décision pour ou contre l'accusé se formera à l'unanimité, à peine de nullité. » — M. Barthe, alors ministre de l'instruction publique, répondit avec raison de la manière suivante : « La législation qui exigerait, pour rendre un jugement criminel, l'unanimité des voix, s'appuierait sur un mensonge, et le jugement serait impossible avec des opinions consciencieuses, car l'unanimité n'existerait pas; elle ne pourrait être obtenue qu'à l'aide d'une concession de la faiblesse, et, par conséquent, ce serait une législation mensongère et immorale. Ce n'est pas au moment où l'Angleterre sent le besoin d'emprunter à notre législation ce qu'elle a de sage sur ce point, que nous devons être tentés d'adopter précisément ce que la sienne a de déraisonnable, et ce qu'elle est disposée à abandonner. » — Ces motifs furent accueillis par la chambre : l'amendement fut rejeté.

2698. — Quoi qu'il en soit de ces divers amendemens, on jugeait, sous l'empire de cette loi, que la déclaration du jury portant que l'accusé est coupable, devait, à peine de nullité, énoncer qu'elle avait été rendue à une majorité de plus de sept voix. — *Cass.* 10 juin 1831, Finot; 16 juin 1831, Cottinet; 14 juillet 1831, Barbier.

2699. — L'accusé déclaré coupable par le jury à la majorité de sept voix devait être acquitté. — *Cass.*, 30 sept. 1831, Gicquel.

2700. — Cette déclaration équivalait à une déclaration de non culpabilité et ne pouvait donner lieu au renvoi des jurés dans la chambre de leurs délibérations. — *Cass.*, 10 mai 1832, Barême.

2701. — Cependant il avait été jugé que lorsque la déclaration du jury n'exprimait point qu'elle avait été prise à la majorité de plus de sept voix, elle n'était pas complète, et la cour d'assises pouvait et devait renvoyer le jury dans la chambre des délibérations pour la rectifier. — *Cass.*, 17 juin 1831, Maître.

2702. — L'obligation imposée au jury de mentionner que sa déclaration contre l'accusé s'était formée à la majorité de plus de sept voix s'appliquait aussi bien aux circonstances aggravantes qu'au fait principal. — *Cass.*, 16 sept. 1831, Parquin; 6 oct. 1831, Bouchy.

2703. — Lorsque, après avoir exprimé la majorité légale sur le fait principal, le jury se bornait à constater que sa décision avait été formée sur chacune des circonstances aggravantes, à la même majorité, cette déclaration se rapportait nécessairement à la seule majorité qui fût exprimée, et remplissait le vœu de la loi. — *Cass.*, 7 fév. 1834, Fagonde.

2704. — Mais lorsque le jury avait déclaré l'accusé coupable sur une circonstance aggravante à la majorité de *sept voix seulement*, il y avait lieu, par la cour de Cassation, d'annuler la partie de la déclaration relative à cette circonstance. — *Cass.*, 17 déc. 1831, Bayard; 13 janv. 1832, Gerig.

2705. — Était également nulle la déclaration du jury portant qu'elle avait été rendue à la majorité de sept voix sur deux circonstances aggravantes. — *Cass.*, 13 janv. 1832, Marius.

2706. — Mais lorsqu'une déclaration pareille intervenait, le jury ne devait pas être renvoyé dans la chambre de ses délibérations pour donner une nouvelle réponse; la circonstance aggravante répondue affirmativement, *à la simple majorité seulement*, devait être écartée.

2707. — Ainsi, la déclaration qui n'énonçait pas qu'elle avait été rendue à la majorité de plus de sept voix, sur les circonstances aggravantes, était nulle, mais seulement dans cette partie, et conservait tout son effet en ce qui concernait le fait principal régulièrement répondu. — *Cass.*, 13 janv. 1832, Gerig.

2708. — La déclaration du jury qui, sur un fait principal, répondait par le simple monosyllabe *Oui*, ou qui reconnaissait l'existence de circonstances aggravantes, était nulle, si elle n'expliquait point qu'elle avait été rendue à la majorité de plus de sept voix. — *Cass.*, 19 août 1831, Brochec.

2709. — De même était nulle, comme ne constatant point la majorité légale de plus de sept voix, la déclaration du jury portant qu'elle était rendue contre l'accusé à la majorité *de plus de voix*. — *Cass.*, 16 août 1833, Faure et Monneryc.

2710. — L'existence de cette majorité devait, à peine de nullité, être constatée sans que dans aucun cas, le nombre de voix pût y être exprimé. — L. 4-5 mars 1831, art. 3.

2711. — En conséquence était nulle la déclaration du jury qui mentionnait qu'elle avait été rendue à la majorité de dix voix contre deux, ou à la

majorité de neuf voix, ou à l'unanimité. — *Cass.*, 7 juill. 1831, Marcellin; 30 déc. 1831, Montagnac; 17 juin 1831, Dumazel; 30 juin 1831, Gardès; 19 août 1831, Imbert; 8 sept. 1831, Auffray dit Breton; 15 sept. 1831, Boullay; même jour, Bouillé; 23 sept. 1831, Fortin; 23 sept. 1831, Blanchard; 24 sept. 1831, Jousselin; 30 sept. 1831, Rivalier; 7 oct. 1831, Beguey; 12 janv. 1832, Fulmer; 13 janv. 1832, Bringel; 20 janv. 1832, Germann; 10 sept. 1835, Couaroux.

2712. — Comme on le voit par les nombreux arrêts qui précèdent, toutes les fois qu'une décision du jury, contrairement à l'art. 3 précité, faisait connaître par quel nombre de voix la majorité s'était formée contre l'accusé, cette décision était annulée, même lorsqu'elle contenait la mention d'*unanimité*, car elle faisait également connaître par là quelles étaient les voix qui avaient voté pour la culpabilité. Mais la nullité ne frappait que les déclarations sur lesquelles le jury avait fait connaître le nombre de voix qui les avait fait prendre.

2713. — Il eût été peu rationnel, en effet, d'étendre la nullité aux autres questions régulièrement répondues, à moins qu'il n'y eût indivisibilité.

2714. — Aussi a-t-il été jugé que la déclaration du jury portant qu'elle avait été rendue à l'*unanimité* sur certaines questions était nulle, mais seulement en ce qui concernait celles à l'égard desquelles le nombre des voix avait été exprimé. — *Cass.*, 13 janv. 1832, Bringel. — Nous avons cité (*suprà* no 2707) un arrêt qui a décidé dans le même sens.

2715. — De même, il a été jugé qu'il n'y avait point lieu d'annuler la déclaration du jury, bien que quelques unes des questions posées eussent été répondues contre l'accusé à l'unanimité, si les réponses régulièrement faites à la majorité de plus de sept voix sur d'autres questions suffisaient pour justifier la légalité de la peine appliquée. — *Cass.*, 23 sept. 1831, Blanchard.

2716. — Du reste, cette prohibition faite aux jurés, à peine de nullité, d'exprimer le nombre de voix qui formait leur décision ne concernait que celles qui étaient contraires à l'accusé ou la déclaration des circonstances atténuantes, mais ne pouvait être étendue aux décisions qui lui étaient favorables. — *Cass.*, 18 avr. 1834, Geysse.

2717. — Sous l'empire de la loi du 4 mars 1831, il y avait violation de la loi dans la déclaration du jury constatant qu'il était partagé sur une des questions qui lui étaient posées, et que l'autre question avait été répondue à la majorité de sept voix. Toutefois, ces réponses équivalant à une déclaration négative de la culpabilité, puisqu'elles n'étaient pas rendues à la majorité légale, étaient favorables à l'accusé et devaient être considérées comme lui étant acquises. — *Cass.*, 23 juin 1814, Chauvin; 25 juill. 1833, Boudin.

2718. — Au reste, cette loi n'interdisait pas d'exprimer en chiffres le nombre de voix formant la déclaration du jury. — *Cass.*, 5 sept. 1833, Lemoine.

ART. 4. — *Nombre de voix nécessaire à la déclaration de culpabilité depuis la loi du 9 sept. 1835.*

2719. — Le dernier état de notre législation sur le nombre de voix nécessaire à la déclaration de culpabilité est réglé par la loi 9 sept. 1835. C'est notre quatrième période.

2720. — Cette loi, par un retour à l'ancien système, veut que la décision du jury soit prise à la majorité de sept contre cinq; mais elle donne à la cour d'assises la faculté d'annuler cette décision par un sursis et d'ordonner le renvoi à une autre session.

2721. — L'art. 1er, rectifiant l'art. 348, C. instr. crim., porte : « La décision du jury, tant contre l'accusé que sur les circonstances atténuantes, se formera à la majorité, à peine de nullité. La déclaration du jury constatera la majorité, à peine de nullité, sans que le nombre de voix puisse y être exprimé, si ce n'est dans le cas prévu par le quatrième § de l'art. 341. »

2722. — Ces dispositions sont évidemment contraires au système créé par la loi du 4-5 mars 1831; l'art. 3, d'ailleurs, est abrogé explicitement par l'art. correspondant de la loi de 1835.

2723. — Il a même été jugé que les dispositions de cette dernière loi sur le nombre de voix nécessaire pour former la décision du jury sont applicables aux procédures commencées avant sa promulgation. — *Ass. de la Seine*, 11 sept. 1835, Marchand; *Cass.*, 13 nov. 1835, Jaffrennou.

2724. — Du 2e § de l'art. 347, il résulte nécessairement que la déclaration du jury qui ne mentionne pas qu'elle a été rendue à la majorité, est nulle et ne peut servir de base légale à une condamnation. — *Cass.*, 22 déc. 1836 (t. 1er 1838, p. 49), Jacquot; 8 janv. 1837 (t. 1er 1837, p. 63), Plisson; 6 janv. 1837 (t. 2 1840, p. 96), Chemin; même jour (t. 2 1837, p. 24), Gary; 5 janv. 1837 (t. 2 1840, p. 89), Jeannin.

2725. — Il en est de même lorsque, sur trois réponses affirmatives, elle ne mentionne l'existence de la majorité légale que relativement à une seule, celle qui comprend une circonstance aggravante. — *Cass.*, 17 déc. 1835, Garat.

2726. — Jugé aussi que les réponses du jury sur les circonstances aggravantes comme sur les faits principaux doivent, *à peine de nullité*, énoncer qu'elles ont été rendues *à la majorité*. — *Cass.*, 23 juin 1836, Vaucher; 10 août 1837 (t. 1er 1838, p. 561), Lafitte; 19 juill. 1838 (t. 1er 1840, p. 297), Couchard; 12 juill. 1838 (t. 2 1838, p. 472), Imbert; 15 déc. 1844 (t. 1er 1845, p. 565), Gabrielle; 5 juin 1845 (t. 2 1845, p. 569), Serand.

2727. — La cour d'assises doit renvoyer le jury dans la chambre de ses délibérations pour qu'il ait à régulariser sa réponse, alors que sa déclaration de culpabilité ne mentionne pas qu'elle a été rendue à la majorité. — *Cass.*, 8 sept. 1837 (t. 2 1837, p. 586), Laurent c. Charreyron.

2728. — Ce renvoi doit être ordonné, encore bien que la déclaration du jury ait été lue à l'accusé. — V. *infrà* nos 3220 et suiv.

2729. — Ainsi, lorsque le jury a omis, dans sa déclaration contre l'accusé, de constater l'existence de la majorité sur la réponse à l'une des questions posées, la Cour d'assises peut lui prescrire de délibérer de nouveau et de faire connaître sa détermination régulière, encore bien que la déclaration ait déjà été lue à l'accusé. — *Cass.*, 27 janv. 1842 (t. 1er 1842, p. 667), Roussel.

2730. — Dans l'opinion la plus répandue, la nullité résultant de l'irrégularité de la déclaration du jury est acquise, soit à l'accusé, soit au ministère public, après la lecture qui en a été faite en présence de l'accusé, et cette nullité ne saurait plus être réparée, parce que les pouvoirs du jury sont expirés; mais nous préférons à cette opinion celle consacrée par l'arrêt que nous recueillons. — L'annulation qu'il faudrait faire prononcer par la cour de Cassation est une voie extraordinaire à laquelle il ne doit être permis de recourir qu'à défaut de toute autre. Or, nous ne voyons rien dans la loi ni dans la raison qui puisse s'opposer à ce que l'irrégularité de la déclaration soit réparée. Il n'est pas exact, en effet, de dire que les pouvoirs du jury sont expirés. Le jury n'épuise personnellement ses pouvoirs que par une déclaration régulière qui peut mettre la Cour d'assises dans la possibilité d'appliquer le droit au fait; il n'en est dépouillé que par une ordonnance d'acquittement, ou par un arrêt soit d'absolution, soit de condamnation. Mais quand la déclaration est telle, qu'elle ne peut servir de base à un arrêt, c'est comme si elle n'existait pas; la double lecture qui en a été faite ne peut pas plus en rendre le vice indélébile qu'elle ne peut la valider. Les choses sont donc entières, on se trouve dans la même position que si aucune déclaration n'était intervenue, et rien ne met obstacle à ce que, prenant la voie la plus simple et la plus naturelle, la Cour d'assises ne prononce la nullité qui lui avait d'abord échappé, et n'ordonne aux jurés, qui n'ont pas encore pu avoir de communication au dehors, de donner une nouvelle déclaration plus régulière. — Mais, si la déclaration était régulière, elle deviendrait irréfragable par la lecture qui aurait été faite à l'accusé, et le président ne pourrait, dès lors, en provoquer une nouvelle de la part des jurés sous prétexte d'insuffisance, d'ambiguïté ou de contradiction dans la première. — Carnot, sur les art. 347 et 350, C. inst. crim., p. 651, no 4, et 668, no 2; Bourguignon, *Manuel du jury*, no 331, p. 506.

2731. — Lorsque la réponse du jury sur une circonstance aggravante ne mentionne pas qu'elle a été rendue à la majorité, il y a lieu d'annuler et de renvoyer à de nouveaux débats en ce qui concerne le fait principal et les circonstances qui s'y rattachent. Mais il y a lieu de maintenir l'acquittement prononcé par suite d'une déclaration régulière de la part du jury sur un chef d'accusation distinct du premier. — *Cass.*, 10 août 1837 (t. 1er 1838, p. 561), Lafitte.

2732. — L'exception portée, par la loi du 9 sept. 1835, à la disposition de l'art. 347, C. inst. crim., qui défend d'exprimer dans la déclaration du jury le nombre de voix auquel elle a été rendue, ne concerne que le fait principal et ne peut être étendue aux circonstances aggravantes, à l'égard desquels l'art. 347 doit recevoir son exécution. — En conséquence, est nulle la réponse du jury sur une circonstance aggravante lorsqu'elle exprime

qu'elle a été arrêtée à la simple majorité. — *Cass.*, 22 janv. 1836, Cayze; 28 janv. 1836, Duprot; 13 déc. 1838 (t. 1er 1839, p. 311), Nugues; 4 janv. 1839 (t. 2 1839, p. 652), Blondeau; 29 août 1839 (t. 1er 1840, p. 379), Latournelle; 5 sept. 1839 (t. 1er 1840, p. 498), Desange; 16 janv. 1840 (t. 1er 1840, p. 462), Jouvin et Drial; 4 juin 1840 (t. 2 1840, p. 181), Monnois; 31 déc. 1840 (t. 1er 1842, p. 522), N...; 18 avr. 1845 (t. 2 1845, p. 589), Leduc.

2733. — Les jurés renvoyés dans la chambre de leurs délibérations, à raison de l'absence de la mention *à la majorité*, peuvent et même doivent procéder à une nouvelle déclaration. — Lors donc que, par cette seconde déclaration, ils ont reconnu l'accusé coupable sur l'un des chefs qu'ils avaient écartés dans la première, la cour ne peut pas, alors surtout que celle-ci n'a pas été lue en présence de l'accusé, déclarer qu'elle était acquise à ce dernier; que le jury avait été renvoyé dans sa chambre uniquement pour y réparer l'omission relative à la question répondue affirmativement, et non pour substituer à sa première déclaration une nouvelle par laquelle se trouverait aggravé le sort de l'accusé. — La cour doit, dans ce cas, appliquer la peine résultant de la dernière déclaration. — *Cass.*, 6 janv. 1837 (t. 2 1837, p. 24), Gary.

Sect. 2e. — *Décision de la cour lorsque la déclaration du jury a été rendue à la simple majorité.*

2734. — Nous avons vu (*suprà* nos 2678 et suiv.) que, sous l'empire de l'ancien art. 351, C. inst. crim., la cour participait à la connaissance du fait, lorsque l'accusé n'était déclaré coupable *du fait principal* qu'à la simple majorité.

2735. — Mais le fait principal dont parlait l'art. 351 ne pouvait s'entendre que d'un fait qui constituait une infraction aux lois et qui était passible d'une peine.

2736. — La jurisprudence a spécifié certains cas dans lesquels la participation de la cour pouvait avoir lieu ou devenait nécessaire.

2737. — Ainsi, sur une accusation d'homicide commis hors les cas d'imprudence et autres, déterminés dans l'art. 319, C. pén., et qui n'est punissable qu'autant qu'il a été commis volontairement, le fait de l'homicide ne pouvait être considéré comme le fait principal, si on l'isolait de la question de volonté. — En conséquence, il suffisait que, sur une accusation de cette nature, le jury n'eût résolu qu'à la majorité de sept voix contre cinq la question relative à la volonté, pour que la cour d'assises fût obligée d'en délibérer. — *Cass.*, 10 mars 1812, Best.

2738. — De même, lorsque, dans une accusation d'homicide volontaire, il avait été soumis au jury une question sur le point de savoir si cet homicide avait été commandé par la nécessité actuelle de la légitime défense de soi ou d'autrui, cette question, réunie à celle de l'homicide, constituait le fait principal; et la cour d'assises devait en délibérer lorsque le jury l'avait résolue à la majorité simple. — *Cass.*, 22 août 1816, Audoyneau.

2739. — De même encore, dans une accusation de coups portés volontairement par un fils sur son père, la volonté est l'un des élémens constitutifs, et non une circonstance aggravante du fait principal; et lorsque la question de volonté n'avait été résolue par le jury qu'à la majorité simple, la cour d'assises devait en délibérer. — *Cass.*, 24 janv. 1822, Rapel; — Legraverend, t. 2, ch. 2, p. 251, note 2e; de Serres, *Man. des cours d'ass.*, t. 1er, p. 423.

2740. — Jugé aussi que, dans une accusation de meurtre, la volonté n'est point une simple circonstance aggravante, mais un élément du fait principal sur lequel la cour d'assises avait le droit de délibérer, lorsqu'il n'avait été résolu par le jury qu'à la simple majorité. — *Cass.*, 16 mai 1828, Jullian.

2741. — ... Et que lorsque, sur un fait qui se compose de deux parties constitutives et essentielles, tel que le crime d'incendie, le jury se prononce à l'unanimité sur la première partie, le fait matériel d'incendie, et à la majorité simple sur l'autre partie, la volonté d'incendier, il en résulte que le fait principal se trouve résolu à la majorité simple, et en conséquence, que la cour d'assises était tenue de délibérer sur cette déclaration. — *Cass.*, 30 avr. 1812, Bréant; — Merlin, *Rép.*, vo *Juré*, § 4.

2742. — Jugé encore que le discernement est constitutif de la criminalité du fait et devient par là même partie substantielle du fait principal, et que, lorsque la question de discernement avait été résolue affirmativement par le jury à la majorité simple, la cour d'assises devait en délibérer. — *Cass.*, 6 déc. 1821, Chevalier.

2743.—...Et que, dans une accusation de meurtre, lorsque le jury résolvait affirmativement la question d'homicide en expliquant que c'était à la simple majorité et résolvait aussi affirmativement la question relative à la volonté, mais sans indiquer si c'était à la simple majorité ou à une majorité plus forte, il y avait lieu de présumer que la question d'intention n'avait été résolue qu'à la majorité simple; car, s'il en avait été autrement, les jurés qui n'admettaient pas la culpabilité sur le fait d'homicide ne pouvant, *à fortiori*, l'admettre sur l'intention, il y aurait eu contradiction dans la déclaration. — *Cass.*, 16 mai 1828, Jullian.

2744.—Mais, lorsque le jury avait déclaré l'accusé coupable, *à la majorité*, il y avait présomption légale que sa délibération s'était formée à la majorité absolue. Il n'y avait pas conséquemment pour l'accusé délibération de la cour. — *Cass.*, 29 déc. 1815, Maillot et Merle; — Legraverend, t. 2, chap. 2, p. 240, note 3e.

2745. — De même, lorsque, sur une accusation d'assassinat, le jury avait déclaré à la majorité absolue l'accusé coupable d'homicide volontaire, et n'avait résolu affirmativement la question de préméditation qu'à la majorité simple, il n'y avait pas lieu pour la cour d'assises à délibérer sur cette seconde partie de la déclaration, qui n'était qu'une circonstance aggravante. — *Cass.*, 27 avr. 1812, Duffès; 11 fév. 1813, Ricard; 20 janv. 1824, Blondin Dupuis; 27 janv. 1826, Lanou.

2746. — Le guet-apens n'étant qu'une circonstance aggravante du fait principal, il n'y avait pas lieu de la part des juges de la cour d'assises à délibérer lorsque la déclaration du jury était rendue à la majorité simple sur cette question. — *Cass.*, 25 août 1826, Couraud.

2747. — La déclaration affirmative du jury, à la majorité simple, sur l'effraction, qui n'est qu'une circonstance accessoire du vol, ne donnait pas lieu à la délibération des juges de la cour d'assises. — *Cass.*, 22 juin 1815, Jacques Allaume; — Carnot, sur l'art. 351, C. inst. crim., t. 2, p. 621, no 12.

2748. — La cour d'assises était sans pouvoir pour délibérer sur une déclaration du jury, rendue à la majorité ordinaire sur le fait d'un vol, et à la majorité simple sur la circonstance aggravante de ce délit. — *Cass.*, 10 janv. 1812, Auguste Prunier; — Merlin, *Rép.*, vo *Juré*, § 4; Legraverend, t. 2, chap. 2, p. 250.

2749. — Dans une accusation de pillage de grains en réunion et à force ouverte, le pillage forme le fait principal, et l'emploi de la force ouverte n'en est qu'une circonstance aggravante. — Avant la loi du 4 mars 1831, quoique cette circonstance n'eût été résolue par le jury qu'à la majorité simple, la cour d'assises ne devait point en faire l'objet d'une délibération. — *Cass.*, 8 janv. 1818, Benoît Caillaud; — Legraverend, t. 2, chap. 2, p. 251.

2750. — La cour d'assises n'était pas appelée à délibérer, lorsque le fait principal était déclaré à l'unanimité par le jury et la circonstance aggravante à la majorité simple, encore bien que ce fait, par exemple un vol, dégagé de la circonstance de l'effraction, ne constituât plus qu'un simple délit. — *Cass.*, 10 janv. 1812, Sénéchal; — Legraverend, t. 2, chap. 2, p. 252; Carnot, sur l'art. 341, t. 2, p. 621, no 12, et sur l'art. 351, t. 2, p. 677, no 10.

2751. — En matière de coups et blessures graves, la question relative à une provocation violente porte sur un fait accessoire d'excuse et non sur le fait principal de l'accusation. En conséquence, avant les modifications introduites dans le Code penal, lorsque cette question avait été résolue par le jury à la majorité simple, il n'y avait pas lieu à une délibération de la part des juges de la cour d'assises sur cette question. — *Cass.*, 15 oct. 1813, Henri Blendt.

2752. — Toutefois il a été jugé que lorsque, sur une première partie de la question qui lui était soumise, le jury avait déclaré à l'unanimité l'accusé coupable d'attaque et de résistance avec violences et voies de fait suivies d'effusion de sang envers des gendarmes dans l'exercice de leurs fonctions, la cour d'assises ne pouvait se dispenser d'appliquer les peines portées par les art. 228, 230 et 231, C. pén., sous le prétexte que, dans la deuxième partie de sa réponse, le jury avait déclaré à la majorité simple que le rassemblement armé dont l'accusé avait fait partie se trouvait composé de moins de vingt personnes. Cette circonstance n'altérait point le caractère du premier fait déclaré constant. — *Cass.*, 4 fév. 1830, André Robert.

2753. — Des décisions qui précèdent il résulte, au moins implicitement, que la délibération de la cour ne pouvait porter sur les circonstances aggravantes, lors même que le fait principal et les circonstances aggravantes avaient été résolues affirmativement à la simple majorité. L'arrêt suivant l'a décidé d'une manière tout à fait explicite.

2754. — Lorsqu'un accusé de tentative d'homicide volontaire, avec préméditation et guet-apens, avait été déclaré coupable avec toutes les circonstances, à la simple majorité du jury, la délibération de la cour d'assises ne pouvait porter que sur le fait principal de la tentative d'homicide volontaire. Il y avait nullité si cette cour s'était permis de prendre une décision contraire sur les circonstances aggravantes. — *Cass.*, 19 juill. 1821, Sellecque; — Legraverend, t. 2, chap. 2, sect. 9e, p. 162, note 2e; Bourguignon, *Jurip. des Codes crim.*, sur l'art. 351, C. inst. crim., t. 2, p. 146; Carnot, sur le même article, t. 2, p. 674, no 8.

2755. — Cependant il a été jugé que, lorsque l'accusé avait été déclaré coupable à la majorité simple, et que la cour d'assises *avait adopté l'avis de la majorité du jury*, il ne pouvait résulter aucune nullité de ce que la cour d'assises aurait délibéré, quoique inutilement, sur les circonstances aggravantes. — *Cass.*, 10 oct. 1817, La Borderie.

2756. — Lorsque le jury avait déclaré à la majorité simple un accusé coupable d'une tentative d'émission de pièces de monnaie qu'il savait être fausses, et qu'il n'avait pas reçues pour bonnes, la cour d'assises délibérant sur cette réponse ne pouvait pas la scinder, en admettant d'une part l'existence de la tentative, et en déclarant de l'autre que les pièces avaient été reçues pour bonnes. — *Cass.*, 15 avr. 1826, Schmitt; — Carnot, t. 2, p. 679, no 7.

2757. — Lorsque la déclaration du jury n'expliquait pas d'une manière claire et positive si la majorité simple portait sur le fait principal ou sur le fait de la circonstance aggravante seulement, ou bien sur les deux faits cumulativement, la cour d'assises devait ordonner aux jurés de retourner dans leur chambre, pour expliquer leur déclaration. — *Cass.*, 9 juill. 1812, Sewatt; — Merlin, *Rép.*, vo *Juré*, § 4.

2758. — C'était seulement lorsque l'accusé avait été déclaré coupable, à la simple majorité des jurés, que la cour d'assises pouvait en délibérer; il n'y avait jamais lieu à une délibération de sa part, lorsque l'accusé avait été déclaré non coupable. — *Cass.*, 18 avr. 1822, Bechard.

2759. — Avant la loi du 24 mai 1821, lorsque l'avis de la minorité des jurés était adopté par la majorité des juges, de telle sorte qu'en réunissant le nombre des voix, ce nombre excédait celui de la majorité des juges, l'avis favorable à l'accusé prévalait. — C. inst. crim., ancien art. 351.

2760. — En conséquence, il ne suffisait pas, pour que l'accusé pût être acquitté, que l'avis de la majorité des jurés eût été adopté par la majorité des juges; il fallait qu'en réunissant les voix des juges et des jurés, les voix qui avaient déclaré l'accusé coupable n'excédassent pas le nombre des voix qui lui avaient été favorables. — *Cass.*, 29 avr. 1813, Polders; 26 août 1813, Juillerat; 8 janv. 1814, Juillerat; 12 mai 1814, Bidault; 8 fév. 1816, Colenet.

2761. — Ainsi, il suffisait, pour donner une base légale à la condamnation, que deux des juges fussent réunis à la majorité des jurés. — *Cass.*, 16 janv. 1818, Drujon.

2762. — La cour d'assises n'était pas tenue d'énoncer à combien de voix elle s'était réunie à la majorité des jurés, en déclarant l'accusé coupable. — *Cass.*, 28 déc. 1815, Hautier.

2763. — Cependant, il a été jugé que l'arrêt d'acquittement était nul, s'il ne contenait pas la preuve que le nombre des voix, tant des juges que des jurés, favorables à l'accusé, excédait le nombre de celles qui lui étaient contraires. — *Cass.*, 12 mai 1814, Bidault.

2764. —...Que, lorsque le jury n'avait déclaré l'accusé coupable qu'à la majorité simple, il y avait nullité, si la délibération que la cour d'assises avait dû prendre n'était consignée dans aucun acte authentique et légal, qu'il ne pouvait être suppléé à cette preuve, ni par des certificats extrajudiciaires, ni par une preuve testimoniale. — *Cass.*, 21 août 1817, Colombier.

2765. — ... Mais qu'il suffisait que cette délibération fût insérée dans l'arrêt définitif de condamnation, dont la minute, signée par tous les juges, lui donnait le caractère nécessaire d'authenticité. — *Cass.*, 29 mai 1817, Laporte.

2766. — ... Et que l'arrêt par lequel une cour d'assises déclarait se réunir à la majorité du jury n'était point soumis aux formalités des arrêts définitifs; qu'il était suffisamment constaté par le procès-verbal des débats revêtu de la signature du président et du greffier. — *Cass.*, 30 déc. 1830, Rabaud.

2767. — Dans la première édition de son *Traité de législation criminelle*, Legraverend avait combattu cette jurisprudence, qu'il signalait comme contraire tout à la fois à l'équité et à l'institution du jury. La loi du 24 mai 1821 (V. *suprà* no 2678) l'avait changée en déposant que l'avis favorable à l'accusé prévaudrait toutes les fois qu'il aurait été adopté par la majorité des juges. Le même auteur a soutenu, dans sa deuxième édition, qu'il eût été plus raisonnable d'exiger une majorité de huit jurés contre quatre pour prononcer une condamnation. Cet avis a, en effet, été consacré par la loi du 4 mars 1831. Mais cette loi, à son tour, a été modifiée, et on en est revenu à la majorité de sept voix contre cinq, en réservant à la cour d'assises la faculté de surseoir au jugement et de renvoyer la cause à la prochaine session, quand la majorité des juges est d'avis que les jurés se sont trompés au fond (V. *suprà* nos 2720 et suiv.). — Le système de Legraverend est, selon nous, le seul en harmonie avec l'institution du jury. Il est à regretter que nos législateurs n'aient pas cru devoir en faire une plus longue expérience, surtout en le combinant avec le vote au bulletin secret — Legraverend, t. 2, chap. 2, p. 249, notes 1re et 2e; Carnot, sur l'art. 351, C. inst. crim., p. 673, no 6.

2768. — La cour doit donc, sous le système actuel, accepter la déclaration du jury telle qu'elle résulte de ses réponses, sans pouvoir rien y ajouter.

Sect. 3e. — *Forme de la déclaration du jury.*

ART. 1er. — *Formule qui précède la déclaration du jury.*

2769. — Sous l'empire du Code du 3 brum. an IV, la lecture de la déclaration du jury devait être précédée de cette formule: *Sur mon honneur et ma conscience, la déclaration du jury est que....* — Art. 418.

2770. — Ainsi, il ne suffisait pas que le chef du jury donnât une simple lecture de la déclaration du jury; il fallait, de plus, qu'il déclarât en son honneur et conscience que telle avait été réellement la déclaration du jury. — *Cass.*, 18 vent. an X, Balaresque et Bacuud; 27 mess. an XI, Bonnecasse.

2771. — Mais il n'y avait pas lieu à l'annulation de la déclaration du jury, bien qu'il fût constaté, par le procès-verbal de la séance, que le chef du jury avait prononcé la formule en ces termes: *Sur mon ame et ma conscience*, au lieu de: *Sur mon honneur et ma conscience*. — *Cass.*, 10 fév. 1809, N... — Carnot, t. 2, p. 658, no 2.

2772. — Aujourd'hui, lorsque le président a demandé aux jurés quel est le résultat de leur délibération, le chef du jury se lève, et la main placée sur son cœur, dit: «*Sur mon honneur et ma conscience, devant Dieu et devant les hommes, la déclaration du jury est.......*» — C. inst. crim., art. 348.

2773. — Cependant la loi ne prescrit pas à peine de nullité, au chef du jury, de placer la main sur le cœur au moment de sa déclaration. — *Cass.*, 24 nov. 1832, Lecouvreur.

2774. — Le chef du jury n'est point tenu d'écrire de sa main la formule qui précède la déclaration du jury, elle peut valablement être imprimée. — *Cass.*, 5 fév. 1835, Dejean et Gourdon; 17 oct. 1832, la *Tribune*.

2775. — La mention au procès-verbal que les jurés étant rentrés dans l'auditoire, leur chef a lu en présence des jurés la déclaration dans les formes prescrites par l'art. 348 C. inst. crim., satisfait au vœu de la loi. — *Cass.*, 16 juill. 1818, Dufour.

2776. — Lorsque le procès-verbal des débats constate qu'avant de lire la déclaration, le chef du jury s'est conformé à ce qui est prescrit par l'art. 348, C. inst. crim., il n'est pas nécessaire que la formule du serment exigée de lui soit transcrite en tête de la déclaration dont elle ne fait point partie. — *Cass.*, 31 déc. 1829, Murguant; 10 juin 1830, Taburet.

2777. — Il y a alors preuve suffisante que le chef du jury a prononcé ces mots: *Sur mon honneur et ma conscience*, etc., avant de lire la déclaration du jury. — *Cass.*, 10 juin 1830, Simon; 16 avr. 1831, Acerbé; 28 avr. 1831, Jouen et Bour; 10 mai 1832, Barême.

2778. — La circonstance que le chef des jurés a écrit, dans la salle d'audience et non dans la salle de leurs délibérations, la formule *sur mon honneur et ma conscience*, etc., n'est point une cause de nullité. — *Cass.*, 16 juill. 1812, Boullon.

2779. — Il n'y a, en effet, aucune utilité à renvoyer les jurés dans leur chambre, pour une rectification qui ne touche nullement au fond de leur délibération, et qui peut, sans inconvénient, être

faite par le chef du jury sous les yeux des autres jurés. — Merlin, *Rép.*, vo *Juré*, § 4 ; Carnot, *Inst. crim.*, sur l'art. 348, t. 2, p. 660, no 1er.

2780. — Il a même été jugé que la formule *sur mon honneur et ma conscience*, dans la déclaration du jury, n'est pas prescrite à peine de nullité. — *Cass.*, 26 juin 1817, Cardinaux ; 24 sept. 1819, Jean d'Ambricourt. — *Contrà* Carnot, sur l'art. 348, t. 2, p. 658.

2781. — En conséquence, l'accusé ne peut se faire un moyen de nullité de ce que la déclaration du jury ne porte pas cette formule. — *Cass.*, 19 juin 1819, Leclerc ; — Legraverend, t. 2, p. 240, note 5e.

ART. 2. — *Rédaction de la déclaration du jury.*

2782. — L'art. 412 du Code du 3 brum. an IV exigeait formellement que la déclaration du jury fût rédigée par écrit. — La même prescription résulte de plusieurs dispositions du Code d'instruction criminelle, et notamment de l'art. 349, qui exige la signature de la déclaration par le chef du jury.

2783. — Cette déclaration doit être écrite par le chef du jury. Cependant il n'est pas exigé, sous peine de nullité, qu'elle soit écrite en entier de sa main ; il suffit qu'elle soit signée par lui. — *Cass.*, 24 déc. 1829, Barcel.

2784. — La déclaration du jury doit être rédigée telle qu'elle a été délibérée ; s'il s'élevait des réclamations de la part des jurés, il devrait y être fait droit tant que la déclaration n'aurait pas été signée. — Carnot, sur l'art. 347, no 2.

2785. — Il n'est pas nécessaire que la déclaration du jury soit transcrite dans le procès verbal des débats, il suffit qu'elle soit écrite en regard des questions. — *Cass.*, 5 janv. 1832, Lecomte.

2786. — Si le jury pense que le fait n'est pas constant, ou que l'accusé n'en est pas convaincu, il dit : « Non, l'accusé n'est pas coupable. » — S'il pense, au contraire, que le fait est constant, et que l'accusé en est convaincu, il répond : « Oui, à la majorité, l'accusé est coupable. » — C. inst. crim., art. 348.

2787. — Il n'est pas nécessaire qu'il reproduise la question qui lui a été posée. — *Cass.*, 29 mars 1832, Thiault. — Il doit se borner à répondre : « Oui, à la majorité... »

2788. — S'il reconnait l'existence de circonstances aggravantes, il répond aux questions qui lui sont posées à cet égard : « Oui, à la majorité... » — L. 13 mai 1836, art. 1er.

2789. — S'il pense qu'il y a, en faveur de l'accusé, des circonstances atténuantes, il le déclare ainsi : « A la majorité, il y a des circonstances atténuantes en faveur de tel accusé. »

2790. — Mais la déclaration du jury, en ce qui concerne les circonstances atténuantes, ne doit exprimer le résultat du scrutin qu'autant qu'il est affirmatif. — L. 13 mai 1836, art. 3. — V. CIRCONSTANCES ATTÉNUANTES.

2791. — Et, bien que le chef du jury soit tenu de poser la question des circonstances atténuantes toutes les fois que la culpabilité de l'accusé a été reconnue, cependant aucune disposition de la loi n'exige qu'il soit constaté par la déclaration du jury que cette question a été posée. — *Cass.*, 22 nov. 1838 (t. 1er 1839, p. 329), Perrin.

2792. — Quoique les jurés se soient écartés des formules, leur déclaration n'est pas nulle, lorsqu'elle est claire et répond à tout ce qui a été mis en question. — *Cass.*, 21 avr. 1814, Louis Fradel.

2793. — Les expressions *Oui, l'accusé est coupable; Non, l'accusé n'est pas coupable*, ne sont point des expressions sacramentelles, dont l'emploi soit prescrit à peine de nullité. — *Cass.*, 23 juin 1814, Sulpice Chauvin; 10 juill. 1817, Fages; 26 juin 1817, Cardinaux ; 27 déc. 1805, Piller ; 11 nov. 1819, Gilbert ; — Bourguignon, *Man. du jury*, p. 495, no 324.

2794. — On conçoit aisément que le jury n'est pas tenu de répondre par *oui* ou par *non* aux questions qui lui sont soumises. Il a la faculté de répondre comme il l'entend, pourvu que sa réponse soit claire et afférente aux demandes : ainsi, il peut scinder la question, et répondre affirmativement sur une partie et négativement sur l'autre, sans commettre la moindre irrégularité. Il suffit donc que la déclaration du jury embrasse la question dans le sens le plus général, et réponde d'une manière entière, pour qu'elle ne puisse être annulée. — De Serres, *Manuel des cours d'assises*, t. 1er, p. 488.

2795. — Le mot *coupable* employé dans les art. 337 et suiv., C. inst. crim., exprime tout à la fois la moralité du fait et sa matérialité ou existence physique. — *Cass*, 13 mai 1826, Parand ; 26 janv. 1827, Gilles; 14 avr. 1827, Rémond.

2796. — Ainsi, la déclaration qu'un accusé est coupable d'avoir soustrait des poires dans un jardin appartenant à autrui constate nécessairement et implicitement une soustraction faite frauduleusement, et par conséquent un vol. — *Cass.*, 27 fév. 1812, Leclerc et Judelot.

2797. — Cependant, quoique le mot *coupable* employé dans la réponse du jury emporte avec lui l'affirmation de l'existence matérielle du fait et de l'intention criminelle de son auteur, il se trouve réduit à une simple affirmation du fait matériel, lorsqu'il porte sur une action ou sur une omission qui n'a pas par elle-même les caractères d'un délit. — *Cass.*, 6 avr. 1827, Perrin.

2798. — Ainsi, le mot *coupable*, employé isolément du faux ou de la contrefaçon d'écriture, est simplement affirmatif de la matérialité du fait énoncé dans la question Ainsi, le fait d'avoir écrit sur un acte une mention d'enregistrement ne réunit aucun des caractères du faux, quoique l'accusé en ait été déclaré coupable. — *Cass.*, 30 sept. 1828, Girard ; — Chauveau et Hélie, *Th. du C. pén.*, t. 3, p. 369 ; Carnot, sur l'art. 337, C. inst. crim., t. 2, p. 598, no 13.

2799. — L'accusé ne peut tirer une nullité de ce que dans sa déclaration le jury aurait employé le mot *capable* pour le mot *coupable*. — *Cass.*, 19 juill. 1832, Frédéric Benoit.

2800. — La déclaration du jury portant que l'accusé a commis un faux méchamment et dans le dessein du crime explique suffisamment la moralité de l'action. — *Cass.*, 1er fructid. an X, Melloyé.

2801. — Il a été jugé que celle qui porte que *l'accusé est coupable d'avoir commis le crime de faux en écriture de commerce*, exprime suffisamment qu'il a agi dans des intentions criminelles. — *Cass.*, 10 août 1815, Louis Perthon.

2802. — Cette déclaration décide un point de droit qui est hors des attributions du jury, et elle doit être déclarée nulle à raison de cette circonstance. — V nos 2 67 et suiv.

2803. — Il a été jugé de même que la déclaration qu'un accusé s'est rendu coupable de faux *en faisant sciemment usage de pièces fausses* suffit pour caractériser la moralité criminelle du fait, sans qu'il soit nécessaire d'ajouter que c'est méchamment et à dessein de nuire. — *Cass.*, 17 déc. 1812, Bernard.

2804. — Mais est nulle, comme ne s'expliquant pas sur l'intention, la déclaration du jury portant que l'accusé a fabriqué des faux assignats ou concouru à leur fabrication. — *Cass.*, 8 juin 1793, Filet.

2805. — La déclaration du jury portant que l'accusé est *coupable* décide implicitement qu'il n'était pas en état de démence au moment de l'action. — *Cass.*, 10 oct. 1817, Orouf.

2806. — Lorsque la déclaration du jury, telle qu'elle est rapportée dans l'arrêt de la cour d'assises, ne se trouve pas conforme à la transcription qui en a été faite dans le procès-verbal des débats ni à l'original signé par le chef du jury, par le président et par le greffier, c'est cet original qui doit seul faire foi, aux termes de la déclaration. — *Cass.*, 21 mai 1812, Leclerc.

ART. 3. — *Date de la déclaration du jury.*

2807. — Le Code de brumaire an IV était très sévère sur ce point. L'art. 247 portait : « Dans tous les cas, la déclaration des jurés est datée et signée par leur chef, à peine de nullité. »

2808. — En présence d'une disposition aussi formelle, la jurisprudence ne pouvait être douteuse : aussi a-t-il été jugé, sous l'empire de cette disposition, que l'omission de la date sur une déclaration du jury la rendait nulle. — *Cass.*, 18 vendém. an V, Vially ; 13 vent. an VII, Cornier ou Dupré, dit Pinel ; 18 messid. an IX, Nicolas Grey.

2809. — Le Code d'inst. crim. ne prononce point cette peine et passe même sous silence la date ; cela tient sans doute à ce qu'elle se trouve suffisamment fixée par la date du procès-verbal des débats, qui n'était pas obligatoire sous le Code de brumaire an IV. — C. inst. crim., art. 349.

2810. — Aussi la jurisprudence, suivant les variations, nous dirons même les progrès de notre législation sur ce point, s'y est entièrement conformée. — *Cass.*, 10 août 1826, Campet.

2811. — En conséquence, il a été jugé que l'erreur de date matériellement commise dans le procès-verbal constatant la déclaration du jury n'altère pas la vérité des faits contenus dans ce procès-verbal et n'opère pas nullité. — *Cass.*, 3 janv. 1833, Ané.

2812. — ... A plus forte raison, qu'il ne peut résulter une nullité de ce que le président de la cour d'assises aurait fait rectifier, séance tenante, par le chef du jury, une erreur matérielle dans la déclaration du jury qui portait la date du 25 au lieu de celle du 26 même mois. — *Cass.*, 28 mai 1830, Chichin.

2813. — Il suffit d'ailleurs que la date de la déclaration du jury soit fixée par le procès-verbal de la séance et par l'arrêt de condamnation. — *Cass.*, 10 août 1826, Campet.

ART. 4. — *Signature de la déclaration du jury.*

2814. — L'art. 349, § 1er, C. inst. crim., dispose : « La déclaration du jury sera signée par le chef et remise par lui au président. »

2815. — Il n'est pas exigé, sous peine de nullité, que la déclaration du chef du jury soit écrite en entier de sa main ; il suffit qu'elle soit signée par lui. — *Cass.*, 24 déc. 1829, Barcel ; — Carnot, sur l'art. 349, C. inst. crim., t. 2, p. 664.

2816. — Lorsque cette déclaration porte la signature d'un individu qui ne se trouve pas compris dans le procès-verbal dressé pour constater la formation du jury, il y a nullité des débats et de tout ce qui s'en est suivi. — *Cass.*, 2 vend. an VIII, Lamotte ; 7 mai 1837 (t. 2 1840, p. 314), Leparc.

2817. — La déclaration du jury qui n'a pas été signée par le chef du jury est nulle quoiqu'elle soit revêtue de la signature du président de la cour d'assises et du greffier. — *Cass.*, 15 juill. 1826, Dominique François.

2818. — Mais lorsqu'il est constaté par le procès-verbal des débats, et par l'arrêt de condamnation, qu'au moment de sa lecture à l'audience, la déclaration des jurés était signée par leur chef, l'accusé ne peut tirer un moyen de cassation de ce que, postérieurement à l'arrêt, la signature du chef du jury a été abandonnée et se trouve illisible. — *Cass.*, 27 août 1819, Léonard Jalageas ; — Carnot, sur l'art. 349, C. inst. crim., t. 2, p. 663, no 3.

2819. — Jugé même que la déclaration du jury n'est ni nulle ni irrégulière pour n'avoir pas été signée par le chef du jury avant sa lecture à l'audience ; que dès-lors la cour d'assises ne peut, sous le seul prétexte que la déclaration n'a pas été signée, avant d'être lue, renvoyer les jurés dans leur chambre pour délibérer. — *Cass.*, 2 oct. 1812, Michel.

2820. — Legraverend (t. 2, chap. 2, p. 241) dit, à l'occasion de cet arrêt, que : « La déclaration est ordinairement signée par le chef du jury, dans la chambre des jurés, au moment où il la consigne par écrit ; et comme tous les jurés sont présens à la rédaction de leur délibération, le vœu de la loi se trouve ainsi rempli sur ce point. Cependant elle peut n'être signée qu'à l'audience, et même n'être signée qu'après qu'il en a été donné lecture, sans qu'il en résulte une nullité. » — Mais nous ferons remarquer que M. Legraverend se trompe sur ce point ; c'est à l'audience, et non dans la chambre des délibérations, que doit être apposée la signature du chef du jury. L'art. 349, C. inst. crim., ne prescrit cette formalité qu'après que les jurés sont rentrés dans l'audience, et que leur chef a donné lecture du résultat de leur délibération, ainsi que le dit formellement la cour de Cassation dans l'arrêt ci-dessus. — Merlin, *Rép.*, vo *Juré*, § 4, no 21 ; Carnot, sur l'art. 348, C. inst. crim., t. 2, p. 662, no 1er ; de Serres, *Man. des cours d'ass.*, t. 1er, p. 484.

2821. — Mais le défaut de cette formalité n'entraîne point la peine de nullité : elle n'est pas prononcée par la loi ; nous croyons dès-lors qu'il ne faut pas se montrer plus rigoureux qu'elle.

2822. — C'est donc avec raison, selon nous, qu'il a été jugé que la déclaration du jury n'est pas nulle pour avoir été signée par le chef du jury, non à l'audience, mais dans la chambre des délibérations en présence des jurés. — *Cass.*, 25 août 1831, Martin ; 9 mai 1834, Barratie ; 30 mars 1832, Clapin.

2823. — ... Et même qu'il n'y a pas nullité en ce que la déclaration du jury n'aurait été signée par le chef du jury qu'à l'audience, après avoir été lue. — Qu'il n'est pas nécessaire, pour l'accomplissement de cette formalité, de renvoyer le jury dans la chambre de ses délibérations. — *Cass.*, 11 fév. 1843 (t. 1er 1844, p. 436), Capponi.

2824. — Mais, soit que la signature du chef du jury ait été apposée à l'audience, soit qu'elle l'ait été dans la chambre des délibérations, cette formalité doit être remplie *en présence des douze jurés*. L'absence de l'un d'eux lors de cette signature opère nullité de la déclaration. — *Cass.*, 9 nov. 1811, Petit-Jean.

2825. — Quant à la place que doit occuper la signature du chef du jury, la loi n'a établi aucune distinction.

2826. — Jugé, dès-lors, qu'il ne résulte aucune nullité de ce que la signature du chef du jury a

été placée sous la déclaration de circonstances atténuantes et sur une colonne autre que celle qui contient les réponses aux questions principales. — *Cass.*, 30 avr. 1841 (t. 1er 1842, p. 526), Bonnet et Schmidt.

2827. — Cependant il a été jugé que le chef du jury doit apposer sa signature dans la colonne réservée aux réponses du jury; et, si cette signature a été apposée au bas de la colonne dans laquelle sont inscrites les questions posées par le président, la cour doit renvoyer les jurés dans la chambre de leurs délibérations pour rectifier en la forme la déclaration. — *Ass. de la Seine*, 30 oct. 1842 (t. 2 1842, p. 687), Vallet.

2828. — Cet arrêt est plutôt l'œuvre d'une méticuleuse précaution de la cour que l'accomplissement d'une impérieuse exigence de la loi. L'art. 349, C. instr. crim., n'exige qu'une chose, c'est que la déclaration du jury soit signée par le chef du jury; il n'assigne pas spécialement telle ou telle place à cette signature. Dès qu'elle est apposée sur la feuille qui contient et les questions et les réponses, il est évident, quelle que soit la place que cette signature occupe, qu'elle a été apposée pour certifier tout ce qui, sur la feuille, émane du jury et a besoin d'être manifesté et attesté par son chef, de même que la signature du président suffit seule pour attester que les questions écrites sont bien celles qui ont été posées au jury à la suite du résumé de ce magistrat. Si l'on appliquait rigoureusement la doctrine de l'arrêt ci-dessus, n'en résulterait-il pas, par une conséquence nécessaire, qu'il faudrait faire suivre d'une seconde signature du chef du jury la déclaration qu'il existe en faveur d'un accusé des circonstances atténuantes, puisque, d'après l'usage adopté avec raison, cette réponse est faite dans une troisième colonne distincte? Telle cependant n'a jamais été l'intention du législateur, telle n'est pas non plus la pratique des cours d'assises.

2829. — Lorsque le jury, renvoyé dans la salle de ses délibérations pour expliquer sa réponse, a inscrit l'explication demandée immédiatement au-dessous de sa déclaration primitive, il n'est pas nécessaire que cette explication soit revêtue d'une nouvelle signature du chef du jury: la première signature s'applique à la déclaration entière. — *Cass.*, 8 avr. 1830, Boudon.

2830. — Sous le Code du 3 brum. an IV, il y avait nullité lorsque les fonctions de chef du jury avaient été remplies, et lorsque la déclaration avait été signée par un autre que celui désigné par le sort, à moins d'empêchement légitime et également constaté. — *Cass.*, 27 vendém. an VII, Bonifay; 13 niv. an VII, Olivier.

2831. — Mais sous le Code d'inst. crim. les jurés peuvent se choisir un nouveau chef.

2832. — Il a été jugé que la signature de la déclaration par un autre que le chef du jury ne constitue aucune irrégularité si le signataire a exprimé, en apposant sa signature, qu'il agissait ainsi du consentement du chef du jury, et si les autres jurés n'ont élevé aucune réclamation; — que d'ailleurs, l'art. 342, C. inst. crim., n'est point prescrit à peine de nullité. — *Cass.*, 16 sept. 1831, Couvreux.

2833. — La déclaration doit également être signée par le président de la cour et par le greffier. — C. inst. crim., art. 349, § 2.

2834. — L'absence de leur signature emporte nullité. C'est un point constant en jurisprudence.

2835. — Le paraphe du président de la cour d'assises, apposé sur la déclaration du jury ne peut pas tenir lieu de sa signature, qui est expressément commandée par la loi. — *Cass.*, 10 août 1826, Eliza Farelle; — Carnot, sur l'art. 349, t. 2, p. 663, no 2.

2836. — Jugé que l'absence de la signature du greffier au bas de la déclaration du jury opère nullité. — *Bruxelles*, 22 juill. 1816, Dorothée B...; *Cass.*, 17 janv. 1828, Hubert; 10 avr. 1828, Hervigot; 29 avr. 1831, Bruschini; 23 avr. 1835, Robineau; 29 juill. 1827, Aurian; — Carnot, sur l'art. 349, t. 2, p. 664, no 9.

2837. — Lorsque le chef des jurés a apposé deux signatures sur leur déclaration, l'une à la suite des réponses, l'autre après l'approbation des ratures et surcharges, si le président se borne à en apposer une seule au bas de la déclaration, cette signature est réputée se référer aux deux signatures du chef du jury. — *Cass.*, 10 mai 1832, Barême.

2838. — Il faut considérer comme condition substantielle dont l'inobservation emporte nullité le concours des signatures du chef du jury, du président et du greffier.

2839. — Jugé que la déclaration du jury qui a été signée par le chef du jury, par le président de la cour d'assises et par le greffier, et qui se trouve en outre textuellement transcrite sur le procès-verbal, doit sortir son plein et entier effet, quoique biffée sur l'original en vertu d'un arrêt de la cour d'assises qui l'avait à tort annulée. — *Cass.*, 15 fév. 1834, Fitz-James.

ART. 5. — *Ratures et surcharges de la déclaration du jury.*

2840. — Les ratures, renvois, surcharges et interlignes doivent être approuvés et signés comme la déclaration elle-même; sinon, ils sont réputés non avenus. — *Cass.*, 15 mars 1834, Robert des Chataigniers; 16 juill. 1835, Valade; 17 déc. 1835, Alexandre; 13 déc. 1838 (t. 2 1839, p. 340), Hugues.

2841. — Il en était de même sous le Code de brum. an IV. — Ainsi, il avait été jugé que la déclaration du jury qui contenait des surcharges et des ratures non approuvées par le chef du jury était nulle, comme ne présentant aucune réponse claire et précise. — *Cass.*, 4 brum. an VII, Paulin.

2842. — ... De même, que la déclaration du jury ne pouvait, quand elle était surchargée, servir de base à une condamnation. — *Cass.*, 21 mai 1807, Dewilde et Gay.

2843. — Cependant, la jurisprudence moderne a consacré ce principe que la non approbation des ratures, surcharges et renvois ne devait entraîner la nullité de la déclaration du jury qu'autant que les ratures, surcharges et renvois portent sur des parties essentielles de la déclaration et qu'elles laissent du doute sur son existence réelle.

2844. — En conséquence, jugé que la réponse du jury, dont le mot *oui* a été mis en surcharge sur le mot *non*, d'abord écrit, sans que cette surcharge ait été approuvée, ne peut servir de base légale à une condamnation. — *Cass.*, 17 déc. 1835, Alexandre.

2845. — ... Que lorsque l'une des réponses du jury est surchargée, cette réponse est nulle, ainsi que toutes celles relatives au même chef d'accusation. — *Cass.*, 8 fév. 1840 (t. 2 1840, p. 546), Leroux.

2846. — ... Qu'il ne peut résulter d'ouverture à cassation de ce que le jury, interrogé sur une circonstance aggravante, a répondu: *Oui, à la simple majorité*, si le mot *simple* a été raturé, et si cette rature a été approuvée et signée par le chef du jury. — *Cass.*, 16 mai 1840 (t. 2 1843, p. 245), Driot et Jouvin.

2847. — Jugé cependant que, la déclaration du jury sur une circonstance aggravante ayant été écrite ainsi: *A la majorité simple, oui*, et le mot *simple* ayant été rayé sans approbation de la rature, cette rature est censée n'avoir pas été faite. Dès-lors, la réponse est nulle comme exprimant, en contrariété de l'art. 347, C. inst. crim., le nombre de voix qui ont formé la majorité. — *Cass.*, 13 déc. 1838 (t. 1er 1839, p. 311), Nugues.

2848. — Mais il a été décidé que la déclaration du jury n'est pas viciée par le défaut d'approbation d'une surcharge qui est le résultat évident d'une erreur matérielle, et qui ne change rien au sens de la réponse. — *Cass.*, 16 janv. 1835, Chevrier.

2849. — ... Qu'on ne peut considérer comme une surcharge, soumise à la nécessité d'une approbation spéciale, quelques traits de plume qui paraissent avoir été tracés avant le mot qui constitue la réponse du jury, lorsqu'il est impossible de distinguer si ces traits de plume ont constitué des lettres, ou si ces lettres ont constitué un ou plusieurs mots. — *Cass.*, 1er mars 1838 (t. 1er 1838, p. 477), Radamel.

2850. — ... Que les ratures existant dans la déclaration du jury peuvent, quoique non approuvées, être maintenues par la cour d'assises, s'il résulte de l'inspection des questions et des réponses dans leur ensemble, ainsi que des termes du procès-verbal de la séance, qu'il n'y a aucun doute sur la décision rectifiée du jury. — *Cass.*, 3 oct. 1839 (t. 2 1840, p. 118), Soucaze-Baqué et Marga.

2851. — ... Que le défaut d'approbation d'un mot surchargé dans la déclaration du jury est valablement suppléé lorsqu'il est constaté dans le procès-verbal de la cour d'assises que le mot a été lu à l'audience tel qu'il est surchargé. — *Cass.*, 18 juill. 1839 (t. 2 1840, p. 535), Manenti.

2852. — ... Qu'il n'est pas nécessaire que les changemens apportés à la formule de la réponse du jury soient approuvés et paraphés, lorsque le procès-verbal des débats fait mention des causes de ces changemens. — *Cass.*, 14 sept. 1832, Philibert Bouillot.

2853. — ... Que lorsqu'il se trouve à la suite de la déclaration du jury des mots rayés dont la rature a été spécialement approuvée par le chef du jury, il n'est point nécessaire que le président de la cour d'assises, en signant et faisant signer par le greffier cette déclaration, approuve aussi ces mots rayés, alors surtout qu'ils ne touchent en rien à la déclaration intrinsèque du jury et ne la changent ni ne la modifient en aucune sorte. — *Cass.*, 20 oct. 1831, Rose.

2854. — .. Qu'il ne peut résulter une nullité de ce que la correction faite par le jury à une première réponse n'aurait été signée que par le chef du jury, si cette réponse avait été signée par le président de la cour d'assises et par le greffier, et si la correction a été placée de telle manière qu'elle se trouve au-dessus de leurs signatures, qui, dès-lors, se réfèrent à elle. — *Cass.*, 16 oct. 1828, Ledurier.

2855. — ... Que l'accusé ne saurait se plaindre de ce qu'un interligne dans la réponse du jury n'aurait pas été approuvé, lorsque le mot interligné complète la déclaration des circonstances atténuantes admises en sa faveur. — *Cass.*, 22 mars 1845 (t. 2 1845, p. 530), Lagarde.

2856. — Cependant, il a été jugé que la disposition de l'art. 78, C. inst. crim., qui veut que les interlignes, ratures et renvois non approuvés, soient réputés non avenus, est générale et absolue, et s'applique à toutes les écritures authentiques et publiques des actes de la procédure criminelle, et particulièrement à la déclaration du jury dans la partie substantielle et constitutive de sa décision; — qu'en conséquence est nulle la réponse du jury dans laquelle le mot *oui* se trouve raturé et surchagé, sans que les rature et surcharge aient été approuvées par le chef du jury, encore bien que ce mot ait été répété en interligne, si cet interligne n'a point été non plus approuvé par le chef du jury. — *Cass.*, 11 avr. 1845 (t. 2 1845, p. 315), Radel dit Bacquart.

2857. — La mention: *les mots rayés approuvés*, signifie que l'on approuve la radiation des mots biffés. — *Cass.*, 10 déc. 1836 (t. 1er 1838, p. 25), Jeanson.

Sect. 4e. — *Lecture de la déclaration du jury.*

2858. — Lorsque la délibération est terminée, les jurés rentrent dans l'auditoire et reprennent leur place. — Le président leur demande quel est le résultat de leur délibération — *Le chef du jury* se lève, place la main sur son cœur et donne lecture de la déclaration du jury. — C. inst. crim., art. 348.

2859. — Cette disposition de l'art. 348, C. inst. crim., sur la forme de la lecture de la déclaration du jury, n'est pas prescrite à peine de nullité. — *Cass.*, 26 juin 1817, Cardinaux; 24 nov. 1832, Lecouvreur; — Carnot, sur l'art. 348, C. inst. crim., t. 2, p. 659, no 2.

2860 — Carnot (sur l'art. 348, C. inst. crim., t. 2, p. 659, no 2) émet une opinion contraire: « Si, dit-il, la nullité n'est pas prononcée directement par l'art. 348, elle résulte nécessairement de la nature des choses; la déclaration faite par le jury n'acquiert, en effet, une foi pleine et entière que lorsqu'il l'a faite sur son honneur et sur sa conscience; et en matière criminelle on ne peut rien supposer: tout doit être positif et constaté d'une manière légale. » Nous ne partageons pas cette manière de voir; ce serait aller beaucoup trop loin que d'attacher la peine de nullité à toute infraction quelconque aux dispositions du même article: une légère omission dans la forme de la lecture de la déclaration du jury ne saurait altérer son texte; il n'y a, d'ailleurs, rien de substantiel dans le mode ou la forme de cette lecture.

2861. — Sous l'empire du Code du 3 brumaire an IV, il y avait nullité lorsque la lecture de la déclaration du jury n'avait pas été faite comme il était prescrit par la loi, et lorsque c'était seulement par la remise que le chef des jurés avait faite sur un cahier distinct et séparé de cette déclaration qu'il en avait été donné lecture. — *Cass.*, 13 flor. an XII, Paty et Cuny.

2862. — Il ne peut résulter une violation de la loi de ce qu'après avoir signé la déclaration dans la salle des délibérations et sous les yeux des autres jurés, le chef du jury aurait fait désigner par ses collègues un autre juré qui, en raison de son empêchement, aurait donné lecture à l'audience de cette déclaration. — *Cass.*, 8 mai 1834, Barralic.

2863. — Lorsque le chef du jury se trouve dans l'impossibilité de lire la déclaration du jury, écrite et signée par lui, cette déclaration peut être lue par le second juré, sans qu'il soit nécessaire de les renvoyer tous dans la chambre de leurs délibérations pour désigner un remplaçant au chef du jury. — *Cass.*, 9 oct. 1834, Maupas; 8 oct. 1840 (t. 2 1845, p. 561), Mircheau; — de Serres, *Man. des cours d'assises*, t. 1er, p. 485.

2864. — Dès lors, il n'y a pas nullité lorsque, le chef du jury ayant rempli ses fonctions et signé la déclaration, un autre juré a, du consentement de

ses collègues, lu cette déclaration à raison de l'indisposition qu'éprouvait en ce moment le chef du jury. — *Cass.*, 29 déc. 1836, Lhote; 12 avr. 1839 (t. 1er 1840, p. 198), Breton.

2865. — Il a même été jugé qu'il ne peut résulter aucune nullité de ce que le chef du jury, après avoir fait donner lecture de la déclaration du jury par un juré, a signé lui-même cette déclaration. — *Cass.*, 29 déc. 1836, Lhote.

2866. — ... Ni de ce que, après cette signature, il aurait été fait une seconde lecture de la déclaration. — *Cass.*, 11 fév. 1843 (t. 1er 1844, p. 436), Capponi.

2867. — La lecture de la déclaration du jury doit être faite avec le concours et la présence des douze jurés. L'absence d'un des jurés lors de cette lecture opère la nullité de la déclaration, lors même que le chef du jury certifierait l'avoir signée en présence de tous les jurés. — *Cass.*, 2 nov. 1811, Petit-Jean.

2868. — On peut dire, en effet, que les fonctions du jury ne sont pas terminées par la délibération prise dans sa chambre; la loi veut encore la présence de tous les jurés à l'audience, lors de la lecture qui doit être faite de leur déclaration par le chef du jury. — Quoique ce soit le chef du jury qui soit interpellé personnellement, l'interpellation n'en est pas moins faite implicitement à tous; tous sont censés répondre par l'organe de leur chef, qui signe, au nom de tous, la déclaration dont il vient de faire la lecture. — Il faut donc que les douze jurés soient *présens*; s'il en manque seulement un, il n'y a plus de jury; la délibération qui a été prise reste imparfaite, et la déclaration d'un jury incomplet ne peut produire aucun effet. — Carnot, *Inst. crim.*, sur l'art. 347, t. 2, p. 654 et 664; Legraverend, t. 2, p. 428, no 5; de Serres, *Man. des cours d'assises*, t. 1er, p. 483 et 484; Merlin, *Rép.*, vo *Juré*, *Jury*, § 4, no 23; Rauter, t. 2, p. 461.

2869. — La cour de Cassation a encore jugé que les formalités prescrites par les art. 357, 362, 363 et 365, C. inst. crim., qui sont relatives à la lecture de la déclaration du jury et au jugement, ne peuvent recevoir leur exécution qu'en présence des jurés. — *Cass.*, 4 avr. 1829, Laborie.

2870. — Toutefois, Legraverend (t. 2, chap. 2, p. 241, note 4e) pense que la présence de tous les jurés n'est nécessaire qu'au moment de la signature de la déclaration par le chef du jury; mais tolérer l'absence d'un ou de plusieurs jurés, et leur communication au dehors avant l'accomplissement des formalités prescrites par les art. 357 et suiv., ce serait rendre impossible un renvoi des jurés dans leur chambre pour donner une nouvelle déclaration, s'il y avait lieu, par suite des observations que l'accusé a le droit de faire.

2871. — Lorsqu'il est dit, au procès-verbal des débats, que, tous les jurés étant rentrés dans l'audience, le président leur a demandé le résultat de leur délibération, cette mention établit suffisamment qu'ils ont tous été présens à la lecture de la déclaration. — *Cass.*, 10 juin 1830, Simon.

2872. — Lorsque, après la lecture de la réponse du jury par le chef, l'un des membres de la cour d'assises se retire et refuse de siéger, la cour ne peut s'adjoindre un autre juge pour le remplacer. — Dans ce cas, l'adjonction illégale d'un juge entraîne la nullité des débats et du jugement. — Néanmoins, les réponses favorables à l'accusé lui restent acquises. — *Cass.*, 31 août 1833, Viez.

2873. — D'après le système de cet arrêt, il faut admettre que par la retraite de l'un des juges la procédure tombe d'elle-même, et que la nullité n'a pas besoin d'en être prononcée, car sans jugement il n'y a pas lieu au pourvoi en cassation. Dès-lors, rien n'empêche de les recommencer avec le nouveau juge et les mêmes jurés. Les incidens relatifs à la formation du tableau du jury sont indépendans des débats, et il n'est pas nécessaire que les mêmes juges y concourent. — Remarquez toutefois que si la cour d'assises s'était adjoint, dès le commencement des débats, un juge supplémentaire, en vertu de la loi du 25 brum. an VIII, le concours de ce magistrat en remplacement du juge absent serait parfaitement régulier.

2874. — Le défenseur a toujours le droit d'assister à la lecture de la déclaration du jury.

2875. — Il a même été jugé qu'il doit de plus, à peine de nullité, avoir la parole sur tous les incidens qui peuvent s'élever à l'occasion de cette lecture. — *Cass.*, 28 janv. 1830, Moulle.

2876. — Lorsque le jury a été renvoyé dans la chambre de ses délibérations pour rectifier ou compléter sa déclaration, il doit être de nouveau donné lecture de la déclaration du jury.

2877. — Cependant, lorsque toutes les questions ont été lues à l'audience par le chef du jury ou par celui qui le remplace, il suffit, lorsque les jurés

ont été renvoyés dans leur chambre pour compléter ou rectifier quelques-unes de leurs réponses, de donner lecture des questions et des réponses concernant les accusés à l'égard desquels il avait été ordonné que les réponses seraient complétées ou rectifiées. — *Cass.*, 12 avr. 1839 (t. 1er 1840, p. 198), Breton; 13 avr. 1832, Trolignon.

2878. — Il ne peut résulter une nullité de ce que, lors de la lecture d'une nouvelle déclaration du jury hors la présence de l'accusé, elle aurait déjà été revêtue de la signature du président et de celle du greffier, si ces deux signatures, qui sont les mêmes que celles apposées sur une première réponse, sont reconnues suffisantes. — D'ailleurs, l'irrégularité serait couverte par la nouvelle lecture donnée en présence de l'accusé rentré dans l'audience. — *Cass.*, 16 oct. 1828, Ledurier.

2879. — Après la lecture faite par le chef du jury, le président fait comparaître l'accusé, et le greffier lit en sa présence la déclaration du jury. — C. instr. crim., art. 357.

2880. — La lecture de la déclaration du jury à l'accusé par le greffier de la cour d'assises est une formalité substantielle dont l'inobservation opère la nullité. — *Cass.*, 4 avr. 1829, Louis Laborie; 29 nov. 1834, Fromage; 15 sept. 1836 (t. 1er 1837, p. 348), Deransard; 26 avr. 1839 (t. 2 1839, p. 666), Lecouturier; — Carnot, sur l'art. 357, C. inst. crim., t. 2, p. 699, no 3.

2881. — En conséquence, lorsque l'accomplissement de cette formalité ne se trouve pas constaté par le procès-verbal des débats, il y a lieu d'annuler non seulement l'arrêt, mais encore les débats et la déclaration du jury. — *Cass.*, 29 sept. 1834, Fromage; 15 sept. 1836 (t. 1er 1837, p. 348), Deransard; 26 avr. 1839 (t. 2 1839, p. 666), Lecouturier.

2882. — On ne saurait conclure qu'il y a eu lecture de cette déclaration, par cela que, le ministère public ayant fait des réquisitions, l'accusé y aurait répondu. — *Cass.*, 15 sept. 1836 (t. 1er 1837, p. 348), Deransard.

2883. — Lorsqu'il y a lieu à une nouvelle déclaration de la part du jury, il ne peut résulter une nullité de ce que cette déclaration aurait été lue immédiatement à l'accusé, et sans qu'on l'ait fait retirer de l'audience. — *Cass.*, 7 avr. 1827, Pierre Conte.

2884. — Avant la révision de 1832, on jugeait qu'il n'était pas nécessaire que la déclaration du jury fût préalablement lue à l'accusé, ni que celle de la cour fût lue par le président : cette dernière déclaration se confondait avec celle du jury, et devait être lue, comme elle, par le greffier de la cour d'assises. — *Cass.*, 16 avr. 1829, Michel.

2885. — Mais l'accusé ne pouvait se faire un moyen de cassation de ce qu'il avait assisté à la lecture de la déclaration du jury par le chef des jurés, et à celle faite par le président de la délibération de la cour, portant qu'elle s'était réunie à la majorité du jury avant que le président eût donné l'ordre de le faire rentrer dans l'auditoire, au lieu de n'avoir eu connaissance de ces deux actes que par la lecture postérieure que la loi prescrit au greffier de lui en faire audience tenante. — *Cass.*, 24 mars 1831, Ernoul.

2886. — L'ancien art. 351, C. d'inst. crim., supprimé, lors de la révision de 1832, est encore en vigueur en Belgique.

2887. — En conséquence, dans ce pays, il ne doit être donné lecture à l'accusé que des réponses complètes et définitives du jury, et non de celles qui, n'étant formées qu'à la simple majorité, nécessitent l'intervention de la cour d'assises. — *Bruxelles*, 2 mai 1835, Talboom.

Sect. 5e. — *Déclaration complexe.*

2888. — La complexité dans les questions adressées aux jurés et les réponses faites par eux a souvent, par les difficultés qu'elle peut présenter, attiré la sollicitude du législateur.

2889. — Aussi, depuis la loi organisatrice du jury du 16-29 sept. 1791 jusqu'aux lois des 9 sept. 1835 et 13 mai 1836, plusieurs systèmes différens ont été adoptés successivement. — V. COMPLEXITÉ.

2890. — Ainsi, sous la loi du 16-29 sept 1791 et le Code du 3 brum. an IV, le jury devait répondre d'une manière distincte à toutes les questions qui lui étaient soumises.

2891. — En conséquence, on jugeait, sous la loi du 16-29 sept. 1791, qu'il y avait nullité lorsque les jurés avaient cumulé, dans leur déclaration, le fait, l'auteur et l'intention. — *Cass.*, 29 frim. au IV, Hautecœur.

2892. — ... De même, sous le Code du 3 brum. an IV, que la déclaration du jury portant : « Oui, l'accusé est convaincu de complicité, » était complexe et nulle comme comprenant tout à la fois le fait et

sa moralité. — *Cass.*, 17 germin. an IX, Françoise Ambrun.

2893. — ... Et que la déclaration du jury était complexe et nulle si ses réponses à six questions avaient été rédigées en quatre articles seulement, c'est-à-dire si deux articles contenaient chacun deux réponses. — *Cass.*, 11 vent. an VII, Ballay; 1er germin. an XII, Chastenet et Queyrel.

2894. — Le législateur de 1808, voulant porter remède aux abus sans nombre qui se glissaient dans les divisions et subdivisions à l'infini qu'occasionnait pour les réponses, de même que pour les questions, le système de la législation antérieure, autorisa les questions et les réponses complexes. — Ancien article 345.

2895. — Ce système, comme nous l'avons fait remarquer (V. COMPLICITÉ, no 9), était exagéré par lui-même, en prenant la loi à la lettre : mais son esprit souffrait la division des questions et réponses lorsqu'elle était nécessaire; c'était du moins ce que la jurisprudence avait consacré, et ce qui était suivi dans la pratique.

2896. — En conséquence, avant les modifications de l'art. 345, le jury pouvait répondre par une formule unique et affirmative à une question complexe, sans qu'il en résultât de nullité. — *Cass.*, 24 nov. 1832, Lecouvreur.

2897. — Dès-lors aussi, lorsque de nombreuses questions avaient été posées au jury, et qu'après en avoir réuni plusieurs par des accolades, le chef du jury s'était borné à mettre le mot *oui* à la suite de chaque accolade, la réponse était suffisante et régulière, quoique le mot *oui* n'eût pas été répété à la suite de chaque question. — *Cass.*, 22 sept. 1832, Secondi.

2898. — De même, lorsque, sur une question complexe, le jury répondait que l'accusé n'était pas coupable, sa déclaration claire, précise, absolue, se rapportait sans restriction à toutes les parties de la question. — *Cass.*, 25 août 1826, Romain.

2899. — Mais le jury pouvait, sans commettre de nullité, répondre d'une manière détaillée sur chacun des faits mentionnés dans le résumé de l'acte d'accusation, quoiqu'il ne lui eût été posé qu'une seule question. — *Cass.*, 3 janv. 1812, N...; — Carnot, sur l'art. 348, t. 2, p. 650, no 5, et p. 643.

2900. — De même était valable la réponse à une question qui comprenait toutes les circonstances constitutives du crime. — *Cass*, 26 juill. 1822, Duport.

2901. — ... Notamment celle qui contenait toutes les circonstances exigées par l'art. 2, C. pén., pour constituer une tentative de crime. — *Cass.*, 20 fév. 1817, Lamarche; 28 fév. 1833, Leroux.

2902. — ... Et celle de savoir si l'accusé était coupable d'avoir fait usage de diverses pièces fausses, sachant qu'elles étaient fausses. — *Cass.*, 24 déc. 1829, Barcel.

2903. — La loi du 13 mai 1836, qui a fixé l'état actuel de notre législation sur ce point, est revenue, en partie du moins, au système de la loi organisatrice de 1791 et du C. de brum. an IV, sur le vote du jury par réponse distincte.

2904. — L'art. 1er de cette loi exige que le jury vote par bulletins écrits et par scrutins distincts sur le fait principal et sur chacune des circonstances aggravantes, sur chacun des faits d'excuse légale, et sur la question de discernement.

2905. — Il doit même mentionner séparément le résultat de son vote sur chaque question.

2906. — Ainsi, il y a nullité lorsque, plusieurs questions distinctes et séparées ayant été posées au jury sur le fait principal et sur les circonstances aggravantes, sa réponse, au lieu d'être distincte pour chacune des questions, a été collective. — *Cass.*, 31 mai 1838 (t. 2 1838, p. 326), Capdau; 6 fév. 1840 (t. 1er 1841, p. 100), Desauge.

2907. — Spécialement, dans une accusation de vol avec les circonstances aggravantes de nuit, de maison habitée et d'effraction intérieure, la déclaration du jury, ainsi faite d'une manière collective : *Oui, à la majorité, l'accusé est coupable avec les circonstances relatées dans le résumé de l'acte d'accusation*, est nulle, et ne peut servir de base légale à une condamnation. — *Cass.*, 31 mai 1838 (t. 1er 1840, p. 222), Huc.

2908. — Peu importe qu'il ait indiqué par une accolade que sa réponse devait s'appliquer aux questions qui s'y trouvaient comprises. — *Cass.*, 6 fév. 1840 (t. 1er 1841, p. 100), Desauge; — Legraverend, t. 2, p. 234 et 235.

2909. — Ainsi, la circonstance que les coups et blessures portés volontairement et avec préméditation, mais sans intention de donner la mort, l'ont cependant occasionnée, est *aggravante*, et non *constitutive* du fait principal, et, par suite, le jury doit y statuer par une réponse séparée et distincte. — *Cass.*, 19 av. 1839 (t. 2 1841, p. 749), Lavergnes;

— V. aussi Carnot, *Comment. sur le Cod. pén.*, t. 2, art. 309, observ. addit., nº 3.

2910. — C'est donc à tort qu'il avait été décidé d'abord par la cour de Cassation que lors même qu'il a été posé au jury des questions distinctes sur le fait principal et sur chacune des circonstances aggravantes, il a pu répondre sur toutes ces circonstances par une déclaration unique et collective. — *Cass.*, 9 sept. 1837 (t. 1ᵉʳ 1839, p. 523), Degrame.

2911. — Mais les circonstances constitutives du crime peuvent être réunies au fait principal, faire l'objet d'une seule question et donner lieu à une seule réponse.

2912. — Ainsi, il a été jugé qu'il ne peut résulter une nullité de ce que le jury aurait fait sa déclaration sur plusieurs circonstances aggravantes, par une seule réponse liée aux diverses questions par une accolade. — *Cass.*, 8 juill. 1836, Leblanc.

2913. — ... Et que, lorsque les jurés ont été interrogés par une question complexe, par exemple, sur le point de savoir s'il y a eu soustraction ou recel de tout ou partie de l'actif du failli, leur réponse est valable s'ils se sont bornés à répondre d'une manière générale sur l'ensemble de la question, au lieu de le faire d'une manière distincte et séparée sur chacune de ses parties. Il n'est besoin de réponses distinctes que lorsqu'il s'agit de circonstances aggravantes, et non de circonstances constitutives du crime. — *Cass.*, 26 mai 1838 (t. 2 1838, p. 188), Sabaté.

2914. — La cour de Cassation a appliqué l'art. 1ᵉʳ de la loi du 13 mai 1836 au cas où il s'agirait de plusieurs faits distincts.

2915. — Ainsi, elle a décidé qu'on ne peut soumettre cumulativement au jury des faits successifs et indépendans les uns des autres ; qu'il y a, en conséquence, nullité si les jurés ont répondu affirmativement à une question complexe spécifiant plusieurs faits accomplis à des jours différens et chez différentes personnes. — *Cass.*, 30 mars 1839 (t. 1ᵉʳ 1840, p. 176), d'Hénard. — V. COMPLEXITÉ.

Sect. 6ᵉ. — *Déclaration sur les questions alternatives.*

2916. — Le président ne devant soumettre au jury que des questions simples et dont la solution peut être à la portée de toutes les intelligences, nous pensons qu'il faudrait s'abstenir de ces questions alternatives qui peuvent jeter du doute, de l'incertitude dans l'esprit des jurés, et amener des déclarations erronées. Nous croyons, surtout que, lorsque de pareilles questions ont été soumises au jury, la réponse par une simple affirmation est insuffisante ; car, cette affirmation ne fait pas connaître suffisamment la pensée du jury et laisse dans le doute sa détermination ; ce qui est grave et fâcheux, surtout lorsqu'il s'agit d'une réponse qui doit amener une condamnation. — Carnot, *Inst. crim.*, sur l'art. 345, t. 2, p. 648 et suiv.

2917. — Cependant, la cour de Cassation a jugé que lorsqu'une question alternative a été posée aux jurés, ils peuvent adopter cumulativement les deux hypothèses, si elles ne présentent rien de contraire et si elles sont punissables de la même peine. — *Cass.*, 18 mars 1826, Dermenon-Annet ; 13 août 1829, Godet ; 15 sept. 1831, Salard ; 26 mars 1836, Martin ; 16 juin 1836 (t. 1ᵉʳ 1837, p. 35), Verninac St.-Maur.

2918. — ... Qu'encore bien qu'il y ait incertitude sur celle des deux questions à laquelle la réponse se réfère, la peine étant dans les deux cas la même, l'accusé ne pourrait y trouver une ouverture à cassation. — *Cass.*, 28 fév. 1833, Leroux.

2919. — ... Que lorsque le jury s'est borné à répondre *Oui*, sur une question alternative dont les deux parties n'entraînent pas la même peine, la cour d'assises ne doit appliquer que la peine la moins grave ; et que, par conséquent, sur une telle réponse faite à la question de savoir si un accusé est coupable de complicité d'un vol sacrilége par assistance ou par recélé, on ne doit appliquer que la peine du recélé, qui est celle des travaux forcés à temps, et non la peine attachée à la complicité par assistance, qui serait celle des travaux forcés à perpétuité. — *Cass.*, 21 déc. 1827, Montpeyre. — Legraverend, t. 2, p. 245, note 1ʳᵉ.

2920. — ... Qu'il n'y a aucune contradiction dans la déclaration du jury qui, sur des questions complexes et alternatives, contient une réponse affirmative sur les deux branches de l'interrogation qui lui est adressée. — *Cass.*, 8 avr. 1830, Coupechoux ; 15 nov. 1832, Pélet.

2921. — Ainsi, et spécialement, il a été jugé que, lorsque l'accusation avait pour objet des coups portés à un individu par une réunion de personnes armées, la réponse du jury, qui les déclarait auteurs ou complices, établissait suffisamment qu'ils avaient coopéré au fait de l'accusation, et ne présentait ni ambiguïté, ni incertitude. — *Cass.*, 10 sept. 1812, Verres.

2922. — ... Que lorsque les jurés ont été interrogés par une question complexe sur le point de savoir s'il y a eu *soustraction* ou *recel* de tout ou partie de l'actif du failli, leur réponse est valable s'ils se sont bornés à répondre d'une manière générale sur l'ensemble de la question, au lieu de le faire d'une manière distincte et séparée sur chacune de ses parties. — *Cass.*, 26 mai 1838 (t. 2 1838, p. 188), Sabaté.

2923. — ... Que lorsque à la question alternative qui lui est soumise : « Si l'accusé *a fabriqué ou fait fabriquer* une fausse signature », le jury a répondu affirmativement, chacune de ces alternatives entraînant la même peine, il ne peut résulter, de ce qu'une seule réponse aurait été faite à cette question, aucun moyen de nullité. — *Cass.*, 27 janv. 1827, Faloux ; 8 juill. 1830, Flahaut ; 16 juin 1836 (t. 1ᵉʳ 1837, p. 35), Verninac-Saint-Maur ; 6 avr. 1838 (t. 2 1842, p. 653), Guillaume.

2924. — ... Que lorsque, dans une accusation d'enlèvement de mineure, la question a été posée au jury dans les termes mêmes de la loi, l'accusé ne peut se faire un moyen de nullité de ce qu'en demandant au jury si l'enlèvement avait eu lieu par *fraude ou violence*, on a réuni dans une seule question les deux circonstances de la fraude et de la violence. — *Cass.*, 25 oct. 1821, Destout.

2925. — ... Que lorsque, sur la question de savoir si l'accusé est coupable d'un crime de viol ou de tout autre attentat à la pudeur *consommé ou tenté* avec violence, le jury s'est borné à répondre : *Oui, l'accusé est coupable*, chacun des deux crimes étant passible de la même peine, la déclaration du jury doit être considérée comme complète et régulière. — *Cass.*, 3 mai 1832, Bray.

2926. — Cependant, cette jurisprudence n'a pas été constamment suivie, et l'opinion contraire, que nous avons soutenue *suprà* nº 2916, a été consacrée dans les cas spéciaux qui suivent.

2927. — Jugé, en effet, que lorsque le jury, interrogé sur le point de savoir si l'accusé failli avait supposé des dépenses et des pertes ou n'avait pas justifié de l'emploi de toutes ses recettes, se bornait à répondre *Oui*, cette réponse pure et simple à une question alternative dont la seconde partie portait sur un fait matériel qui ne supposait pas nécessairement la fraude, ne pouvait servir de base à une condamnation. — *Cass.*, 26 janv. 1827, Gilles.

2928. — ... Que lorsqu'une question soumise au jury présente à décider trois circonstances de complicité qui ne sont pas liées par une copulative et dont une seule est admise comme telle par la loi, si la réponse du jury ne détermine pas d'une manière positive qu'elle se réfère à chacune d'elles ou à quelqu'une d'entre elles, il reste incertain si le jury a entendu répondre affirmativement sur la seule des trois circonstances qui rentre dans l'art. 60, C. pén., et sa déclaration ne peut servir de base à une condamnation ni à un acquittement. — *Cass.*, 23 juill. 1818, Boucher ; — Carnot, sur l'art. 60, C. pén., t. 1ᵉʳ, p. 229, nºˢ 15 et 16.

2929. — ... Que la réponse affirmative du jury à une question alternative qui lui présentait à décider si deux accusés étaient coupables de vol ou si l'un d'eux seulement s'en était rendu coupable, ne détermine clairement ni la culpabilité de l'un, ni la culpabilité de l'autre, et ne peut servir de base à une condamnation. — *Cass.*, 1ᵉʳ avr. 1824, Despierres ; — Legraverend, t. 2, p. 245, note 1ʳᵉ.

2930. — ... Que lorsque le jury, interrogé sur la question alternative de savoir si l'accusé est coupable d'attaque ou de résistance avec violences et voies de fait envers les agens de l'autorité publique, a déclaré l'accusé coupable, mais sans la circonstance aggravante des voies de fait, cette réponse, applicable aussi bien à la résistance qu'à l'attaque, et ne laissant subsister, dans l'une de ses alternatives, qu'un fait de résistance sans violences ou voies de fait, lequel ne constitue ni crime, ni délit, doit être interprétée dans le sens le plus favorable à l'accusé, et par suite entraîner son absolution. — *Cass.*, 2 juill. 1835, Aribaud.

2931. — ... Que lorsque sur la question de savoir si l'accusé fonctionnaire public a assisté l'auteur d'un faux dans les faits qui ont préparé, facilité ou consommé ce crime, le jury a fait une réponse simplement affirmative, cette déclaration qui, ne se rattache à aucune des alternatives proposées, laisse de l'incertitude sur le concours de l'accusé comme complice ou comme coauteur, et doit être interprétée dans le sens le plus favorable à l'accusé. — *Cass.*, 23 mars 1827, Arnaud Toffea.

2932. — Cette controverse n'existait pas sous la loi du 25 sept.-6 oct. 1791.

2933. — La jurisprudence avait constamment déclaré nulle la déclaration du jury portant que l'accusé était auteur ou complice du fait incriminé, comme ne comprenant rien de positif et comme ne contenant aucun des faits qui pouvaient constituer la complicité. — *Cass.*, 11 janv. 1793, Aunel ; 17 janv. 1793, Tantonnat ; 25 janv. 1793, Alkay ; 1ᵉʳ fév. 1793, Caltot.

2934. — C'est, du reste, cette dernière jurisprudence qui semble avoir prévalu depuis le Code d'inst. criminelle.

2935. — Ainsi, il a été jugé que, lorsque, sur la question alternative : l'accusé est-il coupable d'être auteur ou complice ? le jury répond : Oui, il est coupable ; cette déclaration, qui se réfère à chacune des parties de la question, ne détermine positivement la culpabilité de l'accusé, ni comme auteur, ni comme complice, et ne peut servir de base à une condamnation. — *Cass.*, 10 août 1820, Dancourt ; 4 oct. 1821, Dolbec ; 29 juill. 1824, Gorde ; — Bourguignon, *Man. du jury*, p. 507, sur l'art. 350, t. 2, p. 647, nº 8 ; Legraverend, t. 2, p. 245, note 1ʳᵉ ; Carnot, sur l'art. 2, C. pén., t. 1ᵉʳ, p. 20, nº 46 ; Gaillard, *Qualités d'un président de cour d'assises*, p. 181.

2936. — Cependant, il a aussi été jugé que, lorsque, à la question alternative qui lui est soumise, si l'accusé a fabriqué ou fait fabriquer une fausse signature, le jury a répondu affirmativement, chacune de ces alternatives entraînant la même peine, il ne peut résulter d'une semblable réponse aucun moyen de nullité. — *Cass.*, 8 juill. 1830, Flahaut. — V. COMPLICITÉ.

Sect. 7ᵉ. — *Déclaration sur les questions d'excuse.*

2937. — Les jurés doivent répondre aux questions d'excuse qui leur sont soumises. Mais lorsque, sous forme de questions d'excuse, il leur a été posé des questions qui se trouvent implicitement comprises dans la question principale de culpabilité, ils peuvent se borner à répondre à celle-ci.

2938. — Ainsi, l'accusé déclaré coupable d'homicide volontaire est par cela même déclaré coupable du crime de meurtre hors le cas de légitime défense. L'excuse de légitime défense est ainsi suffisamment répondue et écartée. — *Cass.*, 4 sept. 1828, Bernardini ; — Legraverend, t. 2, p. 245, note 2ᵉ.

2939. — De même, la déclaration du jury qui reconnaît la culpabilité de l'accusé admet qu'au moment du crime il n'était pas en démence. — *Cass.*, 6 juin 1839 (t. 2 1839, p. 76), Gilbert.

2940. — Avant la loi du 9 sept. 1835, la déclaration négative du jury sur un fait d'excuse admis comme tel par la loi étant une décision contre l'accusé, devait exprimer, à peine de nullité, qu'elle avait été rendue à la majorité *de plus de sept voix*. — *Cass.*, 8 oct. 1834, Réginensi ; 13 juin 1833, Desconcyte ; 28 juin 1833, Soulier.

2941. — Cette nullité entraînait celle des autres réponses du jury sur le fait principal et les circonstances aggravantes, quoique ces réponses fussent régulières.

2942. — Mais il n'était pas nécessaire que la déclaration du jury portant que l'accusé n'a pas agi avec discernement exprimât le nombre de voix auquel elle avait été rendue. — *Cass.*, 5 sept. 1835, Millet.

2943. — En effet, d'une part, cette déclaration, bien que négative dans ses termes, n'en était pas moins, en faveur de l'accusé, équivalente à une déclaration affirmative de non culpabilité ; et d'autre part, elle ne pouvait être assimilée à celle de circonstances atténuantes, qui devaient, aux termes de l'art. 341, C. inst. crim., être reconnues exister à la majorité de plus de sept voix. — V. DISCERNEMENT.

2944. — Depuis la loi du 9 sept. 1835, il a été reconnu de même que la réponse négative du jury sur une question relative à un fait d'excuse admis comme tel par la loi constitue une décision *contre* l'accusé. Elle doit donc, à peine de nullité, exprimer qu'elle a été rendue à la *majorité*. — *Cass.*, 8 juill. 1836 (t. 1ᵉʳ 1837, p. 63), Scampucci ; 28 janv. 1836, Roux ; 14 nov. 1839 (t. 1ᵉʳ 1841, p. 125), Cavelan ; 6 oct. 1842 (t. 2 1842, p. 691), Bossuet ; 2 mai 1845 (t. 2 1845, p. 532), Devaux.

2945. — Mais est nulle la déclaration du jury relative à une question d'excuse, lorsque cette déclaration énonce le nombre de voix auquel elle a été rendue. — *Cass.*, 31 janv. 1845 (t. 1ᵉʳ 1846, p. 46), Nicolay.

2946. — Il a été jugé que le jury excède ses pouvoirs en se permettant de résoudre une question

d'excuse qui ne lui a pas été proposée ; qu'ainsi sa déclaration sur ce point doit être considérée comme non avenue. — *Cass.*, 27 sept. 1827, Terrasse.

2947. — Cependant il a été jugé que lorsque, sur une question d'émission de fausse monnaie, le jury ajoute à sa déclaration affirmative que l'accusé avait reçu les monnaies contrefaites dans l'ignorance qu'elles fussent fausses, la cour d'assises ne peut renvoyer les jurés dans la chambre de leurs délibérations pour donner une nouvelle déclaration, sous le prétexte qu'aucune question ne leur avait été posée sur cette dernière circonstance. — *Bruxelles*, 29 mai 1832, François Despitalier.

Sect. 8e. — *Déclaration acquise.*

2948. — La déclaration du jury n'est pas irrévocablement acquise par cela qu'elle a été lue en présence de l'accusé. La cour d'assises ne peut en conséquence se fonder sur la lecture de cette déclaration pour repousser la demande tendant au renvoi du jury dans la chambre de ses délibérations. — *Cass.*, 4 janv. 1844 (t. 1er 1845, p. 60), Beaumin et Cloirac.

2949. — La réponse du jury lue en présence de l'accusé ne lui est acquise qu'autant qu'elle est claire, précise et concordante ; la cour d'assises peut, lorsque la déclaration ne lui paraît pas réunir ces conditions, renvoyer les jurés dans la salle de leurs délibérations pour en donner une nouvelle. — *Cass.*, 12 mars 1835, Léonard Helitas. — V. *infrà* nos 2964 et suiv., et nos 3015 et suiv.

2950. — Mais la réponse du jury, claire, précise et résolvant tous les points de la question, est acquise à l'accusé à qui elle a été lue à l'audience. — *Cass.*, 9 juill. 1829, Eloy ; 16 juin 1820, Vieille ; 9 déc. 1823, Lejeal.

2951. — Il ne peut pas en être privé par une déclaration tardive de quelques jurés. — *Cass.*, 23 juin 1814, Chauvin ; — Legraverend, t. 2, p. 238 ; Carnot, *Inst. crim.*, sur l'art. 347, t. 2, p. 651, no 4.

2952. — En conséquence, les jurés ne peuvent plus être renvoyés dans leur chambre pour délibérer de nouveau. — *Cass.*, 14 oct. 1825, Clément ; — Carnot, *Inst. crim.*, sur les art. 347 et 350, t. 2, p. 651, no 4, et 668, no 2 ; Bourguignon, *Manuel du jury*, p. 506, no 331.

2953. — Jugé, dans ce sens et spécialement, que lorsque, par une réponse claire et précise, les jurés ont déclaré l'accusé coupable, *mais sans aucune des circonstances*, on ne peut, sans porter atteinte à leur déclaration qui est acquise à l'accusé, les renvoyer dans la salle de leurs délibérations, pour s'expliquer plus particulièrement sur une circonstance aggravante. — *Cass.*, 17 avr. 1824, Gillotte.

2954. — ... Que lorsque, sur une accusation de meurtre, la question a été posée sans réclamation, et que la déclaration affirmative du jury a été lue à l'audience, l'accusé n'est plus recevable à demander la position d'une question d'excuse ; et la cour d'assises ne peut, sans violer l'autorité de la chose jugée, faire rentrer les jurés dans leur chambre pour délibérer sur cette question. — *Cass.*, 12 mars 1813, Tombarel ; — Merlin, *Rép.*, vo *Révision des procès*, § 3, art. 2, no 8 ; Carnot, sur l'art. 321, C. pén., t. 2, p. 72, no 8 ; Legraverend, t. 2, chap. 2, p. 226 et 242.

2955. — ... Que, lorsque le jury, interrogé sur la question, posée comme résultant des débats, de savoir si l'accusé est coupable de complicité par provocation, sans aucune mention des circonstances constitutives, a répondu affirmativement, sa déclaration est claire et précise sur un fait qui n'est ni crime ni délit, et que la cour d'assises ne peut le renvoyer à délibérer sur la nouvelle question de savoir si la provocation présentait les caractères légaux déterminés par l'art. 60, C. pén. — *Cass.*, 16 mars 1826, Courtaud.

2956. — ... Que si, dans une accusation d'homicide et de coups et blessures volontaires, le jury a déclaré l'accusé non coupable sur les deux chefs, la cour d'assises viole la chose souverainement jugée par cette déclaration en condamnant l'accusé à des dommages-intérêts, sur le motif qu'il a, volontairement et hors le cas de légitime défense, porté à l'homicidé un coup qui lui a donné la mort. — *Cass.*, 24 juill. 1841 (t. 1er 1843, p. 30), Souesme.

2957. — ... Que lorsque des individus renvoyés à la cour d'assises comme accusés des crimes prévus et punis par les art. 86, 87 et 91, C. pén., c'est-à-dire d'avoir tenté de renverser le gouvernement et d'avoir excité à la guerre civile, ont été seulement déclarés coupables du crime prévu et puni par l'art. 98, ce crime n'étant pas étranger à ceux prévus par les art. 87 et 91, il n'y a pas lieu à renvoyer les jurés dans leur chambre pour donner une nouvelle déclaration. — *Cass.*, 20 janv. 1832, Jacques Charbonneau ; — Chauveau et Hélie, *Th. C. pén.*, t. 3, p. 38.

2958. — *Quid* si, la déclaration du jury étant irrégulière, la cour d'assises n'en apercevait le vice qu'après la lecture qui en aurait été faite en présence de l'accusé ? — V. art. 357.

2959. — Dans l'opinion la plus répandue, la nullité est acquise soit à l'accusé, soit au ministère public, et n'est plus susceptible d'être réparée par un jury dont les pouvoirs sont épuisés. Mais nous ne sommes point de cet avis. Comme nous l'avons dit plus haut (no 2730), l'annulation qu'il faudrait faire prononcer par la cour de Cassation est une voie extraordinaire à laquelle il ne doit être permis de recourir qu'à défaut de toute autre. Une nullité n'est réputée acquise qu'autant qu'il y a impossibilité absolue de la réparer. Or, les pouvoirs du jury sont-ils réellement expirés ? Le jury n'épuise personnellement ses pouvoirs que par une déclaration régulière ; il n'en est dépouillé que par une ordonnance d'acquittement ou par un arrêt soit d'absolution, soit de condamnation. Jusque-là les choses sont encore entières ; la double lecture de la déclaration ne peut pas plus en rendre le vice indélébile qu'elle ne peut la valider. Rien ne met obstacle à ce que, prenant la voie la plus simple et la plus naturelle, la cour d'assises prononce la nullité qui lui avait d'abord échappé et ordonne aux jurés qui n'ont pas encore pu avoir de communications au dehors de donner une nouvelle déclaration plus régulière.

2960. — Les réponses du jury qui sont favorables à l'accusé lui sont irrévocablement acquises, malgré la cassation de l'arrêt, pour adjonction illégale d'un juré suppléant. Dès-lors, les nouveaux débats ouverts devant la seconde cour d'assises ne peuvent plus porter que sur les chefs d'accusation dont la première cour avait déclaré l'accusé coupable. — *Cass.*, 10 oct. 1832, Michalet.

2961. — Lorsque l'existence de circonstances atténuantes n'a été déclarée que sur l'un des chefs dont l'accusé a été reconnu coupable, cette déclaration se trouve limitée à ce chef et ne peut modifier les déclarations de culpabilité sur les autres. — *Cass.*, 8 juin 1843 (t. 2 1843, p. 700), Thilloy.

2962. — Lorsque le jury, après avoir reçu l'avertissement de l'obligation que la loi lui impose de voter sur la question des circonstances atténuantes, n'a pas déclaré qu'il y a des circonstances atténuantes en faveur de l'accusé, son silence à cet égard constitue la présomption légale qu'il n'en a point reconnu l'existence, et la lecture de la réponse des jurés à l'accusé la rendant irrévocable, ceux-ci ne peuvent ensuite atténuer son irréfragabilité, en alléguant qu'ils auraient omis d'examiner s'il existait de ces circonstances. En conséquence, la cour d'assises ne peut, malgré une semblable allégation, renvoyer les jurés dans la chambre de leurs délibérations, sous le prétexte que leur déclaration ne serait pas complète. — *Cass.*, 26 déc. 1833, Bugnets ; 2 janv. 1834, Poulain.

2963. — Mais, c'est avec raison qu'il a été jugé que les déclarations passées au greffe, postérieurement à l'arrêt, par quelques uns des jurés et par le président de la cour d'assises, ne peuvent étendre, modifier ni restreindre la réponse écrite du jury. — *Cass.*, 13 juin 1816, Louis Guinaudeau.

Sect. 9e. — *Déclarations certaines et incertaines.*

2964. — Les jurés ne sont pas astreints à renfermer dans une formule sacramentelle les réponses qu'ils donnent aux questions qui leur sont posées. — *Cass.*, 27 déc. 1817, Piller ; — *Bruxelles*, 5 juill. 1831, Grégoire et Bast.

2965. — Toutefois, ces réponses, soit qu'on les considère isolément, soit qu'on les combine les unes avec les autres, doivent, à peine de nullité, être catégoriques et ne laisser aucun doute sur la pensée du jury relativement à toutes les demandes comprises dans les questions. — *Bruxelles*, 5 juill. 1831, Grégoire.

2966. — On appelle déclaration certaine celle qui fait connaître d'une manière nette, précise, la pensée des jurés sur les questions qui leur ont été soumises.

2967. — Lorsque les réponses du jury sont ainsi exprimées, la déclaration est régulière et ne peut donner lieu au renvoi des jurés dans la salle de leurs délibérations. La jurisprudence est constante sur ce point, comme le prouvent les espèces suivantes.

2968. — Ainsi, il a été jugé que la déclaration du jury portant : Non, il n'y a pas d'homicide volontaire est régulière. — *Cass.*, 28 juin 1832, Saunier.

2969. — ... Que lorsque, sur une question de meurtre, le jury a répondu : Oui, l'accusé est coupable d'avoir donné la mort, mais involontairement, cette déclaration est régulière. — *Cass.*, 4 janv. 1833, Houet.

2970. — ... Que lorsqu'un accusé d'homicide volontaire a été déclaré coupable d'avoir commis cet homicide, mais sans intention d'offenser, et non volontairement, la cour d'assises ne peut, sous le prétexte que les jurés se sont trompés au fond, en ne le déclarant coupable que d'un homicide involontaire, renvoyer l'affaire à la session suivante. — *Cass.*, 29 nov. 1811, Vansommern.

2971. — ... Que lorsque, sur la question de savoir si l'accusé a fait sciemment usage d'une fausse lettre missive, le jury a répondu : Oui, l'accusé a fait usage de la pièce fausse, mais non sciemment, cette déclaration est claire et précise. — *Cass.*, 24 avr. 1828, Talon ; — Carnot, sur l'art. 350, C. inst. crim., t. 2, p. 669, no 8.

2972. — ... Que la déclaration du jury portant qu'immédiatement après un assassinat, l'accusé a reçu une somme d'argent, sachant qu'elle provenait du vol qui avait accompagné cet assassinat, est certaine et régulière, quoique le mot *recélé* n'y soit pas employé. Ce mot n'est pas sacramentel. — *Cass.*, 7 oct. 1824, Jacquet.

2973. — ... Que lorsqu'à la question de savoir si l'accusé a mis en liberté la personne détenue avant le dixième jour, ou si la séquestration a duré plus d'un mois, le jury a répondu : Non, moins de dix jours, mais avant l'expiration d'un mois, on doit entendre que la séquestration a duré plus de dix jours, mais a cessé avant l'expiration d'un mois. — *Cass.*, 15 déc. 1831, Durili.

2974. — ... Que lorsque, sur la question de savoir si l'accusé est coupable d'avoir, en qualité de concierge d'une prison, reçu en tout ou en partie, pour droits de journées de garde, le paiement d'un nombre déterminé de journées, sachant qu'elles excédaient ce qui lui était dû, le jury répond affirmativement, à la réserve que le paiement n'a été reçu que pour une partie des journées, la déclaration est régulière et peut servir de base à la condamnation. — *Cass.*, 26 août 1824, Villée.

2975. — ... Que la déclaration du jury portant que l'accusé est coupable à la majorité absolue, est claire et précise, et exclut l'idée d'une majorité simple. — *Cass.*, 29 sept. 1826, Pinloche.

2976. — ... Que la déclaration du jury, portant qu'un accusé s'est rendu coupable du crime de viol, conjointement avec un autre individu, comprend implicitement la circonstance aggravante de l'aide et assistance. — *Cass.*, 29 janv. 1829, Veyret.

2977. — ... Que la déclaration du jury portant qu'un individu a aidé ou assisté avec connaissance dans les faits qui ont préparé, facilité ou consommé un faux en écriture de commerce, comprend non seulement la fabrication de l'effet, mais encore sa commercialité, sans qu'il soit nécessaire d'indiquer que le complice a eu connaissance de la qualité de commerçant du souscripteur. — *Cass.*, 29 nov. 1839 (t. 1er 1844, p. 339), Aupierre.

2978. — ... Que les réponses faites par le jury aux différentes questions concernant l'auteur principal d'un crime unique forment, par leur corrélation, et quel que soit leur ordre, un ensemble indivisible qui s'applique au complice, encore bien que l'une de ces questions suive celles qui le concernent. — *Cass.*, 19 sept. 1839 (t. 1er 1841, p. 729), Prayer.

2979. — La réponse du jury qui, interrogé sur la question de savoir si *l'accusé est coupable d'attentat à la pudeur avec violence*, répond : « *Oui, l'accusé est coupable du fait à lui imputé, mais sans violence*, » est claire et certaine. — *Cass.*, 28 janv. 1830, Moulle ; 29 août 1839 (t. 2 1839, p. 312), Bile.

2980. — Et lorsque, sur la question de savoir si l'accusé est coupable d'avoir fait partie d'une association de malfaiteurs envers les personnes et les propriétés, organisée par bandes, laquelle association s'est montrée en armes dans plusieurs communes, et d'avoir fait partie de ces bandes en qualité de commandant ou de chef, ou en sous-ordre, ou d'en avoir fait partie, sans y exercer un commandement, le jury a répondu : *Oui, sans les circonstances aggravantes*, cette réponse est claire, précise et concordante. — *Cass.*, 9 fév. 1832, Gaugain.

2981. — Lorsque, sur la question de savoir si l'accusé est coupable d'avoir commis un homicide volontaire, avec préméditation et de guet-apens, sur un garde champêtre dans l'exercice de ses fonctions, le jury a répondu que l'accusé est coupable, mais sans aucune des circonstances aggravantes, sa déclaration est claire et précise. — *Cass.*, 19 janv. 1827, Autran.

2982. — Il a été jugé également que lorsque, par une réponse claire et précise, les jurés ont déclaré l'accusé coupable, *mais sans aucune des cir-*

constances, on ne peut, sans porter atteinte à leur déclaration, qui est acquise à l'accusé, les renvoyer dans la salle de leurs délibérations, pour s'expliquer plus particulièrement sur une circonstance aggravante. — *Cass.*, 19 mars 1812, Jaseron; 16 juill. 1818, Delacroix; 17 avr. 1824, Giliotte; — Carnot, sur l'art. 350, C. inst. crim., t. 2, p. 666, nº 4.

2983. — La réponse affirmative et générale du jury, sur une question qui comprend plusieurs faits, se rapporte nécessairement à tous les faits dont cette question se compose. — *Cass.*, 15 mars 1821, Gabriel Gallet; 26 juin 1817, Cardinaux; 17 sept. 1835, Gondrit; — Legraverend, t. 2, p. 246, note 1re.

2984. — De même, la réponse affirmative du jury sur une question qui lui était soumise embrasse toutes les parties de la question et par conséquent toutes les circonstances constitutives qui y sont énoncées. — *Cass.*, 18 avr. 1816, Vastine; 20 fév. 1817, Lamarche; 18 nov. 1819, Kerleu; 19 juill. 1821, Sellecque; 26 janv. 1833, Lecoutre de Beauvais. — V. *suprà* nº 3150.

2985. — Lorsque, sur une question qui comprend toutes les circonstances constitutives du crime, le jury répond : *Oui, l'accusé est coupable*, cette déclaration est régulière et complète, comme se référant au fait principal et à toutes les circonstances matérielles et de moralité comprises dans la question. — *Cass.*, 26 juill. 1822, Duport.

2986. — Spécialement, lorsque, à la question de savoir si l'accusé est coupable d'avoir fait usage de diverses pièces fausses, sachant qu'elles étaient fausses, le jury a répondu *Oui, l'accusé est coupable*, cette déclaration se réfère à toutes les circonstances de la question et suffit pour établir sa culpabilité. — *Cass.*, 24 déc. 1829, Barcel.

2987. — Mais, lorsque le jury répond sur une des circonstances énoncées dans la question et se tait sur les autres, sa déclaration est incomplète et ne peut servir de base ni à une condamnation, ni à une absolution. — Spécialement, il ne suffit pas, pour constituer légalement une tentative, que l'accusé soit déclaré coupable d'une tentative de crime *qui n'a manqué son effet que par des circonstances indépendantes de sa volonté*; il faut, en outre, que le jury ait déclaré qu'elle a été *manifestée par des actes extérieurs suivis d'un commencement d'exécution*. — *Cass.*, 18 avr. 1816, Vastine. — *Contrà Cass.*, 13 janv. 1831, Bernais. — V. *suprà* nº 3450.

2988. — De même, lorsque, sur une accusation de tentative de meurtre, le président de la cour d'assises a posé au jury une question contenant toutes les circonstances constitutives de la tentative, et que le jury a répondu : *Oui, l'accusé est coupable, mais sans circonstances aggravantes*, cette déclaration est contradictoire et incertaine, en ce qu'aucune circonstance aggravante n'a été soumise aux jurés. En conséquence, il y a lieu de renvoyer les jurés dans la chambre de leurs délibérations. — *Cass.*, 7 oct. 1826, Faure; 28 janv. 1830, Miermont.

2989. — Le mot *coupable* est une expression complexe, qui déclare tout à la fois que le fait de l'accusation est constant, que l'accusé en est l'auteur, et qu'il l'a commis avec une intention criminelle. Lorsque, à la question de savoir si l'accusé est coupable d'avoir été l'auteur ou le directeur d'une association de malfaiteurs, le jury répond seulement qu'il a été l'auteur ou le directeur de cette association, le refus fait par le jury d'employer le mot *coupable* exclut la criminalité du fait, qui, n'ayant que la matérialité du crime et n'en ayant point le caractère moral, ne constitue ni un crime, ni un délit qualifié par la loi. — *Cass.*, 6 mars 1812, Mallet.

2990. — Mais si le mot *coupable* emporte, dans le sens ordinaire de la loi, l'idée du fait matériel et de l'intention criminelle, il cesse d'avoir un sens aussi étendu lorsque le jury en a lui-même restreint le sens au seul fait matériel et exclu en termes formels l'intention du crime. — *Cass.*, 20 mars 1812, Vanderschelden; 9 oct. 1823, Claude Gejeal; 29 août 1829, Lhermite. — V. *infrà* nos 3074 et suiv.

2991. — Il a été jugé que lorsque le jury a répondu par le mot *oui* à une question complexe portant sur un attentat exécuté, puis sur une tentative d'attentat, manifestée par un commencement d'exécution, sa réponse ne peut être considérée comme équivoque par sa position en regard de la première partie de la question relative à l'attentat exécuté. D'ailleurs, encore bien qu'il y ait incertitude sur celle des deux questions à laquelle la réponse se réfère, la peine étant dans les deux cas la même, l'accusé ne pourrait y trouver une ouverture à cassation. — *Cass.*, 28 févr. 1833, Leroux. — Carnot, sur l'art. 345, C. inst. crim., t. 2, p. 646, nº 13.

2992. — Mais il en serait autrement si deux crimes compris dans une seule question étaient de nature à déterminer l'application de peines différentes.

2993. — Le mot *oui* répondu par le jury et rapproché de la question qui lui a été posée, reproduit suffisamment le mot *coupable* sans avoir besoin de le répéter, alors qu'il n'est rien ajouté à cette particule qui en modifie le sens. — *Cass.* 3 nov. 1831, Caubet.

2994. — Cependant il avait été jugé contrairement par plusieurs arrêts que si le jury se bornait à répondre : *Oui, l'accusé est coupable*, cette réponse était irrégulière et nulle. — *Cass.*, 4 juin 1819, Royer; *Bruxelles*, 2 juill. 1831, N...

2995. — ... Mais que la réponse du jury que l'accusé était coupable *avec toutes les circonstances aggravantes* suffisait pour justifier l'application de la loi. — *Cass.*, 18 nov. 1819, Kerleu.

2996. — Lorsque, sur la question de savoir si l'accusé était coupable d'avoir commis un homicide volontairement et avec préméditation, le jury répondait que l'accusé était coupable *avec la circonstance mentionnée*, cette dernière partie de sa déclaration se rapportait à la préméditation et non à la volonté, qui n'est qu'un élément constitutif du meurtre. En conséquence, la réponse était complète et régulière. — *Cass.*, 15 juill. 1830, Moltelay.

2997. — Et lorsque, sur une question d'homicide volontaire et prémédité, le jury répondait : *Oui, l'accusé est coupable d'avoir commis le crime avec la circonstance de préméditation*, cette déclaration suffisait pour motiver l'application de la loi pénale, sans qu'il fût besoin que le jury eût répété les faits spécifiés dans la question. — *Cass.*, 27 juin 1835, Gaudeix et Boulland.

2998. — Lorsque, sur la question de savoir si un accusé est complice d'un crime, en le provoquant par des machinations, les jurés ont répondu : *Oui, il s'est rendu coupable par des machinations*, les mots *en le provoquant* sont nécessairement sous entendus dans sa réponse qui, dès-lors, est régulière. — *Cass.*, 19 oct. 1832, Epinat.

2999. — Toutes les fois que la déclaration du jury paraît incertaine, obscure, ou équivoque à la cour d'assises, elle peut, sans violer l'art. 95, C. inst. crim., demander au jury d'éclaircir ses réponses. C'est ce que la jurisprudence a fréquemment jugé, en décidant : 1º que lorsque la déclaration du jury n'est pas claire, précise et certaine, la cour d'assises ne peut, sans sortir des bornes de ses attributions, se permettre de l'interpréter; qu'elle doit se borner à ordonner aux jurés de prendre une nouvelle délibération. — *Cass.*, 27 oct. 1815, Helligenstein.

3000. — ... 2º Que lorsque, interrogé sur trois objets distincts, une tentative de viol, une tentative d'attentat à la pudeur avec violence et les circonstances constitutives de la tentative, le jury, en faisant des réponses distinctes, a déclaré, sur la seconde question, que l'accusé est coupable avec la *dernière* circonstance, quoiqu'une seule circonstance soit énoncée dans la question, la cour d'assises peut bien considérer le mot *dernière* comme superflu et insignifiant; mais que si elle ne se croit pas suffisamment éclairée, elle peut renvoyer les jurés dans leur chambre, à l'effet d'expliquer eux-mêmes leur déclaration. — *Cass.*, 20 janv. 1820, Carpentin.

3001 — ... 3º Que lorsque, sur une accusation de faux par fabrication d'un acte de naissance et usage fait sciemment de cette pièce fausse, le jury ne donne que des réponses équivoques et ambiguës, la cour d'assises ne peut, au lieu de demander au jury une nouvelle déclaration, condamner l'accusé aux peines portées contre ceux qui falsifient des certificats de bonne conduite, sans qu'aucune des circonstances propres à caractériser ce délit ait été mentionnée dans la déclaration du jury. — *Cass.*, 29 mai 1812, Laurentzen; — Carnot, sur l'art. 345, C. inst. crim., t. 2, p. 645, nº 11, et sur l'art. 350, même code, p. 666, nº 5.

3002. — ... 4º Que lorsque, après avoir répondu négativement à l'égard de l'accusé principal d'un vol avec circonstances aggravantes, le jury déclare son coaccusé coupable de complicité par recélé, mais avec ignorance des circonstances aggravantes, sa déclaration, ne s'expliquant pas sur l'existence de ces circonstances, et portant sur le fait de leur ignorance, qui n'avait pas été compris dans la question, ne peut servir de base légale à l'application de la peine, il y a lieu de renvoyer les jurés dans la salle de leurs délibérations à l'effet de donner une nouvelle réponse. — *Cass.*, 8 janv. 1835, Paillas.

3003. — ... 5º Que lorsqu'à la question ainsi posée : *A l'époque du crime, l'accusé était-il âgé de moins de seize ans, et, dans ce cas, a-t-il agi avec discernement?* le jury a simplement répondu : *Non, à la majorité*, il y a incertitude sur le point de savoir si cette réponse s'applique exclusivement à la première ou à la seconde partie de la question, et qu'il appartient au jury, et non à la cour d'assises d'en expliquer le sens. — *Cass.*, 28 avr. 1836, Jean Baptiste Mari, dit Imbatista. — V. DISCERNEMENT.

3004. — ... 6º Que, lorsqu'au bas d'une question comprenant tous les caractères du crime, le jury inscrit une réponse portant que : *l'accusé était coupable du crime qu'on lui impute énoncé en la question ci-dessus*, cette déclaration est irrégulière et incomplète, en ce qu'elle ne s'explique pas sur les circonstances aggravantes du fait. — *Cass.*, 6 mai 1813, Delafont Brémant; — Merlin, *Rép.*, vº *Prescription*, sect. 3e, § 7, art. 4, nº 3; Legraverend, 2, p. 242, note 6e; Chauveau et Hélie, *Théorie du C. pén.*, t. 3, p. 342.

3005. — ... 7º Que lorsque sur la question de savoir si l'accusé était coupable d'avoir soustrait frauduleusement des effets, les jurés répondaient qu'il était coupable de les avoir soustraits, sans ajouter *frauduleusement*, cette réponse était incertaine et nulle. — *Cass.*, 10 avr. 1818, Elie.

3006. — ... 8º Que lorsqu'à des questions relatives à deux crimes distincts, le jury répond : *Oui, l'accusé est coupable*, cette déclaration laisse ignorer de quel crime l'accusé est convaincu, et ne peut servir de base à une condamnation. — *Cass.*, 27 oct. 1815, Heiligenstein.

3007. — ... 9º Que, lorsque sur la question de savoir si l'accusé était coupable d'un homicide commis volontairement et avec préméditation, le jury répond que l'accusé était coupable avec la circonstance portée dans la question, cette déclaration ne fait point connaître celle des deux circonstances de la volonté ou de la préméditation dont le jury avait voulu parler, et ne pouvait servir de base à une condamnation. — *Cass.*, 13 juin 1816, Guinaudeau.

3008. — ... 10º Que l'arrêt de condamnation basé sur une déclaration du jury qui ne présente qu'un sens vague et incertain et qui n'établit aucun fait constituant un crime est nul. — *Cass.*, 30 oct. 1812, Van Gendt Deleeuw.

3009. — ... 11º Qu'est incertaine et nulle, comme répondant à ce qu'on ne demande pas et ne répondant pas à ce qu'on demande, la déclaration du jury qui, à la question de savoir si l'accusé a commis *un attentat à la pudeur avec violence*, répond : *Oui, avec violence morale*. — *Cass.*, 28 oct. 1830, Hugues... — Ou *oui*, sans avoir usé de violences *physiques*. — *Cass.*, 9 mars 1821, Pâris; — Chauveau et Hélie, *Th. du C. pén.*, t. 6, p. 153 et suiv.

3010. — ... 12º Que, lorsqu'on a réuni dans une seule question cinq vols pour lesquels un individu est accusé de complicité par recélé, et onze autres vols sur lesquels il n'y a contre lui aucune accusation, si le jury répond que l'accusé est coupable d'avoir recélé sciemment un grand nombre de vols, sa déclaration, qui peut se référer aux onze vols sur lesquels il n'y avait pas d'accusation à son égard, est incertaine et ne peut servir de base à une condamnation. — *Cass.*, 14 fév. 1822, Laborde. — Carnot, sur l'art. 60, C. pén., t. 1er, p. 226, nº 6.

3011. — ... 13º Que, lorsqu'au lieu de s'expliquer sur l'innocence ou la culpabilité de l'accusé, le jury se borne à répondre que l'accusé a ajouté des mots sur une quittance sous seing-privé, mais qu'il n'en a pas fait sciemment usage, cette déclaration laisse subsister un doute et une incertitude qui ne permettent pas qu'elle serve de base, soit à une condamnation, soit à un acquittement. — — *Cass.*, 3 sept. 1819, Picard.

3012. — ... 14º Enfin il a été jugé que, lorsqu'à la question de savoir si l'*accusé est coupable d'un homicide volontaire, commis de guet-apens, avec toutes les circonstances ramenées dans l'acte d'accusation*, quoique cet acte n'en relate point d'autres, le jury répond : *Oui, l'accusé est coupable, mais sans aucune des circonstances ramenées dans l'acte d'accusation*, il restait incertain si le jury n'avait pas entendu écarter la volonté comme le guet-apens; et que dès-lors sa déclaration devait être annulée. — *Cass.*, 20 avr. 1815, Bosc.

3013. — Mais s'il existe entre les questions posées une liaison intime, les réponses du jury doivent s'expliquer les unes par les autres. — *Cass.*, 14 août 1817, Golran; 10 juill. même année, Fages.

3014. — Ainsi, il a été jugé spécialement que, lorsqu'il a été demandé au jury si l'accusé est coupable d'avoir fait constater un fait faux, par un officier public, et s'il est complice pour avoir, par des artifices coupables, provoqué l'officier public à commettre ce crime, la réponse affirmative sur la seconde question comprend nécessairement la circonstance que l'officier public a agi dans l'exercice de ses fonctions, quoique la première question

ait été répondue négativement. — *Cass.*, 10 juill. 1817, Fages.

Sect. 10e. — *Déclaration contradictoire et non-contradictoire.*

Art. 1er. — *Déclaration contradictoire.*

3015. — Pour être valable, la décision de la cour d'assises doit nécessairement reposer, non pas sur ce que le jury a voulu dire, mais sur ce qu'il a dit réellement d'une manière claire et précise. L'incohérence et la contradiction dans les décisions du jury ne peuvent donc servir de base légale à une condamnation ni à un acquittement. — V. dans ce sens *Cass.*, 4 juin 1812, Hérisson; 4 flor. an X, Courroy; 2 juill. 1813, Hénelé; — Bourguignon, *Jurisp. des C. crim.*, t. 2, art. 409, p. 301.

3016. — Aussi il a été jugé que toute déclaration du jury qui présente dans son ensemble des inconséquences, des incohérences et des contradictions manifestes, est nulle. — *Cass.*, 16 flor. an VIII, Vanluere.

3017. — Il arrive souvent, par exemple, que le jury, après avoir répondu affirmativement par une première phrase, réponde négativement par une deuxième. Une telle déclaration est illégale, et par conséquent frappée de nullité.

3018. — C'est ce que la jurisprudence a décidé par les nombreux arrêts qui suivent.

3019. — Ainsi ont été déclarées nulles : 1° la déclaration du jury de jugement portant qu'un accusé était coupable, mais non criminel. — *Cass.*, 28 avr. 1792, Castel.

3020. — ... 2° La déclaration portant, d'une part, qu'un accusé de bigamie était, lors de son second mariage, dans la bonne foi sur la non-existence du premier, et, d'une autre part, que l'exception de bonne foi n'est pas prouvée. — *Cass.*, 12 vent. an VII, Arpenteur.

3021. — ... 3° La déclaration du jury portant que, depuis sa soumission, l'accusé a conspiré avec les Chouans, et qu'il n'a pas agi dans des intentions criminelles. — *Cass.*, 28 germin. an VII, Menguy.

3022. — ... 4° La déclaration du jury portant que le délit de destruction d'un arbre de la liberté a été commis sciemment, mais sans intention de nuire. — *Cass.*, 29 flor. an VIII, Pavin.

3023. — ... 5° La déclaration du jury portant : 1° qu'un individu est convaincu d'avoir trahi ses devoirs en devenant l'agent direct d'une conspiration contre l'état, et cependant qu'il n'a pas agi avec l'intention du crime; — 2° qu'un individu est convaincu d'avoir fabriqué un faux passeport et d'en avoir fait usage, et que cependant il n'a pas agi dans une intention criminelle. — *Cass.*, 19 prair. an X, Rivoire.

3024. — ... 6° La déclaration du jury portant que l'accusé est convaincu d'avoir par connivence procuré l'évasion d'un détenu et qu'il n'est pas convaincu d'avoir agi dans une intention criminelle; car la connivence donne essentiellement au fait le caractère de crime. — *Cass.*, 3 frim. an XIII, Coudère.

3025. — ... 7° La déclaration du jury de laquelle il résulte que l'accusé n'est pas coupable d'avoir commis le fait principal et qu'il y a participé comme coauteur avec connaissance. — *Cass.*, 15 janv. 1824, Bluin.

3026. — ... 8° La déclaration du jury portant d'une part que l'accusé failli a justifié de l'emploi de toutes ses recettes, et que ses livres offraient la véritable situation active et passive, et d'autre part qu'il a supposé une dette passive et collusoire, qu'il a fait des écritures simulées et qu'il s'est constitué sans cause ni valeur débiteur par des engagemens sous seing-privé. — *Cass.*, 18 mars 1826, Dormenon-Annet; — Legraverend, t. 2, p. 243, note 4e.

3027. — ... 9° La déclaration du jury portant, d'une part, que l'accusé est convaincu d'avoir volontairement, hors le cas de légitime défense, dans une rixe où il était l'aggresseur, jeté au plaignant une pierre qui lui a cassé le bras, et, d'autre part, qu'il a agi sans méchanceté et sans intention coupable. — *Cass.*, 26 vendém. an XIV, Lambotin.

3028. — ... 10° La déclaration du jury portant que l'accusé est convaincu d'avoir fait une contusion volontairement à un individu qui est mort des suites de cette blessure, mais qu'il n'a pas agi méchamment et à dessein de crime. Le concours d'une provocation violente n'empêche pas qu'il y ait contradiction. — *Cass.*, 20 nov. 1806, Portail.

3029. — ... 11° La réponse par laquelle le jury déclare un accusé coupable d'avoir porté volontairement des coups, mais par imprudence. — *Cass.*, 9 sept. 1826, Auger; — Legraverend, t. 2, p. 244, note 4e.

COUR D'ASSISES, ch. 13, sect. 10e.

3030. — ... 12° La déclaration du jury portant que l'accusé est convaincu d'avoir mêlé de l'arsenic dans les alimens de son frère volontairement et dans le dessein de l'empoisonner, mais sans préméditation. — *Cass.*, 26 vendém. an XIV, Jean Broudaric.

3031. — ... 13° La déclaration du jury portant qu'un accusé est le seul auteur d'un faux et qu'un autre accusé y a participé. — *Cass.*, 26 thermid. an VIII, Gourdel et Louis.

3032. — ... 14° La déclaration du jury qui porte qu'un faux a été commis sur un extrait des registres de la préfecture, et que ce faux n'a pas été commis en écritures authentiques et publiques. — *Cass.*, 27 messid. an X, Dangies.

3033. — ... 15° La déclaration du jury portant qu'un accusé est convaincu d'avoir coopéré sciemment à un crime de faux en assistant le coupable dans l'acte même qu'il a consommé, et cependant qu'il n'a pas agi dans le dessein du crime. — *Cass.*, 7 avr. 1808, Troja.

3034. — ... 16° La déclaration du jury portant, d'une part, qu'un maire a falsifié l'écriture d'un de ses registres, volontairement, malicieusement, dans l'intention de commettre une escroquerie, et d'une autre part, qu'il n'est pas constant que le faux ait été commis par ce fonctionnaire dans l'intention de nuire, ni dans l'exercice de ses fonctions, et qu'il n'est coupable que d'escroquerie. — *Cass.*, 29 fév. 1812, Goggi.

3035. — ... 17° La déclaration du jury, lorsque la question de savoir si les signatures apposées sur des billets faux sont des signatures de négocians a été posée deux fois et résolue affirmativement quant à l'existence du faux, et négativement quant à l'usage qui en a été fait. — *Cass.*, 8 oct. 1835, Juge.

3036. — ... 18° La déclaration du jury affirmative sur la question de savoir si l'accusé est coupable de faux en écriture privée, et sur celle de savoir s'il est coupable de faux en écriture de commerce, à raison des altérations par lui commises dans le même billet. — *Cass.*, 7 oct. 1825, Voillot.

3037. — ... 19° La réponse du jury qui déclare un notaire « non coupable d'avoir, en passant un acte, *dans l'exercice de ses fonctions, commis un faux par supposition de personne,* » et sa déclaration qu'il est coupable *de complicité des faits* qui ont préparé, facilité ou consommé ledit faux. — *Cass.*, 16 avr. 1842 (t. 2 1842, p. 338), Couret c. Sentein-Rouch.

3038. — ... 20° La déclaration du jury portant qu'un accusé convaincu d'exposition de monnaies contrefaites l'avait fait sciemment, mais sans intention criminelle. — *Cass.*, 6 therm. an VIII, Bricolleau.

3039. — Toutefois, MM. Chauveau et Hélie (*Théorie du Code pén.*, t. 3, p. 206) s'élèvent contre cette décision : « Dans ce système, disent-ils, non seulement le fait que l'exposant a reçu les monnaies pour bonnes, mais le but même de son exposition, n'auraient aucune influence sur le crime. L'immoralité est fondée sur la double *présomption* de connivence de l'exposant avec le fabricateur et de l'intention de cet agent d'écouler les pièces comme bonnes, etc. » Cette critique, qui peut être en harmonie avec les principes du Code pén. de 1810, confond deux législations essentiellement différentes. La loi de 1791 punissait celui qui avait contribué *sciemment* à l'exposition des monnaies contrefaites, et n'attachait au seul fait de l'exposition aucune présomption de complicité avec le fabricateur. La connaissance de la fausseté des monnaies était donc indispensable pour donner au fait un caractère criminel, de même qu'elle l'est aujourd'hui pour donner ce caractère à l'usage d'un faux billet ou d'un faux titre : c'était donc aussi dans cette connaissance que consistait toute l'immoralité du fait. Enfin, il n'existait dans la législation d'alors aucune disposition correspondante à celle de l'art. 135, C. pén., qui, rapprochée de l'art. 132 du même Code, où l'on ne trouve pas le mot *sciemment*, met à la charge de l'auteur de l'exposition la preuve qu'il a reçu les monnaies pour bonnes, c'est-à-dire la preuve de sa bonne foi.

3040. — ... 21° La déclaration du jury de jugement portant que l'accusé a commis un faux témoignage, mais non dans le dessein du crime, un faux témoignage étant toujours criminel. — *Cass.*, 1er mess. an XIII, Mifle; 19 mai 1808 (intérêt de la loi), Peulvé.

3041. — ... 22° La déclaration du jury portant d'une part qu'un homicide a été commis volontairement et hors le cas de légitime défense, et, d'autre part, qu'il n'y a pas eu intention criminelle. — *Cass.*, 23 frim. an V, Pasquier; 4 mess. an XI, Abbadie; 9 frim. an VII, Riaux; 17 brum. an VIII, Rey; 7 oct. 1826, Faure.

COUR D'ASSISES, ch. 13, sect. 10e.

3042. — ... 23° La déclaration du jury qui porte, d'une part, que l'accusé a commis un homicide involontaire, et cependant qu'il l'a commis dans la nécessité de sa légitime défense, ce qui constitue l'homicide volontaire; et, d'autre part, que l'homicidé n'avait ni sabre ni pistolet, qu'il n'en a point frappé l'accusé, et que ces faits présentent une provocation violente rendant l'homicide excusable. — *Cass.*, 5 mess. an VIII, Demois.

3043. — ... 24° La réponse du jury qui, après avoir déclaré qu'un homicide est l'effet de la négligence de l'accusé, ajoute que l'accusé est convaincu d'avoir aidé l'auteur de cet homicide sciemment et à dessein du crime. — *Cass.*, 8 août 1807, Breton.

3044. — ... 25° La déclaration du jury qui porte que l'accusé est coupable d'avoir commis un meurtre par maladresse, imprudence, inattention et négligence. — *Cass.*, 20 juin 1823, Heisser; — Legraverend, t. 2, p. 244.

3045. — ... 26° La déclaration du jury qui caractérise dans le même fait le crime d'assassinat et la complicité d'un suicide. — *Cass.*, 27 avr. 1815, Catherine Lhuillier.

3046. — ... 27° La réponse du jury qui déclare un accusé coupable d'avoir porté volontairement à un individu un coup qui a causé sa mort, et d'avoir commis cet homicide par imprudence ou maladresse. — *Cass.*, 15 avr. 1826 (int. de la loi), Hennior. — Chauveau et Hélie, *Théorie du Code pénal*, t. 5, p. 162.

3047. — ... 28° La réponse du jury qui déclare *à la majorité absolue* que l'accusé est coupable de meurtre, et, en même temps, *à la majorité simple*, qu'il n'était pas dans le cas de légitime défense. — *Cass.*, 3 mars 1826, Ferrier. — *Contrà* Legraverend, t. 2, chap. 2, p. 244, note 4e; Bourguignon, *Man. du jury*, p. 465.

3048. — ... 29° La déclaration du jury portant, d'une part, que le coup donné par l'accusé a produit un homicide involontaire, et d'autre part, qu'il a été porté volontairement et n'a occasionné que des blessures. — *Cass.*, 27 sept. 1827, Soula-Quec.

3049. — ... 30° La déclaration du jury portant, sur une première question, que l'accusé n'est point coupable d'homicide, ni de coups ou blessures volontaires; et, sur une seconde question, que ce meurtre, ces coups ou blessures ont été provoqués par des violences graves. — *Ass. du Nord*, 16 nov. 1836, Lecouvez; *Cass.*, 4 août 1836, Baldeck.

3050. — ... 31° La déclaration par laquelle le jury décide qu'un crime n'a pas été commis avec préméditation, mais cependant avec guet-apens. La question de préméditation se trouvant nécessairement comprise dans celle de guet-apens. — *Cass.*, 16 août 1844 (t. 1er 1845, p. 891), Deffrances; 4 juin 1812, Hérisson; 15 sept. 1842 (t. 2 1842, p. 613), Pernatore; — Legraverend, t. 2, ch. 2, p. 243; Carnot, *Inst. crim.*, art. 350, t. 2, p. 667, n° 7.

3051. — ... 32° Avant la loi du 28 avr. 1832, la déclaration du jury portant que l'accusé n'était pas coupable de meurtre, mais qu'il était coupable de coups et d'excès réitérés qui avaient occasionné la mort de la victime. — Remarquons toutefois qu'aujourd'hui il n'y aurait plus contradiction dans cette réponse, parce que les coups portés, sans intention de donner la mort, et qui l'ont cependant occasionnée, constituent un crime distinct du meurtre, aux termes de l'alinéa 2, art. 309, C. pén.; mais il faudrait, pour justifier l'application de cet article, que les coups eussent été portés *volontairement* et que la déclaration du jury en fît mention. — *Cass.*, 28 avr. 1826, Guilhot.

3052. — ... 33° La déclaration du jury portant d'une part que l'accusé est coupable d'avoir volontairement tiré un coup de fusil dont le plaignant a été atteint, et d'autre part qu'il n'est pas constant que ce soit le coup de fusil tiré par l'accusé qui ait atteint le plaignant. — *Cass.*, 10 oct. 1816, Lebrat.

3053. — ... 34° La réponse du jury qui déclare tout à la fois l'accusé auteur d'une tentative de meurtre et complice de la même tentative pour en avoir aidé ou assisté l'auteur. — *Cass.*, 10 oct. 1816, Lebrat.

3054. — ... 35° La déclaration du jury portant que l'accusé a commis un incendie à dessein de nuire et qu'il ne l'a pas commis dans l'intention du crime. — *Cass.*, 9 messid. an VIII, Morcan.

3055. — ... 36° La déclaration du jury portant que l'accusé est convaincu de s'être introduit, à l'aide d'effraction, dans une maison à dessein de voler, que cette tentative a été manifestée par des actes extérieurs et n'a été suspendue que par des

circonstances fortuites indépendantes de sa volonté ; mais que la tentative n'a pas été suivie d'un commencement d'exécution. — *Cass.*, 4 brum. an XIV, Colle.

3056. — ...37° La réponse du jury qui déclare, sur une accusation de vol, que l'accusé est auteur ou complice du déplacement des effets compris en l'acte d'accusation, et qu'il n'est pas convaincu d'avoir ramassé les effets volés. — *Cass.*, 24 brum. an VII, Lagnoul.

3057. — ... 38° La réponse par laquelle le jury déclare un accusé coupable d'une tentative de vol qui n'a été exécutée que par une cause étrangère à la volonté de l'accusé. — *Cass.*, 22 déc. 1815, Chabasset.

3058. — ... 39° La déclaration du jury portant que l'accusé n'a point volé, mais qu'il a maraudé avec escalade. — *Cass.*, 14 avr. 1826, Obled.

3059. — ... 40° La déclaration du jury portant, d'une part, qu'un accusé est complice d'un vol commis par un domestique, et, d'autre part, que ce domestique est non coupable du fait principal. — *Cass.*, 20 sept. 1828, Levasseur.

3060. — ... 41° La réponse du jury qui reconnaît l'accusé coupable d'un vol commis par une seule personne, et le déclare de plus complice du même vol. — *Cass.*, 11 nov. 1830, Lafon.

3061. — ... 42° La réponse du jury qui déclare un commis à gages coupable de soustraction d'une somme d'argent au préjudice et dans la maison de commerce où il était employé, *mais non frauduleusement et seulement en abusant de la confiance de cette maison de commerce.* — *Cass.*, 11 fév. 1830, Klein.

3062. — ...43° La déclaration du jury qui, interrogé sur l'existence de deux soustractions imputées à l'accusé, répond affirmativement à l'égard de l'une et négativement à l'égard de l'autre, puis qui, sur une circonstance aggravante qui comprend les deux soustractions, répond affirmativement. — *Cass.*, 24 mars 1831, Ghollet.

3063. — ...44° La réponse du jury qui déclare l'accusé tout à la fois auteur et complice d'un vol commis par une seule personne. — *Cass.*, 26 déc. 1834, Imbert.

3064. — ...45° La déclaration du jury portant qu'un accusé n'est pas coupable du vol qui lui est imputé, et cependant que cet accusé a commis le même vol avec un autre individu. — *Cass.*, 5 sept. 1839, Desauge.

3065. — 46° Jugé dans le même sens que, lorsque, dans la position des questions, la volonté et le guet-apens ont été présentés par erreur, d'après l'acte d'accusation, comme deux circonstances aggravantes d'un meurtre, la réponse du jury qui déclare l'accusé coupable sans les circonstances est contradictoire et nulle en ce qu'elle exclut la volonté, dont elle reconnaît néanmoins l'existence par la déclaration de culpabilité du meurtre qui la comprend nécessairement. — *Cass.*, 2 juil. 1813, Henck.

3066. — ...47° Que lorsque, sur la question de savoir si l'accusé est coupable d'une tentative de meurtre commise avec préméditation, laquelle tentative a été manifestée par des actes extérieurs et suivie d'un commencement d'exécution qui n'a manqué son effet que par des circonstances fortuites indépendantes de sa volonté, le jury répond que l'accusé est coupable sans les circonstances, cette déclaration établit tout à la fois qu'il y a eu tentative de meurtre avec préméditation, et que les circonstances constitutives, tant de la tentative criminelle que de l'assassinat, n'existent pas, ce qui implique contradiction, et rend nulle la déclaration du jury. — *Cass.*, 2 mai 1816, Aonstel; — Carnot, *Inst. crim.*, sur l'art. 296, t. 2, p. 19, n° 7.

3067. — ...48° Que lorsque, sur une accusation de tentative de meurtre, le président de la cour d'assises a posé au jury une question contenant toutes les circonstances constitutives de la tentative, et que le jury a répondu : *Oui, l'accusé est coupable, mais sans les circonstances aggravantes*, cette déclaration est contradictoire, en ce qu'aucune circonstance aggravante n'a été soumise au jury. — *Cass.*, 28 janv. 1830, Miermont.

3068. — Dans tous ces cas, le droit d'annuler la déclaration du jury et de renvoyer ce dernier dans la salle de ses délibérations appartient à la cour d'assises et non au président seul.

3069. — Toutes les fois que la déclaration du jury est ainsi frappée de nullité, comme contradictoire et confuse, le ministère public est recevable à se pourvoir en cassation contre l'ordonnance d'acquittement rendue sur une pareille déclaration. — V. en ce sens *Cass.*, 18 messid. an XII, Guillot.

3070. — Jugé ainsi que l'art. 409, C. inst. crim., portant que l'annulation des ordonnances d'acquittement ne peut être poursuivie par le ministère public que dans l'intérêt de la loi, ne s'applique pas à celles qui ont été rendues sur des déclarations du jury contradictoires et nulles. — *Cass.*, 2 juill. 1813, Henek ; — Carnot, *Inst. crim.*, t. 2, p. 721, n° 10.

3071. — Nous avons dit (*suprà* n° 3045) que toute déclaration du jury nulle comme contradictoire ne pouvait servir de base légale à un acquittement ni à une condamnation. Cependant, les deux espèces suivantes semblent une exception à cette règle.

3072. — Ainsi, il a été jugé que la contradiction existant entre deux déclarations du jury, portant, l'une que le principal accusé est coupable de coups et blessures ayant occasionné la mort, et l'autre que son coaccusé est complice de coups et blessures n'ayant pas occasionné la mort, ne peut opérer nullité qu'autant que ces deux déclarations émanent du même jury. — *Cass.*, 18 juin 1830, Coupat.

3073. — ...Et que lorsque le jury, après avoir, par une première réponse, écarté des circonstances aggravantes, en déclare néanmoins l'existence dans une réponse subséquente, cette déclaration, contredite par la première, qui reste acquise à l'accusé, ne peut porter à ce dernier aucun préjudice quant à l'application de la peine. — *Cass.*, 29 avr. 1831, Dirrion.

ART. 2e. — *Déclaration non contradictoire.*

3074. — Il ne faut point considérer comme contradictoires les réponses du jury qui, en reconnaissant l'existence de certains élémens du délit, rejettent les autres, ou qui, en proclamant l'existence du fait de l'accusation, le dépouillent de sa criminalité légale.

3075. — Ainsi, n'est pas contradictoire la réponse du jury qui, interrogé sur la question de savoir si *l'accusé est coupable d'attentat à la pudeur avec violence*, répond : « *Oui, l'accusé est coupable du fait à lui imputé, mais sans violence.* Une telle réponse est acquise à l'accusé comme affirmative sur le fait d'attentat, et négative sur le fait de violence, et elle doit, dans cet état entraîner l'absolution de l'accusé, si, d'ailleurs, rien ne constate que la victime fût âgée de moins de onze ans. — *Cass.*, 29 août 1839 (t. 2 1839, p. 312), Bile.

3076. — Il n'y a pas contradiction réelle entre deux décisions du jury dont la première déclare un individu non coupable de faits de banqueroute frauduleuse qui lui sont imputés, et la seconde qui, statuant ultérieurement à l'égard de l'accusé de complicité dans les mêmes faits, dispose qu'il y a eu détournement de l'actif, reconnaissance frauduleuse de dettes supposées et soustraction des livres de commerce par l'accusé principal antérieurement acquitté. — *Cass.*, 5 mars 1841 (t. 1er 1841, p. 587), Poirier.

3077. — ...Ni entre deux réponses du jury dont l'une déclare l'accusé coupable comme auteur principal d'une banqueroute frauduleuse, et l'autre comme complice de cette même banqueroute; le mot complice, dans ce cas, ayant la signification du mot coauteur. — *Cass.*, 7 mars 1839 (t. 1er 1843, p. 351), Furcy Goujon.

3078. — La réponse du jury qui déclare deux accusés coupables du même crime, mais écarte en faveur de l'un une circonstance aggravante qu'il admet vis-à-vis de l'autre, n'offre ni ambiguïté ni contradiction ; dès-lors, il y a lieu d'annuler l'arrêt par lequel la cour d'assises a renvoyé le jury dans la chambre des délibérations, la nouvelle déclaration de ce dernier et l'arrêt de condamnation rendu en conséquence. — *Cass.*, 1er juill. 1830, Delaroche; 27 août 1831, Simon.

3079. — Il n'y a pas contradiction dans la réponse du jury qui déclare un accusé coupable de vol avec les circonstances de domesticité et de maison habitée, et qui cependant déclare en même temps un autre accusé complice de ce crime pour recélé, mais sans les circonstances aggravantes de domesticité et de maison habitée. — *Cass.*, 18 janv. 1828, Buckal; — Legraverend, t. 2, p. 243, note 4e.

3080. — Mais quand le jury a déclaré qu'un accusé n'est pas coupable, il n'a plus rien à répondre sur les circonstances aggravantes relativement à cet accusé; toute réponse qui serait faite sur ces circonstances doit donc être considérée comme non avenue, et ne peut dès-lors établir de contradiction avec les réponses données sur les mêmes circonstances relativement à d'autres accusés du même crime qui ont été déclarés coupables. — *Cass.*, 30 mai 1839 (t. 2 1844, p. 298), Nougué.

3081. — Lorsqu'une question posée au jury comprend tout à la fois la matérialité du délit et la culpabilité de l'accusé, la déclaration du jury n'est pas contradictoire et obscure, bien que, négative sur cette question, elle soit affirmative sur celles relatives aux circonstances aggravantes du même délit. — Elle est acquise à l'accusé du moment où lecture en a été donnée par le chef du jury. — La cour d'assises ne peut, en conséquence, renvoyer le jury dans la chambre de ses délibérations pour expliquer la déclaration. — *Cass.*, 26 fév. 1841 (t. 1er 1842, p. 203), Laidet.

3082. — Il n'y a pas contradiction lorsqu'il résulte de la déclaration du jury qu'un accusé n'a pas été auteur principal, mais complice du crime qui lui est imputé, encore bien que l'auteur principal ne soit pas connu. — *Cass.*, 10 sept. 1839 (t. 1er 1840, p. 569), Bonis et Barrère.

3083. — La déclaration de non culpabilité du principal accusé n'impliquant point déclaration de la non existence du fait, il n'y a aucune contradiction dans la réponse du jury, portant que le complice est coupable, et que l'accusé principal n'est pas coupable. — *Cass.*, 17 août 1811, Martin; — Carnot, sur l'art. 59, C. pén., t. 1er, p. 219, n° 8, et sur l'art. 345, C. inst. crim., t. 2, p. 645, n° 13 ; Chassan, *Traité des délits de la parole*, etc., p. 140, n° 3 ; Legraverend, t. 1er, chap. 3, p. 155 ; Rauter, t. 2, p. 459.

3084. — Spécialement, un accusé de complicité peut être déclaré coauteur d'un vol, quoique l'accusé principal soit déclaré non coupable, sans qu'il en résulte une contradiction. — *Cass.*, 19 juin 1829, Tixier.

3085. — Il ne peut, à plus forte raison, résulter contradiction de ce que la déclaration affirmative du jury, sur la culpabilité de l'auteur principal, n'aurait été rendue qu'à la majorité simple, tandis que la déclaration affirmative sur la culpabilité du complice aurait été rendue à une majorité plus forte. — *Cass.*, 20 sept. 1827, Biron ; — Legraverend, t. 2, p. 243, note 4.

3086. — Il n'y a pas de contradiction dans la déclaration du jury qui, à l'égard du même individu, a répondu négativement à une question de tentative de meurtre avec préméditation et guet-apens, mais affirmativement sur la question de complicité dans le même crime avec les mêmes circonstances de préméditation et guet-apens. — *Cass.*, 12 oct. 1837 (t. 2 1837, p. 390), Moreau.

3087. — ...Ni entre deux décisions du jury dont la première déclare un individu non coupable des faits de banqueroute frauduleuse qui lui sont imputés, et la seconde qui, statuant ultérieurement à l'égard de l'accusé de complicité dans les mêmes faits, dispose qu'il y a eu détournement de l'actif, reconnaissance frauduleuse de dettes supposées et soustraction des livres de commerce par l'accusé principal antérieurement acquitté. — *Cass.*, 5 mars 1841 (t. 1er 1841, p. 587), Poirier.

3088. — Le même individu ne pouvant être en même temps auteur et complice du même crime, il y aurait, suivant nous, déclaration contradictoire dans la réponse du jury qui, à raison du même fait, attribuerait cette double qualité à un accusé.

3089. — Cependant la cour de Cassation a décidé qu'il n'y a aucune contradiction dans la réponse du jury qui déclare le même individu coauteur et complice du même crime. — *Cass.*, 9 mai 1834, Barratié; 18 sept. 1829, Latournerie.

3090. — ...Ni spécialement dans les deux parties de la déclaration du jury qui déclare l'accusé coupable, comme auteur et comme complice de détournemens et autres actes frauduleux commis au préjudice de ses créanciers par lui et ses associés. — *Cass.*, 17 sept. 1835, Gondret.

3091. — C'est du reste avec raison qu'il a été décidé qu'il n'existe aucune contradiction entre la partie de la déclaration du jury qui déclare un accusé non coupable de complicité d'une banqueroute frauduleuse, et celle qui le déclare coupable d'avoir fait usage sciemment de pièces fausses, lorsque rien n'indique si ces pièces fausses étaient relatives à la faillite. — *Cass.*, 29 mars 1838 (t. 1er 1840, p. 203), Lourdel.

3092. — Lorsque deux individus ont été mis simultanément en accusation pour avoir porté des coups à la même personne, il n'y a aucune contradiction dans la déclaration du jury portant que les coups portés par l'un d'eux ont occasionné une incapacité de travail de plus de vingt jours. — *Cass.*, 5 mars 1824, Deblinger.

3093. — ...Ni dans celle portant qu'un coup de couteau a été donné avec préméditation, mais sans dessein de tuer, quelque extraordinaire qu'elle puisse paraître. — *Cass.*, 14 fév. 1817, Rietsch; — Carnot, *Inst. crim.*, sur l'art. 350, t. 2, p. 670, n° 10.

3094. — Il n'y a pas contradiction dans la déclaration du jury portant que l'extorsion de la signature ou la remise d'un écrit n'a eu lieu ni par la *force*, ni par la *violence*, mais qu'elle a eu

lieu par contrainte. — *Cass.*, 15 janv. 1825, Candon; — Legraverend, t. 2, p. 243, note 4°.

3095. — Il n'y a point de contradiction dans la réponse du jury qui déclare l'accusé coupable d'avoir attenté par le poison à la vie de son père, et d'une tentative d'empoisonnement contre la même personne. — *Cass.*, 24 juin 1831, Barbedette.

3096. — La réponse négative du jury sur les questions relatives aux auteurs et complices de la falsification d'une pièce n'exclut point l'usage qui a pu en être fait par un autre individu. — *Cass.*, 30 janv. 1812, T...

3097. — Il n'y a aucune contradiction dans la réponse du jury qui déclare que l'accusé n'est pas coupable d'être l'auteur d'un billet faux, mais qu'il est coupable d'en avoir fait usage sachant qu'il était faux. — *Cass.*, 10 oct. 1817, Osouf.

3098. — ... Ou qu'il est coupable d'avoir fabriqué une pièce fausse, mais qu'il n'est point coupable d'en avoir fait usage. — *Cass.*, 7 juin 1821, Bachelier; 25 nov. 1825, Tardivel; 30 déc. 1841 (t. 1er 1842, p. 522), Astelli; 24 avr. 1828, Talon; — Chauveau et Hélie, *Théorie du C. pén.*, t. 3, p. 422; Mangin, *Tr. de l'act. pub.*, t. 2, p. 164, n° 325; Legraverend, t. 1er, chap. 17, § 4, p. 593; Carnot, sur l'art. 147, C. pén., t. 1er, p. 488, n° 11.

3099. — ... Ou qu'il est coupable de s'être rendu complice d'un faux par aide ou assistance, et que l'auteur principal n'est pas coupable. — *Cass.*, 23 avr. 1829, Combe.

3100. — ... Ni entre l'ordonnance qui acquitte un individu sur la déclaration du jury portant qu'il n'est pas coupable d'être auteur d'un faux acte, et l'arrêt qui en condamne un autre comme coupable d'avoir provoqué à la fabrication de cet acte et d'en avoir fait sciemment usage. — *Cass.*, 9 avr. 1818, Couaix.

3101. — Dans une accusation ayant pour objet une escroquerie commise à l'aide d'un faux, la réponse du jury, affirmative sur la question relative au faux, n'est pas en contradiction avec sa réponse négative sur la question relative à l'escroquerie. — *Cass.*, 26 juill. 1822, Duport.

3102. — Il n'y a pas contradiction dans les réponses du jury lorsque l'accusé, déclaré non coupable de la fabrication de timbres nationaux, est déclaré coupable d'avoir fabriqué les empreintes de ces timbres sur des lettres de voiture. — *Cass.*, 13 oct. 1843 (t. 1er 1845, p. 140), Constant.

3103. — *Fausse monnaie.* — Lorsque le jury a déclaré l'accusé *coupable* de la fabrication d'une pièce fausse, mais sans intention de nuire, sa réponse n'est ni contradictoire ni incohérente, et entraîne l'absolution de l'accusé. — *Ass. de la Seine*, 10 mars 1830, Fabien.

3104. — Il n'y a aucune contradiction dans la réponse du jury qui, après avoir déclaré les accusés non coupables du crime de contrefaçon de monnaies d'argent ayant cours légal en France, les aurait néanmoins reconnus coupables d'avoir participé à l'émission des monnaies énoncées dans la première question. — *Cass.*, 16 sept. 1831, Couvreux.

3105. — ... Ni dans la réponse du jury qui, après avoir déclaré l'accusé non coupable d'avoir participé comme auteur à l'émission de fausse monnaie d'argent ayant cours légal en France, le reconnaît coupable de complicité du même fait avec les caractères de la criminalité légale. — *Cass.*, 22 sept. 1831, Gach.

3106. — *Faux serment.* — Il n'y a rien d'inconciliable entre deux affirmations dont l'une énonce qu'un accusé n'a pas fait un faux serment en niant l'existence d'une vente définitive, et l'autre qu'il s'est rendu coupable de ce crime en déclarant qu'il n'avait pas reçu un à-compte sur le prix de ce marché. La non existence d'une vente n'exclut pas le fait d'une prestation d'arrhes par suite d'un projet de vente. — *Cass.*, 12 mars 1835, Hélitas.

3107. — *Homicide.* — Il n'y a point contradiction dans la déclaration du jury, négative sur une première question portant sur un parricide, et affirmative sur une seconde question relative au même meurtre avec le seul concours de la préméditation et du guet-apens et constituant par conséquent un simple assassinat. — *Cass.*, 15 déc. 1831, de Castros.

3108. — ... Ni dans la déclaration du jury qui porte que l'accusé est *coupable* d'une tentative d'homicide volontaire, mais qu'il n'a commis cette tentative que pour sa légitime défense. — *Cass.*, 29 avr. 1819, Maurice.

3109. — ... Ni dans la réponse par laquelle le jury déclare que l'accusé est coupable d'avoir commis volontairement un homicide et qu'il était en état de démence au moment où il l'a commis. Cette déclaration doit être entendue en ce sens que l'accusé n'a apporté dans cet homicide qu'une volonté d'homme en démence et quasi-animale. — *Cass.*, 4 janv. 1817, Philippe.

3110. — ... Ni entre deux réponses du jury qui, par la première, déclarerait que l'accusé n'est pas l'auteur de l'assassinat faisant l'objet des poursuites, et dans la seconde reconnaît qu'il est coupable d'avoir donné la mort par assistance. — *Cass.*, 7 juill. 1831, Greco.

3111. — ... Ni celle par laquelle il déclare qu'un accusé n'est pas coupable d'avoir porté avec préméditation des coups qui ont occasionné la mort d'un individu, et qu'il est coupable d'avoir porté ces mêmes coups avec l'intention de donner la mort. — *Cass.*, 6 juill. 1832, Laforge.

3112. — ... Ni entre deux déclarations du jury, dont l'une porte que l'accusé est coupable d'une tentative d'homicide volontaire, et l'autre, qu'il est coupable de blessures faites volontairement. — *Cass.*, 19 déc. 1833, Baud.

3113. — ... Ni, dans une accusation de coups et blessures ayant occasionné la mort sans intention de la donner, entre les deux réponses du jury, l'une négative quant à l'intention de donner la mort, et l'autre affirmative quant à la préméditation de la volonté de porter des coups et blessures. — *Cass.*, 14 janv. 1841 (t. 1er 1842, p. 261), Cartel et Bouvera'; — Carnot, *Inst. crim.*, art. 350, t. 2, p. 670, n° 10.

3114. — Il n'y a aucune contradiction entre la réponse du jury qui, sans écarter l'existence des faits matériels, déclare deux accusés non coupables d'un crime, comme auteurs, et celle qui déclare l'un d'eux coupable d'une tentative de ce même crime. — *Cass.*, 14 sept. 1833, Durand.

3115. — ... Ni dans les réponses par lesquelles le jury déclare qu'un individu est coupable d'une tentative de crime, et que cette tentative ne réunit pas les caractères spécifiés en l'art. 2, C. pén. — *Cass.*, 9 juill. 1829, Eloy.

3116. — Ainsi, la déclaration du jury, portant que l'accusé est coupable d'une tentative de meurtre manifestée par des actes extérieurs et suivie d'un commencement d'exécution, mais dont l'effet n'a pas été suspendu par des circonstances fortuites, indépendantes de sa volonté, n'est ni douteuse ni obscure; elle établit seulement que la tentative ne réunit pas les caractères criminels voulus par la loi; et la cour d'assises doit, au lieu d'annuler cette déclaration, prononcer l'absolution de l'accusé. — *Cass.*, 25 juill. 1817, Robin; — Legraverend, t. 2, p. 243.

3117. — Il n'y a aucune contradiction dans la déclaration du jury, portant que l'accusé est coupable d'une soustraction, mais qu'il ne l'a pas faite frauduleusement. — *Cass.*, 20 mars 1812, Vanderschelden.

3118. — ... Ni dans la réponse du jury qui déclare qu'un vol a été commis par deux personnes, et que, des deux accusés présens, l'un est coupable et l'autre innocent. — *Cass.*, 15 juill. 1813, Diétrich.

3119. — ... Ni entre la réponse négative sur le concours de deux personnes à un vol et la déclaration affirmative de complicité par recélé. — *Cass.*, 4 avr. 1844 (t. 1er 1844, p. 744), Gumbeau.

3120. — Il n'y a point contradiction dans la déclaration du jury qui impute successivement et principalement à chacun des accusés le même crime, lorsqu'elle énonce expressément que c'est *de concert* qu'ils ont agi. — *Cass.*, 16 avr. 1831, Acerbé.

3121. — ... Ni entre la réponse par laquelle le jury déclare un accusé coupable comme auteur ou complice d'un crime et celle par laquelle il le déclare coupable par provocation. — *Cass.*, 13 juill. 1837 (t. 2 1844, p. 377), Pelleautier.

3122. — Mais c'est à tort, suivant nous, qu'il a été jugé que la déclaration du jury que l'accusé est *coupable par ignorance* est complète et non contradictoire. Les mots *par ignorance* ne se référant point à la question, n'étant point exclusifs de l'intention criminelle et devant être considérés comme superflus et non écrits, l'expression *par ignorance* est exclusive de la culpabilité; d'ailleurs, une déclaration pareille est au moins incertaine, et il serait du devoir de la cour d'assises de renvoyer le jury dans la chambre de ses délibérations pour préciser d'une manière nette la réponse. — *Cass.*, 14 juill. 1831, Guillon.

3123. — On ne peut prétendre qu'il y a contradiction entre les réponses données par la cour d'assises aux questions posées par le ministère public, qu'autant que cette contradiction résulte des réponses elles-mêmes; on ne peut surtout la faire résulter de l'instruction écrite. — *Bruxelles*, 28 fév. 1826, S...

Sect. 11e. — *Déclaration surabondante.*

3124. — La déclaration surabondante est celle qui dépasse les limites posées par les questions mêmes en constatant des faits qu'elles n'ont pas prévus.

3125. — La jurisprudence a proscrit ce genre de déclaration, le jury ne devant répondre qu'aux questions qui lui sont posées.

3126. — Ainsi, il a été jugé, sous l'empire de la loi du 16-29 sept. 1791, que la déclaration du jury de jugement ne pouvait, à peine de nullité, et quelles que fussent les dépositions des témoins, porter sur un fait non compris dans l'acte d'accusation. — *Cass.*, 31 mai 1792, Luce-Nelly; 13 juill. 1792, Drou; 2 août 1792, Dehoutz; 8 août 1792, Vallée; 24 août 1792, Denis; 2 août 1793, Mazaury.

3127. — ... Sous le Code du 3 brum. an IV, que, lorsque, à la question de savoir si une personne était habitante de la maison pour y faire un travail salarié, les jurés se permettaient d'ajouter le mot *habituellement*, la déclaration était nulle. — *Cass.*, 22 therm. an VII, Gautier.

3128. — De même, il y a nullité lorsqu'à la question de savoir si l'accusé est convaincu d'avoir causé des blessures, le jury ajoute à sa réponse négative que l'accusé est convaincu d'y avoir donné occasion. — *Cass.*, 5 messid. an X, Shemann. — V. *infrà* nos 3150 et suiv.

3129. — Le Code d'instr. crim. n'a dérogé en rien à ce principe; et depuis, comme avant, la jurisprudence l'a constamment appliqué.

3130. — Il a donc été jugé que la déclaration du jury sur un fait non compris dans la position des questions est nulle et ne peut servir de base à un arrêt de condamnation. — *Cass.*, 7 oct. 1831, Sabatier; 15 janv. 1824, Blum; 22 août 1833, Silvant; — Legraverend, t. 1er, chap. 13, p. 468, et t. 2, chap. 2, p. 236.

3131. — ... Et spécialement que, lorsque les questions posées par le président ne portent que sur une accusation de viol, les jurés ne peuvent, en déclarant l'accusé non coupable sur ce chef, ajouter qu'il est coupable d'un attentat à la pudeur avec violence. — *Cass.*, 26 oct. 1820, Blin.

3132. — ... Qu'ils ne peuvent déclarer l'accusé coupable de vol, d'abus de confiance et d'escroquerie, quand ils n'ont été interrogés que sur un faux. — *Cass.*, 14 mai 1825 (intérêt de la loi), Coche et Amauri; — Carnot, *Inst. crim.*, t. 2, sur l'art. 348, p. 660, n° 2.

3133. — ... Que lorsqu'ils ne sont interrogés que sur la culpabilité de l'accusé comme auteur, ils excèdent leurs pouvoirs en le déclarant complice. — *Cass.*, 4 oct. 1811, Dolbec; — Legraverend, t. 2, p. 237.

3134. — ... Que lorsque, sur une question d'homicide volontaire, le jury a répondu que l'accusé était coupable d'avoir volontairement porté des coups et fait des blessures qui ont occasionné la mort, mais sans intention de la donner, sa déclaration est nulle comme ayant changé le caractère du fait et dénaturé l'accusation qui lui était soumise. — *Cass.*, 15 janv. 1835, Aubert.

3135. — ... Qu'il y a excès de pouvoirs dans la réponse par laquelle, en déclarant que l'accusé n'est pas coupable d'avoir tiré volontairement sur un individu un coup de pistolet qui a occasionné sa mort, le jury ajoute qu'il l'a fait imprudemment, quoique aucune question ne lui ait été soumise sur la circonstance de l'imprudence. — *Cass.*, 11 août 1826, Ottevaere; 8 déc. 1826, Angelin; même jour, Révei; 9 sept. 1826, Auger; 10 avr. 1829, Dubois; 8 juill. 1836 (t. 1er 1837, p. 471), Momy; — Legraverend, t. 2, p. 236; Carnot, *Instr. crim.*, t. 2, p. 639.

3136. — ... Que le jury commet un excès de pouvoir en atténuant sa déclaration affirmative sur une question de meurtre, par la déclaration de provocation étrangère à l'accusation, et sur laquelle il n'a point été posé de question. — *Cass.*, 11 juill. 1833, Cazanova; 9 mai 1834, Palinacce; — Legraverend, t. 2, p. 238, note 1re.

3137. — ... Que, lorsque dans les questions posées, le fait de complicité a été exprimé sans aucun des caractères de criminalité spécifiés dans les art. 60, 61 et 62, C. pén., le jury ne peut, par sa déclaration, suppléer au silence des questions posées par le président à l'égard de ces caractères. — *Cass.*, 2 déc. 1825, Gardet.

3138. — ... Que la déclaration par laquelle ils y ajoutent une circonstance aggravante ne peut servir de base à une condamnation. — *Cass.*, 29 janv. 1819, Magloire.

3139. — ... Que, lorsqu'il est établi que l'accusé était âgé de plus de seize ans au moment où il a commis le crime qui lui est imputé, l'addition faite par le jury à la déclaration de culpabilité, qu'il a agi *sans discernement*, ne peut produire aucun effet légal. — *Cass.*, 1er sept. 1826, Christ.

3140. — Nous ne saurions nous associer à cette jurisprudence. En ne permettant pas au jury d'accepter, par partie, l'accusation, elle nous paraît

contraire aux intérêts des accusés et de la société elle-même. La loi d'ailleurs ne renferme aucune disposition qui rende obligatoire pour le jury d'accepter entièrement l'accusation qui lui est présentée, ni prohibitive pour la diviser s'il le veut. — Au surplus, l'arrêt suivant semble avoir admis ce système.

3141. — En effet, il a été jugé que, lorsque le jury répondant, sur une accusation de meurtre, aux questions qui lui sont soumises comme résultant des débats, a déclaré l'accusé coupable d'avoir volontairement porté des coups qui, sans intention de donner la mort, l'ont cependant occasionnée, le président ne peut prononcer une ordonnance d'acquittement. — Une semblable réponse *est une modification de l'accusation*, et non une déclaration de non-culpabilité. — *Cass.*, 13 janv. 1842 (t. 2 1842, p. 417), Hénique.

3142. — ... Et même que, si les jurés n'ont pas le droit de décider les faits qui n'ont pas été soumis à leur délibération, ils ont néanmoins celui de déclarer les circonstances qui, se liant aux questions proposées, deviennent nécessaires pour expliquer le vrai sens de leur déclaration. Ainsi, sur une accusation de meurtre, ils peuvent, sans que la question leur en ait été faite, déclarer que l'accusé n'a agi que pour sa légitime défense. — *Cass.*, 29 avr. 1819, Maurice.

3143. — En matière d'attentat à la pudeur, c'est le jury qui doit déclarer en fait si l'auteur de l'attentat est ascendant de la victime, ou s'il est investi de telle autre qualité de nature à soulever la question d'autorité; mais c'est la cour d'assises qui seule doit prononcer en droit si, à raison de la qualité reconnue par le jury à l'accusé, celui-ci avait ou non autorité sur sa victime. — En conséquence la déclaration du jury est nulle et ne peut servir de base à une condamnation lorsqu'au lieu de porter que l'attentat a été commis par l'accusé sur la fille de sa femme, elle porte qu'il a été commis par lui pendant qu'il avait autorité sur sa victime. — *Cass.*, 2 déc. 1843 (t. 1er 1844, p. 738), Rampant.

3144. — Enfin, les jurés ne peuvent ajouter dans leur déclaration une excuse qui ne leur a pas été soumise. — V. *suprà* nos 2937 et suiv.

3145. — Lorsque la déclaration contient plus ou moins que les questions qui leur sont soumises, la cour d'assises doit, suivant les circonstances, renvoyer le jury dans la chambre de leurs délibérations, et leur demander une déclaration nouvelle, ou annuler la déclaration dans sa partie surabondante et inutile, ou accepter sa déclaration dans son intégralité.

3146. — Ainsi jugé que la cour d'assises doit renvoyer le jury dans la chambre des délibérations lorsque la déclaration, par l'annexe qui y a été jointe, est devenue vague, incertaine et ne manifeste pas suffisamment la pensée des jurés. — *Cass.*, 9 mai 1811, Robillard; 18 juin 1830, Coupat. — V. *suprà* nos 2964 et suiv.

3147. — ... Qu'elle doit annuler la déclaration du jury dans sa partie surabondante lorsque cette partie est relative à un chef d'accusation ou à des circonstances différentes de ceux qui ont été soumis aux jurés. — *Cass.*, 22 août 1833, Silvant.

3148. — ... Ou lorsque le fait ajouté par le jury, dans sa déclaration, ne peut légalement en modifier la portée. Aussi, lorsque le jury, interrogé sur le point de savoir si l'accusé est coupable d'un homicide volontaire, a répondu : *Oui l'accusé est coupable, mais sur la demande de l'homicide*, ces derniers mots doivent être considérés comme non avenus, et l'accusé est passible des peines du meurtre. — *Cass.*, 16 nov. 1827, Lefloch.

3149. — ... Enfin, qu'elle doit accepter la déclaration du jury dans son intégralité, lorsqu'elle ne présente qu'une *modification* de l'accusation telle qu'elle était formulée dans la question. — *Cass.*, 29 avr. 1819, Maurice; 13 janv. 1842 (t. 2 1842, p. 417), Hénique.

Sect. 12e. — *Déclaration incomplète.*

3150. — La déclaration est incomplète lorsqu'elle ne répond qu'à une partie des questions proposées.

3151. — Ce principe, vrai en lui-même, a été consacré d'une manière uniforme par la jurisprudence, malgré les modifications diverses qu'a subies notre législation criminelle.

3152. — Ainsi, sous la loi du 16-29 sept. 1791, il y avait nullité lorsque les jurés n'avaient prononcé que sur deux délits tandis qu'il s'en trouvait quatre dans l'acte d'accusation. — *Cass.*, 29 frim. an IV, Hautecœur.

3153. — ... Si le jury ne s'était pas expliqué sur la question intentionnelle. — *Cass.*, 14 sept. 1793, Nostry.

3154. — De même, sous le Code du 3 brum. an IV, lorsque les jurés n'avaient pas délibéré sur toutes les questions qui leur avaient été proposées la déclaration était nulle. — *Cass.*, 22 thermid. an VII, Demori; 18 messid. an IX, Pourquery; 28 flor an VIII, Maillard; 6 vent. an VII, Carmilleti; 15 vendém. an VII, Coulon et Dupré.

3155. — ... Et spécialement lorsque, sur une accusation d'homicide suivi de vol, les jurés ne donnaient de déclaration que sur l'homicide, il y avait lieu à les renvoyer dans leur chambre pour en former une nouvelle comprenant le fait du vol; et, à défaut de ce renvoi, leur déclaration était incomplète et nulle. — *Cass.*, 13 thermid. an IV, Queret.

3156. — Sous l'empire du même Code, lorsque le jury refusait de passer une déclaration sur la question intentionnelle, il y avait lieu à le renvoyer dans sa chambre pour former une déclaration complète, et non à ordonner la convocation d'un nouveau jury. — *Cass.*, 5 niv. an V, Sahut.

3157. — La question intentionnelle non répondue ne pouvait pas être suppléée par la question de savoir si l'accusé avait agi dans un premier mouvement, quoique répondue affirmativement. — *Cass.*, 28 vendém. an VII, Pellé.

3158. — Cependant, lorsque la réponse du jury sur une question devait avoir pour effet d'anéantir le délit, il n'y avait plus lieu à délibérer sur une question subséquente de moralité. — *Cass.*, 12 vent. an VII, Arpenteur.

3159. — Mais le jury, après avoir déclaré le fait constant et les accusés convaincus d'y avoir coopéré, ne pouvait pas se dispenser de donner sa déclaration sur les questions ultérieures relatives à la moralité du fait. — *Cass.*, 17 flor. an IX, Rossel et Pillet.

3160. — Etait également nulle la déclaration du jury qui ne contenait pas de réponse aux questions relatives à deux circonstances aggravantes. — *Cass.*, 22 frim. an VII, Begné.

3161. — Ainsi, pour qu'un accusé pût être déclaré non convaincu, il fallait que les jurés eussent légalement donné une réponse négative sur le fait qui était l'objet de l'accusation; il ne suffisait pas qu'après avoir répondu négativement sur la première question présentée mal à propos comme question principale, quoiqu'elle ne fût relative qu'à une circonstance du délit, ils se fussent dispensés de répondre sur les autres et les eussent déclarées inutiles. — *Cass.*, 7 brum. an XI, Sarruc.

3162. — Les jurés ne pouvaient se dispenser de répondre à une question de complicité qui leur avait été soumise. — *Cass.*, 18 prair. an IX, Dolcac dit Perrin.

3163. — Etait nulle la déclaration du jury qui déclarait un accusé complice, sans exprimer ce qui constituait sa complicité. — *Cass.*, 17 brum. an V, Honguenaerts, Pauvels et Bossaerts.

3164. — ... Et la déclaration du jury portant que l'accusé n'était pas convaincu d'avoir contribué à la fabrication d'une pièce fausse, ne suffisait pas pour détruire l'accusation de complicité qui pouvait être établie, soit par l'usage fait sciemment de la pièce fausse, soit de toute autre manière. — *Cass.*, 9 frim. an VII, Thiébaut-Crou.

3165. — Les diverses modifications apportées par le Code d'inst. crim. étant étrangères à ce point, ces diverses décisions ont été suivies par la jurisprudence. — Sous ce Code, comme sous la législation antérieure, il y a nullité lorsque le jury ne s'est pas expliqué sur toutes les questions qui lui ont été posées. — Legraverend, t. 2, p. 245.

3166. — Ainsi il a été jugé que, lorsque le jury a omis de s'expliquer sur une des circonstances comprises dans le résumé de l'acte d'accusation, sa réponse est incomplète et ne peut servir de base légale à une condamnation. — *Cass.*, 30 août 1811, N...; 9 juill. 1812, Lecomte; 1er avr. 1819, Lenille; 4 juin 1819, Royer; 4 avr. 1822, Rodin; — Legraverend, t. 2, p. 244.

3167. — ... Et spécialement que lorsque, sur la question de savoir si l'accusé est coupable d'offense envers des membres de la famille royale, par des cris proférés dans des lieux publics, le jury se borne à répondre que l'accusé est coupable d'offense envers les membres de la famille royale, cette déclaration est incomplète et nulle, en ce qu'elle ne porte pas sur la circonstance de la publicité. — *Cass.*, 13 juin 1820, Lacombe.

3168. — ... Que lorsque, sur la question de savoir si l'accusé est coupable d'avoir proféré des discours séditieux dans une rue, le jury se borne à répondre que l'accusé est coupable d'avoir tenu les propos mentionnés dans la question, sa déclaration est incomplète en ce qu'elle ne s'explique pas sur la circonstance de la publicité, et ne peut servir de base ni à une condamnation ni à

un acquittement. — *Cass.*, 25 mai 1820, Windels.

3169. — ... Que lorsque, dans une accusation de vol commis la nuit, dans une étable faisant partie d'une maison habitée, le jury omet de s'expliquer sur la circonstance de la nuit, la cour d'assises doit annuler sa réponse et en demander une nouvelle, au lieu de se contenter d'appliquer les peines du vol simple. — *Cass.*, 4 avr. 1822, Bodin.

3170. — ... Que lorsque, à la question de savoir si l'accusé est coupable d'un vol avec fausses clés dans un hôtel garni où il était reçu, le jury a omis de répondre sur la circonstance de l'hôtel garni, il y a nullité de sa déclaration en ce qui concerne cette omission. — *Cass.*, 19 mars 1831, Jacquin.

3171. — ... Que lorsqu'au bas d'une question comprenant tous les caractères du crime, le jury inscrit une réponse portant que l'accusé est *coupable du crime qu'on lui impute, énoncé en la question ci-dessus*, cette déclaration est incomplète, en ce qu'elle ne s'explique pas sur les circonstances aggravantes du fait. — *Cass.*, 6 mai 1813, Delafont Brémant.

3172. — ... Que lorsque, sur une question comprenant le fait principal et les circonstances aggravantes, le jury répond seulement qu'il est constant que l'accusé est coupable, sans faire mention des circonstances aggravantes, sa déclaration est incomplète et nulle. — *Bruxelles*, 27 nov. 1820, Buisseret.

3173. — ... Qu'un accusé ne peut pas être condamné aux peines du vol avec effraction, si le jury n'a pas été interrogé, et par suite n'a pas donné de déclaration sur la circonstance relative à la maison habitée, ou parc, ou enclos où le vol a été commis. — *Cass.*, 10 mars 1826, Jean Guérin; 9 fév. 1827, Delair.

3174. — ... Que la déclaration du jury portant : *Oui, il est constant que l'accusé a soustrait frauduleusement une certaine quantité de chemises au préjudice de*, etc., ne peut servir de base légale à une condamnation. — *Cass.*, 28 fév. 1833, Henry.

3175. — De même a été déclarée insuffisante et nulle la déclaration du jury qui ne s'explique point sur la circonstance aggravante que le vol domestique imputé à l'accusé a été par lui commis *dans la maison où il travaillait habituellement.* — *Cass.*, 16 déc. 1824, Chopy; 25 sept. 1828, Chevrier; 29 oct. 1830, Baert; 14 juill. 1831, Saint-Laurent.

3176. — ... Et celle qui, sur la question énonçant des faits matériels concourant à constituer le crime de banqueroute frauduleuse, ne s'explique point sur ces faits et se contente de répondre : *Oui, l'accusé est coupable de banqueroute frauduleuse.* — *Cass.*, 16 sept. 1830, Gire.

3177. — Le défaut de réponse sur l'intention qui a dirigé l'accusé dans l'acte qu'on lui reproche emporte également nullité.

3178. — Ainsi a été déclarée nulle la réponse par laquelle le jury déclare l'accusé coupable d'avoir porté des coups et fait des blessures qui ont *occasionné* une incapacité de travail de plus de vingt jours, sans exprimer qu'il a agi volontairement. — *Cass.*, 27 fév. 1824, Cazarré; — Carnot, sur l'art. 309, C. pén., t. 2, § 50, no 9; Chauveau et Hélie, *Th. du C. pén.*, t. 5, p. 387.

3179. — La déclaration du jury est incompatible, alors même que résolvant toutes les questions qui lui ont été posées, elle ne s'explique pas sur un fait principal ou sur une circonstance comprise dans l'acte d'accusation. — Legraverend, t. 2, p. 244, note 2e.

3180. — Ainsi, il y a lieu à l'annulation de la déclaration du jury qui ne résout pas toutes les questions résultant de l'arrêt de renvoi; peu importe que les jurés aient répondu à toutes les questions qui leur étaient soumises, et que l'erreur soit imputable au président des assises, qui aurait omis de poser une question sur l'une des circonstances aggravantes mentionnées par l'arrêt de renvoi. — *Cass.*, 15 mars 1838 (t. 2 1840, p. 58), Terrasse.

3181. — Et lorsque la circonstance qu'un vol a été commis dans la maison ou l'habitation dans laquelle le coupable travaillait habituellement, n'a pas été soumise au jury, quoique comprise dans le résumé de l'acte d'accusation, l'accusation n'étant pas purgée, la cassation de l'arrêt intervenu nécessite le renvoi devant un nouveau jury. Toutefois, la réponse affirmative du jury, sur un chef distinct, reste acquise au ministère public. — *Cass.*, 9 sept. 1825, Gelinet.

3182. — La réponse négative du jury, sur la culpabilité du principal accusé d'un délit dont l'existence est déclarée affirmativement, n'exclut pas la culpabilité du complice, et ne dispense pas le jury de s'expliquer à son égard. — *Cass.*, 27 mai 1808, Ménage.

3183. — Lorsque deux questions ont été posées au jury sur la culpabilité de l'accusé comme auteur dans l'une et comme complice dans l'autre,

s'il se borne à répondre négativement sur la première et garde le silence sur la seconde, sa réponse est incomplète. — *Cass.*, 17 mai 1821, Sabardin; 12 janv. 1828, Quirin-Humbert.

3184.—Legraverend (t. 2, p. 246, note 1re) pense qu'il y a lieu par la cour de Cassation d'annuler la déclaration du jury et d'ordonner que les deux questions de culpabilité, même celle qui a été répondue négativement, seront soumises à un nouveau jury.

3185. — La réponse à la question de savoir si un vol a été commis de complicité ne peut s'appliquer qu'au fait et à l'action même du vol, et ne dispense pas les jurés de répondre aux autres questions relatives au recélé des effets volés, qui constitue une complicité séparée et indépendante de la coopération au vol. — *Cass.*, 9 brum. an IX, Nicolas.

3186. — Et même, la déclaration du jury, portant que l'accusé est coupable de recélé, sans énoncer qu'il l'a commis sciemment, est incomplète et ne peut servir de base ni à une condamnation ni à une absolution.—*Cass.*, 26 sept. 1817, Jousseaume; 13 août 1818, Viell; —Carnot, sur l'art. 343, C. inst. crim., t. 2, p. 636, n° 2.

3187.—La déclaration du jury portant que l'accusé est *complice* ne peut servir de base à aucune condamnation. Les jurés ne doivent connaître que des faits élémentaires d'où dérive la complicité.—*Cass.*, 9 mars 1814, Lemort; 4 oct. 1816, Leroux; 20 nov. 1819, Jeanneau; 24 janv. 1818, Ballandras; 28 juin 1816, Soufflaut; 15 janv. 1824, Blum; 27 mars 1834, Charrens; 20 juin 1835, Nala; même jour, Chaleyer; 27 juin, même année, Gaudeix et Bouilland; 3 déc. 1835, Soubabère; 16 janv. 1834, Soulié.

3188.—Cependant il a été jugé que lorsque, sur une question dans laquelle toutes les circonstances constitutives de la complicité sont énumérées, le jury répond que l'accusé est complice du crime mentionné dans la question, sa déclaration peut être réputée affirmative sur toutes ces circonstances.—*Cass.*, 9 mai 1822, Couturier.

3189.— Mais lorsque, sur une question relative à la complicité d'un crime, les jurés ont omis de s'expliquer sur la circonstance que l'accusé aurait agi avec connaissance, leur déclaration est incomplète et ne peut servir de base à aucune condamnation.—*Cass.*, 27 sept. 1822, Loubet.

3190.—Il est constant qu'il n'est point nécessaire que les actes qui constituent l'aide et l'assistance soient relatés dans une déclaration du jury portant que l'accusé est coupable d'avoir aidé ou assisté l'auteur d'un crime dans les faits qui l'ont préparé ou facilité. — *Cass. belge*, 9 oct. 1835, Michel.

3191. — Cependant est incomplète et nulle la déclaration du jury qui, à la question : *L'accusé est-il coupable de complicité dudit homicide volontaire commis avec préméditation et de guet-apens pour avoir, avec connaissance, aidé ou assisté l'auteur dans des faits qui ont préparé, facilité ou consommé l'action?* répond : *Oui, l'accusé est coupable de complicité sur la question de guet-apens; Non, sur celle de préméditation* : une semblable déclaration, fondée sur le fait moral de la complicité, n'exprime pas suffisamment les faits particuliers qui la constituent.— *Cass.*, 21 janv. 1836, Claudel.

3192.—Lorsque, dans les questions posées, le fait de complicité a été exprimé sans aucun des caractères de criminalité spécifiés dans les art. 60, 61 et 62, C. pén., le jury ne peut, par sa déclaration, suppléer au silence des questions posées par le président à l'égard de ces caractères. — *Cass.*, 2 déc. 1825, Gardet.

3193. — La déclaration du jury serait régulière si, après avoir déclaré, dans sa réponse, l'accusé complice, il expliquait en quoi a consisté cette complicité.

3194.—Il a été jugé que, lorsque sur une accusation d'assassinat, les jurés déclaraient à la majorité de sept contre cinq l'accusé coupable sur le chef de l'assassinat, sans s'expliquer sur la complicité, et que la cour d'assises se réunissait à la minorité des jurés, cette cour devait, au lieu de prononcer l'acquittement de l'accusé, renvoyer les jurés dans la salle de leurs délibérations pour donner une réponse sur le fait de complicité.—*Cass.*, 20 sept. 1822, François Rahoisson.

3195.—Cette jurisprudence est encore celle suivie en Belgique où l'on a conservé les dispositions de l'ancien art. 351, C. inst. crim.

3196. — Ainsi, il y a été jugé, depuis la loi de 1832, que le jury n'est pas tenu de s'expliquer sur les questions de complicité avant que les questions relatives à l'auteur principal du délit soient définitivement vidées. Elles ne le sont, dans le cas où les jurés ne se sont prononcés qu'à la simple majorité, qu'après que la cour a elle-même délibéré conformément à l'art. 351, C. inst. crim. — *Bruxelles*, 2 mai 1835, Hagron.

COUR D'ASSISES, ch. 13, sect. 12e.

3197. —... Que les jurés qui déclarent attendre que la cour se soit expliquée sur les questions relatives à l'auteur principal, avant de répondre à la question subsidiaire de complicité, ne se placent pas pour cela sous l'influence de la cour relativement à leur réponse ultérieure sur cette question. — Même arrêt.

3198.—D'après la loi de 1836, dans le cas de solution affirmative de la question de complicité, le jury doit se borner à répondre à la question : *Oui, à la majorité*.

3199. — Le jury n'a pas le droit d'apprécier si une question subsidiaire qui lui est posée est ou non superflue; il ne peut dès-lors se dispenser d'y répondre sous prétexte qu'elle se trouverait virtuellement résolue par sa réponse à la première question. — *Cass.*, 16 avr. 1842 (t. 2 1842, p. 538), Couret.

3200. — Spécialement, la déclaration négative du jury, sur une accusation d'assassinat, ne peut pas être étendue à un vol commis de nuit par plusieurs personnes, compris dans le même acte d'accusation, mais qui n'est ni une circonstance du premier, ni un fait connexe, et qui constitue un crime principal comme se rattachant à des temps et à un lieu distincts.—*Cass.*, 12 avr. 1810, Desgranges.

3201.—*Faux.*—Mais il a été jugé que lorsque, dans une accusation de faux, les jurés ont répondu négativement aux questions relatives à la perpétration du faux, la réponse à la question qui concerne l'usage des pièces fausses devient inutile. — *Cass.*, 12 déc. 1834, Gilbert dit Miran.

3202.—*Faux témoignage.*—Le faux témoignage n'a de caractère criminel qu'autant qu'il a été fait *contre* ou *pour* l'accusé ou le prévenu.—En conséquence, une déclaration du jury qui, sur une accusation de faux témoignage, n'exprime point cette circonstance ne peut donner lieu à une application de peine contre celui qui en est convaincu, et ne purge point l'accusation dont il était l'objet. — *Cass.*, 19 juin 1823, Mangin; 4 juill. 1823, Rolland; — Legraverend, t. 2, p. 245, note 2e.

3203. — La déclaration du jury doit pareillement, à peine de nullité, exprimer les circonstances qui caractérisent la tentative. — *Cass.*, 26 juill. 1811, Gommand.

3204. — La cour d'assises qui reconnaît que la déclaration du jury est incomplète ne peut prononcer ni l'acquittement ni la condamnation de l'accusé. — *Cass.*, 9 mai 1822, Pierre Couturier.

3205. — Ainsi, lorsque les jurés ont omis de s'expliquer sur une des circonstances d'où dépend le caractère du crime qui fait l'objet de l'accusation, la cour d'assises ne peut prendre leur déclaration pour base de sa délibération. — *Cass.*, 22 août 1822, Louis Houcke.

3206. — Elle excède ses pouvoirs en écartant cette circonstance, par l'appréciation des faits résultant du débat. — *Cass.*, 27 juin 1828, Gand.

3207. — ... Ou en prononçant la peine qui eût été applicable en cas de réponse affirmative du jury. — *Cass.*, 25 mars 1825, Louis Merlette; — Legraverend, t. 2, p. 245, note 2e.

3208. — Jugé, par application du même principe, que lorsque, sur une accusation de viol, le jury a omis de répondre à la question relative à l'âge de la personne violée, la cour d'assises ne peut pas suppléer à l'insuffisance de la réponse par l'acte de naissance de cette personne. — *Cass.*, 30 août 1811, N...

3209. — Dans tous ces cas, la cour doit provoquer une déclaration nouvelle et renvoyer le jury dans la salle de ses délibérations pour qu'il ait à compléter ses réponses.—*Cass.*, 30 août 1811, N...; 9 juill. 1812, Lecomte; 13 août 1818, Pierre Weill; 25 mai 1820, Windels; 4 avr. 1822, Bodin; 9 mai 1822, Couturier; 22 août 1822, Houcke; 27 sept. 1822, Loubet; 25 mars 1825, Merlette; 12 janv. 1828, Humbert; 16 janv. 1842 (t. 2 1842, p. 538), Couret. — Merlin, *Rép.*, v° *Juré*, § 4, n° 14.

3210. — Elle le doit aussi lorsque la question spéciale résultant des débats a été biffée et reportée à la suite d'une des questions sorties de l'acte d'accusation, et que les jurés n'y ont pas répondu. — *Cass.*, 3 fév. 1826 (int. de la loi), Bossière.

3211. — Le jury doit aussi être renvoyé dans la salle de ses délibérations pour compléter sa déclaration, encore bien que l'omission ne soit reconnue qu'après que la déclaration a été signée par le président et le greffier, et lue à l'accusé. — *Cass.*, 7 avr. 1827, Presse-Conte; 16 oct. 1828, Ledurier; 5 mars 1835, Jousseaume.

3212. — Tant que la cour d'assises n'est pas dessaisie par la prononciation de l'arrêt de condamnation, elle a le droit et le devoir d'exiger du jury une seconde délibération qui fasse connaître son opinion sur la circonstance omise dans la

COUR D'ASSISES, ch. 13, sect. 12e.

première. — *Cass.*, 4 juin 1819, Jean Royer; 4 avr. 1822, Jean Rodin.

3213. — Le renvoi des jurés dans la chambre de leurs délibérations pour rectifier une déclaration trouvée à tort incomplète et irrégulière ne peut constituer un moyen de cassation au profit du condamné, quand il résulte de l'état matériel de la déclaration que les jurés ont rapportée après le renvoi qu'elle est la même que celle qui avait d'abord été présentée à la cour d'assises, sauf quelques additions et modifications, qui n'ont porté aucun préjudice à l'accusé. — *Cass.*, 6 déc. 1838 (t. 2 1839, p. 645), Roubaud.

3214. — Mais lorsque l'arrêt de condamnation a été rendu sur une seconde déclaration du jury délibérée en vertu des ordres de la cour d'assises, si la première déclaration n'est pas produite, ou s'il n'est pas établi qu'elle fût ambiguë ou incomplète, elle est présumée de droit régulière; en conséquence, l'arrêt de condamnation doit être annulé. — *Cass.*, 18 nov. 1819, Bernard Alquier. — Legraverend, t. 2, chap. 2, p. 246.

3215. — Il a d'ailleurs été jugé aussi que la déclaration du jury irrégulière ou incomplète (par exemple en ce qu'elle renferme une réponse collective, sur plusieurs questions distinctes) ne peut pas, à peine de nullité, être régularisée ou complétée à l'audience. — *Cass.*, 14 sept. 1820, Martin; 29 janv. 1829, Armand; 27 juin 1839, (t. 1er 1841, p. 93), Fichet.

3216. — En conséquence, lorsque par sa déclaration le jury n'a pas répondu d'une manière catégorique et complète sur tous les points de la question qui lui avait été soumise, la cour d'assises se conforme à la loi en renvoyant les jurés dans leur chambre pour donner une nouvelle déclaration précise et concordante. — *Cass.*, 24 mai 1812, Leclerc; 21 déc. 1821, Joseph Delsaux.

3217. — Cependant, la cour de Cassation a reconnu qu'il n'y avait pas nullité lorsque la vérification faite à l'audience ne portait pas sur une des parties substantielles de la déclaration. Ainsi, elle a décidé que le jury avait pu rectifier à l'audience la date de la déclaration. — *Cass.*, 28 mai 1830, Chichin.

3218. — Indépendamment des cas signalés dans les sections précédentes, il y a encore lieu de renvoyer le jury dans la chambre de ses délibérations dans les cas suivans :

3219. — ... 1° Lorsque le chef du jury déclare qu'il y a erreur dans la rédaction de la formule de sa réponse. — *Cass.*, 14 sept. 1832, Philibert Bouillot; 18 juill. 1839 (t. 2, 1840, p. 535), Manenti.

3220. — ... 2° Lorsque la déclaration du jury ne renferme pas un sens réel et sérieux, par exemple, lorsqu'elle porte qu'elle a été rendue à la *majorité de cinq contre sept*. — *Cass.*, 16 juill. 1829, Fée.

3221. — ... Lorsqu'il résulte des termes de la déclaration du jury qu'il a confondu les circonstances caractéristiques avec les circonstances aggravantes du fait. — *Cass.*, 2 juill. 1835, Aribaud.

3222. — ... Mais la cour d'assises ne peut ordonner le renvoi, lorsque, à leur déclaration claire et précise sur le fait de l'accusation, les jurés ont ajouté une circonstance dont l'appréciation rentrait exclusivement dans les attributions de la cour, cette dernière doit être considérée comme non avenue. — *Cass.*, 20 juill. 1827, Bladier.

3223.— Il a été jugé que le renvoi des jurés dans leur chambre des délibérations, ordonné alors qu'il n'aurait pas dû l'être, ne peut créer une nullité au profit de l'accusé qu'autant que ce renvoi lui a été préjudiciable. — *Cass.*, 19 sept. 1833, Wind.

3224. — ... Qu'ainsi, il est non-recevable à se plaindre de ce que les jurés ont été renvoyés dans leur chambre pour compléter une déclaration de culpabilité qui était susceptible d'une interprétation moins favorable à l'accusé que la seconde. — *Cass.*, 11 avr. 1817, Verdier.

3225. — ... Que lorsque les questions soumises au jury ont été régulièrement et complètement répondues, le renvoi inutile des jurés dans la salle de leurs délibérations pour donner des explications qui résultent suffisamment de sa première réponse ne peut pas être une cause de nullité. — *Cass.*, 8 oct. 1834, De Roussillac (Précurseur de Lyon). — De Grattier, *Comment. sur les lois de la presse*, t. 1er, p. 137, n° 27.

3226. — ... Que le renvoi des jurés dans la chambre de leurs délibérations, pour réfuter une déclaration trouvée à tort incomplète et irrégulière, ne peut constituer un moyen de cassation au profit du condamné, quand il résulte, de l'état matériel de la déclaration que les jurés ont rapportée après le renvoi, qu'elle est la même que celle qui avait d'abord été présentée à la cour d'assises, sauf quelques additions et modifications, qui n'ont porté aucun préjudice à l'accusé. — *Cass.*, 6 déc. 1838 (t. 2 1839, p. 645), Roubaud.

3227. — ... Que la décision ordonnant le renvoi ne saurait être annulée pour défaut de motifs en ce qu'elle ne ferait pas connaître les contradictions et ambiguïtés qui se trouvent dans la déclaration du jury. — *Cass.*, 8 oct. 1840 (t. 2 1845, p. 361), Mirebeau.

3228. — ... Mais que, lorsque les jurés ont été renvoyés à tort dans leur chambre, pour délibérer de nouveau, l'arrêt intervenu sur la nouvelle déclaration est nul, si rien n'établit qu'elle soit conforme à la première, et surtout s'il existe au dossier une déclaration non signée et bâtonnée, favorable à l'accusé, à la suite de laquelle est inscrite celle moins favorable qui a servi de base à sa condamnation. La cour de Cassation doit, en ce cas, renvoyer à de nouveaux débats. — *Cass.*, 2 oct. 1812, Louis Michel.

3229. — Lorsque, par un arrêt exécuté sans opposition, et qui n'a pas été attaqué en cassation, la cour d'assises a renvoyé les jurés dans la chambre de leurs délibrations, pour donner une nouvelle déclaration, elle ne peut, sans violer l'autorité de la chose jugée, prendre pour base de sa décision la première déclaration des jurés qu'elle a implicitement annulée par ce renvoi. — *Cass.*, 9 oct. 1823, Claude Lejeal; — Carnot, sur l'art. 349, C. inst. crim., t. 2, p. 664, n° 7.

Sect. 13e. — *Renvoi du jury dans la chambre de ses délibérations.*

3230. — Les jurés doivent être renvoyés dans la chambre de leurs délibérations pour y rectifier leur déclaration, lorsque cette déclaration est irrégulière, soit parce qu'elle est incomplète, incertaine, surabondante ou contradictoire, soit parce qu'elle n'exprime pas la majorité déterminée par la loi, ou qu'elle contient des vices de forme.

3231. — Nous avons examiné les différens cas où l'irrégularité de la déclaration du jury peut nécessiter son renvoi dans la chambre de ses délibérations. Il nous reste à exposer comment et par qui le renvoi peut être ordonné.

3232. — *Comment le renvoi du jury dans la chambre de ses délibérations doit être ordonné.* — Il n'est pas nécessaire que l'accusé soit présent à la réquisition du ministère public tendant à ce que les jurés soient renvoyés dans la chambre de leurs délibérations, ni lorsque la cour délibère après la seconde déclaration. — *Cass.*, 11 avr. 1817, Verdier; 11 mars 1841 (t. 1er 1842, p. 527), Rey.

3233. — En conséquence, la cour d'assises ne viole pas le droit de défense en renvoyant, sur les conclusions du ministère public, les jurés dans la chambre de leurs délibérations pour compléter leur déclaration avant sa lecture à l'accusé, sans entendre ce dernier, et même sans l'interpeller de faire ses observations. — *Cass.*, 28 juin 1832, César Véron.

3234. — La cour peut même ordonner le renvoi nonobstant l'opposition des défenseurs. — *Cass.*, 16 mars 1837 (t. 1er 1838, p. 86), Govrinchat.

3235. — Peu importe, dans ce cas, que le procès-verbal n'énonce point en quoi les réponses étaient incomplètes, s'il en résulte cependant que l'opposition des défenseurs n'était pas fondée sur ce que ces réponses auraient été complètes, mais bien parce que, dans l'état où elles étaient, elles se trouvaient acquises aux accusés. — *Cass.*, 16 mars 1837 (t. 1er 1838, p. 477), Govrinchat; 1er mars 1838 (t. 1er 1838, p. 477), Radamel.

3236. — *Par qui le renvoi doit être ordonné.* — C'est à la cour d'assises et non au président seul qu'il appartient de statuer sur les incidens qui ont un caractère contentieux. Ainsi, le président est incompétent pour décider, sans le concours des autres juges, s'il y a lieu de renvoyer les jurés dans leur salle pour donner une nouvelle déclaration. — *Cass.*, 16 janv. 1823, Dupont; 17 avr. 1824, Giliote; 25 août 1826, Romain; 14 sept. 1826, Catibrebras; 28 janv. 1830, Moutte; *ibid.*, Miermont; 11 mars 1830, Lecocq; 8 janv. 1836, Drouet; 14 avr. 1837 (t. 1er 1838, p. 191), Vigneron; 9 sept. 1837 (t. 2 1837, p. 431), Vidal; 13 juill. 1838 (t. 2 1838, p. 332), Dujat et Clichon; 7 mars 1839 (t. 2 1841, p. 436), Predessac; 13 août 1840 (t. 2 1841, p. 836), Touron; 8 oct. 1840 (t. 2 1845, p. 561), Mirebeau. — Carnot, sur l'art. 350, C. inst. crim., t. 2, p. 448.

3237. — Ce droit n'appartient qu'à la cour, même dans le cas où il s'agit seulement de réparer un simple vice de forme. — *Cass.*, 13 juill. 1838 (t. 2 1838, p. 332), Daujat et Clichon.

3238. — En conséquence, si le chef du jury n'a pas dit que la déclaration a été prise à la majorité, c'est par un arrêt de la cour que les jurés doivent être renvoyés dans leur chambre pour compléter cette déclaration. — *Cass.*, 9 sept. 1837 (t. 2 1837, p. 363), F...

3239. — Il y a donc nullité lorsque le président des assises, trouvant irrégulière la déclaration du jury, l'a invité à rentrer dans la chambre de ses délibérations pour en présenter une nouvelle, sans que rien indique, dans le procès-verbal des débats, que ce soit d'après la délibération de la cour d'assises et comme son organe que son président a ainsi prononcé. — *Cass.*, 11 avr. 1834, Mouroux.

3240. — Cependant il a été jugé que, lorsqu'il ne s'élève aucune contestation, le président de la cour d'assises peut renvoyer les jurés dans la chambre de leur délibération, sans qu'il ait besoin d'un arrêt de la cour. — *Cass.*, 26 juill. 1832, Camboulas.

3241. — Tant que la cour d'assises n'est pas dessaisie par la prononciation de l'arrêt de condamnation, elle a le droit et le devoir d'exiger du jury la rectification d'une déclaration irrégulière. — *Cass.*, 4 juin 1819, Roger; 5 mars 1835, Jousseaume.

3242. — En conséquence, la cour d'assises peut, tant que la déclaration n'a pas été lue publiquement, renvoyer à délibérer sur une nouvelle position de questions. — *Cass.*, 19 nov. 1835, Bourgait; 8 oct. 1840 (t. 2 1845, p. 561), Mirebeau.

2543. — ... Et cela, encore que la déclaration première ait été signée par le président et par le greffier, et qu'elle ait été lue. — *Cass.*, 7 avr. 1827, Conte; 16 oct. 1828, Ledurier; 4 avr. 1822, Bodin; 8 sept. 1837 (t. 1er 1840, p. 124), Laurent; 28 janv. 1842 (t. 1er 1842, p. 667), Roussel.

3244. — Mais la première déclaration, quoique non encore acquise à l'accusé, devient cependant une pièce nécessaire du procès, en sorte que, si le jury l'a supprimée comme inutile, le fait de son anéantissement suffit pour entraîner la nullité de la seconde déclaration. — *Cass.*, 19 nov. 1835, Bourgait.

3245. — Jugé que l'accusé ne peut tirer un moyen de nullité de ce que les jurés ont été renvoyés une seconde fois dans la chambre de leurs délibérations, lorsqu'il est constant que l'erreur pour laquelle ils y avaient été envoyés une première fois n'avait pas été rectifiée. — *Cass.*, 13 avr. 1832, Guvard.

3246. — Mais le président, en renvoyant les jurés dans leurs chambres, ne peut leur donner aucune explication sur les résultats que leur déclaration peut produire relativement à l'application de la peine.

3247. — Ainsi, le président excède ses pouvoirs lorsqu'en renvoyant les jurés dans la chambre de leurs délibérations, il leur demande s'ils ont fait attention qu'en écartant cette circonstance, ils ont dépouillé le fait de toute criminalité, et les provoque à violer la disposition de l'art. 342, C. instr. crim., qui leur défend de considérer les suites de leur déclaration. — *Cass.*, 28 janv. 1830, Moutte.

3248. — Cependant, il a été jugé que l'avertissement donné aux jurés par le président de la cour d'assises, sur les conséquences de leur déclaration, quant à l'application de la peine, ne peut être une cause de nullité, alors qu'il n'a pour but que de rectifier quelques assertions du défenseur qui auraient pu induire les jurés en erreur. — *Cass.*, 10 sept. 1835, Biard ou Belard.

3249. — Sous l'empire du Code de 3 brum. an IV, le droit de renvoyer les jurés dans la salle de leurs délibérations était uniquement relatif aux formes extrinsèques de leur déclaration, et ne l'était nullement aux erreurs qu'ils pouvaient commettre sur le fond. — *Cass.*, 9 vendém. an VIII, Albe.

3250. — Mais, comme nous l'avons vu, sous l'empire de la législation actuelle, lorsque la cour reconnaît que les jurés se sont trompés, elle renvoie l'affaire à la session suivante. — C. instr. crim., art. 352.

Sect. 14e. — *Annulation de la déclaration du jury.*

3251. — Si les juges sont unanimement convaincus que les jurés, tout en observant les formes, se sont trompés au fond, la cour déclare qu'il est sursis au jugement et renvoie l'affaire à la session suivante, pour être soumise à un nouveau jury, dont ne pourra faire partie aucun des premiers jurés. — C. inst. crim., art. 352.

3252. — Sous le Code du 3 brum. an IV, la cour de justice criminelle pouvait, dans le cas prévu par l'art. 352, ordonner une nouvelle délibération du jury; elle ordonnait que les trois jurés adjoints qui, sous ce Code, devaient toujours assister aux débats, se réuniraient aux douze jurés principaux pour donner une nouvelle déclaration aux quatre cinquièmes des voix. — C. brum. an IV, art. 348.

3253. — Le tribunal criminel qui ordonnait la réunion des jurés et des adjoints devait, à peine de nullité, leur soumettre de nouveau toutes les questions. — *Cass.*, 6 brum. an VIII, Thomas; 24 brum. an VIII, Pate; 17 vend. an IX, Anglevier.

3254. — Il ne pouvait y avoir lieu à ordonner la réunion des adjoints aux premiers jurés pour donner une nouvelle déclaration que dans le cas où, l'accusé ayant été convaincu, les juges pensaient unanimement que les jurés s'étaient trompés : il n'y avait jamais lieu lorsque l'accusé n'était pas convaincu. — *Cass.*, 26 flor. an VII, Bonifay; 1er déc. 1808, Levavasseur.

3255. — Lorsque le jury avait par ses réponses écarté les circonstances aggravantes, et qu'ainsi l'accusé se trouvait acquitté du fait énoncé dans l'acte d'accusation, en ce qu'il ne devenait punissable que de peines correctionnelles, le tribunal criminel ne pouvait remettre en question la criminalité du fait. — En d'autres termes, ce n'était que lorsque l'accusé avait été convaincu, mais jamais lorsqu'il avait été acquitté, que le tribunal criminel, unanimement d'avis que les jurés, tout en observant les formes, s'étaient trompés au fond, pouvait ordonner que les trois jurés adjoints se réuniraient aux douze premiers pour donner une nouvelle déclaration aux quatre cinquièmes des voix. — *Cass.*, 9 vent. an IX, Marcel.

3256. — Un tribunal criminel excédait ses pouvoirs en renvoyant les jurés à délibérer de nouveau sur une question à laquelle il ajoutait deux mots qu'il prétendait avoir omis. — *Cass.*, 7 fruct. an VIII, Mercourt et Royer.

3257. — Sous le Code du 3 brum. an IV, la délibération des jurés réunis aux adjoints était soumise aux mêmes formalités que la délibération ordinaire des seuls jurés. Le résultat devait en être rédigé par écrit, en autant d'articles séparés qu'il y avait de questions décidées; et il ne suffisait pas de dire que la détermination nouvelle des douze jurés réunis aux adjoints était, à l'unanimité, qu'ils persistaient dans leur première déclaration. — *Cass.*, 29 pluv. an VII, Demange.

3258. — Nul n'a le droit de provoquer le renvoi à une autre session; cette mesure, la cour ne peut l'ordonner que d'office et immédiatement après que la déclaration du jury a été prononcée publiquement. — C. inst. crim., art. 352. — La raison en est que la cour ne doit user de la prérogative que lui donne cet article que dans le cas de sa conviction *personnelle* que l'accusé est innocent.

3259. — Bien qu'il soit dit que nul n'a le droit de provoquer le renvoi à une autre session dans le cas de l'art. 352, si la demande en avait été formée, l'arrêt qui y aurait fait droit ne donnerait pas ouverture à cassation. — Carnot, sur l'art. 352, n° 2 des observ. addit.

3260. — Il faut que l'erreur commise par le jury soit évidente et pour ainsi dire palpable; la déclaration qui présenterait seulement quelque doute dans son interprétation ne suffirait pas pour motiver le renvoi. — Legraverend, *loc. cit.*

3261. — Suivant le même auteur, *eod. loc.*, la loi serait violée si cette mesure, qui doit être l'effet subit de l'élan d'un sentiment profond, était le résultat d'une discussion quelconque, ou même le fruit de la réflexion.

3262. — La déclaration du jury ne peut être annulée dans le cas de l'art. 352, que lorsque l'accusé a été convaincu, jamais lorsqu'il n'a pas été déclaré coupable. — Même art. — « Dans une législation libérale, dit Legraverend (*loc. cit.*), on peut établir des exceptions pour mettre l'innocence à l'abri des erreurs possibles, mais non pour aggraver la situation des accusés. »

3623. — La faculté accordée aux cours d'assises d'annuler la déclaration du jury, s'exerçant sans que l'accusé puisse la requérir et sans qu'il puisse s'y opposer, ne peut jamais lui devenir préjudiciable. — Legraverend, t. 2, p. 254.

3264. — Bien que l'art. 352, C. instr. crim., ne porte pas la peine de nullité, elle devrait cependant être prononcée si l'on admettait dans la formation du second jury un des premiers jurés. — Legraverend, t. 2, p. 233; Carnot, sur l'art. 352, n° 6.

3265. — ... Lorsque, par l'effet d'une déclaration du jury qui comprend plusieurs accusés, les uns sont déclarés coupables et les autres non coupables, le renvoi ne peut être prononcé qu'à l'égard des premiers. — *Cass.*, 2 juill. 1812, Gens Crouzel. — Carnot, sur l'art. 352, n° 8.

3266. — La cour est tenue de prononcer immédiatement après la déclaration du jury, même quand elle serait conforme à la première. — Art. 352.

3267. — Dès que le ministère public a fait son réquisitoire pour l'application de la peine, la cour ne peut plus annuler la déclaration du jury et ordonner le renvoi à une autre session. — Carnot, sur l'art. 352, t. 2, p. 681.

3268. — Jugé cependant qu'alors même que le ministère public aurait requis l'application de la peine, la cour pourrait encore annuler la déclara-

tion du jury si, avant le réquisitoire du procureur général, elle ne s'était pas encore prononcée sur cette annulation. — *Cass.*, 27 fév. 1812, Otto ; — Carnot, sur l'art. 362, t. 2, p. 681.

3269. — Le motif sur lequel est basé cet arrêt cité par Carnot, est que le mot *immédiatement* de l'art. 352 doit être entendu en ce sens, qu'entre la déclaration du jury et le renvoi de l'affaire à la session suivante, la cour ne doit pas suspendre la séance et vaquer à aucun autre acte de son ministère.

3270. — La cour ne serait plus recevable à prononcer le renvoi, si la lecture de la déclaration, ayant été faite par le chef du jury, avait été renouvelée par le greffier en présence de l'accusé ; cela résulte clairement, dit Carnot (sur l'art. 352, n° 3), de la combinaison de l'art. 357 et des suivans.

3271. — Dès que la cour s'est prononcée sur la non annulation de la déclaration du jury, et que le ministère public a fait son réquisitoire pour l'application de la peine, la cour ne peut plus revenir et prononcer après le réquisitoire l'annulation de la déclaration du jury. — *Cass.*, 22 janv. 1813, Bortain ; — Carnot, sur l'art. 362, t. 2, p. 681.

CHAPITRE XIV. — *Interpellation de l'accusé sur l'application de la peine.*

3272. — Lorsque l'accusé a été déclaré coupable, le procureur général fait sa réquisition pour l'application de la loi ; la partie civile fait la sienne pour restitution et dommages-intérêts. — C. inst. crim., art. 362.

3273. — La première partie de cet article ne parle que de l'application *de la loi* et non de l'application *de la peine* ; la raison en est que toutes les fois que la loi n'a pas prononcé de peines pour le fait déclaré constant, la cour doit prononcer l'absolution de l'accusé. — Carnot, *Instr. crim.*, t. 2, p. 730.

3274. — Le même auteur ajoute (p. 732), avec raison, que ce n'est pas la qualification donnée au fait incriminé par l'arrêt de mise en accusation qui détermine son véritable caractère, mais celle que leur imprime la déclaration du jury, qui doit seule être consultée dans l'application de la peine.

3275. — Le président demande à l'accusé s'il n'a rien à dire pour sa défense. — C. inst. crim., art. 363.

3276. — Mais il ne doit faire cette demande, postérieurement à la déclaration du jury, qu'autant que, par cette déclaration, l'accusé a été reconnu coupable. — *Cass.*, 23 fév. 1837 (t. 2 1837, p. 145), Brière.

3277. — En conséquence, lorsque, d'après la déclaration du jury, le fait établi n'est puni par aucune loi, le président de la cour d'assises n'a aucune interpellation à adresser ni à l'accusé ni au ministère public ; et ce dernier n'est point recevable à se plaindre du défaut d'interpellation, alors qu'il n'a point usé de la faculté qu'il avait de faire telles réquisitions que de droit. — *Cass.*, 24 sept. 1831, Duval.

3278. — L'interpellation à l'accusé déclaré coupable sur ce qu'il a à dire après la réquisition du ministère public pour l'application de la peine est une formalité substantielle dont l'inobservation opère nullité. — L'art. 363 n'est pas, il est vrai, prescrit à peine de nullité, mais son observation intéresse essentiellement la défense de l'accusé, et à ce titre la formalité qu'il prescrit est substantielle. — *Cass.*, 19 sept. 1828, Lévy ; 20 sept. 1828, Rotenburger ; 9 avr. 1829, Brudul ; 17 mai 1832, Chevalier ; 16 août 1832, Bressolier ; — Carnot, sur l'art. 378, C. inst. crim., t. 2, p. 732, n° 1. — V. cependant, en sens contraire, *Cass.*, 26 juill. 1822, Dupont.

3279. — Par application du même principe, on a jugé qu'il y a lieu à cassation, lorsque le procès-verbal des débats devant une cour d'assises ne constate pas qu'après la lecture de la déclaration du jury et avant que la cour délibérât sur l'application de la peine, le président ait demandé à l'accusé s'il avait quelque chose à dire pour sa défense. — *Cass.*, 3 mars 1836, Martin ; — Carnot, sur l'art. 367, n° 1.

3280. — Cependant, lorsque l'accusé n'a été condamné qu'au *minimum* de la peine par lui encourue, il ne peut se faire un moyen de nullité de ce qu'il n'a pas été interpellé par le président de s'expliquer sur l'application de la peine. — *Cass.*, 2 déc. 1830, Ferrend ; 17 juin 1830, U... ; 17 août 1837 (t. 1er 1840, p. 93), Bonnet.

3281. — Le président peut se borner à demander à l'accusé s'il n'a rien à dire pour sa défense sur l'application de la peine, et n'est pas tenu d'adresser la même interpellation à son défenseur. — *Cass.*, 5 fév. 1835, Déjean et Gourdon.

3282. — Le président de la cour d'assises qui demande à haute voix au conseil de l'accusé et en présence de celui-ci, s'il n'a rien à ajouter à sa défense, satisfait pleinement à la disposition de l'art. 363, C. inst. crim., et l'accusé ne peut prétendre qu'il a été porté atteinte au droit de la défense. — *Cass.*, 30 juin 1831, Brunet.

3283. — L'absence du défenseur de l'accusé au moment où le tribunal demande à ce dernier s'il a quelque chose à dire sur le réquisitoire du ministère public ne peut pas être une cause de nullité, lorsqu'elle ne provient du fait ni du ministère public ni de la cour d'assises. — *Cass.*, 18 juin 1830, Coupat.

3284. — L'accusé qui a répondu à l'interpellation du président, après les réquisitions du ministère public pour l'application de la peine, ne peut se faire un moyen de nullité de ce qu'il n'était plus assisté de son défenseur, qui s'était retiré. — *Cass.*, 12 juill. 1832, Canitrot.

3285. — Le président qui a omis d'interpeller l'accusé, avant toute délibération de la cour, sur les observations qu'il pouvait avoir à faire quant à l'application de la peine, peut, même après la lecture commencée de l'arrêt, réparer cette omission : l'interpellation ainsi faite ne saurait être considérée comme tardive, si d'ailleurs elle a été suivie d'une nouvelle délibération de la cour. — *Cass.*, 2 fév. 1837 (t. 2 1837, p. 154), Goubert.

3286. — Il n'y a pas cause de nullité des débats dans cette circonstance que le président des assises aurait tardivement interpellé l'accusé de s'expliquer sur l'application de la peine, par exemple, lorsque cet avertissement n'a été donné qu'après délibération de la cour, au moment où le président énumérait les dispositions de la loi pénale, s'il est, d'ailleurs, constaté par le procès-verbal que l'accusé a été mis en situation de discuter la légalité de la peine, et qu'il a été ensuite procédé par la cour à une délibération nouvelle..., et alors surtout que le *minimum* seul de la peine a été prononcé. — *Cass.*, 17 août 1837 (t. 1er 1840, p. 93), Bonnet.

3287. — Si, lorsque le procès-verbal d'audience ne mentionne pas que le président de la cour d'assises a, conformément à l'art. 363, C. inst. crim., demandé à l'accusé s'il avait quelque chose à dire sur la réquisition du ministère public tendant à l'application de la peine, il résulte cependant de ce document que l'avocat a recommandé son client à l'indulgence de la cour, cette mention garantit suffisamment que le vœu de la loi a été rempli. — *Cass.*, 21 sept. 1837 (t. 1er 1840, p. 133), Bertrand.

3288. — Quand le président a averti l'accusé de ce qu'il lui était permis de dire sur l'application de la peine, le silence du procès-verbal sur sa réponse fait présumer légalement qu'il n'a rien répondu. — *Cass.*, 2 sept. 1830, Gromelle ; 23 juin 1831, Hatterer ; 15 mars 1832, Ballière.

3289. — D'ailleurs il n'est pas nécessaire que le procès-verbal mentionne les explications fournies par l'accusé sur l'application de la peine.

3290. — Il a même été jugé que lorsque, au lieu de constater formellement qu'après les réquisitions du ministère public, pour l'application de la peine, le président de la cour d'assises a demandé à l'accusé s'il n'avait rien à dire pour sa défense, le procès-verbal des débats mentionne seulement que *l'accusé n'a rien dit*, il résulte implicitement de ces mots que l'accusé a été mis en demeure de faire ses observations. — *Cass.*, 11 sept. 1828, Lamur.

3291. — Lorsque le ministère public a requis l'application de la peine, l'accusé ni son conseil ne peuvent plus plaider que le fait est faux, mais seulement qu'il n'est pas défendu ou qualifié délit par la loi, ou qu'il ne mérite pas la peine dont le procureur général requiert l'application. — C. inst. crim., art. 363.

3292. — Jugé, d'après ce principe, que l'accusé doit, après la déclaration du jury, être admis à plaider sur la question de savoir si le fait déclaré constant est punissable ; on ne saurait le réputer non recevable à le faire, faute par lui de s'être pourvu devant l'arrêt de renvoi, et d'avoir soumis son exception au jury. — *Cass.*, 17 déc. 1836 (t. 1er 1838, p. 50), Giraud.

CHAPITRE XV. — *Délibération de la cour.*

2293. — Les juges délibèrent à voix basse, ils peuvent pour cet effet se retirer dans la chambre du conseil. — C. inst. crim., art. 369.

3294. — Lorsque le procès-verbal de la séance ne fait aucune mention de la délibération de la cour *à voix basse*, la loi n'ayant point imposé au greffier l'obligation de l'insérer, la présomption légale est que les juges ont délibéré et opiné à voix basse. — *Cass.*, 15 juill. 1820, Dumas et Armand.

3295. — Les juges ne peuvent, pas plus que les jurés, communiquer au dehors avant d'avoir formé leur déclaration. — De Serres, *Man. des cours d'ass.*, p. 467.

3296. — Les mots, *délibéré publiquement*, insérés dans le procès-verbal des débats, ne signifient pas que les juges ont opiné à haute voix, mais seulement que le délibéré n'a pas eu lieu dans la chambre du conseil : ce qui est permis par l'art. 369, C. inst. crim. — *Cass.*, 15 juill. 1820, Dumas et Arnaud ; 27 juin 1833, Lecoq.

3297. — Ces arrêts ont également décidé qu'il n'existait pas de loi qui, sous peine de nullité, défendît aux cours d'assises de délibérer publiquement.

3298. — Toutefois, ne pourrait-on pas dire qu'en défendant aux journaux de rendre compte des délibérations intérieures des cours et tribunaux, la loi du 9 sept. 1835, art. 10, prohibe implicitement les délibérations à haute voix qui sont d'ailleurs attentatoires à l'indépendance des votes, et pernicieuses pour les prévenus toutes les fois qu'ils n'obtiennent pas un acquittement unanime. — Carré (*Traité des lois de l'organ. judic.*, t. 2, p. 73) pense que la violation du secret des délibérations peut motiver des peines disciplinaires.

3299. — Il n'y a pas nullité lorsque l'arrêt ne contient pas la formule *après en avoir délibéré* si les énonciations que cet arrêt renfermait témoignent suffisamment qu'il a été l'œuvre de la cour et le résultat de la délibération. — *Cass.*, 24 déc. 1840 (t. 2 1841, p. 130), Bussière.

3300. — Au reste, il ne peut résulter d'ouverture à cassation de l'inobservation des dispositions de l'art. 369, C. inst. crim. : elles ne sont pas prescrites à peine de nullité. — *Cass.*, 8 mars 1821, N... ; — de Serres, *Man. des cours d'ass.*, t. 2, p. 14.

CHAPITRE XVI. — *Arrêt de la cour d'assises.*

3301. — L'arrêt de la cour d'assises doit avoir pour base la déclaration du jury.

3302. — C'est ce qu'on jugeait déjà sous le Code de brum. an IV. — *Cass.*, 19 flor. an IX, Joseph Dubief.

3303. — Lorsque l'accusé est déclaré coupable d'un fait puni par la loi, la cour d'assises prononce la condamnation.

3304. — Pour qu'une condamnation puisse être prononcée, il faut que la réponse du jury soit régulière. — En conséquence, un arrêt de condamnation est nul lorsqu'il n'a pour base que des réponses du jury qui se détruisent les unes par les autres, et qui ne présentent aucun résultat clair, aucun fait précis. — *Cass.*, 23 juill. 1812, Donuant et Mantonnat.

3305. — Lorsque l'accusé est déclaré non coupable, le président prononce qu'il est acquitté de l'accusation, et ordonne qu'il soit mis en liberté s'il n'est retenu pour autre cause. — C. inst. crim., art. 358. — V. ACQUITTEMENT.

3306. — L'ordonnance d'acquittement est un acte du président seul, auquel la cour d'assises ne concourt point. — *Cass.*, 12 vendém. an XIII, Kencler ; — Legraverend, t. 2, p. 258 ; Bourguignon, *Jurisp. des Codes crim.* ; Carnot, sur l'art. 358, C. inst. crim.

3307. — Lorsque, dans le cours des débats, l'accusé a été inculpé sur un autre fait, soit par des pièces, soit par les dépositions des témoins, le président, après avoir prononcé qu'il est acquitté de l'accusation, ordonne qu'il soit poursuivi à raison du nouveau fait : en conséquence il le renvoie, en état de mandat de comparution ou d'amener, devant le juge d'instruction de l'arrondissement où siège la cour, pour être procédé à une nouvelle instruction. — Cette mesure n'est cependant prise que lorsque, avant la clôture des débats, le ministère public a fait des réserves à fin de poursuite. — C. inst. crim., art. 361.

3308. — Il en était autrement sous le Code de brumaire, le président pouvait l'ordonner d'office. Cette innovation, dit Carnot (sur l'art. 361, C. inst. crim., n° 3), est plus dans les principes, en ce qu'elle respecte la démarcation des pouvoirs et qu'elle remet les choses dans leur ordre naturel.

3309. — Il ne faudrait pas conclure de la dernière disposition de l'art. 361, que si le procureur général n'avait pas fait de réserves avant la clôture des débats, le prévenu ne pourrait plus être poursuivi ; il faut seulement en tirer cette conséquence qu'à raison de cette prévention il ne pourrait être retenu en état d'arrestation, sauf à y être

mis sur un mandat à intervenir sur les nouvelles poursuites; « car, dit Carnot (*loc. cit.*), ce n'est pas un brevet d'impunité que l'art. 361 entend accorder au prévenu lorsqu'il refuse au président la faculté d'ordonner d'office son arrestation. »

3310. — Le droit accordé par l'art. 361, C. inst. crim., au président de la cour d'assises, de renvoyer devant le juge d'instruction du siége de cette cour l'accusé inculpé d'un nouveau fait pendant les débats, ne s'applique qu'au cas d'acquittement, et non à celui où une condamnation est intervenue. — *Cass.*, 29 fév. 1828, Desmons.

3311. — Remarquons, à l'occasion de cet arrêt, qu'il ne faut pas confondre la disposition de l'art. 361 avec celle de l'art. 379; le premier article dispose pour le cas *d'acquittement*, le second pour le cas de condamnation de l'accusé. « Il est bien question, dit Carnot (sur l'art. 361, C. inst. crim.), d'inculpation faite à l'accusé dans le cours des débats, sur de nouveaux faits, mais ce n'est pas la même forme de procéder qui doit être suivie, de sorte que chacun de ces articles doit recevoir son application au cas qu'il a prévu. »

3312. — Il a été jugé, sous la loi du 16-29 sept. 1791, que, lorsque l'accusation avait été admise en ces termes : *Il y a lieu*, qui se référaient à tous les délits compris dans l'acte d'accusation, le désistement de l'accusateur public ne pouvait pas déterminer le tribunal criminel à acquitter l'accusé sur l'un des chefs d'accusation, sans que les jurés de jugement eussent passé déclaration sur ce chef. — *Cass.*, 8 frim. an IV, Raymond.

3313. — La déclaration du jury portant que le fait de l'accusation n'est pas constant renferme nécessairement celle que l'accusé n'est pas convaincu ; dès-lors, c'est le cas de prononcer son acquittement. — *Cass.*, 14 pluv. an VII, Ladevis.

3314. — Lorsque l'unique question soumise au jury a été répondue négativement, le président doit immédiatement prononcer l'acquittement de l'accusé. — *Cass.*, 8 juill. 1836 (t. 1er 1837, p. 471), Momy.

3315. — Lorsque le jury a déclaré que l'accusé n'a pas commis avec mauvaise intention le crime dont il est convaincu, le tribunal criminel ne peut prononcer contre lui aucune peine, et le président doit le faire mettre sur-le-champ en liberté. — *Cass.*, 9 germin. an VIII, Philippe.

3316. — La disposition qui veut que l'accusé déclaré non convaincu soit acquitté et mis sur-le champ en liberté suppose nécessairement que la déclaration émane d'un jury légalement composé. — *Cass.*, 6 prair. an VIII, Desavies.

3317. — Pour qu'un accusé soit légalement et véritablement acquitté, en vertu d'une déclaration portant qu'il n'est pas convaincu, il faut que la réponse des jurés embrasse tous les faits dont il était prévenu. — *Cass.*, 18 messid. an IX, Pourquery.

3318. — L'ordonnance d'acquittement d'un accusé est illégale et nulle, lorsque les questions posées et les réponses du jury sont insuffisantes pour ôter au fait le caractère de criminalité qui résulte de l'acte d'accusation. — *Cass.*, 30 juin 1809, Mondelet.

3319. — Est nul le jugement par lequel *un tribunal criminel* ordonne qu'il sera sursis à la mise en liberté de l'accusé déclaré non coupable. — *Cass.*, 7 messid. an IX, Cauchebral.

3320. — Mais un accusé déclaré coupable ne peut, dans aucun cas, même lorsque la peine est prescrite, être *acquitté*, mais seulement *absous*. — *Cass.*, 22 avr. 1830, Richeville.

3321. — En effet, quoique prescrit, le fait n'en est pas moins de la classe de ceux que la loi réprime. La cour d'assises doit nécessairement délibérer sur la question de prescription qui présente parfois des difficultés sérieuses. Ce n'est donc point le cas d'un acquittement qui n'a lieu qu'autant que, sur une déclaration de non culpabilité, il ne s'élève ni ne peut s'élever aucun incident contentieux.

3322. — Le président d'un tribunal criminel n'est autorisé à ordonner la mise en liberté de l'accusé sans consulter les juges ni entendre le commissaire du pouvoir exécutif, que dans le cas où l'accusé a été déclaré non convaincu. — *Cass.*, 4 fructid. an VII, Concordet; 17 brum. an VIII, Reyt; 29 niv. an IX, Lesot; 25 avr. 1806, Sicard.

3323. — Sous le Code du 3 brum. an IV, l'absolution d'un accusé déclaré convaincu d'un fait non défendu par la loi, devait être prononcée par un jugement contre lequel le ministère public avait le droit de se pourvoir durant vingt-quatre heures, pendant lesquelles il était sursis à l'élargissement du prisonnier. — *Cass.*, 29 niv. an IX, Lesot.

3324. — Lorsque l'accusé est déclaré coupable, c'est à la cour d'assises entière, et non au président seul, qu'est remis le pouvoir d'absoudre, si le fait n'est pas défendu, ou de condamner, si le fait est prévu par une loi pénale. — *Cass.*, 14 nov. 1811, Lenoir; 7 fév. 1812, Ruat; 21 janv. 1813, Philibert; 2 juill. 1813, Duport; même jour, Henck; 2 juin 1831, Beauvais; 13 déc. 1838 (t. 1er 1839, p. 310), Collier; — de Serres, *Man. des cours d'assises*, t. 2, p. 14; Legraverend, t. 2, chap. 2, p. 259; Rauter, t. 2, p. 462.

3325. — Lorsqu'il résulte de la déclaration du jury qu'un accusé qui a commis des faits de complicité n'a pas agi avec connaissance, c'est le cas d'une absolution et non d'un acquittement. Dès-lors est nulle l'ordonnance par laquelle le président de la cour d'assises prononce son acquittement. — *Cass.*, 4 mai 1827, Dufossé.

3326. — De même, lorsque le jury a déclaré l'accusé coupable d'avoir commis un faux, mais non frauduleusement, le président excède ses pouvoirs en rendant seul une ordonnance d'acquittement. — *Cass.*, 25 fév. 1830, Hyau.

3327. — Jugé que le président est sans pouvoir pour rendre une ordonnance d'acquittement, lorsque la cour d'assises est saisie par les réquisitions du ministère public d'une question relative à l'application de la peine ; qu'il n'appartient alors qu'à la cour d'assises de statuer et d'ordonner, s'il y a lieu, la mise en liberté. — *Cass.*, 26 mai 1826, Perrein.

3328. — Si la cour d'assises reconnaissait que c'est le cas d'une ordonnance d'acquittement et non d'un arrêt d'absolution, elle devrait, en statuant sur les conclusions du ministère public, réserver au président l'exercice du pouvoir qui lui est conféré par l'art. 358, C. inst. crim. — Il est clair que les conclusions du ministère public ne peuvent pas avoir pour effet de changer à cet égard l'attribution faite par la loi au président.

3329. — La minute de l'arrêt doit être signée par les juges qui l'ont rendu à peine de 100 fr. d'amende contre le greffier, et, s'il y a lieu, de prise à partie tant contre le greffier que contre les juges; elle est signée dans les vingt-quatre heures de la prononciation de l'arrêt. — C. inst. crim., art. 370.

3330. — Le défaut de signature de l'arrêt dans les vingt-quatre heures de sa prononciation n'en entraîne pas la nullité, lorsque d'ailleurs l'accusé n'a éprouvé aucun préjudice à raison de ce retard. — *Cass.*, 25 juin 1840 (t. 2 1842, p. 679), Maubant.

3331. — La disposition qui veut que l'arrêt soit signé par les juges qui l'ont rendu, n'est applicable qu'à l'arrêt définitif prononçant des condamnations contre l'accusé. Il suffit que les arrêts d'instruction soient signés par le président et le greffier. — C. inst. crim., art. 277.

3332. — L'art. 370, C. inst. crim., qui exige que la minute de l'arrêt de la condamnation soit signée par les juges qui l'ont rendu, n'est pas prescrit, à peine de nullité. — *Cass.*, 6 juin 1810, Lavatori ; 29 mai 1817, Laporte; 15 avr. 1824, Pierre Pigeonnat ; 19 janv. 1827, Charles Tichant ; 13 avr. 1837 (t. 2 1837, p. 619), Coste ; 2 avr. 1840 (t. 1er 1842, p. 2798), Prevost et Saillot ; — Legraverend, t. 2, p. 263, note 4e.

3333. — Il n'y a pas nullité alors surtout que c'est un cas de force-majeure (le décès de l'un des juges) qui a empêché que l'arrêt fût signé par lui. *Cass.*, 15 sept. 1831, Dussaud.

3334. — Cette jurisprudence nous paraît s'écarter des vrais principes : la signature d'un arrêt de condamnation par les juges qui l'ont rendu est évidemment *une formalité* substantielle; car, en l'absence de ces signatures, qu'est-ce qui constatera légalement que l'arrêt émane vraiment de ceux à qui on l'attribue; M. Carnot (sur l'art. 370, C. inst. crim) élève aussi, sur ce point, des doutes graves, et semble regretter que la cour de Cassation se soit prononcée pour la validité de l'arrêt.

3335. — Lorsque l'arrêt de condamnation n'a pas été signé par tous les magistrats de la cour d'assises, il y a lieu seulement à prononcer contre le greffier l'amende portée par l'art. 370, C. inst. crim. — *Cass.*, 2 avr. 1840 (t. 1er 1842, p. 278), Prévost et Saillot.

3336. — L'arrêt d'une cour d'assises revêtu de la signature de tous les juges qui ont concouru ne peut pas être annulé, par cela seul qu'il n'a pas été signé par le greffier; quoique nécessaire, la signature du greffier n'est pas prescrite, à peine de nullité. — *Cass.*, 7 mai 1829, Leforestier.

3337. — En effet, l'art. 372, C. inst. crim., exige, à peine de nullité, que le procès-verbal soit signé par le greffier; au contraire, l'art. 370 ne parle que des juges et passe complétement sous silence le greffier. Il résulte bien évidemment du rapprochement de ces dispositions que l'absence de la signature du greffier n'est pas une cause de nullité. On pourrait même en induire que cette signature n'est pas nécessaire. Le législateur semble, s'être contenté de la mention qui doit être faite au procès-verbal des débats que l'arrêt a été écrit par le greffier (art. 369). Néanmoins, il est plus convenable que le greffier le signe.

CHAPITRE XVII. — *Prononciation de la condamnation et avertissement relatif au pourvoi.*

3338. — Avant la prononciation de l'arrêt, le président fait comparaître l'accusé, et le greffier lit en sa présence la déclaration du jury. — C. inst. crim., art. 358.

3339. — Sous le Code de brum. an IV, l'accusé n'était ramené à l'audience qu'en cas de condamnation. En cas d'acquittement, la mise en liberté était annoncée à l'accusé par un simple avertissement d'huissier; ce mode d'acquittement manquait de dignité et de cette solennité qui doit accompagner un acte de cette importance. — Legraverend, t. 2, p. 259.

3340. — Avant de prononcer l'arrêt, le président est tenu de lire le texte de la loi sur laquelle il est fondé. — C. inst. crim., art. 369.

3341. — Indépendamment de cette lecture, le greffier doit insérer le texte de la loi tout entier dans l'arrêt, sous peine de 100 fr. d'amende. — C. inst. crim., art. 369, *in fine*. — Cette formalité est prescrite afin que chaque condamné puisse se convaincre par la lecture de l'arrêt que sa condamnation n'est pas un acte arbitraire.

3342. — Jugé cependant que le défaut d'insertion, dans l'arrêt de condamnation, du texte de la loi, n'entraîne pas la nullité de cet arrêt, et ne peut donner lieu qu'à une amende de 100 fr. contre le greffier. — *Cass.*, 29 avr. 1830, Rocher; 18 févr. 1841 (t. 1er 1842, p. 481), Andrieu ; 12 mars 1841 (t. 2 1841, p. 397), Rostaing.

3343. — La disposition de l'art. 369, C. inst. crim., ne s'applique qu'au jugement de condamnation. On conçoit, en effet, que s'il s'agit d'un arrêt qui *absout* un accusé, parce que le fait dont il est déclaré l'auteur ne constitue ni crime ni délit, il est certain que le défaut de loi applicable étant précisément le motif qui détermine l'absolution, on ne peut en lire le texte pour motiver un pareil arrêt.

3344. — Lorsque, dans le concours de plusieurs délits, il est fait à l'accusé application de la peine la plus forte, il n'est pas nécessaire que lecture soit faite des articles relatifs au délit passible des peines non appliquées, alors surtout que le texte de ces articles est transcrit dans l'arrêt. — *Cass.*, 16 sept. 1831, Jarron.

3345. — Jugé que l'arrêt qui contient le texte de la loi en vertu de laquelle a été prononcée la peine de mort ne peut pas être annulé comme ne contenant pas de plus le texte de la loi en vertu de laquelle les juges ont ordonné que le condamné serait conduit au lieu de l'exécution revêtu d'une chemise rouge. — *Cass.*, 7 avr. 1820, Benedetti.

3346. — D'ailleurs, l'art. 369, C. inst. crim., qui oblige le président de la cour d'assises à donner lecture du texte de la loi dont il fait l'application, n'est pas non plus prescrit à peine de nullité. — *Cass.*, 26 juill. 1822, Duport ; 29 avr. 1830, Rocher; 22 déc. 1831, Boisson; 18 fév. 1841 (t. 1er 1842, p. 481), Andrieux.

3347. — L'arrêt est prononcé à haute voix par le président en présence du public et de l'accusé. — C. inst. crim., art. 369.

3348. — Si le président, immédiatement après avoir prononcé la levée de l'audience, et s'apercevant qu'il a commis une omission dans la lecture de l'arrêt de la cour d'assises, rétracte de suite cette première lecture, du consentement de ses assesseurs, et répare son omission, ce n'est point là prononcer un nouvel arrêt. Cette circonstance ne constitue pas une nullité. — *Cass.*, 20 mai 1837 (t. 1er 1840, p. 143), Denis et Robert.

3349. — L'arrêt doit être motivé sur les faits déclarés constans par le jury.

3350. — L'arrêt de condamnation rendu par une cour d'assises est suffisamment motivé lorsqu'il énonce que d'après la déclaration du jury, l'accusé est coupable de tel fait : la loi n'exige pas que la cour exprime elle-même qu'il est coupable de tel ou tel délit. — *Cass.*, 2 fév. 1832, Letard.

3351. — L'accusé ne peut se faire un moyen de nullité de l'absence de l'un des jurés à la prononciation de l'arrêt. — *Cass.*, 30 juill. 1829, Gosse. — Et de ce que le ministère public n'y aurait pas non plus assisté. — L'art. 369, C. inst. crim., n'exige que la présence du public et de l'accusé. — *Cass.*, 13 oct. 1832, Poncelet.

3352. — Après avoir prononcé l'arrêt, le président peut, selon la circonstance, exhorter l'accusé à la fermeté, à la résignation ou à réformer sa conduite. — Il l'avertit de la faculté qui lui est accordée de se pourvoir en cassation et du terme dans lequel l'exercice de cette faculté est circonscrit. — C. inst. crim., art. 371.

3353. — Sous le Code de brum. an IV, le président, après la prononciation de l'arrêt de condamnation, devait faire remarquer à l'accusé la manière généreuse et impartiale avec laquelle il avait été jugé et l'exhorter à la fermeté et à la résignation. Mais cette exhortation irritait souvent le condamné et occasionnait du trouble et du scandale ; il a paru plus convenable au nouveau législateur de laisser l'exhortation à l'arbitraire du président, qui peut en apprécier l'opportunité.

3354. — Nous pensons que c'est à tort qu'il a été décidé que dans les affaires correctionnelles de la compétence de la cour d'assises il n'est pas nécessaire que le président avertisse le condamné qu'il a trois jours pour se pourvoir en cassation ; l'art. 371, C. inst. crim., ne s'appliquant qu'aux affaires de grand criminel. — *Cass.*, 15 nov. 1832, Petet. — En effet, l'art. 371 n'établit aucune distinction entre les affaires du grand criminel et celles du petit criminel.

3355. — Le condamné qui s'est pourvu en cassation dans le délai de la loi ne peut tirer une nullité de ce que le président de la cour d'assises aurait omis de l'avertir qu'il avait trois jours pour se pourvoir en cassation. — *Cass.*, 21 juill. 1834, *Progressif de l'Aube.*

3356. — Legraverend (t. 2, p. 264, note 2) pense non seulement que l'omission de l'avertissement prescrit par l'art. 371 n'est pas prescrit à peine de nullité, mais même qu'elle ne pourrait pas autoriser l'accusé à se pourvoir après l'expiration du délai légal. — Carnot (sur l'art. 371) est d'un avis contraire et nous partageons son opinion. « En déclarant le recours recevable, dit cet auteur, il ne peut en résulter que l'inconvénient de quelques jours de retard dans l'exécution, tandis qu'en le rejetant sans examen, on pourrait s'exposer à commettre une injustice irréparable. »

CHAPITRE XVIII. — *Procès-verbal des débats.*

3357. — *Rédaction.* — *Délai.* — Le greffier doit, à peine de 500 fr. d'amende, dresser un procès-verbal de la séance à l'effet de constater que les formalités prescrites ont été observées. — C. inst. crim., art. 372.

3358. — Sous le Code de brum. an IV, il n'était point dressé de procès-verbal de la séance, ou du moins la loi n'en imposait point l'obligation au greffier.

3359. — Le procès-verbal des débats peut être réuni dans un seul acte avec celui de la formation du jury. *Cass.*, 13 août 1835, Lanory.

3360. — Aucune loi n'oblige le greffier en chef à tenir la plume et ne lui interdit de se faire assister d'un commis greffier assermenté pour rédiger le procès-verbal des débats ; dès-lors, il peut, s'il a assisté à tous les débats, en signer le procès-verbal, bien qu'il y soit exprimé qu'un commis greffier tenait la plume. — *Cass.*, 5 août 1831, Lavrard et Trognac.

3261. — Si le greffier s'était fait remplacer par un des commis du greffe, et qu'il n'eût pas été dressé de procès-verbal des débats, il demeurerait solidairement responsable de cette omission. — Décr. 18 août 1810, art. 27 ; — Carnot, sur l'art. 372.

3362. — La loi n'oblige pas le greffier à écrire lui-même, séance tenante, le procèsverbal des débats d'une cour d'assises ; elle exige seulement qu'il le dresse, soit qu'il le fasse écrire sous ses yeux à l'audience, soit qu'il le dicte sur les notes par lui prises pendant les débats, pourvu qu'il le signe. — *Cass.*, 12 déc. 1833, Desplats.

3363. — De même, aucune disposition de la loi n'exige, à peine de nullité, que le procès-verbal des débats soit rédigé et signé immédiatement après les séances. En conséquence, il ne résulte pas de nullité de ce qu'il n'aurait pas été rédigé dans les vingt-quatre heures. — *Cass.*, 25 juin 1840 (t. 2. 1842, p. 679), Maubant.

3364. — ... Ou de ce qu'il aurait été rédigé plus de trois jours après celui ou l'arrêt de condamnation a été prononcé. — *Cass.*, 22 sept. 1842 (t. 2 1842, p. 700), Fabre.

3365. — Il a même été jugé qu'il ne saurait résulter une nullité de ce qu'il n'aurait été dressé que vingt jours après les séances. — *Cass.*, 31 mars 1836, Arrighi et Rossi.

3366. — Mais, s'il n'y a pas nullité dans un cas pareil, on n'en est pas moins autorisé à adresser les plus graves reproches au greffier ; après un délai aussi long, les souvenirs peuvent s'effacer ; le procès-verbal n'offre donc plus les mêmes garanties.

3367. — Le procès-verbal ne serait pas nul non plus parce qu'il aurait été dressé dans un autre lieu que celui où siège la cour d'assises. — *Cass.*, 12 déc. 1840 (t. 2 1842, p. 662), Lafarge.

3368. — Mais il y aurait nullité s'il avait été rédigé et écrit à l'avance. — *Cass.*, 22 avr. 1841 (t. 1er 1841, p. 708), Soulié.

3369. — Lorsqu'il n'a pas été dressé de procès-verbal des débats devant une cour d'assises, ou lorsque le procès-verbal dressé ne l'a pas été dans la forme voulue par la loi, rien ne pouvant constater légalement que les formalités prescrites à peine de nullité ont été remplies, les débats et l'arrêt doivent être annulés. — *Cass.*, 17 avr. 1818, Alleon.

3370. — Mais quelques négligences, telles que certaines fautes d'orthographe, ne peuvent pas opérer la nullité du procès-verbal des débats d'une cour d'assises. — *Cass.*, 8 avr. 1830, Coupechoux.

3371. — L'erreur commise dans la date donnée au procès-verbal des débats d'une cour d'assises n'opère pas une nullité lorsqu'elle se trouve suffisamment rectifiée dans cette pièce elle-même et dans les autres pièces du procès. — *Cass.*, 6 juill. 1832, Rivot.

3372. — Il a été jugé que lorsque le greffier de la cour d'assises a omis de dater le procès-verbal des débats, il suffit, pour sa validité, qu'il y soit dit que la déclaration du jury et l'arrêt de condamnation, qui portent tous les deux la même date, ont été rendus dans la même séance. — *Cass.*, 19 juin 1828, Couturier.

3373. — *Signature.* — Le procès-verbal doit être signé par le président et par le greffier, à peine de nullité. — C. inst. crim., art. 372.

3374. — La peine de nullité est attachée non pas seulement au défaut de ces deux signatures, mais au défaut de l'une d'elles seulement. — *Cass.*, 3 mars 1815, Temperville ; 2 mai 1816, Vuillet ; 29 août 1816, Richard ; 13 déc. 1816, Baurès ; 17 avr. 1818, Alléon ; 17 nov. 1818 N... ; 5 juin 1823, Picard ; 1er juill. 1824, Lepreux ; 8 sept. 1826, Henri, 17 sept. 1829, Daumas et Dupin ; 19 nov. 1829, Chevrier.

3375. — En exigeant que le procès-verbal des débats soit signé par le président de la cour d'assises, la loi impose nécessairement à ce magistrat l'obligation d'examiner, par une lecture réfléchie, si ce procès-verbal contient le narré clair, fidèle et complet des formalités qui ont été observées. — *Cass.*, 6 sept. 1816, Renaud.

3376. — Le défaut de signature du président ou du greffier sur le procès-verbal est de plus puni d'une amende de 500 francs contre le greffier. — *Cass.*, 13 déc. 1816, Baurès ; 3 mars 1815, Temperville ; 2 mai 1816, Vuillet ; 17 avr. 1818, Alleon ; 5 juin 1823, Picard ; 1er juill. 1824, Lepreux ; 8 sept. 1826, Henri ; 17 sept. 1829, Daumas-Dupin ; 29 nov. 1829, Chevrier.

3377. — Il n'est pas nécessaire que le magistrat qui a rempli les fonctions de ministère public signe le procès-verbal.

3378. — Cependant il ne résulterait aucune nullité de ce que le procureur du roi aurait, sans nécessité, apposé sa signature sur le procès-verbal de la cour d'assises. — *Cass.*, 10 oct. 1839 (t. 1er 1840, p. 15), Peytel.

3379. — Lorsque, par erreur, un magistrat autre que celui qui a présidé aux débats a signé le procès-verbal d'audience, le vice résultant de cette irrégularité disparaît si la signature a été effacée, et remplacée par celle du président de la cour d'assises, avec la mention, en marge de l'arrêt, de l'erreur et de la rectification. — *Cass.*, 30 mars 1839 (t. 1er 1840, p. 176), Raymond d'Hénar.

3380. — *Surcharges.* — *Interlignes.* — Les surcharges et interlignes doivent être approuvés.

3381. — Cependant, la non-approbation des surcharges et des interlignes ne peut constituer une nullité qu'autant qu'elle peut compromettre le sort de l'accusé, ou laisser du doute sur l'observation d'une formalité prescrite à peine de nullité.

3382. — Ainsi, la surcharge du nom de l'officier du ministère public ne peut créer une ouverture à cassation, lorsqu'il n'est pas contesté que cet officier ait été présent aux débats. — *Cass.*, 18 août 1837 (t. 2 1837, p. 556), Goupil.

3383. — Ainsi, l'accusé ne peut se faire un moyen de nullité des interlignes ou surcharges existant dans les déclarations des témoins, lorsque les mentions qu'elles renferment sont sans influence sur la procédure ou se trouvent suffisamment constatées par une autre partie du procès-verbal. — *Cass.*, 14 sept. 1832, Bouillot.

3384. — Mais lorsque la mention du serment prêté par différens témoins contient dans le procès-verbal des débats des surcharges, des interlignes, des mots intercalés, sans aucune approbation de la part du président et du greffier, il y a nullité, encore bien que l'une des intercalations ait été signée par l'avocat général qui a porté la parole. — *Cass.*, 4 janv. 1821, Hubert.

3385. — Lorsque les surcharges et les interlignes non approuvés, contenus dans le procès-verbal des débats, ont motivé l'annulation de l'arrêt de condamnation, ainsi que des débats, les frais de la procédure à recommencer peuvent être mis à la charge du greffier, par la faute duquel l'annulation a été prononcée. — Même arrêt.

3386. — *Renvois.* — Les renvois doivent être approuvés par le président et par le greffier.

3387. — Des renvois portés en marge du procès-verbal des débats sont suffisamment approuvés lorsqu'ils ont été paraphés par le président et par le greffier. — *Cass.*, 30 juill. 1829, Baroux ; 15 juin 1830, Taburet ; 3 mars 1839 (t. 1er 1840, p. 176), d'Hénard.

3388. — Il y a nullité lorsqu'un renvoi non approuvé est relatif à une formalité prescrite à peine de nullité. Spécialement, lorsque les mots *sans haine*, dans la mention du serment des témoins, se trouvent portés à la marge du procès-verbal des débats, si le renvoi a été approuvé seulement par le greffier et ne l'a pas été par le président de la cour d'assises, il n'y a pas preuve suffisante de la régularité du serment, et il résulte de là une nullité. — *Cass.*, 36 janv. 1827, Perès.

3389. — Cependant il a été jugé que des renvois non signés sur un procès-verbal des débats d'une cour d'assises, peuvent bien être considérés comme nuls, mais ne suffiraient pas pour faire prononcer la nullité du procès-verbal en vertu des règles de la loi du 25 vent. an XI, sur le notariat, qui sont inapplicables en matière criminelle. — *Cass.*, 23 déc. 1826, Heurtaux et Daguet.

3390. — Lorsque le greffier de la cour d'assises a omis de parapher, sur le procès-verbal des débats, un renvoi marginal portant qu'à l'ouverture de la séance, l'audience a été rendue publique, et que ce renvoi a été paraphé par le président seul, il suffit qu'il résulte, tant des autres énonciations du procès-verbal que d'un arrêt ordonnant le huis-clos, que l'audience avait été rendue publique. — *Cass.*, 26 juill. 1828, Chauchemiche.

3391. — Dans l'espèce de cet arrêt, l'existence du renvoi marginal était indifférente, puisque l'accomplissement de la formalité résultait positivement des autres énonciations du procès-verbal ; mais si le renvoi n'eût été corroboré par aucune autre preuve, il aurait dû être réputé non avenu, par application de la jurisprudence, qui déclare nul un procès-verbal que le greffier a omis de signer.

3392. — Lorsque le greffier de la cour d'assises a négligé de faire approuver un renvoi par le président, et que cette omission donne lieu à l'annulation de l'arrêt et des débats, le greffier doit être condamné aux frais de la procédure à recommencer. — *Cass.*, 26 janv. 1827, Perès.

3393. — Avant la loi du 28 avr. 1832, le Code d'inst. crim. n'interdisait point l'emploi des caractères imprimés dans le procès-verbal des séances d'une cour d'assises. — *Cass.*, 29 mai 1817, Laporte ; 30 janv. 1818, Lépine ; 4 juin 1818, Casse ; 23 juill. 1818, Boudret ; 13 juill. 1820, Chevalier ; 19 avr. 1821, Picard ; 16 déc. 1825, Desprez ; 8 avr. 1830, Coupechoux ; 16 sept. 1831, Jarron ; 5 janv. 1832, Lecomte.

3394. — Avant cette même loi, le procès-verbal des débats signé par le président et par le greffier ne pouvait pas être annulé, sous le prétexte qu'il était en partie imprimé et en partie écrit à la main. — *Cass.*, 30 déc. 1830, Rabaud.

3395. — L'emploi des procès-verbaux imprimés à l'avance était un véritable abus, essentiellement contraire à une bonne administration de la justice. Il arrivera sans doute souvent que des formalités réellement observées seront omises dans les procès-verbaux, et de là résulteront de fréquentes nullités ; mais ce danger est bien moins grave que la constatation d'une formalité qui n'a pas été accomplie. — La loi du 28 avr. 1832 a donc prohibé avec raison l'impression des procès-verbaux des débats de la cour d'assises. — C. inst. crim., art. 372.

3396. — Lorsque la formation du tableau du jury et les débats ont été constatés par un seul procès-verbal, peu importe que dans la première partie, celle relative à la formation du tableau du jury, les formules ordinaires aient été écrites à l'avance, si, dans la seconde partie, celle relative aux débats, il ne se rencontre rien d'écrit à l'avance. — *Cass.*, 24 déc. 1840 (t. 2 1841, p. 130), Bursière. — V. JURY.

3397. — *Foi due au procès-verbal.* — Les énonciations du procès-verbal font foi jusqu'à inscription de faux. — *Cass.*, 27 sept. 1832, Tronc.

3398. — Le procès-verbal des débats d'une cour d'assises faisant foi jusqu'à inscription de faux,

l'accusé ne peut, sans recourir à cette voie, et au moyen d'un simple interlocutoire, demander la cassation de la procédure en se fondant sur des faits non relatés dans ce procès-verbal. — *Cass.*, 3 avr. 1828, Nicoleau.

3399. — Il n'y a pas lieu d'admettre l'inscription de faux formée par l'accusé contre le procès-verbal des débats, alors que les articulations qu'elle contient, invraisemblables par elles-mêmes, sont réfutées par le procès-verbal et les documens qu'il fournit, et que la preuve, en fût-elle rapportée, ne serait de nature à entraîner la nullité ni des débats ni de l'arrêt. — *Cass.*, 22 janv. 1841 (t. 1er 1842, p. 262), Raynal.

3400. — L'inscription de faux contre les énonciations du procès-verbal des débats d'une cour d'assises relatives à l'omission d'une formalité n'est pas recevable lorsque cette omission ne serait pas de nature à entraîner nullité : c'est le cas d'appliquer la maxime : *Pas d'intérêt, pas d'action.* — *Cass.*, 3 déc. 1836 (t. 1er 1838, p. 37), Demiannay.

3401. — Il a été jugé que le législateur n'a point donné à un condamné la faculté de se servir du moyen d'inscription de faux contre un procès-verbal rédigé conformément à l'art. 372, C. inst. crim., et que, par conséquent, un tel moyen ne peut pas être admis par la cour de Cassation. — *La Haye*, 7 avr. 1829, Hentzeeter.

3402. — Mais la cour de La Haye a établi une distinction arbitraire et créé une fin de non-recevoir qui n'est pas dans la loi. Il suffit, en effet, que l'inscription de faux n'ait pas été interdite au condamné, pour qu'il puisse attaquer, par cette voie, le procès-verbal des débats, qui est nécessairement susceptible de l'être, comme tout autre acte authentique et public.

3403. — Le procès-verbal doit constater tous les faits et toutes les formalités qui se réalisent à l'audience, à l'exception des faits et des formalités que la loi en a exceptés.

3404. — Cependant il n'y a nullité du procès-verbal qu'autant qu'il y a eu omission d'une formalité substantielle ou prescrite par la loi, à peine de nullité.

3405. — Le silence du procès-verbal des débats sur une formalité prescrite par la loi donne droit de conclure qu'elle n'a pas été remplie. — *Cass.*, 3 pluv. an V, Lerouge ; 4 messid. an VII, Cassini ; 2 thermid. an XI, Paulmier ; 29 mars 1810, Paira ; 3 janv. 1812, Colin et Féron ; 12 juin 1812, Rousseau ; 30 juill. 1812, Dauré ; 4 fév. 1813, Magniant ; 8 fév. 1814, Duparcq ; 16 juin 1814, Devilliers ; 1er juill. 1814, Jacquemin ; 6 sept. 1816, Renaud ; 12 sept. 1816, Richer ; 26 sept. 1816, Chaussepied ; 11 janv., Cheminade ; 9 oct. 1817, Grammond ; 9 déc. 1818, Liebault ; 17 sept. 1818, Michel ; 7 janv. 1819, Gasquet ; 15 juin 1820, Bouhier ; 14 sept. 1820, Guilet ; 4 janv. 1821, Hubert ; 19 avr. 1821, Delphin Marmi ; 26 avr. 1821, Charreyre ; 18 sept. 1823, Cazaneuve ; 18 déc. 1823, Egrain ; 1er juill. 1824, Lepreux ; 28 janv. 1825, Bayle ; 12 fév. 1825, Lambert ; 10 avr. 1828, Parcillier ; 3 avr. 1828, Nicoleau ; 19 sept. 1828, Lévy ; 20 sept. 1828, Rotemburger ; 15 janv. 1829, Ferrany ; 4 avr. 1829, Laboric ; 9 avr. 1829, Bruchet ; 18 nov. 1830, Cousin ; 13 janv. 1831, Rey ; 26 mai 1831, Marcs ; 30 juin 1831, Vidal ; 16 juin 1832, Bressolier ; 8 janv. 1836, Gau ; 20 avr. 1839 (t. 2 1839, p. 660), Lecouturier ; 17 mars 1842 (t. 2 1842, p. 612), Barry.

3406. — En cas de dissidence entre le président et le greffier sur les faits relatés dans le procès-verbal des séances d'une cour d'assises, le témoignage du président doit prévaloir sur celui du greffier. — *Cass.*, 30 sept. 1824, Troupeau.

3407. — Ainsi, lorsque le procès-verbal signé par le président et par le greffier contient la mention que, dans la forme et pleine croyance du président et de tous les juges, les jurés ont individuellement prêté le serment conformément à l'art. 312, C. inst. crim., il y a preuve suffisante de l'accomplissement de cette formalité. — Même arrêt.

3408. — Le procès-verbal doit désigner les magistrats qui composent la cour d'assises. Cependant, le défaut de désignation des noms des magistrats, dans le procès-verbal des débats d'une cour d'assises, qui n'ont duré qu'une séance, ne peut pas être une cause de nullité, lorsqu'il résulte du rapprochement de ce procès-verbal et de l'arrêt de condamnation, mentionnant les noms des magistrats qui l'ont rendu et signé, que la cour d'assises a été légalement composée. — *Cass.*, 26 janv. 1832, Violeau.

3409. — Mais lorsqu'une affaire a occupé plusieurs séances, le procès-verbal des débats doit faire mention du nom des juges qui composaient la cour d'assises, à peine de nullité, encore bien que l'arrêt de condamnation constate le nom des juges qui l'ont rendu. — *Cass.*, 26 janv. 1832, Raynaud.

3410. — Cependant, l'accusé ne peut tirer une nullité de ce que le procès-verbal des débats d'une cour d'assises ne mentionnerait pas le nom des juges qui ont rendu l'arrêt de condamnation dans la seconde séance, si cet arrêt constate lui-même que les juges qui l'ont rendu sont identiquement les mêmes que ceux de la première. — *Cass.*, 6 juill. 1832, Laforge.

3411. — La présence des conseillers qui ont composé une cour de justice criminelle est suffisamment constatée par la mention, au procès-verbal des débats, que les conseillers dont les signatures ont été apposées au bas de l'arrêt ont assisté aux débats. — *Cass.*, 18 fév. 1830, Borghetti.

3412. — L'énonciation contenue au procès-verbal des séances de la cour d'assises, qu'à la seconde séance du même jour la cour était composée comme à la précédente séance, est suffisante et régulière, si le procès-verbal énonce formellement, pour cette précédente séance, la présence du nombre de juges nécessaire. — *Cass.*, 31 mars 1831, Cornier.

3413. — Mais 1° lorsque la présence du président et du procureur du roi est seule mentionnée dans le procès-verbal des débats d'une cour d'assises, et que rien ne constate la présence des juges qui devaient assister le président, les débats sont nuls ainsi que tout ce qui s'en est suivi. — *Cass.*, 8 avr. 1825, Méchin.

3414. — 2° Est nul l'arrêt de la cour d'assises lorsque le procès-verbal des débats constate le concours d'un juge, tandis que l'arrêt lui-même en indique un autre. — *Cass.*, 7 oct. 1831, Lavrard et Trognac.

3415. — 3° Il y a nullité, lorsqu'un juge qui, d'après l'expédition de l'arrêt de condamnation, a assisté à sa prononciation, n'est pas mentionné dans le procès-verbal de la séance, comme ayant assisté au débat, tandis qu'un autre juge qui, d'après ce procès-verbal, aurait assisté aux débats, n'est pas mentionné dans l'expédition de l'arrêt comme ayant assisté à sa prononciation. — *Cass.*, 1er sept. 1826, Zimmermann.

3416. — La mention faite au commencement du procès-verbal des débats d'une affaire qui a occupé plusieurs séances de la cour d'assises, qu'un juge n'a été appelé à siéger que pour suppléer en cas de besoin tel membre titulaire qui pourrait se trouver empêché, et la déclaration, à la fin de la dernière audience, qu'il n'a délibéré dans aucun des arrêts rendus pendant les débats ni lors de l'arrêt définitif, établissent complètement que ce magistrat n'a pris aucune part aux délibérations de la cour d'assises. — *Cass.*, 18 avr. 1833, Demarcé et Royer.

3417. — Lorsque la différence qui existe entre le procès-verbal des débats et l'expédition de l'arrêt de condamnation, sur les noms des juges qui ont assisté à l'instruction orale et au prononcé de l'arrêt, a motivé l'annulation de la procédure, le greffier qui a commis cette erreur doit être condamné à l'amende de 500 fr. et aux frais de la nouvelle procédure. — *Cass.*, 1er sept. 1826, Zimmermann.

3418. — *Désignation des jurés.* — Le procès-verbal doit contenir les noms des jurés qui ont connu de l'affaire.

3419. — Cependant il a été jugé qu'aucune loi n'exige, à peine de nullité, que le procès-verbal des débats énonce nominativement les douze jurés composant le jury de jugement, lorsqu'il déclare que ces jurés sont ceux indiqués au procès verbal de tirage, lequel est joint aux pièces. — *Cass.*, 9 mai 1834, Barratié.

3420. — Il y a nullité des débats et de l'arrêt de la cour d'assises, lorsque le procès-verbal des débats constate le concours de jurés dont les noms ne sont pas les mêmes que ceux mentionnés dans le procès-verbal de tirage au sort du jury de jugement. — *Cass.*, 8 sept. 1831, Gage.

3421. — Mais une légère différence d'orthographe dans le nom du chef du jury sur le procès-verbal des débats et sur la déclaration du jury, ne suffit pas pour opérer nullité lorsqu'il ne s'élève aucun doute sur son identité. — *Cass.*, 30 déc. 1830, Rabaud.

3422. — Il ne résulte aucune nullité de ce que deux jurés suppléans seraient désignés dans le procès-verbal des débats comme treizième et quatorzième jurés. — *Cass.*, 23 déc. 1826, Heurtaux et Daguet.

3423. — *Désignation du magistrat remplissant les fonctions de ministère public.* — La qualification donnée à l'officier du ministère public, tantôt de procureur du roi, tantôt de substitut, ne peut donner lieu à cassation. — *Cass.*, 10 août 1837 (t. 2 1839, p. 556), Goupil.

3424. — *Désignation du défenseur.* — L'incorrection d'écriture des noms du défenseur ne peut donner ouverture à cassation. — Même arrêt.

3425. — Le procès-verbal doit, en outre, constater : 1° lorsque le président et les assesseurs sont remplacés, que le remplacement a eu lieu par empêchement des juges remplacés. — V. *suprà* nos 69 et suiv.

3426. — ... 2° Dans les affaires qui doivent entraîner de longs débats, l'adjonction qui a été ordonnée d'un ou de deux jurés suppléans, d'un ou de deux assesseurs supplémentaires. — *Ibid.*

3427. — ... 3° Que les débats ont eu lieu publiquement. — V. *suprà* nos 463 et suiv.

3428. — ... Ou que le huis-clos a été ordonné.

3429. — ... 4° Que l'accusé a comparu libre ; que le président lui a demandé ses noms, prénoms, âge, profession, sa demeure et le lieu de sa naissance ; que le président a donné au défenseur l'avertissement, prescrit par l'art. 311, C. inst. crim. ; que le président a adressé aux jurés, debout et découverts, le discours de l'art. 312 ; que chacun des jurés appelé individuellement par le président a répondu en levant la main : *Je le jure.* — V. *suprà* nos 505 et suiv.

3430. — ... 5° Que le président a averti l'accusé d'être attentif à la lecture qui allait lui être donnée par le greffier de l'arrêt de renvoi et de l'acte d'accusation ; que le président a rappelé à l'accusé ce dont il était prévenu ; que le greffier a lu la liste des témoins ; que ces témoins se sont retirés dans la chambre qui leur était destinée. — V. *suprà* nos 1310 et suiv.

3431. — ... 6° Que les débats ont été suspendus. — V. *suprà* nos 1317 et suiv.

3432. — ... 7° Que l'affaire a été renvoyée à une autre session, et la cause qui l'a fait ordonner. — V. *suprà* nos 358 et suiv.

3433. — ... 8° Que le greffier a lu à haute voix la liste des témoins. — V. *suprà* nos 1139 et suiv.

3434. — ... 9° Que le président a fait retirer les témoins dans la chambre qui leur était destinée. — *Ibid.*

3435. — ... 10° Que les témoins ne sont sortis de leur chambre que pour déposer. — *Ibid.*

3436. — ... 11° Les noms, prénoms, âge, profession, domicile ou résidence des témoins, s'ils connaissaient l'accusé avant le fait mentionné dans l'acte d'accusation, s'ils sont ou non parens ou alliés, soit de la partie civile, soit de l'accusé ; s'ils sont ou non attachés au service de l'un ou de l'autre. — *Ibid.*

3437. — ... 12° Que les témoins ont déposé séparément l'un de l'autre dans l'ordre établi par le procureur général, et qu'avant de déposer ils ont prêté le serment *de parler sans haine et sans crainte, de dire toute la vérité, rien que la vérité.* — V. *suprà* nos 1190 et suiv.

3438. — ... 13° Que les témoins ont déposé oralement. — *Ibid.*

3439. — ... 14° Lorsque le dénonciateur aura été entendu aux débats, que le président a fait connaître aux jurés la qualité de ce témoin. — *Ibid.*

3440. — ... 15° Que le président a fait retirer de l'audience un accusé, et qu'au retour de celui-ci, il lui a été rendu compte de ce qui s'était passé en son absence. — V. *suprà* nos 1338 et suiv.

3441. — ... 16° Que les pièces de conviction ont été représentées à l'accusé et aux témoins. — V. *suprà* nos 1356 et suiv.

3442. — ... 17° La lecture des pièces qui a été faite. — V. *suprà* nos 1376 et suiv.

3443. — Il y a nullité, lorsque le procès-verbal ne constate pas qu'il a été donné lecture des dépositions écrites des témoins non comparans dans le cas de représentation volontaire ou d'arrestation d'un contumax. — *Cass.*, 11 mai 1827, Tortora ; 15 janv. 1829, Ferracci ; 26 juill. 1832, Delantes ; 8 janv. 1841 (t. 1er 1842, p. 200), Heinsperger. — V. CONTUMAX.

3444. — ... 18° Que le serment exigé par l'art. 332 a été prêté par l'interprète. — V. *suprà* nos 606 et suiv.

3445. — ... 19° Que le procureur général ou le magistrat qui le substitue ont été entendus, et ont développé ou dès-lors abandonné l'accusation ; que l'accusé ou son conseil ont répondu. — C. inst. crim., art. 335.

3446. — ... 20° Que l'accusé a eu la parole le dernier. — C. inst. crim., art. 335. — (V. *suprà* nos 1310 et suiv.

3447. — Jugé que l'omission, dans l'expédition d'un arrêt de condamnation, de toute mention indicative de la défense présentée au nom de l'accusé, n'est point une cause de nullité lorsque cette mention existe dans le procès-verbal des débats. — *Cass.*, 16 déc. 1841 (t. 1er 1842, p. 682), Béchard.

3448. — ... 21° Que le président a prononcé la clôture des débats. — V. *suprà* nos 1716 et suiv.

3449. — ... 22° Que le président a résumé les débats. — *Ibid.*

3450. — ... 23° Que le président a posé aux jurés les questions résultant de l'arrêt de renvoi et de l'acte d'accusation. — V. *suprà* nos 2024 et suiv.

3451. — ... 24° Qu'il a été donné par le président lecture des questions. — V. *suprà* nos 2329 et suiv.

3452. — ... 25° Que la position des questions a soulevé des contestations et la solution qui aura été donnée. — V. *suprà* nos 2346 et suiv.

3453. — ... 26° Que le président a averti les jurés que les déclarations contre l'accusé devaient être prises à la majorité, et que si à la majorité ils pensaient qu'il existe en faveur de l'accusé des circonstances atténuantes, ils doivent en faire mention dans leur déclaration. — V. *suprà* nos 2322 et suiv., et 2401 et suiv.

3454. — ... 27° Que le président a remis aux jurés l'acte d'accusation, les procès-verbaux qui constatent les délits et les pièces du procès autres que les déclarations écrites des témoins. Cependant la remise de ces pièces et par conséquent la mention de cette remise au procès-verbal n'est pas exigée à peine de nullité. — V. *suprà* nos 2442 et suiv.

3455. — ... 28° Que les jurés se sont retirés dans leur chambre pour délibérer. — V. *suprà* nos 2311 et suiv.

3456. — ... 29° Que les jurés ont été renvoyés dans leur chambre pour la rectification de leurs déclarations à raison de ce que les déclarations sont incertaines, contradictoires, surabondantes ou incomplètes. Il doit être fait mention au procès-verbal du renvoi du jury et des circonstances qui ont donné lieu à ce renvoi.—V. *suprà* nos 3230 et suiv.

3457. — Lorsqu'il est dit, par erreur, dans l'expédition de l'arrêt, que la condamnation a été prononcée en vertu de la première déclaration du jury, il suffit pour la régularité de ce procès-verbal des débats constate qu'elle l'a été en vertu de la seconde déclaration. — *Cass.*, 16 oct. 1828, Ledurier.

3458. — ... 30° Que les jurés, après être rentrés dans l'auditoire , ont , par l'organe de leur chef , fait connaître la déclaration du jury. — V. *suprà* nos 2858 et suiv.

3459. — ... 31° Que le président a fait comparaître l'accusé et que le greffier a lu en sa présence la déclaration du jury. — *Ibid.*

3460. — ... 32° Que le président a interpellé l'accusé de s'expliquer sur l'application de la peine requise contre lui par le ministère public, et que l'accusé a fait des observations.—V. *suprà* nos 3372 et suiv.

3461. — ... 33° Que la délibération de la cour a eu lieu à voix basse. — V. *suprà* nos 3293 et suiv.

3462. — ... 34° Que l'arrêt a été prononcé à haute voix par le président en présence du public ; qu'avant de le prononcer le président a lu le texte de la loi à appliquer. — V. *suprà* nos 3338 et suiv.

3463. — La loi n'exige pas que l'arrêt de condamnation soit transmis textuellement dans le procès-verbal des débats ; il suffit que le procès-verbal fasse mention de la peine prononcée. — *Cass.*, 5 janv. 1832, Lecomte.

3464. — ... 35° Que le président a averti l'accusé qu'il avait trois jours pour se pourvoir en cassation. — V. *suprà* nos 3352 et suiv.

3465. — Le procès-verbal des débats de la cour d'assises constate valablement l'accomplissement des formalités exigées par la loi lorsqu'il énonce que les formalités prescrites par les art. 319, 341 , 342, 347 et 348, C. inst. crim. , ont été accomplies. Cependant il serait plus régulier et plus conforme à l'esprit de la loi de détailler, dans l'ordre où elles ont été accomplies, toutes les formalités prescrites dans l'intérêt de la société et des accusés. — *Cass.*, 25 avr. 1839 (t. 1er 1840, p. 174), Foissard ; 6 sept. 1839 (t. 1er 1841, p. 440), Girard de Vaucleroy.

V. ABUS D'AUTORITÉ, ABUS DE BLANC-SEING, ACTE D'ACCUSATION, ALGÉRIE, ASSASSINAT, ATTENTAT A LA PUDEUR, ATTROUPEMENT, BLESSURES ET COUPS, CIRCONSTANCES AGGRAVANTES, CIRCONSTANCES ATTÉNUANTES, COMPLICITÉ , CONTUMACE, DÉFENSE, DESTRUCTION DE TITRES, DISCERNEMENT, DUEL, ESCROQUERIE, EXCUSE, HOMICIDE, JURY, MEURTRE, LÉGITIME DÉFENSE, MINISTÈRE PUBLIC, VIOL, VOL, ETC.

COUR DE CASSATION.

Table alphabétique.

COUR DE CASSATION. — **1.** — Tribunal suprême, placé au sommet de la hiérarchie judiciaire, et dont la mission consiste à assurer l'exacte observation des lois, à maintenir l'uniformité de la jurisprudence et la régularité des procédures, et enfin à exercer une exacte discipline et même haute censure sur tous les magistrats du royaume. — V. CASSATION, DISCIPLINE, RÉGLEMENT DE JUGES.

2. — « La cour de Cassation, dit M. Tarbé (*Lois et réglem.*, introd., p. 9), laisse aux cours royales et aux tribunaux le soin de rechercher la vérité des faits et d'apprécier les contrats : mais elle soumet à la puissance du droit ces premiers élémens de décision, et ne souffre pas que, sous le prétexte d'une équité souvent arbitraire, le juge puisse s'écarter des règles écrites et s'affranchir du joug imposé par le législateur... La cour de Cassation est donc l'auxiliaire et l'organe du législateur. »

3. — C'est en cela particulièrement que M. Meyer (*Instit. judic.*, t. 4, p. 442 et suiv.) trouve le motif pour lequel, dès sa création, la cour suprême fut regardée comme une institution éminemment utile. » Elle concentrait, dit-il, dans un seul et même foyer tout ce qui se passait d'important dans l'application des lois sur toute l'étendue de la France; elle offrait un moyen facile et sûr de comparer les points les plus intéressans des différentes législations qui régies écrites et s'affranchir tics du territoire; elle indiquait les défauts et les avantages de chacune d'elles ; elle tendait à améliorer les unes par les autres, à généraliser ce qui pouvait être le plus utile, à diminuer les inconvéniens les plus frappans, à rapprocher ce qu'il y avait de plus disparate, à rendre uniforme la marche des affaires ; elle préparait lentement l'unité de législation. »

SECT. 1re. — *Historique* (no 4).

SECT. 2e. — *Organisation de la cour de Cassation* (no 19).

Sect. 1re. — *Historique.*

4. — Dans l'ancien régime, c'était au conseil du roi qu'appartenait le droit de casser les décisions des cours souveraines; cette haute attribution était exercée par la section du conseil connue sous la dénomination de *Conseil des parties* ou *Conseil privé.* — V. CONSEIL DU ROI, CONSEIL DES PARTIES, CASSATION.

5. — En 1790, lors de la reconstitution des tribunaux, l'assemblée nationale décréta (24 mai 1790) que les jugemens en dernier ressort pourraient être attaqués par la voie de cassation. — Duvergier, *Collect. des lois*, t. 1er, p. 224, 4e édit.

6. — Le principe une fois adopté, l'assemblée décida : 1° que les juges qui connaîtraient de la cassation seraient tous *sédentaires*. — Décr. 26 mai 1790.

7. — 2° Que le tribunal de Cassation serait unique et siégerait près du corps législatif. — Décr. 12 août 1790.

8. — Cette décision ne fut pas prise sans de grands débats; plusieurs députés, Barrère et Goupil de Préfeln entre autres, craignaient que ce tribunal unique, permanent, sédentaire, centre de l'organisation judiciaire, ne voulût attirer à lui tous les pouvoirs et ne menaçât la constitution et la liberté.

9. — Ces craintes furent repoussées par Tronchet, Merlin et Garat, qui soutinrent que l'intérêt de la justice exigeait un tribunal sédentaire, et que le plus sûr moyen d'assurer le vœu de la nation et l'unité des tribunaux, était de placer au sommet de la hiérarchie judiciaire un tribunal unique, chargé de maintenir l'uniformité dans la jurisprudence. — Tarbé, *Lois et Réglemens*, p. 18.

10. — « L'assemblée constituante, dit Bonecime (*Théor. procéd. civ.*, Introd., t. 1er, 2e édit., p. 491), eut le rare bonheur de trouver, en cette matière, le plus juste et le plus sage milieu entre l'ardeur à tout détruire et l'obstination à tout conserver. »

11. — Le 27 nov.-1er déc. 1790, parut le décret fondamental qui institua le tribunal de Cassation et régla sa composition, son organisation et ses attributions. — Duvergier, *Collect. des lois*, t. 2, p. 65; Godart de Saponay, *Manuel*, p. 481; Tarbé, p. 241.

12. — L'art. 30 de ce décret supprima le conseil des parties, et décida que ses fonctions cesseraient le jour que le tribunal de Cassation serait installé. — V. CONSEIL DES PARTIES.

13. — Avant de procéder à cette installation, il fallut régler le mode d'élection des membres du tribunal de Cassation (L. 28 janv. 1791) ; leur costume et leur traitement (L. 11-18 fév. 1791); et enfin déterminer le lieu où ils siégeraient. — L. 13-20 mars, même année.

14. — Ces points une fois réglés, l'installation se fit avec solennité, le 29 avr. 1791, à dix heures du matin, dans la ci-devant chambre du parlement. Chaque membre était vêtu d'un habit de drap noir à la française, rehaussé d'un manteau de soie de même couleur; il portait un sautoir un ruban tricolore auquel était suspendue une médaille dorée, avec ces mots : *la loi* ; sa tête était couverte d'un chapeau rond relevé sur le devant, et surmonté d'un bouquet de plumes noires. Une estrade avait été élevée, en face du tribunal, pour les députés. M. Boucher, nommé par le département de Seineet-Marne, présida la séance comme doyen d'âge; MM. Goupil et Freteau y assistèrent en qualité de commissaires de l'assemblée nationale, M. Bailly, maire de Paris, et M. Pastoret, procureur-général syndic du département, en qualité de commissaires du roi (pour l'inauguration seulement).

15. — Le tribunal de Cassation continua de sié-

ger dans la grand'chambre jusqu'au moment où le tribunal révolutionnaire (10 et 11 mars 1793) s'empara de l'édifice antique où s'étaient tenus les lits de justice. Le tribunal de Cassation fut alors relégué à l'École de Droit, en face du Panthéon.

16. — La constitution du 3 sept. 1791 maintint l'organisation du tribunal de Cassation telle qu'elle avait été établie par les lois antérieures (V. art. 19 et suiv.); et il en fut de même de la constitution du 24 juin 1793, œuvre du comité de salut public.

17. — Cependant, quoique la loi prescrivît que la nomination des membres du tribunal de Cassation fût faite par les assemblées électorales, la convention nomma elle-même plusieurs juges, sur la proposition des députations des départemens. — V. Tarbé, p. 258, n° 651.

18. — La constitution de l'an V n'apporta aucune modification essentielle à un régime contre lequel il ne s'était élevé aucune réclamation, et, sauf quelques dispositions de détail dont il est inutile de nous occuper ici, les choses restèrent au même état jusqu'à la loi du 27 vent. an VIII, époque à laquelle la cour de Cassation reçut l'organisation qu'elle a conservée jusqu'à ce jour. — V. aussi sén. cons., 28 flor. an XII; décr. 19 mars 1810; 28 janv. 1811.

Sect. 2e. — *Organisation de la cour de Cassation.*

§ 1er. — *Composition de la cour. — Personnel.*

19. — La cour est composée d'un premier président, de trois présidens et de quarante-cinq conseillers; elle compte en outre un procureur-général, six avocats généraux et un greffier en chef.

20. — *Premier président.* — Lors de la première organisation du tribunal de Cassation, il n'y avait pas de premier président; les sections assemblées étaient présidées par le doyen d'âge des présidens.

21. — La loi du 27 ventôse an VIII, art. 62, décida que le tribunal de Cassation nommerait son président, dont les fonctions devaient durer trois ans. Le président était rééligible.

22. — Par le sénatus-consulte organique du 28 flor. an XII, art. 135 et 136, le président fut nommé à vie par l'empereur et prit le titre de premier président.

23. — Après dix ans d'exercice, le premier président, s'il avait rempli ses fonctions à la satisfaction de l'empereur, était autorisé à porter pendant sa vie le titre de baron. — Décr. 1er mars 1808.

24. — Ce magistrat, sous l'empire, était de droit conseiller d'état à vie; mais, d'après l'ordonnance du 26 août 1824, il était seulement apte, comme tous les autres membres de la cour, à être nommé conseiller d'état.

25. — Aux termes de l'art. 23 de la charte de 1830, le premier président peut être nommé pair de France, sans avoir besoin d'aucune justification que celle de son titre. — V. CHAMBRE DES PAIRS.

26. — Ce magistrat est nommé et institué par le roi; il est inamovible. — Son traitement est de 30,000 fr. — Ord. 7 nov. 1837.

27. — Lorsque le premier président est installé, toutes les cours et tous les tribunaux de la ville où réside la cour de Cassation, vont le complimenter; la cour royale, par une députation du premier président, du procureur-général et de quatre conseillers; les autres tribunaux, par une députation composée de la moitié de chaque cour ou tribunal. — Décr. 24 messid. an XII, art. 9, tit. 20.

28. — Le premier président reçoit aussi les félicitations du préfet et de tous les fonctionnaires dénommés dans ledit décret après le préfet. — Il rend les visites dans les vingt-quatre heures (*ibid.*), et doit faire, dans le même laps de temps, des visites à toutes les personnes dénommées avant le préfet conseiller d'état (c'est-à-dire aux princes, aux grands dignitaires, aux cardinaux et aux ministres). — Même décret, art. 1er, tit. 1er.

29. — L'ord. du 1er nov. 1820 accordait au premier président de la cour de Cassation les entrées de la salle du trône.

30. — Le premier président préside les assemblées générales de la cour (ord. 15 janv. 1826, art. 28), et siége habituellement à la chambre civile.

31. — Cependant, il peut aussi présider les autres chambres, quand il le juge convenable (ord. 15 janv. 1826, art. 28; décr. 28 janv. 1811). — Henrion de Pansey est le seul premier président qui ait siégé habituellement à la chambre des requêtes.

32. — Les convocations relatives aux audiences solennelles, aux assemblées générales de la cour et aux cérémonies publiques, sont faites par le premier président, ou, en son absence, par le plus ancien des présidens de chambre. — Ord. 15 janv. 1826, art. 80.

33. — *Présidens de chambres.* — Dans le principe, chaque section du tribunal de Cassation avait le droit d'élire son président et un vice-président qui restaient en fonctions jusqu'au renouvellement de la section. — V. L. 27 nov., 1er déc. 1790, art. 27; L. 29 sept. 1793, art. 10; L. 2 brum. an IV, art. 5.

34. — La loi du 27 vent. an VIII, art. 65, laissa encore à chaque section le droit d'élire au scrutin son président, mais les fonctions de ce magistrat devaient durer trois années; il était d'ailleurs rééligible.

35. — Les présidens de section, désignés comme *vice-présidens* par l'arrêté du 20 vendém. an XI, ont reçu le titre de président, du sénatus-consulte du 28 floréal an XII.

36. — Aujourd'hui, les présidens qui sont au nombre de trois, non compris le premier président, sont nommés à vie par le roi, et attachés chacun à l'une des chambres de la cour. — Décr. 28 juill. 1811.

37. — Leur traitement est fixé à 18,000 fr. — Ord. 7 nov. 1837.

38. — Les présidens sont aptes à être nommés pairs de France, comme le premier président lui-même. — Ils jouissent d'ailleurs des mêmes prérogatives que ce magistrat. — Tarbé, *loc. cit.*, p. 24.

39. — Les présidens de chambre de la cour de Cassation prennent rang entre eux, suivant l'ordre d'ancienneté. — Ord. 15 janv. 1826, art. 29.

40. — Sous l'ordonnance du 1er nov. 1820, ils pouvaient avoir, comme pairs, l'entrée de la salle du trône; mais s'ils n'étaient pas revêtus de cette dignité, ils avaient seulement l'entrée du premier salon qui précède la salle du trône.

41. — *Conseillers.* — Les juges à la cour de Cassation portent le titre de conseillers. — Décr. 19 mars 1810, art. 1er.

42. — Leur nombre est de quarante-cinq (Ord. 15 fév. 1815). Il avait été antérieurement de cinquante, sous la loi du 2 brum. an IV, et de quarante-huit sous celle du 27 vent. an VIII.

43. — Le plus ancien des conseillers prend le titre de *doyen*. — Ord. 15 janv. 1826, art. 81; arrêté du 4 prair. an VIII, art. 36.

44. — Avant la loi du 27 vent. an VIII, les membres du tribunal de Cassation étaient nommés par la voie de l'élection. — L. 27 nov.-1er déc. 1790; L. 2 brum. an IV.

45. — Sous la constitution du 22 frim. an VIII, ce fut le sénat qui les choisit, sur la présentation du premier consul. — Sén. cons. 16 thermid. an X, art. 85.

46. — Aujourd'hui ils sont nommés par le roi.

47. — Leur traitement est fixé à 15,000 fr. — Décr. 16 janv. 1804; ord. 7 nov. 1837.

48. — Ils sont inamovibles. — Charte constit., art. 48 et 49; sén. cons., 28 flor. an XII, art. 135.

49. — Les conseillers à la cour de Cassation peuvent être élevés à la pairie après cinq ans d'exercice. — Charte constit., art. 23.

50. — Ils ne peuvent être requis pour aucun service étranger à leurs fonctions. — L. 27 vent. an VIII, art. 5.

51. — D'après la loi du 27 nov.-1er déc. 1790, aucune préséance, aucune distinction ne devait exister entre les membres du tribunal de Cassation; mais aux termes de l'ordonnance du 15 janv. 1826, il n'en est plus ainsi : les conseillers prennent rang et séance dans les assemblées générales de la cour, dans les audiences de leur chambre, et dans les cérémonies publiques *suivant l'ancienneté*.

52. — La même ordonnance (art. 40) veut que les opinions soient recueillies par le président, suivant l'ordre des nominations, et en commençant par la plus récente.

53. — Quoique ces dispositions soient très précises, la cour ne les a jamais observées littéralement; elle a persisté dans l'usage qu'avait prescrit la loi du 1er déc. 1790. — V. Tarbé, p. 25.

54. — « Cependant, dit M. Tarbé (p. 24), le 21 mai 1832, la cour était réunie en chambre du conseil pour une affaire disciplinaire, un conseiller nouvellement nommé demanda l'exécution de l'art. 40 de l'ord. de 1826; mais on lui fit observer que, depuis plus de quarante ans, la cour avait admis entre ses membres la plus parfaite égalité; qu'entre des magistrats, tous recommandables par leurs anciens services et leurs talens, elle ne voulait reconnaître aucune préséance, aucune distinction, excepté dans le cas où la loi elle-même ou bien la nature des choses indiquent cette nécessité, comme le remplacement d'un président absent par le plus ancien des conseillers ou la nécessité de vider un partage d'opinion; il y a, dans ces différentes circonstances, véritable attribution de juridiction à la personne. »

55. — Sous l'empire de la loi de 1790, de celle du 29 sept. 1793 et de la constitution du 5 fruct. an III (art. 260) chaque juge du tribunal de cassation avait un suppléant élu par l'assemblée électorale. Sans cette utile précaution, remarque M. Tarbé (p. 38), les colléges électoraux eussent été exposés à des réunions trop fréquentes. — La loi organique du 2 brum. an IV ne parla plus de ces suppléans; on en trouve cependant mention dans la loi du 24 mess. an IV; mais aucune des lois suivantes n'a rappelé cette constitution tout-à-fait incompatible avec l'organisation actuelle de la cour de cassation. — Tarbé, *loc. cit.*

56. — *Procureur général.* — L'art. 23 de la loi du 1er déc. 1790 n'avait institué auprès du tribunal de cassation qu'un commissaire nommé par le roi. Le choix de Louis XVI tomba sur Hérault de Séchelles (16 mai 1791). Il était alors à peine âgé de trente ans; les compétiteurs pour cette place furent nombreux; M. Duport, ministre de la justice, soumit à Louis XVI un rapport sur les qualités et l'aptitude de chaque candidat. — En marge de cette pièce on voit encore ces mots tracés de la main du roi : *Bon pour Hèraut.*

57. — Le 11 sept. 1792, ce ne fut pas le roi, alors détenu au Temple, mais le tribunal de Cassation qui nomma son commissaire; le magistrat désigné fut M. Abrial qui exerça ses fonctions jusqu'à l'an VII.

58. — La constitution du 5 fruct. an III déféra au directoire exécutif la nomination du commissaire près le tribunal de Cassation et de ses substituts. — V. art. 261.

59. — Le premier consul obtint plus tard (L. 27 vent. an VIII, art. 67) la même prérogative, qui appartient maintenant au roi.

60. — D'après l'art. 136 du sén.-cons. du 28 flor. an XII, le chef du parquet de la cour de Cassation porte le titre de procureur-général.

61. — Il avait droit, comme le premier président, au titre de baron après dix ans d'exercice. — Décr. 1er mars 1808. — V. *suprà* n° 23.

62. — Il peut être nommé pair après avoir exercé ses fonctions pendant cinq ans. — Chart. constit., art. 23.

63. — Son traitement est porté à 30,000 fr. — Décr. 16 janv. 1804; ord. 7 nov. 1837.

64. — Tout le service intérieur du parquet est dirigé par le procureur général seul. — Les avocats généraux y demeurent absolument étrangers. Les secrétaires du parquet remettent au greffe les dossiers destinés aux avocats généraux, et c'est du greffe que ces magistrats les reçoivent directement. — Tarbé, p. 42.

65. — Le procureur général porte la parole aux audiences des chambres réunies et dans les assemblées générales de la cour. Il la porte aussi aux audiences des chambres quand il le juge convenable. — Ord. 15 janv. 1826, art. 45.

66. — En l'absence du procureur général, il est remplacé par le plus ancien des avocats généraux. — Ord. 15 janv. 1826, art. 48.

67. — *Avocats généraux.* — Dans la première organisation du tribunal de Cassation, il n'y eut d'abord qu'un commissaire du roi investi des fonctions du ministère public.

68. — La loi du 21 sept.-14 oct. 1791 adjoignit à ce commissaire deux substituts qui furent comme lui à la nomination du roi.

69. — Le nombre de ces substituts fut ensuite porté à *trois* (LL. 29 sept. 1793, art. 11; 2 brum. an IV, art. 6), puis à *quatre* (L. 12 vendém. an IV, art. 4), et enfin à *sept* (L. 29 fructid. an VI, art. 1er.

70. — La loi du 27 vent. an VIII réduisit à six le nombre de ces substituts et en confia la nomination au premier consul.

71. — Ce nombre a été maintenu par l'ordonnance du 15 fév. 1815.

72. — Les substituts portent aujourd'hui le titre d'avocats généraux, en vertu de l'art. 2, décr. 19 mars 1810.

73. — Les avocats généraux prennent rang entre eux par ordre d'ancienneté. — Ord. 15 janv. 1826, art. 29.

74. — Le plus ancien prend le titre de premier avocat général. — Même ord., art. 50.

75. — Le traitement du premier avocat général s'élève à 18,000 fr.; celui des autres avocats généraux est de 15,000 fr., comme celui des conseillers. — Ord. 7 nov. 1837.

76. — Les avocats généraux peuvent être appelés à la pairie après dix ans d'exercice. — Charte de 1830, art. 23.

77. — Le procureur général attache les avocats généraux à celle des chambres où il juge que leur service est le plus utile. — Il peut les employer pour le temps qu'il croit convenable et pour les affaires qu'il juge à propos de leur confier. — Ord. 15 janv. 1826, art. 47.

78. — Mais, dit M. Tarbé (p. 33, en note), l'usage est, sauf le bon plaisir du procureur général qui, depuis 1830, a dans quelques rares circonstances usé de son droit, que les avocats généraux, dans l'ordre de l'ancienneté, choisissent le service auquel ils désirent être attachés.

79. — Dans les causes importantes, les conclusions de l'avocat général sont communiquées au procureur général. — Si le procureur général n'approuve pas les conclusions et si l'avocat général persiste, le procureur général délègue un autre avocat général ou porte lui-même la parole à l'audience. — Ord. 15 janv. 1826, art. 49.

80. — En cas d'absence ou de maladie, les avocats généraux sont remplacés par un conseiller.

81. — *Age, capacité, serment, prérogatives des membres de la cour de Cassation.* — Pour être nommé premier président, président ou conseiller à la cour de Cassation, il suffit d'être âgé de trente ans accomplis, licencié en droit et d'avoir suivi le barreau pendant deux ans après avoir prêté serment à la cour royale. — L. 22 vent., an XII, art. 23; L. 20 avr. 1810, art. 64. — Joye, *Almanach de la magist.*, p. 58.

82. — Il n'y a pas aujourd'hui de disposition légale qui détermine spécialement l'âge qu'il faut avoir pour être procureur général. — La loi du 29-30 octob. 1791 exigeait trente ans; celle du 7 sept. 1792 fixa à vingt-cinq ans seulement l'âge que devaient avoir les commissaires du pouvoir exécutif près les tribunaux.

83. — Suivant M. Tarbé (p. 26), dans le silence de la loi, le procureur général près la cour de Cassation doit être âgé de trente ans accomplis, par argum. de l'art. 65, L. 20 avr. 1810, relatif aux cours royales, et du décret du 28 sept. 1807, concernant la cour des comptes.

84. — Quant aux avocats généraux, quoiqu'ils puissent être nommés à vingt-cinq ans (L. 29-30 octob. 1791, art. 1er; L. 7 sept. 1792), il est sans exemple qu'un avocat général ait été nommé avant l'âge de trente ans accomplis. — Tarbé, p. 26.

85. — Pour le procureur général, au surplus, et pour les avocats généraux comme pour les premier président, président et conseiller, il suffit de justifier de la qualité de licencié en droit et de deux ans passés au barreau après le serment prêté à la cour royale.

86. — La loi de 1790 (tit. 2, art. 6) exigeait, pour l'élection des juges près le tribunal de Cassation, l'exercice pendant dix ans des fonctions de juge dans une cour supérieure, sénéchaussée ou bailliage, ou d'homme de loi, c'est-à-dire de ci-devant avocat, disait la loi du 2-11 sept. 1790. Pour l'avenir elle exigea dix ans de fonctions comme juge ou comme homme de loi dans un tribunal de district. « Il résultait de cette disposition bizarre, dit M. Tarbé (p. 29), qu'à trente ans un homme de loi était éligible au tribunal de Cassation, et qu'en réalité un magistrat ne l'était qu'à quarante ans au moins; car, on ne pouvait être juge de district qu'à trente ans (L. 16-24 août 1790, art. 9 et 209, Const. de l'an III), et il fallait passer dix ans dans ce siége inférieur pour être éligible au tribunal de Cassation. — Mais la chambre comptait dans son sein beaucoup moins de magistrats que d'hommes de loi : c'est de l'assemblée constituante que nous parlons. »

87. — En 1814, on avait proposé de choisir les conseillers de la cour de Cassation parmi les membres des cours souveraines exclusivement; mais ce projet ne fut pas adopté. Ainsi les choix peuvent être faits, soit parmi tous les membres de la magistrature, à quelque juridiction qu'ils appartiennent, soit dans les rangs du barreau. — Carré, *Compét.*, part. 2e, liv. 3, tit. 7, chap. 1er, t. 8, p. 183.

88. — Il en est de même à l'égard des premier président, président, procureur général et avocats généraux.

89. — De même les présidens peuvent être choisis même hors de la cour. — Sén.-cons. 28 flor. an XII, art. 135.

90. — Les membres de la cour de Cassation ne peuvent entrer en fonctions qu'après avoir prêté serment.

91. — Suivant le sénatus-consulte du 23 flor. an XII, art. 40, le serment devait être prêté entre les mains de l'archichancelier.

92. — Aujourd'hui, le premier président et le procureur général prêtent serment entre les mains du roi. Les présidens, les conseillers et les avocats généraux prêtent serment devant la cour, chambres assemblées. — Ord. 15 fév. 1815, art. 14. — V., au surplus, SERMENT DES FONCTIONNAIRES.

93. — Aucun discours n'est ordinairement prononcé lors de l'installation des membres de la cour. « L'usage de ces allocutions, dit M. Tarbé (p. 31), introduit par M. le président de Sèze, a été supprimé par M. Henrion de Pansey, et tout le monde s'en félicite. Cependant, à l'installation de M. Dupin comme procureur général, le 18 août 1830, une allocution a été prononcée par M. le premier président : le nouveau procureur général a répondu. Et, de même, à l'installation de M. le premier président Portalis, le 17 août 1829, M. Favard de Langlade avait adressé à ce magistrat les félicitations de la cour, et M. le premier président, de son siége, et couvert, a prononcé un discours. »

94. — Les membres de la cour de cassation sont dispensés du service de la garde nationale. — L. 22 mars 1831, art. 28, no 2 — V. GARDE NATIONALE.

95. — ... Et de la tutelle. — C. civ., art. 427. — V. TUTELLE.

96. — ... De même il sont dispensés des fonctions de jurés. — V. JURY.

97. — Ils sont de droit électeurs communaux. — ÉLECTIONS MUNICIPALES.

98. — Chaque membre reçoit une médaille, donnant de droit, comme celles des pairs, des députés et conseillers d'état, accès dans les établissemens publics. — Cette médaille, dont l'origine remonte au 5 prair. an VIII, a été frappée de nouveau en vertu d'une délibération de la cour, du 20 déc. 1834. — Seulement le triangle de l'Egalité, surmonté du bonnet phrygien, a été remplacé par les Tables de la loi. — M. Tarbé (p. 23) raconte qu'en 1838, l'administrateur des monumens publics et historiques écrivit à la cour une lettre (qui fut transcrite sur ses registres) par laquelle ce fonctionnaire exprimait son regret de ce qu'un membre de la cour de Cassation s'était vu, par erreur, refuser l'entrée d'un monument, malgré l'exhibition de sa médaille.

99. — Les membres de la cour de Cassation ont droit à des honneurs civils et militaires, et occupent une place marquée dans les cérémonies publiques. — Décr. 24 messid. an XII. — V. CÉRÉMONIES PUBLIQUES, no 32. — V. aussi HONNEURS CIVILS ET MILITAIRES, PRÉSÉANCE.

100. — « La cour, dit M. Tarbé (p. 44), n'a pas de règlement écrit pour les honneurs funèbres à rendre à ceux de ses membres qui lui sont enlevés. Elle n'a que des usages. Une commission avait été nommée pour régler définitivement ce triste cérémonial; mais elle n'a pas fait son travail. » — M. Tarbé rapporte ces usages et les précédens qui en ont fait l'application. — V. *loc. cit.*

101. — V., en ce qui concerne les pensions de retraite auxquelles ont droit les membres de la cour de Cassation, PENSIONS CIVILES.

102. — D'après l'arrêté du 20 vend. an XI, le costume des membres de la cour de Cassation, du procureur général et des avocats généraux, est : 1o aux jours d'audience ordinaire, simarre de soie noire; ceinture rouge à glands d'or, toge de laine noire, à grandes manches; toque de soie noire unie, cravate tombante de batiste blanche, cheveux longs ou ronds. Les présidens ont un galon d'or à la toque. 2o Aux audiences des chambres réunies et jours de cérémonies, toge de laine rouge de même forme que la noire; toque de velours noir, bordée d'un galon d'or, et de deux pour les présidens; cravate en dentelle.

103. — A ce règlement le décret du 29 messid. an XII ajouta la disposition suivante : « Le premier président et le procureur général auront le revers de la robe doublé d'une fourrure blanche et une épitoge pareille.

104. — Les présidens de chambre ont également été autorisés à porter l'épitoge. — Décr. 4 juin 1806.

105. — Indépendamment du costume du palais, les magistrats de la cour de Cassation portent un habit de ville, lorsqu'ils sont appelés à se présenter chez le roi. Ce costume consiste en un habit noir avec une broderie en or sur le parement et au collet. — Tarbé, p. 43.

106. — Nul membre de la cour de Cassation ne peut paraître à l'audience sans être revêtu du costume prescrit pour ses fonctions. — Régl. 4 prair. an VIII, art. 33.

107. — La cour de Cassation peut aussi compter dans son sein des présidens ou conseillers honoraires. — V., quant aux droits et prérogatives des membres honoraires, MAGISTRAT HONORAIRE.

108. — *Greffier.* — Il y a près de la cour de Cassation un greffier qui prend le titre de greffier en chef. — L. 27 vent. an VIII, art. 68; ord. 15 janv. 1826, art. 72.

109. — Nul ne peut être nommé greffier en chef s'il n'est licencié en droit et s'il n'a vingt-sept ans accomplis. — Ord. 15 janv. 1826, art. 73.

110. — La réception du greffier en chef a lieu devant les chambres assemblées. — Décr. 30 mars 1808, art. 26; — Tarbé, p. 356.

111. — Le greffier en chef présente à la cour et fait admettre au serment les commis-greffiers nécessaires pour le bien du service; il peut les révoquer avec l'agrément de la cour. — Décr. 30 mars 1808, art. 74.

112. — Nul ne peut être commis-greffier s'il n'est licencié en droit et s'il n'est âgé de vingt-cinq ans accomplis. — *Ibid.*, art. 75.

113. — Dans les cas de faute grave, la cour peut, sur les réquisitions du procureur général et le commis-greffier appelé et entendu, ordonner que celui-ci cesse sur le champ ses fonctions. — Le greffier en chef est alors tenu de remplacer le commis greffier révoqué, dans le délai fixé par la cour. — *Ibid.*, art. 76.

114. — Le greffier dépose chaque année au parquet de la cour un état certifié contenant : 1o le nombre des causes jugées contradictoirement dans chaque chambre, depuis le 1er septembre de l'année précédente; — 2o le nombre des causes jugées par défaut; — 3o le nombre des affaires restant à juger. — Cet état est transmis par le procureur général au garde des sceaux. — Ord. 15 janv. 1826, art. 79.

115. — *Secrétaire du parquet.* — La loi du 2 brum. an IV avait établi un commis du parquet nommé et révocable par le procureur général. — Ce commis a été remplacé par deux secrétaires dont le premier porte le titre de *secrétaire en chef du parquet.* — Décr. 27 thermid. an XII; ord. 27 nov. 1834.

116. — *Avocats à la cour de Cassation.* — Près de la cour de Cassation postulent soixante officiers qui portent le titre d'*avocats à la cour de Cassation et aux conseils du roi* (V. ce mot), et qui forment une corporation particulière, ayant seule le privilége de plaider, d'instruire et de conclure dans les affaires portées devant cette cour. — Ils sont à la fois avocats et officiers ministériels; leurs titres sont transmissibles par voie de présentation, comme les offices d'*avoués*, d'*huissiers*, de *greffiers*, etc. — V. AVOCAT A LA COUR DE CASSATION, OFFICE.

117. — *Huissiers.* — Huit huissiers pris parmi les huissiers exerçant à Paris sont attachés au service de la cour de Cassation.

118. — Ils sont choisis par la cour qui peut les révoquer. — LL. 2 brum. an IV, art. 11; 27 vent. an VIII, art. 70.

119. — Ces officiers ont le droit exclusif d'instrumenter pour les affaires de la compétence de la cour de Cassation, dans l'étendue seulement du lieu de sa résidence; ils peuvent d'ailleurs instrumenter concurremment avec les autres huissiers dans tout le département de la Seine. — L. 27 vent. an XIII, art. 70. — V. HUISSIER.

120. — Le traitement des huissiers à la cour de Cassation, comme audienciers, est de 1,800 fr. — Décret 28 messidor an XII.

§ 2. — *Ordre de service de la cour de Cassation.*

121. — La cour de Cassation se divise en trois chambres, la chambre des requêtes, la chambre civile et la chambre criminelle. — Ord. 15 janv. 1826, art. 1er; L. 27 vent. an VIII, art. 60.

122. — Sous l'empire de la loi du 27 nov. 1790, il n'existait que deux sections, l'une dite *bureau des requêtes*, qui statuait sur l'admission des pourvois et sur les demandes de renvoi d'un tribunal à un autre, pour cause de suspicion légitime, sur les conflits de juridiction et les réglemens de juges; l'autre dite la *section de Cassation*, qui statuait sur les affaires civiles et criminelles. — V. art. 6, 9 et 10.

123. — La loi du 29 septembre 1793, sur la demande du tribunal de Cassation lui-même, le divisa en trois sections, et cette division a toujours été maintenue depuis.

124. — Toutefois la loi du 12 vendém. an VI (3 oct. 1797) autorisa le tribunal de Cassation à former *temporairement* une quatrième section pour le jugement des affaires arriérées et principalement des affaires criminelles; mais cette section ne fonctionna pas longtemps.

125. — Les chambres siégent isolément ou se réunissent en assemblée générale et en audience solennelle, selon les règles de compétence fixées par la loi. — Ord. 15 janv. 1826, art. 2. — V. *infrà* nos 211 et suiv.

126. — Relativement à la procédure et à l'instruction des affaires portées à la cour de Cassation, V. CASSATION (mat. civ.); CASSATION (mat. crim.).

127. — Chaque chambre se compose d'un président, de quinze conseillers et de deux avocats généraux. Un commis greffier est en outre attaché à chaque chambre pour le service des audiences.

128. — Il est ouvert dans chaque chambre au

registre de présence qui est arrêté, chaque jour d'audience, par le président, à l'heure fixée pour l'ouverture de l'audience. Le greffier inscrit sur ce registre le nom des membres absens et les causes de leur absence, si elles sont connues. — Ord. 15 janv. 1826, art. 30.

129. — Il est également ouvert un registre de présence pour les audiences des chambres réunies et pour les assemblées générales de la cour. — Les lettres de convocation doivent, dans ce cas, indiquer l'heure de l'assemblée ou de l'audience. — Cette heure passée, le registre de présence est arrêté par le premier président. — *Ibid.*, art. 31.

130. — Tout membre, absent sans congé, est tenu d'informer des motifs de son absence le président de la chambre dont il fait partie. Le président les fait connaître à la chambre; et s'ils ne sont pas approuvés, il en est référé à l'assemblée générale pour être statué ce qu'il appartiendra. — Ord. 15 janv. 1826, art. 32.

131. — Chaque chambre ne peut rendre d'arrêts qu'au nombre de onze juges au moins. — Ord. 15 janv. 1826, art. 3; L. 27 vent. an VIII, art. 63.

132. — ...Et tous les arrêts doivent être rendus à la majorité absolue des suffrages. — L. 27 vent. an VIII, art. 63.

133. — Lorsque, par l'effet d'empêchement, le nombre des conseillers présens se trouve inférieur à onze, il y est pourvu en appelant, selon l'ordre d'ancienneté, les conseillers attachés aux chambres qui ne tiennent pas audience. — Ord. 15 janv. 1826, art. 4

134. — En cas de partage, cinq conseillers sont appelés pour le vider. — Ces cinq conseillers sont pris d'abord parmi les membres de la chambre qui n'ont pas assisté à la discussion de l'affaire, et subsidiairement parmi les membres des autres chambres selon l'ordre d'ancienneté. — L. 29 vent. an VIII, art. 64; ord. 15 janv. 1826, art. 5.

135. — L'ordonnance du 15-19 janv. 1826 renferme sur la distribution des affaires entre les conseillers rapporteurs et les avocats généraux, ainsi que sur le service des audiences, des dispositions réglementaires qui se trouvent énumérées de l'art. 7 à l'art. 43.

136. — L'art. 41, notamment, porte que les rapporteurs remettront au greffe, chaque semaine, la rédaction des motifs et du dispositif des arrêts rendus sur leur rapport dans la semaine précédente. — Ces motifs et ce dispositif, ajoute l'article, doivent être écrits de leur main dans la minute des arrêts, et la minute doit être signée du président, du rapporteur et du greffier.

137. — *Roulement.* — On ne sait pas bien comment s'est opéré le premier classement des membres de la cour de Cassation aux diverses époques de son installation; mais le législateur jugea utile à plusieurs reprises d'ordonner un certain mouvement parmi les conseillers et de les faire passer successivement d'une section dans l'autre.

138. — La loi du 2 brum. an IV, art. 2, portait que « tous les six mois, et à tour de rôle, cinq juges de chaque section en sortiraient pour passer dans une autre. »

139. — Ces mouvemens semestriels avaient lieu en prairial et en frimaire. — L. 3 germin. an V.

140. — La loi du 27 vent. an VIII, art. 66, modifia la loi du 2 brum. an IV, en ces termes : « Chaque année, il sortira de chaque section quatre membres, lesquels seront répartis également dans les deux autres. Le sort désignera, pour les trois premières années, quatre membres qui devront sortir de chaque section : quant à leur distribution dans les deux autres sections, elle sera toujours réglée par le sort. »

141. — L'art. 35, règlem. 4 prair. an VIII, décida que les noms des présidens ne seraient compris dans le tirage annuel au sort, pour les mutations de sections, qu'à l'expiration de la troisième année de leur présidence.

142. — Ces dispositions reçurent leur exécution jusqu'en 1815; mais à partir de cette époque, elles tombèrent en désuétude. — Du reste, l'ordonnance du 15 janv. 1826 n'a pas renouvelé les prescriptions des réglemens antérieurs en ce qui concerne le roulement. — « Il est facile de comprendre, dit M. Tarbé (p. 33), que le principal but de la cour de Cassation étant l'uniformité de jurisprudence, c'est déjà bien assez que les remplacemens nécessités par les décès des anciens conseillers et quelquefois par les mouvemens politiques, comme en 1815 et en 1830, portent à cette jurisprudence des atteintes funestes, en ébranlant les fondemens, et remettant en question les doctrines qui semblaient les plus constantes. Le roulement n'aurait d'autre but que de multiplier les incertitudes et de prolonger les discussions. »

143. — Cependant, il s'opère de temps en temps un certain mouvement dans les chambres de la cour, et voici de quelle manière : — Aux termes d'une délibération du 8 déc. 1831, « à chaque vacance de siége il est loisible aux anciens membres de la compagnie qui désirent, avec l'agrément des présidens respectifs de la chambre qu'ils voudront quitter et de celle où ils désirent être admis, et du premier président, de passer aux siéges vacans. »

144. — Ainsi, lorsque la chambre civile, par exemple, perd un de ses membres, si l'un des conseillers de la chambre des requêtes désire passer à la chambre civile, c'est à la chambre des requêtes que va siéger le nouvel élu. — Ces mutations peuvent également avoir lieu du criminel au civil et réciproquement. — La cour ne connaît pas d'autre roulement.

145. — Si aucun ancien conseiller ne demande à changer de chambre, le magistrat nouvellement élu prend le fauteuil de celui qu'il est appelé à remplacer et fait son service dans la chambre à laquelle celui-ci appartenait.

146. — *Congés.* — Les membres de la cour de Cassation n'obtiennent des congés que pour des causes déterminées. — Ord. 15 janv. 1826, art. 51.

147. — Si l'absence ne doit pas se prolonger plus d'un mois, le congé est accordé par le premier président. — *Ibid.*, art. 52.

148. — Il doit être obtenu du garde des sceaux, lorsque l'absence doit se prolonger plus d'un mois. — *Ibid.*

149. — Les congés demandés par les avocats généraux sont accordés par le procureur général ou par le garde des sceaux, selon que leur durée doit être d'un mois ou de plus d'un mois. — *Ibid.*, art. 53.

150. — Toute demande en prolongation de congé, ayant pour objet de le faire durer plus d'un mois, doit être adressée au garde des sceaux. — *Ibid.*, art. 54.

151. — Toute demande de congé doit être formulée par écrit (art. 56). — Elle ne peut être accordée qu'après qu'il a été reconnu et attesté par le président de la chambre dont l'auteur de la demande fait partie, que le service ne souffrira pas de son absence (art. 55).

152. — Le premier président vérifie, avant d'accorder les congés, si le nombre des magistrats présens et valides sera suffisant pour assurer le service de chaque chambre, des audiences solennelles et des assemblées générales de la cour (art. 57).

153. — Les congés accordés par le premier président sont inscrits au greffe, et ceux accordés par le procureur général au parquet. — Ord. 15 janv. 1826, art. 59.

154. — Les présidens ou conseillers qui ont obtenu un congé ou une prolongation de congé du garde des sceaux sont tenus d'en donner immédiatement avis au greffier, qui doit l'inscrire dans le jour sur le registre des congés. — Les avocats généraux informent le procureur général des congés ou prolongations de congé qu'ils obtiennent du garde des sceaux ; le procureur général les fait inscrire au parquet (art. 60).

155. — Le premier président transmet tous les six mois au garde des sceaux l'état des congés accordés par lui pendant le semestre. — Le procureur général transmet également tous les six mois l'état des congés accordés par lui aux avocats généraux (art. 61).

156. — Quand le premier président de la cour de Cassation ou le procureur général ont besoin d'un congé, il est accordé par le roi, sur le rapport du garde des sceaux. — Ord. 15 janv. 1826, art. 62.

157. — Il est à remarquer qu'on ne retrouve pas dans l'ordonnance de 1826 la disposition de l'édit du 18 août 1810, qui défend aux premiers présidens des cours royales et aux procureurs généraux de sortir du territoire, sans une permission expresse du ministre de la justice. — V. COURS ROYALES.

158. — *Vacances.* — Les vacances de la cour de Cassation commencent le 1er septembre et finissent le 1er novembre. — Ord. 15 janv. 1826, art. 63 ; 24 août 1815, art. 1er.

159. — La chambre criminelle n'a pas de vacances; il y est suppléé par des congés délivrés successivement aux magistrats qui la composent. — *Ibid.*, art. 64.

160. — Le service des vacations est fait par la chambre criminelle. — Ord. 15 janv. 1826, art. 66; 24 août 1815, art. 3.

161. — Ce service consiste dans l'expédition des affaires urgentes. — Ord. 15 janv. 1826, art. 9 et 67.

162. — Si par l'effet des empêchemens ou autres causes semblables, le nombre des membres de la chambre criminelle se trouve incomplet pendant le temps des vacances, il y est pourvu en appelant, selon l'ordre d'ancienneté, les conseillers attachés aux chambres qui ne tiennent pas audience. — Ord. 15 janv. 1826, art. 4 et 65.

163. — L'ord. du 24 août 1815 porte qu'à cet effet chacune des deux sections civiles désignera avant le 1er sept. deux de ses membres pour servir au besoin de suppléans dans la section criminelle. — Art. 4.

164. — *Rentrée.* — La rentrée de la cour se fait chaque année dans une audience solennelle à laquelle assistent les trois chambres. — C'est à cette séance que le premier président reçoit le serment que renouvellent chaque année les avocats. — V. AVOCAT A LA COUR DE CASSATION, SERMENT.

Sect. 3e. — *Attributions de la cour de Cassation.*

165. — La première attribution donnée à la cour de Cassation est le jugement de toutes les demandes en cassation contre les arrêts ou les jugemens en dernier ressort. — L. 27 nov.-1er déc. 1790, art. 2; constit., 3 sept. 1791, art. 19; 5 fructid. an III, art. 254; 22 frim. an VIII, art. 65.

166. — Quant aux jugemens et arrêts contre lesquels on peut se pourvoir et aux moyens qui peuvent donner ouverture à cassation, V. CASSATION (mat. civ.), CASSATION (mat. crim.).

167. — Les autres attributions de la cour de Cassation s'étendent au jugement des prises à partie contre un tribunal entier. — L. 27 vent. an VIII, art. 65; — Tarbé, p. 64. — V. PRISE A PARTIE.

168. — ... Au jugement des conflits de juridiction et réglemens de juges. — Tarbé, p. 65, § 5. — V. RÉGLEMENS DE JUGES.

169. — ... Au jugement de toutes les demandes en renvoi d'un tribunal à un autre pour cause de suspicion légitime ou de sûreté publique. — V. SUSPICION LÉGITIME, SURETÉ PUBLIQUE.

170. — La cour de Cassation prononce sur les réquisitoires du ministère public tendant à faire prononcer la cassation d'un jugement ou arrêt dans l'intérêt de la loi. — V. CASSATION.

171. — ...Ou à faire annuler les actes par lesquels les juges ont excédé leurs pouvoirs. — V. CASSATION.

172. — ... Elle rend, dans certains cas, des arrêts auxquels doivent se conformer, en ce qui concerne le point jugé, la seconde cour ou le second tribunal de renvoi. — L. 1er avr. 1837, art. 2.

173. — Enfin, elle exerce sur les tribunaux et les magistrats un droit de censure et de discipline. — V. DISCIPLINE.

§ 1er. — *Attributions de la chambre des requêtes.*

174. — La chambre des requêtes, désignée d'abord sous le nom de *bureau des requêtes*, puis sous celui de *section des mémoires*, est instituée, dit M. Tarbé, pour rendre difficiles les abords de la cassation. — Ainsi, sa principale attribution est de statuer sur l'admission ou le rejet des pourvois. — L. 2 brum. an IV, art. 3; L. 27 vent. an VIII, art. 60.

175. — On a souvent prétendu que l'importance des questions et des affaires devait entrer en considération pour les décisions de la chambre des requêtes, et que dès qu'il y avait un doute sérieux le devoir de cette chambre était de prononcer l'admission des pouvoirs et d'en renvoyer l'examen à la chambre civile dont les arrêts faisaient plus spécialement jurisprudence.

176. — M. Tarbé (p. 95) soutient que ce système est non moins contraire à la loi qu'à l'institution, et que ce n'est pas selon le doute, mais selon le droit, que le magistrat doit se décider. « La chambre des requêtes, dit-il, ne doit pas examiner les affaires seulement d'une manière provisoire... elle ne doit admettre que lorsqu'elle casserait elle-même, et c'est pour cela qu'elle est composée des mêmes élémens que la chambre civile... Ce serait un singulier rôle qu'on attribuerait, dans les systèmes nouveaux, à la chambre des requêtes; il faudrait que seize magistrats se rassemblassent pour dire à un demandeur : « Nous savons bien que vous avez tort, la majorité de nous le pense. Nous savons bien aussi qu'en admettant votre requête nous allons, sans aucun but utile, prolonger votre procès de deux ans, vous entraîner dans de nouvelles dépenses, jeter votre adversaire dans une cruelle inquiétude sur sa fortune et sur ses intérêts, car l'admission est une présomption contre l'arrêt attaqué. Mais la question est neuve ou bien elle a été contestée; elle sera féconde en beaux développemens et fournira devant la chambre civile une large carrière à l'éloquence et à la dialectique de votre défenseur. Allez donc devant la chambre civile plaider votre doctrine, que nous croyons mauvaise et n'oubliez pas d'ajouter que cette admission, que nous prononçons malgré no-

tre conviction, est en votre faveur un préjugé considérable. »

177. — « Au reste, ajoute-t-il, lorsqu'en 1834 la cour fut consultée sur un projet concernant l'organisation judiciaire, nous savons tous qu'il ne se trouva pas trois voix pour la suppression de la chambre des requêtes. » — V. l'exposé de M. Persil (23 janv. 1835), et le rappprt de M. Amilhau (8 avr. 1835).

178. — A la chambre des requêtes, les rapports sont terminés par des observations qui laissent entrevoir l'opinion du rapporteur, et quelquefois même la font expressément connaître. On peut s'en convaincre en parcourant les recueils de jurisprudence. Les arrêtistes attachent avec raison un grand prix à la publication de ces observations qui jettent toujours un grand jour sur la décision intervenue. Cet usage s'est introduit dans l'intérêt du demandeur, et pour lui donner lieu de répondre aux objections que son système peut rencontrer, soit en fait, soit en droit. — Tarbé, p. 96.

179. — La chambre des requêtes prononce définitivement : 1° sur les réquisitoires du ministère public, l'annulation des actes par lesquels les juges ont excédé leurs pouvoirs. — L. 27 vent. an VIII, art. 80.

180. — ... 2° Sur les demandes en réglemens de juges. — L. 2 brum. an IV, art. 3 ; 27 vent. an VIII, art. 60. — V. RÉGLEMENT DE JUGES (mat. civ.).

181. — ... 3° Sur les demandes en renvoi d'un tribunal à un autre. — L. 3 brum. an IV, art. 3 ; L. 27 vent. an VIII, art. 60. — V. au surplus RENVOI.

182. — ... 4° Sur les demandes en prise à partie (L. 1er déc. 1790, art. 5 ; L. 2 brum. an IV, art. 3 ; L. 27 vent. an VIII, art. 60). Cette attribution a été modifiée : 1° par l'art. 101 du sén.-cons. du 28 flor. an XII ; — 2° par les art. 505 et suiv., C. procéd. civ. — « Il résulte de ces lois combinées, dit M. Tarbé (p. 97), que la prise à partie ne peut être portée à la cour de Cassation que lorsqu'elle tend à dénoncer des cours royales ou l'une de leurs sections, ou des membres de la cour de Cassation elle-même. »

183. — Jugé, à cet égard, que la cour de Cassation, chambre des requêtes, est compétente pour apprécier les faits de prise à partie articulés contre les juges d'un tribunal de première instance et les conseillers d'une cour royale dans une requête produite à la suite d'un pourvoi en cassation. — *Cass.*, 29 nov. 1836 (t. 1er 1837, p. 632), Melchior-Clin c. le tribunal de Cambrai et la cour royale de Douai. — V. au surplus PRISE A PARTIE.

184. — C'est encore à la chambre des requêtes que sont portés d'abord les arrêts des commissions spéciales des colonies en matière de contravention aux lois et réglemens sur le commerce étranger. — Délib. du 22 nov. 1826.

185. — Jugé que c'est à la chambre des requêtes, et non à la chambre criminelle de la cour de Cassation, que doit être porté le pourvoi formé contre l'arrêt d'une commission d'appel établie dans une colonie, qui, en matière de douanes, prononce la confiscation des marchandises et une amende, par application d'une ordonnance maritime. — *Cass.*, 4 fév. 1829, Douanes c. Periolat.

186. — Mais, jugé que c'est à la chambre criminelle qu'il appartient de connaître des pourvois formés contre les décisions des commissions spéciales d'appel instituées dans les colonies lorsqu'elles ont procédé conformément à l'ordonnance de 1670. — *Cass*, 2 juill. 1825, Rougon. — V. COLONIES.

187. — Jugé encore que c'est, il est vrai, à la chambre des requêtes qu'il appartient de statuer sur les pourvois en cassation rendus en matière de contravention aux lois sur le commerce étranger dans les colonies, lorsque la peine se borne à la confiscation du bâtiment ou à une amende ; mais aussi que la chambre criminelle est seule compétente lorsqu'à la contravention aux lois des douanes vient se joindre une contravention aux lois prohibitives de la traite des noirs et que l'instruction a été suivie dans les formes correctionnelles. — *Cass.*, 10 avr. 1827, armateurs de la *Marie*.

188. — ... Et que de même, en pareille matière, la chambre criminelle est seule compétente lorsque l'affaire ayant été portée devant le tribunal de première instance par suite d'une plainte du ministère public, on a suivi, dans tout le cours de la procédure et dans le jugement, les formes correctionnelles ou du petit criminel, telles qu'elles sont en usage à la Martinique. — *Cass.*, 26 avr. 1828, John Libry.

189. — Autrefois, le tribunal de cassation pouvait être appelé tout entier à prononcer sur les admissions ; mais il n'en est plus ainsi aujourd'hui ; la compétence des chambres réunies ne s'étend pas à ce cas.

§ 2. — *Attributions de la chambre civile.*

190. — La chambre civile connaît : 1° de toutes les affaires qui lui sont renvoyées par la chambre des requêtes ;

191. — ... 2° Des requêtes en cassation, dans l'intérêt de la loi, qui lui sont présentées par le procureur général.

192. — ... 3° Des pourvois en matière d'expropriation pour cause d'utilité publique, qui sont portés directement devant elle, sans être soumis à l'épreuve de la chambre des requêtes. — V. EXPROPRIATION POUR UTILITÉ PUBLIQUE.

193. — ... 4° Des délits commis par les juges dans le cas prévu par l'art. 80, L. 27 vent. an VIII, c'est-à-dire des délits commis par eux relativement à leurs fonctions.

§ 3. — *Attributions de la chambre criminelle.*

194. — La chambre criminelle concentre les pouvoirs de la chambre des requêtes et de la chambre civile ; elle connaît, sans qu'il y ait besoin d'un arrêt d'admission préalable : 1° des demandes en cassation formées contre les jugemens en dernier ressort et arrêts rendus par les tribunaux criminels. — V. CASSATION (mat. crim.).

195. — Les décisions disciplinaires ne sont pas considérées comme matière criminelle ; le pourvoi en pareil cas doit être porté devant les chambres civiles, et non devant la chambre criminelle. — V. CASSATION (mat. civ.), n° 290.

196. — ... 2° Des demandes en révision qui lui sont présentées par le procureur général, sur les ordres du ministre de la justice, lorsque deux accusés ont été condamnés par deux arrêts différens, mais chacun pour le même crime, et dans de telles circonstances que la condamnation de l'un devient la preuve de l'innocence de l'autre. — C. instr. crim., art. 443.

197. — ... 3° Des demandes en révision qui lui sont soumises, de l'ordre exprès du ministre, lorsque, après une condamnation pour homicide, la preuve est acquise de l'existence de la personne supposée homicidée. — C. instr. crim., art. 444.

198. — ... 4° Des demandes en révision formées par ordre du ministre, dans le cas où des témoins, entendus dans les premiers débats, auraient été condamnés pour faux témoignage à charge. — C. instr. crim., art. 445. — V. RÉVISION.

199. — ... 5° Des poursuites dirigées contre un magistrat de cour royale prévenu d'avoir commis un crime ou un délit dans l'exercice de ses fonctions. — C. instr. crim., art. 486 et suiv.

200. — ... 6° Des crimes commis, dans l'exercice de ses fonctions par un juge de paix ou par un magistrat des tribunaux de commerce ou de première instance, lorsque les parties lésées ont dénoncé le crime et demandé à prendre le magistrat à partie ou bien lorsque la dénonciation est incidente à une affaire pendante à la cour. — C. instr. crim., art. 486.

201. — ... 7° Des réglemens de juges, dans le cas où des tribunaux, ne ressortissant pas les uns des autres, se trouvent saisis du même délit. — C. instr. crim., art. 526.

202. — Et ceci s'applique aux conflits entre les tribunaux ordinaires, d'une part, et les tribunaux militaires ou tout autre tribunal d'exception, d'autre part. — *Ibid.*, art. 527. — V. RÉGLEMENT DE JUGES (mat. crim.).

203. — ... 8° Des demandes en renvoi pour sûreté publique et pour suspicion légitime. — C. instr. crim., art. 542. — V. SURETÉ PUBLIQUE, SUSPICION LÉGITIME.

204. — ... 9° Des pourvois en cassation, dans l'intérêt de la loi, en matière criminelle, et des demandes en annulation par ordre du ministre. — C. instr. crim., art. 441 et 442.

205. — Indépendamment de son service ordinaire, la chambre criminelle est chargée du service des vacations. — Ord. 15 janv. 1826, art. 66.

206. — Le service des vacations consiste dans l'expédition des affaires déclarées urgentes par l'art. 9, ord. 15 janv. 1826, lesquelles sont les réquisitions du ministère public, et les affaires qui requièrent célérité suivant la loi. — A l'égard de ces dernières affaires, l'art. 67 précité porte que la chambre des vacations prononcera préalablement sur l'urgence.

207. — Il a été jugé, par application de ces principes, qu'en matière civile le pourvoi du ministère public, dans l'intérêt de la loi, doit être jugé par la chambre des vacations comme affaire urgente. — *Cass.*, 1er oct. 1830 (intérêt de la loi), 29 oct. 1830, Drojat ; — Bioche et Gouget, *Dict. de procéd.*, v° *Cassation*, n. 24.

208. — ... Que les matières d'ordre sont de nature à requérir célérité, et que les demandes en réglement de juges peuvent, pendant les vacations, être jugées par la section criminelle de la cour de Cassation. — *Cass.*, 1er oct. 1825, De Brivasac c. Barincou ; — Berriat, p. 613, note 4e ; Bioche et Goujet, *Dict. de proc.*, v° *Ordre entre créanciers*, n° 26.

209. — Le pourvoi en Cassation contre l'acte par lequel un tribunal civil a censuré la conduite du ministère public est une cause urgente susceptible d'être portée devant la chambre criminelle de la cour de Cassation, jugeant comme chambre des vacations en matière civile. — *Cass.*, 24 sept. 1824, tribunal d'Issoire.

210. — « On peut dire, sous quelques rapports, dit M. Tarbé (*Cour de Cass.*, p. 149), que la chambre criminelle a plus de puissance que les chambres civiles. Saisie directement par les parties ou par le ministère public, elle ne statue presque toujours, et surtout au grand criminel, que sur des questions de forme, et alors elle les juge pour ainsi dire sans contrôle. En effet, lorsque la cassation porte sur les moyens du fond, la cour de renvoi reste maîtresse de juger suivant sa conscience et suivant le droit qu'elle peut interpréter ; et si, malgré l'arrêt qui la saisit, elle adopte l'opinion de la première cour royale, elle force par cela même les parties à se présenter devant les chambres réunies de la cour où la doctrine du premier arrêt de cassation est discutée de nouveau et peut n'être pas accueillie. Aussi, sauf quelques annulations pour défaut de motifs ou pour irrégularité dans la composition des tribunaux, la chambre civile ne casse presque jamais sans comprendre que le motif de sa décision sera soumis à l'examen libre et impartial d'un second tribunal, et que plus tard elle pourra être tenue de justifier de son système devant la cour entière. Mais, lorsque la Cassation porte uniquement sur un moyen de forme, ce qui arrive le plus souvent à la chambre criminelle, le renvoi prononcé ne soumet pas l'examen de ce moyen à la seconde cour ; il ne la saisit que du jugement du fond du procès ; il ne lui renvoie pas la discussion de la question controversée ; il la charge de recommencer la procédure sur l'accusation portée contre l'accusé. Il résulte de là que la chambre criminelle est souveraine pour la question de forme, et qu'elle peut disposer à son gré de la validité ou de la nullité des procédures. »

§ 4. — *Attributions des chambres réunies en audience solennelle.*

211. — Les chambres réunies connaissent des affaires qui leur sont renvoyées par la chambre civile ou par la chambre criminelle, dans les cas prévus par la loi.

212. — La loi du 1er avril 1837 dispose, à cet égard (art. 1er), que « lorsque, après la cassation d'un premier arrêt ou jugement rendu en premier ressort, le deuxième arrêt ou jugement rendu dans la même affaire, entre les mêmes parties, procédant en la même qualité, est attaqué par les mêmes moyens que le premier, la cour de Cassation prononce toutes les chambres réunies. »

213. — Il faut que la thèse du second jugement attaqué soit identiquement la même que celle du premier jugement cassé ; il faut, en un mot, qu'il y ait un dissentiment complet entre deux décisions émanées de cours royales ou de tribunaux et un arrêt de la cour suprême.

214. — Il a donc été jugé que les chambres réunies sont incompétentes pour prononcer lorsqu'il n'y a identité ni de motifs, ni de décision, ni de moyens de cassation. — *Cass.*, 10 nov. 1826, Contr. indir. c. Ferlicot.

215. — Jugé que, pour qu'il y ait lieu à renvoi devant les chambres réunies, il faut que le deuxième jugement ou arrêt attaqué, ayant à statuer sur les mêmes conclusions, ait adopté la même doctrine que celui qui a été cassé, condition qui ne se rencontre pas dans le cas où un jugement en matière d'enregistrement ayant été annulé pour avoir décidé qu'il y avait lieu à la perception d'un simple droit fixe, le tribunal de renvoi a admis l'application d'un droit proportionnel. Peu importe, d'ailleurs, qu'il y ait dissentiment entre ce jugement et les motifs de l'arrêt de la cour de Cassation quant à la quotité du droit proportionnel, alors que la seule question à juger par cette cour était celle de savoir s'il y avait lieu à la perception d'un droit fixe ou d'un droit proportionnel quelconque. — *Cass.*, 3 déc. 1839 (t. 1er 1840, p. 27, dans ces motifs), Enregist. c. Coste.

216. — Jugé aussi que les chambres réunies de la cour de Cassation sont compétentes pour statuer sur deux moyens qui, bien que n'ayant pas été proposés lors du premier pourvoi, rentrent cependant dans ceux qui ont été appréciés par le premier arrêt de cassation, et offrent la même question à résoudre. — *Cass.*, 27 mai 1842 (t. 1er 1843, p. 215), Vallot c. Gavard.

217. — Si l'arrêt qui a été cassé une première fois est attaqué par d'autres moyens, les chambres réunies ne doivent pas être saisies.

218. — Jugé, en conséquence, que les sections réunies de la cour de Cassation sont incompétentes pour statuer sur un second pourvoi après cassation, et le second arrêt dénoncé s'est occupé d'une question différente de celle jugée par le premier, et dont la solution n'avait point été déférée à la cour de Cassation. — *Cass.*, 7 août 1813, Vignon c. Bajot d'Argenson. — Merlin, *Rép.*, v° *Cassation*, § 5.

219. — ...Qu'il suffit que la question jugée par le tribunal saisi sur renvoi, après cassation, ne soit pas identique à celle sur laquelle la cour suprême avait statué, pour que le renvoi de la cause devant les chambres réunies ne soit point ordonné. — *Cass.*, 27 mai 1834, Teyssier c. Cabannel.

220. — ... Que lorsque deux arrêts de cours royales rendus après qu'une obligation de plus de 450 fr. n'a pas été payée, mais que le premier s'est fondé sur de simples présomptions, et le second sur des présomptions et un commencement de preuve par écrit, on ne peut pas dire qu'il y a identité de motifs ; qu'ainsi le pourvoi contre le second arrêt ne doit pas être soumis aux chambres réunies. — *Cass.*, 18 juill. 1827, Lacaze c. Delamarre.

221. — Si le deuxième arrêt était attaqué par le même moyen que celui qui avait été cassé, et si le pourvoi présentait en outre de nouvelles ouvertures à cassation, ces derniers moyens ne devraient pas être soumis aux chambres réunies : ce serait à la chambre civile ou à la chambre criminelle de les apprécier d'abord, sauf à renvoyer ensuite en audience solennelle le jugement du premier moyen.

222. — Jugé, en ce sens, que lorsque le pourvoi formé contre l'arrêt d'une cour de renvoi qui a jugé de la même manière que l'arrêt cassé est fondé sur les mêmes moyens, et en outre sur un moyen nouveau, il appartient à la chambre civile de la cour de Cassation de statuer sur ce moyen nouveau, si la solution affirmative de la question qui en résulte suffit pour justifier l'arrêt attaqué ; et qu'il n'y a pas lieu, en ce cas, de renvoyer l'affaire devant les chambres réunies. — *Cass.*, 31 août 1842 (t. 2 1843, p. 22), préfet de l'Aude c. comm. de Montfort; 8 nov. 1825, Messag. roy. c. Contr. indir.

223. — Jugé aussi qu'il suffit qu'un moyen nouveau soit ajouté à ceux précédemment proposés, pour que le pourvoi formé contre l'arrêt rendu après une cassation doive être porté à la chambre criminelle et non aux chambres réunies de la cour. — *Cass.*, 29 janv. 1829, Guiraud.

224. — ...Et qu'il n'y a pas lieu de renvoyer devant les chambres réunies de la cour de Cassation l'examen d'un pourvoi formé pour la seconde fois dans une même affaire, lorsque ce second pourvoi est fondé sur un moyen qui n'avait pas été soulevé lors du premier. — En conséquence, lorsqu'une première cour a décidé que le fait de postulation d'un avocat n'était pas de la compétence du conseil de discipline de cet avocat, et que, sur renvoi après cassation que le même fait n'est pas justiciable du conseil de discipline, *en ce qu'il a été commis de complicité avec un avocat qui ne peut être traduit devant ce conseil,* le nouveau pourvoi dirigé contre cet arrêt n'est pas du cas des chambres réunies. — *Cass.*, 5 déc. 1836 (t. 1er 1837, p. 16), Mosnier Laforge.

225. — Du reste, ce n'est pas aux parties qu'est dévolu le droit de saisir les chambres réunies. C'est à la chambre qui a rendu un arrêt de cassation qu'il appartient de décider sur un second pourvoi contre le second arrêt ou jugement en dernier ressort, si ce dernier arrêt est attaqué par les mêmes moyens que le premier. Jugé en ce sens (en matière criminelle), 25 janv. 1833, Bruneau.

226. — En matière de réglement de juges, et lorsqu'il n'y a pas eu pourvoi en cassation, la cassation prononcée d'un arrêt ou jugement en dernier ressort, une nouvelle demande fondée sur les mêmes moyens doit-elle être soumise aux chambres réunies ? — Cette question s'est trouvée devant la cour de Cassation qui ne l'a pas résolue, se bornant à décider que ce renvoi, dans tous les cas, ne peut être prononcé, lorsque la question de compétence pour cet objet a fait naître un conflit négatif sur lequel la cour de Cassation a été appelée à prononcer de nouveau ne repose, que sur un point de fait diversement résolu. — *Cass.*, 25 janv. 1833, Bruneau. — V. RÉGLEMENT DE JUGES.

227. — Si la fixation des requêtes, admettant un second pourvoi après cassation, a permis à tort au demandeur de citer le défendeur devant les sections réunies au lieu de le citer devant la section civile, celui-ci peut demander le renvoi de la cause à la section civile. — *Cass.*, 7 août 1813, Vignon c. Bajot d'Argenson.

228. — Dans le cas où les chambres réunies ne reconnaîtraient pas leur compétence, elles devraient renvoyer l'affaire devant la chambre civile ou la chambre criminelle, suivant la matière.

229. — Les chambres réunies ont le droit de censure et de discipline sur les cours royales, les cours d'assises et les magistrats. — Sénat.-cons. 16 therm. an X; L. 20 avr. 1810, art. 56. — V. DISCIPLINE.

230. — C'est au greffier en chef qui tient la plume aux audiences solennelles et aux assemblées générales de la cour. — Ord. 15 janv. 1826, art 77..

231. — Le sénatus-consulte du 16 thermidor an X donnait au grand juge ministre de la justice le droit de présider la cour de Cassation quand le gouvernement le jugeait convenable. — Art. 79. — La loi du 16 sept. 1807 voulait aussi que lorsque, après une première cassation, l'interprétation de la loi n'était pas demandée, la cour de Cassation ne pût rendre le second arrêt, chambres réunies, que sous la présidence du grand-juge. — Art. 4. — V. sénat. ord. 15 janv. 1826, art. 6 et 28.

232. — Quoique ces dispositions aient reçu plusieurs fois leur exécution et qu'elles n'aient pas été abolies depuis, le garde des sceaux a cessé, depuis 1830, d'user du droit que les articles lui confèrent. — « Comment comprendre, en effet, dit M. Tarbé (p. 37), qu'un ministre essentiellement amovible et révocable puisse siéger comme juge souverain, et prétende être le juge naturel des parties. »

233. — Aussi le ministre de la justice ne préside plus la cour de Cassation, même lorsqu'elle juge en audience solennelle et toutes les chambres réunies.

COUR DES COMPTES.

Table alphabétique.

COUR DES COMPTES. — 1. — Tribunal unique érigé pour vérifier l'exactitude de la comptabilité publique et pour en juger la légalité.

Sect. 1re. — *Historique.*

2. — L'institution de la cour des comptes tire son origine des anciennes chambres des comptes. — V. CHAMBRE DES COMPTES.

3. — Dès qu'il y eut en France un revenu public et un revenu communal, les comptes en furent, en effet, soumis à ces chambres qui, d'abord, avaient été créées pour surveiller la gestion des agens du domaine royal.

4. — En 1556 il existait déjà sept chambres des comptes. En 1789 il y en avait treize. — V. CHAMBRE DES COMPTES, n°s 46 et suiv.

5. — Les diverses chambres des comptes connaissaient en dernier ressort de l'administration des finances, de la conservation du domaine de la couronne et des droits régaliens. — V. *ibid.*, n°s 18 et suiv.

6. — Elles enregistraient les déclarations et lettres-patentes, réglaient la forme des comptes, le jugement des comptes, des recettes générales, des domaines et de celles des finances; elles étaient même appelées à concourir au jugement de tous les crimes de faux, de concussion et de dilapidation des deniers publics, dont étaient prévenus les percepteurs de ces deniers.

7. — Elles vérifiaient les ordonnances relatives à la conservation du domaine et les édits qui permettaient des engagemens de partie de ce domaine. Elles conservaient dans leurs archives les

hommages, aveux et dénombremens du temporel des ecclésiastiques, et les actes de féodalité de tous les vassaux de la couronne.

8. — Les chambres des comptes de Paris exerçaient, en outre, des fonctions d'ordre public; ainsi elles enregistraient les édits, les ordonnances et déclarations qui formaient le droit général du royaume, les traités de paix, les contrats de mariage des rois, etc., etc.

9. — Ces attributions ne pouvaient être conservées après la nouvelle organisation politique et financière de la France, décrétée par l'assemblée constituante. Aussi les chambres des comptes furent-elles supprimées par un décr. du 17-29 sept. 1790.

10. — Mais en même temps que l'assemblée constituante abolissait les chambres des comptes, elle avait soin de pourvoir à un nouveau régime de comptabilité annoncé par le décr. de sept. 1790, et elle créait un bureau unique et central de comptabilité, composé de quinze membres, et divisé en cinq sections, avec la charge d'examiner tous les comptes d'alors, sans pouvoir, néanmoins, par aucuns arriérés, se reporter au delà de trente ans. — V. décr. du 8-12 fév. 1792.

11. — Aux termes de ce décret, les pièces qui se trouvaient dans les greffes des anciennes chambres des provinces durent en être retirées et transmises au bureau de comptabilité.

12. — Toutefois les fonctions de ce bureau étaient assez restreintes. Il était chargé de vérifier les comptes; mais il ne pouvait pas les arrêter; il n'avait pas les moyens de contraindre les comptables à rendre leurs comptes: il devait uniquement consigner le résultat de ses opérations dans des rapports adressés au corps législatif. A ce corps seul appartenait le droit d'apurer les comptes qui lui étaient fournis.

13. — Les contestations qui s'élevaient sur quelques-uns des articles des comptes devaient être suivies devant les tribunaux de district. — L. 17-29 sept. 1791, art. 2 et 7.

14. — Cette institution, qui avait pour but de prévenir le retour des anciens abus, était d'une exécution presque impraticable. Aussi reçut-elle très peu d'application sous l'assemblée législative et sous la convention. On vérifiait toujours à la comptabilité; mais on ne jugeait pas. Depuis 1792 jusqu'à 1794, une foule de rapports et de comptes furent adressés au corps législatif par l'intermédiaire de la section du comité des finances; mais aucun d'eux ne fut examiné ni apuré.

15. — Cet état de choses dura jusqu'à l'an III. Alors au bureau de comptabilité succéda une commission de comptabilité nationale chargée de régler les comptes des recettes et des dépenses et de statuer sur les questions de comptabilité entre les anciens comptables et leurs préposés.

16. — Une loi du 28 pluv. an III statua sur la comptabilité arriérée, jugée auparavant par les chambres des comptes; sur l'organisation du bureau de comptabilité, qu'elle divisa en sept sections avec un bureau central et plaça sous la surveillance immédiate du comité des finances; elle détermina les fonctions du bureau, la forme des comptes, les attributions de l'agent de comptabilité chargé de faire tous actes conservatoires, de décerner les contraintes et faire toutes poursuites contre les comptables; elle chargea les *commissaires* de comptabilité de faire les arrêtés définitifs des comptes (chap. 2, art. 15). Mais elle réserva au corps législatif de prononcer par un décret la décharge définitive des comptables (ch. 2, art. 9).

17. — Sans rien changer à ce mode, la constitution de l'an III réduisit, en fructidor suivant, la commission de comptabilité au nombre de cinq commissaires (art. 321), et ordonna pour la première fois que le résultat des comptes arrêtés par les commissaires serait imprimé et rendu public.

18. — La commission, qui n'avait rien trouvé dans la loi qui pût la fixer sur la manière dont elle devait exercer sa surveillance sur les décisions du bureau, était étrangère aux pouvoirs exécutif et judiciaire. — La loi du 1er vendém. an V mit la comptabilité nationale sous la surveillance du corps législatif.

19. — Enfin, la constitution de l'an VIII reporta la commission au nombre de sept membres, et attribua au gouvernement la surveillance que le corps législatif ne pouvait plus exercer.

20. — L'institution de la comptabilité nationale de l'an VIII ne cadrait plus avec le nouveau système du trésor public. — Le mode d'examen présentait des inconvéniens, parce qu'il était trop long et que la vérification première se faisait trop loin et d'une manière trop isolée des juges définitifs des comptes. Les juges, dont personne ne contestait le zèle ni l'intelligence, ne pouvaient suffire à leur tâche immense; il fallait en augmenter le nombre, les environner de considération, leur accorder une force d'exécution propre, en un mot, faire une autorité spéciale d'un corps chargé du pouvoir censorial, du contrôle général de la comptabilité publique: ce fut pour atteindre ce but que la loi du 16 septembre créa la cour des comptes.

21. — Indépendamment des affaires courantes, la cour des comptes eut à juger un arriéré qui remontait à plus de vingt ans. — Le décret du 13 déc. 1809 et la loi du 15 janv. 1810 lui attribuèrent l'examen de toutes les comptabilités que la commission de liquidation n'avait pas apurées; dans l'espace de six années les arrêts sur ces comptes furent rendus.

22. — On conserva pour le jugement de cet arriéré les bureaux de la comptabilité nationale, qui ne furent supprimés qu'en 1815, par ordonnance du 30 sept.

23. — De vives critiques se sont élevées contre l'organisation de la cour des comptes. On s'est plaint, notamment, de ce que les arrêts de cette cour pussent être cassés par le conseil d'état. — V. conf., nos 146 et suiv. — D'où il résulte qu'un corps amovible est appelé à juger les décisions d'une autorité inamovible et indépendante.

24. — On a remarqué, d'un autre côté, que le ministre des finances, ne devrait pas avoir dans sa dépendance et à sa nomination ceux dont il est plus spécialement justiciable que tous les autres ministres, et qui sont chargés de vérifier et contrôler toutes les opérations de son département. Enfin on a soutenu que la cour des comptes ayant tous les caractères d'une cour souveraine de justice, puisqu'elle rend des arrêts en dernier ressort, devrait naturellement être placée dans les attributions du ministère de la justice.

25. — En 1832, un projet de loi renfermant plusieurs améliorations importantes à l'organisation actuelle de la cour, fut présenté à la chambre des députés. Mais il ne fut pas adopté. — *Moniteur* de 1832, p. 450.

26. — Le 31 mai 1838, il est intervenu une ordonnance qui, sans tenir aucun compte des critiques ci-dessus signalées, et sans introduire aucune innovation, a réuni et coordonné les diverses dispositions qui régissent la cour des comptes.

27. — Cette ordonnance donne au contrôle exercé par la cour la qualification de *comptabilité judiciaire*. On pourrait induire de cette expression et de la nature même des attributions de la cour des comptes, qu'elle constitue un corps judiciaire. — Elle ne se borne pas, en effet, à vérifier le matériel du compte, à exercer un contrôle de calculs, elle en juge la légalité, elle vérifie ce qu'on appelait autrefois la législation du compte; c'est à dire si chaque article de recette et de dépense est suffisamment justifié par les lois sur la matière. — Elle a même le droit de prononcer des amendes (L. de 1807, art. 12), de dénoncer, comme toutes les magistratures, aux tribunaux compétens, les faits de concussion ou de faux dont elle ne peut connaître, et de prononcer sur les réductions et translations d'hypothèques. Enfin ses membres sont inamovibles et jouissent des mêmes prérogatives que les conseillers à la cour de Cassation. — Cependant les auteurs s'accordent généralement pour la considérer comme une autorité administrative plutôt que judiciaire. — Macarel, *Cours de dr. adm.*, t. 2e, tit. 6, p. 743-750; Serrigny, *Tr. de l'organ., de la compét. et de la procéd. admin.*, t. 2, no 1060; Foucart, *Elém. de dr. adm.*, no 1902; Cormenin, *Dr. adm.*, t. 1er, p. 533.

Sect. 2e. — *Organisation de la cour des comptes.*

28. — L'organisation de la cour des comptes a été réglée par la loi du 16 septembre 1807, le décret du 28 du même mois, l'ordonnance du 27 fév. 1815, et celle du 31 mai 1838.

29. — *Nombre de magistrats.* — Elle se compose d'un premier président, trois présidens, dix-huit maîtres des comptes, dix-huit référendaires de première classe, soixante-deux référendaires de seconde classe, un procureur général et un greffier en chef. — L. 16 sept. 1807, art. 2; décr. 28 sept. 1807, art. 14, 16, 45; ord. 31 mai 1838, art. 335.

30. — *Mode de nomination.* — Le premier président, les trois présidens, les conseillers-maîtres des comptes et les conseillers-référendaires tant de première que de seconde classe, sont nommés à vie par le roi. Le procureur-général et le greffier en chef sont également nommés par le roi, mais ils sont amovibles. — L. 1807, art. 6.

31. — *Conditions requises.* — Les présidens, les conseillers maîtres et les conseillers référendaires de seconde classe ne sont astreints à aucune condition d'admission, si ce n'est celle de l'âge. — Les conseillers référendaires de première classe ne peuvent être pris que parmi les référendaires de seconde classe ayant au moins deux années d'exercice. — En cas de vacance, les nominations se font moitié par ancienneté, moitié par le choix du gouvernement. — Décr. 1807, art. 13 et 14.

32. — *Age.* — Nul ne peut être référendaire, s'il n'est âgé de vingt-cinq ans accomplis. — Décr. 1807, art. 25. — Les présidens, le procureur général et les maîtres des comptes doivent avoir au moins trente ans. — Art. 13 et 45.

33. — *Serment.* — Le premier président et le procureur général prêtent serment entre les mains du roi. — Le serment des autres membres est reçu par le ministre de la justice, qui se trouve, en ce point, investi des attributions de l'ex-archi trésorier de l'empire, par l'art. 8, L. 16 sept. 1807. — Ord. 27 fév. 1815, art. 4.

34. — *Prérogatives.* — La cour des comptes prend rang immédiatement après la cour de Cassation et jouit des mêmes prérogatives, — L. 16 sept. 1807, art. 7; ord. 31 mai 1838, tit. 3, art. 334.

35. — Il résulte de cette disposition que les membres de la cour des comptes doivent être dispensés du jury. Cependant on oppose les termes de l'art. 383, C. inst. crim., qui ne déclare incompatibles les fonctions de juré qu'avec celle de *juge*, et l'on refuse ce dernier titre, soit aux maîtres, soit aux référendaires de la cour des comptes. — *Cass.*, 18 mars 1825, Papavoine; 10 fév. 1831, Jeannet. — Mais, quelle que soit l'autorité de ces arrêts, nous ne pouvons en accepter la doctrine. Il ne nous paraît pas possible de refuser la qualité de juge aux membres de la cour des comptes, car cette cour ne se borne pas, en effet, à des opérations de calcul: elle juge les comptes, elle en apprécie la légalité, elle statue sur les mains-levées d'hypothèques et condamne à des amendes; elle rend des arrêts souverains et exécutoires. — V. conf. Carnot, sur l'art. 394, C. inst. crim.

36. — Les référendaires de première classe assistent, à tour de rôle et en nombre égal à celui des maîtres, aux cérémonies publiques et aux députations.

37. — Dans les cérémonies publiques, les huissiers de la cour des comptes, qui devraient marcher sur la même ligne que ceux de la cour de Cassation, ne viennent qu'après ceux des justices de paix de Paris; ils sont confondus avec les huissiers du préfet de police, dont ils portent les insignes, et la cour se trouve sans huissiers.

38. — *Costume.* — Les présidens et le procureur général portent aux assemblées des chambres et cérémonies la robe de velours noir, avec hermine; les maîtres des comptes, la robe de satin noir: les référendaires et le greffier, la robe de soie noire. — Décr. 1807, art. 66.

39. — *Chambres.* — Il est formé trois chambres, chacune composée d'un président et de six maîtres des comptes. — L. de 1807, art. 3; ord. 31 mai 1838, art. 336. — Les trois chambres se réunissent, lorsqu'il y a lieu, pour former la chambre du conseil. — Ord. 1838, art. 343.

40. — Les référendaires ne sont spécialement attachés à aucune chambre. — Décr. 28 sept 1807, art. 17; ord. 31 mai 1838, art. 341. — Ils sont chargés de faire les rapports à tour de rôle, et n'ont pas voix délibérative. — L. 16 sept. 1807, art. 4 et 26; ord. 1838, art. 342.

41. — Les présidens peuvent être changés chaque année; ils ont la présidence d'une chambre; en cas d'empêchement, ils sont remplacés, pour le service des séances, par le doyen de la chambre. — Décr. 1807, art. 6, 28, 54 et suiv.

42. — Les dix-huit maîtres des comptes sont distribués entre les trois chambres par le premier président. — Ord. 1838, art. 337.

43. — Au 1er mars de chaque année, deux membres de chaque chambre sont répartis par lui entre les deux autres, ou placés dans une seule, selon que le service l'exige. — *Ibid.*, art. 338.

44. — Le premier président préside chaque chambre toutes les fois qu'il le juge convenable. — *Ibid.*, art. 336.

45. — Chaque chambre ne peut juger qu'à cinq membres au moins. — En cas d'empêchement d'un maître des comptes, il est remplacé, pour compléter le nombre indispensable, par un maître d'une autre chambre qui ne tient pas séance, ou qui se trouve avoir plus que le nombre nécessaire. — Décr. 1807, art. 11. — Les décisions sont prises à la majorité des voix. En cas de partage la voix du président est prépondérante. — *Ibid.*, art. 339 et 340; L. 1807, art. 4 et 7.

46. — La distribution des affaires entre les différentes chambres est déterminée par ordonnance royale. — Néanmoins, le président peut,

suivant les exigences du service, renvoyer à une chambre des rapports qui ne seraient pas dans ses attributions spéciales. — Décr. 1807, art. 20.

47. — *Ministère public.* — Le procureur général ne peut exercer son ministère que par voie de réquisition. — Décr. 1807, art. 36.

48. — Il fait dresser un état général de tous ceux qui doivent présenter leurs comptes à la cour. Et il requiert l'application des peines disciplinaires tant contre ceux qu'il trouve en retard de présenter leurs comptes, que contre les référendaires qui ne font pas exactement leur service. Il s'assure que les chambres tiennent régulièrement leurs séances. — Décr. 28 sept. 1807, art. 37 et 38; ord. 31 mai 1838, art. 345 et suiv.

49. — Il peut prendre communication de tous les comptes dans l'examen desquels il croit son ministère nécessaire; il adresse au ministre des finances les expéditions des arrêts de la cour, il transmet à tous les ministres les renseignemens demandés pour l'exécution des arrêts; il suit l'instruction et le jugement des demandes à fin de révision : les demandes en main-levée, radiation et translation d'hypothèque doivent lui être communiquées; enfin, toutes les fois qu'un référendaire élève contre un comptable une prévention de faux, il doit être appelé en la chambre et entendu. — Décr. 28 sept. 1807, art. 39 à 44; ord. 31 mai 1838, art. 346 et suiv.

50. — En cas d'empêchement les fonctions du procureur général sont remplies momentanément par un maître des comptes que désigne le ministre des finances. — Décr. 1807, art. 40; ord. 31 mai 1838, art. 350.

51. — *Greffier.* — Le greffier en chef tient la plume aux assemblées générales; il tient les différens registres, et notamment celui des délibérations de la cour; il veille à la conservation des minutes des arrêts, et délivre des expéditions; garde les pièces qui lui sont confiées et concourt à la suppression de ces mêmes pièces aux époques et dans les formes déterminées par le réglement. — Il signe et délivre des certificats collationnés et extraits de tous les actes émanant du greffe, des archives et dépôts, et la correspondance avec les comptables. — Ord. 1838, art. 352, 353, 354 et 358.

52. — Les premières expéditions des actes et arrêts de la cour sont délivrées gratuitement. Les autres sont soumises à un droit de 75 centimes par rôle. — *Ibid.*, art. 357.

53. — Les expéditions exécutoires des arrêts de la cour sont rédigées ainsi qu'il suit : « La cour des comptes a rendu l'arrêt suivant (ici copier l'arrêt) : Mandons et ordonnons, etc. En foi de quoi le présent arrêt a été signé par le premier président de la cour et par le greffier. — *Ibid.*, art. 357.

54. — Les comptes déposés par les comptables sont enregistrés, par ordre de dates et de numéros, du jour où ils sont présentés. — *Ibid.*, art. 155.

55. — En cas d'empêchement du greffier en chef, le président désigne un commis greffier pour le remplacer. — *Ibid.*, art. 357.

56. — *Police et discipline intérieure.* — Le premier président a la police et la surveillance générale de la cour. — L. 1807, art. 10.

57. — Il peut appeler ceux des référendaires qui ne remplissent pas leur devoir et leur donner les avertissemens nécessaires. — Il peut même, en cas de récidive, après avoir entendu le référendaire en présence du président de la chambre et du procureur général, le censurer. — Enfin si, par la gravité des circonstances, il y a lieu à la privation temporaire du traitement ou à la suspension de fonctions, il en fait son rapport au ministre des finances. — Décr. 1807, art. 35.

58. — Il fait entre les référendaires la distribution des comptes, et indique la chambre à laquelle le rapport doit être présenté. — Il statue sur les réclamations concernant l'attribution ou le retard des rapports, ou la préférence qui doit être donnée à un rapport pour cause d'urgence. — Décr. 1807, art. 19, 20 et 26.

59. — Si, dans le jugement d'un compte, il survient des difficultés d'intérêt général, il en réfère, sur l'avis que lui en donne le président de la chambre, au ministre des finances pour y être statué s'il y a lieu. — Décr. 1807, art. 5.

60. — Lorsqu'une place de conseiller devient vacante, il en donne avis au ministre des finances, qui joint à la présentation une liste de deux référendaires distingués par leur zèle et leurs talens. — *Ibid.*, art. 12.

61. — Si le premier président se trouve dans le cas d'être suppléé pour les fonctions qui lui sont spécialement attribuées, il est remplacé par le plus ancien des présidens. — Décr. 1807, art. 7.

62. — *Congé.* — Les membres de la cour sont tenus de résider à Paris. Le défaut de résidence est considéré comme absence. — Décr. 28 sept. 1807, art. 67. — Celui qui a été nommé membre de la cour et qui ne s'y rend pas dans le délai de deux mois après la date de sa nomination, et celui qui s'absente de la cour pendant plus de deux mois, sont considérés comme démissionnaires, à moins qu'ils n'aient obtenu une permission ou congé. — *Ibid.*, art. 70.

63. — Le premier président n'accorde pas de congé de plus de huitaine; les demandes de congés plus longs sont faites au ministre des finances.

64. — Le premier président n'accorde de congés que pour cause nécessaire, et qu'autant que l'absence de celui qui en demande ne doit pas faire manquer le service. — Dans le cas où le congé ne peut être accordé que par le ministre on attache à la demande les conclusions du procureur général et l'avis du premier président. — *Ibid.*, art. 69.

65. — Les congés ne peuvent être accordés s'il n'y a plus des deux tiers des membres de la cour présens. — *Ibid.*, art. 71.

66. — *Vacances.* — Les lois organiques de la cour de Cassation ne lui donnent pas de vacances; mais chaque année il lui en est accordé par une ordonnance spéciale, qui détermine en même temps la composition d'une chambre des vacations pour l'expédition des affaires urgentes.

Sect. 3e. — *Attributions de la cour des comptes.*

67. — Les attributions de la cour des comptes comprennent deux objets distincts, savoir : 1° la vérification des comptes de recettes et dépenses publiques; — 2° le contrôle des comptes des ministres et des actes de l'administration relatifs aux recettes et dépenses publiques.

§ 1er. — *Vérification des comptes de recettes et dépenses publiques.*

68. — La cour des comptes a été investie des attributions de l'ancienne commission de comptabilité nationale. — Elle statue, tantôt en premier et dernier ressort tout à la fois, et tantôt en dernier ressort seulement.

69. — Sa juridiction est unique de sa nature et comprend le territoire de la France et de ses colonies. — L. 25 juin 1841 et ord. 31 mai 1838, art. 331. — Son objet est d'assurer l'ordre et la régularité dans toutes les comptabilités, et de veiller à ce que les receveurs et les payeurs des deniers publics n'excèdent point les crédits régulièrement ouverts. — Serrigny; Cormenin, t. 1er, p. 334.

70. — Comme tribunal de premier et de second degré, elle est chargée de juger les comptes des recettes et des dépenses publiques qui lui sont présentés, chaque année, par les receveurs des finances, les payeurs du trésor public, les receveurs de l'enregistrement, du timbre et des domaines, les receveurs des douanes et sels, les receveurs des contributions indirectes, les directeurs comptables des postes, les directeurs des monnaies, le caissier central du trésor public et l'agent responsable des viremens de comptes. Elle juge aussi les comptes annuels des trésoriers des colonies, du trésorier général des Invalides de la marine, des économes des colléges royaux, des commissaires des poudres et salpêtres, de l'agent comptable du transfert des rentes inscrites au grand-livre de la dette publique, de l'agent comptable du grand-livre et de celui des pensions, du caissier de la caisse d'amortissement et de celle des dépôts et consignations, de l'imprimerie royale, de la régie des salines de l'Est, des receveurs du commerce, hospices et établissemens de bienfaisance dont le revenu s'élève à la somme fixée par les lois et réglemens, c'est-à-dire au-dessus de 30,000 francs; enfin tous les comptes qui lui sont attribués par des lois ou des ordonnances royales. — Ord. 31 mai 1838, art. 331; LL. 16 sept. 1807 et 18 juill. 1837; ord. 23 sept. 1814; 23 juill. 1823; 12 mai et 7 août 1825; 9 juill. et 12 nov. 1826; 26 mars 1829; 16 oct. 1832; 13 mai 1838.

71. — Jugé que le secrétaire général du dépôt de la guerre et le caissier du même dépôt sont comptables directs du trésor public et justiciables de la cour des comptes pour raison des sommes perçues au compte du ministère par suite de vente de cartes du dépôt, ou touchées par ordonnance du ministère et sur le crédit du département. — *Cons. d'état*, 1er déc. 1819. Lépine.

72. — ... Et qu'il en est de même des préposés des payeurs généraux. — *Cons. d'état*, 20 déc. 1810, Ledoux de Gratigny; — Cormenin, p. 335.

73. — Comme cour d'appel ou tribunal du second degré, la cour des comptes statue sur les pourvois qui lui sont présentés contre les réglemens prononcés par les conseils de préfecture sur les comptes annuels des receveurs des communes, hospices et établissemens de bienfaisance dont le revenu n'excède pas 30,000 francs, sans aucune distinction des comptes des établissemens qui ne reçoivent rien des fonds communaux, et ceux, au contraire, qui sont subventionnés par les communes. — L. 18 juill. 1837, art. 66; ord. 1838, art. 331; — Foucart, t. 3, no 1906; Cormenin, p. 335.

74. — Cette juridiction s'étend aussi à toute personne autre que le receveur municipal, qui, sans autorisation légale, se serait ingérée dans le maniement des deniers de la commune, et se serait, par ce seul fait, constituée comptable; par exemple, à un maire qui aurait outrepassé les limites de ses fonctions, ou à un desservant qui se serait chargé volontairement et pour le compte d'une commune de la direction de travaux de construction d'une église. — *Cons. d'état*, 7 août 1835, Groselier; 20 juill. 1836, comm. de Leyviller; 11 sept. 1813, Vaissier c. Domergue; — Serrigny, t. 2, no 1066.

75. — La cour des comptes est encore compétente 1° pour prononcer sur les demandes en réduction ou translation d'hypothèques formées par des comptables en exercice, ou par ceux hors d'exercice, dont les comptes ne sont pas définitivement apurés, en exigeant les sûretés suffisantes pour la conservation des droits du trésor. — L. 16 sept. 1807, art. 15 et ord. 1838, art. 375; — Macarel, *des tribun. administ.*, p. 203; Cormenin, t. 1er, p. 335.

76. — ... 2° Pour évaluer, en cas d'enlèvement de deniers, les preuves du fait et admettre les excuses. — Ord. 17 janv. 1816; — Macarel, p. 205.

77. — Elle reçoit le serment du caissier des deniers publics, des payeurs généraux, des receveurs généraux et de tous ceux qui sont directement ses justiciables. — Ord. 20 juill. 1814, art. 1er, 2 et 3; 22 mai 1816, art. 15; inst. gén. 15 déc. 1826, art. 977; Circul. 31 mars 1831.

78. — Mais elle n'a d'action que sur les comptables; elle ne saurait, par conséquent, s'attribuer aucune juridiction sur les ordonnateurs, ni refuser aux payeurs l'allocation des paiemens par eux faits sur des ordonnances revêtues des formalités prescrites, et accompagnées des acquits des parties prenantes, et des pièces que l'ordonnance a prescrit d'y joindre. — L. 16 sept. 1807, art. 18; ord. 1838, art. 380; — Foucart, t. 3, no 1907; Cormenin, t. 1er, p. 337.

79. — Elle n'a pas le droit d'exiger des pièces autres que celles déterminées dans la nomenclature. — Ord. 8 sept. 1839; 22 mars 1841; Rapp. commiss. exam. loi des comptes de 1839; — Duvergier, *Collect. des lois*, t. 42, p. 89, note; Foucart, t. 3, no 1907, en note.

80. — Elle ne peut pas non plus réformer des actes administratifs, ni par conséquent rectifier les inventaires de sortie des régisseurs intéressés, alors surtout qu'ils ont été approuvés par le ministre des finances. — *Cons. d'état*, 28 juill. 1819, Min. des fin. c. Caloire. — Delamarre et Magnitot, vo *Cour des comptes*, p. 341; Cormenin, t. 1er, p. 337.

81. — Elle n'est juge que des faits des comptables, et non des administrateurs investis de la puissance exécutive, dont la responsabilité, concentrée en celle des ministres, ne relève que du roi et des chambres législatives. C'est pour cela que l'inamovibilité de ses membres est sans danger. — Serrigny, t. 2, no 1070.

82. — Sa juridiction est purement exceptionnelle. Il suit de là : 1° que si dans l'examen des comptes la cour trouve des faux, des concussions, il doit en être rendu compte au ministre des finances, et référé au ministre de la justice, qui fait poursuivre les auteurs devant les tribunaux ordinaires. — L. 16 sept. 1807, art. 16, et ord. 1838, art. 376; — Macarel, p. 204.

83. — ... 2° Qu'elle ne peut statuer sur les questions relatives à la qualité d'héritier bénéficiaire ou à la faculté de renoncer à la succession des comptables et à tous les débats avec leurs représentans; les tribunaux exercent en cette partie la juridiction contentieuse de la cour des aides. — *Cons. d'état* 1er mars 1813, Chalopin; — Cormenin, t. 1er, p. 336.

84. — ... 3° Qu'elle n'a pas compétence pour prononcer sur les rapports que les comptables peuvent avoir avec des tiers, par exemple, sur la tierce opposition d'un particulier qui se prétendrait lésé par les opérations d'un comptable ou par celles du trésor. — *Cons. d'état*, 10 oct. 1811, Laruelle; — Macarel, p. 203; Cormenin, t. 1er, p. 336.

85. — Autrefois les héritiers d'un comptable ne pouvaient accepter sa succession sous bénéfice d'inventaire que lorsqu'ils étaient mineurs. — Ord. de Roussillon, janv. 1563, art. 16.

86. — Mais aujourd'hui, la loi du 5 sept. 1807, relative *aux droits* du trésor public sur les biens des comptables, ne rappelle pas cette espèce de privilége spécial; et d'ailleurs, l'art. 774, C. civ., qui ne distingue pas entre les personnes qui peuvent se porter héritiers sous bénéfice d'inventaire, a abrogé l'ordonnance de Roussillon. — Serrigny, t. 2, nº 1072.

§ 2. — *Contrôle des comptes des ministres et des actes de l'administration relatifs aux recettes et dépenses publiques.*

87. — Le contrôle des comptes des ministres et des actes de l'administration relatifs aux finances est l'attribution la plus élevée de la cour des comptes. — Delamarre et Magnitot, p. 341.

88. — Cette attribution la rend l'auxiliaire indispensable de la surveillance des chambres et du gouvernement. C'est dans ses déclarations générales que le législateur peut puiser la confiance qui lui est nécessaire pour arrêter le réglement de chaque budget et pour donner sa sanction définitive à des résultats dont il n'aurait jamais ni le temps ni les moyens de reconnaître lui-même l'exactitude et la régularité. — Marquis d'Audiffret, *Système financier de la France*, t. 1er, p. 392 et suiv.; Macarel, *Cours de dr. administ.*, t. 2, tit. 6, p. 747.

89. — Chaque année le compte des finances doit être accompagné de l'état de situation des travaux de la cour des comptes. — L. 27 juin 1819, art. 20; ord. 31 avr. 1838, art. 381.

90. — Deux actes distincts font connaître au public le résultat de ces travaux. — L'un est un rapport adressé au roi, l'autre une déclaration de conformité du compte général, présenté par le ministre des finances avec les comptes particuliers des divers comptables.

91. — *Rapport au roi.* — Tous les ans, le résultat général des travaux de la cour et les vues de réforme et d'amélioration dans les différentes parties de la comptabilité sont portés à la connaissance du roi. — Ord. 1838, art. 382.

92. — Au mois de février de chaque année, le premier président forme un comité particulier, composé des présidens, du procureur général et de trois maîtres délégués par les chambres, pour procéder à un premier examen d'un projet de rapport au roi, préparé sur les observations résultant de la comparaison de la nature des dépenses avec les crédits, ou présentant des vues de réforme et d'amélioration, et dont la rédaction est ensuite discutée, délibérée et arrêtée en chambre du conseil, pour être portée, après ce dernier examen, à la connaissance du roi. — *Ibid.*, art. 383.

93. — Le rapport ainsi dressé est ensuite imprimé et distribué aux chambres. — *Ibid.*, art. 384.

94. — *Déclaration de conformité des comptes.* — La cour constate et certifie, d'après le relevé des comptes individuels et les pièces justificatives que doivent lui produire les comptables, l'exactitude des comptes généraux publiés par le ministre des finances et par chaque ministre ordonnateur. — Ord. 4 mai 1838, art. 385.

95. — La cour constate, par des déclarations de conformité, la concordance des résultats de ses arrêts sur les comptes individuels des comptables, avec ceux de chaque résumé général des comptes de ces agens, qui lui sont transmis par le ministre des finances, et confirme aussi l'accord de ces mêmes arrêts avec les opérations correspondantes qui sont comprises dans le compte général de l'administration des finances. — *Ibid.*, art. 386 et suiv.

96. — Le 1er juillet de chaque année, le ministre des finances fait remettre à la cour un tableau comparatif des recettes et des dépenses publiques comprises dans le compte général des finances de l'année précédente, avec les comptes individuels et les résumés généraux qui ont dû être antérieurement transmis à la cour pour la même année. — *Ibid.*, art. 389.

97. — Ce tableau comparatif est rapproché des déclarations de conformité rendues par la cour sur chaque résumé général, et lorsque la cour a reconnu la concordance de ces divers documens, elle délivre, en audience solennelle, une *déclaration générale* pour attester l'accord du compte annuel des finances avec les résumés généraux et avec les arrêts prononcés sur les comptes individuels des comptables. — *Ibid.*, art. 390.

98. — A l'aide du tableau comparatif établi chaque année, et présentant la distinction des recettes et des dépenses par exercice, la cour des comptes délivre également, en séance générale, une semblable *déclaration de conformité* sur la situation définitive de l'exercice expiré. — *Ibid.*, art. 391.

99. — Les déclarations de la cour sont adressées au ministre des finances, pour qu'elles soient imprimées et distribuées aux chambres. — *Ibid.*, art. 392.

100. — Ces déclarations solennelles sont préparées de la manière suivante : un conseiller référendaire est chargé par le premier président de recevoir la déclaration de conformité arrêtée dans chaque chambre compétente, ainsi que tous les documens à l'appui, à l'effet de reconnaître la concordance du résultat général de ces déclarations avec celui du compte de l'administration des finances, et de présenter un rapport à la cour, réunie en la chambre du conseil. Le premier président en ordonne la communication au procureur général et nomme en séance un conseiller maître rapporteur. — *Ibid.*, art. 394 et 395.

101. — Le rapport du conseiller référendaire et les observations du conseiller-maître sont entendus et discutés par la cour en chambre du conseil. Les conseillers référendaires qui ont préparé le travail relatif aux déclarations de conformité rendues par chaque chambre compétente peuvent y être appelés. Après que le procureur général a été entendu en ses conclusions, les déclarations générales constatant la conformité des arrêts de la cour avec les comptes d'année et d'exercice publiés par les ministres, sont définitivement arrêtées, et elles sont prononcées, ainsi qu'il est dit plus haut, en audience solennelle, par le premier président, au jour indiqué. — *Ibid.*, art. 396.

102. — Ces opérations doivent être entièrement terminées le 1er février de chaque année. — *Ibid.*

Sect. 4e. — *Vérification et jugement des comptes des comptables.*

§ 1er. — *Affaires jugées en premier et dernier ressort.*

103. — Les comptables des deniers publics en recettes et dépenses sont tenus de fournir et déposer leurs comptes au greffe de la cour, dans les délais prescrits par les lois et réglemens; en cas de défaut ou de retard de leur part, la cour peut les condamner aux amendes et aux peines prononcées par les lois et réglemens. — L. 16 sept. 1807, art. 12; 8 juill. 1837, art. 68.

104. — Les comptes déposés au greffe par les comptables sont enregistrés par ordre de date et de numéros, du jour de leur présentation. — Décr. 1807, art. 49.

105. — Le premier président en fait ensuite la distribution et indique la chambre à laquelle le rapport doit être fait. — Ord. 31 mai 1838, art. 359.

106. — Un référendaire ne peut être chargé deux fois de suite de la vérification des comptes du même comptable. — Décr. 1807, art. 7; ord. 31 mai 1838, art. 360.

107. — Les référendaires sont tenus de vérifier par eux-mêmes tous les comptes qui leur sont distribués. — L. 16 sept. 1807, art. 19; ord. 1838, art. 361.

108. — Ils rédigent sur chaque compte un rapport contenant des observations de deux natures : les premières concernant la ligne de compte seulement, c'est-à-dire les charges et souffrances dont chaque article du compte leur a paru suceptible, relativement au comptable qui le présente; les deuxièmes, résultant de la comparaison de la nature des recettes avec les lois, et de la nature des dépenses avec les crédits. — L. 1807, art. 20; décr. 1807, art. 24; ord. 1838, art. 362.

109. — Ils peuvent entendre les comptables ou leurs fondés de pouvoir pour l'instruction des comptes; la correspondance est préparée par eux, et remise au président de la chambre qui doit entendre le rapport. — Décr. 1807, art. 21; ord. 31 mai 1838, art 363.

110. — Lorsque la vérification d'un compte exige le concours de plusieurs référendaires, le premier président désigne un référendaire de première classe qui est chargé de présider à ce travail, de recueillir les observations de chaque référendaire, et de faire le rapport à la chambre. Les référendaires qui ont pris part à la vérification assistent aux séances de la chambre pendant le rapport. — Décr. 28 sept. 1807, art. 22; ord. de 1838 art. 366.

111. — Le compte, les bordereaux de recettes et de dépenses, le rapport et les pièces sont mis sur le bureau pour y avoir recours au besoin. — Décr. 1807, art. 27; ord. 1838, art. 365.

112. — Le président de la chambre fait la distribution du rapport du référendaire à un maître, qui est tenu : 1° de vérifier si le référendaire a fait lui-même le travail; — 2° si les difficultés élevées par le référendaire sont fondées; — 3° enfin, d'examiner par lui-même les pièces au soutien de quelques chapitres du compte, pour s'assurer que le référendaire en a soigneusement vérifié toutes les parties. — Décr. 1807, art. 28; ord. 1838, art. 366.

113. — Un maître des comptes ne peut être nommé deux fois de suite rapporteur du compte du même comptable. — Décr. 1807, art. 7; ord. 1838, art. 367.

114. — Le maître présente à la chambre son opinion motivée sur tout ce qui est relatif à la ligne de compte et aux autres observations du référendaire. — La chambre prononce ses décisions sur la première partie, et renvoie, s'il y a lieu, les propositions contenues dans la seconde, à la chambre du conseil chargée de statuer sur ces propositions dans les formes déterminées. — Ord. 1838, art. 368.

115. — Pendant ce rapport, le maître rapporteur tient la minute du compte soumis au jugement de la chambre. — *Ibid.*, art. 369.

116. — Le référendaire rapporteur donne son avis, qui n'est que consultatif; le maître rapporteur opine, et chaque maître successivement, dans l'ordre de sa nomination. Si différens avis sont ouverts, on opine une seconde fois, et les maîtres qui désirent faire des observations nouvelles peuvent être autorisés à les présenter par le président. — Décr. 1807, art. 31; ord. 1838, art. 370.

117. — Les décisions sont prises à la majorité des voix; en cas de partage, la voix du président est prépondérante.

118. — Le président inscrit chaque décision en marge du rapport et prononce l'arrêt. — Décr. 1807, art. 31; ord. 1838, art. 370.

119. — La minute des arrêts est rédigée par le référendaire rapporteur, et signée de lui et du président de la chambre; elle est remise, avec les pièces à l'appui, au greffier en chef; celui-ci la présente à la signature du premier président, et ensuite on fait signer les expéditions. — L. 1807, art. 21; ord. 1838, art. 371.

120. — L'arrêt rendu par la cour se borne à régler provisoirement la position du comptable, qui a deux mois, à partir de la notification qui lui est faite par lettre chargée, pour examiner la décision, la débattre et fournir ses productions. — L. 28 pluv. an III, art. 14, chap. 2.

121. — Ce délai expiré, le référendaire et le conseiller-maître font un rapport sur les productions, et la cour rend son arrêt définitif, qui est notifié au comptable par lettre chargée du greffier en chef; l'expédition est envoyée au ministre du trésor pour en faire suivre l'exécution par l'agent judiciaire. — L. 1807, art. 13; ord. 1838, art. 373. — Favard, *Rép.*, vº *Cour des comptes*, sect. 2e, § 3.

122. — L'arrêt définitif établit si le comptable est *quitte*, ou *en avance*, ou *en débet*. Dans les deux premiers cas, la cour prononce sa décharge définitive et ordonne main-levée et radiation des oppositions et inscriptions hypothécaires mises sur ses biens à raison de la gestion dont le compte est jugé. Dans le troisième cas, elle le condamne à solder son *débet* au trésor, dans le délai prescrit par la loi. — L. 1807, art. 13; ord. 1838, art. 373.

123. — La cour en déclarant un comptable en avance ne lui donne pas un titre exécutoire, la liquidation des créances sur l'état ne pouvant être faite que par le ministre des finances. — Foucart, t. 3, nº 1906; Cormenin, t. 1er, p. 336. — Ses décisions ne sont exécutoires que *contre les comptables.* — *Cons. d'état*, 20 nov. 1816, Gateau.

124. — Les mêmes formalités sont observées tant pour la rédaction des arrêts définitifs que pour celle des arrêts provisoires. Le greffier en fait mention sur la minute des comptes et les dépose aux archives. — Décr. 1807, art. 33; ord. 1838, art. 372.

125. — Les arrêts de la cour des comptes emportent hypothèque judiciaire sur les immeubles des comptables *en débet* de la même manière que les jugemens des tribunaux ordinaires. — C. civ., art. 2123. — Avis cons. d'état 24 mars 1812; — Serrigny, t. 2, nº 1082.

126. — Le ministre des finances est chargé de leur exécution; il la fait suivre par l'agent judiciaire du trésor. — L. 16 sept. 1807, art. 13, § 4; arrêté 28 flor. an XI, art. 2; ord. 1838, art. 373.

127. — Cette exécution se fait par voie de contrainte, de séquestre, de saisie mobilière et de sai-

vie réelle, conformément aux règles ordinaires, et même par la voie de la contrainte par corps en vertu de la loi du 17 avr. 1832, art. 8 et 9.—Serrigny, t. 2, n° 1093; Cormenin, t. 1er, p. 337. — V, CONTRAINTE PAR CORPS.

§ 2. — Affaires jugées en dernier ressort seulement.

128. — Dans le cas où la cour est saisie, comme juge d'appel, par voie de recours contre des arrêtés des conseils de préfecture en matière de comptes des receveurs des communes et des établissemens de bienfaisance, il faut suivre les formes et observer les délais prescrits par l'ord. 28 déc. 1830, et l'ord. 31 mai 1838, art. 485 et suiv.

129. — Le délai du pourvoi est de trois mois, à partir de la notification de l'arrêté du conseil de préfecture. La partie qui veut se pourvoir, rédige sa requête en double original. L'un des doubles est remis à la partie adverse, qui en donne récépissé; si elle refuse ou si elle est absente, notification lui en est faite par huissier. L'appelant adresse l'autre original à la cour avec l'expédition de l'arrêté qui lui a été notifié. Ces pièces doivent parvenir à la cour un mois plus tard dans le mois qui suit l'expiration du délai du pourvoi.—Ord. 31 mai 1838, art. 490.

130. — La notification du recours à la partie intimée est requise à peine de déchéance. — Serrigny, t. 2, n° 1076.

131. — Elle ne dispense pas de la nécessité du dépôt de la requête au greffe de la cour des comptes, dans le mois qui suit l'expiration du délai du pourvoi. Mais la cour peut accorder un nouveau délai dont elle détermine la durée. — Ord. 31 mai 1838, art. 492.

132. — La cour des comptes examine d'abord si le pourvoi est admissible et rend un arrêt qui admet ou rejette la requête. L'arrêt, d'admission est notifié à l'intimé ou défendeur, et la partie poursuivante a, pour faire la production des pièces justificatives du compte, un délai de deux mois à partir de cette notification. — Ord. 28 déc. 1830, art. 6; 31 mai 1838, art. 491; —V. aussi L. 28 pluv. an III, chap. 3, art 11.

133. — Faute de production suffisante de la part de la partie poursuivante, le délai fixé, la requête est rayée du rôle, à moins que, sur la demande des parties intéressées, la cour ne consente à accorder un second délai dont elle détermine la durée. La requête rayée du rôle ne peut plus être reproduite. — Ord. 31 mai 1838, art. 492, 28 déc. 1830, art. 7.

134. — Cette règle souffre néanmoins exception, si le délai de trois mois accordé pour le pourvoi n'est pas encore expiré. — Ord. 31 mai 1838, art. 493, et 28 déc. 1830, art. 8.

135. — Il n'y a pas d'avocats à la cour des comptes pour l'instruction des affaires. L'art. 20, décr. du 28 sept. 1807, porte « que les parties ou leurs fondés de pouvoir seront admis devant elle. »

Sect. 5°. — Voies de recours.

136. — Les fonctions de la cour des comptes ne sont pas purement consultatives comme celles du conseil d'état; elle a un pouvoir propre et prononce comme cour souveraine. — Serrigny, t. 2, n° 1083; Cormenin, t. 1er, p. 335.

137. — Ses arrêts sont rendus en dernier ressort. Ils ne peuvent être attaqués que pour erreurs matérielles, ou pour violation de la loi. — L. 1807, art. 14 et 17.

138. — Dans le premier cas, il faut se pourvoir par voie de révision; dans le second, par voie de cassation.

139. — Le ministre des finances ne saurait, dans aucun cas, réformer, même pour partie, les arrêts définitifs de la cour. — Cons. d'état, 14 mai 1820, Georget c. le Domaine; 24 juill. 1822, Despaignet; 19 mars 1823, Delamarre c. Min. de la guerre; — Cormenin, t. 1er, p. 336.

140. — Révision. — La cour, nonobstant l'arrêt qui aurait jugé définitivement un compte, peut procéder à sa révision, soit sur la demande du comptable, appuyée des pièces justificatives recouvrées depuis l'arrêt, soit d'office, soit à la réquisition du procureur-général, pour erreur, omission, faux ou double emploi reconnu par la vérification d'autres comptes.—L. 16 sept. 1807, art. 14; ord. 1838, art. 374. — Foucart, Élémens de dr. publ. et admin., t. 3, n° 1915; Cormenin, loc. cit.

141. — Aucun délai n'est fixé pour l'exercice de l'action en révision, car il n'est jamais trop tard

pour réparer une erreur. — Foucart, loc. cit.; Cormenin, loc. cit. p. 336.

142. — La rétractation peut avoir lieu tant que dure l'action de l'état contre le comptable pour le paiement de son débet, ou celle du comptable en répétition de ce qu'il a payé en trop. — Serrigny, t. 2, n° 1084.

143. — Toutefois, lorsqu'un arrêt a ordonné la révision et déterminé un délai pour produire les pièces à l'appui, la demande doit être rejetée faute de production dans ce délai, et elle ne peut plus, alors, être reproduite.—Cass. d'état, 10 mai 1833, Hériard.

144. — Le procureur général est chargé de suivre devant la cour l'instruction et le jugement des demandes à fin de révision, pour cause d'erreurs, omissions, faux, ou doubles emplois reconnus à la charge du trésor public, des départemens ou des communes. — Décr. 28 sept. 1807, art. 39; ord. de 1838, art. 346.

145. — Mais s'il s'agit d'erreurs ou d'omissions au préjudice des comptables, le procureur-général n'est pas forcé de donner des conclusions par écrit. Du moins, l'absence de ces conclusions n'est point un moyen de cassation dans l'intérêt du comptable. — Cons. d'état, 21 juin 1839, Hériard.

146. — Cassation. — Dans le cas où un comptable se croit fondé à attaquer un arrêt pour violation des formes ou de la loi, il doit se pourvoir dans les trois mois pour tous délais, à compter de la notification de l'arrêt, au conseil d'état, conformément au règlement sur le contentieux. Le même recours est ouvert au ministre des finances à tout autre ministre. — L. 16 sept. 1807, art 17; ord. 1838, art. 377; décr. 22 juill. 1806, art. 11;—Cons. d'état, 10 mai 1833, Hériard; 17 avr. 1822, Brison c. le trésor; —Cormenin, loc. cit., p. 338.

147. — Les erreurs ou omissions qui se sont glissées dans la comptabilité d'un receveur apurée par la cour des comptes ne peuvent être rectifiées que par voie de révision et non par voie de cassation. — Ord. 16 sept. 1807; — Cons. d'état, 19 mars 1826, Georget c. le Domaine, et la note.

148. — La demande en révision ne met pas, du reste, obstacle à ce que l'on recoure à la voie de cassation, alors surtout qu'elle a été expressément réservée. — Cons. d'état, 28 juill. 1819, Min. des fin. c. Catoire.

149. — L'allocation par la cour des comptes d'intérêts excessifs, peut constituer un mal jugé, mais non un excès de pouvoir donnant ouverture à cassation. — Cons. d'état, 28 juill. 1819, min. des fin. c. Catoire; 18 avr. 1821, Moreau.

150. — Le pourvoi en cassation n'est pas suspensif. L'arrêt de la cour doit être exécuté par provision. — L. 27 nov.-1er déc. 1790, art. 16; arr. 29 frim. an IX, art. 7; L. 16 sept. 1807, art 1er; décr. 22 juill. 1806, art. 1. — Cormenin, loc. cit., p. 337.

151. — Le recours se porte devant le roi en conseil d'état, parce que la cour des comptes est placée dans l'ordre administratif. Ses décisions empruntent sans doute quelque chose à la forme judiciaire; mais au fond elles rentrent évidemment dans le contentieux administratif.—L. 1807, art. 47; ord. 1838, art. 477; — Serrigny, t. 2, n° 1087.

152. — Est-il nécessaire, pour faire courir le délais du pourvoi, que l'arrêt de la cour soit notifié par huissier? — L'affirmative ne souffre aucun doute à l'égard de l'état. Il est incontestable que nulle signification ne saurait lui être régulièrement faite que par le ministère d'un huissier. — Cons. d'état, 28 juill. 1819, min. fin. c. Catoire; — Serrigny, t. 2, n° 1090; Cormenin, loc. cit., p. 338; Magnitot et Delamarre, Dict. de dr. adm., v° Cour des comptes, p. 343.

153. — Mais vis-à-vis des comptables la question est délicate. Plusieurs dispositions législatives autorisent, en effet, la notification des arrêts de la cour par lettres chargées (L. 28 pluv. an IX, art. 11 et 14; arrêté 29 frim. an IX, art. 2; décr. 16 sept. 1807, art. 21), et l'on pourrait induire de là qu'aucun mode spécial n'étant prescrit pour la signification destinée à faire courir le délai du pourvoi, le ministre peut employer indistinctement celui qu'il préfère. — Serrigny, loc. cit.

154. — Néanmoins il nous paraît plus rationnel de décider qu'une signification par huissier est indispensable. La loi ne fait aucune distinction entre les ministères et les comptables; et dès lors on doit présumer qu'elle a entendu que les mêmes formalités seraient nécessaires pour faire courir les délais soit à l'égard des uns, soit à l'égard des autres.— Cormenin, loc. cit., p. 338; Magnitot et Delamarre, loc. cit., p. 345. — Cons. d'état, 10 mai 1833, Lamirande; 28 juill. 1819, min. fin. c. Catoire.

155. — L'acquiescement du comptable le rend

non-recevable à se pourvoir devant le conseil d'état contre l'arrêt qu'il a volontairement exécuté. Il en est ainsi, par exemple, quand il a payé son débet sans réserve. — Cormenin, loc. cit., p. 339; Favard, Rép., t. 1er, p. 763.

156. — Le conseil d'état ne peut, dans le cas où il casse un arrêt pour vice de forme ou violation de la loi, évoquer le fond pour y statuer. — Favard, ubi suprà. — L'opinion contraire a sans doute été exprimée au nom de la commission de la chambre des députés chargée d'examiner le projet de loi sur le conseil d'état par M. Dalloz dans son rapport du 10 juin 1840. — Mais cette opinion est repoussée par le texte de l'art. 47, L. 46 sept. 1807, par celui de l'ord. royale du 1er sept. 1819, et enfin par celui de l'art. 378, ord. 31 mai 1838. — Serrigny, t. 2, n° 1091.

157 — L'affaire doit être renvoyée de nouveau devant la cour des comptes; mais elle doit l'être devant une autre chambre que celle qui a rendu l'arrêt annulé. Si dans cette chambre se trouvent un ou plusieurs conseillers maîtres qui aient concouru à la première décision, ils sont forcés de s'abstenir. Ils sont remplacés, si besoin est, par d'autres conseillers maîtres suivant l'ordre de leur nomination. — Ord. 1er sept. 1819, art. 1 et 2; 31 mai 1838, art. 378 et 379.

158. — La cassation d'un arrêt entraîne celle de l'arrêt de révision qui en a ordonné l'exécution.— Cons. d'état, 28 juill. 1819, min. fin. c. Catoire.

COUR DE JUSTICE CRIMINELLE SPÉCIALE.
V. TRIBUNAUX SPÉCIAUX.

COUR MARTIALE.

1. — Les cours martiales étaient des tribunaux « chargés de prononcer sur les crimes et délits militaires, en appliquant la loi pénale, après qu'un jury militaire aurait prononcé sur le fait. » — L. 22 sept. 1790, art 6.

2. — Ces cours furent supprimées par la loi du 12 mai 1793 et remplacées par des tribunaux criminels militaires.
V. TRIBUNAUX MILITAIRES.

COUR MARTIALE MARITIME.
V. TRIBUNAUX MARITIMES.

COUR DES MONNAIES.

1. — C'était une juridiction qui connaissait en dernier ressort et en toute souveraineté: 1° du travail de toutes les monnaies, de la fabrication, du prix, du cours de toutes les espèces; — 2° des délits ou crimes concernant leur emploi; — 3° et de tout ce qui pouvait avoir trait aux droits, aux privilèges, aux obligations des officiers et ouvriers, de toutes les monnaies. — Miraulmont, Mémoires sur les juvid. de l'enclos du palais, p. 629; Légier, Procéd. de l'enclos du palais, p. 419; Brillon, Dict. des arrêts, v° Monnaies; Encyclop. méth. (jur.), v° Monnaies (cour des); Nouveau Denisart, v° Cour des monnaies.

2. — La cour des monnaies portait d'abord le titre de chambre des monnaies, et elle était réunie à la chambre des comptes.

3. — En 1551, édit qui crée la cour des monnaies comme cour souveraine et l'assimile aux autres cours et parlemens. — Légier, p. 419; Brillon, Dict. des arrêts, v° Monnaie, nombre 26.

4. — La cour des monnaies a été supprimée par l'art. 9, L. 7-12 sept. 1790.
V. AU SURPLUS MONNAIES.

COUR DES PAIRS.

Table alphabétique.

COUR DES PAIRS. — **1.** — C'était le nom que prenait le parlement de Paris lorsque les pairs de France y siégeaient; c'est le nom qui est aujourd'hui donné à la chambre des pairs quand elle exerce les attributions judiciaires que lui confèrent les art. 28, 29 et 47 de la Charte constitutionnelle.

Sect 1re. — *Compétence de la cour des pairs.*

2. — Sous les diverses formes de gouvernement, qui se sont succédé en France, il a été organisé une juridiction exceptionnelle, ayant mission de maintenir l'établissement politique. Ainsi, la haute cour nationale avait été organisée par la constitution des 3-14 sept. 1791, tit. 3, ch. 3, art. 10; la constitution du 5 fruct. an III, art. 445, 158 et 268, avait créé une haute cour de justice qui fut remplacée par la haute cour impériale. — Const. 22 frim. an VIII, art. 73; et sén.-cons. 22 flor. an XII, art. 101, 103 et 108.

3. — La charte de 1814, en investissant la chambre des pairs de fonctions judiciaires spéciales, ne lui avait pas donné le nom de *cour des pairs*, qui ne lui a été donné qu'en 1820 par l'ordonnance royale qui la convoqua pour connaître de l'affaire Louvel. Lors du procès du maréchal Ney (6 déc. 1815), la chambre des pairs ne prit aucune dénomination particulière; plus tard pour le procès Saint-Morys, Barbier, Dufay (31 janv. 1818), et Selves contre le baron Ségalier (17 juill. 1819), elle prit dans ses procès-verbaux la dénomination de chambre des pairs constituée en cour de justice. Depuis 1820 elle a constamment porté le nom de *cour*, qui a été sanctionné par l'art. 22 de la charte de 1830.

4. — Cependant, dès le premier pas qu'elle fut appelée à faire dans la carrière judiciaire, la chambre des pairs sentit tout ce qu'il y avait d'incompatible entre les formes qu'elle suivait pour ses délibérations législatives, et les garanties de publicité, de défense et de délibération que l'accusé avait droit de réclamer. En l'absence d'une loi spéciale, elle emprunta à la procédure criminelle certaines formes auxquelles la concordance de ses précédens a imprimé un caractère de fixité qui doit les faire regarder comme des règles.

5. — En décembre 1832 un projet de loi, sur la responsabilité ministérielle, fut présenté à la chambre des députés et renvoyé à une commission qui y ajouta un titre spécial pour la juridiction, l'organisation et la compétence de la cour des pairs. De ce titre supplémentaire, le gouvernement, en présentant à la chambre des députés (11 janv. 1831) un nouveau projet de loi, déclara vouloir faire un projet spécial; et, en effet, le 26 janv. 1837, fut présenté à la chambre des pairs un double projet de loi pour l'application de l'art. 28 de la Charte, quant au fond et quant à la forme. Le rapport fut fait au nom de la chambre des députés par M. le baron Monnier, et, par suite de la discussion qui eut lieu le 17 mai 1837, le projet de loi fut renvoyé à la commission; mais il n'a plus l'objet d'aucun examen ultérieur.

6. — La compétence de la cour des pairs, telle qu'elle est réglée par les art. 28 et 29, Charte 1830, se détermine soit à raison de l'art. 28, soit à raison du fait qui est l'objet de l'accusation.

7. — Aucun pair, dit l'art. 28 de la charte, qui était conçu dans les mêmes termes dans la charte de 1814, ne peut être arrêté que de l'autorité de la chambre et jugé que par elle en matière criminelle.

8. — Jugé, par application de ce principe, qu'un conseil de guerre est incompétent pour juger un maréchal de France, investi de la dignité de pair au moment où il commet le crime de haute trahison pour lequel il est mis en jugement; et qu'il doit être traduit devant la cour des pairs, encore bien qu'une ordonnance royale ait prescrit l'arrestation et la traduction devant ce conseil du pair dont il s'agit; une ordonnance ne pouvait, en effet, changer les attributions de juridiction établies par les lois et surtout par la charte constitutionnelle. — Jugement du conseil de guerre du 10 nov. 1815, rapporté sous *Cour des pairs*, 6 déc. 1815, maréchal Ney.

9. — Sous l'empire des lois qui consacraient l'hérédité de la pairie, le fils aîné d'un pair de France se trouvait saisi, de plein droit, du titre et des prérogatives de pair, par le seul fait du décès du titu-

laire, et sans distinguer si son admission avait ou non été déjà prononcée. — Dès-lors, s'il était prévenu d'un délit, les tribunaux ordinaires déjà saisis devaient, sur le vu des pièces établissant sa nouvelle qualité, se déclarer incompétens, bien que ce délit remontât à une époque antérieure à son investiture. — *Cour des pairs*, 14 juill. 1831, de Montalembert, de Coux et Lacordaire.

10. — Ainsi, la qualité de pair suffit pour autoriser celui qui s'en trouve revêtu à réclamer la prérogative établie par l'art. 29 de la charte, bien qu'à raison de son âge ou pour toute autre chose il n'ait pas encore été admis à prendre séance dans la chambre. — *Cour des pairs*, 20 sept. 1831, de Montalembert, de Coux et Lacordaire.

11. — M. E. Cauchy (*Précédens de la cour des pairs*, p. 9), ajoute : « Bien que ce précédent, qui s'applique surtout aux pairs héréditaires, ait perdu 99 déc. 1831, il n'est pas néanmoins sans application possible sous l'empire de cette loi. Les conditions qu'elle impose aux choix de la couronne, il en est qui peuvent être remplies avant l'âge de vingt-cinq ans révolus; et, d'ailleurs, un intervalle plus ou moins long peut toujours s'écouler entre la nomination royale qui confère la dignité de pair et l'accomplissement des formalités prescrites par la loi. »

12. — Le pair qui n'a pas prêté le serment exigé par l'art. 3, L. 31 mars 1830, et qui a ainsi encouru la déchéance, est justiciable de la cour des pairs à raison d'un délit par lui commis avant l'accomplissement d'un délai fixé par la loi précitée pour la prestation du serment. — *Cour des pairs*, 22 nov. 1830, Kergorlay;— E. Cauchy, *Précéd. de la cour des pairs*, p. 41; Mangin, *Tr. de l'act. publ.*, t. 2, p. 44, n° 247.— *Anal. Cass.*, 18 juin 1834, Renaudin.

13. — Dans quel sens doit-on entendre ces mots de l'art. 28 de la Charte : *en matière criminelle*? Doivent-ils être pris dans le sens le plus absolu et embrasser les trois ordres d'infractions prévus par l'art. 1er, C. pén., ou doivent-ils subir quelque restriction?

14. — MM. Merlin (*Quest. de dr.*, v° *Incompétence*, § 1er, art. 2, n° 3), Henrion de Pansey (*h. de l'autor. judic.*, 3e édit.); Carnot (n° 48, sur l'art. 1er du C. d'inst. crim.); Legraverend (t. 2, p. 627) et Rauter (t. 2, n° 659, p. 987, note 4), estiment que ces expressions sont générales et s'appliquent également aux cours d'assises, tribunaux correctionnels et tribunaux de police, pour connaître d'un crime, d'un délit ou d'une contravention imputés à un pair de France.

15. — La Cour des pairs s'est occupée de cette question à l'occasion du procès de M. de Montalembert, prévenu d'avoir, en contravention à l'art. 89, décr. 15 nov. 1811, ouvert une école sans autorisation. Plusieurs pairs voulaient considérer ce fait comme une simple contravention. — Mais il était puni d'une amende de 400 à 3,000 francs; et M. le président fit observer que, d'après les art. 179, C. inst. et art. 6, C. pén., cette peine était celle d'un délit correctionnel.—M. de Bastard ajouta : « Il est vrai que c'est surtout pour les accusations criminelles que la juridiction des pairs est établie; mais, elle doit s'étendre aussi aux délits correctionnels; autrement, il faudrait dire que l'honneur des membres de cette haute cour est d'amoindre prit que celui des simples officiers de police judiciaire qui, même pour les délits correctionnels, ressortissent directement des cours royales. L'essentiel, et comment un pair pourrait-il être comprise par une autre autorité que celle de la chambre? »

16. — Jugé, en ce sens, que les pairs de France ne sont, même en matière correctionnelle, justiciables que de la cour des pairs. — *Cour des pairs*, 24 nov. 1830, de Kergorlay, de Brian, de Genoude et Lubis; 20 sept. 1831, de Montalembert, de Coux et Lacordaire.

17. — Si les cours d'assises peuvent, dans la plénitude de leur juridiction, connaître des crimes de haute trahison et des attentats à la sûreté de l'état concurremment avec la cour des pairs, quand cette cour n'a pas été spécialement saisie à leur exclusion, il n'en est pas de même du jugement des crimes imputés, soit à un membre de la chambre des pairs, soit à un ministre du roi par la chambre des députés. A cet égard, la compétence de la cour des pairs est absolue et exclusive de toute autre juridiction. — Charte const. de 1830, art. 34 et 53; Charte de 1830, art. 28 et 47.—*Cour des pairs*, 6 déc. 1815, Ney; 31 janv. 1818, Saint-Morys; 17 juill. 1819, Selves; 3 août 1820, de Bourdesalle (aff. des marchés de Bayonne); 24 nov. 1830, de Kergorlay; 20 sept. 1831, de Montalembert; Paris, 14 juill. 1831, de Montalembert.

18. — L'exception résultant de la compétence

blic par la charte est évidemment d'ordre public et ne peut, par conséquent, être couverte irrévocablement. — Elle est absolue; elle peut être proposée en tout état de cause. — Arg. art. 22, C. inst. crim.—Merlin, *loc. cit.*

19. — Un pair de France traduit devant un tribunal correctionnel pour délit de chasse, peut demander son renvoi devant la chambre des pairs.

20. — Mais la cour de Cassation a jugé spécialement que les contraventions de police, commises par les pairs de France sont dévolues à la juridiction des tribunaux ordinaires, et non à la juridiction exceptionnelle de la chambre des pairs. — Cass., 25 mai 1833, comte de La Villegontier.—V. conf. Parant, *Lois de la presse*, p. 253, note 1re; Le Sellier, *Tr. des act. publ. et priv.*, t. 3, p. 43, no 785, *in fine*.

21. — L'occasion ne s'est pas encore présentée, pour la chambre des pairs, de résoudre explicitement la question de compétence relative aux contraventions de simple police.

22. — Compétente pour statuer sur les infractions reprochées à un pair de France, la cour des pairs est compétente pour statuer à l'égard de ses complices, car il est de principe en matière criminelle que l'indivisibilité du délit entraîne l'indivisibilité de la poursuite; c'est ce que la cour des pairs a déclaré dans son arrêt du 19 sept. 1831, (de Montalembert, de Coux et Lacordaire), et ce qu'elle a appliqué dans l'arrêt du 24 nov. 1810, (de Kergrolay, de Brian, de Genoude et Lubis).

23. — La même règle a été suivie quoique avec des résultats différens dans l'arrêt du 31 janv. 1818, (Saint-Morys c. Barbier-Dufay), et dans l'arrêt du 3 août 1826 (de Bourdesolle, Guilleminot, Sicard, Ouvrard).—Dans la première affaire, après avoir, d'après l'instruction, déclaré que les faits imputés à M. le duc de Grammont, lors même qu'ils seraient prouvés, ne constitueraient ni crime ni délits, elle a renvoyé, à l'égard des autres prévenus, le procès devant les juges qui devaient en connaître.

24. — Lorsque la cour des pairs est saisie d'une plainte portée contre un de ses membres, elle doit, si elle décide qu'il y a lieu contre lui à accusation, confondre dans la même instruction tous les accusés, même privilégiés. Mais si elle juge qu'il n'y a lieu à suivre contre le pair qui lui est dénoncé, elle doit, à l'égard des autres inculpés non privilégiés, renvoyer le procès devant la juridiction ordinaire. — *Cour des pairs*, 31 janv. 1818, de Saint-Morys c. Barbier-Dufay.

25. — Dans la seconde affaire, les faits principaux allégués au procès et au sujet desquels les noms de deux pairs de France avaient été prononcés dans l'instruction se trouvaient avoir une liaison tellement intime avec les poursuites dirigées contre plusieurs autres employés, que si la non existence de ces faits était reconnue, il était impossible que cette inculpation pût se soutenir. Il y avait donc nécessité pour la cour des pairs, en déclarant que ces faits n'étaient pas établis, d'accorder le bénéfice de cette déclaration aux inculpés qui n'étaient pas pairs de France, à moins que la cour ne voulût se résigner au danger de voir les résultats de la procédure soumis de nouveau au jugement d'un autre tribunal, et surtout livrés à la publicité des plaidoiries, dont son autorité ne pourrait plus prévenir le scandale. — E. Cauchy, *Précédens de la Cour des pairs*, p. 20.

26. — L'art. 28 de la charte de 1830, porte : La chambre des pairs connaît des crimes de haute trahison et des attentats à la sûreté de l'état qui seront définis par la loi. — Dans quelle loi devait-on chercher la définition annoncée par la charte? Des termes employés, suivait-il que la cour des pairs ne pouvait connaître d'aucun attentat qui n'eût point été ultérieurement défini par une loi spéciale?—La cour des pairs juge, d'une manière constante, que la charte de 1814, en donnant (art. 68) une nouvelle force et pour ainsi dire une nouvelle existence aux lois antérieures, qui n'avaient rien de contraire à ses dispositions, a confirmé les articles du Code pénal qui définissaient l'attentat, et qu'ainsi, la compétence de la cour est réglée par les lois existantes, indépendamment des lois à venir, sauf à elle à apprécier les causes et la gravité de l'accusation, et à statuer elle-même sur sa compétence. — Cauchy, p. 22 et 31; Mahul, *Tabl. de la constitut.*, p. 302. — Ainsi jugé que, de ce que la charte constitutionnelle a attribué à la chambre des pairs la connaissance des crimes de haute trahison et des attentats contre la sûreté de l'état *qui seront définis par la loi*, il ne résulte pas que la chambre des pairs doive, jusqu'à la promulgation de cette loi, surseoir à toute poursuite d'une accusation de haute trahison et d'attentat contre la sûreté intérieure et extérieure de l'état, portée devant elle.—*Cour des pairs*, 6 déc. 1815, Ney; 16 avr. 1821, Louvel; 22 janv. 1836, Adam, Albert (attentat d'avril 1834).

27. — Les crimes dont la cour des pairs peut être appelée incontestablement à connaître sont donc : l'attentat contre la personne du roi (C. pén. art. 86); l'attentat contre la personne des membres de la famille royale (C. pén. art. 86); l'attentat dont le but est soit de détruire, soit de changer le gouvernement ou l'ordre de successibilité au trône, soit d'exciter les citoyens à s'armer contre l'autorité royale.

28. — Aucun doute ne pouvait non plus, sous le Code pénal de 1810, s'élever relativement au complot qui, par les art. 86 et 87 de ce Code, était placé sur la même ligne que l'attentat. Le mot générique d'attentat à la sûreté de l'état, employé par la charte, avait paru, lors de l'arrêt du 16 juill. 1821, (conspiration militaire du 19 août 1820) comprendre et le complot et l'attentat proprement dit. Mais depuis la révision du Code pénal en 1832, d'après le nouvel art. 88, l'exécution et la tentative constituent seules l'attentat. Le complot est puni, par l'art. 89, de peines moindres et graduées selon que le complot a été suivi d'actes commencés, ou commis pour en préparer l'exécution. Nous pensons qu'aujourd'hui le complot, s'il n'avait pas été suivi de l'attentat, ne serait pas de la compétence de la cour des pairs. Telle est au surplus, l'opinion exprimée dans une des délibérations auxquelles a donné lieu l'affaire d'avril 1834 (*Cour des pairs*, 22 janv. 1836, attentat d'avril) par M. Portalis, par M. Villemain et par M. de Pontécoulant. La cour des pairs n'a pas encore eu l'occasion de donner une solution à cette question.

29. — La loi du 10 avr. 1834 (art. 1er) défère à la cour des pairs les attentats commis par les associations de plus de vingt personnes; et la loi du 9 sept. 1835 lui attribue aussi la connaissance des infractions qui, commises par un des moyens de publication énoncés en l'art. 1er, L. 17 mai 1819, sont qualifiées attentats par les art. 1er, 2 et 5 de cette loi du 9 sept. 1835.

30. — Le crime de haute trahison, que la Charte attribue à la cour des pairs, n'a été défini par aucune loi. L'arrêt du 6 déc. avait, il est vrai, déclaré le maréchal Ney coupable de haute trahison; mais en même temps les faits qu'on lui reprochait étaient qualifiés attentats contre la sûreté de l'état, et cette dernière qualification a suffi pour entraîner l'application de la peine.

31. — Nonobstant l'absence de définition légale, la cour des pairs est seule compétente pour juger, sur l'accusation portée par la chambre des députés, des ministres inculpés de trahison. — *Cour des pairs*, 21 déc. 1830, prince de Polignac, de Peyronnet, de Chantelauze, de Guernon-Ranville.

32. — La résolution de la chambre des députés a accusé de trahison les ex-ministres de Charles X signataires des ordonnances du 25 juillet 1830 : 1° pour avoir abusé de leur pouvoir afin de fausser les élections, et de priver les citoyens du libre exercice de leurs droits civiques; — 2° pour avoir changé arbitrairement et violemment les institutions du royaume; — 3° pour s'être rendus coupables d'un complot attentatoire à la sûreté de l'état; — 4° pour avoir excité la guerre civile en armant ou en portant les citoyens à s'armer les uns contre les autres, et avoir porté la dévastation et le massacre dans la capitale et dans plusieurs autres communes, crimes prévus par l'art. 56 Charte 1814, et par les art. 31, 100, 110, 123 et 125, C. pén.

33. — La connexité de certains faits qui, par leur nature, ne rentrent pas dans la compétence de la cour des pairs, avec d'autres faits qui relèvent, d'après la Charte, de cette haute juridiction exceptionnelle, est encore une source de compétence pour la cour des pairs. L'arrêt du 22 janv. 1836 (attentat d'avril) a offert plus d'une application de ce principe. — V. aussi Cauchy, *Précéd. de la cour des pairs*, p. 48 et suiv.

34. — Jugé que la cour des pairs, saisie de la connaissance d'un attentat dont le jugement lui a été déféré par une ordonnance royale a droit, dans le silence même de cette ordonnance, de joindre au procès qu'elle instruit tous les faits connexes qui s'y rattachent. — *Cour des pairs*, 22 janv. 1836, attentat d'avril.

Sect. 2e. — *Composition et organisation de la cour des pairs.*

35. — La cour des pairs doit être composée de tous les membres qui font partie de la chambre des pairs.

36. — Lorsque la chambre des pairs, à laquelle une ordonnance royale défère la connaissance d'un attentat, se réunit en cour de justice, il doit être d'abord procédé à un appel nominal pour constater que la cour est en nombre suffisant pour délibérer. — *Cour des pairs*, 15 fév. 1836, Fieschi, Morey, Pepin, Boireau et Bescher.

37. — Ce précédent a été établi dès le premier procès dont la cour des pairs a été saisie, sur la proposition de M. le marquis de Barbé-Marbois; et la règle générale est que tout pair qui manque une seule fois de répondre à l'appel fait au commencement de chaque séance cesse de compter au nombre des juges.

38. — Cependant une exception contraire aux principes ordinaires qui régissent les tribunaux de droit commun a été introduite relativement aux délibérations sur la mise en accusation des inculpés, et sur la participation aux arrêts d'accusation. Les arrêts d'accusation sont signés par tous les pairs qui, ayant assisté à la lecture du rapport de la procédure et du réquisitoire, ont pris part à la délibération sur la compétence, encore qu'ils aient été empêchés d'assister à quelques unes des autres séances. — Cauchy, p. 92.

39. — Quant aux audiences publiques relatives à l'examen et aux débats contradictoires, la règle générale posée no 37 reprend son empire; c'est ce que, dans la discussion qui a amené l'exception relative aux arrêts d'accusation, M. le baron Mounier expliquait avec beaucoup de précision. L'opinant, dit le procès-verbal de la cour des pairs, conçoit cette règle pour les débats où l'opinion du juge peut se former par l'impression d'une parole ou d'un geste, dans ce jeu vivant de l'examen oral des accusés et des témoins...; mais la sagesse et l'autorité de ces graves paroles sont souvent oubliées, car, dans le cours des débats oraux, plus d'un pair s'absente de l'audience pendant un temps plus ou moins prolongé et revient ensuite occuper son siége.

40. — On comprend que lorsqu'un procès est divisé en plusieurs catégories, les pairs qui n'ont pas connu de l'une des catégories puissent siéger pour le jugement d'une catégorie ultérieure, il y a alors autant de débats distincts que de catégories. — Cauchy, p. 94.

41. — Les noms des pairs absens dont les excuses ont été admises par la cour, en audience secrète, doivent être, lors de l'ouverture des débats, proclamés en audience publique. — *Cour des pairs*, 24 nov. 1830, de Kergorlay, de Brian, Genoude et Lubis. — Mais l'excuse est proposée et admise en la chambre du conseil. — *Cour des pairs*, 17 juill. 1819, Selves c. Séguier.

42. — Ne peut siéger comme juge le pair qui n'a été promu à cette dignité que depuis les faits qui sont l'objet du procès. — *Cour des pairs*, 22 janv. 1836, Adam, Albert, etc. (attentat d'avr. 1834); 15 fév. 1836, Fieschi, Morey, Pepin, Boireau et Bescher; 7 juin 1836, Delente. —Cauchy, *Précéd. de la cour des pairs*, p. 80. 85 et 530).—Cette décision est basée sur ce que le nombre des pairs étant illimité, on devait, par convenance, par délicatesse et aussi par justice, prévenir tout ce qui donnerait prétexte de supposer qu'une nomination de pairs pourrait jamais être faite dans la vue d'un procès.

43. — Mais doit siéger comme juge dans le procès d'un contumax le pair qui, admis à titre héréditaire dans la chambre des pairs à une époque antérieure aux faits imputés à l'accusé, n'a atteint que depuis ces faits l'âge requis pour opiner avec voix délibérative. — *Cour des pairs*, 7 juin 1836, Delente; — Cauchy, p. 85. — Cette solution n'aura plus dans l'avenir que de très rares applications.

44. — Les pairs de France, quoiqu'ils aient entrée dans la chambre à vingt-cinq ans, n'ont voix délibérative qu'à trente. Ils n'acquièrent donc qu'à trente ans le droit de voter soit comme juges, soit comme législateurs, et de même que les pairs reçus, âgés de plus de vingt-cinq ans et de moins de trente, ne sont pas compris en séance ordinaire dans les appels nominaux pour les scrutins législatifs, leurs noms n'ont jamais figuré sur les listes d'appel qui constatent la présence des juges à chaque audience.

45. — Décidé que les pairs reçus qui n'ont pas voix délibérative doivent être admis à prendre séance avec la cour dans les procès dont elle est saisie, sans cependant que leurs noms soient compris dans l'appel nominal.—*Cour des pairs*, 9 juill. 1836, Alibaud.

46. — ...Mais que les jeunes pairs reçus dans la chambre, et n'ayant pas encore, à raison de leur âge, voix délibérative, ne peuvent assister à la délibération de la cour en la chambre du conseil.— *Cour des pairs*, 15 févr. 1836, Fieschi, Morey, Pepin, Boireau et Bescher; 9 juill., 1836, Alibaud; — Cauchy, *Précédens de la cour des pairs*, p. 135 et 144.

47. — De cette jurisprudence M. Cauchy (p. 144

rapproche le principe général adopté par la chambre dans la discussion qui eut lieu, en 1837, sur la proposition à laquelle, dit-il, M. le baron Mounier a attaché à la fois son nom et l'empreinte de son beau talent. — Ce principe est celui-ci : Que les pairs participant au jugement pouvaient seuls siéger dans la chambre du conseil. On trouvera aisément dans les procès-verbaux de la session législative l'argumentation éloquente par laquelle divers orateurs, et notamment M. le chancelier Pasquier et M. le comte Portalis, ont déterminé l'adoption de cette règle judiciaire ; sans vouloir ici départager en quelque sorte la jurisprudence de la cour à l'aide de ce tiers avis exprimé par la chambre, nous aimons mieux expliquer la contradiction apparente des deux procédures ci-dessus rapportées, par la faveur avec laquelle les anciens de la pairie ont envisagé la position spéciale de leurs jeunes collègues, faveur qui a pu contrebalancer une fois au moins la rigueur des principes par lesquels on pouvait combattre une demande dictée par le désir de s'associer à des actes de justice, et quelquefois aussi de courage.

48. — Les pairs empêchés d'être juges peuvent assister aux audiences publiques de la cour et prendre place sur leur siége de pair ; mais ils ne peuvent se retirer avec la cour dans la chambre du conseil et assister à la délibération, à laquelle peuvent seulement prendre part les pairs qui ont assisté à toutes les audiences du débat. — *Cour des pairs*, 15 fév. 1836, Fieschi, Morey, Pepin, Boireau et Bescher. — L'usage est de réserver autour de l'enceinte occupée par la cour, des fauteuils pour les pairs qui ne siégent pas comme juges. Dans l'affaire de la conspiration du 19 août 1820 (*Cour des pairs*, 16 juill. 1821), M. le duc de Richelieu, président du conseil des ministres, disait que, dans le cas où les ministres pairs de France croiraient devoir s'abstenir de prendre part à la mise en accusation, rien ne les empêcherait d'assister au rapport, et M. le comte Lanjuinais posait le principe qu'il n'appartient qu'aux juges de pénétrer dans l'enceinte du tribunal, *in secretoria judicum.*

49. — Aucun pair ne peut, avant que les motifs de son déport n'aient été déclarés valables par la cour, s'abstenir de prendre part au jugement d'un procès en instance devant elle. — *Cour des pairs*, 6 déc. 1815, maréchal Ney.

50.— Décidé de même qu'un pair ne peut s'abstenir de connaître d'un procès sans que les motifs de son abstention aient été appréciés par la cour. — *Cour des pairs*, 16 juill. 1821, Gauthier de Laverderie (conspiration du 19 août 1820) ; — Cauchy, *Précéd. de la cour des pairs*, p. 131.

51.— Indépendamment de ces arrêts de la cour, l'obligation de se rendre aux séances a été plus d'une fois constatée dans les ordonnances royales de convocation par cette formule : « Les pairs absens de Paris seront tenus de s'y rendre immédiatement, à moins qu'ils ne justifient d'un empêchement légitime. » — Ord. 21 août 1820, 21 déc. 1825, 9 nov. 1830, 19 août 1831, 15 avr. 1834, etc.

52. — On doit, en matière d'excuses, s'en rapporter à la conscience des pairs pour les proposer, et à celle de la cour des pairs pour les juger. — *Cour des pairs*, 21 déc. 1830, de Polignac, de Peyronnet, de Chantelauze et de Guernon-Ranville ; — Cauchy, *Précéd. de la cour des pairs*, p. 75.

53. — Ainsi le pair qui allègue pour excuse son état de maladie ne doit pas produire de certificat de médecin, la cour s'en rapporte à sa conscience. — *Cour des pairs*, 22 janv. 1836, Adam et Albert (attentat d'avr. 1834).

54. — De même, l'appréciation d'une cause de déport fondée sur une infirmité physique qui pourrait ne pas permettre de suivre avec une rigoureuse exactitude la lecture du rapport et des pièces de la procédure appartient tout entière à la conscience du pair qui la propose. — *Cour des pairs*, 9 juill. 1836, Alibaud ; — Cauchy, *Précéd. de la cour des pairs*, p. 132.

55.— Lorsque la cour des pairs est saisie simultanément de la connaissance de deux procès distincts, les excuses présentées par un pair ne peuvent être admises que relativement au procès dont la cour est saisie en premier lieu, sauf à être reproduites et admises de nouveau pour l'autre procès, si à cette époque, les causes d'excuse subsistent encore. — *Cour des pairs*, 24 nov. 1830, de Kergorlay, de Brian, Genoude et Lubis.

56. — Les pairs ecclésiastiques peuvent se déporter à cause de leur caractère.— *Cour des pairs*, 21 déc. 1830, de Polignac, de Peyronnet, de Chantelauze et de Guernon Ranville ; 6 déc. 1815, Ney ; 6 juin 1820-16 avr. 1821, Louvel ; 16 juill. 1821, aff. du 19 août 1820 ; — Cauchy, p. 130.

57. — Un pair ne peut s'abstenir de siéger, en alléguant son opinion personnelle sur le procès. — *Cour des pairs*, 22 janv. 1836, Adam, Albert et autres (attentat d'avril 1834).

58. — Les pairs qui ont voté sur la mise en accusation peuvent siéger comme juges lors du débat oral, et ils ne peuvent être récusés comme ayant donné un avis écrit sur le procès. — *Cour des pairs*, même arrêt.

59. — Les pairs qui auraient ouvert leur avis hors le jugement de l'affaire soumise à la cour des pairs peuvent être récusés, et peuvent s'abstenir d'eux-mêmes, si la cour juge valables les motifs de leur déport. — C. procéd., art. 378-8°, et 380. — Spécialement, doivent se déporter les ministres qui ont contresigné l'ordonnance royale qui défère à la cour des pairs des faits de sa compétence et qui ont été chargés de soutenir devant elle l'accusation. — *Chambre des pairs*, 6 déc. 1815, maréchal Ney.

60. — Il est à remarquer que, dans l'affaire du maréchal Ney, les ministres étaient eux-mêmes chargés de soutenir l'accusation. Mais, dans les procès ultérieurs, la question d'incompatibilité entre les fonctions de ministre et celles de membre de la cour des pairs a été de nouveau soulevée.

61. — Lors de l'arrêt du 16 juill. 1821 (Gauthier de Laverderie et autres (conspiration du 19 août 1820), la cour des pairs ne s'est pas formellement prononcée sur cette question. Mais toute la discussion fait pressentir qu'elle l'aurait résolue affirmativement comme elle l'a fait dans les affaires ultérieures.

62. — Jugé, en effet, que les pairs qui étaient ministres du roi à l'époque où ont été passés, au nom du gouvernement, des marchés qui font l'objet de la poursuite, ne doivent pas s'abstenir. — *Cour des pairs*, 3 août 1826, de Bordesoulle, Guilleminot, Sicard et Ouvrard (aff. des marchés de Bayonne).

63. — Décidé cependant que, bien que les fonctions de ministre ne soient pas, par elles-mêmes, un motif de s'abstenir, un pair peut être dispensé de siéger, à cause des devoirs pressans que lui impose son ministère. — *Cour des pairs*, 21 déc. 1830, de Polignac, de Peyronnet, de Chantelauze et de Guernon-Ranville ; 24 nov. 1830, de Kergorlay, de Brian, Genoude et Lubis ; 22 janv. 1836, Adam, Albert et autres (attentat d'avril 1834).

64. — Un pair ne peut se déporter, par le motif qu'il a fait partie du ministère dont les principaux membres sont traduits devant la cour des pairs, si l'accusation portée contre eux a pour objet des faits postérieurs à sa sortie du ministère, ou par le motif qu'il peut être cité comme témoin. — *Cour des pairs*, 21 déc. 1830, de Polignac, de Peyronnet, de Chantelauze et de Guernon-Ranville.

65. — Les pairs qui ont fait partie d'une commission d'enquête qui, procédant administrativement, a émis son avis sur des faits qui se trouvent ultérieurement déférés à la cour des pairs ne peuvent se déporter. — *Cour des pairs*, 3 août 1826, Min. publ. c. de Bordesoulle, Guilleminot, Sicard, Ouvrard et autres (aff. des marchés de Bayonne).

66. — Les pairs appelés à donner des déclarations écrites devant cette commission d'enquête ne peuvent pas se déporter. — *Cour des pairs*, 3 août 1826, de Bordesoulle, Guilleminot, Sicard et Ouvrard (aff. des marchés de Bayonne).

67. — Ne doit pas se déporter le pair qui, par suite des fonctions qu'il remplit auprès du roi, était, au moment d'un attentat commis contre la personne royale, sur le lieu du crime, et a partagé les dangers qu'a courus le souverain. — *Cour des pairs*, 15 fév. 1836, Fieschi, Morey, Pepin, Boireau et Bescher ; — Cauchy, *Précéd. de la cour des pairs*, p. 122.

68. — Un pair inculpé pour crime ou délit devant la cour, sur la plainte du ministère public, ne peut prendre part au jugement. — *Cour des pairs*, 3 août 1826, de Bordesoulle, Sicard et Ouvrard (Aff. des marchés de Bayonne).

69. — Les pairs entendus comme témoins dans une instruction qui, à raison de la qualité de l'inculpé, se trouve ultérieurement déférée au jugement de la cour des pairs, doivent s'abstenir de prendre part aux délibérations relatives à ce procès. — *Cour des pairs*, 6 déc. 1815, maréchal Ney ; 3 août 1826, de Bordesoulle, Guilleminot, Sicard et Ouvrard (Aff. des marchés de Bayonne) ; 21 déc. 1830, de Polignac, de Peyronnet, de Chantelauze et de Guernon-Ranville ; 16 avr. 1821, Louvel.

70.—Lorsqu'un pair de France est traduit devant la cour des pairs, ses frères, beaux-frères, oncles ou neveux qui font partie de la cour doivent s'abstenir. — *Cour des pairs*, 31 janv. 1818, Comtesse de de Saint-Morys c. Barbier Dufay. — Le pair beau-frère d'un accusé doit se déporter et s'abstenir de participer aux délibérations de la cour. — *Cour des pairs*, 21 déc. 1830, de Polignac, de Peyronnet, de Chantelauze et de Guernon-Ranville ; 22 janv. 1836, Adam et Albert (aff. de l'attentat d'avril 1834).

71. — Le pair dont la nièce a épousé le frère d'un des accusés n'est ni parent ni allié de cet accusé, et doit, dès-lors, demeurer juge du procès. — *Cour des pairs*, 21 déc. 1830, de Polignac, de Peyronnet, de Chantelauze et de Guernon-Ranville ; — Cauchy, p. 129.

72. — Les accusés traduits devant la cour des pairs peuvent exercer le droit de récusation. — *Cour des pairs*, 6 juill. 1821, Gauthier de Laverderie (conspiration du 19 août 1820). — Cette proposition ne résulte pas sans doute formellement de l'arrêt de la cour des pairs, mais elle a été tacitement ratifiée par elle, et nous l'avons déduite de cette observation de M. le chancelier Dambray, président, que « l'appel nominal avait pour objet non seulement de constater le nom des pairs présens et qui pourraient prendre part au jugement, mais encore de mettre les accusés à même de proposer les récusations qu'ils auraient à exercer contre quelques membres (t. 16, p. 770, 1re col.) » — Elle résulte encore de l'interpellation adressée par M. le chancelier Dambray à l'accusé, pour savoir s'il avait quelque récusation à proposer. — *Cour des pairs*, 24 nov. 1821, Maziau.

73 — Un pair contre lequel une récusation a été proposée doit en soumettre les motifs à la cour en la chambre du conseil. — *Cour des pairs*, 17 juill. 1819, de Selves c. M. le baron Séguier.

74. — *Ministère public.* — L'organisation de la cour des pairs est complétée par l'adjonction d'un ministère public chargé de faire des réquisitions au nom du roi. Lors du procès du maréchal Ney, une assimilation des fonctions judiciaires de la chambre avec ses fonctions législatives avait porté à désigner des commissaires du roi, qui, chargés de soutenir l'accusation et la discussion, avaient été pris parmi les ministres du roi.

75. — Le fonctionnaire délégué auprès de la chambre des pairs pour soutenir l'accusation, conserva le titre de commissaire du roi jusqu'en 1820, où l'ordonnance relative à l'affaire Louvel lui donna le titre de procureur général du roi.

76. — Le choix porta en 1818, pour l'affaire Saint-Morys, sur le procureur général près la cour royale de Paris, et en 1819 sur M. Mourre, procureur général près la cour de Cassation. L'arrêt du 16 juill. 1821 (affaire de la conspiration du 19 août 1820) a été rendu sur la réquisition de M. de Peyronnet, alors procureur général à la cour de Rouen, qui avait été appelé à remplir les mêmes fonctions auprès de la cour des pairs. En résumé, sur toutes les affaires déférées par ordonnances du roi à la cour des pairs, il n'en est que deux dans lesquelles les fonctions de procureur général près cette cour n'ont pas été déléguées au procureur général du roi près la cour royale de Paris.

77. — Suivant l'importance du procès, tantôt un seul magistrat a été désigné par l'ordonnance de convocation avec le titre de procureur général, tantôt l'ordonnance royale lui a adjoint un ou plusieurs avocats généraux ou substituts pour l'assister ou le remplacer, en cas d'absence ou d'empêchement.

78. — Lorsque la cour des pairs est saisie par la chambre des députés d'une accusation portée contre des ministres, il n'y a pas lieu de constituer près d'elle un procureur général du roi ; les fonctions du ministère public doivent appartenir tout entières aux commissaires que la chambre des députés a délégués pour soutenir l'accusation. — *Cour des pairs*, 21 déc. 1830, de Polignac, de Peyronnet, de Chantelauze et de Guernon-Ranville.

79. — La chambre des députés nomme par un scrutin de liste les commissaires qu'elle charge de faire en son nom toutes les réquisitions nécessaires, de suivre, soutenir et mettre à fin devant la chambre des pairs l'accusation de trahison portée contre les ministres. — Même arrêt.

80. — « La seule attribution du ministère public, dit M. Cauchy (*Précédens de la cour des pairs*, p. 609), qui n'ait pas paru applicable aux commissaires de la chambre des députés est celle qui concerne l'exécution des arrêts. Les pouvoirs de ces commissaires expirent naturellement au moment où l'accusation est mise à fin par l'arrêt définitif, et d'ailleurs aucune force publique n'est à leur disposition pour assurer l'effet des condamnations prononcées. C'est donc au gouvernement lui-même que la cour des pairs crut devoir s'adresser dans l'affaire des ministres pour l'exécution de ses arrêts. »

81. — *Greffier et huissiers.* — Les fonctions de greffier sont remplies par le garde des archives de la chambre et par son adjoint, que plusieurs des ordonnances royales de convocation autorisent à s'adjoindre un commis-greffier assermenté. Le garde des archives remplit ces fonctions comme secrétaire de la chambre, et dès-lors il n'est pas tenu de prêter un nouveau serment. — Cauchy, p. 148.

82. — Les mêmes ordonnances royales de convocation habilitent les huissiers de la chambre à faire les citations, significations et autres actes du ministère de la cour. Les magistrats délégués par la cour pour faire certains actes de l'instruction se servent naturellement du ministère des huissiers en exercice dans leur ressort.

Sect. 3e. — *Comment la cour des pairs est saisie de la connaissance d'un crime ou d'un délit.*

83. — Les infractions qui rentrent dans la juridiction de la cour des pairs peuvent lui être déférées, soit par une ordonnance royale, soit par une résolution de la chambre des députés qui accuse de trahison des ministres.

84. — La connaissance d'un attentat ou de tout autre fait rentrant dans la compétence de la cour des pairs, est en général déférée à la cour, conformément à la charte constitutionnelle, par une ordonnance royale qui, s'il s'agit d'un attentat à la sûreté de l'état, vise l'art. 28 de la charte et les articles de loi qui définissent l'attentat, et qui, s'il s'agit d'un renvoi motivé sur la qualité de l'inculpé ou sur une déclaration d'incompétence émanée d'une autre juridiction, vise l'art. 29 de la charte et l'arrêt ou jugement d'incompétence.

85. — Lorsque l'ordonnance royale qui réunit la cour des pairs est rendue dans l'intervalle de deux sessions législatives, on y insère la disposition suivante : « La cour des pairs est convoquée; les pairs absens de Paris seront tenus de s'y rendre immédiatement, à moins qu'ils ne justifient d'un empêchement légitime. »

86. — La juridiction que la charte attribue à la cour des pairs ne peut rester sans effet, par le défaut d'une détermination précise des formes à suivre pour l'instruction et le jugement des accusés. —*Cour des pairs*, 31 janv. 1818, Saint-Morys; 16 juill. 1821, de Laverderie; 22 janv. 1836, accusés d'avril.

87.—Les ordonnances royales des 11 et 12 nov. 1815 avaient posé, pour servir de base à la cour des pairs, quelques règles empruntées pour la plupart au Code d'instruction criminelle, et les ordonnances qui les suivirent se reportèrent d'abord à ces deux ordonnances réglementaires; mais depuis on a substitué la formule suivante : La cour se conformera pour l'instruction et le jugement aux formes qui ont été suivies par elle jusqu'à ce jour.

88. — Ces ordonnances contresignées lors des premières convocations par le président du conseil des ministres le sont, depuis 1830, par le garde des sceaux, ministre de la justice.

89. — Lorsqu'il y a lieu de convoquer la cour des pairs pendant la durée des sessions, s'il s'agit d'une affaire criminelle, le ministre qui a contresigné l'ordonnance de convocation l'apporte à la chambre, en séance publique, et la remet à M. le président qui en donne immédiatement lecture. Dans les simples affaires correctionnelles, les ordonnances de convocation sont adressées par M. le garde des sceaux à M. le président de la chambre, qui les communique en séance. Lorsque la convocation a lieu dans l'intervalle de deux sessions, les mêmes formes ne peuvent être observées; « Un seul précédent, dit M. Cauchy (p. 159), existe à cet égard, c'est celui que présente l'affaire du 19 août 1820. La cour s'étant réunie en séance secrète, M. le duc de Richelieu, président du conseil des ministres, qui avait contresigné l'ordonnance de convocation, et M. de Serres, garde des sceaux, furent introduits; le premier donna lecture à la chambre de l'ordonnance du roi, et immédiatement après cette lecture et avant toute délibération, M. de Serres, qui n'était pas pair de France, se retira de l'assemblée. »

90. — Lorsque la chambre des députés a, par un message, notifié à la chambre des pairs la résolution par laquelle elle accuse de trahison des ministres, la chambre des pairs doit se constituer en cour de justice, sans qu'il soit besoin d'une ordonnance du roi qui la convoque, et sans qu'il y ait lieu par elle de renvoyer à une commission l'examen de la résolution à prendre.—Mais la chambre des pairs doit, par déférence, ordonner que son président se retirera par devers le roi, pour lui donner connaissance de sa constitution en cour de justice, et elle doit en informer la chambre des députés par un message. — *Cour des pairs*, 21 déc. 1830, de Polignac, de Peyronnet, de Chantelauze et de Guernon Ranville.

91. — Lorsqu'il s'agit de procéder au jugement d'un accusé contumax arrêté pendant le cours du procès de ses coaccusés, il n'est pas nécessaire d'une ordonnance royale ; il suffit, pour assembler la cour des pairs, d'une simple convocation du président. — *Cour des pairs*, 24 nov. 1821, Maziau; 7 juin 1836, Delente.— V. Cauchy, *Précédens de la cour des pairs*, p. 579.

92. — La cour des pairs ne se tient pas pour définitivement saisie par la convocation royale; elle regarde au contraire comme le premier de ses droits celui d'apprécier si l'affaire qui lui est soumise présente les caractères qui doivent la déterminer à s'en réserver la connaissance, soit à raison de la nature des faits incriminés, soit à raison de la qualité de la personne inculpée.

93. — Ainsi jugé que c'est à la cour des pairs seule qu'appartient le droit de se saisir, et qu'elle est toujours libre d'apprécier si les attributions qui lui sont faites par les ordonnances du roi qui la constituent sont régulières et doivent être maintenues. — *Cour des pairs*, 24 nov. 1830, de Kergorlay; 22 janv. 1836, accusés d'avril; — Cauchy, p. 259; Legraverend, t. 2, p. 625 (note 1re), 631, 632, 636 et 638; Le Sellyer, *Tr. des act. publ. et priv.*, t. 4 p. 371, no 1729.

94. — De même, la cour des pairs doit examiner si l'affaire présente les caractères d'une gravité qui doive la déterminer à s'en réserver la compétence.—*Cour des pairs*, 15 fév. 1836, Fieschi; 9 juill. 1836, Alibaud.

95.— Jugé de même qu'avant de passer outre à aucun acte de sa juridiction, la cour des pairs doit statuer sur sa compétence.—Mais ce n'est qu'après le rapport fait à la cour par l'un de ses commissaires, qu'il y a lieu de décider cette question de compétence. — *Cour des pairs*, 3 août 1826, de Bordesoulle, Guilleminot, Sicard, Ouvrard (marchés de Bayonne); — Cauchy, *Précéd. de la cour des pairs*, p. 193.

96.— La cour des pairs peut même, après avoir rendu un arrêt pour ordonner l'instruction, et après qu'il a été procédé à cette instruction, rendre un arrêt motivé pour déclarer son incompétence. — *Cour des pairs*, 16 juill. 1821, de Laverderie; — Cauchy, *Précéd. de la cour des pairs*, p. 195 et 219.

97. — Lorsque la cour des pairs est saisie par voie de citation directe notifiée au prévenu à la requête du procureur général, il n'y a pas lieu par elle de statuer sur sa compétence par un arrêt préliminaire et d'instruction rendu en chambre du conseil.—Mais après avoir, à l'audience publique, constaté l'identité des inculpés et interpellé le ministère public et les inculpés pour savoir s'ils ont des observations à faire sur cette compétence, elle doit statuer sur ce point par un arrêt rendu publiquement et séparément de la décision sur le fond du procès. — *Cour des pairs*, 24 nov. 1830, de Kergorlay; — Cauchy, p. 207 et 210.

98. — La cour des pairs, même quand elle est saisie d'une accusation portée par la chambre des députés, doit statuer sur sa compétence par un arrêt rendu préalablement à tout débat public. — *Cour des pairs*, 21 déc. 1830, de Polignac; 24 nov. 1830, de Kergorlay.

99. — De même la compétence ainsi reconnue par un arrêt d'instruction ne fait pas obstacle à ce que la compétence de la cour soit ultérieurement déclinée par les prévenus ou leurs défenseurs. — *Cour des pairs*, 21 déc. 1830, de Polignac.

100. — La cour des pairs peut se dessaisir par une déclaration absolue d'incompétence s'étendant à toute l'affaire principale qui lui est déférée. Cette hypothèse ne s'est pas encore réalisée. Elle peut se dessaisir à l'égard de quelques faits seulement, en se réservant la connaissance du fait principal, objet de la convocation des pairs. Elle prononce alors par voie de disjonction. Cette disjonction peut avoir lieu dans trois cas : 1o soit dans le cours de l'instruction; — 2o soit au moment de statuer sur la mise en accusation; — 3o soit enfin lors du jugement définitif.

101. — Lorsque, durant l'instruction, des faits qui paraissaient connexes à ceux déférés à la cour des pairs sont reconnus définitivement étrangers à la compétence de la cour, le président auquel la direction de l'instruction a été déléguée rend, sur le réquisitoire du ministère public, une ordonnance par laquelle, considérant que l'affaire dont il s'agit ne rentre pas dans les faits dont l'instruction lui a été commise, il ordonne que la procédure instruite contre N..... sera renvoyée à qui de droit pour être statué ainsi qu'il appartiendra.

102. — Si, contre un prévenu, il ne résulte aucune charge de culpabilité ou de complicité relativement au crime de la connaissance duquel la cour est saisie, mais des charges établissant une autre infraction du ressort des tribunaux ordinaires, la cour, par un arrêt, déclare n'y avoir lieu à suivre contre ce prévenu devant elle ; mais, attendu que de l'instruction, il résulte qu'il peut y avoir lieu à poursuites contre lui, à raison de crimes, délits ou contraventions prévus par la loi, le renvoie devant qui de droit, à la diligence du procureur général du roi près la cour, le mandat décerné contre lui subsistant. — *Cour des pairs*, 16 avr. 1821, Louvel et Desjardins.

103. — On trouve dans l'affaire Saint-Morys (31 janv. 1818) un premier exemple du renvoi *devant qui de droit* des inculpés non justiciables de la cour des pairs. — Cauchy, *Précéd. de la cour des pairs*, p. 224. — Dans l'affaire de la conspiration du 19 août 1820, la cour avait une pareille décision à rendre, concernant un prévenu absent. Elle adopta la formule suivante : « Attendu que Cordier n'est pas détenu, et que le fait qui pourrait lui être imputé n'est pas de la compétence de la cour, dit qu'il n'y a lieu de statuer à cet égard sur les conclusions du procureur général. » —*Cour des pairs*, 16 juill. 1821, Gauthier de Laverderie.

104. — Aussi a-t-elle jugé que lorsque de l'instruction ne résulte, à l'égard des inculpés, aucune trace ou aucun indice suffisans de culpabilité de crime, délit ou contravention prévus par les lois, la cour des pairs doit déclarer qu'il n'y a lieu à suivre contre eux et ordonner leur mise en liberté. —*Cour des pairs*, 16 avr. 1821, Louvel, Desjardins; — Cauchy, *Précéd. de la cour des pairs*, p. 488 et suiv.

Sect. 4e. — *De l'instruction et des mises en liberté.*

105. — Lorsque la chambre des pairs a reçu la communication soit de l'ordonnance royale, soit du message de la chambre des députés, qui lui défèrent des actes ressortissant de sa juridiction, elle se déclare, par arrêt, constituée en cour de justice, ordonne, sur le réquisitoire du procureur-général, qu'il sera procédé à une instruction, et délègue ceux de ses membres qu'elle charge de diriger cette instruction.

106. — L'utilité de ce premier arrêt consiste d'abord dans la désignation des membres chargés de l'instruction ; ensuite, dans la possibilité qui s'offre à la cour de veiller à ce que sa juridiction ne soit pas saisie, même indirectement, d'un fait qu'elle n'aurait pas reconnu elle-même pouvoir être de sa compétence ; enfin, dans l'occasion que cet arrêt donne à la cour de rejeter, sur leur simple énoncé, des plaintes dont le mal fondé lui paraît si manifeste qu'aucune instruction ne pourra ajouter à cette évidence. C'est ce dernier parti qu'elle a pris dans ses arrêts du 31 janvier 1818, de Saint-Morys c. Barbier-Dufay, et 17 juill. 1819, Selves c. Séguier.

107. — L'arrêt par lequel la cour des pairs donne acte au procureur général de son réquisitoire et ordonne qu'il sera immédiatement procédé à l'instruction écrite d'un procès qui lui est déféré par ordonnance royale, n'est pas nul pour avoir été signé non par tous les pairs qui y ont pris part, mais seulement par le président et les secrétaires. — *Cour des pairs*, 6 déc. 1815, maréchal Ney. — Cette décision paraît avoir été sanctionnée par l'usage suivant lequel les arrêts de mise en accusation et les arrêts définitifs sont seuls signés par tous les pairs. — V. le deuxième projet de loi du 10 avr. 1837, art. 51 et 90.

108. — S'il y a une instruction commencée par des juges ordinaires, la cour ordonne, par le premier arrêt, que les pièces de conviction ainsi que la procédure et les actes d'instruction déjà faits seront apportés au greffe de la cour.

109. — La cour des pairs, au lieu de nommer une commission chargée, après avoir examiné les pièces de l'instruction, d'en faire son rapport à la cour, peut, après le réquisitoire du procureur général, faire lire les pièces par le greffier, et apprécier les charges qu'elles constituent. — *Cour des pairs*, 31 janv. 1818, de Saint-Morys c. Barbier-Dufay.

110. — La cour des pairs, avant de passer outre au jugement de l'accusation portée par la chambre des députés contre des ministres, a le droit de vérifier et de régler l'état de l'instruction et de la procédure ; en conséquence, elle peut ordonner que par son président et tels pairs qu'il jugera convenable de commettre pour l'assister et le rempla-

cer, s'il y a lieu, il sera procédé à l'examen des pièces transmises par la chambre des députés, ensemble à tous les actes d'instruction qui pourraient être nécessaires pour l'éclaircissement et la qualification des faits, ainsi que pour la mise en état de la procédure. — *Cour des pairs*, 21 déc. 1830, de Polignac, de Peyronnet, de Chantelauze et de Guernon-Ranville. — Le droit de procéder à cette instruction supplémentaire avait été reconnu par la chambre des députés lorsqu'elle conférait à sa commission les pouvoirs des juges d'instruction. « Remarquez, disait M. Thil (séance du 20 août 1830), que la chambre des pairs ne perdra pas pour cela le droit de compléter l'instruction, de chercher à s'éclairer à l'aide d'élémens autres que ceux qui résulteraient du travail préparatoire de votre commission. Cette chambre aura toujours la liberté de recourir à tous les moyens qu'elle jugerait convenables et dans l'intérêt de l'ordre public et des accusés eux-mêmes. »

111. — Les arrêts de la cour des pairs ont constamment chargé de procéder à l'instruction le président de la cour et tel de messieurs les pairs qu'il lui plairait commettre pour l'assister et le remplacer, en cas d'empêchement.

112. — Dans le cas où le réquisitoire du procureur général tendrait à donner suite à la plainte portée contre un pair de France inculpé d'un crime, et dont la connaissance a été renvoyée par ordonnance royale à la cour des pairs, le président peut lui-même désigner une commission pour procéder à l'instruction. — *Cour des Pairs*, 31 janv. 1818, de Saint-Morys c. Barbier-Dufay. — Dans les arrêts qu'elle a rendus ultérieurement, la cour des pairs a directement nommé par elle-même la commission chargée de remplir les fonctions attribuées à la chambre du conseil par l'art. 128, C. inst. crim.

113. — Le président de la cour des pairs peut commettre tel nombre de pairs qu'il lui plaît, pour l'assister et le remplacer, en cas d'empêchement, dans l'instruction des procès déférés à la cour des pairs. — *Cour des Pairs*, 16 juill. 1821, Gauthier de Laverderie (conspiration du 19 août 1820); — Cauchy, *Précéd. de la cour des pairs*, p. 323.

114. — Le mandat donné aux commissaires chargés d'assister et de suppléer le président dans le cours de l'instruction, peut s'étendre aux affaires incidentes ou connexes renvoyées à la cour des pairs postérieurement au jugement de l'affaire principale. — *Cour des pairs*, 16 avr. 1821, Louvel, Desjardins.

115. — Les pouvoirs de ces commissaires expirent en général après la lecture du rapport sur les résultats de l'instruction présenté à la cour pour la mettre à portée de statuer sur la mise en accusation.

116. — Le président de la cour des pairs a aussi le droit d'adresser à des magistrats ordinaires, des délégations pour procéder à certains actes d'instruction, mais en général il se réserve le droit de décerner les mandats de dépôt contre les individus que des indices, résultant de l'instruction, obligent à priver de leur liberté.

117. — Le procureur général près la cour des pairs a-t-il le droit d'assister aux divers actes de la procédure instruite par le président et par les commissaires qu'il s'est adjoints à cet effet? — *Cour des pairs*, 16 avr. 1821, Louvel. — La cour des pairs n'a pas rendu de décision sur cette question, à l'égard de laquelle M. le comte de Bastard, rapporteur dans l'affaire Louvel, a seul émis une opinion; mais lors de l'affaire de la conspiration du 19 août 1820 (V. 16 juill. 1821) le procureur général déclara qu'il n'insistait pas pour l'assistance dont il s'agit, et il faut en conséquence tenir, avec l'arrêt du 16 juill. 1821, que le procureur général près la cour des pairs n'a pas le droit d'assister aux divers actes de la procédure instruite par le président et les commissaires qu'il s'est adjoints à cet effet. — *Cour des pairs*, 16 juill. 1821, Gauthier de Laverderie (conspiration du 19 août 1820). — E. Cauchy, *Précéd. de la cour des pairs*, p. 339.

118. — Les commissaires de la chambre des députés ne peuvent assister aux actes d'instruction auxquels procède la commission de la cour des pairs; mais tous les actes de cette instruction doivent leur être communiqués pour qu'ils puissent faire telles réquisitions qu'ils jugent convenables. — *Cour des pairs*, 21 déc. 1830, Polignac, Peyronnet, de Chantelauze et Guernon-Ranville.

119. — Le même arrêt qui ordonne l'instruction contient aussi, lorsque la nature de l'affaire en indique la nécessité, la nomination d'un conseil des mises en liberté.

120. — Il est un usage législatif, propre à la chambre des pairs, que l'on a voulu tenter d'introduire dans les précédens judiciaires de la pairie. Il arrive souvent à la chambre des pairs que les commissaires pour l'examen des projets de loi sont désignés par le président, dont la chambre ratifie le choix; néanmoins quelquefois, dans des circonstances importantes, la chambre des pairs se retire dans ses bureaux pour élire directement ses commissaires; mais la cour a écarté ce précédent, peu en harmonie avec ce que l'on a droit d'attendre d'une aussi haute juridiction.

121. — La cour des pairs peut charger un conseil spécial, composé de douze pairs, de remplir dans le cours de l'instruction les fonctions attribuées à la chambre du conseil, par l'art. 128, C. inst. crim. — Les membres nommés par la cour des pairs directement seront, plus que ceux que désignerait le président, l'exacte expression des dispositions d'indulgence ou de sévérité qui animeront l'assemblée. — *Cour des pairs*, 16 juill. 1821, Gauthier de Laverderie (conspiration du 19 août 1820); 9 juill. 1836, Alibaud; — Cauchy, *Précéd. de la cour des pairs*, p. 339 et suiv.

122. — Mais la cour des pairs peut charger son président de lui présenter une liste de noms pour composer le conseil des mises en liberté. — *Cour des pairs*, 9 juill. 1836, Alibaud.

123. — Les membres du conseil spécial des mises en liberté ne doivent pas être désignés par le sort, mais par la voie d'un scrutin de liste, à la majorité des suffrages. — *Cour des pairs*, 16 juill. 1821, Gauthier de Laverderie (conspiration du 19 août 1820); — Cauchy, p. 340.

124. — Ce conseil doit se conformer, pour le mode de procéder, aux dispositions du Code d'instruction criminelle, et ne peut délibérer si ses membres ne sont réunis au nombre de sept au moins. — Même arrêt.

125. — Le président de la cour des pairs et celui des commissaires chargés de l'assister pour faire le rapport de l'instruction, ont seuls entrée et voix délibérative dans le conseil des mises en liberté. — Même arrêt.

126. — Les décisions du conseil des mises en liberté de la cour des pairs ne sont rendues que de l'assentiment du ministère public, en sorte que la question n'a pu être agitée de savoir si les décisions de ce conseil pouvaient être attaquées par la voie d'opposition ouverte contre les décisions de la chambre du conseil. — Cauchy, p. 351.

127. — Les pouvoirs du conseil des mises en liberté ne s'étendant pas au-delà des fonctions attribuées à la chambre du conseil par l'art. 128, C. inst. crim.; ce conseil ne peut donc prononcer qu'autant que ses membres sont unanimement d'avis que le fait imputé à tel inculpé ne présente ni crime ni délit, ni contravention, ou qu'il n'existe aucune charge contre lui; et, dans ce cas, il doit être déclaré qu'il n'y a lieu à poursuivre, et que l'inculpé, s'il est détenu, doit être mis en liberté.

Sect. 5e. — *De la mise en accusation.*

128. — Quand le président de la cour des pairs juge que l'instruction est complète, il convoque la cour, qui se réunit en la chambre du conseil pour entendre le rapport de la commission. Après la lecture de ce rapport, le procureur général est introduit pour présenter ses réquisitions.

129. — C'est en séance de la cour des pairs, mais à huis-clos, que doit être présenté le réquisitoire du procureur général près la cour des pairs, sur la mise en accusation ou le relaxe des prévenus, et qu'il doit y être statué. — *Cour des pairs*, 31 janv. 1818, St. Morys c. Barbier Dufay.

130. — Les commissaires de la chambre des députés ont droit d'assister au rapport fait en séance secrète à la cour des pairs, par la commission déléguée par elle pour procéder à l'instruction. — *Cour des pairs*, 21 déc. 1830, chambre des députés c. Polignac, Peyronnet, Chantelauze et Guernon-Ranville. — Dans ce procès, les commissaires de la chambre des députés n'ont pris aucune réquisition, voulant sans doute, dit E. Cauchy (*Précédens de la cour des pairs*, p. 608), donner à la chambre des pairs une marque d'égards pour le soin avec lequel ils s'abstenaient d'entrer dans la discussion d'un point en quelque sorte personnel à cette chambre, la question de compétence.

131. — Les prévenus sur la mise en accusation desquels la cour des pairs doit prononcer peuvent fournir, pour leur justification, tels mémoires qu'ils jugent convenables. — *Cour des pairs*, 16 juill. 1821, Gauthier de Laverderie (conspiration du 19 août 1820.)

132. — Dans quelque forme qu'un écrit soit rédigé, quelque publicité qu'il ait reçue antérieurement, il suffit qu'il soit, avant l'arrêt de mise en accusation, produit par un prévenu comme pouvant servir à sa justification pour que la cour des pairs doive en ordonner la lecture à son audience. — *Cour des pairs*, 22 janv. 1836, Adam et Albert (attentat d'avril 1834).

133. — La cour des pairs peut, avant l'arrêt qui doit prononcer sur la mise en accusation, refuser à un inculpé communication des pièces de l'instruction dirigée contre lui. — Même arrêt. — E. Cauchy, p. 386.

134. — Les ministres prévenus de haute trahison ont le droit, en vertu de l'art. 217, C. inst. crim., de produire devant la chambre des députés les mémoires qu'ils jugent convenables, et ces mémoires doivent être lus à la chambre réunie en séance publique, avant qu'elle arrête sa résolution sur l'accusation. — *Cour des pairs*, 21 déc. 1830, Polignac, Peyronnet, de Chantelauze et Guernon-Ranville.

135. — Le rapport fait à la cour des pairs avant l'arrêt de la mise en accusation par l'un des commissaires instructeurs, peut être imprimé et distribué à tous les membres de la cour. — *Cour des pairs*, 15 fév. 1836, Fieschi, Morey, Pépin, Boireau et Bescher; 16 juill. 1821, Gauthier de Laverderie; 22 janv. 1836, Adam et Albert; 9 juill. 1836, Alibaud.

136. — Il en est de même du réquisitoire du procureur général, à l'exception toutefois de la partie de cet acte qui serait relative à un supplément d'instruction à ordonner par la cour. — *Cour des pairs*, 16 juill. 1821, Gauthier de Laverderie.

137. — La cour des pairs peut ordonner l'impression, pour l'usage de ses membres, du rapport fait par la commission sur l'instruction suivie soit devant elle, soit devant la chambre des députés. — *Cour des pairs*, 21 déc. 1830, Polignac, Peyronnet, Chantelauze, Guernon-Ranville.

138. — Les pièces de la procédure ne doivent être livrées à l'impression qu'en cas de nécessité. — *Cour des pairs*, 9 juill. 1836, Alibaud; 22 janv. 1836, Adam Albert; — Cauchy, p. 371 et 375.

139. — La cour des pairs peut ordonner la réimpression, uniquement pour les pairs et dans la vue de leur faciliter l'intelligence des discussions, d'une pièce qui lui est déférée comme contenant un délit et même de toutes les pièces de l'instruction. — *Cour des pairs*, 24 nov. 1830, de Kergorlay, de Brian, Genoude et Lubis.

140. — Dans les trois premiers procès dont la cour des pairs a été saisie, les pièces n'ont pas été imprimées; dans le procès de la conspiration militaire de 1820, jugé le 16 juill. 1821, le rapport de la commission d'instruction et le réquisitoire du procureur général furent seuls imprimés. Dans la plupart des procès ultérieurs les interrogatoires des accusés, les dépositions des témoins, les procès-verbaux d'arrestations, l'état des pièces à conviction, ont été de plus livrés à l'impression et distribués à la cour, aux accusés et à leurs défenseurs.

141. — Mais cette impression n'est pas une cause nécessaire d'ajournement, et la délibération peut s'engager immédiatement après la lecture donnée par le rapporteur. — *Cour des pairs*, 15 fév. 1836, Fieschi, Morey, Pepin, Boireau et Bescher; 9 juill. 1836, Alibaud.

142. — La cour peut même ordonner l'impression des mémoires justificatifs produits par les accusés, lorsqu'elle délibère sur la mise en accusation, à moins, toutefois, que les accusés ne s'y opposent. — *Cour des pairs*, 22 janv. 1836, Adam, Albert (attentat d'avr. 1834).

143. — Ces pièces imprimées doivent être également remises aux pairs qui, n'ayant pas voté sur la mise en accusation, viennent siéger lors du débat public. — *Cour des pairs*, 16 juill. 1821, Gauthier de Laverderie (conspiration du 19 août 1820).

144. — Il suffit qu'un seul pair réclame, avant de voter sur la mise en accusation, la lecture des pièces du procès, pour qu'elle doive être ordonnée par la cour. — *Cour des pairs*, 16 avr. 1821, Louvel et Desjardins.

145. — La cour des pairs peut ordonner un supplément d'instruction. — *Cour des pairs*, 16 juill. 1821, Gauthier (conspiration du 19 août 1820).

146. — Elle peut l'ordonner en termes généraux, sauf à elle à apprécier le résultat des recherches de ses commissaires. — *Cour des pairs*, 3 août 1826, de Bordesoulle, Guilleminot, Sicard, Ouvrard (marchés de Bayonne); — Cauchy, *ibid.*, p. 400.

147. — Dans les délibérations de la cour des pairs, le commissaire qui a fait le rapport sur l'instruction ne doit pas opiner le premier; les voix doivent être recueillies dans l'ordre inverse de l'ancienneté de réception des pairs. — *Cour des pairs*, 16 juill. 1821, Gauthier de Laverderie (conspiration du 19 août 1820); — Cauchy, *Précéd. de la cour des pairs*, p. 274.

148. — Peuvent prendre part à la délibération sur la mise en accusation, les pairs qui ont assisté à la lecture du rapport sur l'instruction et du réquisitoire, et qui ont pris part à la délibération sur la compétence, encore qu'ils aient été empêchés d'assister à quelques autres séances. — *Cour des pairs*, 22 janv. 1836, Adam, Albert (attentat d'avril 1834).

149. — Lorsque la cour des pairs a décidé qu'il n'y avait pas lieu à suivre contre un inculpé, sa mise en liberté peut être effectuée avant la rédaction définitive et la signature de l'arrêt, sur une minute provisoire signée par le président et le greffier. — *Cour des pairs*, 16 juill. 1821, Gauthier de Laverderie (conspiration du 19 août 1820); — Cauchy, *Précéd. de la cour des pairs*, p. 417.

150. — Comme il est de principe, en matière criminelle, que la signature seule fait l'arrêt, la cour des pairs peut, jusqu'à ce que l'arrêt de mise en accusation soit rédigé et signé, revenir sur la décision qu'elle a prise pour embrasser une opinion plus douce. — Même arrêt; — Cauchy, *Précéd. de la cour des pairs*, p. 305.

151. — La cour des pairs, lorsqu'elle a statué sur la mise en accusation de chacun des inculpés individuellement, peut ordonner une nouvelle lecture de la liste des prévenus mis en accusation, et statuer sur la proposition faite par un pair pour la mise hors de cause de tel ou tel inculpé. — *Cour des pairs*, 22 janv. 1836, Adam, Albert (attentat d'avril 1834); — Cauchy, p. 305 et suiv.

152. — La chambre des députés, statuant sur la mise en accusation des ministres, agit comme corps politique, et dès-lors c'est par le vote au scrutin secret que doit se former sa résolution. — Mais elle doit ouvrir un scrutin particulier sur les questions individuelles relatives à chacun des inculpés. — *Cour des pairs*, 21 déc. 1830, Polignac, Peyronnet, Chantelauze, Guernon-Ranville.

153. — Pour la mise en accusation des inculpés traduits devant elle, les décisions de la cour des pairs sont prises à la majorité absolue des suffrages. — *Cour des pairs*, 15 fév. 1836, Fieschi, Morey, Pepin, Boireau et Bescher; 16 juill. 1821, Gauthier de Laverderie (conspiration du 19 août 1820); 22 janv. 1836 (aff. d'avr. 1834).

154. — Ne sont pas nuls : 1° l'arrêt de la cour des pairs qui donne acte au ministère public du dépôt de l'acte d'accusation et de son réquisitoire, décerne une ordonnance de prise de corps contre l'accusé, et fixe l'ouverture des débats; — 2° l'acte d'accusation qui a été dressé sans que la mise en accusation ait été préalablement décrétée en termes formels. — *Cour des pairs*, 6 déc. 1815, maréchal Ney.

155. — C'est la cour des pairs elle-même qui, lorsqu'elle accuse, doit qualifier le fait à raison duquel l'accusation est prononcée. Cette qualification est importante puisqu'elle doit servir de base à l'acte d'accusation, aux débats, et plus tard aux délibérations sur la culpabilité et sur la peine. Aussi la cour des pairs a-t-elle toujours mis une attention particulière à bien distinguer dans ses délibérations les divers chefs d'accusation qui doivent être énoncés dans l'arrêt. A cet effet, les questions sont posées de telle manière qu'en statuant sur la mise en accusation, la cour statue également sur la qualification de chaque fait.

156. — Bien que l'ordonnance du roi qui convoque la cour des pairs ne mentionne qu'un seul délit à la charge des inculpés, la cour des pairs, en vertu du droit qui appartient à tout juge de donner au fait incriminé le véritable caractère légal qui lui appartient, peut, sur le réquisitoire du ministère public et même d'office, changer la qualification du fait et lui en ajouter une autre. — *Cour des pairs*, 24 nov. 1830, de Kergorlay. — Sauf à la cour à se déclarer incompétente et à renvoyer l'affaire devant le juge qui doit en connaître, s'il résulte de la qualification nouvelle donnée au fait incriminé qu'il ne rentre pas dans ses attributions spéciales. — E. Cauchy, *Précéd. de la cour des pairs*, p. 515.

157. — Lorsque la chambre des pairs a été saisie, par une ordonnance du roi, de la connaissance d'attentats à la sûreté de l'état, elle seule a le droit de reconnaître et de déclarer les faits qui, par leur connexité avec ceux qui lui sont déférés, rentrent dans le cercle de sa juridiction. Dès-lors, tant qu'elle ne les a point évoqués, la chambre d'accusation ne peut ordonner le renvoi. — Cass., 8 nov. 1834, accusés d'avril.

158. — Il n'y a pas lieu de rédiger, à l'égard des individus compris dans la même prévention, deux arrêts sur la mise en accusation. — *Cour des pairs*, 22 janv. 1836, Adam, Albert; — Cauchy, p. 36.

159. — La mise en accusation peut être décidée par la cour des pairs, à la majorité absolue des suffrages; mais pour la déclaration de culpabilité et l'application de la peine, il faut la réunion des cinq huitièmes des voix. — *Cour des pairs*, 16 juill. 1821, Gauthier de Laverderie (conspiration du 19 août 1820).

160. — Lorsque la mise en accusation est prononcée, l'ordonnance de prise de corps insérée dans l'arrêt de la cour, vient remplacer le mandat de dépôt ou d'arrêt décerné pendant l'instruction par le président. Cette ordonnance de prise de corps contient le signalement de l'inculpé; tantôt la cour indique elle-même dans l'arrêt, tantôt elle laisse au président le soin de désigner, par une ordonnance séparée, la maison de justice dans laquelle les accusés seront écroués pour y attendre l'ouverture des débats.

Sect. 6e. — *De l'examen, des débats, et de l'arrêt définitif.*

161. — A la différence de ce qui s'est pratiqué dans les deux premiers procès soumis à la cour des pairs, l'acte d'accusation est maintenant dressé par le procureur général en conséquence de l'arrêt qui prononce la mise en accusation; rédigé dans une forme analogue à celle que prescrit l'art. 241, C. inst. crim., cet acte est annexé à cet arrêt, et le tout est signifié aux accusés.

162. — C'est au président de la cour des pairs qu'il appartient de fixer le jour de l'ouverture des débats. — *Cour des pairs*, 21 déc. 1830, chambre des députés c. de Polignac, de Peyronnet, de Chantelauze et de Guernon-Ranville. — La cour des pairs a constamment observé ce précédent. Mais le deuxième projet de loi du 10 avr. 1837, art. 52, avait réservé à la cour des pairs le droit de fixer elle-même le jour de l'ouverture des débats.

163. — Le projet de loi du 10 avr. 1837 (art. 52) avait remis le choix du jour de l'ouverture des débats à la cour elle-même, et M. le baron Mounier justifiait ainsi cette disposition : « S'il est vrai que souvent un intervalle de quinze jours serait exagéré et qu'il soit préférable de s'en rapporter à la sagesse de la cour pour en déterminer, dans chaque cas, la durée, nous désirerions cependant qu'on posât une limite qui ne pourrait être franchie. Les corps les plus graves sont entraînés, dans certaines circonstances, par l'impression des sentimens généreux ou par les suggestions des opinions animées. Il est bon de se prémunir dans le calme, et loin des passions, contre la précipitation et l'entraînement. Il nous semble utile, d'après cette considération, de décider que l'ordonnance que le président rendra, en vertu de la délibération de la cour, devra être signifiée à l'accusé au moins cinq jours à l'avance. »

164. — Mais c'est à la cour des pairs seule qu'il appartient de déterminer le délai qui doit s'écouler entre la notification de l'arrêt d'accusation et l'ouverture des débats. — *Paris*, 9 juill. 1836, Alibaud.

165 — Les procédures de la cour des pairs n'offrent aucune uniformité relativement au délai qui doit s'écouler entre la notification de l'arrêt et de l'acte d'accusation et la comparution de l'accusé au débat public.

166. — Toutefois, il a été jugé que la loi du 9 sept. 1835, qui est uniquement relative à la procédure devant les cours d'assises pour les cas d'assignation directe, et l'art. 296, C. inst. crim., sont inapplicables à un arrêt de mise en accusation prononcé par la cour des pairs. — *Paris*, 9 juill. 1836, Alibaud.

167. — Au reste, la cour des pairs, par cet arrêt, a posé ce principe : L'accusé doit toujours obtenir le temps nécessaire pour connaître les charges élevées contre lui, la procédure instruite à l'appui de ces charges et pour préparer sa défense.

168. — La notification faite à l'accusé de l'acte d'accusation n'est pas viciée par le défaut de date de l'exploit, si l'accusé a lui-même, par une reconnaissance écrite, constaté la date de cette notification. — *Cour des pairs*, 6 déc. 1815, commissaire du roi c. maréchal Ney.

169. — Il est régulièrement procédé aux débats, bien que l'accusé, avant d'être traduit à l'audience publique de la cour des pairs, n'ait pas été averti de proposer ses nullités contre l'instruction dirigée contre lui. — Même arrêt.

170. — La cour des pairs a toujours observé, quand est venu le jour des débats, le principe de la publicité des débats; et, à l'époque même où ses séances législatives étaient secrètes, les portes de la salle d'audience de la cour des pairs étaient ouvertes au public; cependant l'usage constant a été de n'admettre aucune femme dans les tribunes.

171. — Avant l'heure de l'ouverture du débat public, les pairs se réunissent dans la chambre du conseil; la cour délibère et statue sur les motifs d'excuse ou de déport qui lui sont soumis et sur toutes les questions préliminaires qui peuvent se présenter. C'est dans une de ces séances préliminaires que M. le chancelier Dambray adressa à la cour des pairs une allocution que nous avons rapportée avec l'arrêt du 6 déc. 1815 (maréchal Ney), et qui définissait la nature et marquait l'étendue des fonctions judiciaires de la cour.

172. — Au sortir de la chambre du conseil, la cour, précédée de ses huissiers, se rend dans la salle d'audience. Les accusés sont libres à la barre, assistés de leurs défenseurs. M. le président déclare l'ouverture de l'audience, et le greffier en chef fait, par ordre d'ancienneté de réception, l'appel nominal des pairs présens, qui seuls peuvent prendre part au jugement.

173. — Lorsque des pairs qui n'ont pas siégé lors de la mise en accusation viennent assister comme juges à l'examen et au jugement de l'accusé, il n'est pas nécessaire de faire, avant le débat oral, donner, en leur présence lecture par le greffier, des pièces du procès. — *Cour des pairs*, 16 avr. 1821, Louvel, Desjardins. — Mais d'après les usages de la cour des pairs, les pièces de la procédure sont imprimées et distribuées à tous les membres de la cour. — V. *suprà* nos 135 et suiv.

174. — Les récusations dont nous avons parlé plus haut (nos 58 et suiv.), en nous occupant de l'organisation de la cour, ne peuvent être présentées par les accusés qu'au moment où, amenés devant la cour, ils viennent à connaître par l'appel nominal la personne des juges qui leur seront donnés.

175. — Conformément aux règles tracées par le Code de procédure civile, c'est en la chambre du conseil que la cour des pairs doit statuer sur les récusations proposées contre quelques uns de ses membres.

176. — Les formes suivies par la cour des pairs sont minutieusement analysées par M. Cauchy (*Précédens de la cour des pairs*, p. 441 et suiv.). Elles sont calquées sur les art. 310, 311, 313, 314, 315, 316, 317, 318, 319, 320, 321, 322, 323, 324, 325, 326, 327, 328, 329, 330, 331, 332, 333, 334 et 335, C. inst. crim., sauf quelques légères différences résultant nécessairement de la composition de la cour des pairs.

177. — Le procureur général près la cour des pairs a le droit de la saisir par voie de citation directe de la connaissance du délit correctionnel imputé à un inculpé renvoyé devant elle par ordonnance royale (C. inst. crim., art. 182). C'est par un arrêt de la cour des pairs qu'est faite, sur le réquisitoire du procureur général, l'indication de l'audience publique pour laquelle les prévenus sont cités à la requête du procureur général. — *Cour des pairs*, 24 nov. 1830, Kergorlay; 20 sept. 1831, Montalembert. — V. E. Cauchy, p. 581 et suiv.

178. — La cour des pairs peut ordonner que l'accusé présentera cumulativement ses moyens préjudiciels, sinon qu'il sera passé outre à l'examen et aux débats sur le fond. — *Cour des pairs*, 6 déc. 1815, commissaires du roi c. maréchal Ney.

179. — Devant la cour des pairs comme devant la cour d'assises, le président peut, pendant l'audition d'un témoin ou l'interrogatoire d'un accusé, faire retirer un ou plusieurs accusés et les examiner séparément sur une partie du procès; mais la suite des débats généraux ne doit être reprise, qu'après qu'il a été rendu compte à chaque accusé de ce qui s'est fait en son absence et de ce qui en est résulté. — *Cour des pairs*, 15 fév. 1836, Fieschi, Morey, Pepin, Boireau et Bescher.

180. — Lorsqu'un témoin est, par suite de maladie, dans l'impossibilité de se rendre à l'audience, sa déposition peut être reçue sous la foi du serment par un juge d'instruction, en vertu d'une délégation spéciale du président de la cour des pairs. — *Cour des pairs*, 15 fév. 1836, Fieschi, Morey, Pepin, Boireau et Bescher.

181. — La déclaration d'un témoin âgé de moins de quinze ans révolus doit être reçue sans prestation de serment. — Même arrêt.

182. — La qualité de dénonciateur d'un témoin doit être déclarée à la cour des pairs par le président. — *Cour des pairs*, 16 juill. 1821, Gauthier de Laverderie (conspiration du 19 août 1820).

183. — Un des membres de la commission d'instruction de la chambre des députés ne peut être entendu comme témoin par la cour des pairs. — *Cour des pairs*, 21 déc. 1830, de Polignac, de Peyronnet, de Chantelauze, Guernon-Ranville.

184. — Un pair de France entendu comme té-

moin dans l'instruction dont la cour est saisie ne peut obtenir communication de toutes les pièces de l'instruction. Une pareille communication ne pourrait être demandée que par la partie civile ou le prévenu, et en se conformant d'ailleurs aux règles du Code d'instruction criminelle. — *Cour des pairs*, 3 août 1826, de Bordesoulle, Guilleminot, Sicard, Ouvrard (marché de Bayonne).

185. — La cour des pairs est compétente pour connaître du faux témoignage commis devant elle. — *Cour des pairs*, 22 janv. 1836, accusés d'avril; — E. Cauchy, p. 477 et suiv.

186. — Lorsqu'un témoin régulièrement cité ne comparaît pas au jour fixé, sans justifier d'un empêchement légitime, la cour des pairs peut le condamner à l'amende prononcée par les art. 80 et 355, C. inst. crim., et même ordonner que ce témoin sera amené par la force publique devant la cour pour être entendu. — *Cour des pairs*, 16 juill. 1821, Gauthier Laverderie; 24 nov. 1821, Maziau.

187. — Mais si ce témoin présente des excuses valables pour justifier son absence, la cour peut le décharger des condamnations prononcées contre lui. — *Cour des pairs*, 16 juill. 1821, Gauthier de Laverderie (conspiration du 19 août 1820); — E. Cauchy, *Précéd. de la cour des pairs*, p. 475.

188. — Le témoin régulièrement cité devant la cour des pairs, qui refuse de déposer sur un fait dont il déclare avoir connaissance, doit être condamné aux peines portées par les art. 355 et 80, C. inst. crim. — *Cour des pairs*, 16 juill. 1821, Gauthier de Laverderie (conspiration du 19 août 1820).

189. — Lorsqu'un individu assigné comme témoin et entendu comme tel, sous la foi du serment, est chargé, dans le cours du débat, de procéder à diverses vérifications et expertises, il doit prêter, avant toute opération, le serment spécial de faire son rapport en son honneur et conscience. — *Cour des pairs*, 15 fév. 1836, Fieschi, Morey, Pepin, Boireau et Bescher.

190. — Lorsqu'un accusé trouble l'audience par ses clameurs ou ses vociférations, la cour des pairs a le droit d'ordonner qu'il sera reconduit en prison et qu'il sera, en son absence, procédé à l'examen, en ce qui concerne ses coaccusés. — *Cour des pairs*, 22 janv. 1836, Adam et Albert (attentat d'avril 1834).

191. — C'est à l'occasion de ces scènes de tumulte que la cour a été conduite à déclarer qu'elle avait le droit de disjoindre des causes connexes, pour en opérer séparément l'examen et le jugement. — Même arrêt. — C'est cet arrêt qui a été la base de la disposition analogue insérée dans la loi du 9 sept. 1835.

192. — Le président de la cour des pairs, par application des diverses ordonnances qui ont constitué la cour des pairs, et par analogie de ce qui se pratique devant les juridictions criminelles ordinaires, use, dans le cours des débats, du pouvoir discrétionnaire que les art. 269 et 270, C. inst. crim. attribuent au président de la cour d'assises.

193. — Le président de la cour des pairs a eu droit, en vertu de son pouvoir discrétionnaire, de s'opposer à la lecture de la convention militaire conclue le 3 juill. 1815 entre la commission du gouvernement et les généraux des puissances coalisées, et à la discussion des moyens que prétendaient en tirer les défenseurs d'un accusé dont la mise en jugement a été ordonnée par l'ordonnance royale du 24 juill. 1815. — *Cour des pairs*, 6 déc. 1815, commissaires du roi c. maréchal Ney.

194. — Une ordonnance royale de 1835 a déterminé dans quelle classe de personnes les accusés traduits devant la cour des pairs peuvent choisir leurs défenseurs. — Les nominations d'office sont faites parmi les avocats du barreau de Paris, et lorsqu'un accusé est placé sous le poids d'une grave inculpation, c'est le bâtonnier de l'ordre qui est désigné.

195. — Le président de la cour des pairs ne fait qu'user du pouvoir qui lui appartient en refusant d'admettre comme défenseurs des accusés des personnes non inscrites sur le tableau d'un des barreaux de France. — *Cour des pairs*, 22 janv. 1836, Adam et Albert (attentat d'avril 1834).

196. — Les délibérations de la cour des pairs peuvent, même après la clôture des débats, être suspendues pendant tout le temps nécessaire au repos de la cour. — *Cour des pairs*, 15 fév. 1836, Fieschi, Morey, Pepin, Boireau et Bescher. — Cette décision est bien plus étendue que la disposition finale de l'art. 343, C. inst. crim., qui dispose que les jurés ne pourront sortir de leurs chambres qu'après avoir formé leur déclaration.

197. — Lorsque trois pairs sont unis entre eux par les liens de parenté ou d'alliance aux dégrés prohibés, leur triple suffrage compte pour deux voix. — *Cour des pairs*, 6 déc. 1815, Commiss. du roi c. Ney; 16 avr. 1821, Louvel, Desjardins; 15 fév. 1836, Fieschi; 9 juill. 1836, Alibaud; — Avis cons. d'état 13 avr. 1807.

198. — Ne doivent être comptés que pour une voix, dans le recensement des suffrages des membres de la cour des pairs, en cas d'opinion conforme, celles 1° des père et fils; — 2° des frères; — 3° des oncles et neveux propres; — 4° des beau-père et gendre; 5° des beaux-frères. — *Cour des pairs*, 6 déc. 1815, Ney; 16 avr. 1821, Louvel; 24 nov. 1830, de Kergorlay, de Brian, Genoude et Lubis; 21 déc. 1830, minist. de Charles X; 15 fév. 1836, Fieschi, Morey, Pepin, Boireau et Bescher; 9 juill. 1836, Alibaud.

199. — La cour des pairs, même lorsqu'elle est saisie de la connaissance d'un délit correctionnel, doit diviser sa délibération et statuer d'abord sur la question de culpabilité pour, en cas de solution affirmative, voter ensuite sur l'application de la peine. — *Cour des pairs*, 24 nov. 1830, de Kergorlay, de Brian, Genoude et Lubis.

200. — Il suffit que la mise aux voix des chefs d'accusation originaires soit réclamée par un seul pair pour que la cour délibère à ce sujet, sauf à poser ensuite, s'il y a lieu, les nouvelles questions résultant des débats. — *Cour des pairs*, 16 juill. 1821, Gauthier de Laverderie (conspiration du 19 août 1820); — E. Cauchy, *Précédens de la cour des pairs*, p. 545.

201. — Un pair, au lieu d'exprimer son opinion au premier tour de scrutin, peut réserver son vote pour ne l'exprimer qu'au second tour. — *Cour des pairs*, 21 déc. 1830, de Polignac, de Peyronnet, de Chantelauze et de Guernon-Ranville; 22 janv. 1836, Adam, Albert; — Cauchy, p. 302 et suiv. — Au lieu d'exprimer un vote qu'il aurait le droit de changer au second tour, un pair, désireux de s'éclairer par l'opinion motivée de ses collègues que leur ordre de réception appellerait à voter après lui, réserve son vote pour le second tour et n'émet alors qu'une opinion pleinement éclairée et mûrement réfléchie. Il y a dans ce mode, aujourd'hui constamment suivi à la cour des pairs, économie de temps, sûreté pour la conscience du juge et garantie pour les accusés.

202. — Quand une délibération de la cour des pairs n'a pas été prise à l'unanimité des suffrages, il y a lieu de recueillir une seconde fois les votes, pour faciliter le changement d'avis aux pairs qui ont opiné les premiers. — *Cour des pairs*, 16 juill. 1821, Gauthier de Laverderie (conspiration du 19 août 1820); 6 déc. 1815, maréchal Ney; 24 nov. 1830, de Kergorlay, de Brian, Genoude et Lubis; 22 janv. 1836, Adam, Albert (attentat d'avril 1834).

203. — Dans les délibérations de la cour des pairs, il n'y a pas, à moins d'unanimité, de décision formée en matière pénale, tant que le troisième tour d'appel nominal n'est pas achevé, et chaque membre de la cour est libre au troisième tour comme au deuxième d'émettre son vote et de le modifier. — *Cour des pairs*, 15 fév. 1836, Fieschi, Morey, Pepin, Boireau et Bescher.

204. — Mais les arrêts de la cour des pairs sur la déclaration de culpabilité de l'accusé et sur l'application de la peine doivent être rendus à la majorité des cinq huitièmes des voix. — Cette règle, reproduite dans les art. 87 et 88, deuxième projet de la loi du 10 avr. 1837, a été constamment suivie par la cour des pairs : — 16 juill. 1821, Gauthier de Laverderie; 24 nov. 1821, Maziau; 6 déc. 1815, commissaires du roi c. maréchal Ney; 24 nov. 1830, de Kergorlay, de Brian, Genoude et Lubis; 21 déc. 1830, chambre des députés c. de Polignac, de Peyronnet, de Chantelauze et de Guernon-Ranville; 20 sept. 1831, de Montalembert, de Coux et Lacordaire; 15 fév. 1836, Fieschi, Morey, Pépin, Boireau et Bescher; 7 juin 1836, Delente.

205. — Lorsque, dans le concours de deux opinions sur la peine à appliquer, l'opinion la plus sévère n'a pas réuni les cinq huitièmes des voix, la cour des pairs est dans la nécessité d'appliquer la peine la moins sévère. — *Cour des pairs*, 16 juill. 1821, Gauthier de Laverderie (conspiration 19 août 1820); 24 nov. 1821, Maziau. — V. conf. Cauchy, *Précéd. de la cour des pairs*, p. 289 et 528.

206. — La cour des pairs peut statuer par un seul arrêt sur une exception d'incompétence incidemment proposée et sur le fond du procès. — *Cour des pairs*, 16 avr. 1821, Louvel et Desjardins; — E. Cauchy, *Précéd. de la cour des pairs*, p. 210.

207. — Elle a le pouvoir de modérer les peines portées par le Code pénal contre le fait incriminé dont elle reconnaît l'accusé coupable. — *Cour des pairs*, 16 juill. 1821, Gauthier de Laverderie; 24 nov. 1821, Maziau.

208. — Aucune loi n'ayant déterminé la peine du crime de trahison commis par un ministre, la cour des pairs est dans la nécessité d'y suppléer, et elle peut infliger à ceux qu'elle reconnaît coupables de ce crime la prison perpétuelle, avec ou sans les effets de la mort civile. — *Cour des pairs*, 21 déc. 1830, Chambre des députés c. de Polignac, de Peyronnet, de Chantelauze et de Guernon-Ranville.

209. — Bien que l'art. 463, C. pén., relatif aux circonstances atténuantes, soit inapplicable aux délits punis par la loi du 17 mai 1819, et par l'art. 4, L. 25 mars 1822, la cour des pairs peut, en déclarant l'existence de circonstances atténuantes, prononcer une peine inférieure au minimum contre les prévenus qu'elle déclare coupables des délits réprimés par les articles précités. — *Cour des pairs*, 24 nov. 1830, de Kergorlay, de Brian, Genoude et Lubis.

210. — « La sanction d'une loi positive est la seule, dit M. E. Cauchy (*Précédens de la cour des pairs*, p. 530 et suiv.), qui puisse paraître manquer encore à la légitimité du droit de la cour des pairs; Car déjà les trois branches de la législature l'ont séparément reconnue par leurs actes, et la prérogative royale n'en a été en rien amoindrie par l'exercice d'un pouvoir modérateur qui a laissé à la couronne sa juste part dans la dispensation des graces comme dans les hommages de l'opinion reconnaissante. — Sur les cent trente-neuf condamnations prononcées dans le procès d'avr. 1834, il n'en est pas une seule dans lesquelles la cour des pairs n'ait modéré les peines portées par la loi; et, ce qu'il y a de plus remarquable peut-être, c'est que pas une observation n'a été faite pendant ce long procès ni sur l'origine de ce pouvoir ni sur la convenance de son application, tant il paraissait découler naturellement de la juridiction des pairs de France. Le ministère public a eu lui-même recours à une formule nouvelle pour s'associer en quelque sorte à l'exercice de ce droit suprême. « Nous déclarons, a-t-il dit, nous en référer à la » haute sagesse de la cour pour faire droit aux ré» quisitions qui excèdent, et pour tempérer les » peines si la cour le juge convenable. » A ces observations de M. E. Cauchy, nous croyons devoir ajouter la remarque que la chambre des pairs n'a point usé de ce pouvoir modérateur, et s'en est tenue à la stricte application de la loi du 17 mai 1819, lorsqu'elle a usé contre le *Drapeau blanc* (séance du 22 fév. 1823) du pouvoir que lui confère l'art. 7, L. 25 mars 1822, de réprimer les offenses qui lui sont faites.

211. — La cour des pairs peut décider que l'arrêt de condamnation sera rendu hors la présence de l'accusé, mais publiquement et en présence de ses conseils. — *Cour des pairs*, 6 déc. 1815, commissaires du roi c. maréchal Ney. — L'arrêt du 16 juill. 1821, qui a terminé l'affaire de la conspiration du 19 août 1820, a été rendu en présence des accusés.

212. — Un arrêt de condamnation n'est pas nul pour n'avoir pas été signé par tous les pairs qui y ont concouru. — *Cour des pairs*, 6 déc. 1815, commissaires du roi c. maréchal Ney; 24 nov. 1821, Maziau; — ou parce que quelques uns des pairs qui l'ont rendu refusent d'en signer la minute. — *Cour des pairs*, 16 juill. 1821, Gauthier de Laverderie, de Trogoff, Robert, Nantil (conspiration du 19 août 1820). — V. conf. *Cour des pairs*, 6 déc. 1815, Ney; 24 nov. 1821, Maziau.

213. — La cour des pairs constituée pour juger les ministres accusés par la chambre des députés, doit ordonner que ses arrêts seront transmis au ministre de la justice, pour qu'il en procure l'exécution. — *Cour des pairs*, 21 déc. 1830, de Polignac, de Peyronnet, de Chantelauze et de Guernon Ranville.

COURS PRÉVOTALES DES DOUANES.

1. — Tribunaux chargés de la répression de la fraude et contrebande en matière de douanes.

2. — Ces cours avaient été instituées par un décret du 18 oct. 1810; et aux termes même de ce décret, elles devaient cesser d'exister à la paix générale. — Art. 1er.

3. — Elles étaient composées d'un président, grand prévôt des douanes, de huit assesseurs au moins, d'un procureur général, d'un greffier, et du nombre d'huissiers nécessaire à leur service. — Art. 2.

4. — Elles ne pouvaient juger qu'au nombre de six ou de huit membres (art. 3), et prononçaient en dernier ressort. — Art. 4.

5. — Elles connaissaient, exclusivement à tous autres tribunaux, tant du crime de contrebande à main armée, que du crime d'entreprise de contrebande, contre les chefs de bande, conducteurs ou directeurs de réunions de fraudeurs, contre les entrepreneurs de fraude, les assureurs, les intéressés et leurs complices dans les entreprises de fraude. Elles connaissaient également des crimes et délits des employés des douanes dans leurs fonctions. Dans ces divers cas, les arrêts définitifs qu'elles rendaient après un jugement de compétence, confirmé par la cour de Cassation, n'étaient pas sujets au recours en cassation.—Art. 5.

6. — Elles connaissaient, en outre, de l'appel des jugemens rendus par les tribunaux ordinaires des douanes. — Les arrêts rendus sur les appels étaient sujets au recours en cassation. — Art. 10. — V. TRIBUNAUX ORDINAIRES DES DOUANES.

7. — Les cours prévôtales devaient instruire et juger les affaires qui étaient de leur compétence, conformément aux dispositions du Code d'inst. crim. — Art. 6, alin. 2e, art. 10 et 13, alin. 6e.

8. — Les fonctions de juge d'instruction y étaient remplies par l'un des assesseurs désigné par le grand prévôt; et, à défaut de cette désignation, par l'un des membres du tribunal ordinaire des douanes. — Dans ce cas, l'instruction et l'avis du tribunal devaient être envoyés à la cour prévôtale du ressort, avec l'acte d'accusation rédigé, s'il y avait lieu, par le procureur du roi près le tribunal ordinaire des douanes; et, dans les cinq jours qui suivaient cet envoi, la cour prévôtale devait statuer sur sa compétence. — Elle devait également statuer sur la compétence, dans les cinq jours qui suivaient les actes d'accusation rédigés par le procureur général, lorsque l'instruction avait été faite par un assesseur délégué. — Art. 13, alin. 1er, 2e, 3e et 4e.

9. — Lorsque la cour prévôtale avoit statué sur sa compétence, son arrêt devait être signifié dans les vingt-quatre heures aux prévenus, et, dans les trois jours suivans, transmis à la cour de Cassation. — Art. 13, alin. 5e.

10. — Les cours prévôtales des douanes furent supprimées par un décret du comte d'Artois, en date du 26-28 avr. 1814, et toutes les affaires relatives aux douanes renvoyées devant les juges qui avaient droit d'en connaître avant le 18 oct. 1810. — Art. 1er et 2.

11. — Le même décret portait (art. 5) ordre de mise en liberté de tous les individus détenus par mandats ou jugemens émanés de ces cours.

12. — Plus tard, la loi du 20 déc. 1815 ayant rétabli momentanément les cours prévôtales qui avaient été supprimées en 1790, la loi du 28 avr. 1816, tit. 5, leur attribua la connaissance des faits qui étaient autrefois de la compétence exclusive des cours prévôtales des douanes.

13. — Mais les cours prévôtales ayant cessé elles-mêmes d'exister, les infractions qui avaient été placées dans leurs attributions ont dû être désormais soumises aux tribunaux correctionnels ou aux cours d'assises, selon qu'elles constituent des délits ou des crimes d'après les règles du droit commun. — V. DOUANES.

COURS ROYALES.

Table alphabétique.

COURS ROYALES. — **1.** — Tribunaux d'appel institués pour connaître en second ressort des instances déjà jugées par les tribunaux placés au premier degré de juridiction. — V. L. 27 vent. an VIII, art. 22.

2. — Il faut remarquer cependant qu'il est des appels qui ne sont pas portés devant les cours royales. Telles sont les appels des sentences rendues par les juges de paix ou les prud'hommes; en effet, ces sortes d'affaires sont soumises au tribunaux d'arrondissement ou aux tribunaux de commerce. — V. JUSTICE DE PAIX, PRUD'HOMMES.

3. — Quant aux affaires dont la connaissance appartient aux cours royales, ce sont les appels des jugemens des tribunaux civils ou de commerce rendus en premier ressort par des arbitres volontaires ou forcés, substitués aux tribunaux civils ou de commerce. — V. APPEL, DEGRÉS DE JURIDICTION.

§ 1er. — Historique (no 4).

§ 2. — Nombre des cours royales. Leur organisation (no 15).

§ 3. — De l'ordre du service dans les cours royales (no 39).

§ 4. — Attributions (no 111).

—

§ 1er. — Historique.

4. — Lorsque l'assemblée constituante donna à la France une nouvelle organisation judiciaire, elle hésita long-temps avant de décider que la voie de l'appel serait conservée (V. APPEL); elle redoutait surtout que cette institution ne rendît nécessaire la création de grands corps judiciaires qui, comme les parlemens, finissent par usurper une grande influence politique et peut-être par altérer la constitution.

5. — Afin de parer à cet inconvénient, le législateur s'arrêta à une combinaison qui fut loin de répondre, dans la pratique, aux espérances qu'elle avait fait concevoir. Il fut décidé qu'il n'y aurait pas de cours souveraines, de tribunaux supérieurs aux autres, et que l'appel des jugemens rendus en premier ressort serait porté devant un tribunal de même degré. — V. APPEL.

6. — Dans ce système, il n'y avait pas de tribunaux d'appel proprement dits; chaque tribunal était alternativement jugé en première instance ou par appel, sans qu'il y eût entre ces divers tribunaux aucune supériorité hiérarchique.

7. — Les choses restèrent ainsi jusqu'à la constitution du 22 frim. an VIII, qui décida (art. 61) qu'il y aurait en matière civile des tribunaux de première instance et des tribunaux d'appel.

8. — « On revint, dit M. Amilhau, dans son rapport à la chambre des députés (3 avril 1835) à la juridiction à deux degrés, et on rétablit la hiérarchie dans l'ordre judiciaire. Il n'est resté de ces temps qu'une seule trace, c'est la dévolution des appels, en matière correctionnelle, au tribunal du chef-lieu, qui a été établie en 1811, lors de la mise en vigueur du Code d'instr. crim., pour les départemens dans lesquels ne siégeait pas la cour impériale. »

9. — La loi du 27 vent. an VIII sur l'organisation des tribunaux compléta la disposition de la constitution consulaire en fixant le nombre des tribunaux d'appel, le lieu où ils siégeraient, leur composition, leurs attributions et le traitement des magistrats qui les composaient.

10. — Le sénatus-consulte organique du 28 floréal an XII, modifiant la loi du 27 ventôse, substitua la dénomination de cours d'appel à celle de tribunaux d'appel. — Art. 136.

11. — Plus tard, la loi du 20 avr. 1810 décida, art. 1er, que les cours d'appel prendraient le titre de cours impériales.

12. — Nous ne connaissons pas de disposition législative qui, en 1814, ait fixé la date à compter de laquelle les cours s'intituleraient cours royales. Chaque cour, à cet égard, a suivi ses inspirations et successivement cédé à l'empire des circonstances. Ainsi, la première chambre de la cour de Paris n'a fait qu'une seule feuille d'audience, du 16e au 18 avr., sur laquelle on trouve la mention suivante : « Première chambre de la cour royale, séante à Paris. » — La deuxième chambre, du 30 mars au 13 avr., s'intitule cour de justice de Paris; de cette époque au 25 mai, cour royale de justice; et enfin, à compter du 7 juin seulement, cour royale de Paris. La troisième chambre conserva sa dénomination de cour impériale jusqu'au 2 avr.; du 2 au 27, celle de cour d'appel de Paris; enfin, le 27, elle prend la dénomination de cour royale de Paris. — Quoi qu'il en soit, le titre de cour royale ne tarda pas à être uniformément substitué à celui de cour impériale, et depuis il n'a pas été changé, même momentanément, à aucune époque.

13. — En 1834 et 1835, un projet fut proposé par le gouvernement, ayant pour objet de modifier notre organisation judiciaire. Quelques modifications portaient spécialement sur l'organisation des cours royales; il s'agissait notamment de la suppression des chambres des mises en accusation; mais ce projet, combattu par la commission de la chambre des députés, n'eut pas de suite. — Masson, Observat., p. 220.

14. — Cependant il est encore question de changemens à introduire dans le personnel des cours royales ou dans leurs circonscriptions. — On trouve généralement, par exemple, que les cours de Nîmes et de Montpellier ont un service qui n'est pas en rapport avec le nombre de chambres et de conseillers qui les composent; qu'au contraire le personnel de la cour de Rennes est trop considérable pour le nombre des affaires qui sont appelée à vider. Mais il s'écoulera sans doute long-temps encore avant que cette question si grave et d'une solution si difficile soit soumise aux chambres.

§ 2. — Nombre des cours royales. — Leur organisation.

15. — La loi du 27 vent. an VIII avait porté à vingt-neuf le nombre des tribunaux d'appel (art. 21); aujourd'hui ce nombre est réduit à vingt-sept, enfin quelle que les cours de Bruxelles et de Liége ont cessé, depuis 1814, d'appartenir à la France. — Ajoutons que, pendant l'empire, plusieurs autres cours d'appel furent créées dans les provinces successivement réunies à l'empire français; mais nous ne mentionnons ce fait que pour mémoire, puisque ces agrandissemens, dus à nos conquêtes, n'ont été que momentanés. Il suffit qu'on sache que la cour royale la plus éloignée de vingt-sept. — V. Carré, Compétence, t. 8, p. 7.

16. — Indépendamment des vingt-sept cours royales qui se partagent le sol continental de la France, il existe aussi des tribunaux d'appel, soit aux colonies, soit en Algérie. — V. ALGÉRIE, COLONIES.

17. — Les cours royales se divisent en chambres ou sections, connues sous le nom de chambres civiles, chambres des appels de police correctionnelle, chambres des mises en accusation. Le nombre des chambres civiles varie suivant celui des magistrats attachés à la cour.

18. — Le siège des vingt-sept cours royales est fixé à Agen, Aix, Amiens, Angers, Bastia, Besançon, Bordeaux, Bourges, Caen, Colmar, Dijon, Douai, Grenoble, Limoges, Lyon, Metz, Montpellier, Nancy, Nîmes, Orléans, Pau, Paris, Poitiers, Rennes, Riom, Rouen, Toulouse. — L. 27 vent. an VIII, art. 21; L. 20 avr. 1810, art. 3.

19. — Relativement au nombre des magistrats, les cours royales se divisent en trois classes.

20. — La première classe ne comprend que la cours de Paris et de Rennes; elles ont chacune cinq chambres, un premier président et cinq présidens.

21. — Toutefois la cour de Rennes ne compte que trente-quatre conseillers, tandis que celle de Paris en a aujourd'hui soixante. — L. 27 juin 1842.

22. — La seconde classe se compose des cours royales de Bordeaux, Caen, Douai, Grenoble, Lyon, Poitiers, Riom, Rouen et Toulouse qui comptent chacune, un premier président, quatre présidens de chambres et vingt-cinq conseillers.

23. — La troisième classe est composée des seize autres cours, ayant chacune trois chambres, un

premier président, trois présidens et vingt conseillers. — La cour de Bastia seule a un président de chambre et trois conseillers de moins.

24. — Les cours royales avaient en outre des conseillers-auditeurs, mais cette institution n'ayant pas été maintenue, il n'en reste plus que quelques uns dans certaines cours de la seconde et de la troisième classe; il n'y en a plus ni à Paris ni à Rennes. — V. CONSEILLER-AUDITEUR.

25. — Les cours royales n'ont pas de suppléans comme les siéges de première instance; lorsque la nécessité l'exige, les chambres se complètent en s'adjoignant des avocats d'après l'ordre du tableau. — V. JUGEMENT et ARRÊT.

26. — Le traitement des membres des cours royales, primitivement fixé par la loi du 27 vent. an VIII, et augmenté depuis, vient d'être porté à un chiffre supérieur par un nouveau projet de loi, en ce moment soumis à la chambre des députés.

27. — Il est tenu, dans chaque cour royale, une liste de rang sur laquelle tous les membres de la cour, du parquet et du greffe sont inscrits dans l'ordre suivant :

28. — *Présidens et conseillers.* — 1° Le premier président; 2° les autres présidens dans l'ordre de leur ancienneté comme présidens; 3° tous les conseillers, sans exception, dans l'ordre de leur ancienneté comme conseillers; 4° les conseillers-auditeurs, dans l'ordre de leur réception, dans les cours où il en existe encore.

29. — *Membres du parquet.* — 1° Le procureur général; 2° les avocats généraux, par ordre d'ancienneté; 3° les substituts de service, dans le même ordre.

30. — *Greffe.* — 1° Le greffier en chef; 2° les commis greffiers assermentés.

31. — Cette liste établit le rang dans les cérémonies publiques, dans les assemblées de la cour et même entre les juges se trouvant ensemble dans une même chambre. — Décr. 30 mars 1808, art. 7.

32. — Les membres, soit de la cour royale, soit du parquet, ne peuvent exercer leurs fonctions avant d'avoir prêté serment et été installés. — Le premier président et le procureur général prêtent serment entre les mains du roi; les autres membres, entre les mains du président de la cour. L'installation a lieu en assemblée générale et d'ordinaire à huis-clos, excepté lorsqu'il s'agit d'un premier président ou d'un procureur général.

33. — Les cours royales peuvent aussi compter dans leur sein des magistrats honoraires. — V. MAGISTRATS HONORAIRES.

34. — *Premier président.* — Le premier président d'une cour royale préside les chambres assemblées et les audiences solennelles. Il préside habituellement la première chambre civile, mais il a en outre la faculté de présider les autres chambres quand il le juge convenable. — Décr. 6 juill. 1810, art. 7.

35. — Le décret de 1810 exige que le premier président préside les chambres autres que la première chambre civile, *au moins une fois dans l'année;* mais cette disposition n'est généralement pas exécutée.

36. — Le premier président des cours royales statue : 1° sur les requêtes en abréviation de délai présentées avant la distribution des causes. — Décr. 30 mars 1808, art. 18.

37. — ...2° Sur les difficultés qui s'élèveraient soit sur la distribution, soit sur la litispendance ou la connexité des causes. — Décr. 30 mars 1808, art. 18; — Carré, *Compét.*, t. 8, p. 73.

38. — ...3° Sur les réclamations faites par un enfant à fin de révocation ou de modification des ordres de détention donnés par les présidens des tribunaux de première instance. — C. civ., art. 382. — V. PUISSANCE PATERNELLE.

39. — Il indique, sur la requête qui lui est présentée le jour où il sera statué à l'audience, et sur les conclusions du ministère public, sur le pourvoi formé en cour royale contre un jugement de rectification d'acte de l'état civil, dans le cas où il n'y aurait eu d'autre partie en cause que le demandeur en rectification. — C. procéd., art. 858.

40. — Il est chargé de coter et parapher le registre du rôle général sur lequel sont inscrites toutes les causes, dans l'ordre de leur présentation. — Décr. 30 mars 1808, art. 19.

41. — Il fait, chaque jour d'audience, la distribution entre les chambres, de toutes les causes inscrites sur ce rôle. — Décr. 30 mars 1808, art. 23.

42. — Les chambres ne peuvent se réunir que sur la convocation qu'il fait, quand il le juge convenable, soit pour délibérer sur des objets d'un intérêt commun à toutes les chambres de la cour, soit pour s'occuper d'affaires d'ordre public dans le cercle des attributions des cours; il les convoque aussi sur la demande qui en est faite par l'une d'elles ou sur un réquisitoire motivé du procureur général, auquel cas la convocation doit être faite dans les trois jours du réquisitoire. — Décr. 6 juill. 1810, art. 61, 62, 63; — Carré, *Compét.*, t. 8, p. 74.

43. — Quand un membre de la cour veut faire une dénonciation sur quelque objet de la compétence des cours royales, il est tenu d'en faire part au premier président, lequel fait la convocation, s'il le juge convenable; mais si le premier président n'a pas jugé nécessaire de convoquer les chambres, celui qui voulait faire une dénonciation peut instruire sa chambre de l'objet qu'il se proposait de dénoncer; et si, après en avoir délibéré, la chambre demande l'assemblée, le premier président est tenu de l'ordonner. — Décr. 6 juill. 1810, art. 64 et 65; — Carré, *Compét.*, t. 8, p. 75.

44. — Dans ce cas, la cour a le droit de mander le procureur général pour lui enjoindre de poursuivre en raison des faits dénoncés, ou pour entendre le compte qu'il aurait à lui rendre des poursuites qui auraient été commencées. — L. 20 avr. 1810, art. 11. — V. au surplus CHAMBRE DES MISES EN ACCUSATION, n°s 128 et suiv.

45. — Quand le premier président convoque l'assemblée des chambres, il ne peut permettre qu'il y soit mis en délibération d'autre objet que celui pour lequel la convocation a été faite. — Décr. 6 juill. 1810, art. 68.

46. — *Ministère public.* — Les fonctions du ministère public sont spécialement et personnellement confiées au procureur général, et les avocats généraux et substituts ne participent à l'exercice de ces fonctions que sous la direction des procureurs généraux. — Décr. 6 juill. 1810, art. 42; — Carré, *Compét.*, t. 8, p. 43; Boncenne, *Th. de la procéd. civ.*, t. 1er, p. 464.

47. — Le procureur général a sous sa direction autant d'avocats généraux qu'il y a de chambres civiles, et un avocat général pour la chambre des appels correctionnels. — Décr. 6 juill. 1810, art. 46; — Boncenne, *Th. de la procéd. civ.* (introd.), p. 464.

48. — Il a aussi des substituts pour le service des cours royales et pour son parquet.

49. — Le plus ancien des avocats généraux prend le titre de *premier avocat général.* — Décr. 6 juill. 1810, art. 46.

50. — Le procureur général porte la parole aux chambres assemblées et aux audiences solennelles, et la porte aussi aux audiences des chambres, quand il le juge convenable. — Même décret, art. 43.

51. — En cas d'absence ou d'empêchement, il est remplacé par le plus ancien des avocats généraux. — Même décret, art. 50.

52. — Quant aux avocats généraux, ils sont spécialement chargés de porter la parole aux audiences civiles ou criminelles. Le procureur général les attache à la chambre où il croit leur service le plus utile.

53. — Les substituts de service au parquet sont spécialement chargés de l'examen et des rapports sur les mises en accusation; ils rédigent les actes d'accusation et assistent le procureur général dans toutes les parties du service intérieur du parquet. — Même décret, art. 45.

54. — Toutefois, dans le cas d'absence ou empêchement des avocats généraux, ils peuvent porter la parole aux audiences de la cour royale — L. 20 avr. 1810, art. 6; décr. 6 juill. 1810, art. 51.

55. — Dans les causes importantes et ardues, les avocats généraux doivent communiquer au procureur général les conclusions qu'ils se proposent de donner. Ils sont également tenus de faire cette communication dans toutes les affaires dont le procureur général voudra prendre connaissance. En cas de désaccord entre le procureur général et l'avocat général, il est statué en assemblée générale du parquet, avec cette réserve néanmoins que la voix du procureur général est prépondérante, et que ce magistrat peut toujours, si son avis n'a pas prévalu dans l'assemblée générale, conclure lui-même à l'audience d'après son opinion personnelle. — Même décret, art. 48 et 49.

56. — *Greffier, commis-greffiers.* — Il y a dans chaque cour royale un greffier qui prend le titre de greffier en chef. — Décr. 6 juill. 1810, art. 54.

57. — Le greffier en chef présente et fait admettre au serment le nombre de commis-greffiers nécessaire pour le service de la cour (décr. de 1810, art. 56), et de plus, un commis assermenté pour le service de la cour d'assises. — Décr. 30 janv. 1811, art. 7. — V., au surplus, GREFFIER.

58. — *Avoués, huissiers.* — A chaque cour royale est attaché le nombre d'avoués et d'huissiers nécessaire au service. — Carré, *Compét.*, t. 8, p. 44. — V. AVOUÉ, HUISSIER.

§ 3. — *De l'ordre du service dans les cours royales.*

59. — Les cours royales se réunissent et jugent, soit en audience ordinaire, soit en audience solennelle, soit en assemblée générale.

60. — Lorsqu'elles jugent en audience ordinaire, les chambres civiles doivent être composées de sept conseillers, à peine de nullité.

61. — D'après l'art. 2, décr. 6 juill. 1810, la chambre des appels de police correctionnelle, comme celle des mises en accusation, peut juger au nombre de cinq juges seulement (V. CHAMBRE DES MISES EN ACCUSATION). — Cette faculté donnait lieu à de fréquentes contestations, lorsque la chambre correctionnelle était appelée à juger des affaires civiles : on soutenait que, dans ce cas, l'arrêt, pour être valable, devait être rendu par sept juges.

62. — D'un autre côté, un avis du conseil d'état, donné le 16 janv. 1813, décidait que l'arrêt pouvait être rendu par cinq juges, comme en matière correctionnelle.

63. — « C'était une étrange bigarrure, dit Boncenne (*Th. procéd. civ.*, introduct., p. 462), que l'attribution de cette chambre, où cinq conseillers suffisaient pour viser des causes qui n'auraient pu être jugées que par sept dans une autre chambre de la même cour. »

64. — Afin de remédier à cette difficulté, une ordonnance du 24 sept. 1828 décida que les chambres correctionnelles seraient composées de sept juges au moins, y compris le président, et qu'elles ne pourraient connaître des affaires civiles qu'au nombre de sept juges. — V. art. 1er.

65. — Quant aux affaires correctionnelles, la chambre des appels peut les juger, quoiqu'elle ne soit composée que de cinq juges. — Décr. 6 juill. 1810, art. 2; ord. 24 sept. 1828, art. 5.

66. Pour qu'une cour royale juge en audience solennelle, il faut qu'à la première chambre civile s'en adjoigne une autre, soit la seconde, soit la troisième alternativement. — Décr. 6 juill. 1810, art. 7.

67. — Dans les cours royales qui n'ont qu'une chambre civile, la chambre des appels de police correctionnelle concourt avec elle pour la tenue de l'audience. Toutefois, sous le décr. du 6 juill. 1810, et avant l'ord. 24 sept. 1828, le concours de la chambre des appels de police correctionnelle n'était que facultatif et non obligatoire, en ce sens que le premier président pouvait se dispenser de la convoquer.

68. — Jugé, dans tous les cas, que lorsque le premier président d'une cour royale où il n'y avait qu'une seule chambre civile usait de la *faculté* que lui conférait l'art 7, décr. 6 juill. 1810, d'appeler la chambre des appels de police correctionnelle pour le service d'une audience solennelle, il devait, à peine de nullité, appeler cette chambre tout entière et non quelques uns seulement de ses conseillers. — *Cass.*, 21 juin 1820, de la Barthe c. comm. de Vaudoncourt; — Carré, *Compét.*, t. 8, p. 23.

69. — Au surplus, sur la composition des audiences solennelles dans les cours où il n'y a qu'une chambre civile, V. AUDIENCE SOLENNELLE, n°s 65 et suiv.

70. — En ce qui concerne la participation des chambres d'accusation aux audiences solennelles, V. CHAMBRE DES MISES EN ACCUSATION.

71. — L'art. 7 du décret du 6 juill. 1810, en disposant que les audiences solennelles se tiennent dans la chambre présidée par le premier président, décide, par conséquent, que ces audiences doivent se tenir aux jours d'audience de cette chambre, puisque c'est cette chambre qui tient l'audience et que les autres ne lui sont qu'adjointes. — Carré, *Compét.*, t. 8, p. 22. — V. AUDIENCE SOLENNELLE.

72. — Les cours royales connaissent, en assemblée générale, de certaines matières disciplinaires (V. AVOCAT, DISCIPLINE); et pour que l'arrêt, en pareil cas, soit régulier, il faut que l'assemblée qui l'a rendu se compose d'un nombre de conseillers égal au nombre total rigoureusement nécessaire pour la composition de chaque chambre. — Carré, *Compét.*, t. 8, p. 40.

73. — Ainsi, dans une cour royale composée de quatre chambres, dont trois peuvent juger au nombre de sept, et une au nombre de cinq conseillers, le nombre de vingt-six magistrats est nécessaire pour la composition de l'assemblée générale de la cour. Dès-lors est nul l'arrêt rendu par vingt-quatre conseillers seulement. — *Cass.*, 8 avr. 1845 (t. 1er 1845, p. 669), avocats de Toulouse c. procureur du roi de Toulouse.

74. — Mais quand la cour se réunit en assemblée générale pour des mesures réglementaires ou de service intérieur, ou pour donner un avis extrajudiciaire, soit sur des mesures d'ordre public, soit sur des actes d'administration, il suffit de la majorité des membres qui la composent pour consti-

lier l'assemblée générale. — Carré, *Compét.*, t. 8, p. 40.

75. — V. au surplus, sur les questions relatives à la composition légale des cours et à l'influence que cette composition peut exercer sur la régularité des arrêts rendus par elles, AUDIENCE SOLENNELLE, JUGEMENT ET ARRÊT.

76. — Les présidens et conseillers font alternativement le service dans toutes les chambres ; ils ont respectivement rang entre eux dans l'ordre de leur nomination. — Décr. 6 juill. 1810, art. 6.

77. — L'art. 7 du réglement du 30 mars 1808 veut que, dans chaque cour, il soit dressé deux listes de juges, l'une de rang (V. *suprà* n° 27), l'autre de service.

78. — La première, formée suivant l'ordre des nominations, établit le rang dans les cérémonies publiques, dans les assemblées de cour, et même entre les juges se trouvant ensemble dans une même chambre. — Carré, *Compét.*, t. 8, p. 26.

79. — La seconde liste est dressée pour régler l'ordre du service : elle est renouvelée, chaque année, dans la huitaine qui précède les vacances. — Carré, *Compét.*, t. 8, p. 26.

80. — Aux termes de l'art. 8, chaque juge, lors de sa nomination, est placé le dernier sur la liste de rang, et sur la liste de service il remplace le juge dont la démission ou le décès a donné lieu à sa nomination.

81. — C'est sur la liste de service que s'opère le tour de remplacement. — Carré, *Compét.*, t. 8, p. 26.

82. — Ce mode de remplacement a été applicable à toutes les chambres civiles ou criminelles des cours jusqu'à l'ordonnance du 24 septembre 1828; mais cette ordonnance renferme une disposition spéciale au mode de remplacement par les membres de la chambre des mises en accusation. Aux termes de son art. 4, pendant les sessions d'assises aux chefs-lieux des cours, les magistrats tirés des autres chambres pour former la cour d'assises doivent être remplacés par ceux des chambres des mises en accusation, à tour de rôle, et en commençant par le dernier sur la liste du rang.

83. — Les membres de la chambre d'accusation doivent être appelés *en premier ordre*, pour remplacer ceux des membres de la chambre civile qui se trouvent empêchés ; mais, à leur défaut, les membres de la chambre correctionnelle peuvent régulièrement participer au jugement. — V. au surplus JUGEMENT ET ARRÊT. — V. aussi CHAMBRE DES MISES EN ACCUSATION.

84. — L'art. 3 de l'ordonnance du 11 oct. 1820 porte qu'aucun président ou conseiller ne pourra être forcé de rester plus d'un an dans chacune des chambres civiles. — Comment cet article doit-il être entendu?

85. — Si l'on voulait le prendre à la lettre, il semblerait qu'un président ou qu'un conseiller qui a fait le service pendant une année dans une chambre criminelle ou deux années dans une chambre civile ne peut être contraint d'y continuer le service. — Toutefois l'art. 4 de l'ordonnance veut que la répartition des conseillers soit combinée de façon à ce que les chambres criminelles soient toujours composées au moins pour la moitié de conseillers qui aient fait le service *dans la chambre*. Ainsi, il faut restreindre l'art. 3 par l'art. 4. De plus, une circulaire du garde des sceaux du 15 oct. 1820 explique qu'il n'est pas nécessaire que les membres de la cour passent alternativement du service civil au service criminel, mais seulement qu'ils peuvent l'*exiger* ; en sorte qu'ils peuvent rester attachés à un même service aussi long-temps qu'ils consentiront à le faire. — Carré, *Compét.*, t. 8, p. 37.

86. — Tous les membres des chambres civiles ou criminelles peuvent être respectivement appelés, dans le cas de nécessité, pour le service d'une autre chambre que celle à laquelle ils sont attachés. — Décr. 6 juill. 1810, art. 9.

87. — Chaque année le tiers des membres d'une chambre passe dans une autre chambre dans l'ordre fixé par un réglement particulier. — Décr. 6 juill. 1810, art. 15.

88. — Les conseillers délégués pour un service aux cours d'assises sont compris dans le roulement et entrent dans les chambres auxquelles ils se trouvent appelés, à l'expiration des fonctions à eux déléguées. — Même décr., art. 17. — V. ROULEMENT.

89. — Cependant les conseillers qui ont été chargés de quelques rapports dans une chambre peuvent, après le roulement effectué, assister à l'audience de cette chambre pour y faire le rapport des affaires dont ils sont chargés. — Décr. 6 juill. 1810, art. 16.

90. — Les chambres criminelles doivent être composées de la moitié au moins des conseillers qui en ont déjà fait le service; mais il n'est pas nécessaire que ce soit comme *membres sortans* qu'ils composent ces chambres, il suffit qu'ils aient fait le service *à quelque époque que ce soit*. — Carré, *Compét.*, t. 8, p. 38.

91. — Autrefois, la chambre des mises en accusation restait absolument étrangère à l'expédition des affaires civiles et commerciales ; mais comme cette chambre était, en général, peu occupée, une ordonnance du 5 août 1844 a décidé que les magistrats qui la composent feraient, en outre, excepté à Paris, le service des autres chambres entre lesquelles ils seraient répartis. — V., sur cette ordonnance, CHAMBRE DES MISES EN ACCUSATION, nos 22 et suiv.

92. — Toutefois le président de la chambre des mises en accusation est exclusivement attaché à cette chambre.

93. — Si le besoin du service exige que, pour l'expédition des affaires civiles, il soit formé une chambre temporaire, elle se compose de conseillers pris dans les autres chambres, ou de conseillers auditeurs. La liste de ceux qui pourraient être choisis est envoyée par le premier président au ministre de la justice, et, sur son rapport, le roi nomme les présidens et conseillers de la chambre temporaire. La même ordonnance règle le temps de la durée de cette chambre. — Décr. 6 juill. 1810, art. 10. — Carré, *Compét.*, t. 8, p. 29.

94. — Dans les cours royales, les chambres temporaires sont investies des mêmes pouvoirs que les chambres civiles, et peuvent statuer sur toutes sortes de contestations. — *Cass.*, 19 août 1828, Quinquin c. Emeric. — V. CHAMBRE TEMPORAIRE.

95. — Si le besoin d'une chambre temporaire n'est pas reconnu, et qu'il y ait cependant des affaires civiles en retard, le premier président est autorisé à faire un rôle des affaires sommaires et à les renvoyer à la chambre correctionnelle, qui est tenue de donner au moins deux audiences par semaine pour leur expédition. — Décr. 6 juill. 1810, art. 11 ; — Carré, *Compét.*, t. 8, p. 29.

96. — Il résulte d'un rapport fait au roi le 15 mai 1845, qu'à Paris, et dans les cours royales d'Angers, de Bastia, de Douai, de Metz et de Poitiers, la chambre des appels de police correctionnelle reste étrangère à l'expédition des affaires civiles et commerciales, soit parce que son service ordinaire l'absorbe, soit parce que les autres chambres civiles suffisent à leur service ; mais, dans les autres cours royales, il en est autrement, et la chambre des appels de police correctionnelle participe à l'expédition des affaires civiles.

97. — Il y a une chambre des vacations pour l'expédition des affaires urgentes; elle est composée d'un président et de sept juges. — Décr. 6 juill. 1810, art. 32; — Carré, *Compét.*, t. 8, p. 41.

98. — La chambre des vacations est toujours tenue par le président et les conseillers composant la chambre correctionnelle, et, en cas d'absence ou d'empêchement, par les conseillers les moins anciens de la chambre d'accusation, d'après l'ordre du tableau. — Carré, *Compét.*, t. 8, p. 42.

99. — Les chambres criminelles de la cour n'ont point de vacances. — Décr. 6 juill. 1810, art. 30. — Les chambres civiles vaquent le 1er septembre jusqu'au 1er novembre. — *Ibid.*, art. 31. — V., en ce qui concerne la compétence de la chambre des vacations, VACANCES.

100. — La rentrée des cours royales se fait chaque année dans une audience solennelle à laquelle assistent toutes les chambres. A cette séance, l'un des membres du parquet fait un discours sur un sujet convenable à la circonstance ; puis le premier président reçoit le serment qui est renouvelé par les avocats présens à l'audience. — Décr. 6 juill. 1810, art. 33 et suiv. — V. AVOCAT.

101. — Toutes les chambres de chaque cour royale doivent se réunir en la chambre du conseil le premier mercredi d'après la rentrée, pour y entendre le discours du procureur général, ou un avocat général en son nom, sur la manière dont la justice a été rendue pendant la précédente année et sur les abus qui auraient pu se glisser dans l'administration en cette partie. — L. 20 avr. 1810, art. 8. — V. MERCURIALE, MINISTÈRE PUBLIC.

102. — Les membres des cours royales sont tenus de résider dans la ville même où ils doivent exercer leurs fonctions. — Décr. 6 juill. 1810, art. 22.

103. — Ceux délégués pour le service des cours d'assises sont tenus de résider dans le lieu où elles se tiennent pendant toute la durée de leurs sessions. — *Ibid*, art. 23.

104. — Les présidens, procureurs généraux, avocats généraux, substituts et conseillers qui veulent s'absenter plus de trois jours du siége de la cour à laquelle ils appartiennent doivent obtenir un congé.

105. — Les premiers présidens et procureurs généraux doivent demander le congé au garde des sceaux. — Art. 24, décr. 6 juill. 1810. — « Et si l'absence doit durer plus de quinze jours, ajoute le même article, notre grand-juge prendra nos ordres avant d'accorder le congé. »

106. — Quant aux membres de la cour, les congés de plus de trois jours et de moins d'un mois sont accordés par le premier président, ceux d'un mois par le garde des sceaux ; et si l'absence doit se prolonger plus d'un mois, l'art. 25, décr. 6 juill. 1810, veut que le ministre prenne les ordres du chef de l'état avant d'accorder le congé.

107. — Il en est de même en ce qui concerne les avocats-généraux et substituts, avec cette différence que les congés de plus de trois jours et de moins d'un mois leur sont accordés, non par le premier président, mais par le procureur général. — Même décr., art. 26.

108. — Les premiers présidens et procureurs-généraux doivent rendre compte, tous les trois mois, au garde des sceaux, des congés accordés dans le dernier trimestre. — Décr. 6 juill. 1810, art. 27.

109. — Ce qui vient d'être dit sur les autorisations à demander ne s'applique pas aux absences que peuvent faire pendant les vacances les membres des cours royales, lorsqu'ils ne sont pas d'ailleurs employés à quelque service incompatible avec les vacations. — V. *suprà*, n° 28.

110. — Mais les membres des cours royales ne peuvent, même pendant les vacations, sortir du territoire du royaume sans une permission expresse du ministre de la justice. — Décr. 6 juill. 1810, art. 28.

§ 4. — *Attributions des cours royales.*

111. — En rétablissant les cours d'appel, qui rappelaient les anciennes compagnies de justice, par leur composition, par le nombre des magistrats qui y étaient attachés, par les titres accordés aux juges et aux officiers du parquet, le législateur eut soin de prémunir le pays contre les dangers de cette institution.

112. — Ainsi, il circonscrivit le territoire dans l'étendue duquel les cours royales devaient agir; il restreignit les limites de la compétence, établit une ligne de démarcation bien tranchée entre les matières administratives et judiciaires, enleva à ces grands corps, comme à tous les autres tribunaux, le pouvoir de statuer par voie de disposition générale et réglementaire; enfin, ne les fit plus concourir à l'enregistrement des lois et les priva de toute action, de tout contrôle, sur le pouvoir législatif.

113. — Grace à ces précautions, à ces garanties, il est permis, comme le fait remarquer Carré (*Compét.*, t. 8, p. 7), « d'envisager l'institution des cours royales comme le perfectionnement de l'organisation judiciaire, en ce qu'elle offre tous les avantages des anciens corps de magistrature, sans donner à craindre le retour des abus de pouvoir que ces corps avaient pu commettre. »

114. — La loi organique du 27 vent. an VIII donnait aux tribunaux d'appel, aujourd'hui décorés du titre de *cours royales*, l'attribution *unique* et *exclusive* de statuer en dernier ressort, sur les appels des jugemens rendus par les tribunaux de première instance; mais les lois postérieures ont quelque peu étendu leur compétence et ajouté à leurs pouvoirs de nouvelles attributions.

115. — Et d'abord il est de principe que la justice est rendue souverainement par les cours royales. En conséquence, leurs arrêts, quand ils sont revêtus des formes prescrites à peine de nullité, ne peuvent être cassés que pour une contravention expresse à la loi. — L. 20 avr. 1810, art. 7. — V. CASSATION.

116. — Sous l'empire de la loi du 27 vent. an VIII, la justice civile était séparée de la justice criminelle et rendue par des corps différens ; mais, en 1810, afin de donner aux cours royales plus de relief et d'importance, on concentra dans les mêmes mains la justice civile et la justice criminelle, et l'on donna ainsi à la vindicte publique plus de force et d'autorité.

117. — C'est en vertu de l'art. 2, L. 20 avr. 1810, que les cours royales connaissent aujourd'hui des matières civiles et des matières criminelles, conformément aux Codes et aux lois du royaume ; et c'est dans le décret du 6 juill. 1810 que sont écrites les règles particulières qui appliquent et organisent ce principe.

118. — En matière civile et commerciale, les cours royales prononcent souverainement : 1° sur

les appels des jugemens rendus par les tribunaux civils.—V. APPEL, DEGRÉ DE JURIDICTION.

119.—... 2° Sur les appels des jugemens rendus par les tribunaux de commerce. — L. 27 vent. an VIII, art. 22; C. comm., art. 644. — V. APPEL, TRIBUNAL DE COMMERCE.

120.—... 3° Sur les appels des ordonnances de référé. — C. procéd., art. 809. — V. APPEL, RÉFÉRÉ.

121.—... 4° Sur les appels des sentences rendues en premier ressort par des arbitres volontaires (C. procéd. civ., art. 1023), ou forcés (art. 52, C. comm.).—V. ARBITRAGE.

122.—... 5° Sur l'appel des décisions disciplinaires rendues contre un avocat par le conseil de l'ordre. — V. AVOCAT, DISCIPLINE.

123.—... 6° Ou contre un notaire par le tribunal de première instance, en vertu de la loi du 25 vent. an XI. — V. NOTAIRE.

124.—Quant aux avoués, huissiers, commissaires priseurs, gardes du commerce, les décisions disciplinaires rendues contre eux ne peuvent être attaquées que par la voie de l'appel que pour incompétence ou excès de pouvoir. — V. APPEL, AVOUÉ, COMMISSAIRE PRISEUR, DISCIPLINE, GARDE DU COMMERCE, HUISSIER.

125.—Toutefois, les cours royales exercent sur les officiers ministériels qui postulent près d'elles un pouvoir disciplinaire souverain, et statuent en premier et dernier ressort.—Décr. 30 mars 1808, art. 103.

126.—Cet article doit être entendu en ce sens, que la juridiction disciplinaire d'une cour est restreinte aux officiers ministériels attachés près d'elle par leur serment et par leurs fonctions, et qu'ainsi cette cour est incompétente pour prononcer de plano des peines disciplinaires contre les avoués de première instance, même exerçant dans l'étendue de son ressort, sous prétexte que les faits imputés à ces officiers ministériels et qui intéresseraient l'administration de la justice auraient été découverts à son audience. — Cass., 29 déc. 1845 (t. 1er 1846, p. 116), A... c. procureur général.—V. aussi Cass., 5 nov. 1820, Marter. — V. au surplus DISCIPLINE.

127.—Les cours royales connaissent encore de l'appel de certaines affaires électorales. — V ÉLECTIONS.

128.—Le décret du 25 mars 1818 leur accordait aussi la connaissance des appels comme d'abus, mais ce décret ne reçut jamais d'exécution, et, depuis 1819, malgré quelques réclamations restées sans effet, c'est toujours le conseil-d'état qui a été saisi de ces sortes d'affaires, en vertu d'une attribution expresse de la loi du 8 avril 1802. — V. APPEL COMME D'ABUS.

129. — Hors ces cas, et sauf les modifications portées aux art. 464 et 473, C. proc. (V. DEMANDE NOUVELLE, ÉVOCATION), la compétence des cours royales est limitée aux appels des jugemens rendus en premier ressort.

130.—Toutefois, dans certains cas fort rares, les cours royales prononcent omisso medio, en premier et en dernier ressort à la fois.—Boitard, t. 1er, p. 31, n° 57.

131. — Il en est ainsi quand il s'agit de statuer, 1° sur les prises à partie (C. proc. civ., art. 509). — V. PRISE A PARTIE.

132.—... 2° Sur l'exécution de leurs arrêts, lorsqu'en infirmant un jugement sur l'appel, la cour a déclaré se réserver cette exécution (C. proc. civ., art. 475). — Carré, compét., t. 2, p. 48. — V. JUGEMENT ET ARRÊT.

133.—... 3° Sur la réhabilitation des faillis (C. comm., art. 605). V. FAILLITE, RÉHABILITATION.

134.—... 4° Sur certaines fautes disciplinaires.— V. supra n° 110.

135.—... 5° Et sur les oppositions formées par les instituteurs ou les maîtres de pension contre les arrêtés des conseils académiques et les contraintes décernées par les recteurs, pour le paiement des droits dus à l'université. — Art. 51 et suiv., décr. 15 nov. 1811.

136.—Quant à la compétence et aux attributions des cours royales en matière criminelle, V. CHAMBRE CORRECTIONNELLE, CHAMBRE DES MISES EN ACCUSATION, COUR D'ASSISES.

137. —Lorsque des grands officiers de la légion-d'honneur, des généraux commandant une division ou un département, des archevêques, des évêques, des présidens de consistoires, des membres de la cour de Cassation, de la cour des comptes et des cours royales, et des préfets, sont prévenus de délits de police correctionnelle, les cours royales en connaissent de la manière prescrite par l'art. 479. C. inst. crim. — V. L. 20 avr. 1810, art. 10.

138. — Enfin elles connaissent des délits commis par certains fonctionnaires publics dans l'exercice de leurs fonctions, — V. FONCTIONNAIRES PUBLICS.

139. — En dehors de la juridiction proprement dite, les cours royales ont encore des attributions importantes : et d'abord elles exercent un droit de surveillance et de censure sur les tribunaux inférieurs de leur ressort. — Carré, Compétence, t. 8, p. 68.

140. — Elles peuvent mander le procureur général pour lui enjoindre de poursuivre, à raison des faits constituant un crime ou un délit, qui lui ont été dénoncés par un de ses membres, ou pour se faire rendre compte des poursuites qui seraient commencées. — L. 20 avr., art. 11; décr. 6 juill. 1810, art. 64 à 66; — Boncenne, Th. de la procéd. civ., Introd., p. 467. — V. aussi CHAMBRE DES MISES EN ACCUSATION, nos 128 et suiv.

141.—Elles reçoivent le serment des magistrats nommés à un tribunal de leur ressort. — V. JUGE.

142. — ... Des avocats et officiers ministériels exerçant près d'elle. — V. AVOCAT.

143. — ... Des personnes ayant obtenu du roi un titre de noblesse.

144. — Elles procèdent au tirage des jurés. — V. JURY.

145. — ... Et à l'entérinement des lettres de grace ou de commutation de peine. — V. GRACE ET COMMUTATION DE PEINE.

V. APPEL, AVOCAT, AVOUÉ, CHAMBRE CORRECTIONNELLE, CHAMBRE DES MISES EN ACCUSATION, COUR D'ASSISES, DEGRÉS DE JURIDICTION, DISCIPLINE, ÉLECTIONS, ÉVOCATION, GREFFIER, HUISSIER, JUGEMENT ET ARRÊT, JUSTICE DE PAIX, MINISTÈRE PUBLIC, PRUD'HOMMES, REQUÊTE CIVILE.

COURS SPÉCIALES ET PRÉVOTALES.

V. TRIBUNAUX SPÉCIAUX.

COURONNE (Domaine de la).

V. DOMAINE DE LA COURONNE.

COURRIER.

V. POSTES.

COURROIES (Apprêteurs).

1.—Apprêteurs de courroies, pour leur compte. — Patentables de septième classe; droit fixe basé sur la population, et droit proportionnel du quarantième de la valeur locative de tous les locaux des patentables, mais seulement dans les communes de 20,000 âmes et au-dessus.

2. — Apprêteurs de courroies à façon. — Patentables de huitième classe; — mêmes droits, sauf la différence de classe.

COURS DE LA BOURSE.

V. AGENT DE CHANGE, COURTIER, COURTIER DE COMMERCE, RENTES SUR L'ÉTAT.

COURS DE LA BOURSE ET DE LA PLACE.

1. — Le cours est le prix des marchandises ou effets publics d'après les négociations qui s'opèrent à la bourse, ou sur la place, ou dans une place de commerce. — Le cours du change est le prix auquel sont les lettres de change, pour faire les remises d'argent d'une place de commerce sur une autre.

2. — En matière d'enregistrement, quand des valeurs sont sur un cours public, les droits sont réglés sur le prix du cours. — Rolland, v° Cours, n° 2.

3.—La cote du cours est faite, dans certains cas, exclusivement par les agens de change, et dans d'autres par les courtiers de commerce ou par les facteurs.

V. AGENT DE CHANGE, CHANGE, COURTIER DE COMMERCE, FACTEURS, RENTES SUR L'ÉTAT.

COURS D'EAU.

Table alphabétique.

COURS D'EAU. — 1. — Eaux qui suivent, d'une manière ordinairement continue et régulière, une direction déterminée naturellement ou artificiellement par la disposition des lieux : tels sont les fleuves, rivières, canaux, torrens, ruisseaux, etc. — On les nomme cours d'eau par opposition aux eaux stagnantes ou non courantes, qui, comme la mer, les lacs, étangs, etc., ne suivent aucune direction.

2. — On distingue les cours d'eau *navigables* et *flottables*, les cours d'eau simplement *flottables*, et enfin, les cours d'eau qui ne sont ni *navigables* ni *flottables.* — Garnier, *Rég. des eaux,* t. 1er, n° 20 ; Daviel, *Cours d'eau,* t. 1er, n° 26 ; Proudhon, *Dom. publ.,* t. 1er, n° 207; t. 3, n°668; Solon, *Rép. des jur.,* t. 3, n° 4.

CHAPITRE Ier. — *Cours d'eau navigables et flottables.*

3. — Les fleuves et rivières navigables sont ceux qui portent bateau pour le service public. —Solon,

Rép. des juridict., t. 3, n° 5; Garnier, *Rég. des eaux*, t. 1er, n° 51; Merlin, *Rép. de jurisp.*, v° *Rivières*, § 1er, n° 3.

4. — Le Code civil soumet au même régime les fleuves et les rivières navigables. Il n'y a en droit aucune différence entre ces cours d'eau. — C. civ., art. 538, 556, 559, 560, 562, 563; — Garnier, t. 4er, n° 19, 3e édit.

5. — Les canaux de navigation et les rivières canalisées sont soumis à des règles spéciales, quant au mode de leur établissement et à certains droits que l'État ou les ayant-droits perçoivent de ceux qui usent de ces cours d'eau. — V. CANAUX.

6. — D'après l'ordonnance de 1669, art. 41, on ne considérait comme fleuves et rivières navigables que ceux portant bateaux de leur fonds, *sans artifice et ouvrages de main.*

7. — Toutefois, l'art. 8 du tit. 1er et l'art. 23 du tit. 3 de la même ordonnance embrassaient, dans leurs termes généraux, et les rivières navigables naturellement, et celles qui l'étaient *par artifice.* — Garnier, t. 4er, n° 48.

8. — Du reste, la loi du 22 nov.-1er déc. 1790, et l'art. 538, qui n'est que la répétition à peu près littérale de la loi de 1790, art. 41, tit. 27, ordonn. 1669, sont rédigés avec une telle généralité d'expressions, qu'il est impossible de ne pas y comprendre les rivières navigables par artifice, aussi bien que celles qui le sont naturellement. — Garnier, *loc. cit.*; Daviel, *Cours d'eau*, t. 4er, n° 32; Foucart, *Élém. dr. publ. et admin.*, t. 2, n° 1270. — V. aussi Discuss. aux chamb. sur l'art. 1er, L. 15 avr. 1829.

9. — Aussi a-t-il été jugé ainsi que la distinction créée par l'ordonnance de 1669, entre les rivières navigables de leur propre fond et celles naviga-bles par le fait de l'homme, est abrogée par l'art. 538, C. civ., de telle sorte que cet article les rend toutes dépendantes du domaine public. — *Cass.*, 29 juill. 1838, d'Harville c. Compag. des canaux. — V. aussi Duranton, *Tr. dr. admin. appl.*, t. 2, n° 1090.

10. — Cependant, la généralité des termes de la loi ne doit pas faire considérer comme navigables tou-tes rivières, pour cela seul qu'elles portent bateaux, même avec *artifices et ouvrages d'art*; il faut encore qu'elles le portent dans une étendue assez considé-rable pour constituer une véritable navigation; « c'est-à-dire, dit M. Foucart (n° 1278), pour faire l'office de chemin et servir de moyen de trans-port. »

11. — Ainsi, l'établissement de batelets, et même de bacs, soit par des particuliers, soit par des communes, pour le passage des personnes et des voitures d'une rive à l'autre, ne suffit pas toujours pour faire considérer une rivière comme navigable. — Garnier, *Régime des eaux*, t. 1er, n° 51; Cotelle, *Cours dr. admin.*, t. 3, p. 543; Solon, *Rép. des ju-ridict.*, t. 3, n° 7.

Sect. 1re. — Déclaration de navigabilité.

12. — Aux termes d'un décret du 22 janv. 1808, c'est au pouvoir exécutif qu'il appartient de dé-clarer la navigabilité d'une rivière ou d'un fleuve non navigable. — L'art. 14, déc. 12 nov. 1811, et l'art. 3, L. 15 avr. 1829, contiennent la même dis-position.

13. — La déclaration de navigabilité est prononcée par le roi en conseil d'état. — Daviel, *Cours d'eau*, n° 254; Cotelle, *Cours de droit admin.*, t. 3, p. 439; Cormenin, *Dr. administ.*, v° *Cours d'eau*, t. 1er, p. 510; Proudhon, *Dom. public*, t. 3, n° 802; Solon, t. 3, n° 8.

14. — Le préfet n'aurait pas le pouvoir de dé-clarer la navigabilité, car elle intéresse plusieurs départemens, et le préfet est sans pouvoir partout ailleurs que dans son département.

15. — L'exercice de la navigation ou du flottage depuis un temps immémorial peut remplacer la déclaration de navigabilité ou de flottabilité d'une rivière. — Chauveau, *Compét. administ.*, n° 772, t. 2, p. 607.

16. — La question de savoir si une rivière était anciennement navigable est, comme celle de sa-voir si elle l'est *actuellement*, ou si elle le sera à l'avenir, du ressort exclusif de l'autorité adminis-trative. — *Cons. d'état*, 23 juin 1841, Lemenuet; — Fou-cart, *Dr. admin.*, n° 1279; Dufour, *Dr. admin. appliq.*, t. 2, n° 1402; Proudhon, *Dom. publ.*, n° 1017; Cormenin, *Dr. admin.*, v° *Cours d'eau*, n° 2, 5e. — V. *contrà* Caen, 17 févr. 1844 (t. 1er 1844, p. 717), Lemenuet.

17. — En conséquence, si, dans le cours d'une instance régulièrement portée devant les tribu-naux ordinaires, il devient nécessaire de statuer préjudiciellement sur la navigabilité d'une rivière, les tribunaux ne peuvent se dispenser de déclarer sur ce point leur incompétence; sinon le préfet

peut valablement prendre un arrêté de conflit. — Mêmes décisions.

18. — Quant à la décision sur la question de sa-voir si une rivière est ou n'est pas navigable, c'est un acte purement administratif appartenant ex-clusivement au préfet, et dès-lors elle ne peut être déférée directement au conseil d'état, mais seule-ment au ministre de l'intérieur. — *Cons. d'état*, 29 janv. 1814, David c. Godin; 27 nov. 1820, Mel-lon c. Marchel et Grivet; — Solon, t. 3, n°9. — Tou-tefois, M. Dufour (t. 2, n° 1402 *in fine*) enseigne que c'est le conseil de préfecture qui doit déclarer le fait de la navigabilité.

19. — Les réclamations élevées contre l'ordon-nance royale qui déclare la navigabilité d'un fleuve ou d'une rivière doivent également être portées successivement au préfet, et, par l'en-tremise du préfet et du ministre. Le roi prononce en conseil d'état, comité de l'intérieur, et non comité du contentieux, puisqu'il ne s'agit pas de prononcer sur une question contentieuse. — Réglem. 22 juill. 1806, art. 40; — Solon, *Rép. de ju-ridict.*, t. 3, n° 10.

20. — Cependant, toutes les fois que la déclara-tion de navigabilité enlève des droits acquis à des tiers, comme il y a lieu à une indemnité au profit de ces derniers, c'est par la voie contentieuse que doit être débattue la fixation de cette indemnité. — V. *infrà* n°s 123 et suiv.

21. — Une ordonnance royale du 10 juill. 1836, rendue en exécution de l'art. 3, L. 15 avr. 1829, a déterminé pour chaque département les parties fleuves de ce et rivières navigables ou flottables.

22. — Toutefois, comme cette ordonnance n'a pour objet spécial que l'exercice et la police de la pêche, il en résulte que ses termes ne sont point exclusifs, et que pour les parties qui ne figurent pas au tableau dressé pour l'application de la loi du 15 avr. 1829, la question de navigabilité n'est nullement tranchée. — Dufour, *Dr. admin.*, t. 2, n° 1101.

23. — Il est des rivières qui ne sont pas naviga-bles, mais qui peuvent le devenir à l'aide de tra-vaux de canalisation. — Aux termes de l'art. 3, L. 3 mai 1841, ces travaux ne peuvent être exécutés qu'en vertu d'une loi rendue après une enquête administrative; alors les particuliers perdent tous les droits qu'ils avaient sur le cours d'eau avant qu'il fût déclaré navigable. — Foucart, *Élém. de dr. publ. et admin.*, t. 2, n° 1280; Daviel, *Cours d'eau*, t. 1er, n° 177. — V. EXPROPRIATION POUR UTILITÉ PUBLIQUE.

24. — Les travaux de canalisation sont exécutés par le gouvernement et à ses frais, ou par des particuliers ou compagnies concessionnaires. — V. pour la forme de l'établissement et pour les droits qui en résultent, CANAL, EXPROPRIATION POUR UTILITÉ PUBLIQUE.

Sect. 2e. — Propriété.

25. — Comme l'eau courante n'est pas suscep-tible d'occupation exclusive, il en résulte qu'elle ne saurait, en tant qu'élément, être l'objet d'une propriété privée. L'art. 714, C. civ., en consé-quence parfaitement applicable aux eaux couran-tes, quand il dit : « qu'il est des choses dont l'u-sage est commun à tous, et que des lois de police règlent la manière d'en jouir. »

26. — La pente ou chute de l'eau, utile surtout pour la force motrice qu'on en peut tirer pour des usines, ne saurait appartenir aux riverains, et nous semble rester, comme la masse d'eau, le cours lui-même, dans les choses communes à tous. Cette proposition ne paraît pas contestable, quant aux cours d'eau navigables et flottables : il y a plus de difficulté lorsqu'il s'agit de cours d'eau non navigables ni flottables. — V. *infrà* n° 315 et suiv.

27. — De tout temps, et à cause de l'utilité que la société entière peut en retirer, les fleuves et ri-vières navigables ont appartenu au domaine pu-blic. — Instit. *De rerum divisione*, § 2.

28. — L'ord. de 1669, art. 41, tit. 27, s'exprimait en ces termes : « Déclarons la propriété de tous les fleuves et rivières portant bateaux de leur fond, sans artifice et ouvrage de mains, dans notre royaume et terres de notre obéissance, faire par-tie du domaine de notre couronne, nonobstant tous titres et possessions contraires, sauf les droits de pêche, moulins, bacs et autres usages, que les particuliers peuvent y avoir par concessions ou possessions valables, auxquels ils seront maintenus. »

29. — D'après un édit de 1683, les fleuves et ri-vières navigables appartenaient en pleine pro-priété aux rois et aux souverains, par le seul titre de leur souveraineté. « En conséquence, portait cet édit, nul n'y peut prétendre aucun droit, sans titre exprès et possession légitime. » Ensuite l'édit

expliquait ce qu'il entendait par titres exprès, et de quelle manière on pouvait prouver la posses-sion légitime : « C'est à savoir inféodation, en-gagement, contrats d'aliénation, aveu ou dénom-brement qui nous auront été rendus sans blâme. »

30. — L'art. 2, L. 22 nov. 1790, sur la législation domaniale, portait : « Les fleuves et rivières navi-gables sont considérés comme dépendances du domaine. » Cette disposition se retrouve presque littéralement dans l'art. 538, C. civ.

31. — Le domaine de l'état, relativement aux cours d'eau navigables, s'étend même à leurs bras non navigables ni flottables, qui sont considérés comme leurs accessoires. — Arrêt du cons., 14 août 1694; déc. 13 août 1709; 12 juill. 1806. — Cette disposition a pour but de maintenir l'usage com-plet de la navigation en évitant les usurpations qui, déjà trop fréquentes, la deviendraient beau-coup plus encore si les riverains avaient l'espoir de les conserver. — La doctrine et la jurispru-dence sont d'accord sur ce point. — *Cons. d'état*, 22 janv. 1824, Hache c. Saxer et Guesné; 11 fév. 1836, Pelot; — Lefèvre de la Planche, *Traité du do-maine*, liv. 1er, chap. 5; Bouhier sur Bourgogne, chap. 52, n° 75; Solon, *Rép. des juridict.*, t. 3, n° 13; Foucart, *Élémens de dr. publ. et adm.*, t. 2, n° 1278; Merlin, *Rép.*, v° *Rivières*, § 1er, n° 3; Gar-nier, *Régime des eaux*, t. 1er, n° 65; Daviel, *Tr. du cours d'eau*, t. 1er, n° 10 : Proudhon, *Domaine publ.*, n° 758. — V. toutefois *contrà* Chardon, *De l'alluvion*, p. 68.

32. — Toutefois les dérivations creusées par les riverains sur leurs propriétés particulières et en-tretenues à leurs frais, ne devraient pas être assi-milées aux bras des rivières navigables et considé-rées comme propriété de l'état. — L.15 avr. 1829, art. 4er; — Foucart, *Élém. dr. publ. et adm.*, t. 2, n° 1278.

33. — Quand une rivière n'est navigable ou flottable que dans certaines parties de son cours, ses parties non navigables ni flottables sont lais-sées aux propriétaires riverains. — Arrêté 19 vent. an 11, art. 10; — Foucart, *Élém. du dr. publ. et adm.*, t. 2, n° 1278.

34. — Ainsi les parties de la rivière *supérieures* à l'endroit où elle commence à devenir navigable ne sont pas la propriété de l'état. — Arrêt du par-lement de Paris 9 déc. 1654; édit d'avr. 1683; *Cons. d'état*, 14 août 1694 ; déclar. 13 août 1709; — Garnier, *Régime des eaux*, t. 4er, n° 63; Duranton, *Cours de droit franç.*, t. 3, n° 203; Favart de Lan-glade, *Rép.*, v° *Servitude*, sect. 1re; Merlin, *Rép.*, v° *Rivière*, § 1er, n° 3 ; Proudhon, *Domaine publ.*, n° 732.

35. — Mais les propriétaires riverains ne peu-vent disposer de l'eau, de manière à gêner ou à rendre impossible la navigation des parties infé-rieures. — Arrêté du 19 vent. an VI, art. 10; — Foucart, t. 2, n° 753; — V. encore L. 10,72, ff., *De aquâ.*

36. — Toute la partie inférieure au point où commence la navigabilité d'une rivière entre dans le domaine de l'état. — Garnier, *Rég. des eaux*, t. 4er, n° 63; Merlin, v° *Rivière*, § 1er, n° 3; Duranton, t. 3, n° 203; Favard de Langlade, *Rép.*, v° *Ser-vitude*, sect. 1re.

37. — Une rivière commence à être navigable au point où il reste des *passalis* (pertuis). — *Cons. d'état*, 19 janv. 1832, Caylu; — Cormenin, *Dr. adm.*, v° *Cours d'eau*, t. 1er, p. 510, note 1er.

38. — Sont considérés comme faisant partie des cours d'eau navigables ou flottables les noues, boires et fossés qui ont une communication libre avec les rivières dont les eaux y entrent pendant toute l'année. — Proudhon, *Tr. du dom. publ.*, t. 1er, p. 39, n° 3; Dufour, *Dr. admin.*, t. 2, n° 1096.

39. — Mais on ne saurait assimiler aux rivières navigables les affluens qui les alimentent. — Gar-nier, n° 66; Daviel, t. 4er, p. 35, n° 39 ; Dufour, t. 2, n° 1097.

40. — Quant aux courans qui se séparent de la rivière pour n'y plus revenir, ils cessent, dès leur point de séparation d'appartenir à la classe des cours d'eau navigables et flottables. — Proudhon, *Dom. publ.*, n° 760; Dufour, *Dr. admin.*, t. 2, n° 2095. — V. cependant Nadault de Buffon, t. 1er, p. 254.

41. — Sont considérés comme dépendances des ri-vières navigables les ports, gares, abreuvoirs, et en général tout ce qui est accessoire à ces rivières, à raison de leur destination d'utilité publique. — Les fossés des canaux de dessèchement et d'irrigation ouverts par des propriétaires privés (C. civ., art. 540), les canaux de dessèchement et d'irrigation ouverts (13 juill. 1791 et 17 juill. 1819), font aussi partie du domaine. — Daviel, *Tr. des cours d'eau*, t. 1er, n° 43 et 444.

42. — Le domaine public comprend également tout ce qui est nécessaire au cours de l'eau, par conséquent, aussi bien les bords du lit ou berges

que le lit lui-même. C'est ce qui était formellement décidé par la loi romaine, et qui résulte implicitement de notre Code, puisque le législateur, en consacrant la propriété des fleuves et rivières navigables, a nécessairement voulu y rattacher tous les accessoires sans lesquels elle ne saurait exister. — L. 3, § 1, ff., *De fluminibus*; — Proudhon, *Dom. publ.*, t. 3, nº 743; Magnitot et Delamarre, *Dict. dr. publ. et adm.*, t. 1er, p. 458.

43. — Du principe que les fleuves et rivières navigables appartiennent au domaine public, il suit que leurs lits sont également sa propriété. — Aymus, lib. 1, cap. 12, Num. 8 et 9; Cæpolla, *Tract.* 2, cap. 25; Proudhon, t. 3, nº 742; Garnier, t. 1er, nº 69; Daviel, t. 1er, nº 48; Solon, t. 3, nº 13.

44. — On trouve une double preuve de cette solution dans l'attribution que l'art. 556, C. civ., fait de l'alluvion aux fonds riverains, ce qui suppose que le sol ne leur appartenait pas auparavant, et dans l'art. 563 du même Code, qui, dans le cas de changement du cours d'un fleuve ou d'une rivière, accorde l'ancien lit, à titre d'indemnité, aux propriétaires des fonds nouvellement occupés. En effet, si le lit n'était pas considéré comme chose du domaine public, il serait la propriété des riverains, et ce serait les dépouiller injustement que d'accorder ce lit aux propriétaires actuellement inondés. — Proudhon, t. 3, nº 742.

45. — Cette attribution, que l'art. 563, C. civ., fait de l'ancien lit aux propriétaires des fonds envahis, est une dérogation au droit romain, sous l'empire duquel l'ancien lit accroissait aux riverains. — L. 7, § 5, ff., *De acq. rer. dom.*

46. — M. Garnier (t. 1er, nº 69), pense que le propriétaire du terrain nouvellement occupé, pourrait n'accepter que la jouissance de l'ancien lit et se réserver le droit de reprendre son héritage si le fleuve venait encore à changer de cours. — Cette opinion nous paraît fort contestable : ne peut-on pas dire, en effet que par le fait du changement de cours, le nouveau lit est devenu partie intégrante du domaine public; que le propriétaire y a, par suite, perdu tout droit par la force même de la loi, et qu'il ne saurait, dès-lors, faire valablement aucunes réserves tendant à restreindre, en quoi que ce soit, les droits du domaine.

47. — Le lit d'un fleuve ou d'une rivière comprend toute la partie du sol sur laquelle se répand son cours lorsque le fleuve ou la rivière coule à plein bords, c'est-à-dire lorsque ses eaux s'élèvent au point au-dessus duquel elles commenceraient à déborder. — Dès-lors, c'est cette ligne extrême, type régulateur des plus grandes eaux, qui doit être considérée comme la ligne séparative du domaine public et des propriétés riveraines. — *Lyon*, 25 fév. 1843 (t. 1er 1844, p. 272), Combalot c. l'état; — L. 1er, ff., § 9, *De fluminibus*; C. civ., art. 558; — Daviel, *Cours d'eau*, t. 1er, nº 48; Lefèvre de la Planche, *Tr. du domaine*, liv. 10e, chap. 3.

48. — La limite du lit d'un fleuve ou d'une rivière se fixe abstraction faite des eaux débordées seulement, et non de la marée, des pluies et autres causes accidentelles qui en augmentent le volume. — En conséquence, le lit d'un fleuve embrasse toute la partie du sol dominée par les eaux, y compris les bords (ou berges) qui les contiennent, lorsqu'elles sont à leur point le plus élevé sans débordement et cela alors même que le volume en serait augmenté par la marée, par la pluie ou par toute autre cause accidentelle. — *Rouen*, 31 juill. 1844 (t. 2 1844, p. 537), Vauchel c. l'état.

49. — Dès que le lit des rivières navigables est attribué au domaine public, il semble qu'il ne doit être permis à personne, sans l'autorisation du gouvernement, de fouiller dans le lit de ces rivières pour en tirer du sable et des pierres. — Denisart, vº *Rivière*; Loysel, *Tr. des seigneuries*, ch. 12, nº 120; Chardon, *De l'alluvion*, nº 48.

50. — Cependant, cette autorisation ne paraît pas indispensable à M. Cotelle (*Cours de dr. admin.*, t. 3, p. 544), qui décide qu'on peut librement extraire du lit des rivières navigables des sables, graviers et autres matériaux, pourvu qu'on se conforme à l'arrêt du conseil du 27 juin 1777, qui interdit de faire ces extractions près des bords.

Sect. 3e. — *Inaliénabilité, imprescriptibilité, concessions.*

51. — Les fleuves et rivières navigables, avec leurs dépendances, sont, comme tout ce qui fait partie du domaine public, inaliénables et imprescriptibles. — C. civ., art. 538; — Daviel, *Cours d'eau*, t. 1er, nos 27 et suiv.; Solon, *Rép. des juridict.*, t. 3, nº 18; Garnier, *Rég. des eaux*, t. 1er, nº 69; Proudhon, *Dom. publ.*, t. 1er, nº 208.

52. — Ce principe d'inaliénabilité n'a pas, il est vrai, toujours été respecté par nos rois; à diverses époques, ils ont accordé nombre de concessions qu'il a fallu maintenir; mais si les souverains, confondant les droits de la propriété avec les attributs de la souveraineté, ont pu se croire libres de disposer des fleuves et des rivières comme de choses leur appartenant en propre, leurs actes à cet égard ont toujours été considérés comme abusifs, et condamnés par tous les jurisconsultes. Les fleuves, en effet, sont, par leur nature et leur destination providentielle, en dehors du domaine de la propriété privée; la libre jouissance de leur cours est une nécessité sociale, et par conséquent un droit éternel et imprescriptible.

53. — Ce principe d'inaliénabilité proclamé dans l'édit de 1566 a été depuis expressément rappelé dans toutes les dispositions qui ont eu pour objet d'organiser le droit public, et notamment dans l'ordonnance sur les eaux et forêts de 1669 (tit. 27), art. 40; dans les lettres-patentes de Louis XIV d'avril 1683; dans les édits du 21 déc. 1693, et d'avril 1713; et plus tard on le trouve exposé encore dans les remontrances faites au roi par le parlement de Bordeaux le 30 juin 1786.

54. — Aujourd'hui incontesté, il reçoit une nouvelle consécration des art. 1128, C. civ., qui déclare que les choses qui sont dans le commerce peuvent seules être l'objet des conventions, et 2226, d'après lequel on ne peut prescrire les choses qui ne sont pas dans le commerce.

55. — Jugé, en conséquence, que les eaux courantes, devant être rangées dans la classe des choses qui n'appartiennent à personne et dont l'usage appartient à tous, sont hors du commerce, et par conséquent imprescriptibles. — C. civ., art. 714, 538, et 2226. — *Toulouse*, 7 avr. 1843 (t. 1er 1845, p. 335), de Falgons c. propriétaires du moulin de Lavaur; — Merlin, *Rép.*, vº *Rivière*; Proudhon, *Traité du dom. publ.*, t. 3, p. 333. — V. cependant Troplong, *Prescript.*, nº 146.

56. — Il en est de même de la pente ou chute de l'eau que nous avons dit faire partie des choses communes. — V. *suprà* nº 26.

57. — Toutefois, le principe d'inaliénabilité des fleuves et rivières navigables ne met pas obstacle à des concessions particulières que l'état voudrait faire, soit des avantages qu'on peut retirer des rivières, telles que prises d'eau pour irrigations, chutes d'eau pour usines, etc., soit des droits qu'il peut percevoir sur ces cours d'eau. — Garnier, t. 1er, nº 67.

58. — Le gouvernement peut non seulement accorder des concessions partielles, mais encore abandonner la jouissance totale d'une rivière navigable ou flottable, par exemple dans le cas où la pêche et la navigation ne l'indemniseraient pas des frais d'entretien. — Garnier, t. 1er, nº 67; Solon, t. 3, nos 18 et 130.

59. — Par suite, une ville que l'état a subrogée temporairement dans ses droits sur la propriété d'une rivière, peut invoquer les mêmes principes que lui à l'égard de la possession de cette rivière. — *Cass.*, 29 juill. 1828, d'Harville c. Comp. des canaux.

60. — Les concessions faites par l'état de chutes ou prises d'eau ne pouvaient autrefois avoir lieu que gratuitement; mais l'art. 8, L. des recettes du 16 juill. 1840, a autorisé le gouvernement à y attacher des redevances. — V. CHUTE D'EAU, nos 5 et 6.

Sect. 4e. — *Chemins de halage et marchepied.*

61. — Les fonds qui bordent les rivières navigables et flottables sont grevés d'une servitude particulière, ayant pour objet le *chemin de halage* et le *marchepied*. — Ord. 1669, tit. 18, art. 7.

62. — On appelle *chemin de halage*, et quelquefois *marchepied*, l'espace de terrain nécessaire pour tirer, haler les bateaux sur le bord des fleuves ou rivières, soit à bras d'hommes, soit à l'aide de chevaux. — C. civ., art. 556 et 650. — Quelquefois on donne aussi le nom de *balise* au terrain laissé ainsi libre pour le service de la navigation; mais ce terme est peu usité dans cette acception. — V. BALISE, nº 12.

63. — Dans l'usage, on donne le nom de *marchepied*, soit au contre-chemin qui existe sur la rive opposée au chemin de halage, soit à celui qui sert aux personnes préposées à la conduite des bois flottés. — L. 15 avr. 1829 sur la pêche fluviale, art. 35; — Garnier, t. 1er, nº 71.

64. — L'intérêt de la navigation a fait considérer le chemin de halage et le marchepied comme des accessoires indispensables des rivières navigables et flottables. — Ils constituent donc une servitude d'utilité publique, et les propriétaires riverains ne peuvent en aucune façon s'en affranchir — V., pour les règles applicables en pareil cas et pour l'examen des difficultés qu'elles soulèvent, le mot CHEMIN DE HALAGE.

Sect. 5e. — *Iles, alluvions.*

65. — Dans le droit romain, le lit des fleuves et rivières navigables faisant partie des héritages, l'île qui se formait au milieu du lit appartenait aux propriétaires de ces héritages. — Inst., *De rer. divis.*, § 22; LL. 29, 30, § 2, 56, § 1er, 65, ff., *De acq. rer. dom.*; L. 1, § 6, ff., *De flum.* — Domenget, *Inst. de Gaïus, traduites et annotées*, p. 80 et suiv., note. — V. ACCESSION, nos 5 et suiv.; ALLUVION, nº 108.

66. — Le principe contraire, consacré par notre législation, devait amener une conséquence différente. — Aussi, l'art. 560, C. civ., déclare-t-il que « les îles, îlots, attérissemens, qui se forment dans le lit des fleuves ou des rivières navigables ou flottables, appartiennent à l'état, s'il n'y a titre ou prescription contraire. »

67. — Remarquons que, d'après cet article, les îles, îlots, etc., tombent, non pas dans le domaine public, mais bien dans le domaine de l'état, d'où il suit qu'ils suivent dès-lors le sort de tous les biens susceptibles de propriété privée. — Daviel, t. 1er, nº 55; Dufour, t. 2, nº 1103.

68. — Les rivières qui, sous l'ordonnance de 1669, n'étaient navigables que *par artifice*, et qui par cela même appartenaient aux seigneurs haut-justiciers, font aujourd'hui partie du domaine public. — Mais les îles nées dans leur sein sont-elles entrées dans le domaine de l'état?

69. — Les seigneurs ne tenaient leur droit à la propriété de ces îles que du régime féodal, dont l'abolition a dû la faire également cesser; cela n'est pas douteux pour les îles nées depuis cette abolition; mais que doit-on décider pour celles qui existaient antérieurement?

70. — Il faut distinguer : si le seigneur en avait pris publiquement possession avant la loi du 4 août 1789, abolitive de la féodalité, en vertu des lois, coutumes, statuts ou usages locaux lors existans, soit en les cédant, soit en les cultivant ou les mettant à profit de toute autre manière, sa propriété est maintenue. — Garnier, *Rég. des eaux*, t. 1er, nº 275.

71. — Mais on devrait décider en sens inverse, avec le même auteur (*loc. cit.*), si aucune prise de possession n'avait eu lieu de la part du seigneur. La combinaison des art. 8 et 9, L. 20 avr. 1791, et des art. 3 et 4, L. 28 août 1792, amène, ce nous semble, ce résultat.

72. — Jugé, en conséquence, qu'une commune ne peut réclamer en vertu de l'art. 8, L. 28 août 1792, et de l'art. 1er, sect. 6e, L. 0 juin 1793, une île située dans le lit d'une rivière navigable si elle ne prouve pas son ancienne possession à titre de propriétaire du terrain revendiqué. — *Cass.*, 1er brum. an VI, Teillay c. Comm. de Baunay; 9 pluv. an XIII, de Chaunes c. Comm. de Vezanne; 12 mai 1818, Robert de Larivière c. Comm. de Magny-le-Freul. — V. au surplus ALLUVION, nº 103 et suiv., et ILE.

73. — Quant aux alluvions qui se forment dans les fleuves et rivières, V. sur l'attribution de leur propriété, leur partage et les règles qui les régissent le mot ALLUVION.

74. — Les accrues, attérissemens et alluvions des fleuves, rivières et torrens qui appartiennent au domaine public, peuvent être concédés, mais ces concessions ne peuvent avoir lieu qu'en vertu d'ordonnances royales rendues le conseil d'état entendu.

Sect. 6e. — *Moulins et usines.*

75. — Aux termes de l'édit de 1566, nul ne pouvait construire ni moulin ni usine sur les fleuves navigables sans l'autorisation du gouvernement. L'art. 42, tit. 27, ord. de 1669, contenait la même prohibition; il était ainsi conçu : « Nul, soit propriétaire ou engagiste, ne peut faire moulins, batardeaux, écluses, etc., dans les fleuves et rivières navigables, à peine d'amende arbitraire. »

76. — Le même article enjoignit aux propriétaires d'usines et moulins non autorisés, de les supprimer dans les trois mois, à peine de 500 fr. d'amende, à moins qu'ils ne soient fondés en titres ou possession légitimes.

77. — L'édit de 1683 contint les même dispositions; puis, enfin, vint l'édit de déc. 1693, portant que tous les propriétaires de moulins et usines construits sur les rivières navigables du royaume qui ont rapporté des titres de propriété ou de possession antérieure au 1er avr. 1566, sont maintenus à perpétuité en payant une certaine rente ou censure, soit au roi, soit aux seigneurs.

78. — Un arrêté du directoire, du 19 vent. an VI, en maintenant la nécessité de l'autorisation du gouvernement, prescrivit la destruction, dans le mois, de tous ceux de ces établissemens *qui ne se trouveraient pas fondés en titres, ou qui n'auraient d'autres titres que des concessions féodales abolies.* — Art. 5.

79. — Cette disposition ne tint aucun compte de la possession quelque longue qu'elle fut; mais il faut remarquer, 1° que le directoire exécutif n'ayant pas autorité pour abroger une loi, la possession qui remonte au delà de l'édit de 1566, est encore un titre suffisant, d'après l'ordonnance de 1669; 2° que, selon une circulaire du ministre de l'intérieur, du 21 germin. an VI, « l'esprit de la loi étant seulement de faciliter la navigation et de supprimer les obstacles qui l'entravaient, l'administration doit conserver les établissemens, quoique non fondés en titre, qui ne gênent pas la navigation, et à plus forte raison ceux qui lui sont utiles. » Seulement, dans ce cas, les propriétaires de ces établissemens sont obligés de faire légaliser leur existence, et de remplir les formalités nécessaires pour obtenir l'autorisation du gouvernement, qui n'est pas refusée. — Garnier, *Régime des eaux*, t. 1er, n° 124; Merlin, *Rép.* v° *Moulins*, § 7, art. 4, n° 3; Cotelle, *Cours de droit admin*, t. 3, n° 257, p. 569; Cormenin, *Quest. de dr. adm.*, v° *Cours d'eau*; Solon, t. 3, nos 130 et suiv.; Favart de Langlade *Rép.*, v° *Moulins*, n° 6.

80. — Voyez au surplus pour tout ce qui concerne l'établissement des moulins et usines, leur propriété, leur police, les indemnités que leur autorisation ou suppression peut rendre nécessaires, et enfin, toutes les questions qui, naissent relativement à eux, le mot USINES.

Sect. 7e. — *Droits et charges auxquels donnent naissance les rivières navigables et flottables.*

§ 1er. — *Droits et charges de l'état.*

81. — Nous avons vu (*suprà* nos 12 et s.) qu'il appartient à l'administration seule de déclarer ou de reconnaître la navigabilité des cours d'eau..—Leur police et leur conservation lui appartiennent également. — Arrêt du conseil du 24 juin 1777; L. 22 déc. 1789, 8 janv. 1790, sect. 3e, art. 5; 12-20 août 1790, ch. 6. — Solon, *Rép. des juridictions*, t. 3, n° 56; Garnier, *Rég. des eaux*, t. 2, n° 455; Proudhon, *Dom. public*, t. 3, nos 808 et suiv.; Foucart, *Droit publ. et admin.*, t. 2, n° 1283; Cotelle, *C. de dr. admin.*, t. 3, p. 479 et suiv.

82. — La police et la conservation des fleuves et rivières navigables donnent à l'administration le pouvoir de les réglementer, et lui imposent l'obligation de les entretenir, et de les améliorer. — Solon, t. 3, n° 57.

83. — Suivant M. Solon (t. 3, n° 59), les réglemens en matière de cours d'eau doivent être dirigés vers un double but: tirer tout le parti possible des eaux sans blesser les droits acquis, et diminuer autant que possible leurs dangers et leurs incommodités.

84. — Les conseils de préfecture et les tribunaux ordinaires sont incompétens pour faire des réglemens sur les cours d'eau, s'ils ont un but d'utilité générale; mais seuls ils ont le pouvoir de régler les droits des riverains à l'usage des eaux. — C. civ., art. 645; — Solon, t. 3, nos 62 et suiv.

85. — Régulièrement, il n'appartient qu'au roi de faire des réglemens d'eau qui ont un caractère d'utilité générale. — Charte, art. 13; L. 15 avr. 1829, art. 26; arr. 8 prair. an XI; L. 16 sep. 1807, art. 34; — *Cons. d'état*, 9 mai 1834, Avignon. — Toutefois, en fait, le ministre de l'intérieur fait les réglemens de ce genre.

86. — Et il a été jugé que les arrêts du conseil des finances et du commerce du duc de Lorraine, contenant des réglemens d'eaux, rendus dans un intérêt public, sont obligatoires comme émanés d'un pouvoir investi de la plénitude des droits de la souveraineté. — *Cass.*, 26 janv. 1841 (t. 1er 1844, p. 262), Debonnaire et Tourcher c. Payssé.

87. — L'administration exerce fréquemment son pouvoir réglementaire pour fixer la hauteur des eaux, par rapport aux usines construites ou à construire. — L. 6 oct. 1791, tit. 2, art. 16; — Solon, *Rep. des jurid.*, t. 3, nos 95 et 96.

88. — Dans l'exercice de ce pouvoir, l'administration doit recourir à toutes mesures et prescrire tous travaux propres à assurer la navigation et à éviter les dommages publics. Elle peut aussi empêcher toutes constructions dont l'objet serait de contrarier les intérêts ménagés par le niveau actuel. — LL. 20 août 1790, 6 oct. 1791, 19 vent. an VI. — Solon, t. 3, n° 97.

89. — C'est en vain qu'on opposerait à ces prescriptions des titres par lesquels on se prétendrait autorisé à laisser les choses dans l'état où elles sont. — *Cons. d'état*, 23 déc. 1835, Goulden.

90. — La prescription trentenaire même ne pourrait être invoquée. — *Cons. d'état*, 6 mars 1836, Desrioux de Messimy.

91. — Le réglement d'eau, concernant même une rivière non navigable ni flottable, et qui, dans un intérêt d'ordre public et par mesure d'administration publique, restreint les droits des riverains, et leur interdit l'usage des eaux au détriment d'une usine, a pour effet de rendre toute possession contraire à ces défenses inefficace pour acquérir la prescription ou pour intenter une action en maintenue possessoire. — *Cass.*, 26 janv. 1841 (t. 1er 1844, p. 262), Debonnaire et Tourcher c. Payssé.

92. — L'exception de prescription est inadmissible contre la faculté d'user d'un droit concédé par un arrêté d'administration publique, notamment contre un réglement en matière de cours d'eau contenant fixation de la hauteur des eaux pour le service d'une usine. — En conséquence, le propriétaire d'un moulin ne peut opposer au propriétaire du moulin supérieur, le non-usage par ce dernier pendant trente ans du droit d'élever son déversoir à la hauteur déterminée par ce réglement. — *Paris*, 26 fév. 1844 (t. 1er 1844, p. 364), Bault et Teston c. Bonnet et comm. de Saint-Denis-de-Moronval.

93. — Seulement si un nouveau réglement enlevait un droit acquis, il pourrait y avoir lieu à indemnité. — Solon, *Rép. des jurid.*, n° 97. — V. *infrà* n°

94. — D'après l'art. 34, L. 16 sept. 1807, des réglemens d'administration publique fixent la part contributive du gouvernement et des propriétaires, lorsqu'il y a lieu de pourvoir, soit aux dépenses d'entretien ou de réparation des digues élevées contre les fleuves, rivières et torrens navigables ou non, soit au curage des canaux de navigation et de desséchement, ou enfin lorsqu'il s'agit de levées, barrages, pertuis, écluses auxquels des propriétaires de moulins et usines seraient intéressés.

95. — Du droit de police sur les fleuves et rivières navigables découle pour l'administration celui de faire cesser à l'instant tous travaux nuisibles aux intérêts généraux. — Solon, *Rép. des jurid.*, t. 3, n° 144.

96. — Comme aussi il en résulte que l'état seul ou les concessionnaires qui le représentent ont le droit de percevoir des taxes sur les cours d'eau navigables. C'était déjà, sous l'ancien droit, un des attributs du pouvoir royal. Aussi Loyseau (*Des seigneuries*, chap. 9, n° 100) disait-il : « Il faut tenir pour certain que nul péage ne peut être permis ni imposé que par le roi. »

97. — L'ordonnance de 1669, tit. 29, abolit tous les péages qui n'étaient fondés que sur une possession de fait.

98. — Depuis, l'abolition fut généralisée par la loi du 28 mars 1790, et étendue à tous les droits de péage, considérés comme droits féodaux perçus sur les rivières. — Mais la loi du 30 flor. an X vint soumettre la navigation intérieure de la France à une règle uniforme, en établissant, sur les fleuves et rivières navigables qui n'y étaient pas encore assujétis un droit de navigation intérieure: elle détermina de plus les formalités à remplir pour la fixation des tarifs en raison des besoins de chaque localité. — L'exécution de cette loi a été réglée par un arrêté du gouvernement du 8 prair. an XI. — L. 28 mars 1790; L. 30 flor. an X, — Favard de Langlade, *Rép.*, v° *Navigation*, sect. 2, nos 2 et 3; Daviel, t. 1er, n° 214. — V. NAVIGATION.

99. — Les produits de ces droits furent affectés au balisage des rivières, à l'entretien des chemins de halage, ponts et autres ouvrages d'art établis pour l'avantage de la navigation. — L. 30 flor. an X, art. 1er et 2; décr. réglem. des 4e complém. an XIII et 1er sept. 1807.

100. — L'état a aussi le droit d'autoriser la perception d'un péage sur les ponts qu'il permet à des particuliers de construire sur les fleuves et rivières navigables. — L. 14 flor. an X, art. 11; L. des fin. de 1817; — Isambert, *Rec. compl. des lois*, 1821, part. 2e, p. 29 et 139, à la note; 1822, part. 1re, p. 91.

101. — Lui seul encore détermine le nombre et la situation des bacs et bateaux de passage établis ou à établir sur les fleuves et rivières navigables. — L. 14 flor. an X, art 9.

102. — Les tarifs des droits à percevoir, soit sur les bacs et bateaux, soit sur les ponts, sont fixés par le gouvernement dans la forme des réglemens d'administration publique. — L. 14 flor. an X, art. 10. — V. au surplus BACS ET BATEAUX, PÉAGE, PONTS.

103. — Quant au droit de pêche, qui appartient

à l'état dans les fleuves et rivières navigables, il résulte naturellement de son droit de propriété. — L. 15 avr. 1829, art. 1er. — V. PÊCHE.

§ 2. — *Droits et charges des particuliers.*

104. — Aucun établissement ne peut être formé sur les cours d'eau navigables, sans l'autorisation du gouvernement. — Cela résulte tout à la fois et de ce que ces cours d'eau font partie du domaine public et de ce que l'état seul en a la surveillance et la police.

105. — Par la même raison, la possession ne peut jamais être pour les particuliers la base d'une prescription contre l'état de droits incompatibles avec l'intérêt de la navigation; c'est ce que nous avons déjà établi *suprà*, nos 51 et suiv.

106. — Et si des concessions avaient été faites par l'état, elles seraient essentiellement révocables dès que l'intérêt de la navigation l'exigerait. — Pardessus, *Servitudes*, n° 77.

107. — « L'aliénation du domaine, dit Dunod (*Traité des Prescriptions*, p. 275), étant en France une loi qui intéresse la police et la conservation du royaume, les aliénations qui s'en font, même par des édits et dans des cas de nécessité, ne sont que des engagemens: en sorte que le roi peut toujours retirer ses domaines aliénés, en remboursant les acquereurs, sans avoir égard à aucune approbation, continuation ou laps de temps, quand il serait de plusieurs siècles. »

108. — Ces principes ont été reconnus et consacrés de tous temps par un certain nombre de dispositions législatives. C'est ainsi que, notamment dans les lettres-patentes du mois d'av. 1683, Louis XIV décida que tout ce qui se forme dans les lits des fleuves et des rivières navigables appartient au roi, et que personne n'y peut prendre aucun droit *sans un titre exprès* et *une possession légitime.*

109. — Et, comme un grand nombre de concessions avaient été faites autrefois aux seigneurs (Henrys, tit. 2, liv. 3, quest. 49e), sur les rivières navigables, l'édit de 1683 contient en outre la confirmation des droits de propriété des îles, droits de moulins, bacs et autres usages de ceux qui en avaient obtenu la concession des rois ses prédécesseurs avant l'année 1566. Il confirme également la possession de ceux qui pouvaient fournir des actes authentiques de possession commencée sans vice avant le 1er avr. 1566, et continuée sans trouble, à la charge de payer le vingtième du revenu annuel desdits droits. — Les mêmes dispositions se trouvent répétées dans les édits postérieurs du 21 déc. 1693 et d'av. 1713.

110. — La loi des 22 nov.-1er déc. 1790 et celle du 14 vent. an VII ont également maintenu les concessions et possessions de moulins antérieurs à l'édit de fév. 1566.

111. — Les concessions et les possessions postérieures à cet édit de 1566 sont donc inefficaces. — Garnier, t. 1er, n° 119.

112. — Ainsi jugé que l'aliénation depuis 1566, par l'ancien gouvernement, d'immeubles de la couronne, ne constituait jamais, quelle que fût la qualification donnée au contrat, qu'un simple engagement incapable de transférer la propriété. — *Cass.*, 10 brum. an XII, Enreg. c. Tête-Noire-Lafayette.

113. — Au contraire, si la possession du riverain remonte au-delà de 1566, il doit être maintenu dans sa propriété, qui ne peut plus lui être enlevée que pour cause d'utilité publique. Et comme la possession *sans vice* est toujours présumée, il suffira au riverain d'établir le fait matériel de sa possession pour être maintenu, sauf à l'administration à en démontrer le vice. — Garnier, t. 1er, nos 120 et suiv.

114. — Quand le gouvernement, usant de son droit, déclare la navigabilité d'un fleuve ou d'une rivière jusqu'alors non-navigables, il en résulte pour les riverains la perte de certains droits, tels que droits de pêche, de prise d'eau pour irrigation, etc.; ils doivent, de plus, souffrir désormais, sur leurs propriétés, la servitude du chemin de halage et du marchepied. — Proudhon, t. 3, nos 1014 et 1020.

115. — Il en résulte donc pour eux un véritable préjudice, qui leur donne droit à une indemnité. — Cette indemnité se règle de manière à tenir compte cependant des avantages qu'ils peuvent retirer du nouvel état de choses et à faire entrer ces avantages en compensation de leurs pertes. — Décr. 22 janv. 1808, art. 2 et 3; L. 15 avr. 1829, art. 3.

116. — Du reste, l'état ne pourrait évidemment établir des travaux sur le chemin de halage sans payer une indemnité spéciale aux riverains. La servitude de halage ne constitue, en effet, au pro-

fît de l'état que le droit d'user du terrain pour le service de la navigation : la propriété reste toujours au riverain, et les travaux permanens que l'état établirait sur son terrain constitueraient une véritable expropriation, qui pourrait avoir lieu sans doute, mais pour un motif d'utilité publique seulement, et moyennant une indemnité fixée conformément à la loi du 3 mai 1841. — Garnier, t. 1er, nº 88. — V. CHEMIN DE HALAGE.

117. — Il serait également dû une indemnité pour enlèvement d'îles jugées nuisibles à l'exercice de la navigation, et dont les particuliers auraient acquis la propriété par prescription ou autrement. — Proudhon, t. 3, nºs 804 et 1014.

118. — Mais il ne serait dû aucune indemnité aux riverains à raison de la privation de jouissance du lit de la rivière déclarée navigable. Cette solution se fonde sur ce que ce lit fait, pour les rivières non navigables comme pour celles navigables, partie du domaine public. — V. *infrà* nºs 245 et suiv. — La déclaration de navigabilité n'enlève donc rien aux riverains, et, partant, n'autorise de leur part aucune réclamation. — V. Merlin, *Rép.*, vº *Rivière.* — V. cependant Garnier, t. 1er, nº 70.

119. — Proudhon (t. 3, nº 979) refuse encore, dans le même cas, une indemnité aux riverains, à raison de la privation du droit de prise d'eau dont ils jouissaient avant la déclaration de navigabilité. — Il fonde sa décision, à cet égard, sur la combinaison de l'art. 644, C. civ., qui accorde aux riverains la *jouissance* des eaux bordant ou traversant leurs héritages, et qui ne sont pas du domaine public, mais à la charge de les rendre à leur cours ordinaire, avec l'art. 714, même Code, qui reconnaît aux lois de police le pouvoir de régler la manière de jouir de ces eaux.

120. — Quant au point de savoir si l'établissement autorisé d'un atelier insalubre sur un cours d'eau navigable donnait droit aux riverains à une indemnité, la question est controversée. — V. à cet égard ÉTABLISSEMENS INSALUBRES.

121. — Aux termes de l'art. 24, L. 15 avr. 1829, sur la pêche fluviale, il est interdit de placer dans les rivières navigables ou flottables aucuns barrages, appareils ou autres établissemens quelconques de pêcherie, ayant pour objet d'empêcher entièrement le passage du poisson.

122. — Quant aux dépôts de chanvre qui peuvent être faits dans les cours d'eau pour le rouissage, V. pour le délit qui en résulte et la juridiction compétente pour les réprimer, *infrà* nºs 188 et suiv.

Sect. 8e. — *Compétence en matière de cours d'eau navigables et flottables*

123. — La compétence, en matière de cours d'eau navigables, se partage entre : 1º le pouvoir exécutif; — 2º les conseils de préfecture; — 3º les tribunaux.

§ 1er. — *Compétence du pouvoir exécutif.*

124. — Nous avons vu (*suprà* nºs 12 et suiv.) que le pouvoir exécutif seul peut déclarer la navigabilité des fleuves et rivières, et que bien que cette déclaration doive émaner du roi, cependant, dans l'usage, c'est le ministre de l'intérieur qui la fait.

125. — Le préfet peut même prononcer provisoirement, sauf recours au ministre de l'intérieur. — Arr. du direct. du 2 niv. an IV. — *Cons. d'état*, 22 janv. 1808, Hours c. Boileau-Castelnau; 27 déc. 1820, Mellon c. Marchet et Grivel; — Garnier, *Rég. des eaux*, t. 1er, nºs 202 et 203; Proudhon, *Dom. publ.*, t. 3, nº 803; Favard, *Rép.*, vº *Rivière*; Magnitot et Delamarre, *Dict. du dr. admin.*, vº *Eau*, t. 1er, p. 463; Daviel, *Cours d'eau*, nº 234.

126. — Toutefois la déclaration du préfet ne peut que reconnaître la navigabilité préexistante, mais non la créer. — Cormenin, *Dr. admin.*, vº *Cours d'eau*, t. 1er, p. 510, note 1re.

127. — N'oublions pas, en tous cas, que la déclaration de navigabilité devant être faite dans les formes des réglemens d'administration publique, les décisions du préfet à cet égard n'obtiennent une autorité définitive que par l'approbation du roi donnée par ordonnance rendue au conseil d'état. — Solon, t. 3, nº 71.

128. — Quant aux bases sur lesquelles l'administration doit s'appuyer pour fixer ce classement des rivières, ce sont : l'usage constant des lieux, ou encore les anciens décrets et ordonnances émanés du gouvernement, qui auraient déclaré la rivière navigable à partir de tel ou tel point. — Proudhon, nº 1018.

129. — C'est encore au pouvoir exécutif qu'il appartient de déclarer, par l'organe du préfet, où commence la navigabilité des fleuves et rivières. — Proudhon, *ibid.*; Cormenin, *Dr. admin.*, vº *Cours d'eau*, t. 1er, p. 510.

130. — De ce que l'administration active est chargée de prendre toutes les mesures de surveillance et de police qui peuvent intéresser l'ordre public sous le rapport de la navigation, il résulte qu'il appartient au préfet de proposer le changement de direction, l'élargissement ou le creusement du lit des fleuves et rivières, sans préjudice des questions préalables de propriété et d'indemnité, s'il y a lieu. — L. 13 flor. an 11; C. civ., art. 545; LL. des 16 sept. 1807, art. 49; 8 mars 1810; Décr. des 23 janv. 1808; 17 juill. 1811. — *Cons. d'état*, 19 mars 1820, Blanchenay c. Liébach. — Cormenin, *Dr. admin.*, t. 1er, p. 510; Solon, *Rép. des juridict.*, t. 3, nº 70.

131. — ...Comme aussi de proposer les réglemens généraux et locaux pour la police des fleuves et rivières navigables. — *Cons. d'état.*, 23 fév. 1820, Bochard de Champigny et de Rohan c. Lecouturier de Courcy. — Solon, *ibid.*

132. — La surveillance de l'autorité administrative doit même s'étendre sur les parties de ces rivières qui ne sont ni navigables ni flottables, tels que les canaux de communauté ou les bras qui en tirent leurs eaux. — *Cons. d'état*, 27 avr. 1825, Demolon.

133. — Les préfets doivent veiller avec la plus rigoureuse exactitude à ce qu'on ne fasse aucune entreprise sur les rivières. — L. 19 vent. an VI.

134. — En cas de contravention, ils doivent, dans l'intérêt général, ordonner par provision les mesures nécessaires pour la faire cesser. — L. 29 flor. an X. — Solon, *Rép. des juridict.*, t. 3, nºs 71 et suiv., et 144.

135. — Mais les mesures que le préfet prend dans cet objet ne sont que provisoires; et s'il s'élève une question de propriété, la solution en est réservée aux tribunaux. — Garnier, t. 2, nº 500; Solon, *loc. cit.* — V. *infrà* nºs 224 et suiv.

136. — Les réglemens d'eau présentent, ainsi qu'il a été dit (*suprà* nºs 81 et suiv.), les occasions les plus fréquentes au pouvoir exécutif d'user de son droit de police sur les fleuves et rivières navigables.

137. — C'est au ministre de l'intérieur qu'il appartient, sur le rapport des préfets, de faire procéder par ordonnance royale, aux réglemens d'eau, conformément aux titres et aux jugemens intervenus entre les pétitionnaires, sans préjudice des intérêts de la navigation et des propriétés riveraines. — *Cons. d'état*, 24 juin 1829, Cardon c. Admin. des canaux d'Orléans et de Loing et Morel d'Aubigny; — Solon, *Rép. des jurid.*, t. 3, nºs 67 et 68; Cormenin, *Dr. admin.*, vº *Cours d'eau*, t. 1er, p. 517 et 518; Chevalier, *Jurisp. admin.*, vº *Cours d'eau*, t. 1er; p. 305 et 330; Magnitot et Delamarre, *Dict. de dr. admin.*, vº *Eau.*, t. 1er, p. 461.

138. — ...D'interpréter les arrêtés réglementaires sur la fixation des points d'eau. — Cormenin, vº *Cours d'eau*, § 1er nº 1er 4º.

139. — ...Mais non de réprimer les contraventions en ordonnant la suppression des ouvrages supposés faits en contravention, ce qui est du ressort des conseils de préfecture. — *Cons. d'état*, 22 juin 1825, Damay c. Dezeaux; 9 mai 1824, Avignon; — Solon, *Rép. des juridict.*, t. 3, nº 121; Cormenin, *Dr. admin.*, vº *Cours d'eau*, t. 1er, p. 509 et 513; Cotelle, *Cours de dr. admin.*, t. 3, p. 612. — V. *infrà* nºs 194 et suiv.

140. — Jugé que pour faire un réglement d'eau il est nécessaire que tous les propriétaires riverains qui usent de l'eau soient appelés dans la cause. — *Besançon*, 21 nov. 1828, Bassand c. Mottet.

141. — Lorqu'un arrêt de parlement contenant un réglement sur la largeur d'une rivière a été modifié par un second arrêt émané de la même source, et décidant que ce réglement ne serait exécuté qu'après l'audition de tous les propriétaires riverains, c'est à l'autorité administrative, et non aux tribunaux, qu'appartient le droit de rendre ce réglement définitif. — *Cass.*, 10 nov. 1840 (t. 1er 1841, p. 295), Pariers du Moulin-Narbonnais c. Préf. de la Haute-Garonne.

142. — C'est encore à l'autorité administrative qu'il appartient de provoquer d'office, ou sur la demande, soit des communes, soit des riverains, les changemens à faire dans le régime existant des eaux. — Cormenin, t. 1er, p. 509.

143. — Le roi seul peut autoriser des prises d'eau dans les rivières navigables et flottables; les ordonnances d'autorisation doivent être rendues dans la forme des réglemens d'administration publique, c'est-à-dire le conseil d'état entendu. — V. CONSEIL D'ÉTAT.

144. — Les préfets doivent donner leur avis sur les demandes en concession de prises d'eau dans les rivières navigables. — Cormenin, *Quest. de dr. admin.*, t. 2, p. 509.

145. — L'autorité administrative a exclusivement le droit de régler l'usage des prises d'eau sur les rivières. Les tribunaux doivent soumettre aux réglemens administratifs ceux des riverains à qui des titres antérieurs confèrent des droits de prise d'eau, mais sans déterminer le mode de cette prise. — *Paris*, 21 juill. 1828, Bautier et Duval c. de Fumechon.

146. — C'est au pouvoir exécutif qu'il appartient de fixer l'alignement des chemins de halage. — V. CHEMIN DE HALAGE.

147. — L'administration doit prescrire, dans l'intérêt général des propriétaires riverains et de l'ordre public, la construction des barrages, biefs, ou autres travaux, pour empêcher la déperdition des eaux. — *Cons. d'état*, 20 nov. 1815, Lemoine c. Charpentier; 26 fév. 1823, syndics de Beaumes c. syndics d'Aubignan.

148. — Mais si l'arrêté du préfet porte atteinte aux droits des particuliers, le concours des intérêts publics et des droits privés qui a lieu dans ce cas, oblige de dénoncer l'arrêté d'abord au ministre, au lieu de le soumettre directement à la censure du conseil d'état. — *Cons. d'état*, 20 nov. 1815, Lemoine c. Charpentier; — Garnier, *Rég. des eaux*, t. 2, nº 525; Cormenin, *Dr. admin*, vº *Rejet des requêtes*, t. 1er, p. 133; Chevalier, *Jurisp. admin.*, vº *Cours d'eau*, t. 1er, p. 320.

149. — L'administration doit encore empêcher le détournement des eaux navigables ou l'affaiblissement de leur cours, par tranchées, fossés ou canaux. — Ord. de 1669; arr. du gouv. des 13 niv. an V et 19 vent. an VI; — Cormenin, *Dr. admin.*, t. 2, p. 511.

150. — ... Révoquer ou retirer les concessions accordées sur les rivières navigables, lorsque les conditions de la concession ne sont pas exécutées. — Arr. réglem. 19 vent. an VI; *Cons. d'état*, 13 janv. 1813, Simon c. Mayer; 19 mars 1820, Blanchenay c. Liébach; 18 déc. 1822, Cardon c. admin. des canaux d'Orléans et de Loing; — Cormenin, t. 1er, p. 515.

151. — ... Faire ouvrir des fossés ou exécuter d'urgence, et dans l'intérêt public, des travaux sur les propriétés particulières, pour amener ou faire écouler les eaux, et sans préjudice du recours en indemnité devant qui de droit. — Cormenin, *Quest. de dr. admin.*, t. 1er, p. 511.

152. — ... Prescrire pour cause d'utilité publique le rétablissement des puisards existant dans les propriétés privées, au bord des grandes routes, sans préjudice de l'indemnité, s'il y a lieu. — *Cons. d'état*, 27 mai 1816, Chazelle; — Cormenin, *Quest. de dr. admin.*, t. 1er, p. 511; Garnier, *Rég. des eaux*, t. 1er, nº 525.

153. — ... Régler les associations de propriétaires intéressés à des chaussées et digues défensives. — *Cons. d'état*, 31 déc. 1828, Dessolier c. Gilbert; 24 janv. 1834, Lambin; 15 mai 1835; Raousset Boulbon; — Cormenin, *Dr. admin.*, vº *Cours d'eau*, t. 1er, p. 512; Chevalier, *Jurisp. admin.*, vº *Cours d'eau*, t. 1er, p. 306; Daviel, *Cours d'eau*, nº 234.

154. — Les réclamations qui s'élèvent à l'occasion des digues et autres travaux défensifs, ordonnés dans le système général de la navigation ou pour sûreté des riverains et des communes, doivent être déférées au ministre de l'intérieur. — *Cons. d'état*, 24 mars 1820, Boyer c. commune du Cheval-Blanc.

155. — Le préfet peut ordonner la suppression d'un barrage établi pour le service d'une usine qui n'a pas été définitivement autorisée. — *Cons. d'état*, 21 août 1816, Guérin de Sercilly; 6 déc. 1826, préf. du Haut-Rhin c. Kettarer.

156. — Il a le droit de prescrire la consolidation et l'extension d'une alluvion par des plantations de pieux et ouvrages d'art, dans l'intérêt public et sans préjudice des questions de propriété. — Cormenin, t. 1er, p. 514.

157. — ...Ou d'ordonner, par provision, la destruction et l'enlèvement de bancs de sable, de barrages ou de travaux exécutés par des particuliers, au bord ou dans le lit des rivières, et qui pourraient, soit entraver la navigation, soit occasionner des inondations par le gord des eaux habituelles ou lors des crues. — L. 29 flor. an X, art. 3; Arr. 5 frim. an XI; — *Cons. d'état*, 18 août 1807, Vuillereau c. Moiron; 6 janv. 1813, Blanc c. Féraud et Meynard; 15 mars 1826, Bled c. Denis.

158. — C'est à l'autorité administrative qu'il appartient d'ordonner la destruction ou la suspension des ouvrages d'une usine ou de barrages et lavoirs flottans, ou autres travaux d'art, lorsqu'ils ont été construits sans autorisation préalable ou qu'ils sont offensifs contre les rives ou nuisibles à la navigation. — *Cons. d'état*, 28 fév. 1809, Monaléry; 2 juill. 1820, Burgade c. comm. de Ca-

dillac; 13 juin 1821, Pothée c. comm. de Navail.

159. — ...Ou lorsqu'ils sont contraires aux titres administratifs de concession. — Inst. 19 thermid. an VI; — *Cons. d'état*, 22 janv. 1824, Hache c. Saxer et Quésné.

160. — Il appartient au ministre de l'intérieur de faire procéder par des réglemens d'administration publique aux mesures de haute police qui ont pour objet la conservation des ponts et la sûreté des transports par eau. — *Cass.*, 1er juill. 1831. Javry c. Ducoudray.

161. — ...A la fixation de la part contributive du gouvernement et des propriétaires réclamans, dans la répartition des dépenses relatives à l'entretien des écluses et autres ouvrages qui intéressent à la fois la navigation et les usines. — L. 16 sept. 1807, art. 14; — *Cons. d'état*, 2 juill. 1820, Lamarque c. Joyeux; 23 avr. 1823, Rubeau.

162. — Le préfet règle les établissemens d'usines et leur emplacement, la dimension des déversoirs, biefs et autres ouvrages d'art, et la hauteur des eaux des moulins construits et à construire, de manière qu'elle ne nuise à personne. — L. 6 oct. 1791, § 2, art. 16; Arr. régl. 19 niv. an VI; — *Cass.*, 28 mai 1807, Richard Leloup c. Beannier; *Cons. d'état*, 13 oct. 1809, Rousseau Mouffrand c. Daguin; 17 janv. 1812, Lerangot c. Mordret; 22 fév. 1813, Riccobaldi Delbava c. Pagani; 4 juin 1815, Waringhen c. Herbout; 31 mars 1819, Meroze; 29 déc. 1819, Beaulieu c. Alary et Leblanc; 2 juill. 1820, Lamarque c. Joyeux; 26 mai 1824, Galvaing c. Rodde; 27 fév. 1836, Boon; 2 juill. 1836, Fouquet Cuit c. Dreux-Brézé. — V. USINES.

163. — Jugé qu'un arrêté du préfet qui refuse au propriétaire d'un moulin l'autorisation de baisser son déversoir, tient à l'action administrative et non au contentieux, et que, sous ce rapport, l'arrêté ne pouvait être dénoncé au conseil d'état qu'après avoir été déféré au ministre. — *Cons. d'état*, 19 juin 1813, Montcourt c. Salleron.

164. — Le jugement qui reconnaît que le déversoir d'un moulin a été exhaussé et ordonne par son dispositif que les parties se pourvoiront devant l'autorité administrative pour faire fixer de combien la hauteur actuelle des eaux sera abaissée, ne porte point atteinte aux droits exclusifs de l'administration lorsque les motifs mentionnent que le renvoi devant le préfet a lieu pour fixer la hauteur des eaux; dans ce cas, le dispositif doit être interprété par les motifs. — *Cass.*, 6 déc. 1831, Pernel c. Hocart et Doinet.

165. — Le réglement qui a fixé la hauteur des eaux d'une usine ne cesse pas d'être obligatoire par cela seul que la nature de cette usine aurait été changée, encore bien que, lors de ce changement, il ait été décidé qu'un nouveau repère serait établi pour fixer la hauteur du déversoir, et que cette formalité n'ait pas été remplie. — *Cass.*, 23 juill. 1836, Lecouteulx c. Bouelle.

166. — Le préfet pourrait aussi, par mesure d'intérêt et d'ordre public, ordonner temporairement le chômage d'une usine. — *Cons. d'état*, sept. 1821, Lebrun; — Garnier, *Rég. des eaux*, t. 1er, no 521 et 537; Cormenin, *Quest. de dr. adminis.*, t. 2, p. 510. — V. USINE.

167. — Le préfet ordonne le curage des rivières navigables, régle le mode d'exécution et de paiement des frais qui en résultent. — *Cons. d'état*, 12 avr. 1812, Royre; 6 mars 1816, Prousteau de Monlouis c. comm. de Villeroi. — V. CURAGE.

168. — C'est encore à l'administration qu'il appartient de déterminer les temps, saisons et heures de la pêche et les engins qui peuvent être employés. — Proudhon, *Dom. pub.*, t. 3, no 808. — V. PÊCHE.

169. — Observons que les décisions ou arrêtés, pris par l'autorité administrative dans les cas que nous venons de citer, ne sont pas des jugemens, mais de simples actes qui peuvent être modifiés ou rapportés par celui qui les a rendus, soit de son propre mouvement, soit sur la représentation des parties. — *Cons. d'état*, 26 août 1824, comm. d'Argenteuil c. Dulong et Crescent.

170. — Toutefois, si ces arrêtés avaient servi de base à des décisions judiciaires passées en force de chose jugée, ils ne pourraient plus être modifiés par celui qui les aurait rendus; mais ils pourraient être attaqués par la voie du recours au ministre si l'acte émanait du préfet et ensuite au conseil d'état, tant que le délai ne serait pas expiré. — Arr., 4 therm. an XI. — C. procéd., art. 480. — *Cons. d'état*, 11 janv. 1813, Deselve c. Leduc et Astruc; — Garnier, t. 1er, no 529.

171. — Les préfets seuls sont compétens, à l'exclusion même des ministres, pour élever le conflit d'attribution dans les contestations, relatives aux rivières navigables, portées devant les tribunaux, lorsqu'elles sont de la compétence de l'administration. — V. CONFLIT.

172. — La navigation intérieure de la France est divisée en bassins dont les limites sont déterminées par les montagnes ou coteaux qui versent les eaux dans le fleuve principal; et chaque bassin est subdivisé en arrondissemens de navigation. — Arr. des consuls du 8 prair. an XI, art. 1er.

173. — Les portions de fleuves et rivières faisant partie des départemens autres que celui dans lequel est placé le chef-lieu d'arrondissement de navigation intérieure, sont mises dans les attributions administratives du préfet de ce chef-lieu, et ce, seulement en ce qui concerne les travaux à exécuter dans le lit et sur les bords des rivières et des fleuves; le surplus de l'administration continue à être exercé par le préfet du territoire. — *Ibid.*, art. 2.

174. — D'après l'art. 1er d'une instruction du 4 brum. an IX, il appartient aux inspecteurs généraux et particuliers de la navigation et des ports, de veiller à l'exécution des lois et réglemens de police concernant les rivières, ports, quais et berges; de requérir les commissaires de police de maintenir l'ordre sur la rivière et les ports; de veiller à l'exécution des arrêtés préfectoraux.

175. — La visite et la direction des travaux sont réservées aux ingénieurs. — LL. 19 janv. et 18 août 1791; instruct. 17 avr. 1791; — Garnier, t. 2, no 549.

176. — Les maires, adjoints, commissaires de police, gendarmes, gardes champêtres, employés des droits réunis et octrois, agens de la navigation, et conducteurs de travaux peuvent constater les contraventions sur les cours d'eau, sauf à ceux de ces fonctionnaires qui ne sont pas assermentés à prêter serment devant le préfet. — L. 29 flor. an X, art. 2; décr. 18 août 1810, art. 1er; 16 sept. 1811 et 10 avr. 1812.

§ 2. — *Compétence des conseils de préfecture.*

177. — Aux termes de l'art. 1er, L. 29 flor. an X, « Les contraventions en matière de grande voirie, telles qu'anticipations, dépôt de fumier ou d'autres objets, et toutes espèces de détérioration commises sur les canaux, *fleuves et rivières navigables*, leurs chemins de halage, francs-bords, fossés et ouvrages d'art, doivent être constatées, réprimées et poursuivies par voie administrative. »

178. — Comme les conseils de préfecture ont été institués pour prononcer dans l'intérêt public sur toutes les matières contentieuses administratives, il en résulte qu'il appartient à cette juridiction de connaître des contraventions prévues par la loi de flor. an X. — L. 29 flor. an X, art. 4; — *Cons. d'état*, 8 mai 1822, Comte; 22 juin 1825, Damay; 17 août 1825, Pinel; 26 oct. 1828, Vaux-Bertrand; 15 sept. 1831, Bertrand; 19 juin 1832, Cayla; 1er août 1834, Labbé; — Chevalier, *Jurisp. adm.*, vo *Cours d'eau*, t. 1er, p. 307; Daviel, *Cours d'eau*, nos 201 et 450; Garnier, *Régime des eaux*, no 560; Solon, *Rép. des jurid.*, t. 2, vo *Conseil de préfecture*, nos 2 et 7; Proudhon, *Dom. publ.*, t. 3, no 817.

179. — Les conseils de préfecture sont remplacés, aux colonies, par les conseils privés constitués en conseils du contentieux administratif. — Ord. 31 août 1828. — V. CONSEILS PRIVÉS (des colonies).

180. — Les conseils de préfecture, sont en conséquence, seuls compétens pour prononcer sur les contraventions aux réglemens de police et de surveillance, émanés de l'autorité administrative sur les fleuves et rivières navigables. — Proudhon, t. 3, nos 821 et suiv.

181. — La connaissance des contraventions commises sur le cours des bras, même non navigables, d'une rivière navigable, appartient de même au conseil de préfecture. — *Cons. d'état*, 30 mai 1821, Caumia; 22 janv. 1824, Hache; 27 avr. 1825, Demolon; 21 juin 1826, Jourdain; 16 mai 1827, Varillat; 28 janv. 1835, Deschamps; 15 juill. 1835, Ville de Troyes; 11 fév. 1836, Petol.

182. — En conséquence, un conseil de préfecture a pu prescrire la démolition d'ouvrages construits sans autorisation sur un canal de cette espèce. — Ord. de 1669, art. 42 et 43; arr. 19 vent. an VI, art. 9; — *Cons. d'état*, 27 av. 1825, Démolon; 17 août 1825, Pinel; — Solon, t. 3, vo *Eau*, no 121.

183. — Il a été jugé que la disposition de l'art. 1er, L. du 29 flor. an X. qui attribue aux conseils de préfecture la connaissance des contraventions en matière de grande voirie, est purement démonstrative et place dans leur compétence exclusive tout ce qui tient à la libre et sûre navigation sur les fleuves et rivières navigables. — *Cass.* 5 janv. 1839 (t. 1er 1839, p. 256), Pagès et Caquet; — Solon, *Rép. des jurid.* t. 2, vo *Conseils de préfecture*, t. 2, nos 2 et 7.

184. — En conséquence, c'est aux conseils de préfecture, et non aux tribunaux de simple police, qu'il appartient de connaître de l'action qui peut résulter de la mauvaise direction donnée à un bateau à vapeur. — Même arrêt.

185. — Jugé, au contraire, que c'est aux tribunaux ordinaires, et non aux conseils de préfecture, qu'il appartient de statuer sur les contraventions aux arrêtés des préfets qui intéressent seulement la sûreté des communications sur les canaux, fleuves et rivières, la loi du 9 flor. an X n'ayant attribué juridiction aux conseils de préfecture que sur les infractions qui constituent, soit une anticipation ou une détérioration, soit un empêchement à la libre circulation sur ces mêmes voies de communication. — C. pén., art. 471, no 15. — *Cass.* 14 nov. 1835, Clément Thore; 7 juill. 1838 (t. 1er 1839, p. 256), Fluquet.

186. — Les conseils de préfecture répriment les embarras par dépôt, les enlèvemens de gazons, terre et pierres sur les chemins de halage, les constructions élevées sans alignement et les anticipations sur la largeur légale. — Ord. de 1669, L. 6 oct. 1791, t. 2, art. 24; L. 29 flor. an X, art. 1er; — *Cons. d'état*, 22 janvier 1823, Giblains c. comm. de Corseul et de Crehen.

187. — Jugé aussi que le jet ou dépôt de matériaux sur le bord d'une rivière navigable constitue une contravention de grande voirie qui doit être réprimée par le conseil de préfecture. — *Cons. d'état*, 2 sept. 1829, Lemoine-Desmares c. Poupard de Neuflize.

188. — Le dépôt du chanvre ou du lin pour le faire rouir peut être considéré à un double point de vue : soit comme constituant un délit de pêche, soit comme constituant un délit de grande voirie. Il y aurait délit de pêche par la raison que le chanvre que l'on fait rouir empoisonne les eaux et fait mourir le poisson; délit de grande voirie par l'entrave que le dépôt du chanvre peut apporter à la navigation. Dans le premier cas ce sont les tribunaux ordinaires qui doivent statuer; dans le second, les conseils de préfecture.

189. — Il s'est élevé, toutefois, à ce sujet, une difficulté assez grave : on s'est demandé si ces deux délits pouvaient donner lieu à une poursuite simultanée ou successive devant les deux juridictions administrative et judiciaire.

190. — M. Daviel (t. 1er, no 320, et t. 2, no 711) pense que le rouissage n'est plus un délit de pêche; il se fonde sur ce que le projet de la loi du 15 avril 1829, contenait (art. 30) la prohibition formelle du rouissage, mais que cette disposition a été supprimée à la chambre des pairs, par le motif notamment que le rouissage ne pouvait nuire au poisson; ce qui indique clairement qu'on n'a pas voulu maintenir les défenses faites à ce sujet par les anciens réglemens qu'on disait même être depuis long-temps tombés en désuétude (coul. Normandie art. 209; arr. du conseil 4 avril et 27 juin 1702, 14 déc. 1719, 11 sept. 1725, 26 fév. 1732, 6 août 1735, 28 décem. 1738). — Dans cette opinion il ne peut y avoir qu'un délit de grande voirie de la compétence du conseil de préfecture, si le dépôt est considéré comme entrave à la navigation, ou simple contravention aux réglemens municipaux, si, dans l'intérêt de la salubrité publique, le maire a cru devoir défendre le rouissage dans les cours d'eau, étangs, mares ou fossés de la commune; (L. 28 sept., — 6 oct. 1791, tit. 2, art. 9) auquel cas le tribunal de police peut seul être saisi. — V. dans le même sens Serrigny, t. 2, p. 26, no 615; Garnier, t. 1er, p. 337, no 330 — M. Serrigny argumente de ce que les anciens arrêts du conseil qui considéraient le rouissage comme délit de pêche ont été abrogés par l'art. 83, L. 15 avril 1829.

191. — Au contraire, selon M. de Cormenin (vo *Cours d'eau*, art. 13, 1re note, art. 21, no 17) et Proudhon (t. 3, no 895), le double délit existerait; mais, tandis que M. de Cormenin enseigne que la poursuite en est divisible et peut être suivie devant chacune des deux autorités qui prononcent dans la sphère de leur compétence respective, M. Proudhon prétend que l'existence simultanée de ces deux sortes de délits ne permet pas de donner la préférence à l'une des deux autorités plutôt qu'à l'autre et que la première saisie du débat devra prononcer sans qu'il soit permis de recourir encore à l'autre par rapport à la maxime *Non bis in idem*.

192. — Quant au conseil d'état, il a décidé, par un assez grand nombre d'ordonnances, tantôt que le fait constituait un délit de pêche, tantôt qu'il n'était qu'une contravention de grande voirie. — V., notamment dans le premier sens, *Cons. d'état*, 16 janv. 1822, Bonnerac et Royer; 11 janv. 1826, Girardin. — Et dans le deuxième *Cons. d'état*, 4 fév. 1824, Bruard et Pierre-Noire; 4 nov. 1824, Faucher; 30 déc. 1841, Min. trav. publics c. Prunier.

193. — « Ces contradictions, dit M. Ad. Chauveau

(*Compét. admin.*, t. 3, n° 740-3°), sont plus apparentes que réelles. Si le rouissage du chanvre a été considéré tantôt comme délit de pêche, tantôt comme contravention de grande voirie, c'est à cause des circonstances particulières qui donnaient au fait poursuivi l'un de ces deux caractères plutôt que l'autre. » — Telle paraît être l'opinion de M. Foucart, qui dit (t. 2, n° 543) qu'il ne pourrait y avoir délit de pêche qu'autant que le rouissage aurait été fait avec l'intention de faire mourir le poisson.

194. — Le conseil de préfecture prononce sur la destruction des travaux ou ouvrages d'art construits sans autorisation, tout en infligeant, s'il y a lieu, des amendes aux contrevenans. — Ord. 1669, art. 42 et 43; arr. réglem. 19 vent. an VI; L. 29 flor., an X; — *Cons. d'état*, 24 mars 1820, Boyer c. comm. du Cheval-Blanc; 20 juin 1821, De Lescaille c. Piéton et autres; 22 janv. 1823, Montauberic c. Sevenne; 19 fév. 1823, Dupuis; 2 août 1826, Bernard c. commerce du bois flotté de l'Yonne; 15 sept. 1831, Bertrand; 19 janv. 1832, Cayla; 1er août 1834, Labbé et Bontemps; 9 nov. 1836, Courrech et de Carle; 24 avr. 1837, Bonjour; 26 mai 1837, Noguès; 2 janv. 1838, Noël Malthon.

195. — Le conseil de préfecture peut ordonner la destruction des plantations faites pour consolider des ensablemens le long d'une rivière, si ces plantations nuisaient au service de la navigation. — *Cons. d'état*, 1er août 1834, Sutaine et Berge; — Cormenin, *Dr. admin.*, v° *Cours d'eau*, t. 1er, p. 523 et v° *Voirie*, t. 2, p. 465.

196. — Le propriétaire qui, pour la conservation d'une alluvion, a établi sans autorisation des épis nuisibles au halage et dangereux pour la navigation, doit être condamné à l'amende et à la démolition des travaux. — *Cons. d'état*, 21 juin 1826, Lebreton de Vonnes.

197. — Si la contravention qui nuit à la navigation était prescrite, il n'y aurait plus lieu de saisir le conseil de préfecture. Ce serait alors au préfet à ordonner la démolition des ouvrages construits en contravention. — Arr. du direct. exécutif, 19 vent. an VI, — Proudhon, t. 3, n° 818.

198. — Le conseil de préfecture prononce sur la proportion et répartition des frais de réparation ordonnés par le directeur général des ponts et chaussés, pour les dégradations commises, sur les chaussées, ou le cours des rivières navigables, par les meuniers ou autres propriétaires d'usines. — *Cons. d'état*, 10 avr. 1809, Gruguelu-Martin.

199. — ...Ou dans les pertuis, par la flottaison du bois. — *Cons. d'état*, 3 juin 1820, Guibal c. Hocquart; 2 août 1826, Bernard; 9 mai 1838, Min. des trav. pub.

200. — Du reste, la compétence des conseils de préfecture ne s'étend qu'aux contraventions qui portent préjudice à l'intérêt public. Toutes les fois que cet intérêt n'est point compromis, la connaissance de la contravention appartient aux tribunaux ordinaires. — *Cons. d'état*, 28 juill. 1819, Jourdain c. Bourgeois; — Proudhon, t. 3, n° 817; Daviel, n° 458; Cormenin, t. 1er, p. 532; Garnier, nos 616 et 628, Solon, n° 130 et suiv.

201. — Les contraventions de grande voirie sont en grande partie réprimées encore par d'anciens édits ou réglemens qui prononcent des peines arbitraires ou exorbitantes. — V. notam. arr. du 24 juin 1777, art. 11, qui défend de dégrader les ponts, pertuis, digues, etc.; l'ord. de 1669, qui punit d'amende arbitraire, fixée depuis à 1,000 fr. par l'arrêt de 1777, les travaux faits sans autorisation sur et au long des rivières et canaux navigables, etc. — Or il résultait de là ou que les conseils de préfecture avaient un pouvoir illimité, pour élever ou abaisser le taux des amendes arbitraires, ou que, se refusant d'appliquer les amendes fixes qui leur paraissaient exagérées, ils prenaient sur eux de les réduire et commettaient ainsi un abus de pouvoir que le conseil d'état ne manquait jamais de réprimer lorsque de semblables décisions lui étaient déférées. — V. notamment *Cons. d'état*, 24 fév. 1843, Taburet; 19 mai 1843, Dubois; 6 juin 1844, Moulinier; 18 janv. 1845, Georges. — V. *Cons. d'état*, 14 mars 1845, Grésillon.

202. — La loi du 23 mars 1842 a mis fin à ce double inconvénient en disposant, pour les amendes arbitraires, que celles dont le taux, d'après les anciens réglemens, était laissé à l'arbitrage du juge, pourraient varier entre un minimum de 16 fr. et un maximum de 300 fr. — Et pour les amendes fixes, qu'elles peuvent être modérées eu égard au degré d'importance ou aux circonstances atténuantes des délits, jusqu'au vingtième desdites amendes, sans toutefois que lesdites amendes puissent descendre au-dessous de 16 fr.

203. — En ce qui concerne les eaux conduites dans Paris à l'aide de travaux d'art et de canaux artificiels, elles dépendent du domaine public, aux termes des lettres patentes du 26 mai 1635, de l'arrêt du conseil du 26 nov. 1666, et des décr. des 4 sept. 1807 et 2 fév. 1812. — *Cons. d'état*, 23 oct. 1835, Delorme.

204. — M. Dufour (t. 2, n° 1184) ne pense pas qu'il faille en conclure que ces eaux doivent être assimilées aux fleuves et rivières navigables pour la répression attribuée, par la loi de flor. an X, aux conseils de préfecture; mais on pourrait dire, sans faire violence à la raison, que l'emploi des eaux dans Paris, envisagé dans son but et dans moyens, se rapporte à la grande voirie.

205. — Aux termes du décr. du 2 fév. 1812, art. 3, le roi en conseil d'état accorde l'autorisation d'établir sur les bords de la rivière, à Paris, des fontaines, pompes à bras ou autres machines destinées à monter l'eau pour la vendre et distribuer au public.

206. — Quant aux contestations relatives aux concessions d'eau dans les fontaines et aqueducs, depuis elles ont été réservées au roi en son conseil d'état, par les lettres patentes du 26 mai 1635 et l'arrêt du conseil d'état du 26 nov. 1666.

207. — Outre la connaissance des contraventions commises sur les fleuves et rivières navigables, les conseils de préfecture sont encore compétens sous plusieurs autres rapports.

208. — Ainsi, ils peuvent ordonner la destruction d'un moulin qui porte préjudice aux propriétés riveraines, intercepte les passages guéables par où les communes voisines peuvent communiquer, et dont d'ailleurs le propriétaire n'a pas rempli les formalités prescrites par l'arrêté du 19 vent. an VI. — Arr. des consuls 27 prair. an IX.

209. — Le conseil de préfecture prononce sur les contestations qui s'élèvent entre les propriétaires riverains et les flotteurs de bois destinés à l'approvisionnement de Paris. — Ordonn. de 1672, ch. 17, art. 14; — *Cons. d'état*, 4 fév. 1824, d'Arthel c. Boutron.

210. — ... Sur les difficultés élevées au sujet de la perception des droits de navigation. — L. 30 flor. an X; arr. des cons. du 8 prair. an XI.

211. — ... Sur toutes les contestations qui pourraient s'élever entre les propriétaires d'usines situées sur les rivières navigables au sujet des entreprises faites par l'un d'eux. — *Cons. d'état*, 1er fév. 1833, Beaudoin c. Lebobe; 20 juin 1812, Delatour; 18 nov. 1818, Lancelin.

212. — ... Sur les indemnités de chômage temporaire, variable et discontinu d'usines, résultant des travaux d'utilité publique. — *Cons. d'état*, 5 mai 1830, Moitet; 14 nov. 1833, Danglemont.

213. — ... Sur les réclamations des particuliers qui se plaignent de torts et dommages procédant du fait personnel des entrepreneurs de travaux publics et non du fait de l'administration. — L. 28 pluv. an VIII.

214. — ... Sur les difficultés entre les entrepreneurs de travaux publics et l'administration concernant le sens ou l'exécution des clauses de leur marché. — L. 28 pluv. an VIII; — *Cons. d'état*, 27 août 1833, préf. du Nord c. Questel; — Foucart, *Droit public et admin.*, t. 2, n° 1143; Garnier, *Rég. des eaux*, t. 2, n° 562.

215. — Le conseil de préfecture ne peut prononcer que des peines pécuniaires; mais il n'en doit pas moins les infliger dans le cas où la contravention donnerait lieu à des peines corporelles, sauf à renvoyer les délinquans devant le tribunal correctionnel pour l'application de ces dernières. — Merlin, *Répert.*, v° *Chemin vicinal*, n° 14; Garnier, *Rég. des eaux*, t. 2, n° 593.

§ 3. — *Compétence des tribunaux ordinaires.*

216. — Les tribunaux civils ordinaires sont seuls compétens pour statuer sur les contestations privées nées à l'occasion des fleuves et rivières navigables. — Proudhon, t. 3, n° 832.

217. — Ainsi, il leur appartient de prononcer sur le mode de jouissance des eaux dans les limites des concessions faites à des particuliers. — *Cons. d'état*, 28 juill. 1829, Jourdain c. Bourgeois.

218. — ... Sur les contraventions commises par les propriétaires d'usines sur les fleuves et rivières navigables lorsqu'elles n'intéressent que les parties privées. — *Cons. d'état*, 25 avr. 1812, Brassac c. propriétaires du moulin de Beauvais; 9 janv. 1828, Mongenet c. Dubois; — Cormenin, t. 1er, p. 531 et 532.

219. — De même, à défaut de réglement administratif, les tribunaux prononcent sur le réglement qu'il y a lieu de donner en matière de prise d'eau dans un intérêt privé. — C. civ., art. 645.

220. — Mais n'oublions pas que toutes les fois que l'intérêt public se trouve mêlé à la contestation qui s'agite entre les particuliers, il doit l'emporter, et déterminer le choix de la juridiction administrative.

221. — Lorsque la hauteur des eaux d'une rivière a été déterminée par l'autorité administrative, les tribunaux de police correctionnelle ne peuvent, sous le prétexte que les arrêts administratifs n'ont pas été homologués par le pouvoir judiciaire, refuser de condamner les contrevenans. — *Cass.*, 29 brum., an IX (int. de la loi).

222. — Jugé qu'un arrêt n'empiète pas sur le pouvoir administratif lorsque, par application d'un contrat de vente relatif à un volume d'eau, il règle la jouissance des eaux entre le vendeur et l'acquéreur, et prescrit les mesures nécessaires pour en maintenir le niveau conformément aux réserves du vendeur. — *Cass.*, 2 juill. 1830 (t. 2 1839, p. 474), Levavasseur c. de Radepont.

223. — A plus forte raison encore l'autorité judiciaire aurait-elle le droit de prescrire des mesures provisoires. — *Cass.*, 8 nov. 1836 (t. 1er 1837, p. 8), Lefebvre et Seillière c. Lefebvre-Soyez.

224. — Les tribunaux ordinaires sont compétens pour décider la question de savoir si un propriétaire riverain a le droit d'attacher certains ouvrages à la rive extérieure de la rivière; et l'arrêté d'un conseil de préfecture qui a condamné le riverain à démolir des travaux qui changeaient le régime des eaux et qu'il avait élevés sans autorisation, ne fait pas obstacle à l'exercice de l'action qu'il porte devant les tribunaux relativement au droit d'attache. — *Cons. d'état*, 19 fév. 1823, Dupuis; 8 sept. 1824, Dehosque c. Caudeval; — Cormenin, *Dr. adm.*, v° *Cours d'eau*, t. 1er, p. 534; Garnier, *Rég. des eaux*, n° 628; Daviel, *Cours d'eau*, n° 491.

225. — C'est aux tribunaux à décider si un terrain formé dans le cours d'une rivière navigable est une île qui appartient au domaine public, ou une alluvion qui accroît au propriétaire riverain. — *Cons. d'état*, 16 août 1808, Deplan de Sieyes; 12 nov. 1809, de Champneuf; 16 fév. 1811, de Champneuf; 13 janv. 1816, de Lur-Saluces; — Garnier, *Rég. des eaux*, t. 2, n° 625; Cormenin, *Dr. adm.*, v° *Cours d'eau*, t. 1er, p. 533; Chevalier, *Jurisp. adm.*, v° *Cours d'eau*, t. 1er, p. 309; Daviel, *Cours d'eau*, n° 280.

226. — La contestation entre un entrepreneur de travaux publics qui transporte par eau les pierres nécessaires à son entreprise, et un fermier de la pêche qui se plaint que, par le passage fréquent de son bateau, l'entrepreneur détourne le poisson de la rivière, est de la compétence des tribunaux et non des conseils de préfecture. — *Cons. d'état*, 29 déc. 1812, Cachot c. Etevenlot; — Cormenin, *Dr. adm.*, vis *Baux administratifs*, t. 1er, p. 206, et *Cours d'eau*, t. 1er, p. 534; Garnier, *Rég. des eaux*, n° 638. — V. aussi L. 15 avr. 1829, art. 4.

227. — Il en est de même à l'occasion d'un dépôt et de la manutention de pièces de vin sur des terrains particuliers. — *Cons. d'état*, 27 mai 1816, Laulin c. commune de Bey.

228. — ... Ou à l'occasion d'un dépôt de bois fait sans nécessité et sans autorisation sur des héritages. — *Cons. d'état*, 26 juin 1822, Sallé c. Save et Joachim.

229. — Dans le cas où des travaux ont été entrepris sur le lit d'une rivière, pour garantir de ses irruptions les propriétés riveraines, avec l'assentiment d'un certain nombre des parties intéressées seulement, mais avec l'approbation tacite des autres, tout ce qui concerne leur confection et la dépense qu'ils ont occasionnée doit être réglé, à l'égard de ces derniers, par les art. 1372 et 1375, C. civ., et l'autorité judiciaire est compétente pour connaître des difficultés qui y sont relatives. — *Cass.*, 25 août 1835, Rochas c. Primard.

230. — Les tribunaux seraient compétens pour ordonner la destruction d'un barrage qui ne serait qu'un moyen de pêche. — *Cass.*, 5 juill. 1828, Forêts c. Larazet; 6 déc. 1833, Boulanger; 7 mars 1834, Courrent. — Rogron, *C. de la pêche fluviale*, p. 23. — V. PÊCHE.

231. — Mais autrement et en principe, ainsi que nous l'avons vu *suprà* (n° 194), l'établissement et la possession non autorisée d'un gord, dans une rivière navigable, est, sous le rapport des entraves apportées à la navigation, de la compétence de l'autorité administrative, à qui il appartient d'en ordonner la suppression. — Même arrêt.

232. — De même, les tribunaux sont incompétens pour prescrire des mesures tendant à empêcher que l'écoulement des eaux, soit dans les rivières navigables, soit dans les autres cours d'eau, ne nuise à l'intérêt public. — *Agen*, 5 fév. 1813, Baugé c. Duffau.

233. — Les tribunaux ordinaires sont compétens pour connaître de la revendication ou répétition des épaves de rivières. Cela résulte de ce que c'est une question de propriété qu'il s'agit d'apprécier, et aussi de ce que l'art. 2, tit. 1er, ord. 1669, en at-

tribuait la connaissance aux juges des maîtrises, remplacés par les tribunaux de districts, aujourd'hui tribunaux d'arrondissement. — Proudhon, t. 3, n° 835.

234. — Il résulte de l'art. 27, L. 16 sept. 1807 et de l'art. 114, décr. 16 déc. 1811, que les tribunaux correctionnels sont compétens pour prononcer sur les faits commis sur les rivières navigables, alors qu'ils sont plus que de simples contraventions, sauf la compétence des cours d'assises, dans le cas où le fait serait de nature à entraîner une peine afflictive ou infamante. — Proudhon, *Dom. publ.*, t. 3, n° 830.

235. — En conséquence, les délits de pêche doivent être renvoyés devant les tribunaux correctionnels, alors qu'ils ont été commis sur les fleuves et rivières navigables. — Proudhon, t. 3, n° 831. — V. PÊCHE.

CHAPITRE II. — *Cours d'eau flottables.*

236. — Les rivières sont *flottables* lorsqu'elles ont assez d'eau pour transporter, non plus des bateaux et des marchandises, mais seulement des morceaux de bois qu'on confie à leur courant. — Proudhon, *Dom. publ.*, t. 3, n° 856; Magnitot et Delamarre, *Dict. de dr. admin.*, v° *Eau*, t. 1er, p. 464; Solon, *Rép. des jurid.*, v° *Eau*, t. 3, n° 26.

237.—Il y a deux manières d'opérer le flottage: la première consiste à réunir les morceaux de bois au moyen de liens et à en former ce qu'on appelle des *trains* : ce sont de longs radeaux dirigés par les mariniers qui les montent.—Foucart, t. 2, n° 1278; Solon, *ibid.*

238.—Cette espèce de flottage ne peut s'exercer que dans les rivières de quelque importance dans le lit desquelles il n'y a ni cataractes ni autres obstacles du même genre. — Magnitot et Delamarre, *ubi suprà.*

239. — Dans l'acception la plus étendue, on comprend parmi les rivières navigables celles qui sont flottables avec trains ou radeaux, parce que c'est là une espèce de navigation. — L. 15 avr. 1829, art. 1er; Solon, *loc. cit.*, t. 3, n° 26.

240.—Toute rivière navigable est flottable; néanmoins, on n'y peut exercer le droit de flottage que sous la condition préalable d'une autorisation administrative; sans cela, l'intérêt de la navigation pourrait être compromis. — Ord. 1669, tit. 15, art. 52; ord. 1672, ch. 17, art. 6 et 8; L. 25 août 1792, art. 9. — *Colmar*, 6 fév. 1839 (t. 2 1839, p. 83), Marchal c. Michel Champy; —Solon, *Rép. des jurid.*, v° *Eau*, t. 3, n° 27; Daviel, *Tr. des cours d'eau*, t. 2, n° 551; Garnier, *Rég. des eaux*, t. 1er, n° 54; Magnitot et Delamarre, v° *Cours d'eau*, p. 465; *contrà* Proudhon, *Dom. publ.*, t. 4, n°s 1198 et suiv.; Foucart, *Elém. de dr. publ. et admin.*, t. 2, n° 494.

241. — La seconde espèce de flottage consiste à jeter le bois dans le courant et à le faire surveiller par quelques hommes qui empêchent qu'il ne s'amoncelle et ne suspende le cours de l'eau : c'est le *flottage à bûches perdues.* — Foucart, *ibid.*; Solon, *ibid.*

242. — La faculté de flotter à bûches perdues n'est pas susceptible d'être acquise par prescription, même lorsqu'un barrage aurait été construit pour en faciliter l'exercice. — *Colmar*, 6 fév. 1839 (t. 2 1839, p. 83), Marchal et Michel Champy.

243. — Il en faut dire autant de la faculté de flotter avec trains ou radeaux.—Le fait des riverains qui laissent passer les flotteurs qui n'ont pas acquis ce droit ne peut être considéré que comme une simple tolérance.

244. — Le propriétaire d'une source ne peut pas plus qu'un autre prétendre y exercer le flottage à bûches perdues, du moment où ces eaux sortent de sa propriété et coulent sur un sol étranger. — Colmar, 6 fév. 1839 (t. 2 1839, p. 83), Marchal c. Michel-Champy.

Sect. 1re. — *Propriété.*

245. — Les cours d'eau flottables font partie du domaine public. — C. civ., art. 538; L. 15 avr. 1829, art. 1er.

246. — L'édit de 1683 et l'art. 41, ord. 1669, ne plaçaient expressément dans le domaine de la couronne que les fleuves et rivières navigables, et gardaient le silence sur les cours d'eau seulement flottables. Mais il résultait évidemment des termes de l'art. 3, tit. 1er, ord. de 1669, que les rivières flottables étaient classées dans le domaine public; car cet article attribuait aux maîtrises et autres juridictions supérieures des eaux et forêts la connaissance de toutes les entreprises sur les rivières navigables et *flottables*.

247. — Ajoutons que le roi se servait, dans l'art. 23, tit. 3, de ces mots : *nos rivières navigables et flottables*; et que les art. 42, 43, 44 du tit. 27, les plaçant les unes et les autres sur la même ligne, défendaient d'en détourner ou altérer le cours et d'y faire aucune entreprise ou établissement.

248. — C'est enfin en ce sens que se prononce formellement l'art. 538, C. civ., aux termes duquel les fleuves et rivières navigables *ou flottables* sont considérés comme des dépendances du domaine public. Le mot *ou* indique clairement que les rivières seulement flottables appartiennent à l'état.

249. — La question avait été résolue dans ce sens par l'arrêté du 19 vent. an VI, qui charge l'administration d'exercer sa surveillance sur les rivières *flottables*. — Garnier, *Rég. des eaux*, t. 1er, p. 48 et suiv., n°s 59 et 60; Duranton, *C. de dr. franç.*, t. 5, n° 200.

250. — Et la jurisprudence consacre d'une manière générale qu'il suffit que la navigation soit établie par bateaux, *trains* ou *radeaux*, pour qu'un cours d'eau rentre de plein droit dans le domaine public. — *Cass.*, 22 août 1823, Vitalis et Gombert; *Colmar*, 6 fév. 1839 (t. 2, 1839, p. 83), Marchal c. Michel-Champy; — Solon, *loc. cit.*

251. — Le lit des fleuves et rivières simplement flottables a toujours fait partie et dépend encore du domaine public. — Garnier, t. 1er, n° 57; Proudhon, t. 3, n° 859.

252. — Toutefois il ne faut point confondre les rivières flottables avec trains et radeaux, avec les rivières flottables seulement à bûches perdues. — Les premières seules font partie du domaine public, quant au lit et quant à l'eau courante; pour les autres, elles doivent être mises sur la même ligne que les rivières non navigables ni flottables, et, par conséquent, le lit seulement en appartient à l'état (*infrà* n°s 315 et suiv.), tandis que l'usage des eaux en est réglé comme celui de ces rivières. — Proudhon, *Dom. publ.*, n° 859; Dufour, t. 2, n° 1092; Favart de Langlade, *Rép.*, v° *Vicinalité*, § 2. — V. aussi Marcadé, *Elém. du dr. civ. franç.*, t. 2, sous l'art. 538.

253. — C'est ce qui résulte, au surplus, des termes d'un avis du conseil d'état du 21 fév. 1822, d'après lequel le droit que l'état tient de la loi du 14 flor. an X, d'affermer la pêche des rivières qui sont navigables sur bateaux, *trains ou radeaux*, ne peut s'étendre, en aucun cas, aux rivières ou ruisseaux qui ne sont flottables qu'à bûches perdues.

254. — Cette doctrine a été depuis confirmée explicitement par la cour de Cassation, qui a jugé qu'on doit considérer comme des dépendances du domaine public les rivières flottables *à traîner des radeaux* seulement, et non pas les rivières qui ne sont flottables qu'à bûches perdues; et qu'en conséquence, le droit de pêcher dans ces dernières appartenait aux propriétaires riverains. — *Cass.*, 22 août 1823, Domaine c. Vitalis et Gombert.

255. — Quant à la loi du 15 avr. 1829, l'art. 1er, il est vrai, en accordant à l'état le droit de pêche dans les rivières *flottables* ne fait aucune distinction entre les divers flottages; mais il ne faut pas oublier que le ministre et le rapporteur ont déclaré de la manière la plus explicite qu'on ne voulait point statuer sur la propriété des cours d'eau, et définir ceux qui appartiennent au domaine, et que les divers orateurs qui se sont occupés de la question se sont accordés à exclure des rivières, dont l'article 1er s'occupait, celles simplement flottables à bûches perdues.

256. — En ce qui concerne l'entretien et le curage, il résulte de la distinction que nous venons d'établir, qu'ils sont, pour les rivières flottables avec trains et bateaux, à la charge de l'état; et pour celles flottables à bûches perdues, à la charge des riverains. — V. à ce sujet CURAGE.

257. — Les accessoires des cours d'eau flottables font également, comme ceux des cours d'eau navigables (*suprà* n° 31), partie du domaine public, quoiqu'ils ne soient pas eux-mêmes flottables.

Sect. 2e. — *Droits, charges et indemnités résultant de la flottabilité et du flottage.*

258. — Le droit de pêche est exercé par l'état ou à son profit dans les rivières flottables avec trains ou radeaux. — L. 15 avr. 1829, art. 1er; — Proudhon, t. 3, n°s 678, 859 et 861. — V. PÊCHE.

259. — Dans les rivières qui ne sont flottables qu'à bûches perdues, au contraire ce droit appartient aux riverains. — V. *suprà* n°s 254 et suiv.

260. — De ce que les cours d'eau navigables dépendent du domaine public, il résulte que c'est à l'administration (au roi) qu'il appartient, ainsi que nous l'avons dit plus haut, de permettre la flottaison. — V. *suprà* n°s 245 et suiv.

261. — ...Comme aussi d'accorder aux particuliers telles concessions qu'elle pourrait faire sur les rivières navigables, notamment des concessions de prise d'eau.

262. — Mais les cours d'eau qui ne sont flottables qu'à bûches perdues étant assimilés, quant à l'usage, aux rivières non navigables ni flottables (*suprà* n° 252), les droits y sont les mêmes que pour ces derniers. — V. *infrà* n°s 312 et suiv. — L'art. 644, C. civ., leur est en conséquence applicable.

263. — Une indemnité est due aux riverains, à raison des terrains dont, par suite de la déclaration de flottabilité, ils sont privés, soit pour le chemin de halage et le marchepied, soit pour les dépôts de bois que les flotteurs peuvent faire sur leur terrain avant de les lancer à l'eau. — Proudhon, t. 3, n° 1009.

264. — Cette indemnité est fixée dans la même forme et dans les mêmes conditions que celle due par suite de déclaration de navigabilité. — V. *suprà*, n°s 29 et suiv.

265. — Le marchepied dû par les riverains des cours d'eaux flottables est, aux termes de l'art. 7, ch. 17, ord. de déc. 1672, et d'un arrêté du directoire du 13 niv. an V, de quatre pieds de largeur pour le flottage à bûches perdues. — Fleurigeon, *Traité de la grande voirie*, p. 25; Proudhon, t. 3, n° 872; Garnier, t. 1er, n° 101.

266. — Si donc les flotteurs foulent le terrain au-delà des quatre pieds fixés pour la servitude légale, il y aura lieu contre eux à une action en indemnité du dommage causé. — Proudhon, *loc. cit.*

267. — Pour le flottage avec trains ou radeaux, mais qui se fait sans trait de chevaux, le marchepied doit être de dix pieds comme celui des rivières navigables. — Ord. 1669, tit. 28, art. 7; — Garnier, *ibid.*; Solon, *Rép des jurid.*, v° *Eau*, t. 3, n° 27.

268. — Si le flottage se fait avec trait de chevaux, comme la rivière est alors considérée comme navigable, la largeur du chemin de halage est de 7 mètre 40 centim. (24 pieds). — Garnier, *ibid.* — V. au surplus CHEMIN DE HALAGE.

269. — Le droit de flottage à bûches perdues appartient non seulement aux adjudicataires de coupes de forêts domaniales, mais aussi à ceux qui exploitent des bois particuliers. — Daviel, *Cours d'eau*, t. 1er, n° 316.

270. — Le flottage à bûches perdues est soumis à des règles particulières par l'ordonnance de 1672, relative à l'approvisionnement de Paris. Cette ordonnance autorise les marchands de bois à employer le secours des moindres ruisseaux et même des étangs privés, mais à la charge de remplir certaines formalités propres à assurer la réparation des dommages que pourrait occasionner l'exercice de la servitude dont il s'agit.

271. — Ils peuvent, moyennant indemnité, déposer leurs bois sur les terres riveraines et les y tenir empilés pendant le temps nécessaire pour façonner leurs trains. — Ord. 1672, chap. 17, art. 15; L. 28 juill. 1824.

272. — Cette servitude n'affecte pas les propriétés closes. — *Cons. d'état*, 14 juill. 1819, Demoustier. — En effet, l'art. 14, chap. 1er, ord. 1672, n'assujétit que les propriétés ouvertes.

273. — Elle ne peut être exercée que pour les bois de corde, et non pour ceux de construction ou autres matières. — Daviel, *Cours d'eau*, t. 1er, n° 303. — Car c'est une servitude qui doit se renfermer dans les termes du titre qui l'a constituée.

274. — L'empilement doit être fait dans les dimensions fixées par le chap. 7, art. 15, de cette ordonnance de 1672, et de manière à laisser libres les marchepieds. — *Parlem. Toulouse*, 28 juin 1572; — Brillon, v° *Port.*

275. — Les propriétaires riverains d'un cours d'eau flottable ne peuvent, sous aucun prétexte, entraver le flottage; si on l'exerce d'une manière irrégulière et dommageable pour eux, ils doivent d'abord se soumettre, sauf à réclamer une juste indemnité. — *Rouen*, 1er fév. 1844 (t. 1er 1844, p. 229), de Rohan-Rochefort c. Dupont et Quemin.

276. — Néanmoins, l'entrepreneur d'un flottage ne peut être tenu à des dommages-intérêts envers les propriétaires riverains, s'il n'a fait qu'user légitimement de son droit, quelque préjudice que cet exercice régulier de son droit ait pu causer à ces mêmes propriétaires. — Même arrêt.

277. — Une loi du 28 juill. 1824 a établi, après l'édit de 1672, un tarif pour l'indemnité due par les flotteurs, soit aux propriétaires riverains pour les dépôts de bois faits sur leur terrain, soit aux propriétaires d'usines pour le chômage de leurs usines; mais cette loi, étant spéciale au flottage exercé sur la Seine et ses affluens, M. Proudhon pense (t. 4, n° 1215) que pour les autres parties de la France l'indemnité doit être réglée d'après le droit commun, c'est-à-dire par les tribunaux, selon le tort éprouvé par le riverain ou l'usinier, conformément aux dispositions de l'art. 1382, C. civ. — V. FLOTTAGE.

278. — Le droit dû pour chômage n'est jamais que celui fixé par l'édit et la loi ci-dessus relatés, quelle que soit l'importance de l'usine frappée de chômage, et cette indemnité n'est due que pour un chômage de vingt-quatre heures. — *Rouen*, 1er fév. 1844 (t. 1er 1844, p. 229), de Rohan-Rochefort c. Dupont et Quemin.

279. — Jugé que le droit dû pour chômage par les flotteurs aux usiniers riverains en vertu de l'art. 13, chap. 17, de l'édit de 1672, et de l'art. 1er de la loi du 28 juill. 1824, n'est pas éteint par la prescription, parce que pendant trente années on aurait négligé de l'exiger; chaque chômage donne lieu à un nouveau droit à l'indemnité. — Même arrêt.

280. — Au surplus, quant au chômage des usines et moulins occasionné par le flottage, et à l'indemnité qui est due en conséquence à leurs propriétaires, V. USINES.

281. — Si la suppression des usines est jugée nécessaire, il peut encore y avoir lieu à indemnité. — V. encore sur ce point USINES.

282. — Une indemnité est également due aux riverains pour la privation de leur droit de pêche. — V. PÊCHE.

283. — ... Ainsi qu'à raison des sources et ruisseaux qui leur sont enlevés dans l'intérêt de la flottabilité. Elle est fixée dans ce cas conformément à la loi du 3 mai 1841. — V. EXPROPRIATION POUR UTILITÉ PUBLIQUE.

284. — Si des îles dont la propriété avait été acquise par les riverains leur sont enlevées pour les besoins de la flottabilité, la valeur leur en est remboursée également d'après l'appréciation qui en est faite conformément à la loi du 3 mai 1841. — V. ILES.

285. — Mais les riverains ne peuvent réclamer une indemnité à raison des avantages de l'irrigation dont ils se trouvent privés par suite de la déclaration de flottabilité.

Sect. 3e. — *Compétence en matière de cours d'eau flottables.*

§ 1er. — *Compétence du pouvoir exécutif.*

286. — Le flottage avec trains ou radeaux constituant une véritable navigation, ne peut être établi que de la même manière que la navigabilité, c'est-à-dire par une ordonnance royale. — Solon, *Rép. des juridict.*, v° *Eau*, t. 3, n° 29. — V. *suprà* nos 12 et suiv.

287. — Relativement au flottage à bûches perdues, c'est au préfet qu'il appartient de déclarer si une rivière est flottable. — Décr. 22 janv. 1808; Ord. 6-22 déc. 1820.

288. — C'est aux préfets à prescrire, sous l'approbation du directeur général des ponts et chaussées, le flottage des bois destinés à l'approvisionnement des villes, sans préjudice du recours au ministre de l'intérieur, et ensuite au conseil d'état, si leurs arrêtés changeaient le point d'eau, le régime des écluses, ponts, etc., ou s'ils entravaient le service des moulins et bateaux. — *Cons. d'état*, 14 juill. 1811, Fontaine; 20 janv. 1830, Bié.

289. — L'administration active peut seule fixer la hauteur des eaux d'une rivière flottable et déterminer l'élévation des retenues que peuvent faire les usines y établies. — *Cons. d'état*, 18 nov. 1818, Lancelin c. Martinot. — V. *suprà* nos 84 et suiv.

290. — Il en doit être ainsi alors même que les plaintes d'inondations proviendraient de riverains contre lesquels le propriétaire de l'usine invoquerait des titres conventionnels, sauf aux tribunaux l'appréciation de ces titres. — Garnier, t. 2, n° 526.

291. — On ne peut établir aucun ouvrage, tels que ponts, chaussées, usines, sur les cours d'eau flottables sans en avoir obtenu l'autorisation préalable du gouvernement. — LL. 6 oct. 1791; 14 flor. an XI; arr. 19 vent. an VI; ord. 2 déc. 1819; 27 déc. 1820. — V. *suprà* nos 104 et suiv.

292. — Lorsque l'autorité administrative a réglé le mode de jouissance des eaux d'une rivière entre les propriétaires riverains, et que l'un de ceux-ci prétend que le réglement ne lui est pas applicable, en ce que les titres particuliers lui assurent des droits antérieurement acquis, la connaissance de cette prétention appartient à l'administration, à l'exclusion de l'autorité judiciaire. — *Cass.*, 28 mai 1827, Beautier et Duval c. de Fumechon.

293. — Le préfet connaît des oppositions aux réglemens d'eau faits par lui. — *Cons. d'état*, 23 avr. 1823, Lacombe c. Chambon.

294. — Il statue sur les plaintes élevées contre des ouvrages entrepris par une association de propriétaires au bord d'une rivière flottable. — *Cons. d'état*, 19 oct. 1825, comm. de Château-Renard c. ville d'Avignon.

295. — Il a le droit de faire modifier ou détruire les ouvrages s'ils ont été exécutés irrégulièrement sans autorisation, ou s'ils sont offensifs contre la rive opposée. — *Cons. d'état*, 2 juill. 1820, Burgade c. comm. de Cadillac; 19 oct. 1825, comm. de Château-Renard c. ville d'Avignon; — Cormenin, *Dr. adm.*, v° *Cours d'eau*, t. 1er, p. 513, 525 et 526; Chevalier, *Jurisp. adm.*, v° *Cours d'eau*, t. 1er, p. 308; Daviel, *Cours d'eau*, n° 260.

296. — A l'administration seule sont réservées les mesures de surveillance et de police qui intéressent l'ordre public sous le rapport du flottage, de l'approvisionnement des villes, sauf toujours l'approbation du ministre devant lequel les parties peuvent se pourvoir.

297. — Les attributions confiées aux préfets sont, en ce qui concerne les eaux, dévolues dans le département de la Seine et dans les communes de Saint-Cloud, Meudon et Sèvres (qui dépendent du département de Seine-et-Oise) au préfet de police. — Arr. 12 messid. an VIII, art. 22, 24, 33, 34 et 43; 3 brum. an IX.

298. — Le ministre de l'intérieur est seul chargé de prendre les mesures relatives à la conservation des ponts et à la sûreté des transports par eau, notamment celles qui concernent les dimensions des bateaux servant à la navigation. — L. 16-24 août 1790, tit. 11, art. 3, § 5; arr. 16 messid. an VIII; — *Cass.*, 1er juill. 1831, Savry.

299. — Lorsque des travaux publics sont faits dans une rivière flottable au profit du commerce de flottaison et de quelques riverains, l'administration est autorisée : 1° à diriger les travaux; — 2° à en faire payer les frais aux intéressés; — 3° à régler la part contributive de chacun. — Solon, *Rép. des juridictions*, v° *Eau*, t. 3, n° 30.

300. — « En conséquence, dit le même auteur (*loc. cit.*), les préfets peuvent et doivent prendre toutes les mesures exigées dans l'intérêt des riverains, soit pour fixer la longueur des bûches, soit pour déterminer l'époque de la flottaison. Ils peuvent et doivent aussi ordonner tous les ouvrages favorables au flottage, sauf toutefois la confirmation de leurs arrêtés par le ministre de l'intérieur, et sauf encore le recours des parties intéressées contre la décision ministérielle : ce recours est porté devant le conseil d'état par la voie administrative. » — V. également *Cons. d'état*, 14 juill. 1811, Fontaine; 12 mai 1819, Bardet c. Bonneau.

§ 2. — *Compétence des conseils de préfecture.*

301. — Les conseils de préfecture sont compétens pour connaître des contraventions commises dans le lit, sur les bords, et autres dépendances des cours d'eau flottables. — Ad. Chauveau, *Principes de compét. admin.*, t. 3, nos 1376 et 1382; Cormenin, *Dr admin.*, t. 1er, p. 526; Foucart, t. 2, n° 506; Garnier, t. 2, nos 560 et 561; Solon, v° *Eau*, t. 3, n° 131; Daviel, t. 1er, n° 442; Serrigny, t. 2, n° 639.

302. — Cette solution s'appuie tant sur l'art. 4 L. 28 pluv. an VIII, que sur l'art. 1er, L. 29 flor. an X, qui attribuent au conseil de préfecture la connaissance des contraventions commises en matière de grande voirie dans laquelle ces lois rangent « les canaux, fleuves et rivières navigables, leurs chemins de halage, francs bords, fossés, etc. »

303. — Toutefois, elle est vivement combattue, mais à tort selon nous, par Proudhon (*Dom. pub.*, t. 3, nos 816 et 878. — V. aussi t. 1er, n° 292, p. 430), qui, se fondant sur ce que la loi de l'an X ne parle que des cours d'eau *navigables* et non de ceux *flottables*, en conclut que l'intention du législateur n'a pas été de considérer comme contraventions de grande voirie les faits commis sur les cours d'eau flottables, et en attribue la connaissance aux tribunaux ordinaires conformément à l'art. 6, L. 11 sept. 1790, auquel aucune loi n'aurait quant à ce dérogé.

304. — Cependant, s'il s'agissait de cours d'eau flottables à bûches perdues seulement, nous pensons que les conseils de préfecture n'en pourraient connaître. — V. *infrà* nos 453 et suiv.

305. — Quant aux demandes en surtaxe qui peuvent être formées par les particuliers propriétaires des fonds voisins d'une rivière flottable dont le curage est à leur charge, et qui se plaignent que les frais de cette opération n'ont pas été répartis sur eux dans une juste proportion, il ne peut exister aucune doute sur la compétence; ce sont les conseils de préfecture qui, aux termes de la loi 14 flor. an XI, doivent prononcer sur l'erreur. — Proudhon, t. 4, n° 1132.

§ 3. — *Compétence des tribunaux ordinaires.*

306. — Les tribunaux ordinaires sont seuls compétens pour connaître de toutes les contestations qui s'élèvent relativement aux cours d'eau flottables, lorsque ces contestations ne concernent que des intérêts privés.

307. — Ainsi, la demande en dommages-intérêts, à titre de réparation du préjudice causé à une propriété voisine par la trop grande élévation des eaux d'une usine qu'un particulier a fait construire d'après l'autorisation à lui accordée par l'autorité administrative, est de la compétence des tribunaux civils. — *Cass.*, 2 janv. 1832, Delabrière c. Lebreton et Lenoir.

308. — De même, il appartient aux tribunaux de prononcer sur l'action en dommages-intérêts formée contre des flotteurs pour avoir déposé, sans autorisation, des bois sur les propriétés riveraines, alors d'ailleurs que l'existence et l'étendue du port assigné au dépôt des biens ne sont pas contestées. — *Cons. d'état*, 26 juin 1822, Sallé c. Savo et Joachim.

309. — Les tribunaux sont compétens pour connaître de l'indemnité réclamée par les propriétaires riverains contre les flotteurs, l'art. 4, L. 28 pluv. an VIII, n'étant pas applicable, puisque l'entrepreneur du flottage n'est pas un entrepreneur de travaux publics. — *Rouen*, 1er fév. 1844 (t. 1er 1844, p. 229), de Rohan-Rochefort c. Dupont et Guémin.

310. — Les dommages-intérêts dus à raison du préjudice causé par des travaux faits à une chaussée et au déversoir d'un étang, doivent être également réclamés devant les tribunaux. — *Cass.*, 23 mai 1831, Villemain c. Breillot.

311. — Les tribunaux connaissent encore des contraventions commises sur les rivières flottables à bûches perdues. Ces cours d'eau étant assimilés aux rivières non navigables ni flottables, doivent rester dès-lors dans la petite voirie, placée dans les attributions des tribunaux ordinaires.

CHAPITRE III. — *Cours d'eau qui ne sont ni navigables ni flottables.*

312. — Les cours d'eau qui ne sont ni navigables ni flottables, bien qu'impropres à la navigation et au flottage, ne sont pas moins utiles que les cours d'eau plus considérables à l'agriculture, qu'ils fécondent, et à l'industrie, à laquelle ils procurent des forces motrices.

313. — On distingue parmi ces cours d'eau les rivières proprement dites, qui ne sont ni navigables ni flottables, et les simples ruisseaux et torrens.

314. — Les petites rivières se reconnaissent à leur étendue plus grande et à la continuité de leurs cours : la dénomination adoptée dans chaque pays par les habitans peut également servir à les différencier. — Henrion de Pansey, *Comp. des juges de paix*, chap. 16, § 3; Proudhon, *Dom. publ.*, t. 3, n° 932.

Sect. 1re. — *Propriété de petites rivières.*

315. — La propriété des cours d'eau qui ne sont ni navigables ni flottables donne lieu à de vives controverses; font-ils partie du domaine public, sauf les droits de jouissance reconnus aux riverains par l'art. 544, C. civ., ou sont-ils la propriété des riverains? — La doctrine et même la jurisprudence sont divisées.

316. — Le droit romain ne faisait aucune distinction entre les cours d'eau navigables et ceux qui ne l'étaient pas; il déclarait *publics* ceux qui avaient un cours continuel : « *Publicum flumen esse Cassius definit quod perenne sit,* » dit le § 3, L. 1re, ff., *De fluminibus*; « *pertinet autem* (interdictum) *ad flumina publica, sive navigabilia sint, sive non sint,* » porte la loi 1re, § 2, du titre suivant. — Dès-lors tous les fleuves navigables ou non étaient soumis à une règle uniforme.

317. — Or, tout fleuve public (qu'il fût navigable ou non) faisait partie du domaine public en tant que fleuve, et tout le temps qu'il conservait sa destination de cours d'eau continuel. — Inst., § 2, *De rerum divisione*. — Mais dès que le fleuve avait changé de cours, dès que le lit était abandonné, ce lit rentrait dans le domaine du riverain dont il était censé avoir été la chose avant que le cours d'eau l'eût envahi.

318. — D'où cette conséquence que, chez les Romains, le lit des cours d'eau n'était pas rangé dans les choses du domaine public; la masse courante, le cours d'eau seulement, était public et coulait à titre de servitude sur le fond des riverains; tant que le cours subsistait, la servitude empêchait les

riverains d'user de leur droit de propriété; mais le cours cessant, la servitude prenait fin et les riverains rentraient dans la jouissance pleine et entière de leur propriété. — L. 30, § 3, ff., *De acquir. rerum dominio*; — Domengel, *Institutes de Gaïus*, trad. et annotées, p. 129. — C'est donc à tort que MM. Dalloz (vo *Eau*, no 113) et Rives (*De la propriété des cours d'eau et du lit des rivières non navigables ni flottables*, p. 26) ont avancé que le lit des rivières était rangé par le droit romain dans les choses du domaine public.

319. — Dans notre ancien droit, au contraire, le lit des rivières non navigables ni flottables appartenait non aux riverains, mais aux seigneurs. — Boerius, déc. 352, no 4, édit. 1579. — C'est ce qui résulte, du reste, de la manière la plus évidente, des nombreuses concessions qu'en ont faites nos rois, soit à des communautés religieuses, soit même à de simples particuliers. — Ducange, *Gloss.*, vis *Foreste* et *Piscatores*; Doublet, *Antiq. de l'abbaye de Saint-Denis*, t. 2, p. 810. — V. notamment lettres-patentes de Louis XIII, des 27 juin, 28 sept. 1613 et 14 janv. 1614, enreg. au parlem. de Paris les 31 mai et 13 août 1614 (reg. AAA, fol. 18, no 25); lettres-patentes de Louis XIV d'oct. 1655, enreg. le 9 fév. 1658, portant cession sous réserve et sous condition, aux concessionnaires des *fonds et très-fonds* de certaines rivières et ruisseaux, *leur en accordant et faisant don*. — Hervé (*Th. des mat. féod. et cens.*, 1785, t. 4, 269, 270) et Henrion de Pansey (*Diss. féod.*, vo *Eaux*, § 7) rapportent un grand nombre d'arrêts des parlemens à l'appui de ce fait que nous considérons comme hors de doute.

320. — Jugé aussi que, d'après l'ancien droit coutumier, et même d'après les coutumes allodiales, comme celle de Bar, la propriété des rivières non navigables, ainsi que les îles et atterrissemens qui s'y formaient, ou bien leur lit abandonné, faisaient partie des droits du seigneur haut-justicier. — *Nancy*, 18 juin 1827, Michalin c. comm. de Loupil-le-Petit; *Besançon*, 21 nov. 1828, Bassoud c. Mottet; *Cass.*, 19 juill. 1830, Bucher, Michel c. Donnoy.

321. — Quant à l'ord. de 1669 sur les eaux et forêts, qui déclara que les rivières navigables (et flottables, *suprà* nos 246 et suiv.) feraient partie du domaine de la couronne, par cela même qu'elle a gardé le silence sur les cours d'eau non navigables ni flottables, elle les a laissés dans le domaine des seigneurs hauts-justiciers.

322. — Louis XVI a fait, en effet, à deux reprises différentes, des concessions de même nature que celles de Louis XIII et de Louis XIV : la première, par arrêt du conseil du 5 nov. 1776; la seconde, qui, attaquée sous l'empire, fut déclarée par le conseil d'état, conforme à l'édit du 28 mai 1705 *et aux principes consacrés sur cette matière par le Code civil.* — *Cons. d'état*, 20 mai 1809, Roussel c. Legoux.

323. — Les fleuves et rivières navigables que l'ord. de 1669 attribuait au domaine de la couronne ont été, par notre droit intermédiaire, et par le Code civil, réunis au domaine public : il en est ainsi des rivières *flottables*, qui sont placées par l'art. 538, C. civ., sur la même ligne que les premières.

324. — Quant aux petites rivières, la propriété en fut enlevée aux seigneurs hauts-justiciers, par la loi des 20 juill.-15 août 1790, art. 1er, abolitive de la féodalité. — *Besançon*, 21 nov. 1828, Bassaud c. Mottet; *Cass.*, 19 juill. 1830, Bucher, Michel c. Dornoy; — Merlin, *Quest. de droit* vo *Cours d'eau*, et vo *Pêche*, § 1er; Rives, p. 30.

325. — Par suite de cette abolition des droits féodaux, la propriété des petites rivières a donc changé de mains. A-t-elle été attribuée aux riverains ou réunie au domaine public?

326. — Nous pensons qu'elle a été réunie au domaine public; pour l'accorder aux riverains, en effet, après un état de choses qui ne leur reconnaissait aucun droit, il eût fallu une attribution formelle, sans aucune équivoque, telle que celle qui leur a été faite de la pêche, des îles, des droits d'alluvion, d'irrigation, etc.; or, rien d'explicite n'existe en leur faveur quant au lit de la rivière, aucune disposition n'en a fait passer la propriété aux riverains qui ne l'avaient jamais eue, et il ne nous paraît pas qu'on puisse invoquer, après tant de siècles d'un état politique, de mœurs et de faits si différens, les règles du droit romain que nous avons même vues différer sensiblement de nos principes actuels.

327. — L'art. 563, C. civ., suppose même nécessairement la propriété de l'état et l'exclusion des riverains, puisque, dans le cas de déplacement du cours d'un fleuve ou d'une rivière navigable *ou non*, l'ancien lit n'est point laissé aux riverains, mais donné, *à titre d'indemnité*, aux propriétaires des fonds nouvellement occupés. — On ne pourrait d'ailleurs s'expliquer, dans le système contraire, pourquoi la loi reconnaîtrait explicitement aux riverains le droit d'alluvion, de pêche et de

prise d'eau, puisque ces droits étant nécessairement l'accessoire de celui de propriété les riverains en devraient jouir, même dans le silence de la loi, s'ils étaient propriétaires.

328. — D'autres argumens se tirent encore, soit de la loi du 3 frim. an VII, sur la contribution foncière, qui, détaillant avec soin l'assiette de l'impôt sur toutes les propriétés immobilières, se tait sur les rivières qui restent libres de toute taxe, tandis qu'elle fixe avec soin le mode de cotisation des canaux appartenant à des particuliers; soit des art. 2 et 3 du décr. du 22 janv. 1808, d'après lesquels le gouvernement, qui s'empare des petits cours d'eau pour les rendre navigables ne doit d'indemnité aux riverains que pour les dommages que leur cause l'établissement du chemin de halage et non pour la privation du lit; soit de l'art. 3, L. 15 avr. 1829, sur la pêche fluviale, qui, dans le même cas, accorde une indemnité pour l'enlèvement du droit de pêche et se tait sur le lit; soit, enfin, de ce que les riverains autorisés à établir des usines, peuvent construire un barrage dans *toute la largeur* de la rivière, sans être tenus d'indemniser les autres riverains qui seraient cependant, s'ils étaient propriétaires du fond, dépouillés par là d'une partie de leur propriété.

329. — Ce qui s'est passé lors de la discussion de la loi 22 nov.-1er déc. 1790 nous paraît fournir un appui des plus puissans à la thèse que nous avons embrassée. En effet, dans l'exposé des motifs de ladite loi dont l'art 538, C. civ., reproduit littéralement l'art. 2, le rapporteur, M. Enjubault, s'exprime ainsi : « Sous l'ancien droit, le haut-justicier, *dépositaire de la puissance publique*, exerçait à ce titre des droits de *propriété* sur les chemins publics, les *petites rivières*, etc... On a objecté qu'en plaçant les fleuves et rivières dans la classe des objets domaniaux, il en pouvait résulter des prétentions contraires aux *droits et aux intérêts des propriétaires riverains*. Je réponds, au nom de votre comité, que ces objets sont *domaniaux par leur nature*, et en vertu des lois sous l'empire desquelles nous avons vécu jusqu'ici. L'article qu'il vous propose, messieurs, *n'est point introductif d'un droit nouveau*, et ces objets *appartiendraient à la nation*, *quand le décret garderait à cet égard un silence absolu*. . . . Ainsi, en déclarant que les fleuves et les *rivières* appartiennent à la nation, etc. » — Après cet exposé, l'art. 2 fut adopté sans aucune réclamation et dans ces termes : « Les chemins publics, les rues et places des villes, les fleuves et rivières navigables, les rivages, lais et relais de la mer, les ports, les havres, les rades, et en général *toutes les portions du territoire national qui ne sont pas susceptibles d'une propriété privée*, *sont considérées comme des dépendances du domaine public.* »

330. — Dans la séance du 23 avril 1791, M. Arnoult, rapporteur du comité d'agriculture, chargé par l'assemblée constituante de lui présenter un projet complet sur la propriété des cours d'eau, après avoir tracé une distinction entre les fleuves (navigables et flottables) et les rivières (non navigables ni flottables), et proclamé que les uns et les autres formaient une dépendance du domaine public, ajoutait : « Ainsi, nécessaires aux besoins de tous, les rivières non plus que les fleuves ne peuvent être la propriété d'un seul; envahies par les seigneurs justiciers au même titre et de la même manière que les fleuves navigables, comme eux elles doivent rentrer dans les mains de la nation; elles ne peuvent pas même appartenir à une communauté d'habitans puisqu'elles formeraient alors une propriété particulière et spéciale. Or, toute possession exclusive est incompatible avec les vues que la nature s'est proposées en établissant l'union des sociétés sur la communion des élémens. » — A la suite de ce rapport était un projet de décret portant, entre autres dispositions : « Le cours des rivières, comme celui des fleuves, est une propriété commune et nationale, mais les riverains ont droit d'user des eaux en se conformant aux règles, etc. » — Mais ce projet, qui ne comprenait pas moins de trente-huit articles, fut ajourné par la Constituante, qu'absorbait alors la discussion de la constitution et ne fut plus repris.

331. — Une dernière preuve de la domanialité du lit des rivières non navigables ni flottables résulte encore des nombreuses tentatives faites infructueusement pour en faire attribuer formellement par la loi la propriété aux riverains. — Ainsi, un projet de Code rural, en 1808, portait (art. 47) que le lit des cours d'eau non navigables ni flottables « ferait partie de chaque propriété riveraine; » mais cette disposition souleva les critiques les plus vives de la part des commissions consultatives chargées de revoir le projet, par le motif que l'article proposé était contenu au Code civil, dont l'intention n'avait jamais été de donner aux

riverains la propriété du lit des cours d'eau non navigables ni flottables. — En 1828, un pair de France déposa à la chambre une proposition portant : « Le lit des rivières non navigables ni flottables appartient aux riverains. » Cette proposition fut rejetée; le principal argument de ceux qui s'y opposaient le plus vivement était tiré aussi du Code civil, dont l'art. 563 accorde le lit abandonné au propriétaire de l'héritage où un nouveau lit s'est formé. — Les mêmes efforts se reproduisirent l'année suivante, lors de la discussion de la loi sur la pêche fluviale, et furent également repoussés. — En 1834, deux députés firent une proposition d'après laquelle « la propriété des cours d'eau qui ne sont ni navigables ni flottables devait appartenir aux propriétaires riverains. » Ce projet fut pris en considération; une commission fut nommée, et son rapporteur déclarant que la question de propriété des cours non navigables ni flottables n'était point résolue par la législation, proposait de la trancher en faveur des riverains; mais la proposition n'eut pas de suite. — Enfin, un projet de loi sur les endiguemens, et présenté par le gouvernement à la chambre des pairs le 17 janv. 1842, déclarait formellement le lit des petits cours d'eau et des torrens propriété de l'état; mais cette disposition ayant été rayée du projet par la commission, le projet fut retiré.

332. — Notre doctrine sur cette grave question, est au surplus enseignée par un grand nombre d'auteurs. — V. notamment Proudhon, *Dom. public*, t. 3, nos 933 et suiv., t. 4, no 1285; Rives, *loc. cit.*; Solon, *Rép. des jurid.*, vo *Eau*, t. 3, no 41; Foucart, *Elém. de dr. publ. et admin.*, t. 3, p. 417 et suiv., 3e édit., et *Revue de législ. et de jurispr.*, 1836, t. 4, p. 294; Merlin, *Rép.*, vo *Rivière*, § 2, no 1er; Laferrière, *Cours de dr. admin.*, p. 135; Husson, *Des trav. publ.*, t. 2, p. 235; Chevalier, *Jurispr. admin.*, t. 1er, p. 312; Fournel, *Traité du voisinage*, t. 1er, p. 372; J. de Valserres, *Man. de droit rural*, 2e part., ch. 4, p. 396; Royer-Collard, *Rev. de lég. et de jur.*, 1835, t. 1er, p. 460; Carou, *Act. poss.*, nos 162 et suiv.; Nadault de Buffon, t. 2.

333. — La cour de Toulouse a consacré les mêmes principes en décidant que, quoique les atterrissemens qui se forment dans une rivière non navigable ni flottable appartiennent aux riverains, le lit de la rivière ne leur appartient pas. — *Toulouse*, 6 juin 1832, Ferrage c. Huguet.

334. — Deux arrêts de la cour de Bruxelles des 28 avr. 1827 et 7 mars 1822, et un arrêt de la cour Gand du 7 juill. 1835 (cités par M. Rives, p. 99 et suiv.) ont jugé dans le même sens. — Quoique rendues par des cours qui n'ont plus d'autorité en France, comme les principes de notre Code civil sont admis dans le royaume des Pays-Bas, ces décisions méritent d'être signalées.

335. — Jugé encore que les propriétaires riverains d'un cours d'eau non navigable ni flottable, ne peuvent réclamer une propriété absolue sur un cours d'eau de cette nature, qu'autant que leur prétention serait appuyée sur une concession spéciale ou sur une possession ancienne. — *Cass.*, 14 fév. 1833, Martin c. Adeline.

336. — Toutefois, l'opinion contraire a pour partisans Toullier, *Droit civ.*, t. 3, no 144; Pardessus, *Servitudes*, no 77; Duranton, *Droit civ.*, t. 4, no 421, et t. 5, no 208; Marcadé, *Elém. dr. civ. franç.*, art. 561, t. 2, p. 465; Garnier, *Rég. des eaux*, t. 1er, nos 59 et suiv., t. 3, no 778; Magnitot et Delamarre, *Dict. de dr. admin.*, vo *Eaux*, p. 466; et Daviel, *Rev. de législ. et de jurisprud.*, t. 3, p. 418, et *Traité des cours d'eau*, t. 2, nos 529 et suiv.; Chardon, *De l'alluvion*, ch. 3, no 45. — V. aussi Troplong, *Comm. sur la prescription*, t. 1er, p. 217; Vaudoré, *Dr. rural*, t. 1er, p. 395; Fournel, *Tr. du Voisinage*, t. 1er, p. 372; Carré, *Justices de paix*, t. 2, no 1505; Favart, *Rép.*, vo *Rivière* et vo *Servitude*, sect. 2, § 1, no 8; Dubreuil, *Lég. des Eaux*, liv. 1er, tit. 2, ch. 2, dist. 2 et liv. 5, tit. 1er, ch. 1er, § 3; Phil. Dupin, *Encycl. du Dr.*, vo *Accession*, no 23; Hennequin, *Tr. de législ.* no 1er, p. 3, 4 et suiv.; Cotelle, *Cours de dr. adm.*, t. 1er, p. 353; Cormenin, *Dr. admin.*, vo *Cours d'eau*, § 3, nl 36; Curasson, *Comp. des jug. de paix*, t. 2, p. 149 (1re édit.) et 180 (2e édit.); Championnière *De la propriété des eaux courantes*, no 418 et suiv.; Dufour, t. 2, no 1198.

337. — Et un arrêt de la cour de Cassation, du 21 fév. 1810 (Sozzi), semble avoir préjugé la question en faveur des riverains en rejetant un pourvoi formé contre un arrêt de la cour de Gênes, qui affranchissait un particulier du paiement d'une redevance due en vertu d'une concession d'eau sur un torrent. — La cour suprême s'est basée sur ce motif que les art. 538 et 644 ont aboli le droit absolu du gouvernement, *en rangeant les torrens dans la classe des rivières privées.*

338. — M. Rives (p. 106) cite également un arrêt d'Amiens du 28 janv. 1834, qui aurait rangé

les rivières non navigables dans le domaine privé.

339. — Nous ne pensons même pas que la pente ou chute de l'eau soit, plus que le cours lui même, susceptible d'une propriété privée; elle reste dans les choses communes à tous, et ne peut être utilisée qu'en vertu d'autorisation expresse du gouvernement. — C'est ce qu'à décidé, du reste, la cour de Cassation par l'arrêt précité du 14 fév. 1833, Martin c. Adeline.—Toutefois, cette solution est vivement combattue par MM. Daviel (*Cours d'eau*, t. 2, no 338) et Dufour (*Dr. admin. appl.*, t. 2, no 1211). Ces auteurs s'appuient principalement sur la propriété du lit de la rivière qu'ils attribuent au riverain; la solution contraire que nous adoptons, quant au lit du cours d'eau, nous confirme d'autant plus dans cette opinion relativement à la pente de l'eau.

340. — Quel que soit, au surplus, le sentiment que l'on adopte relativement au lit des petites rivières, il n'est pas douteux que les riverains ne soient propriétaires des rives, cette propriété étant incontestée de la part des riverains des cours d'eau navigables est *à fortiori* assurée à ceux des cours d'eau non navigables.

341. — Mais, dans les rives, il ne faut pas comprendre *la berge* qui fait partie du lit lui-même, et suit dès-lors, quant à sa propriété, le même sort que ce lit. — La berge, pour les cours d'eau non navigables, comme pour les cours d'eau navigables, finit, et par conséquent la rive appartenant aux particuliers commence au point qu'atteignent, mais sans déborder, les eaux coulant à pleins bords. — V. une décis. du direct. gén. des ponts et chaussées du 4 fév. 1821.

Sect. 2e. — *Droits et charges des riverains sur les petites rivières.*

342. — Si les riverains des cours d'eau non navigables, ni flottables ne sont pas propriétaires de ces cours d'eau, ils en ont cependant la jouissance, qui constitue pour eux un domaine utile dont ils retirent d'assez notables avantages.

343. — Ainsi, aux termes de l'art. 644, C. civ., « celui dont la propriété borde une eau courante, autre que celle qui est déclarée dépendance du domaine public, peut s'en servir à son passage pour l'irrigation de ses propriétés. — Celui dont elle traverse l'héritage peut même en user dans l'intervalle qu'elle y parcourt, mais à la charge de la rendre, à la sortie de ses fonds, à son cours ordinaire. »

344.—L'art. 645 ajoute que, s'il s'élève une contestation entre les propriétaires auxquels ces eaux peuvent êtres utiles, les tribunaux, en prononçant, doivent concilier l'intérêt de l'agriculture avec le respect dû à la propriété; et que, dans tous les cas, les réglemens particuliers et locaux sur le cours et l'usage des eaux doivent être observés.

345. — En accordant à celui dont la propriété borde une eau courante le droit de s'en servir à son passage pour l'irrigation de ses propriétés, le Code civil n'a nullement restreint ni modifié le pouvoir, dont était investie l'administration, de défendre d'entreprendre sur les cours d'eau publics aucun ouvrage qu'elle n'aurait pas préalablement autorisé. — En conséquence, si, au mépris d'un réglement administratif antérieur au Code civil, un riverain a, sans autorisation, construit, pour l'irrigation de sa propriété, un barrage dans toute la largeur d'une rivière non navigable, il est passible des peines de simple police. — *Cass.*, 15 nov. 1838 (t. 2 1843, p. 718), Durand.

346. — Le Code civil, en reconnaissant aux propriétaires riverains le droit de se servir des eaux courantes non navigables ni flottables, les a affranchis, pour l'avenir, de la redevance annuelle à laquelle ils étaient soumis (en Piémont) envers le domaine, pour le prix de la concession de la prise d'eau. — *Cass.*, 21 fév. 1810, Domaines c. Sozzi.

347. — En France, les concessions de prises et chutes d'eau ne peuvent être soumises à une redevance de la part du gouvernement que depuis la loi du 16 juill. 1840, art. 4. — Les redevances exigées antérieurement étaient illégales. — V. CHUTE D'EAU, nos 5 et 6.

348. — Le droit, attribué par l'art. 645, C. civ., aux propriétaires auxquels des eaux courantes peuvent être utiles, de demander le réglement de celles-ci ne s'applique qu'à ceux dont les héritages sont en contact avec le cours naturel des eaux, et non aux propriétaires qui ne les reçoivent qu'artificiellement par suite d'une saignée faite à un canal creusé par le propriétaire du fonds supérieur pour les amener sur son fonds. — *Cass.*, 15 avr. 1845 (t. 2 1845, p. 547), d'Hillerin c. Belin.

349. — Celui dont la propriété est séparée d'un cours d'eau par un chemin public, ne peut être considéré comme riverain. — *Bordeaux*, 26 nov. 1832, Santous et Garne c. Couspeyre.

350. — ...Non plus que celui dont l'héritage en est séparé par des ouvrages publics notamment par une digue. — *Cass.*, 17 juill. 1844 (t. 2 1844, p. 562), Bon et Tardivy de Cailles c. comm. de Claix.

351. — Dès-lors il ne peut se servir des eaux et n'a pas la faculté de demander contre le propriétaire supérieur le réglement des eaux. — *Bordeaux*, 26 nov. 1832, Santous et Garin c. Couspeyre; —Daviel, *Des cours d'eau*, t. 1er, no 133; Proudhon, *Dom. pub.*, no 1257.

352. — De même, celui dont la propriété est plus reculée n'aurait pas pu, avant la loi du 29 avril 1845, forcer le voisin qui touche la rivière à laisser sur son fonds un canal d'irrigation qui conduisît l'eau sur son héritage. Mais la nouvelle loi sur les irrigations autorise cette servitude au profit des fonds non riverains, pourvu que les propriétés intermédiaires ne soient pas bâties. — Garnier, *Comm. sur la loi du 25 avr.* 1845, art. 1er. — V. IRRIGATION.

353. — Toutefois, un propriétaire non riverain d'un cours d'eau peut acquérir, par prescription, le droit d'en dériver les eaux dans un canal fait de main d'homme au moyen de travaux apparens, surtout lorsque les intéressés, mis en demeure par cette construction, ont laissé passer plus de trente ans sans s'opposer à la prise et à la conduite des eaux dans les propriétés non riveraines. — *Cass.*, 26 fév. 1844 (t. 1er 1845, p. 470), hab. des Préaux c. hab. des Vachers; — Pardessus, *Des servitudes*, t. 1er, no 110; Duranton, t. 5, p. 522; Daviel, *Cours d'eau*, t. 2, 107 et 108.

354. — Le propriétaire d'un fonds qui n'est pas riverain ne saurait être contraint de recevoir les eaux que le riverain aurait amenées sur son fonds par suite d'une dérivation, parce que l'art. 640, C. civ., ne l'oblige qu'à recevoir les eaux qui découlent *naturellement* des fonds supérieurs. — Proudhon, *ibid.*

355. — Il ne faut pas perdre de vue que la nouvelle loi a eu seulement pour but de procurer le moyen de tirer des eaux la plus grande utilité possible, mais non d'augmenter les droits des uns au préjudice des autres. C'est ce qui résulte clairement des discussions aux chambres, au sujet de l'art. 1er de cette loi.—Garnier, *Comm. de la loi du 25 avr.* 1845, p. 12.

356. — Il suit de là qu'un propriétaire non riverain ne pourrait se servir de l'eau qu'autant qu'elle ne serait pas absorbée par le riverain. — V. IRRIGATION.

357. — Le propriétaire riverain à qui l'escarpement de son fonds ne permet pas une prise d'eau directe peut, pour l'irrigation de ses propriétés, y amener les eaux par dérivation, au moyen de saignées pratiquées sur le fonds supérieur, à la charge toutefois de les rendre à leur cour ordinaire; ce mode d'irrigation n'est pas prohibé par l'art. 644, C. civ., dont la disposition doit nécessairement se combiner avec celle de l'art. 645. — *Cass.*, 11 avr. 1837 (t. 1er 1837, p. 271), Blain c. Alexandre; — Proudhon, *Dom. pub.*, t. 4, no 1260. — V. toutefois *contrà Aix*, 30 juin 1845 (t. 1er 1846, p. 326), Giroud-Agnel c. de Brunet.

358. — Le propriétaire riverain d'une rivière qui n'est ni navigable ni flottable peut prendre une partie des eaux pour l'irrigation de sa propriété, encore bien que cette prise d'eau nuise à une usine située en aval. — C. civ., 644. — Mais, dans un tel cas, les tribunaux doivent, en réglant l'usage des eaux entre les deux contendans, chercher à concilier l'intérêt du propriétaire riverain et celui de l'usinier. — *Bordeaux*, 23 janv. 1838 (t. 2, 1840, art. 560), Garreau c. Chambonnaud.

359. — Le propriétaire riverain autorisé par la loi à se servir des eaux pour l'irrigation de ses propriétés ne doit pas être réduit à la moitié du lit de la rivière; mais il a droit d'établir sur toute son étendue le barrage destiné à faire dériver ses eaux, pourvu qu'il ne s'appuie pas sur la rive opposée, appartenant à un tiers.—*Montpellier*, 15 déc. 1840 (t. 2 1841, p. 396), Barbot c. Clinchard;—Duranton, t. 5, nos 208 et suiv.; Delvincourt, t. 1er, p. 380; Favart de Langlade, *Rép.*, vo *Servitude*, sect. 2e, § 1er, no 67; Malleville, *Analyse raisonnée*, sur l'art. 644.

360. — Le propriétaire qui est riverain à la fois d'un cours d'eau et d'un canal artificiel à l'aide duquel des eaux en ont été dérivées pour le jeu d'une usine peut établir une prise d'eau dans ce canal pour l'irrigation de ses propriétés; et les travaux par lui pratiqués dans ce but doivent être maintenus alors qu'ils ne causent aucun préjudice aux usines inférieures. — *Cass.*, 7 janv. 1845 (t. 1er 1845, p. 355), de Villefranche c. Bartal.

361. — Jugé que le propriétaire d'un terrain situé sur un des bords d'une rivière non navigable ni flottable ne peut, pour faire refluer les rigoles d'irrigation de sa propriété, établir un batardeau à perpétuelle demeure et l'appuyer sur la rive opposée. Des actes de pure tolérance de la part du propriétaire de l'autre rive ne peuvent pas, pour fonder la servitude qui résulterait de ce barrage, suppléer soit à des titres constitutifs ou récognitifs de cette servitude, soit à la possession trentenaire.—*Cass.*, 17 mars 1819, Jacob c. Devillers-Bodson; *Rouen*, 6 mai 1828, Montlambert c. Ridault.

362. — Celui qui, pour l'irrigation de sa propriété, veut se servir de l'eau qui la traverse, n'a pas le droit, pour en user, d'élever une digue qui nuise aux propriétés supérieures. — *Metz*, 11 juill. 1817, Devillers-Bodson c. Jacob; Pardessus, *Des serv.*, no 92; Vaudoré, *Dr. rural*, t. 1er, no 355.

363. — Les riverains peuvent demander la suppression d'une digue établie sur un cours d'eau non navigable ni flottable, bien que cette digue ne leur ait encore porté aucun préjudice, si elle est de nature à leur nuire. — *Cass.*, 2 déc. 1829, Bras-Dumas c. Capelle; *Riom*, 10 fév. 1830, Richard c. Giró; — Daviel, *Des cours d'eau*, no 714.

364. — La faculté accordée au riverain d'un cours d'eau de s'en servir pour l'irrigation de sa propriété ne lui donne pas le droit de pratiquer à cet effet, sur son terrain, des travaux qui auraient pour résultat de faire infiltrer dans des édifices voisins et inférieurs des eaux qui n'y seraient jamais arrivées par la seule disposition des lieux. — *Cass.*, 26 mars 1844 (t. 2 1844, p. 187), Auzat c. Collanges. — V. aussi L. 8, § 5, ff., *Si serv. vind.*; — Cœpolla, t. 1, cap. 67, nos 3 et 4; — Pardessus, *Servit.*, nos 82 et 106; Delvincourt, *Cours C. civ.*, t. 1er, p. 379.

365. — Le propriétaire dont une eau courante traverse l'héritage peut faire servir cette eau à l'irrigation d'un terrain acquis par lui et joignant sa propriété primitive, au travers de laquelle coule le ruisseau, pourvu qu'à la sortie de son fonds il rende les eaux à leur cours naturel. — *Limoges*, 9 août 1838 (t. 1er 1839, p. 73), Germain c. Dechabacque; — Pardessus, *Tr. des serv.*, no 107; Duranton, t. 5, p. 218, no 235; Proudhon, *Dom. publ.*, t. 4, p. 429, no 1426; Daviel, *Pratiq. des cours d'eau*, t. 2, p. 105, no 587. — Le même principe est posé par Toullier, *Dr. civ.*, t. 3, no 836. — V. aussi Vaudoré, *Dr. rural franç.*, t. 1er, no 386; Delvincourt, t. 1er, p. 155, no 7. — V. cependant Garnier, *Rég. des eaux*, t. 3, no 775.

366. — Le propriétaire riverain d'un cours d'eau ne peut faire sur son terrain des travaux pour prévenir l'imbibition des eaux pluviales et les réunir afin de les conduire dans le ruisseau, lorsqu'il en résulte une aggravation de servitude pour les fonds inférieurs. — *Douai*, 3 mars 1845 (t. 1er 1846, p. 27), Bonvoisin c. Queval.

367. — L'usage d'une eau courante privativement exercé par un seul et pendant le temps nécessaire pour l'ériger en droit ne permet point à d'autres de l'exercer à son détriment; mais les avantages qui résultent de cette jouissance, bien que non susceptibles de constituer la propriété, ne peuvent empêcher ceux que le droit commun attribue à l'autre riverain. — *Toulouse*, 7 avr. 1848 (t. 1er 1845, p. 335), de Falgons c. propriétaires du moulin de Lavaur.

368. — Les art. 644 et 645, C. civ., qui règlent les droits des riverains sur les cours d'eau qui bordent ou traversent les héritages, n'ont porté aucune atteinte aux droits déjà légalement acquis en vertu de titres particuliers. — *Cass.*, 10 avr. 1838, tenanciers arrosans de Caramany c. tenanciers, etc. de Rivesaltes; 24 janv. 1831, Bagarre c. Archier; 17 fév. 1809, Besnier c. Gauthier; 9 août 1843 (t. 1er 1844, p. 295), Amat et Druilhon c. Cavalier.

369. — Peu importe que ces titres émanassent de l'ancien seigneur; la propriété des petites rivières non navigables appartenait aux seigneurs sous la législation féodale, et les lois abolitives de la féodalité n'ont pu porter atteinte aux droits antérieurement acquis de ces seigneurs en vertu et sous l'empire de la législation existante. — *Cass.*, 9 août 1843 (t. 1er 1844, p. 295), Amat et Druilhon c. Cavalier.

370. — Ainsi, le riverain qui a acquis anciennement d'un seigneur, alors propriétaire d'un cours d'eau, le droit de s'en servir pour faire mouvoir une usine, doit être maintenu dans la propriété exclusive de toute l'eau nécessaire au mouvement de son usine, encore que l'autre propriétaire riverain soit ainsi privé de l'eau nécessaire à l'irrigation de sa propriété. — *Cass.*, 19 juil. 1830, Buger et Michel c. Dormoy. — V. cependant *Cass.*, 24 janv. 1831, Bagarre c. Archier. — V. au surplus IRRIGATION.

371. — Lorsqu'un propriétaire, après avoir, dans son intérêt particulier, remplacé un gué par

un pont, juge ensuite à propos de démolir ce pont, il ne peut être condamné à le reconstruire; on doit seulement l'obliger à rétablir le gué. — *Cons. d'état*, 2 juin 1832, Briard c. commune de Coulonges.

372. — Chaque riverain peut exercer le droit de pêche dans une petite rivière. — V. PÊCHE.

373. — Il peut cependant arriver que l'un des riverains ait ce droit à l'exclusion de celui qui est sur l'autre bord ; si, par exemple, il l'a prescrit. — L. 15 avr. 1829, art. 2.

374. — « Les îles et atterrissemens qui se forment dans les rivières non navigables et non flottables appartiennent aux propriétaires riverains du côté où l'île s'est formée : si l'île n'est pas formée d'un seul côté, elle appartient aux propriétaires riverains des deux côtés, à partir de la ligne qu'on suppose tracée au milieu de la rivière. » — C. civ., art. 561.

375. — L'attribution des îles aux riverains n'implique pas reconnaissance en leur faveur d'un droit de propriété sur le lit de la rivière. Tronchet disait, en effet : « Les îles et îlots dans les rivières non navigables sont des objets de si peu d'importance qu'il n'y a peut-être aucun intérêt à les disputer aux particuliers. » — Merlin, *Rép.*, vº *Rivière*; Proudhon, *Dom. public*, t. 3, nº 333; Laferrière, *Dr. admin.*, p. 135 et suiv.

376. — Les atterrissemens appartiennent aussi aux riverains du côté desquels ils se forment, et ce par droit d'accession. — V. ALLUVION.

377. — Quand l'état, usant de son droit, déclare navigable ou flottable une rivière qui ne l'était pas, les riverains conservent la propriété des îles qui leur étaient déjà acquises, sauf l'expropriation qu'on pourrait leur faire subir pour utilité publique. — Proud'hon, *Dom. publ.*, nº 1014.

Sect. 3e. — *Torrens et ruisseaux.*

378. — *Torrens.* — Les torrens sont des cours d'eau peu profonds et très rapides qui ne sont alimentés par aucune source, mais uniquement par les pluies ou par les fontes de neiges. — Proudhon, *Dom. public*, t. 3, nº 670.

379. — Leur lit appartient aux propriétaires riverains qui peuvent y faire librement tous les actes dérivant de la propriété. — Proudhon, *ibid.*, nº 1000.

380. — Ainsi le propriétaire supérieur dont le fonds est traversé par un cours d'eau accidentel a le droit de retenir ces eaux sur sa propriété, et à cet effet de construire un barrage que le propriétaire inférieur ne peut faire supprimer. — *Caen*, 26 fév. 1844 (t. 2 1844, p. 470), Duhamel c. Pavart.

381. — Si toutefois le torrent dénaturait complétement les fonds sur lesquels il coule de manière à ce que le propriétaire du sol n'y pratiquât aucun acte de possession, ce sol serait considéré comme bien vacant et sans maître, et tomberait sous l'application de l'art. 539, C. civ. — Proudhon, *ibid.*

382. — De ce que le sol sur lequel passe un torrent reste la propriété de son maître, il résulte que le droit d'alluvion ne saurait être invoqué par les riverains. — C. civ., art. 556.

383. — Suivant la loi romaine, les propriétaires riverains des torrens pouvaient établir toutes constructions propres à se garantir de leurs ravages, même au préjudice des autres riverains, pourvu qu'ils ne les élevassent pas malicieusement. — LL. 2, § 9, ff., *De aquâ et aquæ pluv. arcend.*; 1, § 6, *Ne quid in flumine publico*; §§ 3 et 4, *De ripâ muniendâ.*

384. — Proudhon (nº 1003) pense qu'il en doit être de même aujourd'hui, par cette raison que le riverain d'un torrent conserve la propriété du lit sur lequel il coule, et peut, en conséquence, y établir tous les travaux qui ne sont pas faits dans l'intention de nuire à autrui, au lieu que les riverains des cours d'eau continuels, ne conservant pas la propriété du sol de ce cours d'eau, ne pourraient pas dire qu'en établissant des travaux sur ce sol ils usent de leur propre chose.

385. — Aux termes de l'art. 23, L. 16 sept. 1807, l'administration doit ordonner les mesures et diriger les travaux nécessaires pour préserver une contrée des dégâts que pourraient occasionner les eaux d'un torrent.

386. — La police réglementaire des torrens appartient au gouvernement qui, par l'abolition des lois féodales, a remplacé le pouvoir des seigneurs haut-justiciers. — Proud'hon, nº 1004. — V. au surplus TORRENT.

387. — *Ruisseaux.* — Les ruisseaux sont des cours d'eaux d'un ordre très inférieur qui portent leurs eaux dans les rivières. — Proud'hon, *Dom. publ.*, t. 3, nº 669.

388. — Les ruisseaux sont, comme les torrens la propriété des héritages sur lesquels ils se trouvent, soit quant à leur usage, soit quant à leur lit. — L. 1, § 4, ff., *De fluminibus*; — Proudhon, *Dom. public*, t. 4, nº 1417; Foucart, *Droit publ. et adm.*, t. 2, nº 1271.

389. — C'est pourquoi l'action en bornage peut avoir lieu entre propriétaires contigus nonobstant le ruisseau qui les sépare. — L. 6, ff., *Finium regundorum.* — V. BORNAGE.

390. — Le Code n'établissant aucune distinction entre les petites rivières et les simples ruisseaux, la question de savoir dans quelle catégorie il faut ranger ces cours d'eau est abandonnée à l'appréciation des tribunaux, d'après l'examen des lieux, le volume et l'utilité des eaux. — L. 1, § 1, ff., *De fluminibus*; — Proud'hon, *Domaine public*, t. 4, nº 1415.

391. — De ce que les simples ruisseaux sont la propriété des riverains, il résulte que le droit de pêche est pour eux un droit de propriété. — V. PÊCHE.

392. — Les art. 644 et 645, C. civ., sont applicables aux ruisseaux et aux simples rivières : les droits qui en résultent sont donc les mêmes et avec plus de force encore. — V., pour l'étendue de ces droits et leurs conséquences, *suprà* nos 342 et suiv. — V. aussi IRRIGATION.

393. — Celui dont un ruisseau traverse la propriété peut faire, pour en user, tels travaux qu'il juge convenables, lors même que, par l'effet de ces travaux, les propriétaires inférieurs recevraient moins d'eau et seraient même exposés, dans les temps de sécheresse, à n'en point recevoir du tout. Il suffit que ce propriétaire rende, à la sortie de son fonds, le ruisseau à son cours ordinaire. — *Cass.*, 15 juill. 1807, Berthelin c. Provence; *Paris*, 9 juill. 1808, Provence c. Berthelin; *Angers*, 28 juin 1826, Davy c. Trou; *Bourges*, 18 juill. 1826, Senlis c. Mignot; 7 avr. 1837 (t. 2 1837, p. 83), Magnin c. Dubosc de Cussy; — Delvincourt, *Cours de C. civ.*, t. 1er, p. 379. — V. aussi Bourjon, *Dr. commun de la France*, t. 2, p. 10; *Des servitudes*, nº 10; Henrys, liv. 4, quest. 189e, t. 2, p. 1001. — *Contrà Cass.*, 7 avr. 1807, Rollet c. Chevillard; *Caen*, 19 avr. 1837 (t. 1er 1837, p. 180), de Ponthaud c. Dechancé; *Metz*, 20 juin 1821, Hivert c. Hardi; — Merlin, *Rép.*, vº *Cours d'eau*, § 3; Pardessus, *Serv.*, nº 106; Proudhon, *Domaine pub.*, t. 4, p. 210; Daviel, *Tr. des cours d'eau*, t. 2, p. 103; Toullier, *Dr. civ.*, t. 3, nº 136; Solon, *Tr. des servitudes*, nº 45.

394. — Proudhon (*Dom. public*, t. 4, nº 1430) enseigne que le propriétaire dont le ruisseau traverse l'héritage pourrait de sa propre autorité opérer un déplacement dans le cours d'eau, à la différence de celui dont le fonds serait traversé par une petite rivière; d'où il conclut que la seconde disposition de l'art. 644, C. civ., ne s'applique pas aux petites rivières. Nous sommes loin de partager cet avis, pour deux raisons : la première, c'est que l'art. 714, C. civ., après avoir dit qu'il est des choses dont l'usage est commun à tous (ce qui, de l'avis de tous les auteurs et de Proudhon lui-même, s'applique à toutes les eaux courantes), ajoute : « Des lois de police règlent la manière d'en jouir. » La seconde, c'est que si on n'appliquait pas le second alinéa de l'art. 644 aux petites rivières, on ne comprendrait pas pourquoi la loi, qui statue par deux dispositions séparées sur les droits des propriétaires, ne marque pas cette distinction prétendue entre les petites rivières et les simples ruisseaux.

395. — Malgré le droit qu'ont les propriétaires riverains d'user des eaux des ruisseaux et de les détourner, alors qu'elles traversent leurs héritages, il n'est pas douteux que l'exercice de ce droit ne puisse être modifié dans l'intérêt public, et ce par des réglemens administratifs. — L'art. 714, C. civ., qui attribue aux lois de police le pouvoir de régler la jouissance des eaux, et l'art. 645, même Code, qui prescrit aux tribunaux d'observer les réglemens particuliers et locaux sur le cours et l'usage des eaux, établissent clairement cette proposition. — Garnier, *Rég. des eaux*, t. 3, nº 762.

396. — Le droit de préférence que l'art. 643, C. civ., donne aux habitans d'une commune sur les eaux d'une source, s'applique également à celles d'un ruisseau, lorsqu'elles leur sont nécessaires; les propriétaires riverains du ruisseau ne peuvent se servir de ses eaux que lorsque les besoins de la commune sont satisfaits. — *Nancy*, 29 avr. 1842 (t. 1er 1843, p. 96), de Lagalhe et Najean c. comm. de Fruze; — Pardessus, *Serv.*, nº 138.

397. — Relativement au curage des ruisseaux, V. CURAGE.

Sect. 4e. — *Moulins et usines.*

398. — Malgré le droit de propriété attribué aux propriétaires riverains d'un torrent ou d'un ruisseau sur le lit du cours d'eau; malgré le silence de l'ordonnance de 1669, sur la nécessité de l'autorisation du gouvernement à l'effet d'établir des usines sur les cours d'eau qui ne sont ni navigables ni flottables; malgré l'art. 217 du second projet de code rural, qui déclarait l'autorisation du préfet suffisante, on s'accorde à reconnaître la nécessité de l'autorisation du gouvernement pour l'établissement des usines sur toute espèce de cours d'eau. La raison en est que les cours d'eau d'un ordre inférieur intéressent souvent un très grand nombre de riverains et même la société entière, qui doit veiller aux soins de l'agriculture.

399. — La nécessité de l'autorisation résulte : 1º de la loi du 12-20 août 1790, qui charge les administrations de rechercher et indiquer les moyens de procurer le libre cours des eaux, d'empêcher que les prairies ne soient submergées par la trop grande élévation *des écluses des moulins*, et par les autres ouvrages d'art établis sur les rivières, de diriger, enfin, autant que possible, toutes les eaux de leur territoire vers un but d'utilité générale, d'après les principes de l'irrigation.

400. — ...2º Du titre 2 du code rural de 1791, où il est dit que les propriétaires ou fermiers des moulins et usines construits ou à construire, seront garans de tous dommages que les eaux pourront causer aux chemins ou aux propriétés voisines, par la trop grande élévation du déversoir; ou autrement, enfin, qu'ils seront forcés de tenir leurs eaux à une hauteur qui ne nuise à personne, et qui sera fixée par le directoire du district. En cas de contravention, la peine sera une amende qui ne pourra excéder la somme du dédommagement.

401. — Se fondant sur ces dispositions, plusieurs préfets ont voulu faire des concessions d'usines sans les soumettre à l'approbation du gouvernement; mais une décision ministérielle, du 31 août 1810, rendit applicables les dispositions de l'arrêté du 19 vent. an VI aux usines situées sur des rivières ou ruisseaux non navigables ni flottables, avec cette seule différence que ces dernières usines pourraient être autorisées par une simple décision du ministre de l'intérieur, sur le rapport du directeur général et d'après l'avis du conseil général des ponts et chaussées; mais on ne tarda pas à reconnaître les vices de cette exception, et, le 30 mars 1821, une ordonnance royale, rendue en conseil d'état, vint mettre fin aux doutes et aux incertitudes.

402. — Cette ordonnance porte qu'il est à propos de consacrer par des ordonnances royales l'établissement des nouveaux moulins et autres usines, ainsi que tout réglement général concernant dans son ensemble un cours d'eau, lors-même qu'il n'est ni navigable ni flottable. Les motifs sont : qu'au roi appartient le droit de faire des réglemens d'administration publique; que ce principe a toujours été reconnu, que l'établissement d'un nouveau moulin peut influer sur la marche de ceux qui ont été établis au-dessus ou au-dessous, et que cette influence peut s'étendre hors des limites d'un département.

403. — Telle est maintenant la règle admise par l'administration et confirmée par la jurisprudence du conseil d'état, malgré des doutes très graves émis par plusieurs jurisconsultes. — V. Garnier, *Rég. des eaux*, t. 3, nos 780 et suiv.; Merlin, vº *Moulin*, § 7, art. 4, nº 7; Favard, nº 5.

404. — Jugé qu'aucune loi n'ayant tracé de formes particulières pour obtenir l'autorisation de construire des usines sur les cours d'eau privés, il est naturel de suivre celles prescrites pour les moulins situés sur les rivières navigables et flottables. — *Cons. d'état*, 13 nov. 1835, Delamarre c. Hanchard.

405. — L'autorisation accordée à un propriétaire d'établir une usine sur un cours d'eau crée, en faveur de ce propriétaire, non seulement un droit à la jouissance du courant, mais encore celui d'empêcher qu'il n'y soit porté atteinte par des entreprises nouvelles non autorisées. — *Caen*, 19 août 1837, de Poulhaud c. Dechancé et Thoumin (t. 1er 1838, p. 180); — Daviel, *Cours d'eau*, t. 1er, nº 394 et suiv.; Proudhon, *Dom. pub.*, t. 3, nº 1112, 1121 et suiv.

406. — Jugé, toutefois, que celui qui a établi sur un cours d'eau non navigable ni flottable une usine sans l'autorisation du gouvernement, n'en a pas pas moins, nonobstant le défaut de permission, le droit de demander des dommages-intérêts au propriétaire d'une autre usine qui lui a causé un dommage. — *Caen*, 28 sept. 1824, Elier c. Huard.

407. — Les propriétaires de moulins établis sur un cours d'eau ne peuvent, en l'absence de titres formels, priver les autres riverains d'user des eaux pour l'irrigation de leurs propriétés, sous le

prétexte que la jouissance exclusive du cours d'eau est indispensable à l'exploitation de leur moulin. — *Cass.*, 17 fév. 1809, Besnier c. Gaultier; *Bourges*, 8 janv. 1836, Gestat c. Gourjon; — Duranton, t. 5, n° 219; Vaudoré, *Droit rural fr.*, t. 1er, p. 169, n° 389; Paillet, *Des servit.*, p. 660.

408. — Celui dont la propriété borde un ruisseau, *affecté* par le propriétaire primitif de ce ruisseau à faire tourner un moulin, peut, en vertu de l'art. 644, C. civ., se servir pour l'irrigation de sa propriété, de l'eau courante qui excède les besoins du moulin. — *Grenoble*, 17 juill. 1830, Chazel c. Lombard.

409. — L'arrêté préfectoral qui prescrit de diriger des poursuites contre ceux qui se permettront de détourner des eaux à volonté est applicable à celui qui, sans autorisation, perce, pour se procurer de l'eau, les berges d'une rivière non navigable, et ce fait peut donner lieu contre lui à une action en dommages-intérêts de la part de l'usinier dont la force motrice s'est trouvée diminuée. — *Cass.*, 9 mai 1843, t. 2, 1843, p. 566, Anslaume c. Teston.

410. — Bien que le propriétaire d'un moulin soit, depuis tel temps que ce soit, en possession de jouir de toutes les eaux d'une rivière non navigable ni flottable, les propriétaires supérieurs dont cette eau traverse les héritages, ont le droit de se servir de ses eaux pour l'irrigation de leurs propriétés, quelles que puissent être les conséquences de cette irrigation pour l'usine inférieure. — *Bourges*, 8 janv. 1836, Gestat c. Gourjon.

411. — Lorsque de temps immémorial les propriétaires riverains d'un cours d'eau ont planté des arbres à haute tige le long de ce cours d'eau, celui qui a le droit d'user des eaux pour faire tourner un moulin ne peut pas demander qu'on arrache les arbres même plantés depuis moins de trente ans, s'ils ne détruisent pas les rives et ne nuisent pas à l'usage des eaux. — *Cass.*, 31 mars 1835, Quenisset c. Regnault.

412. — Le propriétaire d'une usine nouvelle établie sur un cours d'eau ne peut, au préjudice d'usines inférieures (surtout s'il s'agit d'usines anciennement établies), faire des retenues ayant pour objet de créer une force motrice à son usine. — *Caen*, 19 août 1837 (t. 1er 1838, p. 180), de Ponthaud c. Dechancé et Thoumin.

413. — Lorsqu'un certain volume d'eau est nécessaire pour le roulement d'une usine, le propriétaire de l'usine supérieure peut être condamné par provision à laisser couler ce volume d'eau pendant le litige engagé sur l'usage des eaux. — *Bruxelles*, 24 mars 1830, Masson c. Hayette.

414. — Lorsque deux propriétaires voisins ont chacun une usine sur le même cours d'eau, l'usage plus ou moins restreint fait par l'un d'eux du droit de tenir son réservoir plein ou de le vider en tout ou en partie, dans son propre intérêt et selon ses convenances, ne peut constituer en faveur de l'autre aucune espèce de droit. — En conséquence le changement de système hydraulique adopté par l'autre ne peut donner lieu à complainte de la part du second sous le prétexte que ce nouveau système fait refluer les eaux d'une manière préjudiciable à sa propriété. — *Cass.*, 4 déc. 1837 (t. 1er 1838, p. 167), Framezelle c. Lengaigne. — V. cependant *Cass.*, 27 mars 1832, Roche c. Sève.

415. — Jugé que le propriétaire riverain d'un cours d'eau, qui est en possession non contestée d'un arrosage illimité par voie d'écluse, peut utiliser ces eaux pour la construction d'un moulin. — Le propriétaire inférieur ne peut obtenir une indemnité pour le préjudice éventuel que peut amener la construction de l'usine. — *Aix*, 29 mai 1841 (t. 2, 1841, p. 305), de Boudard c. de Montval. — V., au surplus, USINE.

416. — Lorsqu'un canal se divise en deux bras dont l'un met un moulin en mouvement et l'autre sert à l'arrosage des terres, le maître de l'usine ne peut prétendre à la propriété exclusive de la partie de ce canal supérieure au point de séparation, lors surtout qu'il résulte des titres produits que l'entretien est à la charge des riverains. Cette portion doit être déclarée commune entre eux et lui. — *Aix*, 8 juin 1841 (t. 1er, 1843, p. 520; — V. Proudhon, *Domaine public*, t. 3, n° 1082.

Sect. 5e. — *Actions possessoires. — Prescription.*

417. — Les propriétaires riverains peuvent avoir recours aux actions possessoires pour repousser tout trouble qui leur serait causé dans la jouissance de leurs droits. — Proudhon, *Dom. pub.*, n° 994. — V. ACTIONS POSSESSOIRES.

418. — Ainsi, jugé que le lit d'un ruisseau peut être possédé exclusivement par l'un des riverains, bien que ses eaux servent à l'irrigation des divers héritages qui le bordent, et qu'en conséquence un tribunal peut admettre un des riverains à prouver qu'il est en possession annale de la jouissance de la vase qui s'y dépose. — *Cass.*, 7 déc. 1842 (t. 1er 1843, p. 317), Verny-Lamothe c. Tantillon.

419. — Jugé encore que le propriétaire riverain d'un ruisseau ayant la possession annale de ses eaux peut intenter l'action en complainte contre l'autre riverain qui, au moyen d'un fossé pratiqué sur son fonds, détourne une partie des eaux du ruisseau. — *Cass.*, 3 déc. 1828, Bonis c. syndics de la comm. de Tourves; 20 mai 1829, Beauffremont c. comm. de Traves.

420. — De même, le fait par un propriétaire d'un cours d'eau de se servir de l'eau à son passage, ainsi que l'art. 644, C. civ., lui en confère le droit, peut donner lieu contre lui à une action en complainte, si l'exercice de ce droit a pour résultat de diminuer le volume d'eau dont le propriétaire de fonds inférieur aurait la possession annale. — *Cass.*, 4 janv. 1841 (t. 1er 1841, p. 544), Picquet et Stupfel c. Hure; 26 janv. 1836, Boubée et Perez c. Meunier; 6 déc. 1836 (t. 1er 1837, p. 39), Bigeon c. Bourgogne; 4 mars 1846 (t. 1er 1846, p. 387), Albrespic c. de Saint-Saintin; — Daviel, *Cours d'eau*, t. 2, n° 584.

421. — Il n'est pas nécessaire pour se prévaloir de cette possession annale que les travaux aient été faits sur le fonds du propriétaire supérieur auquel on l'oppose; il suffit qu'ils le soient par le propriétaire du fonds inférieur sur son propre terrain. — *Cass.*, 4 janv. 1841 (t. 1er 1841, p. 544), Picquet et Stupfel c. Hure.

422. — Le trouble apporté à la jouissance d'un tiers par une entreprise sur un cours d'eau peut fonder l'action en complainte possessoire, quand même l'auteur du trouble prétendrait n'avoir fait qu'user du droit assuré par l'art. 644, C. civ., au propriétaire dont l'héritage est traversé par un cours d'eau. — *Cass.*, 24 fév. 1808, Desrivières c. Simon et Grimold; 1er mars 1815, Gehin c. Dieudonné; 28 avr. 1829, Petit c. Alluaud; 5 avr. 1830, Gaussens c. Massé; 26 janv. 1836, Boubée et Perez c. Meunier; — Merlin, *Rép.*, v° *Complainte*, § 3, n° 8; Favard, v° *Justice de paix*, § 3. — V. *contrà Cass.*, 10 fév. 1825, Bicon c. Blache.

423. — Spécialement, le fait par un riverain d'avoir élevé momentanément un barrage sur un cours d'eau pour l'irrigation de sa propriété peut donner lieu à une action en complainte de la part d'un propriétaire inférieur non riverain qui depuis plus d'un an serait en possession de faire couler ces mêmes eaux sur son fonds au moyen d'un canal de dérivation. — Mais, si le défendeur soutenait qu'il a agi dans les limites de son droit, soit comme riverain, soit comme étant lui-même en possession d'élever son barrage tous les ans, il ne pourrait être condamné à la suppression du barrage et à des dommages-intérêts qu'autant que le demandeur prouverait que le fait du trouble est tout à la fois abusif et dommageable. — *Cass.*, 11 juin 1844 (t. 2 1844, p. 546), Duterire c. Besnier.

424. — Le propriétaire riverain qui a souffert, de la part du riverain opposé, des travaux appuyés sur son propre fonds, et destinés à effectuer à son préjudice la conduite et le détournement des eaux, ne peut, après que ce riverain a acquis la possession annale, paralyser l'effet desdits travaux, et reprendre pour lui-même la jouissance desdites eaux. — *Cass.*, 4 avr. 1842 (t. 1er 1842, p. 556), Agnel c. Brunet; — Paul, L. 2, §§ 3, 4 et 5, ff., *De aquâ et pluv. arcend.*; Despeisses, p. 447; Dunod, p. 90; Troplong, *Prescript.*, n° 113.

425. — Lorsqu'un propriétaire a établi une dérivation d'un cours d'eau pour l'arrosement de sa propriété, et qu'ultérieurement, cette propriété ayant été vendue à deux acquéreurs différens, c'est à titre de servitude et non de copropriété de la rigole que l'acquéreur de la partie inférieure a joui des eaux pour l'arrosement de son pré, cette servitude, fondée en titre et sur la destination du père de famille, est continue et peut dès-lors être réclamée par voie d'action possessoire. — *Cass.*, 13 juin 1814, Manent c. Jabet; — Merlin, *Quest.* v° *Dénonciation de nouvel œuvre*, § 2; Bioche et Goujet, *Dict. de la procéd.*, v° *Action possessoire*, n° 78, 2e édit.

426. — Mais un acquéreur qui a par lui-même possédé une prise d'eau pendant plus d'un an, est non-recevable à intenter une action possessoire pour s'y faire maintenir, si son vendeur avait déjà, avant la vente, succombé dans une semblable action; la possession de l'acquéreur dans ce cas n'a pu être que précaire. — *Cass.*, 17 mars 1819, Johannes c. Pardoux-Velland; — Berriat, p. 115, n° 8; Garnier, *Tr. des act. possess.*, p. 114, et Bioche; Goujet, *Dict.* v° *Action possessoire*, n° 105.

427. — Lorsque le propriétaire riverain d'un cours d'eau, cité devant le tribunal de simple police pour avoir établi un barrage sur ce cours d'eau, soutient qu'il est en possession plus que annale du droit d'arroser ses prés à l'aide de ce barrage, et demande subsidiairement qu'il soit sursis au jugement de la contravention jusqu'à ce qu'il ait été statué par les juges compétens sur la possession et la propriété du droit qu'il réclame, il y a nullité si le tribunal condamne le prévenu sans s'expliquer sur le moyen exceptionnel qui a été invoqué. — *Cass.*, 2 et non 5 fév. 1844 (t. 1er 1845, p. 696), Houdon.

428. — Indépendamment des principes généraux consacrés par la législation et les usages sur les cours d'eau, les parties ayant la faculté de faire en cette matière toutes conventions qu'elles jugent convenables, la preuve d'un fait qui suppose une convention de leur part est pertinente et admissible, si cette preuve tend à établir une possession ayant les caractères et conditions requis pour constituer la prescription. — *Rennes*, 7 mars 1811, Tubaudière c. Castel.

429. — Le non-riverain qui ne peut tirer aucun droit de l'art. 644, C. civ., dont l'application n'est relative qu'aux riverains, peut acquérir par la possession trentenaire l'usage des eaux du ruisseau dont il est séparé par un héritage intermédiaire; et l'arrêt qui ordonne la preuve de cette possession sous la réserve des droits des propriétaires inférieurs, ne leur faisant aucun grief, ne peut, sous aucun rapport, donner ouverture à cassation. — *Cass.*, 11 avr. 1837 (t. 1er 1837, p. 271), Blain c. Alexandre.

430. — Depuis la loi du 29 avr. 1845, sur les irrigations, cet arrêt présente beaucoup moins d'intérêt, puisque, aux termes de l'art. 1er, tout propriétaire qui veut se servir, pour l'irrigation de ses propriétés, des eaux dont il a le droit de disposer, peut obtenir le passage de ces eaux sur les fonds intermédiaires. — V. IRRIGATION.

431. — Mais il peut y avoir lieu à la prescription des droits sur le cours d'eau au profit de l'un des riverains, à l'exclusion des autres. Il en est ainsi notamment du droit de pêche. — L. 15 avr. 1829, art. 2.

432. — Jugé aussi que le riverain d'un cours d'eau peut prescrire contre les riverains inférieurs le droit de jouir d'une plus grande quantité d'eau que celle que lui accordent les art. 644 et 645, C. civ. — *Cass.*, 19 avr. 1841 (t. 2 1841, p. 104), Champflour c. Chaudezon; *Bordeaux*, 7 juill. 1841 (t. 2 1841, p. 352), Gassal et Cazenave c. Jouhanneau; — Toullier, *Dr. civ.*, t. 3, n° 137; Proudhon, *Dom. publ.*, t. 4, nos 1187 et 1452.

433. — Cependant, lorsque des arrêtés de préfet défendent d'ouvrir des saignées dans une rivière non navigable sans autorisation préalable, un propriétaire riverain ne peut acquérir par prescription, à l'égard des autres riverains, le droit de jouir, pour l'usage de son fonds, d'une prise d'eau non autorisée administrativement. — *Paris*, 8 août 1836 (t. 2 1837, p. 456), Teston c. Ansiaume; *Cass.*, 2 août 1827, Escalle c. commune des Costes et d'Aubessagne; 7 mars 1834, Courrent.

434. — Jugé que le propriétaire riverain d'un cours d'eau a pu acquérir par la prescription trentenaire le droit d'avoir sur ce cours d'eau un barrage qui s'appuie sur son fonds, mais ne touche pas la rive opposée. — *Caen*, 23 mai 1835, Dazy c. Fourneaux.

435. — Le droit pour tout communier de demander le réglement de la jouissance d'un cours d'eau est imprescriptible. — *Cass.*, 10 avr. 1821, De Saint-Jean c. Bertin.

436. — Jugé que le droit du propriétaire riverain d'une eau courante de s'en servir au passage ne s'éteint pas par le non usage de trente ans, si le voisin qui invoque l'extinction n'a fait aucun ouvrage apparent. — *Grenoble*, 17 juill. 1830, Chazel c. Lombard.

Sect. 6e. — *Compétence en matière de cours d'eau non navigables ni flottables.*

§ 1er. — *Compétence du pouvoir exécutif.*

437. — Le droit de l'administration à l'égard des cours d'eau non navigables ni flottables est surtout fondé sur l'intérêt collectif de l'agriculture et de l'industrie. Ici la voie de transport est une chose secondaire : elle ne devient prédominante que lorsque l'état, usant de son pouvoir, a déclaré la navigabilité du cours d'eau; cet objet étant écarté, c'est principalement le droit de surveillance et d'autorisation qui est exercé par l'état sur les rivières non navigables; mais il a aussi, en certains cas, et par rapport au lit naturel du cours d'eau,

un droit d'administration. — Laferrière, *Cours de droit public et adm.*, p. 484.

438. — Une loi du 12-20 août 1790 (ch. 6) charge spécialement les administrations : « de rechercher et indiquer les moyens de procurer le libre cours des eaux, d'empêcher que les prairies ne soient submergées par la trop grande élévation des écluses, des moulins et par les autres ouvrages d'art établis sur les rivières ; de diriger enfin, autant que possible, *toutes les eaux* du territoire vers un but d'utilité générale. » — V. aussi l'ord. de 1669, art. 42, 43 et 44.

439. — L'art. 714 du Code civil a confirmé les dispositions que nous venons de rappeler, en disant que les lois de police et de sûreté règlent la manière de jouir des choses dont l'usage est commun à tous.

440. — Les préfets ont donc le pouvoir d'ordonner toutes les mesures propres à faciliter l'écoulement des eaux ou à empêcher qu'il ne nuise à personne. — *Cons. d'état*, 6 mai 1829, Delamme c. Beke ; 24 janv. 1834, Lambin.

441. — ... De prescrire les mesures relatives au curage des ruisseaux et rivières non navigables, à l'entretien des digues, biefs et ouvrages d'art qui y correspondent, et de dresser les rôles de répartition de dépenses et les rendre exécutoires, sauf recours au conseil d'état, s'il y a lieu, et sans préjudice dans tous les cas des droits des tiers. — L. 14 flor. an XI, art. 3 et 4 ; arr. 3 flor. an XII ; — *Cons. d'état*, 4 août 1811, Demay, c. Pasquet ; 10 fév. 1817, Guillermin ; 6 mars 1817, Briand ; 9 avr. 1817, propriétaires des marais de Bordeaux c. Vignaux ; 20 nov. 1822, Duvivier ; 26 fév. 1823, syndics de Beaumes c. syndics d'Aubignan ; 13 août 1823, Bernard ; 29 janv. 1839, Oriola ; — V. encore *Metz*, 11 juil. 1817, Deville Bodson c. Jacob.

442. — Quant aux ruisseaux, leur curage et leur entretien ne sont de la compétence du préfet qu'autant que la contrée y est intéressée. — V. CURAGE.

443. — C'est au roi, en son conseil d'état, qu'il appartient, sur la proposition des préfets et le rapport du ministre de l'intérieur, de déterminer, par un réglement d'administration publique, l'époque, l'ordre, les travaux et le paiement des frais de curage des rivières non navigables. — Cormenin, *Droit adm.*, t. 1er, p. 552.

444. — Est légal et obligatoire l'arrêté du préfet qui, conformément aux art. 2 et 3 de la loi du 14 flor. an XI et en vertu d'une ordonnance royale relative à la police d'une rivière, impose une taxe sur les propriétaires de prairies et d'usines riveraines de cette rivière, à l'effet de pourvoir au traitement des gardes institués par ladite ordonnance et à des dépenses accessoires. Mais cette taxe, n'étant pas portée au budget ni perçue au profit de l'état, du département ou d'autres établissemens publics, ne peut être assimilée à un impôt. En cas de refus par les propriétaires riverains de la payer, les tribunaux civils ne sont pas compétens pour connaître des contestations élevées à cet égard. — *Rouen*, 14 août 1840 (t. 2, 1842, p. 43), Patel c. préfet de l'Eure ; — Daviel, *Traité des cours d'eau*, 2e éd., t. 2, no 579.

445. — C'est à l'administration qu'il appartient de fixer, surveiller, maintenir ou rectifier la crue et le nivellement des rivières, les points d'eau, la hauteur et la situation des déversoirs, biefs, barrages et autres ouvrages d'art, la dimension des vannages et des biez des moulins, dans l'intérêt général des propriétés riveraines, de la voirie, des usines, des approvisionnemens et de l'irrigation. — L. 20 août 1790 ; 15 oct. 1791. — *Cons. d'état*, 17 janv. 1812, Lerangot c. Mordret ; 2 juill. 1812, Lenoble c. Miomandre ; 20 nov. 1816, Dauphole c. Riverains de l'Adour ; 23 avr. 1818, Debrion et Blache c. Chauvet ; 2 juin 1819, Brossard c. Boursin ; 14 août 1822, Widranges c. commune de Blonde-Fontaine ; 16 avr. 1823, Luya c. comm. de Mens ; 21 mai 1823, Vannois c. Delon ; 7 avr. 1824, Hyver-Tanton c. Hardy ; 26 mai 1824, Galvaing c. Bodde ; 22 juin 1825, Damay c. Dezeaux ; 2 août 1826, Rochelas c. Bouffier et Arnoux ; 6 sept. 1826, Pommereul ; 2 mai 1827, Claisse c. Trécourt ; 4 juill. 1827, Cugnon d'Alincourt ; 23 avr. 1832, Estabel ; 31 oct. 1833, Marcel c. Truffault.

446. — D'après une autre décision du conseil d'état, les contestations qui naissent de l'exécution des réparations faites aux cours d'eau qui menacent de submerger les propriétés des habitans d'une commune, sont du ressort des préfets. — *Cons. d'état*, 6 messid. an X, comm. de Denguin c. Mareux.

447. — Jugé, en principe, que les arrêtés des préfets sur la police des cours d'eau et rivières non navigables ni flottables sont légaux et obligatoires. — *Cass.*, 7 mars 1834, Courrent ; 6 déc. 1833, Boulanger ; 10 fév. 1827, Montlambert ; 12 mai 1826, Joepp ; 4 août 1837 (t. 1er 1838, p. 568), Capra.

448. — En conséquence, c'est à l'administration de statuer sur la position et l'élévation des déversoirs. — *Cass.*, 28 mai 1807, Richard Leloup c. Beaunier ; 25 août 1808, Bellamy.

449. — Si les lois de la matière laissent aux tribunaux à prononcer sur les contestations qui peuvent s'élever entre particuliers sur le cours des eaux non navigables ni flottables, il n'appartient qu'à l'administration de statuer sur la hauteur de ces eaux, sur les travaux à faire dans les rivières, ou lorsqu'il s'agit de la police de ces mêmes eaux. — *Cons. d'état*, 11 déc. 1814, Petit c. Outin.

450. — Le préfet est compétent pour homologuer les réglemens d'eau, proposés par les conseils municipaux, dans l'intérêt général des riverains, sauf recours au ministre de l'intérieur, et, ensuite s'il y a lieu, au conseil d'état. — *Cons. d'état*, 30 août 1814, Poloine c. Maillart ; 2 juin 1819, Brossard c. Boursin ; — Cormenin, *Dr. adm.*, t. 1er, p. 550.

451. — Il appartient au préfet d'approuver les mesures de police et de sûreté prises par les maires, relativement à la réparation d'un cours d'eau, sauf recours au ministre de l'intérieur, et, ensuite, au conseil d'état. — *Cons. d'état*, 4 juin 1823, Roussel et Hansot ; 18 juin 1823, Muteau.

452. — Pour qu'un réglement municipal sur les cours d'eau privés soit obligatoire, il n'est pas nécessaire qu'il reste affiché aux endroits pour lesquels il contient certaine prohibition. — *Cass.*, 4 août 1837 (t. 1er 1838, p. 568), Capra.

§ 2. — *Compétence des conseils de préfecture.*

453. — Les conseils de préfecture sont, aux termes de la loi du 28 pluv. an VIII, qui les a institués, compétens pour statuer, en ce qui concerne les cours d'eau, sur les difficultés seulement qui peuvent s'élever en matière de grande voirie.

454. — Et la loi du 29 flor. an X, qui développe ce principe, ne parlant que des contraventions commises sur les rivières navigables et flottables, et, gardant le silence sur les rivières qui ne sont ni navigables ni flottables, ils n'ont pas, à l'égard des unes et des autres, une attribution semblable. — Avis du cons. d'état, 24 vent. an XII. — Garnier, *Rég. des eaux*, t. 3, no 1161.

455. — Cette solution paraît à Henrion de Pansey avoir été rendue problématique par la loi du 9 vent. an XIII, qui attribue aux conseils de préfecture le jugement des contraventions commises sur les chemins vicinaux, auxquels, suivant cet auteur, on doit assimiler les eaux non navigables, comme la loi du 29 flor. an X, assimile les fleuves et rivières navigables aux grandes routes ; mais cette assimilation n'ayant point été faite par la loi, pour les eaux non navigables, on ne peut, sur une simple analogie, étendre une juridiction d'ailleurs exceptionnelle.

456. — L'analogie, d'ailleurs, n'est même pas bien réelle. — Les rivières navigables, comme les grandes routes, servent de moyen de transports et de communications générales, et appartiennent en conséquence au domaine public. — Or y a-t-il le même rapport entre les rivières non navigables et les chemins vicinaux ? — C'est ce qu'il paraît difficile d'admettre : en effet, les derniers appartiennent aux communes, et servent à l'usage de tous leurs habitans, qui en supportent les frais de réparation ; les autres, au contraire, ne servent qu'à l'usage des riverains, et les frais de curage sont exclusivement à leur charge. — Garnier, *Rég. des eaux*, t. 3, no 1161 ; Favard de Langlade, *Rép.*, vo *Vicinalité* ; Solon, *Rép. des jurid.*, vo *Eau*, t. 3, no

457. — Une seule loi, celle du 14-24 flor. an XI, art. 4, confère des attributions aux conseils de préfecture sur les cours d'eau non navigables ni flottables ; elle est relative au curage. Le préfet ordonne les travaux, dresse les états de répartition, etc. ; et les contestations relatives au recouvrement de ces rôles, aux réclamations des individus imposés, et à la confection des travaux, sont déférées aux conseils de préfecture. Là se borne leur pouvoir.

458. — L'abaissement et la réparation des gués nécessités par les opérations du curage, et les contestations y relatives doivent être jugés dans les mêmes formes et d'après les mêmes lois que les difficultés sur le curage de la rivière même. — *Cons. d'état*, 23 juin 1824, Lachallerie c. Velault.

459. — La loi du 14 fév. an XI est applicable, lors même qu'il existe une association pour l'arrosement des héritages. — La contestation élevée par l'un des associés qui réclame contre sa cotisation qu'il prétend excessive, doit être déférée au jugement du conseil de préfecture. — *Cons. d'état*, 13 août 1823, Gabriac.

460. — Cependant, s'il contestait sa qualité d'associé, ce serait au tribunaux à prononcer. — *Cons. d'état*, 6 fév. 1822, Loubier c. Pascalis.

461. — Le conseil de préfecture statue entre plusieurs arrosans sur la priorité de la jouissance des eaux, soit d'après les actes de concession, soit d'après l'usage observé. C'est au gouvernement seul qu'il est donné de prononcer sur les questions de déchéance qui peuvent résulter de l'inexécution des conditions imposées à l'un des arrosans. — *Cons. d'état*, 15 août 1821, arrosans de la Crau d'Arles c. arrosans de Salon.

462. — Jugé que c'est à l'autorité administrative exclusivement qu'il appartient de décider si les propriétaires arrosans qui se sont réunis pour l'usage et la distribution des eaux d'un canal doivent, conformément à un réglement administratif, supporter tout ou partie des appointemens d'un garde spécial commis par le préfet pour la surveillance de ces eaux. — Décr. 14 flor. an XI, art. 3 et 4 ; — *Cass.*, 4 août 1841 (t. 2 1841, p. 561), arrosans de la Crau c. Gaspard ; *Rouen*, 14 août 1840 (t. 2 1842, p. 43), Patel c. préfet de l'Eure.

463. — Quant aux contestations qui s'élèvent entre propriétaires riverains sur l'usage des eaux qui ne sont pas du domaine public, l'administration est incompétente pour en connaître. — *Cass.*, 30 août 1833, Bijaudy c. Germond.

464. — Aux termes de l'art. 16, tit. 2, L. 28 sept.-6 oct. 1791, le conseil de préfecture est compétent pour connaître des dégradations commises sur des chemins publics par la trop grande élévation des écluses d'usines. On considère ce dommage comme contravention de grande voirie.

465. — Les torts et dommages provenant de l'exécution des travaux sont de la compétence du conseil de préfecture. — L. 28 pluv. an VIII.

466. — Il en est ainsi alors même que l'entrepreneur n'aurait pas reçu de l'administration la désignation du lieu privé dont il a fouillé le terrain. — *Cass.*, 9 juin 1841 (t. 2 1841, p. 67), de Clermont-Tonnerre c. Degay.

467. — Jugé, au contraire, que si l'entrepreneur a agi sans que désignation du terrain eût été faite par l'administration, il y a lieu de recourir aux tribunaux ordinaires. — *Cons. d'état*, 6 avr. 1836, Bois ; 4 avr. 1837, Devars c. Richon.

§ 3. — *Compétence des tribunaux ordinaires.*

468. — Toutes les contestations qui ne concernent que l'intérêt privé sont du ressort des tribunaux ordinaires, qui doivent concilier l'intérêt de l'agriculture avec le respect dû à la propriété. — *Colmar*, 29 juill. 1825, Riettling c. Meyer et Freys ; *Bordeaux*, 23 janv. 1838 (t. 2 1840, p. 650), Garreau c. Chambonnaud.

469. — Ainsi, l'autorité judiciaire est compétente pour connaître entre deux riverains de la question de propriété d'eaux courantes ne formant pas une dépendance du domaine public. — *Toulouse*, 7 avr. 1843 (t. 1er 1845, p. 335), de Falgons c. propriét. du moulin de Lavaur.

470. — Les tribunaux civils sont compétens pour prononcer sur toutes contestations élevées entre particuliers, ou entre des particuliers et des établissemens publics, quand il s'agit, soit de comparer les titres anciens avec l'état des lieux, soit de décider quelque question de propriété, de servitude, par l'appréciation des faits ou de la possession, par l'interprétation des conventions privées ou par l'application d'actes judiciaires ou de la destination du père de famille, soit enfin de fixer les droits respectifs des parties à des dommages-intérêts. — *Cons. d'état*, 11 juin 1817, Prunier c. Pansy ; 21 mai 1823, Vannois c. Delon.

471. — De même, lorsqu'il s'agit, dans une contestation sur un cours d'eau, d'apprécier les titres particuliers des parties et de fixer leurs droits privés sur ce cours d'eau, cette appréciation et cette fixation rentrent exclusivement dans le domaine des tribunaux, sauf ensuite à l'autorité administrative à ordonner et à régler, dans l'intérêt général, soit du public, soit de tous les ayant-droit, les changemens à opérer sur le même cours d'eau. — *Cons. d'état*, 18 déc. 1822, Cardon c. administration des canaux d'Orléans et de Loing ; 23 avr. 1823, Lacombe c. Chambon ; 28 fév. 1828, Jars c. Tenneguy ; *Cass.*, 26 avr. 1837 (t. 2 1837, p. 92), Lhuillier c. Lequen et Ternaux ; 10 mai 1830, comm. de Besse c. Thanaron ; 28 mai 1827, Beautier et Duval c. de Fumechon ; — Cormenin, t. 1er, p. 540 ; Daviel, no 491.

472. — Spécialement, la connaissance des contestations qui s'élèvent entre une commune et un particulier sur un droit de cours d'eau concédé à celui-ci par le ci-devant seigneur de celle-là, ap-

partient aux tribunaux et non à l'autorité administrative. — *Cass.*, 23 vent. an X, comm. de Greisembach c. Presseler.

473. — Et s'il n'existe ni réglement particulier ou local relatif à l'usage d'eaux contestées, ni titre constitutif ou récognitif d'un droit de préférence, ni enfin aucune prescription ou possession qui l'établisse, les tribunaux peuvent et doivent régler l'usage de ces eaux également entre tous les riverains, sans égard au droit de préférence allégué par l'un d'eux, du chef d'un ancien seigneur, en faveur de l'usine qu'il exploite. — *Cass.*, 7 mai 1838 (t. 2 1838, p. 267), Migeon c. Bruat; 23 vent. an X, comm. de Greisembach c. Presseler; 10 avr. 1824, de Saint-Jean c. Bertin; 19 avr. 1841 (t. 2 1841, p. 194), Champflour c. Chaudezon. — *Contrà Paris*, 21 juill. 1828, Bautier et Duval c. de Fumechon.

474. — ... Alors même qu'il eût existé, ce droit de préférence n'aurait pu survivre au régime féodal. — L. 15-28 mars 1790, art. 26. — Mêmes arrêts. — V. toutefois *Cass.*, 24 janv. 1834, Bagarre c. Archier.

475. — Les tribunaux ont le droit de connaître d'une affaire portée devant eux, à l'occasion d'un ancien réglement concernant la distribution et le partage des eaux entre des propriétaires riverains, lorsqu'il ne s'élève aucun confit de la part de l'autorité administrative. — *Cass.*, 8 sept. 1814, propriét. riverains du Réal Martin c. Escudier.

476. — Mais les tribunaux doivent toujours observer le mode de jouissance fixé par l'administration. — C. civ., art. 645.

477. — Par exemple, si, d'après un réglement administratif, deux propriétaires riverains d'un ruisseau ont droit d'user simultanément des eaux deux jours de la semaine, un tribunal ne peut décider que chacun d'eux jouira de ces eaux exclusivement à l'autre pendant un de ces deux jours. — *Cass.*, 13 mars 1810, Marty c. Riolz; 5 avr. 1837 (t. 2 1837, p. 348), Bayle c. Lautier.

478. — A plus forte raison ne pourrait-il en changer le cours; autoriser, par exemple, un propriétaire à détourner les deux tiers du cours d'eau qui traverse sa propriété et en laissant seulement l'autre tiers à son cours ordinaire. — *Angers*, 4 fév. 1809, Renault c. Bourdon.

479. — Mais la disposition de l'art. 645, C. civ., qui veut que les réglemens locaux et particuliers sur le cours et l'usage des eaux soient observés, et que les tribunaux ne puissent y apporter aucun changement, ne s'entend que des réglemens faits par l'administration. — En conséquence, les réglemens conventionnels qui ont pour objet de déterminer entre particuliers l'usage des eaux d'une rivière non navigable peuvent toujours être interprétés par les tribunaux, et leur décision sur ce point échappe à la censure de la cour de Cassation. — *Cass.*, 2 août 1827; Escalle c. communes des Costes et d'Aubessagne; — Toullier, t. 3, n° 136; Favard, v° *Servitudes*, sect. 2e, n° 8; Pardessus, *Traité des serv.*, n° 116; Duranton, t. 5, n° 216; Solon, *Des serv. réelles*, n° 48 et suiv.

480. — Les tribunaux sont compétens pour statuer sur la propriété du lit d'une rivière non navigable et par suite de la pente de cette rivière. — *Cass.*, 3 août 1841 (t. 1er 1842, p. 211). Villeneuve c. Desplaques.

481. — C'est aux tribunaux, et non à l'autorité administrative, qu'il appartient de statuer sur la demande formée par le riverain d'un cours d'eau contre un autre riverain pour usurpation de servitude ou délaissement de droits résultant en faveur du défendeur, de travaux par lui exécutés sur le cours d'eau avec autorisation de l'administration. — *Cass.*, 6 août 1840 (t. 1er 1841, p. 640); Papeterie d'Echarcon c. Friant.

482. — Les contestations élevées entre deux propriétaires riverains d'un ruisseau dont les eaux s'écoulent difficilement à cause de la vase qui s'est ramassée dans son canal, et dont le curage est demandé au propriétaire inférieur par le propriétaire supérieur à la propriété duquel le refluement de ces eaux occasionne du dommage, sont de la compétence des tribunaux. — *Cass.*, 8 mai 1832, de Tilly c. de Rochebouet; *Bordeaux*, 11 janv. 1831, Massonneau c. Girard.

483. — C'est aux tribunaux qu'il appartient de connaître des entreprises respectives que se permettent les propriétaires d'usines établies sur les cours d'eau non navigables ni flottables, et qui n'affectent que leur intérêt privé; l'administration a seulement pour mission de régler ce qui touche l'intérêt public. — *Poitiers*, 9 mai 1833, Gayet c. Deshoulières.

484. Les tribunaux sont compétens pour statuer sur l'action intentée par le propriétaire d'une usine établie depuis long-temps, et avec autorisation sur un cours d'eau, dans le but d'empêcher le propriétaire d'un fonds supérieur de changer, de son autorité privée, et pour une usine non autorisée, de création nouvelle, au préjudice des usines préexistantes, l'ordre précédemment établi sur ce cours d'eau. Ce n'est pas là, de leur part, empiéter sur les droits de l'administration dans le réglement des eaux. — *Caen*, 19 avr. 1837 (t. 1er 1838, p. 180); de Ponthaud c. Dechancé et Thoumin; *Poitiers*, 9 mai 1833, Gayet c. Deshoulières; *Cass.* 8 mai 1832, époux de Tilly c. de Rochebouet; 30 août 1830, Bijaudy c. Morel et Jamet.

485. — Les tribunaux sont compétens pour décider entre deux propriétaires de moulins si l'un peut changer le mécanisme du sien sans le consentement de l'autre, alors surtout qu'il ne prétend pas dépenser une quantité d'eau plus grande que celle qui lui a été attribuée par l'autorité administrative. — *Orléans*, 25 août 1843 (t. 2 1843, p. 597), Delaville-Leroux c. Bailby.

486. — En cas de contestation entre deux riverains d'un cours d'eau relativement à la hauteur des eaux, l'autorité judiciaire est seule compétente pour statuer, s'il ne s'agit que de l'application des titres respectifs et si l'intérêt privé des parties litigantes est seul en cause. — *Cass.*, 20 janv. 1840 (t. 1er 1841, p. 639), Garreaud c. Chambonneau; 2 juill. 1839 (t. 2 1839, p. 474), Levavasseur c. de Radepont; *Bordeaux*, 23 janv. 1838 (t. 2 1840, p. 560), Garreau c. Chambonneau; *Cass.*, 19 frim. an VIII, Chavy c. Palut; — Proudhon, *Dom. publ.*, nos 1518, 1527 et suiv.

487. — Les tribunaux sont compétens pour connaître d'une demande formée, dans son intérêt privé, par un propriétaire riverain contre le propriétaire d'un moulin, pour faire réduire les eaux du moulin à hauteur déterminée par un arrêté administratif. — *Toulouse*, 17 déc. 1832, Ducassé c. Roquelaure; *Cass.*, 2 janv. 1832, Delabrière c. Lebreton et Lenoir; — Daviel, t. 2, n° 991.

488. — Lorsque l'autorité administrative a réglé, dans l'intérêt public, la hauteur des eaux en ordonnant l'établissement d'un déversoir destiné à donner l'écoulement aux eaux surabondantes, et à préserver les propriétés riveraines de toute inondation, la contestation qui survient entre les propriétaires de deux moulins pour déterminer à quelle hauteur le moulin inférieur peut retenir les eaux qui n'atteignent pas la hauteur du déversoir, et s'il a le droit d'engager ainsi la roue du moulin supérieur, est du ressort de l'autorité judiciaire. — *Bordeaux*, 27 fév. 1826, Eyquard c. Dulon; *Colmar*, 29 juill. 1825, Riettiing c. Meyer et Freys.

489. — Bien que tout ce qui concerne la hauteur des eaux pour le service des diverses usines établies sur un même cours d'eau rentre dans le domaine de l'administration, le juge de paix n'en est pas moins compétent pour statuer sur l'action en complainte formée par un riverain à raison du trouble qu'il éprouve par suite de l'élévation d'un déversoir opérée sans autorisation par le propriétaire d'une usine voisine, et pour ordonner le rétablissement des lieux dans l'état où ils se trouvaient avant le trouble résultant de cette entreprise. — *Cass.*, 28 janv. 1845 (t. 1er 1845, p. 508), de Montlaur c. de Prilly.

490. — Les tribunaux sont compétens pour statuer sur la demande intentée par le propriétaire d'un moulin établi sur une rivière qui n'est ni navigable ni flottable, contre un riverain qui, en jetant des graviers, aurait empêché l'eau d'arriver à cette usine. — *Poitiers*, 5 fév. 1833, Rougel c. Collet et Martin.

491. — Les tribunaux sont compétens pour connaître des contestations relatives aux constructions sur les rivières non navigables ni flottables. — *Cons. d'état*, 10 janv. 1821, Arriveur c. Favre; 30 mai 1821, Gay-Lugny c. Céard; 20 fév. 1822, Mouton et May c. Descocqs; 19 janv. 1825, Violet c. D'Alausier et Lermant; *Metz*, 11 juill. 1817, De ville-Bodson c. Jacob; *Bordeaux*, 23 janv. 1838 (t. 2 1840, p. 560), Garreau c. Chambonnaud; *Bourges*, 14 messid. an IX, Bussy c. Margot; — Chevalier, *Jurispr. admin.*, v° *Cours d'eau*, t. 1er, p. 324.

492. — Ils peuvent même ordonner la destruction des travaux faits par l'un des riverains sans autorisation, s'ils sont préjudiciables aux riverains et prononcer des dommages-intérêts s'il y a lieu. — *Agen*, 14 avr. 1807, Garrigon c. Dinety; *Riom*, 10 fév. 1830, Richard c. Gire; *Cass.*, 30 août 1830, Bijaudy c. Morel et Jamet; 21 fév. 1834, Cacheux c. Portebois.

493. — La compétence est la même, quoique les travaux aient été autorisés par un arrêté du préfet, si cet arrêté a été annulé, pendant le cours de l'instance, par une décision ministérielle. — *Cass.*, 21 fév. 1834, Cacheux c. Portebois.

494. — Cependant les tribunaux ne pourraient, sans violer leur compétence, ordonner la réduction ou l'abaissement d'un barrage même non autorisé. — L. 12-20 août, 1790, ch. 6; L. 28 sept., 16 oct. 1791, tit. 2, art. 15 et 16; C. civ., art. 645 et 1382. — Jugé par suite, que les tribunaux ne peuvent connaître d'une action en rétablissement d'un barrage dont la suppression momentanée avait été ordonnée par le maire pour prévenir une inondation; c'est devant l'autorité administrative qu'une pareille réclamation doit être portée. — *Colmar*, 28 fév. 1835, Martin et Haas c. comm. de la Chapelle.

495. — L'autorité judiciaire, saisie d'une action en destruction d'un barrage établi sans autorisation sur le lit d'un cours d'eau, et en réparation du préjudice causé par ce barrage, ne peut, restreignant sa compétence à la connaissance de l'action en dommage, surseoir à statuer sur l'action en destruction, sous prétexte soit qu'il existerait des autorisations préfectorales provisoires (alors que ces autorisations ont été annulées par le ministre), soit que la décision ministérielle portant annulation des autorisations serait elle-même frappée d'un recours au conseil d'état. — *Cass.*, 7 janv. 1846 (t. 1er 1846, p. 311), Lasserre c. Escudié.

496. — Les tribunaux sont compétens pour statuer sur les dommages-intérêts qui seraient réclamés par les riverains pour le préjudice que leur fait éprouver l'autorisation accordée par l'administration. — *Cass.*, 14 fév. 1833, Martin c. Adeline.

497. — ... Et pour connaître de l'action en dommages intérêts contre le propriétaire d'un moulin à raison du préjudice qu'il a causé aux riverains en supprimant le déversoir des eaux qui font mouvoir son usine. — *Toulouse*, 4 déc. 1832, Joffres c. Mardeil; 17 déc. 1832, Ducassé c. Roquelaure.

498. — La demande en dommages-intérêts formée par le propriétaire d'une usine contre le propriétaire d'une usine inférieure, pour obtenir réparation du préjudice que lui a fait éprouver le refoulement des eaux, ne peut être déclarée non-recevable, par le motif que le point d'eau de chacune des deux usines n'aurait pas été fixé par l'autorité administrative devant laquelle les parties seraient en instance à cet effet. — *Cass.*, 5 mars 1833, Delagarrière c. Orliac.

499. — Est à l'abri de la cassation l'arrêt qui juge en fait que le tort perpétuel causé à un des riverains d'un cours d'eau, et résultant du mauvais état des berges et de l'excroissance des herbes, provient du fait du propriétaire supérieur et des travaux par lui exécutés, et qui, en conséquence, condamne le propriétaire supérieur à des dommages-intérêts. — *Cass.*, 28 avr. 1838 (t. 1er 1838, p. 596), Pollet c. préfet de l'Oise.

500. — Dès qu'il est constaté que les eaux d'un moulin se trouvaient au-dessous du déversoir légalement établi, la cause de l'inondation éprouvée par les propriétés voisines ne pouvant être imputée à délit au propriétaire du moulin, les tribunaux de répression ne peuvent connaître de l'action en dommages intérêts, sauf aux parties à se pourvoir pardevant le préfet, à l'effet de faire cesser ou de prévenir le dommage par les voies administratives. — *Cass.*, 25 août 1808, Bellamy; — Carnot, sur l'art. 457, C. pén., t. 2, p. 518.

501. — Les contraventions à un réglement d'eau pris par l'administration doivent être réprimées par le tribunal de simple police. — C. pén., art. 471, n° 15.

502. — Jugé qu'un dépôt de décombres dans le lit d'une rivière non navigable ni flottable ne peut constituer une contravention de petite voirie qu'autant qu'il existe un réglement du préfet qui l'ait défendu. — Autrement, il y a absence de contravention, et le tribunal de police (qui, en cas de réglement, serait compétent pour connaître de la contravention, et devrait appliquer l'art. 471, n° 15, C. pén.), doit annuler la citation et relaxer le prévenu, sans pouvoir se borner à se déclarer incompétent et à renvoyer les parties à se pourvoir ainsi qu'il appartiendra. — *Cass.*, 5 janv. 1839 (t. 2 1839, p. 664), Folliot.

503. — L'exception de propriété alléguée par celui qui a contrevenu à un réglement du préfet sur la police d'un cours d'eau entre particuliers étant insuffisante pour détruire la contravention n'autorise pas le tribunal à surseoir, tant que le réglement n'est pas rapporté. — *Cass.*, 6 déc. 1833, messageries royales c. Charles Boulanger; 12 mai 1826, Joepp.

504. — L'individu qui, contrairement aux dispositions d'un arrêté du préfet, a construit, sans autorisation, un batardeau dans un ruisseau affluant à une rivière navigable, ne peut être dispensé par le tribunal de simple police de la peine portée par l'art. 471, n° 15, C. pén. — *Cass.*, 1er oct. 1833, Boulanger; même jour, Bezard et Aitault.

505. — Jugé sous l'empire de la loi du 28 sept. 1791, que le tribunal de simple police est incompétent pour connaître de l'action intentée contre

le propriétaire d'un moulin, pour avoir, par la trop grande élévation de son déversoir, inondé les propriétés voisines.—*Cass.*, 25 août 1808, Bellamy; 4 brum. an XIII, Gastaldy. — La question naissait de ce que l'amende se calculait sur le montant du dommage qui était indéterminé.—Le *Code pén.*, art. 457, porte que « l'amende ne pourra être au-dessous de 50 fr. » Il ne peut donc plus s'élever de doute à l'égard de la compétence qui appartient au tribunal de police correctionnelle.

506. — Un tribunal de police est incompétent pour connaître d'une contestation dont l'objet est de savoir si un moulin supérieur doit retenir assez d'eau pour fournir à l'action d'un moulin inférieur. — *Cass.*, 1er prair. an V, Filleul c. Leroux ; 7 thermid. an XII, Simon.

CHAPITRE IV. — *Ouvrages auxquels peuvent donner lieu les cours d'eau.*

507. — Les ouvrages auxquels peuvent donner lieu les cours d'eau navigables, flottables ou non sont les abreuvoirs, les aqueducs, les barrages, biefs, coursiers, déversoirs, digues, duits, écluses, épis, gares, lavoirs, pertuis, ponts, etc.

508. — L'*abreuvoir* est un lieu où l'on mène boire les chevaux ou bestiaux. — V. ABREUVOIR.

509.—On désigne sous le nom d'*aqueduc* un conduit artificiel destiné à mener les eaux d'un lieu à un autre. — V. AQUEDUCS.

510. — Le droit d'*attache* est celui qu'a un propriétaire riverain d'un cours d'eau d'attacher ou de fixer sur la rive opposée l'extrémité d'un déversoir, d'une digue ou de tout autre barrage.— V. ATTACHE (DROIT D').

511. — Le *barrage* ou *gord* est une construction établie transversalement dans une rivière ou un ruisseau pour y élever les eaux à une certaine hauteur et en opérer ainsi une chute ou une dérivation à l'usage d'un moulin ou d'une usine. — V. BARRAGE.

512.—L'administration n'accorde l'autorisation d'établir un barrage qu'autant que le riverain qui la sollicite justifie de l'accord qu'il a fait avec le riverain opposé relativement à l'attache de ce barrage.—Magnitol et Delamarre, *Droit publ. et adm.*, v° *Eau*, p. 475.

513. — On appelle *bief* la portion du canal comprise entre deux écluses. — On donne encore ce nom au canal supérieur d'un moulin.—V. BIEF.

514. — On entend par *coursier* le canal dans lequel l'eau se précipite pour faire tourner la roue d'un moulin ou d'une autre usine.—V. COURSIER.

515. — On appelle *déversoir* l'endroit par lequel le trop plein de la conduite d'eau d'une usine quelconque ou d'un étang s'écoule au moyen d'une vanne. — V. DÉVERSOIR.

516. — Les *digues* sont des ouvrages défensifs établis sur le bord de la mer, des fleuves et rivières pour préserver les héritages riverains de l'envahissement des eaux. — V. DIGUE.

517.—Le *duit* est une digue construite dans le lit d'une rivière et parallèlement à ses rives pour former un lit artificiel plus étroit au moment des eaux basses et faciliter ainsi la navigation. — V. DUIT.

518. — On désigne sous le nom d'*écluse* un ouvrage construit sur un canal ou sur une rivière pour retenir l'eau et en grossir le volume ou la lâcher pour le besoin des usines ou de la navigation. — V. ÉCLUSE.

519. — Les *épis* sont des ouvrages ordinairement composées de fascines et de pierres, dont l'une des extrémités est fortement attachée au rivage. Les épis ont pour objet de défendre une rive contre l'action des courans qui la détériorent et de diriger l'eau sur d'autres points.—Magnitot et Delamarre, v° *Eau*, chap. 7, § 11. — V. ÉPIS.

520. — Les *gares* sont des lieux destinés, sur les rivières ou les canaux, à retirer les bateaux, de manière qu'ils soient en sûreté et n'embarrassent pas la navigation. Les gares sont également utiles pour mettre les bateaux à l'abri des glaces et des débâcles. C'est à tort qu'on a depuis quelque temps donné ce nom à des ports ou bassins où viennent se ranger les bateaux pendant le temps de leur chargement ou de leur déchargement. — Magnitot et Delamarre, *Dict.*, t. 1er, p. 479. — V. GARES.

521. — On appelle *lavoir* un ouvrage placé sur un cours d'eau pour la facilité du lavage des linges, laines et autres objets. - V. LAVOIR.

522. — Le mot *pertuis* désigne un passage laissé libre pour la navigation et le flottage sur les cours d'eau où sont établis des gords ou barrages.— V. PERTUIS.

523. — Les *ponts* sont des ouvrages en maçon-

---

nerie, terre ou charpente, élevés d'un bord à l'autre d'une rivière, ruisseau ou fossé, pour aider à les traverser. — V. PONTS.

V. CAN-I, CURAGE, ÉTABLISSEMENS INSALUBRES, PONTS, USINES.

COURSE.

V. ARMEMENT EN COURSE, V. aussi PRISES MARITIMES.

COURSE D'ANIMAUX DANS UN LIEU HABITÉ.

1. — L'art. 475, § 4, C. pén., punit d'une amende de 6 fr. jusqu'à 10 fr. inclusivement, « ceux qui auront fait ou laissé courir des chevaux, bêtes de trait, de charge ou de monture dans l'intérieur d'un lieu habité. »

2.—Le fait qui vient d'être énoncé constitue une contravention.—V. CRIMES, DÉLITS ET CONTRAVENTION.

3. — La circonstance que la course a été faite dans un *lieu habité*, est constitutive de la contravention, car si le lieu n'est pas habité, la course des animaux n'offre pas les mêmes dangers. —

4. — L'expression *lieu habité* doit être prise ici dans un sens particulier mais très étendu, et comprend les villes, les bourgs, les villages, et jusqu'aux simples hameaux. — Chauveau et Hélie, *Th. C. pén.*, t. 8, p. 373.

5.—Il suffit que les animaux aient couru pour que la contravention existe, alors même qu'il n'en serait résulté aucun dommage. Dans le cas où cette imprudence aurait causé un homicide ou des blessures, les art. 319 et 320, C. pén., seraient nécessairement applicables. — V. BLESSURES ET COUPS, HOMICIDE.

V. en outre ANIMAUX, DIVAGATION.

COURSES DE CHEVAUX.

1. — Elles ont été établies comme moyen, par l'appât de prix et récompenses, de maintenir la perfection des belles races chevalines, de favoriser la propagation de ces races, et d'amener dans les autres les améliorations successives.

2. — Aux termes d'un arrêté ministériel, du 16 mars 1825, qui rapporte, en ce qui concerne la matière dont il traite, tous réglemens antérieurs (V. art. 29), les courses de chevaux sont établies dans huit arrondissemens, dont les chefs-lieux sont : Paris, le Pin, Saint-Brieuc, Strasbourg, Limoges, Aurillac, Bordeaux, Tarbes.

3. — Il y a pour chacun de ces concours quatre prix, dits d'arrondissement, de 1200 fr. chacun, et des prix principaux pour quatre arrondissemens seulement, de 2000 fr.— Il y a en outre trois prix royaux : deux de 6000 et de 5000 fr. à Paris, un de 3.500 à Aurillac.

4. — Cet arrêté contient en outre une foule de dispositions réglementaires concernant : l'âge et l'état des chevaux ; les obligations et justifications à faire par les propriétaires ; le poids à porter ; les distances à parcourir ; le nombre de mètres que les chevaux doivent franchir par minute; le nombre des épreuves; les heures et police de la course; le mode de paiement, et la compétence du jury.

5. — Une instruction ministérielle, du 28 mars 1826, indique l'esprit général dans lequel ont été conçues les nouvelles dispositions réglementaires. « On a surtout en vue, écrivait aux préfets M. de Corbière, d'exciter une plus grande émulation, d'écarter des concurrences qui ne pouvaient être que décourageantes, de soutenir celles qui sont utiles, en offrant cependant, en même temps, des récompenses aux efforts faits pour les combattre et les surmonter; enfin, de favoriser plus puissamment, en en ménageant tous les intérêts, la transplantation et la propagation des races les plus propres à améliorer l'espèce.»

6. — Non seulement les réglemens exigent que tout propriétaire, présentant ou faisant présenter en son nom un cheval pour une course publique, justifie de l'origine, mais ils fixent encore le mode de cette justification.

7. — Dès-lors, bien que le prix soit gagné, le paiement en est refusé, lorsque le certificat d'origine produit par le propriétaire du cheval n'est pas revêtu des formalités exigées par l'art. 4 du réglement de 1806 et par l'art. 53 du réglement sur les haras. — *Cons. d'état*, 17 août 1825, Briggs.

8.—Lorsque, dans une course, l'un des chevaux a été serré et jeté hors de la corde par un autre, le jury doit annuler la course et en ordonner une nouvelle. — *Cons. d'état*, 23 oct. 1835, Chéry-Salvador c. Fouquet.

---

9. — Il est, du reste, sans difficulté que tout concurrent qui s'inscrit pour prendre part aux jeux se soumet, par cette seule inscription, à toutes les clauses du réglement arrêté pour la police des courses. — Il est, en conséquence, tenu d'exécuter les décisions du jury inaltitué par le réglement. — Ces décisions du jury ne peuvent être considérées comme l'équivalent d'un titre qui permette d'ordonner l'exécution provisoire de la condamnation basée sur ces décisions.— *Bruxelles*, 30 juin 1834, Demidoff et Béberlé c. Holton.

10. — Lorsqu'un écuyer a remporté le prix en courant avec le cheval d'autrui, le prix appartient au propriétaire du cheval, s'il résulte des circonstances que c'est pour le compte de celui-ci que l'écuyer a couru. — *Paris*, 11 fév. 1808, Villate c. Carbonel.

11. — Le mandataire qui a opéré comme tel l'inscription de son mandant sur la liste ouverte pour le concours n'est, à cet égard, soumis à aucune responsabilité.—Spécialement, si le prix des jeux lui a été remis indûment, il ne peut pas être poursuivi en restitution, s'il n'est pas établi qu'il se soit personnellement obligé à cette restitution. — La preuve de l'obligation personnelle du mandataire ne peut être faite par témoins que lorsque la partie intéressée à cette preuve a été dans l'impossibilité de se procurer une preuve écrite. — *Bruxelles*, 30 juin 1834, Demidoff et Héberlé c. Holton.

12 — La revendication de ce prix peut être intentée : 1° par la ville qui, en énonçant dans le programme des courses la remise d'un vase par le riverain qui qu'il sera proclamé vainqueur, a contracté vis-à-vis de celui-ci l'obligation de lui faire tenir ce prix ; — 2° par celui à qui la jury auquel le prix a été décerné l'a remis.—Mais cette action n'appartient pas au président du jury chargé de décerner le prix du concours. — Même arrêt.

13 — Les tribunaux civils sont compétens pour connaître de l'action en revendication de la propriété d'un vase décerné en prix dans des courses de chevaux, exercée contre l'indû possesseur de ce vase par celui que le jury des courses a désigné comme vainqueur. — Même arrêt.

14. — Les dispositions à prendre pour conserver l'ordre et prévenir les accidens sont de la compétence de la police municipale, qui doit se conformer aux instructions et réglemens publiés par le ministre de l'intérieur, en vertu de l'art. 27 du décret du 4 juill. 1806.—V. conf. Boyard, *Nouv. man. des maires*, t. 1er, n° 505.

15. — Une décision ministérielle, contenant réglement sur les courses de chevaux, ne peut être attaquée devant le conseil d'état par la voie contentieuse. — *Cons. d'état*, 23 août 1836, Seymour.

16. — La connaissance de toutes les difficultés qui peuvent s'élever, soit entre les concurrens, soit entre les communes, au sujet des courses de chevaux, est réservée exclusivement aux maires des lieux pour le provisoire, et aux préfets pour la décision définitive, sauf recours au conseil d'état. —*Décr.* 4 juill. 1806, art. 28.

17. — Les courses de chevaux sont exceptées de la disposition de la loi qui n'accorde aucune action pour une dette de jeu ou pour le paiement d'un pari. — Néanmoins le tribunal peut rejeter la demande quand la somme lui paraît excessive. — C. civ., art. 1966.—V. JEU, PARI.

COURSIER.

Nom donné au conduit par lequel l'eau destinée au roulement d'une usine passe avec rapidité pour en faire tourner la roue.— V. COURS D'EAU, n° 14.

COURTAGE.

V. COURTIER.

COURTIERS.

Table alphabétique.

COURTIERS. — 1. — Les courtiers, dont le nom tient de _currere_ (courir), à cause des courses nombreuses qu'ils sont obligés de faire pour exécuter les ordres qu'ils ont reçus, forment la seconde classe d'agens intermédiaires que la loi reconnaît pour les actes de commerce.—C. comm. art. 74.—Mollot, _Des bourses de comm._, no 498; Goujet et Merger, _Dict. de comm._, vo _Courtier_, no 2.

2. — On peut ainsi définir ces agens intermédiaires autorisés à s'interposer entre les négocians pour faciliter leurs opérations. Ils diffèrent des commissionnaires en ce qu'ils n'agissent jamais en leur nom; et des agens de change en ce que le secret ne leur est point ordonné.—Mollot, no 65; Goujet et Merger, nos 52 et 54.

§ 1er. — _Nature des fonctions, origine, et différentes espèces de courtiers_ (no 1).

§ 2. — _Résidence, nombre, nomination_ (no 20).

§ 3. — _Attributions_ (no 34).

§ 4. — _Obligations_ (no 42).

§ 5.—_Droits des courtiers.—Courtage clandestin_ (no 68).

§ 6. — _Chambre syndicale_ (no 95).

§ 1er. — _Nature de leurs fonctions, origine, et des différentes espèces de courtiers._

3. — Comme les agens de change, ils sont offi-

ciers publics, comme eux ils sont commerçans (Durand Saint-Amand, _Man. des court. de comm._, p. 257), parce que le courtage est considéré par la loi comme acte de commerce; mais ils diffèrent des agens de change en ce qué, dans aucun cas, ils n'agissent en leur nom.

4. —Quoique les courtiers soient officiers publics, on a douté si les actes par eux rédigés dans l'exercice de leurs fonctions, par exemple, les polices rédigées par un courtier d'assurance, sont authentiques et doivent faire foi jusqu'à inscription de faux.—Mollot, no 567.

5. — Nous serions portés à croire que la police, dans ce cas, est authentique, et doit faire foi jusqu'à inscription de faux, quand même elle ne serait pas revêtue de la signature de toutes les parties. Aux termes de l'art. 1317, C. civ., les actes authentiques sont ceux qui ont été reçus par officiers publics ayant le droit d'instrumenter dans le lieu où l'acte a été rédigé et avec les formalités requises. Toutes ces conditions ici sont remplies. Il faut enfin ajouter que, pour la rédaction des polices d'assurances, l'art. 79, C. de comm., semble mettre exactement sur la même ligne les courtiers et les notaires.

6. — Quant aux courtiers interprètes, il est difficile de croire que la traduction par eux faite fasse foi jusqu'à inscription de faux. L'erreur est ici trop facile, et les contreseus sont trop communs dans les traductions; c'est le cas de dire, avec M. Mollot (no 567), que la traduction est plutôt une œuvre de l'esprit qu'un instrument destiné à constater un fait, et qu'on se conforme à l'esprit de la loi en accordant qu'elle fera preuve suffisante.

7. — Le courtage est fort ancien; il naît des besoins du commerce; et on le retrouve chez toutes les nations marchandes. — Mollot, no 499.

8. — En France, les fonctions de courtier, bien qu'elles eussent obtenu des mentions spéciales, notamment dans les ordonnances de 1629 et 1673, ainsi que dans la déclaration du 3 sept. 1709, ont été long-temps confondues avec les fonctions d'agent de change. La distinction entre les deux ministères n'a été pour la première fois bien nettement posée que dans l'arrêt du conseil du 5 sept. 1786. — V. AGENT DE CHANGE.

9. — La loi du 8 mars 1791, art. 2, et celle du 8 mai suivant, supprimèrent les fonctions de courtier et permirent à toute personne qui voulait prendre patente et prêter serment, de les exercer.

10. — Mais la loi du 28 vend. an IV revint aux anciens erremens et limita le nombre des courtiers de marchandises à soixante. Leur ministère, dès-lors, devint exclusif.—L. 28 vent. an IX, art. 7.

11. — Les courtiers sont intermédiaires pour toutes les branches de commerce possibles; de là la nécessité d'avoir des courtiers spéciaux pour chaque branche spéciale et qui exigerait des connaissances particulières. L'art. 77, C. comm., a opéré la classification des divers courtiers. Il y a des courtiers de marchandises, dit cet article, des courtiers d'assurances, des courtiers interprètes et conducteurs de navires, des courtiers de transports par terre et par eau.

12. — Le décret du 18 juill. 1813, qui a réglementé le commerce des vins à Paris, a établi une cinquième classe de courtiers, désignés sous le nom de courtiers gourmets piqueurs de vins.

13. — En dehors des courtiers légaux, il est encore d'autres commerçans qui prennent le titre de courtiers, bien qu'ils n'aient pas reçu d'institution officielle; ce sont de simples commerçans dont l'intermédiaire a beaucoup d'analogie avec l'office que rendent aux particuliers les agens d'affaires. — V. COURTIER DE BESTIAUX.

14. — Les fonctions de courtiers ne sont pas incompatibles avec des fonctions analogues. L'art 81, C. comm., est ainsi conçu : « Le même individu peut, si l'acte du gouvernement qui l'institue l'y autorise, accumuler les fonctions d'agent de change, de courtier de marchandises ou d'assurances, et de courtier interprète et conducteur de navires.»

15. — Cependant le droit de cumul est frappé de certaines restrictions. L'art. 82, C. comm., dispose : « Les courtiers de transport par terre et par eau ne peuvent cumuler, dans aucun cas et sous aucun prétexte, les fonctions de courtiers de marchandises, d'assurances, ou de courtiers interprètes de navires. »

16. — Les fonctions de courtier de transport pourraient être cumulées avec celles d'agent de change. — Mollot, no 504; Goujet et Merger, no 19; Durand Saint-Amand, p. 256.

17. — Le cumul est également interdit aux courtiers gourmets piqueurs de vins par le décr. du 18 sept. 1813.

18. — Le décret du 22 janv. 1813, relatif à la Bourse de Marseille, veut (art. 8) que les cour-

tiers qui désirent cumuler les fonctions de courtiers interprètes conducteurs de navires, soient tenus de justifier de leur aptitude à remplir ces fonctions par la déclaration assermentée de quatre négocians faisant ou ayant fait le commerce à l'étranger, et désignés par le tribunal de commerce, lesquels négocians doivent affirmer, devant ce tribunal, qu'il est à leur connaissance que tel individu courtier de commerce sait telle ou telle langue, est capable de l'entendre et de l'interpréter.

19. — Malgré l'art. 81, C. comm., qui paraît exiger que le cumul soit autorisé par l'acte même portant institution du courtier, le cumul est permis de droit dans les villes où il n'y a qu'une espèce d'agens intermédiaires. —Mollot, no 503.

§ 2. — _Résidence, nombre, nomination._

20. — Il y a des courtiers dans toutes les villes qui ont une bourse de commerce. — C. comm., art. 75.—Le gouvernement, ayant le droit de créer des bourses de commerce dans toutes les places où il le juge convenable, a de plus le pouvoir d'attacher à chaque bourse les courtiers de la partie que les besoins locaux réclament.—Mollot, no 508.

21. — Il y a aussi des courtiers dans des places qui n'ont pas de bourses de commerce. — Mollot, no 507; Goujet et Merger, no 23. — Les compagnies de courtiers sont organisées comme celles des agens de change. — V. AGENT DE CHANGE.

22.—Aux termes de la loi du 18 vent. an IX, la fixation du nombre des courtiers appartient au gouvernement, qui peut aussi en réduire le nombre s'il est trop considérable. — Quoique, en principe, cette disposition n'ait point été abrogée, celle de la loi du 28 avr. 1816 qui a établi la propriété des offices de courtiers en leur permettant de présenter leur successeur à l'agrément du roi, rendrait la suppression de ces offices fort délicate et fort difficile. — V. cependant Mollot, no 540.

23. — Le nombre et la résidence des courtiers dans les différentes places de commerce ont été fixés par de nombreux arrêtés et ordonnances insérés au _Bulletin des Lois_. Nous avons cru utile de classer ici ces dates de création par ordre alphabétique.

déc. 1816 ; 17 juin 1818 ; — Pouillac, 17 messid. an IX ; — Pezenas, 13 frim. an X ; — Pont-de-Bordes, 6 mars 1822 ; — Reims, 17 messid. an IX ; — Rennes, 7 fruct. an IX ; — Rochefort, 13 frim. an X ; — Rhodez, 9 thermid. an IX ; — Rouen, 7 thermid. an IX ; 31 janv. 1818 ; — Sables-d'Olonne, 22 oct. 1817 ; — Saint-Brieuc, 19 juill. 1834 ; — Saint-Étienne, 27 vent. an X ; — Saint-Gilles-sur-Vic, 26 août 1839 ; — Saint-Macaire, 7 messid. an IX ; — Saint-Malo, 7 fructid. an IX ; 25 pluv. an X ; — Saint-Omer, 7 thermid. an IX ; — Saint-Servan, 28 oct. 1836 ; — Saint-Vaast-Lahougue, 30 janv. 1831 ; — Saint-Valéry-sur-Somme ; 10 mars 1818 ; — Sarlat, 8 oct. 1823 ; — Strasbourg, 7 fruct. an IX ; 3 prair. an X ; — Tarare, 30 avr. 1816 ; — Toulon, 9 thermid. an IX ; — Toulouse, 6 messid. an IX ; — Tours, 13 thermid. an IX ; — Tréport, 31 janv. 1837 ; — Troyes, 25 pluv. an X ; — Valenciennes, 6 messid. an IX ; — Vannes, 9 vent. an X ; — Vienne, 13 thermid. an IX ; 12 août 1830 ; — Voiron, 13 thermid. an IX.

24. — Les noms et demeures des courtiers doivent être inscrits sur un tableau placé dans un lieu apparent au tribunal de commerce ou à la bourse. — Arr. 29 germin. an IX, art. 10 ; ord. de police, 1er thermid. an IX, art. 7 ; — Durand Saint-Amand, p. 256.

25. — Les courtiers sont nommés par le roi. — C. comm., art. 75. — Ils sont placés dans les attributions du ministre du commerce.

26. — Toutefois, il y a quelque différence à établir entre les cas de création d'office et de nomination en remplacement de courtier démissionnaire ou destitué. — V. à cet égard L. 29 germin. an IX, art. 5 et 8 ; arr. 27 prair. an X, art 21 ; L. 28 avr. 1816, art. 90 et 91 ; ord. 3 juill. 1816 ; — Mollot, nos 514 et suiv.

27. — La loi du 28 avr. 1816 admet le courtier titulaire à présenter un successeur. Cette loi ne prescrit aucune forme particulière pour la présentation, qui peut donc valablement être effectuée par une lettre missive. Sitôt qu'il est constant, de quelque manière que ce soit que le fait de la présentation a été accepté par le successeur, le contrat est parfait entre les parties. — Mollot, no 105. — V. avis des comités réunis du contentieux, de l'intérieur et de finances, 10 mai 1828 ; — Gagneraux, *Mémorial de l'enregistrement*, no 837 ; Bioche et Goujet, *Dict. de proc.*, vo *Office*, no 55.

28. — La présentation d'un successeur, par un courtier maritime, dans les termes de l'art. 91, L. 28 avr. 1816, peut valablement être faite par une lettre missive écrite à l'autorité compétente, sans être assujétie aux formalités prescrites pour les ventes, les donations ou les testamens. — Et particulièrement, les héritiers d'un courtier qui, avant son décès, a, par une simple lettre, présenté son successeur à la nomination du gouvernement, ne peuvent prétendre que la présentation, emportant le droit de percevoir les émolumens attachés à la place, est un bien appréciable à prix d'argent, dont il ne pouvait disposer que dans la forme des actes translatifs de propriété. — *Cass.*, 8 fév. 1826, Ross c. Duverdier. — Durand Saint-Amand, p. 267.

29. — Nous n'aurions, au surplus, quant au droit de présentation, qu'à répéter ce qui a déjà été dit des agens de change. Nous nous bornerons à renvoyer au mot AGENT DE CHANGE. — V. aussi Durand Saint-Amand, p. 266.

30. — Les conditions d'admission comprennent la capacité du récipiendaire, sa moralité, son cautionnement et sa patente. Les conditions de capacité diffèrent selon les différentes espèces de courtiers. — Décr. 22 janv. 1813.

31. — Les courtiers sont soumis au cautionnement. L'ordonnance du 9 janv. 1818 fixe à 13,000 fr. le cautionnement des courtiers de marchandises à Paris, et à 15,000 celui des courtiers d'assurance dans la même ville. L'ordonnance de 1818 fixe aussi la quotité du cautionnement pour les autres places. — V., au reste, CAUTIONNEMENT (fonctionnaires, etc.), nos 34 et 35.

32. — Une fois le cautionnement prescrit versé au trésor, le courtier prête serment devant le tribunal de commerce dans le ressort duquel il doit exercer. — Goujet et Merger, no 34.

33. — Les courtiers sont soumis à une patente, dont le taux est fixé par la loi du 25 avr. 1844, d'après un tarif exceptionnel (tableau B), et eu égard à la population, sauf à Paris, où la patente est invariablement fixée à 200 fr. Il est, en outre, perçu un droit proportionnel fixé au quinzième du loyer. — L. 25 avr. 1844, tableau D.

§ 3. — *Attributions.*

34. — Les attributions des courtiers varient nécessairement suivant l'espèce de courtage qui constitue leur emploi. — Mollot, no 524.

35. — Il y a en général entre les courtiers et les commissionnaires cette différence que les premiers opèrent pour des négocians qui demeurent sur la même place qu'eux, aussi bien que pour ceux qui n'y résident pas, tandis que les commissionnaires vendent des marchandises pour le compte de négocians demeurant sur une autre place. — Mollot, no 526 ; Pardessus, t. 1er, no 71.

36. — Le courtier, de plus, ne peut traiter que comme simple intermédiaire ou mandataire de ses cliens ; tandis que le commissionnaire peut agir et agit souvent en son nom, et s'oblige alors envers les tiers en même temps qu'il les oblige envers lui. — Pardessus, *ibid.*

37. — Le courtier est enfin, quoique négociant, un officier public, et le commissionnaire n'a aucunement cette qualité. — Mollot, no 526.

38. — Le courtier de commerce qui, nonobstant la prohibition formelle de l'art. 85, C. comm., a agi comme commissionnaire ne peut se prévaloir de sa qualité de courtier et de l'interdiction légale qui lui est imposée pour s'affranchir de ses engagemens. — *Bordeaux*, 23 nov. 1832, Laguerenne c. Weill. — V. aussi *Cass.*, 15 mars 1810, Lelièvre c. Martine ; — Durand Saint-Amand, p. 306.

39. — Décider le contraire serait décider que la faute du courtier, en même temps qu'elle lui sera profitable, sera nuisible aux tiers : ce serait consacrer une injustice.

40. — Les courtiers peuvent s'entremettre dans les marchés au comptant et dans les marchés à terme. Toutefois, dans le cas d'un marché à terme, le courtier n'a pas d'action contre les parties, pour le paiement de ses droits de courtage, s'il est établi qu'il s'est prêté sciemment à un marché à terme qui ne recouvrait qu'un jeu de bourse. — Mollot, no 369.

41. — Mais on a jugé, avec raison, que lors même qu'il y aurait jeu de bourse sur des marchandises, le courtier de commerce n'en peut pas moins réclamer son droit de courtage, s'il n'est pas établi qu'il ait eu connaissance de la nature de l'opération. — *Paris*, 16 nov. 1838 (t. 1er 1839, p. 94), Moriscé c. Boulanger. — C'est à la partie qui allègue cette connaissance à la prouver, et l'appréciation en appartient souverainement aux juges du fait. — *Cass.*, 29 nov. 1836 (t. 1er 1837, p. 242), Tastevin c. Sauvage ; — Durand Saint-Amand, *Man. des court.*, p. 313 et 323.

§ 4. — *Obligations.*

42. — Lorsque deux courtiers de commerce ont consommé une opération, chacun d'eux doit l'inscrire sur son carnet et le montrer à l'autre. — Arrêté 27 prair. an X, art. 12.

43. — Cette règle est peu suivie à Paris dans l'usage, parce que les courtiers traitent plus souvent avec les négocians qu'avec leurs confrères. — Mollot, no 571 ; Goujet et Merger, no 58.

44. — Les courtiers ne peuvent refuser aux parties, si elles le requièrent, un bordereau, signé d'eux, des négociations qu'ils ont faites (ord. de police du 1er therm. an IX ; C. comm., art. 109) ; ou une reconnaissance des effets qui leur sont confiés (art. 11, arr. 27 prair. an X). — Goujet et Merger, no 58.

45. — Les courtiers de commerce doivent déposer à la caisse des consignations les sommes par eux perçues pour ventes de meubles forcées ou volontaires, lorsqu'il y a des oppositions dans les cas prévus par les art. 656 et 657, C. proc. civ. — Ord. 3 juill. 1816, art. 2, no 8. — Mollot, no 574.

46. — Les courtiers sont assujétis aux exercices des employés des contributions indirectes à raison des boissons qu'ils ont en leur possession. — L. 24 avr. 1806, art. 31 ; — Mollot, no 576.

47. — Les courtiers ne peuvent, dans aucun cas et sous aucun prétexte, faire des opérations de commerce ou de banque pour leur compte, s'intéresser dans aucune entreprise commerciale, ni recevoir ou payer pour le compte de leurs commettans. — C. comm., art. 85. — V. BANQUEROUTE.

48. — Cependant l'association formée par plusieurs courtiers dans l'intérêt commun peut être légitime, et ainsi on a jugé qu'ils peuvent valablement former une association en participation à l'effet de publier un journal périodique. — *Douai*, 21 avr. 1842 (t. 1er 1842, p. 568), courtiers de commerce de Lille c. l'*Echo du Nord* ; — Durand Saint-Amand, p. 264.

49. — Quant à l'association pour l'exploitation de leur charge, V. SOCIÉTÉ. — V. aussi AGENT DE CHANGE.

50. — La défense faite aux courtiers de recevoir aucune somme pour le compte de leurs commettans est absolue ; elle ne peut s'effacer devant un usage contraire, même général dans le commerce. Cependant, elle ne rend point les courtiers incapables de se charger d'un mandat spécial, et le paiement qui leur est fait à ce titre est valable. — *Rouen*, 5 déc. 1820, Crequier c. Legros ; — Durand Saint-Amand, p. 309.

51. — La jurisprudence belge est analogue et reconnaît qu'un courtier peut être mandataire. — La remise faite à un courtier par un négociant d'un effet endossé valeur reçue comptant, pour le négocier, emporte mandat pour recevoir la valeur de cet effet de celui auquel il le négocie ; en conséquence, l'acheteur se libère valablement entre ses mains, et n'est pas responsable de l'infidélité du courtier envers le vendeur ; cette libération est valable, alors même que, contrairement à l'usage établi sur la place de ne remettre les fonds que le lendemain de la négociation, l'acheteur les aurait remis au courtier presque immédiatement. — *Bruxelles*, 29 janv. 1811, Vanderelst c. Engler ; 31 juill. 1811, Vanderelst c. Schumaker.

52. — Lorsqu'un négociant prétend avoir remis à un courtier des fonds pour des opérations de courtage, de banque, il ne peut, par cette seule allégation, contraindre le courtier à produire le compte courant de ses opérations. C'est à lui de justifier de la remise des fonds, et conséquemment d'établir le compte de chaque remise, de chaque opération pour laquelle elles ont été faites, et de préciser les pièces à l'appui. — *Bruxelles*, 31 mai 1808, Vindeyogel c. Hamelinck.

53. — Les courtiers ne peuvent se rendre garans des marchés dans lesquels ils s'entremettent. — C. comm., art. 85 ; — Merlin, vo *Courtier*, no 5.

54. — ... Ni être teneurs de livres ou caissiers d'aucun négociant marchand ou banquier, ni endosser aucun billet, lettre de change ou effet négociable quelconque, ni prêter leur nom pour une négociation à des individus non commissionnés. — Arr. 27 prair. an X, art. 7.

55. — « Le courtier, dit M. Mollot (*Bourses de commerce*, no 580), est réputé prêter son nom à un individu non commissionné, lorsqu'il approuve des ventes de marchandises faites par un tiers sans caractère légal... Les courtiers qui font des négociations par l'intermédiaire de *commis* sont de même censés prêter leur nom à des individus non commissionnés, et peuvent être punis comme tels. »

56. — Un courtier de commerce prête réellement son nom contrairement à la loi, par cela seul qu'il commet à sa place un particulier non commissionné, et qu'il approuve les ventes de marchandises conclues par ce dernier. Il est, dès-lors, passible des peines portées contre cette contravention. — L. 28 vent. an IX, art. 7 et 8. — *Cass.*, 4 messid. an XI, Pepet ; — Durand Saint-Amand, p. 366.

57. — Le courtier de commerce qui fait des négociations par l'intermédiaire de commis est passible d'amende et de destitution. — *Cass.*, 9 janv. 1823, Longchamps c. courtiers de commerce ; — Goujet et Merger, no 79 ; Durand Saint-Amand, p. 367.

58. — La destitution à prononcer contre les courtiers qui prêtent leur nom à des individus non commissionnés est une véritable peine, qui doit, de même que l'amende, être prononcée par le tribunal saisi de la contravention. — Néanmoins, la destitution ne peut être prononcée en appel, si les premiers juges ont omis de la prononcer, et s'il n'y a pas eu appel sur ce point de la part du ministère public. — *Aix*, 9 janv. 1830, Clumanc c. court. de Marseille ; — Durand Saint-Amand, p. 368.

59. — Les courtiers ne peuvent se faire suppléer au parquet de la Bourse, si ce n'est par d'autres courtiers. — Ord. 1er therm. an IX, art. 12 ; arr. 27 prair. an X, art. 23.

60. — ... Ni s'assembler ailleurs qu'à la Bourse ou à d'autres heures que celles indiquées pour faire leurs négociations. — Arr. 27 prair. an X, art. 3.

61. — ... Ni recevoir aucune somme au-delà des droits accordés par les tarifs. — Arr. 27 prair. an X, art. 20 ; décr. 15 déc. 1813, art. 20.

62. — Il est interdit aux courtiers maritimes spécialement d'aller au-devant des navires. — Art. 11, t. 7, liv. 1er, ord. 1781.

63. — ... Aux courtiers de marchandises de faire le commerce de boissons en gros. — Art. 13, décr. 5 mai 1806.

64. — ... Et de vendre des marchandises appartenant à des gens dont la faillite serait connue. — Arr. 27 prair. an X, art. 18, sauf le cas de l'art. 486, C. comm.

65. — Les obligations du courtier sont en général celles d'un mandataire ; il rapproche les parties, ou traite avec chacune d'elles au nom de l'autre, et ne garantit rien personnellement, comme nous l'avons déjà fait remarquer *suprà* no 36.

66. — Il n'est donc jamais responsable de la qualité des marchandises ou de l'exécution des marchés ; mais il répond de l'identité de son client,

c'est-à-dire qu'il répond de l'existence de son commettant et des pouvoirs qu'il en a reçus à l'effet de traiter. — *Poitiers*, 30 thermid. an XI, Godet c. Jarassé.

67. — Jugé que les courtiers n'ont pas qualité pour exercer, *en leur propre nom*, les actions en paiement ou en revendication des marchandises vendues par leur entremise. — *Cass.*, 2 brum. an XIII, Bouly c. Desvignes; — Durand Saint-Amand, p. 311. — V. AGENT DE CHANGE.

§ 5. — *Droit des courtiers.* — *Courtage clandestin.*

68. — Les droits des courtiers consistent : 1° dans les émolumens attachés à leurs actes; — 2° dans la protection spéciale dont la loi les environne, pour leur assurer l'exercice exclusif de leurs fonctions.

69. — Jusqu'en l'an IX, les droits et commissions dus aux courtiers ont été payés d'après les usages locaux, sans règle fixe.

70. — L'arrêté du 29 germin. an IX, art. 13, décida que ces droits et commissions seraient fixés par un arrêté du gouvernement, sur le rapport du ministre de l'intérieur, qui consulterait tant les tribunaux de commerce des villes où il serait établi des bourses, que le préfet du département. — Mollot, n° 604.

71. — Les arrêtés des 12 prair. an IX, art. 5, et 3 messid. de la même année, décidèrent que pour Paris et Lyon le tarif serait dressé par les tribunaux de commerce de ces villes, soumis à l'approbation des ministres de l'intérieur et des finances, et affiché soit au tribunal de commerce, soit à la Bourse de chacune d'elles.

72. — A Paris, les droits des courtiers ont été fixés par une délibération du 26 messid. an X pour les courtiers de commerce. Il doit leur être payé par le vendeur 1/2 % du montant de la vente, et autant par l'acheteur.

73. — Les droits des courtiers maritimes sont fixés par l'usage des places. Le tarif doit être proposé par le tribunal de commerce, approuvé par le ministre de l'intérieur et affiché à la Bourse. — Ord. 18 déc. 1816, art. 2. — V. COURTIERS INTERPRÈTES ET CONDUCTEURS DE NAVIRES.

74. — D'après l'art. 10, décr. 17 avr. 1812, le droit de courtage pour ces ventes est fixé par les tribunaux de commerce, et ne peut, dans aucun cas, excéder le droit établi dans les ventes de gré à gré pour les mêmes sortes de marchandises. — Mollot, n° 604. — V. au reste les mots qui suivent et traitent des diverses espèces de courtiers.

75. — Les courtiers ne peuvent réclamer d'honoraires pour les opérations qui ne rentrent point dans leur ministère; et si elles leur ont occasionné des débours ou des travaux appréciables, les tribunaux doivent fixer, selon les circonstances, mais avec sévérité, l'indemnité qui leur est due. — *Paris*, 1er déc. 1829, Camynet c. Tennesson; — Mollot, n° 607. — Jugé aussi que le courtier appelé par les syndics, volontairement et sans commission de justice, pour estimer les marchandises du commerce du failli, ne peut exiger pour cette opération le droit de courtage alloué pour les opérations ordinaires de son ministère, mais seulement le salaire alloué aux experts par le tarif. — *Bordeaux*, 4 avr. 1845 (t. 2 1845, p. 301), Balguerie c. Libéral.

76. — L'usage ni même le consentement des parties ne peuvent autoriser les courtiers à exiger ni même à recevoir aucune somme au-delà des tarifs. — Mollot, n° 606; — *Cass.*, 31 janv. 1826, Grandpré c. synd. Lion. — La décision a été rendue à l'égard de courtiers gourmets piqueurs de vins, mais elle s'appliquerait à toute espèce de courtiers. — V. COURTIERS GOURMETS-PIQUEURS DE VINS, n° 11.

77. — Les courtiers peuvent se faire payer leurs droits après la consommation de chaque négociation, ou sur des mémoires qu'ils fournissent tous les trois mois aux banquiers ou négocians pour le compte desquels ils ont fait des opérations. — Arr. 27 prair. an X, art. 20; — Mollot, n° 608.

78. — En l'absence d'une loi spéciale, les courtiers ont, pour réclamer le paiement de ce qui leur est dû, le temps fixé pour la prescription ordinaire de tous les droits, c'est-à-dire trente ans. — Mollot, n° 608; Durand Saint-Amand, p. 320.

79. — Mais chaque courtier n'a d'action que contre le client qui l'a employé, et non contre celui de son confrère. — Mollot, n° 609.

80. — En réciprocité des obligations imposées aux courtiers, la loi devait consacrer leurs droits par une protection spéciale.

81. — Deux dispositions garantissent les fonctions de courtiers; d'une part des peines sont établies contre les hommes vulgairement connus sous la dénomination de *courtiers marrons*, qui s'immiscent dans les fonctions de courtiers; d'autre part, il est défendu aux négocians d'employer d'autres personnes que celles qui sont officiellement instituées. — Mollot, n° 612.

82. — « Il est défendu, sous peine d'une amende, qui sera au plus du sixième du cautionnement des agens de change ou courtiers de la place, et au moins du douzième, à tous individus autres que ceux nommés par le gouvernement, d'exercer les fonctions d'agens de change ou courtiers. L'amende sera prononcée correctionnellement par le tribunal de première instance, payable par corps, et applicable aux enfans abandonnés. » — L. 28 vent. an IX, art. 8.

83. — L'arrêté du 27 prair. an X confirme la disposition précédente. L'art. 6 de cet arrêté défend, en outre, sous les peines portées contre ceux qui s'immiscent dans les négociations sans être agens de change ou courtiers, à tout banquier, négociant, ou marchand de confier les négociations, ventes ou achats, et de payer des droits de commission ou de courtage à d'autres qu'aux agens de change et courtiers.

84. — L'art. 24, décr. 15 déc. 1813, étend ces dispositions aux courtiers gourmets piqueurs de vins.

85. — Les courtiers ont le droit exclusif et indéfini de faire le courtage des marchandises non seulement pendant l'ouverture de la bourse et dans son enceinte ou ses dépendances, mais encore dans toute l'étendue de la place commerciale où ils sont établis. — *Cass.*, 14 août 1818, Froust et Cosson c. syndic des courtiers.

86. — La loi n'ayant pas déterminé d'une manière précise les faits constitutifs du courtage clandestin, il n'est pas exigé, sous peine de nullité, que les jugemens de condamnation énoncent les faits par lesquels les prévenus se sont immiscés dans les fonctions de courtiers. — *Cass.*, 14 août 1818, Froust et Cosson c. syndic des courtiers; — Durand Saint-Amand, p. 328.

87. — Le tribunal qui condamne un individu pour des faits de courtage clandestin peut, sans violer aucune loi, adjuger des dommages-intérêts aux courtiers commissionnés par le roi, s'il est résulté pour eux de ces faits un préjudice. — *Cass.*, 14 août 1818, Froust et Cosson c. syndic des courtiers. — Cette question ne peut être douteuse, et des dommages-intérêts ont été constamment accordés par les jugemens ou arrêts qui ont prononcé des condamnations pour fait de courtage clandestin. — V. ACTION CIVILE, n° 53.

88. — Mais il a été jugé qu'un courtier qui n'allègue aucun dommage personnel n'est pas recevable à intervenir dans un procès correctionnel intenté à un particulier prévenu d'exercer illégalement le courtage, et dans lequel la chambre des courtiers est partie civile par l'organe de son syndic. — *Bordeaux*, 13 juill. 1826, Imbert c. Pedron. — Cette solution ne doit être admise qu'avec beaucoup de réserve; et il est indubitable que la compagnie qui a porté plainte peut obtenir des dommages-intérêts, à la seule condition de justifier d'un préjudice causé à la corporation, sans acception des individus. — Durand Saint-Amand, n° 365.

89. — Un commissionnaire n'a pas le droit de s'entremettre dans les achats et ventes des négocians et marchands résidant dans la même ville. Ce droit n'appartient qu'aux courtiers. — *Cass.*, 14 août 1818, Froust et Cosson c. syndic des courtiers; — Mollot, n° 614 et suiv.

90. — L'intervention, dans une vente publique de marchandises, de personnes annoncées sous la qualité de directeurs de la vente et tenant carnets ou notes des prix, suffit pour établir la prévention d'un exercice frauduleux des fonctions de courtiers. — L. 28 vent. an IX; arr. 27 prair. an X, art. 4. — *Cass.*, 13 vent. an XI, Corthals; 19 vent. an XII, Corthals; — Durand Saint-Amand, p. 325.

91. — Le commis qui négocie les effets de la maison de commerce ou de banque à laquelle il est attaché ne peut pas être considéré comme un agent intermédiaire ni comme coupable du délit de courtage clandestin ou de marronnage, mais comme traitant directement au nom de son patron, avec celui qui accepte sa négociation. — Arr. du 27 prair. an X, art. 4; — *Cass.*, 8 juin 1832, agens de change de Lille c. Diérick; même jour, arrêt identique, Marmottan.

92. — Si des commis de négocians peuvent servir d'intermédiaire pour des achats et ventes, dans l'intérêt de la maison à laquelle ils sont attachés, ils font acte de courtage, en s'entremettant pour un grand nombre de négocians. — *Cass.*, 12 avr. 1834, Corbie c. courtiers de Paris.

93. — Le fait de l'immixtion d'un tiers dans des opérations d'achat et de vente entre commerçans, encore bien que ce tiers ait pris la qualité d'acheteur et de vendeur dans toutes les opérations, et qu'il rapporte à l'appui des factures délivrées en son nom, et conformes à ses écritures ou à celles des commerçans, constitue le délit d'exercice de courtage clandestin. — *Paris*, 31 déc. 1836, court. de comm. c. Viel; — Durand Saint-Amand, p. 333.

94. — De même, l'entremise d'un tiers dans des opérations d'achats et de ventes entre commerçans, résidant habituellement ou momentanément dans l'étendue de la place de Paris, quelle qu'ait pu être la qualité prise par ce tiers au moment de l'opération, constitue le délit d'exercice du courtage clandestin. — *Paris*, 6 fév. 1836, Bruyas c. courtiers de comm. — Les courtiers peuvent revendiquer l'exercice exclusif de leur privilége, non dans la banlieue, mais seulement dans l'enceinte de la ville où se trouve la Bourse à laquelle ils sont attachés. — *Paris*, 27 nov. 1844 (t. 2 1846), courtiers de Paris c. Herpin. — M. Durand Saint-Amand (p. 358) s'appuie sur la loi du 5 avril 1841 pour étendre à tout l'espace compris dans l'enceinte continue des fortifications le privilége des courtiers. Cette opinion ne nous paraît pas admissible. Il n'y a, à notre sens, aucun argument à tirer de la loi du 5 avr. 1841, dont l'art. 9 maintient la limite administrative du mur d'octroi de Paris dans l'état actuel. — V., dans notre sens, Goujet et Merger, n° 115.

§ 6. — *Chambre syndicale.*

95. — La chambre syndicale des courtiers est toujours composée, à Paris et dans les autres places, d'un syndic et de six adjoints, qui sont nommés par tous les membres de la compagnie, à la majorité absolue des voix. — Arrêté du 29 germ. an IX, art. 15 et 18. — Mollot, n° 637.

96. — Les courtiers autorisés à cumuler dépendent d'une seule et même chambre. Lorsque dans une place le nombre des courtiers est insuffisant pour composer une chambre syndicale, tous ceux existans font l'office de membres de la chambre. — Ord. 18 déc. 1816, art. 12. — Mollot, n° 637; Goujet et Merger, n° 38.

97. — Les chambres syndicales des courtiers correspondent avec le ministre de l'intérieur (aujourd'hui du commerce), pour les intérêts généraux du commerce et de l'administration. — Ord. royale 3 juill. 1816; — Mollot, n° 638. — Une ordonnance du 23 déc. 1844 a approuvé le réglement de police intérieure et de discipline des courtiers de Paris. — V. Durand Saint-Amand, p. 437 et suiv.

98. — L'une des attributions les plus essentielles de la chambre syndicale des courtiers est d'éprouver l'aptitude des candidats qui leur sont présentés. A cet effet on leur fait subir un examen sévère sur les branches spéciales auxquelles ils se destinent. — Mollot, n° 639.

99. — Selon Mollot, la constatation des cours prescrite aux courtiers de marchandises et aux courtiers d'assurances doit être faite par la chambre syndicale. On ne saurait exiger en effet, dit cet auteur, trop de certitude dans le témoignage qui doit servir de régulateur à toutes les transactions commerciales. S'il n'existe pas de chambre, il nous semble, par le même motif, que le cours ne peut être certifié que par tous les courtiers existans sur la place. — Mollot, *Bourses de comm.*, n° 640.

100. — La loi n'a pas déterminé un mode particulier de constater les cours; de ce silence de la loi il est résulté des usages variables suivant les localités.

101. — A Paris, le cours des marchandises est porté sur un registre déposé chez le commissaire de police de la Bourse, jour par jour, et sur l'indication d'une commission nommée par la chambre syndicale; mais le registre n'est signé par aucun des membres de cette chambre. — Mollot, n° 640.

102. — Les certificats extraits du registre sont signés par quatre membres, y compris le syndic. Les signatures sont légalisées par le commissaire de police. — Mollot, n° 641; Goujet et Merger, nos 43 et 44.

103. — V., pour l'organisation spéciale des courtiers gourmets piqueurs de vins, le mot COURTIERS GOURMETS-PIQUEURS DE VINS.

V. ABRÉVIATION, ALGÉRIE, ASSURANCES MARITIMES ET TERRESTRES, AVAL.

COURTIERS D'ASSURANCES MARITIMES.

1. — « Les courtiers d'assurances rédigent les contrats ou police, d'assurances *concurremment* avec les notaires, ils en attestent la vérité par leurs signatures, et certifient le taux des primes pour tous les voyages de mer ou de rivière. » — C. comm., art. 79.

2. — Les courtiers et les notaires doivent inscrire sur un registre les assurances qu'ils négocient et rédigent. Des extraits de ce registre sont en plusieurs circonstances admis pour preuve par les tribunaux. —C. comm., art. 192 ; — Pardessus, *Dr. com.*, t. 1er, no 132.—V. ASSURANCE MARITIME.

3. — Les courtiers d'assurances ne s'occupent donc que des assurances maritimes et non des assurances terrestres. Cependant les compagnies d'assurances contre l'incendie sont dans l'usage d'allouer aux courtiers qui leur procurent des assurances la remise qu'elles paient à leurs agens. — Mollot, *Bourses de commerce*, no 851.

4. — Les courtiers d'assurances ont-ils le droit de certifier le taux des primes à l'exclusion des notaires ?—L'affirmative est soutenue par M. Mollot (no 553). Il s'appuie sur la réduction de l'art. 79 du Code de commerce, qui, confiant aux courtiers d'assurances deux fonctions toutes différentes, porte que la première sera exercée par eux concurremment avec les notaires, et garde le silence à l'égard de la seconde. — Pardessus, *Dr. comm.*, no 132; Goujet et Merger, vo *Courtiers*, no 182.

5. — Une ordonnance du 18 décembre 1816 a créé près la bourse de Paris des courtiers d'assurances, dont le nombre a été fixé à huit par une autre ordonnance, du 17 juin 1818. Ils ne forment avec les courtiers de commerce qu'une seule et même compagnie. — Ord. 18 déc. 1816. —Ils ne peuvent entrer en fonctions qu'après avoir accompli les formalités indiquées vo COURTIERS.

6. — D'après un décret du 22 janvier 1813, des conditions spéciales d'admission ont été fixées pour les courtiers de la ville de Marseille; d'après l'art. 8 de ce décret, les candidats doivent subir un examen devant le président du tribunal de commerce, deux négocians armateurs et deux négocians assureurs nommés par le préfet. Le jury délivre un certificat de capacité, s'il y a lieu, après avoir interrogé les candidats sur les règles et les principes du contrat d'assurance et du contrat à la grosse, sur les obligations des assureurs et des assurés, sur les actes de délaissement, les règles d'avaries, et généralement sur tous les devoirs et détails relatifs au courtage des assurances.— Décr. 22 janv. 1813, art. 9.

7. — Le courtier d'assurances est soumis à une responsabilité qui lui est spéciale; s'il a négligé d'exécuter auprès des assureurs l'ordre donné par l'assuré de ristourner l'assurance, il est tenu de garantir l'assuré du paiement de la prime réclamée par l'assureur. — *Trib. comm. de Marseille*, 22 sept. 1830 (*J. de Marseille*, t. 11, p. 284).

8. — Le courtier d'assurances ne peut, comme tous les autres courtiers, exercer que dans le lieu de sa résidence, mais rien ne l'empêche d'être l'intermédiaire d'assurés et d'assureurs n'habitant pas la même ville. Ainsi le courtier d'assurances qui, au lieu de faire souscrire la police par les assureurs de la place où il exerce, a recours à un intermédiaire pour se procurer des signatures d'assureurs d'une place étrangère, ne doit pas être considéré comme commissionnaire pour compte, et à ce titre personnellement responsable du délit de ristourne en cas de résiliation du contrat d'assurance, par le fait de l'assuré. — Goujet et Merger, *Dict. de dr. comm.*, vo *Courtiers*, no 189.

9. — Le courtier n'est point garant de l'inexécution des marchés dans lesquels il s'entremet ; l'art. 85, C. comm., lui défend d'une manière positive de s'en porter garant volontairement. Mais le courtier est garant vis-à-vis des tiers de l'exécution du marché, lorsqu'il a excédé ou dissimulé l'étendue de ses pouvoirs.—Mollot, no 594.—Dans le cas d'un excès de pouvoir, les règles ordinaires du mandat lui sont applicables. — C. civ., art. 1997 et 1998.

10. — Aussi l'on a jugé que le courtier d'assurance qui a fait faire, au nom d'un individu, une assurance pour compte, est responsable de la prime envers les assureurs, alors qu'il ne justifie pas d'un ordre formel de celui au nom duquel il a fait souscrire l'assurance. Mais cette responsabilité n'existe pas, lorsque l'assurance a été faite sur la représentation aux assureurs d'un ordre signé des assurés, mais non de l'assuré commissionnaire.—Dans ce cas, les assureurs doivent s'imputer le préjudice qui peut résulter pour eux de ce qu'ils n'auraient pas d'action contre leur assuré commissionnaire. — *Bordeaux*, 7 juin 1836, Deyme c. compagnie d'assurances de Bordeaux.

11. — Le droit de courtage des courtiers d'assurances est fixé à Paris, en exécution de l'ord. du 18 déc. 1816, à un huitième p. 0/0 sur la somme assurée, payable par l'assuré. Mais dans l'usage ce droit est acquitté par les compagnies d'assurances, au taux de 1 1/2 0/0 sur la prime. — Durand-Saint-Amand, p. 289; Mollot, no 202, note.—A Bordeaux le droit est de un huitième p. 0/0 sur la

somme assurée payée par l'assureur; au Havre, il est d'un p.0/0 payé par l'assuré, pour la valeur assurée; à Nîmes, le droit est le même, mais payé par l'assuré seul ; à Rouen, il est de un seizième p. 0/0 sur la valeur assurée, payé par l'assuré seul ; à Marseille, le droit est le même qu'à Paris, payé par l'assureur ; l'assuré ne paie que les frais de police.—Goujet et Merger, no 190.

12. — Les courtiers d'assurances de navires, de marchandises, sont mis, par la loi du 25 avril 1844, au nombre des patentables, et imposés à : 10 un droit fixe de 250 fr. à Paris; de 200 fr. dans les villes de 50,000 âmes et au-dessus; de 150 fr. dans les villes de 30,000 à 50,000 âmes, et dans celles de 15,000 à 30,000 âmes, qui ont un entrepôt réel ; de 100 fr. dans les villes de 15.000 à 30,000 âmes, et dans les villes d'une population inférieure à 15,000 âmes, qui ont un entrepôt réel ; et de 50 fr. dans toutes les autres communes ; — et 20 de 15 cent. de la valeur locative de la maison d'habitation et des locaux servant à l'exercice de la profession.

V. ACTE AUTHENTIQUE, COURTIERS D'ASSURANCES, PATENTES.

COURTIERS DE BESTIAUX.

1.—Il est des personnes qui, faisant le courtage pour des spécialités en dehors des attributions légales des courtiers institués par la loi, prennent le nom de courtiers: tels sont les courtiers de bestiaux, qui, bien que non reconnus par le Code de commerce, sont imposés à la patente par la loi du 25 avr. 1844.

2. — Ils sont rangés par cette loi dans la septième classe des patentables, et imposés : 1o à un droit fixe basé sur le chiffre de la population de la ville ou commune où est situé l'établissement ; — 2o un droit proportionnel du quarantième de la valeur locative de tous les locaux occupés par les patentables, mais seulement dans les communes d'une population de 20,000 âmes et au-dessus. — V. PATENTE.

3. — Les courtiers de bestiaux ne forment aucune corporation ou compagnie, ne sont assujétis à aucun règlement ni à aucune condition; ce sont de simples commerçans auxquels il n'est imposé pour faire ce courtage spécial d'autre obligation que celle de prendre une patente.—V. Goujet et Merger, vo *Courtiers*, nos 12 et 13.

COURTIERS DE COMMERCE ou DE MARCHANDISES.

Table alphabétique.

1. — Les courtiers de commerce, que l'art. 77, C. comm., appelle courtiers de marchandises, expression qui n'a pas prévalu dans l'usage, sont les intermédiaires les plus ordinaires entre les négocians.

2. — Nous n'avons à examiner ici que leurs *attributions*. Nous avons placé ailleurs, sous le mot COURTIER, toutes les dispositions qui leur sont communes avec les autres espèces de courtiers.

3. — Les courtiers de marchandises ont seuls le droit de faire le courtage des marchandises et d'en constater le cours; ils exercent, concurremment avec les agens de change, le courtage des matières métalliques. — C. comm., art. 78.

4. — L'art. 492, C. comm. (aujourd'hui 486) et quelques lois subséquentes leur donnent en outre la troisième attribution, la vente publique d'effets et marchandises. — Mollot, no 525.

5. — Les art. 51 et 52, L. 24 avr. 1818, confient aux courtiers la vente des marchandises avariées par suite d'événemens de mer, sur lesquelles les propriétaires ou négocians demandent une réduction des droits de douane proportionnelle à leur dépréciation. — Ce n'est pas là, au surplus, un droit exclusif, et l'art. 52, L. 24 juin 1818, porte expressément que la vente aura lieu dans ce cas par le ministère des courtiers de commerce ou *autres officiers publics*. — Mollot, no 550; Durand Saint-Amand, p. 283.

6. — Nul autre que le courtier de commerce n'a le droit de faire le courtage des marchandises, et les agens de change ou les courtiers, autres que les courtiers de commerce, ne peuvent qu'autant que le gouvernement a autorisé le cumul en leur faveur (C. comm., art. 81); autrement ils se rendraient coupables d'un délit.

7. — Le droit de *constatation* du cours des marchandises appartient exclusivement aux courtiers de commerce; mais le droit de *publication* des cours constatés est un droit distinct qui ne leur appartient pas exclusivement.

8. — Les courtiers de commerce, investis par la loi du droit exclusif de constater le cours des marchandises, ne peuvent pas faire de ces constatations l'objet d'une propriété qui leur soit personnelle et exclusive. En conséquence, la publication du taux du prix courant général et légal des marchandises ne constitue point à leur profit un droit de propriété littéraire. On ne peut attribuer le caractère d'écrit à une constatation de prix courans, résultat d'un simple calcul qui ne saurait être assimilé à une production de l'esprit. — *Douai*, 21 avr. 1842 (t. 1er 1842, p. 568), et *Cass.*, 42 août 1843 (t. 2 1843, p. 398), courtiers de commerce de Lille c. l'*Echo du Nord*.

9. — Avant le Code de commerce, le droit de vendre aux enchères publiques toute espèce de marchandises appartenait exclusivement, dans Paris, aux commissaires-priseurs institué par la loi du 25 vent. an IX, et dans les autres communes aux notaires, greffiers ou huissiers.— Mollot, no 534.

10. — Cependant l'intérêt public réclamait, soit parce que dans beaucoup de cas la vente eût été faite plus avantageusement par les courtiers, soit parce que les droits de vente accordés aux courtiers sont beaucoup moins considérables que ceux des commissaires-priseurs. L'art. 492, C. comm., contient la première innovation à cet égard. — Cet article, depuis modifié par la loi du 8 juin 1838, est devenu l'art. 486. — V. *infrà* no 24.

11. — Aux termes de cet article, les syndics pouvaient, sous l'autorisation du juge-commissaire, faire procéder à la vente des effets et marchandises du failli, soit par la voie des enchères publiques par l'entremise des courtiers et à la Bourse, soit à l'amiable.

12. — Le droit accordé aux courtiers de commerce, dans le cas de faillite seulement, par l'art. 492 du Code de commerce, fut étendu par le décret du 22 nov. 1811, portant que les ventes publiques de marchandises à la Bourse et enchères publiques que l'art. 492 du Code de commerce autorise les courtiers de commerce à faire, en cas de faillite, pourront être faites par eux *dans tous les cas, même à Paris*, avec l'autorisation du tribunal de commerce

13. — L'autorisation du tribunal de commerce était la seule restriction apportée au droit des courtiers par le décret de 1811 ; mais bientôt, sur la réclamation des commissaires priseurs, il ne fut apporté deux autres par le décret du 17 avr. 1812.

14. — Elles avaient pour objet 1o de déterminer et de restreindre les espèces de marchandises que les courtiers pourraient vendre ; 2o de faire que la vente eût lieu par lots d'une certaine valeur seulement, afin que le *détail* restât dans les attributions des commissaires priseurs.

15. — L'art. 1er du décret du 17 avr. 1812 porte en effet : « Les marchandises désignées au tableau annexé au présent décret sont celles que les courtiers de commerce, à la Bourse et aux enchères publiques, peuvent vendre à la Bourse et aux enchères après l'autorisation du tribunal de commerce. »

16. — Art. 2 : « Dans les autres villes de notre empire, les tribunaux et les chambres de commerce dresseront un *état* des marchandises dont il pourrait être nécessaire, dans certaine circonstance, d'autoriser la vente à la Bourse et aux enchères, par le ministère des courtiers de commerce, et le soumettront à l'approbation de notre ministre des manufactures et du commerce. »

17. — L'art. 4 du même décret enjoint l'impression préalable d'un catalogue des marchandises à vendre, qui contiendra sommairement les marques, numéros, nature, qualité et quantité de *chaque lot de marchandises*.

18. — Enfin les 2e et 3e paragraphes de l'art. 6 sont ainsi conçus : « Les lots ne pourront être, d'après l'évaluation approximative et selon le cours moyen des marchandises, au-dessous de 2,000 fr. pour la place de Paris et de 1,000 fr. pour les autres places de commerce. — Les tribunaux de commerce pourront les fixer à un taux plus élevé; mais dans aucun cas les lots ne pourront excéder une valeur de 5,000 francs. »

19. — Un courtier n'est pas en contravention lorsque après avoir composé des lots dans la proportion fixée par le décret de 1812, il les adjuge au-dessous de cette évaluation. — Mollot, n° 548.

20. — D'autres modifications successives furent encore introduites. Ainsi la loi du 15 mai 1818 déclara réduire à 50 cent. pour 100 fr. le droit des courtiers pour les ventes publiques de marchandises à la Bourse et aux enchères; l'ordonnance royale du 1er juill. 1818 autorisa le tribunal et la chambre de commerce de Paris à modifier le tableau joint au décret du 17 avr. 1812, et enfin l'ordonnance du 9 avr. 1819 autorisa les courtiers à faire les ventes *hors* la Bourse et à *diminuer les lotissemens*, en établissant d'ailleurs quelques garanties propres à prévenir les abus.

21. — L'art. 5, décr. 9 avr. 1819, est ainsi conçu : « Les tribunaux de commerce pourront, par leurs ordonnances motivées, déroger à la fixation du maximum et du minimum de la valeur des lots portés au décr. 17 avr. 1812, s'ils reconnaissent que les circonstances exigent cette exception ; sous la réserve néanmoins qu'ils ne pourront autoriser la vente des articles pièce à pièce, ou en lots à la portée immédiate des particuliers consommateurs, mais seulement en nombre ou quantité suffisante, d'après les usages, pour ne pas contrarier les opérations du commerce de détail. »

22. — L'autorisation du tribunal n'a pas besoin d'être motivée, si elle porte seulement que la vente aura lieu hors la Bourse. — Mollot, n° 547.

23. — L'ordonnance du roi du 9 avr. 1819, qui explique, par des concessions faites au profit des courtiers de commerce, le décret du 17 avr. 1812, est simplement réglementaire, et conséquemment constitutionnelle et obligatoire pour les tribunaux. —*Paris*, 16 mars 1829, commiss.-pris. c. court. de comm.; — Mollot, n° 547.

24. — En résumé, la vente aux enchères publiques de marchandises en détail est réservée aux commissaires-priseurs. La vente publique est permise aux courtiers, pourvu qu'ils se conforment aux dispositions des décrets et ordonnances qui précèdent.

25. — Conformément aux principes émis dans les décrets, il a été jugé que les commissaires-priseurs ne peuvent contester aux courtiers de commerce, judiciairement autorisés, le droit exclusif de procéder aux ventes publiques et forcées des marchandises comprises dans le tableau dressé par le tribunal de commerce, en exécution du décret du 17 avr. 1812. — *Aix*, 25 juin 1823, N... ; *Rouen*, 28 mars 1820, commissaires priseurs du Havre c. Lepicquier ; *Cass.*, 10 juin 1823, même affaire.

26. — Jugé pareillement que les courtiers peuvent vendre les marchandises, soit après faillite, soit autrement, même hors la bourse et à domicile, par lots inférieurs à une valeur de 2,000 fr., en vertu d'ordonnance spéciale du tribunal de commerce. — *Paris*, 16 mars 1829, commiss. priseurs c. courtiers de Paris ; — Mollot, n° 802.

27. — L'autorisation du tribunal de commerce et la formation des lots n'étaient pas même nécessaires au cas de faillite sous le Code de 1808 (Mollot, n° 530) et ne le sont pas davantage depuis le nouvel article 486 du Code de commerce et depuis la loi du 25 juin 1841 sur la vente aux enchères des marchandises neuves.

28. — Jugé que l'art. 492, C. comm., donne aux courtiers de commerce le droit de vendre aux enchères publiques, à la Bourse, non seulement les marchandises d'un failli, mais encore ses effets mobiliers. — *Cass.*, 9 janv. 1833, commiss. priseurs c. courtiers de commerce ; — Mollot, n° 538.

29. — Mais cet art. 492, devenu l'art. 486 du Code de commerce (L. 8 juin 1838), a été modifié en ce point par la loi du 25 juin 1841, art. 4, qui veut que les effets mobiliers du failli autres que les marchandises ne puissent être vendus par le ministère des courtiers.

30. — Mais les courtiers n'avaient pas, aux termes de l'art. 492, C. comm. de 1808, le droit *exclusif* de procéder aux ventes publiques des effets et marchandises des faillis, ils n'avaient ce droit que concurremment avec les commissaires-priseurs. — *Cass.*, 28 fév. 1828, Mallet et Révillon c. Radez. — M. Mollot (n° 541) cite à tort cet arrêt comme étant du 29 fév. 1813. — V. *contrà Douai*, 20 août 1825, Radez c. Mallet et Révillon. — Au surplus, tout doute a cessé d'exister depuis la loi du 25 juin 1841, art. 4.

31. — Les courtiers ont le droit de vendre par lots de 2,000 fr. à Paris et de 1,000 fr. ailleurs, même hors le cas de faillite, si le tribunal ne les a fixés autrement, selon l'ordonnance de 1819. — Mollot, n° 545.

32. — Les courtiers peuvent faire, aussi bien hors la bourse qu'à la bourse même, les ventes de marchandises, avec l'autorisation du tribunal de commerce, conformément aux décrets des 22 nov. 1811 et 17 avr. 1812, et à l'ordonnance du 9 avr. 1819. — *Cass.*, 9 janv. 1833, commissaires-priseurs de Paris c. courtiers de commerce ; — Mollot, n° 538.

33. — Il n'y a pas d'ailleurs à distinguer, lorsque les conditions exigées par les décrets et ordonnances ont été remplies, si la vente est volontaire ou forcée, les courtiers étant autorisés, par le décret de 1812, à faire les ventes publiques dans tous les cas. — *Rouen*, 28 mars 1820, commissaires-priseurs du Havre c. Lepicquier ; *Cass.*, 10 juin 1823, même affaire ; — Mollot, n° 543.

34. — Il a même été jugé que les courtiers de commerce ont le droit de procéder à la vente publique des marchandises dépendant de la succession bénéficiaire d'un commerçant, et qui se trouvent comprises dans le tableau dressé en exécution du décret du 17 avr. 1812. — *Rouen*, 29 juill. 1838 (t. 1er 1839, p. 402), commissaires-priseurs c. courtiers de commerce de Rouen.

35. — Jugé encore que lorsqu'un courtier de commerce a été chargé, par ordonnance du tribunal, de procéder à la vente de vins en pièces appartenant à un propriétaire, l'exécution du mandat de justice ne peut être considérée comme une usurpation des fonctions de commissaire-priseur et donner lieu contre lui à des dommages-intérêts. — *Cass.*, 12 juill. 1830, Caillon c. Mazauric ; — Mollot, n° 547.

36. — Jusqu'à ce moment, nous nous sommes bornés à exposer l'état de la législation avant la loi du 25 juin 1841 sur la vente des marchandises neuves, parce que cette loi, tout en modifiant les attributions des courtiers de commerce, a néanmoins laissé complétement subsister à leur égard les dispositions des lois, décrets et ordonnances précédemment cités.

37. — Aux termes de l'art. 6 de cette loi, les ventes publiques aux enchères de marchandises en gros continuent à être faites par le ministère des courtiers, dans les cas, aux conditions et selon les formes indiqués par les décrets des 22 nov. 1811, 17 avr. 1812, la loi du 15 mai 1818 et les ordonnances des 1er juill. 1818 et 9 avr. 1819.

38. — L'art. 4 de la même loi porte que les ventes de marchandises après faillite seront faites, conformément à l'art. 486, C. comm. (ancien art. 492, modifié par la loi du 8 juin 1838), par un officier public de la classe que le juge commissaire aura déterminée.

39. — Toutefois, le mobilier du failli ne peut être vendu aux enchères que par le ministère des commissaires priseurs, notaires, huissiers ou greffiers de justice de paix, et dans aucun cas, par conséquent, par le ministère des courtiers. — *Ibid.*, art. 4.

40. — Dans les cas de ventes publiques après cessation de commerce autorisées par l'art. 5 de la même loi, c'est le tribunal de commerce qui décide, d'après les lois et réglemens d'attribution, qui des courtiers ou des commissaires priseurs et autres officiers publics doit être chargé de la réception des enchères.

41. — L'art. 7 de la même loi punit la contravention à ces dispositions de la confiscation des marchandises, et d'une amende de 50 à 3,000 fr., tant contre le vendeur que contre l'officier public qui l'a assisté, sans préjudice des dommages-intérêts, s'il y a lieu.

42. — Ces condamnations seront prononcées par les tribunaux correctionnels. — L. 25 juin 1841, art. 7. — *Paris*, 26 mai 1842 (t. 2 1842, p. 503), Lefranc c. Bernard.

43. — Les arrêtés, lois et ordonnances des 1er thermid. an IX, 27 prair. an X, 12 brum. an XI, 28 vent. an XII, 21 déc. 1815 et 23 juill. 1820 ont placé les courtiers attachés aux bourses ou places de commerce sous la surveillance des maires; il suit de là que cette institution est essentiellement municipale, et que les courtiers de commerce ne peuvent exercer leur ministère que dans les limites de leur circonscription communale.

44. — Les courtiers de commerce ne peuvent procéder à la vente aux enchères de marchandises, en dehors de la place commerciale ou de la commune où se trouve la bourse près de laquelle ils sont établis. — *Rouen*, 4 mai 1839 (t. 2 1839, p. 242); *Cass.*, 10 mars 1840 (t. 1er 1840, p. 748), Laurent c. Boursy ; — Durand Saint-Amand, p. 401.

45. — Des dommages-intérêts ne sont pas dus seulement quand il y a eu volonté de nuire; il suffit qu'il y ait eu préjudice causé. Ainsi, le courtier de commerce qui procède à une vente aux enchères, en dehors de la commune où se trouve la bourse près de laquelle il a été établi, peut être condamné à des dommages-intérêts envers le commissaire-priseur du lieu où la vente s'est faite, et qui seul avait droit d'y procéder. — *Rouen*, 4 mai 1839 (t. 2 1839, p. 242); *Cass.*, 10 mars 1840 (t. 1er 1840, p. 748), Laurent c. Boursy.

46. — Pour toutes les autres règles, V. le mot COURTIERS et les mots qui suivent.

COURTIERS GOURMETS PIQUEURS DE VINS.

1. — Les attributions des courtiers gourmets piqueurs de vins ont été déterminées par l'art. 14, décr. 15 déc. 1813, qui les institue ; ces attributions se réfèrent à l'entrepôt de Paris.

2. — Sous l'ancien droit, le commerce des vins avait motivé, à Paris, la création d'un grand nombre d'offices ; on comptait : 1° les *jurés courtiers de vins*, officiers particuliers dépendant de la prévôté des marchands et chargés de visiter et goûter sur les ports les vins qui arrivaient. Ils jugeaient si ces vins n'étaient pas mélangés d'eau et de mauvais *remplage*. Ils avertissaient les acheteurs si les tonneaux avaient la jauge indiquée par la marque qui y était annoncée (Ord. de la ville, de 1672). — 2° Les *courtiers de vins, cidres et autres boissons*, établis à Paris par l'édit de 1615 et confirmés par d'autres édits. Ils étaient soixante, et ne pouvaient s'entremettre que pour faire vendre et acheter les vins et autres boissons. — 3° Les *jurés vendeurs de vins*, établis au nombre de trente-quatre, par les édits de fév. 1567, oct. 1610, juill. 1611 et janv. 1612, avaient leur bureau sur le port, afin de tenir note exacte des arrivans sur la place. Ils constataient les ventes et prélevaient les droits de ces ventes et arrivages. — 4° Les *jaugeurs de vins*, créés par l'édit de 1415, comptaient six maîtres, six apprentis. Ils contrôlaient la contenance des tonneaux. — 5° Les *déchargeurs de vins*, dont le nom indique l'emploi, étaient à la disposition du prévôt des marchands et des échevins (Edit de 1415). — 6° Les *crieurs de vins et de corps*, au nombre de vingt-quatre, annonçaient la vente des vins ; ils criaient le prix et criaient aussi le nom des défunts et des enfans égarés (Edit de 1415). — 7° Les *pontonniers du port au vin, ou grève*, qui dressaient les ponts en passages pour que les acheteurs et vendeurs pussent aller sur les bateaux (Edit de 1415). — 8° Les courtiers de chevaux pour le fait de marchandises. Ils fournissaient exclusivement la voiture pour le transport des vins et boissons. — Tous ces offices ont été abolis en 1791.

3. — Les fonctions de courtiers gourmets piqueurs de vins, dit le décret du 15 déc. 1813, art. 13 et 14, seront : 1° de servir exclusivement à tous autres, *dans l'entrepôt*, d'intermédiaires, quand ils en seront requis entre les vendeurs et les acheteurs de boissons ; 2° de déguster, à cet effet, lesdites boissons et d'en indiquer fidèlement le crû et la qualité ; 3° de servir, aussi exclusivement à tous autres, d'experts en cas de contestation sur la qualité des vins et d'allégations, contre les voituriers et bateliers arrivant sur les ports ou à l'entrepôt, que les vins ont été altérés ou falsifiés.

4. — Les courtiers gourmets piqueurs de vins n'ont un privilége exclusif qu'à l'entrepôt. Partout ailleurs, aux termes de l'art. 25 du décret de 1813, ils exercent en concurrence avec les courtiers de commerce.

5. — Leur organisation est semblable à celle des autres courtiers. Ils sont nommés par le ministre du commerce sur la présentation du préfet de police, en produisant un certificat de capacité des syndics des marchands de vins. — Décr. 1813, art. 16. — Ils déposent à la caisse du Mont-de-Piété un cautionnement de 1,200 fr., qui produit intérêt à 4 %. Ils prêtent serment devant le tribunal de commerce de la Seine, et font enregistrer leur commission au greffe. — Décr. 15 déc. 1813, art. 19.

6. — Dans l'exercice de leurs fonctions, ils portent une médaille d'argent aux armes de la ville, et portant pour inscription *courtiers gourmets piqueurs de vins*, nº ... — Décr. 15 déc. 1813, art. 15.

7. — Ils sont formés en compagnie, nomment entre eux un syndic et six adjoints, qui forment un comité chargé d'examiner la discipline et d'administrer les affaires de la compagnie sous la surveillance du préfet de police et l'autorité du ministre du commerce.—Décr. 15 déc. 1813, art. 22.

8. — Le décret précité avait établi dans cette compagnie une bourse commune, que l'ordonnance du 27 sept. 1826 a supprimée.

9. — Ils sont rangés, par la loi du 25 avr. 1844, sur les patentes; dans la sixième classe des patentables, et imposés à : 1º un droit fixe basé sur le chiffre de la ville ou commune où est situé l'établissement; — 2º un droit proportionnel du vingtième de la valeur locative de la maison d'habitation, et des locaux servant à l'exercice de la profession. — V. PATENTES.

10.—Ces courtiers ne peuvent faire aucun achat pour leur compte ou par commission, sous peine de destitution. — Décr. 15 déc. 1813, art. 18.

11. — Les courtiers gourmets piqueurs de vins ne peuvent percevoir d'autres et plus forts droits que ceux que leur alloue le décret du 15 déc. 1813, celui de 75 c. par pièce de deux hectolitres et demi, payable moitié par le vendeur et moitié par l'acheteur (art. 20), ou de 4 c. par bouteille s'il s'agit d'une vente en bouteilles.—Les tribunaux ne peuvent leur en attribuer de plus forts, même lorsqu'ils y seraient autorisés par l'usage et le consentement des parties.—*Cass.*, 31 janv. 1826, Granpré c. syndics Lion;—Durand Saint-Amand, p. 410.

12.—Tout courtier convaincu d'avoir fait ou favorisé la fraude à la barrière est destitué par le ministre du commerce, après que le préfet de police a reconnu que la plainte était fondée.—Décret susdit, art. 23.

13. — L'exercice frauduleux des fonctions de courtier gourmet piqueur de vins est poursuivi conformément aux lois portées contre ceux qui exercent clandestinement les fonctions de courtier de commerce. — Art. 24.

14.—V. d'ailleurs, pour toutes les autres règles qui les concernent, le mot COURTIERS.

COURTIERS INTERPRÈTES ET CONDUCTEURS DE NAVIRES ou COURTIERS MARITIMES.

Table alphabétique.

COURTIERS INTERPRÈTES ET CONDUCTEURS DE NAVIRES OU COURTIERS MARITIMES. — 1. — Ces courtiers, dont la dénomination n'est pas correcte, parce qu'ils n'ont rien à faire à bord des navires et qu'ils n'ont de relations qu'avec les capitaines, maîtres ou patrons, sont plus habituellement désignés, dans l'usage, sous le nom de *courtiers maritimes*.

2. — Lorsqu'un navire étranger arrive dans un port français, le capitaine doit faire à la douane la déclaration d'entrée, autrement dit déposer le *manifeste*. Ce manifeste, s'il est en langue étrangère, doit être, avant le dépôt, traduit en langue française. Le capitaine, s'il est étranger, a donc besoin, pour accomplir les diverses formalités comme pour faire son commerce, d'un *interprète*. Il a également besoin, qu'il sache ou qu'il ne sache pas la langue du pays, d'un *conducteur* qui le guide dans ses opérations; de là les courtiers interprètes et conducteurs de navires, dont les fonctions ne furent érigées en office que par l'édit de 1657.

3. — Valin, sur le tit. 7 de l'ordonn. de 1681, atteste que les fonctions de courtier interprète étaient distinctes de celles de courtier conducteur des maîtres de navire.

4. — Les courtiers interprètes avaient le privilége exclusif de traduire les pièces écrites en langue étrangère, et de servir de truchement aux maîtres ou capitaines de navires; mais ils ne pouvaient pas faire les déclarations pour eux ni prendre leurs expéditions.

5. — Les courtiers conducteurs devaient introduire le maître ou capitaine dans les bureaux, lui indiquer les formalités à observer, le moyen d'avoir une sûre et prompte expédition et le guider dans ses opérations. Mais quoiqu'ils connussent la langue de ce maître ou capitaine étranger, ils ne pouvaient ni lui servir de truchement, ni traduire ses pièces. — Mollot, nº 555.

6. — Cependant, l'inconvénient pour le capitaine ou maître étranger d'employer et de payer à la fois deux courtiers avait fait que l'usage s'était introduit de ne plus donner de commission d'interprète, sans y joindre en même temps le droit de faire les fonctions de courtier conducteur. — Beaussant, *Code marit.*, t. 1er, p. 416.

7. — La loi du 21 avr.-8 mai 1791, abolit les offices des courtiers *conducteurs-interprètes*; mais l'ancien état de choses fut rétabli par les lois postérieures des 28 vent. an IX, 20 germin. an IX, et 27 prair. an X, qui s'occupèrent de l'organisation des agens de change et des *courtiers de commerce*, nom sous lequel les courtiers maritimes sont formellement désignés par le Code de commerce, qui paraît avoir conservé la réunion des deux offices.

8. — Pour être admis aux fonctions de courtier maritime, il faut être majeur et jouir des droits de citoyen français.—Vincens.—M. Mollot pense qu'il faut être majeur de vingt-cinq ans, mais l'avis de M. Vincens paraît préférable. — Beaussant, t. 1er, p. 418.

9. — Il faut de plus avoir exercé la profession d'agent de change, banquier ou négociant, ou bien avoir travaillé dans une maison de banque, de commerce, ou chez un notaire à Paris, pendant quatre ans au moins. — Décr. 29 germin an IX; — Beaussant, t. 1er, p. 417.

10. — Ce même décret exclut « tout individu en état de faillite, ayant fait abandon de biens ou atermoiement sans s'être depuis réhabilité. » Mais cette exclusion n'atteint pas celui qui, sans avoir fait faillite, a fait avec ses créanciers un contrat d'atermoiement ou de cession volontaire. — Beaussant, t. 1er, p. 418.— V. *contrà* Mollot, nº 87; Pardessus, nº 122.

11.—La nomination des courtiers maritimes est soumise aux mêmes formalités que celle des autres courtiers de commerce.

12.— Les fonctions des courtiers maritimes peuvent être cumulées avec celles d'agent de change, courtier de marchandises et d'assurances, jamais avec celles de courtier de transports par terre et par eau. — Art. 81 et 82, C. comm.— Pour exercer ce cumul, il faut une autorisation donnée par l'acte du gouvernement qui institue chaque courtier.

13. — Leurs attributions consistent, *premièrement*, dans le privilége exclusif de traduire, en cas de contestations portées devant les tribunaux, les déclarations, chartes-parties, connaissemens, contrats et tous actes de commerce dont la traduction est nécessaire. — C. comm., art. 80.

14. — Les traductions ne font foi que lorsque les parties sont convenues des interprètes ou qu'ils ont été nommés par le juge.—Ord. 1681, art. 4, tit. 7, liv. 1er. —Dans le cas d'une traduction officieuse, faite sur la demande d'une seule des parties, le tribunal peut ordonner une traduction nouvelle. — Beaussant, t. 1er, p. 428; Goujet et Merger, vº *Courtier*, nº 205.

15. — Quand les parties ne sont pas d'accord et que le tribunal ordonne une traduction, les pièces paraphées par le juge sont remises aux interprètes, qui dressent procès-verbal de leur traduction. — Ord. 1681, art. 5; — Goujet et Merger, vº *Courtiers*, nº 206.

16.—Malgré la généralité des termes de l'art. 80, qui semble s'appliquer à tous les tribunaux, les courtiers maritimes ne sont interprètes *jurés* qu'auprès du tribunal de commerce. Devant les autres juridictions, ils doivent, comme tout autre expert, prêter un serment nouveau. — Beaussant, t. 1er, p. 428.

17. — *Deuxièmement*, les courtiers maritimes servent seuls de truchemens à tous étrangers, maîtres de navire, marchands, équipages de vaisseaux et autres personnes de mer, dans les affaires contentieuses de commerce et pour le service des douanes. — Art. 80, C. comm.

18. — Les courtiers maritimes ne jouissent du droit de traduction écrite et verbale que pour les langues pour lesquelles ils sont commissionnés. Cette commission s'obtient au moyen d'un certificat du tribunal de commerce, délivré sur des preuves de capacité laissées à l'appréciation des juges. — Beaussant, t. 1er, p. 429.

19. — A Marseille, cependant, un décret spécial du 22 janv. 1813 veut que le tribunal nomme quatre négocians faisant ou ayant fait le commerce avec l'étranger, qui affirment par serment que le candidat sait telle ou telle langue et qu'il est capable de l'entendre et de l'interpréter. — Beaussant, *loc. cit.*

20. —Un courtier interprète peut être commissionné pour plusieurs langues; tous ceux qui sont commissionnés pour une langue concourent entre eux, à l'exclusion de ceux qui ne savent pas cette langue. — Beaussant, t. 1er, p. 430.

21.—Il a été jugé, dans ce sens, que les courtiers conducteurs de navires n'ont le privilége exclusif d'accompagner les capitaines dans l'accomplissement des formalités exigées par la douane, qu'autant qu'ils sont commissionnés pour l'interprétation de la langue parlée par ces capitaines. — Dans le cas contraire, ils peuvent être remplacés par toute personne du choix des capitaines. — *Cass.*, 12 janv. 1842 (t. 1er 1842, p. 151), Noel c. courtiers de Cherbourg; — Durand Saint-Amand, p. 298.

22. — Lorsqu'un étranger ne trouve dans un port aucun courtier commissionné pour la langue qu'il parle, il peut recourir à des personnes non commissionnées pour les traductions écrites ou orales dont il a besoin. — Beaussant, t. 1er, p. 430.

23. —Les étrangers ne sont pas tenus de se servir d'interprètes ni de courtiers. — En conséquence, un étranger ne peut pas demander la nullité d'un compromis sur le motif qu'il l'a signé sans être assisté d'un interprète. — Ord. 1681, art. 14; — Beaussant, t. 1er, p. 434.

24. — Les courtiers de navires sont tenus personnellement de la restitution des pièces et documens que les capitaines de navires ont déposés dans leurs bureaux, soit entre leurs mains, soit dans celles de leurs préposés. — *Bordeaux*, 25 janv. 1841 (t. 1er 1841, p. 396), Petit c. Thébaut;—Durand Saint-Amand, p. 295.

25. — Il ne s'agit plus ici de garantir l'exécution d'un marché, mais de répondre d'un dépôt. Dans ce cas, le courtier est placé dans le droit commun. Si les pièces ont été remises à un préposé qui les a perdues, le courtier répond de la faute de son préposé; de même que les maîtres et commettans répondent du dommage causé, par leurs domestiques et préposés, dans les fonctions auxquelles ils les ont employés, et ne sont point affranchis de cette responsabilité en offrant de prouver qu'ils n'ont pu empêcher le fait. — C. civ., art. 1384; — Duranton, t. 13, p. 740, nº 724.

26. — 3º Les courtiers maritimes font exclusivement le courtage des affrétemens et constatent le cours du frêt ou nolis. — C. comm., art. 80.

27. — La constatation du cours du fret est faite par les syndics et adjoints qui se réunissent, après la bourse, pour recueillir le cours et les coter article par article sur le bulletin.—L. 27 prair. an X, art. 26.

28.— Les courtiers maritimes ne peuvent, sous peine de 100 liv. d'amende, et même de suspension ou destitution, s'il y échet, sous-fréter les navires à plus haut prix que celui porté dans le premier fret. — Ord. 1681, art. 12; —Beaussant, t. 1er, p. 444.

29. — Les devoirs et la responsabilité des courtiers maritimes, à l'égard des chargeurs, cessent dès l'instant où le navire a levé l'ancre. — *Bordeaux*, 2 juin. 1829, Cuzol et Flouch c. Nordenholt; — Durand Saint-Amand, p. 292.

30.— Indépendamment de ces attributions, énumérées dans l'art. 80, C. comm., les courtiers maritimes en ont d'autres qui leur sont tracées par l'art. 10, tit. 7, liv. 1er, ord. 1681 : « Les courtiers sont tenus de fournir pour les maîtres qui les emploient, les déclarations nécessaires, aux greffes et bureaux établis pour les recevoir, à peine de répondre en leur nom des condamnations qui interviendraient contre les maîtres, faute d'y avoir satisfait. »

31. — La disposition de l'art. 80, C. comm., qui attribue aux courtiers interprètes et conducteurs de navires le droit de servir de truchemens à tous étrangers, maîtres de navires, marchands, équipa-

ges de vaisseaux et autres personnes de mer, *au près de l'administration des douanes*, n'est point limitative, mais purement démonstrative : conséquemment elle s'applique aux relations que ces personnes auraient non seulement avec l'administration des douanes, mais encore avec les autres administrations, notamment avec celles des contributions indirectes et de l'octroi. — *Cass.*, 19 févr. 1831, Prève c. courtiers de Marseille.

32. — Il y a immixtion dans le privilége des courtiers maritimes de la part de l'individu qui sert de guide aux capitaines marchands, et qui se charge de la rédaction des déclarations à la douane et à l'octroi, des rapports d'avaries, chartes-parties et manifestes, encore bien que les actes soient signés par les capitaines. — *Rouen*, 6 juin 1828, Bouquet c. courtiers maritimes de Rouen ; — Mollot, nº 587 ; Durand Saint-Amand, p. 296 et 359.

33. — Cette immixtion constitue le courtage clandestin, et doit être punie comme telle. — V. au mot COURTIERS.

34. — M. Dalloz (t. 4, p. 522, nº 40) pense que l'armateur peut assister son capitaine dans les déclarations à faire, et qu'il en est de même du consignataire de la totalité de la cargaison, parce que le capitaine n'est que leur représentant et mandataire. — Mais il faut distinguer entre les actes concernant le navire et ceux concernant la cargaison ; l'armateur et le consignataire ne peuvent assister le capitaine que pour les actes relatifs à leur intérêt respectif. — Beaussant, t. 1er, p. 436.

35. — Les consuls ne peuvent remplacer les courtiers, dispenser de l'emploi de leur ministère, ni assister les capitaines de leur nation. — Beaussant, t. 1er, p. 427.

36. — Un courtier étranger ne peut faire remplir par ses commis les formalités imposées aux capitaines de navire de sa nation, et pour lesquelles ces capitaines doivent recourir au ministère des courtiers et les remplissent pas eux-mêmes. — *Cass.*, 19 fév. 1831, Prève c. courtiers de Marseille ; — Valin, sur l'art. 14, tit. 7, ord. 1681 ; Durand Saint-Amand, p. 296 et 360.

37. — Les courtiers maritimes peuvent encore procéder à la vente des navires et de tout ce qui en dépend après faillite et à la bourse. — C. com., art. 492.

38. — Une ordonnance des 14-21 nov. 1835, spéciale aux courtiers maritimes, a posé les bases des tarifs à rédiger pour la perception de leurs droits ; mais cette ordonnance n'a-t-elle reçu son exécution que pour les ports de Fécamp, du Havre, de Harfleur et de Honfleur, dans lesquels les droits de courtage maritime ont été réglés par deux ordonnances des 18 juin et 12 nov. 1838. — Dans les autres ports de mer, les droits sont perçus d'après l'usage, qui varie suivant les localités.

39. — L'armateur d'un navire ne peut se refuser à rembourser au courtier qu'il a employé le paiement des frais de douane avancés par celui-ci, en sus de ceux autorisés par les lois et réglemens sur les douanes, si, en les payant, celui-ci s'est conformé à l'usage du commerce, et s'il oblige l'armateur à rembourser précédemment, sans contestation, les frais de cette nature au même courtier. — *Bordeaux*, 19 juill. 1831, Viardet Chaigneau c. Delmestre. — L'arrêt précédent repose sur le principe général de l'art. 1999, C. civ. qui dispose que le mandant doit rembourser au mandataire les avances et frais que celui-ci a faits pour l'exécution du mandat. — Goujet et Merger, nº 83 ; Durand Saint-Amand, p. 294.

40. — L'ordonnance de la marine de 1681 établit des peines (20 fr. d'amende) contre les courtiers qui vont au-devant des capitaines de navires pour s'attirer les maîtres. Cependant ces marchands. Cette disposition de l'ordonnance n'a pas été répétée dans la législation postérieure ; il n'en résulte pas qu'elle ne puisse être appliquée, car il n'y a pas abrogation explicite ; il n'y a pas non plus abrogation implicite, rien dans les lois modernes ne contrariant cette disposition spéciale de l'ordonnance. — Toullier, t. 1er, p. 425 et suiv. ; Walker, *Introd. à la collect. des lois antérieures à 1789 restées en vigueur*, t. 1er, p. 13.

41. — Jugé, en conséquence, que les lois et réglemens qui portent des peines contre les courtiers qui vont au-devant des navires, pour s'attirer les capitaines et se procurer des opérations de courtage au préjudice des autres courtiers, ne sont point abrogés ni tombés en désuétude. — *Rouen*, 15 mai 1819, courtiers de navires de Rouen c. Dandet ; 6 juin 1824, Lucet c. courtiers de navires de Rouen ; — Beaussant, t. 1er, p. 443 ; Mollot, liv. 3, tit. 3, chap. 4 ; Durand Saint-Amand, p. 280.

42. — Il existe, dit M. Mollot (nºs 561 et 562), entre les courtiers maritimes de Rouen une convention qu'il est utile de signaler. Pour faciliter leurs opérations et prévenir entre eux une rivalité fâcheuse, ils se sont répartis en quatre bureaux, deux pour les navires français, deux pour les navires étrangers. Une pareille convention n'a rien qui répugne aux lois et ne peut qu'être favorable au bien général du commerce. Cependant la cour de Cassation a considéré comme frappée d'une nullité d'ordre public et qui peut être invoquée pour la première fois en cassation, la convention passée entre plusieurs courtiers maritimes et ayant pour objet d'interdire contractuellement à l'un d'eux, moyennant certains avantages pécuniaires, une partie des fonctions pour lesquelles son ministère était obligatoire. — *Cass.*, 15 déc. 1845 (t. 1er 1846, p. 17), Ferrière c. Imbert.

43. — Les courtiers maritimes doivent résider dans le lieu de leur établissement, à peine de privation de leur commission. — Art. 12, ord. 1681.

44. — Les courtiers maritimes sont soumis à une patente qui est de 250 fr. à Paris, et qui, dans les autres villes, s'abaisse proportionnellement de 200 fr. à 50 fr.

COURTIERS DE TRANSPORT PAR TERRE ET PAR EAU.

1. — Les courtiers de transport, souvent appelés, d'après un ancien usage, courtiers de roulage, ont des attributions spécialement déterminées par l'art. 82, C. comm.

2. — « Les courtiers de *transport par terre et par eau*, constitués selon la loi, ont seuls, dans les lieux où ils sont établis, le droit de faire le courtage des transports par terre et par eau. » — C. comm., art. 82.

3. — Il n'est pas douteux, d'une part, que leur droit, comme celui de tous les autres courtiers, ne soit *exclusif*, et de l'autre qu'il ne s'applique qu'aux transports sur rivières ou canaux, puisque ces transports sur mer rentrent dans les fonctions des courtiers maritimes. — Mollot, nº 563 ; Durand Saint-Amand, p. 302.

4. — Ils ne peuvent, dans aucun cas et sous aucun prétexte, cumuler leurs fonctions avec celles des courtiers de marchandises, d'assurances ou de courtiers conducteurs de navires (C. comm., art. 82) ; mais dans les lieux où il n'y a pas d'agent de change, ils peuvent en exercer les fonctions.

5. — Les courtiers de transport, comme tous les autres courtiers, sont intermédiaires entre les parties qu'ils rapprochent, et à ce titre ils ne sont jamais obligés ni n'obligent les autres envers eux. Toutefois, s'ils sont déchargés de toute garantie, ce n'est qu'à la charge par eux de remplir, sans commettre de faute, le mandat qu'ils ont accepté.

6. — Ainsi on a jugé que les courtiers de roulage ne sont affranchis de toute responsabilité envers le propriétaire de marchandises perdues, qu'autant qu'ils peuvent lui faire connaître positivement le roulier auquel ils les ont confiées, et le mettre en état de recourir directement contre ce roulier. — *Poitiers*, 30 therm. an XI, Godet c. Jarassé — Durand Saint-Amand, p. 302.

7. — Leurs commissions varient selon la nature de la marchandise et la distance à parcourir ; aucune loi n'a organisé les courtiers de transport par terre et par eau, institution qui, pour la régularisation du prix des transports et la rédaction des lettres de voitures, eût pu rendre des services au commerce, aurait pu à été rendue générale ment inutile par l'établissement d'autres intermédiaires, les commissionnaires de transports établis dans presque toutes les villes importantes.

V., pour les autres règles, au mot COURTIER.

COURTINE.

C'est la partie du rempart comprise entre deux bastions auxquels elle est jointe par leurs flancs. — V. BASTION, PLACE DE GUERRE, SERVITUDES MILITAIRES.

COUSIN.

Degré de parenté. Les enfans de frères et sœurs sont cousins entre eux. — V. SUCCESSION.

COUT.

1. — Ce mot s'emploie pour exprimer les frais qu'occasionnent un acte, un exploit.

2. — Suivant l'art. 1673, C. civ., le vendeur à réméré qui use du pacte de rachat doit rembourser non-seulement le prix principal, mais encore les frais et *loyaux couts* de la vente. — V. LOYAUX COUTS, VENTE A RÉMÉRÉ.

3. — Aux termes de l'art. 66, C. procéd. civ., les huissiers sont tenus de mettre le coût de l'exploit à la fin de l'original et de la copie, à peine de 5 fr. d'amende, payables à l'instant de l'enregistrement. — V. EXPLOIT.

COUTELLERIE.

1. — Les fabricans de coutellerie sont autorisés à frapper leurs ouvrages d'une marque particulière assez distincte des autres marques pour ne pouvoir être confondue avec elles.

2. — Tous les instrumens de coutellerie sont prohibés à l'entrée en France. L'exportation en est permise, mais moyennant le paiement d'un droit de 1 fr. par 100 kil. brut. — V. MARQUES DE COUTELLERIE, ET DE QUINCAILLERIE, PROPRIÉTÉ INDUSTRIELLE.

3. — Les marchands et fabricans coutellers sont imposés à la patente de cinquième classe ; — droit fixe basé sur la population, et droit proportionnel du vingtième de la valeur locative de l'habitation et des lieux servant à l'exercice de la profession.

4. — Les coutellers à façon sont imposés à la patente de septième classe ; — droit fixe et droit proportionnel du quarantième de la valeur locative de tous les locaux des patentables, mais seulement dans les communes de 20,000 ames et au dessus. — V. PATENTE.

COUTRES DE CHARRUE.

V. CHARRUE, INSTRUMENS ET ARMES LAISSÉS SUR LA VOIE PUBLIQUE ET DANS LES CHAMPS.

COUTUME.

Table alphabétique.

COUTUME. — 1. — Usage, transmis d'abord par la seule tradition, constaté plus tard par écrit, et qui avait force de loi dans les provinces, villes ou bourgs où il était pratiqué.

§ 1er. — *De l'origine des coutumes et de leur rédaction* (nº 2).

§ 2. — *Des différentes sortes de coutumes* (nº 17).

§ 3. — *De l'autorité des coutumes, ou de leur force obligatoire* (nº 22).

§ 4. — *A quelle loi devait-on recourir pour les cas non décidés par les coutumes* (nº 36).

§ 1er. — *De l'origine des coutumes et de leur rédaction.*

2. — Les auteurs ne sont pas d'accord sur l'origine des coutumes. — Montesquieu a placé l'époque aux invasions des Normands, aux guerres intestines qui désolèrent les règnes malheureux qui suivirent celui de Charlemagne, au moment, par conséquent, de la féodalité prêt naissante. — Merlin (*Rép.*, vº Coutume, § 1er) est aussi de cet avis. — M. Laferrière (dans son *Histoire du droit français*) fait également dériver les coutumes de la féodalité. — Mais cette opinion est vivement combattue par Klimrath, dans un article sur l'*Histoire du droit français de M. Laferrière*. — V. *Revue de législation*, par Wolowski, t. 4, p. 35 et suiv., et Klimrath, *Travaux sur l'Histoire du droit français*, t. 1er, p. 143. — Selon M. Klimrath, la source des

coutumes est le droit germanique. Voici comment il s'exprime à cet égard : «Les germes déposés dans les mœurs germaniques, dit-il, se sont développés dans des situations diverses, sous des formes différentes appropriées aux besoins de chacune des époques franque, féodale et moderne. L'ensemble de ces formes constitue le système historique du droit coutumier, qui n'est point né du droit féodal, mais dont le droit féodal est un épisode, ou, si l'on veut, un chapitre (p. 61). »

3. — Quoi qu'il en soit, les coutumes qui régissaient la France avant la révolution offrent sous un double rapport le plus puissant intérêt. Par leur diversité, elles retracent, mieux qu'aucun ordre de faits, la vive image de cette France du moyen âge, si morcelée dans son territoire, si bigarrée en apparence, parce qu'elle était riche et inépuisable dans les manifestations spontanées de son activité nationale. Par leur unité, au contraire, par l'identité de leur esprit, elles ont pu aspirer à se fondre dans un droit commun, consigné dans un texte unique sous la sanction législative; elles ont pu devenir la source où ont puisé largement les rédacteurs du Code civil. — Klimrath, *Etudes sur les coutumes* (*Revue de législation*, t. 6, p. 107); Eschbach, *De l'utilité d'un cours d'encyclopédie du droit* (même *Revue*, t. 16, p. 344 et 345).

4. — Transmises d'abord par la tradition et la jurisprudence, les coutumes, à mesure qu'elles devinrent plus complètes et plus précises, furent rédigées par écrit, soit par les tribunaux, soit par des particuliers. — Indépendamment de Pierre de Fontaines, des établissemens de Beaumanoir et de quelques autres, les procès-verbaux mêmes de la rédaction des coutumes font mention d'anciens livres, papiers et registres coutumiers. Les uns étaient des ouvrages, des sortes de traités, où des particuliers s'étaient efforcés d'exposer les règles coutumières dont ils devaient la connaissance à leur expérience pratique; les autres étaient ce que Bouteillier *appelle le livre coutumier du greffe*, c'est-à-dire un recueil des coutumes tenues pour vraies en jugement, et enregistrées par le greffier par forme de mémorial. Ce livre coutumier du greffe et les coutumiers, rédigés par les particuliers, n'avaient aucune autorité obligatoire ni exclusive, telle que les coutumes rédigées officiellement en ont joui depuis. — Klimrath, *ubi suprà*, p. 132 et 133.

5. — La première rédaction officielle des coutumes a été prescrite par Charles VII. — L'ordonnance rendue par ce prince à Montil-lès-Tours, en avril 1453, sur la demande des états-généraux, porte (art. 123) ce qui suit : « Ordonnons que les coutumes, usages et styles de tous les pays de notre royaume soient rédigés, mis en écrit par les coutumiers, praticiens, et gens de chacun pays de notre royaume, lesquels coutumes, usages et styles seront apportés devant nous pour les faire voir et visiter par les gens de notre conseil ou de notre parlement, et par nous les décréter et confirmer; et iceux usages et styles, ainsi confirmés et décrétés, seront observés et gardés ès-pays dont ils seront, et ainsi dans notre cour de parlement ès-causes et procès d'iceux pays, sans autres preuves que ce qui aura été écrit audit livre. » — L'ordonnance défendait, en outre, à tous avocats de proposer et à tous juges d'admettre d'autres coutumes que celles qui auraient été rédigées officiellement, de l'avis des états, sous l'autorité du roi.

6. — Il est à remarquer que cette ordonnance changea essentiellement le caractère et la force obligatoire des coutumes. A l'autorité de la coutume proprement dite se substitua l'autorité d'une loi, puisée sans doute dans l'élément coutumier, mais fixe et indélébile désormais. — Klimrath, p. 109; Zachariæ, *Cours de droit civil français*, t. 1er, p. 82 et suiv.

7. — Elle étendit son influence même au delà des limites de l'obéissance du roi. Ainsi, le 11 mars 1457, le duc de Bourgogne, Philippe-le-Bon, donna à Bruges des lettres-patentes pour la rédaction des coutumes de ce pays. Des lettres-patentes, données par Charles VII, sous la date du 26 août 1459, approuvèrent la rédaction de la coutume du duché de Bourgogne, qui avait été terminée la première.

8. — Quoiqu'on ait affirmé (Isambert, *Recueil général des anciennes lois françaises*) que Louis XI ne fit rien pour la rédaction des coutumes, il est certain, par des lettres-patentes de son fils Charles VIII, du 28 janv. 1493, qu'il avait renouvelé l'ordre de rédiger les coutumes et de « les apporter pardevers lui à certain jour pour les décréter et en ordonner ainsi qu'il verrait être à faire. » Mais des empêchemens et autres grandes affaires qui lors survinrent s'opposèrent à ce qu'il mît à exécution la délibération par lui prise en cette matière. — Klimrath, p. 110 et 111.

9. — Charles VIII imprima une nouvelle impulsion à la rédaction des coutumes par ses lettres-patentes des 28 janv. 1493 et 15 mars 1497. Par la première de ces lettres, il détermina la forme des assemblées et le mode de la rédaction des cahiers, et enjoignit aux officiers de lieux de lui envoyer ces cahiers, en forme due et authentique. Un grand nombre de coutumes furent rédigées en vertu de ces lettres-patentes. (V. l'énumération qui en a été faite par Klimrath dans son article *Sur les coutumes*, *loc. cit.*, p. 112). — Mais les difficultés qui s'étaient élevées au sujet des formalités prescrites par les lettres-patentes précitées donnèrent lieu à celles du 15 mars 1497, par lesquelles Charles VIII ordonna la publication immédiate d'un certain nombre de coutumes. On trouve aussi dans ces lettres la première trace du désir de modifier les coutumes en même temps qu'on les rédigeait. On y rappelle que les officiers des lieux chargés de rédiger les coutumes avec les praticiens et les gens des trois états, devaient aussi donner leur avis sur ce qui leur semblerait devoir être corrigé, ajouté, diminué ou interprété.

10. — Louis XII, par ses lettres d'édit données à Blois le 4 mars 1505, renouvela les lettres de Charles VIII et en ordonna l'exécution. A ce prince appartient la gloire d'avoir doté le royaume des premières coutumes rédigées officiellement et revêtues de la sanction du législateur. L'exécution des lettres de 1505 embrasse deux ordres de faits, la rédaction des coutumes qui ne l'avaient point été encore, et la publication des coutumes rédigées. — Klimrath, p. 115.

11. — A cette époque, on vit naître la maxime de droit public qu'au souverain seul appartenait le droit de faire rédiger et réformer les coutumes. Ainsi, un mandement adressé par Louis XII à la duchesse de Bourbonnais et d'Auvergne pour la rédaction des coutumes de ce pays ayant donné lieu à un différend entre le procureur du roi en Auvergne et le procureur de la duchesse, chacun d'eux prétendant que la rédaction des coutumes était de sa compétence, Louis XII, par des lettres du 19 déc. 1508, trancha la difficulté, en commettant trois commissaires pour procéder eux-mêmes tant à la rédaction qu'à la promulgation des coutumes d'Auvergne. Ainsi encore, la déclaration de Henri III du 8 avr. 1575, explicative du concordat du 25 janv. 1571, sur le Barrois mouvant, met au nombre des droits de souveraineté, dans lesquels elle défend de troubler les ducs de Bar, celui d'établir coutumes générales, particulières et locales. — Merlin, *Rép.*, vº *Coutume*, § 1er; Klimrath, *ubi suprà*, p. 118.

12. — Les changemens de règne retardèrent la rédaction et la publication des coutumes. De François Ier à Henri IV, on voit, aux coutumes publiées pour la première fois, se joindre la réformation de celles qui avaient été une fois déjà, non-seulement rédigées, mais publiées et décrétées en due forme. — Le 7 août 1520, François Ier donna des lettres pour la réformation des coutumes du Bourbonnais. — Mais c'est en 1555 que se trouve le premier exemple d'une coutume véritablement nouvelle et réformée. C'est aussi à partir de cette année que l'on voit le président de Thou occupé pendant vingt-cinq ans, comme principal commissaire de la rédaction et de la réformation des coutumes. — Sous Charles IX, les coutumes du duché de Bourgogne, rédigées en 1459 (V. *suprà* nº 7), furent réformées et interprétées par ordre du roi. — Le règne de Henri III vit aussi la rédaction ou la réformation de quelques coutumes importantes. Les lettres du 12 mai 1575, notamment, ordonnèrent la réformation de la coutume de Bretagne, à cause de l'obscurité de l'ancienne. Mais, avec le règne de Henri III s'arrêta le grand travail de la rédaction officielle des coutumes de France. — Sous Henri IV et ses successeurs, il n'arriva plus que rarement qu'une coutume fût rédigée. — Voir, pour l'énumération des coutumes rédigées et publiées depuis Charles VII jusqu'à la révolution française, l'article précité de Klimrath, *Etudes sur les coutumes*.

13. — En 1789, on comptait dans le royaume environ soixante coutumes générales, c'est-à-dire qui étaient observées dans une province entière, et environ trois cents coutumes locales qui n'étaient observées que dans une seule ville, bourg ou village. — Merlin, *Rép.*, vº *Coutume*, § 1er.

14. — Il n'y avait pas de province où il y eût autant de bigarrure, à cet égard, que celles d'Auvergne et de Flandre. Chaque ville, bourg ou village y avait, pour ainsi dire, sa coutume particulière. — Merlin, *ibid.*

15. — La coutume de Paris, aussi appelée la coutume de la prévôté et vicomté de Paris, mérite une mention particulière, comme étant une des principales sources du Code civil. Sa première rédaction officielle est de 1510, et sa réformation de 1580. Son application s'étendait quelquefois hors de Paris, dans des juridictions étrangères à son ressort.

16. — Nous observerons aussi que le droit romain exerça la plus grande influence sur la rédaction et la réformation des coutumes. « Le droit romain, dit Klimrath (*Rev. de Législ.*, t. 6, p. 198), planait au-dessus des coutumes et des lois positives, comme une sorte de logique appliquée au droit. On y trouvait des règles d'interprétation, des règles supplétives, des analogies fécondes. » — V. dans le même sens, Merlin, *ubi suprà*; Zachariæ, *loc. cit.* — Le droit romain formait même la coutume générale du midi de la France. Cette coutume générale recevait cependant quelques modifications, suivant les ressorts des divers parlemens, en vertu de la jurisprudence particulière adoptée par chacun d'eux. — Klimrath, *eod. loc.* — Lorsque les coutumes étaient en désaccord avec le droit romain, on disait qu'elles étaient *haineuses du droit*. — *Rev. de Législ.*, t. 4, p. 54.

§ 2. — *Des différentes sortes de coutumes.*

17. — Les coutumes étaient *générales* ou *locales*. Les premières étaient observées dans une province entière; les secondes n'étaient obligatoires que dans une seule ville, un bourg ou un village. Chaque coutume tirait son nom du territoire dans lequel elle était observée, ou de la juridiction qui devait l'appliquer.

18. — Les coutumes locales modifiaient les coutumes générales dans leur application. — V. Klimrath, *Études sur les coutumes* (*Rev. de Législ.*, t. 6, p. 171, 185, 187, 190, 200).

19. — Les coutumes locales étaient rédigées séparément ou mentionnées dans les coutumes générales. Ainsi, les coutumes générales des pays et duché de Berry mentionnent elles-mêmes certaines coutumes locales. — Klimrath, *ubi suprà*, p. 188, *in fine*. — Un arrêt du parlement avait même expressément réservé ces dernières, encore bien qu'elles concernassent autre chose que les droits des seigneurs maintenus par les commissaires. — *Coutum. génér.*, t. 3, p. 979 et 994, *in fin.*

20. — Quelquefois les coutumes locales n'étaient pas publiées : ce qui eut lieu, par exemple, pour les coutumes locales alléguées par plusieurs châtellenies et seigneuries du bailliage de Meaux, parce qu'il sembla que *c'étaient plus droits seigneuriaux que coutumes*. — *Coutum. génér.*, t. 3, p. 399-403; Klimrath, p. 181.

21. — Les jurisconsultes qualifiaient et classaient aussi les coutumes d'après le contenu de leurs dispositions : c'est ainsi qu'ils appelaient *coutumes d'égalité* celles qui ne permettaient aucun avantage en faveur des héritiers directs ou collatéraux; — *coutumes de côté* ou *de simple côté* celles où l'on suivait la règle *Paterna paternis*, *materna maternis*, et où, pour succéder aux biens immeubles d'un défunt, il suffisait d'être parent du côté d'où ils lui étaient provenus; — *coutumes de côté et ligne* celles où, pour succéder à un propre, il ne suffisait pas d'être parent du défunt du côté d'où il lui était venu, mais où il était nécessaire d'être le plus proche parent du défunt du côté et ligne du premier acquéreur de ce propre, c'est-à-dire du premier qui l'avait mis dans la famille; — *coutumes de franc-alleu* celles où, contrairement à la maxime *Nulle terre sans seigneur*, tous les biens fonds étaient présumés libres jusqu'à preuve contraire; — *coutumes de compatibilité ou d'incompatibilité* celles où les qualités d'héritiers et de légataires pouvaient ou ne pouvaient pas concourir dans la même personne, relativement à une succession à laquelle elle était appelée par la loi et par un testament. — On distinguait encore les *coutumes de représentation à l'infini*, *de subrogation*, etc. — Merlin, *Rép.*, vº *Coutume*, § 6; Zachariæ, t. 1er; p. 82 et suiv.

§ 3. — *De l'autorité des coutumes ou de leur force obligatoire.*

22. — Les coutumes qui avaient été rédigées par écrit, de l'autorité du prince, n'acquéraient pas encore par cela seul force obligatoire : il fallait en outre qu'elles fussent enregistrées au parlement; alors elles tenaient lieu de lois pour tous ceux qui leur étaient soumis. — Denisart, vº *Coutume*; Merlin, *ubi suprà*.

23. — En conséquence, les dispositions qui étaient observées avant la rédaction d'une coutume, établissant un droit nouveau et sa sanction par le pouvoir législatif, ont continué de faire loi dans l'intervalle de cette sanction à la publicité qui devait lui être donnée par les cours souveraines. Un

arrêt du 7 mars 1785 a en effet déclaré valable un testament fait depuis la réformation de la coutume de Paris, mais avant sa publication, dans lequel avaient été omises des formalités prescrites comme droit nouveau par cette coutume. — Merlin, *ibid.*

24. — Des coutumes dont la rédaction n'avait jamais été ni ordonnée ou approuvée par le législateur, ni enregistrée dans les tribunaux souverains, conservaient également force de loi, lorsqu'elles avaient été constamment observées par tous ceux qui vivaient ou qui avaient des biens dans leur territoire. C'est ce qui avait été jugé par un arrêt du parlement de Flandre, du 12 juin 1734, rapporté par Merlin, *Quest. de droit*, v° *Coutume*; § 2 (V. encore le même auteur, *Rép.*, *eod. verb.*, § 1er); mais la jurisprudence avait unanimement refusé force obligatoire à ces sortes de coutumes, quand elles n'étaient pas *notoires*, ou que la pratique n'en était ni uniforme ni constante. — V. arrêts du parlement de Paris des 12 janv. , 27 mai 1700; 22 déc. 1732; 3 sept. 1734, indiqués par Merlin (*Quest. de droit, cit.*), où il cite aussi dans le même sens plusieurs autres arrêts du parlement de Flandre.

25. — Les coutumes qui étaient revêtues de l'autorité publique, c'est-à-dire sanctionnées par le roi et enregistrées par le parlement, étaient de vraies lois de l'état; et, par cette raison, les arrêts des cours souveraines qui les enfreignaient n'étaient pas moins sujets à la cassation que s'ils eussent violé les ordonnances, les édits, les déclarations du roi. — Merlin, *Rép.*, v^la *Coutume*, § 2, et *Cass.*, § 2, n° 6.

26. — A l'égard des coutumes dont la rédaction n'avait pas été revêtue des formes législatives, quoique l'usage constant qui en était fait leur eût conservé la force obligatoire, comme elles n'étaient point cependant des lois proprement dites, les arrêts qui jugeaient contre leurs dispositions ne pouvaient être cassés. — Merlin, *Rép.*, v° *Coutume*, § 2, et *Quest. de droit*, v^ls *Succession*, § 10, et *Testament conjonctif*, § 2.

27. — On tenait communément que les coutumes étaient de droit étroit, c'est-à-dire qu'elles ne pouvaient recevoir d'extension d'un cas à un autre. Leur autorité était aussi limitée à leurs territoires respectifs, par une conséquence nécessaire du principe : *extra territorium jus dicenti impuni non paretur.* — L. 28, *Dr. de juridict.* — Merlin, *Rép.*, v° *Coutumes*, § 2 et 3.— V. sur la délimitation du territoire de chaque coutume, Klimrath, *Etudes sur les coutumes*; *Revue de législation*, t. 6, p. 161 et suiv..

28. — La commune de Pontfaverger était régie en entier et sans distinction par la coutume de Reims. — *Paris*, 16 juill. 1841 (t. 2 1841 , p. 374), Norton c. comm. de Pontfaverger.

29. — Lorsque le procès-verbal des coutumes avait été perdu et adiré, de sorte qu'il n'y eût aucun moyen de constater d'une manière authentique les articles de ces coutumes qui avaient été accordés ou discordés par les états, lors de leur publication, et de résoudre les autres difficultés que l'interprétation de ces coutumes pouvait faire naître, l'existence des articles se prouvait par *turbes* de témoins (Klimrath), *Revue de législation*, t. 6, p. 484 et 125). Cette preuve pouvait également se faire par titres.—V. les annotateurs de Zachariæ, t. 1er, p. 37, note 4.

30. — Depuis le Code civil et le Code de procédure, toutes les dispositions des coutumes relatives aux matières dont se sont occupés ces deux Codes, ont été abrogées. — En effet, l'art. 7, L. 30 vent. an XIII, sur la réunion des lois civiles en un seul corps, est ainsi conçu : « A compter du jour où les lois sont exécutoires, les lois romaines, les ordonnances, *les coutumes générales* ou locales, etc., cessent d'avoir force de loi générale ou particulière, dans les matières qui ont l'objet desdites lois composant le présent Code. » L'art. 1041, C. procéd., contient une disposition semblable.—Il résulte de ces deux articles que les dispositions des coutumes, sur les points mêmes où elle n'ont rien de contraire au Code civil ou au Code de procéd., ne sont plus obligatoires. — Toullier, t. 1er, n° 157.

31. — Mais, forcés de juger sans pouvoir s'en dispenser, sous prétexte du silence ou de l'insuffisance de la loi, les tribunaux peuvent encore invoquer le droit coutumier, pour décider les espèces qui n'ont pas été prévues par les lois actuelles. — Merlin, *Rép.*, v° *Coutume*, § 7; Toullier, t. 1er, n° 157; Eschbach, *De l'utilité d'un cours d'encyclopédie du droit* (revue de législation, t. 16, p. 344 et 345)).

32. — Toutefois, la violation d'un article de coutume ne saurait, dans ce cas, donner ouverture à cassation. — Eschbach, *ubi suprà.*

---

33. — D'un autre côté, la loi n'ayant pas d'effet rétroactif, tous les actes qui ont été passés et tous les droits qui se sont ouverts sous l'empire des coutumes avant leur abrogation, doivent encore aujourd'hui être régis par les dispositions de ces coutumes. — *Cass.*, 10 janv. 1825, Denis c. Desars ; — Merlin et Eschbach, *loc. cit.*

34. — Cependant un arrêt qui statue sur des contestations élevées à l'occasion de ces actes ou de ces droits, ne peut être cassé pour avoir interprété la disposition d'une coutume, s'il a prononcé conformément à l'opinion des commentateurs les plus estimés.—*Cass.*, 18 fév. 1840 (L. 1er 1840, p. 640), Micheau et Friquet c. la comm. de Lantage.— V. LOI, USAGE (loi).

35. — Enfin, un grand nombre de dispositions de notre droit ont une origine purement coutumière ou mélangée de droit coutumier. Les coutumes de Paris et d'Orléans, notamment, sont une des principales sources du Code civil. Dès-lors, les coutumes sont les élémens de l'interprétation la plus sûre et la plus féconde qu'on puisse se faire du Code civil. — Toullier, t. 1er, n° 158 ; Klimrath, *Etudes sur les cout.*; *Revue de législ.*, t. 6, p. 107; Eschbach, *eod. loc.*

§ 4. — *A quelle loi devait-on recourir pour les cas non décidés par les coutumes.*

36.—Lorsqu'il se trouvait un cas non prévu par une coutume, était-ce au droit romain ou aux coutumes voisines, ou à celle de Paris, qu'il fallait avoir recours?—Quelques jurisconsultes voulaient qu'on se référât à cette dernière coutume, comme mieux rédigée et embrassant un plus grand nombre de cas (Denisart, v° *Coutume*); mais Merlin, (*Rép.*, v° *Coutume*, § 3), fait remarquer, avec raison, que cette coutume n'avait pas non plus tout prévu, et que d'ailleurs elle n'avait pas plus d'autorité que les autres hors de son territoire. Aussi l'opinion généralement admise était qu'on devait d'abord demander à des coutumes voisines la solution de la difficulté non décidée par une autre coutume. — Domat, *L. civ.*, t. 1er, sect. 2e, n° 20. — Si aucune de ces coutumes voisines n'avait prévu la question, il fallait consulter l'esprit des autres coutumes. Si, enfin, on ne trouvait aucune loi municipale qui se fût expliquée, et que le droit romain présentât une solution, on pouvait alors l'employer comme l'autorité de la raison écrite.—Merlin, *ubi suprà*, et v° *Autorité*, n° 5.

37. — Spécialement , dans le cas d'une obligation régie par la coutume du Poitou et dans le silence de cette coutume sur le point de savoir si l'hypothèque, quand une obligation personnelle, prorogeait à quarante ans la durée du temps nécessaire pour la prescription de cette obligation, on devait appliquer, de préférence à la loi 7, Cod., *De præscript. trig. vel quadrag. ann.*, les dispositions des coutumes voisines du Poitou, et notamment celle du Berry, qui regardait l'hypothèque comme étant sans influence sur la durée de l'action personnelle. — *Bourges*, 27 avr. 1827, Cervenon c. Camus.

38. — Jugé aussi que quand le texte d'une coutume était obscur, il fallait en chercher l'interprétation plutôt dans les coutumes voisines que le droit romain.—*Cass.*, 29 déc. 1829, Lespès c. Dufau.

39. — Il y avait au surplus des coutumes pour lesquelles la question était expressément décidée par les lettres patentes qui les confirmaient. C'est ainsi que des lettres patentes de François 1er, pour la rédaction de quelques coutumes, ordonnèrent que pour les cas qui ne seraient point prévus par les rédacteurs, on aurait recours au droit romain. — Merlin, *Rép.*, v° *Coutume*, § 3, et *Autorité*, n° 5.

40. — Mais, lorsque le décret d'homologation d'une coutume locale contenait un renvoi *au droit écrit*, il fallait entendre par ce renvoi la *coutume générale du pays*, et non le *droit romain*, parce que le recours ne pouvait être que *subsidiaire*. — *Bruxelles*, 12 mars 1823, Decoster.

41. — Si la coutume générale disposait, dans un sens restrictif, conformément à son antécédent, elle était applicable à la coutume locale dont l'antécédent contenait une disposition illimitée. — Même arrêt.

COUTUME COMMERCIALE.
V. USAGE COMMERCIAL.

COUTUME DE FERRETTE.

1. — On appelait ainsi, dans la plus grande partie de la Haute-Alsace et même dans la Basse-Alsace, une espèce de communauté de tous biens dans laquelle le mari ou ses héritiers prenait les

---

deux tiers , et la femme ou les siens l'autre tiers.

2.—Tout ce que les époux possédaient au temps de leur mariage, tout ce qu'ils acquéraient pendant qu'il subsistait, et même tout ce qui venait à échoir à l'un et à l'autre par succession ou autrement entrait dans cette communauté, à moins que le contrat de mariage ne contînt une stipulation contraire.—Denisart, v° *Coutume de Ferrette*, n° 2.

3. — La masse de tous les biens connus était ce qu'on appelait coutume de Ferrette. — Denisart, n° 3.

4. — Cette communauté,qui avait lieu de plein droit et sans stipulation, était le résultat d'un usage originaire du comté de Ferrette (partie du département du Haut-Rhin), usage qui remontait à des temps très-éloignés et qui,bien que non écrit, avait force de loi dans ces contrées. — Boucher d'Argis, *Tr. des gains nuptiaux*, ch. 9, n° 5 ; Merlin, *Rép.*, v° *Coutume de Ferrette*; Denisart v° *Coutume de Ferrette.*

5. — Cette force de loi a été reconnue expressément à la coutume de Ferrette par les motifs d'un arrêt de la cour de Cassation, qui a jugé que l'époux qui se remariait perdait les avantages qui lui avaient été faits par son conjoint, n'est pas applicable aux avantages résultant d'un partage inégal de la communauté établi par la loi elle-même.—*Cass.*, 6 juill. 1835, Flotta c. Greder.

COUTUME DE NORMANDIE.

Table alphabétique.

§ 1er. — Historique.

COUTUME DE NORMANDIE. — 1. — La coutume de
Normandie avait été d'abord consignée dans l'ancien grand coutumier, remontant au treizième
siècle et qui n'était revêtu d'aucune autorité législative. La rédaction officielle de cette coutume
ne fut ordonnée que par les lettres patentes du 22
mars 4577. Plusieurs assemblées préparatoires
eurent lieu, tant à Rouen que dans diverses localités, avant que la publication pût en être faite à
Rouen, en 4583. Cette coutume fut enfin homologuée par arrêt du conseil du 7 oct. 4585 et
par lettres patentes du 14 oct. suivant.

2. — Il y avait dans le territoire de la coutume
de Normandie, plusieurs coutumes locales qui furent rédigées en 4586.

3. — En 4600, le titre des exécutions de la coutume de Normandie fut réformé; et, en 4666, le
6 avr., la cour de parlement rendit un arrêt, vulgairement connu sous le titre de réglement des *Placités*, par lequel elle modifia un grand nombre des
dispositions de la coutume.

4. — Cette coutume, ainsi modifiée, demeura
en vigueur jusqu'au moment où le Code civil
(art. 4390) et la loi du 30 vent. an XII (art. 7) vinrent l'abroger.

5. — Mais déjà elle avait reçu plusieurs atteintes:
ainsi, d'abord, la loi du 8-43 avr. 4791 (art. 13)
avait aboli les dispositions qui prononçaient
l'exclusion des filles ou de leurs descendans, du
droit de succéder avec ses mâles. Celle du 17 niv.
an II lui avait enlevé ses dispositions relatives aux
successions et donations.

6. — Toutefois ces diverses lois, ainsi que le
Code civil, n'ont statué que pour l'avenir, et la
coutume a continué de régir tous les faits accomplis antérieurement ; et quoique le nombre
des droits acquis, sous son empire, devienne chaque
jour de plus en plus restreint, il s'écoulera cependant encore un long temps avant qu'il soit complétement épuisé. Il n'est donc pas sans intérêt de
rassembler les diverses décisions qui sont intervenues sur l'interprétation de cette coutume.

§ 2. — *Du mariage avenant ou de la légitime des filles normandes.*

7. — Les filles normandes ne venaient point,
concurremment avec leurs frères, à la succession
de leurs père et mère. La part qu'elles auraient eu
à prétendre sur cette succession, si elles eussent
été considérées comme héritières, leur était néanmoins réservée. Elles avaient le droit de la demander à leurs frères (Cout., art. 249; Placit., art. 47).
C'est cette portion réservée aux filles sur la succession de leurs ascendans qu'on a appelée d'abord
mariage avenant, et ensuite *légitime*.

8. — Le mariage avenant était éventuellement
un usufruit sur une propriété dans les mains des
filles normandes, suivant le cas où elles restaient
célibataires et celui où elles se mariaient. — Cout.,
art. 268.

9. — Mais le caractère de ce droit a-t-il été modifié par les lois modernes ? Quels en ont été les
effets, vis-à-vis des tiers, depuis la nouvelle organisation du régime hypothécaire ? — La jurisprudence n'est pas d'accord sur ces points.

10. — Ainsi, il a été jugé, d'une part, que les
filles mariées sous l'empire de la coutume de Normandie conservaient le droit de réclamer, par
privilège, leur *légitime* ou *mariage avenant*, sans
être obligées de prendre inscription. — Caen, 29
mai 1819, Leperchey c. Lecordier ; 6 juill. 1825, N.
— Et que les filles qui, parvenues à leur vingt-
cinquième année, jouissaient par usufruit d'une
provision égale à leur mariage avenant, dont les re-
venues propriétaires du fonds même de leur légitime par l'effet des lois des 17 niv. et 22 vent. an II.
— Caen, 8 janv. 1817, Lebrun c. Létonneur ; 1er
mai 1826, Turtain c. Rapalcy-Levigny ; *Cass.*, 5
juill. 1826, Vallée c. Bourdon et Gohier.

11. — Tandis que d'un autre côté, on a décidé
que la *légitime* ou *mariage avenant* des filles normandes constituait sur les biens héréditaires, non
un droit de copropriété, mais seulement une
créance; et que cette créance n'avait pu, depuis
la loi du 41 brum. an VII, être conservée vis-à-vis
des tiers-acquéreurs, qu'au moyen d'une inscription hypothécaire prise avant la transcription. —
Rouen, 23 nov. 4846, Mauger et Saint-André c. Frois-
sard ; *Cass.*, 19 nov. 4822, Osmont et Durand c. Du-
glé.

§ 3. — *De la constitution de la dot, et de son inaliénabilité.*

12. — Les deniers donnés en dot à une femme
normande, par ses père, mère, aïeul ou autres ascendans, et par ses frères, étaient réputés immeubles et propres à la femme, encore bien que la
constitution eût été faite sans clause de remploi
ni de conversion. Il en était de même des deniers
qui lui étaient donnés au même titre par toutes
autres personnes, mais à la condition qu'ils seraient convertis en héritage ou rente. — Cout.,
art. 511.

13. — Toutefois, cette fiction de l'immobilisation
des deniers dotaux n'était applicable qu'aux
époux et non aux tiers. — *Cass.*, 29 avr. 4834, Joly
c. Dubosco.

14. — Les deniers qu'une femme s'était constitués elle-même en dot, en déclarant qu'ils provenaient de ses épargnes, formaient un apport purement mobilier, de telle sorte que l'immeuble
acquis de ces deniers ne pouvait prendre ni le ca-

ractère de la dotalité, ni par suite celui de l'inaliénabilité. — *Cass.*, 15 déc. 1829, Lemoine c. Bou-
sières.

15. — L'immeuble donné par le mari à la femme
en paiement de ses deniers dotaux n'avait point
non plus le caractère de bien dotal inaliénable. —
Cass., 25 fév. 1847, Delarue c. Berthier.

16. — La clause de consignation stipulée dans
un contrat avait pour effet de frapper d'inaliénabilité et d'immobiliser les valeurs advenues à la
femme pendant le mariage. — *Cass.*, 11 juill. 4838
(t. 2 4838, p. 67), Lherbette c. de Martainville.

17. — La dot mobilière constituée avec une
clause expresse de remploi sur des biens normands
appartenant au mari, est devenue, dès l'instant du
remplacement, un fonds dotal normand ; d'où il
suit que la femme mariée mariée à Paris et sous
le régime de communauté, d'après les règles du
statut parisien, n'a pu l'aliéner durant le mariage.
— Il en doit être ainsi, alors surtout que le domicile
matrimonial des époux était en Normandie. —
Cass., 25 juin 1816, Descoubès c. Raveton. — V. *infrà* n° 33.

18. — Dans ce cas, les intérêts de la dot sont
inaliénables comme la dot même. — Même arrêt.

19. — La dot d'une somme d'argent assignée
par une mère à sa fille sur des créances auxquelles
les immeubles du mari étaient affectés, doit
être réputée simple promesse, et bien qu'il n'en
pas été remis; et lors-même qu'elle eût été cumulée
avec le mariage avenant dû à la fille. — *Cass.*, 4
déc. 4816, de la Varangerie c. de Bruc.

20. — La dot constituée par un père à sa fille
n'était qu'une simple créance qui n'était soumise à
l'inscription. — *Cass.*, 9 avr. 4823, Cordier c. Leperchey.

21. — La stipulation de communauté, faite dans
un contrat passé sous la coutume de Normandie,
mais avec cette condition qu'elle sera restreinte
aux acquêts que les époux feront avec les produits
de leur industrie et les revenus de leurs biens, les
biens propres restant propres à chacun
des époux, n'est pas inconciliable avec le régime
dotal du statut normand. — Dès-lors, la femme
ainsi mariée ne peut, en s'obligeant solidairement
avec son mari, subroger le créancier à l'hypothèque légale qu'elle a pour sûreté de ses apports
qui sont inaliénables. — *Cass.*, 19 déc. 4827, Gui-
chery c. Baloffet-Buffe ; 10 fév. 4841 (t. 4 4841,
p. 373), Guilhery c. Bruno.

22. — Le régime pur et simple de la communauté
a pu aussi être valablement stipulé en Normandie
sous l'empire de la loi du 17 niv. an II et antérieurement au Code civil. — Rouen, 10 messid. an XIII,
Delamare; 7 juill. 4818, Capron c. Lefrançois ; 16
août 4818, Anqueli c. Saguiel; 42 déc. 4823, Alix
c. Rouland; 2 avr. 4824, Guilhery c. Maire ; *Cass.*,
29 fév. 4832, Boulot.

23. — Du moins, l'arrêt qui le juge ainsi, en se
fondant à l'égard sur la jurisprudence du lieu d'é-
poque et du lieu où le contrat a été passé, ne peut
donner lieu à aucun rapport, ouverture à cassation. —
Cass., 29 fév. 4832, Boulot.

24. — En conséquence de cette stipulation de
communauté, la femme a pu, conjointement avec
son mari, ou de lui autorisée, aliéner ses immeubles normands. — Rouen, 12 déc. 4822, Alix c.
Rouland.

25. — Il a été jugé, en effet, que la stipulation
de propres, faite sous l'empire de la loi du 17 niv.,
ou, en Normandie, entre époux Normands, dans
un contrat portant adoption du régime de communauté, ne donnait point à ces propres le caractère d'inaliénabilité. — Rouen, 13 juin 4822, Labarre
c. Lecavellier.

26. — Mais une femme normande, mariée et domiciliée à Paris, n'a pu engager, même par des
contrats passés conjointement avec son mari, ses
immeubles normands qui lui avaient été constitués. — *Paris*, 19 mars 4823, Fischer c. Daguet.

27. — Elle n'a pu davantage hypothéquer les
immeubles normands qui lui étaient échus pendant son mariage, avant la promulgation du Code
civil. — *Cass.*, 24 avr. 4843, N... c. Bellecote.

28. — On a même décidé que les biens échus à la
femme normande, sous l'empire de la loi du 17
niv. an II, étaient inaliénables. — *Cass.*, 29 avr.
4834, Joly c. Dubosco.

29. — De même, les biens que la fille mariée en
Normandie sous la loi du 17 niv. an II, et réservés
à partage par son contrat de mariage, n'a recueillis que depuis, encore bien que depuis le
Code civil, sont dotaux et soumis aux dispositions
du statut normand qui prohibent l'aliénation de
ces biens. — *Paris*, 24 nov. 4812, Midi c. Boula de
Nanteuil.

30. — Jugé aussi que l'inaliénabilité qui frappait les biens dotaux s'étendait même aux revenus
desdits bienr. — Rouen, 13 fév. 4821, Beaujour

c. Saint-Pair.— V. *contrà Paris*, 21 nov. 1812, Midi c. Boula de Nanteuil.

31. — Jugé, toutefois, que l'effet du statut normand, en ce qui touche l'inaliénabilité des biens des femmes, n'était que temporaire et a pu être anéanti par la survenance d'une loi contraire, du moins à l'égard de la femme normande, mariée sous le régime de la communauté : qu'ainsi, dans le cas où la femme a obligé tous ses biens présens et à venir, l'obligation frappe sur les biens même situés en Normandie, mais échus postérieurement au Code civil. — *Cass.*, 19 août 1812, Sombret c. Leulier; 5 mai 1818, Sombret c. Vasse-Renoult.

32.—... Spécialement, que les art. 539, 540 et 542, cout. norm., ont été abrogés par le Code civil, en ce sens que les immeubles échus, sous l'empire du Code, à une femme née normande, mais mariée avec soumission expresse à la coutume de Paris, ne sont point frappés de l'inaliénabilité dotale créée par ces articles.— *Cass.*, 29 avr. 1834, Joly c. Duboscq.

33. — Quant à la dot mobilière d'une femme née normande, mais soumise par son contrat de mariage à la coutume de Paris, elle n'a jamais été régie par la coutume de Normandie; dès-lors, la femme a toujours pu valablement l'aliéner. — Même arrêt. — Nous avons vu cependant qu'il en était différemment lorsque cette dot avait été constituée avec une clause expresse de remploi. — V. *suprà* n° 47.

§ 4. — *Des cas dans lesquels la dot pouvait être aliénée.*

34. — Les biens dotaux d'une femme normande pouvaient être aliénés par le mari, du consentement de sa femme, ou par la femme, de l'autorisation et du consentement du mari. Dans ce cas, les contrats, porte l'art. 538 de la coutume, étaient bons et valables, et ni la femme ni ses héritiers n'étaient recevables à les attaquer, à moins qu'il n'y eût dol ou fraude. — Art. 124 des placités.

35. — L'aliénation faite par la femme seule de ses biens dotaux était même valable, si cette aliénation avait pour objet de retirer son mari de prison, ou de se procurer de la nourriture pour elle, son mari, ses père et mère, et ses enfans en extrême nécessité.— Cout., art. 541.

36. — Le mot *nourriture*, employé par l'art. 541 qui précède, s'appliquait aux vêtemens, à l'habitation, aux secours nécessaires en cas de maladie et à l'éducation. — *Cass.*, 3 mai 1842 (t. 1er 1842, p. 707), Bernier c. Crepet.

37. — La coutume permettait aussi à la femme, comme l'art. 1556, C. civ., d'aliéner ses biens dotaux pour l'*établissement* de ses enfans. — *Caen*, 25 janv. 1823, Legonix c. Pagny; *Rouen*, 23 janv. 1824, Vasse-Renoult c. Sombret. — V. sur le point de savoir ce que l'on doit entendre par *établissement* le mot DOT.

38. — Toutefois, la femme à qui il avait été interdit d'aliéner sa dot sans remploi, ne pouvait se soustraire à cette obligation au moyen d'une donation faite pour l'établissement d'un de ses enfans. — *Rouen*, 12 déc. 1820, Hazet c. Osmont.

39. — Elle n'avait pas le droit, si elle était marchande publique, d'affecter seule ses biens dotaux aux engagemens concernant son négoce. — *Cass.*, 19 déc. 1810, Martin.

40. — Mais la loi du 30 vent. an XII, art. 13, ayant aboli le statut normand qui déclarait la femme mariée incapable de s'obliger, les obligations contractées par cette femme postérieurement à la loi du 30 vent., étaient valables et exécutées sur les intérêts de sa dot. — *Rouen*, 1er août 1817, Guillaume c. Morris.

41. — Elles l'ont été aussi sur ses reprises matrimoniales, et à plus forte raison sur ses biens extradotaux. — Même arrêt.

42. — La femme avait, dans tous les cas, la faculté de disposer de ses biens dotaux par testament. — *Cass.*, 14 août 1821, Chrétien c. Lecouturier. — *Contrà Caen*, 16 août 1842 (t. 1er 1843, p. 372,) Cusson c. Boulard.

43. — Si elle avait donné entre-vifs un immeuble dotal à son mari, durant le mariage, ses héritiers étaient non-recevables à attaquer cette donation comme constituant une *aliénation* de fonds dotal; en effet, une telle libéralité étant essentiellement révocable, doit être maintenue comme le serait le legs du fonds dotal. — *Cass.*, 1er déc. 1824, Leperdriel c. Poirier.

44. — Jugé au contraire que la femme mariée anciennement en Normandie n'avait pas, même depuis la loi du 17 niv. an II, disposer entre-vifs de ses biens dotaux au profit de son mari. — *Cass.*, 6 avr. 1818, Delalonde c. Saint-Hilaire; 25 nov. 1822, Volant c. d'Aussy; *Caen*, 6 mai 1824, Caumont c. Veller.

45. — Quant aux donations faites par une femme à ses enfans, dans un partage anticipé, elles n'étaient pas réputées constituer une aliénation de la dot contraire à la loi, par la raison qu'elles avaient pour résultat de conserver les biens dans la famille. — *Caen*, 15 juin 1835, Jourdan et Lecoursonnais, c. Davy.

46. — La femme avait encore le droit d'aliéner seule, sans le concours de son mari, ses biens dotaux, lorsqu'elle s'en était réservé la faculté par son contrat de mariage. — *Cass.*, 3 mai 1842 (t. 1er, 1842, p. 707), Bernier c. Crepet.

47. — Dans, ce cas, elle n'était pas recevable à demander, contre l'acquéreur, la nullité de la vente qu'elle avait faite.—*Caen*, 7 mars 1823, Daustrême, Descloseis c. Cavigny.

48. — Si une femme normande, mais soumise par contrat de mariage à une coutume de communauté, avait vendu, hors des cas indiqués ci-dessus et sans le consentement de son mari, des biens dotaux situés en Normandie, affectant à la garantie de la vente tous ses biens présens et à venir; bien qu'aux termes du statut normand la vente fût nulle, la clause de garantie n'en devait pas moins avoir effet à l'égard des biens situés hors du ressort de la cout. de Normandie. — *Cass.*, 5 mai 1818, Sombret c. Vasse-Renoult.

49. — Aux termes de l'art. 544 de la coutume, les condamnations obtenues contre une femme mariée pour cause de *méfait*, ou *médit*, ou *autre crime*, pouvaient être exécutées, en cas d'insuffisance des fruits, sur tous ses biens, même dotaux. — *Cass.*, 13 déc. 1837 (t. 1er 1838, p. 30), Jacquelin c. Lenormand.

50. — Cette disposition était également applicable à la condamnation purement civile prononcée contre une femme convaincue de soustractions frauduleuses dans une succession ouverte en sa faveur.— *Cass.*, 18 mai 1824, Asselin c. Alexandre.

51. — Lorsque l'aliénation d'un immeuble dotal n'avait point été faite valablement, la femme ne perdait pas même la possession de cet immeuble. Elle avait une action dite de *bref de mariage encombré*, qui équivalait à la *réintégrande*, et, au besoin, l'action propriétaire ou en revendication ordinaire. — Cout., art. 537.

52. — Si la femme mariée sous la coutume de Normandie était séparée de biens, elle ne pouvait plus vendre ses biens dotaux, c'est-à-dire ceux qui lui appartenaient lors de sa séparation ou qui lui échéaient depuis par succession, même du consentement de son mari; il lui fallait permission de justice et avis de parens. — Placités, art. 127.

53.—Cette disposition était un statut réel qu a continué, même depuis la publication du Code civil; à régir les biens des femmes situés en Normandie. *Cass.* (ch. réunies), 27 fév. 1817, Martin c. Crotat. —V. cependant *Cass.*. 12 juin 1815, mêmes parties.

54.—Elle doit s'étendre aux biens qui sont échus à la femme normande, par *succession en ligne directe*, depuis la publication du Code civil. — *Cass.*, 22 août 1821, Lebret c. d'Amfreville.

55. — Lorsque la femme était poursuivie comme coupable de banqueroute frauduleuse, il y avait là cause suffisante pour autoriser la vente de ses biens dotaux, afin de désintéresser ses créanciers. — *Caen*, 6 juill. 1824, Onfroy c. André.

56. — Il n'était même pas indispensable, pour que l'aliénation du fonds dotal pût être valablement autorisée, que les parens assemblés en conseil de famille eussent positivement reconnu la nécessité de la vente; il suffisait que la majorité s'en fût rapportée à justice. — Même arrêt.

57. — La vente qu'une femme normande abandonnée de son mari a faite de sa dot immobilière, avec l'autorisation d'un avis de parens, est valable, bien qu'il n'y ait pas eu emploi de deniers, si ces deniers ont servi aux frais de nourriture de la femme et de ses enfans, et aux frais d'éducation de ceux-ci. La femme était alors dans le cas d'*extrême nécessité* prévu par l'art. 541 de la Coutume. — *Cass.*, 3 mai 1842 (t. 1er 1842, p. 707), Bernier c. Crepet.

58. — Peu importe que les créances acquittées aient eu pour cause des besoins passés et déjà satisfaits quand la vente de la dot a été autorisée par l'avis des parens.— Même arrêt.

59. — L'abandon qu'une femme fait à l'un de ses cohéritiers de certains immeubles qui lui ont été attribués dans la succession paternelle, dans le but de s'affranchir d'une action en rescision pour cause de lésion dirigée contre ce partage, ne constitue pas une aliénation de biens dotaux prohibée par l'art. 127 des placités. Agir ainsi, ce n'est de sa part qu'user de la faculté que lui accorde l'art. 891, C. civ., de prévenir un nouveau partage en rétablissant l'égalité entre elle et son cohéritier. — *Cass.*, 9 mai 1837 (t. 2 1837, p. 209), Girault c. Guenet.

60. — La femme séparée de biens ne pouvait, même en s'obligeant conjointement et solidairement avec son mari, hypothéquer ses immeubles dotaux sans avis de parens et permission de justice. — *Cass*, 10 janv. 1820, Girault c. le Trésor.

61.— Néanmoins le créancier en faveur duquel cette hypothèque était consentie avait le droit de saisir les fruits et les revenus de la dot, sauf la faculté réservée à la femme de réclamer des aliments sur ces mêmes revenus. — Même arrêt.

62.— Jugé que les obligations contractées, après la séparation de biens, par la femme étaient exécutoires sur ses revenus et sur son mobilier, sans qu'on pût rechercher si la cause de son obligation était un acte de bonne ou mauvaise administration.— *Rouen*, 14 mai 1828, Clerisse c. Lechevalier.

63. — L'obligation consentie par la femme est valablement ratifiée par elle après la séparation de biens prononcée depuis le Code civil, et exécutée sur tout son mobilier : les juges ont seulement la faculté de lui accorder des délais. — *Caen*, 3 août 1826, Thorel c. Boisduval.

64. — Les aliénations faites sous le Code civil, sans avis de parens ou autorité de justice, par une femme séparée de biens, doivent être attaquées, dans le délai de dix ans, conformément à l'art. 1304, à compter du jour de la vente; ce délai expiré, l'action en nullité est prescrite. — *Caen*, 17 juill. 1823, Vaumousse c. Deslogettes.

65. — La femme normande séparée de biens ne pouvait, alors même qu'elle s'immisçait dans la succession de son mari, être réputée son héritière. La séparation équipollait à une renonciation. Par suite, elle ne pouvait être considérée comme garante des faits de son mari, et comme telle, non recevable à attaquer la vente qu'il avait consentie d'un immeuble dotal. — *Cass.*, 30 juin 1840 (t. 2 1840, p. 758), Auger c. Cuvillier.

66. — Mais l'héritier d'une femme normande qui se constitue en dot une rente provenant de la vente d'un immeuble dotal indûment aliéné par sa mère, ratifie par là cette aliénation, et se rend, dès-lors, non-recevable à l'attaquer. — *Rouen*, 15 juin 1841 (t. 1er 1842, p. 234), Poubelle c. Bouteiller, Folliot et Bard.

67. — Il en est de même s'il partage cette rente avec ses cohéritiers, ou si, à défaut du paiement des arrérages, il demande l'envoi en possession.— Même arrêt.

68. — Quant aux biens que la femme séparée de biens avait acquis depuis sa séparation, elle pouvait les vendre seule, sans le consentement de son mari et sans l'autorité de justice.—Placités, art. 126.

69.— L'acquéreur des biens dotaux d'une femme normande ne peut jamais, en se fondant sur l'inobservation des formalités exigées pour l'aliénation de ces biens, demander la résiliation du contrat, ou au moins une caution pour la restitution du prix, lorsqu'à l'instant de la vente il a pu et dû connaître la nature de l'immeuble qui lui était vendu.— *Cass.*, 25 juin 1822, Daguin c. d'Estampes.

70. — Après la dissolution du mariage, les biens dotaux normands cessaient d'être inaliénables. — *Cass.*, 28 juin 1826, de Bellecole c. Armagis.

71. — Ces biens faisaient partie de la succession de la femme normande, même vis-à-vis de ses créanciers. En conséquence, l'héritier qui les aliénait sans formalités faisait acte d'héritier pur et simple. — Même arrêt.

72. — Jugé dans ce sens que les obligations consenties par une femme mariée sous le régime normand étaient exécutoires à l'égard de son héritier sur les immeubles soumis à ce régime lorsque cet héritier avait disposé, sans inventaire préalable, des meubles et des immeubles aliénables dont la défunte était propriétaire dans d'autres coutumes. — *Caen*, 24 janv. 1826, de Tragin c. de Courtemanche.

73. — Les obligations contractées, même depuis le Code civil, par une femme normande mariée antérieurement ont pu être exécutées après son décès sur ses biens dotaux. — *Paris*, 13 mars 1821, Adde c. Delahoussaye.

74. — Jugé au contraire que l'inaliénabilité du fonds dotal, consacrée par le statut de Normandie dans l'intérêt des femmes, s'étendait à leurs héritiers, tellement que les obligations contractées par la femme pendant le mariage ne pouvaient atteindre dans aucun cas les biens dotaux, même après la dissolution du mariage, et lorsqu'ils se trouvaient dans les mains de ses héritiers. — *Paris*, 19 mars 1823, Fischer c. Daguet.

75. — Lorsqu'il s'élève des contestations sur la validité d'une aliénation ou d'une hypothèque consentie par une femme mariée sous la coutume de Normandie, c'est d'après les dispositions de

cette coutume, et non d'après le Code civil, que les contestations doivent être appréciées. — *Cass.*, 19 déc. 1810, Martin.

§ 5. — *Du remploi des biens aliénés, dotaux ou non dotaux, appartenant à la femme normande, et de son recours subsidiaire contre les tiers détenteurs de ces biens.*

76.—Le régime dotal adopté en Normandie conférait au mari : 1° l'administration et la jouissance des biens dotaux de la femme ; — 2° un intérêt immédiat à la disposition de ces biens, soit quant à cette jouissance, soit quant à la responsabilité de son administration ; — 3° l'exercice des droits et des actions de la femme. — De là résultait pour le mari deux sortes d'obligations, l'une de responsabilité envers sa femme, l'autre de garantie envers les tiers avec lesquels il traitait relativement aux biens de celle-ci. Cette garantie existait dans tous les cas : soit que le mari vendît avec le concours de sa femme, soit que celle-ci vendît elle-même avec l'autorisation du mari ; la double position de ce dernier, d'intéressé et d'administrateur responsable, l'obligeait, dans tous les cas, vis-à-vis de l'acheteur, à répondre de tous les troubles ou évictions, et envers sa femme à faire le remploi des biens aliénés. — Cout., art. 411, 538, 539 et 542.

77. — Il y avait, comme sous le Code civil, remploi valable au profit de la femme, lorsqu'il apparaissait des actes que l'immeuble servant de remplacement avait été acquis pour la femme, payé de ses deniers dotaux, et formellement accepté par elle. — *Rouen*, 15 mars 1841 (t. 1er 1841, p. 601), Lanoe c. Cheruny.

78. — A défaut de remploi spécial, les biens de la femme normande aliénés par son mari, devaient être remplacés sur les immeubles acquis par celui-ci pendant le mariage, même à titre de licitation. — *Rouen*, 5 juin 1823, Delarue c. Chevalier.

79. — Si les deniers provenant de l'aliénation du bien dotal n'avaient pas été convertis au profit de la femme, celle-ci avait récompense du juste prix de sa dot sur les biens de son mari, du jour du contrat de mariage ou de la célébration. — Cout., art. 539.

80. — Cette récompense était garantie par une hypothèque générale sur les biens du mari, qui prenait rang au jour de la célébration du mariage. — *Cass.*, 10 fév. 1817, de Briges et de Sainte-Colombe c. Bretel.

81. — La femme pouvait obliger la créance provenant de cette récompense, comme toute autre créance mobilière, lors même que l'immeuble sur le prix duquel elle demandait à être colloquée à raison de sa créance contre son mari, aurait été situé dans un pays régi autrefois par le droit romain, dont les dispositions sur l'inaliénabilité des dots des femmes avaient une grande analogie avec celles de la coutume de Normandie. — *Grenoble*, 22 juill. 1820, de Montchenu c. de Vogué.

82. — N'était pas considérée comme un remploi valable, la conversion en rente viagère du prix de l'immeuble aliéné, sans formalités, par la femme séparée civilement. — *Caen*, 17 juill. 1823, Vaumousse c. Deslogettes.

83. — Il n'était cependant pas indispensable qu'un autre immeuble fût donné à la femme en échange de l'immeuble aliéné. Le remploi avait lieu toutes les fois que les deniers provenant de la vente, faite régulièrement, avaient tourné au profit de la femme, comme, par exemple, lorsqu'ils avaient servi à acquitter ses dettes. — Basnage, sur l'art. 538.

84. — Jugé que le statut normand, qui ordonnait le remploi des immeubles aliénés par les femmes mariées, n'a pas été abrogé implicitement par la loi du 17 niv. an II, ni tacitement par l'usage qui aurait suivi cette loi. — *Paris*, 9 juill. 1830, de Beaunay c. de Guenet.

85. — La convention de remploi consentie par la femme, dans la pensée que le statut normand n'avait pas cessé d'être en vigueur, est en tous cas licite et obligatoire. — Même arrêt.

86. — Les contrats de mariage sous seing-privé qui avaient acquis date certaine avant le Code civil ont été protégés par l'hypothèque légale résultant de l'art. 2135, en ce sens que la femme a eu sur les biens de son mari, pour raison de sa dot, une hypothèque légale à la date de la promulgation du Code civil. — *Caen*, 4 mai 1814, Huet. Pierne c. Hamel ; *Rouen*, 2 janv. 1824, Bigot.

87. — Jugé toutefois que les effets de cette hypothèque doivent remonter à la date du contrat de mariage. — *Caen*, 25 nov. 1824, Fourmy c. Mellion.

88. — Ainsi, quoique non-inscrite sous la loi du 11 brum. an VII, elle a conservé son rang, au préjudice des créanciers du mari, qui n'avaient eux-mêmes, à défaut d'inscription, aucun droit acquis sur les immeubles, à l'époque de la publication du Code civil. — *Cass.*, 10 fév. 1817, De Briges et de Sainte-Colombe c. Bretel.

89. — Si la femme normande avait, sous la loi du 11 brum. an VII, consenti la main-levée et la radiation de l'inscription par elle prise sur les biens de son mari, celle prise depuis la radiation et avant le Code civil, par un autre créancier qui aurait traité avec le mari, sur la foi d'un certificat de non-inscription, devrait primer la deuxième inscription prise postérieurement par la femme. — *Cass.*, 26 janv. 1814, Druy et Grenier c. Hermel.

90. — Lorsque le remploi des biens dotaux aliénés n'avait pas été fait, la femme ou ses héritiers avaient le choix, à la dissolution du mariage, de se contenter du prix de la vente, ou de l'immeuble acquis en contre-échange, ou de la rente de fief provenant de l'aliénation, ou de demander aux héritiers du mari le juste prix des biens dotaux au moment de son décès. — Cout., art. 539, 540, 542 ; Placités, art. 125.

91. — Flaust (*Comment. sur la cout. de Normandie*, t. 1er, p. 425 et 475) enseigne que cette disposition n'était pas applicable à la femme héritière de son mari, mais seulement à la veuve renonçante, ou à l'héritier de la femme morte avant le mari. La veuve *héritière* ne pouvait ni attaquer les acquéreurs de son fonds dotal, ni en demander l'estimation ; elle devait se contenter du prix du contrat de vente. Mais s'il y avait des acquêts, le remplacement s'opérait de plein droit en sa faveur sur ces conquêts au sou la livre, en prenant pour base le prix des contrats de vente et d'acquisition, aux termes des art. 408 de la coutume, et 65 et 107 des placités.

92. — Cependant la cour de Caen a jugé, contre l'opinion de Flaust, que la femme normande qui ne renonçait pas à la société aux meubles et acquêts établie par la coutume pouvait réclamer le juste prix de ses immeubles dotaux aliénés pendant le mariage, *d'après leur valeur au décès*. — *Caen*, 9 juill. 1825, Pollet et consorts c. Beaussieux (ancien *Rec. des arr. des cours de Rouen et Caen*, t. 5, p. 22).

93. — Jugé que la femme qui avait cédé à sa mère son immeuble dotal en paiement des reprises matrimoniales de celle-ci a pu, quoiqu'elle le retrouvât dans sa succession, en répéter le juste prix sur les biens de son mari, après la dissolution de leur mariage ou leur séparation, si elle n'avait accepté la succession de sa mère que sous bénéfice d'inventaire. — *Cass.*, 29 juin 1837 (t. 2 1837, p. 72), Saulois c. Petit Dulongprey.

94. — Le droit d'exercer l'action en réclamation du juste prix des immeubles dotaux aliénés n'appartenait à la femme séparée de biens que lorsque le mariage avait été dissous, et non immédiatement après la séparation de biens. — *Cass.*, 16 mars 1836, Lemaréchal c. Legros. — V. toutefois *Paris*, 13 août 1811, Provenchère c. Grente et Lecot.

95. — Dans le cas où le remploi ne pouvait s'effectuer sur les biens du mari, la femme ou ses héritiers avaient un *recours subsidiaire* contre les tiers détenteurs des biens dotaux aliénés, lesquels avaient l'option de les leur abandonner ou de leur en payer le juste prix au décès du mari. — Cout., art. 540 ; Pl., art. 125.

96. — Toutefois, cette option n'appartenait qu'aux tiers qui avaient acheté les biens dotaux, et non à ceux qui les avaient reçus à titre de donation. — *Cass.*, 29 août 1827, Alleaume c. de Lanterie.

97. — Le recours dont il s'agit ne devait pas être considéré comme une simple *action hypothécaire*, mais comme un droit dans la *propriété* qui pouvait se conserver sans inscription. — *Cass.*, 30 avr. 1811, Cirette c. Leduc.

98. — Mais la femme normande séparée de biens, ne pouvait l'exercer qu'après la dissolution du mariage. — *Cass.*, 16 mars 1836, Lemaréchal. — V. *contrà Rouen*, 10 juin 1809, Piel ; *Paris*, 13 août 1811, Provenchère.

99. — Si les biens d'une femme avaient été aliénés, les uns de son consentement, les autres sans qu'elle eût assisté aux actes de vente, c'était d'abord contre les acquéreurs en vertu de ces derniers actes que les poursuites devaient être dirigées. — *Rouen*, 18 août 1827, Davannes c. Delaville et Sauvage.

100. — En admettant qu'il fallût considérer comme équivalente à partage, la cession faite par une femme à son cohéritier de tous ses droits successifs, tant mobiliers qu'immobiliers, cette femme pouvait néanmoins, nonobstant cette cession, et à défaut de récompense sur les biens de son mari, recourir subsidiairement, à l'égard des immeubles, contre son cohéritier cessionnaire, comme tiers détenteur de ses biens dotaux. — *Cass.*, 1er mars 1832, Barassin c. Lechevrel.

101. — Jugé que la femme normande dont le fonds dotal a été aliéné et remplacé par d'autres immeubles vendus à leur tour, et qui demande contre le tiers acquéreur de ces immeubles d'être payée sur le prix sans réduction, est censée avoir demandé le juste prix de ses biens dotaux, d'après estimation, ou le délaissement des biens, et doit être payée de ce prix intégralement, quoique le mari l'ait reçu en papier-monnaie. — *Cass.*, 16 mai 1827, Saint-Denis c. Levacher.

102. — Le tiers acquéreur des biens dotaux d'une femme normande n'a pu se défendre de son recours subsidiaire, en soutenant que, le prix des aliénations ayant servi à acquitter les dettes de la femme antérieures au mariage, il y avait eu par là même conversion des deniers à son profit. — *Rouen*, 31 mai 1811, Fromager c. Langreney. — V. cependant *suprà* n° 80.

103. — Mais la femme dont le bien a été aliéné et qui s'est bornée, à la liquidation de la succession de son mari, à réclamer le prix de la vente, ne peut ensuite actionner le tiers acquéreur en délaissement ou en paiement du prix de l'immeuble vendu. — *Rouen*, 25 juin 1806, Bloquel c. Moncourier.

104. — On a vu plus haut (n° 91) que pour conserver son recours subsidiaire contre les acquéreurs de ses biens dotaux, en cas d'insuffisance des biens du mari, il fallait que la femme renonçât à la succession de ce dernier.

105. — Cette renonciation devait avoir lieu dans les quarante jours à partir du décès du mari. Ce délai était préfix et fatal. — *Rennes*, 12 mars 1811, Le Bouteillier c. Herpin.

106. — La prorogation due à l'ordonnance de 1667 était également péremptoire. — Même arrêt.

107. — L'art. 789, C. civ., duquel il résulte que la faculté d'accepter ou de répudier une succession se prescrit par le laps de temps requis pour la prescription la plus longue des droits immobiliers, n'a pu être invoqué par les femmes normandes qui avaient un recours à exercer contre les tiers acquéreurs de leurs biens dotaux. — *Rouen*, 12 déc. 1825, Dubois (anc. *Recueil des arr. de Rouen et de Caen*, ann. 1828, p. 53).

108. — Tout acte d'immixtion dans la succession du mari, même pendant le délai de quarante jours, emportait déchéance du droit de renoncer. — *Paris*, 14 avr. 1825, Huet de la Croix c. Wasse.

109. — Mais l'expiration du délai légal et les actes d'immixtion étaient les seules causes qui pussent priver la femme du droit de renoncer à la succession de son mari. — Même arrêt.

110. — Jugé que le recours subsidiaire autorisé par la coutume n'appartenait point à la femme qui s'était mariée en Normandie sous le régime de la communauté. — *Rouen*, 7 juill. 1818, Capron c. Lefrançois ; 2 avr. 1824, Guilbery c. Maire.

111. — Cependant, en pareil cas, l'acquéreur menacé d'un recours a pu se refuser au paiement du prix de son acquisition jusqu'à ce qu'il lui fût donné des sûretés suffisantes pour sa garantie de l'éviction. — *Rouen*, 7 juill. 1818, Capron c. Lefrançois.

112. — L'héritier qui a disposé du mobilier de la succession d'une femme normande séparée civilement n'est pas recevable à recourir contre les tiers acquéreurs qui ont contracté avec cette femme, depuis la séparation civile, sans observer les formalités requises. — *Caen*, 17 juill. 1823, Vaumousse c. Deslogettes.

113. — Les règles précédentes ne sont pas au nombre des dispositions statutaires abolies par la loi du 17 niv. an II, art. 61 : elles ont continué, même depuis le Code, à régir les droits dotaux et tous les actes d'aliénation de dot pour les mariages faits en Normandie avant le Code. — *Rouen*, 18 juin 1809, Piel ; *Paris*, 27 mars 1810, Morris c. Desprez ; *Cass.*, 30 avr. 1811, Cirette c. Leduc.

114. — Quant aux biens non dotaux, c'est-à-dire à ceux qui échéaient à la femme normande par succession collatérale, ou qui lui provenaient de donation, s'ils étaient aliénés par le mari, du consentement de la femme, ou par la femme, de l'autorisation du mari, et que le prix n'eût point été converti au profit de la femme, il lui était dû également récompense sur les biens de son mari ; mais l'hypothèque ne prenait rang que du jour de l'aliénation. S'il y avait lieu à recours contre les tiers détenteurs, ils ne devaient le prix des biens aliénés qu'eu égard à ce qu'ils valaient lors de la vente. — Cout., art. 542.

115. — Cette disposition s'applique même aux biens échus depuis la publication du Code civil à la femme qui s'est soumise au statut normand, et qui ont été aliénés sans que le remploi en ait été fait sur les biens du mari. — *Cass.*, 15 mars 1826, Halluin c. Buisson.

116. — Jugé en conséquence que l'acquéreur des biens non dotaux d'une femme normande, aliénés pendant le mariage, doit déduire sur le prix à restituer, la valeur d'un usufruit qui grevait ces biens au moment de l'aliénation. — *Cass.*, 22 août 1821, Esnault c. Desvaulx ; 20 nov. 1824, mêmes parties.

117. — Peu importe que l'usufruit dont l'immeuble était grevé se trouve éteint au moment où le recours subsidiaire de la femme est exercé. — Même arrêt.

118. — L'arrêt qui ordonnerait le remboursement du juste prix des immeubles ainsi aliénés, sans ordonner la déduction préalable de la valeur de l'usufruit dont se trouvaient grevés ces biens, laisserait à l'acquéreur le droit de réclamer cette réduction lors de l'estimation. — *Cass.*, 15 mars 1826, Halluin c. Buisson.

119. — Jugé que la femme normande à qui sa mère, en la mariant, a fait la promesse de lui garder sa succession immobilière, peut revendiquer un immeuble vendu par celle-ci, quoiqu'elle ait accepté sa succession mobilière, en vertu de la procuration de son mari. Il importe peu que l'aliénation faite par la mère soit antérieure au contrat de mariage de la fille, si cette aliénation a eu lieu sans l'autorisation du mari ou de la justice, et si la ratification que la mère en a faite depuis son veuvage est postérieure au contrat de mariage qui contient promesse de garder succession immobilière. — *Cass.*, 11 mai 1824, Lepaysant c. Brard-Duclos.

§ 6. — *Des reprises de la femme, et du droit qu'elle avait de prendre part aux conquêts et aux meubles. — Dettes*

120. — L'art. 121 des placités accordait à la femme, ou à ses héritiers, le droit de demander le délaissement des héritages affectés à la garantie de sa dot et non aliénés, à due estimation par experts, et sans saisie par décret, si mieux n'aimaient les héritiers ou créanciers du mari lui rembourser le montant de sa dot.

121. — Cette disposition ne pouvait s'appliquer qu'au paiement de la dot et non à une donation faite à la femme d'une créance sur son mari. — *Cass.*, 27 juin 1825, Littée c. Picard.

122. — Depuis la loi du 11 brum. an VII, la femme normande a conservé le droit de demander, jusqu'à concurrence de sa dot, l'envoi en possession des biens de son mari, à moins que les créanciers de ce dernier ne préfèrent poursuivre l'expropriation des mêmes biens et contracter l'obligation de la faire colloquer utilement pour le montant de ses créances dotales sur le prix de la vente. — *Caen*, 14 fév. 1821, Escalard c. Leprevot.

123. — Jugé que, si en liquidant les droits d'une femme normande, il lui a été délivré des immeubles du mari en paiement de ses reprises, tant mobilières qu'immobilières, sans qu'il ait été spécifié quels biens représentaient les reprises immobilières, il y a lieu, sur la demande d'un créancier postérieur au mariage, de faire des lots indicatifs de ce qui est bien dotal normand et de ce qui est bien de libre disposition. — *Caen*, 18 août 1842 (t. 1er 1843, p. 205), de Saint-Pierre c. Lepicard de Formigny.

124. — Lorsqu'un mari normand, qui ne devait aucun remploi à sa femme, acquérait de ses propres deniers un immeuble, avec stipulation que cet immeuble appartiendrait au survivant de lui ou de son épouse, sous la condition toutefois imposée à celle-ci, en cas de survie de sa part, de tenir compte aux héritiers du mari des capitaux et frais payés pour l'acquisition, la femme ne pouvait réclamer l'exécution de cette stipulation. — *Caen*, 22 fév. 1823, Guillouet c. Duhamel.

125. — Encore qu'une femme soit née et qu'elle ait ses biens dotaux en Normandie, ses reprises dotales, en cas d'aliénation de dot, sont régies par la coutume de Paris, si, en se mariant, elle a déclaré se soumettre à cette coutume pour le remploi de ses propres, en quelque lieu qu'ils soient situés. — *Cass.*, 22 juill. 1819, Montchenu c. Sulot.

126. — La femme normande devait participer, après la mort de son mari, aux produits de la collaboration commune. — *Cass.*, 18 juin 1835, Tessier c. Sérès.

127 — Elle avait la moitié en propriété des conquêts faits en bourgage, et, quant aux conquêts faits hors bourgage, la moitié en propriété au bailliage de Gisors, et en usufruit au bailliage de Caux, et le tiers en usufruit aux autres bailliages et vicomtés. — Cout., art. 329.

128. — Les biens de bourgage étaient ceux qui étaient situés dans l'agrégation des maisons qui constituaient le *bourgage*. Cette dénomination appartenait non seulement aux villes murées, mais encore aux bourgs. Un autre caractère des biens de bourgage était d'être exempts de payer le treizième et autres droits seigneuriaux. — Cout., art. 138.

129. — Néanmoins, bien qu'un héritage payât une redevance à un seigneur, il pouvait être déclaré en bourgage s'il était constant qu'il tenait à l'agglomération d'un faubourg, lequel s'étendait au-delà du point où l'héritage était situé, et si d'ailleurs ce même héritage avait été précédemment partagé comme bien de bourgage. — *Rouen*, 8 juill. 1822, Heugues c. Roussel.

130. — Lorsqu'il s'agissait de savoir si les biens devaient être classés en coutume générale ou en bourgade, il fallait s'attacher moins à la nature de ces biens qu'à leur situation. — *Rouen*, 28 nov. 1836, Floquet c. Duboc.

131. — Le bourgage constituait une exception au droit commun; et si l'opinion générale était que le bourgage diminuait ou s'accroissait, selon que la ville ou le bourg diminuait ou s'accroissait, il fallait que l'exception fût établie, et qu'elle se renfermât dans ce qui formait la ville ou le faubourg, autrement le droit commun était maintenu. — Même arrêt. — V. au surplus, sur la définition du *bourgage normand*, un article de M. Chéron, conseiller à la cour royale de Rouen, inséré dans la note sous l'arrêt de Rouen précité, du 8 juill. 1823.

132. — Quant aux conquêts, c'étaient toutes les acquisitions faites par le mari, pendant le mariage, du fruit de sa bonne administration et de ses économies; les rentes foncières et hypothécaires entraient dans les conquêts. Il en était de même de la donation faite à la femme par des étrangers. — Basnage, t. 1er, p. 531 et 599.

133. — Mais le rachat, fait par le mari, des charges grevant un héritage appartenant à la femme n'était point réputé acquêt : c'était seulement un accroissement du fonds, qui profitait exclusivement au propriétaire de l'héritage dégrevé. — *Rouen*, 15 mars 1841 (t. 1er 1841, p. 601). Lanoe c. Cheramy.

134. — Les droits attribués par la coutume à la femme, soit sur les biens de bourgage, soit sur ceux hors bourgage, formaient une condition de l'association conjugale, de telle sorte qu'il ne s'opérait pas, au décès du mari, une mutation de propriété passible du droit proportionnel d'enregistrement. — *Cass.*, 26 juin 1826, Enreg. c. Quertier.

135. — La disposition de la coutume sur ce point constitue un statut réel, qui régit le partage des conquêts situés dans le ressort de la coutume, quels que soient le lieu où le contrat de mariage a été passé, la coutume de ce lieu, le domicile des contractans et leurs conventions matrimoniales. — *Rouen*, 17 fév. 1817, Petit c. Levieux ; *Cass.*, 4 mars 1829, mêmes parties.

136. — Plus spécialement, la femme mariée avec stipulation de communauté, sous une coutume qui permettrait cette stipulation, ne peut néanmoins, après le décès de son mari, réclamer que le tiers en usufruit des immeubles acquis pendant le mariage, et situés dans le ressort de la cout. de Normandie. — *Cass.*, même arrêt.

137. — Mais les droits de la femme mariée, sous l'empire de la coutume de Normandie, sur les immeubles acquis par son mari durant le mariage ne sont pas régis par cette coutume si les biens ne sont pas situés dans son ressort. Ces droits sont au contraire régis par la coutume de la situation des biens. — *Cass.*, 18 juin 1835, Tessier c. Sérès.

138. — Les droits que la coutume accordait à la femme, sur les conquêts faits en bourgage et autres lieux, ne sont pas des gains de survie, en ce sens qu'elle ne puisse y prendre part en cas de divorce. — *Rouen*, 28 janv. 1811, Crespin c. Chevalier et Léveillé.

139. — Le droit de la veuve sur les meubles et acquêts laissés par son mari n'étant point un droit héréditaire, mais un avantage matrimonial qui n'a pas été aboli par la loi du 17 niv. an II, la femme normande a pu l'exercer depuis la promulgation du Code civil. — *Rouen*, 9 mai 1812, Tiberge ; *Cass.*, 30 mars 1825, Enreg. c. Delaunay ; 18 janv. 1835, Tessier c. Sérès.

140. — Au contraire, la femme perdait, par son divorce, le droit à la moitié de la succession mobilière de son mari, que les art. 392 et 393 de la coutume lui accordaient. — *Cass.*, 29 août 1827, Allaume c. Lanerie.

141. — Lorsque les conquêts immobiliers ont été aliénés par le mari avant la dissolution du mariage, la femme n'a plus rien à prétendre, encore bien que le prix de l'aliénation ait été constitué en rente qualifiée dans le contrat, de *rente foncière*. — *Rouen*, 24 avr. 1837 (t. 1er 1838, p. 23), Louvet c. Hellot.

142. — Il a cependant été décidé qu'il y avait lieu pour les époux de prélever sur les valeurs purement mobilières représentant les conquêts immobiliers, le prix de leurs propres aliénés, constant le mariage. — *Rouen*, 14 mars 1839 (t. 1er 1839, p. 544), Védie c. Pigache et Barbey.

143. — La femme normande devenue, par suite d'un don mutuel fait entre elle et son mari, depuis la loi du 17 niv. an II, mais bien avant le Code civ., donataire, en cas de survie, de tout le mobilier qui appartiendrait à son époux au moment de son décès, ne peut réclamer, comme faisant partie de ce mobilier, les rentes acquises depuis le le Code civ. — *Caen*, 22 fév. 1823, Guillouet c. Duhamel.

144. — Celle qui, en se mariant sous l'empire de la loi du 17 niv. an II, a réglé par contrat ses conventions matrimoniales d'une autre manière que ne le faisait la coutume de Normandie, ne peut plus invoquer cette coutume; elle ne saurait faire concourir les avantages portés par son contrat de mariage avec ceux à elle faits par le testament de son mari, de manière à absorber la totalité de la succession. — *Rouen*, 20 janv. 1812, Anest.

145. — Dans le cas où la femme prenait sa part dans les conquêts, elle devait contribuer aux dettes contractées par le mari durant le mariage. Elle contribuait même à celles qui l'avaient été postérieurement à l'ordonnance qui avait admis sa demande en divorce. — *Rouen*, 28 janv. 1811, Crespin c. Chevalier et Léveillé.

146. — Lorsqu'elle recueillait la moitié de la succession mobilière de son mari, conformément aux art. 392 et 393 de la coutume, elle était tenue également des dettes mobilières jusqu'à concurrence de cette moitié. — *Cass.*, 29 août 1827, Alleaume c. de Lanterie

147. — C'était en qualité d'héritière que la femme normande participait aux conquêts et aux meubles. Lorsqu'elle n'était point séparée de biens, cette qualité lui était acquise de droit et nécessairement. — V. cependant *Rouen*, 30 août 1828, Rouet c. Ségur. — Si elle voulait se soustraire aux conséquences qui y étaient attachées, par exemple au paiement des dettes, elle devait déclarer expressément sa volonté de renoncer à la succession de son mari. Cette renonciation devait se faire dans le délai de quarante jours à partir du décès du mari. — V. *suprà* nos 105 et suiv.

148. — La femme donataire de tout le mobilier de son mari était passible de toutes les dettes mobilières de son époux. Elle ne pouvait prétendre n'en être tenue que jusqu'à concurrence de son émolument, comparé avec la valeur des immeubles. — *Caen*, 22 fév. 1823, Guillouet c. Duhamel.

149. — Jugé qu'une femme normande ne pouvait pas céder ses reprises sur la succession de son mari, même lorsqu'elle était mariée avec soumission à la coutume de Paris, et que ces reprises devaient s'exercer sur les biens du mari situés hors du ressort régi par la coutume de Normandie. — *Cass.*, 29 avr. 1834, Joly c. Dubosq.

§ 7. — *Du douaire. — En quoi il consistait ; de sa constitution ; à quelle époque et de quelle manière il s'ouvrait.*

150. — Il y avait deux sortes de douaire : le douaire légal ou coutumier, et le douaire conventionnel ou préfix. Le douaire légal consistait dans l'usufruit du tiers des immeubles dont le mari était saisi lors du mariage, et de tout ce qui lui échéait depuis en ligne directe. — Cout., art. 367. — L'immeuble que la femme avait donné à son mari en don mobilier était également compris dans les biens sujets au douaire. — Pl., art. 71. — Le douaire conventionnel ou préfix pouvait avoir pour objet une somme d'argent payable ou en une seule fois ou par forme de pension annuelle ou de rente viagère, ou un immeuble, sans cependant que ce douaire pût excéder le tiers de la fortune du mari. — Cout., art. 371.

151. — Le douaire que la coutume accordait à la femme survivante sur les biens de son mari était un droit réel et foncier, existant à son profit dès le moment de la célébration du mariage, et qui ne s'acquérait point à titre successif. — *Rouen*, 21 nov. 1828, Duboc c. Duquesne. — C'est cette idée que les rédacteurs de la coutume ont exprimée en disant que *la femme gagnait son douaire au coucher*. — Cout., art. 367 ; — Houard, *Dict. de dr. normand*, vo *Douaire*.

152. — La stipulation d'un douaire préfix, dans un contrat de mariage passé à Paris, sous l'empire de la coutume, n'empêchait pas la femme de prétendre douaire coutumier sur les immeubles normands de son mari. — *Rouen*, 21 vent. XI, Gouyer c. d'Imbleval.

153. — Indépendamment du douaire sur les biens

de son mari, la femme avait encore un douaire sur ceux que les père et mère et autres ascendans de son mari possédaient au jour de son décès, lorsqu'ils avaient consenti à son mariage ou y avaient été présens, et ce jusqu'à concurrence du tiers de la part que son mari aurait pu prendre en leur succession, s'il eût survécu. —Cout., art. 369 et 370.

154. — Le consentement du père au mariage de son fils devait être exprès ; on ne pouvait l'induire de simples présomptions. — *Cass.*, 12 mars 1823, de la Houssaye c. Renault.

155. — Le consentement et la présence de la mère ne suffisaient point pour que les biens du père fussent grevés du douaire de sa bru, encore bien que le père eût été absent au moment du mariage. Il fallait, même dans ce cas, l'approbation expresse celui-ci. — Même arrêt.

156. — Si le douaire accordé à la femme par les ascendans du mari était plus fort que le tiers de la part qu'il aurait recueillie dans leur succession, leurs héritiers n'étaient tenus de payer les arrérages de ce douaire que sur le pied de la valeur du tiers juste de cette part. — Cout., art. 371 et 373 ; Placités, art. 75.

157. — Jugé cependant que lorsque le père et le fils sont morts tous deux depuis la promulgation des lois sur l'égalité des partages, le douaire de la veuve du fils sur les biens du père ne doit pas être restreint au tiers de la portion héréditaire que le fils qui est mort le premier aurait recueillie dans la succession du père, s'il était mort le premier. Il doit se composer du tiers de la portion héréditaire dont le fils avait l'expectative sur les biens du père à l'époque du mariage, et de ceux acquis par le père jusqu'au moment du décès du fils. — *Caen*, 5 fruct. an XIII, Jamard.

158. — Un parent collatéral du mari pouvait aussi constituer, sur ses biens, douaire à la femme. — *Caen*, 15 therm. an XIII, Simon c. Lemoigne.

159. — Dans ce cas, la constitution devait recevoir son exécution, quoiqu'elle fût insérée dans un contrat de mariage sous seing-privé. — Même arrêt. — V. en ce sens un autre arrêt de la même cour, du 14 avr. 1812, Bourgeois c. Debrix.

160. — La femme normande ne peut, sous l'empire du Code civil, être envoyée, pour raison des sommes qui lui sont dues relativement à son douaire, en possession de la nu-propriété du fonds dont elle a l'usufruit ; la voie de l'expropriation est la seule autorisée par le Code. — *Cass.*, 8 fév. 1813, Deshommais c. Rouillard.

161. — Lorsque des biens, sujets au douaire non liquidé d'une femme normande, ont été compris dans une expropriation, il doit être sursis aux poursuites jusqu'à la liquidation du douaire. — *Rouen*, 26 fév. 1817, Lecoq de Bonport.

162. — Le douaire stipulé par un contrat de mariage dressé en Normandie produisait le même effet que le gain de survie statutaire et devait être exercé antérieurement aux droits des créanciers du mari. — *Caen*, 20 fév. 1824, Delange c. Poulain.

163. — Mais si les deux tiers des biens qui restaient entre les mains des héritiers ne suffisaient pas pour acquitter les dettes antérieures au mariage, la veuve était tenue de les payer.—Basnage, *Cout. de Normandie*, sur l'art. 367.

164. — Quand les biens du mari étaient grevés de rentes foncières, la veuve ayant droit au douaire, n'était obligée de les supporter qu'autant que les ayans-droit du mari prouvaient que ces rentes existaient déjà au moment du mariage. — *Cass.*, 2 déc. 1833, Ricard c. Delamarre.

165. — Une stipulation de douaire sur tous les biens du mari, présens et à venir, n'autorise point la femme à réclamer le douaire en essence sur les biens acquis par ce dernier depuis le mariage, au préjudice des créanciers du mari, qui poursuivent la saisie et la vente de ces biens. — *Cass.*, 12 fév. 1817, de la Houssaye c. Bacheley.

166. — Les biens ainsi acquis par le mari ne peuvent être, pour le douaire de la femme, considérés comme subrogés à des biens de patrimoine qu'il n'a vendus que postérieurement à ces acquitions. — Même arrêt.

167. — Les créanciers même postérieurs au douaire sont recevables à arguer de dol et de fraude la cession de son douaire faite par la femme à ses enfans. — *Rouen*, 22 nov. 1815, Dampierre c. Gresset.

168. — On a plusieurs fois agité la question de savoir si, depuis le Code civil, les femmes normandes avaient été obligées, pour conserver le douaire que la coutume leur accordait, de prendre inscription sur les biens sujets au douaire. La jurisprudence s'est généralement prononcée pour la négative. — *Cass.*, 25 thermid. an XIII, de Lambre c. d'Héricy ; 1er mai 1816, Planche c. Banque territoriale ; *Rouen*, 29 avr. 1829, Planche c. Banque territoriale ; 12 juin 1820, Renault c. de la Houssaye. — V. cependant *Cass.*, 9 sept. 1811, Banque territoriale c. Planche.

169. — Le douaire s'ouvrait non seulement par la mort naturelle ou civile du mari, mais encore par la séparation de biens. — *Rouen*, 10 juin 1809, Piel ; *Cass.*, 12 fév. 1817, de la Houssaye c. Bacheley ; 26 mai 1830, Levacher-Durclé c. Saint-Denis.—Houard, *Dict. de dr. normand*, vo *Douaire*, t. 1er, p. 680.

170. — Jugé toutefois que cet usage n'était autorisé par aucune loi. L'arrêt qui refuse de s'y conformer ne peut encourir la cassation. — *Cass.*, 1er mai 1816, Planche c. Banque territoriale.

171. — Mais de nombreux arrêts ont décidé que, depuis le Code civil et malgré l'art. 1452, la séparation civile donnait ouverture au douaire légal ou conventionnel des femmes, tant pour les mariages contractés avant la loi du 17 niv. an II, que pour ceux contractés depuis cette loi. — *Caen*, 18 mai 1809, Corbeau ; 1er juin 1809, mêmes parties ; *Cass.*, 9 sept. 1811, Banque territoriale c. Planche ; *Caen*, 19 juin 1812, Toustain ; *Cass.*, 5 avr. 1813, et 5 avr. 1815, Hudin c. Lance.

172. — Néanmoins, la femme à laquelle il a été promis un douaire qualifié *coutumier*, par son contrat de mariage, ne peut se prévaloir de l'ancienne jurisprudence normande et prétendre que le douaire a dû s'ouvrir par sa séparation, lorsque le contrat porte qu'il s'ouvrira seulement du jour de la dissolution du mariage.— *Cass.*, 12 fév. 1817, de la Houssaye c. Bacheley.

173. — Sous l'empire de la coutume, le douaire de la femme, auquel sa séparation de biens donnait ouverture, ne pouvait être considéré comme immeuble acquis depuis sa séparation, et susceptible à ce titre d'être aliéné. — *Caen*, 13 août 1823, Lecouturier c. Renoult ; *Rouen*, 21 nov. 1828, Duboc c. Duquesne.

174. — Si l'aliénation en avait été consentie, la prescription de dix ans ne courait en faveur de l'acquéreur de bonne foi qu'à partir de la dissolution du mariage, encore bien que le mari eût autorisé cette aliénation. — V. l'arrêt de Rouen précité.

175. — Dans le cas où la nullité de cette aliénation serait prononcée, elle ne devrait l'être qu'à la charge par la femme de restituer le prix à l'acquéreur, à moins qu'elle ne prouvât que le prix avait tourné exclusivement au profit du mari. — Même arrêt.

176. — Lorsque, après avoir fait prononcer sa séparation de biens, la femme a négligé de faire procéder à la liquidation de ses droits, et qu'elle a continué de vivre avec son mari, elle ne peut réclamer, contre les acquéreurs des biens de son mari, les intérêts de son douaire, à compter du jour où sa séparation a été prononcée. — *Cass.*, 19 nov. 1816, Faucon c. Daigremont.

177. — Jugé que la femme qui a, postérieurement à sa séparation et conjointement avec son mari, aliéné une rente faisant partie du prix des biens de ce dernier, ne peut être reçue à demander contre les tiers acquéreurs la formation de lots à douaire, avant d'avoir établi que la valeur de son douaire excédait celle de la rente aliénée. — Même arrêt.

178. — La femme n'avait douaire sur les biens de son mari que lorsqu'elle était avec lui lors de son décès, ou de la séparation de biens ; elle ne pouvait le réclamer lorsqu'elle avait quitté son mari sans cause raisonnable, ou que le divorce était survenu par sa faute.— Cout., art. 376 et 377.

179. — Si donc, par suite d'une séparation volontaire, elle abandonnait son mari, elle perdait son douaire. — *Rouen*, 23 mai 1840 (t. 2 1840, p. 183), Mauger c. Mauger et Delarue.

180. — Jugé que lorsque la femme avait droit au douaire, si son mari était en déconfiture, elle n'avait pas de recours subsidiaire contre les tiers acquéreurs des biens de son mari, même pour son douaire conventionnel. — *Paris*, 17 mars 1810, Morris c. Desprez.

181. — Décidé cependant que lorsque le mari, durant le mariage, vendait ses propres, les biens qu'il acquérait ensuite étaient subrogés à ces propres, quant à l'exercice du douaire de la femme, à l'instant même où les acquêts avaient lieu ; et que cette subrogation continuait de subsister, même après que les acquêts avaient été revendus, en sorte que c'était toujours sur le dernier acquéreur que retombait la charge du douaire.—*Rouen*, 17 mai 1827, Pottier c. Bessin et Launey.

182. — Cette règle doit encore avoir lieu aujourd'hui à l'égard de la femme mariée sous l'empire de la coutume, encore bien que les derniers acquéreurs aient purgé l'hypothèque légale de cette femme. — Même arrêt.

183. — La femme pouvait renoncer au douaire établi en sa faveur. — *Paris*, 5 mai 1812, Dubosc c. Lillers.

184. — Le douaire accordé aux femmes normandes a été aboli, comme disposition statutaire, par l'art. 61, L. 17 niv. an II. Mais dans les mariages contractés en Normandie après cette loi, l'époux a pu néanmoins gager douaire à son épouse, en s'en référant en général à la coutume. Et, dans ce cas, c'est encore le statut normand qui doit en régler les effets, tant par rapport aux époux que par rapport aux tiers. — *Rouen*, 29 déc. 1810, Lemettais ; 14 déc. 1824, de Cacheleu c. Boschamel ; *Caen*, 20 août 1817, Renaudeau.

185. — Cette faculté a toutefois cessé depuis la promulgation du Code civil. — L'art. 1390 de ce Code défend, en effet, en termes formels, aux futurs époux, de stipuler, d'une manière générale, que leur association sera réglée par l'une des coutumes, lois ou statuts locaux qui régissaient autrefois les diverses parties du territoire français.

§ 8. — *Décisions diverses.*

186. — Le Normand d'origine qui se mariait en pays de communauté à une femme soumise au régime de ce pays, et sans contrat de mariage, était soumis au régime normand, s'il n'apparaissait pas des circonstances qu'il avait eu l'intention de fixer à toujours son domicile en pays de communauté. —*Rouen*, 7 nov. 1828, Vimart c. Lebœuf.

187. — L'acquisition qu'il faisait en Normandie était régie par les art. 329, 330 et 389 de la coutume, qui formaient un statut réel : peu importait que cette acquisition eût été faite postérieurement à la loi du 17 niv. an II, qui permettait la communauté en Normandie. — Même arrêt.

188. — Les rentes foncières autres que celles stipulées dotales, qui, appartenant aux femmes mariées sous la coutume de Normandie, étaient immeubles sous l'empire de cette coutume, ont été, du moins à l'égard des tiers, mobilisées en vertu de l'art. 529, C. civ. — *Rouen*, 16 août 1816, Duval c. Masson.

189. — Lorsqu'une rente créée sous la coutume de Normandie et mobilisée par l'effet du Code civil a été léguée à une femme mariée sous la coutume, le mari a pu en recevoir le capital, sans être tenu de donner un remplacement. — *Rouen*, 2 mai 1829, Vauquelin c. Boullenger.

190. — Le mari pouvait profiter des acquisitions par lui faites, en son nom, des portions d'immeubles dont sa femme était copropriétaire par indivis, sans que la femme fût recevable à réclamer le bénéfice de pareilles acquisitions.— *Cass.*, 22 mars 1841 (t. 1er 1841, p. 483), Lepetit de Montfleury c. Reméon.

191. — La disposition contraire contenue dans l'art. 1408, C. civ., est inapplicable du moment que les époux se sont mariés sous l'empire de la coutume, alors même que l'acquisition faite par le mari n'a eu lieu que depuis la promulgation du Code. — Même arrêt.

192. — Il en doit être ainsi surtout s'il résulte des actes que le mari a entendu acheter pour lui seul, ses héritiers ou ayans-cause, sans intention de faire fraude aux droits de la femme, qu'il a payé de ses deniers, et qu'il n'avait pas à cette époque de fonds appartenant à sa femme. — Même arrêt.

193. — Le don mobilier, c'est-à-dire la donation que faisait une femme à son futur époux sur les biens qu'elle lui apportait, appartenait au mari du jour du mariage, et pouvait être aliéné par lui. — *Rouen*, 1er août 1817, Guillaume c. Morris.

194. — Jugé qu'une femme normande a pu, depuis la loi de 17 niv. an II, tester en faveur de son mari, sans obtenir son autorisation, conformément à l'art. 417, cout. de Normandie. — *Cass.*, 12 mai 1814, Pierre c. Chevreux.

195. — En Normandie, la promesse de garder succession était valable, même lorsqu'elle se trouvait dans un contrat de mariage sous seing-privé et non reconnu ; et pour produire ses effets, elle n'a pas eu besoin d'être insinuée depuis l'ord. de 1731. — *Rouen*, 18 août 1827, Davannes c. Delaville et Sauvage.

196. — Lorsqu'il s'agissait d'une succession aux propres, c'était d'après la supputation canonique, et non d'après la supputation civile, que l'on comptait les degrés. — *Evreux*, 9 mars 1840 (V. le jugement rapporté avec l'arrêt de Rouen du 7 déc. 1840 [t. 1er 1841, p. 65], Dionis).

197. — Tous les biens étaient présumés *propres*, et cette présomption de la loi ne pouvait s'effacer devant de simples inductions.— *Rouen*, 7 déc. 1840 (t. 1er 1841, p. 65), le Domaine de l'état c. Dionis.

198. — La loi du 17 niv. an II a aboli le statut normand quant au mode de succéder. — *Cass.*, 29 avr. 1834, Joly c. Dubosq.

199. — Les enfans qui renonçaient à la succes-

sion de leur auteur n'étaient point tenus d'appeler individuellement tous les créanciers de la succession à contester la délivrance du tiers coutumier. Il suffisait qu'ils eussent fait liquider ce tiers coutumier, contradictoirement avec les créanciers présens appelés, et le ministère public pour les absens. Cette délivrance ne pouvait être ultérieurement critiquée de la part des créanciers qui ne s'étaient pas fait connaître. Cela était d'un usage rarement contesté, et en tout cas consacré par un arrêt du parlement de Rouen, rendu le 11 fév. 1723. — *Rouen*, 26 avr. 1827, Féron c. Letot. — V. toutefois *Cass.*, 22 fév. 1826, mêmes parties.

200. — Le tiers coutumier de Normandie non ouvert avant la loi du 17 niv. an II a été aboli par cette loi. — *Cass.*, 3 vent. an VIII, Thibout c. Duroley; *Rouen*, 22 germ. an IX, Delaunay c. Duhamel; *Cass.*, 2 fruct. an XII, Lesauvage c. Malenfant; 27 frim. an XIII, Houel c. Lemazier.

201. — Les enfans n'ont pu le réclamer, encore bien que la séparation civile eût été prononcée entre leurs père et mère avant la publication de cette même loi. — *Cass.*, 29 mess. an XII, Deslandes c. Anquetil; 4 therm. an XII, Lemoine c. Lefranc.

202. — Le réglement de la liquidation d'une succession échue à des mineurs fait par la famille de ces derniers était obligatoire pour eux, bien qu'ils ne l'eussent pas accepté. — Spécialement, la reconnaissance d'une dette contenue dans un pareil réglement, bien que non accepté, a suffi pour créer une interruption de prescription. — *Cass.*, 5 avr. 1837 (t. 2 1837, p. 50), Menicher c. fabr. d'Anthou.

203. — Jugé que l'obligation imposée par un père à sa fille de rapporter le capital et les intérêts de la dot à elle constituée, dans le cas où, malgré sa renonciation, elle viendrait à la succession paternelle, était une véritable clause pénale qui, à ce titre, a été annulée par le fait de l'ouverture de la succession sous le Code civil. — *Cass.*, 30 déc. 1816, Lecour c. Villeneuve et Leclerc.

204. — On a pu, sous la coutume, considérer comme partage l'acte par lequel on a assigné à chaque branche d'héritiers les biens qui lui étaient dévolus. — *Cass.*, 5 janv. 1814, Pollin c. Rioult.

205. — Un pareil acte a suffi pour faire courir la prescription sous cette même coutume, qui ne permettait pas aux cohéritiers de prescrire les uns contre les autres avant le partage. — Même arrêt.

206. — Lorsqu'après avoir partagé avec ses enfans, héritiers de leur mère, des immeubles ruraux situés dans la dépendance, mais hors de l'enceinte d'une ville (spécialement de la ville d'Evreux), et leur avoir attribué la qualité de biens en bourgage, un mari normand revient contre l'acte de partage, c'est à lui à prouver que les biens étaient hors bourgage. Cette présomption ne saurait exister de droit par cela seul qu'il s'agissait de biens ruraux situés hors de la congrégation des maisons de la ville. — *Rouen*, 14 fév. 1839 (t. 2 1839, p. 524), Alépée.

207. — Le droit accordé au mari, par l'art. 390 de la coutume, sur les meubles échus à la femme pendant la durée du mariage, était un avantage statutaire qui a été aboli par l'art. 61, L. 17 niv. an II. — *Caen*, 10 mai 1824, Juhel-Mette c. Lemonlier; *Rouen*, 30 août 1824, de Saint-Paer.

COUTURIÈRES (marchandes).

1. — Patentable de sixième classe; — droit fixe basé sur la population, et droit proportionnel du vingtième de la valeur locative de l'habitation et des lieux servant à l'exercice de la profession.

2. — Couturières en corsets, en robes ou en linge. — Patentables de septième classe; — droit fixe et droit proportionnel du quarantième de la valeur locative de tous les locaux des patentables, mais seulement dans les communes de 20,000 ames et au-dessus.

V. PATENTE.

COUVENT.

1. — On donne ce nom aux maisons ou monastères dans lesquels les religieux de l'un ou l'autre sexe vivent en commun sous la même règle. — *Encycl. méthod.*, v° *Couvent.*

2. — Autrefois on ne pouvait établir en France de couvent sans la permission de l'évêque diocésain, le consentement des villes, des habitans et des seigneurs, et l'obtention de lettres patentes. Les édits contenaient sur ces points les dispositions les plus formelles. — Décl. des 21 nov. 1629, juin 1659; édit. déc. 1666.

3. — L'autorité séculière était même intervenue en ce qui concerne l'édification des couvens, qui devaient être entourés de murs, et séparés des maisons des autres citoyens.

4. — En outre l'édit de 1695 (art. 18 et 19) détermina l'étendue de la juridiction des évêques sur les couvens de l'un ou l'autre sexe, exempts ou non de la juridiction de l'ordinaire.

5. — « Les juges séculiers, dit Guyot (*Rép.*, v° *Couvent*), ont prétendu qu'ils avaient le droit de forcer les supérieurs de couvens de religieuses, d'y recevoir les filles et veuves, sans être obligés de demander la permission de l'ordinaire, mais il a été décidé qu'ils n'avaient pas ce droit, et que le concours de l'ordinaire était indispensable. C'est ce qui résulte surtout de deux arrêts du conseil, rendus le 9 janv. et le 18 déc. 1696. »

6. — Ces diverses prescriptions cessèrent évidemment d'avoir effet lors de la suppression des couvens par les lois révolutionnaires : et si, depuis, de nouvelles maisons religieuses se sont élevées, on ne saurait les soumettre au régime d'autrefois.

7. — Nous n'avons point, du reste, à revenir ici sur ce que nous avons déjà dit touchant l'existence actuelle des communautés religieuses, leur légalité, leurs conditions d'existence et la position personnelle des membres qui les composent.

V. COMMUNAUTÉS RELIGIEUSES.

COUVERTS (Fabricans et marchands de).

1. — Fabricans et marchands de couverts et autres objets en fer battu ou étamé, en gros, par procédés ordinaires; — patentables de quatrième classe; droit fixe basé sur la population et droit proportionnel du vingtième de la valeur locative de l'habitation et des lieux servant à l'exercice de la profession.

2. — Fabricans et marchands en détail; — patentables de sixième classe; — mêmes droits, sauf la différence de classe.

3. — Fabricans à façons; — patentables de huitième classe; — droit fixe et droit proportionnel du quarantième de la valeur locative de tous les locaux des patentables, mais seulement dans les communes de 20,000 ames et au-dessus.

V. PATENTE.

COUVERTURE.

On appelle ainsi les sommes ou valeurs remises à un agent de change par son client, pour le *couvrir* des pertes que peut entraîner par événement l'opération que ce dernier le charge de faire. — V. AGENT DE CHANGE, n°s 144 et suiv.

COUVERTURES.

1. — Marchands de couvertures de soie, bourre, laine et coton; — patentables de quatrième classe; — droit fixe basé sur la population et droit proportionnel du vingtième de la valeur locative de l'habitation et des lieux servant à l'exercice de la profession. — V. PATENTE.

2. — Les couvertures de laine et de soie sont frappées d'un droit à leur introduction en France. — Quant aux couvertures de coton, elles sont, de même que tous les tissus de cette nature, frappées à l'entrée d'une prohibition absolue. — V. DOUANES.

3. — Quant aux établissemens des couverturiers, le danger causé par le duvet de la laine en suspension dans l'air, l'odeur d'huile rance et de vapeurs sulfureuses, quand les soufroirs sont mal construits, les ont fait ranger dans la deuxième classe des établissemens insalubres.

V. ÉTABLISSEMENS INSALUBRES (nomenclature).

COUVREURS (entrepreneurs, marchands).

1. — Couvreurs entrepreneurs; — patentables de quatrième classe; — droit fixe basé sur la population, et droit proportionnel du vingtième de la valeur locative de l'habitation et des lieux servant à l'exercice de la profession.

2. — Maîtres couvreurs; — Patentables de sixième classe; — mêmes droits, sauf différence de classe.

2. — Couvreurs en paille ou en chaume; — patentables de septième classe; — droit fixe et droit proportionnel du quarantième de la valeur locative de tous les locaux des patentables, mais seulement dans les communes de 20,000 ames et au-dessus. — V. PATENTE.

CRAINTE.

1. — Mouvement inquiet excité dans l'ame par l'image d'un mal présent ou à venir. *Instantis vel futuri periculi causâ, mentis trepidatio.* — L. 1, ff., *Quod metûs causâ*, 4, 2.

2. — Le droit romain ne parlait que de la crainte. — V. le titre du Digeste *Quod metûs causâ*, etc. — Le Code civil, au contraire, ne parle que de la violence que produit la crainte. — Toullier, t. 6, n° 76, note.

3. — On distingue deux sortes de craintes : la crainte grave et la crainte légère.

4. — La crainte *grave* est celle qui ne vient point de pusillanimité, mais qui est capable d'ébranler l'homme courageux : comme la crainte d'un mal considérable et présent, soit pour sa personne, soit pour sa fortune. — L. 9, ff., *De metûs causâ*, 4, 2; — C. civ., art. 1112; — Pothier, *Oblig.*, n° 25; Merlin, *Rép.*, v° *Crainte*; Toullier, t. 6, n° 79.

5. — La crainte grave est une cause de nullité du contrat; et on peut par suite en demander la rescision, ce contrat fût-il même qualifié de transaction. — C. civ., art. 1111; — Merlin, *Rép.*, v° *Crainte*.

6. — Cependant il est des craintes graves qui ne sauraient avoir cet effet; c'est quand la violence exercée est légitime. — V. OBLIGATION.

7. — La crainte légère est celle qui se rencontre dans l'esprit de quelque personne timide pour un sujet qui n'ébranlerait pas un homme courageux. Telle est la crainte révérentielle. — V. ce mot. — Merlin, *Rép.*, v° *Crainte*.

8. — La crainte légère n'étant pas réputée capable d'ôter la liberté d'esprit nécessaire pour donner un consentement valable, il s'ensuit qu'elle n'entraîne point la nullité de l'obligation. — L. 6, C., *De his quæ vi metûsve*; — arg. C. civ., art. 1114; Merlin, *Rép.*, v° *ibid.*

V. OBLIGATION, VIOLENCE.

CRAINTE RÉVÉRENTIELLE.

1. — Crainte de déplaire à certaines personnes auxquelles on doit obéissance, respect ou reconnaissance. — Pothier, *Oblig.*, n° 17.

2. — Telle est la déférence qu'une femme peut avoir pour son mari; tel est le respect qu'un enfant a pour son père, pour sa mère, pour son aïeul, celui que l'on doit avoir pour ses supérieurs, et particulièrement pour des personnes constituées en dignité; telle est encore la soumission des domestiques envers leurs maîtres, etc. — Merlin, *Rép.*, v° *Crainte*.

3. — La crainte révérentielle, étant considérée comme une crainte légère (V. CRAINTE), n'est point, par elle seule, une cause de nullité de l'obligation. — L. ult. ff., *Si quis aliquem testari prohib.*; L. 21 et 22, ff., *De ritu nuptiarum*; L. 6, Cod., *Quod metûs causâ*; L. 14, ff., *De nuptiis*; — C. civ., art. 1114; — Toullier, t. 6, n° 80.

4. — Ainsi, il a été jugé autrefois que la crainte maritale toute seule n'était pas suffisante pour faire rescinder un contrat. — *Parlem. de Dijon*, 11 juill. 1601; *Parlem. Provence*, 8 janv. 1582; — Merlin, *Quest.*, v° *Crainte*, § 1er.

5. — ... Que l'obligation souscrite par un domestique au profit de son maître ne pouvait pas être rescindée, sous prétexte de crainte révérentielle. — *Parlem. de Provence*, 26 avr. 1688; — Merlin, *ibid.*

6. — Jugé cependant par un arrêt du parlement de Paris du 7 sept. 1563, rapporté par Charondas, que la menace faite par un mari à sa femme de ne plus coucher avec elle, et de ne point consentir au mariage de sa fille d'un premier lit si elle ne vendait certains héritages, était une crainte suffisante pour faire cesser le contrat de vente qu'elle en avait faite. — Merlin, *Rép.*, v° *Crainte*.

V. CRAINTE, OBLIGATION, VIOLENCE.

CRAVACHES (Marchands et fabricans de).

1. — Les marchands de cravaches et fouets, et les fabricans pour leur compte sont rangés, par la loi du 25 avr. 1844, dans la septième classe des patentables; — droit fixe basé sur la population, et droit proportionnel du quarantième de la valeur locative de tous les locaux des patentables, mais seulement dans les communes de 20,000 ames et au-dessus.

2. — Les fabricans à façon sont rangés dans la huitième classe et soumis aux mêmes droits fixes, et proportionnels, sauf la différence de classe.

CRAYONS (Fabricans, marchands de).

1. — Fabricans de crayons soumis à la patente : — droit fixe de 25 fr. pour cinq ouvriers ou un nom-

bre inférieur, et 3 fr. par chaque ouvrier en sus, jusqu'au maximum de 300 fr., et droit proportionnel du vingtième de la valeur locative des habitations, et des magasins de vente complétement séparés de l'établissement, et du vingt-cinquième de l'établissement industriel. — V. PATENTE.

2.—Marchands de crayons: patentables de sixième classe; — droit fixe basé sur la population, et droit proportionnel du vingtième de la valeur locative des habitations et des lieux servant à l'exercice de la profession. — V. PATENTE.

CRÉANCE.

Table alphabétique.

CRÉANCE.— 1.— C'est le droit que l'on a d'exiger d'une ou plusieurs personnes déterminées une chose, un fait, ou l'abstention d'un fait.

2. — Toute créance se réfère nécessairement à une obligation : ce sont deux termes corrélatifs, qui expriment les deux faces d'un même rapport légal. — Ainsi, le mot créance est synonyme de *dette active*. — Merlin, *Rép.*, v° *Créance*.

3.—Une créance ne confère de droit que contre une ou plusieurs personnes déterminées, on lui a quelquefois donné pour ce motif le nom de droit *relatif* par opposition à certains droits d'une autre nature, qui sont opposables à tout le monde, comme le droit de propriété et ses démembremens, et que, précisément à cause de ce caractère, l'on qualifie de droits *absolus*, ou de droits *réels*.— Huberus, *Prælect. ad instit.*, tit. 3, *De rev. divis. et adj. earum. domin.*, § 12; Heineccius, *Elem jur.*, n° 332; Zacharie, *Dr. civ. franç.*, t. 1ᵉʳ, § 477; Blondeau, *Thémis*, t.8, p.4 à 32, et t. 9, p. 34 à 62; Duroi, analysé par M. Blondeau, *loc. cit.*; Bonjean, *Tr. des actions*, t. 3, § 274; Durantun. *Dr. franç.*, t. 4, n°s 225; Mazeroll, *Dr. privé des Romains*, § 41 ; Ortolan, *Explic. hist. des instit.*, t. 1ᵉʳ, p. 78 et suiv., 3ᵉ édit.

4. — Ajoutons que la doctrine qualifie encore les créances de *jura ad rem* par opposition au droit de propriété et à ses démembremens, qu'elle qualifie alors de *jura in re*. — Mêmes auteurs, *loc. cit.*; Pothier, *Oblig.*, n° 151.

5. — Les créances, d'après le Code civil, naissent : — des contrats; — des quasi-contrats; — des délits; — des quasi-délits; — ou enfin, directement, de la seule force de la loi. — V. CONTRAT, DÉLIT, QUASI-CONTRAT, QUASI-DÉLIT, OBLIGATION.

6. — Les créances peuvent être affectées des mêmes modalités que les obligations qui leur sont corrélatives.

7.— Ainsi, par exemple, une créance peut-être: — *conditionnelle* ou *éventuelle*, lorsqu'elle dépend, quant à son existence ou quant à sa résolution, d'un événement futur et incertain (C. civ., art. 1168); et à ce sujet l'on peut remarquer que, quand la créance est soumise à une condition suspensive, « le créancier peut, avant que la condition soit accomplie, exercer tous les actes conservatoires de son droit. » — C. civ., art. 1180. — V. CONDITION, CRÉANCIER.

8.—. *Exigible* ou *à terme*, selon que l'exécution de l'obligation peut être poursuivie actuellement ou bien est suspendue pendant un temps.— C. civ., art. 1185.—V. OBLIGATION A TERME.

9. —... *Alternative*, lorsque la créance embrasse plusieurs objets, mais de telle manière qu'il suffise de 'a prestation de l'un d'entre eux pour q**e** le

débiteur soit libéré. — C. civ., art. 1189.—V. OBLIGATION ALTERNATIVE.

10. — ... *Pure et simple*, lorsqu'elle ne présente aucune des modalités qui viennent d'être indiquées.

11. — ... *Solidaire* entre plusieurs créanciers « lorsque le titre donne expressément à chacun d'eux le droit de demander le paiement du total de la créance, et que le paiement fait à l'un d'eux libère le débiteur. » — C. civ., art. 1197.—V. OBLIGATION SOLIDAIRE.

12. —... *Divisible* ou *indivisible*, suivant qu'elle se rapporte à un objet qui est ou non susceptible de prestation partielle. — C. civ., art. 1217. — V. OBLIGATION DIVISIBLE ET INDIVISIBLE.

13. —... *Liquide* ou *non liquide*, suivant qu'il est ou non certain que quelque chose est due, et combien il est dû. — C. civ., art. 1291. — V. COMPENSATION.

14.—... *Mobilière* ou *immobilière*, selon qu'elle tend à faire obtenir un meuble ou un immeuble.

15. —... *Privilégiée*, lorsqu'à raison de sa *qualité* elle confère, en cas de concours, à un créancier le droit d'être préféré aux autres créanciers, même hypothécaires. — C. civ., art. 2095. — V. PRIVILÉGE.

16. — ... *Hypothécaire*, lorsque, pour sa sûreté, un droit réel d'une nature particulière a été constitué sur un immeuble. — C. civ., art. 2114. — V. HYPOTHÈQUE.

17. — ... *Chirographaire*, lorsqu'elle n'est garantie ni par un privilège, ni par une hypothèque, mais seulement par ce droit de gage général et tacite qu'aux termes des art. 2092 et 2093, C. civ., tout créancier a sur les biens de son débiteur, etc. — V. OBLIGATION.

18. — ... *Personnelle*, lorsqu'elle oblige principalement la personne du débiteur, à la différence des créances hypothécaires, qui ne donnent droit contre un tiers que comme détenteur d'un immeuble affecté pour gage. — Merlin, *Rép.*, v° *Créance*.

19. — Les créances existent ou contre l'état ou contre des particuliers; cette distinction est importante, notamment en ce que les premières, à la différence des secondes, sont, en principe, de la compétence exclusive de l'autorité administrative.— V. COMPÉTENCE ADMINISTRATIVE, TRAVAUX PUBLICS.

20. — Sont qualifiées de *meubles par la détermination de la loi*, les créances : « qui ont pour objet des sommes exigibles ou des effets mobiliers, les actions ou intérêts dans les compagnies de finance, de commerce ou d'industrie, encore que des immeubles dépendant de ces entreprises appartiennent aux compagnies.»—C. civ., art. 529.— V. IMMEUBLES, MEUBLES.

21. — Elles ne sont pas comprises dans le don d'une maison *avec tout ce qui s'y trouve* (C. civ., art. 536), ni dans le mot *meuble*, employé seul dans les dispositions de la loi ou de l'homme, sans autre addition ni désignation. — C. civ., art. 533.

22. — En droit romain, dans l'impossibilité où l'on était de céder directement sa créance, le créancier donnait mandat à celui qu'il voulait faire profiter de cette créance; mais ce mandat étant révocable et comme le mandataire gardait pour lui le montant; et en rendait pas compte au mandant, on l'appelait *procurator in rem suam*, c'est-à-dire mandataire dans son propre intérêt. — Ortolan, *Expl. hist. des inst.*, t. 2, p. 343, 3ᵉ édit.; Mazeroll, *Dr. pr. des Romains*, § 407, *in fine*.

23. — Dans notre droit, l'on peut céder directement sa créance sans prendre aucune voie détournée : seulement, pour que l'on soit saisi de la créance à l'égard des tiers, il faut s'assujétir à certaines formalités prescrites par l'art. 1690, C. civ., et, lorsque la créance ne soit de telle nature qu'elle puisse se transmettre par la voie bien plus expéditive de l'endossement.—V.— BILLET A ORDRE, ENDOSSEMENT, LETTRE DE CHANGE, TRANSPORT-CESSION.

24. — Si l'on additionne tous les droits attachés aux créances chirographaires, l'on arrive à un être collectif que l'on appelle masse chirographaire, par opposition à une autre masse que l'on appelle masse hypothécaire. — Renouard, *Tr. des faill. et banq.*, t. 2, p. 1ᵉʳ. — V. DISTRIBUTION PAR CONTRIBUTION, FAILLITE, ORDRE.

25.— Quand le droit du créancier est méconnu, il y a lieu, pour le faire respecter, à intenter une action, ou, en d'autres termes, à exercer un droit d'une nature tout particulière qui, en raison du but auquel il tend, mérite assez bien le nom de droit *sanctionnateur*, que quelquefois on lui donne.—V. ACTION (dr. franç.) n° 45.

26.—L'action par laquelle le créancier réclame du débiteur une créance personnelle s'appelle *action personnelle*, par opposition à l'action *réelle*,

par laquelle le créancier ne revendique son droit contre le défendeur qu'en sa qualité de tiers détenteur. — V. ACTION (droit franç.), nᵒˢ 70 et suiv.

27.—La réalisation d'une créance a lieu par voie d'exécution volontaire, ou par voie d'exécution forcée.

28. — Ce n'est qu'à défaut d'exécution volontaire suffisante qu'intervient l'exécution forcée, laquelle se poursuit soit sur la personne du débiteur, soit sur ses biens.

29. — ... *Sur la personne*, par l'emprisonnement, dans les cas où la loi l'autorise. — V. CONTRAINTE PAR CORPS.

30. —... *Sur les biens*, par la saisie, la vente et la distribution du prix entre les créanciers.— V. art. 2204 et suiv.; C. procéd., art. 545 et suiv.— V. au surplus DISTRIBUTION PAR CONTRIBUTION, IMMOBILIÈRE, ORDRE, SAISIE-ARRÊT.

31. — Les créances portent intérêt, ou par suite d'une stipulation expresse (C. civ., art. 1905), ou par suite de la mise en demeure, ou enfin de plein droit. — C. civ., art. 1153, 3ᵉ alin. — V. INTÉRÊTS, OBLIGATION.

32. — Des dispositions toutes spéciales ont été rendues sur les créances en matière de faillite.

33. — Ainsi, « le jugement déclaratif de faillite arrête, à l'égard de la masse seulement, le cours des intérêts de toute créance non garantie par un privilége, par un nantissement ou par une hypothèque. » — C. comm., art. 445, 1ᵉʳ alin.—V. FAILLITE.

34. — D'un autre côté, ce jugement déclaratif a aussi pour effet de rendre exigibles les dettes non échues des créanciers de la faillite. — C. comm., art. 444. — V. FAILLITE.

35. — Enfin les droits des créanciers ont été soumis à une opération toute particulière qu'on appelle la *vérification des créances*, qui a pour atteindre son but, doit être contradictoire, prompte, générale et définitive.—C. comm., art. 491 et suiv. — V. FAILLITE.

36. — Tous intérêts se réfèrent nécessairement à une rente, de même que tous arrérages se réfèrent nécessairement à une rente; mais il y a entre la créance et la rente cette différence essentielle que la première, contrairement à la seconde, se suppose pas l'aliénation du capital. — V. RENTE.

37. — Les créances prennent fin non seulement par le paiement, mais encore « par la novation; par la remise volontaire; par la compensation; par la confusion; par la perte de la chose; par la nullité ou la rescision, par l'effet de la condition résolutoire et par la prescription. — C. civ., art. 1234. — V. OBLIGATION.

38. — Les preuves de l'existence ou de l'extinction des créances sont : « la preuve littérale, la preuve testimoniale, la présomption, l'aveu de la partie et le serment. » — C. civ., art. 1316. — V. PREUVE, OBLIGATION.

V. COLONIES, COMPTE DE TUTELLE, ENREGISTREMENT, FAILLITE, OBLIGATION.

CRÉANCIER.

Table alphabétique.

CRÉANCIER. — 1. — C'est celui à qui appartient une créance. — V. CRÉANCE.

2. — Les différentes modalités dont les créances sont susceptibles entraînent nécessairement les mêmes différences entre les créanciers. Ainsi, les créanciers sont : *chirographaires*, *hypothécaires*, *privilégiés*, *solidaires*, etc., suivant que leur créance est chirographaire, hypothécaire, privilégiée, etc. — V. CRÉANCE.

3. — Il faut également se reporter au mot CRÉANCE pour voir ce qui concerne la preuve, l'exécution et l'extinction des droits des créanciers.

4. — On ne considère ici les créanciers que relativement aux droits et actions qu'en dehors des suites légales de leur convention la loi leur accorde pour la conservation de leurs créances.

5. — Ces droits et actions conservatoires sont de deux sortes : 1° ceux que les créanciers peuvent exercer en leur nom personnel; 2° et ceux qu'ils peuvent exercer au nom de leur débiteur.

6. — Si la loi donne au créancier le droit d'exercer tous les actes conservatoires de sa créance (C. civ., art. 1180; C. procéd., art. 125), c'est pour lui un droit purement facultatif, dont il est libre d'user ou de ne pas user. — Zachariæ, *Dr. civ.*, t. 2, p. 331. — V. ACTE CONSERVATOIRE.

7. — Dès lors, le créancier qui a négligé de prendre des mesures conservatoires envers le débiteur principal ne perd pas pour cela son recours contre les autres codébiteurs. — *Metz*, 15 av. 1812, Locis et Mohy c. de Brias.

§ 1er. — *Droits et actions du créancier personnellement* (n° 8).

§ 2. — *Droits et actions du débiteur qui peuvent être exercés par le créancier* (n° 36).

—

§ 1er. — *Droits et actions du créancier personnellement.*

8. — Les droits et actions que les créanciers peuvent exercer personnellement pour la conservation de leurs créances, et indépendamment de ceux résultant du titre même de leurs créances, consistent principalement dans les suivans :

9. — Dans le cas de présomption d'absence de son débiteur, le créancier a qualité pour provoquer de la part du tribunal la prescription de mesures provisoires. — C. civ., art. 112.

10. — Les créanciers peuvent provoquer la nomination d'un tuteur au mineur (C. civ., art. 406), ou sa destitution dans certains cas. — C. civ., art. 421. — V. TUTELLE.

11. — Le tuteur qui se trouve créancier du mineur doit le déclarer dans l'inventaire, sous peine de déchéance de sa créance. — C. civ., art. 451. — V. INVENTAIRE, TUTELLE.

12. — En cas de contestations sur le mode de jouissance de la part de leur débiteur usufruitier, les créanciers peuvent intervenir pour la conservation de leurs droits. — C. civ., art. 618, alin. 2e. — V. USUFRUIT.

13. — Les créanciers de l'usufruitier peuvent faire annuler la renonciation qu'il aurait faite à leur préjudice. — C. civ., art. 622. — V. USUFRUIT.

14. — En cas de décès du débiteur, les créanciers peuvent requérir l'apposition des scellés en vertu d'un titre exécutoire ou d'une permission du juge. — C. civ., art. 820; C. procéd., art. 909-2°.

15. — Ils peuvent également, dans les mêmes cas, requérir la levée de ces scellés. — C. procéd., art. 930.

16. — En tout cas, ils peuvent toujours y former opposition, bien qu'ils n'aient ni titre exécutoire ni permission du juge. — C. civ., art. 821; C. procéd., art. 926 et 927. — V. SCELLÉS.

17. — Les créanciers d'une succession bénéficiaire peuvent exiger que l'héritier donne caution de la valeur du mobilier compris dans l'inventaire et de la portion du prix des immeubles non délégués aux créanciers hypothécaires. — C. civ., art. 807; C. procéd., art. 992. — V. SUCCESSION BÉNÉFICIAIRE.

18. — Si la succession est vacante, ils ont le même droit contre le curateur à cette succession. — C. civ., art. 814; C. procéd., art. 1002. — V. SUCCESSION VACANTE.

19. — Les titres exécutoires que le créancier a contre le défunt sont pareillement exécutoires contre l'héritier personnellement; toutefois, le créancier ne peut en poursuivre l'exécution que huit jours après la signification de ces titres à la personne ou au domicile de cet héritier. — C. civ., art. 877.

20. — Les créanciers de la succession n'ont pas le droit d'exiger que celui des cohéritiers qui a reçu du défunt à titre gratuit fasse le rapport à la succession du donateur. — C. civ., art. 857. — V. RAPPORT A SUCCESSION.

21. — Toutefois, les créanciers hypothécaires peuvent intervenir au partage pour s'opposer à ce que le rapport se fasse en fraude de leurs droits. — C. civ., art. 865.

22. — Les créanciers de la succession peuvent demander la séparation du patrimoine du défunt d'avec le patrimoine de l'héritier. — C. civ., art. 878. — Mais le même droit n'existe pas pour les créanciers de l'héritier contre les créanciers de la succession. — C. civ., art. 881. — V. SÉPARATION DES PATRIMOINES.

23. — Les créanciers d'un copartageant, pour éviter que le partage ne soit fait en fraude de leurs droits, peuvent s'opposer à ce qu'il y soit procédé hors de leur présence, et ils ont le droit d'y intervenir à leur frais. — C. civ., art. 882. — V. PARTAGE.

24. — Les créanciers du défunt ne peuvent demander la réduction des dispositions entre-vifs qui excèdent la quotité disponible, ni en profiter. — C. civ., art. 921. — V. QUOTITÉ DISPONIBLE.

25. — Le legs qui est fait au créancier n'est pas censé fait en compensation de sa créance. — C. civ., art. 1023. — V. LEGS.

26. — Dans les substitutions fidéi commissaires permises, l'abandon anticipé de la jouissance ne peut préjudicier aux créanciers du grevé antérieurs à l'abandon. — C. civ., art. 1053. — V. SUBSTITUTION.

27. — Le créancier peut, en son nom personnel, attaquer les actes faits par son débiteur en fraude de ses droits. — C. civ., art. 1167. — V. ACTION PAULIENNE, ACTION RÉVOCATOIRE, OBLIGATION, et surtout FRAUDE.

28. — Lorsqu'un débiteur malheureux et de bonne foi propose la cession de ses biens, qui a pour objet de le décharger de la contrainte par corps et de le dessaisir de la propriété de ses biens; les créanciers ne peuvent refuser cette cession faite en justice, si ce n'est dans les cas exceptés par la loi. — C. civ., art. 1265 et 1270; C. procéd., art. 964; C. comm., art. 568. — V. CESSION DE BIENS.

29. — Les créanciers du mari peuvent se pourvoir contre la séparation de biens prononcée et même exécutée en fraude de leurs droits ; ils peuvent même intervenir dans l'instance sur la demande en séparation pour la contester. — C. civ., art. 1447 ; C. procéd., art. 871. — V. SÉPARATION DE BIENS.

30. — Toutefois, quand les formalités prescrites par la loi ont été observées, et qu'il s'est écoulé plus d'un an, les créanciers du mari ne sont plus recevables à se pourvoir par tierce-opposition contre le jugement de séparation. — C. procéd., art. 872 et 873.

31. — Quand un jugement qui prononce une séparation de corps entre mari et femme, dont l'un est commerçant, n'a pas été précédé et suivi des formalités prescrites par la loi, les créanciers sont toujours admis à s'y opposer, pour ce qui touche leurs intérêts et à contredire toute liquidation qui en aurait été la suite. — C. comm., art. 66. — V. SÉPARATION DE CORPS.

32. — Les créanciers de la femme qui a renoncé à la communauté peuvent attaquer la renonciation faite par elle ou par ses héritiers en fraude de leurs créances, et accepter la communauté de leur chef. — C. civ., art. 1464. — V. COMMUNAUTÉ.

33. — Le créancier d'une rente peut, après vingt-huit ans de la date du dernier titre, contraindre le débiteur à lui fournir à ses frais un titre nouvel. — C. civ., art. 2263. — V. TITRE NOUVEL.

34. — La qualité de créancier est un moyen de récusation contre un juge. — C. procéd., art. 378-4°.

35. — Quant à la position particulière des créanciers en cas de faillite de leur débiteur et aux mesures auxquelles ils sont astreints en pareil cas, V. FAILLITE.

§ 2. — *Droits et actions du débiteur qui peuvent être exercés par le créancier.*

36. — Les créanciers peuvent, pour sûreté de leurs créances, exercer tous les droits et actions de leur débiteur, à l'exception de ceux qui sont exclusivement attachés à la personne. — C. civ., art. 1166.

37. — Les droits exclusivement attachés à la personne du débiteur sont ceux dont il ne peut céder l'exercice. — Toullier, t. 6, n° 375.

38. — On citait autrefois pour exemples le retrait lignager et le droit de choisir, qui sont aujourd'hui supprimés et qui, ne pouvant être cédés à des étrangers, ne pouvaient être exercés par eux. — Duparc-Poullain, *Principes du droit*, t. 7, p. 282, n° 135; Toullier, *loc. cit.*

39. — Ces mots *droits et actions du débiteur*, dont parle l'art. 1166, C. civ., comprennent tous les biens corporels et incorporels du débiteur, quels qu'ils soient, tels que : créances, intérêts des actions dans des sociétés, faculté d'appel, d'opposition, cassation, etc. — Duranton, t. 10, n° 544.

40. — Le principe posé dans l'art. 1166, C. civ., a reçu les applications suivantes, soit d'après les auteurs, soit par la jurisprudence.

41. — Les créanciers de l'héritier présomptif d'un absent n'ont pas le droit de demander, du chef de cet héritier, la déclaration d'absence et l'envoi en possession des biens; ce droit est exclusivement attaché à la personne et à la qualité d'héritier. — *Metz*, 15 fév. 1821, Thibaux c. François; 7 août 1823, Laurent c. Theru.

42. — Jugé de même que le créancier du légataire d'un absent ne peut poursuivre la déclaration d'absence et l'envoi en possession jusqu'à concurrence de sa créance : que l'art. 11 de la loi du 13 janv. 1817, relative aux militaires absens, qui, à défaut de poursuites de la part des héritiers présomptifs, accorde *aux créanciers et autres personnes intéressées* le droit de poursuivre cette déclaration, ne s'applique qu'aux créanciers de l'absent ou à ses légataires et donataires. — *Colmar*, 30 août 1837 (t. 2 1837, p. 616), Keller c. Weigel. — V. ABSENCE.

43. — L'exception de non autorisation de la femme mariée est purement personnelle à la femme, au mari ou à leurs héritiers : par conséquent, les créanciers de la femme sont sans droit pour la proposer. — L'art. 225 est strictement limitatif. — *Bruxelles*, 30 janv. 1808, Toris c. Roclens; *Angers*, 1er août 1810, R... c. Delesrat; *Turin*, 30 nov. 1811, Bonfante c. Brochiero; *Cass.*, 28 mai 1823, Choisy c. Poiret; *Grenoble*, 2 août 1827, Jacob c. Mayousse; — Toullier, t. 7, n° 567 ; Favard, v° *Autorisation*; Berriat, t. 2, p. 667; Merlin, *Quest.*, v° *Hypothèque*; Duranton, t. 2, p. 512; Vazeille, *Mariage*, t. 2, n° 382. — V. AUTORISATION DE FEMME MARIÉE.

44. — Les actions en nullité de mariage ne peuvent appartenir aux créanciers. Cependant les créanciers pourront se prévaloir des nullités absolues (art. 184 et 191) pour demander la nullité du mariage, s'ils ont un intérêt pécuniaire et actuel, par exemple, pour rendre nulle l'hypothèque légale de la femme. — Zachariæ, *loc. cit.*, p. 337, note 19. — Cet auteur cite, à l'appui de son opinion, Duranton, t. 10, n° 562; Proudhon, *De l'usufruit*, t. 5, n° 2345.

45. — Les actions en séparation de corps n'appartiennent pas aux créanciers. — Zachariæ, t. 2, p. 337.

46. — C'est une question fort controversée que celle de savoir si l'action en réclamation d'état peut être exercée par les créanciers. — Toullier (t. 6, n° 372) enseigne l'affirmative et indique le sixième plaidoyer de d'Aguesseau à l'appui de son opinion. — V. aussi Merlin, *Quest.*, v° *Hypothèques*, § 4, n° 4. — Duranton (t. 3, n° 160, et t. 10, n° 563, soutient la négative : « Sans doute, dit-il, il arrive presque toujours que des droits pécuniaires sont attachés à la personne, mais ces droits ne sont qu'un objet indirect de l'obligation. — V. dans le même sens, Zachariæ, *Dr. civil franç.*, p. 336, note 18e, § 2.

47. — Toutefois, ce dernier auteur prétend que si la réclamation d'état venait à l'appui d'une autre action présentant un intérêt pécuniaire et actuel, par exemple, une pétition d'hérédité, les créanciers pourraient exercer cette action. — V. *loc. cit.*

et p. 338, note 26e.—V. également Delvincourt, t. 2, p. 523.

48. — Jugé que le droit de défendre à l'action qui tend à fixer l'état et la qualité d'un individu dans une famille est un droit exclusivement attaché à la personne de cet individu et qui ne peut être exercé par ses créanciers. — *Cass.*, 6 juill. 1836, Delamotte c. Dubois de Paré;—Merlin, *Quest.*, vo *Hypothèque*; Favard, *Rép.*, vo *Nullité*.

49. — ... Que les créanciers n'ont pas qualité pour intervenir dans une instance en désaveu de paternité dirigée contre leur débiteur, alors surtout qu'aucun fait de collusion entre lui et les autres membres de la famille n'est allégué. Le droit de défendre à cette action est un droit exclusivement attaché à la personne du débiteur. — Même arrêt.

50. — M. Duranton (*Droit civil*, t. 3, no 160, et t. 10, no 563) propose sur cette question un double système. Il distingue entre le cas où les créanciers agiraient par voie d'action et celui où ils agiraient par voie d'exception. Dans le premier cas il repousse leur action, dans le second il l'admet. Cette distinction doit être repoussée. — Si on refuse aux créanciers l'action en contestation de légitimité, en désaveu, c'est dans l'intérêt des mœurs et des familles. Or, cet intérêt sera-t-il moins en jeu parce que les créanciers contesteraient par voie d'exception et non par voie d'action? Assurément non. Il convient donc d'adopter pour tous les cas le sens de la décision de la cour de Cassation.

51. — On doit regarder comme ne pouvant être exercés par les créanciers les droits des père et mère sur la personne de leurs enfans, par exemple, le droit de correction (C. civ., art. 375 et suiv.), celui de consentir au mariage, à l'adoption (C. civ., art. 143 et suiv., 346).

52. — Il en est de même du droit de remplir un mandat légal, comme la tutelle (C. civ., art 419), du droit d'administrer conféré au père par l'art. 389, C. civ., et au mari par les art. 1428, 1531 et 1549, même code.

53. — L'exception de nullité contre un traité intervenu entre le mineur devenu majeur et son tuteur, sans observation des formalités et conditions prescrites par l'art. 472, C. civ., est personnelle au mineur, et ses créanciers ne sont pas recevables à la proposer, sauf les cas de dol ou de fraude. — *Paris*, 15 déc. 1830, Lange c. Huchet et Gayard.

54. — L'usufruit, en général, n'est pas un droit exclusivement attaché à la personne.

55. — Jugé, dès lors, que les créanciers des père et mère peuvent, du chef de leur débiteur qui y a renoncé, réclamer l'usufruit légal des biens de ses enfans. — *Cass.*, 11 mai 1819, Bontlechoux de Chavannes c. de Chavannes; —Proudhon, t. 5, no 2395, *De l'usufruit*; Delvincourt, t. 1er, p. 250; Duranton, t. 3, no 39.

56. —Les droits d'usage et d'habitation, ne pouvant être ni loués ni cédés (C. civ., art. 631, 634), doivent être considérés comme exclusivement attachés à la personne. — Toullier, t. 6, no 375. — V. HABITATION (droit d'), USAGE (droit d').

57. — Les actions en pétition d'hérédité peuvent être exercées par les créanciers. — Delvincourt, t. 2, p. 523; Zachariæ, p. 338, note 26e.

58. — Les créanciers de celui qui renonce au préjudice de leurs droits peuvent se faire autoriser en justice à accepter la succession du chef de leur débiteur, en son lieu et place. — C. civ., art. 788. — V. SUCCESSION.

59.— Mais le créancier d'une succession vacante ne peut se faire autoriser à accepter la succession au lieu et place de l'héritier renonçant. — *Paris*, 13 juin 1807, Beauvais c. Corbin et Brière. — V. SUCCESSION VACANTE.

60. — Le créancier d'un héritier qui seul des divers successibles a fait acte d'hérédité peut se faire subroger à l'administration que cet héritier avait de tous les biens de la succession. Les autres héritiers, qui ne viennent à prendre qualité que postérieurement, ne peuvent se plaindre que le jugement qui a ordonné cette subrogation leur fait grief, sauf à eux à demander compte à l'administrateur des recettes qu'il a pu faire, et à provoquer le partage.—*Douai*, 27 mars 1844 (t. 1er 1844, p. 739), Becq c. Decoussy.

61. — Les créanciers d'une succession acceptée sous bénéfice d'inventaire ne peuvent invoquer les exceptions qui appartiennent aux héritiers personnellement.— *Paris*, 17 déc. 1812, de Brancas c. Paley.

62.—Mais l'expropriation forcée des biens d'une succession bénéficiaire peut être poursuivie par les créanciers même personnels de l'héritier, si ce dernier ne fait aucune démarche pour les vendre, sauf le droit des créanciers de la succession d'être payés par préférence.—*Limoges*, 15 avr. 1831, Lornac-Cheyroux c. Barthélemy.

63. — Le retrait successoral, établi dans le but d'écarter les étrangers du partage, est un droit attaché à la personne des héritiers et ne peut appartenir aux créanciers. — Toullier, t. 6, no 375; Proudhon, *Usufruit*, t. 5, no 2345.

64. — Le droit d'accepter une donation entre-vifs, étant essentiellement attaché à la personne par la nature même du contrat, ne saurait être exercé par le créancier. — Toullier, t. 5, no 211, et t. 6, no 375. — V. DONATION ENTRE-VIFS.

65. — Il en est de même de l'action en révocation d'une donation pour cause d'ingratitude. — Duranton, t. 10, nos 557 et 559; Delvincourt, t. 2, p. 522, note 7e; Proudhon, *Usufruit*, t. 2, no 2345. — V. le même mot.

66. — Mais l'action en révocation d'une donation pour cause d'inexécution des conditions peut être exercée par le créancier. — Zachariæ, *Droit civ. fr.*, t. 2, p. 338; Duranton, t. 10, nos 558 et 559.

67. — Peut être exercée par les créanciers l'action en nullité ou en rescision d'obligation pour cause de violence, de dol ou d'erreur de la part du débiteur. — Merlin, *Quest.*, vo *Hypothèques*, § 4, no 4; Duranton, t. 10, no 562; Zachariæ, t. 2, no 338.

68. — Quant à la question de savoir si les créanciers d'un mineur pouvaient exercer en son nom l'action en rescision, une controverse très vive s'était établie entre Toullier et Merlin. —Toullier (t. 7, nos 566 et suiv.) soutenait d'abord la négative. Merlin (*Quest. de droit*, vo *Hypothèques*, § 4, no 4, 3e édit.) a soutenu l'affirmative; depuis, Toullier, dans sa 5e édit., a déclaré revenir, avec conviction, à l'opinion de Merlin.

69. — Jugé, en ce sens, que les créanciers peuvent exercer l'action en nullité ou rescision contre les obligations souscrites par un mineur. — *Rouen*, 9 janv. 1838 (t. 2 1839, p. 599), Burgot c. Martin. — V. RESCISION.

70. — Toutefois l'acte ne peut être rescindé qu'autant qu'il y a lésion. — *Bastia*, 26 mai 1834, Mattagli c. Marcoturchino; — Merlin, *Quest.*, vo *Hypothèque*, p. 554, no 2; Delvincourt, t. 2, p. 523; Duranton, t. 10, no 561; Magnin, *Minorités*, t. 2, no 1152; Proudhon, *Usufruit*, t. 5, no 2347.

71. — Les créanciers personnels de la femme ne peuvent, sans son consentement, demander la séparation de biens. — C. civ., art. 1446. — Le droit de demander la séparation de biens appartient exclusivement à la femme. Car on ne saurait autoriser un créancier à venir troubler la paix d'un ménage pendant que la femme garde le silence. — Toullier, t. 6, no 375; Zachariæ, t. 2, p. 337. — V. SÉPARATION DE BIENS.

72. — Néanmoins, en cas de faillite ou de déconfiture du mari, les créanciers de la femme peuvent exercer les droits de leur débitrice jusqu'à concurrence du montant de leurs créances. — C. civ., art. 1446.

73. — La faculté de retrait accordée à la femme propriétaire d'un immeuble, relativement à la portion indivise de ce même immeuble acquise par le mari seul durant le mariage, est un droit personnel à la femme, que les créanciers ne peuvent demander à exercer en son lieu et place. — *Cass.*, 14 juill. 1834, Falèze c. Blondeau; *Rouen*, 10 fév. 1836, mêmes parties; *Cass.*, 8 mars 1837 (t. 1er 1837, p. 615), mêmes parties. — V. COMMUNAUTÉ.

74. — Les motifs donnés par ces arrêts, disent les annotateurs de Zachariæ (p. 339, note 31e) ne paraissent pas concluans. De ce que l'art. 1408 constitue un privilége, il ne suit pas qu'il soit exclusivement attaché à la personne; car, d'un aveu général, un grand nombre de priviléges accordés aux débiteurs peuvent être et sont exercés par leurs créanciers. Telle est l'hypothèque légale de la femme et du mineur; tel est aussi le cas de l'art. 747. En vain assimile-t-on le retrait d'indivision, soit au retrait successoral (art. 841), soit au retrait lignager des anciennes coutumes. Le retrait d'indivision est, à raison de son intérêt pécuniaire, susceptible d'être exercé par les créanciers de la femme. Enfin, il est inexact de dire que le système contraire porte atteinte au choix de la femme; nous ne reconnaissons aux créanciers le droit de choisir que si la femme n'en use pas, et si elle a renoncé au retrait d'indivision, nous ne leur donnons la faculté de l'exercer qu'en prouvant une renonciation frauduleuse.

75. —Le créancier d'une femme mariée ne peut exercer le droit qu'a celle-ci de demander la nullité de l'aliénation d'un immeuble dotal. — *Nîmes*, 2 avr. 1832, Martin c. Broc. — V. DOT.

76. — Le créancier d'un acquéreur contre lequel le vendeur demande la résolution de la vente, pour diminution des sûretés données, peut rendre la demande sans objet en offrant de désintéresser le vendeur. — *Agen*, 3 fév. 1836, Capot c. Sangosse. — V. VENTE.

77. — Le mandat conventionnel étant fondé sur la confiance ne peut également être rempli par les créanciers, même dans le cas où le mandataire peut se faire remplacer. Le choix du sous-mandataire, ou le sien, doit être également le résultat de son mandat. — C. civ., art. 2003. — V. MANDAT.

78.—Mais le mandat, stipulé irrévocable, de vendre l'immeuble hypothéqué, donné au créancier dans l'acte même d'obligation, n'est pas révoqué par la faillite de ce dernier, et peut-être exercé par ses syndics. — *Bordeaux*, 12 août 1831, Alverny c. Cohen; 19 août 1831, Vergès c. Sermensan; 23 nov. 1831, Bazergues c. Olard; *Aix*, 18 juill. 1837 (t. 2 1837, p. 337), Reboul et Garassus c. Roux.

79. — D'où il suit que ce mandat, n'étant point attaché exclusivement à la personne, peut-être exercé par les créanciers.

80. — Il en est de même à plus forte raison quand il a été stipulé que le mandat pourrait être exercé tant par le mandataire que ses créanciers et ayant cause. — *Bordeaux*, 23 nov. 1831, Bazergues c. Olard.

81. — Tout créancier peut prendre inscription pour conserver les droits de son débiteur. — C. procéd., art. 778. — V. INSCRIPTION HYPOTHÉCAIRE.

82. — Et il peut la prendre par un tiers. — *Paris*, 16 fév. 1809, d'Ormesson c. Aubert.

83. — Un acquéreur (ou son créancier exerçant ses droits) peut critiquer le titre d'un créancier hypothécaire du vendeur. — *Rouen*, 9 janv. 1838 (t. 2 1839, p. 599), Burgot c. Martin.

84. — Un créancier peut, pour l'exécution d'une obligation contractée à son profit et comme exerçant les droits de son débiteur, demander la reddition d'un compte dû à celui-ci. — *Caen*, 10 janv. 1845 (t. 2 1845, p. 459), de Barcy c. Marie, dit Laroque.

85. — Les actions en dommages-intérêts pour cause de délits contre la personne ne peuvent être exercées par le créancier. En effet, de telles actions ont moins pour objet une indemnité pécuniaire que la réparation d'un tort moral. Le silence de l'offensé fait présumer un oubli de l'injure, et nul ne peut, contre sa volonté, intenter une action qui n'a plus de fondement. — V. Duranton, t. 10, nos 557 et 559; Delvincourt, t. 2, p. 522, note 7e; Proudhon, *Usufruit*, t. 5, no 2345.

86. — Au contraire, les actions en dommages-intérêts naissant de délits contre les propriétés appartiennent aux créanciers. — V. Zachariæ, *Droit civil français*, t. 2, p. 338; Duranton, t. 10, p. 558, 559.

87. — Lorsque, dans une convention, un individu s'est porté fort pour une des parties, la condamnation à des dommages-intérêts en cas de non exécution peut être demandée non seulement par la partie au profit de laquelle la stipulation a eu lieu, mais encore par le créancier qui exerce ses droits. — *Cass.*, 23 janv. 1839 (t. 1er, 1839, p. 158), Loison c. Fressard.

88. — Les créanciers peuvent, comme exerçant les droits de leur débiteur, qui d'ailleurs a fait cession de biens, poursuivre individuellement le débiteur de ce dernier. — *Lyon*, 8 déc. 1824, Girardon c. Myèvre.

89. — La faculté d'assigner à domicile élu n'est pas exclusivement attachée à la personne des parties contractantes. — *Colmar*, 5 août 1809, Durand c. Achard.

90. — Les créanciers peuvent opposer la péremption du chef de leur débiteur. — *Paris*, 19 juin 1813, Boucheron c. Jubier; — Pigeau, *Comment.*, t. 1er, p. 686.

91.—Les créanciers peuvent, au nom de leur débiteur, interjeter appel, invoquer la requête civile, la cassation, s'ils se trouvent encore dans les délais utiles pour agir. — Duranton, t. 10, no 552.

92. — Ainsi jugé que les créanciers ont qualité pour interjeter appel d'un jugement où figuraient leur débiteur ou les héritiers qui le représentent, lorsqu'il ne s'agissait pas, dans l'instance principale, de l'exercice d'un droit exclusivement attaché à la personne. — *Limoges*, 28 avr. 1841 (t. 1er 1843, p. 432), Auby c. Trousset.

93. — Quoiqu'un créancier, porteur de traites, eut consenti à ce que son débiteur, qu'il représentait dans la faillite de l'un des endosseurs, fût mis hors de cause, il a pu être jugé, sans qu'il y ait eu lieu à cassation, qu'il ne résultait pas nécessairement de là que le créancier eût renoncé à faire valoir les droits de son débiteur, et, par exemple, à revendiquer, comme substitué aux droits de ce dernier, des effets qui se trouvent dans le portefeuille du failli. — *Cass.*, 5 avr. 1831, Douelle c. Moisson.

94. — Dans les différens cas où le créancier peut exercer les droits et actions du débiteur, on a supposé jusqu'à présent qu'il y avait eu négligence ou du moins silence de la part du débiteur. Mais *quid*, s'il y avait expression d'une volonté contraire de la part du débiteur? Le créancier n'aurait-il que l'action révocatoire pour attaquer ce qui aurait été fait en fraude de ses droits? Pourrait-il, au contraire, se faire subroger au lieu et place du débiteur pour exercer ses droits? — Cela dépend des circonstances.

95. — Des créanciers peuvent intervenir dans la contestation entre leur débiteur et des légataires sur la validité d'un testament, et attaquer cet acte du chef de leur débiteur, quoique celui-ci consente à l'exécuter. — *Paris*, 24 messid. an XII, Busche c. Hannosset.

96. — Le créancier qui s'est opposé à ce que son débiteur, demandeur en rescision d'une vente pour cause de lésion, transigeât sur cette instance sans l'appeler, a le droit d'intervenir pour provoquer la nullité du désistement consenti au nom de celui-ci, et se faire subroger à la poursuite de l'action en son lieu et place. — *Paris*, 24 fév. 1806, Dupuy c. Barahé et Ségur. — V. Carré, t. 2, p. 35; Favard, *Rép.*, v° *Désistement*, n° 7; Pigeau, *Comment.*, t. 1er, p. 694.

97. — Un créancier peut, sur sa demande, être autorisé à affermer aux enchères les biens de son débiteur pour empêcher celui-ci de mettre à la location des conditions nuisibles aux intérêts de ses créanciers, par exemple, celle de payer d'avance entre ses mains. — *Caen*, 29 avr. 1841 (t. 1er 1844, p. 44), Héot c. Champy.

98. — De même le créancier d'un héritier bénéficiaire peut, en exerçant les droits de son débiteur, se faire autoriser à mettre en adjudication les baux des biens dépendant de la succession, lorsque cet héritier, en offrant ces biens à location, impose des conditions préjudiciables à la bonne culture de l'héritage et aux droits de ses créanciers. — *Douai*, 20 juin 1842 (t. 1er 1844, p. 45), Becq c. de Coussy.

99. — Les créanciers peuvent opposer la prescription acquise, encore que le débiteur y renonce. — C. civ., art. 2225. — V. PRESCRIPTION.

100. — Le garant qui a lui-même une action en garantie ne peut y renoncer au préjudice du garanti; celui-ci peut exercer cette action en son lieu et place. — *Bordeaux*, 23 janv. 1826, Pidoux c. Ducou.

101. — Mais un créancier ne peut forcer son débiteur à lui faire le transfert d'une rente sur l'état. — *Paris*, 24 août 1811, Hémart c. Constant de Lisle.

102. — Jugé encore que la disposition de rentes sur l'état est purement personnelle à celui qui en est propriétaire, de telle sorte que, si les créanciers de l'un des héritiers copropriétaire d'une rente de cette nature, forment opposition à sa délivrance et partage, ils ne peuvent, ce dernier s'y refusant, en obtenir la disposition; et cela encore bien que le créancier opposant soit porteur d'un transport notarié de la part du débiteur. — *Toulouse*, 5 mai 1836 (t. 2 1840, p. 35), Ayral de Bonneville c. Bazafflas.

103. — Tous les auteurs sont d'accord que la subrogation judiciaire ne peut avoir lieu qu'autant qu'il y a un intérêt pécuniaire. Mais faut-il que cet intérêt soit actuellement appréciable en argent? — V., pour la négative, Duranton, t. 10, n° 544; Proudhon, *De l'usufruit*, t. 5, n° 2344; — pour l'affirmative, Zachariæ, t. 2, p. 335, notes 11e et 12e.

104. — Le titre du créancier peut n'être pas authentique, pourvu toutefois que la créance soit constante.

105. — Ainsi, le créancier porteur d'un titre sous seing-privé (tel qu'une lettre de change) non contesté peut, aussi bien qu'en vertu d'un titre authentique emportant voie parée, exercer les droits et actions de son débiteur. — *Bordeaux*, 5 déc. 1835, Colas c. Bergé.

106. — Toutefois un jugement par défaut, bien que suivi, dans les six mois, d'un procès-verbal de carence, peut, suivant les circonstances, être considéré comme ne constituant pas un titre de créance qui permette au porteur de se prévaloir des dispositions de l'art. 1166, C. civ. — En conséquence, la partie qui a obtenu ce jugement par défaut n'est pas fondée à exercer, au nom de son débiteur, une action en reddition de compte de gestion. — *Bordeaux*, 28 juin 1841 (t. 2 1841, p. 291), Dalin c. Sinard.

107. — De plus, le créancier ne peut agir qu'autant que sa créance est exigible. — Zachariæ, *Dr. civ. franç.*, t. 2, p. 383.

108. — Jugé cependant que, lorsqu'un entrepreneur général néglige ou se trouve dans l'impuissance de faire liquider ses créances sur le gouvernement, ses créanciers peuvent se faire autoriser par la justice à poursuivre cette liquidation, bien que leurs propres créances ne soient pas encore liquidées, et sauf à l'entrepreneur le droit d'en contester le montant. — *Cass.*, 1er avr. 1828, Ouvrard.

109. — Pour jouir du bénéfice de l'art. 1166, on assigne le débiteur et le tiers contre lequel on veut agir, et l'on demande à exercer en lieu et place du débiteur l'action qu'il eût dû exercer contre ce tiers.

110. — C'est là une véritable subrogation judiciaire dont il importe de déterminer les effets. — Proudhon, *De l'usufruit*, t. 5, nos 2236-2237; Zachariæ, t. 2, p. 332, note 2e.

111. — A l'instar de la saisie-arrêt, elle opère une main-mise judiciaire et enlève au débiteur le droit de disposer des actions auxquelles a été subrogé le créancier, ainsi que celui d'y renoncer à son préjudice. — C. civ., art. 1242; C. procéd., art. 565; — Proudhon, *De l'usuf.*, t. 5, nos 2255 et suiv., 2260 et 2261; Zachariæ, t. 2, p. 333.

112. — Elle soumet le créancier à toutes les exceptions résultant d'une cause antérieure à la subrogation. — Merlin, *Quest.*, v° *Hypothèques*, § 4, n° 6; Toullier, t. 7, n° 568.

113. — Le créancier ne peut attaquer par la voie de la tierce-opposition les jugemens rendus contre le débiteur avant la signification de la subrogation. — C. procéd., art. 474.

114. — ... A moins cependant qu'ils ne soient le résultat d'un concert frauduleux entre le débiteur et le tiers qui en a profité, cas auquel il exerce l'action révocatoire de l'art. 1167. — Toullier, t. 6, nos 373 et 374; Duranton, t. 10, nos 552 et 553; Zachariæ, t. 2, p. 334, note 8e.

115. — En sens inverse, les exceptions procédant d'une cause postérieure à la signification de la subrogation et les jugemens obtenus contre le débiteur, depuis cette signification, ne peuvent être opposés au créancier. — Zachariæ, *loc. cit.*

116. — Du reste, la signification d'une subrogation judiciaire ne produit pas, ainsi que la cession, un droit de préférence pour le créancier qui l'a obtenue le premier. Le bénéfice se partage au marc le franc. — Zachariæ, *Dr. civ. franç.*, t. 2, p. 334; Proudhon, *De l'usuf.*, t. 5, nos 2265 et suiv.

V. aussi ACTE SOUS SEING-PRIVÉ, ACTION (dr. fr.), ACTION CIVILE, ASSURANCE MARITIME, ASSURANCE TERRESTRE, AUTORISATION DE PLAIDER, AVAL, AYANT-CAUSE, BAIL, BANQUEROUTE, CHOSE JUGÉE, COMPTE DE TUTELLE, CONFUSION DE DETTES, CONSIGNATION, CONTRE-LETTRE, ÉMIGRÉS, ENREGISTREMENT, NOVATION, OFFRES RÉELLES, PAIEMENT, PRÉSOMPTIONS, SUBROGATION, SURENCHÈRE.

CRÉANCIER HYPOTHÉCAIRE.

C'est celui dont la créance est fortifiée par une cause de préférence, par un droit réel qui, frappant sur les immeubles de son débiteur, lui assure sur le prix de ces immeubles son remboursement par antériorité aux autres créanciers hypothécaires inscrits après lui ou simplement chirographaires. — V. FAILLITE, HYPOTHÈQUE, ORDRE.

CRÉDIT (Lettre de).

V. LETTRE DE CRÉDIT.

CRÉDIT OUVERT.

1. — Contrat par lequel une partie s'engage à fournir à une personne des fonds ou des valeurs négociables au fur et à mesure de ses besoins. Celui qui ouvre le crédit est le créditeur; celui au profit duquel le crédit est ouvert est le crédité.

2. — Le crédit est ouvert soit par suite du dépôt préalable de valeurs faites par le crédité, soit par suite d'avances faites par le créditeur. Dans le premier cas, il y a un dépôt irrégulier avec ouverture d'un compte courant; dans le second il y a une promesse obligatoire de prêt. Le crédité ne devient, il est vrai, débiteur qu'au fur et à mesure des versemens que lui fait le créditeur, mais ce dernier ne peut se refuser à ces paiemens. — Pardessus, n° 474; Goujet et Merger, v° *Crédit ouvert*, n° 3.

3. — Le crédit ouvert peut avoir pour objet soit de l'argent, soit des marchandises, soit l'escompte des billets du crédité.

4. — Le crédit ouvert est ordinairement limité quant à son importance et quant à sa durée, cependant on peut convenir que le créditeur paiera toutes les traites que le crédité tirera sur lui, et que le crédit ne sera fermé que par le mutuel consentement des parties ou la volonté de l'une d'elles. — Goujet et Merger, n° 5.

5. — Le crédité qui use du crédit ouvert doit au créditeur le remboursement du capital avancé, un droit de commission fixé par l'usage ou la convention, si le créditeur est banquier, et les intérêts de ce capital qui courent de plein droit à partir des époques successives où les avances promises ont été réalisées. — C. civ., art. 2001; — Pardessus, n° 474; Goujet et Merger, n° 6.

6. — Cependant il ne peut y avoir lieu à la perception régulière d'un escompte de la part de celui qui prête de l'argent sur la remise d'effets de commerce qu'autant que la négociation qui lui est faite de ces effets émane non du souscripteur lui-même, mais d'un tiers auquel ils ont été négociés. — Dans le premier de ces cas, l'opération qui intervient entre le souscripteur et le bénéficiaire d'un billet ne renferme qu'un prêt commercial pur et simple qui ne saurait donner lieu à la perception d'un intérêt supérieur au taux de 6 p. 0/0. — *Cass.*, 27 nov. 1843 (t. 1er 1844, p. 21), Noël et Lerambert c. Ravel.

7. — Jugé cependant que, selon l'usage constant du commerce, le négociant qui ouvre un crédit à un autre négociant peut, en sus de l'intérêt légal, exiger un droit de commission en raison du capital de chaque fourniture ou prestation de fonds, et qu'il peut en outre convenir que les intérêts dus sur le reliquat de chaque réglement semestriel seront capitalisés et produiront eux-mêmes des intérêts, sans pour cela se rendre coupable d'usure. — *Cass.*, 14 juill. 1840 (t. 2 1840, p. 487), Chevallier c. Allier.

8. — Le banquier qui ouvre à un commerçant un crédit en compte courant peut percevoir, outre l'intérêt légal, un droit de commission sur les sommes qu'il fournit. — *Aix*, 18 janv. 1844 (t. 2 1844, p. 465), Crémieu c. Reynaud.

9. — Il peut même percevoir un autre droit de commission sur les soldes de compte qui existent lors du réglement périodique de celui-ci. — Même arrêt.

10. — Ce droit de commission dû au banquier qui a ouvert un crédit en compte courant à un négociant, se calcule sur la totalité du débit de ce compte, et non pas seulement sur la différence du débit au crédit. — *Aix*, 19 janv. 1844 (t. 2 1844, p. 465), Crémieu c. Reynaud.

11. — La quotité du droit de commission se règle d'après les usages du commerce et la convention des parties, et elle ne saurait être considérée comme usuraire qu'autant qu'elle serait excessive ou que les opérations qui auraient donné lieu à la perception du droit de commission seraient fictives et couvriraient un intérêt excédant le taux légal. — Même arrêt.

12. — Décidé aussi qu'on ne peut considérer comme usuraire la commission allouée au banquier pour les démarches au moyen desquelles il fournit au négociant les fonds dont celui-ci a besoin pour son commerce; mais que cette commission ne se doit régler que tous les ans, comme les intérêts du compte courant, pour être alors ajoutée au capital du compte. — *Rennes*, 6 janv. 1844 (t. 1er 1844, p. 525), Lebourhis c. Ruello.

13. — Ainsi, la convention de commission ne peut échapper à la qualification d'usuraire qu'autant qu'elle n'est que la juste rétribution des démarches du banquier; par exemple, lorsqu'elle n'excède pas un pour cent du capital procuré par lui. — *Rennes*, 6 janv. 1844 (t. 1er 1844, p. 525), Lebourhis c. Ruello.

14. — Si le crédité ne profite pas du crédit, il n'en est pas moins obligé d'indemniser le créditeur qui a tenu à sa disposition des fonds dont il aurait pu tirer un bénéfice par un autre emploi. — Pardessus, n° 474.

15. — La convention par laquelle une consignation de marchandises a été promise par un négociant sur la condition d'un crédit ouvert et de fonds à fournir ne constitue, quant à la consignation, qu'un mandat révocable à la volonté du mandant, à la charge par lui de rembourser au mandataire le montant de ses avances avec intérêts tels que de droit. — *Aix*, 23 fév. 1808, Byrnes Cachard c. Holmes.

16. — Mais on peut faire appuyer l'ouverture d'un crédit par la stipulation d'un cautionnement, par un nantissement régulièrement contracté ou par une hypothèque. — Sur le point de savoir à compter de quelle époque prend rang l'hypothèque stipulée pour sûreté d'un crédit ouvert et accepté, V. HYPOTHÈQUE.

17. — Celui qui, sous la forme de crédit, s'est rendu garant de traites à créer n'est point délié de son obligation par le motif que les effets ont été tirés à une échéance plus longue que celle énoncée dans l'acte de garantie, alors que le cré-

dit, non limité à une opération déterminée, était déclaré permanent et valable jusqu'à révocation. — *Paris*, 12 avr. 1834, Paravey c. Jollimon de Marolles.

12. — La garantie pendant un temps déterminé donnée à un crédit ouvert par une maison de banque s'applique au palement des traites souscrites pour assurer ce crédit, échues postérieurement au délai fixé pour la garantie, mais acceptées antérieurement : en pareil cas, c'est l'époque de l'acceptation, et non celle de l'exigibilité, qu'il faut considérer. — *Paris*, 15 janv. 1831, Daubigny c. Masson de Maizeray.

V. BANQUIER, COMPTE COURANT, ESCOMPTE, INTÉRÊTS.

CRÉDITEUR.

1. — L'expression de *créditeur* s'emploie, dans le commerce, avec une signification spéciale.

2. — Un commerçant se considère et se porte sur ses registres comme *créditeur* à raison de toutes les sommes ou valeurs qui sortent de ses mains. *Créditeur* est relatif à *débiteur*, comme *crédit* à *débit*, et *avoir* à *doit*. — Pardessus, t. 1er, no 85.

3. — Le créditeur diffère essentiellement du *créancier*. Le commerçant qui paie une somme d'argent se porte créditeur de cette somme sur ses registres, soit qu'il la doive ou ne la doive pas ; or, il n'est évidemment *créancier* qu'autant que le paiement qu'il a fait l'avait pas pour but d'éteindre une obligation, mais d'en créer une. Au contraire, le seul fait du paiement, quel qu'en soit le but ou le résultat, le constitue *créditeur*. — V. CRÉDIT, DÉBIT, LIVRES DE COMMERCE, USURE.

CRÉMIER, GLACIER.

1. — Crémiers, glaciers ; — patentables de cinquième classe ; — droit fixe, basé sur la population, et droit proportionnel du vingtième de la valeur locative de l'habitation et des lieux servant à l'exercice de la profession.

2. — Crémiers ou laitier ; — patentables de septième classe ; — droit fixe et droit proportionnel du quarantième de la valeur locative de tous les patentables, mais seulement dans les communes de 20,000 ames et au-dessus.

CRÉPINS (Marchands, fabricans de).

1. — Marchands de crépins ; — patentables de sixième classe ; droit fixe, basé sur la population, et droit proportionnel du vingtième de la valeur locative de l'habitation et des lieux servant à l'exercice de la profession.

2. — Fabricans d'articles de crépin en bois, pour leur compte ; — patentables de septième classe ; — droit fixe, basé sur la population, et droit proportionnel du quarantième de la valeur locative de tous les locaux des patentables, mais seulement dans les communes de 20,000 ames et au-dessus.

3. — Fabricans d'articles de crépin en buis , à façon ; — patentables de huitième classe ; — mêmes droits, sauf la différence de classe.

V. PATENTE.

CRETONNIERS.

Les établissemens des cretonniers , dégageant une odeur insupportable et présentant des dangers de feu , sont rangés dans la première classe des établissemens insalubres. — V. ÉTABLISSEMENS INSALUBRES (nomenclature).

CREUSETS (Fabricans de).

Fabricans de creusets, — soumis à la patente ; — droit fixe de 25 fr., et droit proportionnel du vingtième de la valeur locative de l'habitation et des magasins de vente complètement séparés de l'établissement et du vingt-cinquième de l'établissement industriel.

CRIBLIERS.

Patentables de septième classe ; — droit fixe, basé sur la population , et droit proportionnel du quarantième de la valeur locative de tous les locaux des patentables , mais seulement dans les communes de 20,000 ames et au-dessus. — V. PATENTE.

CRICS (Fabricans et marchands de).

Fabricans et marchands de crics ; — patentables

de cinquième classe ; — droit fixe, basé sur la population, et droit proportionnel du vingtième de la valeur locative de l'habitation et des lieux servant à l'exercice de la profession. — V. PATENTE.

CRIÉES.

1. — Les criées étaient autrefois des proclamations qui se faisaient par le ministère d'huissier, pour annoncer au public que certains héritages étaient saisis réellement sur le propriétaire, et qu'ils seraient vendus par décret, c'est-à-dire judiciairement.

2. — Les criées avaient pour objet, non seulement d'indiquer la vente et d'appeler les enchérisseurs, mais aussi d'avertir ceux qui avaient sur l'immeuble quelques droits de propriété, de servitude ou d'hypothèque, de former opposition au décret, pour empêcher la vente d'éteindre leurs actions.

3. — Les criées étaient nécessaires dans les décrets volontaires comme dans les décrets forcés, et elles se faisaient dans la même forme.

4. — On peut consulter sur cette matière l'édit de Henri II, de septembre 1551, connu sous le nom d'*Édit des criées*, la coutume de Paris, art. 345, et diverses autres coutumes. — Le mot *criée* désigne aujourd'hui les adjudications qui se font en justice. —V. SAISIE, VENTE JUDICIAIRE DE BIENS IMMEUBLES, VENTE DE MARCHANDISES NEUVES, VENTE DE MEUBLES.

CRIEURS PUBLICS.

Table alphabétique.

CRIEURS PUBLICS.—1.—Ce mot désigne les personnes dont la profession est de crier, vendre et distribuer des imprimés, écrits, dessins ou emblèmes sur la voie publique.

2. — La publicité au moyen du criage et de la distribution d'écrits sur la voie publique se lie comme conséquence au droit qu'a chaque citoyen de publier librement son opinion ; mais la nécessité de prévenir des faits considérés comme abus, et les nécessités de la police de la voie publique ont rendu ce mode de publication l'objet de dispositions législatives spéciales.

3.—Sous l'ancienne législation l'ordonnance du 29 oct. 1782 défendait aux crieurs publics d'annoncer les écrits qu'ils vendaient autrement que par leur titre, et elle ordonnait le dépôt préalable entre les mains de l'autorité d'un exemplaire de chacun de ces écrits. — De Grattier, *Comm. sur les lois de la presse*, t. 2, p. 238, à la note.

4. — Une loi du 5 niv. an V interdit, par son art. 1er, à tout individu d'annoncer dans les rues, carrefours et autres lieux publics, aucun journal ou écrit périodique autrement que par le titre habituel et général qui le distinguait des autres journaux. — La même loi défendit également d'annoncer aucune loi, aucun jugement, ou autres actes d'une autorité constituée, autrement que par le titre donné auxdits actes, soit par l'autorité de la-

quelle ils émanaient, soit par celle qui avait droit de les publier. — Art. 2. — La contravention à ces deux dispositions était punie, par voie correctionnelle, d'un emprisonnement de deux mois pour la première fois, et de six en cas de récidive. — Art. 3.

5. — Le Code pénal de 1810 punissait d'une peine correctionnelle les crieurs publics qui faisaient leur métier sans s'être munis d'une autorisation de la police. « Tout individu, portait son art. 290, qui, sans y avoir été autorisé par la police, fera le métier de crieur ou afficheur d'écrits imprimés, dessins ou gravures, même munis des noms d'auteur, imprimeur, dessinateur ou graveur, sera puni d'un emprisonnement de six jours à deux mois. »

6. — Ces dispositions incomplètes et insuffisantes ont été remplacées par les lois des 10 déc. 1830 et 16 fév. 1834, qui composent aujourd'hui la législation sur la profession de crieur public. — Paranti, *Lois de la presse*, p. 483.

7. — Nul ne peut exercer même temporairement la profession de crieur, de vendeur ou de distributeur sur la voie publique, d'écrits, dessins ou emblèmes imprimés, lithographiés, autographiés, moulés, gravés ou à la main, sans autorisation préalable de l'autorité municipale. Cette autorisation peut être retirée. — L. 16 fév. 1834, art. 1er.

8. — Toute contravention à la disposition ci-dessus est punie d'un emprisonnement de six jours à deux mois pour la première fois, et de deux mois à un an, en cas de récidive. Les contrevenans doivent être traduits devant les tribunaux correctionnels qui peuvent, dans tous les cas, appliquer les dispositions de l'art. 463, C. pén. — L. de 1834, art. 2.

9. — Il faut remarquer que ce dernier article déroge au droit commun, aux termes duquel la peine de la récidive n'est applicable en matière correctionnelle qu'autant qu'une première condamnation s'est élevée à plus d'une année d'emprisonnement.

10. — M. Persil, rapporteur, a dit sur cet art. 2: « Ces peines sont indépendantes de celles que pourrait encourir le crieur comme complice d'un écrit jugé coupable. Ces peines seront toujours appliquées par la police correctionnelle. » — Il ne faudrait pas conclure de ces paroles du rapporteur que l'art. 365, C. inst. crim., portant qu'en cas de conviction de plusieurs crimes ou délits la peine la plus forte sera seule prononcée, ne pourrait être appliqué au crieur qui serait poursuivi tout à la fois comme ayant exercé sa profession sans autorisation et comme complice d'un délit tenant à la nature même de l'écrit. Peu importe, quant à cette application, que cet art. 463 soit placé sous le titre relatif aux cours d'assises, car c'est devant ces cours que sont aujourd'hui poursuivis tous les délits de presse et c'est devant elles que devrait être porté le délit d'avoir exercé la profession de crieur sans autorisation ; s'il était connexe à un délit de presse ; d'ailleurs, ces dispositions qui, par la rubrique à laquelle elles appartiennent, sembleraient exclusivement relatives au grand criminel s'appliquent aussi aux matières correctionnelles. — Duvergier, t. 34, p. 16.

11. — On comprend qu'à raison de sa nature, l'autorisation ne peut être accordée valablement que par le pouvoir municipal du lieu où l'on veut exercer, même temporairement, la profession de crieur.

12. — L'autorité municipale est exercée dans la ville de Paris et dans les banlieues, par le préfet de police. — L. 28 pluv. an VIII, art. 16 ; 14 avr. 1834, art. 4 et 16. — C'est donc ce fonctionnaire qui doit délivrer , dans cette ville , les autorisations de crieurs. On avait demandé, dans la discussion de la loi du 16 fév. 1834, que l'autorisation fût délivée à Paris par les maires et non par le préfet de police, mais cette proposition a été rejetée.

13. — Malgré les termes absolus de l'art. 1er de la loi du 16 fév. 1834, on a reconnu, dans la discussion, que la distribution d'écrits qui a lieu ordinairement au moment des élections, souvent à la porte même des collèges électoraux, ne pourrait être considérée comme l'exercice, même temporaire, de la profession de vendeur ou distributeur d'écrits.

14. — Ceux qui vendraient publiquement des écrits quelconques que le *crier* ne seraient pas dispensés d'obtenir l'autorisation. Un amendement qui avait été proposé dans le sens de cette restriction n'a pas été accueilli. Il n'y a non plus aucune distinction à faire quant à la nature des écrits mis en vente, et les crieurs ou distributeurs d'écrits seraient-ils autres que ceux autorisés. — Duvergier, *Coll. des lois*, t. 34, p. 15 ; Chassan, *Traité des délits et contraventions de la parole, de l'écriture et de la presse*, 2e édit., t. 1er, no 1064.

15.—Jugé, dans ce sens, que le fait seul d'avoir crié, vendu ou distribué sur la voie publique, sans autorisation de l'autorité municipale un écrit imprimé quelconque et spécialement des adresses, suffit pour constituer le délit prévu et réprimé par la loi du 16 fév. 1834, abstraction faite de la nature de ces écrits. — *Paris*, 13 janv. 1835, Ramet.

16. — Mais la prohibition établie par cette loi de distribuer, sans autorisation des imprimés n'est pas applicable au fait d'être entré dans plusieurs boutiques pour y offrir des exemplaires d'un journal, mais sans les avoir distribués et sans avoir tenté de les distribuer sur la voie publique. — *Paris*, 23 août 1834, Léauté.

17. — L'autorité municipale, ayant la police des rues, places, lieux et édifices publics, peut interdire l'annonce sur la voie publique d'aucuns journaux ou autres écrits. — V. L. 14 déc. 1789, art. 50; 16-24 août 1790, tit. 2, art. 3 et 4; 19 juill., 1791, tit. 1er, art. 46. — Les contrevenants à ces arrêtés pourraient tomber sous l'application de l'art. 471, n° 15, C. pén. — De Grattier, t. 2, p. 281, n° 6.

18. — La loi du 10 déc. 1830 n'exigeait pas d'autorisation municipale préalable pour l'exercice de la profession de crieur ou distributeur public. Elle n'exigeait qu'une simple déclaration à l'autorité municipale de la volonté de prendre cette profession avec indication du domicile du déclarant (art. 2). Le crieur devait aussi, lorsqu'il changeait de domicile, en faire la déclaration. Ce système ne parut pas offrir des garanties suffisantes pour l'ordre public, et c'est pour y remédier que fut rendue la loi du 16 fév. 1834, qui abrogea implicitement l'art. 2 de celle du 10 déc. 1830 en ce qui concernait les crieurs et distributeurs. Cette dernière disposition ne s'applique plus qu'aux afficheurs. — V. le mot AFFICHEUR.

19. — L'autorisation municipale n'est pas la seule condition imposée aux crieurs publics. La loi du 10 déc. 1830, renouvelant une disposition que nous avons déjà mentionnée, porte : « Les journaux, feuilles quotidiennes ou périodiques, les jugemens et les autres actes d'une autorité constituée, ne pourront être annoncés dans les rues, places et autres lieux publics, autrement que par leur titre. Aucun autre écrit imprimé, lithographié, gravé ou à la main, ne pourra être crié sur la voie publique qu'après que le crieur ou distributeur aura fait connaître à l'autorité municipale le titre sous lequel il veut l'annoncer et qu'après avoir remis à cette autorité un exemplaire de cet écrit. » — Art. 3.

20. — Les deux dispositions de cet article 3 n'ont été modifiées en rien par la loi du 16 fév. 1834. M. Persil, rapporteur de cette dernière loi à la chambre des députés, disait : « Tous les articles de la loi du 10 déc. 1830 sont maintenus; l'art. 2 est seul abrogé », — Chassan, t. 1er, n° 4066.

21. — Les lois, étant des actes d'une autorité constituée, rentrent dans les termes de l'art. 3 de la loi du 10 déc. 1830. La loi du 5 niv. an V les mentionnait textuellement. — Chassan, t. 1er, n° 4071; de Grattier, t. 2, p. 239, n° 2.

22.—Le § 2 de l'art. 3 ne s'applique pas aux publications et actes dont s'occupe le § 1er. En effet, le § 2 n'ayant pour but que de donner à l'autorité municipale les moyens d'examiner les écrits destinés à être criés sur la voie publique, il était inutile de l'étendre aux jugemens ou autres actes de l'autorité qui ont une existence officielle et aux journaux qui doivent être déposés au parquet aux termes de l'art. 8 de la loi du 18 juill. 1828. — De Grattier, Comm. sur les lois de la presse, t. 2, p. 239, n° 3.

23. — Jugé que le refus fait par l'autorité municipale de viser l'écrit qu'un individu a déclaré vouloir crier sur la voie publique, ne peut mettre obstacle à la vente et distribution de cet écrit. — *Cass.*, 22 nov. 1833, Delente. — Cet arrêt a été rendu sur le réquisitoire de M. le procureur-général Dupin. — Dans la discussion à la chambre des députés le rapporteur de la loi de 1830 avait posé en principe qui est la base de l'arrêt ci-dessus : que « l'autorité ne se réserve pas le droit de permettre ou d'empêcher. »

24. — Le visa du commissaire de police, sur un écrit qu'on se propose de crier sur la voie publique, peut être un mode de prouver la présentation de l'écrit et d'en constater le dépôt, mais on peut avoir recours à tout autre moyen de preuve de ces deux faits. — Même arrêt, — Chassan, t. 1er, n° 4067; Parant, p. 183.

25. — Les contrevenans aux dispositions de l'art. 3 doivent être punis, par la voie ordinaire de la police correctionnelle, d'une amende de 25 à 200 fr., et d'un emprisonnement de six jours à un mois, cumulativement ou séparément. — Art. 7.

26. — Il est interdit de vendre ou distribuer de

faux extraits de journaux, jugemens et actes de l'autorité publique. — L. 10 déc. 1830, art. 4. — Aux termes de l'art. 5, l'infraction à cette disposition est punie d'une amende de 25 fr. à 500 fr., et d'un emprisonnement de six jours à un mois, cumulativement ou séparément. L'auteur ou l'imprimeur des faux extraits est puni du double de la peine indigée au crieur, vendeur ou distributeur de faux extraits. Et ces peines doivent être appliquées sans préjudice des autres peines qui pourraient être encourues par suite des crimes et délits résultant de la nature même de l'écrit.

27. — La vente ou distribution de faux extraits, punie par les art. 4 et 5, ne constitue pas simplement une infraction à la police de la presse ; c'est un véritable délit qui suppose une intention frauduleuse. « Il est nécessaire, dit M. de Vatimesnil, qu'il y ait faux, c'est-à-dire dessein de nuire, de porter la perturbation dans la société par la publication de fausses nouvelles ou de faux écrits : voilà pourquoi on s'est servi du mot faux. » Aussi ce délit est-il déféré au jury comme toutes les infractions qui, en matière de presse, ne peuvent être jugées qu'à l'aide d'une appréciation morale; — Parant, p. 186 (L. 1830, art. 6). — V. DÉLITS DE PRESSE.

28. — Il doit être procédé à la répression du délit prévu par ces deux articles, conformément à la loi du 26 mai 1819, si une information a lieu, et conformément à la loi du 8 avr. 1831, si l'on emploie la voie de citation directe devant la cour d'assises. — Chassan, t. 2, n° 4768.

29. — « Dans les cas prévus par la présente loi, porte l'art. 8, les cours d'assises et les tribunaux correctionnels pourront appliquer l'art. 463 du C. pén. si les circonstances leur paraissent atténuantes, et si le préjudice causé n'excède pas 25 fr. » Les derniers mots de cet article y avaient été ajoutés pour le mettre en harmonie avec l'ancien art. 463, C. pén., qui ne permettait l'admission des circonstances atténuantes que lorsque le préjudice totalement, pourvu que le préjudice causé était inférieur à 25 fr. Cette restriction a disparu de cet article, quand sa rédaction a été modifiée lors de la révision de 1832; il semble donc que les derniers mots de l'art. 8 de la loi du 1830 doivent être considérés comme supprimés également. — Grattier, t. 2, p. 444, n° 4; Parant, p. 187, 188.

30. — L'art. 9 et dernier de la loi du 10 déc. 1830 abroge la loi du 5 nov. an V, et l'art. 200, C. pén.

31. — Les lois du 10 déc. 1830 et du 16 fév. 1834 ont eu principalement pour objet de régler les conditions d'exercice de la profession de crieur public. Mais le Code pén. prévoit encore plusieurs délits résultant du criage et de la distribution sur la voie publique, et ces dispositions à cet égard s'appliquent aux crieurs publics même autorisés, dans les termes de ces deux lois. En conséquence, ils ne peuvent distribuer d'ouvrages, écrits, avis, bulletins, affiches, journaux, feuilles périodiques ou autres imprimés dans lesquels ne se trouverait pas l'indication vraie des noms, profession et domicile de l'auteur ou de l'imprimeur, à peine de six jours à six mois d'emprisonnement. — C. pén., art. 283.

32. — Ils n'encourent pour cette infraction que des peines de simple police, s'ils font connaître la personne de laquelle ils tiennent l'écrit imprimé, ou s'ils indiquent l'imprimeur. — Art. 284.

33. — Si l'écrit imprimé contient quelques provocations à des crimes ou délits, le crieur est puni comme complice des provocateurs, à moins qu'il ne fasse connaître celui dont il tient l'écrit contenant la provocation, cas dans lequel il n'encourt qu'un emprisonnement de six jours à trois mois. — Art. 285. — Il y a lieu, dans tous les cas, à confiscation des exemplaires saisis. — Art. 286.

34. — Jugé que celui qui est poursuivi comme distributeur d'un écrit renfermant des délits n'est pas recevable à exciper du défaut de poursuites de la part du Ministère public contre l'auteur de l'écrit. — *Colmar*, 20 nov. 1823, Zickel ; — De Grattier, Comment. sur les lois de la presse, t. 1er, p. 136, n° 26 ; Chassan, t. 1er, p. 431. — La distribution est un fait distinct et indépendant de la rédaction de l'écrit ; il peut même être seul punissable, et c'est ce qui a lieu lorsque le rédacteur de l'écrit est demeuré complètement étranger à sa publication.

35. — Si un crieur public exposait ou distribuait des chansons, pamphlets, figures ou images contraires aux bonnes mœurs, il serait pour ce fait puni d'une amende de 16 fr. à 500 fr., et d'un emprisonnement d'un mois à un an. Les planches ou exemplaires imprimés ou gravés des chansons, figures ou autres objets du délit seraient confisqués. — Art. 287. — Mais en faisant connaître la personne qui lui a remis l'objet du délit, ou l'imprimeur ou le graveur, le crieur ne serait plus pas-

sible que des peines de simple police. —Art. 288.— V. aussi DIFFAMATION, INJURE.

36.—Quant aux délits de presse dont les crieurs ou distributeurs se rendraient coupables, soit comme auteurs principaux, soit comme complices, V. DÉLITS DE PRESSE. — V. aussi DISTRIBUTION D'ÉCRITS OU IMPRIMÉS.

CRIMES, DÉLITS ET CONTRA-VENTIONS.

Table alphabétique.

CRIMES, DÉLITS ET CONTRAVENTIONS.—**1.**—Tout acte ou omission réprimé par une loi pénale prend le nom générique de *délit*. — « Faire ce que défendent, ne pas faire ce qu'ordonnent les lois qui ont pour objet le maintien de l'ordre social et la tranquillité publique est un délit. — C. 3 brum. an IV, art. 1er.—Blackstone, *Comm. lois angl.*, L. 4, ch. 1er.

2.—Cette définition du Code de brumaire an IV, n'a point été reproduite dans le Code d'instruction criminelle; mais c'est une vérité de fait qui n'a pas besoin d'être exprimée.—Legraverend, *Lég. crim.*, t. 1er, p. 2.

3. — Parmi les délits, les uns puisent leur criminalité dans la moralité du fait et dans l'intention de l'agent; alors on les appelle plus spécialement, et suivant leur gravité, *crimes* ou *délits*; les autres consistent dans de simples infractions matérielles à des prohibitions ou à des prescriptions de la loi, abstraction faite de toute intention de la part de l'agent; dans ce cas on les nomme *contraventions.* — V. *infra* § 4.

4. — Nous le saurions examiner ici avec détail tout ce qui concerne les différens crimes, délits ou contraventions prévus et punis par le Code pénal et par les lois spéciales.— Nous nous bornerons, après avoir retracé les caractères généraux qui leur appartiennent, à en donner une nomenclature aussi complète que possible, et à renvoyer aux mots particuliers sous lesquels les règles relatives à chacun d'eux sont exposées.

§ 1er. — *Caractères généraux* (n° 5).

§ 2. — *Faits qualifiés crimes par le Code pénal et par les lois qui s'y rattachent* (n° 71).

§ 3. — *Faits qualifiés délits par le Code pénal et par les lois qui s'y rattachent* (n° 181).

§ 4. — *Contraventions* (n° 301).

§ 5. — *Infractions diverses prévues par les lois spéciales* (n° 407).

1er. — *Caractères généraux.*

5.—La classification des délits a de tous temps tenu et dû tenir une place importante dans les œuvres des législateurs et des publicistes. — C'est, en effet, sur cette classification que se mesurent la gravité des délits, et, par conséquent, celle de la peine. — De Pastoret, *L. pén.*, p. 13.

6. — A Rome, on divisait les délits en *publics* et *privés*. Les délits *publics* étaient ceux dont la répression intéressait le peuple entier, et dont la poursuite était permise à chaque citoyen; les délits *privés*, ceux qui n'intéressaient que les personnes qu'ils lésaient, et que, seules, elles pouvaient poursuivre.

7. — Les délits publics se subdivisaient en *ordinaires*, c'est-à-dire dont la peine était fixée par la loi ou même l'usage, et *extraordinaires*, dont la peine était laissée à l'arbitraire du juge; en *capitaux*, qui emportaient la mort, la déportation, le travail des mines, et *non capitaux*, auxquels ne s'appliquait qu'une peine infamante corporelle ou pécuniaire.—L. 4, ff., *De publ. jud.* ; L. 1, ff., ff., *De priv. del.*; L. 1 § 2, ff., *Ad. sen. test.*; L. 14, ff., *De pœnis* ; L. 1, C. *Ad. leg. jul. rep.*; — Furinacius, *Quæst.* 18, n° 21.

8.—Ce sont sans doute ces distinctions qui, dans notre ancien droit, avaient amené les divisions des crimes en *atroces* ou *légers*, *simples* ou *qualifiés*, *directs* ou *indirects*.

9. — On y avait aussi retenu, mais plutôt en pratique qu'en principe, la distinction générique des délits *publics* et *privés*, *capitaux* et *non capitaux*; mais en en modifiant la signification. Ainsi, par délits *publics*, on entendait ceux qui nuisaient au bon ordre ou à la sûreté publique, et par délits *privés*, ceux qui touchaient les parties offensées plus que la sûreté publique; les délits *capitaux* étaient ceux punis de la peine capitale; les *non capitaux*, tous ceux que frappait une autre peine que la peine capitale.—Rousseau de Lacombe, p. 2; Jousse, t. 1er, p. 3.

10. — Quelques publicistes établissaient quatre classes de crimes d'après : 1° leur nature; — 2° la peine encourue; — 3° la compétence du juge; — 4° l'instruction et la preuve.—Muyart de Vouglans, *L. crim.*, p. 4 et 5.

11. — D'autres les considéraient par rapport à la religion, au prince ou à l'état, aux particuliers, à l'ordre public.

12. — Quelques-uns les divisaient en crimes contre la religion, contre les mœurs, contre la tranquillité, contre la sûreté des citoyens. — Montesquieu, *Espr. des lois*, liv. 42, ch. 6.

13.—Ceux-ci ne reconnaissaient que trois classes de crimes : 1° ceux qui tendent à la destruction de la société ou du prince; —2° ceux qui attaquent les citoyens dans leur personne; — 3° ceux qui droit des peines; —5° contre l'ordre public; les citoyens dans leur personne; — 3° ceux qui sont contraires au bien public. — Beccaria, *Des délits et des peines.*

14. — Ceux-là, au contraire, en admettaient dix classes différentes : 1° contre la Divinité; — 2° contre le souverain ; — 3° contre l'ordre public; — 4° contre la confiance publique ; — 5° contre le droit des peines; —6° contre l'ordre de la famille; —7° contre les personnes; —8° contre la dignité naturelle et civile de l'homme; — 9° contre son honneur ; —10° contre les propriétés.—Filangieri, *Science de la légis.*, t. 4, éd. in-8°, 2e partie, ch. 10, p. 216 et suiv.

15. — Jousse (*Just. crim.*, p. 2), sans faire de classes précisément, indiquait huit manières principales d'envisager les délits.

16. — M. de Pastoret propose de les considérer dans leurs rapports avec la nature, avec la société, ou avec la loi positive.—*L. pén.*, t. 1er, part. 4, chap. 6.

17. — M. de Warville (*Th. lois crim.*, t. 1er, chap. 2) voudrait qu'on n'en admît que deux grandes classes : 1° les crimes *publics* qui se subdivisaient en crimes moraux, civils ou politiques, religieux ; — 2° les crimes *privés* dans lesquels on distinguerait ceux contre l'honneur, contre la propriété, contre la sûreté. — Legraverend (*Lég. crim.*, t. 1er, p. 4) paraît pencher pour cette classification.

18. — Bentham reconnaissait (*Tr. de législ.*, t. 2, p. 240), des délits *privés* et *reflectifs*; semi-publics et *publics*; *reflectifs* ou *non reflectifs*, ne nuisant qu'au délinquant, qui sont aux incrimables par la loi; *semi-publics*, qui affectent une corporation, une commune; les délits *publics* comprennent ceux contre la sûreté extérieure, la justice, la police, la force publique, le trésor public, la souveraineté, la morale et la religion ; les délits *privés* qui s'appliquent aux personnes, aux propriétés, à la réputation, à la condition civile.

19. — M. Charles Lucas classe les délits non d'après le caractère du fait, mais d'après la nature de l'objet auquel il s'applique, et partage les offenses en *personnelles*, *réelles*, et *mixtes*. — *Syst. pén.*, L. 3.

20. — M. Rossi admet les délits contre les personnes, contre la personnalité du corps social (l'existence et la liberté d'exister d'un état), contre les propriétés particulières, contre les propriétés publiques. — *Tr. du dr. pén.*, t. 2, p. 61.

21. — Il est enfin des criminalistes qui enseignent qu'on doit renoncer à toute division systématique et logique, pour s'en tenir à une simple énumération des divers genres de crimes et de délits.—Haus, *Observ. sur le C. pén. belge*, t. 1, p. 6.

22. — Les Codes d'Autriche et de la Louisiane ne distinguent que deux classes *d'offenses* qui sont : dans le premier, les délits et les graves infractions de police ; dans le second, les crimes et les infractions.

23. — La loi anglaise qui ne forme pas corps, n'a point, par conséquent, une division systématique ; mais les tables officielles, compte rendu annuel de la justice criminelle, y suivent la classification suivante : — 1° offenses contre les personnes; —2° offenses contre la propriété avec violence; —3° offenses contre la propriété sans violence; —4° offenses contre la propriété avec dessein de nuire à la propriété (incendie, etc.); — 5° offenses non comprises dans ces quatre premières classes.

24. — Le Code pénal de 1791 paraît avoir suivi la division romaine des délits *privés* et *publics* : il était divisé en deux parties; l'une comprenant les attentats contre la chose publique, se subdivisait en six catégories; la seconde embrassait les crimes contre les particuliers, distinguées eux-mêmes, de la manière la plus rationnelle, en *délits contre les personnes*, et *attentats contre les propriétés*.

25. — Le Code de 1810 a adopté la même division principale que celui de 1791 : *Crimes publics*, et *délits contre les particuliers*.

26.—Les crimes *publics* peuvent se subdiviser en trois classes : 1° contre l'existence de l'état, lorsqu'ils menacent sa sûreté et sa nationalité; 2° contre la constitution politique, quand ils s'adressent au mode d'existence de l'état, à la forme de son gouvernement ou à l'exercice des droits politiques consacrés par la constitution, 3° enfin contre l'ordre public : ce sont ceux commis par les fonctionnaires qui abusent de leur autorité, ou par les particuliers qui usurpent les fonctions publiques ou résistent à la force légale et se révoltent contre elle.

27.—Les délits *privés* se classent tout naturelle-

ment, selon qu'ils sont commis soit contre les personnes, soit contre les propriétés.

28. — Les comptes de justice criminelle publiés tous les ans par les soins du ministre de la justice, divisent également les crimes en *crimes contre les personnes*, *crimes contre les propriétés* et *crimes politiques*; c'est, à peu de choses près, la même classification que le Code pénal.

29. — Le Code pénal définit ainsi qu'il suit les *crimes, délits* et *contraventions* : d'après l'art. 1er, « L'infraction que les lois punissent des peines de police est *une contravention*; l'infraction que les lois punissent de peines correctionnelles est *un délit*; l'infraction que les lois punissent d'une peine afflictive ou infamante est *un crime*. »

30. — Cette définition a été justement, mais trop amèrement, critiquée. — Sans doute, elle aurait, si on l'envisageait d'une manière abstraite, le grand tort de faire dépendre l'intensité de l'infraction et par conséquent la gravité de la peine, non de la moralité intrinsèque du fait, mais du fait matériel et arbitraire de la peine elle-même. — Mais nous ne pensons pas qu'on doive lui donner toute cette portée : si l'on s'en rapporte à l'exposé des motifs de M. Treilhard, l'art. 1er n'aurait eu pour but unique que d'indiquer la compétence d'après la nature de la peine encourue; c'est une simple règle d'ordre et non une théorie. — Sous ce point de vue, elle aurait une utilité véritable en ce qu'elle aplanirait pour la pratique des difficultés de classification et de compétence souvent délicates.

31. — Le principal inconvénient de la distinction des crimes et des délits est d'être essentiellement arbitraire; il n'y a en morale aucun principe qui indique où commence le *crime* et où finit le *délit*. C'est souvent le même fait qui, d'après des circonstances extrinsèques, prend tantôt l'une, tantôt l'autre qualification. — Il en est résulté qu'on n'a pu les classer dans deux livres distincts, comme on l'a fait pour les contraventions : le Code pénal de 1791 l'avait pourtant tenté, mais en vain; et on a dû se résigner, dans le Code de 1810, à laisser réunis des faits dont la force même des choses rendait la séparation impossible.

32. — Les crimes *publics* ne doivent pas être confondus avec les crimes *politiques* : ceux-ci sont, à la vérité, toujours publics, mais les crimes publics ne sont pas toujours politiques : par exemple, les crimes commis par les fonctionnaires dans l'exercice de leurs fonctions, les délits de rébellion, etc. — Chauveau et Hélie, *Th. C. pén.*, t. 2, p. 318; Rauter, *Dr. crim.*, t. 1er, p. 169, à la note.

33. — Les crimes politiques ont été définis par l'art. 7, L. 8 oct. 1830, ainsi conçu : « Sont réputés délits politiques les délits prévus : 1° par les ch. 1er et 2, tit. 1er, liv. 3, C. pén.; 2° par les §§ 2 et 4, sect. 3, et par la sect. 7, ch. 3, des mêmes livre et titre; — 3° par l'art. 9, L. 25 mai 1822. » — V. DÉLIT POLITIQUE.

34. — Le ch. 1er, tit. 1er, liv. 3, C. pén., comprend les crimes contre la sûreté de l'état. — Le ch. 2, même titre, est consacré aux crimes et délits contre la Charte constitutionnelle. — Le § 2, sect. 3, du ch. 3 du même titre, s'applique aux critiques, censures ou provocations dirigées contre l'autorité publique dans un discours pastoral tenu publiquement. — Le § 4 de la même section est spécial à la correspondance des ministres des cultes avec les cours ou puissances étrangères, sur des matières de religion. — La section 7 du même chapitre s'occupe des associations ou réunions illicites. (A l'égard de ces délits, nous ferons remarquer que la loi du 10 avr. 1834, par son art. 4, leur a enlevé le caractère de délits *politiques* : cet article attribue aux tribunaux correctionnels les infractions à ladite loi et à l'art. 291, C. pén.; au jury, les *délits politiques* commis par les associations y mentionnées, et facultativement à la chambre des pairs, les attentats contre la sûreté de l'état, dont elles se seraient rendues coupables). — Enfin, l'art. 9, L. 25 mars 1822, punit : 1° l'enlèvement ou la dégradation des signes publics de l'autorité royale, opérés en haine ou mépris de cette autorité; 2° le port public de tous signes extérieurs de ralliement non autorisés par le roi ou par des réglemens de police; 3° l'exposition dans les lieux ou réunions publics, la distribution ou la mise en vente de tous signes ou symboles destinés à propager l'esprit de rébellion ou à troubler la paix publique.

35. — La dénomination de délits *publics* et *privés* s'emploie encore selon que la poursuite peut être exercée au nom de la société, d'office, par le ministère public, ou qu'elle ne peut avoir lieu que sur la plainte et la demande de la partie privée lésée par le délit, comme au cas d'adultère (C. pén., art. 336), de crime commis à l'étranger par un Français contre un Français. — C. inst. crim., art. 7, etc.

36. — Dans la pratique, on distingue également les délits *communs*, c'est-à-dire ceux qui, pouvant être commis par tous indistinctement, et pour la caractérisation desquels la qualité de l'agent n'étant pas prise en considération, sont prévus et punis par les lois ordinaires, et les délits *propres* ou *spéciaux*, qui ne peuvent émaner que de certaines personnes, fonctionnaires, militaires ou autres, tels que la forfaiture, les abus d'autorité, les délits militaires, ou qui ne peuvent être commis que dans certaines conditions prévues et déterminées par des lois spéciales, tels que les délits forestiers, les délits de pêche, de douanes, les délits de presse, etc.

37. — Par opposition aux *délits militaires*, on appelle aussi les autres délits *délits civils*. — V. DÉLITS MILITAIRES.

38. — Une seconde acception des *délits civils* se tire de leur comparaison avec les *délits criminels*. Cette division est prise dans la différence des juridictions chargées d'appliquer la loi pénale. En général, tous les délits sont de la compétence des tribunaux criminels. Néanmoins, il en est quelques uns qui ne peuvent être jugés que par les tribunaux civils, notamment les contraventions commises par les officiers de l'état civil à certaines prescriptions du Code civil (art. 50) [V. ACTES DE L'ÉTAT CIVIL]; le délit de soustraction de pièces produites dans un procès pendant devant le tribunal civil (C. pén., art. 409) [V. ABUS DE CONFIANCE PAR SOUSTRACTION DE PIÈCES]; le délit de postulation illégale (décr. 19 juill. 1810) [V. POSTULATION].

39. — Les délits *civils* ou *de police* désignent, en troisième lieu, ceux qui en eux-mêmes sont innocens et que la loi seule incrimine, tels que les délits relatifs aux impôts, les contraventions aux prescriptions sanitaires, etc., tandis que, par délits *naturels* ou *juris gentium*, on entend ceux qui consistent dans des actions méchantes par elles-mêmes, immorales selon les lois de la conscience, et condamnables indépendamment de toute incrimination des lois positives.

40. — On reconnaît aussi des délits *judiciaires* ou *publics* (*delicta forensia*), et des délits *de discipline*, qui n'appartiennent pas au Code pénal, mais au droit civil (tels que les infractions des officiers ministériels), et qui sont parfois de la compétence d'un tribunal ou conseil de discipline, pris parmi les pairs du contrevenant. — Rauter, *Dr. crim.*, nos 2 et 88. — V. DISCIPLINE.

41. — Le délit est simple, collectif ou successif.

42. — Il est *simple* lorsqu'il est complet, consommé par la perpétration d'un acte qui seul est rangé par la loi dans la classe des infractions qu'elle punit.

43. — Il est *successif* ou *permanent* lorsqu'il se perpètre et se renouvelle à chaque instant, se continue sans interruption aussi long-temps que dure l'acte qui constitue le délit, tel, par exemple, que l'arrestation arbitraire, la désertion, les rassemblemens armés, l'évasion de forçats, la séquestration de personnes, etc. — Farinacius, *quæst.* 10, n° 17; Julius Clarus, *quæst.* 51, n° 18; Jousse, *Just. crim.*, t. 1er, *part.* 3, liv. 1er, tit. 3, n° 56; Legraverend, *Leg. crim.*, t. 1er, p. 72; Carnot, *Inst. crim.*, art. 57; Mangin, *Tr. act. pub.*, n° 321. — Cette qualification a d'importans résultats : ainsi, la prescription ne court pas, tant que le fait blâmable n'a point cessé; le délit successif commencé en France et continué en pays étranger, et *vice versâ*, peut être puni en France, etc. — V. DÉLIT SUCCESSIF.

44. — Le délit est *collectif* s'il ne se compose que d'une série d'actes dont chacun, pris isolément, ne constitue aucun fait blâmable aux yeux de la loi, mais qui prennent, par leur seule réunion, le caractère de délit : ainsi, l'usure, l'excitation à la débauche de la jeunesse de moins de vingt-un ans, le logement des malfaiteurs. — A la différence du délit successif, le délit collectif commencé en France et terminé à l'étranger, ne peut être puni en France, si, isolément, les actes qui y ont été perpétrés, et abstraction faite de ce qui s'est passé en pays étranger, ne suffisent pas pour constituer par eux-mêmes un délit.

45. — Un délit est encore *simple* ou *qualifié* selon que les circonstances qui l'accompagnent sont ou non de nature à le faire entrer dans la catégorie des crimes. — Par exemple, le vol, sans aucune circonstance accessoire, est un délit *simple*; il est *qualifié*, si des circonstances aggravantes s'y joignent, notamment s'il a été commis la nuit, et dans une maison habitée, ou à l'aide d'escalade et d'effraction, ou à l'aide de violences, ou avec des armes, ou par un domestique, etc.; — la même distinction s'applique aux abus de confiance, aux blessures et coups, etc.

46. — Rauter (*Dr. crim.*, t. 1er, n° 58) nomme *délits d'office* « ceux qui consistent à violer les devoirs qu'emportent les fonctions conférées par le gouvernement français. — L'office conféré pour être exercé en pays étranger est censé un accessoire du territoire, et le fonctionnaire qui viole son mandat est censé violer la loi de son pays. — Ainsi, un agent français à l'étranger qui détournerait des deniers publics à lui confiés à raison de ses fonctions, serait atteint par la loi française; — c'est d'après le même principe que les lois criminelles régissent les armées françaises se trouvant à l'étranger. »

47. — Un délit est *consommé* lorsqu'il a produit tous les résultats qu'en attendait son auteur; il est *manqué* quand, réunissant toutes les conditions nécessaires pour en assurer l'accomplissement, il n'a cependant pas eu l'effet matériel espéré. Dans cette acception générale, le délit *manqué* comprend le délit *tenté*.

48. — Mais, dans une acception plus restreinte, le délit *manqué* diffère du délit *tenté* en ce que le premier n'a manqué son effet que par l'absence de l'objet ou du sujet sur lequel peut s'exécuter le crime, tandis que le second n'a pas été consommé uniquement parce que son auteur a été ou s'est arrêté dans son dessein. — Ainsi, un homme voulant en tuer un autre le frappe d'un coup mortel, mais après que déjà ce dernier avait rendu le dernier soupir; ou bien, un individu pénètre dans une maison pour voler, mais cette maison et les effets qu'elle contenait appartenaient à un parent qui venait de mourir, le laissant pour son unique héritier : dans ces hypothèses, il y a crimes *manqués*, à défaut de sujet ou d'objets sur lesquels pût être commis un meurtre ou un vol. — Alors, il n'y a aucune peine à infliger. — Mais quelqu'un décharge un pistolet sur son ennemi pour le tuer, et le manque : il y a crime *tenté*, assimilé, par l'art. 2, C. pén., au crime consommé lui-même, et puni comme tel. — V. TENTATIVE.

49. — Le délit *flagrant* est, d'après l'art. 41, C. inst. crim., le délit qui se commet actuellement, ou qui vient de se commettre. — Il y a encore flagrant délit, dans le cas où le prévenu est poursuivi par la clameur publique, et dans celui où il est trouvé saisi d'effets, armes, instrumens ou papiers faisant présumer qu'il est auteur ou complice d'un délit, pourvu que ce soit dans un temps voisin du délit. — V. FLAGRANT DÉLIT.

50. — L'art. 227, C. inst. crim., qualifie de *connexes* les délits commis, soit en même temps par plusieurs personnes réunies, soit par différentes personnes, même en différens temps et en divers lieux, mais par suite d'un concert formé à l'avance entre elles, soit lorsque les coupables ont commis les uns pour se procurer les moyens de commettre, les autres pour en faciliter, pour en consommer l'exécution, ou pour en assurer l'impunité.

51. — Quant à la division des délits en *séculiers* et *ecclésiastiques*, autrefois usitée, elle n'a plus aujourd'hui d'utilité juridique.

52. — Un principe qui s'applique à la fois à tous les délits, crimes ou contraventions, c'est que les juges ne peuvent qualifier délits que les faits auxquels la loi a imprimé ce caractère. — *Cass.*, 10 mai 1809, Belger c. Kaufman.

53. — ... Et qu'on ne peut, par voie d'analogie ou d'interprétation, atteindre et punir un fait qui n'est pas qualifié crime ou délit par la loi. — *Cass.*, 19 mars 1831, Roy.

54. — Ainsi, le national qui a commis hors du territoire du royaume un crime autre que ceux qui font l'objet des art. 5 et 7, C. inst. crim., ne peut pas être poursuivi dans le royaume. — *Bruxelles*, 12 août 1819, de Soubrie. — V. ACTION PUBLIQUE, nos 138 et suiv.

55. — Il a été jugé : 1° que le fait d'avoir labouré son jardin jusqu'au pied de la haie du voisin, sans qu'il en soit résulté aucun dommage, ne constitue pas de délit. — *Cass.*, 15 frim. an XIV, Brodier.

56. — ... 2° Que le fait d'avoir introduit *dans sa propre vigne* les moutons d'autrui, et de les y avoir fait surprendre par le garde champêtre pour se ménager une action en justice, n'est rangé par aucune loi dans la classe des délits de police. — *Cass.*, 19 déc. 1811, Letellier c. Menant.

57. — ... 3° Que les faits par un maître d'école d'avoir scandalisé ses écoliers en donnant bal chez lui, parcourant les veillées nuitamment, les cabarets et les fêtes patronales, et par un chantre d'église, d'avoir manqué à quelques-uns des devoirs de cette charge, ne sont qualifiés délits par aucune loi. — *Cass.*, 12 thermid. an XII.

58. — ... 4° Que le créancier qui, au milieu du jour, sur la voie publique, sans violence, met en fourrière, de son autorité privée, la chose de son débiteur (un haquet, par exemple), dans le but de se donner un gage, ne commet ni crime, ni délit, ni contravention. — *Paris*, 22 janv. 1825, De C... c. B..

59. — ... 5° Que le fait, par un fermier des droits de péage sur un marché, d'avoir réclamé et perçu des droits pour des lieux autres que ceux qui lui ont été affermés, ne constitue ni crime, ni délit, ni contravention. — *Cass.*, 5 mars 1831, Travers. — En effet, ce ne pouvait guère être que par un abus de raisonnement que le tribunal de police avait pu considérer ce fait comme une infraction aux dispositions de la loi du 24 août 1790 qui confie à la vigilance des corps municipaux tout ce qui intéresse la *sûreté* et la *commodité du passage* dans les rues, places publiques, etc., et le maintien du bon ordre dans les lieux où il se fait de grands rassemblemens.

60. — Il avait été jugé, par application de l'art. 484, C. pén., que celui qui, après avoir été dépossédé en vertu d'un jugement souverain, s'immisce par voies de fait et par violences dans la culture des biens qu'il a été condamné à délaisser, commet un délit emportant peine afflictive et infamante. —*Cass.*, 7 juin 1811, Balonchard et autres. — Mais le conseil d'état, consulté sur la question, par suite d'un référé de la cour de Cassation, dans cette même affaire, a donné, le 4 fév. 1812, un avis approuvé le 8 et inséré au *Bulletin des lois*, par lequel il déclare que la loi du 22 flor. an II a été abrogée par l'art. 484, C pén., parce que cet article n'a conservé que les anciennes lois et les anciens réglemens rendus dans des matières qui n'ont pas été réglées par le nouveau Code; en conséquence, les faits qui avaient servi de base aux poursuites ne peuvent donner lieu qu'à une action civile.

61. — Tous les faits à la perpétration desquels la loi pénale ne doit pas être appliquée, soit par suite de prescription, ou en cas de non discernement ou de démence au moment de l'action, doivent être considérés comme non défendus par la loi, conformément à l'art. 364, C. inst. crim., et il y a lieu de prononcer l'absolution de l'accusé. — *Cass.*, 2 juin 1831, Beauvois.

62. — Un autre principe incontestable, c'est que, pour qu'il y ait délit dans le sens de la loi pénale, et, par conséquent, pour qu'une peine puisse être infligée, il faut qu'il y ait eu chez son auteur volonté de le commettre et que cette intention ait été frauduleuse, *malitiosa*; l'absence de volonté fait disparaître toute imputabilité du fait; si c'est l'intention méchante qui manque, l'acte ne peut constituer tout au plus qu'une simple *contravention*. — V. *infrà*.

63. — Jugé, en conséquence, qu'un tribunal criminel ne peut prononcer aucune peine contre un accusé que le jury a déclaré avoir agi sans intention criminelle. — *Cass.*, 21 pluv. an VIII, François Filippi; 9 germin., an VIII, Philippe.

64. — C'est ainsi qu'il n'y a ni crime ni délit pour défaut de volonté, lorsque le prévenu était en état de démence au temps de l'action ou lorsqu'il a été contraint par une force à laquelle il n'a pu résister. — V. CONTRAINTE, DÉMENCE.

65. — Il n'y a non plus ni crime ni délit dans l'acte fait volontairement, mais sans intention frauduleuse, lorsque l'agent était dans le cas de légitime défense, en obéissant à la loi ou à un ordre de l'autorité légitime, ou était trop jeune pour comprendre la portée de ses actions. — V. DISCERNEMENT, EXCUSE, HOMICIDE, LÉGITIME DÉFENSE.

66. — Quelquefois même, bien qu'il y ait volonté et intention mauvaise, et que par conséquent le délit reste imputable, le législateur prend en considération la position ou les circonstances particulières dans lesquelles s'est trouvé son auteur, pour l'excuser et mitiger sa peine, comme lorsqu'il a été provoqué ou que le juge a admis des circonstances atténuantes en sa faveur. — V. CIRCONSTANCES ATTÉNUANTES, EXCUSE, PROVOCATIONS.

67. — Quant aux *contraventions*, comme elles existent par le seul fait matériel de leur perpétration, il est inutile de se préoccuper de l'intention frauduleuse de leur auteur; il suffit qu'elles aient été volontaires pour que la peine soit appliquée. — C'est en vertu de ce principe qu'il a été constamment jugé que les contraventions ne pouvaient être excusées sous prétexte d'ignorance ou de bonne foi. — V. *infrà*.

68. — Pour qu'une loi pénale soit justement appliquée, il faut que le délit qui en fait l'objet existe et soit reconnu constant. Ainsi, un tribunal ne peut condamner un boucher pour avoir exposé en vente des viandes gâtées, sur le fondement qu'*on peut conclure* qu'elles étaient gâtées. — *Cass.*, 25 fruct. an XIII, Jean-Baptiste Bailleul.

69. — Jugé que l'appréciation des faits constitutifs d'un délit poursuivi par le ministère public appartient entièrement aux juges, et ne peut donner ouverture à cassation. — *Cass.*, 30 août 1839 (t. 1er 1842, p. 51), Corson.

70. — Tout ce qui concerne la poursuite des crimes et délits, l'instruction à laquelle elle donne lieu, la prescription, la compétence, etc., est expliqué vis ACTION PUBLIQUE, COMPÉTENCE (mat. crim.), INSTRUCTION CRIMINELLE, PRESCRIPTION (mat. crim.); — V. aussi ACTE D'ACCUSATION, AGENT DIPLOMATIQUE, ALGÉRIE, CHOSE JUGÉE, COMPLICITÉ, CONNEXITÉ (mat. crim.), DISCERNEMENT, TENTATIVE. — A l'égard des contraventions, V. *suprà*.

§ 2. — *Faits qualifiés crimes par le Code pénal et par certaines lois qui s'y rattachent.*

Nous empruntons cette nomenclature à M. Massabiau, *Man. du procureur du roi*, nos 1209 et suiv.

71. — Sont réputés *crimes* et de la compétence des cours d'assises : — I. — La rentrée du banni ou du déporté sur le territoire français. — V. BANNISSEMENT (nos 27 et suiv.), DÉPORTATION.

72. — II. — Les attentats à la sécurité extérieure ou intérieure de l'état, savoir : 1° le crime d'un Français qui porte les armes contre la France (C. pén., art. 75). — V. CRIMES CONTRE LA SURETÉ DE L'ÉTAT.

73. — ... 2° Les machinations, manœuvres ou intelligences criminelles d'un Français avec les ennemis de la France ou de ses alliés. (C. pén., art. 76 à 79). — V. même mot.

74. — ... 3° L'embauchage pour l'ennemi ou pour les rebelles. — L. 4 niv. an IV. — V. EMBAUCHAGE.

75. — ... 4° La révélation des secrets de l'état et la livraison du plan de nos places fortes, arsenaux, ports ou rades, à l'ennemi ou aux agens d'une puissance étrangère (C. pén., art. 80, 81 et 82). — V. CRIMES CONTRE LA SURETÉ DE L'ÉTAT.

76. — ... 5° Le recel des espions ou soldats ennemis (C. pén. art. 83). — V. CRIMES CONTRE LA SURETÉ DE L'ÉTAT et ESPIONNAGE.

77. — ... 6° Les hostilités ou agressions non approuvées par le gouvernement et dirigées contre une puissance étrangère (C. pén., art. 84 et 85). — V. ACTION HOSTILE, CRIMES CONTRE LA SURETÉ DE L'ÉTAT. — V. aussi BANDES ARMÉES.

78. — ... 7° L'attentat ou le complot contre la vie ou la personne du roi ou des membres de la famille royale (C. pén., art. 86 et 89). — V. ATTENTAT CONTRE LE ROI ET SA FAMILLE.

79. — ... 8° L'attentat ou le complot contre le gouvernement ou l'autorité royale (C. pén., art. 87 et 89). — V. ATTENTAT, COMPLOT.

80. — ... 9° La provocation, non pas aux complots, mais aux attentats dont il vient d'être parlé, qu'elle ait été ou non suivie d'effet (L. 9 sept. 1835, art. 1er). — V. ATTENTAT, CRIMES CONTRE LA SURETÉ DE L'ÉTAT, DÉLIT DE PRESSE.

81. — ... 10° La proposition faite et non agréée de former un complot ayant pour but les crimes mentionnés aux art. 86 et 87 du Code pénal (C. pén., art. 89, § 4, L. 8 oct. 1830, art. 6). — V. COMPLOT.

82. — ... 11° La résolution de commettre l'un de ces attentats, quand elle n'a été formée que par une seule personne, et qu'elle a reçu un commencement d'exécution (C. pén. art. 90). — V. COMPLOT.

83 — ... 12° L'attentat ou le complot ayant pour but la guerre civile, la dévastation, le massacre ou le pillage, et la proposition de former ce complot (C. pén., art. 91). — V. COMPLOT, CRIMES CONTRE LA SURETÉ DE L'ÉTAT.

84. — ... 13° La levée de troupes ou l'enrôlement de soldats, sans l'autorisation du gouvernement (C. pén., art. 92). — V. CRIMES CONTRE LA SURETÉ DE L'ÉTAT.

85. — ... 14° L'usurpation ou l'abus d'un commandement militaire (C. pén., art. 93 et 94). — V. COMMANDEMENT MILITAIRE et CRIMES CONTRE LA SURETÉ DE L'ÉTAT.

86. — ... 15° L'incendie ou la destruction, par l'explosion d'une mine, d'une propriété considérable de l'état (C. pén., art 95). — V. CRIMES CONTRE LA SURETÉ DE L'ÉTAT.

87. — ... 16° Le commandement, l'organisation de bandes armées ou de réunions séditieuses, toute coopération avec elles, l'assistance qui leur a été donnée (C. pén., art. 96 à 99) et la provocation publique à ces crimes (C. pén., art. 102; L. 17 mai 1819, art. 1er à 3). — V. BANDES ARMÉES.

88. — ... 17° Les mouvemens insurrectionnels (L. 24 mars 1834). — V. MOUVEMENT INSURRECTIONNEL.

89. — ... 18° Tous les délits qualifiés attentats à la sûreté de l'Etat (L. 9 sept. 1835, art. 1er, 2 et 5), notamment l'offense commise publiquement envers la personne du roi, lorsqu'elle a pour but d'exciter à la haine et au mépris de sa personne ou de son autorité constitutionnelle (C. pén. art. 86; L. 8 oct. 1830, art. 6), et l'attaque contre le principe ou la forme du gouvernement, lorsqu'elle a pour but d'exciter à le renverser ou à le changer (L. 9 sept. 1835, art. 5). — V. DÉLIT DE PRESSE, OFFENSE A LA PERSONNE DU ROI.

90. — ... 19° Enfin, la violation des lois et réglemens sanitaires, quand elle est punie d'une peine afflictive ou infamante (L. 3 mars 1822, art. 7 et suiv.). — V. POLICE SANITAIRE.

91. — III. — Les attentats contre la charte constitutionnelle, savoir : 1° les obstacles apportés par attroupement, voies de fait ou menaces à l'exercice des droits civiques, qu'ils résultent ou non d'un plan concerté d'avance. — C. pén., art. 109 et 110. — V. ATTROUPEMENT, DROITS CIVIQUES ET POLITIQUES.

92. — ... 2° Les fraudes, altérations et mensonges par quiconque est chargé du dépouillement d'un scrutin quand ces manœuvres tendent à dénaturer les suffrages. — C. pén., art 111. — V. ÉLECTIONS.

93. — ... 3° Les mêmes faits imputés à toute autre personne. — C. pén., art. 112. — V. même mot.

94. — ... 4° L'achat et la vente des suffrages dans une élection quelconque. — C. pén., art. 113. — V. même mot.

95. — ... 5° Les attentats à la liberté individuelle, aux droits civiques ou à la charte. — C. pén., art. 114, 115 et 118. — V. ATTENTATS A LA LIBERTÉ.

96. — ... 6° Les détentions illégales et arbitraires tolérées par des fonctionnaires publics chargés de la police administrative ou judiciaire, ou commises par les gardiens et concierges des prisons. — C. pén., art. 119 et 120. — V. ATTENTATS A LA LIBERTÉ. — Et les prévarications ou abus de pouvoir des officiers de police et des magistrats de l'ordre judiciaire. — C. pén., art. 121 et 122. — V. FONCTIONNAIRES PUBLICS.

97. — ... 7° Les coalitions des fonctionnaires ayant pour objet des mesures contraires aux lois ou à l'exécution des lois ou des ordres du gouvernement. — C. pén., art. 123-126. — V. COALITION DE FONCTIONNAIRES.

98. — ... 8° La forfaiture des magistrats et des officiers de police judiciaire. — C. pén., art. 127. — V. FORFAITURE.

99. — ... 9° Les jugemens et conclusions de l'autorité judiciaire sur des matières formellement revendiquées par l'autorité administrative. — C. pén., art. 128. — V. CONFLIT, n° 451.

100. — ... 10° Les poursuites ou les mandats décernés sans autorisation préalable du conseil d'état contre des fonctionnaires inculpés de crimes ou de délits commis dans l'exercice de leurs fonctions. — C. pén., art. 129. — V. FONCTIONNAIRES PUBLICS.

101. — ... 11° Les empiétemens de l'ordre administratif sur les pouvoirs législatif et judiciaire. — — C. pén., art. 130. — V. FORFAITURE.

102. — ... 12° Enfin, l'usurpation des fonctions judiciaires par des fonctionnaires de l'ordre administratif. — C. pén., 131. — V. FONCTIONNAIRES PUBLICS.

103. — IV. — Les crimes de faux, savoir : 1° la fabrication, l'introduction ou l'émission de la fausse monnaie. — C. pén. 132 à 134. — V. FAUSSE MONNAIE.

104. — ... 2° La contrefaction du sceau de l'état, des effets publics ou de banque, et des timbres, marteaux, poinçons ou marques adoptés par le gouvernement ou par des établissemens particuliers de banque ou de commerce et leur mauvais usage. — C. pén., art. 139 à 143. — V. les mots CONTREFACTIONS, etc.

105. — ... 3° Les faux en écriture publique ou authentique, ou en écriture de commerce ou de banque, et l'usage des pièces fausses. — C. pén., art. 145 à 148. — V. FAUX.

106. — ... 4° Les faux en écriture privée. — C. pén. 151 et 152. — V. même mot.

107. — ... 5° La délivrance faite sciemment d'un passeport, d'une feuille de route ou d'un certificat sous un nom supposé. — C. pén. 155, § 2 et 158. — V. FAUX CERTIFICATS, FEUILLE DE ROUTE, PASSEPORTS.

108. — ... 6° La fabrication ou l'obtention d'une fausse feuille de route ou d'un faux certificat, quand il peut en résulter, soit lésion envers des tiers, soit préjudice envers le trésor public. — C. pén, art. 156, 157 et 162. — V. mêmes mots.

109. — ... 7° La délivrance et l'obtention de faux certificats des gens de l'art, quand ils ont été obtenus par dons ou promesses. — C. pén., art. 160. V. mêmes mots.

110. — ... 8° Enfin, la contrefaçon des marques des artisans et fabricans. — L. 22 germ. an XI, art. 16. — V. MARQUES DE FABRIQUE.

111. — V. — Les crimes, autres que les crimes politiques, commis par des fonctionnaires dans l'exercice de leurs fonctions, savoir, 1° la forfaiture. — C. pén., art. 166, 167 et 183. — V. FORFAITURE.

112. — ... 2° La soustraction, par les comptables ou dépositaires publics, de valeurs supérieures à 3,000 fr., ou d'effets ou pièces à eux remis en cette qualité. — C. pén., art. 169, 170 et 173. — DÉPOSITAIRES PUBLICS.

113. — ... 3° La concussion (C. pén., art. 174). — V. CONCUSSION.

114. — ... 4° La corruption et la tentative de corruption, quand elle est suivie d'effet (C. pén., art. 177, 178, 179, § 1er). — V. CORRUPTION DE FONCTIONNAIRES.

115. — ... 5° La corruption des jurés en matière criminelle (C. pén., art. 181 et 182). — V. même mot.

116. — ... 6° La faiblesse des juges ou administrateurs qui se décident par faveur ou par haine envers une partie (C. pén., art. 183). — V. FORFAITURE.

117. — ... 7° Les violences inutiles dans l'exécution des ordres de l'autorité publique (C. pén., art. 186). — V. ABUS D'AUTORITÉ.

118. — ... 8° Enfin, l'emploi de la force publique contre la loi ou contre les ordres de l'autorité (C. pén., art. 188 à 191). — V. ABUS D'AUTORITÉ.

119. — VI. Les troubles apportés à l'ordre public par les ministres du culte dans l'exercice de leur ministère, savoir : 1° la célébration, *en seconde récidive*, des cérémonies religieuses d'un mariage avant le rapport et la justification de l'acte civil (C. pén., art. 199 et 200). — V. BÉNÉDICTION NUPTIALE, CULTE.

120. — ... 2° Les discours prononcés en assemblée publique et les écrits publics, contenant la critique ou la censure du gouvernement ou des actes de l'autorité publique (C. pén., art. 201 et 204). — V. CULTE.

121. — ... 3° La provocation publique, verbale ou écrite, soit à la désobéissance aux lois ou à l'autorité, soit à la révolte ou à la guerre civile, que cette provocation ait été ou non suivie d'effet (C. pén., art. 202 à 206). — V. CULTE.

122. — ... 4° Enfin la correspondance non autorisée sur des matières religieuses, avec une cour ou une puissance étrangère, qu'elle ait été ou non accompagnée ou suivie d'autres faits contraires aux lois ou aux ordonnances (C. pén., art. 207 et 208). — CULTE.

123. — VII. La résistance, désobéissance et autres manquemens envers l'autorité publique, savoir : 1° la rébellion de plus de deux personnes armées (C. pén., art. 209 à 211). — V. RÉBELLION.

124. — ... 2° Certaines réunions de rebelles, même sans armes (C. pén., art. 219). — V. RÉBELLION.

125. — ... 3° Les voies de fait envers des magistrats à l'audience, ou envers d'autres fonctionnaires ou agens en quelque lieu que ce soit, quand elles ont occasionné effusion de sang, blessures, maladie, ou quand la mort s'en est suivie dans les quarante jours, ou quand elles ont eu lieu soit avec préméditation ou guet-apens, soit dans l'intention de donner la mort (C. pén., art. 228, § 2, 231 à 233). — V. BLESSURES ET COUPS, nos 189 et suiv.

126. — ... 4° La connivence des gardiens ou conducteurs à l'évasion d'un détenu, accusé ou condamné pour crimes graves (C. pén., art. 239 et 240). — V. ÉVASION DE DÉTENUS.

127. — ... 5° La coopération de la part de toute personne à une évasion de cette nature, avec bris de prison ou violence, et surtout la transmission d'armes à cet effet (C. pén., art. 241 et 243). — V. ÉVASION DE DÉTENUS.

128. — ... 6° La corruption, par un tiers, des gardiens ou geôliers dans le même cas (C. pén., art. 242). — V. CORRUPTION DE FONCTIONNAIRES.

129. — ... 7° Le bris volontaire de scellés apposés sur les papiers d'un prévenu, d'un accusé ou d'un condamné pour crime grave (C. pén., art. 251). — V. BRIS DE SCELLÉS.

130. — ... 8° Les soustractions, destructions et enlèvemens de pièces dans les dépôts publics, avec ou sans violence (C. pén., art. 255 et 256). — V. DÉPOT PUBLIC.

131. — ... 9° Enfin, les voies de fait envers les ministres d'un culte dans l'exercice de leurs fonctions (C. pén., art. 263). — V. CULTE.

132. — VIII. Les attentats à l'ordre public, savoir : 1° les associations de malfaiteurs (C. pén., art. 265 et 268). — V. ASSOCIATON DE MALFAITEURS.

133. — ... 2° Les actes de violence commis par des mendians ou des vagabonds (C. pén., art 279). — V. MENDICITÉ, VAGABONDAGE.

134. — ... 3° La direction des associations non autorisées (C. pén., art. 292, L. 8 oct. 1830, art. 7, § 2). — V. ASSOCIATIONS ILLICITES.

135. — ... 4° Les provocations qui, dans les réunions de ces associations, auraient été faites à des crimes ou à des délits (C. pén., art. 293, même loi). — V. même mot.

136. — ... 5° Enfin, la contrebande en matière de douanes, avec attroupement et port d'armes (L. 28 avr. 1816, art. 64). — V. CONTREBANDE.

137. — IX. Les délits politiques non prévus au Code pénal (L. 8 oct. 1830, art. 6 et 7), savoir : 1° les délits politiques commis par des associations ou réunions non autorisées (L. 10 avr. 1834, art. 4, § 2). — V. ASSOCIATIONS ILLICITES.

138. — ... 2° Tous cris séditieux publiquement proférés (L. 25 mars 1822, art. 8). — V. CRIS SÉDITIEUX.

139. — ... 3° L'enlèvement ou la dégradation des signes publics de l'autorité royale, opérée en haine ou en mépris de cette autorité. — L. 25 mars 1822, art. 9, 1°. — V. SIGNES DE L'AUTORITÉ ROYALE.

140. — ... 4° Le port public de tous signes extérieurs de ralliement non autorisés par le roi ou par des réglemens de police. — L. 25 mars 1822, art. 9-2°. — V. SIGNES DE RALLIEMENT.

141. — ... 5° Enfin, l'exposition, dans les lieux ou réunions publics, la distribution ou la mise en vente de tous signes ou symboles destinés à propager l'esprit de rébellion ou à troubler la paix publique. — L. 25 mars 1822, art. 9 3°. — V. EMBLÈMES.

142. — X. Les délits de la presse (L. 8 oct. 1830, art. 1er), savoir : 1° la provocation, même non suivie d'effet, par un moyen quelconque de publication, à un crime ou à un délit. — L. 17 mai 1819, art. 1er à 3. — V. DÉLIT DE PRESSE.

143. — ... 2° Les outrages à la morale publique et religieuse, ou à une religion légalement établie en France. — L. 17 mai 1819, art. 8 ; 25 mars 1822, art. 1er. — V. OUTRAGE A LA MORALE, AUX MOEURS ET A LA RELIGION.

144. — ... 3° Les offenses à la personne du roi ou des membres de la famille royale. — L. 17 mai 1819, art. 9 et 10 ; L. 9 sept. 1835, art. 3. — V. OFFENSES AU ROI.

145. — ... 4° L'imputation faite au roi du blâme ou de la responsabilité des actes de son gouvernement. — L. 9 sep. 1835, art. 4. — V. DÉLIT DE PRESSE.

146. — ... 5° Les actes publics d'adhésion à toute autre forme de gouvernement. — L. 9 sept. 1835, art. 7. — V. DÉLIT DE PRESSE.

147. — ... 6° L'attaque contre la dignité royale, l'ordre de successibilité au trône, les droits que le roi tient du vœu de la nation, son autorité constitutionnelle, l'inviolabilité de sa personne, les droits et l'autorité des chambres. — L. 29 nov. 1830, art. 1er. — V. DÉLIT DE PRESSE.

148. — ... 7° L'offense envers les souverains ou les chefs des gouvernemens étrangers. — L. 17 mai 1819, art. 12. — V. DÉLIT DE PRESSE.

149. — ... 8° La diffamation ou l'injure non verbale envers les cours, tribunaux ou autres corps constitués, ou envers tout dépositaire ou agent de l'autorité publique, pour faits relatifs à ses fonctions, ou envers tous agens diplomatiques accrédités auprès du roi. — *Ibid.*, 15, 16, 17 ; L. 25 mai 1822, art. 5. — V. DIFFAMATION, INJURE.

150. — ... 9° L'attaque des droits garantis par la charte. — L. 25 mars 1822, art. 3. — V. DÉLIT DE PRESSE.

151. — ... 10° L'excitation à la haine ou au mépris du gouvernement du roi, ou d'une classe de citoyens. — L. 25 mars 1822, art. 4. — V. DÉLIT DE PRESSE.

152. — ... 11° L'outrage fait d'une manière quelconque, autrement que par paroles, à raison de leurs fonctions ou de leur qualité, soit à un ou plusieurs membres de l'une des deux chambres, soit à un ministre d'une religion légalement reconnue en France, soit envers un juré à raison de ses fonctions, ou envers un témoin à raison de sa déposition. — L. 24 mars 1822, art. 6. — V. OUTRAGES.

153. — ... 12° Toute attaque contre la propriété, le serment, le respect dû aux lois ; toute apologie de faits qualifiés crimes ou délits par la loi pénale, et toute provocation à la haine entre les diverses classes de citoyens. — L. 9 sept. 1835, art. 8. — V. DÉLIT DE PRESSE.

154. — XI. Les attentats contre les personnes, savoir : 1° l'assassinat, le parricide, l'infanticide, l'emprisonnement, le meurtre, et les tortures ou actes de barbarie exercés par des malfaiteurs pour l'exécution de leurs crimes. — C. pén., art. 302 à 304. — V. ASSASSINAT, EMPOISONNEMENT, INFANTICIDE, MEURTRE, PARRICIDE, TORTURE ET ACTES DE BARBARIE.

155. — ... 2° La menace par écrit d'un attentat contre les personnes ou d'un incendie, quand elle est faite avec ordre ou sous condition. — C. pén., 305 et 436. — V. MENACES.

156. — ... 3° Les blessures ou les coups volontaires qui ont occasionné, soit la mort, sans intention de la donner, soit une maladie ou une incapacité de travail de plus de vingt jours, ou qui ont été faits ou portés à des ascendans, lors même qu'ils n'auraient eu aucun de ces résultats. — C. pén., art. 309 et 312. — BLESSURES ET COUPS.

157. — ... 4° La direction ou provocation de réunions séditieuses, avec rébellion ou pillage, dans lesquelles ont été commis des attentats ou violences envers les personnes. — C. pén., art. 313. — ASSASSINAT, BLESSURES ET COUPS, EMPOISONNEMENT, INFANTICIDE, MEURTRE, PARRICIDE.

158. — ... 5° La castration, l'avortement et l'administration de substances malfaisantes, ayant occasionné une maladie ou incapacité de travail personnel de plus de vingt jours. — C. pén., art. 316 et 317. — V. AVORTEMENT, CASTRATION.

159. — ... 6° Les viols ou attentats à la pudeur, commis avec violence ou sans violence, mais sur un enfant âgé de moins de onze ans. — C. pén., art. 331 à 333. — V. ATTENTAT A LA PUDEUR, VIOL.

160. — ... 7° La bigamie, et, quant à l'officier de l'état civil, la célébration d'un second mariage, faite sciemment pendant l'existence du premier. — C. pén., art. 340. — V. BIGAMIE.

161. — Les arrestations illégales et les séquestrations de personnes par d'autres que par des fonctionnaires publics. — C. pén., art. 341 à 344. — V. ARRESTATIONS ILLÉGALES ET SÉQUESTRATION DE PERSONNES.

162. — ... 9° La suppression, la substitution ou la supposition d'enfant. — C. pén., art. 345. — V. ENFANT (crimes et délits contre l').

163. — ... 10° Les mutilations et la perte d'un organe ou d'un membre, par suite de l'exposition ou du délaissement d'un enfant dans un lieu solitaire. — C. pén., art. 351. — V. ENFANT (crimes et délits contre l').

164. — ... 11° Le rapt ou enlèvement de mineurs. — C. pén., art. 354 à 356. — V. ENLÈVEMENT DE MINEURS.

165. — ... 12° Le faux témoignage, et la corruption ou subornation de témoins. — C. pén., art. 361 à 365. — V. FAUX TÉMOIGNAGE.

166. — ... 13° Le faux serment en matière civile. — C. pén., art. 366. — V. SERMENT.

167. — ... 14° Enfin les crimes et délits relatifs à la traite des noirs. — L. 4 mars 1831, art. 1er à 15. — V. TRAITE DES NOIRS.

168. — XII. — Les attentats à la propriété, savoir : 1° les vols commis avec des circonstances aggravantes. — C. pén., art. 381 à 386. — V. VOLS.

169. — ... 2° L'altération des marchandises ou denrées, avec mélange de substances malfaisantes, par les individus préposés à leur transport. — C. pén., art. 387. — V. VOLS.

170. — ... 3° Le crime de baratterie, et les vols commis à bord des navires de commerce. — L. 10 avr. 1825. — V. BARATERIE.

171. — ... 4° Les vols commis avec bris de scellés ou avec enlèvement de bornes. — Cod. pén., art. 253 et 389). — V. VOL.

172. — ... 5° La contrefaçon ou altération de clefs par un serrurier. — Cod. pén., art. 399). — V. CLÉS et VOL.

173. — ... 6° L'extorsion violente de signatures ou de pièces quelconques, contenant ou opérant obligation, disposition ou décharge. — C. pén., art. 400. — V. EXTORSION DE SIGNATURES.

174. — ... 7° La banqueroute frauduleuse, ou la simple faillite des agens de change ou des courtiers. — C. pén., art. 402 à 404. — V. AGENS DE CHANGE, BANQUEROUTE, COURTIERS.

175. — ... 8° Les abus de confiance par les domestiques, ouvriers, etc., au préjudice de celui qui les emploie. — C. pén., art. 408, § 2. — V. ABUS DE CONFIANCE, n° 136 et suiv.

176. — ... 9° La révélation, par les directeurs, commis, ouvriers d'une fabrique, des secrets de cette fabrique, à des étrangers ou à des Français résidant à l'étranger. — C. pén., art. 418, § 4. — V. INDUSTRIE ET COMMERCE.

177. — ... 10° Les délits des fournisseurs qui ont fait manquer un service public, et des fonctionnaires qui les y ont aidé. — C. pén. art. 430 à 432. — V. MARCHÉS ET FOURNITURES.

178. — ... 11° L'incendie ou la destruction volontaire d'édifices, navires, bateaux, magasins, chantiers habités ou non, et de ponts, digues, ou chaussées appartenant à autrui. — C. pén., art. 434 à 437. — V. DESTRUCTION D'ÉDIFICES ET CONSTRUCTIONS, INCENDIE.

179. — ... 12° La destruction volontaire d'effets de commerce, ou de banque, ou d'actes de l'autorité publique. — C. pén., art. 439. — V. DESTRUCTION DE TITRES ET ACTES.

180. — ... 13° Enfin le pillage ou le dégât de denrées, marchandises, effets ou propriétés mobilières, commis en réunion ou bande et à force ouverte. — C. pén. art. 440 à 442. — V. PILLAGE ET DÉGATS DE MARCHANDISES, etc., etc.

§ 3. — *Faits qualifiés délits par le Code pénal et par certaines lois qui s'y rattachent.*

181. — Sont réputés délits, et de la compétence des tribunaux correctionnels : — I. Les crimes emportant la peine des travaux forcés à temps ou de la réclusion, quand ils ont été commis par des individus âgés de moins de seize ans et sans complices au dessus de cet âge. — C. pén., art. 685. — V. DISCERNEMENT.

182 — ... II. Quelques espèces de faux, savoir : 1° l'usage de fausses pièces de monnaie, après que les vices en ont été vérifiés et reconnus. — C. pén., art. 135. — V. FAUSSE MONNAIE.

183. — ... 2° La fabrication illégale ou la falsification des passeports. — C. pén., art. 153. — V. PASSEPORTS.

184. — ... 3° L'usurpation d'un nom supposé dans un passeport, et le témoignage donné pour le faire obtenir sous ce nom. — C. pén., art. 154, § 1er. — V. même mot.

185. — ... 4° L'inscription de personnes sous des noms faux ou supposés, faite sciemment sur leurs registres par des logeurs ou aubergistes. — C. pén., art. 154, § 2. — V LOGEURS ET HOTELIERS.

186. — ... 5° La délivrance d'un passeport à une personne inconnue. — C. pén., art. 155, § 1er. — V. PASSEPORT.

187. — ... 6° La falsification d'une véritable feuille de route, ou la fabrication d'une feuille de route fausse, et l'obtention d'une feuille de route sous un nom supposé, lorsque ces faits n'ont pour but que de tromper la surveillance de l'autorité publique — C. pén., art. 156, § 2, et 157. — V. FEUILLE DE ROUTE.

188. — ... 7° La fabrication, par un médecin ou une autre personne, d'un faux certificat de maladie, pour exempter quelqu'un d'un service public. — C. pén., art. 159 et 160, § 1er. — V. FAUX CERTIFICAT.

189. — ... 8° Enfin la fabrication, la falsification ou l'usage de faux certificats de bonne conduite, d'indigence, etc. — C. pén., art. 161. — V. le même mot.

190. — III. Les délits des fonctionnaires dans l'exercice de leurs fonctions, savoir : 1° le détournement ou la soustraction de deniers publics, effets, titres, pièces ou actes, commis par des comptables ou dépositaires à qui ils étaient confiés en vertu de leurs fonctions, lorsque ces valeurs sont inférieures au tiers de la recette ou du dépôt, ou au total du cautionnement, ou au total de la recette d'un mois, s'il s'agit d'une recette composée de rentrées successives. — C. pén., art. 171. — V. DÉPOSITAIRES PUBLICS.

191. — ... 2° Les concussions de commis ou préposés des fonctionnaires publics. — C. pén., art. 174. — V. CONCUSSION.

192. — ... 3° Les intérêts pris par des fonctionnaires ou agens du gouvernement dans des adjudications ou entreprises dont ils avaient la surveillance ou le paiement. — C. pén., art. 175. — V. FONCTIONNAIRE PUBLIC.

193. — ... 4° Le commerce de grains, farines, vins ou boissons, fait par les commandans militaires, les préfets ou sous-préfets, dans les lieux où ils exercent leur autorité. — C. pén., art. 176. — V. FONCTIONNAIRE PUBLIC.

194. — ... 5° Les tentatives de corruption des fonctionnaires, quand elles n'ont été suivies d'aucun effet. — C. pén., art. 179, § 2. — V. CORRUPTION DE FONCTIONNAIRES.

195. — ... 6° Les violations de domicile. — C. pén., art. 184. — V. VIOLATION DE DOMICILE.

196. — ... 7° Les dénis de justice. — C. pén., art. 183. — V. DÉNI DE JUSTICE.

197. — ... 8° Les violences inutiles dans l'exécution des jugemens ou mandemens de justice, quand elles n'ont pas le caractère de crime. — C. pén., art. 186. — V. ABUS D'AUTORITÉ.

198. — ... 9° La suppression ou l'ouverture des lettres confiées à la poste. — C. pén., art. 187. — V. LETTRES MISSIVES (Secret et suppression des).

199. — ... 10° L'inscription des actes de l'état civil sur une feuille volante. — C. pén., art. 192. — V. ACTES DE L'ÉTAT CIVIL.

200. — ... 11° La célébration d'un mariage, sans qu'il apparaisse du consentement nécessaire des parens. — C. pén., art. 193. — V. même mot.

201. — ... 12° La célébration du second mariage d'une veuve avant l'expiration du dixième mois de veuvage. — C. pén., art. 194. — V. même mot.

202. — ... 13° L'exercice de fonctions publiques avant prestation de serment, ou après destitution, suspension ou interdiction. — C. pén., art. 196 et 197. — V. FONCTIONNAIRE PUBLIC.

203. — ... 14° La célébration religieuse d'un mariage faite avant la célébration civile. — C. pén., art. 199 et 200. — V. BÉNÉDICTION NUPTIALE, CULTE.

204. — ... 15° Et la mention des cérémonies religieuses dans les actes de l'état civil. — L. 7 vend. an IV, art. 21. — V. CULTE, ÉTAT CIVIL.

205. — IV. — Les manquemens et outrages envers l'autorité publique, quand ils ne constituent pas des crimes, savoir : 1° la rébellion armée d'une ou de deux personnes, et la rébellion sans armes dans tous les cas (C. pén., art. 211 et 212). — V. RÉBELLION.

206. — ... 2° Les outrages et violences envers les magistrats et les dépositaires de l'autorité ou de la force publique (C. pén., art. 222 à 230. — V. OUTRAGE.

207. — ... 3° L'outrage par paroles seulement, envers les personnes désignées en l'art. 6, L. 25 mars 1822. — V. même mot.

208. — ... 4° Le refus par les commandans de la force publique d'exécuter les réquisitions légales de l'autorité civile ou judiciaire (C. pén., art. 234). — V. COMMANDANT DE LA FORCE PUBLIQUE.

209. — ... 5° Enfin, les excuses reconnues fausses produites par des témoins ou des jurés pour se dispenser de comparaître en justice (C. pén., art. 236). — V. JURY, TÉMOINS.

210. — V. Les attentats à la sécurité publique, savoir : 1° l'infraction au ban de surveillance (C. pén., art. 45). — V. SURVEILLANCE DE LA HAUTE POLICE.

211. — ... 2° Les évasions de détenus, par connivence ou négligence des surveillans, gardiens, conducteurs et autres, quand les détenus évadés ne sont pas sous le poids d'une accusation ou d'une condamnation pour crime grave (C. pén., art. 238 à 242; décr. 8 janv. 1810, art. 10). — V. ÉVASION.

212. — ... 3° Les évasions par bris de prison ou violence (C. pén., art. 245.) — V. ÉVASION.

213. — ... 4° Le recel d'individus coupables de crimes (C. pén., art. 248). — V. RECÈLEMENT DE CRIMINELS.

214. — ... 5° Le bris de scellés survenu par la négligence du gardien (C. pén., art. 249 et 250). — V. BRIS DE SCELLÉS.

215. — ... 6° Leur bris volontaire quand les scellés n'étaient pas apposés sur les effets ou papiers d'un individu prévenu, accusé ou condamné pour crime (C. pén., art. 252). — V. même mot.

216. — ... 7° La négligence des dépositaires publics, en cas de soustractions, destructions ou enlèvemens de pièces et effets qui leur ont été remis en cette qualité (C. pén., art. 254). — V. DÉPOT PUBLIC.

217. — ... 8° La dégradation des monumens publics (C. pén., art. 257). — V. DESTRUCTIONS, DÉGRADATIONS, DOMMAGES.

218. — ... 9° L'usurpation de fonctions publiques ou d'un costume, d'un uniforme ou d'une décoration (C. pén., art. 258 et 259). — V. COSTUME, USURPATION DE FONCTIONS.

219. — ... 10° Les entraves ou troubles apportés à l'exercice des cultes (C. pén., art. 260 et 261). — V. CULTE.

220. — ... 11° Les outrages aux objets d'un culte dans les lieux destinés à son exercice, et les outrages aux ministres d'un culte dans l'exercice de leurs fonctions (C. pén., art. 262). — V. même mot.

221. — ... 12° Le vagabondage (C. pén., art. 271). — V. VAGABONDAGE.

222. — ... 13° La contravention d'un ouvrier voyageant sans livret et réputé vagabond (Art. 9, frim. an XII, art. 3). — V. VAGABONDAGE.

223. — ... 14° La mendicité dans certaines circonstances prévues par la loi (C. pén., art. 273 à 276. — V. MENDICITÉ.

224. — ... 15° Le port par les mendians ou vagabonds et gens sans aveu de travestissemens, d'armes, d'instrumens de crime, ou de sommes supérieures à 100 fr. (C. pén., art. 277 à 278. — V. même mot.

225. — ... 16° Les associations ou réunions illicites ou non autorisées, et la concession de l'usage d'une maison pour cet objet (C. pén., art. 291 et 294 ; L. 10 avr. 1834, art. 4, § 3). — V. ASSOCIATIONS ILLICITES.

226. — ... 17° Enfin les attroupemens qui n'ont pas de caractère politique (L. 10 avr. 1831, art. 3, 4 et 10. — V. ATTROUPEMENS.

227. — VI. — Les délits contre les personnes, savoir : les menaces d'assassinat ou d'incendie, faites par écrit, sans ordre ni condition, et les menaces verbales, avec ordre ou sous condition (C. pén., art. 306, 307 et 436). V. MENACES.

228. — ... 2° Les blessures ou les coups volontaires qui n'ont pas occasionné de maladie, ni d'incapacité de travail de plus de vingt jours. — C. pén., art. 311. — V. BLESSURES et COUPS.

229. — ... 3° La réunion ou provocation de réunions séditieuses, avec rébellion ou pillage, où des délits de violence ont été commis. — C. pén., art. 313. — V. BLESSURES ET COUPS, n° 6.

230. — ... 4° La fabrication, le débit ou le port d'armes secrètes ou prohibées. — C. pén., art. 4 ; L. 24 mai 1834, art. 4. — V. ARMES

231. — ... 5° L'administration de substances nuisibles à la santé. — C. pén., art. 317, § 4. — V. SUBSTANCES NUISIBLES.

232. — ... 6° La vente ou le débit de boissons falsifiées et nuisibles. — C. pén., art. 318. — V. BOISSONS FALSIFIÉES OU NUISIBLES.

233. — ... 7° Les homicides, coups et blessures involontaires ou excusables. — C. pén., art. 319, 320 et 326. — V. HOMICIDE, BLESSURES ET COUPS.

234. — ... 8° Les outrages publics à la pudeur. — C. pén., art. 330. — V. OUTRAGE A LA PUDEUR.

235. — ... 9° Les attentats à la pudeur, en excitant, favorisant ou facilitant la débauche ou la corruption de la jeunesse. — C. pén., art. 334 et 335. — V. EXCITATION A LA DÉBAUCHE.

236. — ... 10° L'adultère. — C. pén., art. 336 à 339. — V. ADULTÈRE.

237. — ... 11° Les arrestations ou détentions illégales, et les séquestrations de personnes, quand elles n'ont pas duré dix jours. — C. pén., art. 343. — V. ARRESTATIONS ILLÉGALES ET SÉQUESTRATIONS DE PERSONNES.

238. — ... 12° Les contraventions relatives à la police des établissemens consacrés aux aliénés. — L. 30 juin 1838, art. 30 et 41. — V. ALIÉNÉS, nos 268 et suiv.

239. — ... 13° Le défaut de déclaration de la naissance d'un enfant, et l'omission de remettre un enfant trouvé à l'officier de l'état civil. — C. pén., art. 346 et 347. — V. ACTES DE L'ÉTAT CIVIL, nos 269 et suiv., 310 et suiv.

240. — ... 14° L'abandon d'un enfant déposé dans un hospice, par ceux à qui il était confié. — C. pén., art. 348. — V. ENFANT (crimes et délits contre l').

241. — ... 15° L'exposition et le délaissement d'un enfant dans un lieu solitaire ou non solitaire. — C. pén., art. 349 à 353. — V. même mot.

242. — ... 16° Le rapt, sans fraude ni violence, par un ravisseur âgé de moins de vingt-un ans. — C. pén., art. 356, § 2. — V. ENLÈVEMENT DE MINEURS.

243. — ... 17° Les inhumations non autorisées ou précipitées. — C. pén., art. 358. — V. INHUMATIONS.

244. — ... 18° Le recel du cadavre d'une personne homicidée. — C. pén., art. 359. — V. CADAVRE.

245. — ... 19° La violation des tombeaux ou sépultures. — C. pén., art. 360. — V. VIOLATION DE SÉPULTURE.

246. — ... 20° Les dénonciations calomnieuses. — C. pén., art. 373. — V. DÉNONCIATION CALOMNIEUSE.

247. — ... 21° La diffamation ou l'injure publique, mais verbale, envers toute personne. — L. 17 mai 1819, art. 13 et 19. — V. DIFFAMATION, INJURE.

248. — .... 22° La diffamation ou l'injure commise par toute autre voie de publication, mais envers des particuliers seulement. — L. 26 mai 1819, art. 14 ; 8 oct. 1830, art. 2, et 9 sept. 1835, art. 9. — V. mêmes mots.

249. — ... 23° Enfin, la révélation de secrets confiés à des tiers, à raison de leur état ou de leur profession (C. pén., art. 378). — V. DIVULGATION DE SECRET.

250. — VII. — Les délits contre les propriétés, savoir : 1° l'altération des vins ou autres marchandises par les voituriers, bateliers ou leurs préposés, quand il n'y a pas eu mélange de substances malfaisantes (C. pén., art. 387). — V. VOL.

251. — .... 2° Les vols commis dans les champs, sans aucune circonstance aggravante (C. pén., art. 388). — V. même mot.

252. — .... 3° La contrefaçon ou l'altération des clés par d'autres que par des serruriers (C. pén., art. 399, § 1er). — V. CLÉS, VOL.

253. — .... 4° La destruction ou le détournement par le saisi des objets saisis et confiés à sa garde ou à la garde d'un tiers, et le recel de ces objets ainsi détournés (C. pén., art. 400, § 2, 3 et 4. — V. VOL.

254. — .... 5° Les vols simples, larcins et filouteries (C. pén., art. 401). — V. même mot.

255. — .... 6° Les banqueroutes simples (C. pén., art. 402). — V. BANQUEROUTE.

256. — .... 7° Les escroqueries (C. pén., art. 405). — V. ESCROQUERIE.

257. — .... 8° Les abus de confiance, autres que ceux commis par des gens de service (C. pén., art. 406 à 408). — V. ABUS DE CONFIANCE, ABUS DE BLANC-SEING, ABUS DES BESOINS, PASSIONS ET FAIBLESSES DES MINEURS.

258. — .... 9° La soustraction de pièces produites en justice (C. pén., art. 409). — V. ABUS DE CONFIANCE PAR SOUSTRACTION DE PIÈCES, etc.

259. — .... 10° L'établissement non autorisé d'une maison de jeu ou d'une loterie (C. pén., art. 410);

L. 21 mai 1836, art. 1 à 3; L. 18 juill. 1836, art. 10). — V. JEUX, LOTERIE.

260. — .... 11° Le concours à des loteries étrangères ou particulières non autorisées. — L. 21 mai 1836, art. 4. — V. LOTERIE.

261. — .... 12° L'établissement, en récidive, de loteries et jeux de hasard dans des lieux publics (C. pén., art. 475 5° et 478, § 2). — V. JEUX, LOTERIES.

262. — .... 13° Enfin, l'établissement non autorisé d'une maison de prêt sur gages, ou sa tenue irrégulière (C. pén., art. 411). — V. MAISONS DE PRÊT SUR GAGE.

263. — VIII. — Les atteintes portées au commerce ou à l'industrie, savoir : 1° l'usure (L. 3 sept. 1807, art. 4). — V. USURE.

264. — .... 2° L'établissement non autorisé dans les villes, d'usines, ateliers ou fabriques, tels que presses, moutons, laminoirs, balanciers ou coupoirs, ou autres pouvant nuire à la sûreté ou à la salubrité publique (Lettres patent. 28 juill. 1783; L. 21 sept. et 13 nov. 1791). — V. ÉTABLISSEMENS INSALUBRES.

265. — .... 3° Les entraves à la liberté des enchères ou des soumissions (C. pén., art. 412). — V. ENTRAVE A LA LIBERTÉ DES ENCHÈRES.

266. — .... 4° La violation des réglemens relatifs à l'industrie ou au commerce (C. pén., art. 413). — V. INDUSTRIE ET COMMERCE.

267. — .... 5° La coalition des maîtres et des ouvriers (C. pén., art. 414 à 416). — V. COALITIONS ENTRE MAITRES ET ENTRE OUVRIERS.

268. — .... 6° L'embauchage, pour l'étranger, des ouvriers ou employés d'un établissement industriel ou commercial (C. pén., art. 417). — V. EMBAUCHAGE.

269. — .... 7° La révélation des secrets d'une fabrique, faite par les ouvriers ou employés, à des Français résidant en France. — C. pén., art. 418, § 2). — V. INDUSTRIE ET COMMERCE.

270. — ... 8° Le courtage clandestin et les contraventions des agens de change et des courtiers. — L. 28 vent. an IX, art. 8; arr. 27 prair. an X, art. 4 et 6; avis cons. d'état, 17 mai 1809; C. comm., art. 87. — V. AGENT DE CHANGE, COURTIERS DE COMMERCE.

271. — ... 9° Les manœuvres pour opérer la hausse ou la baisse du prix des denrées ou marchandises ou des papiers et effets publics, et les paris sur la hausse ou la baisse de ceux-ci. — C. pén., art. 419 à 422. — V. HAUSSE ET BAISSE, PARIS.

272. — ...10° L'infidélité dans les poids employés au pesage public. — Arr. 7 brum. an IX, art. 8. — V. POIDS ET MESURES.

273. — ...11° L'usurpation des fonctions d'un jaugeur ou mesureur public. — *Ibid.*, art. 4; arr. 6 prair. an XI, art. 6; Circ. min., 15 prair. an X. — V. POIDS ET MESURES.

274. — ...12° Les tromperies sur la qualité des marchandises et l'usage frauduleux de faux poids ou de fausses mesures, ou de poids et mesures prohibés. — C. pén., art. 423 et 424. — V. TROMPERIE SUR LA MARCHANDISE, POIDS ET MESURES.

275. — ...13° La contrefaçon d'ouvrages imprimés ou gravés et le débit des éditions contrefaites. — C. pén., art. 427 et 429; L. 19-24 juill. 1793; décr. 1er germin. an XIII. — V. CONTREFAÇON, PROPRIÉTÉ LITTÉRAIRE.

276. — ...14° Les représentations d'ouvrages dramatiques faites au mépris des droits des auteurs. — C. pén., art. 428. — V. THÉATRES.

277. — .. 15° Les négligences ou les fraudes des entrepreneurs ou fournisseurs pour le compte des armées, quand le service, sans avoir manqué, a seulement été retardé. — *Ibid.*, art. 433. — V. MARCHÉS ET FOURNITURES.

278. — ...16° L'usurpation des fonctions de commissaire-priseur et autres officiers vendeurs d'effets mobiliers. — Arr. 12 fructid. an IV, art. 2; et 27 niv. an V; L. 27 vent. an IX, art. 2. — V. VENTE PUBLIQUE DE MEUBLES.

279. — ...17° Les contraventions aux réglemens sur les ventes publiques de meubles. — L. 22 pluv. an VII, art. 7. — V. même mot.

280. — ...18° La détention, fabrication ou vente des armes de guerre. — L. 24 mai 1834, art. 3. — V. ARMES.

281. — ...19° Enfin, la vente, l'achat et mise en gage des armes et effets militaires. — L. 28 mars-2 avr. 1793, art. 5; L. 15 juill. 1829, art. 6. — V. EFFETS MILITAIRES.

282. — IX. — Les destructions, dégradations et dommages, savoir : 1° l'opposition, avec voies de fait, à la confection de travaux autorisés par le gouvernement. — C. pén., art. 438. — V. TRAVAUX AUTORISÉS PAR LE GOUVERNEMENT (opposition à).

283. — ...2° La destruction volontaire de pièces autres que des actes de l'autorité publique ou des effets de commerce. — C. pén., art. 439, § 3. — V. DESTRUCTION DE TITRES ET ACTES.

284. — ...3° Le dégât de marchandises ou de matières servant à la fabrication. — V. PILLAGE ET DÉGAT DE MARCHANDISES ET DENRÉES.

285. — ...4° La dévastation de plants ou de récoltes. — C. pén., art. 444. — V. DÉVASTATION DE RÉCOLTES, ARBRES ET PLANTS.

286. — ...5° La destruction des arbres ou greffes ailleurs que dans les bois ou forêts. — C. pén., art. 445 à 448. — V. même mot.

287. — ...6° La coupe, sans enlèvement, de grains ou de fourrages appartenant à autrui. — C. pén., art. 449 et 450. — V. même mot.

288. — ...7° La rupture ou destruction d'instrumens d'agriculture, et de parcs ou cabanes servant à la garde des bestiaux. — C. pén., art. 451. — V. DESTRUCTION D'INSTRUMENS D'AGRICULTURE, PARCS ET CABANES.

289. — ... 8° L'empoisonnement des chevaux ou bêtes de voiture, de monture ou de charge, des bestiaux ou des poissons dans les étangs, viviers ou réservoirs. — *Ibid.*, art. 452. — V. ANIMAUX.

290. — ... 9° La destruction de ces animaux sans nécessité. — C. pén., art. 453. — V. même mot.

291. — ... 10° La destruction sans nécessité d'animaux domestiques appartenant à autrui. — C. pén., art. 454. — V. même mot.

292. — ... 11° Le bris, la destruction ou la simple dégradation de clôtures et le déplacement de bornes. — C. pén., art. 456. — L. 28 sept.-6 oct. 1791, tit. 2, art. 17. — V. DESTRUCTION DE CLOTURE ET DÉPLACEMENT DE BORNES.

293 — ... 12° L'inondation des chemins ou des propriétés d'autrui, par la trop grande élévation du déversoir des eaux nécessaires aux moulins et usines, soit que la hauteur en ait été ou non déterminée par l'autorité administrative. — C. pén., art. 457. — L. 28 sept.-6 oct. 1791, tit. 2, art. 15. — V. INONDATION.

294. — ... 13° L'incendie (dans certains cas de négligence ou d'imprudence) des propriétés mobilières ou immobilières d'autrui. — C. pén., art. 458. — V. INCENDIE.

295. — ... 14° Enfin, la divagation, le contact et l'envoi au pâturage commun de bestiaux ou animaux infectés de maladies contagieuses. — *Ibid.* 459 à 461. — L. 28 sept.-6 oct. 1791, tit. 2, art. 23. — V. ANIMAUX, n° 23 et s., et DIVAGATION (fous et animaux).

296. — X. Les délits ruraux, savoir : 1° les délits de chasse, avec ou sans permis de port d'armes. — L. 3 mai 1844. — V. CHASSE.

297. — ... 2° La garde à vue des bestiaux dans les récoltes d'autrui. — L. 28 sept. - 6 oct. 1791, art. 26. — V. DÉLIT RURAL.

298. — ... 3° La soustraction des fumiers et autres engrais portés sur les terres. — L. 28 sept. - 6 oct. 1791, art. 33. — V. DÉLIT RURAL.

299. — ... 4° L'enlèvement des gazons, des terres ou des pierres sur les chemins publics. — L. 28 sept. - 6 oct. 1791, art. 44. — V. CHEMINS RURAUX, ENLÈVEMENT DE GAZONS ET PIERRES SUR LES CHEMINS PUBLICS.

300. — ... 5° Et les autres délits, de même nature, prévus aux art. 388, 444 et suivans. — V. ARBRES, ANIMAUX, DESTRUCTION DÉGRADATION ET DOMMAGES; DESTRUCTIONS DE CLOTURES, INONDATION, VOL, MARAUDAGE. — V. aussi DÉLIT RURAL.

§ 4. — *Contravention.*

301. — Dans le langage du droit pénal on comprend par ce mot certaines atteintes légères, soit contre les propriétés, soit contre les personnes, qui sont le résultat d'une imprudence, d'une négligence ou d'une faute quelconque, et que la loi a voulu réprimer, moins parce qu'elles seraient coupables en elles-mêmes, que dans un intérêt de bonne police.

302. — Le Code pénal, au surplus, détermine la signification de la *contravention*, non par le caractère de l'infraction, mais par la nature des peines qui y sont attachées. L'art. 1er de ce Code est ainsi conçu : « L'infraction que les lois punissent *des » peines de police* est une *contravention.* »

303. — La loi des 19-22 juill. 1791, qui organisa la police municipale, énuméra les principaux délits de cette police. — Puis, le Code du 3 brum. an IV, retirant aux municipalités la punition de ces délits, régla la composition des tribunaux de police, spécifia les peines applicables aux contraventions et reproduisit quelques unes des incriminations de la loi de 1791.

304. — Mais, disent MM. Chauveau et Hélie (*Th. C. pén.*, t. 8, p. 273), de nombreuses lacunes se manifestèrent promptement dans cette législation; les pénalités étaient insuffisantes, les limites de la juridiction de police, confuses et mal réglées: plusieurs faits, improprement qualifiés simples contraventions, appartenaient à la police correctionnelle; d'autres, classés parmi les délits, n'étaient que des contraventions. Le Code pénal a fait disparaître une partie de ces vices. Les peines de police sont à la fois efficaces et proportionnées à la gravité des infractions, les contraventions sont classées avec une certaine méthode, leur énumération est la plus complète qui ait été faite, et tous les faits qui s'y trouvent rangés appartiennent réellement par leur caractère à la classe des infractions. »

305. — Les dispositions relatives aux contraventions et peines de police composent le liv. 4 du C. pén. — La connaissance des contraventions appartient aux tribunaux de simple police, et, en cas d'appel, au tribunal correctionnel. — V. APPEL (mat. crim.), TRIBUNAL DE POLICE.

306. — Parmi les dispositions qui figurent dans ce livre, les unes ont pour objet de préserver de tout accident les personnes elles-mêmes, les autres de protéger les propriétés; d'autres étendent à la fois leur protection aux personnes et aux propriétés en soumettant la voie publique à une surveillance particulière. Enfin, il en est qui prévoient certains faits de nature à devenir la cause ou l'acte préparatoire de crimes ou délits, ou à en protéger les auteurs contre la recherche de la police.

307. — Mais le Code, au lieu de classer ces différentes contraventions d'après leur nature, leur but et l'objet auquel elles se rapportent, les a confondues et n'a pris pour base de sa classification que le degré de la peine appliquée.

308. — MM. Chauveau et Hélie disent, en outre, que le Code a fait une autre confusion en soumettant les contraventions à la même classification, aux mêmes peines et aux mêmes réglemens, soit qu'elles dérivent de la loi, soit qu'elles dérivent de réglemens administratifs. — V. *infrà.*

309. — Nous ne saurions présenter, pour ce mot, des applications complètes sur chacune des contraventions nominativement prévues par le Code; il nous suffira d'indiquer, en suivant la classification tracée par la loi elle-même, quelles sont ces contraventions, sauf à renvoyer, en ce qui concerne chacune d'elles, à des mots spéciaux.

310. — Mais il importe avant tout de poser les règles générales qui, dans le système du Code, dominent toutes les contraventions, quelles que soient leur source et leur nature, et qui doivent, dès-lors, servir à l'interprétation de toutes les lois qui s'y rapportent.

311. — Le caractère principal de la contravention, celui qui la distingue radicalement des crimes et délits (V. *suprà*), c'est qu'elle existe par le seul fait de la désobéissance aux prescriptions ou de la négligence à les suivre, indépendamment de toute intention criminelle, de toute volonté malveillante. — « Ainsi, disent MM. Chauveau et Hélie (t. 8, p. 277), la loi de police ne recherche et ne voit que l'acte lui-même; elle le punit dès qu'elle le constate; elle ne s'inquiète ni de ses causes, ni de la volonté qui l'a dirigé. La contravention est toute matérielle. »

312. — Cette règle, toutefois, reçoit quelques exceptions, et on trouve dans le Code pénal lui-même certains exemples de contraventions à l'égard desquelles l'intention criminelle du contrevenant entre comme élément constitutif. — C'est ainsi qu'il place au rang des contraventions, par exemple : le fait de ceux qui ont *volontairement* jeté des corps durs ou des immondices sur quelqu'un (art. 475, n° 8). — Le *vol* de récoltes ou autres productions utiles de la terre qui, avant d'être soustraites, n'étaient pas encore détachées du sol, lorsque ce vol n'a été accompagné d'aucunes des circonstances prévues en l'art. 388 (*ibid.*, n° 15). — Le fait de ceux qui auront *méchamment* enlevé ou déchiré des affiches apposées par ordre de l'administration. — Art. 479, n° 9.

313. — Du principe qu'en règle générale la contravention existe par la seule matérialité du fait, il résulte que la bonne foi du contrevenant et l'absence d'intention de nuire, ne sauraient effacer la contravention. C'est ce que la cour de Cassation a souvent reconnu. — *Cass.*, 28 vend. an X, Préau; 11 déc. 1807, Guirard; 5 août 1836 (t. 1er 1837, p. 468), Cazes; 4 août 1837 (t. 1er 1838, p. 568), Dolard; 20 juill. 1838 (t. 1er 1840, p. 303), Bonafi; 15 juin 1832, Montigny; 18 avr. 1833, Cailleux; 2 juin 1810, Carleri.

314. — Jugé encore qu'aucune excuse pour ignorance du réglement, erreur, absence d'intention, ou bien aussi en ce que l'infraction aurait été réparée, ne saurait être admise. — *Cass.*, 27 déc. 1828, Bourdigeaux; 28 août 1829, Bessac; 1er juill. 1830, Guillon.

315. — Ainsi jugé que la contravention à l'arrêté de l'autorité municipale qui détermine le lieu

des amarrages et le placement des bâtimens dans un port ne peut être excusée sur le motif qu'elle aurait eu lieu avec le consentement de l'administration des douanes. — *Cass.*, 8 juin 1844 (t. 2 1844, p. 112), Daviot.

316. — Toutefois la loi suppose toujours que si le contrevenant s'est mis en opposition à la loi ou au réglement, il a eu nécessairement la liberté suffisante pour s'y conformer. — Aussi a-t-il été jugé que si l'inculpé justifie qu'il s'est trouvé dans un cas de force majeure qui l'a mis dans l'impossibilité physique de se conformer à la loi, il doit être acquitté, conformément à l'art. 64, C. pén. — *Cass.*, 7 juill. 1827, Gruyet et Lagrange; 19 nov. 1829, Vanault; 2 juin 1837 (t. 2 1840, p. 62), Andris; 20 juill. 1838 (t. 1er 1840, p. 305), Bonafi; 8 août 1840 (t. 1er 1841, p. 726), Lefèvre et Desfossés.

317. — Au surplus, l'art. 65, C. pén., s'applique aux contraventions de police comme aux délits et aux crimes, et le juge ne peut admettre d'autres excuses que celles qui sont formellement autorisées par la loi. — *Cass.*, 4 août 1824, Marry; 7 messid. an VIII, Beaugrand et Rossignol; 23 juill. 1836 (t. 1er 1837, p. 77), Jouard et Boubert; 24 juin 1842 (t. 2 1842, p. 491), Tessier.

318. — Y a-t-il lieu, en matière de contravention, de faire application des principes relatifs au *discernement* ? — V. à cet égard DISCERNEMENT.

319. — Il n'est pas des contraventions comme des délits ou des crimes: les tentatives de ces deux espèces d'infraction sont, sous certaines conditions, assimilées aux crimes et aux délits eux-mêmes. — C. pén., art. 2 et 3. — Cette assimilation n'a été prononcée par aucune loi à l'égard des contraventions. — *Cass.*, 21 oct. 1841 (t. 2 1841, p. 699), Aubrier, Gagne et Jourda. — V. TENTATIVE.

320. — De même, les art. 59 et suiv., C. pén., qui définissent la complicité ne s'appliquent qu'aux crimes et aux délits, et nullement aux contraventions. — Chauveau et Hélie, *Th. C. pén.*, t. 2, ch. 11, p. 144. — *Cass.*, 21 avr. 1826, Beaufils. — V. COMPLICITÉ, nos 132 et suiv.

321. — Il faut pourtant excepter de cette règle le cas où la loi a formellement compris dans ses dispositions l'auteur et le complice de la contravention, comme dans l'art. 479, n° 2, C. pén. — V. BRUITS ET TAPAGES.

322. — Il en est, au surplus, des contraventions comme des crimes et délits. Les juges ne peuvent qualifier contraventions que les faits auxquels la loi a spécialement imprimé ce caractère. — V. *suprà*, n°

323. — Le fait matériel lui-même, disent MM. Chauveau et Hélie (*loc. cit.*), bien que séparé d'une intention coupable, peut se présenter avec des circonstances diverses et entraîner des effets différens. La loi a donc dû admettre une certaine flexibilité dans les peines de police. Le juge a la faculté de les graduer, elles se mesurent sur la gravité du fait.

324. — C'est par ce motif que le Code pénal a divisé les contraventions de police en trois classes: la première classe se compose des contraventions énumérées en l'art. 471, et qui sont punies d'une amende d'un franc à cinq francs inclusivement. Quelques-unes de ces contraventions, spécifiées en l'art. 473, peuvent, suivant les circonstances, donner lieu à un emprisonnement de trois jours au plus

325. — Les contraventions comprises dans la première classe sont: 1° le fait d'avoir négligé d'entretenir, réparer ou nettoyer les fours, cheminées ou usines où l'on fait usage du feu. — V. CHEMINÉE.

326. — ... 2° Le fait d'avoir violé la défense de tirer en certains lieux des pièces d'artifices. — V. ARTIFICES.

327. — ... 3° Le fait, de la part des aubergistes et autres obligés à l'éclairage, de l'avoir négligé (V. ÉCLAIRAGE et HOTELIERS); celui d'avoir négligé de nettoyer les rues ou passages dans les communes où ce soin est laissé à la charge des habitans. — V. BALAYAGE ET NETTOIEMENT.

328. — ... 4° Le fait: 1° d'avoir embarrassé la voie publique en y déposant ou y laissant sans nécessité des matériaux ou des choses quelconques qui empêchent ou diminuent la liberté ou la sûreté du passage (V. EMBARRAS DE LA VOIE PUBLIQUE); — 2° d'avoir, en contravention aux réglemens, négligé d'éclairer les matériaux déposés ou les excavations faites dans les rues et places. — V. ÉCLAIRAGE DE LA VOIE PUBLIQUE.

329. — ... 5° Le défaut ou refus d'exécution des réglemens ou arrêtés concernant la petite voirie (V. VOIRIE), ou la sommation émanée de l'autorité administrative de réparer ou démolir les édifices menaçant ruine. — V. VOIRIE.

330. — ... 6° Le fait d'avoir jeté ou exposé au-devant des édifices des choses de nature à nuire par leur chute ou par des exhalaisons insalubres. — V. JET (dommage).

331. — ... 7° Le fait d'avoir laissé dans les rues, chemins, places, lieux publics ou dans les champs, des coutres de charrue, pinces, barres, barreaux ou autres machines, instrumens ou armes dont puissent abuser les voleurs ou autres malfaiteurs. — V. INSTRUMENS ET ARMES LAISSÉS SUR LA VOIE PUBLIQUE ET DANS LES CHAMPS.

332. — ... 8° Le défaut de l'échenillage dans les campagnes ou jardins où ce soin est prescrit par la loi ou les réglemens. — V. ÉCHENILLAGE.

333. — ... 9° Le fait d'avoir, sans autre circonstance prévue par les lois, cueilli ou mangé, sur le lieu même, des fruits appartenant à autrui. — V. MARAUDAGE.

334. — ... 10° Celui d'avoir, sans autre circonstance, glané et ratelé ou grapillé dans les champs non encore dépouillés et vides de récoltes, ou avant le moment du lever ou après celui du coucher du soleil. — V. GLANAGE.

335. — ... 11° Le fait d'avoir, sans provocation, proféré contre quelqu'un des injures autres que celles prévues depuis l'art. 367 jusques et y compris l'art. 378, C. pén. — V. INJURES.

336. — ... 12° Le jet, par imprudence, d'immondices sur quelque personne. — V. JET (dommage).

337. — ... 13° Le fait de la part de ceux qui ne sont ni propriétaires, ni usufruitiers, ni locataires, ni fermiers, ni jouissant d'un terrain ou d'un droit de passage, ni préposés ou agens d'aucune de ces personnes, d'être entrés et d'avoir passé sur ce terrain préparé ou ensemencé. — V. PASSAGE SUR LE TERRAIN D'AUTRUI.

338. — ... 14° Le fait d'avoir laissé passer des bestiaux, bêtes de trait, de charge ou de monture sur le terrain d'autrui avant l'enlèvement de la récolte. — V. ANIMAUX, nos 28 et suiv., 41 et suiv.

339. — ... 15° La contravention aux réglemens légalement faits par l'autorité administrative et la désobéissance aux réglemens ou arrêtés publics par l'autorité municipale en vertu des art. 3 et 4, tit. 11, L. 16-24 août 1790 et art. 46, tit. 1er, L. 19 22 juill. 1791. — V. POUVOIR MUNICIPAL, RÉGLEMENS DE POLICE.

340. — Il est à remarquer qu'avant 1832 l'art. 484, C. pén., portant que dans toutes les matières qui n'ont pas été réglées par ledit Code et qui sont régies par des lois et réglemens particuliers, les cours et tribunaux continueraient de les observer, laissait quelque doute sur la nature et la quotité de la peine à infliger lorsque ces réglemens ne prononçaient ou n'invoquaient aucune pénalité. — La loi du 28 avr. 1832 a fait cesser ces doutes en ajoutant à l'art. 471 le quinzième numéro que nous venons d'indiquer. — V. au surplus les mots précités.

341. — Il a été jugé que l'art. 471, n° 15, C. pén., ayant pour unique objet d'assurer l'exécution des réglemens et arrêtés de l'autorité administrative et de l'autorité municipale ne peut être appliqué à l'inexécution d'une loi. — *Cass.*, 20 fév. 1845 (t. 1er 1845, p. 691), Thuillier.

342. — La seconde classe se compose des contraventions énumérées en l'art. 475 et qui sont punies d'une amende de 6 fr. à 10 fr. inclusivement. — Quelques unes spécifiées en l'art. 476 peuvent, suivant les circonstances, donner lieu à un emprisonnement pendant trois jours au plus.

343. — Les contraventions comprises dans la seconde classe sont: 1° la contravention aux bans de vendanges ou autres bans autorisés par les réglemens. — V. BANS DE VENDANGES ET AUTRES.

344. — ... 2° Le fait par les aubergistes, hôteliers, logeurs ou loueurs de maisons garnies, d'avoir négligé d'inscrire de suite, sans aucun blanc, sur un registre tenu régulièrement, les noms, qualités, domicile habituel, date d'entrée et de sortie de toute personne qui aurait couché ou passé une nuit dans leurs maisons. — Et celui d'avoir manqué à représenter ce registre aux époques déterminées par les réglemens ou sur la réquisition des maires, adjoints, officiers ou commissaires de police ou citoyens commis à cet effet. — V. LOGEURS, HOTELIERS.

345. — ... 3° La contravention de la part des rouliers, charretiers, conducteurs de voitures quelconques ou de bêtes de charge, aux réglemens par lesquels ils sont obligés de se tenir constamment à la portée de leurs chevaux, bêtes de trait ou de charge et de leurs voitures, et en état de les guider et conduire, d'occuper un seul côté des rues, chemins ou voies publiques, de se détourner ou ranger devant toutes autres voitures et à leur approche, de leur laisser libre au moins la moitié des rues, chaussées, routes et chemins. — V. CONDUCTEURS, VOITURIERS, VOIE PUBLIQUE.

346. — ... 4° Le fait d'avoir fait ou laissé courir des chevaux, bêtes de trait, de charge ou de monture dans l'intérieur d'un lieu habité (V. COURSES D'ANIMAUX DANS UN LIEU HABITÉ), ou violé les réglemens contre le chargement, la rapidité ou la mauvaise direction des voitures (V. VOITURES), ou contrevenu aux dispositions des ordonnances ou réglemens ayant pour objet la solidité des voitures publiques, leur poids, le mode de leur chargement, le nombre et la sûreté des voyageurs, l'indication, dans l'intérieur des voitures, des places qu'elles contiennent et du prix des places, l'indication, à l'extérieur, du nom du propriétaire. — V. VOITURES PUBLIQUES.

347. — ... 5° Le fait d'avoir établi, ou tenu dans les rues, chemins, places ou lieux publics, des jeux de loterie ou d'autres jeux de hasard. — V. JEUX, LOTERIE.

348. — ... 6° La vente ou le débit de boissons falsifiées. — V. BOISSONS FALSIFIÉES.

349. — ... 7° Le fait d'avoir laissé divaguer des fous ou des furieux confiés à sa garde ou des animaux malfaisans ou féroces (V. DIVAGATION), ou bien encore d'avoir excité ou de n'avoir pas retenu ses chiens lorsqu'ils attaquaient ou poursuivaient les passans, quand même il n'en serait résulté aucun dommage. — V. CHIEN, n° 4.

350. — ... 8° Le jet de pierres ou d'autres corps durs ou d'immondices contre les maisons, édifices ou clôtures d'autrui, ou dans les jardins ou enclos; ainsi que le jet volontaire de corps durs ou immondices sur quelqu'un. — V. JET D'IMMONDICES.

351. — ... 9° Le fait de la part de celui qui n'est ni propriétaire ni usufruitier, ni jouissant d'un terrain ou d'un droit de passage, d'y être entré et d'y avoir passé dans le temps où ce terrain était chargé de grains en tuyaux, de raisins ou autres fruits mûrs ou voisins de la maturité. — V. PASSAGE SUR LE TERRAIN D'AUTRUI.

352. — ... 10° Le fait d'avoir laissé ou fait passer des bestiaux, animaux de trait, de charge ou de monture sur le terrain d'autrui ensemencé ou chargé d'une récolte, en quelque saison que ce soit, ou dans un bois taillis appartenant à autrui. — V. ANIMAUX, nos 28 et suiv., 46 et suiv.

233. — ... 11° Le refus de recevoir des espèces ou monnaies nationales non fausses ni altérées, selon la valeur pour laquelle elles ont cours. — V. MONNAIE.

334. — ... 12° Le refus de travaux, services ou secours, en cas de réquisition motivée par des accidens, tumultes, naufrage, inondation, incendie et autres calamités, ainsi qu'en cas de brigandages, pillages, flagrant délit, clameur publique ou exécution judiciaire. — V. REFUS DE SERVICE, CHARPENTIER.

335. — ... 13° Certains délits commis par la voie d'écrits, images ou gravures distribuées sans nom d'auteur, imprimeur ou graveur. — V. DISTRIBUTION D'ÉCRITS, GRAVURES, IMPRIMERIE.

336. — ... 14° L'exposition ou vente de comestibles gâtés, corrompus ou nuisibles. — V. COMESTIBLES ET DENRÉES CORROMPUS OU NUISIBLES.

337. — ... 15° Le fait d'avoir dérobé, sans aucune des circonstances prévues en l'art. 388 (V. VOL), des récoltes ou autres productions utiles de la terre qui, avant d'être soustraites, n'étaient pas encore détachées du sol. — V. MARAUDAGE.

338. — La troisième classe enfin se compose des contraventions énumérées en l'art. 479, et qui sont punies d'une amende de 11 à 15 fr. inclusivement. — Quelques unes, énumérées en l'art. 480, peuvent, suivant les circonstances, donner lieu à un emprisonnement pendant cinq jours au plus.

339. — Les contraventions comprises dans la troisième classe sont: 1° tout dommage volontairement causé aux propriétés mobilières d'autrui, autres que ceux prévus par les art. 434 et suiv., jusqu'à 462, C. pén. — V. au surplus DESTRUCTIONS DÉGRADATIONS ET DOMMAGES.

360. — ... 2° Le fait d'avoir occasionné la mort ou les blessures des animaux ou bestiaux appartenant à autrui, — soit par l'effet de la divagation des fous ou furieux, ou d'animaux malfaisans ou féroces, ou par la rapidité, mauvaise direction ou chargement excessif des chevaux, voitures, bêtes de trait, de charge ou de monture (V. DIVAGATION); — soit par l'emploi ou l'usage d'armes sans précaution ou avec maladresse, ou par jet de pierres ou d'autres corps durs (V. JET); — soit par la vétusté, la dégradation, le défaut de réparation ou d'entretien des maisons ou édifices, ou par l'encombrement ou l'excavation, ou telles autres œuvres dans ou près les rues, chemins, places ou voies publiques, sans les précautions ou signaux ordonnés ou d'usage. — V. aussi ANIMAUX.

361. — ... 3° La *détention* de faux poids ou de fausses mesures dans les magasins, boutiques, ateliers ou maisons de commerce, ou dans les

halles, foires ou marchés. — V. POIDS ET MESURES.

362. —... 4° L'emploi de poids ou de mesures différens de ceux établis par les lois en vigueur (V. POIDS ET MESURES); ainsi, que le fait par les boulangers et bouchers de vendre le pain ou la viande au delà du prix fixé par la taxe légalement faite et publiée. — V. BOUCHER, BOULANGER.

363. —... 5° Le métier de deviner et pronostiquer ou d'expliquer les songes. — V. DEVIN.

364. —... 6° Les bruits ou tapages injurieux ou nocturnes troublant la tranquillité des habitans. — V. BRUITS ET TAPAGES.

365. —... 7° La destruction opérée méchamment des affiches apposées par l'ordre de l'administration. — V. AFFICHES, n° 155 et suiv.

366. — ... 8° Le fait d'avoir mené des bestiaux de quelque nature qu'ils soient sur le terrain d'autrui, et notamment dans les prairies artificielles, dans les vignes, oseraies, dans les plants de câpriers, dans ceux d'oliviers, de mûriers, de grenadiers, d'orangers et d'arbres du même genre, dans tous les plants ou pépinières d'arbres fruitiers ou autres faits de main d'homme. — V. ANIMAUX, nos 28 et suiv., 62 et suiv.

367. — ... 9° La dégradation ou détérioration de quelque manière que ce soit des chemins publics ou l'usurpation sur leur largeur. — V. CHEMINS RURAUX, nos 46 et suiv.

368. — ... 10° L'enlèvement, sans autorisation, sur les chemins publics, de gazons, terres ou pierres (V. CHEMINS RURAUX, *loc. cit.*), — ou bien encore l'enlèvement, dans les lieux appartenant aux communes, de terres ou materiaux, à moins d'usage général qui l'autorise. — V. ENLÈVEMENT DE TERRES MATÉRIAUX OU GAZONS.

369. — Les peines applicables à ces diverses contraventions sont, ainsi qu'on l'a vu : 1° l'emprisonnement (lequel ne peut être moindre d'un jour ni excéder cinq jours, suivant les classes et distinctions ci-dessus indiquées); — 2° l'amende (de 1 f. à 15 f., selon les mêmes classes et distinctions); — 3° enfin, la confiscation de certains objets saisis. — C. pén., art. 464, 465, 466.

370. — Quant à l'emprisonnement, l'art. 465 porte que les jours d'emprisonnement sont des jours complets de vingt-quatre heures. — V. EMPRISONNEMENT.

371. — Il est, au surplus, à remarquer que la peine de l'emprisonnement n'est jamais que *facultative* en matière de contravention (sauf le cas de récidive. — V. *infrà* nos 376 et suiv.). — C'est ce qui résulte formellement des art. 473, 476 et 480.

372. — Mais il n'en est pas de même de l'amende. Le juge, dans le cas où la contravention existe, ne peut se dispenser de la prononcer. — *Cass.*, 22 nov. 1811, Thiraut et autres; 25 déc. 1815, Remy; 13 mai 1831, Marcellin.

373. — L'amende est, comme l'emprisonnement, une peine qui n'est pas susceptible de division entre les contrevenans. — « L'amende doit être individuelle, c'est-à-dire infligée à chacun des auteurs du même fait. Il est évident, en effet, que, dans la perpétration d'un fait puni par la loi, il y a autant de contraventions qu'il y a de contrevenans. L'infraction n'est pas seulement dans le fait matériel, mais dans la violation de la défense de la loi. » — Chauveau et Hélie, *Théorie du C. pén.*, t. 1er, p. 261. — *Cass.*, 22 avr. 1813, habit. de Saintes. — V. au surplus, sur ce principe et sur ses applications, AMENDE (mat. crim.), n° 60 et suiv.

374. — V. en outre, pour tout ce qui concerne l'attribution et le recouvrement de l'amende, AMENDE (crim.), nos 147 et suiv. et 165 et suiv., et PEINE.

375. — La confiscation dont parle l'art. 464, et que les tribunaux sont autorisés à prononcer dans les cas déterminés par la loi, porte soit sur les choses saisies en contravention, soit sur les choses produites par la contravention, soit sur les matières ou les instrumens qui ont servi ou étaient destinés à la commettre. — Art. 470, 472, 477, 481, C. pén. — V. à cet égard CONFISCATION.

376. — La pénalité appliquée par la loi aux diverses contraventions et par elle prévues s'aggrave, en cas de récidive, c'est-à-dire (art. 483), lorsque, dans les douze mois précédens, il a été rendu contre les contrevenans un premier jugement pour contraventions de police commises dans le ressort du même tribunal.

377. — Jugé, par application de l'art. 483, que ce n'est pas la simple répétition de la contravention qui constitue la récidive; c'est sa répétition après un premier jugement de condamnation dans les douze mois précédens. — *Cass.*, 16 août 1811, Lambert. — V. RÉCIDIVE.

378. — Cette aggravation consiste dans un emprisonnement qui doit toujours être prononcé, pendant trois jours au plus, pour les contraventions de la première classe, pendant cinq jours au plus pour les contraventions de la seconde classe, et pendant cinq jours pour les contraventions de la troisième classe. — Art. 474, 478 et 482, C. pén. — *Cass.*, 22 août 1822, Joseph Marche.

379. — L'uniformité de cette aggravation a été rompue à l'égard de ceux qui, dans l'espace de douze mois et dans le ressort du même tribunal, auraient tenu deux fois des loteries ou des jeux de hasard sur la voie publique. Ils doivent, pour la seconde contravention, être traduits devant le tribunal de police correctionnelle et punis d'un emprisonnement de six jours à un mois et d'une amende de seize francs à deux cents francs. — Art. 478, § 2, C. pén. — *Cass.*, 14 mars 1833, Moyse.

380. — Mais, excepté dans ce cas, il n'est pas nécessaire, pour constater la récidive, que le fait qui a donné lieu à la première condamnation soit de même nature que celui qui donne lieu à la nouvelle poursuite. — *Cass.*, 26 avr. 1822, Pierre Perron; 18 mai 1830, Girel; 3 nov. 1831, Thomazeau.

381. — Du reste, et quel que soit le nombre des récidives, le tribunal de police ne cesse pas d'être compétent pour en connaître. — *Cass.*, 14 août 1829, Thomire. — V. TRIBUNAL DE POLICE.

382. — Avant la loi du 28 avr. 1832, les juges de police ne pouvaient abaisser les peines de leur compétence au-dessous du minimum fixé par la loi, ni se dispenser de prononcer la peine d'emprisonnement en cas de récidive.

383. — Depuis cette loi, et en vertu du deuxième paragraphe qu'elle a ajouté à l'art. 483, C. pén., ces magistrats sont autorisés, lorsqu'il existe des circonstances atténuantes dans la cause, et à la charge de le déclarer expressément dans leur jugement, à réduire l'emprisonnement et l'amende au-dessous du minimum fixé par la loi, et même à substituer l'amende à l'emprisonnement, sans qu'en aucun cas elle puisse être au-dessous des peines de simple police, conformément à l'art. 463 du même Code.

384. — La faculté accordée au juge par cet article est générale et absolue, et, par conséquent, applicable à toutes les contraventions que le Code punit, qu'il y ait ou non récidive. — *Cass.*, 1er fév. 1833, Lapie.

385. — Cette modération, quant à l'amende, n'est applicable qu'aux contraventions de seconde et de troisième classe, attendu que le minimum des amendes de police étant d'un franc, le juge ne pourrait l'abaisser au-dessous du taux sans violer la dernière disposition de l'art. 463, C. pén.

386. — Quant à l'emprisonnement, comme il n'est obligé qu'au cas de récidive, c'est dans ce cas seulement que le juge doit s'appuyer sur l'art. 463 pour se dispenser de le prononcer, ou pour le prononcer seul et sans amende. Dans les autres cas, il ne pourrait pas être prononcé seul à la place de l'amende. — La loi autorise bien la substitution de la peine de l'amende à celle de l'emprisonnement quand cette dernière est seule prononcée, mais elle ne pouvait pas autoriser la substitution de l'emprisonnement à l'amende, puisqu'elle n'a d'autre but que d'affaiblir la pénalité quand les circonstances paraissent atténuantes, et que, dans l'échelle des peines, celle de l'emprisonnement est plus grave que celle de l'amende. — Art. 9 et 464, C. pén. — *Cass.*, 13 mai 1831, Marcellin et autres; 22 nov. 1811, Thirault; 29 déc. 1815, Remy.

387. — L'option que la loi laisse au juge entre la peine d'amende et la peine d'emprisonnement lui est personnelle; il ne pourrait pas l'abandonner au condamné. — *Cass.*, 2 sept. 1825, Chezeau.

388. — Quand le même fait présente deux contraventions différentes, le juge doit toujours statuer sur celle qui lui est dénoncée, et sur toutes les deux si elles lui sont déférées en même temps · une contravention n'est pas nécessairement exclusive d'une autre. — *Cass.*, 21 mars 1836, Denier; 22 mars 1838, (t. 1er 1840, p. 403), Delbarre; 22 fév. 1840 (t. 2 1840, p. 542), Segé; 15 janv. 1841 (t. 1er 1841, p. 97), Rieux.

389. — V. au surplus, sur le point de savoir s'il y a lieu, en matière de contravention, à l'application du principe de l'art. 365, C. instr. crim., relatif au cumul des peines — V. CUMUL DES PEINES.

390. — Un arrêt de la cour de Cassation du 26 mars 1819, a décidé que l'*impression d'un jugement*, avec affiche aux frais du condamné, *n'étant pas une peine*, mais une réparation civile, à l'égard de la partie civile, ou une mesure de police destinée à donner à la condamnation une plus grande publicité, et à rendre l'exemple plus utile, un tribunal de police ne pouvait se déclarer incompétent pour connaître d'une contravention à un règlement municipal, sous prétexte que la faculté d'ordonner l'affiche, réservée par ce règlement, faisait sortir la contravention du cercle des attributions de la police simple. — *Cass.*, 26 mars 1819, Montharmont.

391. — Cette question n'est pas sans difficulté, ainsi que nous l'avons indiqué en rapportant l'arrêt précité. — V. au surplus TRIBUNAL DE POLICE. — V. aussi AFFICHES ET PEINES.

392. — Aucune contravention ne peut donner lieu à arrestation, même quand la loi prononcerait l'emprisonnement de simple police. — V. ARRESTATION, n° 35 (Instr. proc. du roi près le tribunal de la Seine, du 1er janv. 1817).

393. — L'action motivée par une contravention s'exerce ainsi qu'il est dit (V° ACTION PUBLIQUE), soit par le ministère public, soit par la partie lésée; et il a été jugé que le ministère public peut et doit demander la répression des contraventions de police, bien que la partie lésée ne se plaigne pas. — *Cass.*, 6 oct. 1837 (t. 1er 1840, p. 567), Gromard. — V. ACTION PUBLIQUE.

394. — « L'action publique et l'action civile pour une contravention de police seront prescrites après une année révolue, à compter du jour où elle aura été commise, même lorsqu'il y aura eu procès-verbal, saisie, instruction ou poursuite si, dans cet intervalle, il n'est point intervenu de condamnation, s'il y a eu jugement définitif de première instance, de nature à être attaqué par la voie de l'appel, l'action publique et l'action civile se prescriront après une année révolue, à compter de la notification de l'appel qui en aura été interjeté. » — C. inst. crim., art. 640. — V. PRESCRIPTION (mat. crim.).

395. — Le pourvoi en cassation a le même effet que l'appel pour suspendre le cours de la prescription. — L'art. 640 ne le dit pas formellement, mais c'est évidemment une lacune qu'il faut combler à l'aide des principes généraux posés dans les art. 177 et 413 du même Code, qui donnent au ministère public et à la partie civile le droit de former contre le jugement définitif un recours en cassation dont l'effet légal est de suspendre le cours de la prescription. — Mangin, *Traité de l'act. publ.*, t. 2, p. 232; — *Cass.*, 21 oct. 1830, Gibert. — V. au surplus ACTION PUBLIQUE, n° 300, et PRESCRIPTION (mat. crim).

396. — Certains délits ruraux, punis d'abord par la loi du 6 oct. 1791, et comme tels soumis à la prescription d'un mois, ayant été depuis compris dans la nomenclature des contraventions de police prévues par le C. pén., l'effet de ce passage d'une loi spéciale dans la loi générale, a été de les soumettre à la prescription d'un an qui est de droit commun en France pour les contraventions de police. — *Cass.*, 26 mai 1820, Lamartellière; 7 nov. 1822, Marseille Souplron; 25 juin 1825, Martin Courtin; 24 avr. 1829, Depeyla; 20 oct. 1835, Perronneau — V. DÉLIT RURAL.

397. — En matière de contravention, un jugement ne saurait être invoqué comme ayant force de chose jugée qu'autant qu'il a statué sur le fait même qui a donné lieu aux poursuites. — *Cass.*, 22 mars 1838 (t. 1er 1840, p. 402), Sorel-Lobligeois.

398. — Ainsi jugé que le fait, qui a motivé une condamnation comme constituant une contravention peut donner lieu, de la part du ministère public, à de nouvelles poursuites comme contenant également une seconde contravention. — *Cass.*, 22 mars 1838 (t. 1er 1840, p. 403), Delbarre.

399. —... Et de même que le jugement d'acquittement sur une première contravention n'élève aucune fin de non-recevoir contre une nouvelle poursuite, à raison d'un fait nouveau du même genre. — *Cass.*, 14 déc. 1833, Prévot père; *Cass.*, 11 oct. 1828, Case Vecchie; — Mangin, *Traité de l'act. publ.*, t. 2, p. 345, n° 403.

400. — Jugé de même que le renvoi de plusieurs contrevenans, par le motif qu'ils n'étaient point compris dans un règlement de police tel qu'il était représenté, ne peut faire obstacle à ce qu'une contravention formelle constatée à la charge d'un autre inculpé par un procès-verbal régulier ne reçoive, à une audience postérieure, l'application des peines encourues, si alors le règlement est représenté complet et régulier. — *Cass.*, 25 avr. 1833, Bouillet.

401. —... Et que le renvoi par le tribunal de police d'un individu inculpé d'infraction à un règlement de police, ne fait pas obstacle à ce que le même individu soit de nouveau poursuivi pour une seconde infraction au même règlement, et constatée par un procès-verbal différent, alors d'ailleurs que ledit règlement produit d'une manière incomplète la première fois, l'a été plus régulièrement la seconde. — *Cass.*, 25 avr. 1833, Varicelle.

402. — Décidé, comme conséquence du même principe, que le jugement par lequel un tribunal de simple police s'est déclaré incompétent pour

connaître d'une première contravention à un réglement municipal, n'a pas l'autorité de la chose jugée sur une nouvelle action intentée contre la même partie, à raison d'une autre contravention postérieure. — *Cass.*, 26 mars 1819, Vincent Chénel.

403. — V. au surplus, pour ce qui concerne la chose jugée en matière de contravention, NON BIS IN IDEM.

404. — Il a été jugé que le tribunal de simple police qui a statué sur une contravention est incompétent pour statuer ultérieurement sur les dommages-intérêts résultant de cette contravention. — *Cass.*, 22 août 1845 (I. 1er 1846, p. 146), Vrac. — V. TRIBUNAL DE POLICE.

405. — Indépendamment des contraventions dont s'occupe le Code pénal, il est d'autres infractions, prévues par des lois spéciales, qui reçoivent également cette qualification, bien que des peines correctionnelles y soient attachées et que les tribunaux correctionnels doivent en connaître Mais ces infractions, pour quelques unes du moins, ont cela de commun avec les contraventions que leur perpétration n'admet pas non plus l'excuse de l'intention.

406. — Telles sont plus spécialement les infractions aux lois fiscales. — On trouvera, au surplus, dans le paragraphe suivant, une nomenclature aussi exacte que possible des diverses infractions punies par les lois spéciales avec renvoi aux divers mots sous lesquels ce qui concerne ces infractions est expliqué avec détail.

§ 5. — *Infractions prévues par les lois spéciales.*

407. — Ces infractions sont : — I. Les contraventions aux lois sur les eaux et forêts, savoir : 1° les délits forestiers poursuivis au nom de l'administration. — C. forest., art. 171. — V. FORETS.

408. — ... 2° Les délits de pêche fluviale. — L. 15 avr. 1829, art. 48. — V. PÊCHE.

409. — ... 3° Les contraventions à la police de la pêche maritime qui sont prévues par divers réglemens généraux. — Ord. 1661 ; déclar. 23 avr., 27 sept., 24 déc. 1726, 18 mars 1727 et 23 août 1728 ; LL. 8-12 déc. 1790, 9-15 avr. 1791 et 21 vent. an XI ; ord. 13 mai 1818. — V. PÊCHE.

410. — ... Et par divers réglemens spéciaux, savoir : pour la pêche de la baleine (ord. 8 fév. 1816, 14 fév. 1819 ; L. 22 avr. 1832) ; — pour celle de la morue (ord. 8 mars 1702 ; arr. 15 pluv. an XI ; ord. 13 fév. 1815 et 21 nov. 1821 ; L. 22 avr. 1832) ; — pour la pêche du hareng (arr. 13 pluv. an XI, décr. 11 juin 1806 et 8 oct. 1810 ; ord. 14 août 1816, 4 janv. 1822 et 3 janv. 1828) ; — pour la pêche des moules (déclar. 18 déc. 1828) ; — pour celle des huîtres (régl. 16 oct. 1784 et 20 juill. 1787, ord. 24 juill. 1816). — V. PÊCHE.

411. — ... Pour la pêche du corail (arr. 27 niv. an IX (V. CORAIL, PÊCHE), et pour celle du varech et du goémon (arr. 18 thermid. an X). — V. VARECH.

412. — II. Les contraventions en matière de douanes, savoir : 1° l'introduction des marchandises prohibées à l'entrée. — LL. 6-22 août 1791, tit. 5, art. 1er, et tit. 11, art. 1er. — V. DOUANES.

413. — ... 2° L'importation des marchandises étrangères. — L. 10 brum. an V, art. 15. — V. DOUANES.

414. — ... 3° L'exportation de grains ou farines, quand elle est prohibée. — L. 26 vent. an V, art. 6. — V. même mot et GRAINS.

415. — ... 4° Le transport frauduleux et nocturne de grains ou farines. — L. 26 vent., art. 2 et 6 ; L. 28 germin. an VIII. — V. mêmes mots.

416. — ... 5° Les entraves à la libre circulation des grains. — L. 21 prair. an V, art. 2. — V. mêmes mots.

417. — ... 6° Les entrepôts de grains dans le rayon des douanes. — Arr. 17 prair. an VII, art. 1er. — V. mêmes mots.

418. — ... 7° Enfin l'exportation prohibée des marchandises. — L. 22 germin. an XI, art. 5. — V. DOUANES.

419. — III. Les contraventions en matière de contributions indirectes. Pour les droits à percevoir : 1° sur les divers objets qui en sont frappés. — L. 5 vent. an XII, art. 90. — V. CONTRIBUTIONS INDIRECTES.

420. — ... 2° Sur les boissons. — L. 28 avr. 1816, art. 19, 46, 96, 106 et 143. — V. BOISSONS.

421. — ... 3° Sur les cartes à jouer. — Décr. 4 prair. an XIII et 9 fév. 1810, art. 11 ; L. 28 avr. 1816, art. 166 à 168. — V. CARTES A JOUER.

422. — ... 4° Sur les octrois. — L. 2 vendém. an VIII, art 2 ; L. 27 frim. an VIII, art. 17 ; ord. 9 déc. 1814, art. 78. — V. OCTROI.

423. — ... 5° Sur les tabacs. — L. 28 avr. 1816, art. 181, 218 à 227. — V. TABACS.

424. — VI. Les contraventions aux lois sur les mines. — L. 21 avr. 1810, art. 95 et 96. — V. MINES.

425. — Les contraventions aux lois sur la fabrication, la détention et la vente des poudres et salpêtres, et autres contraventions prévues par les mêmes lois — V. LL. 13 fruct. an V ; arr. 27 pluv. an VIII ; 1er fruct. an VII ; 23 pluv. an XIII ; 14 fév. 1807 ; 16 mars 1813 ; 24 mai 1834. — V. POUDRES ET MUNITIONS DE GUERRE, — POUDRES ET SALPÊTRES.

426. — V. Les contraventions en matière d'orfèvrerie et de bijouterie, savoir : 1° la marque d'un ouvrage d'or ou d'argent portant son poinçon au-dessus de son titre. — L. 19 brum. an VI, art. 64. — V. MATIÈRES D'OR ET D'ARGENT.

427. — ... 2° La fabrication d'ouvrages d'or et d'argent fourrés d'autres métaux. — *Ibid.*, art. 65. — V. même mot.

428. — ... 3° L'omission par l'essayeur d'un bureau de garantie d'essayer les lingots d'or et d'argent non affinés, et d'en faire mention sur son registre. — L. 19 brum. an VI, art. 67. — V. même mot.

429. — ... 4° Les contraventions des marchands et fabricans d'or et d'argent, de plaqué ou doublé, et des affineurs. — L. 19 brum. an VI, art., 80 à 100, 121 et 129. — V. même mot.

430. — ... 5° La vente par des joailliers et bijoutiers de pierres fausses pour fines. — L. 19 brum. an VI, art. 89. — V. même mot.

431. — ... 6° L'apport dans les foires par des marchands ambulans d'ouvrages d'or ou d'argent, non accompagnés de bordereaux ou non poinçonnés. — L. 19 brum. an VI, art. 94. — V. même mot.

432. — ... 7° Le défaut de marque des ouvrages terminés. — L. 19 brum. an VI, art. 107. — V. même mot.

433. — ... 8° La possession ou l'exposition en vente d'ouvrages marqués de faux poinçons. — L. 19 brum. an VI, art. 109. — V. même mot.

434. — ... 9° L'usage de poinçons, même véritables, par d'autres que par des préposés. — L. 19 brum. an VI, art. 110. — V. même mot.

435. — ... 10° Le défaut d'inscription, sur un registre, des vieux ouvrages d'or ou d'argent achetés ou reçus, pour quelque cause que ce soit, par des marchands ou fabricans. — Arr. 16 prair. an VII. — V. même mot.

436. — ... 11° La fabrication des médailles, ailleurs qu'aux lieux désignés à cet effet. — Arr. 5 germ. an XII, art. 3. — V. MÉDAILLES.

437. — ... 12° Enfin, les contraventions dans la fabrication des étoffes d'or, d'argent et de velours. — Décr., 20 flor. an XIII, art. 7.

438. — VI. Les contraventions aux lois sur les postes, savoir : 1° les refus par les loueurs ou entrepreneurs de voitures publiques, de payer une indemnité aux maîtres de postes, dont ils n'emploient pas les chevaux. — L. 15 vent. an XIII, art. 2. — Décr. 10 brum. an XIV et 6 juil. 1806. — Ordonn. 13 août 1817 et 11 sept. 1822. — V. VOITURES PUBLIQUES.

439. — ... 2° Le refus par les rouliers, voituriers ou charretiers, de céder la moitié du pavé aux voitures des voyageurs. — Ord. 16 juil. 1828, art. 34, 35 et 39. — V. VOITURIER, VOIE PUBLIQUE.

440. — ... 3° La perception de droits excessifs par les maîtres de poste. — L. 6 niv. an IV, art. 3. — V. MAITRES DE POSTE.

441. — ... 4° Le défaut de déclaration d'un établissement de voitures publiques, ou une fausse déclaration à ce sujet. — L. 9 vendém. an VI, art. 72. — V. VOITURES PUBLIQUES.

442. — ... 5° Enfin, le transport frauduleux des lettres et paquets par des personnes étrangères au service des postes. — Réglem. 18 juin et 29 nov. 1681. — L. 24 août 1790, art. 4. — Arr. 2 niv. an VI, art. 3 ; 7 fruct. an VI, art. 5 ; 26 vent. an VII ; 27 prair. an IX, art. 5 ; et 2 messid. an XII. — Il y a une exception dans la loi du 3 juin 1829, art. 3. — V. POSTES.

443. — VII. Les contraventions aux règles qui concernent l'instruction publique, savoir : 1° les délits des professeurs et élèves de l'université, quand la loi n'en a pas disposé autrement. — Décr. 15 nov. 1811, art. 78, 158 à 161. — V. ENSEIGNEMENT.

444. — ... 2° L'ouverture non autorisée d'un établissement d'instruction publique ou d'une école primaire. — Décr. 14 nov. 1811, art. 54 et 55 ; ord. 31 oct. 1821, art. 2 ; L. 28 juill. 1833, art. 6. — V. ENSEIGNEMENT, INSTRUCTION PRIMAIRE.

445. — Les VIII contraventions en matière de presse et de librairie. — Ord. 21 oct. 1814, art. 21. — Savoir : 1° les imprimeries clandestines. — Ord. 21 oct. 1814, art. 13. — V. IMPRIMERIE.

446. — ... 2° Le défaut de déclaration et de dépôt des ouvrages imprimés. — Ord. 21 oct. 1814, art. 16. — V. même mot.

447. — ... 3° Le défaut d'indication du nom et de la demeure de l'imprimeur, ou une fausse déclaration à ce sujet. — Ord. 21 oct. 1814, art. 17. — V. même mot.

448. — ... 4° La publication et le débit d'imprimés ne portant ni le nom de l'auteur ni celui de l'imprimeur. — Ord. 21 oct. 1814, art. 19. — V. même mot.

449. — ... 5° L'affiche et la distribution d'imprimés faites sans autorisation ni déclaration. — L. 10 déc. 1830, art. 7 et 16 fév. 1834, art. 20. — V. AFFICHE et DISTRIBUTION D'ÉCRITS.

450. — ... 6° Plusieurs autres contraventions commises par les journaux et écrits périodiques. — L. 25 mars 1822, art. 7 et 11, et 9 sept. 1835, art. 10, 11, 16, 17 et 18. — V. ÉCRITS PÉRIODIQUES.

451. — ... 7° La publication, l'exposition ou la mise en vente, sans autorisation préalable, de dessins, gravures, lithographies, médailles, estampes ou emblèmes, de quelque nature ou espèce qu'ils soient. — L. 9 sept. 1835, art. 20. — V. EMBLÈMES, GRAVURES.

452. — ... 8° Enfin, l'ouverture non autorisée de théâtres ou spectacles, et la représentation de pièces dramatiques sans autorisation préalable ; — L. 9 sept. 1835, art. 21 ; Circ. min. de l'int. avr. 1841. — V. THÉATRES, CENSURE DRAMATIQUE.

453. — IX. Les infractions à la police de l'art de guérir et à la police sanitaire, savoir : — 1° l'exercice illégal de la médecine, de la chirurgie ou de l'art des accouchemens. — L. 19 vent., an XI, art. 35 et 36. — V. MÉDECINE et CHIRURGIE, ACCOUCHEMENT.

454. — ... 2° La vente ou mise en vente des compositions ou préparations pharmaceutiques, et la vente des drogues au poids médicinal par les épiciers ou droguistes. — L. 21 germ. an XI, art. 33. — V. DROGUISTES, ÉPICIERS, PHARMACIE.

455. — ... 3° La vente de substances vénéneuses à des personnes inconnues. — L. 21 germ. an XI, art. 34). — V. SUBSTANCES VÉNÉNEUSES.

456. — ... 4° Le défaut d'inscription, sur un registre à ce destiné, des substances vénéneuses vendues par un épicier ou par un pharmacien. — L. 21 germ. an XI, art. 35. — V. PHARMACIE, ÉPICIERS, SUBSTANCES VÉNÉNEUSES.

457. — ... 5° Le débit au poids médicinal, la distribution de drogues et de préparations médicamenteuses sur les places publiques et dans les foires ou marchés, et l'annonce ou affiche imprimée de remèdes secrets. — L. 21 germ. an XI, art. 36. — V. MÉDICAMENS et REMÈDES SECRETS.

458. — ... 6° Enfin les contraventions aux lois et réglemens sanitaires, quand elles sont punies d'une peine correctionnelle. — L. 3 mars 1822, art. 7, 12, 13, 14 ; ord. 7 août 1822, art. 81. — V. POLICE SANITAIRE.

459. — X. Les infractions aux lois sur le recrutement de l'armée, savoir : — 1° l'inexécution par les fonctionnaires publics des lois relatives aux déserteurs. — L. 24 brum. an VI, art. 1 et 2. — V. DÉSERTION.

460. — ... 2° L'acceptation par des fonctionnaires publics de présens ou gratifications, pour soustraire des jeunes gens au recrutement. — L. 28 niv. an VII, art. 30 ; L. 8 fruct. an XIII, art. 60. — V. RECRUTEMENT.

461. — ... 3° Le recel des déserteurs ; (L. 4 niv. an IV, art. 3. — *Rennes*, 1er avr. 1835, Eon ; le recel des marins déserteurs par tous autres que par des individus attachés à la marine ou soumis à l'inscription maritime ; (Arr. 1er flor. an XII, art. 49. — V. DÉSERTION.

462. — ... 4° Les fraudes ou manœuvres par suite desquelles un jeune homme, appelé par son âge au service militaire, a été omis sur les tableaux de recensement. — L. 21 mars 1832, art. 38. — V. RECRUTEMENT.

463. — ... 5° Le recel d'un insoumis, le fait d'avoir favorisé son évasion, et les manœuvres ayant eu pour effet d'empêcher ou de retarder le départ des jeunes soldats. — L. 21 mars 1832, art. 40. — V. même mot.

464. — ... 6° Les mutilations volontaires pour échapper au service militaire. — Loi 21 mars 1832, art. 41. — V. même mot.

465. — ... 7° Les substitutions ou remplacemens frauduleux. — L. 21 mars 1832, art 43. — V. même mot.

466. — ... 8° Les abus d'autorité en matière de recrutement. — L. 21 mars 1832, art. 44. — V. ABUS D'AUTORITÉ, n° 55.

467. — ... 9° Enfin l'acceptation de dons ou promesses par les hommes de l'art pour donner un avis favorable aux exemptions demandées. — L. 21 mars 1832, art. 45. — V. RECRUTEMENT.

468. — XI. Les infractions aux lois sur la garde nationale, savoir : — 1° la vente à son profit, par un garde national, des armes de guerre ou effets d'équipement qui lui ont été confiés par l'état ou par les communes. — L. 22 mars 1831, art 91. — V. GARDE NATIONALE.

469. — ...2° Les troisièmes refus de service par les gardes nationaux déjà condamnés deux fois pour cet objet dans la même année.—L. 22 mars 1831, art. 92). — V. même mot.

470. —...3° Le refus par les chefs de la garde nationale d'obtempérer aux réquisitions des magistrats et fonctionnaires compétens, ou les actes faits par eux sans réquisitions et hors des cas prévus par la loi.—L. 22 mars 1831, art. 93. — V. même mot.

471. — ...4° Enfin, le refus par tout garde national de faire partie d'un détachement commandé pour un service ordinaire ou extraordinaire, et l'abandon du détachement sans autorisation; L. 22 mars 1831, art. 136. — V. même mot.

472. — XII. Quelques infractions aux lois et réglemens concernant les officiers ministériels, savoir : la négligence des huissiers qui ne portent pas eux-mêmes à leur destination les copies qu'ils sont chargés de remettre.—Décr. 14 juin 1813, art. 44 , etc., etc.

V. ACTE D'ACCUSATION, AGENT DIPLOMATIQUE, ALGÉRIE, AVEU, HUISSIERS.

CRIMES CONTRE LA SURETÉ DE L'ÉTAT.

Table alphabétique.

CRIMES CONTRE LA SURETÉ DE L'ÉTAT. — 1. — La loi a compris, dans la vaste nomenclature des crimes et délits contre la chose publique, les crimes et délits commis contre la sûreté, soit extérieure, soit intérieure de l'état, et qui, dès-lors, menacent l'état dans son existence même.

2. — La peine de mort, prononcée le plus souvent par le Code de 1810 contre les crimes qui portent atteinte à la sûreté extérieure ou intérieure de l'état, a été conservée par la loi de 1832, pour tous les cas contre lesquels elle était portée. Mais cette loi a retranché de tous les actes qui les prononçaient les dispositions relatives à la confiscation, celle-ci ayant été abrogée par la Charte de 1814.

3. — Nous allons, dans ce premier chapitre, traiter des crimes contre la sûreté extérieure de l'état, et nous examinerons dans le second ce qui concerne les crimes contre la sûreté intérieure.

CHAP. Ier. — *Crimes contre la sûreté extérieure de l'état* (n° 4).

  SECT. 1re. — *Port d'armes contre la France* (n° 4).

  SECT. 2. — *Trahison* (n° 31).

  SECT. 3. — *Actes hostiles* (n° 109).

CHAP. II. — *Crimes contre la sûreté intérieure de l'état* (n° 426).

  SECT. 1re. — *Crimes contre le roi, la famille royale et la constitution* (n° 127).

  SECT. 2. — *Crimes tendant à troubler l'état par la guerre civile, l'illégal emploi de la force armée, la dévastation et le pillage publics* (n° 173)

    § 1er. — *Excitation à la guerre civile et ravages dans les communes* (n° 174).

    § 2.—*De l'emploi illégal de la force armée* (n° 190).

    § 3. — *De la dévastation des propriétés et édifices publics.—Pillage* (n° 208).

CHAPITRE Ier. — *Crimes contre la sûreté extérieure de l'état.*

Sect. 1re.—*Port d'armes contre la France.*

4. — Le Code pén., art. 75, prononce la peine de mort contre *tout Français qui aura porté les armes contre la France*. Le même crime est puni de la même peine par les lois pénales militaires.—L. 21 brum. an V, tit. 1er, art. 1er, et suiv.; art. 5 germin. an XII, art. 33.

5. — L'individu qui prend les armes contre sa patrie, sous des bannières ennemies, sans dépouiller sa qualité de citoyen, est puni par l'art. 75 du projet du Code pénal belge, de la détention perpétuelle, et par l'art. 70, C. la résilien, de six à douze années de prison avec travail.

6. — « Si les hommes d'état, si les criminalistes de tous les temps et de tous les pays ont saintement puni, disait-on, en exposant les motifs de l'art. 75, l'orateur du gouvernement, que certains crimes devaient être punis du la plus capitale, lorsqu'ils ont pour objet de les proposer contre les hommes pervers qui osent s'armer contre leur patrie, et diriger contre son sein le fer de leurs ennemis. »

7. — Il résulte de ces paroles et du texte de la loi que, pour constituer le crime prévu par cet art. 75, deux conditions sont nécessaires: Il faut, 1° que le prévenu soit Français; — 2° qu'il ait porté les armes contre la France.

8. — En se servant des mots *tout Français* la loi a prouvé qu'elle ne voulait faire aucune distinction entre ceux qui étaient militaires au moment où ils ont abandonné leurs drapeaux et ceux qui ne l'étaient pas.

9. — Il a, en effet, été jugé que le décret du 6 avr. 1809, relatif aux poursuites à exercer contre les Français pris portant les armes contre la France, s'applique d'une manière générale à tous les Français, et excitat toute distinction entre ceux qui étaient militaires, lorsqu'ils ont abandonné leurs drapeaux et ceux qui ne l'étaient pas. — *Cass.*, 5 fév. 1824, Armand Carrel. — V. *concl. Cass.*, 28 mai 1834, Vernet ; 48 sept. 1824, Childe.

10. — *Qualité de Français.* — Le décret du 6 avr. 1809 et celui du 26 août 1811 étendent les peines prononcées contre les Français qui ont porté les armes contre la France, même aux Français qui auraient obtenu des lettres de naturalisation d'un pays étranger. A cet égard, le décret de 1811 créa chose que la naturalisation de plus, en VIII déclare que la naturalisation en pays étranger fait perdre la qualité de Français, et si le Code civil s'est occupé des Français qui s'expatrient sous le rapport de la perte, de la considération et du renoncement des droits civils, on ne voit pas que dans l'une et l'autre loi l'abandon de la patrie ait été considéré relativement au droit politique et à l'ordre général de l'état. »

11. — Mais MM. Chauveau et Hélie (*Th. C. pén.* t. 2, p. 334), contestent cette distinction entre la perte des droits civils et celle des droits civiques (bien qu'un Français à répudié son pays, il ne peut plus, sous aucun rapport, être considéré comme appartenir à la France par les obligations que ceux qui sont demeurés Français. La perte de la qualité de Français ne entraîne celle des droits civiques, comment aurait-elle laissé subsister les devoirs ? « Le décret du 26 août, disent ces auteurs, fut, comme celui du 6 avr. 1809, l'œuvre d'un pouvoir tyrannique qui prétendait faire plonger sous ses volontés et la justice et la loi.— Leurs dispositions qu'on a pu peut-être considérer comme implicitement abrogées que les deux ordonnances du 19 juin 1814 (V. sur cette abrogation DROITS CIVILS), doivent du moins être restreintes et limitées par les lois qu'elles avaient arbitrairement étendues. » — Morin, *Dict. dr. crim.*, v° *Armes (port d')* contre la France, p. 69; Rauter, t. 1er, n° 278.

12. — « Ainsi, ajoutent ces auteurs, la justice veut que la peine de la félonie ne soit appliquée qu'aux individus réellement félons, c'est-à-dire, à ceux qui n'ont pas répudié leur qualité de Français, sur qui pèsent les devoirs qu'elle impose et qui les ont trahis. Et la loi semble en parfaite harmonie avec la justice, puisqu'elle ne punit du crime de port d'armes contre la France que les seuls Français, par conséquent ceux-là seulement qui n'ont pas abdiqué leur qualité. »

13. — Mais c'est à celui qui allègue pour sa défense qu'il a perdu la qualité de Français, qu'il ne l'avait plus au moment du fait, à fournir la preuve soit de sa naturalisation, soit de son acceptation de fonctions ou de service en pays étranger. — Chauveau et Hélie, t. 2, p. 335.

14. — Quant à l'étranger devenu Français par la naturalisation, il est tenu, envers la patrie qu'il a choisie et qui l'a adopté, des mêmes obligations que le Français d'origine, et sous les mêmes peines. L'étranger qui a été seulement admis à résider en France n'y a point de droits civils; n'ayant pas perdu sa qualité d'étranger, il ne se trouve pas compris dans la disposition de l'art. 75, C. pén. — Rauter, t. 1er, p. 409.

15. — La disposition de l'art. 75 embrasse des faits qui n'ont pas, on doit le reconnaître, le même degré de criminalité. Ainsi elle atteint tout aussi bien que le Français qui prend à l'intérieur les armes pour soutenir les attaques de l'ennemi à la frontière celui qui aurait été autorisé par le gouvernement avant la guerre à prendre du service chez une puissance étrangère et qui se trouve entraîné à y rester. — Décr. de 1811, art. 18; L. 20 avr. 1825, art. 3. — En effet, comme le dit M. Rauter (no 278), la réserve du cas de guerre avec la France est toujours sous-entendue.

16. — La différence de ces actes a néanmoins été signalée à la chambre des pairs, lors d'une discussion relative au Code pénal militaire. « Il faut convenir, disait M. de Ralgecourt (*Monit.* 22 avr. 1834), que, dans certains cas, le lien qui s'établit par de longs services peut atténuer la faute du Français, et peut-être hésiterait-on à punir de la peine capitale la fidélité que garderaient à un prince étranger des généraux qui, accueillis dans des temps malheureux, auraient trouvé sous ses drapeaux l'occasion de jeter encore quelque lustre sur le nom français. Mais il y a trahison de la part de celui qui, après la guerre déclarée, quitte son pays pour s'enrôler sous les drapeaux ennemis. »

17. — La perte de la qualité de Français encourue par l'entrée non autorisée au service militaire étranger, doit-elle être considérée comme un obstacle à l'application de l'art. 75? — La négative n'est pas douteuse. Car, ainsi que le dit M. Rauter, un acte illégal ne saurait procurer l'impunité pour un autre acte illégal et pénal; et d'ailleurs le système contraire aurait pour résultat de rendre complétement illusoire la disposition de l'art. 75, puisque celui qui en aurait encouru la rigueur pourrait toujours se mettre à l'abri sous la perte de la qualité de Français, résultant du fait même du port d'armes contre la France.

18. — Le deuxième élément du crime prévu par l'art. 75, C. pén., est d'avoir *porté les armes contre la France.* — Mais que faut-il entendre par ces mots ?

19. — A cet égard, les décrets du 6 avr. 1809 et du 26 août 1811, ainsi qu'une ordonnance du 10 avr. 1823, disposent; décret de 1809 (art. 2) : « Seront considérés comme ayant porté les armes contre nous tous ceux qui auront servi dans les armées d'une nation qui était en guerre contre la France; ceux qui seront pris sur les frontières ou en pays ennemis porteurs de congés des commandans militaires ennemis; ceux qui se trouvant au service militaire d'une puissance étrangère ne l'ont pas quitté ou ne le quitteront pas pour rentrer en France aux premières hostilités survenues entre la France et la puissance qu'ils ont servie ou qu'ils servent; ceux enfin qui, ayant pris du service militaire à l'étranger, rappelés en France par un décret publié dans les formes pour la publication des lois, ne rentreront pas dans le cas où la guerre aurait éclaté entre les deux puissances. » — Décr. 26 août 1811 (art. 27) : « Ils seront considérés comme ayant porté les armes contre nous, par cela seul qu'ils auront continué à faire partie d'un corps militaire destiné à agir contre l'empire français ou contre ses alliés. » — Ord. 1823 : « Tout Français qui continuerait, après le commencement des hostilités, à faire partie des corps militaires destinés à agir en Espagne contre les troupes françaises ou leurs alliés sera poursuivi conformément aux art. 2, décr. 6 avr. 1809, 27, décr. 26 août 1811, et 75, C. pén. »

20. — Ainsi, ce n'est plus seulement celui qui a porté les armes contre la France qu'atteint l'art. 75, C. pén., c'est encore celui qui a servi dans les armées d'une nation en guerre avec la France, celui qui, servant à l'étranger, ne rentre pas aux premières hostilités, et enfin celui qui continue à faire partie d'un corps militaire destiné à agir contre les alliés de la France.

21. — MM. Chauveau et Hélie s'élèvent encore avec force contre cette extension qu'ils qualifient d'illégale et d'arbitraire, ces dispositions pénales ne pouvant être établies que par des lois et non par décret ou ordonnance; en matière pénale, disent-ils, tout est de droit strict; et l'on ne peut sans danger sortir des termes de la loi. Or, la loi ne punit *que le port d'armes* contre la France. — *Th. C. pén.*, t, 2, p. 335 et suiv.; Morin, *Dict. dr. crim.*, vo *Armes* (port d'), *loc. cit*; Rauter, t. 1er, p. 410.

22. — Voici, au surplus, comment M. Rauter pose le principe : « Cet acte existe, dit-il, par cela seul que l'individu se trouvait publiquement rangé parmi les troupes d'une puissance étrangère dirigées contre la France et engagées *réellement* contre elle. Il ne suffirait pas que la guerre eût seulement été déclarée; mais aussi serait-il indifférent que l'individu se fût trouvé armé sur le sol français ou qu'il se fût réellement battu contre la France. Par *France*, on entend la chose publique de France (t. 1er, nos 278 et 273). De même aussi si l'individu était employé par une puissance étrangère en guerre avec la France dans une expédition ou dans un service étranger à cette guerre, le délit n'existerait pas, sauf l'application des autres lois concernant l'entrée non autorisée dans un service militaire étranger. » — Et cet auteur, considère les décrets de 1809 et 1811 comme sans aucune force ni puissance, malgré la confirmation qu'ils ont reçue de l'ordonnance du 10 avr. 1823, soit parce qu'ils étaient illégaux et inconstitutionnels dans leur principe en tant qu'ils contenaient des dispositions législatives pénales, soit parce qu'ils auraient été abrogés, quant à ces dispositions, par le sénatus-consulte du 3 avr. 1814, fondé précisément, entre autres griefs, sur ce que Napoléon avait inconstitutionnellement rendu plusieurs décrets portant peine de mort.

23. — « Ce n'est pas seulement, ajoute M. Rauter, au service étranger qu'un Français peut porter les armes contre la France; il le peut encore pour son propre compte, soit en s'érigeant lui-même en parti politique, soit en suivant un tel parti; et il cite comme exemple la conduite des émigrés et celle qu'ont tenue sur les bords de la Bidassoa les Français réfugiés en Espagne en 1823. Si l'attaque armée vient du dehors, dit-il, le cas de l'art. 75 existe; si elle est opérée dans l'intérieur, c'est un crime contre la sûreté intérieure de l'état (no 279). » — On comprend, au surplus, que l'appréciation du point de savoir s'il y a eu réellement port d'armes contre la France, peut dépendre des circonstances politiques dans lesquelles il se sera produit. Ce sera là une question abandonnée aux lumières du jury.

24. — « Est-ce porter les armes contre la France, demande M. Morin (*loc. cit.*), que de les porter contre les alliés de la France marchant avec elle ou marchant sans elle, mais sur le territoire français contre leur ennemi commun ? — Oui, répond-il, puisque c'est porter les armes contre la France, sinon combattre des Français. — L'art. 79, C. pén., n'exclut pas cette interprétation textuelle, qu'il étend expressément, dans le cas des art. 76 et 77 du même Code, à l'allié de la France, agissant isolément ou sur son propre territoire contre leur ennemi commun. »

25. — *Compétence.* — Le décret du 6 avr. 1809 dispose que « *Tous les Français* qui, ayant porté les armes contre la France, auront encouru la peine de mort, conformément à l'art. 3, sect. 1re, tit. 1er, 2e part., L. 6 oct. 1791, seront justiciables des cours spéciales (auxquelles sont substituées aujourd'hui les cours d'assises). » — Puis il ajoute : « Pourront néanmoins ceux qui seront pris *les armes à la main* être traduits *à des commissions militaires*, si le commandant de nos troupes le juge convenable. »

26. — En présence de cette disposition, plusieurs arrêts ont jugé que les conseils de guerre étaient compétens (comme ayant remplacé les commissions militaires) pour juger *tous Français* pris les armes à la main contre la France, sans distinction des militaires et des non militaires; que la compétence résultant tant du décret de 1809 que de celui de 1811, qui l'a maintenu, n'avait été abrogée ni par l'art. 62 de la charte, qui porte que nul ne pourra être distrait de ses juges naturels, ni par l'art. 68, qui défend de créer des commissions et tribunaux extraordinaires, ni par l'art. 4, ord. 10 avr. 1823. — *Cass.*, 5 fév. 1824, Carrel; 28 mai 1824, Vernet; 18 sept. 1824, Bride. — V. sur ces arrêts Carnot, art. 75, nos 7 et 8.

27. — Ne peut-on pas objecter néanmoins que, si le décret de 1809 ne distinguait pas entre les militaires et les non militaires, il dérogeait en cela au droit commun, d'après lequel les simples particuliers ne sont justiciables que des tribunaux ordinaires. — Or, si la charte n'a pas expressément dérogé à l'art. 1er de ce décret, elle n'en a pas moins rendu les dispositions inexécutables, en supprimant les cours spéciales et en interdisant de créer des commissions militaires. De là ne résulte-t-il pas qu'elle l'a implicitement abrogé? — Mais, dit-on, les conseils de guerre ont hérité de l'attribution générale qui avait été faite aux commissions militaires. — A cela on peut répondre qu'aucune loi ne les a substitués à cette juridiction extraordinaire, qu'aucune loi n'a même pris le soin de régler les effets de leur suppression. La conséquence à tirer de là n'est-elle pas que les choses sont rentrées dans leur état normal, et que les individus non militaires ont été rendus à leurs juges naturels que ce décret avait dépouillés au profit des cours spéciales et des commissions militaires?

28. — La loi du 10 avr. 1825 a fait, en matière de piraterie, une application nouvelle des principes de l'art. 75. Il résulte des art. 3 et 7 que « tout Français ou naturalisé Français qui, ayant obtenu, même avec l'autorisation du roi, commission d'une puissance étrangère pour commander un navire ou bâtiment de mer armé, commettrait des actes d'hostilité envers des navires français, sera puni de mort. »

29. — MM. Chauveau et Hélie (*Th. C. pén.*, t. 2, p. 339) font remarquer que la loi de 1825 ne parlant que de ceux *qui commandent* un navire ou bâtiment de mer armé, les autres Français qui sont dans la même position, mais qui ne sont pas pourvus d'un commandement, ne sont passibles d'aucune peine.

30. — On peut néanmoins se demander si commettre des hostilités envers les navires français, ce n'est pas porter les armes contre la France, et si la loi du 18 avr. 1825 a eu pour but de modifier l'art. 75, C. pén., en faisant échapper à toute peine ceux qui, sans commander, participeraient à ces hostilités. — Dans tous les cas, MM. Chauveau et Hélie (*loc. cit.*) disent eux-mêmes que, si le bâtiment était *armé non en course, mais en guerre*, tous les individus qui se seraient rendus coupables d'hostilité, quel que fût leur grade sur ce navire, tomberaient nécessairement sous l'application de l'art. 75. — V. PIRATERIE.

Sect. 2e. — *Trahison.*

31. — Le Code pénal (art. 77 et suiv.) s'occupe des faits qui constituent plus spécialement le crime de trahison. — Ces faits sont, suivant leur nature et leur résultat, l'objet d'une incrimination et d'une pénalité plus ou moins grande. — On peut, sauf les subdivisions qui seront ultérieurement indiquées, les classer ainsi qu'il suit : 1o machinations et intelligences avec l'ennemi (art. 76, 77 et 79); — 2o correspondance criminelle avec les sujets d'une puissance ennemie; — 3o communication des secrets d'état (art. 80); — 4o soustraction de plans pour les livrer à l'ennemi (art. 81 et 82); — 5o recèlement d'espions (art. 83).

32. — Ces divers faits se trouvaient compris, dans le droit romain comme dans l'ancien droit français, parmi la vaste classe des crimes de lèse-majesté, et punis de mort. Quelle que fût la différence qui existât entre eux, ils avaient pour le législateur la même importance politique. — L. 1 et 4, ff., *Ad leg. jul. majest. et Cod. cod. tit.*; — Ord. de Villers-Cotterets, François Ier, de 1531, art. 1er; de François Ier, 22 juill. 1534, art. 37; de Charles IX, de 1563, art. 7 et 9; de Blois, art. 183; de Louis XIII, 14 avr. 1615.

33. — Les législations modernes étrangères poussées par la crainte politique, peuvent souvent permettre, par le vague de leurs incriminations, de punir comme crime de trahison des actes de la nature la plus inoffensive. Ce reproche peut être adressé surtout aux codes de Prusse et d'Autriche et aux statuts anglais.

34. — Au reste, les criminalistes font généralement remarquer que les faits prévus par les art. 75 et suiv. échappent à toute définition légale, et que dès-lors le remède contre l'arbitraire de la loi est dans la conscience du jury : ils font remarquer, en outre, que la nature politique de ces faits ne porte nullement atteinte au principe qui veut qu'il n'y ait pas de crime punissable sans intention criminelle. — Chauveau et Hélie, t. 3, p. 342, et suiv. — V. COMPLOT.

35. — *Machinations et intelligences avec les puissances étrangères.* — A cet égard la loi prévoit, dans les art. 76 et 77, deux cas différens. — L'art. 76 est ainsi conçu : « Quiconque aura pratiqué des ma-

chinations ou entretenu des intelligences avec les puissances étrangères ou leurs agens, pour les engager à commettre des hostilités ou à entreprendre la guerre contre la France, ou pour leur en procurer les moyens, sera puni de mort.»

36. — Cet article reproduit textuellement l'art. 1er du tit. 1er (2e partie) du Code de 1791. Toutefois, ce Code ne portait que ces mots: *pour leur en indiquer les moyens*. Le législateur au mot *indiquer* a substitué celui de *procurer*; et il en résulte que les simples indications ne sont pas constitutives de crime, il faut que les machinations aient pour but de provoquer une déclaration de guerre ou de procurer les moyens de l'entreprendre. — V. Carnot, *C. pén.*, t. 1er, p. 285, no 1er; — Chauveau et Hélie, t. 2, p. 358.

37. — Peu importe, pour l'application de l'art. 76, que le coupable soit Français ou non, ou bien encore que l'action ait été commise hors du territoire de France. — C. inst. crim., art. 5 et 6. — Toutefois, dit M. Rauter (no 280), en cette matière, le droit des gens modifie nécessairement le droit pénal; — ainsi, on ne saurait punir comme complice du crime dont s'agit l'agent de la puissance étrangère qui, en pays étranger, aurait agi de concert avec le coupable; autre chose serait s'il l'avait fait sur le territoire de France; et encore, en ce dernier cas, il y aurait exception si l'agent s'y trouvait avec le caractère public de représentant de son souverain.

38. — Ce dernier point de la doctrine du savant criminaliste n'est pas en harmonie avec l'opinion qu'émettait le premier consul en discutant le premier titre du premier livre du Code civil dans lequel on proposait de consacrer expressément l'inviolabilité des ambassadeurs étrangers (Fenet, *Trav. prépar. du Code civil*, t. 7, p. 15): « J'aimerais mieux, dit le premier consul, que les ambassadeurs français n'eussent pas de priviléges à l'étranger et qu'on les arrêtât s'ils ne payaient pas leurs dettes ou s'ils conspiraient, que de donner aux ambassadeurs étrangers des priviléges en France où ils peuvent plus facilement conspirer, parce que c'est une république; le peuple de Paris est assez badaud, il ne faut pas encore grandir à ses yeux un ambassadeur qu'il regarde déjà comme valant dix fois mieux qu'un autre homme. Les autres puissances n'ont point à cet égard des principes aussi formels que ceux qu'on nous propose d'adopter. Il serait préférable de n'en pas parler, la nation n'a que trop de considération pour les étrangers; ce qu'on propose pourrait être nécessaire chez un peuple barbare, mais cela est inutile chez une nation douce et policée; les puissances étrangères, loin d'y voir une chose favorable pour elles, croiraient que nous n'avons en vue la réciprocité que pour assurer à nos agens diplomatiques la faculté de révolutionner impunément les états. »

39. — La loi n'a nulle part défini ce qu'il faut entendre par les mots *machinations* et *intelligences* dont se sert l'art. 76. Le vague de ces expressions, si difficiles à limiter d'une manière exacte, présente un inconvénient qui fut signalé lors de la discussion du C. pén. au conseil d'état. Un membre (M. Defermon) fit remarquer l'importance qu'il y avait à ne se servir, dans la loi pénale, que de termes d'une acception précise, et il proposa de remplacer ces mots par ceux de *conspiration contre l'état*. M. Berlier répondit qu'en matière pénale il faut préférer les spécifications aux généralités; que parler des conspirations contre l'état, c'était reproduire la rubrique de la section intitulée: *Des crimes contre la sûreté extérieure de l'état*; qu'il était nécessaire d'en faire connaître ensuite les espèces diverses, et que c'est là ce qu'avait eu en vue la rédaction proposée (Procès-verbal du Cons. d'état, séance du 12 oct. 1808).

40. — Il résulte donc de ces débats, au conseil d'état, que les mots *machinations* et *intelligences* ne sont qu'une spécification de crime générique de *conspiration*, un acte spécial formant en lui-même un élément de ce crime principal. — Delà, il résulte, disent MM. Chauveau et Hélie (t. 2, p. 357), que les machinations et intelligences réprimées par la loi sont celles qui peuvent menacer la sûreté intérieure de l'état, celles qui, d'après la volonté de l'agent et le péril que l'acte entraîne constituent un acte de conspiration contre l'existence de l'état; et ces auteurs réfutent l'opinion de Carnot, sur l'art. 76, no 51, qui soutient que par machinations on doit entendre *tous moyens* qui peuvent être mis en usage pour favoriser les desseins de l'ennemi. Il faut de plus que ces moyens aient été employés avec l'intention criminelle d'attaquer l'existence de l'état.

41. — Une autre spécification du crime puni par l'art. 76 résulte des termes mêmes de cet article. Pour que les machinations et intelligences soient coupables, il faut, en effet, que leur objet soit d'engager les puissances étrangères à commettre des hostilités ou à entreprendre la guerre contre la France, ou de leur en procurer les moyens. Si donc les machinations ou les manœuvres ne renfermaient pas cette provocation, elles resteraient plus ou moins répréhensibles, mais ne constitueraient pas le crime prévu par l'art. 76.

42. — Les machinations ou intelligences entretenues avec les agens des puissances étrangères sont punies comme celles qui existeraient directement avec ces puissances elles-mêmes, encore bien que ces agens fussent Français. — Carnot, *C. pén.*, t. 1er, p. 285, no 2.

43. — L'agent est celui qui a reçu la mission d'agir. On ne pourrait considérer comme tel celui qui, spontanément et sans aucune relation avec une puissance étrangère, agirait dans les intérêts de cette puissance. — V. Carnot, *C. pén.*, t. 1er, p. 285, no 2. — Mais on ne serait pas recevable à contester la qualité d'agent, sous le prétexte que le ministère public ne produirait pas le pouvoir donné à l'individu avec lequel les intelligences auraient été entretenues. L'existence de cette mission est une question de fait abandonnée à la conscience du jury, qui peut admettre tous les genres de preuves. — Carnot, *C. pén.*, t. 1er, p. 286, no 3.

44. — Il n'est pas nécessaire que les puissances avec lesquelles les intelligences ou machinations ont été entretenues soient ennemies; il suffit que ce soit une puissance étrangère, encore même que ce serait une puissance *alliée*. Le texte est positif, on ne peut rien y ajouter. — Chauveau et Hélie, t. 2, p. 358.

45. — L'art. 76 doit recevoir son exécution alors même que lesdites machinations ou intelligences n'auraient pas été suivies d'effet (art. 76). Ainsi la provocation seule constitue un fait punissable, abstraction faite de son résultat, et la peine est la même que si le résultat espéré avait suivi. — Chauveau et Hélie, p. 359.

46. — Si l'auteur des machinations s'était volontairement désisté de toute entreprise avant qu'aucun acte d'exécution ait été commencé, serait-il punissable? — « La raison de douter, disent MM. Chauveau et Hélie (*Th. C. pén.*, t. 2, p. 360), naît de ce que l'art. 76 a considéré les machinations comme un crime *sui generis*, abstraction faite, non de leur but, mais de leur résultat, et que par là il a formulé une exception formelle à l'art. 2. » Mais, ajoutent-ils, « toute dérogation à un principe général doit être resserrée dans ses termes; l'art. 76 ne sort des limites de l'art. 2 qu'en ce qui concerne le commencement d'exécution qu'il déclare inutile pour l'application de la peine: la règle du désistement volontaire continue donc de le régir, mais la preuve de ce désistement est à la charge de l'accusé, et cette preuve doit constater que le désistement a été complet et antérieur aux poursuites. »

47. — Sous le Code du 3 brum. an IV, la question de savoir s'il avait existé des intelligences avec les ennemis extérieurs et si elles tendaient à ébranler la fidélité des citoyens envers la nation, était également complexe et nulle, comme portant sur deux faits qui pouvaient exister l'un sans l'autre. — *Cass*, 17 niv. an VIII, Fœhr.

48. — L'art. 77, prévoyant d'autres hypothèses que celles énumérées dans l'art. 76, est ainsi conçu: « Sera également puni de mort quiconque aura pratiqué des manœuvres ou entretenu des intelligences avec les ennemis de l'état, à l'effet de faciliter leur entrée sur le territoire et dépendances du royaume, ou de leur livrer des villes, forteresses, places, postes, ports, magasins, arsenaux, vaisseaux ou bâtimens appartenant à la France, ou de fournir aux ennemis des secours en soldats, hommes, argent, vivres, armes ou munitions, ou de seconder les progrès de leurs armes sur les Français ou contre les forces françaises de terre ou de mer, soit en ébranlant la fidélité des officiers, soldats, matelots ou autres envers le roi et l'état, soit de toute autre manière. »

49. — Il n'est pas nécessaire que les manœuvres ou intelligences aient eu les différents buts précités en l'art. 77, ou que plusieurs d'entre eux se trouvent réunis; il suffit qu'elles tendent à l'un ou à l'autre des actes de trahison qu'il spécifie.

50. — A la différence des manœuvres et intelligences mentionnées dans l'art. 76, celles dont il est question ici ont besoin d'être entretenues avec *les ennemis de l'état*; il ne suffirait pas qu'elles le fussent avec des puissances étrangères. Mais que doit-on entendre par ennemis de l'état? Ne faut-il pas considérer comme ennemis, suivant la définition de Grotius (*De jure belli et pacis*, liv. 1er, § 2, no 2), définition empruntée à la L. 118, ff., *De verb. signif.*, que les nations avec lesquelles la guerre est déclarée? — Carnot penche pour la dernière de ces opinions (sur l'art. 77), et MM. Chauveau et Hélie (t. 2, p. 361) l'adoptent pleinement. — Rauter, t. 1er, no 281. — Les statuts anglais exigent aussi qu'il y ait guerre ouverte.

51. — C'est, au surplus, en ce sens que la cour de Cassation a prononcé dans l'affaire du banquier Jauge, qui avait fourni de l'argent à don Carlos; et cette espèce était d'autant plus remarquable que s'il n'y avait pas guerre déclarée entre don Carlos et la France, il existait au moins un traité par lequel la France s'engageait à soutenir le gouvernement espagnol contre les entreprises du prince prétendant. — *Cass.*, 28 nov. 1834, Jauge.

52. — Mais ce traité n'avait point été promulgué en France, et la cour a posé en principe qu'un traité d'alliance avec une puissance étrangère qui n'a pas été promulgué en France ne peut devenir légalement la base d'une poursuite judiciaire contre des citoyens qu'on inculperait, à raison d'infraction à ce traité, des crimes punis par les art. 76, 77, 79, 84, C. pén. — Même arrêt.

53. — De même, l'art. 77 diffère de l'art. 76, en ce que les actes qu'il prévoit ne prennent le caractère de crime qu'autant qu'ils ont été consommés ou du moins qu'ils se sont manifestés par un commencement d'exécution; la loi n'a pas reproduit ici la disposition finale de l'art. 76. — Chauveau et Hélie, *loc. cit.*

54. — La loi n'a pas dit ce qu'elle entendait par *faciliter l'entrée des ennemis*; c'est donc aux jurés qu'il appartiendra d'apprécier les actes incriminés. Seulement MM. Chauveau et Hélie, s'appuyant, par analogie, sur le Code des délits et des peines de la Louisiane, pensent que c'est par des actes matériels d'assistance que les intelligences ayant ce but doivent s'être manifestées. — *Th. C. pén.*, t. 2, p. 365. — Cette disposition est reproduite dans tous les Codes américains.

55. — Les Codes étrangers manquent, du reste, comme ici la loi française, d'une définition précise. « Quiconque, porte l'art. 107, C. prussien, d'une manière plus vague encore, *favorise* l'exécution des projets de l'ennemi, doit périr par la corde. » Le code général autrichien (art. 32, 2e part.) place parmi les délits de haute trahison le fait « d'entreprendre quelque chose tendant à attirer à l'état un danger du dehors. » Les statuts anglais, copiés sur les statuts révisés de New-York, ainsi que le Code de la Géorgie et le Code de la Louisiane, déclarent, de leur côté, qu'il y a crime de trahison dans le fait « d'adhérer aux ennemis de l'état, » mais seulement, nous venons de le dire, le crime n'existe, d'après les Codes américains, que si on a donné aide et secours aux ennemis.

56. — Le fait de livrer aux ennemis les villes, forteresses, places, etc., consiste surtout dans les moyens frauduleux employés pour introduire traîtreusement l'ennemi dans une place, une ville, une forteresse. — Chauveau et Hélie, t. 2, p. 365.

57. — Dans le cas où un crime de cette classe est commis par un militaire chargé de défendre la place qu'il livre à l'ennemi, c'est à la loi militaire à punir. L'art. 77 ne s'occupe donc que d'un acte de trahison commis par des individus étrangers à l'armée. Aussi la loi ne frappe-t-elle pas, comme le Code du Brésil, le fait de *remettre, pouvant les défendre*, quelques parties du territoire; la garnison étant seule strictement obligée à la défense. — Chauveau et Hélie, t. 2, p. 365.

58. — Quant à l'incendie ou la destruction des arsenaux, des magasins des villes, tentés ou consommés pour favoriser l'ennemi, le Code prussien range ces faits parmi les crimes de haute trahison. « Quiconque, porte l'art. 166 de ce Code, pour favoriser l'ennemi, détruit des magasins et autres établissemens semblables, est condamnable au supplice de la roue, en commençant par en haut. »

59. — Chez nous, l'intention et le but de l'agent détermineraient le caractère du fait. S'il avait agi, disent MM. Chauveau et Hélie (t. 2, p. 366), dans un but politique, son action serait un crime de haute trahison; mais elle rentrerait alors dans la partie de l'art. 77, relative aux actes tendant à faciliter l'entrée de l'ennemi sur le territoire.

60. — Le fait de fournir aux ennemis des secours en soldats, hommes, argent, vivres, armes ou munitions est puni de la peine de mort par toutes les législations. — LL. 2 et 3, ff., *Ad. leg. jul. maj.*, et L. 3, *cod. tit.*; C. pén., art. 409; Statuts révisés de New-Yorck, tit. 1er, sect. 2e, art. 2. — Le Code du Brésil seul (art. 71) prononce la détention du coupable pendant huit ans, quinze ans, ou même à vie.

61. — Mais ce crime est-il le même lorsque les faits qui le constituent ont lieu dans un but autre que celui de faciliter l'entrée des ennemis sur le territoire? — « La raison de douter, disent MM. Chauveau et Hélie (t. 2, p. 366), est que dans la première partie de l'article il n'est question que des actes tendant à favoriser cette entrée. Mais les quatre dis-

positions qui le composent sont évidemment indépendantes les unes des autres. Or, ce n'est que dans la première que l'incrimination est restreinte aux actes relatifs à l'entrée des ennemis; la même restriction ne doit pas s'appliquer aux autres espèces; et, en effet, dans le quatrième paragraphe, l'article parle *des progrès de leurs armes sur les possessions ou contre les forces françaises*. Ainsi, il suffit qu'une nation soit en guerre contre la France pour que les secours qui lui sont fournis soient un crime de trahison, soit que ces secours lui soient donnés pour entrer sur le territoire, soit pour attaquer les forces françaises en pays étranger. »

62. — En parlant des secours fournis *en hommes et soldats*, l'art. 77 a voulu incriminer les enrôlemens d'individus non militaires pour aller servir l'ennemi. Quant au fait de chercher à faire passer à l'ennemi des individus servant déjà sous les drapeaux, il constitue le crime d'embauchage, qui est puni de mort par la loi du 4 niv. an IV, art. 1er. — V. EMBAUCHAGE.

63. — Par les mots *fournir de l'argent et des vivres* on ne devrait comprendre, suivant Carnot (sur l'art. 77), que *les convois de vivres*. Mais dans le silence de la loi, MM. Chauveau et Hélie (t. 2, p. 367) pensent que tous les envois de vivres, qu'elle qu'en soit la quantité, sont compris dans l'art. 77. — Il en est de même des envois d'argent, quel que soit le taux auquel la somme s'élève.

64. — Le Code prussien renferme ici une sage distinction. Il punit de la décollation l'envoi à l'ennemi d'une quantité considérable de munitions ou de vivres (art. 109), et d'une amende ou d'une peine corporelle, suivant la qualité de la personne, le fait de lui porter des provisions de guerre ou de bouche (art. 127).

65. — Plusieurs législations étrangères ont cru devoir déclarer que le crime n'existerait pas dans le cas où les accusés se seraient vus forcés par l'ennemi de lui fournir des vivres. Evidemment, il n'y aurait plus crime alors, la volonté constituant seule celui-ci. Il serait aussi nécessaire, nous l'avons déjà dit, que les vivres ou munitions eussent été fournis par suite d'un concert préexistant de manœuvres et d'intelligences avec l'ennemi. — Chauveau et Hélie, t. 2, p. 368.

66. — « En effet, ajoutent ces auteurs (p. 369), il ne faut pas perdre de vue qu'il s'agit ici d'un acte de conspiration. — Ainsi, celui qui, mû par le seul appât d'un gain illicite, porterait des vivres ou des munitions à l'ennemi, sans que ce transport fût le fruit d'une convention préalable, échapperait à la pénalité. » On ne retrouverait, en effet, pas là les machinations et intelligences exigées par l'art. 77.

67. — En présence des expressions *de toute autre manière*, contenues dans la disposition qui termine l'art. 77, et de la discussion qui a eu lieu, à cet égard, au conseil d'état, on doit reconnaître que les actes quelconques qui ont pour objet de seconder les progrès des armées ennemies, rentrent dans l'application de cet article. — V. procès-verbal du Cons. d'état, 9 janv. 1810; — Chauveau et Hélie, t. 2, p. 369 et 370; Carnot, *C. pén.*, t. 1er, p. 289, n° 5.

68. — L'art. 79 déclare que les peines exprimées aux art. 76 et 77 seront les mêmes, soit que les machinations et manœuvres énoncées en ces articles aient été commises envers la France, soit qu'elles l'aient été envers les alliés de la France, agissant contre l'ennemi commun.

69. — « La justice de cette dernière disposition, disait l'orateur du corps législatif, a paru évidente à votre commission. En effet, les alliés de la France, *combattant* avec elle pour un intérêt commun, doivent être garantis et protégés par les mêmes lois qui poursuivent et atteignent dans tout l'empire les traîtres et les perfides. » — Il résulte de ces expressions que la France doit être en guerre avec une autre nation et que ses alliés doivent combattre dans ses rangs. C'est ce qu'a, du reste, reconnu la cour de Cassation, ainsi que nous l'avons vu par son arrêt du 28 nov. 1834 (Jauge).

70. — C'est donc par erreur que l'art. 79 a renvoyé à l'art. 76, en même temps qu'à l'art. 77, le premier ne prévoyant que le cas où la guerre n'est pas encore déclarée et où elle est seulement provoquée par les conspirateurs. — Chauveau et Hélie, t. 2, p. 371.

71. — Jugé qu'un complot tendant à ramener sous les drapeaux de l'Espagne rebelle les officiers espagnols prisonniers de guerre retenus sous leur parole à Mâcon rentrait dans les termes des art. 77 et 79. — *Cass.* (dans ses motifs), 5 juin 1812, Ranfast et Nouvell. — En effet, à cette époque la France et l'ex-roi d'Espagne combattaient ensemble contre les Espagnols insurgés. Il y avait donc guerre ouverte et lien commun.

72. — Lorsque le réquisitoire du procureur général relate comme résultant de l'instruction des faits établissant un complot tendant à ramener sous les drapeaux de l'ennemi des prisonniers de guerre retenus en France, la chambre des mises en accusation ne peut écarter ces faits, qui présentent le caractère d'un crime, qu'en déclarant que l'instruction n'en fournit pas des preuves ou des indices suffisans. Si elle ne s'explique pas sur ces faits, elle est censée les reconnaître prouvés et ne peut conséquemment renvoyer les prévenus en police correctionnelle, sans violer les règles de compétence. — *Cass.*, 5 juin 1812, Ranfast et Nouvell.

73. — La circonstance relative aux alliés, dit M. Rauter, doit résulter d'une alliance publiée et notoire ou connue de l'auteur du fait (n° 281).

74. — C'est aussi dans ce sens qu'il a été jugé que les art. 77 et 79, C. pén., ne sont applicables qu'au cas de guerre ouverte ou déclarée. — *Cass.*, 28 nov. 1834, Jauge.

75. — *Correspondance criminelle.* — L'art. 78, qui prévoit et punit le fait d'une correspondance criminelle avec l'étranger, est ainsi conçu : « Si la correspondance avec les sujets d'une puissance ennemie, sans avoir pour objet l'un des crimes énoncés en l'article précédent, a néanmoins eu pour résultat de fournir aux ennemis des instructions nuisibles à la situation militaire ou politique de la France ou de ses alliés, ceux qui auront entretenu cette correspondance seront punis de la détention, sans préjudice des peines plus fortes dans le cas où ces instructions auraient été la suite d'un concert constituant un fait d'espionnage. »

76. — Dans le projet présenté aux délibérations du conseil d'état, ne se trouvait pas l'art. 78. Cambacérès fit remarquer, lors de la discussion de l'art. 77, que celui-ci ne donnait pas les moyens d'atteindre les correspondances qui, tout en ne constituant pas une trahison formelle, nuisaient néanmoins aux vues politiques du gouvernement. « Les relations de commerce, disait-il, ne doivent pas toujours être punies de mort; mais si le gouvernement les a interdites, ces défenses doivent avoir leur effet, sans qu'on puisse s'y soustraire, même sous prétexte de donner des renseignemens et des nouvelles. Cependant, aujourd'hui, on viole impunément les défenses, quoique ce soit là un crime très grave. Ensuite, il convient de combiner la rédaction de manière que les juges prononcent plutôt d'après l'intention des prévenus que d'après le fait matériel; il peut y avoir des intelligences qui, au dehors, ne présentent pas le caractère de la félonie, et qui néanmoins, au fond, soient véritablement hostiles. » — Proc.-verb. du cons. d'état, séance du 12 oct. 1808; — Locré, t. 29, p. 333.

77. — Il ne s'agit donc dans cet article, comme cela résulte de ces observations, d'après lesquelles il fut rédigé, que des correspondances qui, bien que criminelles, ne constituent pas le crime de trahison; autrement, et si elles avaient pour but un des faits énumérés dans les art. 76 et 77, elles rentreraient dans les dispositions de ces articles. La loi punit donc ici un crime spécial, qui n'est pas la trahison, mais qui la précède, en fournissant à l'ennemi les moyens de préparer ses entreprises. — Chauveau et Hélie, t. 2, p. 344.

78. — Pour que l'art. 78 soit applicable en ce qui concerne la partie relative *aux alliés*, il est indifférent que l'allié contre lequel les instructions ont été fournies ait été ou non avec la France en action contre l'ennemi commun. — Rauter, t. 1er, n° 282.

79. — Bien que l'art. 78, par ses termes, semble attacher l'existence du crime au *résultat* seul de la correspondance, cependant il faudrait dire avec Carnot (sur cet article) et Chauveau et Hélie (t. 2, p. 345) que le résultat *nuisible* ne doit pas être isolé de l'*intention de nuire*. — Autrement, il serait possible que la correspondance la plus insignifiante dans son principe devînt, par des faits étrangers à l'accusé, hostile dans ses conséquences. — V. cependant Rauter, t. 1er, n° 282. — L'intention seule ne serait pas non plus punissable; elle doit être accompagnée d'un résultat. — Chauveau et Hélie, *eod. loc.*

80. — Mais il semble aussi rationnel de dire que si le gouvernement avait fait connaître l'état d'inimitié existant entre lui et la puissance étrangère, et avait fait défense absolue de correspondre, l'application de l'art. 77 ne pourrait plus être contestée. — Rauter, *loc. cit.*

81. — « On conçoit, dit Carnot sur ce même article, ce qui peut être nuisible à la situation militaire de la France; mais il n'est pas aussi facile de se faire une idée de ce qui peut être nuisible à sa politique. » On sent, en effet, combien ces mots *instructions nuisibles à la situation politique de la France* sont vagues et prêtent à l'arbitraire. Il faut entendre par ces mots non les instructions qui peuvent contrarier les vues du gouvernement ou sa politique, mais celles qui lui créeraient des entraves, et qui lui causeraient un préjudice.

82. — La correspondance incriminée ne peut être réputée, dans le sens de l'art. 78, nuisible à la situation politique ou militaire des *alliés de la France* qu'autant qu'il s'agit d'alliés agissant de concert avec elle dans un but commun. — A cet égard, l'art. 78 doit être expliqué par l'art. 79. — Carnot, sur l'art. 78; Chauveau et Hélie, t. 2, p. 346.

83. — Mais comment parvenir à déterminer et à faire apprécier au jury la situation politique de ces alliés ? « Il est étrange, disent MM. Chauveau et Hélie (t. 2, p. 347), que la loi de révision n'ait pas fait disparaître ces dispositions qui figuraient, peut-être à dessein, dans le Code de l'empire, mais qui devaient tomber avec la pensée de pouvoir arbitraire qu'elles réclamaient. »

84. — Dans le Code de 1810, la peine appliquée par cet article était celle du *bannissement* : la loi du 28 avril 1832 lui a substitué celle de la *détention*. Le rapporteur de la Chambre des pairs disait (*Moniteur* 31 mars 1832), pour justifier ce changement : « Il y avait un grand inconvénient à rendre à l'étranger un homme qui avait le secret de la situation politique de la France. On a remplacé cette peine par la peine de la détention, peine de la même espèce, mais mieux appropriée à cette nature de crime. « MM. Chauveau et Hélie (t. 2, p. 347) combattent cette explication comme contenant une erreur grave. » C'est à tort, en effet, disent-ils, qu'elle applique l'art. 78 au fait d'une personne qui, instruite officiellement du secret de la situation politique de la France, livrerait à l'étranger ce secret, un tel fait rentre dans les termes de l'art. 80. On a aggravé le crime prévu par l'art. 78, parce qu'il s'agissait d'aggraver la peine; mais on a méconnu son caractère. Il est évident également que la peine du bannissement était suffisante, et le motif allégué est loin de démontrer son impuissance à nos yeux. »

85. — *Révélation des secrets d'état.* — « Sera puni, dit l'art. 80, C. pén., des peines exprimées en l'art. 76, tout fonctionnaire public, tout agent du gouvernement, ou toute autre personne qui chargée ou instruite officiellement ou à raison de son état du secret d'une négociation ou d'une expédition, l'aura livré aux agens d'une puissance étrangère ou de l'ennemi. » Les expressions *des peines* qui se trouvent dans cet article présentent une irrégularité de rédaction qui a échappé à la révision. L'art 76 ne prononce en effet, aujourd'hui, qu'une peine, la peine de mort. Mais l'erreur vient de ce que, avant la Charte de 1814, cet article portait, en outre, la peine de la confiscation.

86. — Le Code pén. de 1791 (t. 1er, sect. 1re, art. 6) exigeait formellement que le secret eût été livré *méchamment* et *traîtreusement*. Bien que ces mots aient été retranchés de la rédaction nouvelle, il n'en faut pas conclure que le crime puisse exister sans intention criminelle. — Le mot *livré* indique la nécessité de cette intention. On ne livre un secret que frauduleusement. Si les termes de la loi de 1791 ont été retranchés, c'est sans doute qu'ils forment une superfétation. — Carnot, *C. pén.*, t. 1er, p. 293; Chauveau et Hélie, t. 2, p. 349. — Ainsi l'imprudence qui aurait eu pour résultat de laisser surprendre un secret ne suffirait pas. — Rauter, t. 1er, n° 283.

87. — Outre l'intention criminelle, il faut 1° que la révélation soit celle *d'un secret* : l'agent, quelque blâmable qu'il pût être selon les circonstances, ne serait pas punissable, si les négociations ou l'expédition étaient de notoriété. Toutefois, dit M. Rauter (mais cela peut être contesté), le crime n'en existerait pas moins si le secret était chose notoire *malgré le gouvernement* (n° 283).

88. — ... 2° Que le secret livré ait porté sur une négociation ou sur une expédition ; l'art. 86 serait inapplicable à toute autre communication. — 3° ... Enfin que le fonctionnaire ou agent du gouvernement ou toute autre personne ait eu connaissance de ce secret, soit d'une manière officielle, soit à raison de son état : l'agent ne serait point placé sous l'application de l'art. 80, si le secret était venu à sa connaissance de toute autre manière. — Carnot, *C. pén.*, t. 1er, p. 293, n° 5, Chauveau et Hélie, t. 2, p. 348.

89. — Peu importe, au surplus, que le secret ait été révélé à une puissance ennemie, ou à un état étranger, avant toute déclaration de guerre. La loi ne fait à cet égard aucune distinction ; il n'y a pas non plus lieu de distinguer entre la communication qui serait faite aux agens de la puissance étrangère (art 80) et celle qui serait faite au chef de la puissance elle-même. Dans ces deux cas le crime est le même. — Carnot, *C. pén.*, t. 1er, p. 293, n° 3 ; Chauveau et Hélie, t. 2, p. 349 ; Haus, t. 2, p. 19 ; Rauter, *loc. cit.*

90. — La loi punit la communication du secret

sans s'occuper du résultat qu'elle aura pu produire — Carnot, *C. pén.*, t. 1er, p. 294, n° 7 ; Rauter, *loc. cit.*

91. — La disposition de l'art. 80 n'est pas applicable dans le cas où le secret livré appartiendrait seulement à une puissance alliée de la France. Cet article, en effet, ne reproduit pas l'art. 79. — Rauter, *loc. cit.*

92. — *Soustraction de plans de fortifications*, etc., etc. — Le crime qui résulte d'un pareil fait revêt un caractère plus ou moins grand de criminalité suivant qu'il a été commis par le préposé ou par toute autre personne ; suivant aussi que les plans ont été livrés à l'ennemi ou seulement à une puissance étrangère ou alliée. « Tout fonctionnaire public, dit l'art. 81, tout agent, tout préposé du gouvernement chargé, à raison de ses fonctions, du dépôt des plans de fortifications, arsenaux, ports ou rades, qui aura livré ces plans ou l'un de ces plans à l'ennemi ou aux agens de l'ennemi, sera puni de mort. Il sera puni de la détention, s'il a livré les plans aux agens d'une puissance étrangère, neutre ou alliée.

93. — Deux conditions sont nécessaires, on le voit, pour constituer le crime : il faut que le fonctionnaire, agent ou préposé, ait été chargé par ses fonctions du dépôt des plans, et de plus qu'il les ait livrés, c'est-à-dire remis d'une manière frauduleuse à une puissance ennemie, neutre ou alliée. Si ce n'était pas le dépositaire lui-même qui eût livré le plan, le fait rentrerait dans l'art. 82.

94. — S'il n'y avait pas non plus intention criminelle, le fait cesserait de tomber sous l'application de l'article. Sans faute, en effet, il n'y a plus crime. Aussi la simple négligence qui aurait facilité à l'ennemi les moyens de se procurer les plans des fortifications ne pourrait pas faire considérer l'inculpé comme les ayant livrés. — Carnot, *C. pén.*, t. 1er, p. 293, n° 2.

95. — Mais il est évident que si l'accusé avait, avec connaissance de cause, favorisé l'enlèvement des plans sans les livrer lui-même, il devrait être traité comme celui qui les aurait directement livrés.

96. — Si les plans n'étaient relatifs ni à des fortifications ni à des arsenaux, ports ou rades, mais à d'autres objets, tels que des routes, des villes, des édifices, il n'y aurait pas lieu d'appliquer l'article. Ses termes sont en effet limitatifs. C'est de certains moyens de défense de l'état qu'il a voulu protéger le secret. — Chauveau et Hélie, t. 2, p. 351. — Cette remarque nous semble devoir s'appliquer au cas de l'art. 82, cet article n'étant que le développement de l'art. 81.

97. — Cet article 82 est ainsi conçu : « Toute autre personne qui, étant parvenue par *corruption*, *fraude ou violence*, à soustraire lesdits plans, les aura livrés à l'ennemi ou aux agens d'une puissance étrangère, sera punie comme le fonctionnaire ou agent mentionné dans l'article précédent (81), et selon les distinctions qui y sont établies. — Si lesdits plans se trouvaient, sans le préalable emploi de *mauvaises voies*, entre les mains de la personne qui les a livrés, la peine sera, au premier cas mentionné dans l'art. 81, la déportation, et au second cas du même art., un emprisonnement de deux à cinq ans. »

98. — L'art. 82 faisait partie, dans le projet du Code pénal, de l'art. 81, et ne se composait alors que de la disposition de son premier paragraphe. Le ministre de la justice, Régnier, ayant demandé, pendant la discussion au conseil d'état, si celui qui, sans s'être procuré les plans par violence, fraude ou corruption, les livrerait resterait impuni, M. Berlier répondit que ce caractère préalable d'appropriation des plans par corruption, fraude ou violence, avait pour objet de ne pas soumettre à la peine ceux qui, détenteurs de toute autre façon comme propriétaires, et non comme dépositaires, pourraient ne pas connaître l'importance de ces plans. « Cette ignorance, ajoutait l'orateur, est très supposable dans la personne d'un héritier qui aura trouvé de tels plans dans les papiers de son père ou de son aïeul. Il y a une autre considération, c'est que s'il s'agit de plans anciennement distraits de leur dépôt, il devient fort vraisemblable qu'il en a été tiré des copies, et qu'alors l'état n'éprouve plus la même lésion dans la communication qui en serait donnée. » — La commission, dit alors M. Treilhard, n'a pas voulu prévoir ce cas particulier, de peur de donner lieu à des injustices et à des méprises. — Le ministre de la justice et Cambacérès ayant insisté, M. Berlier déclara « qu'en effet, hors le cas d'ignorance du caractère de la personne à qui la livraison serait faite, et de la valeur des plans livrés (ignorance qui deviendrait un légitime moyen de défense), il y avait pour toute personne criminalité dans le fait ; qu'ainsi on pouvait admettre l'amendement, en observant toutefois que les peines devaient être moindres quand la livraison ne se combinait point avec le délit préalable prévu par l'article. — Procès-verbal du cons. d'état, séance 29 juin 1809. — C'est d'après ces observations que fut rédigé l'art. 82.

99. — Les mots *corruption, fraude et violence*, dont se sert l'art. 82, sont limitatifs. Dès-lors, par les mots *sans emploi de mauvaises voies* contenus dans le 2e paragraphe de cet article, il faut entendre : *sans emploi de corruption, fraude ou violence*. Au surplus, l'art. 82 n'est applicable, dans chacun des deux cas qu'il prévoit, qu'autant que l'agent a connu le préjudice qu'il causait à l'état. — Chauveau et Hélie, t. 2, p. 354.

100. — « Il est hors de vraisemblance, disait Cambacérès, que celui qui se trouve, même par hasard, en possession de plans, n'en connaisse pas l'importance. Néanmoins, comme, absolument parlant, cela peut arriver, il convient d'exprimer que cet acte ne sera puni que lorsqu'il aura été fait sciemment. » On voit, par ces paroles, quel est l'esprit de l'article. — Procès-verbal du cons. d'état, séance du 29 juill. 1809.

101. — Lors de la révision du Code pénal, on proposa à la chambre des députés un amendement tendant à substituer à la déportation, prononcée par l'art. 82, la détention temporaire. Cet amendement, repoussé avec force par le rapporteur, fut écarté par la chambre. — *Moniteur*, 30 nov. 1831, 2e supplém. — MM. Chauveau et Hélie pensent néanmoins que la peine maintenue dans la loi se trouve trop forte.

102. — En renvoyant à l'art. 81, l'art. 82 a restreint son application à la trahison qui a pour objet la remise de plans tirés des dépôts publics. Ainsi, la communication du plan d'une forteresse levé par un particulier ne constituerait pas le crime prévu par notre article, non plus que la levée elle-même de ce plan, et ne pourrait que rentrer dans les dispositions de l'art. 78. — Carnot, *C. pén.*, t. 1er, p. 356 ; procès-verbal du cons. d'état, séance du 29 juill. 1809.

103. — Dans le cas où le fait prévu par l'art. 82 ne revêt que le caractère d'un simple délit et est puni d'une peine purement correctionnelle, la juridiction de la cour d'assises n'en est pas moins seule compétente pour en connaître, car il s'agit là d'un délit politique, ainsi que cela résulte de la discussion qui a eu lieu à la chambre des pairs, sur la loi du 8 oct. 1830. — Duvergier, *Coll. des lois*, à sa date ; Rauter, t. 1er, n° 288.

104. — *Recèlement d'espions*. — « Quiconque, porte l'art. 83, aura recélé ou fait recéler les espions ou les soldats ennemis envoyés à la découverte et qu'il aura connus pour tels sera condamné à la peine de mort. »

105. — Il ne faut pas confondre le crime prévu par cet article avec l'espionnage puni par l'art. 1er L. 16 juin 1793, et l'art. 2, tit. 4, L. du 21 brum. an V. Il n'est donc pas ici question de ce crime considéré, du reste, comme exclusivement militaire ; il s'agit uniquement du recélé des *espions ennemis*. Il ne faudrait toutefois pas conclure de de ces derniers mots que les Français qui se livreraient à une pareille action ne seraient pas atteints par l'art. 83, leur action n'étant que plus criminelle au contraire et plus dangereuse ; les individus que la loi a entendu punir, ce sont *les espions de l'ennemi* quels qu'ils soient. Cette opinion, adoptée par Carnot sur cet article, § 5, est confirmée par un mot de M. Berlier, dans la discussion du conseil d'état (Locré, t. 29, p. 377), et soutenue aussi par Chauveau et Hélie, t. 2, p. 372. — V. ESPIONNAGE.

106. — Les soldats ennemis *envoyés à la découverte* sont assimilés par l'art. 83 aux espions, leur mission n'étant, en effet, en pareil cas, qu'un espionnage. Mais le recélé de soldats qui n'auraient pas été envoyés à la découverte ne tomberait pas sous l'application de l'article. M. Bérenger avait, dans la discussion au conseil d'état, demandé que l'article prononçât une pénalité contre les citoyens qui recéleraient des ennemis en fuite. « Le délit est moins grave, dit-il, aussi doit-on lui infliger une peine moins grave ; mais on doit le punir. » Néanmoins le conseil ne crut pas devoir sévir contre le recéleur, s'il n'y avait pas eu envoi à la découverte, « car, disait M. Berlier, si le soldat ennemi n'a point de mission, ce sera ou un déserteur ennemi ou un malade qu'un Français aura retiré, et il n'y aura là aucun crime, du moins envers la France. » — Locré, t. 29, p. 337 et 338.

107. — Le mot *recélé* indique par là même un acte volontaire et criminel. C'est ce qui fut expliqué par M. Merlin, sur la proposition faite par M. de Ségur, qui demandait que l'on fît une exception pour le cas où les soldats envoyés à la découverte se seraient logés de force. — Locré, t. 29, p. 337, 338 ; Rauter, n° 285. — Mais peu importe que ce soit dans le domicile de l'agent que le recélé ait eu lieu ou qu'il ait procuré un autre asile. — Chauveau et Hélie, t. 2, p. 373.

108. — Le crime est le même encore que le recéleur soit étranger et non Français. — Toutefois Rauter dit (*loc. cit.*) que, si le recéleur était étranger, et que dans son propre pays, non occupé militairement par des Français, il ait recélé des soldats de sa nation, le droit des gens s'opposerait à ce qu'il fût puni. — Cela paraît sans difficulté.

Sect. 3e. — *Actes hostiles.*

109. — A côté du fait de trahison, le législateur a prévu, pour les frapper d'une peine infamante, certains faits qui, sans avoir leur origine dans une criminalité aussi profonde, peuvent attirer sur la France et sur les Français d'incalculables malheurs. — Les art. 84 et 85 sont ainsi conçus : Art. 84. « Quiconque aura, par des actions hostiles non approuvées par le gouvernement, exposé l'état à une déclaration de guerre, sera puni du bannissement, et si la guerre s'en est suivie, de la déportation. » — Art. 85. « Quiconque aura, par des actes non approuvés par le gouvernement, exposé des Français à éprouver des représailles, sera puni du bannissement. »

110. — Dans son réquisitoire, lors de l'arrêt du 18 nov. 1834 (aff. Jauge), M. le procureur général Dupin établissait ainsi qu'il suit la moralité de ces articles : « Si l'on n'avait pas mis dans le Code des peines contre l'homme qui expose son pays à la guerre, si le crime était impuni, il n'y aurait aucune satisfaction légale à donner à l'étranger qui se plaint : la guerre serait le seul remède ; ou bien, on ferait comme chez les peuples anciens, on attacherait cet homme les mains derrière le dos avec une corde, on lui ferait franchir la frontière, et on le livrerait à l'étranger pour qu'il puisse en faire justice. Il y aurait inhumanité ; il faut que le pays ait ses lois, qu'il y ait des juges français pour juger et punir les coupables, afin qu'on offre aux étrangers une juste satisfaction. La loi française a conservé la dignité nationale en mettant parmi les crimes les faits de cette nature, et en en réservant le jugement à des juges français. Quelle que soit cette décision, elle devra être respectée ; alors si on fait la guerre, elle sera juste. »

111. — Les faits prévus par les art. 84 et 85 sont punissables, soit qu'ils aient eu lieu en France (*Cass.* [dans ses motifs], 18 nov. 1834, Jauge), soit qu'ils aient eu lieu en pays étranger.

112. — Mais il faut de plus, pour qu'ils soient punissables, que la *déclaration de guerre* ait été le résultat possible des actes incriminés. — Il ne suffirait pas qu'elles eussent exposé l'état *à de simples hostilités*. — *Cass.*, 28 nov. 1834, Jauge.

113. — Jugé, en ce sens, que lorsqu'un Français a commis en pays étranger, contre une puissance étrangère, des actions hostiles susceptibles d'exposer la France à une déclaration de guerre, ou les Français à des représailles, le préjudice éventuel de ces actions fait que le crime qu'elles constituent est réputé commis contre l'état ou contre les Français, et peut être poursuivi en France après le retour du coupable, conformément aux art. 5, 6 et 7, C. inst. crim. — Spécialement, le capitaine d'un navire français qui a capturé en pays étranger un navire naviguant sous le pavillon d'une puissance ennemie, peut être poursuivi devant les tribunaux Français, après son retour en France. — *Cass.*, 18 juin 1824, Herpin.

114. — Il a été pareillement décidé que les violences exercées par des Français contre un poste de la douane étrangère à l'effet d'enlever des objets introduits par contrebande sur le territoire étranger et saisis par les préposés de la douane, constituent des actions hostiles non approuvées par le gouvernement et exposant l'état à une déclaration de guerre, ou tout au moins des actes non approuvés par le gouvernement et exposant des Français à éprouver des représailles. Les auteurs de ces violences attentatoires à la sûreté de l'état, peuvent être poursuivis, jugés et punis en France ; il est indifférent qu'elles aient été commises en dehors du territoire. — *Grenoble*, 25 avr. 1831, Cayen et Malenjon.

115. — On entend par *actions hostiles*, dans le langage de l'art. 84, tous les actes matériels qui, non approuvés par le gouvernement, ont exposé l'état à une *déclaration de guerre*. Peu importe, au surplus, que ces actions émanent ou non d'un agent du gouvernement. — En se servant du mot *quiconque* aura etc., etc., la loi a montré qu'à la différence du Code pénal de 1791 (2e partie, sect. 1re, art. 2), elle entendait disposer à l'égard de *tous* et non pas seulement à l'égard *des agens du gouvernement* ;

c'est ce qui résulte implicitement de la jurisprudence. — *Cass.*, 18 juin 1824, Herpin ; 28 nov. 1834, Jauge ; *Grenoble*, 25 avril 1831, Cayen ; — Chauveau et Hélie, t. 2, p. 377. — *Contrà* Carnot, sur l'art. 84. — V. aussi Rauter, qui soutient que, ces actions hostiles devant être des actions militaires ou des actes de guerre et avoir un caractère public vrai ou feint (V. *infrà*), le crime prévu par l'art. 84 ne peut guère être commis que par un commandant militaire, et que des actions hostiles *à titre privé* rentrent dans le cas du crime prévu par l'art. 85.

116. — C'est aux tribunaux qu'il appartient de décider souverainement quand les faits revêtent le caractère d'*actions hostiles*. Il a, en effet, été jugé que la chambre des mises en accusation peut, sans excéder ses pouvoirs, et sans violer l'art. 84, C. pén., déclarer que la négociation d'un emprunt pour un prince étranger en guerre avec un allié de la France ne constitue pas un acte hostile de nature à attirer une déclaration de guerre à la France. — *Cass.*, 28 nov. 1834, Jauge.

117. — Les actes qui exposeraient l'état à de *simples hostilités* pourraient ils tomber sous l'application, sinon de l'art. 84, du moins de l'art. 85 ? Le texte de ce dernier article semble répugner à cette interprétation, car il ne prévoit que les représailles *envers les particuliers* et non celles *envers l'état* (en ce sens Chauveau et Hélie, t. 2, p. 379), ce qui attesterait une lacune dans la loi.

118. — Toutefois, la liberté laissée aux juges quant à l'interprétation des faits de nature à tomber sous les art. 84 ou 85, C. pén., suppléera à cette lacune : on remarquera même que, dans les rares espèces qui ont donné lieu à des décisions judiciaires, les juges ont cru nécessaire d'accumuler la double accusation des deux crimes prévus par ledit article. C'est ce qui a eu lieu dans les affaires Herpin et Cayen rappelées plus haut.

119. — Qu'entend-on par actes de nature à exposer des Français à éprouver des représailles ? — Carnot (sur l'art. 85) pense qu'il s'agit d'outrages et de voies de fait commis envers des sujets d'une nation étrangère. — V. *suprà* (n° 115) *Grenoble*, 25 avr. 1831. — V. aussi Chauveau et Hélie, t. 2, p. 380. — Quant à Rauter, il exige des attaques réelles *contre les personnes ou contre les propriétés*. Ainsi, des écrits ou imprimés injurieux ne présenteraient pas, suivant lui, le cas dont il s'agit, sauf l'application de la loi sur les offenses publiques commises envers les souverains étrangers par la voie de la presse. — V. PRESSE.

120. — Faut-il, pour qu'il y ait délit, que les représailles aient été provoquées par des actes de même nature ? Par exemple, demande M. Rauter (*Dr. pén.*, t. 1er, p. 418), si, du temps de l'insurrection de la Grèce, le Grand-Seigneur, pour se venger des secours donnés aux Grecs par la voie des souscriptions, avait fait saisir les vaisseaux français dans les ports du Levant, aurait-on pu poursuivre les souscripteurs en vertu de l'art. 85 ? — Cette question, répond l'auteur, ne peut se résoudre que par les principes du droit des gens, et il faut dire que la pénalité dont il s'agit n'existe qu'autant que les représailles auraient été justes devant ce même droit des gens. Si donc, à raison d'un simple vol commis par un Français en pays étranger, le gouvernement de ce pays enlevait des propriétés françaises par voie de représailles, le Français qui aurait donné lieu à cet acte ne serait pas dans le cas d'être poursuivi pour le crime dont il s'agit dans l'art. 85. — Vattel, *Dr. des gens*, § 340 et suiv. ; Martens, *Dr. des gens*, § 47.

121. — Quant aux *représailles*, ce mot, pris dans une acception trop étendue, s'appliquerait à toute sorte de voies de fait, et même à de simples injures. Tel n'est évidemment pas le sens de la loi (V. Carnot, *C. pén.*, t. 1er, p. 313, n° 2). Les jurés devront apprécier la gravité des représailles que les actes imprudens des Français auraient pu attirer sur leurs compatriotes, et ne s'arrêter qu'à ceux qui auraient un caractère réellement préjudiciable. Pour mieux fixer la gravité des représailles dont parle l'art. 85, MM. Chauveau et Hélie (t. 2, p. 380), en invoquant le droit des gens, ne considèrent comme telles que celles qui seraient commandées par le gouvernement étranger.

122. — D'après l'art. 136, C. prussien, « Celui qui se permet des outrages contre des sujets d'une puissance étrangère, même hors du royaume, et expose ainsi les sujets prussiens à des représailles de la part du gouvernement étranger, doit être puni comme s'il eût commis le délit dans l'intérieur. » — Il résulte aussi de l'arrêt de *Cass.* (18 juin 1824, Herpin), et de celui de *Grenoble* (25 avr. 1831, Cayen), que le crime puni par l'art. 85 peut être l'objet d'une poursuite en France, encore qu'il ait été commis en pays étranger.

123. — La peine de la déportation prononcée par l'art. 84, et qui n'avait pas paru suffisante à la commission du corps législatif en 1810 (proc.-verb. du cons. d'état 9 janv. 1810), fut, lors de la révision du Code pén., trouvée trop forte, et l'on demanda son remplacement par la détention temporaire ; mais, sur les observations du rapporteur, la déportation fut maintenue. — *Monit.*, 1er déc. 1831. — L'art. 73, C. du Brésil, ne prononce qu'un emprisonnement d'un an à douze ans pour avoir commis sans ordre ou sans autorisation du gouvernement des hostilités contre les sujets d'une autre nation, de manière à compromettre la paix ou à provoquer des représailles.

124. — Quoi qu'il en soit, nous devons reconnaître, avec MM. Chauveau et Hélie (t. 2, p. 378), que dans l'état actuel de l'Europe, l'art. 84, quoique destiné à réprimer un fait coupable, doit demeurer sans application dans nos lois. Il n'est guère possible, en effet, que le fait isolé d'un simple citoyen, d'un fonctionnaire public même, puisse allumer la guerre entre deux nations.

125. — La loi du 10 avr. 1825, sur la piraterie, a prévu les divers faits qui peuvent donner lieu à des représailles matérielles de la part des marins étrangers. — V. PIRATERIE.

CHAPITRE II. — *Crimes contre la sûreté intérieure de l'état.*

126. — Le Code pénal a rangé dans la classe des crimes contre la sûreté de l'état, en premier lieu les attentats et complots dirigés contre le roi et sa famille, et contre la constitution ; et, en second lieu, les crimes tendant à troubler l'état par la guerre civile, l'illégal emploi de la force armée, la dévastation et le pillage publics.

Sect. 1re. — *Crimes contre le roi, la famille royale et la constitution.*

127. — A toutes les époques, les législations ont placé au premier rang des crimes ceux qui étaient dirigés contre la constitution du pays et la personne du prince, et leur ont appliqué les peines les plus sévères. — La loi romaine s'est surtout fait remarquer par ses rigueurs : elle considérait comme un sacrilége le crime de *lèse-majesté*, et sous cette dénomination elle rangeait les actions les plus diverses : elle en vint à punir la pensée comme le crime lui-même : *eâdem severitate voluntatem sceleris quâ effectum puniri jura voluerunt.* — L. 5, Cod., *Ad leg. jul. majest.* — V. aussi L. 1, *in prin.* ; L. 6, ff., *Ad leg. jul. majest.* ; L. 4, C., *eod. tit.* — La loi française conserva la plupart des dispositions du droit romain sur les crimes de lèse-majesté. — V. LÈSE-MAJESTÉ.

128. — Mais ces dispositions barbares ont disparu de notre droit nouveau. Le Code de 1791 et celui de 1810 conservèrent seulement la peine capitale pour atteindre les auteurs des complots et attentats. Cette peine a été maintenue pour l'attentat par la loi de 1832.

129. — L'attentat est un crime générique et complexe qui embrasse des crimes différens par leur nature, mais identiques quant au but. — V. ATTENTAT, n° 12. — Nous avons dit, au mot COMPLOT, en quoi ce dernier crime différait de l'attentat, et quels en étaient les caractères. Il ne nous reste donc plus qu'à examiner quels sont les crimes qui rentrent sous cette dernière dénomination.

130. — Les art. 86 et 87, C. pén., énumèrent quatre espèce d'attentats. Le premier est celui qui est dirigé contre la vie ou la personne du roi ou des membres de la famille royale. Nous avons traité de ce crime au mot ATTENTAT CONTRE LE ROI ET SA FAMILLE.

131. — Le deuxième cas d'attentat que prévoit le Code pénal est celui qui a pour but de détruire ou de changer le gouvernement (art. 87), c'est-à-dire, selon Carnot (*C. pén.*, t. 1er, p. 255), « de substituer tout autre forme de gouvernement à celui que la charte constitutionnelle a établi ; d'où il suit que le complot ou l'attentat qui tendrait à substituer le gouvernement absolu au gouvernement constitutionnel, comme celui qui tendrait à substituer au gouvernement constitutionnel le gouvernement républicain, ferait nécessairement rentrer le crime dans la disposition de l'art. 87. »

132. — Cet attentat doit être distingué du fait moins grave d'une attaque contre le gouvernement, commise dans le même but, par la voie de la publication, délit prévu par la loi du 9 sept. 1835. — *Encycl. du dr.*, v° *Attentats politiques*, n° 88. — V. DÉLITS DE PRESSE.

133. — La troisième espèce d'attentat est celle qui a pour but de détruire ou de changer l'ordre de successibilité au trône (art. 87). Il ne faut pas, comme nous l'avons dit plus haut, confondre avec ce crime l'attaque par la voie de la presse contre l'ordre de successibilité au trône. — V. DÉLITS DE PRESSE.

134. — Le dernier cas prévu par l'art. 87 est l'attentat qui a pour but d'exciter les citoyens ou habitans à s'armer contre *l'autorité royale*. Le projet primitif du Code portait : contre *l'exercice de l'autorité impériale*. Le retranchement de ce mot *exercice* fut proposé par la commission du corps législatif. « Le motif de cette proposition, portait le rapport, est que l'autorité impériale s'exerçant au nom du souverain par une foule d'agens inférieurs, pourrait, pour des cas de simple obstacle ou refus mal fondé de déférer sur-le-champ, ou de démarches que ces agens couvriraient du prétexte de leurs fonctions, être exposés souvent à des poursuites, et que ces cas, quoique punissables, n'avaient rien de commun avec le grand objet de cet article ; que cet inconvénient serait prévenu en se bornant à n'indiquer que l'autorité impériale. » Le conseil d'état partagea cet avis. — Procès-verbaux, séance 9 janv. 1810.

135. — Ces différens attentats constituent les attentats dirigés contre le gouvernement. La loi les punit de mort.

136. — Une règle qui s'applique aux quatre espèces d'attentats dont nous venons de parler, c'est qu'il n'y a attentat, dans l'esprit du Code, que si un acte matériel existe et a été constaté. Ainsi, le premier élément de l'attentat est un acte de violence, un acte de force brutale. — Chauveau et Hélie, t. 2, p. 430.

137. — C'est ainsi que la cour suprême a décidé que les discours et écrits contenant des provocations aux crimes contre la sûreté de l'état ne peuvent jamais être considérés comme constituant l'acte ou fait extérieur dont se forme l'attentat, aux termes du Code pénal de 1810. — *Cass.*, 26 avr. 1817, Chaltas. — Ajoutons qu'il n'en est plus ainsi dans le système de la législation postérieure sur la presse.

138. — La règle qu'il doit y avoir acte matériel devient évidente en présence de l'art. 88, C. pén., dont l'ancienne rédaction définissait l'attentat un *acte commis ou commencé* pour parvenir à l'exécution et qui est aujourd'hui ainsi conçu. « L'exécution ou la tentative constituent seules l'attentat. » Ce crime n'existe donc que si un *acte*, soit préparatoire, soit d'exécution, a été commis.

139. — « On conspire afin d'attenter, disait M. de Peyronnet, lors du jugement de la conspiration du 19 août 1820, et quand on attente on exécute, on fait éclater la conspiration. L'attentat proprement dit n'admet donc rien d'éloigné ; il suppose toujours un fait actuel et immédiat ; c'est le crime lui-même, ce n'est pas l'apprêt du crime. »

140. — On s'est quelquefois demandé ce qu'il fallait entendre par ces mots de *tentative* et d'*exécution*. Il est difficile, ont dit certaines personnes, d'admettre que le mot *exécution* doive s'entendre de la consommation de l'attentat. La consommation en matière politique, c'est, en effet, la victoire ; or, qui dans le nouvel ordre punira celui qui l'aura établi ? On ne doit donc, disait-on, entendre par l'exécution que la tentative, et ce dernier mot ne peut, dès-lors, s'appliquer qu'aux actes du dégré précédent, c'est à dire aux préparatifs. — Mais MM. Chauveau et Hélie combattent ce système (t. 2, p. 45 et 431). « Le Code pénal, disent-ils, p. 431, réputait attentat, dans son ancien texte, tout acte extérieur commis ou commencé pour parvenir à l'exécution. C'était une dérogation flagrante au principe de l'art. 2 du même Code, qui ne punit la tentative que lorsqu'il y a *commencement d'exécution*. La modification opérée dans la rédaction de l'art. 88 a eu pour but de faire disparaître cette anomalie en ce qui concerne l'attentat, et de replacer ce crime dans le droit commun, en disant que le fait ne constituera l'attentat qu'autant qu'il y aura eu exécution ou tentative ; il est évident que le législateur n'a pu entendre que la tentative légale. » La manifestation par des actes extérieurs, disait le garde des sceaux dans l'exposé des motifs, d'une résolution criminelle, mais avant le commencement d'exécution, ne saurait être assimilée à l'attentat lui-même. C'est à l'attentat, c'est à dire à l'*exécution déjà commencée* que la peine capitale sera réservée. »

141. — C'est là, du reste, ce qu'a reconnu la cour de Cassation par un arrêt du 13 oct. 1832, arrêt par lequel elle a décidé qu'en matière d'attentat contre la sûreté intérieure de l'état, la tentative ne peut pas résulter d'un acte quelconque commis ou commencé ; elle ne se constitue que par les caractères déterminés en l'art 2, C. pén., pour les crimes en général. — *Cass.*, 13 oct. 1832, Poncelet (aff. de la rue des Prouvaires).

142. — On doit conclure de cette règle importante que l'attentat n'existe pas lorsqu'il y a eu

désistement volontaire, même après le commencement d'exécution, car alors, comme le disent MM. Chauveau et Hélie (t. 2, p. 433), aux termes de l'art. 2, il n'y a point de tentative légale.

143. — Il résulte également de cette règle que, d'après la loi, il n'y a attentat que si les actes d'exécution ont été commencés. — Chauveau et Hélie, *ibid.* — Quant à la différence qui distingue les actes préparatoires des actes d'exécution, V. COMPLOT, TENTATIVE.

144. — L'exécution, dans l'esprit du Code, c'est donc la consommation même du crime. Quant à l'objection qu'en matière politique la consommation c'est la victoire, elle ne vient que de ce qu'on confond deux choses différentes, l'exécution matérielle et les effets de cette exécution. Ainsi, un complot est formé pour renverser le gouvernement; les conjurés descendent dans la rue et commencent une attaque à force ouverte. Dira-t-on, s'ils sont vaincus, que le crime n'a pas été consommé? Certainement non; car la consommation ce n'est pas le succès : le crime est consommé dès que tous les actes qui le constituent ont été accomplis; l'exécution, c'est la réunion de ces actes. — Chauveau et Hélie, t. 2, p. 433.

145. — La *tentative*, dans le sens de l'art. 88, n'est donc, ajoutent ces auteurs, que le commencement d'exécution; l'*exécution*, c'est la consommation même de l'attentat.

146. — La question : « Un tel est-il coupable d'attentat? » pourrait-elle être considérée comme régulière et suffisante? Ce point avait été soulevé dans l'affaire dite de la rue des Prouvaires (13 oct. 1832), mais ne fut point résolu. M. Hennequin disait, à cette occasion : « Dans la thèse exceptionnelle des crimes contre l'état, où la simple résolution, si elle renferme certains caractères déterminés par la loi, peut constituer la culpabilité, il faut poser la question de telle sorte que la solution ne laisse aucun doute sur le point de savoir si on a voulu parler de la résolution d'agir, c'est-à-dire de l'attentat commis par la pensée, ou de l'agression mise à fin ou du moins commencée. Or, cette question : « L'accusé a-t-il commis un attentat? » laisse de l'incertitude. De plus, une pareille accusation ne peut entraîner aucune peine, puisqu'elle ne caractérise pas le crime qui, d'après la nouvelle législation criminelle, ne peut plus résider que dans l'exécution ou la tentative. Dès-lors, la seule question admissible est celle-ci : L'accusé a-t-il exécuté l'attentat? A-t-il tenté de l'exécuter? »

147. — MM. Chauveau et Hélie (t. 2, p. 434), se fondant sur ce que les termes de l'article doivent être reproduits dans les questions soumises au jury, pensent également qu'on doit poser celle-ci de cette double manière.

148. — La cour de Cassation a cependant dérogé à cette règle, par l'arrêt précité du 13 oct. 1832 (Poncelet, aff. de la rue des Prouvaires), en confirmant une décision dans laquelle le mot *exécuté* avait été remplacé par celui de *participé*.

149. — Elle a encore décidé, dans ce sens, que l'exécution ou la tentative, qui constituent seules l'attentat, aux termes de l'art. 88, C. pén., sont nécessairement comprises dans l'accusation d'avoir *commis* l'attentat prévu par l'art. 89. Dès-lors, les questions posées au jury sur le point de savoir si l'accusé est coupable : 1° d'exécution de complot; 2° de tentative de ce complot, sont régulières et suffisamment conformes à l'arrêt qui a renvoyé les accusés devant la cour pour avoir commis un attentat tendant à changer le gouvernement. — *Cass.*, 20 juin 1833, Laroche et Mornet du Temple.

150. — MM. Chauveau et Hélie (t. 2, p. 435) s'élèvent contre cette jurisprudence, qu'ils accusent d'avoir causé de fâcheuses incertitudes sur la culpabilité légale des individus qui étaient l'objet de ces arrêts.

151. — Sous le Code du 3 brum. an IV, art. 377, la question par laquelle on demandait au jury si l'accusé était convaincu d'avoir conspiré avec les chouans, contre son serment de soumission aux lois, présentait à la fois le fait et sa moralité, ce qui la rendait complexe et nulle. — *Cass.*, 28 germ. an VII, Menguy.

152. — Était également complexe et nulle, sous l'empire du même Code, la question par laquelle on demandait au jury s'il avait existé une conspiration tendant à troubler la république en armant les citoyens les uns contre les autres et contre l'exercice de l'autorité légitime, en ce qu'elle contenait tout à la fois le fait matériel du complot et la moralité de ce fait, c'est-à-dire le résultat qu'il devait avoir. — *Cass.*, 5 flor. an VII, Dieulois.

153. — La question au jury consistant à savoir s'il avait existé un complot et s'il tendait au meurtre du premier consul, n'était point complexe, parce qu'il fallait déterminer le but particulier de ce complot, ce qui spécifiait l'idée sans en altérer la simplicité. — *Cass.*, 9 pluv. an IX, Demerville, Cevacchi, Aréna et Topino-Lebrun.

154. — Sous les lois des 2 brum.-27 germin. an IV, lorsqu'il résultait de l'acte d'accusation et des débats qu'un accusé de provocation à la dissolution du gouvernement républicain était dans un état d'ivresse au moment du délit, l'ivresse devenait une circonstance atténuante sur laquelle le jury devait être interrogé, à peine de nullité. — *Cass.*, 8 frim. an VII, Melay.

155. — Sous cette loi de germin an IV, et dans une accusation de provocation à la dissolution du gouvernement républicain, le jury devait être interpellé, à peine de nullité, de déclarer s'il existait des circonstances atténuantes. — *Cass.*, 17 niv. an VIII, Charles Foehr.

156. — L'application aux attentats et complots des règles de la complicité a soulevé quelques difficultés. Quand il n'y a que complot, on ne trouve que des auteurs et pas de complices : le complot n'étant, en effet, qu'une résolution d'agir concertée entre plusieurs personnes, on ne peut participer à une résolution qu'en la partageant. — *Cass.*, 13 oct. 1832, Poncelet (aff. de la rue des Prouvaires). — Mais si l'accusé a participé aux préparatifs qui ont suivi le complot, il y a lieu d'établir une distinction. S'il a agi avec connaissance du complot, il doit être réputé complice; s'il n'a pas connu celui-ci, si l'acte commis par lui ne se rattachait pas dans son esprit à l'attentat que cet acte avait en vue, il n'est certainement pas complice, le crime ne se composant pas seulement d'un acte extérieur, mais d'un complot suivi d'un acte extérieur. « Cette règle, disent Chauveau et Hélie (t. 2, p. 436), doit avoir pour effet de mettre en dehors des poursuites cette foule d'agens secondaires et inférieurs que les conjurés emploient pour préparer leur entreprise, mais sans les initier dans le secret de la conjuration. Ces agens peuvent être poursuivis à raison de l'acte qu'ils ont commis, si cet acte, détaché du complot, forme un délit *sui generis*; mais ils ne peuvent l'être ni comme auteurs principaux, ni comme complices. »

157. — Mais que doit-on décider dans le cas où, trois personnes ayant formé un complot, une seule se charge de l'exécuter et participe aux actes de l'exécution? Doit-on, dans ce cas, considérer comme complices de l'attentat les deux conjurés qui, après avoir concerté le complot, restent ensuite inactifs? L'art. 60, C. pén., considérant comme complices non-seulement ceux qui ont provoqué au crime ou donné des instructions pour le commettre, mais aussi ceux qui en ont assisté l'auteur dans les faits qui l'ont préparé, on ne peut soustraire à la présomption de complicité, en présence de ce texte, ceux qui se sont liés par un complot à l'agent principal et lui ont tracé le plan à suivre. On peut évidemment combattre cette présomption par la preuve contraire, laisser au conjuré la faculté de démontrer qu'il s'est retiré du complot, qu'il s'est désisté du projet que celui-ci avait pour but, qu'il n'a pas donné son assentiment aux actes d'exécution. Mais c'est à lui à établir cette preuve, et tant qu'il ne l'aura pas fournie, il sera réputé complice. — Chauveau et Hélie, t. 2, p. 436.

158. — On ne peut opposer à cette solution le deuxième paragraphe de l'art. 60, qui, après avoir énuméré les différens modes de complicité, ajoute : Sans préjudice des peines qui seront spécialement portées par le présent Code contre les auteurs de complots ou de provocations attentatoires à la sûreté extérieure ou intérieure de l'état, même dans le cas où le crime qui était l'objet de la conspiration n'aura pas été commis. Cette disposition ne crée aucune exception, mais a seulement pour objet de réserver au législateur le droit que la nécessité lui accorde en matière politique d'incriminer la seule résolution criminelle indépendamment de son exécution.

159. — Les lois des 24 mai 1834 et 9 sept. 1835 forment aujourd'hui un appendice nécessaire aux dispositions législatives sur les attentats, que nous venons d'examiner. Nous avons déjà eu occasion d'examiner le système de la première au mot COMPLOT.

160. — La pensée et le mécanisme de cette loi, en ce qui se rattache à l'attentat, ressortent nettement de ces paroles du rapporteur : « La législation caractérise l'attentat par le but auquel il veut atteindre, destruction ou changement de gouvernement, excitation à la révolte contre l'autorité royale ou à la guerre civile, etc. C'est dans les limites de cette définition légale que les accusations relatives à des attentats doivent être ramenées. Les actes les plus flagrans d'insurrection sont impunis s'ils ne contiennent pas un attentat : descendre en armes dans les rues et sur les places publiques au milieu d'un mouvement insurrectionnel, s'y retrancher et se préparer à soutenir un siége contre la force publique, ce n'est rien encore si l'accusation ne prouve pas que cette prise d'armes et ces retranchemens étaient l'exécution ou la tentative d'un attentat. L'attentat se produit toujours, il est vrai, par des actes extérieurs qui tombent aisément sous la preuve; mais la relation entre ces actes et l'attentat, entre les moyens et le but, ne se prouve pas aussi aisément, et des faits dont l'ensemble constitue incontestablement un attentat, se rapetissent, s'atténuent et tombent au-dessous de cette grande accusation quand il faut les imputer séparément à chacun de ceux qui les ont commis. Au-dessous de ces attentats se placent des actes dangereux et criminels qu'il est difficile de leur assimiler complétement, et que la sûreté de l'état commande cependant de ne pas laisser impunis; incriminer et punir à titre de crimes spéciaux les principaux actes insurrectionnels, telle est la pensée qui a présidé à la rédaction du projet de loi. »

161. — Répondant aux attaques dirigées, dans le cours de la discussion, contre la loi, le rapporteur disait encore : « Cette loi n'est pas une aggravation, elle est une atténuation et un perfectionnement du Code pénal. Le Code punit l'attentat, et il comprend sous ce nom tous les actes qui peuvent faire courir un danger à la sûreté de l'État; quelle que soit la différence de leur gravité, il ne fait aucune distinction entre eux, il les incrimine tous à titre d'attentat, et les frappe tous de la même peine. La loi que nous proposons a pour objet de faire cette distinction nécessaire. Elle laisse l'accusation d'attentat pour les tentatives redoutables qui mettent en danger l'état tout entier, et établit des incriminations spéciales et des peines plus faibles pour des actes partiels qui n'ont ni la même gravité ni le même danger. »

162. — Les différens actes d'exécution dont la loi du 24 mai 1834 a formé des crimes distincts sont énumérés dans ses art. 5, 6, 7, 8 et 9, et ont tous lieu dans un mouvement insurrectionnel.

163. — La loi du 9 sept. 1835 imprime la qualification d'attentat contre la sûreté de l'état, par son art. 1er, à toute provocation par l'un des moyens de publication énoncés en l'art. 1er, L. 17 mai 1819, aux crimes prévus par les art. 86 et 87, C. pén., soit qu'elle ait été *ou non* suivie d'effet, et par son art. 2 à l'offense au roi commise par les mêmes moyens, lorsqu'elle a pour but d'exciter à la haine et au mépris de sa personne ou de son autorité constitutionnelle. — V. pour les détails concernant cette espèce d'attentat le mot DÉLITS DE PRESSE.

164. — La loi du 9 sept. 1835 a, en outre, prévu un troisième cas d'attentat, qu'elle définit ainsi par son art. 5 : « L'attaque contre le principe ou la forme du gouvernement établi par la Charte de 1830, tels qu'ils sont définis par la loi du 29 nov. 1830, est un attentat à la sûreté de l'état, lorsqu'elle a pour but d'exciter à la destruction ou au changement du gouvernement. » — V., pour ce dernier attentat, comme pour les deux qui précèdent, le mot DÉLITS DE PRESSE.

165. — L'art. 28 de la charte, en attribuant à la chambre des pairs la connaissance des crimes de haute trahison et des attentats à la sûreté de l'état, n'a point frappé les cours d'assises d'incompétence par rapport à ces crimes. — *Cass.*, 8 nov. 1834, Avril et Pirault. — Lorsque la chambre des pairs a été saisie, par une ordonnance du roi, de la connaissance d'attentats à la sûreté de l'état, elle seule a le droit de connaître et de déclarer les faits qui, par leur connexité avec ceux qui lui sont déférés, rentrent dans le cercle de sa juridiction. Dès-lors, tant qu'elle ne les a point évoqués, la chambre d'accusation ne peut ordonner le renvoi. — *Cass.*, 8 nov. 1834, Avril et Pirault. — V. COUR DES PAIRS.

166. — On doit ranger parmi les crimes contre la sûreté intérieure de l'état celui de *haute trahison*.

167. — On appelle crimes de haute trahison les attentats, crimes et délits politiques, ainsi que les crimes ou délits contre la chose publique commis par les hauts fonctionnaires de l'état. Ces crimes ont été ainsi nommés, parce que ceux qui s'en rendent coupables trahissent la confiance de l'état auquel ils doivent leur haute position politique. C'est, du reste, cette position qui leur imprime ce caractère de gravité politique qui les rend passibles de la haute juridiction de la cour des pairs; de telle sorte qu'en cette matière, c'est le criminel et non le crime qui détermine la juridiction.

168. — Dans notre ancien droit, les crimes de haute trahison, c'est-à-dire les crimes d'état, conspirations, machinations, etc., étaient rangés dans la catégorie des crimes de lèse-majesté humaine au premier chef, quelle que fût la qualité du coupa-

ble. La charte de 1814, dans son art. 56, portant que les ministres pouvaient être accusés pour fait de trahison, avait omis de définir ce crime et de déterminer les peines dont il serait passible.

169. — La cour des pairs a jugé, le 21 déc. 1830 (aff. des ministres de Charles X), qu'il y avait crime de haute trahison dans le fait des ministres signataires des ordonnances de 1830 de s'être efforcés d'en soutenir l'exécution par l'emploi des armes; elle a décidé, quant à la peine, qu'en l'absence d'une loi qui l'ait réglée, il lui appartenait d'y suppléer, soit en appliquant les peines du Code pénal, soit en créant une pénalité nouvelle, telle que la prison perpétuelle.

170. — L'art. 56 a été rayé de la charte de 1830 et remplacé par la promesse d'une loi séparée sur la responsabilité des ministres (art. 69), ainsi que par l'art. 28, portant : « La chambre des pairs connaît des crimes de haute trahison et des attentats à la sûreté de l'état *qui seront définis par la loi.* » Cette promesse devait être remplie par la loi sur la compétence de la cour des pairs, présentée le 25 janv. 1837. Sous la définition générale de haute trahison, étaient compris : 1° tous les attentats, crimes et délits contre la sûreté de l'état (à l'exception des cas prévus par l'art. 86, C. pén.); — 2° les faits prévus et punis par les art. 202, 203, 204, 205, 206 et 208 du même Code, lorsqu'ils étaient imputés aux membres de la famille royale, aux pairs de France, maréchaux et amiraux, ministres, archevêques, évêques, ambassadeurs, commandans en chef, commandans de division, gouverneurs et commandans des colonies. Mais, par suite de la discussion qui eut lieu le 15 mai 1837, le renvoi fut fait à la commission et aucun rapport n'a eu lieu depuis.

171. — Dans l'état actuel de notre législation pénale, et en l'absence de toute loi définissant le crime de haute trahison, il faut s'en référer au droit commun et aux lois qui ont défini l'attentat.

Sect. 2e. — *Crimes tendant à troubler l'état par la guerre civile, l'illégal emploi de la force armée, la dévastation et le pillage publics.*

172. — Les divers crimes dont nous allons nous occuper ont un but commun, c'est celui de porter le trouble dans l'état. Cette intention criminelle est une sorte de lien qui groupe ensemble les faits prévus par les art. 91, 92, 93, 94 et 95 C. pén. Ces différens crimes ont tous pour but de troubler l'ordre public: ce sont autant de tentatives dirigées contre le pouvoir social. Si ce caractère politique ne se remarquait pas dans les faits incriminés, l'attaque changerait de nature ou le crime disparaîtrait même entièrement. — Chauveau et Hélie, t. 3, p. 7.

173. — Il faut aussi, dans cette même matière, ne pas oublier que l'interprétation doit se renfermer dans les termes précis de la loi pénale et ne jamais s'en écarter. Celle-ci, en établissant les caractères constitutifs des crimes, a indiqué le point où le danger commence; et il ne saurait appartenir aux juges de se montrer plus prévoyans qu'elle. — Chauveau et Hélie, t. 3, p. 7.

§ 1er. — *Excitation à la guerre civile et ravages dans les communes.*

174. — « L'attentat (porte l'art. 91 C. pén.) dont le but sera soit d'exciter la guerre civile en armant ou en portant les citoyens ou habitans à s'armer les uns contre les autres, soit de porter la dévastation, le massacre et le pillage dans une ou plusieurs communes, sera puni de mort. »

175. — L'attentat que la loi a voulu ici punir, c'est celui qui a pour but d'exciter la guerre civile. L'article cesserait donc d'être applicable, s'il s'agissait d'une querelle locale, d'une rixe entre des particuliers, entre des communes même : le crime n'existe que s'il est le fruit d'une pensée politique, que si l'agent a eu la guerre civile en vue. — Chauveau et Hélie, t. 3, p 8; Carnot, sur l'art. 91.

176. — Mais qu'est-ce que la loi pénale entend par *guerre civile*? Pour que celle-ci existe il faut que les membres d'une même nation prennent les armes les uns contre les autres, et que leur but soit de vider leur différend par la force. On ne saurait donc considérer comme guerres civiles des séditions, même si elles étaient locales et sans but politique. L'excitation à la guerre civile n'existe donc que dans le cas où l'agent a provoqué un parti, une classe de personnes ou les citoyens en masse, à s'armer pour une cause générale, et dont l'effet serait d'altérer les rapports politiques des pouvoirs sociaux. — Grotius, lib. 1er, ch. 1er, § 5; Burlamaqui, t. 2, p. 775; Chauveau et Hélie t. 3, p. 9.

177. — En se servant des mots, *les citoyens et habitans*, l'art. 91 a voulu comprendre dans sa généralité non seulement les nationaux, mais aussi les étrangers résidans en France. — Chauveau et Hélie, t. 3, p. 10; Sebire et Carteret, v° *Attentats politiques*, n° 101.

178. — L'art. 91 prescrit, en second lieu, le complot et l'attentat, dont le but est de porter la dévastation, le massacre et le pillage dans une ou plusieurs communes. Il ne suffirait pas que l'attentat eût eu cet effet pour résultat, si tel n'était pas son but : c'est celui-ci qui caractérise le crime. — Chauveau et Hélie, t. 3, p. 10; *Encycl. du droit*, v° *Attentats politiques*, n° 102.

179. — Pour que ce dernier crime existe, il faut la réunion de la dévastation, du massacre et du pillage. La dévastation d'une commune ne serait, en effet, qu'une attaque à la propriété. C'est le massacre des habitans, le pillage des maisons qui forment l'attentat politique. — Chauveau et Hélie, t. 3, p. 11, *Encycl. du droit*, n° 103.

180. — Mais ces circonstances sont les seules qu'exige la seconde partie de l'art. 91 pour constituer l'attentat qu'elle prévoit; une fois le but de porter la dévastation, le massacre et le pillage dans une commune établi, il n'y a pas à examiner si les coupables étaient ou non armés lors de la perpétration de l'attentat; le crime renfermerait tous les caractères qu'exige la loi. — Carnot sur l'art. 91; *Encycl. du droit, ibid.*, n° 103.

181. — Jugé que, pour constituer le crime prévu par l'art. 91, C. pén., il n'est pas nécessaire que l'attentat ou le complot, dont le but serait d'exciter les citoyens au pillage ou à la dévastation, y aient excité *directement*, parce que cette circonstance est toujours inséparable de l'attentat ou du complot. — *Cass.*, 13 oct. 1815, Conchon.

182. — La connaissance des attentats prévus par l'art. 91 appartient cumulativement aux cours d'assises et à la cour des pairs.

183. — Le C. pén. de 1810 punissait de la même peine le complot et l'attentat que prévoit l'art. 91. Nous avons vu, au mot COMPLOT, que la loi du 28 avr. 1832 a fait cesser cette confusion.

184. — Le projet du Code pén. belge ne prononçait la peine de mort que contre l'auteur de l'attentat dont le but est de porter la dévastation, le massacre et le pillage dans une commune. Il ne punissait que de la détention perpétuelle celui qui tendait à exciter la guerre civile; celle-ci ne s'attaquant qu'au gouvernement, tandis que l'autre crime est surtout dirigé contre la vie et la propriété des citoyens. Cette distinction est combattue par M. Haus et par Chauveau et Hélie, t. 3, p. 11. Ils se fondent sur ce que la guerre civile menace également l'existence des citoyens et doit nécessairement aboutir à la dévastation et au massacre.

185. — L'accusé déclaré coupable d'attentat pour avoir fait partie d'une bande armée dont le but était la perpétration des crimes prévus et définis par les art. 87 et 91, C. pén., mais sans les circirconstances aggravantes de l'art. 97, même Code, n'est passible que de la peine de la surveillance de la haute police. — *Cass.*, 31 août 1833, Viez; 9 fév. 1832, Gaugain.

186. — La spécification des objets du pillage dans un acte d'accusation n'est indispensable qu'autant qu'il s'agit du crime prévu par l'art. 442, C. pén. Mais il y a substitution d'une accusation à une autre, et, par suite, nullité de l'acte d'accusation, lorsque le fait de provoquer à la guerre civile, en excitant les citoyens à s'armer les uns contre les autres, est remplacé dans cet acte par l'accusation d'attentat ayant pour but d'exciter les citoyens à la guerre civile, en les portant à s'armer les uns contre les autres. — *Cass.*, 12 avr. 1833, Guignard.

187. — Les cours spéciales étaient compétentes pour connaître des complots d'assassinat et de pillage dans une commune, qui devaient être exécutés par des rassemblemens armés, lorsqu'ils avaient été suivis d'un commencement d'exécution — Il y a commencement d'exécution d'un complot de cette nature, lorsqu'il y a eu des dépôts d'armes préparés et des balles fondues par deux des conspirateurs que la généralité a chargés de ce travail. — C. pén., art. 2. — Les cours spéciales eussent-elles été pareillement compétentes, si les complots n'avaient pas encore été suivis d'un commencement d'exécution (Non résol.)? — *Cass.*, 13 janv. 1814, Honoré Février.

188. — La loi du 24 mai 1834 punit, comme crimes distincts, plusieurs actes de guerre civile qui formeraient l'attentat dont nous nous occupons, si l'on pouvait prouver leur but criminel.

189. — L'art. 91, C. pén., punit aussi la proposition non agréée de commettre les deux attentats qu'il prévoit. Le Code de 1810 avait négligé cette incrimination introduite par la loi de 1832, et que Chauveau et Hélie (t. 3, p. 12) considèrent comme ne méritant point de fixer l'attion du législateur. — V. COMPLOT.

§ 2. — *De l'emploi illégal de la force armée.*

190. — Les actes que nous allons examiner dans ce paragraphe et le suivant n'ont pas été qualifiés d'*attentats* par la loi, d'une manière expresse. En effet, ils n'offrent pas le même degré de criminalité dans leur but, et ne présentent pas pour l'état les mêmes périls que les actes dont nous avons parlé jusqu'ici. Cependant la loi les punit également de la peine de mort. MM. Sebire et Carteret (v° *Attentats politiques*, n° 105) déplorent cette uniformité dans la peine. « Il n'est pas possible, disent ces auteurs, de justifier cette rigueur absolue du Code : tout ce qu'on peut faire, c'est de l'expliquer par les circonstances dans lesquelles elle a été sanctionnée. Le Code a été rédigé et promulgué sous l'empire, c'est-à-dire dans un temps où l'ordre militaire était tout puissant, où l'épée gouvernait l'état. Dans de pareilles circonstances, le souverain devait se montrer jaloux de tout ce qui pouvait porter atteinte à son principal, à son unique moyen de gouvernement. De là la peine de mort appliquée, sans distinction, à l'enrôlement non autorisé de soldats, à l'usurpation et à la rétention illégale d'un commandement militaire, à l'emploi de la force publique contre la levée des gens de guerre, et à d'autres faits dont quelques uns, réduits à leur juste valeur, ne mériteraient peut-être que des peines correctionnelles. »

191. — « Seront punis de mort, dit l'art. 92, ceux qui auront levé ou fait lever des troupes armées, engagé ou enrôlé, fait engager ou enrôler des soldats, ou leur auront fourni ou procuré des armes ou munitions sans ordre ou autorisation du pouvoir légitime. »

192. — On a observé que cet article punissait l'armement illégal, sans parler du but de cet armement. La cour de Cassation a conclu de ce silence, par arrêt du 13 fév. 1823, qu'il n'est pas besoin de déterminer, dans les questions posées au jury, l'objet de l'enrôlement. Suivant MM. Chauveau et Hélie (t. 3, p. 13), cette opinion blesse la loi. Ils concluent de ce que l'art. 92 est placé dans le chapitre des crimes contre la sûreté intérieure de l'état, et dans la section des crimes qui tendent à troubler l'état par la guerre civile, qu'il s'agit, dans l'esprit de cet article, d'un armement dirigé contre le gouvernement lui-même. Le législateur aurait-il pu vouloir, en effet, punir de la peine de mort un enrôlement de citoyens pour un pays étranger, enrôlement sans danger pour l'état. — Chauveau et Hélie, t. 3, p. 14.

193 — Mais MM. Sebire et Carteret (v° *Attentats politiques*, n° 107) enseignent que cette opinion toute spécieuse, toute raisonnable même qu'elle soit, n'est pas admissible en présence du texte de la loi : « Si la levée et l'armement illégaux de soldats ne constituent le crime prévu par l'art. 92 qu'à la condition d'être destinés à attaquer les pouvoirs de l'état, quelle différence séparera ce fait de celui prévu par l'art. 91, c'est-à-dire du fait d'une *excitation à la guerre civile en armant les citoyens les uns contre les autres?* Dans cette hypothèse, l'art. 92, ne faisant que reproduire la disposition citée de l'article qui le précède, deviendrait complétement inutile, etc. » — Quel que soit donc le but de l'armement, l'art. 92 deviendra applicable, suivant eux. Seulement, ajoutent-ils (n° 108), les jurés pourraient apprécier dans leur conscience jusqu'à quel point ce but est criminel et mérite d'être puni de mort. Cette faculté d'appréciation leur a été accordée par le législateur lui-même. On avait en effet proposé au conseil d'état de terminer l'article par ces mots : *pour quelque destination que ces enrôlemens eussent été faits*. Cette proposition fut repoussée, ce qui rend le jury appréciateur souverain de la criminalité du but.

194. — La peine de mort ne peut, au surplus, être prononcée qu'autant qu'il y a eu exécution du crime, ou tout au moins tentative réunissant les caractères prescrits par l'art. 2. On avait cependant nié, lors de l'arrêt du 13 fév. 1823, que l'art. 2 fût applicable au cas prévu par l'art. 92. On prétendait, que ce dernier article n'ayant rien décidé sous le rapport de la tentative, le fait rentrait dans la disposition de l'art. 90 (89 nouv., dern. al.), qui prévoyait le cas d'une proposition non agréée de complot tramé contre la sûreté de l'état et ne le punissait que de la réclusion. Mais ce système fut repoussé, au rapport de M. Carnot, par la cour suprême. — *Encycl. du droit, ibid.*, n° 109.

195. — La cour décida en conséquence que l'individu déclaré coupable d'avoir tenté d'enrôler des soldats sans autorisation du gouvernement était passible de la peine de mort; que la disposition qui ne punissait que de la réclusion l'auteur d'une proposition non agréée, n'était pas applicable au cas où il s'agissait d'enrôlement de soldats. — *Cass.*, 13 fév. 1823 (sans nom).

196. — Il ne faut pas confondre l'enrôlement illicite que prévoit l'art. 92 avec le crime d'embauchage. — V. EMBAUCHAGE. — L'agent, dans le cas prévu par l'art. 92, ne s'adresse pas à des militaires, ce qui le rendrait alors coupable d'embauchage, mais à de simples citoyens. L'enrôlement auquel il se livre n'est pas un crime comme l'embauchage; il ne devient tel que par le but auquel il vise, de sorte que si ce but n'était pas criminel l'agent pourrait être coupable d'une contravention aux lois de police, en procédant à un armement sans y être autorisé, mais non du crime prévu par l'art. 92, qui n'existe qu'autant qu'il y a intention d'employer les individus illégalement enrôlés à attaquer les pouvoirs de l'état. — Chauveau et Hélie, t. 3, p. 15.

197. — L'enrôlement illégal n'a, en outre, lieu, que si l'enrôlement a été fait sans ordre ou autorisation du pouvoir légitime. Il ne faudrait cependant pas prendre ces mots dans un sens trop absolu. Celui qui aurait levé des hommes sans autorisation du pouvoir devrait néanmoins être excusé s'il avait agi par ordre de ses supérieurs, et si cet enrôlement faisait partie de ses fonctions. — Chauveau et Hélie, t. 3, p. 15; Sebire et Carteret, *ibid.*, n° 110.

198. — Le cas prévu par l'art. 93 C. pén., présente de l'analogie avec celui qui punit l'art. 92. « Ceux qui, dit l'art. 93, sans droit ou motif légitime, auront pris le commandement d'un corps d'armée, d'une troupe, d'une flotte, d'une escadre, d'un bâtiment de mer, d'une place forte, d'un poste, d'un port, d'une ville; — ceux qui auront retenu, contre l'ordre du gouvernement, un commandement militaire quelconque; — les commandans qui auront tenu leur armée ou troupe rassemblée après que le licenciement ou la séparation en auront été ordonnés seront punis de la peine de mort. »

199. — Cet article semblerait mieux placé dans les lois militaires que dans le Code pénal. La remarque en fut faite par Cambacérès lors de la discussion au conseil d'état. Berlier lui répondit que cette classification ne présentait aucun inconvénient, et que les peines prononcées par le Code deviendraient la règle des juges compétens, quels qu'ils fussent. — Toutefois, MM. Chauveau et Hélie (t. 3, p. 16) pensent que si cette classification n'a pas d'inconvéniens, elle est sans utilité; car, dès qu'on reconnaît que les faits prévus par l'article sont des faits militaires, on ne voit pas par quelle exception cette disposition a pris place dans le droit commun. C'est, ajoutent ces auteurs, une dérogation à l'ordre des matières que le Code s'est proposé de suivre.

200. — L'usurpation d'un commandement militaire ne constitue, dans tous les cas, un crime que si on se propose un but criminel. L'intention coupable est, en effet, l'élément nécessaire de tous les crimes. L'assimilation, du reste, que fait ici le législateur de faits distincts, et qui n'offrent pas une égale importance, indique suffisamment qu'il n'a pas voulu seulement atteindre le fait matériel de l'usurpation qui, dans certains cas, peut se justifier par les circonstances, mais l'usage qu'entendait faire l'agent du commandement usurpé. — Chauveau et Hélie, t. 3, p. 16.

201. — Le projet du Code frappait le *commandant en chef ou en sous-ordre*. Mais cette expression fut changée sur les observations de la commission du corps législatif. « On voit que l'objet de l'article, disait cette commission, est de ne frapper de cette peine que le commandant en chef, et non les commandans en sous-ordre qui lui obéissent, et qui ne peuvent avoir connaissance de ses coupables desseins, et conséquemment ne peuvent pas être punissables comme lui. Si le commandant se retire ou est absent, on convient que l'officier inférieur qui le remplace alors devient lui-même commandant, et que, dans ce cas, il doit être passible de la peine. Toute équivoque cesserait si l'on se déterminait à supprimer les mots : *en chef ou en sous-ordre*, et à mettre ces mots : *ceux qui, sans droit ou motif légitime, auront pris le commandement d'un corps*, etc. » — Procès-verbaux du cons. d'état, séance 9 janv. 1810. — Ce changement, qui fixe le sens de l'article, fut admis par le conseil d'état.

202. — Nous arrivons à l'art. 94, dont voici le texte : « Toute personne qui, pouvant disposer de la force publique, en aura requis ou ordonné, fait requérir ou ordonner l'action ou l'emploi contre la levée des gens de guerre légalement établie, sera punie de la déportation. Si cette réquisition ou cet ordre ont été suivis de leur effet, le coupable sera puni de mort. »

203. — L'article ne s'applique, on le voit, qu'aux personnes pouvant disposer de la force publique, et qui en ont requis l'action contre la levée des gens de guerre légalement établie; d'où il résulte que si la réquisition est le fait d'une personne sans autorité, ou qui a même pris celle qui ne lui appartient pas, si la force publique n'a pas été employée à empêcher la levée des gens de guerre, enfin si la levée contre laquelle on a déployé cette force n'est pas légalement autorisée, le crime n'existe plus; la réunion des trois conditions est nécessaire pour constituer le crime que punit l'art. 94. — Chauveau et Hélie, t. 3, p. 18.

204. — La seconde partie de l'article prononce la peine de mort lorsque l'ordre ou la réquisition ont été suivis de leur effet. Mais de quel effet la loi a-t-elle voulu parler? Est-ce de la réunion de la force armée suivant la réquisition faite? est-ce de l'emploi de la force ouverte contre la levée des gens de guerre? est-il enfin nécessaire que la levée ait été réellement arrêtée? — Suivant Carnot, un empêchement réel apporté à la levée rendrait seul le second paragraphe applicable. MM. Chauveau et Hélie (t. 3, p. 19) pensent que le décider ainsi, c'est aller un peu loin peut-être. « Sans doute, disent-ils, il ne suffirait pas que la force requise se fût réunie pour que la réquisition soit réputée avoir eu son effet; mais si cette force, obtempérant à cet ordre, s'est employée à son exécution, il est évident que l'effet a eu lieu, quel que soit d'ailleurs le résultat de cet emploi. »

205. — Ajoutons, avec ces auteurs, que la seule tentative de mettre obstacle à la levée des gens de guerre serait punissable si elle réunissait les caractères constitutifs de la tentative légale.

206. — Lors de la révision du Code, en 1832, on proposa de remplacer la déportation, portée par le 1er paragraphe de l'art. 94, par la détention à temps. Cette proposition fut attaquée par le rapporteur. « Le crime, disait-il, peut-il paraître digne d'indulgence? il se compose de sédition et de trahison : il n'y a pas seulement tentative de révolte, il y a tentative de révolte à l'aide du pouvoir qu'on avait reçu pour le réprimer. Veut-on le comparer aux crimes analogues? Si la réquisition a été suivie d'effet, le même article prononce la peine de mort. Si nous substituons la détention à temps à la déportation, pense-t-on que le succès du crime sera une raison suffisante de l'énorme différence des deux châtimens? Ici encore la substitution de la détention à temps à la déportation est insuffisante pour la gravité du crime, et rompt toute l'harmonie des peines entre elles. »

207. — MM. Chauveau et Hélie combattent ces motifs : « On conçoit, disent-ils (t. 3, p. 20), que sous l'empire, dont la guerre était un moyen de gouvernement, la plus légère résistance aux décrets de lever des troupes ait dû constituer un crime capital. Mais les lois pénales ne doivent pas se ployer aux systèmes de gouvernement. » Aussi ces auteurs trouvent-ils exorbitantes, et en disproportion avec le péril social, les peines prononcées par l'art. 94. M. Destriveaux a, suivant eux, proposé une distinction garantissant à la fois les intérêts de la justice et ceux de l'état. « Sans doute, écrit ce publiciste (*Essais sur le C. pén.*, p. 18), si l'état, engagé dans une guerre, qui demande l'emploi de toutes ses forces, appelle ses citoyens aux armes, celui qui se sert de la force publique pour la tourner contre sa patrie doit être soumis à une peine capitale, lorsque ses funestes ordres ont été entendus et exécutés; mais si l'état est en paix, cette action prend un tout autre caractère; la peine de mort est hors de toute proportion, et les travaux forcés nous semblent une préparation suffisante de l'attentat, lors d'ailleurs qu'au crime principal ne se joint pas un crime accessoire, tel, par exemple, que l'homicide. »

208. — Sous l'empire de la loi du 30 prair. an III, l'enlèvement de conscrits déserteurs conduits par des gendarmes, exécuté à force ouverte et avec violence par un rassemblement de rebelles masqués et armés de fusils dont ils avaient fait usage contre les gendarmes, présentait un attentat qui tombait sous son application — *Cass.*, 9 prair. an X, Stiernon et Mouton.

209. — Les individus prévenus d'avoir pris une part active à cet attentat et qui avaient été arrêtés hors du rassemblement et sans armes, ne devaient pas être traduits devant le jury d'accusation, mais devaient être directement cités devant l'accusateur public, pour être par lui dressé acte d'accusation conformément à l'art. 7, L. 30 prair. an III. — Même arrêt.

§ 3. *De la dévastation des propriétés et édifices publics. — Pillage.*

210. — Sous ce titre se rangent non seulement la dévastation et le pillage publics exécutés par des particuliers, mais encore ceux commis par des *bandes armées*. Celles-ci cependant pouvant avoir été organisées non seulement pour envahir et piller des propriétés publiques, mais aussi pour commettre les crimes prévus par les art. 86, 87 et 91, C. pén., la loi les a considérées sous ce double point de vue, et nous avons dû dès-lors en parler à part. — V. BANDES ARMÉES.

211. — L'art. 95 porte : « Tout individu qui aura incendié ou détruit, par l'explosion d'une mine, des édifices, magasins, arsenaux, vaisseaux ou autres propriétés appartenant à l'état, sera puni de mort. »

212. — L'art. 95 doit être rapproché de l'art. 435 qui punit, suivant les distinctions faites par l'art. 434, ceux qui ont détruit par l'effet d'une mine des édifices, navires, bateaux, magasins ou chantiers. Résulte-t-il de la combinaison de ces deux articles que la destruction des propriétés publiques, par l'emploi d'une mine, rentre, dans tous les cas, dans les termes de l'art. 95, et que l'art. 434 ne s'applique qu'à la destruction, par le même moyen, des propriétés particulières? — Cette distinction, que semblent avoir adoptée quelques auteurs, est repoussée par MM. Chauveau et Hélie (t. 3, p. 21). « Il ne faut pas perdre de vue, disent-ils, que l'art. 95 est placé dans la catégorie des crimes qui tendent à troubler l'état par la guerre civile. Le législateur a supposé qu'un traître pourrait, en présence de l'ennemi ou de ses concitoyens révoltés, faire sauter une citadelle, un arsenal, un magasin, et ce qui atteste cette pensée, c'est la peine de mort uniformément appliquée à toutes les tentatives de cette nature. En effet, dans cette hypothèse, le crime prend une haute gravité : il attaque et compromet la sûreté intérieure de l'état; ce n'est pas seulement un crime d'incendie, c'est un crime de trahison, et c'est cette action complexe qu'a voulu punir l'art. 95. Mais si cette intention politique n'a pas présidé à l'attentat, ce n'est plus qu'un crime commun, et il se trouve dès-lors compris dans les termes de l'art. 435. Car, d'une part, rien n'indique, dans le texte de ce dernier article, que les peines par lui portées soient exclusivement réservées pour les attentats contre les propriétés privées; et d'un autre côté il serait trop rigoureux d'infliger la peine de mort, sans distinction, à des incendies de propriétés publiques qui n'auraient ni compromis, ni troublé la tranquillité générale de l'état. » — Cette opinion est toutefois combattue par les auteurs de l'*Encycl. du dr.* (v° *Attentat politique*, n° 116). Suivant eux, quel que soit le but dans lequel la destruction des propriétés publiques aura été exécutée, l'auteur, s'il a agi volontairement et en connaissance de cause, encourra la peine portée par l'art. 95.

213. — On pourrait même, d'après MM. Chauveau et Hélie, dans l'hypothèse que l'article prévoit suivant eux, faire au législateur le reproche d'avoir frappé d'une peine inflexible un crime qui peut avoir des degrés. Ainsi l'incendie peut causer à l'état un très grave dommage ou n'affecter que légèrement ses intérêts. Le résultat, dans ces deux cas, est très différent, et l'on ne doit pas non plus supposer la même criminalité; et il y a toujours défectuosité dans une loi qui confond des idées si différentes, pour arriver à prononcer une même peine et celle de mort surtout. — Chauveau et Hélie, t. 3, p. 22.

214. — Remarquons que, d'après la lettre de l'article, le crime n'est accompli que par la *destruction*, par l'effet de l'explosion de la mine des édifices et magasins. Il en faut conclure que si l'explosion n'avait amené qu'un léger dommage, l'art. 95 cesserait d'être applicable, à moins cependant que l'action ne renfermât alors les caractères qui constituent la tentative légale. — Chauveau et Hélie, t. 3, p. 22.

215. — Cette décision résulte, suivant les auteurs de l'*Encycl. du dr.* (*loc. cit.*, n° 117), de ce que le Code pénal actuel n'a pas reproduit la disposition du Code de 1791, qui punissait de mort ceux qui avaient *disposé* une mine, comme ceux qui avaient *détruit* par l'effet d'une mine des propriétés appartenant à l'état.

216. — La loi du 30 prair. an III, relative aux conspirateurs armés contre la république, n'avait été abrogée par aucune disposition de la constit. de l'an VIII. — En conséquence, et sous l'empire de cette constitution, un acte d'accusation était nul s'il avait été dressé par le directeur du jury au lieu de l'être par l'accusateur public; de même le jury d'accusation était incompétent pour en connaître, et les accusés devaient être traduits directement

devant le tribunal criminel. — *Cass.*, 6 fruct. an VIII, Valecke.

217. — Le législateur, après avoir indiqué quels sont les crimes contre la sûreté intérieure de l'État, s'est occupé de ceux des coupables qui, avant toute exécution ou tentative de ces crimes, et avant toutes poursuites commencées, en auraient donné connaissance au gouvernement ou à l'autorité. — Nous examinerons ce qui concerne cette matière au mot RÉVÉLATION DE COMPLOT.

CRIN, CRINIÈRES (Fabricans, marchands, apprêteurs, friseurs ou crépeurs de).

1. — Marchands de crin frisé en gros, patentables de première classe; droit fixe basé sur la population, et droit proportionnel du quinzième de la valeur locative de l'habitation et des lieux servant à l'exercice de la profession.

2. — Marchands de crin frisé en demi-gros, patentables de deuxième classe; droit fixe basé sur la population; droit proportionnel du vingtième de la valeur locative des locaux du patentable.

3. — Marchands de crin frisé, apprêteurs de crin frisé, marchands de crins plats, fabricans de crinières pour son compte; patentables, les premiers de quatrième classe; les seconds de cinquième, les deux derniers de sixième classe; mêmes droits, sauf les différences de classes que les marchands de crins frisés en demi-gros.

4. — Apprêteurs, crépeurs, ou friscurs de crin à façon, fabricans de crinières à façon, patentables de huitième classe; droit fixe basé sur la population, droit proportionnel du quarantième de la valeur locative des locaux des patentables; mais seulement dans les communes de 20,000 âmes et au-dessus.

V. PATENTE.

CRIS SÉDITIEUX.

1. — La loi du 17 mai 1819 contenait deux dispositions aujourd'hui abrogées qui s'appliquaient aux individus coupables d'avoir proféré des cris séditieux. Cette loi considérait ces cris correctionnelles et comme délits distincts, la provocation, *publique* et *non suivie d'effet* à un crime et la même provocation à un délit. Dans le premier cas, la peine était de trois mois à cinq ans d'emprisonnement et de cinquante francs à six mille francs d'amende — Art. 2. — Dans le second cas, la peine était de trois jours à deux ans de prison et de trente francs à quatre mille francs d'amende, cumulativement ou séparément selon les circonstances, sauf les cas dans lesquels la loi prononçait une peine moins grave contre l'auteur même du délit, laquelle devait être alors appliquée au provocateur. — Art. 3. — Certains faits étaient, en outre, *réputés* provocation au crime ou au délit par les art. 4 et 5, aujourd'hui abrogés. Ainsi l'art. 5 portait : « Seront réputés provocation au délit et punis des peines portées en l'art. 3 : 1° tous cris séditieux publiquement proférés, autres que ceux qui rentreraient dans la disposition de l'art. 4. »... — Cet article, «'n'aréputait provocation au crime toute attaque formelle et publique soit contre l'inviolabilité de la personne du roi, soit contre l'ordre de successibilité au trône, soit contre l'autorité constitutionnelle du roi et des chambres.

2. — Il résultait de ce système que l'individu coupable d'avoir proféré des cris séditieux était puni de peines correctionnelles plus ou moins fortes selon la nature et le caractère de ces cris.

3. — Mais le § 1er de l'art. 5, L. du 17 mai 1819, a été remplacé par l'art. 8, L. 25 mars 1822, qui punit d'un emprisonnement de six jours à deux ans et d'une amende de 16 francs à 4,000 fr., tous cris séditieux publiquement proférés. — Chassan, *Traité des Délits et contraventions de la parole*, de l'écriture et de la presse, 2e édit., t. 1er, n° 353 ; De Grattier, *Comment. sur les lois de la presse*, t. 2, p. 94, n° 1er.

4. — Aucune de ces deux lois n'a défini ce qu'on devait entendre par *cris séditieux*. Elles ont donc laissé à la conscience des juges et des jurés la mission d'apprécier si la clameur proférée peut recevoir la qualification de séditieuse. On sent combien les circonstances concomitantes ont d'influence sur une pareille décision.

5. — Il importe aussi de remarquer que les conditions constitutives de la publicité ne sont pas, dans la loi du 25 mars 1822, exprimées dans les termes de l'art. 1er de la loi du 17 mai 1819, et qu'il suffit, d'après la première, que le cri ait été puni *publiquement* sans qu'il

soit besoin de constater qu'il l'a été dans des lieux ou réunions publics.

6. — Le concours de la publicité est une circonstance constitutive du délit.

7. — Bien que les cris séditieux aient par eux-mêmes un caractère politique, le délit commis par celui qui les a proféré n'est pas rangé au nombre des *délits politiques* par l'art. 7 de la loi du 8 oct. 1830. Mais c'est un délit de la parole qui, à ce titre, doit être jugé par la cour d'assises, aux termes de l'art. 1er de la même loi. — Chassan, t. 2, n° 1046.

8. — L'art. 463, C. pén., est applicable au délit prévu par l'art. 8 de la loi du 25 mars 1822. — V. art. 14 de cette loi. — C'est maintenant à la cour d'assises qu'il appartient de faire cette application et de déclarer l'existence de circonstances atténuantes en faveur de l'individu prévenu d'avoir proféré des cris séditieux. — V. CIRCONSTANCES ATTÉNUANTES, n°s 149 et suiv., 161; DÉLITS DE PRESSE; DISCOURS SÉDITIEUX.

CRISTAUX (Manufacturiers, marchands, tailleurs, fabriques de).

1. — Manufacturiers de cristaux patentables; droit fixe de 300 fr., droit proportionnel du vingtième de la valeur locative de l'habitation, des magasins de vente complétement séparés de l'établissement et du quarantième de l'établissement industriel.

2. — Marchands de cristaux en gros, patentables de première classe; droit fixe basé sur la population, et droit proportionnel du quinzième de la valeur locative de l'habitation et des lieux servant à l'exercice de la profession.

3. — Marchands de cristaux en demi-gros et marchands en détail, patentables, les premiers de deuxième classe, les seconds de cinquième classe; droit fixe et droit proportionnel du vingtième de la valeur locative de l'habitation et des lieux servant à l'exercice de la profession.

4. — Tailleurs de cristaux; patentables de septième classe; droit fixe basé sur la population, droit proportionnel du quarantième sur les locaux du patentable; mais seulement dans les communes de 20,000 âmes et au-dessus.

5. — Les fabriques de cristaux sont rangées, eu égard à leur grande fumée et au danger du feu, dans la première classe des établissemens insalubres.

6. — Les fabriques de cristaux de soude, sous-carbonate de soude cristallisé, présentant très peu d'inconvéniens, sont rangées que dans la troisième classe. — V. ÉTABLISSEMENS INSALUBRES (Nomenclature.)

V. PATENTES.

CROCHETS POUR LES FABRIQUES D'ÉTOFFES (Fabricans de).

1. — Fabricans de crochets pour les fabriques d'étoffes, pour leur compte; patentables de septième classe; droit fixe basé sur la population, et droit proportionnel du quarantième de la valeur locative de tous les locaux des patentables, mais seulement dans les communes de 20,000 âmes et au-dessus.

2. — Fabricans à façon, huitième classe; mêmes droits, sauf la différence de classe.

V. PATENTES.

CROIT.

1. — Ce mot désigne les petits des animaux, son étymologie indique que l'objet qu'il désigne *accroit* le troupeau

2. — Le croit est une des espèces de fruits que produit l'animal, duquel on peut, comme chacun sait, retirer d'autres fruits, tels que le lait, la laine, le poil, etc.

3. — Le croit, comme les autres fruits, appartient au propriétaire (art. 547, C. civ.), à moins qu'il n'y ait eu démembrement de la propriété au profit d'un usufruitier ou d'un usager.— V. ACCESSION, PROPRIÉTÉ, FRUITS, USAGE, USUFRUIT.

CROIX (Signature).
V. SIGNATURE.

CROUPIER.

On désigne sous ce nom la personne à laquelle un associé a transmis tout ou partie de son intérêt dans une société, sans cependant lui avoir transmis la qualité d'associé, qu'il conserve seul au regard de ses coassociés et des tiers. — V. SOCIÉTÉ. — Les croupiers s'appellent aussi participans.

CRUE.

1. — C'était une augmentation ou supplément de prix, qui, dans quelques pays et en certains cas, était dû, outre le montant de la prisée des meubles, par ceux qui devaient en rendre la valeur.

2. — La crue était connue sous d'autres noms. En Bretagne, on l'appelait *plus value* ou *plus valeur*; sous les coutumes du Poitou et du Bourbonnais, *quint en sus*. Enfin, dans d'autres pays, *Parisis*. — Elle n'était pas non plus la même partout.

3. — La crue avait été introduite pour suppléer à ce qu'on présumait manquer à la juste valeur des effets mobiliers compris dans un inventaire, relativement à la prisée qui en était faite. — Merlin, *Rép.*, v° Crue.

4. — L'usage de la crue est vraisemblablement dû à l'édit de Henri II, du mois de fév. 1556, qui rendait les huissiers et autres, faisant la prisée des meubles, garans de cette prisée, et défendait de vendre des meubles au-dessous de cette même prisée sans ordonnance de justice. Pour éviter ces inconvéniens, on a sans doute alors pris le parti de faire des prisées à bas prix. — Merlin, *Rép.*, v° Crue.

5. — Aujourd'hui, dans les inventaires, la description et estimation des effets doit être faite à leur juste valeur et *sans crue*.—C. procéd., art. 943-3°.

6. — À défaut de prisée des meubles d'une succession faite dans un inventaire régulier, cette prisée doit être faite par gens à ce connaissant, à juste prix et *sans crue*. — C. civ., art. 825.

7. — Enfin, à défaut d'état estimatif du mobilier qu'un des cohéritiers donataire est tenu de rapporter à la succession, ce rapport a lieu d'après une estimation par experts à juste prix et *sans crue*. — C. civ., art. 868.

8. — La crue est, en conséquence, abolie dans toute la France. — C. procéd., art. 1041; — Merlin, *Rép.*, v° Crue

9. — Mais elle doit être ajoutée aux prisées antérieures au Code de procéd. — Rolland de Villargues, *Rép.*, v° Crue, n° 3.

CUEILLERETS, CUEILLOIRS.

1. — C'étaient autrefois des registres de recettes des droits seigneuriaux et des rentes foncières.

2. — On leur donnait encore les noms de *papiers cueillerets*, *papiers terriers*, *papiers censiers*, *lièves*, *recens et manuels*.

3. — D'après un décret du 12-29 janv. 1791, les cueilloirs ou cueillerets n'ont plus été regardés pour l'avenir que comme des registres purement domestiques, encore qu'ils eussent été affirmés.

CUILLERS D'ÉTAIN (Fondeurs ambulans de).

Fondeurs de cuillers d'étain ambulans; patentables de huitième classe; droit fixe basé sur la population et droit proportionnel du quarantième de la valeur locative de tous les locaux des patentables, mais seulement dans les communes de 20,000 âmes et au-dessus. — V. PATENTE.

CUEILLETTE.

1. — On appelle charger à *cueillette*, lorsque l'affrétement d'un navire est fait sous la condition que le fréteur trouvera, dans un certain temps, à compléter son chargement, et que, s'il n'y parvient pas, il sera libre d'annuler la charte-partie. — C. comm., art. 288 et 294.

2. — Il est reçu dans l'usage que le chargement n'a pas besoin d'être absolument complet, et qu'il suffit qu'il soit arrivé aux trois quarts. — V. CAPITAINE DE NAVIRE ; CHARTE-PARTIE; FRET.

CUIRS (Fabricans, marchands, dépôts de).

1. — Marchands en gros de cuirs tannés, corroyés, lissés et vernissés, et marchands en gros de cuirs en vert étrangers; patentables de première classe; droit fixe basé sur la population, et droit proportionnel du quinzième de la valeur locative de l'habitation et des lieux servant à l'exercice de la profession. — L. 25 avril 1844.

2. — Marchands en gros de cuirs en vert du pays, patentables de troisième classe; même droit fixe, sauf la différence de classe, que les marchands de cuirs en vert étrangers; droit proportionnel du vingtième de la valeur locative de l'habitation et des lieux servant à l'exercice de la profession. — *Ibid.*

3. — Marchands en détail de cuirs tannés, lissés, vernissés; —patentables de quatrième classe ;(mêmes droits fixe, sauf la différence de classe, et proportionnel que les précédens. — Ibid.

4. — Fabricans et marchands d'objets en cuir bouilli et verni ; —patentables de sixième classe; mêmes droits fixe, sauf la différence de classe, et proportionnel que les précédens. — Ibid. — V. PATENTES.

5. — Quant aux fabriques de cuirs vernis, elles sont rangées, eu égard à la mauvaise odeur qui s'en échappe et au danger du feu qu'elles présentent, dans la première classe des établissemens insalubres.

6. — Les dépôts de cuirs verts et peaux fraîches sont rangés, à raison de l'odeur désagréable et insalubre qu'ils produisent, dans la deuxième classe.
V. ÉTABLISSEMENS INSALUBRES (nomenclature), PATENTES.

CUIRS ET PIERRES A RASOIRS (Marchands et fabricans de).

Patentables de sixième classe ; — droit fixe basé sur la population et droit proportionnel du vingtième de la valeur locative de l'habitation et des lieux servant à l'exercice de la profession. — L. 25 avr. 1844. — V. PATENTES.

CUISSON DE TÊTES D'ANIMAUX (Établissemens pour la).

Les établissemens pour la cuisson des têtes d'animaux dans des chaudières établies sur un fourneau de construction, quand ils ne sont pas accompagnée de fonderie de suif, sont rangés, eu égard à la fumée et à la légère odeur qui s'en échappe, dans la troisième classe des établissemens insalubres.
V. ÉTABLISSEMENS INSALUBRES (Nomenclature), PATENTES.

CUIVRE.

1. — L'importation en France de ce métal est très considérable; elle est frappée d'un droit parfois assez élevé. — V. DOUANES.

2. — Marchands de vieux cuivre de navires; — patentables de sixième classe; droit fixe basé sur la population; droit proportionnel du vingtième de la valeur locative de l'habitation et des lieux servant à l'exercice de la profession. — L. 25 avr. 1844.

3. — Marchands de cuivre vieux, patentables de septième classe; droit fixe, également basé sur la population ; droit proportionnel du quarantième de la valeur locative de tous les locaux des patentés; mais seulement dans les communes de 20,000 âmes et au-dessus. — Ibid. — V. PATENTES.

4. — Les ateliers de désargentage du cuivre par le mélange de l'acide sulfurique et de l'acide nitrique, sont rangés, à raison du dégagement de gaz nuisibles, dans la première classe des établissemens insalubres.

5. — Quant aux établissemens destinés soit à la fonte et au laminage du cuivre, qui donnent de la fumée, produisent des exhalations insalubres et présentent des dangers du feu, soit au dérochage ou décapage du cuivre, qui laissent échapper une odeur nuisible et désagréable, ils ne sont rangés que dans la deuxième classe.
V. ÉTABLISSEMENS INSALUBRES (nomenclature), PATENTES.

CULOTTIERS EN PEAU (Marchands).

Patentables de cinquième classe; droit fixe basé sur la population et droit proportionnel du vingtième de la valeur locative de l'habitation et des lieux servant à l'exercice de la profession. — L. 25 avr. 1844.—V. PATENTES.

CULPABILITÉ. — COUPABLE.

1. — Tout acte réprimé par la loi pénale comprend en général et sauf quelques exceptions(certaines contraventions), deux élémens distincts : le fait matériel et l'intention frauduleuse (malitiosa). — La réunion de ces deux élémens à la charge d'un individu constitue sa culpabilité, sans laquelle il n'y a ni crime ni délit, et qui peut seule autoriser l'application de la loi pénale; isolés, ils restent, aux yeux de loi, sinon innocens, du moins non imputables; aucune peine ne peut être prononcée.

2. — Jugé, en conséquence, que le mot coupable est une expression complexe, qui déclare tout à la fois que le fait de l'accusation est constant, que

l'accusé en est l'auteur, et qu'il l'a commis avec une intention criminelle.—Cass., 27 fév. 1812, Leclerc ; 6 mars 1812, Mallet; 13 mai 1826, Paraud;—Merlin, Rép., v° Intention ; Bourguignon, Jurisp. C. crim., sous l'art. 337.

3.—...Et que celui qui est déclaré coupable d'un fait illicite est nécessairement tout à la fois reconnu auteur de ce fait et déclaré convaincu de toutes les circonstances de moralité qui doivent le rendre passible de l'application d'une loi pénale. — Cass., 27 fév. 1812, Leclerc.

4. — La cour de Cassation avait jugé également que la déclaration qu'un accusé est coupable d'avoir soustrait diférens objets appartenant à autrui, constate nécessairement et implicitement une soustraction faite frauduleusement et par conséquent un vol.—Même arrêt.

5.—Mais la cour de Cassation avait été trop loin; aussi n'a-t-elle pas tardé à revenir sur cette jurisprudence, et a-t-elle décidé qu'un accusé déclaré coupable d'avoir soustrait diférens objets appartenant à autrui, ne peut êtrecondamné aux peines du vol, si la déclaration du jury n'exprime pasque cette soustraction a été faite frauduleusement. — Cass., 26 oct. 1815, Bailly. — V. aussi 19 avr. 1816, Ardard ; 30 juill. 1826, Gaucher.

6. — Toutefois, si le mot coupable, dans le sens ordinaire de la loi, emporte l'idée du fait et de l'intention criminels, il en est autrement lorsque le jury l'a réduit au fait matériel en excluant formellement l'intention du crime. — Cass., 20 mars 1812, Vanderschelden ; 30 avr. 1812, Bréant; 9 oct. 1823, Claude Lejeal; 29 août 1829, Lhermite; 18 avr. 1834, Geysse.

7. — Ainsi, la déclaration du jury portant que l'accusé est coupable d'une soustraction, mais qu'il ne l'a pas faite frauduleusement, n'a rien de contradictoire; et la cour d'assises ne peut se permettre de renvoyer les jurés dans leur chambre, pour donner une nouvelle déclaration. — Cass., 20 mars 1812, Vanderschelden; 4 janv. 1817, Philippe ; 29 août 1829, Lhermite. — V. Legrasverend, Législ. crim., t. 2, p. 243; Carnot, Instr. crim., t. 2, art. 350, p. 970, n° 10.

8 — « Il est même des cas, dit Merlin (Rép., v° Juré, § 4, n° 24), où le jury est forcé d'attacher un autre sens à l'expression coupable. L'art. 337 porte que : la question restant de l'acte d'accusation sera posée en ces termes: L'accusé est-il coupable d'avoir commis le meurtre, tel vol ou tel crime, avec toutes les circonstances comprises dans le résumé de l'acte d'accusation. Et l'art. 345 ajoute : Si le jury pense... que le fait est constant, que l'accusé en est convaincu, mais qu'aucune des circonstances n'est prouvée, il dira : Oui l'accusé est coupable; mais sans aucune des circonstances. Remarquez qu'il peut arriver tel cas où le fait porté dans l'acte d'accusation cesse d'être criminel, par cela seul qu'il se trouve dépouillé des circonstances dont l'acte d'accusation l'environnait. Cependant, même dans ces occasions, la loi veut que ce fait soit qualifié de crime dans la réponse du jury, et que l'accusé soit déclaré coupable si réellement il est auteur de ce fait; et c'est ce que prouve encore plus clairement l'art. 364, lorsqu'il dit : La cour prononcera l'absolution de l'accusé, si le fait dont il est déclaré coupable n'est pas défendu par une loi pénale. Les mots crime et coupable sont donc pas alors employés dans leur seuls propres; ils ne sont ici que moyens employés que pour désigner le fait et l'auteur du fait matériel. »

9 — Si le jury refuse d'employer dans sa réponse le mot coupable et se borne à déclarer que l'accusé est auteur du fait matériel de l'accusation, sans s'expliquer sur les circonstances de moralité, il reconnaît par là qu'il n'y a pas eu intention criminelle, et sa déclaration ne peut donner lieu à une condamnation.

10. — Ainsi, lorsque à la question de savoir si l'accusé est coupable d'avoir été l'auteur ou le directeur d'une association de malfaiteurs, le jury répond seulement qu'il a été l'auteur ou le directeur de cette association, le refus fait par le jury d'employer le mot coupable exclut le criminalité du fait qui, n'ayant que la matérialité du crime et n'en ayant point le caractère moral, ne constitue ni un crime ni un délit qualifié par la loi. — Cass., 6 mars 1812, Pierre Mallet. — V. aussi Cass., 24 oct. 1822, Salicetti; — Carnot, Inst. crim., t. 3, p. 115, n° 4.

11.—Au reste, le mot coupable, employé dans la formule de questions tracée par l'art. 337, C. inst. crim., n'est pas sacramentel; il peut être remplacé par un équivalent. — Cass., 23 juin 1814, Sulpice Chauvin; 3 juin 1825, Trainez; Bruxelles, 19 déc. 1821, Jean Devos. — V. cependant Cass., 4 janv. 1839 (t. 2 1839, p. 613), Louisy Lefèvre.
V. COUR D'ASSISES, PEINE, TRIBUNAL CORRECTIONNEL, TRIBUNAL DE SIMPLE POLICE.

CULTE.

Table alphabétique.

voir soumis aux mêmes mesures d'ordre, de surveillance et de police.

12. — Enfin, en troisième lieu, union des pouvoirs spirituel et temporel, ayant une organisation éparée et distincte, développant leur action et leur influence, d'après les principes divers. — Dans cette situation les deux pouvoirs n'ont de rapports, et par conséquent de dépendance mutuelle, qu'en ce qui concerne l'objet de leur alliance.

13. — Quel est celui de ces trois systèmes qui a été suivi en France; quels rapports unissent les deux puissances dont nous venons de parler? C'est ce qui doit faire l'objet de cet article, dans lequel nous examinerons ce qui a trait : — 1° à tous les cultes en général; — 2° au culte catholique en particulier, celte que la Charte de 1830 reconnaît être celui de la majorité des Français, et qui, par son importance, occupe véritablement une position toute spéciale.

14. — Quant à ce qui concerne l'organisation des autres cultes, soit chrétiens dissidens (luthériens et réformés), soit israélite, nous avons exposé les règles qui les concernent aux mots : CONSISTOIRE ISRAÉLITE, CONSISTOIRES PROTESTANS.

CHAPITRE Ier. — Du culte en général.

Sect. 1re. — Historique.

15. — L'histoire des cultes en France et de la législation qui les a régis, peut se diviser en trois périodes bien distinctes : — 1° législation ancienne antérieure à 1789; — 2° législation intermédiaire qui s'étendit jusqu'au concordat de 1801; — 3° législation actuelle.

16. — Législation ancienne. — Avant 1789, la liberté des cultes n'existait pas en France, non pas sans doute que la puissance temporelle se fût complétement mise en possession de l'autorité spirituelle, qu'elle l'eût complétement absorbée. Jamais cette confusion n'a eu lieu en notre pays.

17. — Mais l'alliance qui s'était formée entre la puissance temporelle et le culte catholique était tellement intime, que nul autre culte n'était autorisé.

18. — Sans parler ici des Juifs, qui ne pouvaient jamais faire partie de la nation, et dont la position toujours précaire n'éveillait le plus souvent l'attention de l'autorité que lorsqu'il s'agissait de frapper leurs personnes ou leurs biens de mesures exceptionnelles et rigoureuses (V. JUIFS), nulle autre communion ne pouvait légalement exister en France que la communion catholique.

19. — Toute attaque contre les dogmes ou les pratiques de l'église catholique, la simple émission même de pensées ou de maximes jugées contraires aux règles de l'orthodoxie, exposaient leurs auteurs aux poursuites les plus rigoureuses et aux peines les plus sévères.

20. — C'est ainsi qu'un édit du mois de juin (1551) défend « aux gens de tous états et aux étrangers qui s'ingèrent sans aucun savoir ni intelligence qu'ils aient en la Sainte Écriture, en prenant leurs repas, ou bien allant par les champs... parlent, devisent des choses concernant la foi, le saint-sacrement de l'autel, et les constitutions de l'église, faisant des questions curieuses et sans fruit, lesquelles font tomber souvent en de grandes erreurs... de ne plus faire dorénavant de telles propositions, questions et disputes sur les points de notre foi, du saint-sacrement, des constitutions et ordonnances de l'église, des saints conciles, etc. » — Un autre édit de 1510, accueille les accusateurs, délateurs, dénonciateurs, et leur attribue, en cas de condamnation, la tierce-partie des biens des accusés, à quelque valeur et estimation qu'elle puisse monter.

21. — Nous avons vu au surplus, au mot BLASPHÈME, que les peines les plus graves, et quelquefois même la peine capitale, étaient encourues à raison du blasphème; et le blasphème comprenait toute injure ou attaque par parole ou par écrit contre le respect dû à la divinité ou à la religion. — V. BLASPHÈME.

22. — L'histoire nous apprend encore quelles guerres longues et cruelles désolèrent souvent notre pays, à l'occasion des querelles religieuses que suscitait la survenance de doctrines hérésiarques, et dont la plus connue a été, au douzième et treizième siècles, celle des Albigeois.

23. — Au seizième siècle, les réformes religieuses de Luther et de Calvin trouvèrent, comme on le fait, la dernière surtout, des adhérens assez nombreux en France. De ces guerres sanglantes, interrompues quelquefois par des trêves, mais qui reprirent et se continuèrent avec une ardeur toujours croissante jusqu'à la pacification sanglante sous Henri IV.

24. — A cette époque, les membres des communions chrétiennes dissidentes, connues sous le nom général de protestans, obtinrent, en vertu de l'édit de Nantes, la libre profession de leur culte, du moins sous certaines conditions déterminées.

25. — Mais ces concessions ne devaient être que momentanées. Louis XIV révoqua l'édit de Nantes, et les réunions que tentaient de former les protestans, ainsi que leurs personnes mêmes, furent, comme on le sait, l'objet de poursuites rigoureuses et trop souvent sanglantes.

26. — Poursuivis dans leur foi, les protestans se trouvaient encore, par l'effet de la révocation de l'édit de Nantes, privés du droit de faire constater leur état civil, puisque les seuls registres de l'état civil pour les Français étaient les registres tenus par le clergé catholique.

27. — Ce ne fut que par édit du 28 nov. 1787 que Louis XVI permit à ceux de ses sujets et aux étrangers qui se trouveraient établis dans le royaume, de s'adresser aux officiers de justice de leur domicile pour faire constater leurs naissances, mariages et décès. — V. ACTES DE L'ÉTAT CIVIL, n° 9 et suiv.

28. — Mais, en dehors de la réforme relative aux actes de l'état civil, l'édit de 1787 ne rétablissait pas celui de Nantes; l'exercice du culte protestant demeurait toujours interdit sous les peines les plus sévères, et les non-catholiques restaient toujours incapables, en principe, de toutes charges publiques.

29. — Tel était encore l'état des choses en France lorsque furent convoqués les états-généraux de 1789; la législation religieuse allait être bientôt complétement bouleversée,

30. — Législation intermédiaire. — En arrivant aux états-généraux, beaucoup de membres du tiers-état avaient reçu mission de leurs commettans de réclamer pour tous les Français la liberté de conscience.

31. — Ainsi, notamment, dans le cahier de la ville de Paris se trouvait un chapitre spécial sur la religion, dans lequel on remarque ce passage : « Elle (la religion) est déclarée nécessaire à l'homme; elle doit être considérée dans ses rapports avec le gouvernement qui l'a reçue et la personne qui la professe. Ses ministres, comme ministres de l'état, sont sujets aux lois. La religion est reçue librement dans l'état sans porter aucune atteinte à sa constitution. Tout citoyen doit jouir de la liberté particulière de sa conscience. »

32. — Un premier décret, du 24 déc. 1790, consacra d'abord l'admission de tous les citoyens quel que fût leur culte à tous les emplois civils et militaires.

33. — Bientôt un membre de l'assemblée constituante, Dom Gerle, ayant fait une motion tendant à ce qu'il fût décrété « que la religion catholique, apostolique et romaine serait et demeurerait pour toujours la religion de la nation, et que son culte serait le seul public et autorisé, » l'assemblée « considérant qu'elle n'a ou ne peut avoir aucun pouvoir à exercer sur la conscience et sur les opinions religieuses, et que la majesté de la religion et le respect profond qui lui est dû ne permettent pas qu'elle devienne un sujet de délibération, » déclara qu'elle ne pouvait ni devait délibérer sur la motion proposée. — Décr. 13 avr. 1790.

34. — Un ordre de choses entièrement nouveau était donc créé : désormais il ne devait plus y avoir en France de religion exclusive. — Toutefois, en proclamant la liberté de conscience, l'assemblée nationale accordait une position spéciale au culte catholique, qui restait encore celui déclaré et privilégié dans son exercice; et le décret du 13 avr. 1790 fait même mention expresse de l'attachement de l'assemblée pour le culte catholique apostolique et romain.

35. — Nous verrons plus bas comment cet attachement devait bientôt dégénérer en une oppression véritable qui prit son point de départ à la constitution civile du clergé. — V. infra n° 59 et suiv.

36. — Le décret du 18 juillet 1791, sur l'organisation de la police municipale et correctionnelle, rangea parmi les délits justiciables de la police correctionnelle, les troubles apportés publiquement à l'exercice d'un culte quelconque. — Décr. 19 juill. 1791. tit. 2, art. 7, 11, 12.

37. — Le principe de la liberté de conscience reçut bientôt une consécration formelle dans la déclaration des droits de l'homme insérée en tête de la constitution de 1791. — On lit en effet, dans l'art. 10 de cette déclaration : « Nul ne doit être inquiété pour ses opinions, même religieuses, pourvu que leur manifestation ne trouble point l'ordre public. »

38. — En exécution de ce principe, la titre 1er de la constitution garantissait à tous les citoyens le libre exercice du culte auquel ils pouvaient être attachés, et leur accordait le droit d'élire ou de choisir les ministres de leur cultes.

39. — Et plus loin, la même constitution (tit. 2, art. 7) ajoutait : « La loi ne considère le mariage que comme un contrat civil. Le pouvoir législatif établira pour tous les habitans, sans distinction, le mode par lequel les naissances, mariages et décès seront constatés, et il désignera les officiers publics qui en recevront et conserveront les actes. » — L'assemblée législative devait bientôt, en exécution du principe posé par la constitution de 1791, rendre la loi du 20 sept. 1792, sur le mode de constater l'état civil des citoyens; laquelle loi, après avoir prescrit que les registres de l'état civil seraient confiés à des officiers municipaux, ajoutait néanmoins (tit. 6, art. 8) que l'assemblée n'entendait ni imposer, ni nuire en aucun façon l'état du citoyen de pouvoir faire constater ses naissances, mariages et décès par les cérémonies du culte auquel il pouvait être attaché, et par l'intervention des ministres de ce culte.

40. — Néanmoins, et en présence des principes posés sur la liberté de conscience et des cultes, le culte catholique était, il est vrai, que l'avait prétendu réglementer la constitution civile du clergé, dont nous nous occuperons plus tard en traitant spécialement du culte catholique, occupait toujours une position exceptionnelle; lui seul recevait du trésor les églises et édifices que les autres cultes ne pouvaient avoir qu'à leurs frais. — Décr. 29 nov. 1791, art. 12; 4 sept. 1792, tit. 3, art. 3. — Cependant la même décret portait qu'à partir du 1er janvier 1793, dans chaque municipalité les citoyens aviseraient eux-mêmes aux moyens de pourvoir à toutes les

dépenses du culte catholique, on exceptait néanmoins le traitement des ministres de ce culte.

41. — Mais lorsque la convention nationale succéda à l'assemblée législative, un nouvel ordre de choses fut établi en ce qui concerne la matière des cultes.

42. — La déclaration du 24 juin 1793 (art. 7), mit au nombre des droits de l'homme et du citoyen la liberté des cultes dont la constitution du même jour (art. 122) garantit l'exercice.

43. — Nous verrons plus bas, et en nous occupant du culte catholique en particulier (*infrà*, nos 626 et suiv.), comment la convention nationale entendait ce principe de la liberté des cultes, et quelles applications en furent faites pendant cette période révolutionnaire, qui ne connut guère d'autres cultes que ceux de la *liberté* et de la *raison*, auxquels devait succéder le *déisme* de Robespierre, en vertu du décret du 18 flor. an II, qui reconnaissait l'existence de *l'Être suprême*.

44. — Mais continuons de passer en revue les nombreuses dispositions législatives qui se succédèrent sur la matière des cultes en général, et faisons observer que ces prescriptions, empreintes pour la plupart d'un caractère de défiance si ce n'est de persécution contre tout culte sérieux, ont pour but principal de consacrer la haute surveillance de l'état sur les manifestations du culte.

45. — Les premiers temps de la convention nationale virent, il est vrai, se produire successivement de nombreux décrets proclamant le principe de la liberté des cultes, si violemment démenti par les faits. — Décr. 5 brum. an II, art. 1er; 9 frim. an II; 18 frim. an II.

46. — Mais en même temps les ministres du culte étaient mis en quelque sorte hors du droit commun; c'est ainsi qu'ils étaient déclarés incapables d'être membres de la commission d'instruction primaire, ou d'être élus instituteurs nationaux (décr. 7 brum. an II), et qu'un autre décret du 15 thermid. an II les excluait de toutes les fonctions publiques.

47. — On sait d'ailleurs qu'un décret du 28 brum. an II, encourageant les abdications des ministres de tout culte, autorisa les autorités constituées à en recevoir les déclarations; qu'un autre décret du 2 frim. an II, allant plus loin encore, accorda un secours annuel aux évêques, curés et vicaires qui abdiqueraient leur état; que les dispositions de ce décret furent étendues, le deuxième jour des sans-culotides an II, aux ministres qui auraient abandonné leur état, même sans avoir abdiqué; et qu'enfin l'art. 1er du décret de ce dernier jour déclara que « la république française ne payait plus les frais ni les salaires d'aucun culte. »

48. — Enfin, le 3 vent. an III parut la première loi véritablement organique des cultes. Aux termes de ce décret, la liberté des cultes était reconnue (art. 1er); mais l'état n'en salariait aucun (art. 2) et ne fournissait aucun local, ni pour l'exercice du culte ni pour le logement des ministres (art 3). Toutes cérémonies extérieures étaient prohibées (art. 4), ainsi que le port en public de costumes religieux, la loi ne reconnaissant aucun ministre du culte (art. 5); tout signe extérieur annonçant la destination d'un édifice consacré à un culte, ainsi que toute proclamation ou invitation publique pour y inviter les citoyens étaient également défendus (art. 7).

49. — D'autres dispositions du même décret prohibaient la constitution de toute dotation perpétuelle ou viagère, ou l'établissement de toute taxe pour les dépenses du culte (art. 9), et déclaraient que les communes ni sections de communes en nom collectif ne pourraient acquérir ni louer de local pour l'exercice des cultes (art. 8).

50. — Enfin, tout rassemblement de citoyens pour l'exercice d'un culte quelconque, était soumis à la surveillance des autorités constitués; cette surveillance se renfermait, toutefois, dans des mesures d'ordre et de sûreté (art. 6). — Du reste, l'art. 10 portait que quiconque troublerait par violence les cérémonies d'un culte quelconque, serait puni suivant la loi du 19 juill. 1791, sur la police correctionnelle. — Art. 10.

51. — Le décret du 11 prair. an III rendit provisoirement aux habitans des communes, pour les consacrer à leur usage primitif, mais à la charge de les entretenir et réparer, sans aucune contribution forcée, les anciens édifices consacrés aux cultes et non aliénés; et après avoir rappelé que l'exercice d'un culte a toujours lieu sous la surveillance de l'autorité, qui fixait les jours et heures de ses exercices, il ajouta que nul ne pourrait, sous des peines sévères, exercer le ministère d'aucun culte, à moins qu'il ne se fût fait décerner acte, devant la municipalité du lieu où il voulait exercer de sa soumission aux lois de la république.

52. — La constitution du 5 fructid. an III (art. 354) rappela tout à la fois : — 1° que nul ne pouvait être empêché d'exercer, en se conformant aux lois, le culte qu'il avait choisi; — 2° que nul ne pouvait être forcé de contribuer aux dépenses d'un culte; — 3° que la république n'en salariait aucun.

53. — Le décret du 7 vendém. an IV ne fit guère que reproduire les dispositions de la loi du 3 vent. an III, en les développant, et y ajoutant quelques dispositions nouvelles. — Ainsi, cette loi adopte le principe des lois précédentes, la liberté des cultes (tit. 1er et 2.) L'exercice des cultes est placé sous la protection et la surveillance de l'autorité publique.

54. — Mais comme il importe de s'assurer, avant tout, que le ministre des cultes n'est pas un ennemi de la république, de là le maintien de la mesure préalable de la déclaration prescrite par la loi du 11 prair. an III, à laquelle est ajoutée l'obligation de produire un certificat de civisme. Cette mesure reçoit, en outre, de la loi nouvelle une forme plus expresse. — Tit. 3.

55. — Le titre 4 de la loi a pour objet d'empêcher tout ce qui permettrait à un culte d'être exclusif, et les garanties que le législateur prend à ce sujet sont exprimées dans les quatre sections de ce titre, qui se résument de la manière suivante :

56. — 1° Défenses sont faites aux communes d'acquérir ou de louer en nom collectif de local pour l'exercice d'aucun culte. Toute dotation, toute taxe, ou contribution pour acquitter les dépenses et frais d'aucun culte, sont interdites. On rend les fonctionnaires publics responsables des contraventions à cette défense. — Sect. 1re.

57. — 2° Tout signe particulier à un culte placé en quelque lieu que ce soit de manière à être exposé aux yeux des citoyens, devra être enlevé à la diligence de l'autorité municipale et des commissaires du directoire exécutif. Sont exceptés les lieux désignés pour l'exercice du culte, les maisons particulières, les ateliers ou magasins des artistes ou marchands, les musées. — Sect. 2e.

58. — 3° Les cérémonies du culte ne peuvent avoir lieu hors de l'enceinte de l'édifice où il s'exerce; ne sont pas comprises dans cette prohibition les maisons particulières, pourvu que le rassemblement, à l'occasion de ces cérémonies, n'excède pas, outre les individus ayant le même domicile, dix personnes. Nul ne peut paraître en public avec les ornemens ou costumes ecclésiastiques. — Toutefois, l'art. 17, dépendant de cette section, renferme une formalité d'ordre plus essentiellement restrictive de l'exercice des cultes dès-lors du principe même, en disposant que l'enceinte pour l'exercice du culte devra être indiquée et déclarée à l'autorité municipale d'après certaines distinctions qu'elle exprime fondées sur la population des localités, et sous des peines sévères. — Sect. 3e.

59. — 4° Défenses sont faites à tous juges ou fonctionnaires publics d'avoir aucun égard aux attestations des ministres du culte, relatives à l'état civil des citoyens. Ceux qui produiront ces actes, les fonctionnaires de l'état civil qui énonceront seulement l'accomplissement des cérémonies religieuses, seront frappés de peines rigoureuses et prévues par la loi. — Sect. 4e.

60. — Enfin, le titre 5 prohibe, sous des peines sévères : — 1° toute manifestation écrite par lecture, affiche, distribution, ou autrement émanée du ministre du culte qui ne serait pas résidant dans la république, (le pape), ou qui y résiderait, mais qui serait le délégué d'un autre qui n'y résiderait pas; — 2° toute manifestation orale ayant pour but le renversement de la république et le retour de l'ancien ordre de choses.

61. — La loi du 7 vend. an IV, complétée par celle du 22 germ. an IV qui interdisait l'usage des cloches et toute autre espèce de convocation publique pour l'exercice d'un culte, et maintenue formellement sous le gouvernement directorial par la loi du 19 fruct. an VI (art. 25), reçut une sanction nouvelle par l'arrêté du 4 brum. an VI qui défendait aux ministres des cultes l'exercice des cérémonies religieuses dans l'enceinte des maisons particulières.

62. — Tel était alors le système auquel était soumis en France l'exercice des cultes, système que Portalis, dans son exposé des motifs de la loi organique, qualifiait ainsi qu'il suit : « Ce système d'indifférence et de mépris si mal à propos décoré du nom de tolérance... La tolérance religieuse est un devoir, une vertu d'homme à homme, et en droit public, cette tolérance est le respect du gouvernement pour la conscience des citoyens et pour les objets de leur vénération et de leur croyance. Ce respect ne doit pas être illusoire; il le serait pourtant si, dans la pratique, il ne produisait aucun effet utile et consolant. »

63. — Aussi vit-on, dès les premiers jours de son existence, le gouvernement consulaire manifester, à l'égard des cultes, une tendance toute différente de celle qui avait existé chez les pouvoirs précédens.

64. — Trois arrêtés, du 7 niv. an VIII, eurent pour objet : — le premier (dont les dispositions furent confirmées le 2 pluv. an VIII) d'assurer aux citoyens l'usage des édifices destinés au culte, sauf, toutefois, par eux, à y laisser célébrer les cérémonies décadaires; — le second, de modifier le serment imposé aux ministres des cultes; — le troisième, d'annuler certains arrêtés administratifs, portant que les édifices destinés au culte ne seraient ouverts que les décadis.

65. — La création d'une administration des cultes, à la tête de laquelle fut placé le conseiller d'état Portalis, ne laissa plus aucun doute sur les pensées du gouvernement; le système d'indifférence absolue à l'égard de tous les cultes, posé par la constitution de 1793, allait prendre fin.

66. — *Législation actuelle.* — Le 26 messid. an IX, une convention passée entre le gouvernement français et le Saint-Siége, échangée le 23 fructid. an IX, eut pour objet le rétablissement officiel du culte catholique en France.

67. — Cette convention, connue sous le nom de concordat de 1802, et dont nous avons déjà parlé dans un article spécial (V. CONCORDAT), fut promulguée comme loi de l'état le 18 germ. an X, accompagnée de la loi organique tant du culte catholique que des cultes protestans des deux communions luthérienne et calviniste.

68. — Le concordat et les articles organiques sont aujourd'hui la base de notre législation en matière de cultes; c'est au point de vue de leurs dispositions qu'il convient d'examiner quel est aujourd'hui, sous le rapport légal, l'état religieux de la France.

69. — Disons immédiatement qu'il est quatre cultes, dont l'exercice en France a été reconnu par la puissance civile, et avec lesquels elle entretient des rapports : 1° le culte catholique; 2° le culte luthérien; 3° le culte calviniste; 4° le culte israélite. — V. au surplus *infrà* sect. 3e, pour tout ce qui concerne les rapports de ces cultes avec l'état.

Sect. 2e. — *Liberté religieuse.*

70. — La liberté en matière religieuse, se compose de deux élémens distincts et trop souvent confondus : *liberté de la conscience, liberté du culte.*

71. — La liberté de conscience consiste dans le droit de penser et d'émettre ses idées en matière religieuse; la liberté du culte, à pouvoir se livrer à certaines pratiques religieuses extérieures.

72. — La liberté de conscience peut exister dans un pays, sans pour cela que la législation de ce même pays admette la liberté du culte; la liberté du culte, au contraire, suppose nécessairement la liberté de conscience.

73. — Les règles qui régissent chacune de ces libertés en France n'étant pas les mêmes, nous devons nous occuper séparément de chacune d'elles.

ART. 1er. — *Liberté de conscience.*

74. — Dans notre droit public actuel, la liberté de conscience est un des droits les plus sacrés et les plus inviolables : cette liberté peut être revendiquée non seulement par les Français, mais par tous ceux qui, à quelque titre que ce soit, se trouvent sous l'application des lois françaises.

75. — Absolue de sa nature, la liberté de conscience n'est soumise à aucune autre règle que celles imposées à toute publication de la pensée humaine. — V. DÉLITS DE PRESSE.

76. — Ainsi l'usage que l'on ferait de cette liberté serait répréhensible si, au lieu de se renfermer dans des limites sages et mesurées, il dégénérait en outrages contre la morale ou contre un des cultes légalement reconnus. — V. *infrà* nos 507 et suiv.

77. — Mais quelque large que puisse être le principe de la liberté de conscience, la cour de Paris a décidé avec raison qu'il ne saurait fournir un moyen de se mettre ouvertement en dehors de toute croyance, et qu'il ne s'ensuivait pas qu'un Français pût se présenter comme n'appartenant à aucune religion et comme étranger à tout culte. — *Paris*, 27 déc. 1828, Dumonteil.

78. — Et le même arrêt a ajouté que chacun est réputé professer la religion dans laquelle il est né et en pratiquer le culte.

79. — Il importe toutefois de remarquer que la

cour s'est servie dans son arrêt du mot : chacun est *réputé* professer et pratiquer, et non du mot *tenu*.

80. — En effet, si nul ne peut professer publiquement l'athéisme ou telle autre doctrine immorale et contraire à l'ordre public, et qui le rendrait étranger à tout culte, cela n'est pas exclusif du droit que peut avoir tout individu de changer de religion, et de pratiquer un autre culte que celui de ses pères.

81. — Chacun peut même, s'il le juge à propos, s'abstenir de toute pratique du culte ; nul ne saurait le forcer à accomplir des actes extérieurs d'adhésion à telle religion déterminée ; c'est là une conséquence de la liberté de conscience. — « Les actes de croyance et de piété, disait Portalis, sont libres ; on ne peut les contraindre, ni les forcer. » — Rapport de Portalis à l'empereur, 14 prair. an XIII.

82. — Et même le Code pénal a voulu que tout particulier qui, par des voies de fait ou des menaces, aurait contraint une ou plusieurs personnes d'assister à l'exercice d'un culte, de célébrer certaines fêtes, d'observer certains jours de repos, et en conséquence de fermer leurs ateliers, boutiques ou magasins et de faire ou quitter certains travaux, fût puni pour ce seul fait d'une amende de 16 fr. à 200 fr. et d'un emprisonnement de six jours à deux mois. — C. pén., art. 260.

83. — Les élémens du délit prévu par cet article, sont, ainsi que le font observer MM. Chauveau et Faustin Hélie (t. 4, n° 514), au nombre de trois : — Il faut : 1° qu'il y ait eu *contrainte* ; 2° que cette contrainte ait été manifestée par *des voies de fait* ou *des menaces* ; 3° que l'acte ait eu lieu avec la pensée de gêner la liberté religieuse de l'individu.

84. — Ainsi, un simple ordre, une simple défense ne suffiraient pas, du moins en règle générale, pour constituer la violation de la liberté de conscience. — Du reste, les tribunaux ont sur ce point un pouvoir discrétionnaire d'appréciation.

85. — Il faut, d'ailleurs, observer qu'il ne s'agit ici que d'entraves apportées à la liberté de conscience *par des particuliers*. — Quant aux vexations des dépositaires de l'autorité et de la force publiques elles appartiendraient à un autre ordre de faits, et pourraient constituer des actes illégaux réprimés, suivant les circonstances, par des dispositions spéciales. — Chauveau et Hélie (t. 4, p. 513 et 514). — V. ABUS D'AUTORITÉ.

86. — On sait néanmoins que la loi du 18 nov. 1814 a imposé à tous ceux qui demeurent sur le sol français, sinon la manifestation d'un acte religieux, du moins une obligation, qui a pu sembler de nature à modifier le principe de la liberté de conscience, à savoir l'interdiction du travail extérieur les dimanches et jours de fêtes légales.

87. — Cette loi, rendue sous l'empire de la Charte de 1814, qui déclarait la religion catholique religion de l'état, a-t-elle été abrogée par cela seul que la Charte de 1830 ne reconnaît plus de religion de l'état ? — La jurisprudence de la cour de Cassation adopte la négative ; mais cette jurisprudence est combattue. — V., à cet égard, JOUR FÉRIÉ.

88. — On sait, en outre, que la loi du 22 mars 1841, sur le travail des enfans dans les manufactures, inspirée, comme le dit M. Serrigny (*Tr. de dr. publ.*, t. 1er, p. 588), par une double pensée : le besoin d'assurer aux enfans un jour de repos au moins par semaine, et le désir de leur faciliter la pratique des devoirs religieux, a interdit, sauf certaines exceptions, le travail des enfans dans les manufactures les dimanches et jours de fêtes reconnus par la loi. — L. 22 mars 1841, art. 5 et 7.

89. — Cette prescription, totalement étrangère aux matières dont s'était occupée la loi de 1814, qui prohibait seulement les travaux *extérieurs*, ne saurait être considérée comme une violation du principe de la liberté de conscience. Et, à ce sujet, le rapporteur de la commission de la chambre des députés s'exprimait ainsi : « L'observation du dimanche ne gêne la conscience de personne. Elle conseille les pratiques religieuses : elle ne les commande pas. » — V. TRAVAIL DES ENFANS DANS LES MANUFACTURES.

90. — De même, personne ne conteste l'obligation du repos imposé aux administrations et fonctionnaires publics pendant les dimanches et jours fériés, obligation qui n'a de restriction que pour l'expédition des affaires criminelles. — V. JOUR FÉRIÉ.

91. — Il n'y a évidemment encore aucune violation de la liberté de conscience dans l'obligation, imposée à tout citoyen, de se soumettre aux réglemens de police pris par l'autorité à l'occasion de certaines cérémonies religieuses qui peuvent avoir lieu en dehors des édifices consacrés aux cultes, et de respecter ces cérémonies, telles, par exemple, que les processions extérieures du culte catholique, autorisées par les articles organiques suivant certaines distinctions. — Et, à ce sujet, on lit dans le rapport déjà cité de Portalis à l'empereur, en date du 14 prair. an XIII. « Les actes du culte extérieur étant protégés par la loi, les citoyens ne peuvent rien se permettre qui puisse les troubler, ou afficher une irrévérence qui serait une violation de l'ordre public. »

92. — Et alors même que la cérémonie extérieure aurait lieu en dehors des prescriptions légales, du moment où elle a été autorisée par les réglemens de l'autorité, ces réglemens sont obligatoires. Il faut, en effet, appliquer ici les règles générales en matière de police municipale. — V. RÉGLEMENT DE POLICE.

93. — Mais en serait-il de même, si l'arrêté de l'autorité, au lieu de se borner à de simples mesures de police, prétendait imposer aux citoyens d'autres obligations d'une nature différente, et dont l'accomplissement consisterait dans l'exécution de certains actes matériels ?

94. — C'est ainsi, notamment, que sous la restauration, et alors que la religion catholique était la religion de l'état, la question s'était présentée de savoir si un maire pouvait contraindre ses administrés à tendre le devant de leurs maisons pour le passage de la procession de la Fête-Dieu.

95. — Un premier arrêt de la cour de Cassation consacra d'abord l'affirmative. — *Cass.*, 29 août 1817, Maffière.

96. — Mais, comme le dit avec raison Merlin (*Quest. de dr.*, v° *Procession*), cet arrêt heurtait trop le véritable sens de la loi, sur lequel il était fondé pour faire jurisprudence. Aussi la cour de Cassation « a-t-elle proclamé plus tard une doctrine toute contraire. » — Elle a donc jugé que l'arrêté par lequel un maire ordonnait aux habitans de tapisser le devant de leurs maisons pour le passage d'une procession ne rentrait dans aucun des objets confiés à la vigilance et à l'autorité des maires, et, dès-lors, n'était pas obligatoire. — *Cass.*, 20 nov. 1818, Roman ; 26 nov. 1819 (sect. réunies), mêmes parties. — V. conf. Carnot, *Inst. crimin.*, sur l'art. 1er, n° 62, et *Code pénal*, sur l'art. 260, n° 5 ; Legraverend, *Législ. crimin.*, t. 2, chap. 7, p. 303.

97. — Et la cour a statué ainsi, sans admettre la distinction que M. le procureur général Mourre voulait établir entre les protestans et les catholiques ; les premiers, suivant lui, étant seuls dispensés de l'obligation de répondre à un pareil arrêté municipal. — Réquisit. du proc. gén., sous arr. 26 nov. 1819.

98. — C'est en ce sens encore que, depuis 1830, la cour de Cassation a rejeté le pourvoi formé contre le jugement d'un conseil de discipline qui, reconnaissant en fait que l'ordre donné à un garde national d'accompagner les autorités à la procession du Saint-Sacrement n'avait qu'un but honorifique, avait renvoyé des fins de la poursuite le garde national inculpé de s'être refusé d'obéir à cet ordre. — *Cass.*, 23 mai 1840 (t. 1er 1840, p. 718), Roussel.

99. — Mais il en serait différemment si l'ordre donné avait eu pour but un service d'ordre public et de sûreté, pour protéger la cérémonie religieuse contre le trouble qui pourrait y être apporté. — Dans ce cas, le garde national qui refuserait d'obéir à un pareil ordre encourrait les peines prévues par la loi. — *Cass.*, 4 juin 1836, Mary ; 3 fév. 1844 (t. 2 1844, p. 110), Bataille.

100. — Dans les espèces qui ont fait l'objet des arrêts précités, la cour a considéré qu'il ne s'agissait point d'un service d'honneur commandé en faveur d'une cérémonie du culte catholique, mais d'une protection due, en vertu des lois, à ce même culte ; et qu'en conséquence en obtempérant à l'ordre que l'autorité municipale avait le droit de lui donner, le garde national n'accomplit aucun acte religieux qui puisse alarmer sa liberté de conscience. — Mêmes arrêts.

101. — La cour a rendu une semblable décision et par les mêmes motifs dans un cas où il s'agissait d'une cérémonie funèbre (le service anniversaire en l'honneur des victimes de juillet 1830.) — *Cass.*, 19 nov. 1835, Collignon. — V. GARDE NATIONALE.

102. — Ces arrêts nous conduisent à parler d'une difficulté qui se présente à l'occasion de l'application du décr. 24 messid. an XII, sur les cérémonies religieuses, auxquelles doivent assister dans certaines circonstances les autorités et corps civils et militaires. — Un fonctionnaire de l'ordre civil ou militaire peut-il se refuser d'obtempérer à l'invitation ou l'ordre qui lui a été adressé à cet effet, sous prétexte que la nécessité d'obéir à cet ordre ou à cette invitation constituerait une violation du droit de conscience ?

103. — Il va sans dire que sous l'empire, et en présence de la volonté si puissante du souverain, pareil refus n'eût jamais osé se produire. — Sous le gouvernement de la restauration, et alors qu'il existait une religion de l'état, le fonctionnaire public ne pouvait évidemment non plus se dispenser d'assister aux cérémonies religieuses officielles.

104. — Mais, depuis que le principe d'une religion de l'état a disparu, un pareil refus n'entraînerait-il contre son auteur aucune mesure disciplinaire ou pénale ?

105. — Récemment la question s'est présentée devant la cour de Cassation, à l'occasion du refus fait, par un officier de garde nationale, de faire entrer sa compagnie dans l'église le jour de la fête du roi ; et la cour a décidé que le refus était mal fondé, non seulement par ce motif spécial dans l'espèce qu'il s'agissait d'un service d'ordre et de sûreté, mais par cette considération que le service commandé avait pour but de donner *plus de solennité à la fête publique*. — *Cass.*, 8 nov. 1845 (t. 1er 1846, p. 374,) Saffrey.

106. — Enfin, en terminant ce qui a trait à la liberté de conscience, nous ne pouvons passer sous silence une question délicate, et qui plus d'une fois déjà a été devant les tribunaux l'objet de vifs débats. — La loi, dans certains cas, soit en matière civile, soit en matière criminelle, exige la prestation d'un serment, et détermine la forme dans laquelle cette prestation doit être faite. Or peut-on, soit refuser de prêter le serment, soit refuser de le prêter dans la forme légale en invoquant la prescription de la religion à laquelle on appartient ? — V., à cet égard, JUIFS, QUAKER, SERMENT.

ART. 2. — *Liberté du culte.*

107. — Aux termes de la Charte de 1830, qui n'a fait, sur ce point, que reproduire les dispositions de la Charte de 1814, chacun professe sa religion avec une égale liberté et obtient pour son culte la même protection. — Charte constit., art. 5.

108. — Ces deux Chartes n'ont fait elles-mêmes que répéter ce que les nombreuses lois rendues depuis 1789 et les articles organiques avaient déjà proclamé.

109. — Mais le principe de la liberté des cultes n'est-il pas lui-même renfermé dans certaines limites ? Et si depuis que notre constitution sociale a consacré le principe de la liberté religieuse, la liberté de conscience a pu se développer sans aucune entrave, et sauf l'application des mesures répressives contre l'abus qu'on peut faire de son exercice, en est-il de même de la liberté du culte ?

110. — Ce qui est certain, c'est que le culte ne consistant pas dans une simple émission d'idées, mais se manifestant nécessairement par des actes extérieurs, l'autorité civile a toujours cru devoir exercer sur ce point, et dans un intérêt tout à la fois politique et d'ordre public, un droit de contrôle et de surveillance ; que, à la différence de la liberté de conscience, la liberté des cultes a été soumise à des mesures préventives, et que sous les diverses constitutions politiques qui se sont succédé depuis cinquante ans, il a toujours eu besoin d'être autorisé pour être librement pratiqué.

111. — A peine l'ordre commençait-il à renaître dans le pays que la loi du 3 vent. an III, complétée et remplacée bientôt par celle du 7 vendém. an IV (V. *infrà* nos 112-113), posait en principe le droit de surveillance de l'état. — Mais l'art. 1er de cette dernière loi déclarait que cette surveillance se renfermait *dans des mesures de police et de sûreté publique.*

112. — Nous n'avons pas à rappeler ici, dans tous leurs détails, les dispositions que renfermait la loi du 7 vendém. an IV, au sujet de l'exercice du culte ; nous dirons seulement qu'aux termes des art. 16 et suiv., les cérémonies de tous les cultes étaient interdites hors de l'enceinte des édifices à eux consacrés, et ne pouvaient avoir lieu dans des maisons particulières, à moins que le nombre des individus rassemblés (outre ceux ayant le même domicile) *n'excédât pas dix personnes.* L'enceinte choisie pour l'exercice d'un culte devait d'ailleurs être préalablement *indiquée et déclarée à l'autorité.*

113. — La loi, comme on le voit, ne parle que d'une *déclaration préalable* faite à l'autorité pour appeler sa surveillance et non d'une *autorisation préalable* donnée par cette autorité.

114. — Sous l'empire et par application de la loi du 7 vendém. an IV, il fut jugé : — 1° qu'un tribunal criminel ne pouvait pas décharger de la peine, prononcée par les premiers juges, le prévenu qui était convaincu d'avoir exercé le ministère d'un culte sans déclaration préalable. — *Cass.*, 18 mess. an VII, Brun.

115. — ... 2° Que celui qui avait fait célébrer dans sa maison les cérémonies d'un culte sans avoir rempli les formalités prescrites, ne pouvait pas

être acquitté sous le prétexte que la loi ne frappait que les ministres d'un culte. — *Cass.*, 14, thermid. an VII, Longuenesse.

116. — ... 3° Que, lorsqu'il était constaté par un procès-verbal régulier qu'un prêtre s'était livré à l'exercice de son culte, en présence de vingt-cinq personnes, sans déclaration préalable, un tribunal ne pouvait pas l'acquitter sans même exprimer qu'il y eût moins de dix personnes présentes. — *Cass.*, 27 vendém. an VIII, Petiniet.

117. — ... 4° Mais qu'un père de famille qui se réunissait à ses concitoyens, pour chanter les prières de son culte dans l'enceinte destinée à l'exercice de ce culte et déclarée à l'autorité compétente, ne pouvait pas être considéré comme ministre d'un culte quelconque et n'était conséquemment point soumis aux peines que la loi prononçait contre les ministres qui ne s'étaient pas conformés à ses dispositions. — *Cass.*, 20 frim. an VIII, Dartois.

118. — A cette loi ont succédé le concordat et les lois organiques qui ont consacré, en France, l'existence légale de certains cultes, et déterminé les conditions de leur admission et de leur exercice.

119. — Puis furent promulgués les art. 291, 292, 293 et 294, C. pén. 1810, qui disposent, art. 291 : « Nulle association *de plus de vingt personnes* dont le but sera de se réunir tous les jours ou à certains jours marqués pour s'occuper d'objets religieux... ne pourra se former qu'avec *l'agrément du gouvernement*, et sous les conditions qu'il plaira à l'autorité publique d'imposer à la société. — Dans le nombre de personnes indiquées par le présent article ne sont pas comprises celles domiciliées dans la maison où l'association se réunit. »

120. — Art. 292 : « Toute association de la nature ci-dessus exprimée, qui sera formée sans autorisation, ou qui, après l'avoir obtenue, aura enfreint les conditions à elle imposées, sera dissoute; les chefs, directeurs, ou administrateurs de l'association seront, en outre, punis d'une amende de 16 à 200 fr. »

121. — Enfin, l'art. 294 impose également, sous peine d'une amende de 16 à 200 fr., la nécessité d'une autorisation préalable à tout individu qui aura consenti ou accordé l'usage de sa maison ou de son appartement en tout ou en partie *pour l'exercice d'un culte*.

122. — Pendant tout le temps qu'a duré le gouvernement impérial, l'application des articles cités du Code pénal et par conséquent les droits d'autorisation préalable et de surveillance préventive attribués au gouvernement n'ont été l'objet d'aucun doute; mais il n'en a pas été de même depuis.

123. — On s'est d'abord demandé si l'art. 5 de la Charte de 1814, portant que chacun professe, en France, sa religion avec la même liberté, et obtient pour son culte la même protection, n'avait pas nécessairement abrogé les dispositions du Code pénal.

124. — On s'est demandé, en outre, si cette abrogation ne résultait pas surtout de la charte de 1830 qui a aboli le principe d'une religion de l'état.

125. — Et cela même depuis la loi du 10 avr. 1834 sur les associations, qui a donné une consécration nouvelle aux art. 291 et suiv., C. pén.

126. — Enfin, on a recherché si le concordat et les dispositions des art. 291 et suiv., C. pénal, avaient eu pour objet de déroger complètement au système de *simple surveillance*, précédé de *déclaration préalable*, qui résultait de la loi du 7 vend. an IV.

127. — Il est d'abord bien constant que quelque étendue que soit la disposition de la Charte qui accorde à tous les cultes une égale protection, cette disposition ne s'applique qu'à un culte professé de bonne foi, et qu'elle ne peut pas être invoquée par l'individu qui s'est fait de son prétendu culte un moyen de commettre des escroqueries. — *Grenoble*, 2 mai 1829, Dubia.

128. — Mais certains auteurs vont plus loin : ils contestent à l'autorité tout autre droit sur les associations religieuses que celui de pouvoir en réprimer les abus; quant aux mesures préventives qui ont pu un moment être à sa disposition, ils soutiennent qu'elles ont cessé avec le régime politique dont elles tiraient leur origine.

129. — Et plusieurs cours royales ont en effet jugé, soit sous la Charte de 1814, soit sous celle de 1830, que la liberté religieuse, soumise à la surveillance de l'autorité, ne doit pas être gênée, et et encore moins empêchée dans son exercice, et que les art. 291 et 292, C. pén., inconciliables avec l'article de la Charte constitutionnelle en ce qui concerne les réunions religieuses, ne sauraient recevoir aujourd'hui d'application à ces réunions. — *Rennes*, 1er août 1828, sous *Cass.*, 12 sept. 1828, Juvigny (aff. des Louisets); *Orléans*, 9 janv. 1838 t. 1er 1838, p. 253), Doyne.

130. — ... Et que l'art. 5 de la charte, qui dispose, d'une manière générale et absolue, que chacun professe sa religion avec une égale liberté, et obtient pour son culte la même protection, n'a pas pour objet seulement de protéger la liberté des opinions et des croyances religieuses, mais bien d'en assurer la libre manifestation par des paroles ou par des actes extérieurs, c'est-à-dire par l'exercice de certaines pratiques ou cérémonies. — Mêmes arrêts.

131. — C'est aussi ce que soutiennent MM. Chauveau et Hélie (*Th. C. pén.*, t. 5, p. 139). « Déclarer que l'art. 291 subsiste, même en présence de la Charte de 1814 et de celle de 1830, c'est, suivant eux, arriver en quelque sorte à dire que la charte n'a voulu protéger que la liberté de conscience et non la liberté du culte; ce qui est absurde, puisque la liberté de conscience était bien avant la Charte inscrite dans nos lois, et n'avait pas besoin d'être proclamée par elle. — La liberté religieuse accordée par la Charte n'a pu être seulement la liberté de penser, mais celle de professer son culte, de rechercher ceux qui confessent la même foi, de se réunir dans les mêmes actes de piété, de s'associer pour se rattacher au même symbole. — Affecter de ne voir dans l'art. 291 qu'une mesure de police, destinée à contenir les assemblées religieuses sans toucher au principe même de la liberté, c'est se méprendre gravement sur les conséquences de cet article. Là où le droit de se réunir est (comme en matière religieuse) un droit immuable, absolu, sacré, n'est-il pas évident que la nécessité d'une permission pour se réunir est un empiétement sur un principe de liberté qui n'admet aucune limite. » — V. en ce sens Nachet, *De la liberté religieuse en France*, 2e partie, ch. 1er; Duvergier de Hauranne, *De l'ordre légal en France*, 2e partie, p. 227.

132. — Sans être aussi absolue, la cour de Colmar a décidé, non pas que l'art. 291, C. pén., avait été abrogé par l'art. 5 de la Charte, mais qu'il ne pouvait s'appliquer qu'aux associations formées depuis sa promulgation, et non à celles qui pouvaient exister depuis un temps immémorial. — *Colmar*, 26 avr. 1826, sous *Cass.*, 3 août 1826, Nordmann (aff. des piétistes).

133. — Quant à la cour de Cassation, elle a constamment décidé, à l'occasion de l'art. 291, que l'art. 5 de la Charte constitutionnelle, qui consacre la liberté religieuse, n'exclut ni la surveillance de l'autorité publique sur les réunions qui ont pour objet l'exercice des cultes, ni les mesures de police et de sûreté sans lesquelles cette surveillance ne pourrait être efficace; et que les dispositions de cet article sont dès-lors conciliables avec la nécessité d'obtenir l'autorisation du gouvernement dans les cas prévus par l'art. 291, C. pén., qui se rapportent aux choses religieuses. — *Cass.*, 3 août 1826, Nordmann (aff. des piétistes); 12 sept. 1828, Juvigny (aff. des Louisets); 23 avr. 1830, Poizot; 19 août 1830, Letellier; 20 mai 1836, Osles; 21 juin 1837 (t. 2 1837, p. 191), Laverdet; 12 avr. 1838 (t. 1er 1838, p. 455), Doyne; 22 avr. 1843 (t. 2 1843, p. 613), Roussel.

134. — Et M. Serrigny (t. 1er, n° 453) fait observer que, dans la pensée du législateur, les art. 291 et suivans sont applicables à tous les cultes sans distinction, aussi bien à ceux reconnus par la loi qu'à ceux qui tenteraient de s'introduire pour la première fois.

135. — D'où il résulte qu'un culte ne peut être publiquement exercé que lorsqu'il a été spécialement autorisé par le gouvernement, et que la simple tolérance de l'autorité ne pourrait équivaloir à l'autorisation. — Arrêts cités, et plus particulièrement celui du 21 juin 1837.

136. — Cette doctrine a été également consacrée par des arrêts de cours royales, soit avant 1830, soit depuis. — *Metz*, 29 déc. 1826, aff. des piétistes; *Paris*, 3 déc. 1836 (t. 1er 1837, p. 634), Pillot; — V. encore conf. Hello, *Revue de législ.*, t. 7, p. 241; Lanjuinais, *Constitut. de France*, t. 1er, p. 128; Serrigny, t. 1er, p. 543.

137. — Et la cour de Paris a même décidé que l'autorisation accordée par le maire à une association ou réunion religieuse non autorisée, est comme non avenue lorsqu'elle a été formellement révoquée par le préfet. — *Paris*, 3 déc. 1836 (t. 1er 1837, p. 634), Pillot.

138. — Comme aussi, en sens inverse et en faveur de la liberté des cultes, il a été jugé avec raison que si le maire refuse, par des motifs que la Charte réprouve, l'ouverture d'un lieu destiné à l'exercice d'un culte, les citoyens ont le droit de recourir à l'autorité supérieure pour obtenir ce qui leur a été indûment refusé. — *Cass.*, 20 mai 1836, Osler.

139. — Toutefois la jurisprudence de la cour de Cassation a cru devoir, sous certains rapports, consacrer une distinction entre les cultes non reconnus et les cultes reconnus en tant que ces derniers s'exerceraient dans les temples légalement établis. — Elle a décidé en conséquence :

140. — ... 1° Que les associations de plus de vingt personnes pour l'exercice d'un culte autorisé par l'état ne sont pas dans la catégorie de celles pour lesquelles l'art. 291 exige l'agrément du gouvernement. — *Cass.*, 23 avr. 1830, Poizot. — Ce qui, cependant, ne doit pas s'entendre d'une manière absolue, en ce sens que les cultes reconnus soient affranchis de toute surveillance, ainsi que l'explique, au surplus, l'arrêt suivant.

141. — ... 2° Que les réunions qui ont lieu *dans les temples pour l'exercice des cultes autorisés, sous les yeux de l'administration, avec le concours de ministres revêtus d'un caractère public*, ne constituent point des associations dans le sens de l'art. 291, C. pén. — *Cass.*, 22 avr. 1843 (t. 2 1843, p. 613), Roussel.

142. — ... 3° Et, d'une manière générale, que la protection promise à tous les cultes ne peut être réclamée que par les *cultes reconnus et publiquement exercés*. — *Cass.*, 12 avr. 1838 (t. 1er, p. 455), Doyne.

143. — MM. Chauveau et Hélie (t. 5, p. 134) critiquent également la distinction faite entre les cultes reconnus et les cultes non reconnus; « quelle que soit, disent-ils, la distance qui sépare la secte et la religion établie, leur établissement prend sa source dans le même principe de liberté; elles en sont, l'une et l'autre, les corollaires identiques. Ce serait un privilége pour les premiers, et les lois postérieures à la Charte (25 mars 1822, art. 6, et 20 avr. 1825), aujourd'hui abrogées, n'ont pu ni voulu rien changer à ses dispositions. »

144. — Il faut remarquer, au surplus, que l'art. 291 n'interdit que les associations dont le but serait de se réunir pour s'occuper d'objets religieux,... et ne s'applique qu'aux réunions qui seraient la *conséquence ou le résultat de ces associations mêmes, mais non aux simples réunions temporaires accidentelles et non préparées à l'avance, ou qui n'auraient pas un but déterminé*. — *Cass.*, 12 avr. 1838 (t. 1er 1838, p. 455), Doyne.

145. — D'où il suit que l'arrêt qui a décidé en fait qu'il n'y a pas eu association ni réunions produites par une association, et que les prévenus, membres de la religion chrétienne réformée, ont fait des prières, chanté des psaumes, lu et expliqué l'Evangile en présence de ceux qui, soit par un sentiment religieux, soit par un motif de curiosité, s'étaient *spontanément et sans accord préalable* réunis, et que dès-lors les dispositions du Code pénal ne sont pas applicables, n'a violé aucune loi. — Même arrêt.

146. — ... Et que les réunions temporaires, accidentelles, qui n'auraient pas un but déterminé, ni une organisation durable, soit pour des prières, soit pour les cérémonies d'un culte reconnu, n'ont point le caractère d'un délit d'association et échappent par conséquent à l'application des dispositions du Code pénal. — *Cass.*, 12 avr. 1843 (t. 2 1843, p. 617), Roussel.

147. — Mais les réunions périodiques qui sont la conséquence ou le résultat d'une association de plus de vingt personnes, pour s'occuper d'objets religieux, *ailleurs que dans un local publiquement consacré*, tombent sous le coup de l'art. 191, C. pén., bien qu'elles aient pour but l'exercice d'un droit reconnu. — Même arrêt.

148. — Et lorsqu'il résulte des circonstances de la cause que le ministre d'une religion, même reconnue, a pris à bail un édifice où se sont réunies, à certains jours périodiques, plus de vingt personnes pour entendre sa parole, et qu'il les a dirigées dans une déclaration faite à l'autorité municipale, ces réunions doivent être considérées comme le résultat d'une association formée à l'avance dans un but déterminé, et par suite elles ne peuvent avoir lieu sans autorisation préalable. — Même arrêt.

149. — Du reste, il appartient aux tribunaux d'apprécier les faits et de décider s'il y a eu ou non association. — *Paris*, 3 déc. 1836 (t. 1er 1837, p. 634), Pillot.

150. — Ainsi que nous l'avons fait observer plus haut (V. *suprà* n° 123 à 130), l'art. 294 a été et est encore l'objet de la même controverse que l'art. 291, quant à la question de savoir s'il doit être encore considéré comme en vigueur.

151. — L'abrogation de l'art. 294, C. pén., a été déclarée comme une conséquence de la Charte par un arrêt déjà cité de la cour de Rennes. — *Rennes*, 1er août 1828, sous *Cass.*, 12 sept. 1828, Juvigny (aff. des Louisets).

152. — Mais la jurisprudence de la cour de Cassation, soit sous le régime de la Charte de 1814, soit sous celui de la Charte de 1830, a constamment résolu la question dans un sens contraire, et dé-

claré cet article non abrogé par les mêmes motifs que l'art. 291. — *Cass.*, 12 sept. 1828, Juvigny (aff. des Louisets); 23 avr. 1830, Poizot; 12 sept. 1830, mêmes parties; 20 mai 1836, Oster.

153. — Elle a également décidé que rien ne peut suppléer à l'autorisation préalable, et qu'on ne saurait argumenter de la tolérance de l'autorité, quelque prolongée qu'ait été cette tolérance. — *Cass.*, 3 août 1826, Nordmann (aff. des piétistes). — V. conf. *Metz*, 29 déc. 1826, mêmes parties.

154. — De la nécessité de l'autorisation, il faut encore conclure que l'assurance qui aurait été donnée au prêteur ou locateur de l'appartement que l'autorisation aurait été obtenue ne suffirait pas pour le soustraire à l'application de la loi pénale. Il doit se faire justifier de cette autorisation, de manière à en pouvoir justifier lui-même au besoin. — Duvergier, *Collection des lois*, t. 34, p. 3; Chauveau et Hélie, t. 5, p. 147.

155. — Mais il faut qu'il ait agi sciemment et volontairement. Si donc ses gens avaient, pendant son absence, à son insu et sans sa permission, loué ou prêté sa maison à une ou plusieurs réunions d'une association non autorisée, il ne saurait être responsable de l'infraction par eux commise en ne demandant pas l'autorisation nécessaire. — Carnot, *Code pénal*, t. 1er, p. 776, no 2.

156. — Bien entendu aussi que la responsabilité s'applique au propriétaire ou locataire seulement, et non à toutes les autres personnes qui pourraient l'habiter en qualité de commensaux. — L. 10 avr. 1834, art. 3.

157. — Du reste, la cour de Cassation a décidé que l'art. 294, C. pén., n'ayant pas déterminé dans quelle forme doit être obtenue la permission de l'autorité municipale nécessaire à celui qui reçoit dans sa maison une réunion pour l'exercice d'un culte, la preuve de cette permission résulte suffisamment de ce que le maître du local a remis une clef au commissaire de police qui s'y est transporté toutes les fois qu'il l'a jugé convenable, et de ce que l'autorité n'a pris aucune mesure pour faire cesser les réunions. — *Cass.*, 12 sept. 1828, Juvigny (aff. des Louisets).

158. — Toutes ces questions que soulève l'application de l'art. 291 ont été, comme on le voit, l'objet de nombreuses controverses et ont donné lieu à de savantes discussions dans l'un et l'autre système. — V. notamment le plaidoyer de Me Delaborde et le réquisitoire de M. le procureur général Dupin, sous l'arrêt de Cassation du 12 avr. 1838 (t. 1er 1838, p. 455), Doyne.

159. — Quant à nous, nous croyons devoir nous ranger à l'avis de la cour de Cassation, et nous pensons comme elle que l'art. 5 de la Charte n'a pu avoir pour effet d'abroger les dispositions du Code pénal en matière d'associations religieuses. — Qu'a voulu dire, en effet, l'art. 5 de la Charte de 1814, en disant que chacun obtient pour son culte la même protection, sinon rassurer les esprits contre les craintes que pouvait inspirer aux membres des autres cultes reconnus le rétablissement d'une religion de l'état? — Et qu'a fait depuis la Charte de 1830 en supprimant le principe d'une religion d'état, sinon faire un retour complet aux idées du concordat, dont elle reproduit les termes dans son art. 36?

160. — D'ailleurs si la Charte eût abrogé les dispositions du Code pén. en matière d'associations religieuses, est-ce qu'en 1832, lors de la révision de ce code, ces dispositions n'eussent pas disparu de la loi?

161. — Il y a plus, lorsqu'en 1834 fut discutée la loi sur les associations, un membre de la chambre des députés proposa un amendement ainsi conçu : « Les associations ou réunions qui auraient pris exclusivement pour objet la célébration d'un culte religieux, seront dispensées de solliciter l'autorisation ». — Cet amendement si formel fut combattu par le gouvernement et M. le garde des sceaux, qui s'exprimait ainsi à cette occasion : « une grande distinction doit être faite : s'agit-il des *réunions* qui ont simplement pour but le culte à rendre à Dieu et l'exercice de ce culte, la loi n'est pas applicable, nous le déclarons de la manière la plus formelle ; mais s'il s'agit *d'associations*, qui auraient pour objet et pour prétexte les principes religieux, la loi leur est applicable, et il serait à craindre que l'amendement ne fût que l'abrogation implicite du principe qui existe à cet égard ». — Sur ces observations l'amendement fut rejeté. — V. au surplus ASSOCIATIONS ILLICITES, nos 47 et suiv.

162. — De telle sorte que, ainsi que nous l'avons dit plus haut, loin d'être aujourd'hui abrogées les dispositions du Code pénal ont reçu une sanction nouvelle en vertu de la loi du 10 avril 1834 sur les associations, loi qui leur a donné plus d'extension et d'efficacité. — *Cass.*, 12 avr. 1838 (t. 1er 1838, p. 455), Doyne.

163. — Ainsi elles ont reçu extension en ce sens, que, pour ce qui concerne l'application des dispositions de l'art. 294, C. pén., l'individu qui aurait sciemment et volontairement loué sa maison pour l'exercice non autorisé d'un culte serait aujourd'hui réputé complice de cette même association.

164. — Et il a été jugé que les délits prévus par l'art. 294, C. pén., étant de la même nature que ceux d'associations prévus par l'art. 291, doivent, dès-lors, être renvoyés comme eux à la connaissance des tribunaux correctionnels, conformément à la loi du 10 avr. 1834, et non aux cours d'assises en vertu de la loi du 8 oct. 1830. — *Cass.*, 20 mai 1836, Oster.

165. — De tout ce que nous venons de dire, il résulte donc que si chez nous, aujourd'hui, la liberté de conscience est absolue et n'est soumise qu'à des mesures répressives, il n'en est pas de même des manifestations extérieures du culte, lesquelles sont non seulement sous la surveillance de l'autorité, mais subordonnées encore à certaines conditions d'autorisation préalable quant à leur exercice.

166. — .... Et la cour royale de Paris a eu, en outre, raison de dire que si depuis la promulgation de la Charte les lois organiques des cultes *reconnus* ont conservé leur vigueur, les réunions et associations pour l'exercice en commun des cultes *non reconnus* ne peuvent jouir du privilége d'être affranchies de toutes règles et prescriptions de la législation générale, et que dès-lors elles ne peuvent se former sans l'autorisation du gouvernement. — *Paris*, 3 déc. 1836 (t. 1er 1837, p. 635), Pillot.

167. — Quant à la loi du 7 vendem. an IV, MM. Chauveau et Hélie (t. 5, p. 145) soutiennent, il est vrai, qu'aucune loi ne l'a spécialement abrogée, qu'elle subsiste encore du moins dans quelques unes de ses dispositions, et qu'elle peut s'appliquer concurremment avec les dispositions du C. pén. ; et ils appuient notamment cette opinion sur un arrêt de la cour de Cassation du 12 sept. 1828. — *Cass.*, 12 sept. 1828 [Juvigny (aff. des Louisets)].

168. — Mais tel n'est pas l'avis de la cour de Cassation qui a formellement jugé que cette loi, qui n'accordait *qu'un droit de surveillance* sur les rassemblemens ayant pour objet l'exercice d'un culte quelconque, était inconciliable dans la plupart de ses dispositions avec celles du 18 germin. an X, relative à l'organisation des cultes, et devait être considérée comme abrogée. — *Cass.*, 12 avr. 1838 (t. 1er 1838, p. 455), Doyne; 22 avr. 1843 (t. 2 1843, p. 618), Roussel.

169. — Cette opinion doit être suivie. Sans doute aucune loi n'a spécialement abrogé la loi du 7 vendém. an XI; mais elle n'est évidemment plus en harmonie avec la législation nouvelle, telle qu'elle résulte du Code pénal. — De deux choses l'une, en effet : ou il s'agit d'une réunion rentrant dans les prévisions de l'art. 291, C. pén., de la loi du 10 avr. 1834, et sous ce rapport la loi du 7 vendém. an IV est nécessairement et implicitement abrogée; ou il s'agit d'une association non prohibée par les dispositions précitées, et dès-lors ce n'est pas, en vertu de la loi du 7 vendém. an IV, mais par la tolérance de la législation nouvelle, qu'en faisant la déclaration prescrite par l'art. 17 de cette loi, les membres de la réunion échapperont à toute peine.

170. — Par son arrêt du 12 sept. 1828, précité, la cour de Cassation n'a pas entendu reconnaître l'existence de la loi de vendémiaire an IV; seulement, dans les circonstances de la cause, elle a considéré la déclaration faite à l'autorité comme une circonstance morale qui, jointe au silence de l'autorité, lui a paru équivaloir à une autorisation; elle a pu juger de la sorte en faisant abstraction de la loi de l'an IV.

171. — Au contraire, si la loi du 7 vendém. an IV devait être encore réputée en vigueur, on serait forcé d'admettre que les réunions qui ne sont pas prohibées par le Code pénal ni par la loi de 1834, ne peuvent se dispenser, sous les peines de l'art. 18 de la loi de l'an IV, de déclarer préalablement à l'autorité l'enceinte qu'elles avaient choisie.

172. — De ces considérations ne peut-on pas conclure qu'en posant dans l'art. 291 et suiv., C. pén., et dans la loi du 10 avr. 1834, des règles nouvelles et différentes, le législateur a sapé dans leur base et dans leurs effets légaux les art. 17 et 18, de la loi du 7 vendém. an IV?

173. — Ces dispositions n'ont, au surplus, rien d'inconstitutionnel. « La liberté des cultes n'exclut pas les précautions à prendre pour que l'exercice public d'une religion ne puisse donner aucune cause de trouble dans l'état. » — Circul. minist. 3 fév. 1831.

174. — Il n'est pas inutile de rappeler ici qu'il existe des règles particulières en ce qui concerne l'exercice du culte en faveur des agens diplomatiques; nous avons vu, au surplus, la nature et l'étendue de leurs droits sur ce point. — V. AGENT DIPLOMATIQUE, nos 217 et suiv.

Sect. 3e. — *Des cultes légalement reconnus dans leurs rapports avec l'état.*

175. — Ainsi que nous l'avons déjà fait observer, trois natures de rapports peuvent exister entre le pouvoir spirituel religieux et le pouvoir temporel des états : — 1o union et fusion complète des deux pouvoirs; — 2o séparation complète et indifférence absolue de la puissance temporelle à l'égard de l'autre puissance, si ce n'est quant aux mesures de police; — 3o union des deux pouvoirs, mais sans fusion et avec une organisation distincte.

176. — De ces trois systèmes, le premier n'a jamais été suivi en France; quant au second, il exista un moment sous l'empire des lois révolutionnaires; mais, la liberté des cultes, proclamée en principe comme absolue, était soumise, quant à son exercice, à des règles de police si dures et des dispositions pénales si menaçantes, qu'à vrai dire « ils (les cultes) étaient plutôt considérés comme un mal qu'on tolérait parce qu'on ne pouvait pas l'empêcher. » — Favard de Langlade, *Rép.*, vo *Cultes*, § 1er, no 1er.

177. — Au contraire, à l'exception de cette époque transitoire, le troisième système, c'est-à-dire celui qui consiste dans l'union des deux pouvoirs, mais avec leur organisation distincte et séparée, a toujours été celui pratiqué en France; il existait avant la révolution, il a été rétabli sous le gouvernement consulaire, toutefois, il faut le reconnaître, avec de graves et d'importantes modifications.

178. — En effet, autrefois, ainsi que nous l'avons vu (*suprà* nos 16 et suiv.), l'état n'avait fait alliance qu'avec un seul culte, le culte catholique; et telle était la force du lien qui les unissait, qu'elle avait eu pour résultat d'interdire la liberté de tout autre culte, et même la liberté de conscience.

179. — C'était là quelque chose de funeste, et le gouvernement consulaire, qui se proposait de rétablir en France des rapports entre le pouvoir de l'état et le pouvoir religieux, ne pouvait avoir la pensée de reconstituer l'union détruite avec toutes les conséquences qui y étaient attachées autrefois.

180. — Mais est-ce à dire qu'il devait, par le maintien de la liberté en matière religieuse, faire alliance égale et contracter les mêmes rapports avec toute doctrine religieuse qui viendrait à se produire, avec toute tentative de culte qui viendrait à se manifester?

181. — Non évidemment : « Comme les institutions religieuses, disait Portalis dans son discours sur l'organisation des cultes, ne sont jamais indifférentes au bonheur public, comme elles peuvent faire de grands biens et de grands maux, il faut que les états sachent, une fois pour toutes, à quoi s'en tenir sur celle des institutions qu'il peut être utile ou dangereux de *protéger*. »

182. — De là, dans notre droit public, la distinction fondamentale des cultes en cultes légalement reconnus et autorisés, et cultes non reconnus.

183. — L'attention du gouvernement consulaire devait naturellement se fixer plus particulièrement sur le culte catholique; ce fut avec lui qu'il songea principalement à rétablir des rapports que les événemens politiques avaient violemment rompus; et le concordat du 26 messid. an IX reconnut, par son art. 1er, la *religion catholique comme celle de la grande majorité des citoyens français*.

184. — Mais, en même temps, les articles organiques du 18 germ. an X consacrèrent également, et avec une même étendue, une reconnaissance légale et une protection aussi complète pour deux autres cultes, le culte luthérien et le culte calviniste, réunis tous deux sous la dénomination commune de cultes protestans.

185. — Le culte israélite qui, dans quelques parties de la France, compte encore un certain nombre d'adhérens, ne fut point mentionné dans la loi organique. Toutefois, en présentant cette loi à l'approbation du corps législatif, Portalis s'exprimait ainsi : « En s'occupant des divers cultes, le gouvernement n'a point perdu de vue la religion juive. Elle doit participer, comme les autres, à la liberté décrétée par nos lois. » — Quelques années plus tard l'organisation de ce culte fut réglée législativement. — V. CONSISTOIRE ISRAÉLITE.

186. — Néanmoins si le culte israélite obtint une

liberté égale à celle des cultes catholiques et protestans, il ne fut pas appelé à jouir des priviléges accordés à ceux-ci avec la même étendue; et plusieurs décrets témoignèrent de la défiance et du peu de sympathie qu'inspirait au gouvernement d'alors la population juive. — V. JUIFS.

187. — La Charte de 1814 rompit l'égalité complète que le concordat et les lois organiques avaient établie entre le culte catholique et les autres cultes chrétiens, en déclarant la religion catholique *religion de l'état*.

188. — Mais cette position exceptionnelle a cessé depuis la Charte de 1830, laquelle a rétabli d'une manière expresse le principe posé par le concordat, à savoir que la religion catholique est celle *professée par la majorité des Français*.

189. — On peut voir d'ailleurs aux mots CONSISTOIRE ISRAÉLITE et JUIFS que certaines distinctions établies, soit entre le culte israélite et les autres cultes également reconnus, soit entre les juifs et les autres citoyens, ont disparu tant par l'effet de la Charte de 1830, que par certaines mesures législatives antérieures à cette Charte.

190. — Ceci posé, il nous reste à examiner quels sont les rapports des cultes ainsi légalement reconnus avec l'état, et quels droits et obligations réciproques résultent de l'existence de ces rapports.

191. — Observons ici que les rapports nécessaires qui existent entre l'état et les divers cultes reconnus en France, entre la société civile et la société spirituelle, forment, à raison de leur importance et de leur multiplicité, l'une des principales branches de l'administration publique. De là la création d'une administration spéciale chargée de pourvoir, sur ce point, à tout ce qu'exigent les intérêts généraux.

192. — Créée d'abord sous le nom d'*administration des cultes*, par décret du 16 vendém. an X, et confiée au conseiller d'état Portalis, l'un des auteurs du concordat et des lois organiques, cette administration, après avoir subi de nombreuses modifications et avoir passé successivement dans le domaine du ministère de l'intérieur et du ministère de l'instruction publique, est rentrée maintenant dans les attributions du garde des sceaux de France, qui prend le titre de *ministre de la justice et des cultes*. — V. MINISTRE.

193. — L'exercice des cultes légalement reconnus est soumis dans les colonies à quelques règles particulières. — V. COLONIES, nos 384, 389.

ART. 1er. — *Principes généraux.*

194. — « Les choses religieuses, disait Portalis dans son exposé des motifs du concordat et de la loi organique, ont une trop grande influence sur l'ordre public pour que l'état demeure indifférent sur leur administration. D'autre part, la religion en soi, qui a son asile dans la conscience, n'est pas du domaine direct de la loi : c'est une affaire de croyance et non de volonté. Quand une religion est admise, on admet, par raison de conséquence, les principes et les règles d'après lesquelles elle se gouverne. Que doit donc faire le magistrat politique en matière religieuse? Connaître et fixer les conditions et les règles sans lesquelles l'état peut autoriser, sans danger pour lui, l'exercice public d'un culte. »

195. — Et telle fut, en effet, la pensée qui dirigea le gouvernement consulaire : à l'égard du culte catholique, il traita des conditions du rétablissement de ce culte avec le souverain pontife chef de l'église; le concordat posa les bases de la convention que les articles organiques développèrent. — V. CONCORDAT.

196. — A l'égard des autres cultes chrétiens, la position n'était pas la même; ils ne reconnaissent point de chef; ils n'ont que des ministres. « On a, dit Portalis (*loc. cit.*), demandé les instructions convenables, et d'après ces instructions les articles organiques de ces diverses confessions protestantes ont été réglés. » — V. CONSISTOIRES PROTESTANS.

197. — Ainsi, plus tard, fut-il pratiqué à l'égard du culte israélite. — V. CONSISTOIRE ISRAÉLITE.

198. — Les dispositions organiques de chaque culte trouvant leur développement naturel sous les mots qui sont spécialement destinés à chacun d'eux, nous ne devons ici que rappeler d'une manière sommaire les principes généraux communs à tous.

199. — La circonscription religieuse de la France est arrêtée par le gouvernement, et ne peut être modifiée que par la loi, sauf toutefois qu'en ce qui concerne le culte catholique ces changemens ne peuvent avoir lieu qu'avec la participation du Saint-Siége. — Concordat, art. 2; L. organiques du culte catholique, tit. 4; des cultes protestans, tit. 2.

200. — Nul édifice ne peut être consacré à un culte, fût-ce même une chapelle domestique ou un oratoire particulier, sans l'autorisation du gouvernement. — L. organique, art. 44. — V. au surplus *suprà* no 171 et *infrà* no 663. — V. encore CHAPELLE, no 19.

201. — Comme aussi aucune fête religieuse ne peut être établie sans sa permission. — L. organique, art. 41. — V. JOUR FÉRIÉ.

202. — A l'égard des cultes autres que le culte catholique, toute correspondance des établissemens de ce culte ou des ministres de ce même culte avec une puissance ou une autorité étrangère est interdite. — L. organique, art. 2.

203. — La constitution particulière du culte catholique ne permit pas de poser une règle aussi absolue; mais les actes émanés du Saint-Siége sont soumis, avant d'être publiés, à l'approbation du gouvernement; comme aussi les envoyés du même pontife ne peuvent exercer aucune fonction relative aux affaires de l'église, sans l'autorisation du gouvernement. — L. organique, art. 1er et 2. — V. BULLE, BREF.

204. — Par le même motif tout décret émané de synodes étrangers, même de conciles généraux, ne peut être reçu et accepté par l'église de France sans l'autorisation du gouvernement (art. 3). — V. CONCILE. — Les évêques doivent même envoyer au ministre des cultes deux exemplaires de leurs mandemens. — Circ. min. 4 mars 1812.

205. — Quant aux cultes non catholiques, nulle décision doctrinale ou dogmatique, et même nul changement dans la discipline ne peut être fait sans l'autorisation du gouvernement. — L. organique, art. 4 et 5.

206. — Le gouvernement intervient même jusqu'à un certain point dans le réglement de la liturgie catholique. — L. organique, art. 39. — Circ. minist., 19 déc. 1807. — V. DIOCÈSE, ÉVÊQUE.

207. — Les conciles ou synodes particuliers des différens cultes reconnus en France ne peuvent avoir lieu sans la permission expresse du gouvernement. — L. organique (culte catholique) art. 4; (cultes protestans), art. 31 et 32. — V. CONCILE.

208. — Le gouvernement règle l'établissement des séminaires consacrés à la préparation aux fonctions du ministère sacré; et les réglemens d'organisation et d'administration de ces établissemens, sur lesquels il conserve un droit de haute surveillance, doivent nécessairement être soumis à son approbation. — L. organique (culte catholique), art. 23 et suiv.; (cultes protestans), art. 8 et suiv. — V. SÉMINAIRE.

209. — Il intervient pour déterminer tout ce qui a trait à l'admissibilité aux fonctions du ministère sacré et aux titres ecclésiastiques dont nul ne peut être investi sans son approbation, et que dans certains cas même, il confère lui-même. — V. au surplus la section suivante, pour tout ce qui concerne les ministres des cultes légalement reconnus, leurs droits et leurs devoirs. — V. encore AGE.

210. — Observons seulement que les lois organiques des cultes légalement reconnus (art. 33, pour le culte catholique, 1er pour les cultes protestans, art. 57 de l'ord. du 25 mai 1844 pour le culte juif), ont posé en principe que nul ne peut être investi d'un titre ecclésiastique s'il n'est Français. — V. *infrà* chap. 2, nos 669 et suiv.; CONSISTOIRE ISRAÉLITE, CONSISTOIRES PROTESTANS.

211. — Toutefois, à l'égard du culte catholique, le gouvernement peut permettre à un prêtre non français d'être revêtu de certaines fonctions ecclésiastiques. — Et une décision ministérielle de 1814, citée par M. Vuillefroy (vo *Ministère ecclésiastique*, p. 423), porte que, si pour obtenir une succursale il suffit à un étranger d'une autorisation du gouvernement, pour obtenir une cure ou tout autre emploi non révocable, il faut être naturalisé.

212. — Les articles organiques contiennent encore d'autres dispositions secondaires, les unes relatives à la police des cultes (V. *infrà* nos 234 et suiv.), les autres ayant encore le but d'établir de nouveaux droits de l'état à l'égard des cultes.

213. — Ainsi, défense est faite aux ministres des cultes de conférer la bénédiction nuptiale à ceux qui ne justifieraient pas de la célébration du mariage civil. — L. organique, art. 54. — Ce n'est, au surplus, ici, que l'application d'une règle générale sanctionnée par des dispositions pénales, règle applicable aux naissances et décès. — Circ. min. des cultes 26 thermid. an XII. — V. BÉNÉDICTION NUPTIALE et *infrà* nos 415 et suiv.

214. — Dans aucun cas les registres tenus par les ministres du culte ne peuvent être reçus pour suppléer ceux de l'état civil. — Art. 56. — V. ACTE DE L'ÉTAT CIVIL.

215. — Et ces registres, comme tous les autres actes intéressant le culte, ne pouvaient, aux termes du concordat, être datés que conformément au calendrier républicain, sauf toutefois en ce qui concerne la désignation des jours (art. 56); mais cette dernière prescription est restée sans objet depuis le rétablissement du calendrier grégorien. — V. CALENDRIER.

216. — Des articles spéciaux contiennent encore certaines prescriptions, mais qui se rattachent plutôt à la police des cultes qu'aux rapports généraux de ces cultes avec l'état, touchant les discours prononcés par les ministres des cultes et la défense de toute publication étrangère au culte, sauf celles *autorisées par le gouvernement*. — Art. 52 et 53.

217. — Est-ce à dire que le droit du gouvernement aille jusqu'à pouvoir prescrire, dans les édifices consacrés aux cultes, des publications qui sont étrangères à ces cultes? — Le texte de la loi organique semble autoriser cette conséquence; et en fait ces publications par ordre de l'autorité sont pratiquées quelquefois.

218. — Enfin, un droit qui offre quelque analogie avec le précédent, mais cependant parfaitement justifiable, est celui que les lois organiques consacrent en faveur du gouvernement, de pouvoir exiger la récitation de certaines prières publiques.

219. — Au premier rang de ces prières se placent celles qui régulièrement doivent être faites pendant les offices pour le souverain et la prospérité de l'état. — Concordat, art. 8; art. organ. des cultes protest., art. 3; décr. 17 mars 1808, art. 21. —

220. — Et au sujet de ces prières il importe de mentionner une circulaire du 23 fév. 1831, par laquelle le ministre des cultes invite les évêques de France à faire ajouter après la formule consacrée le nom du souverain.

221. — Outre ces prières, et dans des circonstances extraordinaires, telles que fêtes nationales, batailles gagnées, naissance ou mariage de princes, ou autres événemens, le gouvernement peut encore demander aux cultes reconnus des prières solennelles.

222. — Quelquefois ces prières n'ont lieu qu'accidentellement; d'autres fois, au contraire, elles sont destinées à se produire annuellement; telle est, par exemple, la fête du souverain.

223. — Et à ce sujet il convient de mentionner qu'un décret impérial du 19 fév. 1806 fixa la fête de la Saint-Napoléon au 15 août, fête de l'Assomption et jour anniversaire de la naissance de l'empereur, et voulut spécialement, en ce qui concerne le culte catholique, qu'il y eût procession extérieure ou intérieure, suivant les distinctions de localités (V. *infrà* nos 726 et suiv.), cette fête étant aussi destinée, quant à ce culte, à célébrer son rétablissement.

224. — De plus, ce même décret établissait que, dans tous les édifices consacrés aux cultes reconnus, la fête anniversaire du couronnement et celle de l'anniversaire de la bataille d'Austerlitz seraient solennellement célébrées le premier dimanche de décembre.

225. — Ce décret dut prendre évidemment fin avec l'empire. — Toutefois, outre la fête du souverain, la célébration du 15 août fut consacrée en commémoration du vœu du roi Louis XIII, telle qu'elle avait lieu sous l'ancien gouvernement. — Ord. 16 juill. 1814. — De plus, la loi du 19 janv. 1816 prescrivit dans tous les édifices consacrés aux cultes des prières publiques à l'occasion de l'anniversaire du 21 janvier. — Des prières solennelles étaient, en outre, demandées à l'occasion des élections générales des chambres législatives. — V. ÉLECTIONS LÉGISLATIVES.

226. — Depuis 1830, une circulaire ministérielle du 30 juill. 1831, adressée aux évêques, a supprimé la fête religieuse de l'Assomption, du moins en tant que fête religieuse officielle; et en outre la loi du 26 janv. 1833 a abrogé celle du 19 janvier 1816. — Il n'y a plus de prières solennelles pour les élections législatives. — Il ne reste plus aujourd'hui aucune cérémonie religieuse annuelle que la fête du souverain; toutefois chaque année l'autorité est dans l'usage de demander aux différens cultes des prières en l'honneur des victimes de juillet 1830.

227. — Mais, au résumé, le gouvernement doit user avec réserve de ce droit, et, en tous cas, les ministres des cultes ne sauraient en pareille matière agir spontanément et sans ordres exprès. — Portalis, Lettre au premier consul en date du 24 mess. an XI; Circ. min. 30 juill. 1831.

228. — Au surplus, tout ce qui concerne ces solennités religieuses auxquelles assistent les différentes autorités civiles, judiciaires et militaires, a été réglé par décret spécial du 23 messid. an XII. — V. CÉRÉMONIES PUBLIQUES, PRÉSÉANCE. — V. encore JOURS FÉRIÉS.

229. — Tel est l'ensemble des règles établies

comme condition de l'existence légale des cultes reconnus; comme on le voit, dans le contrat d'union qu'il formait avec ces cultes, le pouvoir temporel s'est montré jaloux, avant tout, des garanties qu'il devait obtenir contre toute entreprise d'envahissement de la part de l'autorité spirituelle.

230. — Mais en cela le pouvoir temporel n'a-t-il pas été plus loin qu'il ne le devait; et dans quelques unes de leurs dispositions les lois organiques ne confèrent-elles pas à l'autorité civile un pouvoir qui, sans atteindre précisément le dogme religieux ou le culte en lui-même, ne leur laissent peut-être pas tout le degré convenable de liberté? —Cette question est grave, mais il ne nous appartient pas de la résoudre.

231.—Quoi qu'il en soit, et pour mieux assurer l'exécution complète des obligations ainsi imposées aux cultes et à leurs ministres, et la violation qui pourrait en être faite ou tentée, ces mêmes lois organiques ont conféré au roi, en son conseil, chef suprême de l'état, une juridiction toute spéciale : l'*appel comme d'abus*.—V. ce mot.

232.—Moyennant, du reste, l'exécution complète des obligations tracées par les lois organiques, comme aussi l'observance des réglemens sur la police des cultes (V. *infrà* nos 234 et suiv.), les religions légalement reconnues s'exercent en France avec liberté, et sous la protection de l'autorité publique.

233.—Cette protection spéciale peut se résumer ainsi : 1° dotation des cultes (V. *infrà* nos 287 et suiv.); 2° tutelle conservatrice à l'égard des établissemens reconnus de ces mêmes cultes (V. ÉTABLISSEMENS RELIGIEUX, FABRIQUES); 3° dispositions pénales spéciales pour assurer la répression des atteintes contre les cultes (V. *infrà* nos 498 et suiv.) ou leurs ministres (V. *infrà* nos 378 et suiv., 552 et suiv.).

ART. 2. — *Police des cultes.*

234. — Le concordat, dans son art. 1er, après avoir posé le principe que le culte serait public en France, ajoutait que toutefois cet exercice n'aurait lieu qu'en se conformant aux réglemens de police que le gouvernement jugerait nécessaires de faire pour sa tranquillité.

235. — Ce droit de surveillance de l'état sur l'exercice du culte, que le gouvernement consulaire crut devoir faire ainsi mentionner formellement dans le concordat, existe évidemment à l'égard de tous les cultes légalement reconnus.

236. — En général il doit se renfermer dans les mesures d'ordre et de sûreté publique; cependant son étendue varie suivant les caractères auxquelles il s'applique.

237. — Et d'abord il importe de distinguer la police des cultes en police intérieure et police extérieure.

§ 1er. — *Police intérieure.*

238. — En principe, tout ce qui a trait à l'exercice intérieur du culte est complétement libre de toute entrave, pourvu, bien entendu, que cet exercice ait lieu dans des édifices régulièrement affectés au culte. — L. organ., art. 44.

239. — Cette condition remplie, les dispositions restrictives du droit d'association en matière religieuse ne sont plus applicables. — *Cass.*, 22 avr. 1843 (t. 2 1843, p. 613), Roussel. — V. *suprà* no 168.

240. — Aux ministres du culte seuls appartient la police intérieure; leurs droits sur ce point sont absolus. — L'autorité municipale n'a aucune injonction à faire aux ministres d'un culte touchant l'exercice du culte dans l'intérieur des édifices qui lui sont consacrés. — Circ. min. 22 mars 1831.

241. — Ainsi, tandis que le gouvernement peut enjoindre aux ministres du culte la récitation de certaines prières (V. *suprà* nos 224 et suiv.), cette prérogative n'existe point pour l'autorité municipale, qui ne saurait y ordonner des cérémonies ou prières d'aucune sorte, soit à plus forte raison, pour des objets religieux. — Décis. min., 10 sept. 1806, et 31 oct. 1810.

242.—Ainsi, les personnes revêtues de certaines fonctions ont sans doute, en vertu des lois organiques, droit à des places réservées; mais c'est à l'autorité spirituelle, chargée de la distribution intérieure des édifices, qu'il appartient de déterminer ces places. — V. PRÉSÉANCES. — V. aussi BANCS ET CHAISES DANS LES ÉGLISES.

243. — De même, lorsque des prières publiques sont ordonnées par le gouvernement (V. *suprà* nos 223 et suiv.), c'est l'autorité spirituelle qui en règle le jour, l'heure et le mode, sauf toutefois à se concerter avec les autorités civiles et militaires. — L. organique, art. 49. — V. CÉRÉMONIES PUBLIQUES, no 9.

244. — Néanmoins, de ce que l'autorité municipale n'exerce aucun droit de police à l'intérieur des édifices, faut-il en conclure qu'elle n'est appelée à aucune surveillance, et que jamais les faits qui se passent dans l'enceinte de ces édifices ne doivent provoquer quelques mesures de sa part? — On ne saurait le penser; mais ce que la loi a voulu, c'est que l'exercice du culte dans l'intérieur des édifices régulièrement consacrés n'eût pas à redouter les entraves trop fréquentes et souvent mal fondées qu'aurait pu susciter le mauvais vouloir ou l'inintelligence de certains administrateurs municipaux.

245.—C'est pour cela qu'en principe toute autorité est refusée au maire, et que si celui-ci croit avoir quelques plaintes ou observations à faire à raison des actes du ministre du culte, c'est au préfet directement qu'il doit transmettre ses plaintes ou observations. — Circul. minist., 22 mars 1831.

246. — Ce n'est que par ordre de l'autorité supérieure, ou sur la demande des ministres du culte, que l'autorité municipale peut être appelée à intervenir dans l'intérieur des édifices religieux.

247. — Toutefois, dans certains cas, si un crime, par exemple, ou un délit est commis dans l'intérieur de l'édifice religieux, il est du devoir de l'autorité religieuse de provoquer l'action de l'autorité civile, qui pourrait même intervenir d'office. — Décis. min., 2 frim. an XIII.

248. — Les édifices religieux ne jouissent pas, en effet, chez nous, du droit d'asile. — V. ASILE.

249. — Le droit de police intérieure attribué au ministre du culte est une conséquence nécessaire de ce double principe que l'édifice religieux ne peut être affecté qu'à un seul culte, et qu'il ne peut être appliqué à aucun autre usage étranger à sa destination.

250. — Nous examinerons plus bas (nos 298 et suiv.) les motifs et la portée de l'art. 70 de la loi organique qui veut qu'un temple ne soit consacré qu'à un seul culte, etc. Ajoutons que c'est au gouvernement seul qu'il appartient de changer la destination d'un édifice religieux, ce que, du reste, il ne doit faire que pour des causes graves, et nécessitées par l'intérêt public.

251. — Sans doute quelquefois des motifs d'ordre public, tels que des troubles, ou des raisons de sûreté publique, tel que le mauvais état de l'édifice, peuvent autoriser l'autorité municipale à ordonner par mesure d'urgence la fermeture de ces édifices; mais c'est à charge d'en référer immédiatement à l'autorité supérieure; et en tous cas la destination religieuse de l'édifice n'en est pas affectée.

252. — Ce serait un usage contraire à sa destination que d'y laisser prononcer un discours par un laïque, même à l'occasion des cérémonies funèbres. — Rapp. de Portalis, 10 sept. 1806.

253. — Ce droit n'appartient qu'aux ministres des cultes; et toutes les fois qu'ils se renferment dans l'exposition des dogmes religieux ou des pratiques à suivre, l'autorité civile n'a nullement à intervenir dans ces matières, qui lui sont complétement étrangères.

254. — Au surplus, si l'état respecte les discussions religieuses, il ne faut pas que les discussions dégénèrent en attaques déplacées; et à cet effet défense est faite aux ministres du culte de se livrer, dans leurs instructions, à aucune inculpation directe ou indirecte, soit contre les personnes, soit contre les autres cultes autorisés par l'état. — L. organique, art. 52.

255. — De ce que la police intérieure de l'édifice appartient au ministre du culte, il résulte que c'est lui et non le maire qui doit être dépositaire de la clef de ce même édifice. — V. toutefois CLOCHE, nos 25 et suiv.

256. — ... Et que si l'édifice se trouvait enclavé dans le cimetière, on devrait lui remettre la clef du cimetière. — V. CIMETIÈRE, no 91.

257. — Mais cette remise des clés n'emporte pas pour l'autorité spirituelle le droit de disposer de l'édifice, et d'en refuser, soit absolument, soit conditionnellement, l'entrée. « Les églises sont ouvertes gratuitement au public. En conséquence, il est expressément défendu de rien percevoir pour leur entrée, sous quelque prétexte que ce soit, ou d'exiger des billets d'entrée. » — Décr. 18 mai 1806, art. 1er; 30 déc. 1809, art. 65; — Décis. minist., 20 thermid. an XIII.

258. — Cependant, et bien que l'entrée de l'édifice religieux soit libre et gratuite, il peut être perçu dans l'intérieur, pour subvenir aux frais du culte, des droits sur les bancs et les chaises. Au surplus, tout ce qui concerne le placement de ces objets, et les tarifs de fermage et de perception est réglé sans l'intervention de l'autorité municipale. — V. BANCS ET CHAISES DANS LES ÉGLISES.

259. — De même, des troncs peuvent être placés et des quêtes être faites dans le même objet, pourvu, bien entendu, que cela ait lieu dans l'intérieur de l'édifice. Si les quêtes devaient être faites au dehors, il faudrait l'autorisation préalable de l'autorité civile.

260. — D'autres troncs peuvent encore être placés dans les édifices consacrés aux cultes, et d'autres quêtes peuvent y avoir lieu; et c'est à l'autorité spirituelle seule qu'il appartient de les placer; l'autorité municipale ne saurait rien prescrire à cet égard.

261. — Toutefois, aux termes d'un arrêté du ministre de l'intérieur, du 5 prair. an XI, confirmé par l'art. 75, décr. 30 sept. 1809; décis. min. 1814 et avis du comité de l'int. et des cultes, 6 juill. 1831, — les bureaux de bienfaisance sont autorisés à placer dans les édifices religieux des troncs pour recevoir des offrandes et à y faire quêter. — En est-il de même à l'égard des hospices? — V., sur ces divers points, BUREAUX DE BIENFAISANCE, HOSPICES, QUÊTES.

262. — L'autorité civile pourrait-elle introduire dans l'édifice consacré aux cultes des signes ou emblèmes totalement étrangers à l'exercice du culte, par exemple un drapeau? — Cela est fort douteux. En effet, s'il est vrai que les édifices religieux étant d'ordinaire la propriété de l'état ou des communes (V. ÉGLISE), l'apposition extérieure de ces signes ou emblèmes rentre complétement dans les attributions de l'autorité civile (V. *infrà* no 278). — Cette apposition faite à l'intérieur ne serait-elle pas manifestement contraire à ce principe que l'autorité civile ne peut intervenir dans la distribution intérieure des édifices consacrés aux cultes? — Décr. 30 déc. 1809, art. 30.

263. — Par des motifs analogues, il est évident que le droit de distribution intérieure qui appartient à l'autorité ecclésiastique n'est certainement libre dans son exercice qu'autant qu'il s'agit de choses relatives au culte ou à son exercice : ainsi, si, de son côté, l'autorité spirituelle plaçait dans l'enceinte des édifices des signes ou emblèmes étrangers à cette destination, l'autorité civile pourrait enjoindre de les faire disparaître. — Circul. min. 22 fév. 1831.

264. — De même encore, le droit de distribution intérieure accordé à l'autorité spirituelle n'irait point jusqu'à lui permettre, sans l'autorisation du gouvernement, de placer dans ces édifices des cénotaphes, inscriptions, monumens funèbres. — Décis. min. 8 sept. 1811. — V. CIMETIÈRE, no 32.

265. — ... Comme aussi, et à plus forte raison, elle ne pourait y pratiquer des inhumations. — Décr. 23 prair. an XII. — V. CIMETIÈRE, nos 19 et suiv., 26, 30 et suiv.; INHUMATION. — V. encore circul. min. 14 déc. 1831.

§ 2. — *Police extérieure.*

266. — A la différence de la police intérieure du culte, la police extérieure est nécessairement dans les attributions de l'autorité civile, dont la mission est de veiller à ce que le bon ordre ne soit jamais inquiété et de prévenir entre les différens cultes des collisions fâcheuses et de nature à troubler la liberté religieuse des citoyens.

267. — En première ligne se placent les cérémonies religieuses extérieures, mode le plus solennel que puisse employer un culte pour se manifester au dehors des édifices sacrés.

268. — Nous n'entrerons point ici dans le détail des difficultés que soulèvent les questions relatives aux cérémonies du culte appelées processions, attendu que ces cérémonies, n'étant en général en usage que dans le culte catholique, devront faire l'objet de notre examen lorsque nous nous occuperons spécialement de ce culte. — V. *infrà* nos 424 et suiv.

269. — Notons seulement qu'une fois autorisées, ces cérémonies sont placées sous la protection de l'autorité civile et que tout acte qui serait tenté à l'effet de les troubler rentrerait dans les atteintes portées aux cultes. — Rapport de Portalis, 14 prair. an XIII.

270. — Mais il est d'autres cérémonies communes à tous les cultes reconnus, et qui se pratiquent en dehors des édifices sacrés : ce sont celles des inhumations. Ces cérémonies ont lieu librement dans chaque cimetière sous la protection de l'autorité municipale; et même pour prévenir toute collision fâcheuse, le décret du 23 prair. an XII veut que, dans les communes où l'on professe plusieurs cultes, chaque culte ait son cimetière particulier, ou du moins, s'il n'y a qu'un seul cimetière, que des parties distinctes et séparées et avec entrée distincte soient affectées aux inhumations pour

594 CULTE, ch. 1er, sect. 3e. CULTE, ch. 1er, sect. 3e. CULTE, ch. 1er, sect. 3e.

chaque culte. — V. au surplus CIMETIÈRE, n° 84. — Circ. minist., 8 messid. an XII.

271. — Dans les hôpitaux ou hospices, les malades ou infirmes qui s'y trouvent peuvent réclamer l'assistance des ministres de leur culte; et ce ministère doit librement s'exercer sous la protection de l'autorité civile et l'observation des réglemens tracés par elle. — V. notamment circ. minist. 26 janv. 1839.

272. — Il en est de même quant aux prisons. — Une circulaire minist. du 22 mai 1816 y a prescrit spécialement l'exercice solennel du culte catholique. — V. PRISONS.

273. — La police extérieure des cultes s'étend-elle, en outre des cérémonies proprement dites, à tout ce qui, extérieurement, peut manifester leur existence et aux signes distinctifs de ces cultes?

274. — La législation intermédiaire avait, comme on le sait, établi les prohibitions les plus sévères en ce qui concerne soit les convocations faites par voie de publication ou autrement, soit les signes extérieurs du culte. Ces prohibitions ont dû nécessairement cesser d'exister.

275. — Cependant, pour ce qui concerne les convocations aux exercices des cultes, si ces convocations ont lieu par voie de publications écrites, telles qu'affiches, circulaires, il est évident qu'elles sont soumises au droit commun qui régit la publication de la pensée. — V. DÉLITS DE PRESSE.

276. — Quant aux convocations par le son des cloches, nous avons expliqué précédemment quels étaient à cet égard les droits respectifs de l'autorité religieuse et de l'autorité municipale. — V. CLOCHE, n° 20 et suiv. — Rappelons seulement qu'en principe le réglement pour la sonnerie doit être approuvé par l'autorité civile, qui a le droit, dans certains cas, de se servir elle-même de ce mode de convocation ou d'avertissement.

277. — Mais il semble difficile d'admettre que l'autorité civile ait le droit d'empêcher l'apposition à l'extérieur des édifices consacrés aux cultes de signes apparens de cette destination. Il est vrai que ces édifices sont en général la propriété de l'état ou des communes; il est vrai aussi que l'art. 45 de la loi organique dispose qu'*aucune cérémonie religieuse* n'aura lieu hors des édifices consacrés au culte dans les villes où il y a des temples destinés à différens cultes; mais cet article, comme on le voit, ne parle que des *cérémonies* extérieures; et les motifs qui font prohiber en principe les cérémonies dans certains cas déterminés ne s'appliquent pas aux signes. C'est là au surplus un point que l'usage semble avoir consacré. — V. *contrà* Vuillefroy, v° *Signes extérieurs*.

278. — Ajoutons qu'en raison de ce droit de propriété, et à la différence de ce que nous avons dit en traitant de la police intérieure (V. *suprà* n° 262), il semble incontestable que l'autorité peut faire apposer à l'extérieur de ces édifices tels signes et emblèmes qu'elle juge à propos. Ainsi elle peut y apposer non seulement des drapeaux ou autres emblèmes politiques, mais encore d'autres objets, tels que télégraphes, paratonnerres. — V. notamment circ. min. 23 mai 1824, 18 déc. 1829, en ce qui concerne les paratonnerres. — La haute convenance qui doit toujours présider aux actes de l'autorité ne permet pas de supposer qu'elle puisse abuser de son droit au point d'appliquer à l'extérieur des édifices consacrés aux cultes des signes ou objets incompatibles avec le respect dû à ce culte. — V. au surplus ÉGLISE.

279. — L'apposition de signes extérieurs du culte est incontestablement permise dans les cimetières, sauf bien entendu, dans ce cas, l'autorisation de l'autorité. — V. CIMETIÈRE, n° 92.

280. — On sait qu'aux termes de l'art. 13, L. 7 vendém. an IV, aucun signe particulier à un culte ne pouvait être élevé, fixé et attaché en quelque lieu que ce soit, de manière à être exposé aux yeux des citoyens, si ce n'est dans l'enceinte destinée aux exercices de ce même culte, et que les art. 14 et 15 prescrivaient à la fois l'enlèvement des signes existans et la punition des citoyens qui en provoqueraient le rétablissement.

281. — Il est certain que, depuis la loi du 18 germin. an X, les dispositions du décr. 7 vendém. an IV ont cessé d'être applicables (Vuillefroy, v° *Signes extérieurs*, p. 509); et il résulte d'une décision ministérielle du 7 fructid. an X, que : « la loi et le gouvernement ont laissé ce point à la prudence des autorités locales. Si cette exposition peut servir de prétexte à troubler l'ordre, il est sage de la proscrire; mais si elle ne peut produire aucun inconvénient, il y a lieu de la tolérer, sauf à en ordonner l'enlèvement au moment où elle deviendrait l'occasion de désordres. »

282. — « Le premier consul, disait à cet égard Portalis dans une lettre par lui écrite au préfet de police le 7 messid. an X, a pensé qu'il était sage de ne donner ni autorisation ni défense relativement aux signes extérieurs que les habitans des petites communes ont l'usage de placer dans les chemins et autres lieux publics, mais seulement de les tolérer, à moins qu'il n'en résulte des inconvéniens capables de les faire prohiber. Une autorisation formelle aurait le danger de donner trop d'importance à des usages qui ne tiennent pas au fond de la religion; d'autre part, la prohibition ou la défense chagrinerait quelques communes dont il faut ménager les idées et les habitudes, quand elles n'ont par elles-mêmes rien de contraire à l'ordre public. Sans doute des signes extérieurs dont le culte peut se passer peuvent devenir des occasions de scandale par les voies de fait que l'impiété ou la malveillance peut se permettre contre ces signes. Cette considération n'a pas échappé au premier consul; mais il a observé qu'alors l'expérience ferait sentir les dangers de l'exposition publique de tels signes, et que les hommes qui sont attachés à de semblables pratiques seraient plus facilement invités à les abandonner que si l'autorité le leur prescrivait impérieusement. »

283. — En fait, les prévisions du premier consul ne se sont pas précisément réalisées; dans certaines parties de la France, l'attachement aux signes extérieurs, et notamment aux croix placées sur les chemins, est resté le même, et l'on doit dire que depuis le concordat leur exposition a continué d'exister du consentement, sinon formel, du moins tacite de l'autorité civile, et que celle-ci ne s'y est refusée ou n'en a ordonné l'enlèvement que par des motifs graves.

284. — « Il est bien évident, d'ailleurs, que l'exposition ne peut avoir lieu que du consentement du propriétaire des terrains ou de l'édifice sur lesquels doivent être placés les signes extérieurs. Ainsi, s'il s'agissait d'un terrain communal, le consentement du conseil municipal serait nécessaire. » — Lettre min. des aff. ecclés., 7 avr. 1829.

285. — Et il a été jugé qu'un tribunal de simple police excéderait ses pouvoirs en condamnant un particulier à l'emprisonnement pour avoir refusé de laisser planter une croix sur son héritage, alors qu'un arrêté du préfet défendait tout établissement de croix et d'autres signes extérieurs du culte, sans la permission de l'autorité supérieure administrative. — *Cass.*, 10 frim. an XIII, Becker.

286. — Le port, en public, des costumes religieux rentre encore dans la police extérieure du culte. — V. au surplus *infrà* nos 401 et suiv.

ART. 3. — *Dotation et revenus des cultes légalement reconnus.*

287. — La protection de l'état, pour être efficace et réelle en ce qui concerne les cultes légalement reconnus, ne devait pas se borner au seul fait de la reconnaissance et à quelques mesures d'ordre protectrices.

288. — Autrefois, le clergé catholique possédait de nombreux biens, dont le produit suffisait amplement aux frais de l'exercice du culte et à l'entretien des ministres. — Mais ces biens lui furent confisqués par les lois révolutionnaires. — V. *infrà* nos 595 et 613.

289. — Le concordat, œuvre de conciliation et de paix, laissa, du consentement du Saint-Siége, subsister les effets de la confiscation; mais aussi en même temps le gouvernement s'engagea à fournir au clergé catholique une dotation convenable, de nature à assurer la dignité du culte et l'existence des ministres. — Concordat, art. 13 et 14, L. organique, tit. 4.

290. — Et toutes les dispositions concernant la dotation du culte catholique sont devenues communes aux cultes protestans. — V. CONSISTOIRE PROTESTANT.

291. — Il en est de même pour le culte israélite. — V. CONSISTOIRE ISRAÉLITE.

292. — La dotation des cultes provient de plusieurs sources, en tête desquelles figurent en première ligne les dons et allocations qui leur sont assurés tant par l'état que par les départemens et les communes.

293. — La dotation fournie par l'état, les départemens ou les communes, est immobilière ou mobilière.

294. — La dotation immobilière consiste principalement dans les édifices nécessaires à la célébration du culte. A cet effet, le concordat (art. 12) posa en principe que toutes les anciennes églises non aliénées nécessaires au culte catholique seraient rendues à leur ancien usage; les lois organiques (art. 75) réglèrent comment devait avoir lieu cette restitution, et prescrivirent en outre que dans les lieux où il n'existerait pas d'édifices disponibles pour le culte, le préfet se concerterait avec l'évêque pour la désignation d'un édifice convenable.

295. — Nous n'avons point ici à nous occuper de la question de propriété des édifices religieux, et notamment de celle de savoir si les églises catholiques sont la propriété des fabriques ou des communes. — V. ÉGLISE, FABRIQUE.

296. — C'est aussi sous ces mots et sous le mot DIOCÈSE que nous examinerons l'étendue des obligations imposées soit aux communes, soit dans certains cas à l'état, pour la construction, la réparation et l'entretien de ces mêmes édifices, obligations qui existent avec la même étendue en ce qui concerne les autres cultes dans les lieux où leur exercice est légalement établi.

297. — Constatons seulement que la loi du 18 juill. 1837 (art. 30) a maintenu en termes exprès l'exécution des lois et réglemens sur les édifices consacrés au culte. — Voir notamment décr. du 30 décr. 1809. — L'état, du reste, vient en aide aux communes dont les revenus peuvent être insuffisans; et depuis 1817 une allocation spéciale est votée chaque année dans le budget des cultes pour subvenir à la construction et aux grosses réparations des églises et presbytères paroissiaux.

298. — L'obligation imposée aux communes de fournir un lieu pour les exercices du culte doit s'entendre en ce sens, que si plusieurs cultes existent simultanément dans la même commune, avec des conditions légales pour leur exercice, la commune est tenue d'assurer à chacun d'eux un local distinct.

299. — Sous la législation intermédiaire, il est vrai, et alors que l'état avait rompu tous rapports avec les cultes, il était fréquent de voir le même édifice consacré à l'exercice de plusieurs cultes. — Et même, la loi du 11 prair. an III (art. 3) consacrait cet usage comme un droit des citoyens, chargeant seulement l'autorité municipale de faire à ce sujet les réglemens nécessaires, et d'aviser à y entretenir avec la décence *la paix et la concorde*.

300. — Mais, par une disposition fort sage, la loi organique du 10 germ. an X posa comme règle d'ordre public que le même temple ne pourrait être consacré à plus d'un culte. — Tit. 3, art. 46.

301. — Toutefois, dans quelques parties de la France, cette affectation de l'édifice religieux à un culte unique ne fut pas complétement observée; et encore aujourd'hui, en Alsace, par exemple, il existe des communes où la célébration du culte catholique et du culte protestant ont lieu dans la même enceinte.

302. — Dans ce cas, un réglement arrêté par l'autorité détermine de quelle manière l'édifice doit être partagé entre les différens cultes (d'ordinaire, le chœur est réservé au culte catholique), et à quelles heures chaque culte pourra disposer de l'édifice.

303. — Du reste ce contact entre différens cultes, toujours si fâcheux, et qui, dans les localités où il existe, a, malgré l'ancienneté de son usage, donné trop souvent lieu à des conflits, diminue chaque jour; et le temps n'est sans doute pas éloigné où l'article de la loi organique aura reçu sa complète application sans exception aucune.

304. — Ainsi que nous l'avons dit plus haut, la fermeture momentanée d'un édifice religieux, soit par des motifs d'ordre public, tel que la crainte de troubles, soit par des considérations tirées de son mauvais état, ne change en rien sa destination; il est certain que l'édifice consacré à l'exercice d'un culte ne pourrait être détourné de sa destination et servir à l'usage d'un autre culte, fût-il même reconnu, tant que ce changement de destination n'aurait pas été autorisé par le gouvernement.

305. — A plus forte raison l'affectation d'un édifice consacré à l'exercice d'un culte reconnu ne pourrait-elle être faite à l'exercice d'un culte non reconnu. Il existe à cet égard une circulaire du ministre des cultes, du 3 fév. 1831, envoyée aux préfets à l'occasion de la tentative de constitution de la *nouvelle Eglise catholique*, plus connue sous le nom d'*Eglise française*, et des demandes que plusieurs membres de cette association avaient formées auprès de différentes administrations municipales pour obtenir l'autorisation d'officier dans les églises consacrées au culte catholique.

306. — Le ministre, après avoir rappelé la loi organique du 10 germin. an X pour établir que les membres de cette association ne pouvaient être considérés comme faisant partie des ministres du culte catholique, posait et décidait ainsi la question : « Prétendrait-on que l'église est propriété communale, et que dès-lors la commune pourrait en disposer ainsi qu'elle le jugerait convenable? Et d'abord la commune ne peut disposer d'un édifice destiné à un service public sans l'approbation du gouvernement. A l'égard du droit de propriété, il est à observer que, s'il existe plusieurs

églises acquises et reconstruites par les communes depuis le concordat de 1801, le plus grand nombre a été excepté de la vente des biens domaniaux, non par un acte explicite qui les attribue aux communes, mais par l'effet de la loi du 18 germin. an X..... Mais, pour les unes comme pour les autres, les dépenses ordinaires ou extraordinaires qui y sont relatives, supportées par les communes entièrement, ou en partie si elles ont obtenu des secours du gouvernement, n'ont été autorisées que conformément à la destination qui avait pour objet la restauration de l'édifice servant à l'exercice du culte catholique et mis à la disposition de l'évêque diocésain. »

307. — Et la commission formée en 1831 disait que si les prêtres dits de l'Église française voulaient célébrer leurs offices dans les églises en présence des curés, cet acte devrait être considéré comme un trouble apporté à l'exercice du culte et réprimé conformément aux dispositions du Code pénal (V. *infrà* nos 554 et suiv.), et que s'ils voulaient les célébrer en l'absence des curés, il y aurait lieu de leur appliquer l'art. 258, C. pén., sur les usurpations des titres et fonctions.

308. — Outre les édifices nécessaires à la célébration du culte, les lois organiques ont établi une dotation immobilière d'une autre nature, relativement au logement des ministres des cultes. — Dotation qui se résout en une indemnité obligatoire, dans le cas où le logement ne peut être fourni en nature. — V. à cet égard vis COMMUNE, no 1194 et suiv.; ÉVÊQUE, PRESBYTÈRE.

309. — La dotation immobilière donnée aux cultes consiste encore dans les établissemens destinés à recevoir les personnes qui se destinent au service des cultes et qui portent le nom de *séminaires*; nous comprenons, sous ce nom générique, les écoles rabbiniques, SÉMINAIRES, CONSISTOIRE ISRAÉLITE.

310. — Les séminaires sont à la charge de l'état, qui donne l'édifice et est chargé de l'entretien; il leur fournit en outre une bibliothèque. — V. encore *infrà* nos 317 et suiv.

311. — Mais l'état reste complétement étranger aux écoles secondaires, à qui il n'alloue aucun secours de quelque nature qu'il soit. — V. au surplus SÉMINAIRE.

312. — Enfin, un autre genre de dotation immobilière assuré par l'état aux cultes, résulte des revenus qu'ils peuvent tirer par suite de la location de certaines dépendances des édifices consacrés aux cultes; comme aussi de la location de ces édifices mêmes lorsque cette destination a été supprimée.

313. — ... Ou bien encore du revenu de certains biens que la loi a concédé pour augmenter la dotation du culte; tel est le *produit spontané* des cimetières. — V. CIMETIÈRE, nos 60 et suiv.

314. — Au surplus, tout ce qui concerne cette sorte de dotation sera traité par nous plus tard. — V. ÉGLISE, ÉTABLISSEMENS RELIGIEUX, FABRIQUE.

315. — Quant à la dotation mobilière que les lois ont assurée aux cultes légalement reconnus, elle consiste : 1o dans le traitement alloué aux ministres du culte, traitement dont le concordat et les lois organiques ont établi le principe. — V. *infrà*, nos 374 et suiv.

316. — ...2o Dans les secours et pensions alloués, dans certains cas, aux ministres du culte à raison de leur âge ou de leurs infirmités. — V. PENSIONS ECCLÉSIASTIQUES. — V. *infrà* no 376.

317. — ...3o Dans les subventions allouées aux établissemens où se forment les ministres des cultes, subventions qui consistent dans l'entretien d'un nombre assez considérable d'élèves boursiers.

318. — Mais ces subventions en argent, de même que la dotation immobilière (V. *suprà* nos 310 et 311), n'existent qu'en faveur des séminaires, et non des écoles secondaires, qui peuvent être entretenues par un culte. — V. SÉMINAIRES.

319. — 4o... Enfin, dans les subventions purement volontaires que, soit en exécution de lois spéciales et avec application déterminée, soit d'une manière générale laissant à l'autorité le soin de les répartir, le budget de chaque année contient en faveur des cultes.

320. — Telle est, par exemple, la subvention annuelle accordée, en vertu des ordonnances des 7 décembre 1815 et 2 avril 1816, à certaines communautés religieuses d'hommes. — V. COMMUNAUTÉS RELIGIEUSES, no 85.

321. — Des subventions peuvent encore être accordées aux cultes par les départemens et les communes, en vertu de la loi du 18 germ. an X, qui autorise les conseils-généraux et municipaux à les voter sous l'approbation du gouvernement.

322. — Chaque année, une circulaire du ministre des cultes est adressée, à cet effet, aux conseils généraux de département pour attirer leur attention sur les besoins des cultes. — V. CONSEIL GÉNÉRAL DE DÉPARTEMENT, no 188.

323. — Ces subventions peuvent avoir pour objet, soit les augmentations de traitement des ministres du culte, soit l'entretien des édifices religieux, ou l'achat et l'entretien des objets nécessaires à l'exercice du culte.

324. — Les subventions que les départemens peuvent voter en faveur des cultes reconnus sont toujours restées en principe volontaires et libres. — Vuillefroy, *Tr. de l'admin. du Culte catholique*, préface, p. 42, note *a*. — V., au surplus, CURE, DÉPARTEMENT, DIOCÈSE, ÉVÊQUE.

325. — Au contraire, en cas d'insuffisance justifiée des revenus des cultes reconnus par l'état, les communes sont *tenues* de venir en aide aux administrations préposées à ces cultes. — L. 18 juillet 1837, art. 30, no 15. — V. COMMUNE, no 1199.

326. — Enfin, des circonstances particulières peuvent faire établir des allocations même à la charge de simples particuliers; ainsi, par exemple, s'il s'agit du culte catholique, pour l'établissement et l'entretien d'une annexe. — V. ANNEXE, no 9.

327. — Outre les dotations dont il vient d'être parlé, d'autres revenus plus éventuels sont encore assurés aux cultes légalement reconnus.

328. — En première ligne se rangent les produits résultant du produit des troncs et quêtes placés dans les édifices consacrés aux cultes, de la location des bancs et chaises, et des droits et oblations autorisés par l'usage et les réglemens. — L. organique, art. 69; décr. organ des cultes protest., art. 7.

329. — Les perceptions ont été autorisées pour aider les cultes à subvenir à l'insuffisance des revenus provenant des subventions de l'état. — V. pour le détail BANCS ET CHAISES DANS LES ÉGLISES, FABRIQUE, OBLATIONS, QUÊTES.

330. — Une source de revenus éventuels, mais fort importante par ses résultats, est celle qui résulte des fondations provenant de la libéralité des particuliers, fondations que le concordat (art. 15) et les lois organiques ont consacrées.

331. — L'autorisation du gouvernement a toujours été exigée pour la validité de l'acceptation de ces fondations, et même dans l'origine elles ne pouvaient consister qu'en rentes sur l'état. — L. organ., art. 73.

332. — Depuis, cette faculté de recevoir des fondations a été étendue à toute nature de biens, mais toujours leur effet a été soumis à l'approbation du gouvernement.

333. — Nous n'entrerons point ici dans l'examen des règles sur les fondations religieuses, qui doivent faire l'objet d'un article spécial. — V. FONDATIONS.

334. — Quant aux différentes règles relatives aux revenus et à l'administration des biens des établissemens autorisés des cultes reconnus, comme aussi ce qui concerne les acquisitions qu'avec ces revenus les établissemens religieux peuvent faire directement et à titre onéreux, V. ÉTABLISSEMENS RELIGIEUX ET FABRIQUE. — V. encore BIENS, no 339.

Sect. 4e. — *Des ministres du culte.*

335. — La loi, dans un but évident de protection pour les cultes, reconnaît à ceux qui exercent le saint ministère un caractère, une position et certains droits particuliers; mais en même temps, dans l'intérêt de la société qui ne veut être l'objet d'entreprises d'aucun genre, elle leur impose certains devoirs dont l'accomplissement est sanctionné par des dispositions de loi spéciale. Ces droits et ces devoirs feront l'objet d'un examen séparé.

ART. 1er. — *Caractère, position, droits des ministres du culte.*

336. — En principe, et sauf les nuances que peut amener la différence d'organisation de chaque culte, le caractère du ministre du culte n'appartient pas à la loi civile; il est tout entier du régime spirituel et soumis à la règle canonique.

337. — Il suit de là que ce caractère étant l'œuvre propre de la loi canonique, qui subsiste dans les termes mêmes de cette loi qui le définit et le confère, il reste dès-lors indélébile, selon cette loi, et qu'il ne saurait dépendre des résolutions ou des actes du pouvoir temporel d'altérer cette nature en la rendant nulle dans la personne de celui qui en est investi.

338. — C'est ce que nous rendrons plus sensible encore en parlant du culte catholique en particulier. — V. en outre CONSISTOIRE ISRAÉLITE, CONSISTOIRES PROTESTANS.

339. — Les ministres du culte doivent, pour tout ce qui touche à l'exercice de leur ministère, jouir d'une liberté complète, et cette liberté ne cède qu'autant que s'agissant de matières qui touchent à la fois au temporel et au spirituel, ou d'actes qui constituent une usurpation de la puissance spirituelle sur les droits de la puissance temporelle, l'autorité civile croit devoir intervenir dans un intérêt supérieur d'ordre public.

340. — Un des principaux actes de la liberté des ministres du culte, c'est d'être seuls dispensateurs des sacremens. — Nous avons déjà eu l'occasion de dire qu'ils ont à cet égard un droit absolu; que, dès-lors, eux seuls doivent être juges de l'accomplissement des conditions exigées des fidèles pour y participer, et, qu'enfin, dans l'exercice de ce devoir, ils ne relèvent que de leur conscience. — V. APPEL COMME D'ABUS, no 108 et suiv.

341. — ...Sauf le cas où le refus de sacrement dégénérerait en scandale public, cas dans lequel il pourrait y avoir abus. — *Ibid.*

342. — Et cette liberté d'action leur appartient même lorsqu'il s'agit du refus de prières et de la sépulture religieuse. — *Ibid.* nos 121 et suiv.

343. — Mais, à ce sujet, une question grave s'est élevée : on s'est demandé si, dans le cas où le ministre du culte refuse d'ouvrir, pour une inhumation, les portes de l'édifice consacré, et dont la police intérieure lui est confiée (V. *suprà* nos 288 et suiv.), l'autorité civile n'est pas investie de certains droits devant lesquels la puissance du culte est obligée de céder.

344. — La difficulté repose sur les termes de l'art. 19 du décret du 12 prair. an XII, relatif aux sépultures, et suivant lequel « lorsque le ministre d'un culte, sous quelque prétexte que ce soit, se permettra de refuser son ministère pour l'inhumation d'un corps, l'autorité civile, soit d'office, soit sur la réquisition de la famille, commettra un autre ministre du même culte pour remplir les fonctions; dans tous les cas, l'autorité civile est chargée de faire *porter*, *présenter*, *déposer et inhumer* les corps. »

345. — M. Vuillefroy (vo *Sépulture*, p. 495) induit des termes de cet article et de deux décisions ministérielles, des 12 mars et 2 déc. 1808, qui les ont interprétés, que le ministère du prêtre est forcé dans cette circonstance. « On aurait tort de conclure, dit cet auteur, de cette dernière disposition : *dans tous les cas, l'autorité civile est chargée*, que les prêtres sont libres d'accorder ou de refuser leur ministère; elle suppose l'impuissance et non la volonté, elle prescrit seulement les mesures à prendre dans le cas où le prêtre serait malade, absent ou légitimement empêché. »

346. — Nous ne reviendrons pas sur ce que nous avons dit vo APPEL COMME D'ABUS pour établir que l'autorité civile ne saurait, en aucune manière, contraindre l'autorité ecclésiastique à accorder les prières et la sépulture qu'elle croit devoir refuser. — Mais ne résulte-t-il pas au moins du décret précité que si l'on ne peut forcer les prêtres à dire les dernières prières et à accompagner les corps, l'autorité a le droit de déléguer un ministre du culte aux lieu et place de celui qui refuse, et que, dans tous les cas, les maires peuvent, s'il y a refus, faire ouvrir les portes des églises pour y introduire les corps des défunts et présider eux-mêmes au chant des prières aux lieu et place des curés et desservans.

347. — Quant au droit qui peut appartenir à l'autorité, de commettre un autre prêtre à la place de celui qui a refusé son ministère, le décret précité ne présente aucun équivoque. — Mais M. Affre (*Tr. de l'admin. des paroisses*, vo *Sépultures*, p. 381), dit, qu'à cet égard, la disposition du décret est tellement opposée aux notions les plus simples et les moins contestées sur la juridiction ecclésiastique que jamais, sous l'empire ni sous la restauration, l'autorité civile n'a essayé sérieusement de le mettre à exécution.

348. — Et M. de Cormenin, après avoir traité d'*insensée* la disposition du décret du 23 prair., ajoute : « Qu'est-ce, en effet, que ce prêtre automate qui arrive au premier coup de sifflet de l'autorité civile et qui prie par commission? La prière vient, non d'un bureau de police, mais du ciel. La liberté en vient aussi : et quand on l'aime sincèrement, on doit la vouloir pour tout le monde, même pour les prêtres. N'est-ce donc pas au prêtre qu'il faut la liberté par excellence dans les choses de la conscience et de la religion, et n'est-ce pas la liberté seule qui peut combler le vide immense entre le prêtre et Dieu? — Étrange contradiction! Vivans, nous refusons d'entrer dans le temple de Dieu, et, morts, il faut que notre ca-

davre en enfonce les portes, pour y recevoir les bénédictions empressées de ses ministres ! »

349. — Mais la deuxième partie de l'art. 19, décr. 23 prair. an XII, relative au droit de *présentation* par le maire, présente plus de difficultés. — En 1830, la question s'est présentée à la conférence des avocats de Paris sous la présidence de Me Dupin aîné, alors bâtonnier, et après une lutte très vive entre MM. Dupin jeune et Hennequin, la conférence s'est prononcée en faveur du droit de présentation.

350. — Tel avait été l'avis émis par M. Dupin aîné dans son résumé; et lorsque, un an plus tard, il portait la parole devant la cour de Cassation en qualité de procureur général dans l'affaire qui a donné lieu à l'arrêt du 23 juin 1831 (V. *infrà* no 360) il s'exprimait ainsi qu'il suit : « Les curés ne dépendent que de leurs évêques dans leurs fonctions spirituelles; aussi voyons-nous qu'on ne peut leur enjoindre de prier pour les morts : *on peut seulement faire ouvrir les portes de l'église, parce que la loi le permet, et faire présenter le corps, parce que c'est un fait matériel*; mais, du reste, rien n'oblige le prêtre à sortir du sanctuaire et à prononcer des paroles sacrées. »

351. — M. Vuillefroy (vo *Sépulture*, p. 495, etc., etc.) soutient aussi les droits de l'autorité civile par le motif que « les églises sont la propriété du gouvernement qui les affecte au culte et en confie la police à ses ministres. Or, dit-il, le gouvernement ne peut renoncer à assurer l'exécution des conditions auxquelles il a livré ces édifices; ces conditions sont nécessairement, et avant tout, l'accès de ces édifices pour tous les coreligionnaires d'un même culte suivant les rites et usages particuliers à ce culte. Ainsi, le droit de présentation, loin d'être une violation de la liberté, est une garantie pour tous contre le pouvoir arbitraire de quelques uns. »

352. — Cette interprétation donnée au décret du 23 prair. an XII, est combattue par M. Affre (*Tr. de l'admin. des paroisses*, vo *Sépultures*, p. 381), qui se fonde principalement sur l'esprit de la charte et sur les conséquences naturelles qui découlent de la protection promise aux cultes. « La loi, dit-il, reconnaît au curé la police de l'église; or, ce droit de police serait-il respecté si l'on pouvait y entrer malgré lui pour faire une espèce de service religieux ? — Le maire, il est vrai, est chargé par le décret de *présenter* le corps; mais, pour avoir un sens raisonnable, le mot *présenter* doit être restreint ou à une station non suivie de prières, ni de l'entrée dans l'église, ou à une station accompagnée de ces deux choses, mais avec le consentement soit du curé, soit du prêtre qui a fait la faute de le remplacer sur l'invitation du maire. — En vain excipe-t-on de ce que les églises sont des propriétés communales. Cela est vrai; mais leur usage est déterminé par les lois. Parce que la commune est propriétaire pourrait-elle la convertir en école, en mairie, et cela sans y être autorisée ? — Quant au droit de police, qui peut appartenir au maire dans l'intérieur de l'église, il ne peut s'entendre qu'en ce sens qu'il doit y empêcher le trouble et le réprimer s'il y a lieu, mais non en ce sens qu'il puisse y porter lui-même le désordre, ou que, sans l'y introduire, il lui soit permis de faire des actes paisibles de leur nature, mais évidemment en dehors de ses attributions.

353. — Voici comment, en outre, M. de Cormenin (*Quest. de dr. admin.*, vo *Appel comme d'abus*, § 14) défend les droits de l'autorité ecclésiastique avec autant de verve que de bon sens. « Nous sommes trop amis de la raison et de la liberté pour ne pas condamner la sottise d'une pareille violence. Si le maire-prêtre se met à chanter, il peut donc chanter toutes sortes de chants sur toutes sortes d'airs. Alors il viole l'art. 46 de la loi du 18 germ. an X, qui veut que les églises ne soient consacrées qu'à un seul culte. S'il s'empare des églises pour y travailler des offices à sa manière, alors il viole les art. 28 et 75 qui attribuent aux curés la police et la distribution de leurs églises. Le décret du 23 prair. an XII, dites-vous, prescrit aux maires de *présenter* les corps. C'est bien, si le curé veut les recevoir; mais s'il les refuse, ce serait une dérision de les présenter au dehors, et une profanation de les présenter au dedans. — Vous dites qu'il faut *empêcher le trouble*. Mais si, pour empêcher le trouble, vous vous mettez au-dessus des lois et du droit, il n'y aurait bientôt plus ni lois, ni droit pour personne, pour vous, pour nous-mêmes. Car, que diriez-vous au prêtre, vous qui forcez la porte de son église, s'il vous arrêtait à la porte de votre cimetière et s'il défendait à votre cadavre hérétique de passer? Lui diriez-vous avec raison que vous êtes là dans votre droit, pour qu'il vous répondît avec autant de raison qu'il est dans le sien? Si le peuple est ignorant, c'est à vous à l'éclairer, et s'il veut une chose déraisonnable, c'est à vous à ne pas lui obéir. Quand votre loi a deux sens, l'un intelligent, l'autre absurde, pourquoi choisiriez-vous l'absurde? Votre prêtre-commis est un intrus; votre maire-chanteur est un impie : l'un fait plus qu'il ne devrait faire, l'autre ne sait ce qu'il fait. » — V. en outre le même auteur (*Défense de l'évêque de Clermont*, *Gaz. des Trib.*, 28 déc. 1838).

354. — Quoi qu'il en soit, M. Vuillefroy (*loc. cit.*) mentionne que le droit donné au maire de faire présenter le corps à l'église, en cas de refus fait par les ministres d'un culte d'y prêter leur ministère, a été plusieurs fois exercé, et qu'il l'a été même depuis 1830, et avec approbation du ministre des cultes (21 oct. 1831). Mais il ajoute (*Ibid.* note 6e), « que depuis, l'administration elle-même a manifesté, comme dans toutes les matières qui concernent les sépultures, des *incertitudes* et des *contradictions*. »

355. — « Du reste, ajoute-t-il encore, la présentation, en cas de refus du ministère ecclésiastique, n'a la plupart du temps pour objet que de mettre en demeure les ministres du culte. Quant à l'introduction du corps dans l'église, si la porte en est refusée, l'autorité ne doit faire usage du droit qui lui est confié qu'avec une très grande réserve, et seulement quand l'intérêt de l'ordre en fait une nécessité. » — Et des décisions ministérielles des 12 janv. et 30 mars 1832 ont prescrit qu'il fallait, en pareil cas, apprécier les circonstances qui réclamaient l'application rigoureuse du décret, et éviter autant que possible des collisions.

356. — On peut, d'ailleurs, se demander, en admettant que le décr. du 29 prair. an XII soit aussi formel qu'on le suppose, quels seraient l'objet et l'utilité de cette présentation effectuée en l'absence du prêtre. Comme acte d'ordre et de police, accompli au nom de l'autorité civile, il serait soutenu par la moralité qui accompagne tout acte d'obéissance aux lois; mais, dépourvu de la moralité ou de la sanction religieuse, il ne serait plus qu'un acte matériel de la loi auquel le sophisme ou l'ignorance aurait enlevé son sens naturel.

357. — Nous verrons plus bas que les ministres des cultes, quelle que puisse être la liberté dont ils jouissent, sont cependant soumis, même pour les délits qu'ils peuvent commettre dans l'exercice de leurs fonctions, soit à diverses dispositions pénales spéciales, soit au droit commun. — V. *infrà* nos 407 et suiv.

358. — Mais on a beaucoup agité la question de savoir quel est, sous le rapport légal, le caractère des ministres des cultes et s'ils peuvent être considérés comme *fonctionnaires publics*, à ce point qu'ils doivent, en cas de poursuites, participer à la garantie constitutionnelle assurée à ces fonctionnaires par l'art. 75 de la constitution de l'an VIII.

359. — « Non, disait, en 1831, M. le procureur général Dupin devant la cour de Cassation, il n'est pas vrai qu'un prêtre catholique (et il faut en dire autant des ministres des autres cultes) soit un fonctionnaire public. — On appelle, en général, fonctionnaires publics ceux qui exercent une portion de la puissance publique par délégation de la loi ou du gouvernement dans l'ordre judiciaire, administratif ou militaire. Mais le pouvoir du prêtre a une autre source; ce pouvoir, dans la croyance catholique surtout, est de droit divin.... Le caractère du prêtre catholique est sacré, il est indélébile.... Aussi, les fonctions des ministres de tous les cultes, et, en particulier du culte catholique, sont purement spirituelles; ils n'exercent qu'un pouvoir moral, qui dépend uniquement de la foi sans aucune espèce d'action pour contraindre, car les cultes sont libres. »

360. — Et c'est là, en effet, ce que la cour de Cassation a reconnu en principe par un arrêt qui décide que les ministres des cultes ne sont pas compris dans la classe des agens protégés par la constitution de l'an VIII (art. 75), parce qu'ils ne sont pas dépositaires de l'autorité publique, qu'ils n'agissent pas au nom du prince et qu'ils ne sont pas ses agens directs, et qu'en conséquence, ils peuvent être poursuivis par le ministère public sans autorisation préalable à raison des délits commis dans l'exercice de leur ministère. — *Cass.*, 23 juin 1831, Royer. — V. aussi FONCTIONNAIRES PUBLICS.

361. — Ce premier point une fois résolu, on a également beaucoup discuté sur celui de savoir si, à défaut de l'art. 75, const. an VIII, la loi du 18 germ. an X ne mettait pas obstacle à ce que, lorsqu'il s'agissait de délits commis dans l'exercice de leurs fonctions, et qui, dès-lors, constituaient à la fois des délits ordinaires et des cas d'abus, les ministres fussent poursuivis sans autorisation du conseil d'état, ou si, dans tous les cas, le droit de poursuite directe ne devait pas être restreint au cas où il était exercé par le ministère public. — V. à cet égard vo APPEL COMME D'ABUS, nos 164 et suiv. — V. encore AGENT DE L'AUTORITÉ PUBLIQUE, no 8.

362. — Toutefois, et quoique les ministres du culte ne puissent être considérés comme des fonctionnaires, la loi civile a consacré légalement, à raison de leurs fonctions et qualités, certains droits comme aussi certaines incapacités particulières.

363. — Les prérogatives consistent, soit dans l'exemption de certaines charges et obligations publiques jugées incompatibles avec l'exercice de leurs fonctions. — V. GARDE NATIONALE, JURY, RECRUTEMENT, TUTELLE.

364. — ... Soit, au contraire, dans la participation de droit à certaines fonctions pour lesquelles leur présence a paru être convenable et utile. — V. BUREAU DE BIENFAISANCE, no 38, ENSEIGNEMENT, ÉTABLISSEMENS DE BIENFAISANCE, HOSPICES, INSTRUCTION PRIMAIRE.

365. — .... Ou même dans certains priviléges déterminés, ou droits honorifiques. — V. FRANCHISES et CONTRE-SEINGS, PRÉSÉANCES.

366. — Ces exemptions et priviléges ne peuvent évidemment être invoqués que par les ministres des cultes légalement reconnus. — *Cass.*, 23 déc. 1831, Bazard.

367. — Nous examinerons, du reste, sous chacun de ces mots spéciaux, l'étendue et la nature des prérogatives dont nous avons au surplus déjà traité d'une manière générale. — V. CLERGÉ, CONSISTOIRE ISRAÉLITE, CONSISTOIRES PROTESTANS.

368. — C'est également sous ces derniers mots que nous avons indiqué qu'à raison de leur caractère les ministres du culte sont déclarés par la loi incapables de certaines fonctions; telles sont, par exemple, les fonctions municipales. — V. CONSEIL MUNICIPAL, MAIRE, etc.

369. — De même encore, les ministres du culte ne peuvent être membres d'aucun tribunal. — Avis cons. d'état, 4 germin. an XI. — Et cette incapacité existe, quelle que soit la nature de la juridiction, judiciaire ou administrative, de droit commun ou d'exception.

370. — Mais (et nous l'avons observé vo CLERGÉ, no 24) à l'égard des ministres du culte comme à l'égard de tous, les incapacités sont de droit étroit et ne sauraient se suppléer. — Ainsi, aucune disposition de loi ne s'oppose à ce que les ministres du culte exercent leurs droits politiques et fassent partie, soit des conseils généraux, soit des chambres législatives, ou remplissent telle ou telle autre fonction politique que la loi n'aurait pas déclarée incompatible avec leur position. — V. CHAMBRE DES DÉPUTÉS, CHAMBRE DES PAIRS, CONSEIL GÉNÉRAL, etc.

371. — Ainsi encore, aucune loi ne défend d'appeler les ministres du culte en témoignage (Décr. min. 1826). Mais le respect et la protection qui doivent accompagner tous les actes de l'exercice du culte ont fait reconnaître qu'un prêtre catholique ne pouvait être contraint de déposer en justice des faits qu'il connaît par la confession, et que l'art. 378, C. pén., sur la révélation du secret lui était applicable. — Au surplus, ce point, qui exige de plus amples explications, sera traité vo DIVULGATION DE SECRETS.

372. — Les ministres des cultes sont, dans certains cas, déclarés incapables de recevoir les libéralités qui leur sont faites. — V. DONATION, LEGS.

373. — M. Vuillefroy dit que les incompatibilités ou dispenses accordées aux ministres des cultes, à raison de leur caractère, cessent nécessairement avec l'exercice du ministère ecclésiastique. — Mais cette observation ne pourrait être accueillie en ce qui concerne les ministres du culte catholique, qu'autant que l'on déciderait qu'aux yeux de la loi civile le caractère de ministre des cultes est effacé par la cessation des fonctions ecclésiastiques; question qui a été soulevée notamment à l'occasion du mariage des prêtres. — V. *infrà* nos 707 et suiv.

374. — Nous avons vu (*suprà* no 289) que le traitement des ministres du culte par l'état faisait partie de la dotation assurée aux cultes par les lois organiques. — Concordat, art. 14, L. organique (culte catholique), art. 64 et suiv.; (cultes protestans), art. 7; L. 8 fév. 1831, (culte israélite). — Ce traitement varie suivant la position du titulaire.

375. — En outre, la dotation des ministres du culte se compose, dans certains cas et suivant les fonctions, — 1o du logement (V. PRESBYTÈRE), ou, à défaut de logement en nature, de l'indemnité de logement (V. COMMUNE, nos 1194 et suiv., FABRIQUE); — 2o des fondations qui peuvent être faites en leur faveur (V. ÉTABLISSEMENS RELIGIEUX; FONDATIONS); — 3o des oblations (V. FABRIQUE, OBLATIONS); — 4o des supplémens de traitemens et secours qui peuvent être accordés par l'état, les départemens et les communes. (V. COMMUNE, no 1306, DÉPARTEMENT).

376. — Il ne faut pas oublier non plus les secours et pensions alloués, dans certains cas, aux ministres des cultes, à raison de leur âge ou de leurs infirmités. — V. PENSIONS ECCLÉSIASTIQUES. — V. *suprà* no 317.

377. — Les règles sur ces dotations spéciales varient suivant les différens cultes. — V. au surplus *infrà*, no 653, CONSISTOIRE ISRAÉLITE, CONSISTOIRES PROTESTANS.

378. — Le législateur ne s'est pas borné, à l'égard des ministres du culte, à leur assurer un traitement et à leur concéder les diverses prérogatives que nous venons d'indiquer. Il a voulu, de plus, les entourer d'une protection spéciale contre les actes dont, à raison de leur qualité ou dans leurs fonctions, ils pourraient être l'objet.

379. — A cet égard, l'art. 262, C. pén., disposa d'abord que tout outrage *par paroles ou gestes* contre les ministres d'un culte, *dans leurs fonctions*, est puni d'une amende de 16 fr. à 500 fr., et d'un emprisonnement de quinze jours à six mois. — C. pén., art. 262.

380. — Mais depuis, et en vertu de l'art. 6, L. 25 mars 1822, l'outrage fait *publiquement, d'une manière quelconque*, à raison de leurs fonctions ou de leur qualité, à un ministre de l'état ou de l'une des religions dont l'établissement est légalement reconnu en France, est puni d'un emprisonnement de quinze jours à deux ans, et d'une amende de 100 fr. à 4,000 fr.

381. — D'autre côté, suivant le même article, si l'outrage a été fait au ministre du culte *dans l'exercice de ses fonctions*, la peine est celle de l'emprisonnement de trois mois à cinq ans et d'une amende de 300 fr. à 6,000 fr. — Art. 1er et 6.

382. — Il existe, comme on le voit, entre l'art. 262, C. pén., et la loi de 1822, des différences assez notables. Ainsi : — 1o la loi de 1822 n'atteint que l'outrage fait *publiquement*, tandis que l'art. 262 ne fait aucune distinction entre les outrages publics et ceux qui ne le seraient pas.

383. — D'où il faut conclure que l'art. 262 est implicitement abrogé en ce qui concerne les outrages publics, ce qui ne l'empêche pas d'être toujours en vigueur relativement aux outrages non publics. — Mais aussi, disent MM. Chauveau et Hélie (t. 4, p. 521), il est évident que les cas où il sera appliqué devront être bien rares.

384. — Et il a été jugé que l'art. 262, C. pén., qui prévoit l'outrage public ou non public contre un ministre du culte dans ses fonctions n'a pas été abrogé par les lois sur la presse. — *Cass.*, 10 janv. 1833, Gobel; — Parant, *L. de la presse*, p. 138.

385. — 2o L'art. 262, C. pén. ne réprime que l'outrage commis par *paroles* ou *par gestes* : la loi du 25 mars 1822, conçue dans des termes plus étendus, punit l'outrage commis d'une *manière quelconque*.

386. — D'où il résulte que si l'outrage (autre que celui par paroles ou par gestes) a eu lieu *non publiquement*, il ne peut tomber ni sous l'application de la loi de 1822 qui ne prévoit que les outrages publics, ni sous celle de l'art. 262 qui ne prévoit que les outrages par gestes ou paroles.

387. — Il faut d'ailleurs remarquer que bien que le Code pénal ni la loi du 25 mars 1822 ne parlent pas de *l'outrage par menaces*, ce genre d'outrage semble rentrer sous l'application de l'art. 262, C. pén., puisqu'il ne peut généralement se produire que par paroles ou par gestes, et qu'il rentrerait, dans tous les cas, dans les prévisions de la loi de 1822, qui punit les outrages commis d'une manière *quelconque*.

388. — Mais, si les menaces avaient été commises par des écrits ou par des emblèmes, demeurés non publics, ils échapperaient à l'art. 262, cette circonstance n'ayant pas été prévue, sauf, s'ils avaient été publics, à rentrer sous l'application des termes généraux de la loi du 25 mars 1822. — Art. 6.

389. — 3o Enfin l'art. 262, C. pén., ne protége les ministres des cultes que *dans leurs fonctions*, tandis que la loi de 1822 les protége en même temps contre les outrages qui auraient lieu contre eux à *raison de leurs fonctions ou de leur qualité*, et contre ceux dont ils seraient l'objet *dans l'exercice de leurs fonctions*, en édictant, néanmoins, une peine plus sévère dans ce dernier cas, parce qu'alors l'outrage rejaillit sur les fonctions elles-mêmes. — De Grattier, t. 2, p. 71, no 17.

390. — Ainsi, un outrage *non public* fait à un ministre du culte hors de l'exercice de ses fonctions ne serait pas réprimé par l'art. 262, et comme il ne tomberait pas non plus sous l'application de la loi de 1822, il en résulte qu'à cet égard ce ministre ne serait considéré que comme un simple particulier, et que la protection à lui due serait puisée dans le droit commun. — Chauveau et Hélie, t. 4, p. 521.

391. — L'outrage, dans le système du C. pén., devient un crime si l'agent a frappé le ministre du culte dans ses fonctions : et l'art. 263, C. pén., dispose que, quiconque frappe un ministre d'un culte dans l'exercice de ses fonctions est puni de la dégradation civique.

392. — Cependant l'art. 6 de la loi du 25 mars 1822, § 4, porte que, si l'outrage a été accompagné d'excès ou violences prévus par le 1er § de l'art. 228, C. pén., il doit être puni des peines portées audit paragraphe (prison de deux à cinq ans), et d'une l'amende de 300 à 6,000 fr.

393. — On s'est demandé si, ces deux articles prévoyant le même fait accompagné des mêmes circonstances, la loi de 1822 n'a pas abrogé l'art. 263 du C. pén. — Ce qui peut faire douter, c'est que le C. pén. dispose uniquement pour le cas d'outrages non publics, et la loi de 1822 pour le cas d'outrages publics, d'où il semble naturel de conclure que chacun des deux doit conserver son application, selon qu'il y aura ou non publicité.

394. — Cependant Parant (*Lois de la presse*, p. 139) est d'avis de l'abrogation. Suivant lui, si l'art. 263 continuait à être en vigueur, il en résulterait que les voies de fait non publiques seraient punies plus sévèrement que celles qui auraient eu lieu publiquement. — M. de Grattier (t. 2, p. 75, no 16) partage l'opinion de Parant. — Chassan (t. 1er, p. 402), ne se prononce pas.

395. — Au contraire, les auteurs de la *Théorie du Code pénal* (t. 4, p. 529) pensent que les textes étant précis, on ne peut pas, d'une simple anomalie, induire que l'art. 263 est abrogé; que la loi de 1822 s'étant occupée seulement d'outrages et voies de fait *publics*, le simple coup porté sans publicité et sans outrage reste sous l'application de l'art. 263, C. pén.

396. — Il faut remarquer, au surplus, que l'art. 263 ne concerne que les coups portés à un ministre *dans ses fonctions*, tandis que le § 6 de la loi de 1822 s'applique à la fois aux cas où le ministre a été frappé soit dans ses fonctions, soit à raison de ses fonctions ou de sa qualité.

397. — L'art. 6 de la loi du 25 mars 1822, § 5, ajoute que si l'outrage est accompagné des excès prévus par le § 2 de l'art. 228, ou par les art. 231, 232, 233, C. pén., le coupable sera puni conformément audit Code. — V. BLESSURES ET COUPS.

398. — On sait qu'au nombre des peines prononcées par les articles auxquels renvoie la loi du 25 mars 1822 se trouve celle qui consiste pour le coupable à être obligé de s'éloigner pendant un temps plus ou moins long du lieu où la personne outragée exerce ses fonctions. Mais, dans les termes de l'art. 229, l'application de cette peine est purement facultative pour le juge; or, on s'est demandé si en disposant que le coupable *serait puni* conformément aux art. 228 et 229, etc., la loi de 1822 n'a pas entendu la rendre obligatoire. Mais, M. de Grattier (t. 1er, p. 74, no 24), décide que le législateur a seulement voulu autoriser le cumul, et que cette peine est restée facultative.

399. — M. de Grattier (t. 2, p. 76, no 27) pense encore que lorsque les violences mentionnées dans l'art. 228, C. pén., ont été accompagnées des outrages prévus par les art. 222 et suiv., même Code, il faudrait, outre les peines des art. 228 et 229, C. pén., appliquer l'amende prononcée par l'art. 6, L. 25 mars 1822. Cette opinion repose sur le seul desir d'éviter une anomalie. Mais l'art. 363, C. pén. s'oppose à ce qu'elle soit admise; il faudrait, pour admettre la dérogation, qu'elle eût été autorisée par une disposition expresse.

400. — Il est incontestable que la disposition de l'art. 6 de la loi du 25 mars 1822, comme celles du Code pénal, ne sont applicables qu'aux outrages et violences commis envers les ministres des cultes légalement reconnus. — De Grattier, t. 2, p. 71, no 17.

401. — L'art. 264, C. pén., explique, du reste, que les dispositions des art. 262 et 263 ne reçoivent leur application qu'aux outrages ou voies de fait dont la nature ou la circonstance ne donneraient pas lieu à de plus fortes peines d'après les autres dispositions du C. pén. — Il est certain, en effet, qu'un délit plus grave ne peut, en aucun cas, être couvert par un délit moins grave. — Chauveau et Hélie, t. 4, p. 524.

402. — Les ministres des cultes sont revêtus, dans l'exercice de leurs fonctions, d'un costume particulier; autorisé par cela même que le caractère de celui qui en est revêtu est consacré par la loi civile, ce costume doit être respecté.

403. — D'où il suit évidemment que nul ne peut, sans s'exposer aux peines prévues par le Code pénal pour port illégal de costume, revêtir le costume des ministres d'un culte.

404. — Il a été jugé, en effet, que l'art. 259, qui punit d'un emprisonnement de deux mois à un an, toute personne ayant porté publiquement un costume qui ne lui appartient pas, est applicable à toute personne qui revêt le costume réservé aux ministres des cultes reconnus. — *Paris*, 3 déc. 1836 (t. 1er 1837, p. 634, Pillot.

405. — Mais, on n'est pas passible des dispositions de cet article pour avoir porté publiquement un costume d'ermite, attendu que l'art. 259 ne peut s'entendre que de costumes reconnus par la loi ou les réglemens; or, il n'existe ni loi ni réglement qui fixent le costume des ermites. — *Metz*, 28 juill. 1823, Zitter. — V. COMMUNAUTÉS RELIGIEUSES, nos 67 et suiv. — V. aussi COSTUME, nos 23 et suiv.

406. — En cas d'insulte adressée à un ministre du culte, quand celle-ci doit-elle être considérée comme faite à son costume? Voici ce que répondait à cet égard le ministre des cultes le 14 messid. an X : « Quand la loi autorise un costume, elle s'engage à le protéger contre les insultes, les injures et même contre les actes de ceux qui voudraient se l'approprier sans droit ni caractère. Un ecclésiastique qui, hors des lieux où il est autorisé à la porter, conservera sa soutane, contre le vœu de la loi qui l'autorise seulement à porter l'habit noir, n'aurait aucun moyen régulier de se plaindre d'une insulte ou d'un propos que la malveillance pourrait se permettre contre son costume. » — Toutefois une pareille décision paraît trop restrictive pour devoir être, à la lettre, suivie dans la pratique.

ART. 2. — *Devoirs, délits, répression.*

407. — Régis par la loi commune comme tous les autres citoyens, les ministres des cultes sont cependant, à raison de leur caractère, de leur qualité et de leurs fonctions, placés sous l'empire de quelques dispositions législatives particulières.

408. — Ces prescriptions particulières résultent, soit des dispositions du concordat du 18 germin. an X, qui déterminent les cas dans lesquels il y a *abus* dans l'exercice du ministère ecclésiastique, soit des dispositions du Code pénal.

409. — Nous ne reviendrons pas ici sur ce que nous avons dit, sous le premier rapport, vo APPEL COMME D'ABUS; c'est sous ce mot que l'on trouvera l'indication ou l'explication de tous les cas qui peuvent donner naissance à ce recours spécial.

410. — Nous ne reviendrons pas non plus sur le point de savoir si les faits reprochés aux ministres du culte et qui constituent à la fois des cas d'abus prévus par la loi du 18 germ. an X, et des délits ou crimes prévus par le Code pén. ou par les autres lois, peuvent être poursuivis sans autorisation préalable du conseil d'état. — V. à cet égard *suprà* no 361. — V. encore APPEL COMME D'ABUS, nos 104 et suiv.

411. — Mais nous examinerons plus spécialement les faits répréhensibles par eux commis dans l'exercice de leurs fonctions, et qui sont prévus par la loi pénale ordinaire.

412. — Remarquons avant tout que les faits prévus soit par le concordat, soit par les lois pénales, sont les seuls qui puissent donner lieu contre les ministres des cultes à des poursuites quelconques. Jugé, en conséquence, que les faits de profession publique, d'opinions ultramontaines et d'un esprit d'envahissement, ainsi que les faits d'ambition de la part du clergé, ne constituent ni des crimes, ni des délits pouvant donner lieu à des poursuites. — *Paris*, 18 août 1826, Montlosier c. les Jésuites.

413. — Et une circulaire ministérielle du 22 mars 1831 porte « que quels que soient les torts qu'aurait un ministre du culte, il ne peut être puni que conformément aux lois; ce qui exclut et rend coupable tout acte arbitraire contre sa personne et son domicile. »

414. — Les actes répréhensibles prévus par la loi pénale sont divisés en quatre classes par le Code pénal : — 1o contraventions tendant à compromettre l'état civil des personnes; — 2o critiques, censures ou provocations dirigées contre l'autorité publique dans un discours pastoral prononcé publiquement; — 3o critiques, censures ou provocations dirigées contre l'autorité publique dans un écrit pastoral; — 4o correspondances des ministres des cultes avec les cours et puissances étrangères sur des matières de religion.

415. — 1o *Contraventions tendant à compromettre l'état civil des personnes.* — Avant la révolution, le droit de constater l'état civil des personnes était entre les mains des ministres du culte catholique (V. *suprà*, no 26). — Ce droit, contraire à la liberté des cultes et à l'égalité des citoyens, leur a été enlevé, comme nous l'avons vu (*suprà* no 93), par la loi du 20 sept. 1792.

416. — Puis, comme il était peut-être à craindre

que les ministres du culte catholique ne fissent quelques tentatives pour ressaisir un droit qu'ils avaient perdu, diverses dispositions législatives intervinrent dans le but de rendre impossibles de pareils empiétemens.

417. — La loi du 7 vendém. an IV défendit aux fonctionnaires publics sous peine de 100 liv. à 500 liv. d'amende et d'un emprisonnement d'un mois à deux ans, d'avoir égard aux attestations délivrées par les ministres du culte relativement à l'état civil des citoyens. — Art. 18 et 20.

418. — Cette loi défendit encore aux fonctionnaires publics, sous les mêmes peines, de faire mention dans lesdits actes que les cérémonies religieuses avaient été observées, et d'exiger la preuve de leur observation. — Art. 21.

419. — Ces dispositions n'étaient d'ailleurs relatives qu'aux actes reçus par les ministres depuis l'établissement des officiers de l'état civil.

420. — La loi du 7 vendém. an IV s'appliquait non seulement aux ministres du culte catholique, mais encore aux ministres d'un culte quel qu'il fût, et même à tous *individus se disant tels.* — Art. 20.

421. — Suivant Carnot (*C. pén.*, t. 1er, p. 595, no 4) cette loi est encore en vigueur. — V. encore Charte constitut., art. 59, C. pén., art. 484.

422. — Le concordat du 18 germin. an X dispose que les registres tenus par les officiers de l'état civil, n'étant et ne pouvant être relatifs qu'à l'administration des sacremens, ne pourront, dans aucun cas, suppléer les registres ordonnés par la loi pour constater l'état civil des Français. — Art. 55.

423. — En outre, l'art. 54 du même concordat impose aux ministres du culte catholique l'obligation de demander la justification du mariage civil avant de passer outre à la bénédiction nuptiale.

424. — Et cette obligation est sanctionnée par l'art. 199, C. pén., qui punit (pour la première fois) d'une amende de 16 fr. à 100 fr. « tout ministre d'un culte qui procédera aux cérémonies religieuses d'un mariage sans qu'il lui ait été justifié d'un acte de mariage préalablement reçu par les officiers de l'état civil »; et, par l'art. 200, suivant lequel, en cas de nouvelle contravention de la même espèce, le ministre du culte qui les aura commises doit être puni, savoir, pour la première récidive, d'un emprisonnement de deux à cinq ans, et, pour la seconde, de la détention.

425. — « Les ministres du culte, disait l'exposé des motifs, qui procèdent aux cérémonies religieuses d'un mariage sans qu'il leur ait été justifié de l'acte de mariage reçu par les officiers de l'état civil, compromettent évidemment l'état civil des gens simples d'autant plus disposés à confondre la bénédiction nuptiale avec l'acte constitutif du mariage, que le droit d'imprimer au mariage le sceau de la loi était naguère dans les mains de ces ministres. » — Exposé des motifs du Code pénal.

426. — On voit, d'après la rédaction générale de l'art. 199, qu'il s'applique non seulement aux ministres du culte catholique, mais aussi aux ministres de tous les cultes reconnus par la loi auxquels d'ailleurs ont été étendues les prohibitions faites aux ministres du culte catholique. — V. CONSISTOIRES PROTESTANS, CONSISTOIRE ISRAÉLITE.

427. — MM. Chauveau et Hélie (t. 4, p. 276 et suiv.) pensent même que l'art. 199, C. pén., doit être appliqué aux ministres des cultes non reconnus par la loi, ou encore à qui que ce soit, se disant tel et agissant en cette qualité : ils se fondent sur ce que si la loi ne protége que les cultes reconnus par elle, il ne s'ensuit pas que les ministres des autres cultes puissent se mettre en contravention avec elle.

428. — Nous avons déjà donné, au mot BÉNÉDICTION NUPTIALE, quelques explications sur le sens et la portée des art. 199 et 200, C. civ.

429. — Nous ferons remarquer plus spécialement sur l'application de l'art. 200 : 1o qu'on ne peut, dans le sens de cet article, entendre par nouvelle contravention des contraventions successives, mais une contravention commise après une première condamnation.

430. — ...2o que la récidive ne peut résulter ici que de la réitération *de faits de même nature*; ce qui la distingue essentiellement de la récidive définie par les art. 56 et suiv. — Carnot, *C. pén.*, t. 1er p. 596, no 3.

431. — La sévérité apportée par l'art. 200, C. pén. dans la répression de la récidive, s'explique par ce motif que la récidive et surtout la double récidive dénotent chez leur auteur une intention bien arrêtée et bien persévérante de désobéir à la volonté de la loi, tandis que la première contravention pouvait n'être qu'un oubli, une simple négligence. — Chauveau et Hélie, *Th. C. pén.*, t. 4, p. 279; Carnot, *C. pén.*, t. 1er, p. 595, no 4.

432. — Devant le conseil d'état, Regnault de Saint-Jean-d'Angely, avait proposé un autre mode de gradation de la peine : « Ou bien, disait-il, le curé se contente de l'assertion des parties qui sont effectivement mariées, c'est le cas de négligence; — ou l'assertion des parties est fausse, et néanmoins le curé passe outre : dans cette hypothèse, il y a faute de sa part; — ou enfin le curé persuade aux parties qu'il n'est besoin que de la bénédiction nuptiale pour rendre le mariage légitime, et alors il y a délit. » — Mais, sur l'observation de Cambacérès que ces distinctions, tout exactes qu'elles soient, ne pourraient être prises que difficilement pour guides dans l'application, parce qu'il serait impossible de prouver que le curé a dissuadé les parties de se retirer devant l'officier de l'état civil, la rédaction qui a pris définitivement place dans le Code a été adoptée.

433. — V. au surplus, sur le point de savoir si les art. 199 et 200 sont applicables lorsqu'en *fait* le mariage a eu lieu, BÉNÉDICTION NUPTIALE.

434. — Le Code pénal de 1810 avait infligé, à la deuxième récidive, la peine de la déportation; la peine de la détention lui a été substituée par la loi du 28 avr. 1832.

435. — Comme on peut le remarquer, les art. 199 et 200, C. pén., ne s'occupent que des actes de mariage, bien que les ministres des cultes ne puissent plus recevoir aucun des actes de l'état civil.

436. — C'était surtout pour ces actes que l'infraction à la loi avait de graves conséquences. — Au conseil d'état, on avait proposé de comprendre dans la disposition de l'art. 199 les cérémonies religieuses relatives aux naissances et aux décès; mais cette extension avait été repoussée par les motifs suivans : « Les inhumations sont faites et constatées par les officiers de l'état civil. La part que les ecclésiastiques y prennent, sous le rapport du culte, ne diminue ni les droits, ni les devoirs de ces officiers. A l'égard des baptêmes, on peut prétendre qu'il y en a d'urgens et qui pressent plus que l'inscription civile, pour laquelle la loi donne trois jours. » — Exposé des motifs, C. pén. — Carnot, *C. pén.*, t. 1er, p. 593 et 594, no 1er et 2; Chauveau et Hélie, *C. pén.*, t. 4, p. 278.

437. — D'ailleurs l'art. 1er, décr. 4 therm. an XIII, fait défense à tous curés, desservans ou pasteurs, de lever aucun corps et de l'accompagner hors des églises et temples, sans qu'on leur justifie d'une autorisation donnée pour l'inhumation par l'officier de l'état civil, à peine d'être poursuivis comme contrevenant aux lois; et l'art. 358, C. pén., prononce pour ce cas la peine de six jours à deux mois de prison, et 16 à 50 fr. d'amende. — V. INHUMATION.

438. — 2o *Critiques, censures ou provocations dirigées contre l'autorité publique, dans un discours pastoral prononcé publiquement.* — Les ministres du culte exercent par la parole une influence puissante. — L'abus de cette influence était à craindre.

439. — La déclaration du 22 sept. 1595 prononçait la peine du bannissement à perpétuité contre les prédicateurs qui se servaient de *paroles scandaleuses* tendant à émouvoir le peuple.

440. — L'art. 23, L. 7 vendém. an IV, condamnait à la gêne à perpétuité tout ministre du culte qui provoquait par des discours, le rétablissement de la royauté, l'anéantissement de la république et la désertion, ou qui exhortait à la trahison ou à la rébellion envers le gouvernement.

441. — Ces dispositions de loi ont été remplacées par les art. 201 et suiv., C. pén.

442. — Aux termes de l'art. 201, les ministres des cultes qui, dans l'exercice de leur ministère, et en assemblée publique, prononcent un discours contenant la critique ou la censure du gouvernement, d'une loi, d'une ordonnance royale ou de tout autre acte de l'autorité publique, sont punis d'un emprisonnement de trois mois à deux ans.

443. — Si ce discours contient une provocation directe à la désobéissance aux lois et autres actes de l'autorité publique, ou s'il tend à soulever ou armer une partie des citoyens contre les autres, le ministre du culte est puni d'un emprisonnement de deux à cinq ans, si la provocation n'a été suivie d'aucun effet. — C. pén., art. 202.

444. — Si la provocation a donné lieu à la désobéissance, l'auteur du discours est condamné au bannissement. — C. pén., même article.

445. — Il résulte nécessairement de l'art. 202, C. pén., que la circonstance que la provocation n'a donné lieu à aucune désobéissance est caractéristique du délit; c'est elle qui sert à le distinguer du crime. — Chauveau et Hélie, t. 4, p. 218. — Il suit de là que lorsqu'il y a prévention de crime et que l'auteur du fait incriminé est traduit devant les assises, le jury doit donner une déclaration expresse sur cette circonstance essentielle; il doit en être de même des juges dans le cas de délit.

446. — Il résulte également de cet article que quelle que soit la gravité de la provocation et quand même elle aurait produit quelque effet, elle ne peut être considérée que comme un délit si elle n'a été suivie d'aucune *désobéissance ni rébellion.* — Chauveau et Hélie, t. 4, p. 288.

447. — Il en résulte, enfin, que lorsqu'il s'agit de provocation ou de désobéissance aux lois ou autres actes de l'autorité publique, le discours n'est punissable qu'autant qu'il contient une provocation, mais aussi qu'il suffit pour être punissable qu'il *tende* à soulever ou armer une partie des citoyens contre les autres. — Chauveau et Hélie, p. 288.

448. — Si la désobéissance qui a été la suite de la provocation est dégénérée en sédition ou en révolte dont la nature donne lieu contre l'un ou plusieurs des coupables à une peine plus forte que celle du banissement, cette peine, quelle qu'elle soit, doit être appliquée au ministre coupable. — C. pén. art. 203.

449. — Dans ce cas la loi répute le ministre du culte complice des crimes qu'il a provoqués. — C. pén., art. 59; L. 17 mai 1819, art. 1er.

450. — Toutefois il est évident qu'on ne saurait le rendre responsable des crimes particuliers commis pendant cette révolte.

451. — On fit observer au conseil d'état, au sujet des incriminations contenues dans les articles qui précèdent, qu'il serait souvent très difficile de constater les nuances de la criminalité d'un discours pastoral et de discerner s'il s'était borné à porter la censure sur un acte du gouvernement ou bien s'il avait provoqué, soit à lui désobéir, soit à se révolter sur-le-champ. — « Comment, disait-on, lorsque les paroles fugitives n'auront laissé nulle trace, lorsqu'elles n'auront produit aucun effet, comment, sur la foi du souvenir, les rétablir pour en faire jaillir un sens précis, un délit? » — Mais on répondit que si la preuve de l'incrimination peut souvent être difficile, elle n'est cependant pas impossible, et qu'il suffit que la justice puisse agir dans les cas les plus graves pour que la conscience publique, offensée par le délit, soit satisfaite, sauf aux magistrats à se montrer d'autant plus circonspects dans les poursuites qu'il sera moins facile d'atteindre le délit. — Chauveau et Hélie, t. 4, p. 290.

452. — Il a été décidé, au surplus, que le conseil d'état saisi d'une demande en autorisation de poursuite contre un prêtre prévenu d'avoir tenu en chaire des discours propres à exciter à la haine et au mépris du gouvernement peut excuser ce prêtre lorsqu'il a rétracté devant son évêque les propos répréhensibles qu'il s'est permis, et qu'il s'est engagé à renouveler sa rétractation en chaire. — *Cons. d'état*, 16 déc. 1830, Lapierre et Cers.

453. — Et MM. Chauveau et Hélie (t. 4, p. 291,) font remarquer que si cette décision n'est pas une règle que les tribunaux puissent suivre lorsqu'ils sont saisis, du moins cette jurisprudence témoigne de la circonspection qui doit accompagner l'action publique dans ces matières. — V. d'ailleurs APPEL COMME D'ABUS.

454. — Les art. 201 et suiv. font résulter le délit ou le crime qu'ils prévoient des discours prononcés dans l'exercice du ministère du culte et en *assemblée publique*, sans exiger qu'ils le soient dans *un édifice du culte.* Mais il faut qu'il y ait *assemblée publique*; d'où il suit que la prononciation du discours dans un lieu public sans qu'il y ait assemblée publique ne constitue pas le fait ainsi prévu et caractérisé. — Chassan, t. 1er, p. 309; Carnot, t. 1er, p. 513; Rauter, t. 1er, p. 309.

455. — Par le mot *discours*, dont se servent les art. 201 et suiv., il ne faut pas nécessairement entendre un prône, une conférence, un sermon. « En effet, disent MM. Chauveau et Hélie, (p. 287), le prêtre qui n'élèverait la voix dans l'assemblée que pour faire entendre quelques paroles séditieuses ou provocatrices serait-il moins coupable que celui qui aurait encadré ces paroles dans un discours préparé à l'avance? » Le mot *discours* comprend donc toutes les paroles prononcées par le ministre du culte, pourvu, d'ailleurs, qu'elles l'aient été en assemblée publique et dans l'exercice de son ministère.

456. — Comme on l'a vu, les art. 202 et suiv. du Code pénal ne punissent que les provocations *directes* à la désobéissance aux lois ou aux actes de l'autorité publique, résultant de discours prononcés par les ministres du culte, et qu'autant que ces discours ont été prononcés dans l'exercice du ministère sacré et en *assemblée publique*, tandis que la loi du 17 mai 1819, qui pose des règles générales pour la répression des délits commis par voie de publication, exige seulement que les discours provocateurs à un crime ou à un délit aient été tenus

dans un lieu public. L'art. 202 du Code pénal est abrogé par la loi de 1819 et par celles des 25 mars 1822 et 9 sept. 1835, qui en sont le développement.

457. — MM. Chauveau et Hélie (t. 4, p. 284) pensent avec raison que cette abrogation n'a pas eu lieu, et ils en donnent pour motif que ces lois s'occupent d'une manière générale des délits commis par voie de publication, tandis que le Code pénal, au contraire, ne s'occupe que de certains délits commis d'une manière spéciale par une certaine classe de personnes : d'où il résulte qu'il doit continuer à régir les cas spéciaux qu'il a eu en vue. — Et cette opinion doit d'autant plus être adoptée, que l'art. 26 de la loi de 1819 n'a pas compris les art. 202 et 203 du C. pén. parmi ceux qu'elle a abrogés. — V. aussi Bourguignon, *Jurisprudence*, t. 3, p. 202; Rauter, t. 1er, p. 509; Chassan, t. 1er, p. 309; Carnot, *C. pén.*, t. 1er, p. 599, no 1er.

458. — Mais hors des cas spéciaux prévus par le Code, ajoutent MM. Chauveau et Hélie (*loc. cit.*), le ministre d'un culte qui se rendrait coupable d'un délit commun de publication, subirait l'application des lois précitées, qui constituent le crime commun en matière de publication.

459. — 3o *Critiques, censures ou provocations dirigées contre l'autorité publique dans un écrit pastoral.* — Lorsqu'au lieu d'avoir été commises par la voie fugitive de la parole, les critiques, censures ou provocations dont il a été question plus haut ont eu lieu par la voie des instructions que les ministres du culte adressent à ceux dont ils ont la direction spirituelle, le législateur considère avec raison le fait comme plus grave et comme devant, dès-lors, entraîner une plus grande pénalité.

460. — La loi du 7 vendémiaire an IV prononçait la peine de la gêne à perpétuité contre les ministres des cultes qui avaient commis un de ces délits par la voie de l'écriture. — Art. 23.

461. — Ces délits sont aujourd'hui prévus et punis par les art. 204 et suiv., C. pén., qui n'ont pas été abrogés par les lois des 17 mai 1819, 25 mars 1822 et 9 sept. 1835. — V. *suprà* no 457.

462. — Suivant l'art. 204, tout ministre qui a publié un écrit contenant des instructions pastorales, en quelque forme que ce soit, contenant la critique ou la censure soit du gouvernement, soit de tout acte de l'autorité publique, doit être puni du bannissement.

463. — Le caractère distinctif du crime prévu et puni par l'art. 204, C. pén., est la publication par écrit ayant le caractère d'*instructions pastorales*. La forme de cet écrit est du reste indifférente. — Carnot, *C. pén.*, t. 1er, p. 601, no 2.

464. — De ce que l'art. 206 n'incrimine que les instructions pastorales, il résulte, ainsi que le font observer MM. Chauveau et Hélie (t. 4, p. 293), que le crime ainsi prévu ne peut, en général, être commis que par une certaine classe de ministres des cultes, c'est-à-dire, dans la religion catholique, par les évêques, puisque seuls ils ont le droit de faire des instructions pastorales; et, dans les autres cultes, par les ministres d'un rang élevé, qui ont seuls le droit de faire des instructions analogues.

465. — « Et c'est là, sans doute, ajoutent-ils, l'une des sources de l'élévation des peines édictées par ces articles, parce que ces membres du haut clergé, plus éclairés et plus puissans, se rendent plus coupables quand ils publient, dans l'exercice même de leur ministère, des écrits hostiles au gouvernement. »

466. — Mais il y aurait néanmoins lieu d'appliquer l'art. 204, si ces instructions avaient été faites par un ministre du culte, qui n'aurait ainsi agi que par usurpation de fonctions qui ne lui appartenaient pas. Il en serait de même des délits de cette nature commis dans une instruction pastorale émanée de ministres des cultes non reconnus ou d'individus se prétendant ministres du culte.

467. — Tout autre écrit n'ayant pas le caractère d'une instruction pastorale dans laquelle un ministre du culte aurait critiqué ou censuré soit le gouvernement, soit tout acte de l'autorité publique, ne placerait pas son auteur sous l'application de l'art. 204, C. pén., et le laisserait sous l'empire du droit commun. — Chauveau et Hélie, t. 4, p. 293.

468. — Il ne suffit pas, pour que le crime prévu par l'art. 204, C. pén., existe, que l'écrit contenant des instructions pastorales soit composé et terminé; il faut encore qu'il ait été *publié* : le crime n'existe qu'après cette publication. — Carnot, *C. pén.*, t. 1er, p. 601, no 2; Chauveau et Hélie, t. 4, p. 293; Rauter, t. 1er, p. 509.

469. — Tel est aussi l'avis de M. Chassan (t. 1er, p. 309); mais cet auteur explique d'une manière assez rigoureuse le sens du mot *publié*, dont se sert l'art. 204. « Le Code, dit cet auteur, ne parle en aucune manière de la circonstance de la publicité, et il n'exige pas même, comme condition constitutive du délit, ainsi que l'a fait la loi de 1819, les divers caractères de publicité restreinte dont celle-ci parle. Ce n'est pas sans doute la *pensée écrite* que le législateur a voulu atteindre, c'est un écrit pastoral sorti *volontairement* des mains de son auteur pour être distribué ou seulement communiqué, fût-ce même clandestinement. Il est même à remarquer que, dans ce dernier cas, la conduite du ministre du culte est plus suspecte et plus répréhensible que s'il avait agi au grand jour. » Ce n'est donc pas comme tentative de l'infraction que la distribution ou la communication clandestine doivent être punies, comme Carnot paraît le croire, c'est comme infraction commencée. — V. DÉLIT DE PRESSE.

470. — Il est évident, dans tous les cas, que le crime n'existe qu'autant que l'instruction pastorale a été publiée par son auteur même, ou de son consentement. — Chauveau et Hélie, *loc. cit.*; Chassan, *loc. cit.*

471. — Lorsque l'instruction pastorale contient une provocation directe à la désobéissance aux lois ou autres actes de l'autorité publique, elle est punie de la détention. — C. pén., art. 205.

472. — Il en est de même lorsqu'elle *tend* à soulever ou armer une partie des citoyens contre les autres. — C. pén., art. 205.

473. — Enfin, si la provocation contenue dans l'instruction pastorale a été suivie d'une sédition ou d'une révolte dont la nature peut donner lieu, contre un ou plusieurs des coupables, à une peine plus forte *que la déportation*, cette peine, quelle qu'elle soit, doit être appliquée au ministre coupable de la provocation.

474. — La détention, dans l'art. 205, C. pén., a été substituée, par la loi de 1832, à la peine de la déportation qui était prononcée par le Code pénal de 1810; et MM. Chauveau et Hélie font remarquer que c'est par erreur que la même substitution n'a pas été faite dans l'art. 206, même code. — Chauveau et Hélie, t. 4, p. 295.

475. — Il faut remarquer d'ailleurs que, dans les cas prévus par les art. 205 et 206, les caractères généraux du crime, tels qu'ils ont été appliqués au sujet de l'art. 204, restent les mêmes.

476. — Seulement il faut de plus, soit une *provocation directe* à la désobéissance, soit une *tendance* à exciter la guerre civile.

477. — 4o *Correspondance des ministres des cultes avec les cours et puissances étrangères sur des matières de religion.* — L'art. 207, C. pén., punit d'une amende de 100 à 500 fr., et d'un emprisonnement d'un mois à deux ans tout ministre d'un culte qui, sur des questions ou matières religieuses, aura entretenu des correspondances avec une cour ou une puissance étrangère, sans en avoir préalablement informé le ministre chargé de la surveillance des cultes et avoir obtenu son autorisation.

478. — On ne peut se dissimuler, et c'est ce qui résulte clairement de l'exposé des motifs, que cet article a eu principalement en vue les rapports que le clergé catholique peut avoir avec le saint-siége, en dehors de ceux autorisés par le concordat.

479. — Néanmoins, les termes de l'art. 207 sont trop généraux pour qu'on puisse spécialiser son application à la correspondance qui aurait lieu avec une puissance ecclésiastique : elle s'étend donc même à la correspondance entretenue avec une puissance séculière. — Carnot, *C. pén.*, t. 1er, p. 605, no 3.

480. — De même, il résulte du texte même de l'art. 207 que ses dispositions ne sont pas moins applicables aux ministres des autres cultes reconnus qu'aux ministres du culte catholique. — Carnot, *C. pén.*, t. 1er, p. 605, no 2.

481. — Carnot (*loc. cit.*) soumet également à ses prescriptions les ministres des cultes *non reconnus*. — Il peut cependant s'élever à cet égard des doutes sérieux, en ce que ces ministres n'ayant aucun caractère officiel, leurs correspondances ne peuvent par conséquent avoir d'importance qu'autant que, troublant l'ordre, elles dégénéreraient en délits d'une autre nature, passibles d'autres peines. D'ailleurs, n'étant pas reconnus, ils ne sont pas placés sous la surveillance du ministre des cultes.

482. — On peut se demander encore si l'art. 207 n'est pas en opposition avec le principe de la liberté des cultes, et si dès-lors ses dispositions n'ont pas été nécessairement abrogées par la charte. — MM. Chauveau et Hélie (t. 4, p. 297) résolvent la question ainsi qu'il suit : « Sans doute, disent-ils, l'art. 207 restreint en quelque manière et sous un rapport l'exercice du culte catholique, puisque ce culte reconnaît pour chef un souverain étranger et que la correspondance avec ce souverain sur les matières religieuses est, dans quelques cas, essentielle à son exercice. Mais on peut répondre qu'il ne prohibe nullement cette correspondance, et qu'il la soumet seulement à la surveillance du gouvernement, afin de la maintenir dans de justes limites. »

483. — Et, en effet, l'exposé des motifs de la loi s'exprime en ces termes : « Il ne s'agit pas de rompre les rapports légitimes d'aucun culte avec des chefs même étrangers : *il n'est question que de les connaître* : et ce droit du gouvernement, fondé sur le besoin de maintenir la tranquillité publique, impose aux ministres des cultes des devoirs que rempliront avec empressement ceux dont les cœurs sont purs et les vues honnêtes. »

484. — « D'ailleurs, ajoutent aussi MM. Chauveau et Hélie (*loc. cit.*), il est douteux que ces dispositions soient relatives à l'exercice même du culte, et l'on ne peut dire, à proprement parler, qu'elles entravent cet exercice; elles règlent seulement les rapports qu'il fait naître avec un souverain étranger; et peut-être le pouvoir social n'outrepasse pas ses droits en s'immisçant dans ces rapports, non pour les défendre, mais pour les surveiller. »

485. — Quatre circonstances sont nécessaires pour constituer le délit prévu par l'art. 207, C. pén. : il faut : 1o qu'une correspondance soit entretenue avec une cour ou puissance étrangère; — 2o qu'elle ait pour objet des questions sur des matières religieuses; — 3o qu'un ministre du culte en soit l'auteur; — 4o qu'elle ait eu lieu sans autorisation.

486. — Le fait que la correspondance a été entretenue par une personne interposée ne constitue qu'une circonstance indifférente; la culpabilité du ministre n'en existe pas moins au même degré. — Carnot, *C. pén.*, t. 1er, p. 605, no 4.

487. — Bien que le mot *correspondance* semble indiquer la nécessité *d'un écrit*, néanmoins, Carnot (t. 1er, p. 605, no 5) pense que la correspondance verbale tombe, aussi bien que la correspondance écrite sous l'application de l'art. 207. — Seulement, il faudrait qu'elle fût bien constatée; et cette constatation n'est pas sans difficultés.

488. — MM. Chauveau et Hélie (t. 4, p. 298) font remarquer avec raison que le délit prévu et puni par l'art. 207 n'est pas un délit moral, que la loi trace une prohibition et punit toute infraction matérielle à cette défense, qu'elle fait abstraction de l'objet de la correspondance et de l'intention qui l'a dirigée; qu'en un mot c'est une contravention que le seul fait de l'infraction constitue.

489. — L'autorisation dont parle l'art. 207 est, suivant Carnot, une autorisation préalable : et cet auteur pense que celle qui serait donnée après coup ne servirait pas d'excuse à l'ecclésiastique qui aurait commencé ou fait cette correspondance sans autorisation. — Carnot, *C. pén.*, t. 1er, p. 606, no 6.

490. — Mais aussi, une fois l'autorisation obtenue, le ministre du culte peut s'adresser directement à la cour étrangère sans être astreint à communiquer ses dépêches; car la loi ne parle que d'autorisation et non *de visa*; et MM. Chauveau et Hélie (*loc. cit.*), disent fort bien que les termes de l'art. 207 n'impliquent pas une censure légalement établie de la correspondance du clergé.

491. — La principale question que soulève l'art. 207 est celle de savoir si cet article est applicable au ministre du culte coupable d'avoir publié et mis à exécution une bulle ou un bref du pape dont la publication n'aurait pas été autorisée et qui n'aurait pas été enregistrée au conseil d'état. — Ce qui peut faire naître quelques doutes, c'est que l'art. 1er, L. 18 germin. an X, qui défend cette publication et mise à exécution ne sanctionne cette défense d'aucune peine. — Toutefois, il est évident que les termes de l'art. 207 ne permettent pas de supposer que le législateur ait eu en vue ce genre d'infraction. — Chauveau et Hélie, t. 4, p. 299.

492. — Mais, à défaut de l'art. 207, cette infraction tombe-t-elle du moins sous l'application d'une loi pénale quelconque? — Quelques uns ont pensé que les art. 1er et 2 de la loi des 9 et 17 juin 1791 qui punissaient cet empiétement de la dégradation civique (V. BULLE, nos 3 et 4) étaient encore en vigueur; d'autres, au contraire, ont soutenu, et avec raison suivant nous, que ces dispositions avaient été abrogées par la loi du 18 germin. an X, qui les a reproduites, sauf la pénalité.

493. — On s'est demandé, en outre, s'il n'y avait pas lieu de faire application d'un décret du 23 janv. 1811 relatif à un bref rejeté comme contraire aux lois de l'empire et à la discipline ecclésiastique, décret dont l'art. 2 est ainsi conçu : « Ceux qui seront prévenus d'avoir, par des voies clandestines, provoqué, transmis ou communiqué *ledit bref*, seront poursuivis devant les tribunaux et punis, comme tendant à troubler l'état par la guerre civile, aux termes des art. 91 et 103, C. pén. » — Mais il est évident qu'il s'agit là d'un décret spécial, exclusivement applicable à un acte déterminé, et

qui ne saurait s'étendre, sans intervention spéciale de la loi elle-même à d'autres actes de même nature. — C'est ce que reconnaissent formellement MM. Chauveau et Hélie, t. 4, p. 300.

494. — De son côté, M. Carnot (t. 1er, p. 606, n° 1er) pense que ce fait peut tomber sous l'application de l'art. 22, L. 22 vendem. an VII, suivant lequel « tout ministre d'un culte qui, hors de l'enceinte de l'édifice destiné aux cérémonies ou exercice d'un culte, lira ou fera lire dans une assemblée d'individus, ou qui affichera ou fera afficher, distribuera ou fera distribuer un écrit émané ou annoncé comme émané d'un ministre de culte qui ne sera pas résidant en France, ou même d'un ministre du culte résidant en France, qui se dira délégué d'un autre qui n'y résidera pas, doit être, indépendamment de la teneur dudit écrit, condamné à six mois de prison, et, en cas de récidive, à deux ans. » — En effet, dit cet auteur, cet article de la loi du 7 vendem. an IV a été maintenu par l'art. 484 du Code.

495. — MM. Chauveau et Hélie ne font aucune mention de cette loi du 7 vendém. an IV, et ils concluent que le fait dont il s'agit ne peut tomber que dans les prévisions de la loi du 18 germin. an X, et constitue seulement un cas d'abus. — V. APPEL COMME D'ABUS. — C'est, en effet, ce qui semble généralement reconnu.

496. — Si la correspondance dont parle l'art. 207 a été accompagnée ou suivie d'autres faits contraires aux dispositions formelles d'une loi ou d'une ordonnance royale, l'art. 208, C. pén., dispose que le coupable sera puni du bannissement, à moins que la peine résultant de la nature de ces faits ne soit plus forte que celle du bannissement, auquel cas cette peine plus forte sera seule appliquée.

497. — Il faut remarquer que la peine du bannissement, portée par l'art. 208, C. pén., doit être prononcée dans tous les cas, soit que les faits concomitans et qui constitueraient une violation formelle, soit d'une loi, soit d'une ordonnance royale, ne soient passibles d'aucune peine, soit que la peine dont ils sont frappés soit inférieure à celle du bannissement. Les termes de l'art. 208 n'admettent aucune distinction. — V., à cet égard, Chauveau et Hélie, p. 300. — V. BANNISSEMENT, n° 20.

Sect. 5e. — *Attaques dirigées contre les cultes.*

498. — La simple proclamation du principe de la liberté des cultes eût été illusoire, si, en même temps, le législateur n'avait pris soin d'assurer l'exercice de cette liberté contre les entreprises dont elle pourrait être l'objet.

499. — En effet : « Ce libre exercice, comme le dit l'exposé des motifs du Code pén., est l'une des propriétés les plus sacrées de l'homme en société, et les atteintes qui y seraient portées ne peuvent que troubler la paix publique. »

500. — Le même exposé de motifs explique, d'ailleurs, que « l'auteur du trouble est également coupable, soit qu'il appartienne au culte dont les cérémonies ont été troublées, soit qu'il lui soit étranger, car respect est dû à tous les cultes qui existent sous la protection de la loi. »

501. — Or, des entreprises de plusieurs natures peuvent être dirigées contre les cultes. Ainsi, elles peuvent avoir lieu : — 1° contre la morale religieuse, les dogmes et rites religieux ; — 2° contre les objets et édifices consacrés aux cultes ; — 3° contre les ministres des cultes ; — 4° contre le libre exercice du culte.

502. — Chacune de ces entreprises a été prévue par des dispositions légales qui doivent être étudiées séparément. — Remarquons seulement, avant tout, que les trois derniers cas sont prévus et réglés par le Code pénal ordinaire, tandis que le premier a été l'objet de lois spéciales.

503. — On s'est demandé si les diverses dispositions qui ont pour but de réprimer les entreprises dirigées contre les cultes ont trait exclusivement aux cultes reconnus, ou bien si elles protègent également les cultes non reconnus. Ce qui peut faire naître quelques doutes, c'est qu'elles ne distinguent pas toutes d'une manière formelle entre les uns et les autres de ces cultes.

504. — En effet, si le mot *autorisé* se trouve consigné expressément dans la loi de 1822, dont il sera question plus loin et qui prévoit les outrages à la morale religieuse, ainsi que dans l'art. 260 du C. pén., qui garantit la liberté de conscience contre les violences et les menaces (V. *suprà* n° 82), on ne le retrouve plus dans les art. 261, 262 et 263 qui punissent les outrages envers les objets du culte, les outrages et voies de faits à l'égard des ministres du culte et les entraves apportées au libre exercice des cultes. — Or, de ce silence de la loi, faut-il, par un argument *à contrario*, conclure que la protection dont il est question dans les art. 261 et suivans est applicable à tous cultes sans distinction ?

505. — Nous ne le pensons pas. En effet, il ne faut pas oublier que si la loi doit tolérer tous les cultes, elle ne peut vouloir protéger que ceux autorisés par l'état, car les autres cultes ne sont rien à ses yeux, et l'autorité sociale, n'ayant aucun rapport avec eux, ne leur reconnaît aucun caractère sacré. — D'ailleurs, disent MM. Chauveau et Hélie, qui embrassent cette opinion dans leur *Théor. C. pén.*, t. 4, p. 518 et suiv. — « Une peine ne saurait reposer sur une qualité vague et qui peut être inconnue à l'auteur du délit ; or, lorsqu'il s'agit d'un culte nouveau et dont l'existence n'est point un fait reconnu du public, quels seront les signes qui feront connaître à l'auteur du trouble qu'il commet une atteinte à la liberté d'un culte, qu'il se rend coupable d'un délit ? Les peines ne peuvent s'asseoir que sur des bases fixes et non sur des circonstances indéterminées. »

506. — Tout ce que ces cultes non reconnus peuvent réclamer, c'est le bénéfice des règles de droit commun, qui protégent tous les citoyens contre les violations de leurs personnes, de leur domicile, de leurs biens, et en général, qui leur assurent les droits dont la jouissance et l'exercice sont garantis à tous.

ART. 1er. — *Outrages à la morale religieuse ou aux dogmes et rites religieux.*

507. — Aux termes des art. 1er et 8, L. 17 mai 1819, tout individu qui se rendait coupable d'outrage à la morale publique ou *religieuse*, soit par des discours, soit par des menaces proférées dans des lieux ou réunions, soit par des écrits, des imprimés, des dessins, des gravures, des peintures ou emblêmes vendus et distribués ou mis en vente, soit par des placards et affiches exposés aux regards du public, devait être puni d'un emprisonnement de un mois à un an, et d'une amende de 16 à 50 fr. — L. 17 mai 1819.

508. — Les mots *morale religieuse* ne se trouvaient pas compris dans le projet primitif de la loi. Ils y furent introduits par suite d'un amendement présenté par M. Lainé, repoussé comme inutile par MM. Royer-Collard, Courvoisier et de Broglie, en ce que la morale religieuse était évidemment comprise dans la morale publique, combattu d'abord par le gouvernement et accepté ensuite ; mais sous la déclaration formelle que l'expression *morale religieuse* n'était pas restrictive de celle de *morale publique*, et qu'elle n'embrasserait pas les croyances spéciales à chaque culte, mais qu'on devait entendre par là cette morale générale commune à tous les hommes, indépendamment du culte qu'il professe. — De Grattier, t. 2, p. 159.

509. — Ce fut dans la même pensée et pour maintenir le principe de l'inviolabilité du lien de la conscience que les deux chambres repoussèrent d'autres amendemens proposés et tendant à ajouter à l'amendement primitif ces autres mots : *et à la religion*, ou encore : *et à la religion chrétienne*.

510. — Si les dispositions de la loi du 17 mai 1819, ainsi entendues et expliquées, suffisaient pour réprimer les tentatives contre la morale religieuse et publique, étaient-elles pour les cultes reconnus une protection suffisante contre ces attaques, dont ils pouvaient être l'objet, et notamment le culte catholique, en ce qui concerne leurs dogmes et leurs rites ?

511. — Non évidemment ; aussi vit-on plus tard apparaître la loi du 25 mars 1822, dont l'art. 1er, ainsi que le disait M. de Serres, garde des sceaux, en présentant le projet de loi à la chambre des députés, avait pour objet de développer les dispositions de l'art. 8, L. du 17 mai 1819.

512. — Cet art. 1er, L. 25 mars 1822 fut ainsi conçu : « Quiconque, par l'un des moyens énumérés en l'art. 1er, L. 17 mai 1819, aura outragé ou tourné en dérision *la religion de l'état*, sera puni d'un emprisonnement de trois mois à cinq ans et d'une amende de 300 fr. à 6,000 fr. — Les mêmes peines seront prononcées contre quiconque aura outragé ou tourné en dérision *toute autre religion dont l'établissement est légalement reconnu en France.* »

513. — La Charte de 1830 a aboli le principe d'une religion de l'état ; mais, sauf cette modification, l'article 1er, L. 25 mars 1822, reste toujours en vigueur.

514. — L'incrimination est évidemment beaucoup plus étendue dans la loi de 1822 que dans celle de 1819 ; celle-ci ne punissait que l'outrage à la morale religieuse ; la loi de 1822 atteint tous ceux qui outragent ou qui tournent en dérision un culte légalement reconnu. — D'où Parant (*Lois de la presse*, p. 76 et 24) a induit que, sous le rapport de l'outrage à la morale religieuse, la loi de 1819 avait cessé d'exister et se trouvait remplacée par la loi de 1822.

515. — Mais, M. Chassan (t. 1er, p. 288, n° 1er), distinguant entre l'outrage aux bonnes mœurs et l'outrage à la morale publique et religieuse, soutient que la loi de 1822 doit être restreinte à l'outrage contre les dogmes et les rites ; et que la loi de 1819 reste applicable à l'outrage contre l'existence de Dieu et l'immortalité de l'ame, qui forment la base de la morale publique et religieuse. — V. conf. Rauter (t. 1er p. 563, n° 416).

516. — Cette question de savoir si l'incrimination de la loi de 1819 se distingue encore de celle de la loi de 1822 ne manque pas, ainsi qu'on le voit, de gravité. — V. DÉLIT DE PRESSE.

517. — La loi de 1822, comme on peut le remarquer, ne punit pas le simple fait d'attaque contre un culte légalement reconnu, mais seulement l'*outrage* ou la dérision

518. — Or, qu'entend-la loi par *outrage* ? Toute discussion, toute polémique sur le dogme, par exemple, sera-elle considérée comme un outrage, et dès-lors interdite ? — Il faut distinguer : « Il est dans le droit de chaque religion existant en France, disait M. de Serres, garde des sceaux (*Moniteur* du 27 janvier 1822, p. 115, 2e col.), d'établir ses dogmes spéciaux et de combattre les dogmes spéciaux des autres religions. La question est donc de savoir, si ce combat est décent, ou un combat à outrance, dans lequel l'outrage et la dérision soient tolérés et impunis. C'est cette dernière condition que le projet de loi exclut. » Une décision grave sur le dogme renfermée dans les limites de la décence et de bonne foi, ne sera donc pas un outrage. — V. conf. de Grattier, t. 2, p. 37 ; Chassan, t. 1er, p. 270, n. 5, et 284, n° 8.

519. — Pareillement, chacun professant librement ses opinions en France, on ne trouvera pas le caractère de l'outrage, de la dérision ou de l'injure dans la qualification donnée à Jésus-Christ, de *jeune sage*, de *respectable moraliste*, bien qu'elle insinue la dénégation de la divinité du Christ, et quelque erronées ou hérétiques que soient d'ailleurs les doctrines de l'auteur de l'ouvrage incriminé. — *Paris*, 22 janv. 1828, de Senancourt.

520. — Par les mêmes motifs l'enseignement du *piétisme*, religion fondée sur l'Évangile et la divinité de Jésus-Christ, mais qui n'admet ni prêtres, ni cérémonies, ni sacremens, etc., ne constitue pas un outrage à la morale religieuse, où à aucun culte légalement établi ; cela peut-être théologiquement une erreur, une hérésie, mais ne rentre pas dans les cas de répression pour *outrages* prévus par la loi. — *Cass.*, 8 août 1826, Nordmann (aff. des Piétistes).

521. — Et il a été décidé qu'il peut y avoir délit d'escroquerie, mais non outrage à la religion, dans le fait d'un individu, qui après s'être associé au fondateur d'une secte religieuse, s'est fait remettre des sommes d'argent et des effets, en se faisant passer pour le prophète Elie, et en annonçant que la terre serait dévorée par un vaste incendie dont il préserverait les vrais croyans. — *Grenoble*, 2 mai 1829, Dubois.

522. — Comme aussi le fait d'avoir dit à haute voix sur un chemin public, en présence de plusieurs personnes contre un maire décoré de son écharpe, et conduisant un mort au cimetière, sur le refus du ministre du culte : « *Venez voir un prêtre de nouvelle espèce, un f.... curé qui ne chante pas, qui au lieu de marcher devant le convoi marche derrière, et un enterreur de bête,* » peut bien constituer une injure contre un maire dans l'exercice de ses fonctions, mais n'est pas assurément un outrage à la religion. — *Cass.*, 16 mars 1832, Grasset.

523. — Jugé encore que les expressions suivantes insérées dans un journal (*Le Courrier français*), « L'immortel tableau de la Cène, la Transfiguration, etc., resteront encore des chefs-d'œuvres, même quand les croyances chrétiennes seront complètement abolies », peuvent recéler, sans doute, un manque de foi, même une action impie et dénigrante, fausse, contre un des dogmes fondamentaux du christianisme, sa perpétuité, mais ne sont cependant pas un outrage ou une injure à la religion, dans le sens de la loi. — *Paris*, 17 déc. 1829, Chatelain.

524. — En effet la simple négation de dogmes tels, par exemple, que la perpétuité du christianisme, ne constitue point le délit d'outrage à des cultes légalemens reconnus. — *Aix*, 3 déc. 1829, Rousseau-Marquézy (*l'Aviso*).

525. — De même ce n'est point porter atteinte au respect dû à la religion de l'état, ni abuser de la liberté de la presse, que de discuter et combattre, dans une série d'articles d'un journal, l'introduction et l'établissement dans le royaume de toutes associations non autorisées par les lois ;

que de signaler, soit des actes notoirement constans qui offensaient la religion même et les mœurs, tels que les délits ou les fautes des ecclésiastiques, des refus de sacremens, de prétendus miracles, etc., et que de signaler les dangers et les excès d'une doctrine ultramontaine. — *Paris*, 3 déc. 1825, le *Constitutionnel*.

526. — Aujourd'hui en effet, à la différence de ce qui avait lieu autrefois (V. *suprà* no 10), le blasphème est impuni ; mais cette impunité ne saurait exister lorsque, ne se renfermant pas dans la négation du dogme, le blasphème dégénère en outrage à la morale religieuse ou à l'un des cultes légalement reconnus. — Chassan, t. 1er, p. 277 ; de Grattier, sur l'art. 1er, L. 25 mars 1822. — V. **BLASPHÈME**, no 12.

527. — C'est ainsi qu'il a été jugé qu'il y aurait outrage punissable, si l'écrivain, prenant le ton du sarcasme et de l'ironie, présentait une des religions légalement reconnues comme amie des pompes mondaines, et comme se glorifiant de l'indigne spectacle produit (suivant lui) par un procès fait en vue de protéger la morale religieuse. — *Aix*, 7 déc. 1829, Rousseau-Marquezy (l'*Aviso*).

528. — Du reste, et alors que la connaissance de ces délits rentrait dans les attributions des tribunaux correctionnels, il avait été jugé en règle générale que, la loi n'ayant point défini l'outrage à la religion, les cours royales étaient souveraines dans l'appréciation des faits relatifs à la question de savoir si la négation d'un dogme religieux constituait ou non, d'après la manière dont elle était présentée, le délit d'outrage à un culte légalement reconnu, et que leur décision, à cet égard, échappait à la censure de la cour de Cassation. — *Cass.*, 17 mars 1827, Touquet ; 15 janv. 1830, Rousseau-Marquézy.

529. — ... Et qu'ainsi la publication de la partie historique de l'Évangile, avec suppression des miracles et de tous les autres faits qui démontrent la divinité de Jésus-Christ, publication faite de mauvaise foi et avec intention de tromper et de nuire, pouvait être réputée constituer, par une allusion impie à la partie supprimée, un outrage à la religion dans le sens de la loi. — *Cass.*, 27 mars 1827, Touquet.

530. — Jugé encore que la cour royale pouvait, sans violer la règle des deux degrés de juridiction, condamner comme coupable d'avoir tourné en dérision un culte légalement reconnu un individu qui n'avait été poursuivi que comme prévenu d'avoir outragé ce même culte. — *Cass.*, 15 janv. 1830, Rousseau-Marquézy.

531. — V. au surplus, sur tous ces points, **DÉLITS DE PRESSE.**

ART. 2. — *Outrages envers les objets du culte.*

532. — L'art. 262, C. pén., dispose que toute personne qui aura, par paroles ou gestes, outragé *les objets* d'un culte *dans les lieux destinés ou servant actuellement à son exercice*, sera punie d'une amende de 16 fr. à 200 fr., et d'un emprisonnement de quinze jours à six mois.

533. — « Les expressions de la loi *dans les lieux destinés ou servant actuellement à son exercice*, disait Berlier (Exposé des motifs), indiquent la limite dans laquelle le législateur a cru devoir se renfermer : la juste protection due aux différens cultes pourrait perdre cet imposant caractère et dégénérer en vexation ou tyrannie, si de prétendus outrages faits à des signes placés hors de l'enceinte consacrée pouvaient devenir l'objet de recherches juridiques. »

534. — D'où il faut conclure qu'en pareil cas la circonstance du lieu où le fait a été commis est une circonstance constitutive du délit.

535. — Du reste, peu importe que le lieu soit consacré habituellement à l'exercice du culte, quand même il n'y servirait que passagèrement, pourvu que ce soit actuellement, c'est-à-dire que sa destination, quoique momentanée, soit évidemment religieuse. C'est, au surplus, ce qui ressort évidemment de la discussion qui eut lieu au conseil d'état.

536. — Cambacérès trouvait les termes de la loi trop obscurs, et, suivant lui, il y avait une lacune dans sa rédaction. « L'article, disait-il, ne punit l'outrage fait aux objets d'un culte que lorsqu'il a lieu dans les édifices destinés à exercer ce culte, cependant, dans les villes où il n'existe pas de consistoire, l'exercice du culte catholique est public : or, la loi n'atteindrait pas l'homme qui se permettrait d'enlever le viatique qu'on porte à un malade. »

537. — A ces observations, Treilhard répondit que l'article devait effectivement s'entendre avec la portée que lui donnait Cambacérès ; qu'ainsi, là où les processions du culte catholique sont permises, les lieux où elles passent *devenaient momentanément des lieux où le culte s'exerce*. — Tel serait encore un cimetière pendant les cérémonies religieuses de l'inhumation.

538. — Mais du moment où cette affectation du lieu ou de l'édifice à l'exercice des actes du culte cesse d'avoir lieu, les irrévérences commises dans ces mêmes lieux, fût-ce même contre des signes religieux, ne tombent plus sous l'application des peines prévues par l'art. 262, C. pén.

539. — Aussi a-t-il été jugé que le fait d'avoir, dans un cimetière public et hors d'une cérémonie religieuse, frappé avec un bâton sur la tombe des morts en se servant d'interpellations réitérées et outrageantes aux mânes de ceux qui s'y trouvaient renfermés, ou de s'être roulé sur les tombeaux, fût-ce même avec la circonstance de publicité, constitue bien le délit de violation de sépulture, mais non celui prévu par l'art. 262 du C. pén. — *Cass.*, 22 août 1839 (t. 1er 1840, p. 237), Hermonet.

540. — Remarquons, en outre, que par *objets du culte* il ne faut entendre que les symboles exposés pendant son exercice ou employés à son service. — Chauveau et Hélie, *Th. du C. pén.*, t. 1er, no 521.

541. — L'art. 262 reçoit son application lors même qu'il n'y aurait pas eu *publicité* dans l'outrage. Le délit existe par cela même qu'il a été accompli, publiquement ou non, dans le lieu destiné au culte.

542. — Le même article parle, comme on le voit, des outrages commis par *gestes* ou *paroles* ; ce qui semble comprendre les menaces, puisque la menace est évidemment un outrage et qu'elle ne peut guère résulter que de paroles ou de gestes.

543. — Mais si l'outrage, quelle que fût sa nature, menace ou dérision, avait eu lieu par écrit ou par emblème, cette circonstance de l'outrage par écrit, n'ayant pas été prévue, ne tomberait pas sous l'application de l'art. 262.

544. — Cependant, si les outrages pouvaient dégénérer en attaques contre la religion elle-même, ses dogmes ou ses rites, alors on rentrerait sous l'application des règles que nous avons ci-dessus posées (V. même section, art. 1er). — Les juges sont, au surplus, souverains appréciateurs de la nature du délit.

545. — La loi du 20 avril 1825, concernant la répression des crimes et des délits commis dans les édifices ou sur les objets consacrés à la religion catholique ou autres cultes légalement établis en France, avait apporté des modifications profondes à l'art. 262 du Code. Mais on sait que cette loi, dite du *sacrilége*, a été abrogée complètement par celle du 11 oct. 1830.

546. — C'est, au surplus, au mot **SACRILÉGE** que nous examinerons tout ce qui a rapport aux dispositions de cette loi.

547. — Mentionnons néanmoins, dès à présent, qu'aux termes de l'art. 12 de cette loi, l'outrage à la pudeur commis dans un édifice consacré à la religion de l'état devait être puni d'un emprisonnement de trois à cinq ans et d'une amende de 500 fr. à 10,000 fr.

548. — ... Et qu'aux termes de l'art. 14, la destruction, mutilation ou dégradation de monumens, statues ou autres objets consacrés à la religion de l'état devait être punie d'une amende de 200 fr. à 2,000 fr. et d'un emprisonnement de six mois à deux ans. — La peine était d'un an à cinq ans d'emprisonnement et de 1,000 à 5,000 fr. d'amende, si le délit avait été commis dans l'intérieur de l'édifice destiné au culte.

549. — Ces dispositions ont pris fin, comme toutes celles contenues dans la même loi, depuis l'abrogation qui a été faite de cette loi le 11 oct. 1830. — Par suite, le Code pénal a repris son empire ; ainsi l'outrage à la pudeur commis dans l'enceinte d'un édifice destiné au culte ne diffère plus des autres cas d'outrage public à la pudeur (V. **OUTRAGE A LA PUDEUR**). Et quant aux destructions et mutilations des objets ou édifices destinés au culte, elles sont, quant à leur répression, rentrées sous l'application de l'art. 257, C. pén. — V. **DÉGRADATION ET DESTRUCTION DE MONUMENS ÉDIFICES ET CONSTRUCTIONS.**

550. — Il est certain, d'ailleurs, que les peines portées par l'art. 262, C. pén., ne s'appliquent qu'aux outrages dont la nature et les circonstances ne donneraient pas lieu à de plus fortes peines, d'après les dispositions du même Code (C. pén., art. 264) ou d'autres lois.

551. — Cette disposition, qui trouve facilement son application, par exemple, en cas de vol ou de destruction d'objets consacrés aux cultes, n'est que l'application de cette règle générale qu'en cas de plusieurs crimes ou délits la peine la plus grave est seule appliquée. — Carnot, *C. pén.*, sur l'art. 264.

ART. 3. — *Outrages et voies de fait à l'égard des ministres des cultes.*

552. — En même temps que l'art. 262 punissait de certaines peines l'outrage envers les objets destinés aux cultes reconnus, il assurait par les mêmes sanctions l'inviolabilité de la personne des ministres des cultes contre les outrages qui pouvaient l'atteindre dans l'exercice de ses fonctions. En outre, l'art. 263 punit de la dégradation civique quiconque aura frappé le ministre d'un culte dans ses fonctions ; le tout, bien entendu, sans préjudice de peines plus graves, suivant la nature ou les circonstances des outrages ou voies de fait. — C. pén., art. 264.

553. — Nous n'entrerons du reste ici dans aucune explication au sujet des outrages ou voies de fait à l'égard des ministres des cultes, matière qui a fait déjà l'objet de notre examen. — V. *suprà* nos 378 et suiv.

ART. 4. — *Entraves apportées au libre exercice des cultes.*

554. — L'entrave au libre exercice du culte était de nature à attirer d'une manière spéciale l'attention du législateur. — Or, cette entrave peut avoir lieu de deux manières, soit à l'égard de l'individu, en l'empêchant de satisfaire aux prescriptions de son culte, soit à l'égard du culte lui-même, en troublant ou empêchant ses exercices.

555. — Le Code pénal a prévu et réglé séparément ces deux hypothèses, la première par l'art. 260, la seconde dans l'art. 261.

556. — L'art. 260 punit d'une amende de 16 fr. à 200 fr. et d'un emprisonnement de six jours à deux mois tout particulier qui, par voies de fait ou de menaces, aura contraint ou empêché une ou plusieurs personnes d'exercer l'un des cultes autorisés, d'assister à l'exercice de ce culte, de célébrer certaines fêtes, d'observer certains jours de repos, et en conséquence de fermer leurs ateliers, boutiques et magasins, de quitter certains travaux.

557. — Nous avons expliqué le sens et la portée de cet article en ce qui concerne le fait de *contrainte* qu'il prévoit, fait qui constitue une atteinte directe à la liberté de conscience (V. *suprà* nos 82 et suiv.). — Toutes les explications que nous avons données à ce sujet sont également applicables en ce qui concerne le fait d'*empêchement*, qu'il prévoit également, et qui constitue les *entraves* apportées à l'accomplissement des pratiques religieuses par les citoyens.

558. — Le deuxième cas d'entraves au libre exercice du culte est celui qui consiste dans les faits prévus et punis par l'art. 261, C. pén., aux termes duquel « ceux qui auront empêché, retardé ou interrompu les exercices d'un culte par des troubles ou des désordres causés dans le temple ou autre lieu destiné ou servant actuellement à ces exercices, seront punis d'une amende de 16 fr. à 300 francs et d'un emprisonnement de six jours à trois mois. »

559. — Le délit prévu par cet article n'existe qu'autant qu'il y a eu retard, empêchement ou interruption de l'exercice du culte, et que cet empêchement, cette interruption ou ce retard ont été causés par des troubles ou désordres produits dans le lieu de l'exercice du culte.

560. — Ainsi, comme le font remarquer MM. Chauveau et Hélie (t. 4, p. 546), c'est moins le trouble que l'interruption que la loi considère ; et elle ne punit le trouble que lorsqu'il est assez grave pour produire l'interruption, l'empêchement ou le retard à l'exercice du culte.

561. — D'un autre côté, le fait de trouble n'est puni qu'autant qu'il a été causé *dans le temple ou autre lieu destiné ou servant actuellement aux exercices du culte* ; expressions semblables à celles de l'art. 262, et qui par conséquent sont susceptibles des mêmes explications. — V. *suprà* nos 532 et suiv.

562. — Du reste, la loi n'ayant pas déterminé et défini quels faits doivent être considérés comme ayant causé des troubles et désordres, c'est aux juges qu'il appartient de faire cette appréciation : ils ont sur ce point un pouvoir souverain.

563. — Jugé, par application de l'art. 262, que « la confession étant une pratique d'un des devoirs les plus sacrés du culte catholique, l'accomplissement de ce devoir de la part des fidèles est un acte qui constitue nécessairement l'exercice de ce culte ; qu'un curé ou tout autre prêtre qui entend la confession d'un fidèle est dans l'exercice de ses fonctions pastorales ou sacerdotales, et que l'exercice de ces fonctions se confond évidemment avec les exercices de ce culte dans le sens de la loi. » — D'où il résulte que celui qui trouble un prêtre confessant dans l'église, et même dans la sacristie, se rend coupable du délit prévu par ledit article. — *Cass.*, 9 (et non 7) oct. 1824, Jallais.

RÉP. GÉN. — IV. 76

564. — Jugé également que le fait, de la part d'un individu, d'avoir, pendant le catéchisme, pris par la main une petite fille, sa filleule, que le curé venait de mettre à genoux par forme de pénitence, et de l'avoir emmenée hors de l'église, a pu être considéré comme un trouble à l'exercice du culte catholique, passible des peines portées par le Code pén., art. 261. — *Cass.*, 19 mai 1827, Robert.

565. — Mais, en même temps, cet arrêt décidait que ce fait ne pouvait être considéré comme un trouble aux cérémonies de la religion, auquel fût applicable la loi du 20 avril 1825 sur le sacrilége. — Même arrêt.

566. — L'art. 261, C. pén., avait été en effet étendu, et en même temps remplacé par l'art. 13 de la loi du 20 avr. 1825 (sur le sacrilége), qui portait la double peine d'une amende de 16 à 300 fr., et d'un emprisonnement de six jours à trois mois contre ceux qui, par des troubles ou désordres commis *même à l'extérieur* d'un édifice consacré à la religion de l'état, auraient retardé, empêché ou interrompu les cérémonies de la religion; et par l'art. 16 de la même loi, qui appliquait les mêmes peines à ceux qui auraient commis les mêmes délits dans les édifices consacrés aux cultes légalement établis en France.

567. — Ainsi, on jugeait, sous cette loi, que le ménétrier qui, pendant la prière faite à l'église, troublait cet exercice religieux *par le son du violon* et de tambourins, et qui refusait de déférer à l'injonction du curé de cesser de jouer, était passible des peines ainsi prévues. — *Paris*, 9 janv. 1830, Saulnier.

568. — Et le même arrêt déclarait que l'art. 261, C. pén., se trouvait implicitement et nécessairement abrogé, sinon totalement, du moins en partie par la loi de 1825.

569. — Il est évident, au surplus, qu'il a repris sa vigueur depuis que la loi du 11 oct. 1830 a rapporté d'une manière absolue celle du sacrilége. — V. au surplus SACRILÉGE.

570. — Ajoutons que, comme lorsqu'il s'agit d'outrages aux objets du culte (V. *suprà* n° 550), l'entrave au libre exercice du culte n'est passible des peines portées en l'art. 261 qu'autant que les actes commis ne donneraient pas lieu à de plus fortes peines, d'après les autres dispositions du Code. — C. pén., art. 261.

CHAPITRE II. — *Du culte catholique.*

571. — Entre les différens cultes reconnus, il en est un qui occupe une position particulière : ce culte est le culte catholique, seul admis en France autrefois, et qui aujourd'hui encore est consacré par la Charte comme *professé par la majorité des Français.*

572. — A ce titre, le culte catholique mérite quelques explications spéciales.

Sect. 1re. — *Historique.*

573. — L'histoire de la législation relative au culte catholique doit, comme celles des cultes en général, se partager en trois périodes bien distinctes : 1° législation antérieure à 1789; — 2° législation intermédiaire jusqu'au concordat de 1801; — 3° législation actuelle.

574. — *Législation ancienne.* — Ainsi que nous avons déjà eu occasion de le dire (V. *suprà* nos 16 et suiv.), avant la révolution de 1789, la religion catholique était seule admise en France, et si l'on en excepte la période qui s'écoula depuis l'édit de Nantes jusqu'à sa révocation, l'exercice de ce culte était seul autorisé.

575. — Des conventions particulières, connues d'abord sous le nom de pragmatique-sanction, et plus tard sous celui de concordat, avaient été passées à plusieurs reprises entre le pape, chef suprême de l'église catholique, et le gouvernement français, à l'effet de déterminer les rapports des deux puissances entre elles.

576. — Le concordat de François 1er, passé en 1516, forma sur ce point, et jusqu'à la révolution française, le dernier état de la législation. — V. au surplus à cet égard CONCORDAT, nos 1er et suiv.

577. — A l'intérieur, une union étroite, et que le temps avait rendue chaque jour plus complète, rattachait l'état et l'église, sans néanmoins qu'elles fussent confondues : « Les institutions civiles et politiques étaient intimement liées avec les institutions religieuses; le clergé était le premier ordre de l'état; il possédait de grands biens, il jouissait d'un grand crédit, il exerçait un grand pouvoir. » — Portalis, *Discours sur l'organ. des cultes.*

578. — Nous avons déjà, en effet, vu (v° CLERGÉ) quelle position la législation spéciale avait faite au clergé catholique, déclaré par l'édit de 1695, premier des ordres du royaume, et dont les hauts dignitaires, pairs ecclésiastiques, avaient le pas sur les pairs laïques, n'ayant avant eux que les princes du sang; et encore les cardinaux élevèrent-ils souvent la prétention de prendre rang avant ces derniers. — V. CARDINAL, n° 11.

579. — Outre ses assemblées particulières, le clergé avait droit d'entrée aux états généraux, où il occupait le premier rang, et dans les conseils du roi, où ses délégués, connus en dernier lieu sous le nom d'*agens généraux du clergé*, et revêtus du titre de conseillers d'état, avaient le droit de porter la parole au conseil dans les affaires intéressant le clergé, comme aussi au *bureau des affaires ecclésiastiques.* — V. CONSEIL DU ROI.

580. — Exempt d'impôts de toutes sortes, et notamment des charges et services de guerre, privilége qui s'étendait jusqu'aux domestiques des ecclésiastiques, le clergé catholique ne contribuait aux charges de l'état que par des dons volontaires, dont il réglait lui-même le montant et la répartition. — V. CHAMBRE DIOCÉSAINE, CHAMBRE SUPÉRIEURE ECCLÉSIASTIQUE.

581. — Possesseur de biens immenses (V. BÉNÉFICE ECCLÉSIASTIQUE, BIENS ECCLÉSIASTIQUES), il avait, en outre, le droit de faire à son profit des levées, et de percevoir la dîme. — V. DIME.

582. — Chargé de l'état civil des citoyens (V. ACTES DE L'ÉTAT CIVIL, nos 5 et suiv., et *suprà* n° 26), il intervenait principalement en ce qui concerne le mariage, dont le lien religieux était l'élément essentiel aux yeux de la loi civile. — V. MARIAGE.

583. — Enfin, le bénéfice d'une juridiction spéciale existait pour les ecclésiastiques dans l'établissement des officialités, dont la juridiction même s'étendait dans certains cas à d'autres matières et à d'autres personnes que les matières et personnes ecclésiastiques. — V. OFFICIALITÉ.

584. — Il est vrai qu'en échange de cette protection exclusive, et des priviléges si nombreux qu'elle accordait au culte catholique, la puissance temporelle intervenait souvent d'une manière très directe dans les affaires de l'Eglise, non pas, sans doute, qu'elle entendît régler le dogme et la discipline ; mais pourtant, comme disaient nos anciens légistes, le roi, qui se qualifiait d'*évêque extérieur*, étendait parfois sa *main si longue*, qu'il statuait comme *évêque intérieur*.

585. — Nous avons déjà donné quelques exemples de cette intervention du pouvoir temporel en parlant des communautés religieuses. — V. COMMUNAUTÉS RELIGIEUSES, nos 20 et suiv.

586. — C'est ainsi encore que le pouvoir temporel, pour la recherche des crimes et délits, avait recours au concours du pouvoir spirituel, qui lui venait en aide par l'usage des monitoires. — V. MONITOIRE.

587. — Du reste, c'était au roi qu'il appartenait de conférer les hauts titres ecclésiastiques, sauf la confirmation canonique par le saint-siége (V. ÉVÊQUE); comme aussi nul changement ne pouvait avoir lieu sans son consentement, quant à la circonscription religieuse du royaume. — V. DIOCÈSE.

588. — De même, aucune communauté ou établissement religieux quelconque ne pouvait se former sans l'autorisation du pouvoir temporel (V. COMMUNAUTÉS RELIGIEUSES, n° 22); et l'autorisation accordée pouvait toujours être retirée; c'est ainsi, notamment, que cette autorisation fut retirée aux jésuites. — V. JÉSUITES.

589. — Quoi qu'il en soit, et à part quelques retraits motivés par des causes toutes spéciales, le nombre des circonscriptions religieuses du royaume, comme celui des communautés et établissemens religieux de tout genre, s'était multiplié au delà de toute mesure. — V. COMMUNAUTÉS RELIGIEUSES, n° 27, DIOCÈSE, ÉTABLISSEMENS RELIGIEUX.

590. — Au résumé, négation non seulement de la liberté du culte, mais encore de la liberté de conscience, faveurs exclusives accordées au seul culte catholique et à ses ministres, tel était l'état des choses lorsque survint la révolution française.

591. — *Législation intermédiaire.* — Un vœu unanime réclamait sans doute à cette époque la liberté en matière religieuse, et la cessation d'abus que le temps avait depuis long-temps consacrés; mais en même temps qu'ils imposaient à leurs mandataires ces obligations, les instructions les plus formelles étaient données par les cahiers des bailliages pour maintenir le culte catholique dans ce rang d'honneur et de vénération que conservait pour lui la masse de la population.

592. — Ainsi s'exprimait notamment le cahier de la ville de Paris (V. *suprà* n° 31), qui, après avoir posé en principe la liberté religieuse et l'indépendance du pouvoir temporel à l'égard du pouvoir spirituel, ajoutait : « La religion catholique est la religion *dominante* en France. »

593. — Dès les premiers jours de son existence, l'assemblée nationale s'occupa de la réforme de la législation religieuse de la France. — D'abord, il est vrai, cette réforme ne parut porter que sur la dotation du culte.

594. — Aux termes du décret du 4 août 1789, les dîmes et redevances qui en tenaient lieu demeurèrent supprimées, ainsi que les droits casuels des curés, sauf à pourvoir d'une autre manière aux dépenses du culte, à l'entretien de ses ministres et de ses établissemens. — Art. 5 et 8.

595. — Et le décret des 2-4 nov. 1789 mit les biens ecclésiastiques à la disposition de la nation, qui du reste prenait l'engagement de subvenir à tous les frais du culte et au traitement de ses ministres.

596. — Toutefois, et en même temps qu'elle opérait ces réformes, l'assemblée nationale protestait de son attachement pour le culte catholique. — Décr. 13 avr. 1790. — Deux mois plus tard paraissait le décret du 12 juillet 1790, sur la constitution civile du clergé.

597. — Ce décret contenait une organisation nouvelle et complète du culte catholique en France. Tout l'ancien ordre de choses se trouvait ainsi bouleversé.

598. — De son chef, l'assemblée nationale, et sans le concours du Saint-Siége, renversait toute l'organisation religieuse de la France, et substituait une nouvelle division diocésaine assimilée à la division nouvelle du territoire en départemens. De même, il était procédé à une nouvelle circonscription des paroisses, dont le nombre se trouvait considérablement réduit. — Décr. 12 juill. 1790, tit. 1er.

599. — D'autres entreprises non moins graves étaient dirigées contre le chef visible de l'église, malgré l'apparence de respect dont protestait la constitution dans son art. 5.

600. — Non seulement aucun recours ne pouvait, dans les matières spirituelles, être formé auprès du Saint-Siége, mais encore celui-ci se trouvait dépouillé du droit d'institution canonique; l'évêque nommé n'avait besoin que de l'assentiment du métropolitain, ou du plus ancien évêque, s'il était élu métropolitain lui-même, et ne devait en tous cas demander aucune confirmation au souverain pontife, mais seulement l'informer de son élection.

601. — Quant à la forme de cette élection, elle devait avoir lieu dans les formes prescrites pour la nomination des membres de l'assemblée des départemens (tit. 2, art. 3), c'est-à-dire que des protestans et des juifs se trouvaient appelés à nommer l'évêque, tandis que les prêtres n'y prenaient aucune part. — Les curés étaient élus dans la même forme.

602. — Toute discipline hiérarchique se trouvait détruite, la loi autorisant les curés à choisir eux-mêmes leurs prêtres auxiliaires sans avoir besoin de l'approbation de l'évêque qui, même s'il refusait l'institution canonique au curé élu, pouvait voir sa décision portée en appel, d'abord devant l'assemblée générale des prêtres constituant le synode métropolitain, et enfin, en dernier ressort, à l'autorité civile.

603. — C'était, en effet, l'autorité civile qui, au résumé, s'érigeait en juge et arbitre absolu, réglant de son chef, et en vertu de sa seule autorité, tout ce qui concerne l'organisation et l'exercice du culte, et les conditions d'aptitude pour les diverses fonctions ecclésiastiques.

604. — La constitution civile, confirmant la prise de possession des biens ecclésiastiques, réglait encore le traitement des ministres du culte, et contenait quelques dispositions particulières sur la loi de la résidence.

605. — Enfin, comme sanction à ces dispositions, un serment particulier était imposé aux évêques et aux curés, serment par lequel ils s'obligeaient à veiller avec soin sur les fidèles dont ils prenaient la direction spirituelle, à être fidèles au roi, à la nation et à la loi, et à maintenir de tout leur pouvoir la constitution qui venait d'être décrétée.

606. — Si les réformes posées par la constitution civile du clergé se fussent bornées aux fixations de traitemens et à la répression nécessaire d'abus, tels que celui de la non résidence, cette constitution n'eût pas rencontré d'opposition sérieuse. Mais les autres dispositions qu'elle contenait étaient trop subversives pour être acceptées du clergé catholique; quelques membres, il est vrai, se rallièrent à la nouvelle constitution, mais la majorité y refusa son adhésion.

607. — Deux classes d'ecclésiastiques se trouvèrent ainsi formées : les uns, soutenus et encouragés par l'état, les prêtres *assermentés*; les autres, au contraire, connus sous le nom de *non-assermentés*, se virent exclus de toutes les fonctions ecclé-

siastiques, réservées exclusivement aux premiers.

608. — L'assemblée nationale crut devoir user des moyens de rigueur, et, par décret du 26 déc. 1790, elle prescrivit *que tous les ecclésiastiques fonctionnaires publics seraient tenus de prêter le serment à peine de remplacement*, et ce, *dans les huit jours qui suivraient la promulgation de la loi.*

609. — On déclara rebelles à la loi les ecclésiastiques qui, après avoir prêté le serment, viendraient à y manquer, soit en refusant d'obéir aux décrets de l'assemblée nationale, soit en formant ou en excitant des oppositions à leur exécution. Ceux-là devaient être livrés aux tribunaux, punis par la privation de leur traitement, déchus des droits de citoyen actif, et déclarés incapables de toutes fonctions publiques. — Portalis, *Exposé historique au conseil des anciens.*

610. — Quelques ecclésiastiques paraissant disposés à prêter le serment prescrit, sous la réserve des *choses spirituelles*, un décret du 9 janv. 1791 prohiba dans la prestation de serment *tout préambule, toute explication, toute restriction.*

611. — D'autres décrets, des 5 février, 22 mars et 17 avril 1791, imposèrent la prestation du serment aux prédicateurs, recteurs, professeurs et agrégés ès-universités, aux ecclésiastiques admis, à quelque titre que ce soit, dans les établissemens d'instruction publique, aux aumôniers et chapelains des hôpitaux et prisons.

612. — Ces injonctions réitérées ne firent qu'augmenter chez le clergé une résistance encouragée en outre par un premier bref rendu en 1791, et dans lequel le souverain pontife protestait contre les tentatives dont le culte catholique venait d'être l'objet.

613. — De son côté, l'Assemblée nationale, en même temps qu'elle rend le décret du 6-15 mai 1791 sur la vente des biens et immeubles dépendant des églises paroissiales ou succursales supprimées ou à supprimer, en rend un autre le 7-13 mai 1791, par lequel, tout en déclarant que le défaut de prestation de serment ne pourra être opposé au prêtre se présentant dans une église, succursale ou oratoire national, seulement pour y dire la messe, elle ajoute que tout édifice consacré au culte par des sociétés particulières, et dans lequel il aurait été fait un discours contre la constitution civile du clergé, sera immédiatement fermé, sans préjudice des poursuites contre l'auteur du discours.

614. — La résistance augmentait; deux nouveaux brefs du saint-siége venaient, le premier, de prescrire aux ecclésiastiques français, ayant prêté serment à la constitution civile, de rentrer dans la voie de l'unité, sous peine d'excommunication; le second, de conférer aux évêques restés fidèles les pouvoirs nécessaires pour administrer les affaires spirituelles de la France pendant l'interruption des relations ecclésiastiques entre Rome et le pouvoir temporel. — Vuillefroy, Préface, n° 18.

615. — La rupture entre les deux pouvoirs devenait complète; et de nouvelles mesures plus rigoureuses encore que les premières signalèrent les tendances de l'Assemblée législative.

616. — En présence de la guerre civile qui agitait l'ouest de la France, la loi du 29 novembre 1791 imposa à tous les prêtres, sans distinction, la nécessité du serment civique, facilitant les moyens de prestation de ce même serment, et décréta qu'en cas de refus les prêtres *réfractaires* seraient déchus de leurs pensions, déclarés en état de suspicion et placés sous la surveillance des autorités, lesquelles furent investies, en cas de troubles, du droit d'ordonner leur éloignement, et en cas de provocation, du droit de les condamner à la détention. Pour assurer l'exécution des dispositions prescrites, il fut enjoint de dresser dans chaque département la liste des prêtres assermentés et de ceux non assermentés.

617. — « Une loi du 26 août 1792 enjoignit aux prêtres qui n'avaient pas prêté le serment prescrit par la constitution civile du clergé, ou qui l'avaient rétracté, de sortir, dans un délai fixé, du territoire français, sous peine de dix ans de détention contre ceux qui ne sortiraient pas ou qui rentreraient. Il fut statué, par la même loi, que tous autres ecclésiastiques, non assujétis au serment, seraient soumis aux peines ci-dessus indiquées, lorsque, par des actes extérieurs, ils auraient occasionné des troubles venus à la connaissance des corps administratifs, ou lorsque leur éloignement serait demandé par six citoyens domiciliés dans le même département. On ordonna de plus que, dans chaque département, les infirmes et sexagénaires seraient réunis dans une maison commune, sous l'inspection de la police et de la municipalité. » — Portalis, *ubi suprà.*

618. — Et, par surcroît de rigueur, défense était faite, sous les peines les plus graves, à tous les ecclésiastiques bannis de se rendre dans un pays en guerre avec la France.

619. — La Convention nationale alla plus loin encore : par son décret du 21-23 avril 1793, elle enjoignit que tous ecclésiastiques séculiers, réguliers, frères convers ou laïcs, n'ayant pas prêté serment de maintenir la liberté et l'égalité, conformément aux lois des 14 et 15 août 1792, seraient embarqués et transférés sans délai à la Guyane française, et qu'il devait en être de même de tous ceux dénoncés pour cause d'incivisme par six citoyens dans le canton, les directoires de départemens étant chargés de juger sur l'avis des districts toutes les dénonciations. Enfin la peine de mort était encourue par le seul fait de la rentrée du déporté, sauf pourtant en ce qui concernait les sexagénaires et infirmes, à qui la réclusion était infligée.

620. — L'église constitutionnelle elle-même et ses ministres ne devaient pas jouir long-temps de cette protection que la constitution civile et diverses lois successives leur avaient assurée. D'autres dispositions législatives ne tardèrent pas à préparer sa ruine complète.

621. — Elle fut d'abord atteinte dans sa dotation. — Deux décr., des 19 juill. 1792 et 10 sept. 1792, ordonnèrent la vente des palais épiscopaux, la confiscation de l'argenterie des églises, et leur envoi aux hôtels des monnaies, ainsi que la fonte des cloches pour en faire des canons.

622. — Presque immédiatement après, deux autres décrets, l'un du 19 juill. 1792, l'autre du 7 sept. suivant, prescrivirent, le premier qu'à compter du 1er janv. 1793 l'état ne subviendrait plus qu'aux traitemens des ministres du culte (V. *suprà*, n° 40); le second ordonnait la suppression du casuel des curés.

623. — Enfin, la loi du 10 déc. 1792 enleva aux prêtres catholiques assermentés la qualité de fonctionnaires publics.

624. — Justement effrayés des tendances du pouvoir, plus de cent mille citoyens des départemens de l'Eure, d'Eure-et-Loire et de l'Orne adressent à la Convention une pétition réclamant la liberté du culte catholique et le traitement des ministres de ce culte : mais la Convention, dans sa séance du 11 janv. 1793, prononce l'ordre du jour motivé sur l'existence du décr. 30 nov. précédent, par lequel elle ordonnait qu'une instruction serait faite au peuple pour lui expliquer que jamais la Convention nationale n'avait eu l'intention de le priver des ministres du culte que la constitution civile du clergé lui avait donnés. — Décr. 11 janv. 1793.

625. — Plus tard, deux décrets des 19 juillet et 12 août 1793 eurent pour but de faciliter le mariage des prêtres; et même le premier prononçait la peine de la déportation contre tout évêque ayant apporté des obstacles au mariage d'un prêtre.

626. — Enfin, le 5 oct. 1793, le culte catholique est aboli solennellement ainsi que l'ère chrétienne, et l'évêque constitutionnel de Paris paraît, accompagné de ses vicaires, à la barre de la Convention pour y déposer son titre et abjurer les croyances qu'il devait défendre.

627. — Le 2 brum. an II, la convention passe à l'ordre du jour, attendu la liberté des cultes, sur le pourvoi du procureur-syndic du district de Tonnerre contre un arrêté de l'administration de ce même district, portant qu'il ne serait plus célébré de grand'messe les dimanches.

628. — Et, comme complément de ces mesures, la Convention nationale affecte l'église métropolitaine de Paris au culte de la raison (décr. 20 brum. an II), tandis que, de son côté, la commune de Paris ordonne le même jour de brûler tous les bréviaires et livres sacrés, de décapiter les statues des saints qui décorent les églises, et de violer les tombeaux renfermés dans ces mêmes églises. — Deux jours après le 20 brum. an II, la même commune prescrivait d'abattre les cloches *comme outrageant par leur élévation le principe de l'égalité.*

629. — Nous avons déjà vu (*suprà* n° 43) de quelle manière procédait le gouvernement révolutionnaire pour détruire jusqu'à l'apparence de toute religion sérieuse, et pour encourager la défection de ce qui pouvait encore exister de ministres du culte, même assermentés.

630. — Ceux-là, du moins, étaient respectés dans leurs personnes, mais il n'en était pas de même des non assermentés : aux mesures déjà si rigoureuses rendues contre eux vinrent se joindre et même se substituer de nouvelles mesures plus violentes encore.

631. — Ainsi, le décret du 29-30 vendém. an II, après avoir présenté le détail de tous les ecclésiastiques sujets à la déportation en vertu des lois précédentes, prononce la peine de mort contre le déporté rentrant en France, et, pour que cette peine lui soit appliquée, il suffit du témoignage de deux personnes attestant que le prévenu était sujet à la déportation. — La communication du procès-verbal du serment prêté de civisme n'était même pas un moyen de salut assuré; l'accusateur public pouvait alors prouver, tant par pièces que par témoins, la rétractation du serment ou la condamnation à la déportation pour cause d'incivisme.

632. — Un décret du 3 brum. an II accueillit par un ordre du jour motivé la réclamation tendant à faire déclarer que c'était à tort que le décret précédent avait rangé parmi les prêtres assujétis au serment et par conséquent soumis aux peines portées en cas de refus, les vicaires des évêques et des curés, puisqu'en vertu de la constitution civile ils avaient cessé leurs fonctions.

633. — La peine de mort est encore prononcée par le décret du 29-30 vendém. an II, contre tout prêtre caché qui dans la décade ne se sera pas volontairement déclaré pour être déporté; à l'exception des sexagénaires et infirmes, à qui la réclusion seulement est infligée; des peines sévères sont édictées contre ceux qui recèlent les prêtres.

634. — Le 22 germin. an II, parut un nouveau décret punissant de la déportation quiconque, depuis la promulgation du décret précédent, aurait recélé un ecclésiastique sujet à la déportation ou à la réclusion, ou qui aurait encouru la peine de mort; de plus, à compter de la publication du nouveau décret, le recéleur était réputé complice, et devait être frappé comme tel des mêmes peines.

635. — Enfin, un autre décret, du 22 flor. suivant, édicta la peine de mort contre les sexagénaires et infirmes, trouvés hors de leurs maisons de réclusion sur le territoire de la république.

636. — Il était permis d'espérer qu'après la chute du gouvernement de la terreur, et les proclamations réitérées de la liberté religieuse insérées successivement dans les décrets des 3 vent. an III, 11 prair. an III, 5 fructid. an III, 7 vendém. an IV, 22 germin. an IV (V. *suprà* nos 48 et suiv.), le culte catholique allait, ainsi que ses ministres, sinon jouir d'une liberté véritable, du moins cesser d'être l'objet de tant de mesures odieuses, et être admis à réclamer en France le bénéfice des lois de droit commun.

637. — Il n'en fut rien cependant; et, le 17 flor. an IV, au contraire fut présentée au conseil des anciens une résolution nouvelle sur les prêtres non assermentés. Dans les considérans qui motivent cette résolution, on lit : 1° qu'il ne s'agit que de rappeler les tribunaux aux lois existantes, et de leur en retracer les dispositions, pour faire cesser l'incertitude des juges sur la nature et l'application des peines que ces lois prononcent; 2° qu'il importe à la sûreté de la république de purger son territoire des prêtres réfractaires qui y portent le trouble et y prêchent la guerre civile. — Portalis, séance du 9 fructid. an IV, conseil des anciens.

638. — Le discours de Portalis fit rejeter la proposition, mais n'empêcha pas pas les violences d'éclater encore et le renouvellement de toutes les lois contre les prêtres non assermentés. — « A la vérité, a dit M. le premier président Portalis dans son éloge de M. Siméon présenté à la chambre des pairs le 10 mars 1843, la déportation et le bannissement remplaçaient le plus souvent la peine capitale : mais la *miséricorde* du directoire envoyait lentement mourir, sur des bords empestés, les malheureux dont il prescrivait à ses agens de *désoler la patience*, afin d'avoir occasion de les punir. »

639. — C'était, en effet, le même gouvernement directorial qui écrivait au général Berthier : « *Vous ferez chanceler la tiare au prétendu chef de l'église;* » et l'on sait en effet que le souverain pontife, prisonnier en l'an VI, venait mourir captif à Valence.

640. — Ainsi que nous avons déjà eu lieu de le dire (V. *suprà* nos 63 et suiv.), le gouvernement consulaire annonça, dès les premiers jours, devoir suivre, en matière religieuse, une marche toute différente de celle des gouvernemens qui l'avaient précédé.

641. — Encouragé par le vœu à peu près unanime des populations, le premier consul ne voulut pas agréer les avances que lui firent certains membres de l'église constitutionnelle, comme aussi il ne tint aucun compte des démarches des théophilantropes.

642. — Des négociations ouvertes avec le Saint-Siége, et poursuivies avec activité, eurent bientôt pour résultat le rétablissement du culte catholique en France.

643. — *Législation actuelle.* — Le 18 germin. an IX, fut publié, comme loi de l'état, le concordat passé entre le gouvernement français et le Saint-Siége, le 26 messid. an X.

644. — C'est ce concordat, complété par les articles organiques publiés le même jour, qui forme aujourd'hui la base du régime du culte catholique en France. — V. au surplus CONCORDAT.

Sect. 2e. — *De l'état actuel de l'église catholique en France.*

645. — Aux termes du concordat, *la religion catholique, apostolique et romaine est la religion de la grande majorité des Français.* — Comme telle, et plus que toute autre, elle a droit à la protection de l'autorité civile.

646. — Mais, quelles que soient les faveurs dont la loi l'ait entourée, elle est au résumé dans la loi et non hors la loi, et soumise comme telle aux conditions générales de tous les cultes reconnus.

647. — Ainsi, toutes les règles que nous avons exposées en traitant de la liberté religieuse et sur le droit d'association lui demeurent applicables. — V. *suprà* nos 118 et suiv.

648. — Et c'est pour cela spécialement que la loi organique prescrit d'une manière formelle qu'aucun concile national ou métropolitain, ou synode diocésain, ne peut avoir lieu sans son autorisation. — V. CONCILE.

649. — Le rétablissement officiel du culte catholique créait nécessairement pour l'état deux ordres de relations distinctes : à l'extérieur avec le Saint-Siége, à l'intérieur avec le clergé.

650. — Le concordat eut pour but principal de déterminer les rapports du gouvernement avec le Saint-Siége, rapports qui ont déjà fait l'objet de notre examen. — V. CONCORDAT.

651. — En outre, les articles organiques furent promulgués principalement pour déterminer les rapports intérieurs du culte avec l'état. Ces rapports sont multipliés et de chaque instant ; mais nous n'en présenterons qu'un résumé succinct, en renvoyant au surplus et pour les développemens aux mots spéciaux, sous lesquels chacune des matières qui se rattachent aux cultes est traitée séparément.

652.—Ils peuvent, au surplus, se résumer ainsi : organisation du culte catholique; dispositions spéciales aux ministres de ce culte ; police et dotation du culte, mesures répressives contre les atteintes aux dogmes catholiques et à l'exercice du culte.

653. — Nous n'avons, en ce qui concerne la dotation du culte catholique, rien à ajouter à ce que nous avons dit (*suprà* nos 287 et suiv.), en traitant de la dotation des cultes en général. — V. au surplus, pour les détails, CURE, DIOCÈSE, ÉVÊQUE, et surtout FABRIQUE.

654. — Quant aux mesures répressives destinées à protéger le culte catholique, elles sont les mêmes qu'à l'égard des autres cultes. — V. *suprà* nos 498 et suiv. — V. DÉLITS DE PRESSE.

655. — Il est vrai que la loi du 20 avr. 1825 avait créé en cette matière des crimes spéciaux, qu'elle frappait des peines les plus graves, même de la peine capitale. — Mais la loi du sacrilége a été, comme on le sait, abrogée. — V. SACRILÉGE.

656. — Quelques explications nouvelles sont, au contraire, nécessaires en ce qui concerne 1° l'organisation du culte catholique ; — 2° les dispositions spécialement relatives aux ministres de ce culte ; — 3° quelques mesures particulières de police extérieure de son exercice.

ART. 1er. — *Organisation.*

657. — La circonscription ecclésiastique de la France, arrêtée d'accord entre le gouvernement et le Saint-Siége, modifiée en quelques points par le concordat de 1819, promulgué comme loi de l'état le 4 juill. 1821, établit une triple division : arrondissemens métropolitains, diocèses, cures.

658. — Les arrondissemens métropolitains sont formés de la réunion de plusieurs diocèses ; l'archevêque en est le chef ; il est en outre l'évêque particulier d'un diocèse.

659. — Chaque diocèse, à quelques exceptions près, correspond à la division territoriale civile par département ; il a pour chef l'évêque. — V. DIOCÈSE, ÉVÊQUE.

660. — Quant aux cures, leur circonscription est plus limitée ; d'ordinaire elle embrasse une commune ; quelquefois elle s'étend à plusieurs; tandis qu'au contraire, dans les grands centres de population, les besoins spirituels ont nécessité l'établissement de plusieurs cures.

661. — Du reste, il faut distinguer deux sortes de cures : la cure proprement dite et la succursale ; nous verrons (*infrà* no 670) quelles sont les conséquences de cette division.

662. — Les cures, qui se divisent en plusieurs classes, sont d'ordinaire : dans les cantons ruraux, la paroisse de la commune chef-lieu de canton ; dans les villes, la paroisse principale, ou même plusieurs paroisses, suivant l'importance de la population. Le titulaire s'appelle *curé*.

663. — La succursale est, au contraire, l'église secondaire d'une ville, ou celle des communes de moindre importance. Son titulaire prend le nom de *desservant.* — V. sur ces points CURE, CURÉ.

664. — D'ordinaire, le curé ou desservant ne dessert qu'une seule église ; quelquefois ils sont appelés à célébrer l'office divin dans plusieurs églises ; telles sont en général les *chapelles* dites de *secours.* — V. CHAPELLE, nos 10 et suiv.

665. — En outre, dans les communes dont la circonscription est trop étendue, il peut être établi des chapelles particulières qui portent le nom d'*annexe* ; elles sont desservies quelquefois par le curé, ou par un prêtre par lui délégué ; mais le plus souvent un ecclésiastique résidant leur est attaché sous le nom de *vicaire* ou *chapelain.* — V. ANNEXE, CHAPELLE, nos 7 et suiv.

666. — En outre, il peut être institué des oratoires particuliers ou chapelles privées, principalement dans les établissemens publics, tels que hospices, prisons, maisons de travail (V. HOSPICES, PRISONS) ; dans les communautés religieuses (V. COMMUNAUTÉS RELIGIEUSES); dans les séminaires (V. SÉMINAIRE) ; dans les établissemens d'instruction ; dans de grands établissemens industriels ; et même, à la campagne, dans des maisons isolées, trop éloignées du centre des habitations. — V. au surplus CHAPELLES, nos 21 et suiv. — L'ecclésiastique appelé à desservir ces chapelles prend le nom d'*aumônier* ou de *chapelain.*

667. — Aucun changement dans la circonscription des diocèses ou des arrondissemens métropolitains ne peut avoir lieu que d'un commun accord avec le Saint-Siége. — V. DIOCÈSE.

668. — Il n'en est pas de même pour les cures et succursales, ainsi que pour l'érection d'annexes ou chapelles ; sur ce point, tout pouvoir appartient à l'état, sans l'autorisation duquel aucun édifice ne peut être consacré au culte, et qui doit seulement s'entendre, à cet effet, avec l'évêque du diocèse. — V. ANNEXE, CHAPELLE, CURE.

669. — C'est le roi qui confère les titres d'archevêque et d'évêque, sauf l'institution canonique que doit ensuite ultérieurement donner le Saint-Siége. Au nombre des conditions que les lois organiques ont posées comme essentielles pour être promu à l'épiscopat est celle d'être *originaire* Français, et de prêter serment entre les mains du roi. — V. ÉVÊQUE.

670. — Les curés doivent être Français, ils sont nommés par le roi ; le préfet reçoit leur serment. — Au contraire, les desservans sont choisis par l'évêque et ne sont point tenus au serment. — V. CURE, CURÉ.

671. — Les archevêques, évêques et curés sont inamovibles, sauf les cas de déposition canonique. Les desservans sont toujours révocables. — V. ÉVÊQUE, CURE, CURÉ.

672. — Quant à ce qui concerne le mode de nomination des aumôniers et chapelains, leurs droits et prérogatives, tout résulte des règles particulières de la chapelle qu'ils sont appelés à desservir ; d'ordinaire ils sont nommes par l'évêque et révocables. — V. CHAPELLE, ÉVÊQUE. — V. encore CHAPELAIN.

673. — Les archevêques et évêques peuvent être assistés par des vicaires-généraux, les curés et desservans par des vicaires paroissiaux; les évêques nomment les premiers, approuvent les seconds, et ont à l'égard de tous le pouvoir de révocation. Il importe d'observer, du reste, qu'aucun prêtre étranger, ou même Français s'il n'appartient à un diocèse, ne peut être employé sans l'autorisation du gouvernement.

674. — En dehors de la hiérarchie se placent les cardinaux, premiers dignitaires de l'église ; le pape seul confère ce titre, sauf dans certains cas le droit de présentation par le roi. — V. CARDINAL.

675. — Quel que soit leur rang, tous les ecclésiastiques, même les cardinaux, sont assujétis, sans distinction, à l'obligation de résidence ; elle est surtout très stricte pour les évêques. — V. CARDINAL, no 17, CURÉ, ÉVÊQUE.

676. — Les articles organiques règlent au surplus en détail les obligations des évêques et des curés et déterminent comment il doit être procédé en cas de vacance du siége ; ils vont même jusqu'à prescrire qu'il n'y aura aucune liturgie dans les églises de France. — V. CURE, DIOCÈSE, ÉVÊQUE.

677. — Ils règlent en outre que, hors les dimanches, nulle fête ne pourra être établie sans la permission du gouvernement. — V. JOURS FÉRIÉS.

678. — En dehors des archevêchés, paroisses et chapelles, l'état a autorisé l'existence de certains établissemens religieux nécessaires au développement du culte catholique. Tous ces établissemens, quelle que soit leur nature, sont soumis à l'autosation du gouvernement. — V. ÉTABLISSEMENS RELIGIEUX.

679. — Parmi ces établissemens se placent avant tout les séminaires et écoles secondaires ecclésiastiques. — V. ENSEIGNEMENT, ÉVÊQUE, SÉMINAIRE.

680. — Viennent ensuite les chapitres, corps particuliers institués auprès de l'évêque pour lui servir de conseils. Nommés par l'évêque, et confirmés par le gouvernement, les chanoines sont inamovibles. — V. CHANOINE, CHAPITRE.

681. — Du reste, à l'exception du chapitre royal de Saint-Denis, aucun chapitre n'existe hors de de l'église collégiale, comme aussi la loi actuelle n'a pas rétabli l'institution des chanoinesses. — V. CHANOINESSE, CHAPITRE ROYAL DE SAINT-DENIS, COLLÉGIALE.

682. — Enfin il peut, suivant les conditions établies par les lois, exister en France des congrégations religieuses. — V. COMMUNAUTÉS RELIGIEUSES.

683. — Faisons remarquer, en outre, qu'aucun de ces établissemens religieux, quelle que soit sa nature, n'échappe à la juridiction ordinaire, c'est-à-dire à celle de l'évêque ; aux termes de la loi organique, toute exemption de la juridiction ordinaire est abolie. — V. ÉVÊQUE.

ART. 2. — *Règles spéciales aux ministres du culte catholique.*

684. — Nulle religion n'imprime à ses ministres un caractère aussi profond de consécration religieuse et ne les maintient dans des liens plus étroits de discipline que la religion catholique.

685. — Aussi les articles organiques renferment-ils des dispositions toutes spéciales destinées à assurer la surveillance de l'autorité publique, même sur ceux qui ne sont pas encore arrivés aux fonctions du sacerdoce.

686. — Ainsi, en ce qui concerne les grands séminaires, l'évêque est tenu d'envoyer chaque année au ministre des cultes l'état exact des personnes qui y étudient pour se destiner à l'état ecclésiastique. — V. SÉMINAIRE.

687. — Quant aux écoles secondaires ecclésiastiques, le nombre des élèves y est limité. — Ord. 15 juin 1828.

688. — Nul ne peut être promu aux ordres sacrés, et par là il faut entendre le sous-diaconat, qui rend canoniquement l'engagement irrévocable (décis. min. 13 nov. 1814), s'il ne justifie des conditions suivantes :

689. — ...1° Qu'il a atteint l'âge de vingt-deux ans. — La loi organique, art. 26, parlait sans doute de vingt-cinq ans ; mais elle ne s'occupait que de la prêtrise, pour laquelle en effet, et sauf dispense, cet âge est fixé par les lois canoniques ; le décret du 28 févr. 1810, art. 4, répara cette erreur.

690. — ...2° Et s'il a moins de vingt-cinq ans, qu'il a obtenu le consentement de ses parens, ainsi que cela est prescrit par la loi civile pour le mariage des fils âgés de moins de vingt-cinq ans accomplis. — Décret 28 févr. 1810, art. 4. — V. AGE, no 4.

691. — ...3° Qu'il réunit les qualités requises par les canons reçus en France. — L. organiques, art. 25.

692. — Le même article de la loi organique exigeait en outre que le postulant justifiât d'une propriété produisant au moins trois cents francs de revenu; et Portalis, dans son exposé des motifs, développa les motifs sérieux qui avaient porté le gouvernement à poser cette règle.

693. — Mais elle était de nature, surtout à cette époque, à diminuer d'une manière sensible le nombre, déjà insuffisant, des ordinations ; aussi, suspendue d'abord par décision ministérielle du 11 février 1808, la disposition de la loi organique fut définitivement rapportée par le décret du 28 févr. 1810.

694. — Aucune ordination (et par là on doit entendre celle du sous-diaconat [décis. minist. 30 mai 1809]) ne peut être faite sans que le nombre des personnes à ordonner ait été soumis au gouvernement et agréé par lui.

695. — Le décret du 28 févr. 1810 n'abrogea pas la nécessité de cette formalité d'autorisation pour les ordinations. — Décis. min. 8 avr. 1814. — Constamment observée sous l'empire, elle fut rappelée notamment par un décret du 14 oct. 1811, portant que la dispense du service militaire acordée aux élèves des séminaires ne dispensait pas l'évêque d'obtenir l'autorisation avant de procéder aux ordinations.

696. — Il est vrai qu'une circulaire du 15 sept. 1814 permit aux évêques de ne plus demander l'autorisation ; mais cette abrogation fut bientôt rapportée par un autre circulaire du 24 octobre 1815, de telle sorte que les prescriptions des lois organiques sont encore aujourd'hui en vigueur, du moins en principe.

697. — L'évêque est tenu, en outre, de trans-

mettre au ministre les demandes personnelles de ceux qui veulent entrer dans les ordres sacrés; ces demandes doivent être accompagnées d'un tableau indiquant les nom, prénoms et date de naissance du postulant.

698. — Enfin, et pour assurer tout à la fois l'exécution des prescriptions de la loi et le maintien de la discipline, une décision ministérielle du 30 avr. 1813 enjoignit à tout évêque de ne point conférer l'ordination aux sujets d'un autre diocèse sans la permission de l'évêque de ce diocèse.

699. — A plus forte raison est-il défendu d'aller recevoir les ordres sacrés dans un pays étranger, sans en avoir reçu permission non-seulement de son évêque, mais du gouvernement. — Décis. min. 13 nov. 1814.

700. — C'est au surplus sous les mots spéciaux, qu'il y a lieu d'examiner quelles sont les conditions exigées pour parvenir aux dignités ecclésiastiques. — V. CHANOINE, nº 16; CURE, DIOCÈSE, ÉVÊQUE. — V. encore ord. 25 déc. 1830.

701. — Le prêtre par sa consécration reçoit aux yeux de l'église un caractère indélébile, qu'il ne peut plus dépouiller : ce caractère la loi civile l'a-t-elle reconnu, comme l'avait fait l'ancienne législation française; a-t-elle, au contraire, conservé le système de la législation intermédiaire, sur le refus de tout effet civil au vœu religieux ?

702. — Tant que le prêtre, fidèle aux vœux qu'il a contracté, accomplit les devoirs qu'il s'est imposés, aucune difficulté ne peut s'élever; mais peut-il abdiquer son caractère, et quels sont les effets de cette abdication ?

703. — Evidemment aucune injonction de la loi civile ne peut forcer le prêtre à continuer d'exercer malgré lui le ministère sacré; mais il peut librement y renoncer, sans encourir aucune peine que celles portées par la loi canonique.

704. — Néanmoins aux yeux de la loi civile ne reste-t-il pas sous le poids des incapacités qui le frappaient auparavant ?

705. — Cette question a été agitée à diverses reprises au sujet de l'application au droit civil des règles des lois canoniques qui astreignent les prêtres catholiques au célibat. — Et la jurisprudence a reconnu que la prohibition pour un prêtre de contracter mariage est absolue, indélébile, et ne peut être levée, même au point de vue de la loi civile, par la renonciation que ferait le prêtre à l'exercice de ses fonctions. — V., sur cette grave question, MARIAGE.

706. — Cette impossibilité de contracter mariage a fait naître aussi la question de savoir si le prêtre pouvait adopter. Cette question vient en dernier lieu d'être décidée affirmativement par la cour de cassation. — V. ADOPTION, nº 62.

707. — La question d'incapacité s'est présentée encore dans quelques cas particuliers; ainsi, en matière de garde nationale, à la suite des événemens de juillet, où quelques ecclésiastiques, renonçant à l'exercice du ministère sacré, s'étaient mis dans les rangs de la garde nationale, et voyaient leur élection à des grades attaquée pour incapacité. — V. GARDE NATIONALE.

708. — Les prescriptions du droit canonique qui interdisent au prêtre de faire le commerce existent encore assurément; et le prêtre qui enfreindrait cette prohibition ne pourrait se soustraire à l'application des peines canoniques, sans préjudice toutefois des conséquences civiles des actes de commerce par lui faits. — V. COMMERÇANT, nos 418, 437.

709. — Outre la perpétuité du vœu, un caractère non moins fondamental dans l'organisation de l'église catholique, c'est la subordination dans la hiérarchie.

710. — Or, à part quelques dispositions qui ont pour objet de surveiller les rapports du clergé français avec le Saint-Siége, on retrouve dans toutes les parties de la loi organique des prescriptions formelles pour le maintien de la subordination hiérarchique.

711. — Tous les rapports de subordination qui doivent exister des inférieurs aux supérieurs, depuis l'évêque jusqu'au dernier des prêtres, y sont reconnus et maintenus avec rigueur.

712. — Aux évêques appartient la juridiction entière et absolue; tout privilége portant exemption de cette juridiction est aboli; et, d'un autre côté, nul prêtre ne peut quitter son diocèse pour aller servir dans un autre, sans la permission de son évêque. — V. au surplus, pour tous les détails, CURE, ÉVÊQUE.

713. — Nous n'avons point, du reste, à entrer dans de nouveaux détails sur les droits et attributions des prêtres catholiques, ainsi que sur leurs obligations; matières qui ont déjà fait l'objet de notre examen. — V. *suprà* nos 335 et suiv. — V. encore CLERGÉ.

714. — Le costume ecclésiastique, aux termes des lois organiques, qui l'ont déterminé, est de deux sortes : costume pour l'accomplissement des cérémonies religieuses, costume porté en dehors de l'exercice du ministère sacré.

715. — Quant à ce qui concerne le costume porté dans l'exercice des cérémonies, la loi organique (art. 42) n'a fait que confirmer les usages canoniques, en décidant que les ecclésiastiques useront des habits et ornemens convenables à leurs titres, mais qu'ils ne peuvent prendre, dans aucun cas et sous aucun prétexte, la couleur et les marques distinctives réservées aux évêques.

716. — A l'extérieur, le costume ecclésiastique, dit la loi organique (art. 43), sera l'habit à la française et en noir; les évêques pourront y joindre la croix pastorale et les bas violets.

717. — Toutefois l'arrêté des consuls du 17 niv. an XII, ajoute que « les évêques dans leur diocèse, les vicaires-généraux et chanoines, dans la ville épiscopale et dans les différens lieux où ils pourront être en cours de visites; les curés, desservans, et autres ecclésiastiques, dans les territoires assignés à l'exercice de leurs fonctions, continueront de porter les habits convenables à leur état, suivant les canons, réglemens et usages de l'église. »

718. — L'art. 43, L. 18 germ. an X, en fixant le costume que les ecclésiastiques doivent porter hors des lieux où ils exercent leur ministère, n'a pas abrogé les anciens canons sur le costume que les évêques et les curés devaient porter dans l'étendue de leur circonscription, où ils sont toujours censés dans l'exercice de leurs fonctions. — Décis. min. 14 nov. 1806.

719. — De là il résulte que, dans l'intérieur de leurs circonscriptions, les titulaires ecclésiastiques peuvent porter la soutane. — Et que, si dans la même ville il y a plusieurs paroisses, tous les curés ou desservans de ces paroisses peuvent porter le costume dans toute l'étendue de la ville. — Vuillefroy, vº *Costume ecclésiastique*, p. 206.

720. — La faculté de porter le costume n'appartient pas seulement aux curés et desservans, mais encore aux ecclésiastiques qui exercent passagèrement les fonctions de leur ministère, dans une église autorisée. — Décis. min. 11 messid. an XII.

721. — La loi du 18 germin. an X ne prescrivait, du reste, aucun port de costume pour les élèves des séminaires; et même une décision ministérielle du 9 av. 1808 portait qu'il pourrait y avoir des inconvéniens à faire porter hors l'enceinte des séminaires par des enfans ce costume, qui exige de la décence et de la gravité et qu'il valait mieux se borner à leur faire porter l'habit noir et les cheveux courts.

722. — Depuis, au contraire, il a été prescrit que tous les élèves des séminaires seraient, après l'âge de quatorze ans, astreints à porter un habit ecclésiastique. — Ord. 5 oct. 1814, art. 3; 16 juin 1828 art. 4. — Mais les prescriptions de ces ordonnances n'ont jamais été rigoureusement suivies. — V. SÉMINAIRES. — V. au surplus, sur le respect dû au costumes, *suprà* nos 402 et suiv.

ART. 3. — *Police spéciale du culte catholique.*

723. — Comme tous les cultes légalement reconnus, le culte catholique est soumis à la haute surveillance de l'état; dès-lors les réglemens généraux sur la police des cultes doivent lui être appliqués.

724. — En ce qui concerne la police intérieure des cultes, nous n'avons rien à ajouter à ce que nous avons établi en traitant du culte en général; il faut donc appliquer au prêtre catholique en particulier ce que nous avons dit de tout ministre du culte, à savoir qu'à lui seul appartient la police intérieure de l'édifice consacré au culte, église, chapelle ou oratoire.

725. — Quant à la police extérieure des cultes, quelques observations particulières sont nécessaires sous le rapport des processions et cérémonies spéciales du culte catholique.

726. — Relativement aux processions, l'art. 45 de la loi organique portait : « Aucune cérémonie religieuse n'aura lieu hors des édifices consacrés aux cultes catholiques, dans les villes où il y a des temples destinés à différens cultes. » — L'interprétation de cette disposition contenue aux lois organiques a donné lieu à de nombreuses difficultés.

727. — Et d'abord suffit-il qu'il existe un *temple* dans une commune, pour que les processions du culte catholique n'y soient pas permises? — Une circulaire du ministre de l'intérieur du 30 germin. an XI, statuant sur ce point, établit bien clairement qu'il faut qu'il existe une église consistoriale légalement reconnue, c'est-à-dire dont l'établissement soit, d'après les lois organiques les cultes protestans, justifié par une population de 6,000 protestans. — V. encore Lettre de Portalis, direct. des cultes, du 14 prair. an XI.

728. — Comme aussi, quand bien même dans une ville il existerait 6,000 protestans, s'il n'y avait pas d'église consistoriale légalement établie, les processions demeureraient libres. — Décis. minist. 14 messid. an XI.

729. — Enfin, deux autres circulaires ministérielles, des 18 flor. et 20 prair. an X, rendues encore en interprétation de l'art. 45 de la loi organique, portaient que, par les expressions *différens cultes* « la loi n'avait entendu parler que de ceux sur lesquels elle statuait, et qu'elle n'avait pas pu, par des mesures prohibitives, soumettre ces cultes à ceux dont elle ne parlait pas : que, dans le fait, elle n'a organisé que ceux de la communion catholique et des communions protestantes, et que, dès-lors, ce n'est qu'à ces cultes que les articles de la loi du 18 germin. peuvent avoir rapport. » — D'où ces instructions concluaient que l'existence des synagogues ne pouvait empêcher les processions du culte catholique.

730. — Cela était incontestable alors que le culte israélite était plutôt toléré qu'autorisé; mais depuis qu'une législation nouvelle a assimilé ce culte aux autres cultes légalement reconnus, la décision ne saurait plus être la même. — Avis de la commission de 1831.

731. — La commission qui avait donné l'avis indiqué au numéro qui précède était composée de MM. Portalis, Siméon, Dupin aîné et Jeauffret, et avait été réunie, après la révolution de juillet, sous la présidence de M. de Montalivet, ministre de l'intérieur, pour examiner quelques questions relatives à l'exécution du concordat, et particulièrement celle des processions.

732. — Sous le gouvernement de la Restauration, et alors que la religion catholique était reconnue comme religion de l'état, non-seulement les processions avaient été partout autorisées; mais encore on avait été jusqu'à agiter la question de savoir si des habitans pouvaient être tenus de tendre, ou au moins de laisser tendre le devant de la maison pour le passage de la procession. — V. *suprà* nos 94 et suiv.

733. — Or, la commission de 1831 pensa qu'il fallait revenir, sous ce rapport, à l'exécution véritable de l'art. 45 du concordat, interprété par les décisions ministérielles.

734. — De plus, elle n'hésita pas à déclarer que, même dans les lieux où légalement ces processions peuvent avoir lieu, le gouvernement peut en limiter, et même en suspendre entièrement l'exercice, si cette mesure lui paraît nécessaire dans l'intérêt de l'ordre public.

735. — Et il a été jugé que ce droit d'interdire une procession rentre dans les mesures de sûreté et de police attribuées aux maires, à charge d'en référer à l'autorité supérieure. — *Cons. d'état*, 1er mars 1842, curé de Saint-Bénigne, c. commiss. de police de Dijon.

736. — Les faits qui ont donné lieu à cette ordonnance offraient ces circonstances remarquables que : l'arrêté était basé sur une interprétation inexacte de l'art. 45 de la loi organique, et que le curé, après y avoir provisoirement déféré, n'y avait ensuite contrevenu que sur l'intention déclarée par le préfet de rapporter l'arrêt, effectivement rapporté depuis. — Même ordonnance.

737. — Néanmoins, le conseil d'état a décidé qu'il y avait abus, de la part du curé, dans le fait d'avoir fait sortir la procession hors de l'église, nonobstant l'interdiction prononcée par l'arrêté municipal, encore bien que cet arrêté eût été, depuis, amendé par le préfet, et que ce fonctionnaire eût, avant la procession, fait connaître au curé son intention de l'annuler. — Même ordonnance.

738. — Les processions autorisées ont du reste, ainsi que nous l'avons dit (V. *suprà* nos 355 et suiv., et 561), droit à la protection de l'autorité civile, qui doit les garantir de toute atteinte.

739. — Des réglemens de police doivent être rendus dans ce but par les préfets; une lettre ministérielle leur prescrit même de les soumettre en général à l'approbation préalable du gouvernement.

740. — Quant à ce qui concerne les mesures d'ordre et de sûreté, elles rentrent dans les attributions de la police municipale, et l'autorité ecclésiastique est tenue d'y déférer.

741. — Mais il a été jugé que le curé qui a conduit la procession dans certaines rues dont un arrêté du maire lui interdisait l'accès, ne peut, à raison de la contravention qui en résulterait à sa charge, être poursuivi sans qu'il ait été préalablement décidé par le conseil d'état s'il a été porté atteinte par l'arrêté du maire, à l'exercice public du culte. — *Cass.*, 25 sept. 1835, Fuiret,

742. — Ces principes sont, du reste, établis par une décision ministérielle du 30 pluv. an XI, laquelle décide d'une manière générale que l'autorité ecclésiastique doit s'entendre avec l'autorité civile pour régler le mode, le lieu et les heures des cérémonies extérieures.

743. — Toutefois, s'il s'agissait de régler le rang et l'ordre des processions entre différentes corporations et paroisses, ce droit appartiendrait à l'évêque, et l'autorité civile devrait y rester complétement étrangère. — Décis. min. 8 sept. 1826.

744. — Dans ce cas, la paroisse cathédrale est toujours la première; les autres prennent rang par ancienneté, et en cas d'égalité de rang d'inscription, la première inscrite sur le tableau de la circonscription générale approuvée en 1808 a le pas sur celles inscrites après. — Même décision.

745. — Postérieurement à la loi organique, le décret du 24 messid. an XII prescrivit de rendre des honneurs publics au Saint-Sacrement dans les villes où les cérémonies religieuses hors des édifices du culte ne sont pas interdites.

746. — Après la révolution de juillet 1830, des doutes se sont élevés sur la question de savoir si ce décret était encore en vigueur à cet égard; mais une décision ministérielle du 25 oct. 1831 a statué avec raison que les dispositions de ce décret du 24 messid. an XII étaient encore obligatoires sur ce point; « Car, est-il dit dans cette décision, la religion catholique n'était pas plus religion de l'état à l'époque où ce décret fut publié que sous l'empire de la Charte qui nous régit; elle était simplement, comme aujourd'hui, reconnue comme religion de la majorité. »

747. — Nous n'entrerons pas, du reste, dans le détail des honneurs prescrits par les art. 1er, 2, 3, 4 et 5, tit. 11, décr. 24 messid. an XII, honneurs différens, suivant qu'il s'agissait du transport du viatique ou de ceux à rendre au Saint-Sacrement.

748. — Observons que sous l'empire il était recommandé d'inviter les autorités aux processions du Saint-Sacrement. Il en était de même à plus forte raison sous la restauration.

749. — Rappelons encore, en terminant, la disposition spéciale de l'art. 48 de la loi organique sur l'intervention de l'autorité civile pour l'usage des cloches. — V. supra n° 276. — V. encore CLOCHES, n°s 42 et suiv.

750. — ... Et que diverses circulaires ministérielles, 23 juin 1808, 19 oct. 1813, 30 nov. 1830 et 24 jan. 1835, adressées aux évêques, ont eu pour but d'assurer l'exécution de l'art. 41 de la loi organique sur la célébration des fêtes supprimées. — V. supra n° 677. — V. JOURS FÉRIÉS.

V. APPEL COMME D'ABUS, CHAPITRE, CLERGÉ, COMMUNAUTÉS ET ÉGLISES, CONCORDAT, CONSISTOIRES ISRAÉLITES, CONSISTOIRES PROTESTANS, CURE, DIOCÈSE, ÉVÊQUE, FABRIQUE, SÉMINAIRE, etc.

CULTIVATEUR.

V. ACTE DE COMMERCE, AGRICULTURE, APPROBATION DE SOMME, BAIL, CHEMINS VICINAUX.

CULTURE.

1. — La loi des 28 sept. 6 oct. 1791, tit. 1er art. 2, a laissé aux propriétaires le droit de varier à leur gré la destination et l'exploitation de leurs terres, de conserver leur récolte et de disposer de toutes les productions de leur propriété dans l'intérieur du royaume et au dehors, sans préjudicier aux droits d'autrui et en se conformant aux lois.

2. — Un propriétaire n'est, en effet, le maître de varier ses plantations et ensemencemens qu'à la condition de ne pas nuire au voisin. Il ne lui serait pas permis de convertir son fonds en une rizière, dans un canton où ce genre de culture ne serait pas en usage. De même, pour l'établissement des étangs, il faut l'autorisation de l'administration. — Fournel, Tr. des voisinages, v° Agriculture.

3. — Chacun est libre de labourer ses champs comme il l'entend et de donner à ses sillons la direction qu'il préfère. Aucune loi ne défend de former dans les terres d'un labour des triangles ou bleugeons près ou loin des voisins, sans observer de distance relativement à eux. — L. 24 ff. De aquâ et aquæ pluv. arc. — Malgré la généralité de cette règle, on ne doit rien faire qui nuise à autrui, par exemple, un propriétaire ne pourrait pas disposer les sillons de son champ sans nécessité, de manière à en transmettre les eaux à son voisin. — Pothier, Tr. de la société, append. sur le voisinage, n° 256; Vaudoré, Droit rural français, n° 56.

4. — Une ordonnance de police du 13 déc. 1697, rendue pour Paris, défend aux laboureurs de se servir de matières fécales pour fumer leurs terres

à labour, avant qu'elles soient reposées et consommées; sous peine de 300 fr. d'amende et de confiscation des choses servant à leur transport. Un arrêt de l'ancien conseil d'état, rendu le 26 mai 1786, prohibe l'emploi, pour la préparation des grains destinés à la semence, d'aucune recette où il entre de l'arsenic, de l'orpiment, du cobalt, du vert-de-gris, ou toute autre substance capable de nuire à la santé, à peine de 300 fr. d'amende; mais l'ordonnance comme cet arrêt sont tombés en désuétude; la police ne tient pas la main à leur exécution. — Vaudoré, n° 57.

5. — Chaque propriétaire est libre de faire sa récolte de quelque nature qu'elle soit, avec tout instrument et au moment qui lui convient, pourvu qu'il ne cause aucun dommage aux propriétaires voisins. — L. 28 sept. 6 oct. 1791. — Les anciens réglemens qui défendaient de faucher les blés sont donc abrogés; tout cultivateur peut employer pour couper ses grains, soit la faucille, soit la faux. — Vaudoré, n° 58.

6. — Tout citoyen a le droit de détruire, soit ses vignes, soit ses récoltes, ou de les faire détruire dans toute saison par ses bestiaux. Les coutumes anciennes et les réglemens contraires sont abrogés par les lois nouvelles. — Vaudoré, n° 54.

7. — Les maires doivent pourvoir à faire serrer la récolte des cultivateurs absens, infirmes ou accidentellement hors d'état de le faire eux-mêmes, et qui réclament le secours. Ils doivent avoir soin que cet acte de fraternité et de protection de la loi soit exécuté aux moindres frais possibles. Les ouvriers sont payés sur le prix de la récolte de ces cultivateurs. — L. 28 sept. 6 oct. 1791, tit. 1er, sect. 4, art. 1er. — Vaudoré, n° 73.

8. — Nulle autorité ne peut suspendre ou intervertir les travaux de la campagne dans les opérations de la semence et des récoltes. — L. 28 sept. 6 oct. 1791, tit. 1er, sect. 3e, art. 2.

9. — La culture du tabac n'est autorisée que dans certains départemens. — L. 28 avr. 1816, art. 180 et suiv.; L. 27 avr. 1836. — V. TABAC.

10. — Un arrêt du conseil, du 3 juin 1731, avait défendu, à peine de 300 fr. d'amende, de cultiver la vigne sans autorisation du gouvernement; mais cet arrêt est pleinement abrogé par l'art. 2, sect. 1re, L. 28 sept. 6 oct. 1791; aussi n'exige-t-on dans aucune contrée de la France une autorisation pour élever de nouveaux plants de vignes ou cultiver les anciens. — Vaudoré, t. 1er, n° 64.

11. — Cependant il y a des productions végétales dont la récolte n'est pas complétement abandonnée au gré du cultivateur, mais que l'intérêt public a soumise à cet égard à des règles de police. — V. BANS DE FAUCHAISON, DE MOISSONS ET DE VENDANGES.

12. — Les particuliers sont aussi obligés de déclarer aux agens forestiers les arbres, futaies épars ou en plein bois, qu'ils veulent abattre en les payant.

V. ACTES DE COMMERCE, COMMUNAUTÉS, BLÉ EN VERT, CHASSE, DÉFRICHEMENT, FORÊTS, MARAIS, PÉPINIÈRE, PROPRIÉTÉ, SERVITUDE, TERRES VAINES ET VAGUES, USUFRUIT, VAINE PÂTURE.

CUMUL DE DONS.

V. QUOTITÉ DISPONIBLE, RAPPORT A SUCCESSION.

CUMUL DE LEGS.

V. LEGS.

CUMUL DE PEINES.

Table alphabétique.

CUMUL DE PEINES. — **1.** — C'est la réunion de plusieurs peines encourues par un individu à raison de plusieurs crimes ou délits distincts.

§ 1er. — *Historique et principes généraux* (n° 2).

§ 2. — *A quelles matières s'étend la prohibition du cumul des peines* (n° 21).

§ 3. — *A quelles peines s'applique cette même prohibition* (n° 73).

§ 4. — *Application du principe prohibitif du cumul des peines* (n° 110).

§ 5. — *Poursuite.* — *Exécution* (n° 184).

§ 1er. — *Historique et principes généraux.*

2. — Sous le droit romain, le cumul des peines était de droit commun : ainsi un accusé convaincu de plusieurs crimes subissait autant de peines qu'il avait commis de crimes. — Mangin, Tr. act. publ., t. 2, n° 455.

3. — Ce principe avait passé dans notre ancien droit. « Lorsqu'un accusé, disait Jousse (Just. crim., t. 2, p. 643), est convaincu de plusieurs crimes, dont chacun doit être puni d'une peine particulière, il doit être puni d'autant de peines qu'il y a de délits différens, suivant la règle établie par Ulpien en la loi 2, ff. De privatis delictis, où il est dit : Nunquam plura delicta concurrentia faciunt ut ullius impunitas detur, car un délit ne peut diminuer la peine d'un autre délit. »

4. — Aussi le principe du cumul était-il appliqué à l'égard de toutes sortes de délits, et alors même que les deux délits avaient été commis simultanément. Toutefois quelques exceptions avaient été admises à la règle du cumul des peines; par exemple, lorsqu'il s'agissait d'un fait unique ayant produit des délits de même nature, ainsi, plusieurs blessures à la suite d'un seul coup; ou bien encore lorsque les deux peines encourues étaient incompatibles, telles que le blâme et l'admonition, parce que dans ce dernier cas la plus grave absorbait la plus faible. — Jousse, Tr. de la just. crim., t. 2, ibid ; Mangin, ibid.

5. — Quant aux amendes pécuniaires, elles se cumulaient avec les peines corporelles ou infamantes. — Jousse, loc. cit.; Mangin, ibid.

6. — Le principe de la non cumulation des peines fut introduit dans le Code pénal de 1791. — Ce code, prévoyant le cas où le débat révélerait à la charge de l'accusé un fait nouveau (art. 38 et 39, tit. 7) disposait : « Art. 40 : « Si l'accusé est déclaré convaincu du fait porté dans l'acte d'accusation, il pourra encore être poursuivi pour raison du nouveau fait; mais, s'il est déclaré convaincu du second délit, *il n'en subira la peine qu'autant qu'elle serait plus forte que celle du premier*, auquel cas il sera sursis à l'exécution du jugement. »

7. — « Par là, dit M. Morin (Dictionn. de dr. crim., v° Peines [cumulation des]), une deuxième poursuite était expressément autorisée, sans exception pour le délit dont la peine applicable devait être nécessairement moins forte que la peine appliquée déjà; la cumulation des peines était seule interdite; mais évidemment, par identité de motifs et même à fortiori, elle l'était pour le cas où deux délits seraient jugés *simultanément*, comme pour celui où il y aurait deux poursuites successives. »

8. — Jugé, sous l'empire du Code pén. de 1791, que l'individu qui avait déjà été condamné à six années de fers pour crime de faux pouvait encore être poursuivi pour un crime de banqueroute frauduleuse (entraînant la même peine), alors surtout que pour ce dernier crime il avait des complices. — Cass., 9 brum. an XIV, Molsson.

9. — Le Code des délits et des peines du 3 brum. an IV maintint l'interdiction du cumul quant à la peine et l'étendit même à la poursuite; son art. 446 est ainsi conçu : « Lorsque, pendant les débats qui ont précédé le jugement de condamnation, l'accusé a été inculpé, soit par des pièces, soit par des dépositions de témoins, sur d'autres

faits que ceux portés dans l'acte d'accusation, le tribunal criminel ordonne qu'il sera poursuivi, à raison de ces nouveaux faits, devant le directeur du jury du lieu où il tient ses séances, mais seulement *dans le cas où ces nouveaux faits mériteraient une peine plus forte que les premiers*. Dans ce cas, le tribunal sursoit à l'exécution de la première peine, jusqu'après le jugement sur les nouveaux faits. »

10. — On jugeait, sous cette loi, que le prévenu déclaré convaincu de plusieurs délits n'était pas passible de la cumulation de la peine attachée par la loi à chacun de ces délits, mais de la peine la plus grave que l'un de ces délits pouvait entraîner. — *Cass.*, 14 brum. an XI, Martin-Rinaudi.

11. —... Et que dès-lors l'accusé convaincu tout à la fois de faux en écriture privée et de faux en écriture de commerce devait être condamné à la peine la plus forte et relative au délit le plus grave, mais qu'il ne pouvait pas l'être cumulativement à une peine pour chaque espèce de faux et à autant de fois la même peine qu'il avait commis de faux ou fait usage de pièces fausses, en particulier. — *Cass.*, 19 brum. an VII, Audinet.

12. — Le cumul des peines a été également prohibé par le Code d'instruction criminelle. « En cas de conviction de plusieurs crimes ou délits, porte l'art. 365, § dernier, *la peine la plus forte sera seule prononcée.* »

13. — « Le projet du Code d'instruction criminelle (a dit l'orateur du gouvernement au corps législatif) se décide formellement contre la cumulation des peines, de sorte que, si l'accusé est déclaré coupable de plusieurs crimes ou délits, la cour ne pourra prononcer contre lui que la peine la plus forte. Jusqu'ici les cours de justice criminelle se sont interdit cette cumulation, plutôt d'après une jurisprudence que d'après un texte formel ; mais, en telle matière, tout doit être réglé par la loi. »

14. — De même l'art. 379 dispose que : « Lorsque, pendant le cours des débats qui auront précédé l'arrêt de condamnation, l'accusé aura été inculpé, soit par des pièces, soit par des dépositions de témoins, sur d'autres crimes que ceux dont il était accusé, si les crimes nouvellement manifestés méritent une peine plus grave que la première, ou si l'accusé a des complices en état d'arrestation, la cour ordonnera qu'il soit poursuivi à raison de ces nouveaux faits, suivant les formes prescrites par le présent Code. »

15. — On voit que, dans le sens des art. 365 et 379, C. instr. crim., on doit entendre par *fait nouveau* celui qui n'a pas été compris dans l'acte d'accusation soumis au jury.

16. — La règle posée dans les art. 365 et 379, disent MM. Chauveau et Hélie (*Th. C. pén.*, t. 1er, p. 267, 2e éd.), se justifie par de hautes considérations de justice et d'humanité. Lorsqu'un individu s'est rendu coupable de plusieurs crimes avant d'avoir été l'objet d'une poursuite, la justice doit s'imputer la lenteur ou l'impuissance de son action. Si le coupable avait été saisi après son premier crime, s'il avait reçu le solennel avertissement d'une première condamnation, peut-être n'eût-il pas commis les crimes auxquels il a été entraîné. L'inaction de la justice, en quelque sorte, atténue ses fautes. Et puis la défense sociale ne demande qu'une peine ; une seule peine suffit à l'expiation des crimes commis, les autres ne seraient qu'une inutile rigueur. — V. aussi Mangin, n° 456.

17. — On sent d'ailleurs, comme le dit M. Le Sellyer (*Tr. des actions publique et privée*, t. 1er, n° 230), tout ce qu'aurait de sévère une législation permettant l'accumulation des peines, dont la durée excéderait souvent la vie du coupable ; — et M. Rauter (n° 186) ajoute « que le but de la *prévention* par la crainte est atteint, lorsque la plus forte peine est appliquée à celui qui en a mérité plusieurs, puisque cette peine est jugée capable *de prévenir* des délits plus graves que les délits moindres dont le coupable est aussi convaincu. »

18. — Les législations étrangères offrent des traces du principe du non cumul des peines. — Ainsi, l'art. 57 du Code prussien est ainsi conçu : « S'il y a concours de plusieurs peines afflictives, il faut augmenter ou prolonger celle du plus grave des délits à punir. » — L'art. 28 du Code pénal d'Autriche dispose que « si un délinquant est coupable de plusieurs délits de différentes espèces, on doit le punir pour le délit qui entraîne la peine la plus grave, en ayant néanmoins égard aux autres délits. »

19. — Au contraire, le Code du Brésil (art. 61) prescrit l'exécution des diverses peines, l'une après l'autre, en commençant et en continuant de la plus forte à la moindre, « ce qui atteste, comme le disent MM. Chauveau et Hélie, *loc. cit.*, une singulière dureté. »

20. — Il a été jugé que le principe posé par les art. 365 et 379 du C. d'instr. crim., devait être observé sous ce Code, lors même que les faits seraient antérieurs à l'époque de sa mise à exécution. — *Cass.*, 19 mars 1818, Boudois.

§ 2. — *A quelles matières s'étend la prohibition du cumul des peines?*

21. — Ainsi que le disait l'orateur du gouvernement, *le Code d'instruction criminelle s'est décidé formellement contre la non cumulation des peines.* — De là il faut conclure que l'art. 365 est d'une application générale et de droit commun pour tous les cas où il n'y a pas été expressément dérogé, et qu'il régit dès-lors les matières criminelles, bien qu'il soit au nombre de ceux qui s'occupent uniquement du débat en cour d'assises.

22. — Ces principes ont été formellement consacrés par la cour de Cassation. — *Cass.*, 17 mai 1838 (t. 1er 1839, p. 123), Trouquet ; 2 juin 1838 (t. 1er 1839, p. 123), Chabrior. — V. cependant, mais à tort, *Cass.*, 14 nov. 1832, Dequinnamare c. Enreg. ; 27 avr. 1832, Coussiguac ; — Le Sellyer, n° 267.

23. — Est-il également applicable lorsqu'il s'agit de contraventions prévues par le Code pénal ? — Cette question a été pendant long-temps controversée. — La difficulté naît de ce que l'art. 365 ne défend expressément la cumulation des peines qu'en cas de conviction de plusieurs *crimes ou délits*.

24. — Aussi la cour de Cassation a-t-elle commencé par juger que l'art. 365, C. inst. crim., est inapplicable en matière de contravention, et spécialement au cas où un boulanger est poursuivi tout à la fois pour déficit dans les poids et pour mauvaise qualité de pain par lui exposé en vente. — *Cass.*, 6 août 1830, Bruno-Rousseau.

25. — Plus tard, la jurisprudence changea, et divers arrêts postérieurs, posant en principe que l'art. 365 *est général et applicable à tous les cas*, quelle que soit la classe d'infractions à laquelle appartiennent les faits punissables, ont décidé qu'il n'y a lieu d'appliquer qu'une seule peine alors que plusieurs contraventions ont été constatées à la charge du même individu. — *Cass.*, 23 mars 1837 (t. 1er 1837, p. 313), Poirier ; 22 fév. 1840 (t. 2 1840, p. 542), Sege ; 15 janv. 1840 (t. 1er 1841, p. 97), Rieux ; 19 mars 1841 (t. 1er 1842, p. 653), Rieux.

26. — Jugé encore dans le même sens que, l'art. 365 contenant une disposition générale et absolue qui s'applique à toutes les classes d'infraction et à toutes les juridictions, les tribunaux de simple police ne peuvent punir que d'une seule amende, hors le cas de récidive, toutes les contraventions de même nature sur lesquelles ils sont appelés à statuer simultanément, et que la punition d'une de ces contraventions couvre et efface toutes celles qui ont été commises antérieurement. — *Cass.*, 13 mai 1841 (t. 1er 1843, p. 707), Delaporte.

27. — Mais les chambres réunies de la cour de Cassation ont modifié cette dernière jurisprudence en posant en principe : 1° « Qu'en ne désignant que deux des trois catégories de faits déclarés punissables et en gardant le silence sur la troisième, l'art. 365 a suffisamment montré qu'il n'a pas compris cette dernière dans ses dispositions ; — 2° qu'en prohibant le cumul des peines applicables aux délits et aux crimes, et en établissant une règle spéciale pour la punition des divers crimes dont un accusé serait convaincu, le législateur a été déterminé, tant par la nature des peines et les limites du droit de punir, que par l'intérêt même de l'humanité et de l'amendement des coupables ; — 3° que ces motifs ne sauraient avoir lieu quand il s'agit des peines qui ne sont applicables le plus souvent qu'à de simples infractions ou omissions, négligences ou désobéissances, sans intention de la part de celui qui les a commises, à des lois ou à des réglemens de police. »

28. — Elles ont donc jugé que la prohibition du cumul des peines ne s'applique pas aux contraventions de police. — *Cass.*, 7 juin 1842 (t. 1er 1843, p. 708), Rieux. — V. dans ce sens le savant réquisitoire de M. Dupin, procureur général, sous cet arrêt ; — Le Sellyer, n° 266.

29. — Et, depuis, la chambre criminelle s'est rendue à cette doctrine en décidant spécialement que les contraventions à un arrêté municipal qui fixe l'ouverture des vendanges pour les vignes non closes doivent être punies par autant d'amendes qu'il a été commis de contraventions. — *Cass.*, 13 fév. 1845 (t. 2 1845, p. 603), Desessarts.

30. — D'un autre côté, on s'est demandé si l'art. 365, C. inst. crim., pouvait recevoir son application relativement aux faits prévus par des lois spéciales, ou si, au contraire, ses effets ne devaient pas être restreints aux crimes et délits prévus par le Code pénal.

31. — Si l'on s'en rapporte aux termes d'un arrêt du 23 mars 1837 (t. 1er 1837, p. 313), déjà cité, on y lit que « l'art. 365 contient un principe applicable *à tous les cas*, d'après lequel les peines encourues pour plusieurs faits, *à quelque classe d'infractions qu'ils appartiennent*, ne peuvent jamais être cumulées, ce qui (bien que l'arrêt soit rendu en matière de simple contravention ordinaire) semble s'appliquer aussi bien aux délits ou contraventions prévus par les lois spéciales qu'à ceux prévus par le C. pénal. »

32. — De même, on lit dans un autre arrêt que l'art. 365 est une disposition générale et qui s'applique à tous les faits, même à ceux prévus et punis par des lois spéciales, dans tous les cas où il n'est pas fait une exception formelle au droit commun. — *Cass.*, 2 juin 1838 (t. 1er 1839, p. 123), Chabrier.

33. — Mais, indépendamment de ce que ce principe n'a pas été complètement respecté par les arrêts postérieurs, même en ce qui concerne les contraventions de police (V. *suprà* nos 24 et suiv.), la jurisprudence, à l'égard des matières spéciales, paraît avoir admis une distinction.

34. — Ou bien il s'agit de faits punis par des lois spéciales en vigueur avant la promulgation du Code d'instruction criminelle, et dans ce cas la cour de Cassation décide que le principe de non cumulation n'est pas applicable, par le motif que l'art. 365 est une disposition du droit pénal qui se confond avec le Code de 1810 dont l'art. 484 respecte les lois spéciales antérieures. — *Cass.*, 16 fév. 1844 (t. 2 1844, p. 435), Denis de Saint-Pierre. — V. en ce sens, Mangin, n° 462.

35. — Et ce principe a été consacré et appliqué par plusieurs autres arrêts. Ainsi il a été jugé 1° que la disposition de l'art. 365, C. inst. crim., est applicable à la matière spéciale des contributions indirectes, matière régie par le décret du 1er germ. an XIII, et que chaque contravention, en cette matière, est passible des peines particulières qui y sont particulièrement attachées. — *Cass.*, 26 mars 1825, Contrib. ind. c. Lefebvre ; — Le Sellyer, n° 248 ; Mangin, n° 461.

36. —... 2° (implicitement) que l'art. 365 du Code d'inst. crim. n'a pu, avant le Code forestier, s'appliquer aux délits forestiers régis par l'ord. de 1669. — *Cass.*, 14 oct. 1826, Prévost.

37. —... Et qu'en conséquence celui qui était convaincu tout à la fois d'avoir introduit des bestiaux dans une forêt, et d'y avoir coupé et amassé des herbages, était passible d'une amende distincte pour chacun des délits, et non d'une seule amende pour les deux. — Même arrêt.

38. — Le même principe a été appliqué depuis le Code forestier, bien que ce Code ne renferme aucune disposition formellement exclusive de l'art. 365, attendu que l'ordonnance de 1669 a toujours admis la cumulation des peines et que le Code forestier n'a nullement entendu déroger à l'ordonnance qu'elle a remplacée. — *Orléans*, 27 déc. 1842 (t. 1er 1843, p. 146), Forêts c. Decol ; 9 déc. 1845 (t. 1er 1846, p. 75), Forêts c. Duraud.

39. — Et il a été jugé, dès-lors, que le prévenu déclaré coupable de plusieurs délits forestiers distincts doit être condamné en autant d'amendes qu'il a commis de délits. — Mêmes arrêts.

40. — Depuis, la cour de Cassation a posé définitivement le principe de l'inapplicabilité de l'art. 365 aux délits forestiers, en décidant que l'individu coupable d'avoir coupé du bois illégalement, et d'avoir allumé du feu dans la forêt pour le brûler, est passible cumulativement des peines applicables à chacun de ces délits. — *Cass.*, 21 juin 1845 (t. 1er 1846, p. 46), Forêts c. Hourat.

41. — Mais il faut faire remarquer que, si elle a ainsi prononcé, c'est moins en établissant une corrélation entre le Code forestier et l'ord. de 1669, que par le motif que l'art. 365 serait inconciliable avec le système de détermination de peine admis par le Code forestier et avec cette idée qu'en matière forestière, comme en d'autres matières spéciales, l'amende est moins une peine que la réparation du dommage causé. — *Cass.*, 21 juin 1845 (t. 1er 1846, p. 46), Forêts c. Hourat.

42. — La cour de Cassation a jugé, le 11 oct. 1827, que l'art. 365 n'est pas applicable en matière de contravention aux dispositions légales du 15 vent. an XIII sur la poste aux chevaux, et qu'en conséquence chaque refus de la part de l'entrepreneur d'une voiture publique, marchant à grandes journées, de payer l'indemnité de 25 cent. au maître de poste dont il n'emploie pas les chevaux doit être puni d'une amende particulière. — *Cass.*, 11 oct. 1827, Lesueur.

43. — Mais, plus tard, elle a décidé que lorsqu'il

y a eu plusieurs passages de voitures sans paiement de l'indemnité ou emploi de chevaux du maître de poste et avant toute condamnation, le jugement qui intervient ne peut prononcer qu'une seule amende de 500 fr.; qu'en effet, on doit faire application de l'art 365, C. inst. crim., attendu qu'il ne s'agit pas là d'une loi relative au recouvrement des revenus publics. — *Cass.*, 22 déc. 1838 (t. 1er 1846), Lafitte.

44. — Jugé, dans tous les cas, que celui qui a indûment éludé le paiement du droit envers les maîtres de poste dont il n'emploie pas les chevaux est passible d'une amende de 500 fr., indépendamment du droit de poste avec lequel elle peut être cumulée. — *Cass.*, 3 fév. 1827, Charvet c. Muris; *Bourges*, 3 mai 1838 (t. 1er 1846, p. 692), Alloury. — Le droit de poste n'a pas, en effet, le caractère de peine, ce qui exclut l'application de l'art. 365.

45. — Ou bien il s'agit de faits atteints par des lois pénales postérieures au Code d'inst. crim., et qui ne contiennent rien de contraire, et dans ce cas, le principe de non cumulation reprend toute sa force, puisque le silence de ces lois à cet égard les place sous l'empire du droit commun et de la règle consignée dans les arrêts précités du 23 mars 1837-2 juin 1838, et que l'art. 365 s'applique à tous les cas, quelle que soit la classe d'infractions à laquelle ils appartiennent. On doit donc considérer comme constant que la disposition du deuxième alinéa de cet article est une disposition générale sur la pénalité, et s'applique à tous les cas sur lesquels il n'a pas été prononcé d'exception par des lois spéciales. — *Cass.*, 17 mai 1838, Trouquet, et 2 juin 1838 (t. 1er 1839, p. 123), Chabrier; 23 mai 1839 (t. 2 1839, p. 376), Bergot; 25 juill. 1839 (t. 2 1839, p. 477), Paya; — Le Sellyer, no 250.

46. — Ainsi, avant la loi du 9 sept. 1835, on jugeait que les amendes encourues en matière de délits de la presse, ne se cumulaient point. — *Cass.*, 3 oct. 1835, le *Réformateur*.

47. — L'art. 12, L. 9 sept. 1835, concernant les crimes de la presse, porte que « les peines prononcées par la présente loi, et par les lois précédentes sur la presse et autres moyens de publication, ne se confondront point entr'elles, et seront toutes intégralement subies, lorsque les faits qui y donneront lieu seront postérieurs à la première poursuite. » Mais il faut, pour que cet article reçoive son application, que les nouveaux délits soient postérieurs à la première poursuite, et antérieurs à la condamnation. — Le Sellyer, no 261.

48. — V. au surplus, en ce qui concerne l'application du principe en matière de délit de presse, DÉLITS DE PRESSE.

49. — Jugé encore que l'art. 365, C. inst. crim., sur la non cumulation des peines, contient un principe général, en matière de pénalité, qui doit être appliqué aux peines encourues par les gardes nationaux comme à celles encourues par les citoyens de toute autre qualité; et que, spécialement, le conseil de discipline de la garde nationale saisi de plusieurs infractions de même nature imputées au même individu, ne peut, hors le cas de récidive, excéder le maximum de la peine portée par la loi. *Cass.*, 6 mars 1835, Dubois; 9 mai 1833, Gamain; 4 juill. 1835, de Chateaubriant.

50. — ... Et encore, qu'un garde national ne peut être condamné pour un manquement de service antérieur à ceux pour lesquels il a déjà été condamné au maximum de la peine. — *Cass.*, 5 août 1836 (t. 1er 1837, p. 498), Guérin. — V. GARDE NATIONALE.

51. — De même si, avant 1829, on jugeait que le fait de pêche avec un épervier ou engin prohibé, et non revêtu du sceau de l'administration, constituait une double contravention passible de deux amendes cumulativement (*Cass.*, 26 juill. 1828, Forêts c. Ayral), M. Le Sellyer (no 265) pense qu'on devrait juger autrement aujourd'hui depuis la loi du 15 avr. 1829. Peut-être toutefois y aurait-il à examiner s'il ne doit pas en être de ce cas (et par les mêmes motifs) comme des délits forestiers. — V. PÊCHE.

52. — Jugé également que l'individu déclaré coupable à la fois de détention non autorisée de plus de 2 kilog. de poudre, délit puni d'une amende de 100 fr. par la loi du 13 fruct. an V, et de fabrication de cartouches et autres munitions de guerre, délit puni d'une amende de 16 à 1,000 fr. par la loi du 24 mai 1834, ne doit être puni que de la peine la plus forte, pourvu toutefois que l'amende infligée soit supérieure à 100 fr. (l'arrêt vise l'art. 365 C. instr. crim.) — *Cass.*, 16 mars 1839 (t. 2 1839, p. 419), Robau.

53. — Les arrêts des 26 mars 1825 et 11 oct. 1827, précités, ne posent pas, il est vrai, d'une manière très nette la distinction que nous indiquons, et sur laquelle insiste très fortement M. Mangin (MM. Chauveau et Hélie ne paraissent pas s'y arrêter. V. t. 1er, p. 209). Il semblerait même résulter de certaines expressions qui y sont renfermées que l'art. 365 ne concerne que les crimes et délits ordinaires. Mais cette distinction se trouve écrite d'une manière bien formelle dans l'arrêt précité du 16 février 1844, et elle peut dès-lors être considérée comme traçant une règle précise d'application.

54. — La cour de Cassation belge décide que la défense de cumuler les peines est restreinte aux matières criminelles et correctionnelles, et ne s'applique point aux infractions aux lois sur la garde civique. — *Cass. Belge*, 21 oct. 1836, Trioen.

55. — Le principe de non cumulation des peines est encore applicable au cas où il s'agit de deux faits prévus, l'un par le Code pén., l'autre par une loi spéciale, ou par deux lois spéciales différentes.

56. — Ainsi on a jugé que, dans le cas de conviction contre un individu du délit de chasse sans permis de port d'armes (prévu avant la loi du 3 mai 1844 par le décr. de 1812), et du délit de rébellion ou de vol, l'amende applicable au délit de chasse ne pouvait être cumulée avec l'emprisonnement prononcé par la rébellion ou le vol. — *Cass.*, 17 mai 1838 (t. 1er 1839, p. 123), Trouquet; 2 juin (t. 1er 1839, p. 124), Chabrier.

57. — Jugé également que l'individu convaincu 1o d'avoir chassé sans permis de port d'armes, délit prévu par le décret du 4 mai 1812, et puni d'une amende de 30 à 60 fr. et de la confiscation; 2o d'avoir porté un fusil brisé en trois parties par la crosse et par le canon, et réputé arme prohibée par l'ordonnance de 1669, tit. 30, art. 3, sur la police de la chasse, délit prévu par la loi du 24 mai 1834, et puni d'un emprisonnement de six jours à six mois et d'une amende de 16 à 200 fr., et de la confiscation, ne devait être condamné qu'aux peines prononcées contre le second délit. — *Cass.*, 29 mai 1839 (t. 2 1839, p. 376), Bergot.

58. — V. au surplus, pour plus amples détails, en ce qui concerne l'application de la règle du non cumul, en matière de délit de chasse, le mot CHASSE, no 488 et suiv.

59. — Il a été jugé, avant la loi du 24 mai 1834, que celui qui a été condamné à un an d'emprisonnement pour délit de rébellion, ne peut pas encourir une nouvelle condamnation pour détention prohibée d'armes de guerre, antérieurement au premier jugement, ce qui constitue une contravention passible d'une peine moins grave. — *Cass.*, 8 juin 1827, Charpentier.

60. — Cette loi (relative à la détention des armes et munitions de guerre) dispose, art. 10, que les peines qu'elle prévoit seront prononcées sans préjudice de celles que les coupables auraient pu encourir comme auteurs ou complices de tous autres crimes, et que, dans le cas du concours de deux peines, la plus grave seule doit être appliquée.

61. — Le principe de la non cumulation des peines reçoit plusieurs exceptions: ainsi, l'art. 245, C. pén., dispose que, « à l'égard des détenus qui se seront évadés ou qui auront tenté de s'évader par bris de prison ou par violence, ils seront, pour ce seul fait, punis de six mois à un an d'emprisonnement, et subiront cette peine immédiatement après l'expiration de celle qu'ils auront encourue, pour le crime ou délit à raison duquel ils étaient détenus, ou immédiatement après l'arrêt ou jugement qui les aura acquittés ou renvoyés absous dudit crime ou délit; le tout sans préjudice de plus fortes peines qu'ils auraient pu encourir, pour d'autres crimes qu'ils auraient commis dans leur violence. »

62. — Il a donc été jugé que le délit de bris de prison doit être puni d'une peine distincte et séparée de celle encourue par l'accusé, à raison du fait qui a donné lieu à sa détention; cette peine, par exception à la règle de l'art. 365, C. pén., ne saurait se confondre avec celle encourue pour le fait principal et doit être subie à l'expiration de celle-ci. — *Cass.*, 14 juill. 1837 (t. 1er 1838, p. 556), Soutac; 5 avr. 1832, Saint-Béranger; 31 juill. 1834, Roucariès; 17 juin 1831, Pienne; 13 oct. 1815, Daumas Duprès. — V. ÉVASION.

63. — L'art. 245, ainsi que le fait remarquer M. Le Sellyer (no 251), a eu principalement en vue les *détenus préventivement*, puisque c'est à leur égard qu'il y avait nécessité de poser une exception au principe de la non cumulation des peines, ce principe ne pouvant protéger les détenus par suite de condamnation définitive. — Il s'applique également à ceux qui sont détenus, en vertu d'une condamnation non encore passée en force de chose jugée.

64. — Quant aux crimes particuliers, que les détenus auraient commis en s'évadant ou en cherchant à s'évader, et qui mériteraient des peines plus fortes que le simple délit d'évasion, bien qu'au premier abord l'art. 245 puisse être compris en ce sens qu'ils seront punis de leurs peines particulières, sans que la peine applicable au délit d'évasion cesse d'être appliquée, cependant, M. Le Sellyer (*loc. cit.*) pense qu'une pareille interprétation ne doit pas être admise; car l'article peut très bien être compris comme signifiant que si, en pratiquant l'évasion, des crimes particuliers ont été commis et méritent des peines plus fortes que celle du délit d'évasion, ces peines plus fortes absorberont celle du délit d'évasion. — Dès-lors, cette interprétation doit seule être adoptée, puisqu'elle ne déroge pas au principe général du non cumul des peines, et que que les exceptions ne doivent pas être reconnues sans nécessité. — V., au surplus, à cet égard, vo ÉVASION.

65. — L'art. 220, C. pén., déroge encore à l'art. 365 du C. inst. crim., lorsqu'il dispose que la peine de la rébellion appliquée à des personnes prévenues, accusées ou condamnées relativement à d'autres crimes ou délits, sera subie « par ceux qui, à raison des crimes ou délits qui ont causé leur détention, *sont ou seront* condamnés à une peine non capitale ni perpétuelle, immédiatement après l'expiration de cette peine. » — C'est, en effet, dans le sens d'une dérogation à l'art. 365, que MM. Legraverend (t. 2, p. 609, note 4e), Mangin (no 461), Rauter (no 186, *in fine*) et Le Sellyer (no 256), entendent l'art. 229. — Au contraire, Carnot, sur l'art. 220, no 2, enseigne que cet article n'est pas en opposition avec l'art. 365, par le motif que l'art. 365 ne dispose que pour le cas de crimes ou délits commis *avant* la première condamnation. — Mais le texte même de l'art. 220, « *sont ou seront condamnés* », prouve qu'il s'applique même au cas de rébellion *avant* condamnation. — Il est donc, sous ce rapport, en opposition avec l'art. 365, auquel il déroge. — V., au surplus, vo RÉBELLION.

66. — La cour de Cassation a jugé que l'amende prononcée par la loi du 3 sept. 1807, contre le délit d'habitude d'usure, pouvait être prononcée cumulativement avec la peine de l'emprisonnement par l'art. 411, C. pén., contre celui qui tient, sans autorisation, une maison de prêt sur gage. — *Cass.*, 15 juin 1821, Pernier; 21 juill. 1826, Dufatre.

67. — Elle a jugé également que, lorsque le fait d'escroquerie vient se joindre au fait d'usure, il y a lieu de prononcer cumulativement l'emprisonnement et l'amende, la loi du 3 sept. 1807, contenant, sur ce point, une exception au principe de l'art. 365, C. inst., crim. — *Cass.*, 13 nov. 1840 (t. 2 1840, p. 696), Vigné.

68. — ... Et, dans le même sens, qu'il n'y a pas cumulation de peines dans le jugement qui condamne un individu à l'emprisonnement, à l'amende, comme coupable, tout à la fois d'escroquerie et d'usure habituelle; non-seulement la loi du 3 sept. 1807 autorise l'application de ces deux peines, mais encore l'art. 405, C. pén., les prononce toutes les deux. — V., en outre, *Cass.* 5 août 1826, Martin; 9 sept. 1826, Lahayes; 14 juill. 1827, Saint-Nicolas. — V. ESCROQUERIE, USURE.

69. — Mais une condamnation pour délit d'habitude d'usure réprime tous les faits antérieurs qui pouvaient constituer cette habitude, ceux même qui n'auraient pas été compris distinctement dans le jugement qui l'a punie. — En conséquence, si le même individu se rend coupable de nouveaux faits, les juges doivent, pour la fixation de l'amende, écarter les faits antérieurs à la précédente condamnation. — *Cass.*, 25 août 1836, Taisand. — V., au surplus, USURE.

70. — Doit-on considérer comme dérogeant encore à l'art. 365, C. inst. crim., l'art. 360, C. pén., suivant lequel quiconque se rend coupable de violation de tombeaux ou de sépulture doit être puni d'un emprisonnement de trois mois à un an, et d'une amende de 16 à 200 fr.: « *Sans préjudice des peines contre les crimes ou délits qui seraient joints à celui-ci.* » — Ce qui pourrait sembler indiquer une exception, pour ce cas, au principe de la non cumulation des peines, c'est qu'au lieu de se servir, comme dans le cas de l'art. 359, relatif au recel du cadavre d'une personne homicidée, des mots « *sans préjudice des peines plus graves s'il y a lieu*, » la loi se sert, comme on le voit dans l'art. 360, de termes de nature à impliquer un sens différent.

71. — Toutefois, les auteurs sont en général d'avis que les expressions de l'art. 360 pouvant, à la rigueur, s'entendre dans le même sens que celles de l'art. 359, comme en fait d'exception il ne faut rien suppléer, il y a lieu de consacrer l'interprétation qui se trouve en harmonie avec le principe général de l'art. 365. — Carnot, sur l'art. 360, no 3; Le Sellyer, no 262; Chauveau et Hélie, t. 6, p. 410. — V. VIOLATION DE SÉPULTURE.

72. — MM. Chauveau et Hélie (*loc. cit.*) citent un arrêt de la cour de Cassation du 17 mai 1822,

comme *paraissant* en opposition avec cette interprétation. — Mais, bien qu'on puisse trouver dans la rédaction de cet arrêt quelques expressions équivoques, M. Le Sellyer fait remarquer avec raison qu'il n'a jugé qu'une seule chose, à savoir que la soustraction frauduleuse des suaires, ou vêtemens qui enveloppent les morts ou d'autres objets renfermés dans les cercueils, commise à l'aide d'escalade et d'effraction, ne constituait pas un simple délit de violation de tombeaux, mais en même temps un vol qualifié, ce qui rendait la cour d'assises compétente pour en connaître. Or, cette décision n'implique pas forcément la nécessité du cumul des peines.

§ 3. — *A quelles peines s'applique cette même prohibition ?*

73. — Pendant long-temps la cour de Cassation a reconnu qu'à raison de sa généralité le principe de l'art. 365, C. inst. crim., devait s'appliquer à toutes les peines quelle que fût d'ailleurs leur nature, soit qu'il s'agît de peines principales ou de peines accessoires.

74. — Ainsi, elle a jugé qu'en matière de cumul, la peine qui est la plus grave par sa nature absorbe la peine la moins grave avec tous ses accessoires, et qu'ainsi, lorsqu'un accusé déclaré coupable tout à la fois de vol avec escalade et de faux en écriture privée est condamné à la peine des travaux forcés à temps, attachée au premier de ces crimes comme étant plus forte que celle de la réclusion attachée au second, il ne doit point subir la peine accessoire du faux (la flétrissure et l'amende). — *Cass.*, 29 sept. 1815, François Gilles ; 6 mars 1828, Passio ; 11 sept. 1823, Simon.

75. — Jugé, de même, à l'égard d'un accusé déclaré coupable, tout à la fois de banqueroute frauduleuse et de faux en écriture privée : il ne doit subir que la peine des travaux forcés attachée au premier de ces crimes, et ne peut pas être condamné à la flétrissure ni à l'amende, qui sont des accessoires de la réclusion attachée au second crime. — *Cass.*, 6 avr. 1827, Edme Bourdillat ; 29 déc. 1826, Leclerc ; 19 sept. 1828, Levy.

76. — Jugé encore que l'accusé déclaré coupable d'un faux entraînant la peine de la réclusion et une amende, et d'un autre crime passible de la peine des travaux forcés à temps, doit être condamné à cette dernière peine seulement, sans qu'on puisse y joindre celle de l'amende encourue à raison du crime de faux. — *Cass.*, 11 déc. 1834, Huot.

77. — Mais elle a jugé aussi que l'individu déclaré coupable, tout à la fois du crime de banqueroute frauduleuse et du crime de faux en écriture de commerce, devait être condamné, non seulement aux travaux forcés, mais encore aux peines accessoires du faux, c'est-à-dire à l'amende et à la flétrissure (remplacée par l'exposition publique). — *Cass.*, 3 juin 1830, Dejouis. — La peine du crime de faux était plus forte que celle du crime de banqueroute frauduleuse, puisque, outre les travaux forcés, elle emportait les peines accessoires de l'amende et de la flétrissure. La cour d'assises avait donc, en n'appliquant pas ces dernières peines, violé l'art. 365, C. inst. crim., qui, combiné avec les art. 164 et 165, C. pén., l'obligeait à prononcer la peine la plus forte.

78. — ... Et que, dans tous les cas, il n'y a pas violation du principe sur le cumul des peines lorsque la cour d'assises a subordonné la condamnation à la peine de la flétrissure qu'elle prononce contre un individu déjà condamné pour crime de même nature au cas où cette peine ne lui aurait pas été appliquée la première fois. — *Cass.*, 28 avr. 1831, Carq.

79. — Mais la base sur laquelle reposait cette jurisprudence a été détruite par l'arrêt du 23 sept. 1837 (t. 2 1837, p. 607, Rondeau), qui a décidé que l'art. 365 n'est applicable qu'aux peines principales et non aux peines accessoires, et, qu'en conséquence, le prévenu déclaré coupable d'escroquerie et de vagabondage doit être condamné non seulement aux peines déterminées par la loi pour le délit d'escroquerie, mais aussi à celle de la surveillance, peine accessoire et inhérente au délit de vagabondage.

80. — Cet arrêt, qui casse un arrêt de la cour de Paris du 13 avr. 1837, rapporté t. 1er 1837, p. 295, est principalement fondé sur ce que les peines accessoires sont établies dans l'intérêt général en vue du caractère propre à certains délits, et que le but du législateur serait manqué si celui contre qui il a voulu que ces mesures fussent employées, y échappait par cela seul qu'outre le délit spécial qui les rend nécessaires il en aurait commis un autre plus grave.

81. — Le même principe se trouve textuellement reproduit dans un arrêt plus récent, qui juge également que le prévenu déclaré coupable de vol et de mendicité doit être condamné non seulement à la peine infligée au vol comme étant la plus forte, mais aussi à la surveillance de la haute police, à laquelle l'art. 282, C. pén., soumet l'individu condamné pour mendicité. — *Cass.*, 12 sept. 1844 (t. 2 1844, p. 504), Arnauld.

82. — Ainsi, dit M. Le Seyllier (n° 244), en principe, on tient pour constant que les peines accessoires, telles que la surveillance, la confiscation spéciale, l'affiche, la destitution, etc., ne peuvent entrer en parallèle avec les peines principales et ne sont pas soumises à la prohibition du cumul.

83. — On doit néanmoins considérer comme toujours susceptibles d'application les arrêts qui jugent qu'un individu déjà condamné aux travaux forcés et à l'exposition ne peut, pour un fait antérieur, et alors même qu'une condamnation serait de nouveau prononcée pour épuiser le maximum de la peine encourue (V. *infrà* nos 150 et s.) être condamné une seconde fois à l'exposition publique sans qu'il y ait cumulation de peine. — *Cass.*, 24 sept. 1835, Raffault ; 6 avr. 1824, Le Bourhis ; 29 juill. 1826, Dussac ; 7 avr. 1827, Bunet ; 17 avr. 1827, Harotte ; 30 déc. 1830, Simon ; 28 avr. 1831, Carry ; 17 janv. 1838 (t. 2. 1838, p. 672), Faure ; — Le Sellyer, n° 245.

84. — Jugé encore, que l'individu déjà condamné pour crime de faux à la peine des travaux forcés, à 100 fr. d'amende et à l'exposition, n'a pu, pour crime de même nature antérieur à l'arrêt de condamnation, être condamné à une nouvelle amende de 100 fr. et à une nouvelle exposition ; alors (quant à l'amende) qu'il n'a pas été légalement établi que le bénéfice illégitime que les faux ont procuré, ou étaient destinés à procurer, se soit élevé à 800 fr., dont les 200 fr. montant des deux amendes cumulées auraient formé le quart, par application de l'art. 164, C. pén. — *Cass.*, 26 janv. 1837 (t. 1er 1838, p. 16), Laurent.

85. — Jugé de même à l'égard de la condamnation à la surveillance. — *Cass.*, 30 déc. 1830, Simon.

86. — ... Alors, d'ailleurs, dit M. Le Sellyer (n° 245), que le premier jugement a prononcé le maximum de cette peine.

87. — Le principe de l'art. 365 s'applique-t-il aux peines pécuniaires comme aux peines corporelles ? — La négative a été proclamée par la cour de Cassation dans quelques arrêts qui ont jugé que les peines pécuniaires étant distinctes des peines corporelles, l'art. 365, C. inst. crim., ne met aucun obstacle à ce que, dans le cas de conviction de plusieurs délits dont l'un n'emporte que l'amende, cette peine ne puisse être cumulée avec celle de l'emprisonnement encourue pour les autres délits. — *Cass.*, 15 juin 1821, Joseph Pernier ; 21 juill. 1826, Dufaire.

88. — Jugé également en ce sens que les peines pécuniaires étant essentiellement distinctes des peines corporelles, l'individu condamné aux travaux forcés pour crime de faux peut, sans qu'il y ait cumul de peines, être condamné à l'amende pour un délit antérieur d'usure habituelle, et que, par suite, l'art. 365, C. inst. crim., ne met aucun obstacle à ce que la régie poursuive le recouvrement de cette amende après sa prononciation. — *Cass.*, 14 nov. 1832, Dequinnemare.

89. — Et la cour de Rouen a décidé que l'art. 365, C. pén., ne reçoit son application qu'autant qu'il s'agit de peines corporelles, et non lorsqu'il ne s'agit que de peines pécuniaires. — *Rouen*, 29 fév. 1844 (t. 1er 1845, p. 106), Debreaux.

90. — Legraverend (t. 2, p. 611) approuve cette doctrine, et il cherche à la justifier en disant que si la loi défend de cumuler les peines, son vœu est rempli en ne prononçant ou en ne faisant subir que l'emprisonnement le plus long ; mais qu'elle veut que les délits soient réparés, et que les amendes, comme la confiscation des objets du délit, comme les autres condamnations pécuniaires, ne sont réellement *que la réparation du délit* prononcée par les tribunaux de répression, au lieu de l'être par les tribunaux civils.

91. — Mangin (n° 457) combat cette opinion. « L'art. 365, dit-il, embrasse dans sa généralité toutes les peines, sans distinction des peines corporelles et des peines pécuniaires ; et en vérité, je n'aperçois pas par quel moyen on parvient à faire casser un arrêt de cour d'assises qui ne condamne qu'à l'amende la plus forte un accusé convaincu de plusieurs faits qui auraient dégénéré en délits passibles de simples amendes.... » Legraverend se trompe ; les amendes sont de véritables peines ; les art. 9 et 464, C. pén., le déclarent formellement, et la cour de Cassation a toujours jugé qu'elles ne perdent ce caractère que dans les cas particuliers où la loi les réduit à n'être que de simples réparations civiles. — V. en ce sens Bourguignon, *Jurispr. des C. crim.*, n° 4, sur l'art. 365 ; Chauveau et Hélie, t. 1er, p. 258 ; Le Sellyer, n° 234 ; Rauter, n° 188.

92. — Au surplus, la cour de Cassation décide maintenant que l'art. 365 s'applique aux peines pécuniaires comme aux peines corporelles. — *Cass.*, 3 oct. 1835, Jaffrenou ; 26 janv. 1837 (t. 1er 1838, p. 16), Laurent ; 17 mai 1838 (t. 1er 1839, p. 123), Trouquet ; 2 juin 1838 (t. 1er 1839, p. 123), Chabrier.

93. — C'est également ce qu'ont reconnu, au moins implicitement, tous les arrêts qui ont déclaré l'art. 365 applicable même en matière de contraventions. — V. *suprà* nos 25 et suiv.

94. — Ainsi, dit M. Le Sellyer (*loc. cit.*) en résumant ces principes, il n'y a aucune distinction à faire entre le cas où le concours serait de deux ou plusieurs peines personnelles et celui où il serait de deux ou plusieurs peines pécuniaires, c'est-à-dire de deux ou plusieurs amendes. — Peu importe également, ajouterons-nous, que le concours soit d'une peine pécuniaire et d'une peine corporelle. Dans tous les cas, l'art. 365 est applicable.

95. — Mais, ainsi qu'en convient lui-même Mangin, pour que l'art. 365 reçoive application, il faut que les deux condamnations aient le caractère de *peine*, ce qui n'a pas lieu dans les matières régies par des lois et réglemens particuliers et à l'égard desquelles l'amende est moins considérée comme une peine proprement dite que comme une réparation du dommage. Dans ce cas, l'art. 365 reste sans application. — *Cass.*, 8 oct. 1835, Jaffrenou.

96. — Ainsi jugé que l'amende, en matière de douanes, n'ayant pas le caractère d'une peine proprement dite, mais devant être considérée comme une réparation civile, doit être cumulée avec la peine de la réclusion encourue par le contrebandier, pour avoir exercé des violences graves contre des préposés dans l'exercice de leurs fonctions. — *Cass.*, 21 déc. 1821, Delsaux.

97. — Jugé de même qu'en pareille matière, lorsqu'un bâtiment a commis plusieurs sortes de contraventions, les tribunaux doivent appliquer à chacune d'elles et cumuler les confiscations et amendes que la loi prononce. — *Cass.*, 26 avr. 1830, Félieu c. Douanes.

98. — ... Et encore que les violences exercées contre les préposés des douanes pendant leur service donnent lieu, indépendamment des peines portées par le Code pénal, à l'amende de 500 fr. déterminée par l'art. 14, tit. 13, de la loi du 22 août 1791. — *Cass.*, 31 janv. 1840 (t. 1er, 1841, p. 103), Douanes c. Menut ; 1er déc. 1838 (t. 1er, 1839, p. 323), Douanes c. Maushard. — V. au surplus DOUANES.

99. — Jugé de même que l'individu condamné à la peine de l'emprisonnement pour rébellion envers des employés de l'octroi a pu être poursuivi postérieurement à la requête de l'administration, et condamné *à l'amende* prononcée pour ce fait par le réglement de l'octroi, cette amende étant représentative des dommages-intérêts dus par le prévenu. — *Bordeaux*, 13 mai 1840 (t. 2, 1840, p. 681), Pasquet et Gasiets c. Octroi de Bordeaux.

100. — Et c'est aussi ce qui a été reconnu, ainsi que nous l'avons dit, en matière de délit forestier. — V. *suprà* nos 36 et suiv. — V. au surplus FORÊTS.

101. — Jugé aussi qu'il y a lieu de cumuler la peine pécuniaire avec la peine corporelle, alors surtout que l'amende est prononcée par des lois spéciales qui, ne rentrant dans aucune des prévisions du Code pénal, ne peuvent se trouver atteintes par les dispositions de l'art. 365, C. instr. crim., et qu'elle a le caractère d'une réparation civile plutôt que d'une peine proprement dite : par exemple, lorsqu'en matière de chasse l'amende est versée au profit des communes, et non au profit de l'état. — *Rouen*, 29 fév. 1844, (t. 1er 1845, p. 106), Debreaux.

102. — Le principe que l'art. 365 n'est pas applicable lorsque l'amende est prononcée par la loi à titre de restitution, a également été consacré par l'arrêt précité du 2 juin 1838 (t. 1er, 1839, p. 123), Chabrier.

103. — ... Et par les arrêts de la cour de Cassation du 3 fév. 1827 et de la cour de Bourges, du 3 mai 1833, rendus en matière de droits de poste. — V. *suprà* n° 44. — V. en outre v° AMENDE, nos 91 et suiv.

104. — MM. Chauveau et Hélie (t. 1er, p. 204, 2e édit.) vont plus loin, ils pensent que, même dans les matières fiscales, l'amende a toujours le caractère de peine, bien qu'elle ne soit point strictement personnelle comme les autres peines.

105. — Cette théorie ne peut être suivie devant la jurisprudence de la cour de Cassation. — V. ce que nous avons dit à cet égard, v° AMENDE, nos 104 et suiv.

106. — Ce qui vient d'être dit à l'égard du cumul des amendes qui ont le caractère de restitu-

tion est applicable nécessairement aux réparations civiles, prononcées à l'occasion de différens crimes; nul doute qu'elles ne puissent être cumulées, l'art. 365 n'étant applicable qu'aux peines proprement dites. — Carnot, *loc. cit.*, nº 7; Mangin, nº 464. — Nous verrons au surplus (*infrà* nºs 202 et suiv.) que l'extinction de l'action publique motivée par l'inapplicabilité d'une peine quelconque ne porte aucune atteinte à l'action privée.

107. — Un arrêt de la cour de Cassation a décidé que l'amende pour contravention aux lois sur la fabrication des médailles (décr. 5 germin. an XII) peut être cumulée avec la peine de l'emprisonnement encourue pour un délit distinct d'émission de médailles séditieuses (L. 17 mai 1819); — « Attendu, porte cet arrêt, que la prohibition du cumul des peines portées par l'art. 365 ne s'applique pas au cumul de l'amende avec l'emprisonnement. » — *Cass.*, 7 (et 8) déc. 1832, Lepy Dainville.

108. — Chauveau et Hélie (t. 1er, p. 209, 2e édit.) justifient cet arrêt en disant que la prohibition du cumul des peines ne s'étend pas au cumul de l'amende avec l'emprisonnement, toutes les fois que l'amende *n'est qu'une peine accessoire* à la peine corporelle. Mais ils ajoutent qu'au contraire, si elle était appliquée comme peine principale à l'un des délits, le principe posé dans l'art. 365 reprendrait son empire, et la peine de l'emprisonnement, comme la plus forte, devrait seule être appliquée.

109. — Cette opinion, vraie en principe, demande explication, en tant qu'applicable à l'arrêt du 7 déc. 1832. L'arrêté du 5 germin. an XII ne prononce qu'une amende, *qui est la peine principale*. La loi du 17 mai 1819 porte à la fois l'amende et l'emprisonnement. Dès que le délit de provocation avait été puni d'un emprisonnement de quinze jours, cette peine, qui était plus grave que l'amende encourue pour le fait de fabrication de médailles, devait être suivie. Néanmoins, d'après la jurisprudence de la cour de Cassation (V. *infrà* nºs 175 et suiv.), le premier délit pouvant entraîner, en outre, une amende dont le maximum était de 4,000 francs, il suffisait que ce maximum de l'amende, qui n'était plus qu'une peine accessoire, n'eût pas été épuisé pour que la deuxième condamnation fût légale.

§ 4. — *Application du principe prohibitif du cumul des peines.*

110. — Les art. 365 et 379 ne prévoient que deux cas : 1º celui où l'accusé est, dans un même débat, simultanément convaincu de plusieurs crimes ou délits; 2º celui où les nouveaux crimes sont découverts dans le cours du débat auquel il est soumis. Néanmoins, leur application ne doit pas être bornée aux deux cas ainsi spécifiés, elle doit être étendue à tous les cas où un individu précédemment condamné pour un crime ou pour un délit, se trouve poursuivi à raison de faits nouveaux, antérieurs à sa condamnation, et qui n'ont pas fait l'objet du jugement rendu contre lui.

111. — Ainsi, dit Mangin (nº 457), quand même un individu serait soumis *à des débats séparés* à raison de chacun des crimes et délits dont il s'est rendu coupable; — quand même les faits nouveaux pour lesquels il est poursuivi auraient été découverts autrement que par l'instruction et les débats d'une précédente accusation portée contre lui; — si, en définitive, il n'était convaincu que d'un fait moins grave que celui qui a motivé une première condamnation portée contre lui, aucune peine ne devrait lui être infligée. — V., en ce sens, Le Seyllier, nº 237.

112. — « Il faut bien qu'il en soit ainsi, dit le même auteur, à moins d'introduire dans notre législation criminelle le système de cumulation des peines qu'elle a rejeté; de rendre le ministère public maître de faire subir au coupable, en divisant les poursuites, des peines plus considérables que s'il eût réuni dans une même procédure tous les faits qui étaient à sa charge; ou de vouloir que la situation du coupable soit aggravée, parce que les faits nouveaux n'ont été découverts que postérieurement à condamnation; circonstance tout à fait étrangère à la nature de ces faits, et indépendante de sa volonté. Un tel système ne serait pas soutenable. »

113. — Et la jurisprudence est constante sur ce point que, par la condamnation à la peine la plus forte, un coupable expie tous les faits antérieurs d'une nature moins grave qu'il a pu commettre, quelles que soient l'époque de ces faits et les circonstances dans lesquelles la justice est parvenue à les connaître, et quel que soit le temps de la mise en jugement du condamné qui en est prévenu.

114. — Ainsi, il a été jugé que la circonstance que les divers délits imputés à un individu ont été poursuivis séparément ne peut pas aggraver son sort, ni empêcher le tribunal d'apprécier l'ensemble des faits, et d'user, en appliquant la peine la plus forte, de la latitude qui lui est accordée par la loi. — *Cass.*, 8 mars 1833, Lefebvre.

115. — Jugé encore que lorsqu'il y a plusieurs condamnations, et que les faits qui ont motivé les dernières sont antérieurs à la première, l'accusé ne doit subir que celle qui lui inflige la peine la plus rigoureuse. — *Cass.*, 29 juill. 1826, Auguste Dussac.

116. — Et cette règle incontestable se trouve encore appliquée par les arrêts, cités plus haut, qui ont décidé que, lorsque la peine de l'exposition avait été prononcée une première fois, elle ne pouvait plus l'être, sur une seconde poursuite, pour un fait antérieur à la première condamnation. — V. *suprà* nºs 83 et 84.

117. — Jugé encore que l'art. 365, C. inst. crim., est applicable aussi bien lorsque les différens faits imputés à l'accusé ont été appréciés par différens tribunaux que lorsqu'ils l'ont été par un seul. — *Cass.*, 24 juin 1837 (t. 1er 1838, p. 547), Lelzour; 26 janv. 1837 (t. 1er 1838, p. 16), Laurent; — Le Sellyer, nº 242.

118. — Seulement la cour de Cassation explique (et nous verrons plus bas l'application de ce principe) que lorsque de deux délits imputés au même individu, le moins grave a été poursuivi le second, tout ce qui résulte de la division des poursuites, c'est que la seconde condamnation ne peut pas excéder les limites de la peine réservée par la loi au délit le moins grave, ni comporter une peine d'une nature différente applicable à l'autre délit, ni excéder, par sa réunion à la première, le *maximum* de celle applicable au délit le plus grave. — *Cass.*, 23 juin 1832, Merson.

119. — Quant au principe que l'accusé mis en jugement expie, par la condamnation à la peine la plus forte, les crimes ou délits qu'il peut avoir précédemment commis et qui sont punissables soit du même genre de peines soit de peines inférieures, il a été consacré par de nombreux arrêts. — *Cass.*, 27 fév. 1824, Esménard; 6 août 1824, Le Bourhis; 8 oct. 1824, Bouchot; 30 déc. 1830, Simon.

120. — Il faut, pour l'application de la règle écrite dans l'art. 365, que le fait nouveau soit *antérieur* à la première condamnation. — En effet, une condamnation quelconque ne saurait assurer au condamné l'impunité pour les faits coupables qu'il voudrait commettre, et le bienfait de l'art. 365 ne peut être étendu à celui précisément qui se place en état de récidive. — Rauter, *Dr. crim.*, nº 186; Morin, *Dict. dr. crim.*, vº *Peines (cumulation des)*, p. 578; Mangin, nº 464; Le Sellyer, nº 235.

121. — Ce principe a été consacré par divers arrêts. — *Cass.*, 17 juin 1825 (int. de la loi), Vallon; 5 mai 1826, Ostremanne.

122. — Et il a été, dès-lors, jugé que lorsque, après une première condamnation à une peine emportant l'exposition publique, le même individu s'est rendu coupable d'un crime emportant la même peine, les juges ne peuvent se dispenser de le condamner de nouveau à l'exposition publique. — *Cass.*, 17 juin 1825 (int. de la loi), Vallon.

123. — ... Et, encore avant la loi de 1832, que la cour d'assises qui condamnait à quinze ans de travaux forcés un individu en récidive, ne pouvait pas le dispenser de subir la peine du carcan, sous le prétexte qu'il l'avait déjà subie lors de sa première condamnation. — *Cass.*, 5 mai 1826, Ostremanne.

124. — Jugé de même, avant la loi du 28 avril 1832, que l'individu en état de récidive de crime ne pouvait pas être dispensé de subir une seconde fois la marque, sous le prétexte qu'ayant déjà été flétri, cette peine était indélébile. — *Cass.*, 20 juill. 1827, Schoffer.

125. — Jugé encore que « la condamnation nouvelle *pour un fait postérieur* à une première condamnation ne détruisant pas l'effet de cette première condamnation et ne pouvant dispenser le condamné d'en subir les conséquences, » lorsqu'un individu soumis à la surveillance est condamné à l'emprisonnement pour un nouveau délit, la surveillance est suspendue pendant la durée de cette peine et ne reprend son cours qu'à l'expiration de l'emprisonnement. — *Cass.*, 19 mai 1841 (t. 2 1841, p. 104), Arry Rodelche. — V. PEINES.

126. — Sur l'application de la règle que le fait *antérieur* à la première condamnation est couvert par elle, et sur l'interprétation de ce qu'on doit entendre *par fait antérieur*, il a été jugé que l'individu condamné à la peine de la réclusion ne peut être frappé, postérieurement à sa condamnation, de peines correctionnelles à raison d'un délit commis *depuis les poursuites exercées et avant le jugement prononcé contre lui pour crime*. — *Cass.*, 16 janv. 1835, Huet.

127. — ... Que l'art. 365, C. inst. crim., ne s'applique qu'au cas où des faits divers sont poursuivis et jugés soit collectivement, soit à des intervalles non séparés par la condamnation définitive des uns, suivie de la perpétration des autres; mais qu'il ne peut s'appliquer au cas où un individu commet un nouveau délit après avoir été condamné en vertu d'un jugement, même par défaut, *passé en force de chose jugée*. — *Cass.*, 1er juin 1837 (t. 1er 1838, p. 818), Guillot.

128. — Mais le principe de la non cumulation reprendrait son empire si, au moment de la perpétration du second crime, la condamnation antérieure n'avait pas encore acquis l'autorité de la chose jugée. — Le Sellyer, nº 236.

129. — Jugé qu'un condamné ne peut pas être poursuivi à raison d'un crime antérieur à sa première condamnation et qui n'emporterait pas une peine plus grave, s'il n'a pas de complices en état d'arrestation, alors même qu'il aurait obtenu la remise ou une commutation de peine. — *Cass.*, 13 oct. 1826, Leroy.

130. — Il faut également pour l'application de l'art. 365, que le fait nouvellement poursuivi ne comporte qu'une peine *moins forte* que le premier.

131. — Car il est de principe que l'individu qui est déjà sous le poids d'une condamnation ne doit pas moins être jugé de nouveau pour un fait antérieur qui entraîne une peine plus grave. — *Cass.*, 17 août 1827, Harotte.

132. — On jugeait également avant le Code que lorsque le même fait renferme les élémens de deux délits distincts, il doit être envisagé, pour l'application de la peine, sous le rapport qui présente le délit le plus grave et qu'ainsi, sous l'empire des bans généraux du pape Benoît XIV, le vol commis de nuit à main armée, à force ouverte et avec violences personnelles dans une maison de campagne habitée, en réunion de plusieurs personnes qui s'y étaient introduites sous le nom de justice, devait être puni comme vol accompagné des circonstances énumérées, et non comme simple introduction sous le nom de justice. — *Cass.*, 18 mai 1810, Danielli.

133. — Mais que doit-on entendre par ces mots de l'art. 365, qu'en cas de conviction de plusieurs crimes ou délits *la peine la plus forte* sera seule prononcée? Cette question sur la solution de laquelle les criminalistes ne sont pas tous d'accord, demande examen.

134. — Et d'abord il est évident, ainsi que le dit Mangin, que la gravité de la peine dépend de la place qu'elle occupe dans l'échelle des peines telles que la loi l'a établie, et il résulte de là, ajoute le même auteur, que si une peine afflictive et infamante est plus grave qu'une peine seulement infamante, il faut également tenir pour constant que parmi les peines afflictives et infamantes la mort est une peine plus grave que les travaux forcés à perpétuité, ceux-ci que la déportation, la déportation que les travaux forcés à temps et ainsi de suite, et parmi les peines correctionnelles, que l'emprisonnement dans un lieu de correction est une peine plus forte que l'interdiction à temps de certains droits, et celle-ci une peine plus forte que l'amende. — V. au surplus PEINES.

135. — Ainsi, l'individu condamné à la peine de cinq ans de travaux forcés subit une peine plus grave que s'il était condamné à dix années de réclusion, celui qui est condamné à cinq ans de détention est frappé d'une peine plus forte que s'il était condamné à dix ans de réclusion. — Mangin, nº 459.

136. — Le décret du 23 juill. 1810, art. 6, § 2, portait que « dans le concours de deux peines afflictives temporaires, *celle qui emportait la marque* serait toujours réputée la plus forte. » C'est que *la marque* était, quoique accessoire, une peine perpétuelle, puisqu'elle imprimait une flétrissure éternelle. — Legraverend, t. 2, p. 610, nº 3; Le Sellyer, nº 243.

137. — Depuis la révision du Code pénal en 1832, la marque n'existe plus dans notre législation; elle ne peut donc être prise pour type de comparaison; il faut s'en rapporter aux gradations de peines établies par les art. 7, 8 et 9, C. pén. — Le Sellyer, nº 243; Legraverend, t. 2, p. 266; Mangin, nº 459.

138. — Avant la loi du 28 avril 1832, l'individu qui avait subi la marque des lettres TF, par suite d'une condamnation aux travaux forcés pour crime de faux, devait, en cas de conviction en écriture de commerce, être flétri des lettres TFP, peine attachée à celle des travaux forcés perpé-

tuels qu'il devait encourir pour ce dernier fait, quoiqu'il fût antérieur à la première condamnation. — *Cass.*, 17 août 1827, Harotte.

139. — Legraverend enseigne (t. 2, p. 610) que, par analogie de ce que le décret de 1810 décidait pour la marque, entre deux peines dont l'une seulement donne lieu à l'*exposition*, on doit regarder comme la plus grave celle qui est accompagnée de cette circonstance, quand même l'autre serait d'une plus longue durée, pourvu qu'elle ne fût pas perpétuelle.

140. — Mais M. Le Sellyer repousse cette doctrine « Il n'y a, en effet, dit-il (nº 243), aucune analogie entre la marque et l'exposition. La marque imprimait une flétrissure perpétuelle, et l'on comprend dès-lors qu'elle rendît plus grave celle des deux peines temporaires à laquelle elle était attachée. Au contraire, l'exposition n'est elle-même que temporaire et de très courte durée (art. 22, C. pén.); dès-lors on ne voit pas comment elle pourrait avoir l'effet que le décret de 1810 attribuait à la marque, et comment elle pourrait, en l'absence de toute disposition formelle de la part du législateur, être considérée comme dérogeant à la gradation résultant de la loi. »

141. — Mais la gravité des peines ne doit-elle pas se calculer aussi d'*après leur durée* quand elles sont de la même nature et de la même espèce, et qu'il s'agit, par exemple, de peines temporaires susceptibles d'être étendues d'un *minimum* à un *maximum?* A cet égard, il peut exister quelque difficulté.

142. — Il faut néanmoins reconnaître que la cour de Cassation a suivi, sur l'application de l'art. 365, un système invariable. Ainsi, d'une part, elle juge qu'en cas de conviction de deux crimes donnant lieu à l'application de *deux peines de nature différente*, la plus forte de ces peines peut seule être prononcée sans qu'il y ait lieu de rechercher s'il a été ou non recouru au maximum. — *Cass.*, 15 oct. 1825, Leroy; 29 juill. 1826, Dussac. — V. aussi les arrêts cités plus haut (nºs 79 et suiv.) en ce qui concerne le non-cumul des peines accessoires.

143. — Ainsi jugé que, lorsqu'après avoir été condamné aux travaux forcés pour crime de vol, un individu est reconnu coupable d'un vol antérieur qui a dégénéré aux débats en un vol simple, la cour d'assises ne peut, sans cumuler les peines, prononcer contre lui une condamnation à l'emprisonnement, et elle doit se borner à le condamner aux dépens. — *Cass.*, 18 juin 1829, Piquot; 26 mai 1831, Houde-Dubois.

144. — ... Et qu'il y a cumulation de peines dans l'arrêt par lequel une cour d'assises condamne aux travaux forcés à temps un individu condamné, par un autre arrêt du même jour, aux travaux forcés à perpétuité. — *Cass.*, 25 nov. 1830, Théodore Licardy.

145. — Jugé encore que la cour d'assises qui condamne *à l'emprisonnement* à raison d'un attentat à la pudeur qui a précédé un vol pour lequel l'accusé a déjà été condamné par une autre cour d'assises *à sept années de réclusion* doit ordonner que la peine qu'elle prononce se confondra avec celle qu'il a encourue. — *Cass.*, 24 juin 1837 (t. 1er 1838, p. 547), Leizour.

146. — ... Et que l'accusé condamné à vingt ans de travaux forcés pour crime de faux ne peut, à raison d'un autre faux antérieur, être condamné à une autre peine, soit de travaux forcés, soit de réclusion, sans qu'il y ait cumulation des peines. — *Cass.*, 27 fév. 1824, Esménard; 30 déc. 1830, Simon.

147. — Il résulte d'un autre arrêt de la même cour, que la cour d'assises *peut ordonner* qu'une précédente condamnation à cinq ans se confondra avec la peine de huit ans de travaux forcés qu'elle prononce pour un fait antérieur. — *Cass.*, 8 mars 1833, Lefebvre. — Il faut interpréter cette décision en ce sens, que la confusion *doit* être ordonnée. — En effet, si les deux peines sont de même nature, la confusion n'est pas de *droit*, jusqu'à l'épuisement du maximum; quand elles sont de nature différente la plus grave absorbe toujours la plus légère et doit seule être prononcée. La cour d'assises n'a pas plus le droit de maintenir l'emprisonnement que de le prononcer, même en partie, pour le seul fait dont elle est suivie, lequel entraîne les travaux forcés : autrement il y aurait cumulation de peines.

148. — ... Et il est de principe que, lorsque les peines prononcées successivement contre le même individu convaincu de plusieurs crimes ou délits poursuivis séparément sont de nature différente, la peine la plus faible se confond avec la plus grave. — *Cass.*, 2 août 1833, Mic.

149. — Jugé qu'un condamné par contumace ne peut pas être remis en jugement à raison du crime qui a motivé sa condamnation, lorsque, sur l'accusation d'un nouveau crime, il a été condamné à la peine la plus forte qui lui fût applicable. — *Cass.*, 19 mars 1818, Boudois.

150. — Mais, d'un autre côté, la cour de Cassation admet que, si les deux peines sont *de la même nature*, ces peines peuvent être appliquées cumulativement jusqu'à concurrence du maximum de la peine. — *Cass.*, 15 mars 1828, Ripert.

151. — Ainsi jugé que l'accusé condamné pour vol qualifié à huit années de travaux forcés peut, sans qu'il y ait cumulation des peines, être condamné à douze années de plus de la même peine, pour un autre vol de même nature, antérieur à sa première condamnation, parce que les deux peines réunies n'excèdent pas le maximum de vingt années portées en l'art. 19, C. pén. — *Cass.*, 6 août 1824, Le Bourhis.

152. — Jugé également qu'un condamné peut être poursuivi pour un autre crime ou délit antérieur à sa condamnation, pourvu qu'en cas de conviction il lui soit tenu compte, sur le maximum de la peine, de celle qu'il a déjà subie, et que le tribunal n'excède pas le maximum de la plus forte décernée par la loi au crime ou délit le plus grave. Ainsi, l'individu condamné à quinze mois de prison pour un vol simple, peut encore être condamné pour un autre vol simple, à trois ans et neuf mois de prison, complément du maximum de cinq années prononcé par l'art. 401, C. pén. — *Cass.*, 8 oct. 1824, Julie Bouchot.

153. — De même il n'y a pas cumul des peines dans l'arrêt qui condamne à cinq années de réclusion, pour différens vols, un individu précédemment condamné à trois mois d'emprisonnement pour un vol postérieur, puisque la peine aurait pu être portée à dix années de réclusion. — *Bruxelles*, 22 mars 1823, Vandergolen.

154. — Jugé encore que la cour d'assises qui condamne à la réclusion un individu déjà condamné à la même peine pour un fait postérieur, peut prononcer cette peine pour huit années, pourvu qu'elle ordonne qu'elle sera réduite de telle sorte que l'une et l'autre n'excèdent pas dix années, maximum de la réclusion. — *Cass.*, 27 avr. 1827, Hyacinthe Brunet.

155. — De même, lorsqu'un individu déjà condamné à huit années de travaux forcés est déclaré coupable d'un crime antérieur également passible des travaux forcés à temps, si la cour d'assises ne peut prononcer une peine particulière à raison de ce dernier crime, elle a la faculté d'aggraver la première condamnation, jusqu'à l'épuisement du maximum porté par la loi. — *Cass.*, 28 mars 1829, Auvry.

156. — Et l'individu qui n'a été condamné qu'à sept ans de travaux forcés peut, sans qu'il en résulte une cumulation de peines, être condamné en huit autres années de travaux forcés pour un autre crime antérieur à sa première condamnation. — *Cass.*, 30 déc. 1830, Simon.

157. — Jugé également, que lorsqu'un individu, après avoir été condamné pour crime par la cour d'assises à une simple peine correctionnelle, en raison de circonstances atténuantes, est reconnu depuis coupable d'un délit antérieur au crime qui a entraîné sa condamnation, il peut être prononcé contre lui une addition de peine, pourvu qu'on ne dépasse pas le maximum de la peine la plus forte portée dans l'article en vertu duquel la première condamnation a été prononcée. — *Cass.*, 4 juin 1836 (t. 1er 1837, p. 29), Everling.

158. — ... Et qu'un tribunal peut, sans qu'il y ait cumulation de peines, prononcer une seconde condamnation contre l'individu convaincu d'un autre délit de même nature, antérieur à la première condamnation, pourvu que les deux peines réunies n'excèdent pas le maximum fixé par la loi pénale également applicable aux délits. — *Cass.*, 27 avr. 1832, Coussignac.

159. — Jugé encore que le principe qui prohibe le cumul des peines, n'empêche point qu'un individu déjà condamné pour un crime ou pour un délit, ne puisse être poursuivi à raison d'un autre crime ou délit, antérieur à sa condamnation, et être condamné à une peine plus grave, par sa nature ou par sa durée, si le second jugement n'ordonne pas que la seconde condamnation sera exécutée après l'expiration de la première; et qu'il ordonne au contraire, que les deux condamnations se confondront. — *Cass.*, 29 juin 1821, Guinchen.

160. — Cet arrêt a cassé un arrêt de la cour royale qui, à raison de l'existence de la condamnation première, avait décidé que le tribunal ne pouvait prononcer une condamnation nouvelle, même en les confondant toutes deux, et qui avait déclaré, dès-lors, l'accusé acquitté de l'action du ministère public.

161. — Jugé encore que le principe sur la prohibition du cumul des peines en matière criminelle ne s'entend que de la nature et non de la durée des peines; dès-lors, l'individu déjà condamné à six ans de travaux forcés, pour faux en écriture de commerce, peut l'être de nouveau à cinq années de la même peine pour crime de même nature antérieur à sa première condamnation, sans qu'il y ait violation du principe sur le cumul des peines, le maximum de la peine applicable à ce crime n'étant pas atteint par les deux condamnations. — *Cass.*, 28 avr. 1831, Cary.

162. — La cour de Cassation a même décidé que, si la première condamnation pour faux en écriture authentique et publique n'est que de huit années de travaux forcés, l'accusé peut en outre être condamné à une nouvelle peine, et particulièrement à celle de cinq années de travaux forcés *réduite à celle de la réclusion, à raison de son âge;* il suffit que les deux peines réunies n'excèdent pas vingt années de travaux forcés. — *Cass.*, 27 fév. 1824, Esménard.

163. — Certains jurisconsultes s'élèvent contre la cumulation des peines de même nature jusqu'à épuisement du maximum. Leur principal argument est fondé sur ce qu'aucune condamnation n'a encore averti l'accusé. — Cette objection ne peut s'appliquer qu'à la récidive. La loi elle-même avertissait l'inculpé qu'il encourrait sur un fait comme sur l'autre le maximum de la peine. Tant que le juge n'excède pas cette limite, le coupable n'éprouve aucun préjudice. Ne serait-il pas aussi dangereux que déraisonnable, par exemple, qu'une condamnation à quelques jours de prison pour un vol de 50 c. pût assurer l'impunité d'un vol antérieur de 50,000 fr., par le seul motif que le plus léger aurait été découvert et jugé le premier. L'art. 379, C. inst. crim., en parlant des crimes ou délits qui mériteraient une peine plus grave, autorise implicitement une nouvelle condamnation, quoique la peine soit de même nature. La généralité des expressions employées dans l'art. 365, loin d'exclure ce système, s'y prête parfaitement. Mais la seconde condamnation doit être considérée comme s'étant appropriée la première pour l'appliquer au fait nouvellement jugé. Ainsi, quand un tribunal ajoute six mois de prison à une précédente condamnation de six mois, c'est comme s'il prononçait un an. Dès-lors, le concours se trouve avoir existé entre deux délits qui devaient être réprimés l'un par six mois, l'autre par un an de prison. La peine la plus longue, et conséquemment la plus forte, a seule été prononcée.

164. — M. Mangin (nº 460) adopte franchement la jurisprudence de la cour de Cassation. « Le système qui rejette l'accumulation des peines, dit-il, blesserait l'équité en plaçant sur la même ligne l'individu coupable de plusieurs délits de la même nature et celui qui n'en a commis qu'un seul : il encouragerait la perversité en empêchant de sévir avec plus de vigueur contre l'individu qui a l'habitude du crime que contre celui qui n'a cédé qu'à un moment de faiblesse : il serait en désaccord avec les principes qui doivent régir une bonne législation pénale, s'il ne se liait pas, dans le Code d'instruction criminelle, à un système de pénalité qui tend, sinon à faire disparaître du moins à atténuer les inconvéniens qui viennent d'être indiqués, et qui consiste à laisser aux tribunaux une grande latitude pour la fixation de la durée de la peine qu'un coupable a encourue. — L'art. 365 suppose que les juges statuent *par un seul et même arrêt* sur tous les délits dont l'accusé a pu se rendre coupable, et qu'ainsi ils sont en position de graduer la peine applicable d'après le nombre de ces délits, et conséquemment de les punir tous en appliquant le maximum de la peine encourue. Il ne résulte pas de là que le principe qui s'oppose à l'accumulation des peines ne doit recevoir son exécution que dans le seul cas prévu par ledit art. 365; mais, il n'en résulte pas non plus que quand, par une circonstance quelconque, l'instruction n'a pas porté à la fois sur tous les crimes et délits dont un individu a pu se rendre coupable, on ne puisse pas poursuivre ceux de ces crimes ou de ces délits qui n'ont pas été jugés, et faire, en cas de conviction, ce que le premier aurait pu faire, s'ils eussent été soumis au même débat, c'est-à-dire augmenter la durée de la peine prononcée par cet arrêt, sauf à ne pas dépasser le maximum. Telle est, évidemment, l'intention de la loi. » — V., aussi en ce sens, Legraverend, t. 2, p. 266; Rauter, nº 187; Bourguignon, sur l'art. 365, nº 3; Le Sellier, nº 238.

165. — Et, en effet, la cour de Cassation explique dans un de ses arrêts déjà cités, que s'il est vrai qu'un individu mis en jugement expie tous les crimes ou délits qu'il a pu commettre *par la plus forte des peines applicables à ces délits*, il faut que chacun de ces crimes ou de ces délits ait été connu et qu'il ait été l'objet d'un débat pour que

le juge ait pu l'arbitrer, dans l'application de la peine, d'après la gravité et le nombre desdits crimes ou délits. — *Cass*, 8 oct. 1824, Bouchot.

166. — Quant à MM. Chauveau et Hélie (*Théorie du Code pénal*, t. 1er, 2e éd., p. 268), ils veulent appliquer le principe de non cumul à l'exécution de toutes les peines, soit qu'elles diffèrent, soit qu'elles se rapprochent par leur nature : « Qu'importe, disent ils, que les deux peines encourues soient celles des travaux forcés et de la réclusion ou deux applications successives de l'une de ces deux peines seulement? Dans l'un et l'autre cas, n'y a-t-il pas deux peines distinctes? et le vœu de la loi n'est-il pas *de n'en exécuter qu'une seule?* S'il y a cumul lorsqu'on réunit la réclusion aux travaux forcés, comment ce cumul s'effacerait-il lorsqu'on réunit les travaux forcés aux travaux forcés. » — « L'erreur, ajoutent-ils, prend sa source dans l'interprétation donnée aux mots *la peine la plus forte* de l'art. 365. Ce que la loi a évidemment entendu, c'est la plus forte des peines encourues par les différens crimes, la plus forte comparée à ces autres peines, celle que le crime le plus grave a motivée. Sans doute la cour d'assises avait la faculté d'épuiser le maximum de cette peine, si le coupable méritait cette sévérité, mais si elle ne l'a pas fait, la peine qu'elle a mesurée doit seule être appliquée parce que la loi l'a jugée suffisante pour expier les différens crimes; or c'est contredire ce vœu clairement manifesté que de faire concourir, par des poursuites postérieures, les autres crimes à aggraver cette peine jusqu'à l'épuisement de son maximum, sous prétexte que la peine la plus forte, c'est le maximum de la peine. »

167. — « La conséquence de cette doctrine, ajoutent les mêmes auteurs, en démontre, au surplus, l'erreur, car elle fait dépendre la cumulation des peines, c'est-à-dire l'aggravation du sort du condamné, non du caractère plus ou moins immoral des crimes, mais d'un fait qui lui est étranger, du hasard même qui lui a fait infliger des peines d'une même nature. Ainsi, déjà condamné à cinq ans de réclusion, si l'accusé encourt une deuxième fois cinq ans de la même peine, ces deux peines seront cumulées dans leur exécution, parce que, réunies, elles n'excèdent pas le maximum de la réclusion. Si, au contraire, le crime nouvellement découvert a mérité cinq ans de travaux forcés, il ne subira que cette dernière peine, parce qu'en vertu du principe de non cumulation des peines, elle absorbe la première qui est la moins grave. Mais n'est-il pas impossible d'admettre cette diversité de solution pour un même cas, cette justice à deux faces pour le même degré de moralité, cette peine simple ou double, suivant que le condamné a été atteint de deux condamnations semblables ou dissemblables? Il nous paraît donc que la règle qui défend la cumulation des peines doit recevoir une application uniforme dans toutes les espèces et que par conséquent l'accusé frappé de plusieurs condamnations successives, à raison de faits antérieurs à la première, *ne doit subir qu'une seule peine*, la plus grave de celles qu'il a encourues, abstraction faite de leur nature et de leur analogie. »

168. — Ces observations de MM. Chauveau et Hélie paraissent en désaccord avec la jurisprudence de la cour de Cassation; cependant ils conviennent eux-mêmes qu'il est nécessaire de réserver une exception à leur système pour le cas où la cour d'assises *a formellement énoncé l'intention de réunir dans l'exécution* deux peines de même nature; car, disent-ils « le vœu de la loi exprimé par les art. 365 et 379, C. instr. crim., est que les divers crimes soient réunis dans une même poursuite afin que la cour d'assises qui ne peut alors prononcer qu'une seule peine, puisse la mesurer sur l'ensemble de la conduite du prévenu. Or, si la position de l'accusé ne doit pas être aggravée par des poursuites à dessein multipliées, il ne faut pas non plus que la division quelquefois indispensable de ces poursuites lui soit profitable en dérobant à la justice une partie de sa moralité. La cour d'assises conserve donc, lorsque l'accusé reparaît devant elle pour un fait antérieur au premier jugement, la faculté d'aggraver sa première peine jusqu'au maximum, car elle avait ce droit sur la première accusation; elle l'aurait eu, à plus forte raison, si les deux accusations avaient été réunies; elle ne peut donc en être privée parce qu'elles ont été séparées. » — Mais, ajoutent-ils aussi, cette hypothèse ne peut que rarement se présenter, puisque l'accusé, déjà condamné, ne peut être remis en jugement pour un fait antérieur, qu'autant que ce fait serait passible d'une peine plus grave que la première. »

169. — Toute cette argumentation de MM. Chauveau et Hélie qui, au premier abord, peut sembler contradictoire avec elle-même, nous paraît, en réalité, reposer sur une distinction à établir entre le jugement et l'exécution et qui peut se réduire à ceci : selon eux, s'il arrivait qu'un individu fût condamné par deux arrêts différens à huit ans d'une part et à douze ans de travaux forcés de l'autre, *sans que les juges eussent réglé l'exécution des deux peines*, ce serait le cas de décider qu'en subissant *la plus longue*, le condamné expierait le crime qui a motivé la plus courte. — Au contraire, s'agit-il seulement de savoir quelle est l'étendue des pouvoirs des juges qui prononcent la seconde condamnation, ils admettent qu'ils peuvent ajouter à la première tout ce qui manque pour atteindre le *maximum* porté par la loi.

170. — Tel n'est pas le système admis par la cour de Cassation, car on lit textuellement dans un de ses arrêts que lorsque les peines sont de même nature et ne diffèrent que relativement à leur durée, *elles doivent toutes être subies successivement*, tant que par leur réunion elles n'excèdent pas en durée le maximum de la peine la plus forte de celles que la loi a prononcées pour les divers crimes ou délits qui ont été l'objet des diverses condamnations. — *Cass.*, 2 août 1833, Mie. — D'où il résulte que pour que la confusion entre deux peines de même nature dont la réunion n'excède pas le maximum puisse être appliquée, il faut qu'elle soit prononcée par l'arrêt de condamnation.

171. — M. Le Sellyer enseigne, en effet (no 238) « qu'on ne doit pas supposer que les juges, en prononçant la seconde condamnation, n'ont pas eu l'intention d'y attacher tout l'effet que naturellement elle pouvait avoir, et que permettait la loi. »

172. — Mais la même cour a toujours considéré que le tribunal saisi de nouveaux faits était, quant à l'application de la peine, substitué au tribunal qui avait rendu le premier jugement, tellement qu'il pouvait ordonner que la peine prononcée par le premier jugement et celle prononcée par le second *se confondraient* jusqu'à due concurrence.

173. — Elle a donc jugé qu'on devait considérer comme conforme à la loi l'arrêt qui condamnait à douze années de travaux forcés un individu déjà condamné à huit ans de la même peine pour crime postérieur en ordonnant que les huit années prononcées par le premier arrêt se confondraient avec cette nouvelle condamnation. — *Cass.*, 6 août 1824, Le Bourhis.

174. — Jugé encore que lorsque la première condamnation aux travaux forcés est de cinq ans la cour d'assises peut, en portant la seconde à six ans, déclarer que celle-là seule sera subie. — *Cass.*, 15 mars 1828, Ripert.

175. — Elle a même été plus loin en décidant que l'aggravation est purement facultative, et que dès-lors les juges peuvent, sans violer aucune loi, déclarer que tous les crimes dont l'accusé est reconnu coupable sont suffisamment expiés par la première condamnation, et se borner à le condamner aux dépens. — *Cass.*, 28 mars 1829, Aubry — V. en ce sens Mangin, no 460; Le Sellyer, no 241.

176. — ...Et encore que le tribunal saisi d'un autre délit de même nature peut se dispenser de prononcer une seconde condamnation, lorsqu'il reconnaît que la première peine est suffisante pour l'expiation des deux délits, surtout s'il reconnaît qu'il existe des circonstances atténuantes. — *Cass.*, 27 avr. 1832, Coussignac.

177. — Mais si la première condamnation était inférieure au minimum porté par la loi, le tribunal ne pourrait se dispenser d'ajouter ce qui serait nécessaire pour compléter ce minimum qu'en déclarant qu'il y a dans la cause des circonstances atténuantes, car le fait jugé en second lieu serait considéré comme méritant une peine plus forte que l'autre : d'où la conséquence que la première condamnation n'aurait pas satisfait la vindicte publique.

178. — Et il a été jugé qu'on ne peut, dans aucun cas, s'autoriser de l'art. 365 pour appliquer à la réunion de deux délits une peine inférieure à celle qui serait encourue pour chacun de ces délits commis séparément; et dès-lors qu'en cas de conviction de deux délits distincts dont l'un est passible d'une amende fixe et l'autre d'une amende proportionnée au préjudice causé, les juges doivent distinguer, dans les dommages-intérêts qu'ils accordent, la part qui s'applique à chacun des délits, afin qu'on puisse apprécier laquelle des deux amendes encourues était la plus forte et devait être prononcée. — *Cass.*, 10 avr. 1841 (t. 1er 1842, p. 205), Mazays.

179. — Ainsi, dit Mangin (no 460), en résumant tous ces élémens fournis par les arrêts, la jurisprudence de la cour de Cassation est conforme au véritable esprit du Code d'instruction criminelle, et aucune objection sérieuse ne peut être faite contre l'interprétation qu'elle a donnée aux art. 365 et 379, C. inst. crim. Les intérêts légitimes de l'accusé n'en éprouvent aucun préjudice, car le second jugement qu'il subit ne peut amener d'autres résultats que ceux qu'aurait pu produire le premier, s'il avait eu à statuer sur les faits qui motivent les nouvelles poursuites : le *maximum* de la peine reste toujours la limite que les deux tribunaux doivent respecter.

180. — Ajoutons avec M. Le Sellyer (no 239), que si la première condamnation n'était pas encore exécutée au moment de la prononciation de la deuxième, et que cette deuxième condamnation, au lieu de se borner à compléter le *maximum*, le prononçât d'une manière absolue et par elle-même, le principe de la non-cumulation des peines exigerait que la deuxième condamnation fût exécutée et absorbât la première. C'est, au surplus, ce qui résulte de l'arrêt du 2 août 1833 précité.

181. — Il a été jugé que, lorsque, après avoir été condamné par la cour d'assises au maximum de la peine portée par la loi, un accusé ou prévenu est condamné une seconde fois pour crime ou délit antérieur à la première condamnation, il est tenu de se pourvoir en cassation pour faire prononcer l'annulation de la seconde condamnation. A défaut de pourvoi, cette condamnation doit être exécutée conjointement avec la première, sans que le condamné puisse, au moment de l'exécution, opposer la prohibition du cumul des peines. — *Angers*, 25 mai 1832, *Gazette d'Anjou* c. Enregistr.

182. — Mais le moyen tiré de la violation du principe prohibitif du cumul des peines peut être opposé pour la première fois devant la cour de Cassation. — *Cass.*, 19 mars 1841 (t. 1er 1842, p. 653), Rieux.

183. — La disposition par laquelle une cour d'assises a prononcé la dégradation civique jointe à une autre peine dont elle était la conséquence légale, est seulement inutile, mais ne donne ouverture à aucun recours en cassation. — *Cass.*, 19 sept. 1832, Bougé.

§ 5. — *Poursuite.* — *Exécution.*

184. — Ainsi que le dit M. Morin (*Dict. dr. crim.*, vo *Peines (cumulation des)*, les règles de *poursuite* doivent concorder avec le principe de l'art. 365 et avec son application pratique. Dès-lors, si une peine quelconque, après une première condamnation, peut encore être prononcée pour un autre fait antérieur, soit parce qu'il est le plus grave, soit parce que le maximum appliqué n'a pas été atteint, la poursuite évidemment sera permise.

185. — Si, au contraire, aucune peine ne peut plus être appliquée, la poursuite semble interdite, car l'action publique, qui n'a d'autre but que l'application des peines, ne peut pas s'exercer quand aucune peine n'est applicable. C'est, au surplus, ce qui résulte textuellement de l'art. 379, C. inst. crim., suivant lequel la poursuite ne doit avoir lieu que si les crimes nouvellement manifestés méritent *une peine plus grave* que les premiers.

186. — Cependant, en présence de ces mots de l'art. 365 : *En cas de conviction* de plusieurs crimes, etc., on a soutenu que le juge de répression peut être appelé à apprécier la culpabilité, alors même que le fait reproché serait passible d'une peine moindre que celle déjà appliquée, et on a invoqué à la fois l'intérêt que peut avoir la société à ce que le fait nouveau soit éclairci, celui que l'accusé a nécessairement à se disculper, enfin l'intérêt du trésor à ce que, si le débat est déjà engagé, les dépens soient mis à la charge de qui de droit.

187. — M. Morin (*loc. cit.*) ne juge pas ces raisons décisives. « Et d'abord, dit-il, l'argument tiré de l'art. 365 disparaît si l'on remarque que cet article a été rédigé en vue principalement d'une accusation embrassant plusieurs chefs; que, d'ailleurs, c'est une disposition de droit pénal, tandis que la question est une question de procédure criminelle, dont la solution serait bien plutôt dans l'art. 379, limitant la poursuite. — Quant à l'intérêt de la société, il est sans doute sacré, et nous concevons qu'il peut y avoir parfois utilité à ce que l'accusation soit poursuivie afin que le vrai coupable soit découvert. Mais il y a de ces épreuves qui sont plus funestes qu'utiles. Quel fruit la justice sociale retirerait-elle d'un simulacre de poursuite dans lequel la loi pénale ne pourrait intervenir et prononcer, qui ne pourrait aboutir à aucune condamnation, dont le résultat serait une absolution forcée en cas de culpabilité reconnue? — Enfin, l'intérêt de l'accusé est à tort mis en jeu ici, car, assurément, nul ne peut vouloir une justification judiciaire quand la poursuite est interdite. »

188. — Ces observations nous paraissent fort justes, et elles ont été appliquées, dans certaines limites, par la jurisprudence. — Ainsi, spécialement, il a été jugé 1° que l'accusé mis en jugement à raison de plusieurs crimes ou délits, n'est pas recevable à se plaindre de n'avoir été jugé que sur

ceux qui entraînaient les peines les plus fortes. — *Cass.*, 21 août 1817, Simonnet.

189. — ... 2° Que l'accusé est non recevable à se plaindre de ce qu'il n'aurait été soumis aux débats que sur une partie des chefs de l'accusation, si les faits sur lesquels il a été jugé sont postérieurs aux autres et ont entraîné une peine plus grave que celle attachée aux premiers ; « attendu, porte l'arrêt, que le fait non jugé se trouve ainsi couvert par la condamnation qui est intervenue et qu'il ne peut plus, d'après l'art. 365, donner lieu à des poursuites. » — *Cass.*, 14 sept. 1827, Boulin.

190. — ... 3° Qu'en matière de délits de la presse, le prévenu condamné pour plusieurs faits ne peut se faire un moyen de nullité du défaut d'articulation de l'un de ces faits dans la citation directe qui a saisi la cour d'assises, alors que la déclaration de culpabilité sur ce chef n'a en rien aggravé la peine résultant des autres délits. — *Cass.*, 25 nov. 1831, Thoumar.

191. — C'est également parce qu'elle considère toute poursuite comme inutile dans le cas où aucune peine ne peut être appliquée, que la cour de Cassation, lorsqu'elle annule une condamnation prononcée au mépris de l'art. 365, casse toujours *sans renvoi*, lorsqu'il n'y a pas de partie civile. — *Cass.*, 19 mars 1818, Boudois ; 27 fév. 1824, Esménard : 25 nov. 1830, Licardy; 6 août 1824, Le Bourhis; 14 juill. 1832, Gildas Huart ; 15 oct. 1825, Leroy.

192. — De même, lorsqu'un individu a été déclaré coupable d'un fait qualifié crime, et que cette déclaration du jury est acquise à la vindicte publique, la cour de Cassation décide qu'il ne saurait y avoir lieu, en ce qui concerne un fait qui ne constituera qu'un simple délit, au renvoi prescrit par l'art. 429, C. inst. crim., à raison de la disposition de l'art. 365 du même Code, puisqu'en cas de conviction du délit il n'y aurait pas lieu de prononcer une peine plus grave. — *Cass.*, 12 avr. 1833, Guignard.

193. — Jugé encore que, lorsqu'un arrêt confirmatif de condamnation cumule deux peines, la cassation doit être prononcée par voie de retranchement, *sans renvoi à une autre juridiction* pour l'application de la peine, alors même que le cumul résulte de ce que la cour royale a, par un seul arrêt, confirmé deux jugemens distincts qui contiennent dans leur ensemble une condamnation constituant le cumul de peines. — *Cass.*, 5 août 1842 (t. 1er 1843, p. 735), Gauthier.

194. — Cependant, dans un autre arrêt, la cour a établi en thèse que la chambre des mises en accusation qui est chargée de l'appréciation des faits, et non de l'application des peines, ne peut se dispenser d'ordonner le renvoi d'un prévenu à la cour d'assises, sous le prétexte que le crime dénoncé serait passible d'une peine inférieure à celle que subit le prévenu pour un fait postérieur. — *Cass.*, 6 (et non 26) mai 1826, Delahéné.

195. — Mais Mangin (n° 458) critique fortement ce motif de l'arrêt en demandant, « si l'on peut concilier l'existence d'une action avec la défense d'accorder jamais ce que cette action a pour objet d'obtenir, si l'on peut concevoir l'obligation de livrer un individu à des débats judiciaires avec l'interdiction absolue de lui infliger des peines à raison du fait qui y donne lieu. »

196. — Il faut néanmoins se garder d'attribuer à cette décision plus d'importance qu'elle n'en a. En réalité la cour n'avait à juger qu'une question de compétence, et son seul but paraît avoir été de dénier aux chambres le droit, soit de prononcer sur les circonstances qui ôtent au fait qui leur est soumis tout caractère de criminalité, soit de déclarer que l'action publique est éteinte. — Mais, dit Mangin (*loc. cit.*), ce motif serait encore erroné. — V. au surplus, sur la compétence des chambres d'accusation, v° CHAMBRES D'ACCUSATION, n° 60 et suiv.

197. — Au surplus et au fond, l'arrêt du 6 mai 1826, précité, jugeait que le renvoi pour un fait, donnant lieu à une peine moins grave que celle prononcée par un précédent arrêt, doit, malgré l'art. 365, être ordonné lorsque l'exécution d'un premier arrêt est suspendue par l'effet d'un pourvoi en cassation. Or, comme dit Mangin (*loc. cit.*), cette décision était sans réplique, car il est évident que la cassation de cet arrêt pouvait amener la nécessité d'un nouveau jugement et conséquemment, celle de juger la nouvelle accusation contre le demandeur.

— 198. Et c'est également par suite du même principe qu'il a été jugé que la condamnation d'un individu au maximum des peines applicables au crime dont il a été reconnu coupable, n'empêche pas qu'il soit postérieurement prononcé contre lui une peine de même nature, pour crime antérieur, si, par suite du pourvoi formé par le condamné contre le premier arrêt, et dont le sort n'est pas encore connu, la condamnation portée contre cet arrêt n'était pas encore devenue irrévocable. — *Cass.*, 17 juin 1831, Pienne.

199. — ... Mais, après le pourvoi rejeté, la seconde condamnation doit être annulée comme violant le principe prohibitif du cumul des peines. — Même arrêt.

200. — Quant à la considération tirée de l'intérêt du trésor, elle ne paraît pas non plus à M. Morin de nature à faire mettre de côté la règle salutaire que, là où il ne peut intervenir de condamnation, il ne saurait non plus exister de poursuite. « Vainement, dit-il, le ministère public argumenterait-il des frais faits jusque-là ; à part la fragilité du système qui fait supporter les frais à l'accusé absous (V., à cet égard, ACQUITTEMENT, n° 38,) il y a un obstacle résultant de l'opposition du prévenu qui, encore protégé par une présomption d'innocence, invoque l'extinction de l'action publique à son égard. Si cette extinction est opérée, et cela nous paraît certain, la poursuite manque de base et de but, aussi bien pour les dépens que pour la pénalité. »

201. — Quelques arrêts néanmoins, dit-il, en annulant des condamnations prononcées au mépris de l'art. 365, ont évité de censurer les poursuites postérieures à la première condamnation, et ont même maintenu la condamnation aux dépens.

202. — Si l'action publique se trouve éteinte par suite de la puissance du principe qui rejette l'accumulation des peines, il n'en est pas de même de l'action civile résultant du crime ou du délit; peu importe en effet, pour l'existence de cette action, que la répression ne soit plus possible, puisqu'elle a un tout autre but, la réparation du dommage causé, et que ce but peut être atteint. — C'est là un principe constant et qu'enseignent tous les criminalistes. — V. Mangin, n° 1164 ; Morin, (*loc. cit.*).

203. — Mais, quelle sera, dans ce cas, la juridiction compétente pour prononcer sur cette action ? — Cette question qui se rattache aux principes généraux qui régissent l'action civile et qui déterminent les attributions des diverses juridictions répressives, n'est pas sans intérêt.

204. — L'action civile résultant d'un délit est, comme on le sait, une action exceptionnelle qui peut être poursuivie devant la juridiction répressive, et qui même ne dépend pas de l'action publique d'une manière tellement absolue, que le juge de répression n'en puisse connaître qu'accessoirement à celle-ci, ainsi que cela résulte, pour le cas d'appel, de l'art. 202 du C. inst. crim.; ce qui pourrait induire à penser que même lorsque l'action publique est éteinte à raison de l'inapplicabilité d'une peine quelconque, l'action civile n'en est pas moins susceptible d'être portée devant les juges de répression.

205. — On pourrait également invoquer, à l'appui de cette thèse, l'arrêt qui décide que la *prescription de l'action publique* ne fait pas cesser, quant à l'action civile, la compétence du tribunal de répression, alors que ces deux actions ont été engagées simultanément. — *Cass.*, 20 mai 1842 (t. 2 1842, p. 635), Laurent c. Charreyron. — V. aussi ACTION CIVILE, PRESCRIPTION CRIMINELLE.

206. — Toutefois, cette doctrine serait fort contestable, prise dans des termes aussi absolus, car on peut dire que l'art. 202 dispose pour un cas spécial et rappeler que lorsqu'il s'agit du *décès du prévenu* (cause d'extinction de l'action publique), la Cour de cassation attribue à ce décès l'effet de rendre le tribunal de répression incompétent pour statuer sur l'action civile, au moins lorsque ce décès intervient avant le jugement. — *Cass.*, 23 mars 1839 (t. 2 1842, p. 635), Charmeusat; 20 mai 1842 (t. 2 1842, p. 634 et suiv.), Laurent c. Charreyron. — V. aussi ACTION CIVILE, n° 291 et suiv.; 34 et suiv.

207. — La question spéciale s'est présentée devant la cour de Cassation dans une espèce où les parties étaient déjà en instance sur l'action publique et sur l'action civile, lorsqu'était intervenue la condamnation qui rendait impossible l'application de toute peine sur cette action, et il a été jugé que le tribunal saisi d'une poursuite dans laquelle figure une partie civile ne cesse pas d'être compétent pour statuer sur l'action civile et conséquemment pour déclarer et caractériser le fait dont il avait été appelé à connaître, par cela seul que, pendant le cours de l'instance, le prévenu a été condamné à une peine afflictive et infamante, et qu'ainsi aucune peine correctionnelle ne peut plus être prononcée à raison du délit. — *Cass.*, 18 juin 1841 (t. 2 1842, p. 634), Lafarge.

208. — Mais, dit M. Morin, (*loc. cit.*), si la poursuite de la partie civile n'eût été portée devant le juge correctionnel que postérieurement à la condamnation prononcée au criminel, sans doute elle eût été non recevable, puisqu'elle n'eût pu se rattacher à l'action publique.

209. — Cette distinction entre le cas où l'action civile, dans son origine, peut se rattacher à une action publique réellement existante, et celui où elle ne saurait s'y rattacher, par suite de l'extinction de cette dernière action à l'époque où elle est intentée, nous paraît être fort admissible, et résulter implicitement des termes dans lesquels est conçu l'arrêt du 18 juin 1841, précité.

210. — Si la matière de l'exécution des peines est de nature à soulever de sérieuses difficultés, c'est surtout lorsqu'il s'agit de l'application de la règle du non-cumul. Mais quelle est l'autorité compétente pour statuer sur les questions auxquelles cette application peut donner naissance ? Ce point sera nécessairement examiné avec détail au mot PEINE.

211. — Nous pouvons néanmoins constater qu'à cet égard un arrêt de la cour de Cassation a posé en principe que, « si le ministère public est exclusivement chargé de l'exécution des jugemens, les questions qui s'élèvent à l'occasion de cette exécution, soit quant à la prescription, soit quant à la remise, soit quant à l'expiation de la peine présentent un caractère contentieux qui devient l'accessoire de l'action publique, doivent suivre le sort de cette action et être portées devant les juges compétens pour décider sur le principal. » — *Cass.*, 23 fév. 1833, Puy-Laroque; — Chauveau et Hélie, *Th. C. pén.*, t. 1er, p. 273; Le Sellyer, n° 240.

212. — Dans le cas d'une double condamnation à des peines de même nature, un second écrou fait à la diligence du ministère public avant l'expiation de la première peine, n'opère pas entre elles une confusion et n'a d'autre effet que d'assurer leur exécution successive. — *Cass.*, 2 août 1833, Mie.

213. — M. de Molènes (*De l'humanité dans les lois criminelles*, 1re part., § 11, p. 168) soutient que l'art. 379 *n'ordonne* et même *ne permet* la poursuite des crimes découverts à l'audience qu'autant qu'ils méritent une peine plus grave *par sa nature* que celle prononcée pour le fait que l'on juge; — et cela par le motif qu'il serait absurde de supposer que le législateur ait pu avoir en vue le cas où le nouveau crime mériterait seulement une peine plus longue. « Quand la cour d'assises, dit-il, en jugeant un crime, en découvre un autre, elle ne juge pas cet autre crime, elle *l'aperçoit* seulement. Elle peut bien reconnaître qu'il est de nature, par ses circonstances, à entraîner les travaux forcés plutôt que la réclusion, mais s'il ne devait entraîner que la réclusion, elle ne pourrait pas savoir si la cour d'assises qui le jugerait lui infligerait plutôt six ans que cinq ans de la même peine. Il lui serait donc impossible de prévoir si la seconde peine serait *plus longue* que la première, et il ne faut pas supposer, quand on le peut, que le législateur ait dit une absurdité. »

214. — Au contraire, M. Le Sellyer (n° 270) repousse avec raison cette argumentation comme mal fondée. « En effet, dit-il, si la cour d'assises qui prononce la première condamnation ne peut pas savoir, d'une manière certaine, la durée de la peine que prononcera la cour d'assises qui jugera le nouveau fait, souvent elle pourra la soupçonner; or cela suffit pour l'application de l'art. 379. — De plus, la loi n'exige pas que la première cour d'assises sache ce que décidera la deuxième. Cette connaissance anticipée n'est pas possible. L'art. 379 exige seulement que la première cour se dirige d'après l'opinion qu'elle a elle-même conçue du fait nouvellement découvert d'après les élémens qui lui sont connus. » — Ajoutons que l'utilité des nouvelles poursuites pour le fait découvert pendant les débats consistera en ce que, précisément, la deuxième cour d'assises pourra porter au maximum la peine que la première cour d'assises n'avait pas portée jusque-là. — V. en ce sens Legraverend, t. 2, p. 266.

215. — Bien qu'il n'autorise de poursuite qu'au cas où les faits nouvellement manifestés méritent une peine plus grave que les premiers, l'art. 379, C. inst. crim., fait cependant une réserve formelle pour le cas où l'accusé a des complices en état d'arrestation. « Lorsque pendant les débats qui auront précédé l'arrêt de condamnation, dit l'art. 379, l'accusé aura été inculpé soit par des pièces, soit par des dépositions de témoins, sur d'autres crimes que ceux dont il était accusé ; si ces crimes nouvellement manifestés méritent une peine plus grave que les premiers, *ou si l'accusé a des complices en état d'arrestation*, la cour ordonnera qu'il soit poursuivi, à raison de ces *nouveaux faits*, suivant les formes prescrites par le présent Code. »

216. — Mais, Mangin (n° 456) fait observer que cette restriction n'a pour but que de faire figurer le condamné dans les nouveaux débats qui

s'ouvrent avec ses complices et de rendre par là plus facile la découverte de la vérité, et non de le soumettre à la peine attachée à ces faits moins graves.

217. — Et il importe de faire observer que la cour de Cassation a interprété l'art. 379, en ce sens, que le pouvoir d'ordonner, à raison d'un nouveau fait, des poursuites motivées sur l'existence de complices en état d'arrestation n'appartient qu'aux juges saisis de la première poursuite, et qui dans le cours des débats acquièrent connaissance de l'autre fait et de l'arrestation des complices, mais que si ces juges ont épuisé la peine la plus forte, la chambre d'accusation ne peut, en se fondant sur ce qu'il existe des complices en état d'arrestation, ordonner que le condamné sera de nouveau poursuivi. — Cass., 14 juill. 1832, Gildus Huart.

218. — Mais il est évident que de ce qu'un condamné ne peut pas être remis en jugement à raison d'un autre fait antérieur qui ne serait passible que d'une peine moins grave, il ne s'ensuit pas que son complice soit à l'abri d'une poursuite. — Cass., 7 mai 1821, Pernot et Klinger.

219. — Lorsque les juges saisis de la connaissance d'un fait punissable ordonnent que le condamné sera poursuivi de nouveau, soit parce que le fait nouvellement manifesté emporterait une peine plus grave, soit parce qu'il aurait des complices en état d'arrestation, le procureur général doit surseoir à statuer à l'exécution de l'arrêt qui a prononcé la première condamnation jusqu'à ce qu'il ait été statué sur le second procès. — Art. 379.

220. — Le sursis dont porte cet article (au cas où il est motivé par la plus grande gravité des peines encourues par un nouveau faits) n'a pour but, dit M. Le Sellyer (no 268), que de ménager l'application du principe de l'art. 365 sur le non-cumul des peine, pour tous faits antérieurs à la condamnation prononcée. — V. aussi Legraverend, t. 2, p. 261.

221. — Mais le sursis ne doit avoir lieu qu'autant que la peine encourue par le deuxième crime est plus grave, par sa nature, que celle prononcée par la première condamnation. En effet, comme le dit M. de Molènes (De l'humanité dans les lois criminelles), si la deuxième peine devait être de même nature, mais seulement plus longue, il n'y aurait aucune raison pour surseoir à l'exécution de la première qu'il suffirait de prolonger à son terme. — V. au reste Le Sellyer, no 269.

222. — La disposition qui prohibe le cumul des peines n'est pas applicable à des faits qui n'ont été l'objet d'aucun débat judiciaire. En conséquence le tribunal, saisi d'une poursuite ne peut surseoir à statuer, sous le prétexte qu'il existe d'autres faits connexes qui, s'ils étaient portés successivement devant les juridictions différentes, formeraient plus tard un cumul de peines prohibé. — Cass., 20 juill. 1832, Granier.

V. AMENDE, DÉLITS DE PRESSE, DOUANES, PEINES.

CUMUL DU PÉTITOIRE ET DU POSSESSOIRE.

V. ACTIONS POSSESSOIRES, nos 620 et suiv.

CURAGE.

Table alphabétique.

CURAGE. — 1. — On donne ce nom au nettoiement des rivières, torrens, ruisseaux, canaux, aqueducs, fossés, étangs, mares et autres cours, conduites ou armes d'eau, qu'on débarrasse des graviers, terres, herbes et autres objets qui, s'y amassant, en obstruerait le cours ou en enfraveraient l'usage. — Le curage reçoit aussi quelquefois le nom de balissage. — V. BALISSAGE.

2. — On appelle plus spécialement curement le nettoiement des puits, citernes, puisards, égouts, fosses d'aisance, etc. — V. CUREMENT.

3. — Le curage est à la charge soit de l'état, soit des communes, soit des particuliers, soit des uns et des autres, suivant la nature particulière des cours, conduites ou arms d'eau qu'il s'agit de nettoyer et les circonstances particulières dans lesquelles ils se trouvent placés. — Les règles à suivre ne sont pas les mêmes pour chacun d'eux.

4. — Dans tous les cas, c'est non-seulement un droit, mais un devoir pour l'administration de veiller à ce que le curage soit fait lorsqu'il est nécessaire. La salubrité publique, l'agriculture, la viabilité et le service des usines y sont grandement intéressés.

§ 1er. — Rivières navigables (no 5).
§ 2. — Rivières flottables (no 29).
§ 3. — Rivières qui ne sont ni navigables ni flottables. — Ruisseaux et torrens (no 42).
§ 4. — Canaux, fossés, aqueducs, étangs et mares (no 90).

§ 1er. — Rivières navigables.

5. — En principe, le curage des fleuves ou rivières navigables est à la charge de l'état qui en a la police et profite des droits de navigation, de pêche, de concessions de prises d'eau, péages et autres utilités qui peuvent en résulter. — Proudhon, Domaine public, t. 3, p. 402, no 761; Garnier, t. 2, p. 108; Daviel, Cours d'eau, t. 1er, p. 86; Garnier, t. 2, p. 108; Daviel, Cours d'eau, t. 1er, p. 245, no 273; Dufour, Dr. admin., t. 3, p. 73, no 80.

6. — Il n'existe aucune disposition de loi spéciale sur le curage des rivières navigables; mais cette espèce de lacune peut être facilement comblée et ne saurait devenir la source d'aucune difficulté.

7. — Le silence du législateur s'explique même facilement; en effet, si relativement aux cours d'eau qui ne sont ni navigables ni flottables, la L. 14 flor. an XI a cru devoir régler le mode et la répartition des frais de curage, cela tenait à ce que la matière n'étant pas suffisamment réglementée,

il eût pu s'élever, au moment où le régime auquel ils étaient placés recevait de graves modifications, de nombreuses contestations qu'il était urgent de prévenir. Pour les rivières navigables, au contraire, de pareilles dispositions n'étaient pas nécessaires, l'ancien droit continuait à subsister; leur entretien avait toujours été à la charge de l'état : rien ne se trouvait donc changé, soit quant à leur entretien, soit quant au curage qui au fait nécessairement partie. — Garnier, t. 2, p. 108.

8. — Du reste, la loi du 30 flor. an X, relative à l'établissement d'un droit de navigation intérieure, consacre formellement l'obligation, de la part de l'état, de faire procéder au curage des fleuves et rivières navigables. Son art. 1er est ainsi conçu : « Il sera perçu dans toute l'étendue de la république, sur les fleuves et rivières navigables, un droit de navigation intérieure, dont les produits seront affectés et limitativement affectés au balisage, à l'entretien des chemins et ponts de halage, à celui des partisils, écluses, barrages et autres ouvrages d'art relatifs pour l'avantage de la navigation. »

9. — Les produits des droits de navigation devaient être affectés au curage ou balisage des rivières sur lesquelles ils étaient perçus, ou du moins de celles dépendant du même bassin. — V. COURS D'EAU, no 472. — L. 30 flor. an X, art. 2; décr. 4e jour complément. an XIII, art. 1er.

10. — La spécialité des fonds que produisaient ces droits a été, il est vrai, détruite par la loi de finances du 28 sept. 1814, qui a ordonné leur versement au trésor.

11. — Mais l'administration n'a pas moins continué à rester chargée de l'entretien des rivières navigables, et elle a pourvu aux dépenses occasionnées par cet entretien au moyen des droits de péage établis par l'art. 14 de la loi du 14 flor. an X, pour la confection des ponts et qu'elle a étendus à tout ce qui concerne l'entretien des rivières. — Cette extension a été légitimée par les lois de finances postérieures. — Dufour, Dr. admin., t. 3, p. 53, no 80. — V. PÉAGE.

12. — Toutefois, le principe que le curage des rivières navigables à la charge de l'état peut recevoir des exceptions. Il est même aisé, car qu'en fait les circonstances particulières dans lesquelles les cours d'eau se trouvent placés permettent son application pure et simple. — Proudhon, Tr. du dom. publ., t. 3, p. 406; Dufour, Dr. admin., t. 2, p. 359, no 471; Garnier, t. 2, p. 108; Solon, Rép. des jurid., t. 3, p. 73, no 87; Daviel, t. 1er, p. 246, no 274.

13. — En effet, les barrages, les déversoirs, les digues et autres ouvrages maintenus par des établissemens privés, contribuent beaucoup à l'amoncellement des sables et vases et rendent la nécessité du curage plus fréquente.

14. — Dans ce cas, le propriétaire ou les propriétaires de ces établissemens peuvent être contraints à faire opérer le curage en tout ou en partie à leurs frais, selon qu'ils ont plus ou moins contribué à l'amoncellement des sables et des vases. — Garnier, Rép. des eaux, t. 2, p. 409, no 510; Proudhon, Dom. publ., t. 3, p. 407, no 763; Solon, Rép. des jurid., t. 3, p. 76, no 88; Dufour, Dr. admin., appliqué, t. 2, p. 360, no 471; Daviel, Cours d'eau, t. 1er, p. 246, no 274.

15. — C'est déjà ce que disposait l'art 4, tit. 1er, ord. de 1669, et ce qu'a décidé un arrêt du conseil du 27 sept. 1723.

16. — Jugé, en ce sens, que la charge de faire enlever la portion de graviers dont l'amoncellement serait reconnu avoir eu pour cause l'établissement d'un barrage, incombait à celui qui avait fait construire ce barrage, qu'on reconnaît qu'il n'est mpa loin de céder dont les travaux avaient produit amoncelé à le faire disparaître. — Cons. d'état, 26 août, 1829, Debosque c. ville de Clamecy.

17. — Il devrait, à plus forte raison, en être décidé ainsi, dans le cas où le curage serait nécessité par le fait personnel de ces propriétaires ou de toute autre personne. — V. Garnier, Rép. des eaux, t. 2, p. 409, no 510.

18. — Il en serait encore de même si la mesure était réclamée dans l'intérêt de la navigation ou de plusieurs propriétaires d'usines. — Ainsi, il peut arriver, dans certains cas que les travaux de curage soient utiles et profitables à des particuliers en empêchant les inondations, et aux propriétaires des usines en diminuant l'élévation des eaux qui engorge les roues de leurs usines, et en en assurant ainsi le libre jeu. Les propriétaires qui profitent des travaux faits sont dans l'obligation de participer aux dépenses dans la proportion de leur intérêt aux travaux. — Proudhon, t. 3, p. 406, no 764; Daviel, Cours d'eau, t. 1er, p. 247, no 274.

19. — Les frais de curage seraient entièrement

à la charge des particuliers dans le cas où l'état leur aurait fait abandon de la jouissance d'un cours d'eau navigable ou d'un bras dépendant d'un cours d'eau navigable. — L. 16 sept. 1807, art. 33 et 34; — Garnier, *Rég. des eaux*, t. 2, nº 511. — V., toutefois, Toullier, *Cours de dr. civil*, t. 11, p. 454 et suiv.

20. — C'est aux préfets qu'il appartient d'ordonner le curage des rivières navigables et de régler le mode de paiement des frais occasionnés par ces travaux, sauf le recours au conseil de préfecture, s'il y a réclamation sur le paiement. — Cormenin, *Dr. adm.*, t. 1, p. 511, 10°.

21. — Chargée en principe du curage des rivières navigables, l'administration doit, dans tous les cas, lors même que les frais doivent être supportés en partie ou en totalité par des particuliers, conserver seule la direction des travaux à exécuter, et être seule juge de l'opportunité du curage à opérer. C'est donc à elle qu'il faut s'adresser lorsqu'on veut faire procéder à une opération de cette nature. A cet effet, on sollicite du préfet et, après lui, du ministre, par voie de pétition, l'accomplissement des travaux de curage; et les intérêts généraux dominant ici les intérêts privés, on ne pourrait faire d'une demande de cette nature une affaire contentieuse: en effet, l'état n'agit pas comme propriétaire, mais comme souverain chargé de l'administration dans l'intérêt général. — Daviel, *Cours d'eau*, t. 1er, p. 248 et suiv.; Dufour, *Dr. adm. appliqué*, t. 2, p. 300, nº 1172.

22. — Dans aucun cas, les particuliers ne pourraient être admis à actionner l'état pour lui faire opérer des travaux de curage.

23. — Lorsque les travaux de curage n'ont pas été faits en temps utile et qu'un préjudice en est résulté pour les propriétaires intéressés, l'état est responsable de ce préjudice, et les particuliers ont une action judiciaire à l'effet d'obtenir des dommages-intérêts. — Cette action devrait être portée devant le conseil de préfecture. — Dufour, *Dr. adm.*, t. 2, p. 300, nº 1172.

24. — La part contributive de l'état et des particuliers, dans les cas où la charge du curage doit être partagée entre eux, est fixée par un réglement d'administration publique qui ne peut pas être attaqué par voie contentieuse. — Daviel, *Cours d'eau*, t. 1er, nº 274, p. 247; Dufour, *Dr. adm.*, t. 2, p. 363, nº 1173.

25. — Des précautions ont été prises pour que les citoyens ne pussent pas être arbitrairement grevés de frais de curage. On procède conformément à la loi du 16 sept. 1807. — Une ordonnance royale, rendue sur le rapport du ministre de l'intérieur et après avoir entendu les parties intéressées, déclare que les travaux effectués sont de telle nature, que c'est le cas d'appliquer le principe d'indemnité envers le gouvernement. Ensuite il est formé un syndicat entre les propriétaires intéressés. Trois experts sont nommés, l'un par le syndicat, l'autre par le préfet, et le troisième par le ministre de l'intérieur. Ces experts dressent un procès-verbal de l'état des choses avant et après l'opération, et une commission de sept membres, nommés par le roi, rend sur l'importance des travaux une décision définitive, au nombre de cinq au moins. — L. 16 sept. 1807, art. 7 et suiv., 15 et suiv., 30 et suiv., 42 et suiv.; — Daviel, *Cours d'eau*, t. 1er, nº 274, p. 247 et suiv.; Dufour, *Dr. adm.*, t. 2, nºs 1173 et 1174.

26. — C'est au conseil de préfecture que doivent être portées les réclamations contre la répartition faite entre les particuliers de la part mise à leur charge. — Cette répartition est faite par le préfet. Le conseil de préfecture statue sur les réclamations, sauf recours au conseil d'état.

27. — Lorsque l'état doit supporter toute la dépense, il peut y être contraint par une action portée devant le conseil de préfecture. L'état est assigné en la personne du préfet du département. — Solon, *Rép. jurid.*, t. 3, nº 87, p. 77.

28. — L'administration devrait seule supporter les frais de curage, si, par des travaux publics faits pour son compte, elle avait encombré la rivière de manière à nuire à une usine établie par un titre définitif. — Solon, nº 88.

§ 2. — *Rivières flottables.*

29. — Les rivières sont flottables, soit avec trains et radeaux, soit à bûches perdues. — V. cours d'eau. — Les rivières flottables avec trains et radeaux sont en général navigables ou considérées comme telles, ce mode de flottage étant une sorte de navigation. Toutefois, la loi du 20 flor. an X, qui met à la charge de l'état les frais d'entretien des rivières, ne parle que des rivières navigables et non de celles flottables, même avec trains et radeaux.

30. — D'autre part, la loi du 14-24 flor. an XI, parle d'une manière générale du curage des canaux et rivières non navigables (art. 1er), qu'elle met à la charge des riverains. En présence de ces textes, on s'est demandé si le curage des rivières simplement flottables est à la charge de l'état.

31. — Il semble que l'état doit être chargé des frais de ce curage, en principe au moins, les rivières flottables comme les rivières navigables étant déclarées faire partie du domaine public par l'art. 538, C. civ., et étant par ce motif placées sur le même pied, quant au droit de pêche, aux prises d'eau et au droit d'alluvion. Les propriétaires riverains qui n'ont pas plus d'avantages que ceux des rivières navigables ne devraient pas être grevés d'une charge plus lourde.

32. — Proudhon (*Traité du domaine public*, t. 3, p. 238) fait à cet égard les distinctions suivantes: « Si le curage de la rivière ne doit être fait que pour enlever quelques obstacles d'attérissemens formés dans l'intérieur, sur le passage des trains et radeaux, qui ne peuvent plus franchir les lieux obstrués, alors la dépense doit être supportée par l'état comme n'ayant pour objet que le maintien de l'exercice du service public. — Si, au contraire, le curage de la rivière n'est devenu nécessaire que pour délivrer la contrée des inondations et marécages dont elle se trouve affligée par le défaut d'une libre évacuation des eaux, c'est aux frais des propriétaires du voisinage que l'opération devra avoir lieu, conformément aux règles tracées par la loi du 14 flor. an XI, attendu que l'entreprise n'aura été faite et consommée que dans l'intérêt spécial de ces propriétaires. — Si enfin le curage de la rivière doit avoir lieu tout à la fois, soit dans l'intérêt du service public de la flottabilité, soit dans l'intérêt des propriétaires du voisinage, les frais devront en être supportés en partie par l'état et en partie par les fonds de la contrée. »

33. — Sans entrer dans les distinctions de Proudhon, M. Solon pense que ces rivières ne doivent pas nécessairement être entretenues et curées par l'état. Quelquefois il est sans intérêt au flottage, il n'est pas juste qu'il se charge d'une dépense nécessitée par la jouissance des propriétaires des forêts, des marchands de bois. Cet auteur pense que lorsqu'un cours d'eau est à la fois flottable et navigable, le curage fait dans l'intérêt de la navigation et du flottage doit être supporté en commun par l'état et par les marchands et propriétaires des forêts. — Solon, *Rép. juridict.*, t. 3, p. 78.

34. — M. Daviel (*Cours d'eau*, t. 1er, nº 273) ne partage pas l'opinion émise par MM. Proudhon et Solon. Suivant lui, les rivières flottables sont comprises dans la classe des rivières navigables en général, et, d'ailleurs, du moment qu'elles dépendent du domaine public, du moment que c'est l'état qui a le profit de la pêche, c'est lui aussi qui doit supporter tous les frais d'entretien.

35. — M. Garnier (*Régime des eaux*, t. 2, nº 510, p. 409) professe implicitement la même opinion. — C'est aussi celle à laquelle nous nous rangerions de préférence en ce qui concerne les rivières flottables à trains et radeaux, du moins dans la plupart des cas.

36. — Au reste, cette discussion ne peut avoir d'objet que dans les cas où les rivières flottables à trains et radeaux ne sont pas en même temps rivières navigables, ce qui est, il faut en convenir, assez rare.

37. — Quant à l'entretien des rivières flottables à bûches perdues, il est à la charge de ceux qui exercent le flottage.

38. — Dans le cas où la dépense doit être supportée par l'état et les particuliers, ou par les particuliers seuls, le réglement en est fait dans la même forme que pour les rivières navigables. — V. *suprà* nºs 24 et suiv.; — Solon, *Rép. des jurid.*, vº *Eau*, t. 3, nº 90.

39. — Du reste, tout ce qui concerne la police et l'entretien des rivières flottables rentre dans les attributions des préfets, c'est à eux qu'il appartient de statuer sur l'urgence du curage de ces rivières, de l'ordonner; les rôles de répartition des dépenses doivent être dressés sous leur surveillance et rendus exécutoires par eux. Leurs arrêtés ne peuvent être attaqués devant le conseil d'état s'ils n'ont été d'abord déférés au ministre de l'intérieur. — *Cons. d'état*, 20 nov. 1822, Duvivier.

40. — Les contestations relatives au recouvrement des rôles, aux réclamations des individus imposés et à la confection des travaux doivent être portés au conseil de préfecture. On peut se pourvoir directement au conseil d'état contre les arrêtés de ce conseil. — Même déc.

41. — L'entretien de la rivière de l'Yonne est soumis à un réglement particulier suivant lequel la partie flottable est à la charge du commerce, tandis que la partie navigable doit être entretenue par l'octroi de navigation. — Les contestations sont réglées par le ministre de l'intérieur. — Décr. 25 prair. an XII.

§ 3. — *Rivières non navigables ni flottables. — Ruisseaux. — Torrens.*

42. — Les frais du curage des rivières non navigables ni flottables sont à la charge des particuliers; toutefois, ce curage, et en général tout ce qui concerne les cours d'eau, est soumis à la surveillance des préfets. — *Cons. d'état*, 22 nov. 1822, Duvivier; 25 mars 1835, Bary; — Cormenin, *Droit administratif*, vº *Cours d'eau*, t. 1er, p. 552 et 553; Garnier, *Rég. des eaux*, nº 504; Daviel, *Cours d'eau*, nº 260.

43. — Déjà la loi romaine (ff., *De cloacis*, f. 1, § 2, et lib. 9, tit. 33, f. 2) conférait aux édiles l'obligation de faire curer les cloaques et les petites rivières. L'opération devait être faite par les propriétaires qui devaient en profiter, et le préteur accordait une action en remboursement des frais contre ceux qui s'y seraient refusés.

44. — Sous notre ancienne législation, un grand nombre d'arrêts du conseil ou des parlemens, d'ordonnances des intendans de province et de coutumes locales avaient placé les petites rivières sous la surveillance de l'autorité. Les riverains devaient pourvoir au libre écoulement de leurs eaux.

45. — Un réglement du tribunal des eaux et forêts de Paris du 28 fév. 1710 avait enjoint à tous les propriétaires riverains de la *Bièvre et des ruisseaux y affluant, de curer chacun en droit soi, sinon permettait aux syndics de faire le curage à leurs frais.*

46. — Il n'y avait pas alors de législation générale sur la matière. Tout était laissé sous l'empire des coutumes locales, d'ordonnances et d'arrêts du conseil ou des parlemens tout à fait spéciaux à certaines localités. Dans chacune d'elles, les réglemens étaient variables dans leurs moyens, comme les intérêts qu'ils avaient pour but de satisfaire.

47. — Depuis, la situation n'a pas beaucoup changé. Les difficultés ont été telles, lorsqu'on a tenté d'établir à ce sujet une législation générale et uniforme, qu'on a préféré respecter ce qui existait, confirmer les anciens arrêts, les vieilles coutumes, en laissant toutefois à l'administration le soin de les modifier, si le besoin s'en faisait sentir.

48. — Ces anciens réglemens et usages locaux ont été maintenus par la loi des 14-24 flor. an XI, 4-14 mai 1803, pour les canaux et rivières non navigables.

49. — Toutefois, la loi de l'an XI a modifié l'ancien système. D'après ce système le propriétaire du fonds encombré devait faire les travaux nécessaires lui-même, ou souffrir qu'on les fît sur son fonds, mais sans être tenu de payer les travaux confectionnés lorsqu'il ne les avait pas faits lui-même. — Merlin, *Rép.*, vº *Eaux pluviales*, nº 3; Toullier, t. 10, nº 327; Proudhon, *Du dom. publ.*, nº 1327; Oldendorp, *Act. class.* 6, art. 21.

50. — Quant aux changemens naturels, aux éboulemens, aux amoncellemens de graviers indépendans du fait de l'homme, ils devaient être supportés par celui qui en souffrait. Il pouvait, si cela était possible, rétablir en tout ou en partie les choses dans leur ancien état, sauf à ne nuire à personne, ou à indemniser du préjudice qu'il occasionnait. — Domat, *Lois civ.*, liv. 2, t. 9, sect. 1re, nº 51. — Nouveau-Denisart, vº *Cas fortuits*, § 3, nº 4.

51. — Aujourd'hui, au contraire, la loi de flor. an XI impose aux riverains l'obligation du curage, et la fait peser proportionnellement sur tous, quelle que soit la cause qui le rende nécessaire, à moins que ce ne soit le fait personnel d'un des propriétaires riverains, alors il y a lieu d'appliquer l'art. 1382, C. civ.

52. — L'art. 1er de cette loi dispose qu'il sera pourvu au curage des rivières non navigables de la manière prescrite par les anciens réglemens ou d'après les usages locaux sauf le cas d'absence ou d'insuffisance de ces réglemens ou usages.

53. — Le nom de réglement ancien dont se sert la loi du 14 flor. an XI, s'applique à tous les réglemens antérieurs à cette loi. — *Cons. d'état*, 1er juill. 1840, Raimbault.

54. — Lorsque l'application des réglemens ou l'exécution du mode consacré par l'usage éprouve des difficultés, ou lorsque des changemens survenus nécessitent des dispositions nouvelles, il y doit être pourvu par le gouvernement dans un réglement d'administration publique rendu sur la proposition du préfet du département, de manière que la quotité de la contribution de chaque imposé soit toujours relative au degré d'intérêt qu'il a

aux travaux qui doivent s'effectuer. — L. 14 flor. an XI. art. 2.

55. — C'est à l'administration qu'il appartient de décider d'office ou sur la demande des intéressés, jusqu'à quel point les anciens réglemens ou usages peuvent suffire dans l'état actuel des choses. C'est à elle, en conséquence, qu'il appartient de les maintenir ou de les rejeter. — Dufour, *Dr. administ.*, t. 2, nº 1269.

56. — L'action de l'administration ne peut, en aucune façon, être entravée, à cet égard, par les particuliers. — Dufour, *loc. cit.*

57. — Lorsque la nécessité d'un réglement ou de modifications à celui qui existe se font sentir, les parties doivent s'adresser à l'administration et requérir un réglement d'administration publique. — *Cons. d'état*, 9 avr. 1817, propr. Marais de Bordeaux c. Vignaux; 20 nov. 1832, Arrosans de Saint-Chamans c. Gabriac et comm. de Miramas.

58. — Dans le cas où le besoin de travaux de curage serait urgent pour un cours d'eau, jusqu'alors dénué de réglement écrit ou consacré par l'usage, on peut former une commission syndicale provisoire, suivant les régles fixées par la loi du 16 sept. 1807, pour faire exécuter les travaux et dresser, conformément à la loi du 14 flor. an XI, le rôle de répartition entre les intéressés. C'est là un cas d'urgence où l'exercice du pouvoir de police est légitimé. Il ne s'agit, du reste, que d'une mesure provisoire dont l'exécution ne préjuge pas le mérite. — Dufour, *loc. cit.*, nº 1270.

59. — La loi imposant formellement la nécessité d'un réglement administratif, tous les arrêtés nouveaux qui n'auraient pas leur principe dans un acte de ce genre ne seraient pas valables. — Dufour (*loc. cit*).

60. — Les rôles de répartition des sommes nécessaires au paiement des travaux d'entretien, réparation et reconstruction, sont dressés sous la surveillance du préfet, rendus exécutoires par lui. — Le recouvrement s'en opère de la même manière que celui des contributions publiques. — Art. 3, l. 14 flor. an XI.

61. — Toutes les contestations qui peuvent s'élever sur le paiement de ces sommes ainsi réparties, sont portées devant le conseil de préfecture qui statue, sauf recours au conseil d'état. — L. 14 flor. an XI, art. 4. — *Cons. d'état*, 19 mai 1811, Nevière et Devoise; 7 nov. 1814, Benault; 23 juin 1824, Lachallerie; 16 fév. 1832, Pichon; 2 nov. 1832, Arrosans de St-Chamans c. Gabriac et comm. de Miramas; — Cormenin, *Dr. administ.*, vº *Cours d'eau*, t. 1er, p. 542; Garnier, *Rég. des eaux*, nº 527; Daviel, *Cours d'eau*, nº 994.

62. — Jugé cependant que c'est aux tribunaux civils et non au conseil de préfecture à prononcer sur la répartition, entre riverains, des frais d'entretien de cette nature, lorsqu'il y a lieu de procéder à l'examen de titres invoqués par les parties. — *Cons. d'état*, 30 juin 1813, Plan de Sieyès c. comm. de Sieyès.

63. — Mais les conseils de préfecture sont incompétens pour connaître d'une demande en réformation d'un arrêté de préfet qui ordonne le curage et le redressement d'un cours d'eau. — *Cons. d'état*, 23 fév. 1820, Bochard; 20 nov. 1822, Duvivier; 17 mars 1825, Chabin; 25 mars 1835, Bary.

64. — Le conseil de préfecture règle la part contributive des propriétaires riverains suivant les anciens usages; mais s'il est intervenu une ordonnance royale contenant réglement d'administration publique, et qui fixe le mode de répartition des frais du curage de toutes les rivières d'un département, le conseil de préfecture doit statuer suivant les dispositions de l'ordonnance. — *Cons. d'état*, 20 juill. 1830, Tulasne-Jaminière c. Pays de Latang.

65. — Si la répartition n'a pas été faite conformément aux anciens réglemens et usages locaux ou aux réglemens nouveaux, les particuliers lésés doivent se pourvoir soit devant le ministre de l'intérieur, soit immédiatement devant le conseil d'état, pour excès de pouvoir. — *Cons. d'état*, 20 nov. 1822, Duvivier.

66. — Jugé ainsi que lorsqu'au lieu de statuer sur la contestation d'après les anciens réglemens et les usages locaux, un conseil de préfecture met le curage à la charge d'un usinier, depuis les vannes de son usine jusqu'à un point déterminé, il excède ses pouvoirs en faisant un nouveau réglement qu'il n'appartient qu'au gouvernement de faire, sur la proposition du préfet. — *Cons. d'état*, 27 mai 1816, Masson et riverains du ruisseau de Marsouppe; 16 avr. 1823, Luya; 2 fév. 1825, Raguet; 15 nov. 1835, Delamarre; Cormenin, *Dr. administ.*, vº *Cours d'eau*, t. 1er, p. 553.

67. — Comme le curage des rivières non navigables ni flottables est imposé aux riverains à raison des avantages qu'ils retirent de ces rivières (L. 14 flor. an XI), ils doivent naturellement en supporter les frais proportionnellement à l'avantage qu'ils doivent retirer de ce curage. — V. Daviel, *Cours d'eau*, t. 2, p. 292, nº 291. — C'est par suite de cette règle d'équité que les propriétaires d'usine en supportent la plus forte part.

68. — Le fermier d'une usine peut même être tenu des frais de curage par une clause de son bail, mais cette clause ne devrait pas s'entendre d'une dépense extraordinaire de curage, causée par une grande inondation ou crue d'eau. — Daviel, *Cours d'eau*, nºs 658 et 731.

69. — Lorsqu'il a été procédé au curage d'une rivière et que la propriété d'un riverain a été omise aux dépens d'un autre, il y a lieu d'ordonner qu'elle sera portée sur le rôle de la contribution, et de dégrever d'autant le riverain le plus imposé. — *Cons. d'état*, 1er mars 1826, Méal-Dufourneau.

70. — Un riverain n'est pas fondé à attaquer la fixation de sa contribution aux frais de curage d'une rivière, lorsqu'il ne fournit la preuve d'aucun préjudice qui lui soit personnel, et qu'il ne relève aucune erreur matérielle dans la cote de répartition. — *Cons. d'état*, 21 juin 1826, Raguse; — Cotelle, *Cours de dr. adm.*, t. 3, p. 666.

71. — Lorsque le curage est nécessité par le fait d'un riverain, c'est à lui à le faire à ses frais. Dans ces cas, les tribunaux ordinaires sont compétens pour connaître de la demande contre lui formée. — Ainsi jugé que le propriétaire riverain dont la digue a été détruite par un débordement, et qui ne la fait pas réparer, doit débarrasser la rivière de ses débris. — *Cass.*, 29 nov. 1827, Ferrière c. Rochard.

72. — En général, un propriétaire inférieur ne peut être tenu à faire des travaux pour faciliter le libre passage d'un cours d'eau et améliorer la jouissance du fonds supérieur; mais il doit réparer tout ce qui, par son fait, nuit au libre exercice de la servitude imposée par l'art. 640, C. civ. au propriétaire du fonds inférieur.

73. — De la mission de surveillance donnée à l'administration par les lois de 1790 et de l'an XI résulte pour elle le droit de forcer les propriétaires riverains à l'enlèvement d'ilots ou d'attérissemens qui font obstacle au libre écoulement des eaux, ou de les faire enlever à leurs frais. Ces îlots ou attérissemens sont, il est vrai, abandonnés par l'art. 561, C. civ., aux riverains; mais cette propriété, que la loi leur a accordée à cause du peu d'importance de ces objets, doit céder devant l'utilité publique. MM. Daviel et Dufour partagent cette opinion, seulement ils reconnaissent aux propriétaires riverains le droit de réclamer une indemnité, ce qui semble, du reste, assez rationnel, surtout si les riverains ont fait sur ces îles des travaux autorisés, qu'il leur faudrait détruire.

74. — Les déblais provenant du curage sont portés dans des lieux désignés par l'autorité administrative. En cas de besoin, le jet et le dépôt momentané en sont faits sur ses berges, ce que les riverains doivent souffrir, ainsi que le passage nécessaire aux ouvriers préposés au curage: c'est là une servitude naturelle résultant de la situation des lieux. — L. 1, § 6; L. 3, § 9, *De rivis*; arrêt du parl. de Paris de 1709, cité par Fréminville, *Du gouv. des biens commun.*, p. 573; — Henrion de Pansey, *Comp. des juges de paix*, chap. 27.

75. — Le parlement de Normandie avait même jugé, par arrêts inédits (rapportés par Daviel, t. 2, nº 724), du 21 juin 1752 et du 31 mars 1759, que les riverains ne pouvaient ni planter ni bâtir dans la distance consacrée au passage des cureurs et au dépôt des terres jectisses.

76. — Mais de pareilles décisions seraient aujourd'hui considérées comme abusives, à moins de titres particuliers sur lesquels elles pussent être appuyées. Elles auraient pour inconvénient de paralyser la libre disposition des propriétés entre les mains de ceux qui les possèdent, sans nécessité réelle, le curage pouvant toujours se pratiquer même dans les parties des cours d'eau qui sont bordées de constructions. — Daviel, t. 2, nº 724.

77. — Lorsque l'administration fait opérer le curage par ses agens et par forme de contribution sur les riverains, elle doit, lorsque cela est possible, vendre les déblais et employer le produit de la vente à diminuer d'autant la contribution générale. — Daviel, t. 2, nº 726, p. 293.

78. — Les propriétaires riverains peuvent procéder individuellement au curage des parties de cours d'eau qui bordent leurs propriétés.

79. — Ils peuvent l'effectuer sans autorisation, à moins qu'un réglement positif n'oblige à en demander une. — Garnier, *Régime des eaux*, t. 3, p. 264, nº 909.

80. — Mais ils ne pourraient, sous prétexte de curage, creuser le lit d'un cours d'eau, de manière à en changer la chute ou la pente. — Garnier, *Régime des eaux*, t. 3, p. 264, nº 908.

81. — Dans le cas où les riverains exécutent eux-mêmes le curage, ils ont droit d'en utiliser le produit. Jugé même par arrêt du parlement de Rouen, du 8 avril 1701, que, lorsqu'un meunier, dans l'intérêt de son moulin, cure une partie de rivière qui ne lui appartient pas, il doit déposer les vidanges sur les bords et les laisser au profit du propriétaire. — Daviel, t. 2, p. 295, nº 726.

82. — Lorsque des contestations s'élèvent entre deux propriétaires riverains sur les droits qu'ils prétendent en vertu de leurs titres ou des dispositions de la loi, c'est aux tribunaux ordinaires qu'il appartient d'en connaître, et ces contestations doivent être résolues d'après les principes du droit commun.

83. — Ainsi jugé que c'est aux tribunaux ordinaires que doit s'adresser le propriétaire qui se plaint qu'un barrage, indûment établi par un propriétaire inférieur, a causé le rétrécissement et l'encombrement d'un cours d'eau, pour faire condamner ce propriétaire inférieur à curer le cours d'eau et à lui rendre sa largeur primitive. — *Cass.*, 8 mai 1832, Tilly c. Rochebouet.

84. — Jugé encore, dans le même sens, que les tribunaux peuvent connaître de toutes contestations relatives aux cours d'eau pour ordonner le rétablissement des lieux et condamner à des dommages-intérêts. Ils ne prononcent dans ces cas que sur des faits accomplis, et n'établissent en aucune manière des règles sur le mode de curage à l'avenir. Ils restent dès-lors dans les limites de leur compétence. — *Cass.*, 17 mars 1819, Jacob c. Devillers-Bodson.

85. — Mais lorsqu'il ne s'agit pas de contestations entre propriétaires sur des faits accomplis sur lesquels il n'y a pas de réglement administratif à faire, les tribunaux ordinaires ne sont plus compétens; si donc il s'agit de régler les travaux à faire pour parvenir au curage d'une écluse ou d'un bras de rivière, et à lui rendre sa largeur, c'est à l'autorité administrative qu'il faut s'adresser, bien que le riverain prétende être propriétaire du terrain qui constituait l'anticipation. — *Cons. d'état*, 4 août 1811, Demay c. Pasquet; — Cormenin, *Dr. admin.*, *Cours d'eau*, t. 1er, p. 552; Daviel, *Cours d'eau*, nº 260; Garnier, *Rég. des eaux*, nº 504; Chevalier, *Jur. admin.*, vº *Cours d'eau*, t. 1er, p. 308. — L'équité le voulait ainsi, sans cela on eût fait peser sur un propriétaire, en l'actionnant, la charge d'un cas fortuit, d'une force majeure. L'administration, au contraire, répartit avec justice entre chacun la réparation d'un mal qui ne peut être imputé à personne.

86. — Le curage des ruisseaux, comme celui des rivières non navigables ni flottables, est à la charge des riverains. — Merlin, *Rép.*, vº *Ruisseau*; Proudhon, *Dom. public*, t. 4, nº 1327.

87. — Il y a des localités où les ruisseaux qui alimentent une ville ou un village sont entretenus et curés aux frais de la commune. Ce sont des ruisseaux publics ou communaux, sur lesquels les riverains conservent néanmoins leur droit de jouissance. — *Cons. d'état*, 7 oct. 1807, Carlo c. Grillon; 28 nov. 1809, Gipsoulon; — Cormenin, *Dr. admin.*, vº *Cours d'eau*, t. 1er, p. 560.

88. — En ce qui concerne l'enlèvement et le déblaiement des graviers, vases et immondices apportés sur les propriétés riveraines par les torrens, ils sont entièrement à la charge des propriétaires des terrains sur lesquels ils se sont amassés, c'est là un cas de force majeure dont les autres propriétaires ne peuvent être responsables. Il n'y a pas pérennité dans le cours, il est sans avantages et ne peut pas faire naître de charges. C'est là un accident fortuit à la charge de celui qui en est victime.

89. — Du reste le curage des ruisseaux et des torrens est placé sous la surveillance de l'autorité administrative en tout ce qui peut intéresser la sécurité, la salubrité et la viabilité. Elle pourrait certainement prendre les mesures qu'elle jugerait nécessaires et y faire contribuer les riverains.

§ 4. — *Canaux, fossés, aqueducs, étangs, mares.*

90. — Les canaux navigables et flottables sont soumis, quant au curage, aux mêmes règles que les rivières navigables et flottables. Il est à la charge de l'état ou des concessionnaires, ses représentans. Les dépenses d'entretien, de curage des canaux sont des dépenses générales dépendant de celles de la navigation intérieure. — L. 11 frim. an VII, § 1er, art. 2.

91. — Toutefois, lorsqu'un canal sert en même temps à un usage public et au dessèchement de

quelques propriétés privées, les propriétaires qui profitent de ce canal doivent contribuer, avec l'état, au curage. La part contributive du gouvernement et des propriétaires est réglée comme pour les rivières navigables, au curage desquelles doivent participer les particuliers, par voie de réglement d'administration publique. — L. 16 sept. 1807, art. 34.

92. — Tout ce qui concerne le curage des canaux est de la compétence de l'autorité administrative. — Jugé que les questions relatives à la faculté de déposer sur les terres riveraines les vases et déblais provenant du curage du canal du Midi sont de la compétence de l'administration. — Décr. 12 août 1807, art. 157; — *Cons. d'état*, 11 fév. 1820, Lawles et Segonnes.

93. — Toutefois, lorsqu'il s'agit de prononcer dans l'intérêt particulier sur des faits accomplis, les tribunaux deviennent compétens. — Jugé, en ce sens, que le réglement de l'indemnité due aux propriétaires riverains par suite de ce dépôt appartient à l'autorité judiciaire. — Même décision.

94. — Les canaux servant au flottage sont rangés dans la même classe que les rivières flottables. — V. CANAUX.

95. — Les canaux non navigables ni flottables ou canaux de dérivation, qu'ils servent à conduire des eaux, à l'irrigation ou au dessèchement des marais, sont généralement placés dans la même classe que les rivières de même nature. Le curage en est à la charge des particuliers, excepté lorsqu'il s'agit de canaux appartenant à l'état pour un service public. — V. CANAUX, MARAIS.

96. — La surveillance et la police du curage de ces canaux appartient à l'autorité publique comme celle des rivières ni navigables ni flottables. — V. *suprà* nos 42 et suiv.

97. — Les frais à faire pour le curage des canaux doivent également être payés d'après les anciens réglemens ou usages locaux. — L. 14 flor. an XI, art. 1er. — Mais si des changemens survenus exigent des dispositions nouvelles, on peut faire un nouveau réglement d'administration publique. — *Cons. d'état*, 9 avr. 1817, prop. des marais de Bordeaux c. Vignaux.

98. — Toutefois les anciens réglemens entachés de féodalité n'ont plus de vigueur. Ainsi l'obligation du curage d'un canal, imposée à un particulier par un traité antérieur à 1789, ne peut être administrativement exigée par un préfet, si le particulier allègue que le traité est vicié de féodalité; la question doit être soumise aux tribunaux ordinaires. — *Cons. d'état*, 4 juin 1816, Oursin de Montchevrel c. Verel; — Cormenin, *Dr. adm.*, vo *Cours d'eau*; Garnier, *Rég. des eaux*, no 628.

99. — Si le canal appartient à une ou plusieurs personnes, elles doivent toutes contribuer au curage suivant leur droit; mais l'une d'elle peut, en abandonnant son droit, s'affranchir de cette obligation. — Perrin, *Cod. des constructions*, no 986.

100. — Jugé qu'un propriétaire ne pourrait pas, lors du recouvrement de la contribution établie dans l'intérêt de tous, refuser de payer le restant de sa quote part, et invoquer la perception reçue en matière de contributions publiques. — *Cons. d'état*, 29 oct. 1823, Garriga c. Arnauld.

101. — La propriété d'un canal de dérivation entraîne nécessairement le droit de le faire curer à volonté et de faire jeter les terres sur les bords latéraux. Quand l'étendue du droit de jet de pelle n'est pas fixée par le contrat, elle doit être déterminée suivant l'usage des lieux. — *Bordeaux*, 23 janv. 1828, Michaud c. Bétaudeau; 24 juill. 1826, Pemerle c. Lamoureux; *Toulouse*, 24 juin 1812, Roussillon c. Barthe et Capelle; 1er juin 1827, Boué et Ferrage c. Saint-Girons; *Cass.*, 14 août 1827, Dreux c. Garnier

102. — Le curage des biefs est nécessairement à la charge du propriétaire de l'usine, soit que ces biefs lui appartiennent ou qu'ils existent sur la propriété d'autrui à titre de servitude. Du moment qu'il ne s'agit plus d'un cours d'eau naturel, mais d'un cours d'eau artificiel pratiqué dans son intérêt, il doit en supporter tous les frais d'entretien. — Les propriétaires riverains doivent souffrir le passage sur leurs terres pour ce curage et le dépôt momentané des vases et déblais; mais les époques de curage doivent être fixées, et en cas d'abus les riverains peuvent faire régler l'exercice du droit par les tribunaux; c'est ce qu'a décidé un arrêt du parlement de Rouen du 8 avril 1701. — Daviel, t. 2, p. 426.

103. — Le produit du curage appartient au propriétaire de l'usine, les propriétaires riverains ne peuvent y prétendre aucun droit. — Daviel, *loc. cit.*, p. 427.

104. — L'obligation du curage des fossés ou aquéducs suit la propriété. — Daviel, *cours d'eau*, no 866. — Ainsi le curage et l'entretien des fossés qui font partie de la propriété des routes royales et départementales sont opérés par les soins de l'administration publique et sur les fonds affectés au maintien de la viabilité desdites routes. — L. 12 mai 1825, art. 2.

105. — La loi du 11 frimaire an 7 met à la charge de la commune l'entretien des fossés et aquéducs qui sont d'une utilité communale. — § 2, art. 4, no 5.

106. — Le curage du fossé ou aquéduc séparatif de deux héritages doit être fait à frais communs. — Toullier, t. 3, no 225. — S'il est placé dans un héritage, il doit être curé aux frais du propriétaire, et à sa volonté, à moins que, les eaux ne l'ayant engorgé, il en résulte un dommage pour les voisins, auquel cas ils pourraient forcer le propriétaire au curage.

107. — Il en serait de même dans le cas où le propriétaire inférieur aurait acquis, à titre de servitude, droit à l'usage des eaux. Si le propriétaire supérieur n'assurait pas aux eaux un libre cours en faisant curer convenablement le fossé ou l'aquéduc, il pourrait y être forcé par le propriétaire inférieur. — Daviel, *Cours d'eau*, no 798.

108. — M. Proudhon (*Domaine public*, no 1328) pense que, dans ce cas, le propriétaire jouissant de la servitude pourrait faire le curage à ses frais, et pour cela pénétrer sur le fonds servant, et y déposer les vases et déblais provenus du curage : il pourrait aussi y placer momentanément les matériaux dont il a besoin pour les travaux à opérer; et les riverains n'auraient aucune réclamation à former contre lui à ce sujet. — L. 11, §. 1, ff., *Communia prædiorum*.

109. — Dans tous les cas, le curage d'un aquéduc comporte le droit de passer sur le fonds assujéti à cette servitude, d'y déposer momentanément les terres jectisses et les matériaux destinés aux réparations. — L. 11, § 1, ff., *Comm. præd.* — Daviel, *Cours d'eau*, no 927.

110. — La police des fossés et aquéducs appartient à l'autorité administrative. Les arrêtés que le maire prend à cet égard ne peuvent, en général, être attaqués que devant les tribunaux administratifs.

111. — Toutefois, cette règle n'est point sans exception : ainsi, lorsque le propriétaire d'un moulin situé sur un ruisseau n'attaque pas les actes administratifs par lesquels le maire a ordonné le curage d'un fossé, mais se plaint que la trop grande profondeur donnée à ce fossé, par un riverain, le prive d'une partie des eaux auxquelles il a droit d'après le réglement de son usine, la contestation est du ressort de l'autorité judiciaire. — *Cons. d'état*, 10 janv. 1827, Beau c. Ribeyrol; — Cormenin, *Dr. admin.*, vo *Voirie*, t. 2, p. 561; Chevalier, *Jur. adm.*, vo *Cours d'eau*, t. 1er, p. 324, et t. 2e, no 727.

112. — Il ne peut s'élever aucun doute sur la question de savoir à quelle personne incombe l'obligation du curage des étangs et des mares. Evidemment ce sont leurs propriétaires qui doivent les curer ou faire curer à leurs frais, et c'est à eux qu'appartiennent les vases et graviers provenant de l'opération.

113. — Lorsqu'il s'agit de mares et d'étangs communaux, le curage n'est pas toujours l'œuvre d'ouvriers choisis par le maire, il est fait quelquefois par des habitans du voisinage, qui se chargent officieusement de ce soin et prennent alors les vases pour eux. Elles sont réparties entre eux à raison du nombre d'ouvriers qu'ils y ont employés.

114. — C'est une obligation pour les propriétaires des étangs ou mares de les curer lorsque la nécessité s'en fait sentir. — Garnier, *Rég. des eaux*, t. 3, no 796. — Lorsqu'ils ne la remplissent pas, ils sont responsables du préjudice qui pourrait résulter de leur négligence.

115. — Jugé qu'il en serait ainsi lors même que le propriétaire n'aurait pas reçu de ses voisins de sommation préalable de procéder au curage, ainsi qu'ils avaient le droit de le faire. — *Cass.*, 8 mai 1832, De Tilly c. de Rochebouet.

V. CANAUX, COURS D'EAU, MARAIS.

CURATEUR.

1. — On appelle *curateur* la personne chargée, soit par la justice, soit par un conseil de famille, de veiller aux intérêts de ceux qui ne peuvent y veiller eux-mêmes.

2. — En général, on considère le curateur comme nommé plutôt aux biens qu'à la personne (L. 20, ff., *De ritu nupt.*; L. 8, Cod., *De nupt.*), d'après la règle : *Tutor personæ datur, curator rei.*

3. — Il est, d'après la loi, plusieurs cas dans lesquels il y a lieu à la nomination de curateurs; en voici l'indication :

4. — ... En cas d'émancipation. — V. ÉMANCIPATION.

5. — ... Dans ce cas, il peut y avoir lieu à nommer un curateur *ad hoc*, c'est-à-dire une personne chargée d'assister l'incapable dans les contestations qui peuvent exister entre lui et son curateur. — V. COMPTE DE TUTELLE et ÉMANCIPATION.

6. — ... En cas d'absence. — V. ABSENCE.

7. — ... En cas de succession bénéficiaire. — V. SUCCESSION BÉNÉFICIAIRE.

8. — ... En cas de succession vacante. — V. SUCCESSION VACANTE.

9. — ... En cas de délaissement par hypothèque ou déguerpissement. — V. HYPOTHÈQUE.

10. — ... On nomme aussi un curateur aux aliénés. — V. ALIÉNÉS.

11. — On nomme *curateur au ventre* le curateur nommé à l'enfant dont une femme est enceinte à la mort de son mari. — V. CURATEUR AU VENTRE et TUTELLE.

12. — On distingue aussi le *curateur aux causes*, qui est le représentant spécial donné au mort civilement pour procéder en justice, soit en demandant, soit en défendant.

13. — Ce curateur doit être nommé par le tribunal devant lequel l'action est portée. — C. civ., art. 25. — V. MORT CIVILE.

14. — Ce n'est pas un curateur, comme le disait l'art. 29, C. pén. 1810, mais un tuteur, que l'on donne aux condamnés à la peine des travaux forcés, à la détention ou à la réclusion, pour les représenter pendant la durée de leur peine. — C. pén., art. 29. — V. INTERDICTION LÉGALE.

15. — Lorsqu'il y a lieu de réviser une condamnation, et que cette condamnation a été portée contre un individu mort depuis, la cour de Cassation crée un curateur à sa mémoire, avec lequel se fait l'instruction, et qui exerce tous les droits du condamné. — C. inst. crim., art 447. — V. RÉVISION.

CURATEUR AU VENTRE.

1. — On appelle ainsi le curateur qui doit être nommé par le conseil de famille, lorsqu'au décès du mari la femme est enceinte, C. civ., art. 393. — Selon M. Delvincourt (t. 1er, n. 14 de la p. 408), on nomme un curateur et non un tuteur, parce que le tuteur n'est donné qu'à la personne et le posthume n'existe pas encore. D'ailleurs, la nomination de ce curateur, ajoute M. Delvincourt, a lieu dans l'intérêt non seulement du posthume, mais encore de tous ceux qui devront recueillir la succession si l'enfant naît mort ou ne naît pas viable, en un mot, ce curateur est chargé de conserver la succession pour ceux qui y auront droit d'après l'événement de la grossesse; par conséquent, il est censé donné aux biens plutôt qu'à la personne.

2. — C'est du droit romain que nous est venu l'usage de nommer des curateurs au ventre, pour veiller aux intérêts de l'enfant à naître, et pour empêcher une supposition de part. — L. 8, ff., *De curat. furioso dandis*; L. 20, ff., *De tut. et curat. dandis*; L. 48, Cod., *De adm. et peric.* — Duranton, no 428.

3. — A la naissance de l'enfant, la mère en devient tutrice, et le curateur au ventre en est de plein droit le subrogé-tuteur (C. civ., art. 393), il doit par conséquent être pris dans la branche paternelle. — Duranton, t. 3, no 428.

4. — La simple déclaration de la veuve qu'elle est enceinte suffit pour motiver la nomination d'un curateur au ventre et pour suspendre l'envoi en possession des héritiers collatéraux du défunt : il n'est pas nécessaire que la grossesse soit constatée par les gens de l'art. — *Aix*, 10 mai 1807, Chiousse.

5. — La déclaration de la veuve qu'elle n'est pas enceinte ne suffirait pas pour empêcher la nomination d'un curateur au ventre, si les héritiers avaient de justes raisons de craindre, de la part de la veuve, une supposition de part pour les frustrer de la succession. — Merlin, *Rép.*, vo *Curateur au ventre*; Magnin, *Des minorités*, no 58.

6. — La nomination du curateur au ventre est-elle nécessaire lorsqu'il existe déjà d'autres enfans? — M. Delvincourt (t. 1er, note 15e, p. 103) considère qu'en général les intérêts du posthume sont les mêmes que ceux des enfans déjà nés, et ce n'est qu'exceptionnellement et pour le cas où par *événement*, le posthume aurait un intérêt opposé à celui de ses frères, qu'il y a lieu, selon lui, à la nomination d'un curateur au ventre, conformément à l'art. 393, C. civ. — V. aussi Duranton, t. 3, no 429. — Mais M. Magnin (*Tr. de la minorité*, no 597) pense que les intérêts de l'enfant à naître doivent se trouver en opposition avec ceux de ses frères et de ses

sœurs, et il s'appuie d'ailleurs sur le texe de l'art. 393, C. civ., qui dispose d'une manière absolue et sans faire aucune distinction.

7. — ... Sauf au conseil de famille à nommer, dans ce cas, pour curateur au ventre, le subrogé-tuteur des enfans mineurs, afin d'éviter qu'il ne se trouve deux subrogés-tuteurs dans la même tutelle. — Magnin, no 596.

8. — Quant aux fonctions et aux pouvoirs du curateur au ventre, il faut distinguer si, au décès du mari, il existe ou non des enfans mineurs du mariage.

9. — Dans le premier cas, si les enfans ont un tuteur autre que la mère, celui-ci administre seul, à l'exclusion du curateur, dont la mission se borne à rendre compte de l'état de la grossesse et de l'accouchement. — Magnin, no 593 et suiv.

10. — Dans le deuxième cas, le curateur est à la fois séquestre et administrateur; comme séquestre, il doit faire tous les actes nécessaires pour empêcher le détournement des valeurs héréditaires, pour interrompre les prescriptions; et, comme administrateur, il peut, sans avoir les mêmes pouvoirs qu'un tuteur, faire tous les actes qui ne peuvent être différés sans péril, poursuivre le recouvrement des créances et acquitter les dettes de la succession. — Magnin, id.; Duranton, id., no 430.

11. — Jugé, cependant, que le curateur au ventre ne peut pas requérir l'apposition des scellés sur les objets dépendant de la succession du père de l'enfant conçu qu'il représente, ni défendre à une action en partage relative à cette même succession. — Besançon, 4 mai 1810, Sage-c. Delanne.

CURE, CURÉ.

Table alphabétique.

1. — La cure, dans l'acception la plus étendue de ce mot, est un office par lequel un ecclésiastique est chargé de la direction spirituelle d'un certain nombre de personnes, sous la direction immédiate de l'évêque; — cet ecclésiastique prend le nom de curé.

---

2. — Dans un sens plus restreint, on donne le nom de cure à la cure proprement dite, dont le titulaire est investi du titre de curé, soit à la succursale, qui n'est confiée qu'à un desservant.

3. — C'est à la cure proprement dite que les lois organiques et les règlemens officiels ont réservé le titre de paroisse; mais un usage général, et quelquefois même la loi, applique indistinctement cette qualification aux cures et aux succursales. — V. notamment décr. 6 nov. 1813, art. 28.

4. — On verra, en effet, qu'en principe et à part ces différences dans la dénomination, il y a assimilation complète entre la cure et le desservant, le curé et le desservant, sauf quelques points exceptionnels que nous indiquerons en leur temps. — V. infra nos 112 et suiv., 126 et suiv.

5. — Le territoire de la France est donc divisé, sous le rapport religieux, en cures et en succursales. — Toute commune qui n'est pas réunie à une cure doit dépendre d'une succursale.

6. — Nous examinerons séparément ce qui a trait : — 1o à la cure ou succursale considérée en elle-même; — 2o à la position, aux droits et aux devoirs de prêtre attaché au service paroissial.

SECT. 1re. — De la cure et de la succursale (no 7).

§ 1er. — De la cure et de la succursale considérées comme offices (no 8).

§ 2. — Des biens des cures et succursales (no 59).

SECT. 2e. — Des ecclésiastiques attachés au service paroissial (no 105).

§ 1er. — Des curés et desservans (no 110).

§ 2. — Des vicaires et prêtres auxiliaires (no 194).

Sect. 1re. — De la cure et de la succursale.

7. — La cure ou succursale considérée en elle-même peut être envisagée sous deux aspects différens : ou comme office, ou comme personne civile ayant des biens et des droits.

§ 1er. — De la cure et de la succursale considérées comme offices.

8. — La cure ou succursale est toujours établie dans une paroisse, et par paroisse on entend un certain lieu limité, confié à la direction spirituelle d'un prêtre spécialement désigné.

9. — Dans certains pays, il est vrai, il existe des cures personnelles, c'est-à-dire dont les titulaires ne sont pas chargés de la juridiction spirituelle sur une certaine portion du territoire, mais bien sur une certaine classe de personnes. Mais ce principe n'a jamais été reçu en France, et l'on a tenu, au contraire, toujours comme règle fondamentale que la division des paroisses doit se faire par territoire et non par la qualité des personnes. « Les cures personnelles, disait Portalis, dans son rapport sur les lois organiques, sont contraires à nos maximes; nous en avons divers arrêts, et, en autres, un arrêt du grand conseil du 21 juill. 1676, portant cassation d'une transaction passée entre les curés de Nantes, qui s'étaient divisé leurs paroisses par les différentes classes qui existaient, et non par territoire. »

10. — Nulle partie du territoire français n'est, au surplus, en dehors de la circonscription religieuse. Toute commune civile doit nécessairement constituer par elle-même partie d'une cure ou d'une succursale. — L. organiques, art. 60 et suiv.

11. — Mais il ne faut pas confondre la cure ou succursale avec la chapelle : la première, fût-elle même publique, et établie dans un intérêt général, ne constitue jamais une division religieuse du territoire. — Établissement secondaire et exceptionnel, la chapelle se trouve toujours placée dans la circonscription d'une cure ou succursale. — V. au surplus ANNEXE, CHAPELLE.

12. — À l'époque où le culte catholique fut rétabli légalement en France, l'ancienne organisation ecclésiastique des paroisses devait évidemment subir une complète réforme; telle cure embrassait un territoire de trop grande étendue, telle autre, au contraire, se trouvait restreinte à des proportions extraordinaires d'exiguïté; il y avait, en effet, les curés dont la juridiction ne s'étendait que sur vingt à vingt habitans.

13. — Aussi fut-on d'accord (art. 9) posait-il en principe que les évêques feraient une nouvelle circonscription des paroisses de leur diocèse, la-

---

quelle n'aurait d'effet que d'après le consentement du gouvernement.

14. — Et pour faciliter l'exécution de cette disposition, en même temps que le concordat supprimait les anciens diocèses, le cardinal Caprara, en vertu des pouvoirs qu'il avait reçus du souverain pontife, supprima les anciennes paroisses. — Décr. du 2 mars 1802.

15. — Les bases de la circonscription nouvelle furent établies par les lois organiques, lesquelles posèrent en principe qu'il y aurait au moins une cure par justice de paix; et, en outre, autant de succursales que le besoin pourrait l'exiger.

16. — « Chaque évêque, ajoutait l'art. 61, de concert avec le préfet, règlera le nombre et l'étendue de ces succursales. Les plans dressés seront soumis au gouvernement, et ne pourront être mis à exécution sans son autorisation. »

17. — Enfin l'art. 62 déclarait en termes formels qu'aucune partie du territoire français ne pourrait être érigée en cure ou succursale sans l'autorisation expresse du gouvernement.

18. — Ces dispositions des lois organiques, établissant que l'érection des cures ou succursales appartenait aux évêques, mais aussi que cette érection ne pouvait avoir lieu sans l'approbation du gouvernement, n'étaient au surplus que la reproduction des principes admis sous l'ancienne législation.

19. — L'exécution des prescriptions du concordat et des lois organiques en ce qui concerne la nouvelle organisation des paroisses, cures et succursales, fut accomplie d'un commun accord entre les deux autorités. Mais il n'en résultait pas que cette circonscription une fois accomplie ne dût subir aucun changement.

20. — Sans doute, ainsi que l'observait Portalis (loc. cit.), rien dans l'église ne doit y être arbitraire; tout, au contraire, doit s'y faire canoniquement, en conséquence, l'érection d'une cure ou succursale ne peut être faite sans causes ni sans formes. Et l'orateur citait à l'appui de son opinion la décision du concile de Constance, qui veut que l'érection n'ait lieu que lorsqu'elle est évidemment nécessaire, utile à l'église; mais le nombre des cures, et encore moins celui des succursales, n'aurait pu être déterminé d'une manière invariable; tout cela est subordonné aux besoins des fidèles.

21. — C'est ainsi qu'en ce qui concerne les paroisses proprement dites ou curés, la loi organique veut tout en disant qu'il y aura une cure par justice de paix, a ajouté au moins, d'où cette conséquence qu'il peut y avoir plus de cures qu'il n'y a de justices de paix. — Lett. min. 22 mess. an XI.

22. — « Toutefois, dit M. Vuillefroy (Tr. de l'adm. du culte catholique, 1re cure, sect. 1re, no 2, note a), l'intention du gouvernement impérial était de ne pas dépasser cette limite. Ce n'était pas uniquement un motif de finances, mais un motif politique et d'un ordre plus élevé qui le déterminait à restreindre le nombre des cures. Les curés sont inamovibles et les desservans ne le sont pas (V. infra, nos 128 et suiv.); or il voulait que le plus grand nombre des ministres du culte fût dans une situation qui permît de les écarter quand le bien de la religion et de l'État l'exigerait. »

23. — Quoi qu'il en soit, même sous l'empire, et depuis sous les gouvernemens qui lui ont succédé, le nombre des cures s'est accru dans une proportion bien supérieure à celle d'une par justice de paix, surtout dans les villes.

24. — Du reste, les lois organiques ne disent pas que la cure devra être placée au chef-lieu même de la justice de paix; d'où il suit qu'elle peut être placée dans une autre commune; mais on préfère en général les placer au chef-lieu, à moins que les circonstances de localité ne rendent préférable ce placement autre part. — Lett. min., 17 niv. an XI.

25. — C'est l'évêque qui propose l'érection de la cure, et le préfet est appelé à donner son avis, afin que le gouvernement statue en connaissance de cause sur la demande qui lui est faite. — L. organ., art. 61.

26. — « Les formes, disait M. Portalis (loc. cit.), sont établies pour constater la cause. La première forme autrefois était un rapport ou une information in commodo et incommodo; fut la législateur supplée ce rapport ou l'information par l'avis du préfet, qui est à portée de consulter toutes les parties intéressées et d'apprécier toutes les circonstances locales. »

27. — La demande ainsi accompagnée est soumise à l'examen du conseil d'état, où il y a lieu, une ordonnance royale, délibérée dans le sein du comité de législation, est rendue sur le rapport du ministre des cultes, ordonne l'érection. — 18 sept. 1839, art. 17.

28. — Auparavant, ces ordonnances étaient portées à l'assemblée générale du conseil d'état; cela n'existe plus aujourd'hui qu'autant qu'il y a opposition à l'érection. — Même ordonnance.

29. — S'il s'agit, non pas précisément de l'érection d'une cure nouvelle, mais de la translation d'une cure déjà établie d'une commune dans une autre, il y a lieu à l'accomplissement des mêmes formalités que pour l'érection. — Décis. min. 5 avr. 1809. — Il en serait à plus forte raison ainsi s'il s'agissait de suppression absolue.

30. — Les cures se divisent en deux classes. LL. 18 germ. an X, art. 66.

31. — Le décret du 27 brum. an XI, art. 1er, déclarait cures de *première classe* celles placées dans les villes dont les maires étaient nommés par le premier consul. Or, le premier consul ne nommait les maires que dans les communes ayant cinq mille ames au moins. — Depuis, la loi du 21 mars 1831 n'exigeant qu'une population de trois mille ames, pour que la nomination du maire ait lieu par ordonnance royale, par une conséquence nécessaire, il fallait en conclure que les cures des communes de trois mille ames devaient être rangées dans la première classe.

32. — Mais, par des motifs d'économie, l'ordonnance du 6 avril 1832 en a décidé autrement. D'après ses dispositions, sont cures de première classe : 1° celles des communes de cinq mille ames et au-dessus en nombre égal à celui des justices de paix établies dans ces communes ; 2° les cures des chefs-lieux de préfecture, alors même que leur population serait inférieure à cinq mille habitans. Ord. 6 avr. 1832.

33. — Toute autre cure n'est que de seconde classe, à moins que les qualités personnelles du curé ne lui aient fait conférer par privilége personnel le titre de curé de première classe. — V., sur ce point, *infrà* nos 137 et suiv.

34. — Si, depuis la première organisation des circonscriptions paroissiales, le nombre des cures s'est augmenté, celui des succursales s'est accru dans des proportions bien plus considérables. — Libre, aux termes des lois organiques, d'en établir autant que les besoins paraissaient l'exiger, le gouvernement s'est toujours empressé de déférer aux demandes d'érections nouvelles qui pouvaient lui être adressées.

35. — Dans l'usage, la première initiative vient du gouvernement, qui sollicite du pouvoir législatif un crédit pour l'érection de nouvelles succursales, et, ce crédit obtenu, il en informe les évêques et les préfets.

36. — Les formalités à remplir pour obtenir l'établissement d'une succursale sont les mêmes que celles établies pour l'érection des cures (V. *suprà* nos 25 et suiv.). Il faut proposition de l'évêque, avis du préfet, ordonnance délibérée au conseil d'état.

37. — Toutefois, il importe de remarquer qu'à vrai dire la proposition ne vient pas de l'évêque directement, mais qu'il ne fait lui-même qu'appuyer la demande formée par le conseil municipal de la commune dont les besoins religieux sont en souffrance. — Les décrets et ordonnances relatifs à l'érection de succursales ont toujours mentionné cette formalité de la demande de la commune. Ce vœu, régulièrement exprimé, est de rigueur. — Circul. minist. 9 nov. 1819.

37. — Plusieurs circulaires ministérielles adressées aux évêques et aux préfets ont eu pour but d'indiquer quels motifs doivent faire accueillir les demandes formées par les conseils municipaux.

38. — Outre la condition essentielle du vœu du conseil, la circulaire déjà citée, du 9 nov. 1819, déclare qu'il faut tenir pour motifs de préférence, entre les demandes qui peuvent être faites : 1° l'existence d'une église en bon état ou facile à réparer ; 2° l'existence d'un presbytère ou de moyens de loger un desservant; 3° le titre de commune et non de simple hameau, ou de section de commune rurale (dans ce dernier cas, il n'y a lieu d'ordinaire qu'à l'établissement d'une annexe); 4° une population réunie, et qui ne soit pas au-dessous de cinq cents ames; 5° une part plus forte aux contributions publiques.

40. — Les communes qui ont obtenu l'érection légale d'une annexe ou d'une chapelle ne doivent pas être admises à profiter de ce que le gouvernement est disposé à établir de nouvelles succursales pour reporter à la charge de l'état les dépenses de leur culte auxquelles elles s'étaient volontairement engagées. — Même circulaire.

41. — « Nous ne placerons point, disait le ministre des cultes aux évêques, dans sa circulaire du 12 août 1836, de succursales de nouvelle création dans des communes déjà érigées en chapelles ; mais quand l'érection d'une commune en chapelle, ou son instance, pour obtenir cette faveur, coïncidera avec la suppression d'une succursale, nous pourrons la lui transférer suivant les circonstances. »

42. — La même circulaire dispose que les communes pauvres, isolées et peu populeuses, ne doivent pas être préférées, sous prétexte que les plus importantes et les plus aisées ont les moyens de se procurer à leurs frais le service divin. — Avant tout, l'équité et le bien de la religion veulent que le prêtre soit placé là où ses soins peuvent atteindre un plus grand nombre d'individus.

43. — Aux conditions indiquées par la circulaire du 9 nov. 1819, pour la création de nouvelles succursales, des circulaires postérieures ont ajouté que cette création devait être subordonnée à la possibilité de faire desservir la succursale aussitôt après son érection, attendu qu'il ne saurait entrer dans les intentions de l'administration d'accorder des titres sans avoir pris connaissance des ressources des localités pour remplir leurs nouvelles obligations. — Circ. min. 12 août 1836 et 6 sept. 1837.

44. — Si, en effet, les dépenses nécessitées par l'érection étaient trop lourdes en présence des revenus de la commune, l'érection devrait être refusée. — Avis cons. d'état 2 août 1833.

45. — Enfin, une circulaire du 30 août 1838 indique encore, comme devant être nécessairement jointe à l'appui de la demande, l'indication très exacte de la circonscription du territoire de la commune, et même un plan qui devrait être annexé à l'ordonnance d'érection, si cette description ne suffisait pas.

46. — A la différence de ce qui a lieu pour les cures, il n'existe qu'une seule classe de succursales. Il est vrai qu'en 1832 le gouvernement pensa établir des succursales de second ordre, desservies seulement au moyen du binage, en faveur des communes dont la population est trop faible pour exiger la résidence d'un prêtre et pour supporter les dépenses qui en sont la conséquence.

47. — Mais le conseil d'état, consulté sur la réalisation de ce projet, éprouva des doutes sur le droit de l'administration. « On a pensé, disait l'avis du comité de l'intérieur, du 6 nov. 1833, que si, par suite du droit qui lui est donné d'ériger les églises en succursales ordinaires, elle peut se croire fondée à créer des succursales d'un ordre en quelque sorte inférieur, et qui n'entraînent pas des charges aussi considérables, soit pour l'état, soit pour les communes, on peut dire néanmoins que les lois et décrets organiques n'ont reconnu que trois espèces de paroisses : les cures, les succursales et les chapelles; que la nature de ces établissemens, les charges qu'ils entraînent et les avantages qu'ils procurent aux communes, sont déterminés par les lois, et qu'il n'appartient pas à l'administration seule de créer de nouvelles catégories ; d'où il suit qu'il y aurait lieu d'examiner si le pouvoir législatif ne devrait pas être appelé à se prononcer sur la création des succursales de deuxième classe.

48. — Depuis, et par une circulaire du 19 août 1839, le gouvernement manifesta l'intention de provoquer du pouvoir législatif, dans le budget de 1841, la création de succursales de deuxième classe, et même à cet effet il engageait les évêques à ne pas comprendre dans la proposition annuelle d'érection de succursales complètes les petites localités. — Mais, comme en 1833, le projet d'établir des succursales de deuxième ordre ne fut point réalisé.

49. — Ainsi que lorsqu'il s'agit d'une cure, le transfert, la suppression et même le changement de titre, par exemple l'érection de la succursale en cure, ne peuvent avoir lieu qu'avec l'accomplissement des mêmes formalités que pour son établissement.

50. — Ces changemens ne doivent s'effectuer qu'avec beaucoup de circonspection. — Circ. min. 22 août 1833. — Quand il s'agit surtout de priver une commune du titre qu'elle possède, la proposition doit être motivée, et le conseil municipal et celui de la fabrique doivent être entendus. — Circ. min. 12 août 1836.

51. — En cas de réclamation de la commune en possession, le changement ne peut avoir lieu qu'avec réserve. Le motif que la commune n'aurait pas de presbytère ne serait pas suffisant, si d'ailleurs elle allouait au desservant une indemnité de logement. — Avis cons. d'état 19 janv. 1838.

52. — Quoique les circulaires qui viennent d'être citées n'aient expressément en vue que les succursales, les règles qu'elles établissent sur les formalités à suivre pour leur transfert ou leur suppression nous paraissent également applicables au cas de transfert ou de suppression d'une cure. — V. *suprà* no 29.

53. — Toutefois il importe d'observer qu'il existe certaines cures dont la suppression peut être prononcée sans l'accomplissement des formalités ci-dessus indiquées, quoique pourtant ces cures soient quelquefois les plus importantes du diocèse; ce sont les cures des métropoles et cathédrales.

54. — Les églises métropolitaines et cathédrales furent en effet, lors de la nouvelle organisation religieuse de la France, destinées tout à la fois au service diocésain et au service paroissial; et de là des conflits multipliés et toujours fâcheux entre l'autorité du chapitre d'un côté, et l'autorité du curé de l'autre.

55. — Ce fut pour faire cesser cet état de choses, qu'un décret du 10 mars 1807, rendu sur la demande du cardinal-archevêque de Paris et sur l'avis favorable du ministre des cultes, autorisa dans la métropole de Paris la réunion de la cure au chapitre.

56. — Par une circulaire du 20 mai 1807, le ministre des cultes engagea les évêques à solliciter dans leurs diocèses respectifs l'application de cette mesure; et, depuis, la loi du 2 janvier 1817 a autorisé les évêques à opérer cette fusion sous l'approbation du gouvernement.

57. — A la différence de ce qui se pratiquait autrefois, aujourd'hui la fusion peut avoir lieu sans enquête ni audition des parties intéressées. Toutefois il est convenable de prendre au moins l'avis du préfet et du maire, et de mettre le titulaire de la cure à même de s'expliquer par écrit. — Avis cons. d'état 22 oct. 1830; 20 mars 1833.

58. — Nous avons vu au surplus, au mot CHAPITRE, que la fusion a pour effet de conférer au chapitre lui-même les fonctions curiales, fonctions qu'il exerce par l'un de ses membres délégués à cet effet et qui prend le titre d'archiprêtre. — V. CHAPITRE, no 20.

§ 2. — *Des biens des cures et succursales.*

59. — Autrefois, les cures possédaient des biens souvent considérables; comme toutes les autres propriétés des corps religieux, ces biens furent confisqués par les lois révolutionnaires et vendus comme biens nationaux. — V. BIENS NATIONAUX.

60. — Le concordat et les lois organiques ont-ils entendu rétablir les cures telles qu'elles existaient autrefois? Y a-t-il dans la cure, telle qu'elle existe aujourd'hui, autre chose qu'un office? La cure constitue-t-elle une personne civile capable de posséder?

61. — De ce que l'art. 73 des lois organiques dispose que les immeubles *autres que les édifices destinés au logement et les jardins attenans ne* peuvent être affectés à des titres ecclésiastiques ni possédés par les ministres du culte à raison de leurs fonctions, on a conclu que les cures ne pouvaient posséder; aussi le décret du 30 déc. 1809, qui a organisé les fabriques, a-t-il investi celles-ci du droit d'administrer tous les biens destinés à l'exercice du culte. — V. FABRIQUE.

62. — Mais depuis parut le décret du 6 nov. 1813, lequel reconnut formellement la possibilité pour certains titres ecclésiastiques, et notamment pour les cures, de posséder des biens, consistant soit en biens-fonds, soit en rentes.

63. — « Ce décret, il est vrai, dit M. Vuillefroy (vo *Cure*, sect. 1re, 6e note), avait pour but spécial, ainsi que l'indique son titre, de régir les provinces réunies à l'empire; mais en fait, il paraît avoir été adopté dans toute la France. »

64. — D'ailleurs, aucun doute n'est plus possible sur la capacité civile des cures, depuis la loi du 2 janv. 1817, qui a déclaré tout établissement ecclésiastique reconnu par la loi susceptible d'acquérir : en outre, l'ordonnance du 2 avr. 1817, interprétative de cette même loi, déclare formellement que les curés et desservans pourront accepter les dons et legs qui seront faits aux cures et succursales.

65. — Ainsi, dit M. Vuillefroy (*loc. cit.*), depuis lors, ces titres ont été, sans contestation, considérés comme de véritables établissemens publics distincts des fabriques et aptes à recevoir et à posséder comme elles et séparément.

66. — Il faut donc distinguer avec soin les biens de la *paroisse*, possédés et administrés par la fabrique, des biens de la *cure* et de la *succursale* possédés et administrés par le curé.

67. — Etablissement religieux reconnu par la loi, la cure ou la succursale est apte, sous l'accomplissement des conditions imposées par la loi à tout établissement religieux de posséder et d'acquérir toutes sortes de biens meubles et immeubles. — V. ÉTABLISSEMENS RELIGIEUX.

68. — Quelques auteurs, et notamment Prou-

dhon (*De l'usufr.*, nos 289 et suiv.), donnent à ces biens le nom de *bénéfices ecclésiastiques;* mais cette dénomination impropre ne saurait être acceptée. — V. BÉNÉFICE ECCLÉSIASTIQUE, no 39.

69.—Ces biens lui proviennent soit de l'état, soit de legs et donations, soit d'acquisitions effectuées par elle; c'est la première espèce de dotation de la cure ou succursale.

70. — La dotation de la cure ou succursale se compose encore: 1o du traitement alloué par l'état au curé ou desservant (V. *infrà* nos 152 et suiv.); 2o de l'usufruit du presbytère, ou, à défaut de presbytère, de l'indemnité de logement, dû, suivant les cas, par la fabrique ou par la commune (V. *infrà* nos 164 et suiv.); 3o du supplément de traitement que la commune peut être autorisée à allouer (V. *infrà* no 154); 4o de la part qui revient au curé dans les oblations (V. *infrà* nos 167 et suiv.).

71. — Nous nous occuperons de cette dernière classe de dotations dans la section relative aux curés et desservans; mais quelques explications sont nécessaires sur la première espèce de dotation, à savoir les *biens de la cure.*

72. — En ce qui concerne l'administration des biens, quelle que soit leur nature, le décret du 6 nov. 1813 prescrit que, dans toutes les paroisses dont les curés ou desservans possèdent à ce titre des biens fonds ou des rentes, la fabrique établie près chaque paroisse est chargée de veiller à la conservation desdits biens. — Art. 1er.

73.—Le curé, comme on le verra (*infrà* no 76), exerce généralement à leur égard les droits d'usufruitier; mais son administration est soumise d'une manière générale aux lois et réglemens relatifs à l'administration des biens des établissemens publics, et d'une manière plus spéciale aux réglemens particuliers sur la jouissance et l'administration des biens des cures.

74. — Il existe à cet égard un décret réglementaire, du 6 nov. 1813, qui renferme, sur l'administration des biens des cures, des dispostions nécessaires à connaître.

75. — Les art. 2 et 3 ordonnent le dépôt de tous les titres, documens, comptes, registres, sommiers, inventaires et pièces relatifs aux biens de la cure, dans la caisse ou armoire de la fabrique; et l'art. 4 veut que nulle pièce ne soit retirée de ce dépôt sans un avis motivé et signé du titulaire.

76. — Les titulaires des cures exercent les droits d'usufruit; ils en supportent les charges, conformément aux dispositions du Code civil, sauf quelques modifications. — Art. 6.

77. — Le procès-verbal de leur prise de possession, dressé par le juge de paix (aujourd'hui par le bureau des marguilliers (V. *infrà* no 125), doit porter la promesse par eux souscrite de jouir des biens en bons pères de famille, de les entretenir avec soin, et de s'opposer à toute usurpation ou détérioration. — Art. 7.

78. — Sont défendus aux titulaires et déclarés nuls tous actes d'aliénations, échanges, stipulations d'hypothèques, concessions de servitudes, et en général toutes dispositions opérant un changement dans la nature desdits biens, ou une diminution dans leurs produits, à moins que ces actes ne soient autorisés par le gouvernement dans la forme accoutumée. — Art. 8.

79. — Les titulaires ne peuvent faire des baux excédant neuf ans, que par forme d'adjudication aux enchères, et après que l'utilité en a été déclarée par deux experts nommés par le sous-préfet ou par le préfet. — Ces baux ne continuent à l'égard des successeurs des titulaires que de la manière prescrite par l'art. 1429, C. civ. — Art. 9.

80. — Il est défendu de stipuler des pots-de-vin pour les baux de ces biens. Le successeur du titulaire qui aurait pris un pot-de-vin a la faculté de demander l'annulation du bail, à compter de son entrée en jouissance, ou d'exercer son recours en indemnité, soit contre les héritiers ou représentans du titulaire, soit contre le fermier. — Art. 10.

81. — Les titulaires ayant des bois dans leur dotation doivent en jouir, conformément à l'art. 590, C. civ., si ce sont des bois taillis. —Quant aux arbres futaies réunis en bois ou épars, ils doivent se conformer à ce qui est ordonné pour les bois des communes. — Art. 12.

82. — Les titulaires seront tenus de toutes les réparations des biens dont ils jouissent (sauf, à l'égard des presbytères, les dispositions spéciales qui les concernent). S'il s'agit de grosses réparations, et qu'il y ait dans la caisse de la fabrique des fonds provenant de la cure, ces fonds doivent y être employés. — S'il n'y a point de fonds dans cette caisse, le titulaire est tenu de les fournir jusqu'à concurrence du tiers du revenu foncier de la cure, indépendamment des autres réparations dont il est chargé. — Quant à l'excédant du tiers du revenu, le titulaire peut être autorisé, par le gouvernement, en la forme accoutumée, soit à un emprunt avec hypothèque, soit même à l'aliénation d'une partie des biens. — L'ordonnance d'autorisation d'emprunt doit fixer les époques de remboursement à faire sur les revenus, de manière qu'il en reste toujours les deux tiers aux curés. — En tout cas, il est suppléé par le trésor à ce qui pourrait manquer, pour que le revenu restant au curé égale le taux ordinaire des congrues. — Art. 13.

83. — Les poursuites à fin de recouvrement des revenus sont faites par les titulaires à leurs frais et risques. — Ils ne peuvent néanmoins, soit plaider en demandant ou en défendant, soit même se désister, lorsqu'il s'agira des droits fonciers de la cure, sans l'autorisation du conseil de préfecture, auquel est envoyé l'avis du conseil de la fabrique. — Art. 14. — V. CONSEIL DE PRÉFECTURE. — V. encore AUTORISATION DE PLAIDER, nos 342 et suiv.

84. — Les frais de procès sont à la charge des curés, de la même manière que les dépenses pour réparations. — Art. 15.

85. — Le décret du 6 novembre 1813 contient encore quelques dispositions particulières, qu'il importe d'indiquer, sur l'administration des biens de la cure en cas de vacance.

86. — Et, d'abord, en cas de décès du titulaire d'une cure, le juge de paix est tenu d'apposer les scellés d'office, sans rétribution pour lui et son greffier, ni autres frais, si ce n'est le seul remboursement du papier timbré. — Art. 16. — Les scellés sont ensuite levés, soit à la requête des héritiers, en présence du trésorier de la fabrique, soit à la requête du trésorier de la fabrique, en y appelant les héritiers. — Art. 17.

87. — Il est procédé, par le juge de paix, en présence des héritiers et du trésorier, au récolement du précédent inventaire, contenant l'état de la partie du mobilier et des ustensiles dépendant de la cure, ainsi que des titres et papiers la concernant. — Art. 18. —Expédition de l'acte de récolement doit être délivrée au trésorier par le juge de paix, avec la remise des titres et papiers dépendant de la cure. — Art. 19.

88. — Il doit aussi être fait, à chaque mutation de titulaire, par le trésorier de la fabrique, un récolement de l'inventaire des titres et de tous les instrumens aratoires de tous les ustensiles ou meubles d'attache, soit pour l'habitation, soit pour l'exploitation des biens. — Art. 20.

89. — Il est enjoint au trésorier de la fabrique de poursuivre les héritiers pour qu'ils mettent les biens de la cure dans l'état de réparation où ils doivent les rendre. — Les curés ne sont tenus, à l'égard du presbytère, qu'aux réparations locatives, les autres étant à la charge de la commune. — Art. 21.

90. — Dans le cas où le trésorier aurait négligé d'exercer ses poursuites à l'époque où le nouveau titulaire entrerait en possession, celui-ci serait tenu d'agir lui-même contre les héritiers, ou de faire une sommation au trésorier de la fabrique de remplir à cet égard ses obligations. Cette sommation doit être dénoncée par le titulaire au procureur du roi, afin que celui-ci contraigne le trésorier de la fabrique d'agir, ou que lui-même il fasse d'office les poursuites, aux risques et périls du trésorier, et subsidiairement aux risques des paroissiens. — Art. 22.

91. — Au surplus, les archevêques et évêques doivent s'informer, dans le cours de leurs visites, non seulement de l'état de l'église et du presbytère, mais encore de celui des biens de la cure, afin de rendre, au besoin, des ordonnances à l'effet de poursuivre, soit le précédent titulaire, soit le nouveau; une expédition de l'ordonnance ainsi rendue doit rester aux mains du trésorier pour l'exécuter, et une autre expédition être adressée au procureur du roi, à l'effet de contraindre, en cas de besoin, le trésorier par les moyens ci-dessus.— Art. 23.

92. — Bien que le décret du 6 nov. 1813 désigne spécialement *le trésorier*, M. Affre (p. 258) pense que la loi n'a pu vouloir, dans le cas où la commune serait propriétaire du presbytère, exclure le maire ou tous ceux qui ont qualité pour réclamer des droits communaux de l'action à intenter.

93. — En disant que le procureur du roi pourra agir aux *risques et périls* du trésorier, l'art. 22 du décret précité indique que si, par exemple, l'action était prescrite par la faute de ce comptable, ou si les héritiers du titulaire étaient devenus insolvables pour n'avoir pas été poursuivis à temps, le trésorier serait obligé de payer lui-même.— Affre, *loc. cit.*

94. — Jusqu'à ce que le nouveau titulaire ait reçu le montant des réparations faites par son prédécesseur ou par ses héritiers, elles demeurent à sa charge, et si, lui-même, après avoir reçu ce montant, venait à décéder avant de l'avoir employé, le maire ou le trésorier auraient le même droit contre ses héritiers que contre ceux du précédent titulaire. — Affre, *loc. cit.*

95. — Dans tous les cas de vacance d'une cure, les revenus de l'année courante appartiendront à l'ancien titulaire ou à ses héritiers, jusqu'au jour de l'ouverture de la vacance, et au nouveau titulaire, depuis le jour de sa nomination. Les revenus qui ont eu cours du jour de l'ouverture de la vacance jusqu'au jour de la nomination sont mis en réserve dans la caisse de la fabrique, pour subvenir aux grosses réparations qui surviendront dans les bâtimens appartenant à la dotation, conformément à l'art. 13. — Art. 24.

96. — Le produit des revenus pendant l'année de la vacance est constaté par les comptes que rendront le trésorier pour le temps de la vacance, et le nouveau titulaire pour le reste de l'année. Ces comptes portent ce qui a été reçu par le précédent titulaire pour la même année, sauf reprise contre sa succession, s'il y a lieu. — Art. 25.

97. — Les contestations sur les comptes ou répartitions de revenus, dans les cas indiqués aux articles précédens, seront décidées par le conseil de préfecture. — Art. 26. — V. CONSEIL DE PRÉFECTURE, no 177.

98. — Enfin, dans le cas spécial où, par suite de maladie, supension, peine canonique, ou par voie de police, le curé ou desservant se trouve éloigné temporairement de la paroisse, le trésorier de la fabrique remplit, à l'égard de ces mêmes biens, pendant le temps de l'absence du titulaire, les fonctions attribuées à ce dernier par les art. 6 et 13 du décret. — Art. 28.

99. — En permettant aux curés de recevoir les dons et legs faits à la cure, l'ord. du 2 avr. 1817 a-t-elle dérogé au principe posé par l'art. 6 du 6 nov. 1813, suivant lequel les curés ne sont qu'usufruitiers des biens des cures?

100.—En 1820, le ministre, pensant que cette dérogation existait et y trouvant des inconvéniens réels, 1o en ce que le droit d'accepter les dons et les legs accordés au titulaire pouvait rendre cette acceptation impossible pendant la vacance de la cure; — 2o en ce qu'il était à craindre qu'on ne vînt à conclure de ce droit que les curés demeuraient *exclusivement* chargés de l'administration des biens, ce qui lui paraissait contraire aux intérêts des cures et présenter beaucoup moins de garanties que la surveillance des fabriques, proposa de modifier l'ord. de 1817; mais le conseil d'état ne partagea pas les appréhensions du ministre, et un avis du conseil d'état, du 3 juin 1820, rejeta la proposition en ces termes:

101. — « Les fabriques ne sont point appelées à s'immiscer dans la surveillance et l'administration des biens affectés, par les testateurs ou donateurs, à l'entretien des curés ou desservans; vainement on prétendrait que les ministres du culte n'ont que la jouissance usufruitière de ces biens; on est forcé de reconnaître, au contraire, qu'ils en ont la propriété réelle; à la vérité, cette propriété est indéfiniment substituée au profit de leurs successeurs futurs; mais ils en doivent avoir l'administration et la conservation, sans surveillance aucune de la part de la fabrique. »

102. — « La mesure proposée ne paraît d'ailleurs, ajoute le même avis, avoir pour but que d'éviter aux ecclésiastiques titulaires des cures ou succursales le paiement des droits proportionnels d'enregistrement pour les libéralités qui pourraient leur être faites; or, indépendamment de ce qu'elle serait irrégulière et pourrait détourner quelques individus de donner aux cures et succursales, elle aurait encore l'inconvénient de ne pas atteindre le but qu'on se propose, puisque les fabriques n'acceptant pas pour leur compte, mais au nom des curés et desservans, l'administration des domaines et de l'enregistrement ne pourrait, sans manquer à ses devoirs, se dispenser d'exiger le paiement des droits, dont une disposition législative pourrait seule dispenser le ministre du culte. »

103. — En conséquence, le droit d'accepter les legs et dons faits à la cure fut laissé au curé conformément à l'ord. de 1817. — « Mais, dit M. Vuillefroy, vo *Cure*, no 8 (note), malgré l'avis incidemment exprimé dans l'avis précité, les fabriques ont nécessairement conservé la surveillance des biens des cures qui leur a été conféré par le décret du 6 nov. 1813, et cette surveillance doit encore s'exercer dans les termes de ce décret. Un réglement d'administration publique aurait pu seul révoquer ce décret ou en modifier les dispositions; il n'est intervenu aucun autre acte que l'ord. de

1817, dont la disposition ne s'applique qu'à la forme de l'acceptation des dons et legs, et n'enlève à la fabrique aucun des droits qui lui avaient été précédemment attribués. » — Au contraire, M. Affre (*Tr. de l'admin. des paroisses*), qui met en doute (p. 291) l'autorité du décret de 1813, se fonde sur les termes de l'avis du 3 juin 1820, pour dire que le curé remplit à l'égard des cures les mêmes fonctions que le conseil de la fabrique, le bureau et le trésorier, à l'égard des biens appartenant aux paroisses (p. 296). »

104. — V., au surplus, pour plus amples détails, ÉTABLISSEMENS RELIGIEUX, FABRIQUE.

Sect. 2e. — *Des ecclésiastiques attachés au service paroissial.*

105. — Toute cure ou succursale est nécessairement confiée à un titulaire, lequel porte le nom de *curé* dans le premier cas, de *desservant* dans le second, ainsi que nous l'avons dit plus haut *suprà* n° 2.

106. — De plus, à côté du curé ou desservant, et pour l'assister dans l'exercice du ministère paroissial, surtout dans les localités nombreuses, un ou plusieurs prêtres auxiliaires sont adjoints au titulaire, sous le nom de vicaires.

107. — Nous examinerons séparément ce qui concerne le curé ou desservant titulaire de l'office, et le vicaire qui lui est adjoint.

108. — Il faut remarquer, au surplus, que, de même que la loi applique la dénomination de paroisse aux cures et aux succursales sans distinction (V. *suprà* n° 3), par un usage non moins constant, la qualification de curé est toujours donnée au simple desservant, qui n'est plus dénommé ainsi que dans le langage officiel.

109. — De même encore, la dénomination de vicaire est appliquée à tout prêtre auxiliaire, quoique légalement cette dénomination ne doive s'appliquer qu'aux ecclésiastiques légalement investis des fonctions vicariales. — V. *infrà* n° 194.

§. 1er. — *Des curés et desservans.*

110. — « De droit commun, les évêques ont toujours été les collateurs ordinaires des titres ecclésiastiques de leur diocèse. Cette règle est aussi ancienne que l'église. » — Portalis, *Rapport sur les articles organiques.*

111. — Le concordat et les lois organiques ont maintenu ce droit aux évêques; il existe pour la nomination du curé comme pour celle du desservant. — Concordat, art. 10; loi organ., art. 19 et 63.

112. — Toutefois, quelques différences notables sont à signaler, quant à l'exercice du droit de nomination, selon qu'il s'agit de curés ou de desservans.

113. — Ainsi, lorsqu'il s'agit d'un curé, le choix ne peut tomber que sur des personnes agréées du gouvernement (concordat, art. 10), et cet agrément est donné par une ordonnance royale; la prise de possession de la cure ne saurait avoir lieu auparavant. — Circ. min. 2 avr. 1832.

114. — Dans l'usage, le ministre des cultes fait parvenir au curé agréé une lettre par laquelle il lui fait connaître que le gouvernement a agréé sa nomination. Le décret du 7 brum. an XI, art. 6, exige que le curé soit porteur de cette lettre pour toucher son traitement.

115. — Jusqu'à l'ordonnance royale, non seulement les évêques ne peuvent faire donner l'institution canonique, mais encore défense leur est faite de manifester cette nomination, qui ne doit pas être jusque-là connue. — Loi organ., art. 19. — Le 30 sept. 1830, une circulaire du ministre des cultes a rappelé aux évêques l'utilité et la nécessité de ce silence.

116. — Le concordat et les lois organiques n'avaient, du reste, apporté aucune restriction à la liberté du choix de l'évêque qui, sauf l'approbation du gouvernement, pouvait s'exercer sur tout ecclésiastique.

117. — Mais bientôt la loi du 23 vent. an XII, relative à l'établissement des séminaires, établit que nul ne pourrait être nommé curé de première classe sans avoir soutenu un exercice public et rapporté un certificat de capacité sur les matières qui forment l'enseignement ecclésiastique. — L. 23 vent. an XII, art. 2.

118. — Cette disposition de la loi du 23 vent. an XII, qui n'avait jamais été rigoureusement exécutée, même sous l'empire, et était, depuis, tombée en désuétude, fut remplacée par de nouvelles prescriptions en vertu de l'ordonnance du 25 déc. 1830.

119. — Aux termes de cette ordonnance, nul ne peut être nommé curé dans une ville chef-lieu de département et d'arrondissement s'il n'a obtenu le grade de *licencié* en théologie, ou s'il n'a rempli pendant quinze ans les fonctions de curé ou de desservant. — Ord. 25 déc. 1830, art. 2. — Nul ne peut être nommé curé de chef-lieu de canton s'il n'est *bachelier* en théologie ou s'il n'a rempli pendant dix ans les fonctions de curé ou de desservant. — *Ibid.*, art. 3.

120. — N'ont été exceptés de ces conditions d'aptitude, exigibles à partir du 1er janv. 1835, que les ecclésiastiques qui, à l'époque de la publication de l'ordonnance, auraient eu vingt-un ans accomplis. — *Ibid.*, art. 4.

121. — Toutefois, cette ordonnance, bien que son observation ait été rappelée aux évêques par une circulaire ministérielle du 29 déc. 1834, a été l'objet de nombreuses réclamations; et, en fait, elle n'est pas exécutée.

122. — Mais il n'en est pas de même de la nécessité du serment imposé aux curés comme condition préalable de leur installation par le concordat (art. 7), qui veut qu'il ait lieu dans la même forme que celui des évêques. — V. ÉVÊQUE. — V. aussi CLERGÉ.

123. — Conformément à la loi organique (art. 27) ce serment est prêté entre les mains du préfet; procès-verbal est dressé de cette prestation par le secrétaire-général (ou, aujourd'hui, par le conseiller remplissant ces fonctions), et copie collationnée en est délivrée au titulaire qui, alors, peut être installé.

124. — La mise en possession a lieu par le curé ou par le prêtre désigné par l'évêque. — Loi organ. art. 28. — D'ordinaire, ce prêtre est revêtu du titre de vicaire-général ou archiprêtre. — V. DIOCÈSE, ÉVÊQUE.

125. — Aux termes de l'art. 1er de l'ord. 13 mars 1832, le bureau des marguilliers doit constater cette prise de possession et le jour où elle a lieu; il en est de même pour les desservans: expédition du procès-verbal est adressée à l'évêque et au préfet.

126. — En ce qui concerne la nomination des desservans, le choix de l'évêque s'exerce d'une manière absolue, et sans qu'il soit besoin de l'approbation préalable de l'autorité. — Loi organique, art. 63. — Seulement l'évêque est tenu de donner avis de la nomination au préfet et au ministre des cultes.

127. — Cette différence en ce qui concerne le droit d'intervention de l'état, suivant qu'il s'agit de la nomination à une cure ou à une succursale, se justifie par la différence de position qui existe entre le curé et le desservant, différence qui mettait par conséquent l'autorité civile dans la nécessité d'exiger plus de garanties pour la nomination dans un cas que dans l'autre.

128. — En effet, les desservans ne jouissent pas du bénéfice de l'inamovibilité; la loi organique (art. 31) prescrit en termes formels *qu'ils sont révocables par l'évêque.*

129. — Et ce droit de révocation est exercé par l'évêque de la manière la plus absolue; les décisions qu'il peut prendre à cet égard ne peuvent donc être attaquées que par voie de recours hiérarchique au métropolitain; mais en tous cas elles ne peuvent jamais donner lieu à un appel comme d'abus. — *Cons. d'état*, 28 mai 1835, Camus; 3 août 1828, Bessanger; 28 oct. 1829, Bon.

130. — Ce droit absolu de révocation, contre l'abus duquel le desservant ne trouve aucune garantie, ne devrait-il pas être modifié, et si le desservant ne peut être appelé à jouir du bénéfice de l'inamovibilité tel qu'il est accordé aux curés, du moins cette révocation ne devrait-elle pas être entourée de certaines formes pour en garantir la justice et l'opportunité? — Il ne nous appartient pas de résoudre cette question, qui a donné lieu à des discussions très animées surtout dans ces derniers temps. — V. au surplus sur ce point l'abbé André, *Dict. de droit canon*, v° *Inamovibilité.*

131. — Les curés, au contraire, sont inamovibles. Sans doute la loi organique n'a point consacré en termes formels ce principe; mais cela résulte nécessairement du rapprochement des art. 30 et 31 de la même loi. « La loi en n'attribuant le droit de révocation aux évêques qu'à l'égard des vicaires ou desservans seulement, indique assez que son intention n'a pas été de le leur donner sur les curés; au surplus la législation nouvelle n'a fait en cela que consacrer un principe reconnu dans tous les temps dans l'église de France, et par les ordonnances des rois. » — Avis cons. d'état, de l'intérieur, 30 juill. 1824.

132. — Ce bénéfice de l'inamovibilité est tel, qu'aucune atteinte ne saurait y être apportée par l'évêque d'une manière directe ou indirecte. — Vuillefroy, *loc. cit.*, sect. 2e, n° 16.

133. — Ainsi « la nomination par l'évêque d'un vicaire administrateur ne pourrait se concilier avec l'inamovibilité du titre curial. Elle serait considérée comme un moyen indirect de déposséder un pasteur, qui ne peut l'être que par voie de destitution, pour un délit capable, selon les lois canoniques et civiles, d'entraîner la destitution. Il n'a jamais été nommé de vicaires administrateurs, que lorsque l'âge ou les infirmités ont mis le titulaire dans l'impossibilité de continuer l'exercice de ses fonctions. » — Déc. min. 25 mars 1809.

134. — Mais, d'un autre côté, « il répugnerait d'entendre l'inamovibilité attribuée aux curés, dans ce sens qu'elle ne pourrait cesser en aucun cas. Il est évident, au contraire, qu'elle ne signifie autre chose que le droit de ne pouvoir être déposé sans un jugement régulier. » — Avis cons. d'état, 30 juill. 1824.

135. — « Le droit de déposer les curés pour des causes légitimes a été en usage dès les premiers siècles de l'église; il est consacré par les décrets des papes et les décisions formelles d'un grand nombre de conciles, et entre autres par le deuxième concile de Châlons, dont un des canons dit expressément: que si un prêtre a été pourvu d'une église, on peut la lui ôter lorsqu'il s'est rendu coupable de quelque crime, et après l'en avoir convaincu en présence de son évêque. Mais, sans recourir à des autorités aussi anciennes, il serait facile d'établir, par des exemples assez récens et par l'usage constamment suivi, que jusqu'au moment de la révolution ce droit a été exercé par les tribunaux de l'officialité, institués auprès de chaque évêque. » — Même avis.

136. — Au surplus, si le curé ne peut être déposé arbitrairement par l'évêque, il n'en est pas moins soumis à l'évêque (v. *infrà* n° 143), et comme tel il est susceptible d'encourir des peines canoniques, qui l'éloignent temporairement de sa cure.

137. — V. d'ailleurs, en ce qui concerne les causes, l'instruction et les formes de la déposition canonique, ÉVÊQUE.

138. — Observons seulement que l'ordonnance de déposition contre le curé rendue par l'évêque doit être par lui transmise avec toutes les pièces de l'instruction au ministre des cultes. — Décis. min. 10 juin et 12 déc. 1814.

139. — ...Et que pour être exécutoire, elle doit être revêtue de l'approbation royale. — En effet, dit un avis du cons. d'état du 30 juill. 1824, « Puisque la nomination des curés n'est définitive, d'après le droit nouveau, que par le concours de l'évêque et du roi, leur déposition ne doit naturellement résulter aussi que d'un concours semblable. »

140. — En tous cas le curé ainsi frappé par l'évêque, peut recourir au conseil d'état par la voie d'appel comme d'abus. — V. APPEL COMME D'ABUS, nos 76 et suiv.

141. — Et, à ce sujet, l'avis du 30 juill. 1824 porte: « L'ancienne législation avait réservé l'appel comme d'abus aux parlemens du royaume contre les sentences des évêques, prononçant des dépositions ou autres peines de la même nature. Ce droit paraissant aussi résulter des articles 67 et 68 de la loi du 18 germ. an X, il conviendrait peut-être de décider d'une manière précise que les curés pourront l'exercer, afin de leur donner toutes les garanties compatibles avec l'état actuel de la législation, et que leur titre semble réclamer. Mais alors, pour ne point compromettre la confirmation royale, il serait indispensable de fixer un délai pendant lequel le curé, régulièrement prévenu, aurait la faculté de se pourvoir comme d'abus, et pendant lequel il conviendrait aussi de retarder la décision du roi. »

142. — Le curé est chargé dans sa paroisse de l'administration spirituelle (Loi organ., art. 9.) — « C'est à lui seul qu'appartiennent toutes les fonctions qui, par leur nature, sont curiales, telles que le droit d'administrer les sacremens à toutes les personnes domiciliées dans l'étendue de sa paroisse, et de leur donner, en cas de mort, la sépulture ecclésiastique. » — Décr. min. 22 avr. 1808.

143. — Toutefois cette autorité n'est exercée par lui que sous la juridiction spirituelle de l'évêque, auquel il est immédiatement soumis. — Loi organ., art. 30. — L'évêque, en effet, est le chef du diocèse. — V. au surplus Portalis, rapport sur les art. organiques. — V. encore ÉVÊQUE.

144. — C'est ainsi qu'il ne peut admettre dans l'église que des prêtres approuvés par l'évêque. — V. Règlement pour les cures et succursales approuvé par le gouvernement.

145. — Au curé seul appartient encore la police

intérieure du culte, et l'autorité municipale ne saurait, sur ce point, intervenir, du moins en principe. — V. au surplus CULTE, n° 238 et suiv.

146. — Dans l'ordre hiérarchique tous les curés ont le même rang et les mêmes fonctions. — « Tous les curés, disait la décis. minist. des 23 messid. an X et 3 flor. an XI, sont égaux en droit, puisqu'ils ont tous le même caractère et les mêmes fonctions. Personne ne peut se dire le premier entre eux. Il y a, sans doute, des curés qui peuvent avoir un plus grand territoire, et qui sont établis dans une église plus ancienne ou plus importante; mais ces circonstances n'ont aucune influence sur le titre de curé, qui est commun à tous, et qui renferme les mêmes prérogatives. Il n'y a pas plus de premier curé dans un diocèse, qu'il n'y a de premier évêque en France; quand on est évêque, on l'est autant que tout autre, et dans le sacerdoce, ainsi que dans l'épiscopat, il ne peut y avoir de distinctions que celles qui ont été établies par la hiérarchie fondamentale de l'église. — V., toutefois, *infrà* nos 155 et suiv.

147. — Le desservant exerce dans la succursale les mêmes fonctions que le curé dans la paroisse où est la cure. Il y exerce son ministère sous la surveillance et la direction du curé (L. organ., art. 31). En un mot, il est dans sa paroisse ce que le curé est dans la sienne. — Décis. min. 9 brum. an XIII.

148. — Autrefois, il est vrai, il n'en était pas ainsi, mais c'est que la dénomination de desservant n'était pas employée dans le même sens qu'aujourd'hui. — « Les desservans, disait Jousse (*Tr. de gouvernement spirit. et temp. des paroisses*), sont des prêtres qui sont chargés de faire les fonctions ecclésiastiques dans les paroisses dont les cures sont vacantes, ou dont les curés sont interdits. » — Le desservant n'était donc autre, au résumé, que le prêtre chargé *provisoirement* par son évêque de desservir une cure vacante, comme cela peut exister encore aujourd'hui. — V. *infrà* n° 174.

149. — Aujourd'hui, au contraire, le desservant est un véritable curé, moins l'inamovibilité et avec la différence dans le traitement. — « Il n'y a, au surplus, aucune distinction entre les fonctions de l'un et de l'autre; et le curé n'a à l'égard du desservant qu'une simple autorité de surveillance, consistant à avertir l'évêque des abus ou irrégularités qui seraient à sa connaissance. » — Déc. min. 13 fruct. an X.

150. — Un règlement de l'archevêque de Paris, approuvé par le gouvernement et rendu commun à tous les diocèses de France (déc. min. 23 messid. et 7 thermid. an X), borne les droits du curé à pouvoir chaque année faire une visite dans les succursales qui sont du ressort de sa cure; il peut y officier, mais sans prétendre à aucun droit de visite ou aucune oblation, et seulement un jour qui ne soit ni dimanche, ni fête reconnue. — C'est, au résumé, un droit purement honorifique qui est ainsi réservé aux curés, et encore n'est-il pas pratiqué.

151. — Comme les curés, les desservans sont égaux en droit et en rang; de plus, ils sont égaux quant au traitement qu'ils reçoivent de l'état, sauf les différences qui résultent de l'âge.

152. — Le taux de ce traitement a varié: en l'an XII, il avait été fixé à 500 francs; il fut successivement porté à 600 fr. (ord. 5 juin 1816); puis à 700 et à 800 fr. pour les septuagénaires (ord. 5 avr. 1817); puis à 750 et à 900 fr. pour les septuagénaires (ord. 20 mai 1818); puis à 900 fr. pour les sexagénaires, et à 1000 fr. pour les septuagénaires, et enfin à 800 fr. pour les simples desservans (ord. 6 janv. 1830), taux actuel.

153. — Des propositions ont été faites dans ce dernier temps, et spécialement à l'occasion du budget de 1846, pour augmenter le traitement des desservans reconnu insuffisant, surtout dans certaines localités, où le prix des objets nécessaires à la vie est très élevé; le gouvernement a promis de prendre ces propositions en considération.

154. — Il est vrai que les communes peuvent accorder aux desservans une indemnité de traitement; mais cette subvention, toujours facultative, ne peut avoir lieu que sur les fonds libres du budget communal, et ne peut donner lieu à aucune imposition extraordinaire. — V. COMMUNE, n° 1308, CULTE, n° 319.

155. — Les curés, au contraire, sont divisés en deux classes quant au traitement. — Première classe: les septuagénaires non pensionnés ont 1600 fr.; — les septuagénaires pensionnés ont 1500 fr. et en outre leur pension entière. — Les non septuagénaires pensionnés ou non ont 1500 fr. — Deuxième classe: Les septuagénaires pensionnés ont 1200 fr. et en outre leur pension (à l'égard de laquelle la cumulation est permise jusqu'à concurrence de 2500 fr. (L. 15 mai 1818, art. 12), et les non septuagénaires pensionnés ou non ont 1200 fr. — Affre, p. 301.

156. — Nous avons déjà indiqué (*suprà* n° 30 et s.) d'après quelles bases il avait été procédé à la division des cures, et nous avons ajouté qu'outre la classification par importance de population ou de localité, les qualités personnelles du titulaire d'une cure pouvaient faire élever cette cure de la deuxième à la première classe.

157. « Chaque année, dit un arrêt du 27 brum. an XI, le premier consul (aujourd'hui le roi), sur la demande des évêques, fera passer de la deuxième section à la première les curés qui se seront distingués par leur zèle, leur piété et les vertus de leur état. » — Circ. min. 25 sept. 1832.

158. — Toutefois, cette faveur, entièrement personnelle, et qui ne passe pas aux successeurs, ne peut être appliquée à plus du dixième du nombre total des curés de deuxième classe. — Décis. 29 sept. 1819.

159. — Par une lettre adressée à l'évêque de Montpellier, le ministre des cultes expliquait que la nomination à titre d'honneur et de distinction ne devait être faite qu'au fur et à mesure des vacances, et proportionnellement entre les diocèses. — Lettre min. 30 sept. 1813.

160. — Une autre lettre ministérielle prescrit qu'aussitôt que l'évêque a connaissance du changement de classe d'un curé, il doit se faire remettre sans retard le brevet précédemment envoyé au titulaire, pour que ce changement de position, qui a pour conséquence le changement de traitement, y soit noté.

161. — Les curés et desservans touchent leur traitement du jour de leur installation constatée par le bureau des marguilliers. — Ord. 13 mars 1832, art. 1er et 2.

162. — En outre, et sauf ce qui a été dit plus haut, leur pension ecclésiastique est déduite de leur traitement. — Affre, *loc. cit.* — V. PENSION.

163. — Comme les desservans, les curés peuvent recevoir des communes un supplément facultatif de traitement. — V. *suprà* n° 154.

164. — Tout titulaire de cure ou de succursale a encore droit: 1° à la jouissance d'un presbytère, ou, s'il n'y a pas de presbytère, à une indemnité de logement. — V. BIENS ECCLÉSIASTIQUES, n° 6.

165. — Tout ce qui concerne l'usage et la jouissance du presbytère, ainsi que les droits et obligations du curé, sera traité plus tard. — V. PRESBYTÈRE.

166. — Quant à ce qui concerne l'indemnité de logement à défaut de presbytères, nous avons déjà vu, au mot COMMUNE, nos 1194 et suiv., que la loi du 18 juillet 1837, reproduisant au surplus les prescriptions d'un décret du 30 décembre 1809, a rangé cette indemnité parmi les dépenses obligatoires des communes.

167. — ... 2° A une part dans les oblations, c'est ce qui dans l'usage est désigné sous le titre de casuel. — V. CULTE, nos 328 et suiv., FABRIQUE, OBLATION. — V. au surplus, pour tout ce qui concerne la dotation des cures et curés, *suprà* nos 70 et suiv.

168. — L'obligation de résidence est imposée par la loi organique au curé. — L. organ., art. 29. — Evidemment et par identité de motifs, cette même obligation est imposée au desservant.

169. — Cette obligation de résidence, condition indispensable pour l'exercice du ministère pastoral, n'est pas au surplus une innovation de la loi organique; l'art. 5 de l'ordonnance d'Orléans et l'art. 14 de celle de Blois en avaient fait l'objet de prescriptions formelles.

170. — Toute absence non autorisée donne lieu à décompte sur le traitement (ord. 13 mars 1832, art. 4) sans préjudice de l'application des peines canoniques, et même de la révocation s'il y échet.

171. — Quant à l'absence temporaire, pour cause légitime, des titulaires d'emplois ecclésiastiques, du lieu où ils sont tenus de résider, elle peut être autorisée par l'évêque diocésain, sans qu'il en résulte décompte sur le traitement, si l'absence ne doit pas excéder huit jours; passé ce délai et jusqu'à celui d'un mois, l'évêque notifie le congé au préfet et lui en fait connaître le motif. — Ord. 13 mars 1832, art. 4.

172. — Si la durée de l'absence pour cause de maladie, ou autre, doit se prolonger au-delà d'un mois, l'autorisation du ministre des cultes est nécessaire. — *Ibid.*

173. — L'absence d'un titulaire pour cause de maladie est constatée au moyen d'un acte de notoriété dressé par le maire de la commune où est située la paroisse. — Décr. 17 nov. 1811, art. 1er.

174. — Quelle que soit la cause de l'absence d'un titulaire, légitime ou non, ou par suite de peines canoniques, de suspension, de maladie ou par vue de police, l'évêque doit pourvoir à ce que les besoins spirituels de la paroisse ne soient pas en souffrance, et à cet effet il doit nommer un ecclésiastique pour diriger provisoirement la cure. — Décr. 17 nov. 1811, art. 1er; 6 nov. 1813, art. 27.

175. — L'ecclésiastique chargé provisoirement de la cure ou succursale a droit d'abord au casuel, et de plus à une indemnité. — Décr. 17 nov. 1811, art. 4.

176. — Plusieurs exemples se sont déjà présentés relativement à l'interprétation des dispositions du décret du 17 nov. 1811, en ce qui concerne le droit à l'*indemnité*, et l'on s'est toujours renfermé dans le texte même du décret, qui fixe cette indemnité dans le cas d'*absence du curé*, et non dans le cas où, résidant encore dans sa paroisse, il y aurait impossibilité physique qu'il y exerçât ses fonctions. C'est ainsi que le décret a été entendu et expliqué depuis qu'il existe. » — Rapport minist. sept. 1824.

177. — Ainsi, spécialement pour le cas de maladie, il faut bien remarquer que les articles du décr. du 17 nov. 1811 supposent tous, et expressément, que le titulaire est *absent pour cause de maladie*; ce n'est que dans ce cas qu'ils autorisent à lui donner un remplaçant, et l'art. 12 exige que cette absence soit constatée régulièrement. L'application du décret, dans un cas où le titulaire ne serait pas absent, serait attaquée devant le conseil d'état, où bien certainement elle serait déclarée abusive. » — Décis. minist. 26 nov. 1828. — V. encore Inst. de 1823 sur la comptabilité des dépenses du clergé, art. 28.

178. — Dans le cas d'absence du titulaire, l'indemnité du remplaçant est fixée par le décret réglementaire du 17 nov. 1811, ainsi qu'il suit: 1° si le titulaire est éloigné pour cause de mauvaise conduite, l'indemnité du remplaçant provisoire est prise sur le revenu du titulaire, soit en argent, soit en biens fonds. — Art. 2.

179. — Si le revenu est en argent, l'indemnité du remplaçant est, savoir: dans une succursale, de 250 francs par an, au prorata du temps du remplacement; — dans une cure de deuxième classe, de 600 fr., et dans une cure de première classe, de 1,000 fr. Cette indemnité est prélevée, au besoin, en partie ou en totalité, sur la pension ecclésiastique du titulaire. — Art. 3.

180. — Si le titulaire est doté, partie en biens fonds, par exception à la loi de germinal an X, partie en supplément pécuniaire, pour lui compléter un revenu de 500 fr., l'indemnité du remplaçant est de 250 fr. à prendre d'abord sur le supplément pécuniaire, et, en cas d'insuffisance, sur les revenus en biens fonds. — Art. 4.

181. — Si le titulaire ayant moins de 500 fr. de revenus en biens fonds jouit d'une pension ecclésiastique, au moyen de laquelle il n'a point à recevoir de supplément, l'indemnité de 250 fr. du remplaçant est d'abord prise sur la pension, et, au besoin, sur les biens fonds. — Art. 5.

182. — Si le titulaire jouit d'un revenu de 500 fr. entièrement en biens fonds, l'indemnité du remplaçant est également de 250 fr. à prendre entièrement sur les revenus. — Art. 6.

183. — Si le revenu du titulaire en biens fonds excède 500 fr., l'indemnité du remplaçant est de 300 fr., lorsque ce revenu est de 500 à 700 fr., et des deux tiers du revenu au-dessus de 700 fr. — Art. 7.

184. — ... 2° Dans le cas d'absence pour cause de maladie, il est conservé aux titulaires de succursales et de cures de deuxième classe, et, dans les cures dotées en biens fonds, à tous les curés dont la dotation n'excéderait pas 1,200 fr., un revenu jusqu'à concurrence de 700 fr. — Art. 8.

185. — Le surplus de l'indemnité du remplaçant ou la totalité de l'indemnité, si le revenu n'est que de 700 fr., est, comme le paiement des vicaires, à la charge de la fabrique de la paroisse; et, en cas d'insuffisance du revenu de la fabrique à la charge de la commune, conformément au décret, du 30 déc. 1809, concernant les fabriques. — Art. 9.

186. — Cette indemnité, à la charge de la commune ou de la fabrique, est fixée, dans les succursales, à 250 fr.; dans les cures de deuxième classe, à 400 fr.; dans les cures dont le revenu, soit entièrement en biens fonds, soit avec un supplément pécuniaire, s'élève à 500 fr., à 250 fr.; lorsque le revenu en biens fonds s'élève de 500 fr. à 700 fr., à 300 fr., de 700 fr. à 1000 fr., à 350 fr.; et de 1000 fr. à 1200 fr., à 400 fr. — Art. 10.

187. — Lorsque le titulaire, absent pour cause de maladie, est curé de première classe, ou que le

revenu de sa cure en biens fonds excède 1200 fr.; l'indemnité du remplaçant est à sa charge. Cette indemnité est fixée, savoir : dans une cure de première classe, à 700 fr.; dans les cures dont la dotation en biens fonds s'élève plus haut que 1500 fr. jusqu'à 2000 fr., à 800 fr. et au-dessus de 2000 fr., à 1000 fr.—Art. 11.

188.—Quelle que soit la cause de l'éloignement du titulaire, lorsque l'indemnité du remplaçant, dans les cures dotées entièrement en biens fonds, doit être fixée d'après le produit des revenus fonciers, le montant de ce produit est évalué au moyen d'un acte de notoriété dressé par le maire où est située la paroisse.—Art. 12.

189.—Toutes les fois que dans les cures dotées en biens fonds, par une dérogation autorisée par le gouvernement à la loi de germin. an X, l'indemnité du remplaçant étant à la charge du titulaire, une partie ou la totalité doit en être imputée sur les revenus de la cure, le remplaçant est créancier privilégié du titulaire, et sur les revenus de la somme qui lui en revient. —Art. 14.

190. — Sous le titre de *Indemnité pour le double service d'une paroisse vacante*, M. Affre (p. 305) donne les indications suivantes : —1° «La circulaire du 1er avr. 1823 n'accordait une indemnité de 200 fr. qu'aux curés, desservans ou autres ecclésiastiques chargés de *biner* les jours de dimanche et de fêtes dans une succursale vacante; mais il suffit aujourd'hui qu'elle soit desservie conformément aux ordres de l'évêque. Cette décision est plus conforme à l'ordonn. royale 6 nov. 1814 et à la décis. 28 mars 1820.

191. — ...2° Une circulaire du 2 août 1833 refuse l'indemnité : 1° pour toute autre église que celle d'une succursale; — 2° à tout autre prêtre qu'aux curés, à leurs vicaires et aux desservans.

192. — ...3° Si un desservant, un curé ou son vicaire avaient chacun le double service dans plusieurs cures ou succursales vacantes, ils ne pourraient recevoir pour une année qu'une seule indemnité.

193.—Les curés, desservans et vicaires sont, comme ecclésiastiques, exempts de certaines charges publiques; ils ont aussi en cette qualité certaines obligations. — V. à cet égard CLERGÉ ET CULTE. — V. aussi BREF, BUREAU DE BIENFAISANCE, ENSEIGNEMENT, FABRIQUE, FRANCHISES ET CONTRE-SEINGS, INSTRUCTION PRIMAIRE, LOGEMENT DES GENS DE GUERRE, MÉDECINE ET CHIRURGIE.

§ 2. — *Des vicaires et prêtres auxiliaires.*

194. —Le vicaire est l'ecclésiastique attaché à une cure ou succursale pour assister le titulaire dans les charges du ministère pastoral. D'autres qualifications sont encore données quelquefois à cet ecclésiastique, telles que celle de prêtre habitué, auxiliaire, administrateur.

195. — Il y a lieu à l'établissement d'un vicaire principalement lorsque le chiffre de la population d'une paroisse est trop élevé, ou, lorsque l'étendue de la circonscription de cette paroisse est trop grande pour qu'un seul ecclésiastique puisse suffire aux besoins spirituels de ses habitans.

196. — Mais, en outre, et par une considération personnelle, il peut, sur sa demande, être donné un vicaire à tout curé ou desservant devenu, par suite d'âge ou d'infirmités, incapable de remplir seul ses fonctions. — Décr. 17 nov. 1811, art. 15.

197. — Le nombre de prêtres et de vicaires habitués à chaque église est fixé par l'évêque, après que les marguilliers en ont délibéré et que le conseil municipal de la commune a donné son avis. — Décr. 30 déc. 1809, art. 38.

198. — Le vicaire est nommé par l'évêque, et ne peut être révoqué que par lui. Il exerce son ministère sous la surveillance et la direction du curé ou desservant. — L. organ., art. 71.

199. — Le traitement des vicaires est de 500 fr. au plus et de 300 fr. au moins. — Décr. 30 déc. 1809, art. 40.

200. — Il ne court, comme pour le titulaire, que du jour de son installation, constatée par procès-verbal du marguillier. — Ord. 13 mars 1832, art. 2 et 3.

201. — Le traitement est à la charge de la fabrique; en conséquence, si la fabrique a des ressources suffisantes et ne reçoit pas de subvention de la commune, aucune autre formalité que la décision de l'évêque n'est nécessaire.

202. — Si, au contraire, dans le cas de la nécessité d'un vicaire, reconnue par l'évêque, la fabrique n'est pas en état de payer le traitement, la décision épiscopale doit être adressée au préfet. —Décis. min. 17 nov. 1811, art. 39.

203. — Il y a lieu alors à imposer à la commune la charge du vicariat. Et à cet effet le conseil municipal auquel est soumis le budget de la fabrique est appelé à délibérer.

204. — Si le conseil municipal adhère à la demande qui lui est faite, nulle difficulté ne se présente, si ce n'est quand le chiffre du traitement par lui fixé ne paraît pas convenablement déterminé. Il y a alors recours par les voies hiérarchiques; mais il faut remarquer que l'autorité supérieure ne peut imposer aux communes le maximum du traitement, alors qu'elles n'ont offert que le minimum — Avis cons. d'état, 13 fév. 1835.

205. — ... Si le conseil municipal conteste l'insuffisance alléguée des revenus de la fabrique, dans ce cas, comme lorsqu'il s'agit de difficultés sur la quotité du traitement, c'est à l'autorité supérieure qu'il appartient de décider.

206. — ... Si le conseil municipal, sans contester l'insuffisance des revenus de la fabrique, argumente du défaut de ressources de la commune; dans ce cas sa délibération est transmise au préfet qui, après l'avoir communiquée à l'évêque pour avoir son avis, examine de nouveau le budget de la commune et décide si effectivement les revenus de la commune sont en tout ou partie insuffisans. — Décr. 30 déc. 1809, art. 93 et 101. — En cas de dissentiment entre le préfet et l'évêque sur la décision à prendre, il peut en être référé par l'un ou par l'autre au ministre des cultes. — *Ibid.*, art. 97.

207. — Enfin, si le conseil municipal se borne à argumenter de l'inutilité de l'institution d'un vicaire, il doit prendre à cet effet un avis motivé, lequel est transmis à l'évêque qui prononce. — *Ibid.*, art. 96. — Si l'évêque n'a tenu aucun compte du refus du conseil municipal, celui-ci peut s'adresser au préfet, lequel transmet, s'il y a lieu, les pièces au ministre des cultes.

208. — Une ordonnance royale rendue, après délibération du conseil d'état, sur rapport du ministre de l'intérieur, statue alors sur la question de l'utilité ou de l'inutilité du vicariat proposé. — Décr. 30 déc. 1809, art. 96.

209.—Et il faut remarquer que le conseil d'état, une fois saisi, apprécie non-seulement l'utilité de l'établissement en lui-même, mais aussi les ressources de la fabrique et de la commune. Si la fabrique lui paraît en état de supporter le traitement des vicaires, ou si les ressources de la commune lui paraissent insuffisantes, il déclare qu'il n'y a pas lieu d'établir ou de maintenir le vicariat à la charge de la commune. — Avis cons. d'état, 19 août 1840. — V. encore autre avis 4 juin 1840.

210. — Au surplus, même en l'absence de toutes contestations, et chaque fois qu'il y a lieu à l'établissement d'un vicariat, dont la charge doit porter sur la commune, et créer ainsi des difficultés pour d'autres parties de son service, il est nécessaire de prendre l'avis du ministre de l'intérieur. — Avis cons. d'état 3 déc. 1834.

211. — Et si les formalités prescrites pour l'établissement du vicariat n'avaient pas été régulièrement accomplies, la commune pourrait se refuser à supporter les charges résultant de cet établissement.

212. — Les vicaires n'ont aucun droit au casuel qui appartient au curé; aucune loi ou ordonnance ne leur accorde non plus soit le logement, soit l'indemnité de logement. —Circ. min. 14 avr. 1812.

213. — Toutefois, s'il n'existe pas de presbytère dans la commune, ou si le vicaire ne peut pas y être logé, il faut, dans la fixation du traitement, avoir égard à la dépense du logement. — Circ. min., 7 juill. 1812.

214. — Mais ils peuvent, sous les mêmes conditions que les curés et desservans, recevoir des communes des subventions, lesquelles sont purement volontaires. — V. *suprà* n° 134.

215. — De plus, chaque année, au budget de l'état, une somme est portée pour être distribuée à titre de secours aux vicaires.

216. — Une ordonnance du 5 juin 1816 institua la première ce mode de secours; le montant de l'indemnité fut fixé par elle à 200 fr., puis porté successivement à 250 fr. (ord. 9 avr. 1817), 300 fr. (ord. 31 juill. 1821), et enfin à 350 fr., taux actuel. — Ord. 3 janv. 1830.

217. — La répartition de ce secours a lieu entre les divers diocèses dans la proportion des cures et succursales de chacun d'eux. — Circ. min. 8 août 1816.

218. — Sous aucun prétexte, un vicariat ne saurait concourir, s'il n'est compris sur l'état de ceux admis par le ministre. — Circ. min. 28 juin 1821. — Le choix du ministre est du reste astreint à certaines règles.

219.—Ainsi deux conditions sont requises : — 1° en vertu de l'ord. 9 avr. 1817, l'indemnité ne peut être allouée qu'aux vicaires établis dans les petites communes, c'est-à-dire ayant moins de 5,000 habitans. — Circ. min. 25 sept. 1817.

220. — ...2° Il faut que le vicaire exerce dans une église ayant titre de cure ou de succursale. Tout vicaire placé dans une ville ou dans une église autre que celles indiquées ne peut être compris dans la répartition du secours.

221. — Du reste, il faut bien observer que le mot *secours* est employé, parce que cette somme n'est qu'une amélioration au sort des vicaires, et qu'elle ne doit en aucune manière être un motif pour les communes de supprimer ou de réduire les rétributions jusque-là acquittées par elle pour cet objet. — Circ. min. 7 mars 1818.

222. — Au surplus, les fabriques sont toujours libres de voter sur leurs revenus des fonds nécessaires pour l'entretien d'un ou plusieurs vicaires destinés à assister le curé ou desservant, soit en sus du nombre établi suivant les formes légales, soit dans les cures ou succursales où il n'en existe point.

223. — La loi n'a pas à s'occuper de ces vicaires, qui du reste, sous le rapport canonique, se trouvent soumis aux mêmes règles que tous autres vicaires, c'est-à-dire à la surveillance de l'évêque et à celle des curés et desservans.

V. CLERGÉ, CULTE, ÉVÊQUE, etc.

CUREMENT.

1. — Nettoiement d'un puits, d'une citerne, d'un puisard, cloaque, égout, d'une fosse d'aisance, etc. —V. ces différens mots.

2. — Les frais de curement des puits, cloaques, fosses, etc., sont à la charge des propriétaires qui y font procéder quand cela leur paraît convenable, et pourraient même y être contraints sur la plainte des voisins qui souffriraient de leur négligence.

3. — Toutefois, les maires étant chargés, par la loi du 16-24 août 1790, de veiller au maintien de la salubrité publique, peuvent prendre pour le curement des différens réceptacles que nous venons d'indiquer telles mesures qu'ils jugent bonnes et utiles.

4. — Mais ils ne pourraient point, par un arrêté, conférer le droit exclusif de faire le curement; chacun peut se charger de cette tâche, sans être passible des peines de l'art. 471, n° 15, C. pén. — Perrin, *C. des constr.*, nos 372 et 1163.

5. — A Paris, les réglemens en cette matière sont faits par le préfet de police. — V. notamment, pour le curement des fosses d'aisance, ordonn. 5 juin 1834; pour celui des puits, ordon. 8 mars 1815.

6. — Lorsque les puits, cloaques, fosses d'aisances, etc., sont communs, les frais de curement sont supportés également par tous les copropriétaires.

7. — D'après l'art. 1756, C. civ., le curement des puits et celui des fosses d'aisances sont à la charge du bailleur, s'il n'y a clause contraire. —V° BAIL, nos 1140 et 1141.

V. BAIL, CITERNE, CLOAQUE, CURAGE, ÉGOUTS, FOSSES D'AISANCE, PARIS (ville de), PUISARDS, PUITS.

CURIOSITÉS.

1. — Aux termes de l'art. 4, tit. 11, L. du 16-24 août 1790, les spectacles publics ne peuvent être permis et autorisés que par les officiers municipaux. — Ce qui comprend les théâtres de curiosités.

2. — L'autorité municipale ne doit accorder les autorisations nécessaires aux personnes qui font voir des curiosités sur la voie publique, dans des baraques ou dans des maisons, qu'après s'être assuré que la voie publique ne sera pas obstruée, que les objets exposés à la curiosité publique ne compromettront pas la morale, et que toutes les précautions ont été prises dans l'intérêt de la sûreté publique, s'il s'agit d'animaux dangereux. — Elouin, Trebuchet et Labat, *Nouveau dict. de police*, v° *Curiosités*.

3. — En cas d'accidens, il y aurait lieu à l'application des art. 319 et 320, C. pén. — V. BLESSURES ET COUPS, HOMICIDE.

4. — L'autorité municipale est investie du droit de se faire rendre compte des explications, parades et chants dont les spectacles de curiosités seront accompagnés, afin d'exiger la suppression de ce qui pourrait s'y trouver de dangereux pour l'ordre, les mœurs et le gouvernement du roi. — V. à cet égard v° CENSURE DRAMATIQUE, n° 15.

5. — L'industrie dont il est ici question est assimilée à celle des bateleurs et saltimbanques, et

soumise aux mêmes règles de police. — V. DATE-
LEURS.

CURIOSITÉ (Marchands en bouti-que d'objets de).

Patentables de cinquième classe ; — droit fixe
basé sur la population, et droit proportionnel du
vingtième de la valeur locative de l'habitation et
des lieux servant à l'exercice de la profession. —
L. 25 avr. 1844. — V. PATENTE.

CUVES, FOUDRES, ETC.

1. — Les cuves sont immeubles par destination,
lorsque le propriétaire du fonds dans lequel elles
se trouvent les y a placées pour le service et l'exploitation de ce fonds. — C. civ., art. 524. —
V. BIENS.

2. — Les cuves, tonneaux et autres vaisseaux
employés, soit par les fabricans de bière, soit par
les bouilleurs, ou par tous les marchands et débitans de boissons, donnent lieu à certaines mesures destinées à prévenir la fraude et à assurer le

recouvrement des droits dont les boissons sont
frappées à la fabrication ou à la vente. — V. BOIS-
SONS.

3. — *Fabricans de cuves, foudres, barriques et tonneaux.* — Patentables de septième classe ; — droit
fixe basé sur la population, et droit proportionnel
du quarantième de la valeur locative de l'habitation et de tous les locaux des patentables, mais
seulement dans les communes de 20,000 âmes et
au dessus. — L. 25 avr. 1844. — V. PATENTE.

FIN DU QUATRIÈME VOLUME.